2001

A COMPREHENSIVE HANDBOOK OF

中国证券大全

CHINESE SECURITIES

3

总编辑：陈乃进 朱从玖 张育军

主　编：施光耀 陈京华

协办单位

上海证券交易所／深圳证券交易所

中国证券大全编辑委员会

中国经济出版社

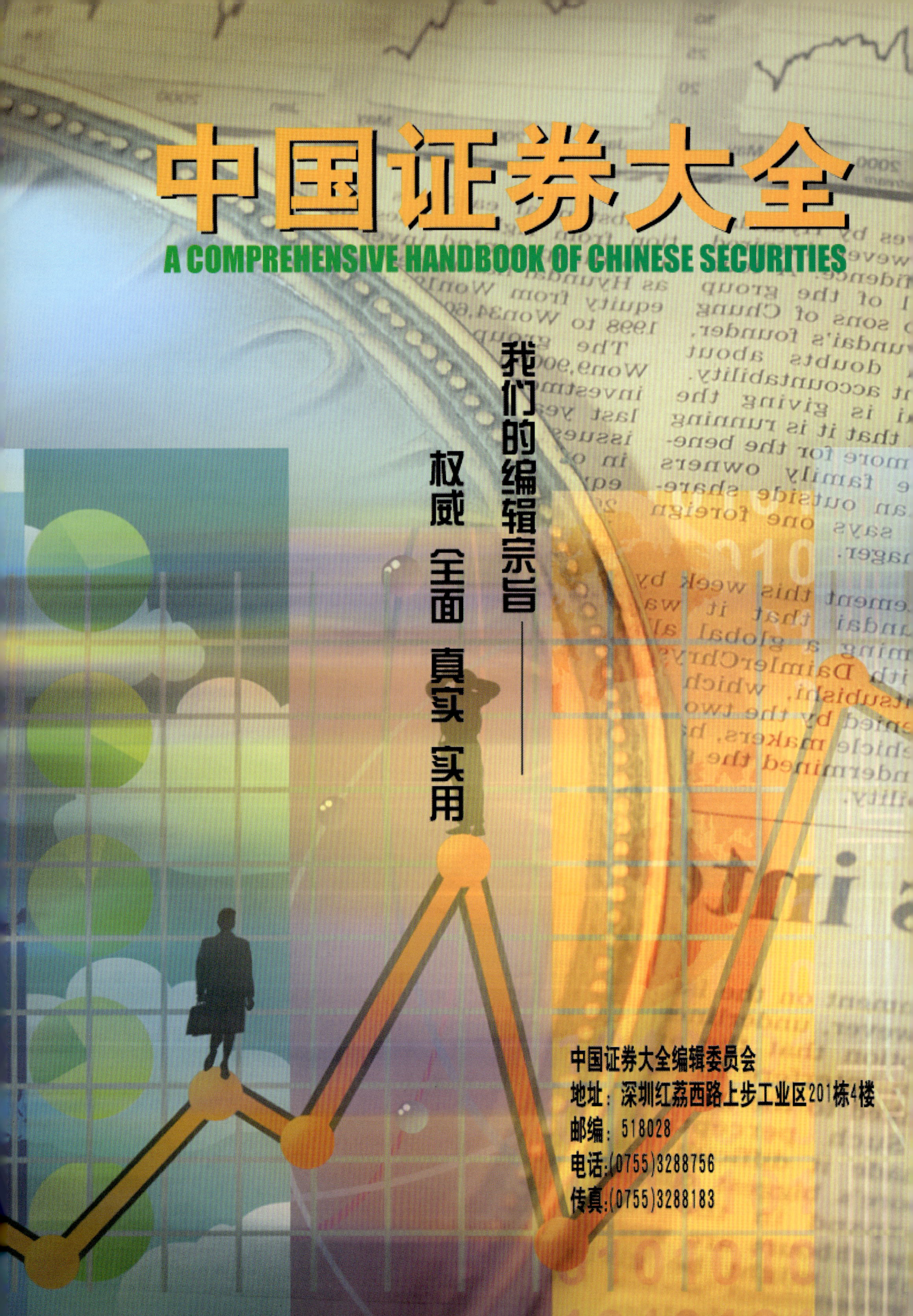
中国证券大全
A COMPREHENSIVE HANDBOOK OF CHINESE SECURITIES
我们的编辑宗旨——
权威 全面 真实 实用
中国证券大全编辑委员会
地址：深圳红荔西路上步工业区201栋4楼
邮编：518028
电话:(0755)3288756
传真:(0755)3288183

南方证券有限公司是经中国人民银行批准，在中华人民共和国财政部的大力支持下，由中国工商银行、中国农业银行、中国银行、中国建设银行、交通银行和中国人民保险公司联合发起，并由国内四十多家著名企业出资组建的全国性大证券公司。公司注册资本由十亿元人民币增至34.58亿元，于1992年12月21日在深圳特区宣告成立。

公司经营范围包括：代理、自营证券买卖；证券的承销和上市保荐人；发行和代理发行债券；证券的代保管、过户、鉴证；证券的代销、抵押、贴现融资，证券投资咨询；财务顾问；与证券业务有关的投资；企业重组、收购与兼并及融资安排；代理还本付息和分红派息；资金管理；拓展基金业务；境外证券业务；担任证券投资基金的发起人和基金管理公司的发起人；中国证监会批准的其他业务。

公司成立以来始终坚持“安全性、创造性、效益性”的经营方针，倡导“竭诚服务、客户至上、团结友爱、开拓进取”的企业精神，贯彻“立足南方、面向全国、走向世界”的发展战略，取得了令人瞩目的成就。

八年多来，公司共担任了187家企业股票主承销（ A、B股），上市推荐116家，企业债券承销11家，承销总股数108.7亿股，累计为国家和企业募集资金463亿元，共完成代理交易总额23878.26亿元，市场占有率己达到5.09%，累计实现利润31.51亿元，向国家缴纳各种税金16.3亿元。多年来，公司以骄人的经营业绩不断获得各项荣誉，多项业务在国内证券市场名列前茅。

截止2001年5月底，南方证券有限公司总资产达329.89亿元，净资产40.71亿元。公司在全国设有2家分公司和8个大区管理总部，营业网点73家，员工3000人。

人本立正 承诺是金

——湘财证券有限责任公司简介

- 湘财证券有限责任公司是中国第一家增资扩股并获批成为综合类券商的证券公司，注册地在中国长沙，总部在中国上海。目前注册资本28亿元人民币，总资产约200亿元人民币。
- 湘财证券出身高等院校，是目前中国唯一一家具有高校背景的证券公司，与全国二十多所著名高校保持密切关系，与北京大学等十所高校签署了合作协议。
- 湘财证券拥有一支专业化、年轻化的高素质员工队伍，现有博士 47人、硕士190人、大学628人、有海外背景员工已占4%强。

  湘财证券在中国构建了一个合理的分支机构网络，目前设有北京、上海、南方、湖南、西南、西北五个地区管理总部，在中国26个主要城市拥有36家营业网点。
- 湘财证券拥有一批广泛、稳定的客户群，已发行承销、上市推荐了电广传媒、创智科技、隆平高科、天一科技、华联控股、秦丰农业等30多家中国上市公司，有20余万开户投资者，为300多家企业提供过专业服务。
- 湘财证券与国际同行及IT界有广泛、深入的合作，与著名企业联想集团合作的网上经纪业务公司已经成立，与国外证券公司合作的中外合资投资银行正在申报之中。
- 湘财证券目前正在全力构架以网上经纪、交易代理、发行承销、基金管理、资产管理、创业投资、证券投资、期货经纪为基础的金融控股集团。

公司网址：www.xcsc.com
Http://www.xcsc.com
Email:xczcb@xcsc.com
地址：上海市浦东新区银城东路139号华能联合大厦18层
邮编： 200120
Address:18Fl.,Huaneng Union Mansion,No.139 Yincheng Rd.East Pudong,Shanghai 200120
电话：+86(21)68634518
Tel:+86(21)68634518

湘财证券
XIANGCAI SECURITIES

西南证券有限责任公司于1999年12月28日经重庆市原四家证券经营机构资产重组和增资扩股组建而成，在重庆注册，注册资本11.28亿元。截止到2001年6月底，公司拥有总资产已超过100亿元。西南证券公司治理结构健全，由股东会、董事会、监事会组成，董事会下设战略发展委员会、风险管理委员会、投资决策委员会等决策参谋机构，公司实行董事会领导下的总裁负责制。公司设有投资银行总部、经纪业务管理部、证券投资部、投资理财部、证券研究发展中心、国际业务部等六个业务部门；设有行政办公室、人力资源部、计划财务部、北京办事处等九个职能部门。在全国主要经济中心城市设有27家证券营业部和6家证券服务部；投资银行总部在北京、上海、深圳、重庆设有投资银行业务部，在兰州、长沙设有投资银行代表处。

西南证券自成立以来，秉承“诚信、稳健、创新、求精”的经营理念，将为社会、为投资者、为员工创造最大价值作为企业使命，把“用心创造价值”和“认认真真做人、踏踏实实做事”作为企业文化的精髓，努力营造融洽和谐、积极向上的文化氛围。公司现有员工1048人，平均年龄31岁，其中具有硕士、博士学位的员工112人，占员工总数的11%；具有本科学历的员工432人，占员工总数的43%；拥有中高级职称的员工162人，占员工总数的16%。

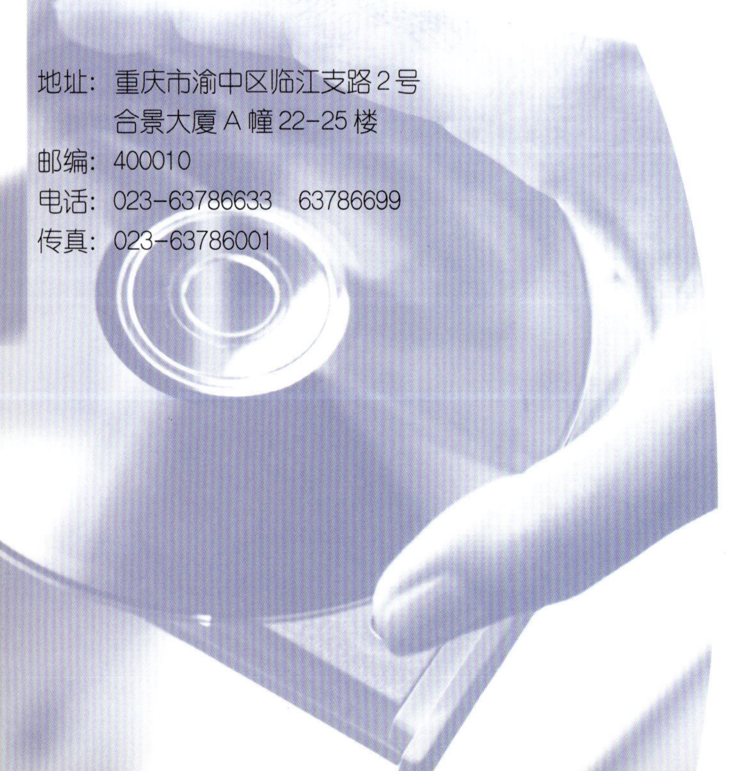

地址：重庆市渝中区临江支路2号
合景大厦A幢22-25楼
邮编：400010
电话：023-63786633　63786699
传真：023-63786001

西南证券在成立不到两年的时间里，各项业务迅猛发展，经营业绩显著提高，在行业市场内树立了企业高成长性的良好形象。2000年公司投行业务主承销金额名列全国第9位，家数名列全国第10位，主承销信誉积分名列全国第7位；2001年上半年，主承销家数名列全国第7位。经纪业务市场占有率由1999年的29位上升到24位，2001年上半年又上升至16位。

为迎接中国加入WTO后证券市场面临的多层次、全方位的激烈竞争，西南证券未雨绸缪，聘请世界著名管理咨询公司帮助建立了适应国际化的经营管理模式，以苦练内功，夯实基础为主线，从整肃业务体系、改革人力资源管理体系、构筑风险管理体系、健全财务管理体系等方面加快变革，打造企业的核心竞争优势。

将公司建成国内一流、国际知名的跨国投资银行是西南证券的最高战略目标。目前，公司正以开放而务实的姿态积极进行增资扩股，壮大资本规模，这项重大举措的实施，必将极大地增强西南证券的综合实力，加快形成西南证券在资本市场上的核心竞争优势。

国元证券
GUOYUAN SECURITIES

国元证券有限责任公司

董事长（法定代表人）：陈树隆先生

总裁：蔡咏先生

国元证券有限责任公司是为了顺应信证分业、行业重组的发展趋势，由安徽省国际信托投资公司和安徽省信托投资公司作为主发起人，联合其他有资格的法人单位按照现代企业制度共同发起设立的，经中国证监会批准、国家工商行政管理总局注册登记的综合类证券公司，注册资本20.3亿元。

国元证券下设三个专门委员会以及经纪业务管理总部、网上经纪业务部、投资银行总部、投资管理部、资产管理部、研究发展中心、资金计划部、稽核总部等17个直属部门，36家证券营业部覆盖安徽全省及上海、深圳、广州等金融中心城市。是一个资产质量高、综合实力强、组织架构科学规范的全国性综合类证券公司。现有员工1000余人，其中90%以上具有大专以上文化程度，900多人获得证券从业资格，是一支经验丰富、技术精湛、富于创新的高素质专业队伍。

随着我国证券市场的日益规范，国际化进程的不断加快，国内资本市场与国际资本市场的逐渐接轨，证券业的竞争将愈加激烈，国元证券将严格遵守“法制、监管、自律、规范”八字方针，以高度的责任感和使命感为筹资者和投资者提供多元化、个性化、系统化、专业化的优质高效服务。大力弘扬“规范、自律、求实、创新”的企业精神，秉承“繁荣中国资本市场，提高社会经济效益，追求企业价值最大化”的宗旨，进一步完善法人治理结构，努力建立高效的激励约束机制和灵活的用人机制，营造优秀人才发展平台。进一步巩固和发展传统业务，提高服务质量和档次，稳步扩大市场份额。加大现代科技的应用水平和开拓创新力度，不断开发新型金融产品，大力拓展网上经纪、资产管理、购并重组、财务顾问、投资咨询等业务，形成种类齐全、布局合理、发展协调的业务体系。积极参与国内外市场的竞争和合作，不断增强核心竞争力和可持续发展能力，以创造世界品牌券商的勇气和胆识，力争在5至10年内逐步把公司建设成国内一流、世界知名的现代化、国际化、规模化的证券公司，为经济建设、社会发展再立新功。

九万里风鹏正举，我们期待着各界朋友能与国元证券一起携手并肩，共创美好明天！

公司领导班子成员

7月7日，常务副省长张平在公司董事长陈树隆的陪同下亲临公司视察指导

国元证券有限责任公司　地址：合肥寿春路179号国元大厦

国元证券总部所在地——国元大厦

安徽省委常委、常务副省长张平（左）和前中国证监会主席周道炯（右）为国元证券揭牌

2001年10月18日，国元证券在合肥隆重举行开业典礼

7月28-29日，国元证券召开经纪工作会议，全面部署经纪业务工作

国元证券与建设银行签定全面业务合作协议

电话：0551-2634400(总机)　传真：0551-2654674　网址：www.gyzq.com.cn

董事、常务务副总裁：宋建生 先生

汉唐证券有限责任公司
是由贵州证券公司和
湛江证券有限责任公司
合并重组并增资扩股后成立的公司，
注册资本金90120.74万元
（其中美元750万元）。
业务范围包括证券代理买卖，
代理还本付息，分红派息，
证券代保管、鉴证，
代理登记开户，证券的自营买卖，
证券的承销和上市推荐，
证券投资咨询，资产管理，
发起设立证券投资基金和
基金管理公司等。
公司三十多家分支机构遍布
北京、上海、深圳、广州、南京、贵阳、成都
等全国主要城市。

HANTANG SECURITIES

專業理財

投资银行业务

投资银行业务是汉唐证券有限责任公司大力拓展的核心业务。汉唐证券有限责任公司在数年中，已累计完成新股、配股等主承销、副主承销、分销四十余家及大量政府、企业的财务顾问项目。目前，汉唐证券投资银行业务在公司的快速转型下确定了全新的发展定位。公司在深圳总部设有投资银行总部，并在北京、上海、广州、南京、贵阳等地设立了分部，业务网络已覆盖全国大部分地区。公司拥有一支素质优良、经验丰富、具有较强业务创新意识和开拓进取精神的专业性投资银行队伍，大部分具有博士、硕士学历。公司在传统及创新投资银行业务方面均有快速发展，具备向客户提供包括企业股权及债权融资、改制上市、收购兼并、管理咨询、企业与政府财务顾问等全方位投资银行业务服务的良好实力。

资产管理业务

汉唐证券拥有高素质的专家理财队伍，以科学的投资决策程序、高效的投资管理机制、高超的和完善的风险控制体系为基础，依托公司雄厚的研究力量和广泛的投资银行业务网络，凭借先进的投资理念和价值评估体系，精心设计投资项目及投资组合，在“跑赢大市”的基础上获得丰厚的投资回报。汉唐证券在资产管理过程中，注意控制风险，为投资者提供专业化、个性化受托服务，实现客户利益最大化。同时，根据市场客户需求，不断推出金融创新品种，以实现安全性、盈利性和流动性的有机统一。

经纪业务

汉唐证券拥有先进和齐全的交易手段，通过遍布全国主要城市的17家证券营业部和13家证券服务部为客户提供包括股票、债券、基金等多元化的交易品种，将客户资产的保值增值作为我们服务的第一目标。公司制定了以客户分类为中心、以FC专业服务和非现场服务为重点的经纪业务发展战略，一方面组建高素质的FC团队，塑造专业服务品牌，按照与国际接轨的模式整合公司的内外部资源，为客户提供个性化、针对性的专业服务；另一方面完善电子交易平台和客户服务平台，借助各种非现场交易方式，实现低成本基础上的差异化服务。为适应证券市场发展的需要并提升竞争力，制定了以构建市场营销体系为重点的发展战略，变坐商为行商。借助交易平台和客户平台，依托研究所的雄厚实力，营业部近百名分析师贴身跟踪，全方位了解上市公司动态，为客户提供及时、量身定制的投资建议及咨询服务，使客户在瞬息万变的证券市场中运作自如。我们秉承“竭诚服务，开拓创新”的服务宗旨及“公开、公平、公正、诚信”的原则全面提升服务质量。

证券研究

汉唐证券研究所将紧紧围绕中国证券市场，致力于宏观经济金融服务、金融工程以及公司价值评估等一系列的研究工作，不仅关注基础性研究，更注重与市场紧密相关的应用研究工作。研究所注重于研究特色性、品牌性，将金融产品、金融服务的创新作为研究的重点，为汉唐证券提供持续发展的动力与智力支持，同时也为各类企业提供富有个性化的财务顾问、战略咨询等服务。2001年，汉唐证券研究所的《网上交易发展研究》获中国证券业协会科研课题一等奖。

企业文化

公司倡导客户、股东、员工“三位一体”的经营理念，以客户利益为中心，强调“公司是股东的，也是员工的”。

《汉唐通讯》为公司员工提供了内部信息交流的平台，在公司内部建立良好的信息沟通和反馈通道。

董事长、总裁与员工午餐会、公司高层与员工直接对话，进一步加强了公司领导与基层员工的相互沟通。

党、团、工会推行亲情文化，经常性地组织员工进行户外旅游与各种室外体育活动，增强了企业的凝聚力。

地址：深圳市南山区华侨城汉唐大厦24、25层
邮编：518053
电话：0755-6936288 6936388
传真：0755-6936236
http://www.ehantang.com

董事长：张文武 先生

总裁：雷原 先生

华龙证券有限责任公司

华龙证券有限责任公司是由甘肃省人民政府组织筹建，经中国证监会批准的具有综合类业务经营资格的证券经营机构。

经中国证监会核定的主要业务范围是：证券的代理买卖；证券的自营；证券的承销和推荐上市；证券投资咨询；资产管理；发起设立证券投资基金和基金管理公司；以及中国证监会批准的其他业务。

公司下设总裁办公室、人力资源总部、计划财务总部、资产管理总部、投资银行总部等职能部门，在北京、上海、深圳分别设有管理总部，在兰州、上海、深圳等地设有22家证券营业部和证券服务部，初步构成了辐射全国的业务经营机构网络。

开业庆典

证券经纪业务

在证券经纪业务方面，华龙证券拥有甘肃最多的证券营业部和甘肃最早的一家营业部，营业网点遍布甘肃境内，并在上海、深圳等地开设有证券营业部，形成了以西部为基础、辐射全国的经营机构网络。

投资银行业务

在承销业务方面，华龙证券本着至诚至信的宗旨，谋求与企业建立长期合作的战略伙伴关系，服务企业改革，服务经济建设，与企业共同携手成长。曾成功地主承销和推荐过甘长风、祁连山、三毛派神、长城电工、兰光科技等股票的发行和上市。公司在作好狭义投资银行业务的同时，不断向“大投行”业务方面拓展，为企业提供收购兼并、财务顾问、发展战略策划等各项服务。

资产管理业务

资产管理业务本着“稳健经营、规范运作、科学投资”的原则，通过树立正确的投资理念、培育良好的市场感觉、依靠具有丰富投资经验和高超的风险控制能力的专业人才并借助高效的信息网络平台，在做好市场分析、行业研究和上市公司调研的基础上，合理选择投资领域和投资品种，使公司受托管理的资产实现了收益性、安全性和流动性兼顾的良性循环。

基金业务

以华龙证券有限责任公司为主发起人，并联合华泰证券有限责任公司、山东证券有限责任公司等五家证券公司发起的华商基金管理公司拟于2001年底在深圳市注册成立，注册资本金一亿五千万元人民币，现已进入申请报批阶段。

地址：甘肃省兰州市静宁路138号东四楼
邮编：730030
电话：(0931)8888088
传真：(0931)4890515
E-mail:Hualongzq@public.lz.gs.cn

交易大厅

WUHAN SECURITIES
COMPANY PROFILE

公司简介

武汉证券有限责任公司创立于1988年3月，是全国最早成立的证券经营机构之一。2001年10月经中国证监会核准，公司在整合原武汉国际信托投资公司、武汉市信托投资公司、武汉科技信托投资公司、武汉国际租赁公司证券资产的基础上，增资扩股至10.1472亿元人民币。公司按照建立现代企业制度的要求，建立健全了规范的内部管理体制、内部决策机制和风险防范机制。公司实行董事会领导下的总裁负责制，秉承“**诚信、规范、稳健、发展**”的经营理念，按照“**立足国内，面向世界，紧盯市场，做大做精**”的经营策略和“**经纪业务打基础，投行业务树品牌，资产业务创效益，创新业务求发展**”的经营思路，规范开展代理证券发行业务，自营、代理证券买卖业务，代理证券还本付息和红利的支付业务，委托资产管理业务以及其它创新业务。公司内部设有经纪业务中心、投资银行中心、资产管理中心、财务管理中心、政务管理中心和证券研究所，竭诚为社会各界各阶层的机构投资者和个人投资者以及各类企业提供专业化、个性化、特色化和系统化的服务。

董事长：李永宽先生

地址：湖北省武汉市沿江大道130号
邮编：430014
电话：027-82814462
传真：027-82814462

武汉证券有限责任公司

WUHAN SECURITIES CO.,LTD

公司员工的综合素质较高，通过不间断的业务培训和定期考核，使员工们具备了良好的职业道德素养和风险防范意识，具有证券行业所需的各方面专业技能。2000年和2001年两年时间，获证监会组织的证券业从业资格人员达206个，取得了308个资格证书，占员工总数的70%强。为公司证券业务的顺利开展奠定了基础。

长风破浪会有时，直挂云帆济沧海，随着2002年伊始总部迁址太原，大同证券依靠科学的管理，周到的服务，稳健的经营，必将为中国证券市场的发展作出更大的贡献。

董事长兼总裁：董祥 先生

广东民安证券

服务止于至善

广东民安证券经纪有限责任公司是在广东粤财信托投资公司“信托业与证券业”分离和原广东联合期货交易所的基础上改组成立的广东省第三家省级证券公司，是广东省最早成立的券商之一。公司于2000年12月18日正式更名，注册资本金为3亿元人民币。主要股东包括：广东粤财信托投资公司、广东风华高新科技集团公司、中全资产管理有限公司、鹤山市资产经营有限公司、广东省科技风险投资有限公司、惠州市投资管理有限公司等实力雄厚的企业。公司经营范围包括：证券的代理买卖；代理还本付息、分红派息；证券代保管、鉴证；代理登记开户以及国家证券监督管理部门批准的其他业务。

民安证券公司机构设置有办公室、机构管理部、研究发展部、计划财务部、审计部、网络营销部和电脑中心等部门，已正式开业的证券营业部十五家。目前，公司员工近400人，其中从国内外名牌高校毕业的各类专业人才占有重要比例。

开业庆典授牌仪式

应对中国入世开展员工培训

经纪有限责任公司

诚信予民以安

民安证券公司开业以来，坚持维护客户利益，坚持“规范经营、防范风险”，力求实现证券市场投资者资金安全、增值与公司发展壮大相统一，在中国证券市场繁荣发展中积极开拓、努力创新。公司通过完善营业网点布局和网上交易系统，以优异的经纪业务服务质量为证券市场带来全新的服务理念。公司网上交易系统的成功推出，与交通银行等多家银行共同推出的“银证通”、“银证网通”等业务，为广大证券市场投资者提供方便快捷安全优质的交易服务。

改组以来，民安证券公司下属证券营业部由开业最初的6家发展到15家，建立起完善的投资服务体系，在深圳、上海证券交易所的成交量及市场占有份额稳步增长、业务规模稳健扩展、经营业绩持续提高，创造了良好的经济效益和社会效益。

“服务止于至善，诚信予民以安”是民安证券一贯秉执的经营风格，公司全体员工愿与广大投资者精诚合作，在中国证券市场上携手共创辉煌的明天！

优雅舒适的交易大厅

董事长：孔祥其
总　裁：金国燕
副总裁：姜伟民、陈彦卿

地址：中国广州市环市东路322号中梯10楼
电话：020-83829921
传真：020-83802385

四川省天風

SICHUAN TIANFE

公司概况

四川省天风证券经纪有限责任公司（简称天风证券）是根据中国证监会证监期字［1998］24号《关于成都联合期货交易所的改组方案的批复》，由四川省国有资产经营投资管理有限责任公司持有原成都联合期货交易所的净资产，与四川省嘉鑫投资股份有限公司、四川汉龙（集团）有限公司、四川宏达（集团）有限公司、四川亚华企业（集团）有限公司共同出资组建，于2000年3月27日取得中国证监会颁发的《经营证券业务许可证》，3月29日工商注册，公司注册资本7700万元（人民币），4月18日正式开业营运。

公司经营范围：证券的代理买卖、代理还本派息、分红派息、证券代保管、鉴证、代理登记开户。

公司主要职能部门：总经理办公室、财务部（清算中心）、电脑中心、资产管理部、信息咨询研发部、经纪管理部、人事培训部、法律顾问室。

公司现有员工58人，其中：硕士7人，大学本科23人，大学专科19人，中专9人。技术职称中：高级职称6人，中级职称19人，初级职称5人，取得证券从业资格42人。

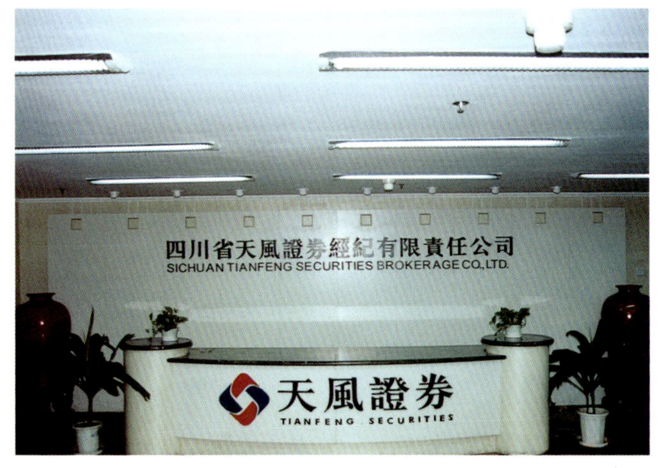

澄券經紀有限責任公司
G SECURITIES BROKERAGE CO.,LTD

公司下属证券营业网点

成都走马街证券营业部
地址：成都市走马街55号友谊广场B座6楼
经理：杜德蓉
联系电话：028-6604877
传真：028-6605399
什邡服务部
地址：什邡营峰北路强华商城二、三楼
经理：姚跃进
联系电话：0838-8220553
江油服务部
地址：江油市建南路327号一楼
经理：章力言
联系电话：13008139861

营业部证券交易和支持系统采用交易网络使用千兆以太交换网，交易服务和行情服务采用双机热备份，与深、沪交易所采用双向和单向卫星系统及地面备份系统进行通讯，与银行采用DDN专线方式实现银证联网，构筑了交易所、银行、客户群的连通网络，充分保证证券交易快捷、资金安全。

营业部能为客户提供钱龙、汇金分析系统和Wind、巨灵天风资讯等信息咨询系统，各系统之间切换方便、快捷，客户在3600平米营业厅中采用柜台、刷卡、热自动、电话委托和可视电话等多种委托方式进行证券交易。

公司近期发展计划

（一）拟增资扩股至5亿元；

（二）增设营业网点、扩大市场份额。在条件成熟时，拟在北京、江阴、大连、昆明、厦门、西安、武汉等地新建证券营业部7个，在上海、深圳收购营业部2个，在四川省内新建证券服务部10个；

（三）利用现代网络技术，发展网上交易；

（四）拟与金融界、企业界进行广泛合作，如投资组建期贷经纪公司、与保险业开展金融创新业务。

公司法定代表人、董事长：孟庆山 先生
总经理：郑大平 先生

地址：成都市走马街55号友谊广场B座19楼
邮编：610021
电话：028-6712451
传真：028-6712441
电子信箱：Tianfeng@mail.sc.cninfo.net

天元证券

天元证券经纪有限公司是经中国证券监督管理委员会批准的经纪类证券公司。主要经营证券代理买卖；代理还本付息；分红派息；证券代保管、鉴证、代理登记开户等业务。

公司现有从业人员380人，其中80%员工具有大专以上学历,高级管理人员多数具有研究生以上学历。公司总部位于哈尔滨市香坊区珠江路50号。

公司依照《公司法》建立起现代企业管理机制，成立了董事会、监事会，实行董事会领导下的总裁负责制。公司内部设有综合办公室、计划财务部、研究发展部、经营管理部、稽核审计部、电脑部、信息部等职能部门。营业网点从南到北贯穿全国，在深圳、上海、北京、厦门、沈阳、大连、哈尔滨、大庆、齐齐哈尔、伊春等地设立了十几家营业部。为客户提供一流的环境、一流的设备、一流的服务、一流的管理，实时揭示股市行情。交易委托突破了原有的空间限制，形成了自动委托、电话委托、网上委托、远程可视委托等多层次、立体化的交易网络。公司的信息工作形成了平台网络式管理，提供的信息全面、及时、准确，除了专业信息公司的股市信息外，还提供《天元资讯》等股市信息专刊。聘请专家在每日闭市后做解盘，并定期邀请著名股评家举办股市讲座等活动。

公司成立一年来，本着“强化管理、规范经营、优质服务、稳健发展”的经营理念，面对竞争激烈的证券市场，立足于经纪业务主业，不断探索交易品种多元化，努力实现客户服务的创新，恪守“诚信、高效、创新、卓越”的企业精神，使业务规模有了较大的发展，取得了较好的经济效益，表现出良好、健康的发展势头。

展望未来，公司将在巩固现有市场份额的基础上，不断扩大营业网点，拓展新的客户群体。为适应证券市场发展趋势，壮大公司经济实力，迎接中国证券市场新的挑战和新的历史机遇，公司正积极着手工作，向有一定竞争规模的券商发展。

天元证券经纪有

公司董事长兼总裁：刘成

地址：哈尔滨市香坊区珠江路50号
电话：0451-2357060
传真：0451-2357061

限公
经纪有限公司

天津一德证券经纪有限

天津一德证券经纪有限责任公司系经中国证监会正式批准的全国性专业证券经营机构。由天津一德投资集团有限公司、北京市物资总公司、上海物资（集团）总公司、天津市惠犀电子信息有限公司等共同出资组建，公司注册资本捌仟万元。

目前公司业务主要包括接受投资者委托，代理进行证券买卖，代理证券还本付息、分红派息、证券代保管、鉴证，代理登记开户以及为投资者提供投资咨询、人员培训及相关技术服务及中国证监会允许开设的其它业务。

公司拥有多年从事资本运作及风险管理的优秀人才及证券业的业务骨干，公司秉承“服务创品牌、创新求发展”的经营宗旨，以经纪业务为核心，以金融创新为动力，为投资者提供全方位、高层次的服务，实现高起点、规范化发展。

责任公司

公司现设置电脑中心、远程交易部、研究发展中心、财务清算部和综合管理部等职能部室，吸纳凝聚了一大批通晓经营管理、投资咨询、资本运作、工程技术的高素质专门人才，为公司未来稳健、快速发展奠定了良好的基础。

公司以安全、高效的现场委托为基础，大力拓展远程委托和网上交易。

作为中国证券市场的新生力量，一德证券的发展目标是成为国内一流的大型综合类证券公司。为此我们将充分发挥后发优势，稳健经营、规范运作，致力于金融品种、金融工具、金融思想的创新，开拓进取，为中国证券市场的发展做出更大的贡献。

深圳席位：053400

网址：www.ydzq.com.cn

www.gutong.com.cn

电话：022-23112300　传真：022-23112303

地址：天津市河西区浦口道25号　邮编：300042

以和为贵、天地人和

和兴证券经纪有限责任公司是经中国证监会批准，由四川省信托投资公司、四川省国际信托投资公司、四川省建设信托投资公司、阿坝州信托投资公司、凉山州信托投资公司、四川省南充市信托投资公司等六家公司所属22家证券营业部合并组建而成的专业证券公司，于2001年8月28日正式开业。

公司注册资本为36877.99万元。

发起组建和兴证券的六家信托投资公司是中国证券市场最早参与者。四川省国际信托投资公司是1984年起开始从事证券业务的金融机构，为四川省第一家；四川省信托投资公司1992年4月在成都开通沪、深交易所联网证券交易，为四川、西南乃至中国西部第一家，其中1993、1994年的证券交易量在上交所名列前茅；位于成都红庙子的四川省建设信托投资公司国债服务部，则与名声远播的红庙子股票自发交易市场有较深的渊源。辉煌历史将激励和兴人再攀高峰。

HEXING SECURITIES

左起：
彭富信副总裁 蒋启荣副董事长 王长庚董事长 刘晓亚总裁 施建萍副总裁

CHINA GALAXY SECURITIES

证券部外景

业务办理

中国银
CHINA GA

地址：合肥市长江路448号金城大厦
邮编：230061
电话：0551-2811553

大厅全景

机房

中国银河证券有限责任公司合肥金城证券营业部，其前身是1989年3月成立的中国农业银行安徽省信托投资公司证券营业部，2000年7月经批准改为现名。本部自成立以来，承蒙广大投资者和社会各界朋友关心和支持，本着稳健经营的方针，实力不断壮大。

本部的交易场所于99年3月正式投入运营，包括800平方米的营业大厅及2600平方米的贵宾区。大厅设有约30平方米的大型证券电子显示屏，可同时显示近300只股票信息，视屏部分动态显示钱龙分析系统的深沪趋势及综合指标排名等信息，大厅还配置了钱龙电视墙系统，沪深交易所信息公告屏，40台可视自助委托交易电脑，40条中继线电话委托。贵宾室装饰豪华，拥有300台品牌电脑，全部采用热自助委托。沪深两市交易采用双向卫星传输，无形席位报盘。四台最新COMPAQ7000、COMPAQ8000系列服务器确保交易畅通无阻。

除了舒适的环境、先进的设备，我们更强调优质周到的服务。我部常年聘请著名投资分析人士进行每日解析，盘中点评，同时配备多种股市测评信息，为投资者提供参考。我们将以先进的设备、优美的环境、热忱的服务回报您的信任和关爱。

河证券有限责任公司

AXY SECURITIES COMPANY LIMITED

合肥金城证券营业部

大户室

贵宾室

CURITIES COMPANY LIMITED

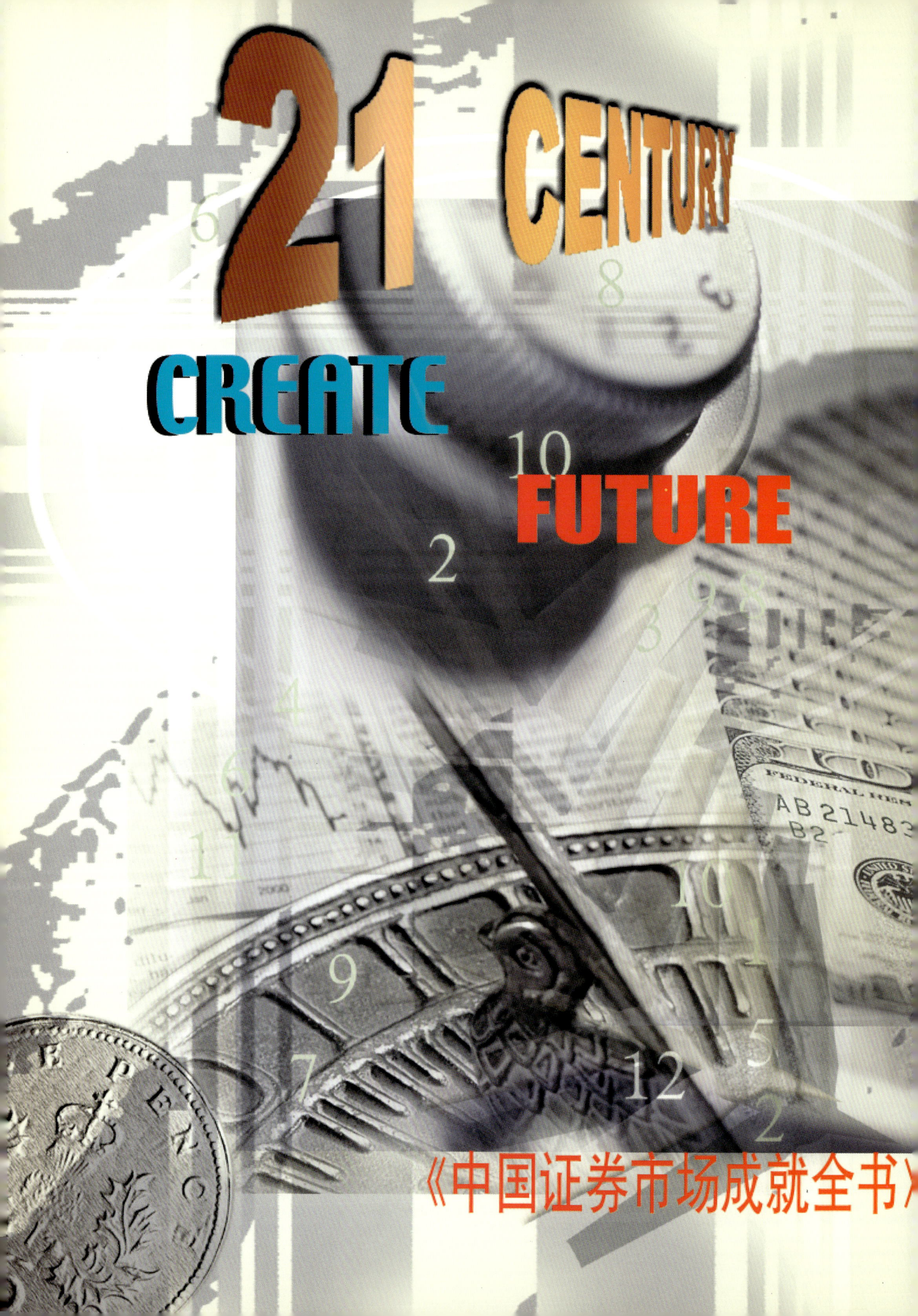
21 CENTURY
CREATE
FUTURE
《中国证券市场成就全书》

目　录

序言·中国资本市场前景广阔 …………………… 周小川

第一卷　证券监管

第一章、证券市场监管概览 …………………… 3
一、我国证券监管体制发展历程 …………………… 3
二、证券市场监管目标与对象 …………………… 4
三、证券市场监管手段与原则 …………………… 5
四、加强信息不对称监管的必要性 …………………… 7
第二章、证券发行监管 …………………… 8
一、证券发行管理制度 …………………… 8
二、证券发行程序规范 …………………… 8
三、证券发行信息监管 …………………… 9
四、证券发行承销监管 …………………… 10
五、证券发行主体责任 …………………… 11
第三章、证券交易监管 …………………… 11
一、证券交易监管制度 …………………… 11
二、证券交易基本原则 …………………… 12
三、证券上市程序监管 …………………… 13
四、证券信息披露监管 …………………… 14
五、证券交易行为监管 …………………… 14
六、网上证券交易的发展与监管 …………………… 15
第四章、上市公司监管` …………………… 16
一、对上市公司投资证券行为的监管 …………………… 17
二、对上市公司增发、配股的监管 …………………… 17
二、对上市公司兼并、收购的监管 …………………… 18
四、对上市公司持续信息公开的监管 …………………… 20
第五章、证券公司监管 …………………… 21
一、券商监管与指导的目标与原则 …………………… 21
二、券商监管与指导的重要性和必要性 …………………… 21
三、券商治理结构的监管 …………………… 22
四、券商投资合营及财务的监管 …………………… 22
五、证券从业人员的监管 …………………… 23
六、券商结算资金的监管 …………………… 24
七、进一步加强对券商的监管与指导 …………………… 25
第六章、证券交易所监管 …………………… 27
一、证券交易所的章程 …………………… 27
二、证券交易所的交易规则 …………………… 27
三、证券交易所对会员的监督管理 …………………… 28
四、证券交易所自律职责的履行 …………………… 28
第七章、企业分拆上市与监管 …………………… 30
一、什么是企业分拆及企业分拆上市 …………………… 30
二、我国企业分拆的实现形式 …………………… 30
三、企业分拆对公司的市场影响 …………………… 30
四、我国对企业分拆的监管 …………………… 31
第八章、中国证券市场监管新格局及其影响 …………………… 32
一、监管格局发展的两大发展取向 …………………… 32
二、中国证券市场监管格局新特点 …………………… 33
三、监管新格局对证券市场的影响 …………………… 33
第九章、完善退市制度，加快证券市场法制建设进程 … 36
一、目前我国上市规则存在的缺陷 …………………… 36
二、我国现有法律法规对退市的规定 …………………… 36
三、退市制度对上市公司的深远影响 …………………… 37
四、建立和完善退市制度的重要意义 …………………… 38
第十章、“入世”与中国证券监管 …………………… 40
一、WTO对开放证券市场的要求 …………………… 40
二、我国目前证券监管的发展状况 …………………… 40
三、加入WTO后我国证券监管面临的挑战 …………………… 41
四、国外证券监管的经验借鉴 …………………… 41
五、我国证券监管国际化发展对策 …………………… 41

第二卷　证券自律

第一章、证券机构自律概况 …………………… 45
一、证券自律的涵义与内容 …………………… 45
二、自律管理机构 …………………… 45
三、自律机构监管制度 …………………… 47
第二章、证券业协会自律与管理 …………………… 48
一、证券业协会组织的自律特征 …………………… 48
二、证券业协会对会员的自律管理 …………………… 48
三、证券业协会自律管理职责的履行 …………………… 49
第三章、机构投资者自律与管理 …………………… 50
一、机构投资者自律的重要性 …………………… 50
二、机构投资者自律途径选择 …………………… 50
三、机构投资者投资策略的自律调整 …………………… 51
四、机构投资者自我教育管理 …………………… 51
第四章、证券投资基金业自律与管理 …………………… 53
一、证券投资基金业自律的必要性 …………………… 53
二、证券基金业的内部管理 …………………… 53
三、证券投资基金的行业公约与守则 …………………… 54
第五章、证券咨询业的自律与管理 …………………… 55
一、证券咨询业自律与管理的必要性 …………………… 55
二、证券咨询行业的自律应遵循的原则 …………………… 56
三、证券咨询机构与从业人员自身管理 …………………… 57

第三卷　证券规范

第一章、上市公司的规范与运作 …………………… 60
一、上市公司经营管理行为的规范 …………………… 60
二、上市公司财务报表编制的规范 …………………… 61
三、上市公司新股发行的规范 …………………… 62
四、上市公司信息披露的规范 …………………… 63
五、上市公司重大购买或出售资产行为的规范 …………………… 64
六、上市公司建立独立董事制度的规范 …………………… 64

第二章、证券公司的规范与运作 …… 66
一、证券公司的设立、组织结构、筹建与开业、变更与终止的规范 …… 66
二、证券公司编制年报的规范 …… 70
三、我国对主承销商承销业务的规范与管理 …… 70
四、证券公司自营业务及其风险控制 …… 71
五、证券公司对上市公司的辅导 …… 72
六、证券公司日常行为规范 …… 72
第三章、证券交易所的规范与运作 …… 74
一、证券交易所设立与解散的规范 …… 74
二、证券交易所职能的规定 …… 74
三、证券交易所组织结构的规范 …… 74
四、证券交易所经营行为的规范管理 …… 75
五、证券交易所风险基金的规范管理 …… 79
六、证券交易所日常行为管理 …… 80
第四章、基金管理公司的规范与运作 …… 81
一、设立基金管理公司申报材料的内容与格式 …… 81
二、基金从业人员任职的资格要求 …… 81
三、基金管理公司信息披露的规范 …… 82
四、基金管理公司审核专家评议制度 …… 83
五、基金投资运作的监督管理 …… 83
第五章、证券服务公司的规范与运作 …… 85
一、证券登记结算机构的规范与运作 …… 85
二、证券投资咨询公司的规范与运作 …… 85
三、证券会计、审计机构的规范与运作 …… 86
四、证券律师事务所的规范与运作 …… 87
五、证券资产评估机构的规范与运作 …… 89
第六章、证券从业人员任职资格与规范管理 …… 91
一、现阶段我国证券从业人员的现状 …… 91
二、证券从业人员任职资格管理的特征 …… 91
三、我国证券从业人员任职资格管理存在的问题 …… 92
四、加强证券从业人员培训与任职资格管理的政策建议 …… 92
五、国外证券从业人员培训与任职资格管理的经验借鉴 …… 94
第七章、法人股流通规范管理的战略措施 …… 95
一、什么是法人股 …… 95
二、法人股流通的历史回顾与前景展望 …… 95
三、目前法人股流通存在的问题 …… 96
四、法人股流通的规范化措施 …… 97
附:法人股流通的有关政策 …… 97
第八章、建设有中国特色的独立董事制度 …… 99
一、我国建立独立董事制度原因分析 …… 99
二、独立董事制度在我国的成功实践 …… 99
三、我国目前建立和实施独立董事制度应注意的问题 …… 100
四、建立健全我国独立董事制度的战略措施 …… 101
第九章、完善中的证券民事赔偿制度 …… 102
一、我国证券法中民事赔偿机制的基本结构 …… 102
二、完善证券民事赔偿机制的必要性 …… 103
三、完善我国证券民事赔偿机制的政策建议 …… 104
四、境外股东代表诉讼制度设计的经验借鉴 …… 104
五、建立我国股东代表诉讼制度需要解决的问题 …… 106

第四卷 证 券 新 知 识

第一章、证券法律制度新知识 …… 110
一、核准制 …… 110
二、新会计制度 …… 111
三、董事长谈话制度 …… 113
四、股东代表诉讼制度 …… 114
第二章、证券市场新知识 …… 115
一、投资者教育 …… 115
二、上市公司治理 …… 116
三、券商法人治理结构 …… 118
四、开放式基金 …… 119
五、投资者关系管理 …… 120
六、股份回购 …… 121
七、证券交易佣金制度 …… 123
八、股票期权制 …… 124
第三章、证券交易新知识 …… 126
一、网上证券交易 …… 126
二、股指现货交易 …… 126

第五卷 股 市 投 资

第一章、股市投资心理学 …… 130
一、心理学的基本内容 …… 130
二、股市投资者心理分析 …… 131
第二章、股市投资的基本分析 …… 133
一、宏观经济因素分析 …… 133
二、股市基本要素分析 …… 134
三、上市公司基本分析 …… 135
第三章、股市投资理论分析与指标应用 …… 140
一、股市投资技术理论分析 …… 140
二、股市投资指标运用 …… 146
第四章、股市投资机会与风险控制 …… 151
一、美国股市重大投资机会的借鉴 …… 151
二、我国股市的潜在投资机遇 …… 153
三、对国内股市风险的认识 …… 153
四、国内股市风险的有效控制 …… 154
第五章、股市投资策略 …… 155
一、我国股市涨跌趋势分析 …… 155
二、理性的选股策略 …… 156
三、股市投资的具体操作方法 …… 157

第六卷 投 资 基 金

第一章、证券投资基金的规范化发展 …… 161
一、发展证券投资基金的作用 …… 161
二、我国证券投资基金业的发展现状 …… 161
三、当前发展证券投资基金面临的问题 …… 162
四、证券投资基金规范化发展的对策 …… 163
第二章、开放式基金的投资及其风险防范 …… 164
一、全球开放式基金的发展趋势 …… 164
二、发展开放式基金对我国证券市场的战略意义 …… 164
三、开放式基金投资的风险分析 …… 165
四、开放式基金投资风险的有效防范 …… 165

第三章、规范发展私募基金的政策建议 …… 167
一、私募基金的内涵 …… 167
二、我国私募基金发展状况 …… 167
三、规范发展私募基金的作用 …… 167
四、现阶段私募基金发展面临的法律问题 …… 168
五、规范发展私募基金的措施 …… 168
第四章、社保基金运作机制与入市模式选择 …… 169
一、我国社保基金入市的状况分析 …… 169
二、社保基金入市对证券市场的影响及意义 …… 170
三、社保基金入市模式的选择分析 …… 170
四、社保基金进入证券市场的途径 …… 171
五、社保基金入市的交易方式 …… 171
六、社保基金入市运作机制的设计 …… 171
第五章、上市证券投资基金简介 …… 174
500001 金泰证券投资基金 …… 174
500002 泰和证券投资基金 …… 174
500003 安信证券投资基金 …… 175
500006 裕阳证券投资基金 …… 175
500007 景阳证券投资基金 …… 175
500008 兴华证券投资基金 …… 176
500009 安顺证券投资基金 …… 176
500010 金元证券投资基金 …… 177
500011 金鑫证券投资基金 …… 177
500013 安瑞证券投资基金 …… 178
500015 汉兴证券投资基金 …… 178
500016 裕元证券投资基金 …… 179
500017 景业证券投资基金 …… 179
500018 兴和证券投资基金 …… 180
500019 普润证券投资基金 …… 180
500021 金鼎证券投资基金 …… 181
500025 汉鼎证券投资基金 …… 181
500028 兴业证券投资基金 …… 182
500029 科讯证券投资基金 …… 183
500035 汉博证券投资基金 …… 183
500038 通乾证券投资基金 …… 184
500039 同德证券投资基金 …… 184
184688 开元证券投资基金 …… 185
184689 普惠证券投资基金 …… 186
184690 同益证券投资基金 …… 186
184691 景宏证券投资基金 …… 186
184692 裕隆证券投资基金 …… 187
184693 普丰证券投资基金 …… 187
184695 景博证券投资基金 …… 188
184698 天元证券投资基金 …… 188
184699 同盛证券投资基金 …… 189
184700 鸿飞证券投资基金 …… 189
184701 景福证券投资基金 …… 190
184702 同智证券投资基金 …… 190
184703 金盛证券投资基金 …… 191
184705 裕泽证券投资基金 …… 191
184706 天华证券投资基金 …… 192
184708 兴科证券投资基金 …… 193
184710 隆元证券投资基金 …… 193
184711 普华证券投资基金 …… 194
184713 科翔证券投资基金 …… 194
184718 兴安证券投资基金 …… 195
184738 通宝证券投资基金 …… 195

第七卷 创业板市场

第一章、创业板市场概述 …… 199
一、创业板市场的内涵与特征 …… 199
二、我国设立创业板市场的现实意义 …… 199
三、影响企业在创业板上市的关键因素 …… 201
四、我国设立创业板市场的可行性 …… 202
五、创业板市场信息披露制度 …… 203
第二章、创业板市场的建设与发展 …… 205
第三章、创业板市场的风险及其防范 …… 209
一、创业板市场风险分析 …… 209
二、境外创业板市场风险监控经验借鉴 …… 209
三、我国防范创业板市场风险的战略措施 …… 210
第四章、我国创业板市场的框架设计 …… 211
一、我国创业板市场的目标定位 …… 211
二、我国创业板市场的上市条件设计 …… 212
三、创业板市场新股发行定价模式设计 …… 213
四、创业板市场的交易规则设计 …… 215
五、创业板市场交易制度的选择 …… 216
六、创业板市场的监管体系设计 …… 218
第五章、我国创业板市场前景展望 …… 220
第六章、信息、生物、纳米三大高新技术的发展 …… 222
一、21世纪信息技术将继续得到迅速发展 …… 222
二、生物技术将获得空前的发展机遇 …… 223
三、纳米技术将引发新的产业革命 …… 224

第八卷 上海证券交易所

第一章、上海证券交易所简介 …… 228
第二章、上海证券交易所11年发展概述 …… 230
一、上海证券交易所11年来的市场发展 …… 230
二、上海证券交易所11年来的市场基础设施建设 …… 230
三、上海证券交易所11年来的市场监管 …… 231
四、上海证券交易所11年来的市场服务 …… 232
附:上海证券交易所发展大事记 …… 233
第三章、沪市2000年度上市公司经济指标总览 …… 238

第九卷 深圳证券交易所

第一章、深圳证券交易所简介 …… 256
第二章、深圳证券交易所11年发展概述 …… 259
一、深圳证券交易所11年发展历程 …… 259
二、深圳证券交易所11年发展特征 …… 259
三、深圳证券交易所11年发展成就 …… 260
附:深圳证券交易所发展大事记 …… 261

第三章、深市2000年度上市公司经济指标总览 …… 265

第十卷　企业创新

第一章、企业创新概述 …… 280
一、企业创新的重要意义 …… 280
二、企业创新行为的特征 …… 280
三、企业创新的主要内容 …… 281
四、企业创新机制的有效构筑 …… 283
第二章、企业制度创新 …… 285
一、企业制度创新概述 …… 285
二、激励机制的变革与创新 …… 287
三、企业资金流运作创新 …… 288
第三章、企业组织创新 …… 289
一、企业组织创新的基本原则与要求 …… 289
二、企业组织创新的层次与方式 …… 289
三、目前我国企业组织结构的主要形式 …… 289
四、对我国企业组织结构局限性的分析 …… 290
五、我国企业组织结构创新的战略措施 …… 291
第四章、企业科技创新 …… 292
一、科技创新的内涵与特征 …… 292
二、科技创新对证券市场的深远影响 …… 292
三、科技创新对企业发展的战略意义 …… 293
四、科技创新的政策扶持与上市公司的发展 …… 293
五、我国企业科技创新的重要举措 …… 294
六、企业科技创新发展前景预测 …… 296
第五章、企业观念创新 …… 297
一、观念创新是企业创新的坚实基础 …… 297
二、影响观念创新的主要因素 …… 297
三、新时期企业观念创新能力的培养 …… 298
四、21世纪企业的七大创新观念 …… 299
第六章、新时期我国券商经纪业务的创新发展 …… 302
一、券商经纪业务的本质 …… 302
二、券商经纪业务面临严峻挑战 …… 302
三、新时期券商经纪业务创新举措 …… 303
第七章、中国资本市场可持续发展与创新 …… 305
第八章、华泰证券网上业务创新 …… 308
一、华泰证券网技术特点简要介绍 …… 308
二、网上证券交易收益与成本 …… 309
三、华泰证券开展网上证券交易业务的成功实践 …… 311

第十一卷　品牌战略

第一章、我国上市公司实施品牌战略的必要性 …… 315
第二章、上市公司品牌塑造 …… 317
一、上市公司必须树立品牌创新思想 …… 317
二、技术持续创新是品牌塑造的有力保障 …… 317
三、创造驰名商标是品牌塑造的主要环节 …… 318
四、品牌塑造必须注意的问题 …… 319
第三章、上市公司品牌战略的实施与管理 …… 320
一、规范管理和规模经济是品牌战略实施的基础 …… 320
二、战略控制是品牌实施与管理的基本手段 …… 321
三、上市公司品牌管理的十大误区 …… 321

第十二卷　投资理财

第一章、公司理财概述 …… 325
一、公司理财目标 …… 325
二、公司理财内容 …… 325
三、公司理财方法 …… 326
四、公司理财职能 …… 327
五、公司理财环境 …… 327
六、公司理财原理 …… 330
第二章、上市公司理财实务 …… 334
一、上市公司筹资理财 …… 334
二、上市公司投资理财 …… 337
三、上市公司投资收益分配 …… 343
第三章、券商理财实务 …… 346
一、券商筹资 …… 346
二、券商投资决策 …… 347
三、券商资金运用的日常管理 …… 348
四、券商投资评价 …… 348
五、券商的投资利润分配 …… 349
第四章、个人投资理财实务 …… 350
一、储蓄 …… 350
二、债券投资 …… 350
三、股票投资 …… 351
四、基金投资 …… 351
五、外汇投资 …… 352
六、银行贷款 …… 352
第五章、证券投资基金理财实务 …… 353
一、基金理财的涵义 …… 353
二、基金理财的主要内容 …… 353
三、基金理财的负面影响 …… 354
四、基金理财负面影响的有效防范 …… 355
第六章、网上理财 …… 356
一、网上理财的兴起 …… 356
二、网上理财的工具选择 …… 356
三、目前我国网上理财面临的问题 …… 356
四、网上理财的前景展望 …… 357

第十三卷　证券文化和股票发行

第一章、我国证券文化的形成与发展 …… 360
第二章、我国证券文化的特色与作用 …… 361
第三章、我国证券文化的建设与繁荣 …… 363
第四章、股票发行市场化研究 …… 365
一、我国股票发行制度的演变 …… 365
二、我国股票发行制度的政策效应分析 …… 369
三、我国股票发行制度由核准制向注册制转变 …… 372
四、发行定价市场化分析 …… 374
五、发行市场化对公司及投资者的影响 …… 378
六、发行制度改革及券商应对措施 …… 380
七、发行市场化政策建议 …… 383

第五章、对我国上市公司增发融资的思考与探索 ··· 385
一、增发融资历程与存在的问题 ······ 385
二、提高增发标准规范增发市场 ······ 387
三、市场波动对上市公司增发事件日股价走势的影响 ··· 389
四、增发对券商的影响及其对策 ······ 395
五、增发对上市公司业绩的影响 ······ 397
六、券商在证券市场融资中的作用 ······ 399

第十四卷　证券法律法规汇编

1、中华人民共和国证券法 ······ 404
2、中华人民共和国信托法 ······ 412
3、中华人民共和国中外合资经营企业法 ······ 415
4、中华人民共和国外资保险公司管理条例 ······ 416
5、中华人民共和国外资金融机构管理条例 ······ 418
6、中国证券监督委员会股票发行审核委员会工作程序执行指导意见 ······ 420
7、中国证监会股票发行审核委员会关于首次公开发行股票审核工作的指导意见 ······ 422
8、中国证监会股票发行审核委员会关于上市公司新股发行审核工作的指导意见 ······ 423
9、股份转让公司信息披露实施细则 ······ 425
10、上市公司新股发行管理办法 ······ 430
11、上市公司检查办法 ······ 432
12、上市公司董事长谈话制度实施办法 ······ 433
13、关于在上市公司建立独立董事制度的指导意见 ······ 434
14、上市公司发行可转换公司债券实施办法 ······ 436
15、全国社会保障基金投资管理暂行办法 ······ 438
16、关于上市公司涉及外商投资有关问题的若干意见 ······ 441
17、亏损上市公司暂停上市和终止上市实施办法(修订) ··· 442
18、上市公司治理准则 ······ 443
19、证券投资基金会计核算办法 ······ 446
20、证券投资基金行业公约 ······ 455
21、证券投资基金业从业人员执业守则 ······ 456
22、金融机构撤销条例 ······ 456
23、境外会计师事务所执行金融类上市公司审计业务临时许可证管理办法 ······ 458
24、客户交易结算资金管理办法 ······ 459
25、证券公司代办股份转让服务业务试点办法 ······ 461
26、国有企业境外期货套期保值业务管理办法 ······ 465
27、国有企业境外期货套期保值业务管理制度指导意见 ··· 467
28、期货交易所、期货经营机构信息技术管理规范(试行) ··· 469
29、金融资产管理公司吸收外资参与资产重组与处置的暂行规定 ······ 473
30、首次公开发行股票辅导工作办法 ······ 474
31、境内上市外资股(B股)公司非上市外资股上市流通的办理程序 ······ 478
32、公开发行证券的公司信息披露内容与格式准则第1号—招股说明书 ······ 478
33、公开发行证券公司信息披露的内容与格式准则第2号—年度报告的内容与格式(2001年修订稿) ······ 487
34、公开发行证券的公司信息披露内容与格式准则第7号—股票上市公告书 ······ 493
35、公开发行证券的公司信息披露内容与格式准则第9号—首次公开发行股票申请文件 ······ 496
36、公开发行证券公司信息披露内容与格式准则第10号—要约收购报告 ······ 498
37、公开发行证券公司信息披露内容与格式准则第11号—要约收购中被收购公司董事会报告 ······ 501
38、公开发行证券的公司信息披露内容与格式准则第12号—上市公司发行可转换公司债券申请文件 ······ 503
39、公开发行证券的公司信息披露的内容与格式准则第13号—可转换公司债券募集说明书 ······ 504
40、公开发行证券的公司信息披露内容与格式准则第14号—可转换公司债券上市公告书 ······ 508
41、公开发行证券公司信息披露内容与格式准则第9号—上市公司股东持股变动报告 ······ 510
42、公开发行证券的公司信息披露内容与格式准则第10号—上市公司新股发行申请文件 ······ 513
43、公开发行证券的公司信息披露内容与格式准则第11号—上市公司发行新股招股说明书 ······ 515
44、公开发行证券公司信息披露编报规则第7号—商业银行年度报告内容与格式特别规定 ······ 519
45、公开发行证券公司信息披露编报规则第8号—证券公司年度报告内容与格式特别规定 ······ 520
46、公开发行证券的公司信息披露的编报规则第12号—公开发行证券的法律意见书和律师工作报告 ······ 521
47、公开发行证券的公司信息披露编报规则第13号—季度报告内容与格式特别规定 ······ 524
48、公开发行证券的公司信息披露编报规则第14号—非标准无保留审计意见及其涉及事项的处理 ······ 525
49、公开发行证券的公司信息披露编报规则第15号—财务报告的一般规定 ······ 526
50、公开发行证券的公司信息披露编报规则第16号—A股公司实行补充审计的暂行规定 ······ 531
51、关于A股公司做好补充审计工作的通知 ······ 531
52、证券公司管理办法 ······ 532
53、证券公司检查办法 ······ 534
54、证券公司内部控制指引 ······ 534
55、超额配售选择权试点意见 ······ 537
56、证券交易委托代理业务指引(1—4号) ······ 538
57、证券交易所管理办法 ······ 541
58、两交易所发布上市公司信息披露考核办法 ······ 546
59、上海、深圳证券交易所交易规则 ······ 547
60、上海证券交易所股票上市规则(2001年修订本) ······ 552
61、深圳证券交易所股票上市规则(2001年修订本) ······ 564
62、上交所B股交易规则摘要 ······ 577
63、深交所B股交易规则摘要 ······ 578
64、资产评估准则——无形资产 ······ 578
65、企业会计准则——存货 ······ 579
66、企业会计准则——固定资产 ······ 581
67、企业会计准则——中期财务报告 ······ 582
68、关联方之间出售资产等有关会计处理问题暂行规定 ······ 584

69、证券公司从事股票发行主承销业务有关问题的指导意见 …… 586
—附件一：首次公开发行股票申请文件主承销商核对要点 …… 586
—附件二：主承销商关于上市公司新股发行尽职调查报告必备内容 …… 595
—附件三：主承销商关于上市公司新股发行申请文件核对表 …… 597
—附件四：主承销商关于股票发行回访报告必备内容 …… 601
70、首次公开发行股票公司申报财务报表剥离调整指导意见(征求意见稿) …… 602
71、新股发行上网竞价方式指导意见(公开征求意见稿) …… 604
72、上市公司股东持股变动信息披露管理办法(征求意见稿) …… 606
73、拟发行上市公司改制重组指导意见(征求意见稿) …… 609
74、证券营业部审批规则(征求意见稿) …… 611
75、公开发行证券的公司财务报表及财务报表附注的一般规定(征求意见稿) …… 613
76、证券投资基金设立申请核准工作程序(征求意见稿) …… 618
77、中外合营证券公司审批规则(征求意见稿) …… 618
78、金融企业会计制度(征求意见稿) …… 620
79、境外机构参股、参与发起设立基金管理公司暂行规定(征求意见稿) …… 633
80、关于境内居民个人投资境内上市外资股若干问题的通知 …… 634
81、关于首次公开发行股票公司招股说明书网上披露有关事宜的通知 …… 635
82、关于完善基金管理公司董事人选制度的通知 …… 635
83、关于新股发行公司通过互联网进行公司推介的通知 …… 636
84、关于规范证券公司受托投资管理业务的通知 …… 636
85、关于证券公司增资扩股有关问题的通知 …… 638
86、关于核准基金管理公司重大变更事项有关问题的通知(征求意见稿) …… 638
87、关于规范面向公众开展的证券投资咨询业务行为若干问题的通知 …… 639
88、关于执行《客户交易结算资金管理办法》若干意见的通知 …… 640
89、关于拟发行新股的上市公司中期报告有关问题的通知 …… 642
90、关于上市公司、拟首次发行股票并上市的公司做好与新会计准则和制度相关信息披露工作的通知 …… 642
91、关于申请设立基金管理公司若干问题的通知 …… 643
92、关于规范证券投资基金运作中证券交易行为的通知 …… 643
93、关于做好上市公司2001年年度报告有关工作的通知(上交所) …… 644
94、关于做好上市公司2001年年度有关报告工作的通知(深交所) …… 644
95、关于基金管理公司设立及审核程序有关问题的通知(征求意见稿) …… 646
96、关于上市公司重大购买、出售、置换资产若干问题的通知 …… 648

第十五卷　上海证券交易所上市公司信息汇集

600000 上海浦东发展银行股份有限公司 …… 651
600001 邯郸钢铁股份有限公司 …… 651
600002 齐鲁石油化工股份有限公司 …… 655
600003 东北高速公路股份有限公司 …… 655
600005 武汉钢铁股份有限公司 …… 656
600006 东风汽车股份有限公司 …… 656
600007 中国国际贸易中心股份有限公司 …… 657
600008 北京首创股份有限公司 …… 657
600009 上海国际机场股份有限公司 …… 658
600010 内蒙古包钢钢联股份有限公司 …… 658
600011 华能国际电力股份有限公司 …… 659
600016 中国民生银行股份有限公司 …… 660
600018 上海港集装箱股份有限公司 …… 660
600019 宝山钢铁股份有限公司 …… 661
600033 福建发展高速公路股份有限公司 …… 661
600037 北京歌华有限电视网络股份有限公司 …… 662
600038 哈飞航空工业股份有限公司 …… 662
600051 宁波联合集团股份有限公司 …… 663
600052 浙江广厦建筑集团股份有限公司 …… 663
600053 江西纸业股份有限公司 …… 664
600054 黄山旅游发展股份有限公司 …… 664
600055 北京万东医疗装备股份有限公司 …… 665
600056 中技贸易股份有限公司 …… 665
600057 厦门厦新电子股份有限公司 …… 666
600058 五矿龙腾科技股份有限公司 …… 666
600059 浙江古越龙山绍兴酒股份有限公司 …… 667
600060 青岛海信电器股份有限公司 …… 667
600061 中纺投资发展股份有限公司 …… 668
600062 北京双鹤药业股份有限公司 …… 668
600063 安徽皖维高新材料股份有限公司 …… 669
600064 南京新港高科技股份有限公司 …… 669
600065 大庆联谊石化股份有限公司 …… 670
600066 郑州宇通客车股份有限公司 …… 670
600067 福州大通机电股份有限公司 …… 671
600068 葛州坝股份有限公司 …… 671
600069 河南银鸽实业投资股份有限公司 …… 672
600070 浙江富润股份有限公司 …… 672
600071 凤凰光学股份有限公司 …… 673
600072 江南重工股份有限公司 …… 673
600073 上海梅林正广和股份有限公司 …… 674
600074 南京中达制膜(集团)股份有限公司 …… 674
600075 新疆天业股份有限公司 …… 675
600076 潍坊北大青鸟华光科技股份有限公司 …… 675
600077 辽宁国能集团股份有限公司 …… 676
600078 江苏澄星磷化工股份有限公司 …… 676
600079 武汉人福高科技产业股份有限公司 …… 677
600080 金花企业(集团)股份有限公司 …… 677
600081 东风电子科技股份有限公司 …… 678

600082 天津百货大楼股份有限公司 …… 678
600083 成都福地科技股份有限公司 …… 679
600084 新天国际经贸股份有限公司 …… 679
600085 北京同仁堂股份有限公司 …… 680
600086 湖北多佳股份有限公司 …… 680
600087 南京水运实业股份有限公司 …… 681
600088 无锡中视影视基地股份有限公司 …… 681
600089 新疆特变电工股份有限公司 …… 682
600090 新疆啤酒花股份有限公司 …… 682
600091 包头明天科技股份有限公司 …… 683
600092 陕西精密合金股份有限公司 …… 683
600093 四川禾嘉股份有限公司 …… 684
600094 上海华源股份有限公司 …… 684
600095 哈尔滨高科技(集团)股份有限公司 …… 685
600096 云南云天化股份有限公司 …… 689
600097 海南恒泰芒果产业股份有限公司 …… 689
600098 广州发展实业控股集团股份有限公司 …… 687
600099 林海股份有限公司 …… 687
600100 清华同方股份有限公司 …… 691
600101 四川明星电力股份有限公司 …… 691
600102 莱芜钢铁股份有限公司 …… 692
600103 福建省青山纸业股份有限公司 …… 696
600104 上海汽车股份有限公司 …… 696
600105 江苏永鼎股份有限公司 …… 697
600106 重庆路桥股份有限公司 …… 701
600107 湖北美尔雅股份有限公司 …… 701
600108 甘肃亚盛实业(集团)股份有限公司 …… 702
600109 成都百货(集团)股份有限公司 …… 707
600110 长春热缩材料股份有限公司 …… 707
600111 内蒙古包钢稀土高科技股份有限公司 …… 708
600112 贵州长征电器股份有限公司 …… 708
600113 浙江东日股份有限公司 …… 709
600115 中国东方航空股份有限公司 …… 709
600116 重庆三峡水利电力(集团)股份有限公司 …… 710
600117 西宁特殊钢股份有限公司 …… 710
600118 中国泛旅实业发展股份有限公司 …… 711
600119 长发集团长江投资实业股份有限公司 …… 711
600120 浙江东方集团股份有限公司 …… 712
600121 郑州煤电股份有限公司 …… 712
600122 江苏宏图高科技股份有限公司 …… 713
600123 山西兰花科技创业股份有限公司 …… 713
600125 大连铁龙实业股份有限公司 …… 714
600126 杭州钢铁股份有限公司 …… 714
600127 湖南金健米业股份有限公司 …… 715
600128 江苏弘业股份有限公司 …… 715
600129 重庆太极实业(集团)股份有限公司 …… 716
600130 宁波波导股份有限公司 …… 721
600131 四川岷江水利电力股份有限公司 …… 721
600132 重庆啤酒股份有限公司 …… 702
600133 武汉东湖高新集团股份有限公司 …… 702
600135 乐凯胶片股份有限公司 …… 723
600136 武汉道博股份有限公司 …… 723
600137 四川长江包装纸业股份有限公司 …… 724
600138 中青旅控股股份有限公司 …… 724
600139 鼎天科技股份有限公司 …… 725
600141 湖北兴发化工集团股份有限公司 …… 725
600145 重庆四维瓷业股份有限公司 …… 726
600146 宁夏大元化工股份有限公司 …… 726
600148 长春一东离合器股份有限公司 …… 727
600149 邢台轧辊股份有限公司 …… 727
600150 沪东重机股份有限公司 …… 728
600151 上海航天汽车机电股份有限公司 …… 728
600152 宁波维科精华集团股份有限公司 …… 729
600153 厦门建发股份有限公司 …… 729
600155 河北宝硕股份有限公司 …… 730
600156 湖南华升益鑫泰股份有限公司 …… 731
600157 泰安鲁润股份有限公司 …… 730
600158 中体产业股份有限公司 …… 739
600159 内蒙古宁城老窖股份有限公司 …… 739
600160 浙江巨化股份有限公司 …… 740
600161 北京天坛生物制品股份有限公司 …… 740
600162 山东临沂工程机械股份有限公司 …… 741
600163 福建省南纸股份有限公司 …… 741
600165 宁夏恒力钢丝绳股份有限公司 …… 742
600166 北汽福田车辆股份有限公司 …… 742
600167 沈阳黎明服装股份有限公司 …… 743
600168 武汉三镇实业控股股份有限公司 …… 743
600169 太原重工股份有限公司 …… 744
600170 上海建工股份有限公司 …… 744
600171 上海贝岭股份有限公司 …… 745
600172 河南黄河旋风股份有限公司 …… 745
600173 牡丹江水泥股份有限公司 …… 746
600175 海南宝华实业股份有限公司 …… 746
600176 中国化学建材股份有限公司 …… 747
600177 雅戈尔集团股份有限公司 …… 747
600178 哈尔滨东安汽车动力股份有限公司 …… 748
600179 黑龙江黑化股份有限公司 …… 748
600180 山东九发食用菌股份有限公司 …… 749
600181 昆明云大科技产业股份有限公司 …… 749
600182 桦林轮胎股份有限公司 …… 750
600183 广东生益科技股份有限公司 …… 750
600185 西安海星现代科技股份有限公司 …… 751
600186 河南莲花味精股份有限公司 …… 752
600187 黑龙江黑龙股份有限公司 …… 751
600188 兖州煤业股份有限公司 …… 757
600189 吉林森林工业股份有限公司 …… 761
600190 锦州港务(集团)股份有限公司 …… 762
600191 包头华资实业股份有限公司 …… 761
600192 兰州长城电工股份有限公司 …… 766
600193 厦门创兴科技股份有限公司 …… 766
600195 中牧实业股份有限公司 …… 767
600196 上海复星实业股份有限公司 …… 767
600197 新疆伊力特实业股份有限公司 …… 768
600198 大唐电信科技股份有限公司 …… 768

600199 安徽金牛实业股份有限公司 …… 769
600200 江苏吴中实业股份有限公司 …… 769
600201 内蒙古金宇集团股份有限公司 …… 770
600202 哈尔滨空调股份有限公司 …… 770
600203 福建福日电子股份有限公司 …… 771
600205 山东铝业股份有限公司 …… 771
600206 有研半导体材料股份有限公司 …… 772
600207 河南安彩高科股份有限公司 …… 773
600208 中宝戴梦得投资股份有限公司 …… 772
600209 海南罗顿发展股份有限公司 …… 780
600210 上海紫江企业集团股份有限公司 …… 780
600211 西藏诺迪康药业股份有限公司 …… 781
600212 山东江泉实业股份有限公司 …… 781
600213 杨州亚星客车股份有限公司 …… 782
600215 长春经济技术开发区开发建设(集团)股份有限公司 …… 782
600216 浙江医药股份有限公司 …… 783
600217 陕西秦岭水泥股份有限公司 …… 783
600218 安徽全柴动力股份有限公司 …… 784
600219 山东南山实业股份有限公司 …… 784
600220 江苏阳光股份有限公司 …… 785
600221 海南航空股份有限公司 …… 785
600222 河南竹林众生制药股份有限公司 …… 786
600223 山东万杰高科技股份有限公司 …… 786
600225 福建天香集团股份有限公司 …… 787
600226 浙江升华拜克生物股份有限公司 …… 787
600227 贵州赤天化股份有限公司 …… 788
600228 江西昌九化工股份有限公司 …… 788
600229 青岛碱业股份有限公司 …… 789
600230 河北沧州大化股份有限公司 …… 789
600231 凌源钢铁股份有限公司 …… 790
600232 浙江金鹰股份有限公司 …… 791
600233 大连大杨创世股份有限公司 …… 790
600234 太原天龙集团股份有限公司 …… 797
600235 民丰特种纸股份有限公司 …… 797
600236 广西桂冠电力股份有限公司 …… 799
600237 安徽铜峰电子股份有限公司 …… 802
600238 海南椰岛股份有限公司 …… 802
600239 云南红河光明股份有限公司 …… 803
600240 内蒙古仕奇实业股份有限公司 …… 803
600241 辽宁时代服装进出口股份有限公司 …… 804
600242 广东华龙集团股份有限公司 …… 804
600243 青海华鼎实业股份有限公司 …… 805
600246 北京先锋粮农实业股份有限公司 …… 805
600247 吉林物华(集团)股份有限公司 …… 806
600248 杨凌秦丰农业科技股份有限公司 …… 806
600250 南京纺织品进出口股份有限公司 …… 807
600252 广西梧州中恒集团股份有限公司 …… 807
600253 河南天方药业股份有限公司 …… 808
600255 安徽鑫科新材料股份有限公司 …… 808
600256 新疆广汇石材股份有限公司 …… 809
600257 湖南洞庭水殖股份有限公司 …… 809
600258 北京首都旅游股份有限公司 …… 810
600259 海南兴业聚酯股份有限公司 …… 810
600260 湖北凯乐新材料科技股份有限公司 …… 811
600261 浙江阳光集团股份有限公司 …… 811
600262 内蒙古北方重型汽车股份有限公司 …… 812
600263 路桥集团国际建设股份有限公司 …… 812
600265 云南景谷林业股份有限公司 …… 813
600266 北京城建股份有限公司 …… 818
600267 浙江海正药业股份有限公司 …… 818
600268 国电南京自动化股份有限公司 …… 819
600269 江西赣粤高速公路股份有限公司 …… 819
600270 中外运空运发展股份有限公司 …… 820
600272 上海开开实业股份有限公司 …… 820
600275 湖北武昌鱼股份有限公司 …… 821
600276 江苏恒瑞医药股份有限公司 …… 822
600277 内蒙古亿利科技实业股份有限公司 …… 821
600278 东方国际创业股份有限公司 …… 827
600279 重庆港九股份有限公司 …… 827
600280 南京中央商场股份有限公司 …… 828
600281 太原化工股份有限公司 …… 828
600282 南京钢铁股份有限公司 …… 829
600283 钱江水利开发股份有限公司 …… 829
600285 河南羚锐制药股份有限公司 …… 830
600286 湖南国光瓷业集团股份有限公司 …… 830
600287 江苏舜天国际集团服装进出口股份有限公司 …… 831
600288 大恒新纪元科技股份有限公司 …… 832
600289 哈尔滨亿阳信通股份有限公司 …… 831
600290 苏福马股份有限公司 …… 837
600291 内蒙古西卓子山草原水泥股份有限公司 …… 840
600292 重庆九龙电力股份有限公司 …… 840
600293 湖北三峡新型建材股份有限公司 …… 841
600296 兰州铝业股份有限公司 …… 841
600297 大连美罗药业股份有限公司 …… 842
600298 湖北安琪酵母股份有限公司 …… 842
600299 星辰化工新材料股份有限公司 …… 843
600300 徐州维维食品饮料股份有限公司 …… 844
600301 南宁化工股份有限公司 …… 843
600302 西安标准工业股份有限公司 …… 849
600303 丹东曙光车桥股份有限公司 …… 849
600305 江苏恒顺醋业股份有限公司 …… 850
600306 沈阳商业城股份有限公司 …… 850
600307 甘肃酒钢集团宏兴钢铁股份有限公司 …… 851
600308 山东华泰纸业股份有限公司 …… 851
600309 烟台万华聚氨酯股份有限公司 …… 852
600310 广西桂东电力股份有限公司 …… 853
600311 甘肃荣华实业(集团)股份有限公司 …… 854
600312 河南平高电气股份有限公司 …… 869
600313 中垦农业资源开发股份有限公司 …… 852
600315 上海家化联合股份有限公司 …… 870
600316 江西洪都航空工业股份有限公司 …… 871
600318 安徽巢东水泥股份有限公司 …… 871
600319 潍坊亚星化学股份有限公司 …… 872

600320 上海振华港口机械(集团)股份有限公司 ………… 873
600321 四川国栋建设股份有限公司 ………… 874
600322 天津市房地产发展(集团)股份有限公司 ………… 875
600323 南海发展股份有限公司 ………… 873
600326 西藏天路交通股份有限公司 ………… 876
600328 内蒙古兰太实业股份有限公司 ………… 883
600329 天津中新药业集团股份有限公司 ………… 887
600330 浙江天通电子股份有限公司 ………… 888
600332 广州药业股份有限公司 ………… 889
600333 长春燃气股份有限公司 ………… 888
600335 中外建发展股份有限公司 ………… 895
600336 青岛澳柯玛股份有限公司 ………… 895
600337 美克国际家具股份有限公司 ………… 896
600338 西藏珠峰工业股份有限公司 ………… 896
600339 新疆独山子天利高新技术股份有限公司 ………… 897
600345 武汉长江通信产业集团股份有限公司 ………… 897
600346 大连冰山橡塑股份有限公司 ………… 898
600356 牡丹江恒丰纸业股份有限公司 ………… 899
600359 新疆塔里木农业综合开发股份有限公司 ………… 900
600360 吉林华微电子股份有限公司 ………… 903
600361 北京华联商厦股份有限公司 ………… 921
600363 江西联创光电科技股份有限公司 ………… 922
600365 通化葡萄酒股份有限公司 ………… 923
600366 宁波韵升(集团)股份有限公司 ………… 922
600367 贵州红星发展股份有限公司 ………… 926
600368 广西五洲交通股份有限公司 ………… 926
600369 重庆长江水运股份有限公司 ………… 927
600372 江西昌河汽车股份有限公司 ………… 934
600376 北京天鸿宝业房地产股份有限公司 ………… 935
600377 江苏宁沪高速公路股份有限公司 ………… 936
600378 四川天一科技股份有限公司 ………… 941
600379 陕西宝光真空电器股份有限公司 ………… 942
600380 深圳太太药业股份有限公司 ………… 943
600381 青海白唇鹿股份有限公司 ………… 944
600382 广东明珠球阀集团股份有限公司 ………… 941
600383 金地(集团)股份有限公司 ………… 963
600385 山东金泰集团股份有限公司 ………… 964
600386 北京巴士股份有限公司 ………… 965
600388 福建龙净环保股份有限公司 ………… 965
600389 南通江山农药化工股份有限公司 ………… 966
600390 金瑞新材料科技股份有限公司 ………… 970
600391 四川成发航空科技股份有限公司 ………… 971
600393 广州东华实业股份有限公司 ………… 972
600395 贵州盘江精煤股份有限公司 ………… 973
600396 沈阳金山热电股份有限公司 ………… 974
600398 凯诺科技股份有限公司 ………… 970
600399 抚顺特殊钢股份有限公司 ………… 975
600400 江苏红豆实业股份有限公司 ………… 975
600418 安徽江淮汽车底盘股份有限公司 ………… 976
600419 新疆天宏纸业股份有限公司 ………… 977
600422 昆明制药股份有限公司 ………… 990
600448 华纺股份有限公司 ………… 991
600466 四川迪康科技药业股份有限公司 ………… 992
600468 天津特精液压股份有限公司 ………… 993
600488 天津天药药业股份有限公司 ………… 994
600498 烽火通信科技股份有限公司 ………… 995
600500 中化国际贸易股份有限公司 ………… 990
600501 南京晨光航天应用技术股份有限公司 ………… 996
600506 新疆库尔勒香梨股份有限公司 ………… 1007
600508 上海大屯能源股份有限公司 ………… 1008
600518 广东康美药业股份有限公司 ………… 1014
600519 贵州茅台酒股份有限公司 ………… 1015
600520 铜陵三佳模具股份有限公司 ………… 1016
600523 贵州贵航汽车零部件股份有限公司 ………… 1017
600528 中铁二局股份有限公司 ………… 1018
600530 上海交大昂立股份有限公司 ………… 1030
600539 太原狮头水泥股份有限公司 ………… 1031
600550 保定天威保变电气股份有限公司 ………… 1032
600556 广西北生药业股份有限公司 ………… 1033
600566 湖北洪城通用机械股份有限公司 ………… 1034
600568 湖北潜江制药股份有限公司 ………… 1035
600569 安阳钢铁股份有限公司 ………… 1036
600588 北京用友软件股份有限公司 ………… 1037
600589 广东榕泰实业股份有限公司 ………… 1038
600596 浙江新安化工集团股份有限公司 ………… 1049
600600 青岛啤酒股份有限公司 ………… 1014
600601 上海方正延中科技集团股份有限公司 ………… 1050
600602 上海广电电子股份有限公司 ………… 1050
600603 上海兴业房地产股份有限公司 ………… 1051
600604 上海二纺机股份有限公司 ………… 1051
600605 上海轻工机械股份有限公司 ………… 1052
600606 上海金丰投资股份有限公司 ………… 1052
600607 上海实业联合集团股份有限公司 ………… 1053
600608 上海宽频科技股份有限公司 ………… 1053
600609 一汽金杯汽车股份有限公司 ………… 1054
600610 中国纺织机械股份有限公司 ………… 1054
600611 大众交通(集团)股份有限公司 ………… 1055
600612 中国第一铅笔股份有限公司 ………… 1055
600613 上海永生股份有限公司 ………… 1056
600614 上海胶带股份有限公司 ………… 1056
600615 上海丰华圆珠笔股份有限公司 ………… 1057
600616 上海市第一食品商店股份有限公司 ………… 1057
600617 上海联华合纤股份有限公司 ………… 1058
600618 上海氯碱化工股份有限公司 ………… 1058
600619 上海海立(集团)股份有限公司 ………… 1059
600620 上海市天宸股份有限公司 ………… 1059
600621 上海金陵股份有限公司 ………… 1060
600622 上海嘉宝实业(集团)股份有限公司 ………… 1060
600623 上海轮胎橡胶(集团)股份有限公司 ………… 1061
600624 上海复华实业股份有限公司 ………… 1061
600625 上海水仙电大股份有限公司 ………… 1062
600626 上海申达股份有限公司 ………… 1062
600627 上海电器股份有限公司 ………… 1063
600628 上海新世界股份有限公司 ………… 1063

600629 上海棱光实业股份有限公司 …… 1064
600630 上海龙头股份有限公司 …… 1064
600631 上海市第一百货商店股份有限公司 …… 1065
600632 上海华联商厦股份有限公司 …… 1065
600633 上海白猫股份有限公司 …… 1066
600634 上海海鸟电子股份有限公司 …… 1066
600635 上海大众科技创业(集团)股份有限公司 …… 1067
600636 上海三爱富新材料股份有限公司 …… 1067
600637 上海广电信息产业股份有限公司 …… 1068
600638 上海新黄浦置业股份有限公司 …… 1068
600639 上海金桥出口加工区开发股份有限公司 …… 1069
600640 上海国脉通信股份有限公司 …… 1069
600641 中远发展股份有限公司 …… 1070
600642 申能股份有限公司 …… 1070
600643 上海爱建股份有限公司 …… 1071
600644 乐山电力股份有限公司 …… 1071
600645 上海望春花(集团)股份有限公司 …… 1072
600646 上海国嘉实业股份有限公司 …… 1072
600647 上海同达创业投资股份有限公司 …… 1073
600648 上海外高桥保税区开发股份有限公司 …… 1073
600649 上海市原水股份有限公司 …… 1074
600650 上海新锦江股份有限公司 …… 1074
600651 上海飞乐音响股份有限公司 …… 1075
600652 上海爱使股份有限公司 …… 1075
600653 上海华晨集团股份有限公司 …… 1076
600654 上海飞乐股份有限公司 …… 1076
600655 上海豫园旅游商城股份有限公司 …… 1077
600656 上海华源制药股份有限公司 …… 1077
600657 北京天桥北大青鸟科技股份有限公司 …… 1078
600658 北京兆维科技股份有限公司 …… 1078
600659 福建省福联股份有限公司 …… 1079
600660 福耀玻璃工业集团股份有限公司 …… 1079
600661 上海交大南洋股份有限公司 …… 1080
600662 上海强生出租汽车股份有限公司 …… 1080
600663 上海陆家嘴金融贸易区开发股份有限公司 …… 1081
600664 哈药集团股份有限公司 …… 1081
600665 上海沪昌特殊钢股份有限公司 …… 1082
600666 西南药业股份有限公司 …… 1082
600667 无锡市太极实业股份有限公司 …… 1083
600668 浙江尖峰集团股份有限公司 …… 1083
600669 鞍山合成(集团)股份有限公司 …… 1084
600670 长春高斯达生物科技集团股份有限公司 …… 1084
600671 杭州天目山药业股份有限公司 …… 1085
600672 四川英豪科技教育投资股份有限公司 …… 1085
600673 成都量具刃具股份有限公司 …… 1086
600674 四川川投控股股份有限公司 …… 1086
600675 中华企业股份有限公司 …… 1087
600676 上海交运股份有限公司 …… 1087
600677 浙江中汇(集团)股份有限公司 …… 1088
600678 四川金顶(集团)股份有限公司 …… 1089
600679 凤凰股份有限公司 …… 1088
600680 上海邮电通信设备股份有限公司 …… 1093
600681 武汉诚成文化投资集团股份有限公司 …… 1093
600682 南京新街口百货商店股份有限公司 …… 1094
600683 宁波华联集团股份有限公司 …… 1094
600684 广州珠江实业开发股份有限公司 …… 1095
600685 广州广船国际股份有限公司 …… 1095
600686 厦门汽车股份有限公司 …… 1096
600687 厦门新宇软件股份有限公司 …… 1096
600688 上海石油化工股份有限公司 …… 1097
600689 上海三毛纺织股份有限公司 …… 1097
600690 青岛海尔电冰箱股份有限公司 …… 1098
600691 东新电碳股份有限公司 …… 1103
600692 上海亚通股份有限公司 …… 1103
600693 福建东百集团股份有限公司 …… 1104
600694 大连商场股份有限公司 …… 1104
600695 上海大江(集团)股份有限公司 …… 1105
600696 利嘉(福建)股份有限公司 …… 1105
600697 长春欧亚集团股份有限公司 …… 1106
600698 济南轻骑摩托车股份有限公司 …… 1106
600699 辽源得亨股份有限公司 …… 1107
600700 陕西煤航数码测绘(集团)股份有限公司 …… 1107
600701 哈尔滨工大高新技术产业开发股份有限公司 … 1108
600702 四川沱牌曲酒股份有限公司 …… 1108
600703 湖北天颐科技股份有限公司 …… 1109
600704 浙江中大集团股份有限公司 …… 1109
600705 北亚实业(集团)股份有限公司 …… 1110
600706 长安信息产业(集团)股份有限公司 …… 1110
600707 彩虹显示器件股份有限公司 …… 1111
600708 上海东海股份有限公司 …… 1111
600709 湖北江湖生态农业股份有限公司 …… 1112
600710 常林股份有限公司 …… 1112
600711 厦门雄震集团股份有限公司 …… 1113
600712 南宁百货大楼股份有限公司 …… 1113
600713 南京医药股份有限公司 …… 1114
600714 青海山川铁合金股份有限公司 …… 1114
600715 松辽汽车股份有限公司 …… 1115
600716 秦皇岛耀华玻璃股份有限公司 …… 1115
600717 天津港(集团)股份有限公司 …… 1116
600718 沈阳东大阿尔派软件股份有限公司 …… 1116
600719 大连热电股份有限公司 …… 1117
600720 甘肃祁连山水泥股份有限公司 …… 1117
600721 新疆百花村股份有限公司 …… 1118
600722 沧州化学工业股份有限公司 …… 1119
600723 北京市西单商场股份有限公司 …… 1118
600724 宁波富达电器股份有限公司 …… 1122
600725 云南云维股份有限公司 …… 1122
600726 黑龙江电力股份有限公司 …… 1123
600727 山东鲁北化工股份有限公司 …… 1128
600728 辽宁新太科技股份有限公司 …… 1129
600729 重庆百货大楼股份有限公司 …… 1128
600730 中国高科集团股份有限公司 …… 1135
600731 湖南海利化工股份有限公司 …… 1135
600732 上海港机股份有限公司 …… 1136

600733 成都前锋电子股份有限公司 ······ 1136
600734 福建实达电脑集团股份有限公司 ······ 1137
600735 山东兰陵陈香酒业股份有限公司 ······ 1137
600736 苏州新区高新技术产业股份有限公司 ······ 1138
600737 新疆屯河股份有限公司 ······ 1138
600738 兰州民百(集团)股份有限公司 ······ 1139
600739 辽宁成大股份有限公司 ······ 1139
600740 山西焦化股份有限公司 ······ 1140
600741 上海巴士实业(集团)股份有限公司 ······ 1140
600742 长春一汽四环汽车股份有限公司 ······ 1141
600743 湖北幸福实业股份有限公司 ······ 1141
600744 湖南华银电力股份有限公司 ······ 1142
600745 黄石康赛股份有限公司 ······ 1142
600746 江苏索普化工股份有限公司 ······ 1143
600747 大连大显股份有限公司 ······ 1144
600748 上海浦东不锈薄板股份有限公司 ······ 1143
600749 西藏圣地股份有限公司 ······ 1147
600750 江西东风药业股份有限公司 ······ 1147
600751 天津市海运股份有限公司 ······ 1148
600752 哈慈股份有限公司 ······ 1148
600753 河南冰熊保鲜设备股份有限公司 ······ 1149
600754 上海新亚(集团)股份有限公司 ······ 1149
600755 厦门国贸集团股份有限公司 ······ 1150
600756 山东浪潮齐鲁软件产业股份有限公司 ······ 1150
600757 上海华源企业发展股份有限公司 ······ 1151
600758 辽宁金帝建设集团股份有限公司 ······ 1151
600759 海南华侨投资股份有限公司 ······ 1152
600760 山东黑豹股份有限公司 ······ 1152
600761 安徽合力股份有限公司 ······ 1153
600762 衡阳市金荔科技农业股份有限公司 ······ 1153
600763 北京中燕探戈羽绒制品股份有限公司 ······ 1154
600764 甘肃三星石化(集团)股份有限公司 ······ 1154
600765 贵州力源液压股份有限公司 ······ 1155
600766 烟台华联发展集团股份有限公司 ······ 1155
600767 运盛(福建)实业股份有限公司 ······ 1156
600768 宁波华通集团股份有限公司 ······ 1156
600769 武汉祥龙电业股份有限公司 ······ 1157
600770 江苏综艺股份有限公司 ······ 1157
600771 东盛科技股份有限公司 ······ 1158
600772 中油龙昌(集团)股份有限公司 ······ 1158
600773 西藏金珠股份有限公司 ······ 1159
600774 武汉市汉商集团股份有限公司 ······ 1159
600775 南京熊猫电子股份有限公司 ······ 1160
600776 东方通信股份有限公司 ······ 1160
600777 烟台新潮实业股份有限公司 ······ 1161
600778 新疆友好(集团)股份有限公司 ······ 1161
600779 四川全兴股份有限公司 ······ 1162
600780 山西通宝能源股份有限公司 ······ 1162
600781 上海民丰实业股份有限公司 ······ 1163
600782 新华金属制品股份有限公司 ······ 1163
600784 鲁银投资集团股份有限公司 ······ 1164
600785 银川新华百货商店股份有限公司 ······ 1164
600786 东方锅炉(集团)股份有限公司 ······ 1165
600787 中储发展股份有限公司 ······ 1165
600788 西安达尔曼实业股份有限公司 ······ 1166
600789 山东鲁抗医药股份有限公司 ······ 1166
600790 浙江中国轻纺城集团股份有限公司 ······ 1167
600791 贵州华联旅业(集团)股份有限公司 ······ 1167
600792 云南马龙化建股份有限公司 ······ 1168
600793 宜宾纸业股份有限公司 ······ 1168
600794 云南新概念保税科技股份有限公司 ······ 1169
600795 国电电力发展股份有限公司 ······ 1169
600796 浙江钱江生物化学股份有限公司 ······ 1170
600797 浙江浙大网新科技股份有限公司 ······ 1170
600798 宁波海运股份有限公司 ······ 1171
600799 黑龙江省科利华网络股份有限公司 ······ 1171
600800 天津环球磁卡股份有限公司 ······ 1172
600801 华新水泥股份有限公司 ······ 1172
600802 福建水泥股份有限公司 ······ 1173
600803 河北威远生物化工股份有限公司 ······ 1173
600804 成都工益冶金股份有限公司 ······ 1174
600805 江苏悦达股份有限公司 ······ 1174
600806 昆明机床股份有限公司 ······ 1175
600807 山东济南百货大楼(集团)股份有限公司 ······ 1175
600808 马鞍山钢铁股份有限公司 ······ 1176
600809 山西杏花村汾酒厂股份有限公司 ······ 1177
600810 神马实业股份有限公司 ······ 1176
600811 东方集团股份有限公司 ······ 1184
600812 华北制药股份有限公司 ······ 1184
600813 鞍山第一工程机械股份有限公司 ······ 1185
600814 杭州解百集团股份有限公司 ······ 1182
600815 厦门工程机械股份有限公司 ······ 1186
600816 鞍山市信托投资股份有限公司 ······ 1186
600817 上海宏盛科技发展股份有限公司 ······ 1187
600818 上海永久股份有限公司 ······ 1187
600819 上海耀华皮尔金顿玻璃股份有限公司 ······ 1188
600820 上海隧道工程股份有限公司 ······ 1188
600821 天津劝业场(集团)股份有限公司 ······ 1189
600822 上海物资贸易中心股份有限公司 ······ 1189
600823 上海世茂股份有限公司 ······ 1190
600824 上海益民百货股份有限公司 ······ 1190
600825 华联超市股份有限公司 ······ 1191
600826 上海兰生股份有限公司 ······ 1191
600827 上海友谊股份有限公司 ······ 1192
600828 成都人民商场(集团)股份有限公司 ······ 1192
600829 哈尔滨天鹅实业股份有限公司 ······ 1193
600830 宁波城隍庙实业股份有限公司 ······ 1193
600831 黄河机电股份有限公司 ······ 1194
600832 上海东方明珠股份有限公司 ······ 1194
600833 上海商业网点发展实业股份有限公司 ······ 1195
600834 上海申通地铁股份有限公司 ······ 1195
600835 上海上菱电器股份有限公司 ······ 1196
600836 上海界龙实业股份有限公司 ······ 1196
600837 上海市都市农商社股份有限公司 ······ 1197

600838 上海九百股份有限公司 …… 1197
600839 四川长虹电器股份有限公司 …… 1198
600840 浙江安平创业投资股份有限公司 …… 1198
600841 上海柴油机股份有限公司 …… 1199
600842 上海中西药业股份有限公司 …… 1199
600843 上工股份有限公司 …… 1200
600844 英雄(集团)股份有限公司 …… 1200
600845 上海宝信软件股份有限公司 …… 1201
600846 上海同济科技实业股份有限公司 …… 1201
600847 重庆万里蓄电池股份有限公司 …… 1202
600848 上海自动化仪表股份有限公司 …… 1202
600849 上海市医药股份有限公司 …… 1203
600850 上海华东电脑股份有限公司 …… 1203
600851 上海海欣集团股份有限公司 …… 1204
600852 中国四川国际合作股份有限公司 …… 1204
600853 北满特殊钢股份有限公司 …… 1205
600854 江苏春兰制冷设备股份有限公司 …… 1205
600855 北京航天长峰股份有限公司 …… 1206
600856 长春百货大楼集团股份有限公司 …… 1206
600857 哈工大首创科技股份有限公司 …… 1207
600858 渤海集团股份有限公司 …… 1207
600859 北京王府井百货(集团)股份有限公司 …… 1208
600860 北人印刷机械股份有限公司 …… 1208
600861 北京城乡贸易中心股份有限公司 …… 1209
600862 南通纵横国际股份有限公司 …… 1209
600863 内蒙古蒙电华能热电股份有限公司 …… 1210
600864 哈尔滨岁宝热电股份有限公司 …… 1210
600865 百大集团股份有限公司 …… 1211
600866 广东肇庆星湖生物科技股份有限公司 …… 1211
600867 通化东宝药业股份有限公司 …… 1212
600868 广东梅雁企业(集团)股份有限公司 …… 1212
600869 青海三普药业股份有限公司 …… 1213
600870 厦门华侨电子股份有限公司 …… 1213
600871 仪征化纤股份有限公司 …… 1214
600872 中山火炬高新技术实业股份有限公司 …… 1214
600873 西藏明珠股份有限公司 …… 1215
600874 天津创业环保股份有限公司 …… 1215
600875 东方电机股份有限公司 …… 1216
600876 洛阳玻璃股份有限公司 …… 1216
600877 中国嘉陵工业股份有限公司 …… 1217
600878 大连北大科技(集团)股份有限公司 …… 1217
600879 长征火箭技术股份有限公司 …… 1218
600880 成都博瑞传播股份有限公司 …… 1218
600881 吉林亚泰(集团)股份有限公司 …… 1219
600882 山东大成农药股份有限公司 …… 1219
600883 云南富邦科技实业股份有限公司 …… 1220
600884 宁波杉杉股份有限公司 …… 1220
600885 武汉力诺工业股份有限公司 …… 1221
600886 湖北兴化股份有限公司 …… 1221
600887 内蒙古伊利实业集团股份有限公司 …… 1222
600888 新疆众和股份有限公司 …… 1226
600889 南京化纤股份有限公司 …… 1226
600890 长春长铃实业股份有限公司 …… 1227
600891 哈尔滨秋林集团股份有限公司 …… 1227
600892 河北湖大科技教育发展股份有限公司 …… 1228
600893 吉林省吉发农业开发集团股份有限公司 …… 1228
600894 广州钢铁股份有限公司 …… 1229
600895 上海张江高科技园区开发股份有限公司 …… 1229
600896 中海(海南)海盛船务股份有限公司 …… 1230
600897 厦门机场发展股份有限公司 …… 1230
600898 郑州百文股份有限公司(集团) …… 1231
600899 浙江信联股份有限公司 …… 1231
900929 上海中国国际旅行社股份有限公司 …… 1232
900935 上海金泰股份有限公司 …… 1232
900939 上海汇丽建材股份有限公司 …… 1233
900948 内蒙古伊泰煤炭股份有限公司 …… 1233
900949 浙江东南发电股份有限公司 …… 1234
900950 江苏新城房产股份有限公司 …… 1234
900951 大化集团大连化工股份有限公司 …… 1235
900953 华源凯马机械股份有限公司 …… 1235
900955 上海茉织华股份有限公司 …… 1236
900956 黄石东贝电器股份有限公司 …… 1236

第十六卷 深圳证券交易所上市公司信息汇集

000001 深圳发展银行股份有限公司 …… 1238
000002 万科企业股份有限公司 …… 1238
000003 金田实业(集团)股份有限公司 …… 1239
000004 深圳市北大高科技股份有限公司 …… 1239
000005 深圳世纪星源股份有限公司 …… 1240
000006 深圳市振业(集团)股份有限公司 …… 1240
000007 深圳市赛格达声股份有限公司 …… 1241
000008 广东亿安科技股份有限公司 …… 1241
000009 中国宝安集团股份有限公司 …… 1242
000010 深圳市华新股份有限公司 …… 1242
000011 深圳市物业发展(集团)股份有限公司 …… 1243
000012 中国南玻科技控股(集团)股份有限公司 …… 1243
000013 深圳石化工业集团股份有限公司 …… 1244
000014 华源实业(集团)股份有限公司 …… 1244
000015 深圳中浩(集团)股份有限公司 …… 1245
000016 康佳集团股份有限公司 …… 1245
000017 深圳中华自行车(集团)股份有限公司 …… 1246
000018 深圳中冠纺织印染股份有限公司 …… 1246
000019 深圳市深宝实业股份有限公司 …… 1247
000020 深圳华发电子股份有限公司 …… 1247
000021 深圳开发科技股份有限公司 …… 1248
000022 深圳赤湾港航股份有限公司 …… 1248
000023 深圳市天地(集团)股份有限公司 …… 1249
000024 招商局蛇口控股股份有限公司 …… 1249
000025 深圳市特力(集团)股份有限公司 …… 1250
000026 深圳市飞亚达(集团)股份有限公司 …… 1250
000027 深圳能源投资股份有限公司 …… 1251

000028 深圳一致药业股份有限公司 …… 1251
000029 深圳经济特区房地产(集团)股份有限公司 …… 1252
000030 深圳市莱英达集团股份有限公司 …… 1252
000031 深圳市宝恒(集团)股份有限公司 …… 1253
000032 深圳市桑达实业股份有限公司 …… 1253
000033 深圳市新都酒店股份有限公司 …… 1254
000034 深圳市深信泰丰(集团)股份有限公司 …… 1254
000035 中国科健股份有限公司 …… 1255
000036 深圳市华联控股股份有限公司 …… 1255
000037 深圳南山热电股份有限公司 …… 1256
000038 深圳大通实业股份有限公司 …… 1256
000039 中国国际海运集装箱(集团)股份有限公司 …… 1257
000040 深圳市鸿基(集团)股份有限公司 …… 1257
000042 深圳市长城地产(集团)股份有限公司 …… 1258
000043 深圳市南光(集团)股份有限公司 …… 1258
000045 深圳市纺织(集团)股份有限公司 …… 1259
000046 光彩建设股份有限公司 …… 1259
000047 深圳市中侨发展股份有限公司 …… 1260
000048 深圳市康尔达(集团)股份有限公司 …… 1260
000049 深圳市万山实业股份有限公司 …… 1261
000050 深圳天马微电子股份有限公司 …… 1261
000055 方大集团股份有限公司 …… 1262
000056 深圳市国际企业股份有限公司 …… 1262
000058 深圳赛格股份有限公司 …… 1263
000059 深圳辽河通达化工股份有限公司 …… 1263
000060 深圳市中金岭南有色金属股份有限公司 …… 1264
000061 深圳市农产品股份有限公司 …… 1264
000062 深圳华强实业股份有限公司 …… 1265
000063 深圳市中兴通讯股份有限公司 …… 1265
000065 北方国际合作股份有限公司 …… 1266
000066 中国长城计算机深圳股份有限公司 …… 1266
000068 深圳市赛格三星股份有限公司 …… 1267
000069 深圳华侨城控股股份有限公司 …… 1267
000070 深圳市特发信息股份有限公司 …… 1268
000078 深圳市海王生物工程股份有限公司 …… 1268
000088 深圳市盐田港股份有限公司 …… 1269
000089 深圳市机场股份有限公司 …… 1269
000090 深圳市天健(集团)股份有限公司 …… 1270
000096 深圳市广聚能源股份有限公司 …… 1270
000099 中信海洋直升机股份有限公司 …… 1271
000150 麦科特光电股份有限公司 …… 1271
000151 中成进出口股份有限公司 …… 1272
000153 安徽新力药业股份有限公司 …… 1272
000155 川化股份有限公司 …… 1273
000156 湖南安塑股份有限公司 …… 1273
000157 长沙中联重工科技发展股份有限公司 …… 1274
000158 石家庄常山纺织股份有限公司 …… 1274
000159 新疆国际实业股份有限公司 …… 1275
000301 吴江丝绸股份有限公司 …… 1275
000400 许继电气股份有限公司 …… 1276
000401 唐山冀东水泥股份有限公司 …… 1276
000402 金融街控股股份有限公司 …… 1277
000403 三九宜工生化股份有限公司 …… 1277
000404 华意压缩机股份有限公司 …… 1278
000405 珠海鑫光集团股份有限公司 …… 1278
000406 胜利油田大明集团股份有限公司 …… 1279
000407 山东胜利股份有限公司 …… 1279
000408 河北华玉股份有限公司 …… 1280
000409 四通集团高科技股份有限公司 …… 1280
000410 沈阳机床股份有限公司 …… 1281
000411 深圳凯地丝绸股份有限公司 …… 1281
000412 长春北方五环实业股份有限公司 …… 1282
000413 石家庄宝石电子玻璃股份有限公司 …… 1282
000415 新疆汇通(集团)股份有限公司 …… 1283
000416 青岛健特生物投资股份有限公司 …… 1283
000417 合肥百货大楼股份有限公司 …… 1284
000418 无锡小天鹅股份有限公司 …… 1284
000419 长沙通程控股股份有限公司 …… 1285
000420 吉林化纤股份有限公司 …… 1285
000421 南京中北(集团)股份有限公司 …… 1286
000422 湖北宜化化工股份有限公司 …… 1286
000423 山东东阿阿胶股份有限公司 …… 1287
000425 徐州工程机械科技股份有限公司 …… 1287
000426 赤峰富龙热力股份有限公司 …… 1288
000428 湖南华天大酒店股份有限公司 …… 1288
000429 广东省高速公路发展股份有限公司 …… 1289
000430 张家界旅游开发股份有限公司 …… 1289
000488 山东晨鸣纸业集团股份有限公司 …… 1290
000498 丹东化学纤维股份有限公司 …… 1290
000501 武汉武商集团股份有限公司 …… 1291
000502 海南新能源股份有限公司 …… 1291
000503 海南海虹企业(控股)股份有限公司 …… 1292
000504 北京赛迪传媒投资股份有限公司 …… 1292
000505 海南珠江控股股份有限公司 …… 1293
000506 四川东泰产业(控股)股份有限公司 …… 1293
000507 珠海经济特区富华集团股份有限公司 …… 1294
000509 四川天歌科技集团股份有限公司 …… 1294
000510 四川金路集团股份有限公司 …… 1295
000511 沈阳银基发展股份有限公司 …… 1295
000513 丽珠医药集团股份有限公司 …… 1296
000514 重庆渝开发股份有限公司 …… 1296
000515 重庆渝港钛白粉股份有限公司 …… 1297
000516 西安解放集团股份有限公司 …… 1297
000517 宁波成功信息产业股份有限公司 …… 1298
000518 江苏四环生物股份有限公司 …… 1298
000519 成都银河动力股份有限公司 …… 1299
000520 武汉凤凰股份有限公司 …… 1299
000521 合肥美菱股份有限公司 …… 1300
000522 广州白云山制药股份有限公司 …… 1300
000523 广州市浪奇实业股份有限公司 …… 1301
000524 广州市东方宾馆股份有限公司 …… 1301
000525 南京红太阳股份有限公司 …… 1302
000526 厦门旭飞实业股份有限公司 …… 1302
000527 广东美的集团股份有限公司 …… 1303

000528 广西柳工机械股份有限公司 …… 1303
000529 广东美雅集团股份有限公司 …… 1304
000530 大连冷冻机股份有限公司 …… 1304
000531 广州恒运企业集团股份有限公司 …… 1305
000532 珠海华电股份有限公司 …… 1305
000533 广东万家乐股份有限公司 …… 1306
000534 汕头电力发展股份有限公司 …… 1306
000535 猴王股份有限公司 …… 1307
000536 闽东电机(集团)股份有限公司 …… 1307
000537 天津南开戈德股份有限公司 …… 1308
000538 云南白药集团股份有限公司 …… 1308
000539 广东电力发展股份有限公司 …… 1309
000540 世纪中天投资股份有限公司 …… 1309
000541 佛山电器照明股份有限公司 …… 1310
000542 TCL 通讯设备股份有限公司 …… 1310
000543 皖能股份有限公司 …… 1311
000544 白鸽(集团)股份有限公司 …… 1311
000545 吉林恒和制药股份有限公司 …… 1312
000546 吉林轻工集团股份有限公司 …… 1312
000547 福建省福发股份有限公司 …… 1313
000548 湖南投资集团股份有限公司 …… 1313
000549 湘火炬汽车零部件股份有限公司 …… 1314
000550 江铃汽车股份有限公司 …… 1323
000551 创元科技股份有限公司 …… 1323
000552 甘肃长风宝安实业股份有限公司 …… 1324
000553 湖北沙隆达股份有限公司 …… 1324
000554 山东泰山石化股份有限公司 …… 1325
000555 深圳市太光电信股份有限公司 …… 1325
000556 南洋航运集团股份有限公司 …… 1326
000557 广夏(银川)实业股份有限公司 …… 1326
000558 沈阳房天股份有限公司 …… 1327
000559 万向钱潮股份有限公司 …… 1327
000560 昆明百货大楼(集团)股份有限公司 …… 1328
000561 长岭(集团)股份有限公司 …… 1328
000562 宏源证券股份有限公司 …… 1329
000563 陕西省国际信托投资股份有限公司 …… 1329
000564 西安民生集团股份有限公司 …… 1330
000565 重庆三峡油漆股份有限公司 …… 1330
000566 海南轻骑海药股份有限公司 …… 1331
000567 海南海德纺织实业股份有限公司 …… 1331
000568 泸州老窖股份有限公司 …… 1332
000569 四川川投长城特殊钢股份有限公司 …… 1332
000570 常柴股份有限公司 …… 1333
000571 海南新大洲摩托车股份有限公司 …… 1333
000572 海南金盘实业股份有限公司 …… 1334
000573 东莞宏远工业区股份有限公司 …… 1334
000576 江门甘蔗化工厂(集团)股份有限公司 …… 1335
000578 青海数码网络投资股份有限公司 …… 1335
000581 无锡威孚高科技股份有限公司 …… 1336
000582 北海新力实业股份有限公司 …… 1340
000583 四川托普长征软件股份有限公司 …… 1340
000584 成都蜀都大厦股份有限公司 …… 1341
000585 东北输变电机械制造股份有限公司 …… 1341
000586 四川省长江企业(集团)股份有限公司 …… 1342
000587 光明集团家具股份有限公司 …… 1342
000588 广东金曼集团股份有限公司 …… 1343
000589 贵州轮胎股份有限公司 …… 1343
000590 清华紫光古汉生物制药股份有限公司 …… 1344
000591 重庆桐君阁股份有限公司 …… 1344
000592 福建省中福实业股份有限公司 …… 1345
000593 成都华联商厦股份有限公司 …… 1345
000594 内蒙古宏峰实业股份有限公司 …… 1346
000595 西北轴承股份有限公司 …… 1346
000596 安徽古井贡酒股份有限公司 …… 1347
000597 东北制药集团股份有限公司 …… 1347
000598 蓝星清洗剂股份有限公司 …… 1348
000599 青岛双星鞋业股份有限公司 …… 1348
000600 石家庄国际大厦(集团)股份有限公司 …… 1349
000601 广东韶能集团股份有限公司 …… 1349
000602 广东金马旅游集团股份有限公司 …… 1350
000603 威达医用科技股份有限公司 …… 1350
000605 四环药业股份有限公司 …… 1351
000606 青海明胶股份有限公司 …… 1351
000607 重庆华立控股股份有限公司 …… 1352
000608 广西阳光股份有限公司 …… 1352
000609 北京燕化高新技术股份有限公司 …… 1353
000610 西安旅游(集团)股份有限公司 …… 1353
000611 内蒙古民族实业集团股份有限公司 …… 1354
000612 焦作万方铝业股份有限公司 …… 1354
000613 海南大东海旅游中心股份有限公司 …… 1355
000615 湖北金环股份有限公司 …… 1355
000616 大连渤海饭店(集团)股份有限公司 …… 1356
000617 济南柴油机股份有限公司 …… 1356
000618 吉林化学工业股份有限公司 …… 1357
000619 芜湖海螺型材科技股份有限公司 …… 1358
000620 黑龙江圣方科技股份有限公司 …… 1357
000621 比特科技控股股份有限公司 …… 1365
000622 岳阳恒立冷气设备股份有限公司 …… 1366
000623 吉林敖东药业集团股份有限公司 …… 1365
000625 重庆长安汽车股份有限公司 …… 1372
000626 连云港如意集团股份有限公司 …… 1372
000627 湖北百科药业股份有限公司 …… 1373
000628 成都倍特发展集团股份有限公司 …… 1374
000629 攀枝花新钢钒股份有限公司 …… 1373
000630 安徽铜都铜业股份有限公司 …… 1379
000631 兰宝科技信息股份有限公司 …… 1379
000632 福建三木集团股份有限公司 …… 1380
000633 沈阳合金投资股份有限公司 …… 1380
000635 宁夏宁河民族化工股份有限公司 …… 1381
000636 广东风华高新科技股份有限公司 …… 1381
000637 茂名石化实华股份有限公司 …… 1382
000638 中国辽宁国际合作(集团)股份有限公司 …… 1382
000639 株洲庆云发展股份有限公司 …… 1383
000650 九江化纤股份有限公司 …… 1383

000651 珠海格力电器股份有限公司 …… 1384
000652 天津泰达股份有限公司 …… 1384
000653 福建九州集团股份有限公司 …… 1385
000655 山东淄博华光陶瓷股份有限公司 …… 1385
000656 重庆东源钢业股份有限公司 …… 1386
000657 中钨高新材料股份有限公司 …… 1386
000658 厦门海洋实业(集团)股份有限公司 …… 1387
000659 珠海中富实业股份有限公司 …… 1387
000660 广州南华西实业股份有限公司 …… 1388
000661 长春高新技术产业(集团)股份有限公司 …… 1388
000662 广西康达(集团)股份有限公司 …… 1389
000663 福建省永安林业(集团)股份有限公司 …… 1389
000665 武汉塑料工业集团股份有限公司 …… 1390
000666 经纬纺织机械股份有限公司 …… 1390
000667 云南华一投资集团股份有限公司 …… 1391
000668 武汉石油集团股份有限公司 …… 1391
000669 吉林中讯科技发展股份有限公司 …… 1392
000670 湖北天发股份有限公司 …… 1392
000671 福建省石狮新发股份有限公司 …… 1393
000672 白银铜城商厦(集团)股份有限公司 …… 1393
000673 大同水泥股份有限公司 …… 1394
000675 四川银山化工(集团)股份有限公司 …… 1394
000676 河南思达高科技股份有限公司 …… 1395
000677 山东潍坊海龙股份有限公司 …… 1395
000678 襄阳汽车轴承股份有限公司 …… 1396
000679 大连友谊(集团)股份有限公司 …… 1396
000680 山东山推工程机械股份有限公司 …… 1397
000681 远东实业股份有限公司 …… 1397
000682 烟台东方电子信息产业股份有限公司 …… 1398
000683 内蒙古远兴天然碱股份有限公司 …… 1398
000685 中山公用科技股份有限公司 …… 1399
000686 锦州经济技术开发区六陆实业股份有限公司 …… 1399
000687 保定天鹅股份有限公司 …… 1400
000688 朝华科技(集团)股份有限公司 …… 1400
000689 汕头宏业(集团)股份有限公司 …… 1401
000690 广东宝丽华实业股份有限公司 …… 1401
000691 海南寰岛实业股份有限公司 …… 1402
000692 沈阳惠天热电股份有限公司 …… 1402
000693 成都聚友泰康网络股份有限公司 …… 1403
000695 天津灯塔涂料股份有限公司 …… 1403
000696 成都联益实业股份有限公司 …… 1404
000697 咸阳偏转股份有限公司 …… 1404
000698 沈阳化工股份有限公司 …… 1405
000699 佳木斯造纸股份有限公司 …… 1405
000700 江南模塑科技股份有限公司 …… 1406
000701 厦门信达股份有限公司 …… 1406
000702 湖南正虹饲料股份有限公司 …… 1407
000703 世纪光华科技股份有限公司 …… 1407
000705 浙江震元股份有限公司 …… 1408
000707 湖北双环科技股份有限公司 …… 1408
000708 大冶特殊钢股份有限公司 …… 1409
000709 唐山钢铁股份有限公司 …… 1409
000710 成都天兴仪表股份有限公司 …… 1410
000711 黑龙江龙发股份有限公司 …… 1410
000712 广东锦龙发展股份有限公司 …… 1411
000713 合肥丰乐种业股份有限公司 …… 1411
000715 中兴-沈阳商业大厦(集团)股份有限公司 …… 1412
000716 广西斯壮股份有限公司 …… 1412
000717 广东韶钢松山股份有限公司 …… 1413
000718 吉林纸业股份有限公司 …… 1413
000719 焦作市碱业股份有限公司 …… 1414
000720 山东鲁能泰山电缆股份有限公司 …… 1414
000721 西安饮食服务(集团)股份有限公司 …… 1415
000722 衡阳市金果农工商实业股份有限公司 …… 1415
000723 福州天宇电气股份有限公司 …… 1416
000725 京东方科技集团股份有限公司 …… 1416
000726 鲁泰纺织股份有限公司 …… 1417
000727 南京华东电子信息科技股份有限公司 …… 1423
000728 北京化二股份有限公司 …… 1423
000729 北京燕京啤酒股份有限公司 …… 1424
000730 沈阳特种环保设备制造股份有限公司 …… 1424
000731 四川美丰化工股份有限公司 …… 1425
000732 福建三农集团股份有限公司 …… 1425
000733 中国振华(集团)科技股份有限公司 …… 1426
000735 海口农工贸(罗牛山)股份有限公司 …… 1434
000736 重庆国际实业投资股份有限公司 …… 1434
000737 南风化工集团股份有限公司 …… 1435
000738 南方摩托车股份有限公司 …… 1435
000739 青岛东方集团股份有限公司 …… 1436
000748 湖南计算机股份有限公司 …… 1436
000750 桂林集琦药业股份有限公司 …… 1437
000751 葫芦岛锌业股份有限公司 …… 1437
000752 西藏拉萨啤酒股份有限公司 …… 1438
000753 福建双菱集团股份有限公司 …… 1438
000755 山西三维集团股份有限公司 …… 1439
000756 山东新华制药股份有限公司 …… 1439
000757 四川峨眉柴油机股份有限公司 …… 1440
000758 中国有色金属建设股份有限公司 …… 1440
000759 武汉中百集团股份有限公司 …… 1441
000760 湖北车桥股份有限公司 …… 1441
000761 本钢板材股份有限公司 …… 1442
000762 西藏矿业发展股份有限公司 …… 1448
000763 锦州石化股份有限公司 …… 1448
000765 武汉华信高新技术股份有限公司 …… 1449
000766 通化金马药业股份有限公司 …… 1449
000767 山西漳泽电力股份有限公司 …… 1450
000768 西安飞机国际航空制造股份有限公司 …… 1450
000769 大连盛道集团股份有限公司 …… 1451
000776 延边公路建设股份有限公司 …… 1451
000777 中核苏阀科技实业股份有限公司 …… 1452
000778 新兴铸管股份有限公司 …… 1452
000779 兰州三毛实业股份有限公司 …… 1453
000780 内蒙古草原兴发股份有限公司 …… 1453
000782 广东新会美达锦纶股份有限公司 …… 1454

000783 石家庄炼油化工股份有限公司 …… 1454
000785 武汉中商集团股份有限公司 …… 1455
000786 北新集团建材股份有限公司 …… 1455
000787 湖南创智信息科技股份有限公司 …… 1456
000788 西南合成制药股份有限公司 …… 1456
000789 江西万年青水泥股份有限公司 …… 1457
000790 成都华神集团股份有限公司 …… 1457
000791 西北永新化工股份有限公司 …… 1458
000792 青海盐湖钾肥股份有限公司 …… 1458
000793 海南民生燃气(集团)股份有限公司 …… 1459
000795 太原双塔刚玉股份有限公司 …… 1459
000796 宝鸡商场(集团)股份有限公司 …… 1460
000797 中国武夷实业股份有限公司 …… 1460
000798 中水集团远洋股份有限公司 …… 1461
000799 湖南酒鬼酒股份有限公司 …… 1462
000800 一汽轿车股份有限公司 …… 1461
000801 四川湖山电子股份有限公司 …… 1468
000802 北京京西风光旅游开发股份有限公司 …… 1468
000803 四川美亚丝绸(集团)股份有限公司 …… 1469
000805 江苏炎黄在线股份有限公司 …… 1469
000806 北海银河高科技产业股份有限公司 …… 1470
000807 云南铝业股份有限公司 …… 1470
000810 四川锦华股份有限公司 …… 1471
000811 烟台冰轮股份有限公司 …… 1471
000812 陕西省金叶印务股份有限公司 …… 1472
000813 新疆天山毛纺织股份有限公司 …… 1472
000815 宁夏美利纸业股份有限公司 …… 1473
000816 江苏江淮动力股份有限公司 …… 1473
000817 辽河金马油田股份有限公司 …… 1474
000818 锦化化工集团氯碱股份有限公司 …… 1480
000819 岳阳兴长石化股份有限公司 …… 1480
000820 金城造纸股份有限公司 …… 1481
000821 湖北京山轻工机械股份有限公司 …… 1481
000822 山东海化股份有限公司 …… 1482
000823 广东汕头超声电子股份有限公司 …… 1482
000825 山西太钢不锈钢股份有限公司 …… 1483
000826 国投原宜实业股份有限公司 …… 1488
000827 大连龙泉股份有限公司 …… 1488
000828 广东福地彩色显像管股份有限公司 …… 1489
000829 江西赣南果业股份有限公司 …… 1489
000830 山东鲁西化工股份有限公司 …… 1490
000831 山西关铝股份有限公司 …… 1490
000832 黑龙江龙涤股份有限公司 …… 1491
000833 广西贵糖(集团)股份有限公司 …… 1492
000835 北京隆源实业股份有限公司 …… 1491
000836 天津天大天财股份有限公司 …… 1496
000837 陕西秦川机械发展股份有限公司 …… 1496
000838 西南化机股份有限公司 …… 1497
000839 中信国安信息产业股份有限公司 …… 1497
000848 河北承德露露股份有限公司 …… 1498
000850 安徽华茂纺织股份有限公司 …… 1498
000851 贵州中国第七砂轮股份有限公司 …… 1499
000852 江汉石油钻头股份有限公司 …… 1499
000856 唐山陶瓷股份有限公司 …… 1500
000858 宜宾五粮液股份有限公司 …… 1500
000859 安徽国风塑业股份有限公司 …… 1501
000860 北京顺鑫农业股份有限公司 …… 1501
000861 茂名永业(集团)股份有限公司 …… 1502
000862 吴忠仪表股份有限公司 …… 1502
000863 沈阳北方商用技术设备股份有限公司 …… 1503
000866 扬子石油化工股份有限公司 …… 1503
000868 安徽安凯汽车股份有限公司 …… 1504
000869 烟台张裕葡萄酿酒股份有限公司 …… 1504
000876 四川新希望农业股份有限公司 …… 1505
000877 新疆天山水泥股份有限公司 …… 1505
000878 云南铜业股份有限公司 …… 1506
000880 山东巨力股份有限公司 …… 1506
000881 中国大连国际合作(集团)股份有限公司 …… 1507
000882 中商股份有限公司 …… 1507
000883 湖北三环股份有限公司 …… 1508
000885 洛阳春都食品股份有限公司 …… 1508
000886 海南高速公路股份有限公司 …… 1509
000887 安徽飞彩车辆股份有限公司 …… 1509
000888 峨眉山旅游股份有限公司 …… 1510
000889 秦皇岛华联商城股份有限公司 …… 1511
000890 江苏法尔胜股份有限公司 …… 1510
000892 重庆长丰通信股份有限公司 …… 1516
000893 广州冷机股份有限公司 …… 1516
000895 河南双汇投资发展股份有限公司 …… 1517
000896 河南豫能控股股份有限公司 …… 1517
000897 天津津滨发展股份有限公司 …… 1518
000898 鞍钢新轧钢股份有限公司 …… 1519
000899 江西赣能股份有限公司 …… 1518
000900 现代投资股份有限公司 …… 1526
000901 哈尔滨航天风华科技股份有限公司 …… 1526
000902 中国服装股份有限公司 …… 1527
000903 昆明云内动力股份有限公司 …… 1527
000905 厦门路桥股份有限公司 …… 1528
000906 南方建材股份有限公司 …… 1528
000908 湖南天一科技股份有限公司 …… 1529
000909 数源科技股份有限公司 …… 1536
000910 江苏大亚新型包装材料股份有限公司 …… 1536
000911 南宁糖业股份有限公司 …… 1537
000912 四川泸天化股份有限公司 …… 1537
000913 浙江钱江摩托股份有限公司 …… 1538
000915 山东山大华特科技股份有限公司 …… 1538
000916 华北高速公路股份有限公司 …… 1539
000917 湖南电广传媒股份有限公司 …… 1539
000918 湖南亚华种业股份有限公司 …… 1540
000919 金陵药业股份有限公司 …… 1540
000920 南方汇通股份有限公司 …… 1541
000921 广东科龙电器股份有限公司 …… 1541
000922 阿城继电器股份有限公司 …… 1542
000923 河北宣化工程机械股份有限公司 …… 1542

000925 浙江浙大海纳科技股份有限公司 …………………… 1543
000926 湖北福星科技股份有限公司 …………………… 1543
000927 天津汽车夏利股份有限公司 …………………… 1544
000928 吉林炭素股份有限公司 …………………… 1544
000929 兰州黄河企业股份有限公司 …………………… 1545
000930 安徽丰原生物化学股份有限公司 …………………… 1545
000931 北京中关村科技发展控股股份有限公司 ………… 1546
000932 湖南华菱管线股份有限公司 …………………… 1546
000933 河南神火煤电股份有限公司 …………………… 1547
000935 四川双马水泥股份有限公司 …………………… 1547
000936 江苏华西村股份有限公司 …………………… 1548
000937 河北金牛能源股份有限公司 …………………… 1548
000938、清华紫光股份有限公司 …………………… 1549
000939 武汉凯迪电力股份有限公司 …………………… 1550
000948 云南南天电子信息产业股份有限公司 ………… 1549
000949 新乡化纤股份有限公司 …………………… 1554
000950 重庆民丰农化股份有限公司 …………………… 1554
000951 山东小鸭电器股份有限公司 …………………… 1555
000952 湖北广济药业股份有限公司 …………………… 1559
000953 广西河池化工股份有限公司 …………………… 1559
000955 海南欣龙无纺股份有限公司 …………………… 1560
000956 中国石化中原油气高新股份有限公司 ………… 1560
000957 中通客车控股股份有限公司 …………………… 1561
000958 石家庄东方热电股份有限公司 …………………… 1561
000959 北京首钢股份有限公司 …………………… 1562
000960 云南锡业股份有限公司 …………………… 1569
000961 大连金牛股份有限公司 …………………… 1569
000962 宁夏东方钽业股份有限公司 …………………… 1570
000963 华东医药股份有限公司 …………………… 1577
000965 天津水泥股份有限公司 …………………… 1577
000966 湖北长源电力发展股份有限公司 …………………… 1578
000967 浙江上风实业股份有限公司 …………………… 1578
000968 山西神州煤电焦化股份有限公司 …………………… 1579
000969 安泰科技股份有限公司 …………………… 1580
000970 北京中科三环高技术股份有限公司 ………… 1579
000971 湖北迈亚股份有限公司 …………………… 1586
000972 新疆中基实业股份有限公司 …………………… 1586
000973 佛山塑料集团股份有限公司 …………………… 1587
000975 重庆乌江电力股份有限公司 …………………… 1587
000976 广东开平春晖股份有限公司 …………………… 1588
000977 浪潮电子信息产业股份有限公司 …………………… 1588
000978 桂林旅游股份有限公司 …………………… 1589
000979 安徽省科苑应用技术开发(集团)股份有限公司 … 1593
000980 黄山金马股份有限公司 …………………… 1593
000981 甘肃兰光科技股份有限公司 …………………… 1594
000982 宁夏圣雪绒股份有限公司 …………………… 1594
000983 山西西山煤电股份有限公司 …………………… 1595
000985 大庆华科(集团)股份有限公司 …………………… 1595
000987 广州友谊商店股份有限公司 …………………… 1596
000988 华工科技产业股份有限公司 …………………… 1596
000989 湖南九芝堂股份有限公司 …………………… 1597
000990 诚志股份有限公司 …………………… 1597
000993 福建闽东电力股份有限公司 …………………… 1598
000995 甘肃皇台酒业股份有限公司 …………………… 1598
000996 哈尔滨捷利实业股份有限公司 …………………… 1599
000997 福建新大陆电脑股份有限公司 …………………… 1599
000998 袁隆平农业高科技股份有限公司 …………………… 1600
000999 三九医药股份有限公司 …………………… 1600
200041 深圳本鲁克斯实业股份有限公司 …………………… 1601
200053 深圳赤湾石油基地股份有限公司 …………………… 1601
200054 深圳北方建设摩托车股份有限公司 ………… 1602
200057 深圳大洋海运股份有限公司 …………………… 1602
200152 山东航空股份有限公司 …………………… 1603
200160 承德帝贤针纺股份有限公司 …………………… 1603
200168 广东雷伊股份有限公司 …………………… 1604
200468 南京普天通信股份有限公司 …………………… 1604
200512 厦门灿坤实业股份有限公司 …………………… 1605
200706 瓦房店轴承股份有限公司 …………………… 1605
200770 武汉锅炉股份有限公司 …………………… 1606
200771 杭州汽轮机股份有限公司 …………………… 1606
200986 佛山华新包装股份有限公司 …………………… 1607
200992 山东省中鲁远洋渔业股份有限公司 ………… 1607

附 卷

• 中国证券市场大事记(2001.01-2001.12) ………… 1608
• 上市公司2000年度经营业绩(沪市) ………… 1625
• 上市公司2000年度经营业绩(深市) ………… 1640
• 上市公司2001年中期基本情况简报表 ………… 1653
• 广东金兰德房地产评估咨询有限公司 ………… 1682
• 辽宁天健会计师事务所有限公司 ………… 1682
• 中国证券大全编委会特邀编委介绍 ………… 1684
• 编后语 ………… 1703

彩 页 索 引

[第一册目录前]
600102 莱光钢铁股份有限公司
600887 内蒙古伊利实业集团股份有限公司
000978 桂林旅游股份有限公司
深圳市星亚辉广告有限公司

[第一册158页后]
富国基金管理有限公司
南方基金管理有限公司
宝盈基金管理有限公司
中国建设银行基金托管部
交通银行证券投资基金托管部

[第一册518页后]
600095　哈尔滨高科技(集团)股份有限公司
600001　邯郸钢铁股份有限公司
600104　上海汽车股份有限公司
600108　甘肃亚盛实业(集团)股份有限公司
600129　重庆太极实业(集团)股份有限公司
600156　湖南华升益鑫泰股份有限公司
600186　河南莲花味精股份有限公司
兖矿集团有限公司
600207　河南安彩高科技股份有限公司
600232　浙江金鹰股份有限公司
600265　云南景谷林业股份有限公司
600276　江苏恒瑞医药股份有限公司
600288　大恒新纪元科技股份有限公司
600290　苏福马股份有限公司
600310　广西桂东电力股份有限公司
600311　甘肃荣华实业(集团)股份有限公司
600328　内蒙古兰太实业股份有限公司
600326　西藏天路交通股份有限公司
600332　广州药业股份有限公司
600360　吉林华微电子股份有限公司
600365　通化葡萄酒股份有限公司
600377　江苏宁沪高速公路股份有限公司
600381　青海白唇鹿股份有限公司
600389　南通江山农药化工股份有限公司
600419　新疆天宏纸业股份有限公司
600501　南京晨光航天应用技术股份有限公司
600508　上海大屯能源股份有限公司
600528　中铁二局股份有限公司
600589　广东榕泰实业股份有限公司
600678　四川金顶(集团)股份有限公司
600690　青岛海尔股份有限公司
600722　沧州化学工业股份有限公司
600726　黑龙江电力股份有限公司
600728　广州新太科技股份有限公司
600747　大连大显股份有限公司
600809　山西杏花村汾酒厂股份有限公司

[第二册目录前]
000400　许继电气股份有限公司
000581　无锡威孚集团有限公司
000619　芜湖海螺型材科技股份有限公司
000628　成都倍特发展集团股份有限公司
000726　鲁泰纺织股份有限公司
000733　中国振华(集团)科技股份有限公司
000799　湖南酒鬼酒股份有限公司
000817　辽河金马油田股份有限公司
000825　山西太钢不锈钢股份有限公司
000889　秦皇岛华联商城控股股份有限公司
000833　广西贵糖(集团)股份有限公司
000898　鞍钢新轧钢股份有限公司
深圳市星亚辉广告有限公司

[第二册1118页后]
000908　湖南天一科技股份有限公司
000939　武汉凯迪电力股份有限公司
000951　山东小鸭电器股份有限公司
000961　大连金牛股份有限公司
000969　安泰科技股份有限公司
济南钢铁股份有限公司
云南楚雄矿冶股份有限公司
武汉开元科技创业投资有限公司
深圳市卓海科技文化实业有限公司
广州科技风险投资有限公司
上海证券通信有限责任公司
深圳证券通信有限公司
华泰证券有限责任公司
华泰证券网
天同证券有限责任公司
天同在线理财网

[第三册目录前]
南方证券有限公司
南方证券中国搜股网
湘财证券有限责任公司
西南证券有限责任公司
国元证券有限责任公司
汉唐证券有限责任公司
华龙证券有限责任公司
武汉证券有限责任公司
大同证券经纪有限责任公司
广东民安证券经纪有限责任公司
四川省天风证券经纪有限责任公司
天元证券经纪有限公司
天津一德证券经纪有限责任公司
和兴证券经纪有限责任公司
中国银河证券有限责任公司合肥金城营业部

[第三册1682页后]
重庆天健会计师事务所有限责任公司
大连华连会计师事务所
山东乾聚有限责任会计师事务所
江苏武晋会计师事务所
湖北大信会计师事务所
北京京都会计师事务所有限责任公司
天职孜信会计师事务所
青海竞帆律师事务所

沧州化学工业股份有限公司

二○○○年年度报告摘要

一、公司简介

1、公司名称：沧州化学工业股份有限公司
英文名称：CANGZHOU CHEMICAL INDUSTRIAL CO.,LTD
公司注册地址：河北省沧州市南环中路18号
公司办公地址：河北省沧州市南环中路18号
电子信箱：info@czchem.com
公司网址：http://www.czchem.com
2、法定代表人：周振德
3、董事会秘书：高润东、郑玉珍
授权代表：邢金生
联系电话：(0317)3030719
传　　真：(0317)3042321　　邮　　编：061000
5、公司选定的信息披露刊物：《上海证券报》
刊登公司年报的中国证监会指定的国际互联网址：http://www.sse.com.cn
公司年报备置地点：公司证券部
6、股票上市地：上海证券交易所
7、股票简称：沧州化工　　　股票代码：600722

二、主要财务数据和指标

(一)、本年主要会计数据(单位：人民币元)

1、利润总额	122957616.36
2、净利润	104168287.06
3、扣除非经常性损益的净利润	105398960.84
4、主营业务利润	247625076.84
5、其他业务利润	11511787.13
6、营业利润	123627233.85
7、投资收益	561056.29
8、补贴收入	0.00
9、营业外收支净额	－1230673.78
10、经营活动产生的现金流量净额	135674129.35
11、现金及现金等价物净增加额	91103238.86
注：扣除非经常性损益的项目和金额	
1、减营业外收入：	42224.96
2、加营业外支出：	1272898.74

(二)、近三年主要会计数据和财务指标

序号　项目	2000年度	1999年度	1998年度	
			调整前	调整后
1 主营业务收入(万元)	1357635825.68	670,674,037.96	416,240,886.95	416,240,886.95
2 净利润(万元)	104168287.06	138,120,895.81	55,945,390.02	58,589,272.97
3 总资产(万元)	2679522375.96	2,107,186,322.24	1,450,440,701.44	1,444,088,121.05
4 股东权益(万元)	1018908929.56	741,746,499.31	618,805,868.29	612,453,287.90
5 (1)每股收益(元/股)	0.247	0.352	0.285	0.299
(2)按加权计算的每股收益(元/股)	0.258	0.352		
(3)扣除非经常性损益的每股收益(元/股)	0.25	0.35		
6 (1)每股净资产(元/股)	2.42	1.90	3.15	3.12
(2)调整后的每股净资产(元/股)	2.37	1.87	3.05	3.03
7 每股经营活动产生的现金流量净额	0.32	0.09	0.45	0.45
8 净资产收益率(%)	10.22	18.50	9.04	9.06

注：每股收益＝净利润/年度末普通股股份总数
每股净资产＝年度末股东权益/年度末普通股股份总数
净资产收益率＝净利润/年度末股东权益＊100%
调整后的每股净资产＝(年末股东权益－帐龄三年以上的应收帐款－年末待摊费用－年末递延资产－年末待处理财产净损失)/年度末普通股股份总数

(三)按公开发行证券公司信息披露编报规则第九号要求计算的净资产收益率和每股收益

报告期利润	净资产收益率		每股收益(元/股)	
	全面摊薄	加权平均	全面摊薄	加权平均
主营业务利润	24.30%	28.47%	0.59	0.61
营业利润	12.13%	14.21%	0.29	0.31
净利润	10.22%	11.97%	0.25	0.26
扣除非经常性损益后的净利润	10.34%	12.12%	0.25	0.26

注：(1)全面摊薄的净资产收益率和每股收益的计算公式如下：
全面摊薄的净资产收益率＝报告期利润/期末净资产
全面摊薄的每股收益＝报告期利润/期末股份总数
(2)加权平均净资产收益率(ROE)的计算公司如下：

$$ROE=\frac{P}{EO+NP/2+Ei\times Mi/MO-Ej\times Mj/MO}$$

其中：P为报告期利润；EO为期初净资产；NP为报告期净利润；Ei为报告期发行新股或债转股等新增净资产；Ej为报告期回购或现金分红等减少净资产；MO为报告期月份数；Mi为新增资产下一月份起至报告期期末的月份数；Mj为减少资产下一月份起至报告期期末的月份数。
(3)加权平均每股收益(EPS)的计算公司如下：

$$EPS=\frac{P}{SO+Sl+Si\times Mi/MO-Sj\times Mj/MO}$$

其中：P为报告期利润；SO为期初股份总数；Sl为报告期因公积金转增股本或股票股利分配等增加股份数；Si为报告期发行新股或债转股等增加股份数；Sj为报告期回购或缩股减少股份数；MO为报告期月份数；Mi为新增资产下一月份起至报告期期末的月份数；Mj为减少资产下一月份起至报告期期末的月份数。

(四)、报告期内股东权益变动情况(单位：元)

项　目	股　本	资本公积	盈余公积	未分配利润	股东权益合计
期初数	392400000	120979849.88	59939369.93	173422279.50	746741499.31
本期增加	29020000	170585643.19	16444815.95	104168287.06	272167430.25
本期减少	0	0	0	48051315.95	0
期末数	421420000	291565493.07	76384185.88	229539250.61	1018908929.56

注：1、股本增加是2000年实施配股所致；
2、资本公积增加是股本溢价和年末实现利润提取公积金所致；
3、盈余公积增加是年末实现利润提取盈余公积所致；
4、未分配利润增加是今年实现净利润所致，未分配利润减少是2000年度利润分配和提取两金所致；

三、股本情况介绍

(1)截止2000年12月31日，本公司股东总数为90658人，除国家股外，全部为社会公众股。
(2)主要股东持股情况(前十名股东)

姓　　名	持股数(股)	比例(%)
1.河北沧州化工实业集团有限责任公司	306420000	72.71
2.兴和基金	238016	0.06
3.陈诚	230000	0.06
4.刘艳秋	178000	0.04
5.吕卫东	149000	0.04
6.李永财	129553	0.03
7.章宝梅	124115	0.03
8.赵伟	124000	0.03
9.何文军	116865	0.03
10.朱素风	113000	0.03

(3)河北沧化实业集团有限公司持有本公司国家股30642万股，占72.71%，其所持有股份未作任何抵押，亦未有其他法律争议。法定代表人：周振德，经营范围：聚氯乙烯树脂、氢氧化钠、液氯、塑料制品、造粒

四、股东大会简介

1、公司于2000年4月28日在公司六楼召开了1999年度股东大会
此次股东大会决议公告刊登于2000年4月29日的《上海证券报》上。
2、选举、更换公司董事、监事情况
本年度内由于孙德亮、张培勋二位董事因年龄问题辞去董事职务，选举靳洪强先生为公司新的董事；监事成员未发生变动。

五、董事会报告

(一)、公司经营情况
1、公司所属行业及在行业中的地位
公司属于化工行业中的氯碱化工，是河北省最大的氯碱化工基地，23万吨/年PVC树脂投产后，公司成为全国最大的PVC树脂生产基地之一。
2、公司的主营业务范围和经营情况
公司主营：化工原料(不含化学危险品)、塑料制品、建筑材料的批发零售。
今年上半年树脂市场明显好转，公司产量大幅增加，但随着产品价格的上涨，原材料的价格也出现了不同程度 的上涨，尤其下半年，随着石油价格的上涨，公司原材料价格上涨幅度较大，因此公司对管理体制和运行机制进行了大的改革，使公司的管理更加有效、有序，使公司的运行机制更加高效合理，同时公司的领导层继续向年轻化、知识化发展，通过采取以上措施冲销了一部分原材料价格上涨对公司利润的影响，而且对企业保持连续、持续、长远的发展奠定了基础。
公司2000年完成主营业务收入为：135763.58万元，比去年同期增长102%，净利润为：10416.83万元，比去年同期减少25%。
3、公司全资附属企业及合资公司的经营情况及业绩
(1)、沧州沧井化工有限公司，本公司持有该公司75%的股权，该公司主营聚氯乙烯树脂的生产和销售，注册资本18878.15万元，本年主营业务收入为211336552.88元，净利润15773641.18元。
(2)、华夏新达科技股份有限公司，本公司持有该公司66.67%的股权，该公司主营软件技术的开发、转让、咨询等，注册资本4200万元，本年主营业务收入为10597022.21元，净利润524749.98元。
(3)、广东沧化实业有限公司，本公司持有该公司51%的股权，该公司主营销售建筑材料、装饰材料等，注册资本4080万元，本年实现净利润956405.53元。
(4)、广州中科信投资有限公司，本公司持有该公司34%的股权，该公司主营项目投资及策划、房地产投资等，注册资本10988万元，由于该公司下半年刚刚成立，故今年未产生效益。
4、公司经营中出现的问题、困难及解决方案
公司经营中出现的问题、困难：
(1)、受2000年国际原油价格暴涨的影响，公司生产所需主要原料EDC也大幅上涨，因而增加了企业的的经营风险。
(2)、随着加入世贸组织步伐的加快，在给企业带来机遇的同时，也带来了国际市场的压力。面 对新的形势、新的机遇、新的挑战公司董事会的指导思想是面对全球经济一体化趋势的增强，科技发展日新月异，国有经济调整步伐加快和国内外市场竞争日趋激烈的新形势，公司将以创造最大利润为目的，调整产业结构、巩固发展PVC主业，涉足高科技领域，全面提升企业核心竞争力，以市场为导向，充分研究规划加入WTO后的市场竞争形势，进一步将国内、国外两个市场紧密结合起来，努力提高全员市场意识、竞争意识、危机意识。
(二)、公司财务状况
1、公司财务指标　　　　单位：人民币元

项　　目	2000年末	1999年末	增　减
总资产	2679522375.96	2107186322.24	572336053.72
长期负债	449900000.00	846750000.00	－396850000.00
股东权益	1018908929.56	746741499.31	272167430.25
主营业务利润	247625076.84	190313099.65	57311977.19
净利润	104168287.06	138120895.81	－33952608.75

指标变动原因：
(1)、总资产增加主要是今年公司实施配股及负债和利润增加所致；

(2)、长期负债减少是因为公司本年度长期借款减少所致；
(3)、主营业务利润增加是因为公司本年度销售收入增加所致；
(4)、净利润减少是因为公司生产原料涨价，生产成本增加所致；
2、河北华安会计师事务所有限公司为本公司出具了标准无保留意见审计报告。
(三)、公司投资情况
1、募集资金使用情况
经中国证券监督管理委员会证监公司字[2000]59号文批准，以公司1999年末股本39240万股为基数，每10股配售1.5股，配股价为：7元/股，其中国家股股东以土地使用权认购1402万股，其余放弃，项社会公众股股东配售1500万股。到2000年7月14日募集资金已全部到位，共募集资金10106万元。
募集资金使用情况如下：　单位：万元

项目	进度	预计投资	实际投资
12万吨/年VCM配套公用工程	已基本完成	4945	4945
苦咸水淡化装置	即将完工	5100	5100
补充公司流动资金		55	61.9

其中投资4945万元用于12万吨/年的VCM配套公用工程，该项目属于23万吨/年PVC树脂项目的配套项目。
苦咸水淡化装置已于2001年4月4日正式投产。
2、非募集资金的投资情况
公司今年对内投资主要有：
(1)投资2136.80万元建设VCM主体工程及配套公用工程，其中主体工程已完成，并于2000年7月1日正式投产并转固，配套公用工程尚未完全完工；
(2)投资3245.3163万元建设PVC主体工程，已完成，并于2000年7月1日正式投产并转固；
(3)投资606.11万元建设PVC配套工程，已完成，并于2000年7月1日正式投产并转固；
(4)投资4151.92万元建设苦咸水淡化工程，该项目已于2001年4月4日正式投产；
(5)投资1320万元进行技术改造，现在已基本完工；
公司今年对外投资主要有：
投资3736万元联合江西昌九化工集团有限公司、广州利德龙科技有限公司、王德亮先生四方共同出资组建广州中科信投资有限公司，注册资本为10988万元，本公司占出资总额的34%。
(四)、生产经营环境变化的影响
报告期内，公司生产所必需的生产原料EDC出现了大幅涨价，一定程度上影响了公司的收益水平。
(五)、2001年发展计划
2001年是新世纪的第一年，也是"十五"规划的第一年，在新的一年里，世界经济一体化的趋势更加明显，随着中国加入WTO，国内市场竞争将呈现出明显的国际化，企业竞争也将更加激烈，因此也要求我们必须要适应时代要求，深化改革，加快发展。
(1)科学管理、合理调度，确保完成各项生产目标。
(2)妥善安排、提高效率，积极做好"十五"项目建设的前期准备工作。
进一步增加公司的生产能力是我公司"十五"期间的重点工作，是我公司提升核心竞争力的战略选择，公司各部门一定要在时间紧、任务重的前提下努力工作，积极做好前期准备工作。
(3)强化质量保证体系，全面提高产品质量，力争通过ISO9000质量认证体系，增强企业产品的市场竞争力。
(4)超前谋划，认真分析，全面做好加入WTO的准备工作。
(5)规范和创新营销工作，确保市场占有率的提高。
(6)加强资本运营，为企业的发展提供新的利润增长点。
(六)、董事会日常工作情况
本年度董事会共召开六次会议。
1、公司2000年度第一次董事会会议于2000年1月18日在公司三楼会议室召开，8名董事参加会议，此次董事会决议公告刊登于2000年1月20日的《上海证券报》上。
2、公司2000年度第二次董事会于2000年3月18日在公司三楼会议室召开，8名董事参加，此次董事议公告刊登于2000年3月22日的《上海证券报》上。
3、公司2000年度第三次董事会会议于2000年5月26日在公司三楼会议室召开，8名董事参加会议，此次董事会决议公告刊登于2000年5月27日的《上海证券报》上。
4、公司2000年度第四次董事会会议于2000年6月15日在公司三楼会议室召开，8名董事参加会议，此次董事会决议公告刊登于2000年6月16日的《上海证券报》上。
5、公司2000年度第五次董事会会议于2000年6月29日在公司三楼会议室召开，7名董事参加会议，此次董事会决议公告刊登于2000年7月3日的《上海证券报》上。
6、公司2000年度第六次董事会会议于2000年7月26日在公司三楼会议室召开，8名董事参加会议，此次董事会决议公告刊登于2000年7月28日的《上海证券报》上。
(七)、公司管理层及员工情况
1、董事、监事、高级管理人员
现任公司董事、监事、高级管理人员情况

姓名	性别	年龄	职务	任期
周振德	男	56岁	董事长	1998.8.17－－－2001.8.17
杨青山	男	60岁	副董事长	1998.8.17－－－2001.8.17
孙文育	男	51岁	董事兼总经理	1998.8.17－－－2001.8.17
曹建林	男	45岁	董事兼副总经理	1998.8.17－－－2001.8.17
李晓华	男	38岁	董事	1998.8.17－－－2001.8.17
于生春	男	38岁	董事兼副总经理	1998.8.17－－－2001.8.17
张建珍	男	39岁	董事兼副总经理	1998.8.17－－－2001.8.17
靳洪强	男	38岁	董事	2000.4.28－－－2001.8.17
吴桂华	女	52岁	监事会主席	1998.8.17－－－2001.8.17
于占祥	男	58岁	监事会副主席	1998.8.17－－－2001.8.17
孙秀旺	男	45岁	公司监事	1999.6.18－－－2001.8.17
李　强	男	37岁	公司监事	1999.6.18－－－2001.8.17
穆德胜	男	48岁	公司监事	1998.8.17－－－2001.8.17
高润东	男	52岁	董事会秘书	1998.8.17－－－2001.8.17
郑玉珍	女	53岁	董事会秘书	1998.8.17－－－2001.8.17

现任公司董事、监事、高级管理人员持股情况

	期初数	期末数
周振德	12000	13800
杨青山	12000	13800
曹建林	12000	13800
吴桂华	0	0
于占祥	0	0
孙秀旺	0	0
李　强	0	0
穆德胜	5200	5980
李晓华	10000	11500
张建珍	12000	13800
孙文育	6000	6900
于生春	0	0
高润东	0	0
郑玉珍	0	0

持股增加原因为：2000年7月份公司实施配股所致。
以上公司董事、监事、高级管理人员全部在公司领取报酬，年报酬总额为：268000元，其中10000－－20000元的13人，8000－－10000元的3人。
本报期内未发生聘任或解聘公司董事会秘书的情况。
(2)公司现有员工1868人，其中专业技术人员500余人，高级职称17人，中级职称151人。
(八)、本次分配预案
1、本年度公司实现净利润104168287.06万元，提取10%的公积金和5%的公益金，加上以前年度未分配利润173422279.50万元，可供股东分配的利润261145750.61万元，董事会决定，2000年度的利润分配方案为每10股派现金0.75元(含税)；剩余利润结转下一年度分配。
2、预计公司2001年度分配政策
(1)、公司在2001年度利润分配至少一次；
(2)、公司将根据2001年盈利情况按不低于10%以上的的利润分配政策进行分配；
(3)、分配形式：派发现金；
(4)、以上方案为预案，公司董事会将根据公司未来发展的实际情况，保留对该政策进行调整的权利。
(九)、其他事项：
本公司的信息披露报刊为《上海证券报》。

六、监事会报告

(一)、会议情况
本年度监事会共召开两次会议，出席人数均符合《证券法》和《公司章程》的有关规定。
1、2000年度第一次会议于2000年3月18日召开，5名监事参加，会议讨论通过了以下议案：
(1)、审议并通过了《1999年度监事会工作报告》；
(2)、审议并通过了1999年度报告正本及摘要。
2、2000年度第二次会议于2000年7月26日召开，5名监事参加，会议讨论通过了以下议案：
(1)、会议讨论并通过了2000年中期报告正本及摘要；
(2)、会议讨论并通过了《监事会议事规则》。
(二)、监事会对公司依法运作情况的意见
关于报告期内公司依法运作情况，监事会认为：
(1)、公司依法运作情况：公司董事会按照股东大会决议的要求，确实履行了各项决议，决策程序符合《公司法》及《公司章程》的有关规定，公司已逐步建立起了内部控制制度，公司经理、董事在执行公司职务时无违反法律、法规、公司章程或损害公司利益的行为。
(2)、检查公司财务状况：河北华安会计师事务所有限公司初具的2000年度审计报告真实的反映了公司2000年度的财务状况和经营成果。
(3)、募集资金使用情况：募集资金的使用完全按照公司配股说明书上所披露的执行的。
(4)、关联交易情况：公司关联交易公开，未损害公司利益。

七、重要事项

1、公司利润分配方案
2000年度的利润分配方案为每10股派现金0.75元(含税)；
2、公司上年度未未进行利润分配，也未进行公积金转增股本
3、报告期内公司无重大诉讼、仲裁事项。
4、报告期内公司的收购兼并事项：
(1)、公司2000年第三次董事会于2000年5月26日召开，讨论通过了出资2800万元控股北京华夏新达科技有限公司，占该公司增资后总股本的66.67%。(决议公告刊登于2000年5月27日的《上海证券报》上)
(2)、本公司占有75%股份的控股子公司沧州沧井化工有限公司吸收合并同为本公司占有75%股份的控股子公司沧州骅井化工有限公司的工作全部结束，并于2000年6月27日在工商行政部门完成了变更注册手续，合并后的公司名称仍为"沧州沧井化工有限公司"。
5、公司2000年第四次董事会于2000年6月15日召开，(1)决定与中国科学院化学所工程塑料国家重点实验室签署战略合作协议；(2)决定联合江西昌九化工集团公司、广州利德龙科技有限公司、王德亮先生四方共同出资组建广州中科信投资有限公司，我公司出资3736万元，占总出资的34%。(决议公告刊登于2000年6月16日的《上海证券报》上)
6、报告期内公司、公司董事、监事、高级管理人员未受到监管部门处罚的情况。
7、公司与控股股东之间人员独立、资产完整、财务独立。
公司与控股股东河北沧州化工实业集团有限公司以实现了三分开，具体情况如下：
(1)、人员独立：公司在劳动、人事、工资管理等方面实现了独立，经理层及其他高级管理人员均在公司领取报酬，未在控股单位领薪和担任重要职务。
(2)、资产完整：本公司拥有独立的生产体系，辅助生产系统和配套设施、工业产权、商标非专利技术等无形资产均由本公司拥有，本公司拥有独立的采购和销售系统。
(3)、财务独立：本公司设有独立的财务部门，并建立起了独立的财务核算体系和财务制度，并在银行拥有独立的银行账户。
8、重大关联交易事项
本公司成立后，与河北沧化集团有限公司(以下简称"集团公司")在生产经营和土地使用权等方面存在关联交易，因此双方签定了《有偿管理与服务协议》、《土地使用权租赁合同》等一系列合同及协议。
本公司与河北沧化集团有限公司之间的供货价格均按同类产品的市场价格确定，具体金额由双方财务部门每月按实际供货价格结算。其中：本公司向河北沧化集团有限公司采购货物236841950.19元，因本公司无进出口经营权，故委托沧化(集团)进出口公司进口原料EDC515616922.16元，向沧化(集团)中捷盐场采购原料—原盐19146178.42元；为了节省成本，本公司受托为河北沧化集团有限公司代购原材料278644215.63元，本公司向广东沧化实业有限公司销售货物202419684.94元，向沧化(集团)进出口公司销售货物10777840.32元，向揭阳华南沧化事业有限公司销售货物82518476.50元。
9、担保事项
报告期内无重大合同担保事项。
10、公司1999年度股东大会审议通过了孙德亮、张培勋不再担任公司董事的议案，同时选举靳洪强为公司董事。(决议公告刊登于2000年4月29日的《上海证券报》上)
11、报告期内公司聘请的会计师事务所未发生变更。
12、报告期内公司未更改公司名称或股票简称。

八、财务会计报告

1、审计报告

冀华会审字[2001]1036号

沧州化学工业股份有限公司全体股东：
我们接受委托，审计了贵公司2000年12月31日的资产负债表和合并资产负债表、2000年度的利润及利润分配表和合并利润及利润分配表、2000年度的现金流量表和合并现金流量表。这些会计报表由贵公司负责，我们的责任是对这些会计报表发表审计意见。我们的审计是依据《中国注册会计师独立审计准则》进行的。在审计过程中，我们结合贵公司的实际情况，实施了包括抽查会计记录等我们认为必要的审计程序。
我们认为，上述会计报表符合《企业会计准则》和《股份有限公司会计制度》的有关规定，在所有重大方面公允地反映了贵公司2000年12月31日的财务状况及2000年度的经营成果和现金流量情况，会计处理方法的选用遵循了一贯性原则。

河北华安会计师事务所有限公司　　中国注册会计师
王飞
潘志辉
地址：中国·石家庄市裕华路158号　　2000年3月26日.

九、公司的其他有关资料

1、公司变更注册登记日期：2000年12月28日
地点：河北省工商行政管理局
2、工商营业执照注册号：1300001000302
3、税务登记号码：130902104363017
4、未上市股票托管机构：上海证券中央登记结算中心
5、会计师事务所：河北华安会计师事务所有限公司
办公地点：河北省石家庄裕华西路158号

十、备查文件

1、载有董事长、总经理亲笔签名的年度报告原本；
2、载有会计师事务所盖章、注册会计师亲笔签字的审计报告正文及财务报表；
3、公司各类统计报表。
4、公司章程。

沧州化学工业股份有限公司
20001年4月7日

利 润 及 利 润 分 配 表

2000 年 12 月 31 日

编制单位:沧州化学工业股份有限公司　　单位:人民币元

项目	注释	母公司		合并	
		本期累计数	上年同期数	本期累计数	上年同期数
一、主营业务收入		1,357,635,825.68	670,674,037.96	1,357,635,825.68	670,674,037.96
减:折扣与折让		–	–	–	–
主营业务收入净额		1,357,635,825.68	670,674,037.96	1,357,635,825.68	670,674,037.96
减:主营业务成本		1,158,377,160.17	487,537,100.15	1,106,853,900.70	477,893,952.60
主营业务税金及附加		3,156,848.14	2,466,985.71	3,156,848.14	2,466,985.71
二、主营业务利润	27	196,101,817.37	180,669,952.10	247,625,076.84	190,313,099.65
加:其他业务利润		25,769,461.31	10,183,878.40	11,511,787.13	1,183,878.40
减:存货跌价损失		699,341.20	312,822.06	699,341.20	312,822.06
营业费用		19,417,469.77	6,808,921.75	19,417,469.77	6,808,921.75
管理费用		50,991,576.51	11,573,463.62	67,154,238.42	12,516,284.90
财务费用	28	39,666,255.78	9,763,157.41	48,238,580.73	9,753,207.07
三、营业利润		111,096,635.42	162,395,465.66	123,627,233.85	162,105,742.27
加:投资收益	29	16,704,479.22	131,673.31	561,056.29	392,424.36
补贴收入		–	–	–	–
营业外收入	30	6,624.96	–	42,224.96	–
减:营业外支出	31	1,272,898.74	–	1,272,898.74	–

项目	注释	母公司		合并	
		本期累计数	上年同期数	本期累计数	上年同期数
四、利润总额		126,534,840.86	162,527,138.97	122,957,616.36	162,498,166.63
减:所得税		16,902,734.52	24,406,243.16	16,902,734.52	24,406,243.16
减:少数股东本期收益		–	–	1,886,594.78	-28,972.34
五、净利润		109,632,106.34	138,120,895.81	104,168,287.06	138,120,895.81
加:年初未分配利润		173,422,279.50	157,952,202.46	173,422,279.50	157,952,202.46
盈余公积转入		–	–	–	–
一、可供分配的利润		283,054,385.84	296,073,098.27	277,590,566.56	296,073,098.27
减:提取法定盈余公积		10,963,210.63	13,812,089.58	10,963,210.63	13,812,089.58
提取法定公益金		5,481,605.32	6,906,044.79	5,481,605.32	6,906,044.79
二、可供股东分配的利润		266,609,569.89	275,354,963.90	261,145,750.61	275,354,963.90
减:应付优先股股利		–	–	–	–
提取任意盈余公积		–	–	–	–
应付普通股股利		31,606,500.00	101,932,684.40	31,606,500.00	–
转作股本的普通股股利		–	–	–	101,932,684.40
四、未分配利润		235,003,069.89	173,422,279.50	229,539,250.61	173,422,279.50

资 产 负 债 表

2000 年 12 月 31 日

编制单位:沧州化学工业股份有限公司　　单位:人民币元

资产	注释	母公司		合并	
		期初数	期末数	期初数	期末数
流动资产:					
货币资金	1	36,287,399.17	125,277,555.27	37,977,349.51	129,080,588.37
短期投资		–	–	–	–
减:短期投资跌价准备		–	–	–	–
短期投资净额		–	–	–	–
应收票据	2	20,000,000.00	–	20,000,000.00	–
应收股利		–	–	–	–
应收利息		–	–	–	–
应收帐款	3	132,976,209.09	548,441,123.43	132,976,209.09	392,443,018.17
其他应收款	4	35,303,803.44	27,868,138.21	97,048,381.25	27,900,638.21
减:坏帐准备	3/4	2,260,986.87	4,897,099.59	2,569,709.76	4,117,271.56
应收款项净额		166,019,025.66	571,412,162.05	227,454,880.58	416,226,384.82
预付帐款	5	5,389,629.62	17,147,632.64	5,389,629.62	18,044,582.52
应收补贴款		–	–	–	–
存货	6	127,120,565.92	216,167,008.19	129,570,902.94	214,348,672.89
减:存货跌价准备		4,507,038.30	5,206,379.50	4,507,038.30	5,206,379.50
存货净额		122,613,527.62	210,960,628.69	125,063,864.64	209,142,293.39
待摊费用	7	5,208,256.84	13,501,932.88	5,208,256.84	15,361,932.88
待处理流动资产净损失		–	–	–	–
一年内到期的长期债权投资		–	–	–	–
其他流动资产		–	–	–	–
流动资产合计		355,517,838.91	938,299,911.53	421,093,981.19	787,855,781.98
长期投资:		–	–	–	–
长期股权投资	8	162,517,548.31	245,374,856.03	21,192,424.36	87,112,680.65
长期债权投资		–	–	–	–
长期投资合计		162,517,548.31	245,374,856.03	21,192,424.36	87,112,680.65
减:长期投资减值准备		–	–	–	–
长期投资净额		162,517,548.31	245,374,856.03	21,192,424.36	87,112,680.65
其中:合并价差		–	–	–	–
固定资产:		–	–	–	–
固定资产原价	9	515,864,564.10	528,351,184.42	686,417,361.62	1,419,553,980.42
减:累计折旧	9	112,936,853.45	144,940,747.16	115,068,763.40	169,629,507.74
固定资产净值		402,927,710.65	383,410,437.26	571,348,598.22	1,249,924,472.68
工程物资		–	–	–	–
在建工程	10	979,090,464.75	385,046,574.31	1,093,551,318.47	385,046,574.31
固定资产清理		–	–	–	–
待处理固定资产净损失		–	–	–	–
固定资产合计		1,382,018,175.40	768,457,011.57	1,664,899,916.69	1,634,971,046.99
无形资产及其他资产:		–	–	–	–
无形资产	11	–	97,267,229.14	–	169,362,866.34
开办费		–		–	–
长期待摊费用		–	220,000.00	–	220,000.00
其他长期资产	12	–	284,175,483.00	–	–
无形资产及其他资产合计		–	381,662,712.14	–	169,582,866.34
递延税项:		–	–	–	–
递延税款借项		–	–	–	–
资产总计		1,900,053,562.62	2,333,794,491.27	2,107,186,322.24	2,679,522,375.96
负债和股东权益					
流动负债:					
短期借款	13	268,455,000.00	236,800,000.00	268,455,000.00	236,800,000.00
应付票据	14	–	169,000,000.00	–	169,000,000.00
应付帐款	15	28,834,206.64	93,178,794.00	44,294,206.64	95,553,702.35
预收帐款	16	31,285,395.37	59,140,774.81	31,285,395.37	59,140,774.81
代销商品款		–	–	–	–
应付工资		–	–	–	–
应付福利费		68,441.63	-1,503,920.02	68,441.63	-1,657,000.02
应付股利	17	2,396.00	31,608,896.00	2,396.00	31,608,896.00
应交税金	18	8,846,275.01	-3,780,829.59	10,625,584.31	-1,474,074.75
其他应交款		972,752.56	1,116,958.07	972,752.56	1,116,958.07
其他应付款	19	210,135,685.03	31,900,139.24	100,862,482.69	87,774,722.08
预提费用	20	9,961,911.07	11,060,929.92	9,961,911.07	11,060,929.92
一年内到期的长期负债	21	–	251,000,000.00	–	473,000,000.00
其他流动负债		–	–	–	–
流动负债合计		558,562,063.31	879,521,742.43	466,528,170.27	1,161,924,908.46
长期负债:		–	–	–	–
长期借款	22	594,750,000.00	429,900,000.00	846,750,000.00	449,900,000.00
应付债券		–	–	–	–
长期应付款		–	–	–	–
住房周转金		–	–	–	–
其他长期负债		–	–	–	–
长期负债合计		594,750,000.00	429,900,000.00	846,750,000.00	449,900,000.00
递延税项:		–	–	–	–
递延税款贷项		–	–	–	–
负债合计		1,153,312,063.31	1,309,421,742.43	1,313,278,170.27	1,611,824,908.46
少数股东权益:		–	–	47,166,652.66	48,788,537.94
股东权益:		–	–	–	–
股本	23	392,400,000.00	421,420,000.00	392,400,000.00	421,420,000.00
资本公积	24	120,979,849.88	291,565,493.07	120,979,849.88	291,565,493.07
盈余公积	25	59,939,369.93	76,384,185.88	59,939,369.93	76,384,185.88
其中:公益金	25	19,958,456.21	25,440,061.53	19,958,456.21	25,440,061.53
未分配利润	26	173,422,279.50	235,003,069.89	173,422,279.50	229,539,250.61
股东权益合计		746,741,499.31	1,024,372,748.84	746,741,499.31	1,018,908,929.56
负债和股东权益总计		1,900,053,562.62	2,333,794,491.27	2,107,186,322.24	2,679,522,375.96

现 金 流 量 表

2000 年度

编制单位:沧州化学工业股份有限公司　　单位:人民币元

项目	注释	母公司数	合并数
一、经营活动产生的现金流量			
销售商品、提供劳务收到的现金		1470444106.10	1470444106.10
收到的租金		10500000.00	10500000.00
收到的税费返还			
收到的与其他经营活动有关的现金		385311.92	564774.38
现金流入小计		1481329418.02	1481508880.48
购买商品、接受劳务支付的现金		1242570797.37	1194328241.20
经营租赁所支付的现金			
支付给职工以及为职工支付的现金		23631384.17	36454238.24
实际交纳的增值税		38393535.49	51310462.55
支付的所得税款		20400230.57	20400230.57
支付的除增值税、所得税以外的其他税费		7183196.95	7187696.95
支付的与其他经营活动有关的的现金	32	34305570.12	36153881.62
现金流出小计		1366484714.67	1345834751.13
经营活动产生的现金流量净额		114844703.35	135674129.35
二、投资活动产生的现金流量			
收回投资所收到的现金			
分得股利或利润所收到的现金			
取得债券利息收入所收到的现金			
处置固定资产无形资产和其他长期资产而收到的现金净额		212000.00	212000.00
收到的与其他与投资活动有关的现金			
现金流入小计		212000.00	212000.00
购建固定资产、无形资产和其他长期资产所支付的现金		102132776.15	102132776.15
权益性投资所支付的现金		65920256.29	65920256.29
债权性投资所支付的现金			
支付的其他与投资活动有关的现金			
现金流出小计		168053032.44	168053032.44
投资活动产生现金流量净额		-167841032.44	-167841032.44
三、筹资活动产生的现金流量			
吸收权益性投资所收到的现金		101068954.94	101068954.94
其中:子公司吸收少数股东权益性投资所收到的现金			
发行债券所收到的现金			
借款所收到的现金		177600000.00	197600000.00
收到的其他与筹资活动有关的现金			
现金流入小计		278668954.94	298668954.94
偿还债务所支付的现金		81755000.00	111755000.00
发生筹资费用所支付的现金		1355000.00	1355000.00
分配股利或利润所支付的现金			
其中:子公司支付少数股东的股利			
偿还利息所支付的现金		53572469.75	62288812.99
融资租赁所支付的现金			
减少注册资本所支付的现金			
其中:子公司减资支付给少数股东的现金			
支付的其他与筹资活动有关的现金			
现金流出小计		136682469.75	175398812.99
筹资活动产生的现金净流量		141986485.19	123270141.95
四、汇率变动对现金的影响额			
五、现金及现金等价物的净增加额		88990156.10	91103238.86
补充资料:			
1.不涉及现金收支的投资和筹资活动			
以固定资产偿还债务			
以投资偿还债务			
以固定资产转入子公司		778517466.86	
以存货偿还债务			
融资租赁固定资产			
接受捐赠非现金资产			
2.将净利润调节为经营活动的现金流量			
净利润		109632106.34	104168287.06
加:少数股东损益			1886594.78
计提的坏帐准备或转销的坏帐		2636112.72	1547561.80
固定资产折旧		36020235.02	58577085.65
无形资产摊销		875261.86	2935482.16
长期待摊费用摊销			
待摊费用摊销(减:增加)		15094294.38	15094294.38
预提费用的增加(减:减少)		23895473.78	23895473.78
处置固定资产、无形资产和其他长期资产的损失(减:收益)		756679.21	756679.21
固定资产报废损失			
财务费用		26219165.07	34117843.33
投资损失(减:收益)		-16704479.22	-561056.29
递延税款贷项(减:借项)			
存货的减少(减:增加)		-89046442.27	-84777769.95
经营性应收项目的减少(减:增加)		-200981749.94	-329820271.62
经营性应付项目的增加(减:减少)		206448046.40	300393087.17
其他			7460837.89
经营活动产生的现金净流量		114844703.35	135674129.35
3.现金及现金等价物净增加情况:			
现金的期末余额		125277555.27	129080588.37
减:现金等价物的期初余额		36287399.17	37977349.51
加:现金等价物的期末余额			
减:现金等价物的期初余额			
现金及现金等价物净增加额		88990156.10	91103238.86

宁波富达电器股份有限公司

二○○○年年度报告摘选

一、公司简介

(一)、公司法定中文名称:宁波富达电器股份有限公司
公司英文名称:NINGBO FUDA ELECTRIC APPLIANCE CO., LTD.
公司英文缩写名称:NINGBO FUDA
(二)、公司法定代表人:白小易
(三)、公司董事会秘书:陈建新　　证券事务代表:施亚琴
电话:(0574)2814275
传真:(0574)2813915
(四)、公司地址:浙江省余姚市阳明西路355号　　邮编:315400
(五)、公司国际互联网网址、电子信箱:http://www.Fudachinacom
E-mail:nbfuda@pub.nb.zj.cninfo.net
(六)、公司选定的信息披露报纸名称:《上海证券报》、《中国证券报》
(七)、登载公司年度报告的中国证监会指定国际互联网网址:http://www.sse.com.cn
(八)、公司年度报告备置地点:浙江省余姚市阳明西路355号公司董事办
(九)、公司股票上市交易所:上海证券交易所
(十)、股票简称:宁波富达
股票代码:600724

二、会计数据和业务数据摘要

(一)、会计数据及财务指标(合并报表)

序号	栏　目	2000年度(元)
1.	利润总额	52,591,526.73
2.	净利润	43,285,722.81
3.	扣除非经常性损益后的净利润	41,183,553.22
4.	主营业务利润	105,797,449.49
5.	其它业务利润	31,621,866.66
6.	营业利润	40,905,436.48
7.	投资收益	1,068,811.89
8.	补贴收入	10,176,589.76
9.	营业外收支净额	440,688.60
10.	经营活动产生的现金流量净额	26,701,038.98
11.	现金及现金等价物净增加额	25,033,234.97

非经常性损益所涉及的项目及金额:
1、土地转让收益2,036,750.25元;
2、营业外收入757,235.79元,其中:处置固定资产收益690,684.06元;
3、营业外支出:316,547.19元,其中:固定资产、在建工程处置损失144,885.37元,损失赔偿76,608.16元。

(二)、公司前三年主要会计数据和财务指标(截止2000年12月31日)

栏　目	2000年度	1999年度	1998年度	
			调整前	调整后
主营业务收入(万元)	46,879.07	33,694.92	21,864.64	21,864.64
净利润(万元)	4,328.57	2,702.40	2,673.28	2,358.27
总资产(万元)	54,795.88	43,171.13	39,628.15	38,771.66
股东权益(万元)	29,948.59	25,738.60	23,868.21	23,036.20
每股收益(元/股)(摊薄)	0.21	0.26	0.26	0.23
每股收益(元/股)(加权)	0.24			
扣除经常性损益后的每股收益(元/股)	0.20	0.25		
每股净资产(元)	1.46	2.51	2.33	2.25
调整后的每股净资产(元)	1.39	2.43	2.27	2.19
每股经营活动产生的现金流量净额(元/股)	0.13	-0.01	-0.11	-0.11
净资产收益率(%)	14.45	10.50	11.20	10.24

注:公司在2000年12月29日—2001年1月12日通过上交所结算系统实施了"2000年度配股方案",配股后公司总股本增至227,730,538股,股本变动后的每股收益为0.19元。

(三)、利润表附表　　单位:元

报告期利润	净资产收益(%)		每股收益	
	全面摊薄	加权平均	全面摊薄	加权平均
主营业务利润	35.33	37.92	0.52	0.52
营业利润	13.66	14.66	0.20	0.20
净利润	14.45	15.51	0.21	0.21
扣除非经常性损益后的净利润	13.75	14.76	0.20	0.20

三、股东情况介绍

(一)、报告期末股东总数
截止2000年12月31日公司股东总数量为4827户,其中法人股股东23户,社会公众股股东4804户。
(二)、公司前十名股东报告期末持股情况

序号	名　称	所持非流通股股份数(股)	所持流通股份数(股)	占公司股份比率(%)
1.	宁波城建投资控股有限公司	65,655,840	0	32.02
2.	宁波市金茂资产管理有限公司	17,280,000	0	8.43
3.	工商银行浙江省信托投资公司	13,600,000	0	6.63
4.	农业银行宁波市信托投资公司	10,296,000	0	5.02
5.	宁波证券有限责任公司	9,014,440	0	4.40
6.	宁波大榭开发区天宇贸易有限公司	8,240,000	0	4.02
7.	宁波龙冠实业有限公司	7,379,968	0	3.60
8.	杭州财务开发公司	4,944,908	0	2.41
9.	浙江省二轻企业集团	2,516,894	0	1.23
10.	杭州市信托投资公司	2,516,894	0	1.23

注:宁波市金茂资产管理有限公司,2000年7月4日有偿受让宁波保税区中特置业有限公司持有的本公司股份1728万股(占总股本的8.43%),成为公司第二大股东。该公司是由宁波市财政局全额出资的国有独资企业,主要从事资产经营、物业管理等业务。注册资本为人民币500万元,法人代表:林新华。转让信息披露在2000年7月11日的《上海证券报》、《中国证券报》上。其次,宁波龙冠实业有限公司于2000年9月12日向宁波市江北富君贸易有限公司有偿转让其所持本公司法人股200万股。公司其他前八名股东报告期均未发生股份增减变动及质押冻结情况,亦未持有流通股。

云南云维股份有限公司

二○○○年年度报告摘选

一、公司简介

1、公司法定中文名称:云南云维股份有限公司
公司法定英文名称:YUNNAN YUNWEI COMPANY LIMITED
英文缩写:YNYW
2、公司法定代表人:李剑秋
3、公司董事会秘书:滕仕喜
联系地址:云南省曲靖市沾益县花山镇云维公司办公室
电话:0874—3064195　　传真:0874—3068590
电子信箱:tsx0424@sina.com
授权代表:蒋观华
电话:0874—3068588　　传真:0874--3068590
电子信箱:ywjgh@china.com
4、公司注册及办公地址:云南省曲靖市沾益县花山镇
公司国际互联网网址:www.yunweigroup.com
电子信箱:yunwei@hi2000.com & ywgroup@hi2000.com
邮政编码:655038
5、公司信息披露报纸名称:《中国证券报》、《上海证券报》
登载公司年度报告的中国证监会指定国际互联网网址:http://www.sse.com.cn
6、公司股票上市交易所:上海证券交易所
股票简称:云维股份　　股票代码:600725

二、会计数据和业务数据摘要

1、本年度实现利润及构成(合并报表数据,单位:元)

项　目	金　额
利润总额	23,041,061.05
净利润	21,116,592.35
扣除非经常性损益后的净利润	21,013,163.38
主营业务利润	47,744,094.26
其他业务利润	1,237,120.14
营业利润	21,069,663.26
投资收益	2,101,829.48
补贴收入	
营业外收支净额	-130,431.69
经营活动产生的现金流量净额	39,339,316.73
现金及现金等价物净增加额	10,398,542.11
扣除非经常性损益项目及金额(元)如下:	
(1)环保贷款贴息收入	190,000.00
(2)其他收入	48,565.00
(3)处理固定资产净损失	120,163.82
(4)其他支出	14,972.21

2、近三年主要会计数据和财务指标(单位:万元)

指标项目	2000年度	1999年度	1998年度	
			调整前	调整后
主营业务收入	15,401.96	14,432.00	12,726.71	12,726.71
净利润	2,111.66	326.06	-2,226.88	-3,017.49
总资产	38,046.57	35,379.84	40,452.67	38,804.64
股东权益(不含少数股东权益)	34,261.44	31,974.79	33,282.43	31,648.73
每股收益(元)(按净利润全面摊薄计算)	0.1920	0.0296	-0.2024	-0.2743
每股收益(元)(按净利润加权平均计算)	0.1920	0.0296	-0.2024	-0.2743
每股收益(元)(扣除非经常性损益)	0.1910	0.0296	-0.2024	-0.2743
每股净资产(元)	3.11	2.91	3.03	2.88
调整后每股净资产(元)	3.00	2.79	2.95	2.84
净资产收益率%(按净利润全面摊薄计算)	6.16	1.02	-6.69	-9.53
净资产收益率%(按净利润加权平均计算)	6.39	1.02	-6.47	-9.10
每股经营活动产生的现金流量净额(元)	0.36	0.117	0.104	0.104

按中国证监会《公开发行证券公司信息披露编报原则(第9号)》要求计算2000年报告期利润的净资产收益率和每股收益如下:

报告期利润		净资产收益率%		每股收益(元)	
		全面摊薄	加权平均	全面摊薄	加权平均
主营业务利润	47,744,094.26	①13.94	②14.45	③0.4340	④0.4340
营业利润	21,069,663.26	6.15	6.38	0.1915	0.1915
净利润	21,116,592.35	6.16	6.39	0.1920	0.1920
扣除非经常性损益后的净利润	21,013,163.38	6.13	6.36	0.1910	0.1910

三、股本变动及股东情况介绍

1、报告期末股东数量
截止2000年12月31日,公司共有股东总数28153户,其中,国有法人股股东1户(云南云维集团有限公司),社会公众股股东28152户。
2、公司前10名股东持股情况

股东名称	持股数量	占总股本的比例(%)
云南云维集团有限公司	72,500,000	65.900
俞专飞	153,050	0.139
温伟	150,260	0.137
张云秋	132,000	0.120
赵国君	125,580	0.114
万柏花	96,000	0.087
勒孚任	95,968	0.087
勒孚仕	94,900	0.086
李文花	80,000	0.073
宋德芬	78,000	0.071

黑龙江电力股份有限公司

二○○○年年度报告摘要

一、公司简介

1 、公司法定中文名称:黑龙江电力股份有限公司
公司英文名称:HEILONGJIANG ELECTRIC POWER COMPANY LIMITED
公司英文名称缩写:HLJEPCL
2 、公司法定代表人:郑宝森
3 、公司董事会秘书:梅君超
联系地址:哈尔滨市南岗区大成街 209 号
电话:0451 - 2525778
传真:0451 - 2525878
电子信箱:mjc@Londian.com
4 、公司注册地址:哈尔滨市香坊区市高新技术开发区 12 号楼 B 座
公司办公地址:哈尔滨市南岗区大成街 209 号
邮编:150001
国际互联网网址:http://www.londian.com
电子信箱:dlgf@public.hr.hl.cn
5 、公司信息披露报纸:《上海证券报》、《文汇报》、《南华早报》
国际互联网网址:http://www.sse.com.cn
公司年报备置地点:公司股权管理部
6 、公司股票上市地址:上海证券交易所
股票代码:600726(A 股)　　900937(B 股)
股票简称:龙电股份(A 股)　　龙电 B 股(B 股)

二、会计数据和业务数据摘要

(一)公司本年度主要利润指标(合并报表)

单位:人民币元

项目	金额
利润总额	243,963,206.28
净利润	224,700,092.53
扣除非经常性损益后的净利润	211,287,592.53
主营业务利润	247,086,366.00
其他业务利润	6,660,752.55
营业利润	221,237,744.61
投资收益	22,752,730.46
补贴收入	0
营业外收支净额	(27,268.79)
经营活动产生的现金流量净额	191,483,439.01
现金及现金等价物净增加额	585,581,780.75

扣除非经常性损益项目和涉及的金额:

转让黑龙江省华富电力投资有限公司 650 万股股权,涉及净利润 13,412,500 元。

按国际会计准则对净利润及净资产进行调整之影响

单位:人民币万元

	净利润 2000 年	净资产 2000 年 12 月 31 日	净利润 1999 年	净资产 1999 年 12 月 31 日
根据中国会计准则列报	22,470.0	274,919.0	18,412.9	168,600.2
按国际会计准则调整				
------折旧	1,263.8	3,979.4	925.3	2,715.6
------拟派发之股利		8,409.5		
小计	1,263.8	12,388.9	925.3	2,715.6
根据国际会计准则列报	23,733.8	287,307.9	19,338.2	171,315.8

(二)前三年主要会计数据和财务指标

单位:人民币元

指标项目	2000 年	1999 年	1998 年
主营业务收入	807,498,682.91	775,585,732.49	688,973,247.65
净利润	224,700,092.53	184,128,143.51	235,140,795.91
总资产	3,305,762,720.89	2,498,674,464.44	2,466,878,310.31
股东权益	2,749,190,141.90	1,686,001,518.30	1,501,873,374.79
每股净资产(元/股)	3.92	2.87	2.56
调整后每股净资产(元/股)	3.91	2.85	2.53
每股经营活动产生的现金流量净额	0.27	1.26	0.03

按公开发行证券公司信息披露编报规则第九号计算的净资产收益率和每股收益:

报告期利润	净资产收益率(%)						每股收益(元)					
	全面摊薄			加权平均			全面摊薄			加权平均		
	2000 年	1999 年	1998 年	2000 年	1999 年	1998 年	2000 年	1999 年	1998 年	2000 年	1999 年	1998 年
主营业务利润	8.99	13.64	11.33	13.28	15.27	11.56	0.35	0.39	0.29	0.41	0.39	0.29
营业利润	8.05	10.12	8.44	11.89	11.33	8.60	0.32	0.29	0.22	0.37	0.29	0.22
净利润	8.17	10.92	15.66	12.07	12.23	15.97	0.32	0.31	0.40	0.37	0.31	0.40
扣除非经常性损益后的净利润	7.69	10.92	15.66	10.64	12.23	15.97	0.30	0.31	0.40	0.33	0.31	0.40

注:主要财务指标计算方法

每股净资产 = 年度末股东权益/年度末普通股股份总数

全面摊薄每股收益 = 报告期净利润/期末股份总数

全面摊薄净资产收益率 = 报告期利润/期末净资产

加权平均净资产收益率 = $P/(E0 + NP/2 + Ei * Mi/M0 - Ej * Mj/M0)$

其中:P 为报告期利润,NP 为报告期净利润,E0 为期初净资产,Ei 为报告期发行新股或债转股等新增净资产,Ej 为报告期回购或现金分红等减少净资产,M0 为报告期月份数,Mi 为新增净资产下一月份起至报告期期末的月份数,Mj 为减少净资产下一月份起至报告期期末的月份数

加权平均每股收益 = $P/(S0 + S1 + Si * Mi/M0 - Sj * Mj/M0)$

其中:P 为报告期利润,S0 为期初股份总数,S1 为报告期因公积金转增股本或股票股利分配等增加股份数,Si 为报告期因发行新股或债转股等增加股份数,Sj 为报告期因回购或缩股等减少股份数,M0 为报告期月份数,Mi 为增加股份下一月份起至报告期期末的月份数,Mj 为减少股份下一月份起至报告期期末的月份数

调整后每股净资产 = (年度末股东权益 - 三年以上的应收款项 - 待摊费用 - 待处理资产净损失 - 开办费 - 长期待摊费用)/年度末普通股股份总数

每股经营活动产生的现金流量净额 = 经营活动产生的现金流量净额/年度末普通股股份总数

三、股本变动及股东情况介绍

1 、股本变动情况

(1)股份变动情况表

数量单位:股

	本次变动前	本次变动增减(+,-)		本次变动后
		吸收合并	增发	
一、未上市流通股份				
1、发起人股份	29,798,550			29,798,550
其中:境内法人持有股份	29,798,550			29,798,550
2、募集法人股	227,908,050	54,750,667		282,658,717
3、内部职工股	13,333,333			13,333,333
4、增发股份			45,000,000	45,000,000
尚未流通股份合计	257,706,600	68,084,000	45,000,000	370,790,600
二、已上市流通股份				
1、人民币普通股	60,000,000			60,000,000
2、境内上市的外资股	270,000,000			270,000,000
已上市流通股份合计	330,000,000			330,000,000
三、股份总数	587,706,600	68,084,000	45,000,000	700,790,600

2 、股东情况介绍

(1)截至 2000 年 12 月 31 日,本公司股东总数为 35748 户,A 股 25969 户,其中法人 11 户,B 股 9779 户。

(2)2000 年 12 月 31 日主要股东持股情况(前十名)

名次	股东名称	持股数(万股)	占总股本比例(%)
1	黑龙江省电力有限公司	23997.8	34.24
2	黑龙江华源电力开发公司	1847.87	2.64
3	黑龙江电力实业集团有限公司	1485.33	2.12
4	TOYO SECURITIES ASIA LTD. A/C CLIENT	1473.38	2.10
5	黑龙江省华富电力投资有限公司	1212	1.73
6	NAITO SECURITIES CO.,LTD	990.78	1.41
7	WAH CHUN INTERNATIONAL LIMITED	868.08	1.24
8	黑龙江省电力开发公司	532.125	0.76
9	龙电集团有限公司	498.4	0.71
10	中国电力投资有限公司	450	0.64

注:因截止报告期末公募增发 4500 万股的股份未在登记公司完成托管登记手续,故上述股东情况介绍中,未含增发股份 4500 万股的股东情况资料,公司股份变动及增发 A 股上市事宜已于 2001 年 2 月 13 日公告。

(3)黑龙江省电力有限公司法人代表:郑宝森。经营范围:电力、热力的生产、销售,销售电力物资、电力技术咨询、技术服务,电力工程设计、设备成套、工程监理、施工调试及生产检修,设备租赁。2000 年 8 月因受让国家电力公司东北公司 21915.105 万股本公司股份而成为公司第一大股东。目前,其持有的本公司股份无质押和冻结情况。

(4)报告期内公司控股股东发生变更,国家电力公司东北公司(原为东北电力集团公司)将所持股份全部划转给黑龙江省电力有限公司,有关此次股份划转公告于 2000 年 8 月 12 日在《上海证券报》刊登。

四、股东大会简介

报告期内公司共召开四次股东大会,包括一次年度股东大会和三次临时股东大会。

2000 年 2 月 15 日召开 2000 年度第一次临时股东大会,会议审议通过了关于黑龙江电力股份有限公司吸收合并黑龙江华源电力(集团)股份有限公司的议案。股东会公告于 2000 年 2 月 16 日在《上海证券报》、香港的《文汇报》和《南华早报》(以下简称指定报刊)刊登。

2000 年 5 月 18 日召开 1999 年度股东大会,会议审议通过了 1999 年度董事会工作报告、公司 1999 年度监事会工作报告、1999 年度财务决算及 2000 年度财务预算报告、公司 1999 年度利润分配预案、关于公司发电机组 2000 年技术改造投资的议案、关于收购牡丹江第二发电厂 #7 机组 75% 资产的议案和关于更换公司董事的议案。会议选举郑宝森、熊良印、丁广鑫为公司董事,同时陈峰、路书军、李天飞由于工作变动而不再担任公司董事。股东大会 决议公告于 2000 年 5 月 19 日在指定报刊刊登。

2000 年 7 月 7 日召开 2000 年第二次临时股东大会,会议审议通过了关于 2000 年增发新股的方案、关于 2000 年增发新股募集资金计划使用项目可行性的议案、关于提请公司股东大会授权董事会全权办理与增发新股有关的其他一切事宜的议案。股东大会决议公告于 2000 年 7 月 8 日在指定报刊刊登。

2000 年 8 月 28 日公司召开 2000 年度第三次临时股东大会,会议审议通过了关于公司 2000 年度增发 A 股未分配利润新老股东共享的议案。股东大会决议公司于 2000 年 8 月 29 日在指定报刊刊登。

五、董事会报告

(一)公司经营情况

1 、公司所属的电力行业是国家重点扶持的基础产业,拥有发电装机容量 1006MW,发电量约占黑龙江省市场 10% 的份额。

2 、公司主营业务的范围及其经营状况

(1)公司主要从事电力生产、电厂检修、电力技术服务和咨询。2000年公司实现主营业务收入80750万元,利润总额24396万元,净利润22470万元。

(2)发电是公司的唯一产业,报告期内公司主营业务收入80750万元,主营业务利润为24709万元。

3、在经营中出现的问题与困难及解决方案

2000年从用电市场的形势来看,用电需求随着黑龙江省内经济回升出现了恢复性增长,全省用电量增长达到5.2%。但由于1999年下半年黑龙江省新投产的900MW容量新机组在2000年全面投产,新增长的用电需求都被新投产的机组抵消了,所以现有机组2000年并没有直接从用电增长中受益。

黑龙江省过去是电力输出省份,每年向辽、吉两省输出电量约10亿千瓦时,2000年由于电力体制改革继续的深入,在东北电网实行分省核算后,黑龙江省每年还要接受电量约15亿千瓦时,进一步加剧了省内电力供大于求的矛盾。

尽管公司的外部经营环境较为严峻,经过公司经营者的努力工作,并在大股东的支持下,公司机组的利用小时达到4252小时,大大高于全省平均水平,位于省内电厂前列。

(二)公司财务状况

项目	2000年	1999年	增减(%)	增减变动说明
总资产	3,305,762,720.89	2,498,674,464.44	32.3	吸收合并和增发新股
长期负债	0	277,000,000.00	-100	到期还款2亿元,余额转流动负债
股东权益	2,749,190,141.90	1,686,001,518.30	63.06	吸收合并、增发新股及新增利润
主营业务利润	247,086,366.00	229,964,134.23	7.44	吸收合并后经营业务增加
净利润	224,700,092.53	184,128,143.51	22.03	吸收合并后经营业务增加

(三)公司投资情况

报告期末公司长期投资净额为318,841,800元,比上年的330,618,800元减少11,777,000元,其主要原因是报告期内计提长期投资减值准备10,607,000元以及转让黑龙江华富电力投资公司股权。

1、公司控股子公司的经营情况和业绩

2000年公司因吸收合并黑龙江华源电力(集团)股份有限公司,自2000年10月1日起拥有原黑龙江华源电力(集团)股份有限公司的控股子公司(绥芬河市华电经贸发展有限公司),控股比例为99%。该控股子公司主要从事经营租赁发电机组及商品贸易业务。2000年10月1日至12月31日,没有开展经营业务,在该会计期间净利润为7026.8元,主要为银行存款利息。

2、收购牡丹江第二发电厂#7机组75%部分资产

根据国家电力公司计融资[1999]118号文件的批复精神,与#7机组75%部分资产的出让方华富电力投资公司进行了实质性会谈,已就大部分转让细节达成共识。由于增发A股完成于12月中旬,目前正在对#7机组进行清产核资,同时起草转让协议,预计2001年上半年可以完成该项工作。

3、收购黑龙江龙电电气有限公司51%的股权

为了寻求公司新的利润增长点,公司与龙电集团有限公司签订了龙电电气51%的股权转让意向协议,预计该项工作在2001年上半年完成。

4、出资参股设立新型能源公司

本公司与哈尔滨岁宝热电股份有限公司、深圳市新资源投资有限公司签订了《关于共同出资设立新型能源公司的协议》,拟共同出资设立一个以新型能源开发利用为产业方向的公司。该公司注册资本暂定为6000万元,其中本公司出资2400万元,占40%。该公司目前正在筹建中。

(四)新年度的业务发展计划

2001年公司主要工作如下:

1、完成牡二电厂#7机组的收购和资产划转。

2、完成龙电电气51%的股权收购和设立新型能源公司。

3、设立风险投资公司并开展业务。

4、开展收购哈尔滨第三发电厂工作,并根据电力体制改革进程积极推进。

5、调研论证新的筹资方式,为公司第三阶段目标的实现提供资金保证。

6、在电力市场仍然严峻的情况下,积极做好竞价上网、增供促销工作。

7、调整所属电厂的管理方式,以适应独资经营和多发电、降成本的要求。

(五)董事会日常工作情况

1、董事会会议及披露情况

公司报告期内共召开八次董事会,会议召开时间、重要决议及披露情况如下:

(1)2000年1月11日召开三届三次董事会,会议审议并通过了如下决议:

A、公司吸收合并黑龙江华源电力(集团)股份有限公司的预案;

B、关于召开2000年临时股东大会的议案。

董事会决议公告于2000年1月12日在指定报刊刊登。

(2)2000年4月13日召开三届四次董事会,会议通过如下议案:

A、公司1999年度董事会工作报告;

B、1999年度财务决算及2000年度财务预算报告;

C、公司1999年度利润分配预案;

D、关于公司发电机组2000年技术改造投资的议案;

E、关于收购牡丹江第二发电厂#7机组75%资产的议案;

F、关于公司对所属电厂实行经营目标责任制管理的议案;

G、关于召开1999年度股东大会的议案。

董事会决议公告于2000年4月14日在指定报刊刊登。

(3)2000年5月18日召开三届五次董事会,会议选举郑宝森为董事长,熊良印为副董事长,并接受陈峰辞去公司董事、孙光辞去公司副董事长的申请。会议同时聘任王成瑞先生为公司副总经理。董事会决议公告于2000年5月19日在指定报刊刊登。

(4)2000年6月2日召开三届六次董事会,会议审议并通过了如下决议:

A、公司2000年增发新股的方案

B、关于2000年增发新股募集资金计划使用项目可行性的议案

C、提请公司股东大会授权董事会全权办理与增发新股有关的其他一切事宜的议案

D、关于召开2000年第二次临时股东大会的议案。

董事会决议公告于2000年6月3日在指定报刊刊登。

(5)2000年7月15日召开三届七次董事会,会议审议通过如下决议:

A、公司2000年度中期报告;

B、公司2000年度中期财务报告;

C、公司2000年度中期利润分配方案。

董事会决议公告于2000年7月16日在指定报刊刊登。

(6)2000年7月26日召开三届八次董事会,会议审议通过公司2000年度增发A股未分配利润新老股东共享的议案。董事会决议公告于2000年7月27日在指定报刊刊登。

(7)2000年8月1日召开三届九次董事会,会议审议通过收购黑龙江龙电电气有限公司51%股权的议案。董事会决议公告于2000年8月2日在指定报刊刊登。

(8)2000年8月17日召开三届十次董事会,会议审议通过共同出资设立新型能源公司的议案。董事会决议公告于2000年8月18日在指定报刊刊登。

2、报告期内公司利润分配方案、吸收合并及增发A股执行情况

(1)公司上年度利润未分配,也未进行公积金转增股本。

(2)公司报告期内完成了吸收合并黑龙江华源电力(集团)股份有限公司的工作。

(3)公司报告期内完成了增发4500万股A股的工作,募集资金已全部到位。

(六)公司管理层情况

1、董事、监事、高级管理人员

姓名	性别	年龄	职务	任期起止日期	期初持股	期末持股	年度报酬总额
郑宝森	男	46	董事长	2000年5月-2003年5月	0	0	0
熊良印	男	59	副董事长	2000年5月-2003年5月	0	0	0
贾哲	男	51	副董事长	1999年4月-2002年4月	0	0	0
孙光	男	46	董事、总经理	1999年4月-2002年4月	5550	5550	32400
李维翰	男	60	董事	1999年4月-2002年4月	0	0	0
赵东升	男	55	董事	1999年4月-2002年4月	3300	9967	0
丁广鑫	男	43	董事、副总经理	2000年5月-2003年5月	0	0	27960
袁纯暇	男	63	董事	1999年4月-2002年4月	0	0	0
施凤上	男	55	董事	1999年4月-2002年4月	0	3333	0
赵亚洲	男	41	董事	1999年4月-2002年4月	0	3333	0
张国新	男	38	董事	1999年4月-2002年4月	0	0	0
魏精一	男	55	董事	1999年4月-2002年4月	0	0	0
刘长青	男	40	董事、副总经理	1999年4月-2002年4月	2100	2100	27960
顾建国	男	51	首席监事	1999年4月-2002年4月	2700	2700	0
赵庆斌	男	45	监事	1999年4月-2002年4月	0	0	0
王颖秋	男	36	监事	1999年4月-2002年4月	0	0	16320
梅君超	男	39	副总经理,董秘	1999年12月-2002年12月	0	0	27960
李天飞	男	46	副总经理	1999年4月-2002年4月	0	0	27960
王成瑞	男	33	副总经理	2000年5月-2003年5月	0	0	27960
郝彬	男	39	总会计师	1999年12月-2002年12月	0	0	24480
栾恩连	男	52	总经济师	1999年12月-2002年12月	0	0	24480
常立宏	男	40	总工程师	1999年12月-2002年12月	0	0	24480

说明:①报告期内公司董事、监事和高级管理人员共22人,其中在公司领取报酬的为10人,报告期内共领取报酬总额为261960元。

②报告期内离任的董事有陈峰、路书军、李天飞,均因工作变动而离任。

③期末持股数增加因持有原黑龙江华源电力(集团)股份有限公司内部职工股而致。

(七)本次利润分配预案及资本公积金转增股本预案

1、利润分配预案:2000年度实现净利润为22470万元,提取法定公积金2247万元;提取公益金1123万元;加上年未分配利润40821万元,2000年可供股东分配的利润为59921万元。

公司2000年度利润分配方案拟定为发放现金红利,以2000年末公司股本总数70079万股为基数,向全体股东每10股派送现金红利1.2元(含税),共计派送8409万元,尚余未分配利润51512万元,结转以后年度分配。

2、资本公积金转增股本的预案:

截止2000年12月31日公司的资本公积金为135651万元,以2000年末公司股本总数70079万股为基数,向全体股东每10股转增6股,计42047万元,资本公积金尚余93604万元。

3、预计2001年度利润分配政策:公司2000年度未分配利润不再用于2001年度股利分配,公司2001年度利润分配次数为一次,公司2001年度实现净利润的20%—40%用于股利分配,分配主要采取现金股利的形式,现金派息占股利分配的80%以上。

六、监事会报告

1、报告期内共计召开三次监事会会议。2000年1月11日,召开三届二次监事会,审查通过了《关于黑龙江电力股份有限公司吸收合并黑龙江华源电力(集团)股份有限公司的预案》。2000年4月13日,召开三届三次监事会,通过了1999年度监事会工作报告,审查通过了拟提交股东年会的1999年度董事会工作报告,公司1999年度财务决算和2000年度财务预算报告,会议决议于2000年4月14日在指定报刊刊登。2000年7月15日,召开三届四次监事会,对公司中期报告有关事宜进行了审议,并听取了公司吸收合并黑龙江华源电力(集团)股份有限公司工作和增发A股工作进程的汇报,会议决议于2000年7月18日在指定报刊刊登。

2、监事会按照《公司法》和《公司章程》行使职权,列席了报告期内所有的董事会和股东大会,对董事会和股东大会召开程序、决议进行监督。监事会认为公司决策程序合法,内部控制制度较为完善。

3、监事会认为安永华明会计师事务所所出具的无保留意见审计报告是恰当的,真实地说明了公司的财务状况和经营成果。

4、监事会认为,公司管理和业务经营活动符合国家有关法律、法规和《公司章程》,公司认真履行了募集资金时向投资者承诺的资金投向,在增资扩股及资产收购过程中,未发现内幕交易,没有损害部分股东的权益,也没有造成公司资产流失。公司关联交易公平合理,严格按市场原则进行,未损害本公司利益。

七、重要事项

1、本年度公司无重大诉讼、仲裁事项。

2、报告期内公司、公司董事及高级管理人员未受到监管部门处罚。

3、报告期内公司控股股东变更,国家电力公司东北公司(原为东北电力集团公司)将所持股份全部划转给黑龙江省电力有限公司,公司已就有关变更事宜予以公告。

4、报告期内公司获中国证监会证监公司字[2000]85号文核准,向黑龙江华源电力(集团)股份有限公司全体股东定向发行6808.4万股普通股,用于换取其全部股份。该吸收合并使公司增加净资产2.5亿元,其利润总额约占公司吸收合并前利润总额的10%。

5、重大关联交易事项

(1)公司吸收合并黑龙江华源电力(集团)股份有限公司,已按有关法律、法规和证券监管部门的要求,履行了相应的法律程序和信息披露。黑龙江华源电力(集团)股份有限公司与黑龙江省电力有限公司就自1997年7月1日起至2002年6月30日止期间租赁黑龙江省电力有限公司座落于黑龙江省佳木斯发电厂两台10万千瓦发电机组之事宜签定协议。吸收合并结束后,公司与黑龙江省电力有限公司签订了上述协议的补充协议。根据该补充协议,本公司吸收合并黑龙江华源电力(集团)股份有限公司后,即从2000年10月1日起,由本公司取代黑龙江华源电力(集团)股份有限公司成为租赁机组协议主体。报告期内,租赁经营佳木斯发电厂#11、#12组的收入为3469.84万元。

(2)公司与龙电集团有限公司于2000年4月签定了设备采购和工程安装的《重大更新改造项目委托采购协议》,有关情况已在2000年中期报告中进行了说明。

(3)在吸收合并黑龙江华源电力(集团)股份有限公司的过程中,鉴于公司是黑龙江省华富电力投资有限公司的参股股东,同时黑龙江省华富电力投资有限公司又是黑龙江华源电力(集团)股份有限公司的股东,公司与龙电集团有限公司签定了关于转让公司拥有的黑龙江省华富电力投资有限公司股权的协议,该协议的生效条件为公司完成吸收合并黑龙江华源电力(集团)股份有限公司。2000年9月30日吸收合并工作结束后,于2000年11月15日公司又与龙电集团有限公司重新签定股权转让协议,公司将650万股黑龙江省华富电力投资有限公司股份售予龙电集团有 限公司,每股售价为3元人民币,共计1950万元人民币。

(4)日常经营中的关联交易。

黑龙江省电力有限公司于现在和可预见的将来均会是公司电力销售的唯一客户,公司于2000年度从黑龙江省电力有限公司的售电收入为80740万元。同时,公司还与黑龙江省电力有限公司成员合作,从参与该等企业的项目投资获取之投资收益,本年度合计为3216万元。另外,本年度公司应收黑龙江省电力有限公司成员借款及自东北电力集团财务公司存款的利息收入为2832万元。

6、公司法人治理结构健全,人员方面,公司在劳动、人事及工资管理等方面独立,公司总经理和副总经理在本公司领取薪酬,未在股东单位担任职务。资产方面,公司拥有独立生产系统、辅助生产系统和配套设施,工业产权、商标、非专利技术等无形资产由公司所有,公司的煤炭采购委托给黑龙江省燃料公司,并从2001年1月1日起自行采购,销售系统由本公司独立拥有。

7、公司托管的富拉尔基发电厂本年度托管收入为323.98万元,租赁经营佳木斯发电厂#11、#12机组2000年10月至12月的租赁收入为3469.84万元。

8、报告期内本公司继续聘任安永华明会计师事务所为境内审计机构,聘任安永会计师事务所为公司境外审计机构。

9、本公司以及持股5%以上的股东在指定报纸和网站上无承诺事项。

八、财务会计报告

1、审计报告

公司2000年度按中国会计准则编制的财务报告业经安永华明会计师事务所张小东、杨俊注册会计师审计,并出具无保留意见审计报告。

2、会计报表

A、比较式资产负债表(附后)

B、比较式利润及利润分配表(附后)

C、比较式现金流量表(附后)

3、会计报表附注

(一)、公司简介

黑龙江电力股份有限公司(以下简称"本公司")系根据中华人民共和国("中国")法律于1993年2月2日在中国境内注册成立的股份有限公司,原注册登记号为:12697342-2。本公司于1996年10月16日获中国对外贸易经济合作部批准成为外商投资股份有限公司(批准号为:外经贸资审字(1996)153号),并于1996年10月28日经中国国家工商行政管理局变更登记核准(注册号为:工商企股黑字02036号;企业类别为:中外股份;经营范围为:建设、经营、维修电厂,生产销售电力,电力行业的技术服务、技术咨询,电力仪器、仪表及零部件的生产、销售)。

(二)、公司主要会计政策、会计估计和合并会计报表的编制方法

1.会计制度

本公司执行《企业会计准则》和《股份有限公司会计制度》。

2.会计年度

本公司会计年度采用公历制,即每年自1月1日起至12月31日止为一个会计年度。

3.记帐本位币

本公司以人民币为记帐本位币。

4.记帐基础及计价原则

本集团以权责发生制为记帐基础,以历史成本为计价原则。

5.外币业务核算方法

本公司发生非本位币经济业务时,采用交易当日之市场汇价折合为本位币记帐。结算日,货币性项目中的非本位币金额概按期末市场汇价进行调整,由此产生的货币换算差异,均列作当期财务费用。

6.现金等价物

现金等价物是指本公司持有的期限短(从购买日起,三个月内到期)、流动性强、易于转换为已知金额的现金、价值变动风险小的投资。

7.坏帐核算方法

本公司采用备抵法核算坏帐损失,分别提取特别坏帐准备及一般坏帐准备。

特别坏帐准备,是指管理层对个别应收帐款的可收回程度作出判断并计提相应的坏帐准备。

一般坏帐准备,是指除特别坏帐准备之外,管理层对剩余的应收帐款余额根据帐龄计提的坏帐准备。

凡因债务人破产,依照法律清偿程序后确实无法收回的应收款项;债务人死亡,既无遗产可供清偿,又无义务承担人,确实无法收回的应收款项;债务人逾期未能履行清偿义务,而且具有明显特征表明无法收回的应收款项确认为坏帐损失。

8.存货核算方法

存货划分为燃料及备品备件。各种存货按取得时的实际成本记帐。存货的日常核算采用实际成本核算,按加权平均法计价。

经考虑存货的性质和使用情况,本公司认为无须计提存货跌价损失准备。

9.长期投资核算方法

长期股权投资按投资时实际支付的价款或评估、协议确定的价值记帐。本公司对被投资单位具有控制、共同控制或重大影响的,采用权益法核算;其他的股权投资采用成本核算。如果由于市价持续下跌或被投资单位经营状况变化等原因导致其可收回金额低于投资的帐面价值,其差额确认为当年投资损失。

长期股权投资采用权益法时,投资成本与应享有被投资单位所有者权益份额之间的差额,作为股权投资差额,在合同规定的投资期限内摊销,无投资期限的,按借方差额不超过10年,贷方差额不低于10年的期限摊销。

10.固定资产计价及折旧方法

固定资产是指使用期限超过一年的房屋及建筑物、发电设备、输电线路、交通工具及其它与生产经营有关的工器具等,以及不属于经营的主要设备但单位价值在人民币2,000元以上,使用期限超过二年的物品。固定资产按取得之实际成本计价;有关重大扩充、更换及翻新、技术改造而增加的价值作为资本支出,列入固定资产。经常性修理及维护支出列为当期费用。固定资产盘盈、盘亏、报废、毁损及转让出售等资产处理净损益计入当期营业外收入或支出。

固定资产折旧采用直线法平均提列,并根据固定资产类别的估计使用年限和预计残值(原价的0%-4%)确定其折旧率如下:

类别	估计使用年限	年折旧率
房屋及建筑物	15-35	2.8%-6.5%
发电设备	3-18	5.4%-32.3%
输电线路	30	3.23%
交通工具	6	16.2%
其它设备	5	19.2%-20.0%

固定资产一般按月提取折旧,当月增加的固定资产,从下月起计提折旧;当月减少的固定资产,从下月起不提折旧。

11.其它无形资产

其它无形资产主要为由于收购发电厂之业务时所付价款超出所收购净资产之公允市价之溢价,并自购并之日起采用直线法分五年平均摊销。

12.长期待摊费用

长期待摊费用主要为由本公司所收购之发电厂之业务,其于开办期间发生之基础建设费用之摊余价值,自购并之日起分五年平均摊销。

13.经营租约

资产拥有之绝大部分风险仍属出租人之租约均列为经营租约。该等经营租约之租金收入按租约年期以直线法计入损益帐。

14.收入的确认

收入在当经济利益将归本公司所有,而有关之收入能够可靠地计算时,按下列基础确认:

-售电收入于电力已发出并已上网,取得价款或已取得索款凭据时予以确认,售电收入按发票金额(不含凭以计算增值税之销项税额)列帐;

-租金收入乃根据租约条款按配比原则予以确认;

-利息收入乃按配比原则,并经考虑未偿还本金及适用实际利率予以确认;及

-股利于股东收款权利成立时予以确认。

合并报表内的营业收入不包括本集团的内部交易额。

15.所得税的会计处理方法

递延税款以负债法就某些项目因会计及税务之不同处理方法而引起的重大时差,预计在可见的将来会逆转而引起之税务影响而作出准备。

16.合并会计报表的编制方法

本公司执行财政部颁布《合并会计报表暂行规定》。本合并报表系根据本公司及其附属公司的会计报表编制。于本年度收购和出售附属公司的经营业绩分别由实际收购日起和出售日止计算。

(三)税项

本公司已于1996年10月16日由中国对外贸易经济合作部批准成为外商投资股份有限公司,根据哈尔滨市国家税务局开发区分局1996年12月10日所签发的证明,本公司自1997年1月1日起享受企业所得税两免三减半的优惠政策。同时,根据规定,本公司还相应地免征城建税和教育费附加。根据哈尔滨市科学技术委员会于1995年3月10日签发的编号为0673之高新技术企业认定证书,本公司被认定为高新技术企业。根据中国有关税务法规规定,本公司适用之企业所得税率为15%。本年度为本公司开始享受企业所得税两免三减半优惠政策之日起之第四个获利年度,故适用之所得税率为7.5%。

本公司之附属公司绥芬河市华电经贸发展有限公司所得税适用税率为33%。

增值税按主营业务收入的17%之税率计算销项税,并按扣除当期允许抵扣的进项税额后的差额缴纳增值税。

营业税按租赁收入的5%计算。房产税按本集团拥有产权的房屋根据政府规定的比例计算。

(四)控股子公司

本公司于2000年9月30日完成对华源电力的吸收合并,将华源电力的全部资产及负债并入了本公司,其中包括华源电力对其附属公司之长期投资。由此,自2000年10月1日起,本公司拥有了原来华源电力之控股子公司(绥芬河市华电经贸发展有限公司)。有关控股子公司之详情如下所列:

被投资单位名称	经营范围	注册资本	投资额	拥有权益比例
绥芬河市华电经贸发展有限公司	经营租赁发电机组及商品贸易	5,000,000.00	92,153,529.57	99%

附属公司符合编制合并会计报表之基准(附注二、16),并已纳入合并范围。合并期间自2000年10月1日开始。

(五)会计报表主要项目注释

1.货币资金

	2000-12-31	1999-12-31
现金	14,126.31	3,093.05
银行存款	1,184,977,441.77	599,406,694.28
合计	1,184,991,568.08	599,409,787.33

本公司货币资金分别增加约人民币5.86亿元及人民币5.84亿元,主要是由于本公司于2000年12月18日收到增发45,000,000股人民币普通股募集资金净额约人民币6.72亿元所致。

2.预付帐款

预付帐款乃预付供货商之燃料、备品备件及设备款,帐龄均为一年以内。本帐户余额中并无持本公司5%或以上股份的主要股东欠款。

3.其它应收款

其它应收款的帐龄情况如下:

	2000-12-31		1999-12-31	
	金额	比例	金额	比例
一年以内	3,224,950.13	98.88%	3,218,774.44	99.2%
一至二年	36,610.80	1.12%	26,037.00	0.8%
合计	3,261,560.93	100%	3,244,811.44	100%

本帐户余额中并无持本公司5%或以上股份的主要股东欠款。

4.应收及应付关联公司款项

应收关联公司款:

	2000-12-31	1999-12-31
黑龙江省电力有限公司	288,687,525.68	106,059,449.38
黑龙江蓝筹镜泊湖水力发电公司	4,777,706.33	1,870,496.33
黑龙江省华富电力投资有限公司	4,592,194.25	24,061,310.76
龙电集团黑龙江蓝筹经济贸易有限公司	-	1,083,070.80
龙电集团有限公司	50,510,518.13	3,233,964.19
黑龙江省电力外贸公司	17,067,823.91	-
哈尔滨热电厂	2,480,323.44	-
其他	510,627.82	645,088.77
合计	368,626,719.56	136,953,380.23

应付关联公司款:

	2000-12-31	1999-12-31
黑龙江省电力经营公司	1,324,836.11	3,361,636.17
黑龙江龙电置业有限公司	328,127.21	345,180.36
牡丹江龙源电力燃料有限公司	12,197,158.64	7,028,852.62
牡丹江第二发电厂设备安装检修公司	4,539,603.14	4,376,445.35
牡丹江中远实业集团	2,031,615.92	25,820,087.04
龙电电力设备公司	-	1,087,200.00
牡丹江火电安装公司	6,711,698.50	3,080,065.46
黑龙江火电三公司	-	3,008,031.55
哈尔滨龙电电站配件厂	-	973,400.00
黑龙江华源电力开发公司	1,600,225.93	-
其他	1,069,164.75	410,754.81
合计	29,802,430.20	49,491,653.36

截至本报告日,本集团已收到关联公司期后还款共计人民币356,500,000.00元。本公司认为,于资产负债表日之应收关联公司款项无须计提坏帐准备。

5.存货

	2000-12-31	1999-12-31
燃料	18,437,292.04	18,988,973.39
备品备件及其它	13,050,910.86	11,316,505.12
合计	31,488,202.90	30,305,478.51

于资产负债表日,本集团之存货无须计提存货跌价准备。

6.长期投资

	2000-12-31			1999-12-31		
	占被投资公司			占被投资公司		
长期股权投资	股数	股权比例	投资金额	股数	股权比例	投资金额
华泰财产保险股份有限公司	20,000,000	1.50%	20,000,000.00	20,000,000	1.50%	20,000,000.00
国泰君安证券股份有限公司	3,830,000	0.10%	3,830,000.00	-	-	-
黑龙江省华富电力投资有限公司	-	-	-	6,500,000	10.00%	5,000,000.00
小计			23,830,000.00	-	-	25,000,000.00

长期债权投资:参与发电机组投资	投资金额	投资金额
哈尔滨第三发电厂3号机组	150,000,000.00	150,000,000.00
牡丹江第二发电厂7号机组	187,439,800.00	187,439,800.00
小计	337,439,800.00	337,439,800.00
长期投资合计	361,269,800.00	362,439,800.00
长期投资减值准备		
哈尔滨第三发电厂3号机组	(42,428,000.00)	(31,821,000.00)
长期投资净额	318,841,800.00	330,618,800.00

7.固定资产

	房屋及建筑物	发电设备	输电线路	交通工具	其它设备	合计
原值:						
2000-1-1	518540123.90	1041682407.17	-	13573068.72	34954198.54	1608749798.33
吸收合并华源电力	11577053.00	37394621.00	12176047.00	-	95985.66	61243706.66

增加	7807393.68	58309539.60	-	1608670.00	4995706.63	72721309.91
2000-12-31	537924570.58	1137386567.77	12176047.00	15181738.72	40045890.83	1742714814.90
累计折旧:						
2000-1-1	56043249.03	187503209.24	-	8852565.51	10291723.17	262690746.95
增加	22411868.32	84937714.69	290771.88	2183695.85	5935822.52	115759873.26
2000-12-31	78455117.35	272440923.93	290771.88	11036261.36	16227545.69	378450620.21
固定资产净值:						
2000-12-31	459469453.23	864945643.84	11885275.12	4145477.36	23818345.14	1364264194.69
1999-12-31	462496874.87	854179197.93	-	4720503.21	24662475.37	1346059051.38

8.无形资产

种类	原始金额	2000-1-1	本期摊销	2000-12-31
其它无形资产	42,992,934.01	29,378,504.87	8,598,586.80	20,779,918.07

9.长期待摊费用

	2000-1-1	本期摊销	2000-12-31
长期待摊费用	12,011,780.43	3,515,643.00	8,496,137.43

10.短期借款

	2000-12-31	1999-12-31	借款期限	年利率
银行借款	212,500,000.00	112,500,000.00	2000.10.09-2001.11.22	5.85-5.859%
其中:担保借款	212,500,000.00	112,500,000.00		

短期借款中人民币200,000,000.00元由黑龙江省电力有限公司提供担保,人民币12,500,000.00元由华富提供担保。

11.应付帐款

本帐户帐龄均为一年以内,余额中并无应付持本公司5%或以上股份的主要股东的款项。

12.应付股利

	2000-12-31	1999-12-31
应付法人股股利		
-国家电力公司东北公司	-	32,872,657.50
-黑龙江省电力有限公司	-	2,554,155.00
-黑龙江省电力开发公司	-	798,187.50
-黑龙江省建行信托投资公司	-	638,550.00
-中国电力信托投资公司	638,550.00	638,550.00
-黑龙江省华能发电公司	478,890.00	478,890.00
拟派发之普通股股利	84,094,872.00	-
合计	85,212,312.00	37,980,990.00

13.长期借款

借款单位	2000-12-31	1999-12-31	借款期限	年利率	借款条件
交通银行哈尔滨分行营业部	77,000,000.00	477,000,000.00	1998.10.9-2001.10.9	5.94%	担保
其中:一年内到期的长期借款	(77,000,000.00)	(200,000,000.00)			
	-	277,000,000.00			

上述借款由黑龙江省电力有限公司供提担保。

14.资本公积

	1999-12-31	本期增加	2000-12-31
股本溢价	541,896,509.90	809,449,403.07	1,351,395,912.97
资产评估增值	2,912,798.68	-	2,912,798.68
申购利息	2,199,525.74	-	2,199,525.74
合计	547,008,834.32	809,499,403.07	1,356,508,237.39

15.盈余公积

	1999-12-31	本期增加	2000-12-31
法定盈余公积	89,844,056.86	22,469,306.58	112,313,363.44
法定公益金	44,895,991.46	11,234,653.29	56,130,644.75
任意盈余公积	8,329,857.36	-	8,329,857.36
合计	143,069,905.68	33,703,959.87	176,773,865.55

16.未分配利润

	2000-12-31	1999-12-31
年初未分配利润	408,216,178.30	251,707,256.32
本期增加数	224,700,092.53	184,128,143.51
本期减少数	(117,798,831.87)	(27,619,221.53)
其中:提取法定盈余公积	(22,469,306.58)	(18,412,814.35)
提取法定公益金	(11,234,653.29)	(9,206,407.18)
拟派发之现金股利-每股人民币0.12元(含税)(1999:无)	(84,094,872.00)	
年末未分配利润	515,117,438.96	408,216,178.30

根据2001年2月13日通过的董事会决议,董事会拟定上述之2000年度利润分配方案;及以2000年末股本总数700,790,600股为基数,按每10股转增6股的比例将资本公积转增股本,以供即将召开的年度股东大会批准。

17.财务费用

	2000年度	1999年度
利息支出	35,186,210.74	52,280,790.22
减:利息收入	26,704,952.28	17,876,615.74
其它	5,613.70	486,215.48
合计	8,486,872.16	34,890,389.96

财务费用比上年下降约人民币2,640万元主要是由于本公司本年度归还了长期借款计人民币3亿元,以及应付债券利息减少人民币375万元(该笔应付债券已于1999年3月份到期并偿还);本年度借予龙电集团有限公司的贷款上升,导致本年度利息收入有所上升。

18.投资收益

	2000年度	1999年度
债权投资收益	16,489,730.46	38,212,805.61
股权投资收益	2,370,000.00	2,537,179.99
股权转让收益	14,500,000.00	-
减:长期投资减值准备	10,607,000.00	10,607,000.00
	22,752,730.46	30,142,985.60

六、关联方关系及其交易

1.存在控制关系的关联方

企业名称	注册地址	主营业务	与本企业关系	经营性质或类型	法定代表人(或总经理)
国家电力公司	北京市府佑街137号	电力、热力生产和销售	关联公司	国有	高严
国家电力公司东北公司	沈阳市和平区宁波路18号	电力、热力生产和销售	关联公司	国有	刘忱
黑龙江省电力有限公司	哈尔滨市南岗区红军街63号	电力、热力生产和销售	关联公司	国有	郑宝森

2.主要关联交易如下:

(1)来自于黑龙江省电力有限公司之售电收入

黑龙江省电力有限公司于现在及可预见的将来均会是本公司唯一的客户。

本公司于本年度从黑龙江省电力有限公司的售电收入如下:

	2000年度	1999年度
售电收入		
-本公司自有发电机组	729,970,770.09	720,642,476.08
-本公司从黑龙江省电力有限公司租赁之发电机组	34,698,369.23	-
-由黑龙江省电力有限公司拥有本公司托管的发电机组	3,239,800.00	2,533,000.00
电价补偿	39,589,743.59	52,410,256.41
合计	807,498,682.91	775,585,732.49

(2)投资收益

项目	2000年度	1999年度
哈尔滨第三发电厂3号发电机组	-	20,000,000.00
牡丹江第二发电厂7号机组	10,965,228.30	11,977,403.22
华富股利分红	1,170,000.00	1,170,000.00
转让6,500,000股华富股份之收益	14,500,000.00	-
黑龙江省电力有限公司其它输电网建设项目	5,524,502.16	6,235,402.39
合计	32,159,730.46	39,382,805.61

(3)租金收入

	2000年度	1999年度
水力发电机组租金收入	2,921,000.00	2,585,800.00
办公用房租金收入	1,433,880.00	1,354,652.04
发电供热机组租赁收入	2,412,724.44	-
输电线路租赁收入	1,174,993.79	-
合计	7,942,598.23	3,940,452.04

(4)利息收入

	2000年度	1999年度
应收利息收入	28,322,868.08	18,332,711.92

(5)支付发电成本及发电管理费、经营租赁发电机组租赁费

	2000年度	1999年度
租赁发电机组之发电成本	18,408,070.61	-
租赁发电机组之租赁费	6,928,931.10	-
发电管理费	1,564,378.13	-
合计	26,901,379.84	-

(七)、或有事项

截至资产负债表日,本集团并无须作披露的或有事项。

(八)、承诺事项

1.根据本公司、华源电力及黑龙江省电力有限公司于1999年4月1日签署之租赁补充协议,于自2000年10月1日至2002年6月30日止之租赁佳木斯发电厂二台10万千瓦发电机组的期限内,本公司每年按单位租金503.30元/万千瓦时及该等租赁发电机组各年发电量向黑龙江省电力有限公司缴付租金。

2.于2000年12月31日,本公司承诺收购7号发电机组75%权益。具体转让价格将参照7号发电机组的评估报告。据本公司管理层估计,此项资本支出约为人民币6亿元。

3.根据本公司2000年8月1日与龙电集团有限公司签订《股权转让意向协议》,龙电集团有限公司向本公司转让其持有的黑龙江龙电电气有限公司51%股权。根据公司管理层估计,此项资本支出约为人民币25,000,000元。

4.根据本公司与哈尔滨岁宝热电股份有限公司、深圳市新资源投资有限公司共同签订的《关于共同出资设立新型能源公司的协议》,本公司将出资人民币24,000,000元以获得所设立之新型能源公司40%的权益。

九、公司其他有关资料

1、公司于1993年2月2日在中国黑龙江省哈尔滨市首次注册登记;
2、工商登记号码:工商企股黑字02036号;
3、税务登记号码:国税哈开发登字230109126973422;
4、报告期内股票主承销商:大鹏证券有限责任公司;
5、未上市股票的托管机构名称:上海证券中央登记结算公司。

十、备查文件

1、载有董事长郑宝森、总经理孙光先生亲笔签署的年度报告正文;
2、载有法定代表人郑宝森、总会计师韩彬先生盖章的财务报表;
3、载有会计师事务所盖章、注册会计师张小东、杨俊盖章的审计报告正本;
4、报告期内公司在《上海证券报》公告的所有文件的正本及公告的原稿。

黑龙江电力股份有限公司董事会

二〇〇一年二月十五日

黑龙江电力股份有限公司利润及利润分配表

单位:人民币元

项目	行次	2000年度		1999年度	
		母公司	合并数	母公司	合并数
一、主营业务收入	1	807,498,682.91	807,498,682.91	775,585,732.49	775,585,732.49
减:主营业务成本	2	560,412,316.91	560,412,316.91	545,621,598.26	545,621,598.26
二、主营业务利润	3	247,086,366.00	247,086,366.00	229,964,134.23	229,964,134.23
加:其他业务利润	4	6,660,752.55	6,660,752.55	4,507,905.95	4,507,905.95
减:管理费用	5	24,022,501.78	24,022,501.78	29,001,225.78	29,001,225.78
财务费用	6	8,497,465.82	8,.486,872.16	34,890,389.96	34,890,389.96
三、营业利润	7	221,227,150.95	221,237,744.61	170,580,424.44	170,580,424.44
加:投资收益	8	22,752,730.46	22,752,730.46	30,142,985.60	30,142,985.60
减:营业外支出	9	27,268.79	27,268.79	206,881.83	206,881.83
四、利润总额	10	243,952,612.62	243,963,206.28	200,516,528.21	200,516,528.21
减:所得税	11	19,259,546.86	19,263,042.77	16,388,384.70	16,388,384.70
少数股东损益	12	-	70,98	-	-
五、净利润	13	224,693,065.76	224,700,092.53	184,128,143.51	184,128,143.51
加:年初未分配的利润	14	408,216,178.30	408,216,178.30	251,707,256.32	251,707,256.32
六、可供分配的利润	15	632,909,244.06	632,916,270.83	435,835,399.83	435,835,399.83
减:提取法定盈余公积	16	22,469,306.58	22,469,306.58	18,412,814.35	18,412,814.35
提取法定公益金	17	11,234,653.29	11,234,653.29	9,206,407.18	9,206,407.18
七、可供股东分配的利润	18	599,205,284.19	599,212,310.96	408,216,178.30	408,216,178.30
减:拟派发之普通股股利	19	84,094,872.00	84,094,872.00	-	-
八、未分配利润	20	515,110,412.19	515,117,438.96	408,216,178.30	408,216,178.30

黑龙江电力股份有限公司资产负债表

单位:人民币元

资产	行次	2000-12-31		1999-12-31	
		母公司	合并数	母公司	合并数
流动资产					
货币资金	1	1,183,862,359.70	1,184,991,568.08	599,409,787.33	599,409,787.33
短期投资	2	–	–	–	–
减:短期投资跌价准备	3	–	–	–	–
短期投资净额	4	–	–	–	–
应收票据	5	–	–	–	–
应收股利	6	–	–	–	–
应收利息	7	–	–	–	–
预付帐款	8	5,012,619.23	5,012,619.23	10,692,870.25	10,692,870.25
其他应收款	9	3,241,506.34	3,261,560.93	3,244,811.44	3,244,811.44
应收关联公司款	10	350,818,330.47	368,626,719.56	136,953,380.23	136,953,380.23
存货	11	31,488,202.90	31,488,202.90	30,305,478.51	30,305,478.51
减:存货跌价准备	12	–	–	–	–
待摊费用	13	–	–	–	–
待处理流动资产净损失	14	–	–	–	–
一年内到期的长期债权投资	15	–	–	–	–
其他流动资产	16	–	–	–	–
流动资产合计	17	1,574,423,018.64	1,593,380,670.70	780,606,327.76	780,606,327.76
长期投资					
长期股权投资	18	115,983,529.57	23,830,000.00	25,000,000.00	25,000,000.00
长期债权投资	19	337,439,800.00	337,439,800.00	337,439,800.00	337,439,800.00
长期投资合计	20	453,423,329.57	361,269,800.00	362,439,800.00	362,439,800.00
减:长期投资减值准备	21	42,428,000.00	42,428,000.00	31,821,000.00	31,821,000.00
长期投资净额	22	410,995,329.57	318,841,800.00	330,618,800.00	330,618,800.00
固定资产					
固定资产原价	23	1,742,679,111.24	1,742,714,814.90	1,608,749,798.33	1,608,749,798.33
减:累计折旧	24	378,450,620.21	378,450,620.21	262,690,746.95	262,690,746.95
固定资产净值	25	1,364,228,491.03	1,364,264,194.69	1,346,059,051.38	1,346,059,051.38
工程物资	26	–	–	–	–
在建工程	27	–	–	–	–
固定资产清理	28	–	–	–	–
待处理固定资产净损失	29	–	–	–	–
固定资产合计	30	1,364,228,491.03	1,364,264,194.69	1,346,059,051.38	1,346,059,051.38
无形资产及其他资产					
无形资产	31	20,779,918.07	20,779,918.07	29,378,504.87	29,378,504.87
开办费	32	–	–	–	–
长期待摊费用	33	8,496,137.43	8,496,137.43	12,011,780.43	12,011,780.43
其他长期资产	34	–	–	–	–
无形资产及其他资产合计	35	29,276,055.50	29,276,055.50	41,390,285.30	41,390,285.30
递延税项	36	–	–	–	–
递延税款借项	37	–	–	–	–
资产总计	38	3,378,922,894.74	3,305,762,720.89	2,498,674,464.44	2,498,464.44

负债及股东权益	行次	2000-12-31		1999-12-31	
		母公司	合并数	母公司	合并数
流动负债					
短期借款	39	212,500,000.00	212,500,000.00	112,500,000.00	112,500,000.00
应付票据	40	–	–	–	–
应付帐款	41	51,998,558.76	51,998,558.76	61,129,711.90	61,129,711.90
预收帐款	42	–	–	–	–
代销商品款	43	–	–	–	–
应付工资	44	200,736.75	200,736.75	579,953.02	579,953.02
应付福利费	45	2,495,312.59	2,766,843.48	1,715,941.64	1,715,941.64
应付股利	46	85,212,312.00	85,212,312.00	37,980,990.00	37,980,990.00
应交税金	47	59,188,736.34	59,188,736.34	26,321,291.56	26,321,291.56
其他应交款	48	–	–	–	–
其他应付款	49	33,539,603.98	34,214,735.94	39,922,095.91	39,922,095.91
预提费用	50	2,757,310.80	2,757,310.80	6,031,308.75	6,031,308.75
一年内到期的长期负债					
一年内到期的长期借款	51	77,000,000.00	77,000,000.00	200,000,000.00	200,000,000.00
应付关联公司款	52	104,847,208.39	29,802,430.20	49,491,653.36	49,491,653.36
流动负债合计:	53	629,739,779.61	555,641,664.27	535,672,946.14	535,672,946.14
长期负债					
长期借款	54	–	–	277,000,000.00	277,000,000.00
应付债券	55	–	–	–	–
长期应付款	56	–	–	–	–
住房周转金	57	–	–	–	–
其他长期负债	58	–	–	–	–
长期负债合计	59	–	–	277,000,000.00	277,000,000.00
递延税项					
递延税款	60	–	–	–	–
负债合计	61	629,739,779.61	555,641,664.27	812,672,946.14	812,672,946.14
少数股东权益	62	–	930,914.72	–	–
股东权益					
股本	63	700,790,600.00	700,790,600.00	587,706,600.00	587,706,600.00
资本公积金	64	1,356,508,237.39	1,356,508,237.39	547,008,834.32	547,008,834.32
盈余公积金	65	176,773,868.55	176,773,865.55	143,069,905.68	143,069,905.68
其中:法定公益金	66	56,130,644.75	56,130,644.75	44,895,991.46	44,895,991.46
未分配利润	67	515,110,412.19	515,117,438.96	408,216,178.30	408,216,178.30
股东权益合计	68	2,749,183,115.13	2,749,190,141.90	1,686,001,518.30	1,686,001,518.30
负债及股东权益总计	69	3,378,922,894.74	3,305,762,720.89	2,498,674,464.44	2,498,674,464.44

黑龙江电力股份有限公司现金流量表

单位:人民币元

	行次	2000 年度		1999 年度	
		母公司	合并数	母公司	合并数
一、经营活动产生的现金流量					
销售商品、提供劳务收到的现金(含增值税)	1	825,806,624.12	825,806,624.12	862,499,743.11	862,499,743.11
收取的租金	2	8,203,402.72	8,203,402.72	4,149,200.50	4,149,200.50
收到的其他与经营活动有关的现金	3	–	–	430,515,102.68	430,515,102.68
其中:收到关联公司款项	4	–	–	430,515,102.68	430,515,102.68
现金流入小计	5	834,010,026.84	834,010,026.84	1,297,164,046.29	1,297,164,046.29
购买商品、接受劳务支付的现金(含增值税)	6	486,904,068.02	486,904,068.02	423,081,890.31	423,081,890.31
支付给职工及为职工支付的现金	7	41,625,509.22	41,625,509.22	37,266,550.38	37,266,550.38
实际交纳的增值税款	8	70,087,311.72	72,025,850.25	80,943,169.18	80,943,169.18
支付的所得税款	9	16,128,680.93	23,657,633.60	12,613,038.75	12,613,038.75
支付其他与经营活动有关的现金	10	21,803,046.74	18,313,526.74	–	–
其中:支付关联公司款项	11	21,803,046.74	18,313,526.74	–	–
现金流出小计	12	636,548,616.63	642,526,587.83	553,904,648.62	553,904,648.62
经营活动产生的现金流量净额	13	197,461,410.21	191,483,439.01	743,259,397.67	743,259,397.67
二、投资活动产生的现金流量					
吸收合并华源电力及其附属公司	14	98,356,715.58	105,453,276.10	–	–
分得股利或利润所收到的现金	15	18,859,730.46	18,859,730.46	40,749,985.60	40,749,985.60
处置长期投资所收到的现金	16	19,500,000.00	19,500,000.00	–	–
取得利息收入所收到的现金	17	26,694,333.22	26,704,952.28	17,876,615.74	17,876,615.74
现金流入小计	18	163,410,779.26	170,517,958.84	58,626,601.34	58,626,601.34
购建固定资产所支付的现金	19	72,721,309.91	72,721,309.91	119,056,301.55	119,056,301.55
权益性投资所支付的现金	20	3,830,000.00	3,830,000.00	–	–
现金流出小计	21	76,551,309.91	76,551,309.91	119,056,301.55	119,056,301.55
投资活动产生的现金流量净额	22	86,859,469.35	93,966,648.93	-60,429,700.21	-60,429,700.21
三、筹资活动产生的现金流量					
吸收权益性投资所收到的现金	23	672,181,453.55	672,181,453.55	–	–
借款所收到的现金	24	994,000,000.00	994,000,000.00	358,500,000.00	358,500,000.00
现金流入小计	25	1,666,181,453.55	1,666,181,453.55	358,500,000.00	358,500,000.00
偿还银行贷款所支付的现金	26	1,294,000,000.00	1,294,000,000.00	358,500,000.00	358,500,000.00
支付股利所支付的现金	27	36,863,550.00	36,863,550.00	50,175,000.00	50,175,000.00
偿还到期债券所支付的现金	28	–	–	150,000,000.00	150,000,000.00
偿付利息所支付的现金	29	35,186,210.74	35,186,210.74	116,031,290.22	116,031,290.22
现金流出小计	30	1,366,049,760.74	1,366,049,760.74	674,706,290.22	674,706,290.22
筹资活动产生的现金流量净额	31	300,131,692.81	300,131,692.81	-316,206,290.22	-316,206,290.22
四、现金及现金价物净增加额	32	584,452,572.37	585,581,780.75	366,623,407.23	366,623,407.24
附注					
(1)将净利润调节为经营活动产生的现金流量					
净利润	33	224,693,065.76	224,700,092.53	184,128,143.51	184,128,143.51
加:固定资产折旧	34	115,759,873.26	115,759,873.26	100,177,623.23	100,177,623.23
无形资产摊销	35	8,598,586.80	8,598,586.80	8,598,586.80	8,598,586.80
长期待摊费用摊销	36	3,515,643.00	3,515,643.00	3,515,643.00	3,515,643.00
长期投资减值准备	37	10,607,000.00	10,607,000.00	10,607,000.00	10,607,000.00
财务费用	38	8,491,877.52	8,481,258.46	34,404,174.48	34,404,174.48
投资收益	39	-33,359,730.46	-33,359,730.46	-40,749,985.60	-40,749,985.60
少数股东损益	40	–	70.98	–	–
存货的增加	41	-1,182,724.39	-1,182,724.39	-6,618,984.13	-6,618,984.13
经营性应收项目的减少(/增加)	42	-115,584,384.68	-116,116,385.17	337,603,685.76	337,603,685.76
经营性应付项目的增加(/减少)	43	-24,077,796.60	-29,520,246.00	111,593,510.62	111,593,510.62
经营活动产生的现金流量净额	44	197,461,410.21	191,483,439.01	743,259,397.67	743,259,397.67
(2)现金及现金等价物净增加情况					
货币资金的年末余额	45	1,183,862,359.70	1,184,991,568.08	599,409,787.33	599,409,787.33
减:货币资金的年初余额	46	599,409,787.33	599,409,787.33	232,786,380.09	232,786,380.09
现金及现金等物净增加额	47	584,452,572.37	585,581,780.75	366,623,407.24	366,623,407.24
(3)主要投资活动所产生的现金流量					
定向增发人民币普通股吸收合并华源电力及其之附属公司					
(a)吸收合并华源电力及其附属公司之净资产					
货币资金	48	101,340,185.83	108,436,746.35	–	–
应收关联公司款	49	94,580,984.00	109,881,327.39	–	–
长期股权投资	50	92,153,529.57	–	–	–
其他应收款	51	–	12,125.24	–	–
固定资产	52	61,208,003.00	61,243,706.66	–	–
应交税金	53	-7,757,092.74	-17,348,954.42	–	–
其他应付款	54	-7,841.50	-1,081,966.49	–	–
应付关联公司款	55	-88,132,348.39	-6,826,721.22	–	–
少数股东权益	56	–	-930,843.74	–	–
净资产合计	57	253,385,419.77	253,385,419.77	–	–
(b)吸收合并方式					
定向增发人民币普通股	58	68,084,000.00	68,084,000.00	–	–
股本溢价	59	182,317,949.52	182,317,949.52	–	–
支付之吸收合并费用	60	2,983,470.25	2,983,470.25	–	–
吸收合并之成本	61	253,385,419.77	253,385,419.77	–	–
(c)与定向增发吸收合并华源电力及其附属公司有关之现金及等价物净增加之分析					
支付之吸收合并费用	62	-2,983,470.25	-2,983,470.25	–	–
吸收合并之货币资金	63	101,340,185.83	108,436,746.35	–	–
吸收合并华源电力及其附属公司之现金及现金等价物净增加额	64	98,356,715.58	105,453,276.10	–	–

山东鲁北化工股份有限公司

二〇〇〇年年度报告摘选

一、公司简介

1、中文名称:山东鲁北化工股份有限公司
英文名称:SHANDONG LUBEI CHEMICAL Co.,LTD
英文缩写:LBC
2、法定代表人:冯久田
3、董事会秘书:田玉新
联系地址:山东省无棣县埕口镇东
电话:(0543)6451265
传真:(0543)6451057
电子信箱:bz683@public.bzptt.sd.cn
4、公司注册地址:山东省无棣县马山子镇
邮政编码:251907
办公地址:山东省无棣县埕口镇东
邮政编码:251909
公司网址:www.Lubei.com
电子信箱:Lubei@public.bzptt.sd.cn
5、信息披露报刊:《中国证券报》、《上海证券报》
登载公司年度报告的国际互联网网址:http://www.sse.com.cn
年报备置地点:公司证券部
6、股票上市地:上海证券交易所
股票简称:鲁北化工
股票代码:600727

二、会计数据和业务数据摘要

(一)公司本年度利润情况　单位:元

项目	金额
利润总额:	228992734.51
净利润:	196056819.62
扣除非经常性损益后的净利润	196056819.62
主营业务利润:	184995319.98
其他业务利润:	109503.29
营业利润:	135116115.92
投资收益:	0.00
补贴收入:	93714513.40
营业外收支净额:	162105.19
经营活动产生的现金流量净额:	390267082.45
现金及现金等价物净增加额:	410012535.02

(二)主要会计数据和财务指标　单位:元

指标项目	2000 年	1999 年	1998 年	1998 年调整前
1、主营业务收入	838625788.66	955706977.74	450462873.36	450462873.36
2、净利润	196056819.62	274803798.72	216544408.53	214746866.72
3、总资产	3089928242.83	2043200269.86	1696399411.97	1704037583.41
4、股东权益	2095365734.73	1171888646.13	897084847.41	904723018.85
5、每股收益	0.52	0.83	0.975	0.97
每股收益(加权)	0.55	0.96	1.04	1.03
扣除非经常性损益后的每股收益	0.52	0.83	0.975	0.97
6、每股净资产	5.52	3.52	4.04	4.08
7、调整后的每股净资产	5.52	3.52	4.04	4.08
8、每股经营活动产生的现金流量净额	1.03	1.00	1.24	1.24
9、净资产收益率(%)	9.40	23.45	24.13	23.74

注:按照中国证监会《公开发行证券公司信息披露编报规则(第9号)》要求计算的利润数据:

报告期利润	净资产收益率(%)		每股收益(元)	
	全面摊薄	加权平均	全面摊薄	加权平均
主营业务利润	8.80	13.30	0.49	0.54
营业利润	6.40	9.70	0.36	0.40
净利润	9.40	14.10	0.52	0.57
扣除非经常性损益后的净利润	9.40	14.10	0.52	0.57

三、股东情况介绍

1、报告期末股东总数为104934户。
2、前十名股东持股情况:

股东名称	持股数量(股)	比例(%)
山东鲁北企业集团总公司	227200000	59.9%(未上市流通股份)
景福基金	1356168	0.36%(流通股份)
昆明国投	1334000	0.35%(流通股份)
冯怡生	803300	0.21%(流通股份)
龙东升	673322	0.18%(流通股份)
钱江生化	418546	0.11%(流通股份)
曹恒贵	325000	0.09%(流通股份)
冯久田	309777	0.08%(流通股份)
泰达中心	297000	0.08%(流通股份)
徐海敏	282956	0.07%(流通股份)

前十名股东中,山东鲁北企业集团总公司代表国家持有国有法人股,期初为21600万股,由于公司2000年实施了10:3比例配股方案,山东鲁北企业集团总公司用实物资产认购1120万股,其所持股数期末变为22720万股。1999年,集团总公司为发行企业债券,已将其持有的本公司9000万股国有法人股作为质押反担保,质权人为山东证券有限责任公司,质押期限为1999年7月6日至2004年7月5日。

公司前十名股东中,第四大股东冯怡生先生系第八大股东冯久田先生之父,其他股东之间不存在关联关系。

3、公司国有法人股股东－－山东鲁北企业集团总公司,法定代表人:冯怡生,经营范围:原盐、硬脂酸等。

4、报告期内,公司控股股东未发生变更。

重庆百货大楼股份有限公司

二〇〇〇年年度报告摘选

一、公司简介

1、公司法定中文名称:重庆百货大楼股份有限公司
英文名称:ChongQing Department Store Co.Ltd
英文简称:CBDL
2、法定代表人:龚小力
3、董事会秘书:张崑
董秘联系地址:重庆市渝中区民权路2号
联系电话:023—63843197
传真:023—63844212
4、公司注册地址:重庆市渝中区民权路2号
办公地址:重庆市渝中区民权路2号
邮政编码:400010
公司网址:http://www.cqbhdl.com
电子邮件地址:600729@cqbhdl.com
5、公司信息披露报纸:上海证券报
年度报告登载网址:http://www.sse.com.cn
年度报告备置地点:公司证券部
6、公司股票上市交易所:上海证券交易所
股票简称:重庆百货
股票代码:600729

二、会计数据和业务数据摘要

1、会计数据(单位:元)

项目	金额
利润总额	83,471,685.75
净利润	70,877,992.58
扣除非经常性损益后的净利润	70,374,586.83
主营业务利润	241,027,181.95
其他业务利润	7,926,999.69
营业利润	55,547,932.56
投资收益	30,662,771.56
补贴收入	0
营业外收支净额	－2,739,018.37
经营活动产生的现金流量净额	111,945,561.29
现金及现金等价物净增加额	18,956,597.22

注:"扣除非经常性损益后的净利润"指标扣除的项目、涉及金额

项　目	金　额
捐赠支出	100,663.84
多年未支付的款项	－604,069.59

2、业务数据摘要(单位:元)

项目	2000年度	1999年度	1998追溯调整前	1998调整后
主营业务收入	2,043,514,687.49	1,730,830,354.76	1,350,505,460.37	1,350,505,460.37
净利润	70,877,992.58	72,913,636.11	67,388,629.08	70,926,057.52
总资产	1,022,722,032.04	801,320,061.00	949,870,623.19	943,732,628.17
扣除非经常性损益后的每股收益	0.3450	0.3714	0.3341	0.3514
每股净资产	1.91	1.74	1.72	1.71
调整后每股净资产	1.67	1.61	1.62	1.62
每股经营活动产生的现金流量净额	0.55	0.10	0.54	0.54

2000年度利润	净资产收益率		每股收益	
	全面摊薄	加权平均	全面摊薄	加权平均
主营业务利润	61.88%	60.99%	1.1815	1.1815
营业利润	14.26%	14.06%	0.2723	0.2723
净利润	18.20%	17.94%	0.3474	0.3474
扣除非经常性损益后的净利润	18.07%	17.81%	0.3449	0.3449

1999年度利润	净资产收益率		每股收益	
	全面摊薄	加权平均	全面摊薄	加权平均
主营业务利润	54.01%	56.27%	0.9938	0.9938
营业利润	12.24%	12.75%	0.2253	0.2253
净利润	19.42%	20.24%	0.3574	0.3574
扣除非经常性损益后的净利润	20.18%	21.03%	0.3714	0.3714

1998年度利润	净资产收益率		每股收益	
	全面摊薄	加权平均	全面摊薄	加权平均
主营业务利润	43.09%	42.85%	0.7378	0.7378
营业利润	12.11%	12.04%	0.2073	0.2073
净利润	20.30%	20.19%	0.3477	0.3477
扣除非经常性损益后的净利润	20.52%	20.41%	0.3514	0.3514

三、股本变动及股东情况

1、报告期末股东总数:17265户。
2、大股东持股情况(单位:股)

持股单位名称	持有数量	持有类别	持有比例
①重庆华贸国有资产经营有限公司	36720000	国家股	18.00%
②重庆路桥股份有限公司	35020000	法人股	17.17%
③重庆农行渝中区支行	3400000	法人股	1.67%
④重庆建行渝中区支行	3400000	法人股	1.67%
⑤重庆市银桥贸易服务公司	3400000	法人股	1.67%
⑥重庆银海租赁有限责任公司	3060000	法人股	1.50%
⑦重庆牙膏厂	2975000	法人股	1.46%
⑧重庆有价证券公司	2550000	法人股	1.25%
⑨重庆市商业银行	1700000	法人股	0.83%
⑩太平洋保险公司重庆分公司	1700000	法人股	0.83%

辽宁新太科技股份有限公司

二〇〇〇年年度报告摘要

一、公司简介

1、公司法定中文名称:辽宁新太科技股份有限公司
公司法定英文名称:LIAONING SUNTEK TECHNOLOGY CO. LTD
公司英文名称缩写:LSTC
2、公司法定代表人:邓龙龙
3、公司董事会秘书:潘福久
联系地址:大连市甘井子区大连湾镇
电话:0411-7125455
传真:0411-7600329
电子信箱:PANFJ@LFG.COM.CN
董事会证券事务代表:刘颖
联系地址:广州市天河高新技术产业开发区工业园建中路51号
电话:020-85520635
传真:020-85538988
电子信箱:ly@chinasuntek.com
4、公司注册及办公地址:大连市甘井子区大连湾镇
邮编:116113
公司电子信箱:LPFC@LFG.COM.CN
5、公司选定的信息披露报纸:上海证券报、中国证券报。
登载公司年度报告的国际互联网网址:HTTP://WWW.SSE.COM.CN
公司年度报告备置地:公司计划财务证券部
6、公司股票上市交易所:上海证券交易所
股票简称:新太科技
股票代码:600728

二、会计数据和业务数据摘要

(一)本年度主要会计数据和业务数据(合并报表)单位:元

项目	金额
利润总额	73,750,524.55
净利润	63,453,178.28
扣除非经营性损益后的净利润	61,185,301.56
主营业务利润	176,567,798.83
其他业务利润	1,556,986.31
营业利润	67,335,023.63
投资收益	3,636,384.20
补贴收入	0.00
营业外收入净额	2,779,116.72
经营活动产生的现金流量净额	2,236,151.67
现金及现金等价物净增加额	330,269,749.74

说明:扣除非经常性损益的项目和金额:

项目	金额
1、减:营业外收入	4,577,792.02
2、加:营业外支出	1,798,675.30
3、加:长期股权投资差额摊销	511,240.00

(二)主要会计数据和财务指标(合并报表)单位:元

项目/年份	2000年	1999年	1998年	
			调整前	调整后
主营业务收入	725,291,886.45	611,227,190.78	378,204,427.36	378,204,427.36
净利润	63,453,178.28	47,260,544.60	45,782,700.89	44,177,363.84
总资产	1,170,275,084.86	871,759,140.21	537,330,782.87	532,882,112.60
股东权益(不含少数股东权益)	811,013,299.23	441,916,527.18	399,104,652.85	394,655,982.58
每股收益(摊薄)	0.305	0.249	0.242	0.233
每股收益(加权)	0.335	0.249	0.286	0.276
扣除非经常性损益后的每股收益	0.294	0.188	0.229	0.221
每股净资产	3.896	2.333	2.106	2.083
调整后每股净资产	3.890	2.259	2.098	2.075
每股经营活动产生的现金流量净额	0.011	0.439	0.425	0.425
净资产收益率(摊薄)(%)	7.824	10.694	11.471	11.194
净资产收益率(加权)(%)	13.397	11.298	17.164	16.562

(三)全面摊薄和加权平均法计算的净资产收益率及每股收益

根据中国证监会关于《公开发行证券公司信息披露编报规则》第9号通知精神,公司2000年按全面摊薄和加权平均法计算的净资产收益率及每股收益如下:

报告期利润	净资产收益率(%)		每股收益(单位:元)	
	全面摊薄	加权平均	全面摊薄	加权平均
主营业务利润	21.771	37.279	0.848	0.932
营业利润	8.303	14.216	0.323	0.355
净利润	7.824	13.397	0.305	0.335
扣除非经常性损益后净利润	7.544	12.918	0.294	0.323

全面摊薄净资产收益率和每股收益的计算公式如下:
全面摊薄净资产收益率=报告期利润÷期末净资产
全面摊薄每股收益=报告期利润÷期末股份总数
加权平均净资产收益率(ROE)的计算公式如下

$ROE = P/EO + NP \div 2 + Ei \times Mi \div MO - Ej \times Mj \div MO$

其中:P为报告期利润;NP为报告期净利润;EO为期初净资产;Ei为报告期发行新股和债转股等新增净资产;Ej为报告期回购或现金分红等减少净资产;MO为报告期月份数;Mi为新增净资产下一月份起至报告期期末的月份数;Mj为减少净资产下一月份起至报告期期末的月份数。

加权平均每股收益的计算公式如下:

$EPS = P/SO + S1 + Si \times Mi \div MO - Sj \times Mj \div MO$

其中:P为报告期利润;SO为期初股份总数;S1为报告期因公积金转增股本或股票股利分配等增加股份数;Si为报告期因发行新股和债转股等增加股份数;Sj为报告期因回购或缩股等减少股份数;MO为报告期月份数;Mi为增加股份下一月份起至报告期期末的月份数;Mj为减少股份下一月份起至报告期期末的月份数。

三、股东情况介绍

1、截止2000年12月31日,公司股东总数为10,930户。无内部职工股。
2、主要股东持股情况(前十名股东)

序号	股东名称	持股数(股)	持股比例%
1	辽宁省大连海洋渔业集团公司	61,411,586	29.5
2	广州新太新技术研究设计有限公司	56,648,594	27.21
3	汉兴基金	7,740,897	3.72
4	景宏基金	7,652,307	3.68
5	景业基金	6,544,935	3.14
6	景博基金	4,990,538	2.40
7	大连海洋渔业进出口公司	3,000,000	1.44
8	大连冷冻机股份有限公司	3,000,000	1.44
9	中国水产总公司	3,000,000	1.44
10	景阳基金	2,844,799	1.37

公司第一大股东--辽宁省大连海洋渔业集团公司为国有法人股股东,第三、四、五、六、十名股东为流通股股东,第二、七、八、九名股东为社会法人股股东。在前十名股东中,大连海洋渔业进出口公司是辽宁省大连海洋渔业集团公司的全资子公司。

3、辽宁省大连海洋渔业集团公司持有本公司国有法人股61,411,586股,占公司总股本的29.50%,其法定代表人为张毅先生,经营范围为:近海、远洋捕捞生产、水产品加工、国内外贸易及修船、网具制造、海陆运输、港口航运、房地产开发等。该股东所持本公司股份无任何质押。

广州新太新技术研究设计有限公司持有本公司社会法人股56,648,594股,占公司总股本的27.21%,其法定代表人为邓龙龙先生,经营范围为:各种新设备、新材料、新产品研制、生产及其工程承接。技术引进,技术培训。邓龙龙先生为本公司董事长。截止2000年12月31日,该股东用所持本公司股份做抵押从银行借款6000万元。

4、本年度控股股东没有变更。

四、股东大会简介

本年度内召开了两次股东大会。

(一)2000年3月31日本公司在《上海证券报》上刊登了关于召开1999年度股东大会的公告。

2000年5月5日,公司1999年度股东大会在大连市甘井子区大连湾镇公司会议室召开,本次股东大会以投票表决的方式通过如下决议:

1、审议批准《1999年年度报告和报告摘要》;
2、审议批准《1999年度董事会工作报告》;
3、审议批准《1999年度监事会工作报告》;
4、审议批准《1999年度财务决算报告》;
5、审议批准《1999年度利润分配预案》;
6、审议批准《公司2000年度增资配股方案》;
7、审议通过《董事会关于前次募集资金使用情况的说明》;
8、审议批准《公司2000年度增资配股募集资金使用的可行性研究报告》;
9、审议批准《变更1996年募集资金余额用途的议案》;
10、审议通过《关于续聘大连正元会计师事务所的议案》;
11、审议通过《关于推荐董事候选人的议案》;

鉴于第二届董事会成员任期届满,本次股东大会选举产生了公司第三届董事会成员:邓龙龙先生、张毅先生、翟才忠先生、杨宝仲先生、宁时虎先生、李兴武先生、郝建兴先生、叶恒强先生、胡广雄先生。

12、审议通过《关于推荐监事候选人的议案》;

鉴于公司第二届监事会成员任期届满,本次股东大会选举林春瑞先生、叶恒青先生和丁昭德先生为公司第三届监事会成员。

13、审议通过《关于变更公司名称和公司股票名称的议案》;
14、审议通过《董事会关于修改公司章程部分条款的议案》。

本次股东大会决议公告刊登在2000年5月9日《上海证券报》和《中国证券报》上。

(二)2000年8月22日,本公司在《上海证券报》和《中国证券报》上刊登了关于召开2000年临时股东大会的公告。

2000年9月22日,公司2000年临时股东大会在大连市甘井子区大连湾镇公司会议室召开,

会议以投票表决的方式通过如下决议：

1、同意公司董事杨宝仲先生因退休辞去董事职务的请求。

2、选举梁平先生为公司董事。

本次临时股东大会由大连天合律师事务所宋诗军律师见证，并出具了法律意见书。股东大会决议公告刊登在2000年9月23日《上海证券报》和《中国证券报》上。

五、董事会报告

(一)公司经营情况

1、本公司所处行业及在本行业中的地位

本公司原为以从事国内外海洋水产品捕捞为主的渔业企业，本年度经过重组和结构调整、逐步转变为以信息产业和国内外海洋水产品捕捞并重的跨行业的综合性企业。

远洋捕捞方面，本年度的主要作业渔场仍在南、北太平洋和大西洋非洲西部海域。主要产品为海水鱼及其加工制品，如速冻鳕鱼片、鱼粉等。至年末拥有各类作业船舶44艘，其中大型远洋单拖捕捞加工渔轮4艘、金枪鱼钓船8艘，国内外中型拖网和围网生产船22艘，各类配套辅助船舶10艘。是我国远洋捕捞企业中骨干企业之一。

信息产业方面，公司控股子公司广州新太科技有限公司是广州市科委认证的以软件开发和系统集成为主要发展方向的高新技术企业，2000年获得国家信息产业部计算机信息系统集成一级资质证书和SGS公司核发的ISO9001国际质量体系标准认证证书(换证)。该公司为电信运营商、邮政行业、政府机构、金融机构等大客户提供信息系统、产品和服务解决方案，是国内软件开发与系统集成领域的佼佼者之一。2000年该公司的产品电子商务平台、统一信息平台、银行客服中心系统等产品获评火炬计划项目。

2、公司主营业务范围及其经营状况

本公司主营业务为计算机新产品开发、研制及相关技术的系统集成；国内外海洋水产品捕捞、收购、加工、销售；渔用生产物资及成品油批发、零售等。

本年度实现主营业务收入72,529万元，比上年增加了11,406万元，增长了18.7%。主营业务收入中，海洋捕捞加工产品收入27,367万元，占主营业务收入的37.7%，渔需物资及成品油销售收入20,516万元，占主营业务收入的28.3%，信息系统收入24,647万元，占主营业务收入的34%。

本年度实现主营业务利润17,657万元，比上年度增加10,996万元，增长165%。主营业务利润中，海洋捕捞利润3,202万元，占主营业务利润的18.1%，渔需物资和成品油销售利润1,887万元，占主营业务利润的10.7%，信息系统利润12,567万元，占主营业务利润的71.2%。

本年度主营业务及其结构较上年度发生了较大变化，主要原因是经过重组和结构调整，公司已开始逐步实现主营业务由传统捕捞产业向高新技术产业的转变。

3、经营中出现的问题与困难及解决方案

本年度远洋捕捞的外部环境和经营形势仍然比较严峻，主要是渔业资源持续衰退，相关国家的渔业资源保护政策日益趋紧，捕捞生产在作业渔场、作业时间以及捕捞配额的使用等方面均受到严重限制，致使捕捞产量无法保证；柴油价格大幅度上涨，致使捕捞成本上升；国内外海洋水产品市场持续低迷，致使销售收入降低。

面对经营环境上的困难，公司采取的主要措施是：加大对高新技术产业的投入，加快新技术新市场的开发和拓展；剥离效益下滑、经营前景不好的不良资产。同时，合理组织生产经营活动，加强成本管理，控制捕捞成本，降低费用开支。通过结构调整和加强管理，最大限度地降低外界环境恶化对公司经营的负面影响。

(二)公司财务状况

1、公司财务状况及增减变动主要原因

项目	2000年度	1999年度	增减%
总资产	1,170,273,635.37	871,759,140.21	34.2
长期负债	0	1,621,894.60	
股东权益	811,013,299.23	441,916,527.18	83.5
主营业务利润	176,567,798.83	66,614,148.08	165.1
净利润	63,453,178.28	47,260,544.60	34.3

总资产增加34.2%，主要原因是本期经批准实施增资配股，年末配股资金进帐致使公司总资产增加。

长期负债减少，原因一是1996年发行股票申购资金冻结期间产生的利息收入，本期摊销了238.6万元，二是本期拟处理期初住房周转金负数余额76.4万元。

股东权益增长83.5%，原因一是本年实现净利润6,345万元，二是配股募集资金32,722万元年末全部进帐所致。

主营业务利润增长165.1%，净利润增长了34.3%，主要原因一是合并了广州新太科技有限公司会计报表，本期是一个完整的会计年度，而上年仅为一个月，二是本期公司主营业务海洋水产品捕捞效益下滑幅度较大所致。

2、对会计师事务所出具的有保留意见的审计报告所涉及事项的说明

大连华连会计师事务所对本公司进行年度审计时，本公司生产渔轮仍在外海作业，注册会计师无法对船存存货实施必要的审计程序、验证其真实性和可靠性，为此，大连华连会计师事务所出具了有保留意见的审计报告。公司认为：远洋捕捞生产的特殊性导致期末审计时，注册会计师无法对船存存货实施必要的审计程序以验证其真实性和可靠性，这种状况是长期存在的。对此，本公司再次承诺：公司已按照《企业会计准则》、《股份有限公司会计制度》进行了存货核算，并承担其真实性和可靠性的一切责任。几年来，公司的做法是：①报告期末，各生产船根据公司的具体部署及时盘点船存存货，并填制船存存货盘点表；②盘点表传回公司，由生产、物资和设备管理部门审核确认；③主管经理审核签字，会计部门据此按规定进行帐务处理。生产渔轮回港期间，公司组织全面检查，并委托会计师事务所共同复验上年末船存存货盘点的正确性。

(三)公司投资情况

1、报告期内募集资金的投资情况

根据远洋渔业资源、市场现状及公司目前进行产业结构调整的实际情况，2000年5月5日召开的公司1999年度股东大会通过决议，决定变更1996年募集资金余额的投向：取消原购船计划，将募集资金余额1,180万元纳入2000年度配股募集资金投资项目中一并使用。

公司2000增资配股方案经中国证监会大连特派员办事处大证监发(2000)30号文同意，并报经中国证监会证监公司字(2000)182号文批准于12月份实施，本次配股募集资金32,722万元于12月25日全部进帐。

配股时承诺的投资项目完成情况如下：(单位：万元)

	项目名	计划投资额	本期完成投资额	项目进度%
1	新太电子商务平台	4,600	255	5.5
2	新太多媒体呼叫中心	4,860	274	5.6
3	新太VOIP整体解决方案	3,980	0	
4	移动银行业务系统	3,880	0	
5	统一信息服务平台	4,720	325	6.9
6	合作开发双向寻呼服务系统	4,850	4,000	82.5
7	建立新太IT产业研究开发中心	6,800	0	
	合计	33,690	4,854	

上述项目资金投向按配股时间计划在2001年投入，本期尚未产生效益。没有投入使用的资金，全部存于公司银行帐户。

2、报告期内非募集资金的投资情况

本期公司控股子公司－－广州新太科技有限公司同广州新太科技有限公司工会委员会，自然人吴边共同出资成立了广州新太数据技术有限公司。

该公司注册资本为500万元人民币，其中：广州新太科技有限公司自筹资金出资255万元，占出资额的51%，广州新太科技有限公司工会委员会出资170万元，占出资额的34%，自然人吴边出资75万元，占出资额的15%。

该公司经营范围为：计算机软件、硬件、网络及相关技术的系统集成工程服务、计算机软件、硬件技术引进、技术培训及咨询服务。

该公司注册地为广州市天河区高新技术产业开发区工业园建中路51－53号。法定代表人为梁平先生。

由于该公司于12月份设立，正处开办期，本期未产生效益。

(四)股东变化对公司的重要影响

本公司第一大股东－－辽宁省大连海洋渔业集团公司于1999年11月22日与广州新太新技术研究设计有限公司草签了股权转让协议，根据协议，辽宁省大连海洋渔业集团公司向广州新太新技术研究设计有限公司以每股2.453元之价格转让其持有的本公司66,311,063股国有法人股，占本公司总股本的35%。如果协议得以执行，广州新太新技术研究设计有限公司将持有本公司35%之股权，成为本公司第一大股东，辽宁省大连海洋渔业集团公司仍持有本公司27.31%之股权，为本公司第二大股东，此次股权转让已经辽宁省国有资产管理局辽国资产字(1999)113号文件同意，并经国家财政部财管字(1999)401号文件批准，由于该股权转让协议超过财政部财管字(1999)401号文的批复有效期，根据情况变化双方于2000年4月2日重新签署了股权转让协议：辽宁省大连海洋渔业集团公司向广州新太新技术研究设计有限公司以每股2.566元之价格出让其国有法人股中的56,648,594股，该股份占本公司总股本的29.9%。该次股权转让已经辽宁省国资局辽国资产字(2000)41号和财政部财管字(2000)128号文件批准，4月28日，双方在上海证券中央登记结算公司办理了记名证券过户登记手续，至此，广州新太新技术研究设计有限公司成为本公司第二大股东。

广州新太新技术研究设计有限公司是1986年8月依法在广州市注册成立的有限责任公司，公司经营范围为各种新设备、新材料、新产品的研制、生产及其工程承接，技术引进、技术培训。公司法定代表人邓龙龙，公司注册资本12,000万元。该公司成为本公司第二大股东，对公司财务状况和经营成果产生了重要影响，并将对公司今后的发展继续产生重要影响。

(五)新年度的业务发展计划

2001年度，公司将坚持以人为中心、以技术为本、以市场为导向，继续抓好重组和结构调整，提高公司整体素质，通过切实而有成效的工作，拓展公司主营业务领域。提高公司的经济效益。

采取具体措施是：

1、巩固和完善重组和结构调整的成果，按照董事会和股东大会的决议要求，把重组和结构调整推向深入，采取有效措施，扩大高新技术产业在公司主营业务中的份额。

2、按照配股募集资金时的承诺，抓好配股项目的实施，严格依法使用配股资金，加快项目进度，使之尽早产生效益。抓紧筹办广州、北京等地的IT信息产业研究开发机构以及其他技术研发机构，进行前瞻性的技术跟进与产品设计、预研，为公司培育有发展前景的应用项目，并同其他优势产业建立战略伙伴关系，以保证公司未来能够持续稳定地发展。

3、加大研发投入，加强研发管理，根据市场的需求，大力开发有国际竞争能力的软件产品，加快推进多媒体呼叫中心、VOIP系统、统一信息平台、双向寻呼等项目的开发、完善、推广进度，启动网络安全解决方案、多媒体信息交互应用平台等数据业务项目、语音互联网、客户关系管理系统、宽带网络产品、软交换等项目，做好开发与营销工作的配合，根据技术与市场发展的趋势进行业务整合，根据情况对已有的经营项目或者收购有关项目组建专业的技术公司进行研发、运营和拓展。

4、在电信业增值业务平台与应用系统基础上继续扩大产品与市场优势，拓展金融行业、广电行业、移动行业、政府机构、企业单位等客户市场，开拓新业务增长点。

5、对传统的捕捞产业根据资源和市场的实际状况适时调整捕捞及加工品种结构，探索新的渔业合作方式和捕捞作业方式，开发新的作业渔场，灵活组织生产，以适应市场的需求。

6、进一步完善制度，强化管理，提高公司运行效率，并通过强化管理，达到开源节流，提高效益。

7、提升人力资源管理，运用灵活的激励机制，引进公司所需人才，通过有效方式，调动员工积极性、主动性，为公司发展做出贡献。

(六)董事会日常工作情况

1、报告期内董事会的会议情况及决议内容

本年度董事会共召开了四次会议：

———公司第二届董事会第十二次会议于2000年3月29日在辽渔集团公司会议室召开，会议审议并通过了以下议案：

一、关于建立和完善内部财务会计制度和内部审计制度的议案，建立了提取资产减值准备和损失处理的内部控制制度；

二、关于1999年计提资产减值准备的报告；

三、1999年度总经理业务报告；

四、1999年度董事会工作报告；

五、1999年度财务决算报告；

六、1999年度报告和报告摘要；

七、1999年度利润分配预案；

八、关于前次募集资金使用情况的说明；

九、关于变更1996年募集资金余额用途的议案；

十、2000年度配股预案；

十一、关于2000年度配股募集资金投向及可行性的议案；

十二、关于续聘大连正元会计师事务所的议案；

十三、决定于2000年5月5日召开1999年度股东大会；

本次董事会决议的公告刊登在2000年3月31日的《上海证券报》上。

———公司第二届董事会第十三次(临时)董事会于2000年4月25日在辽渔集团公司会议室召开，会议通过了以下决议：

一、关于推荐董事候选人的议案；

鉴于公司第二届董事会已任期届满，推荐张毅、邓龙龙、翟才忠、杨宝仲、宁时虎、李兴武、郝建兴、叶恒强、胡广雄为董事候选人。

二、关于变更公司名称和公司股票名称的议案；

公司名称变更为：辽宁新太科技股份有限公司

股票简称变更为：新太科技

三、关于修改《公司章程》部分条款议案；

本次董事会决议的公告刊登在2000年4月26日的《上海证券报》上。

-公司第三届董事会第一次会议于2000年5月5日在辽渔集团公司会议室召开，会议通过如下决议：选举邓龙龙先生为公司董事长，选举张毅先生为公司副董事长。

本次董事会决议的公告刊登在2000年5月9日的《上海证券报》上。

———公司第三届董事会第二次会议于2000年8月16日在大连阿尔滨金山宾馆召开。会议审议并通过以下决议：

一、公司2000年中期报告；

二、关于聘任公司总裁、副总裁和财务总监的议案；

聘叶恒强先生任公司总裁，

聘于传江先生任公司副总裁，

聘潘福久先生任公司财务总监。

三、关于聘任公司董事会秘书和证券事务代表的议案；

聘潘福久先生任公司董事会秘书，

聘刘颖女士任公司董事会证券事务代表。

四、关于董事变动的议案；

同意公司董事杨宝仲先生因退休辞去董事职务的请求，推荐梁平先生为董事候选人。

五、关于整体出让西非渔业分公司资产议案；

该交易属于关联交易，关联董事均回避表决。

六、关于组建公司科技事业部的议案；

七、关于公司未来发展目标的议案。

本次董事会决议的公告刊登在2000年8月18日《上海证券报》上。

2.董事会对股东大会决议的执行情况

公司于2000年5月5日召开的1999年度股东大会，审议通过了公司董事会关于2000年度增资配股方案，该配股方案已经中国证监会大连证券监管特派员办事处大证监发(2000)30号文初审同意，并经中国证券监督委员会证监公司字(2000)182号文核准。公司于2000年11月23日分别在《中国证券报》、《上海证券报》和《证券时报》上刊登了《配股说明书》，并于2000年12月5日在《中国证券报》、《上海证券报》上刊登了《配股提示性公告》。本次配股的股权登记日为2000年12月7日，除权基准日为2000年12月8日，配股缴款起止日为2000年12月8日至12月21日。

本次配股以本公司1999年12月31日总股本189,460,180股为基数，每10股配3股，每股配股价为18元人民币。公司国有法人股股东辽宁省大连海洋渔业集团公司经财政部财管字(2000)156号文批准，放弃全部可配售股份的配股权，社会法人股股东均放弃全部可配售股份的配股权，社会公众股东可配售股份为18,720,000股，未认购的股份由承销团按承销协议负责包销。

本次配股缴款工作于2000年12月21日结束，公众股股东通过网上交易系统认购配股18,148,391股，剩余部分由承销团包销。本次配股募集资金总额为336,960,000元，扣除有关发行费用9,734,481.41元，实际募集资金327,225,518.59元，已于2000年12月25日全部到位，并由大连正元会计师事务所验资并出具了大正会内验字(2000)26号验资报告(签署日期为2000年12月29日)。经上海证券交易所批准，本次获配股份中可流通的社会公众股份，共计18,720,000股的上市交易时间为2001年1月17日，其中高管人员本次配股新增流通股份与原有股份暂时锁定。

(七)董事、监事、高级管理人员

姓名	职　　务	年龄	任期起止日期	年初持股数	年末持股数	持股变动原因
邓龙龙	董事长	61	2000.5-2003.5	0	0	
张毅	副董事长	53	2000.5-2003.5	606,000	606,000	
叶恒强	董事、总裁	37	2000.5-2003.5	0	0	
翟才忠	董事	48	2000.5-2003.5	0	0	
宁时虎	董事	50	2000.5-2003.5	101,000	101,000	
李兴武	董事	49	2000.5-2003.5	101,000	101,000	
郝建兴	董事	53	2000.5-2003.5	101,000	101,000	
胡广雄	董事	39	2000.5-2003.5	0	0	
梁平	董事	38	2000.5-2003.5	0	0	
林春瑞	监事会召集人	51	2000.5-2003.5	101,000	101,000	
叶恒青	监事	42	2000.5-2003.5	0	0	
丁昭德	监事	53	2000.5-2003.5	0	0	
于传江	副总裁	55	2000.5-2003.5	23,000	29,900	配股
潘福久	财务总监、董秘	50	2000.5-2003.5	0	0	

现任董事、监事和高级管理人员，报告期内在本公司领取报酬的共3人，报酬总额为42.3万元，其中：年度报酬在10-20万元区间的2人；在5-10万元的1人。

报告期内董事长邓龙龙先生、副董事长张毅先生、董事翟才忠先生、宁时虎先生、李兴武先生、郝建兴先生、胡广雄先生、梁平先生、监事叶恒青先生、监事会召集人林春瑞先生不在本公司领取报酬。董事叶恒强先生因原任广州新太科技有限公司总裁，8月份出任公司总裁后仍兼任该公司总裁，本年度内继续在广州新太科技有限公司领取报酬。

报告期内因第二届董事会成员和第二届监事会成员任期届满，经公司5月5日召开的1999年度股东大会批准，原董事王兆阳先生、张和先生、周富华先生，原监事管兆飞先生离任。原董事杨宝仲先生因退休请求辞去董事职务，公司9月22日临时股东大会批准了杨宝仲先生的辞职请求。

报告期间内公司总经理杨宝仲先生因退休且任期届满，请求辞去总经理职务，公司8月16日召开的第三届董事会第二次会议批准了杨宝仲先生的辞职请求，同时，聘叶恒强先生任公司总裁，报告期内董事会秘书没有变更。

(八)本次利润分配预案或资本公积转增股本预案及预计2001年利润分配政策

1、2000年利润分配预案

经大连华连会计师事务所(原正元会计师事务所)审计，本年度实现净利润63,453,178.28元，提取10%法定公积金6,345,317.83元，提取5%法定公益金3,172,658.91元，加年初未分配利润36,491,093.31元，可供股东分配的利润为90,426,294.85元。根据财政部财企(2000)295号文件规定，拟将住房周转金赤字余额763,906.82元冲减期初未分配利润，因此年末实际可供股东分配的利润为89,662,388.03元。

本年度拟以现有总股本208,180,180股为基准，向全体股东每10股派发现金红利1.00元(含税)，共分配红利20,818,018.00元，尚余68,844,370.03元留待以后年度分配。

本年度不进行公积金转增股本。

此预案尚需经公司2000年度股东大会批准方可生效。

2、预计2001年利润分配政策

预计2001年进行利润分配一次，本年度未分配利润和2001年实现的净利润用于股利分配的比例为25%-50%，分配主要采用派发现金或者送股或者两者结合的方式进行。

上述预计的2001年利润分配政策，需由董事会根据实际情况进行决策，并提交股东大会审议通过后实施，公司董事会保留根据公司经营发展情况和实际盈利情况对上述分配政策作调整的权利。

(九)其他报告事项

本公司选定的信息披露报纸为《上海证券报》和《中国证券报》。

六、监事会工作报告

本年度监事会共召开四次会议。2000年3月29日召开了二届八次监事会。会议审议了1999年年报和年报摘要、利润分配预案、公司关于建立内部控制制度和计提四项资产减值准备的报告、2000年配股预案和募集资金投向的可行性报告以及前次募集资金使用情况的说明、关于变更1996年募集资金余额用途的议案、听取了董事会工作报告、通过了1999年度监事会工作报告；2000年4月25日召开二届九次监事会，审议通过了调整监事人选的议案；2000年5月5日，召开了三届一次监事会，会议选举产生了新一届监事会召集人；2000年8月16日，召开了三届二次监事会，听取和审议了2000年度中期报告、关于整体出让西非渔业分公司资产的议案。一年来，监事会成员列席了公司董事会有关会议，在重大问题上认真履行监督职能，在完善相互制衡又相互协调的法人治理结构方面和重大决策程序过程中较好地发挥了监督作用。上述四次监事会决议公告分别刊登在2000年3月31日、4月26日、5月9日、8月18日的《上海证券报》上。

报告期间，监事会听取了公司中期财务报告和年度财务报告，大连正元会计师事务所出具的有保留意见的审计报告，真实、公正、客观地反映了公司财务的实际状况和经营成果。对于"由于客观条件所限，我们无法对贵公司船存存货实施必要的审计程序验证其真实性和可靠性"的保留意见，监事会认为，这种情况今后还将延续。公司目前对船存存货的核算、盘点以及事后复验的做法是符合客观实际情况的、是可行的和有效的。

七、重要事项

(一)本年度公司无重大诉讼、仲裁事项。

(二)报告期间公司、公司董事、高级管理人员没有受到监管部门处罚的情况。

(三)报告期内公司控股股东没有变动。

鉴于第二届董事会成员已任期届满，报告期内董事会进行了换届改选。上届董事张毅先生、宁时虎先生、李兴武先生、郝建兴先生、叶恒强先生继续留任，增选邓龙龙先生，翟才忠先生、胡广雄先生、梁平先生为公司董事。报告期内经理班子任届期满，新聘叶恒强先生任公司总裁。报告期内董事会秘书没有变动。

(四)经公司8月16日召开的三届二次董事会决议，为了继续搞好公司结构调整，不断提高公司经济效益，公司同辽宁省大连海洋渔业集团公司草签了《资产转让协议》拟将本公司所属西非渔业分公司资产经评估后，按评估值整体转让给辽宁省大连海洋渔业集团公司。11月18日，大连源正资产评估有限公司出具了源正评报字(2000)27号《辽宁新太科技股份有限公司西非渔业分公司资产评估报告书》，根据公司同辽宁省大连海洋渔业集团公司《资产转让协议》确定的评估基准日评估结果为：截止2000年6月30日，西非渔业分公司调整帐后总资产为8,743.5万元，总负债为8,743.5万元。评估值总资产为8,901万元，总负债8,743.5万元，净资产为157.5万元。11月29日，辽宁省国有资产管理委员会以辽国资委考字(2000)11号文批复对该评估结果予以确认。11月30日，公司同辽宁省大连海洋渔业集团公司以上述评估结果为基础进行了资产移交，西非渔业分公司相关员工亦同时移交给辽渔集团。该次资产转让，有利于公司的产业结构调整，有利于提高公司的效益水平。

(五)重大关联交易事项

1.购销商品、提供劳务发生的关联交易

(1)本公司围网分公司的所有捕捞水产品均通过公司第一大股东--辽宁省大连海洋渔业集团公司的水产品交易系统代理销售，销售方式为随行就市，竞价销售。本年度交易总额为29,269,651.22元，占本公司海洋捕捞产品收入总额的10.7%。该交易系统价格透明，结算及时、适合围网分公司的产品销售。

(2)本公司物资分公司经营渔需物资和船用柴油，本年度向本公司第一大股东--辽宁省大连海洋渔业集团公司所属生产渔轮供应渔需物资和柴油总价值为20,528,370.44元，占物资分公司总销售额的10%。

(3)本年度本公司生产渔轮委托公司第一大股东--辽宁省大连海洋渔业集团公司所属的修造船厂进行维修，共发生修船费用11,144,187.30元。该修船费用占公司全部修船费的33.7%。

公司与各关联方之间的交易，均以协议的方式明确双方的权利和义务，按市场价格进行。

2.资产、股权转让发生的关联交易

本年度公司将其所属的西非渔业分公司按其评估值整体转让给本公司第一大股东--辽宁省大连海洋渔业集团公司。按其协议转让净值为1,575,532.34元，该次转让以现金方式结算。

3.本公司期末短期借款7,000万元由辽宁省大连海洋渔业集团公司提供担保。本公司控股子公司广州新太科技有限公司期末短期借款中5,300万元分别由广州新太科技发展有限公司、广东讯特通信有限公司、广州市南方通信系统软件有限公司提供担保。

(六)本公司与控股股东之间做到了人员独立、资产完整、财务独立。

1.本公司在劳动、人事及工资管理方面是完全独立的，总裁、副总裁、财务负责人等高级管理人员均未在股东单位担任重要职务。除总裁过去一直担任本公司控股子公司--广州新太科技有限公司总裁，8月16日任本公司总裁后仍兼任该公司总裁，故年度内暂在广州新太科技有限公司领取薪酬外其余人员均在本公司领取薪酬。

2.本公司拥有独立的生产系统、辅助生产系统和配套设施，采购和销售系统亦由本公司独立拥有。

3.本公司设有独立的计财部，并建立了独立的会计核算体系和财务管理制度，拥有公司独立的银行帐户。

(七)、报告期内本公司未发生托管、承包、租赁其他公司资产和其他公司托管、租赁、承包本公司资产的事项。

(八)、报告期内本公司继续聘大连正元会计师事务所为公司2000年度财务报告的审计机构。

(九)、报告期内无其他需要披露的重大合同(含担保)事项。

(十)、报告期内公司名称由辽宁远洋渔业股份有限公司更改为辽宁新太科技股份有限公司，股票简称由"远洋渔业"更改为"新太科技"。

八、财务会计报告

(一)审计报告

辽宁新太科技股份有限公司全体股东：

我们接受委托，对贵公司2000年12月31日合并及母公司的资产负债表及2000年度合并及母公司的利润及利润分配表和现金流量表进行审计。这些会计报表由贵公司负责，我们的责任是对这些会计报表发表审计意见。我们的审计是依据《中国注册会计师独立审计准则》进行的。在审计过程中，我们结合贵公司的实际情况，实施了包括抽查会计记录等我们认为必要的审计程序。

由于客观条件所限，我们无法对贵公司船存存货实施必要的审计程序验证其真实性和可靠性。

我们认为，除上述事项外，贵公司上述会计报表的编制符合《企业会计准则》和《股份有限公司会计制度》等有关财务会计法规的规定，在所有重大方面公允地反映了贵公司 2000 年 12 月 31 日的财务状况及 2000 年度的经营成果和现金流动情况，会计处理方法的选用遵循了一贯性原则。

大连华连会计师事务所　　中国注册会计师：石笛侠

中国　·　大连　　中国注册会计师：王灵霞

二〇〇一年四月一日

（二）会计报表（附后）

（三）会计报表附注：

1、公司概况：

辽宁新太科技股份有限公司（以下简称公司）原名辽宁远洋渔业股份有限公司，是经辽宁省经济体制改革委员会辽体改发（1993）137 号文件批准，由辽宁省大连海洋渔业集团公司以下属的全资子公司－辽宁远洋渔业公司独家发起设立的定向募集公司，公司于 1993 年 12 月 28 日登记注册成立。经中国证监会批准，公司于 1996 年 6 月向社会公开发行股票，由定向募集公司转变为社会公众公司。公司原主营业务包括国内外海洋水产品捕捞、收购、加工、销售；国内外海洋运输，船舶修理，提供劳务服务；渔用生产物资、饲料、成品油批发、零售，船务货物代理，住宿、饮食、文化娱乐服务等。1999 年 11 月经股东大会批准，收购了广州新太科技有限公司 95.112% 的股权后，公司营业范围在原基础上增加了计算机新产品开发、研制及相关技术的系统集成。

2、公司采用的主要会计政策

（1）会计制度：

执行《企业会计准则》及《股份有限公司会计制度》。公司的控股子公司广州新太科技有限公司（以下简称新太科技公司）执行《工业企业会计制度》，在编制合并报表时已按《股份有限公司会计制度》进行了相应调整编制。

（2）外币业务核算方法：

发生的外币业务，以当月一日的外汇市场汇价折合人民币记帐；月份终了，将各种外币帐户的外币余额，按照月末外汇市场汇价折合人民币余额，其差额记入"财务费用"。

（3）合并会计报表的编制方法：

根据财政部财会字（1995）11 号《合并会计报表暂行规定》和财会二字（1996）2 号"关于合并报表合并范围请示的复函"等规定，对公司持有 50% 以上（不含 50%）权益性资本的被投资企业的会计报表进行合并。对于资产总额和利润总额均达不到母公司资产总额和利润总额 10% 的子公司，按财政部财会二字（1996）2 号文件规定，不纳入合并报表范围。合并报表时，公司的重大内部交易和资金往来均相互抵消。在合并过程中，由于母、子公司采用的会计制度不同而产生的差异，根据重要性原则决定是否调整。

（4）坏帐核算方法：

1）坏帐损失核算方法：坏帐损失采用备抵法核算，按帐龄分析法计提坏帐准备。根据债务单位的财务状况、现金流量等情况，按决算日应收款项（包括应收帐款和其他应收款）余额，规定的提取比例为：帐龄一年以内的，按其余额的 5% 计提；帐龄 1－2 年的，按其余额的 10% 计提；帐龄 2－3 年的，按其余额的 30% 计提；帐龄 3 年以上的，按其余额的 100% 计提。

2）确认坏帐损失的标准：

①因债务人破产或死亡，以其破产财产或遗产清偿后，仍不能收回的应收款项；

②因债务人逾期未履行偿债义务超过三年仍无法收回的应收款项。

（5）存货核算方法：

公司存货包括库存原材料、船存物资、船存产成品、燃料、在途材料、库存商品、发出商品和低值易耗品等，按实际成本计价；存货发出时采用先进先出法（子公司存货发出时采用加权平均法）；低值易耗品采用一次摊销法。

决算日存货按成本与可变现净值孰低计价，按单个存货项目的期末成本高于其可变现净值的差额提取存货跌价准备。

（6）长期投资核算方法：

长期股权投资，以实际支付的款项计价，占被投资单位权益为 20% 以下的，按成本法核算；占被投资单位权益为 20% 以上至 50% 的，按权益法核算；占被投资单位权益为 50% 以上的按权益法核算，并合并会计报表。但对占被投资单位注册资本 20% 以上，而对被投资单位没有实际控制权且不具有重大影响的，按成本法核算。股权投资差额的摊销期限，合同规定投资期限低于十年的，按实际投资期限摊销；投资期限高于十年或未规定投资期限的，按十年摊销。

决算日对被投资单位由于市价持续下跌或经营状况恶化等原因导致其可收回金额低于长期股权投资的帐面价值，并且这种降低的价值在可预计的未来期间内不可能恢复时，按可收回金额低于长期股权投资帐面价值的差额计提长期投资减值准备。

（7）固定资产计价及其折旧：

固定资产标准为使用年限在一年以上，单位价值在 2,000 元以上的房屋、轮船、机械设备、港务设施、金属油罐、运输工具以及其它与生产经营有关的设备、器具、工具等。

固定资产按实际成本计价；固定资产折旧年限按照《农业企业财务制度》、《工业企业财务制度》规定的固定资产分类折旧年限确定；预留残值按原价的 3% 计留；固定资产折旧方法采用平均年限法。

各类固定资产折旧年限及年折旧率列示如下：

类　别	折旧年限（年）	年折旧率（%）
房屋	40	2.425
轮船	8	12.125
港务设施	30	3.23
机械设备	10	9.70
运输工具	6	16.17
金属油罐	15	6.47
电子及其他设备	5	19.40

（8）营业收入确认原则：

以产品已经发出，劳务已经提供，款项已经收到或取得收取款项的凭据时确认为营业收入实现；销售退回、销售折让和销售折扣，作为营业收入的递减项目记帐。

（9）所得税：

按应付税款法核算。

（10）会计政策变更：

公司董事会决定自二〇〇〇年一月一日起，根据固定资产的实际使用状况，将固定资产－房屋建筑物的折旧年限由二十年改变为四十年。由于此项会计政策的变更，增加了本年度净利润 2,094,541.59 元。

3、税项：

公司适用的主要税种和税率如下：

（1）．增值税：出口产品销售收入，按照国家有关税收法规规定，增值税税率为 0；内销自产水产品，按照大连市税务局第四分局大税四税字（1994）30 号文件中有关"对远洋渔业公司凭据关入境的水产品（包括鱼糜等）实际数量于销售时免征增值税"的规定，免缴增值税；物资分公司的产品销售收入按 17% 的税率缴纳增值税；广州新太科技有限公司的产品销售收入按 17% 的税率缴纳增值税。

（2）．营业税：软件收入、运输收入税率 3－5%；餐饮、客房收入税率 5%

（3）．城市建设维护税：按当期应缴增值税及营业税的 7% 计缴。

（4）．教育费附加：按当期应缴增值税及营业税的 3% 计缴。

（5）．地方教育费附加：按当期应缴增值税及营业税的 1% 计缴

（6）．费用性税金：包括房产税、车船牌照使用税、印花税等，按有关规定上缴，计入当期损益。

（7）．所得税：根据财政部和国家税务总局财税字（1997）114 号文件批准，公司自 1997 年 1 月 1 日开始，对从事远洋捕捞业务取得的收入暂免征收企业所得税；对其他经营所得、物资分公司经营所得等，根据辽宁省人民政府辽政（1996）36 号"关于辽宁远洋渔业股份有限公司所得税税率的批复"，税率为 15%。对控股子公司广州新太科技有限公司经营所得，根据广州市人民政府关于进一步扶持高新技术产业发展的若干规定，已享受二年免征所得税的优惠，现减按 15% 的税率征收所得税。

4、控股子公司及合营企业：

名称	注册资本	经营范围	占权益比例	编报范围
广州新太科技有限公司	10000 万元	计算机新产品研制、生产及其工程承接；互联网数据、多媒体信息服务及相关技术的系统集成工程服务等。	95.112%	合并报
摩洛哥皇家股份有限公司	67 万元 *	渔业捕捞	50%	未合并报表
摩洛哥幸运股份有限公司	80 万元 *	渔业捕捞	50%	未合并报表
辽宁国际渔业公司	1 万元 *	渔业捕捞	50%	未合并报表
广州新太数据技术有限公司	500 万元	计算机软件、硬件、网络工程及技术服务。计算机技术引进	51%	未合并报表

* 为美元

注：广州新太数据技术有限公司为广州新太科技有限公司与广州新太科技有限公司工会委员会及吴边（自然人）于 2000 年 12 月共同出资设立的有限公司，因其完成登记注册后，未发生经济业务，因此本期未纳入合并会计报表。

5、合并会计报表有关项目附注：

（1）应收股利

期末余额 4,769,411.31 元。

项　目	期初数	期末数
摩洛哥皇家渔业股份有限公司	1,595,972.21	2,722,297.35
摩洛哥幸运渔业股份有限公司	3,084,677.51	2,047,113.96
合计	4,680,649.72	4,769,411.31

（2）应收帐款

期初数 94,091,472.36 元，期末数 141,940,401.34 元。

账　龄	期初数	占比例%	坏账准备	期末数	占比例%	坏账准备
1 年以内	85,707,564.96	91.09	4,285,378.25	113,668,467.34	80.08	5,683,423.36
1－2 年	6,840,245.40	7.27	684,024.54	20,822,666.70	14.67	2,082,266.67
2－3 年	983,662.00	1.04	295,098.60	6,570,411.30	4.63	1,971,123.39
3 年以上	560,000.00	0.6	560,000.00	878,856.00	0.62	878,856.00
合计	94,091,472.36	100	5,824,501.39	141,940,401.34	100	10,615,669.42

应收帐款期末数比期初数增加了 47,848,928.98 元，增长了 50.85%，主要为子公司扩大经营所致。

注：无持有本公司 5%（含 5%）以上股份的股东欠款。

应收账款主要项目明细如下：

客户名称	期末数	欠款时间	欠款原因
德国肖特卡公司	19,869,025.29	一年以内	销货款
广州金中华通讯公司	14,675,000.00	一年以内	销货款
香港太平洋恩利有限公司	14,316,110.86	一年以内	销货款
北京方圆信息传播有限公司	13,560,000.00	一年以内	销货款
河南省邮电管理局	3,226,542.00	一年以内	销货款

（3）其他应收款

期初数 166,530,490.52 元，期末数 20,525,042.54 元。

账　龄	期初数	占比例%	坏账准备	期末数	占比例%	坏账准备
1 年以内	63,185,923.88	98.00	8,159,296.09	17,041,386.74	83.03	852,069.34
1－2 年	1,054,534.42	0.63	105,453.44	2,026,073.58	9.87	202,607.36
2－3 年	1,897,330.17	1.14	569,199.05	359,715.99	1.75	107,914.80
3 年以上	392,702.05	0.23	392,702.05	1,097,866.23	5.35	1,097,866.23
合计	166,530,490.52	100	9,226,650.63	20,525,042.54	100	2,260,457.73

其他应收款期末数比期初数减少了 146,005,447.98 元，降低了 87.67%，主要为收回广州新太新技术研究设计有限公司欠款所致。

注：1）持有本公司 5% 以上股份的股东广州新太新技术研究设计有限公司欠款 686,508.83 元。

2）持有本公司 5% 以上股份的股东辽宁省大连海洋渔业集团公司欠款 596,016.59 元。

其他应收款主要项目明细如下：

客户名称	期末数	欠款时间	欠款原因
广州南方电信系统软件有限公司	6,000,000.00	一年以内	往来款项
大连海关	1,936,000.00	一年以内	保证金
广州新太新技术研究设计有限公司	686,508.83	一年以内	往来款项
辽宁省大连海洋渔业集团公司	596,016.59	一年以内	往来款项
广州市信息工程招投标中心	353,148.00	一年以内	保证金

（4）存货　期初数 154,241,743.29 元，期末数 161,467,096.39 元。

项　目	期　初　数	存货跌价准备	期　末　数	存货跌价准备
原材料	17,664,376.90		10,297,833.35	
库存产成品	12,671,115.77		1,227,959.33	
船存产成品	32,273,458.00		65,035,942.10	
燃料	9,184,746.37		9,778,983.20	
船存物资	34,757,705.53		33,681,136.89	
在途材料	439,837.49		1,315,652.24	
库存商品	11,888,343.26	471,663.52	11,958,035.26	537,243.60
发出商品	35,318,466.49		56,207,831.09	
委托加工材料	43,693.48		426,137.94	
合计	154,241,743.29	471,663.52	189,929,511.40	537,243.60

（5）长期投资　期初数 14,348,759.97 元，期末数 16,387,519.97 元。

1）项目	期初数	减值准备	本期增加	本期减少	期末数	减值准备
长期股权投资	14,348,759.97		2,550,000.00	511,240.00	16,387,519.97	588,700.00

2）长期股权投资全部为其他股权投资，明细如下：

被投资者名称	投资期限	投资金额	占被投资单位注册资本比例（%）	备　注
摩洛哥皇家渔业股份有限公司	11	4,886,200.00	50	按成本法核算
摩洛哥幸运渔业股份有限公司	12	4,272,700.00	50	按成本法核算
辽宁国际渔业公司	12	588,700.00	50	按成本法核算
广州新太数据技术有限公司 *		2,550,000.00	51	
合计		12,297,600.00		

* 广州新太数据技术有限公司由广州新太科技有限公司出资 255 万元，拥有其 51% 的股权，于二〇〇〇年十二月二十一日设立，现处于开办期。

3)股权投资差额

被投资单位名称	初始金额	形成原因	摊销期限	本期摊销	摊余金额
广州新太科技有限公司	5,112,399.97*	收购价与购买日净资产的差额	10	511,240.00	4,089,919.97

*系公司对广州新太科技有限公司的长期股权投资额与收购日广州新太科技有限公司所有者权益的差额,原因为合并会计报表时对广州新太科技有限公司的应收款项亦按公司规定的方法计提坏帐准备并进行追溯调整,从而形成此差额。

6、关联方关系及关联交易

(1)关联方关系

1)存在控制关系的关联方

企业名称	注册地址	主营业务	与本企业关系	经济性质与类型	法定代表人
辽宁省大连海洋渔业集团公司	大连市甘井子区	海洋捕捞	母公司	国营企业	张毅
广州新太科技有限公司	广州市天河高新技术园	网络信息工程服务	子公司	有限责任公司	邓龙龙
广州新太数据技术有限公司	广州市天河区建中路	计算机软硬件技术服务	子公司	有限责任公司	梁平

2)不存在控制关系的关联方

企业名称	注册地址	与本企业关系
辽宁国际渔业公司	巴拿马	非控股子公司
摩洛哥皇家渔业股份有限公司	摩洛哥阿加迪尔市	非控股子公司
摩洛哥幸运渔业股份有限公司	摩洛哥阿加迪尔市	非控股子公司
大连海洋渔业进出口公司	大连市甘井子区	同一母公司
广州新太新技术研究设计有限公司	广州市宝港路	关键领导人
广州新太信息产业有限公司	广州市天河区	关键领导人
广州新太新技术设备开发有限公司	广州市黄洲工业园	关键领导人
广州新太科技发展有限公司	广州市天河区	关键领导人
广州市南方新太系统集成有限公司	广州市天河区	关键领导人
广州市南方通信系统软件公司	广州市天河区	关键领导人
广州新美通信技术有限公司	广东省番禺市	关键领导人
广东新瑞税务信息网络有限公司	广州市天河区	关键领导人
深圳市新太网络通信技术有限公司	深圳市深南中路	关键领导人
广州新太蓝凌科技有限公司	广州市天河区	关键领导人

3)存在控制关系的关联方的注册资本及其变化　　单位:万元

企业名称	年初数	本期增加数	本期减少数	年末数
辽宁省大连海洋渔业集团公司	48,000			48,000
广州新太科技有限公司	10,000			10,000
广州新太数据技术有限公司		500		500

4)存在控制关系的关联方所持股份或权益及其变化　　单位:万元

企业名称	年初数		本年增加数	本年减少数	年末数	
	金额	%	金额	金额	金额	%
辽宁省大连海洋渔业集团公司	11,806.018	62.3	-	5,664.8594	6,141.1586	29.50
广州新太科技有限公司	9,511.20	95.112	-		9,511.20	95.112
广州新太数据技术有限公司			255		255	51

(2) 关联交易

公司与关联公司间的交易均按市场价进行。

1)购销货物及提供劳务

关联方名称	交易类型	2000年度	上年同期
辽宁省大连海洋渔业集团公司	销售	20,528,370.44	36,655,090.43
	代销	29,269,651.22	57,542,636.96
	冷藏费	3,734,500.00	1,921,225.46
	修造船费	11,144,187.30	10,717,068.95
	劳务	1,505,962.10	2,030,197.66
	其他	1,454,861.46	
大连海洋渔业进出口	销售		5,192,240.00
广州新美通信技术有限公司	采购	8,682,510.00	
广州南方新太系统集成有限公司	采购	7,508,087.17	
广州南方通信系统软件有限公司	销售	5,050,000.00	
广东讯特通信有限公司	销售	5,460,000.00	
广州讯特通信公司	销售	990,000.00	
广州新太新技术研究设计有限公司	转让固定资产	1,177,569.11	7,326,032.04

2)其他交易事项

租赁业务

①辽宁省大连海洋渔业集团公司将部分房屋租给本公司使用,按双方签订合同规定,年租金为728,000.00元。公司本期已向其缴纳租金728,000.00元。

②辽宁省大连海洋渔业集团公司冷运公司将"冷三"冷藏运输轮租给本公司使用,按双方签订合同规定,本期已计入损益48,000.00元。

③公司控股子公司广州新太科技有限公司将部分房屋租给广州新太新技术研究设计有限公司使用,按双方签订合同规定,收到租金及垫付费用为1,205,728.12元。

3)经董事会决议,将西非分公司资产全部转让给辽宁省大连海洋渔业集团公司,,按双方签订的协议,转让净值为1,575,532.34元。

4)应收应付款项

其他应收款:

对应单位	期初余额	期末余额
辽宁省大连海洋渔业集团公司		596,016.59
辽宁国际渔业公司	1,892,510.17	157,413.70
摩洛哥幸运、皇家渔业股份有限公司		2,398,708.95
广州新太新技术研究设计有限公司	147,856,545.58	686,508.80
广州新太新技术设备开发有限公司	157,800.00	
广州市南方新太系统集成有限公司	8,470,742.37	6,000,000.00
广州新太数据技术有限公司		303,000.00
广东新瑞税务信息网络有限公司		213,671.57
深圳新太网络通信有限公司		14,175.75
合计	158,377,598.12	10,369,495.36

应收股利:

项目	期初余额	期末余额
摩洛哥皇家渔业股份有限公司	1,595,972.21	2,722,297.35
摩洛哥幸运渔业股份有限公司	3,084,677.51	2,047,113.96
合计	4,680,649.72	4,769,411.31

应付帐款:

对应单位	期初余额	期末余额
辽宁省大连海洋渔业集团公司	2,808,448.24	
辽宁国际渔业公司	2,762,955.88	
广州新美通信技术有限公司		496,900.00
广州新太蓝凌科技有限公司		67,054.00
合计	5,571,404.12	563,954.00

其他应付款:

对应单位	期初余额	期末余额
辽宁省大连海洋渔业集团公司	1,140,734.01	
合计	1,140,734.01	

4)本公司由关联企业担保贷款余额为123,000,000.00元。其中:

担保企业名称	担保金额
辽宁省大连海洋渔业集团公司	70,000,000.00
广州市南方通信系统软件有限公司	40,000,000.00
广东讯特通信有限公司	8,000,000.00
广州市新太科技发展公司	5,000,000.00

7、期后事项

公司无重大事项发生。

8、承诺事项及或有事项

截止二〇〇〇年十二月三十一日,公司为控股子公司广州新太科技有限公司提供9,250万元的贷款担保。

公司未有其他对外承诺事项,公司的资产没有用于抵押。

九、公司其他有关资料

(一)公司注册登记日期地点:公司于1993年12月28日首次在辽宁省工商行政管理局注册登记,于1996年7月3日、1996年9月4日、1998年10月8日、2000年5月24日四次在辽宁省工商行政管理局变更登记。

(二)企业法人营业执照注册号2100001046930。

(三)税务登记号210211117595255

(四)公司未流通股票的托管机构:上海证券中央登记结算公司。

(五)报告期内公司配股的主承销商为联合证券有限公司。

(六)公司聘请的会计师事务所:大连华连会计师事务所

办公地址:大连市中山区同兴街67号邮电万科大厦24层

十、备查文件

(一)载有法定代表人、主管会计工作负责人、会计机构负责人签名并盖章的会计报表。

(二)载有会计师事务所盖章、注册会计师签名并盖章的审计报告原件。

(三)报告期内在中国证监会指定报纸上公开披露过的所有公司文件正本及公告的原稿。

(四)在其他证券市场公布的年度报告。

辽宁新太科技股份有限公司

二〇〇一年四月三日

利润及利润分配表

2000年度

编制单位:辽宁新太科技股份有限公司　　单位:元

项目	附注	本年数		上年数	
		母公司	合并	母公司	合并
一、主营业务收入	25	478,825,757.02	725,291,886.45	578,913,881.32	611,227,190.78
减:折扣与折让					
主营业务收入净额		478,825,757.02	725,291,886.45	578,913,881.32	611,227,190.78
减:主营业务成本	25	427,535,720.95	542,867,466.48	527,358,463.74	543,064,266.79
主营业务税金及附加		400,321.19	5,856,621.14	783,162.05	1,548,775.91
二、主营业务利润		50,889,714.88	176,567,621.14	50,772,255.53	66,614,148.08
加:其他业务利润	26	1,556,986.31	1,556,986.31	4,772,261.68	4,772,261.68
减:存货跌价损失			65,580.08		471,663.52
营业费用		34,388,764.80	84,530,734.70	27,413,393.39	32,899,716.45
管理费用		9,335,675.51	16,956,267.23	8,037,102.87	10,320,049.02
财务费用	27	5,740,891.40	9,237,179.50	-1,850,478.31	-1,873,436.85
三、营业利润		2,981,369.48	67,335,023.63	21,944,499.26	29,568,417.62
加:投资收益	28	58,867,948.70	3,636,384.20	15,775,598.36	8,600.720.00
补贴收入					
营业外收入	29	4,571,755.67	4,577,792.02	13,013,082.57	13,013,182.57
减:营业外支出		1,692,784.83	1,798,675.30	2,421,746.30	2,452,146.30
四、利润总额		64,728,289.02	73,750,524.55	48,311,433.89	48,730,173.89
减:所得税		1,275,110.74	7,458,883.33	1,050,889.29	1,100,897.63
少数股东损益			2,838,462.94		368,731.66
加:财政返还18%所得税					
五、净利润		63,453,178.28	63,453,178.28	47,260,544.60	47,260,544.60
加:年初未分配利润		36,491,093.31	36,491,093.31	-3,680,369.58	-3,680,360.58
盈余公积转入					
六、可供分配的利润		99,944,271.59	99,944,271.59	43,580,175.02	43,580,175.02
减:提取法定盈余公积		6,345,317.83	6,345,317.83	4,726,054.47	4,726,054.47
提取法定公益金		3,172,658.91	3,172,658.91	2,363,027.24	2,363,027.24
七、可供股东分配的利润		90,426,294.85	90,426,294.85	36,491,093.31	36,491,093 31
减:应付优先股股利			-		
提取任意盈余公积			-		
应付普通股股利		20,818,018.00	20,818,018.00		
转作股本的普通股股利			-		
八、未分配利润		69,608,276.85	69,608,276.85	36,491,093.31	36,491,093.31

资产负债表

2000年12月31日

编制单位:辽宁新太科技股份有限公司　　　　单位:元

资产	附注	期初数		期末数	
		母公司	合并	母公司	合并
流动资产:					
货币资金	1	151,753,665.29	157,454,959.03	344,865,333.92	487,724,708.77
短期投资					
减:短期投资跌价准备					
短期投资净额					
应收股利	2	4,680,649.72	4,680,649.72	4,769,411.31	4,769,411.31
应收帐款	3	48,960,880.58	94,091,472.36	44,532,116.58	141,940,401.34
其他应收款	4	5,725,061.20	166,530,490.52	25,623,762.17	20,525,042.54
减:坏帐准备		4,474,301.89	15,051,152.02	5,038,338.23	12,876,127.15
应收款项净额		50,211,639.89	245,570,810.86	65,117,540.52	149,589,316.73
预付帐款	5	1,848,820.00	5,838,666.53	42,171,589.57	61,806,182.46
存货	6	106,991,240.06	154,241,743.29	121,337,507.11	189,929,511.40
减:存货跌价准备			471,663.52		537,243.60
存货净额		106,991,240.06	153,770,079.77	121,337,507.11	189,392,267.80
待摊费用					
待处理流动资产净损失					
一年内到期的长期债券投资					
其他流动资产					
流动资产合计		315,486,014.96	567,315,165.91	578,261,382.43	893,281,887.07
长期投资:					
长期投资	7	169,671,238.36	14,348,759.97	224,391,562.86	16,387,519.97
减:长期投资减值准备				588,700.00	588,700.00
长期投资净额		169,671,238.36	14,348,759.97	223,802,862.86	15,798,819.97
固定资产:					
固定资产原价	8	287,747,712.37	399,146,398.80	267,875,280.90	389,754,431.25
减:累计折旧		104,083,628.35	123,118,968.36	125,373,890.38	146,956,656.15
固定资产净值		183,664,084.02	276,027,430.44	142,501,390.52	242,797,775.10
在建工程	9				9,132,801.03
固定资产清理					
待处理固定资产净损失					
固定资产合计		183,664,084.02	276,027,430.44	142,501,390.52	251,930,576.13
无形资产及其他资产:					
无形资产	10	11,398,795.45	11,398,795.45	8,021,440.34	8,021,440.34
开办费	11	219,825.38	771,710.93	109,912.70	467,015.09
长期待摊费用	12	1,897,277.51	1,897,277.51	775,346.26	775,346.26
其他长期资产					
无形资产及其他资产合计		13,515,898.34	14,067,783.89	8,906,699.30	9,263,801.69
递延税项:					
递延税款借项					
资产合计		682,337,235.68	871,759,140.21	953,472,335.11	1,170,275,084.86
负债及股东权益					
流动负债:					
短期借款	13	60,000,000.00	203,500,000.00	70,000,000.00	230,500,000.00
应付票据					
应付帐款	14	23,007,100.06	48,434,265.27	17,910,837.29	48,956,002.89
预收货款	15	431,095.44	1,186,313.44	2,335,670.73	14,515,212.48
应付福利费		6,235,253.67	6,443,032.44	6,363,096.23	6,483,209.23
未付股利	16			20,818,018.00	20,818,018.00
未交税金	17	-86,369.86	5,017,954.16	1,098,350.61	5,209,263.68
其他未交款		558.51	361,176.82	666.64	290,073.71
其他应付款	18	124,343,255.68	130,427,716.40	17,377,432.28	15,114,239.10
预提费用	19	24,867,920.40	24,867,920.40	6,554,964.10	6,554,964.10
一年内到期的长期负债					
其他流动负债					
流动负债合计		238,798,813.90	420,238,378.93	142,459,035.88	348,440,983.19
长期负债:					
长期借款					
应付债券					
长期应付款					
其他长期负债	20	2,385,801.42	2,385,801.42		
住房周转金		-763,906.82	-763,906.82		
长期负债合计		1,621,894.60	1,621,894.60		
递延税项:					
递延税款贷项					
其他负债					
负债合计		240,420,708.50	421,860,273.53	142,459,035.88	348,440,983.19
少数股东权益			7,982,339.50		10,820,802.44
股东权益:					
股本	21	189,460,180.00	189,460,180.00	208,180,180.00	208,180,180.00
资本公积	22	169,930,994.50	169,930,994.50	478,436,513.09	478,436,513.09
盈余公积	23	46,034,259.37	46,034,259.37	55,552,236.11	55,552,236.11
其中:公益金		8,956,687.14	8,956,687.14	12,129,346.05	12,129,346.05
未分配利润	24	36,491,093.31	36,491,093.31	68,844,370.03	68,844,370.03
股东权益合计		441,916,527.18	441,916,527.18	811,013,299.23	811,013,299.23
负债及股东权益总计		682,337,235.68	871,759,140.21	953,472,335.11	1,170,275,084.86

现金流量表

2000年度

编制单位:辽宁新太科技股份有限公司　　　　单位:元

项目	附注	母公司	合并
一、经营活动产生的现金流量:			
销售商品、提供劳务收到的现金		485,952,175.80	696,622,100.32
收到的租金		-	-
收到的增值税销项税额和退回的增值税款		-	-
收到的除增值税以外的其他税费返还		-	236,729.67
收到的其他与经营活动有关的现金		20,469,191.00	159,165,283.80
现金流入小计		506,421,366.80	856,024,113.79
购买商品、接受劳务支付的现金		514,103,280.37	669,834,849.09
经营租赁所支付的现金		-	-
支付给职工以及为职工支付的现金		60,877,989.45	79,449,996.10
支付的增值税款		2,153,921.21	10,487,779.73
支付的所得税款		90,390.27	3,678,497.91
支付的除增值税、所得税以外的其他税费		823,149.13	9,854,105.29
支付的其他与经营活动有关的现金	30	62,758,640.58	80,482,734.00
现金流出合计		640,807,371.01	853,787,962.12
经营活动产生现金净额		-134,386,004.21	2,236,151.67
二、投资活动产生的现金流量:		-	-
收回投资所收到的现金		-	-
分得股利或利润所收到的现金		4,647,562.61	4,647,562.61
取得债券利息收入所收到的现金		-	-
处置固定资产、无形资产和其他长期资产而收回的现金净额		99,709.22	99,709.22
收到的其他与投资活动有关的现金		-	-
现金流入小计		4,747,271.83	4,747,271.83
购建固定资产、无形资产和其他长期资产而支付的现金		5,769,287.91	16,249,751.83
权益性投资所支付的现金		-	2,550,000.00
债券性投资所支付的现金		-	-
支付的其他与投资活动有关的现金		-	-
现金流出小计		5,769,287.91	18,799,751.83
投资活动产生的现金流量净额		-1,022,016.08	-14,052,480.00
三、筹资活动产生的现金流量:		-	-
吸收权益性投资所收到的现金		18,720,000.00	18,720,000.00
发现债券所收到的现金		-	-
借款产生的现金		10,000,000.00	176,000,000.00
收到的其他与筹资活动有关的现金		308,505,518.59	308,699,819.19
现金流入小计		337,225,518.59	503,419,819.19
偿还债务所支付的现金		-	149,000,000.00
发生筹资费用所支付的现金		-	91,204.12
分配股利和利润所支付的现金		-	-
偿还利息所支付的现金		8,705,829.67	12,242,537.00
融资租赁所支付的现金		-	-
减少注册资本所支付的现金		-	-
支付的其他与筹资活动有关的现金		-	-
现金流出合计		8,705,829.67	161,333,741.12
筹资活动产生的现金流量净额		328,519,688.92	342,086,078.07
四、汇率变动对现金的影响额		-	-
五、现金及现金等价物净增加额		193,111,668.63	330,269,749.74
补充资料	附注	母公司	合并
1.不涉及现金收支的投资及筹资活动			
以固定资产偿还债务			
以投资偿还债务			
以固定资产进行投资			
以存货偿还债务			
融资租赁固定资产			
接受捐赠非现金资产			
2.将净利润调节为经营活动现金流量			
净利润		63,453,178.28	63,453,178.28
加:少数股东损益			2,838,462.94
加:计提的坏帐准备或转销的坏帐		1,152,736.34	-1,586,324.87
固定资产折旧		29,427,728.69	31,975,154.45
无形资产摊销		1,391,930.25	1,586,713.41
处置固定资产、无形资产和其他长期资产的损失(减:收益)		62,649.19	62,649.19
固定资产报废损失			
财务费用		5,740,891.40	9,237,179.50
投资损失(减:收益)		-58,867,948.70	-3,636,384.20
递延税款贷项(减:增加)		-	-
存货的减少(减:增加)		-14,346,267.05	-34,325,070.25
经营性应收项目的减少(减:增加)		-55,792,706.54	-19,073,180.27
经营性应付项目的增加(减:减少)		-110,029,560.19	-48,520,803.06
增值税增加净额(减:减少)		963,682.01	-2,233,105.56
其他		2,457,682.11	2,457,682.11
经营活动产生的现金流量净额		-134,386,004.21	2,236,151.67
3.现金及现金等价物净增加情况			
货币资金的期末余额		344,865,333.92	487,724,708.77
减:货币资金的期初余额		151,753,665.29	157,454,959.03
加:现金等价物的期末余额		-	-
减:现金等价物的期初余额		-	-
现金及现金等价物的净增加额		193,111,668.63	330,269,749.74

中国高科集团股份有限公司

二〇〇〇年年度报告摘选

一、公司简介

1、公司的法定中文名称:中国高科集团股份有限公司
英文名称:CHINA HI-TECH GROUP CO.,LTD.
2、公司法定代表人:张海
3、公司董事会秘书:王珍宝
联系地址:上海市成都北路333号招商局广场南幢17层
电话:(021)52980008
传真:(021)52980816
电子信箱:hi-tech@china-hi-tech.com
4、公司注册地址:上海市浦东新区银桥路549号
邮政编码:201206
公司办公地址:上海市成都北路333号招商局广场南幢17层
邮政编码:200041
公司国际互联网网址:http:\www.china-hi-tech.com
公司电子信箱:hi-tech@china-hi-tech.com
5、公司指定的信息披露报纸名称:《上海证券报》、《中国证券报》
登载公司年度报告的中国证监会指定国际互联网网址:http:\www.sse.com.cn
公司年度报告备置地点:上海市成都北路333号招商局广场南幢17层
6、公司股票上市交易所:上海证券交易所
股票简称:中国高科
股票代码:600730

二、会计数据和业务数据摘要

1、主要利润指标情况(单位:人民币元)

利润总额:	37,891,334.70
净利润:	29,394,468.00
扣除非经常性损益后的净利润	28,294,240.94
主营业务利润:	34,092,347.04
其他业务利润:	37,293,123.23
营业利润	26,151,771.71
投资收益:	10,789,459.75
补贴收入:	17,740.20
营业外收支净额:	932,363.04
经营活动产生的现金流量净额:	458,780,782.46
现金及现金等价物净增加额:	113,003,124.27

注:公司已扣除的非经常性损益项目具体明细如下:

补贴收入	17,740.20
营业外收支净额:	932,363.04
长期股权投资差额摊销损益	190,723.49
股权投资处置损益	-40,599.67

2、近三年主要会计数据及财务指标

项　目	2000年	1999年	1998年
主营业务收入(元)	865,613,182.74	347,842,467.14	185,950,509.57
净利润(元)	29,394,468.00	4,140,138.03	-50,072,501.85
总资产(元)	1,579,076,867.70	670,177,318.19	462,623,447.28
股东权益(元)	324,017,854.93	243,296,798.94	226,371,860.86
每股收益(元/股)	0.17	0.02	-0.29
加权每股收益(元/股)	0.17	0.02	-0.29
扣除非经常性损益后的每股收益(元/股)	0.16	0.01	
每股净资产(元/股)	1.86	1.39	1.30
调整后的每股净资产(元/股)	1.83	1.32	1.28
每股经营活动产生的现金流量净额	2.63	0.02	-0.29
净资产收益率(%)	9.07	1.70	-22.11
加权平均净资产收益率(%)	10.36	1.76	-14.22

3、本报告期内股东权益变动情况

单位:万元

项　目	股　本	资本公积	盈余公积	其中:法定公益金	期末未分配利润	股东权益合计
期初数	17,460.00	9,023.93	3,218.77	1,090.70	-5,240.36	24,329.68
本期增加	-	5,000.00	539.78	179.39	2,939.45	7,939.45
本期减少	-	-	-	-	539.78	132.66
期末数	17,460.00	14,023.93	3,758.55	1,270.09	-2,840.69	32,401.79
变动原因		子公司评估增值	有盈利子公司按规定提取			本期减少未确认的投资损失132.66万

三、股东情况

1、股东情况介绍
(1)报告期末股东总数:截止2000年12月31日,本公司股东总数为25662户。
(2)主要股东情况:前十名股东

名次	股东名称	年度内股份增减变动情况	年末持股数量(万股)	占总股本比例(%)
1.	东方时代投资有限公司	+1140	4650万	26.63
2.	复旦大学(上海医科大学并入复旦)	+540	900万	5.15
3.	交大产业	+330	510万	2.92
4	成都创先	+438	438万	2.50
5.	同济大学(上海铁道大学,上海建材学院并入同济大学)	+420	420万	2.40
6.	清华大学	0	240万	1.37
7.	北京大学	0	240万	1.37
8.	北京邮电大学	0	240万	1.37
9.	上海外国语大学	0	240万	1.37
10.	中国华云	0	240万	1.37

注:前十名股东的关联交易详见财务报告第(六)项。持有本公司5%以上(含5%)股份的股东所持股份在报告期内无质押和冻结情况。

湖南海利化工股份有限公司

二〇〇〇年年度报告摘选

一、公司简介

1.公司法定中文名称:湖南海利化工股份有限公司
公司英文名称:Hunan Haili Chemical Industry Co.,Ltd.
公司英文名称缩写:HLC
2.公司法定代表人:王晓光
3.公司董事会秘书:肖光普
联系地址:湖南省长沙市芙蓉中路399号
电话:(0731)5552484
传真:(0731)5540475
电子信箱:Hnhlzq03@public..cs.hn.cn
4.公司注册、办公地址:湖南省长沙市芙蓉中路399号
邮编:410007
公司国际互联网网址:http://www.hnhlc.com
公司电子信箱:hnhlzq01@public..cs.hn.cn
5.公司信息披露报纸名称:《中国证券报》、《上海证券报》
登载年报的指定网址:http://www.sse.com.cn
公司年报备置地点:公司证券部
6.公司股票上市交易所:上海证券交易所
股票简称:湖南海利
股票代码:600731

二、会计数据和业务数据摘要

1、公司本年度主要利润指标情况(单位:元)

利润总额	41444645.58
净利润	36102715.13
扣除非经常性损益后的净利润	34647598.88
主营业务利润	81468975.97
其它业务利润	2622791.79
营业利润	39963797.99
投资收益	25731.34
补贴收入	2000000.00
营业外收支净额	-544883.75
经营活动产生的现金流量净额	6987904.33
现金及现金等价物净增加额	205045015.61

扣除非经常性损益后的净利润中扣除了补贴收入2000000元、营业外收支净额-544883.75元,共涉及金额1455116.25元。

2、截止报告期末公司前三年的主要会计数据和财务指标(单位:人民币元)

指标项目	2000年	1999年	1998年	
			调整后	调整前
主营业务收入	333164394.89	300148666.67	285234924.67	285234924.67
净利润	6102715.13	26375793.11	26258773.68	28957563.20
总资产	917451509.99	525610945.82	461018395.49	471244374.15
股东权益(不含少数股东权益)	452614594.02	298224840.19	271849047.08	281690997.05
每股收益摊薄	0.154	0.1874	0.1866	0.206
加权	0.16	0.1874	0.202	0.223
每股净资产	1.93	2.1193	1.9319	2.002
调整后每股净资产	1.89	2.110	1.9286	1.986
每股经营活动产生的现金流量净额	0.03	0.0212	0.0143	0.0143
净资产收益率(%)摊薄	7.98	8.844	9.659	10.28
加权	9.75	9.253	12.298	13.26

3、按照中国证监会《公开发行证券公司信息披露编报规则》(第9号)要求计算的净资产收益率及每股收益:

报告期利润	金额(元)	净资产收益率(%)		每股收益(元/股)	
		全面摊薄	加权平均	全面摊薄	加权平均
主营业务利润	81468975.97	18.00	21.99	0.35	0.36
营业利润	39963797.99	8.83	10.79	0.17	0.177
净利润	36102715.13	7.98	9.75	0.154	0.16
扣除非经常性损益后的净利润	34647598.88	7.65	9.35	0.148	0.154

4、报告期内股东权益变动情况及原因 (单位:元)

项目	股　本	资本公积	盈余公积	法定公益金	未分配利润	股东权益合计
期初数	140715413	98150231.28	20354039.47	8127536.83	39005156.44	298224840.19
本期增加	93205763	115783824.50	5599556.44	1866518.82	36102715.13	250691859.07
本期减少	0	79006490.00	0	0	17295615.24	96302105.24
期末数	233921176	134927565.78	25953595.91	9994055.65	57812256.33	452614594.02

三、股本变动及股东情况

1、报告期末股东总数
截止2000年12月31日,公司股东总数为7806户,其中国有法人股股东1户,社会法人股股东58户,社会公众股股东7747户。

2、主要股东持股情况(前十名股东) (数量单位:股)

股东名称	报告期末持股数	年度内股份增加数	占总股本%
湖南化工研究院	117054016	42296168	50.04
湘化工会	5565694	1879804	2.38
湘化学会	4726828	1596478	2.02
科旺公司	3827850	1292850	1.64
大榭公司	3827850	1292850	1.64
京信泰珂	3827850	1292850	1.64
长化经营	3827850	1292850	1.64
贵溪工行	2754614	2554614	1.18
电力公司	1913925	646425	0.82
国贸公司	1913925	646425	0.82

上海港机股份有限公司

二〇〇〇年年度报告摘选

一、公司简介

1、公司法定中文名称:上海港机股份有限公司
公司英文名称:Shanghai Port Machinery Co.,Ltd.
公司英文名称缩写:SPMC
2、公司法定代表人:潘钟林
3、公司董事会秘书:蔡爱国
联系地址:上海市浦东南路3500号董事会秘书室
电话:(021)58395139转6665
传真:(021)58398836
电子信箱:dms@mail.spmp.com
4、公司注册地址及办公地址:上海市浦东南路3500号
邮政编码:200125
国际互联网网址:http://www.spmp.com
电子信箱:spmc@mail.spmp.com
5、公司选定的信息披露报纸:《中国证券报》、《上海证券报》
登载公司年度报告的中国证监会指定国际互联网网址:http://www.sse.com.cn
公司年度报告备置地点:公司董事会秘书室
6、公司股票上市地:上海证券交易所
股票简称:上海港机
股票代码:600732

二、会计数据和业务数据摘要

1、本年度利润总额及构成(合并报表)

(单位:元)

利润总额:	24,862,603.24
净利润:	20,144,675.74
扣除非经常性损益后的净利润:	11,137,902.71
主营业务利润:	59,597,584.38
其他业务利润:	1,230,300.44
营业利润:	9,180,831.99
投资收益:	11,457,254.06
补贴收入:	0
营业外收支净额:	4,224,517.19
经营活动产生的现金流量净额:	-102,474,684.14
现金及现金等价物净增加额:	-4,901,686.84

注:扣除的非经常性损益项目和涉及金额如下:

营业外收支净额:	4,224,517.19元,
股权转让净收益:	5,053,274.50元,
合并价差摊入:	-271,018.66元。

2、近三年主要会计数据和财务指标(合并报表)

(单位:元)

指标项目	2000年	1999年	1998年	
			调整前	调整后
主营业务收入	495,044,179.90	548,019,878.24	607,703,510.36	607,703,510.36
净利润	20,144,675.74	10,535,377.84	6,539,718.74	-5,678,437.55
总资产	1,196,649,900.55	1,037,080,219.82	932,645,047.64	913,255,943.20
股东权益	407,183,606.36	387,038,930.62	414,968,857.22	395,579,752.78
每股收益(摊薄)	0.081	0.055	0.034	-0.030
每股收益(加权)	0.081	0.055	0.034	-0.030
扣除非经常损益后的每股收益	0.045	0.034	0.012	-0.052
每股净资产	1.64	2.13	2.18	2.07
调整后的每股净资产	1.55	2.00	2.16	2.06
每股经营活动产生的现金流量净额	-0.41	0.301	-0.137	-0.137
净资产收益率(%)(摊薄)	4.95	2.59	1.58	-1.44
净资产收益率(%)(加权)	5.07	2.59	1.58	-1.44

3、按照中国证监会《公开发行证券公司信息披露编报规则(第9号)》要求计算的有关数据:

(单位:元)

2000年利润	净资产收益率(%)		每股收益	
	全面摊薄	加权平均	全面摊薄	加权平均
主营业务利润	14.64	15.01	0.24	0.24
营业利润	2.25	2.31	0.037	0.037
净利润	4.95	5.07	0.081	0.081
扣除非经常性损益后的净利润	2.74	2.80	0.045	0.045

注:1998年按总股本19,076.2万股计算,1999年按总股本19,076.2万股计算,2000年按总股本24,799.06万股计算。

三、股东情况介绍

1、截至2000年末,公司股东总数为10050户。
2、主要股东持股情况:

序号	股东名称	本年末持股数(股)	占总股本比例(%)
1	上海港口机械制造厂	165,050,600	66.560
2	刘开芬	284,680	0.115
3	裘云霞	260,000	0.105
4	支文梅	233,000	0.094
5	孟天焕	231,000	0.093
6	成万美	230,100	0.093
7	范维欠	221,000	0.089
8	武长科	220,993	0.089
9	张余妹	217,430	0.088
10	密全琴	216,010	0.087

注:上海港口机械制造厂为公司国有法人股股东,持股数为165,050,600股,且其所持股份未作任何质押或冻结。

成都前锋电子股份有限公司

二〇〇〇年年度报告摘选

一、公司简介

1、公司法定中文名称:成都前锋电子股份有限公司
公司法定英文名称:ChengDu QianFeng Electronics Co.,Ltd
英文缩写:QFEC
2、公司法定代表人:杨晓斌
3、公司董事会秘书:姜久富
联系电话:(028)6525719　　联系传真:(028)6525725
电子信箱:jiangjiufu@qianfeng.com
授权代表:邓红光
联系电话:(028)6525723　　联系传真:(028)6525725
电子信箱:stock@qianfeng.com
4、公司注册及办公地址:四川省成都市西玉龙街211号交银大厦16楼
电话:(028)6525733　　传真:(028)6525732
邮政编码:610015
公司网址:http://www:qianfeng.com
公司电子信箱:info@qianfeng.com
5、公司信息披露报纸名称:《上海证券报》、《中国证券报》
证监会指定年报披露国际互联网网址:http://www.sse.com.cn
公司年度报告备置地点:本公司董事会办公室
6、公司股票上市交易所:上海证券交易所
股票简称:前锋股份　　股票代码:600733

二、会计数据和业务数据摘要(合并报表)

1、本年度利润情况及构成(单位:元)

利润总额	33,027,996.07
净利润	24,904,903.11
扣除非经常性损益后的净利润*	19,695,696.52
主营业务利润	57,911,122.20
其他业务利润	761,990.24
营业利润	24,078,491.64
投资收益	2,416,300.00
补贴收入	
营业外收支净额	6,533,204.43
经营活动产生的现金流量净额	48,303,842.98
现金及现金等价物净增加额	50,708,170.07

*注:"扣除非经常性损益后的净利润"中扣除项目金额:

(1)股权转让收益	2,288,800.00
(2)固定资产出售收入	2,920,406.59
合计	5,209,206.59

2、主要会计数据和财务指标

单位:元

项目	2000年	1999年		1998年	
		合并后	合并前	调整后	调整前
主营业务收入	136,910,641.43	153,961,933.98	152,652,369.90	171,403,890.42	171,403,890.42
净利润	24,904,903.11	13,669,645.90	26,320,236.00	24,658,006.29	28,074,725.26
总资产	445,872,044.80	454,599,926.75	458,939,875.78	389,939,322.06	474,381,136.17
股东权益	278,241,948.42	208,591,395.90	221,241,986.00	171,718,895.40	256,160,709.51
每股收益	0.126	0.069	0.133	0.225	0.256
扣除非经常性损益后的每股收益	0.100	-0.141	-0.076	0.086	0.117
每股净资产	1.408	1.056	1.120	1.564	2.334
调整后的每股净资产	1.406	1.053	1.120	1.564	2.239
每股经营活动产生的现金流量净额	0.244	-0.461	-0.255	-0.523	-0.523
净资产收益率(%)摊薄	8.95	6.55	11.90	14.36	10.96
净资产收益率(%)加权	10.72	7.55	14.05	14.69	11.21

3、按照中国证监会《公开发行证券公司信息披露编报规则(第9号)》要求计算的净资产收益率和每股收益。

报告期利润		净资产收益率(%)		每股收益	
		全面摊薄	加权平均	全面摊薄	加权平均
主营业务利润	57,911,122.20	20.81	24.94	0.293	0.293
营业利润	24,078,491.64	8.65	10.37	0.122	0.122
净利润	24,904,903.11	8.95	10.72	0.126	0.144
扣除非常性损益后的净利润	19,695,696.52	7.07	8.48	0.100	0.118

三、股本变动及股东情况

1、股本变动情况:
本年度公司股份总数及股本结构未发生变化。
2、股东情况介绍:
(一)截止2000年月12月31日,公司股东总数为8338户。其中:国家股股东1户,法人股股东74户,流通股股东8263户。
(二)主要股东持股情况(截止2000年12月31日)

名次	股东名称	持股数量(股)	占总股本比例(%)
①	四川新泰克数字设备有限责任公司	45000000	22.77
②	成都市国有资产投资经营公司	36270000	18.36
③	天华基金	12138320	6.14
④	国投电子公司	8370000	4.24
⑤	成都市龙泉驿区龙都租赁服务中心	6750000	3.42
⑥	四川东方电气集团财务公司	4050000	2.05
⑦	成都市煤气公司	2700000	1.37
⑧	国光电子管总厂职工技术服务部	2700000	1.37
⑨	昆明燃气实业公司	1350000	0.68
⑩	华源集团	1350000	0.68

福建实达电脑集团股份有限公司

二〇〇〇年年度报告摘选

一、公司简介

1、公司的法定中文名称：福建实达电脑集团股份有限公司
公司的法定英文名称：FUJIAN START COMPUTER GROUP CO. LTD
英文名称缩写：SCG
2、公司法定代表人：明德平
3、公司董事会秘书：沐昌茵
联系地址：福州市福二工业区实达科技城九层
联系电话：(0591)3708128　　传真：(0591)3796501
4、公司注册地址：福州市经济技术开发区科技工业区 A 小区 C 号楼
公司办公地址：福建省福州市福二工业区实达科技城
公司电子信箱：mcy@start. com. cn　　gzwb@start. com. cn
公司网址：http://www. start. com. cn
5、公司年度报告披露报纸：中国证券报、上海证券报
公司年度报告披露网址：http://www. sse. com. cn
公司年度报告备置地点：本公司董事会办公室
6、公司股票上市交易所：上海证券交易所
公司股票简称：实达电脑　　公司股票代码：600734

二、会计数据和业务数据摘要

1、公司本年度会计数据　　单位：人民币元

(1)利润总额：	-237,416,045.96
(2)净利润：	-252,112,175.11
(3)扣除非经常性损益后的净利润： (主要扣除无效申购资金利息、合并价差摊销、处理固定资产损益)	-254,043,418.55
(4)主营业务利润：	390,247,609.80
(5)其他业务利润：	12,866,105.74
(6)营业利润：	-216,950,712.48
(7)投资收益：	-22,779,812.26
(8)补贴收入：	----------
(9)营业外收支净额：	2,314,478.78
(10)经营活动产生的现金流量净额：	-66,171,641.21
(11)现金及现金等价物净增加额：	156,065,792.56

2、公司前三年主要会计数据和财务指标　　单位：人民币元

指标项目	2000		1999		1998	
主营业务收入	3,201,611,925.02		2,193,859,422.98		1,906,227,455.61	
净利润	-252,112,175.11		-53,390,328.17		84,871,137.20	
总资产	1,777,744,940.58		1,789,073,301.28		1,504,731,213.32	
股东权益(不含少数股东权益)	531,487,862.41		786,336,119.17		634,459,530.91	
	摊薄	加权	摊薄	加权	摊薄	加权
每股收益	-0.7171	-0.7171	-0.1519	-0.1609	0.261	0.261
扣除非经常性损益后的每股收益	-0.7226	-0.7226	-0.2120			
每股净资产	1.5118	1.5118	2.2367		2.13	
净资产收益率	-47.44	-38.16	-6.7898	-6.92	12.23	13.02
扣除非经常性损益后的净资产收益率	-47.80	-38.53				
调整后的每股净资产	1.4608	1.4608	2.2060		2.02	
每股经营活动产生的现金流量净额	-0.1882	-0.1882	-0.1519			

3、报告期内股东权益变动情况

项目	股本	资本公积金	盈余公积金	法定公益金	未分配利润	合计
期初数	351,558,394	367,092,651.65	89,873,880.10	25,350,488.77	-22,128,899.97	784,336,119.17
本期增加	0		1,794,952.03	101,584.60		1,794,952.03
本期减少	0				256,698,259.35	256,698,259.35
期末数	351,558,394	367,092,651.65	91,668,832.13	25,452,073.37	-278,827,159.32	531,487,862.41
变动原因			本年提取	本年提取	本年利润亏损及以前年度损益调整	

三、股本变动及股东情况

(1)报告期末本公司股东总数：截止 2000 年 12 月 31 日，共有股东 96527 户。

(2)公司前 10 名股东的名称，年度内股份增减变动的情况，年末持股数量及所持股份的质押或冻结的情况。

股东名称	年度内股份增减变动情况	年末持股数量	持股比例
福建计算机外部设备厂	496,125	58,771,125	16.72%
福建实达电脑集团股份有限公司工会	0	54,620,125	15.54%
中国富莱德实业公司	-26,077,932	51,517,818	14.65%
中国华润总公司	13,200,000	13,200,000	3.75%
福州开发区科技园建设发展公司	0	11,250,000	3.20%
福建奔达投资有限公司	9,855,000	9,855,000	2.80%
福建国际信托投资有限公司	7,521,925	7,521,925	2.14%
福州市马尾工业建设总公司	0	5,996,190	1.71%
福州闽融科技有限公司	4,156,007	4,156,007	1.18%
四川川油	2,834,000	2,834,000	0.81%

股份变动情况说明

报告期内，中国富莱德实业公司将所持有的本公司国有法人股中的 1320 万股转让给中国华润总公司，7521925 股转让给福建国际信托投资公司，4156007 股转让给福州市闽融科技开发公司，120 万股转让给福建华闽实业有限公司。

福建计算机外部设备厂报告期内受让福建省电子工业工会 496125 股。

质押或冻结情况

1. 1999 年 6 月 29 日，福建计算机外部设备厂以其持有本公司的国有法人股 2400 万股为本公司向中国工商银行福州市南门支行申请的 4800 万元贷款提供质押担保，担保期限一年；以其持有本公司的国有法人股 1000 万股为本公司向中国光大银行福州支行申请的 2000 万元贷款提供质押担保，担保期限一年。本公司已于 2000 年 6 月 22 日底归还上述贷款，该质押担保已于 2000 年 7 月 11 日解除。

2. 福建实达电脑集团股份有限公司工会于 2000 年 6 月 8 日将其持有的 50,000,000 股社会法人股质押给中信实业银行福州分行，为福建省广播电视网络投资有限公司的三年期银行贷款提供质押担保，担保的贷款金额为壹亿元人民币(100,000,000 元)，该质押担保期限为三年。(备注：由于福建省广播电视网络投资有限公司已提前于 2001 年 4 月 19 日返还该项贷款，故该质押于 2001 年 4 月 23 日解除。)

山东兰陵陈香酒业股份有限公司

二〇〇〇年年度报告摘选

一、公司简介

1、公司法定名称：山东兰陵陈香酒业股份有限公司
英文名称：SHANDONG LANLING CHENXIANG JIUYE CO. LTD
英文缩写：LLCX
2、公司法定代表人：张兴华先生
3、公司董事会秘书：陈东辉先生
证券事务代表：宁纪太先生
联系地址：山东省临沂市沂蒙路 426 号
电话：(0539)8322568-3058/3068
传真：(0539)8315880
董秘电子信箱：ml_cdh@sina. com
证券事务代表电子信箱：1262286833@sina. com
4、公司注册地址、办公地址：山东省临沂市沂蒙路 426 号
邮政编码：276004
电子信箱：llzqb@ly-public. sd. cninfo. net
5、公司信息披露报纸：中国证券报、上海证券报
公司年报指定披露的网址：http://www. sse. com. cn
年度报告备置地：山东省临沂市沂蒙路 426 号公司办公室
6、公司股票上市地：上海证券交易所
股票简称：兰陵陈香
股票代码：600735

二、会计数据和业务数据摘要

1、公司本年度主要利润指标情况：

项目	数额(元)
利润总额	23,178,313.18
净利润	20,444,927.03
扣除非经常性损益后的净利润	19,371,083.71
主营业务利润	42,406,065.92
其他业务利润	1,609,811.54
营业利润	22,396,270.38
投资收益	54,971.26
补贴收入	0.00
营业外收支净额	727,071.54
经营活动产生的现金流量净额	-42,995,969.06
现金及现金等价物净增加额	43,662,263.91

注：扣除的非经营性项目损益项目及金额：固定资产盘盈 1,055,140.14 元，固定资产处置收入 3,894.05 元，罚款收入 14,809.13 元。

2、会计数据和财务指标：(单位：元)

指标项目	2000 年	1999 年	1998 年
主营业务收入	224,891,007.18	227,092,853.30	249,531,511.40
净利润	20,444,927.03	22,225,470.92	22,090,180.26
总资产	425,057,024.26	314,303,849.08	315,131,192.87
股东权益	311,679,277.91	203,642,376.67	181,416,905.75
每股收益(摊薄)	0.172	0.254	0.252
每股收益(加权)	0.188	0.254	0.252
每股净资产	2.617	2.325	2.072
调整后的每股净资产	2.589	2.302	2.062
每股经营活动产生的现金流量净额	-0.361	0.026	-0.035
净资产收益率%(摊薄)	6.6	10.9	12.2
净资产收益率%(加权)	8.7	10.9	12.2
扣除非经常性损益后的每股收益	0.163	0.159	

利润表附表：

报告期利润	净资产收益率%		每股收益(元)	
	全面摊薄	加权平均	全面摊薄	加权平均
主营业务利润	13.6	18.1	0.356	0.391
营业利润	7.2	9.7	0.188	0.206
净利润	6.6	8.7	0.172	0.188
扣除非经常性损益后的净利润	6.2	8.3	0.163	0.178

三、股东情况介绍

(一)股东情况介绍：

1、股东数量：截止 2000 年 12 月 31 日公司股东共 6957 户。

2、公司前十名股东持股情况：

股东名称	年末持股数	占总股本比例%
国家股 [授权山东兰陵企业(集团)总公司经营管理]	54,885,697	46.09
樊润春	626,000	0.52
彭伟	546,600	0.46
范方介	509,800	0.43
罗大福	477,800	0.40
韩兆玉	466,000	0.39
凌小清	460,000	0.39
华福兰	416,504	0.35
秦旭东	401,779	0.34
刘文超	388,958	0.33

公司前 10 名股东之间不存在关联关系。

3、控股股东情况：

山东兰陵企业(集团)总公司经营管理公司 54885697 股国家股，占公司总股本的 46.09%；公司法定代表人崔学文；经营范围：主营饮料酒、饮料、食品的生产与销售业务，兼营服务、投资业务。

公司国家股无质押和冻结情况。

苏州新区高新技术产业股份有限公司

二○○○年年度报告摘选

一、公司简介

1.公司中文名称:苏州新区高新技术产业股份有限公司
英文名称:SUZHOU NEW DISTRICT HI-TECH INDUSTRIAL CO.,LTD
英文缩写:SZNH
2.公司法定代表人:吴友明
3.公司董事会秘书:许良枝
证券事务代表:吴晓颖
联系地址:江苏省苏州市新区运河路8号
电 话:(0512)8251888-8636
传 真:(0512)8099281
电子信箱:XU.LZH@MAIL.CS-SND.COM.CN
WU.XY@MAIL.CS-SND.COM.CN
4.公司注册地址:江苏省苏州市新区运河路8号
办公地址:江苏省苏州市新区运河路8号新区管理中心6楼
邮政编码:215011
国际互联网网址:HTTP//WWW.SNDHT.COM.CN
电子信箱:SZGX@MAIL.CS-SND.COM.CN
5.公司信息披露报纸:上海证券报、中国证券报
登载公司年度报告的国际互联网网址:HTTP//WWW.SSE.COM.CN
公司年度 报告备置地点:公司董事会秘书处
6.公司股票上市交易所:上海证券交易所
股票简称:苏州高新
股票代码:600736

二、会计数据和业务数据摘要

(一)公司本年度的主要会计数据(单位:元)

	2000年
利润总额	144,036,839.35
净利润	108,082,221.42
扣除非经常性损益后的净利润	103,625,472.34
主营业务利润	195,240,704.17
其他业务利润	603,048.05
营业利润	119,815,277.20
投资收益	9,778,568.42
补贴收入	8,112,731.86
营业外收支净额	6,330,261.87
经营活动产生的现金流量净额	-28,977,139.55
现金及现金等价物净增加额	-120,873,760.30

注:公司扣除非经常性损益的项目为:分摊新股无效申购冻结资金利息4,827,874.68元,股权投资差额摊销-371,125.60元。

(二)前三年主要会计数据及财务指标(单位:元)

项　目	2000年	1999年	1998年
主营业务收入	460,741,547.59	536,230,572.46	592,763,412.94
净利润	108,082,221.42	149,183,884.99	239,568,798.15
总资产	2,465,207,866.88	2,416,167,192.56	1,751,538,735.25
股东权益(不含少数股权)	960,992,009.07	922,016,531.51	815,887,503.60
每股收益 (摊薄)	0.26	0.35	0.85
每股收益(加权)	0.26	0.35	0.89
按截止披露日最新股本计算的每股收益	0.24		
扣除非经常性损益后的每股收益(摊薄)	0.25	0.34	
每股净资产	2.27	2.18	2.90
调整后的每股净资产	2.25	2.17	2.86
净资产收益率(摊薄)	11.25%	16.18%	29.36%
净资产收益率(加权)	11.28%		
扣除非经常性损益的加权净资产收益率	10.81%		
每股经营活动产生的现金流量净额	-0.07	-0.49	-0.19

按照中国证监会《公开发行证券公司信息披露编报规则(第九号)》要求计算的利润数据如下:

利润表附表

报告期利润	2000年				1999年			
	净资产收益率(%)		每股收益(元)		净资产收益率(%)		每股收益(元)	
	全面摊薄	加权平均	全面摊薄	加权平均	全面摊薄	加权平均	全面摊薄	加权平均
主营业务利润	20.32	20.37	0.46	0.46	25.09	25.99	0.55	0.55
营业利润	12.47	12.50	0.28	0.28	18.67	19.33	0.41	0.41
净利润	11.25	11.28	0.26	0.26	16.18	16.76	0.35	0.35
扣除非经常性损益后的净利润	10.78	10.81	0.25	0.25	15.48	16.03	0.34	0.34

三、股东情况介绍

1.2000年12月31日,本公司股东共109625名。

2.主要股东持股情况　　单位:万股

股东名称或姓名	年末持股数	年度增减(+、-)	占总股本(%)
苏州新区经济发展集团总公司	22230		52.60
中信兴业信托投资公司	2592		6.13
苏州新城花园酒店(集团)	1539		3.64
苏州乐星工商实业公司	1387	-650	3.28
苏州工业园区股份有限公司	1003.7586	+1003.7586	2.37
江苏鑫苏投资管理公司	500	-310	1.18
江苏省苏高新风险投资股份有限公司	450	+450	1.06
苏州机械控股(集团)有限公司	292.2414	+292.2414	0.69
普发贸易	200	+200	0.47
苏州新星异型铜材厂	150		0.35

新疆屯河投资股份有限公司

二○○○年年度报告摘选

一、公司简介

1、公司法定中文名称:新疆屯河投资股份有限公司
公司英文名称:Xinjiang Tunhe Investment Co.,ltd.
2、公司法定代表人:何贵品
3、公司董事会秘书:刘涛
联系地址:新疆昌吉市乌伊东路33号
电话:0994-2350079
传真:0994-2337689
电子信箱:build-cj@mail.xj.cninfo.net
4、公司注册地址:新疆昌吉市河滩北路8号
公司办公地址:新疆昌吉市乌伊东路33号
邮政编码:831100
公司国际互联网网址:http://www.tunhe.com
5、公司选定的信息披露报纸名称:《中国证券报》、《上海证券报》
登载公司年度报告的中国证监会指定的国际互联网网址:http://www.sse.com.cn
公司年度报告备置地点:公司证券发展部
6、公司股票上市交易所:上海证券交易所
股票简称:新疆屯河
股票代码:600737

二、会计数据和业务数据摘要

1、本年度主要利润指标情况 (单位:人民币元)

利润总额:	105,082,917.89
净利润:	91,857,924.47
扣除非经营性损益后的净利润:	84,915,502.42
主营业务利润:	148,734,846.13
其他业务利润:	1,556,584.62
营业利润:	44,844,621.54
投资收益:	32,258,138.29
补贴收入:	21,037,736.01
营业外收支净额:	6,942,422.05
经营活动产生的现金流量净额:	47,345,194.24
现金及现金等价物净增加额:	36,638,311.25
注:扣除的非经营性损益项目及金额:	
营业外收支净额	6,942,422.05

2、截止报告期末公司前三年主要会计数据和财务指标 (单位:人民币元)

项目	2000年	1999年	1998年	
			调整后	调整前
主营业务收入	454,075,534.08	311,765,951.68	210,627,771.37	210,627,771.37
净利润	91,857,924.47	88,750,214.93	86,010,330.78	87,441,718.18
总资产	1,910,917,770.78	1,030,122,150.13	706,419,917.94	709,431,580.98
股东权益(不含少数股东权益)	836,295,923.99	523,038,709.11	434,288,494.18	436,754,484.77
每股收益(摊薄)	0.24	0.515	0.500	0.508
每股收益(加权)	0.24	0.515	0.515	0.524
扣除非经营性损益后的每股收益	0.22	0.507	0.493	0.502
每股净资产	2.18	3.037	2.522	2.536
调整后的每股净资产	2.16	2.970	2.485	2.500
每股经营活动产生的现金流量净额	0.12	0.251	0.378	0.378
净资产收益率(摊薄)(%)	10.98	16.97	19.80	20.02
净资产收益率(加权)(%)	12.69	16.97	23.65	23.97

3、根据中国证监会《公开发行证券公司信息披露编报规则第9号》的要求计算的净资产收益率、每股收益如下:

报告期利润	净资产收益率(%)		每股收益(元)	
	全面摊薄	加权平均	全面摊薄	加权平均
主营业务利润	17.78	20.55	0.39	0.39
营业利润	5.36	6.20	0.12	0.12
净利润	10.98	12.69	0.24	0.24
扣除非经营性损益后的净利润	10.15	11.73	0.22	0.23

三、股东情况介绍

(1)报告期末股东总数

截止2000年12月31日,公司股东总数为11928户。

(2)前十名股东持股情况

序号	股东名称	期初持股数	本期增加	期末持股数	占总股本比例(%)
1	新疆屯河集团有限责任公司	57261600	861600	58123200	15.15
2	新疆八一钢铁集团有限责任公司	14558400	14558400	29116800	7.59
3	新疆三维投资有限责任公司	0	28400000	28400000	7.40
4	新疆德隆(集团)有限责任公司	14104800	14104800	28209600	7.36
5	上海创基投资发展有限公司	0	28000000	28000000	7.30
6	新疆石油管理局	9151200	9151200	18302400	4.77
7	北京绿松石投资顾问有限公司	5882630	5882630	11765260	3.07
8	海通证券有限公司	5630250	5630250	11260500	2.94
9	许志纯			1737248	0.45
10	李荣			1120800	0.29

说明:

① 新疆屯河集团有限责任公司、新疆八一钢铁集团有限责任公司、新疆三维投资有限责任公司、新疆德隆(集团)有限责任公司、上海创基投资发展有限公司、新疆石油管理局所持股份为法人股,北京绿松石投资顾问有限公司、海通证券有限公司所持股份为转配股(以上两公司持有的转配股已于2001年1月12日获准流通),许志纯、李荣所持股份为流通股。

② 持股5%(含5%)以上的五位法人股东所持股份均未质押和冻结。

③ 根据法人股股权转让协议,新疆屯河集团有限责任公司于2000年3月15日将其持有的本公司法人股1420万股、1400万股分别转让给新疆三维投资有限责任公司和上海创基投资发展有限公司,已于2000年3月16日公告。

兰州民百(集团)股份有限公司

二〇〇〇年年度报告摘选

一、公司简介

1.公司法定中文名称:兰州民百(集团)股份有限公司
公司法定英文名称:LANZHOU MINBAI SHAREHOLDING(GROUP)CO.,LTD
2.公司法定代表人:范余祯
3.公司董事会秘书:甘培万
授权代表:孙志民
联系地址:兰州市中山路368号亚欧商厦九楼投资部
联系电话:(0931)8473891　　8435839
传真:(0931)8473891
4.公司注册地址:兰州市中山路368号
公司办公地址:兰州市中山路368号亚欧商厦8－10层
公司邮政编码:730030
5.公司信息披露报纸名称:《上海证券报》
登载年度报告的中国证监会指定国际互联网网址:http:\www.sse.com.cn
公司年度报告备置地点:公司投资部
6.公司股票上市交易所:上海证券交易所
股票简称:兰州民百
股票代码:600738

二、会计数据和业务数据摘要

1.本年度公司重要经营数据

项目	单位:元
利润总额:	61,492,226.70
净利润:	52,153,318.71
扣除非经常损益后净利润:	2,497,244.73
主营业务利润:	102,422,131.27
其他业务利润:	47,084,395.94
营业利润:	32,796,069.29
投资收益:	3,922,226.10
补贴收入:	4,400,000.00
营业外收支净额:	20,373,931.31
经营活动产生的现金流量净额:	66,490,108.42
现金及现金等价物净增加额:	79,132,730.76

2.主要会计数据和财务指标

项目	2000年	1999年	1998年
主营业务收入(万元)	61279	58700.52	60743.38
净利润(万元)	5215	2129.27	2262.12
总资产(万元)	106601	104149.32	72960.83
股东权益(万元)	37180	33397.67	23207.61
每股收益(元/股)	0.445	0.182	0.2349
加权平均每股收益(元/股)	0.445	0.191	0.2349
扣除非经常性损益后的每股收益(元/股)	0.02	0.08	
每股净资产(元/股)	3.17	2.85	2.41
调整后每股净资产(元/股)	3.14	2.82	2.40
每股经营活动产生的现金流量净额(元/股)	0.57	0.39	0.72
净资产收益率(%)	14.03	6.38	9.75
加权平均净资产收益率(%)	15.08	7.15	10.20

按照中国证监会《公开发行证券公司信息披露编报规则第9号》的要求,计算的公司2000年度净资产收益率和每股收益如下:

项目	净资产收益率(%)		每股收益(元/股)	
	全面摊薄	加权平均	全面摊薄	加权平均
主营业务利润	27.55	29.61	0.87	0.87
营业利润	8.82	9.48	0.28	0.28
净利润	14.03	15.08	0.45	0.45
扣除非经常性损益后的净利润	0.67	0.72	0.02	0.02

3.报告期内股东权益变动情况

(单位:元)

项目	股本	资本公积	盈余公积	其中公益金	未分配利润	股东权益合计
期初数	117198560.00	178340964.59	12840387.74	5405923.51	11438671.36	319818583.69
本期增加			7822997.80	2607665.93	52153318.71	59976316.51
本期减少			168560.40	168560.40	7822997.80	7991558.20
期末数	117198560.00	178340964.59	20494825.14	7845029.04	55768992.27	371803342.00

变动原因:(1)盈余公积、公益金本期增加部分为本年度提取数。盈余公积减少部分为公司向离岗职工支付的经济补偿金。

(2)未分配利润增加部分为本年净利润扣除两金后转入数,减少部分为根据财政部有关文件的规定,在年初未分配利润中核减的住房周转金余额数。

三、股本变动及股东情况

1.截止2000年12月31日,公司股东总数为7901户。
2.公司前十名股东持股情况

股东名称(姓名)	持股数(股)	持股比例(%)
1、民百佛慈	39554000	33.75
2、厦华石材	5480000	4.7
3、甘肃世安	1497600	1.28
4、兰州城建	1153152	0.98
5、荆门投资	1123392	0.96
6、广州蓝粤	733800	0.62
7、北陆药业	715350	0.61
8、兰州金汇	524160	0.44
9、厦华石材	510400	0.44
10、陈守海	494807	0.42

辽宁成大股份有限公司

二〇〇〇年年度报告摘选

一、公司简介

1.公司法定中、英文名称及缩写
中文名称:辽宁成大股份有限公司
英文名称:LIAONING CHENG DA CO.,LTD
英文名称缩写:LNCD
2.公司法定代表人:尚书志
3.公司董事会秘书:罗启库
联系地址:大连市人民路71号
电话:0411－2803736　　传真:0411－2656051
电子信箱:LUOQK@LNCDGRP.COM.CN
4.公司注册地址:大连市人民路71号
公司办公地址:大连市人民路71号　　邮政编码:116001
公司国际互联网网址:WWW.LNCDGRP.COM.CN
公司电子信箱:WUCS@LNCDGRP.COM.CN
5.公司选定的信息披露报刊为《中国证券报》、《上海证券报》。
登载公司年度报告的中国证监会指定国际互联网网址:http://www.sse.com.cn
公司年度报告备置地点:大连市人民路71号成大大厦26楼2610室。
6.公司股票上市交易所:上海证券交易所
股票简称:辽宁成大　　股票代码:600739

二、会计数据和业务数据摘要

1.本年度会计数据摘要(单位:人民币元)

利润总额:	184,500,895.24
净利润:	173,897,894.53
扣除非经常性损益后的净利润:	170,538,357.95
主营业务利润:	196,750,659.49
其他业务利润:	2,698,975.08
营业利润:	54,699,372.07
投资收益:	127,811,734.14
补贴收入:	
营业外收支净额:	1,989,789.03
经营活动产生的现金流量净额:	－6,456,792.69
现金及现金等价物净增加额:	42,864,187.60
注:扣除的非经常性损益项目和涉及金额:	3,359,536.58
补贴收入:	
冻结资金利息:	3,325,273.66
处理固定资产净损失:	18,942.56
其他支出:	15,320.36

2.近三年主要会计数据和财务指标(合并报表)

追溯调整后:

项　目	2000年	1999年	1998年
主营业务收入(元)	1,244,832,754.60	1,320,314,028.22	1,058,961,223.06
净利润(元)	173,897,894.53	145,748,112.94	60,505,593.42
总资产(元)	1,276,929,768.16	929,036,426.35	749,017,451.53
股东权益(元)	714,339,796.57	608,624,277.62	457,513,449.32
每股收益(元/股)	0.70	1.06	0.44
扣除非经常性损益后的每股收益(元/股)	0.69	0.83	0.24
加权每股收益(元/股)	0.82	1.06	0.48
每股净资产(元/股)	2.88	4.43	3.33
调整后的每股净资产(元/股)	2.74	4.25	3.20
每股经营活动产生的现金流量净额(元/股)	－0.03	0.40	0.83
净资产收益率(%)	24.34	23.95	13.22
加权净资产收益率(%)	26.52	27.45	16.25

追溯调整前:

项　目	1999年	1998年
主营业务收入(元)	1,320,314,028.22	1,069,444,014.97
净利润(元)	145,748,112.94	69,033,151.58
总资产(元)	929,036,426.35	778,862,459.78
股东权益(元)	608,624,277.62	481,910,781.26
每股收益(元/股)	1.06	0.502
加权平均每股收益(元/股)	1.06	0.58
每股净资产(元/股)	4.43	3.50
调整后的每股净资产(元/股)	4.25	3.44
每股经营活动产生的现金流量净额(元/股)	0.40	0.83
净资产收益率(%)	23.95	14.32
加权平均净资产收益率(%)	27.45	17.59

三、股本变动及股东情况

股东情况介绍
(1)截止本报告期末公司股东总数为19115户。
(2)前十名股东情况

名次	股东名称	年末持股数(股)	占总股本(%)
①	辽宁成大集团有限公司	51,376,320	20.75
②	广发证券有限责任公司工会	46,828,800	18.92
③	大连利方投资有限公司	25,649,100	10.36
④	天元基金	9,587,042	3.87
⑤	中国平安保险(大连)公司	7,488,000	3.02
⑥	万恒投资	5,575,680	2.25
⑦	三霖投资	4,953,600	2.00
⑧	锦州女儿河纺织厂	1,872,000	0.76
⑨	隆元基金	1,248,532	0.50
⑩	普市华联	1,209,600	0.49

山西焦化股份有限公司

二〇〇〇年年度报告摘选

一、公司简介

1.公司法定中文名称:山西焦化股份有限公司
公司法定英文名称:ShanXi Coking Co.,Ltd
英文缩写:SCC
2.公司法定代表人:薛佩珍
3.公司董事会秘书:席国旺
电话:0357-6626012　　传真:0357-6625045
地址:山西省洪洞县广胜寺镇
4.公司注册地址和办公地址:山西省洪洞县广胜寺镇
邮政编码:041606
电子信箱:sjgf@public.lf.sx.cn
5.公司选定的信息披露报纸:《中国证券报》、《上海证券报》
登载公司年度报告的中国证监会指定国际互联网网址:http://www.sse.com.cn
公司年度报告备置地点:董事会秘书处
6.公司股票上市交易所:上海证券交易所
股票简称:山西焦化　　股票代码:600740

二、会计数据和业务数据摘要

(一)本年度主要利润指标　　单位:人民币元

项　目	金　额
利润总额	71258913.78
净利润	47714210.73
扣除非经常性损益后的净利润	49754795.85
主营业务利润	146228644.70
其他业务利润	397565.02
营业利润	74304563.22
投资收益	0
补贴收入	0
营业外收支净额	-3045649.44
经营活动产生的现金流量净额	188517803.23
现金及现金等价物净增加额	402405229.70

(二)截止报告期末公司前三年的主要会计数据和财务指标　　单位:人民币元

序号	项目	2000年	1999年		1998年
			调整前	调整后	
1	主营业务收入	325646717.17	265298822.58	265298822.58	267797807.01
2	净利润	47714210.73	44727044.07	35841478.39	44901636.63
3	总资产	1614101860.14	934591891.24	934591891.24	723008672.13
4	股东权益(不含少数股东权益)	633585823.89	430423771.52	431991812.53	384629525.99
5	每股收益(元/股)(全面摊薄)	0.2352	0.246	0.197	0.247
6	每股收益(元/股)(加权平均)	0.2627	0.246	0.197	0.28
7	扣除非经常性损益后的每股收益(元/股)	0.2453	0.225	0.225	0.247
8	每股净资产(元/股)	3.12	2.37	2.38	2.12
9	调整后的每股净资产(元/股)	2.97	2.37	2.38	2.12
10	每股经营活动产生的现金流量净额(元/股)	0.93	-0.016	-0.016	0.0004
11	净资产收益率(%)(全面摊薄)	7.53	10.39	8.30	11.67
12	净资产收益率(%)(加权平均)	10.47	10.39	8.30	14.32
13	扣除非经常性损益后的净资产收益率(%)	7.85	9.49	9.49	11.62

(三)根据中国证监会关于发布《公开发行证券公司信息披露编报规则》第9号通知精神,公司2000年按全面摊薄和加权平均法计算的净资产收益率及每股收益:

项目	净资产收益率(%)		每股收益(元)	
	全面摊薄	加权平均	全面摊薄	加权平均
主营业务利润	23.08	32.08	0.7209	0.8052
营业利润	11.73	16.30	0.3663	0.4092
净利润	7.53	10.47	0.2352	0.2627
扣除非经常性损益后的净利润	7.85	10.91	0.2453	0.2740

三、股本变动及股东情况

(一)股本变动情况
1.股份变动情况表　　数量单位:股

项目	本次变动前	本次变动增减(+、-)配股	本次变动后
一、未上市流通股份			
1、发起人股份	116600000	1750000	118350000
其中:国家持有股份			
境内法人持有股份	116600000	1750000	118350000
境外法人持有股份			
其他			
2、募集法人股份			
3、内部职工股			
4、优先股或其他			
其中:转配股			
未上市流通股份合计	116600000	1750000	118350000
二、已上市流通股份			
1、人民币普通股	65000000	19500000	84500000
2、境内上市的外资股			
3、境外上市的外资股			
4、其他			
已上市流通股份合计	65000000	19500000	84500000
三、股份总数	181600000	21250000	202850000

上海巴士实业(集团)股份有限公司

二〇〇〇年年度报告摘选

一、公司简介

1、公司法定中文名称:上海巴士实业(集团)股份有限公司
中文缩写:巴士股份
公司法定英文名称:Shanghai Bashi Industrial (Group) Co.,Ltd.
英文简称:Bashi Group
2、公司法定代表人:金晓林
3、公司董事会秘书:王国军
董事会证券事务代表:周沧桑、徐峥嵘
联系地址:上海市建国东路525号巴士大厦18楼
联系电话:(021)63848484　　传真:(021)63863118
电子信箱:office@ba-shi.com
4、公司注册地址:上海市浦东南路500号
公司办公地址:上海市建国东路525号巴士大厦
邮政编码:200025
公司国际互联网网址:http://www.ba-shi.com
公司电子信箱:office@ba-shi.com
5、公司选定的信息披露报纸:《上海证券报》、《中国证券报》
登载公司年度报告的中国证监会指定的国际互联网网址:http://www.sse.com.cn
公司年度报告备置地点:公司证券部
6、公司股票上市交易所:上海证券交易所
股票简称:巴士股份　　股票代码:600741

二、会计数据和业务数据摘要

1、公司2000年度主要会计数据和业务数据:

项目	金额(单位:元)
利润总额	217,866,145.18
净利润	162,069,677.61
扣除非经常性损益后的净利润	165,848,370.45
主营业务利润	590,396,499.05
其他业务利润	80,848,587.63
营业利润	185,277,834.71
投资收益	36,490,480.56
补贴收入	2,638,539.15
营业外收支净额	6,540,709.24
经营活动产生的现金流量净额	466,352,545.31
现金及现金等价物净增加额	82,322,148.79

*注:扣除的非经常性损益项目和涉及金额:资产处置损失11,189,923.99元(其中:营运车辆更新损失11,124,458.17元);补贴收入2,638,539.15元;新股申购冻结资金利息收入6,146,314.90元;合并价差摊入1,373,622.90元,合计3,778,692.84元。

2、截至报告期末公司前三年的主要会计数据和财务指标:

项　目	2000年	1999年	1998年
主营业务收入(万元)	220,561	166,161	95,167
主营业务利润(万元)	59,040	48,303	26,648
净利润(万元)	16,207	13,817	9,964
总资产(万元)	407,844	278,243	199,086
股东权益(不含少数股东权益,万元)	132,350	86,607	72,780
每股收益(摊薄,元)	0.31	0.46	0.33
每股收益(加权,元)	0.40	0.46	0.43
扣除非经常性损益后的每股收益(元)	0.32	0.45	0.33
每股净资产(摊薄,元)	2.55	2.89	2.43
每股净资产(加权,元)	3.27	2.89	3.20
调整后的每股净资产(元)	2.41	2.70	2.32
每股经营活动产生的现金流量净额(摊薄,元)	0.90	1.60	0.51
每股经营活动产生的现金流量净额(加权,元)	1.15	1.60	0.66
净资产收益率(摊薄,%)	12.25	15.95	13.69
净资产收益率(加权,%)	15.51	15.95	15.47
扣除非经常性损益后的净资产收益率(加权,%)	15.87	15.57	15.38

按照中国证监会《公开发行证券公司信息披露编报规则(第9号)》的要求计算的相关指标:

项目	报告期利润	净资产收益率(%)		每股收益(元)	
		全面摊薄	加权平均	全面摊薄	加权平均
主营业务利润	590,396,499.05	44.61	56.49	1.14	1.46
营业利润	185,277,834.71	14.00	17.73	0.36	0.46
净利润	162,069,677.61	12.25	15.51	0.31	0.40
扣除非经常性损益后的净利润	165,848,370.45	12.53	15.87	0.32	0.41

三、股东情况介绍

1、报告期末股东总数153,091户。其中,未上市流通法人股股东15户,流通股股东153,076户。

2、前十名股东持股情况

股　东　名　称	持股数量(万股)	持股比例(%)	股权性质
上海公交控股有限公司	16,058.00	30.96	国有法人股
上海原水股份有限公司	2,376.00	4.58	社会法人股
大众交通(集团)股份有限公司	2,232.00	4.30	社会法人股
上海强生集团有限公司	2,160.00	4.16	国有法人股
上海市政资产经营发展有限公司	1,488.00	2.87	国有法人股
上海上投房地产公司	992.00	1.91	国有法人股
上海交大南洋股份有限公司	660.00	1.27	社会法人股
上海公路房地产联合开发经营公司	480.00	0.93	国有法人股
联通国脉通信股份有限公司	385.00	0.74	社会法人股
上海交大企业管理公司	300.00	0.58	社会法人股

长春一汽四环汽车股份有限公司

二〇〇〇年年度报告摘选

一、公司简介

1、公司法定中英文名称及缩写
公司法定中文名称:长春一汽四环汽车股份有限公司
公司法定英文名称:CHANG-CHUN FAW SIHUAN AUTOMOBILE CO.,LTD
英文缩写:FAWSH
2、公司法定代表人:徐建一
3、公司信息披露机构:公司证券部
董事会秘书:范希军
联系电话:0431-7629115
传 真:0431-7629113
联系地址:长春市普阳街99号
邮政编码:130011
电子信箱:FAWSH@PUBLIC.CC.JL.CN
4、公司注册地址:长春市普阳街99号
公司办公地址:长春市普阳街99号
5、公司选定的信息披露报纸名称:《上海证券报》
登载公司年度报告的中国证监会指定国际互联网网址:http://www.sse.com.cn
公司年度报告备置地点:公司证券部
6、公司股票上市地:上海证券交易所
股票简称:一汽四环　　股票代码:600742

二、会计数据和业务数据摘要

(一)公司本年度主要会计数据如下:　　单位:元

项目	金额
利润总额	112,243,156.72
净利润	109,946,393.60
扣除非经营性损益后的净利润	105,923,948.46
主营业务利润	141,246,843.37
其它业务利润	-6,293,403.67
营业利润	104,134,763.70
投资收益	5,947,893.05
补贴收入	
营业外收支净额	2,160,499.97
经营活动产生的现金流量净额	73,871,108.17
现金及现金等价物净增加额	269,327,270.89

(二)截止报告期末公司前三年主要会计数据和财务指标:　　单位:元

指标项目	2000年度	1999年度	1998年度
主营业务收入	837,032,260.46	788,259,127.09	588,197,825.64
净利润	109,946,393.60	107,163,190.80	66,148,047.47
总资产	1,247,797,511.97	635,087,476.84	638,599,876.69
股东权益(不含少数股东权益)	967,164,029.45	470,460,728.66	411,389,487.86
每股收益(元/股)	0.520	0.585	0.542
按月平均加权法计算的每股收益(元/股)	0.60	0.877	0.607
扣除非经常性损益后的每股收益(元/股)	0.50	0.56	0.51
每股净资产(元/股)	4.57	2.57	3.37
调整后的每股净资产(元/股)	4.33	2.52	3.31
每股经营活动产生的现金流量净额	0.35	0.44	0.63
净资产收益率(%)	11.37	22.78	16.08

(三)净资产收益率及每股收益指标结构分析附表:

报告期利润	净资产收益率(%)		每股收益(元)	
	全面摊薄	加权平均	全面摊薄	加权平均
主营业务利润	14.60	26.89	0.67	0.77
营业利润	10.77	19.82	0.49	0.57
净利润	11.37	20.92	0.52	0.60
扣除非经常性损益后的净利润	10.95	20.16	0.50	0.58

(四)报告期股东权益变动情况:

单位:元

项目	股本	资本公积金	盈余公积金	其中:法定公益金	未分配利润	股东权益合计
期初数	183195000	127773773.59	97666005.19	31349645.07	61825949.88	470460728.66
本期增加	28328400	390157017.19	49756604.89	11120172.02	109946393.6	578188415.68
本期减少					81485114.89	81485114.89
期末数	211523400	517930790.78	147422610.08	42469817.09	90287228.59	967164029.45

变动原因:股本、资本公积金增加系2000年配股所致;盈余公积金增加系本年度未分配利润计提所致;未分配利润减少系三项计提盈余公积金、法定公益金、任意盈余公积金和股利分配所致。

三、股东情况介绍

1、报告期末,公司股东总数33,557户。
2、前十名股东持股情况如下:

名次	前十名股东	年末持股数(股)	占总股本比例(%)
(1)	一汽集团公司	66776400	31.57
(2)	一汽四环企业总公司	25515000	12.06
(3)	国投机轻有限公司	4050000	1.91
(4)	机械工业部长春汽车研究所中实改装车厂	2430000	1.15
(5)	一汽四环热电安装工程公司	1620000	0.77
(6)	机械工业部长春汽车研究所科技服务部	1350000	0.64
(7)	一汽四环钢圈厂	1215000	0.57
(8)	湖南证券(流通股份)	1105430	0.52
(9)	王利民(流通股份)	721882	0.34
(10)	雨花实业(流通股份)	650400	0.31

注:本报告期内持有5%以上的法人股东所持股份无质押、冻结等情况,前两名股东之间无关联关系。

湖北幸福实业股份有限公司

二〇〇〇年年度报告摘选

一、公司简介

公司法定中文名称:湖北幸福实业股份有限公司
公司法定英文名称:HUBEI XINGFU INDUSTRY CO.,LTD
英文名称缩写:HBXF
公司法定代表人:刘道明
公司董事会秘书:李军
联系地址:湖北省潜江市张金镇幸福北路1号
联系电话:0728-6641566
传真:0728-6641999　　6641566
公司注册地址和办公地址:湖北省潜江市张金镇幸福北路1号
邮政编码:433140
公司指定信息披露报纸:上海证券报
登载公司年度报告国际互联网网址:http://www.sse.com.cn
公司年度报告备置地点:本公司证券部
公司股票上市交易所:上海证券交易所
公司股票简称:幸福实业
公司股票代码:600743

二、会计数据和业务数据摘要(合并报表)

1.公司本年度会计数据(单位:人民币元)

项目	金额
利润总额	-306,013,278.53
净利润	-306,013,278.53
扣除非经常性损益后的净利润	-26,994,641.20
主营业务利润	4,002,018.29
其它业务利润	-973,433.57
营业利润	-168,410,510.72
投资收益	-60,940,302.67
营业外收支净额	-76,662,465.14
经营活动产生的现金流量净额	2,960,013.02
现金及现金等价物净增加额	-1,058,652.07

注:扣除非经常性损益　　-279,018,637.33元,
主要包括:
(1)对其他应收款中的幸福集团公司欠款计提坏帐准备　　71,296,493.96元;
(2)对服装厂应收帐款中的不实往来计提坏帐准备　　37,948,859.96元;
(3)对幸福集团电力公司应收帐款中的不实往来计提坏帐准备　　10,381,374.23元;
(4)对或有事项计提预计负债,列入营业外支出　　75,019,389.51元;
(5)幸福集团电力公司固定资产盘亏损失　　6,078,519.55元;
(6)幸福集团铝材厂处理上年度待处理流动资产损失　　16,537,734.14元;
(7)服装厂库存材料盘亏损失　　5,060,000.00元;
(8)整体出售幸福汽运有限公司,长期投资损失　　43,604,885.00元;
(9)对幸福大酒店按帐面投资额计提长期投资减值准备　　11,887,856.19元;
(10)对潜江盛兴包装制品有限公司按帐面投资计提长期投资减值准备　　5,561,177.42元;
(11)幸福集团铝材厂股权投资差额(贷方)　　113,615.94元;
(12)新股申购未成功资金冻结利息收入　　4,244,036.69元。

2.公司近三年财务指标

项目	2000年度	1999年度	1998年度调整后
主营业务收入	295,577,882.15	144,899,980.24	718,758,437.92
净利润	-306,013,278.53	-65,876,271.70	37,589,063.59
总资产	286,279,655.51	534,087,259.31	608,028,670.76
股东权益(不含少数股东权益)	149,132,439.29	456,952,164.22	522,858,174.50
每股收益	-0.9783	-0.2107	0.1202
扣除非经常性损益后的每股收益	-0.0863	-0.2246	0.106
每股净资产	0.4768	1.46	1.67
调整后的每股净资产	0.4695	1.31	1.66
每股经营活动产生的现金流量净额	0.009	-0.016	0.143
净资产收益率	见下表	-14.42%	7.19%

二000年度	净资产收益率(%)		每股收益(元)	
	全面摊薄	加权平均	全面摊薄	加权平均
主营业务利润	2.68	1.32	0.0128	0.0128
营业利润	-112.93	-55.57	-0.5340	-0.5340
净利润	-205.20	-100.98	-0.9783	-0.9783
扣除非经常性损益后的净利润	-18.10	-8.91	-0.0863	-0.0863

三、股东情况介绍

股东情况介绍
(1)报告期末公司股东总数为51118户。
(2)报告期末前十名股东持股情况

股东名称	持股数(股)	持股比例%
① 名流投资有限公司	60,000,000	19.182
② 幸福集团公司	38,625,995	12.348
③ 湖北省国际信托投资公司	34,576,930	11.054
④ 潜江市农村信用合作社联合社	28,266,200	9.037
⑤ 君安新兴	25,000,000	7.992
⑥ 中化国际信息公司	12,800,000	4.092
⑦ 君安大连	5,910,000	1.889
⑧ 上海城市房地产有限公司	5,314,006	1.698
⑨ 中国科技国际信托投资公司	5,000,000	1.598
⑩ 国泰兰州	4,374,005	1.398

注:①前十名股东均为本公司法人股股东。其中:A.名流投资有限公司通过拍卖以竞买方式取得本公司法人股6000万股,成为本公司第一大股东。

B.现第二大股东幸福集团公司年初持有本公司法人股38,625,995股,报告期内,其所持有的本公司法人股731,033股转让给无锡市宏裕百货公司。

湖南华银电力股份有限公司

二〇〇〇年年度报告摘选

一、公司简介

1 、公司法定中文名称:湖南华银电力股份有限公司
英文名称:HUNAN HUAYIN ELECTRIC POWER CO. , LTD
英文缩写:HHEP
2、公司法定代表人:李维建
3、公司董事会秘书:金毓江
电话:(0731)5543400
电子信箱:hyjyj@cs. hn. cn
董事会证券事务代表:刘杰
电话:(0731)5543457
电子信箱:hheplj@cs. hn. cn
联系地址:湖南省长沙市韶山北路 428 号
公司传真:(0731)5502984
4、公司注册及办公地址:湖南省长沙市韶山北路 428 号
邮政编码:410007
公司国际互联网网址:www. hypower. com. cn
电子信箱:hyep@cs. hn. cn
5、信息披露报纸:《中国证券报》、《上海证券报》
信息披露网址:www. sse. com. cn
年度报告备置地点:本公司办公室
6、股票上市交易所:上海证券交易所
股票简称:华银电力
证券代码:600744

二、会计数据和业务数据摘要

1 、本年度利润总额及构成(单位:元)

利润总额	212244212.62
净利润	177490551.48
扣除非经常性损益后的净利润	163122614.48
主营业务利润	236064434.65
其他业务利润	1162421.15
营业利润	151522867.89
投资收益	46353407.73
补贴收入	1000000.00
营业外收支净额	13367937.00
经营活动产生的现金流量净额	303468180.80
现金及现金等价物净增加额	162526001.16
注:扣除的非经常性损益项目和涉及金额	(单位:元)
①补贴收入:	1000000.00
②营业外收入项目:	16213881.61
a. 利息收入(申购冻结资金利息):	14862000.00
b. 出租车公司注销清算:	429845.20
c. 其他收入:	922036.41
③营业外支出项目:	2845944.61
a. 赞助费:	1411500.00
b. 子弟学校经费:	709000.00
c. 其他支出:	725444.61
以上项目涉及金额:	14367937.00

2、截止至报告期末公司前三年主要会计数据和财务指标(单位:元)

项目	2000 年	1999 年	1998 年(调整后)	1998 年(调整前)
主营业务收入	1067713009.79	960150744.67	1040888527.74	1040888527.74
净利润	177490551.48	197938027.85	123257660.33	130610597.12
总资产	4576837256.28	4410898092.04	2527211833.09	2530624602.28
股东权益	2595632004.11	2500660752.85	1078817632.59	1086170569.38
每股收益	0.2751	0.3068	0.3210	0.3401
每股收益(加权平均)	0.2751	0.4367	0.3210	0.3401
扣除非经常性损益后每股收益	0.2529	0.2882	0.2849	0.3014
每股净资产	4.023	3.876	2.890	2.8286
调整后每股净资产	3.998	3.843	2.797	2.816
每股经营活动产生的现金流量净额	0.470	0.039	0.372	0.372
净资产收益率(%)	6.84	7.92	11.43	12.02

(2)利润表附表

报告期利润	净资产收益率(%)		每股收益	
	全面摊薄	加权平均	全面摊薄	加权平均
主营业务利润	9.09	9.12	0.3659	0.3659
营业利润	5.84	5.85	0.2349	0.2349
净利润	6.84	6.85	0.2751	0.2751
扣除非经常性损益后的利润	6.28	6.30	0.2529	0.2529

三、股东情况介绍

1 、报告期末公司股东总数为 170316 户。

2、报告期末公司主要股东持股情况

股东名称	持股数(股)	占总股本比例(%)	是否上市流通
①湖南省电力公司	309855045	48.03	否
②工行湖南省信托投资公司	39512669	6.12	否
③建行湖南省信托投资公司	26341780	4.08	否
④湖南省银宏实业发展总公司	13646946	2.12	否
⑤中国湖南国际经济技术合作煤炭公司	13170889	2.04	否
⑥中电信电力开发有限责任公司	12821782	1.99	否
⑦湖南省华厦房地产开发公司	8010889	1.24	否
⑧湖南恒益贸易公司	6000000	0.93	是
⑨张蔚然	570000	0.09	是
⑩江忠	380000	0.06	是

黄石康赛股份有限公司

二〇〇〇年年度报告摘选

一、公司简介

1、公司法定中文名称:黄石康赛股份有限公司
公司中文名称缩写:康赛集团
公司法定英文名称:HUANGSHI KANGSAI SECTION LIMITED
公司英文名称缩写:HSKG
2、公司法定代表人 :居少宏
3、公司董事会秘书 :吴年有
联系 地 址 :湖北省黄石市黄石大道 512 号
联系 电 话 :(0714)6226987
传真 :(0714)6223612
电子 信 箱 :WLYksai@163. net
4 、公司注册地址 :湖北省黄石市芜湖路 85 号
公司办公地址 :湖北省黄石市黄石大道 512 号
邮政 编 码 :435000
公司互联网网址 :http://www. kangsai. Com. Cn
5、公司选定信息披露报纸:《中国证券报》、《 上海证券报》、《 证券时报》
登载公司年度报告的中国证监会指定国际互联网网址: http://www. sse. com. cn.
公司年度报告备置地点:公司证券部
6 、公司股票上市交易所:上海证券交易所
股票简称 :康赛集团
股票代码 :600745

二、会计数据和业务数据摘要

1 、公司本年度主要利润指标情况:(单位:人民币元)

项　目	2000 年
利润总额	-106,263,871.71
净利润	-91,378,711.87
扣除非经常性损益后的净利润	-59,180,290.33
主营业务利润	8,718,393.05
其他业务利润	-1,983,601.80
营业利润	-72,079,022.84
投资收益	-1,327,838.31
补贴收入	/
营业外收支净额	-32,857,010.56
经营活动产生的现金流量净额	-6,263,979.69
现金及现金等价物净增加额	-16,569,413.72

注:扣除非经常性损益的项目及金额如下:

① 营业外收入	1,372,435.37;
②投资收益	1,327,838.31;
③ 或有损失	32,110,709.71;
④营业外支出—其他	132,308.89

2 、截至报告期末公司前三年的主要会计数据和财务指标(单位:人民币元)

指标项目	2000 年	1999 年		1998 年	
		调整前	调整后	调整前	调整后
1. 主营业务收入	81,721,196.39	58,203,268.09	56,990,266.07	205,186,188.43	205,186,188.43
2. 净利润	-91,378,711.87	-62,035,540.63	-76,791,205.01	37,348,079.10	-76,508,874.47
3. 总资产	400,554,545.62	665,820,178.31	645,477,766.81	861,007,826.11	669,669,227.13
4. 股东权益(不含少数股东权益)	97,988,057.19	216,132,488.38	189,205,627.24	454,796,045.94	278,168,029.01
5. 每股收益(摊薄)	-0.75	-0.51	-0.63	0.31	-0.63
6. 每股收益(加权)	-0.75	-0.51	-0.63	-0.36	-0.74
7. 扣除非经常性损益后的每股收益	-0.49	-0.53	-0.64	0.07	-0.87
8. 每股净资产	0.80	1.77	1.55	3.74	2.29
9. 调整后的每股净资产	0.16	1.75	1.00	3.70	2.22
10. 每股经营活动产生的现金流量净额	-0.05	0.01	0.01	-1.63	-1.63
11. 净资产收益率(摊薄)	-93.25%	-28.79%	-40.59%	8.21%	-27.5%
12. 净资产收益率(加权)	-63.67%	-28.79%	-40.59%		

3 、利润表附表

按照中国证券会《公开发行证券公司信息披露编报规划(第 9 号)要求计算 2000 年报告期利润的净资产收益率和每股收益。

报告期利润	净资产收益率		每股收益	
	全面摊薄	加权平均	全面摊薄	加权平均
主营业务利润	8.9%	6.07%	0.072	0.072
营业利润	-73.56%	-50.22%	-0.59	-0.59
净利润	-93.25%	-63.67%	-0.75	-0.75
扣除非经常性损益后的净利润	-60.40%	-41.24%	-0.49	-0.49

三、股东情况介绍

1、股东情况介绍

(1)报告期末股东总数为 24996 户,其中法人股 5 户,流通股东 24991 户。

(2)公司前十名股东持股情况(截止 2000 年 12 月 29 日)

股东名称	持股数(股)	占总股本比例(%)	股份性质
① 黄石康赛实业发展有限公司	64049456	52.61	法人股份
② 襄阳汽车	4968000	4.08	法人股份
③ 国泰湖北	2484000	2.04	法人股份
④ 中保财险	2484000	2.04	法人股份
⑤ 涌金财金	1000000	0.82	法人股份
⑥ 陈 浩	512000	0.42	上市流通股份
⑦ 冯 军	230008	0.19	上市流通股份
⑧ 吴 思	22000	0.18	上市流通股份
⑨ 李成耀	173150	0.14	上市流通股份
⑩ 贺 彬	172500	0.14	上市流通股份

注:公司前十名股东之间不存在关联关系

报告期内本公司第一大股东黄石康赛实业发展有限公司将其持有的本公司法人股 2050 万股(占本公司总股本的 16.84%)质押给招商银行黄石支行,为其在招行黄石支行的短期流动资金贷款 4460 万元及本公司在招行黄石支行的短期流动资金贷款 2700 万元提供担保。

江苏索普化工股份有限公司

二〇〇〇年年度报告摘选

一、公司简介

1、公司名称:江苏索普化工股份有限公司
英文名称:JIANGSU SOPO CHEMICAL CO. LTD
2、公司法定代表人:宋勤华
3、公司董事会秘书:许逸中
联系地址:江苏省镇江市谏壁镇越河街 50 号
电话:(0511)-3366244
传真:(0511)-3362036
电子信箱:suopo@pub.zj.jsinfo.net
4、公司注册地址:江苏省镇江市谏壁镇越河街 50 号
公司办公地址:江苏省镇江市谏壁镇越河街 50 号
邮政编码:212006
电子信箱:suopo@pub.zj.jsinfo.net
5、公司选定的信息披露报纸为《上海证券报》
登载公司年度报告的中国证监会指定国际互联网网址为:http://www.sse.com.cn
公司年度报告备置地点:本公司
6、公司股票上市交易所:上海证券交易所
股票简称:江苏索普　　股票代码:600746

二、会计数据和业务数据摘要

1、本年度主要财务指标　(单位:元)

项目	金额
利润总额	43,911,650.34
净利润	37,398,454.65
扣除非经常性损益后的净利润	28,302,805.16
主营业务利润	52,022,187.53
其它业务利润	54,235.40
营业利润	36,139,764.06
投资收益	7,810,011.33
补贴收入	---
营业外收支净额	-38,125.05
经营活动产生的现金流量净额	54,969,447.63
现金及现金等价物净增加额	22,344,405.20
说明:扣除非经常性损益情况:	9,394,057.48
(1)新股申购冻结资金利息	1,989,386.58
(2)所得税返还	7,404,670.90

2、公司前三年的主要会计数据和财务指标:

项目	2000 年	1999 年	1998 年
主营业务收入(万元)	24792.82	20415.11	21186.17
净利润(万元)	3739.85	1870.71	2541.61
总资产(万元)	53747.68	30912.78	27024.46
股东权益(不含少数股东权益)(万元)	34885.57	22672.99	20504.13
每股收益(元/股)	0.2197	0.1195	0.1948
每股收益(元/股)(加权)	0.2242	0.1195	0.1948
扣除非经常性损益后的每股收益(元/股)	0.1663	0.0851	0.144
每股净资产(元/股)	2.049	1.448	1.572
调整后的每股净资产(元/股)	1.996	1.418	1.521
每股经营活动产生的现金流量净额(元/股)	0.3229	0.1026	0.542
净资产收益率(%)	10.72	8.25	12.40
净资产收益率(%)(加权)	12.03	8.25	12.40

3、根据证监会《公开发行证券公司信息披露编报规则》第 9 号通知,列表如下:

报告期利润	净资产收益率		每股收益	
	全面摊薄	加权平均	全面摊薄	加权平均
主营业务利润	14.91%	16.52%	0.3056	0.3119
营业利润	10.36%	11.48%	0.2123	0.2166
净利润	10.72%	11.88%	0.2197	0.2242
扣除非经常性损益后的净利润	8.11%	8.99%	0.1663	0.1697

三、股东情况介绍

1. 股本情况介绍
(1)报告期末公司股东总数 2978 户。
(2)公司前 10 名股东持股情况　单位:股

股东名称	年度内股份增减(+、-)情况	年末持股数	持有比例(%)
①江苏索普(集团)有限公司	+6700000	117976990	69.30
②景业基金		2442066	1.43
③景博基金		1282383	0.75
④兴安基金		1200032	0.70
⑤上海爱建		1110136	0.65
⑥爱建信托		1035674	0.61
⑦镇江精细化工有限公司		978076	0.57
⑧镇江市第二化工厂		978076	0.57
⑨镇江硫酸厂		978074	0.57
⑩爱建公司		969858	0.57

说明:
① 江苏索普(集团)有限公司报告期内持股增加 6700000 股,系认购本年度公司配股,公司前 10 名股东中第 ①⑦⑧⑨股东所持股份为法人股,其余 6 户股东所持股份为社会公众股。
② 镇江市第二化工厂系江苏索普(集团)有限公司全资子公司;
③ 持股 10%以上股东情况:
股东名称:江苏索普(集团)有限公司
法定代表人:宋勤华
经营范围:化工原料及产品制造、销售、化工机械设备、化工产品包装容器制造、销售;自备铁路、港口的货运、服务;自来水、电力、蒸汽的生产、销售;物资仓储。

上海浦东不锈薄板股份有限公司

二〇〇〇年年度报告摘选

一、公司简介

1、公司法定中文名称:上海浦东不锈薄板股份有限公司
公司法定英文名称:SHANGHAI PUDONG STAINLESS SHEET CO.,LTD.
英文缩写:SPSS
2、公司法定代表人:朱铧
3、公司董事会秘书:阚兆森
公司董事会证券事务代表:陈水林
联系地址:上海市浦东新区上南路 300 号
电话:(021)58723089
传真:(021)68630598
4、公司注册地址:上海市浦东新区上南路 300 号
公司办公地址:上海市浦东新区上南路 300 号
邮政编码:200126
公司电子信箱:spssa@shtel.net.cn
5、公司选定的信息披露报纸:上海证券报
登载公司年度报告的国际互联网网址:http://www.sse.com.cn
公司年度报告备置地点:公司证券办公室
6、公司股票上市交易所:上海证券交易所
股票简称:浦东不锈
股票代码:600748

二、会计数据和业务数据摘要

1、本年度主要利润指标情况:　(单位:元　合并报表)

项目	金额
利润总额	16,421,515.85
净利润	14,705,404.13
扣除非经常性损益后的净利润	7,238,704.76
主营业务利润	29,715,405.71
其他业务利润	13,680,659.16
营业利润	8,053,412.32
投资收益	730,931.46
补贴收入	200,000.00
营业外收支净额	7,437,172.07
经营活动产生的现金流量净额	-9,314,927.06
现金及现金等价物净增加额	-18,795,464.56

2、主要会计数据和财务指标(合并报表)

项目	2000 年	1999 年	1998 年(调整后)	1998 年(调整前)
主营业务收入(元)	516,343,018.34	330,206,646.19	512,576,259.80	512,576,259.80
净利润(元)	14,705,404.13	24,234,014.82	92,668,191.35	108,512,363.65
总资产(元)	1,212,340,524.76	1,242,911,270.87	1,202,878,734.52	1,255,305,680.04
股东权益(元)	1,064,158,321.70	1,049,452,917.57	1,025,218,902.75	1,075,190,835.71
每股收益(元/股)(摊薄)	0.025	0.041	0.252	0.296
每股收益(扣除非经常性损益后)(元/股)	0.012	0.028	0.232	0.276
每股净资产(元/股)	1.811	1.786	2.792	2.930
净资产收益率(%)(摊薄)	1.38	2.31	9.04	10.09
调整后的每股净资产(元/股)	1.811	1.786	2.79	2.930
每股经营活动产生的现金流量净额	-0.016	-0.065	-0.294	-0.294

注:非经常性损益是公司本年度获得的堤防费补贴 200,000.00 元和申购冻结资金利息摊销 7,266,699.37 元,共计 7,466,699.37 元。

利润表附表

报告期利润	净资产收益率(%)		每股收益(元)	
	全面摊薄	加权平均	全面摊薄	加权平均
主营业务利润	2.79	2.81	0.051	0.051
营业利润	0.76	0.76	0.014	0.014
净利润	1.38	1.39	0.025	0.025
扣除非经常性损益后的净利润	0.68	0.68	0.012	0.012

三、股东情况介绍

(1)报告期末股东总数为 71990 户。
(2)主要股东持股情况(截止 2000 年 12 月 31 日):

单位:股

序号	股东名称	期末持股数	期内增减	占总股本(%)
1	浦钢公司(国有法人股)	345671808	/	58.83
2	上海冶控(国家股)	84899814	/	14.45
3	赵信元	855143	/	0.15
4	马光宇	770100	/	0.13
5	李如元	748808	/	0.13
6	郭定超	747713	/	0.13
7	钟海山	681178	/	0.12
8	杨雪婷	574706	/	0.10
9	杨姝玲	559100	/	0.10
10	李学福	549207	/	0.09

注:①持有 5%以上的国家股上海冶金控股(集团)公司和国有法人股上海浦东钢铁(集团)有限公司所持有的股份无质押、冻结。
②持有本公司 5%以上股份的股东有上海浦东钢铁(集团)有限公司持有本公司股份 34567.1808 万股和上海冶金控股(集团)公司持有本公司股份 8489.9814 万股,期初数至期末数均未发生变化。
(3)上海冶金控股(集团)公司系上海浦东钢铁(集团)有限公司的控股公司。

大连大显股份有限公司

二〇〇〇年年度报告摘要

一、公司简介

1、公司法定中文名称：大连大显股份有限公司
公司法定英文名称：DALIAN DAXIAN CO.，LTD
公司简称：大显股份
缩写：DXGF
2、公司法定代表人：刘秉强
3、公司董事会秘书：王忠全　　授权代表：原隆欣
电话：0411—6428775—992　　0411—6428612
传真：0411—6428328
4、公司注册地址：辽宁省大连市甘井子区革镇堡
公司办公地址：辽宁省大连市甘井子区革镇堡
邮政编码：116035
E-mail：dxdl@mail.dlptt.ln.cn
http://www.dxdl.com
5、公司选定的信息披露报纸：上海证券报、中国证券报
登载公司年报的指定，网址：http://www.sse.com.cn
公司年报备置地点：公司证券投资部
6、公司股票上市地：上海证券交易所
股票简称：大显股份
股票代码：600747

二、会计数据和业务数据摘要

1、本年度主要利润指标情况　　单位：人民币元

项目	金额
利润总额：	160,218,036.70
净利润：	134,076,148.89
扣除非经常性损益后的净利润：	115,217,511.79
主营业务利润：	229,967,707.14
其它业务利润：	812,726.72
营业利润	130,089,308.65
投资收益：	27,574,382.41
补贴收入：	446,319.00
营业外收支净额：	2,108,026.64
经营活动产生的现金流量净额：	82,351,889.72
现金及现金等价物净增加额：	80,325,201.21

2、主要会计数据和财务指标　　单位：人民币元

年　度 项　目	2000 年	1999 年		1998 年	
		调整前	调整后	调整前	调整后
主营业务收入(元)	633,629,069.34	482,005,158.42	409,377,805.69	409,377,805.69	333,588,670.27
净利润(元)	134,076,148.89	84,309,514.51	77,433,019.90	74,899,571.45	42,460,150.40
总资产(元)	1,389,262,315.21	1,208,064,904.33	820,897,243.84	806,554,519.52	568,922,366.47
股东权益(元)	792,366,079.65	672,119,212.12	601,269,421.06	588,418,846.36	306,028,177.36
每股收益(元/股)	0.54	0.34	0.47	0.45	0.33
每股收益(元/股)(加权)	0.54	0.45	0.53	0.53	0.33
每股净资产(元)	3.19	2.71	3.64	3.56	2.38
调整后的每股净资产(元)	3.15	2.67	3.60	3.52	2.31
净资产收益率(%)	16.92	12.45	12.88	12.73	13.87
扣除非经常性损益后的每股收益	0.46	0.32	0.44	0.42	0.30
每股经营活动产生的现金流量净额(元/股)	0.33		0.28		0.72

注：主要财务指标的计算方法

每股收益＝净利润/年度末普通股股份总数

每股净资产＝年度末股东权益/年度末普通股股份总数

调整后的每股净资产＝(年度末股东权益－三年以上的应收款项净额－待摊费用－待处理(流动、固定)资产净损失－开办费－长期待摊费用－住房周转金负数余额)/年度末普通股股份总数

每股经营活动产生的现金流量净额＝经营活动产生的现金流量净额/年度末普通股股份总数

净资产收益率＝净利润/年度末股东权益×100%

扣除非经常性损益后的净利润＝净利润－营业外收入＋营业外支出－补贴收入－股权转让收入＋长期股权投资差额摊销

注：扣除非经常性损益项目和涉及金额：

3、净资产收益率和每股收益系列指标(根据中国证监会《编制规则第 9 号》编制)

报告期利润	净资产收益率		每股收益(元)	
	全面摊薄	加权平均	全面摊薄	加权平均
主营业务利润	29.02	31.11	0.93	0.93
营业利润	16.42	17.60	0.52	0.52
净利润	16.92	18.14	0.54	0.54
扣除非经常性损益的净利润	14.54	15.59	0.46	0.46

财务指标的计算公式如下：

每股收益(摊薄)＝报告期利润/年度末普通股股份总数

每股收益(加权)$=P/(S_0+S_1+S_i\times M_i\div M_0-S_j\times M_j\div M_0)$

其中：P 为报告期利润，S_0 为期初股份总额，S_1 为报告期因公积金转增股本或股票股利分配等增加股份数，S_i 为报告期因发行新股或债转股等增加股份数，S_j 为报告期因回购或缩股等减少股份数，M_0 为报告期月份数，M_i 为增加股份下一月份起至报告期期末的月份数，M_j 为减少股份下一月份起至报告期期末的月份数。

净资产收益率(摊薄)＝报告期利润/年度末股东权益×100%

净资产收益率(加权)$=P/(E_0+NP\div 2+E_i\times M_i\div M_0-E_j\times M_j\div M_0)\times 100\%$

其中：P 为报告期利润，NP 为报告期净利润，E_0 为期初净资产，E_i 为报告期发行新股或债转股等新增净资产，E_j 为报告期回购或现金分红等减少净资产，M_0 为报告期月份数，M_i 为新增净资产下一月份起至报告期期末的月份数，M_j 为减少净资产下一月份起至报告期期末的月份数。

三、股东情况

截止 2000 年 12 月 31 日股东总数为 28229 户。

主要股东持股情况

公司前十名股东持股情况如下：

股东名称	年末持股数(股)	占总股本比例(%)
(1)大连大显集团有限公司	140,400,000	56.60
(2)裕阳基金	5,506,579	2.22
(3)景阳基金	3,769,157	1.52
(4)大连工行	2,925,000	1.18
(5)连鑫商贸	2,475,000	1.00
(6)南京显象	2,250,000	0.91
(7)中信上海	2,210,591	0.89
(8)同盛基金	1,945,626	0.78
(9)上海永新	1,462,500	0.59
(10)同益基金	1,422,037	0.57

说明：

(1)持有本公司 5%以上股份的股东只有本公司的国家股股东大连大显集团公司，大连大显集团有限公司所持股份无质押和冻结。

(2)公司发起人股东未发生转让本公司所持本公司股份情况。

(3)前十名股东之间不存在关联关系。

4、持股 10%以上法人股股东情况

股东名称：大连大显集团有限公司。法人代表：刘秉强。经营范围：电子元器件、电视机、汽车音响机芯、计算机软盘、线路板、模具、工业电子设备、医用材料、轻工产品制造及宾馆、商贸、超市、餐饮、房地产等所持本公司股份无质押情况。

四、股东大会简介

报告期内召开了第九、第十次股东大会

1、公司第九次股东大会于 2000 年 5 月 19 日上午在大连大显股份有限公司 137＃会议室召开。大会审议、表决通过以下决议：

(一)《公司 1999 年度董事会工作报告》；
(二)《公司 1999 年度监事会工作报告》；
(三)《公司 1999 年度财务决算报告》及《公司 1999 年度利润分配预案》；
(四)《关于修改公司章程报告》；
(五)《第三届董事会候选人名单的预案》；
(六)《第三届监事会候选人名单的预案》

决议公告刊登于 2000 年 5 月 20 日的《上海证券报》、《中国证券报》上。

2、本公司第十次股东大会于 2000 年 9 月 19 日上午 9:30 在大连大显股份有限公司(简称公司)137＃会议厅召开。本次大会以记名投票表决方式通过以下决议

(一)《公司 2000 年度中期报告》及《中期报告摘要》；
(二)《公司 2000 年度的配股资格报告》；
(三)《公司 2000 年度增资配股预案》；
(四)《公司 2000 年度配股募集资金投向及可行性议案》；

此次股东大会由具有证券法律业务从业资格的大连华夏律师事务所出席并出具法律意见书。

决议公告刊登于 2000 年 9 月 20 日的《上海证券报》、《中国证券报》上。

五、董事会报告

1 、公司经营情况

(1)公司所处的行业以及公司在本行业中的地位

本公司属于真空电子核心元器件、网络设备、扩频数字无绳电话、电视机、精密模具、高精密轴、高精密多层线路板的生产、销售企业，是国家计委批准的全国唯一的电子枪金属零件及组件生产基地，是目前国内彩色电子枪用金属零件开发和生产技术最具实力的企业。在优化产品结构和调整产业结构中，公司正以稳健的步伐向信息通讯、光通讯领域进军。公司 2000 年在全国电子工业“百强”排名为 21 名。

(2)公司主营业务范围及经营情况

本公司主营彩色显象管用电子枪金属零件及组件、扩频数字无绳电话、网络设备、电视机、显示器件、精密模具、高精密轴、高精密多层线路板。

随着我国信息通讯产业化发展战略的实施，公司加大了科技投资力度，通过资本运作，逐步实现通信产品核心技术的研制、开发和推广使用。为顺利实现公司报告期内的经营目标乃至我国加入 WTO 后公司产品在国际市场的竞争打下坚实的基础。

报告期内，公司实现主营业务收入及主营业务利润如下：

产　品	主营业务收入	主营业务成本
主要产品	615,527,462.08	391,208,778.93
其它产品	18,101,607.26	10,093,955.50

报告期内，占公司主营业务收入或主营业务利润 10%以上的业务的经营情况：

1、大连太平洋多层线路板有限公司

该公司系本公司控股子公司,本公司持有其75%的股权。该公司主营通信、航天、程控交换机、计算机行业用高精密多层线路板,经技术改造,由年生产15万平方米增至45万平方米,通过生产技术含量高、高附加值产品,开发市场,产品在用户中享有很高的信誉和市场占有率。报告期内实现主营业务收入20120万元,利润总额3,283万元,净利润2,872万元。

2、大连东芝电视机有限公司

该公司系本公司参股企业,本公司拥有其30%的股权。该公司属家电制造行业。该公司主要产品是"TOSHIBA"系列彩色电视机及超大屏幕背投电视,国内外市场广阔。报告期内实现主营收入31,503.3万元,实现净利润3,899.98万元。

(3)在经营中出现的问题与困难及解决方案

公司经营中感到高科技人材短缺,对核心技术的开发投入不足。解决办法是加入投入,引入和培养高科技人材并行。

2、公司财务状况

(1)公司财务状况分析

项　目	2000年度	1999年度	同比(%)
总资产	1,389,262,315.21	1,208,064,904.33	15
长期负债	130,000,000.00	3,196,086.80	3967
股东权益	792,366,079.65	672,119,212.12	19.7
主营业务利润	229,967,707.14	157,466,444.22	46
净利润	134,076,148.89	84,309,514.51	59

变动的主要原因:

(1)总资产增加的原因:主营业务收入增加而导致的货币资金和应收帐款增加,另外,公司本年度加大投入,使固定资产和在建工程项目均有增加。

(2)长期负债增加的原因:本年度从工行项目贷款1.3亿元,期限:2000年8月—2004年8月为长期借款。

(3)股东权益增加的原因:主要是本期利润增加。

(4)主营业务利润增加的原因:主要是主营业务的扩大和进入新项目投资收益回报期。

3、公司投资情况

64CM"R"彩色电子枪金属零件和73CM"D"彩色电子枪金属零件两个募集资金投资项目已于上一个报告期建成投产并产生效益,本报告期内64CM"R"彩色电子枪金属零件已生产141万套,实现销售收入4,228万元。73CM"D"彩色电子枪金属零件已生产196.8万套,实现销售收入4,953万元。本期没有募集资金投入的新的投资项目。

4、新年度业务发展计划

(1)加大新品开发力度,注重扁平管、"D"型(64CM、73CM)全平彩件、"R"型彩色电子枪三大件(灯丝、阴极、芯柱)、"R"型73CM彩件、"H"型64CM彩件的开发及量产工作。

(2)完善管理体制,对机构进行调整,实现精简高效。采取竟聘上岗,提高管理及工程人员的竞争意识,充分调动广大员工参与管理的积极性。

(3)推行现代化管理进程。实施OA和ERP管理办公自动化,进军IT产业,建设大显的网络体系。

(4)加大环境整治力度。尽快实施废水利用的改造工程,提高工业用水的重复利用率,降低水消耗。

(5)搞好技术改造工程,重点抓好精密轴厂的改扩建工程,使精密轴年生产能力达到10亿支。

(6)抓好太平洋多层线路板公司改造后的市场开发和规模生产工作。

(7)做好2000年度配股募集资金投入项目的实施。

5、董事会日常工作情况

(1)报告期内共召开五次董事会

①本公司第二届第十一次董事会于2000年3月27日召开,会议审议并通过如下决议:

一、《公司1999年度董事会工作报告》;

二、《公司1999年度报告及报告摘要》;

三、《公司1999年度财务决算报告及利润分配预案》;

四、《关于计提各项减值准备和损失处理的内部控制制度》;

五、《关于计提各项资产减值准备的报告》;

六、《关于修改公司章程报告》。

此次董事会决议公告刊登于2000年3月29日的《上海证券报》、《中国证券报》上。

②本公司第二届第十二次董事会于2000年4月1日召开,会议审议并通过如下决议:

一、《更换公司董事的议案》;

二、《第三届董事会候选人名单的预案》;

三、《第三届监事会候选人名单的预案》。

此次董事会决议公告刊登于2000年4月4日的《上海证券报》、《中国证券报》上。

③本公司第三届第一次董事会于2000年6月19日召开,会议审议并通过如下决议:

《关于转让大连大显网络系统有限公司部分股权的议案》

此次董事会决议公告刊登于2000年6月20日的《上海证券报》、《中国证券报》上。

④本公司第三届第二次董事会于2000年8月9日召开,会议审议并通过如下决议:

一、《公司2000年中期报告及摘要》;

二、《公司前次募股资金使用及效益情况的说明》;

三、《公司配股资格自检情况》;

四、《公司2000年度增资配股预案》;

五、《关于2000年度配股募集资金投向及可行性的报告》;

六、《关于召开公司第十次股东大会的议案》。

此次董事会决议公告刊登于2000年8月11日的《上海证券报》、《中国证券报》上。

⑤本公司第三届第三次董事会于2000年8月28日召开,会议审议并通过如下决议:

一、《2000年度配股募集资金投向》;

二、《2000年度配股募集资金投资项目可行性报告》。

此次董事会决议公告刊登于2000年8月29日的《上海证券报》、《中国证券报》上。

6、公司管理层员工情况

现任董事、监事及高级管理人员持股情况

姓　名	职　　务	期初持股数	期末持股数
刘秉强	董事长、总经理	29250	29250
李学成	副董事长、党委书记	23400	23400
戴玉钧	董事、财务总监	23400	23400
肖志国	董事、	0	0
王忠全	董事、董秘	0	0
黄　铎	董事	0	0
安彦雄	董事、	0	0
杨　建	监事会主席	14625	14625
李焕新	监事	0	0
朱本华	监事	0	0
王长盛	监事	0	0
刘奎杰	监事	0	0

现任董事黄铎、肖志国先生不在本公司领取报酬。年度报酬在8-10万元4人,3-5万元4人,1-2万元2人。以上高管人员的任期为2000年4月—2002年4月。

7、本年度利润分配预案

2000年,公司共实现净利润134,076,148.89元,根据公司章程的规定,提取法定公积金10%计16,530,496.13元,提取法定公益金5%计7,150,288.60元,提取职工奖励及福利基金1,427,956.36元,合计25,108,741.09元,加上年末分配利润192,251,914.54元,本年度可供股东分配的利润288,817,997.34元。经董事会研究决定,2000年度分配预案为:以2000年末总股本24,802.65万股为基数,按10:2的比例送红股并每10股派现金红利0.5元人民币。

公司2001年度利润分配政策:

预计公司2001年度将分配1—2次利润。2001年度实现的净利润用于股利分配的比例为10-50%,2000年度未分配利润用于2001年度股利分配的比例不低于10%。分配主要是采用派现或送红股相结合的形式。需说明的是以上2001年度利润分配政策,在实施时需董事会以分配预案形式提交股东大会审议通过后才能正式实施,且董事会保留根据公司发展和盈利情况做出调整选择的权力。

其他报告事项

本公司选定用于信息披露的报刊为《中国证券报》、《上海证券报》。

六、监事会报告

公司监事会依据《公司法》和《公司章程》赋予的权利,本着对全体股东负责的原则,认真履行职责,列席各次董事会会议。对董事会和公司高管人员诚信尽职和公司规范动作起到了监督作用。

报告期内召开了两次监事会。

(1)三届一次监事会于2000年3月13日召开

(2)三届二次监事会于2000年3月27日召开

对2000年度公司工作,监事会认为:

1、公司能够严格依法动作,规范管理,无违法乱纪的行为。

2、公司决策程序能够严格按照公司章程规定的程序进行。

3、公司2000年度财务报告真实反映了公司的财务状况,大连华连会计师事务所出具了无保留意见的审计报告准确的反映了公司的经营的实际情况。

4、公司高级管理人员在履行各自的职责时,严格守法,没有违反法律、法规、公司章程和损害公司利益的行为。

七、重要事项

1、本年度公司无重大诉讼、仲裁事项。

2、报告期内公司、公司董事及高级管理人员没有受到监管部门处罚的情况。

3、报告期内控股股东未变更。

4、报告期内公司收购、出售资产事项如下:

根据公司第三届第一次董事会于2000年6月19日召开,会议审议并通过如下决议:

《关于转让大连大显网络系统有限公司部分股权的议案》

5、重大关联交易:

(1)贷款:本年末银行借款中有55,000,000.00元由大连大显集团有限公司资金管理中心贷出。

(2)担保:本期末短期借款中239,500,000.00元及长期借款130,000,000.00元由大连大显集团有限公司提供担保。

(3)销售货物:

公司向关联方销售货物均按市场价进行结算。

6、上市公司与控股股东在人员、资产、财务上的"三分开"情况:

人员方面:本公司在劳动、人事、工作管理等方面独立,除公司董事长、总经理兼任集团有限公司董事长,其余高级管理人员不在股东单位担任重要职务。

财务方面:公司具有独立的会计核算系统,开设独立银行帐户、进行独立纳税。所有财务人员未在本公司股东单位任职。

资产方面:公司拥有独立的产供销体系,拥有的工业产机、商标、非专利技术等无形资产与股东单位无关。

7、报告期内公司无托管、承包、租赁其他公司资产或其他公司托管、承包、租赁本公司资产的事项。

8、报告期内,公司继续聘请大连华连会计师事务所负责公司审计工作。

9、报告期内,公司无重大合同纠纷和担保事项。

10、报告期内,公司没有更改公司名称和股票名称。

八、财务会计报告

审计报告

大连大显股份有限公司全体股东:

我们接受委托,审计了贵公司2000年12月31日母公司及合并的资产负债表、2000年度母公司及合并的利润及利润分配表和2000年度母公司及合并的现金流量表。这些会计报表由贵公司负责,我们的责任是对这些会计报表发表审计意见。我们的审计是依据《中国注册会计师独立审计准则》进行的。在审计过程中,我们结合贵公司实际情况,实施了包括抽查会计记录等我们认为必要的审计程序。

我们认为,贵公司上述会计报表的编制符合《企业会计准则》和《股份有限公司会计制度》的规定,在所有重大方面公允地反映了贵公司2000年12月31日的财务状况及2000年度的经营成果和现金流量情况,会计处理方法的选用符合一贯性原则。

大连华连会计师事务所　　中国注册会计师:石笛侠

中国注册会计师:王灵霞

中国 · 大连　　二OO一年三月二十日

九、公司的其他有关资料

1、公司变更注册登记日期、地点:1998年8月31日、大连市甘井子区革镇堡

2、企业法人营业执照注册号:大工商企法字24129677-X　6-1921

3、税务登记号码:210211241296770

4、公司未流通股票的托管机构名称:上海证券中央登记结算公司;

5、公司聘请的会计师事务所名称、办公地:

大连华连会计师事务所、大连市中山区同兴街67号邮电万科大厦24层。

十、备查文件

1、载有董事长亲笔签名的年度报告正本;

2、载有法定代表人、财务负责人、会计经办人员签名并盖章的会计报表;

3、载有会计师事务所盖章注册会计师签名并盖章的审计报告正本;

4、报告期内公司在中国证监会指定报纸上公开披露过的所有公司的文件及公告的原稿。

大连大显股份有限公司

二〇〇一年三月二十六日

利 润 及 利 润 分 配 表

编制单位:大连大显股份有限公司　　2000 年度　　单位:元

项目	附注	本年数 母公司	本年数 合并	上年数 母公司	上年数 合并
一、主营业务收入	25	416,981,904.20	633,629,069.34	322,984,762.80	482,005,158.42
减:折扣与折让					
主营业务收入净额		416,981,904.20	633,629,069.34	322,984,762.80	482,005,158.42
减:主营业务成本		261,853,499.04	401,302,734.43	205,024,818.04	321,871,207.73
主营业务税金及附加		1,871,872.66	2,358,627.77	1,983,927.36	2,667,506.47
二、主营业务利润		153,256,532.50	229,967,707.14	115,976,017.40	157,466,444.22
加:其他业务利润	26	812,726.72	812,726.72	558,175.32	567,625.32
减:存货跌价损失		1,910,519.24	1,910,519.24	509,242.79	509,242.79
营业费用		12,089,847.91	19,735,543.21	10,415,686.96	15,365,547.81
管理费用		33,399,956.33	55,692,443.06	34,534,366.85	42,789,675.08
财务费用	27	17,346,298.45	23,352,619.70	10,962,695.02	16,546,852.80
三、营业利润		89,322,637.29	130,089,308.65	60,112,201.10	82,822,751.06
加:投资收益	28	57,153,649.50	27,574,382.41	30,776,408.77	14,500,694.17
补贴收入		25,822.00	446,319.00	8,041.00	8,041.00
营业外收入	29	3,277,189.07	3,329,518.91	3,629,766.52	3,643,938.12
减:营业外支出	29	358,389.25	1,221,492.27	333,930.83	334,130.83
四、利润总额		149,420,908.61	160,218,036.70	94,192,486.56	100,641,293.52

项目	附注	本年数 母公司	本年数 合并	上年数 母公司	上年数 合并
减:所得税		35,672,208.99	41,656,353.44	29,338,949.84	31,645,322.78
少数股东损益			6,173,021.84		3,533,285.27
加:财政返还 18%所得税		19,457,568.54	21,687,487.47	18,846,829.04	18,846,829.04
五、净利润		133,206,268.16	134,076,148.89	83,700,365.76	84,309,514.51
加:年初未分配的利润		195,763,081.45	192,251,914.54	124,350,360.99	122,900,012.61
盈余公积转入					
六、可供分配的利润		328,969,349.61	326,328,063.43	208,050,726.75	207,209,527.12
减:提取法定盈余公积		13,320,626.82	16,530,496.13	8,191,763.56	10,038,802.45
提取法定公益金		6,660,313.41	7,150,288.60	4,095,881.74	4,309,661.38
提取职工奖励及福利基金			1,427,956.36		609,148.75
(合并报表项目填列,子公司为外商投资企业项目)					
七、可供股东分配的利润		308,988,409.38	301,219,322.34	195,763,081.45	192,251,914.54
减:应付优先股股利					
提取任意盈余公积					
应付普通股股利		12,401,325.00	12,401,325.00		
转作股本的普通股股利					
八、未分配利润	24	296,587,084.38	288,817,997.34	195,763,081.45	192,251,914.54

资 产 负 债 表

2000 年 12 月 31 日

编制单位:大连大显股份有限公司　　单位:元

资产	附注	期初数 母公司	期初数 合并	期末数 母公司	期末数 合并
流动资产:					
货币资金	1	170,478,800.81	209,936,078.17	261,414,035.15	290,261,279.38
短期投资	2		10,000,000.00	-	-
减:短期投资跌价准备			274,008.40	-	-
短期投资净额			9,725,991.60	-	-
应收票据	3	26,626,126.00	26,626,126.00	5,180,000.00	9,599,930.49
应收帐款	4	81,371,219.06	135,964,501.86	87,846,395.10	168,085,591.18
其他应收款		62,219,044.43	72,150,823.29	48,497,616.02	60,151,837.42
减:坏帐准备		13,957,964.29	20,811,532.52	11,593,564.11	22,823,742.86
应收款项净额		129,632,299.20	187,303,792.63	124,750,447.01	205,413,685.74
预付货款	5	5,571,035.44	6,138,697.28	5,110,729.61	16,373,055.40
存货	6	124,351,540.73	159,762,241.83	187,917,670.53	240,194,054.02
减:存货跌价准备		2,291,972.99	2,291,972.99	4,202,492.23	4,202,492.23
存货净额		122,059,567.74	157,470,268.84	183,715,178.30	235,991,561.79
待摊费用	7		322,628.58		1,185,389.14
待处理流动资产净损失					
一年内到期的长期债券投资					
其他流动资产					
流动资产合计		454,367,829.19	597,523,583.10	580,170,390.07	758,824,901.94
长期投资:					
长期投资	8	302,493,086.90	151,968,428.98	328,635,115.37	154,185,605.32
固定资产:					
固定资产原价	9	387,988,755.19	681,852,771.62	389,524,591.48	698,697,679.97
减:累计折旧		153,906,288.87	252,462,146.77	178,886,779.66	301,783,813.39
固定资产净值		234,082,486.32	429,390,624.85	210,637,811.82	396,913,866.58
在建工程	10	11,978,220.69	14,306,220.71	50,724,929.63	57,815,778.53
固定资产清理			1,033,370.89		
待处理固定资产净损失					
固定资产合计		246,060,707.01	444,730,216.45	261,362,741.45	454,729,.645.11
无形资产及长期待摊费用:					
无形资产	11	4,724,105.00	8,916,478.68	13,142,239.41	17,803,258.44
长期待摊费用	12		4,926,197.12		3,718,904.40
无形资产及长期待摊费用合计		4,724,105.00	13,842,675.80	13,142,239.41	21,522,162.84
其他长期资产:					
其他长期资产					
递延税项:					
递延税款借项					
资产合计		1,007,645,728.10	1,208,064,904.33	1,183,310,486.30	1,389,262,315.21
负债及股东权益	附注	母公司	合并	母公司	合并
流动负债:					
短期借款	13	272,255,800.00	372,253,499.15	192,500,000.00	294,500,000.00
应付票据				2,400,000.00	2,400,000.00
应付帐款	14	10,858,117.68	38,598,665.47	10,792,896.28	44,327,277.22
预收货款	15	13,420,314.53	13,777,027.66	10,897,904.92	12,382,496.94
其他应付款	16	31,889,179.01	74,634,890.56	20,834,592.64	44,918,123.22
应付福利费		977,187.46	2,842,978.92	719,465.24	793,796.22
未付股利	17			12,401,325.00	12,401,325.00
未交税金	18	1,253,621.80	4,476,866.51	9,149,272.73	14,543,682.24
其他应交款		121,125.22	129,877.43	134,511.71	151,684.92
预提费用	19	1,555,083.48	1,905,146.86	556,362.50	556,362.50
职工奖励及福利基金			2,242,861.13		3,670,492.40
一年内到期的长期负债					
其他流动负债					
流动负债合计		332,330,429.18	510,861,813.69	260,386,331.02	430,645,240.66
长期负债:					
长期借款	20			130,000,000.00	130,000,000.00
应付债券					
长期应付款					
其他长期负债		3,196,086.80	3,196,086.80		
待转销汇兑损益					
长期负债合计		3,196,086.80	3,196,086.80	130,000,000.00	130,000,000.00
递延税项					
递延税款贷项					
其他负债					
负债合计		335,526,515.98	514,057,900.49	390,386,331.02	560,645,240.66
少数股东权益			21,886,666.23		36,262,665.97
股东权益:					
股本	21	248,026,500.00	248,026,500.00	248,026,500.00	248,026,500.00
资本公积	22	159,127,772.08	159,127,772.08	159,127,772.08	159,127,772.08
盈余公积	23	69,201,858.59	72,713,025.50	89,182,798.82	96,393,810.23
其中:公益金		14,036,046.73	14,812,384.23	20,696,360.14	21,400,115.00
未分配利润	24	195,763,081.45	192,251,914.54	296,587,084.38	288,817,997.34
股东权益合计		672,119,212.12	672,119,212.12	792,924,155.28	792,366,079.65
汇率调整			1,125.49		-11,671.07
负债及股东权益总计		1,007,645,728.10	1,208,064,904.33	1,183,310,486.30	1,389,262,315.21

现 金 流 量 表

编制单位:大连大显股份有限公司　　2000 年度　　单位:元

项目	行次	母公司	合并
一、经营活动产生的现金流量:			
销售商品、提供劳务收到的现金	1	383,090,632.23	608,783,286.76
收到的租金	2	-	-
收到的税费返还	3	15,568,992.15	34,630,459.69
收到的其他与经营活动有关的现金	4	130,619,672.75	131,691,469.76
现金流入小计	5	529,279,297.13	775,105,216.21
购买商品、接受劳务所支付的现金	6	241,704,268.95	381,355,644.26
经营租赁所支付的现金	7	-	-
支付给职工以及为职工支付的现金	8	37,265,647.55	58,886,943.74
实际交纳的增值税款	9	21,796,833.56	47,693,023.62
支付的所得税款	10	25,640,266.73	28,254,636.98
支付的除增值税、所得税以外的其他税费	11	3,492,564.79	6,065,601.50
支付的其他与经营活动有关的现金	12	115,748,681.90	170,497,476.39
现金流出小计	13	445,648,263.48	692,753,326.49
经营活动产生的现金流量净额	14	83,631,033.65	82,351,889.72
二、投资活动产生的现金流量:	-		
收回投资所收到的现金	15	25,500,000.00	35,500,000.00
分得股利或利润所收到的现金	16	5,750,996.03	5,750,996.03
取得债券利息收入所收到的现金	17	-	39,445.09
处置固定资产、无形资产和其他长期资产而收到的现金净额	18	196,684.52	196,684.52
收到的其他与投资活动有关的现金	19	-	-
现金流入小计	20	31,447,680.55	41,487,125.64
购建固定资产、无形资产和其他长期资产所支付的现金	21	48,800,464.97	76,971,454.95
权益性投资所支付的现金	22	8,000,000.00	-
债权性投资所支付的现金	23	-	-
支付的其他与投资活动有关的现金	24	-	-
现金流出小计	25	56,800,464.97	76,971,454.95
投资活动产生的现金流量净额	26	-25,352,784.42	-35,484,329.31
三、筹资活动产生的现金流量:	-		
吸收权益性投资所收到的现金	27	-	2,000,000.00
发行债券所收到的现金	28	-	-
借款所收到的现金	29	382,500,000.00	542,495,753.31
收到的其他与筹资活动有关的现金	30	-	-
现金流入小计	31	382,500,000.00	544,495,753.31
偿还债务所支付的现金	32	332,257,000.00	488,239,862.66
发生筹资费用所支付的现金	33	-	-
分配股利或利润所支付的现金	34	-	-
偿付利息所支付的现金	35	16,506,179.27	22,090,690.33
融资租赁所支付的现金	36	-	-
减少注册资本所支付的现金	37	-	-
支付的其他与筹资活动有关的现金	38	-	-
现金流出小计	39	348,763,179.27	510,330,552.99
筹资活动产生的现金流量净额	40	33,736,820.73	34,165,200.32
四、汇率变动对现金的影响额	41	-1,079,835.62	-707,559.52
五、现金及现金等价物净增加额	42	90,935,234.34	80,325,201.21
补充材料	行次	母公司	合并
1.不涉及现金收支的投资和筹资活动:			
以固定资产偿还债务	43		
以投资偿还债务	44		
以固定资产进行投资	45		
以存货偿还债务	46		
2.将净利润调节为经营活动的现金			
净利润	47	133,206,268.16	134,076,148.89
加:少数股东损益	48		6,173,021.84
加:计提的坏帐准备或转销的坏帐	49	-2,404,617.53	3,338,586.06
固定资产折旧	50	25,134,639.26	49,487,356.15
无形资产摊销	51	3,172,975.14	3,538,792.97
递延资产摊销	52	-	-
待摊费用的减少(减:增加)	53	-282,876.20	1,283,934.03
预提费用的增加(减:减少)	54	-1,914,906.16	-2,264,918.96
处置固定资产、无形资产和其他长期资产的损失(减:收益)	55	-23,492.97	40,774.06
固定资产报废损失	56	250,861.37	250,861.37
财务费用	57	17,774,221.97	21,814,560.98
投资损失(减:收益)	58	-57,153,649.50	-27,574,382.41
递延税款贷项(减:借项)	59	-	-
存货的减少(减:增加)	60	-63,566,129.80	-82,077,596.09
经营性应收项目的减少(减:增加)	61	10,685,871.07	-38,898,629.34
经营性应付项目的增加(减:减少)	62	16,841,349.60	20,563,039.90
存货跌价损失	63	1,910,519.24	1,910,519.24
其他	64		-9,310,178.97
经营活动产生的现金流量净额	65	83,631,033.65	82,351,889.72
3.现金及现金等价物净增加情况:		-	-
现金的期末余额	66	261,414,035.15	290,261,279.38
减:现金的期初余额	67	170,478,800.81	209,936,078.17
加:现金等价物的期末余额	68	-	-
减:现金等价物的期初余额	69	-	-
现金及现金等价物净增加额	70	90,935,234.34	80,325,201.21

西藏圣地股份有限公司

二〇〇〇年年度报告摘选

一、公司简介

(一)、公司法定中文名称:西藏圣地股份有限公司
公司法定英文名称:TIBET SHENGDI CO.,LTD
(二)、公司法定代表人:夏汉忠
(三)、董事会秘书:谢勤
授权代表:张芸霞
联系电话:(0891)6339150　　(0510)7990732
传真:(0891)6339041　　(0510)7990732
联系地址:西藏自治区拉萨市林廓东路6号
(四)、公司注册和办公地址:西藏自治区拉萨市林廓东路6号
邮编:850000
公司国际互联网网址:Http://www.tibet-shengdi.com
电子信箱:tsdc@public.ls.xz.cn
(五)、公司选定的信息披露报纸名称:《中国证券报》、《上海证券报》
刊登公司年报的指定网址:http//www.sse.com.cn
公司年度报告备置地点:公司证券部
(六)、公司股票上市交易所:上海证券交易所
股票简称:西藏圣地　　股票代码:600749

二、会计数据和业务数据摘要

(一)、公司本年度主要利润指标情况:(单位:元)

项目	金额
利润总额	7,791,015.53
净利润	6,672,902.04
扣除非经常性损益后的净利润	4,417,204.51
主营业务利润	20,656,470.83
其他业务利润	3,998,605.68
投资收益	-591,872.43
补贴收益	---
营业外收支净额	2,255,697.53
经营活动产生的现金流量净额	674,939.20
现金及现金等价物净增加额	-1,944,381.97
注:扣减非经常性损益项目及金额	
(1)、营业外收入	105,523.03
(2)、营业外支出	174,122.44
(3)、新股申购冻结资金利息	2,324,296.91

(二)、公司前三年的主要会计数据和财务指标(单位:元)

指　标	2000年	1999年(调整后)	1998年(调整后)
主营业务收入	38,182,824.94	42,777,254.30	38,478,878.62
净利润	6,672,902.04	957,662.50	4,263,402.58
总资产	204,093,362.62	192,851,651.29	171,847,596.19
股东权益	110,853,385.46	104,180,483.42	103,459,790.75
每股收益	0.083	0.012	0.053
每股净资产	1.39	1.30	1.40
调整后的每股净资产	1.20	1.15	1.34
每股经营活动产生的现金流量净额	0.008	0.021	-0.038
净资产收益率(%)	6.02	0.92	3.81

(三)、根据中国证监会关于发布《公开发行证券公司信息披露编报规则》第9号通知精神,公司2000年按全面摊薄法和加权平均法计算的净资产收益率及每股收益:

报告期利润	净资产收益率(%)		每股收益(元/股)	
	全面摊薄	加权平均	全面摊薄	加权平均
主营业务利润	18.63	19.21	0.26	0.26
营业利润	5.53	5.70	0.077	0.077
净利润	6.02	6.21	0.083	0.083
扣除非经常性损益后净利润	3.98	4.11	0.055	0.055

三、股本变动及股东情况

1、股东数量:截止2000年12月31日,公司股东总数9353户。
2、主要股东持股情况(截止2000年12月31日)

数量单位:股

股东名称	期初持股数	期末持股数	持股比例
(1)西藏体旅	16017606	16017606	20.02%
(2)宜兴中广		13289649	16.61%
(3)锡山中广		12768486	15.96%
(4)西藏交通工业总公司	5370974	5370974	6.71%
(5)西农集团	4072992	4072992	5.09%
(6)西藏信托投资公司	4072992	4072992	5.09%
(7)西南边贸	407301	407301	0.52%
(8)国泰君安		303000	0.38%
(9)董维保		201900	0.25%
(10)仝超美		192684	0.24%

3、持股10%以上法人股东简介

西藏国际体育旅游公司,法定代表人:苏平,经营范围:旅游运输、广告、电子通讯等。持有本公司股份没有质押和冻结情况。

宜兴市中广网络有限公司,法定代表人:夏汉忠,经营范围:广播电视娱乐节目传输;视频点播;影视广告制作、经营、播出、发布业务;器材贸易等。持有本公司股份没有质押和冻结情况。

锡山市中广物资公司,法定代表人:刘国强,经营范围:有线电视光缆、多媒体传输设备、广播电视器材、五金交电等百货的零售批发。持有本公司股份没有质押和冻结情况。

4、报告期内控股股东变更情况

2000年4月12日,拉萨啤酒股份有限公司、四川省鑫盛网络科技实业有限公司与宜兴中广、锡山物资分别签订了《西藏圣地股份有限公司法人股股份转让合同》,拉萨啤酒将其所持有的西藏圣地法人股22856035股中的13289649转让给宜兴中广,将其余的9566386股以协议方式转让给锡山物资,四川省鑫盛网络科技实业有限公司将其所持有的西藏圣地法人股3202100股以协议方式转让给锡山物资。本次股份转让后,西藏体旅为本公司第一大股东(20.02%),宜兴中广为本公司第二大股东(16.61%),锡山物资为本公司第三大股东(15.96%)。有关信息披露于2000年4月13日《中国证券报》、《上海证券报》。

江西东风药业股份有限公司

二〇〇〇年年度报告摘选

一、公司简介

1、公司名称:
公司法定中文名称:江西东风药业股份有限公司
公司英文名称:JIANGXI DONGFENG PHARMACEUTICAL CO.,LTD
缩写:DFPC
2、法定代表人:钟虹光
3、公司董事会秘书:杨人彦
董秘授权代表:王晨曦
联系地址:江西省乐平市东风路15号
电话:0798-6803483
传真:0798-6803406
E-Mail:dfzqb@163.net
4、注册、办公地址:江西省乐平市东风路15号
邮政编码:333300
公司网址:Http://www.jxdfp.com
E-Mail:jxdfp@public1.jdptt.jx.cn
5、公司选定的信息披露报纸:《上海证券报》
登载公司年度报告的中国证监会指定国际互联网网址:Http://www.sse.com.cn
年度报告备置地点:公司证券部
6、公司股票上市交易所:上海证券交易所
股票简称:东风药业　　股票代码:600750

二、会计数据和业务数据摘要

1、2000年度利润实现情况(单位:元)

项　目	2000年度
利润总额	75,472,322.80
净利润	27,615,978.36
扣除非经常性损益后的净利润	27,615,978.36
主营业务利润	178,625,692.60
其他业务利润	3,448.09
营业利润	72,914,432.84
投资收益	2,691,218.02
补贴收入	22,722.78
营业外收支净额	-156,050.84
经营活动产生的现金流量净额	121,768,643.80
现金及现金等价物净增加额	74,919,850.31

2、主要会计数据及财务指标:

项目	单位	2000年	99年	98年
主营业务收入	元	368,460,145.52	130,097,647.79	184,969,269.89
净利润	元	27,615,978.36	29,227,972.91	31,084,381.27
总资产	元	708,467,229.90	669,322,206.42	415,530,955.04
股东权益(不含少数股东权益)	元	523,167,613.57	507,864,126.37	270,516,153.46
每股收益	元	0.19	0.20	0.25
每股净资产	元	3.58	3.48	2.17
调整后的每股净资产	元	3.56	3.46	2.14
每股经营活动产生的现金流量净额	元	0.83	-0.15	-0.09
净资产收益率	%	5.28	5.75	11.49

3、利润分配表附表:

利润指标	净资产收益率(%)		每股收益(元/股)	
	全面摊薄	加权平均	全面摊薄	加权平均
主营业务利润	34.14	34.64	1.22	1.22
营业利润	13.94	14.14	0.50	0.50
净利润	5.28	5.36	0.19	0.19
扣除非经常性损益后的净利润	5.28	5.36	0.19	0.19

三、股本变动及股东情况介绍

1、股本变动情况
(1)股份变动情况表

数量单位:万股

	本次变动前	本次变动增减(+、-)						本次变动后
		配股	送股	公积金转股	增发	其他	小计	
一、尚未流通股份								
1、发起人股份								
其中:								
国家持有股份	8371.2							8371.2
境内法人持有股份								
境外法人持有股份								
其他								
2、募集法人股								
3、内部职工股								
4、优先股及其他								
未上市流通股份合计	8371.2							8371.2
二、已流通股份								
1、人民币普通股	6240							6240
2、境内上市的外资股								
3、境外上市的外资股								
4、其他								
已上市流通股份合计	6240							6240
二、股份总数	14611.2							14611.2

(2)股票发行与上市情况

① 本公司于1996年8月29日经中国证监会批准发行2400万股A股股票(其中公司职工股240万股),每股发行价为6.80元,1996年9月23日,本公司2160万股社会公众股获准在上海证券交易所上市交易;1997年3月,公司240万职工股获准上市流通。1997年5月5日经股东大会审议批准,公司实施了每10股送红股1股,另以资本公积金每10股转增9股的分配方案,公司股本总额增至12480万股,其中国有法人股7680万股,社会流通股4800万股。

② 1999年9月,中国证监会证监公司字(1999)87号文核准了公司1999年度配股方案,配股实施后,公司总股本增至14611.2万股,其中国有法人股8371.2万股,社会流通股6240万股。

天津市海运股份有限公司

二〇〇〇年年度报告摘选

一、公司简介

1.公司法定中文名称:天津市海运股份有限公司
公司法定英文名称:TIANJIN MARINE SHIPPING CO.,LTD.
公司中文名称缩写:天津海运　　　公司英文名称缩写:TMSC
2.公司法定代表人:宋兴庭
3.公司董事会授权代表:姜涛
联系地址:天津市河西区马场道207号
电 话:86-22-23288000　　　传 真:86-22-23286115
电子信箱:tmsc@public.tpt.tj.cn
4.公司注册地址:天津市河西区马场道207号
公司办公地址:天津市河西区马场道207号　　　邮政编码:300204
公司国际互联网址:http//www.tmsc-tj.com.cn
公司电子信箱:tmsc@public.tpt.tj.cn
5.公司选定的信息披露报纸名称:《中国证券报》《亚洲华尔街日报》
登载公司年度报告的中国证监会指定的国际互联网网址:http//www.sse.com.cn
公司年度报告备置地点:公司董事会秘书处
6.股票上市交易所名称:上海证券交易所
公司A股股票名称及交易代码:天津海运 600751
公司B股股票名称及交易代码:天海B股 900938

二、会计数据和业务数据摘要

1、本年度利润总额及构成　　　单位:人民币元

项目	金额
利润总额	95,995,082.23
净利润	82,266,981.42
扣除非经常性损益后的净利润	81,908,143.19
主营业务利润	189,122,621.26
其他业务利润	12,358,900.77
营业利润	97,326,986.04
投资收益	-1,690,742.04
补贴收入	0
营业外收支净额	358,838.23
经营活动产生的现金流量净额	-47,570,837.34
现金及现金等价物净增加额	74,745,888.46

注:(1)其中扣除非经常性损益后的净利润中扣除的项目为:营业外收支净额扣除非经常性损益后的净利润中扣除的金额为:358,838.23元

(2)根据国际会计准则,本公司有关业务数据如下:

项目	金额
增加坏帐准备:	-9800千元
递延资产冲销:	-1973千元
冲回天燕轮重估增值影响:	3188千元
其他:	170千元

根据国际会计准则,本公司2000年度净利润为73852千元。

2.本年度及前两年会计数据及财务指标　　　(单位:人民币元)

	2000年	1999年		1998年	
		调整前	调整后	调整前	调整后
主营业务收入	848,197,717.94	504,873,162.60	504,873,162.60	384,950,526.77	384,950,526.77
净利润	82,266,981.42	49,533,108.79	49,532,640.79	81,906,184.83	64,283,299.41
总资产	1,629,455,003.25	1,370,003,181.16	1,369,914,943.98	1,464,252,977.74	1,421,564,979.21
股东权益(不含少数股东权益)	855,989,729.30	745,582,650.45	745,536,767.12	743,100,012.24	695,880,057.40
每股收益	0.1765	0.1063	0.1063	0.1758	0.1379
扣除非经常性损益后的每股收益	0.1758	0.1108	0.1108	0.1450	0.1072
每股净资产	1.8369	1.6000	1.5999	1.5946	1.4933
调整后的每股净资产	1.7427	1.3489	1.5012	1.55	1.4390
每股经营活动产生的现金流量净额	-0.1021	0.2262	0.2262	0.0155	0.0155
净资产收益率(%)	9.6107	6.6435	6.6439	11.0222	9.2377

3.报告期内按全面摊薄法和加权平均法计算的净资产收益率和每股收益
(单位:人民币元)

	报告期利润	净资产收益率(%)		每股收益	
		全面摊薄	加权平均	全面摊薄	加权平均
主营业务利润	187,682,621.26	21.9258	23.8579	0.4028	0.4028
营业利润	97,326,986.04	11.3701	12.3720	0.2089	0.2089
净利润	82,266,981.42	9.6107	10.4576	0.1765	0.1765
扣除非经常性损益后的净利润	81,908,143.19	9.5688	10.4120	0.1758	0.1758

三、股本变动及股东情况

一.股票发行与上市情况

至报告期末前三年公司没有发行新股,报告期内没有股份变动情况,公司内部职工股已于1999年9月9日上市流通。经中国证券监督管理委员会证监公司字[2001]11号文批准,公司以2000年末总股本466,000,000股为基础,向全体股东实施了10:3比例的配股。截止2001年3月20日,实际配售26,648,820股,其中向国有发人股股东配售2,720,520股,向人民币普通股股东配售23,928,300股。经上交所安排,本次配售的人民币普通股已于2001年4月3日在上交所挂牌交易,目前公司总股本为492,648,820股。

二.报告期末公司股东总数为44440名。

三.报告期末公司前十名股东的持股情况:

股东名称	年末持股数(万股)	所占比例(%)
1.天津市天海集团有限公司(法人股)	18136.8	38.92
2.WICARR(OVERSEAS)NOMINEES LTD.(B股)	506.5	1.09
3.北京雪莲羊绒有限公司(法人股)	440	0.94
4.HKSBCSB A/C STATE STREET BANK AND TRUST S/A THE CHINA FUND(B股)	350	0.75
5.万丰资产管理有限公司(法人股)	308	0.66
6.HKSBCSB S/A-BANQUE INT. A LUXEMBOURG S/A HSBC GLOBAL INV. FUND CHINESE(B股)	280	0.60
7.智万国际有限公司(B股)	241.03	0.52
8.中国抽纱上海进出口公司(B股)	220.98	0.47
9.卢锦彬(B股)	200	0.43
KSA S/A HBK SPAARBANK NV(B股)	200	0.43

哈慈股份有限公司

二〇〇〇年年度报告摘选

一、公司简介

1、公司法定中文名称:哈慈股份有限公司
公司法定英文名称:HACI COMPANY LIMITED
英文缩写:HACI
2、公司注册及办公地址:哈尔滨市动力区通乡街169号
邮政编码:150046
公司国际互联网网址:www.hacico.com
公司电子信箱:feedback@hacico.com
3、公司法定代表人:郭立文
4、公司董事会秘书:张文博
董事会证券事务代表:赵雪梅
联系地址:哈尔滨市动力区通乡街169号
联系电话:0451-2688688
传真电话:0451-5672268
电子信箱:zhangwenbo@hacico.com
5、公司选定的信息披露报纸名称:《上海证券报》、《中国证券报》;
登载公司年度报告的中国证监会指定国际互联网网址:http://www.sse.com.cn;
公司年度报告备置地点:哈尔滨市动力区通乡街169号
6、公司股票上市地点:上海证券交易所
股票简称:哈慈股份
股票代码:600752

二、会计数据和业务数据摘要

1、公司本年度实现利润情况(单位:人民币元)

项目	金额
利润总额	54,396,955.59
净利润	53,046,530.95
扣除非经常性损益后的净利润:	48,062,945.91
主营业务利润:	284,240,796.00
其他业务利润:	462,370.92
营业利润:	41,132,616.81
投资收益:	9,664,035.54
补贴收入:	1,212,377.00
营业外收支净额:	2,387,926.24
经营活动产生的现金流量净额:	33,731,149.99
现金及现金等价物净增加额:	-39,779,652.42

注:扣除的非经营性损益项目和涉及金额:
(1)股票申购冻结资金利息　　　3,337,943.6元;
(2)收购固安县哈慈V26健康产品有限责任公司股权负商誉摊销　　　433,264.44元;
(3)补贴收入　　　1,212,377.00元。

2、截止2000年末,公司前三年主要会计数据和财务指标

单位:人民币元

项目	2000年	1999年	1998年	
			调整后	调整前
主营业务收入	395,522,904.15	208,244,501.94	315,967,433.67	315,967,433.67
净利润	53,046,530.95	68,431,166.05	134,792,730.15	140,975,962.24
总资产	899,045,325.85	811,008,250.55	654,355,196.07	660,538,428.18
股东权益	669,370,144.19	616,323,613.24	623,226,447.19	629,409,697.28
每股收益	0.18	0.23	0.45	0.47
扣除非经常性损益后的每股收益	0.16	0.22		
每股净资产	2.22	2.05	2.07	2.09
调整后的每股净资产	2.16	1.9	2.04	2.06
每股经营活动产生的现金流量净额	0.11	0.08		

三、股东情况介绍

1、截止2000年12月29日,本公司共有股东84731户。

2、持有本公司5%以上股份的股东是哈慈集团有限公司,2000年12月末持股数量为177575575股,本报告期内哈慈集团有限公司将其中的7700万股质押给哈尔滨市商业银行动兴支行,质押期限为2000年7月21日——2003年7月21日,已在上海证券中央登记结算公司办理完质押登记手续,并经哈尔滨市公证处以(2000)哈证经字第2429号公证书公证。

本次公告刊登于2000年7月25日的《中国证券报》、《上海证券报》上。

前十名股东持股情况如下:

股东名称	持股数量(股)	持股比例(%)
哈慈集团	177575575	58.93
景福基金	985500	0.327
裕阳基金	829383	0.275
韩亚坤	568300	0.188
左志江	489165	0.162
李新英	439300	0.146
叶自强	362600	0.12
苗国东	343601	0.114
韩宝峰	288486	0.095
单越强	193605	0.064

其中所持股票为未流通股的股东为哈慈集团有限公司,其余为流通股。以上各股东之间不存在关联关系。

河南冰熊保鲜设备股份有限公司

二○○○年年度报告摘选

一、公司简介

(一)公司法定中文名称:河南冰熊保鲜设备股份有限公司
公司法定英文名称:HENAN BINGXIONG FRESH－PRESER VATION EQUIPMENIS CO. LTD
(二)公司注册和办公地址:河南省民权县府后街 22 号　　邮政编码:476800
国际互联网网址:http//www. bingxiong. com. cn
电 子信箱:bxiong@public2. zz. ha. cn
(三)公司法定代表人:王绍杰
(四)公司董事会秘书:杨平原
联系地址:河南省民权县府后街 22 号
联系电话:(0370)8522789－2013　(0370)8522789－2026　传 真:(0370)8526256
电子信箱:yangpingyuan@371. net
(五)公司信息披露报纸:上海证券报
公司信息披露互联网址:http//www. sse. com. cn
公司中期报告备置地点:公司董秘办公室
(六)公司股票上市交易所:上海证券交易所
股票简称:冰熊股份　　股票代码:600753

二、会计数据和业务数据摘要

(一)主要财务会计数据和业务数据摘要

项目	金额
利润	－43,699,736.85
净利润	－43,699,736.85
扣除非经常性损益后的净利润	－49,016,365.19
主营业务利润	16,104,687.28
其他业务利润	911,059.28
营业利润	－49,016,365.19
投资收益	3,322,490.99
补贴收入	0
营业外收支净额	1,994,137.35
经营活动产生的现金流量净额	10,944,522.29
现金及现金等价物净增加额	－35,521,182.28

注:非经常性损益 5,316,628.34 元,其中:投资收益 3,322,490.99 元;营业外收入 2,233,518.37 元;营业外支出 239,380.82 元。

(二)公司近三年的主要会计数据和财务指标

指标项目	2000 年	1999 年 调整前	1999 年 调整后	1998 年 调整前	1998 年 调整后
主营业务	103,397.009.41	97,065,850.99	97,065,850.99	164,059,739.27	94,507,602.50
净利润	－43,699,736.85	1,146,934.75	－28,438,958.64	27,060,104.72	－6,172,948.85
总资产	394,708,016.43	413,656,181.45	382,551,481.18	432,490,963.61	351,845,564.32
股东权益	96,131,281.40	197,738,380.74	139,831,018.25	257,595,275.28	174,669,976.89
每股收益	－0.34	0.009	－0.22	0.21	－0.05
每股收益(加权)	－0.34	0.005	－0.22	0.23	－0.05
每股净资产	0.75	1.54	1.09	2.01	1.36
调整后的每股净资产	0.68	1.49	1.06	1.99	1.35
每股经营活动产生的现金净流量	0.08	0.45	0.45	0.03	0.03
净资产收益率(%)	－0.45	0.60	－0.20	10.50	－0.04
净资产收益率(加权)(%)	－0.37	0.60	－0.17	10.50	－0.04
扣除非经营性损益后加权净资产收益率(%)	－0.37	0.60	－0.17	10.50	－0.03

(三)、报告期内净资产收益率和每股收益系列指标。

报告期利润	净资产收益率% 全面摊薄	净资产收益率% 加权平均	每股收益(人民币元) 全面摊薄	每股收益(人民币元) 加权平均
主营业务利润	16.75	10.89	0.13	0.13
营业利润	－50.99	－42.50	－0.38	－0.38
净利润	－45.46	－37.04	－0.34	－0.34
扣除非经常性损益后的净利润	－50.99	－42.50	－0.38	－0.38

(四)、报告期内股东权益变化情况(单位:人民币元):

项 目	股本	资本公积	盈余公积	其中:公益金	未分配利润	合 计
期初数	128,000,000.00	67,792,119.36			－55,961,101.11	139,381,018.25
本期增加						
本期减少					43,699,736.85	43,699,736.85
期末数	128,000,000.00	67,792,119.36			－99,660,837.96	96,131,281.40

变化原因说明:未分配利润减少是因本年度亏损形成。

三、股本变动和股东情况

(一)股本变动情况

1、公司股份变动情况表(数量单位:股):

	期初数	本次变动增减 配股	送股	公积金转股	其他	小计	期末数
一、尚未流通股份							
1.发起人股份							
其中:							
国家拥有股份	60,160,000						60,160,000
境内法人持有股份	35,840,000						35,840,000
境外法人持有股份							
其他							
2.募集法人股							
3.内部职工股							
4.优先股或其他							
尚未流通股份合计	96,000,000						96,000,000
二、已流通股份							
1.境内上市的人民币普通股	32,000,000						32,000,000
2.境内上市的外资股							
3.境外上市的外资股							
4.其他							
已 流通股份合计	32,000,000						32,000,000
三、股份总数	128,000,000						128,000,000

上海新亚(集团)股份有限公司

二○○○年年度报告摘选

一、公司简介

1、公司名称:上海新亚(集团)股份有限公司
公司英文名称:SHANGHAI NEW ASIA (GROUP)CO. ,LTD
公司英文缩写:SNAC
2、公司法定代表人:俞敏亮
3、公司董事会秘书:康鸣
联系地址:上海市天目西路 285 号 4 楼
电话:86－21－63538008 ×2404 、86－21－63536304
传真:86－21－63533021
4、公司注册地址:上海市浦东新区浦电路 389 号 12 楼
公司办公地址:上海市天目西路 285 号 4 楼　　邮政编码:200070
5、公司选定的信息披露报纸名称:《上海证券报》、《香港商报》
登载公司年度报告的中国证监会指定国际互联网网址:http://www. sse. com. cn
公司年度报告备置地点:公司董事会秘书室
6、公司股票上市地:上海证券交易所
股票简称:新亚股份(A 股)　　新亚 B 股(B 股)
股票代码:600754(A 股)　　900934(B 股)

二、会计数据和业务数据摘要

1、本年度利润总额及构成(2000 年度合并)　　(单位:人民币元)

项目	金额
利润总额	140,606,532.03
净利润	118,109,497.34
扣除非经常性损益后的净利润	13,911,871.94
主营业务利润	340,278,581.93
其他业务利润	13,973,041.73
营业利润	7,954,671.44
投资收益	126,904,477.43
补贴收入	3,420,143.01
营业外收支净额	2,327,240.15
经营活动产生的现金流量净额	478,283,478.00
现金及现金等价物净增加额	262,381,153.00

说明:扣除的非经常性损益项目及金额为:补贴收入 3,420,143 元,转让股票投资收益 101,378,735 元,建国宾馆合并价差－601,253 元。

2、普华永道(中国)有限公司为符合国际会计准则对上海普华永道中天会计师事务所有限公司审计后的税后利润及资产净值所作之调整如下:

	税后利润 2000 年度 人民币千元	资产净值 2000 年 人民币千元
按中国会计准则编制之合并报表	118,109	1,221,311
为符合国际会计准则所作的调整:		
按权益计入合营企业及联营公司的业绩	84	1,285
按国际会计准则编制之合并报表中不予确认的拟派股利		60,324
按国际会计准则编制之合并报表	118,193	1,282,920

3、截止报告年度末公司前三年的主要会计数据及财务指标(单位:元)

项 目	2000 年度	1999 年度	1998 年度
主营业务收入	696,376,729.21	672,204,026.15	640,659,884.26
净利润	118,109,497.34	117,941,740.96	104,566,188.18
总资产	1,917,986,029.68	1,916,723,414.11	1,685,539,111.73
股东权益	1,221,311,116.72	1,162,506,262.63	1,044,564,521.67
每股收益(摊薄)	0.213	0.213	0.189
(加权)	0.213	0.213	0.189
扣除非经常性损益后的每股收益(摊薄)	0.025	－0.008	0.09
每股净资产	2.21	2.10	1.89
调整后的每股净资产	1.94	1.91	1.69
每股经营活动产生的现金流量净额	0.86	0.11	0.20
净资产收益率(%)(摊薄)	9.67	10.15	10.01

注:报告期末至本年报披露日,由于公司实施增发 A 股方案,使公司目前股本比报告期末增加了 5000 万股,为 603240740 股。

4、按照中国证监会:《公开发行证券公司信息披露编报规则(第 9 号)》要求计算相关指标:

报告期利润	净资产收益率(%) 全面摊薄	净资产收益率(%) 加权平均	每股收益 全面摊薄	每股收益 加权平均
主营业务利润	27.86	27.86	0.615	0.615
营业利润	0.65	0.65	0.014	0.014
净利润	9.67	9.67	0.213	0.213
扣除非经常性损益后净利润	1.14	1.14	0.025	0.025

三、股本变动及股东情况

1、报告期末股东总数 39592 户,其中 B 股 5135 户。

2、股东情况介绍

股东名称	年末持股	占总股本比例	股份性质
①上海新亚(集团)有限公司	255,280,740	46.14%	国家股
②上海国际信托投资公司	14,040,000	2.54%	法人股
③上海久事公司	12,480,000	2.26%	法人股
④上海轮胎橡胶(集团)股份有限公司	9,360,000	1.69%	法人股
⑤上海市城市建设投资开发总公司	9,360,000	1.69%	法人股
⑥交通银行上海分行	7,800,000	1.41%	法人股
⑦上海市陆家嘴金融贸易开发区股份有限公司	7,800,000	1.41%	法人股
⑧上海闵行联合发展有限公司	7,800,000	1.41%	法人股
⑨ HKSBCSB A/C STATE STREET BANK AND TRUST S/A THE CHINA FUND	5,700,000	1.03%	B 股
⑩HKSBCSB S/A－BANQUE INT. A LUXEMBOURG S/A HSBC GLOBAL INV. FUNDS CHINESE EQUITY	5,500,000	0.99%	B 股

厦门国贸集团股份有限公司

二〇〇〇年年度报告摘选

一、公司简介

1、公司法定中文名称:厦门国贸集团股份有限公司
公司法定英文名称:XIAMEN INTERNATIONAL TRADE GROUP CORP.,LTD
公司英文名称缩写:ITG
2、公司法定代表人:何福龙
3、公司董事会秘书:肖伟　　联系电话:0592—5161888
联系地址:厦门市湖滨南路国贸大厦8—18层　　传真:0592—5160280
4、公司注册地址及办公地址:厦门市湖滨南路国贸大厦8—18层　　邮政编码:361004
互联网网址:http://www.itgchina.com
电子信箱:itg@public.xm.fj.cn
5、公司选定的信息披露报纸:《中国证券报》和《上海证券报》
登载公司年度报告的中国证监会指定互联网网址:http//www.sse.com.cn
公司年度报告备置地点:厦门国贸集团股份有限公司企划部
6、公司股票上市交易所:上海证券交易所
股票简称:厦门国贸　　股票代码:600755

二、会计数据和业务数据摘要

1、本年度主要会计数据:　　(金额单位:元)

项目	金额
利润总额	14,267,394.31
净利润	4,133,481.47
扣除非经常性损益后的净利润	34,869,199.22
主营业务利润	188,252,908.46
其他业务利润	18,978,887.90
营业利润	34,370,051.18
投资收益	-22,367,098.67
补贴收入	3,309,102.80
营业外收支净额	-1,044,661.00
经营活动产生的现金流量净额	103,648,251.20
现金及现金等价物净增加额	22,924,167.93

注:非经常性损益项目	金额
营业外收支净额	-1,044,661.00
股权转让收益	7,996,882.13
*按权益法确认的一次性投资损失	-37,687,938.88
合计	-30,735,717.75

*我司参股投资的厦门华侨电子企业有限公司的成本为6500万元,我司1999年度对该投资项目提取了长期投资减值准备27,312,061.12元。2000年度该司仍发生巨额亏损,根据《公司法》关于股东承担有限责任的规定,我司按权益法将剩余的投资成本37,687,938.88元全额确认为投资损失。

2、公司近三年主要会计数据和财务指标:

指标项目	2000年度	1999年度		1998年度	
		调整后	调整前	调整后	调整前
主营业务收入(万元)	227,456.60	234,141.06	234,141.06	239,603.32	251,482.66
净利润(万元)	413.35	5,119.20	5,709.07	-2,598.60	1,122.11
总资产(万元)	148,940.83	157,758.60	165,409.99	174,602.36	194,778.10
股东权益(万元)	65,300.09	63,919.88	71,340.58	65,942.48	75,622.17
每股收益(元)	0.021	0.258	0.288	-0.131	0.056
每股收益(加权,元)	0.021	0.258	0.288	-0.139	0.060
扣除非经常性损益后的每股收益(元)	0.18	0.31	0.31	-0.217	-0.027
每股净资产(元)	3.296	3.22	3.60	3.33	3.82
调整后每股净资产(元)	3.27	3.16	3.54	3.24	3.77
每股经营活动产生的现金流量净额	0.523	-0.069	-0.069	-0.672	-0.672
净资产收益率(%)	0.633	8.00	8.00	-3.94	1.48

3、根据中国证监会《分开发行证券公司信息披露编报规则》(第九号)要求,利润附表例示如下:

项目	净资产收益率(%)		每股收益(元)	
	全面摊薄	加权平均	全面摊薄	加权平均
主营业务利润	28.83	28.83	0.95	0.95
营业利润	5.263	5.263	0.173	0.173
净利润	0.633	0.633	0.021	0.021
扣除非经常性损益后的净利润	5.34	5.34	0.18	0.18

三、股本变动和股东情况

(一)股本变动情况:
1、股东变动情况表:(单位:股)

	期初数	本次变动增减(+ -)					期末数
		配股	送股	公积金转股	其他	小计	
一、尚未流通股份							
1、发起人股份	71,120,000	-	-	-	-	-	71,120,000
其中:							
国家持有股份	71,120,000	-	-	-	-	-	71,120,000
境内法人持有股份							
境外法人持有股份							
其他							
2、募集法人股							
3、内部职工股							
4、优先股或其他							
其中:转配股							
尚未流通股份合计	71,120,000	-	-	-	-	-	71,120,000
二、已流通股份							
1、人民币普通股	127,000,000	-	-	-	-	-	127,000,000
2、境内上市的外资股							
3、境外上市的外资股							
4、其他							
已流通股份合计	127,000,000	-	-	-	-	-	127,000,000
三、股份总数	198,120,000	-	-	-	-	-	198,120,000

山东浪潮齐鲁软件产业股份有限公司

二〇〇〇年年度报告摘选

一、公司简介

1、公司的法定中文名称:山东浪潮齐鲁软件产业股份有限公司
公司的法定英文名称:Shandong Langchao Cheeloosoft Co.,Ltd.
2、公司的法定代表人:孙丕恕
3、公司董事会秘书:罗万里
联系地址:山东省泰安市虎山路100号
电话:0538-8418777
传真:0538-8412066
4、公司注册地址:山东省泰安市虎山路100号
公司办公地址:山东省泰安市虎山路100号
邮政编码:271000
公司电子信箱:tssd@public.taptt.sd.cn
5、公司信息披露报纸:《中国证券报》、《上海证券报》
登载公司年度报告的中国证监会指定国际互联网网址:http://www.sse.com.cn
公司年度报告备置地点:公司证券部
6、公司股票上市交易所:上海证券交易所
股票简称:泰山旅游
证券代码:600756

二、会计数据和业务数据摘要

1、公司本年度主要利润指标情况(单位:元)

项目	金额
利润总额	23,523,455.90
净利润	17,470,650.59
扣除非经常性损益后的净利润	16,774,650.59
主营业务利润	35,576,144.81
营业利润	22,400,328.49
投资收益	891,115.40
营业外收支净额	232,012.01
经营活动产生的现金流量净额	13,838,410.27
现金及现金等价物净增加额	-17,913,316.28

注:扣除非经常性损益的项目和涉及金额:
冻结无效申购资金利息收入　　696,000.00元。

2、①公司前三年的主要会计数据和财务指标(单位:元)

项目	2000年	1999年		1998年	
		调整后	调整前	调整后	调整前
主营收入	57,137,745.11	73,262,089.83	73,262,089.83	58,268,677.00	58,268,677.00
净利润	17,470,650.59	27,979,431.97	28,131,782.25	27,744,821.92	30,458,686.12
总资产	297,674,330.69	261,166,934.64	261,000,950.64	244,155,257.58	244,511,876.46
股东权益	236,187,553.30	229,731,622.71	232,731,152.99	201,752,190.74	205,121,964.62
每股收益	0.16	0.25	0.26	0.25	0.28
加权每股收益	0.16	0.25	0.26	0.25	0.28
扣除非经常性损益后的每股收益	0.15	0.19	0.19	0.19	0.21
每股净资产	2.14	2.09	2.11	1.83	1.86
调整后的每股净资产	2.10	2.05	2.08	1.83	1.86
每股经营活动产生的现金流量净额	0.13	0.27	0.27	0.45	0.45
净资产收益率(%)	7.40	12.18	12.09	13.75	14.85
加权净资产收益率(%)	7.50	12.97	12.87	14.74	16.04

②公司本期按全面摊薄法和加权平均法计算的净资产收益率及每股收益。

报告期利润	净资产收益率(%)				每股收益(元/股)			
	全面摊薄		加权平均		全面摊薄		加权平均	
	2000年	1999年	2000年	1999年	2000年	1999年	2000年	1999年
主营业务利润	15.06	20.52	14.92	21.80	0.32	0.43	0.32	0.43
营业利润	9.48	14.37	9.39	15.26	0.20	0.30	0.20	0.30
净利润	7.40	12.18	7.33	12.94	0.16	0.25	0.16	0.25
扣除非经营损益后净利润	7.10	11.88	7.03	12.62	0.15	0.25	0.15	0.25

3、股东权益变动情况

项目	股本	资本公积	盈余公积	法定公益金	未分配利润	股东权益合计
期初数	110,147,200.00	27,613,955.73	13,256,781.22	6,562,659.20	72,151,026.56	229,731,622.71
本期增加			1,747,065.06	873,532.53	14,850,053.00	17,470,650.59
本期减少					11,014,720.00	11,014,720.00
期末数	110,147,200.00	27,613,955.73	15,003,846.28	7,436,191.73	75,986,359.56	236,187,553.30

变动原因:盈余公积、法定公益金、未分配利润和股东权益合计的增加均系本期实现净利润按法定程序计提所致。

三、股本变动及股东情况

1、报告期末股东总数:截至2000年12月29日,在上海证券中央登记结算公司登记在册的股东总数共为2788户。

2、公司前十名股东持股情况

序号	股东名称	持股数(股)	占总股本比例(%)
①	泰安市国有资产管理局	48,000,000	43.58
②	汉兴基金	5,494,100	4.99
③	汉盛基金	3,946,612	3.58
④	武汉银星	560,000	0.51
⑤	赵秀梅	534,700	0.49
⑥	张临明	354,240	0.32
⑦	祁铁丁	307,770	0.28
⑧	宋德珍	300,000	0.27
⑨	刘勇	299,000	0.27
⑩	张万荣	294,750	0.27

上海华源企业发展股份有限公司

二〇〇〇年年度报告摘选

一、公司简介

1.公司法定中文名称:上海华源企业发展股份有限公司
公司英文名称:SHANGHAI WORLDBEST INDUSTRY DEVELOPMENT CO.,LTD.
英文缩写:SWID
2.公司法定代表人:周玉成
3.公司董事会秘书:杨林峰
证券事务代表:夏渊
联系地址:上海市浦东新区商城路660号乐凯大厦20层2010室
电话:(021)58792716,58793617
传真:(021)58792223
电子信箱:office@shworldbest.com
4.公司注册地址:上海市浦东新区商城路660号
公司办公地址:上海市浦东新区商城路660号乐凯大厦20层
邮政编码:200120
公司国际互联网网址:http://www.shworldbest.com
电子信箱:office@shworldbest.com
5.公司选定的信息披露报纸:中国证券报、上海证券报
登载公司年度报告的中国证监会指定国际互联网网址:http://www.sse.com.cn
公司年度报告备置地点:公司董事会办公室
6.公司股票上市交易所:上海证券交易所
股票简称:华源发展
股票代码:600757

二、会计数据与业务数据摘要

1. 公司本年度主要会计数据(单位:人民币元)

项目	金额
利润总额	139,187,129.06
净利润	104,462,502.68
扣除非经常性损益后的净利润	96,718,738.36
主营业务利润	253,175,980.54
其他业务利润	46,804,240.99
营业利润	125,612,976.63
投资收益	-1,873,849.01
补贴收入	1,424,401.94
营业外收支净额	14,023,599.50
经营活动产生的现金流量净额	205,211,048.69
现金及现金等价物净增加额	353,097,380.71

注:扣除非经常性损益后的净利润指扣除正常经营损益之外的一次性或偶发性损益,包括①资产处置损益4,485,889.72元、②临时性获得的补贴收入1,424,401.94元、③新股申购冻结资金利息3,662,513.76元、④合并价差摊入-1,829,041.10元,共计7,743,764.32元。

2. 截止本报告期末公司前三年的主要会计数据和财务指标

指标 项目	2000年	1999年	1998年 调整后	调整前
主营业务收入(万元)	208419.68	146098.19	133099.34	133099.34
净利润(万元)	10446.25	7239.89	4377.79	5862.80
总资产(万元)	288541.33	177228.74	162618.82	165410.04
股东权益(万元)	122804.85	70388.84	65307.69	67724.38
全面摊薄每股收益(元)	0.33	0.34	0.20	0.27
加权平均每股收益(元)	0.37	0.34	0.24	0.33
扣除非经常性损益后的每股收益(元)	0.31	0.30	0.18	0.25
每股净资产(元)	3.90	3.28	3.05	3.16
调整后的每股净资产(元)	3.85	3.24	3.01	3.12
每股经营活动产生的现金流量净额(元)	0.65	0.54	-0.65	-0.65
全面摊薄净资产收益率(%)	8.51	10.29	6.70	8.66
加权平均净资产收益率(%)	13.15	10.50	11.03	14.18
扣除非经常性损益后的净利润的加权平均净资产收益率(%)	12.18	9.41	---	---

注:2000年底公司总股本31476.2818万股,1999年底、1998年底总股本21427.38万股。

三、股本变动及股东情况

1.股东情况介绍
(1)截止2000年末,公司股东总数为35300户。
(2)公司前十名股东持股情况(数量单位:股)

名次	股东名称	年末持股	年度内增减	持股比例(%)
1	中国华源集团有限公司	126,751,400	+41,311,400	40.2688
2	江苏新雅鹿集团有限公司	33,095,400	+7,637,400	10.5144
3	江苏双猫纺织装饰集团有限公司	27,222,218	+8,572,418	8.6485
4	香港冠丰国际投资有限公司	11,349,000	+2,619,000	3.6056
5	上海外高桥保税区联合发展有限公司	5,686,200	+1,312,200	1.8065
6	嘉丰纺织(香港)有限公司	5,686,200	+1,312,200	1.8065
7	博德基因	5,686,200	+5,686,200	1.8065
8	丰业房产	2,170,481	+2,170,481	0.6896
9	上海嘉丰棉纺织总厂	2,086,200	-3,600,000	0.6628
10	高投公司	1,900,000	+1,900,000	0.6036

注1:在持有本公司股份5%以上的前三位股东中,江苏新雅鹿集团有限公司已将其持有的全部股份质押,该事项已刊登在2000年9月29日的《上海证券报》和《中国证券报》,其它两位股东持有的公司股份无质押或冻结情况。

注2:香港冠丰国际投资有限公司和嘉丰纺织(香港)有限公司为外资股东,分别各自为中国华源集团有限公司和上海嘉丰棉纺织总厂在香港注册之子公司。

辽宁金帝建设集团股份有限公司

二〇〇〇年年度报告摘选

一、公司简介

1、公司法定中文名称:辽宁金帝建设集团股份有限公司
公司法定英文名称:LIAONING JINDI CONSTRUCTION CONSORTIUM CO., LTD.
2、公司法定代表人:胡毅力
3、公司董事会秘书:朱丹石
董秘授权代表人:李飚
联系地址:沈阳市沈河区青年大街118号
联系电话:024-22870330
传真:024-22855430
电子信箱:zdscyp@Chinaren.com
4、公司注册地址:沈阳市沈河区青年大街118号
公司办公地址:沈阳市沈河区青年大街118号
邮政编码:110014
电子信箱:jindicc@pub.sy.ln.cn
5、公司选定的信息披露报纸:《上海证券报》、《中国证券报》
中国证监会指定登载公司年度报告的国际互联网网址:http://www.sse.com.cn
公司年度报告备置地点:本公司董事会办公室
6、公司股票上市交易所:上海证券交易所
股票简称:金帝建设
股票代码:600758

二、会计数据和业务数据摘要

1、本年度主要利润指标情况

单位:元

项目	金额
利润总额	5,273,191.69
净利润	5,038,462.52
扣除非经常性损益后的净利润	-18,165,181.42
主营业务利润	19,734,391.00
其他业务利润	2,351,288.17
营业利润	-19,231,064.69
投资收益	1,300,612.44
补贴收入	
营业外收支净额	23,203,643.94
经营活动产生的现金流量净额	32,314,653.74
现金及现金等价物净增加额	28,650,430.91

2、截至本报告期末公司前三年的主要会计数据和财务指标　　单位:元

项目	2000年	1999年	1998年 调整前	调整后
主营业务收入	593,073,913.23	546,024,539.04	496,517,905.29	612,536,270.22
净利润	5,038,462.52	11,076,881.41	-34,162,859.21	-38,665,214.76
总资产	1,122,472,624.78	1,019,021,049.05	1,009,681,885.42	987,113,608.47
股东权益	356,801,294.04	351,762,831.52	403,521,425.01	340,451,093.74
每股收益	0.0315	0.069	-0.21	-0.24
每股净资产	2.23	2.20	2.53	2.13
调整后的每股净资产	1.71	1.82	2.32	1.93
每股经营活动产生的现金流量净额	0.202	0.01	-0.07	-0.07
净资产收益率	1.412%	3.149%	-8.47%	-11.36%

3、利润表附表

报告期利润	净资产收益率(%) 全面摊薄	加权平均	每股收益(元) 全面摊薄	加权平均
主营业务利润	5.531	5.570	0.1235	0.1235
营业利润	-5.390	-5.428	-0.1204	-0.1204
净利润	1.412	1.422	0.0315	0.0315
扣除非经常性损益后的净利润	-5.091	-5.127	-0.1137	-0.1137

4、股东权益变动情况

项目	期初数	本期增加	本期减少	期末数	变动原因
股本	159,755,200.00	——	——	159,755,200	——
资本公积	201,700,068.73	——	——	201,700,068.73	——
盈余公积	29,898,295.23	——	——	29,898,295.23	——
法定公益金	7,127,006.01	——	——	7,127,006.01	——
未分配利润	-39,590,732.44	5,038,462.52	——	-34,552,269.92	利润转入
股东权益合计	351,762,831.52	5,038,462.52	——	356,801,294.04	利润转入

三、股东情况介绍

1、股东情况介绍
(1)、截至本报告期末,公司共有股东42,112户。
(2)、公司前十名股东情况:

单位:万股

股东名称	期初数	期末数	占总股本比例%	持股类别
上海新绿复兴城市开发有限公司	4,230	4,230	26.48	法人股
辽宁省建设集团公司	3,315	3,315	20.75	国有法人股
辽建集团国际经济技术合作公司	500	500	3.13	法人股
辽宁万利商品混凝土有限公司	500	465	2.91	法人股
上海市城市合作银行川南支行	270	270	1.69	法人股
沈阳岁盛高科技产业有限公司	200	200	1.25	法人股
北京鑫宏威经济技术开发有限责任公司	100	100	0.63	法人股
中国泛华工程有限公司	100	100	0.63	法人股
中海直		80	0.50	法人股
鞍钢集团		50	0.31	法人股

海南华侨投资股份有限公司

二〇〇〇年年度报告摘选

一、公司简介

(一)公司法定名称:
中文:海南华侨投资股份有限公司
英文:Hainan Overseas Chinese Investment CO. LTD.
英文缩写:OCI
(二)公司法定代表人:孙小钢先生
(三)公司董事会秘书:宋扬先生
联系地址:海口市南航东路28号侨企大楼B座第八层
电 话:0898 - 6787220　　6788559
传 真:0898 - 6773665　　6757661
电子信箱:songy69@163.net
(四)公司注册地址、办公地址
海口市南航东路28号侨企大楼B座第八层
邮政编码:570206
电子信箱:HQTZ@263.net
(五)公司选定的披露信息报纸:《上海证券报》
登载公司年度报告的中国证监会指定国际互联网网址:http://www.sse.com.cn
公司年度报告备置地点:海口市南航东路28号侨企大楼B座第八层公司董事会秘书处
(六)公司股票上市交易所:上海证券交易所
股票简称:ST 琼华侨
股票代码:600759

二、会计数据和业务数据摘要

(一)本年度主要利润指标情况(单位:人民币元)

项　目	金　额
本年度实现利润总额	-92,424,181.11
净利润	-68,332,242.47
扣除非经常性损益后的净利润	-67,815,387.80
主营业务利润	-123,360.43
其他业务利润	0.00
营业利润	-84,333,084.15
投资收益	-7,574,242.29
补贴收入	0.00
营业外收支净额	-516,854.67
经营活动产生的现金流量净额	-3,109,405.06
现金及现金等价物净增加额	-2,566,297.06
注:"扣除非经常性损益"项目及涉及金额:	
营业外收支净额	-516,854.67

(二)截止报告期末公司前三年的主要会计数据和财务指标(单位:人民币元)

项　目	2000年	1999年调整后	1999年调整前	1998年调整后	1998年调整前
主营业务收入	434,108.48	3,468,046.13	3,468,046.13	43,095,302.91	175,175,141.34
净利润	-68,332,242.47	-172,803,515.61	-151,792,930.13	-92,507,563.96	-62,434,523.61
总资产	252,435,676.44	275,893,405.51	272,355,247.51	469,540,620.63	553,845,329.55
股东权益	-478,032,357.50	-388,008,176.39	-348,788,872.04	-122,493,384.32	193,526,831.97
每股收益(摊薄)	-0.3277	-0.8286	-0.73	-0.44	-0.30
每股收益(加权)	-0.3277	-0.8286	-0.73	-0.44	-0.30
每股收益(扣除非经常性损益)	-0.3252	-0.79	-0.71	-0.44	-0.30
每股净资产	-2.292	-1.86	-1.67	-0.98	0.93
调整后的每股净资产	-2.773	-2.218	-2.03	-1.12	-0.11
每股经营活动产生的现金流量净额	-0.0149	-0.01	-0.01	-0.04	-0.04

(三)利润表附表

		净资产收益率(%)		每股收益(元)	
	报告期利润(元)	全面摊薄	加权平均	全面摊薄	加权平均
主营业务利润	-123,360.43	/	/	-0.0006	-0.0006
营业利润	-84,333,084.15	/	/	-0.4044	-0.4044
净利润	-68,332,242.47	/	/	-0.3277	-0.3277
扣除非经营性损益后的净利润	-67,815,387.80	/	/	-0.3252	-0.3252

三、股东情况介绍

1、截止2000年12月31日公司股东总数为30409户。
2、本报告期末前十名股东持股情况

股东名称	持股数量(万股)	持股比例(%)
1、海南新产业投资公司	4646.40	22.28
2、海南亚太工贸有限公司	1584.00	7.59
3、海南物业投资公司	1584.00	7.59
4、亚太奔德有限公司	1267.20	6.07
5、海南正兴投资发展有限公司	1117.84	5.36
6、比欧特国际工程有限公司	739.20	3.54
7、正大国际财务有限公司	633.60	3.04
8、上海财政证券公司	480.00	2.30
9、厦门国际信托投资公司	340.00	1.63
10、航天信托投资公司	300.00	1.44

注:(1)海南新产业投资公司所持公司法人股中的4346万股被海南省洋浦经济开发区人民法院冻结。另300万股已由法院裁定抵偿给琼山市建行,截止本报告编制日,尚未过户。

2. 海南亚太工贸有限公司持有的1584万股法人股已质押给中国科技国际信托投资有限责任公司,质押期限为1999年6月29日至2001年6月29日。

3.海南物业投资公司持有1584万股法人股已质押给中国科技国际信托投资有限责任公司,质押期限为1999年5月23日至2001月5月23日。

山东黑豹股份有限公司

二〇〇〇年年度报告摘选

一、公司简介

1、公司法定中文名称:山东黑豹股份有限公司
公司英文名称:SHANDONG HEIBAO CO.,LTD
公司英文缩写:SDHB
2、公司法定代表人:孙军亮
3、董事会秘书:孙军芳
联系电话:0631 - 8352083　　传真:0631 - 8352228
联系地址:山东省文登市龙山路107号证券部
电子信箱:wdnyys@public.whptt.sd.cn
4、公司注册地址:山东省文登市龙山路107号
公司办公地址:山东省文登市龙山路107号
邮政编码:264400
公司国际互联网网址:http://www.heibao.com.cn
公司电子信箱:wdnyys@public.whptt.sd.cn
5、公司选定的信息披露报纸名称:上海证券报
登载公司年度报告的中国证监会指定国际互联网网址:http://www.sse.com.cn
公司年度报告备置地点:董事会秘书处
6、股票上市地:上海证券交易所
股票简称:山东黑豹　　股票代码:600760

二、会计数据和业务数据摘要

(一)本年度主要会计数据(单位:人民币元)

项　目	金　额
利润总额	29868273.36
净利润	25635177.03
扣除非经常性损益后的净利润	10635177.03
主营业务利润	44352206.43
其它业务利润	3624207.50
营业利润	22251646.86
投资收益	-7400152.17
补贴收入	15000000.00
营业外收支净额	16778.67
经营活动产生的现金流量净额	5644841.46
现金及现金等价物净增加额	-652987.63

注:非经常性损益涉及的项目为补贴收入,金额15000000.00元

(二)截止报告期末公司前三年主要会计数据和财务指标

项　目	2000年度	1999年度	1998年度	
			调整前	调整后
主营业务收入(万元)	29295.68	37459.45	40383.86	40383.86
净利润(万元)	2563.52	4939.81	8824.69	4640.66
总资产(万元)	102626.76	105834.37	100898.86	96507.73
股东权益(万元)	80692.01	79493.49	78944.80	74553.68
每股收益(元/股)	0.094	0.181	0.32	0.17
每股收益(元/股)(加权)	0.094	0.181	0.33	0.17
每股收益(扣除非经常性损益)	0.039	0.181	0.32	0.17
每股净资产(元/股)	2.96	2.90	2.89	2.73
调整后每股净资产(元/股)	2.92	2.90	2.88	2.72
每股经营活动产生的现金流量净额(元)	0.02	-0.09	-0.19	-0.19
净资产收益率(%)	3.18	6.21	11.18	6.22

注:主要财务指标的计算公式如下:
每股收益=净利润/年度末普通股股份总数
扣除非经常性损益后的每股收益=扣除非经常性损益后的净利润/年度末普通股股份总数
每股净资产=年度末股东权益/年度末普通股股份总数
调整后的每股净资产=(年度末股东权益-三年以上的应收款项净额-待摊费用-待处理(流动、固定)资产净损失-开办费-长期待摊费用-住房周转金负数余额)/年度末普通股股份总数
每股经营活动产生的现金流量净额=经营活动产生的现金流量净额/年度末普通股股份总数
净资产收益率=净利润/年度末股东权益×100%
(三)报告期利润表附表

报告期利润	净资产收益率(%)		每股收益(元/股)	
	全面摊薄	加权平均	全面摊薄	加权平均
主营业务利润	5.50	5.49	0.16	0.16
营业利润	2.76	2.75	0.082	0.082
净利润	3.18	3.17	0.094	0.094
扣除非经常性损益后的净利润	1.32	1.32	0.039	0.039

三、股东情况介绍

1、截止2000年末,公司股东总数为111314户。
2、前十名股东持股情况

序号	股东名称	年末持股数(万股)		占总股本比例(%)
		已上市流通股份	未上市流通股份	
1	山东黑豹集团有限公司		14063.3986	51.51
2	威海烟草		78.00	0.29
3	尹淑云	60.00		0.22
4	盛中碧	57.85		0.21
5	徐寿山	54.00		0.20
6	陈秀养	26.00		0.10
7	郭秀萍	23.33		0.09
8	王瑞英	22.10		0.08
9	徐承萍	19.50		0.07
10	程延辉	18.72		0.07

注:以上前10名股东之间不存在关联关系。
山东黑豹集团有限公司本报告期内所持股份无质押、冻结的情况。

安徽合力股份有限公司

二○○○年年度报告摘选

一、公司简介

1. 公司法定中文名称:安徽合力股份有限公司
公司法定英文名称:ANHUI HELI CO.,LTD　　　公司英文缩写:AHHL
2. 公司法定代表人:刘汉生
3. 公司董事会秘书:徐琳
联系地址:安徽省合肥市望江西路15号
联系电话:(0551)3648005—6498　　　传真:(0551)3633431
电子信箱:heli-xl@990.net　　　授权代表:周星琪
联系电话:(0551)3648005—6902　　　电子信箱:heli-zxq@990.net
4. 公司注册地址:安徽省合肥市望江西路15号
公司办公地址:安徽省合肥市望江西路15号　　　邮政编码:230022
公司国际互联网网址:WWW.helichina.com　　　公司电子信箱:heli@helichina.com
5. 公司信息披露报刊名称:《上海证券报》
刊登公司年度报告的上海证券交易所国际互联网网址:http://www.sse.com.cn
公司年报备置地点:安徽省合肥市望江西路15号公司证券办
6. 公司股票上市交易所:上海证券交易所
股票简称:安徽合力　　　股票代码:600761

二、会计数据和业务数据摘要

(一)本年度实现的利润总额及相关项目(单位:人民币元)

项　目	金　额
利润总额	68,953,015.08
净利润	58,324,838.41
扣除非经常性损益后的净利润	56,957,799.74
主营业务利润	100,885,920.29
其他业务利润	6,054,088.66
营业利润	63,095,822.73
投资收益	4,490,153.68
补贴收入	1,042,269.99
营业外收支净额	324,768.68
经营活动产生的现金流量净额	100,042,139.53
现金及现金等价物净增加额	243,421,880.29
注:扣除非经常性损益项目和涉及金额	
1. 营业外收支净额项目	324,768.68
A. 处理固定资产净收益	760,697.36
B. 罚款收入	252,398.50
C. 子弟学校经费	-688,327.18
2. 补贴收入项目(铸锻行业增值税退税)	1,042,269.99
3. 以上项目涉及金额	1,367,038.67

(二)截止报告期末公司前三年主要会计数据及财务指标(单位:人民币元)

项　目	2000年	1999年	1998年
主营业务收入	485,076,904.58	372,507,714.38	383,246,116.03
净利润	58,324,838.41	40,470,932.53	51,683,212.06
总资产	875,629,754.06	631,850,758.92	678,905,873.54
股东权益	654,119,309.76	505,568,910.69	464,940,097.02
每股收益(摊薄)	0.29	0.22	0.29
每股收益(加权)	0.30	0.22	0.36
扣除非经常性损益后每股收益(摊薄)	0.28	0.22	0.28
扣除非经常性损益后每股收益(加权)	0.30	0.22	0.35
每股净资产	3.20	2.80	2.64
调整后每股净资产	3.18	2.80	2.57
每股经营活动产生的现金流量净额	0.49	0.06	0.13
净资产收益率摊薄(%)	8.92	8.01	11.12
净资产收益率加权(%)	9.43	8.01	12.44

(三)报告期利润表附表

报告期利润	净资产收益率(%)		每股收益(元)	
	全面摊薄	加权平均	全面摊薄	加权平均
主营业务利润	15.42	16.31	0.49	0.52
营业利润	9.65	10.20	0.31	0.33
净利润	8.92	9.43	0.29	0.30
扣除非经常性损益后的净利润	8.71	9.21	0.28	0.30

三、股本变动及股东情况

(一)股本变动情况:
(1)股本变动情况表　　　单位:股

	期初数	本次变动增减(+-) 配股	送股	公积金转增	其他	小计	期末数
一、未流通股份							
1.发起人股份	107,200,000	3,216,000				3,216,000	110,416,000
其中:							
国有法人股份	107,200,000	3,216,000				3,216,000	110,416,000
境内法人持股份							
外资法人持股份							
2.募集法人股							
3.内部职工股							
4.优先股或其他							
其中·转配股	11,256,000	1,844,311				1,844,311	13,100,311
未流通股份合计	118,456,000	5,060,311				5,060,311	123,516,311
二、上市流通股份							
1.境内上市的人民币普通股	62,400,000	18,720,000				18,720,000	81,120,000
2.境内上市的外资股							
3.境外上市的外资股							
4.其他							
已上市流通股份合计	62,400,000	18,720,000				18,720,000	81,120,000
三、股份总数	180,856,000	23,780,311				23,780,311	204,636,311

衡阳市金荔科技农业股份有限公司

二○○○年年度报告摘选

一、公司简介

(一)公司法定中文名称:衡阳市金荔科技农业股份有限公司
英文名称:HUNAN HENGYANG JINLI TECHNOLOGY (AGRICULTURAL) CO.,LTD
(二)公司法定代表人:刘作超
(三)公司董事会秘书:欧阳述安
公司董事会证券事务代表:王剑军
联系地址:湖南省衡阳市沿江北路168号
电话:0734-8709868
传真:0734-8709892
公司证券事务电子信箱:jinlikj@163.com
(四)公司地址:湖南省衡阳市沿江北路168号
邮政编码:421001
(五)公司信息披露报纸名称:《中国证券报》、《上海证券报》
上海证券交易所网址:HTTP://WWW.SSE.COM.CN
公司年度报告备置地点:公司董秘办
(六)公司股票上市地:上海证券交易所
股票简称:ST金荔
股票代码:600762

二、会计数据和业务数据摘要

1、本年度主要财务指标情况(单位:人民币元)

利润总额:	9441165.36
净利润:	9441165.36
主营业务利润:	48250236.16
其它业务利润:	0
营业利润:	0
补贴收入:	114026.53
营业外收支净额:	-83966.68
经营活动产生的现金流量净额:	64833152.42
现金及现金等价物净增加额:	27981384.61
扣除非经常性损益后的净利润:	8749172.15

注:扣除非经常性损益后的净利润是扣除了以下项目,营业外收支、补贴收入,金额计691993.21元。

项　目	1999年	1998年 调整前	1998年 调整后
主营业务收入	49611192.48	84605659.30	84605659.30
净利润	-54590165.10	-66375548.99	-64712829.62
总资产	368897359.71	336668481.96	-109078569.89
股东权益	-32801416.05	80369623.25	21788749.05
每股收益	-0.826	-1.005	-0.980
每股净资产	-0.496	1.217	0.330
调整后的每股净资产	-0.617	1.19	0.149
每股经营活动产生的现金流量余额	0.131	-0.384	
净资产收益率		-58.45%	

2. 主要会计数据情况(单位:人民币元)

项　目	2000年
主营业务收入	194374345.12
净利润	9441165.36
总资产	592205958.82
股东权益	124826941.49
每股收益	0.14
每股净资产	1.89
调整后每股净资产	-0.44
每股经营活动产生的现金流量净额	0.98
净资产收益率	7.56%

3、按照中国证监会《公开发行证券公司信息披露编报规则(第9号)》要求计算的利润数字:

项目	净资产收益率		每股收益	
	全面摊薄 2000年度	加权平均 2000年度	全面摊薄 2000年度	加权平均 2000年度
主营业务利润	38.65%	54.56%	0.73	0.73
营业利润	16.17%	22.80%	0.31	0.31
净利润	7.56%	10.67%	0.14	0.14
扣除非经常性损益后的净利润	7.54%	10.64%	0.14	0.14

三、股东情况介绍

(一)股本变动情况
1、股份变动情况表

股本结构	1999年12月31日	2000年12月31日
(1)尚未流通股份		
Ⅰ发起人股份	14,872,000	14,872,000
其中:		
国家拥有股份	-	-
境内法人持有股份	14,872,000	14,872,000
Ⅱ募集法人股	24,128,000	24,128,000
Ⅲ内部职工股	-	-
Ⅳ优先股或其他	-	-
尚未流通股份合计	39,000,000	39,000,000
(2)已流通股份		
Ⅰ境内上市的人民币普通股	27,040,000	27,040,000
Ⅱ境内上市的外资股	-	-
Ⅲ境外上市的外资股	-	-
Ⅳ其他	-	-
已流通股份合计	27,040,000	27,040,000
(3)股份总数合计	66,040,000	66,040,000

北京中燕探戈羽绒制品股份有限公司

二〇〇〇年年度报告摘选

一、公司简介

1、公司的法定中、英文名称及缩写。
公司中文名称:北京中燕探戈羽绒制品股份有限公司
公司英文名称:BEIJING ZHONGYAN TANGO DOWN PRODUCTS SHARE CO.,LTD
缩写:BJZY
2、公司法定代表人:肖爱军
3、公司董事会秘书:赵凤龙
联系地址:北京市平谷县兴谷开发区 25 号
电话:010-69972854　　　　010-69968811
传真:010-69968811
4、公司注册地址:北京市平谷县北杨桥乡
办公地址:北京市平谷县兴谷开发区 25 号
邮编:101200
5、公司选定的信息披露报刊为《中国证券报》、《上海证券报》。
登载公司年度报告的中国证监会指定国际互联网网址:www.sse.com.cn
公司年度报告备置地点:北京市平谷兴谷开发区 25 号
6、公司股票上市交易所:上海证券交易所
股票简称:北京中燕
股票代码:600763

二、会计数据和业务数据摘要

1.本年度会计数据　　　　(单位:人民币元)

项目	金额
利润总额:	-23813171.31
净利润:	-23813171.31
扣除非经常性损益后的净利润:	-25257275.35
主营业务利润:	-560653.99
它业务利润:	-244482.01
营业利润:	-25257275.35
投资收益:	8125.15
补贴收入:	2250000.00
营业外收支净额:	-814021.11
经营活动产生的现金流量净额:	-6345206.80
现金及现金等价物增加额:	-6212916.80

注:扣除的非经常性损益项目和涉及金额:
①营业外收支净额项目:
处理固定资产损失　814021.11
②补贴收入项目:
财政局超税免返还　2250000.00
③投资收益　8125.15

2.截止报告期末公司前三年主要会计数据和财务指标

指标名称	2000 年	1999 年		1998 年	
		调整前	调整后	调整前	调整后
主营业务收入(万元)	11.67	8098.95	8098.95	2937.14	2937.14
净利润(万元)	-2381.32	1656.04	1656.04	-3078.28	-3033.19
总资产(万元)	20507.43	23921.73	23921.73	222182.02	21675.47
股东权益(万元)	20000.27	22381.58	22381.58	21076.30	20725.54
摊薄每股收益(元)	-0.149	0.103	0.103	-0.192	-0.189
加权每股收益(元)	-0.149	0.103	0.103	-0.192	-0.189
扣除非经常性损益后每股收益(元)	-0.158	0.135	0.135	-0.190	-0.190
每股净资产(元)	1.25	1.40	1.40	1.31	1.29
调整后每股净资产(元)	1.18	1.32	1.32	1.30	1.28
每股经营活动产生现金净流量(元)	-0.04	0.13	0.13	-0.06	-0.06
净资产收益率(%)	-11.91	7.4	7.4	-14.61	-14.64

3.根据中国证监会公开发行证券公司信息披露细则(第 9 号)要求计算的数据。

	报告期利润	净资产收益率		每股收益	
		全面摊薄	加权平均	全面摊薄	加权平均
主营业务利润(万元):	-56.07	-0.28	-0.56	-0.003	-0.003
营业利润(万元):	-2525.73	-12.63	-25.26	-0.158	-0.158
净利润(万元):	-2381.32	-11.91	-23.81	-0.149	-0.149
扣除非经常损益后的利润(万元):	-2525.73	-12.63	-25.26	-0.158	-0.158

三、股本变动及股东情况

1、股本变动情况表

数量 单位:股

	本次变动前	本次变动增减(+,-)						本次变动后
		配股	送股	公积金转股	增发	其他	小计	
一、未上市流通股份								
1.发起人股份	120000000							120000000
其中:国家持有股份								
境内法人持有股份	120000000							120000000
境外法人持有股份								
其他:								
2.募集法人股份								
3.内部职工股								
4.优先股或其他								
其中:转配股								
未上市流通股份合计	120000000							120000000
二、已上市流通股份								
1.人民币普通股	40320000							40320000
2.境内上市的外资股								
3.境外上市的外资股								
4.其他								
已上市流通股份合计	40320000							40320000
三、股份总数	160320000							160320000

甘肃三星石化(集团)股份有限公司

二〇〇〇年年度报告摘选

一、公司简介

1、法定中文名称:甘肃三星石化(集团)股份有限公司
简称:三星公司
法定英文名称:GANSU TRISTAR PETROCHEMICAL(GROUP)CO.,LTD.
2、法定代表人:周国勋先生
3、董事会秘书:韩永杰先生
授权代表:王淳女士
联系地址:甘肃省兰州市西固区玉门街 10 号三星公司证券部
联系电话:(0931)7933051　7557333
传真:(0931)7551922
电子信箱:SXjlb@Lanlian.com.cn
4、注册地址:甘肃省兰州市高新技术产业开发区科技街 66 号
办公地址:甘肃省兰州市西固区玉门街 10 号
邮政编码:730060
公司国际互联网网址:http://www.ciwo.com.cn
5、信息披露报刊:《上海证券报》
登载公司年报国际互联网网址:http://www.sse.com.cn.
公司年度报告备置地点:三星公司证券部
6、公司股票上市交易所:上海证券交易所
股票简称:三星石化
股票代码:600764

二、会计数据和业务数据摘要

1、2000 年度会计数据(单位:人民币元)

项目	金额
利润总额	77204254.18
净利润	54016090.41
扣除非经常性损益后的净利润	53499953.41
主营业务利润	91084486.18
其他业务利润	9805975.21
营业利润	76284506.22
营业外收支净额	-2612053.01
经营活动产生的现金流量净额	62253697.48
现金及现金等价物净增加额	12018564.08

2、前三年主要会计数据和财务指标(单位:人民币元)

项 目	2000 年	1999 年	1998 年	
			调整前	调整后
主营业务收入	595,431,305.96	424,909,543.52	328,549,500.54	328,549,500.54
净利润	54,016,090.41	29,623,432.19	39,727,196.70	36,880,046.41
总资产	544,425,483.69	520,657,386.11	428,993,531.91	426,044,591.71
股东权益	415972719.08	398,592,960.27	373,876,124.55	370,730,890.18
每股收益(摊薄)	0.295	0.162	0.282	0.262
每股收益(加权)	0.295	0.196	0.334	0.310
扣除非经常性损益后的每股收益	0.292	0.162	0.282	0.262
每股净资产	2.271	2.176	2.653	2.631
调整后每股净资产	2.268	2.152	2.641	2.619
净资产收益率(%)	12.99	7.43	10.63	9.95
净资产收益率(加权)(%)	12.78	7.70	17.23	15.97
每股经营活动产生的现金流量净额	0.34	-0.0057	0.1367	

利润表附表

报告期利润	净资产收益率(%)		每股收益	
	全面摊薄	加权平均	全面摊薄	加权平均
主营业务利润	21.76	21.56	0.50	0.50
营业利润	18.23	18.05	0.42	0.42
净利润	12.99	12.78	0.295	0.295
扣除非经常性损益后的净利润	12.86	12.66	0.292	0.292

三、股东情况介绍

1、截止报告期末股东总数为:41823 户。
2、报告期内前 10 名股东持股情况

股 东 名 称	年末数	年初数	比例(%)
中国石油天然气股份有限公司(国有法人)	94512227	94512227	51.60
兰州天益特种润滑油脂厂(法人股份)	23023696	23023696	12.57
中国石油兰州炼油化工总厂(国有法人)	2895698	0	1.58
兰州市商业银行银炼支行(法人股份)	2895698	2895698	1.58
兰州市商业银行科技支行(法人股份)	868709	868709	0.47
麦桃清(流通股份)	841332	0	0.46
泰和基金(流通股份)	327950	2599973	0.18
国服贸易(流通股份)	287500	357500	0.16
宗敏(流通股份)	284300	0	0.16
君安证券(流通股份)	115892	115892	0.06

说明:1.公司前 10 名股东无关联关系。

2.按照中国石油天然气集团公司财务资产部《关于资产划转的通知》(财资字[2000]第 229 号)精神,经国家财政部批准,中国石化国际事业兰炼公司的财务资产全额划归中国石油天然气集团公司所属的兰州炼油化工总厂。兰州炼油化工总厂决定将中国石化国际事业兰炼公司所持三星石化国有法人股 2895698 股全部过户给兰州炼油化工总厂。过户手续正在办理。

贵州力源液压股份有限公司

二〇〇〇年年度报告摘选

一、公司简介

1.公司中文名称:贵州力源液压股份有限公司
公司英文名称:GUIZHOU LIYUAN HYDRAULIC COMPONENTS CO.,LTD.
公司英文名称缩写:LYHC
2.公司法定代表人:李 利
3.公司董事会秘书:舒代游
联系地址:贵阳市九十九号信箱公司办公室
联系电话:(0851)6132002　　传真:(0851)6132590
4.公司注册地址:贵州省贵阳国家高新技术产业开发区
公司办公地址:贵州省贵阳市乌当区新场乡　　邮政编码:550202
公司电子信箱:lkccx@public.gzzt.net.cn
5.公司选定的信息披露报纸名称:《上海证券报》
登载公司年度报告的中国证监会指定国际互联网网址:http://www.sse.com.cn
公司年度报告备置地点:公司董事会秘书处
6.公司股票上市交易所:上海证券交易所
股票简称:力源液压　　股票代码:600765

二、会计数据和业务数据摘要

1.公司本年度主要会计数据

项　目	金额(元)
利润总额:	408,530.85
净利润:	408,530.85
扣除非经营性损益后的净利润:	599,599.46
主营业务利润:	13,893,792.23
其它业务利润:	112,732.52
营业利润:	568,826.57
投资收益:	30,772.89
补贴收入:	48,050.92
营业外收支净额:	-239,119.53
经营活动产生的现金流量净额:	7,344,566.31
现金及现金等价物净增加额:	-4,570,020.34
注:扣除非经常性损益项目及涉及金额:	-191,068.61
(1)补贴收入:	48,050.92
(2)营业外收支净额:	-239,119.53

2.近三年主要会计数据与财务指标

指标项目	2000年	1999年	1998年	
			调整前	调整后
主营业务收入(元):	43,948,159.87	36,850,455.80	44,558,236.16	44,558,236.16
净利润(元):	408,530.85	-7,457,881.70	6,043,884.34	6,633,684.34
总资产(元):	237,991,731.93	241,457,889.37	260,979,740.77	252,216,140.77
股东权益(元):	182,504,563.33	181,836,412.53	198,057,894.23	189,294,294.23
每股收益(摊薄)(元):	0.004	-0.067	0.054	0.060
(加权)(元):	0.004	-0.067	0.059	0.064
扣除非经营性损益后				
每股收益(摊薄)(元):	0.005	-0.064	0.058	0.063
(加权)(元):	0.005	-0.064	0.062	0.068
每股净资产(元):	1.644	1.638	1.78	1.705
调整后的每股净资产(元):	1.629	1.619	1.75	1.693
每股经营活动产生的现金流量净额:	0.066	0.130	0.08	0.08
净资产收益率(%)(摊薄):	0.224	-4.101	3.05	3.504
(加权):	0.224	-4.019	3.78	4.270

根据中国证监会《公开发行证券公司信息披露细则(第9号)》要求计算的利润表数据如下:

报告期利润	净资产收益率(%)		每股收益(元/股)	
	全面摊薄	加权平均	全面摊薄	加权平均
主营业务利润:	7.613	7.360	0.125	0.125
营业利润:	0.312	0.312	0.005	0.005
净利润:	0.224	0.224	0.004	0.004
扣除非经营性损益后的净利润:	0.329	0.329	0.005	0.005

3.按下表列示报告期内股东权益变动情况逐项说明变化原因

单位:万元

项目	股本	资本公积	盈余公积	法定公益金	未分配利润	股东权益合计
期初数	11103.2	7595.07	417.92	139.31	-932.55	18183.64
期初损益调整					25.96	25.96
本期增加					40.85	40.85
本期减少						
期末数	11103.2	7595.07	417.92	139.31	-865.74	18250.45

变动原因:本年度实现净利润40.85万元,全部用于弥补以前年度亏损。期初未分配利润中住房周转金转入13.62万元,同时调整以前年度损益12.34万元,合计25.96万元转入上年度未分配利润,致使股东权益增加。

三、股本变动及股东情况

(1)截止2000年12月31日,本公司共有股东16947户。
(2)前十名股东持股情况如下:

股东名称	持股数(股)	持股比例(%)	股份性质
贵阳航空液压件厂	76532000	68.93	国有法人股
孙建民	593068	0.53	社会公众股
戚菊仙	260389	0.23	社会公众股
姜杉	185000	0.17	社会公众股
瞿申娜	156815	0.14	社会公众股
沈佳	146000	0.13	社会公众股
韩志正	142200	0.13	社会公众股
朱景磊	139600	0.13	社会公众股
王玉洁	126310	0.11	社会公众股
陈佩芬	123890	0.11	社会公众股

烟台华联发展集团股份有限公司

二〇〇〇年年度报告摘选

一、公司简介

1.公司法定中文名称:烟台华联发展集团股份有限公司
公司法定英文名称:Yantai Hualian Development Group CO.,LTD.
2.公司法定代表人:孙锦庆
3.公司董事会秘书:杨剑波
联系地址:山东省烟台市南大街9号金都大厦26楼
电话:0535--6624347　　传真:0535--6603260
电子信箱:dshbgs@yt-public.sd.cninfo.net
4.公司注册地址:山东省烟台市南大街261号
公司办公地址:山东省烟台市南大街9号金都大厦26楼
邮政编码:264001
公司选定的信息披露报纸:《中国证券报》、《上海证券报》
登载公司年度报告的中国证监会指定国际互联网网址:http://www.sse.com.cn
5.公司年报备置地点:董事会办公室
6.公司股票上市交易所:上海证券交易所
股票简称:烟台发展　　股票代码:600766

二、会计数据和业务数据摘要

(一).公司本年度部分会计数据(单位:元)

利润总额:	28,484,782.93
净利润:	21,226,271.10
扣除非经常性损益后的净利润:	19,865,739.29
主营业务利润:	74,430,812.04
其他业务利润:	2,327,299.80
营业利润:	17,438,793.95
投资收益:	9,685,457.17
补贴收入	112,659.07
营业外收支净额:	1,247,872.74
经营活动产生的现金流量净额:	-2,412,361.83
现金及现金等价物净增加额:	35,215,269.13

注:扣除的非经常性损益为:

项目	涉及金额
补贴收入	112,659.07元
营业外收支净额	1,247,872.74元
合 计	1,360,567.81元

(二).主要会计数据和财务指标

年份 项目	2000年	1999年	1998年	
			调整前	调整后
主营业务收入(元)	308,731,893.55	422,402,677.94	261,624,016.12	261,612,743.85
净利润(元)	21,226,271.10	21,142,422.12	23,522,431.81	20,359,264.98
总资产(元)	780,707,398.62	609,791,059.33	655,856,358.72	622,761,754.54
股东权益(不含少数股东权益)(元)	232,902,353.82	210,504,976.97	223,038,846.32	189,532,133.87
每股收益(元/股)(全面摊薄)	0.1327	0.1983	0.22	0.1910
每股收益(元/股)(加权平均)	0.1593	0.1983	0.28	0.2545
扣除非经常损益后的每股收益(元/股)	0.1242	0.1531	0.16	0.1258
每股净资产(元/股)	1.4565	1.9747	2.09	2.0375
调整后的每股净资产(元/股)	1.2455	1.7544	1.92	1.8608
每股经营活动产生的现金流量净额(元/股)	-0.0151	0.5875	0.59	0.5945
净资产收益率(%)	9.1138	10.0437	10.55	9.3733
加权净资产收益率(%)	9.5742	9.8863	7.43	7.0769
扣除非经常损益后的加权净资产收益率(%)	8.9605	7.6303	10.96	9.9704

(三).利润表附表

	净资产收益率(%)		每股收益(元)	
	全面摊薄	加权平均	全面摊薄	加权平均
主营业务利润	31.96	33.57	0.4655	0.5586
营业利润	7.4876	7.8658	0.1091	0.1309
净利润	9.1138	9.5742	0.1327	0.1593
扣除非经常损益后的净利润	8.5296	8.9605	0.1242	0.1647

三、股本变动及股东情况

公司股份变动情况表

数量单位:股

	期初数	本次变动增减(+,-)					期末数
		配股	送股	公积金转股	其他	小计	
一、未上市流通股份							
1、发起人股份	21360000	0	6408000	4272000	0	10680000	32040000
其中:							
国家持有股份	21360000	0	6408000	4272000	0	10680000	32040000
境内法人持有股份							
境外法人持有股份							
其他							
2、募集法人股	51790000	0	15537000	10358000	0	25895000	77685000
3、内部职工股							
4、优先股或其他							
未上市流通股份合计	73150000	0	21945000	14630000	0	36575000	109725000
二、已上市流通股份							
1、人民币普通股	33451800	0	10035540	6690360	0	16725900	50177700
2、境内上市的外资股							
3、境外上市的外资股							
4、其他							
已上市流通股份合计	33451800	0	10035540	6690360	0	16725900	159902700
三、股份总数	106601800	0	31980540	21320360	0	53300900	159902700

运盛(福建)实业股份有限公司

二〇〇〇年年度报告摘选

一、公司简介

公司名称:运盛(福建)实业股份有限公司
公司英文名称:WINSAN (FUJIAN) INDUSTRIAL CORPORATION LTD.
注册地址及办公地址:福州市湖东路169号天骛大厦11楼
公司法定代表人:倪健鹤
公司电话:0591－7609998、7542845　　传真:0591－7542843
邮政编码:350003
公司电子信箱:wsfj@pub2.fz.fj.cn
董事会秘书　　姓名:李威
电话:0591－7609998－368
电子信箱:wszj@pub3.fz.fj.cn
公司指定信息披露报纸:《中国证券报》、《上海证券报》
登载公司中期报告正文的中国证监会指定国际互联网网址:Http://www.sse.com.cn
公司中期报告正文备置地点:公司证券部
公司股票上市地点:上海证券交易所
股票简称:运盛实业　　股票代码:600767

二、会计数据和业务数据摘要

(币种:人民币　单位:元)

1.本年度主要利润指标情况

利润总额:	6,411,257.48
净利润:	2,418,444.21
扣除非经常性损益后的净利润:	2,966,403.65
主营业务利润:	18,782,155.74
其他业务利润:	6,715,254.79
营业利润:	10,268,675.37
投资收益:	－3,309,458.11
补贴收入:	0
营业外收支净额:	－547,959.44
经营活动产生的现金流量净额:	－4,131,016.27
现金及现金等价物净增加额:	－26,186,234.85
注:扣除的非经常性损益项目系营业外收支净额	－547,959.44

2.截止报告期末公司前三年主要会计数据和财务指标:

指　标	2000年	1999年		1998年
		调整前	调整后	
(1)主营业务收入	264,817,804.45	342,479,506.61	342,479,506.61	131,616,042.89
(2)净利润	2,418,444.21	12,770,473.72	4,229,691.7	14,748,728.82
(3)总资产	1,296,942,504.26	1,123,561,165.9	1,116,134,799.42	1,225,181,996.15
(4)股东权益(不含少数股东权益)	603,427,510.18	609,174,597.01	600,633,814.99	596,404,123.29
(5)每股净资产	1.77	2.68	2.64	3.94
(6)调整后的每股净资产	1.75	2.67	2.64	3.94
(7)每股收益(全面摊薄)	0.01	0.06	0.02	0.10
每股收益(加权平均)	0.01	0.08	0.03	0.13
(8)净资产收益率%(全面摊薄)	0.4%	2.10%	0.7%	2.47
净资产收益率%(加权平均)	0.4%			3.72
(9)扣除非经常性损益后每股收益	0.01	0.05	0.014	
(10)每股经营活动产生的现金流量净额	－0.01	0.49	0.49	－0.40

3. 利润表附表

报告期利润	净资产收益率%		每股收益	
	全面摊薄	加权平均	全面摊薄	加权平均
主营业务利润	3.11	3.12	0.06	0.06
营业利润	1.70	1.71	0.03	0.03
净利润	0.4	0.4	0.01	0.01
扣除非经常性损益后的净利润	0.5	0.5	0.01	0.01

三、股东情况介绍

1.截止2000年12月31日止,公司股东共计52019户。

2.截止2000年12月31日止,公司前10名股东情况如下:(单位:万股)

单　位	年末持股数	年初持股数	股份变动原因	比例
香港运盛有限公司	15741.5625	10494.375	资本公积转增股本所致	46.16%
中国银宏实业发展公司	5175	3450	资本公积转增股本所致	15.18%
运盛(南京)实业有限公司	1462.5	975	资本公积转增股本所致	4.29%
福建华兴信托投资公司	1096.875	731.25	资本公积转增股本所致	3.22%
兴业证券	947.4699	744.6612		2.78%
南京钢铁集团有限公司	511.875	341.25	资本公积转增股本所致	1.5%
中福实业股份有限公司	438.75	292.5	资本公积转增股本所致	1.29%
王俊刚	72.06	/		0.21%
曾嘉	32.03	/		0.09%
汪澜	30.6577	/		0.09%

其中:运盛(南京)实业有限公司为香港运盛有限公司的全资子公司。

报告期内以上股东所持股份质押情况:

A. 香港运盛有限公司以其持有股权为本公司银行贷款8600万元人民币、200万美元提供质押,共计12250万股,目前尚未解除。

B.中国银宏实业发展公司所持有的1950万股股份已质押。

3.截止1999年12月31日止,持有公司10%以上股份的法人股东简介

香港运盛有限公司

法人代表:陈泽盛,持有本公司股份15741.5625万股,占总股本46.15%。该公司是实业投资公司,除海外投资外,近年来着重在上海、南京、福州、苏州等地投资。

中国银宏实业发展公司

法人代表:杨家思,持有本公司股份5175万股,占总股本15.17%。该公司是实业投资企业,注册资本人民币2.5亿元。

宁波华通集团股份有限公司

二〇〇〇年年度报告摘选

一、公司简介

1、公司法定中文名称:宁波华通集团股份有限公司
缩写:宁波华通
英文名称:NINGBO HUATONG GROUP Co,LTD
缩写:NBHT
2、公司法定代表人:宋汉平
3、公司联系人:马晓勇、唐剑江
联系地址:宁波市中山东路336号
电话:(0574)7725920.7375767
传真:(0574)7375883
电子信箱:tjj6768@sina.com.cn
4、公司注册及办公地址:宁波市中山东路336号
邮政编码:315040
5、公司选定的信息披露报纸:《中国证券报》
公司网站网址:http://www.nbht2000.com
登载公司年度报告的中国证监会指定国际互联网网址:http://www.sse.com.cn
公司年度报告备置地点:公司资产运营部
6、公司股票上市交易所:上海证券交易所
股票简称:宁波华通
股票代码:600768

二、会计数据和业务数据摘要

(一)本年度主要利润指标情况:(单位:元)

1、利润总额	－28,636,493.98
2、净利润	－28,613,413.58
3、扣除非经常性损益后的净利润	－28,570,341.98
4、主营业务利润	3,821,460.52
5、其他业务利润	21,600.97
6、营业利润	－20,571,198.08
7、投资收益	－8,022,224.30
8、补贴收入	0
9、营业外收支净额	－43,071.60
10、经营活动产生的现金流量净额	3,268,487.52
11、现金及现金等价物净增加额	－6,844,675.59

说明:扣除非经常性损益项目　(单位:元)

(1)罚款支出	16,171.46
(2) 处置财产损失	26,900.14
合计	43,071.60

(二)前三年主要会计数据和财务指标

指标项目	2000年	1999年		1998年	
		调整后	调整前	调整后	调整前
1 主营业务收入(元)	134,165,263.33	123,860,284.43	151,136,407.68	113,036,688.66	147,169,395.06
2 净利润(元)	－28,613,413.58	－22,118,682.88	9,200,794.59	4,056,039.84	17,870,240.75
3 总资产(元)	234,249,093.87	251,622,911.06	293,164,417.00	191,871,501.34	217,932,334.24
4 股东权益(元)	81,530,890.32	110,144,303.90	149,830,431.37	132,176,628:87	153,944,982.32
5 每股收益(元/股)	－0.31	－0.24	0.10	0.08	0.35
6 每股收益(元/股)(加权)	－0.31	－0.24	0.12	0.08	0.35
7 扣除非经常性损益后的每股收益	－0.31	－0.24	0.10	0.08	0.35
8 净资产收益率(%)	－35.10	－20.08	6.14	3.07	11.60
9 每股净资产(元/股)	0.88	1.19	1.61	2.56	2.98
10 调整后的每股净资产(元/股)	0.76	1.15	1.60	2.53	2.95
11 每股经营活动产生的现金流量净额	0.04	0.05	0.05	0.35	0.37

(三)按中国证监会《公开发行证券公司信息披露编报规则第9号》的要求,计算的公司2000年度净资产收益率和每股收益如下:

报告期利润	净资产收益率(%)		每股收益(元/股)	
	全面摊薄	加权平均	全面摊薄	加权平均
主营业务利润	4.69%	3.99%	0.04	0.04
营业利润	－25.23%	－21.46%	－0.22	－0.22
净利润	－35.10%	－29.86%	－0.31	－0.31
扣除非经常性损益后的净利润	－35.04%	－29.81%	－0.31	－0.31

三、股本变动及股东情况

1、截止2000年12月31日,股东总户数为20136户。

2、前十名股东持股情况

持股单位	期末持股数	占总股本的比例	股份性质	法人股东股份增减情况
(1)宁波市第三运输公司	20,448,000	22%	法人股	
(2)宁波轻工控股(集团)有限公司	20,160,000	21.7%	法人股	新增
(3)上海雄龙科技有限公司	13,392,000	14.4%	法人股	
(4)宁波交通投资开发公司	10,296,000	11.1%	法人股	
(5)宁波保税区银盛投资发展有限公司	1,800,000	1.9%	法人股	新增
(6)陆远珍	173,000	0.19%	流通股	
(7)何小军	149,900	0.16%	流通股	
(8)何秀芬	131,101	0.14%	流通股	
(9)肖海林	130,000	0.14%	流通股	
(10)胡智勇	124,000	0.13%	流通股	

武汉祥龙电业股份有限公司

二〇〇〇年年度报告摘选

一、公司简介

1、公司法定中文名称:武汉祥龙电业股份有限公司
公司法定英文名称:WUHAN XIANGLONG POWER INDUSTRY CO. LTD
公司英文名称缩写:XLD
2、公司法定代表人:江涤清
3、公司董事会秘书:郭唐明
电话:027-87600367
传真:027-87600367
联系地址:武汉市洪山区葛化街化工路31号
4、公司注册及办公地址:武汉市洪山区葛化街化工路31号
邮政编码:430078
E-mail:xldy@public.wh.hb.cn
5、公司信息披露报纸:《中国证券报》、《上海证券报》
登载公司年报的中国证监会指定国际互联网址:http://www.sse.com.cn
公司年报备置地点:本公司证券部
6、公司上市地点:上海证券交易所
股票简称:祥龙电业
股票代码:600769

二、会计数据和业务数据摘要

(一)、公司本年度主要会计数据和业务数据摘要(单位:元)

项目	金额
利润总额	25,897,552.42
净利润	21,328,537.31
扣除非经常性损益后的利润	17,462,404.76
主营业务利润	72,939,266.52
其他业务利润	1,134,172.94
营业利润	27,382,238.01
投资收益	2,431,140.46
营业外收支净额	-3,915,826.05
经营活动产生的现金流量净额	-22,663,190.54
现金及现金等价物净增加额	25,298,822.55

(二)、前三年主要会计数据和财务指标

指标项目	2000年	1999年	1998年
主营业务收入(万元)	49,947.03	36,693.84	34,902.52
净利润(万元)	2,132.85	5,630.36	8,122.09
总资产(万元)	120,014.27	113,559.77	100,235.22
股东权益(万元)	93,270.54	91,137.69	86,786.85
每股收益(元/股)(摊薄)	0.06	0.16	0.23
扣除非经常性损益后的每股收益(元)	0.05	0.16	0.37
每股净资产(元)	2.67	2.61	3.92
调整后的每股净资产(元)	2.67	2.61	3.92
每股经营活动中产生的现金流量净额(元)	0.06	-0.19	-0.13
净资产收益率(%)(摊薄)	2.29	6.18	9.50

按照中国证监会《公开发行证券公司信息披露编报规则(第9号)》的要求计算的相关指标。

报告期利润	净资产收益率		每股收益	
	全面摊薄	加权平均	全面摊薄	加权平均
主营业务利润	7.82%	7.91%	0.21	0.21
营业利润	2.94%	2.97%	0.08	0.08
净利润	2.29%	2.31%	0.06	0.06
扣除非经常性损益后的净利润	1.87%	1.89%	0.05	0.05

注:扣除非经常性损益后的净利润所扣除的项目

项目	金额
投资收益	2,299,140.46
资产处置收益	-3,874,484.46
补贴收入	5,441,476.55

三、股本变动及股东情况

(一)、股东情况介绍
1、报告期末股东总数
截止报告期末,公司股东总数为65969户。
2、主要股东持股情况
A、报告期末持有本公司5%以上股份的股东持股情况

序号	股东名称	年末持股数(股)	占总股本
1	武汉葛化集团有限公司	199280000	57.13%
2	武汉华原能源物资开发公司	26816000	7.69%

公司第一大股东武汉葛化集团有限公司所持祥龙电业部分国有法人股112837796股于2000年4月25日被湖北省汉江中级人民法院冻结。武汉葛化集团有限公司与中国信达资产管理公司根据湖北省汉江中级人民法院[(2000)汉经初字第10号]民事调解书,于2000年7月3日达成股权转让协议,将其持有的祥龙电业法人股112837796股转让给中国信达资产管理公司,截止报告期末,股权过户交割手续正在办理中。(公司已于2000年12月20日在《中国证券报》和《上海证券报》上进行了披露.

B、前十名股东持股情况

序号	股东名称	年末持股数(股)	占总股本
1	武汉葛化集团有限公司	199280000	57.13%
2	武汉华原能源物资开发公司	26816000	7.69%
3	武汉建设投资公司	15200000	4.36%
4	武汉市电力开发公司	13760000	3.94%
5	葛化运输	3200000	0.92%
6	吕墩农工	3200000	0.92%
7	傅华美	258000	0.07%
8	兴和基金	235735	0.07%
9	张麦香	234653	0.07%
10	刘细蓉	209236	0.06%

江苏综艺股份有限公司

二〇〇〇年年度报告摘选

一、公司简介

(一)公司法定中文名称:江苏综艺股份有限公司
英文名称:JIANGSU ZONGYI CO.,LTD
英文缩写:JSZY
(二)公司法定代表人:昝圣达
(三)公司董事会秘书:季风华　　授权代表:顾政巍
联系地址:江苏省通州市兴东镇黄金村
联系电话:0513-6639999　6563931　6563932
传　真:0513-6563502
电子信箱:zyjs.n@public.nt.js.cn
(四)公司注册地址:江苏省通州市兴东镇黄金村
办公地址:江苏省通州市兴东镇黄金村　　邮政编码:226376
公司网址:http://www.600770.com
电子信箱:zy600770@public.nt.js.cn
(五)公司指定信息披露报纸:《中国证券报》、《上海证券报》、《证券时报》
年度报告披露网址:http://www.sse.com.cn
年度报告备置地点:公司证券部
(六)公司股票上市交易所:上海证券交易所
股票简称:综艺股份　　股票代码:600770

二、会计数据和业务数据摘要

(一)公司本年度主要利润指标情况(单位:人民币元)

项目	金额
利润总额:	144680644.25
净利润:	90603742.18
扣除非经常性损益后的净利润:	36418310.49
主营业务利润:	80409228.80
其他业务利润:	17258499.85
营业利润:	44319000.86
投资收益:	70806352.92
补贴收入:	29099008.19
营业外收支净额:	456282.28
经营活动产生的现金流量净额:	21572073.10
现金及现金等价物净增加额:	-2246240.40

注:扣除的非经常性项目和涉及金额:
股权转让(税后):　29535431.69元
补贴收入(税后):　24650000.00元

(二)公司近三年主要会计数据和财务指标:

项　目	2000年	1999年	1998年	
			调整前	调整后
主营业务收入(元)	375217317.33	404140926.48	253429941.32	253429941.32
净利润(元)	90603742.18	83924386.80	76713238.31	78479809.22
总资产(元)	972655371.89	763584319.96	645189131.68	638311156.03
股东权益(元)	564950417.36	501346675.18	423190911.31	417435507.21
每股收益(元)	0.336	0.311	0.43	0.436
每股净资产(元)	2.09	1.86	2.35	2.32
调整后的每股净资产(元)	1.98	1.83	2.28	2.25
每股经营活动所产生现金流量净额:	0.0799	0.237	--	0.043
净资产收益率(%)	16.04	17.27	18	18.13

根据中国证监会《公开发行证券公司信息披露编报规则》(第9号)通知精神,利润表附表列示如下:

报告期利润		净资产收益率(%)		每股收益(元)	
		全面摊薄	加权平均	全面摊薄	加权平均
主营业务利润					
	本年度	14.2	14.7	0.298	0.298
	上年度	20.09	21.93	0.373	0.373
营业利润					
	本年度	7.84	8.1	0.164	0.164
	上年度	17.6	19.2	0.327	0.327
净利润					
	本年度	16.04	16.57	0.336	0.336
	上年度	16.74	18.27	0.311	0.311
扣除非经常性损益后的净利润					
	本年度	6.45	6.66	0.135	0.135
	上年度	16.74	18.27	0.311	0.311

(三)报告期内股东权益变动情况(单位:人民币元):

项　目	股本	资本公积	盈余公积	其中:法定公益金	未分配利润	合　计
期初数	270000000	42171298.72	67181500.85	17397678.45	121993875.61	501346675.18
本期增加	0	0	40311958.04	4443015.84	23291784.14	63603742.18
本期减少	0	0	0	0	0	0
期末数	270000000	42171298.72	107493458.89	21840694.29	145285659.75	564950417.36

三、股本情况介绍

(一)、截至2000年末,公司股东总数为106191户。
(二)、主要股东持股情况(截至2000年12月底)

名次	股东名称	年末持股数(万股)	占总股本(%)
1	南通绣衣时装集团公司	12323.66	45.64
2	南通大兴服装绣品有限公司	2571.35	9.52
3	通州市建设投资中心	1350.00	5.00
4	陈荣	76.00	0.28
5	彭矛文	39.00	0.14
6	北盈房产	31.00	0.11
7	殷立东	30.00	0.11
8	周翔	28.60	0.11
9	李国诚	26.05	0.10
10	福建华福	24.50	0.09

东盛科技股份有限公司

二〇〇〇年年度报告摘选

一、公司简介

1、公司法定中文名称:东盛科技股份有限公司
公司法定英文名称:topsun science and technology CO.,Ltd
2、公司注册地址:青海省西宁市
公司办公地址:陕西省西安市南二环西段九号永安大厦
邮政编码:710068
3、公司法定代表人:郭家学
4、公司董事会秘书:田 红
联系地址:陕西省西安市南二环西段九号永安大厦
电话:029-8378949 转 8085
传真:029-8378954
Email:QIHLUM@PUBLIC.XN.QH.CN
5、公司选定的信息披露报纸名称:《上海证券报》、《中国证券报》、《证券时报》
中国证监会指定国际互联网网址:http://www.sse.com.cn
公司年度报告备置地点:公司证券部
6、公司股票上市交易所:上海证券交易所
股票简称:东盛科技
股票代码:600771

二、会计数据和业务数据摘要

(一)、本年度实现的利润情况(单位:人民币元)

项目	金额
利润总额:	55,838,745
净利润:	53,154,569
扣除非经常性损益后的净利润:	54,428,994
主营业务利润:	114,664,274
其他业务利润:	4,437,586
营业利润:	57,113,170
补贴收入:	-
营业外收支净额:	63,008
投资收益:	(1,337,433)
经营活动产生的现金流量净额:	11,518,539
现金及现金等价物净增加额:	76,672,172

注:扣除的非经常性损益项目和涉及金额:营业外收入:213,506 元,营业外支出:150,498 元,合并价差(股权投资差额)摊销:1,685,389 元,一次性分红收入:347,956 元。

(二)、截至报告期末公司前三年主要会计数据和财务指标:(单位:人民币元)

项 目	2000 年	1999 年	1998 年
主营业务收入	311,038,666	237,201,504	130,369,926
净利润	53,154,569	28,623,097	11,329,620
总资产	659,554,900	371,327,238	288,227,662
股东权益(不含少数股东权益)	292,202,163	239,047,594	139,391,472
每股收益(加权)	0.284	0.312	0.14
每股收益	0.284	0.306	0.14
扣除非经常性损益后的每股收益	0.291	0.305	0.34
每股净资产	1.564	2.56	1.76
调整后的每股净资产	1.504	2.455	1.64
每股经营活动产生的现金流量净额	0.062	(0.34)	0.19
净资产收益率%	18.19	11.97	8.13

注:以上指标计算涉及股本总数时 1999 年指标按原有股本 93,443,480 股计算;2000 年指标按现有股本 186,886,960 股计算(系本报告期实施了 1999 年度利润分配方案及资本公积金转增股本方案:10 送 3 转赠 7)。

报告期利润	净增收益率(%)		每股收益(元)	
	全面摊薄	加权平均	全面摊薄	加权平均
主营业务利润	39.24	43.17	0.614	0.614
营业利润	19.55	21.50	0.306	0.306
净利润	18.19	20.01	0.284	0.284
扣除非经常性损益后的净利润	18.63	20.49	0.291	0.291

三、股本变动及股东情况

(一)、股本变动情况
1、股份变动情况表(单位:股)

	本次变动前	本次变动增减(+、-)				本次变动后
		配股	送股	公积金转增	小计	
一、未上市流通股份						
1、发起人股份	68,693,480	20,608,044		48,085,436	68,693,480	137,386,960
其中:						
国家持有股份						
境内法人持有	68,693,480	20,608,044		48,085,436	68,693,480	137,386,960
境外法人持有股份						
其他						
2、募集法人股份						
3、内部职工股						
4、优先股或其他						
其中:转配股						
未上市流通股份合计	68,693,480	20,608,044		48,085,436	68,693,480	137,386,960
二、已上市流通股份						
1、人民币普通股	24,750,000	7,425,000		17,325,000	24,750,000	49,500,000
2、境内上市的外资股						
3、境外上市的外资股						
4、其他						
已上市流通股份合计	24,750,000	7,425,000		17,325,000	24,750,000	49,500,000
三、股份总数	93,443,480	28,033,044		65,410,436	93,443,480	186,886,960

注:报告期内公司股份总数增加了 93,443,480 股,系实施了 2000 年 2 月 25 日经公司 1999 年度股东大会审议通过的公司 1999 年度利润分配方案及资本公积金转增股本方案。

中油龙昌(集团)股份有限公司

二〇〇〇年年度报告摘选

一、公司简介

1、公司法定中文名称:中油龙昌(集团)股份有限公司
公司英文名称:PETROLEUM LONG CHAMP (GROUP) CO., LTD.
公司英文名称缩写:LONG CHAMP
2、公司法定代表人:黄维和
3、公司董事会秘书:赵伟文
联系地址:河北省廊坊市爱民东道 158 号
电　话:(0316) 2075875　　传　真:(0316) 2077066
电子信箱:E—Mail:hjlflc@public.lfptt.he.cn
4、公司注册地址:河北省廊坊市经济技术开发区
公司办公地址:河北省廊坊市爱民东道 158 号　　邮政编码:065000
公司电子信箱:E—Mail:hjlflc@public.lfptt.he.cn
5、指定信息披露报纸:《中国证券报》
登载年报指定国际互联网网址 http://www.sse.com.cn
公司年度报告备置地点:董事会秘书处
6、公司股票上市交易所:上海证券交易所
股票简称:石油龙昌　　股票代码:600772

二、会计数据和业务数据摘要

1、本年度主要利润指标

项 目	金额单位:元
利润总额	94,656,528.77
净利润	51,078,554.36
扣除非经常性损益后的净利润	53,160,578.94
主营业务利润	141,423,766.44
其他业务利润	63,184.83
营业利润	103,821,268.06
投资收益	-6,904,176.41
补贴收入	4,161.22
营业外收支净额	-2,264,724.10
经营活动产生的现金流量净额	150,505,923.75
现金及现金等价物净增加额	-18,316,294.10

2、三年主要会计数据与财务指标

项目	2000 年	1999 年		1998 年
		调整后	调整前	
主营业务收入(万元)	35527.78	31793.37	31793.37	28949.69
净利润(万元)	5107.68	6312.10	6528.80	5589.26
总资产(万元)	135826.69	128605.00	128714.44	161385.85
股东权益(万元)	48226.93	43119.07	43228.51	35314.32
每股收益(摊薄)(元)	0.225	0.2781	0.2877	0.3693
扣除非经常性损益后的每股收益(元)	0.2342	0.2793	0.2889	
每股收益(加权)(元)	0.225	0.3229	0.334	0.3693
每股净资产(元)	2.12	1.90	1.90	2.33
调整后每股净资产(元)	2.06	1.85	1.86	2.30
每股经营活动产生的现金流量净额(元)	0.66	1.41	1.41	0.22
净资产收益率(%)	10.59	14.64	15.10	15.82
净资产收益率加权(%)	11.18	16.41	16.93	17.55
扣除非经常性损益后的净资产收益率加权(%)	11.64	16.48	16.99	17.55

3、利润分配表附表:

项目	净资产收益率(%)		每股收益(元)	
	全面摊薄	加权平均	全面摊薄	加权平均
主营业务利润	29.32	30.96	0.6231	0.6231
营业利润	21.53	22.73	0.4574	0.4574
净利润	10.59	11.18	0.225	0.225
扣除非经常性损益后的净利润	11.02	11.64	0.2342	0.2342

三、股本变动及股东情况

1、股本变动情况
(1)股份变动情况表

2000 年度公司股份变动情况

(截至 2000 年 12 月 31 日)　　数量单位:股

	本次变动前	本次变动增减(+、-)					本次变动后
		配股	送股	公积金转股	其它	小计	
一、未上市流通股份							
1、发起人股份	95596800						95596800
其中:							
国家持有股份	95596800						95596800
境内法人持有股份							
境外法人持有股份							
其它							
2、募集法人股份	68203200						68203200
3、内部职工股							
4、优先股或其它							
其中:转配股							
未上市流通股份合计	163800000						163800000
二、已上市流通股份							
1、人民币普通股	63180000						63180000
2、境内上市的外资股							
3、境外上市的外资股							
4、其它							
已上市流通股份合计	63180000						63180000
三、股份总数	226980000						226980000

西藏金珠股份有限公司

二〇〇〇年年度报告摘选

一、公司简介

一、公司法定中、英文名称及缩写
1、公司法定中文名称:西藏金珠股份有限公司
2、公司中文简称名:西藏金珠
3、公司法定英文名称:TIBET JINZHU CO.,LTD.
4、公司英文简称名:TJZC
二、公司法定代表人:董事长董金江先生
三、公司总经理:孙勇先生
四、公司董事会秘书:次仁多吉先生
公司证券事务代表:西虹女士、邵滨江先生
拉萨总部联系电话及传真:TEL:(0891)6832913、6833922
FAX:(0891)6824804、6833922
成都总部联系电话及传真:TEL:(028)6747688－－－888
FAX:(028)6744378
公司国际互联网网页:http://www.jinzhu.com
电子信箱:cdxhsbj@163.com
五、公司地址
1、公司注册地址:西藏自治区拉萨市北京中路182号
2、公司办公地址:
拉萨总部:西藏自治区拉萨市北京中路182号,邮编850000
成都总部:四川省成都市鼓楼南街117号世贸中心A座20楼2002室,邮编610015
六、公司信息批露事项
1、公司年度报告备置地点:
西藏金珠股份有限公司拉萨总部证券部
西藏金珠股份有限公司成都总部总经办
2、公司信息披露报刊:《中国证券报》、《上海证券报》
3、登载年度报告的互联网网址:http://www.sse.com.cn
4、公司网页:http://www.jinzhu.com
七、公司股票事项
1、股票上市地:上海证券交易所
2、股票简称:西藏金珠
3、股票代码:600773

二、会计数据与业务数据摘要

一、本年度主要利润指标情况

1、利润总额:	29,414,031.46元
2、净利润:	24,181,587.35元
3、扣除非经常性损益后的净利润:	21,284,350.74元
4、主营业务利润:	53,305,650.54元
5、其他业务利润:	－96,360.90元
6、营业利润:	31,206,794.85元
7、投资收益:	－3,040,000.00元
8、补贴收入:	1,248,836.90元
9、营业外收支净额:	－1,600.29元
10、经营活动产生的现金流量净额:	15,571,031.31元
11、现金及现金等价物净增加额:	103,364,712.18元

注:2000年1月至12月扣除的非经常性损益及涉及金额:

1、补贴收入:	1,248,836.90元
2、营业外收支净额:	－1,600.29元
3、投资收益(合作项目分利):	1,650,000.00元

二、公司前三年主要会计数据和财务指标: 单位:人民币元

指标项目	2000.12.31	1999.12.31		1998.12.31	
		调整后	调整前	调整后	调整前
主营业务收入	111,351,020.74	108,392,015.41	107,494,921.38	71,844,841.32	71,844,841.32
净利润	24,181,587.35	18,438,586.44	18,706,401.34	22,474,725.03	22,774,601.96
总资产	388,271,748.30	251,597,712.66	253,823,571.60	225,127,733.28	227,346,056.50
股东权益(不含少数股东权益)	324,327,633.95	220,085,286.25	220,957,488.61	205,251,087.27	205,172,934.91
每股收益	0.25	0.21	0.21	0.25	0.26
每股收益(加权)	0.27	0.21	0.21	0.26	0.27
每股收益(扣除非经常性损益后)	0.24	0.21	0.21	0.20	0.21
每股净资产	3.42	2.48	2.48	2.27	2.31
调整后每股净资产	3.29	2.21	2.43	2.20	2.23
每股经营活动产生的现金流量净额	0.16	0.15	0.15	－0.005	－0.005
净资产收益率(%)	7.24	8.38	8.47	11.11	11.10
净资产收益率(加权)(%)	10.42	8.72	8.84	12.54	12.60

三、股本变动及股东情况

1、股本变动情况

报告期内经中国证监会批准,公司以10:3的比例向社会公众股股东配售865.80万股,于2000年12月份实施。公司总股本变更为9,758.12万股。

2、股东总数:截止2000年12月31日,本公司期末股东总数为16488户。

3、报告期末持有公司股份的前10名股东持股情况:

股东名称	年末持股数量(股)	占总股本比例(%)	持股性质
金珠集团公司	58530496	59.98%	国有法人股
中国基地西藏公司	384800	0.394%	境内法人股
西藏国际公司	384800	0.394%	境内法人股
西藏信托公司	384800	0.394%	境内法人股
西藏包装公司	384800	0.394%	境内法人股
朱美娇	150214	0.154%	社会公众股
高莲英	148100	0.152%	社会公众股
金鑫	121000	0.124%	社会公众股
陕西证券公司	115178	0.118%	社会公众股
吕景宝	114680	0.118%	社会公众股

武汉市汉商集团股份有限公司

二〇〇〇年年度报告摘选

一、公司简介

公司法定中文名称:武汉市汉商集团股份有限公司
英文名称:WUHAN HANSHANG GROUP CO.,LTD
公司英文名称缩写:HSGC
公司法定代表人:张宪华
公司董事会秘书:张晴
联系地址:湖北省武汉市汉阳大道134#
联系电话:(027)84843197　传真:(027)84842384
电子信箱:hssd@public.wh.hb.cn
公司注册及办公地址:湖北省武汉市汉阳大道134号　邮编:430050
公司国际互联网网址:http://www.hanshang.com.cn
电子信箱:hanshang@public.wh.hb.cn
公司选定的信息披露报纸名称:《中国证券报》、《上海证券报》
登载公司年度报告的中国证监会指定国际互联网网址:http://www.sse.com.cn
公司年度报告备置地点:公司股证部
公司股票上市交易所:上海证券交易所
股票简称:汉商集团　股票代码:600774

二、会计数据和业务数据摘要

(一)本年度利润表及现金流量表主要数据摘要: 单位:人民币元

项　目	金　额
利润总额	32,023,420.67
净利润	27,215,562.14
扣除非经常性损益后的净利润	26,454,112.14
主营业务利润	74,447,269.56
其他业务利润	21,446,010.29
营业利润	32,109,517.05
投资收益	761,450.00
营业外收支净额	－847,546.38
经营活动产生的现金流量净额	50,294,142.16
现金及现金等价物净增加额	12,253,094.82

注:本年度扣除非经常性损益为投资债券等收益761,450元

(二)主要会计数据及财务指标 单位:人民币元

项　目	2000年	1999年	1998年	
			调整前	调整后
主营业务收入	624,378,858.28	802,768,207.81	1,003,368,221.22	1,003,368,221.22
净利润	27,215,562.14	26,288,706.96	23,879,290.58	23,702,284.49
总资产	675,585,178.19	624,837,529.60	633,365,829.74	633,050,376.59
股东权益	371,634,448.06	343,685,703.44	317,325,624.46	317,057,507.28
每股收益(摊薄)	0.315	0.30	0.28	0.27
每股收益(加权)	0.315	0.30	0.29	0.28
扣除非经常性损益后的每股收益(摊薄)	0.306	0.30	0.28	0.27
扣除非经常性损益后的每股收益(加权)	0.306	0.30	0.29	0.28
每股净资产	4.30	3.97	3.67	3.67
调整后的每股净资产	4.12	3.85	3.40	3.40
每股经营活动产生的现金流量净额	0.58	0.63	0.58	0.58
净资产收益率(%)(摊薄)	7.32	7.65	7.53	7.48
净资产收益率(%)(加权)	7.62	9.31	8.50	8.44

注:公司2000年度配股工作已于2001年3月15日全部结束,总股本由8,648万股变为9,446.72万股,变化后的每股收益为0.288元。

(三)根据中国证监会关于发布《公开发行证券公司信息披露编报规则(第9号)》要求,公司按全面摊薄法和加权平均法计算的净资产收益率及每股收益。

项　目	报告期利润	净资产收益率(%)		每股收益(元)	
		全面摊薄	加权平均	全面摊薄	加权平均
主营业务利润	74,447,269.56	20.03	19.54	0.861	0.861
营业利润	32,109,517.05	8.64	8.93	0.371	0.371
净利润	27,215,562.14	7.32	7.62	0.315	0.315
扣除非经常性损益后的净利润	26,454,112.14	7.12	7.41	0.306	0.306

(四)报告期内股东权益变动情况 单位:人民币元

项　目	股　本	资本公积	盈余公积	其中:法定公益金	未分配利润	股东权益合计
期初数	86,480,000.00	120,268,866.50	45,992,472.81	13,455,802.61	90,944,364.13	343,685,703.44
本期增加		733,182.48	4,082,334.32	1,360,778.11	23,133,227.82	27,948,744.62
本期减少						
期末数	86,480,000.00	121,002,048.98	50,074,807.13	14,816,580.72	114,077,591.95	371,634,448.06

变动原因:1、资本公积增加是接受捐赠固定资产198,242元,住房公积金转入534,940.48元。

2、盈余公积、法定公益金增加部分为公司本年提取数。

3、未分配利润增加数为公司提取两金后的净利润数。

三、股本变动及股东情况介绍

(一)、股本变动情况

公司股份变动情况表 数量单位:股

项　目	期初数	本次变动增减(+、-)						期末数
		配股	送股	公积金转股	增发	其他	小计	
一、未上市流通股份								
1、国有持有股份	32,000,000							32,000,000
2、发起人法人股	4,800,000							4,800,000
3、定向法人股	23,056,000							23,056,000
未上市流通股份合计	59,856,000							59,856,000
二、已上市流通股份								
其中:人民币普通股	26,522,080							26,522,080
董事、监事及高级管理人员持股	101,920							101,920
已流通股份合计	26,624,000							26,624,000
三、股份总额	86,480,000							86,480,000

南京熊猫电子股份有限公司

二〇〇〇年年度报告摘选

一、公司简介

1、公司法定中文名称：南京熊猫电子股份有限公司
公司法定英文名称：NANJING PANDA ELECTRONICS COMPANY LIMITED
公司英文名称缩写：NPEC
2、公司法定代表人：李安建
3、公司董事会秘书及授权代表：施秋生
联系地址：中国南京市中山东路 301 号
联系电话：(8625)－4801144　　传真：(8625)－4820729
电子信箱：gfb@panda.nj.js.cn
4、公司注册地址：中国南京市南京高新技术产业开发区 05 幢北侧 1－2 层
公司办公及通讯地址：中国南京市中山东路 301 号　　邮政编码：210002
公司国际互联网网址：http://www.chinapanda.com.cn
5、公司选定的信息披露报纸名称：《上海证券报》、《中国证券报》、香港《文汇报》、《Hong Kong iMail》。
登载公司年度报告的中国证监会指定的国际互联网网址：http://www.sse.com.cn
公司年度报告及备查文件备置地点：公司董事会秘书室
6、公司股票上市交易所：H 股　香港交易及结算所有限公司
A 股　上海证券交易所
公司股票简称及代码：H 股　南京熊猫　0553
A 股　南京熊猫　600775

二、会计数据与业务数据摘要

(一)按照中华人民共和国股份有限公司会计制度编制
1、公司本年度实现利润情况：　　单位：人民币千元

项目	金额
(1)利润总额	138,117
(2)净利润	132,823
(3)扣除非经常性损益的净利润	108,594
(4)主营业务利润	102,211
(5)其他业务利润	5,762
(6)营业利润	(109,313)
(7)投资收益	241,290
(8)补贴收入	256
(9)营业外收支净额	5,884
(10)经营活动产生的现金流量净额	(173,562)
(11)现金及现金等价物净增加额	(79,819)

注：第(3)项所扣的项目、涉及金额分别为补贴收入 256 千元，营业外收支 5,884 千元，处置长期股权收益 18,089 千元。

2、公司近三年主要会计数据和财务指标

单位：人民币

指标项目	2000 年	1999 年	1998 年
(1)主营业务收入(千元)	1,224,434	1,430,391	1,668,923
(2)净利润(千元)	132,823	54,246	(495,328)
(3)总资产(千元)	2,456,215	2,873,945	3,388,937
(4)股东权益(千元) (不含少数股东权益)	796,166	663,319	609,072
(5)每股收益(元)	0.20	0.08	(0.76)
(6)每股收益(加权)(元)	0.20	0.08	(0.76)
(7)每股净资产(元)	1.22	1.01	0.93
(8)调整后的每股净资产(元)	1.14	0.91	0.68
(9)每股经营活动产生的 现金流量净额(元)	(0.26)	0.41	(0.23)
(10)净资产收益率(%)	16.68	8.18	(81.32)

注：本公司在本年度总股本未发生变化。

3、利润表附表：

报告期利润	净资产收益率(%)		每股收益(人民币．元)	
	全面摊薄	加权平均	全面摊薄	加权平均
主营业务利润	12.84	14.01	0.16	0.16
营业利润	(13.73)	(14.98)	(0.17)	(0.17)
净利润	16.68	18.20	0.20	0.20
扣除非经常性损益后的净利润	13.64	14.88	0.17	0.17

三、股东情况介绍

1、截至二〇〇〇年十二月三十一日止，本公司共有股东 18,943 户，其中 A 股股东 18,876 户，H 股股东 67 户。

2、截至二〇〇〇年十二月三十一日止公司前十名股东持股情况

占总股本

股东名称	种类	年末持股数量	比例(%)
(1) 熊猫电子集团有限公司	国有股	355,015,000	54.20
(2) 香港中央结算代理人有限公司	H	239,918,899	36.63
(3) 开元基金	A	2,600,858	0.397
(4) 汉鼎基金	A	1,503,494	0.33
(5) 申银万国证券股份有限公司	A	1,049,799	0.16
(6) 普润基金	A	950,749	0.145
(7) 汉博基金	A	662,981	0.10
(8) TSE WING PAK	H	550,000	0.084
(9) 景福基金	A	424,650	0.065
(10) 金元基金	A	408,283	0.062

附注：

(1)以上列出的股东情况中代表国家持有股份的单位为熊猫电子集团有限公司，其法定代表人为奚永明，经营范围为无线电通信设备，广播电视设备，电器机械及器材，电子系统工程等。其所持股份无质押或冻结的情况。

(2)香港中央结算代理人有限公司所持有股份乃分别代表其多个客户所持有，其中摩根斯坦利(MOR－GAN STANLEYD DEAN WITTER)透过香港汇丰银行代理人有限公司持有本公司 H 股 34,170,000 股，占 H 股总数比例为 14.12%，占本公司总股本比例为 5.22%。除此之外，本公司并不知悉任何个别客户持有本公司已发行股本 10%以上的权益。

东方通信股份有限公司

二〇〇〇年年度报告摘选

一、公司简介

公司法定名称：东方通信股份有限公司　　简称：东方通信公司
英文名称：EASTERN COMMUNICATIONS CO.，LTD.　　缩写：EASTCOM
公司注册地址：中国浙江省杭州市文三路 80－84 号
公司办公地址：中国浙江省杭州市文三路 398 号　　邮政编码：310013
公司网址：www.eastcom.com
电子信箱：webmaster@eastcom.com
公司法定代表人：施继兴　　公司董事会秘书：沈余银
授权代表：蔡祝平
电子信箱：czp@eastcom.com
电话：86－571－8865228(总机)8865242
传真：86－571－8865243
公司选定信息披露报纸：《中国证券报》、《上海证券报》、《香港文汇报》、《南华早报》
公司年度报告登载互联网网址：http://www.sse.com.cn
公司年度报告备置地点：杭州市文三路 398 号东信大厦
股票上市交易所名称：上海证券交易所
公司 A 股股票简称及交易代码：东方通信，600776
公司 B 股股票简称及交易代码：东信 B 股，900941

二、主要财务指标

1、本年度利润总额及构成(合并报表)　　(单位：元)

项目	金额
利润总额	415,141,677.21
其中：主营业务利润	1,070,839,477.63
其他业务利润	2,262,777.67
投资收益	120,925,576.15
营业外收支净额	－5,476,263.25
补贴收入	541,944.36
净利润	378,624,495.53
扣除非经常性损益后的净利润	385,267,529.61
经营活动产生的现金流量净额	862,057,585.72
现金及现金等价物净增加额	360,320,221.60
非经常性损益差异说明：	
净利润	378,624,495.53
减：1)营业外收支净额	－5,476,263.25
2)补贴收入	541,944.36
3)广州邮通投资额摊销	－2,407,821.08
4)新股申购冻结利息	699,105.89
扣除非经常性损益后的净利润	385,267,529.61

2、会计数据及财务指标(合并报表)

项　目	2000 年	1999 年	1998 年
主营业务收入	7,713,900,606.51	6,910,346,448.66	5,686,202,036.82
净利润	378,624,495.53	287,790,359.59	222,061,715.49
总资产	7,945,672,486.67	4,902,172,072.87	5,129,460,389.74
股东权益 (不含少数股东权益)	3,565,283,104.21	1,960,144,082.24	1,795,201,677.92
每股收益(摊薄)	0.60	0.50	0.39
每股收益(加权)	0.64		
每股收益(扣除非经常性损益，摊薄)	0.61	0.50	0.47
每股收益(扣除非经常性损益，加权)	0.65		
每股净资产	5.68	3.44	3.15
调整后的每股净资产	5.54	3.37	3.13
每股经营活动产生的现金流量净额	1.37	0.69	－1.00
净资产收益率	10.62%	14.68%	12.37%

3、报告期利润指标说明(合并报表)

项目	净资产收益率(%)		每股收益(元/股)	
	摊薄	加权	摊薄	加权
主营业务利润	30.04%	43.82%	1.71	1.82
营业利润	8.39%	12.24%	0.48	0.51
净利润	10.62%	15.49%	0.60	0.64
扣除非经常性损益的净利润	10.81%	15.76%	0.61	0.65

三、股东情况介绍

1、报告期末股东总数

截止 2000 年 12 月 31 日止，公司股东总数为 42722 户，其中法人股股东 2 户，社会公众股(A 股)股东 36749 户，境内上市外资股(B 股)股东 5971 户。

2、公司前十名股东的持股情况：

序号	股东名称	持股数量	所占比例	股份类别
1	浙江东方通信集团有限公司	324,000,000	51.59%	国有法人股
2	浙江东信控股有限公司	36,000,000	5.73%	一般法人股
3	天元基金	12,610,017	2.01%	社会公众股(A 股)
4	TOYO SECURITIES ASIA LTD. A/C CLIENT	11,836,221	1.88%	外资股(B 股)
5	WAH CHUN INTERNATIONAL LIMITED	9,773,550	1.56%	外资股(B 股)
6	NAITO SECURITIES CO.，LTD.	9,184,605	1.46%	外资股(B 股)
7	MOTOROLA INTERNATIONAL DEVELOPMENT CORPORATION	7,500,000	1.19%	外资股(B 股)
8	金鑫基金	5,000,000	0.80%	法人配售新股(A 股)
9	普惠基金	3,940,839	0.63%	社会公众股(A 股)
10	FI－CTBLUX S/A THE BATTERYMARCH GEM FUND	3,144,500	0.50%	外资股(B 股)

浙江东信控股有限公司由浙江东方通信集团有限公司工会(占 95%)和杭州东信实业有限公司(占 5%)共同投资设立。浙江东方通信集团有限公司占有杭州东信实业有限公司的 90%的股权。

金鑫基金因在本报告期配售新股成为前十名股东，约定持股期间为 2000 年 9 月 29 日到 2001 年 3 月 29 日。

烟台新潮实业股份有限公司

二〇〇〇年年度报告摘选

一、公司简介

1.公司法定中、英文名称及缩写
公司法定中文名称:烟台新潮实业股份有限公司
英文名称:YANTAI XINCHAO INDUSTRY CO.,LTD
英文缩写:XCIC
2.法定代表人:孙树刚
3.公司董事会秘书:卢作明、于德海
证券事务代表:于德海
联系电话:(0535)4259777　　联系传真:(0535)4225688
4.公司注册地址及办公地址:烟台市牟平区牟山路98号
邮政编码:264100
网址:http://WWW.xinchao shi ye.com
电子信箱:xinchao@public.ytptt.sd.cn
5.公司选定的信息披露报纸名称:上海证券报
登载公司年度报告的上海证券交易所网址:http://WWW.sse.com.cn
公司年度报告备置地点:公司证券部
6.公司股票上市地:上海证券交易所
股票简称:新潮实业　　股票代码:600777

二、会计数据和业务数据摘要

(一)本年度主要会计数据和业务数据　　单位:元

项目	金额
利润总额:	96,903,391.71
净利润:	64,557,139.06
扣除非经常性损益后的净利润:	64,645,980.57
主营业务利润:	149,249,871.54
其他业务利润:	515,548.53
营业利润:	97,035,990.98
投资收益:	-36,556.86
补贴收入:	0
营业外收支净额:	-96,042.41
经营活动产生的现金流量净额:	80,785,166.31
现金及现金等价物净增加额:	139,380,753.02

注:扣除非经常性损益项目及所涉及的金额
1.营业外收支净额　　-96,042.41元;
2.投资收益　　-36,556.86元。

(二)公司前三年的主要会计数据和财务指标

单位:元

项　目	2000年	1999年	1998年(调整后)
(1)主营业务收入	585,073,727.45	389,509,671.11	317,323,559.74
(2)净利润	64,557,139.06	57,630,640.01	51,624,204.58
(3)总资产	977,387,540.23	720,406,455.57	587,721,522.21
(4)股东权益(不含少数股东权益)	724,727,553.53	515,805,856.07	459,902,105.33
(5)每股收益	0.32	0.309	0.277
(6)每股净资产	3.54	2.76	2.465
(7)调整后的每股净资产	3.52	2.74	2.45
(8)每股经营活动产生的现金流量净额:	0.39	0.153	0.219
(9)净资产收益率(%)	8.91	11.17	11.26
(10)加权平均每股收益	0.33	0.309	0.225
(11)加权平均扣除非经常性损益后的每股收益:	0.33	0.269	0.254

(三)按照中国证监会《公开发行证券公司信息披露编报规则》(第9号)的通知要求,计算2000年年度的利润数据如下:

报告期利润	净资产收益率(%)		每股收益(元)	
	全面摊薄	加权平均	全面摊薄	加权平均
主营业务利润	20.59	24.01	0.73	0.77
营业利润	13.39	15.61	0.47	0.50
净利润	8.91	10.38	0.32	0.33
扣除非经常性损益后的净利润	8.92	10.40	0.32	0.33

三、股本变动及股东情况

1.报告期末股东总数
截止2000年12月31日,本公司共有股东32450户。
2.前十名股东持股变动情况
(1)前十名股东持股变动情况表

数量单位:股

名次	股东名称	期初数	年度内股份增减(+,-)	期末数	占总股本(%)
1	新牟国际集团公司	88,829,233	0	88,829,233	43.36
2	烟台全洲海洋运输公司	18,500,940	0	18,500,940	9.03
3	山东证券有限责任公司	0	3,664,253	3,664,253	1.79
4	中信证券	0	2,539,288	2,539,288	1.24
5	黄河证券	0	818,013	818,013	0.40
6	浙江证券	0	747,044	747,044	0.36
7	烟台新豪酒店	681,849	0	681,849	0.33
8	泰和基金	0	569,743	569,743	0.28
9	周明庆	332,200	0	332,200	0.16
10	迟忠福	331,567	0	331,567	0.16

注:①上述前十名股东中新牟国际集团公司、烟台全洲海洋运输公司、山东证券有限责任公司、黄河证券、浙江证券、烟台新豪酒店、周明庆、迟忠福所持股份全部为未上市流通股份;中信证券所持股份中,含已上市流通股份298,156股,未上市流通股份2,241,132股;泰和基金所持股份全部为已上市流通股份。

② 烟台全洲海洋运输公司是新牟国际集团公司的全资子公司;烟台新豪酒店是新牟国际集团公司的控股子公司。

新疆友好(集团)股份有限公司

二〇〇〇年年度报告摘选

一、公司简介

1、公司法定中文名称:新疆友好(集团)股份有限公司
公司法定英文名称:XINJIANG FRIENDSHIP(GROUP) CO.,LTD
2、公司法定代表人:马雍全
3、公司董事会秘书:王建平
联系地址:乌鲁木齐市友好北路14号
电话:(0991)4841698　　传真:(0991)4815090
电子信箱:yhzqb@mail.xj.cninfo.net
4、公司注册地址:乌鲁木齐市友好北路14号
公司办公地址:乌鲁木齐市友好北路14号
邮政编码:830000
公司国际互联网网址:http://www.xjyh.com.cn
电子信箱:xjyhjt@mail.xj.cninfo.net
5、公司选定的信息披露报纸名称:《上海证券报》、《中国证券报》
登载公司年度报告的中国证监会指定国际互联网网址:http:/www.sse.com.cn
公司年度报告置备地点:公司证券投资部
6、公司股票上市交易所:上海证券交易所
股票简称:友好集团　　股票代码:600778

二、会计数据和业务数据摘要

1、本年度利润总额及构成　　单位:元

项　目	金　额
利润总额	34,936,093.65
净利润	29,671,032.96
扣除非经常性损益后的净利润	28,689,586.25
主营业务利润	154,163,553.49
其他业务利润	18,292,269.45
营业利润	28,884,578.29
投资收益	6,022,005.91
补贴收入	
营业外收支净额	29,509.45
经营活动产生的现金流量净额	58,390,186.20
现金及现金等价物净增加额	162,916,207.03

2、截止报告期末公司近三年的主要会计数据和财务指标　　单位:元

项目	2000年	1999年	1998年	
			调整前	调整后
主营业务收入	982893671.44	914409178.96	756885737.52	756885737.52
净利润	29671032.96	54146783.30	44155165.21	44035795.95
总资产	1435721134.24	1036749395.37	995702240.54	995582871.28
股东权益	453803775.39	468737980.21	466038466.17	465919096.91
每股收益(摊薄)	0.12	0.21	0.26	0.26
(加权)	0.12	0.21	0.28	0.28
扣除非经常性损益	0.12	0.21	0.18	0.18
配股完成后每股收益(摊薄)	0.10			
每股净资产	1.77	1.83	2.72	2.72
调整后的每股净资产	1.65	1.92	2.50	2.57
每股经营活动产生的现金流量净额	0.23	0.36	0.15	0.15
净资产收益率(%)	6.54%	11.55%	9.47%	9.45%

3、利润表附表

报告期利润	净资产收益率		每股收益(元)	
	全面摊薄板	加权平均	全面摊薄板	加权平均
主营业务利润	33.97%	33.23%	0.60	0.60
营业利润	6.36%	6.23%	0.11	0.11
净利润	6.54%	6.40%	0.12	0.12
扣除非经营性损益后的净利润	6.53%	6.39%	0.12	0.12

三、股份变动及股东情况

1、股份变动情况
(1)报告期末公司股东总数为71933户。
(2)主要股东持股情况(截止2000年12月31日)

股东名称	年末持股数量(股)	占总股本比例(%)
乌鲁木齐国有资产经营有限公司	51060375	19.896
新疆建银设备租赁总公司	19954347	7.775
新疆天正实业总公司	10516500	4.098
新疆天山毛纺织股份有限公司	10147500	3.954
乌鲁木齐市财政证券	6503652	2.534
新疆证券登记公司	4457507	1.737
乌鲁木齐市国债服务中心	3064950	1.194
乌鲁木齐市商业银行诚信支行	2121750	0.827
乌鲁木齐烟烨公司	2011050	0.784
新疆独山子石化总厂	1845000	0.719

注:a. 公司原第一大股东乌鲁木齐市国有资产管理局期初持有本公司股份5106.0375万股,1998年8月10日乌鲁木齐市国有资产管理局决定将其持有的本公司国有股股权全部无偿划拨乌鲁木齐市国有资产经营有限公司管理(该公告刊登在1998年8月11日的《上海证券报》和《中国证券报》上),报告期内获国家财政部财企[2000]12号文批准,公司第一大股东变更为乌鲁木齐国有资产经营有限公司;公司原第二大股东新疆建银房地产开发总公司(以下简称:建银房产)期初持有本公司股份1285.1097万股,占公司总股本的5.007%,2000年4月6日,建银房产与新疆建银设备租赁总公司(以下简称:建银租赁)签订了股权转让协议书,建银房产以协议方式将其所持有的友好集团法人股1100.607万股、转配股184.5万股,合计1285.1097万股股份,占友好集团总股本的5.007%,全部转让给建银租赁,每股转让价格为1.83元人民币,转让资金总额为2351.75万元。建银租赁原持有友好集团法人股673.425万股,占友好集团总股本2.624%。本次股权转让完成后建银租赁累计持有友好集团股份1958.5347万股,占友好集团总股本的7.631%的股份,成为友好集团的第二大股东(该股权转让公告刊登在2000年4月8日的《上海证券报》和《中国证券报》上),截止报告期末,建银租赁累计持有友好集团股份1995.4347万股,占友好集团总股本的7.775%。

四川全兴股份有限公司

二○○○年年度报告摘选

一、公司简介

1、公司法定中文名称:四川全兴股份有限公司

公司法定英文名称: SICHUAN QUANXING CO., LTD

2、公司注册地址:成都市人民中路二段 68 号全兴大厦

3、公司法定代表人:杨肇基

4、公司董事会秘书:张光前

公司董事会证券事务代表:张宗俊

联系地址:成都市人民中路二段 68 号全兴大厦

联络电话:(028)6252847

传真:(028)6252847

邮政编码:610031

公司电子信箱:quanxing@mail.sc.cninfo.net

5、公司指定信息披露报刊:《中国证券报》、《上海证券报》

登载公司年度报告的国际互联网网址:http://www.sse.com.cn

公司年度报告备置地点:公司董事会办公室

6、公司股票上市地点:上海证券交易所

公司股票简称:全兴股份

公司股票代码:600779

二、会计数据和业务数据摘要

1、本年度主要利润指标情况(单位:人民币元)

利润总额:	220,368,199.38
净利润:	178,967,152.14
扣除非经常性损益后的净利润:	179,451,692.35
主营业务利润:	355,146,250.48
其他业务利润:	22,868,026.09
营业利润:	220,595,193.06
投资收益:	257,546.53
补贴收入:	--
营业外收支净额:	484,540.21
经营活动产生的现金流量净额:	139,930,476.21
现金及现金等价物净增加额:	84,343,573.29

说明:"扣除非经常性损益后的净利润"其扣除项目为营业外收入 188,937.33 元和营业外支出 673,477.54 元两项

2、截止报告期末公司前三年的主要会计数据和财务指标(单位:人民币元)

项目	2000 年	1999 年		1998 年	
		调整后	调整前	调整后	调整前
主营业务收入	1,280,558,496.74	1,181,068,079.12	1,181,068,079.12	317,257,870.84	317,257,870.84
净利润	178,967,152.14	220,523,182.61	228,595,210.13	35,524,437.11	36,400,163.97
总资产	1,680,054,059.91	1,388,629,784.79	1,399,586,661.50	665,907,717.41	676,601,909.91
股东权益(不含少数股东权益)	677,963,666.92	536,734,033.15	548,676,755.31	319,874,545.18	330,568,737.68
每股收益(摊薄计算)	0.439	0.812	0.841	0.235	0.241
每股收益(加权计算)	0.439	0.812	0.841		
扣除非经常性损益后的每股收益	0.440	0.804	0.833	0.238	0.244
每股净资产	1.66	1.98	2.02	2.12	2.19
调整后的每股净资产	1.63	1.93	1.97	2.10	2.18
每股经营活动产生的现金流量净额	0.34	0.56	0.56	0.30	0.30
净资产收益率(%)	26.40	41.09	41.66	11.11	11.01

三、股东情况介绍

(1)报告期末,公司股东总数 87099 户。

(2)前十名股东持股情况如下:

名次　　前十名股东	年末持股数(股)	占总股本比例(%)
(1)成都市国有资产管理局(已授权四川成都全兴集团有限公司代行股东权利)	218791653	53.69
(2)成都自强药业包装材料厂	12438900	3.05
(3)工行滨江	11016000	2.70
(4)成都菊乐(集团)股份有限公司	2019600	0.50
(5)山西省大同第二制药厂	1836000	0.45
(6)天进信息	1836000	0.45
(7)网纵实业	1836000	0.45
(8)成都市金禾粮油	1836000	0.45
(9)金堂淀粉	1836000	0.45
(10)成都淀粉	1836000	0.45

以上第 1 名为国家股持股单位,第 2、3、4、5、6、7、8、9、10 名股东为法人股东,其间不存在关联关系;其持股数量在本年度的变化,皆因 1999 年年度利润分配(每 10 股送红股 5 股)所致。

本公司国有股由成都市国资局持有,成都市国资局授权四川成都全兴集团有限公司代行股东权利。本报告期内,控股股东无变更。

成都市国资局持有本公司的股份没有任何质押。

山西通宝能源股份有限公司

二○○○年年度报告摘选

一、公司简介

(一)公司法定中、英文名称及缩写

1、中文名称:山西通宝能源股份有限公司

2、英文名称:TOP ENERGY COMPANY LTD. SHANXI

3、英文名称缩写:TEC

(二)公司法定代表人:郭明

(三)公司董事会秘书姓名、联系地址、电话、传真:

1、董事会秘书:刘会成

2、联系地址:山西省太原市高新技术产业开发区学府工业园区 V-6 区

3、电 话:0351-7021877

4、传 真:0351-7021877

(四)公司注册地址,办公地址及其邮政编码,公司国际互联网网址、电子信箱。

1、公司注册地址及办公地址:山西省太原市高新技术产业开发区学府工业园区 V-6 区

2、邮政编码:030006

3、公司国际互联网网址:http://www.600780.com

4、电子信箱:top600780@sina.com

(五)公司选定的信息披露报纸名称,登载公司年度报告的中国证监会指定国际互联网网址,公司年度报告备置地点:

1、信息披露报纸名称:《上海证券报》

2、证监会指定国际互联网网址:http://www.sse.com.cn.

3、年度报告备置地点:公司投资证券部

(六)公司股票上市交易所、股票简称和股票代码:

1、上市交易所:上海证券交易所

2、股票简称:通宝能源

3、股票代码:600780

二、主要财务数据和指标

1、公司本年度主要会计数据　　单位:人民币元

利润总额	68,319,706.00
净利润	52,866,019.14
扣除非经常性损益后的净利润	46,873,225.45
主营业务利润	90,943,122.37
其他业务利润	0.00
营业利润	62,439,535.63
投资收益	1,727,777.78
补贴收入	4,265,015.91
营业外收支净额	-112,623.32
经营活动产生的现金流量净额	133,941,305.44
现金及现金等价物净增加额	-6,792,045.33
注:公司非经常性损益项目及金额:	
(1)投资收益	1,727,777.78
(2)补贴收入	4,265,015.91

2、截止报告期末公司前三年主要会计数据和财务指标

项　目	2000 年	1999 年	1998 年	
			调整后	调整前
主营业务收入(万元)	24,065.74	17,620.07	22,117.82	22,896.10
净利润(万元)	5,286.60	6,072.09	1,866.94	2,615.40
总资产(万元)	77,964.91	87,050.40	77,832.24	86,031.35
股东权益(万元)	48,105.97	45,515.55	23,979.34	25,896.39
每股收益(元)(摊薄)	0.25	0.28	0.18	0.245
(加权)	0.25	0.32	0.18	0.245
扣除非经常性损益后的每股收益(元)	0.22	0.19		
每股净资产(元)	2.23	2.11	2.25	2.42
调整后的每股净资产(元)	2.23	2.11	1.97	1.97
每股经营活动产生的现金流量净额	0.62	0.53	0.295	0.295
净资产收益率(%)(摊薄)	10.99	13.34	7.79	10.10
(%)(加权)	10.98			

3、按照中国证监会《公开发行证券公司信息披露编报规则(第 9 号)》要求计算本报告期的净资产收益率和每股收益:

项　目	净资产收益率(%)		每股收益	
	全面摊薄	加权平均	全面摊薄	加权平均
主营业务利润	18.90	18.88	0.42	0.42
营业利润	12.98	12.97	0.29	0.29
净利润	10.99	10.98	0.25	0:25
扣除非经常性损益后的净利润	9.74	9.73	0.22	0.22

注:2000 年度总股本与 1999 年度总股本均按 21569.4612 万股计算,1998 年度总股本按 10680 万股计算。

三 股东情况介绍

1、截止 2000 年末,公司股东总数 63117 户。

2、公司前十名股东持股情况

序 号	股东名称	期末数(股)	占总股本比例(%)
①	山西省地方电力公司	106,968,140	49.59
②	山西统配煤炭经销公司	5,735,923	2.66
③	潞安矿务局	2,458,253	1.14
④	晋城矿务局	2,458,253	1.14
⑤	阳泉矿务局	2,458,253	1.14
⑥	大同铁路分局万通公司	1,024,272	0.47
⑦	山西晋煤实业开发总公司	819,418	0.38
⑧	王永宽	543,000	0.25
⑨	泰达科投	373,950	0.17
⑩	赵德兴	278,552	0.13

上海民丰实业股份有限公司

二○○○年年度报告摘选

一、公司简介

1、公司的法定中文名称:上海民丰实业股份有限公司
公司的英文名称:SHANGHAI MINFENG HOLDING CO.,LTD
缩写:MF
2、公司法定代表人:郑逢利
3、公司董事会秘书:戴海雄
公司董事会秘书授权人:孙佩琳
联系地址:上海市徐家汇路300号
联系电话:(021)63843680转79、2
传　真:(021)63841960
4、公司注册地址:中国上海市徐家汇路300号
公司办公地址:中国上海市徐家汇路300号
邮政编码:200025
网址:http://www.minfeng holding.com
电子信箱:ZZ@MINFENGHOLDING.COM
5、公司选定的信息披露报纸名称:上海证券报
登载公司年度报告的中国证监会指定国际互联网网址:http://www.sse.com.cn
公司年度报告备置地点:上海民丰实业股份有限公司
6、公司股票上市地:上海证券交易所
股票简称:民丰实业　　股票代码:600781

二、会计数据和业务数据摘要

1、公司本年度利润及构成:(单位:元)

利润总额:	1,517,677.41
净利润:	1,983,262.65
扣除非经常性损益后的净利润:	1,356,526.79
主营业务利润:	22,085,101.33
其他业务利润:	8,796,000.83
营业利润:	-9,498,736.99
投资收益:	10,433,076.02
补贴收入:	71,000.00
营业外收支净额:	512,338.38
经营活动产生的现金流量净额:	32,918,105.08
现金及现金等价物净增加额:	24,810,356.90

2、公司前三年主要会计数据和财务指标(单位:元)

项目	2000年度	1999年度		1998年度	
		调整后	调整前	调整后	调整前
主营业务收入	294,920,634.49	318,151,039.29	317,586,408.69	394,509,708.58	380,757,126.21
净利润	1,983,262.65	1,966,666.78	1,966,666.78	-10,698,871.83	9,973,844.46
总资产	860,136,634.41	724,174,797.80	722,526,251.09	617,516,904.24	667,264,675.29
股东权益(不含少数股东收益)	293,745,226.91	291,761,964.26	291,761,964.26	289,795,297.48	341,501,600.69
每股收益(摊薄)(元/股)	0.02	0.02	0.02	-0.09	0.08
每股收益(加权)(元/股)	0.02	0.02	0.02	-0.10	0.09
扣除非经常性损益后的每股收益	0.01	0.01	-0.09	0.08	
每股净资产(元/股)	2.48	2.46	2.46	2.45	2.88
调整后每股净资产(元/股)	2.29	2.41	2.41	2.38	2.78
每股经营活动产生的现金流量净额	0.28	-0.27	-0.27	-0.07	-0.07
净资产收益率(%)(摊薄)	0.68	0.67	0.67	-3.69	2.92

3、利润分配表附表

报告期	净资产收益率(%)		每股收益(元/股)	
	全面摊薄	加权平均	全面摊薄	加权平均
主营业务利润	7.52	7.54	0.19	0.19
营业利润	-3.26	-3.24	-0.08	-0.08
净利润	0.68	0.67	0.02	0.02
扣除非经营性损益后的净利润	0.46	0.46	0.01	0.01

4、报告期内股东权益变动情况(单位:万股,万元)

项目	股本	资本公积	盈余公积	法定公益金	未分配利润	股东权益合计
期初数	11840	15303	1639	395	394	29176
本期增加	0	0	176	88	23	199
本期减少	0	0	0	0	0	0
期末数	11840	15303	1815	483	417	29375

变动原因:报告期内股东权益增加,系增加本年度净利润。

三、股东情况

1、股东情况介绍
(1) 2000年末本公司的股东总数:4094户。
(2) 前10名股东持股情况

单位:股

序号	股东名称	年末持股数	占总股本比例(%)	增减变动情况	股份性质
1	上海第十印染厂	36,715,575	31.01	无增减变动	发起人法人股
2	香港金礼发展有限公司	32,636,064	27.57	无增减变动	发起人法人股
3	香港民亿实业有限公司	3,263,604	2.76	无增减变动	发起人法人股
4	上海久事公司	3,096,000	2.62	无增减变动	法人股
5	松江区泗泾镇工业公司	1,680,000	1.42	无增减变动	法人股
6	上海棉纺织印染联合有限公司	600,000	0.51	无增减变动	法人股
7	蔡建坤	578,800	0.49	二级市场买卖增持	流通股
8	上海真如实业公司	540,000	0.46	无增减变动	法人股
9	马宇	475,600	0.40	二级市场买卖增持	流通股
10	裕丰供销	420,000	0.35	无增减变动	法人股

新华金属制品股份有限公司

二○○○年年度报告摘选

一、公司简介

1.公司的法定中、英文名称及缩写
中文名称:新华金属制品股份有限公司
英文名称:XINHUA METAL PRODUCTS CO.,LTD.
英文缩写:XMPC
2.公司法定代表人:施嘉良
3.公司董事会秘书及其授权代表的姓名、联系地址、电话、传真及电子信箱
董事会秘书:游绍诚　　授权代表:张伟国
联系地址:江西省新余市城东经济开发区
电话:0790-6460888　　传真:0790-6460089
电子信箱:xmpc@publicl.xyptt.jx.cn
4.公司注册地址、办公地址、邮政编码、电子信箱
注册地址:江西省新余市铁焦路
邮编:338001
办公地址:江西省新余市城东经济开发区
邮编:338004
电子信箱:xmpc@publicl.xyptt.jx.cn
5.公司选定的信息披露报纸名称:《上海证券报》
登载公司年度报告网址:http://www.sse.com.cn
年度报告备置地点:公司证券部
6.公司股票上市交易所、股票简称和股票代码
股票上市交易所:上海证券交易所
股票简称:新华股份　　股票代码:600782

二、会计数据和业务数据摘要

(一)本年度主要会计数据　　金额单位:人民币元

序号	项　目	单位	金　额
1	利润总额	元	30,419,714.43
2	净利润	元	26,887,935.16
3	扣除非经常性损益后的净利润	元	23,570,057.33
4	主营业务利润	元	50,235,512.93
5	其他业务利润	元	1,113,520.66
6	营业利润	元	26,516,328.75
7	投资收益	元	2,927,259.12
8	补贴收入	元	0.00
9	营业外收支净额	元	976,126.56
10	经营活动产生的现金流量净额	元	-8,263,258.23
11	现金及现金等价物净增加额	元	31,205,556.10

注:1.非经常性损益是指公司正常经营损益之外的、一次性或偶发性损益,例如资产处置损益、临时性获得的补贴收入、新股申购冻结资金利息、合并价差摊入等。
2.本年扣除的非经常性损益项目、金额如下:

序号	项　目	金　额
1	投资收益—短期投资收益	2,488,170.25
2	营业外收入—固定资产盘盈	809,860.45
3	营业外收入—其他	43,173.21
4	营业外支出	23,326.08
	合　计	3,317,877.83

(二)截至报告期末公司前三年的主要会计数据和财务指标

序号	项目	单位	2000年	1999年	1998年	
					调整后	调整前
1	主营业务收入	元	254,390,271.81	165,309,240.50	145,436,304.93	145,436,304.93
2	净利润	元	26,887,935.16	14,976,640.52	19,690,833.41	20,159,884.34
3	总资产	元	384,082,282.86	274,634,122.32	241,401,808.65	243,897,894.70
4	股东权益(不含少数股东权益)	元	261,249,302.41	245,230,013.31	148,696,585.18	151,192,671.23
5	每股收益(摊薄)	元	0.2227	0.1240	0.1824	0.1868
	(加权)	元	0.2227	0.1360	0.1824	0.1868
6	扣除非经常性损益后每股收益(摊薄)	元	0.1952	0.1191	0.1382	0.1426
7	每股净资产(摊薄)	元	2.1633	2.0307	1.3775	1.4006
8	调整后的每股净资产(摊薄)	元	2.1326	1.9788	1.3356	1.3587
9	每股经营活动产生的现金流量净额(摊薄)	元	-0.0684	0.2990	0.3057	0.3057
10	净资产收益率(摊薄)	%	10.29%	6.11%	13.24%	13.33%
	(加权)	%	10.39%	8.73%	12.59%	12.71%

(三)利润表附表

序号	报告期利润	净资产收益率(%)		每股收益(元)	
		全面摊薄	加权平均	全面摊薄	加权平均
1	主营业务利润	19.23%	19.42%	0.4160	0.4160
2	营业利润	10.15%	10.25%	0.2196	0.2196
3	净利润	10.29%	10.39%	0.2227	0.2227
4	扣除非经常性损益后的净利润	9.02%	9.11%	0.1952	0.1952

三、股本变动及股东情况

(一)报告期末股东总数:截止2000年12月31日,公司股东总数为12,579户。
(二)前10名股东的持股情况　　单位:股

次序	股东名称	年内增减(±)	年末持股数	占总股本(%)
1	新余钢铁有限责任公司		52,204,441	43.23
2	香港巍华金属制品有限公司		20,236,765	16.76
3	江西省国际信托投资公司		12,142,058	10.05
4	江西金世纪冶金股份有限公司		539,735	0.45
5	江西省冶金供销公司		539,735	0.45
6	罗添富		176,106	0.15
7	林民魁		158,700	0.13
8	王迄立		152,000	0.13
9	达星电器		150,000	0.12
10	倪索发		146,000	0.12

鲁银投资集团股份有限公司

二〇〇〇年年度报告摘选

一、公司简介

1、公司的法定中文名称:鲁银投资集团股份有限公司

公司的法定英文名称:LUYIN INVESTMENT GROUP CO.,LTD.

2、公司法定代表人:刘歧鸣

3、公司董事会秘书:刘方潭

联系地址:山东省济南市经十路128号

联系电话:0531－2024156

传 真:0531－2024179

4、公司注册地址:山东省济南市经十路128号

公司办公地址:山东省济南市经十路128号

邮政编码:250001

公司国际互联网网址: 电子信箱:luyin@public.jn.sd.cn

5、公司信息披露报纸:《上海证券报》

登载公司年报的中国证监会指定国际互联网网址: http://www.sse.com.cn

公司年度报告备置地点:董事会秘书办公室

6、公司股票上市交易所:上海证券交易所

股票简称:鲁银投资

股票代码:600784

二、会计数据和业务数据摘要

1、本年度主要会计数据:(单位:元)

项目	金额
利润总额	54528832.22
净利润	43057159.31
扣除非经常性损益后的净利润	43552452.65
主营业务利润	28504264.41
其他业务利润	3934761.34
营业利润	－25229500.46
投资收益	79747957.72
补贴收入	505668.30
营业外收支净额	－495293.34
经营活动产生的现金流量净额	－45002485.61
现金及现金等价物净增加额	11961813.44

注:扣除的非经常性损益项目和金额

项 目	金额(元)
固定资产租赁收入	22,000.00
罚款净收入	5,259.00
其 他	224,389.19
处理固定资产损失	—
罚款支出	394,430.51
捐赠支出	210,000.00
其他支出	142,511.02
合 计	－495,293.34

2、截止报告期末公司前三年的主要会计数据和财务指标:

(单位:元)

项目	2000年	1999年	1998年
主营业务收入	99672697.54	138646871.59	137785089.99
净利润	43057159.31	47661365.04	48516288.98
总资产	1246006487.91	1048530491.36	766973272.27
股东权益	533091857.17	508093379.54	460432014.50
每股收益	0.1907	0.2323	0.2364
(加权)	0.1907	0.2323	0.2364
扣除非经常性损益后的每股收益	0.1929	0.2340	
每股净资产	2.3616	2.4759	2.2437
调整后的每股净资产	2.3295	2.4735	2.241
每股经营活动产生的现金流量净额	－0.1994	0.0257	0.1898
净资产收益率(%)	8.08	9.38	10.53

三、股本变动和主要股东持股情况

1、股本变动情况

(1)、股本变动情况表:

	期初数(股)	本次变动增减(+ －)股 配股	送股	转股	其他	小计	期末数(股)
一. 尚未流通股份							
1. 发起人股份	49005000			4900501		4900501	53905501
其中:							
国家拥有股份	15136875			1513688		1513688	16650563
境内法人持有股份	33868125			3386813		3386813	37254938
外资法人持有股份							
其他							
2. 募集法人股							
3. 内部职工股							
4. 优先股或其他							
尚未流通股合计	49005000						
二. 已流通股份							
1. 境内上市的人民币普通股	156207291			15620729		15620729	171828020
2. 境内上市的外资股							
3. 境外上市的外资股							
4. 其他							
已流通股份合计							
三. 股份总数	205212291						225733521

银川新华百货商店股份有限公司

二〇〇〇年年度报告摘选

一、公司简介

1、公司名称:

公司法定名称:银川新华百货商店股份有限公司

公司英文名称:YinChuan XinHua Department Store CO.LTD

公司英文名称缩写:XHDS

2、公司法定代表人:徐鸣凤

3、公司董事会秘书:马卫红

电话:0951－4010058

授权人:张凤琴　　电话:0951－6022866

联系地址:宁夏回族自治区银川市新华东街29号

传真:0951－6041983

4、公司注册地址:宁夏回族自治区银川市新华东街29号

邮政编码:750004

5、公司信息披露报纸:中国证券报

登载年报的中国证监会指定国际互联网网址:http://www.sse.com.cn

公司年度报告备置地点:公司证券部

6、公司股票上市交易所:上海证券交易所

股票简称:新华百货

股票代码:600785

二、会计数据和业务数据摘要

1、公司本年度主要会计数据和业务数据

单位:元

项目	金额
利润总额	38,041,013.21
净利润	34,786,952.21
扣除非经常性损益后的净利润	31,893,952.21
主营业务利润	74,989,021.02
其他业务利润	6,115,181.28
营业利润	32,882,181.29
投资收益	2,548,766.05
补贴收入	2,893,000
营业外收支净额	－282,934.13
经营活动产生的现金流量净额	4,496,318.74
现金及现金等价物净增加额	－59,460,525.49

注:扣除非经常性损益的项目包括:

先征后返退回的流转税收入计2,893,000元;

2、截止报告期末公司前三年的主要会计数据和财务指标

单位:人民币元

项目	2000	1999年	1998年 调整前	1998年 调整后
主营业务收入	506,361,364.96	255,074,458.84	201,960,538.41	201,960,538.41
净利润	34,786,952.21	21,025,982.06	22,359,224.16	22,180,636.79
总资产	510,653,832.10	476,969,780.99	248,195,912.94	247,312,702.84
股东权益(不含少数股东权益)	275,590,147.20	250,819,646.85	186,087,499.89	185,204,289.79
每股收益	0.395	0.239	0.292	0.29
扣除非经常性损益后的每股收益	0.363	0.195	0.22	0.211
每股净资产	3.133	2.851	2.43	2.421
调整后的每股净资产	3.112	2.835	2.43	2.421
每股经营活动产生的现金流量净额	0.051	0.785	－0.11	0.11
净资产收益率%	12.62	8.38	12.01	

3、报告期内股东权益变动情况

单位:元

项 目	股 本	资本公积	盈余公积	法定公益金	未分配利润	股东权益合计
期初数	87,975,000	119,053,137.30	6,378,900.97	5,741,010.86	31,671,597.72	250,819,646.85
本期增加			3,478,695.22	3,130,825.70	33,568,000.09	40,177,521.01
本期减少					15,407,020.92	15,407,020.92
期末数	87,975,000	119,053,137.30	9,857,596.19	8,871,836.56	49,832,576.89	275,590,146.94

三、股本变动及股东情况

1、报告期内,公司股份总量未发生变化。

2、股东情况介绍

(1)报告期末,公司股东总数12440户,(其中内部职工股东9名,系高级管理人员)。

(2)报告期末主要股东持股情况

股东名称	持股数(股)	所占比例(%)
银川市新华百货商店	28,500,000	32.4
宁夏长城机器制造厂	3,000,000	3.41
宁夏制药厂	3,000,000	3.41
宁夏糖酒副食品公司	2,250,000	2.56
银川市电信局顺达开发公司	1,500,000	1.71
李俊侠	435,341	0.49
彭建春	395,000	0.45
景博基金	337,420	0.38
高崇	325,985	0.37
程立业	299,680	0.34

注:持有本公司5%以上股份的股东,只有本公司的国家股股东银川市新华百货商店,该股东年初、年末持有本公司股份2850万股。报告期内持有本公司5%以上股份的股东与所持股份没有发生质押冻结的情况。

(3)报告期内,公司无持股10%以上的法人股股东。

(4)报告期内,本公司控股股东没有发生变更。

东方锅炉(集团)股份有限公司

二○○○年年度报告摘选

一、公司简介

1.公司法定中文名称:东方锅炉(集团)股份有限公司
公司英文名称:Dongfang Boiler Group Co.,Ltd.
公司英文名称缩写:DBC
2.公司法定代表人:李太顺
3.董事会秘书:
姓名:贺建强
联系地址:四川省自贡市五星街黄桷坪路150号
电话:0813-4735000　　4734600
传真:0813-2203200
电子信箱:dbcdm@zg-public.sc.cninfo.net
4.公司注册地址及办公地址:
注册(办公)地址:四川省自贡市五星街黄桷坪路150号
邮政编码:643001
公司国际互联网址:http://www.dbc-cn.com
电子信箱:dbc@zg-public.sc.cninfo.net
5.信息披露:
指定报刊:上海证券报
指定披露网址:http://www.sse.com.cn
年度报告备置地点:公司董事会秘书处
6.股票上市交易所:上海证券交易所
股票简称:东方锅炉　　股票代码:600786

二、会计数据和业务数据摘要

1.本年度会计数据摘要(单位:元)

项　目	数额(元)
利润总额	-117,262,787.31
净利润	-118,095,992.55
扣除非经常性损益后的净利润	-127,389,678.20
主营业务利润	-1,047,961.50
其他业务利润	2,770,774.16
营业利润	-121,464,663.63
投资收益	-5,323,089.94
补贴收入	6,338,253.82
营业外收支净额	3,186,712.44
经营活动产生的现金流量净额	41,793,234.68
现金及现金等价物净增加额	23,333,051.06

注:"非经常性损益"是指公司正常经营损益之外的、一次性或偶发性损益。2000年度本公司"非经常性损益"项目扣除额为9,293,685.65元,其中:资产置换3,331,776.58元;投资处置-376,344.75元;补贴收入6,338,253.82元。

2.近三年主要会计数据和财务指标

指　标	2000年	1999年	1998年
主营业务收入(元)	358,762,828.96	783,988,523.69	930,774,189.34
净利润(元)	-118,095,992.55	6,787,321.94	-12,615,680.52
总资产(元)	1,255,809,834.65	1,418,247,990.22	1,736,772,532.62
股东权益(元)	375,530,656.02	493,234,653.83	486,447,331.89
每股收益(元)	-0.5590	0.0321	-0.0597
每股净资产(元)	1.7775	2.3346	2.3025
调整后的每股净资产(元)	1.1467	1.5434	2.1223
每股经营活动产生的现金流量净额(元)	0.1978	0.0562	0.3847
净资产收益率(%)	-31.4478	1.376	-2.593

按照中国证监会《公开发行证券公司信息披露编报规则(第9号)》要求计算的《利润分配附表》如下:

报告期利润	净资产收益率(%)		每股收益(元/股)	
	全面摊薄	加权平均	全面摊薄	加权平均
主营业务利润	-0.2791	-0.2414	-0.0050	-0.0050
营业利润	-32.3448	-27.9752	-0.5749	-0.5749
净利润	-31.4478	-27.1994	-0.5590	-0.5590
扣除非经常损益后的净利润	-33.923	-29.3400	-0.6030	-0.6030

3.报告期内股东权益变化情况(单位:元)

项目	股　本	资本公积	盈余公积	法定公益金	未分配利润	股东权益合计
期初数	211,271,181.00	225,900,006.32	54,910,382.83	21,601,683.73	1,153,083.68	493,234,653.83
本期增减	0.00	391,994.74	76,889.26	38,444.63	-118,172,881.81	-117,703,997.81
期末数	211,271,181.00	226,292,001.06	54,987,272.09	21,640,128.36	-117,019,798.13	375,530,656.02
变动原因		其他转入和股权投资准备	合并子公司	合并子公司	经营亏损	

三、股本变动及股东情况

1.股本变动情况

(1)截止2000年12月31日,公司股东总数为32169户,其中,国有法人股股东1户,社会公众股股东32168户。

(2)前十名股东持股情况

序号	股东名称	持股数(股)	占总股本比例(%)	备注
1	东方锅炉厂	157,271,181	74.4404	发起人国有法人股
2	褚吉焕	215,811	0.1021	
3	林其三	175,690	0.0832	
4	范润金	165,300	0.0782	
5	杜沛华	163,800	0.0775	
6	兴和基金	119,325	0.0565	
7	刘璐	113,300	0.0536	
8	张音	112,620	0.0533	
9	吴万青	96,500	0.0457	
10	侯国建	96,400	0.0456	

中储发展股份有限公司

二○○○年年度报告摘选

一、公司简介

1、公司法定中文名称:中储发展股份有限公司
公司英文名称:Zhongchu development stock Co.,LTD.
公司英文名称缩写:ZDS
2、公司法定代表人:洪水坤
3、公司董事会秘书:薛斌
电 话:(022)26616266
传 真:(022)26616222
E-mail:zcgfxjf@263.net
联系地址:公司证券部
4、公司注册地址:天津市北辰经济开发区开发大厦
公司办公地址:天津市北辰区顺义道
邮政编码:300400
公司国际互联网网址:www.zcgfc.com
公司电子信箱:zcgfzh@shell.tjvan.net.cn
5、公司信息披露报纸名称:上海证券报
登载公司年度报告的中国证监会指定国际互联网网址:http://www.sse.com.cn
公司年度报告备置地点:公司证券部
6、公司股票上市交易所:上海证券交易所
公司股票简称:中储股份　　公司股票代码:600787

二、会计数据和业务数据摘要

(一)本年度主要会计数据:(单位:人民币元)

项目	金额
1、利润总额	56,677,328.53
2、净利润	47,425,274.87
3、扣除非经常性损益后的净利润	47,425,274.87
4、主营业务利润	130,699,155.17
5、其他业务利润	7,311,508.65
6、营业利润	55,670,723.10
7、投资收益	56,649.90
8、补贴收入	0
9、营业外收支净额	949,955.53
10、经营活动产生的现金流量净额	98,631,984.17
11、现金及现金等价物净增加额	340,212,521.98

(二)近三年主要会计数据和财务指标:

序号	项　目	2000年度	1999年度	1998年度	
				调整前	调整后
1	主营业务收入(万元)	44389.81	58091.64	58803.14	58803.14
2	净利润(万元)	4742.53	13522.22	3653.52	3481.93
3	总资产(万元)	94255.05	57265.22	49790.01	49311.87
4	股东权益(不含少数股东权益)(万元)	75205.90	44178.97	31134.48	30656.33
5	①每股收益(元/股)	0.153	0.71	0.326	0.311
	②按加权计算的每股收益(元/股)	0.165	0.71	0.364	0.347
	③扣除非经常性损益后的每股收益(元/股)	0.153	0.244	0.251	0.236
6	①每股净资产(元/股)	2.42	2.32	2.78	2.74
	②调整后的每股净资产(元/股)	2.39	2.27	2.69	2.66
7	每股经营活动产生的现金流量净额(元/股)	0.318	0.43	0.23	0.15
8	净资产收益率(%)	6.31	30.61	11.73	11.35

(三)按《公开发行证券公司信息披露编报规则(第9号)》要求计算的净资产收益率和每股收益

报告期利润	净资产收益率		每股收益(元/股)	
	全面摊薄	加权平均	全面摊薄	加权平均
主营业务利润	17.38%	26.74%	0.42	0.45
营业利润	7.4%	11.39%	0.18	0.19
净利润	6.31%	9.7%	0.153	0.165
扣除非经常性损益后的净利润	6.31%	9.7%	0.153	0.165

(四)报告期内股东权益变动情况(单位:元)

项　目	股本	资本公积	盈余公积	法定公益金	未分配利润	股东权益合计
期初数	190,463,070	92,528,619.27	67,216,698.67	17,381,096.51	91,581,291.59	441,789,679.53
本期增加	119,874,635	255,233,244.48	19,252,257.38	6,684,896.98	47,425,274.87	441,785,411.73
本期减少		25,593,065.17	1,321,100		104,601,974.90	131,516,140.07
期末数	310,337,705	322,168,798.58	85,147,856.05	24,065,993.49	34,404,591.56	752,058,951.19

三、股东情况介绍

1、本报告期末股东总数为97971户。

2、前十名股东持股情况

名次	股东名称	年末持股数量(股)	持股比例(%)
1	中国物资储运总公司	184173905	59.35
2	寿建鸿	255662	0.082
3	兴和基金	191694	0.062
4	顺隆投资	186000	0.06
5	杨浦工贸	173000	0.056
6	胡蓓君	153855	0.05
7	张维峡	151550	0.049
8	夏代珍	150000	0.048
9	李玉琪	148200	0.048
10	顾翔宇	136230	0.044

本公司前十名股东间不存在关联关系。中国物资储运总公司为本公司国有法人股股东,持股比例为59.35%,本报告期内因公司实施10送4转增1的分配方案并实施2000年度配股方案,其股份增加63801835股,年末持股数量为184173905股,本报告期内其持有的本公司的股份没有质押或冻结。

西安达尔曼实业股份有限公司

二○○○年年度报告摘选

一、公司简介

1、公司法定名称:西安达尔曼实业股份有限公司
公司英文名称:XI' AN DIAMOND CO.,LTD
2、公司法定代表人:许宗林
3、公司董事会秘书:王全胜
公司董事会证券事务代表:杨宏伟
联系地址:西安市建工路19号
电话:(029)2238824　　传真:(029)2244503
4、公司注册地址:西安市建工路
公司办公地址:西安市建工路19号　　邮政编码:710043
公司网址:www.cndiamond.com.
E-MAIL地址:cdiamond@pub.xaonline.com
5、公司选定的信息披露报纸:《上海证券报》、《中国证券报》
登载公司年度报告的中国证监会指定的国际互联网网址:http://www.sse.com.cn
公司年度报告备置地点:公司证券部
6、股票上市交易所:上海证券交易所
股票简称:达尔曼　　股票代码:600788

二、会计数据和业务数据摘要

1、本年度主要会计数据和业务数据(单位:人民币元)

项目	数据
利润总额	139,953,772.14
净利润	107,614,687.12
扣除非经常性损益后的净利润	111,052,250.83
主营业务利润	161,230,314.20
其他业务利润	22,675,664.90
营业利润	142,521,335.85
投资收益	870,000.00
补贴收入	1,670.16
营业外收支净额	-3,439,233.87
经营活动产生的现金流量净额	60,012,222.38
现金及现金等价物净增加额	-157,542,958.02

说明:“扣除非经常性损益后的净利润”中扣除的项目和涉及的金额:

项目	涉及金额(元)
营业外收支净额	-3,439,233.87
补贴收入	1,670.16

2、截止报告期末,公司前三年主要会计数据和财务指标(单位:人民币元)

项目	2000年	1999年	1998年	
			调整前	调整后
主营业务收入	306,564,887.22	282,082,697.40	297,055,138.86	297,055,138.86
净利润	107,614,687.12	133,911,981.28	117,903,263.85	113,087,534.41
总资产	1,652,177,447.58	1,440,522,590.43	1,086,382,209.62	1,077,984,448.20
股东权益(不含少数股东权益)	1,047,054,080.07	937,023,999.55	849,260,241.91	841,928,184.27
每股收益				
-全面摊薄	0.416	0.517	0.456	0.437
-加权平均	0.416	0.517	0.529	0.515
-扣除非经常性损益	0.429	0.412	0.424	0.405
每股净资产	4.046	3.62	3.28	3.25
调整后的每股净资产	3.92	3.55	3.26	3.23
每股经营活动产生的现金流量净额	0.23	0.56		-0.279
全面摊薄净资产收益率	10.28%	14.29%	13.88%	13.43%
加权平均净资产收益率	11.01%	14.73%		

因2001年2月28日实施配股,总股本达286,639,440股。按最新股本计算的每股收益0.375

3、根据中国证监会关于发布《公开发行证券公司信息披露编报规则》第九号通知精神,公司2000年度按全面摊薄法和加权平均法计算的净资产收益率及每股收益:

	净资产收益率(%)		每股收益(元)	
	全面摊薄	加权平均	全面摊薄	加权平均
主营业务利润	15.40	16.50	0.62	0.62
营业利润	13.61	14.59	0.55	0.55
净利润	10.28	11.01	0.416	0.416
扣除非经常性损益后净利润	10.61	11.37	0.429	0.429

三、股本变动及股东情况

一、股本变动情况
1、股份变动情况表:　　单位:万股

	本次变动前	本次变动增减(+、-)						本次变动后
		配股	送股	公积金转股	增发	其他	小计	
(1)尚未流通股份								
①发起人股份	10065							10065
其中:								
国家拥有股份								
境内法人股份	10065							10065
外资法人股份								
其他								
②募集法人股	7757.444							7757.444
③内部职工股	495					-495	-495	0
④优先股或其								
尚未流通股份合计	18317.444					-495	-495	17822.444
(2)已流通股份								
①境内上市的人民币普通股	7560					+495	+495	8055
②境内上市外资股								
③境外上市外资股								
已流通股份合计	7560					+495	+495	8055
(3)股份总数	25877.444							25877.444

山东鲁抗医药股份有限公司

二○○○年年度报告摘选

一、公司简介

1.公司法定中文名称:山东鲁抗医药股份有限公司
公司法定英文名称:SHANDONG LUKANG PHARMACEUTICAL CO.,LTD.
2.公司法定代表人:章建辉先生
3.公司董事会秘书:田立新先生
联系地址:山东省济宁市太白楼西路173号鲁抗公司证券部
联系电话:(0537)2213961--3324
传真电话:(0537)2278572
电子信箱:tlx1@zdl.net
4.公司注册地址:山东省济宁市太白楼西路173号
公司办公地址:山东省济宁市太白楼西路173号
公司邮政编码:272021
公司国际互联网网址:www.chinalukang.com
公司电子信箱:zqwlk@public.jiptt.sd.cn
5.公司选定的信息披露报纸名称:《中国证券报》、《上海证券报》
登载公司年度报告的中国证监会指定互联网网址:www.sse.com.cn
公司年度报告备置地点:公司证券部办公室
6.公司股票上市交易所:上海证券交易所
公司股票简称:鲁抗医药
公司股票代码:600789

二、会计数据与业务数据摘要

1、公司本年度利润总额及构成(单位:人民币元)

项目	金额
利润总额	70,422,058.75
净利润	59,755,484.84
扣除非经常性损益后的净利润	59,755,484.84
主营业务利润	182,939,429.66
其他业务利润	6,508,663.80
营业利润	70,261,326.64
投资收益	98,586.30
补贴收入	
营业外收支净额	62,145.81
经营活动产生的现金流量净额	22,357,319.76
现金及现金等价物净增加额	92,535,392.31

2、前三年主要会计数据和财务指标

指标项目	2000年	1999年	1998年	
			调整后	调整前
主营业务收入	701,322,197.30	592742084.23	563447694.33	563447694.33
净利润	59,755,484.84	46269194.57	58862741.69	60223682.91
总资产	2,269,924,797.20	1791820551.38	1511356023.09	1556179490.91
股东权益	1,130,474,241.98	1099899093.94	1075447015.05	1120270482.87
每股收益(元)	0.16	0.13	0.16	0.17
每股收益(元)(加权)	0.16	0.13	0.18	0.18
每股收益(元)(扣除非经常性损益)	0.16	0.13	0.16	0.17
每股净资产(元)	3.10	3.02	2.95	3.07
调整后的每股净资产(元)	3.05	2.92	2.82	3.04
每股经营活动产生的现金流量净额	0.061	0.096	0.117	0.117
净资产收益率(%)	5.29	4.21	5.47	5.38

3、按中国证监会《公开发行证券公司信息披露编报规则(第9号)》要求计算的利润数据:

报告期利润	净资产收益率(%)		每股收益(元)	
	全面摊薄	加权平均	全面摊薄	加权平均
主营业务利润	16.18	16.19	0.50	0.50
营业利润	6.22	6.22	0.19	0.19
净利润	5.29	5.29	0.16	0.16
扣除非经常性损益后的净利润	5.29	5.29	0.16	0.16

4、报告期内股东权益变动情况(单位:万元)

项目	股本	资本公积	盈余公积	法定公益金	未分配利润	股东权益合计
期初数	36475.421	53591.82	10924.963	1994.79	8997.706	109989.910
本期增加	0	0	896.332	298.78	2161.182	3057.514
本期减少	0	0	0	0	0	0
期末数	36475.421	53591.82	11821.295	2293.57	11158.888	113047.424

变动原因:本年度实现利润,提取法定公积金、公益金。

三、股本变动及股东情况介绍

1、截止2000年12月31日,公司股东共99427户。
2、公司前十名股东持股情况:

股东名称	年末持股数量	占股本比例
(1)山东鲁抗医药集团有限公司(国家股)	142997400	39.21%
(2)香港中国置业(控股)有限公司(外资法人股)	63658870	17.45%
(3)国投兴业	1331840	0.365%
(4)河北农行	718937	0.197%
(5)卢淑儿	675545	0.185%
(6)康金梅	450000	0.123%
(7)崔玉倜	349000	0.096%
(8)王莹	286000	0.078%
(9)杨曼丽	285000	0.078%
(10)张林峰	268497	0.074%

浙江中国轻纺城集团股份有限公司

二○○○年年度报告摘选

一、公司简介

1、公司法定中文名称:浙江中国轻纺城集团股份有限公司
公司法定英文名称:ZheJiang China Light & Textile Industrial City Group Co.,Ltd
公司英文名称缩写:L&T City
2、公司法定代表人:谢方员
3、公司董事会秘书:唐国灿
联系地址:浙江省绍兴县柯桥镇鉴湖路6号中轻大厦
联系电话:0575-4116158
传真:0575-4116045
4、公司注册地址:浙江省绍兴县柯桥轻纺大厦
公司办公地址:浙江省绍兴县柯桥镇鉴湖路6号中轻大厦
邮政编码:312030
公司国际互联网网址:http://www.zjctc.com.cn
公司电子信箱:qfcjt@mail.sxptt.zj.cn
5、公司选定的信息披露报纸:《上海证券报》、《中国证券报》
登载公司年度报告的中国证监会指定国际互联网网址:http://www.sse.com.cn
公司年度报告备置地点:公司董事会秘书室
6、公司股票上市交易所:上海证券交易所
股票简称:轻纺城　　股票代码:600790

二、会计数据和业务数据摘要

1、公司本年度实现利润情况

序号	项目	金额(元)
1	利润总额	113,422,241.54
2	净利润	86,953,850.34
3	扣除非经常性损益后的净利润	80,407,718.77
4	主营业务利润	198,455,694.41
5	其他业务利润	13,610,774.87
6	营业利润	91,087,930.41
7	投资收益	16,854,652.37
8	补贴收入	3,284,336.00
9	营业外收支净额	2,195,322.76
10	经营活动产生的现金流量净额	65,484,521.11
11	现金及现金等价物净增加额	544,722,487.30

备注:根据《公开发行股票公司信息披露的内容与格式准则第二号<年度报表的内容与格式>》(1999年修订稿)所列举的应当扣除的非经常性损益项目包括:(1)补贴收入3,284,336.00;(2)处置固定资产净收益(减损失)1,224,453.83;(3)股权投资差额摊销2,037,341.74。

2、截止本报告期末公司前三年的主要财务数据和财务指标

序号	项目	2000年度	1999年度	1998年度
1	主营业务收入	984,676,067.96	787,956,607.95	286,517,763.45
2	净利润	86,953,850.34	79,511,194.42	80,267,255.73
3	总资产	2,678,111,395.04	1,903,082,155.89	1,785,760,015.14
4	股东权益 (不含少数股东权益)	1,042,009,133.37	571,562,590,25	539,099,346.79
5	每股收益	0.374	0.406	0.409
6	每股净资产	4.48	2.92	2.75
7	调整后的每股净资产	4.22	2.78	2.60
8	每股经营活动产生的 现金流量净额	0.282	0.763	0.266
9	净资产收益率(%)	8.34	13.91	14.89
10	按月加权平均计算的 每股收益	0.444	0.406	0.513
11	扣除非经常性损益后的 每股收益	0.346	0.398	0.405

3、按中国证监会信息披露编报规则(第9号)要求计算的数据

项目	数额(元)	净资产收益率(%)		每股收益(元/股)	
		全面摊薄	加权平均	全面摊薄	加权平均
1、主营业务利润	198,455,694.41	19.05	32.27	0.854	1.012
2、营业利润	91,087,930.41	8.74	14.81	0.392	0.465
3、净利润	86,953,850.34	8.34	14.14	0.374	0.444
4、扣除非经常性损益后的净利润	80,407,718.77	7.72	13.07	0.346	0.410

三、股本变动及股东情况

(一)股本变动情况
(1)股份变动情况表:

数量单位:股

	本次变动前	本次变动增减(+,-) 职工股上市	配股	小计	本次变动后
一、未上市流通股份					
1、发起人股份	35317081				35317081
其中:					
国家持有股份					
境内法人持有股份	35317081				35317081
境外法人持有股份					
其他					
2、募集法人股份	39450048				39450048
3、内部职工股	68616000	-68616000			0
4、优先股或其他					
其中:转配股					
未上市流通股份合计	143383129				74767129
二、已上市流通股份					
1、人民币普通股	52650000	+68616000	+36379800	+104995800	157645800
2、境内上市的外资股					
3、境外上市的外资股					
4、其他					
已上市流通股份合计	52650000	+68616000	+36379800	+104995800	157645800
三、股份总数	196033129	0	+36379800	+36379800	232412929

贵州华联旅业(集团)股份有限公司

二○○○年年度报告摘选

一、公司简介

1、公司法定中、英文名称及缩写
法定中文名称:贵州华联旅业(集团)股份有限公司
法定英文名称:GUIZHOU HUALIAN TOURSIM(GROUP)CO.,LTD.
英文缩写:GZHLTCO
2、公司法定代表人:王少武
3、公司董事会秘书:江帆
联系地址:贵州省贵阳市省府路8号贵阳市外贸粮油大厦16楼
电话:0851—5804453　　5804482
传真:0851—5804482
电子信箱:ghlydm@163.net
4、公司注册地址:贵州省贵阳市中华中路137号
公司办公地址:贵州省贵阳市省府路8号贵阳市外贸粮油大厦16楼
邮政编码:550001
公司电子信箱:hualian@public1 gy.gz.cn
5、公司指定信息披露报刊:中国证券报、上海证券报
中国证监会指定登载公司年度报告的国际互联网网址:http://www.sse.com.cn
公司年度报告备置地点:公司董事会办公室
6、公司股票上市交易所:上海证券交易所
公司股票简称:贵华旅业　　公司股票代码:600791

二、会计数据和业务数据摘要

1、本年度公司实现利润情况:　　单位:人民币元

项　目	
利润总额	-46,774,791.06
净利润	-46,882,620.82
扣除非经常性损益后的净利润	-46,802,063.75
主营业务利润	-1,281,263.49
其他业务利润	6,085,659.16
营业利润	-47,253,770.25
投资收益	566,469.40
补贴收入	
营业外收支净额	-87,490.21
经营活动产生的现金流量净额	-8,629,671.94
现金及现金等价物净增加额	-23,807,551.56

注:"扣除非经常性损益后的净利润"指标中,扣除项目和涉及金额为:

项目	金额(元)
处理固定资产损失	80,557.07

2、截止本年度末公司前三年的主要会计数据和财务指标:

项目	2000年	1999年		1998年	
		调整后	调整前	调整后	调整前
主营业务收入(万元)	11,871	19,794.34	19,794.34	34,971.30	35,008.90
净利润(万元)	-4,688.3	1,564.59	1,721.89	1,481.88	1,512.37
总资产(万元)	25,240.0	31,563.78	31,682.73	32,876.03	33,567.93
股东权益(万元)	11,219.2	15,907.45	16,165.14	14,443.25	14,773.43
每股收益摊薄(元)	-0.47	0.158	0.174	0.150	0.153
按月平均加权	-0.47	0.158	0.174	0.20	0.204
扣除非经常性损益	-0.47	0.158	-0.096	0.15	0.153
每股净资产(元)	1.13	1.61	1.63	1.46	1.49
调整后的每股净资产(元)	0.85	1.49	1.51	1.31	1.34
每股经营活动产生的现金流量净额	-0.09	-0.33	-0.33	0.61	0.61
净资产收益率(%)摊薄	-41.79	9.84	10.65	10.26	10.24
加权	-33.92	10.31	11.25	16.24	10.79

3、按照中国证监会《公开发行证券公司信息披露编报规则(第9号)》要求计算2000年报告期利润的净资产收益率和每股收益:

报告期利润	净资产收益率(%)		每股收益(元)	
	全面摊薄	加权平均	全面摊薄	加权平均
主营业务利润	-1.14	-0.94	-0.013	-0.013
营业利润	-42.12	-34.73	-0.477	-0.477
净利润	-41.79	-34.46	-0.473	-0.465
扣除非经常性损益后的净利润	-41.72	-34.40	-0.472	-0.459

三、股东情况介绍

1、报告期末,本公司拥有股东4864户。
2、报告期末,本公司前10名股东持股情况:

单位:万股

股东名称	年初持股数	年度内股份变动情况(+,-)	年末持股数	占总股本比例(%)	备注
北京市天创房地产开发公司	2929.80		2929.80	29.59	
贵州省旅游投资有限公司	0	1603.39	1603.39	16.20	国家股
贵州赤天化集团有限责任公司	346.50		346.50	3.50	
贵州水城钢铁集团公司	330		330	3.33	
贵州省技术改造投资公司	330		330	3.33	
北京市金亚光房地产开发有限公司	0	297	297	3.00	
贵州中天(集团)股份有限公司	165		165	1.67	
中国贵州航空工业公司	165		165	1.67	
贵州神奇制药有限责任公司	83.50		83.50	0.84	
中国商业建设开发公司	75		75	0.76	

注:
(1)持股5%(含5%)以上的法人股东所持本公司股份均未发生质押、冻结等情况。
(2)经国家财政部1999年12月27日财管字[1999]398号文批复,贵州省国有资产管理局将其持有的本公司股份1603.39万股(占公司总股本的16.2%)划转给贵州省旅游投资有限公司。双方已于2000年3月28日完成股权过户手续。该公司持有本公司16.2%的股份。

云南马龙化建股份有限公司

二○○○年年度报告摘选

一、公司简介

1.公司法定中文名称:云南马龙化建股份有限公司
公司法定英文名称:YUNNAN MALONG CHEMICALS & CONSTRUCTION CO.,LTD
公司英文名称缩写:MLCC
2.公司法人代表:赵家友先生
3.公司董事会秘书:杨林清先生
联系电话:0874-8010050
联系传真:0874-8010036
4.公司注册地址:云南省曲靖市马龙县王家庄镇
公司办公地址:云南省曲靖市马龙县王家庄镇
邮 政 编 码 :655102
5.公司选定的信息披露报纸名称 :《上海证券报》
登载公司年度报告网址:http://www.csrc.gov.cn/csrcsite/www.sse.com.cn
公司年度报告备置地点 :董事会办公室
6.公司股票上市交易所 :上海证券交易所
股票简称:云南马龙
股票代码:600792

二、会计数据和业务数据摘要

1.本年度主要利润指标情况(单位 :人民币元)

项　目	余　额
利润总额:	-13,786,748.82
净利润:	-13,786,748.82
扣除非经常性损益后的净利润:	-13,786,748.82
主营业务利润:	11,268,943.35
其它业务利润:	-146,443.21
营业利润:	-13,622,692.63
补贴收入:	0
营业外收支净额:	-197,156.19
经营活动产生的现金流量净额:	-47,812,164.77
现金及现金等价物净增加额:	-51,213,122.12

2.截止报告期末公司前三年主要会计数据和财务指标(单位:人民币元):

主要指标	2000 年	1999 年	1998 年	
			调整后	调整前
主营业务收入	59,566,561.68	56,501,457.78	79,153,195.50	79,153,195.50
净利润(元)	-13,786,748.82	7,465,083.85	-26,423,949.33	-25,067,815.30
总资产(元)	160,743,324.23	192,121,387.55	183,977,621.55	186,569,235.06
股东权益(不含少数股东权益)	97,311,902.92	112,641,633.15	105,176,549.30	107,768,162.81
每股收益(摊薄)	-0.270	0.146	-0.52	-0.492
每股收益(加权)	-0.270	0.146	-0.52	-0.492
扣除非经常性损益后的每股收益	-0.27	-0.06	-0.52	-0.492
每股净资产(元)	1.91	2.21	2.06	2.11
调整后的每股净资产	1.81	2.09	1.92	1.97
每股经营活动产生的现金流量净额	-0.94	0.22	-0.04	-0.04
净资产收益率(摊薄)	-14.17	6.63	-25.12	-23.26
净资产收益率(加权)	-13.23	6.77	-22.32	20.84

利润表附表

报告期利润	净资产收益率(%)		每股收益(元/股)	
	全面摊薄	加权平均	全面摊薄	加权平均
主营业务利润	11.58	10.81	0.221	0.221
营业利润	-14.00	-13.07	-0.267	-0.267
净利润	-14.17	-13.23	-0.270	-0.270
扣除非经常性损益后的净利润	-14.17	-13.23	-0.270	-0.270

3.报告期内股东权益变动情况(单位:人民币元)

项　目	股本(股)	资本公积	盈余公积	法定公益金	未分配利润	股东权益合计
期初数	51,000,000	71,248,939.87	1,870,311.76	935,155.88	-13,020,599.89	111,098,651.74
本期增加	0	0	0	0	-13,786,748.82	-13,786,748.82
本期减少	0	0	0	0	0	0
期末数	51,000,000	71,248,939.87	1,870,311.76	935,155.88	-26,807,348.71	97,311,902.92

变动原因:
1 、未分配利润减少,本年亏损所致;
2 、股东权益减少,系本年亏损及住房周转金借方余额调整所致;

三、股本变动及股东情况

2.股东情况介绍:
(1)截止 2000 年 12 月 31 日公司股东总数为:5402 户。
(2)前 10 名股东持股情况

股东名称	持股数量(股)	占总股本比例(%)
马龙县国有资产管理局	36000000	70.60
福建兴业	687539	1.35
社会帮团	530500	1.04
复旦创投	327985	0.64
应雄耀	312122	0.61
俞林荣	298050	0.58
南平电缆	286900	0.56
田纪英	260434	0.51
杨琴昌	246654	0.48
向文选	234251	0.46

①.上述前 10 名股东中,马龙县国有资产管理局持有公司股本中的国有股,按国家现行规定,暂不上市流通。

②.公司持股 5%(含 5%)以上的股东只马龙县国有资产管理局一家,其所持股份无质押、冻结情况。

宜宾纸业股份有限公司

二○○○年年度报告摘选

一、公司简介

1、公司中文名称:宜宾纸业股份有限公司
公司英文名称:YIBIN PAPER INDUSTRY CO.,LTD.
公司英文缩写:YB PAPER
2、公司法定代表人:田心和
3、公司董事会秘书:鹿彪
授权代表:刘锋
电话:(0831)3554569、3551975
传真:(0831)3551965
联系地址:四川省宜宾市岷江西路 54 号
4、公司注册地址:四川省宜宾市岷江西路 54 号
公司办公地址:四川省宜宾市岷江西路 54 号
公司邮政编码:644007
5、公司网址:http://www.ybzy.com.cn
电子信箱:dsh@mail.ybzy.com.cn
6、信息披露报刊:《中国证券报》、《上海证券报》
年报指定披露网址:http://www.sse.com.cn
公司年报备置地点:上海证券交易所、本公司董事会秘书室
7、公司股票上市地:上海证券交易所
公司股票简称:宜宾纸业
公司股票代码:600793

二、会计数据和业务数据摘要

(一)本年度主要利润指标情况

(单位:人民币元)

项目	金额
1、利润总额:	14,091,840.63
2、净利润:	12,558,357.60
3、扣除非经营性损益后的净利润:	12,049,048.31
4、主营业务利润:	70,834,565.19
5、其他业务利润:	26.30
6、营业利润:	13,582,531.34
7、投资收益:	0
8、补贴收入:	1,360,000.00
9、营业外收支净额:	-850,690.71
10、经营活动产生的现金流量净额:	54,585,784.46
11、现金及现金等价物净增加额:	-48,685.50

注:扣除的非经营性损益包括补贴收入和营业外收支净额。

(二)公司近三年的主要会计数据及财务指标 (单位:人民币元)

项目/年度	2000 年	1999 年		1998 年	
		调整后	调整前	调整后	调整前
1、主营业务收入	412,769,141.46	295,308,503.59	295,308,503.59	208,237,809.90	208,237,809.90
2、净利润	12,558,357.60	5,621,356.92	12,821,225.37	8,205,820.68	12,622,729.39
3、总资产	793,208,423.11	752,775,063.32	789,820,757.76	755,817,296.80	771,945,376.73
4、股东权益(不含少数股东权益)	170,201,711.93	157,643,354.33	206,475,046.32	193,653,820.95	210,149,854.57
5、每股收益	0.119	0.053	0.122	0.078	0.12
6、加权每股收益(扣除非经营性损益)	0.114	-0.019	0.029	0.019	0.023
7、每股净资产	1.616	1.497	1.96	1.84	2.00
8、调整后的每股净资产	1.544	1.525	1.96	1.73	1.85
9、净资产收益率(%)(摊薄)	7.38	-1.28	6.21	4.24	6.01
10、加权净资产收益率(%)(扣除非经营性损益)	7.35	-1.15	6.41	4.33	6.19
11 、每股经营活动产生的现金流量净额	0.52	0.38	0.38	0.26	0.26

(三)股东权益变动情况 ……………………………………………… (单位:人民币元)

项　目	股　本	资本公积	盈余公积金	法定公益金	未分配利润	股东权益合计
期初数	105,300,000	12,876,776.98	35,885,621.68	5,022,585.50	3,580,955.67	157,643,354.33
本期增加	0	0	2,511,671.52	756,679.98	10,046,686.08	12,558,357.60
本期减少	0	0	0	0	0	0
期末数	105,300,000	12,876,776.98	38,397,293.20	5,779,265.48	13,627,641.75	170,201,711.93

变动原因:(1)期初数按财政部[2001]17 号文件精神予以调整;
(2)本年增加数为实现净利润而提取的金额。

(四)附表

报告期利润	净资产收益率		每股收益	
	全面摊簿	加权平均	全面摊簿	加权平均
主营业务利润	41.62	41.62	0.672	0.672
营业利润	7.98	7.98	0.129	0.129
净利润	7.38	7.38	0.119	0.119
扣除非经常损益后的净利润	7.35	7.35	0.114	0.114

三、股东情况介绍

(一)股东数量:截止 2000 年 12 月 31 日,公司股东总数为 15996 户,其中国家股股东 1 户,境内法人股股东 1 户,社会公众股股东 15994 户。

(二)前十名股东持股情况:

股东名称	持股数量(股)	占总股本比例(%)
(1) 宜宾市国有资产管理局	51,760,000	49.15
(2) 宜宾五粮液集团有限公司	20,000,000	19.00
(3) 胡燕	161,400	0.15
(4) 陈嘉德	154,070	0.15
(5) 石国忱	135,600	0.13
(6) 陈光明	111,400	0.11
(7) 王永强	99,999	0.09
(8) 陈瑞战	95,790	0.09
(9) 罗照付	91,000	0.09
(10) 余汉江	90,500	0.09

云南新概念保税科技股份有限公司

二○○○年年度报告摘选

一、公司简介

1、公司名称:
法定中文名称:云南新概念保税科技股份有限公司
法定英文名称:YUNNAN FREETRADE SCIENCE AND TECHNOLOGY CO. LTD.
英文名称缩写:YNFT
2、公司注册地址:云南省昆明市春城路62号证券(基)大厦四楼
公司办公地址:云南省昆明市春城路62号证券大厦15楼
邮政编码:650011
3、公司法定代表人:叶效良
4、公司董事会秘书:肖功伟
董事会证券事务代表:刘露
通信地址:云南省昆明市春城路62号 证券大厦15楼
电话:(0871)3186316　　(0872)2224214
传真:(0871)3186312　　(0872)2223645
5、公司信息披露报刊:上海证券报
刊登公司年度报告的国际互联网址:http://www.sse.com.cn
公司年度报告备置地点:公司总部董事会秘书办公室
6、公司股票上市地:上海证券交易所
股票简称:保税科技
股票代码:600794

二、会计数据和业务数据摘要(合并报表)

(一)本年度实现主要利润指标　　(单位:元)

项目	金额
利润总额	41020627.05
净利润	20670053.94
扣除非经常性损益后的净利润	19104661.34
主营业务利润	58972482.97
其他业务利润	305460.52
营业利润	37423790.60
投资收益	3565392.60
营业外收支净额	31443.85
经营活动产生的现金流量净额	2377093.78
现金及现金等价物净增加额	2345118.89

注:扣除非经常性损益1565392.60元,为股权投资差额年初数-23462.64元,本年度公司分别出资2573万元和2600万元受让张家港保税区外商投资服务有限公司20.10%和20.32%的股份,受让后本公司持有张家港保税区外商投资服务有限公司的股份增至91.20%,由此产生投资成本与应享有被投资单位所有者权益份额的差额(贷差)1562 7856.44元,按10年平均摊销。本公司本期共摊销股权投资差额1565392.60元,尚余贷差14085926.48元。在编制合并会计报表时,列入合并价差-14085926.48元。

(二)公司近三年主要会计数据和财务指标(单位:元)

指标项目	2000年	1999年	1998年
主营业务收入	161881822.14	130732482.30	105309129.62
净利润	20670053.94	19109448.88	14565086.59
总资产	373665294.67	372814916.78	264414084.20
股东权益	190344485.97	169638886.03	152015377.07
每股收益	0.192	0.177	0.216
扣除非经常性损益后的每股收益	0.177	0.177	-
每股净资产	1.77	1.59	2.35
调整后每股净资产	1.69	1.56	2.22
每股经营活动产生的现金流量净额	0.022	0.40	0.59
净资产收益率(%)	10.86	11.17	9.58

报告期利润表附表(全面摊薄)

报告期利润	净资产收益率(%)	每股收益
主营业务利润	30.98	0.548
营业利润	19.66	0.348
净利润	10.86	0.192
扣除非经常性损益后的净利润	10.04	0.177

三、股东情况介绍

截至2000年12月31日,公司股东总数为27325户,前10名股东持股情况如下(单位:股):

股东名称	持股数(股)	占总股本比例(%)
张家港保税区保税实业有限公司	27488000	25.53
云南大理造纸厂	16420000	15.25
张家港保税区开发总公司	9852000	9.15
大理卷烟厂	7680000	7.13
昆明水泥股份有限公司	7680000	7.13
周宏	154700	0.14
陆文龙	152000	0.14
高宇洁	143095	0.13
高宇静	140521	0.13
刘立桃	140000	0.13

持有10%以上股份的股东有:(1)江苏省张家港保税区保税实业有限公司,法定代表人:叶效良,经营范围:保税区基础设施建设、房地产开发经营、转口贸易、保税区企业间贸易、国内外贸易、储运集散、参与项目投资等,持有本公司法人股2748.8万股,占总股本的25.53%。(2)云南大理造纸厂,法定代表人:程云川,经营范围:机制纸制造、纸制品加工,持有本公司国有股1642万股,占总股本的15.25%。

持有本公司5%以上股东之间无关联关系。

2000年5月16日,股东张家港保税区保税实业有限公司为支持本公司发展,将所持有股份27488000股质押给中国光大证券有限责任公司,用于贷款2000万元补充本公司流动资金。

其他持有本公司5%以上股份的股东所持股份报告期内无质押或冻结的情况。

国电电力发展股份有限公司

二○○○年年度报告摘选

一、公司简介

1.公司法定中、英文名称及缩写
公司法定中文名称:国电电力发展股份有限公司
公司中文名称缩写:国电电力
公司英文名称:SP POWER DEVELOPMENT CO.,LTD
公司英文名称缩写:SPPD
2.公司法定代表人:高严
3.公司董事会秘书:陈景东
4.联系地址:北京市宣武区南滨河路1号高新大厦
电话:010-86362025　　传真:010-63428555
电子信箱:600795@sina.com　　授权代表人:刘曙光
5.公司注册地址:大连经济技术开发区黄海西路4号
公司办公地址:北京市宣武区南滨河路1号高新大厦
邮政编码:100055
公司国际互联网网址:http//www.netp.com
公司电子信箱:dnhpdcl@mail.dl.ln.cn
6.公司选定的信息披露报纸名称:中国证券报、上海证券报
刊载公司年度报告的中国证监会指定国际互联网网址:http://www.sse.com.cn
公司年度报告置备地点:北京市宣武区南滨河路1号高新大厦
7.公司股票上市交易所:上海证券交易所
股票简称:国电电力　　股票代码:600795

二、会计数据和业务数据摘要

(一)、本年度实现的利润情况　　单位:元

项目	金额
利润总额:	353429767.24
净利润:	281844969.61
扣除非经常性损益后的净利润:	278429678.70
主营业务利润:	404697634.12
其他业务利润:	7740215.29
营业利润:	344701517.55
补贴收入:	0.00
营业外收支净额:	-797276.25
投资收益:	5312958.78
经营活动产生的现金流量净额:	351881721.85
现金及现金等价物净增加额:	278364361.98
* 注:扣除的非经常性损益项目和涉及金额	-
(1)营业外支出	4662995.17
(2)营业外收入	3865718.92
(3)以前年度损益调整	4212567.16

(二)、报告期末公司前三年的主要会计数据和财务指标

项目	2000年	1999年	1998年
主营业务收入(元)	1407253837.65	685114934.17	272707720.35
净利润(元)	281844969.61	220246608.89	137488867.20
总资产(元)	8513498560.86	813950522.98	362641940.64
股东权益(元)	4077316815.33	584801688.16	315319033.60
每股收益(元/股)	0.615	0.865	0.810
(加权)	1.038	0.865	0.810
扣除非经常性损益后的每股收益	0.608	0.865	0.810
每股净资产(元/股)	8.897	2.297	1.858
调整后的每股净资产(元/股)	8.872	2.285	1.849
每股经营活动产生的现金流量净额(元/股)	0.198	0.935	1.545
净资产收益率(%)	6.913	37.66	43.60
(加权)	29.43	48.94	55.26

(三)、股东权益变动情况

项目	期初数	本期增加	本期减少	期末数	变动原因
股本	254592000.00	203673600.00		458265600.00	配股
资本公积	58141502.39	3037990127.37		3096131629.76	配股
盈余公积	77581822.72	42276745.44		119858568.16	利润计提
法定公益金	25860607.49	14092248.48		39952855.97	利润计提
未分配利润	163492793.24	239568224.17		403061017.41	本年利润未分配
合计	553808118.35	3523508696.98		4077316815.33	

三、股本变动及股东情况介绍

(一)、股本变动情况
股份变动情况表
国电电力发展股份有限公司二零零零年度股份变动情况表　　数量单位:股

	本次变动前	本期变动增减(+、-)				本次变动后
		配股	公积金转股	其他	小计	
一、未上市流通股份						
1.发起人股份	190694400	152555520			152555520	343249920
其中:						
国家拥有股份						
境内法人持有股份	190694400	152555520			152555520	343249920
境外法人持有股份						
2.募集法人股						
3.内部职工股						
4.优先股或其他						
未上市流通股份合计	190694400	152555520			152555520	343249920
二、已上市流通股份						
1.人民币普通股	63897600	51118080			51118080	115015680
2.境内上市的外资股						
3.境外上市的外资股						
4.其他						
5.已流通股份合计	63897600	51118080			51118080	115015680
三.股份总数	254592000	203673600			203673600	458265600

浙江钱江生物化学股份有限公司

二〇〇〇年年度报告摘选

一、公司简介

(一)公司中文名称:浙江钱江生物化学股份有限公司
缩写:钱江生化
公司英文名称:Zhejiang Qianjiang Biochemical Co.,Ltd.
缩写:QJBIOCH.
(二)公司法定代表人:马 炎
(三)公司董事会秘书:胡 明
联系地址:浙江省海宁市硖石镇西山路 598 号
浙江钱江生物化学股份有限公司董事会办公室
电话:0573-7042800
传真:0573-7035640
电子信箱:qjbioch@mail.jxptt.zj.cn
(四)公司注册地址:浙江省海宁市硖石镇西山路 598 号(亦为总部地址)
邮政编码:314400
公司网址:www.qianjiang-bioch.com
公司电子信箱:qjbioch@mail.jxptt.zj.cn
(五)公司选定的信息披露报刊:上海证券报、中国证券报
刊登年度报告的中国证监会指定的国际互联网网址:http://www.cninfo.com.cn
公司年度报告备置地点:浙江海宁硖石西山路 598 号 浙江钱江生物化学股份有限公司董事会办公室
(六)公司上市交易所:上海证券交易所
股票简称:钱江生化
股票代码:600796

二、会计数据和业务数据摘要

(一)本年度利润总额及构成:(单位:元)

栏　目	2000 年度(元)
利润总额	41,893,867.87
净利润	39,129,652.12
扣除非经常性损益后的净利润	35,745,691.89
主营业务利润	61,800,347.88
其它业务利润	-172,106.05
营业利润	31,964,226.09
投资收益	6,545,681.55
补贴收入	3,463,200.00
营业外收支净额	-79,239.77
经营活动产生的现金流量净额	42,094,158.82
现金及现金等价物净增加额	-27,100,654.28
注:扣除的非经常性损益项目和涉及金额	
补贴收入:	3,463,200.00
营业外收支净额:	-79,239.77

(二)公司前三年主要会计数据及财务指标

栏　目	2000 年度	1999 年度		1998 年度
		调整后	调整前	
主营业务收入(元)	198,601,692.48	206,133,723.59	206,133,723.59	161,268,931.86
净利润(元)	39,129,652.12	36,659,383.56	37,407,570.69	25,501,865.36
总资产(元)	413,050,741.16	350,126,367.19	350,126,367.19	235,863,909.10
股东权益(不含少数股东权益)(元)	250,764,376.44	227,611,824.32	260,314,211.45	151,307,427.76
每股收益				
(摊薄)(元/股)	0.3674	0.3442	0.3512	0.463
(加权)(元/股)	0.3674	0.3631	0.3969	0.3166
(扣除非经常性损益)(元/股)	0.3356	0.3095	0.3166	
每股净资产(摊薄)(元/股)	2.354	2.137	2.444	2.748
调整后的每股净资产(摊薄)(元/股)	2.341	2.124	2.431	2.724
每股经营活动产生的现金流量净额	0.395	0.17	0.17	0.39
净资产收益率				
(摊薄)(%)	15.604	16.106	14.38	16.85
(加权)(%)	15.83	19.55	19.166	18.51

(三)按照中国证监会《公开发行证券公司信息披露编报规则〈第 9 号〉》要求计算的利润数据:

	报告期利润(元)	净资产收益率(%)		每股收益(元/股)	
		全面摊薄	加权平均	全面摊薄	加权平均
主营业务利润	61,800,347.88	24.645	25.00	0.5802	0.5802
营业利润	31,964,226.09	12.747	12.93	0.3001	0.3001
净利润	39,129,652.12	15.604	15.83	0.3674	0.3674
扣除非经常性损益后的净利润	35,745,691.89	14.255	14.46	0.3356	0.3356

三、股东情况介绍

1、截止 2000 年 12 月 31 日,公司股东总数为 9114 户。
2、截止 2000 年 12 月 31 日,公司前十名股东持股情况。

名次	股东名称	年末持股数(股)	占总股本(%)
一	海宁市资产经营公司	55590150	52.19
二	海宁市鼎兴投资有限公司	15859850	14.89
三	浙江证券有限责任公司	2754759	2.59
四	浙江证券有限责任公司	2291746	2.15
五	浙江省化工进出口公司	823680	0.77
六	海宁市兴达贸易有限责任公司	772200	0.72
七	何勇	685100	0.64
八	海宁兴达包装用品厂	514800	0.48
九	鲍亚南	299164	0.28
十	田银香	288572	0.27

浙江天然科技股份有限公司

二〇〇〇年年度报告摘选

一、公司简介

(一)公司法定中文名称:浙江天然科技股份有限公司
公司英文名称:ZHEJIANG NATURAL TECHNOLOGY CO.,LTD.
英文名称缩写:ZJTR
(二)公司法定代表人:沈水荣
(三)公司董事会秘书:商洁尔　　　联系地址:绍兴市胜利东路 17 号
电话:0575-5126146　　　传真:0575-5126892
电子信箱:Shangje@163.net
公司证券事务代表:叶栋　　　联系地址:绍兴市胜利东路 17 号
电 话:0575-5123901　　　传 真:0575-5126892
(四)公司注册地址:绍兴市胜利东路 17 号
办公地址:绍兴市胜利东路 17 号
邮政编码:312000
电子信箱:tianran@public.sxptt.zj.cn
(五)公司指定信息披露报纸:《上海证券报》、《中国证券报》
中国证监会指定登载公司年度报告的网址:http://www.sse.com.cn
公司年度报告备置地点:绍兴市胜利东路 17 号公司董事会办公室
(六)公司股票上市地:上海证券交易所
股票简称:天然科技　　　股票代码:600797

二、会计数据和业务数据摘要

(一)公司本年度利润总额及构成(合并报表):　　　(单位:人民币元)

项目	金额
利润总额	104554727.48
净利润	65940006.66
扣除非经常性损益后的净利润	-8664936.92
主营业务利润	251066918.91
其他业务利润	14306896.63
营业利润	35846716.10
投资收益	57053110.56
补贴收入	12121313.24
营业外收支净额	-466412.42
经营活动产生的现金流量净额	124958938.10
现金及现金等价物净增加额	149197188.47
注:"扣除非经常性损益后的净利润"中扣除项目包括:	
1、营业外收支净额	-466412.42
2、股权投资差额	-9232017.62
3、补贴收入	12121313.24
4、所得税返还	9722805.25
5、股权转让收益	20749325.29
6、委托理财收益	29959929.84
7、托管费收入	11750000.00

(二)公司前三年的主要会计数据和财务指标(合并报表):　　　(单位:人民币元)

指标项目	2000 年	1999 年	1998 年	
			调整前	调整后
主营业务收入	644374338.92	582793583.01	869404560.69	869404560.69
净利润	65940006.66	60527556.15	40156867.96	31388095.96
总资产	1756525539.97	1037785588.84	885242729.82	860451545.64
股东权益	547004036.29	516384894.92	477025316.16	455766072.20
每股收益(摊薄)	0.28	0.25	0.29	0.22
每股收益(加权)	0.28	0.25	0.32	0.25
扣除非经常性损益后的每股收益(摊薄)	-0.04	0.03	0.26	0.20
扣除非经常性损益后的每股收益(加权)	-0.04	0.03	0.29	0.22
每股净资产	2.28	2.16	3.39	3.24
调整后的每股净资产	2.22	2.08	3.31	3.16
每股经营活动产生的现金流量净额	0.52	-0.57	-0.03	-0.03
净资产收益率(%)(摊薄)	12.05	11.72	8.42	6.89

注:因 2000 年度公司会计报表合并范围发生变化,调整了会计报表年初数。调整后的有关数据详见公司会计报表。

(三)按照中国证监会《公开发行证券公司信息披露编报规则(第 9 号)》要求计算 2000 年报告期利润的净资产收益率和每股收益如下:

报告期利润	净资产收益率(%)		每股收益(元)	
	全面摊薄	加权平均	全面摊薄	加权平均
主营业务利润	45.90	47.19	1.05	1.05
营业利润	6.55	6.74	0.15	0.15
净利润	12.05	12.39	0.28	0.28
扣除非经常性损益后的净利润	-1.58	-1.63	-0.04	-0.04

三、股东情况介绍

(一)报告期末公司股东总数为 8614 户。
(二)报告期末主要股东的持股情况(前十名股东):

股东名称	年末持股数(股)	占总股本比例(%)
绍兴市天然羽绒制品总公司	53150000	22.19
浙江天声信息产业投资有限公司	48000000	20.04
浙江中泰投资管理有限公司	27880000	11.64
番禺市东深羽绒厂	4080000	1.70
裕华基金	2440060	1.02
裕阳基金	1646227	0.69
裕隆基金	1583278	0.66
温信投资	1470000	0.61
浙江长龙电机有限公司	1360000	0.57
绍兴越通房地产开发公司	1360000	0.57

宁波海运股份有限公司

二○○○年年度报告摘选

一、公司简介

1、公司中文名称:宁波海运股份有限公司

公司英文名称:NINGBO MARINE COMPANY LIMITED

公司英文缩写:NBMC

2、公司法定代表人:夏刚

3、公司董事会秘书:吴明越

联系地址:宁波市中马路202号

电话:(0574)7356271

传真:(0574)7355051

电子信箱:wmingyue@pub.cnnb.net

4、公司注册、办公地址:宁波市中马路202号

邮政编码:315020

公司电子信箱:nbmcl@mail.nbptt.zj.cn

5、公司选定的信息披露报纸:《中国证券报》、《上海证券报》

登载公司年度报告的中国证监会指定国际互联网网址:http:/www.sse.com.cn

公司年度报告备置地点:宁波市中马路202号

6、公司股票上市交易所:上海证券交易所

股票简称:宁波海运

股票代码:600798

二、会计数据和业务数据摘要

(一)公司利润的构成及现金流量(单位:人民币元)

项　目	金　额
利润总额	102,774,025.59
净利润	83,384,455.97
扣除非经常性损益的净利润	83,807,219.93
主营业务利润	95,112,399.00
其他业务利润	-
营业利润	80,219,398.62
投资收益	22,758,355.17
补贴收入	-
营业外收支净额	203,728.20
经营活动产生现金流量净额	100,476,633.74
现金及现金等价物净增加额	-92,446,873.49

(二)截止报告期末公司前三年的主要会计数据和财务指标(单位:人民币元)

项　目	2000年	1999年	1998年
主营业务收入	262,153,438.84	208,402,921.54	189,802,047.38
净利润	83,384,455.97	107,357,353.56	100,741,097.97
追溯调整后净利润		82,670,241.04	
总资产	927,484,340.84	889,349,268.74	799,152,295.68
股东权益	758,272,044.70	738,871,963.73	589,444,468.40
每股收益(元/股)	0.163	0.21	0.41
每股净资产(元/股)	1.48	1.44	2.40
调整后每股净资产(元/股)	1.48	1.44	2.40
每股经营活动产生现金流量净额(元/股)	0.196	0.18	0.32
净资产收益率(%)	11.00	14.53	17.10
追溯调整后净资产收益率(%)	11.00	11.19	17.10
扣除非经常性损益的每股收益(元/股)	0.164	0.162	0.41

(三)根据中国证监会关于《公开发行证券公司信息披露编报规则》第9号通知精神,报告期按全面摊薄法和加权平均法计算的净资产收益率及每股收益:

报告期利润	净资产收益率(%)		每股收益(元/股)	
	全面摊薄	加权平均	全面摊薄	加权平均
主营业务利润	12.54	12.54	0.186	0.186
营业利润	10.58	10.58	0.157	0.157
净利润	11.00	11.00	0.163	0.163
扣除非经常性损益的净利润	11.00	11.00	0.164	0.164

注:1、上年同期期末净利润中非经常性损益为24,687,112.52元,系债务重组收益,现遵照《企业会计准则------债务重组》准则追溯调整至资本公积。

2、上述财务指标遵照《公开发行股票公司信息披露的内容与格式准则第二号<年度报告的内容与格式>》与《公开发行证券公司信息披露编报规则》第9号通知精神计算。

三、股东情况介绍

1、报告期末股东总数为101327户。

2、前10名股东持股情况(截止2000年12月29日)

股东名称	持股数(万股)	占总股本比例(%)
(1)宁波海运(集团)总公司	26143.92	51.07
(2)浙江省电力燃料总公司	9160.32	17.89
(3)宁波经济技术开发区顺风贸易公司	854.88	1.67
(4)东胜聚力有限责任公司	688.80	1.34
(5)宁波市交通投资开发公司	194.58	0.38
(6)兴和基金	31.92	0.06
(7)钱寿森	30.00	0.06
(8)杨福振	26.00	0.05
(9)徐丽华	24.63	0.05
(10)王道富	22.34	0.04

持有公司5%以上股权的股东是宁波海运(集团)总公司和浙江省电力燃料总公司,报告期内上述两家法人股东所持有的股份均没有变动,同时未有质押和冻结情况。

黑龙江省科利华网络股份有限公司

二○○○年年度报告摘选

一、公司简介

(一)公司简介

公司法定中文名称:黑龙江省科利华网络股份有限公司

公司法定英文名称:HeiLong Jiang Clever Net Corp. Ltd.

公司名称英文缩写:HLJCN CORP. LTD.

(二)公司法定代表人:宋朝弟

(三)公司董事会秘书:孙 斌

授权代表:郑 婷

联系地址:北京市海淀区上地信息产业基地创业东路33号科利华网络大厦

电 话:010-82899731

传 真:010-82899731

电子信箱:sunbin@clever.com.cn

(四)公司注册地址:黑龙江省阿城市北环路2号

办公地址:北京市海淀区上地信息产业基地创业东路33号科利华网络大厦

通讯地址:北京2657信箱

邮政编码:100084

公司国际互联网网址:www.clever.com.cn

公司电子信箱:webmaster@clever.com.cn

(五)公司信息披露报刊名称:《中国证券报》、《上海证券报》、《证券时报》

登载公司年报的国际互联网网址:www.sse.com.cn

公司年报备置地点:北京市海淀区上地信息产业基地创业东路33号科利华网络大厦发展部

(六)公司股票上市交易所:上海证券交易所

股票简称:科利华

股票代码:600799

二、会计数据和业务数据摘要

(一)本年度主要会计数据和业务数据　　(单位:人民币元)

1、主要财务指标

项　目	2000年12月31日
利润总额	132,903,460.70
净利润	119,637,776.91
扣除非经常性损益后的净利润	119,868,502.78
主营业务利润	194,687,156.69
其他业务利润	519,878.09
营业利润	110,540,481.75
投资收益	-472,076.98
补贴收入	23,065,781.80
营业外收支净额	-230,725.87
经营活动产生的现金流量净额	62,451,344.07
现金及现金等价物净增加额	31,772,418.59
注:"扣除非经常性损益后的净利润"中扣除项目包括:	
营业外收支净额	-230,725.87

按照中国证券监督管理委员会《公开发行证券公司信息披露编报规则(第9号)》要求,按全面摊薄法和加权计算的净资产收益率及每股收益。

报告期利润	净资产收益率(%)		每股收益(元)	
	全面摊薄	加权平均	全面摊薄	加权平均
主营业务利润	27.27	29.24	0.4994	0.4994
营业利润	15.48	16.60	0.2836	0.2836
净利润	16.76	17.97	0.3069	0.3069
扣除非经常性损益后的净利润	16.79	18.00	0.3075	0.3075

(二)截止到报告期末前三年主要会计数据和财务指标(单位:人民币元)

项　目	2000年	1999年	1998年	
	项目调整后	项目调整后	项目调整后	项目调整前
主营业务收入	343825218.49	311766612.81	167462880.89	167462880.89
净利润	119637776.91	117806072.10	33966402.04	43414160.43
总资产	1339855258.69	1225075988.12	1005792683.97	1020722119.41
股东权益	714025545.19	606083088.28	499743016.18	514672451.62
每股收益(摊薄)	0.307	0.513	0.148	0.189
每股收益(加权)	0.307	0.513	0.148	0.189
每股收益(扣除非经营损益)	0.307	0.518	-0.196	-0.154
每股净资产	1.832	2.643	2.179	2.244
调整后的每股净资产	1.783	2.609	2.090	2.155
每股经营活动产生的现金流量净额	0.160	-0.405	-0.792	-0.792
净资产收益率(%)	16.755	19.437	6.797	8.435

1、1998年调整数是根据财政部财会字[1999]35号文、49号文的有关规定,采用了追溯调整法,调整了相关的帐项。

2、1998年度、1999年度总股本按22,932万股计算,2000年度总股本按38,984.4万股计算。

三、股本变动及股东情况

(一)股本变动情况

1、截止到2000年12月31日,公司股东总户数57,523户。

2、截止到2000年12月31日,公司前十名股东持股情况如下:

股东名称	持股数	持股比例
北京科利华教育软件技术有限责任公司	109,156,320	28%
中国信达资产管理公司	50,240,000	12.89%
黑龙江大金钢铁有限责任公司(原黑龙江省阿城钢铁集团公司)	27,700,000	7.11%
哈尔滨晟裕实业发展有限公司	17,000,000	4.36%
温州市奇美美肤品有限公司	2,900,000	0.74%
黑龙江虹升激光图象技术开发公司	2,040,000	0.52%
崔蔺山	1,562,650	0.40%
上海兰宁投资咨询有限公司	800,000	0.21%
杜菊人	735,000	0.19%
崔宏欣	700,000	0.18%

天津环球磁卡股份有限公司

二○○○年年度报告摘选

一、公司简介

1、公司法定中文名称:天津环球磁卡股份有限公司
公司法定英文名称:Tian Jin Global Magnetic Card CO.,LTD.
英文缩写:GMCC
2、公司法定代表人:刘栋来
3、公司董事会秘书:万晓彦
联系地址:天津市河西区解放南路 325 号　　邮政编码:300202
联系电话:022-23264012、022-23264874-2038
传真:022-23269333
4、公司注册地址:天津市河西区解放南路 325 号
公司办公地址:天津市河西区解放南路 325 号　　邮政编码:300202
公司国际互连网网址:http://www.gmcc.com.cn
公司电子邮箱:gmcc@tjlink.tistic.ac.cn
5、公司年度报告备置地点:公司金融证券部
公司信息披露报纸:《中国证券报》《上海证券报》
中国证监会指定披露年报的国际互联网网址:http://www.sse.com.cn
6、公司股票上市交易所:上海证券交易所
股票简称:天津磁卡　　股票代码:600800

二、会计数据和业务数据摘要

1、本年度主要利润指标情况(单位:元)

项目	金额
利润总额:	115,003,313.75
净利润:	110,886,419.20
扣除非经常性损益后的净利润:	110,886,419.20
主营业务利润:	169,127,188.74
其他业务利润:	20,623,932.09
营业利润:	77,440,983.18
投资收益:	37,561,420.03
补贴收入:	0.00
营业外收支净额:	910.54
经营活动产生的现金流量净额:	-347,087,956.52
现金及现金等价物净增加额:	6,416,974.58

2、主要会计数据和财务指标:(单位:元)

指标项目	2000 年	1999 年调整前	1999 年调整后	1998 年调整前	1998 年调整后
主营业务收入(元)	376,710,752.59	339,625,344.26	339,625,355.26	310,354,365.40	310,354,365.40
净利润(元)	110,886,419.21	147,464,914.77	147,464,914.77	128,466,953.93	86,929,689.71
总资产(元)	2,335,960,131.09	1,724,649,929.24	1,724,649,929.24	1,064,463,023.50	1,001,307,056.73
股东权益(元)(不含少数股东权益)	1,086,763,596.45	1,004,436,331.95	1,004,436,331.95	549,544,212.98	485,198,447.68
每股收益(元/股)	0.302	0.601	0.601	0.602	0.407
每股净资产(元/股)	2.95	4.10	4.10	2.56	2.28
调整后的每股净资产(元/股)	2.84	3.94	3.94	2.51	2.21
每股经营活动产生的现金流量(元/股)	-0.94	-0.40	-0.40	-0.22	-0.22
净资产收益率(%)	10.20%	14.68%	14.68%	23.51%	17.92%
按月平均加权法计算的每股收益(元/股)	0.302	0.67	0.67	0.67	0.46
扣除非经常性损益后的每股收益(元/股)	0.302	0.60	0.60	0.51	0.32

3、根据中国证监会《公开发行证券公司信息披露编报规则(第 9 号)》要求编制的年度利润分配附表如下:

报告利润	净资产收益率(%)		每股收益(元/股)	
	全面摊薄	加权平均	全面摊薄	加权平均
主营业务利润	15.56	15.96	0.460	0.460
营业利润	7.13	7.31	0.211	0.211
净利润	10.20	10.46	0.302	0.302
扣除非经常性损益后的净利润	10.20	10.46	0.302	0.302

4、本报告期内股东权益变动情况　　单位:元

项目	股本	资本公积	盈余公积	法定公益金	未分配利润	股东权益合计
期初数	245,181,868	438,885,437.13	96,185,244.12	39,958,257.12	224,183,782.70	1,004,436,331.95
本期增加	122,590,934	320,093.79	22,177,283.84	11,088,641.92	110,886,419.20	255,974,730.83
本期减少					167,857,379.26	167,857,379.26
期末数	367,772,802	439,205,530.92	118,362,527.96	51,046,899.04	167,212,822.64	1,086,763,596.45

变动原因:

1、年度内股本增加 122,590,934 股是因为公司以 1999 年度股本期末数 245,181,868 股为基数,实施 10 股送红股 5 股方案所致;

2、年度内资本公积增加 32,009,379,是本年度财政拨款及其他增加;

3、本年度盈余公积金、法定公益金、未分配利润增加是本年度实现利润所致。

三、股东情况介绍

1、截止 2000 年 12 月 31 日,股东总数为 42490 户。

2、本公司前十二名股东持股情况:

	股东名称	年末持股数(股)	占总股本(%)
1	天津市一轻总公司	146705050	39.89
2	天津芙莱实业公司	10698750	2.91
3	天津国际信托投资公司	6750000	1.84
4	天津证券有限责任公司	5400000	1.47
5	一德集团	5242574	1.43
6	交通银行天津分行	4050000	1.10
7	天津劝业场股份有限公司	3375000	0.92
8	兴华基金	2510000	0.68
9	天津南开戈德股份有限公司	2250000	0.61
10	中国国际信托投资公司天津证券部	2025000	0.55
11	北方国际信托投资公司	2025000	0.55
12	国泰证券有限公司天津分公司	2025000	0.55

华新水泥股份有限公司

二○○○年年度报告摘选

一、公司简介

公司法定名称:华新水泥股份有限公司
英文名称:HUAXIN CEMENT CO.,LTD.　　英文名称缩写:HUAXINCEM
公司法定代表人:陈木森先生　　公司董事会秘书:王锡明先生
联系地址:湖北省黄石市黄石大道 897 号
电话:(0714)6224971 转 310　　传真:(0714)6235204
公司信息披露事务联系人:证券办公室彭普新先生
联系电话:(0714)6224971 转 471、474
电子信箱:stock@huaxincem.com
公司注册及办公地址:湖北省黄石市黄石大道 897 号　　邮政编码:435002
公司国际互联网网址:http://www.huaxincem.com
电子信箱:stock@huaxincem.com
公司选定的信息披露报纸名称:《中国证券报》、《上海证券报》、《香港商报》
登载公司年度报告的中国证监会指定国际互联网网址:http//www.sse.com.cn
年度报告备置地点:公司证券办公室
公司股票上市地:上海证券交易所
股票简称:华新水泥　　华新 B 股
股票代码:A 股 600801　　B 股 900933

二、会计数据与业务数据摘要

(一)本年度主要会计数据(单位:人民币元)

项　目	金　额
利润总额	21,506,285
净利润	16,523,105
扣除非经常性损益后的净利润	15,341,605
主营业务利润	178,947,752
其他业务利润	976,173
营业利润	20,830,236
投资收益	-419,578
补贴收入	1,390,000
营业外收支净额	-189,602
经营活动产生的现金流量净额	138,031,345
现金及现金等价物净增加额	-22,504,356

注:扣除的非经常性损益项目及涉及金额为补贴收入 1,390,000 元。

(二)两种不同会计准则报表差异

国际会计准则及其其他调整对中国法定帐目的影响:

截至二 000 年十二月三十一日

	股东应占综合溢利 人民币千元	综合资产净值 人民币千元
中国法定帐目所列	16,523	715,314
国际会计准则和其它调整之影响:		
—拨回以往已全部撇销之商誉摊销	260	(3,164)
—坏帐及呆帐准备	-	(6,821)
—冲销联营公司之开办费	(1,102)	(1,102)
—国家补贴拨作递延收入	863	(9,485)
—资产负债表日后宣布派发的现金股利	-	13,136
—递延税项	1,559	1,559
经国际会计准则和其它调整后所重列	18,103	709,437

(三)近三年主要会计数据和财务指标

	单位	2000 年	1999 年	1998 年 调整后	1998 年 调整前
主营业务收入	元	594,625,818	455,379,709	340,463,838	340,463,838
净利润	元	16,523,105	4,235,628	-2,442,504	5,200,252
总资产	元	2,015,350,070	2,022,367,960	1,646,655,050	1,655,715,328
股东权益	元	715,313,852	710,261,747	541,345,093	550,405,371
全面摊薄每股收益	元	0.05	0.013	0.010	0.021
加权平均每股收益	元	0.05	0.014	0.010	0.021
扣除非经常性损益后每股收益	元	0.047	0.013		
每股净资产	元	2.18	2.16	2.15	2.19
调整后的每股净资产	元	2.11	2.11	2.14	2.17
每股经营活动产生的现金流量净额	元	0.42	0.36	0.5	0.5
净资产收益率	%	2.31	0.6	-0.5	0.9

报告期利润	净资产收益率(%) 全面摊薄 2000	全面摊薄 1999	加权平均 2000	加权平均 1999	每股收益(元/股) 全面摊薄 2000	全面摊薄 1999	加权平均 2000	加权平均 1999
主营业务利润	25.02	18.58	24.87	19.92	0.54	0.40	0.54	0.43
营业利润	2.91	0.75	2.89	0.80	0.06	0.02	0.06	0.02
净利润	2.31	0.60	2.30	0.64	0.05	0.01	0.05	0.01
扣除非经常性损益后的净利润	2.14	0.60	2.13	0.64	0.05	0.01	0.05	0.01

三、股东情况介绍

1、报告期末,公司股东总数为 29763 户。

2、前十名股东持股情况。

股东名称	期末持股数(股)	比例(%)
国家拥有股份(由华新集团有限公司代国家持有)	91,526,880	27.9
HOLCHIN B.V.	77,000,000	23.4
华新集团有限公司	11,994,000	3.7
STANDARD CHARTERED BANK HONG KONG A/C CREDIT SUISSE FIRST BOSTON (H.K.) LTD.	8,761,366	2.7
黄石市铁路联营公司	2,520,000	0.8
HKIT S/A 006-113039-431	1,571,000	0.5
TOYO SECURITIES ASIA Ltd. A/C CLIENT	1,397,500	0.4
DAIWA SECURITIES CO., LTD. TOKYO	1,204,000	0.4
武汉石化鹏鹤物资公司	1,200,000	0.4
NAITO SECURITIES CO., LTD.	1,183,000	0.4

福建水泥股份有限公司

二〇〇〇年年度报告摘选

一、公司简介

1、公司中文名称:福建水泥股份有限公司
英文:FUJIAN CEMENT INC.
缩写:FJCINC.
2、公司法定代表人:丁仕达
3、董事会秘书:林成潮
联系地址:福建省福州市杨桥路118号宏杨新城建福大厦
联系电话:0591—7527300　　传真:0591—7527300
电子信箱:dmcement@pub5.fz.fj.cn
董秘授权人:林国金;
公司年度报告备置地点:公司股证办
联系地址:福建省福州市杨桥路118号宏杨新城建福大厦
邮编:350001
电话:0591—7527300　　传真:0591—7501911
4、公司注册地址:福建省福州市杨桥路118号宏杨新城建福大厦
邮编:350001
公司办公地址:福建省福州市杨桥路118号宏杨新城建福大厦
公司国际互联网网址:www.jianfu.com
公司电子信箱:cement@pub5.fz.fj.cn
5、信息披露报纸名称:《上海证券报》
登载公司年度报告的中国证监会指定国际互联网网址:http://www.sse.com.cn;
6、公司股票上市交易所:上海证券交易所
股票简称:福建水泥　　股票代码:600802

二、会计数据和业务数据摘要

(一)本年度实现利润情况(单位:人民币元)

利润总额:	36,497,471.95
净利润:	52,423,893.00
扣除非经营性损益后的净利润:	17,350,381.19
主营业务利润:	176,699,818.71
其他业务利润:	2,473,581.94
营业利润:	676,734.89
投资收益:	21,070,134.93
补贴收入:	16,770,000.00
营业外收支净额:	-2,019,397.87
经营活动产生的现金流量净额:	-60,946,356.74
现金及现金等价物净增加额:	10,448,687.42

注:扣除非经常损益项目计35,073,511.81元,包括以下项目金额:
补贴收入(99年度国有股收益返还)16,770,000.00
所得税返还:18,021,411.79
利息补贴:1,998,588.21
营业外收支净额:-1,716,488.19(税前为-2,019,397.87)

(二)截至报告期末前三年公司主要会计数据及财务指标

单位:人民币元

项　目	2000年度	1999年度	1998年度	
			调整后	调整前
主营业务收入	542,123,770.13	593,244,585.81	347,452,143.38	347,452,143.38
净利润	52,423,893.00	74,054,935.49	64,523,685.21	66,013,271.70
总资产	1,678,259,579.22	1,361,427,508.20	1,304,496,014.32	1,307,511,110.67
股东权益	858,927,236.22	643,270,039.89	642,028,564.71	645,018,466.92
每股收益	0.185	0.293	0.256	0.26
按月平均加权的每股收益	0.202	0.293	0.264	0.27
扣除非经常性损益后的每股收益	0.0661	0.077	0.008	0.014
每股净资产	3.04	2.69	2.54	2.56
调整后的每股净资产	2.84	2.549	2.46	2.47
每股经营活动产生的现金流量净额	-0.215	0.355	-0.158	-0.158
净资产收益率%	6.10	11.51	10.05	10.23

(三)报告期利润表附表

报告期利润	净资产收益率(%)		每股收益(元)	
	全面摊薄	加权平均	全面摊薄	加权平均
主营业务利润	20.57	20.57	0.6247	0.6797
营业利润	0.08	0.09	0.0024	0.0026
净利润	6.10	7.38	0.1853	0.2016
扣除非经常性损益后的净利润	2.02	2.44	0.0613	0.0667

三、股东情况介绍

(一)股东情况介绍
1、报告期末股东总数
经上海证券中央登记结算中心审核,截至2000年12月31日,登记注册股东总户数为77768户,其中:国家股股东1户,法人股股东12户,社会公众股东77755户。
2、前十名股东情况(截止2000年12月31日)

名　称	年末持股数(股)	占总股本比例(%)
1、福建省国有资产管理局	145,145,000	51.32
2、兴业证券(社会公众股)	1,591,670	0.56
3、张志红	780,000	0.28
4、福建省青山纸业股份有限公司	698,500	0.25
5、泰和基金	655,422	0.23
6、福建投资开发总公司	550,000	0.19
7、福建兴业(法人股)	550,000	0.19
8、福建省石化经济发展公司	419,100	0.15
9、中保财产保险有限公司福建省分公司	330,000	0.12
10、福建五矿	298,400	0.11

注:持有本公司5%以上股份的股东为福建省国有资产管理局,报告期内所持股份未发生增减变动情况,其所持股份中12025万股已质押,为本公司作贷款担保,其中6400万股向中国工商银行福建省分行营业部质押,5625万股向中国银行福建省分行质押。

河北威远生物化工股份有限公司

二〇〇〇年年度报告摘选

一、公司简介

1. 公司法定中文名称:河北威远生物化工股份有限公司
公司英文名称:Hebei Weiyuan Bio-chemical Stock Co.,Ltd.
2. 公司法定代表人:霍丽君
3. 公司董事会秘书:白岩
联系地址:河北省石家庄市新石北路166号
电话:0311-3834233-8016　　传真:0311-3833524
公司证券事务授权代表:郑德河
电话:0311-3834233-8015　　传真:0311-3833524
4. 公司注册地址:河北省石家庄市新石北路166号
公司办公地址:河北省石家庄市新石北路166号　　邮政编码:050091
公司互联网址:http://www.weiyuan.com
5.公司选定的信息披露报纸名称:《上海证券报》
登载公司年度报告的中国证监会指定互联网网址:http://www.sse.com.cn
公司年度报告备置地点:本公司股份办
6.公司股票上市交易所:上海证券交易所
股票简称:威远生化　　股票代码:600803

二、会计数据和业务数据摘要

1.本年度主要会计数据和业务数据(单位:元)

项　目	2000年
利润总额	28,220,132.18
净利润	23,067,171.63
扣除非经常性损益后的净利润	22,583,301.96
主营业务利润	59,361,085.78
其他业务利润	848,670.51
营业利润	22,911,748.10
投资收益	4,820,588.90
补贴收入	461,625.13
营业外收支净额	26,170.05
经营活动产生的现金流量净额	-25,966,223.71
现金及现金等价物净增加额	24,380,543.82

注:扣除非经常性损益涉及金额:补贴收入461,625.13元,营业外收入219,821.17元,营业外支出193,651.12元。

2. 前三年的主要会计数据和财务指标　　(单位:万元)

项　目	2000年	1999年调整前	1999年调整后	1998年
主营业务收入	23,682.60	25,739.06	25,739.06	20,730.11
净利润	2,306.72	2,142.01	2,246.24	2,461.96
总资产	58,596.17	48,722.63	48,640.39	21,002.38
股东权益	32,457.14	31,340.66	31,289.34	21,002.38
每股收益(元/股)				
摊薄	0.20	0.18	0.19	0.33
加权	0.20	0.18	0.19	0.33
扣除非经常性损益后的每股收益(元/股)	0.19	0.18	0.19	0.33
每股净资产(元/股)	2.75	2.65	2.65	2.78
调整后每股净资产(元/股)	2.75	2.59	2.59	2.72
净资产收益率(%)				
摊薄	7.11	6.83	7.18	11.72
加权	7.11	9.70	10.15	12.10
每股经营活动产生的现金流量净额(元/股)	-0.22	-0.10	-0.10	0.13
扣除非经常性损益后的加权净资产收益率(%)	6.96		10.15	12.10

3. 利润附表

报告期利润	净资产收益率(%)		每股收益(元)	
	全面摊薄	加权平均	全面摊薄	加权平均
主营业务利润	18.29	18.30	0.50	0.50
营业利润	7.06	7.06	0.19	0.19
净利润	7.11	7.11	0.20	0.20
扣除非经常性损益后的净利润	6.96	6.96	0.19	0.19

4.报告期内股东权益变动情况及原因(单位:元)

项目	股本	资本公积	法定盈余公积	法定公益金	未分配利润	股东权益合计
期初数	118,221,713	141,045,122.79	10,557,948.31	4,764,650.37	38,303,916.41	312,893,350.88
本期增加	0	433,089.45	2,902,694.61	1,503,933.55	23,067,171.63	27,906,889.24
本期减少	0	0	0	0	16,228,799.46	16,228,799.46
期末数	118,221,713	141,478,212.24	13,460,642.84	6,268,583.92	45,142,288.58	324,571,440.66

变动原因:①资本公积金增加系以非专利技术向海南威远宏昶生物药业有限公司投资40万元,调整上年评估减值3.3万元所致;②盈余公积增加系本年提取法定盈余公积和公益金所致;③未分配利润增加数系本年实现净利润,减少系提取法定公积金、法定公益金、应付普通股股利所致。

三、股东情况介绍

1. 报告期末本公司共有股东8209户
2. 前十名股东持股情况

股东姓名	持股数(万股)	持股比例(%)
河北威远集团有限公司	5212.57	44.09
河北农行	151.02	1.28
蒋伟明	65.78	0.56
方福根	64.09	0.54
陈炳生	64.08	0.54
王兰香	64.07	0.54
林丽敏	64.04	0.54
陈树毅	63.99	0.54
于龙女	60.75	0.51
刘进磊	60.28	0.51

成都工益冶金股份有限公司

二〇〇〇年年度报告摘选

一、公司简介

1 、公司法定中文名称:成都工益冶金股份有限公司
公司英文名称:CHENDU GONGYI METALLURGY CO. ,LTD
公司英文缩写名称:CDGY
2 、公司法定代表人:王群英
3 、公司董事会秘书:何 斌
电 话:(028)4460046
传真:(028)4460046
E-MAIL:gonyi@mail. sc. cninfo. net
4 、公司注册地址:中国四川成都市经华南路 3 号
公司办公地址:同上　　　　邮政编码:610069
5 、公司信息披露报纸:上海证券报
登载年度报告的中国证监会国际互联网网址:http://www. sse. com. cn
6 、公司年度报告备置地点:四川成都市经华南路 3 号公司证券投资部
7 、公司股票上市交易所:上海证券交易所
股票简称:工益股份
股票代码:600804

二 、财务数据摘要

1 、公司本年度的主要会计数据(单位:人民币元)

项　目	金　额
利润总额	-31,473,526.82
净利润	-31,473,526.82
主营业务利润	-22,335,839.63
其他业务利润	3,541.72
投资收益	186,334.86
营业外收支净额	-384,665.46
经营活动产生的现金流量净额	14,368,642.88
现金及现金等价物净增加额	6,252,894.60

2 、截止本报告期末公司前三年的主要会计数据和财务指标

(单位:人民币元)

项　目	2000 年	99 年	98 年	
			调整前	调整后
主营业务收入(元)	234,171,875.11	261,568,377.04	372,226,750.70	372,226,750.70
净利润(元)	-31,473,526.82	830,893.89	27,596,663.39	12,430,943.81
总资产(元)	368,894,974.96	404,222,598.29	552,781,001.86	458,582,971.61
股东权益(元)	200,111,178.56	235,866,731.13	329,012,547.80	237,875,551.73
每股收益(元)	-0.27	0.0071	0.2367	0.1066
每股净资产(元)	1.71	2.02	2.82	2.04
调整后的每股净资产(元)	1.62	1.91	2.60	1.95
每股经营活动产生的现金流量净额(元)	0.123	0.056	0.017	0.017
净资产收益率(%)(全面摊薄)	-15.73	0.35	8.72	5.23

3 、利润表附表

报告期利润	净资产收益率%		每股收益(元/股)	
	全面摊薄	加权平均	全面摊薄	加权平均
主营业务利润	-11.16	-10.15	-0.19	-0.19
营业利润	-15.63	-14.21	-0.27	-0.27
净利润	-15.73	-14.30	-0.27	-0.27
扣除非经常性损益	-15.73	-14.30	-0.27	-0.27

4 、报告期内股东权益变动情况(单位:万元)

项　目	股本	资本公积	盈余公积	法定公益金	未分配利润	股东权益合计
期初数	11661.12	8592.29	3279.33	683.19	53.93	23586.67
本期增加	0.00					
本期减少	0.00	428.21				
期末数	11661.12	8164.09	3279.33	683.19	-3093.42	20011.12

变动原因:

(1)资本公积金减少数系根据财政财会函字(1998)16 号文调整资本公积金并相应调整累计折旧。

(2)未分配利润减少系报告期利润亏损所致。

三 、股本变动及股东情况

1 、股本变动情况

(1) 股本结构情况(截至 1999 年末　　数量单位:股)

	期初数	本次增减变动(+,-)	期末数
一 、尚未流通股份			
发起人股份	43,214,400	0	43,214,400
其中:			
国家拥有股份			
境内法人持有股份	43,214,400	0	43,214,400
外资法人持有股份			
募集法人股	1,440,000	0	1,440,000
内部职工股			
优先股及其它			
尚未流通股份合计	44,654,400		44,654,400
二 、已流通股份			
境内上市的人民币普通股	71,956,800	0	71,956,800
境内上市的外资股			
境外上市的外资股			
其它			
已流通股份合计	71,956,800	0	71,956,800
三、股份总额	116,611,200	0	116,611,200

江苏悦达投资股份有限公司

二〇〇〇年年度报告摘选

一、公司简介

1、公司的法定中、英文名称
法定中文名称:江苏悦达投资股份有限公司
法定英文名称:JIANGSU YUEDA INVESTMENT CO. ,LTD.
2、公司法定代表人:胡友林
3、公司董事会秘书:高一山
联系地址:江苏省盐城市通榆中路 36 号
电话号码:(0515)8334056
传真:(0515)8227190、8334601
电子信箱:gao-yishan@163. net
董事会证券事务代表:周亚来
联系地址:江苏省盐城市通榆中路 36 号
电话号码:0515-8332667
传真:0515-8227190、8334601
电子信箱:jsyd@public. yc. js. cn
4、公司注册及办公地址:江苏省盐城市通榆中路 36 号
邮政编码:224002
国际互联网网址:http://www. yueda. com
电子信箱:yueda@public. yc. js. cn
5、公司选定的信息披露报纸:《上海证券报》
登载公司年度报告的国际互联网网址:http://www. sse. com. cn
公司年度报告备置地点:江苏省盐城市通榆中路 36 号公司总部三楼证券部
6、公司股票上市地:上海证券交易所
股票简称:悦达投资
股票代码:600805

二、会计数据及业务数据摘要

(一)本年度主要利润指标情况(单位:元)

利润总额:	142527916.91
净利润:	134429083.92
扣除非经常性损益后的净利润:	121806603.01
主营业务利润:	219999407.67
其他业务利润:	11754296.36
营业利润:	57449772.21
投资收益:	78817167.44
补贴收入:	6427726.41
营业外收支净额:	-166749.15
经营活动产生的现金流量净额:	500722816.12
现金及现金等价物净增加额:	910208440.13

注:扣除的非经常性损益项目和涉及金额:(单位:元)

1、拖拉机销售补贴:	11950000.00
2、增发新股申购冻结资金利息:	672480.91

(二)截止报告期末前三年主要会计数据和财务指标(单位:元)

项　目	2000 年	1999 年	1998 年	
			调整后	调整前
主营业务收入	1037094863.66	649680952.54	655209791.20	655209791.20
净利润	134429083.92	131806019.43	58175349.47	61530915.10
总资产	3545020116.88	2273654102.31	1611937366.59	1649381739.83
股东权益(不含少数股东权益)	1729210836.20	1104339270.19	972533250.76	1009952782.83
每股收益:摊薄	0.246	0.283	0.125	0.13
加权	0.256	0.283	0.13	0.137
扣除非经常性损益后每股收益	0.223	0.05		
每股净资产	3.17	2.37	2.09	2.17
调整后每股净资产	3.15	2.27	2.05	2.11
每股经营活动产生的现金流量净额	0.92	0.28	-0.55	-0.55
净资产收益率(%)	7.77	11.94	5.98	6.09

三、股东情况介绍

1、报告期末股东总数为 146571 户。

2、本公司前十名股东持股情况:

股东名称	持有数量(股)	持股比例(%)
江苏悦达集团有限公司	128234486	23.51
江苏省国际信托投资公司	72144000	13.23
盐城市国有资产经营公司(国家股)	32988148	6.05
宋音莲	2223000	0.41
刘可牧	1404000	0.26
王连荣	1404000	0.26
桑军庆	1404000	0.26
潘太军	1404000	0.26
桑会庆	1177556	0.22
张玉华	799980	0.15

注:(1)江苏悦达集团有限公司为公司国有法人股股东,1997 年 8 月 21 日,江苏悦达集团有限公司以其持有的我公司国有法人股 3169.091 万股为质押物,为其控股的盐城悦银汽车有限公司向浙江兴业银行香港分行贷款 1800 万元美元提供担保,宽限期 2 年,计 7 年;1999 年 11 月 10 日,江苏悦达集团有限公司以其持有的我公司国有法人股 6100 万元为质押物,为本公司向国家开发银行贷款 2 亿元人民币提供担保。

(2)持股 5%以上的股东之间无关联关系。

昆明机床股份有限公司

二〇〇〇年年度报告摘选

一、公司简介

公司法定名称(中文):昆明机床股份有限公司
公司法定名称(英文):KUNMING MACHINE TOOL COMPANY LIMITED
公司英文名称缩写:KMTC
公司注册和办公地址:中华人民共和国云南省昆明市茨坝路23号
公司法定代表人:高扬仁先生
公司董事会秘书:冯思忠先生
公司董事会秘书授权代表(境内):曲莘野女士
电话:86-871-5212410　86-871-5212411　传真:86-871-5150317
邮政编码:650203
公司国际互联网网址为:http://www.cnkmtc.com
电子信箱:KMMTCL@public.km.yn.cn
公司选定的信息披露报纸:《上海证券报》及香港《商报》、《虎报》
公司登载年报内地和香港指定的国际互联网网址分别为:http://www.sse.com.cn 和 http://www.hkex.com.hk
公司年度报告备置地点:昆明机床股份有限公司董事会秘书室
公司股票境内上市交易所:上海证券交易所
公司股票境内上市交易所的代码:600806
公司股票简称:ST昆机
公司股票香港上市交易所:香港联合交易所有限公司
公司股票香港上市交易所的代码:0300　公司股票简称:昆明机床

二、会计数据和业务数据

1.公司主要会计数据和业务数据

(1)根据中国会计准则　单位:人民币千元

项目	金额
利润总额	3,576
净利润	3,576
扣除非经常性损益后的净利润	2,251
主营业务利润	22,235
其他业务利润	691
营业利润	1,555
投资收益	540
补贴收入	1,325
营业外收支净额	156
经营活动产生的现金流量净额	12,934
现金及现金等价物净增加额	42,946

(2)根据香港会计准则　单位:人民币千元

项目	金额
利润总额:	972
净利润率:	972
扣除非经常性损益后的净利润:	972
主营业务利润:	22,235
其他收入:	7,650
管理及销售费用:	(25,319)
财务费用:	(3,459)
营业外费用:	(155)

2.按照中国证监会《公开发行证券公司信息披露编报规则(第九号)》要求计算的利润表附表:　单位:人民币元

报告期利润	净资产收益率		每股收益	
	全面摊薄	加权平均	全面摊薄	加权平均
主营业务利润	0.044	0.044	0.091	0.091
营业利润	0.003	0.003	0.006	0.006
净利润	0.007	0.007	0.015	0.015
扣除非经常性损益后的净利润	0.004	0.004	0.009	0.009

3.股东权益变动情况

(1)根据中国会计准则　单位:人民币千元

项目	股本	资本公积金	盈余公积金	其中:公益金	未分配利润	股东权益合计
期初数	245,007	305,280	16,813	8,406	(61,339)	505,761
本期增加	0	0	0	0	3,576	3,576
本期减少	0	0	0	0	0	0
期末数	245,007	305,280	16,813	8,406	(57,763)	509,337

(2)根据香港会计准则　单位:人民币千元

项目	股本	股本溢价	资本公积金	法定公积金	法定公益金	未分配利润	股东权益合计
期初数	245,007	293,745	10,225	8,406	8,406	(60,028)	505,761
本期增加	0	0	0	0	0	972	972
本期减少	0	0	0	0	0	0	0
期末数	245,007	293,745	10,225	8,406	8,406	(59,056)	506,733

三、股东情况介绍

(1)股东人数:
于2000年12月31日止,本公司之股东数详情如下:
股东总数:13282个
A股股东:12937个
国家股东:1个
法人股股东:1个
个人股东:12935个
H股股东:345个
(2)主要股东:

股东名称或姓名	年末持股数	年初持股数	股份类别	占总股数比例(%)
①云南省人民政府	102,397,700股	102,397,700股	A股	41.79
②香港中央结算(代理人)有限公司	60,613,999股	60,349,499股	H股	24.74
③昆明精华公司	17,609,700股	17,609,700股	A股	7.19
④国信证券	1,036,100股		A股	0.42
⑤许国超	503,668股		A股	0.21
⑥刘立平	499,269股		A股	0.20
⑦卢福嫦	498,800股		A股	0.20
⑧陈文能	498,365股		A股	0.20
⑨杨金山	498,000股		A股	0.20
⑩胡付其	491,670股		A股	0.20

山东济南百货大楼(集团)股份有限公司

二〇〇〇年年度报告摘选

一、公司简介

1、公司的法定中、英文名称及缩写
公司的法定中文名称:山东济南百货大楼(集团)股份有限公司
公司的法定英文名称:SHANDONG JINAN DEPARTMENT STORT (GROUP)STOCK
英文缩写:S.J.D.S.G
2、公司法定代表人:李增起
3、公司董事会秘书:赵川辉
联系地址:济南市泉城路264号
电话:(0531)6030094
传真:(0531)6914416
4、公司注册地址:中国山东济南市泉城路264号
邮政编码:250011
网址:http://www..JNBH.com.cn
5、公司信息披露报纸名称:上海证券报　中国证券报
上交所网址:http://www.sse.com.cn
公司年度报告备置地点:公司资产运营管理部
6、公司股票上市地:上海证券交易所
股票简称:济南百货
股票代码:600807

二、会计数据和业务数据摘要

1、公司本年度会计数据

单位:人民币元

项目	金额
利润总额	402,315.91
净利润	158,839.76
扣除非经常性损益后的净利润	158,839.76
主营业务利润	5,393,606.03
其他业务利润	11,119,794.16
营业利润	-18,028,502.20
投资收益	18,249,088.00
营业外收支净额	-70,269.89
经营活动产生的现金流量净额	-39,361,990.68
现金及现金等价物净增加额	17,203,963.77

2、公司近三年主要财务数据指标

指标项目	2000年	1999年	1998年
主营业务收入	159,696,903.25	189,086,797.72	144,609,052.64
净利润	158,839.76	24,352,492.37	21,673,483.85
总资产	506,419,539.83	465,333,532.62	405,326,600.02
股东权益	229,465,146.26	229,306,306.50	204,953,814.13
每股收益	0.0015	0.226	0.261
扣除非经常性损益后的每股收益	0.0015	0.197	0.254
每股净资产	2.126	2.125	2.469
调整后的每股净资产	2.098	2.065	2.047
每股经营活动产生的现金流量净额	-0.365	0.047	-0.459
净资产收益率(%)	0.0692	10.62	10.575

3、利润分配表附表

报告期利润		净资产收益率%		每股收益元	
		全面摊薄	加权平均	全面摊薄	加权平均
主营业务利润	5,393,606.03	2.35	2.35	0.05	0.05
营业利润	-18,028,502.20	-7.86	-7.86	-0.167	-0.167
净利润	158,839.76	0.0692	0.0692	0.0015	0.0015
扣除非经常性损益后的净利润	158,839.76	0.0692	0.0692	0.0015	0.0015

三、股东变动及股东情况

1、股本变动情况
(1)股份变动情况表

数量单位:股

	本次变动前	本次变动增减(+、-)						本次变动后
		配股	送股	公积金转股	增发	其他	小计	
一、未上市流通股份								
1、发起人股份	36,276,194.50							36,276,194.50
其中								
国家持有股份	36,276,194.50							36,276,194.50
境内法人持有股份								
境外法人持有股份								
其他								
2、募集法人股份	7,300,800.00							7,300,800.00
3、优先股或其他								
其中:转配股								
未上市流通股份合计	43,576,994.50							43,576,994.50
二、已上市流通股份								
1、人民币普通股	64,350,000.00							64,350,000.00
2、境内上市的外资股								
3、境外上市的外资股								
4、其他								
已上市流通股份合计	64,350,000.00							64,350,000.00
三、股份总数	107,926,994.50							107,926,994.50

马鞍山钢铁股份有限公司

二〇〇〇年年度报告摘选

一、公司简介

公司名称：马鞍山钢铁股份有限公司（简称"马钢"）
英文名称：MAANSHAN IRON & STEEL COMPANY LIMITED（MAS C. L.）
公司法定代表人：顾建国
公司注册及办公地址：安徽省马鞍山市红旗中路 8 号
公司网址：http://www.magang.com.cn
董事会秘书：苏鉴钢　王大鹏
办公地址：安徽省马鞍山市红旗中路 8 号
联系地址：安徽省马鞍山市红旗中路 8 号
电话：86-555-2888158　　传真：86-555-2887284
邮政编码：243003
电子信箱：MGGFDMS@mail.magang.com.cn
公司信息披露报纸：《上海证券报》、香港《南华早报》、香港《文汇报》
中国证监会指定的年度报告登载网址：http://www.sse.com.cn
公司年度报告备置地点：马鞍山钢铁股份有限公司董事会秘书室
股票上市地：上海证券交易所（A 股）　香港联合交易所有限公司（H 股）
股票简称：马钢股份　马鞍山钢铁
股票代码：600808　323

二、会计数据和业务数据摘要

1、本公司及其附属公司（简称"本集团"）本年度实现利润总额及构成（单位：人民币千元）

	按中国会计准则	按香港会计准则
利润总额	197,087	123,357
净利润	176,031	102,301
扣除非经常损益后的净利润	175,799	102,069
主营业务利润	1,191,753	1,220,844
其他业务利润/(亏损)	(2,298)	(2,298)
营业利润	545,759	326,851
投资收益	2,676	2,676
补贴收入	232	232
营业外收支净额	(351,580)	(390,423)
经营活动产生的现金流量净额	1,467,573	1,549,898
现金及现金等价物净增加额	458,516	452,918

2、主要财务数据和财务指标（人民币）

（1）按中国会计准则和制度编制

指标项目	2000 年	1999 年	1998 年
主营业务收入（千元）	8,185,687	6,668,436	6,429,425
净利润/(亏损)（千元）	176,031	13,112	(167,941)
总资产（千元）	16,857,270	17,299,627	17,805,165
股东权益（千元）	11,887,985	11,861,932	11,848,820
每股收益/(亏损)（元）			
全面摊薄	0.027	0.002	(0.026)
加权平均	0.027	0.002	(0.026)
每股净资产（元）	1.84	1.84	1.84
调整后每股净资产（元）	1.78	1.77	1.76
每股经营活动产生的现金流量净额（元）	0.2273	0.1668	0.0858
净资产收益/(亏损)率（%）			
全面摊薄	1.48	0.11	(1.42)
加权平均	1.48	0.11	(1.41)

注：计算上述财务指标时，待转销汇兑差异人民币 1,373,630,913 元乃计入股东权益。

（2）按香港会计准则编制

指标项目	2000 年	1999 年	1998 年
主营业务收入（千元）	8,185,687	6,668,436	6,429,425
净利润/(亏损)（千元）	102,301	13,112	(167,941)
总资产（千元）	16,880,680	17,300,227	17,805,165
股东权益（千元）	11,835,128	11,861,932	11,848,820
每股收益/(亏损)（元）			
全面摊薄	0.016	0.002	(0.026)
加权平均	0.016	0.002	(0.026)
每股净资产（元）	1.83	1.84	1.84
调整后每股净资产（元）	1.77	1.77	1.76
每股经营活动产生的现金流量净额（元）	0.2401	0.1680	0.0659
净资产收益/(亏损)率（%）			
全面摊薄	0.86	0.11	(1.42)
加权平均	0.86	0.11	(1.41)

3、按照中国证监会《公开发行证券公司信息披露编报规则（第 9 号）》要求计算的利润数据（按中国会计准则和制度编制）

报告期利润	净资产收益率（%）		每股收益（人民币元）	
	全面摊薄	加权平均	全面摊薄	加权平均
主营业务利润	10.02	10.04	0.185	0.185
营业利润	4.59	4.60	0.085	0.085
净利润	1.48	1.48	0.027	0.027
扣除非经常性损益后的净利润	1.48	1.48	0.027	0.027

三、股本变动及股东情况

1、于二〇〇〇年十二月三十一日，本公司股东总数为 244863 名，其中：A 股股东 238704 名，H 股股东 6159 名。

2、于二〇〇〇年十二月三十一日前 10 名股东的持股情况：

股东名称	持股量（股）	占总股本（%）
马钢（集团）控股有限公司	408,148	62.5%
香港 HKSCC NOMINEES LIMITED	153,264	23.74%
HSBC NOMINEES LIMITED	26,430,000	0.409
上海全隆实业有限公司	9,800,000	0.152
CHAN CHIU CHI	3,000,000	0.046
中国人民保险公司安徽省分公司	3,000,000	0.046
航空公司	3,000,000	0.046
兴和基金	2,667,171	0.041
HUI BUN	1,454,000	0.023
甬工上证	1,400,000	0.022

神马实业股份有限公司

二〇〇〇年年度报告摘选

一、公司简介

1.公司法定中文名称：神马实业股份有限公司
公司中文名称缩写：神马实业
公司法定英文名称：SHEN MA INDUSTRY CO. LTD
公司英文名称缩写：SMIC
2.公司法定代表人：宋春迎
3.公司董事会秘书（负责信息披露）：刘臻
联系地址：河南省平顶山市建设中路 63 号
联系电话：0375-3921231　　传真：0375-3921500
电子信箱：liuzh@371.net
公司董事会证券事务代表：李旭东
联系地址：河南省平顶山市建设中路 63 号
联系电话：0375-3921231　　传真：0375-3921500
电子信箱：lixudong@371.net
4.公司注册地址：河南省平顶山市建设中路 63 号
公司办公地址：河南省平顶山市建设中路 63 号
邮政编码：467000
公司电子信箱：shenma@public.pdptt.ha.cn
5.公司选定的信息披露报纸：上海证券报
登载公司年度报告的中国证监会指定国际互联网网址：http://www.sse.com.cn
公司年度报告备置地点：神马实业股份有限公司证券办公室
6.公司股票上市交易所：上海证券交易所
股票简称：神马实业　股票代码：600810

二、会计数据和业务数据摘要

1.本年度主要财务指标（单位：元）

公司本年度实现利润总额：	178,845,824.82
净利润：	110,594,794.17
扣除非经常性损益后的净利润：	110,594,794.17
主营业务利润：	215,999,102.22
其他业务利润：	34,658,663.86
营业利润：	178,978,004.15
投资收益：	0
补贴收入：	0
营业外收支净额：	-132,179.33
经营活动产生的现金流量净额：	55,383,282.21
现金及现金等价物净增加额：	47,054,338.90

2.公司三年主要会计数据和财务指标　　单位：人民币元

	2000 年度	1999 年度	1998 年度	
			（调整前）	（调整后）
主营业务收入	1040443506.81	1193118253.55	1405404563.87	1405404563.87
净利润	110594794.17	95502259.39	188619876.77	163967962.12
总资产	3963357156.13	3845350286.92	2158735007	2137859283.17
股东权益	3451196882.99	3340602088.82	1307659636.35	1266978115.96
每股收益（摊薄）	0.215	0.186	0.550	0.478
（加权）	0.215	0.191	0.550	0.478
扣除非经常性损益后的每股收益	0.215	0.186	0.550	0.478
每股净资产（摊薄）	6.704	6.489	3.810	3.692
（加权）	6.704	6.675	3.810	3.692
调整后每股净资产（摊薄）	6.651	6.474	3.720	3.602
（加权）	6.651	6.658	3.720	3.602
每股经营活动产生的现金流量净额	0.108	0.115	0.195	0.195
净资产收益率（摊薄）	3.20%	2.86%	14.42%	12.94%
（加权）	3.20%	3.00%	14.42%	12.94%

3.根据证监会《公开发行证券公司信息披露编报规则》第 9 号通知，列表如下：

	净资产收益率		每股收益（元/股）	
	全面摊薄	加权平均	全面摊薄	加权平均
主营业务利润	6.26%	6.26%	0.42	0.42
营业利润	5.19%	5.19%	0.35	0.35
净利润	3.20%	3.20%	0.21	0.21
扣除非经常性损益后的净利润	3.20%	3.20%	0.21	0.21

三、股本变动及股东情况

1.股东情况介绍

（1）报告期末股东数量：88157 户。

（2）报告期末公司前十名股东持股情况

股东名称	年末持股数（股）	比例%	股份性质
①神马集团	386100000	75.00	国有法人股
②毛明杰	573810	0.111	上市流通股
③北京财政	551571	0.107	上市流通股
④爱建公司	531700	0.103	上市流通股
⑤许放	346817	0.067	上市流通股
⑥黄燕新	300000	0.058	上市流通股
⑦兴和基金	290822	0.056	上市流通股
⑧方日初	257790	0.050	上市流通股
⑨余永顺	204880	0.040	上市流通股
⑩梁裕纯	199000	0.039	上市流通股

注：1）上述 10 名股东之间不存在关联关系；
2）神马集团所持股份本年度内没有发生增减变化，未发生质押或冻结情况；
3）神马集团系代表国家持有股份的单位。

山西杏花村汾酒厂股份有限公司

二○○○年度报告摘要

一、公司简介

1.公司法定中文名称:山西杏花村汾酒厂股份有限公司
公司法定英文名称:SHANXI XINGHUACUN FEN WINE FACTORY CO.,LTD.
2.公司法定代表人:高玉文
3.公司董事会证券事务代表:郭志宏
联系地址:山西省汾阳市杏花村
电　　话:0358—7229381　　7220255
传　　真:0358—7220394
电子信箱:xhc.guo@21cn.com
4.公司地址:山西省汾阳市杏花村
邮政编码:032205
公司国际互联网网:Http://www.fenjiu.com.cn
公司电子信箱:info@fenjiu.com.cn
5.公司选定的信息披露报纸:《上海证券报》、《中国证券报》
中国证监会指定登载年报的国际互联网网址:Http://www.sse.com.cn
公司年度报告备置地点:董事会秘书处
6.公司股票上市交易所:上海证券交易所
股票简称:山西汾酒
股票代码:600809

二、主要财务数据和指标

1、本年度利润指标情况(金额:元)

项　目	
利润总额	17283674.83
净利润	12726091.11
扣除非经常性损益后净利润	9498368.49
主营业务利润	108143528.52
其他业务利润	8240.69
营业利润	17078526.22
投资收益	179351.78
营业外收支净额	25796.83
经营活动产生的现金流量净额	-4597565.92
现金及现金等价物净增加额	2624949.65
[注]扣除的非经常性损益项目和涉及金额	
所得税返还款	3100000.00
处理固定资产净收益	127722.62

2、主要会计数据和财务指标

项目	2000年	1999年	1998年	
			调整后	调整前
主营业务收入	372471598.72	303288197.33	250016078.34	250016078.34
净利润	12726091.11	4647301.43	5055784.74	5323617.41
总资产	1137407064.40	1106784925.21	1111301986.73	1119781134.25
股东权益(不含少数股东权益)	790844295.80	778118204.69	773470903.26	780623990.93
每股收益	0.0294	0.0107	0.0117	0.0123
扣除非经常性损益后每股收益	0.0219	0.0039	0.0092	0.0097
每股净资产	1.8268	1.7974	1.7866	1.8031
调整后每股净资产	1.7288	1.7418	1.7267	1.7428
每股经营活动产生的现金流量净额	-0.01	0.04	0.03	0.03
净资产收益率%	1.61	0.60	0.65	0.68

3.按照《公开发行证券公司信息披露编报规则(第9号)》要求计算的利润数据:

报告期利润	净资产收益率		每股收益	
	全面摊薄	加权平均	全面摊薄	加权平均
主营业务利润	13.67	13.78	0.2498	0.2498
营业利润	2.16	2.18	0.0394	0.0394
净利润	1.61	1.62	0.0294	0.0294
扣除非经常性损益后净利润	1.20	1.21	0.0219	0.0219

4、报告期内股东权益变动情况(单位:万元)

项目	股本	资本公积	盈余公积	法定公益金	未分配利润	股东权益合计
期初数	43292.4133	29924.20	4248.33	1743.75	346.88	77811.82
本期增加			191.02	63.67	1081.59	1272.61
本期减少						
期末数	43292.4133	29924.20	4439.35	1807.42	1428.47	79084.43

变动原因:
1. 盈余公积、法定公益金本期增加数为税后利润提取。
2. 未分配利润本期增加数为本年可供股东分配利润数。

三、股东情况介绍

1、报告期末股东总数为:48557户
2、主要股东持股情况

股东名称	年末持股(万股)	占总股本%
①山西杏花村汾酒(集团)公司	32824	75.82
②汾酒(集团)公司晋泉涌贸易公司	913.83	2.11
③义泉涌酒业股份有限公司	173.67	0.40
④山西省糖酒副食公司	124	0.29
⑤汾酒(集团)公司进出口公司	110	0.25
⑥太原汾酒大厦	100	0.23
⑦北京市糖烟酒公司	50	0.12
⑧潘雪敏	37.5	0.09
⑨泰和基金	31.996	0.07
⑩天龙集团	30	0.069

注1:汾酒(集团)公司系代表国家持有股份的单位;晋泉涌贸易公司、义泉涌酒业公司、汾酒(集团)公司进出口公司、太原汾酒大厦系汾酒(集团)公司子公司。
注2:持股10%以上法人股东简介
山西杏花村汾酒(集团)公司
法定代表人:高玉文
经营范围:主营生产销售汾酒、竹叶青酒、白玉酒、玫瑰酒及其他酒、饮料,兼营生产销售酿酒设备、包装配套产品,新产品的开发试制及技术信息咨询服务。
本年度内股份无增减变动,所持股份无质押情况。

四、股东大会简介

公司于2000年6月30日在本公司酒都会堂召开了一九九九年度股东大会,出席大会股东30名,代表股权数33858.18万股,占公司总股本的78.21%。
大会审议通过了董事会工作报告、监事会工作报告、1999年度财务计划执行情况和2000年财务指标安排报告、利润分配方案报告。
股东大会决议刊登于2000年7月1日《上海证券报》、《中国证券报》。

五、董事会报告

(一)、公司本年度经营情况
公司所处食品酿酒行业,经营范围包括:汾酒、竹叶青酒及其系列酒的生产、销售;酒类高新技术及产品研究、开发、生产、应用;投资办企业及相关咨询服务。
1.主营业务情况
报告期内,董事会坚持"创新思维,整合营销,管理升级,科技增效"的年度发展方针,狠抓机制创新、网络创新、品牌创新、人才创新,扎扎实实开展各项工作,取得了良好的经济效益,公司主要的经济指标保持了两位数的增长。实现工业总产值36383.38万元,比去年同期增长13.12%;共销售名酒11520.87千升,较去年同期增长15.79%;实现销售收入37174.96万元,较去年同期增长22.67%;实现利润1728.36万元,较去年同期增长72.93%。
2.在经营中出现的问题与困难及解决方案
一是全国酒业竞争态势有增无减,公司产品销售虽有回升,但仍有相当的生产能力闲置,固定资产占用资金较多,影响经营的增长与扩张。二是为开拓市场2000年投入了较多的广告宣传和促销费用,导致利润稀释。
面对经营形势严峻的不利局面,公司以市场为导向,大力开展将科技潜力转化为营销优势的创新活动:结合产品结构的调整,加大科技投入、加大技改力度、加大新产品开发力度;全面导入CIS,重塑品牌形象,对汾酒的物质文化、精神文化、制度文化进行了整体重塑,为汾酒品牌全面进入国内外市场打下了基础;同时把售后服务作为产品质量的继续和延伸,不断健全售后服务体系。实行了服务承诺制,采取积极有效的措施,完善售前、售中、售后服务;营销工作方面,公司在认真进行市场调查和预测的基础上,进行了科学的市场细分,并选准目标,准确定位,制定了"市场重组、品牌提升、工商联盟、营销创新"的市场战略,积极调整优化产品结构,加大科技含量,加快了开发进度和投放市场的速度,不断推出适销对路的新品牌,销售明显回升,市场全面启动。
在营销创新的同时,公司全力围绕销售与市场,坚持以销定产、科学指挥,确保了生产系统的稳定运行;始终把质量作为名牌战略的基点,确立了以一流的质量树立名牌、发展名牌、巩固名牌的指导思想,并巩固质量认证成果,进一步加强运行管理,加强质量控制,狠抓工艺技术和操作规程考核,实现了质量管理的上档升级,产品质量稳中有升;同时公司视管理为经济效益增长的又一突破口,坚持围绕市场抓管理,实施全方位综合整治,把企务公开与阳光下购进战略相结合,收到了明显的效果。
(二)公司财务状况

项目	期末数	期初数	增减变动%
总资产	1137407064.40	1106784925.21	2.77
长期负债		60655.60	-100
股东权益	790844295.80	778118204.69	1.64
主营业务利润	108143528.52	82779590.21	30.64
净利润	12726091.11	4647301.43	273.62

影响公司财务状况的主要原因:
1、长期负债减少100%,是因会计制度调整,取消住房周转金所致。
2、主营业务利润增加30.64%,净利润增长273%,主要是由于优化产品结构,主营业务收入大幅增加所致。
(三)公司投资情况
报告期内,公司没有募集资金情况和前期募集资金使用延续到本报告期内的情况,也没有非募集资金新投资项目和对外投资情况。
(四)2001年公司业务发展计划
公司将按照党的十五届五中全会精神和山西省委七届十次全会精神,贯彻落实"机制调整、科学营销、运营资本、创新环境"的年度经营方针,以产品经营为主导,逐步开展资本运营,以省外市场拓展为突破口,以机制调整和深度管理为重点,大力推进物质环境创新和文化环境创新工程,为"十五"计划的实施奠定坚实基础。
1)确定2001年为"整合营销年",以市场为导向,努力推进营销机制和营销方式的创新,积极调整市场结构、产品结构,进一步拓展汾酒市场。

2)深化企业内部配套改革,加速用人、分配制度调整,建立风险管理制度,进一步完善适应市场需要的管理机制,在市场化方面迈出基础性步伐。

3)继续全面推行成本费用管理,强化财务监督,盘活用好资金,提高资金效益。

4)进一步落实总代理、总经销,品牌开发,专卖店以及终端建设和媒体广告等营销策略。同时以科技为依托在新品开发、工艺创新、包装改进、科技防伪上重点突破,实现汾酒事业的可持续发展。

5)努力使生产经营和资本运营二者相互促进,共同发展,提高企业资产利润率,树立良好的市场形象。

(五)董事会日常工作情况

1. 报告期内董事会会议情况及决议内容

本年度公司董事会共召开了四次会议。

第一次会议于2000年3月31日在公司召开,审议通过公司2000年经营计划;审议通过了公司一九九九年度报告及其摘要;审议通过了公司1999年度利润分配预案;审议通过了《提取资产减值准备和损失处理的公司内部控制制度》;审议通过了《关于公司计提各项资产减值准备的报告》。

决议于2000年4月4日在《上海证券报》《中国证券报》上披露。

第二次会议于2000年5月30日在公司召开,审议通过了1999年度股东大会议程及董事会工作报告、1999年度财务计划执行情况和2000年财务指标安排报告,审议通过了99年度利润分配预案。

决议于2000年5月31日在《上海证券报》《中国证券报》上披露。

第三次会议于2000年6月26日召开,确定了召开99年度股东大会各项事宜等。

第四次会议于2000年8月15日召开,审议通过了公司2000年中期报告正文及摘要。决议于2000年8月17日在《上海证券报》《中国证券报》上披露。

2. 报告期内,公司未进行利润分配和实施资本公积金转增股本,也未实施配股、增发新股等方案。

(六)董事、监事及高级管理人员

姓名	职务	性别	年龄	任期	年末持股数量
高玉文	董事长	男	62	3	0
郭双威	副董事长、总经理	男	52	3	5500
张德胜	副董事长	男	62	3	8580
程树乔	董事、副总经理	男	58	3	6050
武兴俭	董事	男	59	3	0
安智海	董事、副总经理	男	52	3	2200
李志龙	董事	男	46	3	0
席金龙	董事、总会计师	男	47	3	0
郭俊陆	董事	男	49	3	0
赵严虎	监事会主席	男	51	3	0
韩建书	监事	男	39	3	0
任正权	监事	男	50	3	0
王秋玲	监事	女	44	3	0
武鹏程	副总经理	男	51	3	0
高占山	副总经理	男	48	3	0
杨寿元	副总经理	男	52	3	1430
刘　力	副总经理	男	46	3	0

上述人员中高玉文、张德胜、武兴俭、李志龙、郭俊陆、赵严虎、任正权、武鹏程未在公司领取报酬,其余人员年度报酬3—5万元6人,3万元以下3人。

本报告期内公司董事、监事、高级管理人员无离任事项,无聘任或解聘董事会秘书事项。

(七)2000年公司利润分配预案

公司2000年度实现净利润12726091.11元,提取10%法定公积金1273434.55元,5%法定公益金636717.27元,加年初未分配利润3468791.13元,可供股东分配利润共计14284730.42元。经公司第二届董事会第十六次会议研究决定:2000年度利润不进行分配,也不进行资本公积金转增。

以上方案需提交2000年度股东大会审议通过。

(八)2001年度利润分配方案作如下计划:

公司拟在2001年结束后分配利润一次,2001年度实现净利润用于股利分配的比例为50%以上,以前年度滚存的可供股东分配利润用于股利分配的比例不低于50%,分配采用派发现金方式。具体分配方式依据公司当时情况确定,董事会保留根据公司实际对该方案进行调整的权利。

六、监事会报告

根据《公司法》和公司章程的有关规定,本年度监事会在促进公司规范化运作、保证股东大会决议的实施和维护股东权益等方面继续充分发挥了自己的监督职能。监事会对公司2000年度生产经营情况、财务计划执行情况和利润分配方案等进行了审议,未发现有失实和违背公司章程现象。

报告期内,监事会召开了二次会议,全体监事参加了会议。另外,监事会成员还列席了董事会的各次会议。

第一次会议于2000年3月31日在公司召开,审议公司2000年经营计划和1999年度利润分配预案;审议了公司一九九九年度报告及其摘要;审议了《提取资产减值准备和损失处理的公司内部控制制度》和《关于公司计提各项资产减值准备的报告》。决议于2000年4月4日在《上海证券报》《中国证券报》上披露。

第二次会议于2000年8月15日召开,审议了公司2000年中期报告正文及摘要。决议于2000年8月17日在《上海证券报》《中国证券报》上披露。

监事会认为:

1、2000年度,公司严格遵守国家法规,依法开展经营活动,建立了较为完善的内部控制制度,保持了企业的正常良性运行,并及时、准确、完整地进行了定期、临时及各种信息的披露,维护了公司信誉及股东的合法权益;公司董事、总经理等高级管理人员在本年度执行公司职务时能认真履行职责,决策程序合法,没有违反法律、法规、公司章程或损害公司利益的行为。

2、山西天元会计师事务所对公司2000年度会计报告出具了无保留意见的审计报告,在所有重大方面真实客观地反映了我公司的财务状况和经营成果。

3、公司本年度无收购出售资产情况、无内幕交易现象发生。

4、公司关联交易公平合理,无损害上市公司利益的情况。

七、重要事项

1. 本年度公司无任何重大诉讼、仲裁事项。

2、报告期内公司、公司董事及高级管理人员无受监管部门处罚情况。

3、报告期内公司控股股东无变更,董事会成员、总经理无变动,无聘任和解聘董事会秘书事项。

4、重大关联交易事项

详见财务报表附注

5、公司与控股股东在人员、资产、财务的"三分开"情况:

人员方面,公司在劳动、人事及工资管理方面独立,总经理、副总经理等高级管理人员中有一名副总经理未在公司领取薪酬,部分人员存在兼职情况,目前正在努力整改。

资产方面,公司拥有独立的生产系统和配套设施,拥有工业产权、商标等无形资产,拥有独立的采购和销售系统。

财务方面,公司设有独立的财会部门,建立了独立的会计核算体系和财务管理制度,在银行独立开户。

6. 公司2000年5月18日为汾酒集团公司葡萄酒项目贷款与中国工商银行汾阳支行签定了贷款担保合同,担保金额1000万元,担保期限2000年6月30日至2001年6月28日。

此事项于2000年8月17日在《上海证券报》《中国证券报》上披露。

7、根据中国证监会"关于安排上市公司转配股分期分批上市流通的通知",经本公司申请并经上海证券交易所安排,转配股5184122股已于2000年11月16日获准上市。

公司转股配上市提示公告于2000年11月1日在《上海证券报》上披露。

8、报告期内公司无聘任、改聘、解聘会计师事务所事项。

9、报告期内公司及持股5%以上的股东在指定报刊和网站上无披露承诺的事项。

八、财务会计报告

1. 审计报告:

公司财务报告经山西天元会计师事务所注册会计师于玮、张新发审计,并出具无保留意见的审计报告书。([2001]天元股审字第27号)

2. 会计报表(附后)

3. 会计报表附注(2000年12月31日,除另有注明外,单位人民币元)

一、公司概况

山西杏花村汾酒厂股份有限公司(以下简称公司),于1993年经山西省体改委晋经改(1993)12号文批准设立,1993年经中国证券监督管理委员会证监发审字(1993)37号批准,发行社会法人股与社会自然人股共计7,800万股,总股本为37,640万股。1995年根据股东大会决议对国有法人股股东及社会公众股股东每十股送一股红股,对社会法人股股东每十股送一元红利,同时经中国证券监督管理委员会证监配审字(1996)5号文批准,公司对全体股东每十股配三股,配股价3.5元/股,送配后公司总股本变更为432,924,133股,并于1996年11月21日换领了营业执照。

公司经营范围为生产及销售汾酒、竹叶青酒及其系列酒并提供广告服务。

二、主要会计政策

1、会计制度

公司执行《企业会计准则》和《股份有限公司会计制度》及其补充规定。

2、会计年度

公司会计年度采用公历制,自公历一月一日起至十二月三十一日止为一个会计年度。

3、记账本位币

公司采用人民币作为记账本位币。

4、记账原则与计价基础

采用借贷记账法,按权责发生制核算,以历史成本作为计价基础。

5、现金等价物的确定标准

公司所持有的期限短、流动性强,易于转换为已知金额现金、价格变动风险很小的投资等视为现金等价物。

6、会计报表及编制基础:

(1)母公司报表:以公司本部及海南分公司、天津分公司、内蒙分公司的个别会计报表以及其他有关资料为依据,并抵销公司间重大的内部交易和资金往来编制而成。

(2)合并会计报表:根据财政部《合并会计报表暂行规定》及其补充规定,以母公司报表和子公司山西牧童广告有限公司的会计报表以及其他有关资料为依据,合并各项目数据编制而成,并将当时公司的重大内部交易和资金往来均相互抵销。

7、坏账核算方法:

公司坏账确认标准:

(1)债务人破产或死亡,以其破产财产或资产清偿后仍无法收回;

(2)有确凿证据表明债务人资不抵债、现金流量严重不足或发生严重自然灾害等而导致停产,短期内确实无法收回的应收款项。

(3)债务人逾期5年未履行偿债义务的应收款项。

上述确实不能收回的应收款项(包括应收账款和其他应收款),报经董事会批准予以核销。

董事会决议:

(1)坏账损失的核算采用备抵法,根据账龄分析法计提,计提比例如下:

应收款项账龄	计提比例(%)
1年以内	1
1—2年	3
2—3年	5
3年以上	15

(2)对关联单位的往来不计提坏帐准备。

8、存货的核算方法:

存货主要包括原材料、自制半成品、在产品和产成品。

原材料的成本由买价加运费、装卸费、保险费等构成;自制半成品、在产品和产成品以生产过程中发生的各项支出作为实际成本,包括直接材料、直接人工和制造费用。

产成品入库采用实际成本核算,发出采用加权平均法结转成本,主要原材料和自制半成品以计划成本核算,按月结转材料成本差异。

低值易耗品和包装物采用一次摊销法。

9、存货跌价准备:

董事会"内控制度"规定:中期期末或年末对存货进行全面清查,对由于存货遭受毁损、全部或部分陈旧过时或销售价格低于成本等原因,使存货成本不可收回的部分计提存货跌价准备,存货跌价准备按照单个存货项目的成本高于其可变现净值的差额提取。

10、短期投资核算方法

根据《企业会计准则—投资》规定,短期投资以实际支付的全部价款(包括税金、手续费和相关费用)扣除已宣告发放但未领取的现金股利(或已到期尚未领取的债券利息)入账;在处置时,按所收到的处置收入与短期投资账面价值的差额确认为当期的投资收益。

11、短期投资跌价准备

董事会"内控制度"规定:短期投资按成本与市价孰低法计提跌价准备。

12、长期投资核算方法

按取得时的实际成本计价。

对持股在50%以上及虽在50%以下但控股的企业,其投资按权益法核算,并在年终编制合并会计报表;持股比例在20%(含20%)—50%的企业,其投资按权益法核算;持股比例在20%以下的企业,其投资按成本法核算。

13、长期投资减值准备

董事会"内控制度"规定:长期股权投资:本公司对被投资单位由于市价持续下跌或经营状况恶化等原因导致其可收回金额低于长期股权投资的账面价值,并且这种降低的价值在可预计的未来期间不可能恢复时,按可收回金额低于长期股权投资账面价值的差额计提长期投资减值准备,计提的长期投资减值准备计入当期损益。

14、固定资产及折旧:

固定资产包括房屋及建筑物、生产设备、动力设备、工具设备、管理设备、传导设备、运输设备及其他。

固定资产除本公司改组投入的国有资产按经批准的评估值计价外,其它均按实际成本计价,固定资产折旧采用直线法平均计算,预计残值率为3%。

本公司经报山西省财政厅批准,从1996年1月1日起对固定资产的折旧年限作调整,调整后的固定资产分类折旧率为:

类别	折旧率
房屋及建筑物	2.66%—6.84%
生产设备	7.13%—13.86%
动力设备	5.39%—12.12%
工具仪器	2.81%－－16.17%
管理设备	6.34%－－17.34%
传导设备	6.73%－－10.78%
运输设备	8.82%－－11.48%
其它	8.82%－－12.13%

15、在建工程:

按实际成本法核算。该成本包括直接建造成本以及用于新建、安装及试运行期间所发生实际成本和财务费用。工程已完工并交付使用时转入固定资产。

16、无形资产:

(1)无形资产计价:购入的无形资产按实际支付的价款入帐。投入的无形资产按评估或合同确认的价值入帐。

(2)无形资产类别:公司的无形资产分为土地使用权、商标、销售网络。

(3)无形资产摊销方法:在有效使用年限内采用直线法摊销。

17、收入确认原则:

(1)公司已将商品所有权上的重要风险和报酬转移给买方;

(2)公司不再对该商品实施继续管理权和实际控制权;

(3)相关的收入已经收到或取得了收款的证据;

(4)相关的成本能够可靠地计量。

18、会计估计的变更:

根据公司第二届第十六次董事会决议,公司本年度会计估计的变更如下:

(1)变更坏账准备计提范围:

由对全部应收款项计提坏账准备改为只对非关联单位的应收款项计提坏账准备。

由于此项会计估计变更,本年度少提坏帐准备影响净利润2,882,073.23元。

(2)变更坏账准备计提比例:

原因:公司原坏帐计提比例系根据财会字[35]号文《股份有限公司会计制度有关会计处理问题补充规定》确定,在实际执行中公司的销售大部分通过公司的销售网络进行,公司的销售网络均为国有大中型企业,财务状况及现金流量情况较好,历史资料表明形成坏帐的可能性较小,故坏帐计提比例调整为以下比例较为符合公司实际情况:

帐龄	变更前	变更后
1年以内	3%	1%
1—2年	5%	3%
2—3年	10%	5%
3年以上	25%	15%

由于此项会计估计变更本年度少提坏帐准备影响净利润4,546,086.76元。

三、主要税项

1、企业所得税

公司所得税会计采用应付税款法。

本公司原执行山西省人民政府晋改(1993)78号文,适用所得税税率15%。根据山西省地方税务局晋地税所发(1999)37号文"关于对山西杏花村汾酒厂股份有限公司依法征收企业所得税的通知",从1998年起按33%缴纳企业所得税,超过15%的部分由同级财政部门返还企业,实际税负仍为15%,此项政策执行至2001年12月31日。

2、流转税及附加费

税目	税率	计税基数
增值税	17%	产品销售收入
营业税	5%	广告业务收入
消费税	25%	酒类业务收入
城市建设维护税	5%	应纳增值税及消费税
教育费附加	3%	应纳增值税及消费税

四、控股子公司

控股子公司名称	注册资本	本公司投资额	比例
山西牧童广告公司	1,000,000.00	600,000.00	60%

山西牧童广告有限公司主要从事设计、代理国内报纸、广播、电视、印刷品、路牌、灯箱广告及发布国内印刷品、路牌、灯箱广告等。

五、利润分配

公司的税后利润按公司的章程实施分配,其顺序如下:

1、弥补亏损

2、提取10%法定盈余公积金

3、提取5%—10%公益金

4、支付普通股股利

六、会计报表项目注释

1、货币资金

项目	期初数	期末数
现金	6,840.30	132,339.11
银行存款	37,617,140.00	38,558,774.80
其他货币资金	45,468.37	1,039,845.21
合计	37,669,448.67	39,730,959.12

2、应收票据

项目	票据种类	出票日	到期日	票面金额
山西糖酒副食有限公司	银行承兑汇票	2000.09.26	2001.03.25	1,500,000.00
山西糖酒副食有限公司	银行承兑汇票	2000.10.19	2001.01.19	3,000,000.00
贵阳兴龙酒类贸易有限公司	银行承兑汇票	2000.08.09	2001.02.08	100,000.00
山西糖酒副食有限公司	银行承兑汇票	2000.07.26	2001.01.25	1,500,000.00
山西临汾黎明糖酒副食有限公司	银行承兑汇票	2000.10.08	2001.01.08	3,000,000.00
山西糖酒副食有限公司	银行承兑汇票	2000.08.25	2001.22.05	250,000.00
山西糖酒副食有限公司	银行承兑汇票	2000.09.04	2001.03.04	275,000.00
山西糖酒副食有限公司	银行承兑汇票	2000.09.21	2001.03.21	500,000.00
山西糖酒副食有限公司	银行承兑汇票	2000.07.28	2001.01.27	200,000.00
山西鹏城贸易有限公司	银行承兑汇票	2000.09.28	2001.12.28	1,000,000.00
山西糖酒副食有限公司	银行承兑汇票	2000.10.08	2001.01.08	1,000,000.00
山西省晋城糖酒副食批发有限公司	银行承兑汇票	2000.10.09	2001.01.08	990,000.00
山西糖酒副食有限公司	银行承兑汇票	2000.11.03	2001.02.02	3,000,000.00
山西省晋城糖酒副食批发有限公司	银行承兑汇票	2000.10.20	2001.01.19	990,000.00
山西省晋城糖酒副食批发有限公司	银行承兑汇票	2000.10.20	2001.01.20	500,000.00
山西省晋城糖酒副食批发有限公司	银行承兑汇票	2000.10.27	2001.01.26	990,000.00
山西省晋城糖酒副食批发有限公司	银行承兑汇票	2000.11.21	2001.01.30	990,000.00
山西糖酒副食有限公司	银行承兑汇票	2000.11.21	2001.01.20	300,000.00
山西糖酒副食有限公司	银行承兑汇票	2000.11.30	2001.02.02	800,000.00
山西省晋城糖酒副食批发有限公司	银行承兑汇票	2000.11.07	2001.02.06	990,000.00
山西糖酒副食有限公司	银行承兑汇票	2000.11.06	2001.02.06	1,000,000.00
山西糖酒副食有限公司	银行承兑汇票	2000.11.09	2001.02.08	2,100,000.00
山西省晋城糖酒副食批发有限公司	银行承兑汇票	2000.11.09	2001.02.08	990,000.00
山西糖酒副食有限公司	银行承兑汇票	2000.09.25	2001.03.24	500,000.00
山西省晋城糖酒副食批发有限公司	银行承兑汇票	2000.08.21	2001.02.21	950,000.00
山西糖酒副食有限公司	银行承兑汇票	2000.08.17	2001.02.17	500,000.00
山西糖酒副食有限公司	银行承兑汇票	2000.08.14	2001.02.13	1,500,000.00
石家庄桥西糖烟酒食品股份有限公司	银行承兑汇票	2000.10.23	2001.01.23	200,000.00
石家庄桥西糖烟酒食品股份有限公司	银行承兑汇票	2000.11.16	2001.02.15	500,000.00
山西省晋城糖酒副食批发有限公司	银行承兑汇票	2000.11.21	2001.02.20	990,000.00
山西省晋城糖酒副食批发有限公司	银行承兑汇票	2000.11.21	2001.02.21	1,000,000.00
山西糖酒副食有限公司	银行承兑汇票	2000.11.23	2001.02.22	900,000.00
运城经济技术开发区昌盛糖酒副食有限公司	银行承兑汇票	2000.11.27	2001.02.27	600,000.00
山西省晋城糖酒副食批发有限公司	银行承兑汇票	2000.12.01	2001.02.28	990,000.00
山西省晋城糖酒副食批发有限公司	银行承兑汇票	2000.12.05	2001.03.04	980,000.00
山西省晋城糖酒副食批发有限公司	银行承兑汇票	2000.12.04	2001.03.03	980,000.00
山西省晋城糖酒副食批发有限公司	银行承兑汇票	2000.12.14	2001.03.13	990,000.00
山西糖酒副食有限公司	银行承兑汇票	2000.12.08	2001.03.08	1,000,000.00
山西省阳泉粮酒副食批发有限公司	银行承兑汇票	2000.12.11	2001.03.09	1,000,000.00
山西糖酒副食有限公司	银行承兑汇票	2000.12.13	2001.03.13	350,000.00
山西省晋城糖酒副食批发有限公司	银行承兑汇票	2000.12.07	2001.03.06	990,000.00
山西省晋城糖酒副食批发有限公司	银行承兑汇票	2000.12.15	2001.03.14	990,000.00
山西糖酒副食有限公司	银行承兑汇票	2000.12.13	2001.03.13	200,000.00
山西糖酒副食有限公司	银行承兑汇票	2000.12.14	2001.03.14	1,350,000.00
太原市珍光酒类饮料有限责任公司	银行承兑汇票	2000.12.20	2001.03.19	1,200,000.00
山西糖酒副食有限公司	银行承兑汇票	2000.11.23	2001.05.23	480,000.00
长治市长兴糖酒副食有限公司	银行承兑汇票	2000.09.19	2001.03.18	200,000.00
山西糖酒副食有限公司	银行承兑汇票	2000.09.14	2001.03.03	250,000.00
内蒙双创名酒公司	银行承兑汇票	2000.08.14	2001.02.13	500,000.00
山西糖酒副食有限公司	银行承兑汇票	2000.09.27	2000.12.27	3,000,000.00
山西糖酒副食有限公司	银行承兑汇票	2000.11.10	2001.05.09	164,700.00
山西糖酒副食有限公司	银行承兑汇票	2000.12.12	2001.04.12	1,800,000.00
山西糖酒副食有限公司	银行承兑汇票	2000.12.13	2001.03.12	3,000,000.00
内蒙民贸糖酒副食有限公司	银行承兑汇票	2000.12.26	2001.03.26	190,852.20
山西糖酒副食有限公司	银行承兑汇票	2000.12.25	2001.03.25	2,900,000.00
山西省晋城糖酒副食批发有限公司	银行承兑汇票	2000.12.08	2001.03.07	990,000.00
侯马市连发副食批发部	银行承兑汇票	2000.12.26	2001.03.26	189,294.38
石家庄桥西糖烟酒食品股份有限公司	银行承兑汇票	2000.12.21	2001.02.20	100,000.00
石家庄桥西糖烟酒食品股份有限公司	银行承兑汇票	2000.12.06	2001.03.06	206,400.00
石家庄桥西糖烟酒食品股份有限公司	银行承兑汇票	2000.09.19	2001.03.18	500,000.00
石家庄桥西糖烟酒食品股份有限公司	银行承兑汇票	2000.09.26	2001.03.26	275,000.00
石家庄桥西糖烟酒食品股份有限公司	银行承兑汇票	2000.12.19	2001.03.19	300,000.00
山西临汾黎明糖酒副食有限公司	银行承兑汇票	2000.12.13	2001.03.19	500,000.00
合计				60,171,246.58

3、应收股利

期初数	期末数
-	39,220.42

系投资申银万国证券股份有限公司1999年度未收股利,根据申银万国证券股份有限公司第五次股东大会决议股份公司应得红利50,607元,已收到现金股利11,386.58元,未收股利39,220.42元。

4、应收账款

账龄	期初数			期末数		
	期初余额	比例%	坏账准备	期末余额	比例%	坏账准备
1年以内	132,596,708.03	75.92	3,977,901.24	73,998,812.52	47.91	501,801.95
1—2年	20,385,478.27	11.67	1,019,273.91	21,611,113.00	13.99	339,540.04
2—3年	7,995,506.03	4.58	799,550.61	16,457,851.31	10.66	787,461.45
3年以上	13,678,095.80	7.83	3,419,523.95	42,372,419.89	27.44	5,796,142.48
合计	174,655,788.13	100	9,216,249.71	154,440,196.7	100	7,424,945.92

本公司应收账款中含5%以上股份股东的欠款,其具体明细在关联方关系及其交易中披露。

应收帐款前五名债务人明细如下:

主要欠款单位	金额
山西省糖酒公司	14,898,399.96
晋泉涌贸易公司	25,197,886.46
河北桥西糖酒公司	4,499,929.33
广东桂丰糖酒副食品有限公司	3,740,918.49
沈阳大东区副食品公司	3,295,225.80

5、其他应收款

账龄	期初数			期末数		
	期初余额	比例%	坏账准备	期末余额	比例%	坏账准备
1年以内	7,763,011.68	73.65	232,890.35	69,939,438.50	89.96	34,550.26
1—2年	136,758.69	1.30	6,837.93	2,250,036.64	2.89	62,894.19
2—3年	865,780.18	8.21	86,578.02	1,034,809.83	1.33	51,279.61
3年以上	1,774,326.32	16.84	443,858.10	4,518,707.78	5.82	638,240.39
合计	10,539,876.87	100	770,164.40	77,742,992.75	100	786,964.45

持有本公司5%以上股份股东的欠款明细在关联方关系及其交易中披露。

其他应收款前五名债务人明细如下:

主要欠款单位	金额
山西杏花村汾酒(集团)有限公司	59,648,575.99
义泉涌酒业股份有限公司	5,000,000.00
北京东奇公司	1,525,000.00
汾阳保险公司	1,155,400.00
大同宾馆	751,717.00

本项目期末余额比期初余额增加67,203,115.88元,主要是因为本年度与山西杏花村汾酒(集团)有限公司的往来增加59,648,575.99元。

6、预付账款

账龄	期初余额	比例%	期末余额	比例%
1年以内	-	-	1,264,509.74	92.64
1—2年	331,760.49	52.79	-	-
2—3年	-		-	-
3年以上	296,651.80	47.21	100,500.00	7.36
合计	628,412.29	100.00	1,365,009.74	100.00

无持有本公司5%以上股份股东的欠款。

预付账款前五名债务人明细如下:

单位	金额
榆次修文库	500,000.00
黑龙江粮油进出口公司	331,760.49
吕梁日杂汾阳公司	239,668.00

晋安实业总公司	93,066.00
太原电器开关厂经销部	65,065.45

7、存货及存货跌价准备

项 目	期初数	跌价准备	期末数	跌价准备
原材料	68,319,190.44	750,000.00	56,926,446.99	-
包装物	11,504,662.69	-	10,576,613.64	-
低值易耗品	247,732.22	-	203,471.52	-
产成品	50,683,788.30	-	59,599,114.56	-
在产品及自制半成品	239,411,845.05	-	231,997,927.97	-
合计	370,167,218.70	750,000.00	359,303,574.68	-

本公司年末对存货进行清查,未发现存货的帐面价值低于可变现净值,故未计提存货跌价准备。

8、长期投资

项目	期初数		本期增加	本期减少	期末数	
	金 额	减值准备			金额	减值准备
长期股权投资	1,549,792.28	-	28,744.78	-	1,578,537.06	-
长期债权投资	111,900.00	-	-	-	111,900.00	-
合计	1,661,692.28	-	28,744.78	-	1,690,437.06	-

(1)长期股权投资

股票投资

被投资公司名称	股份类别	股票数量	持股比例	金额	减值准备
申银万国证券股份有限公司	法人股	506,707	1%以下	1,028,744.78	

其他股权投资:

被投资公司名称	投资比例	投资金额
深圳杏花村酒家	10%	549,792.28

(2)长期债权投资

债券种类	面值	年利率	购买日	到期日	期初	期末	减值准备
电力债券	111,900.00		1987.9	2002.9	111,900.00	111,900.00	

9、固定资产及累计折旧

原 值	期初余额	本期增加	本期减少	期末余额
房屋、建筑物	493,667,906.34	-	24,379.29	493,643,527.05
专用设备	53,016,627.61	923,161.65	169,080.00	53,770,709.26
通用设备	79,078,086.35	1,058,069.23	366,801.88	79,769,353.70
运输设备	19,001,564.55	1,375,439.87	2,250,463.65	18,126,540.77
其他	3,678,771.36	232,587.00	-	3,911,358.36
合计	648,442,956.21	3,589,257.75	2,810,724.82	649,221,489.14
累计折旧	期初价值	本期增加	本期减少	期末价值
房屋、建筑物	131,977,114.62	19,207,290.72	5,003.71	151,179,401.63
专用设备	33,295,797.69	4,786,084.06	141,150.49	37,940,731.26
通用设备	43,220,340.82	5,210,933.10	250,656.25	48,180,617.67
运输设备	16,076,109.51	1,048,367.21	2,175,300.14	14,949,176.58
其他	2,867,951.13	86,690.14	-	2,954,641.27
合计	227,437,313.77	30,339,365.23	2,572,110.59	255,204,568.41
净 值	421,005,642.44	-	-	394,016,920.73

10、在建工程

工程名称	期初数	本期增加	本期转出	期末数	资金来源
南厂管网改造	2,341,500.31			2,341,500.31	自筹
复水利用工程	1,598,668.14	122,626.25		1,721,294.39	自筹
防洪排水工程	759,000.00	180,000.00		939,000.00	自筹
厂区监控系统		492,720.44		492,720.44	自筹
销售微机系统		257,195.00		257,195.00	自筹
西厂管网改造		416,014.06		416,014.06	自筹
其他	2,896,110.67	5,634,316.27	2,289,317.61	6,241,109.33	自筹
合计	7,595,279.12	7,102,872.02	2,289,317.61	12,408,833.53	

期末余额比期初余额增加4,813,554.41元,主要是其他项目中厂区道路、防洪排碱等工程项目支出增加。

11、无形资产

类别	原 值	年初余额	本期增加	本期摊销	累计已摊销金额	剩余摊销年限	年末余额
土地使用权	14,944,000.44	13,150,765.77	-	298,872.00	2,092,106.23	43年	12,851,893.77
商标使用权	31,050,000.00	29,187,000.00	-	310,500.00	2,173,500.00	93年	28,876,500.00
销售网络	6,440,000.00	4,508,024.00	-	321,996.00	2,253,972.00	13年	4,186,028.00
合计	52,434,000.44	46,845,789.77	-	931,368.00	6,519,578.23		45,914,421.77

12、长期待摊费用

类别	原值	年初余额	本期增加	本期摊销	累计已摊销金额	剩余摊销年限	年末余额
广告费	15,216,473.60	9,000,000.00	-	9,000,000.00	15,216,473.60	-	-

本公司根据山西省财政厅(1999)晋财工便字第6号,将98年发生的广告费用15,216,473.60元转作长期待摊费用,于1999年和2000年分两年摊销。本年度摊销9,000,000.00元。

13、短期借款

借款类别	期初数	期末数
银行借款	97,800,000.00	141,000,000.00
其中:信用	97,800,000.00	141,000,000.00

14、应付款项

项 目	期初数	期末数
A应付账款	22,232,132.71	17,507,302.15
*B预收账款	1,717,185.11	7,267,764.28
**C其他应付款	27,060,197.00	8,581,974.62

其持公司5%以上股份的股东单位明细在关联方关系及交易中披露。

*预收账款期末余额比期初余额增加5,550,579.17元,主要原因为本期销售增长,预收帐款增加。

**其他应付款期末余额比期初余额减少18,478,222.38元,主要原因为本期归还义泉涌酒业股份有限公司的往来款。

15、应付股利

投资人	期初数	期末数
山西杏花村汾酒(集团)有限公司	11,824,000.00	324,000.00
社会法人股	10,000.00	10,000.00
合计	11,834,000.00	334,000.00

16、应交税金

项 目	期初数	期末数
应交增值税	4,248,438.45	5,592,142.36
应交消费税	22,621,989.12	22,108,595.90
应交营业税	21,500.00	15,000.00
交城市建设维护税	769,579.75	344,371.56
应交所得税	1,969,649.92	2,711,570.35
合计	29,631,157.24	30,771,680.17

17、其他未交款

项 目	期初数	期末数
教育费附加	5,490,850.77	3,825,572.51
价格调控基金	3,589,690.40	3,589,592.91
*应交中央专项收入	71,435,528.06	71,435,528.06
*应交地方专项收入	267,700.23	267,700.23
应交流动资金占用费	516,780.63	516,780.63
合 计	81,300,550.09	79,635,174.34

*1988年全国名烟名酒提价后,应上交中央预算和地方预算的专项收入,地方专项收入已于1989年停征,中央专项收入已于1994年停征。

18、预提费用

项目	期初数	本年增加	本年减少	期末数
房屋租赁费	5,000.00	-	-	5,000.00
利息	800,000.00	6,609,179.62	6,109,179.62	1,300,000.00
合计	805,000.00	6,609,179.62	6,109,179.62	1,305,000.00

19、股本

	期初数	本次变动增减(+,-)	期末数
一 尚未流通股份			
1.发起人股份	328,240,000.00	-	328,240,000.00
其中:国家拥有股份	328,240,000.00	-	328,240,000.00
境内法人持有股份			
境外法人持有股份			
其他			
2.募集法人股份	28000000		28000000
3.高管持股			
4.优先股或其他			
其中:转配股	5184122	-5184122	
未上市流通股份合计	361424122	-5184122	356240000
二、已流通股份			
1.人民币普通股	71500011	+5184122	76684133
2.境内上市的外资股			
3.境外上市的外资股			
4.其他			
已上市流通股份合计	71500011	+5184122	76684133
三、股份总数	432924133		432924133

20、资本公积

项 目	期初数	本期增加	本期减少	期末数
股本溢价	237,480,351.76	-	-	237,480,351.76
资产评估增值	56,774,218.92	-	-	56,774,218.92
其 他	4,987,407.93	-	-	4,987,407.93
合 计	299,241,978.61	-	-	299,241,978.61

21、盈余公积

项 目	年初余额	本年增加	本年减少	年末余额
法定盈余公积	25,045,834.43	1,273,434.55	-	26,319,268.98
公益金	17,437,467.52	636,717.27	-	18,074,184.79
合 计	42,483,301.95	1,910,151.82	-	44,393,453.77

根据山西省财政厅(1999)晋财工便字第6号,将98年发生的广告费用15,216,473.60元转作长期待摊费用,于1999年和2000年分两年摊销,1999年度摊销6,216,473.60。根据山西省地方税务局晋地税所函(1999)3号文"关于山西杏花村汾酒厂股份有限公司1998年白酒广告费允许在税前扣除的通知",省地方税务局对本公司1999年摊销的6,216,473.60元白酒广告费给予税前扣除。此项调整增加2000年期初留存收益932,471.04元,其中未分配利润调增792,600.38元,盈余公积调增139,870.66元。

22、未分配利润

项 目	1999年度	2000年度
(1)净利润	4,647,301.42	12,726,091.11
加:年初未分配利润	-481,260.79	3,468,791.13
(2)可供分配利润	4,166,040.63	16,194,882.24
减:提取法定盈余公积	464,833.01	1,273,434.55
提取法定公益金	232,416.49	636,717.27
应付普通股股利(含税)	-	
(3)未分配利润	3,468,791.13	14,284,730.42

根据山西省财政厅(1999)晋财工便字第6号,将98年发生的广告费用15,216,473.60元转作长期待摊费用,于1999年和2000年分两年摊销,1999年度摊销6,216,473.60。根据山西省地方税务局晋地税所函(1999)3号文"关于山西杏花村汾酒厂股份有限公司1998年白酒广告费允许在税前扣除的通知",对本公司1999年摊销的6,216,473.60元白酒广告费给予税前扣除。此项调整增加2000年期初留存收益932,471.04元,其中未分配利润调增792,600.38元,盈余公积调增139,870.66元。

23、主营业务收入

项 目	本年发生数	上年发生数
汾酒系列产品	371,749,598.72	300,363,503.03
广告业务代理收入	722,000.00	2,924,694.30
合 计	372,471,598.72	303,288,197.33

24、主营业务税金及附加

项 目	本年发生数	上年发生数
消费税	92,933,964.10	75,983,743.21
城建税	6,781,239.82	5,603,066.09
教育费附加	4,068,354.94	3,361,326.84
营业税	32,405.00	34,561.12
合 计	103,815,963.86	84,982,697.26

25、财务费用

项 目	本年发生数	上年发生数
利息支出	6,261,621.78	6,763,733.70
减:利息收入	209,814.33	341,461.12
手续费支出	19,758.08	21,870.75
合 计	6,071,565.53	6,444,143.33

26、投资收益

项 目	本年发生数	上年发生数
股权投资收益	79,351.78	50,607.00
非控股公司分配的利润*	100,000.00	136,640.00
合 计	179,351.78	187,247.00

*此系深圳杏花村酒家红利款

27、营业外收入

项 目	本年发生数	上年发生数
处理固定资产净收益	150,044.07	33,150.70
赔偿金及违约金	1,470.00	-
无法支付的应付账款	-	6,106.24
合 计	151,514.07	39,256.94

28、营业外支出

项 目	本年发生数	上年发生数

赔偿金及违约金	300.00	558.69
价格调控基金	486.09	518.41
处理固定资产净损失	22,321.15	–
捐赠支出	17,820.00	–
坏账损失	84,790.00	–
合 计	125,717.24	1,077.10

29、支付的其他与经营活动有关的现金

支付的其他与经营活动有关的现金支出130,509,845.79元,主要包括支付集团往来款53,000,000.00元、广告费15,967,521.60元、与产品销售活动有关的费用30,924,050.77元。

七、关联方关系及其交易

(一) 关联方关系

1、存在控制关系的关联方

企业名称	注册地址	主营业务	经济性质或类型	法定代表人	与本企业关系
山西杏花村汾酒(集团)公司	山西杏花村	生产、销售汾酒系列	国有独资	高玉文	母公司

2、存在控制关系的关联方注册资本及其变化

企业名称	年初数	本年增加数	本年减少数	期末数
山西杏花村汾酒(集团)有限公司	414,924,000.00	–	–	414,924,000.00

3、存在控制关系的关联方所持股份或权益及其变化

企业名称	年初持股比例	本年增加数	本年减少数	期末持股比例
山西杏花村汾酒(集团)有限公司	75.82%	–	–	75.82%

(二)不存在控制关系的关联方

关联公司名称	与股份公司关系
汾酒进出口公司	同属于母公司
汾酒集团酒都宾馆	同属于母公司
汾酒大厦	同属于母公司
汾酒大厦名酒城	同属于母公司
汾酒大厦宾馆	同属于母公司
汾酒大厦直销公司	同属于母公司
汾酒大厦劳动服务公司	同属于母公司
晋泉涌贸易公司	同属于母公司
义泉涌酒业股份有限公司	同属于母公司
汾青酒厂	同属于母公司
上海东奇公司	同属于母公司
北京东奇公司	同属于母公司
汾酒集团葡萄酒销售公司	同属于母公司
太原办事处招待所	同属于母公司

(三)关联方交易事项

1、定价政策

本公司销售给关联公司的产品除晋泉涌贸易公司外,均采用了市场价格销售。本公司销售给晋泉涌贸易公司的复制酒价格,采用总经销协议价。

2、重大关联交易

(1)销货

企业名称	1999年度	所占比例%	2000年度	所占比例
北京东奇公司	544,421.91	0.18	1,077,554.07	0.29
汾酒厂进出口公司	25,795,642.70	8.59	26,855,439.16	7.22
汾酒大厦宾馆	11,481.60	–	–	–
汾酒大厦名酒城	233,250.88	0.08	–	–
汾酒大厦直销公司	4,086,664.32	1.36	2,475,988.40	0.67
汾酒集团酒都宾馆	1,315,700.20	0.44	690,079.94	0.19
汾酒集团葡萄酒销售公司	–	–	772,503.94	0.21
晋泉涌贸易公司	29,001,537.10	9.66	15,623,183.56	4.20
上海东奇公司	1,318,729.59	0.44	2,106,352.16	0.57
太原办事处招待所	2,979,459.34	0.99	949,537.52	0.26
合计	65,286,887.64		50,550,638.75	

(2)采购

企业名称	1999年度	2000年度
义泉涌酒业股份有限公司	3,269,392.24	3,531,327.58
汾青酒厂	1,804,636.40	3,271,771.15
合 计	5,074,028.64	6,803,098.73

(3)往来款项

应收账款:

关联单位	1999.12.31	2000.12.31
北京东奇公司	410,202.97	314,006.64
汾酒进出口公司	1,171,629.37	3,942,795.24
汾酒大厦	258,306.83	127,710.37
汾酒大厦宾馆	289,219.28	289,219.28
汾酒大厦劳动服务公司	219,665.91	219,665.91
汾酒大厦名酒城	3,092,879.15	3,092,879.15
汾酒大厦直销公司	2,796,700.35	2,889,452.75
汾酒集团葡萄酒销售公司		772,503.94
上海东奇公司	1,134,321.99	127,238.21
汾酒集团酒都宾馆	1,408,388.80	1,408,488.80
晋泉涌贸易公司	9,616,120.96	25,197,886.46
汾酒大厦	230,992.45	230,992.45
太原办事处招待所	–	797,333.22
合 计	20,628,428.06	39,410,172.42

其他应收款:

关联单位	1999.12.31	2000.12.31
北京东奇公司	1,115,040.00	1,525,000.00
汾酒进出口公司	10,744.68	–
汾酒大厦	263,771.85	263,771.85
汾酒集团酒都宾馆	89,563.11	156,229.40
晋泉涌贸易公司	51,814.10	–
山西杏花村汾酒(集团)有限公司	–	59,648,575.99
义泉涌酒业股份有限公司	–	5,000,000.00
合 计	1,530,933.74	66,593,577.24

应付账款:

关联单位	1999.12.31	2000.12.31
晋泉涌贸易公司	378,873.94	–
义泉涌酒业股份有限公司	5,737,338.73	5,392,569.26
山西杏花村汾酒(集团)有限公司	–	991,500.86
合 计	6,116,212.67	6,384,070.12

其他应付款:

关联单位	1999.12.31	2000.12.31
山西杏花村汾酒(集团)有限公司	11,298,741.21	–
义泉涌酒业股份有限公司	10,000,000.00	–
汾酒进出口公司	–	66,655.32
合 计	21,298,741.21	66,655.32

八、或有负债

截止二零零零年十二月三十一日,公司担保事项:

为确保汾酒集团公司葡萄酒项目开发建设所需资金,本公司分别为其向中国工商银行汾阳市支行贷款提供了担保,具体担保情况如下:

银行名称	担保合同编号	担保金额	担保期限
中国工商银行汾阳市支行	保从字九八年第一号	21,000,000.00	1998.10.31–2002.11.25
中国工商银行汾阳市支行	2000年保字第一号	10,000,000.00	2000.06.30–2001.06.28

九、资产负债表日后事项

公司无需披露的重大资产负债表日后事项。

九、公司的其他有关资料

1.公司注册登记日期、地点:

日期:一九九三年十二月二十二日

地点:山西省汾阳市杏花村

2.企业法人营业执照注册号:1400001002828

3.税务登记号码:142334112359966

4.公司未流通股票托管机构名称:上海证券中央登记结算公司

5.会计师事务所:山西天元会计师事务所

办公地址:太原市水西门街国税大楼21层

电话:0351——4211600　4211608

十、备查文件目录

1、载有法定代表人、总会计师、会计主管人员亲笔签名并盖章的会计报表;

2、载有会计师事务所盖章、注册会计师签名并盖章的审计报告原件;

3、报告期内在《中国证券报》、《上海证券报》上公开披露的所有公司文件的正本及公告原稿。

山西杏花村汾酒厂股份有限公司董事会

二〇〇一年四月六日

利润及利润分配表

编制单位:山西杏花村汾酒厂股份有限公司(母公司)　单位:人民币元

项　目	附注	2000年度	1999年度
一、主营业务收入		371,749,598.72	300363503.03
减:折扣与折让			
主营业务收入净额		371,749,598.72	300363503.03
减:主营业务成本		160,438,206.34	133292437.86
主营业务税金及附加		103,780,318.37	84944680.00
二、主营业务利润		107,531,074.01	82126385.17
加:其他业务利润		8,240.69	272568.26
减:存货跌价损失		−750,000.00	100000.00
营业费用		54,805,509.80	29941148.86
管理费用		30,332,475.39	39985399.01
财务费用		6,089,619.09	6460431.48
三、营业利润		17,061,710.42	5911974.08
加:投资收益		187,606.23	188275.58
补贴收入			2908941.04
营业外收入		151,514.07	39256.94
减:营业外收入		125,231.15	558.69
四、利润总额		17,275,599.57	9047888.95
减:所得税		4,549,508.46	4400587.53
减:少数股东本期损益			
五、净利润		12,726,091.11	4647301.42
加:年初未分配利润		3,468,966.85	−481239.36
盈余公积转入			
六、可供分配的利润		16,195,057.96	4166062.06
减:提取法定盈余公积		1,272,609.10	464730.15
提取法定公益金		636,304.55	232365.06
七、可供股东分配的利润		14,286,144.31	3468966.85
减:应付优先股股利			
提取任意盈余公积			
应付普通股股利			
转作股本的普通股利			
八、未分配利润		14,286,144.31	3468966.85

利润及利润分配表

编制单位:山西杏花村汾酒厂股份有限公司(合并)　单位:人民币元

项　目	附注	2000年度	1999年度
一、主营业务收入	23	372,471,598.72	303288197.33
减:折扣与折让			
主营业务收入净额		372,471,598.72	303288197.33
减:主营业务成本		160,512,106.34	135525909.86
主营业务税金及附加	24	103,815,963.86	84982697.26
二、主营业务利润		108,143,528.52	82779590.21
加:其他业务利润		8,240.69	272568.26
减:存货跌价损失		−750,000.00	100000.00
营业费用		54,805,509.80	29941148.86
管理费用		30,946,167.66	40,652,382.38
财务费用	25	6,071,565.53	6444143.33
三、营业利润		17,078,526.22	5914483.90
加:投资收益	26	179,351.78	187247.00
补贴收入			2908941.04
营业外收入	27	151,514.07	39256.94
减:营业外收入	28	125,717.24	1077.10
四、利润总额		17,283,674.83	9048851.78
减:所得税		4,552,080.75	4400864.64
减:少数股东本期损益		5,502.97	685.72
五、净利润		12,726,091.11	4647301.42
加:年初未分配利润		3,468,791.13	−481260.79
盈余公积转入			
六、可供分配的利润		16,194,882.24	4166040.63
减:提取法定盈余公积		1,273,434.55	464833.01
提取法定公益金		636,717.27	232416.49
七、可供股东分配的利润		14,284,730.42	3468791.13
减:应付优先股股利			
提取任意盈余公积			
应付普通股股利			
转作股本的普通股利			
八、未分配利润		14,284,730.42	3468791.13

资 产 负 债 表

编制单位:山西杏花村汾酒厂股份有限公司(母公司) 单位:人民币元

项 目	附注	1999.12.31	2000.12.31
流动资产:			
货币资产		35,928,878.60	38,553,828.25
短期投资			
应收票据		36,279,808.00	60,171,246.58
应收股利			39,220.42
应收利息			
应收帐款		174,655,788.13	154,440,196.72
其他应收款		10,467,599.47	77,434,822.15
减:坏款准备		9,984,245.79	8,202,665.25
应收款项净额		175,139,141.81	223,672,353.62
预付帐款		628,412.29	1,365,009.74
应收补贴款		1,733,193.33	
存货		370,167,218.70	359,303,574.68
减:存货跌价准备		750,000.00	
存货净额		369,417,218.70	359,303,574.68
待摊费用		1,365,107.25	
待处理流动资产损失		26,710.34	26,710.34
流动资产合计		620,518,470.32	683,131,943.63
长期投资:			
长期股权投资		2,150,963.74	2,187,962.97
长期债权投资		111,900.00	111,900.00
长期投资合计		2,262,863.74	2,299,862.97
减:长期投资减值准备			
长期投资净额		2,262,863.74	2,299,862.97
固定资产:			
固定资产原价		647,901,780.21	648,674,813.14
减:累计折旧		227,339,257.95	255,022,810.64
固定资产净值		420,562,522.26	393,652,002.50
在建工程		7,595,279.12	12,408,833.53
固定资产合计		428,157,801.38	406,060,836.03
无形资产及其他资产:			
无形资产		46,845,789.77	45,914,421.77
长期待摊费用		9,000,000.00	
无形资产及其他资产合计		55,845,789.77	45,914,421.77
递延税项:			
递延税款借项			
资产总计		1,106,784,925.21	1,137,407,064.40
流动负债:			
短期借款		97,800,000.00	141,000,000.00
应付票据			
应付帐款		22,232,132.71	17,507,302.15
预收帐款		1,717,185.11	7,267,764.28
代销商品款			
应付工资		36,739,147.49	42,143,340.33
应付福利费		16,708,567.98	18,797,351.73
应付股利		11,834,000.00	334,000.00
应交税金		29,624,577.03	30,774,827.40
其他应交款		81,300,257.60	79,634,208.09
其他应付款		25,850,197.00	7,803,974.62
预提费用		800,000.00	1,300,000.00
一年内到期的长期负债		4,000,000.00	
其他流动负债:			
流动负债合计		328,606,064.92	346,562,768.60
长期负债:			
长期借款			
应付债券			
长期应付款			
住房周转金		60,655.60	
其他长期负债			
长期负债合计		60,655.60	
递延税项:			
递延税款贷项			
负债合计		328,666,720.52	346,562,768.60
少数股东权益			
股东权益:			
股本		432,924,133.00	432,924,133.00
资本公积		299,241,978.61	299,241,978.61
盈余公积		42,483,126.23	44,392,039.88
其中:公益金		17,437,408.95	18,073,713.50
未分配利润		3,468,966.85	14,286,144.31
股东权益合计		778,118,204.69	790,844,295.80
负债和股东权益总计		1,106,784,925.21	1,137,407,064.40

资 产 负 债 表

编制单位:山西杏花村汾酒厂股份有限公司(合并) 单位:人民币元

项 目	附注	1999.12.31	2000.12.31
流动资产:			
货币资产	1	37,669,448.67	39,730,959.12
短期投资			
应收票据	2	36,279,808.00	60,171,246.58
应收股利	3		39,220.42
应收利息			
应收帐款	4	174,655,788.13	154,440,196.72
其他应收款	5	10,539,876.87	77,742,992.75
减:坏款准备		9,986,414.11	8,211,910.37
应收款项净额		175,209,250.89	223,971,279.10
预付帐款	6	628,412.29	1,365,009.74
应收补贴款		1,733,193.33	
存货	7	370,167,218.70	359,303,574.68
减:存货跌价准备	7	750,000.00	
存货净额		369,417,218.70	359,303,574.68
待摊费用		1,365,107.25	
待处理流动资产损失		26,710.34	26,710.34
流动资产合计		622,329,149.47	684,607,999.98
长期投资:			
长期股权投资	8	1,549,792.28	1,578,537.06
长期债权投资	8	111,900.00	111,900.00
长期投资合计		1,661,692.28	1,690,437.06
减:长期投资减值准备			
长期投资净额		1,661,692.28	1,690,437.06
固定资产:			
固定资产原价	9	648,442,956.21	649,221,489.14
减:累计折旧		227,437,313.77	255,204,568.41
固定资产净值		421,005,642.44	394,016,920.73
在建工程	10	7,595,279.12	12,408,833.53
固定资产合计		428,600,921.56	406,425,754.26
无形资产及其他资产:			
无形资产	11	46,845,789.77	45,914,421.77
长期待摊费用	12	9,000,000.00	
无形资产及其他资产合计		55,845,789.77	45,914,421.77
递延税项:			
递延税款借项			
资产总计		1,108,437,553.08	1,138,638,613.07
流动负债:			
短期借款	13	97,800,000.00	141,000,000.00
应付票据			
应付帐款	14-A	22,232,132.71	17,507,302.15
预收帐款	14-B	1,717,185.11	7,267,764.28
应付工资		36,739,147.49	42,143,340.33
应付福利费		16,738,542.18	18,841,797.44
应付股利	15	11,834,000.00	334,000.00
应交税金	16	29,631,157.24	30,771,680.17
其他应交款	17	81,300,550.09	79,635,174.34
其他应付款	14-C	27,060,197.00	8,581,974.62
预提费用	18	805,000.00	1,305,000.00
一年内到期的长期负债		4,000,000.00	
其他流动负债			
流动负债合计		329,857,911.82	347,388,033.33
长期负债:			
长期借款			
应付债券			
长期应付款			
住房周转金		60,655.60	
其他长期负债			
长期负债合计		60,655.60	
递延税项:			
递延税款贷项			
负债合计		329,918,567.42	347,388,033.33
少数股东权益		400,780.97	406,283.94
股东权益:			
股本	19	432,924,133.00	432,924,133.00
资本公积	20	299,241,978.61	299,241,978.61
盈余公积	21	42,483,301.95	44,393,453.77
其中:公益金		17,437,467.52	18,074,184.79
未分配利润	22	3,468,791.13	14,284,295.80
股东权益合计		778,118,204.69	790,844,295.80
负债和股东权益总计		1,108,437,553.08	1,138,638,613.07

现 金 流 量 表

2000 年度

编制单位:山西杏花村汾酒厂股份有限公司(母公司) 单位:人民币元

项 目	金 额
一、经营活动产生的现金流量	
销售商品、提供劳务收到的现金	389,099,241.27
收到的除增值税以外的其他税费返还	4,220,756.83
收到的其他与经营活动有关的现金	12,292,537,82
现金流入小计	405,612,535.92
购入商品、接受劳务支付的现金	73,098,782.73
经营租赁所支付的现金	41,417.20
支付给职工以及为职工支付的现金	44,725,707.30
实际交纳的增值税款	61,735,026.11
支付的所得税款	6,961,622.28
支付的除增值税、所得税以外的其他税款	93,747,361.06
支付的其他与经营活动有关的现金	129,900,185.16
现金流出小计	410,210,101.84
经营活动产生的现金流量净额	-4,597,565.92
二、投资活动产生的现金流量净额	
收回投资所收到的现金	
分得股利或利润所收到的现金	138,420.32
处置固定资产、无形资产和其他长期资产而收回的现金净额	233,726.80
收到的其他与投资活动有关的现金	
现金流入小计	372,147.12
购建固定资产、无形资产和其他长期资产所支付的现金	4,820,599.95
权益性投资所支付的现金	
债权性投资所支付的现金	
现金流出小计	4,820,599.95
投资活动产生的现金流量净额	-4,448,452.83
三、筹资活动产生的现金流量:	
吸收权益性投资所收到的现金	
发行债券所收到的现金	
借款所收到的现金	127,500,000.00
收到的其他与筹资活动有关的现金	197,822.53
现金流入小计	127,697,822.53
偿还债务所支付的现金	98,300,000.00
分配股利或利润所支付的现金	11,500,000.00
偿付利息所支付的现金	6,226,854.13
融资租赁所支付的现金	
减少注册资本所支付的现金	
现金流出小计	116,026,854.13
筹资活动产生的现金流量净额	11,670,968.40
四、汇率变动对现金的影响	
五、现金与现金等价物净增加额	2,624,949.65
补充资料	
1、不涉及现金收支的投资和筹资活动	
以固定资产偿还债务	
以存货偿还债务	
接受捐赠非现金资产	
融资租入固定资产	
2、将净利润调节为经营活动的现金流量	
净利润	12,726,091.11
加:计提的坏帐准备或转销的坏帐	-1,781,580.54
固定资产折旧	30,255,663.28
计提的存货跌价准备	-750,000.00
无形资产摊销	9,931,368.00
待摊费用的摊销	1,365,107.25
预提费用	500,000.00
处置固定资产、无形资产和其他长期资产的损失(减:收益)	-168,939.72
财务费用	6,089,619.09
投资损失(减:收益)	-187,606.23
存货的减少(减:增加)	10,863,644.02
经营性应收项目的减少(减:增加)	-63,197,635.86
经营性应付项目的增加(减:减少)	-10,243,296.32
经营活动产生的现金流量净额	-4,597,565.92
3、现金及现金等价物净增加情况	
现金的期末余额	38,553,828.25
减:现金的期初余额	35,928,878.60
加:现金等价物的期末余额	
减:现金等价物的期初余额	
现金及等价物净增加额	2,624,949.65

现 金 流 量 表

2000 年度

编制单位:山西杏花村汾酒厂股份有限公司(合并) 单位:人民币元

项 目		金 额
一、经营活动产生的现金流量		
销售商品、提供劳务收到的现金		389,389,241.27
收到的除增值税以外的其他税费返还		4,220,756.83
收到的其他与经营活动有关的现金		12,292,537.92
现金流入小计		405,902,535.92
购入商品、接受劳务支付的现金		73,172,682.73
经营租赁所支付的现金		41,417.20
支付给职工以及为职工支付的现金		44,851,382.00
实际交纳的增值税款		61,735,026.11
支付的所得税款		6,964,194.57
支付的除增值税、所得税以外的其他税款		93,783,492.64
支付的其他与经营活动有关的现金	29	130,509,845.79
现金流出小计		411,058,041.04
经营活动产生的现金流量净额		-5,155,505.12
二、投资活动产生的现金流量净额		
收回投资所收到的现金		
分得股利或利润所收到的现金		138,420.32
处置固定资产、无形资产和其他长期资产而收回的现金净额		233,726.80
收到的其他与投资活动有关的现金		
现金流入小计		372,147.12
购建固定资产、无形资产和其他长期资产所支付的现金		4,826,099.95
权益性投资所支付的现金		
债权性投资所支付的现金		
现金流出小计		4,826,099.95
投资活动产生的现金流量净额		-4,453,952.83
三、筹资活动产生的现金流量:		
吸收权益性投资所收到的现金		
发行债券所收到的现金		
借款所收到的现金		127,500,000.00
收到的其他与筹资活动有关的现金		197,822.53
现金流入小计		127,697,822.53
偿还债务所支付的现金		98,300,000.00
分配股利或利润所支付的现金		11,500,000.00
偿付利息所支付的现金		6,226,854.13
融资租赁所支付的现金		
减少注册资本所支付的现金		
现金流出小计		116,026,854.13
筹资活动产生的现金流量净额		11,670,968.40
四、汇率变动对现金的影响		
五、现金与现金等价物净增加额		2,061,510.45
补充资料		
1、不涉及现金收支的投资和筹资活动		
以固定资产偿还债务		
以存货偿还债务		
接受捐赠非现金资产		
融资租入固定资产		
2、将净利润调节为经营活动的现金流量		
净利润		12,726,091.11
加:计提的坏帐准备或转销的坏帐		5,502.97
固定资产折旧		-1,781,580.54
计提的存货跌价准备		-750,000.00
无形资产摊销		30,339,365.23
待摊费用的摊销		9,931,368.00
预提费用		500,000.00
处置固定资产、无形资产和其他长期资产的损失(减:收益)		-168,939.72
财务费用		6,071,565.53
投资损失(减:收益)		-179,351.78
待摊费用的减少		1,365,107.25
存货的减少(减:增加)		10,863,644.02
经营性应收项目的减少(减:增加)		-63,433,507.06
经营性应付项目的增加(减:减少)		-10,644,770.13
经营活动产生的现金流量净额		-5,155,505.12
3、现金及现金等价物净增加情况		
现金的期末余额		39,730,959.12
减:现金的期初余额		37,669,448.67
加:现金等价物的期末余额		
减:现金等价物的期初余额		
现金及等价物净增加额		2,061,510.45

东方集团股份有限公司

二〇〇〇年年度报告摘选

一、公司简介

1、公司法定中文名称:东方集团股份有限公司
公司法定英文名称:ORIENT GROUP INCORPORATIAN
缩写:OGI
2、公司法定代表人:张宏伟
3、公司董事会秘书:关卓华
联系地址:哈尔滨市南岗区花园街 235 号
电话:0451－3666028
传真:0451－3666030　　0451－3643214
电子信箱:dfgzh@mail.hl.cn
4、公司注册地址:哈尔滨市南岗区长江路科工贸 2 号楼
公司办公地址:哈尔滨市南岗区花园街 235 号
邮政编码:150001
公司国际互联网网址:http://www.china－orient.com
电子信箱:dflfh@mail.hl.cn
5、公司选定的信息披露报纸名称:《上海证券报》、《中国证券报》
公司年度报告的国际互联网网址:http://www.sse.com.cn
公司年度报告备置地址:本公司证券部
6、公司股票上市交易所:上海证券交易所
股票简称:东方集团
股票代码:600811

二、会计数据和业务数据摘要

1、本年度主要利润指标情况(单位:人民币元)

利润总额:	299,352,091.86
净利润:	184,395,800.46
扣除非经营性损益后的净利润:	169,029,780.78
主营业务利润:	321,429,240.19
其他业务利润:	16,058,215.98
营业利润:	193,143,512.47
投资收益:	103,230,179.49
补贴收入:	2,900,729.70
营业外收支净额:	77,670.20
经营活动产生的现金流量净额:	335,092,937.91
现金及现金等价物净增加额:	647,853,173.02

注:"扣除非经营性损益后的净利润"中扣除项目:
1)2000 年度本公司转让部分子公司股权收益 15,300,000.00 元;
2)营业外收支净额 66,019.68 元;

2、截止报告期末公司前三年的主要会计数据和财务指标　　(单位:人民币元)

项目	2000 年	1999 年		1998 年	
		调整前	调整后	调整前	调整后
主营业务收入	976,910,794.40	980,875,188.89	609,318,618.73	760,391,704.44	853,345,508.90
净利润	184,395,800.46	155,785,392.47	164,510,199.47	139,341,295.45	143,615,117.47
总资产	5,367,862,255.47	3,627,322,125.66	3,565,950,414.45	1,864,813,311.48	3,408,658,527.10
股东权益(不含少数股东权益)	2,505,858,265.77	1,510,109,990.13	1,518,834,797.13	1,359,567,298.91	1,354,324,597.66
每股净资产(摊薄计算)	4.80	3.55	3.57	3.83	3.82
调整后的每股净资产	4.63	3.41	3.44	3.76	3.74
每股经营活动产生的现金流量净额	0.64	0.49	0.49	0.56	0.56
每股收益(摊薄计算)	0.353	0.37	0.39	0.39	0.40
净资产收益率	7.36%	10.32%	10.83%	10.25%	10.60%

3.根据中国证监会关于发布《公开发行证券公司信息披露编报规则》第 9 号通知精神,公司 2000 年按全面摊薄法和加权平均法计算的净资产收益率和每股收益

报告期利润	净资产收益率		每股收益(元)	
	全面摊薄	加权平均	全面摊薄	加权平均
主营业务利润	12.83%	19.20%	0.62	0.74
营业利润	7.71%	11.54%	0.37	0.45
净利润	7.36%	11.01%	0.353	0.43
扣除非经营性损益后的净利润	6.75%	10.1%	0.324	0.39

三、股东情况介绍

1.报告期末股东总数 181,198 户
2.主要股东持股情况(前十名股东)

名次	股东名称	本年内股份增减变动	年末持股数(股)	占股本比例
①	东方集团实业股份有限公司	25,145,512	166,854,698	31.97%
	其中:未上市流通股份	23,100,000	156,627,140	
	已上市流通股份	2,045,512	10,227,558	
②	南方证券		3,053,699	0.59%
③	张宏伟		2,478,965	0.47%
④	李树仁		1,797,478	0.34%
⑤	席业男		1,769,592	0.34%
⑥	刘庆余		1,656,097	0.32%
⑦	邱朗葆		1,559,807	0.30%
⑧	安英		1,551,178	0.30%
⑨	关国亮		1,395,330	0.27%
⑩	南京证券		920,032	0.18%

注 1:东方集团实业股份有限公司是本公司的母公司。张宏伟系公司董事长,关国亮、安英、刘庆余系公司董事。

注 2:持有本公司 5%股份以上股东股份在本年度有以下质押:本年度东方集团实业股份有限公司以其持有的本公司 882 万股法人股及 681 万股流通股份为质押物,为本公司金额总计人民币 4150 万元银行借款提供了担保。

华北制药股份有限公司

二〇〇〇年年度报告摘选

一、公司简介

1、公司法定名称:华北制药股份有限公司
英文名称:NORTH CHINA PHARMACEUTICAL COMPANY.LTD
英文缩写:NCPC
2、公司法定代表人:吕渭川
3、公司董事会秘书:李妍如
授权代表:曹正平
联系电话:(0311)5051133　　传真:(0311)6060942
4、公司注册地址:河北省石家庄市和平东路 388 号
公司办公地址:河北省石家庄市体育北大街 56 号
邮政编码:050015
公司国际互联网网址:www.ncpc.com.cn
电子信箱:ncpcgfb@sj－user.he.cninfo.net
5、公司信息披露报纸名称:《中国证券报》、《上海证券报》
登载公司年度报告的国际互联网网址:http://www.sse.com.cn
公司年度报告备置地点:公司股份制管理办公室
6、公司股票上市交易所:上海证券交易所
股票简称:华北制药　　股票代码:600812

二、会计数据和业务数据摘要

1、公司本年度会计和业务数据摘要

指标项目	单位:元
本公司本年度实现利润总额	148 274 006.11
净利润	111 182 351.31
扣除非经营性损益后的净利润	115 596 968.79
主营业务利润	344 730 063.00
其他业务利润	21 112 923.78
营业利润	109 741 232.82
投资收益	42 947 390.77
补贴收入	82 199.00
营业外收支净额	－4 496 816.48
经营活动产生的现金流量净额	133 486 047.04
现金及现金等价物净增加额	15 810 804.65
注:非经营性损益的项目	
(1)补贴收入(元)	82 199.00
(2)营业外收支净额(元)	－4 496 816.48

2、公司近三年主要会计数据和财务指标(单位:元)

指标项目	2000 年	1999 年	1998 年	
			调整前	调整后
主营业务收入	1667889472.36	1630338043.36	1152675570.21	1331917632.51
净利润	111182351.31	103681862.85	112280416.47	100076644.02
总资产	5971115837.17	5551187618.16	3920165717.89	4038720718.38
股东权益(不含少数股东权益)	2527735164.38	2478068262.51	1838047299.21	1803968193.41
每股收益(元)摊薄	0.10	0.09	0.11	0.10
扣除非经营性损益后的每股收益	0.10	0.09	0.11	0.10
每股净资产(元)	2.16	2.12	1.83	1.80
调整后的每股净资产(元)	2.06	2.02	1.79	1.73
净资产收益率(%)摊薄	4.40	4.18	6.11	5.55
每股经营活动产生的现金流量净额(元)	0.1141	－0.3195	－0.3255	－0.3255

3、按照中国证监会《公开发行证券公司信息披露编报规则(第 9 号)》要求计算 2000 年度的加权净资产收益率和加权每股收益。

报告期利润		净资产收益率(%)		每股收益(元/股)	
		全面摊薄	加权平均	全面摊薄	加权平均
主营业务利润	344730063.00	13.64	13.61	0.29	0.29
营业利润	109741232.82	4.34	4.33	0.09	0.09
净利润	111182351.31	4.40	4.39	0.10	0.10
扣除非经营性损益后的净利润	115596968.79	4.53	4.52	0.10	0.10

4、本报告期内股东权益变动情况:　　单位:元

项目	股本	资本公积	盈余公积	法定公益金	未分配利润	股东权益合计
期初数	1169394189	1072466846.43	194153698.53	60945946.18	42053528.55	2478068262.51
本期增加		2677614.19	20624861.91	6113583.17	111182351.31	134484827.41
本期减少					84817925.54	84817925.54
期末数	1169394189	1075144460.62	214778560.44	67059529.35	68417954.32	2527735164.38

三、股本变动及股东情况

1.报告期末股东总数
截止 2000 年末,本公司股东数量为:264331 户,其中国家股股东 1 户,社会公众股东 264330 户。
2.主要股东持股情况(前 10 名股东)

股东名称	年末持股数(股)	占总股本%
(1).华北制药集团有限责任公司(国家股)	700125565	59.87
(2).华夏上证	2000000	0.17
(3) 王成茂	1400000	0.12
(4).滕文宏	1306370	0.11
(5).黄秀娣	851400	0.07
(6).兴和基金	749448	0.06
(7).张凤琴	700000	0.06
(8).昊宇公司	680000	0.06
(9).恒益化学	670000	0.06
(10).李敏	660047	0.06

持有本公司 10%以上的股东是代表国家持有股份的华北制药集团有限责任公司。
所持股份无质押行为。

鞍山第一工程机械股份有限公司

二○○○年年度报告摘选

一、公司简介

1、公司的法定中文名称:鞍山第一工程机械股份有限公司
中文简称:鞍山一工
英文名称:ANSHAN NO.1 CONSTRUCTION MACHINERY CO.,LTD.
英文简称:ASCM
2、公司法定代表人:沈铁方
3、公司董事会秘书:谭泓
授权代表:米嘉扬
联系地址:辽宁省鞍山市立山区红旗路30号
电话:0412--6211526　　6213830　　传真:0412--6211644
4、公司注册地址:辽宁省鞍山市立山区红旗路30号
公司办公地址:辽宁省鞍山市立山区红旗路30号
邮政编码:114042
公司网址:http://www.as-cm.com.cn
电子信箱:Yggfgs@mail.asptt.ln.cn
5、公司选定的信息披露报纸名称:《上海证券报》
中国证监会指定刊登公司年度报告国际互联网网址:http://www.sse.com.cn
公司年度报告备置地点:公司董事会秘书处
6、公司股票上市交易所:上海证券交易所
股票简称:ST鞍一工　　股票代码:600813

二、会计数据和业务数据摘要

1、公司本年度主要会计数据(单位:人民币元)

项目	金额
利润总额	-127,353,418.90
净利润	-127,398,340.10
扣除非经营性损益后的净利润	-127,649,752.38
主营业务利润	-15,015,359.33
其他业务利润	-1,487,768.99
营业利润	-124,761,663.01
补贴收入	
营业外收支净额	-251,412.28
经营活动产生的现金流量净额	-5,568,988.98
现金及现金等价物净增加额	5,263,741.73

注:扣除的非经常性损益项目及金额:1、固定资产清理收入及罚没款80,513.90元;2、固定资产清理支出331,926.18元。

2、报告期末前三年的主要会计数据和财务指标(单位:人民币元)

指标项目	2000年	1999年	1998年	
			调整前	调整后
主营业务收入	130,704,911.45	118,263,213.20	173,215,601.35	173,215,601.35
净利润	-127,398,340.10	-25,459,270.51	1,442,644.85	-32,660,327.24
总资产	1,330,096,515.08	1,405,246,158.03	1,510,811,534.59	1,394,569,826.23
股东权益	14,809,338.34	141,207,678.44	280,052,407.63	163,810,699.27
每股收益(摊薄)	-0.49	-0.10	0.01	-0.13
每股收益(加权)	-0.49	-0.10	0.01	0.13
扣除非经营性损益后的每股收益	-0.49	-0.37	-0.06	-0.19
每股净资产	0.06	0.55	1.09	0.63
调整后的每股净资产	-0.99	-0.39	0.46	0.10
每股经营活动产生的现金流量净额	-0.02	-0.21	0.05	0.05
净资产收益率(加权)(%)	-164.04	-16.86	0.52	-12.45
净资产收益率(摊薄)(%)	-858.56	-18.03	0.52	-19.94

3、按照中国证监会《公开发行证券信息披露编报规则(第9号)》要求计算2000年报告期利润的净资产收益率和每股收益。

报告期利润	净资产收益率(%)		每股收益(元)	
	全面摊薄	加权平均	全面摊薄	加权平均
主营业务利润	-101.39	-19.37	-0.06	-0.06
营业利润	-842.45	-160.97	-0.48	-0.48
净利润	-860.26	-164.37	-0.49	-0.49
扣除非经营性损益后的净利润	-858.56	-164.04	-0.49	-0.49

4、报告期内股东权益变动情况

项目	股本	资本公积	盈余公积	法定公益金	未分配利润	股东权益合计
期初数	258,000,000.00	230,906,533.61	15,252,267.18	6,328,019.74	-362,951,122.35	141,207,678.44
本期增加		1,000,000.00			-127,398,340.10	126,398,340.10
本期减少						
期末数	258,000,000.00	231,906,533.61	15,252,267.18	6,328,019.74	-490,349,462.45	14,809,338.34

变动原因:1、资本公积增加是根据鞍山市政府市长办公会纪要(2000)28号文件,由市财政局拨付1,000,000.00元,用于鞍山一工补缴陈欠电费。

2、未分配利润减少系本年度亏损所致。

三、股东情况介绍

(1)报告期末公司股东总数为36236户。

(2)前十名股东持股情况

股东名称	持股数(万股)	所占比例(%)
1 鞍山市国有资产管理局	8026.32	31.11
2 海城第三建筑公司第三分公司	730.80	2.83
3 海南银山租赁公司	720.00	2.79
4 鞍山市宏达房屋开发公司	412.32	1.59
5 鞍山铸钢厂	360.00	1.40
6 鞍山市五环实业股份有限公司	360.00	1.40
7 红拖金达经销处	295.44	1.15
8 沈阳万众企业股份有限公司	264.00	1.02
9 海南华通股份有限公司	240.00	0.93
10 灯塔县前进金属制品厂	240.00	0.93

杭州解百集团股份有限公司

二○○○年年度报告摘选

一、公司简介

1、公司法定中文名称:杭州解百集团股份有限公司
公司法定英文名称:HANGZHOU JIEBAI GROUP CO.,LIMITED.
英文缩写:HJBG
2、公司法定代表人:胡崇杏
3、公司董事会秘书:诸雪强
联系地址:浙江省杭州市解放路211号
联系电话:0571-7016888转5015　　传真:0571-7012247
4、公司注册及办公地址:浙江省杭州市解放路211号
邮政编码:310001
公司网址:http://www.jiebaigroup.com.cn
5、公司选定的信息披露报纸名称:《中国证券报》、《上海证券报》
登载公司年度报告的国际互联网网址:http://www.sse.com.cn
年度报告备置地点:公司董事会秘书处
6、公司股票上市交易所:上海证券交易所
股票简称:杭州解百　　股票代码:600814

二、会计数据和业务数据摘要

一、本年度实现利润情况(合并报表):　　(单位:元)

项目	2000年
1、利润总额	39,531,742.12
2、净利润	32,914,421.69
3、扣除非经常性损益后的净利润	25,281,463.30
4、主营业务利润	116,179,655.72
5、其他业务利润	8,632,062.43
6、营业利润	31,120,834.28
7、投资收益	7,769,568.43
8、补贴收入	9,376.00
9、营业外收支净额	631,963.41
10、经营活动产生的现金流量净额	69,795,770.34
11、现金及现金等价物净增加额	1,122,687.33
注:扣除的非经常性损益项目和涉及金额	
1、无须支付的应付款:	1,411,385.84
2、固定资产清理收入:	72,458.11
3、处理固定资产净损失:	135,360.04
4、捐赠支出:	50,000.00
5、股权转让收入:	6,334,474.48

二、公司前三年的主要会计数据和财务指标:(单位:元)

	2000年	1999年		1998年	
			调整前		调整前
1、主营业务收入	858,837,770.28	745,370,937.38	745,370,937.38	827,478,611.11	827,478,611.11
2、净利润	32,914,421.69	25,740,720.41	19,717,532.87	41,123,496.23	41,847,345.35
3、总资产	791,378,713.67	770,710,317.08	764,687,129.54	735,561,876.18	775,208,294.92
4、股东权益	408,292,852.11	397,035,022.26	386,123,493.25	371,240,995.18	410,899,178.46
5、每股收益(摊薄)	0.139	0.1627	0.1246	0.2599	0.2644
(加权)	0.139	0.165	0.163	0.194	0.264
6、每股净资产(摊薄)	1.72	2.51	2.44	2.35	2.60
7、调整后的每股净资产	1.61	2.45	2.378	2.316	2.49
8、每股经营活动产生的现金流量净额	0.294	0.44		0.34	
9、净资产收益率	8.061	6.48		11.08	

利润分配表附表

报告期利润	净资产收益率		每股收益	
	全面摊薄	加权平均	全面摊薄	加权平均
主营业务利润	28.45%	28.10%	0.489	0.489
营业利润	7.62%	7.53%	0.131	0.131
净利润	8.06%	7.96%	0.139	0.139
扣除非经常性损益后的净利润	6.19%	6.11%	0.107	0.107

三、报告期内股东权益变动情况:(单位:元)

项目	股本	资本公积	盈余公积	法定公益金	未分配利润	股东权益合计
期初数	158,246,946.00	155,398,565.17	49,251,394.67	2,820,623.80	32,864,425.55	395,761,331.39
本期增加	79,123,473.00	1,077,047.60	5,034,608.22	1,689,223.69	32,914,421.69	118,149,550.51
本期减少		47,474,084.00	9,591,427.62	2,773,058.29	48,552,518.17	105,618,029.79
期末数	237,370,419.00	109,001,528.77	44,694,575.27	1,736,789.20	17,226,329.07	408,292,852.11

三、股东情况介绍

1、报告期末股东总数为85494户。

2、前十名股东持股情况。

股东名称	年初持股数(股)	年末持股数(股)	所占比例(%)
(1)杭州市投资控股有限公司	55390049	83085074	35
(2)杭州股权	6816279	10678559	4.49
(3)浙江省商业集团公司	2202200	3303300	1.39
(4)浙江省商业厅机关工会	786500	1179750	0.497
(5)杭州西湖电子集团公司	759759	1139638	0.48
(6)浙粮储贸	660660	990990	0.417
(7)浙江经协	629200	943800	0.398
(8)杭州房建	620831	931247	0.392
(9)杭州价格	572100	858150	0.362
(10)浙江银鹰	539854	809781	0.341

厦门工程机械股份有限公司

二〇〇〇年年度报告摘选

一、公司简介

1、公司法定名称:
中文名称:厦门工程机械股份有限公司
英文名称:XIAMEN ENGINEERING MACHINERY CO.,LTD
名称缩写:XEMC
2、公司注册地址及办公地址:厦门市厦禾路668号
邮政编码:361004
公司互联网网址:www.xiagong.com.cn
电子信箱:xggfzqb@public.xm.fj.cn
3、公司法定代表人:王昆东
4、公司董事会秘书:王智勇
联系地址:厦门市厦禾路668号公司董事会秘书处
电话:0592-2115449　　传真:0592-2036720
电子信箱:xggfzqb@public.xm.fj.cn
5、公司选定的信息披露报纸名称:《上海证券报》
登载年度报告的中国证监会指定国际互联网网址:http://www.sse.com.cn
公司年度报告备置地点:公司董事会秘书处
6、公司股票上市交易所:上海证券交易所
股票简称:厦工股份　　股票代码:600815

二、会计数据及业务数据摘要

1、本年度利润及构成　　(单位:人民币元)

项　目	
利润总额	24,656,049.76
净利润	20,331,876.53
扣除非经常性损益后的净利润	1 3,834,476.53
主营业务利润	126,960,791.38
其它业务利润	3,932,408.77
营业利润	23,211,988.39
投资收益	-1,250,467.90
补贴收入	3,020,000.00
营业外收支净额	-325,470.73
经营活动产生的现金流量净额	57,184,155.38
现金及现金等价物净增加额	-12,907,961.33

注:扣除非经营性损益后的净利润,扣除的项目包括补贴收入302万元和所得税返还347.74万元。

2、截止报告期末公司前三年的主要会计数据和财务指标(单位:人民币元)

项目	2000年度	1999年度		1998年度	
		调整后	调整前	调整后	调整前
主营业务收入	716803166.34	555161779.98	555161779.98	529065686.42	529065686.42
净利润	20331876.53	26652211.21	27944300.37	20659031.96	22939083.79
总资产	1110448695.56	1091434281.39	1087462315.64	1116247189.84	1121383418.16
股东权益	784464854.11	867089537.21	864218202.01	836273901.64	845383514.23
每股收益(摊薄)	0.068	0.089	0.093	0.069	0.08
每股收益(加权)	0.068	0.089	0.093	0.069	0.08
扣除非经常性损益后的每股收益	0.046	0.073	0.077	0.046	0.042
每股净资产	2.62	2.89	2.88	2.79	2.82
调整后的每股净资产	2.52	2.74	2.74	2.71	2.73
每股经营活动产生的现金流量净额	0.19		0.30	0.19	
净资产收益率(摊薄)	2.59%	3.07%	3.23%	2.71%	2.47%
净资产收益率(加权)	2.33%	3.14%	3.29%	2.40%	2.66%

3、按照中国证监会《公开发行证券公司信息披露编报规则》(第9号)的通知要求,计算2000年年度的利润数据如下:

报告期利润	净资产收益率%		每股收益(元)	
	全面摊薄	加权平均	全面摊薄	加权平均
主营业务利润	16.18%	14.57%	0.424	0.424
营业利润	2.96%	2.66%	0.077	0.077
净利润	2.59%	2.33%	0.067	0.067
扣除非经常性损益后的净利润	1.76%	1.59%	0.046	0.046

三、股本变动和主要股东持股情况

1、股本结构情况:　　(数量单位:万股)

	期初数	本次变动增减(+、-)	期末数
(一)尚未流通股份:			
国家拥有股份	21980.91	0	21980.91
尚未流通股份合计	21980.91	0	21980.91
(二)已流通股份:			
境内上市的人民币普通股	7980.00	0	7980.00
已流通股份合计	7980.00	0	7980.00
(三)股份总数	29960.91	0	29960.91

2、主要股东持股情况:
(1)截止2000年12月29日止,本公司股东总数为41343户,其中,国家股东1户,社会公众股东41342户。
(2)公司前十名股东持股情况:

序号	名　称	年末持股数	占总股本比例(%)
1	厦门厦工集团	219809100	73.37
2	叶淑玉	235000	0.08
3	李小莉	229400	0.08
4	幺恩远	220000	0.07
5	张桂芳	206000	0.06
6	徐亚芬	186312	0.06
7	兴和基金	169218	0.05
8	余绍展	158573	0.05
9	王小平	153500	0.05
10	范锦辉	148000	0.04

鞍山市信托投资股份有限公司

二〇〇〇年年度报告摘选

一、公司简介

1、公司名称:鞍山市信托投资股份有限公司
英文名称:ANSHAN TRUST & INVESTMENT CO.,LTD
英文缩写:ASTI
2、公司法定代表人:曲玉春
3、公司信息咨询服务机构:董事会秘书处
负责信息披露事务人员:梁清德(董事会秘书)
公司证券事务代表:刘铁铭
咨询电话:0412-2234351
传真:0412-2217080
电子信箱:axmsc@mail.asptt.ln.cn
4、公司注册地址:鞍山市千山区汪峪路215号
办公地址:鞍山市铁东区五道街55号
邮政编码:114001
国际互联网网址:http://www.asxt.com.cn
电子信箱:axmsc@mail.asptt.ln.cn
5、公司选定的信息披露报纸:中国证券报
登载公司年度报告的网址:http://www.sse.com.cn
公司年度报告备置地点:公司办公楼703室
6、股票上市地:上海证券交易所
股票代码:600816　　股票简称:鞍山信托

二、会计数据和业务数据摘要

1、主要经济指标完成情况

利润总额:	117,079,910.86元
净利润:	93,127,084.12元
扣除非经常性损益后的净利润:	94,642,984.11元
主营业务利润:	118,595,810.85元
其他业务利润:	0.00元
营业利润:	118,595,810.85元
投资收益:	5,522,263.42元
补贴收入:	1,671,000.00元
营业外收支净额:	-3,186,899.99元
经营活动产生的现金流量净额:	273,922,005.71元
现金及现金等价物净增加额:	289,904,130.88元

注:计算"扣除非经常性损益后的净利润"指标时,所扣除的项目是:补贴收入1,671,000.00元、营业外收入135,005.48元、营业外支出3,321,905.47元。

2、主要会计数据和财务指标

单位:元

指标项目	2000年	1999年		1998年
		调整后	调整前	
(1)营业收入	279,472,292.86	234,548,694.29	236,153,364.46	232,832,950.00
(2)净利润	93,127,084.12	80,620,139.19	83,979,737.32	68,393,316.38
(3)总资产	2,830,106,648.02	2,423,090,612.30	2,422,870,345.79	2,246,883,091.67
(4)股东权益	886,682,481.31	820,206,288.24	825,074,848.25	740,642,860.93
(5)每股收益(摊薄)	0.2666	0.23	0.24	0.196
(加权)	0.2666	0.23	0.24	0.208
(6)每股净资产	2.538	2.348	2.36	2.12
(7)调整后的每股净资产	1.6829	1.705	1.757	1.966
(8)每股经营活动产生的现金流量净额	0.7842	0.16	0.16	-0.11
(9)净资产收益率(摊薄)	10.50%	9.83%	10.18%	9.23%

3、利润表附表:

	报告期利润	净资产收益率(%)		每股收益(元)	
		全面摊薄	加权平均	全面摊薄	加权平均
主营业务利润	118,595,810.85	13.38	13.68	0.3395	0.3395
营业利润	118,595,810.85	13.38	13.68	0.3395	0.3395
净利润	93,127,084.12	10.50	10.74	0.2666	0.2666
扣除非经常性损益后的净利润	94,642,984.11	10.67	10.92	0.2709	0.2709

注:上述指标按中国证监会《公开发行证券公司信息披露编报规则第9号通知》的方法计算。

三、股本变动及股东情况

(一)股本变动情况
1、报告期末股东总数120,625人。其中:国家股东1人、法人股东25人、个人股东120,599人。
2、前十名股东持股情况

单位:股

股东单位	期初数	期末数	占总股本比例
(1)鞍山市财政局	85,943,112	85,943,112	24.60%
(2)鞍山信玉公司	0	10,003,709	2.86%
(3)鞍信工会	0	7,833,000	2.24%
(4)鞍山炼油厂	4,878,720	4,878,720	1.39%
(5)中国工商银行鞍山市分行	4,878,720	4,878,720	1.39%
(6)鞍钢附属企业公司	4,555,729	4,555,729	1.30%
(7)鞍山市化纺总厂	3,171,168	3,171,168	0.91%
(8)鞍山冷弯型钢厂	3,171,168	3,171,168	0.91%
(9)鞍山钢铁公司矿山公司	3,171,168	3,171,168	0.91%
(10)中国农业银行鞍山市分行	3,171,168	3,171,168	0.91%

说明:在前10名股东中,新增股东所持有的股份是协议受让中国第三冶金建设公司、鞍山市物资回收公司等股东所持有的股份所致。

上海宏盛科技发展股份有限公司

二○○○年年度报告摘选

一、公司简介

1、公司的法定中文名称:上海宏盛科技发展股份有限公司
公司的法定英文名称:SHANGHAI HONGSHENG TECHNOLOGY CO.,LTD.
英文缩写:HST
2、公司法定代表人:龙长生
3、公司董事会秘书:黄德丰
董事会证券事务代表:陈建梅
联系地址:上海市浦东新区商城路618号
电话:(8621)58822100　　传真:(8621)58870670
电子信箱:slhec@online.sh.cn
4、公司注册地址:上海市浦东新区商城路618号
邮编:200120
公司办公地址:上海市浦东新区商城路618号
邮编:200120
公司互联网网址:http://www.Norcent.com.cn
公司电子信箱:slhec@online.sh.cn
5、公司选定的信息披露报纸名称:上海证券报
中国证监会指定国际互联网网址:http://www.sse.com.cn
公司年度报告备置地点:公司董事会秘书办公室
6、公司股票上市交易所:上海证券交易所
公司股票简称:宏盛科技　　公司股票代码:600817

二、会计数据和业务数据摘要

1、本年度主要会计数据(单位:元):

项目	金额
利润总额	28,472,392.96
净利润	23,333,975.95
扣除非经常性损益后的净利润	23,046,951.95
主营业务利润	67,261,380.42
其他业务利润	2,455,076.53
营业利润	28,645,326.04
投资收益	-381,398.83
补贴收入	294,000.00
营业外收支净额	-85,534.25
经营活动产生的现金流量净额	-46,201,207.50
现金及现金等价物净增加额	38,405,154.63

非经常性损益扣除的项目:下属子公司上海良华企业发展中心营业税及所得税返回作补贴收入294,000.00元;投资上海良华科技发展有限公司的股权投资差额摊销-6,356.00元;下属子公司上海良华企业发展中心处置固定资产作营业外支出-620.00元。

2、主要财务数据和财务指标

	2000年度	1999年度	1998年度	
			调整前	调整后
主营业务收入(元)	678,665,465.67	96,265,603.43	119,198,052.37	110,958,357.83
净利润(元)	23,333,975.95	5,859,371.33	-30,027,762.37	-34,077,706.55
总资产(元)	412,959,564.91	294,568,953.48	346,526,073.81	322,757,509.40
股东权益(不含少数股东权益)(元)	114,231,241.75	90,897,265.80	97,168,117.58	85,037,894.47
每股收益(元/股)	0.28	0.071	-0.364	-0.413
每股收益(加权平均)(元/股)	0.28	0.071	-0.364	-0.413
扣除非经常性损益后的每股收益(元/股)	0.28	0.03		
每股净资产(元/股)	1.38	1.102	1.178	1.031
调整后的每股净资产(元/股)	1.104	1.013	1.07	0.941
每股经营活动产生的现金流量净额(元/股)	-0.56	0.443		
净资产收益率(%)	20.43	6.45	-30.9	-40.1

3、利润表附表:

报告期利润	净资产收益率(%)		每股收益(元/股)	
	全面摊薄	加权平均	全面摊薄	加权平均
主营业务利润	58.88	65.58	0.82	0.82
营业利润	25.08	27.93	0.35	0.35
净利润	20.43	22.75	0.28	0.28
扣除非经常性损益后的净利润	20.18	22.47	0.28	0.28

三、股本变动及股东情况

1、股本变动情况
(1)报告期末股东总数:10118名
(2)持有本公司5%以上股份的股东:

序号	股东名称	年末持股比例(%)	年末持股数量(股)
1	上海宏普实业投资有限公司	29.8048	24,594,330
2	上海市粮食储运公司	11.7667	9,709,645
3	上海市油脂公司	4.1009	3,383,960
4	中国粮食贸易公司	3.8792	3,201,000
5	上海面粉有限公司	3.8439	3,171,902
6	中国植物油公司	2.9327	2,420,000
7	上海亿安科技发展有限公司	2.0262	1,672,000
8	建设银行浦东分行	1.4663	1,210,000
9	上海氯碱化工总厂	1.4663	1,210,000
10	上海双鹿电器股份有限公司	1.4663	1,210,000

说明1:持有公司5%以上股份的股东所持股份年度内没有发生变动;
说明2:持有公司5%以上股份的股东所持股份在年度末没有发生质押或冻结;
说明3:上海市粮食储运公司、上海市油脂公司、上海面粉有限公司为上海良友(集团)有限公司的子公司;
说明4:上海市粮食储运公司、上海市油脂公司、上海面粉有限公司、中国植物油公司、建设银行浦东分行所持股份及中国粮食贸易公司所持的部分股份(3,080,000股)为发起人法人股。

上海永久股份有限公司

二○○○年年度报告摘选

一、公司简介

1、公司法定名称:
中文名称:上海永久股份有限公司
英文名称:SHANGHAI FOREVER CO,.LTD.
缩 写:SF
2、公司法定代表人:郑盛道先生
3、公司董事会秘书:陈正国先生
授权代表:袁志坚先生
联系地址:上海市周家嘴路1357号
电 话:021-65419538　　传 真:021-65458657
4、公司注册地址:公司办公地址
上海市周家嘴路1357号
邮政编码:200092
公司互联网网址:http://www.cnforever.com
公司电子信箱:E-mail:forever@cnforever.com
5、公司选定的信息披露报刊名称:《上海证券报》
登载公司年度报告的中国证监会指定国际互联网网址:http://www.sse.com.cn
公司年度报告备置地点:公司办公室
6、公司股票上市地:上海证券交易所
股票简称:ST永久　　ST永久B
股票代码:600818　　900915

二、会计数据与业务数据摘要

1、本年度主要利润指标情况(单位:人民币元)

项目	金额
利润总额:	(251,401,186.79)
净利润:	(246,669,077.94)
扣除非经常性损益后的净利润:	(233,938,073.63)
主营业务利润:	18,209,630.52
其它业务利润:	1,083,725.36
营业利润:	(175,525,697.19)
投资收益:	8,718,254.54
补贴收入:	
营业外收支净额:	(84,593,744.14)
经营活动产生的现金流量净额:	12,216,872.38
现金及现金等价物净增加额:	8,437,485.11
注:扣除非经常性损益项目和涉及金额:	
公司场中联营厂清算损失:	12,412,889.92
上海永久助力车九江有限公司停业计提减值准备	318,150.39
存货跌价准备:	17,711,814.07

2、至报告期末公司前三年会计数据与财务指标:(单位:元)

指标项目	2000年	1999年		1998年	
		调整后	调整前	调整后	调整前
主营业务收入:	279,728,858.73	359,179,789.57	359,179,798.57	494,493,770.92	494,493,770.92
净利润:	(246,669,077.94)	(350,298,751.85)	(339,550,060.52)	(194,602,858.35)	(169,624,785.92)
总资产:	278,075,636.24	483,053,515.73	532,508,511.26	959,029,820.22	982,442,927.31
股东权益:	(341,902,442.50)	(94,484,580.73)	(55,184,571.10)	264,791,818.32	288,204,925.41
每股收益:	(0.93)	(1.32)	(1.28)	(0.73)	(0.6385)
扣除非经常损益后的每股收益	(0.88)	(1.28)	(1.24)		
每股净资产:	(1.29)	(0.36)	(0.21)	0.99	1.0849
调整后的每股净资产:	(1.29)	(0.32)	(0.6537)	(0.94)	0.9912
每股经营活动产生的现金流量:	0.05	0.02	0.02	0.04	0.04
净资产收益率:				(73.49)	(58.86)

3、按中国证监会《公开发行证券公司信息披露编报规则(第九号)》要求计算的净资产收益率和每股收益:

	报告期利润	净资产收益(%)		每股收益(元)	
		全面摊薄	加权平均	全面摊薄	加权平均
主营业务利润	18,209,630.52	(5.33)	(8.36)	0.07	0.07
营业利润	(175,525,697.19)	51.34	80.58	(0.66)	(0.66)
净利润	(246,669,077.94)	72.15	113.24	(0.93)	(0.93)
扣除非经常损益后的净利润	(233,938,073.63)	68.42	107.4	(0.61)	(0.61)

三、股东情况介绍

(1)报告期末股东总数为10362人。
(2)报告期末公司前十名股东持股情况:

股 东 名称	持股数(万股)	比例(%)
1)国有股	17020.94	64.07
2)上工股份有限公司	445.05	1.69
3)蓝毅(B股)	197.03	0.74
4)孟令翠(B股)	110.00	0.41
5)王世学(B股)	97.50	0.37
6)赵展岳(B股)	70.00	0.26
7)孙亚军(B股)	60.11	0.23
8)九百集团	57.50	0.22
9)永胜自车	57.50	0.22
10)王锡如(B股)	56.79	0.21

上海轻工控股(集团)公司为国有股授权经营单位。
法人代表:张立平
经营范围:市国资委授权范围内的国有资产经营和管理,实业投资和国内贸易。
该股东持有股份未有质押,该股东也是上工股份有限公司的国有股代表,其他股东之间没有关联关系。

上海耀华皮尔金顿玻璃股份有限公司

二〇〇〇年年度报告摘选

一、公司简介

(一)公司法定中文名称:上海耀华皮尔金顿玻璃股份有限公司
公司英文名称:SHANGHAI YAOHUA PILKINGTON GLASS COMPANY LTD.
英文名称缩写:SYP
(二)公司法定代表人:朱伯安先生
(三)公司董事会秘书:金闽丽女士
联系地址:上海市浦东新区济阳路100号
电 话:0086-21-58839305
传 真:0086-21-58801554
电子信箱:sypmd@online.sh.cn
(四)公司注册地址和办公地址:上海市浦东新区济阳路100号
邮政编码:200126
公司国际互联网网址:www.sypglass.com
电子信箱:sypmd@online.sh.cn
(五)公司选定的信息披露报纸名称、登载公司年度报告的国际互联网网址及年度报告备置地点:
公司选定的信息披露报纸名称:《上海证券报》、《南华早报》
登载公司年度报告的中国证监会指定国际互联网网址:www.sse.com.cn
年报备置地点:上海市浦东新区济阳路100号
(六)公司股票上市地:上海证券交易所
(七)股票简称:A股　耀皮玻璃
B股　耀皮B股
股票代码:A股　600819
B股　900918

二、会计数据和业务数据摘要

(一) 2000年度主要业务财务指标　　(单位:人民币元)

项目	金额
利润总额	185,262,090.64
净利润	154,621,226.87
扣除非经常性损益后的净利润	154,621,226.87
主营业务利润	368,329,356.68
其它业务利润	5,338,770.39
营业利润	189,551,575.59
投资收益	-3,496,307.03
营业外收支净额	-793,177.92
经营活动产生的现金流量净额	258,138,006.85
现金及现金等价物净增加额	110,396,538.94

(二)境内外审计差异

经香港罗兵咸永道会计师事务所按国际会计标准审计,净利润为15,580.00万元,两种会计准则、制度计算的税后净利润差异及调整项目如下:

单位:千元

项目	金额
根据中国法定财务报表税后利润	154,621
呆坏帐准备拨回	5,950
员工成本分配作生产费用	(2,186)
经国际会计准则及其他调整后净利润	158,385

(三)近三年主要会计数据和财务指标

(单位:人民币元)

项目	2000年	1999年	1998年
主营业务收入	866,873,752.96	658,259,055.00	631,254,916.00
净利润	154,621,226.87	94,185,705.42	38,890,671.07
总资产	2,022,734,266.17	1,703,819,813.55	1,787,032,947.37
股东权益	1,608,729,242.31	1,561,358,015.44	1,515,922,310.02

	2000年	1999年	1998年
净利润每股收益(全面摊薄)	0.317	0.193	0.08
净利润每股收益(加权平均)	0.317	0.193	0.08
每股净资产	3.30	3.20	3.11
调整后的每股净资产	3.12	3.00	3.07
每股经营活动产生的现金流量净额	0.53	0.36	0.31
净利润净资产收益率(%)(全面摊薄)	9.61	6.03	2.57
净利润净资产收益率(%)(加权平均)	9.44	6.03	2.57
扣除非经常性损益的利润净资产收益率(全面摊薄)	9.61	6.03	2.57
扣除非经常性损益的利润净资产收益率(加权平均)	9.44	6.03	2.57

加权平均净资产收益率=报告期利润/(期初净资产+报告期净利润/2)×100%

三、股东情况介绍

(一)、报告期末股东总数:28,394户
(二)、主要股东持股情况

名　称	股权性质	年初持股数	占总股本%	年末持股数	占总股本%
皮尔金顿国际控股公司	外资法人股	8,139.91万股	16.70	8,385.62万股	17.20
中国无机材料科技实业集团公司	国有法人股	8,139.91万股	16.70	8,139.91万股	16.70
中国银行上海信托咨询公司	国有法人股	8,139.91万股	16.70	8,139.91万股	16.70
上海耀华玻璃厂	国有法人股	8,139.91万股	16.70	8,139.91万股	16.70
孙文雄	外资股	1,920.68万股	3.94	1,473.44万股	3.02
金环国际有限公司	外资股	1,155.37万股	2.37	1,151.04万股	2.36
T0Y0 SECURITIES ASIA LTD. A/C CLIENT	外资股	1,023.50万股	2.10	981.74万股	2.01
ABU DHABI, UNITED ARAB EMIRATES	外资股	642.94万股	1.32	642.94万股	1.32
JUMB0 BUILDER LTD	外资股	526.64万股	1.08	528.00万股	1.08
HKSBCSB S/A-BANQUE INT. A LUXEMB0URG S/A HSBC GL0BAL INV. FUNDS CHINESE EQUITY	外资股	0股	0	340.00万股	0.69

上海隧道工程股份有限公司

二〇〇〇年年度报告摘选

一、公司简介

1、公司法定中文名称:上海隧道工程股份有限公司
公司法定英文名称:SHANGHAI TUNNEL ENGINEERING CO.,LTD.
缩写:STEC
2、公司法定代表人:姜先赋
3、公司董事会秘书:金波
联系地址:上海市肇嘉浜路239号
电话:021-64312461
传真:021-64377289
电子信箱:stecjb@guomai.sh.cn
4、公司注册地址:上海市肇嘉浜路239号
公司办公地址:上海市肇嘉浜路239号
邮政编码:200032
公司国际互联网网址:www.stec.net
电子信箱:stecodd@public.sta.net.cn
5、公司选定的信息披露报纸名称:《中国证券报》、《上海证券报》
登载公司年度报告的中国证监会指定国际互联网网址:www.sse.com.cn
公司年度报告备置地点:公司董事会秘书室
6、公司股票上市交易所:上海证券交易所
股票简称:隧道股份
股票代码:600820

二、会计数据和业务数据摘要

1、本年度主要利润指标:(单位:人民币元)

项目	金额
利润总额:	154,400,841.57
净利润:	136,610,576.90
扣除非经常性损益后的净利润:	131,501,393.13
主营业务利润:	333,575,354.55
其他业务利润:	-159,647.52
营业利润:	91,871,920.98
投资收益:	55,149,685.19
补贴收入:	4,907,413.10
营业外收支净额:	2,471,822.30
经营活动产生的现金流量净额:	-155,368,179.05
现金及现金等价物净增加额:	131,449,956.55
注:扣除的非经常性损益项目和涉及金额:	5,109,183.87
(1)营业外收支净额:	2,471,822.30
(2)投资差额摊销:	-2,270,051.63
(3)补贴收入:	4,907,413.10

2、截止报告期末公司前三年主要会计数据和财务指标:

币种:人民币

项　目	2000年	1999年	1998年	
			调整前	调整后
主营业务收入(元)	2,761,477,290.39	2,165,449,311.55	1,896,407,014.19	1,896,407,014.19
净利润(元)	136,610,576.90	94,586,764.48	106,725,488.46	79,118,632.06
总资产(元)	4,431,554,950.08	3,960,056,721.99	1,784,007,608.86	1,659,436,017.97
股东权益(元)	1,296,137,524.25	1,180,210,764.63	555,645,519.60	434,227,988.75
每股收益(元/股)(摊薄)	0.3633	0.2515	0.4019	0.2980
每股收益(元/股)(加权)	0.3633	0.2715	0.4019	0.2980
扣除非经常性损益后的每股收益	0.3497	0.2393		0.3074
每股净资产	3.45	3.14	2.09	1.64
调整后的每股净资产	3.13	2.96	1.99	1.58
每股经营活动产生的现金流量净额	-0.4131	-0.3975	-0.4172	-0.4172
净资产收益率%	10.54	8.01	19.21	18.22

3、根据中国证监会关于分布《公开发行证券公司信息披露编报规则》第9号通知精神,公司2000年度按照全面摊薄法和加权平均法计算的净资产收益率和每股收益。

报告期利润	净资产收益率		每股收益	
	全面摊薄	加权平均ROE	全面摊薄	加权平均EPS
主营业务利润	25.74%	25.74%	0.8870	0.8870
营业利润	7.09%	7.09%	0.2443	0.2443
净利润	10.54%	10.54%	0.3633	0.3633
扣除非经常性损益后的净利润	10.15%	10.15%	0.3497	0.3497

4、报告期内股东权益变动情况

项　目	股　本	资本公积	盈余公积	法定公益金	末分配利润	股东权益合计
期初数	376069405	695894566.40	90279052.76	10160876.17	17967740.47	1180210764.63
本期增加	-	-	28867314.46	9506644.34	87059445.16	115926759.62
本期减少						
期末数	376069405	695894566.40	119146367.22	19667620.51	105027185.63	1296137524.25

三、股本变动及股东情况

1、股本变动情况
(1)截止2000年12月31日,本公司股东总数为97231户。
(2)本公司前十名股东持股情况(截止报告期末)

股东名称	期末持股数(股)	占总股本比例(%)
上海城建(集团)公司(国资办授权经营)	204,965,633	54.50
伟盟建材	7,517,625	2.00
浦东市政	1,484,451	0.395
深业投资	1,012,862	0.269
石春桂	1,005,574	0.267
夏慧芬	995,411	0.265
金彩凤	984,788	0.262
严莉莉	970,474	0.258
汤玮	935,288	0.249
金建敏	935,100	0.248

天津劝业场(集团)股份有限公司

二○○○年年度报告摘选

一、公司简介

1.公司法定中文名称:天津劝业场(集团)股份有限公司
公司英文名称:TIANJIN QUANYE BAZAAR(GROUP)COMPANY LIMITED
公司英文缩写:TJQYC
公司法定代表人:汪恒广
2.公司法定代表人:汪恒广
3.公司董事会秘书:赵熙珍
联系地址:天津市和平区和平路290号
联系电话:(022)27211111-2869　　传真:(022)27305348
4.公司注册及办公地址:天津市和平区和平路290号　　邮政编码:300022
公司国际互联网网址:www.tjqy.com.cn
电子信箱:goubin@tjqy.com.cn
5.公司选定的信息披露报纸名称:上海证券报
登载公司年度报告的中国证监会指定国际互联网网址:http://www.sse.com.cn
公司年度报告备置地点:天津市和平区和平路290号公司证券部
6.公司股票上市交易所:上海证券交易所
股票简称:津劝业　　证券代码:600821

二、会计数据和业务数据摘要

1、公司本年度业务数据和会计数据

项　目	金额(单位:元)
利润总额	38,756,028.87
净利润	34,752,594.16
主营业务利润	142,378,377.76
其他业务利润	23,038,756.94
营业利润	6,604,500.55
投资收益	20,093,381.33
补贴收入	873,800.00
营业外收支净额	12,594,660.43
经营活动产生的现金流量净额	8,612,192.80
现金及现金等价物净增加额	-10,296,901.03

2、截止报告期末公司前三年的主要会计数据及财务指标指标

项目	2000年	1999年	1998年	
			调整前	调整后
主营业务收入	1,773,016,411.98	1,833,895,413.61	1,997,717,609.15	1,997,717,610.15
净利润	34,752,594.16	32,790,823.02	76,603,378.04	57,106,221.84
总资产	1,385,481,730.52	1,328,088,347.66	1,194,999,035.49	1,175,501,879.29
股东权益	750,868,658.82	754,556,814.93	748,360,061.02	728,862,904.82
每股收益(摊薄)	0.12	0.11	0.26	0.195
每股收益(加权)	0.12	0.11	0.27	0.18
每股净资产	2.57	2.58	2.55	2.49
调整后每股净资产	2.38	2.43	2.48	2.40
每股经营活动产生的现金流量净额	0.03	-0.05	-0.28	-0.28
净资产收益率(摊薄)	4.63	4.35	10.23	7.83
净资产收益率(加权)	4.50		11.80	7.24

3、根据中国证监会《公开发行证券公司信息披露编报规则》第9号要求,公司2000年度按照全面摊薄法和加权平均法计算的利润表附表:

报告期利润	净资产收益率(%)		每股收益(元)	
	全面摊薄	加权平均	全面摊薄	加权平均
主营业务利润	18.96	18.44	0.49	0.49
营业利润	0.88	0.86	0.02	0.02
净利润	4.63	4.50	0.12	0.12

4、股东权益变动情况:

项目	股本	资本公积	盈余公积	法定公益金	未分配利润	股东权益合计
期初数	292,520,958.00	282,587,652.92	104,738,178.62	24,267,056.13	76,600,825.90	754,556,814.93
本期增加	-	-	9,564,515.83	3,478,147.88	34,752,594.16	44,317,109.99
本期减少	-	5,236,593.44	2,534,960.68	2,534,960.68	36,583,131.77	16,565,194.88
期末数	292,520,958.00	277,351,059.48	111,767,733.77	25,210,243.33	74,770,288.29	750,868,658.82

三、股本变动及股东情况

1.股本变动情况
(1).股东变动情况表　　数量单位:股

项目	本次变动前	本次变动增减(+.-)						本次变动后
		配股	送股	公积金转股	增发	其他	小计	
一.未上市流通股份								
1.发起人股份								
其中:								
国家持有股份	97023592	0	0	0	0	0	0	97023592
境内法人持有股份	49912347	0	0	0	0	0	0	49912347
境外法人持有股份								
其他								
2.募集法人股份								
3.内部职工股								
4.优先股或其他	3801545	0	0	0	0	-3801545	-3801545	0
其中:转配股	3801545	0	0	0	0	-3801545	-3801545	0
未上市流通股份合计	150737484	0	0	0	0	-3801545	-3801545	146935939
二.已上市流通股份								
1.人民币普通股	141783474	0	0	0	0	+3801545	+3801545	145585019
2.境内上市的外资股								
3.境外上市的外资股								
4.其他								
已上市流通股份合计	141783474	0	0	0	0	+3801545	+3801545	145585019
三.股份总数	292520958	0	0	0	0	0	0	292520958

上海物资贸易中心股份有限公司

二○○○年年度报告摘选

一、公司简介

1.公司的法定中英文名称及缩写
公司法定中文名称:上海物资贸易中心股份有限公司
中文缩写:物贸中心
公司法定英文名称:SHANGHAI MATERIAL TRADING CENTRE CO., LTD.
英文缩写:SMTC
2.公司法定代表人:陈伟宝 董事长
3.公司董事会秘书:傅绍平
联系地点:中国上海市中山北路2550号520室
电 话:(86)-021-62570000-8520
传 真:(86)-021-62572959
电子信箱:fusp@shwmzx.com
公司董事会秘书:蔡嘉德
联系地点:中国上海市中山北路2550号522室
电 话:(86)-021-62570000-8522
传 真:(86)-021-62168718
电子信箱:caijd@shwmzx.com
4.公司注册地址:中国上海市浦东新区陆家嘴东昌路东园一村139号201室
办公地址:中国上海市中山北路2550号
邮政编码:200063
电子信箱:smtc@shwmzx.com
公司国际互联网网址:http://www.shwmzx.com
5.公司选定的信息披露报纸名称:境内《上海证券报》、境外《香港商报》
登载公司年度报告的中国证监会指定国际互联网网址:http://www.sse.com.cn
公司年度报告备置地点:中国上海市中山北路2550号522室公司董事会秘书室
6.公司股票上市交易所:上海证券交易所
股票简称及代码:A股　物贸中心　600822
　　　　　　　　B股　物贸B股　900927

二、会计数据和业务数据摘要(合并报表)

(一)本年度主要利润指标情况:(单位:人民币元)

项目	金额
利润总额	2,921,670.85
净利润	2,668,257.15
扣除非经常性损益后的净利润	-16,943,925.22
主营业务利润	39,122,496.30
其他业务利润	1,181,681.46
营业利润	-832,852.96
投资收益	9,169,809.28
补贴收入	154,739.92
营业外收支净额	-5,570,025.39
经营活动产生的现金流量净额	-11,064,279.84
现金及现金等价物净增加额	65,405,851.17

(二)截至报告期末前三年的主要会计数据和财务指标(合并报表)

项　目	2000年	1999年	1998年	
			调整前	调整后
主营业务收入(元)	1,266,320,252.05	1,097,755,191.81	1,052,107,813.41	1,052,107,813.41
净利润(元)	2,668,257.15	-9,664,271.84	2,726,146.18	-19,144,868.57
总资产(元)	841,702,232.53	757,933,322.71	708,719,915.68	676,862,526.16
股东权益(不含少数股东权益)(元)	342,573,549.13	339,905,291.98	381,367,513.74	349,510,124.22
每股收益(元/股)(摊薄)	0.011	-0.038	0.012	-0.083
每股收益(元/股)(加权)	0.011	-0.038	0.012	-0.083
扣除非经常性损益后每股净利润(元/股)	-0.067	-0.095	0.004	-0.091
每股净资产(元/股)	1.355	1.345	1.66	1.52
调整后的每股净资产(元/股)	1.138	0.92	1.59	1.46
每股经营活动产生的现金流量净额(元/股)	-0.044	-0.11	-0.01	-0.01
净资产收益率(%)(摊薄)	0.779	-2.84	0.715	-5.48
净资产收益率(%)(加权)	0.782	-2.8	0.718	-5.34
扣除非经常损益后的净利润的加权净资产收益率	-4.965	-6.978	0.275	-5.82

(三)利润表附表(按中国会计准则)

报告期利润	净资产收益率%		每股收益(元)	
	全面摊薄	加权平均	全面摊薄	加权平均
主营业务利润	11.420	11.465	0.155	0.155
营业利润	-0.243	-0.244	-0.003	-0.003
净利润	0.779	0.782	0.011	0.011
扣除非经营性损益后的净利润	-4.946	-4.965	-0.067	-0.067

三、股东情况介绍

1.报告期末股东总数:12,075户。
2.主要股东持股情况(前十名股东)

序号	股东名称	股票类型	年末持股数	占总股本(%)
1	上海物资(集团)总公司(国有持股)	国家股	144,381,298	57.13
2	上海华生化工有限公司	法人股	16,500,000	6.53
3	HAITONG SECURITIES LTD.	B股	2,481,948	0.98
4	上海期货交易所	法人股	1,996,500	0.79
5	广西玉柴机器集团公司	法人股	1,996,500	0.79
6	SALOMON SMITH BARNEY INC.2	B股	1,586,552	0.63
7	长江经济联合发展(集团)股份有限公司	法人股	1,331,000	0.53
8	THE NOMURA SECURITIES CO.,LTD.	B股	1,127,113	0.45
9	SHENYIN WANGUO NOMINEES(H.K.)LTD	B股	1,064,353	0.42
10	HUANG XIAO QIANG	B股	768,395	0.30

上海万象(集团)股份有限公司

二○○○年年度报告摘选

一、公司简介

1、公司的法定中文英文名称及缩写:
中文:上海万象(集团)股份有限公司
英文:Shanghai Wan Xiang Group Co.,Ltd　　英文缩写:SWXGCLTD
2、公司法定代表人:许荣茂先生
3、公司董事会秘书:祝木英女士
联系电话:021-63745428
授权代表:俞峰先生
联系电话:021-63746472
联系 地址:上海市金陵东路358号6楼
传真:021-63260888
电子信箱:zmy@a8888.com
4、公司注册地址:上海市南京东路819号
公司办公地址:上海市金陵东路358号
邮政编码:200021
公司国际互联网网址:www.a8888.com
电子信箱:hyx888@public4.sta.net.cn
5、公司选定的信息披露报纸名称:《上海证券报》
登载公司年度报告的中国证监会指定国际互联网网址 http://www.sse.com.cn
公司年度报告备置地点:上海市金陵东路358号6楼董事会办公室
6、公司股票上市交易所:上海证券交易所
股票简称:万象集团　　股票代码:600823

二、会计数据和业务数据摘要

(一)利润情况　　单位:元

项目	金额
1、利润总额:	-31,547,531.97
2、净利润:	-36,488,841.04
3、扣除非经常性损益后的净利润	-5,127,053.71
4、主营业务利润:	40,950,964.99
5、其他业务利润:	46,318,943.17
6、营业利润:	-30,692,176.89
7、投资收益:	9,924,471.53
8、补贴收入:	0.00
9、营业外收支净额:	-10,779,826.61
10、经营活动产生的现金流量净额	63,531,286.80
11、现金及现金等价物净增加额:	-85,539,182.30

(二)截至报告期末公司前三年的主要会计数据及财务指标:

项目	2000年	1999年		1998年
		调整后	调整前	
主营业务收入	229,301,867.15	276,351,545.27	276,368,924.31	513,681,628.95
净利润	-36,488,841.04	67,666,412.60	67,992,950.07	42,454,772.71
总资产	1,656,783,770.58	1,719,983,759.14	1,762,802,489.23	1,626,880,680.45
股东权益	507,550,041.45	544,038,882.49	544,365,419.97	533,119,216.50
每股收益	-0.1543	0.3577	0.3595	0.2244
每股收益(加权平均)	-0.1543	0.3577	0.3595	0.2450
每股收益(扣除非经常性损益)	-0.0217	0.1531	0.1548	0.1879
每股净资产	2.15	2.88	2.88	2.82
调整后的每股净资产	2.04	2.80	2.80	2.74
每股经营活动产生的现金流量净额	0.2687	-0.1413	-0.1413	0.2549
净资产收益率(%)	-7.19%	12.44%	12.49%	7.96%
净资产收益率(加权平均%)	-6.94%	11.94%	11.99%	9.37%

(三)按照中国证监会<<公开发行证券公司信息披露编报规则>>(第9号)要求计算的利润数据:

报告期利润	净资产收益率%		每股收益	
	全面摊薄	加权平均	全面摊薄	加权平均
主营业务利润	8.07%	7.79%	0.1732	0.1732
营业利润	-6.05%	-5.84%	-0.1298	-0.1298
净利润	-7.19%	-6.94%	-0.1543	-0.1543
扣除非经常性损益后的净利润	-1.01%	-0.98%	-0.0217	-0.0217

三、股本变动及股东情况

1、股东变动情况
2000年度公司股份变动情况:　　数量单位:股

股票名称	期初数	本次变动增减(+,-)					备注	期末数
		配股	送股	公积金转增	小计	合计		
(一)尚未流通股份								
1、发起人股份								
其中:国家拥有股份	80526600	0	0	20131650	20131650	100658250	2000.8.29转让减少的62500000股,被确认为社会法人股	38158250
境内法人持有股份	18102000	0	0	4525500	4525500	22627500	国家股转让增加法人股62500000	85127500
外资法人持有股份								
其他								
2、募集法人股								
3、内部职工股								
4、优先股或其他								
其中:转配股	35927222	0	0	8981805	8981805	44909027	2000.7.3起流通转入流通股份	0
未上市流通股份合计	134555822							
二、已上市流通股份								
1、人民币普通股	54600000	0	0	13650000	13650000	68250000	44909027股转配股流通后转入	113159027
2、境内上市的外资股								
3、境外上市的外资股								
4、其他								
已上市流通股份合计	5460000	0	0					
三、股份合计数	189155822	0	0	47288955	47288955	236444777		236444777

上海益民百货股份有限公司

二○○○年年度报告摘选

一、公司简介

公司法定中文名称:上海益民百货股份有限公司
公司英文名称:SHANGHAI YIMIN DEPARTMENT STORES COMPANY LTD.
公司英文名称缩写:YIMIN
公司法定代表人:罗传钧
公司董事会秘书:邵振耀
公司授权代表:钱国富
联系地址:上海市淮海中路645—659号六楼公司董事会办公室
电话:021-53067597
传真:021-53066576
公司注册及办公地址:上海市淮海中路645—659号六楼
邮编:200020
公司国际互联网网址:www.yimin-stores.com
公司电子信箱:ymdept@online.sh.cn
公司信息披露报纸名称:上海证券报
登载公司年度报告的中国证监会指定的国际互联网网址:http://www.sse.com.cn
公司年度报告备置地点:上海市淮海中路645—659号六楼董事会办公室
公司股票上市交易所:上海证券交易所
股票简称:益民百货
股票代码:600824

二、会计数据和业务数据摘要

1、本年度主要利润指标情况　　单位:元

项目	金额
利润总额	53,881,143.90
净利润	44,017,707.55
扣除非经常性损益后的净利润	44,009,876.17
主营业务利润	166,625,005.80
其他业务利润	7,422,327.61
营业利润	49,383,646.40
投资收益	4,977,620.69
补贴收入	7,831.38
营业外收支净额	-487,954.57
经营活动产生的现金流量净额	77,790,186.24
现金及现金等价物净增加额	47,632,559.95

2、主要会计数据和财务指标
单位:元

项目	2000年	1999年	1998年
主营业务收入	601,996,131.60	555,086,661.44	549,147,685.36
净利润	44,017,707.55	38,791,518.25	31,364,701.37
总资产	1,011,602,189.64	823,500,230.49	797,139,071.11
股东权益	487,802,512.41	468,583,447.83	455,240,493.78
净利润的每股收益	0.259	0.228	0.185
净利润的每股收益(加权)	0.259	0.228	0.192
扣除非经常性损益后的净利润的每股收益	0.259	0.228	0.185
每股净资产	2.87	2.76	2.68
调整后的每股净资产	2.79	2.66	2.55
每股经营活动产生的现金流量净额	0.458	0.645	-0.538
净利润的净资产收益率	9.02%	8.28%	6.89%
净利润的加权净资产收益率	8.97%	8.17%	7.80%
扣除非经常性损益后的净利润的加权净资产收益率	8.97%	8.17%	7.80%

根据中国证监会《公开发行证券公司信息披露编报规则第9号—净资产收益率和每股收益的计算及披露》要求,计算的2000RH净资产收益率和每股收益如下:

报告期利润	净资产收益率(%)		每股收益(元)	
	全面摊薄	加权平均	全面摊薄	加权平均
主营业务利润	34.16	33.96	0.981	0.981
营业利润	10.12	10.07	0.291	0.291
净利润	9.02	8.97	0.259	0.259
扣除非经营性损益后的净利润	9.02	8.97	0.259	0.259

三、股东情况介绍

(1)报告期末股东总数
本年度末股东总数:31656户,其中国家股股东1户,社会公众股股东31655户。
(2)公司前十名股东持股情况(至本年度末)

股东名称	年末持股数(股)	持股比例(%)
1、国家股	100,760,800	59.31
2、金鼎基金	2,770,000	1.63
3、国泰物业	1,068,792	0.63
4、福建兴业	509,567	0.30
5、陈裕华	275,748	0.16
6、泰阳实业	227,894	0.13
7、冯娟	224,400	0.13
8、王猛	200,000	0.12
9、左军亮	183,413	0.11
10、太合诚信	180,000	0.11

注:持有本公司5%(含5%)以上的股东系国家股,持有单位是卢湾区国有资产管理办公室,其所持股份本期内未发生质押、冻结等情况。

华联超市股份有限公司

二○○○年年度报告摘选

一、公司简介

1、公司法定中文名称:华联超市股份有限公司

公司法定英文名称:HUALIAN SUPERMARKET CO.,LTD.

公司法定英文缩写:HLS

2、公司法定代表人:华洲

3、公司董事会秘书:王孟瑾

联系地址:上海市隆昌路609号

联系电话:021-65201818转

传真:021-65432001

4、公司注册地址:上海市张扬路655号

公司办公地址:上海市隆昌路609号

邮政编码:200090

国际互联网网址:www.hualian-supermarket.com

电子信箱:hlscoltd@online.sh.cn

5、公司选定的信息披露报纸:《上海证券报》

登载公司年度报告的中国证监会指定国际互联网网址:www.sse.com.cn

公司年度报告备置地点:上海市隆昌路609号

6、公司股票上市交易所:上海证券交易所

股票简称:华联超市

股票代码:600825

二、会计数据和业务数据摘要

(一)、本年度主要利润指标情况　　单位:元

项目	金额
利润总额	31,707,633.52
净利润	28,583,501.68
扣除非经常性损益后的净利润	28,583,501.68
主营业务利润	239,765,499.70
其他业务利润	4,217,381.55
营业利润	32,529,454.43
投资收益	-715,392.66
补贴收入	——
营业外收支净额	-106,428.25
经营活动产生的现金流量净额	157,664,660.35
现金及现金等价物净增加额	132,764,823.47

注:在"扣除非经常性损益后的净利润"中,公司无应扣除的项目。

(二)主要会计数据和财务指标

单位:元

项目	2000年度	1999年度		1998年度
		调整前	调整后	
主营业务收入	1,703,381,125.90	258,603,679.32	258,603,679.32	270,234,787.25
净利润	28,583,501.68	12,582,767.71	12,783,712.09	19,627,249.73
总资产	1,184,113,447.31	308,187,048.01	308,187,048.01	356,241,397.09
股东权益(不含少数股东权益)	227,658,709.46	206,475,906.20	206,676,850.58	193,893,138.49
每股收益(按摊薄法计算)	0.278	0.12	0.12	0.19
每股收益(按月加权平均法计算)	0.278	0.12	0.12	0.24
每股收益(扣除非经常性损益后)	0.278	0.03	0.03	-
每股净资产	2.213	2.00	2.01	1.89
调整后的每股净资产	0.627	1.86	1.86	1.71
每股经营活动产生的现金流量净额	1.533	0.92	0.92	-0.37
净资产收益率(%)	12.56	6.09	6.19	10.12

(三)、净资产收益率和每股收益的计算及披露　　单位:元

报告期利润	净资产收益率		每股收益	
	全面摊薄	加权平均	全面摊薄	加权平均
主营业务利润	105.32%	108.51%	2.331	2.331
营业利润	14.29%	14.72%	0.316	0.316
净利润	12.56%	12.94%	0.278	0.278
扣除非经营性损益后的净利润	12.56%	12.94%	0.278	0.278

三、股东情况介绍

(一)报告期末股东总数2895户。

(二)前10名股东持股情况

股东名称	年末持股数(万股)	占总股本比例(%)	增减变动情况	股份性质
(1)上海华联商厦股份有限公司	5,142.5082	50	国家股受让增持	法人股
(2)华联(集团)有限公司	1,028.4918	10	国家股转让减持	国家股
(3)友谊集团	292.6905	2.84	法人股受让增持	法人股
(4)九百集团	205.70	2	无增减变动	法人股
(5)申银万国证券股份有限公司	64.0344	0.62	无增减变动	法人股
(6)宁波杉杉股份有限公司	61.71	0.60	无增减变动	法人股
(7)徐梅仙	61.3556	0.59	二级市场买卖增减	流通股
(8)贝泽贸易	58.6245	0.57	二级市场买卖增减	流通股
(9)李玉霞	54.4135	0.53	二级市场买卖增减	流通股
(10)东莞皮具有限公司	51.425	0.50	无增减变动	法人股

上海兰生股份有限公司

二○○○年年度报告摘选

一、公司简介

1.公司法定中文名称:上海兰生股份有限公司

公司英文名称:SHANGHAI LANSHENG CORPORATION

公司英文名称缩写:LANSHENG

2.公司法定代表人:赵效定

3.公司董事会秘书及证券事务代表:

董事会秘书:张铸

证券事务代表:杨敏

联系地址:上海市中山北一路1230号

电话:(021)65445880×2041　　传真:(021)65446061

电子信箱:lllsss@public.sta.net.cn

4.公司注册地址:上海市浦东新区三林路95号

邮政编码:200124

公司办公地址:上海市中山北一路1230号

邮政编码:200437

公司国际互联网网址:http://www.lanshengcorp.com

公司电子信箱:lllsss@public.sta.net.cn

5.公司选定的信息披露报纸名称:《上海证券报》、《中国证券报》

登载公司年度报告的中国证监会指定国际互联网网址:http://www.sse.com.cn

公司年度报告备置地点:公司董事会办公室

6.公司股票上市交易所:上海证券交易所

股票简称:兰生股份　　股票代码:600826

二、会计数据和业务数据摘要

(一)本年度主要利润指标情况(合并报表)(单位:元)

项目	金额
1.利润总额	68,469,996.21
2.净利润	59,112,317.21
3.扣除非经常性损益后的净利润	50,167,709.21
4.主营业务利润	164,035,743.87
5.其他业务利润	1,133,281.10
6.营业利润	52,855,380.30
7.投资收益	5,381,309.92
8.补贴收入	8,944,608.00
9.营业外收支净额	1,288,697.99
10.经营活动产生的现金流量净额	257,076,546.06
11.现金及现金等价物净增加额	-117,500,208.77

说明:

(1)现金及现金等价物净增加额为负数,主要是本期对外投资额增加。

(2)非经常性损益项目及金额:补贴收入:8,944,608.00元。

(二)截止报告期末公司前三年主要会计数据和财务指标(合并报表):　　(单位:元)

项目	2000年	1999年	1998年	
			调整前	调整后
1.主营业务收入	1,715,761,906.82	1,570,709,381.34	1,552,848,220.50	1,543,885,089.87
2.净利润	59,112,317.21	75,525,147.41	83,025,617.24	60,842,526.79
3.总资产	1,377,039,079.85	309,190,951.64	1,089,447,874.76	1,024,700,534.75
4.股东权益	786,196,943.89	728,907,486.03	731,747,821.37	705,012,134.41
5.每股收益	0.21	0.27	0.30	0.22
6.每股收益(加权)	0.21	0.27	0.30	0.22
7.扣除非经常性损益后的每股收益	0.18	0.25	0.30	0.22
8.每股净资产	2.80	2.60	2.61	2.51
9.调整后每股净资产	2.62	2.41	2.50	2.40
10.每股经营活动产生的现金净流量	0.92	-0.33	0.32	0.32
11.净资产收益率(%)	7.52	10.36	11.35	8.63

注:因本年度合并报表范围发生变更,并追溯调整期初数,故上年度数据及指标作了相应调整.

(三)按中国证监会《公开发行证券公司信息披露编报规则(第9号)》要求计算的净资产收益率和每股收益:

报告期利润	净资产收益率(%)		每股收益(元)	
	全面摊薄	加权平均	全面摊薄	加权平均
1.主营业务利润	20.86	21.65	0.58	0.58
2.营业利润	6.72	6.98	0.19	0.19
3.净利润	7.52	7.80	0.21	0.21
4.扣除非经常性损益后的净利润	6.38	6.62	0.18	0.18

三、股东情况介绍

1.报告期末股东数量

截止2000年末,公司股东总数为85,002户。

2.报告期末公司主要股东持股情况(前10名):

名次	股东名称	持股数量	占总股本比例%
(1)	上海兰生(集团)有限公司	185,288,192	66.073
(2)	宏大公司	980,000	0.349
(3)	潘福妹	350,000	0.124
(4)	萧立尧	329,114	0.117
(5)	葛秀英	268,000	0.096
(6)	陈守斌	219,264	0.078
(7)	天信咨询	200,000	0.071
(8)	程庆芬	200,000	0.071
(9)	张奇	171,036	0.061
(10)	何得泉	165,900	0.059

公司前10名股东中,除上海兰生(集团)有限公司持有的股份为非流通股外,其余皆为流通股。

持有本公司10%(含10%)以上股份的股东为1家,即上海兰生(集团)有限公司,代表国家持有股份,年末持有本公司股份185,288,192股,报告期内未发生增减变动,未发生质押、冻结等情况。

上海友谊集团股份有限公司

二〇〇〇年年度报告摘选

一、公司简介

1.公司中文名称:上海友谊集团股份有限公司
公司英文名称:SHANGHAI FRIENDSHIP GROUP INCORPORATED COMPANY
2.公司法定代表人:王宗南
3.公司董事会秘书:叶凯
联系地址:上海市浦东新区商城路 518 号 23 楼
电话:021-58799358　　传真:021-58883303
电子信箱:sfic@sh.cnuninet.net
4.公司注册地址:上海市浦东新区商城路 518 号 8 楼
公司办公地址:上海市浦东新区商城路 518 号 23 楼
邮政编码:200120
公司国际互联网网址:http://www.shfriendship.com
5.公司选定信息披露报纸:《上海证券报》、《香港商报》
登载公司年度报告的中国证监会指定国际互联网网址:http://www.sse.com.cn
公司年度报告备置地点:公司股份制办公室
6.公司股票上市交易所:上海证券交易所
股票简称:友谊股份(A 股)　友谊 B 股(B 股)
股票代码:600827(A 股)　900923(B 股)

二、会计数据和业务数据摘要

1.本年度主要利润指标情况
(1)根据中国会计准则审计后的主要利润指标　　金额单位:人民币元

利润总额:	66,955,852.01
净利润:	54,169,982.56
扣除非经常性损益后的净利润:	53,373,241.93
主营业务利润:	393,650,561.25
其他业务利润:	25,286,596.45
营业利润:	18,842,985.48
投资收益:	44,682,579.47
补贴收入:	937,341.92
营业外收支净额:	2,492,945.14
经营活动产生的现金流量净额:	242,775,453.44
现金及现金等价物净增加额:	147,952,963.02

注:在"扣除非经常性损益后的净利润"中,扣除的项目为:补贴收入 937,341.92 元。

(2)根据中国会计准则审计与国际会计准则审计的净利润差异的说明　　单位:人民币千元

根据中国会计准则编制的股东应占溢利	54,170
为遵照国际会计准则而作出的调整:	
1 冲销以前年度停业整顿期间装修费用资本化所导致的额外的折旧	2,856
2 冲销开办费及其他无形资产	(2,516)
3 由于采用不同的固定资产和无形资产摊销政策而产生的差异	(2,009)
4 以前年度固定资产和无形资产摊销政策不同所导致的置出资产净值的差异	4,019
5 由于采用不同摊销年限而产生的负商誉摊销差异	8,432
6 由于采用不同摊销年限而产生的商誉摊销差异	(5,623)
7 收入冲减与其相关的资本化支出	(6,317)
8 由于采用不同年限确认职工安置费补偿而导致的差异	(3,681)
9 调整新购附属公司于收购日的净资产所导致的差异	(886)
10 其他	215
——遵照国际会计准则调整后的股东应占溢利:	48,660

2.截至报告期末公司近三年主要会计数据和财务指标:

金额单位:元

项　目	2000 年	1999 年	1998 年	
			年报数	调整后
主营业务收入	2,468,244,674.14	575,801,723.40	442,452,054.79	442,452,054.79
净利润	54,169,982.56	40,734,228.53	40,761,799.63	52,962,224.51
总资产	3,259,236,221.31	1,309,181,736.01	1,167,292,139.96	1,155,324,059.90
股东权益(不含少数股东权益)	541,086,724.58	407,164,159.93	401,436,624.73	390,073,585.04
每股收益(摊薄)	0.22	0.18	0.21	0.28
每股收益(按月平均加权法)	0.23	0.20	0.21	0.32
扣除非经常性损益后的每股收益	0.22	0.11		
每股净资产	2.21	1.79	2.12	2.06
调整后的每股净资产	1.16	1.51	2.01	1.95
每股经营活动产生的现金流量净额	0.99	0.11	0.88	0.88
净资产收益率 %	10.01	10.00	10.15	13.58

备 注:

(1)1998 年调整数是根据财政部财会字[1999]35 号文、49 号文的有关规定,采用了追溯调整法,调整了相关的帐项。

(2)2000 年 3 月公司实施配股,本次共配售 16,751,412 股;

三、股东情况介绍

1.报告期末股东总数
截止报告期末,公司股东总数为 15806 户(其中:A 股股东 12314 户,B 股股东 3492 户)。
2.报告期末公司前十名股东持股情况:

	股东名称	持股数(股)	占总股本比例(%)	股份性质
1	上海友谊(集团)有限公司	90347400	36.98	国家股
2	IEONG CHONG MANG HDSBCSB S/A-BANQUE INT.A	5838805	2.39	B股
3	LUXEMBOURG S/A HSBC GLOBAL INV.FUNDS CHINESE EQUITY	5300480	2.17	B股
4	上海华联(集团)有限公司	4030698	1.65	法人股
5	上海国际信托投资公司	3346200	1.37	法人股
6	朱刚	2444309	1.00	B股
7	刘如霖	2340876	0.96	B股
8	上海九百(集团)有限公司	2256143	0.92	法人股
9	NAITO SECURITIES CO., LTD.	2232582	0.91	B股
10	孙文雄	2180000	0.89	B股

成都人民商场(集团)股份有限公司

二〇〇〇年年度报告摘选

一、公司简介

1、公司法定中文名称:成都人民商场(集团)股份有限公司
公司英文名称:CHENGDU PEOPLE'S DEPARTMENT STORE (GROUP) CO., LTD.
英文名称缩写:CPDS
2、公司法定代表人:吕根旭
3、公司董事会秘书:张学勤
联系地址:四川省成都市东御街 19 号
电话:028-6665088
传真:028-6651176
4、公司注册、办公地址:四川省成都市东御街 19 号
邮政编码:610011
公司电子信箱:cdmarkt@mail.sc.cninfo.net
5、公司选定的信息披露报纸:《上海证券报》、《中国证券报》
登载年度报告的中国证监会指定国际互联网网址:http://www.sse.com.cn
公司年度报告备置地点:公司董事会办公室
6、公司股票上市交易所:上海证券交易所
股票简称:成商集团
股票代码:600828

二、会计数据和业务数据摘要

1、本年度主要会计数据(合并报表数据)(单位:元)

项　目	2000 年
(1)利润总额	29,546,295.98
(2)净利润	24,123,808.33
(3)扣除非经常性损益后的净利润	18,123,808.33
(4)主营业务利润	158,876,390.70
(5)其他业务利润	21,421,818.89
(6)营业利润	-7,294,363.62
(7)投资收益	31,814,925.65
(8)补贴收入	6,000,000.00
(9)营业外收支净额	-974,266.05
(10)经营活动产生的现金流量净额	23,082,028.28
(11)现金及现金等价物净增加额	-10,157,030.70

注:扣除的非经常性损益项目和涉及金额为:成都市国有资产管理局为公司 1997 年度接收原市针织品公司基本建设贷款而给予的补贴 600 万元列帐。

2、公司近三年主要会计数据和财务指标(单位:元)

项　目	2000 年	1999 年	1998 年
(1)主营业务收入	1,439,517,540.81	1,368,886,804.73	1,155,056,441.99
(2)净利润	24,123,808.33	34,341,896.24	43,527,273.23
(3)总资产	992,697,472.55	991,504,702.27	970,800,184.64
(4)股东权益	431,354,081.37	423,841,039.36	438,601,090.09
(5)每股收益(摊薄)	0.142	0.203	0.257
(6)每股收益(加权)	0.142	0.203	0.257
(7)扣除非经常性损益后的每股收益(摊薄)	0.107	0.156	0.198
(8)扣除非经常性损益后的每股收益(加权)	0.107	0.156	0.198
(9)每股净资产	2.55	2.50	2.59
(10)调整后的每股净资产	2.30	2.21	2.28
(11)每股经营活动产生的现金流量净额	0.14	0.27	-0.05
(12)净资产收益率(%)(摊薄)	5.59	8.10	9.92
(13)净资产收益率(%)(加权)	5.76	8.44	10.40
(14)扣除非经常性损益后的加权净资产收益率	4.33	6.48	8.01

利润表附表:

报告期利润	净资产收益率%		每股收益(元/股)	
	全面摊薄	加权平均	全面摊薄	加权平均
主营业务利润	36.83	37.92	0.938	0.938
营业利润	-1.69	-1.74	-0.043	-0.043
净利润	5.59	5.76	0.142	0.142
扣除非经常性损益后的净利润	4.20	4.33	0.107	0.107

3、报告期内股东权益变动情况(单位:元)

项　目	股　本	资本公积	盈余公积	其中:法定公益金	未分配利润	股东权益合计
期初数	169,290,000	187,669,491.27	67,096,594.14	10,368,204.31	-215,046.05	423,841,039.36
本期增加	-	318,240.06	6,979,755.90	2,443,870.75	24,123,808.33	31,421,804.29
本期减少	-	-	-	-	23,908,762.28	23,908,762.28
期末数	169,290,000	187,987,731.33	74,076,350.04	12,812,075.06	0.00	431,354,081.37

变动原因:因本期实现净利润 24,123,808.33 元,从而使本期未分配利润增加 24,123,808.33 元,提取法定盈余公积和公益金使未分配利润减少 4,924,325.98 元,提取任意盈余公积使未分配利润减少 2,055,429.92 元,支付普通股股利使未分配利润减少 16,929,006.38 元。

三、股东情况介绍

1、报告期末股东总数:11878 户。
2、前十名股东持股情况:

名次　股东名称	年末持股数(股)	持有类别	持股比例(%)
①成都市国有资产投资经营公司	110690733	国家股	65.39
②成都市华盛房地产有限责任公司	13491567	法人股	7.97
③金鑫基金	1819320	流通股	1.07
④上大巴士	396800	流通股	0.23
⑤上地置业	369163	流通股	0.22
⑥贝泽贸易	303600	流通股	0.18
⑦陈钢	266200	流通股	0.16
⑧梁伯仁	260000	流通股	0.15
⑨邗江建设	247500	法人股	0.15
⑩张维钦	200500	流通股	0.12

哈尔滨天鹅实业股份有限公司

二〇〇〇年年度报告摘选

一、公司简介

1、公司名称:
中文:哈尔滨天鹅实业股份有限公司
英文:HARBIN SWAN INDUSTRY COMPANY LIMITED
缩写:HS
2、公司法定代表人:丁洪利
3、公司董事会秘书:乔克荣
联系地址:哈尔滨市道里区共乐街182号
联系电话:0451-4624124　　传真:0451 -4624142
电子信箱:haswan@public.hr.hl.cn
4、公司注册地址、办公地址:哈尔滨市道里区共乐街182号　　邮政编码:150076
公司电子信箱:haswan@public.hr.hl.cn
5、公司指定信息披露报刊名称:《上海证券报》
登载公司年报的国际互联网网址:http://www.sse.com.cn
公司年度报告备置地点:公司公关部
6、公司股票上市交易所:上海证券交易所
股票简称:天鹅股份　　股票代码:600829

二、会计数据和业务数据摘要

(一)本年度主要会计数据及业务数据　　(单位:人民币元 合并报表)

项目	金额
(1)利润总额	70,123,724.09
(2)净利润	61,543,119.65
(3)扣除非经常性损益后的净利润	32,332,353.49
(4)主营业务利润	127,605,151.54
(5)其他业务利润	678,044.42
(6)营业利润	58,618,108.14
(7)投资收益	4,175,435.00
(8)补贴收入	8,813,719.07
(9)营业外收支净额	-1,483,538.12
(10)经营活动产生的现金流量净额	61,854,082.94
(11)现金及现金等价物净增加额	-3,366,075.41

备注:扣除的非经常性损益项目和涉及金额说明:

扣除非经常性损益扣除项目为一次性免息冲减财务费用23,509,811.62元;补贴收入8,813,719.07元;处理固定资产净损失1,765,744.62元;减免企业所得税2,918,813.97元。考虑所得税影响数4,265,833.88元,实际扣除金额为29,210,766.16元。

(二)公司近三年的主要会计数据和财务指标　　(单位:人民币元)

项　目	2000年	1999年	1998年调整后	1998年调整前
主营业务收入	516,969,629.74	385,944,704.35	352,810,907.85	352,810,907.85
净利润	61,543,119.65	2,322,593.64	-6,987,020.56	780,862.25
总资产	1,001,094,572.91	709,693,028.37	655,486,926.75	672,443,720.05
股东权益	466,355,406.53	415,198,337.28	414,399,415.23	430,688,009.46
每股收益(摊薄)	0.4656	0.0176	-0.0529	0.0059
每股收益(加权)	0.4656	0.0176	-0.0529	0.0059
扣除非经常性损益后每股收益	0.2440	0.0176	-0.0529	0.0059
每股净资产	3.53	3.14	3.20	
调整后的每股净资产	3.36	2.72	2.75	2.78
每股经营活动产生的现金流量净额	0.47	0.44	0.31	0.31
净资产收益率(摊薄)(%)	13.20	0.56	-1.69	0.18
净资产收益率(加权)(%)	15.72	1.99	1.68	1.62

注:(1)按照中国证监会《公开发行证券公司信息披露编报规则(第9号)》要求计算的利润数据:

报告期利润	净资产收益率(%)		每股收益(元/股)	
	全面摊薄	加权平均	全面摊薄	加权平均
主营业务利润	27.36	29.19	4.09	4.09
营业利润	12.57	13.41	0.44	0.44
净利润	13.20	14.08	0.47	0.47
扣除非经常性损益后的净利润	6.93	7.37	0.24	0.24

三、股本变动及股东情况

股东情况介绍

1、截止2000年12月29日,本公司股东总数18052户,其中:发起人国有股股东1户,社会公众股股东18051户。

2、公司前十名股东持股情况(截止2000年12月29日)　　股份单位:股

股东名称	年末持股	比例(%)	年初持股	比例(%)
哈尔滨建筑材料工业(集团)公司	98,893,300	74.82	98,893,300	74.82
边江	278,363	0.21		
南京证券	200,000	0.15		
马凤珍	200,000	0.15		
惠百利宏	160,584	0.12		
韦海斌	160,000	0.12		
李晋宁	142,000	0.11		
田晓娜	117,500	0.09		
关树艳	112,795	0.08		
李晓刚	110,000	0.08		

说明:本公司前十名股东中,哈尔滨建筑材料工业(集团)公司代表国家持有本公司74.82%的股份无质押冻结情况,其余九名股东所持股份为上市流通股份,本公司不知其有无关联关系和质押冻结情况。

3、持股10%(含10)以上的法人股东简介

哈尔滨建筑材料工业(集团)公司法定代表人:丁洪利;公司经营范围:主要经营组织水泥等建筑材料及金属矿物材料和制品、无机非金属新材料、新型建材、建材机械、建材包装材料的科研、设计、生产采掘、运输;供应和销售为集团成员单位代购和储运生产所需原材料、代销产品、维修生产设备和加工设备配件。

4、报告期内公司控股股东无变更。

宁波城隍庙实业股份有限公司

二〇〇〇年年度报告摘选

一、公司简介

(一)公司法定中文名称:宁波城隍庙实业股份有限公司
公司法定英文名称:NINGBO CHENGHUANGMIAO INDUSTRY CO., LTD.
公司法定英文缩写:NCHMI
(二)公司法定代表人:赵万兴
(三)公司董事会秘书:林蔚晴
公司咨询服务机构:总经理办公室
联系地址:浙江省宁波市开明街130弄48号公司总经理办公室
联系电话:0574-7315310　　0574-7299688-2005、2045
传真:0574-7294676
公司电子信箱:nbchmi@cnnb.net
(四)公司注册地址:浙江省宁波市开明街130弄48号
公司办公地址:浙江省宁波市开明街130弄48号
公司邮政编码:315000
公司电子信箱:nbchmi@cnnb.net
(五)公司选定的信息披露报纸:《中国证券报》、《上海证券报》
登载公司年度报告的中国证监会指定国际互联网网址:http://www.sse.com.cn
公司年度报告备置地点:公司总经理办公室
(六)公司股票上市交易所:上海证券交易所
股票简称:甬城隍庙　　股票代码:600830

二、会计数据和业务数据摘要

(一)本年度主要利润指标

项目	金额
利润总额	57,578,053.94元
净利润	36,785,572.12元
扣除非经常性损益后的净利润	8,691,768.20元
主营业务利润	61,981,630.07元
其他业务利润	8,410,176.47元
营业利润	6,988,745.92元
投资收益	26,809,358.25元
补贴收入	23,133,338.00元
营业外收支净额	646,611.77元
经营活动产生的现金流量净额	16,478,296.77元
现金及现金等价物净增加额	8,717,575.83元

注:扣除的非经常性损益项目和涉及金额

项　目	金　额
1、处置财产净收益	19,975,663.50元
2、补贴收入	22,600,000.00元
3、长期投资差额摊销	644,612.88元
4、以上项目涉及金额	41,931,050.62元

(二)截至报告期末公司前三年的主要会计数据和财务指标(合并报表)

(单位:人民币元)

项　目	2000年度	1999年度	1998年度	
			调整前	调整后
主营业务收入	442,655,000.10	367,898,758.67	352,698,776.14	251,824,676.73
净利润	36,785,572.12	33,386,421.60	31,176,683.55	35,514,063.29
总资产	601,431,844.29	489,682,533.25	708,360,560.12	633,796,417.81
股东权益	366,304,201.13	329,518,629.01	303,517,725.65	296,378,629.95
每股收益(摊薄)	0.233	0.211	0.296	0.337
(加权)	0.233	0.282	0.296	0.337
扣除非经常性损益后的每股收益	0.055	0.089		
每股净资产(摊薄)	2.318	2.085	2.881	2.813
(加权)	2.318	2.780	2.881	2.813
调整后每股净资产	2.126	1.928	2.712	2.665
每股经营活动产生的现金流量净额	0.104	0.269		
净资产收益率(%)(摊薄)	10.042	10.132	10.272	11.983
(加权)	10.573	10.664	10.091	11.852
扣除非经常性损益后的净资产收益率(%)(摊薄)	2.373	4.273		
(加权)	2.498	4.497		

(三)按中国证监会《公开发行证券公司信息披露编报规则第9号》的要求,计算的公司2000年度净资产收益率和每股收益如下:

报告期利润	净资产收益率(%)		每股收益(元/股)	
	全面摊薄	加权平均	全面摊薄	加权平均
主营业务利润	16.921	17.815	0.392	0.392
营业利润	1.908	2.009	0.044	0.044
净利润	10.042	10.573	0.233	0.233
扣除非经常性损益后的净利润	2.373	2.498	0.055	0.055

三、股东情况介绍

(一)报告期末股东总数

截止报告期末,本公司股东总数为30821户。

(二)前十名股东持股情况

股东名称	年末持股数(股)	持股比例(%)
中国烟草总公司浙江省公司	40344450	25.53
宁波市郡庙企业总公司	7678161	4.86
浙江省烟草总公司宁波分公司	6435000	4.07
宁波大红鹰经贸有限公司	6068700	3.84
杭州烟革	2245164	1.42
宁波市商业银行海曙支行	2166450	1.37
绍兴香叶	1694137	1.07
恒丰发展	1500000	0.95
宁波药材股份有限公司	1072500	0.68
宁波日报	750750	0.48

注:1、浙江省烟草公司宁波分公司系中国烟草总公司下属企业,存在关联关系。
2、持有公司5%以上股份的中国烟草总公司浙江省公司所持股份无质押、冻结等情况。
3、报告期内控股股东无变更。

黄河机电股份有限公司

二○○○年年度报告摘选

一、公司简介

1、公司法定中文名称:黄河机电股份有限公司
公司英文名称:HUANGHE MACHINERY AND ELECTRONICS. CO. LTD
公司英文名称缩写:HMEC
2、公司法定代表人:代志军
3、公司董事会秘书:李道光
联系地址:西安市幸福北路 21 号公司证券部
联系电话:(029)2526902、(029)2541899
传真:(029)2521831
电子信箱(E-mail):hhkjcw@pub. xaonline. com
4、公司注册地址:西安市幸福北路 21 号
公司办公地址:西安市幸福北路 21 号
邮政编码:710043
公司网址:http://www. hhkj. com
电子信箱(E-mail):HHKJ01@pub. xaonline. com
5、公司信息披露报纸名称:《上海证券报》、《证券时报》
公司年度报告登载网址:http://www. sse. com. cn
公司年度报告备置地点:公司证券部
6、公司股票上市交易所:上海证券交易所
股票简称:ST 黄河科
股票代码:600831

二、会计数据和业务数据摘要

(一)本年度主要利润情况(单位:元)

项　目	2000 年
利润总额	-24,573,464.85
净利润	-24,600,576.55
扣除非经常性损益后的净利润	-24,600,576.55
主营业务利润	-1,732,491.82
其他业务利润	30,884.86
营业利润	-24,572,659.61
投资收益	
补贴收入	
营业外收支净额	-805.24
经营活动产生的现金流量净额	-22,033,592.81
现金及现金等价物增加额	-26,661,201.30

(二)公司近三年主要会计数据和财务指标

项　目	2000 年	1999 年		1998 年
		调整前	调整后	
主营业务收入	28,291,087.46	106,616,581.70	106,616,581.07	231,362,022.99
净利润	-24,600,576.55	39,040,153.43	-21,927,062.15	6,363,529.80
总资产	456,308,760.41	664,950,569.31	664,950,569.31	505,460,139.12
股东权益	101,103,015.78	113,670,807.91	108,703,592.33	74,630,654.48
每股收益(元/股)	-0.221	0.35	-0.197	0.06
每股收益(加权)	-0.221	0.35	-0.197	0.06
扣除非经常性损益后的每股收益	-0.221	-0.44	-0.197	-0.08
每股净资产(元/股)	0.908	1.02	0.9768	0.67
调整后的每股净资产	0.4636	0.55	0.5095	0.35
净资产收益率(%)	-24.33	34.34	-0.2018	8.53
每股经营活动产生的现金流量净额	-0.198	-0.22	-0.198	0.34

(三)按照中国证监会《公开发行证券公司信息披露编报规则》第 9 号要求计算的相关指标

报告期利润	净资产收益率(%)		每股收益(元/股)	
	全面摊薄	加权平均	全面摊薄	加权平均
主营业务利润	-0.017	-0.017	-0.016	-0.016
营业利润	-0.243	-0.243	-0.221	-0.221
净利润	-0.243	-0.243	-0.221	-0.221
扣除非经常性损益后的净利润	-0.243	-0.243	-0.221	-0.221

三、股本变动及股东情况

(一)股本变动情况
公司股份变动情况表

数量单位:股

	本次变动前	本次变动增减(+,-)						本次变动后
		配股	送股	公积金转股	增发	其他	小计	
一、未上市流通股份								
1、发起人股份	59,197,000							59,197,000
其中								
国家持有股份	59,197,000							59,197,000
境内法人持有股份								
境外法人持有股份								
其他								
2、募集法人股份	5,744,300							5,744,300
3、内部职工股								
4、优先股或其他								
其中:转配股								
未上市流通股份合计	64,641,300							64,641,300
二、已上市流通股份								
1、人民币普通股	46,345,400							46,345,400
2、境内上市的外币股								
3、境外上市的外币股								
4、其他								
已上市流通股份合计	46,345,400							46,345,400
三、股份总数	111,286,700							111,286,700

上海东方明珠股份有限公司

二○○○年年度报告摘选

一、公司简介

1、公司名称:
中文:上海东方明珠股份有限公司
英文:SHANGHAI ORIENTAL PEARL CO. ,LTD
缩写:S.O.P
2、公司法定代表人:盛重庆
3、董事会秘书:曹志勇
董事会证券事务代表:刘海英
联系地址:上海市北京东路 2 号
电话:021-63617788×6204
传真:021-53088424
4、公司注册地址:上海浦东世纪大道 1 号
邮编:200120
公司办公地址:上海市北京东路 2 号
邮编:200002
电子信箱:shpearl@online. sh. cn
公司网址:www. shpearl. com
5、公司选定的信息披露报纸:《上海证券报》
登载公司年度报告的中国证监会指定国际互联网网址:http://www. sse. com. cn
公司年度报告备置地点:上海北京东路 2 号东方明珠股份有限公司董事会办公室
6、公司股票上市交易所:上海证券交易所
股票简称:东方明珠
股票代码:600832

二、会计数据和业务数据摘要

1、公司本年度利润情况

单位:元

项目	金额
利润总额	224,556,946.46
净利润	199,874,737.67
扣除非经常性损益后的净利润	199,874,737.67
主营业务利润	292,473,162.85
其他业务利润	28,684,978.11
营业利润	196,348,089.29
投资收益	28,340,209.89
补贴收入	
营业外收支净额	(-)131,352.72
经营活动产生的现金流量净额	(-)48,405,227.31
现金及现金等价物净增加额	210,192,752.15

2、截止报告年度末公司前三年的主要会计数据及财务指标

单位:元

项　目	2000 年	1999 年	1998 年调整后	1998 年调整前
主营业务收入	716,805,254.04	537,989,894.21	566,894,064.62	566,894,064.62
净利润	199,874,737.67	186,882,802.28	140,146,733.19	161,508,085.39
总资产	3,814,142,707.53	3,078,743,592.36	3,027,341,006.83	3,057,807,712.01
股东权益	1,647,846,143.74	1,589,590,095.02	1,520,792,177.14	1,551,379,188.98
每股收益(摊薄)	0.309	0.289	0.22	0.25
每股收益(加权)	0.309	0.289	0.22	0.25
扣除非经常性损益后的每股收益	0.309	0.259	0.193	0.218
每股净资产	2.55	2.46	2.35	2.40
调整后的每股净资产	2.38	2.34	2.29	2.33
每股经营活动产生的现金流量净额	-0.07	0.293	0.244	0.244
净资产收益率(%)	12.13	11.76	9.22	10.41
净资产收益率(加权)%	12.35	11.98	9.284	10.59

3、报告期利润表附注

报告期利润	净资产收益率(%)		每股收益(元/股)	
	全面摊薄	加权平均	全面摊薄	加权平均
主营业务利润	17.75%	18.07%	0.453	0.453
营业利润	11.92%	12.13%	0.304	0.304
净利润	12.13%	12.35%	0.309	0.309
扣除非经常性损益后的净利润	12.13%	12.35%	0.309	0.309

三、股本变动及股东情况

1、股本变动情况
(1)股份变动情况表

数量单位:股

	本次变动前	本次变动增减(+,-)						本次变动后
		配股	送股	公积金转股	增发	其他	小计	期末数
一、未上市流通股份	499567998							499567998
1、发起人股份								
其中:								
国家拥有股份								
境内法人持有股份	499567998							499567998
境外法人持有股份								
其他								
2、募集法人股份	26021449							26021449
3、内部职工股								
4、优先股或其他	81682133					-81682133	-81682133	
其中:转配股	81682133					-81682133	-81682133	
未上市流通股份合计	607271580					-816892133	-81682133	525589447
二、已上市流通股份								
1、人民币普通股	39000000					81682133	81682133	120682133
2、境内上市的外资股								
3、境外上市的外资股								
4、其他								
已流通股份合计	39000000					81682133	81682133	120682133
三、股份总数	646271580							646271580

上海商业网点发展实业股份有限公司

二〇〇〇年年度报告摘选

一、公司简介

(一) 公司的法定中文名称:上海商业网点发展实业股份有限公司

公司的法定英文名称:SHANGHAI COMMERCIAL REAL ESTATE DEVELOPMENT INDUSTRY CO.,LTD.

英文缩写:SCD

(二)报告期内公司法定代表人:凌承进女士

(三) 公司董事会秘书、联系地址、电话、传真:

董事会秘书:陈介文先生

联系地址:上海市南市区外马路 974 号 5 楼

联系电话:(021)63136510 、(021)63136511

传真:(021)63135518

(四) 公司注册地址、办公地址、邮政编码及电子信箱:

公司注册地址:上海市浦东新区浦三路 1260 弄 4 号

邮编:200125

公司办公地址:上海市南市区外马路 974 号 5 楼

邮编:200011

电子信箱:shcred @ online. sh. cn

(五)公司选定的信息披露报刊名称、登载公司年度报告的中国证监会指定国际互联网网址、公司年度报告备置地点:

信息披露报纸:上海证券报

中国证监会指定的国际互联网网址:http://www. sse. com. cn

年度报告备置地点:上海市南市区外马路 974 号 5 楼

(六) 公司股票上市交易所、股票简称和股票代码:

上市交易所:上海证券交易所

股票简称:PT 网点

股票代码:600833

二、主要财务数据和指标

(一) 本年度会计数据和业务数据(单位:元)

项　目	2000 年
利润总额	-136,539,890.30
净利润	-136,539,890.30
扣除非经常性损益后的净利润	-115,577,376.45
主营业务利润	-7,845,185.87
其他业务利润	161,040.35
营业利润	-105,098,582.84
投资收益	-8,967,822.97
补贴收入	0.00
营业外收支净额	-22,473,484.49
经营活动产生的现金流量净额	2,008,680.73
现金及现金等价物净增加额	249,973.84

非经常性损失主要是债务重组损失 2097.21 万元,及赔款、罚息、违约金等非常损失。

(二) 公司近三年主要会计数据与财务指标(单位.元)

项　目	2000 年	1999 年	1998 年	
			调整前	调整后
主营业务收入	4,190,595.72	-10,992,515.04	-51,851,805.50	-51,851,805.50
净利润	-136,539,890.30	-181,076,304.79	-140,280,227.20	-274,134,520.18
总资产	479,138,776.44	735,030,974.84	986,828,120.70	801,535,949.85
股东权益	-400,760,732.08	-264,220,841.78	99,474,313.89	-85,817,856.96
每股收益(摊薄)	-0.857	-1.136	-0.88	-1.720
每股净资产	-2.515	-1.658	-0.624	-0.539
调整后每股净资产	-2.558	-1.693	0.271	-0.834
每股经营活动产生的现金流量净额	0.013	-0.012	-0.833	-0.833
净资产收益率			-141.02%	--
扣除非经常性损益后的每股收益	-0.725	-1.061	-0.799	-1.461

*2000 年度合并会计报表范围变动已调整上年财务数据

(三) 利润表附表

	报告期利润		净资产收益率(%)		每股收益(元)
	利润额	摊薄	加权	摊薄	加权
主营业务利润	-7,845,185.87	--	--	-0.049	-0.049
营业利润	-105,098,582.84	--	--	-0.660	-0.660
净利润	-136,539,890.30	--	--	-0.857	-0.857
扣除非经营损益后的净利润	-115,577,376.45	--	--	-0.725	-0.725

三、股东情况介绍

1. 报告期末股东总数:据上海证券中央登记结算公司统计,截止至 2000 年 12 月 31 日本公司股东总数 24113 户。

2. 前十名股东持股情况:

持股单位	股　数	占总股本
上海商业网点发展有限责任公司	35003265	21.97%;
上海友谊(集团)有限公司	9202050	5.77%;
上海新亚(集团)股份有限公司	9202050	5.77%;
交通银行上海分行	6134700	3.85%;
上海市土产物资总公司	4719000	2.96%;
上海国际信托投资公司	3680820	2.31%;
上海徐汇区商业建设总公司	3062197	1.92%;
上海申银万国证券股份有限公司	2688471	1.69%;
上海市虹口区商业建设公司	2453880	1.54%;
上海氯碱化工股份有限公司	2453880	1.54%;
上海南上海商业投资公司	2453880	1.54%;

上海凌桥自来水股份有限公司

二〇〇〇年年度报告摘选

一、公司简介

1 、公司法定名称:上海凌桥自来水股份有限公司

公司英文名称:ShangHai LingQiao Tap Water Co.,Ltd.

公司英文名称缩写:SHLQTW

2 、公司法定代表人:费立夫

3 、公司董事会秘书:仲 辉

联系地址:上海市浦电路 389 号(由由燕乔大厦 5F〕

电话及传真:(021)58308595

4 、公司注册地址及办公地址:上海市浦电路 389 号(由由燕乔大厦 5F)

邮政编码:200122

5 、公司选定的信息披露报纸名称:上海证券报

登载公司年度报告的中国证监会指定国际互联网网址:http://www. see. com. cn

公司年度报告备置地点:上海市浦电路 389 号(由由燕乔大厦 5F)

6 、公司股票上市交易所:上海证券交易所

股票简称:凌桥股份

股票代码:600834

二 、会计数据和业务数据摘要

1 、本年度会计数据和业务数据摘要　　单位:元

项　目	
(1)利润总额	63,745,763.24
(2)净利润	54,232,672.07
(3)扣除非经常性损益后的净利润	54,232,672.07
(4)主营业务利润	60,709,130.49
(5)其他业务利润	0.00
(6)营业利润	57,063,824.19
(7)投资收益	6,724,012.75
(8)补贴收入	0.00
(9)营业外收支净额	-42,073.70
(10)经营活动产生的现金流量净额	119,916,659.45
(11)现金及现金等价物净增加额	-23,097,612.13

2 、公司近三年主要会计数据和财务指标　　单位:元

项　目	2000 年	1999 年	1998 年	
			调整后	调整前
(1)主营业务收入	107,948,113.20	103,494,098.81	118,831,606.96	118,831,606.96
(2)净利润	54,232,672.07	44,735,904.39	47,419,757.84	47,619,757.84
(3)总资产	593,541,020.07	485,473,448.14	542,474,656.22	542,674,656.22
(4)股东权益	476,484,723.12	473,712,551.05	428,976,646.66	429,176,646.66
(5)每股收益(摊薄)	0.16	0.19	0.20	0.20
每股收益(加权)	0.19	0.19	0.20	0.20
(6)每股净资产(摊薄)	1.39	2.00	1.81	1.81
(7)调整后的每股净资产	1.39	2.00	1.81	1.81
(8)每股经营活动产生的现金流量净额	0.35	0.22	0.13	0.13
(9)净资产收益率(%)	11.38	9.44	11.05	11.10

利润表附表

报告期利润	净资产收益率(%)		每股收益(元)	
	全面摊薄	加权平均	全面摊薄	加权平均
(1)主营业务利润	12.74	12.12	0.18	0.18
(2)营业利润	11.98	11.39	0.17	0.17
(3)净利润	11.38	10.83	0.16	0.16
(4)扣除非经常性损益后的净利润	11.38	10.83	0.16	0.16

三 、股本变动及股东情况

(一)股东变动情况:

1 、股份变动情况表

数量单位:股

	期初数	本次变动增减(+,-)			期末数	持股比例
		送　股	公积金转增股	小　计		
(1)尚未流通股份						
①发起人股份						
其中:国家拥有股份	150,600,000	22,590,000	45,180,000	67,770,000	218,370,000	63.65
境内法人持有股份	25,000,000	3,750,000	7,500,000	11,250,000	36,250,000	10.65
外资法人持有股份						
其他						
②募集法人股	13,000,000	1,950,000	3,900,000	5,850,000	18,850,000	5.5
③内部职工股						
④社会公众转配股	16,800,000	2,520,000	5,040,000	7,560,000	24,360,000	7.1
尚未流通股份合计:	205,400,000	3,081,000	6,162,000	9,243,000	297,380,000	86.81
(2)已流通股份合计:						
①境内上市的人民币普通股	31,200,000	4,680,000	9,360,000	14,040,000	45,240,000	13.19
②境内上市的外资股						
③境外上市的外资股						
④其他						
已流通股份合计:	31,200,000	4,680,000	9,360,000	14,040,000	45,240,000	13.19
(3)股份总数	236,600,000	35,490,000	70,980,000	106,470,000	343,070,000	100

上海上菱电器股份有限公司

二〇〇〇年年度报告摘选

一、公司简介

1、公司法定中文名称:上海上菱电器股份有限公司
公司法定英文名称:SHANGHAI SHANGLING ELECTRIC APPLIANCES CO.,LTD.
公司英文缩写:SLEC
2、公司法定代表人:夏毓灼
3、公司董事会秘书:曹俊
联系地址:上海市浦东新区建平路2号
电话:(021)58857888(总机)-2273　　传真:(021)58857367
电子信箱:sldsh@shangling.com
4、公司注册及办公地址:上海市建平路2号　　公司邮政编码:200135
公司国际互联网网址:http://www.shangling.com
电子信箱:sldsh@shangling.com
5、公司选定的信息披露报纸名称:上海证券报(境内)、香港南华早报(境外)
登载公司年度报告的中国证监会指定国际互联网网址:http://www.sse.com.cn
公司年度报告备置地点:公司董事会秘书办公室
6、公司股票上市地:上海证券交易所
股票简称:上菱电器　　上菱B股
A股股票代码:600835;B股股票代码:900925

二、会计数据和业务数据摘要

1、公司本年度实现(单位:人民币元)

利润总额	576,493,905.16
净利润	275,868,909.14
扣除非经常性损益后的净利润	260,121,291.71
主营业务利润	1,131,815,342.49
其他业务利润	12,057,951.10
营业利润	462,562,748.75
投资收益	116,410,829.40
补贴收入	54,717.43
营业外收支净额	-2,534,390.42
经营活动产生的现金流量净额	678,152,932.48
现金及现金等价物净增加额	428,534,876.07
注:扣除非经常性损益项目和涉及金额:	(单位:人民币元)
1、国债利息	15,692,900.00
2、补贴收入	54,717.43
以上项目涉及金额共计	15,747,617.43

	(单位:人民币千元)
根据中国法定帐目实现的净利润	275,869
根据国际会计准则实现的净利润	231,036

有关按两种不同会计准则计算净利润的差异形成原因如下:

	净利润(人民币千元)
根据中国法定帐目	275,869
国际会计准则和其他调整:	
于利润表提取职工奖福基金	-39,548
固定资产减值准备	-10,248
确认债务重组收益	5,148
商誉摊销差异	982
冲销职工住房款	1,817
其他	-2,984
经国际会计准则及其他调整后所列报	231,036

2、主要会计数据和财务指标(单位:人民币元)

项　目	2000年	1999年		1998年	
		调整后	调整前	调整后	调整前
主营业务收入	3628284505.64	3503166528.14	3503166528.14	444323044.92	444323044.92
净利润	275868909.14	240646168.09	244333013.37	-4849916.66	3284791.33
总资产	7059816173.41	6880077974.15	6886955811.52	4964466467.28	4969582156.82
股东权益(不含少数股东权益)	2744244752.94	2637048454.06	2645724841.43	1087127973.88	1093192213.42
每股收益	0.615	0.537	0.545	-0.015	0.010
每股收益(按月平均加权法计算)	0.615	0.636	0.646	-0.015	0.010
扣除非经常性损益后的每股收益	0.580	0.355	0.365	-0.015	0.010
每股净资产	6.12	5.88	5.90	3.31	3.33
调整后每股净资产	5.87	5.64	5.67	3.16	3.18
每股经营活动产生的现金流量净额	1.51	0.55	0.55	-0.27	-0.27
净资产收益率(%)	10.05	9.13	9.24	-0.45	0.30

3、按全面摊薄和加权平均法计算的净资产收益率及每股收益

报告期利润	净资产收益率		每股收益(元)	
	全面摊薄	加权平均	全面摊薄	加权平均
主营业务利润	41.24%	42.06%	2.524	2.524
营业利润	16.86%	17.19%	1.032	1.032
净利润	10.05%	10.25%	0.615	0.615
扣除非经常性损益后的净利润	9.48%	9.67%	0.580	0.580

三、股东情况介绍

1、股东情况介绍
(1)报告期末公司股东总数为28049户。
(2)主要股东持股情况:

股东名称	年末持股数量(股)	占总股本比例(%)
1、国家股	211,981,080	47.28
2、安顺基金	5,166,256	1.15
3、TOYO SECURITIES ASIA LTD. A/C CLIENT(B股)	4,699,476	1.05
4、裕隆基金	4,200,175	0.94
5、海通证券	3,989,481	0.89
6、海通国际	3,293,500	0.73
7、金盛基金	3,163,742	0.71
8、兴安基金	2,869,600	0.64
9、新民生(B股)	1,964,588	0.44
10、钱月霞(B股)	1,875,000	0.42

上海界龙实业股份有限公司

二〇〇〇年年度报告摘选

一、公司简介

1、公司法定中文名称:上海界龙实业股份有限公司
公司法定英文名称:SHANGHAI JIELONG INDUSTRY CORPORATION LIMITED
公司英文名称缩写:J.I.C
2、公司法定代表人:费钧德
3、公司董事会秘书:楼福良
联系地址:上海市宁海东路200号(申鑫大厦16楼)
联系电话:021-63746888
传真:021-63732586
邮政编码:200021
电子信箱:JLSYGF@ISDNNET.STA.NET.CN
4、公司注册地址:上海市浦东新区川周公路7111号
公司办公地址:上海市浦东新区川周公路7111号
邮政编码:201205
公司国际互联网网址:HTTP://WWW.JIELONG-PRINTING.COM
公司电子信箱:JLSYGF@ISDNNET.STA.NET.CN
5、公司选定的信息披露报纸:上海证券报　中国证券报
登载公司年度报告的国际互联网网址:HTTP://WWW.SSE.COM.CN
公司年度报告备置地点:上海市宁海东路200号(申鑫大厦16楼)
6、公司股票上市交易所:上海证券交易所
股票简称:界龙实业
股票代码:600836

二、会计数据及业务数据摘要

1、本年度实现利润及主要现金流量指标(单位:人民币元)

项　目	金　额
利润总额	13,333,917.94
净利润	8,266,171.49
扣除非经常性损益后的净利润	8,442,196.14
主营业务利润	86,037,223.40
其它业务利润	2,993,811.10
营业利润	12,616,702.51
投资收益	314,469.60
补贴收入	578,770.48
营业外收支净额	-176,024.65
经营活动产生的现金流量净额	23,777,963.07
现金及现金等价物净增加额	3,236,777.73

注:扣除非经常性损益项目和涉及余额,扣除非经常性损益为营业外收支净额-176,024.65元,其中:出售固定资产、罚金收入、保险公司赔偿收入等收益622,328.06元;处置旧机器、赔偿金、罚金支出,捐款支出等支出798,352.71元。

2、截止报告期末公司前三年主要会计数据和财务指标(合并报表)

项　目	2000.12.31	1999.12.31	1998.12.31 调整后	1998.12.31 调整前
主营业务收入(元)	408,120,751.85	304,648,912.66	238,869,451.85	248,853,562.15
净利润(元)	8,266,171.49	3,991,553.68	-36,528,498.27	-29,846,751.65
总资产(元)	720,450,911.40	669,906,578.62	565,329,104.66	587,900,630.93
股东权益(不含少数股东权益)(元)	209,003,674.80	200,871,633.54	196,799,547.07	211,856,897.97
每股收益(元)	0.074	0.036	-0.327	-0.267
加权每股收益(元)	0.074	0.036	-0.327	-0.267
扣除非经常性损益后的每股收益(元)	0.076	0.038	-0.112	-0.052
每股净资产(元)	1.87	1.80	1.76	1.90
调整后的每股净资产(元)	1.26	1.42	1.46	1.81
每股经营活动产生的现金流量净额(元)	0.21	-0.042	0.318	0.318
净资产收益率(%)	3.96	1.99	-18.56	-14.09
扣除非经常性损益后的加权净资产收益率(%)	4.12	2.16	-5.72	-2.48

根据中国证监会《公开发行证券公司信息披露编报原则(第9号)》要求计算的利润数据:

报告期利润	净资产收益率(%)		每股收益(元)	
	全面摊薄	加权平均	全面摊薄	加权平均
主营业务利润	41.17	41.17	0.77	0.77
营业利润	6.04	6.04	0.11	0.11
净利润	3.96	3.96	0.074	0.074
扣除非经常性损益后的净利润	4.04	4.12	0.076	0.076

三、股东情况介绍

(1)截止2000年12月31日止公司股东户数为27024户。
(2)报告期末公司前十名股东持股情况。

数量单位:股

序号	股东名称	期末持股数量(股)	持股比例(%)	股份性质
①	上海界龙发展总公司	58695008	52.55	发起人股
②	海通证券有限公司	4765313	4.26	法人股
③	上海浦东联合信托投资有限责任公司	3001774	2.68	法人股
④	上海界龙食品有限公司	891250	0.80	法人股
⑤	谭玮	230505	0.21	流通股
⑥	上海市农业投资公司	230000	0.20	法人股
⑦	华润集团	191831	0.17	流通股
⑧	上海东方明珠股份有限公司	186875	0.17	法人股
⑨	上海浦东华厦房地产公司	186875	0.17	法人股
⑩	上海浦东汽车修配厂	186875	0.17	法人股

注:上海界龙食品有限公司是上海界龙发展总公司的控股子公司,界龙发展持有界龙食品75%股权,界龙食品主要经营范围:生产销售糖果、巧克力食品、膨化食品、饼干、佐餐。

上海市农垦农工商综合商社股份有限公司

二〇〇〇年年度报告摘选

一、公司简介

1 、公司的法定中英文名称及缩写:
公司法定中文名称:上海市农垦农工商综合商社股份有限公司
公司法定英文名称:SAIC MULTIPLE TRADING CO. , LTD.
公司英文缩写:SAICMT
2 、公司法定代表人:庄国蔚
3 、公司董事会秘书:汪培毅
联系地址:上海市天山路 800 号
联系电话:021 - 62749295　　传 真:021 - 62748871
电子信箱:SAICTCL@mail2. online. sh. cn
4 、公司注册地址:上海市天山路 800 号
公司办公地址:上海市天山路 800 号
邮政编码:200051
电子信箱:SAICTCL@mail2. online. sh. cn
公司选定的信息披露报刊:《上海证券报》
登载公司年度报告的国际互联网网址:http://www. sh - forune. com
公司年度报告备置地点:上海市天山路 800 号
5 、公司股票上市交易所:上海证券交易所
股票简称:PT 农商社　　股票代码:600837

二、会计数据和业务数据摘要

1 、公司本年度会计数据　　单位:人民币(元)

项目	金额
利润总额	-67,235,870.07
净利润	-68,897,581.13
扣除非经营性损益后的净利润	-68,897,581.13
主营业务利润	28,796,194.73
其他业务利润	8,987,788.69
营业利润	-66,861,115.03
投资收益	-820,509.94
补贴收入	276,000.00
营业外收支净额	169,754.90
经营活动产生的现金流量净额	-17,729,797.86
现金及现金等价物净增加额	2,314,492.48

2 、公司近三年的主要财务指标　　单位:人民币(万元)

财务指标项目	2000 年度	1999 年度	1998 年度
主营业务收入	28,702.19	57,697.06	74,908.54
净利润	-6,889.75	-40,243.74	-10,967.42
总资产	56,910.62	70,692.76	111,696.76
股东权益	-57,321.35	-50,431.59	-10,187.84
每股收益(摊薄)	-1.06	-6.17	-1.68
每股收益(加权)			
扣除非经营性损益后的每股收益	-1.06		
每股净资产	-8.79	-7.73	-1.56
调整后的每股净资产	-8.93	-9.64	-3.12
每股经营活动产生的现金流量净额	-0.27		
净资产收益率(摊薄)%			
净资产收益率(加权)%			

3 、报告期利润表附表

报告期利润	净资产收益		每股收益	
	全面摊薄	加权平均	全面摊薄	加权平均
主营业务利润			0.44	
营业利润			-1.02	
净利润			-1.06	
扣除非经营性损益后的利润			-1.06	

4 、报告期内股东权益变动情况:

单位:人民币(元)

项　目	股本(股)	资本公积	盈余公积	未分配利润	合　计
期初数	65,244,920	62,621,534.42	13,716,830.96	-645,899,206.43	-504,315,921.05
本期增加					
本期减少				68,897,581.13	68,897,581.13
期末数	65,244,920	62,621,534.42	13 716 830.96	-714,796,787.56	-573,213,502.18
变动原因					经营亏损

三、股东情况

1、股东情况:
(1)报告期末公司股东总数为 6045 户;
(2)持有本公司 5%以上(含 5%)股份股东:

持有本公司 74.89%股份的国家股股东为上海市农工商(集团)总公司,法定代表人为叶维华,主营:国有资产的经营与管理,实业投资,居民服务,科研及咨询服务;兼营:农、林、牧、渔,水利及其服务业,建筑安装、设计,国内商业批发零售(除专项规定),房地产开发经营,四技服务。其所持有本公司股份没有质押。

2、公司前 10 名股东持股情况:

股东名称	持股数量(股)	持股比例(%)
上海市农工商(集团)总公司	48864920	74.89
何阿九	219900	0.3
郭志江	180300	0.28
刘锁强	170000	0.26
北京奥连	160700	0.25
何焕贤	106500	0.163
马运东	104000	0.159
张天疏	101400	0.15
杜恒礼	93800	0.143
李夏梁	89800	0.138

上 海 九 百 股 份 有 限 公 司

二〇〇〇年年度报告摘选

一、公司简介

1 、公司法定中文名称:上海九百股份有限公司
公司英文名称:SHANGHAI JOIN BUY CO. , LTD
公司英文名称缩写:SJB
2 、公司法定代表人:黄富贵
3 、公司董事会秘书:冯幼苏　　授权代表:鲍培年
联系地址:上海市南京西路 873 - 881 号静安新时代大厦 9 楼
联系电话:(021)62729898 转 838 分机
传真:(021)62175212
4 、公司注册地址:上海市万航渡路 50 号
公司办公地址:上海市南京西路 873 - 881 号静安新时代大厦 9 楼
邮政编码:200041
公司国际互联网网址:WWW. sh9buy. com
公司电子信箱:shjb @guomai. sh. ch
5 、公司选定的信息披露报刊名称:《中国证券报》、《上海证券报》
登载公司年度报告的中国证监会指定的国际互联网网址: http://www. sse. com. cn
公司年度报告备置地点:公司证券部
6 、公司股票上市交易所:上海证券交易所
股票简称:上海九百　　股票代码:600838

二、会计数据和业务数据摘要

(一) 本年度利润总额及其构成　　金额单位:人民币元

项目	金额
利润总额	62,734,608.34
净利润	51,737,517.72
扣除非经常性损益后的净利润	46,820,124.56
主营业务利润	125,078,281.06
其他业务利润	9,828,915.97
营业利润	42,813,153.34
投资收益	19,709,291.17
补贴收入	204,779.06
营业外收支净额	7,384.77
经营活动产生的现金流量净额	147,832,976.70
现金及现金等价物净增加额	76,409,780.83

注:扣除非经常性损益的项目是:
1 、转配股净收益　　3,217,393.16 元
2 、九百集团支付的资金使用费净收益　　1,700,000.00 元

(二) 截至报告期末公司近三年主要会计数据和财务指标

金额单位:人民币元

指标项目	2000 年	1999 年	1998 年	
			调整前	调整后
主营业务收入	776,158,105.27	601,568,049.38	500,279,942.03	500,279,942.03
净利润	51,737,517.72	27,706,090.63	43,226,880.14	37,513,485.93
总资产	1,079,180,493.12	979,974,131.41	799,826,429.54	775,536,268.88
股东权益	504,375,550.31	452,316,632.59	465,839,000.52	448,303,626.76
每股收益	0.2184	0.1169	0.1824	0.1583
每股收益(加权)	0.2184	0.1169	0.1849	0.1605
扣除非经常性损益后的每股收益	0.1976	0.0783	0.070	0.0459
每股净资产	2.13	1.91	1.97	1.89
调整后的每股净资产	1.96	1.700	1.91	1.83
每股经营活动产生的现金流量净额	0.624	(—)0.858	(—)0.5415	
净资产收益率(%)	10.26%	6.13%	9.28%	8.37%

(三)根据中国证监会《公开发行证券公司信息披露编报规则》第 9 号要求,公司 2000 年度按照全面摊薄法和加权平均法计算的利润表附表:

报告期利润(元)	净资产收益率(%)		每股收益(元)	
	全面摊薄	加权平均	全面摊薄	加权平均
主营业务利润	24.80	24.80	0.5279	0.5279
营业利润	8.49	8.49	0.1807	0.1807
净利润	10.26	10.26	0.2184	0.2184
扣除非经常性损益后的净利润	9.28	9.28	0.1976	0.1976

(四) 股东权益变动情况

项　目	股本	资本公积金	盈余公积	法定公益金	未分配利润	股东权益合计
期初数	236930848	152702763.53	41370407.83	12185867.60	21312613.23	452316632.59
本期增加	-	321400.00	13146486.58	4382162.19	38591031.14	52058917.72
本期减少	-	-	-		-	-
期末数	236930848	153024163.53	54516894.41	16568029.79	59903644.37	504375550.31

变动原因:1 、盈余公积金增加 13,146,486.58 元,是因本年度利润分配;
2 、法定公益金增加 4,382,162.19 元,是因本年度利润分配;
3 、未分配利润增加 38,591,031.14 元,是因本年度净利润增加。

三、股本变动及股东情况介绍

(一) 报告期末股东总数:38087 ,其中国家股股东 1 户。
(二)公司前十名股东持股情况:

股东名称	持股数	占总股本的比例(%)
1、上海九百(集团)有限公司	110255880	46.54
2、上海国宏置业有限公司	4000000	1.69
3、上海华联(集团)有限公司	3483648	1.47
4、上海友谊(集团)有限公司	2827239	1.19
5、上海电气(集团)有限公司	1999550	0.84
6、李鹏	981550	0.41
7、金永来	806400	0.34
8、上海林奇公司	614000	0.26
9、沈华龙	578200	0.24
10、章时耀	531311	0.22

四川长虹电器股份有限公司

二〇〇〇年年度报告摘选

一、公司简介

1、公司法定中文名称:四川长虹电器股份有限公司
公司法定英文名称:SICHUAN CHANGHONG ELECTRIC CO.,LTD
英文缩写:CHANGHONG
2、公司法定代表人:倪润峰
3、公司董事会秘书:谭明献
联系地址:四川省绵阳市高新区绵兴东路35号
联系电话:(0816)2417979
传真:(0816)2417979
电子邮箱:tan.mx@changhong.com
4、公司注册地址:四川省绵阳市高新区绵兴东路35号
公司办公地址:四川省绵阳市高新区绵兴东路35号
邮政编码:621000
公司国际互联网网址:http://www.changhong.com
5、公司选定的信息披露报纸名称:《上海证券报》、《中国证券报》
公司登载年度报告的国际互联网址:http://www.sse.com.cn
年度报告备置地点:公司资本运作本部
6、公司股票上市交易所:上海证券交易所
股票简称:四川长虹　　股票代码:600839

二、会计数据和业务数据摘要

(一)、公司本年度主要会计数据:(单位:元)

项目	金额
利润总额	326,976,209.96
净利润	274,236,481.37
扣除非经常性损益的净利润	194,446,811.66
主营业务利润	1,547,987,164.47
其他业务利润	88,917,690.06
营业利润	308,039,343.54
投资收益	16,436,724.50
补贴收入	517,320.66
营业外收支净额	1,982,821.26
经营活动产生的现金流量净额	2,274,977,940.10
现金及现金等价物净增加额	-438,365,009.75

注:非经常性损益系指营业外收入、其他业务利润中的咨询利润、补贴收入(出口贴息及税费返还),涉及金额为79,789,669.71元。

(二)、前三年会计数据和业务数据摘要

项目	2000年	1999年		1998年	
		调整后	调整前	调整后	调整前
主营业务收入(元)	10,707,213,930.95	9,917,246,804.28	10,095,155,587.34	11,645,790,606.67	11,602,666,517.24
净利润(元)	274,236,481.37	511,039,243.16	525,318,232.31	1,743,570,187.19	1,742,715,752.83
总资产(元)	16,605,009,799.64	16,786,299,388.81	16,506,878,997.69	18,831,438,817.38	18,574,137,795.12
股东权益(元)	13,174,629,453.19	12,899,725,064.74	12,925,279,839.88	10,675,070,468.39	10,687,006,368.04
每股收益(元)	0.127	0.236	0.243	0.877	0.8762
每股净资产(元)	6.087	5.960	5.972	5.367	5.373
调整后的每股净资产(元)	5.978	5.928	5.938	5.352	5.357
净资产收益率(%)	2.08%	3.96	4.06	16.34	16.31
每股经营活动产生的现金流量净额(元)	1.05	1.411	1.401	1.111	1.099

(三)按中国证监会《公开发行证券公司信息披露编报规则(第9号)》要求计算的净资产收益率和每股收益:

报告期利润	净资产收益率(%)		每股收益(元)	
	全面摊薄	加权平均	全面摊薄	加权平均
1、主营业务利润	11.75%	11.87%	0.72	0.72
2、营业利润	2.34%	2.36%	0.14	0.14
3、净利润	2.08%	2.10%	0.13	0.13
4、扣除非经常性损益后的净利润	1.48%	1.49%	0.09	0.09

(四)报告期内股东权益变动情况(单位:股,元)

项目	股　本	资本公积	盈余公积	法定公益金	未分配利润	股东权益合计
期初数	2,164,211,422	4,063,824,991.19	4,841,663,141.86	952,977,082.89	1,830,025,509.69	12,899,725,064.74
本期增加		667,907.08	57,184,409.34	28,592,204.67	217,052,072.03	274,904,388.45
本期减少						
期末数						
变动原因		本年摊销递延税款	本年度利润提取	本年度利润提取	本年实现利润	以上各项变化所致

三、股东情况介绍

(一)报告期末股东总数

截止2000年12月31日,公司共有股东712433名,其中社会公众股东712359名,法人股东74名。

(二)公司前10名股东持股情况

名次	股东名称	年末持股数	占总股本比例(%)
(1)、	国营长虹机器厂	1160682845	53.63%
(2)、	中经开	17872625	0.83%
(3)、	涪陵建筑陶瓷股份有限公司	10366649	0.48%
(4)、	杨香娃	5990400	0.28%
(5)、	雷鸣	4842670	0.22%
(6)、	嘉陵投资	4752384	0.22%
(7)、	金鑫基金	4544911	0.21%
(8)、	石在	4012900	0.19%
(9)、	海通证券	3722081	0.17%
(10)、	成晓舟	2207164	0.10%

注:上述股东之间不存在关联关系。

国营长虹机器厂代表国家持有股份占公司总股本的53.63%,年初持股数116034.3392万股,年末持股数116068.2845万股,年度内股份增加了33.9453万股。本次持股变动为国营长虹机器厂向社会法人股东购买所致。

涪陵建筑陶瓷股份有限公司持有上市流通股份397.6649万股,持有未上市流通股份639万股。

浙江安平创业投资股份有限公司

二〇〇〇年年度报告摘选

一、公司简介

1、公司的法定中文名称:浙江安平创业投资股份有限公司
公司英文名称:ZHEJIANG ANPING VENTURE INVESTMENT CO.,LTD.
2、公司法定代表人:刘全民
3、公司董事会秘书:林俊波
联系地址:杭州市体育场路479号7楼
电话及传真:0571-7055977　　7055978
4、公司注册地址:杭州市体育场路479号7楼
公司办公地址:杭州市体育场路479号7楼
邮政编码:310007
电子信箱:zjcy2001@sina.com
5、公司选定的信息披露报纸:《中国证券报》、《上海证券报》
登载公司年度报告的中国证监会指定国际互联网网址:http://www.sse.com.cn
公司年度报告备置地点:公司董事会秘书处
6、公司股票上市交易所:上海证券交易所
股票简称:浙江创业　　股票代码:600840

二、会计数据和业务数据摘要

1、本年度主要会计数据

(单位:人民币元)

项　目	金　额
利润总额	24,328,055.54
净利润	20,929,661.76
扣除非经常性损益后的净利润	12,966,635.25
主营业务利润	10,239,709.35
其他业务利润	23,391,329.85
营业利润	11,590,482.53
投资收益	4,332,274.55
补贴收入	9,434,582.36
营业外收支净额	-1,029,283.90
经营活动产生的现金流量净额	38,236,317.31
现金及现金等价物净增加额	92,094,782.22
注:扣除的非经常性损益项目和涉及金额	
A、补贴收入:	9,434,582.36
B、营业外收入:	121,058.00
C、营业外支出(扣除水利建设基金):	-1,138,820.16
D、合并价差摊入:	-453,793.69

2、截止报告期末公司前三年的主要会计数据和财务指标　　单位:人民币元

项目	2000年	1999年	1998年	
			调整后	调整前
主营业务收入	116,868,668.04	73,090,951.36	139,530,445.56	139,530,445.56
净利润	20,929,661.76	8,899,197.72	-28,906,716.53	-28,040,189.28
总资产	327,646,294.13	206,998,210.49	266,249,297.94	270,973,463.38
股东权益(不含少数股东权益)	166,914,361.92	145,677,142.69	136,777,944.97	141,789,789.34
每股收益	0.150	0.064	-0.207	-0.201
按月平均加权每股收益	0.150	0.064		
扣除非经常性损益后的每股收益	0.093	0.048		
每股净资产	1.19	1.04	0.98	1.01
调整后的每股净资产	1.07	0.95		0.99
每股经营活动产生的现金流量净额	0.274	0.038		-0.342
净资产收益率	12.54%	6.11%	-21.13%	-19.78%

3、根据中国证监会《公开发行证券公司信息披露编报规则第9号》的要求计算的净资产收益率和每股收益如下:

报告期利润	净资产收益率		每股收益	
	全面摊薄	加权平均	全面摊薄	加权平均
主营业务利润	6.135%	6.550%	0.0733	0.0733
营业利润	6.944%	7.415%	0.0829	0.0829
净利润	12.539%	13.389%	0.1498	0.1498
扣除非经营性损益后的净利润	7.768%	8.295%	0.0928	0.0928

三、股本变动及股东情况

1、股本变动情况

(1)股份变动情况表　　数量单位:股

	本次变动前	本次变动增减(+,-)						本次变动后
		配股	送股	公积金转股	增发	其它	小　计	
一、未上市流通股份								
1、发起人股份	7183614							7183614
其中:国家拥有股份	7183614							7183614
境内法人持有股份								
境外法人持有股份								
其他								
2、募集法人股份	68147538							68147538
3、内部职工股								
4、优先股或其他	49500					-49500	-49500	0
其中:转配股	49500					-49500	-49500	0
未上市流通股份合计	75380652					-49500	-49500	75331152
二、已流通股份								
1、人民币普通股	64370751					49500	49500	64420251
2、境内上市的外资股								
3、境外上市的外资股								
4、其他								
已上市流通股份合计	64370751					49500	49500	64420251
三、股份总数	139751403							139751403

上海柴油机股份有限公司

二○○○年年度报告摘选

一、公司简介

1 、公司名称:上海柴油机股份有限公司
英文名称:SHANGHAI DIESEL ENGINE COMPANY LIMITED
英文缩写:SDEC
2 、公司法定代表人:陈龙兴
3 、公司董事会秘书:梁宝泉
联系地址:上海市军工路 2636 号
电 话:(021)65745656 -2207
传 真:(021)65749845　　65740047
电子信箱:sdecdsh@ sh163c. sta. net. cn
4 、公司注册地址:上海市浦东大道 2748 号　　邮编:200129
公司办公地址:上海市军工路 2636 号　　邮编:200432
公 司 网 址:http://www. sdec. com. cn
公司电子信箱:sdecdsh@sh163c. sta. net. cn
5 、公司信息披露报纸:上海证券报　　香港南华早报
公司刊登年度报告网址:http://www. sse. com. cn
公司年度报告备置地点:公司董事会秘书室
6 、公司股票上市交易所:上海证券交易所
股票简称:上柴股份　　上柴 B 股
股票代码:600841　　900920

二、会计数据和业务数据摘要

1 、本年度主要指标情况(单位:人民币元)

项目	金额
利润总额	47,555,683
净利润	39,038,061
扣除非经常性损益后的净利润	29,153,257
主营业务利润	320,409,941
其他业务利润	1,471,605
营业利润	29,141,819
投资收益	12,166,955
补贴收入	2,372,546
营业外收支净额	3,874,363
经营活动产生的现金流量净额	118,883,232
现金及现金等价物净增加额	(35,000,310)

境内外净利润审计差异说明(单位千元)

项目	金额
本集团法定帐目余额	39,038
冲转按规定记录于利润表之固定资产评估增值部分的折旧	(12,671)
对 1994 年 1 月 1 日前用外币购置之固定资产重新估算其原值并调整相应的折旧费用	(457)
冲销作价投资于子公司之资产的价值及相关递延收益,并调整相关的摊销	5,798
冲销开办费	97
将住房补助计入损益	(1,403)
其他	255
根据国际准则重编之余额	30,657

2 、截止报告期末公司前三午的主要会计数据和财务指标

单位:人民币元

指标名称	2000 年	1999 年	1998 年
主营业务收入	1,262,440,917	1,150,108,381	1,679,550,047
净利润	39,038,061	75,932,731	73,119,681
总资产	2,364,938,705	2,338,776,635	2,343,905,774
股东权益	1,656,850,212	1,664,047,557	1,660,018,812
每股收益	0.081	0.158	0.152
每股收益(加权)	0.081	0.158	0.152
扣除非经常性损益后的每股收益	0.061	0.158	0.152
每股净资产	3.45	3.46	3.46
调整后的每股净资产	3.28	3.43	3.40
每股经营活动产生的现金流量净额	0.25	0.41	0.68
净资产收益率(%)	2.36	4.56	4.40
净资产收益率(%)(加权)	2.36	4.57	4.23

3 、根据按照中国证监会《公开发行证券公司信息披露编报规则(第 9 号)》要求的利润数据:

报告期利润	净资产收益率		每股收益	
	全面摊薄	加权平均	全面摊薄	加权平均
主营业务利润	19.34	19.34	0.67	0.67
营业利润	1.76	1.76	0.06	0.06
净利润	2.36	2.36	0.08	0.08
扣除非经常性损益后的净利润	1.76	1.76	0.06	0.06

三、股东情况介绍

(一)股东情况介绍

1 、截止 2000 年 12 月 31 日,本公司股东总数为 21095 户。其中国家股股东 1 户,人民币普通股股东 14545 户,境内上市外资股股东 6549 户。

2 、截止 2000 年 12 月 31 日,本公司前十名股东持股情况

股东名称	年末持股数	占总股本比例(%)
(1)上海东风机械(集团)有限公司	241,709,280	50.32
(2)HKSBCSB S/A - BANQUE INT. A LUXEMBOURG S/A HSBC GLOBAL INV . FUNDS CHINESE EQUITY	6,449,214	1.35
(3)诚忠元	3,557,581	0.74
(4)SCBHK A/C BANK OF NEW YORK S/A CMG CH CHINA INVESTMENTS LIMITED	3,557,581	0.74
(5)智万国际有限公司	3,077,610	0.63
(6)HSBC N/UBS AG	2,719,820	0.57
(7)TOYO SECURITIES ASIA LTD. A/C CLIENT	2,521,900	0.53
(8)中亚化学公司 USA	2,502,000	0.52
(9)张锐光	2,290,500	0.48
(10)HKIT S/A 006 - 113039 - 431	2,057,000	0.43

以上股东之间无关联关系。

上海中西药业股份有限公司

二○○○年年度报告摘选

一、公司简介

1、公司名称:
公司法定中文名称:上海中西药业股份有限公司
公司法定英文名称:SHANGHAI ZHONG XI PHARMACEUTICAL CO. ,LTD。
公司英文名称缩写:ZXP
2、公司法定代表人:王海钧
3、公司信息披露机构:公司投资部
董事会秘书:朱工政
联系地址:上海交通路 1515 号 1006 室
联系电话:021 - 56082188
传真电话:021 - 56083743
4、公司注册地址:上海浦东江心沙路 9 号
公司办公地址:上海交通路 1515 号
邮政编码:200065
公司电子信箱:zxjsjb @onlinen. sh. cn
5、公司选定的信息披露报纸名称:《上海证券报》
登载公司年度报告的国际互联网网址:http://www. sse. com. cn
公司年度报告备置地点:投资部
6、公司股票上市交易所:上海证券交易所
股票简称:中西药业　　股票代码: 600842

二、会计数据和业务数据摘要

1、本年度主要利润指标情况:　　单位:元

项目	金额
利润总额	-139493279.95
净利润	-140431907.83
扣除非经营性损益后的净利润	-140431907.83
主营业务利润	65063132.56
其他业务利润	16619302.99
营业利润	-105894504.36
投资收益	-16637029.88
补贴收入	0.00
营业外收支净额	-16961745.71
经营活动产生的现金流量净额	68747834.04
现金及现金等价物净增加额	63187564.69

2、主要会计数据和财务指标:

指标项目	单位	2000 年	1999 年		1998 年
			调整后	调整前	
主营业务收入	元	239345209.81	370914294.70	596733597.54	435966775.90
净利润	元	-140431907.83	37847335.24	46435153.60	32329333.84
总资产	元	1254015100.05	1178491221.44	1373747926.39	1192594407.88
股东权益(不含少数股东权益)	元	222997410.15	363963623.12	372551441.48	325945287.88
每股收益	元/股	-0.6514	0.1755	0.2154	0.2249
每股收益(加权)	元/股	-0.6514	0.2431	0.2982	0.2401
每股净资产	元/股	1.0343	1.6882	1.7280	2.2678
调整后的每股净资产	元/股	0.8261	1 48	1.52	2.02
每股经营活动产生的现金流量净额	元/股	0.3189		0.2590	-0.6286
净资产收益率	%	-62.97	10.40	12.46	9.92
净资产收益率(加权)	%	-47.85	10.97	14.29	11.00
扣除非经营性损益后的每股收益	元/股	-0.6514	0.1755	0.2154	0.2249

3、按照中国证监会《公开发行证券公司信息披露编报规则(第 9 号)》的要求计算的相关指标:

报告期利润	净资产收益率(%)		每股收益(元)	
	全面摊薄	加权平均	全面摊薄	加权平均
主营业务利润	28.93	23.71	0.3017	0.3017
营业利润	-47.08	-38.59	-0.4912	-0.4912
净利润	-62.97	-47.85	-0.6514	-0.6514
扣除非经常性损益后的净利润	-62.97	-47.85	-0.6514	-0.6514

4、报告期内股东权益变动情况　　(单位:元)

项目	股本	资本公积	盈余公积	法定公益金	未分配利润	股东权益合计
期初数	215594628	142705483.52	33051364.76	7156406.32	-27387853.16	363963623.12
本期增加	0	0	0	0	0	0
本期减少	0	534305.14	0	0	140431907.83	140966212.97
期末数	215594628	142171178.38	33051364.76	7156406.32	-167819760.99	222997410.15

变动原因

(1)资本公积减少 534305.14 元,系被投资公司的住房周转金转入数减少 123112 元及投资准备减少 411193.14 元;

(2)未分配利润减少 140431907.83 元,系本年度亏损所致。

三、股东情况介绍

1、报告期末股东总数 39800 户,其中,国家股股东 1 户,未上市流通法人股股东 10 户,流通股股东 39789 户。

2、前十名股东持股情况

股东名称	持股数量(股)	持股比例(%)	股权性质
国家持股(上海医药集团)	56939896	26.41	国家股
中科创业投资有限公司	43125000	20.00	社会法人股
海南禾华投资管理有限公司	12561343	5.83	社会法人股
海南中网投资管理有限公司	10785000	5.00	社会法人股
华夏证券公司浦东分公司	9865273	4.58	社会流通股
上海斯米克机电陶瓷有限公司	3663000	1.70	社会法人股
上海医药对外经济技术合作公司	3052500	1.42	社会法人股
上海浦东星火联合发展总公司	858606	0.40	社会流通股
陈晓东	650000	0.30	社会流通股
李朝霞	516671	0.24	社会流通股

上工股份有限公司

二〇〇〇年年度报告摘选

一、公司简介

1、公司法定中文名称:上工股份有限公司
公司英文名称:SHANGGONG CO., LTD.　　公司英文名称缩写:SGC.
2、公司法定代表人:倪永刚
3、公司董事会秘书:张一枫
联系地址:上海市浦东新区世纪大道1500号东方大厦12楼
联系电话:(021)68407700-617　(021)68407515　传真:(021)63302939
电子信箱:shggg@public3.sta.net.cn
4、公司注册地址:上海市浦东新区罗山路1201号
公司办公地址:上海市浦东新区世纪大道1500号东方大厦12楼　邮政编码:200122
公司网址:http://www.shanggonggroup.com
5、公司选定的信息披露报纸:《上海证券报》及《香港商报》
登载公司年度报告的中国证监会指定国际互联网网址:http://www.sse.com.cn
公司年度报告备置地点:公司董事会办公室
6、公司股票上市交易所:上海证券交易所
股票简称:上工股份(A)股　上工B股(B股)
股票代码:600843　900924

二、会计数据和业务数据摘要

1.公司本年度实现利润情况　(单位:人民币元)

项目	金额
利润总额	40,772,400.02
净利润	35,008,460.17
扣除非经常性损益后的净利润	28,398,235.87
主营业务利润	116,067,963.56
其他业务利润	11,924,713.01
营业利润	23,808,729.21
投资收益	10,353,446.51
补贴收入	1,042,063.93
营业外收支净额	5,568,160.37
经营活动产生的现金流量净额	-7,631,707.32
现金及现金等价物净增加额	-47,546,868.37

2、公司按国际会计准则对中国法定账目所作的调整如下:

	本年净利润(人民币千元)	资产净值(人民币千元)
根据中国法定财务报表所列报	35,008	667,926
国际会计准则及其他调整:		
计入未予合并附属公司之业绩	3,333	961
冲回以前年度销售截账调整	9,073	
冲销存货中未实现之利润	(333)	(1,563)
营业前开支撤销	(2,324)	(2,324)
拨备呆坏账准备	(6,517)	(96,882)
拨备呆滞存货准备	(8,489)	(26,285)
计提转让土地使用权应纳之税项	(6,082)	(17,857)
冲回计提转让土地使用权成本	7,308	
少计提之固定资产折旧	-	(24,718)
冲销资产重估溢价	-	(18,473)
在建工程及固定资产减值准备	-	(9,297)
其他	(167)	(2,644)
经国际会计准则及其他调整后所列报	30,810	468,844

3.公司近三年的主要会计数据和财务指标:(合并报告)(单位:人民币元)

项目	2000年度	1999年度	1998年度	
			调整后	调整前
主营业务收入	559,084,567.97	378,249,956.49	319,013,120.80	319,013,120.80
净利润	35,008,460.17	5,725,485.66	1,061,909.85	2,838,767.97
总资产	1,324,735,394.84	1,302,263,364.49	1,333,370,169.29	1,356,471,541.23
股东权益	667,925,692.55	632,917,232.38	627,171,084.15	650,250,390.13
每股收益(摊薄)	0.1387	0.0227	0.0042	0.01
每股收益(加权)	0.1387	0.0227	0.0042	0.01
扣除非经常性损益后的每股收益	0.1125	-0.1152	-0.2027	-
每股净资产	2.6456	2.5069	2.4842	2.58
调整后的每股净资产	2.4414	2.2734	2.3465	2.48
每股经营活动产生的现金流量净额	-0.0302	1.2304	-0.3069	-
净资产收益率(%)	5.2414	0.9046	0.1693	0.44

4.利润表附表

项　目	净资产收益率(%)		每股收益(元)	
	全面摊薄	加权平均	全面摊薄	加权平均
主营业务利润	17.38	17.85	0.4597	0.4597
营业利润	3.56	3.66	0.0943	0.0943
净利润	5.24	5.38	0.1387	0.1387
扣除非经常性损益后的净利润	4.25	4.37	0.1125	0.1125

三、股东情况介绍

(1)报告期末股东人数

截止2000年12月31日止,本公司在册股东总数13,928户。其中:国有法人股股东2户,社会法人股股东147户,A股股东10,367户,B股股东3,412户。

(2)前十名股东持股情况(截止2000年12月31日)

名次	股东名称	股份性质	期末持股数	占总股本比例(%)
1.	上海轻工控股(集团)公司	国家股	117,018,082	46.35
2.	上海国际信托投资公司	国有法人股	9,348,288	3.70
3.	上海永久股份有限公司	社会法人股	4,771,000	1.89
4.	徐岚	B股	2,142,000	0.85
5.	上海三毛纺织股份有限公司	社会法人股	1,762,800	0.70
6.	华生	B股	1,510,050	0.60
7.	CLEARSTREAM S/A BANKHAUS ELLWANGER GEIGER STUTTGART/GER MAY	B股	1,300,000	0.51
8.	申银万国证券股份有限公司	社会法人股	1,300,000	0.51
9.	兰毅	B股	1,279,200	0.51
10.	朱金鸣	B股	1,020,000	0.40

英雄(集团)股份有限公司

二〇〇〇年年度报告摘选

一、公司简介

1、公司名称:英雄(集团)股份有限公司
公司英文名称:HERO(GROUP)CO., LTD
公司名称缩写:HERO
2、公司法定代表人:黄永昌
3、公司董事会秘书:蒋伟
联系地址:上海市祁连山路127号
电话:021—62509596　传真:021—62506181
4、公司注册地址:浦东新区川北公路807号
公司办公地址:上海祁连山路127号　邮政编码:200331
公司国际互联网网址:http://www.hero.com.cn
电子信箱:webmaster@hero.com.cn
5、公司选定的信息披露报纸名称:《上海证券报》、香港《商报》
登载公司年度报告的中国证监会指定国际互联网网址:http://www.sse.com.cn
公司年度报告备置地点:上海市祁连山路127号集团公司办公室
6、公司股票上市交易所:上海证券交易所
股票简称和股票代码:英雄股份 600844
英雄B股 900921

二、会计数据和业务数据摘要

1、公司本年度会计数据和业务数据:

项目	金额
利润总额(元):	-7,385,182.56
其中:主营业务利润(元):	35,557,823.92
其他业务利润(元):	3,583,369.03
投资收益(元):	31,101,972.44
补贴收入(元):	602,460.92
营业外收支净额(元):	29,528,452.93
净利润(元):	13,760,970.24
扣除非经常性损益后的净利润(元):	-47,471,916.05
经营活动产生的现金流量净额(元):	54,923,693.15
现金及现金等价物净增加额(元):	11,964,180.81

注:非经常性项目	金　额
营业外支出	218,897.35
营业收入	29,747,350.28
补贴收入	602,460.92
投资收益	31,101,972.44

2、境内外审计净利润差异说明:
(1)按中国会计制度计算的净利润为:1376.10万元
(2)按国际会计制度计算的净利润为:-2477.40万元
(3)主要差异说明:
商誉摊销:1579.90万元
坏帐准备:1289.60万元
加速折旧及存货跌价准备等:984.00万元

3、截止报告期末公司前三年的主要会计数据和财务指标

单位:元

项　目	2000年	1999年	1998年	
			调整后	调整前
主营业务收入	432,753,233.05	463,193,639.30	519,859,132.85	519,859,132.85
净利润	13,760,970.24	13,113,667.98	43,173,910.07	46,542,196.73
总资产	1,605,329,965.46	1,625,930,852.41	1,383,176,644.79	1,391,537,934.26
股东权益	641,165,124.74	646,921,006.84	642,721,714.11	655,487,159.68
每股收益(元/股)摊薄	0.045	0.043	0.163	0.176
加权	0.045	0.044	0.163	0.176
扣除非经常性损益后的每股收益(元/股)	-0.156	-0.054	-0.109	-0.121
每股净资产	2.105	2.124	2.427	2.475
调整后的每股净资产	1.980	1.98	2.224	2.272
每股经营活动产生的现金流量净额(元/股)	0.18	-0.046		-0.122
净资产收益率(%)	2.15	2.03	6.72	7.10

4、利润表附表

根据中国证监会发布的《公开发行证券公司信息披露编报规则》第9号通知的精神,公司2000年按全面摊薄法和加权平均法计算的净资产收益率及每股收益:

报告期利润	净资产收益率%		每股收益(元)	
	全面摊薄%	加权平均%	全面摊薄%	加权平均%
主营业务利润	5.55	5.55	0.117	0.117
营业利润	-10.70	-10.72	-0.225	-0.225
净利润	2.15	2.15	0.045	0.045
扣除非经常性损益后的净利润	-7.40	-7.42	-0.156	-0.156

三、股东情况介绍

(1)报告期末股东总数
A股19809户;B股4263户
(2)本公司前10名股东的持股情况(截止至2000年12月30日交易结束)

股东名称	年度内股份增减变动情况(+,-)	年末持股数量(股)	占总股本比例(%)
上海轻工控股(集团)公司(国家股)	0	161,157,847	52.92
上海财政证券公司(法人股)	0	14,705,871	4.83
XIA YU(B股)	+2,180,078	2,180,078	0.72
摹赓科技(法人股)	+2,000,000	2,000,000	0.66
刘晓东(B股)	+1,599,318	1,599,318	0.53
WISEMAX INTERNATIONAL LIMITED(B股)	+1,023,207	1,023,207	0.34
HKIT(B股)	+965,896	965,896	0.32
BG INVESTMENTS LTD (B股)	+930,999	930,999	0.31
金永康(B股)	+863,006	863,006	0.28
冠亚国际(B股)	+853,500	853,500	0.28

上海钢管股份有限公司

二〇〇〇年年度报告摘选

一、公司简介

1、公司法定中文名称:上海钢管股份有限公司
公司英文名称:SHANGHAI STEEL TUBE CO.,LTD.
英文缩写:SSTC
2、公司法定代表人:夏斌
3、公司董事会秘书:胡德康
联系地址:上海逸仙路 3950 号
邮编:200940
电话:56441257　　传真:56441491
4、公司注册及办公地址:上海逸仙路 3950 号
邮编:200940
5、公司信息年披露报刊:上海证券报、香港商报
登载公司年度报告的中国证监会指定国际互联网址:http://www.sse.com.cn
公司年报备置地点:公司证券办
6、股票上市交易所:上海证券交易所
股票简称:ST 钢管 600845
　　ST 钢管 B 900926

二、会计数据和业务数据摘要

(一)、本年度主要会计数据:(合并报表)
1、公司本年度实现利润及主要现金流量指标(单位:人民币元)

项目	金额
利润总额	-116,444,523.52
净利润	-116,201,886.15
扣除非经营性损益后的净利润	-99,268,343.82
主营业务利润	-1,778,064.64
营业利润	-99,197,679.39
投资收益	-4,627,651.44
营业外收支净额	-12,619,192.69
经营活动产生的现金流量净额	31,621,951.43
现金及现金等价物净增加额	-43,050,746.11

注:非经营性损失包括计提的担保损失 7,200,000.00 元和固定资产清理损失 9,733,542.33 元.

单位:人民币千元

项目	金额
按中国会计准则编制的合并净亏损:	-116,202
为符合国际会计准则之调整:	
(1)坏帐准备	3,077
(2)闲置固定资产折旧	-11,352
(3)合并基准差异	-3,377
(4)转销冲转的在建工程	2,800
(5)无形资产摊销	1,811
(6)其他	4,707
按国际会计准则编制的合并净亏损	-118,536

2、公司近三年主要会计数据和财务指标(单位:人民币元)

项目	2000 年	1999 年	1998 年
主营业务收入	231,286,851.22	213,959,230.51	295,344,973.70
净利润	-116,201,886.15	-182,831,138.41	-76,069,336.25
总资产	643,793,311.97	746,600,281.52	947,722,841.25
股东权益	213,304,858.34	329,252,158.59	512,912,249.68
每股收益	-0.44	-0.70	-0.29
扣除非经营性收益后的每股收益	-0.38	-0.70	-0.29
每股净资产	0.81	1.26	1.96
调整后每股净资产	0.73	1.20	1.84
每股经营活动产生的现金流量净额	0.12	0.07	0.05
净资产收益率(%)	-54.48	-55.53	-14.83

3、利润表附表

报告期利润	净资产收益率		每股收益	
	全面摊薄	加权平均	全面摊薄	加权平均
主营业务利润	-0.83%	-0.66%	-0.01	-0.01
营业利润	-46.51%	-36.57%	-0.38	-0.38
净利润	-54.48%	-42.83%	-0.44	-0.44
扣除非经营性损益的净利润	-46.54%	-36.59%	-0.38	-0.38

4、报告期内股东权益变动情况

项目	股本	资本公积	盈余公积	其中:公益金	未分配利润	未确认的投资损失	合计
期初数	262244070.00	333058843.71	6865734.26	1080584.06	-272084041.10	832448.28	329252158.59
本期增加			30,209.30	15,104.65		-254,585.90	284,795.20
本期减少			206,510.08	91,497.33	116025,585.37		116,232,095.45
期末数	262244070.00	333058843.71	6689433.48	1004191.38	-388109626.47	577862.38	213304858.34

变动原因:股东权益减少主要是本年度经营性亏损所致。

三、股东情况介绍

(1)报告期末股东总数为 7976 户(其中 B 股 2362 户)。
(2)主要股东持情况

股东名称	年末持数	占股本%
1、上海宝钢集团公司	150044070	57.22
2、曹中南	3588895	1.36
3、万国发行	2794550	1.06
4、李军辉	1954910	0.74
5、王皎皓	1919800	0.73
6、倪琦	1665520	0.63
7、SHENYIN WANGVO	1422990	0.54
8、电气实业	1400000	0.53
9、吴鸣霄	1373000	0.52
10、吴嘉毅	1252000	0.47

上海同济科技实业股份有限公司

二〇〇〇年年度报告摘选

一、公司简介

公司法定中文名称:上海同济科技实业股份有限公司
英文名称:SHANGHAI TONGJI SCIENCE &TECHNOLOGY INDUSTRIAL CO.,LTD
缩写:STJC
法定代表人:王建云
董事会秘书:林学言
证券事务代表:柴育筑
联系地址:上海市赤峰路 83 号
邮政编码:200092
电话:021-65985860
传真:021-65984903
注册地址:上海市浦东新区栖山路 33 号
邮政编码:200135
办公地址:上海市赤峰路 83 号
邮政编码:200092
电子信箱:TJKJSY@ONLINE.SH.CN
公司选定的信息披露报纸:《上海证券报》
登载公司年度报告的中国证监会指定国际互联网网址:http://www.sse.com.cn
公司年度报告备置地点:董事会秘书室
公司股票上市交易所:上海证券交易所
股票简称:同济科技
股票代码:600846

二、会计数据及业务数据摘要

(一)公司本年度会计数据及业务数据:

项目	金额
利润总额(元):	45,015,829.99
净利润(元):	34,553,609.37
扣除非经营性损益后的净利润(元):	34,553,609.37
主营业务利润(元):	91,687,580.80
其它业务利润(元):	4,688,255.75
营业利润(元):	13,332,824.98
投资收益(元):	30,359,105.10
补贴收入(元):	1,477,633.93
营业外收支净额(元):	-153,734.02
经营活动产生的现金流量净额	49,962,445.54
现金及现金等价物净增加额(元):	-39,385,681.50

本年度无非经常性损益项目。

(二)截止报告期末公司前三年的主要会计数据和财务指标:

指标项目	2000 年	1999 年	1998 年	
			调整前	调整后
主营业务收入(元)	675,914,906.85	563,016,533.66	303,969,913.00	302,139,200.62
净利润(元)	34,553,609.37	34,944,396.35	30,826,037.13	29,045,461.37
总资产(元)	1,055,490,066.44	985,002,037.22	852,423,010.86	851,550,366.86
股东权益(元)	358,425,622.80	348,314,377.78	315,178,778.36	313,398,202.60
每股收益(元/股)(摊薄)	0.1414	0.2288	0.3028	0.2853
每股收益(元/股)(加权)	0.1741	0.2747	0.3028	0.2853
每股净资产(元/股)	1.4671	2.2811	3.0962	3.0787
调整后的每股净资产(元/股)	1.4056	2.1915	2.9893	2.9720
每股经营活动产生的现金流量净额(元)	0.2045	-0.059		
净资产收益率(%)(摊薄)	9.64	10.03	9.78	9.27
净资产收益率(%)(加权)	9.78	10.57	10.29	9.73

*2000 年度合并会计报表范围变动已调整上年财务数据。

(三)利润表附表:

报告期利润(元)		净资产收益率(%)		每股收益(元)	
		摊薄	加权	摊薄	加权
主营业务利润	91,687,580.80	25.58	25.95	0.3753	0.4619
营业利润	13,332,824.98	3.72	3.77	0.0546	0.0672
净利润	34,553,609.37	9.64	9.78	0.1414	0.1741
扣除非经营损益后的净利润	34,553,609.37	9.64	9.78	0.1414	0.1741

三、股东情况介绍

1. 截止 2000 年 12 月 31 日,公司共有股东 106376 户,其中:

国家股东	1 户
国有法人股东	1 户
社会公众股东	106374 户

2. 公司前 10 名股东

股东名称	持股数量(股)	占总股本比例(%)
同济大学	103105541	42.20
★上海市国有资产管理办公室	22486742	9.20
陈奎豫	661800	0.27
闽侨信托	452566	0.18
沙勇	241716	0.12
高荣华	233700	0.09
刘兴元	192000	0.08
马金聪	158620	0.06
夏玲莉	152850	0.06
郭长财	151079	0.06

重庆万里蓄电池股份有限公司

二○○○年年度报告摘选

一、公司简介

(一)公司的法定中文名称:重庆万里蓄电池股份有限公司
英文名称:CHONGQING WANLI STORAGE BATTERIES CO.,LTD
英文缩写:CQWLSB
(二)公司法定代表人:王敬武
(三)公司董事会秘书:朱茂沛
电话:(023)62597905　　传真:(023)62591155
电子信箱:cqwanli @ cta.cq.cn
(四)公司注册地址及办公地址:重庆市巴南区苦竹坝 31 号　　邮政编码:400054
公司电子信箱:cqwanli @ cta.cq.cn
(五)公司选定的信息披露报纸:《上海证券报》
登载公司年度报告的中国证券会指定国际互联网网址:http://www.sse.com.cn
公司年报备置地点:公司董事会秘书处
(六)公司股票上市交易所:上海证券交易所
股票简称:万里电池　　股票代码:600847

二、会计数据和业务数据摘要

(一)公司本年度主要会计数据(单位:人民币元)

利润总额:	9037606.12
净利润:	9037606.12
扣除非经常性损益后的净利润:	-3224668.11
主营业务利润:	21886773.64
其它业务利润:	5615749.45
营业利润:	1125014.70
投资收益:	7632785.19
补贴收入:	
营业外收支净额:	279806.23
经营活动产生的现金流量净额:	27326122.41
现金及现金等价物净增加额:	8017379.02

注:扣除非经常性损益项目有:
托管收益 565.50 万元,委托投资收益 754.74 万元,担保诉讼损失 94 万元.

(二)报告期末前三年的主要会计数据和财务指标

项　目	单位	2000 年	1999 年	1998 年	
				调整前	调整后
主营业务收入	元	97054802.92	85860255.44	102131156.22	102131156.22
净利润	元	9037606.12	5832817.35	-32010914.41	-30288327.42
总资产	元	198552129.40	192351802.41	201296665.76	197360418.40
股东权益(不含少数股东权益)	元	98476455.94	89438849.82	87482279.83	83546032.47
每股收益(摊薄)	元	0.1019	0.0658	-0.36	-0.3416
每股收益(加权)	元	0.1019	0.0658	-0.36	-0.3416
扣除非经常性损益后的每股收益(摊薄)	元	-0.0364	-0.14		
扣除非经常性损益后的每股收益(加权)	元	-0.0364	-0.14		
每股净资产	元	1.11	1.01	0.99	0.94
调整后的每股净资产	元	0.91	0.86	0.84	0.80
净资产收益率(摊薄)	%	9.18	6.52	-36.59	-36.25
净资产收益率(加权)	%	9.62	6.75	-32.16	-15.35
扣除非经常性损益后的净资产收益率	%	-3.28	-13.88		
每股经营活动产生的现金流量净额	元	0.308	0.01	0.04	0.04

(三)、利润表附表

报告期利润	净资产收益率		每股收益	
	全面摊薄	加权平均	全面摊薄	加权平均
主营业务利润	22.23	23.29	0.2469	0.2469
营业利润	1.14	1.20	0.0127	0.0127
净利润	9.18	9.62	0.1019	0.1019
扣除非经常性损益后的净利润	-3.28	-3.43	0.0364	0.0364

(四)报告期内股东权益变动情况(单位:元)

项目	股本	资本公积	盈余公积	法定公益金	未分配利润	股东权益合计
期初数	88660000	43085854.11	11681769.57	2114535.60	-56103309.46	89438849.82
本期增加					9037606.12	9037606.12
本期减少						
期末数	88660000	43085854.11	11681769.57	2114535.60	-47065703.34	98476455.94
变动原因					本年利润	本年利润

三、股东情况介绍

1.报告期末股东总数为 11935 户
2.前 10 名股东持股情况

股东名称	持股数(股)	占总股本比例(%)
①北京新富投资有限公司	26000000	29.33
②国家股(重庆市财政局)	22763000	25.67
③尹闯	395750	0.44
④王凌云	337300	0.37
⑤解忠南	291700	0.32
⑥黎先觉	263925	0.29
⑦冉长峰	246351	0.27
⑧王瑜霞	220000	0.24
⑨朱道君	218408	0.24
⑩代云海	214960	0.24

注:公司前 10 名股中,北京新富投资有限公司是报告期内受让公司 2600 万股国家股而成为第一大股东。重庆市财政局是公司国家股持有单位(原公司国家股持有单位为重庆市国有资产管理局,报告期内因机构改革而撤销,其职能已并入重庆市财政局),报告期内所持股份减少 2600 万股,系转让给现公司第一大股东所致,第一名和第二名股东之间不存在关联关系,也无股份质押、冻结的情况。第三至第十名股东之间本公司未知其是否存在关联关系。

上海自动化仪表股份有限公司

二○○○年年度报告摘选

一、公司简介

1.公司的法定中文名称:上海自动化仪表股份有限公司
公司的法定英文名称:Shanghai Automation Instrumentation Co.,Ltd.
公司的英文名称缩写:SAIC
2.公司的法定代表人:肖宗义
3.公司董事会秘书:黄鼎发　　证券事务代表:沈瑞芳
联系地址:上海市延安西路 1599 号怡翔大楼七楼
联系电话:021-62800705　　传真:021-62801680
电子信箱:bod@saic.sh.cn
4.公司注册地址及办公地址:上海市延安西路 1599 号怡翔大楼七楼
邮政编码:200050
国际互联网网址:http://www.saic.sh.cn
电子信箱:bod@saic.sh.cn
5.公司信息披露报纸名称:《上海证券报》、香港《南华早报》
登载公司年报的国际互联网网址:http://www.sse.com.cn
公司年报备置地点:上海市延安西路 1599 号怡翔大楼七楼
6.公司股票上市交易所:上海证券交易所
股票简称:A 股:自仪股份　　B 股:自仪 B 股
股票代码:A 股:600848　　B 股:900928

二、会计数据和业务数据摘要

1.本年度主要会计数据:(单位:元)

项　目	
利润总额:	-215,577,353.72
净利润:	-215,633,300.42
扣除非经常性损益后的净利润:	-273,564,300.25
主营业务利润	174,381,358.87
其它业务利润	18,063,561.06
营业利润	-291,844,734.59
投资收益:	68,365,848.87
补贴收入:	1,122,000.00
营业外收支净额:	6,779,532.00
经营活动产生的现金流量净额:	64,345,252.43
现金及现金等价物净增加额:	16,554,402.16

注:扣除非经常性损益的项目及金额:(单位:元)

项　目	
新品增值税退税	1,088,000
固定资产清理收入	7,584,877.32
固定资产清理净损失	550,367.63
股权投资差额摊销数	558,426.44
房屋置换收益	2,959,598.08
法人股转让收益	47,463,355.20

2.公司前三年的主要会计数据和财务指标:(单位:元)

财务指标名称	2000 年	1999 年	1998 年(调整前)	1998 年(调整后)
主营业务收入	541,961,090.50	480,725,329.96	844,419,861	844,419,861
净利润	-215,633,300.42	-140,159,089.72	1,563,193	-16,093,293
总资产	1,118,608,202.13	1476,612,214.16	1,815,344,391	1,607,571,387
股东权益(不含少数股东权益)	180,384,236.05	401,341,168.04	729,581,463	541,776,561
每股收益(摊薄)	-0.54	-0.35	0.0039	-0.0403
每股收益(加权)	-0.54	-0.35	0.0039	-0.0403
扣除非经常性损益后的每股收益:	-0.685	-0.347	0.0039	-0.0403
每股净资产:	0.45	1.01	1.83	1.3569
调整后的每股净资产:	0.25	0.55	1.27	0.8889
每股经营活动产生的现金流量净额:	0.16	0.135	0.0288	0.0288
净资产收益率(%)	-119.54	-34.92	0.214	-2.97

注 1:以上数据和指标均按合并会计报表数计算。
注 2:根据中国证监会《公开发行证券公司信息披露编报规则(第 9 号)要求计算的利润数据如下:

报告期利润	净资产收益率(%)		每股收益(元)	
	全面摊薄	加权平均	全面摊薄	加权平均
主营业务利润	96.67	59.95	0.437	0.437
营业利润	-161.79	-100.34	-0.731	-0.731
净利润	-119.54	-74.14	-0.540	-0.540
扣除非经常性损益后的利润	-151.66	-94.05	-0.685	-0.685

三、股东情况介绍

(1).报告期末股东总数为 27021 户。
(2).本公司前十名股东情况:

股东名	年末持股数(股)	占总股本比例(%)
①上海仪电控股(集团)公司(国家股)	207842149	52.06
②上海国际信托投资公司(国有法人股)	35318441	8.85
③上海申银万国证券有限公司(法人股)	9200000	2.30
④CBNY S/A PNC/SKANDIA SELECT FUND/CHINA EQU(外资股)	8670168	2.17
⑤TOYO SECURITIES ASIA LTD. A/C CLIENT(外资股)	5071838	1.27
⑥上海交大南洋股份有限公司(法人股)	3307248	0.83
⑦万国发行(法人股)	1530650	0.38
⑧SHANIA CHLOR-ALKALI CHEMICAL (AUSTRALIA)P(外资股)	1233374	0.31
⑨NBP S/A FRUCTILUX SICAV(外资股)	1162008	0.29
⑩WISEMAX INTERNATIONAL LIMITED(外资股)	1142591	0.29

上海市医药股份有限公司

二〇〇〇年年度报告摘选

一、公司简介

1、公司法定中文名称:上海市医药股份有限公司

公司法定英文名称:SHANGHAI PHARMACEUTICAL CO.,LTD

缩写:SHAPHAR

2、公司注册地址:上海浦东新区金桥路 1399 号

公司办公地址:上海浦东新区金桥路 1399 号

邮政编码:201206

国际互联网网址:www.china-pharma.com; www.shanghai-pharma.com

3、公司法定代表人:沈培达先生

4、公司董事会秘书:曹伟荣先生

董事会证券事务代表:顾志浩先生

联系地址:上海浦东新区金桥路 1399 号

联系电话:(021)58999999

传真:(021)58995835

5、公司选定的信息披露报纸名称:《上海证券报》《中国证券报》

登载公司年度报告的中国证监会指定国际互联网网址:http://www.sse.com.cn

公司年度报告备置地点:公司董事会办公室

6、公司股票上市交易所:上海证券交易所

股票简称:上海医药

股票代码:600849

二、会计数据和业务数据摘要

1、本年度主要利润指标情况(单位:人民币元)

利润总额:	222,279,251.53
净利润:	184,837,458.67
扣除非经常性损益后的净利润:	182,520,099.28
主营业务利润:	582,332,058.05
其他业务利润:	5,470,098.10
营业利润:	149,133,664.42
投资收益:	69,312,002.63
补贴收入:	4,871,707.00
营业外收支净额:	-1,038,122.52
经营活动产生的现金流量净额:	146,221,378.81
现金及现金等价物净增加额:	94,192,476.84

2、截至 2000 年末公司前三年主要会计数据和其财务指标:(单位:人民币元)

项　目	2000 年	1999 年	1998 年	
			调整后	调整前
主营业务收入	4,607,774,837.80	4,537,194,771.14	4,420,605,979.82	4,420,605,979.82
净利润	184,837,458.67	94,425,543.75	60,197,460.88	78,734,414.80
总资产	3,535,292,560.58	3,055,633,524.17	2,566,175,330.87	2,611,212,284.79
股东权益	817,003,659.43	627,790,204.57	552,926,315.09	597,963,269.01
每股收益	0.81	0.41	0.40	0.51
扣除非经营损益后的每股收益	0.80	0.41	0.40	0.30
每股净资产	3.56	2.73	3.61	3.91
调整后的每股净资产	3.34	2.50	3.41	3.70
每股经营活动产生的现金净流量	0.64	0.72	-1.85	-1.85
净资产收益率%	22.62%	15.04%	10.89%	13.17%

3、净资产收益率及每股收益指标结构分析附表:

本报告期内股本未发生变动

报告期利润	净资产收益率(%)		每股收益(元)	
	全面摊薄	加权平均	全面摊薄	加权平均
主营业务利润	71.27%	71.27%	2.5369	2.5369
营业利润	18.25%	18.25%	0.6496	0.6496
净利润	22.62%	22.62%	0.8052	0.8052
扣除非经营性损益后的净利润	22.34%	22.34%	0.7951	0.7951

三、股东情况

1.股东情况介绍

(1) 截止本报告期末股东总数为 34,801 户。

(2)报告期内控股股东为上海医药(集团)总公司,持股数占总股本比例为 45.37%。

(3)前十名股东持股情况

序号	股东名称	持股数量(股)	占总股本比例%
1、	上海医药(集团)总公司(国家股)	104,152,878	45.37
2、	申银万国	4,625,891	2.02
3、	安信基金	3,449,114	1.50
4、	久祥实业	3,349,746	1.46
5、	安顺基金	2,803,310	1.22
6、	谢勤才	1,441,400	0.63
7、	灵讯通讯	878,607	0.38
8、	南郊实业	809,750	0.35
9、	杰姆公司	760,351	0.33
10、	王洪艳	695,700	0.30

注:前 10 名股东之间不存在关联交易,上海医药(集团)总公司所持股份在报告期内未发生股份质押和冻结。

上海华东电脑股份有限公司

二〇〇〇年年度报告摘选

一、公司简介

1 、公司法定中文名称:上海华东电脑股份有限公司

英文名称:Shanghai East-China Computer Co.,Ltd.

英文缩写:ECC

2 、公司法定代表人:孙德炜

3 、公司董事会秘书:吴志明

联系地址:上海市桂林路 418 号

电话:021-64753347

传真:021-64700357

电子信箱:dm@shecc.com

4 、公司注册和办公地址:上海市桂林路 418 号

邮政编码:200233

公司国际互联网网址:www.shecc.com

公司电子信箱:ecczb@shecc.com

5 、公司选定的信息披露报纸:上海证券报

登载公司年度报告的中国证监会指定国际互联网网址:http://www.sse.com.cn

6 、公司股票上市交易所:上海证券交易所

股票简称:华东电脑

股票代码:600850

二、会计数据和业务数据摘要

(一)本年度利润总额及构成(单位:人民币元)

利润总额	23,895,915.19
净利润	17,559,037.60
扣除非经常性损益后的净利润	11,412,693.79
主营业务利润	83,580,449.84
其他业务利润	2,408,312.56
营业利润	17,763,991.92
投资收益	6,195,673.27
营业外收支净额	-53,268.32
经营活动产生的现金流量净额	42,091,505.88
现金及现金等价物净增加额	19,391,486.62

(二)主要会计数据和财务指标:(单位:人民币元)

项　目	2000 年度	1999 年度	1998 年度
主营业务收入	1,390,738,077.77	1,186,337,682.85	803,632,329.88
净利润	17,559,037.60	16,297,436.98	14,540,382.35
总资产	529,034,485.39	495,403,621.00	377,901,039.88
股东权益	218,924,941.98	137,297,223.42	120,986,656.20
每股收益	0.1540	0.2264	0.2423
每股收益(加权)	0.1626	0.2264	0.2423
每股净资产	1.92	1.91	2.02
调整后的每股净资产	1.88	1.86	1.98
每股经营活动产生的现金流量净额	0.37	-0.29	-1.11
净资产收益率(%)	8.02	11.87	12.02
净资产收益率(%)(加权)	12.02	12.62	12.40

(三)根据中国证监会关于发布《公开发行证券公司信息编报规则》第 9 号通知精神,公司 2000 年度按照全面摊薄法和加权平均法计算的净资产收益率和每股收益:

报告期利润	净资产收益率		每股收益	
	全面摊薄	加权平均	全面摊薄	加权平均
主营业务利润	38.18%	57.22%	0.7330	0.7739
营业利润	8.11%	12.16%	0.1558	0.1645
净利润	8.02%	12.02%	0.1540	0.1626
扣除非经常性损益后的净利润	5.21%	7.81%	0.1001	0.1057

三、股东情况介绍

1 、报告期末股东总数:6793 户。

2 、前 10 名股东持股情况

股东名称	年初持股数	配股	送股	公积金转股	年末持股数	占总股本%	股份性质
华东计算技术研究所	41382720	621000	10345680	10345680	62695080	54.98	发起人法人股
建行上海第二营业部	2877120		719280	719280	4315680	3.78	募集法人股
国家持股	1817280		454320	454320	2725920	2.39	国有法人股
上海华兴贸易公司	1584000		396000	396000	2376000	2.08	募集法人股
万科财务顾问有限公司	1440000		360000	360000	2160000	1.89	募集法人股
上海亿安科技发展有限公司					1944000	1.70	募集法人股
中国信达信托投资公司	1080000		270000	270000	1620000	1.42	募集法人股
北京恒彊勤业商贸有限公司					1209600	1.06	募集法人股
北京仁达公司	720000		180000	180000	1080000	0.95	募集法人股
上海华双信息技术发展有限公司					432000	0.38	募集法人股

以上列出的股东中代表国家持有股份的单位为信息产业部,持有 54.98%股份的华东计算技术研究所系本公司发起人,所持股份在报告期内无质押、冻结的情况。上海华双信息技术发展有限公司系华东计算技术研究所控股的中电东华高科技实业有限公司的子公司。

上海海欣集团股份有限公司

二〇〇〇年年度报告摘选

一、公司简介

1.公司法定中文名称:上海海欣集团股份有限公司
英文名称:SHANGHAI HAIXIN GROUP CO.,LTD
英文缩写:HX GROUP
2.公司法定代表人:严镇博
3.公司董事会秘书:沈岩
联系地址:上海市福州路666号19A
联系电话:63917000/63917921
传 真:63917678
电子信箱:shenyan@haixin.com
4.公司注册地址:上海市松江区洞泾镇
邮政编码:201601
公司国际互联网网址:http://www.haixin.com
电子信箱:haixin@haixin.com
5.公司指定信息披露报纸名称:
境内:《上海证券报》
境外:《南华早报》
登载公司年报的中国证监会指定址:www.sse.com
公司年报备置地点:上海市福州路666号19A
联系电话:6391 7000/6391 7921
邮政编号:200001
6.公司股票上市交易所:上海证券交易所
A股股票简称:海欣股份 股票代码:600851
B股股票简称:海欣B股 股票代码:900917

二、会计数据和业务数据摘要

1. 本年度主要利润指标情况(单位:元):

利润总额:	135,591,329.81
净利润:	117,315,056.15
扣除非经常性损益后的净利润:	117,315,056.15
主营业务利润:	229,734,497.89
其他业务利润:	1,723,574.17
营业利润:	102,107,428.32
投资收益:	33,428,112.54
补贴收入:	448,295.50
营业外收支净额:	-392,506.55
经营活动产生的现金流量净额:	-17,712,449.16
现金及现金等价物净增加额:	362,973,301.57

2. 近三年主要财务指标

指标项目	单位	2000年	1999年	1998年
主营业务收入	元	964,915,421.59	758,344,591.42	788,082,575.53
净利润	元	117,315,056.15	94,539,793.03	90,285,649.56
总资产	元	2,670,020,168.55	1,747,977,102.88	1,505,061,668.11
股东权益(不含少数股东权益)	元	1,621,983,114.38	811,688,112.37	721,667,891.87
每股收益(摊薄)	元/股	0.35	0.34	0.33
每股收益(加权)	元/股	0.41	0.34	0.33
每股净资产	元/股	4.84	2.95	2.62
调整后每股净资产	元/股	4.76	2.88	2.53
每股经营活动产生的现金流量净额	元/股	-0.05	0.44	0.35
净资产收益率	%	7.24	11.68	12.82

注:净资产收益率按公司2000年度增资扩股后的年末净资产计算。

3. 利润分配附表

根据中国证监会发布的《公开发行证券公司信息披露编报规则》第9号通知的精神,公司2000年按全面摊薄法和加权平均法计算的净资产收益率及每股收益:

报告期利润	净资产收益率		每股收益	
	全面摊薄%	加权平均%	全面摊薄%	加权平均%
主营业务利润	14.18	22.89	0.69	0.81
营业利润	6.30	10.17	0.31	0.36
扣除非经常性损益后的净利润	7.24	11.68	0.35	0.41

三、股东情况介绍

1.股东情况介绍

报告期末公司股东总数为39340名,其中境内上市人民币普通股35041名,境内上市外资股股东4299名,国有法人股2名(其中1名系发起人股东),其他发起人2名,社会法人股东2名。

2. 公司前10名股东持股情况

股东名称	报告期末持股数(股)	持 股比例(%)	增减变动(+/-)
1.上海松江洞泾工业公司	49,712,221	14.83	-
2. 香港申海有限公司	47,361,261	14.13	-
3. 上海玩具进出口公司	24,091,587	7.19	-
4. 上海开隆投资有限公司	16,406,926	4.89	-
5. 上海松江经济技术开发建设总公司	12,802,665	3.82	-
6. 基金安顺	10,407,049	3.10	+10,407,049
7.基金安信	8,547,513	2.50	+8,547,513
8.香港裕礼发展有限公司	7,800,000	2.33	-
9.基金安瑞	2,350,000	0.70	+2,350,000
10.交大产业投资管理(集团)有限公司	1,860,465	0.55	+1,860,465
11.佛山电器照明股份有限公司	1,860,465	0.55	+1,860,465

中国四川国际合作股份有限公司

二〇〇〇年年度报告摘选

一、公司简介

1、公司法定中文名称:中国四川国际合作股份有限公司
英文名称:China Sichuan International Cooperation Co.,Ltd.
缩写:SIETCO
2、公司法定代表人:沈国钧董事长
3、公司董事会秘书:陈 璞
联系地址:四川省成都市顺城大街206号四川国际大厦24层
电话:028-6520852
传真:028-6521326
电子信箱:sietcodb@sina.com
4、公司注册地址:四川省成都市永兴巷15号
公司办公地址:四川省成都市顺城大街206号四川国际大厦24层
邮编:610012
电子信箱:sietco@mail.sc.cninfo.net
公司国际互联网网址:http://www.sietco.com.cn
5、公司选定的信息披露报纸名称:《上海证券报》
刊载公司年度报告的中国证监会指定的国际互联网网址:http://www.sse.com.cn
公司年度报告备置地点:四川省成都市顺城大街206号公司董事会办公室
6、公司股票上市地:上海证券交易所
公司股票简称:中川国际
股票代码:600852

二、会计数据和业务数据摘要

1、本年度主要利润指标(单位:人民币元)

利润总额:	43,582,989.73
净利润:	40,287,026.20
扣除非经常性损益后的净利润:	38,731,978.48
主营业务利润:	100,686,797.11
其他业务利润:	4,551,380.90
营业利润:	41,064,971.02
投资收益:	2,532,109.32
补贴收入:	-
营业外收支净额:	-14,090.61
经营活动产生的现金流量净额:	21,047,654.51
现金及现金等价物净增加额:	-25,594,102.57
注:扣除的非经常性损益项目和涉及金额:	1,555,047.72
其中:	
a.处理固定资产收益:	188,088.55
b.处理长期投资收益:	1,366,959.17

2、截至报告期末公司前三年主要会计数据和财务指标(金额单位:人民币元)

项 目	2000年	1999年		1998年	
		调整后	调整前	调整后	调整前
主营业务收入	287,801,284.29	215,278,995.87		262,280,552.18	262,280,552.18
净利润	40,287,026.20	18,145,393.63		19,678,692.81	25,487,746.71
总资产	1,095,741,306.76	917,491,513.08		918,660,002.40	1,076,045,839.60
股东权益(不含少数股东权益)	252,139,746.88	208,130,863.81		189,985,470.18	367,421,422.07
每股收益	0.25	0.11		0.18	0.23
扣除非经营性损益后的每股收益	0.24	0.08		0.06	0.11
每股净资产	1.53	1.27		1.73	3.35
调整后的每股净资产	1.41	1.09		0.92	2.14
每股经营活动产生的现金流量净额	0.13	0.90		-0.08	-0.08
净资产收益率%	15.98	8.72		10.36	6.93

注:(1)按照中国证监会《公开发行证券公司信息披露编报规则第9号》的规定计算的"每股受益"和"净资产收益率" 系列指标:

报告期利润	净资产收益率		每股收益	
	全面摊薄	加权平均	全面摊薄	加权平均
主营业务利润	39.93%	44.11%	0.61	0.61
营业利润	16.29%	17.99%	0.25	0.25
净利润	15.98%	17.65%	0.25	0.24
扣除非经常性损益后的净利润	15.79%	16.97%	0.24	0.24

三、股东情况介绍

(1)报告期末公司股东总数为15362户。

(2)报告期末主要股东持股情况

股东姓名	持股数(股)	占总股本比例
① 深圳市通富达实业发展有限公司	84,000,000	51.12%
② 四川省国有资产投资管理有限责任公司	24,000,000	14.61%
③ 陆苹	400,000	2.43%
④ 白磊	300,001	1.83%
⑤ 尹强杰	240,325	1.46%
⑥ 赵心源	230,100	1.40%
⑦ 东方经纪	225,000	1.37%
⑧ 张秀莲	193,000	1.17%
⑨ 郑建勇	187,334	1.14%
⑩ 文新玉	167,907	1.02%

北满特殊钢股份有限公司

二〇〇〇年年度报告摘选

一、公司简介

1、公司中文名称：北满特殊钢股份有限公司

英文名称：BEIMAN SPECIAL STEEL COMPANY LIMITED

2、公司注册地址：齐齐哈尔市富拉尔基区红岸大街7号

公司办公地址：齐齐哈尔市富拉尔基区红岸大街7号

邮政编码：161041

公司电子信箱：E－mail:BMTG88@public.qqhr.cn

公司互联网地址：http://www.beimantegang.com.cn

3、公司法定代表人：高 崇

4、公司董事会秘书：刘晓东

联系地址：齐齐哈尔市富拉尔基区红岸大街7号

联系电话：(0452)6802291　　传真：(0452)6801662

电子信箱：liuxiaod@0451.com

5、公司选定的信息披露报纸名称：《上海证券报》

公司登载中报指定互联网地址：http://www.sse.com.cn

公司年度报告备置地点：董事会秘书办公室

6、公司股票上市地：上海证券交易所

股票简称：北满特钢　　股票代码：600853

二、会计数据和业务数据摘要

(一)公司利润总额的构成及现金流量(单位：人民币元)

项　目	金　额
利润总额	－191,284,419.61
净利润	－191,284,419.61
扣除非经营性损益后的净利润	－230,788,176.29
主营业务利润	－62,086,281.81
其他业务利润	5,704,544.00
营业利润	－188,028,591.95
投资收益	3,447,552.51
补贴收入	1,200,000.00
营业外收支净额	－7,903,380.17
经营活动产生的现金流量净额	170,614,602.30
现金及现金等价物净增加额	－36,726,553.16

注：报告期内涉及的非经营性损益项目及金额

项　目	金　额
出售报废资产收入	101,265.00
固定资产评估增值	38,554,615.22
补贴收入	1,200,000.00
出售固定资产净损失	352,123.54

(二)截止报告期末公司前三年的主要会计数据和财务指标(单位：人民币元)

项　目	2000年	1999年	1998年	
			调整前	调整后
主营业务收入	1,140,573,739.17	1,150,454,827.55	1,220,025,575.35	1,220,025,575.35
净利润	－191,284,419.61	－141,782,273.24	10,122,024.92	17,232,890.20
总资产	2,218,514,134.13	3,035,467,437.44	2,996,465,258.06	2,822,797,997.60
股东权益	787,707,197.29	978,991,616.90	1,294,441,150.60	1,120,773,890.14
每股收益	－0.3593	－0.2663	0.019	0.0324
每股净资产	1.48	1.84	2.43	2.11
调整后每股净资产	1.29	1.59	1.92	1.82
每股经营活动产生的现金流量净额	0.3205	－0.1113	－0.2982	－0.2982

(三)根据中国证监会关于(公开发行证券公司信息披露编报规则)第9号通知精神，报告期按全面摊薄法和加权平均法计算的净资产收益率及每股收益。

报告期利润项目	资产收益率(%)		每股收益(元/股)	
		加	全面摊	加权平均
主营业务利润	－7.88%	－7.03%	－0.12	－0.12
营业利润	－23.87%	－21.29%	－0.35	－0.35
净利润	－24.28%	－21.65%	－0.36	－0.36
扣除非经营性损益后的净利润	－29.30%	－26.13%	－0.43	－0.43

3、报告期内股东权益变动情况(单位：人民币万元)

项目	股本	资本公积	盈余公积	其中：公益金	未分配利润	合计
期初数	53240	52019	12125	2451	－19485	97899
本期增加	－	－	－	－	－19128	－19128
本期减少						
期末数	53240	52019	12125	2451	－38613	78771

变动原因　未分配利润变动系本报告期增加亏损所致。

三、股东情况介绍

1、截止2000年末，公司股东总数为71622户，其中国有法人股1户，法人股东9户，社会公众股股东71612户。

2、前十名股东持股情况

序号	股东名称	期末持股数(万股)	占总股本比例(%)
(1)	北钢集团有限责任公司	34243	64.32
(2)	北京大地广告公司	968	1.82
(3)	广东佛山南发实业总公司	484	0.91
(4)	黑龙江省电力工业公司	242	0.45
(5)	中国第 汽车集团公司	242	0.45
(6)	齐齐哈尔证券公司	121	0.23
(7)	黑龙江兴达贸易公司	121	0.23
(8)	哈尔滨铁路局齐齐哈尔分局	121	0.23
(9)	交通银行齐齐哈尔支行	121	0.23
(10)	黑龙江省证券公司	121	0.23

注：北钢集团有限责任公司持有国家股34243万股，占公司总股本的64.32%，其中13500万国有股(占国家股的39.42%)已向国家开发银行进行质押，质押期限为8年，即从2000年1月17日起至2008年1月17日止。公司法人代表：高崇。

公司生产经营范围：钢冶炼、钢压延加工、机械设备制造、轴承、耐火材料。

江苏春兰制冷设备股份有限公司

二〇〇〇年年度报告摘选

一、公司简介

1、公司的法定中文名称：江苏春兰制冷设备股份有限公司

英文名称：Jiangsu chunlan refrigerating equipment stock co., ltd.

缩写：chunlan

2、公司法定代表人：张鸿志

3、公司董事会秘书：陈震　　证券事务代表：田淼

联系地址：江苏省泰州市春兰工业园区春兰路1号

联系电话：0523－6661688＊305　6663800　6663663

传真：0523－6663839

电子邮件信箱：clzlgstz@pub.tz.jsinfo.net

4、公司注册地址、办公地址：江苏省泰州市春兰工业园区春兰路1号

邮政编码：225300

公司国际互联网网址：http://www.chunlan.com.cn

电子邮件信箱：clzl.tz@public.tz.js.cn

5、公司选定的信息披露报纸名称：《中国证券报》、《上海证券报》

登载公司年度报告的中国证监会指定国际互联网网址：http://www.sse.com.cn

年度报告备置地点：江苏省泰州市春兰工业园区春兰路1号本公司证券办公室

6、公司股票上市交易所：上海证券交易所

股票简称：春兰股份

股票代码：600854

二、会计数据和业务数据摘要

1、公司本年度实现的利润指标情况　　单位：元

项目	金额
利润总额：	317625177.02
净利润：	266523026.07
扣除非经常性损益后的净利润：	254266985.50
主营业务利润：	499286498.41
其他业务利润：	1193357.41
营业利润：	308644524.25
投资收益：	2906516.71
补贴收入：	
营业外收支净额：	6074136.06
经营活动产生的现金流量净额：	147989946.38
现金及现金等价物净增加额：	－66697289.21

非经常性损益系处理固定资产损益及罚款收入，金额为12256040.57

2、主要财务指标：　　单位：元

	2000年	1999年	1998年	
			调整后	调整前
主营业务收入：	1824980951.86	1947367406.71	1914308804.73	1914308804.73
净利润：	266523026.07	264936748.85	272037474.19	275287334.83
总资产：	2560996512.49	2323715250.63	1941978710.24	1943361642.02
股东权益：(不含少数股东权益)	1741853649.13	1536600812.40	1416898863.55	1427556777.14
每股收益(摊薄)：	0.87	0.865	1.15	1.17
每股收益(加权)：	0.87	0.865	1.24	1.26
扣除非经常性损益后的每股收益：	0.83	0.858	1.24	1.26
每股净资产：	5.69	5.02	6.01	6.06
调整后的每股净资产：	5.67	5.02	6.01	6.06
每股经营活动产生的现金流量净额：	0.48	0.11	0.51	0.51
净资产收益率(%)：	15.30	17.24	19.20	19.28

注：以上数据和指标均按合并报表数计算。

三、股本变动及股东情况

1、报告期末公司股东总数53191户。

2、股东情况介绍

(1)本公司前十名股东情况

股东名称	年末持股数	年内股份增减	占总股本的比例	质押或冻结
1、春兰(集团)公司	114645940	－41750300	37.43%	无
2、泰州国有资产经营有限公司	55135100	55135100	18.00%	无
3、BERNIE INDUSTRIAL LIMITED	53539200	53539200	17.48%	无
4、泰州春兰特种空调器厂	1915056		0.63%	无
5、春兰销售公司	1276704		0.42%	无
6、百乐电器	1235043		0.40%	
7、苏州投资	982300	－216614	0.32%	
8、天元基金	672980	672980	0.22%	
9、汉鼎基金	400099	400099	0.13%	
10、北钢证券	360541	360541	0.12%	

泰州春兰特种空调器厂和泰州春兰销售公司为春兰(集团)公司的全资子公司。

(2)持股10%(含10%)以上的法人股东：

①春兰(集团)公司法定代表人：陶建幸　　经营范围：制造销售各类空调、除湿设备、制冷设备、冷冻设备、制冷压缩机、摩托车、电子原器件。制造销售普通机械、化工产品、塑料制品、投资开发第三产业。

②泰州国有资产经营有限公司　　法定代表人：潘山元　　经营范围：投资经营。

③BERNIE INDUSTRIAL LIMITED法定代表人：陆健 BERNIE INDUSTRIAL LIMITED为1999年在英属维尔京群岛成立的股份有限公司，系香港钟山有限公司全资拥有的子公司。该股东为港资股股东。

北京旅行车股份有限公司

二〇〇〇年年度报告摘选

一、公司简介

1、公司法定中文名称:北京旅行车股份有限公司
公司法定英文名称:BEIJING LIGHTBUS CORP.,LTD.
英文缩写:BLC
2、公司法定代表人:殷兴良
3、公司董事会秘书:张金奎
联系电话:010-68389404　　传真:010-68281182
4、公司注册地址及办公地址:北京市海淀区永定路50号
邮政编码:100854
5、公司选定的信息披露报纸名称:《中国证券报》、《上海证券报》
登载公司年度报告的中国证监会指定国际互联网网址:http://www.sse.com.cn
公司年度报告备置地点:公司董事会办公室
6、公司股票上市交易所:上海证券交易所
股票简称:PT北旅　　股票代码:600855

二、会计数据和业务数据摘要

1、2000年度实现利润情况(单位:元)

项　目	金　额
利润总额	145,705,396.08
净利润	145,705,396.08
扣除非经常性损益后的净利润	-50,637,265.78
主营业务利润	-8,689,300.28
营业利润	-40,459,357.96
投资收益	33,646.20
补贴收入	17,955,800.00
营业外收支净额	168,175,307.84
经营活动产生的现金流量	1,026,703.70
现金及现金等价物净增加额	22,728,890.69

扣除非经常性损益项目(单位:元)

项　目	金　额
财政补贴	17,955,800.00
债务重组	152,040,375.74
其它	26,346,486.12
合计	196,342,661.86

2、公司近三年主要会计数据和财务指标(单位:元)

指标项目	2000年	1999年	1998年
主营业务收入	41,282,329.86	76,274,364.87	78,236,888.48
净利润	145,705,396.08	-58,978,031.72	-120,902,650.4
总资产	298,959,956.95	326,772,898.35	378,450,608.40
股东权益	179,477,833.54	26,005,465.12	84,983,496.84
全面摊薄每股收益	0.910	-0.368	-0.755
加权平均每股收益	0.910	-0.368	-0.755
扣除非经常性损益后的每股收益	-0.316	-0.368	-0.755
每股净资产	1.121	0.162	0.531
调整后的每股净资产	0.987	0.015	0.376
每股经营活动产生的现金流量净额	0.006	-0.007	-0.019
全面摊薄净资产收益率(%)	81.18	-226.79	-142.27
加权平均净资产收益率(%)	147.39	-106.28	-81.86
扣除非经常性损益后的加权平均净资产收益率(%)	-51.22	-106.28	-81.86

利润表附表(2000年)

报告期利润	净资产收益率(%)		每股收益(元)	
	全面摊薄	加权平均	全面摊薄	加权平均
主营业务利润	-4.84	-8.79	-0.05	-0.05
营业利润	-22.54	-40.93	-0.25	-0.25
净利润	81.18	147.39	0.91	0.91
扣除非经常性损益后的净利润	-28.21	51.22	-0.32	-0.32

利润表附表(1999年)

报告期利润	净资产收益率(%)		每股收益(元)	
	全面摊薄	加权平均	全面摊薄	加权平均
主营业务利润	-33.41	-5.51	-0.05	-0.05
营业利润	-155.58	-25.63	-0.25	-0.25
净利润	560.29	92.31	0.91	0.91
扣除非经常性损益后的净利润	-194.72	-32.08	-0.32	-0.32

三、股本变动及股东情况

(一)股本变动情况
1、股本结构情况

年度公司股份变动情况

填报日期:2000年12月31日　　数量单位:万股

股　本	期初数	本年度股本变动 增加数	本年度股本变动 减少数	期末数
一、尚未流通股份	10709.1			10709.1
1、发起人股份				
其中:国家股	209.9			209.9
境内法人股	6497.2	4002		10499.2
外资法人股	4002		4002	
2、募集法人股				
3、内部职工股				
4、优先股或其他				
尚未流通股份合计	10709.1	4002	4002	10709.1
二、已流通股份				
1、境内上市人民币普通股	5298.9			5298.9
2、境内上市外资股				
3、境外上市外资股				
4、其他				
已流通股份合计	5298.9			5298.9
三、股份总数	16008			16008

长春百货大楼集团股份有限公司

二〇〇〇年年度报告摘选

一、公司简介

1、公司的法定中、英文名称及缩写。
公司的法定中文名称:长春百货大楼集团股份有限公司
公司的法定英文名称:CHANGCHUN DEPARTMENT JITUAN STORE COMPANY LIMITED
缩写:CCD
2、公司法定代表:范士良
3、公司董事会秘书:耿文喜
联系地址:长春市人民大街77号
电话:0431-8965414　　传真:0431-8920704
4、公司注册地址:长春市人民大街77号　　邮政编码:130061
电子信箱地址:http://cbjt@public.cc.jl.cn
5、公司信息披露报纸名称:上海证券报
上交所网址:http://www.sse.com.cn
公司年度报告备置地点:长春市人民大街77号
6、公司股票上市地:上海证券交易所
股票简称:长百集团　　证券代码:600856

二、会计数据和业务数据摘要

1、公司本年实现:

项　目	金额(单位:元)
利润总额	29,706,958.63
净利润	24,183,279.62
扣除非经常性损益后的净利润	24,046,255.81
主营业务利润	56,163,537.64
其它业务利润	39,180,726.09
营业利润	22,743,935.24
投资收益	6,825,999.58
营业外收支净额	137,023.81
经营活动产生的现金流量净额	70,364,491.09
现金及现金等价物净增加额	103,898,316.55

注:扣除非经常性损益后的净利润中,扣除的项目和金额:
营业外收支净额:　137,023.81

2、公司近三年的主要会计数据及财务指标。

	2000年	1999年 追溯调整前	1999年 追溯调整后	1998年 追溯调整前	1998年 追溯调整后
主营业务收入	337,191,429.97	306,687,324.05	306,687,324.05	293,088,943.52	293,088,943.52
净利润	24,183,279.62	56,237,388.13	36,954,989.22	27,370,297.70	22,899,712.92
总资产	715,539,452.55	689,956,499.71	688,496,499.71	456,650,089.32	436,264,794.23
股东权益	365,814,055.56	352,227,661.54	350,767,661.54	360,232,619.38	339,847,324.29
每股收益(摊薄)	0.13	0.31	0.20	0.15	0.13
每股收益(加权)	0.13	0.31	0.20	0.15	0.13
扣除非经常性损益后的每股收益	0.13	0.14	0.13	0.15	0.13
每股净资产	2.00	1.93	1.92	1.97	1.86
调整后每股净资产	1.71	1.65	1.64	1.73	1.62
每股经营活动产生的现金流量净额	0.39	0.04	0.04	0.18	0.18
净资产收益率(摊薄)	6.61%	15.97%	10.54%	7.60%	6.74%
净资产收益率(加权)	6.66%	15.28%	10.31%	7.73%	6.51%

注:
根据中国证监会《公开发行证券公司信息披露编报规则(第九号)》要求计算的利润数据:

利润表附表

报告期利润	净资产收益率%		每股收益	
	全面摊薄	加权平均	全面摊薄	加权平均
主营业务利润	15.35	15.48	0.31	0.31
营业利润	6.22	6.27	0.12	0.12
净利润	6.61	6.66	0.13	0.13
扣除非经常性损益后的净利润	6.57	6.63	0.13	0.13

3、报告期内股东权益变动情况

项目	股　本	资本公积	盈余公积	法定公益金	未分配利润	股东权益合计
期初数	182,737,712.00	143,321,731.32	4,677,062.98	8,378,463.61	-8,347,308.37	350,767,661.54
本期增加			2,718,351.06	2,192,937.30	19,271,991.26	24,183,279.62
本期减少					9,136,885.60	9,136,885.60
期末数	182,737,712.00	143,321,731.32	7,395,414.04	10,571,400.91	1,787,797.29	365,814,055.56
变动原因			本年利润分配	本年利润分配	本年利润分配	本年利润分配

三、股本变动及股东情况

一、股本变动情况
股份变动情况表　　数量:股

	年初数	增　减	年末数
1、未上市流通股份			
(1)发起人股份			
其中:			
国家持有股份	56872480		56872480
境内法人持有股份			
境外法人持有股份			
其它			
(2)募集法人股份	39950400		39950400
(3)内部职工股			
(4)优先股或其它			
其中:转配股	1830832	-1830832	0
未上市流通股份合计	98653712	-1830832	96822880
2、已上市流通股份			
(1)人民币普通股	84084000	+1830832	85914832
(2)境内上市的外资股			
(3)境外上市的外资股			
(4)其它			
已上市流通股份合计	84084000	+1830832	85914832
3、股份总数	182737712		182737712

宁波首创科技股份有限公司

二○○○年年度报告摘选

一、公司简介

1、公司的法定中文名称:宁波首创科技股份有限公司
英文名称:NINGBO SHOUCHUANG TECHNOLOGY CO., LTD.
2、公司法定代表人:王琪
3、公司董事会秘书:江宇程
董事会证券事务代表:张红
联系地址:宁波市和义路45号
电话:(0574)-7347621　7363263
传真:(0574)-7367996
4、公司注册地址和办公地址:宁波市和义路45号
邮政编码:315000
5、公司选定的信息披露报纸名称:中国证券报、上海证券报
登载公司年报的国际互联网网址:http://www.sse.com.cn
公司年度报告备置地点:宁波市和义路45号公司办公室
6、公司股票上市交易所:上海证券交易所
股票简称:首创科技
股票代码:600857

二、会计数据和业务数据摘要

(一)本年度业务数据摘要(单位:元)

利润总额	36,487,833.86
净利润	32,959,832.14
扣除非经常性损益后的净利润	21,581,601.95
主营业务利润	54,763,801.58
其他业务利润	--
营业利润	23,148,136.03
投资收益	12,790,466.02
补贴收入	327,644.00
营业外收支净额	221,587.81
经营活动产生的现金流量净额	25,435,331.77
现金及现金等价物净增加额	15,737,553.62
注:扣除非经常性损益项目和涉及金额	
项目	涉及金额
投资收益-转让北京世联商业网络中心有限公司部分股权	11,378,230.19

(二)主要会计数据和财务指标(单位:元)

项　目	2000年度	1999年度	1998年度	
			调整前	调整后
主营业务收入	661,417,368.57	537,234,186.33	491,948,369.20	491,948,369.20
净利润	32,959,832.14	51,026,310.05	14,873,726.91	15,273,740.25
总资产	456,966,542.67	418,314,468.12	378,952,859.71	378,663,892.63
股东权益	340,467,513.90	322,891,028.96	275,201,595.08	274,912,628.00
每股收益	0.17	0.42	0.12	0.13
扣除非经常性损益后的每股收益	0.11	0.17		
每股净资产	1.77	2.69	2.29	2.29
调整后的每股净资产	1.76	2.64	2.26	2.25
每股经营活动产生的现金流量净额	0.13	0.23	0.05	0.05
净资产收益率(%)	9.68	15.80	5.40	5.56

(三)按中国证监会《公开发行证券公司信息披露编报规则》第9号通知精神计算的净资产收益率和每股收益:

报告期利润	净资产收益率		每股收益	
	全面摊薄	加权平均	全面摊薄	加权平均
主营业务利润	16.08	16.14	0.28	0.28
营业利润	6.80	6.82	0.12	0.12
净利润	9.68	9.71	0.17	0.17
扣除非经常性损溢后的净利润	6.34	6.36	0.11	0.11

三、股东情况介绍

1、报告期末股东总数

截止2000年12月31日,公司股东总数为70330户,其中:境内法人股东64户,社会公众股东70266户。

2、前十名股东持股情况　(数量单位:股)

股东名称	年末持股数	持股比例(%)	备　注
北京经济发展投资公司	51240869	26.65	非流通股,存在关联关系
镇海炼油化工股份有限公司	8985600	4.67	非流通股
宁波联合集团股份有限公司	7395840	3.85	其中流通股69120股
中国百货纺织品公司	5529600	2.88	非流通股
宁波金港信托投资有限责任公司	5529600	2.88	非流通股
宁波成功信息股份有限公司	3193067	1.66	非流通股
交通银行宁波分行	3041280	1.58	非流通股
浙江省商业集团公司	2764800	1.44	非流通股
中国人寿保险公司宁波分公司	1382400	0.72	非流通股
鄞县煤气用具厂	1382400	0.72	非流通股

上述持有本公司5%以上股份的北京经济发展投资公司(以下简称经发投公司),在报告期内因本公司送股和资本公积金转增股本,使期末股份数比期初增加19215326股。该股东所持股份未发生质押、冻结等情况。

渤海集团股份有限公司

二○○○年年度报告摘选

一、公司简介

(一)公司法定中文名称:渤海集团股份有限公司
英文名称:BOHAI GROUP CO., LTD.
缩写:B.H.GROUP
(二)公司法定代表人:李甫田
(三)公司董事局秘书:王锡忠
联系地址:山东省济南市泺源大街22号20F
电话:0531-6960858
传真:0531-6960688
电子信箱:bohai@jn-public.sd.cninfo.net
(四)公司注册地址:山东省济南市泺源大街中段
办公地址:山东省济南市泺源大街22号20F
邮政编码:250063
电话总机:0531-6988888
传真:0531-6966666
国际互联网网址:http://www.bohai.com
电子信箱:bohai@jn-public.sd.cninfo.net
(五)公司选定的信息披露报纸名称:《上海证券报》、《中国证券报》
登载公司年度报告的中国证监会指定国际互联网网址:http://www.sse.com.cn
年度报告备置地点:公司董事局办公室
(六)公司股票上市交易所:上海证券交易所
股票简称:渤海集团
股票代码:600858

二、会计数据和业务数据摘要

(一)本年度主要利润指标(单位:元)

利润总额	-23,900,228.06
净利润	-24,040,064.98
扣除非经常性损益后的净利润	-15,217,791.23
主营业务利润	7,154,906.90
其他业务利润	2,809,069.89
营业利润	-15,077,954.31
投资收益	1,513,438.97
补贴收入营业外收支净额	-10,335,712.72
经营活动产生的现金流量净额	-2,646,674.28
现金及现金等价物净增加额	-2,912,440.75
注:扣除非经常性损益项目及涉及金额(单位:元)	
(1)营业外收支净额项目	-10,335,712.72
(2)投资收益项目	1,513,438.97
以上项目涉及金额合计	-8,822,273.75

(二)前三年主要会计数据和财务指标(单位:元)

项　目	2000年	1999年	1998年
主营业务收入	24,071,293.55	26,958,840.52	22,470,620.43
净利润	-24,040,064.98	4,896,164.71	-14,536,987.98
总资产	240,079,871.98	252,713,920.71	226,861,714.49
股东权益(不含少数股东权益)	143,998,993.57	168,039,058.55	163,142,893.84
每股收益			
-全面摊薄	-0.1981	0.0403	-0.1198
-加权平均	-0.1981	0.0403	-0.1198
-扣除非经常性损益	-0.1251	-0.0418	-0.0932
每股净资产	1.1867	1.3848	1.3444
调整后的每股净资产	1.1521	1.3506	1.2613
每股经营活动产生的现金流量净额	-0.0218	0.0187	-0.0232
净资产收益率(%)			
-全面摊薄	-16.6946	2.9137	-8.9106
-加权平均	-15.4084	2.9568	-8.7432

(三)按照中国证监会《公开发行证券公司信息披露编报规则(第9号)》要求计算的利润数据

	报告期利润(元)	净资产收益率(%)		每股收益(元/股)	
		全面摊薄	加权平均	全面摊薄	加权平均
主营业务利润	7,154,906.90	4.9687	4.5859	0.0590	0.0590
营业利润	-15,077,954.31	-10.4709	-9.6642	-0.1243	-0.1243
净利润	-24,040,064.98	-16.6946	-15.4084	-0.1981	-0.1981
扣除非经常性损益后的净利润	-15,217,791.23	-10.5680	-9.7538	-0.1254	-0.1254

三、股东情况介绍

(一)报告期末股东总数
报告期末股东总数为31096户。
(二)前10名股东持股情况(单位:股)

名次	股东名称	年度内股份增减(+、-)	年末持股数	占总股份比例(%)
1	国家股	0	17,600,000	14.50
2	潍坊纯碱	0	11,126,720	9.17
3	山东广告	0	9,160,800	7.55
4	新天房产	+4,500,000	4,500,000	3.71
5	山东东华	+2,675,200	3,256,000	2.68
6	济南银鼎	+2,860,000	2,860,000	2.36
7	孺子实业	+2,000,000	2,000,000	1.65
8	中信物业	+1,200,000	1,200,000	0.99
9	长城证券	+883,500	883,500	0.73
10	国泰证券	0	880,000	0.72

北京王府井百货(集团)股份有限公司

二〇〇〇年年度报告摘选

一、公司简介

1. 公司法定中、英文名称及缩写
公司法定中文名称:北京王府井百货(集团)股份有限公司
中文名称缩写:王府井百货
公司英文名称:BEIJING WANGFUJING DEPARTMENT STORE(GROUP)CO.,LTD.
英文名称缩写:BWDSG
2. 法定代表人:李甡
3. 董事会秘书:刘冰
联系地址:北京王府井大街255号
电话:(010)65125960或(010)65126677　　传真:(010)65133133
电子信箱:wfjcc@wfj.com.cn
4. 公司注册地址及办公地址:中国北京王府井大街255号
邮政编码:100006
国际互联网网址:http://www.wfj.com.cn
电子信箱:wfjcc@wfj.com.cn
5. 公司选定信息披露报纸名称:中国证券报
中国证监会指定登载年度报告互联网网址:http://www.sse.com.cn
公司年度报告备置地点:公司董事会办公室
6. 公司股票上市地:上海证券交易所
股票简称:王府井　　股票代码:600859

二、会计数据和业务数据摘要

(一)本年度利润总额及其构成(单位:人民币元)

项目	金额
利润总额	27,652,303.03
净利润	30,503,610.21
扣除非经常性损益后的净利润	24,906,242.33
主营业务利润	359,108,922.64
其他业务利润	16,615,176.79
营业利润	25,124,080.79
投资收益	-3,069,145.64
补贴收入	
营业外收支净额	5,597,367.88
经营活动产生的现金流量净额	185,081,747.94
现金及现金等价物净增加额	-114,815,223.70
注:扣除的非经常性损益项目涉及金额	
1. 固定资产处置损失	252,166.67
2. 补偿收入	5,665,000.00
3. 其他收入	184,534.55

(二)主要会计数据及财务指标(单位:人民币元)

指标项目	2000年度	1999年度	1998年度	
			调整后	调整前
主营业务收入	2,272,359,697.91	1,391,814,914.43	1,615,409,715.33	1,615,409,715.33
净利润	30,503,610.21	3,979,841.10	25,170,246.57	42,061,936.93
总资产	2,916,610,913.48	2,797,107,554.10	2,459,350,303.73	2,481,986,770.71
股东权益	1,553,787,749.84	1,542,485,531.33	1,535,504,299.63	1,558,140,766.61
每股收益	0.078	0.011	0.070	0.118
按月平均加权计算的每股收益	0.082	0.011	0.071	0.13
扣除非经常性损益后的每股收益	0.063	0.017	0.073	0.12
每股净资产	3.954	4.318	4.30	4.36
调整后每股净资产	3.42	3.71	3.89	4.02
每股经营活动产生的现金流量净额	0.47	0.08	0.114	0.114
净资产收益率(%)	1.96	0.26	1.64	2.7

(三)净资产收益率及每股收益(单位:人民币元)

报告期利润	净资产收益率(%)		每股收益	
	全面摊薄	加权平均	全面摊薄	加权平均
主营业务利润	23.11	23.05	0.91	0.91
营业利润	1.62	1.61	0.06	0.06
净利润	1.96	1.96	0.08	0.08
扣除非经常性损益后的净利润	1.60	1.60	0.06	0.06

三、股东情况介绍

1. 股东情况介绍

(1)截止2000年12月31日公司股东总数为161536名。

(2)持有本公司股份5%以上(含5%)股份的股东1名,为北京市京联发投资管理中心。截止1999年12月31日北京市京联发投资管理中心持有本公司股份176904000股,本年度内因资本公积金转增股本增加股份17690400股,年末持有本公司股份194594400股,其所持本公司股份无质押或冻结的情况。

(3)截止2000年12月31日前10名股东持股情况:

序号	股东名称	持股数(股)	所占比例(%)
1	京联发(代表国家持股)	194594400	49.5185
2	牛奶公司	1291170	0.3286
3	北控管理	1105372	0.2813
4	海能实业	518814	0.1320
5	黄飞翔	401076	0.1021
6	邵淳	305791	0.0778
7	郭珍宝	302000	0.0769
8	香海会展	300000	0.0763
9	赵国仓	260000	0.0662
10	兴和基金	221950	0.0565

北人印刷机械股份有限公司

二〇〇〇年年度报告摘选

一、公司简介

1. 公司法定中文名称:北人印刷机械股份有限公司
公司英文名称:Beiren Printing Machinery Holdings Limited
英文缩写:BR
2. 法定代表人:朱武安先生
3. 董事会秘书:戎佩敏女士　　邮编:100022
网址:http://www.beirengf@beirengf.com
电话:(010)67748470　　传真:(010)67714086
电子信箱:beirengf@beirengf.com
4. 公司选定的信息披露报纸名称:《上海证券报》、香港《文汇报》、《Hong Kong iMail》(英文报)
5. 公司注册办公及联系地址及公司年报置备地点:中国北京市朝阳区广渠路南侧44号
6. 登载公司年度报告的中国证监会指定国际互联网网址:http://www.sse.com.cn
7. 在香港的主要营业地点:香港中环怡和大厦27楼
8. 公司股票上市地:香港H股、上海A股
H股简称:北人印刷　　H股代码:187
A股简称:北人股份　　A股代码:600860

二、主要会计数据与业务数据摘要(合并)

(一)年度实现利润总额:(单位:人民币千元)
按照中华人民共和国会计准则编制

项目	金额
1. 利润总额	58,547
2. 净利润	51,423
3. 扣除非经常性损益的净利润	51,423
4. 主营业务利润	146,746
5. 其他业务利润	1,603
6. 营业利润	61,648
7. 投资收益	0
8. 补贴收入	0
9. 营业外收支净额	(3,101)
10. 经营活动产生的现金流量净额	35,682
11. 现金及现金等价物净增加额	(76,370)

(二)主要会计数据及财务指标:(单位:人民币千元)
按照中国会计准则编制

指标项目	2000年	1999年	1998年(注(8))	
			调整前	调整后
1. 主营业务收入(人民币千元)	442,056	459,834	457,956	457,956
2. 净利润(人民币千元)	51,423	48,848	55,096	45,839
3. 总资产(人民币千元)	1,357,076	1,164,980	1,212,635	1,182,944
4. 股东权益(人民币千元)	974,627	1,003,886	1,016,317	987,037
5. 每股收益(人民币元)(注(1))	0.129	0.122	0.138	0.115
6. 每股净资产(人民币元)(注(2))	2.44	2.51	2.54	2.47
7. 净资产收益率(摊薄)(%)(注(3))	5.28	4.87	5.42	4.64
8. 净资产收益率(加权)(%)(注(4))	5.20	4.91	5.48	4.67
9. 股东权益比率(%)(注(5))	71.82	86.17	83.81	83.44
10. 调整后每股净资产(人民币元)(注(6))	2.29	2.36	2.40	2.33
11. 每股经营活动产生的现金流量净额(人民币元)(注(7))	0.089	0.169	0.103	0.103

按照香港会计准则编制

指标项目	2000年	1999年	1998年
1. 营业额(人民币千元)	444,984	454,709	461,318
2. 股东应占盈利(人民币千元)	50,831	50,200	43,692
3. 总资产(人民币千元)	1,339,781	1,107,408	1,111,732
4. 股东权益(人民币千元)	941,210	930,379	912,179
5. 每股收益(人民币元)(注(1))	0.127	0.126	0.109
6. 每股净资产(人民币元)(注(2))	2.35	2.33	2.28
7. 净资产收益率(摊薄)(%)(注(3))	5.40	5.40	4.79
8. 净资产收益率(加权)(%)(注(4))	5.43	5.45	4.82
9. 股东权益比率(%)(注(5))	70.25	84.01	82.05
10. 调整后每股净资产(人民币元)(注(6))	2.25	2.33	2.28
11. 每股经营活动产生的现金流量净额(人民币元)(注(7))	0.112	0.177	0.164

(三)按照中国证监会《公开发行证券公司信息披露编报规则(第9号)》要求计算的利润表附表

报告期利润	净资产收益率%		每股收益(人民币元)	
	全面摊薄	加权平均	全面摊薄	加权平均
主营业务利润	15.06	14.72	0.3669	0.3669
营业利润	6.33	6.18	0.1541	0.1541
净利润	5.28	5.16	0.1286	0.1286
扣除非经常性损益后的净利润	5.28	5.16	0.1286	0.1286

三、股东情况介绍

1、截至二零零零年十二月三十一日止,本公司A股股东数:33686户,H股股东数:214户,合计:33900户。

2、截至二零零零年十二月三十一日止,本公司前十名股东情况如下:

股东名称	类别	年末持股数	占总股本比例%
北人集团公司	A	250,000,000	62.50
HKSCC NOMINEES LIMITED	H	91,038,199	22.75
CHEN CHAO YEN	H	1,300,000	0.33
CHEUNG CHU TAK	H	1,000,000	0.25
HUI KAU YU	H	944,000	0.24
HSBC NOMINEES (HONGKONG) LIMITED	H	510,000	0.13
KWAN KAM ON	H	500,000	0.13
KWOK KOON HIU	H	360,000	0.09
CHONG SUNG SUNG	H	290,000	0.07
陈辉球	A	266,300	0.07

北京城乡贸易中心股份有限公司

二○○○年年度报告摘选

一、公司简介

1 、公司法定中文名称:北京城乡贸易中心股份有限公司
公司英文名称:BEIJING URBAN - RURAL TRADE CENTRE CO.,LTD
公司英文名称缩写:BURTC
2、公司法定代表人:周和平
3 、公司董事会秘书:赵 磊
联系电话:(010)68296595
传真:(010)68216933
联系地址:北京市海淀区复兴路甲 23 号董事会办公室
4 、公司注册地址:北京市海淀区复兴路甲 23 号
公司办公地址:北京市海淀区复兴路甲 23 号
邮政编码:100036
5 、公司选定的信息披露报纸名称:《中国证券报》、《上海证券报》
中国证监会指定国际互联网网址:http://www.sse.com.cn
年度报告备置地点:北京城乡贸易中心股份有限公司董事会办公室
6 、公司股票上市地:上海证券交易所
股票简称:北京城乡
股票代码:600861

二、会计数据和业务数据摘要

1 、本年度主要利润指标情况(单位:人民币元)

利润总额:	112,155,844.66
净利润:	97,006,614.32
扣除非经营性损益后的净利润:	84,365,741.94
主营业务利润:	197,695,776.71
其他业务利润:	35,299,916.90
营业利润:	106,334,736.90
投资收益:	6,227,464.72
补贴收入:	--
营业外收支净额:	-406,356.96
经营活动产生的现金流量净额:	567,102,221.06
现金及现金等价物净增加额:	373,727,558.15

注:扣除的非经营性损益项目及涉及金额:

其中:待处理流动资产损失 5812362.82 元;子公司及联营公司清理损失 1123710.91 元;合并价差 189064 元;营业外支出 1287289.65 元;所得税返还 20172367.07 元;营业外收入 880932.89 元。

2 .截至报告期末公司前三年主要会计数据和财务指标:

单位:人民币元

指标项目	2000 年	1999 年	1998 年(调整前)	(调整后)
(1)主营业务收入	1,064,977,538.57	1,203,400,479.26	1,323,248,560.14	1,323,258,683.34
(2)净利润	97,006,614.32	117,795,823.02	112,463,885.00	110,437,174.03
(3)总资产	2,245,983,597.41	2,310,040,408.89	1,958,507,173.68	1,953,720,150.66
(4)股东权益	1,555,675,691.43	1,491,059,142.45	1,107,637,445.18	1,104,235,817.93
(5)每股收益(摊薄)	0.24	0.29	0.49	0.48
(6)每股收益(加权)	0.24	0.42	0.49	0.48
(7)每股净资产	3.83	3.67	4.84	4.83
(8)调整后每股净资产	3.42	3.26	4.32	4.04
(9)每股经营活动产生的现金流量净额	1.39	-0.52	0.64	0.64
(10)净资产收益率(%)(摊薄)	6.2	7.9	10.15	10
净资产收益率(%)(加权)	6.3	8.36	10.38	9.52

3 、报告期利润表附表

报告期利润	净资产收益率(%)		每股收益(元/股)	
	全面摊薄	加权平均	全面摊薄	加权平均
主营业务利润	12.7%	12.84%	0.49	0.49
营业利润	6.8%	6.91%	0.26	0.26
净利润	6.2%	6.30%	0.24	0.24
扣除非经常性损益后的净利润	5.4%	5.48%	0.21	0.21

三、股东情况介绍

1、报告期末股东总数

截止 2000 年 12 月 31 日,公司在册股东总数 129026 户。

2、公司前 10 名股东持股情况如下:

名 称	年末持股数(万股)	占总股本比例(%)
①北京市郊区旅游实业开发公司	16920	41.7
②北京北航天华科技有限责任公司	2422	5.97
③北京海兴实业公司	1500	3.70
④上海万丰资产管理公司	975	2.40
⑤北京国际信托投资有限公司	750	1.85
⑥华夏证券天宁寺证券营业部	597	1.47
⑦北京仁达国际信息	525	1.29
⑧华苑公司	78	0.19
⑨天马科技	75	0.18
⑩陈兰芳	52	0.13

(1)报告期内持有本公司 5%以上股份的股东中,无质押或冻结情况。
(2)报告期内持有 5%以上股份的股东持股数没有变动。

南通纵横国际股份有限公司

二○○○年年度报告摘选

一、公司简介

1、公司法定中文名称:南通纵横国际股份有限公司
公司法定英文名称:TONMAC International Co., Ltd.
缩写:TONMAC
2、公司法定代表人:张宗平先生
3、公司董事会秘书:刘西川先生
联系地址:江苏省南京市新街口华新大厦 18 楼
电话:025-4700000 传真:025-4700002
电子信箱:Liuxichuan@sutech.com
公司董事会证券事务代表:丁 凯先生
联系地址:江苏省南通市任港路 23 号
电话:0513-5516141 传真:0513-5512271
电子信箱:ntmt@public.nt.js.cn
4、公司注册地址:江苏省南通市任港路 23 号
公司办公地址:江苏省南通市任港路 23 号 邮政编码:226006
公司国际互联网网址:http://www.tonmac.com.cn
电子信箱:webmaster@tonmac.com.cn
5、公司选定的信息披露报纸名称:《上海证券报》、《中国证券报》、《证券时报》
登载公司年度报告的中国证监会指定国际互联网网址:http://www.sse.com.cn
公司年度报告备置地点:公司证券部
6、公司股票上市交易所:上海证券交易所
股票简称:纵横国际 股票代码:600862

二、会计数据和业务数据摘要

1、本年度主要利润指标情况(单位:人民币元)

利润总额:	101,701,663.95
净利润:	90,082,502.96
扣除非经常性损益后的净利润:	73,389,974.59
主营业务利润:	116,595,563.76
其他业务利润:	7,301,293.21
营业利润:	73,704,052.33
投资收益:	11,305,083.25
补贴收入:	14,013,900.00
营业外收支净额:	2,678,628.37
经营活动产生的现金流量净额:	-38,171,467.31
现金及现金等价物净增加额:	616,684,074.30
注:扣除的非经常性损益项目和涉及金额:	
营业外收支净额项目:	2,678,628.37
补贴收入项目:	14,013,900.00
以上项目涉及金额:	16,692,528.37

2、截至报告期末公司前三年主要会计数据和财务指标:(单位:人民币元)

指标项目	2000 年度	1999 年度	1998 年度	
			调整后	调整前
主营业务收入	405,921,839.16	231,058,364.24	185,471,519.64	203,545,295.24
净利润	90,082,502.96	63,638,897.76	16,466,818.34	20,160,234.60
总资产	1,591,418,025.48	588,537,944.48	522,867,951.28	720,840,863.22
股东权益(不含少数股东权益)	925,733,183.47	197,542,560.73	129,599,914.14	148,928,919.37
每股收益(按净利润全面摊薄计算)	0.45	0.43	0.22	0.27
每股收益(按净利润加权平均计算)	0.51	0.43	0.22	0.27
扣除非经常性损益后的每股收益(全面摊薄)	0.37	0.40	0.11	0.16
扣除非经常性损益后的每股收益(加权平均)	0.41	0.40	0.11	0.16
每股净资产	4.66	1.33	1.74	2.00
调整后的每股净资产	4.61	1.29	1.56	1.69
每股经营活动产生的现金流量净额	-0.19	0.16	0.17	0.47
净资产收益率%(按净利润全面摊薄计算)	9.49	32.22	12.71	13.54
净资产收益率%(按净利润加权平均计算)	14.35	19.71	13.96	14.61

3、按照中国证监会《公开发行证券公司信息披露编报规则(第 9 号)》要求计算 2000 年报告期利润的净资产收益率和每股收益。

报告期利润	净资产收益率(%)		每股收益(元)	
	全面摊薄	加权平均	全面摊薄	加权平均
主营业务利润	12.28	18.57	0.59	0.66
营业利润	10.71	16.20	0.51	0.57
净利润	9.49	14.35	0.45	0.51
扣除非经常性损益后的净利润	8.94	13.52	0.43	0.48

三、股东情况介绍

(1) 报告期末公司股东总数为 14,572 户。
(2) 报告期末公司主要股东持股情况

股东名称	持股数(股)	占总股本比例(%)
① 江苏省技术进出口公司	56,000,000	28.18
② 南通市国有资产管理局	40,730,770	20.50
③ 汉盛基金	10,875,572	5.47
④ 汉鼎基金	1,000,082	0.50
⑤ 程维怀	770,350	0.39
⑥金鑫基金	711,187	0.36
⑦江荣娣	422,734	0.21
⑧福建华福	364,000	0.18
⑨ 范卫杰	342,028	0.17
⑩陈小龙	341,428	0.17

内蒙古蒙电华能热电股份有限公司

二○○○年年度报告摘选

一、公司简介

1 、公司法定中文名称:内蒙古蒙电华能热电股份有限公司
英文名称:Inner Mongolia MengDian HuaNeng Thermal Power Corporation Limited
英文名称缩写:NMHD
2 、公司法定代表人:乌若思
3 、公司董事会秘书:张 彤
联系地址:内蒙古呼和浩特市锡林南路 218 号
邮政编码:010020
电话号码:(0471)6942388
传真电话:(0471)6926658
电子信箱:nmhd@public.hh.nm.cn
4 、公司注册地址:内蒙古呼和浩特市锡林南路 218 号
公司办公地址:内蒙古呼和浩特市锡林南路 218 号
邮政编码:010020
公司国际互联网网址:www.nmhdwz.com
5 、公司选定的信息披露报纸名称:《上海证券报》
登载公司年度报告的中国证监会指定国际互联网网址:www.sse.com.cn
公司年度报告备置地点:公司总经理工作部
6 、公司股票上市交易所:上海证券交易所
股票简称:内蒙华电
股票代码:600863

二、会计数据和业务数据摘要

1、公司本年度实现的利润总额:	356,526,713.20 元
净利润:	304,199,205.52 元
扣除非经常性损益后的净利润:	304,199,205.52 元
主营业务利润:	355,712,538.42 元
其他业务利润:	-8,801.39 元
营业利润:	348,848,951.13 元
投资收益:	7,697,662.07 元
补贴收入:	--------
营业外收支净额:	-19,900.00 元
经营活动产生的现金流量净额:	50,978,235.83 元
现金及现金等价物净增加额:	30,093,100.67 元

2 、公司前三年的主要会计数据和财务指标: 单位:元

项 目/年度	2000 年度	1999 年度	1998 年度	
			调整前	调整后
主营业务收入	1,422,842,369.82	1,226,791,369.33	419,114,120.95	419,114,120.95
净利润	304,199,205.52	201,467,231.05	212,140,134.70	200,254,547.47
总资产	3,769,676,074.72	3,684,213,260.65	1,470,307,358.00	1,461,413,953.95
股东权益	3,343,267,422.74	3,227,266,329.41	1,198,916,854.59	1,187,031,267.36
每股收益	0.322	0.213	0.38	0.36
每股净资产	3.538	3.42	2.16	2.14
调整后每股净资产	3.501	3.38	2.11	2.09
每股经营活动产生的现金流量净额	0.054	-0.326	0.075	0.075
净资产收益率(摊薄)	9.10%	6.24%	17.69%	16.87%

注一:以按月平均加权法计算的每股收益:0.322 元
扣除非经常性损益后的每股收益:0.322 元
注二:应收款项包括:应收帐款、其他应收款、预付款项、应收股利、应收利息、应收补贴款。

3 、报告期内股东权益变化情况:

单位:元

项 目	股本	资本公积	盈余公积	法定公益金	未分配利润	股东权益合计
期初数	944980000	1927316716.52	258339022.26	47941765.63	96630590.63	3227266329.41
本年增加		357328.18	114074702.06	22814940.41	304199205.52	418631235.76
本年减少					302630,142.43	302630142.43
期末数	944980000	1927674044.70	372413724.32	70756706.04	98199653.72	3343267422.74

三、股东情况介绍

(1)、报告期末股东总数:126651 户。
(2)、前 10 名股东的持股情况。

股东名称	年初持股	本期增加	期末持股	占有比例
内蒙古电力(集团)有限责任公司	589,436,822		589,436,822	62.37%
中国华能集团公司	124,263,178		124,263,178	13.15%
国家股	74,500,000		74,500,000	7.88 %
华能内蒙古发电公司	4,680,000		4,680,000	0.50%
兴和基金			564,214	0.06%
李廷文			230,000	0.02%
马国清			210,000	0.02%
蒋迪坤			202,700	0.02%
姜敏			194,000	0.02%
赵风艳			190,000	0.02%

前十名股东之间的关联情况:代表国家股持股的单位是内蒙古电力(集团)有限责任公司。华能内蒙古发电公司是由内蒙古电力(集团)有限责任公司和华能集团公司共同在呼和浩特市设立的公司。

持有本公司 5%以上的股东所持股份无任何质押或冻结情况。

哈尔滨岁宝热电股份有限公司

二○○○年年度报告摘选

一、公司简介

1、公司法定中文名称:哈尔滨岁宝热电股份有限公司
公司英文名称:HARBIN SHIRBLE ELECTRIC-HEAT CO.LTD
公司中文名称缩写:哈岁宝
公司英文名称缩写:HSB
2、公司法定代表人:杨祥波
3、公司董事会秘书:徐建伟
联系地址:哈尔滨市南岗区昆仑商城隆顺街 27 号
联系电话:0451-2333238　　联系传真:0451-2332228
电子信箱:hsbzjb@mail.hrb.hl.cninfo.net
4、公司注册地址及办公地址:哈尔滨市南岗区昆仑商城隆顺街 27 号
邮政编码:150090
电子信箱:hsbzjb@mail.hrb.hl.cninfo.net
5、公司选定的信息披露报纸:上海证券报
登载公司年度报告中国证监会指定的国际互联网网址为 http://WWW.sse.com.cn
公司年度报告备置地点:公司董事会秘书办公室
6、公司股票上市交易所:上海证券交易所
公司股票简称:岁宝热电　　公司股票代码:600864

二、会计数据和业务数据摘要

1、公司本年度会计数据 单位:人民币万元

项目	金额
公司本年度实现的利润总额	2876
主营业务利润	6986
其他业务利润	38
净利润	1611
扣除非经常性损益后的净利润	1509
营业利润	2736
补贴收入	102
营业外收支净额	38
经营活动产生现金流量净额	2072
现金及现金等价物净增加额	-3387

注:非经常性损益 102 万元为增值税退税。

2、公司近三年主要会计数据和财务指标 单位:人民币元

年 度 指标项目	2000 年	1999 年	1998 年	
			调整前	调整后
主营业务收入	236,205,237.04	192,422,456.67	189,800,659.53	
净利润	16,111,595.82	23,548,971.73	30,624,992.45	28,489,190.86
总资产	827,800,465.57	824,469,346.90	759,775,274.45	744,563,203.32
股东权益(不含少数股东权益)	388,608,470.62	373,800,636.68	300,318,729.14	287,887,775.66
每股收益(摊薄)	0.118	0.172	0.29	0.273
每股收益(加权)	0.118	0.20	0.29	0.273
扣除非经营性损益后的每股收益	0.114	0.16	0.284	0.264
每股净资产	2.84	2.74	2.88	2.76
调整后每股净股产	2.79	2.70	2.78	2.71
每股经营活动产生的现金流量净额	0.152	0.083	-0.13	-0.13
净资产收益率(摊薄)	4.15	6.30	10.20	9.90
净资产收益率(加权)	4.23	7.0	10.55	10.16
加权净资产收益率(扣除非经常性损益)	4.09	6.46	10.21	9.82

按照中国证监会《关于发行证券公司信息披露编报规则(第 9 号)》要求计算的利润数据:(单位:人民币元)

报告期利润	净资产收益率		每股收益	
	全面摊薄	加权平均	全面摊薄	加权平均
主营业务利润	17.98	17.09	0.51	0.51
营业利润	7.04	7.06	0.20	0.20
净利润	4.15	4.22	0.118	0.118
扣除非经常性损益后的净利润	4.01	4.08	0.114	0.114

三、股东情况介绍

(1)截止 2000 年 12 月 31 日持有本公司股份的股东共 8676 名。其中国家股 1 名,法人股 2 名,社会公众股 8673 名,无内部职工股和公司职工股。

(2)持有本公司 5%(含 5%)以上股份的股东:

岁宝集团(深圳)实业有限公司与深圳市城市建设开发(集团)公司发生债务纠纷引起的诉讼,该公司持有的岁宝热电 42558120 股份被广东省高级人民法院继续冻结。

中国旅游国际信托投资公司诉岁宝集团(深圳)实业有限公司一案,岁宝集团(深圳)实业有限公司持有本公司的 50 万股股权被北京市高级人民法院查封。

前 10 名股东持股情况

股东姓名	持股数	占总股本	说 明
哈尔滨石油化学工业(集团)公司	45351789	33.20%	未上市流通
岁宝集团(深圳)实业有限公司	43058120	31.52%	未上市流通
中西药业	3071013	2.24%	已上市流通
阿城市热电厂	2809640	2.06%	未上市流通
新生生物	1745300	1.28%	已上市流通
野源高科	589900	0.431%	已上市流通
张 健	471000	0.345%	已上市流通
张 艳	438600	0.321%	已上市流通
马书敏	411200	0.301%	已上市流通
邵卫明	408400	0.298%	已上市流通

公司前 10 名股东中,已上市流通股东,本公司未知其关联关系。

哈尔滨石油化学工业(集团)公司代表哈尔滨市国有资产管理局持有本公司国家股股份,没有质押和冻结情况。

百大集团股份有限公司

二○○○年年度报告摘选

一、公司简介

公司法定中文名称:百大集团股份有限公司
公司法定英文名称:BAIDA GROUP CO., LTD
公司英文名称缩写:BAIDA GROUP
公司法定代表人:董伟平
公司董事会秘书:何美云
联系地址:公司投资发展部
联系电话:0571-5109129
公司传真:0571-5150586
电子信箱:defender1@sohu.com
公司注册及办公地址:杭州市延安路546号
邮政编码:310006
公司信息披露报纸:《上海证券报》、《中国证券报》
登载公司年度报告的国际互联网网址:http://www.sse.com.cn
公司年报备置地点:公司投资发展部
公司股票上市交易所:上海证券交易所
股票简称:百大集团
股票代码:600865

二、会计数据和业务数据摘要

1、本年度利润总额及其构成(合并报表)

主要会计数据	金额(万元)
利润总额	7,256.30
净利润	5,437.79
扣除非经常性损益后的净利润	5,399.54
主营业务利润	16,073.91
其他业务利润	1,254.99
营业利润	6,468.31
投资收益	726.12
营业外收支净额	61.86
经营活动产生的现金流量净额	13,897.20
现金及现金等价物净增加额	2,773.43

注:非经常性损益为公司本年度出售所持有的435万股绍兴咸亨集团股份有公司股权,取得投资净收益38.25万元。

2、公司前三年主要会计数据和财务指标

主要会计数据	2000年度	1999年度	1998年度
主营业务收入(万元)	92,847.95	82,743.00	87,803.31
净利润(万元)	5,437.79	4,906.97	6,049.38
总资产(万元)	137,764.31	139,979.16	113,080.95
股东权益(万元)	65,476.93	64,799.82	62,578.82
每股收益(元/股)	0.20	0.18	0.22
加权平均每股收益(元/股)	0.20	0.18	0.22
扣除非经常性损益后的每股收益(元/股)	0.20	0.19	0.22
每股净资产(元/股)	2.43	2.40	2.32
调整后每股净资产(元/股)	2.23	2.28	2.24
每股经营活动产生的现金流量净额(元/股)	0.52	0.13	0.17
净资产收益率(%)	8.30	7.57	9.67
加权平均净资产收益率(%)	8.05	7.55	11.03

3.利润分配表附表的财务指标

报告期利润	净资产收益率%		每股收益(元/股)	
	全面摊薄	加权平均	全面摊薄	加权平均
主营业务利润	24.55	23.81	0.60	0.60
营业利润	9.88	9.58	0.24	0.24
净利润	8.30	8.05	0.20	0.20
扣除非经常性损益后的净利润	8.25	8.00	0.20	0.20

4.报告期内股东权益变动情况

项目	期初余额	本期增加	本期减少	期末余额
股本	269,706,320.00			269,706,320.00
资本公积	318,266,905.42			318,266,905.42
盈余公积	58,311,080.89	8,156,686.44	2,739,933.44	63,727,833.89
其中:法定公益金	17,906,645.28	2,718,895.48	2,739,933.44	17,885,607.32
未分配利润	-2,739,933.44	57,117,843.02	51,309,697.64	3,068,211.94
合计	643,544,372.87	65,274,529.46	54,049,631.08	654,769,271.25

三、股东情况介绍

1、截止2000年12月31日,公司共计股东人数78724户。
2、公司主要股东持股情况

股东名称	持股数(股)	所占比例(%)
杭州市投资控股公司	80,730,000	29.93
杭州市股权交流中心	5,296,340	1.96
杭州工商信托投资公司	4,000,000	1.48
浙江省商业(集团)总公司	3,900,000	1.45
杭州市民生药业集团公司	2,535,000	0.94
余杭市江南实业有限公司	2,340,000	0.87
杭州市烟草分公司	1,950,000	0.72
浙江第三建筑工程公司	1,950,000	0.72
杭州金源物业投资开发总公司	1,864,198	0.69
彭于翠	1,716,432	0.64

A、杭州市投资控股公司为公司国有法人股股东,公司法人代表郑向炜,经营杭州市政府授权范围内的国有资产,所持股份没有质押。

B、上述前1-9位股东之间不存在关联关系,第10位股东为流通股股东,公司未知其与上述其余股东之间存在关联关系。

广东肇庆星湖生物科技股份有限公司

二○○○年年度报告摘选

一、公司简介

1、公司法定中文名称:广东肇庆星湖生物科技股份有限公司
公司英文名称:STAR LAKE BIOSCIENCE CO.,INC ZHAOQING GUANGDONG
英文名称缩写:STAR LAKE SCIENCE
2、公司法定代表人:黄增麟
3.公司董事会秘书:陈明
联系地址:广东省肇庆市工农北路67号
电话:(0758)2290079　　传真:(0758)2239449
电子信箱:slmo@pub.zhaoqing.gd.cn
董事会证券事务代表:杨达明
联系地址:广东省肇庆市工农北路67号
电话:(0758)2227148　　传真:(0758)2239449
电子信箱:slmo@pub.zhaoqing.gd.cn
4.公司注册及办公地址:广东省肇庆市工农北路67号　　邮编:526060
公司国际互联网网址:http://www.starlake.com.cn
公司电子信箱:slmo@pub.zhaoqing.gd.cn
5.公司信息披露报纸名称:《上海证券报》、《中国证券报》、《证券时报》
登载年报的指定网址:http://www.sse.com.cn
公司年报备置地点:公司拓展部
6.公司股票上市交易所:上海证券交易所
股票简称:星湖科技　　股票代码:600866

二、会计数据和业务数据摘要

1、本年度主要利润指标情况(单位:元)

项目	金额
利润总额	94,386,015.61
净利润	86,499,731.03
扣除非经常性损益后的净利润	86,103,439.03
主营业务利润	125,695,519.48
其它业务利润	449,366.26
营业利润	83,358,336.09
投资收益	10,736,410.41
补贴收入	396,292.00
营业外收支净额	-105,022.89
经营活动产生的现金流量净额	93,412,020.97
现金及现金等价物净增加额	120,657,314.64

注:"扣除非经常性损益后的净利润"是指从净利润中扣除公司报告期内正常经营损益之外的、一次性或偶发性损益。本年度公司非经常性损益构成如下(单位:人民币元)

项目	金额
补贴收入	396,292.00

2、截止报告期末公司前三年的主要会计数据和财务指标

(1)主要会计数据和财务指标(单位:人民币元)

项目	2000年	1999年	1998年	
			调整后	调整前
主营业务收入	348,874,852.30	290,103,740.77	302,088,927.51	302,088,927.51
净利润	86,499,731.03	70,604,165.68	61,652,108.67	70,088,186.27
总资产	1,082,929,029.11	847,375,955.80	605,356,321.13	613,792,398.73
股东权益	751,398,279.10	703,503,153.18	439,816,314.59	448,252,392.19
每股收益(元/股)	0.345	0.366	0.371	0.422
每股收益(加权)	0.39	0.393	0.419	0.48
每股收益(扣除非经常性损益)	0.343	0.362	0.364	0.414
每股净资产(元/股)	3.00	3.65	2.647	2.70
调整后的每股净资产(元/股)	2.92	3.50	2.62	2.90
每股经营活动产生的现金流量净额	0.373	0.275	0.428	0.428
净资产收益率(%)(摊薄)	11.51	10.04	14.02	15.64
净资产收益率(%)(加权)	11.61	12.35	14.71	16.46

(2)根据中国证监会关于发布《公开发行证券公司信息披露编报规则》第9号通知精神,公司2000年度按照全面摊薄法和加权平均法计算的净资产收益率和每股收益:

报告期利润	净资产收益率(%)		每股收益(元/股)	
	全面摊薄	加权平均	全面摊薄	加权平均
主营业务利润	16.73	16.99	0.502	0.567
营业利润	11.09	11.26	0.333	0.38
净利润	11.51	11.61	0.345	0.39
扣除非经常性损益后的净利润	11.46	11.64	0.344	0.388

三、股本变动及股东情况

1、报告期末股东总数

截止2000年12月31日,公司股东总数为59496户,其中国家股股东1户,社会公众股股东59495户。

2、主要股东持股情况(前十名股东)

截止2000年12月31日,持有本公司5%以上股份的股东只有发起人股东肇庆市国有资产管理局。1999年度资本公积金转增股本方案于2000年7月21实施后,报告期末肇庆市国有资产管理局持有本公司股份101,006,636股,所持股份无质押和冻结。

前10名股东情况:

股东名称	报告期末持股数(股)	占总股本比例(%)
肇庆市国资局	101,006,636	40.32
金鑫基金	6,123,448	2.44
金泰基金	3,052,550	1.22
安顺基金	2,445,000	0.98
安信基金	2,300,000	0.92
常州嘉热	1,088,923	0.43
刘燎原	1,000,664	0.40
杨晓东	729,758	0.29
曹莹	526,010	0.21
孙奇	451,917	0.18

通化东宝药业股份有限公司

二〇〇〇年年度报告摘选

一、公司简介

(一)公司法定中文名称:通化东宝药业股份有限公司
公司法定英文名称:TONGHUA DONGBAO MEDICINES CO.,LTD.
缩写:THDB
(二)公司法定代表人:李一奎
(三)公司董事会秘书:王君业
联系地址:通化县东宝新村证券部
电话:(0435)5858025
传真:(0435)5858025
电子信箱:thdb@public.th.jl.cn
(四)公司注册地址:通化县东宝新村
公司办公地址:通化县东宝新村
邮政编码:134123
公司国际互联网网址:http://www.thdb.com
公司电子信箱:thdb@public.th.jl.cn
(五)公司选定的信息年报纸:《上海证券报》
公司登载年报指定网址:http://www.sse.com.cn
公司年报备置地点:公司证券部
(六)公司股票上市交易所:上海证券交易所
股票简称:通化东宝
股票代码:600867

二、会计数据与业务数据摘要

1、本年度主要利润指标情况(单位:元)

利润总额	64,198,255.65
净利润	46,309,015.69
扣除非经营性损益的净利润	38,825,302.81
主营业务利润	94,952,668.96
其他业务利润	2,378,453.69
营业利润	53,474,853.92
投资收益	1,637,972.88
补贴收入	8,552,172.91
营业外收支净额	533,255.94
经营活动产生的现金流量净额	29,123,340.59
现金及现金等价物净增加额	-42,280,842.28

2、主要财务数据与财务指标

指标项目	2000年末	99年末	98年末
主营业务收入	199,083,473.09	219,718,509.06	218,904,077.24
净利润	46,309,015.69	67,608,116.84	87,592,234.86
总资产	1,469,112,912.38	1,497,388,539.17	1,146,829,314.05
股东权益	1,417,940,945.00	1,371,631,929.31	871,179,939.54
每股收益摊薄	0.1427	0.2083	0.4211
加权	0.1427	0.2216	0.4211
每股净资产	4.36	4.2270	4.1904
调整后的每股净资产	4.26	4.1428	3.87.6
每股经营流动产生的现金流量净额	0.089	-0.2930	-1.043
净资产收益率摊薄%	3.27	4.93	10.05
加权%	3.32	6.23	10.60

利润表附表:

报告期利润	净资产收益率%		每股收益	
	全面摊薄	加权平均	全面摊薄	加权平均
主营业务利润	6.69	6.81	0.2926	0.2926
营业利润	3.77	3.83	0.1648	0.1648
净利润	3.27	3.32	0.1427	0.1427
扣除非经营性损益后的净利润	2.74	2.78	0.1196	0.1196

3、报告期内股东权益变动情况(单位:人民币元)

项　目	股　本	资本公积	盈余公积	法定公益金	未分配利润	股东权益合计
期初数	324,493,035.60	741,122,833.33	109,440,276.59	25,505,527.96	196,575,783.79	1,371,631,929.31
本期增加			8,425,972.23	2,808,657.42	37,883,043.46	46,309,015.69
本期减少						
期末数	324,493,035.60	741,122,833.33	117,866,248.82	28,314,185.38	234,458,827.25	1,417,940,945.00

变动原因:
本期盈余公积增加,系本期提取10%法定公积金和5%法定公益金所致;
本期未分配利润增加系本期实现了净利润增加所致;
本期股东权益增加系本期实现了净利润增加所致。

三、股本变动及股东情况

1、股东情况介绍
(1)报告期末股东总数100575户。其中法人股股东3户,社会公众股100572户。
(2)前十名股东持股情况

	持股数	占总股本比例%
东宝实业集团有限公司	158223756	48.76
通化白雪山制药厂	5019300	1.55
通化石油工具厂	2702700	0.83
张仲超	571400	0.18
烟台雨馨	500000	0.15
黄学文	491526	0.15
东昌物业	450000	0.14
余家豪	403800	0.12
颜玉生	394851	0.12
黄新民	355123	0.11

(3)持有5%以上的法人股东无质押和担保情况。

广东梅雁企业(集团)股份有限公司

二〇〇〇年年度报告摘选

一、公司简介

1、公司法定中文名称:广东梅雁企业(集团)股份有限公司
英文名称:GUANG DONG MEI YAN ENTERPRISE (GROUP)CO.,LTD.
(缩写:MEI YAN)
2、公司法定代表人:杨钦欢
3、公司董事会秘书:李忠平
董事会证券事务代表:李海明
联系地址:广东省梅州市湾水塘
联系电话:(0753)2218286　　传真:(0753)2232983
电子信箱:LI-HAIMING@21CN.COM
4、公司注册地址:广东省梅州市梅县
公司办公地址:广东省梅州市湾水塘
邮政编码:514011
公司网址:http://www.chinameiyan.com
5、公司选定的信息披露报纸名称:《中国证券报》、《上海证券报》
登载公司年度报告的中国证监会指定国际互联网网址:http://www.sse.com.cn
公司年度报告备置地点:公司董事会秘书室
6、公司股票上市交易所:上海证券交易所
股票简称:梅雁股份　　股票代码:600868

二、会计数据和业务数据摘要

1、公司本年度实现:

利润总额	187,840,825.54元;
净利润	181,050,225.32元;
扣除非经常性损益后的净利润	178,876,156.64元;
主营业务利润	217,094,228.59元;
其他业务利润	48,353.00元;
营业利润	144,932,995.92元;
投资收益	40,733,760.94元;
补贴收入	0元;
营业外收支净额	2,174,068.68元;
经营活动产生的现金流量净额	226,493,449.16元;
现金及现金等价物净增加额	32,540,073.84元;

注:"扣除非经常性损益后的净利润"中扣除项目为营业外收支净额2,174,068.68。

2、截止报告期末公司前三年主要会计数据与财务指标(合并数)(单位:人民币元)
追溯调整后:

项　目	2000年	1999年	1998年
(1)主营业务收入	593,774,269.80	542,479,643.24	470,189,609.43
(2)净利润	181,050,225.32	185,610,633.93	178,608,081.17
(3)总资产	2,439,894,154.55	2,007,068,516.93	1,573,667,370.82
(4)股东权益(不含少数股东权益)	1,633,827,370.72	1,494,957,867.20	1,309,307,305.72
(5)每股收益	0.261	0.27	0.41
每股收益(按月平均加权法计算)	0.261	0.31	0.46
扣除非经常性损益后的每股收益(摊薄)	0.258	0.27	0.41
(6)每股净资产	2.353	2.15	3.02
调整后的每股净资产	2.307	2.13	3.00
(7)每股经营活动产生的现金流量净额	0.326	0.285	0.275
(8)净资产收益率(%)	11.08	12.41	13.64

3、根据中国证监会《公开发行证券公司信息披露规则第9号》计算净资产收益率及每股利润。

项　目	净资产收益率(%)		每股收益(元/股)	
	全面摊薄	加权平均	全面摊薄	加权平均
主营业务利润	13.29	13.29	0.313	0.313
营业利润	8.87	8.87	0.209	0.209
净利润	11.08	11.08	0.261	0.261
扣除非经营性损益后的净利润	10.95	10.95	0.258	0.258

三、股本变动及股东情况

1、股本变动情况
(1)股份变动情况表:本报告期内,股份未发生变动。

公司股份变动情况表

数量单位:股

	本次变动前	本次变动增减(+,-)						本次变动后
		配股	送股	公积金转股	增发	其他	小计	
一、未上市流通股份								
1、发起人股份	159,374,592							159,374,592
其中:								
国家持有股份								
境内法人持有股份	159,374,592							159,374,592
境外法人持有股份								
其他								
2、募集法人股份	37,374,106							37,374,106
3、内部职工股								
4、优先股或其他								
其中:转配股								
未上市流通股份合计	196,748,698							196,748,698
二、已上市流通股份								
1、人民币普通股	497,589,029							497,589,029
2、境内上市的外资股								
3、境外上市的外资股								
4、其他								
已上市流通股份合计	497,589,029							497,589,029
三、股份总数	694,337,727							694,337,727

青海三普药业股份有限公司

二〇〇〇年年度报告摘选

一、公司简介

1.公司法定中文名称:青海三普药业股份有限公司
英文名称:Qinghai Sunshine and People Pharmaceutical Industry CO.,Ltd
英文缩写:S&P
2.公司法定代表人:武琪
3.公司董事会秘书:李海军
联系地址:青海省西宁市建国路88号
联系电话:(0971)8144025　　传真:(0971)8140799
邮政编码:810007
电子信箱:spdm@yeah.net
4.公司注册地址:中国青海省西宁市建国路88号
公司办公地址:青海省西宁市建国路88号　　邮政编码:810007
公司国际互联网网址:http://www.sanpumi.com.cn
公司电子信箱:sanpu@public.xn.qh.cn
5.公司信息披露报刊名称:《上海证券报》
登载公司年度报告的中国证监会指定国际互联网网址:http://www.sse.com.cn
公司年度报告备置地点:青海省西宁市建国路88号公司董事会秘书处
6.公司股票上市交易所:上海证券交易所
股票简称:青海三普　　股票代码:600869

二、会计数据和业务数据摘要

(一)本年度实现利润总额及构成(合并报表):　　单 位:人民币元

项目	金额
利润总额	11,042,041.62
净利润	9,398,431.03
扣除非经常性损益后的净利润	9,449,679.07
主营业务利润	41,885,568.48
其他业务利润	1,457,457.04
营业利润	9.190,376.46
投资收益	1,902,913.20
补贴收入	
营业外收支净额	-51,248.04
经营活动产生的现金流量净额	4,001,860.41
现金及现金等价物净增加额	-30,160,931.80

注:扣除非经常性损益明细表(单位:元)

项目	金额
1、营业外收入	91,607.09
其中:固定资产变价收入	14,865.00
其他	76,742.09
2、营业外支出	142,855.13
其中:(1)公益救济性支出	22,500.00
(2)处理固定资产损失	9026.70
(3)滞纳金及罚款	15,358.25
(4)其他:	95.970.18

(二)近三年主要会计数据和财务指标:

指标项目	2000年	1999年	1998年	
			调整后	调整前
主营业务收入	123,878,325.04	112,602,244.16	107,828,142.78	107,828,142.78
净利润	9,398,431.03	5,951,138.71	-4,462,794.44	-2,874,911.82
总资产	379,169,725.43	352,870,618.94	325,366,515.12	340,313,702.16
股东权益	227,249,570.94	217,851,139.91	211,900,001.20	226,672,765.22
每股收益(全面摊薄)	0.08	0.05	-0.04	-0.024
每股收益(加权平均)	0.08	0.05	-0.04	-0.024
扣除非经常性损益后每股收益(全面摊薄)	0.08	0.05	-0.04	-0.024
扣除非经常性损益后每股收益(加权平均)	0.08	0.05	-0.024	-0.024
每股净资产	1.89	1.82	1.77	1.89
调整后的每股净资产	1.73	1.48	1.66	1.81
每股经营活动产生的现金流量净额	0.03	0.01	-0.04	-0.04
净资产收益率(全面摊薄)	4.14	2.73	-2.11	-1.27
净资产收益率(加权平均)	4.22	2.77	-2.08	-1.27
扣除非经常性损益后净资产收益率(加权平均)	4.25	3.05	-2.08	-1.27

(三)根据中国证监会《公开发行证券公司信息披露编报规则第9号》规定计算的利润数据如下:

报告期利润	净资产收益率%		每股收益(元)	
	全面摊薄	加权平均	全面摊薄	加权平均
主营业务利润	18.43	18.82	0.35	0.35
营业利润	4.04	4.13	0.08	0.08
净利润	4.14	4.22	0.08	0.08
扣除非经常性损益后的净利润	4.16	4.25	0.08	0.08

三、股东情况介绍

(一)股东情况介绍:
1.截止2000年12月31日,本公司股东总数为17115户。
2.公司前十名股东持股情况:

股东名称	期末持股数(股)	占总股本(%)
青海创业集团有限公司	47400000	39.50
青海省投资控股有限责任公司	36000000	30.00
中国宝安集团股份有限公司	5400000	4.50
广州白云山制药股份有限公司	600000	0.50
中科院西北高原生物研究所	600000	0.50
王松楠	300000	0.25
王迎华	144000	0.12
王永明	130000	0.11
肖秀英	130000	0.11
王元俊	117340	0.10

厦门华侨电子股份有限公司

二〇〇〇年年度报告摘选

一、公司简介

1.公司法定中文名称:厦门华侨电子股份有限公司
英文名称:XIAMEN OVERSEAS CHINESE ELECTRONIC CO.LTD
英文缩写:XOCECO
2.法定代表人:吴小敏
3.公司董事会秘书:贾华　　董事会证券事务代表:林旦旦
联系地址:厦门市湖里大道22号证券管理投资部　　邮政编码:361006
电话:(0592)6021091转203　　传真:(0592)6021331
电子邮箱:xocecozq@public.xm.fj.cn
4.公司注册及办公地址:厦门市湖里大道22号　　邮政编码:361006
电传:93030　XOCECO　CN　　电挂:7193
国内域名:http://www.xoceco.com.cn　　国际域名:http://www.xoceco.com
电子信箱:xoceco@public.xm.fj.cn
5.信息披露指定报刊:《上海证券报》、《中国证券报》
中国证监会指定国际互联网网址:http://www.sse.com.cn
公司年度报告备置地点:公司证券管理投资部
6.股票上市交易所:上海证券交易所
股票简称:厦华电子　　股票代码:600870

二、会计数据和业务数据摘要

(一)公司本年度主要会计数据

项目	金额
利润总额:	-297,800,938.74元
净利润:	-291,613,992.43元
扣除非经常性损益后的净利润 *:	-287,113,508.90元
主营业务利润:	212,070,360.99元
其他业务利润:	2,400,079.57元
营业利润:	-294,622,784.67元
投资收益:	1,322,329.46元
补贴收入:	2,864,300.00元
营业外收支净额:	-7,364,783.53元
经营活动产生的现金流量净额:	87,969,685.85元
现金及现金等价物净增加额:	520,933,214.17元

*注:扣除的非经常性损益项目涉及金额总计-4,500,483.53元,具体项目如下:

项目	金额
1、营业外收支金额项目:	-7,364,783.53元
(1)索赔及罚款收入:	2,027,206.18元
(2)呆帐收入:	101,616.18元
(3)保险赔款:	1,114,026.38元
(4)处理固定资产损失:	-1,502,428.48元
(5)非常损失:	-6,813,598.93元
(6)罚款支出:	-1,000,673.40元
(7)滞纳金:	-57,390.56元
(8)材料报废损失:	-1,144,101.08元
(9)其他:	-89,439.82
2、补贴收入项目:	2,864,300.00元
(1)境外加工项目前期经费补贴:	100,000.00元
(2)名牌产品奖励金:	50,000.00元
(3)省优秀产品奖:	6,000.00元
(4)技术创新基金:	400,000.00元
(5)财政局科技三项拨款:	500,000.00元
(6)企业转入技改信息:	1,000,000.00元
(7)科技经费:	30,000.00元
(8)开拓海外市场专项补贴:	778,300.00元

(二)截止报告期末,公司前三年的主要会计数据和财务指标　　(单位:人民币元)

会计数据和财务指标	2000年度	1999年度	1998年度	
			调整前	调整后
主营业务收入	3447913161.85	2843230362.01	1843382462.87	1843382462.87
净利润	-291613992.43	54209197.70	87752700.59	90935616.75
总资产	4188331390.20	3286436862.67	1458909443.41	1490770917.63
股东权益(不含少数股东权益)	1121033797.96	833056628.99	506782811.41	487038235.04
每股收益	-0.79	0.17	0.32	0.32
每股净资产	3.02	2.60	1.82	1.75
调整后的每股净资产	2.99	2.57	1.82	1.74
每股经营活动产生的现金流量净额	0.24	-1.39	1.82	1.37
净资产收益率(%)	-26.01	6.51	17.32	18.67
加权每股收益	-0.88	0.17	0.42	0.44
扣除非经常性损益后的每股收益	-0.77	0.06	0.27	0.28

(三)利润表附表

报告期利润	净资产收益率		每股收益	
	全面摊薄	加权平均	全面摊薄	加权平均
主营业务利润	18.92	27.06	0.57	0.64
营业利润	-26.28	-37.59	-0.79	-0.88
净利润	-26.01	-37.20	-0.79	-0.89
扣除非经常性损益后的净利润	-25.61	-36.62	-0.77	-0.86

三、股本变动及股东情况

(一)股东情况介绍:
1、截止2000年12月31日,本公司股东总数为54318户。
2、截止1999年12月31日,公司前10名股东持股情况:

名次	股东名称	年末持股数量(股)	持股比例(%)
1、	厦门华侨电子企业有限公司	216065176	58.26%
2、	华宇轻化	10957743	2.96%
3、	华益工贸	3240000	0.87%
4、	华夏上证	2591008	0.70%
5、	成都卫安	1945500	0.52%
6、	华能财务	1434048	0.39%
7、	兴业证券	1393500	0.38%
8、	凌讯图文	1211745	0.33%
9、	厦门亚大	1170000	0.32%
10、	付庆欣	1161389	0.31%

中国石化仪征化纤股份有限公司

二〇〇〇年年度报告摘选

一、公司简介

1. 公司法定名称：中国石化仪征化纤股份有限公司
公司英文名称：Sinopec Yizheng Chemical Fibre Company Limited
公司简称：仪征化纤　　英文缩写：YCF
2. 法定代表人：傅兴堂先生
3. 注册和办公地址：中华人民共和国("中国")江苏省仪征市　　邮政编码：211900
电话：86－514－3232235　　传真：86－514－3233880
互联网网址：http://www.ycfc.com　　电子信箱：cso@ycfc.com
4. 董事会秘书：吴朝阳先生　　董事会助理秘书：石敏小姐
联系地址：中国江苏省仪征市中国石化仪征化纤股份有限公司董事会秘书室
电话：86－514－3231888　　传真：86－514－3235880
电子信箱：cso@ycfc.com
5. 信息披露报纸：中国证券报、上海证券报、证券时报、香港经济日报、南华早报(英文)
登载年度报告的中国证券监督管理委员会("中国证监会")
指定国际互联网网址：http://www.sse.com.cn
年报备置地点：中国石化仪征化纤股份有限公司董事会秘书室
6. 股票上市地点、股票简称和股票代码：
H股上市地点：香港联合交易所有限公司("香港联交所")
股票简称：仪征化纤　　股票代码：1033
A股上市地点：上海证券交易所
股票简称：仪征化纤　　股票代码:600871

二、会计数据与业务数据摘要

1. 本集团截至二零零零年十二月三十一日止年度实现利润情况(按中国会计准则及制度编制)以人民币千元为单位

利润总额	985,493
净利润	840,228
未计非经常性损失的净利润	915,998
非经常性损失	
处置固定资产损失	(75,770)
主营业务利润	1,840,860
其它业务亏损	(11,356)
营业利润	1,079,493
投资收益	4,182
营业外收支净支出额	(98,182)
经营活动产生的现金流量净额	2,112,533
现金及现金等价物净增加额	193,352

2、本集团主要会计数据和财务指标：
节录自按中国会计准则及制度编制之帐项(合并经审计)
截至十二月三十一日止年度或于十二月三十一日

	二零零零年 人民币千元	一九九九年 人民币千元	一九九八年 人民币千元
主营业务收入	9,014,472	7,075,579	5,633,522
主营业务利润	1,840,860	1,788,717	659,848
其它业务(亏损)/利润	(11,356)	(14,925)	510
营业利润/(亏损)	1,079,493	1,050,758	(284,585)
投资收益	4,182	3,043	49,327
营业外净(支出)/收入	(98,182)	(147,567)	6,861
利润/(亏损)总额	985,493	906,234	(228,397)
所得税	139,391	136,372	(4,216)
少数股东应占本年利润	5,874	15,176	6,717
净利润/(亏损)	840,228	754,686	(230,898)
总资产	11,361,088	11,502,568	11,979,890
总负债	2,483,757	3,105,946	3,904,586
股东权益 (不含少数股东权益)	8,821,079	8,340,851	8,026,165
少数股东权益	56,252	55,771	49,139
每股收益/(亏损) (加权平均及全面摊薄)			
－－主营业务利润	人民币 0.460	人民币 0.447	人民币 0.165
－－营业利润/(亏损)	人民币 0.270	人民币 0.263	人民币(0.071)
－－净利润/(亏损)	人民币 0.210	人民币 0.189	人民币(0.058)
－－未计非经常性损益的净利润/(亏损)	人民币 0.229	人民币 0.235	人民币(0.058)
股东权益比率	77.64%	72.51%	67.00%
净资产收益率(全面摊薄)			
－－主营业务利润	20.87%	21.45%	8.22%
－－营业利润/(亏损)	12.24%	12.60%	(3.55%)
－－净利润/(亏损)	9.53%	9.05%	(2.88%)
－－未计非经常性损益的净利润/(亏损)	10.38%	11.26%	(2.88%)
净资产收益率(加权平均)			
－－主营业务利润	21.01%	21.29%	8.10%
－－营业利润/(亏损)	12.32%	12.50%	(3.50%)
－－净利润/(亏损)	9.59%	8.98%	(2.84%)
－－未计非经常性损益的净利润/(亏损)	10.46%	11.18%	(2.84%)
每股净资产	人民币 2.205	人民币 2.085	人民币 2.007
调整后的每股净资产	人民币 2.154	人民币 2.047	人民币 1.960
每股经营活动产生的现金流量净额	人民币 0.528	人民币 0.500	人民币 0.305

三、股东情况介绍

1、主要股东持股情况
于二零零零年十二月三十一日，本公司前十名最大股东之持股情况如下：

股东名称	类别	持股数量(千股)	占总股本比例(%)	本报告期内股数增减*(千股)
中国石油化工股份有限公司("中国石化")	A股	1,680,000	42.00	+1,680,000
香港中央结算(代理人) 有限公司	H股	1,336,604	33.42	+5,107
中国国际信托投资公司**	A股	720,000	18.00	0
道里投资	A股	2,583	0.065	-
HSBC Nominees (Hong Kong) Limited A/C BR－13	H股	2,074	0.052	-
Cheung Chak Sun	H股	2,000	0.05	-
HSBC Nominees (Hong Kong) Limited A/C BR－16	H股	1,516	0.038	-
兴和基金	A股	1,505	0.038	
HSBC Nominees (Hong Kong) Limited A/C BR－12	H股	1,484	0.037	-
Wong Kwok Po	H股	1,200	0.03	-

中炬高新技术实业(集团)股份有限公司

二〇〇〇年年度报告摘选

一、公司简介

1、公司法定中、英文名称及缩写
公司法定中文名称:中炬高新技术实业(集团)股份有限公司公司
公司法定英文名称:JONJEE HIGH&NEW TECHNOLOGY AND INDUSTRIAL GROUP CO., LTD
公司英文名称缩写:JONJEE
2、公司法定代表人:冯梳胜
3、公司董事会秘书:彭海泓
联系地址:广东省中山市中山火炬高技术产业开发区火炬大厦
电话:(0760)5596818－2033
传真:(0760)5596877
电子信箱:penghaihong@163.com
董事会授权代表:熊炜
联系地址:广东省中山市中山火炬高技术产业开发区火炬大厦
电话:(0760)5599947
传真:(0760)5596877
4、公司注册地址:广东省中山市中山火炬高技术产业开发区
公司办公地址:广东省中山市中山火炬高技术产业开发区火炬大厦
邮政编码:528437
公司电子信箱:zstorch@pub.zhongshan.gd.cn
公司网址:www.zhongshantorch.com
5、公司选定的信息披露报刊名称:《上海证券报》、《中国证券报》
刊登公司年度报告的中国证监会指定国际互联网网址:http://www.sse.com.cn
公司年度报告备置地点:公司证券部
6、公司股票上市交易所:上海证券交易所
股票简称:中炬高新　　股票代码:600872

二、会计数据和业务数据摘要

1. 本年度会计数据摘要(单位:人民币元)

利润总额	157,055,431.50
其中：主营业务利润:	209,078,234.03
其他业务利润:	14,369,184.29
营业利润:	115,237,460.38
投资收益:	42,841,884.53
补贴收入:	697,701.11
营业外收支净额:	－1,721,614.52
净利润:	133,942,241.89
扣除非经常性损益后的净利润:	100,999,117.72
经营活动产生的现金流量净额:	266,601,575.82
现金及现金等价物净增加额:	38,399,234.12
注:扣除的非经常性损益项目和涉及金额:	32,943,124.17
投资收益:	34,664,738.69
营业外收支净额:	－1,721,614.52

2. 截至报告期末公司前三年主要会计数据和财务指标(合并报表)

(单位:人民币元)

项　目	2000年	1999年	1998年	
			调整前	调整后
主营业务收入	760,474,498.77	519,633,608.82	496,169,507.10	96,169,507.10
净利润	133,942,241.89	105,177,393.64	85,946,373.5	75,890,905.00
总资产	2,587,103,561.55	2,174,651,321.74	1,832,099,321.63	1,742,055,993.96
股东权益	1,357,542,555.78	1,232,373,994.15	940,084,021.42	850,040,693.75
每股收益	0.298	0.234	0.319	0.282
扣除非经常性损益后的每股收益	0.224	0.180	0.268	0.231
加权每股收益	0.298	0.39	0.319	0.28
每股净资产	3.016	2.74	3.49	3.15
调整后的每股净资产	2.928	2.396	3.21	2.875
每股经营活动产生的现金流量净额	0.592	－0.103	0.266	0.265
净资产收益率(%)	9.87	8.53	9.14	8.93
扣除非经常性损益后的净资产收益率(%)	7.44	6.56	7.68	7.31

3、按照中国证监会发布的《公开发行证券公司信息披露编报规则》第9号计算的净资产收益率和每股收益:

报告期利润	净资产收益率		每股收益	
	全面摊薄	加权平均	全面摊薄	加权平均
主营业务利润	15.40%	16.13%	0.4646	0.4646
营业利润	8.49%	8.89%	0.2561	0.2561
净利润	9.87%	10.33%	0.2976	0.2976
扣除非经常性损益后的净利润	7.44%	7.79%	0.2244	0.2244

三、股本变动及股东情况

1、股本变动情况
(1) 股份变动情况表:(单位:股)

	本次变动前	本次变动增减(+、-) 配股	送股	公积金转股	增发	其它	小计	本次变动后
一、未上市流通股份								
1、发起人股份	173,570,302							173,570,302
其中:								
境内法人持有股份	173,570,302							173,570,302
2、募集法人股份	27,249,574							27,249,574
未上市流通股份合计	200,819,876							200,819,876
二、已流通股份								
人民币普通股	249,236,074							249,236,074
三、股份总数	450,055,950							450,055,950

西藏明珠股份有限公司

二〇〇〇年年度报告摘选

一、公司简介

(一)公司法定中文名称:西藏明珠股份有限公司
公司法定英文名称:Tibet Pearl Star co.,Ltd.
英文名称缩写:TPS
(二)公司法定代表人:何盛秋
(三)公司董事会秘书:傅勇
证券事务代表:余盛
联系地址:四川省成都市长顺中街 88 号
联系电话:028—6601196　028—6600798　传真:028—6600928
电子信箱:fuyong10@163.net
(四)公司注册地址:西藏自治区拉萨市北京西路 224 号
公司办公地址:四川省成都市长顺中街 88 号　邮政编码:610031
电子信箱:pearstar@mail.sc.cninfo.net
国际互联网网址:http//www.e-tibet.com
(五)公司选定的信息披露报纸:《上海证券报》
中国证监会指定的登载公司年度报告国际互联网网址:http//www.sse.com.cn
公司年度报告备置地点:公司董事会秘书室
(六)公司股票上市交易所:上海证券交易所
公司股票简称:西藏明珠　公司股票代码:600873

二、会计数据和业务数据摘要

(一)、公司本年度实现的利润构成及现金流量(单位:人民币元)

项　目	金　额
利润总额	4,904,464.17
净利润	4,904,464.17
扣除非经常性损益后的净利润	4,631,527.86
主营业务利润	40,403,770.98
其他业务利润	4,398,439.16
营业利润	1,466,527.86
投资收益	3,165,000.00
补贴收入	0
营业外收支净额	272,936.31
经营活动产生的现金流量净额	13,555,986.14
现金及现金等价物净增加额	39,680,618.35

(二)、截止报告期末公司前三年主要财务数据及财务指标

项　目	2000	1999	1998 (调整前)	1998 (调整后)
主营业务收入(元)	50,973,813.67	37,284,152.67	34,646,074.36	34,646,074.36
净利润(元)	4,904,464.17	-45,835,987.44	1,181,847.73	-2,619,253.12
总资产(元)	438,847,255.56	400,681,773.04	440,271,965.50	435,163,966.20
股东权益(元)	258,320,860.71	253,416,396.54	304,660,383.28	299,252,383.98
每股收益(元/股)	0.045	-0.423	0.011	-0.024
扣除非经常性损益后的每股收益(元/股)	0.043	-0.22	0.011	-0.024
每股净资产(元/股)	2.387	2.341	2.815	2.765
调整后每股净资产	2.300	2.242	2.79	2.733
每股经营活动产生的现金流量净额(元)	0.125	0.215	0.005	0.005
净资产收益率(%)	1.9	-18.09	0.39	-0.88

(三)、根据中国证监会关于发布《公开发行证券公司信息披露编报规则》9 号通知精神公司从 2000 年按全面摊薄法和加权平均法计算的净资产收益率及每股收益:

	净资产收益率%		每股收益	
	全面摊薄	加权平均	全面摊薄	加权平均
主营业务收入	19.73	18.28	0.471	0.471
营业利润	0.57	0.58	0.014	0.014
净利润	1.90	1.92	0.045	0.045
扣除非经常性损益后的净利润	1.79	1.81	0.043	0.043

三、股本变动及股东情况

(一)股本变动情况

本报告期内,公司国有股东西藏自治区国有资产管理局将其所持本公司股份 48,638,000 股无偿划转至西藏自治区国有资产经营公司;公司于 1997 年 7 月配股形成的转配股 1,436,603 股,按中国证监会《关于安排上市公司转配股分期分批上市的通知》和上海证券交易所的安排,2000 年 12 月 8 日已上市流通。变动后,股本结构如下:

公司股份变动情况表　数量单位:股

内　容	期初数	本次变动增减(+、-) 配股	送股	公积金转股	增发	其它	小计	期末数
1、尚未流通股份								
(1).发起人股份								
其中:								
国家持有股份	48,638,000							48638000
境内法人持有股份	7,462,000							7462000
外资法人持有股份								
其他								
(2).募集法人股								
(3).内部职工股								
(4).优先股或其他								
其中:转配股	1,436,603						-1,436,603	0
尚未流通股份合计	57,536,603						-1,436,603	56,100,000
2、已流通股份								
(1).人民币普通股	50,700,000						+1,436,603	52,136,603
(2).境内上市的外资股								
(3).境外上市的外资股								
(4).其他								
已流通股份合计	50,700,000						1,436,603	52,136,603
3、股份总数	108,236,603							108236603

天津创业环保股份有限公司

二〇〇〇年年度报告摘选

一、公司简介

1.公司中文名称:天津创业环保股份有限公司("本公司")
(原称:天津渤海化工(集团)股份有限公司)
公司英文名称:Tianjin Capital Environmental Protection Company Limited
(原称:Tianjin Bohai Chemical Industry (Group) Company Limited)
公司英文名称缩写:TCEPC
2.公司法定代表人:马白玉
3.公司董事会秘书:付亚娜、叶沛森
联系地址:天津市南开区水上公园北路津龙公寓 18 号
邮政编码:300074
联系电话:86-22-23523036　传 真:86-22-23523100
电子信箱:tjcep@public.tpt.tj.cn
4.公司注册地址:天津市南开区水上公园北路津龙公寓 18 号
办公地址:天津市南开区水上公园北路津龙公寓 18 号
邮政编码:300074
公司电子信箱:tjcep@public.tpt.tj.cn
5.公司选定的信息披露报纸的名称:《上海证券报》、香港《文汇报》和《虎报》;
登载公司年度报告的中国证券监督管理委员会("中国证监会")
指定国际互联网网址为:http://www.sse.com.cn
公司年度报告备置地点:天津市南开区水上公园北路津龙公寓 18 号公司股份制办公室
6.公司股票上市资料:A 股上市地点:上海证券交易所("上交所")
股票简称:ST 创业　股票代码 600874
H 股上市地点:香港联合交易所有限公司("香港联交所")
股票简称:天津创业环保　股票代码 1065

二、会计数据与业务数据摘要

1.本年度主要利润指标情况

(1)按照中华人民共和国股份有限公司会计制度编制,公司本年度实现利润总额 172,387,354 元。其中:

主营业务利润	547,638,274 元
营业利润	181,913,479 元
扣除非经常性损益后的净利润	168,603,658 元
(无扣除项目)	
其他业务利润	8,689,270 元
投 资 利 润	2,353,192 元
补 贴 收 入	6,630,193 元
营业外收支净额支出	18,509,510 元
经营活动产生的现金流量净额	1,055,464,077 元
现金及现金等价物净减少额	148,280,940 元

(2)本年度公司按照中华人民共和国会计准则和制度计算的合并净利润为 168,603,658 元。按香港普遍采纳之会计准则计算的合并净利润为 178,091 千元。

主要差异为:

①冲回无形资产摊销 4,104 千元

②确认政府技术发展补贴 5,383 千元

2.截至报告期末公司前三年的主要会计数据和财务指标:

(1)按照中国会计准则编制截止 2000 年 12 月 31 日止二个年度

指标项目	2000 年	1999 年	1998 年
①主营业务收入(人民币千元)	3,500,738	2,844,099	2,541,814
②净利润/(亏损)(人民币千元)	168,604	(374,179)	(616,858)
③总资产(人民币千元)	1,419,534	6,964,042	7,144,959
④股东权益(人民币千元)	1,406,654	1,226,452	1,597,845
⑤每股收益/(亏损)(摊薄)(元)	0.13	(0.28)	(0.46)
每股收益/(亏损)(加权)(元)	0.13	(0.28)	(0.46)
⑥每股收益/(亏损)(扣除非经常性损益后的每股收益)/(亏损)	0.13	(0.28)	(0.46)
⑦每股净资产(元)	1.06	0.92	1.20
⑧调整后的每股净资产(元)	1.06	0.79	1.07
⑨净资产收益/(亏损)率(%)(摊薄)	11.99	(30.51)	(38.61)
(加权)	12.81	(26.50)	(32.41)

注:按照中国证监会《公开发行证券公司信息披露编报规则》(第 9 号)计算的净资产收益率和每股收益率如下:

报告期利润	净资产收益率(%)		每股收益(元/股)	
	全面摊薄	加权平均	全面摊薄	加权平均
主营业务利润	38.9	41.8	0.41	0.41
营业利润	12.9	13.9	0.14	0.14
净利润	12.0	12.8	0.13	0.13
扣除非经常性损益后的净利润	12.0	12.8	0.13	0.13

三、股东情况介绍

(1)报告期末股东总数。截至 2000 年 12 月 31 日本公司股东总数为 39,064 户。其中:国有股股东 1 户,法人股股东 108 户,社会公众股股东 38,514 户、外资股股东 441 户。

(2)本公司前 10 名最大股东持股情况:(截至 2000 年 12 月 31 日)

名次	股东名称	类别	年末持股数(万股)	占总股本(%)
1.	天津市政投资有限公司(国家持股单位)	A	83,902	63.09
2.	香港中央结算(代理人)有限公司(外资股东)	H	32,367.1	24.34
3.	沈阳铁路局(法人股)	A	350	0.26
4	南方证券南京分公司(法人股)	A	272.5	0.20
5.	珠海市三灶凌宇新型建筑材料实验研究所(法人股)	A	225	0.17
6.	中国东方信托投资公司南昌营业部(法人股)	A	150	0.11
7.	吴金枝(普通股)	A	115.03	0.086
8.	中信证券(法人股)	A	100	0.075
9.	海通沈阳(法人股)	A	100	0.075
10.	青岛市南区震远贸易公司(法人股)	A	100	0.075

东方电机股份有限公司

二〇〇〇年年度报告摘选

一、公司简介

公司法定中文名称:东方电机股份有限公司
简称:东方电机
公司法定英文名称:DONGFANG ELECTRICAL MACHINERY COMPANY LIMITED
英文缩写:DFEM
公司法定代表人:斯泽夫　　董事会秘书:龚丹
董事会秘书授权代表:黄勇
电话:86-838-2409358　　传真:86-838-2402125
电子信箱:dsb@dfem.com.cn
公司注册与办公地点:四川省德阳市黄河西路13号
网址:http://www.dfem.com.cn　　邮政编码:618000
公司选定境内信息披露报纸:《上海证券报》境外信息披露报纸:《香港文汇报》、《Hong Kongi Mail》(英文)
中国证监会指定年报刊登网址:http://www.sse.com.cn
公司年度报告备置地点:四川省德阳市黄河西路13号本公司办公室
股票上市地:上海证券交易所、香港联合交易所有限公司
股票简称:东方电机　　股票代码:600875(A股)、1072(H股)

二、会计数据和业务数据摘要

1、2000年度按照中国及香港公认会计准则审计的业务数据

单位:人民币千元

项　　目	按照中国会计准则	按照香港公认会计准则
利润(亏损)总额	3245	(21075)
净利润(亏损)	2310	(21541)
扣除非正常性损益后的净利润(亏损)	(22397)	-
主营业务利润	152692	152692
其他业务利润	3295	3130
营业利润	(29517)	(53395)
投资收益	8055	7613
补贴收入	24150	24150
营业外收支净额	557	557
经营活动产生的现金流量净额	175039	150748
现金及现金等价物净增加额	170831	103708

非正常性损益项目为:补贴收入、营业外收支净额,金额分别为24,150千元、557千元。
2、主要会计数据及财务指标
(1)、按中国会计准则编制

截至2000年12月31日止年度

单位:人民币千元

指标项目	2000年	1999年		1998年	
		调整前	调整后	调整前	调整后
主营业务收入	644417	757129	757129	820383	820383
净利润	2310	6212	4848	41101	71475
总资产	2397273	2330106	2307875	2603190	2420045
股东权益	1147065	1166159	1142885	1213087	1159890
每股收益(元)	0.0051	0.014	0.011	0.09	0.16
每股净资产(元)	2.55	2.59	2.54	2.70	2.58
净资产收益率(%)	0.20	0.53	0.42	3.39	6.16
调整后的每股净资产(元)	2.00	2.40	2.34	2.49	2.38
每股经营活动产生现金流量净额(元)	0.39	0.025	0.025	0.24	0.24

注:每股收益之摊薄数与加权数一致。
(2)、按香港公认会计准则编制

截至2000年12月31日止年度

单位:人民币千元

指标项目	2000年	1999年	1998年
营业额	639678	750120	814403
本年溢利	(21541)	(36658)	43054
总资产	2487769	2406019	2500953
股东权益	1146059	1167600	1204200
每股盈利(元)	(0.048)	(0.081)	0.096
每股净资产(元)	2.55	2.59	2.68
净资产收益率(%)	(1.88)	(3.13)	3.58
股东权益比率(%)	46.07	48.53	48.15

注:每股收益之摊薄数与加权数一致。
3、按照中国证监会《公开发行证券公司信息披露编报规则(第9号)》要求计算的利润表附表

报告期利润	净资产收益率%		每股收益(人民币元)	
	全面摊薄	加权平均	全面摊薄	加权平均
主营业务利润	13.31	13.35	0.3393	0.3393
营业利润	(2.57)	(2.58)	(0.0656)	(0.0656)
净利润	0.20	0.20	0.0051	0.0051
扣除非经常性损益后的净利润	(1.95)	(1.96)	(0.0498)	(0.0498)

三、股东情况介绍

于二000年十二月三十一日,本公司之股东总数为42,895户,其中发起法人持股(A股)1户,境内上市人民币普通股(A股)42,756户,境外上市外资股(H股)138户。本公司无内部职工股股东。

主要股东持股情况

股东名称	类别	年末持股数(股)	占已发行A股股本比例(%)	占已发行H股股本比例(%)	占总股本比例(%)	本报告期内股数增减(股)
东方电机厂(「东电」)	A股	220,000,000	78.57	-	48.89	0
香港中央结算(代理人)有限公司	H股	166,721,999	-	98.07	37.05	1,022,000
CHUK YEE MEN LIZA	H股	478,000	-	0.28	0.11	0
黄支前	A股	438,416	0.16	-	0.10	-
SUEN OI TO	H股	304,000	-	0.18	0.07	-
黄支前	A股	277,904	0.10	-	0.06	-
TAM SHEUNG WING	H股	232,000	-	0.14	0.05	0
寿建鸿	A股	215,600	0.08	-	0.05	-
陈磊	A股	200,000	0.07	-	0.04	-
黄支前	A股	200,000	0.07	-	0.04	-

洛阳玻璃股份有限公司

二〇〇〇年年度报告摘选

一、公司简介

1、公司法定中文名称:洛阳玻璃股份有限公司
公司简称:洛阳玻璃
公司法定英文名称:Luoyang Glass Company Limited(英文缩写:LYG)
2、公司法定代表人:郭晓寰先生
3、公司董事会秘书:王捷先生
联系地址:中国河南省洛阳市西工区唐宫中路9号洛阳玻璃股份有限公司董事会秘书室
联系人:王凡先生　　郭兵先生
电话:86-379-3908588
传真:86-379-3251984
电子信箱:lbdms@public2.lyptt.ha.cn
4、公司注册及办公地址:中华人民共和国("中国")河南省洛阳市西工区唐宫中路9号
邮政编码:471009
公司国际互联网网址:http://www.clfg.com
5、公司信息披露报纸:《中国证券报》、《上海证券报》、《香港文汇报》、《虎报》(英文)
公司登载年报指定互联网网址:http://www.sse.com.cn
公司年度报告备置地点:洛阳玻璃股份有限公司董事会秘书室
6、A股—上市地点:上海证券交易所
股票代码:600876
股票简称:洛阳玻璃
H股—上市地点:香港联合交易所有限公司
股票代码:1108
股票简称:洛阳玻璃

二、会计数据和业务数据摘要

1、洛阳玻璃股份有限公司("本公司")及其附属公司("本集团")本年度实现利润情况(按中国会计准则及制度编制):

	二零零零年 人民币千元	一九九九年 人民币千元
利润总额	89,440	35,682
净利润	65,991	52,147
扣除公司非经常性损益后的净利润	65,991	(70,202)
主营业务利润	284,954	151,842
其他业务利润/(亏损)	-	-
营业利润/(亏损)	89,791	(95,484)
投资收益/(损失)	(9,559)	36,059
补贴收入	-	-
营业外净收入/(损失)	9,208	(95,107)
经营活动产生的现金流量净额	46,239	93,472
现金及现金等价物净增加/(减少)额	(62)	6,446

2、本集团前三年主要会计数据和财务指标
(1)按中国会计准则及制度编制(截至十二月三十一日止)

	2000年 人民币千元	1999年 人民币千元	1998年 人民币千元
主营业务收入	901,522	822,082	626,815
净利润/(亏损)	65,991	52,147	(363,361)
总资产	2,889,045	2,878,541	3,073,748
股东权益(不含少数股东权益)	1,552,716	1,486,725	1,434,578
每股净资产(元)	2.22	2.12	2.05
调整后的每股净资产(元)	1.81	1.42	1.73
净资产收益/(亏损)率(%)	4.25	3.51	(25.33)
每股经营活动产生的现金流量净额(元)	0.064	0.13	0.089

按照中国证监会《公开发行证券公司信息披露编报规则(第九号)》要求计算的利润表附表:
二零零零年度

报告期利润	净资产收益率		每股收益	
	全面摊薄	加权平均	全面摊薄	加权平均
主营业务利润	0.18	0.19	0.41	0.41
营业亏损	0.06	0.06	0.13	0.13
净利润	0.04	0.04	0.09	0.09
扣除非经常性损益后的净利润	0.04	0.04	0.09	0.09

三、股本变动及股东情况

1、股本变动情况
报告期内本公司股本无变化。
2、截至二零零零年十二月三十一日止,本公司之股东总数:

类别	股东人数
法人股(A股)	1
社会公众股(A股)	32,809
H股	189
合计	32999

3、主要股东持股情况
截至二零零零年十二月三十一日止,本公司前10名最大股东之持股情况如下:

股东名称	类别	持股数量(股)	占总股本比例(%)	报告期内持有本公司5%以上的股东股数增减(+、-)
中国洛阳浮法玻璃集团有限责任公司(代表国家持有)	A股	400,000,000	57.14	无增减
香港中央结算(代理人)有限公司	H股	241,956,998	34.57	+1,796,500
SO SUEN SING	H股	742,000	0.106	
WONG MING SHUN	H股	470,000	0.067	
CHOW HON YIN	H股	400,000	0.057	
CHUK YEE MEN LIZA	H股	374,000	0.053	
YAN TSUN WING	H股	350,000	0.05	
TAI TUNG PO	H股	300,000	0.043	
陈进寿	A股	290,100	0.041	
HUNG CHOU SIM	H股	218,000	0.031	

中国嘉陵工业股份有限公司(集团)

二○○○年年度报告摘选

一、公司简介

1、公司法定中文名称:中国嘉陵工业股份有限公司(集团)
公司法定英文名称:CHINA JIALING INDUSTRIAL CO.,LTD.(GROUP)
英文缩写:JIALING
2、公司法定代表人:何世斌
3、公司董事会秘书:黄经雨
联系地址:重庆市沙坪坝区双碑中国嘉陵工业股份有限公司(集团)
电话:(023)65194095　　传真:(023)65196666
董事会证券事务代表:艾亿春
联系地址:重庆市沙坪坝区双碑中国嘉陵工业股份有限公司(集团)证券处
电话:(023)65194095　　传真:(023)65194096
4、公司注册及办公地址:重庆市沙坪坝区双碑
邮政编码:400032
公司国际互联网网址:http://www.jialing.com.cn
公司电子信箱:sandytang.78@sina.com
5、公司选定的信息披露报纸:《中国证券报》、《上海证券报》
登载公司年度报告的中国证监会指定国际互联网网址:http://www.sse.com.cn
公司年度报告备置地点:公司证券处
6、公司股票上市交易所:上海证券交易所
股票简称:中国嘉陵　　股票代码:600877

二、会计数据和业务数据摘要

一、本年利润总额及构成(合并报表)　　单位:元

项　目	2000 年度
1、利润总额	21,326,488.89
2、净利润	23,543,131.82
3、扣除非经常性损益后的净利润	-4,151,092.55
4、主营业务利润	206,673,763.25
5、其他业务利润	29,180,185.03
6、营业利润	-11,198,721.37
7、投资收益	4,540,065.28
8、补贴收入	0
9、营业外收支净额	27,985,144.98
10、经营活动产生的现金流量净额	785,957,136.95
11、现金及现金等价物净增加额	677,395,648.46

注:"扣除非经常性损益后的净利润"指标所涉及的项目和涉及金额:
营业外收支净额:　27,985,144.98
合并价差摊入:　-290,920.61

二、近三年主要会计数据和财务指标(合并报表)　　单位:元

指标项目	2000 年	1999 年	1998 年	
			追溯调整后	追溯调整前
1.主营业务收入	2,572,520,360.98	3,148,600,196.83	2,280,503,791.37	2,280,503,791.37
2.净利润	23,543,131.82	52,928,409.11	167,001,956.93	181,050,794.40
3.总资产	3,854,130,296.82	3,513,362,636.02	3,372,325,298.85	3,661,563,436.13
4.股东权益 (不含少数股东权益)	1,521,238,195.25	1,496,269,045.18	1,501,370,173.42	1,779,043,917.24
5.每股收益	0.05	0.11	0.35	0.38
每股收益(加权)	0.05	0.11	0.35	0.38
扣除非经常性损 益后的每股收益	-0.01	0.09	0.17	0.20
6.每股净资产	3.21	3.16	3.17	3.75
7.调整后的每股净资产	3.08	3.10	3.10	3.64
8、每股经营活动产生 的现金流量净额	1.66	0.17	0.35	0.35
9.净资产收益率(%)	1.55	3.54	11.12	10.18
净资产收益率加权(%)	1.53	3.46	11.78	10.72

三、附表

报告期利润	净资产收益率		每股收益	
	全面摊薄	加权平均	全面摊薄	加权平均
主营业务利润	13.41%	13.45%	0.44	0.44
营业利润	-0.74%	-0.73%	-0.02	-0.02
净利润	1.55%	1.53%	0.05	0.05
扣除非经常性损益后的利润	-0.27%	-0.27%	-0.01	-0.01

三、股本变动及股东情况

一、股本变动情况

1、股份变动情况表　　数量单位:股

	本次变动前	本次变动增减(+,-)						本次变动后
		配股	送股	公积金转股	增发	其他	小计	
一、未上市流通股份								
1、发起人股份	354270840					-100000000	-100000000	254270840
其中:国家持有股份	354270840					-100000000	-100000000	254270840
境内法人持有股份								
境外法人持有股份								
其他								
2、募集法人股份								
3、内部职工股								
4、优先股或其他								
其中:转配股								
未上市流通股份合计	354270840					-100000000	-100000000	254270840
二、已上市流通股份								
1、人民币普通股	119600000					+100000000	+100000000	219600000
2、境内上市的外资股								
3、境外上市的外资股								
4、其他已上市流通股份合计	119600000					+100000000	+100000000	219600000
三、股份总数	473870840					0	0	473870840

大连北大科技(集团)股份有限公司

二○○○年年度报告摘选

一、公司简介

1、中文名称:大连北大科技(集团)股份有限公司
英文名称:DALIAN BEEDA TECHNOLOGY (GROUP)CO.,LTD.
英文缩写:DBTC
2、法定代表人:洪友声
3、董事会秘书:郭颖利
联系地址:大连市高新园区高新街 1 号
大连北大科技(集团)股份有限公司董事会秘书处
电话:0411—4792626
传真:0411—4790101
电子信箱:gyldl@21cn.com
4、公司注册地址:大连市甘井子区凌南路 58 号
公司办公地址:大连市高新园区高新街 1 号
邮政编码:116023
公司国际互联网网址:http://www.beeda.com
电子信箱:dbvt@mail.dlptt.ln.cn
5、指定信息披露报纸:《中国证券报》
登载年报的国际互联网网址:http://www.sse.com.cn
年报备置地点:公司董事会秘书处
6、股票上市地:上海证券交易所
股票简称:北大科技　　股票代码:600878

二、会计数据与业务数据摘要

(一)本年度利润指标情况

单位:元

项目	金额
1.利润总额	35,456,501.76
2.净利润	32,488,487.60
3.扣除非经常性损益后的净利润	33,679,671.90
4.主营业务利润	73,834,528.29
5.其他业务利润	48,825.00
6.营业利润	36,644,934.06
7.投资收益	
8.补贴收入	
9.营业外收支净额	-1,188,432.30
10.经营活动产生的现金流量净额	-37,508,947.34
11.现金及现金等价物净增加额	-45,613,070.31

净资产收益率及每股收益指标列示如下:

	净资产收益率		每股收益	
	全面摊薄	加权平均	全面摊薄	加权平均
主营业务利润	14.05%	14.49%	0.26	0.26
营业利润	6.97%	7.19%	0.129	0.129
净利润	6.18%	6.38%	0.14	0.14
扣除非经营性损益后的净利润	6.41%	6.61%	0.118	0.118

注:在"扣除非经常性损益后的净利润"中,扣除项目为营业外支出:1,191,184.30 元

(二)公司前三年主要会计数据和财务指标

单位:元

项　目	2000 年	1999 年	1998 年
主营业务收入	259,799,248.98	558,199,727.36	224,925,684.77
净利润	32,488,487.60	120,269,996.66	43,094,983.95
总资产	825,979,134.39	721,286,885.38	474,080,502.38
股东权益	525,666,486.90	493,177,999.30	374,574,459.03
每股收益	0.114	0.423	0.197
每股净资产	1.848	1.734	1.71
调整后的每股净资产	1.833	1.713	1.63
每股经营活动产生的 现金流量净额(元/股)	-0.13	0.045	0.68
净资产收益率(%)	6.18	24.39	11.51
按月平均加权计算:			
每股收益(元/股)	0.114		
扣除非经常性损益后的 每股收益(元/股)	0.118		

三、股东情况介绍

(一)本报告期末公司股东总数为 90496 户,公司无内部职工股或公司职工股。

(二)本公司前 10 名股东如下:

名　称	持股数(股)	持股比例(%)
大连北大企业集团公司	66626468	23.42
中粮国际仓储运输公司	52000000	18.28
大连新虹贸易发展有限公司	9352516	3.29
中国工业机械进出口公司	8700000	3.06
深圳万科企业股份有限公司	5703750	2.01
大连汽车工业贸易集团公司	4614889	1.62
深圳康佳电子(集团)股份有限公司	3802500	1.34
深圳市赛格达声股份有限公司	3802500	1.34
沈阳市信托投资公司	3802500	1.34
深圳鑫和森化工有限公司	3802500	1.34

本报告期末,大连北大企业集团公司持股比去年减少 1400 万股,其中 2000 年 11 月 18 日,经北京市第一中级人民法院执行划转 530 万股;2000 年 11 月 30 日,经北京市第一中级人民法院执行划转 870 万股。本报告期末该公司持有本公司股票 66626468 股,占公司总股本的 23.42%,其中 3000 万股质押给中国民生银行大连分行,质押期至 2001 年 12 月 5 日止;21010180 股质押给大连康迪物资贸易公司,质押期至 2001 年 12 月 2 日止。

2001 年 1 月 15 日大连北大企业集团公司所持有的 1500 万股股份经新疆高级人民法院执行转让给上海 新理益投资管理有限公司,大连北大企业集团公司持股数变为 51626468 股,占公司总股份的 18.15%,成为我公司第二大股东。中粮国际仓储运输公司成为第一大股东,该公司持有的本公司股份 5200 万股,其中 5000 万股质押给中信银行广州分行,质押期到 2001 年 12 月 20 日止。

长征火箭技术股份有限公司

二〇〇〇年年度报告摘选

一、公司简介

1、公司名称
中文名称:长征火箭技术股份有限公司
英文名称:LONG MARCH LAUNCH VEHICLE TECHNOLOGY CO.,LTD.
2、公司法定代表人:厉建中先生
3、公司董事会秘书:吕凡先生
联系地址:武汉市新华路316号良友大厦17楼
联系电话:(027)85496255　　传真:(027)85496252
电子信箱:lufan@rocketstock.com.cn
4、公司注册地址:武汉经济技术开发区高科技园　　邮政编码:430056
公司办公地址:武汉市新华路316号良友大厦17楼
邮政编码:430015
公司国际互联网址:http://www.rocketstock.com.cn
5、公司选定的信息披露报纸名称:《中国证券报》、《上海证券报》
登载公司年度报告的中国证监会指定的国际互联网址:http://www.sse.com.cn
年度报告备置地点:武汉市新华路316号良友大厦17楼公司证券部
6、公司股票上市交易所:上海证券交易所
股票简称:火箭股份　　股票代码:600879

二、会计数据和业务数据摘要

(一)本年度主要利润指标及现金流量状况:(单位:人民币元)

栏　目	2000年母公司数	2000年合并数
利润总额	78,231,514.35	84,130,232.67
净利润	64,227,185.70	64,227,185.70
扣除非经营性损益后的净利润	50,521,334.57	50,615,024.70
主营业务利润	99,333,283.63	143,493,732.77
其它业务利润	108,006.85	168,760.71
营业利润	42,703,610.27	70,518,071.67
投资收益	21,822,052.95	0.00
补贴收入	13,972,101.86	13,972,101.86
营业外收支净额	-266,250.73	-359,940.86
经营活动产生的现金流量净额	-11,849,417.70	9,772,224.97
现金及现金等价物净增加额	-39,451,043.58	-10,713,071.59

本年度非经营性损益项目:

项目	2000年母公司数	2000年合并数
补贴收入	13,972,101.86	13,972,101.86
营业外收入	21,911.76	28,604.15
营业外支出	288,162.49	388,545.01
合计	13,705,851.13	13,612,161.00

(二)公司前三年主要会计数据及财务指标

栏　目	2000年度	1999年度	1998年度	
	合并	合并	调整前	调整后
主营业务收入(元)	420,292,613.65	266,573,939.57	177,996,569.90	177,996,569.90
净利润(元)	64,227,185.70	32,364,853.51	24,705,815.98	21,221,617.90
总资产(元)	882,939,319.44	628,949,205.02	662,300,507.01	658,816,308.93
股东权益	337,502,232.50	272,662,001.31	243,781,345.88	240,297,147.80
全面摊薄每股收益	0.44	0.33	0.25	0.22
加权平均计算的每股收益	0.44	0.33	0.25	0.22
扣除非经营损益后的每股收益	0.35	0.32	0.25	0.22
每股净资产	2.32	2.81	2.51	2.47
调整后的每股净资产	2.32	2.72	2.41	2.37
每股经营活动产生的现金流量净额	0.07	0.99	-0.50	-0.50
全面摊薄净资产收益率(%)	19.03	11.87	10.13	8.83
加权平均净资产收益率(%)	21.07	12.62	15.60	13.55

注:按照中国证监会《公开发行证券公司信息披露编报规则(第9号)》要求计算净资产收益率和每股收益。

项　目	净资产收益率(%)				每股收益(元/股)			
	全面摊薄		加权平均		全面摊薄		加权平均	
	2000年	1999年	2000年	1999年	2000年	1999年	2000年	1999年
主营业务利润	42.52%	33.48%	47.08%	35.59%	0.98	0.94	0.98	0.94
营业利润	20.89%	13.45%	23.14%	14.29%	0.48	0.38	0.48	0.38
净利润	19.03%	11.87%	21.07%	12.62%	0.44	0.33	0.44	0.33
扣除非经常性损益后的净利润	15.00%	11.49%	16.61%	12.22%	0.35	0.32	0.35	0.32

3、1998年调整后的主要会计数据和财务指标系根据财政部财会字(1999)35号文、49号文的有关规定改变会计政策,进行追溯调整所致。

4、报告期内股东权益变动情况(单位:元)

项　目	股本	资本公积	盈余公积	其中:公益金	未分配利润	合　计
期初数	97,148,090.00	81,281,380.84	25,454,491.82	6,207,880.94	68,778,038.65	272,662,001.31
本年增加数	48,574,038.00	4,513,045.49	9,634,077.87	3,211,359.29	54,593,107.83	117,314,269.19
本年减少数		19,429,615.20			33,044,422.80	52,474,038.00
期末数	145,722,128.00	66,364,811.13	35,088,569.69	9,419,240.23	90,326,723.68	337,502,232.50

三、股本变动及股东情况

1. 本报告期末股东总数为17,643户。
2. 报告期末公司前十名股东持股情况

股东名称	持股数量(股)	占总股本比例(%)	股份性质
(1)中国运载火箭技术研究院	38784600	26.615	国有法人股
(2)武汉国有资产经营公司	17986073	12.343	国家股
(3)普惠基金	5026950	3.450	流通股
(4)北京长征宇通测控通信技术有限责任公司	4371660	3.000	法人股
(5)武汉创科	2612295	1.793	法人股
(6)华通广告	1125000	0.772	法人股
(7)上海泛亚工贸公司	742500	0.510	法人股
(8)华江实业	522928	0.359	流通股
(9)许照秀	404360	0.277	流通股
(10)韩绍林	392696	0.269	流通股

成都博瑞传播股份有限公司

二〇〇〇年年度报告摘选

一、公司简介

1、公司法定中文名称:成都博瑞传播股份有限公司
公司法定英文名称:Chengdu B-ray Media Co.,Ltd(缩写:B-Ray Media)
2、公司法定代表人:孙旭军
3、董事会秘书:张跃铭
电话:(028)7651183
传真:(028)7651183
证券事务代表:李良
电话:(028)7688313
传真:(028)7688427
4、公司注册地址:四川省成都市郫县唐昌镇南外街2号
邮编:611733
公司办公地址:成都市花牌坊街185号
邮编:610031
5、公司选定的信息披露报纸:《上海证券报》、《中国证券报》
登载公司年度报告的中国证监会指定的国际互联网网址:http://www.sse.com.cn
公司年度报告备置地点:公司办公室(成都市花牌坊街185号)
6、公司股票上市地:上海证券交易所
公司股票简称:博瑞传播
公司股票代码:600880

二、主要财务指标

1、本年度主要会计数据

利润总额	30,052,574.74元;
净利润	27,353,798.68元;
扣除非经常性损益后的净利润	26,568,537.33元;
主营业务利润	70,404,643.82元;
其他业务利润	2,076,210.28元;
营业利润	25,852,992.81元;
投资收益	3,374,539.37元;
补贴收入	0.00元;
营业外收支净额	825,042.56元;
经营活动产生的现金流量净额	41,314,774.22元;
现金及现金等价物增加额	20,093,399.32元。

注:扣除非经常性损益项目和涉及金额:
城建拆迁安置补偿费　785,261.35元。

2、近三年主要财务指标

指标名称	计量单位	2000年	1999年	1998年	
				调整前	调整后
主营业务收入	万元	22,475.80	15,617.64	9,875.37	9,875.37
净利润	万元	2,735.38	2,459.57	1,977.83	1,700.47
每股收益	元	0.21	0.19	0.27	0.24
每股收益(加权)	元	0.21	0.27		
扣除非经常性损益的每股收益	元	0.20	0.10	0.19	0.14
净资产收益率	(%)	13.08	13.08	10.50	10.36
每股经营活动产生的现金流量净额	元	0.32	0.06	0.17	0.17
总资产	万元	39,864.75	34,258.13	29,651.14	27,982.14
股东权益	万元	20,913.20	18,806.19	18,823.40	16,420.40
每股净资产	元	1.61	1.44	2.60	2.27
调整后的每股净资产	元	1.38	1.37	2.59	2.26

3、报告期内股东权益变动情况(单位:元)

项　目	股　本	资本公积	盈余公积	法定公益金	未分配利润	股东权益合计
期初数	130180050	29871986.37	32137687.31	6379781.24	-4127870.48	188061853.20
本期增加		2828914.90	14095816.90		4145378.28	21070110.08
本期减少				4294253.28		
期末数	130180050	32700901.27	46233504.21	2085527.96	17507.80	209131963.28

说明:

1、资本公积增加主要系联营企业成都博瑞广告有限公司收到的财政返还款,本公司按投资比例所享有的财政返还款。

2、期末盈余公积比期初增加1,409.58万元,主要原因系本期计提"两金"形成。

3、期初未分配利润-4,127,870.48元,比上年审定数1,043,836.45元减少了5,171,706.93元,系公司根据成都市证管办检查情况及公司董事会决议补计以前年度销售费用7,783,332.46元,相应调整年初未分配利润及盈余公积.

三、股本变动及股东情况介绍

(一)股本变动情况

(1)股份变动情况表

数量单位:股

	期初数	本次变动增减(+/-)					期末数
		其　他	配股	送股	公积金转股	小　计	
一、尚未流通股份							
1、发起人股份	54260406						54260406
其中:国家拥有股份	18260406						18260406
境内法人持有股份	36000000						36000000
2、募集法人股	34042194						34042194
3、转配股	4437450	-4437450				-4437450	
尚未流通股份合计	92740050	-4437450				-4437450	88302600
二、已流通股份							
境内上市的人民币普通股	37440000	4437450				4437450	41877450
已流通股份合计	37440000	4437450				4437450	41877450
三、股份总数	130180050						130180050

吉林亚泰(集团)股份有限公司

二〇〇〇年年度报告摘选

一、公司简介

1.公司法定中文名称:吉林亚泰(集团)股份有限公司
英文名称:JILIN YATAI (GROUP) CO.,LTD.
英文名称缩写:YTG
2.公司法定代表人:董事长 宋尚龙
3.公司董事会秘书:孙晓峰
授权代表:王化民
联系地址:长春市吉林大路281号
联系电话:(0431)4956688　　传 真:(0431)4951400
电子信箱:yatai@public.cc.jl.cn
4.公司注册及办公地址:长春市吉林大路281号
邮编:130031
公司国际互联网网址:www.yatai.com
公司电子信箱:yatai@public.cc.jl.cn
5.公司选定的信息披露报纸:《上海证券报》、《中国证券报》、《证券时报》
登载年度报告的国际互联网网址:http://www.sse.com.cn
公司年报备置地点:公司证券投资部
6.公司股票上市交易所:上海证券交易所
股票简称:亚泰集团　　股票代码:600881

二、会计数据和业务数据摘要

(一)本年度主要利润指标情况(单位:元)

项目	金额
利润总额	205,310,913.78
净利润	174,345,193.17
扣除非经常性损益的净利润	126,560,943.28
主营业务利润	361,214,600.83
其他业务利润	4,852,150.38
营业利润	151,918,866.25
投资收益	28,783,801.91
补贴收入	29,522,078.65
营业外收支净额	-4,913,833.03
经营活动产生的现金流量净额	3,515,801.41
现金及现金等价物净增加额	250,975,032.07

注:扣除非经常性损益后的净利润:净利润额中扣除下列非经常性收入项目的税后净额

项目	金额
1、热费补贴收入	23,800,000.00元
2、增值税返还	1,293,766.85元
3、利息减免	26,867,241.12元
4、营业外收支净额	-4,176,758.08元

(二)近三年的主要会计数据和财务指标

年 度	2000	1999		1998	
项 目		调整前	调整后	调整前	调整后
主营业务收入(元)	1,055,335,590.63	824,356,975.67	776,260,774.50	746,137,905.86	746,137,905.86
净利润(元)	174,345,193.17	123,289,240.65	122,488,962.16	116,872,655.65	106,801,463.01
总资产(元)	4,033,217,280.13	3,428,087,375.52	3,284,512,047.16	2,901,316,687.65	2,891,245,495.01
股东权益(元)(不含少数股东权益)	1,725,108,951.1[illegible]	1,181,519,577.30	1,177,622,441.44	1,089,417,954.02	1,079,346,761.38
每股收益(元/股)					
加权平均	0.41	0.33	0.33	0.46	0.42
全面摊薄0.37	0.30	0.30	0.40	0.36	
扣除非经常性损益后	0.27	0.20	0.21		
每股净资产(元/股)全面摊薄	3.63	2.88	2.87	3.71	3.68
每股经营活动产生的现金流量净额(元/股)	0.01	0.26	0.26	0.68	-0.68
净资产收益率(%)					
加权平均	12.75	10.81	10.74	21.41	19.57
全面摊薄	10.11	10.43	10.40	10.73	9.90
调整后的每股净资产(元/股)	3.51	2.79	2.72	3.23	3.20

(三)利润表附表

按照中国证监会《公开发行证券公司信息披露编报规则(第9号)》要求计算2000年报告期利润的净资产收益率和每股收益。

报告期利润	净资产收益率(%)		每股收益(元)	
	全面摊薄	加权平均	全面摊薄	加权平均
主营业务利润	20.94	26.42	0.76	0.85
营业利润	8.81	11.11	0.32	0.36
净利润	10.11	12.75	0.37	0.41
扣除非经常损益后的净利润	7.34	9.26	0.27	0.30

三、股东情况介绍

(一)股东数量

2000年12月31日,公司股东总数为179,797户,其中,国家股股东数为2户,社会公众股股东数为179,795户。

(二)主要股东持股情况

2000年12月31日,公司前10名股东持股情况

名次	股东名称	年末持股数量(万股)	占总股本比例(%)
1	长春市国有资产管理局	18,063.3065	38.02
2	辽源市国有资产管理局	1,895.7582	3.99
3	江苏联合	264.3520	0.56
4	赵坚	130.0000	0.30
5	上港集箱	64.9067	0.27
6	鑫苏投资	58.9680	0.12
7	宁夏证券	56.0000	0.12
8	晏福有	40.0000	0.08
9	新疆特变	39.8800	0.08
10	兴和基金	26.8338	0.06

山东大成农药股份有限公司

二〇〇〇年年度报告摘选

一、公司简介

1、公司的法定中文名称:山东大成农药股份有限公司
公司的法定英文名称:SHANDONG DACHENG PESTICIDE CO.,LTD.
2、公司法定代表人:耿佃杰
3、公司董事会秘书:于 宁
联系地址:山东省淄博市张店区洪沟路25号
联系电话:0533-2111999-6358
传 真:0533-2113511
4、公司注册地址:山东省淄博市张店区洪沟路25号
公司办公地址:山东省淄博市张店区洪沟路25号
邮政编码:255009
公司国际互联网网址:http://www.shannong.com
电子信箱:sdny1@zb-public.sd.cninfo.net
5、公司选定的信息披露报纸名称:《上海证券报》
登载公司年度报告的中国证监会指定国际互联网网址:http://www.sse.com.cn
公司年度报告备置地点:公司证券投资部
6、公司股票上市交易所:上海证券交易所
股票简称:山东农药
股票代码:600882

二、会计数据和业务数据摘要

1、公司本年度主要会计数据　　金额单位:元

项目	金额
利润总额:	12,909,377.23
净利润:	10,909,995.47
扣除非经常性损益后的净利润:	10,909,995.47
主营业务利润:	73,616,110.58
其他业务利润:	-834,248.20
营业利润:	754,575.69
投资收益:	7,686,045.45
补贴收入:	5,126,174.88
营业外收支净额:	-657,418.79
经营活动产生的现金流量净额:	22,323,682.30
现金及现金等价物净增加额:	-4,487,521.46

2、截止报告期末公司前三年的主要会计数据和财务指标:

项目	2000年度	1999年度	1998年度	
			调整后	调整前
主营业务收入(元)	390,147,731.34	399,219,031.52	342,138,340.10	342,138,340.10
净利润(元)	10,909,995.47	31,852,054.72	23,529,681.27	31,737,717.17
总资产(元)	937,155,788.34	892,989,083.57	638,625,937.23	664,196,461.32
股东权益(不含少数股东权益)(元)	528,778,551.11	517,868,555.64	305,842,560.92	331,895,843.14
每股收益(元/股)	0.06	0.17	0.15	0.21
每股收益(按月加权)(元/股)	0.06	0.20	0.15	0.21
扣除非经常性损益后每股收益(元/股)	0.06	0.17	0.15	0.21
每股净资产(元/股)	2.85	2.78	2.01	2.18
调整后的每股净资产(元/股)	2.65	2.73	1.87	2.04
每股经营活动产生的现金流量净额(元/股)	0.12	-0.21	0.11	0.11
净资产收益率(%)	2.06	6.15	7.69	9.56

利率表附表:

报告期利润	净资产收益率(%)		每股收益(元/股)	
	全面摊薄	加权平均	全面摊薄	加权平均
主营业务利润	13.92	14.07	0.40	0.40
营业利润	0.14	0.14	0.004	0.004
净利润	2.06	2.08	0.06	0.06
扣除非经常性损益后的净利润	2.06	2.08	0.06	0.06

三、股东情况介绍

1、本报告期末,公司股东数为64,567人。

2、本报告期内,持有本公司5%以上(含5%)股份的股东只有淄博市国有资产管理局1个,其所持股份在本年度内未发生变动,也无质押与冻结情况。

3、前10名股东持股情况

股东名称	持股数量(股)	占总股本比例(%)	股份类型
淄博市国有资产管理局	87,739,146	47.21	国家股
陈晖	615,850	0.33	社会公众股
张店向阳化工厂	586,385	0.32	法人股
澳立公司	445,524	0.24	社会公众股
金陵	383,649	0.21	社会公众股
金乐清	377,100	0.20	社会公众股
邹腾	267,000	0.14	社会公众股
陈芸	240,000	0.13	社会公众股
吴炳源	234,195	0.13	社会公众股
喻会芳	210,000	0.11	社会公众股

前10名股东中,国家股股东与其余9名股东之间不存在关联关系,公司未知后9名股东之间的关联关系。

云南富邦科技实业股份有限公司

二〇〇〇年年度报告摘选

一、公司简介

1 、公司名称
中文:云南富邦科技实业股份有限公司
英文:Yunnan Fortune Science&Technology Industry Co. ,Ltd.
英文缩写:YNFSTC
2 、公司法定代表人:吴远之先生
3 、公司信息披露人员
董事会秘书:张春东
证券事务代表:赵建军
联系地址:保山市下巷街 52 号(邮编:678000)
电话:0875 - 2134198(保山)、010 - 62187958(北京)
传真:0875 - 2134298(保山)、010 - 62186807(北京)
电子信箱:yf883@8848. net
4 、公司注册地址:云南省保山市汉庄镇黑石头((邮政编码:678000)
董事会办公室地址:保山市下巷街 52 号
电子信箱:ynfstc@8848. net
5 、公司信息披露报纸:《上海证券报》
登载公司年报的国际互联网网址:http://www. sse. com. cn
公司年报备置地点:公司董事会办公室
6 、公司股票上市交易所:上海证券交易所
股票简称:富邦科技　　股票代码:600883

二、会计数据和业务数据摘要

1 、本年度业务数据摘要　　单位:人民币元

项　目	金　额
(1)利润总额:	11,856,603.73
(2)净利润:	10,365,164.06
(3)扣除非经营性损益后的净利润:	10,878,165.10
(4)主营业务利润:	24,960,469.75
(5)其他业务利润:	-100,905.93
(6)营业利润	12,412,196.86
(7)投资收益:	-34,841.74
(8)补贴收入:	0.00
(9)营业外收支净额:	-520,751.39
(10)经营活动产生的现金流量净额:	3,621,043.42
(11)现金及现金等价物净增加额:	4,024,874.85

说明:第(3)项指标中扣除的非经常性损益项目及金额为:合并价差摊销贷差 7,750.35 元,营业外收入 132,665.88 元,其中罚没收入 129,925.51 元,处置固定资产净收益 36.09 元,其他收入 6,704.28 元;营业外支出 653,417.27 元,其中罚没支出 11,600.30 元,处理固定资产净损失 612,710.06 元,捐赠支出 24,107.80 元,其他支出 4,999.11 元。

2 、公司近三年主要会计数据和财务指标:

项　目	2000 年	1999 年	1998 年调整后	1998 年调整前
(1)主营业务收入(元)	61,699,139.10	72,821,546.12	60,664,243.06	60,664,243.06
(2)净利润(元)	10,365,164.06	20,444,474.81	14,198,723.06	14,255,163.84
(3)总资产(元)	201,171,817.92	185,202,988.56	144,364,701.40	144,479,649.21
(4)股东权益(元)	137,592,027.48	133,995,221.33	113,550,746.52	113,648,452.15
(5)每股收益(元)	0.102	0.3007	0.209	0.2096
扣除非经常性损益后的每股收益(元)	0.107	0.301	0.213	0.2143
(6)每股净资产(元)	1.349	1.97	1.67	1.671
(7)调整后的每股净资产(元)	1.336	1.954	1.654	1.655
(8)每股经营活动产生的现金流量净额(元)	0.036	0.392	0.173	0.173
(9)净资产收益率(%)	7.53%	15.26	12.50	12.54
(10)加权平均净资产收益率(%)	7.47%	16.52	13.34	13.40

按照中国证监会《公开发行证券公司信息披露编报规则(第 9 号)》规定计算的利润指标如下:

报告期利润	净资产收益率		每股收益	
	全面摊薄	加权平均	全面摊薄	加权平均
主营业务利润	18.14%	18.00%	0.2447	0.2447
营业利润	9.02%	8.95%	0.1217	0.1217
净利润	7.53%	7.47%	0.1016	0.1016
扣除非经常性损益后的净利润	7.91%	7.84%	0.1066	0.1066

三、股东情况介绍

1 、截止 2000 年末,本公司股东总数为 23051 户。
2 、公司前十名股东持股情况(股份单位:万股)

股东名称	期初持股	期内变动	期末持股	期末比例
①富邦投资有限责任公司	2,000	1,000	3,000	29.41%
②深圳市得融投资发展有限公司	1,500	750	2,250	22.06%
③云南省保山建材实业集团公司	1,000	500	1,500	14.71%
④云南省腾冲县保腾商号	100	50	150	1.47%
⑤云南省设计院	100	50	150	1.47%
⑥云南建材机械厂	30	15	45	0.44%
⑦保山市永昌村镇建设开发有限公司	22.2	11.1	33.3	0.33%
⑧保山市下村建筑公司	20	10	30	0.29%
⑨保山化轻建材供销公司	20	10	30	0.29%
⑩保山地区建筑工程总公司	20	10	30	0.29%

说 明:
(1)云南省保山建材实业集团公司所持股份为国有法人股。
(2)公司前十名股东所持股份均为未上市流通股份,其股份增加的原因为报告期内公司按 10:5 的比例实施了送股方案。
(3)云南省腾冲县保腾商号为云南省保山建材实业集团公司的子公司。
(4)持有公司股份 5%以上的法人股东所持股份没有质押、冻结情况。
(5)公司前十名股东中没有战略投资者或属一般法人配售新股的情况。

宁波杉杉股份有限公司

二〇〇〇年年度报告摘选

一、公司简介

1、公司法定中文名称:宁波杉杉股份有限公司
公司英文名称:NINGBO SHANSHAN CO. ,LTD.
公司英文名称缩写:NBSS
2、公司法定代表人:郑永刚
3、公司董事会秘书:陈正良
联系地址:宁波市天童北路 1133 号
邮政编码:315192
联系电话:0574—8208358,8203333—3033 分机
传真:0574—8208333
电子信箱:chenzzl@163. net
4、公司注册地址:宁波市百丈路 158 号
邮政编码:315040
办公地址:宁波市天童北路 1133 号
邮政编码:315192
公司国际互联网网址:http://www. shanshan. com. cn
电子信箱:stock@shanshan. com. cn
5、公司选定的信息披露报纸:中国证券报、上海证券报
登载公司年度报告的中国证监会指定网址:http://www. sse. com. cn
公司年度报告备置地点:宁波市天童北路 1133 号
6、公司股票上市交易所:上海证券交易所
股票简称:杉杉股份
证券代码:600884

二、会计数据和业务数据摘要

1 、本年度利润总额及构成(合并报表数据)

金额单位:人民币元

项目	金额
利润总额	126,260,877
净利润	119,943,479
扣除非经常性损益后的净利润	76,565,175
主营业务利润	310,348,592
其他业务利润	46,301,060
营业利润	128,207,285
投资收益	-15,641,132
补贴收入	16,138,231
营业外收支净额	-2,443,507
经营活动产生的现金流量净额	56,809,327
现金及现金等价物净增加额	-53,990,263

注:非经常性损益项目和涉及金额
1. 股权投资差额　271,096 元;
2. 补贴收入　16,138,231 元。
3. 土地转让收益　43,514,872 元。
4. 清算关闭子公司损失　-16,545,895 元。

2、主要会计数据和财务指标

金额单位:人民币元

指标项目	2000.12.31	1999.12.31	1998.12.31 调整前	1998.12.31 调整后
主营业务收入	807,048,430	782,382,081	763,407,301	763,407,301
净利润	119,943,479	87,493,767	87,153,340	70,142,698
总资产	1,229,180,423	1,307,031,444	1,295,902,325	1,239,218,088
股东权益(不含少数股东权益)	840,461,759	743,041,529	567,922,606	511,238,369
每股收益(摊薄)	0.504	0.368	0.602	0.484
每股收益(加权)	0.504	0.594	0.79	0.636
扣除非经常性损益后每股收益(摊薄)	0.322	0.298	0.427	0.31
扣除非经常性损益后每股收益(加权)	0.322	0.480	0.561	0.407
每股净资产	3.53	3.12	3.92	3.53
调整后的每股净资产	3.48	3.04	3.78	3.39
每股经营活动产生的现金流量净额	0.239	0.515	0.603	0.603
净资产收益率%	14.27	11.78	15.35	13.72

三、股东情况介绍

(一)股东情况介绍
1、截止报告期末,公司股东总数为 84553 户。
2、前十名持股股东情况:

股东名称	年度内股份变动	期末持股数	持股比例	变动原因及类型
1、杉杉集团有限公司	0	99,403,920	41.80%	法人股
2、上海一百集团有限公司	0	8,074,080	3.39%	法人股
3、上海永博实业有限公司	0	6,650,280	2.79%	法人股
4、鄞县咨询	0	2,027,781	0.85%	流通股
5、天迪投资	+-1,675,000	1,675,000	0.70%	流通股增持
6、宁波甬城房地产总公司	0	1,534,680	0.65%	法人股
7、淮海投资	-30,638	1,500,000	0.63%	流通股减持
8、余姚宝马	+1,023,120	1,023,120	0.43%	法人股转让
9、鑫苏投资	0	831,180	0.35%	流通股
10、宁波南润贸易发展有限公司	0	767,340	0.32%	法人股

注:除法人股无关联外,其它流通股未知其有关联关系。
3、持有 10%以上的法人股股东杉杉集团有限公司所持本公司股份无质押、冻结等情况。
4、报告期内本公司控股股东未发生变更。

武汉双虎涂料集团股份有限公司

二〇〇〇年年度报告摘选

一、公司简介

1、公司法定名称:武汉双虎涂料集团股份有限公司
英文名称:WuHan Twin-Tigers Coatings Group Co. Ltd
英文缩写:TTC
2、公司法定代表人:宋胜广先生
3、公司董事会秘书:武亚丽女士
电 话:027-83833770
传 真:027-83831498
电子信箱:wyl@mail. whttc. com
董事会证券事务代表:刘守明先生
电 话:027-83830702
电子信箱:sh－stock@mail. whttc. com
4、公司注册及办公地址:武汉市桥口区古田路17号
邮政编码:430035
互联网址:http://www. whttc. com
电子信箱:sh－office@mail. whttc. com
5、公司年度报告备置地点:公司董事会秘书处
公司选定的信息披露报纸:《中国证券报》、《上海证券报》、《证券时报》
年度报告披露指定网址:http://www. sse. com. cn
6、公司股票上市交易所:上海证券交易所
股票简称:双虎涂料
股票代码:600885

二、会计数据和业务数据摘要

1、2000年度主要财务数据

项　目	金额(单位:人民币元)
利润总额	-15,393,816.78
净利润	-15,175,126.79
扣除非经常性损益后的净利润	-15,175,126.79
主营业务利润	22,874,611.93
其他业务利润	231,425.22
营业利润	-17,399,759.94
投资收益	2,200,639.44
营业外收支净额	-194,696.28
经营活动产生的现金流量净额	6,072,970.85
现金及现金等价物净增加额	3,384,790.35

2、截至报告期末公司前三年的主要会计数据和财务指标(单位:元)

项　目	2000年	1999年		1998年
		调整前	调整后	
主营业务收入	102,695,905.26	123,069,063.03	123,069,063.03	155,012,371.07
净利润	-15,175,126.79	1,495,285.28	1,311,970.16	-27,211,212.47
总资产	430,348,294.10	423,134,492.25	422,199,892.98	404,657,612.94
股东权益(不含少数股东权益)	132,567,702.23	148,860,743.41	147,742,829.02	147,365,458.13
每股净资产	1.02	1.15	1.14	1.59
调整后的每股净资产	0.85	1.01	1.00	1.12
每股经营活动产生的现金流量净额	0.05	-0.10	-0.10	-0.06
净资产收益率%	-11.45	1	0.89	-18.47
每股收益	-0.117	0.0115	0.01	-0.29
加权每股收益	-0.117	0.0115	0.01	-0.29
扣除非经常性损益后的每股收益	-0.117	-0.09	-0.088	-0.29

3、按全面摊薄法和加权平均法计算的净资产收益率和每股收益:

报告期利润	净资产收益率(%)		每股收益(元)	
	全面摊薄	加权平均	全面摊薄	加权平均
主营业务利润	17.26	16.32	0.176	0.176
营业利润	-13.13	-12.41	-0.134	-0.134
净利润	-11.45	-10.83	-0.117	-0.117
扣除非经营性损益后的净利润	-11.45	-10.83	-0.117	-0.117

三、股本变动及股东情况

1、股本变动情况
(1)公司股份变动情况表(数量单位:股)

	期初数	本次变动增减(+,-)协议转让	期末数
一、未上市流通股份			
1.发起人股份	28,727,972	-19,022,640	9,705,332
其中:			
国家持有股份	4,245,332		4,245,332
境内法人持有股份	24,482,640	-19,022,640	5,460,000
2.募集法人股份	51,211,160	+19,022,640	70,233,800
3.内部职工股	0		0
未上市流通股份合计	79,939,132		79,939,132
二、已流通股份			
境内上市人民币普通股	49,868,000		49,868,000
已流通股份合计	49,868,000		49,868,000
三、股份总数	129,807,132		129,807,132

中国石化湖北兴化股份有限公司

二〇〇〇年年度报告摘选

一、公司简介

1、公司中文名称:中国石化湖北兴化股份有限公司
中文缩写:湖北兴化
公司英文名称:SINOPEC HUBEI XINGHUA COMPANY LTD.
英文缩写:HBXH CO.,LTD
2、公司法定代表人:王瑞光
3、公司董事会秘书:周浩
公司咨询服务机构:证券部
联系地址:湖北省荆门市白庙路63号
联系电话:0724－2210632
传真:0724－2210632
4、公司注册及办公地址:湖北省荆门市白庙路63号
邮政编码:448002
电子信箱:hbxhcltd @ jm－mail. hb. cninfo. net
5、公司选定的信息披露报纸:《中国证券报》、《上海证券报》
登载公司年度报告的中国证监会指定的国际互联网网址:http://www. sse. com. cn
公司年报备置地点:证券部
6、公司股票上市交易所:上海证券交易所
股票简称:湖北兴化
股票代码:600886

二、会计数据和业务数据摘要

(一)本年度利润总额及构成(单位:元)

项目	金额
利润总额:	5,923,689.08
其中:净利润:	5,923,689.08
扣除非经常性损益后的净利润:	5,923,689.08
主营业务利润:	68,222,579.76
其他业务利润:	282,446.59
营业利润:	29,696,434.90
投资收益:	－997,944.79
补贴收入:	0
营业外收支净额:	－22,774,801.08
经营活动产生的现金流量净额:	192,465,569.29
现金及现金等价物净增加额:	89,698,024.28

(二)公司前三年主要会计数据和财务指标(单位:元)

项　目	2000年度	1999年度	1998年度
1、主营业务收入	1,859,074,053.90	1,314,714,236.11	1,218,895,759.37
2、净利润	5,923,689.08	－60,056,847.41	63,793,837.90
3、总资产	1,167,000,708.87	1,223,902,772.00	1,263,641,875.52
4、股东权益	953,760,130.50	947,836,441.42	1,007,893,288.83
5、每股收益(全面摊薄)	0.021	－0.213	0.226
6、每股收益(加权平均)	0.021	－0.213	0.29
7、每股收益(扣除非经常性损益全面摊薄)	0.021	－0.183	0.226
8、每股收益(扣除非经常性损益加权平均)	0.021	－0.183	0.226
9、每股净资产	3.385	3.364	3.577
10、调整后的每股净资产	3.385	3.348	3.555
11、净资产收益率(全面摊薄)	0.621%	－6.33%	6.32%
12、净资产收益率(加权平均)	0.623%	－6.14%	8.11%
13、净资产收益率(扣除非经常性损益加权平均)	0.623%	－5.24%	8.11%
14、每股经营活动产生的现金流量净额	0.695	0.191	－0.25

(二)利润表附表:
根据中国证监会《公开发行证券公司信息披露编报规则(第9号)》计算

项　目	净资产收益率(%)		每股收益	
	全面摊薄	加权平均	全面摊薄	加权平均
主营业务利润	7.15	7.18	0.242	0.242
营业利润	3.11	3.12	0.105	0.105
净利润	0.621	0.623	0.021	0.021
扣除非经常性损益后的净利润	0.621	0.623	0.021	0.021

(四)报告期内股东权益变动情况(单位:元)

项　目	股　本	资本公积	盈余公积	法定公益金	未分配利润	股东权益合计
期初数	281,745,826.00	505,925,721.48	153,185,287.08	45,678,328.15	6,979,606.86	947,836,441.42
本年增加	－	－	－	－	5,923,689.08	5,923,689.08
本年减少	－	－	－	－	－	－
期末数	281,745,826.00	505,925,721.48	153,185,287.08	45,678,328.15	12,903,295.94	953,760,130.50
变动原因					2000年实现利润	

三、股本变动及股东情况

(一)、股本变动情况
1、股东数量:截止2000年12月31日,公司共有股东78100户。
2、公司前十名股东持股情况

股东名称	年末持股数(万股)	占总股本比例(%)
中国石化股份有限公司(国家持股单位)	16223.44	57.58
湖北省石油总公司	581.04	2.06
上海浦东实华经济发展公司	344.40	1.22
中国石化销售中南公司	210.00	0.75
武汉京昌商贸发展中心	84.00	0.30
华夏深圳	61.63	0.22
郑钢钢	51.00	0.18
刘伟铭	30.20	0.11
刘明清	27.23	0.10
绍兴百大	26.69	0.09

内蒙古伊利实业集团股份有限公司

二○○○年年度报告摘要

一、公司简介

1、公司名称:内蒙古伊利实业集团股份有限公司

INNER MONGOLIA YILI INDUSTRIAL GROUP CO.,LTD.

英文缩写:NMYILI

2、公司法定代表人:郑俊怀 先生

3、公司董事会秘书:杨桂琴 女士

联系地址:内蒙古呼和浩特市金川开发区金四道 8 号

电话:(0471)3901621

传真:(0471)3901615 3901621

电子信箱:yangguiqin@yilinet.com.cn

4、公司注册地址:内蒙古呼和浩特市金川开发区金四道 8 号

办公地址:内蒙古呼和浩特市金川开发区金四道 8 号

邮政编码:010080

公司国际互联网网址:http://www.yilinet.com.cn

电子信箱:info@yilinet.com.cn

5、公司选定的信息披露报纸:上海证券报

指定的登载公司年度报告互联网网址:http://www.sse.com.cn

公司年度报告备置地点:内蒙古呼和浩特市金川开发区金四道 8 号伊利实业集团股份有限公司董事会办公室

6、公司股票上市交易所:上海证券交易所

股票简称:伊利股份

股票代码:600887

二、会计数据和业务数据摘要

1、本年度利润总额及构成:(单位:人民币元)

利润总额:	128,222,015.38
净利润:	98,476,957.81
扣除非经营性损益后的净利润:	99,074,261.48
主营业务利润:	413,553,831.53
其他业务利润:	-2,467,936.68
营业利润:	125,414,931.44
投资收益:	3,404,387.61
补贴收入:	
营业外收支净额:	-597,303.67
经营活动产生的现金流量净额:	91,530,910.84
现金及现金等价物净增加额:	-62,345,834.61

2、近三年主要会计数据和财务指标

项目	2000 年	1999 年	1998 年
主营业务收入(元)	1,505,031,981.51	1,150,797,369.38	1,028,371,666.74
净利润(元)	98,476,957.81	89,274,944.51	77,186,338.16
总资产(元)	1,161,153,138.29	996,152,228.19	934,435,512.86
股东权益(元)(不含少数股东权益)	764,980,340.36	723,009,877.22	674,802,832.31
每股收益(元)	0.67	0.61	0.53
每股净资产(元)	5.22	4.93	4.60
调整后的每股净资产(元)	5.05	4.81	4.52
每股经营活动产生的现金流量净额(元)	0.62	1.04	1.20
净资产收益率(%)	12.87	12.35	11.44

根据中国证券监督管理委员会关于《公开发行证券公司信息披露编报规则第 9 号》的规定,应披露的利润数据如下:

报告期利润	净资产收益率		每股收益	
	全面摊薄	加权平均	全面摊薄	加权平均
主营业务利润	54.06	53.55	2.82	2.82
营业利润	16.39	16.24	0.86	0.86
净利润	12.87	12.75	0.67	0.67
扣除非经常性损益后的净利润	12.95	12.83	0.68	0.68

3、报告期内股东权益变动情况　　(单位:人民币元)

项目	股本	资本公积	盈余公积	法定公益金	未分配利润	股东权益合计
期初数	146,671,070.00	422,596,333.42	96,739,300.88	28,791,895.89	57,003,172.92	723,009,877.22
本期增加	-	4,676,075.61	29,543,087.34	9,847,695.78	98,476,957.81	41,970,463.14
本期减少					90,725,657.62	
期末数	146,671,070.00	427,272,409.03	126,282,388.22	38,639,591.67	64,754,473.11	764,980,340.36
变动原因		资产评估增值	利润分配	利润分配	利润分配	

三、股本变动及股东情况

(一)股东情况介绍

1、报告期末股东总数为 50816 名。

2、公司主要股东及其持股情况

股东名称	持股数	占总股本(%)
呼和浩特国有资产管理局	33028743	22.52
华世商贸	4021700	2.74
呼和浩特生华联合公司	3930000	2.68
内蒙古财信实业有限公司	3620000	2.47
同盛基金	3113749	2.12
内蒙古元和建筑集团公司	2881000	1.96
普丰基金	2843088	1.94
包头市桂圆实业(集团)有限公司	2346000	1.60
裕阳基金	1778579	1.21
建包证券	1459751	0.99

3、报告期内公司控股股东没有发生变更,其所持股份没有发生股票质押、冻结等限制股份转让的情况。

四、股东大会简介

报告期内公司召开了 1999 年度股东大会,具体情况是:

1、公司三届五次董事会决议通过 2000 年 6 月 16 日召开 1999 年度股东大会,召集会议通知刊登在 2000 年 5 月 16 日的《中国证券报》和《上海证券报》上。

2、公司 1999 年度股东大会于 2000 年 6 月 16 日在公司总部二楼会议室召开,出席会议的股东及代表共 89 人,参与表决的股份 89723931 股,占公司股份总数的 61.17%。经本次会议审议并通过了如下决议:公司 1999 年度董事会工作报告及董事会关于执行 1999 年股东大会有关事项的情况报告;公司 1999 年度监事会工作报告及监事会有关公司过去一年的监督专项报告;公司 1999 年度财务决算及 2000 年度财务预算;公司 1999 年度利润分配预案;公司 2000 年经营方针与投资计划;公司 2000 年配股预案;公司实施长期激励制度的议案。

本次会议有关情况、决议内容详细披露在 2000 年 6 月 17 日的《中国证券报》和《上海证券报》上。

五、董事会报告

(一)公司经营情况

1、公司所处的行业以及公司在本行业中的地位

公司属综合类乳制品加工资源转化型的农畜产品深加工企业,是国家经贸委评定的全国 520 家重点企业之一。公司已完成了战略结构调整,由单一冰淇淋经营,上升为乳产品经营。公司目前三大系列产品雪糕冰淇淋、奶粉和液态奶均在全国市场形成了强大竞争力。雪糕冰淇淋系列产品产销量连续 6 年在国内市场保持第一。奶粉系列产品产销量在国内市场名列前三名。超高温灭菌奶系列产品发展势头迅猛,产销量已跃居全国第一,成为市场主导品牌。公司 2000 年被国家农业部等八部、委、局认定为全国 151 家"国家农业产业化经营重点龙头企业"之一。

2、公司主营业务的范围及其经营状况

公司主要经营范围是:乳制品制造,食品、饮料加工,农畜产品及饲料加工。

2000 年,中国的乳品市场继续呈现快速增长势头,同时竞争也更加激烈。面对愈演愈烈的市场竞争,面对中国即将"入世"带来的挑战,公司董事会根据市场状况进行科学决策,并通过组织体系调整、市场营销整合、实施人才工程、奶源基地建设、资本运作、技术创新、团队精神培养、拓展外延型战略合作等一系列有效措施的实施,使公司的竞争能力进一步增强,生产经营又上了一个新台阶。公司冷冻食品系列、奶粉系列、液态奶系列等主要系列产品,继续保持了良好的发展势头。其中冰淇淋雪糕系列产品产销量虽然在国内市场继续保持领先地位,但由于冷饮市场掀起激烈的价格战,企业竞相压价,竞争愈演愈烈,成本加大,销售收入和利润下降;无菌奶系列产品的产销量已上升到中国第一位,在满足市场消费需求的同时,也促使公司产品的市场占有率迅速上升;奶粉系列产品产销量有了较大幅度的提高,通过技改工程的实施,2000 年,公司与历史悠久的乳品企业德国托菲尔公司组建合资公司,双方合作生产婴儿配方奶粉,使公司奶粉生产技术提到了进一步的提升。使伊利奶粉的市场竞争力进一步提升。目前公司是国内乳品行业唯一一家 A 股上市公司,伊利股份因经营业绩优良,一直入选"上证 30 指数"样本股。公司连续两年被中证 * 亚商联合评选中国最具发展潜力的上市公司五十强之一。"伊利"商标被国家工商局评为"中国驰名商标"。2000 年公司实现主营业务收入 15.05 亿元,比 1999 年增长 30.78%;利润总额 1.28 亿元,比 1999 年增长 15.50%,呈现出快速发展的良好前景。

3、在经营中出现的问题与困难及解决方案

随着全球经济一体化的发展,国际乳业巨头纷纷加大在华投资的力度,国内其它大型同行业企业也在快速成长,实力雄厚的跨国公司和国内大集团纷纷看好乳品市场,来争夺有限的市场空间。而公司在信息、地域等多方面又处于相对劣势,因此面临的压力是巨大的。同时,由于国内畜牧业基础的相对薄弱,公司生产规模的快速扩大与原奶供应量相对短缺之间的矛盾日益突出,这使公司面临的市场竞争更加激烈。

针对经营中存在的困难,公司要在克服困难的同时,很好地把握国内乳品消费市场快速发展商机,建立健全信息系统,拓宽信息渠道,提高管理水平;积极引进、培养高素质的人才,推动学习型组织建设;加强市场的开发与建设,使营销网络进一步向销售终端延伸扩展;建立国内一流的科研基地等强有力手段,不断取得新的创新性进展,在此基础上,还将通过与国内外科研院所和企业的广泛合作,缩短与国外乳品企业的差距,不断提升公司的核心竞争能力,迅速构建伊利发展的全国性战略框架,使公司进入品牌经营阶段,掌握市场竞争的主动权,实现做中国乳业第一品牌的目

标。

(二)、公司财务状况说明

公司 2000 年末总资产为 11.61 亿元,比 1999 年的 9.96 亿元,增长 16.57%,主要是公司净现金流量增加和新成员企业增加;股东权益为 7.65 亿元,比 1999 年的 7.23 亿元,增长 5.80 %;主要是经营净利润增加;长期负债为 5321 万元,比 1999 年的 946 万元增长 462.66%;主要是子公司奶业发展有限公司的长期借款增加;实现主营业务利润和净利润 4.1 亿元和 9848 万元,比 1999 年的 3.2 亿元和 8927 万元分别增长 28.67%和 10.31%。

(三)、公司投资情况:

1 、公司报告期内没有募集资金。

2 、前次募集资金在报告期内的使用情况(含部分非募集资金使用)。

本报告期内公司没有募集资金,前次配股募集资金的使用情况已经原内蒙古国正会计师事务所出具了内国正审字(2000)65 号专项审核报告并公告。

为进一步增加冷饮产品的科技附加值,提升产品的市场竞争力,报告期内公司投资 1556 万元(其中募集资金 408 万元,非募集资金 1148 万元)进行了冷饮技改项目,技改完成后生产的新产品倍受广大消费者的青睐。公司充分利用募集资金,进行液态奶系列、奶粉系列、冰淇淋系列以及奶源基地等项目的投资,资金的有效投入进一步提高了产品的技术含量,满足了市场需求,均产生了良好的经济效益。至此,前次募集资金已根据股东大会的授权全部使用完毕。

3 、非募集资金投资情况:

面对全球化竞争的严峻形势,为加快企业的前进步伐,快速构建核心竞争能力,谋求长期稳定的企业发展和股东收益,在股东大会的授权范围内,2000 年,公司立足主业,进行了项目投资。

(1)液态奶项目

针对液态奶消费需求快速增长的市场状况,公司依据股东大会决议,报告期内公司在解付信用证议付金额的基础上投入 1547 万元进行了液态奶三期扩建项目前期工程的继续建设。新项目于 2000 年 9 月 28 日竣工投产,这标志着中国最大的超高温灭菌奶生产基地正式建成。新项目全部引进具有国际一流水平的生产设备,生产安全、卫生、可靠的产品,以满足消费者的需求,并为公司带来了收益,公司将视市场需求状况进行后期项目建设。

(2)奶粉项目

追求技术创新,有效拓展企业规模,强化核心竞争能力,是公司参与国际化竞争的重要前提,为保证总体战略目标的顺利实现,经反复缜密的研究和论证,并依据股东大会决议,报告期公司与德国 Toepfer 公司达成合作协议共同组建了伊利托菲尔婴儿乳品公司;与黑龙江大庆市杜尔伯特蒙古族自治县进行资产重组合作,进行奶粉项目建设;与河北省唐山市芦台农场进行合作,组建了伊利芦台乳业有限责任公司。目前,上述三个项目运作情况良好,投入生产的项目已开始发挥经济效益。公司将对项目进行进一步论证,在市场条件成熟时,进行扩建投入。

(3)北京保鲜奶及保鲜酸奶生产项目

结合市场及企业实际情况,为增强公司的整体实力,形成规模化经营,创造良好的经济效益,给股东以满意的投资回报,按照股东大会决议,公司利用金融杠杆工具和资金的合理周转在报告期内进行了北京保鲜奶及保鲜酸奶生产项目的建设,项目总投资 1.05 亿元,一期工程正在建设中,目前尚须资金的进一步投入。

(4)研发和检验设备项目

报告期内公司投资 2800 万元,引进具有世界一流水平的研发和检验设备。设备的逐步投入使用,对提高公司产品质量,提升产品质量监控水平,必将起到积极的促进作用;从长远发展的角度来考虑,建立科学完善的研发体系,并拥有先进的检验设备是企业参与全球化竞争的必备条件。

(5)奶源基地及配套项目建设

为了保障奶源供应,增加企业的整体竞争能力,报告期内公司投资 2914 万元,继续新建集中挤奶站和配套设施建设。随着公司生产规模的扩大,该项目尚需进一步投入。

(6)收奶中心项目

为了进一步提高原奶收购质量,降低处理成本,依据股东大会决议,公司投资 1309 万元进行了收奶中心建设,该项目已启动。

(7)信息网络工程和会计电算化项目

为充分实现公司内部的信息共享,加速整体运行效率,不断拓展企业接收信息的渠道,适应经济信息化主流发展趋势,报告期内公司投资 418 万元,进行了信息网络工程建设。项目的实施为公司管理工作的规范性、时效性和精确性提供了有力保障,进一步提升了管理水平,并不断适应集团化发展的要求。

(8)污水处理项目

公司在发展的同时,始终具有较高的环保意识,为充分实现企业的经济效益、社会效益和环境效益,依照股东大会的决议,报告期内公司投资 1091 万元进行了污水处理项目的建设,项目正在建设中,预计 2001 年投入运行。

(四)加入 WTO 对公司所处行业的影响

中国加入世贸组织以后将面对新的游戏规则,新经济的出现将改变传统的交易场所和交易手段,而行业竞争将日趋激烈。随着全球经济一体化趋势的加快和中国加入世界贸易组织临近,乳制品市场的竞争也将进入一个全新的阶段。入世后,进口乳制品定会长驱直入,国内市场将成为国际市场的重要组成部分。跨国乳品公司将纷纷在中国进行投资,推行本土化战略,国内乳品生产企业将面临严峻挑战。国内乳品生产企业在生产设备、技术、管理、人力资源、市场营销、信息等方面与国外跨国同行企业存在较大差距。与跨国公司相比,国内企业既要提高市场占有率,面对国内企业的竞争压力,又要兼顾国外企业的挑战,获取利润回报股东,因此,发展相对更为艰苦。

面对挑战,公司通过对市场趋势和竞争态势的深入分析研究,从市场条件和自身发展状况两个方面考虑,提出了"创中国乳业第一品牌"的奋斗目标。公司将通过进行市场营销的创新,管理体制的创新 ,技术创新,奶源基地建设的创新,成本管理的创新,建立长期激励机制等有力手段,不断地提升公司的核心竞争能力,实现多方面的突破,利用公司发展的时间和地域空间,快速抢占市场先机,用全球的资源做中国的市场,为实现长远的战略目标奠定坚实的基础。

(五)新年度的业务发展计划

(1)依据股东大会决议,以广大股东的利益为出发点,合理有序的安排项目投资,促进公司稳步向前发展。

(2)细化管理流程,通过多种形式实现管理的创新,奠定公司实施品牌经营战略的坚实基础.使公司的整体运作更具高效性。

(3)继续提升人力资源开发与管理的力度,建立激励与约束机制,更好地 吸引人才,留住人才,为企业获得未来发展所需的各种高素质专业人才。

(4)继续进行市场营销网络建设,通过强化通路、终端、配送体系及相应的管理手段,进一步加强对市场的控制力。

(5)继续进行奶源基地及其配套设施建设,保证公司规模化生产对生奶需要。

(6)新建及在建工程的预期进度

① 北京液态奶生产基地项目。项目总投资额 1.05 亿元,预计 2001 年一期工程完工并投入生产。

② 管理信息系统工程,预计投资 1000 万元,2001 年开始启动。

③ 工业园污水处理工程项目。预计投资 1500 万元,2001 年运行。

(六)董事会日常工作情况

(1)报告期内董事会的会议情况及决议内容。

根据股东大会通过的有关决议和计划,报告期内公司董事会会议情况如下:

① 公司三届三次董事会会议于 2000 年 1 月 28 日召开,会议审议通过了《伊利管理层持股计划实施草案》和《内蒙古伊利实业集团股份有限公司金川污水处理厂可行性研究报告》及其他事宜;

② 公司三届四次董事会会议于 2000 年 3 月 27 日召开,审议并通过了:1999 年年度报告及财务审计报告;1999 年利润分配预案;依据财政部(1999)35 号文的规定,审议公司四项资产减值准备的提取办法;同意并购黑龙江大庆市杜尔伯特乳品厂项目;根据股东大会决议,听取关于奶源基地续建的工作情况汇报;

③ 公司三届五次董事会于 2000 年 5 月 15 日召开,经会议充分讨论审议通过了如下议项:公司 1999 年度董事会工作报告(草案);公司 2000 年经营方针和投资计划(草案);公司 1999 年度财务决算及 2000 年度财务预算方案(草案);根据中国证监会证监发字(1999)12 号文《关于上市公司配股工作有关问题的通知》的要求,董事会进行了前次募集资金使用情况的自查工作。审议公司 2000 年配股预案(草案);由于工作变动原因,会议同意胡苏东先生辞去行政副总裁职务;召开 1999 年度股东大会的具体事宜及其他事宜;

④ 公司第三届董事会临时会议于 2000 年 6 月 9 日召开,会议审议并通过了《公司关于实施长期激励制度的议案》和《北京日处理 200 吨鲜奶生产基地项目》及其他事宜;

⑤2000 年 8 月 3 日召开三届六次董事会会议,会议审议通过了公司 2000 年度中期报告及财务报告;

⑥ 公司三届七次董事会会议于 2000 年 12 月 29 日召开,审议通过了如下事项:《公司员工特别福利办法》和《公司员工特别激励办法》;《集团公司所属小企业机制创新的报告》;《黑龙江杜尔伯特伊利有限责任公司日处理鲜奶 300 吨奶粉新建项目可行性研究报告》;一致同意总裁提名由杨桂琴副总裁任公司常务副总裁及其他事宜;

⑦ 公司董事会以书面表决的形式于 2000 年 11 月 3 日通过了对伊利奶业发展有限公司向农行贷款提供担保的事项,2000 年 12 月 3 日通过了与芦台农场产权合作方案及其他有关事项。

(2)董事会对股东大会决议的执行情况。

① 公司董事会根据 1999 年度股东大会批准的 1999 年度利润分配方案于 2000 年 6 月 23 日刊登分红派息公告,通过上海中央登记结算公司清算系统向股东进行派发红利的工作。

② 公司董事会根据 1999 年度股东大会批准的投资项目及相关授权,进行了项目投资,并认真严格地执行了会议通过的其他决议。

(七)公司管理层及员工情况

(1)董事、监事及高级管理人员情况简介

姓　名	年龄	职　务	任　期	持股数
郑俊怀	50	董事长兼总裁	1999 年 6 月 8 日至 2002 年 6 月 8 日	31658
李云卿	53	副董事长	1999 年 6 月 8 日至 2002 年 6 月 8 日	0
母剑明	42	副董事长	1999 年 6 月 8 日至 2002 年 6 月 8 日	0
杨桂琴	40	董事、常务副总裁兼董秘	1999 年 6 月 8 日至 2002 年 6 月 8 日	23326
旭日干	60	董事、教授	1999 年 6 月 8 日至 2002 年 6 月 8 日	0
杨贵	44	董事、党委副书记	1999 年 6 月 8 日至 2002 年 6 月 8 日	25888
李耀林	37	董事、副教授	1999 年 6 月 8 日至 2002 年 6 月 8 日	0
郭顺喜	45	董事兼公司原奶事业部总经理	1999 年 6 月 8 日至 2002 年 6 月 8 日	5000
宋昆冈	52	董事	1999 年 6 月 8 日至 2002 年 6 月 8 日	0
富子荣	42	董事	1999 年 6 月 8 日至 2002 年 6 月 8 日	0
陈彦	38	董事兼公司冷饮事业部总经理	1999 年 6 月 8 日至 2002 年 6 月 8 日	0
王淑珍	49	监事会主席兼工会主席	1999 年 6 月 8 日至 2002 年 6 月 8 日	25304
王发兴	51	监事	1999 年 6 月 8 日至 2002 年 6 月 8 日	0
张文善	45	监事	1999 年 6 月 8 日至 2002 年 6 月 8 日	0
张艳	27	监事	1999 年 6 月 8 日至 2002 年 6 月 8 日	0
钱芳	26	监事	1999 年 6 月 8 日至 2002 年 6 月 8 日	0

注:1 、公司董事、监事及高级管理人员所持股份在报告期内未发生变化,其所持股份在任职期限内被锁定。

2 、李云卿董事不在公司领取报酬,公司监事、董事在任期间领取津贴 3000 - 10000 元 。年度报酬在 4 - 8 万之间。

3 、公司 2000 年度高管人员实行年薪制,以上公告的是实际领取报酬,年薪的最终兑现情况要视公司经营业绩和本人工作情况考评兑现。

4 、报告期内,因工作变动公司副总裁胡苏东先生请求辞去副总裁一职,公司董事会予以批准。

(八)本次利润分配预案

经公司董事会审议通过并经中天华正会计师事务所审核。2000 年度利润分配预案:2000 年共实现净利润 98,476,957.81 元,加年初未分配利润 57,003,172.92 元,可供分配的利润 155,480,130.73 元,提取 10%的法定盈余公积金 9,847,695.78 元、10%的法公益金 9,847,695.78 元,2000 年度可供股东分配的利润为 135,784,739.17 元,提取 10%的任意盈余公积金 9,847,695.78 元,提取 10%的长期激励基金(1999 年度股东大会决议通过)9,847,695.78 元,公司以现股本 146,671,070 股为基数拟用派送现金红利的形式进行分红,每 10 股派送现金红利 3.5 元(含税),共计 51,334,874.50 元,其余 64,754,473.11 元列入未分配利润。

此预案须经公司股东大会审议通过后再行实施。

(九)预计公司下一年度利润分配政策

在实现当年财务预算的前提下,2001 年度公司将进行一次利润分配;其中 2001 年度实现净利润在提取法定公积金、法定公益金、任意盈余公积金(5% - 15%)、长期激励基金(10%,1999 年度股东大会通过)后的 10 —50%用于股利分配,公司 2000 年度未分配利润的 10 —50%用于 2001 年度股利分配;分配主要采用现金形式。董事会将根据公司实际经营情况提出分配预案,并保留对此预案的提议、调整权,具体实施情况须报股东大会决议批准后执行。

10 、其他报告事项

公司选定的披露信息的报纸——上海证券报

六、监事会报告

二 000 年度,监事会按照《公司法》和《公司章程》规定,依法召开了两次监事会会议。会议议题包括审核检 查公司 1999 年报及 2000 年中报,审议通过了《监事会会议议事制度》(试行)等。

二 000 年度监事会依照《公司法》及《公司章程》赋予的权利依法列席了董事会的各次会议,对会议程序、内 容及表决结果进行了监督。监事会认为:公司决策程序符合法律、法规的规定,决议内容和表决结果均真实有效。

董事会的工作是卓有成效的,经营班子的经营成果是良好的。

一 年来,监事会成员经常定期或不定期检查公司财务及内部控制等各项制度的执行情况并及时与公司经营班子进行沟通。监事会认为:公司建立了内部控制制度;公司董事、经理依照法律、法规及公司章程的规定执行公司职务,没有发生损害公司利益的行为;公司最近一次募集资金已按股东大会表决通过的投资计划如期投入,项目运作效益良好;公司在收购、出售资产时本着公平、合理的原则进行交易,防止了公司资产的流失,未发现内幕交易;公司与其关联企业的交易公平、合理,没有损害上市公司的利益。

通过对公司财务报表及其相关资料的检查,监事会认为财务报告真实反映了公司的财务状况和经营成果,会计事务所出具的审计意见及评价真实。

一年来,监事会在依法履行《公司法》和《公司章程》所赋予的职责时,也加强了自身的制度建设,通过并实施了《监事会会议议事制度》(试行),进一步规范了监事会的工作程序,为今后更好地开展监事会的工作夯实了基础。

七、重要事项

1 、本年度公司无重大诉讼、仲裁事项

2 、报告期内公司收购兼并或资产重组事项

(1)提高产品的科技附加值,加强国际间企业的技术合作,是快速提高核心竞争能力的有效途径之一。报告期内公司安排固定资产投资 1198 万元,与德国合资组建的伊利托菲尔婴儿乳品有限公司,主要开发生产高科技附加值的婴儿奶粉。

(2)为加快企业的发展步伐,继续保持竞争优势,经慎重考察与研究,公司与黑龙江省大庆市杜尔伯特蒙古族自治县合作,进行了投资 2000 万元的奶粉项目建设。杜尔伯特地区自然条件良好,水草丰美,自古以来,是国内少有的天然湿地和牧场,适合畜牧业的发展。公司与当地政府达成合作协议后,由于遵守信誉,及时发放奶资,激发了养牛农户的积极性,加快了当地养牛业的发展。双方合作成立有限公司,经大力的整合,目前该公司运作良好,并已开始发挥经济效益。公司将视具体情况进行后期扩建投资。

(3)报告期内公司与河北省唐山市芦台农场进行项目合作,组建了伊利芦台乳业有限责任公司。公司共出资 483 万元,占注册资金的 51%。芦台地区自然资源良好,畜牧业较为发达,项目的实施对公司的整体发展战略具有重要的意义,并将有力推进当地农业产业化的发展进程。项目正在具体实施中。

3 、公司报告期内无重大关联交易。

4 、公司与控股股东在人员、资产、财务方面实行三分开,即人员独立、资产完整、财务独立,不存在关联交易。

(1)公司在劳动、人事及工资管理等方面独立,总裁、副总裁及其他高 级管理人员均在公司领取薪酬。

(2)公司拥有独立的生产系统、辅助生产系统和配套设施;并独立拥有工业产权、商标、非专利技术等无形资产。

(3)公司设有健全独立的财会部门,并建立了独立的会计核算体系和财务管理制度,独立在银行开户。

5 、公司报告期内重大合同的抵押、担保等事项

公司董事会 2000 年 11 月决议通过了对奶业发展公司向农行贷款 4500 万元的担保事项。该项贷款主要是为进 一步扶持呼和浩特地区的奶源基地建设而申请。

6 、2000 年 11 月,公司被国家农业部等八部委局认定为 151 家国家农业产业化重点龙头企业之一。

八、财务会计报告

1 、审计报告

公司 2000 年度财务报告经北京中天华正会计师事务所(原内蒙古国正会计师事务所)中国注册会计师王爱华、付丽君审计,并出具了无保留意见的审计报告[中天华正京审(2001)2010 号]。

2 、会计报表(见附表)

九、公司的其他有关资料

1 、报告期内无变更注册

2 、营业执照号:1500001001176

3 、税务登记号:150111114153937

4 、公司未流通股票的托管机构:上海证券中央登记结算公司

5 、会计师事务所:

名称:北京中天华正会计师事务所(原内蒙古国正会计师事务所)

办公地:北京西城区阜成门外大街 2 号万通新世界广场 B 座 18 层 1 号

十、备查文件目录

1 、2000 年年度报告正本;

2 、公司 2000 年度财务报告原件;

3 、北京中天华正会计师事务所《内蒙古伊利实业集团股份有限公司审计报告》[中天华正京审(2001)2010 号] ;

4 、其他有关文件。

董 事长:郑俊怀

内蒙古伊利实业集团股份有限公司

2001 年 3 月 28 日

会计报表附注摘要

一 、公司主要会计政策、会计估计和合并会计报表的编制方法未发生变化

二 、控股子公司及合营企业

子公司全称	注册资本(万元)	经营范围	本公司投资额(元)	占权益比例(%)
伊利房地产开发有限责任公司	500.00	房地产开发	6,444,320.49	95.00
伊利集团青山乳业有限责任公司	832.00	奶粉生产	20,320,380.09	74.97
伊利矿泉饮料有限责任公司	670.00	矿泉水产销	1,073,373.47	67.00
伊利企业发展有限责任公司	500.00	咨询服务业	9,812,513.58	85.00
上海伊利冷冻食品有限责任公司	98.00	冷饮产销	0.00	89.80
扎兰屯伊利乳业有限公司	705.00	奶粉生产	7,517,992.46	56.34
杜尔伯特伊利乳业有限责任公司	3,000.00	奶粉生产	21,207,203.50	66.70
伊利奶食品有限责任公司	100.00	固态奶产销	1,001,040.53	85.00
伊利饲料有限责任公司	404.00	饲料产销	2,506,621.73	64.50
唐山市伊利芦台乳业有限责任公司	946.39	奶粉生产	4,826,600.00	51.00
伊利托菲尔婴儿乳品有限责任公司	1,608.50	奶粉生产	11,985,001.49	74.51
伊利奶业发展有限责任公司	1,100.00	奶牛饲养	9,255,113.75	90.91

无合营企业 。

三 、合并报表范围及其变化以及对公司财务状况的影响

1 、合并范围本期增加了杜尔伯特伊利乳业有限责任公司、伊利奶食品有限责任公司、伊利饲料有限责任公司、伊利托菲尔婴儿乳品有限责任公司及伊利奶业发展有限责任公司。杜尔伯特伊利乳业有限责任公司是公司与黑龙江省大庆市杜尔伯特蒙古族自治县共同出资成立的,注册资本 3000 万元,伊利公司投资 2000 万元,占注册资本的 66.70%,公司投产后将形成年处理生奶 2 万吨的生产能力;伊利托菲尔婴儿乳品有限责任公司是公司与德国托菲尔婴儿乳品公司(英文名称:Toepfer gmbH)合资成立,注册资本 1608.50 万元,公司以固定资产投资 1198.50 万元,占注册资本的 74.51%,主要生产优质婴儿奶粉;伊利奶业发展有限责任公司是公司与呼和浩特市副食品办公室共同出资成立的,注册资本 1100 万元,公司投资 1000 万元,占注册资本的 90.91%,公司成立后主要负责奶源基地的开发与建设并扶持当地奶业发展等工作;伊利饲料有限责任公司由原公司饲料厂联合其他股东共同出资成立,注册资本 404 万元,公司投资 260.60 万元,占注册资本的 64.50%;伊利奶食品有限责任公司由原公司奶食品二厂与内部职工共同出资成立,注册资本 100 万元,公司投资 85 万元,占注册资本的 85.00%。

2 、子公司与母公司执行同一会计政策,因此未发生影响;新增合并的子公司杜尔伯特伊利乳业有限责任公司、伊利奶食品有限责任公司、伊利饲料有限责任公司、伊利托菲尔婴儿乳品有限责任公司及伊利奶业发展有限责任公司本年度开始经营,未对集团以前年度财务状况发生影响。

3 、由子公司伊利企业发展有限责任公司投资的上海伊利爱贝食品有限公司各项经济指标均低于合并报表的规定比例,对合并报表未发生重大影响,因此未予合并;唐山市伊利芦台乳业有限责任公司因本年度尚未开始经营故未合并。

4 、上海伊利爱贝食品有限公司的主要经济指标分别为:

总资产	55,476,282.70 元
净资产	23,220,482.33 元
净利润	2,204,870.58 元

利润表及利润分配表

编制单位:内蒙古伊利实业集团有限公司　　2000 年度　　单位:人民币元

项目	行次	上午同期数 母公司	上午同期数 合并	本年累计数 母公司	本年累计数 合并
一、主营业务收入	1	1,164,923,471.58	1,150,797,369.38	1,503,751,374.04	1,505,031,981.51
减:折扣与折让	2				
主营业务收入净额	3	1,164,923,471.58	1,150,797,369.38	1,150,751,374.04	1,505,031,981.51
减:主营业务成本	4	868,777,158.16	822,888,168.44	1,125,454,001.57	1,086,016,290.50
主营业务税金及附加	5	4,911,763.46	6,498,769.51	4,267,068.45	5,461,859.48
二、主营业务利润	6	291,234,549.96	321,410,431.43	374,030,304.02	413,553,831.53
加:其他业务利润	7	-643,713.21	-281,952,61	-2,854,701.61	-2,467,936.68
减:存货跌价损失	8				
营业费用	9	161,211,296.75	169,277,681.61	211,140,841.05	222,215,051.96
管理费用	10	39,541,383.37	46,117,355.46	55,271,036.22	65,228,551.85
财务费用	11	-6,774,666.75	-4,546,413.82	-3,603,352.83	-1,772,640.40
三、营业利润	12	96,612,823.38	110,279,855.57	108,367,077.97	125,414,931.44
加:投资收益	13	6,364,555.93	-30,695.08	11,096,293.33	3,404,387.61
补贴收入	14			-	-
营业外收入	15	2,682,238.96	3,013,646.55	1,726,794.89	2,281,829.58
减:营业外支出	16	1,923,537.58	2,244,283.32	2,819,859.48	2,879,133.25
加:以前年度损益调整	17				
四、利润总额	18	103,736,080.69	111,018,523.72	118,370,306.71	128,222,015.38
减:少数股东收益	19		3,988,146.03		5,194,025.18
所得税	20	14,461,136.18	17,755,433.18	19,893,348.90	24,551,032.39
五、净利润	21	89,274,944.51	89,274,944.51	98,476,957.81	98,476,957.81
加:年初未分配利润		40,042,358.59	40,042.358.59	57,003,172.92	57,003,172.92
盈余公积转入					
六、可供分配的利润		129,317,303.10	129,317,303.10	155,480,130.73	155,480,130.73
减:提取法定盈余公积		8,927,494.45	8,927,494.45	9,847,695.78	9,847,695.78
提取法定公益金		8,927,494.45	8,927,494.45	9,847,695.78	9,847,695.78
七、可供股东分配的利润		111,462,314.20	111,462,314.20	135,784,739.17	135,784,739.17
减:应付优先股股利					
提取任意盈余公积		13,391,241.68	13,391,241.68	9,847,695,78	9,847,695.78
提取长期激励基金				9,847,695.78	9,847,695.78
应付普通股股利		41,067,899,60	41,067,899.60	51,334,874.50	51,334,874.50
转作股本的普通股股利					
八、未分配利润		57,003,172.92	57,003,172.92	64,754,473.11	64,754,473.11

资 产 负 债 表

2002 年 12 月 31 日

编制单位:内蒙古伊利实业集团　　　　单位:人民币元

资产	年初数		期末数	
	母公司	合并	母公司	合并
流动资产:				
货币资金	235,456,376.07	242,305,909.74	159,982,691.92	179,960.075.13
短期投资		2,500,000.00	10,000,000.00	10,000,000.00
减:短期投资跌价准备				
短期投资净额		2,500,000.00	10,000,000.00	10,000,000.00
应收票据	550,000.00	550,000.00	300,000.00	300,000.00
应收股利			1,800,285.86	
应收利息				
应收帐款	40,212,314.91	39,696,885.58	66,819,832.95	63,551,888.24
其他应收帐款	25,089,187.23	21,868,562.67	34,520,124.28	75,165,067.92
减:坏帐准备	4,112,935.32	4,925,235.86	8,350,404.28	9,342,802.29
应收款项净额	61,188,566.82	56,640,212.39	92,989,552.95	129,374,153.87
预付帐款	17,506,949.23	18,426,231.16	13,432,072.00	14,752,154.11
应收补贴款				
存货	91,257,037.94	121,075,709.93	146,972,548.32	181,382,303.81
减:存货跌价准备				
存货净额	91,257,037.94	121,075,709.93	146,972,548.32	181,382,303.81
待摊费用	5,649,800.31	6,895,208.40	4,465,154.34	4,666,314.36
待处理流动资产净损失				
一年内到期的长期债券投资				
其他流动资产				
流动资产合计	411,608,730.37	448,393,271.62	429,942,305.39	520,435,001.28
长期投资:				
长期股权投资	38,063,567,13	5,541,020.33	97,232,161.09	6,870,196.93
长期债权投资	10,000,000.00	10,014,860.25		14,860.25
长期投资合计	48,063,567.13	15,555,880.58	97,232,161.09	6,885,057.18
减:长期投资减值准备	250,000.00	250,000.00	200,000.00	200,000.00
长期投资净额	47,813,567.13	15,305,880.58	97,032,161.09	6,685,057.18
固定资产:				
固定资产原价	327,742,280.30	382,163,903.12	524,401,936.47	637,273,493,98
减:累计折旧	68,374,233.84	86,819,559.03	100,860,723.17	134,916,195.57
固定资产净值	259,368,046.46	295,344,344.09	423,541,213.30	502,357,298.41
工程物资	12,000.00	12,000.00	1,127,946.20	1,441,886.20
在建工程	174,794,712.37	176,854,305.94	51,398,942,26	59,025,891.31
固定资产清理				
待处理固定资产净损失				
固定资产合计	434,174,758.83	472,210,650.03	476,068,101.76	562,825,075.92
无形资产及其它资产:				
无形资产	39,834,776.65	49,507,476.89	38,964,094.45	59,924,126.65
开办费	34,430,43	149,233.97	21,102.63	586,326.22
长期待摊费用	9,273,122.70	10,585,715.10	9,791,156.18	10,697,551.04
其他长期资产				
无形及其他长期资产合计	49,142,329,78	60,242,425.96	48,776,353.26	71,208,003.91
递延税项:				
递延税款借项				
资产总计	942,739,386.11	996,152,228.19	1,051,818,921.50	1,161,153,138.29
负债及所有者权益	年初数		期末数	
	母公司	合并	母公司	合并
流动负债:				
短期借款		13,350.000.00		16,400,000.00
应付票据	11,843,330.25	11,943,330.25	18,100,222.06	18,877,894.70
应付帐款	80,642,877,09	88,285,801.87	157,830,999.41	150,702,566.50
预收帐款	4,354,343.77	5,475,724,16	4,541,383.16	4,962,754.29
代销商品款				
应付工资	9,555,599.23	12,349,883.40	18,362,726.80	20,690,813.68
应付福利费	10,206,676.89	11,189,480.15	13,408,275.00	14,242,998.31
应付股利	52,252,741,41	54,603,651.42	61,924,611.07	64,446,438.52
应交税金	-12,747,718.51	-4,360,282.62	-58,052,447.52	-53,11,275.13
其他应交款	2,750,308.50	3,331,694.31	3,526,942.82	4,162,869.66
其他应付款	55,034,804.83	50, 669,280.68	64,603,726.62	67,889,856.62
预提费用	5,547,545.43	5,790,800.08		165,791.63
一年内到期的长期负债				
其他流动负债				
流动负债合计	219,440,508.89	252,629,363.70	284,246,439.42	309,430,708.78
长期负债:				
长期借款	289,000.00	8,797,216.00	289,000.00	52,553,000.00
应付债券				
长期应付款				
住房周转金		660,257.18		660,257.18
其他长期负债				
长期负债合计	289,000.00	9,457,473.18	289,000.00	53,213,257.18
递延税项:				
递延税款贷项			2,303,141.72	2,303,141.72
负债合计	219,729,508.89	262,086,836.88	286,838,581.14	364,947,107.68
所有者权益:				
股本	146,671,070.00	146,671,070.00	146,671,070.00	146,671,070.00
资本公积	422,596,333.42	422,596,333.42	427,272,409.03	427,272,409.03
盈余公积	96,739,300.88	96,739,300.88	126,282,388.22	126,282,388.22
其中:公益金	28,791,895,89	28,791,895,89	38,639,591.67	38,639,591.67
未分配利润	57,003,172.92	57,003,172.92	64,754,473.11	64,754,473.11
所有者权益合计	723,009,877.22	723,009,877.22	764,980,340.36	764,980,340.36
少数股东权益		11,055,514.09		31,225,690.25
负债及所有者权益合计	942,739,386.11	996,152,228.19	1,051,818,921.50	1,161,153,138.29

现 金 流 量 表

2000 年度

编制单位:内蒙古伊利实业集团股份有限公司　　　　单位:人民币元

项　目	行次	金额(母公司)	金额(合计)
一、经营活动产生的现金流量			
销售商品、提供劳务收到的现金	1	1,709,075,741.19	1,714,673,427.00
收取的租金	2		
收到的税费返还	4		
收到的其他与经营活动有关的现金	5	7,478,677.89	12,656,793,84
现金流入小计	6	1,716,554,419.08	1,727,330,220.84
购买商品、接受劳务支付的现金	7	1,162,596,072.90	1,098,390,732.78
经营租赁所支付的现金	8	8,937,076.31	8,985,076.31
支付给职工以及为职工支付的现金	9	89,982,714.19	101,973,200.50
实际交纳的增值税款	10	97,937,297.55	111,529,995.56
支付的所得税款	11	48,469,011.81	54,952,058.64
支付的除增值税、所得税以外的其他税费	12	22,922,874.81	28,744,644.00
支付的其他与经营活动有关的现金	13	185,514,489.61	231,223,602.21
现金流出小计	14	1,616,359,537.18	1,635,799,310.00
经营活动所产生的现金流量净额	15	100,194,881.90	91,530,910.84
二、投资活动所产生的现金流量			
收回投资所收到的现金	16	10,050,000.00	12,550,000.00
分得股利或利润所收到的现金	17		
取得债券利息收入所收到的现金	18	295,015.00	295,015.00
处置固定资产、无形资产和其他长期资产而收回的现金净额	19	3,565.80	3,865.80
收到的其他与投资活动有关的现金	20		
现金流入小计	21	10,348,580.80	12,848,880.80
购建固定资产、无形资产和其他长期资产所支付的现金	22	106,365,354.34	158,656,781.34
权益性投资所支付的现金	23	31,592,140.50	
债权性投资所支付的现金	24	10,000,000.00	10,000,000.00
支付的其他与投资活动有关的现金	25		
现金流出小计	26	147,957,494.84	168,656,781.34
投资活动所产生的现金流量净额	27	-137,608,914.04	-155,807,900.54
三、筹资活动所产生的现金流量			
吸收权益性投资所收到的现金	28		
发行债券所收到的现金	29		
借款所收到的现金	30		45,000,000.00
收到的其他与筹资活动有关的现金	31		
现金流入小计	32		45,000,000.00
偿还债务所支付的现金	33		2,594,216.00
发生筹资费用所支付的现金	34		
分配股利或利润所支付的现金	35	41,663,004.84	42,247,269.31
偿付利息所支付的现金	36	-3,603,352.83	-1,772,640.40
融资租赁所支付的现金	37		
减少注册资本所支付的现金	38		
支付的其他与筹资活动有关的现金	39		
现金流入小计	40	38,059,652.01	43,068,844.91
筹资活动所产生的现金流量净额	41	-38,059,652.01	1,931,155.09
四、汇率变动对现金的影响	42		
五、现金及现金等价物净增加额	43	-75,473,684.15	-62,345,834.61
附注			
项目			
1、不涉及现金收支的投资和筹资活动			
以固定资产偿还债务	44		
以对外投资偿还债务	45		
以固定资产进行长期投资	46	13,357,503,18	
以存货偿还债务	47		
接受捐赠非现金资产			
融资租赁固定资产	48		
2、将净利润调节为经营活动的现金流量	49		
净利润	50	98,476,957.81	98,476,957.81
加:少数股东损益			5,194,025.18
计提的坏帐准备或转销的坏帐	51	4,237,468,96	4,417,566.43
固定资产折旧	52	34,825,003.23	38,776,023.96
无形资产摊销	53	964,279.60	1,706,267.64
长期待摊费用摊销		2,694,851.66	3,337,677.43
待摊费用摊销		-1,184,645.97	-2,228,894.04
提取的预提费用		-5,547,545.43	-5,625,008.45
处置固定资产、无形资产和其他长期资产的损失(减收益)	54	183.79	1,999.12
固定资产报废损失	55	589,239.29	962,149.95
财务费用	56	-3,603,352.83	-1,772,640.40
投资损失(减收益)	57	-11,096,293.33	-3,404,387.61
递延税项贷项(减借项)	58	2,303,141.72	2,303,141.72
存货的减少(减增加)	59	-55,715,510.38	-60,306,593.88
经营性应收项目的减少(减增加)	60	-35,788,455.09	-76,901,507.91
经营性应付项目的增加(减减少)	61	87,428,156.76	79,885,316.42
其他	63	-18,388,597.89	6,708,817.47
经营活动产生的现金流量净额	64	100,194,881.90	91,530,910.84
3、现金及现金等价物增加情况			
现金的期末余额	65	159,982,691.92	179,960,075.13
减:现金的期初余额	66	235,456,376.07	242,305,909.74
加:现金等价物的期末余额	67		
减:现金等价物期初余额	68		
现金及现金等价物净增加额	69	-75,473,684.15	-62,345,834.61

新疆众和股份有限公司

二○○○年年度报告摘选

一、公司简介

1、公司法定中文名称:新疆众和股份有限公司

公司简称:新疆众和

公司英文名称:XINJIANG JOINWORLD CO.,LTD.

英文缩写:XJJW

2、公司法定代表人:张英千

3、公司董事会秘书:崔立新

联系地址:新疆维吾尔自治区乌鲁木齐喀什东路 18 号

联系电话:(0991)6635306--2933

传真:(0991)6637493

4、注册地址:新疆维吾尔自治区乌鲁木齐喀什东路 18 号

办公地址:新疆维吾尔自治区乌鲁木齐喀什东路 18 号

邮政编码:830013

5、公司指定信息披露报纸:《上海证券报》、《新疆经济报》

登载公司年度报告的中国证监会指定国际互联网网址: http://www.sse.com.cn

公司年度报告备置地点:董事会秘书处

6、股票上市交易所:上海证券交易所

股票简称:新疆众和

股票代码:600888

二、会计数据和业务数据摘要

1、本年度主要会计数据(单位:元):

利润总额	25,191,849.66
净利润	25,000,925.77
扣除非经常性损益后的净利润	23,296,302.24
主营业务利润	71,128,390.91
其它业务利润	2,348,355.15
投资收益	2,546,109.99
补贴收入	-
营业外收支净额	2,749,733.00
经营活动产生的现金流量净额	49,014,666.66
现金及现金等价物净增加额	-4,802,452.89

2、近三年会计数据和财务指标(合并报表)

项　目	2000 年	1999 年		1998 年	
		调整前	调整后	调整前	调整后
主营业务收入(元)	417,827,000.69	317,979,333.68	317,979,333.68	278,834,293.64	278,834,293.64
净利润(元)	25,000,925.77	4,637,079.29	2,972,642.93	10,985,493.71	-22,866,539.31
总资产(元)	910,076,114.31	716,766,076.44	716,766,076.44	720,427,251.01	679,843,414.70
股东权益(元)	220,918,101.41	195,917,175.64	195,917,175.64	246,717,761.28	189,630,889.78
每股收益(元)	0.242	0.045	0.029	0.106	-0.221
每股净资产(元)	2.14	1.89	1.89	2.38	1.83
调整后的每股净资产(元)	2.03	1.74	1.74	2.28	1.73
每股经营活动产生的现金流量净额	0.47	0.42	0.42	-0.216	--
净资产收益率(%)	11.32	2.37	1.52	4.55	-12.06

3、根据证监会《公开发行证券公司信息披露编报规则》第 9 号的规定,分别按全面摊薄法和加权平均法计算净资产收益率和每股收益:

报告期利润	净资产收益率		每股收益	
	全面摊薄	加权平均	全面摊薄	加权平均
主营业务利润	32.20	34.13	0.688	0.688
营业利润	11.50	12.18	0.246	0.246
净利润	11.32	12.00	0.242	0.242
扣除非经常性损益后的净利润	10.55	10.85	0.225	0.225

三、股东情况介绍

(1)本公司报告期末股东总数为 18015 户。其中国家股股东 1 户,境内法人股东 3 户。

(2)主要股东持股情况

股东名称	持有数量(万股)	占总股本例(%)
①自治区国有资产投资经营公司	6450.600	62.39
②新疆金新信托投资股份有限公司	574.600	5.56
③新疆新保房地产开发公司	194.350	1.88
④深圳大通实业股份有限公司	194.350	1.88
⑤刘钟荣	32.375	0.31
⑥叶远璋	24.014	0.23
⑦陈玉琴	15.876	0.15
⑧韩予	12.333	0.12
⑨林鹤	12.15	0.12
⑩沈维娜	12.00	0.12

(3)自治区国有资产投资经营公司是国家股持股单位,该公司的法定代表人为谢亚涛先生。该公司经营范围:自治区国有资产的投资、经营。

(4)本年度内自治区国有资产投资经营公司所持股份未发生变动。

南京化纤股份有限公司

二○○○年年度报告摘选

一、公司简介

1、公司名称

公司中文名称:南京化纤股份有限公司

公司英文名称:NANJING CHEMICAL FIBRE CO.LTD

英文缩写:NCFC

2、法定代表人:周发亮

3、董事会秘书:陈 桐

证券事务代表:朱 斌

联系地址:江苏省南京市中央门外伏家场

电话:(025)5561011-3685

传真:(025)5562809

4、公司注册地址:江苏省南京市中央门外伏家场

公司办公地址:江苏省南京市中央门外伏家场

邮政编码:210038

公司国际互联网网址:http://www.viscosefibre.com

电子信箱:ncfo@viscosefibre.com

5、公司选定的信息披露报纸:《上海证券报》

登载公司年度报告的中国证监会指定国际互联网网址:http://www.sse.com.cn

公司年度报告备置地点:公司证券办公室

6、公司股票上市交易所:上海证券交易所

股票简称:南京化纤　　　股票代码:600889

二、会计数据和业务数据摘要

一、公司本年度利润指标情况

利润总额	45,254,986.27 元
净利润	39,763,036.17 元
扣除非经常性损益后的净利润	38,081,110.47 元
主营业务利润	68,024,482.36 元
其他业务利润	212,704.95 元
营业利润	42,637,386.19 元
投资收益	3,188,532.70 元
补贴收入	
营业外收支净额	-570,932.62 元
经营活动产生的现金流量净额	-6,471,578.94 元
现金及现金等价物净增加额	-32,672,454.50 元
注:扣除的非经常性损益项目和涉及金额	
1、国产设备投资抵免所得税	2,601,500.00 元
2、合并价差摊入	-919,574.30 元

二、近三年主要会计数据和财务指标

项目	2000.12.31	1999.12.31	1998.12.31	
			调整后	调整前
主营业务收入(元)	291,519,768.15	1,247,726,534.69	1,903,994,574.12	1,903,994,574.12
净利润(元)	39,763,036.17	36,759,203.75	30,226,968.06	30,358,452.47
总资产(元)	618,322,875.04	520,772,109.42	1,414,361.976.71	1,414,361,976.71
股东权益(元)	456,101,168.79	424,415,502.27	299,463,091.35	299,653,293.04
每股收益(元/股)				
(摊薄)	0.25	0.296	0.28	0.28
(加权)	0.25	0.32	0.28	0.28
扣除非经常性损益后的每股收益(元/股)				
(摊薄)	0.24	0.30	0.25	0.25
(加权)	0.24	0.30	0.25	0.25
每股净资产(元/股)	2.82	3.42	2.74	2.74
调整后的每股净资产(元/股)	2.78	3.40	2.17	2.17
每股经营活动产生的现金流量净额(元)	-0.04	1.27	0.57	0.57
净资产收益率(%)摊薄	8.72	8.66	10.09	10.13
(加权)	8.95	10.16	10.63	10.67
扣除非经常性损益后的净资产收益率(%)摊薄	8.35	8.88	10.39	10.44
加权	8.57	10.41	10.95	11.00

三、本年度股东权益变动情况及变动原因(单位:元):

项　目	股　本	资本公积	盈余公积	法定公益金	未分配利润	股东权益合计
期初数	124,267,225	179,709,014.57	29,048,813.12	10,034,198.25	81,356,251.33	424,415,502.27
本期增加	37,280,168		5,964,455.43	1,988,151.81	23,733,059.28	68,965,834.52
本期减少					37,280,168.00	37,280,168.00
期末数	161,547,393	179,709,014.57	35,013,268.55	12,022,350.06	67,809,142.61	456,101,168.79

变动原因说明:

1、实施 10:3 分红送股方案,增加股本、减少未分配利润 37,280,168.00 元。

2、盈余公积金、法定公益金变动和未分配利润增加数系因实现净利润 39,763,036.17 元,并按 10%、5%、5%分别提取法定公积金、法定公益金和任意盈余公积金。

三、股东情况介绍

一、报告期末股东总数:截止 2000 年 12 月 31 日公司在册股东总数为 35090 户;

二、公司前十名股东持股情况:

股东名称	持股数(股)	持股比例
(1)南京市国有资产经营(控股)有限公司	85,948,499	53.21%
(2)南京纺织产业(集团)公司	2,540,350	1.57%
(3)开元基金	1,700,000	1.05%
(4)南京信业(集团)股份有限公司	1,248,000	0.77%
(5)马鞍山金星化工(集团)有限公司	468,000	0.29%
(6)陈雪英	453,526	0.28%
(7)南京棉麻总公司	390,000	0.24%
(8)陈志伟	350,823	0.22%
(9)南京纺织工贸实业(集团)公司	312,000	0.19%
(10)王坚宏	310,390	0.19%

长春长铃实业股份有限公司

二〇〇〇年年度报告摘选

一、公司简介

1、公司法定中文名称:长春长铃实业股份有限公司

公司英文名称:CHANGCHUN CHANLIN INDUSTRY & COMMERCE CO. , LTD

2、公司法定代表人:黄振山

3、公司董事会秘书:刘相云

联系地址:长春市经济技术开发区临河街 230 号

电 话:0431－4647632

传 真:0431－4647622

4、公司注册地址:长春市经济技术开发区临河街 230 号

公司办公地址:长春市经济技术开发区临河街 230 号

邮政编码:130031

公司国际互联网网址:http://www.chanlin.com

电子信箱:Chanlin @ Public.cc.jl.cn

5、公司信息披露报纸名称:上海证券报

登载公司年度报告的中国证监会指定国际互联网网址: http://www.sse.com.cn

公司年度报告备置地点:公司证券部

6、公司股票上市交易所:上海证券交易所

股票简称:长春长铃

股票代码:600890

二、会计数据和业务数据摘要

(一)公司本年度会计数据(单位:元)

项目	金额
利润总额:	64,018,915.82
净利润:	66,178,909.69
扣除非经常性损益后的净利润:	62,178,909.69
主营业务利润:	50,293,145.79
其他业务利润:	26,334,801.79
营业利润:	35,308,760.87
投资收益:	24,747,410.30
补贴收入:	4,233,747.31
营业外收支净额:	－271,002.66
经营活动产生的现金流量净额:	－3,484,601.64
现金及现金等价物净增加额:	－28,517,305.85

注:扣除的非经常性损益项目:国债投资收益 184 万元;其他投资收益 216 万元。

(二)公司近三年的主要会计数据及财务指标(单位:元)

指标项目	2000 年	1999 年	1998 年	
			调整后	调整前
主营业务收入	409,301,551.35	362,797,445.70	593,693,322.03	593,693,322.03
净利润	66,178,909.69	60,118,726.85	79,439,819.11	86,297,699.02
总资产	1,198,111,177.44	1,152,068,769.73	1,144,559,041.38	1,162,329,378.67
股东权益(注:不含少数股东权益)	721,766,691.64	689,404,540.56	678,057,807.45	695,828,144.74
每股收益(摊薄)	0.23	0.21	0.28	0.30
每股收益(加权)	0.23	0.21	0.28	0.30
每股收益(扣除非经营性损益)	0.22	0.21	0.23	0.25
每股净资产	2.52	2.40	2.36	2.43
调整后的每股净资产	2.47	2.37	2.34	2.40
每股经营活动产生的现金流量净额	－0.01	0.25	－0.65	－0.65
净资产收益率%(摊薄)	9.17	8.72	11.72	12.40
净资产收益率%(加权)	9.17	8.79	11.76	12.50

(三)利润表附表

报告期利润	净资产收益率%		每股收益(元)	
	全面摊薄	加权平均	全面摊薄	加权平均
主营业务利润	6.97	6.99	0.18	0.18
营业利润	4.89	4.91	0.12	0.12
净利润	9.17	9.20	0.23	0.23
扣除非经常性损益后的净利润	8.61	8.65	0.22	0.22

三、股东情况介绍

(一)股东情况介绍

1、公司本年度末股东总数为 14,921 户。

2、本公司前十名股东持股情况

股东名称	持股数量(万股)	占总股本比例(%)
(1)长春长铃集团有限公司(国家股)	14,855.28	51.78
(2)广州华恺贸易发展有限公司	340	1.19
(3)工行长春市分行直属支行	340	1.19
(4)广州市宇华商业配送有限公司	170	0.59
(5)耿道洪	108.16	0.38
(6)九台市卡伦长铃丰鑫实业有限公司	101	0.35
(7)深圳市恒增工贸有限公司	100	0.35
(8)中国财产保险有限公司长春市南关支公司	68	0.24
(9)无锡市宏裕百货商店	65	0.23
(10)李昆	61.33	0.21

3、前十名股东中第 5 名、第 10 名为流通股股东,其余未标明的为社会募集法人股股东。

4、长春长铃集团有限公司所持有的本公司股份本年度内没有发生任何质押、冻结等情况。

5、2000 年 11 月 25 日公司控股股东长春长铃集团有限公司与上海唯亚实业投资有限公司签署了股权转让协议,若本次股权转让成功,上海唯亚实业投资有限公司将持有本公司 29.78%的股权,为本公司第一大股东,长春长铃 集团有限公司持有本公司 22%的股权,为第二大股东。本次股权转让手续正在办理之中,关于本次股权转让事宜公告刊登在 2000 年 12 月 22 日的《上海证券报》上。

哈尔滨秋林集团股份有限公司

二〇〇〇年年度报告摘选

一、公司简介

1 、公司的法定中、英文名称

中文:哈尔滨秋林集团股份有限公司

英文:HARBIN CHURIN GROUP JOINTSTOCK CO. , LTD. (缩写:HQL)

2 、公司法定代表人:赵廷阁

3 、公司董事会秘书:衣国强

联系地址:哈尔滨市南岗区东大直街 319 号

联系电话:0451 －3644632

传真电话:0451 －3649282

4 、公司注册及办公地址:哈尔滨市南岗区东大直街 319 号

邮政编码:150001

公司网址:http://WWW.churin.com.cn

电子信箱:churin @ihw.com.cn

5 、公司选定的信息披露报纸:《中国证券报》、《上海证券报》

登载公司年度报告的国际互联网网址:http://www.sse.com.cn

公司年度报告备置地点:公司证券部

6 、公司股票上市地:上海证券交易所

股票简称:秋林集团

股票代码:600891

二、会计数据和业务数据摘要

(一)本年度利润总额及其构成:

单位:人民币元

项目	金额
利润总额	4,583,553.12
净利润	3,133,000.75
扣除非经常性损益后的净利润	－3,023,159.88
主营业务利润	101,438,849.79
其他业务利润	8,800,231.90
营业利润	－2,284,532.09
投资收益	5,422,711.33
补贴收入	
营业外收支净额	1,445,373.88
经营活动产生的现金流量净额	15,903,061.52
现金及现金等价物净增加额	23,508,229.72

注:扣除的非经常性损益项目及涉及的金额:

项目	金额
①股权转让收益	5,114,562.75 元
②营业外收支净额	1,445,373.88 元
③股权投资差额摊销	－403,776.00 元
合计:	6,156,160.63 元

(二)主要会计数据和财务指标

单位:元

指标项目:	2000 年	1999 年	1998 年
主营业务收入	567,408,265.20	602,464,697.28	669,587,100.02
净利润	3,133,000.75	4,488,510.62	45,409,585.31
总资产	1,070,833,352.64	1,086,175,876.42	1,082,048,433.72
股东权益	613,336,006.55	617,110,540.85	615,043,874.66
每股净资产	2.52	2.787	2.778
调整后每股净资产	2.44	2.74	2.72
全面摊薄每股收益(元/股)	0.013	0.02	0.205
加权平均每股收益(元/股)	0.013	0.02	0.205
全面摊薄净资产收益率(%)	0.51	0.727	7.38
加权平均净资产收益率(%)	0.51	0.727	7.57
扣除非经常性损益后的每股收益摊薄(元/股)	－0.012	0.02	0.205
扣除非经常性损益后的每股收益加权(元/股)	－0.012	0.02	0.205
扣除非经常性损益后的净资产收益率摊薄(%)	－0.49	0.83	7.38
扣除非经常性损益后的净资产收益率加权(%)	－0.49	0.83	7.38
每股经营活动产生的现金流量净额(元/股)	0.065	－0.144	－0.23

报告期利润	净资产收益率		每股收益	
	全面摊薄	加权平均	全面摊薄	加权平均
主营业务利润	16.54	16.40	0.42	0.42
营业利润	－0.37	－0.37	－0.009	－0.009
净利润	0.51	0.51	0.013	0.013
扣除非经常性损益后的净利润	－0.49	－0.49	－0.012	－0.23

三、股东情况介绍

1、报告期末股东人数为:39,567 人。

2 、前十名股东持股情况

股东名称	年初数	年末数	占股本比例(%)
①哈尔滨市国有资产管理局(国家股)	54,466,995	59,913,695	24.60
②南方联华	10,486,340	11,534,974	4.74
③康佳集团股份有限公司	8,500,000	9,350,000	3.84
④银江投资	0	9,150,000	3.76
⑤联合证券有限责任公司	3,400,000	3,740,000	1.54
⑥黑龙江天成物业有限公司(外资股)	3,400,000	3,740,000	1.54
⑦秋林公司食品厂	2,822,000	3,104,200	1.27
⑧深圳港京裘革厂有限公司	2,550,000	2,805,000	1.15
⑨北京超能力科技开发有限公司	1,989,000	2,187,900	0.90
⑩哈尔滨医药集团公司	1,700,000	1,870,000	0.77

本报告期内无持股 10%(含 10%)以上的法人股东。

石家庄劝业场股份有限公司

二〇〇〇年年度报告摘选

一、公司简介

1、公司法定中文名称：石家庄劝业场股份有限公司
公司法定英文名称：SHIJIAZHUANG QUANYECHANG CO.,LTD
2、公司法定代表人：赵立华
3、公司董事会秘书：马欣威　　授权代表：牛华豹
联系地址：石家庄市中山东路51号
电话：0311－6033034
传真：0311－6033034
电子信箱：shiquanye@sina.com
4、公司注册地址：石家庄市中山东路51号
公司办公地址：石家庄市中山东路51号四层办公室
邮政编码：050000
公司电子信箱：shiquanye@sina.com
5、公司选定的信息披露报纸名称：《上海证券报》
登载公司年度报告的国际互联网网址：http://www.sse.com.cn
公司年度报告备置地点：公司证券部
6、公司股票上市交易所：上海证券交易所
股票简称：ST 石劝业　　股票代码：600892

二、会计数据和业务数据摘要

1、会计数据和业务数据摘要(单位：人民币元)

项目	金额
利润总额：	1,462,959.69
净利润：	1,206,671.76
扣除非经常性损益后的净利润：	627,202.49
主营业务利润：	8,642,884.37
其他业务利润：	12,007,938.07
营业利润：	286,146.09
投资收益：	664,477.71
补贴收入：	———
营业外收支净额：	－512,335.89
经营活动产生的现金流量净额：	11,226,360.79
现金及现金等价物净增加额：	3,940,363.51
扣除非经常性损益项目：	
呆帐收入：	844,976.88
处理固定资产净损失：	63,457.23
固定资产盘亏：	172,050.38
罚款损失：	30,000.00

2、公司前三年的主要会计数据和财务指标：(单位：人民币元)

项　目	2000年	1999年调整后	1999年调整前	1998年
主营业务收入	21,782,959.70	18,071,630.14	18,071,630.14	26,067,191.30
净利润	1,206,671.76	－18,420,441.50	1,802,743.38	－40,557,980.16
总资产	245,460,945.00	152,812,910.46	152,812,910.46	157,708,277.78
股东权益	70,176,967.92	701,482.19	3,007,090.31	－1,795,172.98
每股收益(摊薄)	0.0239	－0.3648	0.0357	－0.8031
每股收益(加权平均)	0.0239	－0.3648	0.0357	－0.8031
扣除非经常性损益后每股收益	0.0124	－0.3648	－0.3785	－0.8031
每股净资产	1.3896	0.0139	0.0595	－0.0355
调整后的每股净资产	1.0194	－0.4078	－0.4316	－0.3020
每股经营活动产生的现金流量净额	0.2223	0.0648	0.0648	－0.2400
净资产收益率(%)(摊薄)	1.7195	－2625.9315	59.9498	2259.2798
净资产收益率(%)(加权平均)	92.4782	167.3765	85.6118	－184.4360

3、利润表附表：

项　目	净资产收益率(%)		每股收益(元)	
报告期利润	全面摊薄	加权平均	全面摊薄	加权平均
主营业务利润	12.32	662.38	0.171	0.171
营业利润	0.41	21.93	0.006	0.006
净利润	1.72	92.48	0.024	0.024
扣除非经常损益后的净利润	0.89	48.07	0.012	0.012

4、报告期内股东权益变动情况：单位：万元

项　目	股　本	资本公积	盈余公积	法定公益金	未分配利润	股东权益合计
期初数	5050	26705122.12	8589664.18	0	－85093304.11	701482.19
本期增加	0	68268813.98	0	0	1206671.76	69475485.74
本期减少	0	0	0	0	0	0
期末数	5050	94973936.10	8589664.18	0	－83886632.35	70176967.93

变动原因：资本公积增加是因债务重组收益和资产评估增值所致；累计亏损减少是因本年度盈利所致；股东权益增加是由于资产评估增值和本年度实现利润所致。

三、股东情况介绍

(1)报告期末，公司股东总数为3276户。
(2)前十名股东持股情况：(股份单位：万股)

序号	股东名称	持股数量(股)	所占比例(%)
①	湖南大学百泉集团公司	14927000	29.56
②	贵州汇黔实业有限公司	5483800	10.86
③	交通银行石家庄分行	3004800	5.95
④	河北华正国际企业集团	2514240	4.98
⑤	石家庄市桥东区国债服务部	2380000	4.71
⑥	河北省农垦经济技术开发服务中心	2343450	4.64
⑦	石家庄市桥东区绿化管理办公室	1000000	1.98
⑧	石家庄市军兴实业公司	575480	1.14
⑨	石家庄市科隆电	507625	1.01
⑩	石家庄市锅炉安装维修工程处	470035	0.93

吉林省吉发农业开发集团股份有限公司

二〇〇〇年年度报告摘选

一、公司简介

1、公司的法定中文名称：吉林省吉发农业开发集团股份有限公司
公司的法定英文名称：JILIN PROVINCE JIFA AGRICULTURAL DEVELOPMENT GROUP CO.,LTD(缩写 JIFA)
2、公司法定代表人：刘少敏
3、公司董事会秘书：唐 昭
联 系 地 址：吉林省长春市人民大街113－1号
电话：0431－5630470、5646655 转 183303　　传真：0431－5630485
电 子 信 箱：JFGF@FM365.COM
4、公司注册地址：长春经济技术开发区浦东路2号
公司办公地址：长春市人民大街113－1号
邮 政 编 码：130021
电 子 信 箱：JFGF@FM365.COM
5、公司选定的信息披露报纸《上海证券报》
登载公司年度报告的中国证监会指定国际互联网网址 http://www.sse.com.cn
公司年度报告备置地点：本公司证券部
6、公司股票上市交易所：上海证券交易所
股 票 简 称：吉发股份　　股 票 代 码：600893

二、会计数据和业务数据摘要

1、本年度会计数据(单位：人民币元)

项目	金额
利润总额	－6,236,767.16
净利润	－11,185,730.87
扣除非经常性损益后的净利润	－15,185,730.87
主营业务利润	165,845,777.87
其他业务利润	2,213,065.52
营业利润	－10,272,484.06
投资收益	6,934,369.47
补贴收入	
营业外收支净额	－2,898,652.57
经营活动产生的现金流量净额	64,791,564.18
现金及现金等价物净增加额	5,257,617.72

说明："扣除非经常性损益后的净利润"指标中，扣除的项目为投资收益，涉及金额为400万元。

2、截止报告期末公司前三年的主要会计数据和财务指标(单位：元)

项　目	2000年度	1999年度	1998年度	
			调整后	调整前
主营业务收入	1,039,057,842.61	729,263,031.84	757,006,233.19	765,171,066.66
净利润	－11,185,730.87	4,987,562.27	7,975,184.10	13,523,475.02
总资产	1,836,281,159.17	1,889,847,498.00	1,720,167,012.47	1,801,672,156.89
股东权益	656,264,080.58	684,666,353.66	725,439,497.64	764,557,176.11
每股收益	－0.0476	0.021	0.037	0.06
扣除非经常性损益的每股收益(不含少数股东权益)	－0.0646	－0.037		
每股净资产(元/股)	2.79	2.91	3.40	3.58
调整后的每股净资产(元/股)	2.28	2.50	2.81	2.96
每股经营活动产生的现金流量净额	0.28	0.44	4.65	4.65
净资产收益率(%)	－1.70	0.73	1.10	1.77

3、利润表附表

	净资产收益率%		每股收益(元)	
报告期利润	全面摊薄	加权平均	全面摊薄	加权平均
主营业务利润	25.27	24.42	0.706	0.706
营业利润	－1.57	－1.51	－0.044	－0.044
净利润	－1.70	－1.65	－0.048	－0.048
扣除非经常性损益后的净利润	－2.31	－2.24	－0.065	－0.065

4、报告期内股东权益变动情况(单位：人民币元)

项　目	股　本	资本公积	盈余公积	其中法定公益金	未分配利润	股东权益合计
期初数	234,910,865	446,829,154.59	41,916,752.95	12,184,901.79	－38,990,418.88	684,666,353.66
本期增加	－	－	270,851.35	52,060.28	－11,185,730.87	－10,914,879.52
本期减少	－	－	2,018,464.10	672,821.37	15,468,929.45	17,487,393.55
期末数	234,910,865	446,829,154.59	40,169,140.19	11,564,140.70	－65,645,079.20	656,264,080.58

变动原因：

1)本期提取盈余公积270,851.35元，其中提取公益金52,060.28元；盈余公积本年减少系公司调整以前年度损益冲减盈余公积2,018,464.10元，其中调减公益金672,821.37元；

2)未分配利润本期增加－11,185,730.87元，系本年度利润亏损所致；本期减少15,468,929.45元，其主要原因是：公司调整以前年度损益调减年初未分配13,395,195.29元；本期提取法定盈余公积218,791.07元；提取法定公益金52,060.28元；控股中外合资企业黄龙食品有限公司提取职工奖福基金1,802,882.81元。

三、股东情况介绍

1、报告期末股东总数54,136户；
2、公司前10名股东的持股情况

股东名称	年度内股份增减变动	年末持股数量	质押或冻结
①吉林省开发建设投资公司	＋210860	87189290	已质押、被查封
②中国人民建设银行吉林省分行直属支行	0	6284740	
③上海市原材料开发投资公司	0	4006310	
④深圳市清水河实业公司	0	3927660	
⑤吉林省证券有限责任公司	0	3142370	
⑥吉林森工集团松江河林业有限公司	0	2357080	
⑦吉林省白河林业局	0	1570580	
⑧惠州市金山实业总公司	0	1276550	
⑨惠州金吉工贸公司	0	1276550	
⑩吉林省长白山自然保护区管理局多种经营公司	0	1178540	

广州钢铁股份有限公司

二〇〇〇年年度报告摘选

一、公司简介

1、公司名称:广州钢铁股份有限公司
英文名称:GUANGZHOU IRON AND STEEL CO.,LTD.
英文缩写:GIS
2、公司法定代表人:陈嘉陵
3、公司董事会秘书:黄立传
联系地址:广州市芳村区白鹤洞广钢证券部
电话并传真:020-81809182
4、公司注册及办公地址:广州市芳村区白鹤洞
邮政编码:510381
公司国际互联网网址:http://www.chinagis.com
公司电子信箱:chinagis@public.guangzhou.gd.cn
5、公司信息披露选定的报纸:《中国证券报》、《上海证券报》
登载年报的国际互联网网址:http://www.sse.com.cn
年度报告备置地点:公司证券部
6、公司股票上市交易所:上海证券交易所
公司股票简称:广钢股份
公司股票代码:600894

二、会计数据和业务数据摘要

(一)本年度利润总额构成及现金流量(合并报表)

单位:人民币元

项目	金额
(1)利润总额:	113,651,261.01
(2)净利润:	101,226,795.24
(3)扣除非经常性损益后的净利润	42,894,092.24
(4)主营业务利润:	172,335,943.36
(5)其他业务利润:	10,612,097.19
(6)营业利润	70,876,248.98
(7)投资收益:	1,865,340.13
(8)补贴收入:	43,740,621.11
(9)营业外收支净额:	-2,830,949.21
(10)经营活动产生的现金流量净额:	268,934,328.75
(11)现金及现金等价物净增加额:	90,378,562.82

注:非经常性损益系指按财政部财会字(1998)29号文规定将公司改制时的评估增值额按10年期平均转销所增加的利润14,864,203元及本年度的电费补贴收入43,468,500元。

(二)近三年主要会计数据及财务指标

指标项目	2000年度		1999年度		1998年度(调整后)	
(1)主营业务收入(元)	2,506,834,905.72		2,207,760,954.94		2,368,435,636.94	
(2)净利润(元)	101,226,795.24		37,937,971.70		79,061,124.92	
(3)总资产(元)	3,431,151,933.85		3,195,812,489.50		3,216,549,647.89	
(4)股东权益(元	1,611,125,242.76		1,595,407,587.52		1,460,550,013.54	
	摊薄	加权	摊薄	加权	摊薄	加权
(5)每股收益(元)	0.148	0.148	0.055	0.056	0.125	0.125
(6)每股净资产(元)	2.35		2.33		2.31	
(7)调整后每股净资产(元)	2.33		2.32		2.26	
(8)净资产收益率(%)	6.28	6.31	2.36	2.39	5.41	5.40
(9)每股经营活动产生的现金流量净额	0.39		0.37		-0.07	

(三)按全面摊薄和加权平均计算的净资产收益率和每股收益:

报告期利润	净资产收益率%		每股收益(元)	
	全面摊薄	加权平均	全面摊薄	加权平均
主营业务利润	10.70	10.75	0.251	0.251
营业利润	4.40	4.42	0.103	0.103
净利润	6.28	6.31	0.148	0.148
扣除非经常性损益后的净利润	2.66	2.68	0.062	0.062

三、股东情况介绍

1、本报告期末公司股东总数为34009户。

2、持有本公司5%以上股份的股东有广州钢铁企业集团有限公司和粤海企业(集团)有限公司,其中,广州钢铁企业集团有限公司代表国家持有股份,是本公司的母公司,年末持有本公司股份352,969,735股(本年度持股数量未变);香港粤海企业(集团)有限公司为外资股东,年末持有本公司股份171,520,000股(本年度持股数量未变).以上两个股东所持股份均没有质押或冻结的情况。

报告期末前十名股东情况(截止2000年12月31日):

序号 股东名称	持股数量(股)	持股比例
①广州钢铁集团有限公司	352,969,735	51.44%
②香港粤海企业(集团)有限公司	171,520,000	25.00%
③光大证券	8,236,388	1.20%
④余杭经投	2,498,909	0.36%
⑤穗美林华	1,146,000	0.17%
⑥叶廉鸿	720,000	0.10%
⑦刘兵	649,953	0.09%
⑧王兆红	586,900	0.09%
⑨胡启明	540,405	0.08%
⑩钟伟荣	532,309	0.08%

本公司第三至第十名股东为社会公众股东,公司未知其关联关系。

上海张江高科技园区开发股份有限公司

二〇〇〇年年度报告摘选

一、公司简介

1、公司法定中文名称:上海张江高科技园区开发股份有限公司
公司法定英文名称:SHANGHAI ZHANGJIANG HI-TECH PARK DEVELOPMENT CO.,LTD
公司英文名称缩写:ZJHTC
2、公司法定代表人:戴海波
3、公司董事会秘书:章曦
联系地址:上海市浦东新区龙东大道200号
电话:(021)50801818
传真:(021)50800492
电子信箱:zjhtc@public2.sta.net.cn
4、公司注册地址:上海市浦东新区龙东大道200号
公司办公地址:上海市浦东新区龙东大道200号
邮编:201203
公司国际互联网网址:http://www.600895.com
公司电子信箱:zjhtc@public2.sta.net.cn
5、公司选定的信息披露报纸名称:《中国证券报》、《上海证券报》、《证券时报》
刊登公司年度报告的中国证监会指定公司国际互联网网址:http://www.sse.com.cn
公司年度报告备置地点:上海市浦东新区龙东大道200号
6、公司股票上市交易所:上海证券交易所
股票简称:张江高科
股票代码:600895

二、会计数据和业务数据摘要

1、指标项目	本年数(元)
利润总额	151,195,630.76
净利润	127,901,565.06
扣除非经常性损益后的净利润	127,392,465.10
主营业务利润	123,475,176.77
其它业务利润	43,286.52
营业利润	101,395,932.90
投资收益	49,290,597.90
补贴收入	
营业外收支净额	509,099.96
经营活动产生的现金流量净额	-84,654,922.21
现金及现金等价物净增加额	110,116,823.63
注:扣除的非经常性损益项目和涉及金额	
1. 营业外收支净额项目	
a、处理固定资产净收益	-4,225.40
b、募股利息收入	497,128.73
c、交通重点建设基金支出	
d、其他净收入	16,196.63
2. 补贴收入项目	
3. 以上项目涉及金额	509,099.96

2、截至报告期末公司前三年的主要会计数据和财务指标

指标项目	2000年度	1999年度	1998年度
主营业务收入(万元)	18220	16866	10833
净利润(万元)	12790	6401	5219
总资产(万元)	143046	92770	76144
股东权益(万元)	84848	74391	67990
每股收益(元)	0.55	0.27	0.22
扣除非经常性损益后的每股收益(元)	0.55	0.27	0.25
每股净资产(元)	3.64	3.19	2.91
调整后的每股净资产(元)	3.63	3.19	2.91
每股经营活动产生的现金净流量(元)	-0.36	-0.29	-0.08
净资产收益率(%)	15.07	8.60	7.68

3、报告期利润表附表:

报告期利润	净资产收益率(%)		每股收益(元)	
	全面摊薄	加权平均	全面摊薄	加权平均
主营业务利润	14.55	14.55	0.53	0.53
营业利润	11.95	11.95	0.43	0.43
净利润	15.07	15.07	0.55	0.55
扣除非经常性损益后的净利润	15.01	15.01	0.55	0.55

三、股东情况介绍

1、截至2000年12月31日,公司的股东总数为21161户。

2、主要股东持股情况

名次	股东名称	年末持股数(股)	占总股本(%)
1	上海市张江高科技园区开发公司	144000000	61.74
2	上海久事公司	29250000	12.54
3	汉兴基金	2622423	1.12
4	金鑫基金	2006629	0.86
5	张江高科职工持股会	1802633	0.77
6	董玉杰	1139588	0.49
7	金泰基金	999891	0.43
8	普惠基金	884877	0.38
9	何旭山	669837	0.29
10	刘圣权	604000	0.26

其中持有本公司5%(含5%)以上股份的股东所持股份数量报告期内无变化,所持股份无质押或冻结的情况。

以上第4、第7名股东同为国泰基金管理有限公司管理的证券投资基金。

中海(海南)海盛船务股份有限公司

二○○○年年度报告摘选

一、公司简介

1、公司法定中文名称:中海(海南)海盛船务股份有限公司

公司法定英文名称:CHINA SHIPPING HAISHENG CO.,LTD

2、公司法定代表人:李克麟

3、公司董事会秘书:胡小波

董事会证券事务代表:孙有若

联系地址:公司证券部

联系电话:0898-6717985、6764777-308、307

传真:0898-6717486

4、公司注册地址及公司办公地址:中国海南省海口市龙昆北路2号珠江广场帝豪大厦25层

邮政编码:570125

5、公司电子信箱:hswzx@public.hk.hi.cn

6、公司选定的信息披露报纸名称:《中国证券报》、《上海证券报》

7、登载公司年度报告的中国证监会指定国际互联网网址:http:/www.sse.com.cn

8、公司年度报告备置地点:中国海南省海口市龙昆北路2号珠江广场帝豪大厦25层公司证券部

9、公司股票上市地:上海证券交易所

股票简称:中海海盛

股票代码:600896

二、会计数据和业务数据摘要

1、本年度利润总额及其构成(合并报表)

序号	栏目	2000年度 (单位:人民币元)
(1)	利润总额	91,333,616.95
(2)	净利润	67,449,421.31
(3)	扣除非经常性损益后的净利润	72,396,417.05
(4)	主营业务利润	87,408,646.03
(5)	其它业务利润	5,490,976.76
(6)	营业利润	65,792,961.14
(7)	投资收益	24,405,955.44
(8)	补贴收入	
(9)	营业外收支净额	1,134,700.37
(10)	经营活动产生的现金流量净额	132,710,047.70
(11)	现金及现金等价物净增加额	70,793,799.22
	说明:一、扣除的非经常性损益项目和涉及金额	
	营业外收支净额	1,134,700.37
	投资收益	
	合并价差摊入	-6,081,696.11
	小计	-4,946,995.74

2、截止报告期末公司前三年主要会计数据和财务指标

指标项目	2000年度	1999年度	1998年度	
			追溯调整前	追溯调整后
主营业务收入(元)	428,660,912.09	343,526,106.50	292,914,918.56	292,914,918.56
净利润(元)	67,449,421.31	64,641,746.41	114,338,726.45	96,933,507.25
总资产(元)	1,109,188,724.32	950,340,653.00	918,409,074.55	864,894,999.71
股东权益(元)(不含少数股东权益)	778,850,701.89	743,129,535.58	567,367,698.70	512,115,174.00
每股收益(摊薄)(元)	0.21	0.20	0.41	0.35
每股收益(加权)(元)	0.21	0.23	0.41	0.35
每股收益(扣除非经常性损益)	0.23	0.21	0.34	0.28
每股净资产(元)	2.45	2.34	2.03	1.83
调整后的每股净资产(元)	2.35	2.28	1.79	1.71
每股经营活动产生的现金流量净额	0.42	0.27	0.44	0.44
净资产收益率(摊薄)(%)	8.66	8.70	20.15	18.93
净资产收益率(加权)(%)	8.68	11.13	22.41	20.92

利润分配表附表

报告期利润	净资产收益率(%)		每股收益(元)	
	全面摊薄	加权平均	全面摊薄	加权平均
主营业务利润	11.22	11.25	0.275	0.275
营业利润	8.45	8.47	0.207	0.207
净利润	8.66	8.68	0.213	0.213
扣除非经常性损益后的净利润	9.30	9.32	0.228	0.228

三、股东情况介绍

1、报告期末公司股东总数为115312户。

2、公司前十名股东持股情况如下:

股东名称	年末持股数量(万股)	占总股本比例(%)
1、中国海运(集团)总公司(国有法人股)	12292.5	38.74
2、海南电业股份有限公司(国有法人股)	1050	3.31
3、海口港集团公司(国有法人股)	1050	3.31
4、秦皇岛港务局(国有法人股)	600	1.89
5、八所港务总公司	225	0.71
6、上海裕海实业公司	105	0.33
7、海口兴华贸易公司	76.56	0.241
8、海南省农垦第一物资供销公司	75	0.236
9、中国人民保险公司海口分公司	75	0.236
10、海南省船舶引航公司	75	0.236

中国海运(集团)总公司共持有12292.5万股国有法人股,占总股本的38.74%,中国海运(集团)总公司所持股票无抵押或被冻结情况。

厦门机场发展股份有限公司

二○○○年年度报告摘选

一、公司简介

1、公司法定中文名称:厦门机场发展股份有限公司

英文名称:Xiamen Airport Development Co.,Ltd.

公司英文名称缩写:XADC

2、公司法定代表人:王倜傥先生

3、公司董事会秘书:王建港先生

联系地址:厦门机场发展股份有限公司

电 话:(0592)6022936-6005　　传 真:(0592)6022936-8888

4、公司董事会授权代表:钱进群先生

联系地址:厦门机场发展股份有限公司

电话:(0592)6022936-6005　　传 真:(0592)6022936-8888

5、公司注册地址:厦门高崎国际机场

办公地址:厦门高崎国际机场内厦门机场发展股份有限公司办公楼

邮政编码:361006

电子信箱:airengn@public.xm.fj.cn

6、公司披露信息的报纸:《上海证券报》

登载年度报告的网址:www.sse.com.cn

年度报告备置点:公司办公地点、福建省华福证券厦门营业部。

7、公司股票上市地:上海证券交易所

股票简称:厦门机场　　股票代码:600897

二、会计数据和业务数据摘要

1、公司本年度主要利润指标及现金流量情况

项目	金额:人民币元
利润总额	61,759,090.49
净利润	51,434,853.72
扣除非经常性损益后的净利润	50,567,663.02
主营业务利润	76,957,776.29
其它业务利润	2,944,890.05
营业利润	60,891,899.79
投资收益	0.00
补贴收入	0.00
营业外收支净额	867,190.70
经营活动产生的现金流量净额	111,548,484.72
现金及现金等价物净增加额	81,005,268.35
本年度非经常性损益项目	
项目	金额:人民币元
营业外收入	950,361.54
营业外支出	83,170.84
合计	867,190.70

注:扣除的非经常性损益项目和金额:台风损失保险赔款900,000元,其他营业外收支净额-32,809.30元。

2、公司前三年主要会计数据和财务指标

指标项目	2000年度	1999年度(调整后)	1998年度(调整后)
主营业务收入(万元)	18,077.96	17,225	16,092.50
净利润(万元)	5,143.49	5,097.71	4,309.88
总资产(万元)	129,196.60	126,097.14	132,538.10
股东权益(万元)	113,292.60	110,849.12	105,886.13
摊薄每股收益(元/股)	0.190	0.189	0.160
按月平均加权法计算的每股收益	0.190	0.189	0.160
扣除非经常性损益后的每股收益	0.187	0.189	
每股净资产(元/股)	4.20	4.11	3.92
调整后每股净资产(元/股)	4.19	4.11	3.92
净资产收益率(%)	4.54	4.60	4.07
每股经营活动产生的现金流量净额	0.41	0.38	0.43
摊薄净资产收益率	4.54	4.60	4.07
加权净资产收益率	4.53	4.70	4.14

3、利润表附表:

根据中国证监会发布《公开发行证券公司信息披露编报规则》第9号通知精神,公司2000年按全面摊薄法和加权平均法计算的净资产收益率及每股收益:

报告期利润	净资产收益率(%)		每股收益(元)	
	全面摊薄	加权平均	全面摊薄	加权平均
主营业务利润	6.79	6.71	0.285	0.285
营业利润	5.37	5.35	0.226	0.226
净利润	4.54	4.53	0.190	0.190
扣除非经常性损益后的净利润	4.46	4.46	0.187	0.187

三、股本变动及股东情况介绍

(1)截止2000年12月31日,公司在上海证券中央登记结算公司登记的股东共有64005户,持股270000万股,其中国有法人股股东1个,持股20250万股,社会公众股股东64004户,持股67500万股。

(2)公司主要股东持股情况(截止2000年12月31日)

名次	股东	年末持股数(股)	占总股本比例(%)
1.	厦门国际航空港集团有限公司	202,500,000	75
2.	长春证券	501,000	1.856
3.	李伟	465,106	1.722
4.	尹翔	287,000	1.062
5.	苏州投资	190,650	0.706
6.	兴和基金	152,495	0.565
7.	李少丽	126,000	0.467
8.	刘小姗	120,000	0.444
9.	贲英秀	116,000	0.430
10.	袁龙星	108,929	0.403

郑州百文股份有限公司(集团)

二○○○年年度报告摘选

一、公司简介

1、公司名称:
公 司法定中文名称:郑州百文股份有限公司(集团)
公司英文名称:ZHENGZHOU BAIWEN CO.,LTD(GROUP)
缩写:ZZBW
2、公司法定代表人:李福乾
3、公司董事会秘书:齐岸屏
电话:0371－3935993－3165
传 真:0371－3935819
4、公司注册地址、办公地址:郑州市南阳路2号
邮政编码:450053
公司国际互联网网址:http://www.baiwen.com
E—mail:ZBW@public.ZZ.ha.cn
5、公司选定的信息披露报纸:上海证券报
登载公司年度报告的中国证监会指定国际互联网网址: http://www.sse.com.cn
公司年度报告备置地点:公司证券部
6、公司股票上市交易所:上海证券交易所
股票简称:ST 郑百文
股票代码:600898

二、会计数据和业务数据摘要

1、本年度利润总额及其构成:(单位:元)

利润总额:	－51679838.82
净 利 润:	－47050947.58
扣除非经常性损益后的净利润:	－46204518.59
主营业务利润:	－1680042.47
其他业务利润:	7366062.08
营业利润:	－50833409.83
投资收益:	634868.61
补贴收入:	0.00
营业外收支净额:	－1481297.60
经营活动中产生的现金流量净额:	13816812.83
现金及现金等价物净增加额:	－15952946.81
注:扣除非经常性损益项目和涉及的金额:	
投资收益:	634868.61
营业外收入:	1990499.92
营业外支出:	3471797.52

2、公司近三年主要会计数据和财务指标:(单位:元)

项　目	2000年度	1999年度	1998年
主营业务收入	535263338.91	1307730523.83	3355018161.95
净利润	－47050947.58	－956979894.02	－502414550.70
总资产	961714197.84	1277715141.78	2366069076.13
股东权益	－1334798256.98	－1299419528.24	43746927.80
每股收益(摊薄)	0.2381	－4.8435	－2.5428
每股收益(加权)	－0.2381	－4.8435	－2.7255
每股收益(扣除非经常损益后)	－0.2338	－4.8429	－2.5466
每股净资产	－6.7557	－6.5766	0.2214
调整后的每股净资产	－8.3802	－6.9706	－0.1595
每股经营活动产生的现金流量净额	0.0699	0.4178	－1.5166
净资产收益率(摊薄)(%)			－1148.4568%
净资产收益率(加权平均%)			－2.4370

注:截止2000年12月31日,公司净利润、年度末股东权益均为负数,故净资产收益率指标无意义。

3、利润分配附表

报告期利润	净资产收益率(%)		每股收益(元/股)	
	全面摊薄	加权平均	全面摊薄	加权平均
主营业务利润			－0.0085	－0.0085
营业利润			－0.2573	－0.2573
净利润			－0.2381	－0.2381
扣除非经常性损益后的净利润			－0.2338	－0.2338

三、股东情况介绍

(1)报告期末股东总数为34817户。
(2)前10名股东持股情况

	期初持股数	期末持股数	占总股本比例(%)
郑州百文集团有限公司	28877869	28877869	14.62
南方证券	0	5776082	2.92
鹏程广告	3961360	3961360	2
河南省郑州市区信用合作联社营业部	2535000	2535000	1.28
河南金鑫电脑信息有限公司	2197000	2197000	1.11
郑州人保	1690000	2028000	1
河南省信托投资公司郑州铁路分公司	1859000	1859000	0.94
南证南京	1690000	1690000	0.86
河南省石油总公司	1257360	1257360	0.64
豫郑人信	1183000	1183000	0.6

说 明:①持股5%(含5%)以上的法人股股东所持股份未发生抵押、冻结等情况。
② 公司前10名股东之间不存在关联关系。
③ 持股10%以上股东情况:
郑州百文集团有限公司持有国家股2887.7869万股,占总股本的14.62%。
公司法定代表人:李福乾
公司经营范围:经营政府授权范围内的国有资产。
④ 原公司第二大股东郑州市投资合作基金公司所持郑百文577.6082万股,于2000年12月转让给南方证券有 限公司.

浙江信联股份有限公司

二○○○年年度报告摘选

一、公司简介

(一)、公司法定中文名称:浙江信联股份有限公司
公司法定英文名称:ZhejiangXinlianCo.Ltd.
英文名称缩写:ZJXL
(二)、公司法定代表人:王宏声
(三)、公司董事会秘书:曹志远
联系地址:杭州市上塘路68号
联系电话:0571－5454614
传真:0571－5454526
(四)、公司注册地址:杭州市上塘路68号
邮政编码:310014
公司办公地址:杭州市上塘路68号
公司电子信箱:ZJXL@mail.hz.zj.cn
(五)、公司选定的信息披露报纸名称:《中国证券报》、《上海证券报》
刊载公司年度报告的中国证监会指定因特网址:http://www.sse.com.cn
公司年度报告备置地点:杭州市上塘路68号公司证券部
(六)、公司股票上市地:上海证券交易所
公司股票简称:信联股份
公司股票代码:600899

二、主要财务数据和指标

(一)、2000年度公司主要经营指标(单位:人民币)

利润总额	62,713,957.01
净利润	61,157,661.38
扣除非经营性损益后的净利润	60,372,700.52
主营业务利润	37,518,700.48
其他业务利润	16,782,735.22
营业利润	23,274,372.51
投资收益	38,721,363.07
补贴收入	0
营业外收支净额	784,960.86
经营活动产生的现金流量净额	27,891,101.58
现金及现金等价物净增加额	13,919,119.98

说明:“扣除非经常性损益后的净利润”扣除的项目及金额如下:
营业外收入784,960.86元,营业外支出66,589.43元。

(二)、截止2000年末,公司前三年主要会计数据和财务指标(单位:人民币)

指标项目	2000年	1999年	1998年
主营业务收入	155,107,328.31	110,849,634.62	194,323,372.29
净利润	61,157,661.38	37,663,622.92	43,940,080.00
总资产	804,505,320.88	668,943,138.08	546,241,533.16
股东权益	482,885,539.92	436,834,811.68	406,264,499.76
每股收益	0.35	0.21	0.25
扣除非经营性损益后的每股收益	0.34	0.14	0.24
加权每股收益	0.35	0.21	0.25
每股净资产	2.72	2.46	2.29
调整后的每股净资产	2.70	2.45	2.26
每股经营活动产生的现金流量净额	0.16	0.11	0.18
净资产收益率(%)	12.7	8.62	10.81
加权净资产收益率(%)	12.7	8.62	10.81

(三)、利润表附表

报告期利润	净资产收益率		每股收益	
	全面摊薄	加权平均	全面摊薄	加权平均
主营业务利润	7.80	7.80	0.21	0.21
营业利润	4.80	4.80	0.13	0.13
净利润	12.70	12.70	0.35	0.35
扣除非经营性损益后的净利润	12.60	12.60	0.34	0.34

三、股本变动及股东情况

(一)、股本变动情况
1.股本变动情况表(单位:股)

股份类别	本次变动前	本次变动增减(+、-)				本次变动后
		配股	送股	公积金转股	小计	
(一)未上市流通股份						
(1) 发起人股份	123,200,000					123,200,000
其中:						
国有法人持有股份						
境内法人持有股份	123,200,000					123,000,000
境外法人持有股份						
其他						
(2)募集法人股						
(3)内部职工股						
(4)优先股或其他						
其中:转配股	350,386		－305,386		－305,386	0
未上市流通股份合计	123,305,386		－305,386		－305,386	23,200,000
(二)已上市流通股份						
(1)人民币普通股	54,000,000					54,000,000
(2)境内上市的外资股						
(3)境外上市的外资股						
(4)其他			+305,386		+305,386	
已流通股份合计	54,000,000		+305,386		+305,386	54,305,386
(三)股份总数	177,505,386					177,505,386

上海中国国际旅行社股份有限公司

二〇〇〇年年度报告摘选

一、公司简介

1、公司中文名称:上海中国国际旅行社股份有限公司
公司英文名称:SHANGHAI CHINA INTERNATIONAL TRAVEL SERVICE CO.,LTD.
公司英文名称缩写:SCITS
2、公司法定代表人:宋超麒先生
3、公司董事会秘书:朱谔言先生
公司董事会授权代表:鞠新兴先生
联系地址:上海市北京西路1277号8楼
电话:(021)62898899-239
传真:(021)62893487
董事会秘书电子信箱:zhuey@scits.com
董事会授权代表电子信箱:juxx@scits.com
4、公司注册地址:上海市浦东南路555号
公司办公地址:上海市北京西路1277号　　公司邮政编码:200040
公司国际互联网网址:www.scits.com
公司电子信箱:scits@scits.com
5、公司信息披露报纸:《上海证券报》、香港《南华早报》
登载公司年度报告的国际互联网网址:http://www.sse.com.cn
公司年度报告备置地点:本公司,上海证交所等
6、公司股票上市地:上海证券交易所
股票简称:国旅B股
股票代码:900929

二、会计数据和业务数据摘要

1、公司本年度数据(人民币:元)

利润总额	18,307,654
净利润	16,631,455
扣除非经常性损益后的净利润	16,631,455
主营业务利润	84,855,078
其他业务利润	80,314
营业利润	9,806,727
投资收益	10,401,966
补贴收入	
营业外收支净额	-1,901,039
经营活动产生的现金流量净额	41,328,315
现金及现金等价物净增加额	-3,150,020

公司本年度按国际会计准则计算的净利润为16,631千元人民币,其与国内会计制度计算的净利润差异为:

	2000年净利润 人民币千元	2000年12月31日净资产 人民币千元
中国会计准则财务报表	16,631	397,989
按国际会计准则调整:		
其他	-	6,304
国际会计准则财务报表	16,631	404,293

2、公司前三年会计数据和财务指标(单位:除特别指明外,均为人民币元)

	2000年	1999年	1998年	
			调整后	调整前
主营业务收入	541,062,788	463,479,648	396,734,831	414,302,010
净利润	16,631,455	15,218,194	14,992,240	14,992,240
总资产	686,626,277	646,411,363	599,002,885	604,484,044
股东权益(不含少数股东权益)	397,988,927	387,985,286	389,999,407	389,999,407
每股收益	0.13	0.11	0.11	0.11
加权每股收益	0.13	0.11	0.11	0.12
扣除非经常性损益后每股收益	0.13	0.03	0.11	0.12
每股净资产	3.00	2.93	2.94	2.94
调整后的每股净资产	2.88	2.80	2.84	2.82
每股经营活动产生的现金流量净额	0.31	0.36		0.33
净资产收益率(%)	4.18	3.92	3.84	3.84
加权净资产收益率(%)	4.23	3.91	3.92	3.92

3、报告期利润指标

报告期利润	净资产收益率(%)		每股收益(元)	
	全面摊薄	加权平均	全面摊薄	加权平均
主营业务利润	21.32	21.59	0.64	0.64
营业利润	2.46	2.50	0.07	0.07
净利润	4.18	4.23	0.13	0.13
扣除非经常性损益后的净利润	4.18	4.23	0.13	0.13

三、股东情况介绍

1、股东情况介绍
(1)本报告期末公司股东总数为4,112户,其中国家股股东1户、境内上市外资股股东4,111户。
(2)公司前10名股东持股情况(持股单位:股)

序号	股东名称	持股数	占总股本%
①	国有股股东(上海市国有资产管理办公室)	66,556,270	50.21
②	TOYO SECURITIES ASIA LTD. A/C CLIENT	4,904,830	3.70
③	WAH CHUN INTERNATIONAL LIMITED	1,846,460	1.39
④	展佳国际发展有限公司	1,541,210	1.16
⑤	NAITO SECURITIES CO.,LTD.	1,084,400	0.82
⑥	刘晓东	1,036,280	0.78
⑦	白薇	919,050	0.69
⑧	王春华	849,581	0.64
⑨	王文翔	815,000	0.61
⑩	UNION INVESTMENT LUXEMBOURG S.A.RE:EM FERNOST FONDS(LUX)	670,500	0.51

上海金泰股份有限公司

二〇〇〇年年度报告摘选

一、公司简介

1、公司法定中文名称:上海金泰股份有限公司
英文名称:SHANGHAI JINTAI COMPANY LIMITED(缩写SJT)
2、公司法定代表人:虞网法
3、公司董事会秘书:沈惠明
联系地址:上海汶水路400号公司董事会秘书室
电　　话:36030322
传　　真:56657534
4、公司注册地址:上海安亭洛浦路45号　　邮政编码:201805
公司办公地址:上海汶水路400号　　邮政编码:200072
公司电子信箱:sjtbk@online.sh.cn
5、公司信息披露报纸:《上海证券报》、香港《南华早报》;
登载公司年度报告的国际互联网网址:
http://www.sse.com.cn
中期报告备置地点:公司董事会秘书室
6、公司股票上市地点:上海证券交易所
股票简称:金泰B
股票代码:900935

二、主要财务数据和指标

公司主要会计数据和财务指标(合并报表)　　单位:元

利润总额	1,880,327
净利润	1,867,445
扣除非经常性损益后的净利润	-1,812,249
主营业务利润	37,270,630
其他业务利润	6,469,259
营业利润	-1,002,840
投资收益	301,371
补贴收入	396,000
营业外收支净额	2,185,796
经营活动产生的现金流量	26,341,064
现金及现金等价物净增加额	2,850,903
注1:按照国际会计准则之净利润	2,027,558
国内、国际会计事务所审计差异主要是:	
开办费本年摊销额回转	160,113
注2:扣除的非经常性收益的项目及金额:	
(1)部分地块动迁安置结余	1,876,779元。
(2)房屋设施租赁净收入	1,802,915元。

2、公司近三年主要会计数据和财务指标(单位:元)

	2000年	1999年	1998年
主营业务收入	153,850,408	160,472,290	156,486,591
净利润	1,867,445	1,096,431	1,043,199
总资产	432,160,285	419,809,642	426,798,002
股东权益	295,846,763	293,979,318	292,882,887
每股收益(全面摊薄)	0.01	0.006	0.006
每股收益(加权平均)	0.01	0.006	0.006
每股净资产(元/股)	1.6	1.59	1.58
调整后的每股净资产	1.57	1.56	1.50
净资产收益率(%)(全面摊薄)	0.63	0.37	0.36
净资产收益率(%)(加权平均)	0.63	0.37	0.36
每股经营活动产生的现金流量净额	0.14	0.079	0.16

注:按照中国证监会《公开发行证券公司信息披露编报规则》(第9号)通知要求,计算的2000年度每股收益和净资产收益率如下:

报告期利润		净资产收益率(%)		每股收益(元)	
		全面摊薄	加权平均	全面摊薄	加权平均
主营业务利润	37,270,630	12.60	12.64	0.20	0.20
营业利润	-1,002,840	-0.34	-0.34	-0.005	-0.005
净利润	1,867,445	0.63	0.63	0.01	0.01
扣除非经常性损益后的净利润	-1,812,249	-0.61	-0.61	-0.010	-0.010

三、股东情况介绍

报告期末股东总数2186户,包括B股股东2185户,A股(国家股)股东1户。
主要股东持股情况(前10名)

股东名称	年末持股数量	%
1 上海东风机械(集团)有限公司(国有股)	105300000	56.83
2 SHENYIN WANGUO NOMINEES(H.K.)LTD.	5907658	3.19
3 陈文伯	1573520	0.85
4 SHANIA CHLOR-ALKALI CHEMICAL (AUSTRALIA)PTY.LTD	1535000	0.83
5 TOYO SECURITIES ASIA LTD.A/C CLIENT	1504200	0.81
6 华夏证券有限公司上海业务部	1465000	0.79
7 中国纺织机械股份有限公司	1444500	0.78
8 胡德生	1403025	0.76
9 WANG XIE	1131000	0.61
10 ORE BURNS (AUSTRALIA)PTY. LIMITED	1129799	0.61

上海汇丽建材股份有限公司

二○○○年年度报告摘选

一、公司简介

1 、公司中文名称为:上海汇丽建材股份有限公司　　简称:汇丽建材
公司英文名称为:SHANGHAI HUILI BUILDING MATERIALS CO. ,LTD.　　简称:HLBM
2 、公司法定代表人:张永定先生
3 、公司董事会秘书:陶娅龄女士
联系地址:上海浦东周浦川周路 4131 号
电话:(021)68112933
传真:(021)58113874
4 、公司注册地址:上海浦东康桥工业区
公司办公地址:上海浦东周浦川周路 4131 号
邮政编码:201318
公司网址:http://www. huiligp. com
公司电子信箱:huiligp@public. sta. net. cn
5 、公司选定的信息披露报纸为:《上海证券报》和香港《大公报》
刊载公司年度报告的中国证监会指定国际互联网网址:http://www. sse. com. cn
公司年度报告备置地点:董事会秘书处
6 、公司股票上市地:上海证券交易所
股票简称:汇丽 B 股
股票代码:900939

二、会计数据和业务数据摘要

(一)公司本年度主要利润指标(合并报表)

项　目	金额(单位:元)
利润总额	26,714,785.74
净利润	21,440,132.02
扣除非经常性损益后的净利润	21,440,132.02
主营业务利润	65,108,969.53
其他业务利润	27,476,510.41
营业利润	28,295,410.21
投资收益	-1,713,644.89
补贴收入	30,000.00
营业外收支净额	103,020.42
经营活动产生的现金流量净额	21,884,391.87
现金及现金等价物净增加额	145,737,790.91

	(单位:人民币千元)
根据中国法定帐目实现的净利润	21,440
根据国际会计准则实现的净利润	8,903

有关按两种不同会计准则计算净利润的差异形成原因如下:

	净利润(人民币千元)
根据中国法定帐目	21,440
国际会计准则和其他调整:	
-提取坏帐准备	-3,665
-提取存货呆滞准备	-4,012
-调整固定资产折旧	-2,244
-按权益法认列联营公司投资损失	-654
-其他	-1,962
经国际会计准则及其他调整后所列报	8,903

(二)截止报告期末公司前三年主要会计数据和财务指标(合并报表)　　单位:元

项　目	2000 年	1999 年	1998 年
主营业务收入	330,231,633.46	227,055,809.72	215,816,338.40
净利润	21,440,132.02	-7,180,035.45	35,812,056.48
总资产	801,256,340.88	629,424,486.20	543,333,422.23
股东权益	311,393,335.05	289,976,025.03	291,362,943.66
每股收益(摊薄)	0.13	-0.043	0.217
(加权)	0.13	-0.043	0.217
扣除非经常性损益后的每股收益(摊薄)	0.13	-0.057	
每股净资产	1.89	1.76	1.77
调整后每股净资产	1.67	1.68	1.72
每股经营活动产生的现金流量净额	0.13	0.18	-0.024
净资产收益率(%)(摊薄)	6.89	-2.48	12.29
(加权)	7.13	-2.47	13.19

(三)利润表附表

报告期利润	净资产收益率(%)		每股收益(元)	
	全面摊薄	加权平均	全面摊薄	加权平均
主营业务利润	20.91	21.65	0.39	0.39
营业利润	9.09	9.41	0.17	0.17
净利润	6.89	7.13	0.13	0.13
扣除非经常性损益后的净利润	6.89	7.13	0.13	0.13

三、股东情况介绍

(1)截止至 2000 年 12 月 31 日,股东总数为:3635 名。
(2)前十名股东情况如下:

股东名称	年末持股数量(股)	股份增减情况	持股比例
1 上海汇丽集团有限公司	53863000	不变	32.64%
2 中信房地产公司	8998000	不变	5.45%
3 中国通用技术(集团)控股有限公司	8998000	不变	5.45%
4 中国建筑科学研究院	6331000	不变	3.84%
5 BELLINGHAM INTERNATIONAL INC	2630050	增加	1.59%
6 PACIFIC SOURCE DEVELOPMENT LIMITED COMPANY	2615993	减少	1 .59%
7 海南国投	1107500	不变	0.67%
8 WEI QUAN LI	1101500	不变	0.67%
9 PACIFIC EXPRESS INVESTMENTS LIMITED COMPANY	1000000	不变	0.61%
10 STAR PACIFIC INVESTMENTS LIMITED COMPANY	1000000	不变	0.61%

内蒙古伊泰煤炭股份有限公司

二○○○年年度报告摘选

一、公司简介

1 、公司的法定中、英文名称及缩写
法定中文名称:内蒙古伊泰煤炭股份有限公司
英文名称:INNER MONGOLIA YITAI COAL COMPANY LIMITED
英文缩写:IMYCC
2 、公司法定代表人:张双旺
3 、公司董事会秘书:田尚万
联系地址:内蒙古东胜市鄂尔多斯西街伊煤集团办公大楼
电话:0477--8524944
传真:0477--8530722
电子信箱:ytzqb@email. nm. cninfo. net
董事会证券事务代表:菅青娥
电话:0477-8530722 或 8525584 转 2409
4 、公司注册地址:内蒙古东胜市鄂尔多斯西街
公司办公地址:内蒙古东胜市鄂尔多斯西街.伊煤集团办公大楼
邮政编码:017000
网　　址:Http://www. ytmt. nm. cninfo. net
电子信箱:ytmt @email. nm. cninfo. net
5 、公司指定的信息披露报纸:《上海证券报》《南华早报》。
登载公司年度报告的中国证监会指定的国际互联网网址:
Http://www. sse. com. cn
公司年度报告备置地点:公司本部董事会秘书办公室、证券部
6 、公司股票上市交易所:上海证券交易所
公司股票简称:伊煤 B 股　　公司股票代码:900948

二、会计数据和业务数据摘要

1 、本年度主要利润指标情况(单位:人民币元)

项目	金额
利润总额	15,348,676.71
净利润	12,556,109.30
扣除非经常性损益后的净利润	14,256,381.85
主营业务利润	598,263,833.22
其它业务利润	4,152,147.97
营业利润	20,489,035.91
投资收益	-3,440,086.65
补贴收入	
营业外收支净额	-1,700,272.55
经营活动产生的现金流量净额	140,478,886.90
现金及现金等价物净增加额	18,986,820.46
扣除非经常性损益是指营业外收支净额	-1,700,272.55

注:(1)主营业务利润:根据股份制企业会计制度计列,尚未扣除营业费用、管理费用和财务费用。

(2)、净利润及差异说明 (单位:人民币元)

项目	金额
经境外审计净利润为	2,122,000.00
经境内审计净利润为	12,556,109.30
差异额	10,434,109.30
国际会计准则及其他调整之净额影响	2000 年
按法定合并财务报表所载金额	12,556
-调整坏帐准备	(4,403)
-冲减法定财务报表所载有形资产及无形资产的评估增值及对损益的影响	5,076
-冲减法定财务报表中未摊销的开办费	89
-车皮成本及其折旧的调整	(11,196)
按国际会计准则重新编列金额	2,122

2 、截止报告期公司前三年的主要会计数据和财务指标(中国会计制度)　单位:人民币元

项　目	2000 年度	1999 年度	1998 年度	
			调整前	调整后
主营业务收入	832,910,811.27	689,350,691.05	766,282,318.72	766,282,318.72
净利润	12,556,109.30	6,509,124.51	21,120,522.25	16,596,564.43
总资产	1,268,043,904.67	1,248,082,719.85	1,229,691,799.22	1,212,398,069.79
股东权益	781,935,186.77	774,869,077.47	785,653,682.39	768,359,952.96
每股收益(摊薄)	0.034	0.018	0.06	0.05
每股收益(加权)	0.034	0.018		
扣除非经常损益后的每股收益	0.039	0.020		
每股经营活动产生的现金流量净额	0.38	0.13		0.01
净资产收益率%	1.61	0.84	2.69	2.16
每股净资产(摊薄)	2.14	2.12	2.15	2.10
调整后每股净资产	2.01	1.98	2.14	2.06

三 、股东情况简介

1.股东情况简介
截止 2000 年年末,公司股东总数为 6,168 户,其中,国有法人股东 1 户,社会公众股东 6,167 户。

2、(1)持有公司 5%以上股份的股东只有一家,即内蒙古伊克昭盟煤炭集团公司,受托持有国有法人股 20,000 万股,占本公司股本总额的 54.64%。所持股份没有质押。

(2)主要股东持股情况(前十名股东)　　单位:股

名次	股东名称	年末持股数	占总股本比例
1	伊克昭盟煤炭集团公司(代表国家持股单位)	200,000,000	54.64%
2	WISEMAX INTERNATIONAL LIMITED(智万国际有限公司)	3,045,622	0.83%
3	ZHANG ZHEN FANG	2,394,300	0.65%
4	WELLPLANNEND LIMITED	2,392,000	0.65%
5	吴明华	2,196,948	0.60%
6	LETEX INVESTMENT LIMITED	2,000,000	0.55%
7	HKIT S/A 006-113039-431	1,574,000	0.43%
8	李迪	1,414,000	0.39%
9	王惠强	1,269,000	0.35%
10	崔歌	1,191,500	0.33%

浙江东南发电股份有限公司

二〇〇〇年年度报告摘选

一、公司简介

1、公司的法定中文名称:浙江东南发电股份有限公司
公司法定英文名称:ZHEJIANG SOUTHEAST ELECTRIC POWER CO., LTD
公司英文名称缩写:ZSEPC
2、公司法定代表人:庄虎卿
3、公司董事会秘书:戴建成
电话:86-571-7068779-2658
传真:86-571-7077321
电子信箱:djc@zsepc.com
4、公司注册及办公地址:中国浙江省杭州市凤起路451号
邮政编码:310006
互联网网址:http://www.zsepc.com/
电子信箱:webmaster@zsepc.com
5、公司信息披露报纸:上海证券报、香港南华早报、香港文汇报
登载年度报告互联网网址:http://www.zsepc.com/
http://www.sse.com.cn/
公司年度报告备置地点:公司总部、上海证券交易所、伦敦证券交易所
6、B股股票上市地:上海证券交易所
B股股票简称:东电B股
B股股票代码:900949
全球存托凭证(GDR)上市地:伦敦证券交易所
全球存托凭证(GDR)交易代码:0949

二、会计数据和业务数据摘要

1、本年度会计数据摘要(单位人民币千元)
(1)按中国会计准则计算的数据

项目	金额
利润总额	1,015,362
净利润	621,709
扣除非经常性损益后的净利润	768,880
主营业务利润	1,178,444
其他业务利润	1,324
营业利润	1,007,183
投资收益	11,897
营业外收支净额	-3,718
经营活动产生的现金流量净额	1,025,782
现金及现金等价物净增加额	-1,051,673

注:扣除的非经常性损益为补缴以前年度所得税144,134,800元、资产处置损失3,036,823.60元,合计147,171,623.60元。

(2)按国际会计准则计算的数据

项目	金额
营业收入	3,400,223
经营利润	1,034,765
税后利润	611,878

(3)净利润差异说明

项目	金额
按中国会计准则计算的净利润	621,709
根据国际会计准则的调整:计提的住房周转金	-9,831
国际会计准则计算的净利润	611,878

重要说明:由于本公司于2000年补缴了1998年1月至1999年11月期间所得税中央部分税款1.44亿元,直接冲减了本年度损益后实现净利润6.2亿元、每股收益为0.31元。扣除补税原因,按中国会计准则计算,公司实现的净利润应为7.66亿元、每股收益为0.38元/股。

2、前三年主要会计数据和财务指标
(1)根据中国会计师审计报告之数据(单位:人民币元)

	2000年	1999年	1998年	
			调整前	调整后
主营业务收入	3,400,222,722.54	3,247,237,664.70	2,949,526,933.00	2,949,526,933.00
净利润	621,708,729.65	823,304,326.67	823,447,592.92	842,197,471.71
总资产	7,269,575,449.16	7,638,205,620.01	7,607,423,653.59	7,604,746,497.52
股东权益	5,147,463,767.90	4,963,935,038.25	4,565,407,867.65	4,562,730,711.58
每股收益(摊薄)	0.31	0.41	0.41	0.42
每股收益(加权)	0.31	0.41	0.41	0.42
扣除非经常性损益后的每股收益	0.38	0.41	0.41	0.42
每股净资产	2.56	2.47	2.27	2.27
调整后的每股净资产	2.55	2.47	2.27	2.27
每股经营活动产生的现金流量净额	0.51	0.75	0.68	0.68
净资产收益率(%)	12.08	16.59	18.04	18.46

三、股东情况介绍

1、报告期末股东总数
截至本报告期末,本公司股东人数为18256户,其中发起人股东5户,其余为B股股东。
2、前十名股东持股情况

股东名称	持股数(股)	持股比例
浙江省电力开发公司	799,963,200	39.80%
浙江省电力公司	514,036,800	25.57%
TOYO SECURITIES ASIA LTD A/C CLIENT	14,502,300	0.72%
SCBHK A/C BROWN BROTHERS HARRIMAN & CO SUB A/C THE GREATER CHINA FUND INC	11,000,000	0.55%
NAITO SECURITIES CO., LTD	9,568,800	0.48%
CBNY/BMO INVESTORS PACIFIC INTERNATIONAL FUND	8,685,000	0.43%
HKSBCSB A/C STATE STREET BANK AND TRUST S/A THE CHINA FUND	7,000,000	0.35%
HKIT S/A006-113039-431	6,543,000	0.33%
展佳国际发展有限公司	6,000,000	0.30%
李明公	5,447,646	0.27%

江苏五菱柴油机股份有限公司

二〇〇〇年年度报告摘选

一、公司简介

1、公司法定中文名称:江苏五菱柴油机股份有限公司
公司法定英文名称:JIANGSU WULING DIESEL ENGINE CO., LTD.
英文缩写:JSWL
2、公司法定代表人:吴中达
3、公司董事会秘书:唐云龙
联系地址:江苏省武进市武宜路229号
电 话:0519-6506246　　传 真:0519-6507245
电子信箱:wuling@public.cz.js.cn
4、公司注册地址及办公地址:江苏省武进市武宜路229号　　邮政编码:213161
公司国际互联网网址:http://www.chinawuling.com
公司电子信箱:wuling@public.cz.js.cn
5、公司选定的信息披露报纸:《中国证券报》、《上海证券报》、《香港商报》
公司年度报告备置地点:公司企业发展部证券办公室
证监会指定的公司登载年度报告的国际互联网网址:http://www.sse.com.cn
6、公司股票上市交易所:上海证券交易所
股票简称:五菱B股　　股票代码:900950

二、会计数据和业务数据摘要

1、公司本年度主要综合财务数据(单位:人民币元)

项目	金额
利润总额:	-76,260,077
净利润:	-72,934,824
扣除非经常性损益后的净利润:	-71,136,775
主营业务利润:	80,333,088
其它业务利润:	1,880,256
营业利润:	-74,727,207
投资收益:	184,439
补贴收入:	—
营业外收支净额:	-1,717,309
经营活动产生的现金流量净额:	-63,136,847.61
现金及现金等价物净增加额:	-121,971,900.45
注:(1)按照中国会计准则编制的净利润:	-72,934,824
按照国际会计准则编制的净利润:	-77,299,619

按两种会计准则编制的净利润的差异如下:　递延税项调整　4,291,835　　其他　72,960
(2)本年度内扣除非经常性损益的项目:　合并价差摊销　金额:-80,740元　　营业外收支净额　-1,717,309元

2、截至报告期末公司前三年的主要会计数据和财务指标:

指标项目	2000年度	1999年度	1998年度	
			调整前	调整后
主营业务收入(元)	650,269,215	822,375,676	808,908,556	808,908,556
净利润(元)	-72,934,824	5,030,893	27,685,162	1,089,305
总资产(元)	1,230,366,650	1,231,346,973	1,186,258,787	1,112,629,918
股东权益(元)	534,659,921	607,555,501	673,208,975	602,206,368
每股收益(元/股)(摊薄)	-0.220	0.018	0.100	0.004
每股收益(元/股)(加权)	-0.220	0.018	0.105	0.004
扣除非经常性损益后的每股收益(元/股)	-0.214	0.022	0.101	0.004
每股净资产(元/股)	1.61	2.20	2.43	2.18
调整后的每股净资产(元/股)	1.31	2.13	2.36	2.17
每股经营活动产生的现金流量净额(元/股)	-0.19	-0.19	-0.44	-
净资产收益率(%)	-13.64	0.82	4.11	0.18
净利润的加权每股收益(元/股)	-0.2197	-	-	-
净利润的加权净资产收益率(%)	-0.1277	-	-	-
扣除非经常性损益后的净利润的加权净资产收益率(%)	-0.1246	-	-	-

3、报告期内股东权益变动情况

单位:人民币元

项　目	股　本	资本公积	盈余公积	法定公益金	未分配利润	股东权益合计
期初数	276,595,000	358,482,983			-27,522,482	607,555,501
本期增加	55,319,000					55,319,000
本期减少		55,319,000			72,895,580	128,214,580
期末数	331,914,000	303,163,983			-100,418,062	534,659,921

变动原因:
(1)本公司于2000年6月12日实施了1999年度资本公积金转增股本方案,使资本公积减少5531.9万元,股本增加5531.9万元。
(2)本公司2000年对期初未分配利润调整39,244元,本年度净利润为-72,934,824元,合计未分配利润减少72,895,580元。

三、股本变动及股东情况

1、公司股本变动情况
(1)截止2000年12月31日,公司股东总数为4005户。
(2)公司前10名股东的持股情况:

股东名称	持股数(股)	占总股本的比例(%)
(1)、武进柴油机厂(国家股)	195,360,000	58.86
(2)、CBNY S/A PNC/SKANDIA SELECT FUND/CHINA EQUITY AC	3,973,600	1.197
(3)、王志海	3,960,480	1.193
(4)、SHANIA CHLOR-ALKALI CHEMICAL (AUSTRALIA)PTY. LTD	2,350,180	0.71
(5)、CREDIT LYONNAIS SECURITIES(ASIA)LTD.	1,848,000	0.56
(6)、TOYO SECURITIES ASIA LTD. A/CCLIENT	1,723,560	0.52
(7)、NAITO SECURITIES CO., LTD.	1,440,760	0.43
(8)、HKIT S/A 006-113039-431	1,282,000	0.39
(9)、申银万国APS投资管理公司	1,271,040	0.39
(10)、耿斌	1,188,000	0.36

大化集团大连化工股份有限公司

二〇〇〇年年度报告摘选

一、公司简介

(一)、公司的法定中文名称:大化集团大连化工股份有限公司
英文名称:DAHUA GROUP DALIAN CHEMICAL INDUSTRY CO.,LIMITED
英文名称缩写:DLHG
(二)、公司法定代表人:刘平芹
(三)、公司董事会秘书及其授权代表的姓名:李建涛 徐志明
联系地址:大化集团大连化工股份公司证券部
电话:(0411)6672312—4192、13804087758 (0411)6672312—2815
传真:(0411)6671948
(四)、公司注册地址及办公地址:辽宁省大连市甘井子区工兴路10号
公司电子信箱:dhjtdlhuagong@sina.com
邮政编码:116032
公司国际互联网网址:
http://www.dahua-gf.com
(五)、公司的信息披露报纸:境内报刊为:《上海证券报》、《中国证券报》;
境外报刊为:《南华早报》(英文:South China Morning Post)、《香港商报》(中文)
登载公司年度报告的国际互联网网址:http://www.sse.com.cn
公司年度报告备置地点:大化集团大连化工股份有限公司证券部
(六)、公司股票上市交易所:上海证券交易所
股票简称:大化B股
股票代码:900951

二、会计数据和业务数据摘要

(一)、本年度实现的利润总额:	17,961,760.62元
净利润:	17,961,760.62元
扣除非经常性损益后的净利润:	18,066,586.62元
扣除项目涉及的金额:处理固定资产净收益:	---
处理固定资产净损失:	104,826.00元
主营业务利润:	83,003,493.75元
其他业务利润:	-1,955,893.48元
营业利润:	18,213,201.90元
投资收益:	-------
补贴收入:	-------
营业外收支净额:	-251,441.28元
经营活动产生的现金流量净额:	-8,834,311.93元
现金及现金的等价物净增加额:	-9,726,950.58元

境内外审计差额说明:
按两种不同会计准则、制度计算的净利润的差异为(单位:千元):

按照境内会计师计算的净利润为:	17,962
调整对净利润的影响	
---(提列)回转坏账损失准备	
------提列停用的固定资产折旧	-847
按国际会计准则重编后的金额	17,115

(二)、截止报告期末公司前三年的主要会计数据和财务指标:(单位:元)

	2000年	1999年		1998年	
		调整前	调整后	调整前	调整后
主营业务收入:	944,538,594.61	807,029,666.43	807,029,666.43	849,164,403.22	849,164,403.22
净利润:	17,961,760.62	-31,466,729.90	-31,466,729.90	7,292,377.55	-3,724,389.16
总资产:	938,128,717.36	949,919,757.56	949,919,757.56	920,741,817.85	898,300,695.55
股东权益:(不含少数股东权益)	557,445,601.45	539,483,840.83	539,483,840.83	593,391,693.03	570,950,570.73
每股收益:	0.065	-0.114	-0.114	0.027	-0.014
每股净资产:	2.03	1.96	1.96	2.16	2.08
调整后的每股净资产:	2.03	1.95	1.95	2.14	2.07
每股经营活动产生的现金流量净额:	-0.032	-0.122	-0.122	-0.349	-0.349
净资产收益率:	3.22	-0.06	-0.06	1.23	-0.007

注1:按照中国证监会《公开发行证券公司信息披露编报规则》(第九号)通知要求,计算2000年度的利润数据如下:

项目		净资产收益率		每股收益	
		全面摊薄	加权平均	全面摊薄	加权平均
主营业务利润	83,003,493.75	14.89%	15.13%	0.302	0.302
营业利润	18,213,201.90	3.27%	3.32%	0.066	0.066
净利润	17,961,760.62	3.22%	3.27%	0.065	0.065
扣除非经常性损益后的利润	18,066,586.62	3.24%	3.29%	0.066	0.066

注2:99年、98年每股收益(加权)、净资产收益率(加权)已按照证监会《公开发行证券信息披露编报规则》(第9号)的要求调整。

三、股东情况介绍

(一)、报告期末股东总数:3300户。
(二)、本公司无持有5%以上股份的股东。
本公司前十名股东的持股情况:

股东名称	持股数量(万股)	占总股本的比例(%)
(1)大化集团有限责任公司(国有法人股)	17500	63.64
(2)SINO CHANNEL INVESTMENTS LIMITED COMPANY	250	0.91
(3)PACIFIC EXPRESS INVESTEMENTS LIMITED COMPANY	180	0.65
(4)WISEMAX INTERNATIONAL LIMITED 智万国际有限公司	162.39	0.59
(5)光大证券有限公司	157.7	0.57
(6)谢仁国	134.1277	0.49
(7)曹中南	112.632	0.41
(8)吴滨	112	0.41
(9)益生堂药业有限公司	112	0.41
(10)王咸昌 WANG XIANCHANG	110.2	0.40

华源凯马机械股份有限公司

二〇〇〇年年度报告摘选

一、公司简介

1、公司法定中文名称:华源凯马机械股份有限公司
公司法定英文名称:WORLDBEST KAMA MACHINERY CO.,LTD.(缩写:WKMC)
2、公司法定代表人:周玉成
3、公司董事会秘书:王驰魏
公司证券事务代表:史建萍
联系地址:上海市中山北路1958号华源世界广场6楼
联系电话:(021)62031188-6636
传真号码:(021)62030851
电子信箱:604<kama@chinaworldbest.com>
4、公司注册地址:上海市浦东新区商城路660号
公司办公地址:上海市中山北路1958号华源世界广场6楼
邮政编码:200063
公司国际互联网网址:http://www.kama.com.cn
电子信箱:kama@public7.sta.net.cn
5、公司信息披露报纸:《中国证券报》、《上海证券报》、香港《文汇报》、《南华早报》
登载公司年度报告的中国证监会指定互联网网址:http://www.sse.com.cn
公司年度报告备置地点:公司总经理办公室
6、公司股票上市交易所:上海证券交易所
股票简称:凯马B股
股票代码:900953

二、会计数据和业务数据摘要

1、公司本年度实现经营业绩(单位:元)

利润总额:	107,050,434.52
净利润:	85,606,223.84
扣除非经常损益后的净利润	68,306,223.84
主营业务利润:	391,102,167.94
其他业务利润:	28,062,931.04
营业利润:	74,569,108.71
投资收益:	19,178,287.05
补贴收入:	9,300,000.00
营业外收支净额:	1,464,205.66
经营活动产生的现金流量净额:	25,387,860.10
现金及现金等价物净增加额:	-9,311,807.15

实现净利润按中国会计准则审计为85,606,223.84元,按国际会计准则为86222千元,具体差异如下(单位:千元):

按中国会计制度编制	85,606
开办费商誉差异调整及其摊销	616
按国际会计准则重新编列	86,222

注:扣除非经常性损益为股权转让收益800万元,补贴收入为930万元。

2、公司近三年主要会计数据和财务指标(单位:元)

项目	2000年	1999年	1998年	
			调整前	调整后
主营业务收入	3,179,359,353.71	2,832,254,806.96	2,975,436,728.18	2,847,194,927.15
净利润	85,606,223.84	80,954,986.22	157,620,206.97	141,503,199.54
总资产	3,642,029,017.91	3,191,134,912.43	3,274,931,483.24	2,807,356,575.09
股东权益(不含少数股东权益)	1,348,631,172.50	1,258,877,617.23	1,200,938,085.68	1,182,288,537.03
每股收益摊薄	0.13	0.13	0.25	0.22
加权	0.13	0,13	0.30	0.26
扣除非经常损益后的每股收益	0.11	0.09	0.25	0.22
每股净资产	2.11	1.97	1.88	1.85
调整后的每股净资产	2.08	1.95	1.84	1.81
每股经营活动产生的现金流量净额	0.04	0.08	-	-
净资产收益率(%)摊薄	6.35	6.43	13.12	11.97
加权	6.57	6.63	18.09	12.58

注:按中国证监会《公开发行证券公司信息披露编报规则》(第9号)通知要求:计算的2000年年度每股收益和净资产收益率如下:

报告期利润	净资产收益率(%)		每股收益(元)	
	全面摊薄	加权平均	全面摊薄	加权平均
主营业务利润	29.00	30.05	0.61	0.61
营业利润	5.53	5.73	0.12	0.12
净利润	6.35	6.58	0.13	0.13
扣除非经常性损益后的净利润	5.06	5.25	0.11	0.11

三、股东情况介绍

1、截止2000年12月30日,公司股东总户数为6434户,其中境内发起人11户,B股股东6423户。

2、截止2000年12月30日,公司前十名股东持股情况

名次	股东名称	持股数量(万股)	持股类别	占总股本比例(%)	增减数量(万股)
①	中国华源集团有限公司	23,517.1741	发起人股	36.74	-
②	山东莱动内燃机有限公司	3,686.1602	发起人股	5.76	-
③	山东拖拉机厂	3,538.7216	发起人股	5.53	-
④	山东潍坊拖拉机集团总公司	2,349.5783	发起人股	3.67	-
⑤	江苏行星机械集团公司	2,218.0214	发起人股	3.47	-
⑥	山东寿光聚宝农用车辆总厂	2,170.5332	发起人股	3.39	-
⑦	山东光明机器厂	1,293.6891	发起人股	2.02	-
⑧	TRITON ASIA INVESTMENT LIMITED	900.0000	B股	1.41	-
⑨	ESTERN LIGHT INVESTMENT LIMITED	783.6000	B股	1.22	8.4000
⑩	新联国际	504.7000	B股	0.79	-13.2000

持有本公司5%以上股份的股东年内所持股份未发生质押、冻结的情况。

上海茉织华股份有限公司

二〇〇〇年年度报告摘选

一、公司简介

1、公司法定中文名称：上海茉织华股份有限公司
公司中文名称缩写：茉织华
公司法定英文名称：SHANGHAI MATSUOKA CO., LTD.
2、公司法定代表人：李勤夫
3、公司董事会秘书：汪为民；董事会授权代表：姚洁青
联系地址：上海市延安中路841号8楼
联系电话：021－62893080
传真：021－62893088
电子信箱：matsuoka@public2.sta.net.cn
4、公司注册地址：上海市延安中路841号东方海外大厦8楼
公司办公地址：上海市延安中路841号东方海外大厦8楼
邮政编码：200040
公司国际互联网网址：http://www.matsuoka.com.cn
公司电子信箱：matsuoka@public2.sta.net.cn
5、选定的信息披露报纸：中国证券报、上海证券报、南华早报
登载公司年报的国际互联网网址：http://www.sse.com.cn
年度报告备置地点：公司董事会办公室
6、公司股票上市交易所：上海证券交易所
股票简称：茉织华B
股票代码：900955

二、会计数据和业务数据摘要

1、公司本年度实现利润情况（合并报表）单位：万元

	2000年度
利润总额	22956
净利润	18517
扣除非经营性损益后的净利润	18061
主营业务利润	37084
其他业务利润	305
营业利润	21758
投资收益	－771
补贴收入	1913
营业外收支净额	55
经营活动产生的现金流量净额	19804
现金及现金等价物净增加额	22272

注：扣除非经营性损益包括：公司正常经营损益以外的、一次性或偶发性损益，如资产处置损益、临时性获得的补贴收入、新股申购冻结资金利息、合并价差摊入等。

公司扣除的非经营性损益指：公司获得的补贴收入1913万元；合并价差摊销－1457万元。

按照国际会计准则，公司共实现利润18472万元，其中：冲销开办费－421万元，其他－28万元。

2、公司前三年主要会计数据和财务指标（合并报表） 单位：万元

项　目	2000年	1999年	1998年
主营业务收入	139424	69099	79693
净利润	18517	10908	14881
总资产	181581	138343	81330
股东权益	65308	60224	57447
每股收益(摊薄)(元)	0.52	0.31	0.42
每股收益(加权)(元)	0.52	0.31	0.42
扣除非经常性损益后的每股收益(元)	0.51	0.29	－
每股经营活动产生的现金流量净额(元)	0.56	0.54	0.51
净资产收益率(%)	24	18	26
每股净资产(摊薄)(元)	1.85	1.7	1.63
调整后每股净资产	1.84	1.69	1.62

净资产收益率＝净利润/年度末股东权益 X 100%

报告期利润	二〇〇〇年度 本集团 净资产收益率		每股收益	
	全面摊薄	加权平均	全面摊薄	加权平均
主营业务利润	47.1%	53.4%	1.05	1.05
营业利润	27.6%	31.3%	0.62	0.62
净利润	23.5%	26.7%	0.52	0.52
扣除非经常性损益后的净利润	22.9%	25.9%	0.51	0.51

三、股东情况介绍

1、报告期末公司股东总数616户

2、前10名股东为

序号	股东名称	股份性质	持股数(万股)	所占比例
1)	平湖茉织华实业发展有限公司	国有股	13392	37.88
2)	日本松冈株式会社	境外法人股	9263	26.20
3)	The Nomura Securities CO. LTD	B股	9215	26.07
4)	平湖市新仓服装二厂	境内法人股	608	1.72
5)	平湖市黄姑服装总厂	境内法人股	460	1.30
6)	平湖市永华制衣有限公司	境内法人股	456	1.29
7)	申银万国APS投资管理公司	B股	366	1.04
8)	HKSBCSB A/C THE NORTHERN TRUST CO S/A GOVERNMENT OF SINGAPORE INV. CORPORATION	B股	259	0.73
9)	韩国ROMA株式会社	境外法人股	170	0.48
10)	HKIT S/A 006－113039－431	B股	113	0.32

黄石东贝电器股份有限公司

二〇〇〇年年度报告摘选

一、公司简介

1.公司法定名称：
中文：黄石东贝电器股份有限公司
英文：HUANGSHI DONGBEI ELECTRICAL APPLIANCE CO.LTD
2.公司法定代表人：杨百昌
3.公司董事会秘书：朱金明
联系地址：湖北省黄石市铁山区武黄路5号
电话：(0714)5415858　5416688－8302
传真：(0714)5415588
电子邮箱：zhujm63@163.com
4.公司注册地址：湖北省黄石市铁山区武黄路5号
办公地址：湖北省黄石市铁山区武黄路5号
邮政编码：435006
互联网址：http://www.dongbei.com.cn
电子邮箱：dongbei@public.hs.hb.cn
5.公司信息披露报刊为：《中国证券报》、《上海证券报》、《香港商报》
登载公司年度报告的中国证监会指定互联网址：http://www.sse.com.cn
公司年度报告备置地点：公司证券部
6.公司股票上市交易所：上海证券交易所
股票简称：东贝B股
股票代码：900956

二、会计数据和业务数据摘要

1. 本年度会计数据　　单位：人民币万元

项目	金额
利润总额	2544.37
净利润	2544.37
扣除非经常性损益后的净利润	2544.37
主营业务利润	3976.93
其他业务利润	6.92
营业利润	1963.58
投资收益	556.47
补贴收入	
营业外收支净额	24.32
经营活动产生的现金流量净额	1472.27
现金及现金等价物净增加额	－11875.89

按国际会计准则调整对税后利润的影响：(万元)

	税后利润	股东权益
按国际会计准则调整后之金额：	2544	35900
本公司法定帐目所载之金额	2544	36131

股东权益差异的原因主要是固定资产折旧计算标准不同。

2. 截止2000年末，公司主要会计数据和财务指标

指标项目	2000年	1999年
主营业务收入(万元)	17583	18677
净利润(万元)	2544	3097
总资产(万元)	57169	59073
股东权益(万元)	36131	34648
每股收益(按净利润全面摊薄计算)(元)	0.11	0.132
每股收益(按净利润加权平均计算)(元)	0.11	0.166
每股收益(扣除非经常性损益)(元)	0.11	0.132
每股净资产(元)	1.54	1.47
调整后的每股净资产	1.50	1.44
净资产收益率(按净利润全面摊薄计算)(%)	7.04	8.94
净资产收益率(按净利润加权平均计算)(%)	7.06	
每股经营活动产生的现金流量净额(元)	0.063	0.013

按中国证监会《公开发行证券公司信息披露编报原则(第9号)》要求计算2000年报告期利润的净资产收益率和每股收益如下：

报告期利润	净资产收益率(%)		每股收益(元)	
	全面摊薄	加权平均	全面摊薄	加权平均
主营业务利润	11.01	11.04	0.17	0.17
营业利润	5.43	5.45	0.084	0.084
净利润	7.04	7.06	0.11	0.11
扣除非经常性损益后的净利润	7.04	7.06	0.11	0.11

三、股本变动及股东情况

1. 股本变动情况

(1)截止2000年末，公司股东总数为4,006户

(2)截止2000年末，前十名股东持股情况

名次	股东名称	年末持股(股)	占总股本(%)
1	黄石东贝冷机集团公司(国家股)	117,600,000	50.04
2	陈杰	3849900	1.64
3	梁好	2074000	0.88
4	徐岚	1700000	0.72
5	WISEMAX INTERNATIONAL LIMITED 智万国际有限公司	1689630	0.72
6	周坚白	1420000	0.60
7	DBS SECURITIES NOMINEES (HK)LTD	1270000	0.54
8	余友清	1100000	0.47
9	HKIT S/A 006－113039－431	1090000	0.46
10	香港铭洋有限公司	1000000	0.43

说明：(1)本年度黄石东贝冷机集团公司所持的国家股未发生变化，其所持股份无质押和冻结。

(2)公司前十名股东中，第2—10名为流通股股东，其股份变化系二级市场行为，本公司未知其之间的关联关系。

(3)本公司无持有10%以上股份的法人股东。

VOLUME 16

第十六卷

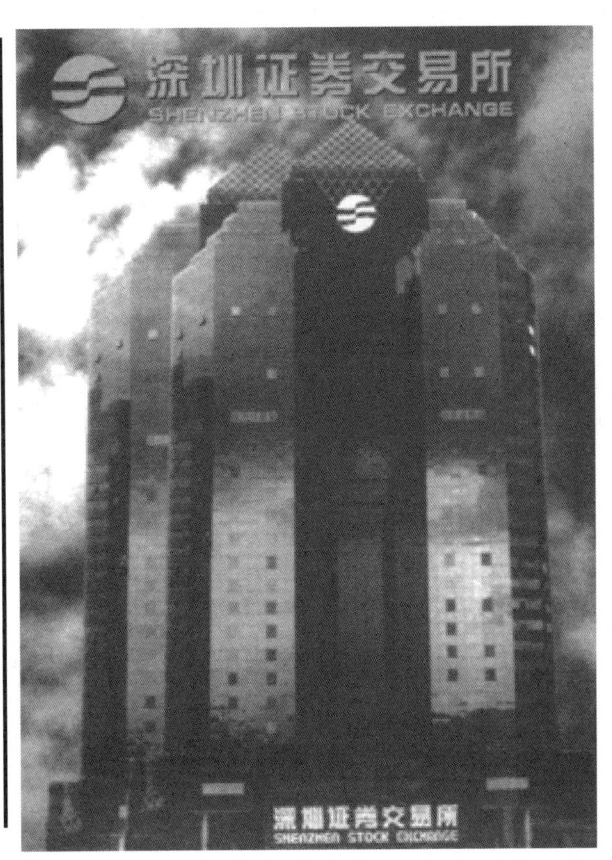

深圳证券交易所上市公司信息汇集

A COMPREHENSIVE HANDBOOK OF CHINESE SECURITIES

中国证券大全

·2001·

深圳发展银行股份有限公司

二〇〇〇年年度报告摘选

一、公司简介

(一)法定中文名称:深圳发展银行股份有限公司
(简称:深圳发展银行,下称"本行")
法定英文名称:ShenZhen Development Bank Co., Ltd.
(二)法定代表人:陈兆民
(三)董事会秘书:雷鸣
股政事务代表:王勇
联系地址:中国广东省深圳市罗湖区深南东路 178 号
深圳发展银行大厦
深圳发展银行董事会秘书处
联系电话:(0755)2080387
传　　真:(0755)2080386
电子邮箱: fzyhdsh@szonline.net
(四)注册地址及办公地址:中国广东省深圳市罗湖区深南东路 178 号深圳发展银行大厦
邮政编码:518001
本行国际互联网网址:http://www.sdb.com.cn
电子邮箱:netbank@sdb.com.cn
(五)本行选定信息披露报刊:《中国证券报》、《证券时报》
登载本年度报告的中国证监会指定国际互联网网址:
http://www.cninfo.com.cn
本年度报告文本备置地点:本行董事会秘书处
(六)股票上市地:深圳证券交易所
股票简称:深发展 A
股票代码:0001

二、会计数据和业务数据摘要

(一)2000 年度主要会计数据(货币单位:人民币元):

利润总额:	546768142
净利润 :	506551785
扣除非经常性损益后的净利润:	499688478
主营业务利润 :	553631449
营业利润 :	553631449
投资收益:	356704292
补贴收入 :	0
营业外收支净额 :	-6863307
经营活动产生的现金流量净额:	1591065227
现金及现金等价物净增加额 :	1317815563

注:扣除的非经常性损益项目及金额是营业外收入及支出相差的净额-6863307 元,详见会计报表附注第 31 项 。

(二)截止报告期末本行前三年的主要会计数据和财务指标:

(货币单位:人民币元)

项目	2000 年	1999 年		1998 年	
		调整后	调整前	调整后	调整前
主营业务收入	2789162688	2202737259	2349273246	2486630510	2803533793
利润总额	546768142	274708676	605184420	444210935	857036718
净利润	506551785	223539210	555191092	343357214	764339190
总资产	67227499769	43912394151	45868972050	37421084547	39399858617
股东权益(不含少数股东权益)	4738883655	1141603885	2900830706	1849072970	3676648292
每股收益(全面摊薄)	0.26	0.14	0.36	0.22	0.49
每股收益(加权平均)	0.32	0.14	0.36	0.22	0.49
每股净资产	2.44	0.74	1.87	1.19	2.37
调整后的每股净资产	2.27	-	1.62	-	2.08
每股经营活动产生的现金流量净额	0.82	2.96	3.01	1.58	1.48
净资产收益率(全面摊薄)	10.68%	19.58%	19.14%	18.57%	20.79%
净资产收益率(加权平均)	30.65%	12.38%	16.33%	20.47%	20.23%

(三)根据中国证监会发布《公开发行证券公司信息披露编报规则第 9 号净资产收益率和每股收益的计算及披露》有关规定,本行 2000 年度各项报告期利润按全面摊薄法和加权平均法计算的净资产收益率及每股收益如下:

报告期利润	净资产收益率		每股收益(元)	
	全面摊薄	加权平均	全面摊薄	加权平均
主营业务利润	11.68%	33.50%	0.28	0.35
营业利润	11.68%	33.50%	0.28	0.35
净利润	10.68%	30.65%	0.26	0.32
扣除非经常性损益后的净利润	10.54%	30.24%	0.257	0.315

三、股份变动及股东情况

(一)截至报告期末止本行股东总户数为 81 万户;
(二)报告期内前十名股东持股情况:

股东名称	年末数	年初数	增加	占总股份比例
深圳市投资管理公司	174422388	162254631	12167757	8.96%
深圳国际信托投资公司	107108441	106608441	500000	5.50%
深圳市社会保险管理局	78338617	72873132	5465485	4.02%
上海海通证券深圳业务部	75351095			3.87%
深圳中电投资股份有限公司	62246616	62246616	0	3.19%
深圳市城建开发集团公司	25757220	25757220	0	1.32%
农业银行深圳分行工会	15567528	15567528	0	0.80%
张绍红	8212670	5050731	3161939	0.42%
深圳国债服务中心	7340670	7340670	0	0.37%
建设银行深圳分行工会	7145052	7145052	0	0.36%

万科企业股份有限公司

二〇〇〇年年度报告摘选

一、公司简介

1、公司法定中文名称:万科企业股份有限公司
英文名称:CHINA VANKE CO., LTD.(缩写为 VANKE)
2、法定代表人:王石
3、董事会秘书:肖莉
电子信箱:xiaol@vanke.com.cn
联系地址:公司办公地址
联系电话:0755-5606666
传真:0755-5601764
4、注册地址及办公地址:中国深圳市罗湖区水贝 2 路 27 号
邮政编码:518020
国际互联网网址:www.vanke.com.cn
电子信箱:zb@vanke.com.cn
5、信息披露报刊名称:《中国证券报》、《证券时报》及香港一家英文报刊
登载年报的国际互联网网址:www.cninfo.com.cn
年报备置地点:公司董事会秘书处
6、股票上市地:深圳证券交易所
股票简称及代码:深万科 A 0002　　深万科 B 2002

二、会计数据和业务数据摘要

1、本年度主要会计数据(金额单位:人民币元)

利润总额	386,141,816.56
净利润	301,231,499.63
扣除非经常性损益后的净利润	271,737,819.87
主营业务利润	801,913,068.41
其它业务利润	9,642,851.66
营业利润	356,753,157.79
投资收益	12,133,460.55
补贴收入	0
营业外收支净额	17,255,198.22
经营活动产生的现金流量净额	86,048,365.05
现金及现金等价物净增加额	222,913,330.90

注:非经常性收益总额 29,493,679.76 元,明细如下:营业外收支净额 17,255,198.22 元,股权投资差额摊销-2,200,331.82 元,出售、处理部门或投资单位-440,173.40 元,法人股转让收益 14,442,287.99 元,短期投资跌价准备转回 436,698.77 元。

2、按国际会计准则调整对净利润的影响(金额单位:人民币元)

项　目	净利润(2000 年度)
依据中国会计准则计算	301,231,500
遵照国际会计准则作出之调整	
物业销售利润之确认	(2,529,585)
固定资产加速折旧	1,698,047
物业损失及呆账准备	9,305,623
递延收入认定及摊销	2,392,854
商誉认定及摊销	(4,711,499)
开办费摊销	(3,918,667)
长期投资转让利润确认	1,477,000
其它	4,500,812
依据国际会计准则计算	309,446,085

3、近三年主要会计数据及财务指标

项　目	二〇〇〇年	一九九九年	一九九八年	
			调整后	调整前
主营业务收入	3,873,296,706.51	2,912,385,561.43	2,268,690,805.06	2,268,690,805.06
利润总额	386,141,816.56	286,600,807.31	246,518,444.24	250,775,500.62
净利润	301,231,499.63	229,142,287.45	197,835,865.07	202,092,921.45
总资产	5,622,247,214.95	4,494,664,465.95	4,008,869,718.53	4,037,977,498.58
股东权益(不含少数股东权益)	2,906,198,742.58	2,093,030,259.17	1,958,453,395.28	1,987,561,175.33
每股收益	0.477	0.420	0.399	0.407
按月平均加权法计算的每股收益	0.483	0.420	0.399	0.407
扣除非经常性损益后的每股收益	0.431	0.391	0.394	0.403
每股净资产	4.61	3.84	3.95	4.01
调整后每股净资产	4.31	3.49	3.73	3.79
每股经营活动产生的现金流量净额	0.14	0.08	-0.28	-0.28
净资产收益率	10.37%	10.95%	10.10%	10.17%
按月平均加权法计算的净资产收益率	10.69%	11.14%	10.47%	10.57%

注:报告期内,公司配股增加股本至 630,971,941 股,按月平均加权法计算的每股收益为 0.483 元。

三、股本变动及股东情况

1、股本变动情况
(1)股份变化情况表(数量单位:股)

	期初数	报告期内增减变动(+,-)			期末数	期末比例(%)
		配股	其他	小计		
一、尚未流通股份						
1、国家拥有股份	52,586,938		+163,380	+163,380	52,750,318	8.36
2、募集法人股	57,915,076	+2,914	-163,380	-160,466	57,754,610	9.15
尚未流通股份合计	110,502,014	+2,914		+2,914	110,504,928	17.51
二、已流通股份						
人民币普通股	313,280,331	+85,431,546		+85,431,546	398,711,877	63.19
其中:高管股份	512,683	+139,801		+139,801	652,484	
2、境内上市的外资股	121,755,136				121,755,136	19.30
已上市流通股份合计	435,035,467	+85,431,546		+85,431,546	520,467,013	82.49
三、股份总数	545,537,481	+85,434,460		+85,434,460	630,971,941	100.00

金田实业(集团)股份有限公司

二〇〇〇年年度报告摘选

一、公司简介

1、法定中文名称:金田实业(集团)股份有限公司
英文名称:GINTIAN INDUSTRY(GROUP) CO.,LTD.
2、法定代表人:黄汉清
3、董事局秘书及授权代表:彭 卫 邱学强
4、注册地址及办公地址:广东省深圳市和平路1199号金田大厦23~26楼
邮政编码:518010
联系电话:86-755-5573548
传 真:86 755 5592045,5591994
电子信箱:pw168@163.com
5、信息披露报纸:《证券时报》、《大公报》
中国证监会指定登载公司年度报告的国际互联网网址:
http://www.cninfo.com.cn
6、年度报告备置地点:公司董事局办公室
7、公司股票上市地点:深圳证券交易所
股票简称:ST金田A、ST金田B
股票代码:0003、2003

二、会计数据与业务数据摘要

1、公司本年度会计数据与业务数据 单位:元

项目	金额
利润总额	-587,289,878.57
净利润	-605,271,154.66
扣除非经常性损益后的净利润	-608,204,465.35
主营业务利润	136,008,435.68
其他业务利润	7,812,981.41
营业利润	-541,858,842.97
投资收益	-59,321,842.89
补贴收入	3,101,237.92
营业外收支净额	10,834,354.88
经营活动产生的现金流量净额	183,050,521.36
现金及现金等价物净增加额	-136,164.13

备注:
按照国际会计准则调整对净利润的影响(单位:人民币千元)
根据中国会计准则计算,2000年净利润(605,271)
遵照国际会计准则作出之调整:

项目	金额
存货跌价拨回	(28,903)
固定资产减值准备	(71,740)
其他	(4,939)
依照国际会计准则计算	(710,853)

2、截止报告期末的公司主要会计数据和财务指标

项目	2000	1999		1998	
		调整前	调整后	调整前	调整后
主营业务收入	464,723,527.06	480,417,664.42	480,417,664.42	524,199,215.02	524,199,215.02
净利润	-605,271,154.66	-181,996,297.42	-250,459,964.53	-447,644,675.75	-273,271,228.19
总资产	2,494,445,663.71	2,985,977,677.09	2,945,905,333.05	3,201,168,861.96	3,258,032,581.11
股东权益	-543,600,839.98	102,284,962.02	61,724,740.07	287,416,424.37	461,789,871.93
每股收益	-1.815	-0.546	-0.751	-1.343	-0.82
加权平均每股收益	-1.815	-0.546	-0.751	-1.343	-0.82
扣除非经营性损益后的每股收益	-1.824	-0.626	-0.832	-1.358	-0.835
每股净资产	-1.630	0.307	0.185	0.862	1.38
调整后的每股净资产	-2.179	0.001	-0.121	0.627	1.33
每股经营活动产生的现金流量净额	-0.0004	-0.06	-0.06	0.189	0.189
净资产收益率	-111.34%	-177.93%	-405.77%	-155.5%	-59.2%
加权净资产收益率	-251.24%	-64.53%	-95.68%	-87.57%	-45.67%
扣除非经营性损益后的净资产收益率	-111.88%	-204.17%	-338.32%	-157.55%	-60.30%
扣除非经营性损益后的加权净资产收益率	-252.46%	-74.04%	-79.78%	-88.58%	-46.53%

3、按照中国证券监督管理委员会《公开发行证券的公司信息披露编报规则(第9号)》要求计算净资产收益率和每股收益

报告期利润	净资产收益率和每股收益利润			
	净资产收益率%		每股收益(元)	
	全面摊薄	加权平均	全面摊薄	加权平均
主营业务利润	-25.02%	-56.46%	0.408	0.408
营业利润	-99.68%	-224.92%	-1.625	-1.625
扣除非经常性损益后的净利润	-111.88%	-252.46%	-1.824	-1.824

三、股本变动及股东情况

1、股本结构及变动情况(单位:股)

项 目	期初股数	期末股数
(一)尚未流通股份		
(1)、发起人股份		
其中:国有股		
境内法人股	25,020,309	25,020,309
(2)、募集法人股	42,165,669	42,165,669
(3)、法人股转配股		
(4)、内部职工股	201,894	201,894
尚未流通股份合计	67,554,177	67,554,177
(二)已流通股份		
境内上市的人民币普通股	191,808,910	191,808,910
境内上市的外资股	74,236,802	74,236,802
境外上市的外资股		
已流通股合计	265,904,942	265,904,942
(三)股份总数	333,433,584	333,433,584

深圳市蛇口安达实业股份有限公司

二〇〇〇年年度报告摘选

一、公司简介

1、公司法定名称:深圳市蛇口安达实业股份有限公司
公司英文名称:SHENZHEN SHEKOU ANDA INDUSTRY CO.,LTD
公司名称缩写:ANDA
2、公司法定代表人:丁克义
3、公司董事会秘书:朱元明
联系地址:深圳市南山区蛇口太子路1号新时代广场27楼
电 话:(0755)6826732
传 真:(0755)6826779
电子信箱:szanda@ public.szptt.net cn
4、公司注册地址:深圳市南山区蛇口公园路4号青少年活动中心B座三楼
公司办公地址:深圳市南山区蛇口太子路1号新时代广场27楼
公司邮政编码:518067
公司电子信箱:szanda@ public.szptt.net.cn
公司国际互联网址:http://www.szanda.com
5、公司选定的信息披露报纸:《证券时报》
刊登公司年度报告的国际互联网址:http://www.cninfo.com.cn
公司年度报告备置地点:深圳市南山区蛇口新时代广场27楼公司证券部
6、公司股票上市交易所:深圳证券交易所
股票简称:ST深安达
股票代码:0004

二、会计数据和业务数据摘要(合并报表)

(一)本年度利润总额及构成

项目	金额
1、利润总额	23,565,382.73元
2、净利润	22,006,373.59元
3、扣除非经常性损益后的净利润	4,564,586.06元
4、主营业务利润	45,298,558.71元
5、其他业务利润	4,523,008.62元
6、营业利润	5,952,657.01元
7、投资收益	20,378,871.52元
8、补贴收入	0
9、营业外收支净额	-2,766,145.80元
10、经营活动产生的现金流量净额	44,007,718.95元
11、现金及现金等价物净增加额	23,172,693.68元
12、扣除非经常性损益项目及涉及金额合计:	17,441,787.53元
其中:证券投资收益	19,505,055.11元
转让资产收益	5,027,536.62元
营业外收支净额	-2,766,144.80元
计提法人股减值准备	-4,200,000.00元
长期股权溢价摊销	- 124,658.40元

(二)前三年主要会计数据和财务指标

项 目	2000年	1999年	1998年
1、主营业务收入(元)	131,006,632.91	125,647,599.48	120,698,782.73
2、净利润(元)	22,006,373.59	6,540,917.80	-70,148,490.94
3、总资产(元)	508,206,707.12	333,497,678.96	386,937,304.56
4、股东权益(元)(不含少数股东权益)	88,942,337.25	66,922,030.05	60,281,765.63
5、每股收益(摊薄)(元)	0.262	0.078	-0.835
6、每股收益(加权)(元)	0.262	0.078	-0.835
7、扣除非经常性损益后的每股收益(摊薄)(元)	0.054	0.078	-0.835
8、扣除非经常性损益后的每股收益(加权)(元)	0.054	0.078	-0.835
9、每股净资产(元)	1.059	0.797	0.718
10、调整后的每股净资产(元)	0.796	0.511	0.453
11、每股经营活动产生的现金流量净额(元)	0.524	0.631	0.110
12、净资产收益率(%)	24.74	9.79	-116.37
13、加权平均净资产收益率(%)	28.24	10.29	-61.58

依据中国证监会《公开发行证券公司信息披露编报规则(第9号)要求计算的净资产收益率和每股收益:

项 目	净资产收益率(%)		每股收益(元)	
	全面摊薄	加权平均	全面摊薄	加权平均
主营业务利润	50.93	58.13	0.539	0.539
营业利润	6.69	7.64	0.071	0.071
净利润	24.74	28.24	0.262	0.262
扣除非经常性损益后的净利润	5.13	5.86	0.054	0.054

三、股本变动及股东情况

(一)报告期末股东总数

截止2000年12月31日,公司股东总数为9,459户,其中:未上市流通股股东7户,已上市流通股股东9,452户。

(二)主要股东持股情况

股东名称	2000年末持股数	占总股份比例
1、招商局蛇口工业区有限公司	31,863,151	37.94%
2、招商局蛇口控股股份有限公司	6,219,105	7.40%
3、长城证券有限责任公司	1,650,000	1.96%
4、董慧雯	1,214,126	1.45%
5、上海亚安投资有限公司	944,571	1.12%
6、深圳市招商石化有限公司	887,700	1.06%
7、中国平安保险股份有限公司	825,000	0.98%
8、深圳华强集团有限公司	825,000	0.98%
9、徐宏	678,945	0.81%
10、何书安	657,930	0.78%

深圳世纪星源股份有限公司

二〇〇〇年年度报告摘选

一、公司简介

1、公司法定中文名称:深圳世纪星源股份有限公司
英文名称:SHENZHEN FOUNTAIN CORPORATION
2、公司法定代表人:董事长　　丁芃女士
3、公司股证事务授权代表:罗晓春先生、张永奇先生
公司董事会秘书:罗晓春先生
办公地址:深圳市人民南路发展中心大厦13楼
电　　话:0755—2208888　　传真:0755—2207055
电子信箱:fountain@sfc.com.cn
4、公司注册地址:深圳市人民南路发展中心大厦13楼　　邮政编码:518001
电子信箱:fountain@sfc.com.cn
5、公司选定《证券时报》为信息披露报纸
登载公司年度报告的国际互联网网址:http://www.cninfo.com.cn
公司年度报告备置于公司总部董事会秘书处
6、公司股票在深圳证券交易所上市
股票简称:世纪星源　　股票代码:0005

二、会计数据和业务数据摘要

1、本年度主要业务数据摘要(单位:万元)

利润总额:	-931.19
净利润:	105.75
扣除非经常性损益后的净利润:	-1,310.21
主营业务利润:	7,653.72
其他业务利润:	16.08
营业利润:	-2,347.15
投资收益:	-147.37
补贴收入:	0.00
营业外收支净额:	1,563.33
经营活动产生的现金流量净额:	2,030.57
现金及现金等价物净增加额:	-354.67

注:非经常性损益主要包括:营业外收入、营业外支出、投资收益涉及金额为:1650.85万元、87.52万元、-147.37万元

2、公司近三年主要会计数据和财务指标:

	2000年	1999年		1998年	
		调整前	调整后	调整前	调整后
主营业务收入(万元)	14,594.75	13,557.27	13,557.27	4,157.13	4,157.13
净利润(万元)	105.75	11,992.47	12,206.69	15,065.13	15,065.13
总资产(万元)	202,066.70	219,843.93	204,523.93	204,123.11	185,680.23
股东权益(万元)	82,458.93	101,272.80	82,829.95	90,575.37	72,132.52
每股收益(摊薄,元)	0.002	0.23	0.24	0.29	0.29
每股收益(加权,元)	0.002	0.23	0.24	0.29	0.29
扣除非经常损益后的每股收益(元)	-0.02	-0.02	-0.01	0.18	0.18
每股净资产(元)	1.45	1.96	1.60	1.75	1.39
调整后的每股净资产(元)	1.42	1.87	1.51	1.73	1.37
每股经营活动产生的现金流量净额(元)	0.04	-0.01	-0.01	0.01	0.01
净资产收益率(摊薄)(%)	0.13	11.84	14.74	16.63	20.89
按净利润计算的加权净资产收益率(%)	0.13	12.42	15.62	18.14	23.32
按净利润计算的扣除非经常损益后的加权净资产收益率(%)	-1.25	-0.83	-0.76	11.05	14.21

3、根据中国证监会《公开发行证券公司信息披露编报规则(第9号)》计算的净资产收益率和每股收益指标。

指　标 项目	净资产收益率(%)		每股收益(元)	
	全面摊薄	加权平均	全面摊薄	加权平均
主营业务利润	9.28	9.23	0.13	0.13
营业利润	-2.85	-2.83	-0.04	-0.04
净利润	0.13	0.13	0.002	0.002
扣除非经常性收益后的净利润	-1.26	-1.25	-0.02	-0.02

注:①公司因会计政策、会计估计变更、会计差错等,采用追溯法更正调整了1999年度会计数据。
②主要财务指标的计算公式均根据年报规则计算。
③以2001年初配股后的总股本651,679,745股计算,每股收益0.0016元。

4、报告期内股东权益变动情况:　　(单位:元)

项目	股本	资本公积	盈余公积	法定公益金	未分配利润	股东权益合计
期初数	518,017,500	41,051,743.08	119,748,713.80	30,144,885.02	119,336,610.23	828,299,452.13
本期增加	51,801,750	2,640,000	211,496.72	52,874.18	793,112.74	55,499,233.64
本期减少					59,209,400.25	59,209,400.25
期末数	569,819,250	43,691,743.08	119,960,210.52	30,197,759.20	60,920,322.72	824,589,285.52
变动原因	1999年度利润分配:每10股送1股红股	减免债务利息转入	从本年度利润中计提盈余公积金	从本年度利润中计提法定的公益金	本年度实现利润(已扣除两金)以及派送红利	

三、股本变动及股东情况

1、股本变动情况
(1) 股份变动情况表　　数量单位:股

	期初数	本次变动增减(+、-)						期末数
		配股	送股	公积金转增	增发	其他	小计	
一.尚未流通股份								
1.发起人股份	266,918,382		26,691,838					293,610,220
其中:								
境内法人持有股份	68,854,392		6,885,439					75,739,831
外资法人持有股份	198,063,990		19,806,399					217,870,389
2.定向法人股	5,469,603		546,960					6,016,563
尚未流通股份合计	272,387,985		27,238,798					299,626,783
二.已流通股份								
境内上市的人民币普通股	245,629,515		24,562,952					270,192,467
已流通股份合计	245,629,515		24,562,952					270,192,467
三.股份总数	518,017,500		51,801,750					569,819,250

深圳市振业(集团)股份有限公司

二〇〇〇年年度报告摘选

一、公司简介

1、公司法定名称
中文名称:深圳市振业(集团)股份有限公司
英文名称:SHENZHEN ZHENYE(GROUP) CO.,LTD.
2、公司法定代表人:范明月
3、公司董事会秘书:李富川
股证事务代表:李红光　　杜汛
联系地址:深圳市宝安南路振业大厦30层董事会办公室
电　　话:(0755)5863061
传　　真:(0755)5863012
4、注册及办公地址:深圳市宝安南路振业大厦29-32层
邮政编码:518008
公司电子信箱:szzygp@sz.gd.cninfo.net
5、公司选定的信息披露报纸名称:《证券时报》、《中国证券报》
登载公司年度报告的中国证监会指定国际互联网网址:
http://www.cninfo.com.cn
公司年度报告备置地点:公司董事会办公室
6、公司股票上市交易所:深圳证券交易所
股票简称:深振业A　　股票代码:0006

二、会计数据和业务数据摘要

1、本年度实现利润情况(单位:元)

利润总额	161,264,781.60
其中:净利润	118,411,960.03
扣除非经常性损益后的净利润	121,834,291.89
主营业务利润	340,191,132.54
其他业务利润	7,214,303.00
营业利润	160,121,906.11
投资收益	2,106,339.39
补贴收入	352,400.00
营业外收支净额	-1,315,863.90
经营活动产生的现金流量净额	45,525,759.91
现金及现金等价物净增加额	152,193,828.33

注:以上数据以合并会计报表数计算填列。扣除非经常性损益项目及涉及金额共计-3,422,331.86元,其中营业外收支净额-1,315,863.90元,补贴收入352,400.00元,合并价差摊销-2,458,867.96元。

2、截止报告期末公司前三年的主要会计数据及财务指标:

项目	2000年	1999年	1998年	
			追溯调整后	追溯调整前
主营业务收入(元)	1,884,124,981.22	1,867,604,044.30	1,630,072,030.83	1,641,848,945.36
净利润(元)	118,411,960.03	89,528,444.34	121,091,829.44	117,895,694.72
总资产(元)	3,787,811,194.43	3,265,709,625.59	3,219,728,682.21	3,385,797,768.44
股东权益(元)	1,122,851,419.82	1,055,157,785.99	990,998,504.75	1,098,700,057.21
摊薄每股收益(元)	0.467	0.353	0.478	0.465
加权平均每股收益(元)	0.467	0.353	0.478	0.465
扣除非经常性损益后的每股收益(元)	0.480	0.287	0.443	0.401
每股净资产(元)	4.43	4.16	3.91	4.33
调整后的每股净资产(元)	4.02	3.86	3.32	3.74
每股经营活动中产生的现金流量净额(元)	0.180	0.579	0.47	0.47
摊薄净资产收益率(%)	10.55	8.48	12.22	10.73
加权平均净资产收益率(%)	10.63	8.44	11.37	10.37

注:以上数据以合并会计报表数计算填列。
利润表附表:

报告期利润	净资产收益率(%)		每股收益(人民币元/股)	
	全面摊薄	加权平均	全面摊薄	加权平均
主营业务利润	30.30	30.53	1.341	1.341
营业利润	14.26	14.37	0.631	0.631
净利润	10.55	10.63	0.467	0.467
扣除非经常性损益后的净利润	10.85	10.93	0.480	0.480

3、报告期内股东权益变动情况如下(单位:元):

项目	股本	资本公积	盈余公积	法定公益金	未分配利润	股东权益合计
期初数	253,591,631.00	595,184,014.32	185,766,156.90	36,603,088.58	20,615,983.77	1,055,157,785.99
本期增加			35,523,588.00	11,841,196.00	118,411,960.03	153,935,548.03
本期减少					86,241,914.20	86,241,914.20
期末数	253,591,631.00	595,184,014.32	221,289,744.90		52,786,029.60	1,122,851,419.82
变动原因			本年度利润计提	本年度利润计提	本年度利润留存	本年度利润留存

三、股东情况介绍

1、截止2000年12月31日,股东数量情况如下:
股东总数:109,057户
其中:法人股东5户,社会公众股东109,052户。
2、公司前十名股东持股情况(截止2000年12月31日)

股东名称	年末持股数(股	持股比例
深圳市建设投资控股公司	71,068,475	28.02%
深圳市长城地产(集团)股份有限公司	12,533,078	4.94%
深圳市建筑机械动力公司	7,597,525	3.00%
深圳市第五建筑工程公司	3,646,242	1.44%
上海佳盈房产开发有限公司	1,921,204	0.76%
泰和证券投资基金	1,749,890	0.69%
景阳证券投资基金	1,674,001	0.66%
景福证券投资基金	1,083,375	0.43%
深圳市深安企业股份有限公司	939,271	0.37%
刘俊芳	510,000	0.20%
合计	102,723,061	40.51%

深圳市赛格达声股份有限公司

二〇〇〇年年度报告摘选

一、公司简介

1、公司中文名称:深圳市赛格达声股份有限公司
英文名称:ShenZhen SEG. DASHENG Co., Ltd.
2、法定代表人:蓝天辅
3、董事会秘书:孙红霞
股证事务授权代表:夏林
联系地址:深圳市华强北路赛格工业大厦五楼董事会秘书处
电话:0755－3323300－122,3239242
传真:0755－3780408
电子信箱:szsegds@public.szptt.net.cn
4、公司注册地址:深圳市华强北路赛格工业大厦五楼
公司办公地址:深圳市华强北路赛格工业大厦五楼
邮政编码:518031
公司国际互联网网址:http://www.segdasheng.com
公司电子信箱:sds0007@public.szptt.net.cn
5、公司选定的信息披露报纸名称:《证券时报》
登载公司年度报告的中国证监会指定国际互联网网址:http://www.cninfo.com.cn
公司年度报告备置地点:本公司董事会秘书处
6、股票上市交易所:深圳证券交易所
股票简称:深达声 A
股票代码:0007

二、会计数据和业务数据摘要

1、公司本年度主要会计数据:

项目	金额
利润总额	(178,453,693.37)
净利润	(172,145,218.48)
扣除非经常性损益后的净利润	(101,362,853.31)
主营业务利润	3,557,743.19
其他业务利润	6,544,941.84
营业利润	(107,138,368.58)
投资收益	(70,883,460.56)
补贴收入	6,380.65
营业外收支净额	(438,244.88)
经营活动产生的现金流量净额	(21,810,835.83)
现金及现金等价物净增加额	(18,179,150.76)

注:扣除非经常性损益的项目、涉及金额:
(1)、对部分投资企业进行清理,调整权益:－70,221,703.24 元;
(2)、股权投资差额摊销:－184,257.32 元;
(3)、处理固定资产损益:－376,404.61 元。
以上项目涉及金额合计为－70,782,365.17 元。

2、前三年的主要会计数据和财务指标:

指标项目	2000 年	1999 年		1998 年	
		调整前	调整后	调整前	调整后
主营业务收入(万元)	5,215.13	15,635.72	14,999.46	31,037.00	27,286.95
净利润(万元)	(17,214.52)	157.66	(3,837.14)	3,571.39	786.88
总资产(万元)	95,188.92	110,573.26	107,909.09	109,996.44	98,319.89
股东权益(不含少数股东权益)(万元)	7,748.93	28,958.25	24,963.45	35,507.20	28,789.96
每股收益(元/股)	(1.20)	0.01	(0.27)	0.25	0.05
每股净资产(元/股)	0.54	2.02	1.74	2.47	2.00
调整后的每股净资产(元/股)	0.10	1.33	1.40	1.47	1.36
每股经营活动产生的现金流量净额(元)	(0.15)	0.20	0.20	0.03	0.03
净资产收益率(%)	(222.15)	0.54	(15.37)	10.06	2.73
扣除非经常性损益后的每股收益(元/股)	(0.71)	(0.20)	(0.28)	(0.03)	(0.08)

3、按照中国证监会《公开发行证券公司信息披露编报规则(第 9 号)》要求计算的 2000 年度利润数据:

	净资产收益率(%)				每股收益(元)			
	全面摊薄		加权平均		全面摊薄		加权平均	
	2000 年	1999 年	2000 年	1999 年	2000 年	1999 年	2000 年	1999 年
主营业务利润	4.59	17.73	2.18	16.13	0.02	0.30	0.02	0.30
营业利润	(138.26)	(13.97)	(65.50)	(12.81)	(0.75)	(0.24)	(0.75)	(0.24)
净利润	(222.15)	(15.37)	(105.25)	(14.27)	(1.20)	(0.27)	(1.20)	(0.27)
扣除非经常性损益后的净利润	(130.81)	(16.17)	(61.97)	(15.02)	(0.71)	(0.28)	(0.71)	(0.28)

4、报告期内股东权益变动情况

项目	股本	资本公积	盈余公积	法定公益金	未分配利润	股东权益合计
期初数	143,593,664	85,702,827.11	57,308,103.98	8,998,997.98	(36,970,090.63)	249,634,504.46
本期增加						
本期减少					172,145,218.48	172,145,218.48
期末数	143,593,664	85,702,827.11	57,308,103.98	8,998,997.98	(209,115,309.11)	77,489,285.98
变动原因					经营亏损及权益调减	经营亏损及权益调减

三、股东情况介绍

1、报告期末股东总数:本公司期末股东总数为 34528 户。
2、前 10 名股东持股情况:

序号	持股单位	年度内股份增减变动的情况	年末持股数量(股)	持股比例(%)
1	深圳赛格股份有限公司		47,338,194	32.967
2	北京电子城有限责任公司	7,684,550	7,684,550	5.352
3	深圳市智雄电子有限公司	4,095,000	4,095,000	2.852
4	深圳市申投投资有限公司	2,673,216	2,673,216	1.861
5	南方证券有限公司		1,365,000	0.951
6	深圳三环电阻有限公司	(2,673,216)	873,600	0.608
7	张伟		532,470	0.371
8	李志成		380,000	0.265
9	金盛证券投资基金		304,980	0.212
10	彭学如		300,300	0.209

广东亿安科技股份有限公司

二〇〇〇年年度报告摘选

一、公司简介

1. 公司法定中英文名称:
中文名全称:广东亿安科技股份有限公司
英文名全称:YORKPOINT S & T CO., LTD. GUANGDONG
2. 公司法定代表人:罗 成先生
3. 公司董事会秘书:邱大庆先生
联系地址:深圳市罗湖区人民南路深房广场 A 座 10 楼
联系电话:0755－5163860
传 真:0755－5186271
电子邮箱:szjxsj@sz.gd.cninfo.net
4. 公司注册及办公地址:深圳市罗湖区人民南路深房广场 A 座 10 楼
邮政编码:518001
5. 公司股票上市交易所:深圳证券交易所
股票简称:亿安科技
股票代码:0008
6. 选定信息披露报刊:《中国证券报》、《证券时报》
7. 年度报告登载国际互联网网址:http://www.cninfo.com.cn
8. 公司年报备置地点:公司办公地点

二、会计数据和业务数据摘要

根据深圳同人会计师事务所按中国会计准则审计的本公司主要会计数据和业务数据摘要如下:

(一)本年度主要利润指标情况 单位:人民币元

项目	金额
利润总额:	12,753,658
净利润:	18,091,495
扣除非经常性损益后的净利润:	7,709,766
主营业务利润:	43,596,089
其他业务利润:	12,347
营业利润:	32,506,276
投资收益:	－19,743,508
营业外收支净额:	－9,110
经营活动产生的现金流量净额:	9,133,613
现金及现金等价物增加额:	－1,217,906

注:报告期公司非经常性损益共计 10,381,729 元。其主要构成系公司控股并托管经营的广东亿安网络通信科技有限公司(原名"江门市万燕多媒体通信科技有限公司")获江门市地方税务局以江地税(2000)75 号文批复,根据财政部、国家税务总局(1994)001 号文《关于企业所得税优惠政策通知》第一条第二款"对新办的独立核算的从事咨询业、信息业、技术服务业的企业或经营单位,自开业之日起,第一至第二年免征所得税"的规定,免征该公司 1999 年度企业所得税计 10,390,839 元。

(二)截至报告期末本公司前三年主要会计数据和财务指标 单位:人民币元

年 度 项 目	2000 年度	1999 年度		1998 年度	
		调整后	调整前	调整后	调整前
主营业务收入	102,721,874	91,511,773	91,511,773	99,187,310	99,187,310
净利润	18,091,495	18,807,878	18,807,878	－55,190,700	－62,623,660
总资产	290,828,409	236,162,688	236,162,688	302,181,943	326,598,053
股东权益	104,283,343	86,191,849	86,191,849	67,383,970	89,888,013
每股收益	0.246	0.255	0.255	－0.749	－0.85
扣除非经常性损益后的每股收益	0.105	0.097	0.097	－0.638	－0.747
每股净资产	1.416	1.17	1.17	0.915	1.22
调整后的每股净资产	1.27	1.00	1.00	0.322	0.60
净资产收益率%	17.35	21.82	21.82	－81.9	－69.7
每股经营活动产生的现金流量净额	0.124	－0.124	－0.124	－0.10	－0.10

注:报告期内本公司总股本未发生变动,故按净利润计算的加权净资产收益率和扣除非经常损益后的加权净资产收益率指标与摊薄指标相同。

(三)利润表附表

	净资产收益率(%)		每股收益	
	全面摊薄	加权平均	全面摊薄	加权平均
主营业务利润	41.81	45.78	0.5919	0.5919
营业利润	31.17	34.13	0.4413	0.4413
净利润	17.35	19.00	0.2456	0.2456
扣除非经常性损益后的净利润	7.39	8.10	0.1047	0.1047

三、股东情况介绍

1. 报告期末本公司股东总数 13280 户,其中未流通股份股东 6 户,已流通股份股东 13274 户。

2. 主要股东持股情况

	期初持股数	期内增减	期末持股数(股)	所占比例(%)
(1)广东亿安科技发展控股有限公司	20,892,952	0	20,892,952	28.37
(2)深圳天俊实业股份有限公司	6,115,200	0	6,115,200	8.30
(3)深圳天俊实业股份有限公司工会	5,066,353	0	5,066,353	6.88
(4)深圳市商贸投资控股公司	2,453,130	0	2,453,130	3.33
(5)深圳新未来实业发展公司	2,000,000	0	2,000,000	2.72
(6)深圳粤海实业投资发展有限公司	1,835,000	0	1,835,000	2.49
(7)广州恒康置业有限公司			355,054	0.48
(8)冯志伟			324,600	0.44
(9)徐文哲			318,017	0.43
(10)林四娣			252,500	0.34

中国宝安集团股份有限公司

二〇〇〇年年度报告摘选

一、公司简介

1、公司法定中、英文名称及缩写
中文名称：中国宝安集团股份有限公司　　简称：宝安集团
英文名称：CHINA BAOAN GROUP CO.,LTD
2、公司法定代表人：陈政立
3、公司董事局秘书：娄兵
电话：0755－5170336
电子信箱：loubing@163.net
公司股证事务代表：陶琴
电话：0755－5170382
电子信箱：q－tao@163.net
联系地址：深圳市笋岗东路宝安广场A座28－29层
传真：0755－5170300,5170367
4、公司注册及办公地址：深圳市笋岗东路宝安广场A座28－29层
邮政编码：518020
公司国际互联网网址：http://www.baoanfourm.com
公司电子信箱：szzgbajt@sz.gd.cninfo.net
5、公司选定的信息披露报纸名称：《中国证券报》、《证券时报》
登载公司年度报告的中国证监会指定国际互联网网址：http://www.cninfo.com.cn
公司年度报告备置地点：公司董事局秘书处
6、公司股票上市交易所：深圳证券交易所
公司简称：深宝安A
公司代码：0009

二、会计数据和业务数据摘要

1、本年度会计数据摘要：　　单位：人民币 元

项目	金额
利润总额：	59,856,256
净利润：	37,202,395
扣除非经常性损益后的净利润：	12,558,956
主营业务利润：	198,211,020
其他业务利润：	30,388,497
营业利润：	－44,132,446
投资收益：	79,345.264
补贴收入：	2,272,943
营业外收支净额：	22,370,495
经营活动产生的现金流量净额：	141,177,901
现金及现金等价物增加额：	－7,281,049

2、公司近三年主要会计数据和财务指标　　单位：人民币 元

指标项目	2000年	1999年 调整后	1999年 调整前	1998年
主营业务收入	637,505,391	858,626,346	858,626,346	566,737,582
净利润	37,202,395	30,873,378	30,873,378	－487,433,248
总资产	4,664,228,632	4,893,258,229	4,893,258,229	4,820,582,441
股东权益(不含少数股东权益)	1,303,500,842	1,266,572,474	1,238,122,768	1,207,128,850
每股收益	0.039	0.032	0.032	－0.508
每股收益(加权)	0.039	0.032	0.032	－0.508
扣除非经常性损益后的每股收益	0.013	0.032	0.032	－0.482
每股净资产	1.36	1.32	1.29	1.26
调整后的每股净资产	1.25	1.23	1.20	1.18
每股经营活动产生的现金流量净额	0.15	－0.035	－0.035	－0.15
净资产收益率(%)	2.85	2.44	2.49	－40.38

3、根据中国证监会《公开发行证券公司信息披露编报规则第9号》文的规定，分别按全面摊薄和加权平均法计算2000年度净资产收益率和每股收益如下：

报告期利润	净资产收益率(%) 全面摊薄 1999年	全面摊薄 2000年	加权平均 1999年	加权平均 2000年	每股收益(元/股) 全面摊薄 1999年	全面摊薄 2000年	加权平均 1999年	加权平均 2000年
1、主营业务利润	21.68	15.21	21.96	15.77	0.28	0.207	0.280	0.207
2、营业利润	－6.63	－3.39	－6.71	－3.51	－0.086	－0.046	－0.086	－0.046
3、净利润	2.49	2.85	2.53	2.96	0.032	0.039	0.032	0.039
4、扣除非经常损益后的净利润	2.51	0.96	2.54	1.00	0.032	0.013	0.032	0.013

4、报告期股东权益变动情况　　单位：人民币 元

项目	股本	资本公积	盈余公积	其中:法定公益金	未分配利润	外币报表折算差额	合计
期初数	958,810,042	704,493,496	637,640,634	498,336,320	－1,034,335,133	－36.565	1,266,572,474
本期增加	－	－	9,619,642	3,531,350	27,582,753	－	37,202,395
本期减少	－	－	－	－	－	274.027	274,027
期末数	958,810,042	704,493,496	647,260,276	3,531,350	－1,006,752,380	－310,592	1,303,500,842

三、股本变动及股东情况

1、股本变动情况
(1)股份变动情况表

单位：股　　面值：1元

股权设置	期初数	比例	本次增减变动(＋、－) 配股	送股	公积金转股	其他	小计	期末数	比例
一、尚未流通股份									
国家股	218,572,878	22.80	－	－	－	－	－	218,572,878	22.80
法人股	160,510,314	16.74	－	－	－	－	－	160,510,314	16.74
法人股转配部分	21,000	0.002						—	—
高管人员持股	299,476	0.03	－	－	－	－	－	299,476	0.03
小计	379,403,668	39,57	－	－	－	－	－	379,382,668	39.57
二、已流通股份									
社会公众股	579,406,374	60.43	－	－	－	－	－	579,427,374	60.43
小计	579,406,374	60.43	－	－	－	－	－	579,427,374	60.43
三、股份总数	958,810,042	100	－	－	－	－	－	958,810,042	100

深圳市华新股份有限公司

二〇〇〇年年度报告摘选

一、公司简介

1、公司名称：深圳市华新股份有限公司
英文名称：SHENZHEN HUAXIN CO,LTD.
2、公司法定代表人：李振华
3、公司董事会秘书：刘明
联系地址：深圳市福田区深南中路华联大厦1016室
电话：(0755)3668745　　传真：(0755)3668696
4、公司注册和办公地址：深圳市福田区深南中路华联大厦10楼
邮政编码：518031
电子信箱：szhxgs@sz.gd.cninfo.net
5、公司选定的信息披露报纸：《证券时报》
登载公司年度报告的国际互联网网址：
http://www.cninfo.com.cn
公司年度报告备置地点：
深圳市福田区深南中路华联大厦1016室 董事会秘书处
6、公司股票上市交易所：深圳证券交易所
股票简称：ST深华新　　股票代码：0010

二、会计数据和业务数据摘要

1、公司本年度实现利润情况：　　(单位：元)

项目	金额
利润总额	23,596,821.06
净利润	19,942,725.25
扣除非经常性损益后的净利润	9,947,804.99
主营业务利润	48,946,166.66
其他业务利润	678,127.88
营业利润	15,991,230.77
投资收益	－2,389,329.97
补贴收入	0
营业外收支净额	9,994,920.26
经营活动产生的现金流量净额	－28,226,434.04
现金及现金等价物净增加额	3,483,439.07
注：扣除非经常性损益项目及涉及金额：	
营业外收入	10,516,095.01
营业外支出	521,174.75

2、截止报告期末公司前三年的主要会计数据和财务指标：　　(单位：元)

项目	2000年	1999年 调整后	1999年 调整前	1998年
主营业务收入	533,285,864.27	416,644,105.05	416,644,105.05	423,142,920.92
净利润	19,942,725.25	－53,746,384.88	－66,196,384.88	2,513,451.21
总资产	351,781,927.80	333,381,953.41	358,177,155.91	331,836,558.17
股东权益	154,065,819.55	134,123,094.30	121,673,094.30	187,869,479.18
每股收益(摊薄)	0.14	－0.37	－0.45	0.03
(加权)	0.14	－0.37	－0.45	0.03
扣除非经常性损益后的每股收益	0.07	－0.17	－0.41	
每股净资产	1.05	0.91	0.83	2.56
调整后的每股净资产	0.99	0.89	0.80	2.47
每股经营活动产生的现金流量净额	－0.19	－0.12	－0.12	0.27
净资产收益率%(摊薄)	12.94	－40.07	－54.41	1.34
净资产收益率%(加权)	12.94	－40.07	－54.41	1.34

3、根据中国证监会发布的《公开发行证券公司信息披露编报规则(第9号)》要求，报告期末公司按全面摊薄法和加权平均法计算净资产收益率及每股收益：　　(单位：元)

报告期利润	净资产收益率(%) 全面摊薄	加权平均	每股收益 全面摊薄	加权平均
主营业务利润	0.3177	0.3397	0.333	0.333
营业利润	0.1038	0.1110	0.109	0.109
净利润	0.1294	0.1384	0.136	0.136
扣除非经常性损益后的净利润	0.0646	0.0690	0.068	0.068

4、报告期内股东权益变动情况：　　(单位：元)

项目	股本	资本公积	盈余公积	法定公益金	未分配利润	股东权益合计
期初数	147,017,448	20,688,128.55	16,333,461.56	4,481,157.06	－49,915,943.81	134,123,094.30
本期增加						
本期减少			11,852,304.50			
期末数	147,017,448	20,688,128.55	4,481,157.06	4,481,157.06	－18,120,914.06	154,065,819.55
变动原因			盈余公积弥补亏损后减少		本年度盈利及弥补亏损	本年度盈利增加

三、股本变动及股东情况

1、截止2000年12月31日止，公司股东总数为6,450户。
2、报告期末前10名股东持股情况：

	股东名称	年末持股数	占总股本比例(%)
1	顺德市容桂镇经济发展总公司	36,093,074	24.55
2	中国信达信托投资公司	27,987,456	19.04
3	顺德市容桂镇容山实业发展总公司	15,824,000	10.76
4	顺德市容进投资控股有限公司	7,300,000	4.97
5	北京永安商业公司	2,912,000	1.98
6	中国纺织机械和技术进出口公司	2,329,600	1.58
7	江苏省南通印染厂	1,032,192	0.70
8	青岛纺织物业有限公司	1,032,192	0.70
9	江苏省南通八一印染厂	645,120	0.44
10	深圳市众业经济发展中心	582,400	0.40

深圳市物业发展(集团)股份有限公司

二○○○年年度报告摘选

一、公司简介

1、公司中文名:深圳市物业发展(集团)股份有限公司(简称"物业集团")
公司英文名:ShenZhen Properties & Resources Development (Group) Ltd (PRD)
2、法定代表人:田承刚
3、董事会秘书:郭玉梅
电　话:0755-2253020　传　真:0755-2252043
4、注册、办公地址:深圳市人民南路国贸大厦42层、39层。　邮政编码:518014
电子信箱:szwygf@sz.gd.cninfo.net
5、公司信息披露媒体:A股:《证券时报》B股:《大公报》
公司年报备置地点:深圳市国贸大厦42层董事会办公室
登载年报指定网址:http://www.cninfo.com.cn
6、股票上市交易所:深圳证券交易所
简称:深物业 A(0011)　深物业 B(2011)

二、会计数据和业务数据摘要

(一)公司本年度会计数据(单位:人民币元)

项目	金额
利润总额	61,161,407.94
净利润	53,712,789.16
扣除非经常性损益的净利润	51,612,076.81
主营业务利润	175,766,080.73
其他业务利润	67,681,949.13
营业利润	60,435,953.87
投资收益	-1,375,258.28
补贴收入	-
营业外收支净额	2,100,712.35
经营活动产生的现金流量净额	319,989,321.13
现金及现金等价物净增加额	126,441,987.26

(二)境内、外会计制度计算的净利润及其产生的差异如下:

	2000年度除税后溢利	于2000年12月31日之资产净值
	人民币千元	人民币千元
依据中国会计准则计算列报	53,713	264,250
为符合国际会计准则所作之调整		
递延税项	-4,120	-4,120
费用摊销及其他收入确认	33,854	-10,442
子公司合并	-2,836	-3,070
固定资产确认	463	-2,827
无形资产确认	-1,673	-1,673
其他	-2,974	-4,825
依据国际会计准则计算列报	76,427	237,293

(三)公司前三年的主要会计数据和财务指标(单位:人民币元)

项目	2000年度	1999年度		1998年度	
		调整后	调整前	调整后	调整前
主营业务收入	658,120,332.85	549,238,262.97	549,238,262.97	649,382,629.53	642,541,185.86
净利润	53,712,789.16	42,954,267.75	42,954,267.75	10,991,675.11	12,840,735.40
总资产	2,667,288,668.25	2,397,362,024.53	2,373,639,836.36	2,328,954,940.39	2,731,125,719.71
股东权益(不含少数股东权益)	264,249,800.28	189,270,536.01	167,306,661.92	143,276,129.29	546,605,718.89
每股收益(全面摊薄)	0.100	0.079	0.079	0.020	0.024
每股收益(加权平均)	0.100	0.079	0.079	0.020	0.024
扣除非经常性损益后的每股收益	0.095	0.079	0.079	0.020	0.024
每股净资产	0.488	0.349	0.309	0.264	1.01
调整后的每股净资产*	0.040	0.074	0.048	0.264	0.87
每股经营活动产生的现金流量净额	0.591	0.080	0.080	0.264	0.264
加权平均净资产收益率	24.10%	26.07%	7.56%	2.04%	1.48%
全面摊薄净资产收益率	20.33%	22.69%	25.67%	7.67%	2.35%

2000年扣除的非经常性损益为营业外收支净额210万。

利润表附表:

项目	2000年度			
	净资产收益率		每股收益	
	全面摊薄(%)	加权平均(%)	全面摊薄(元)	加权平均(元)
主营业务利润	66.52	78.85	0.32	0.32
营业利润	22.90	27.11	0.11	0.11
净利润	20.33	24.10	0.10	0.10
扣除非经常性损益后的净利润	19.53	23.15	0.095	0.095

(四)股东权益变动情况　单位:人民币元

项目	股本	资本公积	盈余公积	法定公益金	未分配利润	外币报表折算差额	股东权益合计
期初数	541,799,175.00	284,741,326.49	62,919,127.11	62,919,127.11	-704,247,708.32	4,058,615.73	189,270,536.01
本期增加		21,266,475.11			53,712,789.16		74,979,264.27
本期减少							
期末数	541,799,175.00	306,007,801.60	62,919,127.11	62,919,127.11	-650,534,919.16	4,058,615.73	264,249,800.28
变动原因		债务重组收益			本年实现净利润	合并外币报表折算差额	

三、股东情况介绍

截至2000年12月31日,本公司股东总户数43571户,其中A股39904户,B股3667户;前十名股东为:

股东名称	持股数	比例(%)
深圳市建设投资控股公司	323,747,713	59.75
中国平安保险股份有限公司	56,628,000	10.45
深圳市国利实业公司	2,521,800	0.46
深圳经济特区免税商品公司	1,573,000	0.29
中信证券有限公司	1,573,000	0.29
上海香港万国证券	1,063,000	0.20
EARNGUARD LTD	1,035,328	0.19
正华实业有限公司	900,000	0.17
中国深圳国际合作股份有限公司	887,172	0.16
NORMURA INTERNATIONAL (HK) LTD	878,596	0.16

中国南玻集团股份有限公司

二○○○年年度报告摘选

一、公司简介

1、公司法定中文名称:中国南玻集团股份有限公司(南玻集团)
公司法定英文名称:China Southern Glass Holding Co., Ltd. (CSG)
2、公司法定代表人:盛斌
3、公司董事会秘书:吴国斌
公司证券事务代表:张志平
联系地址:中国深圳蛇口工业六路一号南玻大厦　邮编:518067
联系电话:86-755-6695970　传真:86-755-6692755
电子信箱:szcsgcsg@sz.gd.cninfo.net
4、公司注册及办公地址:中国深圳蛇口工业六路一号南玻大厦　邮编:518067
公司国际互联网网址:http://www.csgholding.com
电子信箱:nbdnb@public.szptt.net.cn
5、公司选定的信息披露报纸名称:《证券时报》、《中国证券报》、《大公报》
登载公司年度报告的国际互联网网址:http://www.cninfo.com.cn
公司年度报告备置地点:中国深圳蛇口工业六路一号南玻大厦五楼证券部
6、公司股票上市地:深圳证券交易所
股票简称:深南玻A、深南玻B
股票代码:0012(A股)、2012(B股)

二、会计数据和业务数据摘要

1、本年度主要会计数据(单位:人民币元)

项目	金额
(1)利润总额:	177,927,313.59
(2)净利润:	164,228,766.63
(3)扣除非经营性损益后的净利润:	154,288,841.59
(4)主营业务利润:	415,403,650.95
(5)其他业务利润:	4,446,081.50
(6)营业利润	170,423,388.30
(7)投资收益:	-3,341,039.95
(8)补贴收入:	
(9)营业外收支净值:	10,913,213.50
(10)经营活动产生的现金流量净值:	323,291,103.75
(11)现金及现金等价物净增加额:	39,368,223.72
净利润:	164,228,766.63
1)营业外支出:	14,552,775.93
2)营业外收入:	25,465,989.43
3)股权投资差额摊销:	973,288.46
扣除非经营性损益后的净利润:	154,288,841.59

按照安达信公司审计的财务报告,本集团2000年净利润为人民币189,359,453元,按中天勤会计师事务所审计的结果,本集团2000年实现净利润为人民币164,228,767元,两者差异在于:(单位:人民币元)

项目	金额
按中国会计准则:	164,228,767
房地产收入确定,净额	1,967,833
递延税项	-283,910
开办费和长期递延资产支出的摊销	22,084,480
其他	1,362,283
按国际会计准则:	189,359,453

2、近三年主要会计数据和财务指标(单位:人民币元)

项目	2000年	1999年	1998年
主营业务收入	1,116,434,358.18	977,655,785.78	754,107,910.54
净利润	164,228,766.63	-169,700,553.76	15,743,844.62
总资产	2,824,842,003.12	2,865,585,033.30	3,287,068,513.19
股东权益(扣少数股权)	1,831,694,660.67	1,748,225,372.51	1,918,360,114.03
每股收益(摊薄)	0.24	-0.25	0.02
每股收益(加权)	0.24	-0.25	0.02
扣除非经常性损益后的每股收益	0.23	0.025	0.02
每股净资产	2.71	2.58	2.83
调整后的每股净资产	2.59	2.43	2.64
每股经营活动产生的现金流量净值	0.48	0.46	0.31
调整后每股经营活动产生的现金流量净值	0.48	0.46	0.31
净资产收益率%	8.97	-9.71	0.82

3、根据中国证监会关于发布《公开发行证券公司信息披露编报规则》第九号要求计算的利润数据:

报告期利润	净资产收益率(%)		每股收益(元)	
	全面摊薄	加权平均	全面摊薄	加权平均
主营业务利润	22.68	22.70	0.6136	0.6136
营业利润	9.30	9.31	0.2517	0.2517
净利润	8.97	8.97	0.2426	0.2426
扣除非经常性损益后的净利润	8.42	8.43	0.2279	0.2279

三、股本变动及股东情况

1、报告期末公司主要股东持股情况
(1)截止报告期末股东总数:14,536户。
(2)前十名股东持股情况

股东名称	持股数(股)	比例%	性质
招商局(玻璃工业)控股有限公司	102,448,544	15.13	境外股东
中国北方工业深圳公司	87,175,364	12.88	境内股东
怡万实业发展(深圳)有限公司	87,175,364	12.88	境内股东
深圳市怡达贸易公司	76,204,633	11.26	境内股东
上海叶轩印务有限公司	19,364,383	2.86	境内股东
CHINA EVERBRIGHT FINANCIAL HOLDINGS LIMITED	10,895,232	1.61	境外股东
湖北恒瑞科技有限责任公司	10,262,363	1.52	境内股东
轩伟有限公司	6,704,237	0.99	境外股东
深圳君安证券有限公司	5,878,371	0.87	境内股东
湖北安丰资产管理有限责任公司	5,781,789	0.85	境内股东

深圳石化工业集团股份有限公司

二○○○年年度报告摘选

一、公司简介

公司法定中文名称:深圳石化工业集团股份有限公司
公司法定英文名称:Shenzhen Petrochemical Industry (Group) Co., LTD
(缩写为:SPEC)
公司法定代表人:陈涌庆先生
公司董事会秘书:蔡建平先生
联系地址:深圳市福田区红荔西路石化大厦
电话:(86)755-3344355
传真:(86)755-3324057
电子信箱:caijp@shihua.spec.com.cn
公司注册地址及办公地址:深圳市福田区红荔西路石化大厦
邮政编码:518028
电子信箱:SPEC0013@shihua.spec.com.cn
公司选定的信息披露报纸名称:《证券时报》、《大公报》
登载公司年度报告的中国证监会指定国际互联网网址:http://www.cninfo.com.cn
公司年度报告备置地点:深圳市福田区红荔西路石化大厦四楼公司董事会秘书处
公司股票上市交易所:深圳证券交易所
股票简称和股票代码:深石化A　0013
深石化B　2013

二、会计数据和业务数据摘要

1、公司本年度利润总额及构成(单位:人民币元)

项目	金额
利润总额	68,612,008.12
净利润	37,627,761.76
扣除非经常性损益后净利润	36,682,897.70
主营业务利润	150,782,758.90
其他业务利润	10,070,288.84
营业利润	52,189,269.17
投资收益	7,888,178.07
补贴收入	---
营业外收支净额	8,534,560.88
经营活动产生的现金流量净额	28,856,254.67
现金及现金等价物净增加额	-31,711,023.84

2、按国际会计准则调整对净利润的影响(人民币千元)

项目	金额
按中国会计准则申报于经审计综合法定财务报表	37,627
为符合国际会计准则之要求而做出调整	
出售职工住宅损失	(916)
调整后数值	36,711

3、主要会计数据和财务指标(单位:人民币元)

	2000年	1999年	1998年 调整前	1998年 调整后
主营业务收入	819,096,831.89	621,441,096.63	577,959,084.10	577,959,084.10
净利润	37,627,761.76	10,098,265.71	6,229,475.18	-27,846,090.58
总资产	2,329,941,990.90	2,435,308,287.92	2,663,893,275.27	2,462,525,047.11
股东权益	567,329,878.18	530,618,368.70	725,657,165.85	524,288,937.66
每股收益	0.124	0.033	0.021	-0.092
加权平均每股收益	0.124	0.033	0.021	-0.092
扣除非经常性损益后的每股收益	0.121	0.033	0.021	-0.092
每股净资产	1.87	1.75	2.39	1.73
调整后的每股净资产	1.77	1.62	1.59	1.65
每股经营活动产生的现金流量净额	0.095	0.03	0.044	0.044
净资产收益率	6.63%	1.90%	0.86%	-5.31%
加权净资产收益率	6.85%	1.91%		
扣除非经常性损益后加权净资产收益率	6.68%	1.91%		

注:表列本公司1998年度会计数据中,调整后数据为本公司根据财政部的有关规定在法定会计报表中计提各项资产减值准备后的相关数据。

4、依据中国证监会《公开发行证券公司信息披露编报规则(第9号)》要求计算的净资产收益率和每股收益:

项　目	净资产收益率(%) 全面摊薄	净资产收益率(%) 加权平均	每股收益(元) 全面摊薄	每股收益(元) 加权平均
主营业务利润	26.58	24.88	0.497	0.497
净利润	6.63	6.85	0.124	0.124
扣除非经常性损益后的净利润	6.47	6.68	0.121	0.121

三、股东情况介绍

1、报告期末股东总数

截止2000年12月31日,本公司在册股东(包括法人和自然人)共29,488人,其中A股股东27,043人,B股股东2,445人。

2、报告期末本公司前10名股东及其持股情况

	持股数	占总股本比例	股份性质
深圳石化集团有限公司	164,546,553	54.24%	国有股
中国平安保险股份有限公司	23,400,000	7.71%	法人股
国通证券有限公司	19,380,532	6.39%	法人股
深圳晶业塑胶有限公司	2,208,772	0.73%	法人股
中国宝安集团股份有限公司	1,560,000	0.51%	法人股
深圳银地投资股份有限公司	1,560,000	0.51%	法人股
中国光大银行深圳证券业务部	1,484,936	0.49%	法人股
深圳中大投资管理有限公司	936,000	0.31%	法人股
陈劲松	868,700	0.29%	流通B股
LISHI TRADING CO.	822,320	0.27%	流通B股
合 计	216,767,813	71.45%	

华源实业(集团)股份有限公司

二○○○年年度报告摘选

一、公司简介

1、公司法定中文名称:华源实业(集团)股份有限公司
公司法定英文名称:HUAYUAN INDUSTRIAL (GROUP) CO., LTD
公司英文名称缩写:SZHY
2、公司法定代表人:陈平
3、公司董事会秘书:王凡
联系地址:中国深圳市沙河白石洲沙河商城七楼
电话:0755-6902828、6900498　传真:0755-6608488
电子信箱:wf555@163.net
4、公司注册地址:中国深圳市沙河白石洲沙河商城七楼
公司办公地址:中国深圳市沙河白石洲沙河商城七楼　邮政编码:518053
公司电子信箱:wf555@163.net
5、公司选定的信息披露报纸名称:《证券时报》
登载公司年度报告的中国证监会指定国际互联网网址:http://www.cninfo.com.cn
公司年度报告备置地点:公司董事会秘书处
6、公司股票上市交易所:深圳证券交易所
股票简称:ST深华源　股票代码:0014

二、会计数据和业务数据摘要

1.本年度主要财务数据　单位:人民币元

项目	金额
利润总额:	14,193,886.09
净利润:	12,154,417.21
扣除非经常性损益后净利润:	-32,563,930.30
主营业务利润:	11,704,567.91
其他业务利润:	1,966,918.30
营业利润:	-31,553,898.40
投资收益:	1,029,436.98
补贴收入:	0
营业外收支净额:	44,718,347.51
经营活动产生的现金流量净额:	10,553,988.45
现金及现金等价物净增加额:	2,689,239.86
注:扣除非经常性损益的项目、涉及金额	
营业外收支净额:	44,718,347.51

2.公司近三年主要会计数据和财务指标:　(金额单位:人民币万元)

指标项目	2000年 调整前	1999年	1998年 调整前	1998年 调整后
主营业务收入	7,818.36	7,025.84	15,134.93	15,134.93
净利润	1,215.44	-7,527.55	-7,056.23	-9,084.86
总资产	31,041.99	32,882.45	46,416.32	40,720.58
股东权益	19.02	-1,177.03	11,917.67	6,294.86
每股收益				
摊薄	0.14	-0.84	-0.787	-1.01
加权	0.14	-0.84	-0.787	-1.01
扣除非经常性损益	-0.36	-0.36	-0.787	-0.787
每股净资产	0.0021	-0.13	1.33	0.70
调整后每股净资产	-0.201	-0.58	1.00	0.19
每股经营活动产生的现金流量净额	0.12	-0.04	0.04	0.04
净资产收益率(%)				
摊薄	6391.25	639.54	-59.19	-144.32
加权	-213.49	-297.40	-45.68	-62.94

三、股本变动及股东情况

(一)、股本变动情况

1、股份变动情况表　数量单位:股

	期初数	本次变动增减(+,-)	期末数
(1)尚未流通股份			
1)发起人股份	44,426,399		44,426,399
其中:			
国家拥有股份			
境内法人持有股份	17,104,424		17,104,424
外资法人持有股份	27,321,975		27,321,975
2)募集法人股			
3)内部职工股			
4)优先股及其他			
尚未流通股份合计	44,426,399		44,426,399
(2)已流通股份			
1)境内上市的人民币普通股	45,220,351		45,220,351
2)境内上市的外资股			
3)境外上市的外资股			
4)其他			
已流通股份合计	45,220,351		45,220,351
(3)、股份总数	89,646,750		89,646,750

深圳中浩（集团）股份有限公司

二〇〇〇年年度报告摘选

一、公司简介

1.公司的法定中文名称:深圳中浩(集团)股份有限公司
公司的法定英文名称:SHENZHEN ZHONGHAO (GROUP) LTD.
2.公司法定代表人:陈立祥
3.公司董事会秘书:蒋永林
联系地址:广东省深圳市八卦四路中浩大厦十楼
联系电话:(0755)2260864　2262552－308
传真:(0755)2262272　2262552－222
电子信箱:jiangyonglin@21cn.com
4.公司注册地址:深圳市福田区八卦岭工业区八卦四路中浩大厦
公司办公地址:深圳市福田区八卦岭工业区八卦四路中浩大厦九、十层
邮政编码:518029
电子信箱:zhonghaodb@21cn.com
5.公司选定的信息披露报纸名称:《证券时报》、香港《大公报》
登载公司年度报告的国际互联网网址:http://www.cninfo.cn.com
公司年度报告备置地点:公司董事会办公室
6.公司股票上市交易所:深圳证券交易所
股票简称:PT 中浩 A、PT 中浩 B　股票代码:0015、2015

二、会计数据和业务数据摘要

(一) 公司本年度会计数据和业务数据摘要　单位:人民币元

项目	金额
利润总额	(165,719,898.67)
净利润	(174,633,852.64)
扣除非经常性损益后的净利润	(157,840,569.19)
主营业务利润	35,940,599.67
其他业务利润	(4,849,333.36)
营业利润	(138,055,136.54)
投资收益	(10,871,478.68)
补贴收入	-
营业外收支净额	(16,793,283.45)
经营活动产生的现金流量净额	(6,606,906.35)
现金及现金等价物净增加额	(8,196,282.20)

注:扣除非经常性损益项目及涉及金额:
单位:人民币元

项目	金额
营业外收入:	176,628.10
营业外支出:	16,969,911.55

(二)按国际会计准则(IAS)对税后利润和净资产的调整之影响

	截止 2000 年 12 月 31 日止 股东应占利润 千元人民币	净资产 千元人民币
根据中国会计准则编制的已审财务报表数额	(174,634)	(701,551)
根据 IAS 规定所作的调整		
—坏帐注销	(202)	(202)
—递延费用注销	(93)	(93)
—商誉撤销转回	80	(322)
—少数股东应占利润调整	(174,849)	(702,168)

(三)主要会计数据和财务指标　单位:人民币元

指标项目	2000 年	1999 年		1998 年	
		调整后	调整前	调整后	调整前
主营业务收入	103,080,753.84	102,987,655.03	102,987,655.03	36,839,670.03	36,839,670.03
净利润	(174,633,852.64)	(158,335,795.12)	(129,543,621.52)	(360,880,560.75)	(360,880,560.75)
总资产	723,070,531.11	836,896,443.39	833,753,856.64	822,212,417.18	903,056,068.80
股东权益	(701,550,897.91)	(526,917,045.27)	(526,893,367.48)	(397,349,745.96)	(316,506,094.34)
每股收益	(1.11)	(1.01)	(0.82)	(2.295)	(2.295)
扣除非经常性损益后的每股收益	(1.00)	(1.00)	(0.82)		
每股净资产	(4.46)	(3.35)	(3.35)	(2.53)	(2.013)
调整后每股净资产	(4.46)	(3.95)	(3.47)	(2.66)	(2.218)
每股经营活动产生的现金流量净额	(0.04)		(0.06)		(0.06)
净资产收益率(%)					

(四)利润表附表

报告期利润	净资产收益率		每股收益	
	全面摊薄	加权平均	全面摊薄	加权平均
主营业务利润	－5.12%	－5.85%	0.23 元	0.23 元
营业利润	－19.68%	－22.48%	－0.88 元	－0.88 元
净利润	－24.89%	－28.43%	－1.11 元	－1.11 元
扣除非经营性损益后的净利润	－22.50%	－25.70%	－1.00 元	－1.00 元

三、股本变动及股东情况

1.报告期末股东总数

截止 2000 年 12 月 31 日,经深圳证券登记有限公司和深圳证券结算有限公司核准,持有公司股份的股东共有 15,309 名,其中:A 股股东 13,206 名,B 股股东 2,103 名。

2.公司前 10 名股东的持股情况(截止 2000 年 12 月 31 日)

序号	股东名称	年初持股数(股)	年度内股份增减变化(＋、－)	年末持股数(股)	持股比例(%)
1	深圳市投资管理公司	18,704,712		18,704,712	11.90
2	中国食品工业(集团)公司	18,799,188	－2,338,098	16,461,090	10.47
3	深圳赛格集团公司	12,783,860		12,783,860	8.13
4	山东证券有限责任公司	11,500,000		11,500,000	7.31
5	三联集团有限公司	10,158,339		10,158,339	6.46
6	中国银行广东省分行	6,370,000		6,370,000	4.05
7	申银万国证券股份有限公司	4,312,037		4,312,037	2.74
8	江苏证券有限责任公司	3,730,000		3,730,000	2.37
9	天津经济建设投资集团总公司	3,460,000		3,460,000	2.20
10	北京财政证券公司	2,700,000		2,700,000	1.72

康佳集团股份有限公司

二〇〇〇年年度报告摘选

一、公司简介

1、公司的法定中英文名称及缩写
中文名称:康佳集团股份有限公司
英文名称:KONKA GROUP COMPANY, LIMITED
英文缩写:KONKA GROUP CO., LTD.
2、公司法定代表人:董事局主席 任克雷先生
3、公司董事局秘书:陈旭日先生
联系地址:中国广东深圳华侨城康佳集团
联系电话:(86755)6608866　传真:(86755)6600082
电子信箱:chenxuri@konka.com
股证事务代表:陈旭日先生、杨国彬先生
4、公司注册(办公)地址:深圳市华侨城东部工业区　邮政编码:518053
公司国际互联网址:http://www.konka.com
电子信箱:szkonkas@sz.gd.cninfo.net
5、公司选定的信息披露报纸名称:《中国证券报》、《证券时报》等
登载公司年度报告的中国证监会指定国际互联网网址:http://www.cninfo.com.cn
公司年度报告备置地点:董事局秘书处
6、公司股票上市交易所:深圳证券交易所
股票简称:深康佳 A、深康佳 B　股票代码:0016、2016

二、会计数据和业务数据摘要

1、本年度主要财务指标(单位:人民币元)

项目	金额
利润总额:	298,785,354.52
净利润:	224,883,253.48
扣除非经常性损益后的净利润:	225,660,761.17
主营业务利润:	1,485,091,536.84
其他业务利润:	15,531,826.67
营业利润:	253,689,605.49
投资收益:	－1,967,704.29
补贴收入:	150,000.00
营业外收入:	400,973,782.37
营业外支出:	354,060,329.05
经营活动产生的现金流量净额:	－5,566,367.84
现金及现金等价物净增加额:	－388,339,721.97

说明:(1)本公司是 A、B 股上市公司,2000 年度按中国会计准则审计的净利润为人民币 224,883 千元,按国际会计准则审计的净利润为 230,091 千元,两者之间存在 5,208 千元的差异为本公司下属企业住房周转金。

(2)扣除的非经常性损益项目和涉及金额

项目	金额(人民币元)
资产处置收益	9,801,912.71
资产处置损失	－8,086,895.05
补贴收入	150,000.00
合并价差摊入	－2,642,525.35
合计	－777,507.69

2、截止报告期末公司前三年的主要会计数据和财务指标

(单位:人民币元,标明除外)

项目　年度	2000 年	1999 年	1998 年	
			调整前	调整后
主营业务收入	9,016,554,732.77	10,127,098,593.31	8,573,886,611.13	8,373,886,611.13
净利润	224,883,253.48	497,527,792.65	429,165,782.81	431,915,706.43
总资产	10,063,013,806.96	9,769,410,621.91	7,183,323,011.84	7,174,729,288.36
股东权益	3,614,840,673.89	3,475,067,642.44	2,147,982,956.30	2,135,095,015.35
每股收益(按净利润全面摊薄)	0.3736	0.9091	1.1022	1.1092
每股收益(按净利润加权平均)	0.3736	1.0832	1.1490	1.1564
扣除非经常性损益后的每股收益	0.3751	0.9174	1.1035	1.1105
每股净资产	6.0049	6.35	5.52	5.48
调整后的每股净资产	5.6549	6.15	5.34	5.31
每股经营活动产生的现金流量净额	－0.0092	0.70	3.12	3.12
净资产收益率(按净利润全面摊薄)	6.22%	14.32%	19.98%	20.23%

3、利润表附表

报告期利润	2000 年			
	净资产收益率		每股收益	
	全面摊薄	加权平均	全面摊薄	加权平均
主营业务利润	41.08%	41.08%	2.4670	2.4670
营业利润	7.02%	7.02%	0.4214	0.4214
净利润	6.22%	6.22%	0.3736	0.3736
扣除非经常性损益后的净利润	6.24%	6.24%	0.3749	0.3749

说明:由于会计政策变更,根据财政部财会字[1999]35 号文件的有关规定,本公司采用追溯调整法,调整了 1998 年度合并会计报表相应项目。

三、股本变动及股东情况

1、股本变动情况

于 2000 年 12 月 31 日,本公司股东总数为 183,577 户,其中 A 股股东数为 181,073 户,B 股股东数为 2,504 户。

2、前 10 名大股东持股情况

序号	股东名称	年度内股份增减	年末持股数	持股类别
01	华侨城集团公司	＋15,904,522	174,949,746	境内法人股
02	香港华侨城有限公司	－34,317,935	86,078,883	境外法人股
03	香港中旅(集团)有限公司	＋46,357,616	46,357,616	境外法人股
04	浩达实业有限公司	＋636,000	6,996,000	B股
05	港华电子集团有限公司	＋600,000	6,600,000	境外法人股
06	F－CLIBLUXS/A THE BATTERYMARCH GEM FUND	＋1,396,667	4,512,746	B股
07	泰纪投资有限公司	＋340,344	3,743,784	B股
08	泉广投资有限公司	＋302,143	3,323,582	B股
09	TGSF－GLOBAL GROWTH FUND	＋216,737	2,384,112	B股
10	TOYO SECURITIES ASIA LTD	＋1,596,516	2,212,610	B股

深圳中华自行车(集团)股份有限公司

二○○○年年度报告摘选

一、公司简介

1、公司的法定中文名称:深圳中华自行车(集团)股份有限公司
英文名称:SHENZHEN CHINA BICYCLE COMPANY(HOLDINGS)LIMITED
英文缩写:CBC
2、公司法定代表人:李承友先生
3、公司董事会秘书:李海先生
联系地址:中国广东省深圳市布心路三零零八号
联系电话:0755-5516998　　传真:0755-5516620
电子信箱:szcbclee@sz.gd.cninfo.net;leocbc@163.net
4、公司注册及办公地址:中国广东省深圳市布心路三零零八号　　邮政编码:518019
国际互联网网址:www.china-cbc.com
电子信箱:cbc@china-cbc.com
5、公司选定的信息披露报纸名称:《证券时报》《大公报》
指定年度报告国际互联网网址:www.cninfo.com.cn
年度报告备置地点:深圳市布心路三零零八号本公司董事会秘书处
6、公司股票上市交易所、股票简称和股票代码:
股票上市交易所:深圳证券交易所
股票简称:ST中华A　ST中华B　　股票代码:A股为0017　B股为2017

二、会计数据与业务数据摘要

1、公司本年度主要会计数据和业务数据:

公司本年度实现的利润总额-180,352,064.92元,净利润-177,951,320.06元,扣除非经常性损益后的净利润-179,337,131.06元,主营业务利润-13,762,216.55元,其他业务利润4,767,867.08元,营业利润-182,585,468.85元,投资收益 -601,361.32元,营业外收支净额2,834,765.25元,经营活动产生的现金流量净额-6,689,150.56元,现金及现金等价物净增加额-131,289,481.55元。

2、截至报告期末公司前三年主要会计数据与财务指标:(单位:人民币元)

	2000年	1999年		1998年
		调整前	调整后	
主营业务收入	67,973,081.90	67,573,101.94	67,573,101.94	142,892,208.48
净利润	-177,951,320.06	200,102,834.72	-166,286,593.63	-427,293,587.05
总资产	2,459,306,434.00	2,721,443,364.56	2,704,713,298.46	2,430,875,345.51
股东权益	45,587,737.85	207,089,793.10	190,359,727.00	37,900,661.49
每股收益(全面摊薄)	-0.371	0.417	-0.347	-0.891
每股收益(加权平均)	-0.371	0.417	-0.347	-0.891
扣除非经常性损益的每股收益	-0.374	-0.373	-0.373	-0.891
每股净资产	0.095	0.432	0.397	0.079
调整后的每股净资产	-1.87	-1.47	-1.47	-1.494
每股经营活动产生的现金流量净额	-0.014	0.012	0.012	-0.314
净资产收益率%(全面摊薄)	-390%	97%	-87%	-1127%
净资产收益率%(加权平均)	-390%	97%	-87%	-1127%
扣除非经常性损益后的加权净资产收益率%	-393%	-86%	-94%	-1128%

注:根据中国证券监督管理委员会《公开发行证券公司信息披露编报规则(第9号)》的规定,计算净资产收益率和每股收益附表如下:

报告期利润	净资产收益率%				每股收益			
	全面摊薄		加权平均		全面摊薄		加权平均	
	2000年	1999年	2000年	1999年	2000年	1999年	2000年	1999年
主营业务利润	-30	10	-30	10	-0.03	0.04	-0.03	0.04
营业利润	-400	-92	-400	-92	-0.38	-0.37	-0.38	-0.37
净利润	-390	-87	-390	-87	-0.371	-0.347	-0.371	-0.347
扣除非经常性损益后的净利润	-393	-94	-393	-94	-0.374	-0.375	-0.374	-0.375

3、报告期内股东权益变动的情况:

项　目	期初数	本期增加	本期减少	期末数
股本	479,433,003.00	0	0	479,433,003.00
资本公积	954,594,178.70	33,179,330.91	0	987,773,509.61
盈余公积	241,968,036.60	0	0	241,968,036.60
法定公益金	32,673,227.01	0	0	32,673,227.01
未分配利润	-1,482,908,916.32	-177,951,320.06	0	-1,660,860,236.38
股东权益合计	190,359,727.00	0	144,771,989.15	45,587,737.85

报告期内股东权益变动的情况的说明:本期内股东权益减少14477万元,主要为本年度净利润-17795万元及债务重组增加资本公积所致。

三、股东情况介绍

(1)、股东变动情况:

年度公司股份变动情况表　　(数量单位:股)

	期初数	本次变动增减(+、-)					期末数
		配股	送股	公积金转股	其他	小计	
一、尚未流通股份							
1、发起人股份							
其中:							
国家拥有股份							
境内法人持有股份	111,607,002						111,607,002
外资法人持有股份	112,453,352						112,453,352
2、高级管理人员持股	375,300				-240,300		135,000
尚未流通股份合计	224,435,654						224,195,354
二、已流通股份							
1、境内上市的人民币普通股	76,376,700				+240,300		76,617,000
2、境内上市的外资股	178,620,649						178,620,649
已流通股份合计	254,997,349						255,237,649
三、股份总数	479,433,003						479,433,003

深圳中冠纺织印染股份有限公司

二○○○年年度报告摘选

一、公司简介

1、公司中文名称:深圳中冠纺织印染股份有限公司
公司英文名称:Shenzhen Victor Onward Textile Industrial Co., Ltd.
2、公司法定代表人:董炳根
3、公司董事会秘书:任元卫　　授权代表:顾争鸣
公司联系电话:(755)232 0942,(852)2428 1823
公司图文传真:(755)233 9100,(852)2480 5666
公司电子信箱:cthkvo02@hkabc.net
4、公司注册地址:深圳市人民南路房地产大厦10楼C座
公司办公地址:香港九龙长沙湾道889号华创中心18楼
公司邮政编码:518018
5、公司信息披露报纸:《证券时报》、《香港商报》
公司信息披露网址:http://www.cninfo.com.cn
公司年报备置地点:深圳市人民南路房地产大厦10楼C座
6、公司股票上市地点:深圳证券交易所
公司股票简称:深中冠A股　　股票代码:　0018
　　　　　　　B股　　　　　　　　　　2018

二、会计数据和业务数据摘要

1、本公司2000年度利润总额及构成(单位:人民币元)

项目	金额
利润总额	5,410,950
净利润	5,063,165
扣除非经常性损益后的净利润	2,565,651
其中:	
1)主营业务利润	17,733,951
2)其他业务利润	1,119,962
3)投资收益	2,928,224
4)补贴收入	
5)营业外收支净额	(430,710)
6)经营活动中产生的现金流量净额	21,313,641
7)现金及现金等价物净增加额	27,513,461
8)注:扣除的非经常性损益项目和涉及资金	
营业外收入项目:	
处置固定资产所得收益	
退税收入	
坏帐损失准备收回	
处置投资所得收回	
其他收益	6,625
营业外支出项目:	
捐赠支出	121,523
计提长期服务金	255,576
其他支出	60,236

2、公司截至报告期末前三年会计数据与财务指标(单位:人民币万元)

	2000年度	1999年度	1998年度
1) 主营业务收入	16376	27602	27357
2) 净利润	506	1092	276
3) 总资产	43773	37191	38129
4) 股东权益	30717	30213	29193
5) 每股收益	0.03元	0.06元	0.02元
6) 每股净资产	1.816元	1.786元	1.726元
7) 调整后的每股净资产	1.80元	1.784元	1.717元
8) 每股经营活动产生的现金流量净额	0.12元	0.11元	0.07元
9) 全面摊薄净资产收益率	1.65%	3.614%	0.946%
10) 加权平均每股收益	0.030元	0.065元	0.016元
11) 扣除非经常性收益后的每股收益	0.015元	0.037元	0.004元
12) 加权平均净资产收益率	1.66%	3.68%	0.93%
13) 扣除非经常性收益后的加权平均净资产收益率	0.84%	2.12%	0.21%

利润表附表

报告期利润	净资产收益率		每股收益	
	全面摊薄	加权平均	全面摊薄	加权平均
主营业务利润	5.77	5.82	0.105	0.105
营业利润	0.95	0.96	0.017	0.017
净利润扣除非经常性损益后的净利润	0.84	0.84	0.015	0.015

3、报告期内股东权益变动情况

项　目	股本	资本公积	盈余公积	法定公益金	未分配利润	货币换算差异	股东权益合计
期初数	169,142,356	29,734,063	52,355,423	3,436,299	-1,374,546	52,278,715	302,136,011
本期增加	0		616,457	184,000	4,507,292		5,028,992
本期减少	0	-11,166				-83,589	
期末数	169,142,356	29,722,897	52,971,880	3,620,299	3,132,746	52,195,126	307,165,003

变动原因:
1)资本公积减少因港币换算成人民币额汇率差;
2) 盈公积金和法定公积的变动是按《公司章程》规定的净利润的10%和5%的比例提起,
3) 未分配利润变动原因是,公司2000年度实现利润在提取法定公积金、公益金后转入450.7万元.

三、股东情况介绍

1、报告期末股东总数:

本公司2000年底在册的股东为17,532人(法人),其中A股股东为14,899人(法人)、B股为股东为2,633人(法人)。

2、主要股东持股情况

	股东名称及姓名	股　数	占比例
①	深圳市华联控股股份有限公司	47,359,589	28%
②	深圳市纺织集团股份有限公司	24,458,231	14.46%
③	Style-Success Ltd.	24,458,229	14.46%
④	华联发展集团有限公司	7,671,163	4.54%
⑤	香港富冠投资有限公司	6,312,765	3.73%
⑥	香港侨民有限公司	6,114,556	3.61%
⑦	香港忻英杰先生	6,114,556	3.61%
⑧	TSUI KOON TIN	703,340	0.42%
⑨	陈丽琼	698,750	0.41%
⑩	文沛荣	464,505	0.28%

深圳市深宝实业股份有限公司

二○○○年年度报告摘选

一、公司简介

公司中文名称：深圳市深宝实业股份有限公司
公司英文名称：SHENZHEN SHENBAO INDUSTRIAL CO.,LTD（英文缩写：SB）
公司注册（办公）地址：深圳市罗湖区文锦北路1058号
公司互联网网址：http://www.shen bao.com
电子信箱：szsbsy@cmmail.com
邮政编码：518020
公司法定代表人：林家宏先生
公司董事会秘书：徐于乔先生
电话：0755－5164584、5507480
传真：0755－5603456
电子信箱：yuqiao_xu@sina.com
上市地：深圳证券交易所
股票简称代码：深深宝A0019　　深深宝B2019
公司法定信息披露报刊：《证券时报》（境内）、《大公报》（境外）
中国证监会指定的公司披露年报告之互联网网址：www.cninfo.com.cn
公司年度报告配置地：公司董事会办公室

二、会计数据与业务数据摘要

（一）本年度实现利润及其构成：　（单位：人民币元）

项目	金　额
利润总额	13,091,867.05
净利润	10,620,265.95
扣除非经营性损益后的净利润	－5,408,716.45
主营业务利润	10,324,116.15
其他业务利润	26,367,159.55
营业利润	－13,617,874.79
投资收益	25,374,060.84
补贴收入	0
营业外收支净额	2,489,872.19
经营活动产生的现金流量净额	26,581,652.52
现金及现金等价物净增加额	42,814,430.94

注：非经营性收益总额16,028,982.40元，明细如下：土地补偿收入18,990,000元；无形资产转让1,396,000元；股票投资收益18,735,111元；股权转让2,800,000元；特别坏账准备－12,713,649.18；长期投资跌价准备－11,830,511.11元，营业外收支净额－1,347,968.31元。

（二）境内、外会计师审计的净利润差异说明

2000年度，本公司按中国会计准则审计的净利润1,062万元；按照国际会计准则（IAS）审计的净利润329.4万元。两者之间差异原因：固定资产减值准备732.6万元。

（三）截至报告期末公司前三年主要会计数据和财务指标　（单位：人民币元）

指标项目	2000年	1999年度		1998年度	
		调整前	调整后	调整前	调整后
主营业务收入	70,239,790.88	65,691,006.76	65,691,006.76	90,666,971.70	90,421,886.10
净利润	10,620,265.95	30,143,180.30	29,067,749.73	32,903,237.76	33,998,251.47
总资产	426,110,873.62	470,146,337.74	462,819,804.45	455,455,219.17	418,869,084.98
股东权益	289,644,961.71	288,854,087.75	281,527,554.46	296,268,281.15	258,710,907.45
每股收益	0.064	0.181	0.174	0.197	0.204
加权平均每股收益	0.064	0.181	0.174	0.197	0.204
扣除非经营性损益后的每股收益	－0.0324	－0.019	－0.026	－0.032	－0.025
每股净资产	1.737	1.733	1.689	1.777	1.552
调整后的每股净资产	1.730	1.691	1.621	1.611	1.494
每股经营活动产生现金流量净额	0.159	0.108	0.108	0.103	0.103
净资产收益率	3.67%	10.44%	10.33%	11.11%	13.14%

（四）按照中国证监会颁发的《公开发行证券公司信息披露编报规则第9号－净资产收益率和每股收益的计算及披露》的方法计算的净资产收益率和每股收益：

报告期利润	净资产收益率（%）		每股收益（元）	
	全面摊薄	加权平均	全面摊薄	加权平均
主营业务利润	3.56%	3.60%	0.0619	0.0619
营业利润	－4.70%	－4.75%	－0.0817	－0.0817
净利润	3.67%	3.70%	0.0637	0.0637
扣除非经营性损益后的净利润	－1.87%	－1.89%	－0.0324	－0.0324

（五）报告期内股东权益变动情况及变动原因　（单位：人民币元）

项目	股本	资本公积	盈余公积	法定公益金	未分配利润	合计
期初数	166,707,684.00	52,404,958.10	22,731,190.56	13,837,424.65	25,846,297.15	281,527,554.46
本期增加			1,062,026.60	531,013.30	10,620,265.95	12,213,305.85
本期减少		2,502,858.70			1,593,039.90	4,095,898.60
期末数	166,707,684.00	49,902,099.40	23,793,217.16	14,368,437.95	34,873,523.20	289,644,961.71

三、股东情况介绍

1、股东情况介绍

（1）期末公司股东总数：23833户。其中国家股股东1户，法人股股东1户，高级管理人员股东（内部职工股股东）2户，A股股东21124户，B股股东2707户。

（2）前10名股东的持股情况　（截止至2000年12月31日 单位：股）

序号	股东名称	股份种类	持股数	持股比例
1	深圳市投资管理公司	（国家股）	99,942,086	59.95%
2	中国平安保险公司	（境内定向法人股）	9,900,000	5.94%
3	成磊	B	1,875,503	1.12%
4	黄海琨 WONG HOI KWAN	B	871,200	0.52%
5	KOTO TRANSPORT LTD	B	435,600	0.26%
6	LONG BENEFIT DEVELOPMENT LTD	B	435,600	0.26%
7	立基贸易公司	B	395,628	0.24%
8	达心有限公司	B	368,659	0.22%
9	CHINA PINAN INSURANCE(HK)CO.,LTD（中国平保（香港）有限公司）	B	351,460	0.21%
10	TSANG KAN HING	B	289,440	0.17%

深圳华发电子股份有限公司

二○○○年年度报告摘选

一、公司简介

（一）公司名称
中文名称：深圳华发电子股份有限公司
英文名称：SHENZHEN HUAFA ELECTRONICS CO.,LTD.
（二）法定代表人：李曰聚
（三）公司董事会秘书：胡建平
授权代表：范吉祯
联系地址：深圳市福田区华发北路411栋六层
电话：（0755）3352207
传真：（0755）3352207
E－mail:jphu@huafa.com
（四）公司注册地址：深圳市福田区华发北路411栋
公司办公地址：深圳市福田区华发北路411栋六层
邮政编码：518031
公司国际互联网网址：http://www.huafa.com
E－mail:webmaster@huafa.com
（五）公司信息披露报纸：《证券时报》、香港《大公报》
登载公司年度报告的国际互联网网址：http://www.cninfo.com.cn
公司年度报告备置地点：深圳市福田区华发北路411栋六层
（六）公司股票上市交易所：深圳证券交易所
股票简称：深华发A　　深华发B
股票代码：0020　　2020

二、会计数据和业务数据摘要

（一）本年度主要会计数据　单位：人民币元

项目	金额
利润总额	2,878,053.63
净利润	2,928,449.28
扣除非经常性损益后的净利润	2,928,449.28
主营业务利润	4,276,616.16
其他业务利润	19,401,041.43
营业利润	605,658.09
投资收益	———
补贴收入	———
营业外收支净额	2,272,395.54
经营活动产生的现金流量净额	4,519,875.94
现金及现金等价物净增加额	－2,210,519.22

说明：华发电子股份有限公司（以下简称“本公司”）为A、B股股票上市公司，按中国会计准则和国际会计准则以及相关的制度计算的净利润无差异。

（二）近三年主要会计数据和财务指标　单位：人民币元

项目	2000年	1999年度		1998年度	
		调整前	调整后	调整前	调整后
主营业务收入	118,411,642	164,663,658	164,663,658	125,173,904	125,173,904
净利润	2,928,449	10,013,131	10,013,131	－52,189,598	－62,398,991
总资产	466,966,588	485,131,947	474,089,130	446,069,467	435,860,074
股东权益	299,330,560	309,892,111	296,692,111	312,788,373	302,578,980
每股收益	0.010	0.035	0.035	－0.18	－0.22
加权平均每股收益	0.010	0.035	0.035	－0.18	－0.22
扣除非经常性损益后的每股收益	0.010	0.035	0.035	－0.18	－0.22
每股净资产	1.057	1.094	1.048	1.10	1.07
调整后的每股净资产	0.855	1.06	0.965	1.09	1.06
每股经营活动产生的现金流量净额	0.016	0.110	0.110	0.016	0.016
净资产收益率	0.98%	3.23%	3.37%	－16.68%	－20.62%
加权净资产收益率	0.98%	3.26%	3.26%	———	———
扣除非经常性损益后加权净资产收益率	0.98%	3.26%	3.26%	———	———

（三）按中国证监会《公开发行证券公司信息披露编报规则（第9号）》要求计算的利润数据

报告期利润	净资产收益率（%）		每股收益（元）	
	全面摊薄	加权平均	全面摊薄	加权平均
主营业务利润	1.429	1.434	0.015	0.015
营业利润	0.202	0.203	0.002	0.002
净利润	0.978	0.982	0.010	0.010
扣除非经常性损益后的净利润	0.978	0.982	0.010	0.010

三、股东情况介绍

（一）报告期末股东总数

报告期末股东总数12,198人，其中A股股东9,946人（含高层管理人员4人），B股股东2,252人。

（二）截止2000年12月31日前10名股东持股情况

序号	股东名称	增减变动	年末持股数（股）	占总股本（%）	股份类别
①	深圳市赛格集团有限公司	———	62,462,914	22.06	A股
②	中国振华电子工业公司	———	62,462,914	22.06	A股
③	陆氏实业有限公司	———	31,405,954	11.09	B股
④	赛格（香港）有限公司	———	31,056,960	10.97	B股
⑤	中国光大融资有限公司		7,274,000	2.57	B股
⑥	中国光大银行深圳证券业务部		5,097,798	1.80	A股
⑦	上海尊泰经贸有限公司		1,310,937	0.46	A股
⑧	SHANGHAI SHENYIN SEC (H.K.)NOMINEES LTD		1,148,325	0.41	B股
⑨	上海申豪房地产有限公司		926,769	0.33	A股
⑩	上海隆辰快递服务有限公司		750,129	0.26	A股

深圳开发科技股份有限公司

二〇〇〇年年度报告摘选

一、公司简介

1.公司法定中文名称:深圳开发科技股份有限公司
公司法定英文名称:SHENZHEN KAIFA TECHNOLOGY CO., LTD.
2.公司法定代表人:王之
3.公司董事会秘书:陈燕明
联系地址:深圳市福田区彩田路7006号
联系电话:0755-3275000-33187
传　　真:0755-3275997
电子信箱:jessichen@kaifa.com.hk
4.公司注册及办公地址:深圳市福田区彩田路7006号
邮政编码:518035
国际互联网网址:http://www.kaifa.com.cn
电子信箱:jessichen@kaifa.com.hk
5.公司选定的信息披露报纸:《证券时报》、《中国证券报》、《上海证券报》
登载公司年度报告的国际互联网网址:http://www.cninfo.com.cn
公司年度报告备置地点:本公司董事会办公室
6.公司股票上市交易所:深圳证券交易所
股票简称:深科技A　　股票代码:0021

二、会计数据和业务数据摘要

1.公司本年度会计数据　　单位:人民币元

项目	2000年
利润总额	168,792,023.57
净利润	150,869,984.37
扣除非经常性损益后的净利润	150,869,984.37
主营业务利润	429,150,780.30
其他业务利润	19,646,816.78
营业利润	165,532,669.18
投资收益	2,429,278.05
补贴收入	—
营业外收支净额	830,076.34
经营活动产生的现金流量净额	-439,517,222.73
现金及现金等价物净增加额	-533,812,215.18

2.公司前三年主要会计数据和财务指标　　单位:人民币元

指标项目	2000年	1999年	1998年	
			调整前	调整后
主营业务收入	3,864,107,460.46	3,254,546,870.79	2,821,627,220.78	2,821,627,220.78
净利润	150,869,984.37	313,115,473.98	452,333,554.89	449,167,293.62
总资产	3,874,861,637.62	3,822,434,472.45	3,574,516,741.87	3,570,229,818.69
股东权益(不含少数股东权益)	2,327,222,151.55	2,212,998,772.23	1,925,334,208.78	1,920,621,261.28
每股收益	0.206	0.427	0.802	0.797
每股收益(扣除非经常性损益)	0.206	0.427	0.802	0.797
每股净资产	3.175	3.019	3.415	3.407
调整后的每股净资产	3.150	2.978	3.391	3.390
每股经营活动产生的现金流量净额	-0.600	0.677	0.588	
净资产收益率(%)	6.48	14.15	23.49	23.39

3.按照中国证监会《公开发行证券公司信息披露编报规则(第9号)》要求计算的利润数据

报告期利润	净资产收益率(%)				每股收益			
	全面摊薄		加权平均		全面摊薄		加权平均	
	2000年	1999年	2000年	1999年	2000年	1999年	2000年	1999年
主营业务利润	18.44	27.02	18.75	28.79	0.5855	0.8037	0.5855	0.8037
营业利润	7.11	15.66	7.23	16.68	0.2258	0.4727	0.2258	0.4727
净利润	6.48	14.15	6.59	15.07	0.2058	0.4272	0.2058	0.4272
扣除非经常性损益后的净利润	6.38	14.12	6.48	15.07	0.2025	0.4264	0.2025	0.4264

4.报告期内股东权益变动情况　　单位:人民币元

项目	股本	资本公积	盈余公积	其中:法定公益金	未分配利润	股东权益合计
期初数	732,932,101	529,642,187.83	673,527,566.49	137,957,479.87	276,896,916.91	2,212,998,772.23
本期增加			75,434,992.19	15,086,998.44	38,788,387.13	114,223,379.32
本期减少						
期末数	732,932,101	529,642,187.83	748,962,558.68	153,044,478.31	315,685,304.04	2,327,222,151.55
变动原因			本期利润预提	本期利润预提	盈利及利润分配	

三、股本变动及股东情况

1.股本变动情况
(1)股份变动情况表　　数量单位:股

	期初数	本次变动增减(+、-)						期末数
		配股	送股	公积	增发	其他	小计	
一、尚未流通部份								
1.发起人股份	532,350,000							532,350,000
其中:								
国家拥有股份								
境内法人股	410,163,000							410,163,000
外资法人股	122,187,000							122,187,000
其他								
2.法人股转配公众股	17,256,185					-17,256,185	-17,256,185	
3.优先股或其他								
尚未流通股份合计	549,606,185					-17,256,185	-17,256,185	532,350,000
二、已流通股份								
境内上市的人民币普通股	183,325,916					+17,256,185	+17,256,185	200,582,101
其中:内部职工股(高管股)	1,117,157					-31,842	-31,842	1,085,315
三、股份总数	732,932,101							732,932,101

深圳赤湾港航股份有限公司

二〇〇〇年年度报告摘选

一、公司简介

1.公司法定中文名称 深圳赤湾港航股份有限公司
公司法定英文名称及缩写 Shenzhen Chiwan Wharf Holdings Limited (CWH)
2.公司法定代表人 王芬 董事长
3.公司董事会秘书 裴姜媛
授权代表 何颖班、唐青松
联系地址 中国深圳市赤湾港赤湾石油大厦12楼
电话 +(86)755 6694620,6817332
传真 +(86)755 6694297
电子信箱 szchiwan@public.szptt.net.cn
4.公司注册地址 中国深圳市赤湾港
公司办公地址 中国深圳市赤湾港赤湾石油大厦11-12楼
邮政编码 518068
公司电子信箱 szchiwan@public.szptt.net.cn
5.公司选定的信息披露报纸《证券时报》、《南华早报》
登载公司年度报告的国际互联网网址 http://www.cninfo.com.cn
公司年度报告备置地点 公司董事会秘书处
6.公司股票上市交易所 深圳证券交易所
股票简称 深赤湾A/深赤湾B
股票代码 0022/2022

二、会计数据和业务数据摘要

1.2000年度利润总额及构成(单位:人民币元)

	2000年度
利润总额	121,387,682.42
净利润	82,561,186.26
扣除非经常性损益后的净利润	82,278,772.30
主营业务利润	180,825,419.98
营业利润	117,728,745.88
投资收益	2,102,532.01
补贴收入	——
营业外收支净额	1,556,404.53
经营活动产生的现金流量净额	214,328,310.33
现金及现金等价物净增加额	22,913,129.48

● 按中国会计准则和国际会计准则审计的净利润均为8256.12万元,二者之间并无差异。
● 扣除的非经常性损益项目及金额:

名称	金额
营业外收支净额	1,556,404.53
合并价差摊销	-1,273,990.57

2.截止2000年末前三年主要会计数据和财务指标(单位:人民币元)

	2000年	1999年	1998年
主营业务收入	455,483,184.80	378,929,134.40	318,800,269.16
净利润	82,561,186.26	72,446,699.78	55,411,194.93
总资产	2,301,097,698.67	1,747,586,132.03	1,683,972,239.31
股东权益(不含少数股东权益)	1,079,594,964.21	1,048,313,448.53	1,020,125,508.22
每股收益(元)	0.216	0.190	0.145
按月加权平均每股收益(元)	0.216	0.190	0.145
扣除非经常性损益后的每股收益(元)	0.216	0.196	0.158
每股净资产(元)	2.830	2.748	2.674
调整后的每股净资产	2.784	2.713	2.645
每股经营活动产生的现金流量净额	0.562	0.427	0.322
净资产收益率(%)	7.65%	6.91%	5.43%

3.按照中国证监会《公开发行证券公司信息披露规则(第9号)》要求计算净资产收益率和每股收益。

报告期利润	净资产收益率		每股收益(单位:人民币元)			
	全面摊薄	加权平均	全面摊薄		加权平均	
主营业务利润	16.75%	16.60%	RMB	0.4740	RMB	0.4740
营业利润	10.90%	10.80%	RMB	0.3086	RMB	0.3086
净利润	7.65%	7.58%	RMB	0.2164	RMB	0.2164
扣除非经常性损益后的净利润	7.62%	7.55%	RMB	0.2157	RMB	0.2157

4.本报告期内股东权益变动情况
(1)股东权益变动情况表

项目	股本	资本公积	盈余公积	法定公益金	未分配利润	股东权益合计
期初数	381517000	406032813	263456971	38375425	24225	1048313449
本期增加	0	0	33024475	4128060	82561186	115585661
本期减少	0	0	0	0	82240167	84304146
期末数	381517000	406032813	296481446	42503485	345244	1079594964

(2)股东权益变动说明:本年增加系本年提取数

三、股东情况介绍

1.本报告期末公司股东总数45,471人,其中境内法人股股东1名,境内上市普通股股东38,630人,境内上市外资股股东6,840人。

2.前十名股东持股情况

序号	股东代码	股东名称	持股数量	持股比例
1	00038657	中国南山开发(集团)股份有限公司	224,470,000	58.84%
2	00204641	BERMUDA TRUST(FAR EAST)LTD-VALUE PARTNERS	6,200,420	1.63%
3	00218620	THE SCM CHINA GROWTH FUND LDC	5,872,400	1.54%
4	00222756	IBT BOSTON A/C WILLIAM BLAIR INT'L SHARE FUND	3,999,910	1.05%
5	00301608	BTFE-BOBL/MANULIFE GLOBAL FUND - CHINA VALUE	3,359,535	0.88%
6	00297985	CMB RE BK OF AMERICA RE JAYHAWK CHINA F LTD	2,700,659	0.71%
7	00318494	BTFE/VALUE PARTNERS INTELLIGENT FD-CHINA B SHS FD	2,390,007	0.63%
8	00292772	BTFE/VALUE PARTNERS LIMITED PARTNERSHIP	1,747,984	0.46%
9	00210548	SHELL PENSIONS TST/SHELL CONTRIBUTORY PENSION FUND	1,466,900	0.38%
10	00299967	BTNY A/C WEYERHAEUSER CO MASTER RET TRUST	1,278,600	0.33%
合计			253,486,415	66.44%

深圳市天地(集团)股份有限公司

二○○○年年度报告摘选

一、公司简介

1、公司的法定中、英文名称
中文名称:深圳市天地(集团)股份有限公司
英文名称:SHENZHEN UNIVERSE (GROUP)CO.,LTD.
2、公司法定代表人　　陈德伦(董事长)
3、公司董事会秘书及其授权代表的姓名、联系地址、电话、传真、电子信箱
李惟诚(董事会秘书、董事会办公室主任)
侯　剑(董事会证券事务代表)
联系地址:深圳市宝安南路天地大厦三楼 深圳市天地(集团)股份有限公司 董事会办公室
电　话:(0755)5566321　　传真:(0755)5590169
电子信箱:szunives@sz.gd.cninfo.net
4、公司注册地址、办公地址及其邮政编码,公司国际互联网网址、电子信箱
公司注册地址及办公地址:深圳市宝安南路天地大厦二、三楼　　邮政编码:518008
公司国际互联网网址:
http://www.universe-sz.com.cn(国内域名)
http://www.universe-china.com(国际域名)
公司电子信箱:szunives@public.topway.net.cn
5、公司选定的信息披露报纸名称、登载公司年度报告的中国证监会指定国际互联网网址,公司年度报告备置地点
公司选定的信息披露报纸名称:《证券时报》
登载公司年度报告的中国证监会指定国际互联网网址:
http://www.cninfo.com.cn
公司年度报告备置地点:公司董事会办公室
6、公司股票上市交易所、股票简称和股票代码
公司股票上市交易所:深圳证券交易所
股票简称:深天地A　　股票代码:0023

二、会计数据和业务数据摘要

1、公司本年度实现利润情况　　单位:人民币元

项　目	金　额
利润总额	23,684,339.75
净利润	17,845,738.01
扣除非经常性损益后的净利润	326,514.63
主营业务利润	39,457,623.07
其他业务利润	3,036,930.57
营业利润	(25,951,026.13)
投资收益	17,758,734.17
补贴收入	0
营业外收支净额	31,876,631.71
经营活动产生的现金流量净额	24,458,801.55
现金及现金等价物净增加额	38,968,945.02

注:"扣除非经常性损益后的净利润"指标中,扣除的非经常性损益包括侨光项目股权转让收益18,228,129.31元及应计所得税(708,905.93)元。

2、截止报告期末公司前三年的主要会计数据和财务指标　　单位:人民币元

项　目	2000年度	1999年度	1998年度	
			追溯调整前	追溯调整后
主营业务收入	256,863,445.22	301,215,865.26	265,458,760.20	265,458,760.20
净利润	17,845,738.01	25,549,906.12	25,482,853.75	19,713,553.84
总资产	828,554,545.17	737,676,159.73	690,334,891.43	611,463,828.58
股东权益(不含少数股东权益)	270,545,036.32	257,637,805.37	315,103,964.37	239,858,248.69
每股收益	0.1286	0.1841	0.1928	0.1492
加权平均每股收益	0.1286	0.1902	0.2087	0.1615
扣除非经常性损益后的每股收益	0.002	0.1249	0.0521	0.0085
每股净资产	1.95	1.86	2.38	1.82
调整后的每股净资产	1.57	1.41	2.04	1.49
每股经营活动产生的现金流量净额	0.1763	0.1242	0.1275	0.1275
净资产收益率(%)	6.60	9.92	8.09	8.22
加权净资产收益率(%)	6.69	10.11	8.88	9.19
扣除非经常性损益后的净资产收益率	0.12	6.73	2.18	0.47
扣除非经常性损益后的加权净资产收益率	0.12	6.86	2.40	0.52

三、股本变动及股东情况

1、股本变动情况

股份变动情况表

数量单位:股

	本次变动前	本次变动增减(+,-)						本次变动后
		配股	送股	公积金转股	增发	其他	小计	
一、尚未流通股份								
1、发起人股份	92,565,018							92,565,018
其中:								
国家拥有股份	92,565,018							92,565,018
境内法人持有股份								
境外法人持有股份								
其他								
2、募集法人股								
3、内部职工股								
4、优先股或其他								
其中:转配股								
未上市流通股份合计	92,565,018							92,565,018
二、已上市流通股份								
1、人民币普通股	46,191,222							46,191,222
2、境内上市的外资股								
3、境外上市的外资股								
4、其他								
已上市流通股份合计	46,191,222							46,191,222
三、股份总数	138,756,240							138,756,240

招商局蛇口控股股份有限公司

二○○○年年度报告摘选

一、公司简介

1. 公司法定中、英文名称:
中文名全称:招商局蛇口控股股份有限公司　中文名简称:蛇口控股
英文名全称:CHINA MERCHANTS SHEKOU HOLDINGS CO.,LTD.
英文名简称:CMSH
2. 公司法定代表人:丁克义先生
3. 公司董事会秘书:陈 恳先生
联系地址:深圳南山区蛇口工业区新时代广场30楼
联系电话:(0755)6819600　　传真:(0755)6819680
4. 公司证券事务授权代表:刘 宁女士
联系地址:深圳南山区蛇口工业区新时代广场30楼
联系电话:(0755)6819616　　传真:(0755)6819680
电子信箱:ning68@21cn.com
5. 公司注册地址:深圳南山区蛇口工业区新时代广场30楼
公司办公地址:深圳南山区蛇口工业区新时代广场30楼　　邮政编码:518067
电子信箱:szcmskpc@sz.gd.cninfo.net
6. 公司选定的信息披露报刊:《证券时报》、《中国证券报》和《香港大公报》
中国证监会指定国际互联网网址:http://www.cninfo.com.cn
公司年度报告备置地点:本公司董事会秘书处
7. 公司股票上市交易所:深圳证券交易所
公司股票第二上市交易所:新加坡交易所
股票简称:招商局A、招商局B
股票代码:0024、2024

二、公司会计数据及业务数据摘要

1. 公司本年度实现主要利润指标

序号	主要利润指标	
1	利润总额	353,718,275.40
2	净利润	208,910,552.54
3	扣除非经常性损益后的净利润	181,630,687.60
4	主营业务利润	488,727,232.87
5	其他业务利润	2,925,051.58
6	营业利润	304,296,009.31
7	投资收益	5,403,821.15
8	补贴收入	33,828,360.69
9	营业外收支净额	10,190,084.25
10	经营活动产生的现金流量净额	225,847,623.27
11	现金及现金等价物净增加额	338,007,625.36

3. 公司主要会计数据和指标

表一:截止报告期末前三年主要财务数据和指标

指标项目/年度	2000年	1999年		1998年	
		(调整前)	(调整后)	(调整前)	(调整后)
主营业务收入	2,917,231,109.51	930,466,426.99	930,466,426.99	598,573,583.43	597,740,479.43
利润总额	353,718,275.40	256,014,206.37	256,014,206.37	117,846,852.22	102,549,756.41
其中:主营业务利润	488,727,232.87	305,718,517.07	296,982,605.07	118,569,610.06	117,553,254.27
其他业务利润	2,925,051.58	4,517,413.27	4,517,413.27	3,314,210.72	3,314,210.72
投资收益	5,403,821.15	28,679,694.69	28,679,694.69	52,560,235.85	47,937,856.53
补贴收入	33,828,360.69	20,805,845.94	20,805,845.94	-	-
营业外收支净额	10,190,084.25	7,752,782.11	7,752,782.11	7,141,775.14	7,141,775.14
净利润	208,910,552.54	159,811,387.43	159,811,387.43	113,760,081.96	98,836,127.17
总资产	4,888,827,687.37	3,886,228,397.21	3,876,160,050.08	2,743,415,328.48	2,739,961,213.32
股东权益	2,148,559,123.02	1,337,352,896.43	1,307,339,354.99	1,220,582.298.47	1,176,845,339.44
每股收益(摊薄)	0.439	0.403	0.403	0.316	0.274
(加权)	0.458	0.422	0.443	0.316	0.274
每股净资产	4.51	3.374	3.298	3.387	3.266
净资产收益率(%)(摊薄)	9.72	11.950	12.22	9.320	8.398
(加权)	10.78	12.563	12.67	9.630	8.534
调整后的每股净资产	4.38	3.299	3.299	3.290	3.251
每股经营活动产生的现金流量净额	0.474	0.381	0.381	0.830	0.830

三、股东情况介绍

(1)截至2000年12月31日止,本公司共有A股股东64,319人,B股股东9,923人。

(2)前十大股东持股情况　　(单位:股)

股　东　名　称	期初数	本期增减	期末数	占比例
1、招商局蛇口工业区有限公司	156,906,750	0	156,906,750	32.94%
2、香港全天域投资有限公司	52,302,250	0	52,302,250	10.98%
3、Foxtrol International Ltd.	15,400,000	0	15,400,000	3.23%
4、Orienture Investment Ltd.	14,779,525	0	14,779,525	3.10%
5、洋邦国际有限公司	3,120,075	+4,086,093	7,206,168	1.51%
6、The Central Depository(PTE) Ltd	3,842,296	-438,800	3,403,496	0.71%
7、Fair Oaks Development Limited	3,449,733	-113,517	3,336,216	0.70%
8、泰和证券投资基金	0	+2,330,000	2,330,000	0.49%
9、Vickers Ballas Hong Kong Ltd	2,773,720	-506,664	2,267,056	0.48%
10、平安证券有限公司	0	+2,181,037	2,181,037	0.46%

深圳市特力(集团)股份有限公司

二○○○年年度报告摘选

一、公司简介

1、公 司 名 称:深圳市特力(集团)股份有限公司
英 文 名 称:Shenzhen Tellus Holding Co., Ltd.
英 文 缩 写:Tellus
2、法 定 代 表 人:宋仁权
3、董 事 会 秘 书:李盛昌
联系地址:深圳市特力(集团)股份有限公司 董事会秘书处
电 话:(0755)5536888-315
传 真:(0755)5536658
电子信箱:sztljtgf@sz.gd.cninfo.net
董事会秘书授权代表:张 磊
联系地址:深圳市特力(集团)股份有限公司 计划财务部
电 话:(0755)5536888-329
传 真:(0755)5536658
电子信箱:sztellus@public.szptt.net.cn
4、注册及办公地址:深圳市罗湖区水贝二路56号特力大厦3楼　　邮 政 编 码:518020
国际互联网网址:http://www.sdgtellus.com.cn
电子信箱:sztljtgf@public.szptt.net.cn
5、信息披露的报刊:境内:深圳《证券时报》、境外:香港《大公报》。
登载公司年度报告的中国证监会指定国际互联网网址:
http://www.cninfo.com.cn
公司年报备置地点:深圳市罗湖区水贝二路56号特力大厦3楼
6、公司股票上市地:深圳证券交易所
公司股票简称及其代码:ST特力A(0025)
ST特力B(2025)

二、会计数据和业务数据摘要

(一)公司本年度的财务数据

项　目	金　额
利润总额	-118,680,002.72
净利润	-118,383,026.19
扣除非经常性损益后的净利润	-125,978,560.24
其他业务利润	2,297,378.50
营业利润	-106,013,406.96
投资收益	-9,617,983.74
补贴收入	7,595,534.05
营业外收支净额	-10,644,146,07
经营活动产生的现金流量净额	169,437.91
现金及现金等价物净增加额	-8,012,949.85

(二)近三年主要会计数据和财务指标(万元):

项　目	2000年度	1999年度	1998年度	2000年与1999年对比增减(±)%
主营业务收入	15,261.6	30,864.6	30,506.6	-50.6
净利润	-11,838.3	-11,618.9	2,213.7	-
总资产	76,648	86,455	95,207	-11.3
股东权益	9,279	21,117.3	32,739.2	-56.1
每股收益	-0.54	-0.53	0.1	-
扣除非经常性损益后的每股收益	-0.57	-0.53	0.1	-
每股净资产	0.42	0.96	1.49	-56.3
调整后的每股净资产	0.30	0.87	1.43	-65.5
每股经营活动产生的现金流量净额	0.0008	-0.64	0.2	-
净资产收益率	-127.6%	-55%	6.76%	-

(三)依据中国证监会《公开发行证券公司信息披露编报规则》(第9号)要求计算的2000年度净资产收益率和每股收益;
净资产收益率(全面摊薄)(%):-127.6
净资产收益率(加全平均)(%):-255.2
每股收益(全面摊薄)(元):-0.54
每股收益(加权平均)(元):-0.54
(四)报告期内股东权益变动情况(万元):

项　目	股本	资本公积	盈余公积	其中:公益金	未分配利润	外币报表折算差额	合计
期初数	22,028,16	16,664.6	5,429.6	321.06	-22,974.4	-30.7	21,117.3
本期增加	0	0	0	0	-11,838.3	0	-11,838.3
本期减少	0	0	0	0	0	0	0
期末数	22,028.16	16,664.6	5,429.6	321.06	-34,812.7	-30.7	9,279

变动原因:本年度未分配利润减少主要是因亏损和消化历史遗留潜亏所致,亦是导致本期股本权益减少的原因。

三、股东情况介绍

(一)报告期末的股东共23,688户
其中:A股股东14,437户(含内部职工股股东1户)
B股股东9,251户
(二)报告期末前十名股东持股情况

序号	股东名称	持股数(股)	占总股数的比例(%)
1	深圳经济特区发展(集团)公司(国有股东)	159,588,000	72.45
2	CHINA PINGAN INSURANCE(HK) CO.,LTD 中国平保(香港)(外资股东)	747,360	0.34
3	陈益昌(外资股东)	720,300	0.33
4	EARNGUARD LTD(外资股东)	540,400	0.25
5	王继萍(外资股东)	525,100	0.24
6	李贵	459,800	0.21
7	HONGKONG KEEP GOING DEVE LTD(外资股东)	450,242	0.20
8	张树群(外资股东)	400,000	0.18
9	北京灵根科技发展有限公司	341,578	0.16
10	深圳市蓝波湾投资有限公司	314,600	0.14

深圳市飞亚达(集团)股份有限公司

二○○○年年度报告摘选

一、公司简介

1.公司的法定中、英文名称及缩写:
公司中文名称:深圳市飞亚达(集团)股份有限公司
公司英文名称:SHENZHEN FIYTA HOLDINGS LTD.
英文缩写:FIYTA
2.公司法定代表人:李志正
3.公司董事会秘书及证券事务代表:郝惠文、陈 卓
联系地址:深圳市振华路163号飞亚达大厦
电话:(0755)3217888—8218　　传真:(0755)3348369
电子信箱:szfydjts@sina.com
4.公司注册、办公地址:深圳市振华路163号飞亚达大厦　　邮政编码:518041
公司国际互联网网址:http://www.fiyta.com
公司电子信箱:szfiyta@public.szptt.net.cn
5.公司选定《证券时报》、《香港商报》作为公司信息披露的报纸,
登载公司年度报告的中国证监会指定国际互联网网址为:http://www.cninfo.com.cn
公司年度报告备置地点:公司证券部
6.公司股票上市交易所:深圳证券交易所
股票简称及代码:飞亚达A 0026　　飞亚达B 2026

二、会计数据和业务数据摘要

1.公司本年度主要会计数据(单位:人民币元)

项目	金额
利润总额	20,751,689.30
净利润	14,665,210.80
扣除非经常性损益后的净利润	14,520,010.80
主营业务利润	106,126,802.62
其他业务利润	15,852,280.69
营业利润	10,592,458.31
投资收益	7,382,213.47
补贴收入	145,200.00
营业外收支净额	2,631,817.52
经营活动产生的现金流量净额	-3,890,041.79
现金及现金等价物净增加额	-14,332,198.63

2.扣除非经常性损益项目和涉及金额

项　目	金额(人民币元)
补贴收入	145,200.00
合计	145,200.00

3.境内、外会计师审计的净利润差异说明
经普华永道国际会计公司按国际会计准则审计,2000年度本公司净利润为13,028千元人民币,与中天勤会计师事务所审计之差异调整项目:　　单位:人民币千元

项目	金额
经中天勤会计师事务所审计之净利润:	14,665
(1)计提递延税项	3,422
(2)调整坏帐准备	(3,500)
(3)冲销开办费	1,019
(4)其他	(2,578)
经普华永道国际会计公司按国际会计准则审计之净利润:	13,028

4.公司前三年的主要会计数据和财务指标

单位:人民币元

项　目	2000年	1999年		1998年	
		调整前	调整后	调整前	调整后
主营业务收入	253,028,149.23	280,224,091.78	280,224,091.78	343,995,781.85	343,995,781.85
净利润	14,665,210.80	33,139,195.78	30,834,873.21	51,089,302.07	39,748,930.11
总资产	781,982,535.21	821,940,796.79	821,940,796.79	837,169,638.40	800,548,060.01
股东权益	593,228,796.83	580,867,908.60	578,563,586.03	606,573,704.77	572,660,512.72
每股收益(摊薄)	0.059	0.133	0.124	0.205	0.159
每股收益(加权)	0.059	0.133	0.124	0.211	0.164
扣除非经常性损益后的每股收益	0.058	0.133	0.124	0.205	0.159
每股净资产	2.38	2.33	2.32	2.43	2.30
调整后每股净资产	2.26	2.19	2.17	2.29	2.16
每股经营活动产生的现金流量净额	-0.016	0.151	0.151	0.220	0.220
净资产收益率	2.47%	5.71%	5.33%	8.42%	6.94%

说明:1999年度财务数据调整原因为:调整净资产为负的子公司的少数股东权益。
5.根据中国证监会《公开发行证券公司信息披露编报规则第9号》计算的净资产 收益率和每股收益:

报告期利润	净资产收益率(%)		每股收益(元/股)	
	全面摊薄	加权平均	全面摊薄	加权平均
主营业务利润	17.89%	18.11%	0.426	0.426
营业利润	1.79%	1.81%	0.043	0.043
净利润	2.47%	2.50%	0.059	0.059
扣除非经常性损益后的净利润	2.45%	2.48%	0.058	0.058

三、股本变动及股东情况

1.股东数量
报告期末,本公司股东总数为23,380人,A股股东19,785人,其中内部职工4人,B股股东3,595人。
2.截止2000年12月31日,本公司前十名股东持股情况:

股 东 名 称	持股数量	股票种类	持股比例
深圳中航实业股份有限公司	130,248,000	A	52.24%
南证国际有限公司	9,528,200	B	3.82%
大鹏国际控股有限公司	1,522,050	B	0.61%
中国平保(香港)	1,007,920	B	0.40%
森生实业公司	700,000	B	0.28%
田庆辉	610,950	B	0.25%
HKIT/006-113039-431	570,851	B	0.23%
FASTLIGHT ELECTRONIC LIMITED	561,500	B	0.23%
林少平	517,699	B	0.21%
陈利琼	501,357	B	0.20%

深圳能源投资股份有限公司

二〇〇〇年年度报告摘选

一、公司简介

1、公司的法定中文名称:深圳能源投资股份有限公司
法定英文名称:SHENZHEN ENERGY INVESTMENT CO.,LTD.
英文缩写:SEIC
2、公司法定代表人:劳德容
3、公司董事会秘书:胡坚
股证事务代表:周朝晖
联系地址:深圳市福田区深南中路2068号33层
联系电话:0755-3684356
传真:0755-3684248
电子信箱:seic@szonline.net
4、公司注册地址:深圳市福田区深南中路2068号33层
公司办公地址:深圳市福田区深南中路2068号33层
邮政编码:518031
电子信箱:seic@szonline.net
5、公司选定的信息披露报纸:中国证券报、证券时报
登载公司年度报告的网址:www.cninfo.com.cn
公司年度报告备置地点:公司证券部
6、公司股票上市交易所:深圳证券交易所
股票简称:深能源A
股票代码:0027

二、会计数据和业务数据摘要

1、公司本年度主要利润指标(单位:人民币元)

项目	金额
利润总额	670513901.66
净利润	354902556.98
扣除非经常性损益后的净利润	399831938.55
主营业务利润	719094613.23
其他业务利润	2437765.16
营业利润	529728208.58
投资收益	61183962.48
补贴收入	116814538.14
营业外收支净额	-37212807.54
经营活动产生的现金流量净额	1240110080.40
现金及现金等价物净增加额	305790740.52

扣除非经常性损益的项目为资产处置损失-39990206.69元,合并价差摊入-4939174.88元,合计-44929381.57元。

2、截至报告期末公司前三年主要会计数据和财务指标(单位:人民币元)

项目	2000年度	1999年度		1998年度	
		调整后	调整前	调整后	调整前
主营业务收入	2308022916.14	1583749777.70	1583749777.70	1397667961.19	1396308661.70
净利润	354902556.98	326970818.95	291471651.29	257684709.72	265147448.77
总资产	7544313536.46	5074135727.24	5051382472.56	5255115246.20	5296252358.66
股东权益(不含少数股东权益)	2557938947.75	1655160072.54	1648409053.39	1531909906.17	1571327448.34
每股收益	0.3542	0.3606	0.3215	0.2842	0.2925
每股收益(加权)	0.3814	0.3606	0.3215	0.2842	0.2925
每股收益(扣除非经常性损益后)	0.3990	0.3606	0.3229	0.2815	0.2898
每股净资产	2.5526	1.8256	1.8182	1.6897	1.7332
调整后的每股净资产	2.3347	1.6758	1.7300	1.5700	1.6200
每股经营活动产生的现金流量净额	1.2375	0.8678	0.8678	0.9645	0.9645
净资产收益率	13.87	19.75	17.68	16.82	16.87
净资产收益率(加权)	16.85	20.52	18.33	17.37	17.63
净资产收益率(扣除非经常性损益后)	15.63	19.75	17.76	16.66	16.72

3、根据中国证监会《公开发行证券公司信息披露编报第9号-净资产收益率和每股收益的计算及披露》要求计算的利润表附表

报告期利润	净资产收益率(%)		每股收益(元)	
	全面摊薄	加权平均	全面摊薄	加权平均
主营业务利润	28.11	34.14	0.7176	0.7728
营业利润	20.71	25.15	0.5286	0.5693
净利润	13.87	16.85	0.3542	0.3814
扣除非经常性损益后的净利润	15.63	18.98	0.3990	0.4297

4、报告期内股东权益变动情况(单位:人民币元)

项目	股本	资本公积	盈余公积	法定公益金	未分配利润	股东权益合计
期初数	906616206	93148087.09	615881736.05	121684804.40	39514143.40	1655160172.54
本期增加	95463238	483841463.01	219373525.04	52816013.58	354902556.98	1153580783.03
本期减少					250801907.82	250801907.82
期末数	1002079444	576989550.10	835255161.09	174500817.98	143614792.56	2557938947.75
变动原因	配	股	提取公积金	提取公益金	实现利润	实现利润、配股

三、股东情况介绍

1、截至2000年12月31日,公司股东总数246242户。
2、截至2000年12月31日,公司前10名股东情况
(1)深圳市能源集团有限公司(国家股)553982467股,占公司总股本的55.28%。
(2)广东电力发展股份有限公司6850051股,占公司总股本的0.68%。
(3)景福证券投资基金5125125股,占公司总股本的0.51%。
(4)西北电力建设总公司4383225股,占公司总股本的0.44%。
(5)深圳沙角火力发电厂B厂有限公司3176250股,占公司总股本的0.32%。
(6)景宏证券投资基金3163778股,占公司总股本的0.32%。
(7)广东核电投资有限公司3049200股,占公司总股本的0.30%。
(8)泰和证券投资基金2716115股,占公司总股本的0.27%。
(9)深圳市投资管理公司2541000股,占公司总股本的0.25%。
(10)深圳市鸿基(集团)股份有限公司2541000股,占公司总股本的0.25%。

深圳市益力矿泉水股份有限公司

二〇〇〇年年度报告摘选

一、公司简介

1、公司注册名称:深圳市益力矿泉水股份有限公司
英文名称:Shenzhen Health Mineral Water Co., Ltd.
2、公司法定代表人:刘晓勇
3、公司董事会秘书:陈常兵
联系地址:深圳市人民南路国际贸易中心大厦11楼
联系电话:(0755)2251370、2251782
传　　真:(0755)2222353
电子信箱:champion@szaccord.com.cn
4、公司注册地址:深圳市人民南路国际贸易中心大厦11楼
办公地址:深圳市人民南路国贸大厦11楼
邮政编码:518014
电子信箱:0028@szaccord.com.cn
5、公司信息披露报纸:《证券时报》、《大公报》
中国证监会指定登载公司年度报告的国际互联网网址:
http://www.cninfo.com.cn
公司年度报告备置地点:深圳市人民南路国际贸易中心大厦11楼1107室
6、公司股票上市地:深圳证券交易所
股票简称:"深益力A"　代码:0028
"深益力B"　代码:2028

二、会计数据和业务数据摘要

1、本年度主要经营指标情况:

项目	金额(元)
(1)利润总额	-2,976,111.11
(2)净利润	-1,784,830.34
(3)扣除非经常性损益后的净利润	-20,295,400.18
(4)主营业务利润	38,394,960.82
(5)其他业务利润	9,011,355.47
(6)营业利润	-15,322,894.13
(7)投资收益	-1,611,738.91
(8)补贴收入	—
(9)营业外收支净额	13,958,521.93
(10)经营活动产生的现金流量净额	8,518,754.78
(11)现金及现金等价物净增加额	-46,172,390.60

(2)扣除非经常性损益项目和涉及金额为:商标净收入7,773,600元;
生产损失补偿费17,575,920元;处理固定资产净损失6,840,950.16元。

2、截至报告年度末公司前三年的主要会计数据和财务指标:

指标	2000	1999		1998	
		调整后	调整前	调整后	调整前
(1)主营业务收入(元)	107,898,952.24	90,186,614.12	90,186,614.12	88,002,072.45	88,002,072.45
(2)净利润(元)	-1,784,830.34	20,585,150.61	20,585,150.61	-11,447,194.31	5,455,090.59
(3)总资产(元)	490,886,574.51	501,982,520.74	538,950,594.14	509,199,742.86	546,167,816.26
(4)股东权益(元)	322,993,436.31	324,778,266.65	341,680,551.55	306,026,116.04	322,928,400.94
(5)每股收益(元)	-0.006	0.129	0.129	-0.072	0.034
(6)扣除非经常性损益后的每股收益(元)	-0.070	-0.115	-0.115	—	—
(7)每股净资产(元)	1.12	2.03	2.13	1.91	2.02
(8)调整后的每股净资产(元)	1.07	1.96	2.06	1.84	1.94
(9)每股经营活动产生的现金流量净额(元)	0.03	0.143	0.143	—	—
(10)净资产收益率(%)	-0.55%	6.34%	6.02%	-3.74%	1.69%

3、按照中国证监会《公开发行证券公司信息披露编报规则第9号》要求计算的净资产收益率和每股收益:

报告期利润	净资产收益率(%)		每股收益(元)	
	全面滩薄	加权平均	全面滩薄	加权平均
主营业务利润	11.89	11.85	0.13	0.13
营业利润	-4.74	-4.73	-0.05	-0.05
净利润	-0.55	-0.55	-0.006	-0.006
扣除非经常性损益后的净利润	-6.28	-6.27	-0.07	-0.07

4、股东权益变化情况

单位:万元人民币

项目	股本	资本公积	盈余公积	法定公益金	未分配利润	股东权益合计
期初数	16,008.30	11,128.29	7,287.66	—	-1,946.43	32,477.82
本期增加	12,806.64	—	—	—	-178.48	12,628.16
本期减少	—	9,604.98	3,201.66	—	—	12,806.64
期末数	28,814.94	1,523.31	4,086.00	—	-2,124.91	32,299.34

三、股本变动及股东情况

一、股本变动情况表

股份类别	期初数(万股)	本次变动增减				期末数(万股)
		配股	送股	公积金转股	其他	
(一)、尚未流通股份						
(1)发起人股份	8,385.30	—	—	6,708.24	—	15,093.54
其中:						
国家拥有股份	6,936.93	—	—	5,549,544	—	12,486,474
境内法人持有股份	1,448.37	—	—	1,158,696	—	2,607,066
(2)募集法人股	1,524.60	—	—	1,219.68	—	2,744.28
合计	9,909.90	—	—	7,927.92	—	17,837.82
(二)、已流通股份						
(1)人民币普通股	3,049.20	—	—	2,439.36	—	5,488.56
(2)境内上市的外资股	3,049.20	—	—	2,439.36	—	5,488.56
合计	6,098.40	—	—	4,878.72	—	10,977.12
股份总数	16,008.30	—	—	12,806.64	—	28,814.94

深圳经济特区房地产(集团)股份有限公司

二○○○年年度报告摘选

一、公司简介

(一)公司法定中文名称:深圳经济特区房地产(集团)股份有限公司
公司法定英文名称:SHENZHEN Special Economic Zone Real Estate&Properties (Group). co. , Ltd.
中文缩写: 深房集团　　英文缩写:SPG
(二) 公司法定代表人:叶环保
(三) 公司董事会秘书:梁煦　　证券事务代表:涂志刚
(四) 联系地址:深圳市人民南路深房广场47楼
电话:(0755)2293000－4720、4718
传真:(0755)2294024
电子信箱 SZspgcs@public. SZptt. net. cn
(四)公司注册地址:深圳市人民南路深房广场47楼
公司办公地址:深圳市人民南路深房广场45—48楼
邮政编码:518001
电子信箱 SZspgcs@public. SZptt. net. cn
(五)公司选定的信息披露报纸
境内:《中国证券报》、《证券时报》
境外:《大公报》
登载公司年度报告的中国证监会指定的国际互联网址:http://www. cninfo. com. cn
公司年度报告备置地点:深圳市人民南路深房广场47楼
(六)股票上市交易所:深圳证券交易所
股票简称及股票代码:深深房 A(代码 0029)
深深房 B(代码 2029)

二、会计数据和业务数据摘要

(一) 公司本年度实现的利润总额:	81,884,341元
净利润:	76,551,995元
扣除非经常性损益后的净利润:	76,481,496元
主营业务利润:	274,230,931元
其他业务利润:	24,943,004元
营业利润:	68,913,563元
投资收益:	2,360,289元
营业外收支净额:	10,610,489元
经营活动增加的现金流量净额:	130,611,895元
现金及现金等价物净增加额:	1,413,844元

A、B股差异:

经深圳华鹏会计师事务所的审计,按国内会计准则及其他调整,本公司2000年度之税后利润为76,551,994.63元,股东权益1,061,572,232元,而依据国际会计准则及其他调整,本公司2000年度之税后利润为75,971千元,股东权益1,389,660千元。其差异调整项目如下:

	本年利润 人民币'000	净资产 人民币'000
中国会计准则下的金额	76,552	1,601,572
因费用的处理及收入的确认方法不同导致的差异	(3,229)	(5,611)
重组债务的收益	10,870	-
拨回投资物业的折旧及摊销费用	12,459	12,459
多提的坏帐准备	(9,107)	(9,107)
调整短期投资至其市值	1,326	1,326
固定资产成本确认的差异	-	(202,148)
因购入附属公司而导致的商誉	(10,005)	(8,831)
其他	(2,895)	-
国际会计准则下的金额	75,971	1,389,660

(二)本公司最近三年的主要会计数据和财务指标

	2000年	1999年		1998年	
		调整后	调整前	调整后	调整前
主营业务收入(万元)	85,284.1	72,360.3	84,915.8	73,345.3	73,345.3
净利润(万元)	7,655.2	10,578.7	10,208.5	－104,561.7	－104,402.5
总资产(万元)	411,391.3	411,289.6	426,214.9	487,431.9	487,747.8
股东权益(不含少数股东权益、单位万元)	160,157.2	155,061.1	152,034.8	140,709.2	141,459.0
每股收益——摊薄(元)	0.0757	0.10	0.10	－1.03	－1.03
每股收益——加权(元)	0.0757	0.10	0.10	－1.03	－1.03
每股收益——扣除非经常损益(元)	0.0756	－0.0047	－0.0047	－1.03	－1.03
每股净资产(元)	1.58	1.53	1.50	1.40	1.40
调整后的每股净资产(元)	1.50	1.40	1.38	1.25	1.28
每股经营活动产生的现金流量净额(元)	0.13	0.14	0.14	－0.02	－0.02
净资产收益率——摊薄(%)	4.78	6.71	6.71	－74.89	－73.80
净资产收益率——加权(%)	4.82	7.00	6.71	－74.89	－73.80

三、股本变动及股东情况介绍

1、截止2000年12月31日,本公司A股股东数为98239户;B股股东数为9616户,股东数合计为107855户。

2、截止于2000年12月31日,持有本公司5%以上的股东,只有深圳市建设投资控股公司一家。该公司所持股份报告期内无增减变动,亦无被冻结或质押之情况。

本公司前十名大股东名单(截止于2000年12月31日)

序号　股东名称	所持股数(万股)	占总股本比例(%)
1 深圳市建设投资控股公司	74,382.00	73.5247
2 SHUM YIP KWAN WING DEVELOPMENT LTD	161.90	0.1600
3 程晓曙	156.67	0.1549
4 HKIT/006－113039－431	113.79	0.1125
5 智慧屋智能系统(香港)有限公司	100.00	0.0988
6 MORGAN STANLEY INTL(CHINA)－－FIRM	95.80	0.0947
7 AMERICAN EASTERN INVESTMENT ADVISORY(HK)LIMITED	94.08	0.0929
8 成磊	92.69	0.0916
9 NORMURA INTERNATIONAL (HK) LTD	82.41	0.0815
10 WONG TSZ YUET	80.96	0.0800

深圳市莱英达集团股份有限公司

二○○○年年度报告摘选

一、公司简介

1、公司法定名称:深圳市莱英达集团股份有限公司
2、英文名称:Shenzhen Lionda Holdings Co. , Ltd.(缩写 LIONDA)
3、公司法定代表人:李承友先生
4、公司董事会秘书:魏丹先生
(2001年3月27日已更改为潘世明先生)
联系电话:(0755)3361666　　传真:(0755)3361777
邮编:518031
电子信箱:szlionda@sina. com
5、公司注册地址:中国广东省深圳市华强北路
公司办公地址:深圳市华强北路嘉华大厦　　邮编:518031
公司电子信箱:szlionda@sina. com
6、公司选定的信息披露报纸名称:《证券时报》、香港《大公报》
刊登公司年度报告的中国证监会指定国际互联网网址:
http://www. cninfo. com. cn/
年度报告备置地点:公司三楼产权及发展部
7、股票上市交易所:深圳证券交易所
8、股票简称:ST英达A、ST英达B
股票代码:0030、2030

二、会计数据和业务数据摘要

1、本年度主要利润指标情况(单位:人民币元)

公司本年度实现的利润总额为:	37,536,560.54
净利润:	4,203,132.20
扣除非经常性经营损益后的净利润:	－8,634,978.86
主营业务利润:	103,629,583.03
其他业务利润:	2,184,781.11
营业利润:	6,131,318.38
投资收益:	18,567,131.10
补贴收入:	29,730.19
营业外收支净额:	12,808,380.87
经营活动产生的现金流量净额:	－29,402,832.41
现金及现金等价物净增加额:	－17,348,177.92
注:扣除的非经常性损益项目和涉及金额	
(1)收入类	
1 补贴收入	29,730.19
2 其他收入	13,615,272.32
(2) 支出类	
1 处理固定资产净损失	－110,411.45
2 各种罚款支出	15,085.88
3 其他支出	902,217.02
(3) 非经常性损益合计	12,838,111.06

2、截止本报告期末公司前三年的主要会计数据和财务指标(单位:人民币元)

项目	2000年	1999年		1998年	
		调整前	调整后	调整前	调整后
主营业务收入	739,838,601.55	1,016,658,905.44	1,013,426,361.47	963,280,030.81	961,757,742.74
净利润	4,203,132.20	50,221,677.83	45,119,769.09	－408,208,558.55	－501,715,849.44
总资产	1,438,282,665.31	1,620,683,362.71	1,598,991,729.42	1,538,471,145.19	1,444,963,854.30
股东权益	70,093,729.57	57,686,042.84	31,335,523.61	101,038,278.58	7,530,987.69
每股收益	0.0146	0.17	0.16	－1.41	－1.74
每股净资产	0.2430	0.20	0.11	0.35	0.03
调整后的每股净资产	－0.295	－0.24	－0.35	－0.49	－0.87
每股经营活动产生的现金流量净额	－0.102	0.40	0.39	0.08	
净资产收益率	6.00%	87%	143.99%	－404%	－6620%
按月平均加权法计算的每股收益	0.0146	0.17	0.16	－1.41	－1.74
扣除非经常性损益后的每股收益	－0.030	－0.035	－0.053	－1.42	－1.75

3、报告期内净资产收益率和每股收益系列指标:

报告期利润	净资产收益率(%)		每股收益(人民币元)	
	全面摊薄	加权平均	全面摊薄	加权平均
主营业务利润	147.84	310	0.359	0.359
营业利润	8.75	18.34	0.0213	0.0213
净利润	6.00	12.57	0.0146	0.0146
扣除非经常性损益后的净利润	－12.32	－25.82	－0.030	－0.030

三、股本变动及股东情况

1、股份变动情况　　数量单位:万股

	期初数	配股	送股	公积金转股	其他	期末数
一、尚未流通股份						
1、发起人股份	20856.00	0	0	0	0	20856.00
其中:						
国家拥有股份	19140.00	0	0	0	0	19140.00
境内法人持有股份	1716.00	0	0	0	0	1716.00
外资法人持有股份						
其他						
2、募集法人股						
3、内部职工股						
4、优先股或其他						
尚未流通股份合计	20856.00	0	0	0	0	20856.00
二、已流通股份						
1、境内上市的人民币普通股	4026.00	0	0	0	0	4026.00
2、境内上市的外资股	3960.00	0	0	0	0	3960.00
3、境外上市的外资股						
4、其他						
已流通股份合计	7986.00	0	0	0	0	7986.00
三、股份总数	28842.00	0	0	0	0	28842.00

深圳市宝恒(集团)股份有限公司

二〇〇〇年年度报告摘选

一、公司简介

1、公司名称:深圳市宝恒(集团)股份有限公司
英文名称:SHENZHEN BAOHENG (GROUP) CO.,LTD.
2、公司法定代表人:古焕坤
3、公司董事会秘书:朱海彬
股证事务代表:汤晓音
联系地址:深圳市宝安区湖滨路5号宝恒大厦
联系电话:7754517、7780713
传　　真:7789701、7780713
电子信箱:szbhjtgf@sz.gd.cninfo.net
4、公司注册地址:深圳市宝安区湖滨路5号
公司办公地址:深圳市宝安区湖滨路5号宝恒大厦
邮政编码:518101
公司国际互联网网址:http://www.baoheng.com.cn
电子信箱:szbhjtgf@sz.gd.cninfo.net
5、公司选定的信息披露报纸名称:证券时报
登载公司年度报告的中国证监会指定国际互联网网址:http://www.cninfo.com.cn
公司年度报告备置地点:深圳市宝安区湖滨路5号宝恒大厦
6、公司股票上市交易所:深圳证券交易所
股票简称:深宝恒A
股票代码:0031

二、会计数据和业务数据摘要

1、公司本年度实现

项目	金额
利润总额	38,781,238.97
净利润	20,401,096.53
扣除非经常性损益后的净利润	17,896,657.84
主营业务利润	129,698,463.95
其他业务利润	5,490,371.76
营业利润	19,877,048.48
投资收益	16,487,170.42
营业外收支净额	2,417,020.07
经营活动产生的现金流量净额	86,762,865.63
现金及现金等价物净增加额	-38,706,190.63

注:非经常性损益是指公司正常经常损益之外的、一次性或偶发性损益。公司扣除非经常性损益为:深圳市宝恒房地产有限公司收到的工程补偿金2,504,438.69元。

2、公司近三年会计数据和财务指标

项目(按人民币计)	2000年	1999年		1998年	
		调整后	调整前	调整后	调整前
主营业务收入(万元)	31,372.97	25,088.67	31,182.21	38,228.40	37,896.12
净利润(万元)	2,040.11	-11,971.64	-11,649.18	807.95	2,644.19
总资产(万元)	140,670.14	149,177.57	166,118.12	177,839.19	188,597.46
股东权益(万元)	88,890.51	86,850.40	96,958.05	108,607.23	118,478.25
每股收益(元)	0.04	-0.26	-0.25	0.02	0.057
加权平均每股收益(元)	0.04	-0.26	-0.25	0.02	0.057
扣除非经常性损益的每股收益(元)	0.04	-0.228	-0.2219	0.018	0.018
每股净资产(元)	1.91	1.86	2.08	2.33	2.45
调整后的每股净资产(元)	1.86	1.81	2.00	2.27	2.44
每股经营活动产生的现金流量净额(元)	0.19	0.132	0.132		
净资产收益率(%)	2.30	-13.78	-12.01	0.74	2.23
加权平均净资产收益率(%)	2.32	-12.90	-11.19	0.17	2.22

3、根据中国证监会《公开发行证券公司信息披露编报规则(第9号)》要求计算净资产收益率和每股收益:

利润表附表

报告期利润	净资产收益率		每股收益	
	全面摊薄	加权平均	全面摊薄	加权平均
主营业务利润	14.59%	14.76%	0.278	0.278
营业利润	2.24%	2.26%	0.043	0.043
净利润	2.30%	2.32%	0.044	0.044
扣除非经常性损益后净利润	2.01%	2.04%	0.038	0.038

三、股本变动及股东情况

1、股本变动情况

2000年年度公司股份变动情况　　　　数量单位:股

	本次变动前	本次变动增减(+,-)				本次变动后
		配股	送股	公积金转股	小计	
一、未上市流通股份						
1、发起人股份						
其中:						
国家持有股份	278,062,500					278,062,500
境内法人持有股份						
外资法人持有股份						
其他						
2、募集法人股份	24,750,000					24,750,000
3、内部职工股						
4、其他:其中:转配股	22,827,378					0
未上市流通股份合计	325,639,878					302,812,500
二、已上市流通股份						
1、人民币普通股	140,662,499				22,827,378	163,489,877
2、境内上市的外资股						
3、境外上市的外资股						
4、其他						
已上市流通股份合计	140,662,499				22,827,378	163,489,877
三、股份总数	466,302,377					466,302,377

深圳市桑达实业股份有限公司

二〇〇〇年年度报告摘选

一、公司简介

1、公司中文名称:深圳市桑达实业股份有限公司
公司英文名称:SHENZHEN SED INDUSTRY CO.,LTD.
2、公司法定代表人:佟保安
3、公司董事会秘书:金涛
股证事务代表:李红梅
联系地址:深圳市福田区振华路78号西二层
联系电话:0755--3200636
传 真:0755--3200639
4、公司注册地址、办公地址:深圳市福田区振华路78号西二层
邮政编码:518031
电子信箱:sed@sedind.com
5、公司选定的信息披露报刊:《证券时报》
登载公司年度报告的中国证监会指定国际互联网网址:
www.cninfo.com.cn
公司年度报告备置地点:公司证券部
6、公司股票上市地:深圳证券交易所
股票简称:深桑达A
股票代码:0032

二、会计数据和业务数据摘要

1、公司本年度主要会计和业务数据:　　单位:元

项目	金额
(1)利润总额	42,245,574.29
(2)净利润	31,756,182.99
(3)扣除非经常性损益后的净利润	31,756,182.99
(4)主营业务利润	111,692,972.59
(5)其他业务利润	7,488,977.80
(6)营业利润	32,070,566.80
(7)投资收益	6,364,739.22
(8)补贴收入	0.00
(9)营业外收支净额	3,810,268.27
(10)经营活动产生的现金流量净额	-11,883,978.35
(11)现金及现金等价物净增加额	34,300,687.25

2、截至报告期公司近三年的主要会计数据和财务指标:　　单位:元

	2000年	1999年	1998年	
			调整前	调整后
主营业务收入	1,152,602,985.77	851,657,402.03	497,731,586.74	497,731,586.74
净利润	31,756,182.99	31,003,685.92	17,670,070.95	18,168,313.49
总资产	845,296,102.08	731,148,198.57	666,305,308.38	746,124,183.68
股东权益(不含少数股东权益)	245,233,465.54	226,558,482.55	206,019,756.63	285,847,882.92
每股收益(摊薄)	0.243	0.237	0.135	0.139
每股收益(加权)	0.243	0.237	0.135	0.139
每股净资产(元/股)	1.87	1.73	1.57	2.18
调整后的每股净资产(元/股)	1.60	1.53	1.36	1.92
每股经营活动产生的现金流量净额	0.09	0.01	0.71	0.71
净资产收益率(摊薄)	12.95%	13.68%	8.58%	6.36%
净资产收益率(加权)	13.10%	13.99%	8.96%	6.56%
扣除非经营性损益的				
净资产收益率(摊薄)	12.95%	12.98%	8.58%	6.36%
净资产收益率(加权)	13.10%	13.27%	8.96%	6.56%

注:以上数据以公司合并报表数填列

3、净资产收益率和每股收益　　单位:元

报告期利润	净资产收益率		每股收益	
	全面摊薄	加权平均	全面摊薄	加权平均
主营业务利润	45.55%	46.07%	0.85	0.85
营业利润	13.08%	13.23%	0.25	0.25
净利润	12.95%	13.10%	0.24	0.24
扣除非经营性损益后的净利润	12.95%	13.10%	0.24	0.24

4、报告期内股东权益变动情况:(单位:元)

项目	股本	资本公积	盈余公积	法定公益金	未分配利润	股东权益合计
期初数	130,812,000.00	77,413,487.35	18,002,024.53	8,285,686.94	330,970.67	226,558,482.55
本期增加			18,418,586.13	1,587,809.15	31,756,182.99	50,174,769.12
本期减少	-				31,499,786.13	31,499,786.13
期末数	130,812,000.00	77,413,487.35	36,420,610.66	9,873,496.09	587,367.53	245,233,465.54

变动原因:
盈余公积金、未分配利润变动原因是本年利润转入及实施2000年度利润分配所致。

三、股本变动及股东情况

(1)报告期末的股东总数为28440名,其中高管股股东为4名。
(2)公司前十名股东持股情况

股东名称	持股数量(股)	持股比例(%)
深圳桑达电子总公司	84,384,679	64.51
深圳市龙岗区投资管理有限公司	7,409,036	5.66
无锡市国联发展(集团)有限公司	2,718,282	2.08
金泰基金	704,565	0.54
景阳证券投资基金	516,300	0.39
刘久欢	230,000	0.18
徐福珍	192,000	0.15
王本秀	186,400	0.14
海南华硕实业有限公司	133,500	0.10
北京盈生房地产开发有限公司	110,000	0.08

持有本公司5%以上股份的股东所持股份均无质押或冻结的情况。各股东之间不存在关联关系。深圳市龙岗区投资管理有限公司代表国家持有公司国有股份。

深圳新都酒店股份有限公司

二○○○年年度报告摘选

一、公司简介

1、公司法定中文名称:深圳新都酒店股份有限公司
英文名称:SHENZHEN CENTURY PLAZA HOTEL CO.,LTD
2、公司法定代表人:张润钢
3、公司董事会秘书:董晓粟　电话:0755-2320888 转 382　传真:0755—2344699
联系地址:深圳春风路一号新都酒店 316 室
电子信箱:szxdjd@public.szptt.net.cn
4、公司注册地址:深圳市春风路一号
办公地址:深圳新都酒店 316 室
邮政编码:518001
电子信箱:szxdjd@public.szptt.net.cn
5、公司信息披露报纸:《证券时报》
登载公司年报的国际互联网网址:http://www.cninfo.com.cn
公司年度报告备置地点:深圳新都酒店 316 室
6、公司股票上市交易所:深圳证券交易所
公司股票简称:新都酒店 A
公司股票编号:0033

二、会计数据和业务数据摘要

1、公司 2000 年度主要业务数据:(单位:元)

项目	金额
利润总额	-12,367,812.07
净利润	-12,367,812.07
扣除非经常性损益后的净利润	-11,048,751.03
主营业务利润	79,001,667.58
其它业务利润	0.00
营业利润	-11,048,751.03
投资收益	32,124.77
补贴收入	0.00
营业外收支净额	-1,351,185.81
经营活动产生的现金流量净额	36,403,716.68
现金及现金等价物净增加额	2,584,528.17

注:扣除的非经常性损益项目和涉及金额
(1) 投资收益 32,124.77 元
(2) 营业外收入 120,422.41
(3) 营业外支出 1,471,608.22

2、公司截至报告年度末公司前三年的主要会计数据和财务指标:

指标项目	2000 年	1999 年		1998 年	
		调整后	调整前	调整后	调整前
主营业务收入(万元)	10997	10223	10223	11641	11641
净利润(万元)	-1237	-290	-290	-1596	79
总资产(万元)	66170	68806	71104	75106	79427
股东权益(万元)	42186	43423	45721	46010	50989
每股收益(元)	-0.043	-0.01	-0.01	-0.055	0.003
每股净资产(元)	1.466	1.509	1.589	1.599	1.772
调整后每股净资产(元)	1.41	1.44	1.52	1.41	1.64
每股经营活动产生的现金流量净额	0.126	0.06	0.06	0.10	0.10
净资产收益率(%)	-2.93	-0.067	-0.63	-3.47	0.15
扣除非经常性损益后的每股收益	-0.038	-0.01	-0.01	-0.05	-0.007

注 1:本公司 2000 年度总股本无变化,故加权计算的每股收益、净资产收益率与摊薄计算相同。

注 2:公司因会计差错更正,追溯调整以前年度会计数据,主要调整数据如下:

	2000-12-31
年初未分配利润(调整前)	RMB (65,012,466.72)
冲 1995-1996 年北京王府井利生项目逾期交楼罚金	(22,983,061.15)
年初未分配利润(调整后)	(87,995,527.87)
加:本年净利润	(12,367,812.07)
年末未分配利润	RMB (100,363,339.94)

3、股东权益变动情况:

项　目	期初数	本期增加	本期减少	期末数
股本	287723488.00	0	0	287723488.00
资本公积	226199304.42	0	0	226199304.42
盈余公积	41998675.29	0	0	41998675.29
法定公益金	9816549.88	0	0	9816549.88
未分配利润	-87995527.87	0	12367812.07	-100363339.94
外币报表折算	-33702814.82	0	0	-33702814.82
股东权益合计	434223125.02	0	12367812.07	421855312.95

变动原因:由于本年度亏损造成股东权益减少。

三、股本变动及股东情况

1、股本变动情况
(1) 股本结构

股份类别	年初数(万股)	年末数(万股)
(I)尚未流通股份		
a.发起人股份	22050	22050
其中:		
外资法人股	8820	8820
境内法人股	13230	13230
b.其它 *	989.3488	0
尚未流通股份合计	23039.3488	22050
(II)已流通股份		
A股	5733	6722.3488
(III)股份总计	28772.3488	28772.3488

本年度总股份无变动。
*由于 9,893,488 股法人股转配股于 2000 年 8 月 3 日起流通,故股份结构有所变化。

深圳市华宝(集团)股份有限公司

二○○○年年度报告摘选

一、公司简介

1、公司法定名称
中文名称:深圳市华宝(集团)股份有限公司
英文名称:SHENZHEN WABO GROUP CO., LTD
缩写:WABO GROUP
2、公司法定代表人:叶连捷
3、公司董事会秘书:刘向阳
股证事务代表:李莉琨
联系地址:深圳市宝安区宝城宝民一路 102 号
联系电话:(0755)7823898
传真:(0755)7823626
电子信箱:zongban@shenzhenwabo.com
4、公司注册地址及办公地址:深圳市宝安区宝城宝民一路 102 号
邮政编码:518133
国际互联网网址:http://www.shenzhenwabo.com
5、公司选定的信息披露报纸名称:《证券时报》、《中国证券报》
登载公司年度报告的中国证监会指定国际互联网网址:
http://www.cninfo.com.cn
公司年度报告备置地点:公司总部董事会秘书处
6、股票上市交易所:深圳证券交易所
股票简称:ST 深华宝
股票代码:0034

二、会计数据和业务数据摘要

1、公司本年度实现(单位:人民币元)

项目	金额
利润总额	273,879,696.02
净利润	271,479,290.97
扣除非经常性损益后的净利润	9,294,285.79
主营业务利润	49,437,241.93
其他业务利润	2,178,912.67
营业利润	7,812,605.19
投资收益	259,191,679.05
补贴收入	
营业外收支净额	6,875,411.78
经营活动产生的现金流量净额	161,366,553.96
现金及现金等价物净增加额	248,433,216.54

注:"扣除非经常性损益后的净利润"是指从净利润中扣除公司报告期内正常经营损益之外的、一次性或偶发性损益。非经常性损益的构成为股权转让收益 255,309,593.40 元,营业外净收入 6,875,411.78。

2、主要会计数据与财务指标(单位:人民币万元)

项　目	2000 年	1999 年		1998 年	
		调整后	调整前	调整前	调整后
主营业务收入	41,589	54,784	60,870	59, 110	58,534
净利润	27,148	4,556	3,801	-55,182	-54,273
总资产	136,897	84,970	95,001	109, 740	106,640
股东权益	34,277	7,129	6,373	4, 064	2,572
每股收益(元)	0.87	0.15	0.122	-1.77	-1.74
每股净资产(元)	1.10	0.229	0.205	0.13	0.08
调整后的每股净资产(元)	0.89	0.009	0.009	0.05	-0.065
每股经营活动产生的现金流量净额(元)	0.52	0.32	0.30	0.201	0.202
净资产收益率(%)	79.2	64	60	-1357.82	-2,110.15
按月平均加权法计算的每股收益(元)	0.87	0.15	0.122	-1.77	-1.74
扣除非经常性损益后的每股收益(元)	0.0298	-0.028	-0.043	-1.65	-1.65

注:因本年度股本没有发生增减变化,每股收益、每股净资产加权指标与摊薄指标相同。

3、股东权益变动情况及变化原因　单位:人民币元

项　目	期初数	本期增加	本期减少	期末数
股 本	311,139,400			311,139,400
资本公积	294,711,969.42			294,711,969.42
盈余公积	65,738,593.50			65,738,593.50
其中法定公益金	21,607,239.61			21,607,239.61
未分配利润	-607,858,021.46	279,033,419.91		-328,824,601.55
股东权益合计	63,731,941.46	279,033,419.91		342,765,361.37

变动原因:未分配利润变动:①本年利润增加 271,479,290.97 元;②按地税局批复进行税费调整,调增未分配利润 7,554,128.94 元。

三、股东情况介绍

1、报告期末股东总数
截止 2000 年 12 月 31 日,公司股东总数为 21998 人,其中内部职工股股东数为 1 人(高层管理人员)。
2、前十名股东持股情况(截止 2000 年 12 月 31 日)

序号	股 东 名 称	年末持股数(股)	持股比例(%)
1	深圳市宝安区投资管理公司	133,555,572	42.93
2	深圳国际信托投资公司	77,886,656	25.04
3	山西东方投资发展有限公司	8,000,000	2.57
4	深圳经济特区汇华集团有限公司	4,538,306	1.46
5	深圳市物资集团公司	2,500,000	0.81
6	深圳市大信光学工业有限公司	1,456,000	0.47
7	深圳市旭艺实业有限公司	1,077,307	0.35
8	蔚深证券有限责任公司	757,000	0.24
9	谢锡城	504,700	0.16
10	左有红	424,889	0.14

中国科健股份有限公司

二〇〇〇年年度报告摘选

一、公司简介

1、法定中文名称:中国科健股份有限公司
英文名称:CHINA KEJIAN CO.,LTD.
2、公司法定代表人:侯自强
3、公司董事会秘书:董志刚
授权代表:王敏菁
联系地址:深圳福田区滨河路 5022 号联合广场 B 座六层,邮政编码:518026
电话:0755-2710181
传真:0755-2710095
电子信箱:szkejian@sz.gd.cninfo.net
4、公司注册地址:深圳蛇口工业六路
办公地址:深圳福田区滨河路 5022 号联合广场 B 座六层,邮政编码:518026
互联网网址:http://www.chinakejian.net
电子信箱:kejian@szonline.net
5、公司选定的中国证监会指定报纸名称:《中国证券报》和《证券时报》
中国证监会指定国际互联网网址:http://www.cninfo.com.cn
公司年度报告备置地点:公司董事会秘书办公室
6、公司股票上市交易所:深圳证券交易所
股票简称:中科健 A　　股票代码:0035

二、会计数据和业务数据摘要

1、本年度利润总额及构成

项　目	2000 年(单位:人民币元)
利润总额	44,914,540.05
净利润	45,464,235.05
扣除非经常性损益后的净利润	40,904,235.05
主营业务利润	144,480,422.78
其他业务利润	1,158,054.05
营业利润	28,407,651.06
投资收益	6,117,432.36
补贴收入	1,559,100.00
营业外收支净额	8,830,356.63
经营活动产生的现金流量净额	235,274,834.64
现金及现金等价物净增加额	189,163,069.86

2、主要会计数据与财务指标

项　目	2000 年	1999 年调整后	1999 年调整前	1998 年调整后	1998 年调整前
主营业务收入(万元)	86615.16	61272.96	61428.9	25510.5	34373.7
净利润(万元)	4546.42	-1049.09	4703.7	2016	2416.2
总资产(万元)	84454.61	46434.01	48890.6	34982	54172.2
股东权益(万元)	21279.56	16733.14	24504.7	19801	21393.0
每股收益(元/股)	0.39	-0.09	0.406	0.18	0.2085
每股净资产(元/股)	1.84	1.44	2.115	1.71	1.846
调整后每股净资产(元/股)	1.51	1.26	1.89	1.38	1.11
每股经营活动产生的现金流量净额	2.03	/	-0.829	/	0.329
净资产收益率(%)	21.37	-6.27	19.20	10.18	11.29

根据中国证监会关于发布《公开发行证券公司信息披露编报规则》第 9 号通知的规定计算出的有关财务指标:

报告期内利润	净资产收益率(%)		每股收益(单位:人民币元)	
	全面摊薄	加权平均	全面摊薄	加权平均
主营业务利润	67.90	76.02	1.25	1.25
营业利润	13.35	14.95	0.25	0.25
净利润	21.37	23.92	0.39	0.39
扣除非经常性损益后的净利润	19.22	21.52	0.35	0.35

3、股东权益变动情况表

项目	股本	资本公积	盈余公积	法定公益金	未分配利润	股东权益合计
期初数调整前	115887200	103633506.81	13104987.96	3189911.53	11,041,256.27	245,047,108.07
调整(减少)值	/	/	1380157.03	1380157.03	74,955,423.95	77,715,738.01
期初数调整后	115887200	103633506.81	11724830.93	1809754.50	-63,914,167.68	167,331,370.06
本期增加	0	0	0	0	45,464,235.05	45464235.05
本期减少	0	0	0	0	0	0
期末数	115887200	103633506.81	11724830.93	1809754.50	-18,449,932.63	212,795,605.11
变动原因	/	/	/	/	利润增加	利润增加

三、股本变动及股东情况

1、股本变动情况

股本变动情况表　　数量单位:股

	期初数	本次变动增减(+、-)配股	送股	公积金转股	其他	小计	期末数
一、尚未流通股份							
1、发起人股份							
其中:							
国家拥有股份	33,614,000						33,614,000
境内法人持有股份	31,000,000						31,000,000
境外法人持有股份							
其他							
2、募集法人股	8,624,000						8,624,000
3、内部职工股							
4、优先股或其他							
其中:转配股	21,199,200				-21,199,200		0
高管股	118,662						118,662
未上市流通股份合计	94,555,862				-21,199,200		73356,662
二、已上市流通股份							
1、人民币普通股	21,331,338				+21,199,200		42530,538
2、境内上市的外资股							
3、境外上市的外资股							
4、其他							
已上市流通股份合计	21331,338				+21,199,200		42530,538
三、股份总数	115,887,200						115,887,200

深圳市华联控股股份有限公司

二〇〇〇年年度报告摘选

一、公司简介

1、公司的法定名称:
中文名称:深圳市华联控股股份有限公司
英文名称:SHENZHEN UNION HOLDINGS CHINA CO.,LTD
2、公司法定代表人:董炳根
3、公司董事会秘书及授权代表:陈建文、孔庆富
注册(办公)地址:深圳市深南中路华联大厦 17 层
电话:(0755)3667257
传真:(0755)3667583
4、公司联系地址:深圳市深南中路华联大厦 17 层 1716 室
邮政编码:518031
电子信箱:Szhzhqgs@sz.gd.cninfo.net
5、公司选定信息披露报纸名称:《证券时报》
登载年报的中国证监会指定国际互联网网址:http//www.cninfo.com.cn
年度报告备置地点:本公司证券部
6、公司股票上市交易所:深圳证券交易所
股票简称:华联控股
股票代码:0036

二、会计数据和业务数据摘要

(一)本年度利润总额及其构成(单位:人民币元)

项目	金额
利润总额	200,224,328.58
净利润	94,738,455.02
扣除非经常性损益后的净利润	90,690,738.95
主营业务利润	512,426,931.62
其他业务利润	10,931,072.71
营业利润	195,624,887.27
投资收益	-5,850,130.67
补贴收入	8,037,229.00
营业外收支净额	2,412,342.98
经营活动产生的现金流量净额	302,541,727.60
现金及现金等价物净增加额	28,371,119.79

(二)主要会计数据和财务指标:(单位:人民币元)

指标项目	2000 年	1999 年		1998 年	
		调整前	调整后	调整前	调整后
主营业务收入	2,438,828,972.33	1,186,310,343.08	1,186,310,343.08	463,367,436.75	428,574,752.73
净利润	94,738,455.02	80,994,306.16	81,394,661.40	72,265,361.90	72,265,361.90
总资产	2,629,279,494.88	2,227,263,104.32	2,234,825,638.53	1,459,904,677.86	1,440,494,428.95
股东权益	860,057,911.95	801,104,833.61	801,274,965.43	720,110,527.45	720,110,527.45
每股收益	0.2635	0.3379	0.3396	0.3015	0.3015
扣除非经常性损益后每股收益	0.2522	0.3261	0.3278		
每股净资产	2.39	3.31	3.34	3.00	3.00
调整后的每股净资产	2.31	3.15	3.15	2.86	2.86
每股经营活动产生的现金流量净额	0.84	-0.04	-0.04		
净资产收益率(%)	11.02	10.11	10.16	10.04	10.04

注:股东权益中不含少数股东权益

(三)按照中国证监会《公开发行证券公司信息披露编报规则》(第 9 号)要求编制的利润表附表如下:

报告期利润	净资产收益率		每股收益	
	全面摊薄	加权平均	全面摊薄	加权平均
主营业务利润	59.58%	60.38%	1.43 元	1.43
营业利润	22.75%	23.05%	0.54	0.54
净利润	11.02%	11.16%	0.26	0.26
扣除非经常性损益后的净利润	10.54%	10.69%	0.25	0.25

(四)报告期内股东权益变动情况及变化原因(单位:人民币元)

项目	股本	资本公积	盈余公积	法定公益金	未分配利润	股东权益合计
期初数	239,703,390	467,593,891.72	27,992,965.38	13,121,466.13	65,984,718.33	801,274,965.43
本期增加	119,851,695	0	41,430,001.64	20,452,420.47	94,738,455.02	256,020,151.66
本期减少	0	119,851,695	0	0	77,385,510.14	197,237,205.14
期末数	359,555,085	347,742,196.72	69,422,967.02	33,573,886.60	83,337,663.21	860,057,911.95

变动原因:资本公积金的减少和股本的增加是 2000 年中期实施公积金转增股本所致;盈余公积、法定公益金、未分配利润的增加为本年度实现利润所致。

三、股东情况介绍:

1、截止至 2000 年 12 月 31 日,公司总股东人数为 46158 户。其中未流通法人股东 2 户,社会公众股东 46156 户。

2、报告期末公司前十名股东持股情况

股东姓名	持股数量(股)	所占比例(%)	股份性质
华联发展集团有限公司	180476835	50.19	发起法人股
广州合成纤维厂	1905750	0.53	募集法人股
国信证券有限公司	1162815	0.32	社会公众股
关凤珍	771525	0.21	社会公众股
肖燕霞	724051	0.20	社会公众股
马明霞	633036	0.18	社会公众股
陈玉兰	543000	0.15	社会公众股
张 萍	536850	0.15	社会公众股
罗小兰	524600	0.14	社会公众股
秦向国	510875	0.14	社会公众股

深圳南山热电股份有限公司

二〇〇〇年年度报告摘选

一、公司简介

1、公司法定中文名称:深圳南山热电股份有限公司
公司法定英文名称:SHENZHEN NANSHAN POWER STATION CO.,LTD
2、公司法定代表人:劳德容女士
3、公司董事会秘书:傅博先生
电 话:(0755)6072818
电子信箱:fubo88@21cn.com
股证事务代表:胡琴
电 话:(0755)6650064　传 真:(0755)6650642
联系地址:广东省深圳市南山区月亮湾大道18号
4、公司注册及办公地址:深圳市南山区月亮湾大道18号
邮政编码:518052
电子信箱:sznsrdgf@sz.gd.cninfo.net
5、公司选定的信息披露报纸:《中国证券报》、《证券时报》及《大公报》
中国证监会指定登载公司年度报告的国际互联网网址:
http://www.cninfo.com.cn
公司年度报告备置地点:公司办公室
6、股票上市交易所:深圳证券交易所
股票简称及代码:深南电A　0037
深南电B　2037

二、会计数据和业务数据摘要

(一)本年度主要会计数据(单位:人民币元)

项目	金 额
利润总额	167,711,534.51
净利润	145,288,240.63
扣除非经常性损益后的净利润	100,703,047.88
主营业务利润	146,455,720.03
其他主营业务利润	—
营业利润	108,551,925.07
投资收益	—
补贴收入	64,844,178.58
营业外收支净额	-5,684,569.14
经营活动产生的现金流量净额	204,510,125.12
现金及现金等价物净增加额	62,242,066.72

注:报告期内非经常性损益49,348,079.17元,
其中:1、1998年度消费税退税收入4,900,000.00元;
2、2000年电费补贴收入32,537,145.30元;
3、营业外收支净额-5,684,569.14元;
4、以前年度坏帐冲回17,595,503.01元,
其中:深圳协孚供油有限公司15,729,760.01元,
河南省济源陶瓷总厂1,865,743.00元。

(三)公司近三年主要会计数据和财务指标(单位:人民币元)

项　目	2000年	1999年		1998年	
		调整后	调整前	调整后	调整前
1、主营业务收入	889,714,044.95	600,710,427.02	600,710,427.02	392,830,833.35	392,830,833.35
2、净利润	145,288,240.63	117,552,105.92	116,169,677.57	78,947,527.96	80,021,591.58
3、总资产	1,341,408,120.93	999,723,146.08	1,004,968,086.60	989,070,981.96	992,783,165.94
4、股东权益(不含少数股东权益)	717,541,627.36	600,926,793.00	594,048,321.66	580,382,822.03	582,939,727.04
5、每股收益(元/股)	0.41	0.33	0.33	0.22	0.22
6、每股净资产(元/股)	2.01	1.69	1.67	1.63	1.64
7、调整后的每股净资产(元/股)	1.84	1.63	1.63	1.59	1.61
8、扣除非经常性损益后的每股收益(元)	0.28	0.40	0.40	0.20	0.20
9、每股经营活动产生的现金流量净额(元/股)	0.57	0.59	0.59	0.06	0.06
10、净资产收益率(%)	20.25	19.56	19.56	13.60	13.73

(四)利润表附表

报告期利润	2000年度				1999年度				1998年度			
	净资产收益率		每股收益(元)		净资产收益率		每股收益(元)		净资产收益率		每股收益(元)	
	全面摊薄	加权平均	全面摊薄	加权平均	全面摊薄	加权平均	全面摊薄	加权平均	全面摊薄	加权平均	全面摊薄	加权平均
主营业务利润	20%	22%	0.41	0.41	27%	25%	0.45	0.45	20%	19%	0.32	0.32
营业利润	15%	16%	0.30	0.30	13%	13%	0.23	0.23	13%	12%	0.21	0.21
净利润	20%	22%	0.41	0.41	20%	18%	0.33	0.33	14%	13%	0.22	0.22
扣除非经常性损益后的净利润	14%	15%	0.28	0.28	24%	22%	0.40	0.40	7%	7%	0.12	0.12

三、股本变动及股东情况

(一)股本变动情况
1、股份变动情况

数量单位:股

	期初数	本次变动增减(+、-)					期末数
		配股	送股	公积金转股	其他	小计	
一、尚未流通股份							
1、发起人股份	203,940,000				+4,455,000		208,395,000
(1)国家拥股份	20,495,970				+36,371,610		20,495,970
其中:国家股	20,495,970						20,495,970
国有法人股					+36,371,610		36,371,610
(2)境内法人持有股份	107,557,956				-31,916,610		75,641,346
(3)境外法人持有股份	75,886,074						75,886,074
2、募集法人股	45,540,000				-4,455,000		41,085,000
尚未流通股份合计	249,480,000						249,480,000
二、已流通股份							
1、境内上市的人民币普通股	33,660,000						33,660,000
2、境内上市的外资股	73,260,000						73,260,000
已流通股份合计	106,920,000						106,920,000
三、股份总数	356,400,000						356,400,000

深圳大通实业股份有限公司

二〇〇〇年年度报告摘选

一、公司简介

1、公司法定名称
中文名称:深圳大通实业股份有限公司
英文名称:SHENZHEN CAPSTONE INDUSTRIAL CO., LTD. 缩写:CAPSTONE
2、公司法定代表人:赵玉吉先生
(注:赵玉吉先生为报告期末公司法定代表人,公司现任法定代表人为王华林先生)
3、公司董事会秘书:伍 斌先生
联系地址:深圳市华侨城东部工业区
电话:(0755)6931038
传真:(0755)6600398
电子信箱:szmingaa@sz.gd.cninfo.net
4、公司注册地址:深圳市华侨城东部工业区
公司办公地址:深圳市华侨城东部工业区
邮政编码:518053
公司电子信箱:szmingaa@sz.gd.cninfo.net
5、公司信息披露报纸:《证券时报》
登载公司年度报告国际互联网网址:www.cninfo.com.cn
公司年度报告备置地点:公司董事会秘书处
6、公司股票上市交易所:深圳证券交易所
股票简称:ST深大通
股票代码:0038

二、会计数据和业务数据摘要

1、本年度主要会计数据和业务数据(单位:元)

项目	金额
利润总额	1,889,430.42
净利润	4,139,632.59
扣除非经常性损益后的净利润	603,776.36
主营业务利润	4,315,708.04
其他业务利润	1,176,460.77
营业利润	-1,948,679.21
投资收益	3,755,062.00
补贴收入	/
营业外收支净额	93,047.63
经营活动产生的现金流量净额	-375,376.10
现金及现金等价物净增加额	3,132,282.73

注:扣除非经常性损益项目及涉及金额(单位:元)

非经常性损益项目	涉及金额
固定资产转让	-120,377.19
存货损失	-89,977.00
投资收益	3,755,062.00

2、截至报告期末公司前三年的主要会计数据和财务指标

项目	2000年度	1999年度		1998年度	
		调整后	调整前	调整后	调整前
主营业务收入(元)	58,655,372.31	105,477,641.64	105,477,641.64	149,478,062.90	169,397,630.55
净利润(元)	4,139,632.59	-36,769,462.87	-39,060,464.68	-28,755,807.09	-20,690,978.35
每股收益(元)(摊薄)	0.046	-0.406	-0.432	-0.318	-0.2287
每股收益(元)(加权)	0.046	-0.406	-0.432	-0.318	-0.2287
扣除非经常性损益后的每股收益(元)(摊薄)	0.0067	-0.39	-0.416	/	/
扣除非经常性损益后的每股收益(元)(加权)	0.0067	-0.39	-0.416	/	/
每股经营活动产生的现金流量净额(元)	-0.004	0.083	0.083	0.058	0.07855
	2000年12月31日	1999年12月31日		1998年12月31日	
		调整后	调整前	调整后	调整前
总资产(元)	184,439,703.86	186,282,295.91	183,842,392.31	243,400,245.22	264,048,515.73
股东权益(元)	106,170,844.54	102,031,211.95	99,740,210.14	138,800,674.82	156,132,176.42
每股净资产(元)	1.173	1.128	1.102	1.534	1.7254
调整后的每股净资产	1.123	1.071	1.047	1.472	1.6200
净资产收益率%(摊薄)	3.899	-36.037	-39.162	-20.717	-13.252
净资产收益率%(加权)	3.899	-36.037	-39.162	-20.717	-13.252

3、本年度利润表附表

项目	净资产收益率(%)		每股收益(元/每股)	
	全面摊薄	加权平均	全面摊薄	加权平均
主营业务利润	4.06	4.06	0.048	0.048
营业利润	-1.84	-1.84	-0.022	-0.022
净利润	3.90	3.90	0.046	0.046
扣除非经常性损益后的净利润	0.57	0.57	0.0066	0.0066

三、股东情况介绍

1、截止至2000年12月31日,本公司股东总数为8,426户。
2、截止2000年12月31日,公司前十名股东名单及持股情况如下:

序号	股东名称	持股数量(股)	占总股本比例(%)
01	益通投资有限公司	32,105,700	35.48
02	北京华恒创业投资有限公司	12,606,990	13.93
03	国泰君安证券股份有限公司	10,000,000	11.05
04	华夏证券有限公司	9,000,000	9.95
05	深圳市投资管理公司	7,134,600	7.88
06	福建兴业证券公司	330,400	0.37
07	兴业厦门	317,600	0.35
08	福建兴业证券公司	294,845	0.33
09	福建兴业证券公司上海金陵路营业部	294,220	0.33
10	福建兴业证券公司	290,946	0.32
合计		72,375,301	79.99

中国国际海运集装箱(集团)股份有限公司

二〇〇〇年年度报告摘选

一、公司简介

1.公司法定中文名称:中国国际海运集装箱(集团)股份有限公司
公司法定英文名称:CHINA INTERNATIONAL MARINE CONTAINERS(GROUP)CO., LTD.
公司英文缩写:CIMC
2.公司法定代表人:李建红
3.公司董事会秘书:吴发沛
联系地址:广东省深圳市蛇口工业区金融中心五楼
电话:0755－6691130　传真:0755－6826579
电子信箱:shareholder@cimc.com
4.公司注册及办公地址:广东省深圳市蛇口工业区金融中心五楼
邮政编码:518067
公司网址:http://www.cimc.com
公司电子信箱:shareholder@cimc.com
5.公司选定信息披露报纸:
《证券时报》、香港《信报》或《South China Morning Post》
中国证监会指定年度报告登载网址:http://www.cninfo.com.cn
公司年度报告备置地点:深圳市蛇口工业区金融中心二楼 本公司金融事务部
6.公司股票上市地:深圳证券交易所
股票简称及代码:中集集团　0039
中集B　2039

二、会计数据和业务数据摘要

1.公司本年度主要会计数据(单位:人民币元)

利润总额	631,860,602.59
净利润	461,965,079.10
非经常性损益合计	116,544,410.28
其中:	
(1)股票投资收益	121,636,640.92
(2)补贴收入中所得税退税	20,062,578.77
(3)营业外收支净额	－14,846,224.31
(4)合并价差摊入	－10,308,585.10
扣除非经常性损益后的净利润	345,420,668.82
主营业务利润	1,563,378,158.51
其它业务利润	19,237,395.96
营业利润	472,342,397.39
投资收益	153,008,268.08
补贴收入	21,356,161.43
营业外收支净额	－14,846,224.31
经营活动产生的现金流量净额	194,397,349.92
现金及现金等价物净增加额	－192,161,128.57
按国内会计准则计算的2000年度净利润	461,965,000.00
按国际会计准则的调整事项	
应收款项及其他应收款坏帐准备调整	－15,864,000.00
递延资产摊销调整	－2939,000.00
少数股东权益调整	3,618,000.00
递延税项调整	18,216,000.00
对下属公司投资收益计算基础差异调整	—
合并价差调整	－4,438,000.00
其他	4,174,000.00
按国际会计准则计算的2000年度净利润	464,732,000.00

2.公司近三年的主要会计数据及财务指标(单位:人民币元)

项目	2000年度	1999年度	1998年度(调整前)	1998年度(调整后)
集装箱产量(TEU)	715,274	496,000	330,399	330,399
集装箱销量(TEU)	699,355	491,462	335,552	335,552
主营业务收入	8,954,274,836.11	5,196,869,397.40	4,913,500,203.76	4,913,500,203.76
净利润	461,965,079.10	257,633,812.94	245,763,521.76	223,160,537.31
总资产	6,639,791,527.07	6,622,510,638.31	4,307,371,678.78	4,397,167,662.06
股东权益(不含少数股东权益)	2,090,672,553.78	1,696,118,950.11	1,429,549,134.16	1,506,738,263.24
每股收益(全面摊薄)	1.358	0.757	0.722	0.656
扣除非经常性损益后的每股收益	1.015	0.752	0.731	0.664
每股净资产	6.15	4.99	4.20	4.43
调整后的每股净资产	5.96	4.84	4.01	4.24
净资产收益率	22.10	15.19	17.19	14.81
每股经营活动产生的现金流量净额	0.571	0.845	1.097	1.097

三、股东情况介绍

(1)截止2000年12月31日,本公司共有股东46,274户,其中A股东40,383户,B股股东5,891户。

(2)前十名股东持股情况

股东名称	年末持股(股)	类别	年度内增减	持股比例
1. 中国远洋运输(集团)总公司	68,208,940	A	0	20.05%
2. 招商局货柜工业有限公司	68,208,940	B	0	20.05%
3. LONG HONOUR INVESTMENTS LIMITED	26,200,005	B	+5	7.70%
4. FAIR OAKS DEVELOPMENT LIMITED	25,150,521	B	+440,521	7.39%
5. 丹麦宝隆洋行有限公司	15,157,542	B	0	4.46%
6. CMB RE BK OF AMERICA RE JAYHAWK CHINA F LTD.	3,277,405	B	+3,277,405	0.96%
7. TOP DYNAMIC INVESTMENTS LTD.	3,180,000	B	+643,700	0.94%
8. 钟玉萍	2,418,965	B	+572,997	0.71%
9. BONY A/C CMG CH CHINA INVESTMENTS LTD.	2,298,392	B	+498,056	0.68%
10. SHANGHAI SHENYIN SECURITIES (HK) LTD.	1,467,394	B	+1,467,394	0.43%

深圳市鸿基(集团)股份有限公司

二〇〇〇年年度报告摘选

一、公司简介

1.公司法定中文名称:深圳市鸿基(集团)股份有限公司
公司法定英文名称:SHENZHEN HONGKAI(GROUP) CO., LTD.
2.公司法定代表人:邱瑞亨
3.公司董事局秘书:邓有高
授权代表:沈蜀江
联系地址:深圳市罗湖区东门中路1011号鸿基大厦26楼
联系电话:0755－2367726
传真:0755－2367780
4.公司注册地址:深圳市罗湖区东门中路1011号鸿基大厦25—27楼
公司办公地址:深圳市罗湖区东门中路1011号鸿基大厦25—27楼
公司邮政编码:518001
公司互联网网址:www.0040.com.cn
公司电子信箱:szhkxxzx@public.szptt.net.cn
5.公司指定信息披露报刊:《中国证券报》、《证券时报》
公司年度报告披露中国证监会指定国际互联网网址:
http://www.cninfo.com.cn
公司年度报告备置地点:公司董事局办公室
6.公司股票上市交易所:深圳证券交易所
股票简称:深鸿基A
股票代码:0040

二、会计数据和业务数据摘要

(1)本年度主要利润指标情况(单位:人民币元)

1. 利润总额:	16,938,942
2. 净利润:	11,665,948
3. 扣除非经常性损益后的净利润:	11,665,948
4. 主营业务利润:	143,864,694
5. 其他业务利润:	2,213,118
6. 营业利润:	32,830,835
7. 投资收益:	－15,258,407
8. 补贴收入:	0
9. 营业外收支净额:	－633,486
10.经营活动产生的现金流量净额:	34,159,433
11.现金及现金等价物净增加额:	42,019,883

注:报告期内无非经常性损益项目

(2)截止报告期末公司前三年的主要会计数据和财务指标(单位:人民币元)

指标项目	2000年	1999年	1998年(调整前)	1998年(调整后)
1.主营业务收入(元)	374,323,531	590,004,773	316,028,901.18	316,028,901
2.净利润(元)	11,665,948	120,673,625	61,671,200.03	61,508,150
3.总资产(元)	2,369,836,206	2,191,060,128	1,477,302,508.38	1,442,692,187
4.股东权益(元)	1,208,530,510	1,196,864,562	916,464,876.59	884,971,557
5.每股收益(摊薄)	0.025	0.257	0.306	0.305
每股收益(加权)	0.025	0.263	0.306	0.305
扣除非经常性损益后的每股收益(元/股)	0.025	0.206	0.306	0.305
6.每股净资产(元/股)	2.574	2.549	4.544	4.387
调整后每股净资产(元)	2.421	2.404	4.301	4.096
7.每股经营活动产生的现金流量净额	0.073	0.315	－0.164	－0.164
8.净资产收益率(摊薄)%	0.96	10.08	6.73	6.95
净资产收益率(加权)%	0.97	12.29	6.88	7.12
扣除非经常性损益后的加权净资产收益率%	0.97	9.85	6.88	7.12

(3)利润表附表

	净资产收益率(%)				每股收益(元)			
	全面摊薄		加权平均		全面摊薄		加权平均	
报告期利润	二〇〇〇年	一九九九年	二〇〇〇年	一九九九年	二〇〇〇年	一九九九年	二〇〇〇年	一九九九年
主营业务利润	11.90	22.90	11.96	27.91	0.306	0.584	0.306	0.598
营业利润	2.72	14.82	2.73	18.06	0.07	0.378	0.07	0.387
净利润	0.96	10.08	0.97	12.29	0.025	0.257	0.025	0.206
扣除非经常性损益后的净利润	0.96	8.07	0.97	9.85	0.025	0.206	0.025	0.211

注1:以上数据和指标以本公司合并会计报表数据填列或计算。
注2:报告期末至摘要披露日,本公司股本未发生变化。

三、股东情况

1.截止2000年12月31日,本公司股东总数为194,159户。
2.公司前十名股东持股情况:

股东名称	年末持股数(股)	年内股份增减(股)	持股比例(%)
(1)深圳市东鸿信投资发展有限公司	137,890,896	—	29.36
(2)中国太平洋保险公司深圳分公司	15,730,000	—	3.35
(3)潮洲市意溪工艺实业公司	10,010,000	—	2.13
(4)深圳中农信投资实业公司	5,434,000	—	1.16
(5)中国太平洋保险公司	3,575,000	—	0.76
(6)深圳丰华电子有限公司	3,003,000	—	0.64
(7)深圳奋高投资开发有限公司	2,860,000	—	0.57
(8)深圳机场侯机楼有限公司	2,145,000	—	0.46
(9)深圳发展银行	1,430,000	—	0.30
(10)北京市证券公司上海营业部	1,072,331	1,072,331	0.23

深圳市长城地产(集团)股份有限公司

二〇〇〇年年度报告摘选

一、公司简介

1. 法定中文名称:深圳市长城地产(集团)股份有限公司
法定英文名称:SHENZHEN CHANGCHENG ESTATE GROUP HOLDING CO.,LTD
2. 法定代表人:蒋洪库
3. 董事会秘书:刘莉　　证券事务代表:唐曙
联系地址:深圳市福田区红荔路2010号长兴大厦(圣廷苑酒店)东区裙楼
电话:(0755)3789776
传真:(0755)3789776
电子信箱:szccdcdm@sz.gd.cninfo.net
4. 注册及办公地址:深圳市福田区红荔路2010号长兴大厦(圣廷苑酒店)东区裙楼
邮政编码:518028
公司国际互联网网址:http://www.ccdcjt.com
电子信箱:ccdcjtsz@szonline.net
5. 信息披露报纸:《证券时报》《中国证券报》
登载公司年度报告的中国证监会指定国际互联网网址:
http://www.cninfo.com.cn
公司年度报告备置地点:本公司董事会办公室
6. 公司股票上市交易所:深圳证券交易所
股票简称:深长城A
股票代码:0042

二、会计数据和业务数据摘要

1. 本年度主要会计数据(单位:人民币元)

项目	金额
利润总额	159,005,300.72
净利润	111,788,812.88
扣除非经常性损益后的净利润	114,869,728.39
主营业务利润	309,455,052.73
其他业务利润	7,954,130.66
营业利润	114,782,185.08
投资收益	30,685,271.12
补贴收入	0
营业外收支净额	13,537,844.52
经营活动产生的现金流量净额	150,718,109.51
现金及现金等价物净增加额	157,641,725.63

注:非经常性损益总额为-3,080,915.51元,其中包括扣除"地产地销销项税额转入"和"地产地销进项税额转入"后的营业外收支净额1,120,022.39元,及股权投资差额摊销-4,200,937.90元。

2. 截止报告期末公司前三年的主要会计数据和财务指标(单位:人民币元)

项目	2000年	1999年		1998年	
		调整前	调整后	调整前	调整后
主营业务收入	1442886552.45	1211424356.36	1211424356.36	971381738.48	961792988.19
净利润	111788812.88	105362189.37	105362189.37	107420527.84	86459144.94
总资产	3448564853.51	3031004493.58	3034434554.78	3159010441.11	2766696859.57
股东权益	1223040333.21	1122909304.17	1125017382.17	1129182081.2	11053466570.80
每股收益(全面摊薄)	0.467	0.440	0.440	0.449	0.361
扣除非经常性损益后的每股收益(全面摊薄)	0.480	0.417	0.417	0.449	0.361
每股净资产	5.107	4.689	4.698	4.715	4.399
调整后的每股净资产	4.842	4.435	4.446	4.117	3.444
每股经营活动产生的现金流量净额	+0.629	-0.279	-0.279	-0.679	-0.679
净资产收益率(全面摊薄)	9.14%	9.38%	9.37%	9.51%	8.21%

注:根据财政部财会字[1999]35号和49号文的有关规定,报告期本公司对计提各项资产减值准备的会计政策做了相应变更,同时采用追溯法调整了1999年度资产负债表期初相关科目。

根据中国证监会《公开发行证券公司信息披露编报规则第9号》文的规定,分别按全面摊薄和加权平均法计算2000年度净资产收益率和每股收益如下:

报告期利润	净资产收益率		每股收益	
	全面摊薄	加权平均	全面摊薄	加权平均
主营业务利润	25.31%	25.73%	1.292元	1.292元
营业利润	9.39%	9.54%	0.479元	0.479元
净利润	9.14%	9.30%	0.467元	0.467元
扣除非经常性损益后的净利润	9.40%	9.55%	0.480元	0.480元

三、股东情况介绍

1. 报告期末公司股东总数为63500户,其中公司高管股东5户。
2. 公司前十名股东及其持股情况(单位:股)

股东名称	报告期末持股数	持股比例
深圳市建设投资控股公司	150383147	62.80%
深圳市振业(集团)股份有限公司	19750451	8.25%
天元证券投资基金	320000	0.13%
张海清	251920	0.10%
费云	251321	0.10%
普丰证券投资基金	136825	0.06%
独山子炼油化工建设(集团)有限公司	112000	0.05%
丁万洪	111000	0.05%
韩建波	102600	0.04%
何达强	100000	0.04%

注:1. 深圳市建设投资控股公司持有的股份为国有法人股份。
2. 深圳市建设投资控股公司同时持有深圳市振业(集团)股份有限公司28.02%的股份,为振业公司第一大国有法人股东。
3. 本公司国有股东、境内法人股东所持股份均不存在质押、冻结情况。
4. 本公司前2名股东所持有的均为未上市流通的法人股份,其余3-10名股东持有的为上市流通股份。
5. 本公司持股5%以上的前2名股东在报告期内未在《证券时报》、《中国证券报》和其它任何网站披露与本公司有关的承诺事项。

深圳市南光(集团)股份有限公司

二〇〇〇年年度报告摘选

一、公司简介

(一)、公司的法定中英文名称及缩写
中文名称:深圳市南光(集团)股份有限公司
英文名称:SHENZHEN NAN-GUANG(GROUP)PLC
缩　写:SNG
(二)、公司法定代表人:李志正
(三)、公司董事会秘书:霍无非
联系地址:深圳市福田区深南中路68号航空大厦32层
电话:(0755)3689888转13253
传真:(0755)3688903
电子信箱:szngjtgs@public.szptt.net.cn
(四)、公司注册及办公地址:深圳市福田区深南中路68号航空大厦32层
邮政编码:518041
公司网址:http://www.nan-guang.com.cn
(五)、公司选定的信息披露报纸:《证券时报》
登载公司年度报告的中国证监会指定国际互联网网址:http://www.cninfo.com.cn
公司年度报告备置地点:董事会秘书办公室
(六)、公司股票上市交易所:深圳证券交易所
股票简称:深南光A
股票代码:0043

二、会计数据和业务数据摘要

(一)、本年度会计数据　　(单位:人民币元)

项目	金额
利润总额:	28,432,166.75
净利润:	16,456,902.02
扣除非经常性损益后的净利润:	16,456,902.02
主营业务利润:	134,042,273.41
其他业务利润:	1,451,928.15
营业利润:	30,997,496.92
投资收益:	4,301,286.69
补贴收入:	0
营业外收支净额:	(6,866,616.86)
经营活动产生的现金流量净额:	65,735,748.51
现金及现金等价物净增加额:	87,120,575.44

(二)、截至本年度末本公司前三年的主要会计数据和财务指标:(单位:人民币元)

项目	2000年	1999年		1998年
		调整前	调整后	
主营业务收入	876,778,884.11	719,080,995.53	719,179,775.26	658,972,933.78
净利润	16,456,902.02	16,745,292.32	19,486,095.49	17,824,028.61
总资产	1,241,916,738.81	1,158,171,502.01	1,161,042,424.98	1,148,334,795.61
股东权益(不含少数股东权益)	436,984,136.19	438,827,826.68	433,950,530.87	437,347,538.92
每股收益(摊薄)	0.12	0.12	0.14	0.13
每股收益(加权)	0.12	0.12	0.14	0.13
扣除非经常性损益后的每股收益	0.12	0.12	0.14	0.13
每股净资产	3.14	3.15	3.11	3.14
调整后的每股净资产	2.31	2.6	2.49	2.66
每股经营活动产生的现金流量净额	0.47	0.36	0.36	(1.02)
净资产收益率(%)(摊薄)	3.77	3.82	4.49	4.08
净资产收益率(%)(加权)	3.79	3.76	4.36	4.14
扣除非经常损益后的加权净资产收益率(%)	3.79	3.76	4.36	4.14

利润表附表:

报告期利润	净资产收益率(%)		每股收益	
	全面摊薄	加权平均	全面摊薄	加权平均
主营业务利润	30.67	30.31	0.96	0.96
营业利润	7.09	7.01	0.22	0.22
净利润	3.77	3.79	0.12	0.12
扣除非经常性损益后的净利润	3.77	3.79	0.12	0.12

(三)本年度股东权益变动情况　　(单位:人民币元)

项目	股本	资本公积	盈余公积	法定公益金	未分配利润	股东权益合计
期初数	139,325,472	240,422,372.72	53,934,026.22	21,939,359.52	268,659.93	433,950,530.87
本期增加	----	----	2,468,535.30	822,845.10	2,842,328.96	5,310,864.26
本期减少	----	2,277,258.94	----	----	----	2,277,258.94
期末数	139,325,472	238,145,113.78	56,402,561.52	22,762,204.62	3,110,988.89	436,984,136.19

变动原因:资本公积减少2,277,258.94元系依据财政部(1998)16号文将股份制评估增值部分的折旧转入营业外收入所致。

股东权益增加3,033,605.32元系利润分配计提盈余公积金增加及资本公积减少影响所致。

三、股东情况介绍

(一)本年度末,本公司股东总数为18,220户。
(二)本公司前10名股东情况

股东名称	持股数量(股)	所占比例(%)
中国航空技术进出口深圳公司	35,748,900	25.66
上海新亚(集团)有限公司	14,829,100	10.64
中国新时代控股(集团)公司	14,300,000	10.26
深圳市国利泰投资有限公司	10,010,000	7.18
中国石油天然气管道局	4,290,000	3.08
深圳乌鲁木齐红山工贸公司	2,860,000	2.05
西安飞机工业集团有限责任公司	2,860,000	2.05
浙江省建工集团有限责任公司	2,860,000	2.05
浙江省新时代科技实业发展公司	1,430,000	1.03
北京城市开发集团有限责任公司	1,430,000	1.03

深圳市纺织(集团)股份有限公司

二〇〇〇年年度报告摘选

一、公司简介

1、公司法定中文名称:深圳市纺织(集团)股份有限公司
英文名称:SHENZHEN TEXTILE (HOLDINGS) CO., LTD.
英文缩写:STHC
2、公司法定代表人:管同科
公司总经理:刘钧厚
3、公司董事会秘书:晁晋
联系地址:深圳市福田区华强北路3号深纺大厦六楼　　邮政编码:518031
电话:0755-3776043
传真:0755-3776139
电子信箱:cjane@china.com
4、公司注册地址:深圳市福田区华强北路3号深纺大厦六楼
办公地址:深圳市福田区华强北路3号深纺大厦六楼
邮政编码:518031
公司电子信箱:textilew@public.szonline.net
5、公司选定的信息披露报纸:《证券时报》、《香港商报》
登载公司年度报告的中国证监会指定国际互联网网址:http://www.cninfo.com.cn
公司年度报告备置地点:本公司办公室
6、公司股票上市交易所:深圳证券交易所
股票简称:深纺织A、深纺织B
股票代码:0045、2045

二、会计数据和业务数据摘要

1、本年度主要利润指标(单位:人民币元)

项目	金额
利润总额:	27,829,846.46
净利润:	22,717,074.35
扣除非经常性损益后的净利润:	22,717,074.35
主营业务利润:	77,888,993.43
其它业务利润:	1,484,629.51
营业利润:	9,722,012.07
投资收益:	16,242,015.60
补贴收入:	165,618.54
营业外收支净额:	1,700,200.25
经营活动产生的现金流量净额:	71,598,546.97
现金及现金等价物净增加额:	61,413,271.28

注:公司聘请深圳大华天诚会计师事务所和胡国志会计师行分别按中国会计准则和国际会计准则对公司财务报告进行了审计,审计结果公司实现净利润分别为2,271.7万元和2,563万元,其差额为291.3万元,该差异产生的原因是:B股会计师按国际会计准则冲回了多提的折旧234.6万元及合并价差确认为收入56.7万元所致。

2、前三年主要会计数据和财务指标:

	2000年度	1999年度	1998年度
主营业务收入(元)	292,896,328.36	206,691,794.76	159,361,973.31
净利润(元)	22,717,307.04	22,270,547.37	(119,409,022.68)
总资产(元)	696,570,046.89	630,278,515.75	592,432,936.09
股东权益(不含少数股东权益.元)	278,339,658.39	255,577,963.77	235,314,762.82
每股收益(元/股)	0.139	0.124	(0.729)
加权每股收益(元/股)	0.139	0.124	(0.729)
扣除非经常性损益后的每股收益(元/股)	0.139	0.093	0.075
每股净资产(元/股)	1.70	1.56	1.42
调整后每股净资产(元/股)	1.56	1.45	0.96
每股经营活动产生的现金流量净额(元/股)	0.44	0.251	(0.086)
净资产收益率(%)	8.16	7.93	(51.26)
加权净资产收益率(%)	8.16	7.93	(51.26)
扣除非经常性损益后的加权净资产收益率(%)	8.16	5.98	5.2

3、利润表附表

报告期利润	净资产收益率(%)		每股收益(元)	
	全面摊薄	加权平均	全面摊薄	加权平均
主营业务利润	27.98	27.98	0.476	0.476
营业利润	3.49	3.49	0.059	0.029
净利润	8.16	8.16	0.139	0.139
扣除非经常性损益后的净利润	8.16	8.16	0.139	0.139

三、股本变动及股东情况

1、股本变动情况表　　数量单位:股

	本次变动前	本次变动增减(+、-)						本次变动后
		配股	送股	公积金转股	增发	其它	小计	
一、未上市流通股份								
1、发起人股份	108,240,000							108,240,000
其中:								
国家拥有股份	108,240,000							108,240,000
境内法人持有股份								
外资法人持有股份								
其它								
2、募集法人股份								
3、内部职工股								
4、优先股或其它								
其中:转配股								
未上市流通股份合计	108,240,000							108,240,000
二、已上市流通股份								
1、人民币普通股	22,176,000							22,176,000
2、境内上市的外资股	33,000,000							33,000,000
3、境外上市的外资股								
4、其它								
已上市流通股份合计	55,176,000							55,176,000
三、股份总数	163,416,000							163,416,000

光彩建设股份有限公司

二〇〇〇年年度报告摘选

一、公司简介

1、公司中文名称:光彩建设股份有限公司
公司英文名称:GuangCai Construction Co., Ltd.
2、公司法定代表人:卢志强
3、公司董事会秘书:陈家华
联系地址:深圳市南山区学府路8号荟芳园大厦A栋三楼
联系电话:(0755)6648037-215　　传真:(0755)6648033
电子信箱:cjh1964@sina.com
公司授权代表:张宇
联系地址:深圳市南山区学府路8号荟芳园大厦A栋三楼
联系电话:(0755)6648037-238　　传真:(0755)6072025
电子信箱:zsaner@163.net
4、公司注册地址:深圳市南山区学府路8号荟芳园大厦A栋三楼
公司办公地址:深圳市南山区学府路8号荟芳园大厦A栋三楼
邮政编码:518052
公司电子信箱:sznywyzy@sz.gd.cninfo.net
5、公司选定的信息披露报纸:《中国证券报》、《证券时报》
登载公司年度报告的中国证监会指定国际互联网网址:
http://www.cninfo.com.cn
公司年报备置地点:公司董事会秘书处
6、公司股票上市交易所:深圳证券交易所
股票简称:光彩建设
股票代码:0046

二、会计数据和业务数据摘要

1、主要利润指标情况(单位:人民币元)

项目	金额
利润总额:	52,860,465.08
净利润:	37,843,868.12
扣除非经常性损益后的净利润:	36,945,536.20
主营业务利润:	77,227,300.91
其他业务利润:	867,732.87
营业利润:	52,168,200.21
投资收益:	-206,067.05
补贴收入:	0
营业外收支净额:	898,331.92
经营活动产生的现金流量净额:	59,938,920.61
现金及现金等价物净增加额:	977,242.48

备注:扣除的非经常性损益项目为:营业外收支净额
涉及金额:　898,331.92元

2、主要会计数据和财务指标

项目	2000年	1999年	1998年
主营业务收入(元)	275,170,592.07	103,185,769.62	276,830,834.92
净利润(元)	37,843,868.12	135,419,657.82	52,996,164.72
总资产(元)	1,304,624,597.81	869,563,688.02	841,163,342.10
股东权益(元)(不含少数股东权益)	555,223,990.88	537,868,905.26	402,449,247.44
每股收益(元/股)	0.185	0.661	0.259
每股收益(加权平均)	0.185	0.661	0.259
扣除非经常性损益后的每股收益	0.180	0.019	0.143
每股净资产(元/股)	2.71	2.625	1.964
调整后的每股净资产(元)	2.626	2.475	1.924
每股经营活动产生的现金流量净额	0.293	-0.241	0.181
净资产收益率(%)	6.82	25.18	13.17
净资产收益率(%)(加权)	6.82	25.18	13.17
扣除非经常损益后净资产收益率(%)	6.65	0.96	7.74
扣除非经常损益后加权净资产收益率(%)	6.65	0.96	7.74

3.本年度利润附表

报告期利润	净资产收益率(%)		每股收益(元/股)	
	全面摊薄	加权平均	全面摊薄	加权平均
主营业务利润	13.91	13.91	0.377	0.377
营业利润	9.40	9.40	0.255	0.255
净利润	6.82	6.82	0.185	0.185
扣除非经常损益后利润	6.65	6.65	0.180	0.180

三、股本变动及股东情况

1、截止2000年12月31日,公司股东总数为72183人。
2、公司前10名股东持股情况:

股东名称	持股数(单位:股)	比例
光彩事业投资集团有限公司	107,566,103(未流通)	52.50%
泰和证券投资基金	499,930	0.24%
张小珍	280,000	0.14%
长沙新大新置业有限公司	200,000	0.10%
关赛好	163,200	0.08%
普丰证券投资基金	159,911	0.08%
郁咪婷	154,035	0.08%
袁应碧	150,700	0.07%
周春飞	145,500	0.07%
顾诵华	135,800	0.07%

前10名股东不存在关联关系。

持有本公司52.50%股份的法人股东为光彩事业投资集团有限公司。报告期内股份没有增减变动,年末持股数量为107,566,103股。

该公司已将所持有的法人股进行了质押,其中,4,000万股的质押期限从2000年10月27日至2002年10月26日,6,756.6103万股的质押期限从1999年7月30日至2001年8月30日。

深圳市中侨发展股份有限公司

二〇〇〇年年度报告摘选

一、公司简介

1、法定的中文名称:深圳市中侨发展股份有限公司
法定的英文名称:SHENZHEN OVERGLOBE DEVELOPMENT CO.,LTD.
2、公司法定代表人:黄安民
3、公司董事会秘书:杨玉梅
董事会证券事务授权代表:慕凌霞
联系地址:深圳市罗湖区宝安南路西湖花园三层
联系电话:0755-5894572、5566868
传 真:0755-5566222
4、公司注册、办公地址:深圳市罗湖区宝安南路西湖花园三层
邮政编码:518008
公司电子信箱:szQDTao@public.szptt.net.cn
5、公司选定信息披露报纸:《证券时报》
登载公司年度报告的网址:www.cninfo.com.cn
公司年度报告备置点:公司董事会秘书处
6、公司股票上市交易所:深圳证券交易所
股票简称:深中侨 A
股票代码:0047

二、会计数据和业务数据摘要

1、公司本年度利润指标(单位:人民币元)

项 目	金 额
利润总额	-136,772,311.66
净利润	-120,706,933.10
扣除非经常性损益后的净利润	-106,627,156.17
主营业务利润	-3,451,429.17
其他业务利润	-342,096.91
营业利润	-108,323,691.02
投资收益	-14,368,843.71
补贴收入	—
营业外收支净额	-14,079,776.93
经营活动产生的现金流量净额	35,067,743.67
现金及现金等价物净增加额	-1,174,423.52

注:扣除非经常性损益后的利润,扣除项目为:营业外收支,涉及金额为:14,079,776.93元。

2、截至报告期末公司前三年的主要会计数据和财务指标(单位:人民币元)

项 目	2000年度	1999年度	1998年度
主营业务收入	75,845,156.69	132,411,197.07	218,289,383.69
净利润	-120,706,933.10	-144,324,331.32	3,608,877.31
总资产	1,371,652,951.74	1,513,533,527.05	1,585,145,492.40
股东权益(不含少数股东权益)	8,421,595.79	139,193,310.38	283,517,641.70
每股收益(按净利润全面摊薄)	-1.00	-1.20	0.03
每股收益(按净利润加权平均)	-1.00	-1.20	0.03
扣除非经营性损益后的每股收益	-0.89	-1.02	0.03
每股净资产	0.07	1.16	2.35
调整后的每股净资产	-1.33	0.86	2.14
每股经营活动产生的现金流量净额	0.29	0.07	0.26

3、利润表附表(单位:人民币元)

项 目	净资产收益率(%)		每股收益	
	全面摊薄	加权平均	全面摊薄	加权平均
主营业务利润	-40.98	-5.02	-0.03	-0.03
营业利润	-1,286.26	-157.50	-0.90	-0.90
净利润	-1,433.33	-175.51	-1.00	-1.00
扣除非经常性损益后的净利润	-1,266.12	-155.04	-0.89	-0.89

三、股东情况介绍

1、截止2000年12月29日,公司股东共13709名。
2、前10名股东持股情况:

股 东 名 称	持股数量(股)	持股比例(%)
(1)深圳市中侨实业有限公司	87480000	72.655
(2) 李玉凤	517282	0.429
(3) 北京巨鹏投资公司	180000	0.149
(4) 付万言	162500	0.135
(5)北京德凯利冷冻设备销售有限公司	150000	0.125
(6) 王成娟	112400	0.093
(7) 余启明	110000	0.091
(8) 明月娥	109120	0.091
(9) 林丽萍	107820	0.089
(10) 田锁庄	93000	0.077

前10名股东之间不存在关联关系。持有本公司5%以上股份的股东为深圳市中侨实业有限公司,报告期内持股量未发生变化,其持有本公司法人股中8724万股抵押给贷款银行。

3、持股10%以上的法人股东情况
公司名称:深圳市中侨实业有限公司
法定代表人:黄安民
经营范围:兴办实业(具体项目另行申报);国内商业、物资供销业(不含专营、专卖、专控商品)。

深圳市中科创业(集团)股份有限公司

二〇〇〇年年度报告摘选

一、公司简介

1、公司的法定中、英文名称及缩写
中文名称:深圳市中科创业(集团)股份有限公司
中文缩写:中科创业
英文名称:CHINA VENTURE CAPITAL(GROUP)CO., LTD. OF SHENZHEN
2、公司法定代表人:陈枫
3、公司董事会秘书:祝去修
董事会秘书授权代表:孔力
咨询电话:0755-5425020-288、333
传　　真:0755-5420155
联系地址:深圳市罗湖区深南东路1086号集浩大厦三楼
电子信箱:ZK0048@163.net
4、公司注册地址:深圳市罗湖区深南东路1086号集浩大厦二、三楼
公司办公地址:深圳市罗湖区深南东路1086号集浩大厦二、三楼
邮政编码:518003
公司国际互联网网址:http://www.china0048.com
电子信箱:ZK0048@163.net.
5、公司选定的信息披露报纸:《中国证券报》、《证券时报》
登载公司年度报告的国际互联网网址:http://www.cninfo.com.cn
公司年度报告备置地点:董事会秘书处
6、公司股票上市交易所:深圳证券交易所
股票简称:中科创业
股票代码:0048

二、会计数据和业务数据摘要

(一)公司本年度主要会计数据

项 目	金 额(元)
1、利润总额	-321,418,250
2、净利润	-329,484,651
3、扣除非经常性损益后的净利润	-49,412,566
4、主营业务利润	131,546,531
5、其他业务利润	2,764,777
6、营业利润	-41,346,165
7、投资收益	-280,484,525
8、营业外收支净额	412,440
9、经营活动产生的现金流量净额	104,893,711
10、现金及现金等价物净增加额	162,563,028

注:扣除的非经常性损益项目包括:1、投资收益-280,484,525元,2、营业外支出1,159,806元,3、营业外收入1,572,246元;合计为-280,072,085元。

(二)截至报告期末前三年主要会计数据和财务指标

指标项目	单位	2000年度	1999年度	1998年度
1、主营业务收入		937,695,288	835,056,515	879,759,496
2、净利润		-329,484,651	60,164,447	-5,138,548
3、总资产		1,865,610,798	1,481,253,371	1,368,552,911
4、股东权益		239,312,307	502,796,958	451,132,006
5、每股收益	元/股	-0.84	0.21	-0.02
6、扣除非经常性损益后的每股收益	元/股	-0.13	-0.06	-0.02
7、每股净资产	元/股	0.61	1.78	1.59
8、调整后的每股净资产	元/股	0.56	1.67	1.50
9、每股经营活动产生的现金流量净额	元/股	0.27	0.13	0.16
10、净资产收益率	%	-137.68	11.97	-1.14

(三)按照中国证监会《公开发行证券公司信息披露编报规则第九号》要求计算的相关指标:

报告期利润	净资产收益率		每股收益(元/股)	
	全面摊薄	加权平均	全面摊薄	加权平均
主营业务利润	54.97%	28.98%	0.34	0.34
营业利润	-17.11%	-9.03%	-0.10	-0.10
净利润	-137.68%	-72.64%	-0.84	-0.84
扣除非经常性损益后的净利润	-20.65%	-10.89%	-0.13	-0.13

(四)股东权益变动情况

本年度股东权益变动情况表　　(单位:股、元)

项 目	股本	资本公积	盈余公积	法定公益金	未分配利润	合 计
期初数	283,165,704	165,987,227	56,533,114	630,230	-3,519,317	502,796,958
本期增加	107,602,967	66,000,000				173,602,967
本期减少		73,623,083			363,464,535	437,087,618
期末数	390,768,671	158,364,144	56,533,114	630,230	-366,983,852	239,312,307

三、股东情况介绍

1、本报告期末的股东总数为14,787户(人),其中公司高级管理人员持股1人;与期初相比,高级管理人员持股减少3人,系因曾汉山先生、魏代明先生、张伟光先生辞职。

2、公司前十名股东持股情况(截止2000年12月31日):

股 东 名 称	年初数	年末数	占总股本比例(%)	股份性质
深圳市龙岗区投资管理有限公司	102,385,000	141,291,300	36.16	国有股
海南燕园投资有限公司	63,700,000	87,906,000	22.50	法人股
海南沃和生物技术有限公司	29,400,000	40,572,000	10.38	法人股
北京英特泰投资顾问有限公司	7,320,465	10,102,241	2.59	流通股
民乐燕园投资有限公司	4,900,000	6,762,000	1.73	法人股
盛通科技投资有限公司		1,653,400	0.42	流通股
深圳市信资星投资有限公司		1,133,102	0.29	流通股
张 杰		971,065	0.25	流通股
北京新窗口创业投资顾问有限公司		963,654	0.25	流通股
陈建柳		776,001	0.20	流通股

深圳市万山实业股份有限公司

二〇〇〇年年度报告摘选

一、公司简介

证券代码:0049
证券简称:深万山A
公司全称(中文):深圳市万山实业股份有限公司
(英文):SHENZHEN WORLDSUN ENTERPRISE CO.,LTD
注册地址:深圳市罗湖区桂园路28号桂花大厦A座M层
办公地址:深圳市罗湖区桂园路28号桂花大厦A座M层
邮政编码:518001
电子信箱(E-mail):szhzbing@sz.gd.cninfo.net
法定代表人:刘万国(代)
董事会秘书:何冰洁
联系电话:0755-2131400　传 真:0755-2131400
公司股票上市交易所:深圳证券交易所
公司选定的信息披露报纸:《证券时报》
刊登公司年度报告的中国证监会指定国际互联网网址
http://www.cninfo.com.cn
公司年度报告备置地点:公司办公室

二、主要财务数据和指标

1.本年度实现利润及构成情况(单位:人民币元)

项目	金额
利润总额:	466,979.37
净利润:	437,192.27
扣除非经常性损益后的净利润:	-3,593,093.24
主营业务利润:	12,136,481.70
其他业务利润:	/
营业利润:	-29,123,281.70
投资收益:	25,559,975.56
补贴收入:	178,653.60
营业外收支净额:	3,851,631.91
经营活动产生的现金流量净额:	-2,582,574.90
现金及现金等价物净增加额:	-3,595,861.19

扣减非经常性损益内容及金额:固定资产处置收入4,585,004.52元,补贴收入178,653.60元,滞纳金支出733,372.61元。

2.近三年的主要会计数据和财务指标(单位:人民币元)

项目	2000	1999年		1998年	
		调整后	调整前	调整后	调整前
主营业务收入	28,257,410.24	30,649,789.43	161,262,215.30	37,447,529.61	37,447,529.61
净利润	437,192.27	-4,975,287.69	19,649,174.08	4,627,852.64	30,116,796.19
总资产	460,879,727.24	415,185,616.85	444,493,216.77	435,280,930.89	435,280,930.89
股东权益(不含少数股东权益)	202,997,108.57	202,559,916.30	227,184,378.07	207,535,203.99	207,535,203.99
以净利润计算的每股收益(摊薄)	0.003	-0.036	0.144	0.05	0.33
以净利润计算的每股收益(加权)	0.003	-0.011	0.172	0.05	0.33
扣除非经常性损益后的每股收益(摊薄)	-0.026	-0.075	0.105	0.04	0.041
扣除非经常性损益后的每股收益(加权)	-0.026	-0.09	0.126	0.04	0.041
每股净资产	1.48	1.48	1.66	2.27	2.27
调整后每股净资产	1.27	1.32	1.47	1.89	1.89
每股经营活动产生的现金流量净额	-0.019	0.014	0.014	0.017	0.017
以净利润计算的净资产收益率(摊薄)	0.22%	-2.46%	8.65%	2.23%	14.51%
以净利润计算的净资产收益率(加权)	0.22%	-2.43%	9.03%	2.3%	15.23%
扣除非经常性损益后的净资产收益率(摊薄)	1.77%	-5.04%	6.34%	1.82%	1.82%
扣除非经常性损益后的净资产收益率(加权)	1.77%	-4.98%	6.63%	1.91%	1.91%

3.报告期内股东权益变动情况

项目	股本	资本公积	盈余公积	未分配利润	股东权益合计
期初数	136,829,160	84,186,731.72	4,108,891.33	-22,564,866.75	202,559,916.30
本期增加	/	/	/	437,192.27	437,192.27
本期减少	/	/	/	/	/
期末数	136,829,160	84,186,731.72	4,108,891.33	-22,127,674.48	202,997,108.57

变动原因:

未分配利润减亏437,192.27元及股东权益增加437,192.27元之原因为当年实现净利润437,192.27元。

三、股本变动及股东情况

1.报告期末股东总数为6503户。

2.持有公司5%以上(含5%)股份的股东是深圳市城市建设开发(集团)公司,年度内其所持股份没有发生变动,持股数为91,025,047股。该股份已被法院依法冻结。

3.公司前十名股东持股情况(2000年12月29日)

名次	股东名称	拥有股数
(1)	深圳市城市建设开发(集团)公司	91025047
(2)	裕泽证券投资基金	1192629
(3)	深圳市丰汇城建发展股份有限公司	1080540
(4)	上海北融资产管理有限公司	1064940
(5)	裕华证券投资基金	988500
(6)	李田发	391570
(7)	潘华凯	322800
(8)	何小爱	307262
(9)	陈 平	292300
(10)	陈满松	267870

深圳天马微电子股份有限公司

二〇〇〇年年度报告摘选

一、公司简介

1.公司名称:深圳天马微电子股份有限公司
英文名称:SHENZHEN TIANMA MICROELECTRONICS CO.,LTD
2.法定代表人:李志正
3.董事会秘书:赵 扬　授权代表:王 红
联系地址:深圳市深南中路中航苑航都大厦22层
联系电话:3790649　3790775　传真:3790431
电子信箱:sztmzq@sz.gd.cninfo.net
4.注册地址:深圳市深南中路中航苑航都大厦22层
办公地址:深圳市深南中路中航苑航都大厦22层
邮政编码:518041
公司国际互联网网址:http://www.tianma.com.cn
公司电子信箱:admin@tianma.com.cn
5.信息披露报纸:《证券时报》
登载年度报告指定国际互联网网址:http://www.cninfo.com.cn
年度报告备置地址:深圳市深南中路中航苑航都大厦22层公司办公室
6.股票上市交易所:深圳证券交易所
股票简称:深天马A
股票代码:0050

二、会计数据和业务数据摘要

1.公司本年度实现利润总额37,651,894.42元,净利润32,518,007.34元,扣除非经常性损益后的净利润26,037,214.23元,主营业务利润71,891,063.00元,其它业务利润1,400,637.60元,营业利润29,995,120.79元,投资收益1,175,980.52元,营业外收支净额6,480,793.11元,经营活动产生的现金流量净额9,323,546.54元,现金及现金等价物净增加额4,088,368.32元。

注:扣除非经常性损益项目为营业外收支净额6,480,793.11元。

2.报告期末公司前三年的主要会计数据和财务指标(单位:人民币元)

指标项目	2000年末数	1999年末数	1998年末数
主营业务收入	317,613,770.90	269,058,645.97	172,359,929.79
净利润	32,518,007.34	22,006,194.90	30,331,274.54
总资产	606,933,626.94	521,682,494.42	464,702,660.50
股东权益(不含少数股东权益)	345,812,789.66	336,158,439.75	325,911,244.85
每股收益(摊薄)	0.280	0.189	0.261
每股收益(加权)	0.280	0.189	0.261
扣除非经常性损益后每股收益(摊薄)	0.224	0.131	—
每股净资产	2.97	2.89	2.80
调整后的每股净资产	2.89	2.82	2.73
每股经营活动产生的现金流量净额	0.080	-0.197	0.083
净资产收益率(%)(摊薄)	9.40	6.55	9.31
净资产收益率(%)(加权)	9.23	6.53	—

3、报告期利润表附表:

根据中国证监会关于发布《公开发行证券公司信息披露编报规则》第9号通知的规定计算出的有关财务指标:

报告期利润	净资产收益率(%)		每股收益(单位:元)	
	全面摊薄	加权平均	全面摊薄	加权平均
主营业务利润	20.79	20.40	0.6183	0.6183
营业利润	8.67	8.51	0.2580	0.2580
净利润	9.40	9.23	0.2797	0.2797
扣除非经营性损益的净利润	7.53	7.39	0.2239	0.2239

4、报告期内股东权益变动情况　单位:元

项目	股本	资本公积	盈余公积	法定公益金	未分配利润	股东权益合计
期初数	116,270,000.00	159,458,137.28	37,994,648.56	14,989,605.97	22,435,653.91	336,158,439.75
本期增加	—	—	4,877,701.09	1,625,900.36	4,776,648.82	9,654,349.91
本期减少	—	—	—	—	—	—
期末数	116,270,000.00	159,458,137.28	42,872,349.65	16,615,506.33	27,212,302.73	345,812,789.66

三、股东情况介绍

(1)报告期末股东总数

本公司截止2000年12月31日股东总数为15,752户。

(2)前10名股东持股情况(截止2000年12月31日)

股东名称	持股数(股)	持股比例(%)
深圳中航实业股份有限公司	79,464,000	68.344
深圳市投资管理公司	16,909,000	14.543
华夏证券有限公司深圳公司	2,136,405	1.837
景宏证券投资基金	416,297	0.358
景博证券投资基金	333,282	0.287
周安邦	182,585	0.157
王 强	179,439	0.154
单正婷	120,000	0.103
辽宁恒谊投资咨讯有限公司	100,000	0.086
周志略	95,031	0.082

注:深圳市投资管理公司持有股份为国家持有股份。

持有本公司5%以上股份的股东所持股份无质押、冻结情况。

持有本公司5%以上股份的股东所持股份年度内无增减变动情况。

方大集团股份有限公司

二○○○年年度报告摘选

一、公司简介

1、公司的法定中、英文名称及缩写：
中文：方大集团股份有限公司（简称：方大集团）
英文：CHINA FANGDA GROUP CO.，LTD.（英文缩写：CFDC）
2、本公司法定代表人：熊建明先生
3、本公司董事会秘书：卢卫卫先生
联系地址：中华人民共和国深圳市南山区西丽龙井方大城
邮政编码：518055
联系电话：86(755) 6788571 转 6622
传 真：86(755) 6788353
电子信箱：2wlu@21cn.com
4、本公司注册地址：中华人民共和国深圳市南山区西丽龙井方大城
邮政编码：518055
电子信箱：fd@fangda.com
互联网址：http://www.fangda.com
本公司办公地址：中华人民共和国深圳市南山区西丽龙井方大城科技大厦
邮政编码：518055
电子信箱：fd@fangda.com
5、本公司选定的信息披露报纸名称：
《中国证券报》、《证券时报》、《上海证券报》、香港《大公报》
本公司年度报告备置地点：本公司董事会秘书处
登载本公司年度报告的中国证监会指定国际互联网网址：
http://www.cninfo.com.cn
6、本公司股票简称、股票代码和股票上市交易所：
A股：深圳方大　0055　深圳证券交易所
B股：深方大B　2055　深圳证券交易所

二、会计数据和业务数据摘要

1、2000年度本公司利润总额及构成（单位：人民币元）

项目	金额
利润总额：	80,496,240
主营业务利润：	120,588,910
其他业务利润：	39,490
营业利润：	69,100,233
营业外收支净额：	11,396,007
净利润：	69,299,888
扣除非经常性损益后的净利润为：	69,299,888
2、经营活动产生的现金流量净额：	31,810,386
3、现金及现金等价物净增加额：	-29,109,408

4、境内、外会计师审计的净利润差异说明

经安达信公司国际会计师审计，2000年度本公司按国际会计准则编列的净利润为71,575,040元人民币，与安达信·华强会计师事务所按中国会计制度审计之差异调整项目：

单位：人民币元

项目	金额
经安达信·华强会计师事务所审计之净利润	69,299,888
(1) 减少无形资产专利权摊销	2,275,152
(2) 其他	-
经安达信公司国际会计师审计之净利润	71,575,040

5、主要会计数据：

项目	2000年12月31日	1999年12月31日	1998年12月31日
总资产(元)	1,280,868,467	1,120,541,505	955,773,713
股东权益(元)	1,022,515,900	988,784,012	809,418,837
每股净资产(元)(全面摊薄)	3.45	3.34	2.81
调整后的每股净资产(元)	3.43	3.31	2.75

6、主要业务数据：

项目	2000年度	1999年度	1998年度
主营业务收入	431,492,778	453,909,674	500,682,171
净利润	69,299,888	66,486,812	148,588,662
每股经营活动产生的现金流量净额（元）	0.107	0.124	0.103

7、净资产收益率和每股收益指标

时间	2000年度				1999年度				1998年度			
指标	净资产收益率(%)		每股收益(元)		净资产收益率(%)		每股收益(元)		净资产收益率(%)		每股收益(元)	
利润项目	全面摊薄	加权平均	全面摊薄	加权平均	全面摊薄	加权平均	全面摊薄	加权平均	全面摊薄	加权平均	全面摊薄	加权平均
主营业务利润	11.79	11.78	0.41	0.41	11.14	12.79	0.37	0.38	22.85	23.50	0.64	0.64
营业利润	6.76	6.75	0.23	0.23	5.96	6.84	0.20	0.20	18.96	19.50	0.53	0.53
净利润	6.78	6.77	0.23	0.23	6.72	6.72	0.22	0.23	18.36	18.88	0.52	0.52
扣除非经常性损益后的净利润	6.78	6.77	0.23	0.23	6.72	7.72	0.22	0.23	18.36	18.88	0.52	0.52

三、股本变动及股东情况

1、报告期末本公司股东总数为25,743个。
2、前10名股东的持股情况
（截止2000年12月31日 单位：股）

序号	股东名称	期初数	期末数	占总股本比例(%)	股份性质
1	深圳方大经济发展股份有限公司	107,112,000	107,112,000	36.14	法人股
2	集康国际有限公司	25,368,000	25,368,000	8.56	法人股
3	GLOBAL POWER INVESTMENT LTD.	2,000,505	3,869,200	1.31	流通B股
4	北京证券有限公司天坛营业部	2,576,325	2,576,325	0.87	流通A股
5	CHEUNG, KIN WA	0	2,190,005	0.74	流通B股
6	深圳市蛇口渔二实业股份有限公司	1,920,000	1,920,000	0.65	法人股
7	上海香港万国证券	2,011,261	1,619,561	0.55	流通B股
8	SHEN YIN WANGUO-APS MANAGEMENT PTE LTD	1,444,069	1,395,869	0.47	流通B股
9	BONY-ACTIVEST LUX GREATER CHINA	0	1,386,592	0.47	流通B股
10	NORTHERN TRUST CO A/C GOVERN OF SINGAPORE INV. CORP	1,273,600	1,273,600	0.43	流通B股

深圳市国际企业股份有限公司

二○○○年年度报告摘选

一、公司简介

1、公司法定中文名称：深圳市国际企业股份有限公司
公司法定英文名称：SHENZHEN INTERNATIONAL ENTERPRISE CO.，LTD
2、公司法定代表人：李锦全
3、公司董事会秘书：谢伟
股证事务授权代表：徐巍
联系地址：深圳市人民南路发展中心大厦23层投资部
联系电话：(0755)2285564、(0755)2285565
传　　真：(0755)2285573
电子信箱：guoqi@szonline.net
4、公司注册地址：深圳市人民南路发展中心大厦23层
公司办公地址：深圳市人民南路发展中心大厦23层
公司邮政编码：518001
公司国际互联网网址：http://www.china-ia.com
公司电子信箱：szia@szonline.net
5、公司选定的信息披露报纸名称：《证券时报》、《文汇报》
登载公司年度报告的中国证监会指定国际互联网网址：http://www.cninfo.com.cn
公司年度报告备置地点：深圳市人民南路发展中心大厦23层投资管理部
6、公司股票上市交易所：深圳证券交易所
股票简称：深国商A　　深国商B
股票代码：0056　　2056

二、会计数据和业务数据摘要

1、公司本年度主要会计数据（单位：元）

项　目	2000年度合并报表
利润总额：	43,675,606.11
净利润：	36,123,036.96
扣除非经常性损益后的净利润：	35,732,330.44
主营业务利润：	104,141,226.72
其它业务利润：	10,591,127.07
营业利润：	43,284,899.59
投资收益：	0
补贴收入：	0
营业外收支净额：	390,706.52
经营活动产生的现金流量净额：	40,321,094.13
现金及现金等价物净增加额：	3,041,761.09

2、截止报告期末公司前三年的主要会计数据和财务指标：（单位：元）

指标项目	2000年	1999年		1998年	
		调整前	调整后	调整前	调整后
主营业务收入	469,862,925.05	314,703,822.65	314,703,822.65	332,390,492.97	332,390,492.97
净利润	36,123,036.96	30,221,445.83	30,939,345.83	6,055,774.07	6,773,674.07
总资产	1,108,846,910.43	1,233,332,764.08	1,190,509,906.27	1,050,130,080.62	1,021,200,080.62
股东权益(不含少数股东权益)	424,662,995.72	416,034,158.76	388,539,958.76	396,857,772.13	367,927,772.13
每股收益(元/股)					
加权平均每股收益	0.16	0.14	0.14	0.03	0.03
全面摊薄每股收益	0.16	0.14	0.14	0.03	0.03
扣除非经常性损益后的每股收益	0.16	0.12	0.13	0.03	0.03
每股净资产(元/股)	1.92	1.88	1.76	1.80	1.67
调整后的每股净资产(元/股)	1.65	1.61	1.49	1.48	1.49
每股经营活动产生的现金流量净额	0.18	0.22	0.22	0.12	0.12
净资产收益率(%)	8.88	7.26	8.29	1.53	1.91

3、利润表附表

报告期利润	净资产收益率(%)		每股收益(元/股)	
	全面摊薄	加权平均	全面摊薄	加权平均
主营业务利润	24.52	25.61	0.47	0.47
营业利润	10.19	10.65	0.20	0.20
净利润	8.51	8.88	0.16	0.16
扣除非经营性损益后的净利润	8.41	8.79	0.16	0.16

4、报告期内股东权益变动情况表：（单位：元）

项目	股本	资本公积	盈余公积	法定公益金	未分配利润	股东权益合计
期初数	220,901,184	51,109,680.43	90,335,212.74	14,319,205.71	26,193,881.59	388,539,958.76
本期增加	0	0	5,418,455.54	1,806,151.85	30,704,581.42	36,123,036.96
本期减少	0	0				
期末数	220,901,184	51,109,680.43	95,753,668.28	16,125,357.56	56,898,463.01	424,662,995.72
变动原因			提取	提取	年度盈利	年度盈利

三、股东情况介绍

1、截止2000年12月31日，本公司股东总数为34773户。
2、公司前十名股东持股情况（截止2000年12月31日）　单位：万股

股东名称	年末持股数	占总股本比率(%)
深圳经济特区发展(集团)公司	4203.533	19.03
马来西亚和昌父子有限公司	3026.419	13.70
深圳市泰天实业发展公司	1907.539	8.64
F.C.(ASIA) HODINGS SDN. BHD.	997.770	4.51
LETSCON HOLDINGS SDN. BHD.	852.800	3.86
永胜林业有限公司	403.411	1.83
香港盟兴实业有限公司	374.400	1.69
李木桂	311.920	1.41
马来西亚友企联合有限公司	288.000	1.30
深圳市宝安银鹏投资有限公司	288.000	1.30
香港和盛国际贸易公司	288.000	1.30

深圳赛格股份有限公司

二○○○年年度报告摘选

一、公司简介

1、公司中文名称:深圳赛格股份有限公司

英文名称:SHENZHEN SEG CO.,LTD.

2、法定代表人:张为民先生

3、董事会秘书:郑　丹女士

联系地址:深圳市福田区华强北路宝华大厦16楼

电　　话:0755-3675060

传　　真:0755-3779770

电子信箱:segcl1@baohua.com.cn

董事会证券事务授权代表:袁玲女士

电　　话:0755-3675031

传　　真:0755-3779770

电子信箱:yuanling@baohua.com.cn

4、公司注册及办公地址:深圳市福田区华强北路宝华大厦16楼

邮政编码:518031

公司国际互联网网址:http://www.segcl.com.cn

电子信箱:segcl@baohua.com.cn

5、公司选定的信息披露报纸:《证券时报》和《大公报》

登载公司年度报告的中国证监会指定国际互联网网址:http://www.cninfo.com.cn

公司年度报告备置地点:深圳市福田区华强北路宝华大厦16楼公司董事会秘书办公室

6、公司股票上市交易所:深圳证券交易所

股票简称及代码:A股　深赛格　0058

B股　深赛格B　2058

二、会计数据和业务数据摘要

(一) 2000年度本公司利润总额及构成(单位:人民币元):

项目	金额
利润总额:	12,238,164.86
其中:	
净利润:	13,207,873.90
扣除非经常性损益后的净利润:	-3,687,617.88
主营业务利润:	304,680,117.71
其他业务利润:	5,716,314.88
营业利润:	-39,771,959.39
投资收益:	45,738,094.29
补贴收入:	235,900.00
营业外收支净额:	6,036,129.96
经营活动中产生的现金流量净额:	-50,273,024.85
现金及现金等价物净增加额:	-137,081,040.17

注:非经常性损益是指公司正常经营损益之外的,一次性或偶发性损益。

本公司扣除的非经常性损益的项目及金额为:本公司转让深圳市赛格达声股份有限公司28%股权收益,金额为16,895,491.78

(二) 主要会计数据和财务指标:(单位:人民币元)

项目	2000年	1999年	1998年	
			调整后	调整前
1、主营业务收入	2,306,490,095.16	1,838,623,803.73	1,882,451,399.39	1,732,188,328.65
2、净利润	13,207,873.90	84,462,054.84	146,453,022.76	133,341,488.45
3、总资产	4,108,583,390.77	3,832,216,888.17	3,922,573,943.10	2,940,921,193.36
4、股东权益(不含少数股东权益)	1,681,626,604.98	1,334,787,044.86	1,413,234,093.00	1,309,556,656.29

	2000年	1999年	1998年	
			调整后	调整前
5、每股收益(元/股)	0.018	0.138	0.239	0.217
6、扣除非经常性损益后的每股收益(元/股)	-0.005	0.138	0.239	0.217
7、每股净资产(元/股)	2.316	2.176	2.304	2.135
8、调整后的每股净资产(元/股)	2.151	2.021	2.14	2.087
9、每股经营活动产生的现金流量净额(元/股)	-0.069	0.087	0.087	0.017
10、净资产收益率(%)	0.79	6.33	10.36	10.18

三、股本变动及股东情况

1、报告期末股东总数

截止2000年12月31日公司股东总数为73344户。其中A股股东66165户,B股股东7179户。

2、截止2000年12月31日本公司前十大股东名单

序号	名　称	持股变化情况		股份比例	股份性质
		年初持股(股)	年末持股(股)		
1	深圳市赛格集团有限公司	360,589,086	411,477,898	56.67%	国有法人股
2	CREATE INVESTMENTS LTD	24,473,530	26,731,701	3.68%	B股
3	SMART HILL INVESTMENT LTD	9,356,539	10,219,866	1.41%	B股
4	展佳国际发展有限公司	6,076,325	6,636,987	0.91%	B股
5	民乐投资有限公司	5,378,040	5,874,271	0.81%	B股
6	MAXFORM ENTERPR ISES LTD	10,167,750	5,691,600	0.78%	B股
7	CBNY S/A PNC/SKANDIA SELECT FUND/CHINA EQUITY AC	395,000	4,666,299	0.64%	B股
8	PACIFIC RIM ASSETS LTD	8,596,516	4,035,178	0.56%	B股
9	宝勇企业有限公司	3,118,256	3,405,977	0.47%	B股
10	张智成	785,000	3,264,863	0.45%	B股

深圳辽河通达化工股份有限公司

二○○○年年度报告摘选

一、公司简介

1.公司中文名称:深圳辽河通达化工股份有限公司

公司英文名称:SHENZHEN LIAOHE TONGDA CHEMICALS COMPANY LIMITED

2.公司注册地址:深圳市深南中路13号新城大厦西座11楼

公司办公地址:辽宁省盘锦市深圳辽河通达化工股份有限公司　　邮政编码:124021

E-mail:LTDM@MAIL.PJPTT.LN.CN

3.公司法定代表人:谭中兴先生

4.公司董事会秘书:陆峰先生

联系地址:深圳市深南中路13号新城大厦西座11楼

联系电话:0755-2275565　　联系传真:0755-2275575

E-mail:LTDM@MAIL.PJPTT.LN.CN

5.公司信息披露报纸为《中国证券报》、《证券时报》

中国证监会指定国际互联网网址:http://www.cninfo.com.cn

公司年度报告备置地点:深圳市深南中路13号新城大厦西座11楼

6.公司股票上市地:深圳证券交易所

公司股票简称:辽通化工　　公司股票代码:0059

二、主要会计数据和财务指标

1、本年度公司主要经营数据(单位:人民币元)

项目	
利润总额	13407241.42
净利润	2334989.85
扣除非经常性损益后的净利润	-33161260.7
主营业务利润	125426899.46
其他业务利润	-3036051.38
营业利润	-2132580.01
投资收益	
补贴收入	16204334.60
营业外收支净额	-664513.17
经营活动产生的现金流量净额	20330696.32
现金及现金等价物净增加额	-131736738.62

注:非经常性损益是指公司正常经营损益之外的、一次性或偶发性损益,本公司扣除非经常性损益项目主要为锦西天然气化工有限责任公司的汇兑损益。

2、公司主要会计数据和财务指标　　单位:人民币元

项目	2000年	1999年		1998年	
		调整后	调整前	调整后	调整前
主营业务收入(万元)	112096.86	139690.17	139690.17	125349.6	125349.6
净利润(万元)	233.50	10658.14	10597.26	2290.4	2541.0
总资产(万元)	254949.39	274513.99	283515.35	289490.3	292659.9
股东权益(万元)	146617.31	155075.95	155075.95	171007.7	171620.6
每股收益(全面摊薄)(元)	0.0035	0.16	0.16	0.035	0.038
扣除非经常性损益后的每股收益(元)	-0.05	0.065	0.065	0.084	0.088
每股净资产(元)	2.21	2.34	2.34	2.58	2.59
调整后每股净资产(元)	2.08	2.09	2.06	2.29	2.29
每股经营活动产生的现金流量净额(万元)	0.35	0.355	0.355	-	-
净资产收益率(%)	0.16	6.84	6.84	1.36	1.66

按照中国证监会《公开发行证券公司信息披露编报规则(第9号)》要求计算的利润数据

报告期利润				主营业务利润	营业利润	净利润	扣除非经常性损益后的净利润
净资产收益率	全面摊薄	本年度(%)	母公司	0.65	-2.08	0.16	-2.27
			合并	8.55	-0.15	0.16	-2.27
		上年度(%)	母公司	3.88	-0.02	7.27	1.80
			合并	15.50	7.52	7.27	1.80
	加权平均	本年度(%)	母公司	0.65	-2.09	0.16	-2.28
			合并	8.55	-0.15	0.16	-2.28
		上年度(%)	母公司	3.88	-0.02	7.28	1.80
			合并	15.50	7.52	7.28	1.80
每股收益	全面摊薄	本年度(元)	母公司	0.0145	-0.0461	0.0035	-0.05
			合并	0.1891	-0.0032	0.0035	-0.05
		上年度(元)	母公司	0.0858	-0.0005	0.1607	0.04
			合并	0.3428	0.1662	0.1607	0.04
	加权平均	本年度(元)	母公司	0.0145	-0.0461	0.0035	-0.05
			合并	0.1891	-0.0032	0.0035	-0.05
		上年度(元)	母公司	0.0858	-0.0005	0.1607	0.04
			合并	0.3428	0.1662	0.1607	0.04

三、股本变动及股东情况介绍

(一)1999年中期公司股份变动情况　　单位:万股

	期初数	本次变动增减(+,-)					期末数
		配股	送股	公积金转增	其他	小计	
一、未流通股份							
1 发起人股份	49422.5214						49422.5214
其中:国有权							
境内法人股	49422.5214						49422.5214
境外法人股							
其他							
2 募集法人股							
3 内部职工股							
4 优先股或其他							
未流通股份总计	49422.5214						49422.5214
二、已流通股份							
1 境内上市的人民普通股	16900						16900
境内上市的外资股							
3 境外上市的外资股							
4 其他							
已流通股份总计	16900						16900
三、股份总数	66322.5214						66322.5214

深圳市中金岭南有色金属股份有限公司

二〇〇〇年年度报告摘选

一、公司简介

(一)公司法定名称:
中文名称:深圳市中金岭南有色金属股份有限公司
英文名称:SHENZHEN ZHONGJIN LINGNAN NONFEMET COMPANY LIMITED
(二)公司法定代表人:郭声琨
(三)公司董事会秘书:彭玲
授权代表:黄建民
联系地址:深圳市嘉宾路4028号太平洋商贸大厦12楼
电　　话:(0755)2138819
传　　真:(0755)2138929
电子信箱:szszjgq@sz.gd.cninfo.net
(四)公司注册地址:深圳市嘉宾路4028号太平洋商贸大厦12楼
公司办公地址:深圳市嘉宾路4028号太平洋商贸大厦12楼
公司邮政编码:518001
公司国际互联网网址:www.nonfemet.com
电子信箱 zjln@nonfemet.com.cn
(五)公司选定的信息披露报纸:《证券时报》
登载公司年度报告的中国证监会指定国际互联网网址:www.coinfo.com.cn
公司年度报告备置地点:公司董事会秘书处
(六)公司股票上市交易所:深圳证券交易所
股票简称:中金岭南　　　股票代码:0060

二、会计数据和业务数据摘要

(一)本年度实现的利润构成及现金流量(单位:元)

项　目	金　额
利润总额	148,487,461.85
净利润	130,247,071.51
扣除非经常性损益后的净利润	138,024,218.30
主营业务利润	618,998,339.29
其他业务利润	-2,424,371.97
营业利润	117,739,236.19
投资收益	28,193,612.30
补贴收入	3,867,482.62
营业外收支净额	-1,312,869.26
经营活动产生的现金流量净额	-28,540,922.36
现金及现金等价物净增加额	-136,186,861.27

注:扣除非经常性损益项目及金额:

项 目	金　额
发行股票申购利息	1,000,000.00
处理固定资产损益	-723,640.17
债务重组损失	-2,910,295.27
投资差额摊销	-9,010,693.97
补贴收入	3,867,482.62
合 计	-7,777,146.79

(二)截至本年度末公司前三年的主要会计数据和财务指标(单位:元)

项　目	2000年	1999年 调整后	1998年 调整后
主营业务收入	2,850,783,022.56	2,869,644,402.78	827,154,627.97
净利润	130,247,071.51	125,048,196.19	36,549,093.84
总资产	4,579,011,658.95	4,261,549,658.96	1,100,193,093.84
股东权益(不含少数股东权益)	1,090,605,001.60	1,046,904,482.47	330,056,093.84
总股本	432,000,000.00	288,000,000.00	80,000,000.00
摊薄每股收益	0.30	0.43	0.46
加权每股收益	0.30	0.44	0.46
扣除非经常性损益后的每股收益	0.32	0.50	0.48
每股净资产	2.52	3.64	4.13
调整后的每股净资产	2.16	3.34	3.55
每股经营活动产生的现金流量净额	-0.07	0.56	0.05
摊薄净资产收益率	11.94	11.94	11.07
加权净资产收益率	11.71	13.34	8.99
扣除非经营性损益后的加权净资产收益率	12.37	15.29	9.42

(三)本年度利润表附表

报告期利润	净资产收益率(%)		每股收益(元/股)	
	全面摊薄	加权平均	全面摊薄	加权平均
主营业务利润	56.76	55.66	1.43	1.43
营业利润	10.80	10.59	0.27	0.27
净利润	11.94	11.71	0.30	0.30
扣除非经常性损益后的净利润	12.66	12.37	0.32	0.32

三、股东变动及股东情况介绍

(一)股东情况介绍
1、截止2000年12月31日,公司股东总数为105267户。
2、前十名股东持股情况(单位:股):

名　称	期末持股数	持股比例(%)
国家有色金属工业局	201,600,000	46.66
中国有色金属工业广州公司	12,600,000	2.92
深圳市深港工贸进出口公司	12,600,000	2.92
华夏证券有限公司	10,140,600	2.35
刘淑香	729,240	0.17
郭淑玲	680,000	0.16
甘利娟	602,000	0.14
普丰证券投资基金	259,168	0.06
成都倍特投资公司	258,400	0.06
宋云田	255,000	0.06

深圳市农产品股份有限公司

二〇〇〇年年度报告摘选

一、公司简介

公司法定中文名称:深圳市农产品股份有限公司
公司法定英文名称:SHENZHEN AGRICULTURAL PRODUCTS CO., LTD.
公司法定代表人:林家宏
董事会秘书:陈小华
公司法定地址及信息披露员联系地址:深圳市布吉路1021号天乐大厦22楼
电话号码:(0755)5850936　　5850688转2203
传真号码:(0755)5850936
邮编:518019
公司信息披露报纸:《中国证券报》及《证券时报》
披露年报的国际互联网网址:WWW.cninfo.com.cn
年度报告备置地址:公司董事会办公室
公司网址:ap88.com
电子信箱:a0061@163.com
公司股票上市地址:深圳证券交易所
股票简称:农产品
股票代码:0061

二、会计数据和业务数据摘要

(一)2000年度业务数据摘要(单位:元)

项目	金额
利润总额	125,657,855.54
净利润	89,219,566.13
扣除非经营收入后的净利润	84,659,749.61
主营业务利润	357,673,218.01
其他业务利润	25,462,411.19
营业利润	116,687,137.39
投资收益	4,410,901.63
补贴收入	1,786,233.90
营业外收支净额	2,773,582.62
经营活动产生的现金流量净额	93,668,785.65
现金及现金等价物净增加额	90,559,970.79
扣除的非经常性损益项目及涉及金额	4,559,816.52

(二)前三年主要会计数据和财务指标　　　　单位:万元、元、%

	2000年	1999年	1998年 调整前	1998年 调整后
主营业务收入	127268.46	60611.17	35850.39	35850.39
利润总额	12565.79	9395.30	8116.56	7971.48
净利润	8921.96	6969.24	6531.53	6331.04
总资产	224659.69	140073.4	123384.6	122549.9
股东权益	95960.47	52011.43	49804.28	48914.15
每股收益(摊薄)	0.483	0.542	0.508	0.493
每股收益(加权)	0.560			
扣除非经常性损益后的每股收益	0.482	0.537		
每股净资产	5.191	4.05	3.88	3.81
调整后每股净资产	4.69	3.62	3.58	3.51
每股经营活动产生的现金流量净额	0.51	0.84	0.14	0.14
净资产收益率(摊薄)	9.30	13.40	13.11	12.94
净资产收益率(加权)	13.45			

(三)按照中国证监会《公开发行证券公司信息披露编报规则第9号-净资产收益率和每股收益的计算及披露》的要求计算的利润数据

报告期利润	净资产收益率				每股收益			
	全面摊薄		加权平均		全面摊薄		加权平均	
	2000年	1999年	2000年	1999年	2000年	1999年	2000年	1999年
主营业务利润	32.27	40.48	53.93	40.34	1.935	1.646	2.509	1.646
营业利润	12.16	18.35	17.59	18.29	0.631	0.746	0.819	0.746
净利润	9.30	13.39	13.45	13.34	0.483	0.544	0.626	0.544
扣除非经常性损益后的净利润	9.29	13.17	13.44	13.13	0.482	0.536	0.625	0.536

(四)股东权益变动情况　　　　单位:万元

项 目	股　本	资本公积	盈余公积	其中:公益金	未分配利润	合　计
期初数	12844.3576	26694.8604	9411.6796	1932.6830	3283.0785	52233.9762
本期增加	5641.4067	35456.3774	4433.7559	864.9733		45531.54
本期减少					1805.0460	1805.0460
期末数	18485.7643	62151.2378	13845.4355	2797.6563	1478.0325	95960.4701
变动原因	送、配股	利润分配、配股	利润分配	利润分配	利润分配	

三、股本变动及股东情况

(一)股本变动情况　　　　数量单位:股

	期初数	本次变动增减(+ -) 送股	公积金转增	配股	小计	期末数
一.尚未流通股份						
1.发起人股份	60641496	12128299		10384728		83154523
其中:						
国家拥有股份	15373177	3074635		10384728		54038569
境内法人持有股份	45268319	9053663				29115954
2.内部职工股	18497137	3699427				
其中:高管股	1444820	288964		433437		0
尚未流通股份合计	79138633	15827726				83154523
二.已流通股份						
境内上市的人民币普通股	49304943	9860988		20340624		101703120
其中:高管股						1109821
已流通股份合计	49304943					101703120
三.股份总数	128443576	25688715		30725352		184857643

深圳华强实业股份有限公司

二〇〇〇年年度报告摘选

一、公司简介

1、公司中文名称：深圳华强实业股份有限公司
公司英文名称：SHENZHEN HUAQIANG INDUSTRY CO.,LTD
2、法定代表人：张锦墙
3、董事会秘书：方德厚
授权代表：黄志敏
联系地址：深圳市深南中路华强路口公司总部七楼
联系电话：(0755)3216296　传　真：(0755)3368414
4、注册及办公地址：深圳市深南中路华强路口
邮政编码：518043
公司电子信箱：szhqsygf@sz.gd.cninfo.net
5、公司选定的信息披露报纸名称：《证券时报》
登载公司年度报告的中国证监会指定国际互联网网址：http://www.cninfo.com.cn
公司年度报告备置地点：深圳市深南中路华强路口公司总部七楼股份公司办公室
6、股票上市交易所：深圳证券交易所
股票简称：深圳华强　股票代码：0062

二、会计数据和业务数据摘要

1、公司本年度主要利润指标情况

指标项目	金额(元)
利润总额	113,768,374.32
净利润	97,845,614.63
扣除非经常性损益后的净利润	97,012,743.93
主营业务利润	71,766,132.04
其他业务利润	2,613,753.15
营业利润	85,675,354.43
投资收益	26,008,295.20
补贴收入	0
营业外收支净额	2,084,724.69
经营活动产生的现金流量净额	166,575,425.59
现金及现金等价物净增加额	-228,224,365.41
注：扣除的非经常性损益项目和涉及金额(元)	
①股权转让收益	1,827,557.74
②股权投资差额摊销	2,103,546.74
③处置固定资产损失	31,142.76
④无需支付的款项收入	700,101.65
⑤其他收益	439,900.81

2、公司近三年的主要会计数据和财务指标

项目	2000年	1999年	1998年	
			调整后	调整前
主营业务收入(元)	468,814,876.97	833,929,929.34	785,138,473.43	785,138,473.43
净利润(元)	97,845,614.63	113,512,558.95	120,583,124.45	127,877,201.84
总资产(元)	1,264,706,635.81	1,378,133,311.52	1,263,740,929.39	1,326,196,284.24
股东权益(元)	1,145,083,996.50	1,076,049,360.54	990,182,880.00	1,049,006,031.45
每股收益(元/股)(摊薄)	0.3619	0.42	0.58	0.61
月平均加权每股收益(元/股)	0.3619	0.42	0.75	0.80
扣除非经常性损益后每股收益(元/股)(摊薄)	0.3588	0.41	0.49	0.53
扣除非经常性损益后每股收益(元/股)(加权)	0.3588	0.41	0.64	0.69
每股净资产(元/股)	4.23	3.98	4.76	5.04
调整后的每股净资产(元)	4.21	3.88	4.67	4.95
每股经营活动产生的现金流量净额(元)	0.62	0.35	0.53	0.69
净资产收益率(%)(摊薄)	8.54	10.55	12.18	12.19
净资产收益率(%)(加权)	8.71	10.99	17.15	24.50

注1：按照中国证监会《公开发行证券公司信息披露编报规则(第9号)》要求计算净资产收益率和每股收益。

利润及利润分配表附表

项目	金额(元)	净资产收益率(%)		每股收益(元/股)	
		全面摊薄	加权平均	全面摊薄	加权平均
主营业务利润	71,766,132.04	6.27	6.39	0.2654	0.2654
营业利润	85,675,354.43	7.48	7.63	0.3168	0.3168
净利润	97,845,614.63	8.54	8.71	0.3619	0.3619
扣除非经常性损益后的净利润	97,012,743.93	8.47	8.64	0.3588	0.3588

三、股东情况介绍

1、截止至2000年12月31日公司股东总数72722户。
2、前十名股东持股情况(截止2000年12月31日)

股东名称	持股数(股)	持股比例(%)
深圳华强集团有限公司	141,960,000	52.5
联合证券有限责任公司	6,744,791	2.494
方静虑	288,447	0.1067
杨炳桂	280,500	0.1037
陈永祥	277,700	0.1027
秦亚飞	239,700	0.0886
吕苏华	216,000	0.0799
浙江远博实业投资有限公司	187,600	0.0694
普丰证券投资基金	187,584	0.0693
权柏松	158,000	0.0584

深圳市中兴通讯股份有限公司

二〇〇〇年年度报告摘选

一、公司简介

1、公司法定中文名称：深圳市中兴通讯股份有限公司
公司法定英文名称：ZTE CORPORATION
2、公司法定代表人：张太峰
3、公司董事会秘书：冯健雄
电话：(0755)6790282
传真：(0755)6790286
4、公司注册地址：深圳市南山区高新技术产业园科技南路中兴通讯大厦
公司办公地址：深圳市南山区高新技术产业园科技南路中兴通讯A座办公楼
邮政编码：518057
互联网站：http://www.zte.com.cn
E-MAIL：info@mail.zte.com.cn
5、公司选定的信息披露报纸名称：《中国证券报》《证券时报》
年度报告备置地点：深圳市高新技术产业园科技南路中兴通讯A座办公楼
年度报告指定登载的互联网站：http://www.cninfo.com.cn
6、公司股票上市地：深圳证券交易所
股票简称：中兴通讯
股票代码：0063

二、会计数据和业务数据摘要

(一)本年度主要会计数据(单位：元)

项目	金额
利润总额：	425,180,888.96
净利润：	354,152,434.27
扣除非经常性损益后的净利润：	338,478,778.38
主营业务利润：	1,758,471,157.59
其他业务利润：	1,257,330.86
营业利润：	331,639,440.44
投资收益：	33,776,891.18
补贴收入：	10,505,144.36
营业外收支净额：	49,259,412.98
经营活动产生的现金流量净额：	-70,711,692.08
现金及现金等价物净增加额：	318,338,721.66
注：扣除非经常性损益涉及的项目及金额	
补贴收入：	10,505,144.36
营业外收入申购新股无效资金被冻结期间的存款利息收入本年转销部分：	5,168,511.53

(二)近三年主要会计数据　单位：元

项目	2000年	1999年	1998年		
		调整前	调整后	调整前	调整后
主营业务收入	4,523,425,803.08	2,538,907,065.15	2,501,897,352.47	1,968,441,470.60	1,968,441,470.60
净利润	354,152,434.27	211,471,962.97	211,471,962.97	313,793,339.70	309,181,414.03
总资产	6,321,006,764.04	3,384,815,709.26	3,364,854,294.47	2,205,555,166.17	2,194,473,687.48
股东权益(不含少数股东权益)	1,885,815,687.98	1,529,829,541.24	1,529,829,541.24	948,124,173.95	937,366,510.85
每股收益	0.86	0.61	0.61	0.97	0.95
每股净资产	4.56	4.44	4.44	2.92	2.88
净资产收益率(%)	18.78	13.82	13.82	33.09	32.98
调整后的每股净资产	4.50	4.38	4.41	2.88	2.84
每股经营活动产生的现金流量净额	-0.17	-1.52	-1.52	0.48	0.48
扣除非经常性损益后的每股收益	0.82	0.50	0.50	-	-

(三)股东权益变动情况(单位：元)

项目	股本	资本公积	盈余公积	法定公益金	未分配利润	股东权益合计
期初数	344,500,000	714,888,296.11	118,668,131.97	45,620,949.10	351,773,113.16	1,529,829,541.24
本期增加	68,900,000	1,780,000.00	67,437,205.29	22,479,069.03	286,768,941.45	424,886,146.74
本期减少	-	68,900,000.00	-	-	-	68,900,000.00
期末	413,400,000	647,768,296.11	186,105,337.26	68,100,018.13	638,542,054.61	1,885,815,687.98
变动原因	转增	转增	利润分配	利润分配	利润增加	利润增加

三、股本变动及股东情况

(一)股本变动情况

1、公司股份变动情况表：　数量单位：股

	期初数	本次变动增减(+,-)			期末数
		转增	其他	小计	
一、未上市流通股份					
1、发起人股份	240,500,000	48,100,000		48,100,000	288,600,000
其中：					
国家拥有股份	223,600,000	44,720,000		44,720,000	268,320,000
境内法人持有股份	16,900,000	3,380,000		3,380,000	20,280,000
境外法人持有股份					
其他					
2、募集法人股份					
3、内部职工股					
4、优先股或其他					
未上市流通股份合计	240,500,000	48,100,000		48,100,000	288,600,000
二、已上市流通股份					
1、人民币普通股	104,000,000	20,800,000		20,800,000	124,800,000
2、境内上市的外资股					
3、境外上市的外资股					
4、其他					
已上市流通股份合计	104,000,000	20,800,000		20,800,000	124,800,000
三、股份总数	344,500,000	68,900,000		68,900,000	413,400,000

深圳西林实业股份有限公司

二〇〇〇年年度报告摘选

一、公司简介

1、公司法定中文名称:深圳西林实业股份有限公司

公司法定英文名称:SHENZHEN XILIN INDUSTRIAL CO.,LTD.

2、公司法定代表人:刘跃森

3、公司董事会秘书:黄茜华

董事会授权代表:贺 黎

联系地址:深圳市宝安区宝城 34 区

电　　话:7800006-668　　7809810

传　　真:7808357

E-mail: szszxldm@sz.gd.cninfo.net

4、公司注册地址:深圳市宝安区宝城 34 区

公司办公地址:深圳市宝安区宝城 34 区

北京市广安门南街甲 12 号

邮 政 编 码:(深圳)518133　　(北京)100053

公司国际互联网网址:www.szxilin.com

公司 E-mail:szxilin@public.szptt.net.cn

5、公司选定的信息披露报刊:《中国证券报》、《证券时报》

登载公司年度报告的中国证监会指定国际互联网网址:www.cninfo.com.cn

公司年度报告备置地点:公司董事会秘书处

6、公司股票上市交易所:深圳证券交易所

股票简称:深圳西林

股票代码:0065

二、会计数据和业务数据摘要

1、本年度实现主要利润指标情况:　　(单位:元)

利润总额:	18,140,416.92
净利润:	15,184,149.08
扣除非经常性损益后净利润:	13,832,124.09
主营业务利润:	35,024,128.28
其它业务利润:	1,996,241.42
营业利润:	16,216,715.85
投资收益:	333,383.43
补贴收入:	0.00
营业外收支净额:	1,590,317.64
经营活动产生的现金流量净额:	-29,318,442.98
现金及现金等价物净增加额:	-12,022,774.39

注:扣除非经常性损益新股申购冻结资金利息 511,721.42 元,处置固定资产收益 840,303.58 元。

2、截止报告期公司前三年的主要会计数据和财务指标:　　(单位:元)

项目/年度	2000	1999	1998	
			调整后	调整前
主营业务收入	321,420,338.66	238,393,408.42	166,809,546.41	166,809,546.41
净利润	15,184,149.08	16,472,082.13	9,466,354.94	3,027,142.41
总资产	306,125,469.81	238,449,837.56	166,396,912.28	169,957,699.75
股东权益	147,435,299.56	132,251,150.48	116,083,710.40	119,644,557.87
每股收益	0.19	0.206	0.19	0.261
每股净资产	1.84	1.65	2.32	2.39
调整后的每股净资产	1.78	1.64	2.32	2.39
每股经营活动产生的现金流量净额	-0.37	-0.008		
净资产收益率	10.30%	12.46%	8.15%	10.89%

三、股东情况介绍

1、股东情况介绍

(1) 报告期末公司股东总数为 14742 户,其中未流通法人股 2 户,公众股为 14740 户(其中:公司高级管理人员持股为 8 户);

(2) 持有公司 5%以上股份的股东为两家发起人:

名 称	持股数量(万股)	占股本比例	法定代表人	经营范围
中国北方工业深圳公司	5174.4	64.68%	焦志仁	国内商业、进出口业务
西安惠安化工厂	825.6	10.32%	张小增	化工原料

两家发起人持有股份没有质押或冻结情况。

(3) 公司前 10 名股东的持股情况如下:

名 称	持股数(股)	占股份比例
中国北方工业深圳公司	51744000	64.68%
西安惠安化工厂	8256000	10.32%
浙江财政证券公司	230000	0.29%
浙江省国际信托投资公司	312977	0.39%
张洪文	128384	0.16%
张建芬	120000	0.15%
王毅	101000	0.13%
任庆深	85000	0.11%
张凤林	80000	0.10%
吴名甫	79000	0.09%

前 10 名股东之间不存在关联关系。

中国长城计算机深圳股份有限公司

二〇〇〇年年度报告摘选

一、公司简介

1. 公司法定中文名称:中国长城计算机深圳股份有限公司

公司法定英文名称:CHINA GREATWALL COMPUTER SHENZHEN CO.,LTD

2. 公司法定代表人:王之先生

3. 董 事 会 秘 书:周大庆先生

电　　话:0755-6634759

传　　真:0755-6631106

4. 公司注册地址:中国深圳南山区科技工业园长城计算机大厦

公司办公地址:中国深圳南山区科技工业园长城计算机大厦

邮 政 编 码:518057

公司电子信箱:stock@greatwall.com.cn

公司国际互联网网址:http://www.greatwall.com.cn

5. 公司选定的信息披露报纸名称:《证券时报》、《中国证券报》、《上海证券报》

登载公司年度报告的中国证监会指定国际互联网地址:

http://www.cninfo.com.cn

公司年度报告备置地点:公司董事会秘书组

6. 公司股票上市交易所:深圳证券交易所

股票简称:长城电脑

股票代码:0066

二 会计数据和业务数据摘要

1. 公司 2000 年度会计数据　　单位:人民币元

利润总额	167,074,349.04
净利润	167,312,921.14
扣除非经常性损益后的净利润	167,969,163.78
主营业务利润	152,658,930.49
其他业务利润	16,429,917.53
营业利润	-52,882,001.27
投资收益	217,087,763.04
补贴收入	687,067.06
营业外收支净额	2,181,520.21
经营活动产生的现金流量净额	-61,057,036.20
现金及现金等价物净增加额	7,123,978.42

注:扣除的非经常性损益项目及涉及金额　　单位:人民币元

项目	涉及金额
处理固定资产净收益	69,550.00
处理固定资产净损失	-1,967,609.70
补贴收入	687,067.06
新股申购冻结资金利息	554,750.00
合计	-656,242.64

2. 公司前三年主要会计数据和财务指标　　单位:人民币元

指标项目	2000 年	1999 年	1998 年
主营业务收入	2,253,158,794.41	1,675,643,929.76	950,319,789.05
净利润	167,312,921.14	231,901,182.51	155,287,042.13
总资产	2,228,055,702.85	1,709,075,615.38	1,389,731,568.85
股东权益(不含少数股东权益)	1,206,897,679.26	887,852,535.38	717,083,553.38
每股收益(元/股)	0.3649	0.804	0.753
每股收益(月均加权)(元/股)	0.3684	0.804	0.753
扣除非经常性损益后的每股收益(元/股)	0.3664	0.794	0.753
每股净资产(元/股)	2.63	3.077	3.479
调整后的每股净资产(元/股)	2.62	3.052	3.439
每股经营活动产生的现金流量净额(元/股)	-0.1332	0.162	-0.697
净资产收益率(%)	13.86%	26.12%	21.66%

3. 按照中国证监会《公开发行证券公司信息披露编报规则(第 9 号)》规定的要求计算的利润数据

	净资产收益率(%)				每股收益(元)			
	全面摊薄		加权平均		全面摊薄		加权平均	
	2000 年	1999 年	2000 年	1999 年	2000 年	1999 年	2000 年	1999 年
主营业务利润	12.65	17.86	13.63	19.04	0.3330	0.5495	0.3361	0.5495
营业利润	-4.38	3.77	-4.72	4.02	-0.1153	0.1161	-0.1164	0.1161
净利润	13.86	26.12	14.94	27.84	0.3649	0.8036	0.3684	0.8036
扣除非经常性损益后净利润	13.92	25.46	15.00	27.13	0.3664	0.7941	0.3698	0.7941

三 股本变动及股东情况

1. 截止 2000 年 12 月 31 日,公司股东总数为 115677 户,公司董事、监事及高级管理人员数为 14 人。

2. 公司前 10 名股东持股情况:　　单位:股

序号	股东名称及类别	持股比例	年末持股数量
1	长城科技股份有限公司	60.47%	277,231,500
2	同益证券投资基金	2.46%	11,268,925
3	同盛证券投资基金	2.37%	10,847,300
4	汉兴证券投资基金	2.06%	9,444,124
5	兴华证券投资基金	0.75%	3,435,000
6	汉盛证券投资基金	0.62%	2,856,675
7	吴来凤	0.43%	1,977,909
8	中信证券有限责任公司武汉营业部	0.23%	1,076,728
9	中国大千技术进出口公司	0.20%	912,820
10	中技国际招标公司	0.18%	814,450

深圳市赛格三星股份有限公司

二〇〇〇年年度报告摘选

一、公司简介

公司名称:深圳市赛格三星股份有限公司
英文名称:SHENZHEN SEG SAMSUNG GLASS CO.,LTD(SSG)
法定代表人:张继良
董事会秘书:王科夫
联系地址:深圳市福田区上梅林 26-811 信箱
联系电话:3311988-1810
传　　真:3112656
公司注册及办公地址:深圳市福田区梅林工业区 101 厂房
邮政编码:518049
股票上市交易所:深圳证券交易所
股票简称:赛格三星
股票代码:0068
选定报刊名称:《证券时报》
登载报告网址:www.cninfo.com.cn
年报备置地点:深圳市赛格三星股份有限公司证券部

二、会计数据和业务数据摘要

一、2000 年度公司盈利情况　　　　单位:人民币元

项目	金额
利润总额	151,611,029.11
净利润	146,412,532.31
扣除非经常性损益后的净利润	186,941,971.06
主营业务利润	451,599,402.38
营业外收支净额	21,828,932.59
经营活动产生的现金流量净额	176,351,352.89
现金及现金等价物净增加额	-33,388,241.63

非经常性损失项目为:公司对生产系统冷修改造后无法再使用的价值 40,529,438.75 元设备进行一次性报废。

二、主要会计数据

公司近三年主要会计数据　　　　单位:人民币元

项目	2000 年	1999 年	1998 年	
			调整后	调整前
主营业务收入	1,129,780,220.72	853,421,325.42	229,835,449.35	229,835,449.35
净利润	146,412,532.31	5,726,328.45	-103,329,051.46	-97,746,597.46
总资产	3,074,192,412.81	2,868,890,173.38	2,620,452,437.88	2,651,283,528.34
股东权益	1,503,157,249.58	1,419,622,358.63	1,413,896,030.18	1,444,727,120.64
每股收益	0.186	0.007	-0.13	-0.12
每股收益(按月加权)	0.186	0.007	-0.13	-0.12
扣除非经常性损益后的每股收益	0.237	0.007	-0.13	-0.12
每股净资产	1.91	1.81	1.80	1.84
调整后每股净资产	1.81	1.70	1.70	1.72
每股经营活动产生的现金流量净额	0.22	0.40		
净资产收益率	9.74%	0.40%	-7.31%	-6.77%

附表:
(按公司信息披露编报规则第 9 号要求)

	净资产收益率(%)		每股收益(元)	
	全面摊薄	加权平均	全面摊薄	加权平均
主营业务利润	30.04	30.25	0.575	0.575
营业利润	8.63	8.69	0.165	0.165
净利润	9.74	9.81	0.186	0.186
扣除非经常性损益后净利润	12.34	12.43	0.237	0.237

三、报告期内股东权益变化情况

股东权益变动情况表　　　　单位:人民币元

项　目	股本	资本公积	盈余公积	法定公益金	未分配利润	股东权益合计
期初数	785,970,517	588,999,559.74	14,225,500.50	7,112,750.24	23,314,031.15	1,419,622,358.63
本期增加	—	—	14,641,253.23	7,320,626.62	146,412,532.31	146,412,532.31
本期减少	—	—	—	—	84,839,521.21	62,877,641.36
期末数	785,970,517	588,999,559.74	28,866,753.73	14,433,376.86	84,887,042.25	1,503,157,249.58
变动原因			从公司 2000 年实现净利润 146,412,532.31 元中提取 10%法定盈余公积金	从公司 2000 年实现净利润 146,412,532.31 元中提取 5%法定盈余公益金	公司 2000 年净利润提取公积金后,可供分配利润增加。	公司报告期末净利润增加 146,412,532.31 元,分配红利减少 62,877,641.36 元。

三、股东情况介绍

一、报告期末股东总数

截止 2000 年 12 月 31 日,本公司股东总数 59611 户。其中:国有法人股股东 1 户,境内法人股股东 3 户,境外法人股股东 1 户,高级管理人员股东 3 户,社会公众股股东 59603 户。

二、股东情况介绍

1、公司前十名股东持股情况

序号	股 东 名 称	持股数量	持股比例	股份性质
1	深圳市赛格集团有限公司	223,943,608	28.49%	国有法人股
2	深圳赛格股份有限公司	167,957,704	21.37%	境内法人股
3	三星康宁投资有限公司	167,957,704	21.37%	境外法人股
4	普丰证券投资基金	10,833,509	1.38%	社会公众股
5	同盛证券投资基金	1,044,168	0.13%	社会公众股
6	佛山电器照明股份公司	650,120	0.08%	社会公众股
7	刘植秋	600,000	0.08%	社会公众股
8	深圳市赛格进出口公司	555,750	0.07%	境内法人股
9	深圳市赛格储运企业公司	555,750	0.07%	境内法人股
10	郑文民	500,000	0.06%	社会公众股

深圳华侨城控股股份有限公司

二〇〇〇年年度报告摘选

一、公司简介

1、公司法定中文名称:深圳华侨城控股股份有限公司
公司法定英文名称:Shenzhen Overseas Chinese Town Holdings Company
2、公司法定代表人:任克雷
3、公司董事会秘书:肖德中　　授权代表:李珂晖
电话:6909069　　传真:6600517
联系地址:深圳华侨城控股股份有限公司
E-MAIL:szhqc@public.szptt.net.cn
4、公司注册地址及办公地址:广东省深圳市南山区华侨城办公大楼
邮编:518053　　网址:www.oct-tour.com.cn
E MAIL:oct 069@public.topway.net.cn
5、公司年度报告指定披露报纸:《中国证券报》、《证券时报》
公司年度报告指定披露网址:http://www.cninfo.com.cn
公司年度报告备置地点:公司证券部
6、公司股票上市交易所:深圳证券交易所
股票简称:华侨城 A　　股票代码:0069

二、会计数据和业务数据摘要

1.本年度主要财务数据　　单位:元

项目	金额
利润总额:	87,661,917.71
净利润:	85,710,859.25
扣除非经常性损益后净利润:	93,276,719.03
主营业务利润:	45,554,487.56
其他业务利润:	2,565,721.81
营业利润:	-8,377,948.24
投资收益:	96,845,260.56
补贴收入:	0
营业外收支净额:	-805,394.61
经营活动产生的现金流量净额:	50,765,043.79
现金及现金等价物净增加额:	50,342,196.30

注:扣除非经常性损益的项目、涉及金额

项目	金额
资产置换损失	-4,855,845.66
处理固定资产净损失	-154,549.39
股权投资差额	-2,555,464.73

2.公司近三年主要会计数据和财务指标:　　(金额单位:元)

指标项目	2000 年	1999 年		1998 年	
		调整前	调整后	调整前	调整后
主营业务收入	150790894.94	280623689.22	144745737.05	167909234.12	167909234.12
净利润	85710859.25	53332336.52	50153654.59	72963100.98	72698210.95
总资产	1302839207.77	1122580103.33	1103114831.48	1013620213.72	1013355323.69
股东权益	925840506.86	606067906.48	602624334.52	639135569.96	638870679.93
每股收益					
摊薄	0.230	0.154	0.145	0.211	0.210
加权	0.243	0.154	0.145	0.317	0.316
扣除非经常性损益	0.250	0.154	0.145	0.138	0.137
每股净资产	2.48	1.75	1.74	1.85	1.85
调整后每股净资产	2.41	1.61	1.66	1.72	1.72
每股经营活动产生的现金流量净额	0.136	0.194	0.194	0.086	0.086
净资产收益率(%)					
摊薄	9.26	8.80	8.32	11.42	11.38
加权	12.16	8.01	7.55	12.01	12.01

3.根据中国证监会《公开发行证券公司信息披露编报规则(第九号)》的通知精神,利润分配表附表列示如下:

报告期利润	2000 年				1999 年			
	净资产收益率(%)		每股收益(元)		净资产收益率(%)		每股收益(元)	
	全面摊薄	加权平均	全面摊薄	加权平均	全面摊薄	加权平均	全面摊薄	加权平均
主营业务利润	4.92	6.46	0.122	0.129	8.77	7.94	0.153	0.153
营业利润	-0.90	-1.19	-0.022	-0.023	0.21	0.20	0.004	0.004
净利润	9.26	12.16	0.230	0.243	8.32	7.55	0.145	0.145
扣除非经常性损益后的净利润	10.07	13.23	0.250	0.265	8.32	7.55	0.145	0.145

4.本年度股东权益变动情况:

项目	期初数	本期增加	本期减少	期末数
股本	345,600,000.00	27,000,000.00		372,600,000.00
资本公积	210,729,627.34	210,505,313.09		421,234,940.43
盈余公积	41,564,916.48	12,856,628.89		54,421,545.37
法定公益金	12,099,056.04	4,285,542.96		16,212,420.40
未分配利润	4,729,790.70	85,710,859.25	12,856,628.89	77,584,021.06
股东权益合计	602,624,334.52	336,072,801.23	12,856,628.89	925,840,506.86

三、股东情况介绍

1、报告期末股东总户数为 22854 户。
2、报告期末前十名股东情况:
报告期末前十名股东情况表:　　　　单位:股

股东名称及类别	持股比例	年末持股数量
发起人股东(华侨城集团公司)	66.60%	248,166,000
其中:国有股股东		
(华侨城集团公司受托持有)	1.99%	7,434,000
北京国海物业管理有限责任公司	0.83%	3,076,642
大鹏证券有限责任公司	0.76%	2,818,496
金竟昌	0.38%	1,422,215
孙绍忠	0.34%	1,256,900
君安证券深圳联城证券交易部	0.28%	1,055,000
温月姝	0.26%	980,000
李飞	0.25%	928,480
孙进远	0.23%	840,500
长城证券有限责任公司	0.22%	828,300

深圳市特发信息股份有限公司

二○○○年年度报告摘选

一、公司简介

1、公司的法定中文名称:深圳市特发信息股份有限公司
2、公司的法定英文名称:Shenzhen SDG Information Co., Ltd.
英文缩写:SDGI
3、公司注册地址:深圳市福田区香蜜湖度假村内西座酒店后侧一号楼
4、办公地址:深圳市福田区香蜜湖度假村内西座酒店后侧一号楼
邮政编码:510034
5、公司国际互联网网址:www.sdgi.com.cn
6、公司法定代表人:季德钧
7、公司董事会秘书:张大军
联系地址:深圳市福田区香蜜湖度假村内西座酒店后侧一号楼313室
电话、传真:0755-3711473
电子信箱:zhangdj@sdgi.com.cn
董事会证券事务代表:伍历文
联系地址:深圳市福田区香蜜湖度假村内西座酒店后侧一号楼314室
电话:0755-3710594　　传真:0755-3710133
电子信箱:wulw@sdgi.com.cn
8、公司选定的中国证监会指定报纸名称:《证券时报》
中国证监会指定国际互联网网址:www.cninfo.com.cn
公司中期报告备置地点:公司董事会秘书处
9、公司股票上市交易所:深圳证券交易所
股票简称:特发信息
股票代码:0070

二、会计数据和业务数据摘要

1、本年度主要会计数据(单位:人民币元)

利润总额	59,876,017
净利润	55,879,546
扣除非经常性损益后的净利润	22,422,469
主营业务利润	131,960,276
其他业务利润	8,521,301
营业利润	33,291,331
投资收益	20,746,150
补贴收入	47,379
营业外收支净额	5,791,157
经营活动所产生的现金流量净额	-148,102,039
现金及现金等价物净增加额	157,759,458

2、公司近三年的主要会计数据和财务指标(单位:人民币万元)

项目	2000年	1999年	1998年
主营业务收入	57,081	48,796	41,422
净利润	5,588	5,239	4,654
总资产	136,936	73,038	65,091
股东权益	78,062	26,013	19,704
每股收益(全面摊薄)(元)	0.22	0.29	
加权每股收益(元)	0.24	0.29	
主营业务利润每股收益(全面摊薄)(元)	0.53	0.82	
主营业务利润每股收益(加权平均)(元)	0.57	0.82	
营业利润每股收益(全面摊薄)(元)	0.13	0.33	
营业利润每股收益(加权平均)(元)	0.14	0.33	
每股净资产(元)	3.12	1.45	
调整后的每股净资产(元)	2.95	1.25	
净资产收益率(%)(全面摊薄)	7.16	20.14	
加权净资产收益率(%)	8.12	23.43	
扣除非经常性损益后的净资产收益率%	2.87	19.28	
扣除非经常性损益后加权净资产收益率%	3.26	22.43	
主营业务利润净资产收益率(全面摊薄)%	16.90	56.98	
主营业务利润净资产收益率(加权平均)%	19.16	66.29	
营业利润净资产收益率(全面摊薄)%	4.26	22.57	
营业利润净资产收益率(加权平均)%	4.83	26.25	
每股经营活动产生的现金流量净额(元)	-0.59	-0.23	

三、股东情况介绍

(1)、截止报告期末,股东总数60640户,其中发起人股东7户。
(2)、前十名股东持股情况

序号	名　称	期内增减(万股)	报告期末持股数(万股)	比例(%)
1	深圳经济特区发展(集团)公司	0	6952.78	27.81
2	深圳市通讯工业股份有限公司	0	5845.37	23.38
3	企荣贸易有限公司	0	1860.94	7.44
4	深圳市特发龙飞无线电通讯发展公司	0	1616.07	6.46
5	中国五金矿产进出口总公司	0	930.48	3.72
6	汉国三和有限公司	0	484.20	1.94
7	中国通广电子公司	0	310.16	1.24
8	天元证券投资基金	+87.9735	87.9735	0.35
9	扬州市东方集团有限公司	+49.7890	49.7890	0.20
10	普丰证券投资基金	+45.5808	45.5808	0.18

深圳市海王生物工程股份有限公司

二○○○年年度报告摘选

一、公司简介

1、公司的法定中文名称:深圳市海王生物工程股份有限公司
公司的法定英文名称:Shenzhen Neptunus Bioengineering Co., Ltd
2、公司的法定代表人:张思民
3、公司董事会秘书:冯家信
联系地址:深圳市南山区南油大道海王大厦26层
电话:(0755)6416065,6649838-2671
传真:(0755)6416053
4、公司注册及办公地址:深圳市南山区南油大道海王大厦26层
邮政编码:518054
电子信箱:sznepsw@public.szptt.net.cn
海王网址:http://www.neptunus.com
5、本公司选定的信息披露报纸名称:《中国证券报》、《证券时报》
公司年报备置地点:公司证券部
登载本公司年度报告的中国证监会指定国际互联网网址:
http://www.cninfo.com.cn
6、公司股票上市交易所:深圳证券交易所
股票简称:海王生物
股票代码:0078

二、会计数据和业务数据摘要

1、公司本年度主要会计数据(单位:人民币元)

利润总额:	68,153,365.40
净利润:	61,533,530.18
扣除非经营性损益后的净利润	73,983,271.21
主营业务利润:	156,238,408.77
其他业务利润:	87,185.78
投资收益:	-276,157.20
补贴收入:	390,000.00
营业外收支净额:	399,501.68
经营活动产生的现金流量净额	-109,251,204.99
现金及现金等价物净增加额:	64,372,680.68

注:扣除非经营性损益后的净利润=净利润+股权投资差额分摊297,873.10+收购产生商誉分摊12,541,867.93-科技拨款390,000

经营活动产生的现金流量净额为-109,251,204.99元,主要是公司本年度为使增发募集资金投资项目尽快产生效益,而对研发、生产、销售各个环节加大投入所致。

2、截止2000年末公司前三年的主要会计数据和财务指标

项目	2000年	1999年	1998年	
			原数据	调整后数据
主营业务收入	19,898	8,839	6,448	
净利润	6,153	3,107	2,615	2,447
总资产	87,230	64,228	22,997	22,728
股东权益	23,571	20,474	17,632	17,367
每股收益(元/股)	0.40	0.20	0.34	0.32
*按月平均加权每股收益	0.40	0.27	0.41	0.39
扣除非经营性损益后的每股收益	0.48	0.17	0.30	0.28
每股净资产	1.54	1.34	2.31	2.27
调整后的每股净资产	1.47	1.26	2.29	2.25
每股经营活动产生的现金流量净额	-0.71	-0.13	-0.50	
净资产收益率(%)	26.11	15.17	14.83	14.09

3、报告期利润表附表

报告期利润项目	净资产收益率(%)		每股收益(元/股)
	全面摊薄	加权平均	
主营业务利润	66.28	70.95	1.02
营业利润	28.70	30.71	0.44
净利润	26.11	27.94	0.40
扣除非经常性损益后的净利润	31.39	33.59	0.48

三、股东情况介绍

(1)截止2000年12月31日,本公司的在册股东数量为29878户。
(2)本公司前10名股东持股情况

股东名称	年初持股数	年内增加数	年内减少数	年末持股数	占总股份比例
深圳海王集团股份有限公司	108870000			108870000	71.25%
深圳市新鹏投资发展有限公司	2292000			2292000	1.5%
深圳市海王广告有限公司	1146000			1146000	0.75%
深圳海王食品有限公司	1146000			1146000	0.75%
北京科梦嘉生物技术开发有限公司	1146000			1146000	0.75%
潘任		619600		619600	0.41%
鸿飞证券投资基金		509030		509030	0.33%
谭亚任		489300		489300	0.32%
江佳		473300		473300	0.31%
谭均		461900		461900	0.30%

深圳海王集团股份有限公司,报告期内所持股份数为10887万股,占本公司股份总额的71.25%,该公司拥有的股份已作质押。

本公司前10名股东中,深圳海王集团股份有限公司与深圳市海王广告有限公司、深圳海王食品有限公司存在关联关系,深圳海王集团股份有限公司持有深圳海王食品有限公司70%股权,持有深圳市海王广告有限公司30%股权。

(3)有公司10%以上股权的法人单位情况

深圳海王集团股份有限公司,持有法人股108870000股,占本公司总股本的71.25%,法人代表:张思民,经营范围:生产、销售保健品、食品及医疗器械等。

(4)本报告期内控股股东无变更。

深圳市盐田港股份有限公司

二〇〇〇年年度报告摘选

一、公司简介

1、公司法定中文名称:深圳市盐田港股份有限公司
公司法定英文名称:Shenzhen Yan Tian Port Holdings Co.,Ltd
2、公司法定代表人:李选民
3、公司董事会秘书:华 翔
授权代表:李翠云
联系电话:(0755)5290180　　传　真:(0755)5290932
4、公司办公地址:深圳市盐田区盐田港海港大厦十八－－二十层
公司邮政编码:518081
公司电子信箱:szytphcl@sz.gd.cninfo.net
公司国际互联网网址:http://www.yantian－port.com
5、公司选定的信息披露报纸:《证券时报》
登载年度报告的国际互联网网址:http://www.cninfo.com.cn
公司年度报告备置地点:深圳市盐田港股份有限公司董事会秘书处
6、公司股票上市地:深圳证券交易所
公司股票简称:盐田港A　　公司股票代码:0088

二、会计数据及业务数据摘要

(一)公司本年度会计数据和财务指标(单位:人民币元)

项目	金额
利润总额	127,875,954.24
净利润	93,938,295.70
扣除非经常性损益后的净利润	99,221,555.56
主营业务利润	107,788,627.87
其他业务利润	2,621,118.59
营业利润	67,554,076.83
投资收益	58,627,175.24
补贴收入	－
营业外收支净额	1,694,702.17
经营活动产生的现金流量净额	102,365,790.69
现金及现金等价物净增加额	－154,702,835.61

注:扣除的非经常性项目和涉及金额:①处置固定资产净额－1,472,685.46元;②罚款收支净额－1,890.00元;③股权投资差额摊销－2,447,693.51元;④存货处理净损失－1,098,014.30;⑤处理坏帐损失－392,632.52元;⑥其它3,681.93元;⑦无法支付的款项125,974.00元;⑧以上项目涉及金额为－5,283,259.86元。

(二)公司前三年主要会计数据和财务指标(单位:人民币元)

项目	2000年度	1999年度	1998年度	
			调整后	调整前
主营业务收入	247,837,342.71	229,047,173.48	275,296,655.60	275,296,655.60
净利润	93,938,295.70	87,131,536.98	125,987,379.98	127,082,578.46
总资产	3,404,245,140.94	1,964,393,078.76	1,841,136,529.92	1,842,323,340.18
股东权益	1,415,241,091.28	1,402,339,535.30	1,389,705,375.98	1,390,859,292.29
全面摊薄每股收益	0.161	0.149	0.215	0.217
加权平均每股收益	0.161	0.149	0.215	0.217
扣除非经常性损益后的全面摊薄每股收益	0.170	0.149	0.194	0.196
扣除非经常性损益后的加权平均每股收益	0.170	0.149	0.194	0.196
每股净资产	2.419	2.397	2.376	2.378
调整后的每股净资产	2.396	2.379	2.352	2.354
每股经营活动产生的现金流量净额	0.175	0.157	0.259	0.259
全面摊薄净资产收益率(%)	6.638	6.213	9.066	9.137
加权平均净资产收益率(%)	6.498	6.079	8.762	8.835
扣除非经常性损益后的全面摊薄净资产收益率(%)	7.011	6.226	8.221	8.293
扣除非经常性损益后的加权平均净资产收益率(%)	6.864	6.092	7.946	8.018

(三)本年度利润表附表

按照中国证监会＜＜公开发行证券公司信息披露编报规则(第9号)＞＞要求计算的净资产收益率及每股收益:

项目	2000年度				1999年度			
	净资产收益率(%)		每股收益(元/股)		净资产收益率(%)		每股收益(元/股)	
	全面摊薄	加权平均	全面摊薄	加权平均	全面摊薄	加权平均	全面摊薄	加权平均
主营业务利润	7.616	7.456	0.184	0.184	9.093	8.897	0.218	0.218
营业利润	4.773	4.673	0.115	0.115	8.177	8.000	0.196	0.196
净利润	6.638	6.498	0.161	0.161	6.213	6.079	0.149	0.149
扣除非经常性损益后的净利润	7.011	6.864	0.170	0.170	6.226	6.092	0.149	0.149

(四)股东权益变动情况(单位:人民币元)

项目	股本(股)	资本公积	盈余公积	(其中:公益金)	未分配利润	合计
期初数	585,000,000	762,790,780.73	53,634,400.64	17,878,133.55	914,353.93	1,402,339,535.30
本期增加			18,787,659.14	9,393,829.57	75,150,636.56	93,938,295.70
本期减少		4,986,739.72			76,050,000.00	81,036,739.72
期末数	585,000,000	757,804,041.01	72,422,059.78	27,271,963.12	14,990.49	1,415,241,091.28

三、股东情况介绍

1、截止2000年12月30日,公司股东总数为69457户,其中发起人股东1户。
2、公司前10名股东持股情况:

序号	股东名称	持股数量(股)	占总股本比例(%)
1	深圳盐田港集团有限公司	460,000,000	78.632
2	普惠证券投资基金	800,000	0.137
3	普华证券投资基金	799,950	0.137
4	许继电气股份有限公司	714,205	0.122
5	泰和证券投资基金	646,327	0.110
6	徐国政	331,176	0.057
7	陈敬喜	330,382	0.056
8	卢达	330,000	0.056
9	吴秀燕	308,400	0.053
10	上海金球摩托车培训部	301,200	0.051

深圳市机场股份有限公司

二〇〇〇年年度报告摘选

一、公司简介

1、公司的法定中文名称:深圳市机场股份有限公司
公司的法定英文名称:SHENZHEN AIRPORT CO.,LTD.
英文缩写:SACL
2、公司法定代表人:卢胜海
3、公司董事会秘书:谢爱龙
授权代表:王冀川、曹迪秋
联系地址:深圳市宝安区黄田国际机场第一办公楼
联系电话:(0755)7776331
传真:(0755)7776327
4、公司注册地址:深圳市宝安区黄田机场第一办公楼三、四层
公司办公地址:深圳市宝安区黄田国际机场第一办公楼
邮政编码:518128
公司国际互联网网址:http://www.szairport.com
公司电子信箱:szsacldd@sz.gd.cninfo.net
5、公司选定信息披露报纸:《证券时报》、《中国证券报》、《上海证券报》
刊登公司年度报告的国际互联网网址:http://www.cninfo.com.cn
公司年报备置地点:公司董事会秘书处
6、公司股票上市地:深圳证券交易所
股票简称:深圳机场
股票代码:0089

二、会计数据和业务数据摘要

1、公司本年度会计数据:(单位:人民币元)

项目	金额
利润总额	334,763,075.59
净利润	316,496,561.13
扣除非经常性损益后的净利润	310,619,571.03
主营业务利润	213,347,128.59
其它业务利润	5,425,344.33
营业利润	173,762,355.58
投资收益	154,647,217.20
补贴收入	0
营业外收支净额	6,353,502.81
经营活动产生的现金流量净额	214,841,707.11
现金及现金等价物净增加额	292,902,770.62

2、公司前三年主要会计数据和财务指标　　(单位:人民币元)

	2000年	1999年		1998年
		调整后	调整前	
主营业务收入	453,900,718.33	367,106,084.78	366,568,680.65	253,494,696.58
净利润	316,496,561.13	250,515,691.06	255,317,265.64	124,083,075.75
总资产	2,623,583,287.45	1,671,796,887.88	1,676,679,534.40	1,161,405,701.73
股东权益	1,984,982,492.00	1,281,219,806.17	1,286,127,067.35	1,030,809,801.71
每股收益	0.633	0.557	0.567	0.414
每股收益(按加权平均法计算)	0.684	0.557	0.567	0.414
扣除非经常性损益后的每股收益	0.621	0.543	0.544	0.411
每股净资产	3.971	2.847	2.858	3.436
调整后的每股净资产	3.942	2.824	2.835	3.413
每股经营活动产生的现金流量净额	0.430	0.483	0.483	0.637
净资产收益率	15.94%	19.55%	19.85%	12.04%
净资产收益率(加权平均)	19.95%	21.67%	22.04%	15.35%
扣除非经常性损益后的加权净资产收益率	19.58%	21.15%	21.14%	14.46%

3、利润表附表(单位:人民币元)

	净资产收益率				每股收益			
	全面摊薄		加权平均		全面摊薄		加权平均	
	2000年度	1999年度	2000年度	1999年度	2000年度	1999年度	2000年度	1999年度
主营业务利润	10.75%	16.38%	13.45%	18.15%	0.427	0.466	0.461	0.466
营业利润	8.75%	14.78%	10.95%	16.38%	0.348	0.421	0.376	0.421
净利润	15.94%	19.55%	19.95%	21.67%	0.633	0.557	0.684	0.557
扣除非经常损益后的净利润	15.65%	19.08%	19.58%	21.15%	0.621	0.543	0.672	0.543

注:2000年末总股本49,989万股;1999年末总股本为45,000万股;1998年末总股本按30,000万股计。

4、报告期内股东权益变动情况

项目	股本	资本公积	法定盈余公积	法定公益金	未分配利润	股东权益合计
期初数	450,000,000.00	464,896,102.03	51,121,868.34	25,560,934.17	289,640,901.63	1,281,219,806.17
本期增加	49,890,000.00	539,337,690.34	34,917,697.51	17,458,848.77	64,164,014.85	705,768,251.47
本期减少				2,005,565.64		2,005,565.64
期末数	499,890,000.00	1,004,233,792.37	86,039,565.85	41,014,217.30	353,804,916.48	1,984,982,492.00
变动原因	增资配股					

三、股东情况介绍

1、报告期末公司股东共62,879户。
2、本公司前10名股东的持股情况

序号	股东名称	持股数量(股)	占总股本比例	股份性质
01	深圳机场(集团)公司	319,890,000	63.99%	国有法人股
02	天元证券投资基金	17,801,240	3.56%	社会流通股
03	开元基金	10,081,179	2.02%	社会流通股
04	泰和证券投资基金	964,380	0.19%	社会流通股
05	东方企业经营管理有限公司	920,000	0.18%	社会流通股
06	南方证券有限公司	911,300	0.18%	社会流通股
07	深圳国投证券成都营业部	855,243	0.17%	社会流通股
08	北大方正投资有限公司	695,560	0.14%	社会流通股
09	江苏省丝绸进出口集团股份公司	646,840	0.13%	社会流通股
10	李云	632,700	0.13%	社会流通股

深圳市天健(集团)股份有限公司

二○○○年年度报告摘选

一、公司简介

1、公司法定中文名称:深圳市天健(集团)股份有限公司
公司英文名称:SHENZHEN TONGE (GROUP) CO.,LTD.
2、公司法定代表人:邹志远
3、公司董事会秘书:徐肇松
证券事务授权代表:陆炜弘
联系地址:深圳市福田区红荔西路 7058 号市政大厦六楼 619 室董事会秘书处
联系电话:(0755)3928130　　传真:(0755)3915736
电子信箱:xuzhaosong @ 163.net
4、公司注册地址及办公地址:深圳市福田区红荔西路 7058 号市政大厦
邮政编码:518034
公司国际互联网网址:http://www.tianjian.com
公司电子信箱:sztonge @ sz.gd.cninfo.net
5、公司选定的信息披露报纸名称:《证券时报》、《上海证券报》
登载公司年度报告的中国证监会指定国际互联网网址:http://www.cninfo.cn
公司年度报告备置地点:公司董事会秘书处
6、公司股票上市交易所:深圳证券交易所
股票简称:深天健　　股票代码:0090

二、会计数据和业务数据摘要

1、本年度主要会计数据(单位:人民币元)

项目	金额
利润总额:	119,113,027.63
净利润:	97,104,006.26
扣除非经营性损益后的净利润:	97,104,006.26
主营业务利润:	205,715,904.04
其他业务利润:	14,518,427.99
营业利润:	105,798,430.80
投资收益:	31,360.77
补贴收入:	—
营业外收支净额:	13,283,236.06
经营活动产生的现金流量净额:	-137,491,963.65
现金及现金等价物净增加额:	58,313,319.98

2、截止报告期末公司前三年的主要会计数据和财务指标(单位:元)

指标项目	2000 年度	1999 年度	1998 年度	
		调整后	调整前	调整后
主营业务收入	1,546,871,927.36	1,351,203,491.80	902,259,219.58	950,419,405.53
净利润	97,104,006.26	104,137,552.85	80,680,909.94	74,674,003.47
总资产	3,007,678,477.90	2,438,924,950.80	1,464,155,900.66	1,417,164,450.56
股东权益(不含少数股东权益)	975,829,492.95	912,214,726.69	431,998,677.13	407,431,540.48
每股收益(摊薄)	0.435	0.466	0.488	0.452
每股收益(加权)	0.435	0.536	0.488	0.452
扣除非经常性损益后每股收益(全面摊薄)	0.435	0.454	0.488	0.452
扣除非经常性损益后每股收益(加权平均)	0.435	0.522	0.488	0.452
每股净资产	4.371	4.086	2.614	2.465
调整后的每股净资产	4.103	3.829	2.489	2.353
每股经营活动产生的现金流量净额	-0.615	-1.086	1.072	1.072
净资产收益率(%)(摊薄)	9.95	11.42	18.68	18.33
净资产收益率(%)(加权)	10.28	16.72	18.68	18.33

注:(1)根据财政部财会字[1999]11 号《合并会计报表暂行规定》,下属子公司清水河实业有限公司已资不抵债,本公司对其长期投资已减至为零,本年度未纳入合并报表,已相应调整了年初数。

调整前后会计数据如下(单位:元)

项目	2000 年	1999 年(调整后)	1999 年(调整前)
坏帐准备	41,455,014.93	22,651,303.59	29,468,880.07
存货跌价准备	20,000,000.00	20,000,000.00	29,541,642.28
长期投资减值准备	14,948,897.00	14,948,897.00	20,209,895.00
未分配利润	52,665,453.42	23,037,089.36	23,037,089.36

3、根据中国证监会《公开发行证券公司信息披露细则(第九号)》要求计算的利润数据如下:

报告期利润	2000 年				1999 年			
	净资产收益率(%)		每股收益(元)		净资产收益率(%)		每股收益(元)	
	全面摊薄	加权平均	全面摊薄	加权平均	全面摊薄	加权平均	全面摊薄	加权平均
主营业务利润	21.08	21.79	0.921	0.921	29.11	39.88	1.189	1.354
营业利润	10.84	11.20	0.473	0.473	13.13	18.03	0.537	0.612
净利润	9.95	10.28	0.435	0.435	11.42	16.72	0.466	0.536
扣除非经营性损益后的净利润	9.95	10.28	0.435	0.435	11.45	15.37	0.454	0.522

三、股东情况介绍

1、截止 2000 年 12 月 31 日,公司股东总数为 29,668 户。其中国家股及法人股股东 4 户,内部职工股股东 1424 户,社会公众股股东 28,240 户。

2、前 10 名股东的持股情况

序号	股东名称	年末持股数量(股	持股比例(%)	股份性质
(1)	深圳市建设投资控股公司	113,181,600	50.69%	国家股
(2)	上海闵行联合发展有限公司	10,080,000	4.51%	法人股
(3)	深圳市金众(集团)股份有限公司	8,400,000	3.76%	法人股
(4)	深圳市建业(集团)股份有限公司	8,400,000	3.76%	法人股
(5)	开元基金	3,720,402	1.67%	上市流通股
(6)	景福证券投资基金	999,250	0.44%	上市流通股
(7)	天元证券投资基金	971,242	0.43%	上市流通股
(8)	汉盛证券投资基金	500,030	0.22%	上市流通股
(9)	中信证券有限责任公司武汉营业部	333,100	0.15%	上市流通股
(10)	李志成	267,600	0.12%	上市流通股

深圳市广聚能源股份有限公司

二○○○年年度报告摘选

一、公司简介

(一)公司的法定中、英文名称:
中文:深圳市广聚能源股份有限公司
英文:SHENZHEN GUANGJU ENERGY GO.,LTD.
(二)法定代表人:王建彬
(三)董事会秘书:嵇元弘
股证事务代表:叶启良
联系地址:深圳市蛇口新街蛇口大厦 6 楼
联系电话:(0755)6690988
传　　真:(0755)6690998
电子信箱:gjny0096@public.szptt.net.cn
(四)公司注册地址:深圳市蛇口新街蛇口大厦 6 楼
办公地址:深圳市蛇口新街蛇口大厦 6 楼
邮政编码:518067
(五)公司信息披露报纸名称:《证券时报》
中国证监会指定国际互联网网址:http://www.cninfo.com.cn
公司年度报告备置地点:董事会秘书处
(六)公司股票上市交易所:深圳证券交易所
股票简称:广聚能源
股票代码:0096

二、会计数据和业务数据摘要

1.本年度主要利润指标情况　　单位:人民币元

指标项目	金额
利润总额	72,301,671.83
净利润	70,889,638.01
扣除非经营性损益后的净利润	63,462,884.75
主营业务利润	110,877,865.92
其他业务利润	2,936,592.00
营业利润	194,880.08
投资收益	72,657,813.98
补贴收入	3,374,985.91
营业外收支净额	-3,926,008.14
经营活动产生的现金流量净额	-13,977,185.24
现金及现金等价物净增加额	357,250,547.12

注:扣除的非经营性损益项目及所涉及的金额:
(1)营业外收支净额 -3,926,008.14 元;
(2)股权投资差额摊销 1,119,511.43 元;
(3)短期投资收益 10,233,249.97 元。

2. 近三年主要会计数据和财务指标:(单位:人民币元)

指标项目	2000 年	1999 年	1998 年
1. 主营业务收入	1,118,147,108.44	802,625,000.67	447,298,076.50
2. 净利润	70,889,638.01	45,919,094.67	36,635,104.53
3. 总资产	1,295,618,585.72	805,326,943.93	666,675,205.30
4. 股东权益(不含少数股东权益)	907,297,219.70	383,641,286.39	350,041,920.07
5. 每股收益(元/股)	0.21	0.19	--
6. 扣除非经营性损益后每股收益(元/股)	0.19	0.18	--
7. 每股净资产(元/股)	2.75	1.57	--
8. 调整后的每股净资产(元/股)	2.67	1.46	--
9. 每股经营活动产生的现金流量净额(元/股)	-0.04	0.39	--
10. 净资产收益率(%)	7.49	11.12	10.47

3. 利润表附表:

报告期利润	净资产收益率		每股收益	
	全面摊薄	加权平均	全面摊薄	加权平均
主营业务利润	11.71%	17.76%	0.34	0.40
营业利润	0.02%	0.03%	0.001	0.001
净利润	7.49%	11.36%	0.21	0.25
扣除非经常性损益后的净利润	6.70%	10.17%	0.19	0.23

4. 报告期内股东权益变动情况:(单位:元)

项目	股本(股)	资本公积	盈余公积	法定公益金	未分配利润	股东权益合计
期初数	245,000,000	127,880,351.82	3,647,164.82	3,647,164.82	3,466,604.93	383,641,286.39
本期增加	85,000,000	425,042,075.00	14,177,927.60	7,088,963.80	70,889,638.01	602,198,604.41
本期减少		17,509,174.77			61,033,496.33	78,542,671.10
期末数	330,000,000	535,413,252.05	17,825,092.42	10,736,128.62	13,322,746.61	907,297,219.70

变动原因:
(1) 股本增加,系本年发行社会公众股所致;
(2) 资本公积增加,主要系股票溢价款转入所致,资本公积减少,系支付股票发行费用;
(3) 盈余公积和法定公益金增加,均系本年度获利后按规定比例提取所致;
(4) 未分配利润增加,系报告期内利润增加和剩余未分配利润所致。

三、股本变动及股东情况

(一)截止 2000 年 12 月 31 日本公司股本变动情况　　单位:万股

	期初 1999.12.31	本次变动增减 本次发行	期末 2000.12.31
一、未上市流通股份			
发起人股份			
其中:国家持有股份	6,996.00	-	6,996.00
境内法人持有股份	17,504.00	-	17,504.00
未上市流通股份合计	24,500.00	-	24,500.00
二、已上市流通股份			
人民币普通股	-	8,500.00	8,500.00
已上市流通股份合计	-	8,500.00	8,500.00
三、股份总数	24,500.00	8,500.00	33,000.00

中信海洋直升机股份有限公司

二〇〇〇年年度报告摘选

一、公司简介

(一) 公司法定名称:
中文名称:中信海洋直升机股份有限公司
英文名称:CITIC OFFSHORE HELICOPTER CO.,LTD.
(二) 公司法定代表人:李士林先生
(三) 公司董事会秘书:姚旗先生　　电话:5590755　　传真:5590755
公司董事会证券事务代表:
刘丽萍小姐　　电话:5590753　　传真:5580293
联系地址:深圳市解放西路188号农业银行大厦19层
E-mail:yaoqi777@21cn.com
(四) 公司注册地址:深圳市罗湖区解放西路188号
公司办公地址:深圳市罗湖区解放西路188号
公司邮政编码:518001
(五) 公司选定的信息披露报纸:《中国证券报》、《上海证券报》、《证券时报》
(六) 公司股票上市交易所:深圳证券交易所
股票简称:中信海直　　股票代码:0099
(七) 公司年度报告备置地点:深圳市解放西路188号农业银行大厦19层1906

二、会计数据和业务数据摘要

(一) 公司本年度实现的利润构成及现金流量(单位:人民币元)

项目	金　额
利润总额	60,302,940.46
净利润	51,257,499.39
扣除非经常性损益后的净利润	47,475,437.55
主营业务利润	95,332,288.59
其他业务利润	2,646,607.33
营业利润	58,233,077.52
投资收益	297,297.00
补贴收入	
营业外收支净额	1,772,565.94
经营活动产生的现金流量净额	57,902,277.71
现金及现金等价物净增加额	400,254,951.74

(二) 截止报告期末公司前三年主要会计数据和财务指标(单位:人民币元)

	2000年	1999年	1998年
主营业务收入	297,263,986.46	267,559,870.00	287,027,017.31
净利润	51,257,499.39	45,777,633.48	38,163,222.77
总资产	1,094,266,393.25	445,292,874.15	373,346,557.10
股东权益(不含少数股东权益)	825,771,804.46	225,092,794.10	139,178,051.16
每股收益(元/股)	0.2615	0.3366	0.2806
每股净资产(元/股)	4.2131	1.6550	1.0230
调整后的每股净资产(元/股)	4.1895	1.6340	0.8790
每股经营活动产生的现金流量净额(元/股)	0.2954	0.1175	
净资产收益率	6.21%	20.33%	27.42%
扣除非经常性损益后的每股收益(元/股)	0.2422	0.2904	0.2799
加权净资产收益率	10.25%	28.25%	24.32%
扣除非经常性损益后的加权净资产收益率	7.04%	17.77%	31.84%

(三) 根据中国证监会关于发布《公开发行证券公司信息披露编报规则》第9号通知精神,公司2000年按全面摊薄法和加权平均法计算的净资产收益率及每股收益:

	净资产收益率(%)		每股收益(元)	
	全面摊薄	加权平均	全面摊薄	加权平均
主营业务利润	11.54	19.07	0.4863	0.5921
营业利润	7.05	11.65	0.2971	0.3616
净利润	6.21	10.25	0.2615	0.3184
扣除非经常性损益后净利润	5.74	9.50	0.2422	0.2948

三、股东情况介绍

1、截止到2000年12月31日,公司股东总数为47801户,其中:法人股7户,社会公众股47794户。

2、前十名股东持股情况(单位:股)

股东名称	持股数	占总股本比率(%)
中国中海直总公司	134020000	68.38%
安顺证券投资基金	1295276	0.66%
中信国安总公司	330000	0.17%
深圳名商室外运动俱乐部有限公司	330000	0.17%
广东南油经济发展公司	330000	0.17%
中国海洋石油南海东部公司	330000	0.17%
深圳市通发汽车运输有限公司	330000	0.17%
中航黑河民机技贸中心	330000	0.17%
景福证券投资基金	326000	0.166%
同益证券投资基金	310000	0.158%

说明:
(1) 持股5%以上的股东所持股份未发生质押、冻结等情况。
(2) 公司发起人未发生转让所持有本公司股份情况。
(3) 前十名股东中,中国中海直总公司和中信国安总公司存在关联关系。

麦科特光电股份有限公司

二〇〇〇年年度报告摘选

一、公司简介

1、公司法定中文名称:麦科特光电股份有限公司
公司法定英文名称:MACAT OPTICS & ELECTRONICS CO.,LTD.
2、公司法定代表人:钟伟贤
3、公司董事会秘书:刘永青
董事会证券事务代表:舒晓玲
联系地址:广东省惠州市麦地路63号麦科特中心15楼
电话:(0752)2119664
传真:(0752)2119678
电子信箱:lyq261@sina.com
4、公司注册地址:广东省惠州市麦地路63号麦科特中心
公司办公地址:广东省惠州市麦地路63号麦科特中心15楼
邮政编码:516001
公司电子信箱:macatoe@pub.huizhou.gd.cn
5、公司选定的信息披露报纸名称:《中国证券报》、《证券时报》
登载公司年度报告的中国证监会指定国际互联网网址:http://www.cninfo.com.cn
公司年度报告备置地点:本公司证券部
6、公司股票上市交易所:深圳证券交易所
股票简称:麦科特
股票代码:0150

二、会计数据和业务数据摘要

1、本年度主要利润指标情况(单位:人民币元)

本年度实现的利润总额	50,445,765.42
净利润	39,806,308.13
扣除非经常性损益后的净利润	35,819,298.31
主营业务利润	61,689,415.38
其他业务利润	517,169.05
营业利润	46,458,755.60
投资收益	445,560.10
补贴收入	
营业外收支净额	3,541,449.72
经营活动产生的现金流量净额	-17,732,849.11
现金及现金等价物净增加额	107,775,689.08

注:扣除的非经常性损益项目涉及金额合计3,987,009.82元

①收入类	
新股申购冻结资金利息	3,707,449.72
投资收益	445,560.10
②支出类	
营业外支出	166,000.00

2、截止报告期末公司前三年的主要会计数据和财务指标:　　(单位:人民币元)

项目	2000年	1999年	1998年
主营业务收入	292,859,642.23	294,970,705.05	299,224,184.36
净利润	39,806,308.13	36,202,857.49	32,167,641.11
总资产	766,803,706.34	333,801,250.56	306,150,882.80
股东权益(不含少数股东权益)	666,068,301.62	124,202,857.49	110,000,000.00
每股收益(摊薄)	0.2211	0.3291	4.6755
每股收益(加权)	0.2860	3.5566	4.6755
扣除非经常性损益后每股收益(摊薄)	0.1990	0.3291	4.6755
扣除非经常性损益后每股收益(加权)	0.2574	3.5566	4.6755
每股净资产	3.70	1.13	10.81
调整后的每股净资产	3.68	1.12	10.65
每股经营活动产生的现金流量净额	-0.096	0.78	
净资产收益率(摊薄)%	5.98	29.15	30.15
净资产收益率(加权)%	11.03	28.26	30.15

(3)按中国证监会《公开发行证券公司信息披露编报规则(第9号)》要求计算的利润数据:

报告期利润	净资产收益率%		每股收益(元)	
	全面摊薄	加权平均	全面摊薄	加权平均
主营业务利润	9.26	17.10	0.3427	0.4433
营业利润	6.98	12.88	0.2581	0.3338
净利润	5.98	11.03	0.2211	0.2860
扣除非经常性损益后的每股收益	5.38	9.93	0.1990	0.2574

3、报告期内股东权益变动情况(单位:人民币元)

项目	股　本	资本公积	盈余公积	其中:法定公益金	未分配利润	股东权益合计
期初数	110,000,000		5,430,428.63	1,810,142.88	8,772,428.86	124,202,857.49
本期增加	70,000,000	450,059,136.00	11,653,863.63	3,884,621.21	10,152,444.50	541,865,444.13
本期减少						
期末数	180,000,000	450,059,136.00	17,084,292.26	5,694,764.09	18,924,873.36	666,068,301.62

三、股东情况介绍

(一)报告期末公司股东总数为22,661户。
(二)报告期末公司前十名股东持股情况

名次	股 东 名 称	期末持股数量(股)	持股比例(%)
1、	麦科特集团有限公司	56,100,000	31.17
2、	惠州益发光学机电有限公司	30,019,000	16.68
3、	惠州科技投资有限公司	17,600,000	9.78
4、	新标志有限公司	4,191,000	2.32
5、	上海盛宙贸易有限公司	2,364,908	1.31
6、	麦科特集团制冷有限公司	2,090,000	1.16
7、	龚峤	1,687,395	0.94
8、	江延姣	1,234,358	0.69
9、	王水招	1,170,946	0.65
10、	上海荣臣贸易发展有限公司	1,150,000	0.64

中成进出口股份有限公司

二○○○年年度报告摘选

一、公司简介

1、公司的法定名称:中成进出口股份有限公司
公司的法定英文名称:CHINA NATIONAL COMPLETE PLANT IMPORT&EXPORT CORP. LTD.
公司的英文名称缩写:COMPLANT
2、公司法定代表人:范全木
3、公司董事会秘书:戎蓓
联系地址:北京市安定门西滨河路9号
电话:010-64218520
传真:010-64251026
4、公司注册地址:北京市丰台区科学城10D地块2号楼
公司办公地址:北京市安定门西滨河路9号　　邮政编码:100011
公司国际互联网网址:http://www.complant.com.cn
电子信箱:complant-ltd@sina.com
5、公司选定的信息披露报纸名称:《中国证券报》
登载公司年度报告的中国证监会指定国际互联网网址:http://www.cninfo.com.cn
公司年度报告备置地点:北京市安定门西滨河路9号
6、公司股票上市交易所:深圳证券交易所
股票简称:中成股份　　股票代码:0151

二、会计数据和业务数据摘要

1、本年度主要利润指标情况(单位:人民币元)

项目	金额
利润总额	76,831,387.72
净利润	63,106,115.39
扣除非经常性损益后的净利润	58,792,132.56
主营业务利润	119,699,824.40
其他业务利润	1,362,497.33
营业利润	70,801,390.31
投资收益	1,716,014.58
补贴收入	0
营业外收支净额	4,313,982.83
经营活动产生的现金流量净额	80,133,298.02
现金及现金等价物净增加额	568,884,193.86

注:扣除的非经常性损益项目和涉及的金额
(1)补贴收入,
其中:营业税返还　　0
所得税返还　　0
(2)募股资金冻结资金利息
本年摊数　　03,907,131.58
(3)其他　　406,851.25

2、截止报告期末公司近三年主要会计数据和财务指标:(单位:人民币元)

项目	2000年	1999年	1998年
主营业务收入	397,642,834.22	307,544,408.86	283,100,646.66
净利润	63,106,115.39	53,068,976.69	47,770,117.76
总资产	989,095,476.22	389,408,488.18	484,745,488.51
股东权益(不含少数股东权益)	752,083,769.03	207,736,127.78	150,287,469.97
每股收益(摊薄)	0.32	0.42	0.38
每股收益(加权)	0.42	0.42	0.38
扣除经常性损益后的每股收益	0.30	0.42	0.32
每股净资产	3.81	1.63	1.18
调整后的每股净资产	3.80	1.60	1.13
每股经营活动产生的现金流量净额	0.41	0.28	0.19
全面摊薄净资产收益率(%)	8.39	25.55	31.49
加权净资产收益率(%)	15.17	30	33
扣除经常性损益后的加权净资产收益率	14.13%	29.79%	32.86%

注:2000年末总股本为19,732万股,1999年末总股本为12,732万股。

3、净资产收益率和每股收益

报告期利润	净资产收益率		每股收益	
	全面摊薄	加权平均	全面摊薄	加权平均
主营业务利润	15.92%	28.78%	0.61	0.79
营业利润	9.41%	17.02%	0.36	0.47
净利润	8.39%	15.17%	0.32	0.42
扣除非经常性损益后的净利润	7.82%	14.13%	0.30	0.39

注:计算公式参照"《公开发行证券公司信息披露编报规则》第9号的通知"

三、股本变动及股东情况

1、股本变动情况
(1)股份变动情况　　单位:股

	本次变动前	配股	送股	公积金转股	增发	小计	本次变动后
一、未上市流通股							
1、发起人股份	127,320,000						127,320,000
其中							
国家持有股份	127,320,000						127,320,000
境内法人持有股份							
境外法人持有股份							
其他							
2、募集法人股份							
3、内部职工股							
4、优先股或其他							
其中:转配股							
未上市流通股份合计	127,320,000						
二、已上市流通股份							
1、人民币普通股					70,000,000		70,000,000
2、境内上市的外资股							
3、境外上市的外资股							
4、其他							
三、股份总额	127,320,000						197,320,000

安徽新力药业股份有限公司

二○○○年年度报告摘选

一、公司简介

1、公司法定中文名称:安徽新力药业股份有限公司
中文简称:新力药业
公司法定英文名称:ANHUI XINLI PHARMACEUTICAL CO., LTD.
英文简称:XINLI PHARMACEUTICAL
2、公司法定代表人:许克强先生
3、公司董事会秘书:张军先生
联系地址:安徽省合肥市芜湖路258号
电　话:0551—2886567
传　真:0551—2888056
电子信箱:xlyyzj@163.com
4、公司注册地址:安徽省无为县北门外大街108号
公司办公地址:安徽省合肥市芜湖路258号　　邮政编码:230061
5、公司选定的信息披露报纸名称:《证券时报》、《中国证券报》
公司登载年度报告的互联网网址:http://www.cninfo.com.cn
公司年报备置地点:公司证券部
6、公司股票上市交易所:深圳证券交易所
股票简称:新力药业　　股票代码:0153

二、会计数据和业务数据摘要

1、本年度主要会计数据(单位:人民币元)

项目	金额
利润总额	30,855,087.68
净利润	26,269,246.76
扣除非经营性损益后的净利润	25,478,213.52
主营业务利润	43,804,796.83
其他业务利润	0.00
营业利润	30,064,054.44
补贴收入	760,000.00
营业外收支净额	566,213.24
经营活动产生的现金流量净额	25,877,658.51
现金及现金等价物净增加额	376,819,964.45

注:扣除的非经营性损益项目和涉及金额:
(1)营业外收支净额项目

项目	金额
a.发行股票冻结资金利息收入:	631,065.43
b.摊销股权投资差异:	535,180.00
c.罚款净收入:	-3,129.59
d.处理固定资产净损失:	40,670.60
e.捐赠支出:	8,000.00
f.其他净支出	13,052.00

(2)补贴收入项目
财政补贴款　　760,000.00
(3)以上项目涉及金额　　791,033.24

2、近年三主要会计数据和财务指标

项目	2000年	1999年	1998年
主营业务收入	114,146,466.06	57,207,948.50	49,633,469.16
净利润	26,269,246.76	8,635,092.69	7,693,348.51
总资产	634,786,180.28	134,632,021.05	110,326,201.36
股东权益	531,421,513.01	51,902,266.25	43,267,173.56
每股收益(全面摊薄)	0.404	0.216	0.192
每股收益(加权平均)	0.568	0.216	0.346
每股净资产	8.175	1.297	1.081
调整后每股净资产	8.106	1.179	1.026
每股经营活动产生的现金流量净额	0.398	0.025	—
净资产收益率%(全面摊薄)	4.94	16.63	17.78
净资产收益率%(加权平均)	14.73	18.14	27.60
扣除非经营性损益后的每股收益	0.392	0.225	0.205

3、净资产收益率和每股收益系列指标

报告期利润	净资产收益率(%)		每股收益(元)	
	全面摊薄	加权平均	全面摊薄	加权平均
主营业务利润	8.24	24.56	0.674	0.947
营业利润	5.66	16.86	0.463	0.650
净利润	4.94	14.73	0.404	0.568
扣除非经常性损益后的净利润	4.79	14.29	0.392	0.551

三、股本变动及股东情况

1、股东变动情况
(1)股东变动情况表　　数量单位:股

	本次变动前	配股	送股	公积金转股	发行新股	小计	本次变动后
一、未上市流通股份							
1、发起人股份							
其中:国家持有股份	32,198,300						32,198,300
境内法人持有股	7,804,000						7,804,000
境内法人持有股							
境外法人持有股							
其他							
2、募集法人股份							
3、内部职工股							
4、优选股或其他							
其中:转配股							
未上市流通股份合计	40,002,300						40,002,300
二、已上市流通股份							
1人民币普通股					25,000,000	25,000,000	25,000,000
2、境内上市的外资股							
3、境外上市的外资股							
4、其他							
已上市流通股份合计					25,000,000	25,000,000	25,000,000
三、股份总数	40,002,300				25,000,000	25,000,000	65,002,300

川化股份有限公司

二〇〇〇年年度报告摘选

一、公司简介

(一)公司法定中、英文名称及缩写
1、中文名称:川化股份有限公司
2、英文名称:SICHUAN CHEMICAL COMPANY LIMITED
3、英文名称缩写:SCC
(二)公司法定代表人:谢木喜
(三)公司董事会秘书及证券事务代表姓名、联系地址、电话、传真、电子信箱
1、董事会秘书:王荣华
2、证券事务代表:易千里
3、联系地址:四川省成都市青白江区大弯镇团结路311号
4、联系电话:(028)3308291
5、传真:(028)3308290
(四)公司注册地址、办公地址、邮政编码、国际互联网网址、电子信箱
1、公司注册地址及办公地址:四川省成都市青白江区大弯镇团结路311号
2、公司邮政编码:610301
3、公司国际互联网网址:http://www.scwltd.com
4、公司电子信箱:scc33@mail.sc.cninfo.net
(五)公司选定的信息披露报纸名称、登载公司年度报告的国际互联网网址、公司年度报告备置地点
1、信息披露报纸:《中国证券报》、《证券时报》
2、中国证监会指定的国际互联网网址:http://www.cninfo.com.cn
3、年度报告备置地点:公司办公楼董事会秘书室
(六)公司股票上市交易所、股票简称和股票代码
1、上市交易所:深圳证券交易所
2、股票简称:川化股份
3、股票代码:0155

二、会计数据和业务数据摘要

(一)本年度主要利润指标情况　　单位:元

项目	金额
利润总额	134,091,235.35
净利润	97,364,208.94
扣除非经常性损益后的净利润	90,533,404.74
主营业务利润	211,920,798.46
其他业务利润	-857,345.36
营业利润	105,742,565.99
投资收益	2,297,325.18
补贴收入	19,500,000.00
营业外收支净额	6,551,344.18
经营活动产生的现金流量净额	74,808,815.38
现金及现金等价物净增加额	207,916,253.42

注:扣除非经常性损益项目涉及金额为:新股申购冻结资金利息收入6,801,604.20元;处置固定资产收入29,200元。

(二)公司近三年的主要会计数据和财务指标

项　目	单位	2000年度	1999年度	1998年度
主营业务收入	元	1,042,511,038.28	1,032,797,633.60	1,084,472,132.76
净利润	元	97,364,208.94	100,596,131.43	92,097,248.95
总资产	元	1,773,219,082.68	1,300,818,896.03	1,341,613,839.62
股东权益	元	1,315,127,395.47	552,995,732.39	452,399,600.97
每股收益(摊薄)	元/股	0.21	0.30	0.27
每股收益(加权)	元/股	0.28	0.30	0.27
每股净资产	元/股	2.80	1.63	1.33
扣除非经常性损益后的每股收益	元/股	0.19	0.30	0.27
调整后的每股净资产	元/股	2.80	1.63	1.33
每股经营活动产生的现金流量净额	元/股	0.16	0.28	0.00
净资产收益率(摊薄)	%	7.00	18.19	20.35
净资产收益率(加权)	%	12.88	20.00	16.00
扣除非经常性损益后净资产收益率(加权)	%	11.98	19.00	15.00

注:1、表中所列指标计算涉及股份总数时,2000年按总股本47,000万股计算,1999、1998年按总股本34,000万股计算。
2、表中所列财务指标均按中国证监会规定的计算公式计算。

(三)报告期利润表附表

报告期利润	净资产收益率(%)		每股收益(元/股)	
	全面摊薄	加权平均	全面摊薄	加权平均
主营业务利润	16.11	28.00	0.45	0.62
营业利润	8.00	14.00	0.22	0.31
净 利 润	7.00	12.88	0.21	0.28
扣除非经常性损益后的净利润	7.00	11.98	0.19	0.26

注:表中所列财务数据均按中国证监会规定的计算公式计算。

三、股东情况介绍

1、本公司报告期末股东总数103,597户
2、前10名股东持股情况表　　单位:股

序号	持股股东单位或姓名	期初持股数	期末持股数	占总股本比重(%)	持股性质
1	川化集团有限责任公司	340,000,000	340,000,000	72.34	国有法人股
2	范蕴华		550,000	0.12	公众股
3	普丰证券投资基金		261,612	0.06	公众股
4	石广三		229,200	0.05	公众股
5	苏惠英		200,033	0.04	公众股
6	北京华东鸿基商贸有限公司		180,000	0.04	公众股
7	唐丽萍		164,275	0.03	公众股
8	胡留献		140,900	0.03	公众股
9	林 斌		121,500	0.03	公众股
10	李秀梅		107,000	0.02	公众股

公司前10名股东之间未发现关联关系。

湖南安塑股份有限公司

二〇〇〇年年度报告摘选

一、公司简介

1、公司法定(中文)名称:湖南安塑股份有限公司
公司英文名称:HUNAN ANSU CO.,LTD
2、公司法定代表人:何述金
3、董事会证券事务代表:刘亦萍
联系地址:长沙市河西望城坡
电 话:0731-8815031或8861888转8060或8026
传 真:0731—8862888
4、公司注册地址:湖南省洪江市安江镇大沙坪
公司办公地址:长沙市河西望城坡　　邮政编码:410205
5、公司选定的信息披露报纸名称:《中国证券报》、《证券时报》、《南方财经导报》
登载公司年度报告的中国证监会指定国际互联网网址:http://www.cninfo.com.cn
公司年度报告备置地点:公司证券部
6、公司股票上市地:深圳证券交易所
股票简称:安塑股份
股票代码:0156

二、会计数据和业务数据摘要

1、本年度主要会计数据　　单位:元

项目	金额
利润总额	25,649,258.64
净利润	22,261,579.26
扣除非经常性损益后的净利润	20,072,955.70
主营业务利润	36,941,519.78
其他业务利润	1,217,230.07
营业利润	23,460,635.08
投资收益	-
补贴收入	-
营业外收支净额	2,188,623.56
经营活动产生的现金流量净额	2,100,965.18
现金及现金等价物净增加额	316,018,456.56
注:报告期内涉及的非经常性损益项目及金额:	
(1)营业外收支净额	2,188,623.56

2、截至报告期末公司前三年的主要会计数据和财务指标(单位:元):

项 目	2000年	1999年	1998年
主营业务收入	133,875,279.51	114,618,454.92	123,781,259.43
净利润	22,261,579.26	15,174,226.33	9,039,611.98
总资产	641,256,378.03	270,045,485.22	269,627,789.07
股东权益	464,920,914.61	132,156,224.88	116,981,998.55
每股收益	0.23	0.25	0.15
每股收益(加权)	0.31	0.25	0.15
每股收益(扣除非经常性损益后)	0.21	0.24	0.16
每股净资产	4.82	2.18	1.93
调整后每股净资产	4.69	2.09	1.85
每股经营活动产生的现金流量净额	0.02	0.34	-0.80
净资产收益率(摊薄%)	4.79	11.48	7.73
净资产收益率(加权%)	9.02	12.18	8.04

3、根据中国证监会《公开发行证券公司信息披露编报第9号-净资产收益率和每股收益的计算及披露》要求计算的利润表附表

报告期利润		净资产收益率(%)		每股收益(元)	
		全面摊薄	加权平均	全面摊薄	加权平均
主营业务利润	36,941,519.78	7.95%	14.97%	0.38	0.51
营业利润	23,460,635.08	5.05%	9.51%	0.24	0.32
净利润	22,261,579.26	4.79%	9.02%	0.23	0.31
扣除非经营性损益后的净利润	20,072,955.70	4.32%	8.13%	0.21	0.28

4、报告期内股东权益变动情况　　单位:元

项 目	股 本	资本公积	盈余公积	未分配利润	股东权益合计
期初数	60,500,000	35,640,811.03	11,404,002.41	24,611,411.44	132,156,224.88
本期增加	36,000,000	274,503,110.47	6,526,064.98	22,261,579.26	339,290,754.71
本期减少				6,526,064.98	6,526,064.98
期末数	96,500,000	310,143,921.50	17,930,067.39	40,346,925.72	464,920,914.61

变动原因:股本、资本公积增加为本年度发行新股所致;盈余公积、法定公益金增加为本年度从净利润中提取数;未分配利润变动是本年度净利润增加所致。

三、股本变动及股东情况

1、截止2000年12月31日,公司股东总数为24305户。
2、前十名股东持股情况:

股 东 名 称	年末持有数量(万股)	持股比例(%)
①原湖南安江塑料厂集体资产管理委员会	2880.9	29.85
② 怀化四海通有限公司	1130.8	11.72
③ 湖南金利塑料制品有限公司	1100.0	11.40
④ 洪江市国有资产管理局	99.0	1.03
⑤ 芷江县国有资产管理局	95.7	0.99
⑥ 芷江侗族自治县集体工业联社	79.2	0.82
⑦ 洪江市二轻集体工业联社	59.4	0.61
⑧ 湖南省洪江市汽车配件厂	55.0	0.57
⑨兴华证券投资基金	32.77	0.34
⑩ 江阴市达星电器有限公司	30.0	0.31

长沙中联重工科技发展股份有限公司

二〇〇〇年年度报告摘选

一、公司简介

1、公司名称(中文):长沙中联重工科技发展股份有限公司

公司英文名称:Changsha zoomlion heavy industry&science Co., Ltd.

2、公司法定代表人:方明华

3、公司董事会秘书:张建国　　董事会证券事务代表:陈旭辉

联系地址:湖南省长沙市银盆南路 307 号

电话:(0731)8923799 8923908　　传真:(0731)8807313

电子信箱:zljt@public.cs.hn.cn

4、公司注册地址及办公地址:湖南省长沙市银盆南路 307 号

邮政编码:410013

公司网址:http://www.zljt.com

电子信箱:zljt@public.cs.hn.cn

5、公司指定信息披露报刊:《中国证券报》、《证券时报》、《上海证券报》

年报登载网站:http://www.cninfo.com.cn

年度报告备置地点:公司投资发展部

6、公司股票上市交易所:深圳证券交易所

股票简称:中联重科

股票代码:0157

二、会计数据和业务数据摘要

1、本年度公司利润情况　　单位:元

项目	金额
利润总额	61,969,823.79
净利润	52,558,172.75
扣除非经常性损益后的净利润	50,931,661.47
主营业务利润	105,920,088.13
其他业务利润	3,499,935.05
营业利润	61,121,971.5
投资收益	-
补贴收入	-
营业外收支净额	847,852.29
经营活动产生的现金流量净额	4,135,202.33
现金及现金等价物净增加额	565,398,931.64
注:扣除的非经常性损益项目及涉及金额	1,626,511.28
(1)冻结资金利息	821,314.86
(2)流动资产盘盈收入	225,196.42
(3)技术拨款	580,000.00

2、截止报告期末公司前三年的主要会计数据和财务指标 (单位:元)

项　目	2000 年	1999 年	1998 年
主营业务收入	244,850,202.70	184,027,606.27	142,474,632.51
净利润	52,558,172.75	44,752,531.04	27,618,186.85
总资产	950,439,785.37	300,457,226.24	230,741,849.04
股东权益	809,674,191.29	144,569,862.08	110,810,586.36
每股收益(摊薄)	0.3504	0.4475	-
每股收益(加权平均)	0.4671	0.4475	-
扣除非经常性损益后的每股收益	0.3395	0.4411	-
每股净资产	5.3978	1.4457	-
调整后的每股净资产	5.3106	1.2771	-
每股经营活动产生的现金流量净额	0.0276	-0.0017	-
净资产收益率(摊薄%)	6.49	30.96	24.92
净资产收益率(加权平均%)	16.04	30.96	24.92

3、报告期内股东权益变动情况　　单位:元

项目	股本	资本公积	盈余公积	法定公益金	未分配利润	股东权益合计
期初数	100,000,000	34,250,000	5,447,979.31	1,815,993.10	4,871,882.77	144,569,862.08
本期增加	50,000,000	577,546,156.46	7,883,725.92	2,627,908.64	29,674,446.83	665,104,329.21
本期减少	-	-	-	-	-	-
期末数	150,000,000	611,796,156.46	13,331,705.23	4,443,901.74	34,546,329.60	809,674,191.29

变动原因:股本、资本公积增加为本年度发行新股所致;盈余公积、法定公益金增加为本年度从净利润中提取数;未分配利润变动是因本年度净利润增加所致。

三、股本变动及股东情况介绍

1、截止 2000 年 12 月 31 日,公司共有股东 37108 人。

2、公司前 10 名股东持股情况:　　单位:股

股　东　名　称	年初持股数	年末持股数	占股比例
建设部长沙建设机械研究院	74,752,500	74,752,500	49.83%
长沙高新技术产业开发区中标实业有限公司	23,757,900	23,757,900	15.83%
安顺证券投资基金	-	2,557,014	1.7%
金泰证券投资基金	-	1,541,869	1.03%
安信证券投资基金	-	1,089,000	0.7%
国信证券有限公司	-	700,795	0.47%
天元证券投资基金	-	500,003	0.33%
景宏证券投资基金	-	499,790	0.33%
南京晨光集团有限责任公司	-	410,498	0.27%
裕泽证券投资基金	-	398,634	0.27%

① 持有本公司 10%以上国有法人股股份的股东名称:建设部长沙建设机械研究院。其所持有的股份无质押或冻结情况。

② 持有本公司的 10%以上法人股股份的股东名称:长沙高新技术产业开发区中标实业有限公司。其持有的股份无质押或冻结情况。

③ 本年度公司控股股东未发生变更,持股数量和持股比例未发生变化。

④前十名股东之间无关联关系。

石家庄常山纺织股份有限公司

二〇〇〇年年度报告摘选

一、公司简介

1、公司法定中文名称:石家庄常山纺织股份有限公司

公司法定英文名称:SHIJIAZHUANG CHANGSHAN TEXTILE COMPANY LIMITED

2、公司法定代表人:韩希厚

3、公司董事会秘书:李京朝

联系地址:河北省石家庄市和平东路 183 号

联系电话:(0311)6673856

传真:(0311)6673929

电子信箱:ljc@changshangf.com

董事会证券事务代表:肖荣智

联系地址:河北省石家庄市和平东路 183 号

联系电话:(0311)6673822

传真:(0311)6673929

电子信箱:xrz@changshangf.com

4、公司注册地址和办公地址:河北省石家庄市和平东路 183 号

邮政编码:050011

公司国际互联网网址:http://www.changshangf.com/

电子信箱:chshgf@sj-user.he.cninfo.net

5、公司选定的中国证监会指定信息披露报纸:中国证券报、证券时报

中国证监会指定国际互联网网址:http://www.cninfo.com.cn

公司年度报告备置地点:石家庄常山纺织股份有限公司证券部

6、公司股票上市交易所:深圳证券交易所

股票简称:常山股份

股票代码:0158

二、会计数据和业务数据摘要

1、本年度主要财务数据和指标(单位:人民币元)

项目	金额
利润总额	133624957.77
净利润	93610711.82
扣除非经常性损益后的净利润	102340374.62
主营业务利润	333901953.39
其他业务利润	3488118.37
营业利润	140978669.10
投资收益	-1493131.53
补贴收入	
营业外收支净额	-5860579.80
经营活动产生的现金流量净额	590729.80
现金及现金等价物净增加额	153466458.61
注:扣除的非经常性损益项目涉及项目合计	-8729662.80
(1)合并价差摊入	-2869083.00
(2)营业外收支净额	-5860579.80
其中:新股申购冻结资金利息	1052863.00

2、截止报告期末前三年的主要会计数据和财务指标 (单位:人民币元)

项目	2000 年	1999 年	1998 年
主营业务收入	1832128986.45	1641870410.99	1397798536.79
净利润	93610711.82	82294568.03	28188345.90
总资产	1885159536.88	1330578082.40	1678360962.13
股东权益(不含少数股东权益)	1138152662.66	478663439.28	440982007.82
每股收益(摊薄)	0.23	0.27	0.09
每股收益(加权)	0.27	0.27	0.09
扣除非经营性损益后每股收益(摊薄)	0.26	0.29	0.09
扣除非经营性损益后每股收益(加权)	0.30	0.29	0.09
每股净资产	2.85	1.60	1.47
调整后的每股净资产	2.83	1.55	1.45
每股经营活动产生的现金流量净额	0.0015	0.94	
净资产收益率%(摊薄)	8.22	17.19	6.39
净资产收益率%(加权)	12.08	17.07	7.86

(2)报告期内股东权益变动情况(单位:人民币元)

项目	期初数	本期增加	本期减少	期末数
股本	300000000.00	100000000.00		400000000.00
资本公积	153600396.93	526686969.28	16973637.17	663313729.04
盈余公积	24601987.16	26867285.99		51469273.15
法定公益金	9035125.83	9968487.17		19003613.00
未分配利润	-3373765.36	93610711.82	66867285.99	23369660.47
股东权益合计	474828618.73	747164967.09	83840923.16	1138152662.66

三、股东情况介绍

1.报告期末公司股东总数 69997 户。

2.报告期末公司前 10 名股东持股情况:

股　东　名　称	股份类别	持股数(股)	持股比例(%)
石家庄常山纺织集团有限责任公司	国家股	297,180,000	74.295
河北宁纺集团有限责任公司	法人股	705,000	0.176
河北省纺织品进出口(集团)公司	国有法人股	705,000	0.176
石家庄市星球服装鞋帽联合(集团)公司	法人股	705,000	0.176
河北华鑫集团公司	国有法人股	705,000	0.176
郭 颖	流通股	309,100	0.077
金泰基金	流通股	281,000	0.07
普丰证券投资基金	流通股	258,038	0.06
赖文利	流通股	150,000	0.038
黎大贵	流通股	142,600	0.036

新疆国际实业股份有限公司

二○○○年年度报告摘选

一、公司简介

(一)、公司法定中、英文名称及缩写:
1、中文名称:新疆国际实业股份有限公司
2、英文名称:XINJIANG INTERNATIONAL INDUSTRY CO.,LTD.
3、英文名称缩写:XIIC
(二)、公司法定代表人:吴敏其
(三)、公司董事会秘书:王芹忠
1、联系地址:乌鲁木齐市团结路45号国际大厦
2、联系电话:0991—2886434
3、传　　真:0991—2861579 2862528
(四)公司注册地址、办公地址、邮政编码、电子信箱:
1、注册地址:乌鲁木齐市北京路22号龙岭大厦
2、邮政编码:830011
3、办公地址:乌鲁木齐市团结路45号国际大厦
4、邮政编码:830001
5、公司电子信箱:wang-qzh@sina.com
(五)公司选定的信息披露报纸名称、登载公司年度报告的中国证监会指定国际互联网网址、公司年度报告备置地点:
1、信息披露报纸:《中国证券报》、《证券时报》
2、登载公司年度报告的中国证监会指定国际互联网网址:
http://www.cninfo.com.cn
3、公司年度报告备置地点:公司证券部
(六)公司股票上市交易所、股票简称和股票代码
1、上市交易所:深圳证券交易所
2、股票简称:国际实业
3、股票代码:0159

二、会计数据和业务数据摘要

(一)公司本年度利润总额及其构成:(单位:人民币元)

利润总额:	33,370,735.70
净利润:	25,735,958.02
扣除非经常性损益后的净利润:	18,155,144.24
主营业务利润:	80,109,296.73
其他业务利润:	196,617.51
营业利润:	24,780,806.94
投资收益:	1,009,114.98
补贴收入:	1,856,476.67
营业外收支净额:	5,724,337.11
经营活动产生的现金流量净额	-133,206,109.63
现金及现金等价物净增加额	305,517,169.60

注:扣除的非经营性损益项目和涉及金额的说明:
(1)、补贴收入:1,856,476.67元。
(2)、营业外收支净额:5,724,337.11元。其中申购新股冻结资金利息5,926,802.48元。
(二)、近三年主要会计数据和财务指标:(单位:人民币元)

项　目	2000年	1999年	1998年
主营业务收入(元)	349,994,072.48	402,216,187.28	812,545,326.66
净利润(元)	25,735,958.02	25,643,309.07	15,269,110.12
总资产(元)	893,303,773.92	650,308,122.98	409,373,341.74
股东权益(元)(不含少数股东权益)	565,553,847.28	141,398,013.07	119,297,184.31
全面摊薄每股收益(元/股)	0.1498	0.2519	----
加权平均每股收益(元/股)	0.1913		
扣除非经常性损益后的每股收益(元/股)	0.1057	0.0574	——
每股净资产(元)	3.2921	1.3891	----
调整后的每股净资产(元)	3.2793	1.3342	----
每股经营活动产生的现金流量净额	-0.7754	-0.6171	
净资产收益率(%)(摊薄)	4.55%	18.15%	
(加权)	10.15%		

(三)、根据中国证监会《公开发行证券公司信息披露编报规则第9号》第三条的规定,按全面摊薄法和加权平均法计算的净资产收益率及每股收益:

报告期利润	净资产收益率(%)		每股收益(元)	
	全面摊薄	加权平均	全面摊薄	加权平均
主营业务利润	14.16	31.56	0.4663	0.6715
营业利润	4.38	9.76	0.1442	0.2077
净利润	4.55	10.15	0.1498	0.2157
扣除非经常性损益后的净利润	3.21	7.15	0.1057	0.1522

三、股本变动及股东情况

1、报告期末公司股东总数为51423人。
2、报告期末公司前十大股东的持股情况

股　东　名　称	期末持股数	占总股本(%)
(1)新疆对外经济贸易集团有限责任公司	91,792,300	53.43
(2)新疆特变电工股份有限公司	3,500,000	2.04
(3)新疆新啤(集团)有限责任公司	3,000,000	1.75
(4)和硕县佳丰果菜种植有限责任公司	2,000,000	1.16
(5)新疆金邦钢铁有限公司	1,500,000	0.87
(6)裕阳证券投资基金	531,000	0.31
(7)贾玉兰	420,155	0.24
(8)赵云	218,000	0.13
(9)普丰证券投资基金	148,509	0.08
(10)郭东东	144,496	0.08

吴江丝绸股份有限公司

二○○○年年度报告摘选

一、公司简介

1、公司法定中英文名称及缩写
公司法定中文名称:吴江丝绸股份有限公司
公司中文名称缩写:"吴江丝绸"
公司法定英文名称:WuJiang Silk Co., LTD.
公司英文名称缩写:"WJSC"
2、公司法定代表人:董东立
3、公司董事会秘书:沈志祥
联系地址:江苏吴江市盛泽镇舜新中路39号
联系电话:0512-3558328
传　　真:0512-3552272
电子信箱:SILK-SM@PUBLIC1.SZ.JS.CN
4、公司注册地址和办公地址及其邮政编码:
注册地址:江苏省吴江市盛泽镇舜新中路39号
办公地址:江苏省吴江市盛泽镇舜新中路39号
邮政编码:215228
公司电子信箱:SILK-SM@PUBLIC1.SZ.JS.CN
国际互联网网址:http://www.silkgroup.com/
5、公司选定的信息披露报纸:《证券时报》
刊登公司年度报告的国际互联网网址:http://www.cninfo.com.cn
公司年度报告备置地点:公司证券部
6、公司股票上市交易所:深圳证券交易所
股票名称:丝绸股份
股票代码:0301

二、会计数据和业务数据摘要

1、公司本年度会计数据　　单位:人民币元

项　目	金　额
利润总额	130,107,850.28
净利润	108,187,780.56
扣除非经常性损益后的净利润	109,113,576.45
主营业务利润	190,997,363.76
其他业务利润	25,022,879.96
营业利润	130,886,479.80
营业外收支净额	-925,795.89
经营活动产生的现金流量净额	243,936,329.24
现金及现金等价物净增加额	232,662,579.17

2、截止报告期末,公司前三年的主要会计数据和财务指标:
(1)、主要会计数据和财务指标　　单位:人民币元

序号	项　目	2000年度	1999年度	1998年度
1	主营业务收入	1,326,384,162.20	1,017,635,225.11	1,022,256,145.08
2	净利润	108,187,780.56	83,119,798.65	48,018,753.07
3	总资产	1,788,129,796.29	1,242,302,930.82	1,212,256,374.16
4	股东权益	1,215,189,430.77	503,499,267.17	479,849,468.52
5	每股收益	0.232	0.2656	0.1534
6	每股净资产	2.604	1.6086	1.5331
7	调整后的每股净资产	2.588	1.5480	1.4538
8	每股经营活动产生的现金流量净额	0.523	0.9716	0.1246
9	净资产收益率	8.90%	16.51%	10.01%
10	加权平均每股收益	0.265	0.2656	0.1534

2000年度按月平均加权法计算的每股收益,扣除非经常性损益后的每股收益为0.267元。
3、利润表附注:

报告期利润	净资产收益率		每股收益(元)	
	全面摊薄	加权平均	全面摊薄	加权平均
主营业务利润	15.72%	20.19%	0.409	0.468
营业利润	10.77%	13.84%	0.281	0.321
净利润	8.90%	11.44%	0.232	0.265
扣除非经常性损益后的净利润	8.98%	11.54%	0.234	0.267

三、股本变动及股东情况

1、股本变动情况
(1)股份变动情况表　　数量单位:股

项目	期初数	本次变动增减(+,-)					期末数
		配股	送股	公积金转股	其他	小计	
一、未上市流通股份	313,000,000						313,000,000
1,发起人股份	313,000,000						313,000,000
其中:国家拥有股份	292,166,000						292,166,000
境内法人持有股份	20,834,000						20,834,000
境外法人持有股份							
其他							
2、募集法人股							
3、公司职工股							
4、向法人投资者配售					54,000,000		
其中:证券投资基金							
战略投资者					54,000,000		
5、优先股或其它							
未上市流通股份合计	313,000,000				54,000,000		367,000,000
二、已上市流通股份							
1、人民币普通股					51,000,000		51,000,000
2、境内上市的外资股							
3、境外上市的外资股							
4、其他					48,600,774		48,600,774
已流通上市股份合计					99,600,774		99,600,774
三、股份总数	313,000,000				153,600,774		466,600,774

许继电气股份有限公司

二○○○年年度报告摘选

一、公司简介

1、公司法定中文名称:许继电气股份有限公司
公司法定英文名称:XJ ELECTRIC CO.,LTD.
2、公司法定代表人:王纪年
3、公司董事会秘书:涂东明
董事会证券事务代表:朱庆华
电 话:(0374)3212348
传 真:(0374)3363549
4、公司注册(办公)地址:河南省许昌市建设路178号
邮政编码:461000
网址:http://www.xjec.com
E-mail:chc@xjec.com
5、公司年度报告备置地点:公司证券处
公司选定信息披露报纸名称:《中国证券报》、《证券时报》
登载公司年度报告的中国证监会指定的国际互联网网址:
http://www.cninfo.com.cn
6、公司股票上市地:深圳证券交易所
股票简称:许继电气
股票代码:0400

二、会计数据和业务数据摘要

(一)2000年度利润情况

项目	2000年度(单位:元)
利润总额	243,002,220.09
净利润	201,164,553.81
扣除非经常性损益后的净利润	200,932,910.31
主营业务利润	415,821,376.05
其他业务利润	1,967,971.30
营业利润	236,376,968.72
投资收益	6,211,500.00
补贴收入	1,664,000.00
营业外收支净额	-1,250,248.63
经营活动产生的现金流量净额	60,834,703.90
现金及现金等价物净增加额	-51,559,092.39
注:扣除非经常性损益项目及金额为:	
资产处置损益	231,643.50元

(二)公司前三年主要会计数据和财务指标　　单位:元

项 目	2000年	1999年		1998年
		调整前	调整后	
主营业务收入	979,394,800.85	740,022,768	740,022,768	451,900,370
净利润	201,164,553.81	193,037,297	195,299,770	105,135,375
总资产	2,078,863,979.41	1,821,797,524	1,821,797,524	992,966,774
股东权益	1,407,551,348.59	1,279,660,017	1,281,922,491	769,502,721
每股收益	0.532	0.82	0.83	0.76
加权计算的每股收益	0.532	0.91	0.92	0.76
扣除非经常性损益后的每股收益	0.531	0.91	0.92	0.76
每股净资产	3.72	5.41	5.42	5.58
调整后的每股净资产	3.707	5.40	5.41	5.54
净资产收益率 %	14.29	15.08	15.23	13.66
每股经营活动产生的现金流量净额	0.16	0.46	0.46	0.09

注:根据中国证监会《公开发行证券公司信息披露编报规则(第9号)》要求计算的利润数据如下:

报告期利润	净资产收益率(%)		每股收益(元/股)	
	全面摊薄	加权平均	全面摊薄	加权平均
主营业务利润	29.54	30.08	1.099	1.099
营业利润	16.79	17.10	0.625	0.625
净利润	14.29	14.55	0.532	0.532
扣除非经常性损益后的净利润	14.28	14.53	0.531	0.531

三、股东情况介绍

(一)截止2000年12月31日,公司股东总数共60382户。
(二)前10名股东持股情况:

股东名称	年末持股数量(股)	持股比例(%)
(1)许继集团有限公司	172,640,000	45.64
(2)安顺证券投资基金	9,865,198	2.61
(3)安信证券投资基金	8,367,306	2.21
(4)许继电控设备公司	5,760,000	1.52
(5)许继电器设备公司	5,472,000	1.45
(6)黑龙江省大正投资集团有限责任公司	4,746,613	1.25
(7)中青旅股份有限公司	2,984,817	0.79
(8)山东黑豹股份有限公司	2,222,288	0.59
(9)上海天太实业有限公司	2,126,687	0.56
(10)枫苑饭店	2,000,000	0.53

注:①许继集团有限公司为国有法人股持股单位,系本公司母公司,持有本公司45.64%股份,本年度因公司实施送红股及公积金转增股本方案,持股数量由年初的10790万股增至17264万股。法定代表人:王纪年。经营范围:经营授权的国有资产;制造、销售继电器、继电保护及综合自动化装置、中压断路器、计算机、通讯设备、高低压开关柜、自动门、变压器、输变电设备、控制设备及其配件;技术开发、建筑安装、商贸、住宿、餐饮等。该公司所持股份无质押、冻结情况。

②许继电控设备公司、许继电器设备公司为法人股持股单位,所持股份无质押、冻结情况。

③前十名股东中,安顺证券投资基金、安信证券投资基金同属华安基金管理有限公司,其他股东之间无关联关系。

④ 前十名股东中,除(1)、(4)、(5)为法人股股东外,其余均为社会公众股股东。

唐山冀东水泥股份有限公司

二○○○年年度报告摘选

一、公司简介

1、公司法定中文名称:唐山冀东水泥股份有限公司
公司英文名称:TANGSHAN JIDONG CEMENT COMPANY LIMITED
2、公司法定代表人:杜金弘
3、公司董事会秘书:张士江
授权代表:吴志国
联系地址:河北省唐山市新区林荫路
电话:0315-3244005
传真:0315-3244005
电子信箱:Jdzj@ts-user.he.cninfo.net
4、公司注册地址:河北省唐山市新区林荫路
公司办公地址:河北省唐山市新区林荫路
公司邮政编码:063031
公司国际互联网网址:http://www.jdsn.com.cn
公司电子信箱:Jdsnzjb@jdsn.com.cn
5、公司信息披露报纸名称:中国证券报、证券时报
登载公司年度报告的中国证监会指定国际互联网网址:http://www.cninfo.com.cn
公司年度报告备置地点:公司证券部
6、公司股票上市交易所:深圳证券交易所
股票简称:冀东水泥
股票代码:0401

二、会计数据和业务数据摘要

1、公司本年度实现的利润指标情况

项　目	金额(合并)	金额(母公司)
利润总额(元)	111,393,498.50	111,383,988.52
净利润(元)	93,150,492.97	93,150,492.97
扣除非经常性损益后的净利润(元)	93,150,492.97	93,150,492.97
主营业务利润(元)	241,769,330.74	231,192,179.84
其他业务利润(元)	3,014,864.05	2,453,011.79
营业利润(元)	103,294,008.34	103,263,360.00
投资收益(元)	625,000.00	646,517.68
补贴收入(元)	8,000,000.00	8,000,000.00
营业外收支净额(元)	-525,509.84	-525,889.16
经营活动产生的现金流量净额(元)	88,476,300.20	75,669,829.38
现金及现金等价物净增加额(元)	10,211,402.33	2,802,764.85

2、主要会计数据和财务指标

项　目	2000年	1999年	1998年(追溯调整后)	1998年(追溯调整前)
(1) 主营业务收入(元)	654,857,386.91	550,582,360.43	412,146,070.63	426,192,095.05
(2) 净利润(元)	93,150,492.97	105,493,788.64	133,609,906.59	138,879,345.97
(3) 总资产(元)	2,238,243,947.94	2,041,973,225.09	2,059,248,364.52	2,129,918,084.56
(4) 股东权益(元)	1,543,207,427.32	1,309,433,894.63	1,285,407,482.69	1,323,749,610.84
(5)每股收益(元/股)	0.1056	0.1295	0.1641	0.171
加权每股收益(元/股)	0.1113	0.1295	0.1641	0.171
扣除非经常性损益后的每股收益(元/股)	0.1056	0.1017	0.1530	0.171
(6) 每股净资产(元/股)	1.7501	1.6078	1.5783	1.625
(7) 调整后的每股净资产(元/股)	1.6523	1.5433	1.5311	1.578
(8) 每股经营活动产生的现金流量净额(元/股)	0.1003	0.2242	0.4051	0.401
(9) 净资产收益率(%)	6.04	8.06	10.39	10.49

3、按照中国证监会《公开发行证券公司信息披露编报规则(第9号)》要求计算的净资产收益率和每股收益

报告期利润	净资产收益率(%)				每股收益(元/股)			
	全面摊薄		加权平均		全面摊薄		加权平均	
	2000	1999	2000	1999	2000	1999	2000	1999
主营业务利润	15.67	16.69	16.74	16.33	0.2742	0.2683	0.2889	0.2683
营业利润	6.69	7.91	7.15	7.74	0.1171	0.1272	0.1234	0.1272
净利润	6.04	8.06	6.45	7.88	0.1056	0.1295	0.1113	0.1295
扣除非经营性损益后的净利润	6.04	6.32	6.45	6.19	0.1056	0.1017	0.1113	0.1017

三、股东情况介绍

(1)、报告期末股东总数:截至2000年12月29日,公司股东总数为160,637户。
(2)、截至2000年12月29日,公司前十名股东持股情况

股 东 名 称	持股数量(股)	占总股本比例(%)
①、河北省冀东水泥集团有限责任公司	605,916,500	68.71
②、中信证券有限责任公司	9,683,553	1.10
③、唐山市新区第一运输公司	2,214,615	0.25
④、宋伟铭	1,905,204	0.22
⑤、程蓉	879,080	0.10
⑥、普丰证券投资基金	569,451	0.06
⑦、南京乾鹰商贸有限公司	550,000	0.06
⑧、北京麦克曼商贸公司	500,000	0.06
⑨、北京青枝家具有限责任公司	450,181	0.05
⑩、李光辉	390,000	0.04

说明:

河北省冀东水泥集团有限责任公司所持股份为国家股,年初持有公司股份为600,916,500股,本年度配股增加5,000,000股,年末持有公司股份为605,916,500股,其持有的本公司股份没有任何质押或冻结的情况。

唐山市新区第一运输公司为河北省冀东水泥集团有限责任公司的参股企业,集团公司占其注册资本的15.23%;该公司所持本公司股份全部为定向募集法人股。

金融街控股股份有限公司

二〇〇〇年年度报告摘选

一、公司简介

1、公司法定中文名称:金融街控股股份有限公司
公司法定英文名称:FINANCE STREET HOLDING CO., LTD.
2、公司注册地址:重庆市沙坪坝区满山红村7号
邮政编码:400039
公司办公地址:北京市西城区金融大街33号通泰大厦B座8层
邮政编码:100032
3、公司法定代表人:王功伟
4、公司董事会秘书:许群峰
北京联系地址:北京市西城区金融大街33号通泰大厦B座8层
邮政编码:100032 电话:010-88086184 传真:010-88086186
电子信箱:xqf@bjjrj.com
重庆联系地址:重庆市渝中区民生路283号重庆宾馆商务大厦16A室
邮政编码:400010 电话:023-63718898 传真:023-63718838
5、公司选定的信息披露报纸:《中国证券报》、《证券时报》
中国证监会指定国际互联网网址:http://www.cninfo.com.cn
公司年度报告备置地点:北京市西城区金融大街33号通泰大厦B座8层公司董事会秘书处
6、公司股票上市交易所:深圳证券交易所
股票简称:金融街 股票代码:0402

二、会计数据和业务数据摘要

1、公司本年度实现 (单位:人民币元)

项目	金额
利润总额	59,182,433.71
净利润	40,138,704.26
扣除非经常性损益后的净利润	40,138,704.26
主营业务利润	72,624,969.95
其他业务利润	19,851.11
营业利润	56,846,349.86
投资收益	1,996,874.24
补贴收入	0.00
营业外收支净额	339,209.61
经营活动产生的现金流量净额	-31,741,104.67
现金及现金等价物净增加额	72,330,878.44

2、主要会计数据与财务指标 (单位:人民币元)

项 目	2000年度	1999年度	1998年度	
			调整前	调整后
主营业务收入	220,558,550.26	172,183,704.06	158,991,473.65	158,991,473.65
净利润	40,138,704.26	11,861,737.27	4,971,831.76	3,817,102.23
总资产	599,748,761.33	317,480,080.07	330,614,604.24	324,195,650.50
股东权益	201,739,085.21	170,106,782.39	163,132,782.06	156,897,366.06
每股收益(摊薄)	0.32元/股	0.15元/股	0.06元/股	0.05元/股
每股收益(加权)	0.32元/股	0.15元/股	0.06元/股	0.05元/股
扣除非经常性损益后的每股收益	0.32元/股	0.03元/股	0.05元/股	0.04元/股
每股净资产	1.60元/股	2.16元/股	2.07元/股	1.99元/股
调整后的每股净资产	1.60元/股	2.14元/股	2.05元/股	1.97元/股
每股经营活动产生的现金流量净额	-0.25元/股	0.13元/股	0.05元/股	0.05元/股
净资产收益率(摊薄)	19.90%	6.97%	3.05%	2.43%
净资产收益率(加权)	21.15%	7.29%	3.10%	2.46%
扣除非经常性损益后的净资产收益率(加权)	21.15%	1.45%	2.45%	2.03%

利润表附表

(单位:人民币元)

	报告期利润	净资产收益率		每股收益	
		全面摊薄	加权平均	全面摊薄	加权平均
主营业务利润	72,624,969.95	36.00%	38.27%	0.58元/股	0.58元/股
营业利润	56,846,349.86	28.18%	29.95%	0.45元/股	0.45元/股
净利润	40,138,704.26	19.90%	21.15%	0.32元/股	0.32元/股
扣除非经常性损益后的净利润	40,138,704.26	19.90%	21.15%	0.32元/股	0.32元/股

三、股本变动及股东情况

1、股本变动情况
(1)报告期末股东总数
截止2000年12月31日,公司股东总数为13574人。
(2)报告期末前十名股东持股情况

名次	股 东 名 称	年末持股数量(股)	持股比例(%)
1	北京金融街建设集团	77,906,400	61.88
2	华勤投资有限公司	2,858,087	2.27
3	上海能泰经贸有限公司	988,940	0.79
4	上海尊泰经贸有限公司	502,240	0.40
5	黄水长	354,929	0.28
6	周羚	321,102	0.25
7	马春林	288,440	0.23
8	冷素碧	251,000	0.20
9	刘长梅	240,960	0.19
10	林曲琼	209,300	0.17

注:①北京金融街建设集团是公司国有法人股东,其持股数量增加系实施公积金转增股本方案所致;其余为公司流通股股东,其持股数量在本年度的增减变化是由于二级市场交易所致。
②本公司未发现前十名股东之间存在关联关系。
③北京金融街建设集团是唯一持有公司10%以上股份的股东,其持有公司股份的比例为61.88%,法定代表人是王功伟先生,经营范围是房地产建设投资咨询、房地产经营管理咨询、技术开发、投资管理咨询服务等。报告期内,北京金融街建设集团未将其持有的本公司股份进行质押。

三九宜工生化股份有限公司

二〇〇〇年年度报告摘选

一、公司简介

1、公司法定中文名称:三九宜工生化股份有限公司
公司法定英文名称:Sanjiu Yigong Biopharmaceutical & Chemical. Inc
英文缩写:SYB&C
2、公司法定代表人:赵新先
3、公司信息披露人员:
公司董事会秘书:黄鸿伟
联系地址:深圳市福田区联合广场A座35楼
联系电话:0755-2711999
传真:0755-2710777
董事会证券事务代表:黄少林
联系电话:0795-3298234
传真:0795-3228407
4、公司注册地址:江西省宜春市环城西路1号
公司办公地址:深圳福田区联合广场A座35层 邮政编码:518026
江西省宜春市环城西路1号 邮政编码:336000
公司国际互联网网址:http://WWW.999yichun.com.cn
电子信箱:board@39.net
公司选定的信息披露报纸:《证券时报》、《上海证券报》
登载公司年度报告的国际互联网网址:http://WWW.cninfo.com.cn
5、公司年度报告备置地点:公司证券部
6、公司股票上市地:深圳证券交易所
股票简称:三九生化
股票代码:0403

二、公司会计数据和业务数据摘要

1、公司利润总额及构成(单位:元)

项目	金额
利润总额:	144,892,417.30
净利润:	119,071,954.21
扣除非经常性损益后的净利润:	110,405,741.66
主营业务利润:	168,931,263.26
其他业务利润:	1,605,065.46
营业利润:	116,387,485.37
投资收益:	6,330,032.71
补贴收入:	0
营业外收支净额:	22,174,899.22
经营活动产生的现金流量净额:	27,363,225.65
现金及现金等价物净增加额:	62,841,945.27

2、截止2000年末,公司前三年主要会计数据和其财务指标单位:

项 目	2000	1999年	1998年	
			调整前	调整后
主营业务收入(万元)	38118.44	34997.40	19157.11	19157.11
净利润(万元)	11907.20	8017.42	2379.54	2161.04
总资产(万元)	117857.53	96074.67	52390.80	52133.74
股东权益(万元)	55146.52	45206.16	22829.61	22611.11
每股收益(元)(摊薄)	0.61	0.61	0.21	0.19
(加权)	0.61	0.64	0.21	0.19
每股净资产(元)	2.80	3.45	2.04	2.02
扣除非经常性损益后的每股收益(元)	0.56	0.52	--	--
调整后每股净资产(元)	2.79	3.41	2.00	1.98
每股经营活动产生的现金流量净额(元)	0.14	-0.18	-0.02	
净资产收益率(%)	21.59	17.74	10.08	7.45

注:财务指标计算公式如下:
每股收益=净利润/年度末普通股股份总数
每股净资产=年度末股东权益/年度末普通股股份总数
净资产收益率=净利润/年度末股东权益×100%
调整后的每股净资产=(年度末股东权益-三年以上的应收款项净额-待摊费用-待处理(流动、固定)资产净损失-开办费-长期待摊费用-住房周转金负数余额)/年度末普通股股份总数
每股经营活动产生的现金流量净额=经营活动产生的现金流量净额/年度末普通股股份总数

三、股东情况介绍

(一)截止2000年12月31日,公司股东总数为22192户,其中高管股东7户。
(二)公司前十名股东情况

股 东 名 称	持股数(股)	占股本比例(%)
1、三九企业集团	80,682,000	41.02
2、宜春工程机械厂劳动服务公司	9,583,291	4.87
3、湘证证券投资基金(裕元基金)	8,624,581	4.39
4、金鑫证券投资基金	7,199,247	3.66
5、裕隆证券投资基金	5,481,492	2.79
6、普惠证券投资基金	3,486,983	1.77
7、金鼎证券投资基金	2,159,485	1.10
8、宜春工程机械油箱厂	1,404,000	0.71
9、宜春工程机械西件厂	1,400,640	0.71
10、江西省分宜驱动桥厂	1,369,500	0.70

注:持股5%以上股东股份本会计年度内没有质押、冻结情况。
三九企业集团所持有的股份为国家股。

华意压缩机股份有限公司

二〇〇〇年年度报告摘选

一、公司简介

1、公司法定中文名称:华意压缩机股份有限公司
公司法定英文名称:HUAYI COMPRESSOR CO.,LTD.
公司法定英文名称缩写:HUAYI
2、公司法定代表人:符念平
3、公司董事会秘书:简家凤
授权代表:简家凤
联系地址:江西省景德镇市新厂东路28号
电话:0798-8441770-2215
传真:0798-8441779
电子信箱:hyyszqb@public1.jdptt.jx.cn
4、公司注册地址:江西省景德镇市新厂东路28号
公司办公地址:江西省景德镇市新厂东路28号　　邮政编码:333001
公司国际互联网址:www.huayico.com
电子信箱:huayi@public1.jdptt.cn
5、公司选定的信息披露报纸:《证券时报》和《中国证券报》
公司登载年度报告的国际互联网址为:http://www.cninfo.com.cn
公司年度报告备置地点:公司证券办公室
6、公司股票上市交易所:深圳证券交易所
股票简称:华意压缩　　股票代码:0404

二、会计数据和业务数据摘要

1、公司本年度会计数据和业务数据摘要　　单位:元

项目	金额
利润总额	42,815,111.01
净利润	33,487,317.29
扣除非经常性损益后的净利润	12,843,744.65
主营业务利润	28,130,362.04
其他业务利润	9,997,860.29
营业利润	42,925,276.12
投资收益	3,366,143.70
补贴收入	0
营业外收支净额	-3,476,308.81
经营活动产生的现金流量净额	-9,612,123.23
现金及现金等价物净增加额	26,755,111.16

扣除非经常性损益的项目包括:托管收入:1000万元×67%=670万元
营业外收支净额:-3,476,308.81元×67%=-2,329,126.90元
坏账准备增加净利润:18,939,122.03元×67%=12,689,211.76元
三年以上应收款(扣坏账准备):33,187.53元×67%=22,235.65元
退还所得税:5,315,301.70元×67%=3,561,252.14元

2、前三年的主要会计数据和财务指标

项　目	2000年	1999年		1998年	
		调整前	调整后	调整前	调整后
主营业务收入(万元)	19,882	17,453	17,453	12,928	12,928
净利润(万元)	3,349	3,399	2,867	4,589	5,527
总资产(万元)	69,979	57,789	58,156	66,760	63,572
股东权益(万元)	46,720	46,201	45,744	45,441	42,802
摊薄每股收益(元)	0.14	0.143	0.121	0.19	0.22
加权每股收益(元)	0.14	0.143	0.121	0.19	0.22
扣除非经常性损益后的每股收益(元)	0.054	0.074	0.052	0.066	0.095
每股净资产(元)	1.97	1.947	1.93	1.92	1.80
调整后的每股净资产(元)	1.97	1.947	1.93	1.93	1.82
净资产收益率(%)	7.17	7.36	6.27	10.10	12.32
每股经营活动产生的现金流量净额(元)	-0.04	-0.16	-0.16	-0.086	-0.086

注:公司2000年度配股业已报告日前完成,总股本变为260,853,837股,变化后的每股收益为0.128元。

3、根据证监会发布的《公开发行证券公司信息披露编报规则》第9号通知,经会计师事务所审核,公司2000年净资产收益率和每股收益如下:

利润指标	净资产收益率(%)		每股收益(元)	
	全面摊薄	加权平均	全面摊薄	加权平均
主营业务利润	6.02	5.93	0.119	0.119
营业利润	9.18	9.05	0.181	0.181
净利润	7.17	7.06	0.14	0.14
扣除非经常性损益后的净利润	2.75	2.71	0.054	0.054

三、股东情况介绍

1、经深圳证券交易所安排,本公司转配股2,470,798股于2001年1月5日上市流通。公司未上市流通股份合计:163,800,000股;上市流通股份合计:73,450,798股。

2、截止2000年12月31日本公司共有股东42,223户。其中国有发起人股东1户-景德镇华意电器总公司。

1、2000年12月31日公司前10名股东持股情况:

序号	股东名称	持股数(股)	持股比例
1	景德镇华意电器总公司	104,520,000	44.055%
2	广东科龙电器股份有限公司	59,280,000	24.986%
3	叶东生	258,800	0.109%
4	利灿新	185,300	0.078%
5	黄新生	162,240	0.068%
6	普丰证券投资基金	158,814	0.067%
7	吴军苹	158,215	0.067%
8	王正伟	156,858	0.066%
9	陈文禹	156,028	0.066%
10	杨晓东	156,000	0.066%

珠海鑫光集团股份有限公司

二〇〇〇年年度报告摘选

一、公司简介

1、公司法定中文名称:珠海鑫光集团股份有限公司
公司法定英文名称:ZHUHAI SHINING METALS GROUP INC.
(英文缩写:SMG)
2、公司法定代表人:张健
3、公司董事会秘书:陈飞
授权代表:刘志勇
联系地址:广东省珠海市吉大海洲路金苑大厦
电　　话:(0756)3338333转8962、8034、8103
传　　真:(0756)3338123
4、公司注册地址:珠海市吉大海洲路金苑大厦
公司办公地址:珠海市吉大海洲路金苑大厦
邮 政 编 码:519015
公司电子信箱:zhxgzq@pub.zhuhai.gd.cn
5、公司选定的信息披露报纸名称:《证券时报》、《中国证券报》
登载年度报告的网址:http://www.cninfo.com.cn
公司年度报告备置地点:本公司证券部和深圳证券交易所
6、公司股票上市交易所:深圳证券交易所
股票简称:有色鑫光　　股票代码:0405

二、会计数据和业务数据摘要

1、本年度主要利润指标情况(单位:人民币元)

项目	金额
利润总额	-102,233,431.41
净利润	-112,195,742.01
扣除非经常性损益后的净利润	-96,544,290.51
主营业务利润	73,104,334.63
其它业务利润	3,117,070.15
营业利润	-83,453,535.33
投资收益	-3,128,444.58
补贴收入	113,319.00
营业外收支净额	-15,764,770.50
经营活动产生的现金流量净额	-17,727,688.47
现金及现金等价物净增加额	-39,077,549.47

2、主要会计数据和财务指标(合并报表)　　单位:元

项目	2000	1999(调整前)	1999(调整后)	1998(调整后)
主营业务收入	655,828,164.00	531,685,043.21	531,685,043.21	361,040,508.74
净利润	-112,195,742.01	89,046,542.85	68,001,266.46	30,791,207.50
总资产	1,049,509,615.90	1,136,567,034.08	1,131,316,204.63	1,026,619,538.39
股东权益(不含少数股东权益)	582,008,929.20	742,823,406.66	694,204,671.21	626,203,404.75
每股收益	-0.295	0.234	0.179	0.081
加权平均每股收益	-0.295	0.234	0.179	0.081
扣除非经常性损益后的每股收益	-0.253	0.169	0.114	0.072
每股净资产	1.528	1.95	1.822	1.644
调整后的每股净资产	1.017	1.76	1.644	1.549
每股经营活动产生的现金流量净额	-0.047	0.113	0.113	0.027
净资产收益率	-19.277%	11.99%	9.796%	4.917%
加权净资产收益率	-17.583%	12.752%	10.30%	4.315%
扣除非经常性损益后的加权净资产收益率	-15.13%	9.219%	6.563%	3.850%

3、净资产收益率和每股收益系列指标(根据中国证监会《编报规则第9号》编制)

报告期利润	净资产收益率(%)		每股收益(元)	
	全面摊薄	加权平均	全面摊薄	加权平均
主营业务利润	12.561	11.456	0.192	0.192
营业利润	-14.339	-13.078	-0.219	-0.219
净利润	-19.277	-17.583	-0.295	-0.295
扣除非经营性损益后的净利润	-16.588	-15.13	-0.253	-0.253

4、报告期内股东权益变化情况(单位:人民币元)

项目	股本	资本公积	盈余公积	法定公益金	未分配利润	股东权益合计
期初数	380925448	184985449.23	61797096.95	21187892.54	66496677.03	694204671.21
本期增加						
本期减少					112195742.01	112195742.01
期末数	380925448	184985449.23	61797096.95	21187892.54	-45699064.98	582008929.20

变动原因说明:股东权益和未分配利润减少是因为2000年度亏损,主要是因为本年度提高坏帐计提比例减少利润61,039,131.81元,核销坏帐10,340,980.60元,诉讼损失15,195,360.95元。

三、股东情况

1、报告期末公司股东总数为62499户

2、截止2000年末,公司主要股东持股情况如下:

序号	股东名称	期末持股数	占总股本%
1	中国有色金属建设股份有限公司	148,933,274	39.09
2	青海铝厂	16,767,283	4.4
3	珠海经济特区珠光公司	15,530,763	4.07
4	中国有色金属进出口广东公司	12,424,610	3.26
5	中国远东国际贸易公司	11,044,097	2.89
6	山西铝厂	5,313,504	1.39
7	铜陵有色金属公司	4,997,025	1.31
8	兰州连城铝厂	4,935,334	1.29
9	珠海人寿保险股份有限公司	3,561,666	0.94
10	珠海达盛股份有限公司	3,454,734	0.91

胜利油田大明集团股份有限公司

二○○○年年度报告摘选

一、公司简介

1、公司法定中文名称:胜利油田大明集团股份有限公司
公司英文名称:SHENGLI OIL FIELD DYNAMIC GROUP CO.,LTP
2、公司法定代表人:孙奎荣
3、公司董事会秘书:西景杰
授权代表:王进洲
联系地址:山东省东营市济南路228号大明大厦511室
联系电话:0546—8556533
传　　真:0546—8556533、8558415
4、公司注册和办公地址:山东省东营市济南路228号大明大厦
邮政编码:257000
公司电子信箱:zqyw@sydm.com.cn
5、公司选定的信息披露报纸:《证券时报》、《中国证券报》
年度报告备置地:公司证券部
中国证监会指定信息披露国际互联网网址为:
http://www.cninfo.com.cn
6、公司股票上市地:深圳证券交易所
公司股票简称:石油大明
公司股票代码:0406

二、会计数据和业务数据摘要

1、公司本年度利润总额及构成(单位:人民币元)

项目	金额
利润总额	330459335.52
净利润	275061114.92
扣除非经常性损益后的净利润	275061114.92
主营业务利润	437660377.02
其他业务利润	1794498.83
营业利润	334698608.48
投资收益	-4627623.46
补贴收入	0.00
营业外收支净额	388350.50
经营活动产生的现金流量净额	281566486.34
现金及现金等价物净增加额	31154359.92

2、公司前三年的主要会计数据和财务指标(单位:元)

项目	2000年	1999年	1998年
主营业务收入	837809499.91	461490542.93	394624022.41
净利润	275061114.92	52601206.05	43034145.89
总资产	1804069489.54	1078998102.22	1009331738.44
股东权益(不含少数股东权益)	1276219175.96	398500033.08	345898827.03
每股收益(摊薄)	0.91	0.31	0.26
每股收益(加权)	1.02	0.31	0.26
每股净资产	4.21	2.36	2.05
调整后的每股净资产	3.91	1.91	1.74
每股经营活动产生的现金流量净额	0.93	0.50	0.15
净资产收益率%(摊薄)	21.55	13.20	12.44
净资产收益率%(加权)	30.68	13.20	12.44

注:计算公式为:

每股收益=报告期利润/年末股份总数

每股净资产=年度末股东权益/年度末普通股股份总数

调整后的每股净资产=(年度末股东权益-三年以上的应收帐款-待摊费用-待处理(流动、固定)资产净损失-开办费-长期待摊费用-住房周转金负数余额)/年度末普通股股份总数

每股经营活动产生的现金流量净额=经营活动产生的现金流量净额/年度末普通股股份总数

净资产收益率=报告期利润/年末净资产

3、报告期内股东权益变动情况

项目	股　本(万股)	资本公积(人民币元)	盈余公积(人民币元)	法定公益金(人民币元)	未分配利润(人民币元)	股东权益合计(人民币元)
期初数	16853.13	132289288.87	55787010.97	21721448.50	41892433.24	398500033.08
本期增加	13482.504	528504255.96	82991431.87	27663810.62	275061114.92	877719142.88
本期减少					143662699.87	
期末数	30335.634	660793544.83	138778442.84	49385259.12	173290848.29	1276219175.96
变动原因	10:8配股	配股溢价增加	利润分配所致	利润分配所致	本期净利润转入	配股和净利润转入

三、股东情况介绍

1、报告期末股东总数

截止2000年12月31日,公司股东总数为56842户。

2、前10名股东持股情况(截止2000年12月31日)

股　东　姓　名	持有股数(股)	占总股本(%)
1、中国石油化工股份有限公司	79888680	26.34
2、光大证券有限责任公司	9933635	3.27
3、普惠证券投资基金	6724976	2.22
4、金鑫证券投资基金	4302490	1.42
5、同盛证券投资基金	3434073	1.13
6、同益证券投资基金	2797000	0.92
7、中国银行东营分行中苑劳动服务公司	1944000	0.64
8、武汉农技投资有限公司	1525214	0.50
9、泸州夕阳红酒厂	1360064	0.45
10、泸州奥士伦电子信息技术开发公司	1316088	0.43

上述股东除中国石油化工股份有限公司与中国银行东营分行中苑劳动服务公司两家股东所持股份为非流通股外,其他8家所持股份均为流通股。

注:中国石油化工股份有限公司持有的股份为国有法人股,其所持公司股份无质押或冻结情况。前10名股东之间不存在关联关系。

山东胜利股份有限公司

二○○○年年度报告摘选

一、公司简介

公司法定中文名称:山东胜利股份有限公司
公司法定英文名称:SHANDONG SHENGLI CO., LTD.
英文缩写:SDSL
公司法定代表人:孙建国
公司董事会秘书:于晓峰 刘志强
联系地址:山东省济南市黑虎泉西路139号胜利大厦
电 话:(0531) 6920495
传 真:(0531) 6018518
电子信箱:yuxf@vicome.com
公司注册地址及办公地址:山东省济南市黑虎泉西路139号胜利大厦
邮政编码:250011
网址:www.vicome.com
电子信箱:slco@public.jn.sd.cn
公司选定的中国证监会指定报纸名称:《证券时报》、《中国证券报》
中国证监会指定国际互联网网址:http://www.cninfo.com.cn
公司年度报告备置地点:公司董事会秘书处
公司股票上市地:深圳证券交易所
股票简称:胜利股份
股票代码:0407

二、会计数据和业务数据摘要

(一)本年度实现的利润总额及其构成　　单位:人民币元

项目	金额
利润总额	57,695,433.36
净利润	41,532,255.13
扣除非经常性损益后的净利润	42,445,770.26
主营业务利润	126,015,771.70
其他业务利润	3,417,645.62
营业利润	51,575,743.05
投资收益	7,033,205.44
补贴收入	0
营业外收支净额	-913,515.13
经营活动产生的现金流量净额	-15,412,183.53
现金及现金等价物净增加额	27,536,368.67

说明:扣除的非经常性损益项目和涉及金额:冻结无效申购资金利息收入1,337,790.98元,固定资产清理收入197,360.13元,罚款收入14,490.95元,固定资产清理净损失752,685.52元,罚款支出847,855.70元,捐赠支出92,600.00元,其它偶发性收支净额 -770,015.97元。

(二)截止报告期末公司前三年的主要会计数据和财务指标　　单位:人民币元

指标项目	2000年	1999年	1998年	
			调整前	调整后
主营业务收入	955,042,489.25	1,081,405,368.05	900,497,201.67	900,497,201.67
净利润	41,532,255.13	55,208,196.65	43,233,989.99	38,816,100.64
总资产	1,034,388,362.68	831,467,178.61	766,309,711.87	755,149,750.27
股东权益(不含少数股东股益)	576,216,244.24	368,474,644.92	330,447,972.22	320,702,881.10
每股收益(摊薄)	0.17	0.25	0.30	0.27
每股收益(加权)	0.18	0.25	0.30	0.27
扣除非经常性损益后的每股收益	0.18	0.25	0.29	0.25
每股净资产	2.41	1.69	2.28	2.21
调整后的每股净资产	2.32	1.62	2.23	2.16
每股经营活动产生的现金流量净额	-0.06	-0.20	0.01	0.01
净资产收益率%(摊薄)	7.21	14.98	13.08	12.10
净资产收益率%(加权)	11.23	19.87	17.89	16.37

根据中国证监会关于《公开发行证券公司信息披露编报规则第9号》的要求计算的净资产收益率和每股收益如下:

报告期利润	净资产收益率%		每股收益(元)	
	全面摊薄	加权平均	全面摊薄	加权平均
主营业务利润	21.87	24.53	0.53	0.54
营业利润	8.94	10.02	0.21	0.21
净利润	7.21	8.09	0.17	0.18
扣除非经常性损益后的净利润	7.37	8.26	0.18	0.18

三、股本变动和主要股东持股情况

(一)股本变动情况

1、公司股份变动情况表　　数量单位:股

	本次变动前	本次变动增减(+、-)			本次变动后
		配　股	其　它	小　计	
一、尚未流通股份					
1、发起人股份	52,657,650	+1,053,200	-36,300,000	-35,247,100	17,410,850
其中:国家拥有股份	52,657,650	+1,053,200	-36,300,000	-35,247,100	17,410,850
2、募集法人股	41,681,250		+36,300,000	+36,300,000	77,981,250
3、内部职工股					
4、转配股	19,961,100	+35,558		+35,558	19,996,658
尚未流通股份合计	114,300,000	+1,088,759		+1,088,759	115,388,759
二、已上市流通股份					
人民币普通股	103,500,000	+20,700,000		+20,700,000	124,200,000
已上市流通股份合计	103,500,000	+20,700,000		+20,700,000	124,200,000
三、股份总数	217,800,000	+21,788,758		+21,788,758	239,588,758

说明:转配股已于2001年1月5日流通。

河北华玉股份有限公司

二○○○年年度报告摘选

一、公司简介

1、公司法定中文名称:河北华玉股份有限公司
公司法定英文名称:HEBEI HUAYU COMPANY LIMITED
2、公司法定代表人:张庆民
3、公司董事会秘书:郭宝贵
联系地址:河北省邯郸市峰峰矿区彭新路21号
联系电话:(0310)5023927 5022361-811 (010)64275193
联系传真:(0310)5023067 (010)84254748
电子信箱:hydsh@mx.hd.hebei.net.cn
4、公司注册及办公地址:河北省邯郸市峰峰矿区彭新路21号
邮政编码:056200
电子信箱:hbhy@mx.hd.hebei.net.cn
5、公司指定信息披露报纸:《中国证券报》、《证券时报》
刊载年报国际互联网网址:http://www.cninfo.com.cn
6、公司股票上市交易所:深圳证券交易所
股票简称:河北华玉
股票代码:0408

二、会计数据和业务数据摘要

1、公司本年度主要利润指标情况(合并报表) 单位:元

项目	金额
利润总额	41,487,361.34
净利润	19,842,005.85
扣除非经常性损益后的净利润	18,842,005.85
主营业务利润	107,609,347.90
营业利润	41,015,666.68
投资收益	—1,252,411.29
补贴收入	658,551.87
营业外收支净额	1,065,554.08
经营活动产生的现金流量净额	10,396,159.85
现金及现金等价物净增加额	—12,207,883.72

注:扣除非经常性损益的项目及涉及金额:收取资金占用费1,000,000.00

2、公司近三年财务指标 单位:人民币元

指标项目	2000年度	1999年度	1998年度
主营业务收入	447,992,517.99	308,693,323.37	256,206,203.42
净利润	19,842,005.85	34,402,139.93	31,266,877.36
总资产	732,385,463.21	740,949,165.03	723,554,820.36
股东权益	296,034,228.17	291,833,820.63	304,260,814.19
每股收益(摊薄)	0.19	0.33	0.30
每股收益(加权)	0.19	0.33	0.30
扣除非经常性损益后的每股收益	0.18	0.29	0.30
每股净资产	2.85	2.65	2.93
净资产收益率%(加权平均)	6.70	11.79	10.28
调整后的每股净资产	2.74	2.51	2.85
每股经营活动产生的现金流量净额	0.10	0.30	—0.06

3、根据中国证监会关于发布《公开发行证券公司信息披露编报规则》第9号通知精神,公司2000年按全面摊薄法和加权平均法计算的净资产收益率和每股收益:

报告期利润	净资产收益率(%)		每股收益(元)	
	全面摊薄	加权平均	全面摊薄	加权平均
主营业务利润	36.35	37.66	1.04	1.04
营业利润	13.86	14.35	0.40	0.40
净利润	6.70	6.75	0.19	0.19
扣除非经常性损益后净利润	6.36	6.59	0.18	0.18

4、股东权益变动情况

项目	股本	资本公积	盈余公积	法定公益金	未分配利润	股东权益合计
期初数	103,824,000	142,506,639.76	10,304,803.83	5,152,401.94	13,691,972.79	275,479,818.32
本期增加		712,404.00	4,032,592.88	2,016,296.43	19,842,005.85	26,603,299.16
本期减少					6,048,889.31	6,048,889.31
期末数	103,824,000	143,219,043.76	14,337,396.71	7,168,698.37	27,485,089.33	296,034,228.17

三、股本变动及股东情况

截止2000年12月31日,公司股东总数为11649户。

1、股东变动情况

(1)股份变动情况表 单位:股

	本次变动前	变动增减(+,—) 配股、送股、转增、增发、其它	小计	本次变动后
一、未上市流通股份				
1、发起人股份				
其中:				
国家持有股份	71,800,000		-38,100,000	33,700,000
境内法人持有股份	704,000		+38,100,000	38,804,000
其他:转配股	420,000			420,000
2、募集法人股				
3、内部职工股				
4、优先股或其他				
合计:	72,924,000			72,924,000
二、已上市流通股份				
1、人民币普通股	30,900,000			30,900,000
2、境内上市的外资股				
3、内部职工股				
上市流通股份	30,900,000			30,900,000
三、股份总数	103,824,000			103,824,000

四通集团高科技股份有限公司

二○○○年年度报告摘选

一、公司简介

1、公司法定中文名称:四通集团高科技股份有限公司
公司法定英文名称:STONE GROUP HI-TECH CO.,LTD.
2、公司法定代表人:朱希铎
3、公司董事会秘书:柯健华
联系地址:广东省深圳市福田中心区深南大道4009号投资大厦
联系电话:0755—2712233
联系传真:0755—2712266
电子信箱:stonegrp@public.szptt.net.cn
4、公司注册地址:广东省深圳市福田中心区深南大道4009号投资大厦
公司办公地址:广东省深圳市福田中心区深南大道4009号投资大厦
邮政编码:518026
5、公司选定的信息披露报纸名称:《中国证券报》、《证券时报》
公司年度报告备置地点:公司董事会办公室
6、股票上市地:深圳证券交易所
股票简称:四通高科
股票代码:0409

二、会计数据和业务数据摘要

1、公司本年度会计数据和业务数据

项目	金额
利润总额(元):	6,780,821.08
净利润(元):	6,811,441.00
扣除非经常性损益后的净利润(元):	5,968,249.00
主营业务利润(元):	9,934,543.00
营业利润(元)	-1,667,296.00
投资收益(元):	7,604,926.00
补贴收入(元):	
营业外收支净额(元):	843,192.00
现金及现金等价物净增加额(元):	-839,039.90

扣除非经常性损益项目:	营业外收入	营业外支出
涉及金额为:	902,192	59,000

2、截止报告期末公司前三年的主要会计数据和财务指标

项目	2000年	1999年	1998年	
			调整前	调整后
主营业务收入(元)	91,629,364	5,841,436	49,369,126	
净利润(元)	6,811,441	-18,405,137	3,405,003	2,315,738.99
总资产(元)	321,769,722	264,551,211	315,621,164	290,434,183
股东权益(元)	250,973,372	244,161,932	288,138,858	262,567,068
每股收益(元)(摊薄)	0.04	-0.107	0.02	0.014
每股收益(元)(加权)	0.04	-0.107	0.02	0.014
扣除非经常性损益后的每股收益(元)(摊薄)	0.035	-0.085		
每股收益(元)(加权)	0.035	-0.085		
每股净资产(元)	1.46	1.42	1.68	1.53
调整后的每股净资产(元)	1.13	1.04	1.62	1.47
每股经营活动产生的现金流量净额(元)	-0.076	-0.05		
净资产收益率(%)(摊薄):	2.71	-7.54	1.18	0.9

注:1、按照中国证监会《公开发行证券公司信息披露编报规则(第9号)》要求计算净资产收益率和每股收益。

利润及利润分配附表:

项目	金额(元)	净资产收益率(%)		每股收益(元)	
		全面摊薄	加权平均	全面摊薄	加权平均
专营业务利润	9,934,543	3.96	4.01	0.058	0.058
营业利润	-1,667,296	-0.66	-0.67	-0.01	-0.01
净利润	6,811,441	2.71	2.75	0.04	0.04
扣除非经常性损益后的净利润	5,968,249	2.38	2.41	0.035	0.035

三、股本变动及股东情况

(一)股本变动情况:

1、股本变动情况表

编制日期:2000年12月31日 数量单位:股

	期初数	本次变动增减(+,-) 配股	送股	公积金转增	其他	小计	期末数
一、尚未流通股份							
1、发起人股份	41,905,577				-5,750,000	-5,750,000	36,155,577
其中:							
国家拥有股份							
境内法人持有股份	41,905,577				-5,750,000	-5,750,000	36,155,577
外资法人持有股份							
其他							
2、募集法人股	54,192,100				+5,750,000	+5,750,000	59,942,100
3、内部职工股	273,094				-170,367	-170,367	102,727
4、优先股或其他							
尚未流通股份合计	96,370,771				-170,367	-170,367	96,200,404
二、已流通股份							
1、境内上市的人民币普通股	75,003,377				+170,367	+170,367	75,173,744
2、境内上市的外资股							
3、境外上市的外资股							
4、其他							
已流通股份合计	75,003,377				+170,367	+170,367	75,173,744
三、股份总数	171,374,148				0	0	171,374,148

沈阳机床股份有限公司

二〇〇〇年年度报告摘选

一、公司简介

一、公司简况
1、公司法定中文名称:沈阳机床股份有限公司
公司法定英文名称:SHENYANG MACHINE TOOL CO. LTD
公司英文名称简写:SMTCL
2、公司法定代表:姚俊喜
3、公司董事会秘书:牟继勋
公司董事会联系人:任芳贤
联系地址:沈阳市铁西区北二东路 10－1 号
电 话:024－25876185
传 真:024－25878762
4、公司注册地址:沈阳市铁西区北二东路 10－1 号
邮政编码:110025
公司电子信箱:smtcl@mail. sy. ln. cn
5、公司年度报告备置地点
沈阳市铁西区北二东路 10－1 号办公楼证券部
公司选定的披露报刊《证券时报》、《中国证券报》
登载年度报告的中国证监会指定国际互联网网址:http://www. cninfo. com. cn
6、公司股票上市交易所:深圳证券交易所
股票简称:沈阳机床
证券代码:0410

二、会计数据和业务数据摘要

1、本年主要利润指标情况

指标项目	金额(元)
利润总额	18,698,453.74
净利润	16,100,044.09
扣除非经常性损益后的净利润	9,014,177.80
主营业务利润	132,085,284.98
其它业务利润	5,701,783.80
营业利润	12,530,004.67
投资收益	－917,417.22
补贴收入	6,333,386.41
营业外收支净额	752,479.88
经营活动产生的现金流量净额	4,740,258.23
现金及现金等价物净增加额	－6,351,239.15
注:扣除非经营性损益项目及金额为:	
(1)、返还税收	6,333,386.41
(2)、营业外收支净额	752,479.88

2、截止报告期末公司前三年主要会计数据和财务指标(单位:人民币元)

指标项目	2000 年	1999 年	1998 年
主营业务收入	585,743,750.48	348,909,042.43	515,321,454.69
净利润	16,100,044.09	11,027,664.11	37,946,961.95
总资产	2,864,944,013.91	2,908,220,790.53	2,861,636,150.10
股东权益(不含少数股东权益)	935,961,777.60	928,393,554.70	992,662,677.74
每股收益(按净利润加权平均计算)	0.047	0.032	0.11
扣除非经常性损益后的每股收益(加权平均)	0.026	－0.21	0.037
每股净资产	2.745	2.723	2.91
调整后的每股净资产	2.615	2.513	2.648
每股经营活动产生的现金流量净额	0.014	0.09	－0.24
净资产收益率(%)(按净利润全面摊薄)	1.72	1.19	3.82
加权净资产收益率(%)(按净利润计算)	1.72	1.19	4.72
扣除非经常性损益后的加权净资产收益率(%)(按净利润计算)	0.96	－7.89	1.59

按照中国证监会《公开发行证券公司信息披露遍报规则(第 9 号)》要求计算 2000 年度的净资产收益率和每股收益。

利润表附表	净资产收益率(%)		每股收益(元)	
	全面摊薄	加权平均	全面摊薄	加权平均
主营业务利润	14.11	14.10	0.39	0.39
营业利润	1.34	1.34	0.037	0.037
净利润	1.72	1.72	0.047	0.047
扣除非经常性损益后的净利润	0.96	0.96	0.026	0.026

三、股东情况介绍

股本结构情况

项 目	本次变动前	本次变动增减(+、－) 配股	送股	公积金转股	增发	其他	小计	本次变动后
一、尚未流通股份								
1.发起人股份	185,544,503.00							185,544,503.00
其中:								
国家股拥有股份	185,544,503.00							185,544,503.00
境内法人股持有股份								
2.募集法人股	20,002,000.00							20,002,000.00
3.内部职工股							0.00	0.00
未上市流通股份合计	205,546,503.00							205,546,503.00
二、已流通股份								
人民币普通股	135,372,800.00						0.00	135,372,800.00
已上市流通股份合计								
三、合 计	340,919,303.00							340,919,303.00

杭州凯地丝绸股份有限公司

二〇〇〇年年度报告摘选

一、公司简介

1、公司法定名称:杭州凯地丝绸股份有限公司
缩写:凯地丝绸
公司英文名称:HANG ZHOU KAIDI SILK CO. ,LTD.
缩写:KD
2、公司法定代表人:王先龙
3、公司董事会秘书:包志虎
联系地址:公司证券投资部
电　　话:0571－2696307
传　　真:0571－2696307
电子信箱:kdbgs@mail. hz. zj. cn
4、公司注册地址:杭州市环城北路 15 号
办公地址:杭州市萧山经济技术开发区鸿达路北侧
邮政编码:311231
5、公司选定的信息披露报纸:证券时报
登载公司年度报告的中国证监会指定国际互联网网址:www. cninfo. com. cn
年度报告备置地:公司证券投资部
6、公司股票上市地:深圳证券交易所
股票简称:ST 凯地
股票代码:0411

二、会计数据和业务数据摘要

1、本年度主要会计数据(单位:元)

利润总额	－72,910,303
净利润	－73,666,302
扣除非经常性损益后的净利润	－52,074,586
主营业务利润	－21,718,391
其他业务利润	23,665,447
营业利润	－40,173,825
投资收益	－11,144,761
补贴收入	27,564
营业外收支净额	－21,619,281
经营活动产生的现金流量净额	－7,032,721
现金及现金等价物净增加额	－21,104,941

注:扣除非经常性损益的项目及金额:
补贴收入 27,564 元,营业外收支净额－21,619,281 元。

2、截止本报告期末公司前三年主要会计数据和财务指标

单位:元

项 目	2000 年	1999 年	1998 年 调整前	1998 年 调整后
主营业务收入	88,702,519	81,268,194	100,878,357	100,878,357
净利润	－73,666,302	－69,042,084	－39,440,117	－50,336,235
总资产	292,303,971	430,359,008	525,070,915	465,752,667
股东权益	44,586,110	118,252,412	246,178,795	187,234,681
每股收益	－0.639	－0.599	－0.342	－0.437
每股净资产	0.387	1.026	2.136	1.625
调整后每股净资产	0.279	0.940	1.842	1.503
净资产收益率(摊薄)	－165.22%	－58.39%	－16.02%	－26.88%
每股经营活动产生的现金流量净额	－0.061	－0.106	0.253	

备注:本年度末股本总额未发生变化,故加权计算的每股收益不变,为－0.639 元;本年度扣除非经常性损益后的每股收益为－0.452 元。

3、利润表附表

报告期利润	净资产收益率(%)		每股收益(元)	
	全面摊薄	加权平均	全面摊薄	加权平均
主 营 业 务 利 润	－48.71	－26.67	－0.188	－0.188
营 业 利 润	－90.10	－49.34	－0.349	－0.349
净 利 润	－165.22	－90.48	－0.639	－0.639
扣除非经常性损益后的净利润	－116.80	－63.96	－0.452	－0.452

三、股东情况介绍

1、报告期末共有股东总数 16,292 户。
2、公司前十名股东持股情况

单位:股

股 东 名 称	年初数	本期增减	年末数	比 例	质押冻结
浙江华龙实业发展总公司	0	20,990,000	20,990,000	18.21%	
四川泰港生物科技股份有限公司	0	20,755,540	20,755,540	18.01%	
中国工商(香港)财务有限公司	12,100,000		12,100,000	10.50%	有
浙江通达房地产开发公司	0	7,000,000	7,000,000	6.07%	
浙江东普实业有限公司	6,300,000		6,300,000	5.47%	
浙江华龙房地产开发公司	5,200,000		5,200,000	4.51%	
浙江省丝绸进出口公司	2,929,000		2,929,000	2.54%	
香港富春丝绸公司	2,321,000		2,321,00	2.01%	
浙江省建行信托投资公司	2,062,500		2,062,50	1.79%	
杭州市工商信托投资公司	2,062,500		2,062,50	1.79%	

备注:

①中国工商(香港)财务有限公司、香港富春丝绸公司为境外法人。

②浙江省丝绸进出口公司为香港富春丝绸公司的母公司;浙江华龙实业发展总公司为浙江东普实业有限公司、浙江华龙房地产开发公司母公司。

③2001 年 1 月 2 日,浙江省建行信托投资公司所持的股份全部转让给浙江华龙实业发展总公司,并办妥了股权过户手续。截止本报告日,浙江华龙实业发展总公司直接和间接持有本公司股份 34,552,500 股,占股份总数的 29.98%。

④前十位股东持有的股份均为非流通股。

长春北方五环实业股份有限公司

二○○○年年度报告摘选

一、公司简介

1、公司中文名称:长春北方五环实业股份有限公司
公司英文名称:CHANGCHUN NORTH CHINA WUHUAN CO.,LTD
2、公司法定代表人:张振华
3、公司董事会秘书:姜 渤
联系地址:长春市宽城区白菊路 8 号
联系电话:0431－2777666－8418
传 真:0431－2777111
电子信箱:dsh@north－wuhuan.com
4、公司注册地址:长春市南关区南岭大街 38 号
公司办公地址:长春市宽城区白菊路 8 号
邮 政 编 码:130051
网 址:Http://www.north－wuhuan.com
电 子 信 箱:dsh@north－wuhuan.com
5、公司指定信息披露报刊名称为《证券时报》、《中国证券报》和《上海证券报》。
公司登载公司年度报告指定网址为:http//www.cninfo.com.cn
公司年度报告备置地点:公司董事会秘书处
6、公司股票上市交易所:深圳证券交易所
股票简称:北方五环
股票代码:0412

二、会计数据和业务数据摘要

1、本年度主要利润指标情况(单位:人民币元)

指 标	2000 年
利润总额	－183,283,104.92
净利润	－169,375,672.62
扣除非经常性损益后的净利润	－167,223,861.03
主营业务利润	21,714,475.60
其他业务利润	1,335,982.51
营业利润	－84,159,453.02
投资收益	－7,346,731.71
补贴收入	170,000.00
营业外收支净额	－91,946,920.19
经营活动产生的现金流量净额	－49,696,691.48
现金及现金等价物净增加额	－55,056,092.61

注:扣除的非经常性损益项目和涉及金额(单位:人民币元)

项目	涉及金额
资产处置损益	－787,805.70
其他营业外收支净额	－1,041,314.49
临时性获得的补贴收入	170,000.00
合并价差摊入	－492,691.40
合 计	－2,151,811.59

2、截止报告期末公司前三年的主要会计数据和财务指标

项目	2000 年度	1999 年度		1998 年度	
		调整后	调整前	调整后	调整前
主营业务收入	57,325,637.32	78,512,337.19	78,512,337.19	128,042,809.05	128,042,809.05
净利润	－169,375,672.62	33,694,017.94	35,007,684.88	60,772,916.14	64,087,656.84
总资产	803,754,749.41	949,666,112.26	958,401,287.15	743,678,202.48	751,627,327.48
股东权益	322,964,444.24	505,301,111.91	517,016,928.34	471,607,093.97	482,009,243.46
每股收益	－0.586	0.117	0.121	0.210	0.222
扣除非经常性损益后的每股收益	－0.579	－0.039	－0.034	0.162	0.173
每股净资产	1.118	1.749	1.789	1.632	1.668
调整后的每股净资产	1.002	1.598	1.639	1.519	1.555
每股经营活动产生的现金流量净额	－0.172	－0.101	－0.101	0.176	0.176
净资产收益率(%)	－52.44	6.67	6.77	12.89	13.30

3、本年度利润表附表

项目	净资产收益率(%)		每股收益(元/每股)	
	全面摊薄	加权平均	全面摊薄	加权平均
主营业务利润	6.72	5.16	0.075	0.075
营业利润	－26.06	－20.01	－0.291	－0.291
净利润	－52.44	－40.27	－0.586	－0.586
扣除非经常性损益后的净利润	－51.78	－39.76	－0.579	－0.579

三、股本变动及股东情况

(一) 股本变动情况
1、股份变动情况表

	期初数	本次股份增减(＋、－)	期末数
一、尚未流通股份			
1、发起人股份	125,782,456	0	125,782,456
其中:			
国家拥有股份	31,935,091	0	31,935,091
境内法人持有股份	93,847,365	0	93,847,365
2、募集法人股份	56,857,500	0	56,857,500
3、内部职工股份	0	0	0
尚未流动股份合计	182,639,956	0	182,639,956
二、已流通股份			
境内上市人民币普通股	106,321,720	0	106,321,720
已流通股份合计	106,321,720	0	106,321,720
三、股份总数	288,961,676	0	288,961,676

石家庄宝石电子玻璃股份有限公司

二○○○年年度报告摘选

一、公司简介

1.公司法定名称
中文:石家庄宝石电子玻璃股份有限公司
英文:SHIJIAZHUANG BAOSHI ELECTRONIC GLASS COMPANY LIMITED
英文名称缩写:SJZBS
2.公司法定代表人:董庆祥
3.公司董事会秘书:罗丽娜
授权代表:李新建
联系地址:河北省石家庄市中山东路华清街 2 号(公司证券部)
电话:0311－6044705 传真:0311－6041503
电子信箱:bsdz@sj－user.he.cninfo.net
4.公司注册地址:河北省石家庄市高新技术产业开发区黄河大道 9 号
公司办公地址:河北省石家庄市高新技术产业开发区黄河大道 9 号
邮政编码:050035
电子信箱:baoshi@mx.hebei.net.cn
5.公司选定的信息披露报纸:《中国证券报》、《香港商报》
登载公司年度报告的国际互联网网址:http://www.cninfo.com.cn
公司年度报告备置地点:公司证券部
6.公司股票上市地:深圳证券交易所
股票简称:宝石 A、宝石 B
股票代码:0413、2413

二、会计数据和业务数据摘要

1、本年度主要利润指标情况(合并报表)

单位:人民币元

利润总额	100,048,288
净利润	83,961,160
扣除非经常性损益后的净利润	82,939,786
主营业务利润	17,783,922
其他业务利润	18,565,547
营业利润	－46,842,648
投资收益	141,594,479
补贴收入	－
营业外收支净额	5,296,457
经营活动产生的现金流量净额	－190,283,403
现金及现金等价物净增加额	29,729,265

说明:扣除非经常性损益后的净利润＝净利润－债权人豁免以前年度应付款项－出售固定资产和无形资产收益＋处置固定资产损失＝83961160－987647－50000＋16273＝82939786(元)

2、根据中国会计准则和国际会计准则计算的净利润及差异说明

	2000 年度 人民币千元	1999 年度 人民币千元
根据国际会计准则编制的税前利润	134,049	97,786
调整项目:		
(1)冲回以前年度计提之存货跌价准备	－483	
(2)商誉之摊销	3,383	3,383
(3)实现出售固定资产之收益		－37,831
(4)递延收入之摊销	－6,451	－6,451
(5)债务重组收益确认为资本公积	－30,450	
调整项合计	－34,001	－40,899
根据中国会计准则和制度编制的税前利润	100,048	56,887

3、本报告期末公司前三年的主要会计数据和财务指标

指标项目/年度	2000 年(合并)	1999 年(合并) 调整前	1999 年(合并) 调整后	1998 年(合并)
主营业务收入(万元)	4,492	572	572	3,892
净利润(万元)	8,396	3,713	－8,647	－23,681
总资产(万元)	161,690	204,554	204,554	220,450
股东权益(万元)	54,268	43,398	43,398	39,685
每股收益(元)	0.219	0.097	－0.226	－0.618
每股收益(加权)(元)	0.219	0.097	－0.226	－0.618
扣除非经常性损益后的每股收益(元)	0.217	－0.200	－0.169	－0.644
每股净资产(元)	1.42	1.13	1.13	1.036
调整后的每股净资产(元)	1.40	1.08	1.08	1.01
每股经营活动产生的现金流量净额(元)	－0.497	－0.035	－0.035	－0.075
净资产收益率(%)	15.47	8.56	－19.93	－59.67
净资产收益率(加权)(%)	17.14	8.94	－18.12	－45.96

注:根据财政部[2001]7 号文件《企业会计准则－债务重组》的规定,普华永道中天会计师事务所有限公司对本公司 1999 年度报表进行了追溯调整。

三、股本变动及股东情况

(1)报告期末股东总数
截止 2000 年 12 月 31 日,公司有 A 股股东 25385 人,B 股股东 7086 人。
(2)公司前十名股东持股情况(截止 2000 年 12 月 31 日)

股东名称	持股数(股)	占总股本%
①石家庄宝石电子集团有限责任公司	230410500	60.16
②DAIWA SECURITIESSB.CSPITAL MARKETS.HK LTD	130000000	3.39
③CBNY SIA PNC/SKANDIA SELECT FUND/CHINA EQUITY AC	5781382	1.51
④长城证券有限责任公司	3000000	0.78
⑤中国电子进出口总公司	2000000	0.52
⑥谢映君	1598500	0.42
⑦冼昭蓉	1200000	0.31
⑧安萍	1000000	0.26
⑨中化河北进出口公司	1000000	0.26
⑩石家庄信托投资股份公司	1000000	0.26

新疆汇通(集团)股份有限公司

二○○○年年度报告摘选

一、公司简介

(一)公司法定中文名称:新疆汇通(集团)股份有限公司
英文名称:Xin Jiang Hui Tong(group)Co.,LTD
(二)公司法定代表人:柳志伟
(三)公司董事会秘书:胡敏辉
授 权 代 表:郭秀林
联系地址:新疆乌鲁木齐市黄河路22号汇通大厦619室
电　　话:(0991)5852082
传　　真:(0991)5852082
电子信箱:huminhui@263.net
(四)公司注册地址:新疆乌鲁木齐市黄河路22号汇通大厦
公司办公地址:新疆乌鲁木齐市黄河路22号汇通大厦
公司国际互联网网址:http://www.huitonggroup.com.cn
公司电子信箱:0415@163·net
邮 政 编 码:830000
(五)公司选定的信息披露报纸:《证券时报》
证监会指定的公司登载年度报告的国际互联网网址:
http://www.cninfo.com.cn
公司年度报告备置地点:公司董事会秘书处
(六)公司股票上市交易所:深圳证券交易所
股票简称:汇通水利
股票代码:0415

二、会计数据和业务数据摘要

(一)二000年度主要利润指标情况

单位:人民币元

项　目	金　额
1 利润总额:	49,931,295.72
2 净 利 润:	46,542,873.32
3 扣除非经常性损益后的净利润:	46,384,492.52
4 主营业务利润:	75,454,995.14
5 其他业务利润:	2,766,155.43
6 营业利润:	39,077,164.92
7 投资收益:	10,695,750.00
8 补贴收入:	21,623.10
9 营业外收支净额:	136,757.70
10 经营活动产生的现金流量净额:	(177,910,444.98)
11 现金及现金等价物净增加额:	(57,587,896.79)

(二)近三年主要会计数据和财务指标:

单位:人民币元

指 标 项 目	2000年	1999年	1998年
1 主营业务收入(元)	170,494,537.70	166,855,508.38	115,708,035.63
2 净利润(元)	46,542,873.32	69,593,186.55	29,867,508.65
3 总资产(元)	774,442,498.53	510,956,704.01	312,208,285.53
4 股东权益(元)	425,649,893.32	386,102,419.88	214,268,832.49
5 每股收益(元/股)	0.200	0.298	0.332
6 加权平均每股收益(元/股)	0.200	0.365	0.332
7 扣除非经常性损益后的每股收益(元/股)	0.199	0.300	0.332
8 每股净资产(元/股)	1.825	1.656	2.381
9 调整后的每股净资产(元/股)	1.782	1.611	2.264
10 每股经营活动产生的现金流量净额	(0.763)	0.056	(0.298)
11 净资产收益率(%)	10.93%	18.02%	13.94%

三、股东情况介绍

1、截止2000年12月31日,公司股东总数71980名。
2、截止2000年12月31日,持有公司股份的前10名股东有:

序号 股东名称	期初持股数	期末持股数	占总股本比例(%)
1)深圳市淳大投资有限公司	32371046	69936343	29.99
2)新疆水利电力建设总公司	65479306	65479306	28.08
3)海南维达实业有限公司	39372099	1806802	0.77
4)吕长和		280000	0.12
5)王玉花		171600	0.073
6)黄瑞华		161499	0.069
7)郭三九		157544	0.068
8)金云阿布		157544	0.068
9)周云仙		152000	0.065
10)曹月芬		150000	0.064

说明:①深圳市淳大投资有限公司(原深圳市富士豪实业有限公司)报告期初持有公司3237.1046万股,在报告期内因受让海南维达实业有限公司持有的我公司3756.5297万股(此公告已刊登于2000年元月19日《证券时报》),故报告期末该公司持股数增至6993.6343万股。

该公司于2000年6月7日将持有我公司2400万股(占公司总股本的10.29%)质押给交通银行乌鲁木齐分行,为本公司从该行获得贷款3000万元提供担保,质押期限为6个月(此贷款于2000年11月24日解冻)。于2000年9月1日将持有我公司3640万股(占公司总股本的15.61%)质押给中国银行新疆分行,为本公司从该行获得贷款5000万元提供担保,质押期限为一年。于2000年11月24日将持有我公司3350万股(占公司总股本的14.37%)质押给交通银行乌鲁木齐分行,为本公司从该行获得贷款4000万元提供担保,质押期限为一年。

②新疆水利电力建设总公司于1999年12月3日将持有我公司1300万股(占公司总股本的5.575%)质押给中国工商银行乌鲁木齐经二路支行,已于2000年12月15日解冻。

③海南维达实业有限公司报告期初持有公司3937.2099万股,在报告期内因将其持有的本公司部分股份转让给深圳市淳大投资有限公司,故报告期末持股数减至180.6802万股。

④前10名股东之间不存在关联关系。

青岛国货(集团)股份有限公司

二○○○年年度报告摘选

一、公司简介

1、公司法定中文名称:青岛国货(集团)股份有限公司
公司法定英文名称:QINGDAO GUOHUO GROUP CO.,LTD.
2、公司法定代表人:纪家伟
3、公司董事会秘书:陈 波
联系地址:青岛市市南区中山路149号
联系电话:(0532)2857899
传　　真:(0532)2857808
电子信箱:ghgs@public.qd.sd.cn
授权代表:杜心强
联系地址:青岛市市南区中山路149号
联系电话:(0532)2857899
传　　真:(0532)2857808
电子信箱:ghgs@public.qd.sd.cn
4、公司注册及办公地址:青岛市市南区中山路149号
邮 政 编 码:266001
5、公司选定的信息披露报纸:《证券时报》
登载公司年度报告的国际互联网址:www.cninfo.com.cn
公司年度报告备置地点:董事会办公室
6、公司股票上市交易所:深圳证券交易所
股票简称:青岛国货
股票代码:0416

二、会计数据和业务数据摘要

(一)公司本年度实现的利润总额及构成(金额:元)

项目	金额
利润总额	-23,985,778.86
净 利 润	-23,939,027.99
扣除非经常性损益后的净利润	-23,937,289.57
主营业务利润	21,993,394.53
其他业务利润	4,079,808,21
营业利润	-22,476,752.06
投资收益	-129,618.96
补贴收入	0
营业外收支净额	-1,379,407.84
经营活动产生的现金流量净额	18,862,593.02
现金及现金等价物净增加额	-2,270,989.83
注:扣除非经常性损益项目	
固定资产清理净损失	1,738.42

(二)截至报告期末公司前三年主要会计数据和财务指标

项　目	2000年度	99年度	98年度
主营业务收入(元)	164,816,901.45	196,182,159.79	399,779,275.79
净利润(元)	-23,939,027.99	-41,141,778.24	3,003,679.39
总资产(元)	381,474,800.88	435,407,801.31	468,811,957.39
股东权益(元)	224,577,961.15	248,516,989.14	289,658,767.38
每股收益(元)	-0.21	-0.362	0.026
加权每股收益(元)	-0.21	-0.362	0.027
扣除非经常性损益后的每股收益(元)	-0.21	-0.278	
每股净资产(元)	1.98	2.19	2.55
调整后的每股净资产(元)	1.91	2.15	2.51
每股经营活动产生的现金流量净额(元)	0.166	-0.35	
净资产收益率(%)	-10.66	-16.55	1.03

(三)按照证监会《公开发行证券公司信息披露编报规则第9号》要求编制的利润表附表:

	净资产收益率(%)				每股收益(元)			
	全面摊薄		加权平均		全面摊薄		加权平均	
	2000	1999	2000	1999	2000	1999	2000	1999
主营业务利润	9.79	6.92	9.3	6.39	0.19	0.15	0.19	0.15
营业利润	-10	-12.59	-9.5	-11.6	-0.20	-0.28	-0.20	-0.28
净利润	-10.66	-16.55	-10.1	-15.3	-0.21	-0.36	-0.21	-0.36
扣除非经常性损益后的净利润	-10.66	-12.73	-10.1	-11.75	-0.21	-0.28	-0.21	-0.28

(四)报告期内股东权益变动情况(金额:元)

项 目	股本	资本公积	盈余公积	其中:公益金	未分配利润	合计
期初数	113679049	143309123.26	10963732.10	1308626.92	-19434915.22	248516989.14
本期增加						
本期减少					23939027.99	23939027.99
期末数	113679049	143309123.26	10963732.10	1308626.92	-43376943.21	224577961.15

变动原因:期末未分配利润减少23,939,027.99元,系因2000年度实现净利润为-23,939,027.99元

三、股本变动及股东情况

(一)股本变动情况
1、报告期末股东总数
截止2000年12月31日,公司股东总数为16094户。
2、主要股东持股情况
截止2000年12月31日,公司前10名股东持股情况:

股 东 名 称	持股数量(股)	持股比例(%)
1、青岛市商业总公司	33796800	29.73
2、青岛市弘诚信托投资有限责任公司	1041150	0.92
3、青岛益青房地产公司	825000	0.73
4、魏详明	720000	0.63
5、吕发清	650000	0.57
6、青岛太阳房地产经济发展总公司	577500	0.51
7、国泰君安证券股份有限公司	561000	0.49
8、谭永吉	471950	0.42
9、万源股份	403132	0.35
10、邵林水	345100	0.30

合肥百货大楼股份有限公司

二〇〇〇年年度报告摘选

一、公司简介

(一)公司法定中文名称:合肥百货大楼股份有限公司
公司法定英文名称:HEFEI DEPARTMENT STORE CO. LTD
(二)公司法定代表人:董事长郑晓燕女士
(三)公司董事会秘书:赵文武先生
电子信箱:zhao-wenwu@sohu. com
董事会证券事务代表:林翠女士
电子信箱:lin-cui@china. com
联系地址:合肥市长江中路150号公司证券发展部
电话:0551-2647133转3034、2640803
传真:0551-2652936
(四)公司注册地址:安徽省合肥市长江中路150号
公司办公地址:合肥市长江中路150号综合楼2-6层
邮政编码:230001
公司国际互联网网址:http://www. hfbh. com. cn
公司电子信箱:hfbhdl@mail. hf. ah. cn
(五)公司选定的信息披露报纸:《中国证券报》、《证券时报》
登载公司年度报告的中国证监会指定国际互联网网址:
http://www. cninfo. com. cn
公司年度报告备置地点:公司证券发展部
(六)公司股票上市交易所:深圳证券交易所
股票简称:合肥百货
股票代码:0417

二、会计资料和业务资料摘要

(一)本年度利润总额及构成

(单位:人民币元)

项 目	2000年度
利润总额	62,934,919.47
净利润	49,856,345.75
扣除非经常性损益后的净利润	32,510,892.91
主营业务利润	100,025,249.18
其他业务利润	13,663,152.27
营业利润	44,621,797.63
投资收益	18,981,748.75
补贴收入	-
营业外收支净额	-668,626.91
经营活动产生现金流量净额	70,481,056.64
现金及现金等价物净增加额	166,583,013.80
注:非经常性损益项目和金额为:	
股票投资收益	17,345,452.84

(二)公司前三年主要会计资料及财务指标:(单位:人民币元)

序号 项目	2000年度	1999年度	1998年度	
			调整前	调整后
1 主营业务收入	792,108,413.03	723,082,691.43	618,883,565.43	618,883,565.43
2 净利润	49,856,345.75	42,552,511.05	39,759,612.89	38,557,808.46
3 总资产	974,241,901.62	692,563,053.73	656,912,186.63	654,512,256.12
4 股东权益(不含少数股东权益)	569,683,735.20	420,617,093.14	391,755,287.10	389,375,156.59
5 每股收益(摊薄)	0.592	0.564	0.53	0.51
6 每股收益(加权)	0.649	0.564	0.56	0.54
7 扣除非经常性损益后每股收益(摊薄)	0.386	0.564	0.51	0.50
8 扣除非经常性损益后每股收益(加权)	0.423	0.564	0.55	0.53
9 每股净资产	6.76	5.58	5.20	5.16
10 调整后每股净资产	6.47	5.37	5.09	4.96
11 每股经营活动产生的现金流量净额	0.84	1.19	0.93	0.93
12 净资产收益率(摊薄)	8.75	10.12	10.15	9.90
13 净资产收益率(加权)	10.71	10.12	11.84	11.48

(三)按照中国证监会《公开发行证券公司信息披露编报规则(第九号)》要求计算的相关指标数据:

报告期利润	净资产收益率%		每股收益(元)	
	全面摊薄	加权平均	全面摊薄	加权平均
主营业务利润	17.56	21.48	1.187	1.301
营业利润	7.83	9.58	0.530	0.580
净利润	8.75	10.71	0.592	0.649
扣除非经常性损益后的净利润	5.71	6.98	0.386	0.423

三、股本变动及股东情况

(一)报告期末股东总数:

截止2000年12月31日,公司股东总户数共11012户,其中:国家股股东1户,法人股股东93户,社会公众股股东10910户,内部职工股(高管股)股东8户。

(二)本公司前十名股东持股情况

序号 股 东 名 称	年末持股数量(股)	占总股本比率(%)
1 合肥百货大楼集团控股有限公司	42,206,960	50.10
2 合肥美菱股份有限公司	3,416,600	4.05
3 合肥百货大楼裕安开发部	1,379,240	1.63
4 合肥洗衣机总厂(荣事达)	1,138,800	1.35
5 中国工商银行安徽省分行营业部	1,138,800	1.35
6 安徽省国际信托投资公司	569,400	0.67
7 芜湖鑫达新型铜材有限公司	358,518	0.42
8 合肥市德越化工有限责任公司	305,301	0.36
9 合肥金达利娱乐有限公司	260,160	0.30
10 江月华	213,733	0.25

无锡小天鹅股份有限公司

二〇〇〇年年度报告摘选

一、公司简介

1、公司法定中文名称:无锡小天鹅股份有限公司
公司法定英文名称:Wuxi Little Swan Company Limited
2、公司注册地址:无锡市国家高新技术开发区汉江路1号
邮政编码:214028
公司办公地址:江苏省无锡市惠钱路67号
邮政编码:214035
公司国际互联网网址:http://www. littleswan. com
公司电子信箱:info@littleswan. com. cn
3、公司法定代表人:朱德坤先生
4、公司董事会秘书:乔 立先生
联系地址:江苏省无锡市惠钱路67号无锡小天鹅股份有限公司
邮政编码:214035
联系电话:0510-3704003-2192
传　　真:0510-3704031
电子信箱:Qiaol@littleswan. com. cn
董事会证券事务代表:王 韧先生
联系地址:江苏省无锡市惠钱路67号无锡小天鹅股份有限公司证券部
邮政编码:214035
联系电话:0510-3704003-2022
传　　真:0510-3704031
电子信箱:Wangren@littleswan. com. cn
5、公司选定的信息披露报纸:《中国证券报》、《证券时报》
香港《文汇报》、香港《大公报》
登载公司年报的证监会指定网址:Http://www. cninfo. com. cn
公司年度报告备置地点:公司证券部
6、公司股票上市交易所:深圳证券交易所
公司股票简称:小天鹅A,小天鹅B
公司股票代码:0418,2418

二、会计数据和业务数据摘要

1、本年度利润指标

(单位:人民币元)

项 目	2000年度
利润总额	235,118,841.91
净利润	188,217,652.50
扣除非经常性损益后的净利润	177,747,333.53
主营业务利润	702,948,287.06
其他业务利润	13,403,633.06
营业利润	225,838,200.86
投资收益	17,274,579.83
补贴收入	—
营业外收支净额	-7,993,938.78
经营活动产生的现金流量净额	195,693,176.85
现金及现金等价物净增加额	7,573,566.95
净利润调整	(单位:人民币千元)
项目	2000年度
根据中国会计准则计算	188,218
按照国际会计准则所作的调整	
加:提取的坏帐准备	5,755
调整后的金额	193,973

说明:本年度公司非经常性损益构成如下:减去营业外收入2,325,710.39元;减去股票投资收益9,557,429.36元;加上部分营业外支出1,412,820.78元。

2、截至报告期末公司前三年的主要会计数据和财务指标

项目	2000年度	1999年度	1998年度	
			调整前	调整后
主营业务收入(万元)	272,486.35	265,963.48	216,716.58	216,716.58
净利润(万元)	18,821.77	20,939.03	22,472.36	22,450.67
总资产(万元)	340,714.94	318,400.25	280,995.49	281,678.81
股东权益(不含少数股东权益)(万元)	199,586.58	191,631.80	184,761.03	181,638.52
每股收益(摊薄)(元)	0.5155	0.5735	0.6155	0.6149
每股收益(加权)(元)	0.5155	0.5735	0.6818	0.6811
扣除非经常性损益后的每股收益(元)	0.4868	0.5729	0.6123	0.6117
每股净资产(元)	5.47	5.25	5.06	4.97
调整后的每股净资产(元)	5.37	5.14	4.99	4.87
每股经营活动产生的现金流量净额(元)	0.5360	0.5905	-0.1393	-0.1393
净资产收益率(%)	9.43	10.93	12.16	12.36

三、股东情况介绍

1、报告期末公司股东总数为61,943户,其中A股股东58,403户,B股东股东3,540户。
2、报告期末前10名股东持股情况　　单位:股

序号	股 东 名 称	持股数	比例(%)	股份性质
1	江苏小天鹅集团有限公司	101,628,864	27.84	国有法人股
2	大中华发展有限公司	43,357,248	11.88	外资法人股
3	无锡市工业发展基金	16,496,640	4.52	国有股
4	ARRAN INVESTMENT PTE LTD.	11,316,627	3.10	流通B股
5	无锡城镇集体工业联社	7,993,728	2.19	法人股
6	南方证券有限公司	7,570,900	2.07	法人股
7	西安万国房地产开发有限责任公司	4,800,000	1.31	法人股
8	康创投资有限公司	2,725,240	0.75	流通B股
9	BONY-ACTIVEST LUX GREATER CHINA	2,366,750	0.65	流通B股
10	沈阳联亚实业发展公司	2,160,000	0.59	法人股

长沙通程控股股份有限公司

二○○○年年度报告摘选

一、公司简介

1、公司法定中文名称:长沙通程控股股份有限公司
公司法定英文名称:CHANGSHA TONGCHENG HOLDINGS CO.,LTD
2、公司法定代表人:周兆达
公司董事会秘书:苏千里
联系地址:长沙市劳动路2号长沙通程控股股份有限公司董事会秘书处
电话:0731-5534994　　传真:0731-5535588
4、公司注册及办公地址:中国湖南长沙市劳动路2号
邮 编:410007
E-MAIL地址:tcsy@public.cs.hn.cn
5、公司指定信息披露报刊:《证券时报》
登载公司年度报告国际互联网址:www.cninfo.com.cn
公司年度报告备置地点:长沙市劳动路2号长沙通程控股股份有限公司董事会秘书处
6、公司股票上市交易所:深圳证券交易所
股票简称:通程控股　　股票代码:0419

二、会计数据和业务数据摘要

(一)公司本年度主要利润指标情况

(单位:元)

项目	金额
利润总额	44,354,307.51
净利润	35,711,498.66
扣除非经营性损益后的净利润	31,866,841.72
主营业务利润	157,231,769.25
其他业务利润	510,579.42
营业利润	28,536,313.85
投资收益	11,287,343.62
营业外收支净额	4,530,650.04
经营活动产生的现金流量净额	102,358,303.37
现金及现金等价物净增加额	217,055,337.98
注:扣除的非经常性损益项目和涉及金额	
无效资金申购利息	2,745,771.51
无法支付的应付款项	208,246.88
处理固定资产净损失	-9,471.60
机票代理费收入	276,157.09
市场调节基金	623,953.06
以上项目涉及金额	3,844,656.94

(二)截止报告期末公司前三年主要会计数据和财务指标

指标项目	2000年度	1999年度	1998年度
主营业务收入(元)	658781698.91	646874635.05	600390689.18
净利润(元)	35711498.66	37794543.91	36831569.52
总资产(元)	1109852621.31	895707543.54	868901624.98
股东权益(元)	566269564.41	338581516.94	300786973.03
每股收益(元)	0.2035	0.2367	0.2307
每股收益(加权)(元)	0.2131	0.2367	0.2331
扣除非经营性损益后			
每股收益	0.1816	0.2139	0.2116
每股净资产	3.2265	2.1208	1.8840
调整后的每股净资产(元)	3.1183	1.9910	1.7350
每股经营活动产生的			
现金流量净额(元)	0.5832	0.2637	0.4467
净资产收益率(%)	6.31	11.16	12.25
净资产收益率(加权)%	7.74	11.82	13.77

(三)、根据中国证监会关于发布《公开发行证券公司信息披露编报规则》第9号通知精神,公司2000年按全面摊薄法和加权平均法计算的净资产收益率及每股收益。

项目	净资产收益率(%)		每股收益(元)	
	摊薄	加权	摊薄	加权
主营业务利润	27.77	34.09	0.90	0.94
营业利润	5.04	6.19	0.16	0.17
净利润	6.31	7.74	0.20	0.21
扣除非经常性				
损益后净利润	5.63	6.91	0.18	0.19

三、股本变动及股东情况

(一)股本变动情况

1、股份变动情况表

股份类别	本次变动前	本期变动增减数(+,-)						本次变动后
		配股	送股	公积金转股	增发	其他	小计	
(一)未上市流通股份								
(1)发起人股份								
其中:国家持有股股	97150000	1000000						98150000
境内法人持有股份	12000000					-3000000		9000000
境外法人持有股份								
其它								
(2)募集法人股份	0					+3000000		3000000
(3)内部职工股								
其中:高管股	213600	63180						276780
(4)优先股及其他								
其中:转配股	1000000	8155						1008155
尚末流通股份合计	110396600	1071335						111434935
(二)已上市流通股份								
(1)人民币普通股	49286400	14786820						64073220
(2)境内上市的外资股								
(3)境外上市的外资股								
(4)其他								
已流通股份合计	49253400	14786820						64073220
(三)股份合计	159650000	15858155				0		175508155

吉林化纤股份有限公司

二○○○年年度报告摘选

一、公司简介

1、公司中文名称:吉林化纤股份有限公司
公司英文名称:JILIN CHEMICAL FIBRE CO,. LTD
2、公司法定代表人:傅万才
3、公司董事会秘书:唐家维
电话:0432-3502331
传真:0432-3058453
联系地址:吉林市九站街516-1号
电子信箱:manage@jlhxjt.com
4、公司注册地址:吉林省吉林市九站街516-1号
公司邮编:132101
公司国际互联网网址:http://www.jlhxjt.com
公司电子信箱:office@jlhxjt.com
5、公司信息披露报纸:《证券时报》
国际互联网网址:http://www.cninfo.com.cn
年度报告备置地点:证券办公室
6、公司股票上市交易所:深圳证券交易所
公司股票简称:吉林化纤
公司股票代码:0420

二、会计数据和业务数据摘要

1、本年度公司主要经营数据:

项目	数据(元)
利润总额	57,043,587.33
净利润	48,308,258.90
扣除非经营性损益后的净利润	43,397,518.21
主营业务利润	124,143,345.03
其它业务利润	1,545,007.87
营业利润	52,378,333.14
投资收益	696,387.98
补贴收入	0.00
营业外收支净额	3,968,866.21
经营活动产生的现金流量净额	-278,145,605.06
现金及现金等价物净增加额	-47,724,358.21

注:"扣除非经营性损益后的净利润"中扣除的非经常性损益为新股申购冻结资金利息收入4,910,740.69元。

2、近三年的主要会计数据和财务指标:

项目	2000年	1999年	1998年
主营业务收入(万元)	86539.72	80127.92	71323.30
净利润(万元)	4830.83	9331.02	8554.90
总资产(万元)	212312.15	143132.50	117482.70
股东权益(万元)	118381.26	90455.16	84436.50
每股收益(元)	0.13	0.28	0.26
扣除非经营性损益后的每股收益(元)	0.11	0.27	0.18
每股净资产(元)	3.13	2.73	2.55
调整后每股净资产(元)	3.08	2.71	2.52
每股经营活动产生的现金流量净额(元)	-0.74	1.01	0.02
净资产收益率(%)	4.08	10.32	10.13

报告期利润		净资产收益率		每股收益	
		全面摊薄	加权平均	全面摊薄	加权平均
主营业务利润	124,143,345.03	10.49	11.90	0.33	0.35
营业利润	52,378,333.14	4.42	5.02	0.14	0.15
净利润	48,308,258.90	4.08	4.63	0.13	0.14
扣除非经常性损益后的净利润	43,397,518.21	3.66	4.16	0.11	0.12

3、股东权益变动情况

单位:万元

项目	股本	资本公积	盈余公积	法定公益金	未分配利润	合计
期初数	33125.48	26430.73	16547.88	5053.63	14351.07	90455.16
本期增加	4700.27	22934.10	966.16	483.08	4830.82	33431.35
本期减少						
期末数	37825.75	49364.83	17514.04	5536.71	13676.64	118381.26

三、股本变动及股东情况

1、报告期末股东总数:120095户。

2、前十名股东名单:

序号 单位名称	持有本公司股数(股)	占总股本的比例(%)
1、吉林化纤集团有限责任公司	147291725	38.94
2、吉林省吉发农业开发集团公司	6120000	1.62
3、吉林省吉林建设开发集团公司	5100000	1.35
4、海宁市化工轻工有限公司	3060000	0.81
5、中国纺织机械进出口公司	3060000	0.81
6、沈阳化工股份有限公司	3060000	0.81
7、萧山市地方物资公司	3060000	0.81
8、中国纺织物资(集团)总公司	2040000	0.54
9、中纺资产管理有限公司	2040000	0.54
10、浙江省余杭市华轻轻纺原料有限公司	1840000	0.49

南京中北(集团)股份有限公司

二〇〇〇年年度报告摘选

一、公司简介

(一)公司中文名称:南京中北(集团)股份有限公司

公司英文名称:Nanjing Zhongbei (Group) Co., Ltd.

公司名称缩写:南京中北

(二)公司法定代表人:朱自强

(三)公司董事会秘书:李庆亮

地址:南京市汉中门大街81号

邮编:210029

电话:(025)6650169　　传真:(025)6522634

电子信箱:lql@zhong-bei.com

　　leeql@jlonline.com

(四)公司注册及办公地址:南京市汉中门大街81号

邮编:210029

公司国际互联网网址:http://www.zhong-bei.com

电子信箱:securities@zhong-bei.com

(五)公司指定的信息披露报纸:《证券时报》、《中国证券报》

登载公司年度报告的中国证监会指定国际互联网网址:http://www.cninfo.com.cn

公司年度报告备置地点:公司证券部

(六)公司股票上市交易所:深圳证券交易所

股票简称:南京中北　　股票代码:0421

二、会计数据和业务数据摘要

(一)本年度主要会计数据:

项目	金额(元)
利润总额	31,436,516.55
净利润	26,458,541.86
扣除非经常性损益后的净利润	30,937,123.84
主营业务利润	72,503,364.58
其他业务利润	3,964,182.44
营业利润	19,021,655.37
投资收益	14,733,749.93
补贴收入	4,281,300.00
营业外收支净额	-6,600,188.75
经营活动产生的现金流量净额	117,088,496.67
现金及现金等价物净增加额	-7,018,639.21

注:非经常性损益是指公司正常经营损益之外的、一次性或偶发性损益,例如资产处置损益、临时性获得的补贴收入、新股申购冻结资金利息、合并价差摊入等。公司本年度非经常性损益项目为:1、资产处置损益-6,635,079.01元;2、其他临时性损益(如罚款、违约金收入等)1,333,036.86元。两项合计调增利润总额5,302,042.15元。

(二)截止至报告期末公司前三年的主要会计数据和财务指标

项 目	2000年度	1999年度	1998年度
主营业务收入(万元)	34379.18	29112.03	19037.8
净利润(万元)	2645.85	2723.00	3494.12
扣除非经常性损益后的净利润(万元)	3093.71	2604.98	2454.26
总资产(万元)	82467.01	69597.43	57515.09
股东权益(万元,不含少数股东权益)	41215.46	40319.53	29097.28
每股收益(元/股)	0.134	0.138	0.192
加权平均每股收益(元/股)	0.134	0.146	0.220
扣除非经常性损益后每股收益	0.157	0.132	0.135
每股净资产(元/股)	2.09	2.04	1.60
调整后的每股净资产(元/股)	1.89	1.85	1.34
每股经营活动产生的现金流量净额(元)	0.59	0.08	0.35
净资产收益率(%)	6.42	6.75	12.01
加权平均净资产收益率(%)	6.49	8.02	12.58
扣除非经常损益后加权平均净资产收益率(%)	8.56	7.43	8.84

(三)报告期及上期净资产收益率及每股收益

项 目	一九九九年				二零零零年			
	净资产收益率(%)		每股收益(元/股)		净资产收益率(%)		每股收益(元/股)	
	全面摊薄	加权平均	全面摊薄	加权平均	全面摊薄	加权平均	全面摊薄	加权平均
主营业务利润	15.41%	18.30%	0.315	0.332	17.59%	17.41%	0.368	0.368
营业利润	5.26%	6.24%	0.108	0.113	4.62%	4.57%	0.096	0.096
净利润	6.75%	8.02%	0.138	0.146	6.42%	6.35%	0.134	0.134
扣除非经常性损益后的净利润	6.46%	8.56%	0.132	0.139	7.51%	7.43%	0.157	0.157

三、股东情况介绍

(一)报告期末股东总数:38381户。

(二)公司前十名股东持股情况

股 东 名 称	年初持股数(万股)	报告期内股份增减(万股,+、-)	年末持股数(万股)	占股本比例(%)
南京市国有资产经营(控股)有限公司(国家股)	5632		5632	28.56
南京公用(控股)集团有限公司	1145.6		1145.6	5.81
南京万众企业管理有限公司	936.7744	3.6	940.3744	4.77
南京万众投资管理咨询有限公司	/	536	536	2.72
中信汽车公司	379.6128		379.6128	1.93
上海大众出租汽车股份有限公司	336		336	1.70
温州开发投资有限公司	299.6457	-4.595	295.0507	1.50
上海强生经济发展(集团)公司	288		288	1.46
上海申银万国证券股份有限公司	288		288	1.46
南京华晨光电子科贸有限公司	288		288	1.46

湖北宜化化工股份有限公司

二〇〇〇年年度报告摘选

一、公司简介

1、公司法定中文名称:湖北宜化化工股份有限公司

公司法定英文名称:Hubei Yihua Chemical Industry Co., LTD

2、公司法定代表人:张永政先生

3、公司董事会秘书:余晨扬先生

证券事务代表:张拥军先生

联系地址:湖北省宜昌市猇亭大道399号

邮　　编:443007

电　　话:0717-6517249、6516477

传　　真:0717-6516477

4、公司注册地址:湖北省宜昌市猇亭大道399号

公司办公地址:湖北省宜昌市猇亭大道399号

公司电子信箱:hbyhwxha@yc.hb.cninfo.net

5、公司选定的信息披露报纸:《中国证券报》、《证券时报》

登载年报的互联网网址:http://www.cninfo.com.cn

公司年度报告备置地点:公司证券部

6、公司股票上市交易所:深圳证券交易所

股 票 简 称:湖北宜化

股 票 代 码:0422

二、会计数据和业务数据摘要

1、本年度会计数据摘要

项 目	金 额(元)
(1) 利润总额	46,027,846.90
(2) 净利润	39,441,996.87
(3) 主营业务利润	53,817,096.93
(4) 其他业务利润	5,807,317.02
(5) 营业利润	44,752,421.81
(6) 投资收益	0.00
(7) 补贴收入	0.00
(8) 营业外收支净额	1,275,425.09
(9) 经营活动产生的现金流量净额	94,313,594.86
(10) 现金及现金等价物净增加额	30,038,142.83
(11) 扣除非经常性损益后的净利润	38,242,506.88
注:扣除的非经常性损益项目及金额为:	
固定资产处置净收益	-381,631.88
申购冻结资金利息	1,581,121.87
合 计	1,199,489.99

2、公司前三年主要会计数据及财务指标

项 目	2000.12.31	1999.12.31	1998.12.31	
		调整后	调整前	调整后
主营业务收入(万元)	39376.71	42073.07	34237.59	34237.59
净利润(万元)	3944.20	7413.09	10148.38	10207.54
总资产(万元)	103146.27	84725.58	64779.59	64516.32
股东权益(万元)	63160.38	59216.18	52066.36	51803.09
每股收益(元/股)	0.211	0.397	0.543	0.546
按月加权平均的每股收益(元/股)	0.211	0.397	0.672	0.676
扣除非经常性损益后的每股收益(元/股)	0.205	0.396	0.529	0.532
每股净资产(元/股)	3.378	3.167	2.785	2.771
调整后的每股净资产(元/股)	3.340	3.106	2.716	2.702
净资产收益率(%)	6.24	12.52	19.49	19.70
每股经营活动产生的的现金流量净额(元/股)	0.504	0.167	0.845	0.845

三、股本变动及股东情况

1、报告期末

截止2000年12月31日,公司股东总数为55047户。

2、前十名股东持股情况

序号	股 东	年末持股数	持股比例(%)
1	湖北宜化集团有限责任公司	59934009	32.06
2	建行宜昌市信托投资公司	12314250	6.58
3	宜昌市供电局	6768450	3.62
4	农行宜昌市信托投资公司	5070000	2.71
5	工行宜昌市信托投资公司	5070000	2.71
6	宜昌市财务开发公司	2028000	1.08
7	宜昌市长裕工贸公司	1959750	1.04
8	宜昌市电力实业开发公司	1698450	0.90
9	三峡证券有限责任公司	1635966	0.88
10	宜昌市住友投资咨询有限公司	1262042	0.68

注:湖北宜化集团有限责任公司持有公司国家股股份59934009股,为公司总股本的32.06%;2000年4月11日,本公司与国家开发银行签订了4750万元工程贷款合同,湖北宜化集团有限责任公司以其持有的本公司国家股3000万股作为此次贷款担保的质押物,并于4月17日办理了股份质押登记,在质押期间,该部分股份予以冻结,不能转让。

山东东阿阿胶股份有限公司

二○○○年年度报告摘选

一、公司简介

公司名称：中文 山东东阿阿胶股份有限公司
英文 SHAN DONG DONG－E E－JIAO CO.，LTD
公司注册地址：山东省东阿县阿胶街78号
公司办公地址：山东省东阿县阿胶街78号
公司法定代表人：刘维志
公司董事会秘书：吴怀锋
公司授权代表：赵立明
公司国际互联网网址：WWW.Dongeejiao.com
公司电子信箱：Deej@public.lcptt.sd.cn
公司信息披露报纸：《中国证券报》、《证券时报》、《上海证券报》。
中国证监会指定互联网网址：Http://www.cninfo.com.cn
公司年度报告备置地点：山东东阿阿胶股份有限公司
邮　　编：252201
电　　话：(0635)3260016、3264069　　传　　真：(0635)3260786
股票上市地：深圳证券交易所
股票简称：东阿阿胶　　股票代码：0423

二、会计数据和业务数据摘要

1、本年度会计数据

（单位：人民币元）

项目	金额
(1)利润总额	103,562,953.39
(2)净利润	84,444,995.57
(3)扣除非经营性损益后的净利润	86,187,490.08
(4)主营业务利润	251,238,070.17
(5)其他业务利润	1,006,905.72
(6)营业利润	105,744,014.90
(7)投资收益	－438,567.00
(8)补贴收入	330,216.24
(9)营业外收支净额	－2,072,710.75
(10)经营活动产生的现金流量净额	175,931,023.54
(11)现金及现金等价物净增加额	293,084,128.64

2、公司前三年财务指标：

指标项目	2000年	1999年	1998年调整前	1998年调整后
主营业务收入(元)	423,462,409.45	280,262,552.13	223,902,178.65	223,902,178.65
净利润(元)	84,444,995.57	45,065,031.82	37,844,381.77	36,580,189.22
总资产(元)	871,023,250.11	535,212,776.80	462,739,567.79	455,956,364.79
股东权益(元)	727,045,152.59	377,195,946.22	366,859,935.46	360,077,025.60
每股收益(元)(摊薄)	0.403	0.323	0.27	0.26
每股收益(元)(加权)	0.465	0.323	0.28	0.27
每股净资产(元)	3.469	2.699	2.63	2.58
调整后的每股净资产(元)	3.465	2.689	2.62	2.57
每股经营活动产生的现金流量净额（元）	0.839	—0.14	0.35	0.35
净资产收益率(%)(摊薄)	11.615	11.947	10.32	10.16
扣除非经营性损益后的每股收益(元)	0.411	0.249	0.24	0.23

3、根据中国证监会关于发布《公开发行证券公司信息披露编报规则》第9号通知精神，公司2000年度按照全面摊薄法和加权平均法计算的净资产收益率和每股收益：

报告期利润	净资产收益率(%)		每股收益(元/股)	
	全面摊薄	加权平均	全面摊薄	加权平均
主营业务利润	34.556	47.676	1.199	1.383
营业利润	14.544	20.066	0.505	0.582
净利润	11.615	16.025	0.403	0.465
扣除非经常性损益后的净利润	11.854	16.355	0.410	0.477

三、股本变动和主要股东持股情况

1、股本变动情况：
股 本 变 动 情 况 表
填报日期：2000年12月31日　　数量单位：股　　每股面值：1元

项　目	期初数	期内转增股	期内配股	期末数
一、尚未流通股份				
发起人股份				
其中：				
国家拥有股份	41,395,015	8,279,003	12,419,000	62,093,018
尚未流通股份合计：	41,395,015	8,279,003	12,419,000	62,093,018
二、已流通股份				
境内上市的人民币普通股	98,335,541	19,667,108.2	29,500,000	147,502,649.2
其中：高管股	135,510	27,102	40,641	203,253
已流通股份合计	98,335,541	19,667,108.2	29,500,000	147,502,649.2
三、股份总数	139,730,556	27,946,111.2	41,919,000	209,595,667.2

2、股东情况介绍：
(1)报告期末股东总数：2000年12月31日止，股东总数为55,671人
(2)主要股东持股情况：
公司前十名股东持股情况(2000年12月31日)

股　东　名　称	拥有股数(股)	占总股本比例(%)
聊城市国资委	62,093,018	29.62
深圳国投证券成都营业部	1,257,087	0.60
王秀霞	788,620	0.38
高秀英	750,000	0.36
刘　瑛	720,000	0.34
王莲凤	660,000	0.32
江　新	590,000	0.28
陈天益	571,300	0.27
戴世国	500,000	0.24
贾桂芹	479,822	0.23

徐州工程机械科技股份有限公司

二○○○年年度报告摘选

一、公司简介

(一)公司法定中英文名称及缩写：
中文名称：徐州工程机械科技股份有限公司
英文名称：XuGong Science & Technology Co.，Ltd.
(二)公司法定代表人：王民
(三)公司董事会秘书及其授权代表的姓名、联系地址、电话、传真、电子信箱
董事会秘书：费广胜
授权代表：薛国强
联系地址：江苏省徐州市苏堤北路5号
电话：(0516)5756044－2528
传真：(0516)5753151
电子信箱：zqb@xcmg.com
(四)公司注册地址及办公地址、邮政编码、公司国际互联网网址、电子信箱
公司注册地址及办公地址：江苏省徐州市苏堤北路5号
邮政编码：221006
互联网网址：http://www.xcmg.com
电子信箱：zqb@xcmg.com
(五)公司选定的信息披露报纸名称、登载公司年度报告的中国证监会指定国际互联网网址、公司年度报告备置地点：
信息披露报纸名称：《中国证券报》、《证券时报》
证监会指定的网址：http://www.cninfo.com.cn
公司年度报告备置地点：公司证券部
(六)公司股票上市交易所、股票简称和代码
上市交易所：深圳证券交易所
股票简称：徐工科技
股票代码：0425

二、会计数据和业务数据摘要

(一)本年度公司主要利润指标情况

单位：万元

项目	金额
利润总额	9886.1
净利润	7516
扣除非经常性损益后的净利润	7336
主营业务利润	26891.8
其他业务利润	1305
营业利润	9932.6
投资收益	－9.94
补贴收入	0
营业外收支净额	－36.6
经营活动产生的现金流量净额	5309.2
现金及现金等价物净增加额	－3021

注：扣除的非经常性损益项目及涉及金额
冻结资金利息　　180

(二)截止2000年末公司近三年的主要会计数据和财务指标

项 目	2000年	99年	98年调整后
主营业务收入(万元)	126164.4	114853.82	94566.57
净利润(万元)	7516	7996.89	4039.27
总资产(万元)	151076.78	153000.30	119213.81
股东权益(万元)	63706.5	59012.42	36560.91
全面摊薄每股收益(元)	0.213	0.453	0.259
加权平均每股收益(元)	0.213	0.497	0.259
扣除非经常性损益后的每股收益(元)	0.21	0.443	0.247
每股净资产	1.81	3.35	2.345
调整后的每股净资产(元)	1.42	2.82	1.82
每股经营活动产生的现金流量净额(元)	0.15	0.47	0.343
加权平均净资产收益率(%)	11.97	14.8	12.88
全面摊薄净资产收益率(%)	11.80	13.5	11.05

(三)利润表附表

报告期利润	净资产收益率		每股收益	
	全面摊薄(%)	加权平均(%)	全面摊薄	加权平均
主营业务利润	42.21	42.84	0.76	0.76
营业利润	15.59	15.82	0.28	0.28
净利润	11.80	11.97	0.21	0.21
扣除非经常性损益后的净利润	11.52	11.69	0.21	0.21

三、股东情况介绍

1、截止2000年12月31日，公司共有股东9756人。
2、公司前10名股东持股情况：

单位：股

股　东　名　称	年末持股数	占股比例	股份性质
徐州工程机械集团有限公司	135,440,116	38.4%	国有法人股
徐州回转支承公司	33,592,000	9.5%	募集法人股
徐州工程机械桥箱公司	20,126,078	5.7%	募集法人股
国投机轻有限公司	15,600,000	4.4%	募集法人股
北内集团总公司	5,200,000	1.5%	募集法人股
国泰君安证券股份有限公司	1,300,000	0.4%	募集法人股
贵州轮胎厂	1,300,000	0.4%	募集法人股
徐州第三建筑工程公司	975,000	0.3%	募集法人股
徐州市火花机械修造厂	793,000	0.23%	募集法人股
崔饶荣	769,064	0.22%	流通股

赤峰富龙热力股份有限公司

二〇〇〇年年度报告摘选

一、公司简介

1、公司法定中文名称:赤峰富龙热力股份有限公司

公司法定英文名称:CHIFENG FULONG HEATING CO.,LTD

缩写:CFL

2、公司法定代表人:景树森

3、公司董事会秘书:张春水

证券事务代表:张旭东

联系地址:内蒙古赤峰市红山区昭乌达路8号富龙大厦

联系电话:0476-8240042 8239823

传　　真:0476—8231734

4、公司注册地址:内蒙古赤峰市红山区北环路南4号

公司办公地址:内蒙古赤峰市红山区昭乌达路8号富龙大厦

5、公司选定的信息披露报纸名称:《中国证券报》、《证券时报》

6、公司股票上市交易所:深圳证券交易所

股票简称:富龙热力

股票代码:0426

二、会计数据和业务数据摘要

1、本年度主要利润指标情况(单位:元)

项目	金额(元)
利润总额	73,906,374.18
净利润	63,242,617.79
主营业务利润	63,875,037.49
其他业务利润	1,001,505.21
营业利润	32,243,493.00
投资收益	4,245,692.46
补贴收入	35,688,000.00
营业外收支净额	1,729,188.72
经营活动产生的现金流量净额	122,598,565.45
现金及现金等价物净增加额	72,436,361.92

2、截止报告期末公司前三年主要会计数据和财务指标:

(单位:人民币)

项目	2000年	1999年	1998年
主营业务收入	172,732,883.68	146,628,853.51	132,881,105.49
净利润	63,242,617.79	66,834,815.95	60,776,687.39
总资产	1,067,870,879.29	981,021,879.05	795,675,679.56
股东权益	737,076,853.22	673,503,362.04	604,590,635.99
每股收益	0.343	0.362	0.395
加权每股收益	0.343	0.389	0.463
每股净资产	4.00	3.65	3.93
调整后的每股净资产	3.79	3.55	3.85
每股经营活动产生的现金净流量	0.665	0.036	-0.329
净资产收益率	8.58%	9.92%	10.05%
扣除非经常损益后的每股收益	0.343	0.216	0.246
加权平均净资产收益率	8.97%	10.48%	14.20%

3、利润表附表

报告期利润	净资产收益率(%)		每股收益(元/股)	
	全面摊薄	加权平均	全面摊薄	加权平均
主营业务利润	8.67	9.05	0.35	0.35
营业利润	4.37	4.68	0.17	0.17
净利润	8.58	8.97	0.34	0.34
扣除非经常损益后的净利润	8.58	8.97	0.34	0.34

三、股东情况介绍

1、报告期末公司股东总数为30182户。

2、报告期末公司前十名股东持股情况

股东名称	持股数量(股)	总股本比例(%)
(1)赤峰富龙公用(集团)有限责任公司	125280000	67.91
(2)赤峰鑫泰资产托管经营有限责任公司	8160000	4.42
(3)黄林贵	238685	0.13
(4)梁志超	178000	0.10
(5)海南龙珠瞬达娱乐有限公司	160434	0.09
(6)姜洁源	150000	0.08
(7)同智证券投资基金	139617	0.08
(8)舒雪紫	139504	0.08
(9)普丰证券投资基金	139132	0.08
(10)黄琪军	127045	0.07

注:①持有5%以上股份的股东为赤峰富龙公用(集团)有限责任公司,报告期内所持股份未发生变化。其持有本公司的股份10440万股质押。

②第1名为公司国家股股东,第2名为公司法人股股东,之间不存在关联关系。其余为公司社会流通股股东,其之间的关联关系本公司不详。

3、持有本公司5%以上股份的股东情况:赤峰富龙公用(集团)有限责任公司法定代表人为景树森,经营范围:城市公用企业资产经营管理。

4、报告期内无控股股东变更情况。

湖南华天大酒店股份有限公司

二〇〇〇年年度报告摘选

一、公司简介

公司法定中文名称:湖南华天大酒店股份有限公司

英文名称:HUNAN HUATIAN GREAT HOTEL CO.,LTD.(缩写:HHGH)

公司法定代表人:陈纪明

公司董事会秘书:邹长贵 授权代表:李岚

联系地址:长沙市解放东路380号本公司董事会秘书室

电　　话:0731-4442888-80928,80842

传　　真:0731-4442270

电子信箱:zcgstock@163.net

公司注册地址:长沙市解放东路380号

办公地址:长沙市解放东路380号本公司综合楼八楼

邮政编码:410001

公司国际互联网网址:http://www.huatian-hotel.com

公司电子信箱:resv@huatian-hotel.com

公司信息披露报纸:《证券时报》

登载公司年报网址:http://www.cninfo.com.cn

公司年度报告备置地点:公司综合楼八楼董事会秘书室

公司股票上市交易所:深圳证券交易所

公司股票简称:华天酒店

公司股票代码:0428

二、会计数据和业务数据摘要

1、公司本年度利润总额及构成:

利润总额:	4733.87万元
净利润:	3629.32万元
扣除非经常性损益后的净利润	3063.4万元
主营业务利润:	9662.90万元
其他业务利润:	254.08万元
营业利润:	3621.73万元
投资收益:	267.41万元
补贴收入:	0万元
营业外收支净额:	844.73万元
经营活动产生的现金流量净额:	16440.43万元
现金及现金等价物净增加额	7723.49万元

注:非经常性损益包括:营业外收支净额8,447,284.25元。

2、公司前三年主要会计数据和财务指标

项目	2000年	1999年	1998年	
			调整后	调整前
主营业务收入(万元)	19280.08	14273.70	15958.34	15961.04
净利润(万元)	3629.32	3452.49	4952.13	5229.21
总资产(万元)	70443.82	62714.89	63633.07	64130.86
股东权益(万元)(不含少数股东权益)	50461.76	46836.15	43590.68	44065.19
每股收益(元)(摊薄)	0.23	0.217	0.312	0.329
(加权)	0.23	0.217	0.34	0.36
每股净资产(元)	3.18	2.95	2.75	2.78
调整后的每股净资产(元)	3.01	2.92	2.72	2.75
每股经营活动产生的现金流量净额(元)	1.035	0.055	0.037	0.037
净资产收益率(摊薄)%	7.19	7.37	11.36	11.87
(加权)%	7.46	7.37	15.20	16.10
扣除非经常性损益后的每股收益(元)	0.19	0.196	0.292	0.309

附表:

项目	净资产收益率(%)		每股收益(元)	
	全面摊薄	加权平均	全面摊薄	加权平均
主营业务利润	19.15	19.86	0.61	0.61
营业利润	7.18	7.44	0.23	0.23
净利润	7.19	7.46	0.23	0.23
扣除非经常性损益后的净利润	6.07	6.30	0.19	0.19

3、股东权益变动情况表(单位:万元)

项目	股本	资本公积	盈余公积	法定公益金	未分配利润	股东权益合计
期初数	15880	20166.28	4071.12	1357.04	6718.74	46836.15
本期增加			596.28	150.83	3084.93	3625.61
本期减少		55.59				
期末数	15880	20110.69	4667.40	1507.87	9803.67	50461.76
变动原因		股本溢价减少	本年度利润提取	本年度利润提取	本年度利润转入	前几项共同影响

三、股东情况介绍

1、截止2000年12月31日,公司股东总数为21453户。

2、前10名股东持股情况

股东名称	年末持股数(股)	持股比例(%)
1、湖南华天实业集团公司	112,000,000	70.529
2、刘海全	300,180	0.189
3、李建民	266,700	0.168
4、湘财证券有限责任公司	210,000	0.132
5、张旭	180,207	0.1135
6、林飞吟	180,000	0.1134
7、长沙银沣工贸有限责任公司	180,000	0.1134
8、魏军	171,300	0.108
9、贾喜玲	170,200	0.107
10、湘财证券有限责任公司	159,000	0.100

广东省高速公路发展股份有限公司

二〇〇〇年年度报告摘选

一、公司简介

1、公司法定名称：
中文名称：广东省高速公路发展股份有限公司
英文名称：GUANGDONG PROVINCIAL EXPRESSWAY DEVELOPMENT CO.,LTD.
英文缩写：GPED
2、公司法定代表人：游国经
3、公司董事会秘书：霍燕滨
电话：(020)83731365 (020)83731388－230
电子信箱：ybhuou@163.net
授权代表：彭晓芳
电话：(020)83731394
传真：(020)83731384
联系地址：广州市白云路85号
4、公司注册地址：广东省广州市白云路85号
公司办公地址：广东省广州市白云路85号
邮政编码：510100
国际互联网网址：www.gpedcl.com.cn
电子信箱：GPEDCL@mx2.gd.cei.gov.cn
5、公司选定的信息披露报纸：证券时报、中国证券报、上海证券报、大公报、香港商报
登载公司年度报告的中国证监会指定国际互联网网址：www.cninfo.com.cn
公司年度报告备置地点：广东省广州市白云路85号本公司证券部
6、公司股票上市地：深圳证券交易所
公司股票简称及代码：粤高速A　0429
粤高速B　2429

二、会计数据和业务数据摘要

1、公司本年度实现的利润总额及其构成：

单位：人民币元

指标项目	2000年度
利润总额	184,136,461.63
净利润	127,015,164.94
扣除非经常性损益后的净利润	132,175,625.12
主营业务利润	154,264,519.27
其他业务利润	5,865,266.12
营业利润	127,394,704.27
投资收益	55,099,624.15
补贴收入	0.00
营业外收支净额	1,642,133.21
经营活动产生的现金流量净额	156,360,664.19
现金及现金等价物净增加额	561,142,170.19
注1：扣除的非经常性损益项目和涉及金额：(元)	
股权投资差额	－8,769,019.80
A股冻结资金利息	1,911,204.30
处理固定资产净损失	－844,363.87
以上各项对所得税的影响	2,541,719.19
以上项目涉及金额	－5,160,460.18

2、由于本年度发生的调整以前年度损益的事项，截止报告期末公司前三年的主要会计数据和财务指标如下：

指标项目	2000年度	1999年度		1998年度	
		调整前	调整后	调整前	调整后
主营业务收入(元)	251,100,909.99	258,208,665.50	258,208,665.50	230,510,656.00	230,510,656.00
净利润(元)	127,015,164.94	293,027,003.56	295,895,631.62	147,313,377.40	154,011,541.28
总资产(元)	3,791,087,549.15	3,056,506,789.09	3,034,375,223.36	2,585,806,036.06	2,586,078,243.68
股东权益(元)	3,360,496,535.47	2,452,184,508.92	2,436,391,291.24	2,260,956,599.33	2,273,795,942.71
每股收益(元/股)(全面摊薄)	0.15	0.38	0.39	0.19	0.20
每股收益(元/股)(加权)	0.16	0.38	0.39	0.19	0.20
扣除非经常性损益后的每股收益(元/股)	0.16	0.24	0.24	0.20	0.21
每股净资产(元/股)	4.01	3.21	3.19	2.96	2.98
调整后的每股净资产(元/股)	3.89	3.17	3.15	2.91	2.93
每股经营活动产生的现金流量净额	0.19	0.25	0.25	0.22	0.22
净资产收益率(全面摊薄)	3.78%	11.95%	12.14%	6.52%	6.77%
净资产收益率(加权平均)	4.71%	12.11%	12.22%	6.64%	6.93%
扣除非经常性损益后的加权净资产收益率	4.90%	7.49%	7.49%	6.87%	7.16%

三、股东情况介绍

1、截止2000年12月31日，公司股东共计37,740户，其中内部职工股股东共计9,182户。
2、主要股东持股情况

股　东　名　称	持股数(股)	年度内股份增减变动的情况	占股本比例(%)
广东省交通集团有限公司	316,520,350	＋316,520,350	37.77%
IJM OVERSEAS VENTURES SDN. BHD.	115,411,750	－1,000,000	13.77%
DBS NOMINEES(PRIVATE) LIMITED.	26,580,000	0	3.17%
KEPPEL BANK NOMINEES PTE. LTD	15,948,000	0	1.90%
KEPPEL SECURITIES NOMINEES PTE. LTD	13,971,279	－3,508,271	1.67%
广东省高速公路公司	12,918,125	－285,216,250	1.54%
广东粤财信托投资公司	9,375,000	0	1.12%
上海海通证券深圳业务部	6,110,632	＋6,110,632	0.73%
新会市司前镇经济联合总社	3,451,260	＋5,480	0.41%
顺德市外经实业发展公司	2,812,500	0	0.34%

张家界旅游开发股份有限公司

二〇〇〇年年度报告摘选

一、公司简介

1、公司法定中文名称：张家界旅游开发股份有限公司
公司法定英文名称：ZHANG JIA JIE TOURISM DEVELOPMENT CO.,LTD
2、公司法定代表人：杨 君先生(杨君先生系本公司报告期末法定代表人，公司现任法定代表人为禹荣刚先生)
3、公司董事会秘书：晏小平先生
公司董事会证券事务代表：王安祺、祝超文
联系地址：湖南省长沙市城南东路附335号311室、312室
电话：0731－5791320　　传真：0731－5791320
邮政编码：410007
电子信箱：sz0430@yahoo.com.cn
4、公司注册地址：湖南省张家界市南庄坪1号花园
公司办公地址：湖南省张家界市南庄坪1号花园
公司电子信箱：sz0430@yahoo.com.cn
公司邮政编码：427000
5、公司选定的信息披露报纸：《证券时报》、《上海证券报》
登载公司年度报告的中国证监会指定国际互联网网址：http://www.cninfo.com.cn
年度报告备置地点：公司办公大楼四楼董事会秘书办公室
6、公司股票上市交易所：深圳证券交易所
股票简称：张家界　　股票代码：0430

二、会计数据和业务数据摘要

1、公司本年度主要财务指标　　(单位：人民币元)

财务指标	金　额
利润总额	－105,629,358.65
净利润	－102,320,510.22
扣除非经常性损益后的净利润	－78,749,304.22
主营业务利润	9,270,660.39
其他业务利润	16,126.00
营业利润	－85,406,206.73
投资收益	3,598,840.92
营业外收支净额	－23,821,992.84
经营活动产生的现金流量净额	－18,104,846.29
现金及现金等价物净增加额	－7,130,588.82

2.截止本报告期末前三年主要会计数据和财务指标(单位：人民币元)

项　目	2000年	1999年	1998年
主营业务收入	33,895,088.60	51,881,314.46	81,679,614.40
净利润	－102,320,510.22	－3,026,424.63	25,548,682.91
总资产	389,930,086.93	382,818,289.09	295,108,051.22
股东权益	92,237,680.59	194,558,190.81	213,678,359.01
每股收益(摊薄)	－0.557	－0.016	0.237
每股收益(加权)	－0.557	－0.021	0.237
扣除非经常性损益后的每股收益	－0.429	0.0091	0.238
每股净资产	0.502	1.060	1.979
调整后的每股净资产	0.447	0.996	1.946
每股经营活动产生的现金流量净额	－0.098	－0.1489	－0.002
净资产收益率(摊薄)	－114.519%	－1.556%	11.957%
净资产收益率(加权)	－71.354%	－1.588%	12.474%
净资产收益率(扣除非经常损益加权)	－85.376%	－1.578%	12.541%

3.利润表附表(单位：人民币元)

报告期利润	净资产收益率		每股收益	
	全面摊薄	加权平均	全面摊薄	加权平均
主营业务利润	10.051%	6.465%	0.050	0.050
营业利润	－92.594%	－59.559%	－0.465	－0.465
净利润	－114.519%	－71.354%	－0.557	－0.557
扣除非经常性损益后的净利润	－85.376%	－54.917%	－0.429	－0.429

三、报告期内股本变动和主要股东持股情况

1、股本变动情况
股份变动情况表

(单位：股)

	期初数	本次变动增减(＋、－)					期末数
		配股	送股	公积金转股	其他	小计	
一、尚未流通股份							
1、发起人股份	93942000						93942000
其中：国家拥有股份							
境内法人持有股份	93942000						93942000
外资法人持有股份							
其 他							
2、募集法人股	15300000						15300000
3、内部职工股	0						0
4、优先股或其他							
尚未流通股合计	109242000						109242000
二、已流通股份							
1、境内上市的人民币普通股	74358000						74358000
2、境内上市的外资股							
3、境外上市的外资股							
4、其他							
已流通股份合计	74358000						74358000
三、股份总数	183600000						183600000

山东晨鸣纸业集团股份有限公司

二〇〇〇年年度报告摘选

一、公司简介

1、公司法定中文名称:山东晨鸣纸业集团股份有限公司
公司法定英文名称:SHANDONG CHENMING PAPER HOLDINGS LIMITED
英文名称缩写:SCPH
2、公司注册地址和办公地址:山东省寿光市圣城街 595 号
邮政编码:262700
公司国际互联网网址:http://www.chenmingpaper.com
电子信箱:cmzqb@public.wfptt.sd.cn
3、公司法定代表人:陈永兴
4、公司董事会秘书:郝 筠
联系地址:山东省寿光市圣城街 595 号
电　　话:0536－5280011
传　　真:0536－5228900
5、公司选定的信息披露报纸:《中国证券报》、《证券时报》、《上海证券报》和《香港商报》
中国证监会指定国际互联网网址:http://www.cninfo.com.cn
公司年度报告备置地点:公司资本运营部
6、公司股票上市交易所:深圳证券交易所
股票简称:晨鸣纸业　晨鸣 B　股票代码:0488　2488

二、会计数据和业务数据摘要

1、本年度主要利润指标情况　(单位:人民币元)

(1)利润总额:	421,819,509.21
(2)净利润:	231,326,965.35
(3)扣除非经常性损益后的净利润:	176,916,948.61
(4)主营业务利润:	683,060,936.29
(5)其他业务利润:	6,610,490.08
(6)营业利润:	367,611,473.11
(7)投资收益:	1,165,785.27
(8)补贴收入:	52,326,460.67
(9)营业外收支净额:	715,790.16
(10)经营活动产生的现金流量净额:	146,105,026.20
(11)现金及现金等价物净增加额:	720,456,626.93

2、截止报告期末公司前三年的主要会计数据和财务指标

指标项目	2000 年	1999 年	1998 年	
			调整后	调整前
主营业务收入(元)	2,411,474,316.81	1,720,307,508.38	1,070,232,642.49	1,070,232,642.49
净利润(元)	231,326,965.35	173,348,660.54	128,023,367.36	128,051,584.11
总资产(元)	5,384,263,585.32	3,316,785,771.14	2,476,368,862.24	2,490,568,401.35
股东权益(元)(不含少数股东权益)	2,863,730,747.28	1,341,214,269.86	1,172,626,482.64	1,186,826,021.75
每股收益(摊薄)(元/股)	0.5102	0.452	0.334	0.334
每股收益(加权)(元/股)	0.5943	0.452	0.334	0.334
每股收益(摊薄)(扣除非经常性损益后)	0.3902	0.296	0.252	0.252
每股收益(加权)(扣除非经常性损益后)	0.4545	0.296	0.252	0.252
每股净资产(元/股)	6.3162	3.498	3.06	3.10
调整后的每股净资产(元/股)	6.1841	3.423	2.973	3.01
每股经营活动产生的现金流量净额	0.322	－0.597	0.447	0.447
净资产收益率(%)(摊薄)	8.08	12.92	10.92	10.79
净资产收益率(%)(加权)	14.68	13.77	11.55	11.40

3、根据中国证监会关于发布《公开发行证券公司信息披露编报规则》第 9 号通知精神,公司 2000 年按全面摊薄法和加权平均法计算的净资产收益率及每股收益:

	净资产收益率(%)		每股收益(元/股)	
	全面摊薄	加权平均	全面摊薄	加权平均
主营业务利润	23.85	43.35	1.507	1.755
营 业 利 润	12.84	23.33	0.811	0.944
净 利 润	8.08	14.68	0.5102	0.5943
扣除非经常性损益后净利润	6.18	11.23	0.3902	0.4545

4、股东权益变动情况及原因

项目	股本	资本公积	盈余公积	法定公益金	未分配利润	股东权益合计
期初数	383,397,931	465,504,962.44	168,116,748.18	58,454,558.79	324,194,628.24	1,341,214,269.86
本期增加	70,000,000	1,363,471,168.16	46,755,236.60	23,377,618.30	178,442,453.23	1,658,668,857.99
本期减少	-	133,001.27	-	-	136,019,379.30	136,152,380.57
期末数	453,397,931	1,828,843,129.33	214,871,984.78	81,832,177.09	366,617,702.17	2,863,730,747.28

三、股东情况介绍

1、报告期末公司股东总数为 55626 户。
2、主要股东持股情况(前 10 名)

公司前 10 名股东持股情况

名次	股东名称	期末持股数	持股比例%
1	寿光市国有资产管理局	142,371,440	31.40
2	KWONG WAH INVESTMENT (SHOUGUANG) LIMITED	26,709,591	5.89
3	庄春园	3,644,380	0.80
4	BONY A/C CMG CH CHINA INVESTMENTS LIMITED	3,006,710	0.66
5	GUANGDONG DEVELOPMENT FUND LTD	2,813,161	0.62
6	郝云峰	2,250,423	0.50
7	周康林	1,937,920	0.43
8	邓文平	1,924,850	0.42
9	LO, FUNG SIM 卢凤婵	1,847,805	0.41
10	成愉有限公司	1,733,500	0.38

丹东化学纤维股份有限公司

二〇〇〇年年度报告摘选

一、公司简介

1、公司名称
中文:丹东化学纤维股份有限公司
英文:DANDONG CHEMICAL FIBRE CO.,LTD
2、法定代表人:赵向东
3、公司董事会秘书:张捷　　授权代表:潘跃东
联系地址:辽宁省丹东市振兴区纤维街 58 号
电　　话:0415－6192271、6193718　　传　　真:0415－6191684
电子信箱:dhzjyd@mail.ddptt.ln.cn
4、公司注册地址:辽宁省丹东市振兴区纤维街 58 号
邮政编码:118002
电子信箱:gfgs@ddcfco.com
5、公司选定的信息披露报纸:《中国证券报》、《证券时报》
登载公司年度报告的国际互联网网址:http://www.cninfo.com.cn
公司年度报告备置地点:公司证券办
6、公司股票上市交易所:深圳证券交易所
股票简称:丹东化纤　　股票代码:0498

二、会计数据和业务数据摘要

1、公司年度实现利润等指标情况

单位:元

(1)利润总额	9,884,787.56
(2)净利润	7,088,186.07
(3)扣除非经营性损益后的净利润	7,088,186.07
(4) 主营业务利润	63,505,103.87
(5)其他业务利润	1,719,859.79
(6)营业利润	11,132,596.06
(7)补贴收入	0
(8)营业外收支净额	－1,247,808.50
(9)经营活动产生的现金流量净额	－22,188,564.41
(10)现金及现金等价物净增加额	99,667,095.20

2、公司截止报告期末前三年的主要会计数据和财务指标

单位:元

项 目	2000 年度	1999 年度	1998 年度	
			调整前	调整后
主营业务收入	839,425,650.68	726,144,670.79	755,054,084.92	755,054,084.92
净利润	7,088,186.07	35,850,183.49	54,597,712.21	55,325,036.99
总资产	1,532,828,641.75	1,208,337,267.40	1,076,618,098.01	1,071,462,532.74
股东权益	724,525,705.55	716,380,519.48	685,685,901.26	680,530,335.99
每股收益	0.018	0.092	0.14	0.14
按月平均加权法计算的每股收益	0.018	0.092	0.14	0.14
扣除非经常性损益后的每股收益	0.018	0.040	-	-
每股净资产	1.86	1.84	1.76	1.74
调整后的每股净资产	1.84	1.81	1.73	1.73
每股经营活动产生的现金流量净额	－0.06	0.02	0.23	0.23
净资产收益率(%)	0.98	5.00	7.96	8.13

3、利润表附表

报告期利润	净资产收益率(%)		每股收益(元)	
	全面摊薄	加权平均	全面摊薄	加权平均
主营业务利润	8.77	8.81	0.163	0.163
营业利润	1.54	1.55	0.029	0.029
净利润	0.98	0.98	0.018	0.018
扣除非经常性损益后的净利润	0.98	0.98	0.018	0.018

4、报告期内股东权益变动情况

项目	股 本	资本公积	盈余公积	法定公益金	未分配利润	合 计
期初数	390,000,000	144,300,000	32,023,051.95	16,011,525.99	134,045,941.54	716,380,519.48
本期增加	0	1,057,000	708,818.61	354,409.30	6,024,958.16	8,145,186.07
本期减少	0	0	0	0	0	0
期末数	390,000,000	145,357,000	32,731,870.56	16,365,935.29	140,070,899.70	724,525,705.55
变动原因	无	其他资本公积金转入	本期利润提取	本期利润提取	利润增加	

三、股东情况介绍

1、报告期末公司股东总数 61188 人。
2、公司前 10 名股东情况

序号	股 东 名 称	报告期末持股数(股)	所占比例(%)
①	丹东化学纤维(集团)有限责任公司	202,500,000	51.92
②	丹东国际信托投资公司	7,300,000	1.87
③	中国银行大连国际信托咨询公司	2,000,000	0.51
④	中国石油化工总公司辽阳石油化纤公司	2,000,000	0.51
⑤	黄敏虹	1,033,666	0.26
⑥	开山屯化纤浆厂	1,000,000	0.26
⑦	锦化化工(集团)有限责任公司	1,000,000	0.26
⑧	杨敏	890,350	0.23
⑨	北京辽天华业科技有限公司	817,300	0.21
⑩	周春根	800,163	0.21

注:上述前 10 名股东中丹东化学纤维(集团)有限责任将其持有的本公司股份 12,919 万股,占公司总股份的 33.1%,于 1998 年 12 月 30 日向中国工商银行丹东分行作贷款质押。

公司前 10 名股东之间不存在关联关系。

3、持有本公司 10%(含 10%)以上的法人股东情况

丹东化学纤维(集团)有限责任公司持有本公司法人股份 20,250 万股(年内持股无变动),占总股本的 51.92%,为本公司的第一大股东。该公司法定代表人赵向东。经营范围为:化纤、纺织品制造及对外经济技术合作业务等。

武汉武商集团股份有限公司

二〇〇〇年年度报告摘选

一、公司简介

1. 公司法定名称：
中文：武汉武商集团股份有限公司
英文：WUHAN DEPARTMENT STORE GROUP CO. LTD.
2. 公司法定代表人：毛冬声
3. 公司董事会秘书：李 轩
联系地址：武汉市汉口解放大道 688 号
联系电话：(027)85714295
传　　真：(027)85714295
电子信箱：wsdongmi@public. wh. hb. cn
4. 公司注册地址：武汉市汉口解放大道 358 号
公司办公地址：武汉市汉口解放大道 688 号
邮政编码：430022
公司国际互联网址：http://www. wushanggroup. com. cn
公司电子信箱：wushanggroup@public. wh. hb. cn
5. 公司信息披露报纸：《中国证券报》《证券时报》
登载公司年度报告的中国证监会指定国际互联网网址：
http://www. cninfo. com. cn
公司年度报告备置地点：公司董事会秘书处
6. 公司股票上市交易所：深圳证券交易所
股票简称：鄂武商
股票代码：0501

二、会计数据和业务数据摘要

1. 公司本年利润总额及构成

（单位：元）

项目	金额
利润总额	78,384,348.89
净利润	28,152,091.45
扣除非经常性损益后的净利润	28,326,239.37
主营业务利润	328,692,061.95
其他业务利润	35,343,280.50
营业利润	90,718,753.82
投资收益	-12,553,388.33
补贴收入	0
营业外收支净额	218,983.40
经营活动产生的现金流量净额	165,393,800.93
现金及现金等价物净增加额	50,422,945.53

注：扣除非经常性损益项目、涉及金额

项 目	金 额
长期股权投资差额摊销	-270,000.00
出售职工住房损失	-3,369,089.04
处置固定资产净收益	4,595,176.65
罚款	-940,235.53
捐赠支出	-190,000.00
合计	-174,147.92

2. 截止报告期末公司前三年主要会计数据及财务指标　　（单位：元）

	2000 年度	1999 年		1998 年度	
		调整后	调整前	调整后	调整前
(1)主营业务收入	2,011,534,047.90	1,661,571,638.25	1,661,571,638.25	1,748,884,036.09	1,748,884,036.09
(2)净利润	28,152,091.45	26,077,059.22	31,183,738.65	31,349,834.27	41,989,390.73
(3)总资产	3,248,718,676.47	2,980,031,212.93	2,980,031,212.93	2,652,508,379.21	2,880,869,933.14
(4)股东权益 (不含少数股东权益)	1,165,961,341.10	1,137,809,249.65	1,144,530,070.51	1,113,346,331.86	1,324,968,249.43
(5)每股收益(摊薄)	0.06	0.05	0.06	0.06	0.08
(加权)	0.06	0.05	0.06	0.07	0.10
(扣除非经营性损益后)	0.06	0.06	0.07		
(6)每股净资产	2.30	2.24	2.26	2.19	2.61
(7)调整后的每股净资产	1.65	1.77	1.78	1.67	2.19
(8)净资产收益率%	2.41	2.29	2.72	2.82	3.16
(9)每股经营活动产生的现金流量净额	0.33	0.33	0.33	0.27	0.27

3. 按照中国证监会《公开发行证券公司信息披露编报规则（第 9 号）》要求计算的利润数据（2000 年度）。

单位：人民币元

报告期利润	净资产收益率		每股收益	
	全面摊薄	加权平均	全面摊薄	加权平均
主营业务利润	28.19%	28.19%	0.65	0.65
营业利润	7.78%	7.78%	0.18	0.18
净利润	2.41%	2.41%	0.06	0.06
扣除非经营性损益后的净利润	2.43%	2.43%	0.06	0.06

三、股东情况介绍

1. 报告期末，公司股东总数为 104,414 户，
2. 前十名股东持股情况

股 东 名 称	年初持股数	增减变动	年末持股数	持股比例
1. 武汉国有资产经营公司(国家股)	150,927,732	0	150,927,732	29.75%
2. 武汉证券有限责任公司	19,996,957	0	19,996,957	3.94
3. 中国宝安集团股份有限公司	21,813,165	-8,725,266	13,087,899	2.58
4. 武汉国兴投资咨询有限责任公司	12,321,995	0	12,321,995	2.43
5. 武汉华中电力实业公司	11,663,936	0	11,663,936	2.30
6. 中国工商银行武汉市分行天安支行	10,522,670	0	10,522,670	2.07
7. 中国农业银行武汉信托投资公司	9,213,880	0	9,213,880	1.82
8. 武汉宝信科技公司	0	8,725,266	8,725,266	1.72
9. 武汉市建行投资公司	7,355,398	0	7,355,398	1.45
10. 长江经济联合发展股份武汉公司	6,543,949	0	6,543,949	1.29

海南新能源股份有限公司

二〇〇〇年年度报告摘选

一、公司简介

（一）公司名称
公司法定中文名称：海南新能源股份有限公司
公司法定英文名称：HAINAN　NEW　ENERGY　CO.,LTD.
公司英文名称缩写：HNE
（二）公司法定代表人：吴克龄
（三）公司董事会秘书：徐德智
授权代表：张娜
联系地址：海口市龙昆北路 38 号华银大厦 24 层
电话：(0898)6713081　　传真：(0898)6713216
电子信箱：xdfzsy@public. hk. hi. cn
（四）公司注册地址：海口市机场候机厅北侧海南万国贸易博览中心
公司办公地址：海口市龙昆北路 38 号华银大厦 24 层　　邮政编码：570105
（五）公司信息披露报纸：《中国证券报》
登载公司年度报告的中国证监会指定的国际互联网网址：http://www. cninfo. com. cn
公司年度报告备置地点：海南新能源股份有限公司董事会秘书处
（六）公司股票上市交易所：深圳证券交易所
公司股票简称：ST 琼能源　　公司股票代码：0502

二、会计数据和业务数据摘要

（一）利润总额及其构成

项目	金额（人民币元）
利润总额	35,982,120.03
净利润	36,223,739.60
扣除非经常性损益后的净利润	-7,447,527.71
主营业务利润	15,659,431.13
其他业务利润	-
营业利润	-6,770,727.07
投资收益	44,662,790.95
补贴收入	-
营业外收支净额	-1,909,943.85
经营活动产生的现金流量净额	48,859,572.07
现金及现金等价物净增加额	233,102.65

（二）前三年的主要会计数据和财务指标（单位：人民币元）

项　目	2000 年	1999 年		1998 年	
		调整前	调整后	调整前	调整后
主营业务收入	62,130,562.06	2,196,937.81	2,196,937.81	44,587,337.46	44,587,337.46
净利润	36,223,739.60	36,848,546.55	19,620,403.74	-128,450,956.93	-103,386,701.45
总资产	428,848,445.99	420,118,911.50	424,515,468.58	330,114,913.83	422,567,672.45
股东权益	260,040,190.20	232,796,267.32	221,958,076.15	48,235,184.03	195,947,720.77
每股收益	0.2327	0.2367	0.1260	-0.8252	-0.6641
每股净资产	1.6705	1.4955	1.4258	0.3099	1.2587
调整后的每股净资产	1.4586	1.2580	1.0235	0.3071	1.2007
每股经营活动产生的现金流量净额	0.3139	-0.0173	-0.0199	-0.0056	-0.0056
净资产收益率(%)	13.93	15.83	8.84	-266.30	-52.76

（三）报告期内股东权益变化情况：（单元：人民币元）

项目	股本（万股）	资本公积	盈余公积	法定公益金	未分配利润	股东权益合计
期初数	15,566.85	259,417,533.12	38,918,950.44		-232,046,920.41	221,958,076.15
本期增加		1,858,374.45	-		36,223,739.60	38,082,114.05
本期减少						
期末数	15,566.85	261,275,907.57	38,918,950.44		-195,823,180.81	260,040,190.20

三、股本变动及股东情况

（一）股本变动情况

数量单位：股

	本次变动前	本次变动增减(+,-)				期末数
		配股	送股	公积金转股	小计	
1、尚未流通股份						
(1)发起人法人股	44,416,908					44,416,908
(2)定向法人股	54,092,596					54,092,596
(3)高管股	10,815					315
(4)尚未流通股份合计	98,520,319					98,509,819
2、已流通股份						
境内上市的人民币普通股	57,148,194					57,158,694
已流通股份合计	57,148,194					57,158,694
3、股份合计	155,668,513					155,668,513

变动说明：高管股减少原因是原公司董事毕时珍女士所持 10500 股于 2000 年 10 月报深交所，按有关规定解冻。

（二）股东情况介绍
1、截止 2000 年 12 月 31 日，公司股东总数 30053 户
2、前 10 名股东持股情况表

单位：股

股 东 名 称	期初数	期末数	年内股份增减情况	占总股本比例(%)
(1)海南润达实业有限公司	41864466	41864466		26.89
(2)中国农业银行海口市金贸区支行	25449550	25449550		16.39
(3)成都川宝新燃实业开发公司	5910928	5910928		3.80
(4)上海新理益投资管理有限公司		5602667		3.60
(5)兰州化学工业公司原料动力厂	3383713	3383713		2.17
(6)上海方圆娱乐总汇有限公司		3375122		2.17
(7)上海美建物资供销经营部		2570000		1.65
(8)深圳市嘉旭升商贸有限公司	1470000	1470000		0.94
(9)上海景贤投资有限公司		1320000		0.85
(10)江门汇盛投资管理有限公司		1000000		0.64

海南海虹企业(控股)股份有限公司

二○○○年年度报告摘选

一、公司简介

1、公司法定中文名称:海南海虹企业(控股)股份有限公司
公司法定英文名称:SEARAINBOW HOLDING CORP
2、公司法定代表人:曾塞外
3、公司董事会秘书:杨斌
证券事务代表:苗亚良
联系地址:海口市滨海大道文华酒店七层
联系电话:0898-8510496
传　　真:0898-8510669.
4、公司注册地址:海口市滨海大道文华酒店七层
办公地址:同上
电子信箱:haihong @ public. hk. hi. cn
互联网址:http://www. hhh-china. com
邮政编码:570105
5、公司选定信息披露报纸名称:《证券时报》和《中国证券报》
登载公司年报的国际互联网网址:http://www. cninfo. com. cn
公司年度报告备置地点:公司董事会秘书处
6、公司股票上市交易所:深圳证券交易所
股票简称:海虹控股
股票代码:0503

二、会计数据和业务数据摘要

1、主要财务指标表

公司本年度利润总额	91,594,944.99
其中:净利润:	79,409,982.04
扣除非经常性损益后的净利润	74,409,112.44
主营业务利润	148,324,559.87
其他业务利润	2,681,247.30
营业利润	68,915,943.67
投资收益	13,732,861.26
补贴收入	9,723,545.64
营业外收支净额	-777,405.58
经营活动产生的现金流量净额	222,542,142.22
现金及现金等价物净增加额	76,677,999.06

说明:净利润中扣除的非经常性损益共5,000,869.60元,其具体项目为:
(1)转让北京梅林正广和销售网络有限公司股权投资收益:4,219,574.24元;
(2)转让北京市合众创新科技有限公司股权收益:781,295.36元。

2、近三年主要会计数据和财务指标

年度	2000年	1999年	1998年
指标项目			
主营业务收入(元)	422,881,748.01	295,375,142.76	221,166,210.57
净利润(元)	79,409,982.04	82,179,517.86	20,331,534.52
总资产(元)	967,103,642.40	791,965,930.97	720,872,922.58
股东权益(元)	447,480,189.81	378,727,493.87	294,744,831.20
全面摊薄每股收益(元/股)	0.232	0.408	0.101
扣除经常性损益后的每股收益(元/股)	0.2174	0.2396	
加权平均每股收益	0.2426	0.408	0.101
每股净资产(元/股)	1.3073	1.881	1.4639
调整后的每股净资产(元/股)	1.2394	1.801	1.40
经营活动产生的每股现金流量净额(元/股)	0.6502	-0.1444	-0.0908
全面摊薄净资产收益率(%)	17.746	21.70	6.898
加权平均净资产收益率(%)	21.89	21.70	6.898

3、股东权益变动情况

项目	股本	资本公积	盈余公积	公益金	未分配利润	未确认的投资损失	合计
期初数	201,345,410	186,052,040.67	14,071,146.72	3,198,954.43	-22,741,103.52		378,727,493.87
本期增加	140,941,784		6,920,841.33	2,306,947.11	61,732,969.42	98,885.19	209,694,479.94
本期减少		140,941,784.00					140,941,784.00
期末数	342,287,194	45,110,256.67	20,991,988.05	5,505,901.54	38,991,865.90	98,885.19	447,480,189.81

三、股本变动及股东情况

(一)公司股份变动情况

1、股份变动表　　数量单位:股本

	本次变动前	本次变动增减(+,-)			本次变动后
		公积金转增股本	其他	小计	
一、未上市流通股份					
1、发起人股份	87,901,536	+61,531,075		+61,531,075	149,432,611
其中:国家持有股份					
境内法人持有股份	87,901,536	+61,531,075		+61,531,075	149,432,611
境外法人持有股份					
其他					
2、募集法人股份	43,644,359	+30,551,051		+30,551,051	74,195,410
3、内部职工股	30,000	+21,000	-51,000	-30,000	0
4、优先股或其他					
其中:转配股					
未上市流通股份合计	131,575,895	+92,103,126	-51,000	+92,052,126	223,628,021
二、已上市流通股份					
1、人民币普通股	69,769,514	+48,838,659	+51,000	48,889,659	118,659,173
2、境内上市的外资股					
3、境外上市的外资股					
4、其他					
已上市流通股份合计	69,769,514	+48,838,659	+51,000	48,889,659	118,659,173
三、股份总数	201,345,409	140,941,785	0	140,941,785	342,287,194

北京赛迪传媒投资股份有限公司

二○○○年年度报告摘选

一、公司简介

1、公司法定中文名称:北京赛迪传媒投资股份有限公司
公司法定英文名称:BEIJING CCID MEDIA INVESTMENTS CO., LTD.
公司简称:赛迪传媒
英文缩写:CMI
2、公司法定代表人:李颖
3、公司董事会秘书:刘旭黎
授权代表:方芳、王禹樵
电话:010-68710712,68710716
传真:010-68710711
E-mail:hmi@163bj. com
联系地址:北京市海淀区友谊宾馆苏园写字楼278室
4、公司注册地址:北京市昌平区超前路9号附楼403
办公地址:北京市海淀区中关村南大街1号友谊宾馆苏园写字楼278室
邮政编码:100873
5、公司选定的信息披露报纸名称:《中国证券报》、《证券时报》为公司指定的信息披露报刊。
中国证监会指定的登载公司年度报告的国际互联网网址:
http://www. cninfo. com. cn
公司年度报告备置地点:公司年度报告备置于北京市海淀区友谊宾馆苏园写字楼278室
6、公司股票上市交易所:深圳证券交易所
公司股票简称:ST港澳
公司股票代码:0504

二、会计数据和业务数据摘要

1、本年度主要会计指标

利润总额(元):	25,263,187.47
净利润(元):	28,261,411.65
扣除非经常性损益后的净利润(元):	82,741,910.70
主营业务利润(元):	-1,020,253.02
其它业务利润(元):	350,008.00
营业利润(元):	27,234,917.79
投资收益(元):	55,506,992.91
补贴收入(元):	---
营业外收支净额(元):	-57,478,723.23
经营活动产生的现金流量净额(元):	-3,362,080.15
现金及现金等价物净增加额(元):	6,031,428.07

注:"扣除非经常性损益后的净利润":主要为扣除营业外收支净额-57,478,723.23元。

2、报告期末公司前三年的主要会计数据和财务指标

项目	2000年度	99年度		98年度	
		调整前	调整后	调整前	调整后
主营业务收入(元)	22,040,212.58	-30,064,409.61	-44,312,225.61	-52,417,840.19	-52,417,840.19
净利润(元)	28,261,411.65	-56,618,393.46	-60,871,236.42	-189,636,635.76	-155,821,361.47
总资产(元)	597,048,948.60	479,487,219.54	562,778,980.79	631,047,539.07	527,817,472.21
股东权益(元)	314,972,782.37	161,794,425.07	236,746,605.57	340,096,390.29	218,412,818.53
每股收益(元)	0.09	-0.18	-0.195	-0.61	-0.50
每股净资产(元)	1.01	0.52	0.76	1.09	0.70
调整后的每股净资产(元)	0.99	0.20	0.72	1.03	0.447
每股经营活动产生的现金流量净额(元)	-0.01	-0.006	-0.006	0.01	0.01
净资产收益率(%)	8.97	-34.99	-25.71	-56.00	-71.34

3、报告期利润表附表

报告期利润	净资产收益率(%)		每股收益(元)	
	全面摊薄	加权平均	全面摊薄	加权平均
主营业务利润	-0.32%	-0.41%	-0.003	-0.003
营业利润	8.65%	10.86%	0.087	0.087
净利润	8.97%	11.27%	0.091	0.091
扣除非经常性损益后的净利润	26.27%	32.98%	0.266	0.266

4、报告期内股东权益变动情况

项目	股本(万股)	资本公积(万元)	盈余公积(万元)	法定公益金(万元)	未分配利润(万元)	股东权益合计(万元)
期初数	31,157	22,494	2,331	2,331	-32,308	23,674
本期增加		4,996			2,826	7,823
本期减少						
期末数	31,157	27,490	2,331	2,331	-29,482	31,497

三、股本变动和主要股东持股情况

1、2000年12月31日,公司股东总数16,113户。

2、前十名股东情况如下:

序号	股东名称	期末持股数	期内增减	持股比例%
1	国邦集团有限公司	90346274	---	29.00
2	海南港澳国际信托投资有限公司	83462437	---	26.79
3	太原兆和发展有限公司	14962632	---	4.80
4	深圳平安保险公司	10088694	---	3.24
5	海南晶裕物业发展有限公司	8377588	+8377588	2.69
6	中国光大银行证券营业部	3923458	---	1.26
7	海南神鼎发展公司	3643178	---	1.17
8	中国南玻集团股份公司	3222789	---	1.03
9	中国残疾人福利基金会	1401246	---	0.54
10	武汉国际租赁公司	1261106	---	0.40

海南珠江控股股份有限公司

二○○○年年度报告摘选

一、公司简介

1、公司的法定中文名称：海南珠江控股股份有限公司

英文名称：HaiNan Pearl River Holdings Co. Ltd.

2、公司注册地址：海口市滨海大道珠江广场帝豪大厦29楼

公司办公地址：海口市滨海大道珠江广场帝豪大厦29楼

邮政编码：570125

电子信箱：hnpearl @ public. hk. hi. cn

3、公司法定代表人：郑清

4、公司董事会秘书：冯湃

证券事务代表：顾利荣

联系地址：海口市滨海大道珠江广场帝豪大厦29楼

联系电话：0898－6763723　　0898－6717888转

传　　真：0898－6776026

5、公司指定信息披露的报纸：《证券时报》，香港《大公报》

中国证监会指定登载公司年报网址：http://www.cninfo.com.cn

公司年报备置地点：公司董事会秘书处

6、公司股票上市交易所：深圳证券交易所

股票简称：珠江控股、珠江B

股票代码：0505、2505

二、会计数据和业务数据摘要

（一）公司本年度实现利润情况：（单位：人民币元）

项目	金额
利润总额：	56,302,356.77
净利润：	62,724,717.74
扣除非经营性损益后的净利润：	－18,166,718.80
主营业务利润：	－2,935,807.82
其他业务利润：	2,848,514.56
营业利润：	－45,668,286.08
投资收益：	99,356,024.85
补贴收入：	149,131.49
营业外收支净额：	2,465,486.51
经营活动产生的现金流量净额：	5,377,969.12
现金及现金等价物净增加额：	33,072,611.48

注：扣除的非经营性损益项目及金额：

扣除项目	金额(人民币元)
(1)转让北京太合龙脉有限公司股权收益	78,366,818.54
(2)补贴收入	149,131.49
(3)营业外收入净额	2,465,486.51
(4) 投资差额摊销	－90,000.00

（二）公司前三年主要会计数据和财务指标：

1、主要会计数据和财务指标

单位：人民币元

年度项目	2000年	1999年	1998年(调整后)
主营业务收入	37,217,630.30	40,180,268.74	223,384,882.30
净利润	62,724,717.74	27,494,826.93	－202,543,589.59
总资产	804,014,293.60	899,605,994.00	870,625,641.56
股东权益	463,705,167.38	398,498,248.67	374,694,531.65
每股收益(摊薄)	0.17	0.07	－0.53
每股收益(加权)	0.17	0.07	－0.53
扣除非经营性损益后的每股收益	－0.05	－0.11	－0.52
每股净资产	1.23	1.06	0.99
调整后每股净资产	1.17	1.02	0.87
每股经营活动产生的现金流量净额	0.014	0.104	0.565
净资产收益率(%)	13.53	6.65	－54.06

2、根据中国证监会《公开发行证券公司信息披露编报规则[第9号]》要求计算的利润数据如下：

报告期利润	净资产收益率(%)		每股收益	
	全面摊薄	加权平均	全面摊薄	加权平均
主营业务利润	－0.63	－0.68	－0.008	－0.008
营业利润	－9.85	－10.59	－0.121	－0.121
净利润	13.53	14.55	0.166	0.166
扣除非经营性损益后的净利润	－3.96	－4.26	－0.049	－0.049

三、股东情况介绍

1、截至2000年年末，公司股东总数为49217户。

2、公司前10名股东持股情况

股　东　名　称	年末持股数(股)	占总股本(%)
① 北京市万发房地产开发股份有限公司	112,628,976	29.82
② 洋浦银信咨询有限公司	23,460,000	6.21
③ 广州珠江外资建筑设计院海南分院	21,896,000	5.80
④ 中国宝安集团股份有限公司	13,570,000	3.59
⑤ 中国残疾人福利基金会	8,280,000	2.19
⑥ 海南发展银行海口分行	7,820,000	2.07
⑦ 河北证券有限责任公司	5,750,000	1.52
⑧ 中国平安保险股份有限公司	3,450,000	0.91
⑨ 深圳金田实业股份有限公司	2,300,000	0.61
⑩ 深圳市平安期货经纪有限公司	2,300,000	0.61

四川东泰产业(控股)股份有限公司

二○○○年年度报告摘选

一、公司简介

1、公司的法定中、英文名称及缩写

公司的法定中文名称：四川东泰产业(控股)股份有限公司

英文名称：Sichuan Dong Tai Industry (Holdings)Co., Ltd.

缩写：DTH

2、公司法定代表人：楚健健

3、公司董事会秘书的姓名、联系地址、电话、传真。

董事会秘书：阎　蜀

联系地址：四川省乐山市五通桥区竹根镇茶花路六组

电话、传真：(0833)3307060

4、公司注册地址，办公地址及其邮政编码。

公司注册地址：四川省乐山市

公司办公地址：四川省乐山市五通桥区竹根镇茶花路六组

邮政编码：614800

5、公司选定的信息披露报纸名称：

《中国证券报》、《证券时报》为公司选定的信息披露报刊。

中国证监会指定的登载公司年度报告的国际互联网网址：

http://www.cninfo.com.cn

公司年度报告备置地点：

公司年度报告备置于四川省乐山市五通桥区竹根镇茶花路六组公司本部。

6、公司股票上市交易所、股票简称和股票代码。

公司股票上市交易所：深圳证券交易所

股票简称：ST东控　　　股票代码：0506

二、会计数据和业务数据摘要

1、公司本年度主要会计数据：

利润总额：3366.36万元

净利润：2564.10万元

扣除非经常性损益后的净利润：1629.96万元（扣除项目主要为：控股子公司获得增值税返还及财政补贴。涉及金额为：934.14万元）

主营业务利润：7255.29万元

其它业务利润：－18.62万元

营业利润：2287.44万元

投资收益：－48.63万元

补贴收入：934.14万元

营业外收支净额：193.40万元

经营活动产生的现金流量净额：1854.78万元

现金及现金等价物净增加额：1317.43万元

2、报告期末公司前三年的主要会计数据和财务指标

	2000年度	1999年度	1998年度
主营业务收入(万元)	27,030.84	10,353.38	15,406.90
净利润(万元)	2,564.10	2,413.78	2,777.31
总资产(万元)	72,703.35	58,413.81	84,973.26
股东权益(不含少数股东权益，单位：万元)	27,668.77	25,004.71	26,482.58
每股收益(元)	0.103	0.097	0.11
每股净资产(元)	1.11	1.004	1.09
调整后的每股净资产(元)	1.049	0.92	0.99
每股经营性活动产生的现金流量净额(元)	0.074	0.036	0.078
净资产收益率%	9.27	9.65	10.26

3、报告期内股东权益变动情况

项目	股本	资本公积	盈余公积金	公益金	未分配利润	合计
期初数	249101743	63019925.32	7533177.06	——	－69607738.20	250047107.18
本期增加	——	664964.77	——	——	25975627.63	26640592.40
本期减少	——	——	——	——	——	——
期末数	249101743	63684890.09	7533177.06	——	－43632110.57	276687699.58
变动原因	——	环保补贴转入	——	——	本期利润增加	本期利润增加

三、股本变动及股东情况介绍

1、报告期末股东总数

截止本报告期末公司股东总数为40,852户；

2、截止本报告期末，公司前10名股东持股情况如下：

名次　股东名称	年末持股数	占总股本(%)
1、芜湖东泰实业有限公司	60,000,000	24.09
2、乐山资产经营有限公司	14,181,252	5.69
3、中国宝安集团股份有限公司	11,247,600	4.52
4、河北证券有限责任公司	8,098,171	3.25
5、中国盐业总公司	2,998,858	1.20
6、四川盐业总公司	2,998,857	1.20
7、云南生产资料服务公司	1,499,427	0.60
8、中国轻工物资供销总公司	1,386,014	0.56
9、深圳市鸿基运输公司	1,071,200	0.43
10、中国华轻实业公司	771,264	0.31

珠海经济特区富华集团股份有限公司

二○○○年年度报告摘选

一、公司简介

1、公司法定中文名称：珠海经济特区富华集团股份有限公司
公司法定英文名称：FUHUA GROUP CO., LTD. ZHUHAI S. E. Z.
2、法定代表人：阎前
3、董事局秘书：薛楠
授权代表：张金萍
联系地址：广东省珠海市拱北北岭工业区富华集团股份有限公司董事局秘书处
联系电话：0756 - 8886218　　传真：0756 - 8888148
4、注册地址：广东省珠海市拱北北岭工业区
办公地址：广东省珠海市拱北北岭工业区富华集团股份有限公司
邮政编码：519070
电子信箱：zhfuhua@email.zh.gnet.gd.cn
5、公司选定的信息披露报纸名称：《证券时报》
刊载年报的互联网网址：http://www.cninfo.com.cn
公司年报备置地点：富华集团股份有限公司秘书处
6、公司股票上市交易所：深圳证券交易所
股票简称：粤富华　　股票代码：0507

二、会计数据和业务数据摘要

1、本年度利润总额及构成(单位：元)

利润总额：	60,783,851.05
净利润：	50,551,095.26
扣除非经常性损益后的净利润：	54,681,873.31
主营业务利润：	53,521,131.78
其他业务利润：	2,550,504.24
营业利润：	21,709,308.67
投资收益：	41,059,003.81
补贴收入：	---
营业外收支净额：	-1,984,461.43
经营活动产生的现金流量净额：	82,366,817.09
现金及现金等价物净增加额：	74,097,857.92

2、公司前三年主要会计数据和财务指标：

追溯调整后：

项 目	2000年	1999年	1998年
主营业务收入(元)	209,589,198.33	102,126,015.47	51,157,029.22
净利润(元)	50,551,095.26	38,257,649.72	-106,505,653.65
总资产(元)	1,133,731,277.25	1,058,804,088.06	973,598,074.46
股东权益(元)	911,180,408.58	860,629,313.32	813,217,700.96
每股收益(摊薄)	0.147	0.118	-0.309
每股收益(加权)	0.147	0.118	-0.309
扣除非经常损益后的每股收益(摊薄)	0.158	0.087	
扣除非经常损益后的每股收益(加权)	0.158	0.087	
每股净资产(元)	2.64	2.497	2.357
调整后的每股净资产(元)	2.60	2.49	2.34
每股经营活动产生的现金流量净额(摊薄)	0.24	-0.004	-0.001
每股经营活动产生的现金流量净额(加权)	0.24	-0.004	-0.001
净资产收益率(摊薄)	5.55%	4.47%	-13.1%
净资产收益率(加权)	5.55%	4.47%	-13.1%

追溯调整前：

项 目	2000年	1999年	1998年
主营业务收入(元)	209,589,198.33	102,126,015.47	98,169,779.98
净利润(元)	50,551,095.26	38,257,649.72	-122,988,394.70
总资产(元)	1,133,731,277.25	1,058,804,088.06	1,013,071,612.45
股东权益(元)	911,180,408.58	860,629,313.32	839,596,703.83
每股收益(摊薄)	0.147	0.118	-0.356
每股收益(加权)	0.147	0.118	-0.356
扣除非经常损益后的每股收益(摊薄)	0.158	0.087	
扣除非经常损益后的每股收益(加权)	0.158	0.087	
每股净资产(元)	2.64	2.497	2.43
调整后的每股净资产(元)	2.60	2.49	2.41
每股经营活动产生的现金流量净额(摊薄)	0.24	-0.004	-0.005
每股经营活动产生的现金流量净额(加权)	0.24	-0.004	-0.005
净资产收益率(摊薄)	5.55%	4.74%	-14.65%
净资产收益率(加权)	5.55%	4.74%	-14.65%

三、股本变动和主要股东持股情况

1、股东情况
(1)报告期末股东总数为114894户。
(2)公司前十名股东持股情况

股东名称	持股数(股)	比例(%)
珠海市港口企业集团有限公司	71,754,000	20.80
珠海市纺织工业集团公司	38,769,600	11.24
珠海市科技奖励基金会	7,920,000	2.30
珠海经济特区冠华轻纺总公司	6,468,000	1.88
中国化纤总公司	4,356,000	1.26
广东省纺织工业总公司	3,300,000	0.96
珠海珠光公司	3,300,000	0.96
珠海经济特区发展公司	3,300,000	0.96
中国信达信托投资公司	3,300,000	0.96
广东发展银行珠海分行	2,200,000	0.64

四川天歌科技集团股份有限公司

二○○○年年度报告摘选

一、公司简介

公司中文名称：四川天歌科技集团股份有限公司
公司英文名称：SICHUAN TIANGE TECHNOLOGY GROUP CO., LTD
公 司 总 部：四川省成都市一环路南二段天歌科技大厦
公司法定代表人：邹昌浩　　公司董事会秘书：史笃应
联系地址：四川省成都市一环路南二段天歌科技大厦
电话：028 - 5435719　　传真：028 - 5445907
公司注册地址：四川省南充市涪江路117号
公司办公地址：四川省成都市一环路南二段天歌科技大厦　　邮编：610041
电子信箱：(E - mail Address)：TGIMC01@Mail.sc.cninfo.net
公司股票上市交易所：深圳证券交易所
股票代码：0509　　股票简称：天歌科技
公司年度报告备置地点：公司董事会秘书办公室
公司选定的信息披露报纸：《中国证券报》、《证券时报》
中国证监会指定的信息披露网址：http://www.cninfo.com.cn

二、会计数据和业务数据摘要

(1)、本年度主要利润指标情况

项 目	金 额(元)
利润总额	38,818,882.84
净利润	30,083,067.21
扣除非经营性损益后的净利润	26,465,579.50
主营业务利润	82,295,166.51
其它业务利润	4,074,589.08
营业利润	34,049,140.13
投资收益	3,140,255.00
补贴收入	254,963.00
营业外收支净额	1,374,524.71
经营活动产生的现金流量净额	55,318,638.94
现金及现金等价物净增加额	101,719,512.76

(2)、公司近三年主要财务指标

指 标 项 目	2000年	1999年	1998年	
			调整后	调整前
主营业务收入	28,832.16	23,751.57	19,134.11	19,134.11
净 利 润 (万元)	3,008.31	2,794.33	7,090.52	7,210.53
总 资 产 (万元)	68,673.50	61,645.62	51,522.80	54,695.21
股东权益(不含少数股东权益)(万元)	33,745.72	31,541.74	32,062.29	34,902.70
每股收益(按净利润全面摊薄计算)(元)	0.1398	0.1299	0.4943	0.5026
每股收益(按净利润加权平均计算)(元)	0.1398	0.1299	0.4943	0.5026
扣除非经常性损益后的每股收益(全面摊薄)	0.123	0.0986	0.1781	0.1781
扣除非经常性损益后的每股收益(加权平均)	0.123	0.0986	0.1781	0.1781
每股净资产(元)	1.66	1.62	2.23	2.43
调整后的每股净资产(元)	1.39	1.26	1.67	2.09
每股经营活动产生的现金流量净额(元)	0.26	0.06	0.17	0.17
净资产收益率(%)(按净利润全面摊薄)	8.42	8.02	22.11	20.66
加权净资产收益率(%)(按净利润计算)	8.27	8.35	22.11	20.66
扣除非经常性损益后的加权净资产收益率(%)(按净利润计算)	7.28	6.09	7.60	7.32

按照中国证监会《公开发行证券公司信息披露编报规则(第9号)》要求计算2000年度的净资产收益率和每股收益。

		净资产权益率(%)		每股权益(元)	
	报告期利润	全面摊薄	加权平均	全面摊薄	加权平均
主营业务利润	82,295,166.51	23.04	22.63	0.3828	0.3824
营业利润	34,049,140.13	9.53	9.36	0.1582	0.1582
净利润	30,083,067.21	8.42	8.27	0.1398	0.1398
扣除非经常性损益后的净利润	26,465,579.50	7.41	7.28	0.1230	0.1230

三、股东变动及股东情况

(一)、股本变动情况
1. 公司股本变动情况表

(单位：股)

	本次变动前	本次变动增减(+,-)					本次变动后
		配股	送股	公积金转股	其它	小计	
一、未上市流通股份							
1. 发起人股份	19,901,760						19,901,760
其中：							
国家持有股份							
境内法人持有股份							
境外法人持有股份							
其它							
2. 定向法人股	79,201,200						79,201,200
3. 内部职工股							
其中：高管							
4. 优先股或其它							
其中：转配股							
未上市流通股份合计	99,102,960						99,102,960
二、已流通股份							
1. 人民币普通股							
2. 境内上市的外资股							
3. 境外上市的外资股							
4. 其它							
已上市流通股份合计	116,082,250						116,082,250
三、股份总数	215,185,210						215,185,210

四川金路集团股份有限公司

二○○○年年度报告摘选

一、公司简介

1、公司法定中文名称:四川金路集团股份有限公司
2、公司法定英文名称:SICHUAN JINLU GROUP CO., LTD.
3、公司法定代表人:李富荣
4、公司董事局秘书:彭朗
联系电话:(0838)2207936　传真:(0838)2204384
邮政编码:618000
电子信箱:JLWJGLZX@DY-PUBLIC.SC.CNINFO.NET
联系地址:四川金路集团股份有限公司董事局办公室
5、公司注册及办公地址:四川省德阳市岷江西路二段57号金路大厦　邮政编码:618000
公司国际互联网网址:HTTP://WWW.JINLU.NET
电子信箱:JLWJGLZX@DY-PUBLIC.SC.CNINFO.NET
6、公司信息披露报纸名称:《中国证券报》、《证券时报》
7、登载公司年度报告的国际互联网网址:HTTP://WWW.CNINFO.COM.CN
8、公司年度报告备置地点:本公司董事局办公室
9、公司股票上市地:深圳证券交易所
股票简称:金路集团　股票代码:0510

二、会计数据和业务数据摘要

(一)本年度主要会计数据

(单位:人民币元)

项目	金额
利润总额	82,076,092.51
净利润	82,070,429.03
扣除非经常性损益后的净利润	83,014,441.45
主营业务利润	133,609,215.63
其他业务利润	1,295,523.83
营业利润	83,020,104.93
投资收益	51,500.00
补贴收入	0
营业外收支净额	-995,512.42
经营活动产生的现金流量净额	70,846,062.34
现金及现金等价物净增加额	-11,065,953.01
注:扣除非经常性损益项目涉及金额:	
(1)股权投资收益	51,500.00
(2)营业外收支净额	-995,512.42

(二)截止2000年末公司近三年的主要会计数据和财务指标

(单位:人民币元)

项目	2000年度	1999年度		1998年度	
		调整后	调整前	调整后	调整前
主营业务收入	511,002,929.41	344,301,100.21	344,301,100.21	283,593,182.97	283,593,182.97
净利润	82,070,429.03	456,647.26	2,071,308.63	-174,772,113.51	-119,929,645.91
总资产	1,001,453,494.70	937,379,492.44	951,833,121.16	953,193,664.96	1,067,716,438.34
股东权益(不含少数股东权益)	584,506,114.84	498,246,053.93	510,450,965.30	493,590,407.24	601,596,259.39
每股收益(摊薄)	0.28	0.002	0.007	-0.597	-0.41
每股收益(加权)	0.28	0.002	0.007	-0.597	-0.41
扣除非经常性损益后的每股收益	0.283	-0.026	-0.006	-0.553	-0.383
每股净资产	1.996	1.701	1.74	1.685	2.05
调整后的每股净资产	1.853	1.591	1.68	1.601	1.923
每股经营活动产生的现金流量净额	0.242	0.012	0.012	0.045	0.045
净资产收益率(加权)%	15.13	0.09	0.41	-33.99	-18.53
净资产收益率(摊薄)%	14.04	0.09	0.41	-35.41	-19.93

(三)附表

按照中国证监会《公开发行证券公司信息披露编报规则》(第9号)文件要求计算的利润数据如下:

报告期利润	2000年				1999年			
	净资产收益率(%)		每股收益(元)		净资产收益率(%)		每股收益(元)	
	全面摊薄	加权平均	全面摊薄	加权平均	全面摊薄	加权平均	全面摊薄	加权平均
主营业务利润	22.86	24.63	0.46	0.46	8.54	8.58	0.145	0.145
营业利润	14.20	15.30	0.283	0.283	-1.52	-1.53	-0.026	-0.026
净利润	14.04	15.13	0.28	0.28	0.09	0.09	0.002	0.002
扣除非经常性损益后的净利润	14.20	15.30	0.283	0.283	-1.53	-1.53	-0.026	-0.026

三、股本变动及股东情况

1、股份变动情况表

数量单位:股

	本次变动前	本次变动增减(+ -)						本次变动后
		配股	送股	公积金转股	增发	其他	小计	
一、尚未流通股份								
1、发起人股份	39,099,760	0	0	0	0	0	0	39,099,760
其中:								
国家拥有股份	39,057,760	0	0	0	0	0	0	39,057,760
境内法人持有股份	42,000	0	0	0	0	0	0	42,000
外资法人持有股份								
其他								
2、募集法人股	60,581,360	0	0	0	0	0	0	60,581,360
3、内部职工股								
4、优先股或其他								
其中:转配股								
未上市流通股份合计	99,681,120	0	0	0	0	0	0	99,681,120
二、已上市流通股份								
1、人民币普通股	193,194,964	0	0	0	0	0	0	193,194,964
2、境内上市的外资股								
3、境外上市的外资股								
4、其他								
已上市流通股份合计	193,194,964	0	0	0	0	0	0	193,194,964
三、股份总数	292,876,084	0	0	0	0	0	0	292,876,084

沈阳银基发展股份有限公司

二○○○年年度报告摘选

一、公司简介

1、公司中文名称:沈阳银基发展股份有限公司
公司英文名称:SHENYANG INGENIOUS DEVELOPMENT CO., LTD
2、公司法定代表人:刘成文
3、公司董事会秘书:王利群
联系地址:沈阳市和平区十一纬路82号皇城酒店
联系电话:024-22857819
传 真:024-22846927
电子信箱:wlqiig@163.net
4、公司注册地址及邮政编码:沈阳市东陵区文化东路20号　110015
办公地址及邮政编码:沈阳市和平区十一纬路82号　110003
互联网网址:www.ingin.com
电子信箱:yinjijt@pub.sy.ln.cn
5、公司信息披露报纸:《中国证券报》、《证券时报》
公司年度报告披露的网址:www.cninfo.com.cn
公司年度报告备置地点:公司证券部
6、股票上市地:深圳证券交易所
股票简称:银基发展
股票代码:0511

二会计数据和业务数据摘要

1、本年度主要会计数据和业务数据(单位:元)

项 目	数 据
利润总额	71,250,321.29
净利润	47,130,222.49
扣除非经常性损益后的净利润	47,130,222.49
主营业务利润	96,125,378.73
其他业务利润	
营业利润	71,729,937.90
投资收益	
补贴收入	
营业外收支净额	
经营活动产生的现金流量净额	-211,543,946.27
现金及现金等价物净增加额	401,729,865.24

2、公司截止报告期末前三年主要会计数据和财务指标(单位:元)

项 目	2000年度	1999年度	1998年度
主营业务收入	254,376,457.64	66,749,610.96	68,494,929.07
净利润	47,130,222.49	23,132,849.52	12,521,964.18
总资产	1,417,785,858.82	274,828,847.45	337,813,386.11
股东权益(不含少数股东权益)	888,675,324.52	176,484,807.03	153,351,957.51
每股收益	0.262	0.178	0.096
每股收益(加权)	0.322	0.178	0.096
每股收益(扣除非经营性损益后)	0.262	0.138	
每股净资产	4.94	1.359	1.18
调整后的每股净资产	4.92	1.33	1.15
每股经营活动产生的现金流量净额	-1.18	-0.039	0.01
净资产收益率%	5.30	13.11	8.17
净资产收益率%(加权)	11.18		

注:根据中国证监会《公开发行证券公司信息披露编号细则(第九号)》要求计算的利润数据如下:

报告期利润	净资产收益率		每股收益	
	全面摊薄	加权平均	全面摊薄	加权平均
主营业务利润	10.82%	22.79%	0.534	0.656
营业利润	8.07%	17.01%	0.399	0.489
净利润	5.30%	11.18%	0.262	0.322
扣除非经常性损益后的净利润	5.30%	11.18%	0.262	0.322

3、股东权益变动情况(单位:股,元)

项 目	股本	资本公积	盈余公积	法定公益金	未分配利润	股东权益合计
期初数	129,880,950.40	10,949,043.93	11,503,299.38	5,751,649.69	24,151,514.32	176,484,807.03
本期增加	50,000,000.00	615,060,295.00	11,588,964.07	5,794,482.03	47,130,222.49	
本期减少					11,588,964.07	
期末数	179,880,950.40	626,009,337.93	23,092,263.45	11,546,131.72	59,692,772.74	888,675,324.52

三股本变动及股东情况

1、主要股东持股情况

(1)本报告期末,公司共有股东26265户。

(2)前十名股东持股情况

股东名称	持股数(股)	占总股本比例(%)
1 沈阳银基集团股份有限公司	46,632,432	25.9%
2 同益证券投资基金	8,495,329	4.72%
3 兴和证券投资基金	8,000,000	4.45%
4 兴华证券投资基金	8,000,000	4.45%
5 沈阳银顺隆机电物资有限公司	4,615,120	2.57%
6 大连银通实业有限公司	4,500,000	2.50%
7 沈阳新思科自动化有限公司	2,401,346	1.33%
8 深圳市瑞业达投资有限公司	2,000,000	1.11%
9 沈阳建行信托投资有限公司	1,560,000	0.87%
10 金泰基金	1,274,590	0.71%

丽珠医药集团股份有限公司

二〇〇〇年年度报告摘选

一、公司简介

1、集团中文名称:丽珠医药集团股份有限公司
集团英文名称:LIVZON PHARMACEUTICAL GROUP INC.
2、法定代表人:易振球
总 裁:徐孝先
3、董事会秘书:王武平
授权代表:李 皓
电 话:(0756)8135993 传 真:(0756)8891070
电子信箱:zhlzcwgs@pub.zhuhai.gd.cn
联系地址:珠海市拱北桂花北路丽珠大厦
4、注册地址:广东省珠海市拱北桂花北路
邮政编码:519020
网站:http://www.livzon.com
电子信箱:zhlivzon@pub.zhuhai.gd.cn.
5、选定的信息披露报纸:
《证券时报》、《上海证券报》、
《文汇报》(香港,中文)、《南华早报》(香港,英文)
本年度报告披露于中国证监会指定网站:http://www.cninfo.com.cn
6、年度报告备置于:丽珠集团董事会秘书处
7、股票上市交易所:深圳证券交易所
股票简称及代码:丽珠集团(0513) 丽珠 B(2513)

二、会计数据和业务数据摘要

1、本年度主要利润指标情况:

(单位:人民币元)

主营业务利润	542,472,695.80
其他业务利润	3,503,498.20
营业利润	41,683,844.16
投资收益	(6,364,983.31)
补贴收入	1,960,877.42
营业外收支净额	(2,023,447.12)
利润总额	35,256,291.15
净利润	10,375,817.00
扣除非经常损益后的净利润	10,375,817.00
经营活动产生的现金流量净额	38,515,144.41
现金及现金等价物净增加额	(42,503,317.96)

2、净利润审计差异

经利安达信隆会计师事务所有限责任公司按照中国会计准则审核,2000 年集团实现净利润 1,037.58 万元;经香港摩斯伦会计师行按照国际会计准则审核,实现净利润 1,493.10 万元,两项之差额 455.52 万元,主要原因是:按照国际会计准则,对预提费用、出售联营公司及其他投资及住房公积金分别调增利润 1,720 万元、747.7 万元、241.3 万元,对存货准备、合并差异、坏帐准备、开办费及其他分别调减利润 64.1 万元、136 万元、1,300 万元、617.5 万元、135.9 万元所致。

3、集团近三年主要会计数据和财务指标

(单位:人民币元)

主要会计数据	2000 年	1999 年	1998 年	
			调整后	调整前
主营业务收入	1,178,553,154.35	1,133,819,577.64	888,889,325.37	899,045,117.99
净利润	10,375,817.00	1,647,444.89	3,019,813.11	40,832,721.74
股东权益(不含少数股东权益)	916,001,867.40	901,997,825.43	925,311,218.11	1,018,649,312.20
总资产	1,588,290,694.11	1,557,847,725.23	1,439,676,868.22	1,560,922,291.37
主要财务指标				
每股净资产	2.99	2.95	3.02	3.33
调整后的每股净资产	2.65	2.59	2.60	2.97
净资产收益率	1.13%	0.18%	0.33%	4.01%
每股经营活动产生的现金流量净额	0.13	0.80	-0.06	-0.06
每股收益	0.03	0.005	0.010	0.130

注:(1)上述数据及指标均为合并报表数。

(2)本集团近三年未实施配股及送股方案,总股本未发生变化,为 306,035,482 股。

(3)1998 年的调整系集团 1999 年根据国家《股份有限公司会计制度》及财政部财会字(1999)35 号文的规定,调整坏帐准备、短期投资、存货及长期投资四项计提,并对此会计政策变更的影响采用追溯调整法调整到各所属年度会计报表所致。

(4)按照中国证监会《公开发行证券公司信息披露编报规则(第 9 号)》要求计算的利润数据:

报告期利润	净资产收益率	每股收益
主营业务利润	59.22%	1.77
营业利润	4.55%	0.14
净利润	1.13%	0.03
扣除非经常性损益后的净利润	1.13%	0.03

三、股东情况介绍

1、2000 年末股东总数 46930 户,其中 A 股股东 42576 户(其中董事、监事等高级管理人员持股 3 户),B 股股东 4354 户。

2、前十名股东持股情况(截止 2000 年 12 月 31 日)

股 东 名 称	年内增减(股)	年末股数(股)	持股比例(%	股份类别
1. 中国光大(集团)总公司	0	38,917,518	12.72	境内法人股
2. 中国光大医药有限公司	0	18,893,448	6.17	外资法人股
3. 君安代理有限公司	-3,161	13,857,748	4.53	流通 B 股
4. 珠海市医药总公司	0	11,615,691	3.80	境内法人股
5. 广州医药保健品进出口公司	0	11,059,428	3.61	境内法人股
6. Top Dynamic Investments Ltd.	+1,018,859	10,545,149	3.45	流通 B 股
7. China Everbright Financial Holdings Ltd.	0	9,244,713	3.02	流通 B 股
8. 广东韶关药业集团公司	0	6,463,548	2.11	境内法人股
9. Rexmore Company Limited	-254,566	6,015,500	1.97	流通 B 股
10. 兴安证券投资基金	+2,500,121	2,500,121	0.82	流通 A 股

重庆渝开发股份有限公司

二〇〇〇年年度报告摘选

一、公司简介

1、公司法定中文名称:重庆渝开发股份有限公司
公司法定英文名称:CHONGQING YUKAIFA CO.,LTD.
2、公司法定代表人:官忠富
3、公司董事会秘书:刘祥明;授权代表:夏光明、叶 菁
联系地址:重庆市渝中区曾家岩 1 号附 1 号
电 话:(023)63626484
传 真:(023)63852638
4、公司注册地址及办公地址:重庆市渝中区曾家岩 1 号附 1 号
邮政编码:400015
E-mail:ykf514@cta.cq.cn
5、公司选定的信息披露报纸名称:《中国证券报》、《证券时报》
登载公司年度报告的中国证监会指定国际互联网网址:
http://www.cninfo.com.cn
公司年度报告备置地点:重庆渝中区曾家岩 1 号附 1 号公司总部
6、股票上市交易所:深圳证券交易所
股票简称:渝开发
股票代码:0514

二、会计数据和业务数据摘要

1、公司本年度会计数据(单位:人民币元)

利润总额	780,940.88
净利润	521,222.59
扣除非经常性损益后的净利润	-3,078,815.92
主营业务利润	17,201,371.15
其他业务利润	1,782,308.97
营业利润	-7,006,853.44
投资收益	4,010,369.96
补贴收入	5,600,000.00
营业外收支净额	-1,822,575.64
经营活动产生的现金流量净额	-2,518,813.25
现金及现金等价物净增加额	-9,007,132.18
注:扣除的非经常性损益项目和涉及金额	-3,600,038.51
营业外收支净额项目:	1,822,575.64
其中:①无法支付的款项	-75,194.18
②协议型联营连带责任经营损失	1,855,650.00
③处理固定资产投资损失	42,119.82
投资收益:	-5,422,614.15
其中:①委托投资收益	-5,023,100.00
②国债投资收益	-399,514.50

2、截至报告年度末公司前三年的主要会计数据和财务指标 (单位:人民币元)

项 目	2000 年	1999 年	1998 年	
			调整前	调整后
主营业务收入	45,612,500.63	52,161,690.90	128,469,464.93	128,469,464.93
净利润	521,222.59	12,230,460.56	53,484,453.64	38,936,502.60
总资产	497,659,239.54	502,159,437.59	500,593,457.50	445,013,429.91
股东权益(不含少数股东权益)	181,596,904.75	181,075,682.16	225,425,249.19	168,845,221.60
每股收益	0.004	0.104	0.59	0.43
每股收益(加权)	0.004	0.11	0.59	0.43
扣除非经常性损益后的每股收益	-0.03	0.03	0.21	0.05
每股净资产	1.54	1.54	2.49	1.87
调整后的每股净资产	1.40	1.52	2.48	1.86
每股经营活动产生的现金流量净额	-0.02	0.08	0.9	0.9
净资产收益率%	0.29	6.75	23.73	23.06
净资产收益率%(按净利润摊薄)	0.29	6.75	23.73	23.06
净资产收益率%(按净利润加权)	0.29	6.53	21.21	20.68
净资产收益率%(扣除非经常性收益加权)	-1.70	1.68	7.32	2.43

附表:

报告期利润	净资产收益率(%)		每股收益(元)	
	全面摊薄	加权平均	全面摊薄	加权平均
主营业务利润	9.47	6.84	0.15	0.15
营业利润	-3.86	-2.79	-0.06	-0.06
净利润	0.29	0.20	0.004	0.004
扣除非经常性损益后的净利润	-1.70	-1.70	-0.03	-0.03

三、股东情况介绍

(1)报告期末股东总数

截止 2000 年 12 月 31 日公司股东总数为 26220 户,其中:国家股股东 1 户,法人股股东 4 户,社会公众股股东 26215 户(含:高管人员 1 户)。

(2)主要股东持股情况(前 10 名股东)

名次 股 东 名 称	年末持股数(股)	占总股本(%)
(1)重庆市城市建设投资公司	61467120	52.29
(2)中国宝安集团股份有限公司	7146048	6.08
(3)中国信达信托投资公司包头证券部	3120000	2.65
(4)深圳市信诚投资有限公司	1366512	1.16
(5)西安怡和经济发展投资集团公司	1200000	1.02
(6)哈尔滨市裕晨酒店	680000	0.58
(7)赵国群	353900	0.30
(8)哈尔滨市宏达砖厂	265328	0.23
(9)金锋	260000	0.22
(10)鲍吉田	198000	0.17

重庆渝港钛白粉股份有限公司

二〇〇〇年年度报告摘选

一、公司简介

(一)公司法定中文名称:重庆渝港钛白粉股份有限公司
公司法定英文名称:CHONG QING YU-GANG TIOXIDE CO.LTD
(二)公司法定代表人:代树培
(三)公司董事会秘书:向远平
联系地址:重庆市巴南区走马二村51号
电 话:023-62551281-388 传 真:023-62551279
(四)公司注册地址:重庆市江北区建新北路41-1号
邮政编码:400020
公司办公地址:重庆市巴南区走马二村51号
邮政编码:400055
(五)公司选定的信息披露报纸名称:《中国证券报》、《证券时报》
登载公司年度报告的中国证监会指定国际互联网网址:
http://www.cninfo.com.cn
公司年度报告备置地点:公司证券部
(六)公司股票上市交易所:深圳证券交易所
股票简称:PT渝钛白 股票代码:0515

二、会计数据和业务数据摘要

(一)公司本年度会计数据(单位:人民币元)

项目	金额
利润总额:	3,509,307.49
净利润:	3,509,307.49
扣除非经常性损益后的净利润:	-2,564,440.41
主营业务利润:	50,497,006.17
其他业务利润:	1,915,880.18
营业利润:	-1,089,298.87
投资收益:	0
补贴收入:	5,346,928.61
营业外收支净额:	-748,322.25
经营活动产生的现金流量净额:	66,071,073.32
现金及现金等价物净增加额:	32,152,416.58

注:"扣除非经常性损益的净利润"涉及扣除的项目、涉及金额的说明:

项目	金额
(1)补贴收入	5,346,928.61
(2)处置固定资产净损失	1,189,060.89
(3)其他业务利润	1,915,880.18

(二)公司近三年主要财务指标:

项目	2000年度	1999年度(调整后)	1998年度(调整后)
主营业务收入(元)	214786118.62	164069355.28	71897759.92
净利润(元)	3509307.49	-141434132.74	-348721541.50
总资产(元)	714613322.83	737315211.92	790428875.96
股东权益(元)	217835434.39	-460122655.47	-321888522.73
全面摊薄每股收益(元/股)	0.027	-1.09	-2.68
加权平均每股收益(元/股)	0.027	-1.09	-2.68
扣除非经常性损益后的每股收益(元/股)	-0.02	-1.15	-1.54
每股净资产(元)	1.68	-3.54	-2.48
调整后的每股净资产(元)	1.57	-3.57	-2.49
每股经营活动产生的现金流量净额(元)	0.51	0.36	-0.05
全面摊薄净资产收益率(%)	1.61	--	--
加权平均净资产收益率(%)	-2.77	--	--

注1:本报告期内股本未发生变动。

注2:1998年(调整后)主要会计数据和财务指标系根据财会字[1999]35号文、49号文的有关规定,改变会计政策,进行追溯调整所致。

注3:1999年(调整后)主要会计数据和财务指标系调整以前年度利润所致。

注4:按照中国证监会《公开发行证券公司信息披露编报规则第9号》的规定计算的"每股收益"和"净资产收益率"系列指标:

报告期利润	净资产收益率(%)		每股收益(元)	
	全面摊薄	加权平均	全面摊薄	加权平均
主营业务利润	23.18	-39.79	0.39	0.39
营业利润	-0.50	-	-0.008	-0.008
净利润	1.61	-2.77	0.027	0.027
扣除非经常性损益后的净利润	-1.18	-	-0.02	-0.02

三、股东情况介绍

(一)本报告期末(截止2000年12月31日止)股东总数为7459户,其中国家股股东1户,社会公众股东7458户。

(二)本公司前10名股东持股情况

序号 股东名称	年末持股数(股)	占总股本比例(%)
1、中国长城资产管理公司	74565200	57.36
2、蒋宏钧	1345600	1.04
3、赵双凤	920000	0.71
4、王德志	885500	0.68
5、王德业	830000	0.64
6、赵玉敏	819656	0.63
7、齐之	796000	0.61
8、北京哈里兴业商贸有限责任公司	788000	0.61
9、周厚华	787300	0.61
10、董积和	734862	0.57

(三)持股10%以上的法人股东情况

本公司第一大股东--中国长城资产管理公司系经国务院批准成立的具有独立法人资格的国有独资金融企业,公司注册资本100亿元人民币,由财政部全额拨入。公司法定代表人:汪兴益。其经营范围是:收购并经营银行剥离的不良资产;债务追偿、资产置换、转让与销售;债务重组、企业重组;债权转股权及阶段性持股,资产证券化;资产管理范围内的推荐企业上市和股票、债券的承销;发行债券、向金融机构借款和向中央银行申请再贷款;资产及项目评估;财务及法律咨询;经金融监管部门批准的其他业务。

西安解放集团股份有限公司

二〇〇〇年年度报告摘选

一、公司简介

1、公司法定中文名称:西安解放集团股份有限公司
公司英文名称:XI'AN JIEFANG GROUP CO.,LTD
公司英文名称缩写:JFG
2、公司法定代表人:王 科
3、公司董事会秘书:刘建锁
联系地址:西安市解放市场6号
电 话:(029)7217854
传 真:(029)7217705
4、公司注册地址及办公地址:西安市解放市场6号
公司邮政编码:710001
公司电子信箱:JFG@pub.xaonline.com
5、公司年度报告备置地点:公司证券部
公司选定的信息披露报纸名称:《证券时报》
登载公司年度报告的中国证监会指定国际互联网网址:
http://www.cninfo.com.cn
6、公司股票上市地:深圳证券交易所
股票简称:陕解放A
股票代码:0516

二、会计数据和业务数据摘要

1、本年度实现利润情况(单位:人民币元)

项目	金额
利润总额:	37,129,510.62
净利润:	31,944,276.67
扣除非经常性损益后的净利润:	31,944,276.67
主营业务利润:	85,779,893.31
其他业务利润:	443,981.98
营业利润:	34,914,554.13
投资收益:	2,287,958.67
补贴收入:	0.00
营业外收支净额:	-73,002.18
经营活动产生的现金流量净额:	46,735,223.21
现金及现金等价物净增加额:	68,919,844.76

2、本年度净资产收益率和每股收益情况

报告期利润	净资产收益率(%)		每股收益(元)	
	全面摊薄	加权平均	全面摊薄	加权平均
主营业务利润	37.21	36.04	0.71	0.71
营业利润	15.15	14.67	0.29	0.29
净利润	13.86	13.42	0.265	0.265
扣除非经常性损益后的净利润	13.86	13.42	0.265	0.265

3、最近三年主要会计数据和财务指标

单位:人民币元

指标项目	2000年度	1999年度	1998年度(追溯调整后)	1998年度(追溯调整前)
主营业务收入	728,084,172	678,572,931	624,527,092	624,527,092
净利润	31,944,277	26,809,744	24,341,682	24,464,158
总资产	635,785,503	507,228,651	433,263,109	434,557,125
股东权益	230,506,299	222,030,115	195,220,371	196,514,387
每股收益	0.265	0.22	0.20	0.20
加权每股收益	0.265	0.22	0.20	0.20
扣除非经常性损益后每股收益	0.265	0.24	0.21	0.21
每股净资产	1.92	1.84	1.62	1.63
调整后每股净资产	1.90	1.82	1.60	1.61
每股经营活动产生的现金流量净额	0.39	0.18	0.36	0.36
净资产收益率%	13.86	12.07	12.47	12.45
加权净资产收益率%	13.42	12.85	13.21	13.17

三、股东情况介绍

1、报告期末股东数量:
本报告期末的股东总数为17921户,其中内部职工股东2户。
2、主要股东持股情况:(截止日期:2000年12月31日)

股东名称	期初数(万股)	增减变动(万股)	期末数(万股)	持股比例(%)
西安市国有资产管理局(持国家股)	2804.6293	0.00	2804.6293	23.30
深圳市赛快投资发展有限公司	0.00	+2286.90	2286.90	19.00
西安商业科技开发公司	583.9266	0.00	583.9266	4.85
海南新龙头投资有限公司	0.00	+435.60	435.60	3.62
陕西精诚投资有限公司	0.00	+399.30	399.30	3.32
西安华融科技有限公司	0.00	+326.70	326.70	2.71
西安中露食品有限责任公司	0.00	+326.70	326.70	2.71
中国航空油料西北公司	217.80	0.00	217.80	1.81
深圳市广顺实业股份有限公司	217.80	0.00	217.80	1.81
深圳天久实业有限公司	217.80	0.00	217.80	1.81

说明:
①前10名股东所持股份均为未上市流通股份。
②持股5%以上的股东年度内无质押或冻结情况。
③前10名股东之间不存在关联关系。
④前10名股东中部分法人股东的持股变动是由于协议受让本公司法人股份所致。

宁波成功信息产业股份有限公司

二〇〇〇年年度报告摘选

一、公司简介

●公司的法定中文名称:宁波成功信息产业股份有限公司
● 公司的法定英文名称:NINGBO SUCCESS INFORMATION INDUSTRY CO.,LTD.
● 英文缩写:SIT
●公司法定代表人:陈 新
●公司董事局秘书及授权代表:傅备镖　　胡约翰
联系地址:宁波市江东北路138号金融大厦12AF
电 话:0574-7730353
传 真:0574-7374078
电子信箱:stock@successit.com
●公司注册地址(办公地址):宁波市江东北路138号金融大厦12AF
邮政编码:315040
国际互联网址:http://www.successit.com
电子信箱:info@successit.com
●公司选定的信息披露报纸名称:《证券时报》和《中国证券报》
●登载公司年度报告的中国证监会指定国际互联网网址:http://www.cninfo.com.cn
●公司年度报告备置地点:董事局秘书处
●公司股票上市交易所:深圳证券交易所
股票简称:甬成功
股票代码:0517

二、会计数据和业务数据摘要

(一)本年度利润总额、净利润及其构成

单位:人民币元

项目	2000年度
利润总额	62159536.84
净利润	54465913.46
扣除非经常性损益后的净利润	54245415.45
主营业务利润	91523747.24
其他业务利润	10159729.39
营业利润	56867975.64
投资收益	1714839.73
补贴收入	880678.00
营业外收支净额	2696043.47
经营活动产生的现金流量净额	9885581.29
现金及现金等价物净增加额	170323247.19

注:非经常性损益包括:(1)宁波无线电厂合并价差摊销收益48447.50元;(2)深圳市成功通信技术有限公司摊销收益-2686333.66元;(3)公司长期投资回收所抵物品处理损失-211984.17元;(4)固定资产出售净收入1543329.12元;(5)确定无法支付的预收帐款和应付帐款1527039.22元。

(二)截至报告期末公司前三年的主要会计数据和财务指标

单位:人民币元

项目	2000年度	1999年度	1998年度	
			调整前	调整后
主营业务收入	203651917.05	47876013.37	98241574.55	8521392.13
净利润	54465913.46	27097025.50	-12344693.15	-13966884.28
每股收益	0.61	0.301	-0.137	-0.155
扣除非经常性损益后的每股收益	0.60	0.186	-0.138	-0.156
净资产收益率(%)	21.47	13.61	-6.70	-8.12
项目	**2000年12月31日**	**1999年12月31日**	**1998年12月31日**	
			调整前	调整后
总资产	570706203.43	282975578.37	309924230.67	204622626.29
股东权益(不含少数股东权益)	253683489.80	199107153.12	184113863.43	172010127.62
每股净资产	2.82	2.21	2.05	1.91
调整后的每股净资产	2.79	2.21	1.98	1.84
每股经营活动产生的现金流量净额	0.11	0.133	0.115	

三、股本变动及股东情况

(一)股本变动情况
1、截止2000年末,本公司股东总数为10513户。
2、截止2000年末,前10名股东情况:

数量单位:股

序号	股东名称	年内股份增减变动情况(股)	年末持股数量(股)	占总股本的比例(%)	是否质押或冻结
1	深圳市新海工贸发展有限公司	0	32432677	36.08	是
2	宁波东方电脑设备有限公司	-4000000	10540193	11.72	是
3	上海银通创业发展有限公司	+4000000	4000000	4.45	否
4	北京市华远集团公司	0	3120000	3.47	否
5	民安投资管理有限公司	+2398184	2398184	2.67	否
6	北京麒祥文化发展有限责任公司	0	2060000	2.29	否
7	中国通信建设总公司	0	2060000	2.29	否
8	北京市港能科技发展有限责任公司	0	1859272	2.07	否
9	宁波港务局	0	1732500	1.93	否
10	海军4819工厂	0	1578320	1.76	否

江苏振新实业股份有限公司

二〇〇〇年年度报告摘选

一、公司简介

公司法定中文名称 江苏振新实业股份有限公司
中文缩写 振新股份
公司英文名称 JIANGSU ZHENXIN INDUSTRY AND COMMERCE SHARE CO.,LTD
英文缩写 JSZX
公司法定代表人 华国强
董事会秘书 高立新
联系地址 江苏省江阴市新桥镇
联系电话 0510-6121071
传　真 0510-6121071
电子信箱 jszxdm@163.net
公司注册地址和办公地址 江苏省江阴市新桥镇
公司电子信箱 zx0518@163.net
邮政编码 214426
公司指定信息披露报纸 证券时报
登载公司年度报告国际互联网网址 http://www.cninfo.com.cn
公司年度报告备置地点 本公司证券部
公司股票上市交易所 深圳证券交易所
公司股票简称 ST振新
公司股票代码 0518

二、会计数据和业务数据摘要

1、公司本年度会计数据

单位:人民币元

项目	金额
利润总额	56,783,887.67
净利润	53,016,114.97
扣除非经常性损益后的净利润	51,039,662.73
主营业务利润	65,046,520.49
其他业务利润	4,465,405.50
营业利润	54,807,435.43
投资收益	1,251,811.05
补贴收入	——
营业外收支净额	724,641.19
经营活动产生的现金流量净额	23,560,514.45
现金及现金等价物增加值	18,651,175.17

备注:扣除的非经常性损益项目及金额

1、投资收益:1251811.05元,其中股权投资收益1028000.00元,股票投资收益223811.05元;

2、债务重组收益:1287882.91元,营业外支出:563241.72元。

2、公司近三年财务指标

单位:人民币元

指标项目	2000年度	1999年度	1998年度	
			调整前	调整后
主营业务收入	187,246,758.48	105,247,190.20	507,793.26	507,793.26
净利润	53,016,114.97	38,720,344.89	-31,243,785.71	-31,243,785.71
总资产	274,672,391.51	216,714,913.75	180,325,080.68	186,230,473.94
股东权益	204,833,502.14	156,832,727.17	104,292,654.37	104,292,654.37
每股收益	0.40	0.29	-0.23	-0.23
扣除非经常性损益后每股收益	0.38	0.11	-0.23	-0.23
每股净资产	1.53	1.17	0.78	0.78
净资产收益率(%)	25.88	24.69	-29.95	-29.95
调整后的每股净资产	1.44	1.12	0.78	0.78
每股经营活动产生的现金流量净额	0.18	0.03	-0.03	-0.03

备注:扣除非经常性损益后每股收益=净利润-投资收益-(营业外收入-营业外支出)/年度末普通股股份总数

3、报告期内年度内股东权益变动情况及其原因

单位:人民币元

项目	股本	资本公积	盈余公积金	公益金	未分配利润	合计
期初数	133,742,400	56,594,536.36	2,091,333.95	2,091,333,95	-35,595,543.14	156,832,727.17
本期增加	——	——	2,613,085.77	871,028.59	45,387,689.2	48,000,774.97
本期减少	——	——	——	——	——	——
期末数	133,742,400	56,594,536.36	4,704,419.72	2,962,362.54	9,792,146.06	204,833,502.14
变动原因	——	——	本期利润增加	本期利润增加	本期利润增加	本期利润增加

三、股本变动及股东情况介绍

1、报告期内,本公司股本总量未发生变化。
2、股东情况
(1)截止2000年12月31日,公司股东总数为20287户。
公司除张昌华3300股高管股冻结外,现任董事、监事及高级管理人员无高管持股情况。
(2)截止2000年12月31日,公司前10名股东持股情况:

股东名称	年末持股数(万股)	占总股本比例(%)
江阴市振新毛纺织厂	2674.3168	20.00
昆山三山纺织集团公司	662.6400	4.95
北京恒通投资有限公司	558.0000	4.17
联合证券有限责任公司	392.3340	2.94
鸿飞证券投资基金	264.0000	1.97
广东智健建设工程有限公司	210.0000	1.57
交通部第二公路工程局	200.0000	1.50
铁道部第三工程局	178.7500	1.34
黑龙江省公路桥梁建设总公司	162.0000	1.21
深圳方大经济发展股份有限公司	150.0000	1.17

成都银河动力股份有限公司

二〇〇〇年年度报告摘选

一、公司简介

1、公司法定中文名称：成都银河动力股份有限公司
公司法定英文名称：CHENGDU YINHE POWER CO.,LTD.
2、公司法定代表人：张青
3、公司董事会秘书：李红卫
联系地址：四川省成都市华兴正街5号王府井商务楼B座25B
联系电话：028－6626418 6629638
传　　真：028－2903003
电子信箱：lihongwei163@163.net
公司董事会证券事务授权代表：王 磊
联系地址：四川省成都市华兴正街5号王府井商务楼B座25B
联系电话：028－6626418/6626428/6626438 转166
传　　真：028－2903003
4、公司注册地址：四川省成都市二环路东三段40号
邮政编码：610051
公司办公地址：四川省成都市华兴正街5号王府井商务楼B座25B　　邮政编码：610016
公司国际互联网网址：Http://www.cyj.com.cn
公司电子信箱：yhdl@chinese.com
5、公司选定的信息披露报纸：《证券时报》、《中国证券报》
公司年度报告登载网址：Http://www.cninfo.com.cn
公司年度报告文本备置于公司办公地点
6、公司股票上市交易所：深圳证券交易所
公司股票简称：银河动力
公司股票代码：0519

二、会计数据和业务数据摘要

1、本年度利润情况

(单位：元)

利润总额	29,203,684.63
净利润	25,595,070.32
扣除非经常性损益后的净利润	16,233,724.17
主营业务利润	54,813,522.45
其他业务利润	2,307,236.50
营业利润	18,838,537.94
投资收益	8,329,796.89
补贴收入	2,267,134.33
营业外收支净额	－231,784.53
经营活动产生的现金流量净额	25,350,194.64
现金及现金等价物净增加额	17,462,726.78
注：扣除非经常性损益涉及的项目和金额包括：	
(1)股权转让净收益	5,125,996.35
(2)补贴收入	2,267,134.33
(3)托管收入	2,200,000.00
(4)营业外收支净额	－231,784.53
合计：	9,361,346.15

2、截至本报告期末，公司前三年的主要会计数据和财务指标：

项 目	2000年度	1999年度	1998年度	
			调整前	调整后
主营业务收入(万元)	15,532.03	16,019.81	11,510.43	11,510.43
净利润(万元)	2,559.51	1,660.35	2,413.28	2,142.60
总资产(万元)	39,750.48	36,673.57	30,756.46	30,162.40
股东权益(不含少数股东权益)(万元)	21,346.79	18,871.11	17,804.83	17,210.76
每股收益(元)	0.20	0.23	0.34	0.30
加权每股收益(元)	0.20	0.23	0.34	0.30
扣除非经常性损益后的每股收益(元)	0.13	0.23	0.01	－0.03
每股净资产(元)	1.67	2.66	2.51	2.43
调整后的每股净资产(元)	1.64	2.60	2.45	2.38
每股经营活动产生的现金流量净额(元)	0.20	0.07		
净资产收益率(%)	11.99	8.80	13.55	12.45
加权净资产收益率(%)	12.72	9.20	14.57	13.30

3、按中国证监会《公开发行证券公司信息披露编报规则(第9号)》要求计算的利润数据。

报告期利润	净资产收益率(%)		每股收益(元)	
	全面摊薄	加权平均	全面摊薄	加权平均
主营业务利润	25.68	27.24	0.43	0.43
营业利润	8.82	9.36	0.15	0.15
净利润	11.99	12.72	0.20	0.20
扣除非经常性损益后的净利润	7.60	8.07	0.13	0.13

三、股东情况介绍

1、本报告期末，公司股东总数为14831户。

2、前十名股东及持股情况(本报告年度内持股变动如下表，持股5%以上的股东所持股份无质押或冻结的情况)：

股东名称	持股数量(期初)单位(万股)	持股数量(期末)单位(万股)	占总股本比例(%)	变动原因
1、银河(长沙)高科技实业有限公司	2058	3704.4	29.00	实施10送5转增3
2、湖南新兴公司	1315.68	2368.224	18.54	同上
3、市能源投资股份有限公司	120	216	1.69	同上
4、四川天歌(集团)股份有限公司	120	216	1.69	同上
5、乐山电力股份有限公司	120	216	1.69	同上
6、上海涌金实业有限公司	0	216	1.69	协议受让
7、吉林九州开发公司	108	194.4	1.52	实施10送5转增3
8、中国农贸公司成都公司	60	108	0.85	同上
9、上海同振贸易有限公司	0	108	0.85	协议受让
10、西方米奇电子(深圳)有限公司	48	86.04	0.68	实施10送5转增3

中国石化武汉凤凰股份有限公司

二〇〇〇年年度报告摘选

一、公司简介

1、公司名称：中国石化武汉凤凰股份有限公司
英文名称：SINOPEC WUHAN PHOENIX CO,LTD.
2、法定代表：邬昆华
3、公司董事会秘书 熊克金　　宫薇薇
咨询电话：027－86516722
传　　真：027－86515968
4、公司地址：武汉市青山区长青路
邮政编码：430082
英文地址：Changqing Rd. Qingshan Zone Wuhan 430082 China
5、信息披露报纸名称：《中国证券报》、《证券时报》、《上海证券报》
刊登公司年度报告的国际互联网网址：http://www.cninfo.com.cn
公司年报备置地点：公司办公室
6、公司股票上市交易所：深圳证券交易所
证券简称：中国凤凰
证券代码：0520

二、会计数据和业务数据摘要

1、公司本年度实现的：(单位：元)

利润总额	104,838,414.60
净利润	66,522,177.21
扣除非经常性损益后的净利润	64,532,922.73
主营业务利润	112,127,065.90
其他业务利润	16,355,228.34
营业利润	101,200,328.78
投资收益	4,556,268.10
补贴收入	
营业外收支净额	－918,182.28
经营活动产生的现金流量净额	－116,576,854.18
现金及现金等价物净增加额	－234,049,681.97

2、截至报告期末公司前三年的主要会计数据和财务指标：

	2000	1999		1998	
		调整后	调整前	调整后	调整前
主营业务收入(万元)	80,106.41	41,449.16	41,449.16	21,800.37	21,800.37
利润总额(万元)	10,483.84	12,397.06	12,542.75	9,653.96	9,530.72
净利润(万元)	6,652.22	10,307.42	10,453.11	8,072.23	7,948.98
总资产(万元)	138,663.38	135,802.65	135,948.34	135,092.13	135,833.02
股东权益(万元)	125,917.61	124,457.08	119,930.25	118,303.01	119,043.89
每股收益(摊薄、元)	0.128	0.199	0.20	0.16	0.15
每股收益(加权、元)	0.128	0.199	0.20	0.18	0.18
每股净资产(摊薄、元)	2.43	2.397	2.31	2.28	2.29
调整后的每股净资产(元)	2.42	2.397	2.31	2.27	2.28
每股经营活动产生的现金流量净额	－0.22	0.45	0.43	0.08	0.08
净资产收益率(摊薄、%)	5.28	8.28	8.72	6.82	6.67
净资产收益率(加权、%)	5.13	8.28	8.72	7.54	7.14

3.利润表附表：

报告期利润	净资产收益率(%)		每股收益(元/股)	
	全面摊薄	加权平均	全面摊薄	加权平均
主营业务利润	8.9	8.65	0.216	0.216
营业利润	8.04	7.81	0.1949	0.1949
净利润	5.28	5.13	0.1281	0.1281
扣除非经常损益后净利润	5.13	4.98	0.1243	0.1243

4、股东权益变动情况

项 目	股 本	资本公积	盈余公积	法定公积	未分配利润	股东权益合计
期初数	519168762	455176501.76	222319788.21	107592171.29	47905786.46	1244570838.43
本期增加			13304435.44	6652217.72	66522177.21	79826612.65
本期减少					65221311.64	65221311.64
期末数	519168762	455176501.76	235624223.65	114244389.01	49206652.03	1259176139.44
变动原因			本年度盈利	本年度盈利		本年度盈利

三、股本变动及股东情况

1、股东情况介绍

(1)截止报告期末股东总数为158214户。

(2)前10名股东的持股情况：

股 东 名 称	持股数量(股)	比例(%)
①中国石油化工股份有限公司	211,423,651	40.72
②中国人民保险公司武汉市分公司青山支公司	5,577,658	1.07
③武汉石化实业公司	5,577,658	1.07
④武汉证券公司	1,421,784	0.27
⑤武汉证券公司深圳营业部	1,010,482	0.19
⑥周建文	556,800	0.11
⑦林见明	488,650	0.09
⑧蔡子文	484,000	0.09
⑨杨清平	425,580	0.08
⑩上海敬信实业发展有限公司	422,771	0.08

第一大股东中国石油化工股份有限公司(以下简称：中石化股份)。企业法人代表：李毅中。经营范围：石油、天然气勘探、开采、销售；石油炼制；石油化工、化纤及其他化工产品的生产、销售、储运；石油、天然气管道运输；技术及信息的研究、开发、应用。股权无质押。前十名大股东之间无关联关系。

合肥美菱股份有限公司

二〇〇〇年年度报告摘选

一、公司简介

1、公司法定名称
中文名称:合肥美菱股份有限公司
英文名称:HEFEI MEILING CO.,LTD.　　英文名称缩写:HFML
2、公司法定代表人:张巨声
3、公司董事会秘书:薛辉
证券事务代表:齐敦卫
电话:(0551)2884961－394　　传真:(0551)2885502
4、公司注册及办公地址:合肥市芜湖路48号　　邮政编码:230001
公司网址:http://www.meiling.com
电子信箱:hfmlse@mail.hf.ah.cn
5、公司选定的信息披露报纸名称:《证券时报》《中国证券报》《大公报》
登载公司年度报告的国际互联网网址:http://www.cninfo.com.cn
年度报告备置地点:公司办公楼2楼董事会秘书室
6、股票上市地:深圳证券交易所
股票简称:美菱电器　　股票代码:0521
皖美菱B　　股票代码:2521

二、会计数据和业务数据摘要

1、公司本年度利润总额及构成　　(单位:人民币元)

利润总额	6,323,310.42
净利润	5,526,274.24
扣除非经常性损益后的净利润	5,271,206.86
主营业务利润	197,609,572.98
其他业务利润	－6,706,614.36
营业利润	5,058,507.66
投资收益	1,009,735.38
补贴收入	554,181.15
营业外收支净额	－299,113.77
经营活动产生的现金流量净额	57,908,771.29
现金及现金等价物净增加额	18,972,729.70

非经常性损益项目明细:营业外收支净额 －299,113.77元
固定资产投资方向调节税退税收入 554,181.15元
合计:255,067.38元

2、实现的净利润按照中国会计准则审计为5,526千元,经香港罗兵咸永道会计师事务所按照国际会计准则审计为－27,975千元,具体差异为:

	2000年度净利润(千元)
按照中国会计准则列报:	5,526
按照国际会计准则调整事项:	
1、将列入中国法定帐目保留溢利之本年费用重新分类作本年利润表之支出	(11,851)
2、将列入中国法定帐目保留溢利之本年度固定资产永久减值准备重分类作本年度利润表之支出	(4,452)
3、冲销递延所得税资产	(11,774)
4、呆滞存货准备	(5,325)
5、少计之费用支出	(1,645)
6. 其他	1,546
按照国际会计准则列报:	(27,975)

3、主要会计数据及财务指标(单位:人民币元):

项目	2000年度	1999年度	1998年度	
			调整前	调整后
主营业务收入	1,339,023,354.59	1,326,822,251.40	1,326,822,251.40	1,368,833,610.27
净利润	5,526,274.24	68,446,649.03	47,846,243.90	76,647,114.05
总资产	2,526,682,141.54	2,545,961,019.55	2,525,360,614.42	2,379,814,632.68
股东权益	1,377,510,517.47	1,404,435,992.36	1,383,835,587.23	1,335,989,343.33
每股收益(加权)	0.013	0.165	0.116	0.185
每股收益(摊薄)	0.013	0.165	0.116	0.185
每股收益(扣除非经常性损益)	0.0127	0.164	0.115	0.169
每股净资产	3.33	3.40	3.35	3.23
调整后的每股净资产	3.26	3.33	3.28	3.17
净资产收益率%(摊薄)	0.40	4.90	3.46	5.74
净资产收益率%(加权)	0.40	4.9	3.46	5.74
每股经营活动产生的现金流量净额	0.140	－0.047	－0.047	0.095

4.利润分配表附表:

报告期利润	净资产收益率(%)		每股收益(元)	
	全面摊薄	加权平均	全面摊薄	加权平均
主营业务利润	14.35%	14.25%	0.478	0.478
营业利润	0.367%	0.365%	0.012	0.012
净利润	0.401%	0.399%	0.013	0.013
扣除非经营损益后的净利润	0.383%	0.380%	0.0127	0.0127

2000年年末、1999年年末的普通股总数为413,642,949万股。

三、股本变动及股东情况

1、截至2000年12月31日,公司股东总数为100,707户。其中B股6052户,内部职工股3户。

2、公司前十名股东持股情况

序号	股东名称	股份类别	年末持有股	占总股本比例
1	合肥美菱集团公司	A股	123,396,375	29.83%
2	合肥美菱集团控股有限公司	A股	13,433,844	3.25%
3	广奇投资有限公司	B股	8,576,631	2.07%
4	泉广投资友好公司	B股	8,019,475	1.94%
5	泰纪投资有限公司	B股	4,119,780	0.99%
6	CBNY S/A PNC/SKANDIA SESECT FUND /CHINA EQUITY AC	B股	3,652,738	0.88%
7	HONWEX LIMITED	B股	2,800,000	0.68%
8	美星投资有限公司	B股	2,340,000	0.57%
9	PEEDY CROWN LIMITED	B股	2,202,000	0.53%
10	合肥工行	A股	1,707,750	0.41%

广州白云山制药股份有限公司

二〇〇〇年年度报告摘选

一、公司简介

1.公司中文名称:广州白云山制药股份有限公司
公司英文名称:GuangZhou　BaiYunShan　Pharmaceutical　Stock　Co.Ltd.
公司中文缩写:白云山A
公司英文缩写:BYS
2.公司法定代表人:黄平
3.公司董事会秘书:陈瑛
授权代表:罗善安
联系地址:广东省广州市白云区同和镇
联系电话:020－87706688－3513　　传真:020－87705599
4.公司注册地址:广东省广州市白云区同和镇
公司办公地址:广东省广州市白云区同和镇　　邮政编码:510515
国际互联网网址:www.gzbys.com
电子信箱:bysqy@mxz.gd.cei.gov.cn.
5.公司选定的信息披露报纸名称:　　中国证券报　　证券时报
6.登载公司年报的中国证监会指定的国际互联网网址:http://www.cninfo.com.cn
7.公司年度报告备置地点:广东省广州市白云区同和镇公司总部
8.公司股票上市交易所:深圳证券交易所
股票简称:ST白云山　　股票代码:0522

二、会计数据和业务数据摘要

1、本年度主要利润指标情况:

(单位:人民币元)

利润总额	71764797.55
主营业务利润	302816477.35
其他业务利润	16548741.07
营业利润	78039575.95
投资收益	－1096264.27
补贴收入	0.00
营业外收支净额	－5178514.13
净利润	71764797.55
扣除非经常性损益后的净利润	76211951.68
经营活动产生的现金流量净额	122075492.35
现金及现金等价物净增加额	－19032865.28

说明:本年公司非经常性损益构成如下:　　(单位:人民币元)

项目	金额
转让重庆医药股份公司收益	731360.00
营业外收入	872019.95
营业外支出	－6050534.08
合计	－4447154.13

2、截止报告期末公司前三年的主要会计数据和财务指标

指标项目	2000年	1999年		1998年	
		调整前	调整后	调整前	调整后
主营业务收入(万元)	82,252.69	78,969.79		42,704.86	
净利润(万元)	7,176.48	5,632.47	5,624.11	－81,854.76	－81,631.08
总资产(万元)	180,111.73	186,573.74	176,221.98	175,698.86	175,596.72
股东权益	5,341.13	－1,770.33	－1,835.35	－7,300.66	－7,402.80
全面摊薄每股收益(元)	0.19	0.15	0.15	－2.19	－2.18
加权平均每股收益(元)	0.19	0.15	0.15	－2.19	－2.18
扣除非经常性损益后的每股收益(元)	0.20	0.13	0.13	－2.10	－2.09
每股净资产(元)	0.14	－0.05	－0.05	－0.20	－0.20
调整后每股净资产(元)	－1.46	－2.07	－2.07	－2.01	－1.58
每股经营活动产生的现金流量净额(元)	0.33	0.18	0.18	－0.01	－0.01
全面摊薄净资产收益率(%)	134.36	－318.16	－306.43		
加权平均净资产收益率(%)	409.41	－122.80	－121.76		
扣除非经常性损益后的净利润的加权平均净资产收益率(%)	434.78	－106.82	－105.88		

利润表附表

报告期利润	2000年度净资产收益率		2000年度每股收益(元)	
	全面摊薄	加权平均	全面摊薄	加权平均
主营业务利润	566.95%	1727.52%	0.8089	0.8089
营业利润	146.11%	445.20%	0.2085	0.2084
净利润	134.36%	409.41%	0.1917	0.1917
扣除非经常性损益后的净利润	142.69%	434.78%	0.2036	0.2036

3、报告期内股东权益变动情况(单位:人民币元)

项目	股本	资本公积	盈余公积	未分配利润	股东权益合计
期初数	374,344,355.00	252,943,642.19	24,892,203.84	－670,533,656.76	－18,353,455.73
本期增加	0.00	0.00	0.00	71764797.55	71764797.55
本期减少	0.00	0.00	0.00		
期末数	374,344,355.00	252,943,642.19	24,892,203.84	－598,768,859.21	53,411,341.82
变动原因				本年利润增加所致	本年利润增加所致

三、股东情况介绍

1.报告期末股东总数为57102户
2.公司前十名股东持股情况

股东名称	持股数(股)	持股比例(%)
广州市国有资产管理局	108,900,000	29.09
广州白云山企业集团有限公司	108,900,000	29.09
赵旭光	6,050,000	1.62
同智证券投资基金	1,367,043	0.37
王玲	755,610	0.20
邹海	547,000	0.15
黄振忠	429,709	0.11
天津市职工保险互助会	404,128	0.11
赵伟	354,050	0.09
王宝茹	349,510	0.09

广州市浪奇实业股份有限公司

二〇〇〇年年度报告摘选

一、公司简介

1.公司法定中文名称:广州市浪奇实业股份有限公司
公司英文名称:LONKEY INDUSTRIAL CO.LTD., GUANGZHOU
2.公司法定代表人:梁建彬
3.公司董事会秘书:唐启忠
联系地址:广州市天河区黄埔大道东128号
广州市浪奇实业股份有限公司 董事会秘书处
电话:(020)82305933 或(020)82305694转228
传真:(020)82305104
电子邮箱:lonkeydm@public.guangzhou.gd.cn
4.公司注册地址及办公地址:广州市天河区黄埔大道东128号
邮政编码:510660
公司国际互联网网址:http://www.lonkey.com.cn
公司电子邮箱:lonkeyok@public.guangzhou.gd.cn
5.公司选定的信息披露报纸:中国证券报
登载公司年度报告的中国证监会指定国际互联网网址:http://www.cninfo.com.cn
年度报告备置地点:公司董事会秘书处
6.公司股票上市交易所:深圳证券交易所
股票简称:广州浪奇 股票代码:0523

二、会计数据和业务数据摘要

1.公司本年度的会计数据:(单位:人民币元)

项目	金额
利润总额	4,640,034.22
净利润	2,432,487.69
扣除非经常性损益后的净利润	2,209,995.28
主营业务利润	112,780,776.37
其他业务利润	2,034,344.79
营业利润	13,233,779.15
投资收益	(8,950,834.34)
补贴收入	134,597.00
营业外收支净额	222,492.41
经营活动产生的现金流量净额	11,227,115.21
现金及现金等价物净增加额	27,842,970.22

注:"扣除非经常性损益后的净利润"中包含以下扣除项目和金额:营业外收支净额222,492.41元。

2.公司近三年的主要会计数据和财务指标:

财务指标	2000年	1999年	1998年	
			调整后	调整前
主营业务收入(元)	448,986,320.35	384,792,392.40	328,787,240.65	328,787,240.65
净利润(元)	2,432,487.69	20,372,141.82	22,892,698.41	22,892,698.41
总资产(元)	649,289,756.09	702,147,302.56	686,300,998.46	654,708,998.14
股东权益(元)	508,268,664.07	570,600,884.35	544,908,742.53	518,108,173.51
每股收益(元/股)	0.01	0.09	0.10	0.10
扣除非经营性损益后的每股收益(元/股)	0.01	0.09	------	------
每股净资产(元/股)	2.22	2.49	2.38	2.26
调整后的每股净资产(元)	2.16	2.38	2.37	2.24
每股经营活动产生的现金流量净额	0.05	(0.08)	0.10	0.10
净资产收益率(%)	0.48	3.57	4.20	4.42

注:

1).本年度及上两年度公司均未发行新股和配股,因此,加权每股收益、每股净资产、扣除非经常性损益后的每股收益和摊薄的每股收益、每股净资产、扣除非经常性损益后的每股收益相同。

2).报告期末至摘要披露日,本公司股本总数没有发生变化。

3).调整后的每股净资产中的"应收款项"包括应收帐款、其他应收款、预付帐款、应收股利、应收利息和应收补贴款。

按照中国证监会《公开发行证券公司信息披露编报规则(第9号)》要求计算的利润数据:

报告期利润	净资产收益率		每股收益	
	全面摊薄	加权平均	全面摊薄	加权平均
主营业务利润	22.19%	19.72%	0.49	0.49
营业利润	2.60%	2.31%	0.06	0.06
净利润	0.48%	0.43%	0.01	0.01
扣除非经常性损益后的净利润	0.43%	0.39%	0.01	0.01

三、股本变动及股东情况

1.股本变动情况
(1)股份变动情况表

公司股份变动情况表

数量单位:股

	本次变动前	本次变动增减(+,-)						本次变动后
		配股	送股	公积金转股	增发	其他	小计	
一.未上市流通股份								
1.发起人股份								
其中:								
国家拥有股份	120643877	-	-	-	-	14520000	14520000	135163877
境内法人持有股份								
境外法人持有股份其他								
2.募集法人股份								
3.内部职工股								
4.优先股或其他								
其中;转配股	14574806	-	-	-	-	-14574806	-14574806	0
未上市流通股份合计	135218683	-	-	-	-	-54806	-54806	135163877
二.已上市流通股份								
1.人民币普通股(注)	94131939	-	-	-	-	54806	54806	94186745
2.境内上市的外资股								
3.境外上市的外资股								
4.其他								
已上市流通股份合计	94131939	-	-	-	-	54806	54806	94186745
三.股份总数	229350622					0	0	229350622

广州市东方宾馆股份有限公司

二〇〇〇年年度报告摘选

一、公司简介

公司法定中文名称:广州市东方宾馆股份有限公司
英文名称:GUANGZHOU DONG FANG HOTEL CO.,LTD
公司法定代表人:龙丕泉
公司授权代表:陈聪
联系地址:广州市流花路120号3103房 公司证券部
联系电话:(020)86669900~3103、86662791
传 真:(020)86669900~3102
电子信箱:dfhotel@public.guangzhou.gd.cn
公司注册地址:广州市流花路120号
公司办公地址:广州市流花路120号 邮政编码:510016
公司国际互联网网址:http://www.dongfanghotel-gz.com/
公司电子信箱:dfhtlbc@public.guangzhou.gd.cn
本公司选定的信息披露报刊:《中国证券报》、《证券时报》、《信息时报》
刊登本公司年度报告的中国证监会指定国际互联网网址:http://www.cninfo.com.cn
公司年度报告备置地点:公司证券部
公司股票上市交易所:深圳证券交易所
公司股票简称:东方宾馆
公司股票代码:0524

二、会计数据和业务数据摘要

一、本年度利润总额及构成

单位:人民币元

项目	金额
利润总额	25,003,826.80
其中:主营业务利润	183,588,500.54
其他业务利润	-
营业利润	20,843,715.27
投资收益	4,698,905.65
补贴收入	-
营业外收支净额	-538,794.12
净利润	20,425,763.17
扣除非经常性损益后的净利润	17,875,763.17
经营活动产生的现金流量净额	45,216,164.22
现金及现金等价物净增加额	50,802,980.18

注:扣除的非经常性损益项目和金额:股权转让净收益255万元

二、主要会计数据和财务指标

(一)主要会计数据和财务指标比较

单位:人民币元

指标项目	2000年	1999年	1998年	
			调整后	调整前
(1)主营业务收入	224,342,557	206,262,491	245,184,713	245,184,713
(2)净利润	20,425,763	23,667,802	37,440,737	44,038,238
(3)总资产	801,668,798	770,847,349	788,893,137	803,179,559
(4)股东权益	689,516,063	754,579,607	730,911,805	745,198,226
(5)每股收益(摊薄)	0.08	0.09	0.14	0.16
(6)扣除非经常性损益后的每股收益	0.07	0.09	0.14	0.16
(7)每股净资产	2.56	2.8	2.71	2.76
(8)调整后每股净资产	2.21	2.42	2.45	2.47
(9)每股经营活动产生现金流量净额	0.17	0.16	-0.006	-0.006
(10)净资产收益率(摊薄)(%)	2.96	3.14	5.12	5.91

注:报告期内公司总股本无任何变动,故加权平均每股收益与全面摊薄每股收益相同;

(二)全面摊薄、加权平均净资产收益率和每股收益

根据中国证监会《公开发行证券公司信息披露编报规则(第9号)》的要求,计算公司本报告期的净资产收益率和每股收益:

报告期利润(2000年)	净资产收益率		每股收益	
	全面摊薄	加权平均	全面摊薄	加权平均
主营业务利润	26.626%	25.400%	0.681	0.681
营业利润	3.023%	2.884%	0.077	0.077
净利润	2.962%	2.826%	0.076	0.076
扣除非经营性损益后的净利润	2.593%	2.473%	0.066	0.066

说明:加权平均净资产收益率的指标以调整后年初净资产计算。

三、报告期内股东权益变动情况

单位:人民币元

项目	股本	资本公积	盈余公积	法定公益金	未分配利润	股东权益合计
期初数	269,673,744	302,353,865	110,566,089	6,363,062	71,985,909	754,579,607
调整后期初数	269,673,744	302,353,865	110,566,089	6,363,062	29,996,548	712,590,246
本期增加	-	17,779	39,266,386	31,096,080	20,425,763	59,709,928
本期减少	-	16,550,350	29,053,504		37,180,256	82,784,110
期末数	269,673,744	285,821,293	120,778,971	37,459,142	13,242,055	689,516,063
注释号	注1	注2	注3		注4	

三、股东情况介绍

(一)报告期末股东总数

截至2000年12月31日,公司股东总人数53,897人。

公司股东总人数	53,897人
其中:国家股东(广州越秀集团有限公司)	1人
发起人法人股东(广州市东方酒店集团有限公司)	1人
社会公众股东	53,887人
董事、监事、高级管理人员股东	8人

(二)本公司前10名最大股东持股情况:(截至2000年12月31日)

序号	股东姓名	持股数	持股比例(%)
1	广州市东方酒店集团有限公司	123,155,992	45.67%
2	广州越秀集团有限公司	47,533,038	17.63%
3	谭件云	724,341	0.27%
4	安徽省建银房地产开发公司	450,000	0.17%
5	兴安证券投资基金	386,995	0.14%
6	唐宝单	369,998	0.14%
7	王计贤	287,800	0.11%
8	高绍莲	265,966	0.10%
9	杨为民	257,700	0.10%
10	庞翠轻	255,010	0.09%

南京红太阳股份有限公司

二〇〇〇年年度报告摘选

一、公司简介

公司的法定中文名称：南京红太阳股份有限公司
公司的法定英文名称：NANJING REDSUN CO.,LTD,
(二)公司法定代表人：杨寿海先生
(三)公司董事会秘书：包建军先生
公司董事会秘书授权代表：梁璐女士
联系地址：南京市中山北路28号江苏商厦16楼
联系电话：(025)3315888－8211或3315888－8266
联系传真：(025)3317828或8811425
联系地址：南京市中山北路28号江苏商厦16楼
邮政编码：210008
(四)公司注册地址：江苏省南京市高淳县淳溪镇宝塔路269号
邮政编码：211300
公司办公地址：南京市中山北路28号江苏商厦16楼
邮政编码：210008
公司网址：http://www.red sun.com.cn
E－mail：REDSUN@jlonline.com
(五)公司选定的信息披露报纸：《证券时报》、《中国证券报》
登载公司年度报告的中国证监会指定的互联网网址：http://www.cninfo.com.cn
公司年度报告备置地点：南京红太阳股份有限公司证券部
(六)公司股票上市交易所：深圳证券交易所
股票简称：红太阳
股票代码：0525

二、会计数据和业务数据摘要

1、公司本年度主要利润构成及现金流量情况

(单位：人民币元)

项目	金额
(1)利润总额	48,077,453.50
(2)净利润	39,693,519.79
(3)扣除非经常性损益后的净利润	39,693,519.79
(4)主营业务利润	80,894,773.43
(5)其它业务利润	349,435.13
(6)营业利润	53,294,747.79
(7)投资收益	－4,379,859.27
(8)营业外收支净额	－837,435.02
(9)经营活动产生的现金流量净额	79,960,554.41
(10)现金及现金等价物净增加额	218,226,648.02

2、公司近三年的主要会计数据和财务指标

项目	2000年度	1999年度	1998年度	
			调整前	调整后
(1)主营业务收入(万元)	22405.46	21957.48	17339.57	16536.97
(2)净利润(万元)	3969.35	4593.99	1691.68	1390.79
(3)总资产(万元)	63438.04	32451.96	32649.71	29299.41
(4)股东权益(不含少数股东权益)(万元)	44013.10	19949.53	16105.35	15355.54
(5)每股收益(元/股)	0.2408	0.3730	0.172	0.1412
(6)扣除非经常性损益后的每股收益	0.2408	0.3682	0.172	0.1412
(7)加权每股收益	0.2757	0.4145	0.172	0.1540
(8)每股净资产	2.67	1.62	1.635	1.5587
(9)调整后的每股净资产	2.4763	1.5485	1.52	1.4815
(10)每股经营活动产生的现金流量净额	0.4851	0.7067	－0.0736	－0.0736
(11)净资产收益率(%)	9.02%	23.03%	10.504%	9.0573%

3、根据中国证监会《公开发行证券公司信息披露编制规则(第9号)》要求计算的利润数据如下：

报告期利润	净资产收益率(%)		每股收益(元/股)	
	全面摊薄	加权平均	全面摊薄	加权平均
主营业务利润	18.38	31.82	0.49	0.54
营业利润	12.11	20.97	0.32	0.35
净利润	9.02	15.61	0.24	0.26
扣除非经常性损益后的净利润	9.02	15.61	0.24	0.26

4、报告期内股东权益变动情况

(单位：人民币元)

项目	股本	资本公积金	盈余公积金	法定公益金	未分配利润	股东权益合计
期初数	123147363.55	27807524.99	9318874.74	7426187.78	31795393.30	199495344.36
本期增加	41698990.71	192114934.32	3969351.98	3175481.58	39693519.79	280652278.38
本期减少					40016623.98	40016623.98
期末数	164846354.26	219922459.31	13288226.72	10601669.36	31472289.11	440130998.76
变动原因	增加因送股及配股	增加因配股	提取10%的公积金	提取8%的公益金	增加是本年度实现的净利润 减少是因提取公积金、公益金、送红股所致	

三、股本变动及股东情况

(一)股东情况介绍
1、报告期末公司股东总数为13157户(其中高级管理人员持股5户)，持股164846378股。
2、前十名股东持股情况

(单位：股)

股东名称	年末持股数量	占总股本比例(%)
1. 红太阳集团有限公司	45,849,048	27.81
2. 南京市国有资产控股公司	29,808,234	18.08
3. 金鑫证券投资基金	9,229,077	5.60
4. 联合证券有限责任公司	5,899,326	3.58
5. 中国平安保险股份有限公司	2,874,960	1.74
6. 南京信贷咨询公司	2,221,560	1.35
7. 南京市财政信用公司	2,090,880	1.27
8. 北京明远达电子贸易有限责任公司	944,162	0.57
9. 罗森贵	877,463	0.53
10. 李云华	828,600	0.50

厦门海发投资实业股份有限公司

二〇〇〇年年度报告摘选

一、公司简介

1、公司法定中文名称：厦门海发投资实业股份有限公司
法定英文名称：XIAMEN HAIFA INVESTMENT INDUSTRIAL CO.,LTD.
2、公司法定代表人：黄少良
3、公司董事会秘书：李厚洋
联系地址：厦门市湖里区寨上长岸北路海发大厦八楼
电　话：0592—5744059、0755—2496116
传　真：0592—5652638
电子信箱：LIHOUYANG@21CN.COM
邮政编码：361006
4、公司注册地址：厦门市湖里区寨上长岸北路海发大厦八楼
邮政编码：361006
公司办公地址：厦门市湖里区寨上长岸北路海发大厦八楼
邮政编码：361006
联系电话：0592－5654888转各部门
传　真：0592－5652638
公司互联网网址：http://www.xiahaifa.com.cn
公司电子邮箱：XIAHAIFA@public.xm.fj.cn
5、公司选定的信息披露报纸名称：《证券时报》
登载公司年度报告的中国证监会指定国际互联网网址：http://www.cninfo.com.cn
公司年度报告备置地点：公司办公室
6、公司股票上市交易所：深圳证券交易所
股票简称：厦海发　　股票代码：0526

二、会计数据和业务数据摘要

(一)公司本年度经营业绩的主要会计数据(单位：人民币元)

项目	金额
1、利润总额	19,654,297.27
2、净利润	13,690,932.29
3、扣除非经营性损益后的净利润	13,690,932.29
4、主营业务利润	19,940,923.87
5、其他业务利润	3,857,957.90
6、营业利润	19,073,879.31
7、投资收益	584,000.00
8、补贴收入	/
9、营业外收支净额	－3,852.04
10、经营活动产生的现金流量净额	16,432,246.74
11、现金及现金等价物净增加额	4,885,552.14

注：非经营性损益项目和涉及金额：/

(二)截止报告期末公司近三年的主要会计数据和财务指标(单位：人民币元)

指标项目	2000年	1999年	1998年	
			调整前	调整后
1、主营业务收入	86,625,804.19	5,441,829.97	7,513,643.98	7,513,643.98
2、净利润	13,690,932.29	8,843,949.03	－31,791,378.62	－30,697,879.39
3、总资产	227,445,135.39	205,528,517.32	184,588,354.89	188,543,588.52
4、股东权益(不含少数股东权益)	142,118,159.93	128,427,227.64	119,583,278.61	123,402,460.31
5、每股收益				
(1)全面摊薄	0.173	0.112	－0.401	－0.387
(2)加权平均	0.173	0.112	－0.401	－0.387
(3)扣除非经营性损益后	0.173	－0.105		
6、每股净资产	1.793	1.621	1.509	1.557
7、调整后的每股净资产	1.792	1.618	1.485	1.533
8、每股经营活动产生的现金流量净额	0.207	－0.204	－0.097	－0.097
9、净资产收益率(%)	9.63	6.89	－26.59	－24.88

(三)按照中国证监会《公开发行证券公司信息披露编报规则(第9号)》要求计算的利润数据

报告期利润	净资收益率		每股收益	
	全面推薄	加权平均	全面推薄	加权平均
主营业务利润	0.1403	0.1474	0.2516	0.2516
营业利润	0.1342	0.1410	0.2407	0.2407
净利润	0.0963	0.1012	0.1728	0.1728
扣除非经营性损益后的净利润	0.0963	0.1012	0.1728	0.1728

(四)报告期内股东权益变动情况

项目	股本	资本公积	盈余公积	法定公益金	未分配利润	股东权益合计
期初数	79,250,285	74,674,690.82	4,542,286.04	2,262,094.02	－30,040,034.22	128,427,227.64
本期增加					13,690,932.29	13,690,932.29
本期减少						
期末数	79,250,285	74,674,690.82	4,542,286.04	2,262,094.02	－16,349,101.93	142,118,159.93
变动原因					本年度实现利润转入	本年度实现利润

三、股本变动及股东情况

(一)截止2000年12月31日，公司共有股东11156户。
(二)公司前十名股东持股情况(单位：股)

股东名称	期末持股数	占总股本比例(%)
(1)厦门鑫旺经济开发有限公司	22,959,255	28.97
(2)深圳市椰林湾饮食有限公司	10,648,000	13.44
(3)太原兆和投资发展有限公司	6,050,000	7.63
(4)深圳康佳电子(集团)股份有限公司	1,210,000	1.53
(5)深圳成协房地产开发公司	1,210,000	1.53
(6)深圳上步实业股份有限公司	1,210,000	1.53
(7)厦门思明区海盛贸易公司	930,490	1.17
(8)晋江市闽南水产开发有限公司	605,000	0.76
(9)厦门市证券登记有限公司	605,000	0.76
(10)厦门市鼓浪屿渔业公司	333,355	0.42
合计	45,761,100	57.74

广东美的集团股份有限公司

二〇〇〇年年度报告摘选

一、公司简介

(一)公司法定中文名称:广东美的集团股份有限公司
公司法定英文名称:GD MIDEA HOLDING CO.,LTD.
(二)公司法定代表人:何享健
(三)公司董事局秘书:粟建伟
证券事务代表:向春江
联系地址:广东省顺德市北滘镇蓬莱路
电　话:(0765)6338779,6338807
传　真:(0765)6651991
E-mail:dms@midea.com.cn
(四)公司注册及办公地址:广东省顺德市北滘镇蓬莱路
邮政编码:528311
E-mail:midea@midea.com.cn
网　址:Http //www.midea.com.cn
(五)公司选定信息披露报刊:《中国证券报》、《证券时报》、《上海证券报》
登载年度报告国际互联网网址:Http //www.cninfo.com.cn
年报备置地点:公司董事局秘书室
(六)股票上市地点:深圳证券交易所
股票简称:粤美的A
股票代码:0527

二、会计数据和业务数据摘要

(一)本年度利润实现情况

单位:元

指标名称	业务数据
利润总额	497,314,828.56
净利润	303,162,080.10
扣除非经常性损益后的净利润	266,194,226.41
主营业务利润	1,855,481,759.75
其他业务利润	7,929,608.85
营业利润	486,637,325.80
投资收益	8,851,763.48
补贴收入	0
营业外收支净额	1,825,739.28
经营活动产生的现金流量净额	372,710,857.20
现金及现金等价物净增加额	197,697,595.72

(二)截止报告期末前三年的主要会计数据和财务指标

指标名称	2000年	1999年		1998年	
		调整前	调整后	调整前	调整后
主营业务收入(万元)	880,524.43	578,998.74	578,998.74	364,216.08	364,216.08
净利润(万元)	30,316.21	29,400.94	27,770.58	19,573.84	17,853.30
总资产(万元)	717,408.64	446,935.31	445,843.62	349,811.92	342,671.31
股东权益(万元)	197,536.21	184,501.11	181,786.70	135,791.94	128,774.26
每股收益(元)	0.63	0.61	0.57	0.45	0.41
加权每股收益(元)	0.63	0.66	0.63	0.45	0.41
扣除非经常性损益后的每股收益(元)	0.55	0.60	0.52	0.41	0.37
每股净资产(元)	4.07	3.81	3.75	3.16	2.99
调整后的每股净资产(元)	3.67	3.56	3.50	2.91	2.74
每股经营活动产生的现金净流量(元)	0.77	0.13	0.13	-0.012	-0.012
净资产收益率(%)	15.35	15.94	15.28	14.41	13.86

(三)报告期利润表附表:

报告期利润	净资产收益率(%)		每股收益(元/股)	
	全面摊薄	加权平均	全面摊薄	加权平均
主营业务利润	93.93	91.58	3.83	3.83
营业利润	24.64	24.02	1.00	1.00
净利润	15.35	14.96	0.63	0.63
扣除非经常性损益后的净利润	13.48	13.14	0.55	0.55

三、股本变动及股东情况

(一)股本变动情况
1、报告期末股东总数
截止2000年12月31日,公司拥有股东总数为159,264户。
2、公司前10名股东持股情况(截止2000年12月31日)

股　东　名　称	持股数(万股)	报告期内增减(万股)	持股比例(%)
顺德市美的控股有限公司	9243.0331	-3518.4	19.06
顺德市开联实业发展有限公司	4118.4	+343.2	8.49
顺德市美托投资有限公司	3518.4	+3518.4	7.26
顺德市有利投资服务有限公司	1201.2	0	2.48
南方证券公司深圳分公司	343.2	0	0.71
广东顺德宏德投资控股总公司	250	+110.7802	0.52
广东鹤山美雅股份有限公司	240.24	0	0.50
深圳市能源投资股份有限公司	223.08	0	0.46
普惠证券投资基金	215.9584	-1321.2526	0.45
广东核电投资有限公司	171.6	0	0.35

广西柳工机械股份有限公司

二〇〇〇年年度报告摘选

一、公司简介

1、公司的法定中文名称:广西柳工机械股份有限公司
公司英文名称:Guangxi Liugong Machinery Co., Ltd.
2、公司法定代表人:王晓华
3、公司董事会秘书:王祖光
联系地址:公司董事会秘书处
联系电话:(0772)3886509,3886510
传真:(0772)3886509
电子信箱:stock @ liugong.com.cn
4、公司注册及办公地址:广西壮族自治区柳州市柳太路1号
邮政编码:545007
公司国际互联网网址:www.liugong.com.cn
电子信箱:master @ liugong.com.cn
5、公司选定的信息披露报纸名称:中国证券报、证券时报
登载公司年度报告的中国证监会指定国际互联网网址:www.cninfo.com.cn
公司年度报告备置地点:公司董事会秘书处
6、公司股票上市交易所:深圳证券交易所
股票简称:桂柳工A　　股票代码:0528

二、会计数据和业务数据摘要

1、公司本年度利润总额及其构成(单位:人民币元)

利润总额	6,679,412.02
净利润	1,154,292.14
扣除非经常性损益后的净利润	1,159,725.50
主营业务利润	134,981,839.61
其他业务利润	2,331,534.11
营业利润	32,807,242.96
投资收益	-24,200,280.82
补贴收入	221,589.66
营业外收支净额	-2,149,139.78
经营活动的现金流量净额	39,323,905.50
现金及现金等价物净增加额	25,739,436.16

注:扣除非经常性损益的项目和涉及金额:固定资产盘盈304,588.00元,处理固定资产收益23,207.55元,罚款收入400.00元,无法支付的款项2,680,274.73元,处理固定资产损失2,631,140.40元,非常损失15,750.67元,公益救济性捐赠101,450.00元,赔偿金80,000.00元,罚款9,156.00元,存货盘亏176,406.57元。

2、前三年的主要会计数据和财务指标

单位:人民币

项目	2000年		1999年	1998年	
	调整前	调整后		调整前	调整后
主营业务收入	765,190,488	765,190,488	726,737,329.59	788,312,792.06	788,312,792.06
净利润	841,619	1,154,292	2,503,903.33	6,565,646.79	20,709,522.90
总资产	1,204,761,356	1,205,027,128	1,145,327,137.24	1,226,979,365.85	1,183,307,518.44
股东权益	696,995,051	697,260,823	696,693,862.59	737,736,163.09	694,189,959.26
每股收益	0.003	0.004	0.008	0.020	0.063
按加权计算	0.003	0.004	0.008	0.020	0.063
扣除非经常性损益后每股收益	0.003	0.004	0.017	0.000	0.043
每股净资产	2.13	2.13	2.13	2.25	2.12
净资产收益率(%)	0.12	0.17	0.36	0.89	2.98
按加权计算	0.12	0.17	0.36	0.89	2.98
调整后的每股净资产	2.10	2.10	2.10	2.13	2.06
每股经营活动产生的现金流量净额	0.12	0.12	0.01	0.29	0.29

注:根据国家税务总局有关规定,2000年对公司关联单位应收款项余额不计提坏账准备,影响少计提坏账准备金312,672.66元,为此公司根据本年度会计政策变更进行了调整。

3、利润表附表:

报告期利润	净资产收益率(%)						每股收益					
	全面摊薄			加权平均			全面摊薄			加权平均		
	2000年		1999年	2000年		1999年	2000年		1999年	2000年		1999年
	调整前	调整后		调整前	调整后		调整前	调整后		调整前	调整后	
主营业务利润	19.37	19.36	18.95	19.37	19.36	18.99	0.412	0.412	0.403	0.412	0.412	0.403
营业利润	4.66	4.71	4.81	4.66	4.71	4.82	0.099	0.100	0.102	0.099	0.100	0.102
净利润	0.12	0.17	0.36	0.12	0.17	0.36	0.003	0.004	0.008	0.003	0.004	0.008
扣除非经常性损益后的净利润	0.12		0.82	0.12	0.17	0.82	0.003	0.004	0.017	0.003	0.004	0.017

4、报告期内股东权益变动情况及变化原因

项目	股本	资本公积	盈余公积	其中:公益金	未分配利润	股东权益合计
期初数	327,536,793.00	245,513,568.34	121,947,960.45	49,911,797.49	1,695,540.80	696,693,862.59
本期增加		228,407.81	534,534.82	178,178.27	619,757.32	1,382,699.95
本期减少		815,740.00				815,740.00
期末数	327,536,793.00	244,926,236.15	122,482,495.27	50,089,975.76	2,315,298.12	697,260,822.54

三、股东情况介绍

1、报告期末股东总数
报告期末公司股东总数为68,516名,其中国有法人股股东1名。
2、前10名股东的持股情况(截止2000年12月31日)

序号	股东名称	拥有股数	占股份总额%	备　注
01	广西柳工集团有限公司	207,900,000	63.474	国有法人股
02	长城证券有限责任公司	2,196,775	0.671	社会公众股
03	蔡寿鹏	970,000	0.296	同上
04	蔡肖珍	900,000	0.275	同上
05	惠州大亚湾滨海实业发展总公司	330,000	0.101	同上
06	三一重工业集团有限公司	324,200	0.099	同上
07	陈小雄	320,000	0.093	同上
08	李猴弥	262,000	0.080	同上
09	李运	256,164	0.078	同上
10	普丰证券投资基金	253,409	0.077	同上

广东美雅集团股份有限公司

二○○○年年度报告摘选

一、公司简介

1. 公司中文名称:广东美雅集团股份有限公司
公司英文名称:GUANGDONG MEIYA GROUP CO.,LTD.
2. 公司法定代表人:冯国良
3. 公司董事会秘书:冯伟
联系地址:广东省鹤山市人民西路 40 号
联系电话:(0750)8888888
传真:(0750)8889240
4. 公司注册及办公地址:广东省鹤山市人民西路 40 号
邮政编码:529700
公司国际互联网网址:http://www.meiya.com.cn
公司电子信箱:myinfo@meiya.com.cn
5. 公司选定的信息披露报纸名称:《证券时报》、《中国证券报》
登载公司年度报告的中国证监会指定国际互联网网址:http://www.cninfo.com.cn
公司年度报告备置地点:公司董事会秘书处
6. 公司股票上市地:深圳证券交易所
公司股票简称:粤美雅
公司股票代码:0529

二、会计数据和业务数据摘要

(一)本年度主要会计数据和业务数据:(单位:元)

项目	2000 年度
利润总额	7,023,136.96
净利润	6,782,765.95
扣除非经常性损益后的净利润	5,759,328.22
主营业务利润	146,966,051.78
其他业务利润	-464,595.85
营业利润	! 10,287,551.04
投资收益	-10,522,396.30
补贴收入	1,143,707.00
营业外收支净额	6,114,275.22
经营活动产生的现金流量净额	-122,050,844.06
现金及现金等价物净增加额	-88,981,722.40

(二)近三年主要会计数据和财务指标(单位:元)

项目	2000 年度	1999 年度		1998 年度	
		调整前	调整后	调整前	调整后
主营业务收入(元)	704,060,791.37	892,403,863.60	837,260,826.30	880,410,994.00	880,410,994.00
净利润(元)	6,782,765.95	-298,484,942.42	-316,936,513.51	84,769,513.58	43,285,341.92
总资产(元)	2,746,059,720.90	2,822,499,969.23	2,755,350,989.41	3,032,345,929.33	2,952,362,097.03
股东权益	1,636,004,597.02	1,653,925,190.01	1,635,473,618.92	2,041,350,920.16	1,961,367,087.86
每股收益(摊薄)	0.02	-0.75	-0.80	0.21	0.11
每股收益(月平均加权)	0.02	-0.75	-0.80	0.244	0.254
扣除非经营性损益后的每股收益(元)	0.01	-0.78	-0.80	0.06	-0.04
每股净资产	4.13	4.17	4.12	5.15	4.95
调整后每股净资产	4.11	4.15	4.02	5.13	4.92
净资产收益率(%)	0.41	-18.05	-19.38	4.15	2.21
每股经营活动产生的现金流量净额(元)	-0.31	-0.23		-0.12	

(三)、报告期净资产收益率和每股收益计算表

报告期利润	净资产收益率(%)		每股收益(元)	
	全面摊薄	加权平均	全面摊薄	加权平均
主营业务利润	8.98	8.6	0.37	0.37
营业利润	0.63	0.63	0.03	0.03
净利润	0.41	0.41	0.02	0.02
扣除非经常性损益后的净利润	0.35	0.35	0.01	0.01

说明:以上数据是根据 2001 年 1 月 19 日中国证券监督管理委员会发布的《公开发行证券公司信息披露编报规则》(第 9 号)通知计算的。

(四)报告期内股东权益变动情况(单位:元)

项目	股本	资本公积	盈余公积	其中:公益金	未分配利润	合 计
期初数	396,515,872	1,250,728,454.74	37,848,720.91	37,848,720.91	-49,619,428.73	1,635,473,618.92
本期增加					6,782,765.95	6,782,765.95
本期减少		6,251,787.85				6,251,787.85
期末数	396,515,872	1,244,476,666.89	37,848,720.91	37,848,720.91	-42,836,662.78	1,636,004,597.02

变动原因:

① 资本公积金本期减少数 6,251,787.85 元,原因是根据财政部(1998)16 号文的精神,公司在改组为股份有限公司时,按评估确认后的固定资产原值计提的,折旧大于原帐面原值计提折旧的差额,增加当期收益。

② 未分配利润增加 6,782,765.95 元,原因是本期利润增加所致。

三、股东情况简介

(一)截至 2000 年 12 月 31 日,公司股东总数为 118,116 户。

(二)前十名股东持股情况。

股 东 名 称	年末持股数量(股)	持股比例(%)
(1)鹤山市国有资产管理办公室	127,610,141	32.18
(2)鹤山毛纺织总厂联合毛绒厂工会	10,549,000	2.66
(3)鹤山市海峰贸易发展有限公司	8,983,650	2.26
(4)鹤山毛纺织总厂床上用品厂工会	8,845,000	2.23
(5)广东省民族贸易公司工会	3,663,000	0.92
(6)鹤山市鹤昌实业投资公司工会	2,200,000	0.55
(7)鹤山市昌盛制衣有限公司工会	2,200,000	0.55
(8)鹤山市昌盛制衣有限公司	2,200,000	0.55
(9)广东省纺织工业总公司	2,200,000	0.55
(10)鹤山工贸实业总公司	2,101,990	0.53

大连冷冻机股份有限公司

二○○○年年度报告摘选

一、公司简介

1、公司法定中文名称:大连冷冻机股份有限公司
公司法定英文名称:Dalian Refrigeration CO., LTD.
公司英文名称缩写:DRC
2、公司法定代表人:张和先生
3、公司董事会秘书:吕连珍女士
授权代表:葛彦女士
联系地址:大连市沙河口区西南路 888 号
电话:0086-411-6653081-8130　　传真:0086-411-6641470
4、公司注册及办公地址:大连市沙河口区西南路 888 号　　邮政编码:116033
互联网网址:http://www.bingshan.com
电子信箱:dlzj@mail.dlptt.ln.cn
5、公司选定的信息披露报纸名称:《中国证券报》、《大公报》
登载公司年度报告的中国证监会指定网址:http://www.cninfo.com.cn
公司年度报告备置地点:公司证券部
6、公司股票上市交易所:深圳证券交易所
股票简称:大冷股份;大冷 B　　股票代码:0530;2530

二、会计数据和业务数据摘要

1、报告期主要业务数据摘要(单位:元)

项目	金额
利润总额	85,438,523.60
净利润	78,151,266.89
扣除非经常性损益后的净利润	78,215,611.36
主营业务利润	139,507,129.79
其他业务利润	1,072,844.30
营业利润	27,181,957.82
投资收益	58,276,438.50
补贴收入	26,228.00
营业外收支净额	-46,100.72
经营活动产生的现金流量净额	40,930,712.90
现金及现金等价物净增加额	12,731,035.18

注:扣除非经常性损益项目和涉及金额:
(1)处理固定资产损益　-90,572.47 元
(2)补贴收入　26,228.00 元。

经大连华连会计师事务所有限公司按照中国会计准则审计,公司 2000 年度实现净利润 7,815 万元;经安达信公司按照国际会计准则审计,公司 2000 年度实现净利润 6,621 万元。境内外审计差异为 1,194 万元。

按国际会计准则调整对净利润的影响(单位:千元):

	2000	1999
本公司法定帐目金额	78,153	71,064
提列坏帐准备		(3,841)
提列存货损失准备		(4,471)
安装业务收入及成本确认	(7,789)	
递延税项负债确认	(7,219)	
销售收入截止	1,715	(1,222)
权益法核算投资收益	1,753	1,821
其他	(404)	849
根据国际会计准则本公司调整后金额	66,209	64,200

2、截止报告期末公司前三年的主要会计数据和财务指标(单位:元)

项目	2000	1999	1998
主营业务收入	800,683,245.80	720,585,250.60	651,435,731.38
净利润	78,151,266.8 9	71,063,628.79	65,359,014.10
总资产	1,767,519,306.58	1,531,014,855.25	1,547,026,481.76
股东权益	1,102,703,562.24	1,059,513,792.85	1,023,425,961.56
每股收益(按净利润全面摊薄)	0.223	0.203	0.187
每股收益(按净利润加权平均)	0.223	0.203	0.204
扣除非经常性损益后的每股收益(全面摊薄)	0.223	0.203	0.187
扣除非经常性损益后的每股收益(加权平均)	0.223	0.203	0.204
每股净资产	3.15	3.03	2.92
调整后的每股净资产	3.10	3.01	2.91
每股经营活动产生的现金流量净额	0.117	0.072	0.116
净资产收益率(按净利润全面摊薄)	7.09%	6.71%	6.40%
净资产收益率(按净利润加权平均)	7.09%	6.71%	6.99%
扣除非经常性损益后的加权净资产收益率	7.09%	6.71%	6.40%

3、2000 年度利润表附表

报告期利润	净资产收益率		每股收益(元)	
	全面摊薄	加权平均	全面摊薄	加权平均
主营业务利润	12.65%	12.70%	0.40	0.40
营业利润	2.47%	2.47%	0.08	0.08
净利润	7.09%	7.11%	0.22	0.22
扣除非经常性损益后的净利润	7.09%	7.12%	0.22	0.22

三、股东情况介绍

1、报告期末股东总数为 73,910 户,其中 A 股股东总数为 71,806 户,B 股股东总数为 2,104 户。

2、主要股东持股情况(前 10 名股东)

股东名称	年初(万股)	年末(万股)	占总股本(%)	类别
大连冰山集团有限公司(国家股)	10,442.25	10,442.25	29.83	A
SANYO ELECTRIC CO., LTD.	3,500.15	3,500.15	10.00	B
WISEMAX INTERNATIONAL LIMITED	195.01	382.40	1.09	B
吉林九州开发公司	315.00	315.00	0.90	A
太原兆和投资发展公司	315.00	315.00	0.90	A
申银万国证券股份有限公司	0	283.70	0.81	A
XI JIANG	0	197.47	0.56	B
联合国际财务投资有限公司	64.80	186.59	0.53	B
大连华信信托投资股份有限公司	179.50	179.50	0.51	A
大连热电集团股份有限公司	175.00	175.00	0.50	A

广州恒运企业集团股份有限公司

二〇〇〇年年度报告摘选

一、公司简介

(一) 公司法定中文名称:广州恒运企业集团股份有限公司
公司法定英文名称:Guangzhou Hengyun Enterprises Holdings Ltd.
(二)公司法定代表人:郑椿华
(三)公司董事会秘书:林国定
联系地址:广东省广州经济技术开发区西基路8号
电　　话:(020)82098330
传　　真:(020)82098658
(四)公司注册地及办公地址:广州经济技术开发区西基路8号
邮政编码:510730
公司国际互联网网址:http://www.hengyun.com.cn
电子信箱:hengyun@public.guangzhou.gd.cn
(五)公司选定的中国证监会指定信息披露报纸名称:
《证券时报》、《中国证券报》、《上海证券报》
登载公司年度报告的中国证监会指定国际互联网网址:
http://www.cninfo.com.cn
公司年度报告备置地点:公司董事会秘书室
(六)公司股票上市交易所:深圳证券交易所
股票简称:穗恒运　　股票代码:0531

二、会计数据和业务数据摘要

(一)公司本年度利润构成及现金流量情况(单位:人民币元)

项 目	金 额
利润总额:	105,854,820.98
净利润:	59,280,171.83
扣除非经常性损益后的净利润:	62,794,023.92
主营业务利润:	172,926,481.30
其他业务利润:	1,398,451.76
营业利润:	108,306,454.58
投资收益:	985,500.25
补贴收入:	14,000,000.00
营业外收支净额:	－17,437,133.85
经营活动产生的现金流量净额:	145,624,604.06
现金及现金等价物净增加额:	－98,764,412.45

注:本年度共发生非经常性损益－3,513,852.09元,具体项目构成和金额如下:
1、补贴收入14,000,000.00元;
2、股权投资差额摊销－76,718.24元;
3、营业外收支净额－17,437,133.85元。

(二)截至本报告期末公司前三年的主要会计数据和财务指标(单位:人民币元)

项目	2000年	1999年		1998年	
		调整前	调整后	调整前	调整后
1.主营业务收入	668,013,045.47	601,493,275.07	601,493,275.07	642,663,130.45	506,229,162.11
2.净利润	59,280,171.83	68,820,993.80	65,593,367.34	64,032,967.13	59,438,220.06
3.总资产	1,442,024,259.15	1,492,291,916.08	1,492,291,916.08	1,594,260,389.19	1,521,700,286.02
4.股东权益	558,908,529.05	556,133,933.25	552,906,306.79	536,546,640.69	501,840,324.83
5.全面摊薄每股收益	0.22	0.258	0.25	0.24	0.223
6.加权平均每股收益	0.22	0.258	0.25	0.24	0.236
7.扣除非经常性损益后的每股收益	0.24	0.218	0.21	—	—
8.每股净资产	2.097	2.087	2.075	2.013	1.883
9.调整后的每股净资产	2.000	1.943	1.953	1.819	1.686
10.每股经营活动产生的现金流量净额	0.55	0.90	0.90	0.65	0.62
11.全面摊薄净资产收益率(%)	10.61	12.37	11.86	11.93	11.84
12.加权净资产收益率(%)	10.25	12.82	12.26	---	---
13.扣除非经常性损益后的加权净资产收益率(%)	10.85	10.84	10.27	---	---

(三)报告期内净资产收益率和每股收益系列指标:

报告期利润	净资产收益率(%)		每股收益(人民币元)	
	全面摊薄	加权平均	全面摊薄	加权平均
主营业务利润	30.94	29.89	0.65	0.65
营业利润	19.38	18.72	0.41	0.41
净利润	10.61	10.25	0.22	0.22
扣除非经常性损益后的净利润	11.24	10.85	0.24	0.24

(四)报告期内股东权益变动情况及变化原因(单位:人民币元)

项 目	股本	资本公	盈余公积	其中:法定公益金	未分配利润	股东权益合计
期初数	266,521,260	234,025,420.33	42,377,076.68	12,302,610.22	9,982,549.78	552,906,306.79
本期增加		2,347,016.57	8,892,025.77	2,964,008.59	50,388,146.06	61,627,188.40
本期减少		15,646,777.14			39,978,189.00	55,624,966.14
期末数	266,521,260	220,725,659.76	51,269,102.45	15,266,618.81	20,392,506.84	558,908,529.05

三、股本变动及股东情况

(一)股本变动情况
1、股份变动情况表(数量单位:股)

	本次变动前	本次变动增减	本次变动后
一、未上市流通股份			
1、发起人股份	133,934,457	24,765,215	158,699,672
其中:			
国家持有股份	53,304,252	0	53,304,252
境内法人持有股份	80,630,205	24,765,215	105,395,420
2、优先股或其他	24,799,402	－24,799,402	0
其中:转配股	24,799,402	－24,799,402	0
未流通股份合计	158,733,859	－34,187	158,699,672
二、已上市流通股份			
1、人民币普通股	107,787,401	34,187	107,821,588
已上市流通股份合计	107,787,401	34,187	107,821,588
三、股份总数	266,521,260	0	266,521,260

珠海华电股份有限公司

二〇〇〇年年度报告摘选

一、公司简介

1、公司法定中文名称:珠海华电股份有限公司
公司法定英文名称:ZHUHAI　HUADIAN　CO.,LTD.
公司英文名称缩写:ZHHD
2、公司注册、办公地址:珠海市九洲大道官村综合楼三楼　　邮政编码:519015
公司国际互联网网址:www.huadian.com
电子信箱:Zhhuadia@public.zhuhai.gd.cn
3、公司法定代表人:梁学敏
4、公司董事会秘书:曹海霞
联系地址:珠海市九洲大道官村综合楼三楼
电　　话:0756-3321321　　传 真:0756-3353529
电子信箱:cs@huadian.com
证券事务授权代表:关明芬
联系地址:珠海市九洲大道官村综合楼三楼
电　　话:0756-3321028　　传 真:0756-3353529
5、公司选定信息披露报纸:《证券时报》
中国证监会指定信息披露网址:www.cninfo.com.cn
公司年度报告备置地点:公司董事会秘书处
6、公司股票上市交易所:深圳证券交易所
公司股票简称:粤华电　　公司股票代码:0532

二、会计数据和业务数据摘要

1、2000年度主要经营指标情况:(单位:元)

指标项目	2000年度
利润总额	-155,920,807.39
净利润	-155,920,807.39
扣除非经常性损益后的净利润	-25,664,271.70
主营业务利润	0
其他业务利润	-31,506,824.20
营业利润	-42,941,783.17
投资收益	-112,607,036.20
补贴收入	0
营业外收支净额	-371,988.02
经营活动产生的现金流量净额	54,760,742.37
现金及现金等价物净增加额	81,258,060.04

2、截止报告期末公司前三年的主要会计数据和财务指标:(单位:元)

项 目	2000年	1999年		1998年
		调整前	调整后	
主营业务收入	0	94,970,778.70	0	117,574,781.03
净利润	-155,920,807.39	2,142,193.85	2,431,522.42	210,963,597.04
每股收益	-0.71	0.009	0.01	(0.97)
按月加权平均法计算的每股收益	-0.71	0.009	0.01	(0.97)
扣除非经常性损益后的每股收益	-0.117	0.009	0.009	0.019
净资产收益率	-40.81%	0.39%	0.39%	-39.4%
每股经营活动产生的现金流量净额	0.25	0.12	0.12	0.15

项目	2000年12月31日	1999年12月31日		1998年12月31日
		调整前	调整后	
总资产	410,388,441.63	600,196,609.35	566,369,639.67	577,039,167.28
股东权益	382,024,047.17	537,979,495.66	537,944,854.56	535,837,301.81
每股净资产	1.75	2.46	2.46	2.45
调整后的每股净资产	1.68	2.02	2.02	1.99

3、按中国证监会《公开发行证券公司信息披露编报规则(第9号)》的要求计算的净资产收益率及每股收益:

报告期利润	净资产收益率		每股收益(元)	
	全面摊薄	加权平均	全面摊薄	加权平均
主营业务利润	0	0	0	0
营业利润	-11.24%	-9.34%	-0.20	-0.20
净利润	-40.81%	-33.90%	-0.71	-0.71
扣除非经常性损益后的净利润	-6.72%	-5.58%	-0.12	-0.12

4、报告期内股东权益变动情况(单位:人民币元)

项目	股本	资本公积	盈余公积	法定公益金	未分配利润	股东权益合计
期初数	218,392,200	505,653,863.68	9,937,613.19	9,937,613.19	-196,038,822.31	537,944,854.56
本期增加					-155,920,807.39	
本期减少						
期末数	218,392,200	505,653,863.68	9,937,613.19	9,937,613.19	-351,959,629.70	382,024,047.17

三、股本变动和股东情况

(1)、股本变动情况

数量单位:股

	期初数	本次变动增减(+,-)					期末数
		配股	送股	公积金转股	其他	小计	
一、未上市流通股份							
1、发起人股份	72,454,000						72,454,000
其中:							
国家拥有股份	72,454,000						72,454,000
境内法人持有股份	--						--
境外法人持有股份	--						--
其他	--						--
2、募集法人股份	52,402,075						52,402,075
3、内部职工股	--						--
4、转配股	24,283,636						--
未上市流通股份合计	149,139,711						124,856,075
二、已上市流通股份							
1、人民币普通股	69,252,489						93,536,125
2、境内上市的外资股	--						--
境外上市的外资股	--						--
其他	--						--
已流通股份合计	69,252,489						93,536,125
三、股份总数	218,392,200						218,392,200

广东万家乐股份有限公司

二〇〇〇年年度报告摘选

一、公司简介

1、公司法定中文名称:广东万家乐股份有限公司
英文名称:Guangdong Macro Co., Ltd.
中文缩写:万家乐
英文缩写:MACRO
2、公司法定代表人:马国伦
3、董事会秘书:张庄平
联系电话:0765-2330088
电子信箱:zzp@macro.com.cn
证券事务代表:胡志坚
联系电话:0765-2330232
电子信箱:tom@macro.com.cn
公司联系地址:广东顺德市大良区环市北路38号
公司传真:0765-2330200
4、公司注册及办公地址:广东顺德市大良区环市北路38号
邮编:528300
电子信箱:macro@macro.com.cn
公司网址:http://www.macro.com.cn
5、信息披露报刊名称:证券时报、中国证券报
年报指定登载网址:http://www.cninfo.com.cn
年度报告备置地点:公司证券事务部
6、公司股票上市交易所:深圳证券交易所
股票简称:万家乐
股票代码:0533

二、会计数据与业务数据摘要

1、本年度主要经济指标完成情况(单位:元):

利润总额	18,703,720.13
净利润	23,180,487.74
扣除非经常性损益后的净利润	25,196,402.05
主营业务利润	424,756,126.29
其他业务利润	2,481,292.45
营业利润	-60,096,641.43
投资收益	80,816,275.87
补贴收入	5,400
营业外收支净额	-2,021,314.31
经营活动产生的现金流量净额	139,619,626.76
现金及现金等价物净增加额	236,715,184.93

"扣除非经常性损益后的净利润"指标所涉及的扣除项目和金额分别是:补贴收入5,400元,营业外收入446,070.22元,营业外支出2,467,384.53元。

2、最近三年主要会计数据和财务指标

项目	2000年	1999年	1998年	
			调整前	调整后
主营业务收入(万元)	116,706.60	111,296.15	114,063.43	112,146.95
净利润(万元)	2,318.05	15,524.65	13,790.22	11,800.21
总资产(万元)	369,690.83	325,846.06	328,395.70	314,738.57
股东权益(万元)(不含少数股东权益)	135,837.99	132,792.39	134,973.78	123,023.92
每股收益(元/股)	0.04	0.27	0.24	0.21
每股收益(元/股)(加权)	0.04	0.27	0.24	0.21
扣除非经常性损益后的每股收益(元/股)	0.04	0.23	0.20	0.17
每股净资产(元/股)	2.36	2.31	2.34	2.14
调整后的每股净资产(元/股)	2.20	2.20	2.25	2.04
每股经营活动产生的现金流量净额(元/股)	0.24	0.23	0.15	0.15
净资产收益率(%)	1.71	11.69	10.22	9.59

3、根据中国证监会《公开发行证券公司信息披露编报规则第9号》计算的净资产收益率和每股收益:

报告期利润	净资产收益率		每股收益	
	全面摊薄	加权平均	全面摊薄	加权平均
主营业务利润	31.27%	30.93%	0.7378	0.7378
营业利润	-4.42%	-4.38%	-0.1044	-0.1044
净利润	1.71%	1.69%	0.0403	0.0403
扣除非经常性损益后的净利润	1.85%	1.83%	0.0438	0.0438

三、股东情况介绍

(1)截止2000年12月31日,公司股东总户数为108297户。
(2)截止2000年12月31日,公司前十名股东持股情况:

单位:股

股东名称	持股数		占总股本比例
	未上市流通	已上市流通	
1.广东新力集团公司	171,552,640		29.80%
2.广东万家乐集团公司	158,742,268		27.57%
3.广东省工行信托投资公司	7,466,666		1.30%
4.南方证券有限公司	7,466,666		1.30%
5.广东发展银行顺德分行	6,496,000		1.13%
6.广东证券有限公司	5,152,000		0.90%
7.宁波保税区新荣基贸易发展有限责任公司	5,142,160		0.89%
8.中行广州信托咨询公司	4,928,000		0.86%
9.顺德建设财务公司	4,928,000		0.86%
10.张洁		2,088,200	0.36%

汕头电力发展股份有限公司

二〇〇〇年年度报告摘选

一、公司简介

1.公司名称:汕头电力发展股份有限公司
英文名称:SHANTOU ELECTRIC POWER DEVELOPMENT CO.,LTD.
2.公司法定代表人:沈宗敏
3.公司董事会秘书:黄曼华
股证事务代表:袁克新
联系地址:汕头市金砂东路金凤城龙座六楼
联系电话:0754-8628249(含传真)　0754-8611172
E-mail:sdla@pub.shantou.gd.cn
4.公司注册地址:汕头市珠池路23号光明大厦(B座)8楼
办公地址:汕头市金砂东路金凤城龙座六楼　邮政编码:515041
5.公司指定披露报纸:《中国证券报》、《证券时报》
登载公司年度报告的国际互联网址:
http://www.cninfo.com.cn
公司年度报告备置地点:公司证券部
6.公司股票上市交易所:深圳证券交易所
股票简称:汕电力　股票代码:0534

二、会计数据和业务数据摘要

1、本年利润及构成

单位:人民币元

项目	金额
利润总额	16,719,028.21
净利润	14,941,978.25
扣除非经常性损益后的净利润	15,239,517.56
主营业务利润	16,149,774.72
其他业务利润	151,353.00
营业利润	2,881,744.48
投资收益	14,134,823.04
补贴收入	——
营业外收支净额	-297,539.31
经营活动产生的现金流量净额	12,708,234.24
现金及现金等价物净增加	4,814,629.89

注:扣除的非经营性损益项目和涉及金额:
1.营业外收入:107,086.25元,主要为处置客车及热电厂自营工程余款收入;
2.营业外支出:404,625.52元,系处置资产损失。其中处置车辆损失191,224.90元,处置远动装置101,825.19元,住房111,575.43元。
2.公司近三年财务指标

单位:人民币元

项目	2000年	1999年	1998年	
			调整后	调整前
主营业务收入	86,404,173.10	77,598,042.48	75,476,410.81	75,476,410.81
净利润	14,941,978.25	3,716,403.86	4,596,997.41	34,534,056.14
总资产	571,016,140.72	558,880,817.57	564,448,534.20	616,255,740.06
股东权益	542,695,892.49	548,580,046.14	544,863,642.28	596,670,848.14
每股收益(加权)	0.0717	0.0178	0.0221	0.1658
扣除非经常性损益后的每股收益	0.0732	0.0178	0.0221	0.1658
每股净资产	2.6058	2.6341	2.6162	2.8650
调整后的每股净资产	2.5811	2.5793	2.5389	2.6253
每股经营活动产生的现金流量净额	0.0610	-0.0154	0.0459	0.0459
净资产收益率(%)	2.7533	0.6775	0.8437	5.7878
净资产收益率(加权)(%)	2.6872	0.6798	0.8473	5.9603
扣除非经常损益后的加权净资产收益率(%)	2.7407	0.6798	0.8473	5.9603

注:(1)以上数据以公司合并会计报表填列;
(2)按照中国证监会《公开发行证券公司信息披露编报规则(第9号)》要求计算的利润数据:

报告期利润	数额(元)	净资产收益率(%)		每股收益(元/股)	
		全面摊薄	加权平均	全面摊薄	加权平均
主营业务利润	16,149,774.72	2.9758	2.9044	0.0775	0.0775
营业利润	2,881,744.48	0.5310	0.5183	0.0138	0.0138
净利润	14,941,978.25	2.7533	2.6872	0.0717	0.0717
扣除经常性损益后的净利润	15,239,517.56	2.8081	2.7407	0.0732	0.0732

3.报告期内股东权益变动情况

项目	股东	资本公积	盈余公积	法定公益金	未分配利润	股东权益合计
期初数	208,261,325.00	284,885,088.45	44,657,604.22	9,206,075.72	10,776,028.47	548,580,046.14
本期增加			2,241,296.74	747,098.91	12,700,681.51	14,941,978.25
本期减少					20,826,131.90	
期末数	208,261,325.00	284,885,088.45	46,898,900.96	9,953,174.63	2,650,578.08	542,695,892.49
变动原因			按有关规定对2000年度净利提取法定公积金、公益金		2000年度利润分配	

三、股东情况介绍

1.股东情况介绍:截止2000年12月31日,公司股东总数30509户。其中国家股股东1名,法人股股东9名,社会公众股东30499名。
2.前十名股东持股情况(单位:股)

名次	股东名称	持股数	股份性质	占总股本比例(%)
1	汕头市电力开发公司	79860000	国家股	38.35
2	建行汕头金砂支行	14520000	法人股	6.97
3	工行汕头韩江支行	12100000	法人股	5.81
4	汕头城市建设开发总公司	7260000	法人股	3.48
5	交通银行汕头分行	4840000	法人股	2.32
6	中信茅台	2947867	流通股	1.41
7	中信天津证券业务部大港证券交易营业部	1207987	流通股	0.58
8	中信证券股份有限公司	1065046	流通股	0.51
9	兴业证券投资基金	935200	流通股	0.45
10	天津开发区黑曼投资咨询有限公司	787399	流通股	0.38

猴王股份有限公司

二〇〇〇年年度报告摘选

一、公司简介

1.法定中文名称:猴王股份有限公司
法定英文名称:KMK CO.,LTD
2.注册地址:湖北省宜昌市夷陵路304号
办公地址:湖北省宜昌市夷陵路304号 邮政编码:443003
3.法定代表人:汪东林
4.董事会秘书:李本林
董事会证券事务代表:张德胜
联系电话:0717-6352517 传真:0717-6351835
5.公司指定信息披露报纸:《证券时报》
年度报告披露网址:http://www.cninfo.com.cn
年度报告备置地点:公司董事会秘书处
6.公司股票上市交易所:深圳证券交易所
股票简称:ST猴王 股票代码:0535

二、会计数据和业务数据摘要

1.本年度主要利润指标情况:(单位:人民币元)

项目	金额
净利润	-689,736,260.94
扣除非经常性损益后的净利润	-627,185,116.98
主营业务利润	3,114,911.49
其他业务利润	-305,601.46
营业利润	-610,405,560.14
投资收益	-16,499,432.72
补贴收入	170,000.00
营业外收支净额	-62,963,314.98
经营活动产生的现金流量净额	-3,356,553.98
现金及现金等价物净增加额	-3,228,450.12
扣除非经常性损益项目如下(单位:人民币元)	
a、补贴收入:	170,000.00
b、连带责任损失:	62,721,143.96

2、截止报告期末公司前三年主要会计数据和财务指标(单位:人民币元)

指标项目	2000年	1999年		1998年	
		调整前	调整后	调整前	调整后
主营业务收入	42,296,101.74	77,345,189.48	77,345,189.48	111,172,554.15	111,172,554.15
净利润	-689,736,260.94	-67,701,968.96	-95,230,164.48	38,076,714.83	35,413,500.37
总资产	470,235,996.03	934,083,563.61	918,578,081.65	956,014,232.56	800,452,418.61
股东权益(不含少数股东权益)	-376,571,891.74	333,131,561.03	317,626,079.07	629,620,711.24	412,856,243.55
每股收益					
摊薄	-2.28	-0.22	-0.31	0.13	0.12
加权	-2.28	-0.22	-0.31	0.13	0.12
每股净资产	-1.24	1.10	1.05	2.08	1.36
调整后的每股净资产	-1.38	0.96	0.87	1.86	1.22
每股经营活动产生的现金流量净额	-0.01	0.004	0.004	-0.01	-0.01
净资产收益率(%)	——	-20.32	-29.98	6.05	8.58
摊薄		-20.32	-29.98	6.05	8.58
加权	——	-14.06	-26.07	6.24	8.96
扣除非经常性损益后的每股收益	-2.07	-0.23	-0.32	0.11	0.10

注:每股收益、每股净资产、每股经营活动产生的现金流量净额、净资产收益率的计算均遵循《公开发行股票公司信息披露的内容与格式准则第二号〈年度报告的内容与格式〉(1999年修订稿)》确定的计算公式。

利润表附表

报告期利润	每股收益(元)	
	摊薄	加权
主营业务利润	0.01	0.01
营业利润	-2.02	-2.02
净利润	-2.28	-2.28
扣除非经营性损益后的净利润	-2.07	-2.07

3、年内股东权益变动情况及原因(单位:人民币元)

项目	股本	资本公积	盈余公积	法定公积金	未分配利润	股东权益合计
期初数	302,723,222.00	141,768,461.40	17,576,004.59	13,988,972.76	-144,441,608.92	317,626,079.07
本期增加	0	0	0	0	0	0
本期减少	0	0	0	0	694,197,970.81	694,197,970.81
期末数	302,723,222.00	141,768,461.40	17,576,004.59	13,988,972.76	-838,639,579.73	-376,571,891.74

变动原因:未分配利润和股东权益的变动主要系本年度亏损和本年度调整年初未分配利润所致

三、股本变动和股东情况

(一)股本变动情况(单位:股)

	期初数	本次变动增减(+,-)	期末数
1.尚未流通股份			
(1)发起人股份	72349924	-52000000	20349924
其中:			
国家持有股份	104186880		104186880
境内法人持有股份			
境外法人持有股份			
其它			
(2)募集法人股份	28356000		28356000
(3)内部职工股	22908		22908
(4)其它	54186171	29650785	83836956
尚未上市流通股份合计	154915003	-22349215	132565788
2.已上市流通股份			
(1)人民币普通股	147808219	22349215	170157434
(2)境内上市的外资股			
(3)境外上市的外资股			
(4)其它			
已上市流通股合计	147808219		170157434
3.股份总数	302723222		302723222

闽东电机(集团)股份有限公司

二〇〇〇年年度报告摘选

一、公司简介

1、公司法定中文名称:闽东电机(集团)股份有限公司
公司法定英文名称:MINDONG ELECTRIC GROUP CO., LTD.
2、公司法定代表人:阮希玮
3、公司董事会秘书:黄晋球
联系地址:福建省福州市斗东路12号
联系电话:(0591)3348228
传真:(0591)3326201
4、公司注册及办公地址:福建省福州市斗东路12号
邮政编码:350005
电子信箱:mddjb@pub1.fz.fj.cn
5、公司选定的信息披露报纸:《证券时报》、《中国证券报》
登载公司年度报告的中国证监会指定国际互联网网址:
http://www.cninfo.com.cn
公司年度报告备置地点:公司董事会秘书处
6、公司股票上市地:深圳证券交易所
公司股票名称:ST闽闽东
公司股票代码:0536

二、会计数据和业务数据摘要

1、公司本年度主要会计数据(单位:元)

项目	金额
利润总额	-44,506,510.99
净利润	-44,506,510.99
扣除非经常性损益后的净利润	-44,530,877.27
主营业务利润	10,602,758.10
其他业务利润	3,585,984.45
营业利润	-58,399,692.52
投资收益	14,236,684.20
补贴收入	24,366.28
营业外收支净额	-367,868.95
经营活动产生的现金流量净额	-3,618,930.47
现金及现金等价物净增加额	-18,158,891.45
注:扣除非经常性损益项目为补贴收入	24,366.28元。

2、截止报告期末,公司前三年的主要会计数据和财务指标

项目	2000年	1999年	1998年
主营业务收入(万元)	14,173.50	16,712.27	24,813.38
净利润(万元)	-4,450.65	-5,099.71	-12,734.22
总资产(万元)	37,706.16	41,502.21	45,403.32
股东权益(万元)	-3,491.17	906.83	6,006.55
每股收益(元)	-0.37	0.42	-1.04
扣除非经常性损益后的每股收益(元)	-0.37	-0.42	-1.08
每股净资产(元)	-0.29	0.07	0.49
调整后的每股净资产(元)	-0.41	-0.08	0.26
每股经营活动产生的现金流量净额(元)	-0.03	-0.05	0.21
净资产收益率(%)	-127.48	-562.37	-212.00

3、利润表附表

报告期利润	净资产收益率(%)		每股收益(元)	
	全面摊薄	加权平均	全面摊薄	加权平均
主营业务利润	-30.37	-80.42	0.09	0.09
营业利润	-167.28	-442.93	-0.48	-0.48
净利润	-127.48	-337.56	-0.37	-0.37
扣除非经常性损益后的净利润	-127.55	-337.74	-0.36	-0.36

4、股东权益变动情况

项目	股本	资本公积	盈余公积	法定公益金	未分配利润	股东权益合计
期初数	121927193	65134914.38	28261682.24	8971872.94	-206255461.19	9068328.43
本期增加			526491.14	7754.81		534245.95
本期减少						
期末数	121927193	65134914.38	28788173.38	8979627.75	-250761972.18	-34911691.42

变动原因 本年度亏损引致。

三、股东情况简介

1、2000年末,公司股东总数为12558户,其中高级管理人员股东2户。

2、前十名股东

股东名称	持股数(股)	持股比例
福建省财政厅	44290000	36.32%
闽东电机家属厂	3400000	2.79%
工行福建省信托投资公司	2000000	1.64%
福州市古楼区华大五金厂	1810000	1.48%
泉州市二轻集体工业联社	1730000	1.42%
厦门华伦电力发展公司	1190000	0.98%
深圳市中粮实业发展有限公司	1000000	0.82%
马玉爱	878552	0.72%
彭清	747500	0.61%
福州变压器厂	693100	0.57%
合计	57739152	47.35%

天津南开戈德股份有限公司

二○○○年年度报告摘选

一、公司简介

1、公司中文名称:天津南开戈德股份有限公司
公司英文名称:TIANJIN NANKAI GUARD CO., LTD.
公司英文名称缩写:NKGD
2、公司法定代表人:李明智
3、公司董事会秘书:刘艳
公司授权代表:李江
电话:(022)23503336　传真:(022)23503336
电子信箱:liuyan@nkguard.com
4、公司注册地址:天津经济技术开发区第三大街16号(泰达中心)
公司办公地址:天津市南开区卫津路94号南开大学校内
邮政编码:300071
公司网址:http://www.nkguard.com
公司电子信箱:board@nkguard.com
5、公司信息披露报纸:《证券时报》、《上海证券报》、《中国证券报》
登载公司年度报告的中国证监会指定的国际互联网网址:
http://www.cninfo.com.cn
公司年度报告备置地点:公司董事会办公室
6、公司股票上市地:深圳证券交易所
股票简称:南开戈德　股票代码:0537

二、会计数据和业务数据摘要

1、本年度利润总额及其构成

单位:元

项目	金额
利润总额	128,142,286.48
净利润	128,298,491.33
扣除非经常性损益后的净利润	115,011,583.44
主营业务利润	168,918,941.94
其它业务利润	5,048,772.86
营业利润	112,154,752.17
投资收益	12,505,332.28
补贴收入	0
营业外收支净额	3,482,202.03
经营活动产生的现金流量净额	-12,180,754.37
现金及现金等价物净增加额	271,457,781.19

2、前三年主要会计数据和财务指标

单位:元

项目	2000年度实绩	1999年度实绩	1998年度实绩	
		调整后	调整前	调整后
主营业务收入	454,279,714.30	356,394,552.04	89,232,037.00	89,232,037.00
净利润	128,298,491.33	92,282,440.66	34,505,802.56	27,201,041.47
总资产	1,148,168,943.63	613,682,713.96	575,338,349.87	551,177,834.80
股东权益	809,811,166.87	386,696,142.42	319,328,508.66	294,413,701.76
每股收益(摊薄)	0.60	0.56	0.25	0.20
每股收益(加权)	0.63	0.56	0.25	0.20
扣除非经常性损益后的每股收益	0.54	0.55		
每股净资产	3.79	2.34	2.31	2.13
调整后的每股净资产	3.76	2.24	2.18	2.02
每股经营活动产生的现金流量净额	-0.06	0.64	0.10	0.10
净资产收益率(%)(摊薄)	15.84	23.86	10.81	9.24
净资产收益率(%)(加权)	23.47	27.10		

注1:1998年(调整后)主要财务指标系根据财会字[1999]35号文、49号文的有关规定,改变会计政策,进行追溯调整所致。

注2:1999年(调整后)主要财务指标系调整以前年度利润所致。

3、利润表附表

报告期利润	2000年度				1999年度			
	净资产收益率(%)		每股收益(元)		净资产收益率(%)		每股收益(元)	
	全面摊薄	加权平均	全面摊薄	加权平均	全面摊薄	加权平均	全面摊薄	加权平均
主营业务利润	20.86	30.90	0.79	0.83	31.67	35.96	0.74	0.74
营业利润	13.85	20.51	0.52	0.55	22.37	25.40	0.52	0.52
净利润	15.84	23.47	0.60	0.63	23.86	27.10	0.56	0.56
扣除非经常性损益后的净利润	14.20	21.04	0.54	0.56	23.58	26.78	0.55	0.55

三、股东情况介绍

(1)截至2000年12月31日,公司股东总数为11,235人。

(2)持有本公司5%以上(含5%)股份的股东及前10名股东持股情况

本公司控股股东天津戈德防伪识别有限公司于2000年5月16日更名为天津南开戈德集团有限公司。

天津南开戈德集团有限公司原持有本公司股份84,404,640股,由于实施了送股方案即每10股送2股后,持股增至101,285,568股。

2000年上半年,天津南开戈德集团有限公司为取得贷款,将所持股份中的3600万股质押给中国工商银行天津市分行新技术产业园区支行。根据逐步减少股权质押数量的原则,2000年9月,质押股数由3600万股减至1200万股。质押期为2000年9月15日至2001年7月19日。

公司前10名股东持股情况(截止2000年12月31日)

股东名称	持股数(股)	占总股本比例(%)
1、天津南开戈德集团有限公司	101,285,568	47.38
2、汉兴证券投资基金	7,371,727	3.45
3、天津环球磁卡股份有限公司	4,320,000	2.02
4、中国光大国际信托公司	1,702,192	0.84
5、中信天津工业发展公司	1,440,000	0.67
6、天津津益联合公司	1,440,000	0.67
7、天津海河国际劳务工程公司	1,080,000	0.51
8、北京国际信托投资公司北信经营部	720,000	0.34
9、豫信有限公司	720,000	0.34
10、浙江省证券公司	720,000	0.34

云南白药集团股份有限公司

二○○○年年度报告摘选

一、公司简介

1、公司法定名称:云南白药集团股份有限公司
公司英文名称:YUNNAN BAIYAO GROUP CO., LTD.
2、公司法定代表人:龙江
3、公司董事会秘书:黄艾农　联系电话:(0871)4179814
电子信箱:huangainong@yunnanbaiyao.com.cn
公司董事会秘书授权代表:马青　联系电话:(0871)4141591
电子信箱:maqing@yunnanbaiyao.com.cn
联系地址:云南省昆明市西坝路51号
传真:(0871)4144960
4、公司注册地址:昆明国家高新技术产业开发区
邮政编码:650118
办公地址:云南省昆明市西坝路51号
邮政编码:650032
公司国际互联网网址:www.yunnanbaiyao.com.cn
公司电子信箱:ynby@yunnanbaiyao.com.cn
5、公司选定的信息披露报纸名称:《证券时报》、《中国证券报》
登载公司年度报告的国际互联网网址:http://www.cninfo.com.cn
公司年度报告备置地点:本公司档案室
6、公司股票上市地:深圳证券交易所
公司股票简称:云南白药
公司股票代码:0538

二、会计数据和业务数据摘要

1、本年度实现利润总额及其构成

项目	单位	金额	备注
利润总额	万元	6040	
净利润	万元	4922	
扣除非经营性损益后的净利润	万元	4702	注1
主营业务利润	万元	23838	
其他业务利润	万元	127	
营业利润	万元	5588	
投资收益	万元	492	
补贴收入	万元	0	
营业外收支净额	万元	-40	
经营活动产生的现金流量净额	万元	10522	
现金及现金等价物净增加额	万元	-5345	

注1:扣除非经营性损益项目及涉及金额

(1)债券投资收益	241万元
(2)股票投资收益	58万元
(3)营业外收支净额	-40万元
合计	259万元
扣除所得税纳税影响后为	220万元

2、本年度末前三年的主要会计数据和财务指标

项目	单位	2000年	1999年	1998年
主营业务收入	万元	79530	23200	16453
净利润	万元	4922	3350	2878
总资产	万元	79285	76186	35247
股东权益(不含少数股东权益)	万元	38988	37538	25110
每股收益	元	0.265	0.180	0.271
每股净资产	元	2.10	2.02	2.24
调整后的每股净资产	元	2.07	1.94	2.18
每股经营活动产生的现金流量净额	元	0.57	0.23	0.36
净资产收益率	%	12.63	8.92	11.46
加权平均每股收益	元	0.265	0.199	0.257
扣除非经营性损益后的每股收益	元	0.253	0.181	0.263
加权平均净资产收益率	%	12.32	12.59	12.21
扣除非经常损益后的加权净资产收益率	%	11.76	12.60	12.51

三、股东情况介绍

1、期末股东总数:21853户。

2、前10名股东持股情况表(根据2000年12月29日深交所存管部提供资料):

单位:股

持股单位	持股数	占总股本%	备注
1.云南医药集团有限公司	58620000	31.55	国有法人股(授权管理国有股)
2.云南红塔实业有限公司	37447650	20.15	法人股
3.云南省国际信托投资公司	15840000	8.52	国有法人股
4.深圳市好利意实业发展公司	10590000	5.70	法人股
5.上海小西生物技术有限公司	1386000	0.82	法人股
6.深圳市大鹏证券公司证券业务部	1042965	0.62	法人股
7.深圳市唐诚保健品实业有限公司	396000	0.21	法人股
8.同智证券投资基金	375629	0.20	社会公众股
9.泰和证券投资基金	358642	0.19	社会公众股
10.云南省粮食管理局机关服务中心	297000	0.16	法人股
合计	126353886	68.00	

广东电力发展股份有限公司

二○○○年年度报告摘选

一、公司简介

(一)公司法定中文名称:广东电力发展股份有限公司

公司法定英文名称:GUANGDON ELECTRIC POWER DEVELOPMENT CO., LTD.

[英文名称缩写 GED]

(二)公司法定代表人:吴希荣先生

(三)公司总经理:刘谦先生

(四)公司董事会秘书:张德伟先生

联系电话:(020)87609276 传真:(020)87609909

证券事务代表:陈楚阳先生、陈进良先生

联系电话:(020)87609681、87604922 传真:(020)87609909

联系地址:广东省广州市环市东路 498 号广发花园柏丽商业中心 10 楼

邮政编码:510075

(五)公司注册地址、办公地址:

公司注册地址:广东省广州市梅花路 75 号 21 楼 邮政编码:510600

公司办公地址:广东省广州市环市东路 498 号广发花园柏丽商业中心 10 楼

邮政编码:510075

公司电子信箱:gpedco@ public. guangzhou. gd. cn

公司互联网网址:http://www. ged. com. cn

(六)公司选定的信息披露报纸名称:

《中国证券报》、《证券时报》、《上海证券报》、《香港商报》(境外)、

《The Asian Wall Street Journal(亚洲华尔街日报)》(境外英文)。

登载公司年度报告的中国证监会指定国际互联网网址为:http://www. cninfo. com. cn

公司年度报告备置地点:总经理办公室。

公司年度报告备置于公司办公地址,以供股东及投资者查询。

(七)公司股票上市交易所、股票简称和股票代码

公司股票上市交易所:深圳证券交易所

公司股票简称:粤电力 A 和粤电力 B

公司股票代码:0539 和 2539

二、会计数据和业务数据摘要

根据广东康元会计师事务所按中国会计准则审计的本集团主要会计数据和业务数据摘要如下:

(一)本年度主要利润指标情况

单位:人民币元

利润总额	1,931,828,046.85
净利润	970,292,208.75
扣除非经常性损益后的净利润	1,002,636,143.90
主营业务利润	2,219,878,421.91
其他业务利润	---
营业利润	1,957,528,178.89
投资收益	7,467,424.55
补贴收入	---
营业外收支净额	-33,167,556.59
经营活动产生的现金流量净额	1,692,948,553.32
现金及现金等价物净增加额	-684,958,601.40

(二)本集团最近三年的主要会计数据和财务指标

单位:人民币元

指标项目	2000 年	1999 年		1998 年	
		调整后	调整前	调整后	调整前
1.主营业务收入	4,288,092,115.21	3,436,918,008.02	3,436,918,008.02	2,752,134,477.33	2,752,134,477.33
2.净利润	970,292,208.75	834,603,648.54	834,603,648.54	706,473,066.31	692,747,602.19
3.总资产	11,299,123,769.90	8,585,982,043.56	8,587,589,344.58	7,776,696,306.53	7,820,548,144.33
4.股东权益	4,735,574,497.92	4,203,100,969.17	4,203,100,969.17	3,754,807,920.63	3,756,314,065.33
5.每股收益					
每股收益(全面)	0.377	0.648	0.648	0.549	0.538
每股收益(加权)	0.377	0.648	0.648	0.549	0.538
扣除非经常性损益后的每股收益	0.389	0.648	0.648	0.549	0.538
6.每股净资产	1.84	3.26	3.26	2.92	2.92
7.调整后的每股净资产	1.78	3.22	3.22	2.58	2.58
8.净资产收益率(%)					
净资产收益率(全面)	20.49	19.84	19.86	18.82	18.44
净资产收益率(加权)	20.81	18.33	18.33	18.63	18.89
9.每股经营活动产生的现金流量净额	0.66	1.24	1.24	0.79	0.79

利润表附表 指标项目	净资产收益率(%) 全面摊薄	加权平均	每股权益(元) 全面摊薄	加权平均
主营业务利润	46.88	47.61	0.86	0.86
营业利润	41.34	41.98	0.76	0.76
净利润	20.49	21.17	0.377	0.377
扣除非经常损益后的净利润	21.17	21.50	0.389	0.389

三、股本变动及股东情况

(一)报告期末股东总数

截至 2000 年 12 月 31 日止,公司股东总数为 66,553 户。

(二)公司前十名股东介绍(截至 2000 年 12 月 31 日)

持 股 单 位	持有数量(股)	持股比例(%)
广东省电力集团公司	1,333,800,000	51.79
中国建设银行广东省信托投资公司	87,750,000	3.41
TEMPLETON WORLD FUND, INC.	64,681,530	2.51
广东省电力开发公司	43,875,000	1.70
广东国际信托投资公司	43,875,000	1.70
广东发展银行	43,875,000	1.70
TEMPLETON GLOBAL SMALLER COMPANIES FUND, INC.	12,450,417	0.48
BEST RELIANCE INVESTMENTS LTD	10,397,626	0.40
INTL NEDERLANDEN BANK (ING BANK)GLOBAL CUSTODY NV	8,424,000	0.33
黄显友	7,882,420	0.31

世纪中天投资股份有限公司

二○○○年年度报告摘选

一、公司简介

公司名称:世纪中天投资股份有限公司

公司英文名称:CENTURY ZHONGTIAN INVESTMENT JOINT STOCK CO., LTD

公司法定代表人:鲁 石

公司董事会秘书:杨勇潜 证券事务代表:何要求

联系地址:贵阳市云岩区吉祥路 1 号宅吉大厦五楼

联系电话:0851—6809072 0851-6809116-821 传 真:0851—6809115

电子信箱:ztqyd@public1. gy. gz. cn

公司注册地址:贵州省贵阳市

公司办公地址:贵阳市云岩区吉祥路 1 号宅吉大厦五楼 邮政编码:550004

公司国际互联网址:www. ztqy. com. cn

公司电子信箱:ztqy@ztqy. com. cn

信息披露刊物:《证券时报》

登载公司年报的中国证监会指定国际互联网网址:

http://www. cninfo. com. cn

公司年度报告备置地点:贵阳市云岩区吉祥路 1 号宅吉大厦五楼

世纪中天投资股份有限公司董事会秘书处

股票上市交易所:深圳证券交易所 公司股票代码:0540

二、会计数据和业务数据摘要(合并报表)

1、本年度会计数据

(1)公司本年度实现的利润总额 271,379,926.40 元;

(2)净利润 229,477,611.99 元;

(3)扣除非经常性损益后的净利润 34,102,516.68 元;

(4)主营业务利润 71,033,839.85 元;

(5)其他业务利润 8,935,532.85 元;

(6)营业利润 41,202,350.79 元;

(7)投资收益 229,853,053.25 元;

(8)补贴收入 0.00 元;

(9)营业外收支净额 324,522.36 元;

(10)经营活动产生的现金流量净额 11,447,958.13 元;

(11)现金及现金等价物净增加额 164,184,598.94 元。

注:公司扣除非经常性损益的项目为投资收益,金额为 195,375,095.2 元。

2、截至报告期末公司前三年的主要会计数据和财务指标(单位:元)

项 目	2000 年	1999 年	1998 年
主营业务收入	214,168,300.76	147,670,723.34	103,088,074.13
净利润	229,477,611.99	28,920,239.03	22,838,316.59
总资产	1,082,508,597.83	567,544,655.06	475,741,002.17
股东权益(不含少数股东权益)	433,812,693.06	242,783,489.07	210,860,494.23
每股收益(全面摊薄)	1.19	0.29	0.23
每股收益(加权平均)	1.19	0.29	0.23
每股收益(扣除非经常性损益)	0.18	0.29	0.23
每股净资产	2.26	2.48	2.15
调整后的每股净资产	2.07	2.33	2.03
每股经营活动产生的现金流量净额	0.06	1.20	0.53
净资产收益率(%)	52.89	11.91	10.83
加权净资产收益率(%)	64.19	12.84	11.00
扣除非经常损益后净资产收益率(%)	9.54	11.91	10.83
扣除非经常损益后加权净资产收益率(%)	7.89	12.84	11.00

本年度利润附表

报告期利润	净资产收益率(%) 全面摊薄	加权平均	每股收益(元/股) 全面摊薄	加权平均
主营业务利润	16.37	19.87	0.3695	0.3695
营业利润	9.50	11.52	0.2143	0.2143
净利润	52.89	64.19	1.1934	1.1934
扣除非经营性损益后的利润	7.89	9.54	0.1773	0.1773

房地产开发主要业务数据

项 目	2000 年	1999 年	1998 年
商品房施工面积(M2)	271,091	190,638	228,391
商品房竣工面积(M2)	61,227	81,547	51,005
产品销售量(M2)	89,572	64,800	72,221.95
贵阳市市场份额	15%(贵阳市统计局 2000 年 6 月 31 日)		

三、股本变动及股东情况

1、股本变动情况

(1)股份变动情况表

数量单位:股

	本次变动前	本次变动增减(+、-) 配股	送股	公积金转股	其他	小计	本次变动后
一、未上市流通股份							
1、发起人股份	49,684,611		7,007,537	9,009,689	-33,000,000	-16,982,774	32,701,837
其中:							
国家持有股份	43,876,611		4,568,177	5,873,369	-33,000,000	-22,558,454	21,318,157
境内法人持有股份	5,808,000		2,439,360	3,136,320		5,575,680	11,383,680
境外法人持有股份							
其他	14,520,000		19,958,400	25,660,800	33,000,000	78,619,200	93,139,200
2、募集法人股	171,429		61,226	78,721	-134,728	5,219	176,648
3、内部职工股							
4、优先股或其他	64,376,040		27,027,163	34,749,210	-134,728	61,641,645	126,017,685
未上市流通股份合计							
二、已上市流通股份	33,706,635		14,167,559	18,215,433	134,728	32,517,720	66,224,355
1、人民币普通股							
2、境内上市的外资股	33,706,635		14,167,559	18,215,433	134,728	32,517,720	66,224,355
3、境外上市的外资股							
4、其他							
已上市流通股份合计							
三、股份总数	98,082,675		41,194,722	52,964,643	0	94,159,365	192,242,040

佛山电器照明股份有限公司

二〇〇〇年年度报告摘选

一、公司简介

1、公司中文名称：佛山电器照明股份有限公司　　　缩写：佛山照明
公司英文名称：FOSHAN ELECTRICAL AND LIGHTING CO., LTD.　　　缩写：FSL
2、公司法定代表人：钟信才
3、公司董事会秘书：陈本贤
联 系 地 址：佛山市汾江北路 15 号
联 系 电 话：(0757) 2813838－298、2810239
联 系 传 真：(0757) 2816276
电 子 信 箱：gzfsligh@pub.foshan.gd.cn
4、公司注册、办公地址：广东省佛山市汾江北路 15 号　　　邮 政 编 码：528000
国际互联网网址：www.chinafsl.com
电 子 信 箱：gzfsligh@pub.foshan.gd.cn
5、公司的信息披露报纸：中国证券报、证券时报、佛山日报及香港大公报
登载年报的中国证监会指定国际互联网网址：http://www.cninfo.com.cn
年度报告备置地点：佛山市汾江北路 15 号本公司办公室董事会秘书处
6、股票上市交易所：深圳证券交易所
股 票 简 称：佛山照明(A 股)　　粤 照 明(B 股)
股 票 代 码：0541 (A 股)　　2541 (B 股)

二、会计数据和业务数据摘要

1、本年度主要会计数据和业务数据

单位：人民币元

项目	金额
利润总额	189,242,076.55
净利润	161,153,528.61
扣除非经常性损益后的净利润	157,057,195.18
主营业务利润	208,663,811.02
其他业务利润	776,797.16
营业利润	173,981,552.45
投资收益	9,736,036.64
营业外收支净额	5,524,487.46
经营活动产生的现金流量净额	172,329,260.79
现金及现金等价物净增加额	511,456,093.15

2、两种不同会计准则计算的净利润及其差异
(3) 净利润差异明细项目

单位：人民币元

项目	2000 年税后利润
经中国会计法规编制的法定会计报表	161,153,529.00
遵照国际会计准则作出调整：	
呆帐准备拨回/(准备)	2,710,975.00
投资准备	6,853,904.00
暂付款项准备	－5,790,438.00
多计/(少提)所得税	13,493,278.00
合并调整	1,447,928.00
其 他	259,475.00
根据国际会计准则列报	180,128,651.00

3、截止报告期末公司前三年的主要会计数据和财务指标(合并数)

单位：人民币元

项 目	2000 年	1999 年	1998 年	
			调 整 前	调 整 后
主营业务收入	687,280,388.24	602,540,212.54	504,168,250.93	504,168,250.93
净利润	161,153,528.61	158,371,893.31	147,809,937.65	150,537,456.54
总资产	2,171,997,490.15	1,462,921,963.07	1,415,953,476.79	1,412,006,590.02
股东权益(不含少数股东权益)	1,876,824,158.35	1,184,923,899.83	1,127,050,612.19	1,123,103,725.42
每股收益(全面摊薄)	0.45	0.574	0.536	0.546
每股收益(加权平均)	0.523	0.574	0.536	0.546
扣除非经常性损益后的每股收益(全面摊薄)	0.438	0.483	0.531	0.541
扣除非经常性损益后的每股收益(加权平均)	0.51	0.483	0.531	0.541
每股净资产	5.24	4.30	4.09	4.07
调整后的每股净资产	5.21	4.25	4.05	4.03
每股经营活动产生的现金流量净额	0.48	0.6	0.547	0.547
净资产收益率%(全面摊薄)	8.59	13.37	13.11	13.40
净资产收益率%(加权平均)	12.35	13.17	12.70	12.92
扣除非经常性损益后的净资产收益率(全面摊薄)%	8.37	11.24	12.99	13.28
扣除非经常性损益后的净资产收益率(加权平均)%	12.03	11.07	12.58	12.80

三、股东情况介绍

1、股东情况介绍

截止 2000 年 12 月 31 日，本公司共有股东 96,744 户。其中，A 股(佛山照明 0541)股东 91,817 户，包括高管股股东 5 户；B 股(粤照明 2541)股东 4,927 户。

2、前十名主要股东持股情况(2000 年 12 月 31 日)

股数单位：股

序号	股东名称	持有上市流通股数	持未上市流通股数	占总股本(%)
1	佛山市国有资产办公室 (法人 A 股)		85,922,100	23.97
2	ARRAN INVESTMENT PTE LTD. (B 股)	18,175,362		5.07
3	广州佑昌灯光器材贸易有限公司(法人 A 股)		6,850,800	1.91
4	C.G.CAPITAL 中国实业控股公司 (B 股)	2,512,100		0.70
5	JIANG NAN HOLDINGS LIMITED 江南控股有限公司(B 股)	2,385,518		0.67
6	庄坚毅 (B 股)	2,352,350		0.66
7	泰和证券投资基金 (A 股)	2,220,953		0.62
8	大鹏国际控股有限公司 (B 股)	2,013,000		0.56
9	丰信国际投资公司 (B 股)	1,725,570		0.48
10	安顺证券投资基金 (A 股)	1,689,720		0.47
合 计		33,074,573	92,772,900	35.11

TCL 通讯设备股份有限公司

二〇〇〇年年度报告摘选

一、公司简介

1. 公司法定中文名称：TCL 通讯设备股份有限公司
公司法定英文名称：TCL Communication Equipment Co., Ltd.
2. 公司注册地址及办公地址：广东省惠州市上排大岭路 10 号 TCL 大厦
邮政编码：516001
公司国际互联网网址：http://www.tclcomm.com
电子信箱：stock@tclcomm.com
3. 公司法定代表人：李东生
4. 公司董事会秘书：林盛忠
电话：0752－2288898
电子信箱：linsz@tclcomm.com stock@tclcomm.com
证券事务代表：叶文洁
电话：0752－2288896
传真：0752－2261868
电子信箱：yewj@tclcomm.com
联系地址：广东省惠州市上排大岭路 10 号 TCL 大厦
5. 公司选定的信息披露报纸名称：《中国证券报》、《证券时报》
中国证监会指定国际互联网网址：http://www.cninfo.com.cn
公司年度报告备置地点：证券部
6. 公司股票上市交易所：深圳证券交易所
股票简称：TCL 通讯
股票代码：0542

二、会计数据和业务数据摘要

1. 本年度利润总额及其构成 (合并报表)

单位：人民币(元)

项目	金额
利润总额：	30,048,828.78
净利润：	26,316,637.88
扣除非经常性损益后的净利润：	26,316,637.88
主营业务利润：	216,613,340.86
其他业务利润：	920,456.77
营业利润：	23,069,086.03
投资收益：	6,302,192.20
补贴收入：	0.00
营业外收支净额：	677,550.55
经营活动产生的现金流量净额：	－10,033,907.96
现金及现金等价物净增加额：	47,293,976.93

2. 前三年的主要会计数据和财务指标表(合并报表)单位：人民币(元)

项 目	2000 年度	1999 年度		1998 年度	
		调整后	调整前	调整后	调整前
主营业务收入	932,229,002.57	296,827,928.73	334,397,294.45	402,823,726.35	402,823,726.35
净利润	26,316,637.88	－179,836,171.66	－179,836,171.66	3,925,976.30	3,040,766.53
总资产	1,090,892,510.42	685,970,178.91	680,793,477.33	840,735,980.28	869,446,266.10
股东权益(不包含少数股东股益)	437,527,329.35	428,726,693.68	428,002,379.77	607,725,607.43	636,435,893.25
每股收益	0.140	－0.956	－0.956	0.021	0.016
加权平均每股收益	0.140	－0.956	－0.956	0.025	0.019
扣除非经常性损失后的每股收益	0.140	－0.956	－0.956	0.021	0.016
每股净资产	2.326	2.28	2.28	3.23	3.38
调整后的每股净资产	1.96	2.15	2.18	3.09	3.22
每股经营活动产生的现金流量净额	－0.0 5	－0.397	－0.397	－0.131	－0.131
净资产收益率(%)	6.01%	－41.95%	－42.02%	0.65%	0.48%

3. 按照中国证监会《公开发行证券公司信息披露编报规则(第 9 号)》要求计算的报告期利润的净资产收益率和每股收益

报告期利润	净资产收益率		每股收益	
	全面摊薄	加权平均	全面摊薄	加权平均
主营业务利润	49.51%	50.01%	1.15	1.15
营业利润	5.27%	5.33%	0.12	0.12
净利润	6.01%	6.08%	0.14	0.14
扣除非经营性损益后的净利润	5.86%	5.92%	0.14	0.14

三、股本变动和主要股东持股情况

(一) 股本变动情况表

报告期内，本公司股份总数较上年未发生变化。股本结构如下：

报告日期：2000 年 12 月 31 日

数量单位：股　　　每股面值：1 元

	本次变动前	本次变动增减(＋,－) 配股、送股、公积金转股	增发	其他	小计	本次变动后
一、尚未流通股份						
1. 发起人股份	103,953,300					103,953,300
其中：						
国家拥有股份	56,926,100					56,926,100
境内法人持有股份						
外资法人持有股份	47,027,200					47,027,200
其他						
2. 募集法人股	2,702,700					2,702,700
3. 内部职工股						
4. 优先股或其他股						
尚未流通股份合计	106,656,000					106,656,000
二、已上市流通股份						
1. 人民币普通股	81,452,800					81,452,800
其中：高管人员持股	60,489					60,489
2. 境内上市的外资股						
3. 增外上市的外资股						
4. 其他						
已上市流通股份合计	81,452,800					81,452,800
三、股份总数	188,108,800					188,108,800

安徽省皖能股份有限公司

二〇〇〇年年度报告摘选

一、公司简介

1、公司法定中文名称:安徽省皖能股份有限公司
公司法定英文名称:AN HUI WENERGY COMPANY,LIMITED
公司英文名称缩写:WENERGY CO.,LTD
2、公司法定代表人:张绍仓
3、公司董事会秘书:周庆霞
联系地址:安徽省合肥市马鞍山路99号皖能大厦
联系电话:0551-4672679
传　　真:0551-4669573
电子信箱:zhouqx@wenergy.com.cn
4、公司注册(办公)地址:
安徽省合肥市马鞍山路99号皖能大厦
邮编:230011
公司国际互联网网址:http://www.wenergy.com.cn
电子信箱:group@wenergy.com.cn
5、公司选定的信息披露报纸:《证券时报》、《中国证券报》;
登载公司年度报告的国际互联网网址 http://www.cninfo.com.cn;
公司年度报告备置地点:公司证券部
6、公司股票上市交易所:深圳证券交易所
股票简称:皖能电力
股票代码:0543

二、会计数据及业务数据摘要

(一)本年度会计数据及业务数据摘要

单位:万元

项目	金额
利润总额	26109.03
净利润	22077.64
扣除非经常损益的净利润	20490.04
主营业务利润	15332.81
其它业务利润	1587.63
营业利润	15279.99
投资收益	10894.99
补贴收入	0
营业外收支净额	-65.96
经营活动产生的现金流量净额	17468.02
现金及现金等价物净增加额	1262.72
注:扣除的非经常性损益项目、涉及金额	1587.60
资产占用费收入	1587.60
合 计	1587.60

(二)近三年主要会计数据和财务指标:

单位:万元

项 目	2000年度	1999年度	1998年度
主营业务收入	68961.41	64307.08	67441.85
净利润	22077.64	18237.49	20954.81
总资产	279032.18	267991.01	238314.16
股东权益	229048.61	226886.35	224388.84
每股收益(元)(摊薄)	0.2856	0.2359	0.2711
每股收益(元)(加权平均)	0.2856	0.2359	0.2844
扣除非经常性损益后的每股收益(元)	0.2681	0.2148	0.2711
每股净资产(元)	2.96	2.94	2.90
调整后的每股净资产(元)	2.94	2.86	2.89
净资产收益率(%)(摊薄)	9.64	8.04	9.34
净资产收益率(%)(加权平均)	9.28	7.81	10.03
每股经营活动产生的现金流量净额(元)	0.23	0.22	0.097
扣除非经常性损益后的加权平均净资产收益率(%)	9.46	7.14	9.39

(三)利润表附表:

项目 报告期利润	净资产收益率(%) 全面摊薄	加权平均	每股收益(元) 全面摊薄	加权平均
主营业务利润	6.69	6.44	0.1984	0.1984
营业利润	6.67	6.42	0.1977	0.1977
净利润	9.64	9.28	0.2856	0.2856
扣除非经常损益后的净利润	9.05	9.46	0.2681	0.2681

(四)股东权益变动情况

单位:元

项 目	股本	资本公积	盈余公积	其中:公益金	未分配利润	合 计
期初数	773008816	956089604.39	430022999.91	83329025.90	65662228.17	2224783648.47
本期增加	/	90000.00	33570631.44	11190210.47	220776391.44	254437022.88
本期减少	/	562195.52	/	/	188172394.64	188734590.16
期末数	773008816	955617408.87	463593631.35	94519236.37	98266224.97	2290486081.19

三、股东情况介绍

1、股东数量

报告期末,公司股东总数93075名,其中本公司高级管理人员股东7名。

2、主要股东持股情况

截至2000年12月31日,公司前十名主要股东的名称、持股数量及增减变动如下:

名 称	年末持股数(股)	期内增减变动(+/-)	占总股本比例(%)
安徽省能源集团有限公司	468,000,000	0	60.543
安徽省农业投资公司	27,700,000	0	3.583
安徽省能源物资供销公司	27,700,000	0	3.583
中国宝安集团股份有限公司	22,000,000	0	2.846
安徽省建设投资公司	19,890,000	0	2.573
安徽省电力公司	11,000,000	0	1.423
中行安徽信托投资咨询公司	6,710,000	0	0.868
深圳市鸿基(集团)股份有限公司	5,000,000	0	0.647
安徽国祯能源股份有限公司	3,360,000	0	0.435
国信证券有限公司	3,300,000	3,300,000	0.427

白鸽(集团)股份有限公司

二〇〇〇年年度报告摘选

一、公司简介

1、公司名称:
公司法定中文名称:白鸽(集团)股份有限公司
公司法定英文名称:White Dove (Group) CO.LTD
2、公司法定代表人:周文德
3、公司董事会秘书:曹长岭
证券事务代表:徐炜
联系地址:河南省郑州市华山路78号
电话:0371—7635588—2762　传真:0371—7628013
公司董事会秘书处电子信箱:board@ whitedove.com.cn
4、公司注册地址:河南省郑州市华山路78号　邮编:450007
公司办公地址:河南省郑州市华山路78号
公司国际互联网网址:http://www.whitedove.com.cn
5、公司信息披露报刊名称:《证券时报》
公司年度报告登载在中国证监会指定的国际互联网网址:http://www.cninfo.com.cn
6、公司年度报告备置地点:
白鸽(集团)股份有限公司董事会秘书处
7、公司股票上市交易所:深圳证券交易所
股票名称:豫白鸽A　股票代码:0544

二、会计数据和业务数据摘要

(一)2000年经营情况

单位:人民币元

项目	金额
利润总额	966,783.65
净利润	5,357,308.90
扣除非经常性损益后的净利润	23,152,312.25
主营业务利润	161,185,745.73
其它业务利润	1,957,903.59
营业利润	20,478,756.88
投资收益	-1,716,969.88
补贴收入	356,600.41
营业外收支净额	-18,151,603.76
经营活动产生的现金流量净额	230,525,183.65
现金及现金等价物净增加额	55,764,466.42

注:营业外收支净额是由于深圳市二砂深联有限公司为中国磨料磨具进出口联营深圳公司在中国银行深圳分行营业部贷款提供不可撤销连带责任担保而形成的损失。

(二)主要会计数据和财务指标

截止报告年度末前三年的主要会计数据和财务指标:

指标项目	2000年	1999年	1998年 调整后	调整前
1、主营业务收入(万元)	62,498.25	44,290.19	49,830.76	51,570.26
2、净利润(万元)	535.73	-7983.7	-4,137.85	96.59
3、总资产(万元)	127,538.83	128,312.7	145,728.25	154,265.92
4、股东权益(不含少数股权)(万元)	28,025.98	28,456.41	34,467.34	50,278.71
5、每股收益(元)	0.02	-0.30	-0.15	0.0035
6、加权每股收益(元)	0.02	-0.30	-0.15	0.0035
7、扣除非经常性损益后的每股收益(元)	0.086	-0.32	-0.15	0.00
8、每股净资产(元)	1.04	1.04	1.28	1.87
9、调整后的每股净资产(元)	0.965	1.0118	1.06	1.45
10、每股经营活动产生的现金流量净额(元)	0.86	0.17	0.285	0.29
11、净资产收益率(%)				
全面摊薄	1.91	-28.34	-12.01	0.19
加权平均	1.91	-28.34	-12.01	0.19

(三)、利润分配表附表

报告期利润	净资产收益率(%) 全面摊薄	加权平均(ROE)	每股收益(元/股) 全面摊薄	加权平均(EPS)
主营业务利润:	57.51	56.93	0.60	0.60
营业利润:	7.31	7.23	0.076	0.076
净利润:	1.91	1.89	0.02	0.02
扣除非经常性损益后的净利润:	8.26	8.18	0.086	0.086

三、股本情况介绍

(一)股东情况介绍

1、报告期末股东总数

截止到2000年12月31日白鸽公司股东总数为39463户,其中国家股股东1户,法人股股东1户;其它股东39461户,其中高管股股东1户。

2、主要股东持股情况

截止2000年12月31日持有本公司股票的前十名股东名单:

序号	股 东 姓 名	持股数	占有总股份比例(%)
1	郑州市国有资产管理局	92,536,432	34.34
2	东莞市东糖集团有限公司	68,181,818	25.30
3	广东福地彩色显像管股份有限公司	8,783,100	3.26
4	洪维国	688,870	0.26
5	郭辉	637,661	0.24
6	殷俭	470,725	0.17
7	刘国昌	406,399	0.15
8	陈玉英	402,800	0.15
9	王月通	341,979	0.13
10	王英	326,202	0.12

吉林恒和制药股份有限公司

二○○○年年度报告摘选

一、公司简介

(一)公司中文名称:吉林恒和制药股份有限公司
英文名称:JILIN HENGHE PHARMACEUTICAL CO., LTD
(二)公司法定代表人:孙宏伟
(三)公司董事会秘书:闻 成
授权代表:罗国建
联系电话:(0432)4809008　　4809021
联系传真:(0432)4841728
联系地址:吉林市长春路 99 号
电子信箱:JZYD@public.jl.jl.cn
(四)公司注册地址:吉林市长春路 99 号
办公地址:吉林市长春路 99 号　　邮政编码:132012
电子信箱:JLHHZY@public.jl.jl.cn
(五)公司选定信息披露报纸:《证券时报》、《中国证券报》
登载年度报告网址:http://www.cninfo.com.cn
年度报告备置地点:公司董事会秘书办
(六)公司上市地点:深圳证券交易所
股票简称:恒和制药　　股票代码:0545

二、会计数据和业务数据摘要

(一)公司本年度实现利润情况:

	单位:元
利润总额:	4872220.14
净 利 润:	4872220.14
扣除非经常性损益后的净利润:	6878451.26
主营业务利润:	49191716.84
其他业务利润:	-549531.79
营业利润:	5016429.76
投资收益:	74126.00
补贴收入:	
营业外收支净额:	-218335.62
经营活动产生的现金流量净额:	3380199.55
现金及现金等价物净增加额:	3756031.21

(二)公司前三年的主要会计数据和财务指标:　　单位:元

项目	2000 年度	1999 年度	1998 年度	
			调整前	调整后
主营业务收入	148996882.10	163725210.01	178595846.21	178595846.21
净利润	4872220.14	-98693692.95	2520461.01	-12309101.72
总资产	340642077.51	335106255.07	487178758.52	433551960.68
股东权益	163065410.12	159536063.87	313499643.62	259171562.49
每股收益(摊薄)	0.036	-0.73	0.019	-0.09
每股收益(加权)	0.036	-0.73	0.019	-0.09
扣除非经常性损益后的每股收益	0.051	-0.17	0.019	0.0006
每股净资产	1.20	1.18	2.31	1.91
调整后的每股净资产	1.14	1.04	2.24	1.49
每股经营活动产生的现金流量净额	0.025	-0.008	0.026	0.026
净资产收益率(%)	2.99	-61.86	0.80	-4.75

(三)利润表附表:

报告期利润	净资产收益率(%)		每股收益(元)	
	全面摊薄	加权平均	全面摊薄	加权平均
主营业务利润	30.17	26.73	0.363	0.363
营业利润	3.08	3.10	0.037	0.037
净利润	2.99	3.01	0.036	0.036
扣除非经常性损益后的净利润	4.22	4.22	0.051	0.051

注:本表是按照中国证监会《公开发行证券公司信息披露编报规则第 9 号－净资产收益率和每股收益的计算及披露》要求计算的。

(四)报告期内股东权益变动情况

单位:元

项目	期初数	本期增加	本期减少	期末数
股本	135635820			135635820
资本公积	152982419.13			152982419.13
盈余公积	8730816.40		1215039.55	7515776.85
法定公益金	2112674.34		1215039.55	897634.79
未分配利润	-137940826.00	4872220.14		-133068605.86
股东权益合计	159408229.53	4872220.14	1215039.55	163065410.12

变动原因:
1、公益金减少系住房周转金借方余额转入所致;
2、未分配利润增加系本期经营实现的利润。

三、股东情况介绍

(一)截止 2000 年 12 月 31 日,公司股东总数为 31241 户。
(二)前十名股东持股情况:

股 东 名 称	年末持股数	增减变动情况	持股比例(%)	股份性质	质押冻结情况
吉林省恒和企业集团有限责任公司	28655000	0	21.12	法人股	无
吉林省明日实业有限公司	18507500	0	13.64	法人股	无
深圳经济特区房地产(集团)股份有限公司	18507500	0	13.64	法人股	无
吉林市银丰物资经销公司	1320000	0	0.97	法人股	
周泰勇	872289		0.64	流通股	
马书科	748854		0.55	流通股	
廊坊市光阳摩托车销售服务中心	621941		0.46	流通股	
华夏证券有限公司北京东四营业部	550000	0	0.41	法人股	
林彬	389403		0.29	流通股	
张连华	386600		0.29	流通股	

吉林轻工集团股份有限公司

二○○○年年度报告摘选

一、公司简介

1、公司法定中文名称:吉林轻工集团股份有限公司
公司法定英文名称:JILIN LIGHT INDUSTRIAL GROUP CO., LTD
公司英文名称缩写:LIG
2、公司法定代表人:王鹏
3、公司董事会秘书:李丽
联系地址:长春市建设街 81 号
电　　话:0431－8523476　　传真:0431－8540236　　8522149
E－mail:jlligco@public.cc.jl.cn
4、公司注册地址和办公地址:长春市建设街 81 号　　邮政编码:130061
5、公司选定的信息披露报纸名称:《证券时报》
登载公司年度报告的中国证监会指定国际互联网网址:http://www.cninfo.com.cn
公司年度报告备置地点:吉林轻工集团股份有限公司董事会秘书处
6、公司股票上市交易所:深圳证券交易所
股票简称:ST 吉轻工　　股票代码:0546

二、会计数据和业务数据摘要

1、本年度会计数据摘要(金额单位:元)

项 目	金　额
利润总额	-163,254,068.15
净利润	-132,898,020.38
扣除非经常性损益后的净利润	-71,510,556.90
主营业务利润	10,907,802.57
其他业务利润	1,156,543.97
营业利润	-116,398,260.18
投资收益	-25,132,449.43
补贴收入	-
营业外收支净额	-21,723,358.54
经营活动产生的现金流量净额	1,182,690.22
现金及现金等价物净增加额	-1,509,047.38

注:非经常性损益项目(金额单位:元)

项 目	涉及金额
转让股权投资损失	-19,941,512.30
核销无法收回的债权	-19,722,592.64
营业外收支净额	-21,723,358.54
合计	-61,387,463.48

2、截至报告期末公司前三年主要会计数据和财务指标(金额单位:元)

指标名称	2000 年度	1999 年度		1998 年度
		调整后	调整前	
主营业务收入	59,903,658.99	43,504,324.28	93,127,153.88	136,767,540.00
净利润	-132,898,020.38	-128,071,559.91	-168,928,566.72	-48,448,892.52
总资产	396,024,004.95	536,463,366.14	577,958,266.28	766,306,616.99
股东权益	-96,003,980.39	68,176,020.23	61,123,162.92	228,948,602.02
每股收益(摊簿)	-0.784	-0.756	-0.997	-0.287
每股收益(加权)	-0.784	-0.756	-0.997	-0.287
每股收益(扣除非经常性损益后)	-0.422	0.027	-0.214	
每股净资产	-0.566	0.402	0.360	1.350
调整后的每股净资产	-1.012	-0.370	-0.040	0.860
净资产收益率	-	-187.85%	-276.37%	-21.14%
每股经营活动产生的现金流量净额	0.007	-0.004	-0.004	

注:(a)会计数据的填列依据合并会计报表;
(b)财务指标的计算依据《公开发行股票公司信息披露的内容与格式准则第二号<年度报告的内容与格式>》1999 年修订稿。

3、报告期内股东权益变化情况(金额单位:元)

项目	期初	本期增加	本期减少	期末	变化原因
股本	169,506,479.60	-	-	169,506,479.60	
资本公积	105,369,948.07	-	-	105,369,948.07	
盈余公积	25,292,351.89	-	-	25,292,351.89	
未分配利润	-180,029,589.60	-132,898,020.38	-	-312,927,609.98	本年净利润
未确认的投资损失	-51,963,169.73	-31,281,980.24	-	-83,245,149.97	本年未确认得投资损益
股东权益合计	68,176,020.23	-164,180,000.62	-	-96,003,980.39	

4、利润表附表(金额单位:元)

报告期利润	净资产收益率		每股收益	
	全面摊簿	加权平均	全面摊簿	加权平均
主营业务利润	-	-	0.064	0.064
营业利润	-	-	-0.687	-0.687
净利润	-	-	-0.784	-0.784
扣除非经常性损益后的净利润	-	-	-0.422	-0.422

注:上列指标的计算依据《公开发行证券公司信息披露编报规则第 9 号—净资产收益率和每股收益的计算及披露》。

三、股东情况介绍

1、报告期末股东总数为 37,726 户。
2、前 10 名股东持股情况

股 东 名 称	年初持股数(股)	增加变化情况	年末持股数(股)	持股比例(%)	持押冻结情况
吉林省国际信托投资有限责任公司	20,196,000		20,196,000	11.92	质押
海南顺兴房地产开发公司	13,200,000		13,200,000	7.29	无
天骥投资基金	11,000,000	-11,000,000	0		
山东证券登记有限责任公司		11,000,000	11,000,000	6.49	质押
海南顺丰股份有限公司	10,560,000		10,560,000	6.23	无
洋浦裕隆实业有限公司	10,000,000	-10,000,000	0		
交通银行长春分行	6,600,000	-6,600,000	0		
长春卓诚实业有限公司		+6,600,000	6,600,000	3.90	无
江苏联合信托投资公司	6,111,600		6,111,600	3.60	无
吉林轻工股份有限公司工会委员会	5,068,800		5,068,800	2.99	无
中海恒实业发展有限公司	3,300,000		3,300,000	1.95	质押
海南亿丰拍卖有限公司	2,640,000		2,640,000	1.56	无
洋浦达龙实业有限公司	5,103,325	-2,639,325	2,464,000	1.45	无

福建省福发股份有限公司

二〇〇〇年年度报告摘选

一、公司简介

1、公司法定中文名称:福建省福发股份有限公司
公司法定英文名称:FUJIAN FUFA CO,. LTD.
2、公司法定代表人:华生
3、公司董事会秘书:林 杰
联系地址:福建省福州市五一路67号工行五一支行14层
联系电话:0591-3260868　　3283128
传 真:0591-3296358
4、公司注册地址:福建省福州市工业路223号
邮政编码:350004
公司办公地址:福建省福州市五一路67号工行五一支行14层
邮政编码:350009
5、公司选定的信息披露报纸:《证券时报》、《中国证券报》
登载公司年度报告的中国证监会指定国际互联网网址:
http://www.cninfo.com.cn
6、公司年度报告备置地点:公司董事会办公室
7、股票上市交易所:深圳证券交易所
股票简称:闽福发A
股票代码:0547

二、会计数据与业务数据摘要

1、本年度实现的利润指标情况(单位:元)

项 目	2000年
利润总额	43,814,992.73
净利润	37,945,241.65
扣除非经常性损益后的净利润	36,594,430.85
注:扣除的非经常性损益项目和涉及的金额	1,350,810.80
①营业外收支净额	220,512.88
②处理固定资产净收益	1,127,504.92
③补贴收入	2,793.00
主营业务利润	78,669,614.49
其他业务利润	1,377,583.43
营业利润	30,615,300.50
投资收益	11,848,881.43
经营活动产生的现金流量净额	69,888,584.78
现金及现金等价物净增加额	70,130,219.96

2、主要会计数据和财务指标

单位:元

指标项目	2000年	1999年(调整前)	1999年(调整后)	1998年(调整前)	1998年(调整后)
(1)主营业务收入	225282112.98	154969650.61	154969650.61	77540790.25	77540790.25
(2)净利润	37945241.65	63518011.10	63511836.69	2587279.82	322109.46
(3)总资产	996927913.79	758850314.68	758850314.68	524856742.47	507518837.73
(4)股东权益	414446803.13	389643680.15	388556863.16	343463573.79	325045026.47
(5)每股收益	0.31	0.519	0.519	0.021	0.003
(6)加权平均每股收益	0.31	0.519	0.519	0.021	0.003
(7)扣除非经营性损益后的每股收益	0.30	0.519	0.519	0.014	-0.004
(8)每股净资产	3.39	3.18	3.17	2.81	2.66
(9)净资产收益率	9.16%	16.30%	16.35%	0.75%	0.1%
(10)加权平均净资产收益率	9.31%	16.30%	16.35	0.78%	0.1%
(11)调整后每股净资产	3.31	3.11	3.10	2.59	
(12)每股经营活动产生的现金流量净额	0.57	0.20	0.20	-0.22	

按照中国证监会《公开发行证券公司信息披露编报规则(第9号)》要求计算的数据

	净资产收益率%		每股收益(元/股)	
	全面摊薄	加权平均	全面摊薄	加权平均
主营业务利润	18.98	19.30	0.64	0.64
营业利润	7.39	7.51	0.25	0.25
净利润	9.16	9.31	0.31	0.31
扣除非经常性损益后净利润	8.83	8.98	0.30	0.30

3、报告期内公司股东权益变动情况(单位:元)

项目	股 本	资本公积	盈余公积	其中:公益金	未分配利润	合 计
期 初 数	122423174	194925141.60	18304128.96	7376037.60	52904418.60	388556863.16
本期增加	0	187015.72	5691786.25	1897262.08	20011138.00	25889939.97
本期减少	0					
期 末 数	122423174	195112157.32	23995915.21	9273299.68	72915556.60	414446803.13
变动原因		当年提取	提取当年盈余公积金	提取当年法定公益金	当年利润增加及提取盈余公积金	

三、股本变动及股东情况

(一)、股本变动情况
1、股份变动情况表
填报日期:2000年12月31日

单位:股　　每股面值:1元

	期初数	本次变动增减(+,-)	期末数
一、尚未流通股份			
1、国有股	48849641	-36604529	12245112
2、法人股	0	+36604529	36604529
2、内部职工股(高管)	89359	-79102	10257
3、国家股转配股	17154714	-17154714	0
尚未流通股合计	66093714	-17233816	48859898
二、已流通股份			
1、境内上市A股	56329460	+17233816	73563276
已流通股份合计	56329460	+17233816	73563276
三、股份总数	122423174	0	122423174

湖南投资集团股份有限公司

二〇〇〇年年度报告摘选

一、公司简介

(一)公司法定中文名称:湖南投资集团股份有限公司
英文:HUNAN INVESTMENT GROUP CO.,LTD.
缩写:HIG
(二)法定代表人:刘忠明
(三)董事会秘书:黄满池
联系地址及年报备置地点:长沙市劳动西路177号有色大厦8楼
联系电话:0731-5518565　　传　　真:0731-5500354
(四)公司注册地址:长沙市高新技术产业开发区C4组团A-718号
邮政编码:410000
电子信箱:hntz0548@263.net
(五)公司选定的信息披露报纸:《证券时报》《上海证券报》
登载公司年度报告的中国证监会指定国际互联网网址:
http://www.cninfo.com.cn
(六)公司股票上市交易所:深圳证券交易所
股票简称:湖南投资　　股票代码:0548

二、会计数据和业务数据摘要

(一)公司本年度利润总额及构成

(单位:人民币元)

项目	金额
利润总额	78,830,971.36
净利润	56,921,676.53
扣除非经常性损益后的净利润	57,599,907.73
主营业务利润	66,461,088.99
其他业务利润	259,125.96
营业利润	22,982,402.99
投资收益	9,036,689.57
补贴收入	47,000,000.00
营业外收支净额	-188,121.20
经营活动产生的现金流量净额	73,389,501.14
现金及现金等价物净增加额	122,946,453.16
注:扣除的非经常性损益项目和涉及的金额	-67.82万元
(1)投资收益:	-42.00万元(股权转让损失)
(2)营业外支出:	25.82万元

(二)公司前三年的主要会计数据和财务指标(单位:人民币元)

项目	2000年	1999年	1998年(调整前)	1998年(调整后)
主营业务收入	130955130.41	10654239.76	239283382.73	239283382.73
净利润	56921676.53	62829699.43	97620394.70	100550032.00
总资产	807397040.36	620112621.12	486774361.15	489703998.45
股东权益	523188685.67	466267009.14	403437309.71	406366947.01
每股收益(摊薄)	0.196	0.216	0.336	0.346
每股收益(月均加权)	0.196	0.216	0.336	0.346
扣除非经常性损益后的每股收益	0.198	0.216	0.202	0.2125
每股净资产	1.800	1.605	1.388	1.398
调整后的每股净资产	1.792	1.600	1.384	1.394
每股经营活动产生的现金流量净额	0.253	0.057	0.0036	0.0036
净资产收益率(%)	10.88	13.48	24.20	24.74

(三)净资产收益率及每股收益指标结构分析附表:

报告期利润	净资产收益率(元)		每股收益(元)	
	全面摊薄	加权平均	全面摊薄	加权平均
主营业务利润	12.70%	13.43%	0.2287	0.2287
营 业 利 润	4.39%	4.64%	0.0790	0.0790
净 利 润	10.88%	11.50%	0.196	0.196
扣除非经常性损益后的净利润	11.01%	11.64%	0.198	0.198

(四)本报告期内股东权益变动情况(单位:人民币元)

项 目	股 本	资本公积金	盈余公积	法定公益金	未分配利润	股东权益合计
期 初	290608048	176450016.63	7055972.14	6271291.25	-7847027.63	466267009.14
本期增加	0	0	11286237.41	3159211.24	56921676.53	68207913.94
本期减少	0	0	0	0	11286237.41	11286237.41
期末数	290608048	176450016.63	18342209.55	0	37788411.49	523188685.67

(1)盈余公积、法定公益金增加为本年度公司盈利提取。
(2)未分配利润增加,原因是本年度净利润增加。
(3)股东权益增加,原因是盈余公积增加和未分配利润增加。

三、股本变动和主要股东持股情况

(一)报告期末股东总数:

截止2000年12月31日,持有本公司股票的股东总人数为82461户,持股290608048股。其中,社会公众股股东82457户,持股126204848股。

(二)报告期末公司前10名股东持股情况(截至2000年12月31日)

序号	股 东 名 称	年末持股数(万股)	占总股本%
1、	长沙市环路建设开发有限公司	13187.72	45.38%
2、	长沙市国有资产经营公司	2470.00	8.50%
3、	中国宝安集团股份有限公司	650.00	2.24%
4、	深圳康佳电子股份有限公司	130.00	0.45%
5、	李月英	40.00	0.137%
6、	李卫红	35.50	0.122%
7、	徐联文	30.46	0.105%
8、	汕头市信泰有限公司	30.00	0.103%
9、	刘瑞红	25.28	0.087%
10、	郭学志	25.00	0.086%

湘火炬投资股份有限公司

二○○○年年度报告摘要

一、公司简介

湘火炬投资股份有限公司(以下简称湘火炬)原名湘火炬汽车零部件股份有限公司,始建于1961年,1993年改组为股份有限公司,并于同年上市。2000年末,资产总额23亿元。

近年来,公司确立了汽车零部件行业作为自身发展的主导方向和基础,以资产为纽带,通过收购、兼并、重组等方式,向汽车整车、出口机电产品、环保和其他新兴朝阳产业切入,使公司成为多元化、规模化、国际化经营的企业集团,已基本形成了点火系统、刹车系统、内饰件、高新技术、环保科技等为主体的核心业务,湘火炬公司目前已基本转变为投资控股型公司。在稳定和巩固国内市场的同时,公司也大举进攻国际市场,以收购美国公司MAT为契机,进一步增强了出口竞争能力,同时加大优势产品的技改投资力度,积极应对中国加入WTO的挑战。

1、公司法定中文名称:湘火炬投资股份有限公司

公司法定英文名称:TORCH INVESTMENT CO.,LTD

2、公司法定代表人:聂新勇

3、公司董事会秘书:郑 悦

公司董事会秘书授权代表:张英姿

联系地址:湖南省株洲市红旗北路3号

联系电话:0733－8450021

传 真:0733－ 8450019

电子信箱:E—mail: torchpgb @ mail .zz. hn. cn

4、公司注册地址:湖南省株洲市河西黄河南路1号

公司办公地址:湖南省株洲市红旗北路3号

邮政编码:412001

国际互联网网址:http://www.cntorch.com

电子信箱:E—mail: torch @ mail .zz. hn. cn

5、公司选定的信息披露报纸名称:《中国证券报》和《证券时报》

登载公司年度报告的中国证监会指定国际互联网网址:http:// www. cninfo .com.cn

公司年度报告备置地点:公司办公楼五楼董事会办公室

6、公司股票上市交易所:深圳证券交易所

股票简称:湘火炬A

股票代码:0549

二、会计数据和业务数据摘要

(单位:人民币元)

(一)公司本年度主要会计数据

1、利润总额	151993854.38
净利润	85958528.68
扣除非经常性损益后的净利润	85301001.76
主营业务利润	364682264.49
其他业务利润	18796813.53
营业利润	117480243.81
投资收益	33856083.65
补贴收入	918504.39
营业外收支净额	－260977.47
经营活动产生的现金流量净额	14281822.14
现金及现金等价物净增加额	968830684.41

扣除的非经营性损益为补贴收入918504.39元与营业外收支净额－260977.47元。

(二)截至报告期末公司前三年的主要会计数据和财务指标

	2000年	1999年	1998年
主营业务收入(元)	1543383794.94	415686014.97	265951089.19
净利润(元)	85958528.68	52049799.45	66659721.61
总资产(元)	2308094685.99	1120921428.33	515967964.51
股东权益(不含少数股东权益)(元)	941202849.23	349348323.90	297043047.07
每股收益(元/股)	0.331	0.235	0.5713
每股净资产(元/股)	3.619	1.576	2.55
调整后的每股净资产(元/股)	3.407	1.41	2.42
每股经营活动产生的现金流量净额(元/股)	0.055	0.347	
净资产收益率	9.13%	14.9%	22.44%
扣除非经常性损益后的每股收益(元/股)	0.326	0.235	0.5361
按月平均加权法计算的每股收益(元/股)	0.372	0.293	0.633
扣除非经常性损益后的加权平均净资产收益率	15.78%		

注:根据会计师事务所的审计报告,由于补交养老保险金、住房公积金等其他因素以及同口径比较等原因,导致部分指标去年同期数发生相应变化。

(三)报告期内股东权益变动情况(单位:元)

项目	股本	资本公积	盈余公积	法定公益金	外币折算差额	未分配利润	股东权益合计
期初数	221707200.00	47486194.54	30500126.18	11644213.17	10999.08	49643804.10	349348323.90
本期增加	38372400.00	520959091.89	14791332.50	4227646.69		69761601.22	643884425.61
本期减少					13980.28	52015920.00	52029900.28
期末数	260079600.00	568445286.43	45291458.68	15871859.86	－2981.20	67389485.32	941202849.23

股本增加原因为本年以10:3比例配股,股本增加。

资本公积变动原因为本年以10:3比例配股,股本溢价增加。

盈余公积,法定公益金增加数是本期利润按规定计提额。

未分配利润变动原因为本期利润增加。

三、股东情况介绍

(一)股东情况介绍

1、报告期末股东总数为3427人。

2、主要股东持股情况(截止至2000年12月31日)

(单位:股)

序号	股东名称	股权性质	年度内股份变动	年末持股数	占总股本比例(%)
1.	新疆德隆国际实业总公司	法人股		57000000	21.92
2.	株洲国有资产管理局	国家股	－10000000	20666000	7.94
3.	广州创宝投资有限公司	法人股	＋10000000	10000000	3.84
4.	株洲天祥商贸有限公司	法人股		6133200	2.36
5.	王秀梅	社会公众股		980543	0.38
6.	云南内燃机厂	社会公众股		946497	0.36
7.	张勤	社会公众股		890240	0.34
8.	章娟子	社会公众股		698490	0.27
9.	田家友	社会公众股		687756	0.26
10.	王保真	社会公众股		662658	0.25

前十名股东之间不存在关联关系,持股5%(含5%)以上的法人股东所持股份没有发生质押、冻结等情况。

3、持股10%(含10%)以上的法人股东情况

股东名称:新疆德隆国际实业总公司

法定代表人:唐万新

经营范围:农业技术的投资开发、房地产开发及销售、现代办公用品、新技术新产品推广、农副土特产品、五金交电化工产品(机电产品、汽车配件、水暖器材、百货、食品、餐饮、咨询服务、投资开发销售)

4、报告期内,无控股股东变更情况。

四、股东大会简介

(一)公司1999年度股东年会简介

1、1999年股东年会于2000年5月8日上午在公司办公楼十楼会议室召开。本次股东年会决议公告刊登于2000年5月9日的《中国证券报》与《证券时报》。

2、2000年度第一次临时股东大会于2000年4月3日召开。本次股东年会决议公告刊登于2000年4月4日的《中国证券报》与《证券时报》。

五、董事会报告

(一)公司经营情况

1、公司所处行业为机械行业中的汽车配件行业。2000年被国家信息中心经济预测部评为“1998～2000年全国机械行业绩优龙头重点企业及知名品牌”。

2、公司主营业务的范围情况及其经营状况

①公司主营业务范围为汽车零部件、环保科技、特种陶瓷等产品的制造、销售及高新技术产业化、进出口贸易等。

②公司的主导产品为刹车部件、丝网、火花塞、汽车内饰件等:

a、刹车部件、丝网:公司目前为中国刹车部件及丝网的第一出口大户,其产品的90%以上销往北美,刹车部件的主要客户为通用、Dana等国际知名汽车生产厂商;丝网的主要客户为Homedep等。2000年公司通过了ISO9002和英国LUCAS双重质量认证,并利用原有的北美公司的市场网络优势,全力开拓国际市场,取得了显著成效;

b、火花塞:公司是中国最大的火花塞生产厂商之一,占据国内30%～40%的市场份额,其主要客户为上汽、一汽、大众、通用、二汽、金城、钱江等国内大型整车生产厂商。2001年公司采取扬长避短的竞争策略,不断进行产品创新和技术改造,用“新、特、优”来满足市场需求,开发了铂金、玉釉、抗干扰系列产品以及三电极、四电极、V型中心电级、沿面型等精品火花塞,深受市场欢迎;

c、汽车内饰件:2000年公司引进全球著名的汽配集团Dura Automative Gyoup的先进技术,主要生产经营汽车门框、密封条等汽车内饰件及国内独家生产轿车仪表盘骨架,并通过QS—9000质量保证体系认证。该产品已与上海大众普桑、Passat B5、上海通用Buik、一汽大众Audi C5等车型主机配套,并藉此进一步扩大了公司与上海大众和上海通用的合作,为公司进一步发展特别是汽车内饰系统的发展提供了良好的机遇,也为今后逐步发展成为全球各大汽车制造商的零部件采购点提供了潜在的商机。

3、在经营中出现的问题与困难及解决方案。

⑴管理体系、组织结构与迅速扩张的经营战略不相适应。由于公司短期内迅速扩张,经营规模越来越大,产品覆盖面广、分子公司多,为适应这种变化,公司在管理体制和组织结构上正在进行适当调整,使之逐步向国际化大公司转轨。在转轨过程中尚存在一些局部环节不顺畅、工作程序不规范的问题。公司将在2001年进一步规范完善管理体系,制定工作流程,提高工作效率。

⑵国内市场开拓的力度需要加大。公司主营业务收入中出口所占比重较大,品牌优势和市场网络优势未能在国内市场得到充分发挥,抢占和扩大国内市场份额将会使公司更加健康稳定地发展。新的一年里,公司将在稳定和扩大国际市场份额的同时,以与国际市场接轨的质量和极具竞争力的价格,积极拓展国内市场。

⑶并购扩张中,不同领域、不同国度的经营人员的汇集、磨合,企业文化需要融合和升华。近年来,公司已经进行了并将要继续进行一些大规模多层次的并购整合,新加入的企业在经营理念、企业文化等方面与老火炬存在一定差异。公司将本着实事求是、发展的态度,以海纳百川的胸怀将汇聚一起的各种文化、各种思想总结和提炼,形成积淀了传统,揉和了现代的崭新的企业文化。

⑷人才队伍的素质有待提高,结构需要调整。公司的发展过程也是人才的聚集过程。近年来,公司培养和吸纳了一大批高级管理和技术人才,但随着经济全球化和WTO的临近,公司的人才结构急需调整,一方面需要一批熟悉国际市场运作规则的各类专业人才,同时,整个员工队伍的市场意识、思想观念均要有全新的转变和提高。公司将在今后一段时间着重加强团队建设工作,努力提高员工队伍整体素质,以适应形势和战略任务发展的需要。

(二)公司财务状况

1、财务状况分析

以下指标经湖南开元会计师事务所(2001)股审字第008号审计报告确认:

(单位:人民币)

项 目	2000年	1999年
总资产	2,308,094,685.99	1120921428.33

长期负债	16,887,895.12	40,172,467.90
股东权益	941,202,849.23	349,348,323.90
主营业务利润	364,682,264.49	103,409,232.54
净利润	85,958,528.68	52,049,799.45

注:根据会计师事务所的审计报告,由于补交养老保险金、住房公积金等其他因素以及同口径比较等原因,导致部分指标去年同期数发生相应变化。

总资产年末比年初增加1,187,173,257.66元,增幅105.91%,主要是配股增加股本及股本溢价,净利润增加以及贷款增加所致。

长期负债年末比年初减少23,284,572.78元,减幅57.96%,主要是归还长期借款所致。

股东权益年末比年初增加591,854,525.33元,增幅169.42%,主要是配股增加股本及股本溢价,净利润增加所致。

主营业务利润本年比上年增加261,273,031.95元,增幅252.66%,主要是去年收购企业只合并两个月的收益,2000年合并全年收益,且收益有所增长所致。

净利润本年比上年增加33,908,729.23元,增幅65.15%,主要是去年收购企业只合并两个月的收益,2000年合并全年收益,且收益有所增长所致。

2、会计师事务所未出具有解释性说明、保留意见、拒绝表示意见或否定意见的审计报告。

(三) 公司投资情况

1、募集资金使用情况

报告期内公司通过配股实募资金 55980 万元。资金到位时间为 2000 年 9 月 14 日,资金到位后由湖南开元会计师事务所进行验资后出具开元所(2000)内验字第 039 号验资报告。

⑴ 报告期内无募集资金变更投向的情况,公司对募集资金进行专项管理,其使用均按照公司《配股说明书》中所承诺投向使用,尚未使用的募集资金 35717.98 万元均已存入银行。

⑵ 项目具体投入情况

① 车灯车镜技改项目。总投资 2950 万元,计划投入 1850 万元,实际投入 953 万元;

② 轿车火花塞国产化配套项目。总投资 1804 万元,计划投入 1450 万元,实际投入 803 万元;

③ 钢帘线设备制造项目。总投资 2910 万元,计划投入 2910 万元,实际投入 388 .67 万元;

④ 汽车制动片扩产项目。总投资 4960 万元,计划投入 4010 万元,实际尚未投入;

⑤制动盘、制动毂扩产项目。总投资 4850 万元,计划投入 4000 万元,实际尚未投入;

⑥活塞销技改项目。总投资 2977 万元,计划投入 1335 万元,实际投入 1003. 35 万元;

⑦MAT、MIDWEST 等公司股权收购余款项目。总投资 14000 万元,计划投入 14000 万元,实际尚未投入(截止至 2001 年 2 月,已支付 400 万美元);

⑧天津鸿本机械制造有限公司增资项目。总投资 2369. 9 万元,计划投入 2369. 9 万元,实际投入 1114 万元;

⑨大连鸿源机械制造有限公司增资项目。总投资 5949. 1 万元,计划投入 5949. 1 万元,实际尚未投入;

10 火炬进出口公司营运扩大出口项目。总投资 16000 万元,计划投入 16000 万元,实际投入 16000 万元。

本次配股资金实际可使用时间是从 2000 年 9 月底开始, 距公司会计年度结束才三个多月,项目投资尚未到付款高峰。如项目⑺MAT、MIDWEST 及在中国九家公司的股权收购余款支付项目,正在办理外汇支付手续;项目⑷、项目⑸、项目⑼由于市场价格变化,项目关键设备还处于新一轮询价招标阶段。其他项目根据公司《配股说明书》预计效益产生时间为 2001 年,因此实际收益难以确定。

2、非募集资金使用情况及收益

⑴公司与“上海奥神环境高科技有限责任公司”、“中极控股有限公司”合资组建“株洲湘火炬环保科技有限责任公司”,以厂房、设备、存货等实物出资,作价为 16085. 16 万元,其中 5100 万元作为股本金入股,占合资公司总股份的 51%,超出部分作为合资公司对本公司的负债。该公司现处于开办期。

⑵ 公司以自有货币现金形式出资人民币 4000 万元成立北京汇科盈高新技术有限公司,占其注册资本的 80%。公司现处筹建期,尚无收益。

⑶ 公司受让广东风华高科技集团有限公司持有的湖南证券有限责任公司 3621 万股的股权及其 1999 年度股票红利 2,879,060 股。转让价款为 39,089,060 元人民币。此次转让手续已完成。由于该公司 2000 年收益实际分配工作需在 2001 年才能完成,因而本年度内没有收益体现。

⑷ 公司受让北京华远集团公司持有的全部新世纪金融租赁有限责任公司股权(即 23.04%的股权)及相关权益。股权转让金额为人民币 36,068,025 元。此次股权转让的手续已完成。该公司正在进行增资扩股工作,其 2000 年度利润分配方案尚未经过该公司股东大会讨论通过,因而本年度内没有收益。

⑸ 公司受让江西果喜实业集团有限公司、加拿大 KINGMARK(金贸)国际贸易有限公司、上海知东贸易有限公司所拥有的上海和达汽车配件有限公司 850 万股股权,占总股本的 50%。转让价格为每股人民币 2.65 元,共计 2252.5 万元人民币。此次转让手续已完成。股权的购买日确定为 2000 年 12 月 1 日,因而本年度内未体现其收益。

(四) 本年度内没有生产经营环境、宏观政策及法规的重大变化对公司财务状况和经营成果产生重要的影响

(五) 新年度业务计划

2001 年,公司将在进入新世纪,迎接新挑战的关键时刻,把握发展机遇,抓好并购、整合和自身发展三个主要环节,为壮大公司整体实力,实现产业大发展和管理上台阶的战略目标奠定基础。

1、经过股权变动后三年的艰苦努力,公司大汽配的战略方案已成雏形,公司已从单一的火花塞向汽车零部件综合产品、环保科技产品、大宗机电出口产品和汽车整车领域切入。今后几年,公司将在这四个领域中进行努力探索,创造发展平台,寻求腾飞机遇。

⑴ 稳固发展汽车零部件产业。适当加大投资,使以刹车盘、刹车毂为主导的刹车系统、以火花塞为主导的点火系统、内饰系统、车灯车镜系列等汽配产品能在原有基础上快速向更大规模的系统化、系列化、模块化方向发展。在这个大汽配的平台上,将围绕主机配套和出口建立和收购兼并一批市场在一至十亿元左右的企业,利用国外先进技术跟进有可能跳跃发展的中国汽车工业发展步伐,扎扎实实将汽车零部件做大做强;

⑵ 快速推进环保科技产业。环保科技是朝阳产业,公司正在进行的管道直饮水(包括家庭式、楼宇式和小区式)和油烟净化机都是拥有自主知识产权的高科技环保项目,目前已经取得初步成效,公司将以此为契机,在净化水、空气等提高人们生活质量水平的大空间下寻找发展机遇,高起点、高水平的迅速奠定环保科技产业基础;

⑶ 择机切入大宗机电产品出口和汽车整车行业。经过近几年机电产品的出口实践以及国外市场重组经验,公司已初步具备了营销网络、人才、信息资源等优势,为应对 WTO, 抓住全球采购和机电产品生产基地从发达国家向发展中国家转移的机遇,公司将寻找机会与国内战略合作伙伴共同建立大宗机电产品出口生产基地。

同时,中国的汽车行业在加入 WTO 前后,在国外强势品牌的冲击下, 正在并将继续进行产业整合和重组,公司可能在此过程中择机介入汽车整车行业,从而构筑更加坚实的战略产业平台。

2、在以上战略方案的指引下,作为投资控股公司, 在新的一年中将抓住时机对一些符合公司战略发展方向、有广阔市场前景的项目进行更大规模的购并。

⑴ 聘请行业专家,院校知名学者进行咨询, 充分发挥人才和信息资源优势,加强战略产业的行业调研,建立行业宏观层面的动态数据资料,为新项目的开发和购并提供系统的科学的决策依据。

⑵ 在近几年的发展过程中,公司具备了较强的资金实力, 积累了丰富的产业购并整合的实践经验,公司将进一步完善和改进项目调研的方法和分析评判程序,加快现有项目调研论证进度。加强并购项目中的人员磨合沟通,寻求各方的利益结合点,为公司高速发展拓宽新的更广阔的空间。

3、总结和借鉴国内外一流企业的先进经验,与公司的实际情况结合起来, 对现有的管理机制进行疏理和健全,实现产业大整合。

⑴ 对不同的企业采取不同的整合手段,对国有企业主要解决人员多、效益差、市场观念不强、资金周转慢、投资不讲效益不负责任等问题;对收购的民营企业主要解决管理和科学决策的问题。

⑵ 充分发挥人才的潜能,尊重人才的个性是整合的核心,坚持全面落实、持续发展的原则,利用先进的计算机信息系统,逐步建立一个系统的、科学的、规范的管理体系,其中主要包括经营管理体系、财务运作控制体系、收购兼并整合体系、新项目开发体系、考评激励体系等,不断提升公司管理水平,努力向国际一流的现代化企业靠近。

4、在激烈的市场竞争中,促进原有企业的自身发展提高。

⑴ 原有企业自身发展提高是公司发展的灵魂,自身提高主要是人的素质提高。公司将努力发掘、培养和招聘引进一批高素质的管理和技术人才,逐步磨合各种文化差异,建立一个团结奋进,敢于拼搏的核心团队,创建一个宽松和谐的工作环境,让每个人的特长和创造力尽可能在公司的事业里得到充分发挥。加强对各级干部员工的业务和综合素质培训,努力造就一支与国际接轨的员工队伍。

⑵ 抓好配股项目的实施,用好配股资金,充分提高配股资金回报率。加快大连刹车盘生产基地、天津丝网栏杆生产基地的建设进度,扩大生产能力,满足出口需求。同时,对配股项目投资加强过程监管,使之规范化、科学化,掌握好投资时机,努力使资金效率最大化。

⑶ 针对一些原有企业人员多,历史包袱重的问题, 公司将对其从体制上进行彻底改革,推墙入海,引导老企业改变观念,走向市场,促使全员劳动生产率大幅提高。

(六) 董事会日常工作情况

1、2000 年度董事会共召开十次会议,会议情况及决议内容如下:

2000 年 1 月 26 日,公司第二届董事会 2000 年度第一次会议通过如下决议:同意公司部分固定资产免提折旧。

2000 年 2 月 29 日,公司第二届董事会 2000 年度第二次会议通过如下决议:同意公司名称变更为“湘火炬投资股份有限公司”(公司股票简称不变,仍为“湘火炬 A”,股票代码为“0549”),公司章程做出相应的修改;同意于 2000 年 4 月 3 日以通讯方式召开临时股东大会,会议议题为:审议发行 3000 万元公司债券和公司名称变更为“湘火炬投资股份有限公司”, 公司章程作出相应修改的议案。(详情见 2000 年 3 月 2 日的《中国证券报》和《证券时报》)

2000 年 3 月 30 日,公司第二届董事会 2000 年度第三次会议通过如下决议:审议通过公司《1999 年度董事会工作报告》; 审议通过公司《1999 年度总经理业务报告》;审议通过公司《1999 年年度报告及年度报告摘要》; 审议通过公司《 1999 度财务工作报告》和《1999 年度利润分配预案》:公司 1999 年财务经营状况经湖南开元会计师事务所审计确认,实现净利润 57,113,052.10 元, 按《公司法》和《公司章程》的规定提取法定盈余公积金、法定公益金共计 10,772,757.77 元, 提取职工奖励及福利基金 227,419.00 元,加上年未分配利润 66,178,638.17 元, 扣除转作股本的普通股股利共计 58,344,000.00 元。可供股东分配利润为 53,947,513 .50 元。公司 1999 年度利润不分配不转增; 审议通过关于《关于计提四项资产减值和损失处理的报告》;审议通过《2000 年配股预案》;审议通过《2000 年配股募集资金运用的可行性报告》;审议通过《前次募集资金使用情况及效益的说明》;审议通过公司《关于董事会换届选举的议案》;会议决定于 2000 年 5 月 4 日召开 1999 年年度股东大会。(详情见 2000 年 4 月 1 日的《中国证券报》和《证券时报》)

2000 年 5 月 8 日,公司第三届董事会 2000 年度第一次会议通过如下决议:一致推选黄平先生为董事长,聂新勇先生、黄良才先生为副董事长;聘任王炜先生为公司总经理,聂新勇先生不再担任公司总经理;聘任郑悦先生为公司董事会秘书;经总经理提名聘任陈力先生为公司财务总监。(详情见 2000 年 5 月 9 日的《中国证券报》和《证券时报》)

2000 年 5 月 28 日,公司第三届董事会 2000 年第二次会议通过如下决议:同意本公司与“上海奥神环境高科技有限责任公司”、“中极控股有限公司”合资组建“ 株洲湘火炬环保科技有限责任公司”;经与江苏兴达钢帘线股份有限公司协商,同意终止与江苏兴达钢帘线股份有限公司的合作。(详情见 2000 年 5 月 31 日的《中国证券报》和《证券时报》)

2000 年 6 月 5 日,公司第三届董事会 2000 年第三次会议通过如下决议:同意本公司将控股子公司湘炬国际贸易(上海)有限公司 75%的股权转让给上海华岳投资管理有限公司。转让价为人民币 330 万元。(详情见 2000 年 8 月 8 日的《中国证券报》和《证券时报》刊登的《湘火炬汽车零部件股份有限公司 2000 年中期报告摘要》)

2000 年 7 月 10 日,公司第三届董事会 2000 年第四次会议通过如下决议:同意出资成立北京汇科盈高新技术有限公司,公司注册资本为人民币伍仟万元,其中本公司以自有货币资金形式投资人民币肆仟万元,占注册资本的 80%;同意受让广东风华高科技集团有限公司所持有的湖南证券有限责任公司的全部股权 3621 万股及其 1999 年度股票红利 2,879,060 股。受让价格为 39,089,060 元人民币。(详情见 2000 年 9 月 22 日及 2000 年 11 月 25 日的《中国证券报》和《证券时报》)

2000 年 7 月 24 日,公司第三届董事会 2000 年第五次会议通过如下决议:同意受让北京华远集团公司持有的全部新世纪金融租赁有限责任公司股权(即 23.04 %的股权)及相关权益。股权转让金额为人民币 36,068,025 元。转让金以自有资金人民币现金方式按所签协议分期支付。(详情见 2000 年 10 月 25 日的《中国证券报》和《证券时报》)

2000 年 8 月 5 日,公司第三届董事会 2000 年第六次会议通过如下决议:审议通过公司 2000 年中期报告和中期报告摘要;审议通过公司 2000 年中期利润分配及资本公积金转增股本预案:截止 2000 年 6 月 30 日,公司实现净利润 37421482.21 元,加上上年度未分配利润 53947513. 50 元,实际可供股东分配的利润合计为 91368995. 71 元。公司 2000 年中期利润不分配也不进行资本公积金转增股本。(详情见 2000 年 8 月 8 日的《中国证券报》和《证券时报》)

2000 年 9 月 21 日,公司第三届董事会 2000 年第七次会议通过如下决议:公司于 2000 年 4 月 3 日临时股东大会通过的关于变更公司名称的决议已获国家工商局批准,并办理了变更手续,公司正式更名为“湘火炬投资股份有限公司”。该名称于 2000 年 9 月 28 日正式启用。公司股票名称和股票代码不变; 公司董事长黄平先生由于工作需要不再担任公司董事长一职,经董事会选举通过,同意推选聂新勇先生担任董事长。黄平先生仍为公司董事; 同意受让江西果喜实业集团有限公司、加拿大 KINGMARK(金贸)国际贸易有限公司、上海知东贸易有限公司所拥有的上海和达汽车配件有限公司 850 万股股权,占总股本的 50%。转让价格为每股人民币 2.65 元,共计 2252.5 万元人民币。股权转让资金按所签股权转让合同分期支付。(详情见 2000 年 9 月 22 日的《中国证券报》和《证券时报》)

2、公司董事会严格执行股东大会的决议。报告期内,公司以 1999 年末总股本 221,707,200 股为基数对全体股东以 10:3 的比例进行配股,配股价为 15 元/股。国家股股东、法人股股东均放弃本次配股,社会公众股股东共获配售人民币普通股 38, 372,400 股。配股股权登记日为 2000 年 8 月 23 日,除权基准日为 2000 年 8 月 24 日, 配股缴款起止日 2000 年 8 月 25 日至 2000 年 9 月 7 日。配股完成后公司总股本增加为 260 ,079,600 股。获配售的 38,372,400 股(其中董事、监事及高级管理人员获配新增 19, 152 股暂时冻结)已于 2000 年 9 月 26 日上市流通。

(七) 公司管理层及员工情况

1、董事、监事、高级管理人员情况

(1) 董事、监事、高级管理人员基本情况

姓　名	性别	年龄	职　务	任期起止
聂新勇	男	46	董事长	2000.5－2003.5
黄良才	男	59	副董事长、党委书记	2000.5－2003.5
黄　平	男	46	董事	2000.5－2003.5
王　炜	男	48	董事、总经理	2000.5－2003.5
刘海南	男	52	董事	2000.5－2003.5
余长江	男	37	董事、副总经理	2000.5－2003.5
陈　力	男	43	董事、财务总监	2000.5－2003.5
郑　悦	男	33	董事会秘书	2000.5－2003.5
谭　旭	男	60	监事会召集人	2000.5－2003.5
郑荣新	男	39	监事	2000.5－2003.5
盛伦颜	男	33	监事	2000.5－2003.5
赵项题	男	43	监事	2000.5－2003.5
王孚清	男	57	监事、工会副主席	2000.5－2003.5
黄孟良	男	58	工会主席	2000.3－2001.3
黄学明	男	49	党委副书记	2000.12－2001.12

(2)董事、监事、高级管理人员持股情况

姓　名	职务	年初持股数	年末持股数	年度内股份变动量	变动原因
黄良才	副董事长、党委书记	27360	35568	+8208	2000 年配股,每 10 股配 3 股
刘海南	董事	18240	23712	+5472	同上
谭　旭	监事会召集人	18240	23712	+5472	同上

(3)年度报酬情况

报告期内,本公司董事、监事、高级管理人员的年度报酬总额为 32.4 万元可划为四个区间:

4 万元/年,有 1 人;3 万元/年,有 2 人;2.4 万元/年,有 1 人;2 万元/年,有 10 人

不在公司领取报酬的董事、监事、高级管理人员是董事王炜

(4)报告期内公司原董事长黄平先生因工作需要不再担任公司董事长一职, 经董事会选举通

过,推选聂新勇先生担任董事长,黄平先生仍为公司董事。

(5)报告期内,经公司第三届董事会2000年度第一次会议通过决议,同意聘任王炜先生为公司总经理;聘任郑悦先生为公司董事会秘书。

(七)本次利润分配预案及资本公积金转增股本预案。

湘火炬投资股份有限公司2000年度财务经营状况经湖南开元会计师事务所审计确认,全年实现净利润85,958,528.68元,按照《公司法》和《公司章程》的有关规定,提取法定盈余公积金、法定公益金共计14,791,332.5元,提取职工奖励及福利基金1,405,594.96元,加上年末未分配利润49,643,804.1元,可供股东分配的利润为119,405,405.32元。本年度利润分配预案为:以2000年末总股本260079600股为基数,每10股派发现金人民币2元(含税),每10股送2股红股;公积金转增股本方案为:2000年末资本公积金为568445286.43元,以2000年末总股本260079600股为基数,每10股转增4股。该预案须经2000年年度股东大会审议通过后予以实施。

(八)本报告期内,公司信息公告刊登报纸为《中国证券报》和《证券时报》。

六、监事会报告

(一)监事会会议召开情况:

本报告期内共召开监事会会议三次。

第一次会议于2000年3月30日召开,会议审议并通过如下事项:公司监事会报告;公司1999年财务决算及2000年财务预算;公司一九九九年度报告及年报摘要;公司关于提取資产减值准备和损失处理的内部控制制度的议案;公司2000年配股预案及可行性研究报告;公司《前次募集资金使用情况及效益的说明》;公司关于监事会换届选举的议案。(详情见2000年4月1日的《中国证券报》和《证券时报》)

第二次会议于2000年5月8日召开,主要内容是推选谭旭先生为监事会召集人。同时对新一届监事会的工作提出要求,确定2000年度监事会的工作要放在监督公司是否能依法运营,在配股和募股资金的使用上是否能够按有关规定进行,有没有侵犯股东权益的现象发生。(详情见2000年5月9日的《中国证券报》和《证券时报》)

第三次会议于2000年8月5日召开,会议讨论了公司的中期报告,认为董事会作出的配股和利润暂不分配、公积金暂不转增的决定是符合公司当前实际情况的。同时,要求财务总监在适当时机向监事会全面报告公司的财务状况和投资项目的基本情况。

(二)公司依法运作情况

公司董事会依法行使了自己的职权,在《公司章程》的权限范围内,董事、总经理等高级管理人员都能勤勉尽职,决策程序合法。在公司的各项经营中,均未发现有违反法律、法规和《公司章程》的现象发生。

(三)检查公司财务情况

公司总资产年末为2,308,094,685.99元,比年初增加1187173257.66元,主要是配股增加股本及股本溢价,净利润增加及贷款增加所致。

长期负债年末为16,887,895.12元,比年初减少23,284,572.78元,主要是归还长期借款所致。

股东权益年末为941,202,849.23元,比年初增加591,854,525.33元,主要是配股增加股本及股本溢价,净利润增加所致。

主营业务利润本年比上年增加261273031.95元,主要是去年收购企业只合并两个月的收益,2000年合并全年收益,且收益有所增长所致。

净利润本年比上年增加33908729.23元,主要是去年收购企业只合并两个月的收益,2000年合并全年收益,且收益有所增长所致

本年度财务报告已经过开元会计师事务所审计确认,且无解释性说明、保留意见或否定意见。公司2000年度财务报告真实可靠。

(四)公司最近一次募集资金实际投入情况

本年度共募集资金55980万元,资金到帐日为2000年9月14日。由于资金到帐时间较短,公司按照配股说明书中所列项目只进行了部分投入,大部分项目均处于进行之中,公司没有变更募集资金使用方面的情况。具体项目如下:

1、灯车镜技改项目。总投资2950万元,计划投入1850万元,实际投入953万元;

2、轿车火花塞国产化配套项目。总投资1804万元,计划投入1450万元,实际投入803万元;

3、钢帘线设备制造项目。总投资2910万元,计划投入2910万元,实际投入388.67万元;

4、汽车制动片扩产项目。总投资4960万元,计划投入4010万元,实际尚未投入;

5、制动盘、制动毂扩产项目。总投资4850万元,计划投入4000万元,实际尚未投入;

6、活塞销技改项目。总投资2977万元,计划投入1335万元,实际投入1003 .35万元;

7、MAT、MIDWEST等公司股权收购余款项目。总投资14000万元,计划投入14000万元,实际尚未投入(截止至2001年2月,已支付400万美元);

8、天津鸿本机械制造有限公司增资项目。总投资2369.9万元,计划投入2369. 9万元,实际投入1114万元;

9、大连鸿源机械制造有限公司增资项目。总投资5949.1万元,计划投入5949. 1万元,实际尚未投入;

10、火炬进出口公司营运扩大出口项目。总投资16000万元,计划投入16000万元,实际投入16000万元。

(五)公司收购、出售资产情况

1、公司将控股子公司湘炬国际贸易(上海)有限公司75 %的股权转让给上海华岳投资管理有限公司。转让价为人民币330万元。

2、公司受让北京华远集团公司持有的全部新世纪金融租赁有限责任公司股权(即23.04%的股权)及相关权益。股权转让金额为人民币36,068,025元。

3、公司受让江西果喜实业集团有限公司、加拿大KINGMARK(金贸)国际贸易有限公司、上海知东贸易有限公司所拥有的上海和达汽车配件有限公司850万股股权,占总股本的50%。转让价格为每股人民币2.65元,共计2252.5万元人民币。

4、公司受让广东风华高科技集团有限公司持有的湖南证券有限责任公司3621万股的股权及其1999年度股票红利2,879,060股。转让价款为39,089,060元人民币。

以上投资项目均按正常程序进行,无幕后交易,所确定的价格经过周密测算,是符合实际情况的。

(六)关联交易

本报告期末公司在新世纪金融租赁有限责任公司的存款为56770.45万元,系公司正常经营之需要,不对股东的利益造成影响。

七、重要事项

(一)报告期内公司无重大诉讼、仲裁事项。

(二)报告期内公司、公司董事会及高级管理人员均未受监管部门的处罚。

(三)报告期内无控股股东的变更。根据《公司章程》的有关规定,公司第二届董事会、监事会已任期届满。公司于2000年5月8日召开的1999年年度股东大会选举产生了第三届董事会、监事会。董事会成员为黄平先生、聂新勇先生、黄良才先生、刘海南先生、余长江先生、陈力先生、王炜先生。监事会成员为谭旭先生、盛伦颜先生、赵项题先生、郑荣新先生、王孚清先生。2000年5月8日,公司第三届董事会2000年度第一次会议通过如下决议:一致推选黄平先生为董事长,聂新勇先生、黄良才先生为副董事长;聘任王炜先生为公司总经理,聂新勇先生不再担任公司总经理;聘任郑悦先生为公司董事会秘书;经总经理提名聘任陈力先生为公司财务总监。

(四)报告期内公司收购及出售资产、吸收合并事项的简要情况。

1、报告期内公司第三届董事会2000年第三次会议通过决议,同意将控股子公司湘炬国际贸易(上海)有限公司75%的股权转让给上海华岳投资管理有限公司。转让价为人民币330万元。该次转让手续已办理完毕。(详情见2000年8月8日的《中国证券报》和《证券时报》的《湘火炬汽车零部件股份有限公司2000年中期报告摘要》)

2、报告期内公司第三届董事会2000年第五次会议通过决议,同意受让北京华远集团公司持有的全部新世纪金融租赁有限责任公司股权(即23.04 %的股权)及相关权益。股权转让金额为人民币36,068,025元。该次转让已经中国人民银行上海分行上海银复[2000]332号文件批准,符合国家对金融机构的相关管理规定。此次转让手续已办理完毕。(详情见2000年10月24日的《中国证券报》和《证券时报》)

3、公司第三届董事会2000年第六次会议通过决议,同意受让江西果喜实业集团有限公司、加拿大KINGMARK(金贸)国际贸易有限公司、上海知东贸易有限公司所拥有的上海和达汽车配件有限公司850万股股权,占总股本的50%。转让价格为每股人民币2.65元,共计2252.5万元人民币。此次转让手续已完成。(详情见2000年9月22日的《中国证券报》和《证券时报》)

4、公司第三届董事会2000年第八次会议通过决议,同意受让广东风华高科技集团有限公司持有的湖南证券有限责任公司3621万股的股权及其1999年度股票红利2 ,879,060股。转让价款为39,089,060元人民币。此次转让手续已完成。(详情见2000年11月24日的《中国证券报》和《证券时报》)

(五)报告期内公司的关联交易情况。

本报告期末公司在新世纪金融租赁有限责任公司的存款为56770.45万元。

(六)上市公司与控股股东"三分开"情况。

1、人员方面

本公司在劳动、人事及工资管理方面独立;高级管理人员在上市公司领取薪酬,总经理王炜在子公司MAT AUTOMATIVE, INC.领取薪酬。总经理、副总经理等高级管理人员均不在其控股股东单位担任职务。

2、资产方面

本公司资产完整。公司拥有独立的生产系统、辅助生产系统和配套设施;工业产权、商标、非专利技术等无形资产均为上市公司拥有;本公司的采购和销售系统由本公司独立拥有。

3、财务方面

本公司财务独立。公司设立有独立的财会部门,并建立独立的会计核算体系和财务管理制度,在银行独立开户。

(七)本报告期没有与其他公司发生资产托管、承包、租赁经营等情况。

(八)本报告期内公司继续聘任湖南开元会计师事务所为审计会计师事务所。

(九)公司其它重大合同(含担保等)及其履行情况

1、公司1999年年度股东大会审议通过,公司撤消了为上海星特浩企业有限公司提供贰亿元人民币的担保。(详情见2000年5月9日的《中国证券报》和《证券时报》)

2、报告期内经公司第三届董事会2000年第二次会议通过,并经与江苏兴达钢帘线股份有限公司协商,同意终止与该公司的合作。(详情见2000年5月31日的《中国证券报》和《证券时报》)

(十)公司报告期内更改名称或股票简称的情况。

为适应公司发展的需要,经公司董事会讨论通过,并由公司2000年第一次临时股东大会(通讯方式)批准,公司名称由"湘火炬汽车零部件股份有限公司"变更为"湘火炬投资股份有限公司"。此次变更获国家工商局批准,并办理了变更手续,更名后公司简称和股票代码不变。

(十一)承诺事项

公司及持股5%以上的股东在指定报纸和网站上没有披露过承诺事项。

八、财务会计报告

(一)审计报告

开元所(2001)股审字第008号审计报告

湘火炬投资股份有限公司全体股东:我们接受委托,审计贵公司2000年12月31日母公司及合并的资产负债表、2000年度母公司及合并的利润及利润分配表和2000年度母公司及合并的现金流量表。这些会计报表由贵公司负责,我们的责任是对这些会计报表发表审计意见。我们的审计是依据中国注册会计师独立审计准则进行的。在审计过程中,我们结合贵公司的实际情况,实施了包括抽查会计记录等我们认为必要的审计程序。

我们认为,贵公司上述会计报表符合《企业会计准则》和《股份有限公司会计制度》的有关规定,在所有重大方面公允地反映了贵公司2000年12月31日的财务状况和2000年度的经营成果及现金流量情况,会计处理方法的选用遵循了一贯性原则。

湖南开元会计师事务所　　中国注册会计师:杨迪航
湖南·长沙　　中国注册会计师:严萍
二〇〇一年二月八日

(二)会计报表

(三)会计报表附注

附注1:公司简介

湘火炬投资股份有限公司(以下简称本公司),系1992年12月15日经湖南省人民政府办公厅以湘政办函(1992)329号文批复,由原株洲火花塞厂以募集方式改组而设立。1993年12月17日经湖南省工商行政管理局依法核准登记注册,注册号18378371-3,注册资本6800万元人民币。并经中国证券监督管理委员会以证监发审字(1993)54号文件复审同意,于1993年12月20日在深圳证交所挂牌上市交易。经股东大会通过,送93.94年度红股后,注册资本变更为9724万元。1997年11月6日,经国家国有资产管理局(国资企发[1997]285号)批准,株洲市国有资产管理局将其持有的2500万股国有股协议转让给新疆德隆国际实业总公司,股权性质变更为法人股。1998年4月股东大会决议,湖南省证监会以湘证监字[1998]63号文批复同意,送97年度红股及转增股本后,注册资本变更为11668.80万元,并已经湖南省工商行政管理局依法核准变更登记。

1999年3月22日,经财政部财管字(1999)58号文批复,同意株洲市国有资产管理局将其所持有的322.80万股国有股转让给株洲天祥商贸有限责任公司,股权性质变更为法人股。同时经公司董事会决议以10:5的比例派发股票红利,并按10:4的比例用资本公积金转增股本,1999年4月26日经股东大会表决通过。送红股及转增股本后,公司总股本变更为22170.72万股,并已办妥工商变更登记。

2000年5月经公司股东大会决议,并经中国证监会证监公司字(2000)101号文件批准,向全体股东配售3837.24万股。其中向社会公众股东配售3837.24万股。配售后,本公司总股本变为260079600股。

本公司经营范围:工业,农林牧业,服务业,房地产业,高新技术产业投资;汽车零部件、机电产品、特种陶瓷产品生产、销售;本企业自产机电产品、

成套设备及相关技术的出口业务,本企业生产科研所需的原辅材料、机械设备、仪器仪表、备品备件、零配件及技术的进出口业务(国家规定的一、二类进口商品除外);汽车(不含小轿车)及配件、摩托车及配件、机电设备、建筑五金、教学仪器及政策允许的金属材料,化工原料销售;计算机软、硬件开发、销售;提供政策允许经营的电子商务服务。

附注2:公司主要会计政策、会计估计和合并会计报表的编制方法

1、会计制度

本公司执行《股份有限公司会计制度》及有关补充规定。

2、会计年度

采用公历年制,即每年公历1月1日起至12月31日止为一个会计年度。

3、记帐本位币

本公司以人民币作为记帐本位币。

4、记帐基础和计价原则

本公司以权责发生制为记帐基础,以历史成本为计价原则。

5、外币业务核算方法

本公司发生的外币业务,按业务发生当日中国人民银行公布的市场汇价折合为人民币记帐。期末将货币性项目中外币余额按当日市场汇价进行调整。因汇价变动发生的差额,作为汇兑损益计入"财务费用"、"在建工程"等科目。

6、外币会计报表的折算方法

(1)资产负债表

①所有资产、负债类项目均按照合并会计报表决算日的市场汇率折算为母公司记帐本位币。

②所有者权益类项目除"未分配利润"项目外,均按照发生时的市场汇率折算为母公司记帐本位币。

③"未分配利润"项目以折算后的利润分配表中该项目的数额列示。

④折算后资产类项目与负债类项目和所有者权益类项目的合计数的差额,作为外币会计报表折算差额。

(2)利润表和利润分配表

利润表所有项目和利润分配表中有关反映发生额的项目按照合并会计报表的会计期间的平均汇率折算为母公司记帐本位币。平均汇率根据当期期初、期末市场汇率计算确定。

7、现金等价物的确定标准

本公司将持有的期限短(指从购买日起三个月内到期)、流动性强、易于转换为已知金额的现金、价值变动风险很小的投资作为现金等价物。

8、坏帐核算方法

(1) 坏帐的确认标准:因债务人破产或者死亡,以其破产财产或者遗产清偿后仍然不能收回的应收款项;或者因债务人逾期未履行偿债义务超过三年且具有明显特征表明确实无法收回的应收款项。

(2) 坏帐损失的核算方法及坏帐准备的计提方法和计提比例:本公司坏帐损失的核算采用备抵法。根据期末应收款项(包括应收帐款和其他应收款)余额,按帐龄分析法对应收款项计提坏帐准备。计提的比例为:帐龄在1至2年内的应收款项,按其期末余额的5%计提,帐龄在2至3年的应收款项,按其期末余额的10%计提,帐龄在3年以上的,按其期末余额的30%计提。

9、存货核算方法

(1) 存货的分类:存货分为原材料、库存商品、在产品、低值易耗品、包装物、在途材料,辅助材料等。

(2) 存货的计价:

a、原材料、库存商品按计划成本进行日常核算,期末分摊材料成本差异与产品成本差异,将产品生产及销售的计划成本调整为实际成本。

b、低值易耗品按取得时的实际成本计价,发出领用时采用一次摊销法。

C、期末存货按成本与可变现净值孰低计价,并按单个存货项目计提存货跌价准备。

10、短期投资核算方法

(1)短期投资计价方法:按取得短期投资时支付的全部价款,包括税金、手续费等相关费用入帐,但不包括已宣告而尚未领取的现金股利和已到期但尚未领取的利息。

(2)短期投资收益确认方法:待投资转让或到期兑付时确认投资收益并计入当期损益。

(3)短期投资跌价准备的确认标准及计提方法:

a、短期投资跌价准备的确认标准:公司年末根据短期投资的市价低于成本的差额确认短期投资跌价准备。

b、短期投资跌价准备的计提方法:按投资类别的成本与市价孰低法计提。

11、长期投资核算方法

(1)长期股权投资

a、长期股权投资计价:按取得投资时实际支付的全部价款,或放弃非现金资产的公允价值,包括税金、手续费等相关费用入帐。但不包括为取得长期股权投资所发生的评估、审计、咨询等费用。

公司持有被投资单位20%(含20%)以上的表决权资本,或虽投资不足20%,但具有重大影响,采用权益法核算。公司持有被投资单位20%以下表决权资本,或虽投资占20%(含20%)以上,但不具有重大影响,采用成本法核算。

b、采用成本法核算的单位,在被投资单位宣告分派利润或现金股利时,确认投资收益;采用权益法核算的单位,期末按分享或分担的被投资单位实现的净利润或发生的净亏损的份额,确认投资损益。

c、长期股权投资采用权益法时,取得投资时的投资成本与享有被投资单位所有者权益份额的差额,或因追加投资等原因引起股权比例发生变动,对长期股权投资的核算由成本法改为权益法时,投资成本与享有被投资单位所有者权益份额的差额计入"股权投资差额"。

d.股权投资差额如有合同规定投资期限的,按投资期限摊销;没有规定投资期限的,借方差额按不超过10年的期限摊销,贷方差额按不低于10年的期限摊销。

(2)长期债券投资

a、长期债券投资计价,按实际支付的全部价款,扣除经纪人佣金、税金、手续费等附加费用,以及自发行日起至取得日止的利息后的余额入帐。

b、长期债券投资按期计算应收利息,扣除债券投资溢价或折价摊销后的金额确认为当期投资收益。

c、长期债券投资的溢价或折价的摊销采用直线法,在债券存续期内于确认相关债券利息收入时摊销。

(3)长期投资减值准备的确认标准及计提方法

a、长期投资减值准备的确认标准为:对于有市价的长期投资,出现以下迹象之一的,即应计提长期投资减值准备:①市价持续2年低于帐面价值;②该项投资暂停交易一年;③被投资单位当年发生严重亏损;④被投资单位持续2年发生亏损;⑤被投资单位进行清理整顿、清算或出现其他不能持续经营的迹象。对于无市价的长期投资,出现以下迹象之一的,即应计提长期投资减值准备:①政治或法律环境出现了不利于被投资单位的重大变化,② 被投资单位所供应的商品或提供的劳务不能适应市场需求的变化,从而导致被投资单位财务状况发生严重恶化;③被投资单位的财务状况、现金流量发生严重恶化,如进行清理整顿、清算,被投资单位的所有者权益为负数等。

b.长期投资减值准备的提取方法:采用逐项计提的方法。如由于市价持续大跌或经营状况恶化等原因导致其可收回价值低于长期股权投资帐面价值的,应按可收回金额低于长期股权投资帐面价值的差额冲抵该项投资的资本公积准备项目,不足抵冲的差额部分,确认为当期投资损失。已确认损失的长期投资的价值又得以恢复的,应在原已确认的投资损失的范围内转回。

12、固定资产的计价和折旧方法

(1)固定资产的标准

使用期限在一年以上的房屋建筑物、机器设备、器具、工具等资产以及不属于生产经营主要设备的物品,单位价值在2000元以上,且使用年限超过两年的,作为固定资产核算。

(2)固定资产的计价方法

①购入的固定资产,按实际支付的买价、包装费、运输费、安装成本及交纳的有关税金等记帐;

②自行建造的固定资产,按建造过程中实际发生的全部支出记帐;

③投资者投入的固定资产,按评估确认价值记帐;

④融资租赁的固定资产,按租赁协议确定的价款、运费、保险费、安装调试费用等支出记帐;

⑤在原有固定资产的基础上进行改建、扩建的,按原固定资产价值,加上由于改建、扩建而发生的支出,减改建、扩建过程中的变价收入记帐;

⑥盘盈固定资产,按重置完全价值记帐;

⑦接受捐赠的固定资产,按同类资产市场价值估计记帐,或根据所提供的有关凭据记帐。接受捐赠固定资产时发生的各项费用,计入固定资产价值。

(3)固定资产的折旧方法

固定资产折旧采用直线法分类计提折旧,净残值率3%。各类固定资产折旧率如下:

固定资产类别	使用年限(年)	年折旧率(%)
房屋建筑物	35	2.77
机器设备	12	8.09
运输设备	8	12.12
其他	15	6.47

13、在建工程核算方法

本公司在建工程成本包括固定资产新建工程、改扩建工程、大修理工程等所发生的实际支出,以及改扩建工程等转入的固定资产净值。在建工程在完工并交付使用时按实际发生的全部支出转入固定资产核算,有关借款利息和外币折算差额在交付使用前发生的计入在建工程成本,交付使用后发生的计入当期损益。

14、无形资产计价和摊销方法

(1)无形资产的计价

购入的无形资产,按实际支付的价款入帐;股东投入的无形资产,按评估确认的价值入帐;自行开发并按法律程序申请取得的无形资产,按依法取得时发生的注册费、聘请律师费等入帐,开发过程中发生的费用,计入当期损益。

(2)无形资产的摊销方法

无形资产采用分期平均摊销法摊销。合同规定了受益年限的,按不超过受益年限的期限摊销;合同没有规定受益年限而法律规定了有效年限的,按不超过法律规定的有效年限平均摊销;经营期短于有效年限的,按不超过经营期的年限平均摊销;合同没有规定受益年限,且法律也没有规定有效年限的,按不超过10年的期限摊销。

15、开办费、长期待摊费用摊销方法

(1)开办费自公司开始生产经营的当月起,按5年期限平均摊销,若金额不大,可在开始经营的当月一次摊销。

(2)租入固定资产的改良支出,在租赁期内平均摊销;固定资产大修理支出在大修理间隔期内平均摊销。

16、收入确认原则

(1)商品销售:公司已将产品、商品所有权上的重要风险和报酬转移给买方,且不再对该产品、商品实施继续管理权和实际控制权,与交易相关的收入已收到或取得了收款的凭据,并且与销售该产品、商品有关的成本能够可靠地计量时,确认营业收入的实现。

(2)提供劳务:在同一年度开始并完成的,在劳务已经提供、收到价款或取得收取价款的凭据时,确认劳务收入。劳务的开始和完成分属于不同的会计年度,且在资产负债表日能对该交易的结果作出估计的,按完工百分比法确认收入。

(3)其他单位(或个人)使用本企业资产而取得的收入确认原则:与交易有关的经济利益能够流入本企业,收入的金额能够可靠的计量。

17、所得税的会计处理方法

本公司所得税的会计处理采用应付税款法。

18、合并会计报表的编制方法

本公司根据财政部财会字(1995)11号《合并会计报表暂行规定》编制合并会计报表。

(1)合并范围:本公司以直接或间接方式拥有50%以上(不含50%)权益性资本的被投资企业和虽不足半数以上,但实际拥有其控制权的其他被投资企业。

(2)编制方法:以母公司和子公司的个别会计报表为基础,合并资产、负债,所有者权益以及利润表各项目,并将母公司和子公司.子公司相互之间发生的经济业务对个别会计报表有关项目的影响进行抵消。

附注3:税项

(1)增值税:内销商品适用税率17%,外销商品适用零税率。

(2)营业税:适用税率5%。

(3)所得税:根据湖南省人民政府湘政函(1998)186号文的批复,本公司所得税先按33%税率计征上缴,财政再按征税基数的18%返还,本公司实际税负为15%。

(4)其他税费按规定缴纳。

附注4:控股子公司

金额单位:万元

1、控股子公司

序号	控股子公司名称	法定代表人	注册资本	经营范围	本公司对其投资额	所占权益比例%	
						直接	间接
1.	株洲火炬房地产开发有限责任公司	李智	950	房地产开发等	880	92.63	
2.	株洲火炬活塞销有限责任公司	聂新勇	2500	活塞销等	2250	90	
3.	株洲火炬建筑有限责任公司	刘海南	120	工程建筑	108	90	
4.	火炬汽配进出口有限责任公司	聂新勇	3000	机电产品进出口等	2700	90	10
6.	山东火炬汽车销售有限责任公司	郑悦	500	汽车及摩托车配件等	450	90	
7	杭州鸿源体育用品有限责任公司	邱燕	USD80	健身器材,五金工具等	687.4	75	
8	青岛鸿本机械有限责任公司	王炜	USD10	五金工具,机械设备等	61.56	75	
9	大连鸿源机械制造有限责任公司	王炜	USD150	五金工具,汽车配件等	420.79	75	
10	天津鸿本机械制造有限责任公司	王炜	USD160	轻工机械,汽车零部件等	1617.07	75	
11	唐山鸿本机械制造有限责任公司	王炜	USD10	铁制栏杆,五金工具	44.77	75	
12	天津鸿本国际贸易有限责任公司	孟庆功	USD20	国际贸易,简单加工	54.95	75	
13	莱州鲁源汽车配件有限责任公司	王炜	1402	汽车刹车盘等	1060.43	75	
14	杭州鸿源机械制造有限责任公司	邱燕	USD50	五金工具,机械设备等	230.48	75	
15	昆山鸿源机械制造有限责任公司	邱燕	USD85	五金工具,轻工机械等	198.43	75	
16	MAT AUTOMOTIVE, INC.	Steve w. wang		消费品,汽车零部件进口销售	3803.65	75	
17	MIDWEST AIR TECHNOLOGIES, INC.	Steve w. wang		消费品进口销售	5705.47	75	
18	新疆机械设备进出口有限公司	王贵民	1000	自营和代理出口业务等	900	90	
19	上海和达汽车配件有限公司	聂新勇	USD328.43	汽车的装饰条、玻璃槽、滑槽、门框及其配件	1576.75	50	
20	北京汇科盈高新技术有限公司	聂新勇	5000	技术开发、技术转让、技术咨询、技术服务;销售电子计算机软硬件等	4000	80	
21	株洲湘火炬环保科技有限公司	聂新勇	10000	对环保、水处理技术等项目的投资,环保、自动控制、材料、臭氧应用技术、水处理等技术开发、转让、咨询、服务等	5100	51	
22	北京基正禹人水务有限公司	聂新勇	3000	对给水排水、环境保护、市政工程进行投资管理等	2400		80
23	北京格林禹人水技术有限公司	李智	2999	工业污水处理,自来水净化、节水灌溉的技术开发等	2699.1		90

2. 本公司2000年度合并会计报表范围变更:

项目	新增(减)合并的对象	增加(减少)及未合并的理由
增加合并公司	(1)株洲湘火炬环保科技有限公司	本公司对其投资并直接拥有51%的股份
	(2)北京汇科盈高新技术有限责任公司	本公司对其投资并直接拥有80%的股份
	(3)新疆机械设备进出口有限公司	本公司对其投资并直接拥有90%股权
减少合并公司	湘炬国际贸易(上海)有限责任公司	本公司产品结构调整,全部转让持有的该公司股权
未合并公司	(1)北京基正禹人水务有限公司	正在筹建
	(2)北京格林禹人水技术有限公司	正在筹建

3. 本年内购买股权而增加的控股子公司的情况

名称	购买日
上海和达汽车配件有限公司	2000年12月1日

上海和达汽车配件有限公司是专业生产各类汽车装饰件的外商投资企业,经上海市青浦区人民政府青府贸(2000)322号文件同意股权转让及增资,本公司受让其50%股权,交易各方于2000年7月11日签订了股权转让协议,并于2000年9月21日经董事会决议通过。截止2000年12月1日止,已支付1576.75万元股权购买款。本公司股权占其注册资本的50%,此事项业已公告,故

股权购买日确定为 2000 年 12 月 1 日。

附注 5：会计报表主要项目注释

1、货币资金

项目	期初数	期末数
现金	1258460.97	2429759.90
银行存款	107278764.00	1038517514.48
其他货币资金	3000.00	36423640.00
合计	108540224.97	1077370914.38

其中：外币 5210832.86 美元，折算汇率：1USD=8.2781RMB

货币资金期末比期初增幅 892.60%，主要系本年度配股募集资金所致。

2、短期投资和短期投资跌价准备

项目	期初数		期末数	
	投资金额	跌价准备	投资金额	跌价准备
其他投资	20000000		0.00	
合计	20000000		0.00	

3、应收帐款、其他应收款、预付帐款、应收票据、应收补贴款

(1) 应收帐款

帐龄	期初数			期末数		
	金额	比例(%)	坏帐准备	金额	比例(%)	坏帐准备
1年以内	159320441.98	77.23		86049442.64	59.97	
1-2年	6573647.29	3.19	328682.36	13855135.75	9.66	692756.79
2-3年	9499659.26	4.60	949965.93	15704973.44	10.95	1570497.33
3年以上	30903888.79	14.98	9271166.62	27863820.84	19.42	8359146.24
合计	206297637.32	100.00	10549814.91	143473372.67	100.00	10622400.36

应收帐款期末比期初减少 30.45%，系期末应收帐款收回所致。

应收帐款主要明细项目如下：

单位名称	所欠金额	欠款时间	欠款原因
	7580000.00	一年以内	货款
香港大光荣公司	6962091.16	一年以内	货款
兵团 101 团蕃茄酱厂	2000000.00	一年以内	货款
博湖县蕃茄酱厂	1595988.49	一年以内	货款
长安汽车股份有限公司	971786.73	一年以内	货款

应收帐款中无持本公司 5%(含 5 %)以上股份的股东单位的欠款。

(2) 其他应收款

帐龄	期初数			期末数		
	金额	比例(%)	坏帐准备	金额	比例(%)	坏帐准备
1年以内	67859778.49	88.18		178184503.35	92.59	
1-2年	5901053.58	7.67	295052.68	9837697.84	5.11	491884.88
2-3年	852651.06	1.11	85265.11	3302381.30	1.72	330238.13
3年以上	2336562.99	3.04	700968.87	1129302.14	0.58	338790.64
合计	76950046.12	100.00	1081286.66	192453884.63	100.00	1160913.65

其他应收款比上年增加 138.41%，主要系会计报表合并范围增加所致。

其他应收款主要明细项目如下：

单位名称	所欠金额	欠款时间	欠款原因
应收出口退税	6385936.12	一年以内	
株洲市建设装修公司	1260000.00	一年以内	往来款
株洲市二公司	1020000.00	一年以内	往来款
株洲市四建九处	318520.00	一年以内	往来款
株洲市弹簧厂	195212.65	一年以内	往来款

其他应收款中无持本公司 5%(含 5 %)以上股份的股东单位的欠款。

(3) 预付帐款

	期初数		期末数	
	金额	比例(%)	金额	比例(%)
1年以内	51550641.97	88.56	36753655.76	88.94
1-2年	3923855.23	6.74	2678469.15	6.48
2-3年	1452969.77	2.50	1861384.36	4.50
3年以上	1284555.63	2.20	32486.04	0.08
合计	58212022.60	100.00	41325995.31	100.00

预付帐款比上年减少 29.01%，主要系预付购货款减少所致。

预付帐款主要明细项目如下：

单位名称	所欠金额	欠款时间	欠款原因
新疆西龙工程塑料公司	2717648.95	一年以内	预付货款
南京泉峰公司	8670750.82	一年以内	预付货款
北京香新汽车销售公司	5000000.00	一年以内	预付货款
江阴国光钢制品公司	2304166.94	一年以内	预付货款
常熟土木钢结构公司	760000.00	一年以内	预付货款

预付帐款中无持本公司 5%(含 5 %)以上股份的股东单位的欠款

(4) 应收票据

期初数	期末数
3222270.00	18455271.61

应收票据年末比年初增加 472.74%，主要是 MAT 公司销售增加所致。

4、存货及存货跌价准备

项目	期初数		期末数	
	金额	跌价准备	金额	跌价准备
原材料	34462162.38	246729.69	37438952.38	224751.95
委托加工材料	3839240.83		3722004.76	
低值易耗品	955106.20	126503.32	2225417.72	126503.32
库存商品	143847856.62		189933175.53	16411.00
在产品	13821033.37		18487834.76	
包装物	1306762.22		1862115.10	
自制半成品	9550971.32		1321127.58	
合计	207783132.94	373233.01	254990627.83	367666.27

5、待摊费用

类别	期初数	本期增加	本期摊销	期末数
房租	516770.91	1418044.89	1667003.50	267812.30
MIDWEST 公司待摊费用	7190091.85	5134335.15		12324427.00
合计	7706862.76	6552380.04	1667003.50	12592239.30

6、长期投资

(1)

项目	期初数		本期增加	本期减少	期末数	
	金额	减值准备			金额	减值准备
长期股权投资	128677646.15	399875.00	153492814.03	75950947.94	197219512.24	399875.00
长期债权投资	19314.00			5978.00	13336.00	
合计	128696960.15	399875.00	153492814.03	75956925.94	197232848.24	399875.00

(2)长期股权投资

A. 股票投资

被投资单位名称	股份类别	股票数量	占被投资公司股权的比例	投资金额	减值准备	备注
临沂地区汽车配件厂	法人股	50000.00		50000.00	50000.00	注 1
四川西南机械厂	法人股	30000.00		30000.00	30000.00	注 1
株洲环球皮革厂	法人股	96000.00		96000.00	96000.00	注 1
株洲汽车齿轮厂	法人股	1000000.00	3.65%	1680000.00		
合计		1176000.00		1856000.00	176000.00	

注 1：投资款估计难以收回，故全额计提长期投资减值准备。

B. 其他股权投资

被投资单位名称	投资起止期	投资金额	权益比例	减值准备	本期权益增减额	累计权益增减额	备注
深圳火炬工业公司		708666.23					
株洲火炬实业开发总公司		165875.00		165875.00			注 2
株洲证券台	94.6.14	58000.00		58000.00			注 2
北京基正禹人水务有限公司	2000.08	24000000.00	80%				
北京格林禹人水技术有限公司	2000.08	26991000.00	90%				
株洲亚飞汽车连锁有限公司		837340.46	90%				
中国机械设备海南股份有限公司	99.10.17	879605.00	0.659%				
宁波华煦包装材料有限公司		200000.00					
Toolpolut 公司		827810.00					
Orion 公司		2069525.00					
MAT 公司对外投资		16919840.38					
新世纪金融租赁有限公司		32461222.50	23.04%				
湖南证券有限公司		39089060.00	3.54%				
上海和达汽车配件有限公司		15767500.00	50.00%				
合计		160975444.57					

注 2：投资款估计难以收回，故全额计提长期投资减值准备。

C. 股权投资差额

被投资单位名称	初始金额	摊销期限	本期摊销额	摊余金额
MATAUTOMOTIVE, INC 等 11 家公司	41671548.61	30 年	5856871.56	34388067.67

(3)长期债权投资

债券投资

债券种类	面值	年利率	购入金额	到期日	期初应收利息	本期利息	期末应收利息	减值准备	备注
电力债券	13336.00	还本不计息	13336.00	99 年以后					
合计	13336.00		13336.00						

7、固定资产及折旧

资产类别	期初数	本期增加	本年减少	期末数	备注
A. 固定资产原值					
(1) 房屋及建筑物	95661596.81	4037976.57	412328.00	99287245.38	
(2) 机器设备	194693399.03	36545078.20	194115.33	231044361.90	
(3) 电子设备	9096410.32	7494298.11	0.00	16590708.43	
(4) 运输工具	12075537.43	4673366.19	788195.18	15960708.44	
(5) 其他	16315043.61	1658016.44	8008791.52	9964268.53	
合计	327841987.20	54408735.51	9403430.03	372847292.68	
B. 累计折旧					
(1) 房屋及建筑物	20127524.66	4491139.54	28131.03	24590533.17	
(2) 机器设备	49800253.77	25234317.17	2607104.64	72427466.30	
(3) 电子设备	4586385.61	1443035.49	0.00	6029421.10	
(4) 运输工具	4553359.74	1640665.35	352615.05	5841410.04	
(5) 其他	4324986.81	160785.48	3889911.72	595860.57	
合计	83392510.59	32969943.03	6877762.44	109484691.18	
净值	244449476.61			263362601.50	

其中：由在建工程转入固定资产合计 19648988.10 元。

8、在建工程

工程项目名称	期初数	本期增加	本期转入固定资产	其他减少数	期末数	资金来源	进度
AC 装配线	205413.06				205413.06		
房屋扩建	216931.18		216931.18		0.00		
直饮水机生产线改造		1174169.59	0.00		1174169.59		
待安装设备	4385142.63	6842419.07	2538796.54		8688765.16		
特瓷技改		1658174.13	720260.43		937913.70		
电梯改造		984318.22	0.00		984318.22		
汽车大市场	628877.33	495329.07	1124206.40		0.00		
融电线路工程	831984.85	0.00	831984.85		0.00		
宁河项目		13721015.43	3612383.46		10108631.97		
刹车盘技术改造等	6648119.45	8338672.28	10604425.24		4382366.49		
合计	12916468.50	33214097.79	19648988.10		26481578.19		

在建工程期末比期初增加 105.02%，主要是配股资金投资项目的增加所致。

本年无利息资本化金额。

9、无形资产

类别	原始金额	期初数	本期增加	本期转出	本期摊销	期末数	剩余摊销期限
AC 专利权	6137015.56				742126.94	5394888.62	7 年
土地使用权	31731739.58	2925836.43			1082819.58	33774756.43	62-48 年
商标		289733.50				289733.50	
合计	37868755.14	3215569.93			1824946.52	39259378.55	

10、开办费、长期待摊费用

类别	期初数	本期增加	本期摊销	期末数
开办费	1196884.86	5933641.23	447055.38	6683470.71
长期待摊费用	3173352.56	4836521.46	1146788.65	6863085.37
合计	4370237.42	10770162.69	1593844.03	13546556.08

开办费本期增加 593.36 万元，主要是新成立的株洲湘火炬环保科技有限责任公司的开办费。

11、短期借款、一年内到期的长期借款

A. 短期借款

借款类别	期初数	期末数
抵押借款		
担保借款	354480000.00	443418978.06
信用借款	18018278.79	200160000.00
押汇	13000000.00	
其他		
合计	385498278.79	643578978.06

短期借款期末比期初增加 66.95%，主要系生产规模扩大，银行借款增加所致。

B. 一年内到期的长期借款

项目	期初数	期末数
分期还本付息贷款	1631676.16	0.00
合计	1631676.16	0.00

12、应付票据

期初数	期末数
131611795.66	318707821.84

①无欠持本公司 5%(含 5 %)以上股份的股东单位的款项。

②应付票据期末比期初增加142.16%,主要是经营活动中采购材料增加所致。

13、应付帐款

期初数	期末数
108550438.00	98612161.38

应付帐款无持有本公司5%(含5%)以上股份的股东单位的欠款。

14、应交税金

税种	期初数	期末数
增值税	11193463.90	13253305.39
营业税	465367.56	-8738.51
印花税	0.00	17858.36
城市维护建设税	420414.57	178394.36
房产税	195950.72	134294.12
个人所得税	45464.18	6673268.80
企业所得税	16714122.19	5893724.37
土地使用税	201,646.05	175013.17
合计	29,236,429.17	2631720.06

15、预提费用

费用类别	期初数	期末数	结存原因
利息	19031.48	0.00	预提利息
房租	286831.40	34077.65	预提房租
其他	4410755.68	7671100.04	(美国MIDWEST公司)
合计	4716618.56	7705177.69	

16、长期借款

借款单位	金额	借款期限	年利率	借款条件
工行奔龙支行	12000000.00	99.4.29-2001.12.20	6.105‰	担保
美国国家银行	757636.55	36个月分期归还	7.68%	设备,存货,应收帐款抵押
Citibank	3566371.03	24个月分期归还	7.5%	设备,存货,应收帐款抵押
合计	16324007.58			

17、股本

	年初数	本年增加				年末数
		送股	配股	其他	小计	
①未上市流通股份						
发起人股份	93799200					93799200
其中:国家持有股份	30666000			-10000000**		20666000
境内法人持有股份	63133200			10000000**		73133200
其他						
募集法人股份						
内部职工股						
优先股或其他						
未上市流通股合计	93799200					93799200
②已上市流通股份						
人民币普通股	127908000			38372400*		166280400
已上市流通股合计	127908000			38372400		166280400
③股份总数	221707200			38372400		260079600

*:2000年本公司经股东大会通过、证监会核准,以10:3的比例配股,共增加股本38372400股。

**:2000年7月28日,经财政部财管字(2000)136号文批复,同意株洲市国有资产管理局将其所持有10000000国有股转让给广州市创宝投资有限公司,股权性质变更为法人股。

18、资本公积

项目	期初数	本期增加数	本期减少数	期末数
接受捐赠资产准备	522658.54			522658.54
资产评估增值准备	7701938.40			7701938.40
其他资本公积转入	39261597.60			39261597.60
股本溢价		520959091.89		520959091.89
合计	47486194.54	520959091.89		568445286.43

2000年以10:3的比例配股,其股本溢价增加资本公积520959091.89元。

19、盈余公积

项目	期初数	本期增加数	本期减少数	期末数
法定公积金	16986396.79	10563685.81		27550082.60
法定公益金	11644213.17	4227646.69		15871859.86
任意盈余公积	1869516.22			1869516.22
合计	30500126.18	14791332.50		45291458.68

因年初未分配利润的调整,调减了2000年年初盈余公积759543.25元。

20、未分配利润

期初余额*	本期增加数	本期减少数	期末数
49643804.10	69761601.22	52015920.00	67389485.32

*本年调整年初未分配利润4303709.40元。

其中:(1)补交养老保险金调减年初未分配利润2638797.26元。

(2)补交住房公积金调减年初未分配利润1092251.37元。

(3)其他因素调减年初未分配利润572660.77元。

根据本公司董事会决议,本年度利润分配方案为10派2元现金(含税),该项预案尚须获得股东大会的批准。

21、财务费用

类别	上年发生数	本年发生数
利息支出	12880840.14	39096593.38
减:利息收入	905431.69	4019943.66
汇兑损失	0.00	66493.29
减:汇兑收益	2689613.42	326662.19
金融机构手续费等	126194.64	345502.78
合计	9411989.67	43855195.30

22、投资收益

项目	上年发生额	本年发生额
股权投资收益	158298.16	33856083.65
债权投资收益	350.00	
联营或合营公司分配来的利润	2250000.00	
年末调整的被投资公司所有者权益净增减的金额	15257672.70	
合计	17666320.86	33856083.65

23、补贴收入

项目	金额
外汇补贴收入	245649.00
财政贴息收入	672855.39
合计	918504.39

24、母公司会计报表主要项目注释

①、应收帐款

帐龄	期初数			期末数		
	金额	比例(%)	坏帐准备	金额	比例(%)	坏帐准备
1年以内	35977818.76	47.29		24629967.32	34.85	
1-2年	4469815.19	5.87	223490.76	5500650.15	7.78	275032.51
2-3年	7185275.69	9.44	718527.57	13313309.04	18.84	1331330.90
3年以上	28459391.86	37.40	8537817.56	27221140.58	38.53	8166342.17
合计	76092301.50	100.00	9479835.89	70665067.09	100.00	9772705.58

应收帐款主要明细项目如下:

单位名称	所欠金额	欠款时间	欠款原因
北京中原科	7580000.00	一年以内	货款
长安汽车股份有限公司	971786.73	一年以内	货款
UNDCRCAR	881327.42	一年以内	货款
重庆隆鑫汽油机制造有限公司	625471.58	一年以内	货款
新鸿工贸公司	609445.16	一年以内	货款

应收帐款中无持本公司5%(含5%)以上股份的股东单位的欠款。

②、其他应收款

帐龄	期初数			期末数		
	金额	比例(%)	坏帐准备	金额	比例(%)	坏帐准备
1年以内	156788452.77	96.77	0	305181429.98	99.84	
1-2年	2507483.94	1.55	125374.20	500000.00	0.16	25000.00
2-3年	790113.52	0.49	79011.35			
3年以上	1927562.24	1.19	578268.67			
合计	162013612.47	100.00	782654.22	305681429.98	100.00	25000.00

其他应收款主要明细项目如下:

单位名称	所欠金额	欠款时间	欠款原因
新疆机械进出口有限责任公司	17841095.87	一年以内	垫付款 注1
天津鸿本机械有限责任公司	11144427.5	一年以内	垫付款 注1
杭州鸿源机械有限责任公司	20255600.00	一年以内	垫付款 注1
市建设装修公司	1260000.00	一年以内	往来款
火炬汽配进出口有限责任公司	142862579.59	一年以内	垫付款 注1

注1:系本公司为下属子公司垫付流动资金。

③、长期投资

(1)

项目	期初数		本期增加	本期减少	期末数	
	金额	减值准备			金额	减值准备
长期股权投资	302523088.55	399875.00	231134585.97	50962266.91	482695407.61	399875.00
长期债权投资	15954.00			5138.00	10816.00	
合计	302539042.55	399875.00	231134585.97	50967404.91	482706223.61	399875.00

(2)长期股权投资

A.股票投资

被投资单位名称	股份类别	股票数量	占被投资公司股权的比例	投资金额	减值准备	备注
临沂地区汽车配件厂	法人股	50000.00		50000.00	50000.00	
四川西南机械厂	法人股	30000.00		30000.00	30000.00	
株洲环球皮革厂	法人股	96000.00		96000.00	96000.00	
株洲汽车齿轮厂	法人股	1000000.00	3.65%	1680000.00	0	
合计		1176000.00		1856000.00	176000.00	

B.其他股权投资

被投资单位名称	投资起止期	投资金额	权益比例(%)	减值准备	本期权益增减额	累计权益增减额	备注
深圳火炬工业公司		708666.23					
株洲火炬实业开发总公司		165875.00		165875.00			
株洲证券台	94.6.14	58000.00		58000.00			
火炬汽配进出口有限责任公司		27000000.00	90		5769727.60	5769727.60	
株洲火炬活塞销制造有限责任公司		22500000.00	90		6118170.44	4725193.59	
株洲火炬建筑工程公司		1080000.00	90		160660.12	528748.19	
株洲火炬房地产开发有限责任公司		8800000.00	92.63		10487966.73	10575961.16	
株洲湘火炬环保科技有限责任公司		51000000.00	51		-2410796.94	-2410796.94	
上海和达汽车配件有限公司		15767500.00	50				
北京汇科盈高新技术有限公司		40000000.00	80				
新世纪金融租赁有限公司		32461222.50	23.04				
湖南证券有限责任公司		39089060.00					
新疆机械设备进出口有限公司		9000000.00			1113731.95	1113731.95	
山东火炬汽车销售有限责任公司		4500000.00	90		-64228.22	-215451.53	
MAT合计		138850000.00	75		64218045.61	76422986.68	
其中:							
杭州鸿源体育用品有限责任公司		6874000.00					
杭州鸿源机械制造有限责任公司		2304800.00					
昆山鸿源机械制造有限责任公司		1984300.00					
莱州鲁源汽车配件有限责任公司		10604300.00					
青岛鸿本机械制造有限责任公司		615600.00					
大连鸿源机械制造有限责任公司		4207900.00					
天津鸿本机械制造有限责任公司		16170700.00					
天津鸿本国际贸易有限责任公司		549500.00					
唐山鸿本机械制造有限责任公司		447700.00					
MAT AUTOMOTIVE, INC.		38036500.00					
MIDWEST AIR TECHNOLOGIES, INC.		57054700.00					
合计		390980323.73		223875.00	85393277.29	96692100.70	

其中:股权投资差额

被投资单位名称	初始金额	形成原因	摊销期限	本期摊销额	摊余金额
MAT公司	41671548.61		30年	5856871.56	34388067.67

(3)长期债权投资

债券投资

债券种类	面值	年利率	购入金额	到期日	期初应收利息	本期利息	期末应收利息	减值准备	备注
电力债券	10816.00	还本不计息	10816.00	99年以后					
合计	10816.00		10816.00						

3、投资收益

项目	金额
股权投资收益	-2853377.46
债权投资收益	
联营或合营公司分配来的利润	
年末调整的被投资公司所有者权益净增减的金额	85755337.40
合计	82901959.94

4、主营业务收入和主营业务成本

主营业务种类	主营业务收入	主营业务成本
火花塞	83621133.20	55826874.25
汽车灯镜	2828828.08	2580430.08
特种陶瓷	7236700.58	4855631.21
合计	93686661.86	63262935.54

附注6:关联方关系及其交易

一.关联方关系

(一)存在控制关系的关联方

编号 企业名称	注册地	主营业务	公司关系	企业类型	法定代表人
1.新疆德隆国际实业总公司	乌鲁木齐建设路2号宏汇大厦	农业开发等	母公司	集体	唐万新
2.株洲火炬房地产开发有限责任公司	株洲市新华东路4号	房地产开发	子公司	有限责任公司	李智
3.株洲火炬建筑工程公司	株洲市红旗北路3号	建筑施工	子公司	有限责任公司	刘海南
4.株洲火炬活塞销制造有限责任公司	株洲市金钩路	活塞销	子公司	有限责任公司	聂新勇
5.株洲亚飞汽车连锁有限公司	株洲市荷塘区华东路4号	汽车及零配件	子公司	有限责任公司	易红辉
6.火炬汽配进出口有限责任公司	株洲市天元区河西展览馆	外贸业务	子公司	有限责任公司	聂新勇
7.山东火炬汽车销售有限责任公司	济南市经十西路65号	汽车及摩托车配件建筑材料	子公司	有限责任公司	郑 悦
8.杭州鸿源机械制造有限责任公司	浙江余杭市良绪镇经济开发区	五金工具,机械设备	子公司	合资	邱 燕
9.青岛鸿本机械制造有限责任公司	青岛市李沧区台柳路629号	机械工具、五金	子公司	合资	王 炜
10.大连鸿源机械制造有限责任公司	大连市甘井子区营城子镇沙岗子村	五金工具,机械设备	子公司	合资	王 炜
11.天津鸿本机械制造有限责任公司	天津市东丽区大毕庄工业区	轻工机械汽车零件	子公司	合资	王 炜
12.唐山鸿本机械制造有限责任公司	河北丰南市小集镇小集村	铁制机械,五金工具	子公司	合资	王 炜
13.天津鸿本国际贸易有限责任公司	天津港保税区南道77号A-413-1室	国际贸易简单加工	子公司	合资	孟庆功
14.莱州鲁源汽车配件有限责任公司	山东省莱州市土山镇	汽车刹车盘	子公司	合资	王 炜
15.杭州鸿源体育用品有限责任公司	杭州市拱宸桥西大桥	健身器材,五金工具等	子公司	合资	邱 燕
16.昆山鸿源机械制造有限责任公司	江苏昆山正仪镇振兴西路8号	五金,轻工机械设备汽车零配件	子公司	合资	邱 燕
17.MAT AUTOMOTIVE, INC.					
18.MIDWEST AIR TECHNOLOGIES, INC.					
19.新疆机械设备进出口有限公司	乌鲁木齐市	自营和代理各类商品出口等	子公司	有限责任公司	王贵民
20.上海和达汽车配件有限公司	上海市青浦区	汽车的装饰条、门框等	子公司	有限责任公司	聂新勇
21.北京汇科盈高新技术有限公司	北京海淀区	技术开发、技术转让等	子公司	有限责任公司	聂新勇
22.株洲市湘火炬环保科技有限公司	株洲市	环保、水处理技术的投资、开发等	子公司	有限责任公司	聂新勇
23、北京基正禹人水务有限公司	北京海淀区	对给水排水、环境保护、市政工程进行投资管理等	子公司	有限责任公司	聂新勇
24、北京格林禹人水技术有限公司	北京海淀区	工业污水处理、自来水净化、节水灌溉的技术开发等	子公司	有限责任公司	李智

(二)存在控制关系的关联方的注册资本及其变化

企业名称	年初	本年增加数	本年减少数	年末数
1.新疆德隆国际实业总公司	200,000,000			200,000,000
2.株洲火炬房地产开发有限责任公司	9,500,000			9,500,000
3.株洲火炬建筑工程公司	12,000,000			12,000,000
4.株洲火炬活塞销制造有限责任公司	25,000,000			25,000,000
5.株洲亚飞汽车连锁有限责任公司	1,000,000			1,000,000
6.火炬汽配进出口有限公司	20,000,000	10,000,000.00		30,000,000
7.山东火炬汽车销售有限责任公司	5,000,000			5,000,000
8.杭州鸿源机械制造有限责任公司	USD 500,000			USD 500,000
9.青岛鸿本机械制造有限责任公司	USD 100,000			USD 100,000
10.大连鸿源机械制造有限责任公司	USD1,500,000			USD 1,500,000
11.天津鸿本机械制造有限责任公司	USD 1,600,000			USD 1,600,000
12.唐山鸿本机械制造有限责任公司	USD 100,000			USD 100,000
13.天津鸿本国际贸易有限责任公司	USD 200,000			USD 200,000
14.莱州鲁源汽车配件有限责任公司	14,020,000			14,020,000
15.杭州鸿源体育用品有限责任公司	USD 800,000			USD 8O,O000
16.昆山鸿源机械制造有限责任公司	USD 850,000			USD850,000
17.MAT AUTOMOTIVE, INC.				
18.MIDWEST AIR TECHNOLOGIES, INC.				
19.新疆机械设备进出口有限公司		10,000,000		10,000,000
20.上海和达汽车配件有限公司		USD3,284,300		USD3,284,300
21.北京汇科盈高新技术开发有限公司		50,000,000		50,000,000
22.株洲湘火炬环保科技有限公司		100,000,000		100,000,000
23、北京基正禹人水务有限公司		30,000,000		30,000,000
24、北京格林禹人水技术有限公司		29,990,000		29,990,000

(三)存在控制关系的关联方所持股份的变化

企业名称	年初数		本年增加数		本年减少数		年末数	
	金额	比例%	金额	比例%	金额	比例%	金额	比例%
1.新疆德隆国际实业总公司	57,000,000	25.71			57,000,000	25.71		
2.株洲火炬房地产开发有限责任公司	8,800,000	92.63			8,800,000	92.63		
3.株洲火炬建筑工程公司	1,080,000	90.00			1,080,000	90.00		
4.株洲火炬活塞销制造有限责任公司	22,500,000	90.00			22,500,000	90.00		
5.株洲亚飞汽车连锁有限公司	900,000	90.00			900,000	90.00		
6.火炬汽配进口有限公司	18,000,000	90.00	9,000,000.00		27,000,000	90.00		
7.山东火炬汽车销售有限责任公司	4,500,000	90.00			4,500,000	90.00		
8.杭州鸿源机械制造有限责任公司	USD 375,000	75.00			USD375,000	75.00		
9.青岛鸿本机械制造有限责任公司	USD 75,000	75.00			USD 75,000	75.00		
10.大连鸿源机械制造有限责任公司	USD 1,125,000	75.00			USD1,125,000	75.00		
11.天津鸿本机械制造有限责任公司	USD 1,200,000	75.00			USD1,200,000	75.00		
12.唐山鸿本机械制造有限责任公司	USD 75,000	75.00			USD75,000	75.00		
13.天津鸿本国际贸易有限责任公司	USD 150,000	75.00			USD 150,000	75.00		
14.莱州鲁源汽车配件有限责任公司	10,515,000	75.00			10,515,000	75.00		
15.杭州鸿源体育用品有限责任公司	USD 600,000	75.00			USD 600,000	75.00		
16.昆山鸿源机械制造有限责任公司	USD 637,500	75.00			USD 637,500	75.00		
17.MAT AUTOMOTIVE, INC.	USD9,040,000	75.00			USD 9,040,000	75.00		
18.MIDWEST AIR TECHNOLOGIES, INC.	USD13,560,000	75.00			USD13,560,000	75.0		
19.新疆机械设备进出口有限公司			9,000,000	90.00			9,000,000	90.00
20.上海和达汽车配件有限公司			15,767,500	75.00			15,767,500	75.00
21.北京汇科盈高新技术有限公司			40,000,000	80.00			40,000,000	80.00
22.株洲湘火炬环保科技有限公司			51,000,000	51.00			51,000,000	51.00
23、北京基正禹人水务有限公司			240,000,000	80.00			240,000,000	80.00
24、北京格林禹人水技术有限公司			26,991,000	90.00			26,991,000	90.00

(四)不存在控制关系的关联方关系的性质

企业名称	与本企业的关系
新世纪金融租赁有限公司	本公司持股23.04%

本公司于2000年7月25日协议受让新世纪金融租赁有限公司部分股权,占新世纪金融租赁有限公司总股本的23.04%,其股权转让手续业已完成。

二、关联方交易

关联方银行存款余额

项目	1999年年末余额	2000年年末余额
银行存款:		
新世纪金融租赁有限公司	0	567,704,544.80

附注7:期后事项

根据本公司董事会决议,本年度利润分配方案为10派2元现金(含税)该项预案尚须本公司股东大会的批准。

附注8:或有事项

本公司无需要披露的或有事项。

附注9:承诺事项

本公司无其他需要披露的承诺事项。

附注10:其他重要事项

本公司无其他需要披露的重要事项。

九、公司的其他有关资料

(一)公司首次注册登记的日期:1993年12月17日

公司地址:湖南省株洲市红旗北路3号

公司变更注册登记的日期:2000年11月13日

公司地址:湖南省株洲市河西黄河南路1号

(二)企业法人营业执照注册号:4300001000391(3—1)

(三)税务登记号:430202183783713

(四)公司未流通股票的托管机构名称:深圳证券登记公司

(五)公司聘请的会计师事务所名称:湖南开元会计师事务所

办公地址:湖南省长沙市芙蓉中路490号

湘火炬投资股份有限公司

二○○一年二月八日

母公司利润及利润分配表

编制时间:2001年02月08日

编制单位:湘火炬投资股份有限公司(母公司)　单位:人民币元

项　目	期初	期末
一主营业务收入	122,905,449.09	93,686,661.86
减:折扣与折让		
主营业务收入净额	122,905,449.09	93,686,661.86
减:主营业务成本	80,764,763.83	63,262,935.54
主营业务税金及附加	1,056,041.21	856,161.82
二主营业务利润	41,084,644.05	29,567,564.50
加:其他业务利润	4,288,075.62	3,796,564.38
减:存货跌价损失	110,092.32	
营业费用	5,565,387.70	6,497,579.38
管理费用	16,498,551.76	8,130,588.99
财务费用	8,473,038.72	13,521,265.57
三营业利润	14,725,649.17	5,214,694.94
加:投资收益	42,251,406.14	82,901,959.94
补贴收入	142,046.95	
营业外收入	259,716.87	29,940.89
减:营业外支出	407,955.32	392,633.38
四利润总额	56,970,863.81	87,753,962.39
减:所得税	4,798,303.20	3,201,028.67
减:少数股东损益		
五净利润	52,172,560.61	84,552,933.72
加:年初未分配利润	66,178,638.17	52,181,370.04
盈余公积转入		
六可供分配的利润	118,351,198.78	136,734,303.76
减:提取法定盈余公积	5,217,219.16	8,455,293.37
提取法定公益金	2,608,609.58	4,227,646.69
提取职工奖励及福利		
七可供股东分配的利润	110,525,370.04	124,051,363.70
减:应付优先股股利		
提取任意盈余公积		
应付普通股股利		52,015,920.00
转作股本的普通股股利	58,344,000.00	
八未分配利润	52,181,370.04	72,035,443.70

合并利润及利润分配表

编制时间:2001年2月8日

编制单位:湘火炬投资股份有限公司　单位:人民币元

项　目	上年同期数	本年累计数
一主营业务收入	415,686,014.97	1,543,383,794.94
减:折扣与折让		
主营业务收入净额	415,686,014.97	1,543,383,794.94
减:主营业务成本	310,857,947.97	1,177,149,115.69
主营业务税金及附加	1,418,834.46	1,552,414.76
二主营业务利润	103,409,232.54	364,682,264.49
加:其他业务利润	5,401,623.58	18,796,813.53
减:存货跌价损失	135,187.21	
营业费用	28,269,072.60	186,102,231.01
管理费用	22,107,363.59	36,041,407.90
财务费用	9,411,989.67	43,855,195.30
三营业利润	48,887,243.05	117,480,243.81
加:投资收益	17,666,320.86	33,856,083.65
补贴收入	289,513.95	918,504.39
营业外收入	360,719.78	472,534.16
减:营业外支出	622,043.49	733,511.63
四利润总额	66,581,754.15	151,993,854.38
减:所得税	10,628,155.84	45,170,161.66
减:少数股东损益	3,903,798.86	20,865,164.04
五净利润	52,049,799.45	85,958,528.68
加:年初未分配利润	66,178,638.17	49,643,804.10
盈余公积转入		
六可供分配的利润	118,228,437.62	135,602,332.78
减:提取法定盈余公积	7,404,604.94	10,563,685.81
提取法定公益金	2,608,609.58	4,227,646.69
提取职工奖励及福利	227,419.00	1,405,594.96
七可供股东分配的利润	107,987,804.10	119,405,405.32
减:应付优先股股利		
提取任意盈余公积		
应付普通股股利		52,015,920.00
转作股本的普通股股利	58,344,000.00	
八未分配利润	49,643,804.10	67,389,485.32

母公司资产负债表

编制时间:2001 年 2 月 8 日

编制单位:湘火炬投资股份有限公司(母公司) 单位:人民币元

项目	期初	期末
资产:		
流动资产:		
货币资金	64,456,934.49	713,731,649.15
短期投资		
减:短期投资跌价准备		
短期投资净额		
应收票据	3,222,270.00	2,153,096.80
应收股利		
应收利息		
应收帐款	76,092,301.50	70,665,067.09
其他应收款	162,013,612.47	305,681,429.98
减:坏帐准备	10,262,490.11	9,797,705.58
应收帐款净额	227,843,423.86	366,548,791.49
预付帐款	46,997,035.18	1,910,558.89
应收补贴款	1,758,768.48	670,670.21
存货	51,045,731.51	17,587,316.23
减:存货跌价准备	348,138.12	348,138.12
存货净额	50,697,593.39	17,239,178.11
待摊费用		
待处理流动资产净损失		
一年内到期的长期债权投资		
其他流动资产		
流动资产合计	394,976,025.40	1,102,253,944.65
长期投资:		
长期股权投资	302,523,088.55	482,695,407.61
长期债权投资	15,954.00	10,816.00
长期投资合计	302,539,042.55	482,706,223.61
其中:合并价差	0.00	
减:长期投资减值准备	399,875.00	399,875.00
长期投资净额	302,139,167.55	482,306,348.61
固定资产:		
固定资产原价	203,449,651.59	40,633,996.84
减:累计折旧	55,646,732.44	11,587,063.44
固定资产净值	147,802,919.15	29,046,933.40
工程物资		
在建工程	4,602,486.87	3,865,138.03
固定资产清理		
待处理固定资产净损失		
固定资产合计	152,405,406.02	32,912,071.43
无形资产及其他资产:		
无形资产	26,944,027.49	25,795,111.61
开办费		
长期待摊费用	1,650,000.00	1,100,000.00
其他长期资产		
无形资产及其他资产合计	28,594,027.49	26,895,111.61
递延税项:		
递延税款借项		
资产总计	878,114,626.46	1,644,367,476.30
负债及所有者权益:		
流动负债:		
短期借款	360,391,278.79	534,380,000.00
应付票据	45,660,000.00	33,950,000.00
应付帐款	29,436,725.95	1,147,596.81
预收帐款	480,479.35	
代销商品款		
应付工资	944,521.01	
应付福利费	1,772,214.85	2,544,374.44
应付股利		45,364,704.00
应交税金	20,268,821.32	24,186,614.28
其他应交款	-7,877.39	229,263.82
其他应付款	38,411,990.30	49,006,120.36
预提费用		
一年内到期的长期负债		
其他流动负债		
流动负债合计	497,358,154.18	690,808,673.71
长期负债:		
长期借款	30,300,000.00	12,000,000.00
应付债券		
长期应付款	69,497.99	
住房周转金	699,469.31	
其他长期负债		2,792.00
长期负债合计	31,068,967.30	12,002,792.00
递延税项:		
递延税款贷项		
负债合计	528,427,121.48	702,811,465.71
少数股东权益		
股东权益		
股本	221,707,200.00	260,079,600.00
资本公积	47,486,194.54	568,445,286.43
盈余公积	28,312,740.40	40,995,680.46
其中:公益金	11,644,213.17	15,871,859.86
未分配利润	52,181,370.04	72,035,443.70
外币报表折算差额		
股东权益合计	349,687,504.98	941,556,010.59
负债和股东权益总计	878,114,626.46	1,644,367,476.30

合并资产负债表

编制时间:2001 年 02 月 08 日

编制单位:湘火炬投资股份有限公司 单位:人民币元

项目	期初	期末
资产:		
流动资产:		
货币资金	108,540,224.97	1,077,370,914.38
短期投资	20,000,000.00	0.00
减:短期投资跌价准备		
短期投资净额	20,000,000.00	0.00
应收票据	3,222,270.00	18,455,271.61
应收股利		
应收利息		
应收帐款	206,297,637.32	143,473,372.67
其他应收款	76,950,046.12	192,453,884.63
减:坏帐准备	11,631,101.57	11,783,314.01
应收帐款净额	271,616,581.87	324,143,943.29
预付帐款	58,212,022.60	41,325,995.31
应收补贴款	14,186,321.59	19,191,716.38
存货	207,783,132.94	254,990,627.83
减:存货跌价准备	373,233.01	367,666.27
存货净额	207,409,899.93	254,622,961.56
待摊费用	7,706,862.76	12,592,239.30
待处理流动资产净损失		
一年内到期的长期债权投资		
其他流动资产	2,125,221.79	18,392,704.76
流动资产合计	693,019,405.51	1,766,095,746.59
长期投资:		
长期股权投资	128,677,646.15	197,219,512.24
长期债权投资	19,314.00	13,336.00
长期投资合计	128,696,960.15	197,232,848.24
其中:合并价差		
减:长期投资减值准备	399,875.00	399,875.00
长期投资净额	128,297,085.15	196,832,973.24
固定资产:		
固定资产原价	327,841,987.20	372,847,292.68
减:累计折旧	83,392,510.59	109,484,691.18
固定资产净值	244,449,476.61	263,362,601.50
工程物资		
在建工程	12,916,468.50	26,481,578.19
固定资产清理		
待处理固定资产净损失		
固定资产合计	257,365,945.11	289,844,179.69
无形资产及其他资产:		
无形资产	37,868,755.14	39,259,378.55
开办费	1,196,884.86	6,683,470.71
长期待摊费用	3,173,352.56	6,863,085.37
其他长期资产		2,515,851.84
无形资产及其他资产合计	42,238,992.56	55,321,786.47
递延税项:		
递延税款借项		
资产总计	1,120,921,428.33	2,308,094,685.99
负债及所有者权益:		
流动负债		
短期借款	385,498,278.79	643,578,978.06
应付票据	131,611,795.66	318,707,821.84
应付帐款	108,550,438.00	98,612,161.38
预收帐款	18,469,425.98	12,881,586.58
代销商品款		
应付工资	7,036,141.98	5,447,497.38
应付福利费	1,841,332.48	3,100,271.81
应付股利		45,364,704.00
应交税金	29,236,429.17	26,317,120.06
其他应交款	82,021.98	359,755.49
其他应付款	1,148,601.38	65,430,989.93
预提费用	4,716,618.56	7,705,177.69
一年内到期的长期负债	1,631,676.16	
其他流动负债	1,086,589.60	1,440,302.40
流动负债合计	690,909,349.74	1,228,946,366.62
长期负债:		
长期借款	39,054,283.44	16,324,007.58
应付债券		
长期应付款	69,497.99	69,497.99
住房周转金	1,048,686.47	
其他长期负债		494,389.55
长期负债合计	40,172,467.90	16,887,895.12
递延税项		
递延税款贷项	198,693.60	
负债合计	731,280,511.24	1,245,834,261.74
少数股东权益	40,292,593.19	121,057,575.02
股东权益		
股本	221,707,200.00	260,079,600.00
资本公积	47,486,194.54	568,445,286.43
盈余公积	30,500,126.18	45,291,458.68
其中:公益金	11,644,213.17	15,871,859.86
未分配利润	49,643,804.10	67,389,485.32
外币报表折算差额	10,999.08	-2,981.20
股东权益合计	349,348,323.90	941,202,849.23
负债和股东权益总计	1,120,921,428.33	2,308,094,685.99

母公司现金流量表

编制时间:2001年02月08日

编制单位:湘火炬投资股份有限公司(母公司)　　单位:人民币元

项　目	本　期
一.经营活动产生的现金流量:	
销售商品、提供劳务收到的现金	103,499,154.50
收取的租金	0.00
收到的税费返还	7,678,362.83
收到的其他与经营活动有关的现金	0.00
现金流入小计	111,177,517.33
购买商品、接受劳务支付的现金	61,100,649.82
经营租赁所支付的现金	
支付给职工以及为职工支付的现金	4,699,686.13
实际交纳的增值税款	8,072,552.02
支付的所得税款	7,950,000.00
支付的除增值税、所得税以外的其他税费	2,980,692.53
支付的其他除与经营活动有关的现金	31,791,247.39
现金流出小计	116,594,827.89
经营活动产生的现金流量净额	-5,417,310.56
二.投资活动产生的现金流量:	
收回投资所收到的现金	85,820,065.20
分得股利或利润所收到的现金	
取得债券利息收入所收到的现金	
处置固定资产、无形资产和其他长期资产而收回的现金净额	
收到的其他与投资有关的现金	
现金流入小计	85,820,065.20
购建固定资产、无形资产和其他长期资产而支付的现金净额	3,928,380.75
权益性投资所支付的现金	136,317,782.50
债权性投资所支付的现金	
支付的其他与投资活动有关的现金	6,004,760.86
现金流出小计	146,250,924.11
投资活动产生的现金流量净额	-60,430,858.91
三.筹资活动产生的现产流量净额:	
吸收权益性投资所收到的现金	562,247,124.19
发行债券所收到的现金	
借款所收到的现金	168,900,000.00
收到的其他与筹资活动有关的现金	
现金流入小计	731,147,124.19
偿还债务所支付的现金	
发生筹资费用所支付的现金	2,443,735.00
分配股利或利润所支付的现金	
偿付利息所支付的现金	13,580,505.06
融资租赁所支付的现金	
减少注册资本所支付的现金	
支付的其他与筹资活动有关的现金	
现金流出小计	16,024,240.06
筹资活动产生的现金流量净额	715,122,884.13
四.汇率变动对现金的影响	
五.现金及现金等价物净增加额	649,274,714.66
附注:	
1.不涉及现金收支的投资和筹资活动	
以固定资产偿还债务	
以投资偿还债务	
以固定资产进行长期投资	
以存货偿还债务	
融资租赁固定资产	
2.将净利润调节为经营活动的现金流量:	
净利润	84,552,933.72
加:计提的坏帐准备或转销的坏帐	495,552.26
固定资产折旧	4,760,183.09
待摊费用、无形资产推销	1,148,915.88
处置固定资产、无形资产和其他长期资产的损失(减收益)	
固定资产报废损失	
财务费用	11,522,356.24
投资损失(减收益)	-82,901,959.94
递延税款贷项(减借项)	
存货的减少(减增加)	33,458,415.28
经营性应收项目的减少(减增加)	-25,899,585.40
经营性应付项目的增加(减减少)	-32,554,121.69
增值税增加净额(减减少)	
其他	
经营活动中产生的现金流量净额	-5,417,310.56
3.现金及现金等价物净增加情况	
货币资金的期末余额	713,731,649.15
减:货币资金的期初余额	64,456,934.49
现金等价物的期末余额	
减:现金等价物的期初余额	
现金及现金等价物净增加额	649,274,714.66

合并现金流量表

编制时间:2001年02月08日

编制单位:湘火炬投资股份有限公司(母公司)　　单位:人民币元

项　目	本　期
一.经营活动产生的现金流量:	
销售商品、提供劳务收到的现金	1,515,197,887.26
收取的租金	598,136.10
收到的税费返还	49,385,915.82
收到的其他与经营活动有关的现金	6,095,900.73
现金流入小计	1,571,277,839.91
购买商品、接受劳务支付的现金	1,252,033,422.45
经营租赁所支付的现金	19,962,794.43
支付给职工以及为职工支付的现金	100,351,202.70
实际交纳的增值税款	28,324,078.80
支付的所得税款	58,241,594.86
支付的除增值税、所得税以外的其他税费	9,281,004.93
支付的其他除与经营活动有关的现金	88,801,919.60
现金流出小计	1,556,996,017.77
经营活动产生的现金流量净额	14,281,822.14
二.投资活动产生的现金流量:	
收回投资所收到的现金	127,133,936.45
分得股利或利润所收到的现金	
取得债券利息收入所收到的现金	
处置固定资产、无形资产和其他长期资产而收回的现金净额	255,031.24
收到的其他与投资有关的现金	2,225,573.72
现金流入小计	129,614,541.41
购建固定资产、无形资产和其他长期资产而支付的现金净额	55,103,175.09
权益性投资所支付的现金	125,239,849.23
债权性投资所支付的现金	5,998,447.97
支付的其他与投资活动有关的现金	6,004,760.86
现金流出小计	192,346,233.15
投资活动产生的现金流量净额	-62,713,691.74
三.筹资活动产生的现产流量净额:	
吸收权益性投资所收到的现金	633,247,124.19
发行债券所收到的现金	
借款所收到的现金	452,990,059.52
收到的其他与筹资活动有关的现金	14,255,095.76
筹资现金流入小计	1,100,492,279.47
偿还债务所支付的现金	49,811,278.56
发生筹资费用所支付的现金	2,739,936.49
分配股利或利润所支付的现金	
偿付利息所支付的现金	30,660,252.56
融资租赁所支付的现金	
减少注册资本的支付的现金	
支付的其他与筹资活动有关的现金	252.85
现金流出小计	83,211,720.46
筹资活动产生的现金流量净额	1,017,280,559.01
四.汇率变动对现金的影响	
五.现金及现金等价物净增加额	968,830,689.41
附注:	
1.不涉及现金收支的投资和筹资活动	
以固定资产偿还债务	
以投资偿还债务	
以固定资产进行长期投资	
以存货偿还债务	
融资租赁固定资产	
2.将净利润调节为经营活动的现金流量:	
净利润	85,958,528.68
加:计提的坏帐准备或转销的坏帐	152,212.44
固定资产折旧	32,969,943.03
待摊费用减少或预提费用增加	9,372,181.19
无形资产推销	1,824,946.53
处置固定资产、无形资产和其他长期资产的损失(减收益)	24,144.33
固定资产报废损失	-60,801.29
财务费用	35,076,649.72
投资损失(减收益)	-33,856,083.65
递延税款贷项(减借项)	-56,484.26
存货的减少(减增加)	-12,073,286.95
经营性应收项目的减少(减增加)	-57,032,590.04
经营性应付项目的增加(减减少)	-68,882,701.63
增值税增加净额(减减少)	
其他	
少数股东本期收益	20,865,164.04
经营活动中产生的现金流量净额	14,281,822.14
3.现金及现金等价物净增加情况	
货币资金的期末余额	1,077,370,914.38
减:货币资金的期初余额	108,540,224.97
现金等价物的期末余额	
减:现金等价物的期初余额	
现金及现金等价物净增加额	968,830,689.41

江铃汽车股份有限公司

二〇〇〇年年度报告摘选

一、公司简介

公司的中文名称:江铃汽车股份有限公司
英文名称:Jiangling Motors Corporation, Ltd.　　缩写:JMC
公司法定代表人:孙敏先生
董事会秘书:熊中平先生
授权代表:全实先生
联系地址:江西省南昌市迎宾北大道 509 号江铃汽车股份有限公司证券部
电话:0791－5232888－6178　　传真:0791－5232839
电子信箱:jmcgh@public.nc.jx.cn
财务信息披露人员:吴凯先生(电话 0791－5232888－6572)
伍杰红女士(电话 0791－5232888－6808)
公司注册地址及办公地址:江西省南昌市迎宾北大道 509 号　　邮政编码:330001
国际互联网网址:http://www.jmc.com.cn
公司信息披露报纸名称:中国证券报、证券时报、香港商报
登载公司年度报告的中国证监会指定国际互联网网址:http://www.cninfo.com.cn
公司年度报告备置地点:江铃汽车股份有限公司证券部
公司股票上市交易所:深圳证券交易所
股票简称:ST 江铃　　ST 江铃 B
股票代码:0550　　2550

二、会计数据和业务数据摘要

1、本年度部分财务指标

单位:人民币元

利润总额	63,914,341.39
净利润	53,291,479.13
扣除非经常性损益后的净利润	34,723,576.90
主营业务利润	672,107,641.45
其他业务利润	14,017,734.95
营业利润	46,159,777.47
投资收益	－813,338.31
补贴收入	20,000,000.00
营业外收支净额	－1,432,097.77
经营活动产生的现金流量净额	1,046,003,213.38
现金及现金等价物净增加额	343,241,037.87

注:扣除的非经常性损益项目和涉及金额　　单位:人民币元

项目	金　额
补贴收入	21,000,000.00
营业外收支净额	－1,432,097.77
合计	18,567,902.23

本公司 2000 年度净利润按中国会计准则审计为 53,291,479.13 元,按国际会计准则审计为 94,289,000 元。产生的差异主要是由于:对早期采用的国际会计准则 38＃条款无形资产的方式调整;住房周转金摊销;及根据稳健原则作出之其他调整,具体包括对以前年度已计坏帐准备而本年度收回的应收款项,以及以前年度多计提的技术提成费追溯调整方式的不同。

国际会计准则之调整对未计少数股东权益之损益及资产净值之影响:

单位:人民币千元

	未计少数股东权益前之损益		净资产	
	2000	1999	2000	1999
按照中国会计准则及条例呈报	63,914	－154,917	1,654,346	1,601,055
累计国际会计准则之调整,净额	39,888	－27,308	－142,618	－183,616
调整后(未计少数股东权益前)	103,802	－182,225	1,511,728	1,417,439

2、近三年主要会计数据和财务指标　　单位:人民币元

项目	2000 年度	1999 年度		1998 年度
		调整后	调整前	
主营业务收入	2,825,155,076.34	2,439,819,011.72	2,439,819,011.72	2,006,028,071.82
净利润	53,291,479.13	－161,080,453.94	－182,588,691.82	－201,068,137.34
总资产	4,302,038,522.66	4,509,958,699.07	4,501,188,265.57	4,779,865,463.82
股东权益(不含少数股东权益)	1,654,346,398.16	1,601,054,919.03	1,579,546,681.15	1,762,135,372.97
每股收益(摊薄)	0.062	－0.187	－0.212	－0.233
每股收益(加权)	0.062	－0.187	－0.212	－0.279
扣除非经常性损益后的每股收益	0.040	－0.176	－0.201	－0.249
每股净资产	1.916	1.855	1.83	2.041
调整后的每股净资产	1.240	1.097	1.077	1.412
每股经营活动产生的现金流量净额	1.212	1.12	1.12	0.10
净资产收益率	3.22%	－10.06%	－11.56%	－11.41%
加权平均净资产收益率	3.27%	－9.58%	－10.86%	－14.57%
扣除非经常性损益后的净资产收益率	2.10%	－9.48%	－10.97%	－10.27%
扣除非经常性损益后的加权平均净资产收益率	2.13%	－10.22%	－10.31%	－13.12%

本年度净资产收益率和每股收益有关指标

报告期利润	净资产收益率		每股收益(单位:人民币元)	
	全面摊薄	加权平均	全面摊薄	加权平均
主营业务利润	40.63%	41.29%	RMB 0.7786	RMB 0.7786
营业利润	2.79%	2.84%	0.0535	0.0535
净利润	3.22%	3.27%	0.0617	0.0617
扣除非经营性损益后的净利润	2.10%	2.13%	0.0402	0.0402

三、股东情况

1、截止 2000 年 12 月 31 日,公司股东总数为 67,945 人。
2、截止 2000 年 12 月 31 日,本公司前十大股东持股情况如下:

股东名称	年度内股份增减变动	年末持股数量	占总股本比例(%)
江铃汽车集团公司(以下简称"集团")	120,000	354,176,000	41.03
福特汽车公司(以下简称"福特")	0	258,642,800	29.96
DBS SECURITIES NOMINEES (HK) LTD	0	46,200,000	5.35
上海汽车有限公司	0	25,970,000	3.01
中国宝安集团股份有限公司	0	12,000,000	1.39
通发实业有限公司	0	4,313,899	0.50
广东证券公司	－4,700	2,797,500	0.32
哈尔滨道里投资股份有限公司	1,147,953	2,588,400	0.30
哈尔滨市哈里实业股份有限公司	－1,570,245	2,497,331	0.29
广东机电公司	0	1,200,000	0.14

创元科技股份有限公司

二〇〇〇年年度报告摘选

一、公司简介

1、公司法定中文名称:创元科技股份有限公司
公司英文名称:CREATE TECHNOLOGY & SCIENCE CO.,LTD.
2、公司法定代表人:张志忠
3、公司董事会秘书:陈小麟
联系地址:苏州市南门东二路 4 号
联系电话:0512－5300551　　传真:0512－5300551
公司证券事务电子信箱:cts0551@pub.sz.jsinfo.net
4、公司注册地址:江苏苏州市新区淮海街 6 幢 E3 号　　邮政编码:215011
公司经营地址:苏州市南门东二路 4 号　　邮政编码:215007
5、公司选定的信息披露报刊为《中国证券报》和《证券时报》
刊登公司年度报告的证监会指定国际互联网网址:
www.cninfo.com.cn
公司年度报告备置地点:董事会秘书处
6、公司股票上市交易所:深圳证券交易所
股票简称:创元科技　　股票代码:0551

二、会计数据和业务数据摘要

1、公司本年度实现利润情况(单位:元)

序号　项目	金　额
(1) 利润总额	50175076.22
(2) 净利润	44939466.39
(3) 扣除非经常性损益后的净利润	44939466.39
(4) 主营业务利润	68035747.83
(5) 其他业务利润	7290585.69
(6) 营业利润	31634691.94
(7) 投资收益	17978483.85
(8) 补贴收入	412149.76
(9) 营业外收支净额	149750.67
(10) 经营活动产生的现金流量净额	199900627.89
(11) 现金及现金等价物净增加额	246824810.54

(扣除的非经常性损益及涉及的金额为 0)

2、截止本报告期末公司前三年的主要会计数据和财务指标(单位:元)

项目	2000 年度	1999 年度	1998 年度	
			调整后	调整前
主营业务收入	339704170.24	63893454.15	167275291.61	321865225.04
净利润	44939466.39	48807781.24	－18433508.71	2538456.60
总资产	1197238183.80	813419140.39	609092393.52	1042481984.06
股东权益	490252725.00	469485898.04	420678116.77	462805660.64
全面摊薄每股收益	0.19	0.20	－0.08	0.01
平均加权每股收益	0.19	0.20	－0.08	0.01
扣除非经常性损益后的每股收益	0.19	0.02	－0.08	0.01
每股净资产	2.03	1.94	1.74	1.91
调整后的每股净资产	1.96	1.92		1.71
每股经营活动产生的现金流量净额	1.02	－0.13		－0.06
全面摊薄净资产收益率(%)	9.17	10.40	－4.38	0.55
平均加权净资产收益率(%)	9.13	10.97	－4.09	0.55
扣除非经常性损益后的加权净资产收益率(%)	9.13	1.16	－4.09	0.55

3、利润表附表

报告期利润	净资产收益率(%)		每股收益(元)	
	全面摊薄	加权平均	全面摊薄	加权平均
主营业务利润	13.88	13.83	0.28	0.28
营业利润	6.45	6.43	0.13	0.13
净利润	9.17	9.13	0.19	0.19
扣除非经常性损益后的净利润	9.17	9.13	0.19	0.19

三、股本变动及股东情况

1、股本变动情况
(1)股份变动情况表(数量单位:股)

	期初数	本期变动增减			期末数
		配股、送股 公积金转增或增发	其他	小计	
一、未上市流通股份					
1、发起人股份	130932110				130932110
其中:					
国家持有股份	100774030				100774030
境内法人持有股份	30158080				30158080
境外法人持有股份	－				－
其他	－				－
2、募集法人股份	－				－
3、内部职工股	－				－
4、优先股或其他	－				－
其中:转配股	401006			－401006	0
未上市流通股合计	131333116			－401006	130932110
二、已上市流通股份					
1、人民币普通股	110393278			401006	110794284
2、境内上市的外资股	－				－
3、境外上市的外资股	－				－
4、其他	－				－
已上市流通股份合计	110393278			401006	110794284
三、股份总数	241726394				241726394

甘肃长风宝安实业股份有限公司

二〇〇〇年年度报告摘选

一、公司简介

1、公司法定中文名称:甘肃长风宝安实业股份有限公司
公司法定英文名称:GANSU CHANGFENG BAOAN INDUSTRY CO.,LTD
2、公司法定代表人:邵乐冲
3、公司董事会秘书:胡惠斌
联系地址:甘肃省兰州市安宁区安宁西路 270 号
电 话:0931-7666251 7616756
传 真:0931-7667172
电子信箱:cfjgc @ public. lz. gs. cn
4、公司注册地址:甘肃省兰州市安宁区安宁西路 270 号
公司办公地址:甘肃省兰州市安宁区安宁西路 270 号
邮政编码:730070
5、公司选定的信息披露报刊为《证券时报》
公司指定披露的网址:http://www. cninfo. com. cn
公司年度报告备置地点:
甘肃省兰州市安宁区安宁西路 270 号公司总部
6、公司股票上市交易所:深圳证券交易所
股票简称:甘长风 A
股票代码:0552

二、会计数据和业务数据摘要

1、本年度主要利润指标情况(单位:人民币元)

利润总额	33,173,615.54
净利润	32,233,709.89
扣除非经常性损益后的净利润	22,380,125.08
主营业务利润	37,300,598.90
其他业务利润	17,821,795.80
营业利润	39,694,652.33
投资收益	611,019.30
补贴收入	919,174.20
营业外收支净额	-8,051,230.29
经营活动产生的现金流量净额	-14,953,562.54
现金及现金等价物净增加额	1,136,503.46
注:扣除的非经常性损益项目和涉及金额:	
(1)托管收入	17,821,795.80
(2)股权投资差额摊销	83,019.30
(3)应收帐款评估减值	-8,058,325.08
(4)其他营业外收支	7,094.79

2、截止报告期末公司前三年的主要会计数据和财务指标(单位:人民币元)

项目	2000 年	1999 年		1998 年	
		调整前	调整后	调整前	调整后
主营业务收入	236624272.58	210311553.53	210311553.53	260639263.74	260639263.74
净利润	32233709.89	15133984.01	24859951.01	-37568414.30	-58999982.67
总资产	520333328.41	393895108.03	412341271.53	664607751.60	614318617.12
股东权益	233804702.38	179338446.17	197784609.67	214420036.64	164204462.16
每股收益	0.181	0.09	0.14	-0.21	-0.33
扣除非经营性损益后的每股收益	0.126	0.051	0.058	-0.28	-0.4
每股净资产	1.314	1.01	1.11	1.21	0.92
调整后的每股净资产	1.312	1.00	1.11	1.04	0.75
每股经营活动产生的现金流量净额	-0.084	0.27	0.27	0.08	0.05
净资产收益率(%)	13.79	8.44	12.57	-17.52	-35.93

三、股本变动及股东情况

1、报告期末股东总数 17841 户
2、主要股东持股情况(截止 2000 年 12 月 29 日)

序号	股 东 名 称	年末持股数量(股)	占总股本比例(%)
1	甘肃电子集团公司	74052000	41.63
2	中国宝安集团股份有限公司	27007200	15.18
3	金鑫证券投资基金	7576869	4.26
4	甘肃电子集团物业公司	4356000	2.45
5	金泰基金	3008972	1.69
6	海南长江实业集团公司	1452000	0.82
7	甘肃省工业交通投资公司	871200	0.49
8	天泰新产业投资租赁公司	726000	0.41
9	深圳银康实业股份有限公司	726000	0.41
10	甘肃证券有限责任公司	726000	0.41

湖北沙隆达股份有限公司

二〇〇〇年年度报告摘选

一、公司简介

公司法定名称:湖北沙隆达股份有限公司
公司英文名称:HUBEI SANONDA CO., LTD
公司注册地址:湖北省荆州市北京东路 93 号
公司办公地址:湖北省荆州市北京东路 93 号 邮政编码:434001
公司法定代表人:张 茂 立
董事会秘书:李 忠 禧
股权事务代表:吴 蒙
联系地址:湖北沙隆达股份有限公司
电话:(86)0716—8114595 传真:(86)0716—8110066
公司电子信箱:sanondas@public. js. hb. cn
公司选定的信息披露报纸名称:《中国证券报》、《证券时报》、《大公报》
登载公司年报的国际互联网网址:http://www. cninfo. com. cn
公司年度报告备置地点:公司证券处
公司股票上市地:深圳证券交易所
股票简称:沙隆达 A(A 股) 沙隆达 B(B 股)
股票代码:0553(A 股) 2553(B 股)

二、会计数据和业务数据摘要

1、本年度会计数据摘要

单位:人民币元

项 目	金 额
利润总额	23,558,878.15
净利润	18,007,022.63
主营业务利润	118,833,398.84
其他业务利润	2,283,291.82
投资收益	8,275,709.34
补贴收入	0
营业利润	16,787,381.10
营业外收支净额	-1,504,212.29
经营活动产生的现金流量净额	102,697,687.43
现金及现金等价物净增加额	127,362,155.42
扣除非经常性损益后的净利润	11,235,525.58
注:扣除的非经常性损益项目及金额为:	9,555,525.62
其中:股票投资收益	8,451,497.01
营业外收支净额	-1,504,212.29
收取关联方资金占用费	1,680,000.00
合 计	

2、.公司前三年主要会计数据及财务指标
A. 追溯调整后:

单位:人民币元

项目	2000 年	1999 年(调整后)	1998 年(调整后)
主营业务收入	913,146,317.08	972,243,239.34	859,098,727.96
净利润	18,007,022.63	63,055,471.02	50,030,416.28
总资产	1,897,377,517.05	1,787,995,430.62	1,562,109,438.25
股东权益(不含少数股东权益)	1,008,137,600.62	990,130,577.99	956,771,267.97
每股收益	0.06	0.21	0.17
每股收益(按月平均加权法计算)	0.06	0.21	0.17
扣除非经常性损益后的每股收益	0.03	0.20	0.24
每股净资产	3.39	3.33	3.22
调整后的每股净资产	3.26	3.27	3.17
每股经营活动产生的现金流量净额	0.35	0.04	0.12
净资产收益率	1.79%	6.37%	5.23%

3.根据中国证监会《公开发行证券公司信息披露编报规则第九号》计算的净资产收益率和每股收益:

报告期利润	净资产收益率(%)		每股收益(元/股)	
	全面摊薄	加权平均	全面摊薄	加权平均
主营业务利润	11.79	11.89	0.40	0.40
营业利润	1.67	1.68	0.06	0.06
净利润	1.79	1.80	0.06	0.06
扣除非经常损益后的净利润	0.95	0.96	0.03	0.03

三、股本变动和主要股东持股情况

1、股本变动情况

股份变动情况表

数量单位:股

	期初数	本次变动增减(+,-)					期末数
		配股	送股	公积金转增	其 他	小 计	
一、尚未流通股份							
1.发起人股份							
其中:		-	-	-	-	-	
国家持有股份	84,729,334	-	-	-	-	-	84,729,334
境内法人持有股份		-	-	-	-	-	
外资法人持有股份		-	-	-	-	-	
其他	5,423,701	-	-	-	-5,423,701	-5,423,701	0
2.募集法人股		-	-	-	-	-	
3.内部职工股		-	-	-	-	-	
4.优先股或其他		-	-	-	-	-	
尚未流通股份合计	90,153,035	-	-	-	-	-	84,729,334
二、已流通股份		-	-	-	-	-	
1.境内上市的人民币普通股	91,808,575	-	-	-	+5,423,701	-	97,232,276
其中:							
高级管理人员持股	99,853				-59,695		40,158
2.境内上市的外资股	115,000,000	-	-	-	-	-	115,000,000
3.境外上市的外资股		-	-	-	-	-	
已流通股份合计	206,808,575	-	-	-	-	-	212,232,276
三、股份总数	296,961,610	-	-	-	-	-	296,961,610

中国石化山东泰山石油股份有限公司

二〇〇〇年年度报告摘选

一、公司简介

1、公司法定中文名称:中国石化山东泰山石油股份有限公司;

公司法定英文名称:SINOPEC SHANDONG TAISHAN PETROLEUM CO.,LTD.

英文缩写:TSPC

2、公司法定代表人:冯东青

3、公司董事会秘书:李建文

授权代表:李志清

联络地址:山东省泰安市东岳大街104号

电话:(0538)826 5456-2407,2408

传真:(0538)826 5450

E-MAIL:TSSH@PUBLIC.TAPTT.SD.CN

4、注册地址及办公地址:山东省泰安市东岳大街104号

邮政编码:271000

E-MAIL:TSSH@PUBLIC.TAPTT.SD.CN

5、公司指定信息披露报纸:《证券时报》、《中国证券报》

登载公司年度报告的中国证监会指定国际互联网网址:HTTP://WWW.CNINFO.COM.CN

公司年度报告备置地点:公司董事会办公室

6、公司股票上市交易所:深圳证券交易所

股票简称:泰山石油

股票代码:0554

二、会计数据及业务数据摘要

1、本年度主要会计数据

利润总额	155,656,096.14
净利润	128,932,488.49
扣除非经常性损益后的净利润	67,087,829.52
主营业务利润	150,059,308.06
其他业务利润	6,205,291.92
营业利润	94,720,292.12
投资收益	30,119,205.42
补贴收入	0
营业外收支净额	30,816,598.60
经营活动产生的现金流量净额	167,689,839.22
现金及现金等价物净增加额	39,823,788.46

其中:非经常性损益包括:投资收益中浙江华能房地产有限公司分配利润的2000万元,转让山东省汽车销售股份有限公司、济南弘易有限公司股权的收益1000万元;营业外收入中出售部分非主营业务资产给泰安鲁浩的收益31,844,658.97元。

2、截止报告期末公司前三年的主要会计数据和财务指标

(金额单位:元)

项目	2000年度	1999年度	1998年度	
			调整后	调整前
主营业务收入	1,065,268,472.24	953,806,876.53	855,921,346.76	855,921,346.76
净利润	128,932,488.49	29,524,059.72	632,328.67	25,573,395.86
总资产	1,197,169,139.85	1,040,183,628.10	1,038,277,229.75	1,195,150,761.69
股东权益(不含少数股东权益)	786,283,913.53	657,351,425.04	627,827,365.32	764,817,071.80
每股收益	0.402	0.092	0.002	0.0798
每股净资产	2.453	2.051	1.959	2.386
调整后的每股净资产	2.271	1.814	1.843	2.337
每股经营活动产生的现金流量净额	0.523	-0.072	0.021	0.021
净资产收益率(%)	16.40	4.49	0.1	3.34

3、股东权益变动情况

(单位:元)

项目	股本	资本公积	盈余公积	法定公益金	未分配利润	股东权益合计
期初数	320,528,880	345,374,198.43	19,175,618.13	9,339,876.82	-27,727,271.52	657,351,425.04
本期增加			8,242,051.30	4,121,025.65	120,690,437.19	128,932,488.49
本期减少						
期末数	320,528,880	345,374,198.43	27,417,669.43	13,460,902.47	92,963,165.67	786,283,913.53
变动原因			2000年度利润转入所致	2000年度利润转入所致	2000年度利润转入所致	2000年度利润转入所致

三、股本变动及股东情况

1、股本变动情况

(1)截止2000年12月31日,公司股东总数为18791名。

(2)公司前十名股东

股东名称	年度末持股数(股)	占总股本比例(%)
中国石油化工股份有限公司	123,968,880	38.68
安信证券投资基金	5,460,939	1.70
深圳市恒康投资发展有限公司	3,795,706	1.18
李如玉	1,609,381	0.50
符鹏	1,260,255	0.39
王霞	1,161,351	0.36
王寿喜	1,104,973	0.35
古正付	1,096,289	0.34
洪明礼	1,068,733	0.33
杜霞	1,059,761	0.33

贵州凯涤股份有限公司

二〇〇〇年年度报告摘选

一、公司简介

1、法定名称:贵州凯涤股份有限公司

英文名称:GUIZHOU KAIDI STOCK CO.,LTD.

2、法定代表人:贺 炜

3、董事会秘书:陈怀志

证券事务代表:岑彪

4、注册地址:贵州省凯里市环城西路92号

邮政编码:556000

办公地址:深圳市福田区天安数码城天吉大厦四楼A座

邮政编码:518040

联系电话:0755-3892829

传 真:0755-3892839

公司网址:http://www.sztecho.com

邮件信箱:klxl@sina.com

5、公司选定信息披露报刊:《证券时报》;

刊载本公司年度报告的国际互联网网址:

http://www.cninfo.com.cn;

年报备置于公司证券部

6、股票上市交易所:深圳证券交易所

股票简称:黔凯涤

股票代码:0555

二、会计数据和业务数据摘要

1、报告期内主要会计数据(单位:元)

利润总额	479,982.98
净利润	493,945.71
扣除非经常性损益后的净利润	-3,881,472.11
主营业务利润	384,722.44
其它业务利润	773,510.25
营业利润	-3,231,223.20
投资收益	-664,211.64
补贴收入	
营业外收支净额	4,375,417.82
经营活动产生的现金流量净额	4,303,775.76
现金及现金等价物净增加额	8,882,561.12

注:扣除非经常性损益的项目和金额:全资子公司贵州承天药有限公司罚款收入400万元及处理废品收入1,850.00元,印染处置固定资产收入405,155.48元;库存物资遗失损失18,105.45元,停工损失13,482.21元。

2、截止报告期末公司前三年的主要会计数据和财务指标

单位:人民币元

指标项目	2000年	1999年		1998年	
		调整前	调整后	调整前	调整后
主营业务收入	734,230.03	3,742,940.06	3,742,940.06	38,832,375.41	38,750,212.64
净利润	493,945.71	-11,583,966.71	-12,199,576.86	-10,592,987.39	-24,413,180.25
总资产	114,498,048.89	122,566,852.17	120,606,856.21	154,208,153.79	140,712,858.99
股东权益	101,259,198.47	100,131,184.12	98,171,188.16	124,185,467.82	110,365,274.96
每股收益(加权平均)	0.006	-0.14	-0.149	-0.129	-0.298
每股收益(全面摊薄)	0.006	-0.14	-0.149	-0.129	-0.298
扣除非经常性损益后的加权平均每股收益	-0.039	0.083	-0.091	-0.129	-0.298
每股净资产	1.24	1.22	1.20	1.52	1.35
调整后的每股净资产	1.01	0.99	0.97	1.24	1.20
每股经营活动产生的现金流量净额	0.09	0.14	0.14	-0.03	-0.03
净资产收益率	0.49%	-11.57%	-12.42%	-8.53%	-22.12%

3、按中国证监会《公开发行证券公司信息披露编报规则第九号》编制的利润表附表

单位:人民币元

报告期利润	净资产收益率				每股收益			
	全面摊薄		加权平均		全面摊薄		加权平均	
	2000年	1999年	2000年	1999年	2000年	1999年	2000年	1999年
主营业务利润	0.0038	-0.0153	0.0039	-0.0142	0.005	-0.018	0.005	-0.018
营业利润	-0.0319	-0.0660	-0.0328	-0.0614	-0.039	-0.079	-0.039	-0.079
净利润	0.0049	-0.1242	0.0050	-0.1154	0.006	-0.149	0.006	-0.149
扣除非经营性损益后的净利	-0.0318	-0.0622	-0.0327	-0.0578	-0.039	-0.075	-0.039	-0.075

三、股本变动及股东情况

一、股东情况介绍

本年度末,公司股东总数3,289户,持有本公司股份5%以上股东有三户,即深圳市太光科技有限公司、北京新唐建筑装饰工程有限公司、北京德惠俱乐部有限公司。

截止2000年12月31日公司前10名股东持股情况如下:

股东名称	年末持股数	持股比例(%)
深圳市太光科技有限公司	19,897,057	24.32
北京新唐建筑装饰工程有限公司	18,861,412	23.05
北京德惠俱乐部有限公司	13,052,258	15.95
广州银鹏经济发展有限公司	3,740,000	4.57
深圳空港工贸发展有限公司	1,100,000	1.34
北京宏洲兴业科贸有限公司	1,100,000	1.34
贵州省剑河铅笔厂	970,588	1.19
贵州中天(集团)股份有限公司	808,823	0.98
浙江惠丰投资发展有限公司	317,131	0.38
危大昌	298,144	0.36

南洋航运集团股份有限公司

二○○○年年度报告摘选

一、公司简介

1、公司的法定名称:
中文:南洋航运集团股份有限公司
英文:NANYANG SHIPPING GROUP STOCK HOLDING CO., LTD.
2、公司法定代表人:厉建中
3、公司董事局秘书:王玮
联系地址:本公司董事局秘书处
联系电话:(0898)8666999
传　　真:(0898)8668444
电子信箱:NYSHIP@PUBLIC.HK.HI.CN
4、公司注册地址及办公地址:
海口市滨海大道288号东方洋大厦7、8楼.
邮政编码:570311
电子信箱:NYSHIP@ PUBLIC.HK.HI.CN
5、公司选定的信息披露报纸名称:《证券时报》、《中国证券报》
刊登公司年度报告的国际互联网网址:
http://www.cninfo.com.cn
公司年度报告备置地点:深圳证券交易所、本公司证券部
6、公司股票上市地:深圳证券交易所
股票简称:"ST南洋"
股票代码:"0556"

二、会计数据和业务数据摘要

单位:元

1、本年度会计数据摘要

利润总额:	(-)88,115,722.62
净利润:	(-)39,892,816.60
扣除非经常性损益后的净利润:	(-)14,729,755.61
主营业务利润:	0
其他业务利润:	20,880.00
营业利润:	(-)45,032,626.24
投资收益:	(-)17,920,035.39
营业外收支净额:	(-)25,163,060.99
经营活动产生的现金流量净额:	(-)2,485,429.28
现金及现金等价物净增加额:	(-)430,637.71
扣除非经常性损益的项目及金额:	
处理固定资产净损失:	26,104,669.80

2、截止报告期末公司前三年的主要会计数据和财务指标

日期	2000年	1999年		1998年	
项目	调整前	调整后	调整前	调整后	
主营业务收入	0	54,266,540.61	54,266,540.61	120,380,257.36	120,380,257.36
净利润	-39,892,816.60	-286,861,168.17	-81,895,671.02	-156,108,092.81	-181,001,557.64
总资产	207,311,520.13	336,148,122.96	336,148,122.96	702,132,312.45	679,960,762.02
股东权益	-221,895,052.04	-135,206,725.82	-135,206,725.82	172,819,787.65	148,226,322.82
每股收益	-0.16	-1.15	-0.33	-0.63	-0.73
每股净资产	-0.89	-0.54	-0.54	0.69	0.60
调整后的每股净资产	-0.93	-0.56	-0.56	0.65	0.55
净资产收益率(%)	17.98%	212%	61%	-91%	-122%
每股经营活动产生的现金流量净额	-0.01	-0.09	-0.09	0.28	

(三)利润表附表

报告期利润	净资产收益率		每股收益	
	全面摊簿	加权平均	全面摊簿	加权平均
主营业务利润	——	——	——	——
营业利润	20.29%	29.04%	-0.181	-0.181
净利润	17.80%	28.00%	-0.160	-0.160
扣除非经常性损益后的净利润	6.64%	5.99%	-0.059	-0.059

3、报告期内股东权益变动情况及原因

项目	股本	资本公积	盈余公积	法定公益金	未分配利润	股东权益合计
期初数	248,718,128.00	72,919,709.59	7,537,083.59	5,008,383.74	-164,016,880.43	-135,128,569.46
本期增加						
本期减少			78,156.36	59,840.74	39,892,816.60	86,766,482.58
期末数	248,718,128.00	72,919,709.59	7,458,927.23	4,948,543.00	-203,909,697.03	-221,895,052.04
变动原因		子公司利润提取所致	子公司利润提取所致	经营亏损所致	亏损增加所致	

注:"股东权益合计"本期减少数包含利润表中"未确认的投资损失"46,795,509.62元。

三、股东情况介绍

1、截止2000年12月29日,公司股东总数为52,098户。
2、前10名股东持股情况
截止2000年12月31日　　数量单位:股

序号	股东名称	期初数	本期变动增减(+-)	期末数	占总股本比例(%)
1	海南成功投资有限公司	66,414,778		66,414,778	26.70
2	海南省财政税务厅	7,381,113		7,381,113	2.97
3	三亚日冷空调技术专业公司	4,853,475		4,853,475	1.95
4	海南金运通实业投资有限公司	3,593,700		3,593,700	1.44
5	中国银行海口信托咨询公司	3,267,000		3,267,000	1.31
6	海南光大国信物业管理公司	1,960,200		1,960,200	0.79
7	海口海上世界有限公司	1,633,500		1,633,500	0.66
8	中国人民保险公司海南分公司	1,633,500		1,633,500	0.66
9	海南华侨置业股份有限公司	1,633,500		1,633,500	0.66
10	海南财利装饰工程有限公司	1,633,500		1,633,500	0.66

广夏(银川)实业股份有限公司

二○○○年年度报告摘选

一、公司简介

(一)公司法定中、英文名称
中文名称:广夏(银川)实业股份有限公司
英文名称:GUANGXIA(YINCHUAN) INDUSTRY CO., Ltd.
(二)公司法定代表人:张吉生
(三)公司董事局秘书及授权代表:丁功民
联系地址:宁夏银川市公园街8号
电话:0951-5054984　　传真:0951-5054518
电子信箱:guangxia@public.szptt.net.cn
(四)公司注册地址及办公地址:宁夏银川市公园街8号
邮政编码:750001
公司国际互联网网址:http://www.guangxia.com.cn
公司电子信箱:guangxia@public.yc.nx.cn
(五)公司选定的信息披露报纸名称:《中国证券报》和《证券时报》。
深圳证券交易所上市公司指定披露的网址为:
http://www.cninfo.com.cn
年度报告备置地点:宁夏回族自治区银川市公园街8号公司总部
(六)公司股票上市交易所:深圳证券交易所
股票简称:银广夏A
股票代码:0557

二、会计数据和业务数据摘要

(一)2000年度业务数据(单位:人民币元)

利润总额:	423,379,422.45
净利润:	417,646,431.07
扣除非经常性损益的净利润:	414,076,931.07
主营业务利润:	578,259,638.59
其他业务利润:	-121,896.71
营业利润:	446,584,495.65
投资收益:	-27,205,229.74
补贴收入:	3,569,500.00
营业外收支净额:	430,656.54
经营活动产生的现金流量净额:	124,103,655.51
现金及现金等价物净增加额:	227,351,464.53
注:扣除的非经常性损益项目及涉及金额	
(1)补贴收入:	3,569,500.00
(2)固定资产处理净损益:	——
(3)债务重组收入:	——
以上项目涉及金额为:	3,569,500.00

(二)近三年主要会计数据及财务指标(单位:人民币元)

项目	2000年度	1999度	1998度	
			调整前	调整后
主营业务收入	908,988,746.19	383,579,946.11	609,380,866.98	606,284,594.58
净利润	417,646,431.07	127,786,600.85	89,154,459.23	58,471,777.15
总资产	3,151,295,340.92	2,191,828,506.71	1,603,984,61	1,521,986,251.79
股东权益(不含少数股东权益)	1,208,528,066.42	942,460,049.35	580,681,484.62	512,774,881.87
每股收益(摊薄)	0.827	0.51	0.405	0.266
每股收益(加权)	0.827	0.56	0.405	0.266
扣除非经常性损益后的每股收益	0.819	0.47	——	——
每股净资产(摊薄)	2.39	3.73	2.64	2.33
调整后的每股净资产	2.15	3.42	2.36	2.06
每股经营活动产生的现金流量净额	0.25	-0.02	2.36	-0.094
净资产收益率(%,摊薄)	34.56	13.56	15.35	11.40

注:因本年度合并会计报表范围发生变化,1999年度主营业务收入和总资产数作了相应调整。

(三)报告期内公司股东权益变动情况:(单位:人民币元)

项目	股本	资本公积	盈余公积	法定公益金	未分配利润	合计
期初数	252,630,690	467,329,282.63	75,954,897.34	35,799,526.69	146,545,179.38	942,460,049.35
本期增加	252,630,690	——	83,529,286.22	41,764,643.11	417,646,431.07	753,806,407.29
本期减少	——	252,630,690	——	——	235,107,700.22	487,738,390.22
期末数	505,261,380	214,698,592.63	159,484,183.56	77,564,169.80	329,083,910.23	1,208,528,066.42
变动原因	公积金转增股本	公积金转增股本	2000年度提取	2000年度提取	2000年度新增利润和分红	

三、股东情况

(一)报告期末股东总数:17,536人,其中,内部职工股股东数量为7人。
(二)公司前十大股东的持股情况:(截止1999年12月31日,数量单位:股)

股东名称	持股数量	持股比例(%)
(1)深圳市广夏文化实业有限公司	63,792,944	12.63
(2)宁夏伊斯兰国际信托投资公司	41,308,730	8.18
(3)广东京中投资管理有限公司	39,677,103	7.85
(4)深圳兴庆电子公司	34,378,382	6.80
(5)银川培鑫投资有限责任公司	21,694,009	4.29
(6)宁夏计算机技术研究所	14,288,942	2.83
(7)北京中经开物业管理有限公司	9,398,642	1.86
(8)景宏证券投资基金	7,009,622	1.39
(9)北京中惠良计算机软件开发有限责任公司	4,903,401	0.97
(10)北京领创科技开发有限责任公司	4,744,651	0.94

※ 前十大股东中,1-6名为法人股股东,7-10名为流通股股东。深圳兴庆电子公司为宁夏计算机技术研究所的全资子公司。

※ 公司持股5%以上的法人股东中所持股份质押冻结情况:

股东名称	质押冻结股数	备注
宁夏伊斯兰国际信托投资公司	8,356,941	司法质押
深圳兴庆电子公司	29,339,406	借款质押
深圳市广夏文化实业有限公司	10,141,703	借款质押
宁夏计算机技术研究所	3,611,490	借款质押
广东京中投资有限责任公司	32,000,000	借款质押

沈阳房天股份有限公司

二〇〇〇年年度报告摘选

一、公司简介

(一)公司名称:

中文:沈阳房天股份有限公司

英文:SHENYANG FANGTIAN CO.,LTD.

(二)法定代表人:徐日韦日告

(三)董事会秘书:王喜林

授权代表:黄 波

联系地址:辽宁省沈阳市和平区哈尔滨路 60 号

联系电话:(024)22501918

传　　真:(024)22501418

(四)注册地址:辽宁省沈阳市苏家屯区金钱松路 9 号

办公地址:辽宁省沈阳市和平区哈尔滨路 60 号

邮政编码:110002

公司电子信箱:xilinwang@263.net

(五)信息披露报纸:中国证券报

登载年度报告的指定国际互联网网址:http://www.cninfo.com.cn

年度报告的备置地点:本公司管理部

(六)股票上市交易所:深圳证券交易所

股票简称:辽房天

股票代码:0558

二、会计数据和业务数据摘要

(一)2000 年主要会计数据(单位:人民币元)

项目	金额
利润总额	13,349,560.56
净利润	13,349,560.56
扣除非经常性损益后的净利润	2,237,858.27
主营业务利润	15,134,366.64
其他业务利润	-492,268.60
营业利润	1,745,589.67
投资收益	2,060,000.00
营业外收支净额	9,543,970.89
经营活动产生的现金流量净额	21,390,032.14
现金及现金等价物净增加额	26,533,013.41

本公司扣除非经常性损益的项目及金额为:其他业务利润 -492,268.60 元,投资收益 2,060,000.00 元,营业外收支净额 9,543,970.89 元。

(二)报告期末前三年主要会计数据和财务指标

单位:(万元)

指标项目/年度	2000 年	1999 年	1998 年
主营业务收入	5,466.9	8,519.7	8,294
净利润	1,335.0	1,054.7	1,484.2
总资产	53,181.3	54,630.5	37,678.7
股东权益	16,432.2	15,929.1	14,874.5
每股收益(元/股)	0.114	0.09	0.13
扣除非经常性损益的每股收益(元/股)	0.019	0.068	-0.11
每股收益(元/股)(加权计算值)	0.114	0.09	0.13
每股净资产(元/股)	1.40	1.36	1.27
调整后的每股净资产(元/股)	1.33	1.24	1.20
净资产收益率(%)	8.12	6.62	9.98
每股经营活动产生的现金流量净额	0.183	0.026	0.096

三、股本变动及股东情况

(一)股本变动情况

截止 2000 年 12 月 31 日,本公司股本结构变化情况如下:

	期初数	本次变动增减(+,-) 配股	送股	公积金转股	其他	小计	期末数
一、尚未流通股份							
1、发起人股份	66,660,000						66,660,000
其中:							
国家拥有股份							
境内法人持有股份	66,660,000						66,660,000
外资法人持有股份							
其他							
2、募集法人股							
3、内部职工股							
4、优先股或其他	70,473				-70,473		
尚未流通股份合计	66,730,473				-70,473		66,660,000
二、已流通股份							
1、境内上市的人民币普通股	50,433,900				70,473		50,504,373
2、境内上市的外资股							
3、境外上市的外资股							
4、其他							
已流通股份合计	50,433,900				70,473		50,504,373
三、股份总数	117,164,373						117,164,373

万向钱潮股份有限公司

二〇〇〇年年度报告摘选

一、公司简介

1、公司的法定中文名称:万向钱潮股份有限公司

公司的法定英文名称:WANXIANG QIANCHAO CO.,LTD.

2、公司法定代表人:鲁冠球

3、公司董事会秘书:管大源

联系地址:浙江省萧山市

联系电话:0571-2832999

传真:0571-2602132

4、公司注册及办公地址:浙江省萧山市

邮政编码:311215

公司国际互联网网址:www.wanxiang.com.cn

电子信箱:WXQC@xsptt.zjpta.net.cn

5、公司选定的信息披露报纸:《证券时报》、《上海证券报》

刊登公司年度报告的国际互联网网址:http://www.cninfo.com.cn

公司年报备置地:公司办公室

6、公司股票上市交易所:深圳证券交易所

股票名称:万向钱潮

股票代码:0559

二、会计数据和业务数据摘要

1、公司本年度主要利润指标:

单位:人民币元

项目	金额
利润总额	154,154,071.20
净利润	146,508,844.23
扣除非经营性损益后的净利润	138,117,529.08
主营业务利润	228,816,254.97
其他业务利润	7,684,057.85
营业利润	102,101,305.43
投资收益	27,072,391.03
补贴收入	13,000,000.00
营业外收支净额	11,980,374.74
经营活动产生的现金流量净额	243,861,303.44
现金及现金等价物净增加额	23,701,104.81
注:扣除的非经营性损益项目及金额。	
(1)处理固定资产收益	9,608,459.02
(2)投资差额摊销	-1,771,676.29
(3)股权转让收益	554,532.42
合 计	8,391,315.15

2、截止报告期末,公司前三年的主要会计数据和财务指标:

(1)主要会计数据和财务指标:

单位:人民币元

序号　项 目	2000 年度	1999 年度	1998 年度
1 主营业务收入	1,229,999,673.98	1,202,368,865.96	733,115,733.74
2 净利润	146,508,844.23	116,468,869.68	89,551,066.61
3 总资产	1,592,732,879.67	1,378,464,935.97	1,227,298,847.40
4 股东权益(不含少数股东权益)	927,979,871.16	838,042,994.13	721,574,124.45
5 每股收益	0.518	0.412	0.412
6 加权每股收益	0.518	0.412	0.421
7 扣除非经营性损益后的每股收益	0.488	0.404	0.418
8 每股净资产	3.28	2.96	3.32
9 调整后的每股净资产	3.23	2.93	3.26
10 每股经营活动产生的现金流量净额	0.86	0.19	0.41
11 净资产收益率(%)	15.79	13.90	12.41

(2)根据中国证监会《公开发行证券公司信息披露细则(第 9 号)》要求计算的利润数据如下:

报告期利润	净资产收益率		每股收益	
	全面摊薄	加权平均	全面摊薄	加权平均
主营业务利润	24.66%	24.02%	0.809	0.809
营业利润	11.00%	11.48%	0.361	0.361
净利润	15.79%	16.08%	0.518	0.518
扣除非经营性损益后的净利润	14.88%	15.23%	0.488	0.488

三、股本变动及股东情况

1、截止报告期末,公司股东总数 32532 户。

2、截止报告期末,前 10 名股东持股情况

序号	股东名称	年末持股数	持股比例%
1	万向集团公司	181,247,138	64.08
2	中国汽车工业投资开发公司	8,742,522	3.09
3	中国工程与农机进出口总公司	2,649,975	0.94
4	中国汽车工业进出口总公司	1,887,600	0.67
5	何利	635,043	0.22
6	杨怡全	582,874	0.21
7	李贤学	553,100	0.20
8	乐明洪	521,817	0.18
9	同盛证券投资基金	465,357	0.16
10	戴成中	464,400	0.16

注:以上列出的第 2~4 名股东为国有法人股股东,前 10 位股东之间不存在关联关系。

3、持有本公司 10% 以上股份的股东为万向集团公司,持有股份 18124.7138 万股,其所持股份无质押和冻结情况 。

昆明百货大楼(集团)股份有限公司

二〇〇〇年年度报告摘选

一、公司简介

1、法定中文名称:昆明百货大楼(集团)股份有限公司
英文名称:Kunming Department Store Group Co., Ltd.
2、法定代表人:吴新元先生
3、董事会秘书:吴梦冰女士
联系地址:云南省昆明市东风西路99号昆明百货大楼(集团)股份有限公司董事会办公室
联系电话:(0871)3625804
传真:(0871)3623414
电子信箱:gzbdk@public.km.yn.cn
4、公司注册地址:云南省昆明市
办公地址:云南省昆明市东风西路99号
邮政编码:650021
5、公司信息披露报纸名称:深圳《证券时报》
登载公司年度报告的中国证监会指定国际互联网网址:http://www.cninfo.com.cn
公司年度报告备置地址:董事会办公室
6、公司股票上市交易所:深圳证券交易所
股票简称:昆百大
股票代码:0560

二、会计数据和业务数据摘要

1、本年度利润总额及构成(单位:万元)

指标	2000年度
利润总额	-7,838.45
净利润	-7,741.69
扣除非经营性损益后的净利润	-7,752.69
主营业务利润	10,786.06
其他业务利润	366.52
营业利润	-8,228.87
投资收益	737.93
补贴收入	11.00
营业外收支净额	-358.51
经营活动产生的现金流量净额	2,442.52
现金及现金等价物净增加额	-874.78

2、截止报告期末公司前三年财务指标(单位:万元)

指标	2000年	1999年		1998年	
		调整后	调整前	调整后	调整前
主营业务收入	75,136.96	88,774.25	93,681.12	75,834.31	75,834.31
主营业务收入(含税)	87,910.24	103,865.87	109,606.91	88,726.14	88,726.14
净利润	-7,741.69	1,181.29	133.71	-4,697.44	90.18
总资产	110,239.38	120,730.10	127,067.38	126,432.24	131,127.29
股东权益(不含少数股东权益)	17,707.73	25,211.95	23,808.76	23,949.13	28,736.75
每股收益(元)	-0.5760	0.0879	0.0099	-0.3495	0.0067
每股净资产(元)	1.32	1.88	1.77	1.78	2.14
调整后的每股净资产(元)	0.62	1.59	1.50	1.54	1.87
每股经营活动产生的现金流量净额	0.18	——	0.48	0.05	0.05
净资产收益率	-43.72%	4.69%	0.56%	-19.61%	0.31%

3、利润及利润分配表-附表

项目	报告期利润		2000年	1999年
净资产收益率	主营业务利润	全面摊薄	60.91%	50.82%
		加权平均	50.54%	52.22%
	营业利润	全面摊薄	-46.47%	-4.99%
		加权平均	-38.56%	-5.13%
	净利润	全面摊薄	-43.72%	4.69%
		加权平均	-36.28%	4.81%
	扣除非经营性损益后的净利润	全面摊薄	-43.99%	0.83%
		加权平均	-36.50%	0.85%
每股收益	主营业务利润	全面摊薄	0.8025	0.9534
		加权平均	0.8025	0.9534
	营业利润	全面摊薄	-0.6123	-0.0937
		加权平均	-0.6123	-0.0937
	净利润	全面摊薄	-0.5760	0.0879
		加权平均	-0.5760	0.0879
	扣除非经营性损益后的净利润	全面摊薄	-0.5796	0.0156
		加权平均	-0.5796	0.0156

三、股东情况介绍

1、报告期末股东总数

报告期末公司股东总数为32,134户,其中9户为公司董事和监事。

2、公司前十名股东的持股情况

股东名称	持有股数(股)	占总股本比例(%)
昆明百货大楼	32,261,900	24.00
昆明市国有资产(持股)经营有限责任公司	11,111,800	8.27
昆明西南商业大厦股份有限公司	7,000,000	5.21
昆明三联百货经营部	5,226,300	3.89
昆明继达工贸公司	4,000,000	2.98
昆明卷烟厂	3,000,000	2.23
深圳鸿基运输实业股份有限公司	2,500,000	1.86
昆明一商边贸有限责任公司	2,000,000	1.49
云南英君科技发展公司	2,000,000	1.49
云南民航经营公司	800,000	0.60

长岭(集团)股份有限公司

二〇〇〇年年度报告摘选

一、公司简介

1、公司法定名称
中文名称:长岭(集团)股份有限公司
英文名称:CHANG LING(GROUP)CO., LTD.
缩 写:CLGCL
2、公司法定代表人:张慕冉
3、公司董事会秘书及证券事务授权代表:王玨宣　　杨婷婷
联系地址:陕西省宝鸡市长岭公司证券部
电　话:0917--3624433转5145
传　真:0917-3622392
电子信箱:dsh@changling.com.cn
4、公司注册地址:陕西省宝鸡市清姜路75号
公司办公地址:陕西省宝鸡市清姜路75号
邮　编:721006
网　址:http://www.changling.com.cn
电子信箱:cl@changling.com.cn
5、公司信息披露报刊:深圳《证券时报》
刊载年报的互联网网址:http://www.cninfo.com.cn
公司年度报告备置地点:证券部
6、公司股票上市地:深圳证券交易所
股票简称:陕长岭A　　股票代码:0561

二、会计数据和业务数据摘要

1、本年度主要利润指标情况

单位:元

项目	金额
利润总额:	13,360,203.03
净利润:	13,521,633.31
扣除非经常性损益后的净利润:	-56,478,366.69
主营业务利润:	111,610,599.04
其他业务利润:	10,049,534.21
营业利润:	-50,371,386.17
投资收益:	62,733,083.09
补贴收入:	967,692.77
营业外收支净额:	30,813.34
经营活动产生的现金流量净额:	64,226,094.99
现金及现金等价物净增加额:	15,964,687.62

注:非经常性损益包括股权转让收益7000万元。

2、近三年主要会计数据和财务指标

单位:元

项目	2000年	1999年		1998年	
		调整后	调整前	调整后	调整前
主营业务收入	636777403.16	498848964.90	494613478.32	936126447.50	937996481
净利润	13521633.31	-179117159.15	-181825393.33	-9048706.26	8039452
总资产	1648605753.83	1758328953.69	1927404207.36	2381145691.47	2276370451
股东权益	827705256.09	850922495.89	848214261.91	1032909686.99	1053885294
每股收益	0.034	-0.451	-0.458	-0.023	0.021
扣除非经常性损益后的每股收益	-0.1423	-0.457	-0.4611	-0.013	0.021
每股净资产	2.085	2.143	2.137	2.602	2.65
调整后的每股净资产	1.862	2.098	2.069	2.492	2.59
每股经营活动产生的现金流量净额	0.1618	0.042	-0.0094	-0.324	-0.32
净资产收益率	1.634%	-21.05%	-21.43%	-0.876%	0.76%

注:1999年数据调整系由于合并范围发生变化。

3、利润表附表:根据中国证监会《公开发行证券公司信息披露编报规则[第九号]》要求计算的利润数据如下:

报告期利润	净资产收益率(%)		每股收益(元)	
	全面摊薄	加权平均	全面摊薄	加权平均
主营业务利润	13.48%	13.48%	0.28	0.28
营业利润	-6.09%	-6.09%	-0.127	-0.127
净利润	1.634%	1.634%	0.034	0.034
扣除非经常性损益后净利润	-6.823%	-6.823%	-0.1423	-0.1423

4、股东权益变动情况

单位:元

项目	股本	资本公积金	盈余公积金	法定公益金	末分配利润	股东权益合计
期初数	397012585	511861229.03	108943709.51	32664772.35	-166895027.65	850922495.89
本期增加	0	1614904.89			13521633.31	15136538.2
本期减少	0	0	38353778.00	32664772.35	0	38353778.00
期末数	397012585	513476133.92	70589931.51	0	-153373394.34	827705256.09

三、股东情况介绍

1、截止2000年12月31日公司股东总数为140579户。其中:国家股股东1户、法人股股东15户,其余为社会流通股(包括11户高管股)。

2、前10名大股东情况介绍

单位:股

股东名称	年末持股数	持股比例(%)
陕西省国有资产管理局	119026400	29.98
中国工行陕西信托投资有限公司	18720000	4.72
西安飞机工业集团财务公司	2880000	0.73
南通市首创投资有限公司	2880000	0.73
中国银行宝鸡支行劳动服务公司	2160000	0.54
宝鸡证券公司	1440000	0.36
中国农行宝鸡支行职工技术服务部	1440000	0.36
新疆生产建设兵团农二师	1440000	0.36
华能科技公司	1338480	0.34
陈朝秀	1263222	0.32

宏源证券股份有限公司

二○○○年年度报告摘选

一、公司简介

1. 公司名称:中文:宏源证券股份有限公司
英文:Hong Yuan Securities Co. ,Ltd
2. 公司法定代表人:田国立
3. 公司董事会秘书:于 帆
授权代表:高丽娟
联系地址:新疆乌鲁木齐市建设路2号宏源大厦
联系电话:0991-2301870
联系传真:0991-2301779
4. 公司注册地址:新疆乌鲁木齐市建设路2号宏源大厦
办公地址:新疆乌鲁木齐市建设路2号宏源大厦
邮政编码:830002
公司网址:http://hongyuan.xj.cninfo.net
公司电子信箱:hyxtdshj@mail.xj.cninfo.net
5. 公司选定的信息披露报刊:《证券时报》、《中国证券报》、《上海证券报》
登载公司年报的国际互联网网址:http://www.cninfo.com.cn
公司年度报告备置地点:公司董事会秘书处
6. 公司股票上市交易所:深圳证券交易所
股票简称:宏源证券
股票代码:0562

二、会计数据和业务数据摘要

(一)本年度主要利润指标

	单位:元
1. 利润总额	101,995,062.90
2. 净利润	81,769,682.46
3. 扣除非经常性损益后的净利润	8,231,445.90
4. 主营业务利润	79,309,714.67
5. 其他业务利润	9,588,413.16
6. 营业利润	88,898,127.83
7. 投资收益	21,704,460.84
8. 补贴收入	—
9. 营业外收支净额	-544,763.45
10. 经营活动产生的现金流量净额	1,445,925,198.83
11. 现金及现金等价物净增加额	1,831,957,683.49

(二)前三年主要会计数据和财务指标

	2000年	1999年(调整后)	1999年(调整前)	1998年
1. 主营业务收入(万元)	34,271.87	16,360.40	22,204.51	23,508.61
2. 净利润(万元)	8,176.97	4,629.50	4,850.09	10,665.45
3. 总资产(万元)	509,241.96	378,190.12	378,190.12	242,481.42
4. 股东权益(万元)	64,613.76	59,030.51	59,251.11	55,073.96
5. 每股收益(摊薄)(元)	0.1576	0.0981	0.1028	0.317
6. 每股净资产(元)	1.246	1.2517	1.256	1.635
7. 调整后每股净资产(元)	1.137	1.14	1.14	1.55
8. 每股经营活动产生的现金流量净额(元)	3.624	0.99	0.99	-0.07
9. 净资产收益率(%)(摊薄)	12.66	7.84	8.18	19.37

(三)按8号准则计算的前三年主要会计数据和财务指标

	2000年	1999年	1998
1. 流动资产(万元)	459,674.96	324,167.37	197,118.00
2. 代买卖证券款(万元)	172,037.78	72,057.38	63,742.74
3. 受托资金(万元)	101,298.99	46,685.09	
4. 流动负债(万元)	439,613.52	319,144.21	187,389.47
5. 净资本(万元)	25,907.40	30,495.72	38,651.53
6. 营业收入(万元)	35,545.81	16,360.40	23,508.61
7. 手续费收入(万元)	17,476.77	5,020.48	4,023.30
8. 自营证券差价收入(万元)	12,403.42	8,005.09	2,164.75
9. 证券发行收入(万元)	574.75	123.00	529.00
10. 营业支出(万元)	27,462.27	17,183.95	12,047.02
11. 净资产负债率	7.881	5.407	4.403

(四)每股收益和净资产收益率

报告期利润	净资产收益率 %		每股收益(元/股)	
	全面摊薄	加权平均	全面摊薄	加权平均
主营业务利润	11.03	12.56	0.1528	0.1525
营业利润	12.51	14.08	0.1713	0.1713
净利润	12.66	12.95	0.1576	0.1576
扣除非经营性损益后的净利润	12.74	14.33	0.1743	0.1743

注:主要计算公式(略)

三、股东情况

1. 本报告期末,共有股东65,287户。
2. 公司前10名股东情况

单位:万股

序号	股东名称	年初持股	年内增加	年末持股	持股比例
1	中国信达资产管理公司	20628.3	2062.83	22691.13	43.74%
2	新疆生产建设兵团	2772	277.2	3049.2	5.88%
3	新疆维吾尔自治区电力公司	2541	254.1	2795.1	5.39%
4	中国宝安集团股份有限公司	2541	254.1	2795.1	5.39%
5	广东中创科技设备租赁公司	1270.5	127.05	1397.55	2.69%
6	深圳市宏成电脑有限公司	1270.5	1270.5	1397.55	2.69%
7	新疆资金融通中心	831.6	83.16	914.76	1.76%
8	新疆金威有限公司	381.15	38.115	419.265	0.81%
9	新疆维吾尔自治区投资公司	277.2	27.72	304.92	0.59%
10	新疆维吾尔自治区石油总公司	277.2	27.72	304.92	0.59%

陕西省国际信托投资股份有限公司

二○○○年年度报告摘选

一、公司简介

1、公司法定中文名称:陕西省国际信托投资股份有限公司(简称:陕国投)
公司法定英文名称:Shaanxi International Trust & Investment Corp. ,Ltd.
2、公司法定代表人:孙志诚
3、信息咨询服务机构:董事会办公室
公司董事会秘书:胡梦琪
授权代表:黎惠民 王 勇
联系地址:陕西省西安市环城东路南段8号
联系电话:(029)3239354　3224277
传　　真:(029)3239456
4、公司注册及办公地址:陕西省西安市环城东路南段8号
邮政编码:710048
5、公司选定的信息披露报纸:《中国证券报》、《证券时报》
登载公司年度报告的中国证监会指定国际互联网网址:http://www.cninfo.com.cn
公司年度报告备置地点:公司董事会办公室
6、股票上市交易所:深圳证券交易所
股 票 简 称:陕国投A
股 票 代 码:0563

二、会计数据和业务数据摘要

(一)公司本年度主要利润指标

指标名称	金额(元)
1、利润总额	62,367,433.81
2、净利润	48,960,729.95
3、扣除非经常性损益的净利润	44,676,907.73
4、主营业务利润	102,065,932.92
5、其他业务利润	-
6、营业利润	20,566,436.39
7、投资收益	41,126,314.71
8、补贴收入	-
9、营业外收支净额	674,682.71
10、经营活动产生的现金净流量	939,078,174.72
11、现金及现金等价物净增加额	897,680,618.77

(二)1998年—2000年会计数据及主要财务指标(单位:元)

指标名称	2000年	1999年	1998年	
		调整后	调整前	调整后
1、主营业务收入	299,398,004.71	361,155,837.72	386,125,283.24	386,125,283.24
2、净利润	48 960,729.95	42,675,951.33	52,526,310.77	52,328,953.76
3、总资产	3,618,322,867.13	2,715,994,227.66	2,352,058,118.01	2,327,735,053.10
4、股东权益	517,552,109.97	496,118,483.39	477,764,369.55	453,441,304.64
5、每股收益(全面摊薄)	0.156	0.136	0.301	0.30
(加权平均)	0.156	0.136	0.307	0.306
6、扣除非经常性损益后的每股收益(全面摊薄)	0.142	0.132	0.288	0.287
(加权平均)	0.142	0.132	0.293	0.292
7、每股净资产	1.65	1.58	2.74	2.60
8、净资产收益率(%)(摊薄)	9.46	8.60	10.99	11.54
(加权)	9.40	8.99	12.04	12.00
9、扣除非经常性损益后的净资产收益率(全面摊薄)	8.63	8.36	10.52	11.04
(加权平均)	8.58	8.74	11.52	11.48
10、调整后每股净资产	1.52	1.43	2.62	2.48
11、每股经营活动产生的现金净流量	2.99	0.77	0.83	

根据中国证监会《公开发行证券公司信息披露编报规则》第9号通知精神,公司按照全面摊薄法和加权平均法计算的净资产收益率和每股收益:

报告期利润	2000年				1999年			
	净资产收益率(%)		每股收益(元)		净资产收益率(%)		每股收益(元)	
	全面摊薄	加权平均	全面摊薄	加权平均	全面摊薄	加权平均	全面摊薄	加权平均
主营业务利润	19.72	19.61	0.325	0.325	23.37	24.42	0.369	0.369
营业利润	3.97	3.95	0.065	0.065	6.39	6.68	0.101	0.101
净利润	9.46	9.40	0.156	0.156	8.60	8.99	0.136	0.136
扣除非经常性后的净利润	8.63	8.58	0.142	0.142	8.36	8.74	0.132	0.132

三、股本变动及股东情况

(一)股份变动情况
1、股份变动情况表

公司股份变动情况表　数量单位:股

	本次变动前	本次变动增减(+,-) 配股	送股	公积金转股	增发	其他	小计	本次变动后
一、未流通股份								
1、发起人股份	176560466							176560466
其中:								
国家持有股份	160360466							160360466
境内法人持有股份	16200000							16200000
境外法人持有股份								
其他								
2、募集法人股份	11266560							11266560
3、内部职工股								
4、优先股或其他								
其中:转配股								
未流通股份合计	187827026							187827026
二、已上市流通股份								
1、人民币普通股	126271080					+23400	+23400	126294480
2、境内上市的外资股								
3、境外上市的外资股								
4、其他(高管股)	88920					-23400	-23400	65520
已上市流通股份合计	126360000							126360000
三、股份总数	314187026							314187026

西安民生集团股份有限公司

二〇〇〇年年度报告摘选

一、公司简介

1、公司法定中文名称:西安民生集团股份有限公司
公司法定英文名称:XI'AN MINSHENG GROUP CO.,LTD.
2、公司法定代表人:詹军道
3、公司董事局秘书:马明庆
联系地址:西安市解放路103号
电　　话:029－7481961
传　　真:029－7481871
电子信箱:m－mq@163.net
4、公司注册地址:西安市解放路103号
公司办公地址:西安市解放路103号
邮政编码:710005
公司国际互联网网址:www.cnminsheng.com
电子信箱:d.sj@163.net
5、公司选定的信息披露报纸名称:《证券时报》或《中国证券报》
登载公司年度报告的中国证监会指定国际互联网网址:http://www.cninfo.com.cn
公司年度报告备置地点:公司本部八楼828室
6、公司股票上市交易所:深圳证券交易所
股票简称:西安民生
股票代码:0564

二、会计数据和业务数据摘要

1、公司本年度主要利润指标(单位:人民币元)

项目	金额
利润总额	42,858,974.18
净利润	34,204,548.98
扣除非经常性损益后的净利润	34,204,548.98
主营业务利润	159,554,161.79
其他业务利润	2,995,571.78
营业利润	59,140,786.95
投资收益	－15,094,059.39
补贴收入	0
营业外收支净额	－1,187,753.38
经营活动产生的现金流量净额	81,980,998.81
现金及现金等价物净增加额	－27,125,968.82

2、报告期末公司前三年的主要会计数据及财务指标(单位:人民币元)

指标	2000年	1999年	1998年	
			调整后	调整前
主营业务收入	826,505,954.03	724,327,735.22	755,714,924.68	796,714,924.68
净利润	34,204,548.98	12,805,700.17	2,855,735.96	2,855,735.96
总资产	991,703,998.74	1,045,390,091.03	1,137,144,752.59	1,165,690,493.29
股东权益	543,522,531.72	509,317,982.74	496,512,282.57	509,937,525.50
每股收益	0.1693	0.063	0.014	0.0098
每股收益(按月平均加权计算)	0.1693	0.063	0.014	0.0098
每股收益(扣除非经常性损益后)	0.1693	0.063	0.014	0.0098
每股净资产	2.69	2.52	2.46	2.052
调整后的每股净资产	2.66	2.50	2.36	2.499
每股经营活动产生的现金流量净额	0.41	0.57	0.37	0.37
净资产收益率	6.29%	2.51%	0.58%	0.39%

3、利润表附表

(单位:人民币元)

报告期利润		净资产收益率(%)		每股收益(元/股)	
		全面摊薄	加权平均	全面摊薄	加权平均
主营业务利润	159,554,161.79	29.36%	30.31%	0.7898	0.7898
营业利润	59,140,786.95	10.88%	11.23%	0.2928	0.2928
净利润	34,204,548.98	6.29%	6.50%	0.1693	0.1693
扣除非经常性损益后的净利润	34,204,548.98	6.29%	6.50%	0.1693	0.1693

4、报告期内股东权益变动情况(单位:人民币元)

项目	股本	资本公积	盈余公积	法定公益金	未分配利润	股东权益合计
期初数	202007024.00	275544393.14	28058298.54	13425448.38	3708267.06	509317982.74
本期增加	——	——	6894246.39	3438233.76	27310302.59	34204548.98
本期减少	——	——	——	——	——	——
期末数	202007024.00	275544393.14	34952544.93	16863682.14	31018569.65	543522531.72

三、股东情况介绍

1、截止2000年12月31日,公司股东总数为82561户。
2、前十名股东持股情况:(截止2000年12月31日)

序号	股东名称	持股数(万股)	占总股本(%)	年度内增加(万股)
1	西安市国有资产管理局(国家股)	5180.5158	25.65	0
2	深圳市君道实业有限公司	890.1800	4.41	0
3	西安民生劳动服务公司	475.6969	2.35	0
4	市工行解办	64.3500	0.32	0
5	王勇	56.8000	0.28	56.8000
6	陕西省电视台广告经理部	51.4800	0.25	0
7	周水潮	37.7163	0.19	37.1763
8	杭州天池洗衣清洁有限公司	37.5800	0.19	37.5800
9	陕西工商学院	35.3200	0.17	0
10	保险公司西安分公司	34.3200	0.17	0

重庆三峡油漆股份有限公司

二〇〇〇年年度报告摘选

一、公司简介

公司法定中文名称:重庆三峡油漆股份有限公司
公司法定英文名称:CHONGQING SANXIA PAINTS CO.,LTD
公司注册地址(办公地址):重庆市九龙坡区石坪桥正街121号
邮政编码:400051
公司法定代表:陈光辉
公司董事会秘书:戎路明
联系电话:023－68823076
(传真)023－68820710
董事会证券事务代表:徐厚梁
联系电话(传真):023－68824806
电子信箱:zqb0565@163.net
公司选定的信息披露报纸是《中国证券报》、《证券时报》
中国证监会指定国际互联网网址:http://www.cninfo.com.cn
公司年度报告备置地点:公司证券部(公司办公大楼五楼)
公司股票上市交易所:深圳证券交易所
股票简称:渝三峡A
股票代码:0565

二、会计数据和业务数据摘要

1. 本年度主要会计数据(单位:人民币元)

项目	金额
利润总额:	3104282.88
净利润:	2799837.55
主营业务利润:	49417594.60
其他业务利润:	892646.39
营业利润:	739580.57
投资收益:	1895099.23
营业外收支净额:	469603.08
经营活动产生的现金流量净额:	12380732.74
现金及现金等价物净增加额:	43204677.92

2. 截止报告期末公司前三年主要会计数据和财务指标

项目	2000年	1999年		1998年	
		调整前	调整后	调整前	调整后
主营业务收入(元)	294681218.39	311398083.68	311398083.68	359508089.09	359508089.09
净利润(元)	2799837.55	16270449.10	13728505.32	29118028.24	27468226.37
总资产(元)	482445942.45	386048906.80	386713249.46	409495208.01	398304933.36
股东权益(元)	364457642.77	249342337.68	249780057.24	251202361.10	240012086.45
每股收益(元)(摊薄)	0.016	0.10	0.087	0.28	0.26
每股收益(元)(加权)	0.016	0.10	0.087	0.28	0.26
扣除非经常性损益后的每股收益(元)	0.016	0.10	0.087	0.28	0.26
每股净资产(元)	2.10	1.59	1.59	2.39	2.29
调整后的每股净资产(元)	2.07	1.55	1.56	2.36	2.26
净资产收益率(%)(摊薄)	0.77	5.50	5.50	11.63	11.44
净资产收益率(%)(加权)	0.79	5.52	5.52	12.35	12.18
每股经营活动产生的现金流量净额(元)	0.07	0.16	0.16	0.26	0.26
扣除非经常性损益后加权净资产收益率(%)	0.79	5.52	5.52	12.35	12.18

3. 本年度利润表附表

报告期利润	净资产收益率(%)		每股收益(元)	
	全面摊薄	加权平均	全面摊薄	加权平均
主营业务利润	13.56	13.99	0.28	0.29
营业利润	0.20	0.21	0.004	0.004
净利润	0.77	0.79	0.016	0.016
扣除非经常性损益后的净利润	0.77	0.79	0.016	0.016

4. 报告期内股东权益变化情况

项目	股本	资本公积	盈余公积	未分配利润	股东权益合计
期初数	157181220	56845725.14	32424640.01	3328472.09	249780057.24
本期增加	16255668	95808629.83	1068879.49	2799837.55	115933014.87
本期减少	－－－－	－－－－	－－－－	1255429.34	1255429.34
期末数	176436888	152654354.97	33493519.50	4872880.30	364457642.77
变动原因	配	股	本年净利润提取	当年利润	

三、股东情况介绍

1. 报告期末股东总数
截止2000年12月31日公司股东共计34963户,其中国有股东1户。
2. 前10名股东情况

股东名称	报告期末持股数(股)	占总股本比例(%)
(1)重庆三峡涂料工业(集团)有限公司	86023078	49.60
(2)中国有色金属工业南华公司	352265	0.20
(3)唐毅	309000	0.18
(4)陈兴国	278550	0.16
(5)李忠国	253594	0.15
(6)蒋禄如	236000	0.14
(7)李蕊群	200162	0.12
(8)卫加	195909	0.11
(9)魏炜	195000	0.11
(10)深圳市天方房地产有限公司	192636	0.11

注:(1)重庆三峡涂料工业(集团)有限公司为国有股股东,所持股份86023078股为尚未流通股份,报告期内股份数量变化系公司实施1998年度10配2的配股方案所致,所持股份无质押和冻结情况。

(2)其余九名股东所持股份属已上市流通股,报告期内股份变化①因实施公司10配2配股方案②二级市场交易所致。

(3)前10名股东之间不存在关联关系。

海南轻骑海药股份有限公司

二〇〇〇年年度报告摘选

一、公司简介

1、公司法定中文名称:海南轻骑海药股份有限公司
公司法定英文名称:HAINAN QINGQIHAIYAO CO.,LTD.
2、公司法定代表人:孟祥礼
3、公司董事会秘书:李颖
联系地址:海南省海口市龙昆北路30号宏源证券大厦16楼北侧
联系电话:0898－6785861
传　　真:0898－6705316
电子信箱:qhyzqb@public.hk.hi.cn
4、公司注册地址:海南省海口市海秀大道51号
公司办公地址:海南省海口市龙昆北路30号宏源证券大厦16楼北侧
邮政编码:570105
公司选定的信息披露报纸名称:《证券时报》、《中国证券报》
登载公司年度报告的中国证监会指定国际互联网网址:
http://www.cninfo.com.cn
5、公司年度报告备置地点:公司证券部
6、公司股票上市交易所:深圳证券交易所
股票简称:轻骑海药
股票代码:0566

二、会计数据和业务数据摘要

1、公司本年度主要会计数据　　　　单位:人民币(元)

项目	金额
利润总额	－54,082,128.33
净利润	－54,082,128.33
扣除非经常性损益后的净利润	－54,082,128.33
主营业务利润	49,236,609.06
其他业务利润	－32,810.13
营业利润	－56,030,914.05
投资收益	
补贴收入	4,207,144.56
营业外收支净额	－2,258,358.84
经营活动产生的现金流量净额	8,144,530.28
现金及现金等价物净增加额	222,411.73

注:①非经常性损益是指公司正常经营损益之外的,一次性或偶发性损益。②本公司无"扣除非经常性损益后的净利润"项目。

2、公司近三年主要财务指标

单位:人民币(元)

指标项目	2000年	1999年		1998年	
		调整前	调整后	调整前	调整后
主营业务收入	175,486,555.28	135,880,830.43	135,880,830.43	121,049,351.35	121,049,351.35
净利润	－54,082,128.33	5,365,668.24	－20,295,350.65	－55,347,219.93	－94,294,021.59
总资产	885,584,043.55	914,732,521.83	914,732,521.83	973,847,427.69	889,644,836.97
股东权益	208,643,291.24	215,120,857.95	216,388,584.24	294,635,365.55	209,755,189.71
每股收益(摊薄)	－0.267	0.027	－0.10	－0.27	－0.466
每股净资产	1.03	1.06	1.07	1.46	1.04
调整后的每股净资产	0.926	1.01	1.02	1.39	0.966
每股经营活动产生的现金净流量	0.04	0.08	0.08	－0.17	－0.17
净资产收益率(%)	－25.90	2.49	－9.38	－18.80	－44.95
扣除非经常性损益后的每股收益	－0.267	－0.11	－0.10	－0.29	－0.48

根据中国证券会《公开发行证券公司信息披露编报规则第九号》的要求计算的净资产收益率和每股收益如下:

报告期利润	2000年度		1999年度	
	净资产收益率(%)	每股收益(元)	净资产收益率(%)	每股收益(元)
主营业务利润	23.60	0.243	25.15	0.269
营业利润	－26.85	－0.277	－11.10	－0.119
净利润	－25.92	－0.267	－9.38	－0.100
扣除非经营性损益后的净利润	－25.92	－0.267	－9.38	－0.100

本报告期内列示的年初主要会计数据和财务指标与99年度报告披露的财务数据不相一致的原因是根据财政部(2001)17号财政部关于印发《贯彻实施〈企业会计制度〉有关政策衔接问题的规定》的通知,采用追溯调整法在本年度调整以前年度损益2759.73万元所致。

3、报告期内股东权益变动情况

单位:人民币(元)

项目	股本	资本公积	盈余公积	法定公益金	未分配利润	合计
期初数	202,348,992	260,549,419.40	16,778,661.64		－263,288,488.80	216,388,584.24
本期增加		46,336,835.33				46,336,835.33
本期减少					54,082,128.33	54,082,128.33
期末数	202,348,992	306,886,254.73	16,778,661.64		－317,370,617.13	208,643,291.24
变动原因		豁免利息转入			本年亏损	

三、股东情况

(1)前10名股东持股情况
截止2000年12月31日　　　　单位:股

序号	股东名称	年初数	占总股本比例(%)	年末数	占总股本比例(%)
1	中国轻骑集团有限公司	78,940,769	39.01	78,940,769	39.01
2	海口市国有资产管理局	16,198,033	8	16,198,033	8
3	中国工行海南信托投资公司	13,958,208	6.89	13,958,208	6.89
4	海南省信托投资公司	2,878,722	1.42	2,878,722	1.42
5	长城证券有限责任公司	2,326,302	1.14	2,326,302	1.14
6	北京四环科技开发公司	1,628,550	0.80	1,628,550	0.80
7	海南成立集团有限公司	852,984	0.42	852,984	0.42
8	魏书明	0	0	771,400	0.38
9	刘方梅	0	0	717,000	0.35
10	中国南玻集团股份公司	620,334	0.31	620,334	0.31

海南海德纺织实业股份有限公司

二〇〇〇年年度报告摘选

一、公司简介

1、公司法定中文名称:海南海德纺织实业股份有限公司
公司英文名称:HAINAN HAIDE TEXTILE INDUSTRIAL CO.,LTD
公司英文名称缩写:HDI
2、公司法定代表人:马骧
3、公司董事会秘书:崔阳清　　授权代表:罗勇炼
联系地址:海南省海口市金贸区国贸大道银通大厦19楼公司证券部
电话:0898—8540608　　传真:0898—8540608
4、公司注册地址:海南省海口市海德路5号
公司办公地址:海南省海口市金贸区国贸大道银通大厦19楼
邮政编码:570125
电子信箱:hdicoltd@public.hk.hi.cn
5、信息披露报纸名称:证券时报、中国证券报
公司年度报告国际互联网网址:http://www.cninfo.com.cn
公司年度报告备置地点:海南省海口市金贸区国贸大道银通大厦19楼公司证券部
6、公司股票上市交易所:深圳证券交易所
股票简称:琼海德
股票代码:0567

二、会计数据和业务数据摘要

1、公司本年度主要会计数据　　　　(单位:人民币万元)

项目	金额
利润总额:	－4273.95
净利润:	－4127.03
扣除非经常性损益后的净利润:	－7191.13
扣除的非经常性损益合计:	3064.10
其中 合并价差摊:	299.37
补贴收入:	14.18
营业外收支净额:	－79.67
股权转让收益:	2830.22
主营业务利润:	－765.55
其他业务利润:	－987.65
营业利润:	－5210.69
投资收益:	1002.23
补贴收入:	14.18
营业外收支净额:	－79.67
经营活动产生现金流量净额:	－374.09
现金及现金等价物净增加额:	－669.94

2、公司近三年主要会计数据和财务指标　　　　单位:人民币万元

指标项目	2000年	1999年	1998年	
			调整前	调整后
主营业务收入:	943.06	40501.18	10835.82	10835.82
净利润:	－4127.03	2236.28	2787.56	1136.25
总资产:	42514.57	164475.12	68554.06	61681.09
股东权益:	15626.10	20129.81	25993.94	18338.16
每股收益:	－0.27	0.15	0.28	0.11
按月加权每股收益:	－0.27	0.15	0.28	0.11
扣除非经常性损益后的每股收益:	－0.48	0.15		
每股净资产:	1.03	1.33	2.58	1.82
调整后的每股净资产:	1.01	0.72		
每股经营活动产生的现金流量净额:	－0.02	－0.05	－0.35	
净资产收益率(%):	－26.21	11.11	10.72	6.20
加权净资产收益率(%):	－26.21	11.11	10.72	6.20
扣除非经常性损益后的加权净资产收益率(%):	－46.60			

3、全面摊薄和加权平均法计算的净资产收益率和每股收益

报告期利润	净资产收益率(%)		每股收益(元/股)	
	全面摊薄	加权平均	全面摊薄	加权平均
主营业务利润	－4.90	－4.90	－0.05	－0.05
营业利润	－33.34	－33.34	－0.34	－0.34
净利润	－26.41	－26.41	－0.27	－0.27
扣除经常性损益后的净利润	－46.02	－46.02	－0.48	－0.48

4、报告期内股东权益变动情况(单位:万股、人民币万元)

项目	股本	资本公积	盈余公积	法定公益金	未确投资损失	未分配利润	股东权益合计
期初数	15120	10841.04	59.73	19.91	－2252.14	－3868.58	19900.05
本期增加			15.10	5.04			
本期减少					－146.92	－4142.14	－4273.95
期末数	15120	10841.04	74.83	24.95	－2399.05	－8010.72	15626.10

三、股东情况介绍

1、本年末股东总数为21725户。
2、前10名股东持股情况(单位:万股)

股东名称	年初持股	股份增减	年末持股	冻结股数	占总股本(%)
海南国泰投资集团有限公司	3459.60		3459.60	3459.60	22.88
海口经济技术开发总公司	1420.88		1420.88		9.40
广东华宝集团公司	919.80		919.80		6.08
中行海南省分行	768.60		768.60		5.08
海口对外经济发展公司	976.87	270.53	706.34	706.34	4.67
海南国泰实业发展总公司	612.36		612.36	612.36	4.05
上海美建物资供销经营部	0	233.00	233.00		1.54
海南文化旅业发展公司	0.00	220.00	220.00		1.46
海口讯发房地产开发公司	0.00	184.85	184.85		1.22
上海财政证券公司	162.96		162.96		1.08

泸州老窖股份有限公司

二〇〇〇年年度报告摘选

一、公司简介

1、公司法定中、英文名称
中文名称：泸州老窖股份有限公司
英文名称：LUZHOU LAO JIAO CO.，LTD
2、公司法定代表人：袁秀平
3、公司董事会秘书：喻大河
证券事务代表：黄庆
联系地址：四川省泸州市桂花街46号
联系电话：(0830)2292023
传真：(0830)2391774
电子信箱：Lzljdsb@lz－public.sc.cninfo.net
4、公司注册地址：四川省泸州市国窖广场
公司办公地址：四川省泸州市桂花街46号
邮政编码：646000
公司电子信箱：Lzlj@lz－public.sc.cninfo.net
公司国际互联网网址：http://www.Lzlj.com.cn
5、公司选定的信息披露报刊：《中国证券报》、《证券时报》
刊登公司年度报告的网址：http://www.cninfo.com.cn/
公司年度报告备置地点：董事会办公室
6、公司股票上市交易所：深圳证券交易所
公司股票简称：泸州老窖
公司股票代码：0568

二、会计数据和业务数据摘要

1、公司本年度实现利润情况

序号	项目	金额(元)
1	利润总额	221420449.79
2	净利润	166829154.11
3	扣除非经常性损益后的净利润	107058227.24
4	主营业务利润	498687451.17
5	其他业务利润	—5996963.61
6	营业利润	217751169.17
7	投资收益	3585347.97
8	补贴收入	398355.37
9	营业外收支净额	—314422.72
10	经营活动产生的现金流量净额	30654918.15
11	现金及现金等价物净增加额	—24316436.52
	扣除的非经常性损益项目：	
	所得税返还	60085349.59元
	营业外收支净额	—314422.72元

报告期利润	净资产收益率(%)		每股收益(元)	
	全面摊薄	加权平均	全面摊薄	加权平均
主营业务利润(万元)	37.9%	40.6%	1.02	1.02
营业利润(万元)	16.6%	17.7%	0.45	0.45
净利润(万元)	12.7%	13.6%	0.34	0.34
扣除非经常性损益后的净利润(万元)	8.1%	8.7%	0.22	0.22

2、公司近三年的主要会计数据和财务指标

序号	项目	2000	1999	1998年	
				调整后	调整前
1	主营业务收入(万元)	97873.11	101802.08	82673.44	82673.44
2	净利润(万元)	16682.91	12321.79	12321.79	16782.10
3	总资产(万元)	203817.14	182838.99	170599.70	178111.77
4	股东权益不含少数股东权益(万元)	131526.04	114538.54	126610.13	134067.17
5	每股收益(元)	0.34	0.262	0.252	0.34
6	按月平均加权计算的每股收益(元)	0.34	0.262	0.252	0.35
7	扣除非经营性损益后的每股收益(元)	0.219	0.11	0.257	
8	每股净资产(元)	2.69	2.34	2.59	2.74
9	调整后每股净资产(元)	2.66	2.32	2.56	2.72
10	每股经营活动产生的现金流量净额(元)	0.063	0.206	0.175	12.52
11	净资产收益率(%)	12.68	11.19	9.73	

三、报告期内股本变动及股东情况介绍

1、股本变动情况 单位：股

	期初数	本次变动增减(+、—)					期末数
		配股	送股	公积金转股	其他	小计	
一、尚未流通股份	365800500						365800500
1、发起人股份							
其中：国家持有股份	365800500						365800500
境内法人持有股份							
外资法人持有股份							
其他							
2、募集法人股							
3、内部职工股							
4、优先股或其他							
尚未流通股份合计	365800500						365800500
二、已流通股份							
1、境内上市的人民币普通股	123134074						123134074
2、境内上市的外资股							
3、境外上市的外资股							
4、其他							
已流通股份合计	123134074						123134074
三、股份总数	488934574						488934574

四川川投长城特殊钢股份有限公司

二〇〇〇年年度报告摘选

一、公司简介

1. 公司名称：
法定中文名称：四川川投长城特殊钢股份有限公司
英文名称：SICHUAN CHUANTOU CHANGCHENG SPECIAL STEEL CO.，LTD.
英文名称缩写：CSSC
2. 公司注册(办公)地址：四川省江油市江东路195号
邮政编码：621701
公司国际互联网网址：http://www.cssc.com.cn
公司电子信箱：ctgspub@mail.cssc.com.cn
3. 公司法定代表人：任德祚
4. 公司董事会秘书：沈青峰
联系地址：四川川投长城特殊钢股份有限公司证券部
联系电话：0816－3650392
传真：0816－3651872
电子信箱：zcbpub@mail.cssc.com.cn
5. 公司信息披露报纸：《证券时报》、《中国证券报》、《上海证券报》
登载公司年度报告的中国证监会指定国际互联网网址：http://www.cninfo.com.cn
公司年度报告备置地点：公司证券部
6. 公司股票上市地：深圳证券交易所
股票简称：川投长钢
股票代码：0569

二、主要财务数据和指标

(一)公司本年度实现的会计数据如下：(单位：元)

项目	金额
利润总额	67,045,637.16
净利润	67,045,637.16
扣除非经常性损益后的净利润	56,414,983.64
主营业务利润	138,778,447.55
其他业务利润	12,106,282.71
营业利润	55,574,453.26
投资收益	686,482.50
补贴收入	-
营业外收支净额	10,784,701.40
经营活动产生的现金流量净额	3,536,508.97
现金及现金等价物净增加额	34,501,433.42
注：扣除的非经常性损益项目及涉及金额	
处置不良资产收入	12,124,934.51
固定资产清理	－1,281,959.39
债务重组损失	－212,322.60
合计	10,630,653.52

(二)截止报告期末，公司前三年的主要会计数据和财务指标(单位：元)

项目	2000年	1999年		1998年	
		调整后	调整前	调整后	调整前
主营业务收入	1,478,166,356.03	1,383,044,013.67	1,383,044,013.67	1,481,139,614.79	1,486,158,819.57
净利润	67,045,637.16	12,772,232.25	74,201,356.07	88,043,415.35	76,299,889.04
总资产	2,266,219,083.31	2,330,558,779.55	2,404,568,739.36	2,640,901,135.44	2,664,879,580.17
股东权益	799,034,434.67	716,473,252.84	790,483,212.65	716,281,856.58	740,260,301.31
每股收益摊薄	0.096	0.018	0.107	0.127	0.11
加权	0.096	0.018	0.107	0.127	0.11
扣除非经常性损益后的每股收益	0.081	0.007	0.011	0.09	0.069
每股净资产	1.149	1.031	1.137	1.03	1.065
调整后的每股净资产	1.000	0.928	1.034	0.886	0.903
每股经营活动产生的现金流量净额	0.005	－0.056	－0.056	0.011	0.011
净资产收益率(%)摊薄	8.39	1.78	9.39	12.29	10.31
加权	8.94	1.77	9.85	12.53	10.95
扣除非经常性损益后的加权净资产收益率(%)	7.52	0.68	10.62	9.07	7.03

根据中国证监会《公开发行证券公司信息披露编报规则(第9号)》要求计算的净资产收益率和每股收益。

报告期利润	净资产收益率(%)		每股收益(元/股)	
	全面摊薄	加权平均	全面摊薄	加权平均
主营业务利润	17.37	18.50	0.20	0.20
营业利润	6.96	7.41	0.08	0.08
净利润	8.39	8.94	0.096	0.096
扣除非经常性损益后的净利润	7.06	7.52	0.081	0.081

(三)报告期内股东权益变动情况(单位：元)

项目	股本	资本公积	盈余公积	法定公益金	未分配利润	股东权益合计
期初数	695,142,187.00	251,612,681.43	67,356,614.63	20,176,847.90	－297,638,230.22	716,473,252.84
本期增加		15,515,544.67			67,045,637.16	82,561,181.83
本期减少						
期末数	695,142,187.00	267,128,226.10	67,356,614.63	20,176,847.90	－230,592,593.06	799,034,434.67

三、股东情况介绍

(一)报告期末股东总数为62706户，其中国有法人股股东1户，法人股股东37户，社会公众股东62668户。

(二)公司前10名股东持股情况(截止2000年12月31日)

股东名称	年初持股数量(股)	年末持股数量(股)	持股比例(%)
四川川投长城特殊钢(集团)有限责任公司	431,816,725	431,816,725	62.12
河北证券有限责任公司	0	23,100,000	3.32
深圳国际信托投资公司	19,554,150	19,554,150	2.81
攀枝花钢铁(集团)公司	11,550,000	11,550,000	1.66
鸿飞证券投资基金	0	11,550,000	1.66
深圳笋岗仓库企业股份公司	6,930,000	6,930,000	1.00
深圳物业发展(集团)股份有限公司	5,775,000	5,775,000	0.83
深圳中财投资发展公司	5,775,000	5,775,000	0.83
深圳祥源印刷包装有限公司	3,465,000	3,465,000	0.49
深圳市旗扬投资有限公司	3,465,000	3,465,000	0.49

常柴股份有限公司

二○○○年年度报告摘选

一、公司简介

(一)公司法定中文名称:常柴股份有限公司
公司法定英文名称:CHANGCHAI COMPANY,LIMITED
公司英文名称缩写:CHANGCHAI CO.,LTD.
(二)公司法定代表人:董事长李汉华先生
(三)公司董事会秘书:吕小平先生
联系地址:中国江苏常州市怀德中路 123 号
联系电话:(86519)6600341、6600448　　电话传真:(86519)6670765
电子信箱:ccstp@public.cz.js.cn
(四)公司注册及办公地址:中国江苏常州市怀德中路 123 号　　邮政编码:213002
公司网址:http://www.changchai.com.cn
电子信箱:cctqm@public.cz.js.cn
(五)公司选定的信息披露报纸:《中国证券报》、《证券时报》、《大公报》
公司年度报告备置地点:公司办公室
证监会指定的公司登载年度报告的国际互联网网址:
http://www.cninfo.com.cn
(六)公司股票上市地:深圳证券交易所
股票简称:苏常柴 A　　股票代码:0570
苏常柴 B　　2570

二、会计数据和业务数据摘要

(一) 本年度利润总额及其构成情况(单位:人民币千元)

项目	金额
利润总额	34,972.958
净利润	39,687.061
扣除非经常性损益后的净利润	25,799.117
主营业务利润	344,613.935
其他业务利润	17,111.315
营业利润	21,154.516
投资收益	-69.502
补贴收入	4,639.305
营业外收支净额	9,248.639
经营活动产生的现金流量净额	-175,839.516
现金及现金等价物净增加额	-5,128.061

注:扣除非经常性损益后的净利润=净利润 39,687,061 元-营业外收入 22,479,885 元-补贴收入 4,639,305 元+营业外支出 13,231,246 元=25,799,117 元

按国际会计准则所作之调整对净利润及净资产之影响:(单位:千元)

	净利润		净资产	
	2000	1999	2000	1999
本公司法定帐目余额	39,687	98,972	1,694,881	1,460,480
国际会计准则调整				
-计提坏帐准备	-	-92,661	-	-
-冲销开办费	267	-1,069	802	1,069
-调整数对少数股东权益的影响	-	7,521	-	-
-调整联营公司投资损失	-4,699	-	-4,699	-
-调整法定帐目计入住房周转金的损益类项目	-7,498	-	-7,498	-
-核销法定帐目计入住房周转金的递延资产	-14,576		-14,576	-
-其他	-1,594	3,909	-	1,594
根据国际会计准则重编之余额	11,587	16,672	1,667,306	1,461,005

(二) 公司前三年主要会计数据和财务指标(单位:人民币千元)

指标项目	2000 年度	1999 年度	1998 年度	
			调整后	调整前
主营业务收入	2,240,847	3,092,750	2,651,760	2,762,191
净利润	39,687	98,972	116,999	154,534
总资产	3,574,547	3,414,050	3,356,205	3,502,865
股东权益	1,694,880	1,460,480	1,368,258	1,444,333
每股收益(摊薄)(元)	0.11	0.28	0.33	0.44
每股收益(加权)(元)	0.11	0.28	0.33	0.44
扣除非经常性损益后的每股收益(元)	0.07	0.27	0.29	0.40
每股净资产(元)	4.53	4.15	3.89	4.10
调整后的每股净资产(元)	4.41	4.03	3.79	3.99
每股经营活动产生的现金流量净额 (元)	-0.47	-0.55	0.25	0.25
净资产收益率(%)(摊薄)(元)	2.34	6.78	8.55	10.70

(三)根据中国证监会《公开发行证券公司信息披露编报规则(第 9 号)》要求计算的利润数据:

利润表附表:

报告期利润	净资产收益率(%)		每股收益(元)	
	全面摊薄	加权平均	全面摊薄	加权平均
主营业务利润	20.3	21.0	0.92	0.93
营业利润	1.2	1.3	0.06	0.06
净利润	2.3	2.4	0.11	0.11
扣除非经常性 损益后的净利润	1.5	1.6	0.07	0.07

三、股东情况介绍

(一)报告期末股东总数

1、截止 2000 年 12 月 31 日,公司股东总数为 68869 户。其中内资股股东 63341 户,持股总数 274,249,551 股;外资股股东 5528 户,持股总数 100,000,000 股。

2、报告期末,前十名股东持股情况

序号	股东名称	持股数(股)	占总股本比例(%)
(1)	常州市国有资产管理局	153,160,000	40.92
(2)	武进柴油机机体厂	5,330,000	1.42
(3)	KUBOTA CORPORATION	5,000,000	1.34
(4)	上海天迪科技投资发展有限公司	3,141,776	0.84
(5)	东海国际有限公司	3,116,800	0.83
(6)	常州飞天集团公司	3,102,389	0.83
(7)	奔牛农机厂	1,760,000	0.47
(8)	张智成	1,241,300	0.33
(9)	WONG,SHIT FUI 黄雪辉	1,067,100	0.29
(10)	HKIT/006-113039-431	957,900	0.26

海南新大洲摩托车股份有限公司

二○○○年年度报告摘选

一、公司简介

公司法定中文名称:海南新大洲摩托车股份有限公司
公司法定英文名称:HAINAN SUNDIRO MOTORCYCLE CO.,LTD.
公司法定代表人:韩立彬
公司董事会秘书:林帆
董事会授权代表姓名:任春雨
联系地址:海南省海口市珠江广场帝豪大厦二十六层
电话:(0898)6719966-220、285
传真:(0898)6715518
公司注册地址:海南省琼山市桂林洋经济开发区
公司办公地址:海南省海口市珠江广场帝豪大厦二十六层
邮政编码:570125
公司互联网址:http://www.sundiro.com
电子信箱:http://rcy@hnemail.com
公司指定信息披露报刊:《中国证券报》、《证券时报》
登载公司年度报告的中国证监会指定国际互联网址:http//www.cninfo.com.cn
公司年度报告备置地点:公司董事会秘书处
公司股票上市交易所:深圳证券交易所
股票简称:新大洲 A
股票代码:0571

二、会计数据和业务数据摘要

1、本年度利润总额、净利润及其构成(单位:人民币元)

项目	金额
利润总额	-141,431,456.90
净利润	-139,653,649.10
扣除非经常性损益后的净利润	-116,917,631.63
主营业务利润	224,900,709.00
其他业务利润	24,311,947.91
营业利润	-121,158,879.82
投资收益	-2,462,549.88
补贴收入	4,925,990.27
营业外收支净额:	-22,736,017.47
经营活动产生的现金流量净额	187,761,340.45
现金及现金等价物净增加额	116,118,155.53
注:扣除的非经常性损益项目和涉及金额	-22,736,017.47
(1)营业外收入	7,716,007.91
a、完税奖励	2,881,328.39
b、罚款收入	1,680,167.79
c、固定资产清理收入	3,102,726.78
d、其他收入	51,784.95
(2)营业外支出	30,452,025.38
a、捐赠支出	106,000.00
b、固定资产清理净损失	264,242.39
c、滞纳金及罚款	28,509,976.49
d、赔偿损失	512,000.00
e、非常损失	572,504.31
f、其他支出	487,302.19

2、截止报告期末公司前三年主要会计数据和财务指标　　(单位:人民币万元)

序号 项目	2000 年	1999 年	1998 年
1、主营业务收入	179,663.27	252,408.34	280,213.21
2、净利润	-13,965.36	1,340.19	19,634.73
3、总资产	291,171.73	274,632.26	282,860.25
4、股东权益	99,365.45	113,088.78	113,145.78
5、每股净资产(元)	1.35	1.54	1.54
6、调整后的每股净资产(元)	1.22	1.45	1.43
7、每股经营活动产生的现金流量净额(元)	0.26	0.14	0.35

注:①1999 年度会计数据和财务指标已采用追溯调整法进行了调整,详见会计报表附注。

②应收款项包括应收帐款人民币 196,062,994.82 元,其他应收款人民币 214,826,238.45 元、预付帐款人民币 43,363,441.31 元。

3、按照中国证监会《公开发行证券公司信息披露编报规则》第 9 号计算的近三年的净资产收益率及每股收益:

年度	指标	报告期利润	主营业务利润	营业利润	净利润	扣除非经常性损益后的净利润
2000 年度	净资产收益率	全面摊薄	22.63%	-12.19%	-14.05%	-11.77%
		加权平均	21.20%	-11.42%	-13.16%	-11.02%
	每股收益(元)	全面摊薄	0.3055	-0.1646	-0.1897	-0.1588
		加权平均	0.3055	-0.1646	-0.1897	-0.1588
1999 年度	净资产收益率	全面摊薄	28.68%	1.54%	1.19%	0.42%
		加权平均	29.72%	1.46%	1.35%	0.17%
	每股收益(元)	全面摊薄	0.4407	0.0236	0.0182	0.0065
		加权平均	0.4407	0.0236	0.0182	0.0065
1998 年度	净资产收益率	全面摊薄	43.71%	11.03%	16.27%	16.23%
		加权平均	42.03%	10.61%	15.65%	15.60%
	每股收益(元)	全面摊薄	0.664	0.1676	0.2472	0.2465
		加权平均	0.664	0.1676	0.2472	0.2465

注:以上会计数据及财务指标均以合并报表数计算填列。

三、股本变动及股东情况

1、截至 2000 年 12 月 31 日,公司股东总人数为 221,210 户。

2、截止 2000 年末,公司主要股东持股情况:

名　称	年末持股数量(股)	占总股本比例
中国轻骑集团有限公司	199,449,600	27.097%
海南新元投资有限公司(法人股)	111,075,200	15.090%
海南中纬农业资源股份有限公司	63,787,200	8.666%
海南省国营桂林洋农场	24,587,200	3.340%
海南新元投资有限公司(流通股)	17,727,084	2.408%
林珊娜	737,054	0.100%
马红	577,900	0.079%
孙以欣	550,000	0.075%
宗炳彩	530,000	0.072%
孙洁	500,000	0.068%
唐萌萌	481,044	0.065%

海南金盘实业股份有限公司

二〇〇〇年年度报告摘选

一、公司简介

1、公司中文名称:海南金盘实业股份有限公司
公 司 简 称:金盘实业
公司英文名称:HAINAN JINPAN ENTERPRISE CO. ,LTD
公司英文缩写:JINPAN ENTERPRISE
2、公司法定代表人:曲大利
3、公司董事局秘书:章黔
联系地址:海口市金盘工业区金盘路 21 号　　邮政编码:570216
联系电话:(0898)6822672　　传 真:(0898)6816370
电子信箱:zanqian@263. net
4、公司注册地址及办公地址:海口市金盘开发区金盘路 21 号　　邮政编码:570216
公司电子信箱: jinpan@hi. com. cn
5、信息披露报纸名称:《证券时报》、《中国证券报》
登载年报的国际互联网:http://www. cninfo. com. cn
年度报告备置地点: 公司证券部
6、公司股票上市地:深圳证券交易所
公司股票简称:琼金盘　　公司股票代码:0572

二、会计数据与业务数据摘要

1、本年度主要会计数据(单位:人民币元)

利润总额	712,599.75
净利润	874,156.98
扣除非经常性损益后的净利润	-22,134,627.37
主营业务利润	15,652,569.62
其他业务利润	147,236.98
营业利润	-12,838,305.92
投资收益	-9,457,878.68
补贴收入	22,469,261.86
营业外收支净额	539,522.49
经营活动产生的现金流量净额	34,273,437.68
现金及现金等价物净增加额	30,777,900.53

注:扣除非经常性损益项目及涉及金额(单位:人民币元)

扣 除 项 目	金 额
补贴收入	22,469,261.86
营业外收支净额	539,522.49

2、近三年主要会计数据

调整后(单位:人民币元)

项 目	2000 年	1999 年	1998 年
主营业务收入	73,812,651.35	102,384,330.53	116,137,173.01
净利润	874,156.98	951,440.10	-127,516,926.37
总资产	913,255,999.57	1,055,047,962.84	1,003,246,833.57
股东权益(不含少数股东权益)	243,829,673.09	243,461,609.26	242,865,237.03
每股收益(摊薄)	0.004	0.005	-0.59
每股收益(加权)	0.004	0.005	-0.59
扣除非经营性损益后的每股收益	-0.10	-0.03	-0.616
每股净资产	1.129	1.128	1.125
调整后的每股净资产	0.98	1.02	1.071
每股经营活动产生的现金流量净额	0.16	0.07	0.186
净资产收益率(%)	0.35	0.39	-52.51

调整前(单位:人民币元)

项 目	1999 年	1998 年
主营业务收入	103,199,893.36	116,137,173.01
净利润	1,302,985.79	-70,452,226.51
总资产	1,054,834,457.11	1,073,099,698.89
股东权益(不含少数股东权益)	243,791,949.98	307,347,117.89
每股收益(摊薄)	0.006	-0.326
每股收益(加权)	0.006	-0.326
扣除非经营性损益后的每股收益	-0.028	—
每股净资产	1.13	1.424
调整后的每股净资产	1.017	1.395
每股经营活动产生的现金流量净额	0.074	—
净资产收益率(%)	0.53	-22.92

3、利润分配表附表

报告期利润	净资产收益率(%)		每股收益(元/股)	
	全面摊薄	加权平均	全面摊薄	加权平均
主营业务利润	6.4	6.4	0.093	0.093
营业利润	-5.3	-5.3	-0.026	-0.026
净利润	0.4	0.4	0.004	0.004
扣除非经常性损益后的净利润	-9.1	-9.1	-0.103	-0.103

三、股东情况介绍

1、股东数量

截止 2000 年 12 月 31 日,公司股东总户数为 34,886 户。其中,国家股东 1 名;高管股股东 2 名。

2、公司前十名股东持股情况(截止 2000 年 12 月 31 日)　　数量单位:股

股 东 名 称	年末数	占总股本比例%	股份性质
海口市财政局	83,239,605	38.56	国家股
中国工行海南信托投资公司	19,324,032	8.95	国有法人股
中国银行海口信托咨询公司	9,662,016	4.48	国有法人股
海口金盘物业有限公司	4,579,554	2.12	法人股
上海新理益投资管理有限公司	1,834,560	0.85	法人股
陈伟	484,972	0.224	流通 A 股
海南瑞群实业有限公司	428,064	0.198	法人股
冯艳文	334,800	0.155	流通 A 股
海口邦达咨询产业服务中心	244,608	0.11	法人股
海南新日咨询贸易公司	244,608	0.11	法人股

东莞宏远工业区股份有限公司

二〇〇〇年年度报告摘选

一、公司简介

1. 公司法定中、英文名称
公司法定中文名称:东莞宏远工业区股份有限公司
公司法定英文名称:DongGuan Winnerway Industrial Zone LTD.
2. 公司法定代表人:陈林
3. 公司董事会秘书及授权代表的姓名、联系电话、传真、电子信箱
董事会秘书:李军印
授权代表:李正雪
联系地址:广东省东莞市宏远工业区宏远花园牡丹阁宏远证券部
电　　话:(0769)2412655
传　　真:(0769)2813341
电子信箱:lijunyin@163. net
4. 公司注册地址、办公地址及邮政编码、国际互联网网址、电子信箱
注册地址:广东省东莞市宏远工业区
办公地址:广东省东莞市宏远工业区宏远大厦 16 层　　邮政编码:523087
国际互联网网址:www. winnerway. com. cn
电子信箱:0573@21cn. com
5. 公司选定的信息披露报纸名称:《证券时报》
刊载年报的中国证监会指定的国际互联网网址:www. cninfo. com. cn
年报备置点:本公司证券部
6. 公司股票上市交易所、股票简称和股票代码
股票上市地:深圳证券交易所
股票简称:粤宏远 A
股票代码:0573

二、会计数据和业务数据摘要

1. 本年度主要会计数据　　单位:元

利润总额	9,234,870.39
净利润	5,971,582.00
扣除非经常性损益后的净利润	8,354,458.48
主营业务利润	86,499,505.14
其他业务利润	1,735.00
营业利润	11,821,787.10
投资收益	-2,249,208.92
补贴收入	0
营业外收支净额	-337,707.79
经营活动产生的现金流量净额	78,096,699.40
现金及现金等价物净增加额	43,974,293.58

2. 公司近三年主要会计数据及财务指标

指标项目	2000 年	1999 年	1998 年(调整后)	1998 年(调整前)
主营业务收入(万元)	18,670.70	15,666.29	16,752.86	16,752.86
净利润(万元)	597.16	983.27	3,415.67	4,805.91
总资产(万元)	227,021.74	199,688.71	177,088.31	186,970.02
股东权益(万元)	140,975.82	140,378.66	139,395.39	149,254.93
每股收益(元)(摊薄)	0.013	0.022	0.0757	0.1065
(加权)	0.013	0.022	0.0828	0.1165
扣除非经常性损益后的每股收益(元)	0.018	0.026	0.08	0.111
每股净资产(元)	3.1234	3.11	3.089	3.307
调整后每股净资产(元)	2.954	2.978	2.967	3.119
每股经营活动产生的现金流量净额(元)	0.17	0.04995	0.0659	0.0659
净资产收益率(%)(摊薄)	0.42	0.70	2.45	3.22
(加权)	0.42	0.70	4.13	5.76
扣除非经常性损益后的净资产收益率(%)(加权)	0.59	0.84	4.38	6.01

3. 根据中国证监会关于发布《公开发行证券公司信息披露编报规则》第九号精神,公司 2000 年按全面摊薄法和加权平均法计算的净资产收益率及每股收益:

	净资产收益率%				每股收益(元)			
	全面摊薄		加权平均		全面摊薄		加权平均	
	2000 年	1999 年	2000 年	1999 年	2000 年	1999 年	2000 年	1999 年
主营业务利润	6.13	4.99	6.13	4.99	0.19	0.16	0.19	0.16
营业利润	0.84	1.11	0.84	1.11	0.026	0.035	0.026	0.035
净利润	0.42	0.70	0.42	0.70	0.013	0.022	0.013	0.022
扣除非经常性损益后的净利润	0.59	0.84	0.59	0.84	0.018	0.026	0.018	0.026

4. 股东权益变动情况　　单位:元

项目	股本	资本公积	盈余公积	法定公益金	未分配利润	股东权益合计
期初数	451,283,864	703,500,105.53	211,522,927.10	58,736,795.46	37,479,680.66	1,403,786,577.29
本期增加	0	0	1,194,316.40	597,158.20	5,971,582.00	7,165,898.40
本期减少	0	0	0	0	1,194,316.40	1,194,316.40
期末数	451,283,864	703,500,105.53	212,717,243.50	59,333,953.66	42,256,946.26	1,409,758,159.29

三、股东情况介绍

1. 公司截止至 2000 年 12 月 29 日,共有股东 175,725 户。
2. 主要股东及持股情况(单位:万股)

股 东 名 称	期末持股数	年度内增减数	占总股本比例(%)
1. 广东宏远集团公司	8708.6507	0	19.30
2. 东莞市城宝综合贸易公司	3096.7895	+171.0345	6.86
3. 东莞市篁村区经济联合总社	1187.5432	0	2.63
4. 东莞市振兴工贸发展公司	1123.1390	+96.63	2.488
5. 虎门兴业电器部	262.2529	0	0.58
6. 篁村经济联合社	125.4253	0	0.27
7. 先锋集团有限公司东莞分公司	114.0230	0	0.25
8. 东莞虎门宝泰鞋业有限公司	79.8161	0	0.176
9. 凌安余	63.5800	+63.5800	0.14
10. 东莞篁村振兴综合工艺	57.0115	0	0.126

江门甘蔗化工厂(集团)股份有限公司

二〇〇〇年年度报告摘选

一、公司简介

1、公司法定中文名称：
江门甘蔗化工厂(集团)股份有限公司
公司法定英文名称：
THE JIANGMEN SUGARCANE CHEMICAL FACTORY(GROUP)CO., LTD
(英文缩写为 JSCC)
2、公司法定代表人：周 润
3、公司董事局秘书：沙 伟
联系地址：广东省江门市甘化路 1 号
电　话：(0750)3365000
传　真：(0750)3361973
电子信箱：jmganhua@pub.jiangmen.gd.cn
4、公司注册地址：广东省江门市甘化路 1 号
办 公 地 址：广东省江门市甘化路 1 号
邮 政 编 码：529075
公司国际互联网网址：www.jghg.com.cn
公司电子信箱：jmganhua@pub.jiangmen.gd.cn
5、公司信息披露报纸名称：《中国证券报》、《证券时报》。
登载公司年报的中国证监会指定国际互联网网址：
http://www.cninfo.com.cn
公司年度报告备置地点：本公司证券部
6、公司股票上市交易所：深圳证券交易所
公司股票简称：广东甘化
公司股票代码：0576

二、会计数据和业务数据摘要

1、本年度公司利润情况　　单位：人民币元

序号	项 目	金 额
1	利润总额	31,756,954.68
2	净利润	26,706,172.31
3	扣除非经常性损益后的净利润	24,546,719.24
4	主营业务利润	110,325,821.23
5	其他业务利润	219,920.17
6	营业利润	22,953,816.13
7	投资收益	6,643,685.48
8	补贴收入	2,266,591.91
9	营业外收支净额	-107,138.84
10	经营活动产生的现金流量净额	59,330,465.18
11	现金及现金等价物净增加额	29,281,994.59

注：扣除的非经常性损益项目和涉及金额　　(单位：元)

项 目	涉及金额
补贴收入	2,266,591.91
营业外收入	572,166.68
营业外支出	679,305.52

2、截至本报告期末公司前三年的主要会计数据和财务指标　　单位：人民币元

指标项目	2000 年	1999 年	1998 年	
			调整前	调整后
1、主营业务收入(元)	769,542,595.54	450,141,256.54	450,373,781.25	450,373,781.25
2、净利润(元)	26,706,172.31	17,778,633.50	28,993,027.74	28,993,027.74
3、总资产(元)	1,663,512,918.44	1,475,052,729.98	1,510,508,382.35	1,510,508,382.35
4、股东权益(元)	976,680,174.98	966,257,723.35	1,010,377,511.22	948,015,990.35
5、每股收益(元/股)	0.11	0.07	0.12	0.04
加权平均每股收益(元/股)	0.11	0.07	0.13	0.04
扣除非经常性损益后的每股收益(元/股)	0.10	0.06	0.13	0.04
6、每股净资产(元/股)	3.94	3.90	4.08	3.83
7、调整后的每股净资产(元/股)	3.73	3.80	3.99	3.78
8、每股经营活动产生的现金流量净额(元/股)	0.24	0.06	-0.17	-0.17
9、净资产收益率(%)	2.73	1.84	2.87	1.04
加权平均净资产收益率(%)	2.73	1.86	3.49	1.20

3、报告期内股东权益变动情况及原因　　单位：人民币元

项目	股本(股)	资本公积(元)	盈余公积(元)	法定公益金(元)	未分配利润(元)	股东权益合计(元)
期初数	247,598,624.00	592,731,008.72	71,111,616.93	18,203,647.63	36,612,826.07	966,257,723.35
本期增加	--	1,048,183.00	8,011,851.69	2,670,617.23	26,706,172.31	38,436,824.23
本期减少	--	--		28,014,372.60	28,014,372.60	
期末数	247,598,624.00	593,779,191.72	79,123,468.62	20,874,264.86	35,304,625.78	976,680,174.98

变动原因 资本公积增加：广东省财政厅下拨挖潜改造资金
盈余公积、法定公益金增加：2000 年利润分配增加
未分配利润减少：分配 2000 年利润

三、股本变动及股东情况

1、股本变动情况
报告期内公司股份总数及结构未发生变动。
2、股东情况介绍
(1)截止 2000 年末公司股东总数为 61418 户。
(2)公司前十名股东持股情况

序号	股 东 名 称	年末持股数量(股)	年度内股份增减(+、-)	持股比例(%)	股份性质
1	江门市国有资产管理办公室	88,747,468	0	35.84	国有股
2	江门市光达实业有限公司	10,373,550	0	4.19	法人股
3	江门群益造纸厂	10,120,902	0	4.09	法人股
4	江门甘化综合厂	4,386,888	0	1.77	法人股
5	中国工商银行广东省信托投资公司	3,960,000	0	1.60	法人股
6	江门光华印刷厂	3,361,578	0	1.36	法人股
7	广东中轻南方炼糖纸业有限公司	1,980,000	0	0.80	法人股
8	番禺紫坭糖厂	1,380,456	0	0.56	法人股
9	中国银行江门分行	1,275,120	0	0.51	法人股
10	江门国际信托投资公司	871,200	0	0.35	法人股

青海数码网络投资(集团)股份有限公司

二〇〇〇年年度报告摘选

一、公司简介

1、公司中文名称：青海数码网络投资(集团)股份有限公司
公司英文名称：QingHai Digital Net Investment Share Holding Group Co., Ltd
2、法定代表人：钟小剑
3、董事会秘书：孙荣芳
董事会证券事务代表：杜鹏环
联系地址：青海数码网络投资(集团)股份有限公司证券部
联系电话：(0971)6138725　　传真：(0971)6144887
4、公司注册及办公地址：青海省西宁市五四大街 39 号
邮政编码：810001
电子信箱：smstock@21cn.com
5、公司选定的信息披露报纸名称：《证券时报》
登载公司年度报告的中国证监会指定国际互联网网址：
http://www.cninfo.com.cn
年度报告备置地点：公司证券部
6、公司股票上市交易所：深圳证券交易所
股票简称：数码网络　　股票代码：0578

二、会计数据和业务数据摘要

1、公司二 000 年度利润总额及其构成　　单位：元

项目	金额
利润总额	41,893,458.63
净利润	37,758,980.86
扣除非经常性损益后的净利润	37,758,980.86
主营业务利润	33,721,818.17
其他业务利润	1,152,205.89
营业利润	-9,789,413.96
投资收益	57,181,033.04
补贴收入	0
营业外收支净额	-5,498,160.45
经营活动产生的现金流量净额	-38,680,746.35
现金及现金等价物净增加额	19,298,557.70

2、截止报告期末本公司前三年主要会计数据和财务指标(单位：元)

指标项目	2000 年度	1999 年度		1998 年度	
		调整前	调整后	调整前	调整后
主营业务收入	698,273,793.18	175,562,864.70		150,747,743.21	150,747,743.21
净利润	37,758,980.86	20,173,403.17	17,468,677.20	18,682,604.75	11,058,211.40
总资产	628,021,448.66	401,640,859.68	398,384,095.06	322,721,777.54	306,233,827.80
股东权益	283,374,854.05	232,730,274.91	252,042,595.64	179,565,463.95	165,245,785.05
每股收益(按净利润全面摊薄)	0.19	0.18	0.16	0.18	0.11
每股收益(按净利润加权平均)	0.19	0.21	0.16	0.18	0.11
扣除非经常性损益后的每股收益(全面摊薄)	0.19	0.18	0.16	0.18	0.11
扣除非经常性损益后的每股收益(加权平均)	0.19	0.18	0.15	0.18	0.11
每股净资产	1.43	2.11	2.29	1.77	1.63
调整后的每股净资产	1.40	2.04	2.26	1.70	1.56
每股经营活动产生的现金流量净额	-0.20	0.08	0.08	0.14	0.14
净资产收益率(%)(按净利润全面摊薄)	13.32	8.67	6.93	10.40	6.69
净资产收益率(%)(按净利润加权平均)	14.10	8.67	8.78	10.40	6.69

3、利润表附表

报告期利润	净资产收益率(%)		每股收益(元)	
	全面摊薄	加权平均	全面摊薄	加权平均
主营业务利润	11.90	12.60	0.17	0.17
营业利润	-3.45	-3.66	-0.05	-0.05
净利润	13.32	14.10	0.19	0.19
扣除非经常性损益后的净利润	13.32	14.10	0.19	0.19

4、报告期内股东权益变动情况及原因(元)

项目	期初数	本期增加	本期减少	期末数
股本	110,085,235.00	88,068,187.00		198,153,422.00
资本公积	99,265,778.56	6,824,299.83	69,314,491.18	36,695,587.21
盈余公积	19,183,275.32	8,605,359.54		27,788,634.86
其中：法定公益金	5,369,009.61	4,109,247.29		9,478,256.90
未分配利润	23,508,306.76	37,758,980.86	18,513,030.64	20,737,209.98
股东权益合计	252,042,595.64	57,297,887.52	22,207,567.67	283,374,854.05

三、股本变动及股东情况

一、股本变动情况
(一)股份变动情况表　　数量单位：股

项 目	期 初 数	本次变动增减(+、-)					期末数
		配股	送股	公积金转股本	其 他	小计	
一.尚未流通股份							
1.发起人股份	58,143,674						44,099,763
其中：国家拥有股份	36,588,134		+1,400,000	+4,200,000	-29,588,134	-23,988,134	12,600,000
境内法人持有股份	21,555,540		+4,311,108	+12,933,324	-7,300,209	+9,944,223	31,499,763
2.募集法人股	13,722,380		+8,662,102	+25,986,308	+36,888,344	+71,536,754	85,259,134
3.内部职工股	36,928		+7,385	+22,157	-35,755	-6,213	30,715
尚未流通股份合计	71,902,982		+14,380,596	+43,141,789	-35,755	+57,486,630	129,389,612
二.已流通股份							
境内上市的人民币普通股	38,182,253		+7,636,450	+22,909,352	+35,755	+30,581,557	68,763,810
已流通股份合计	38,182,253		+7,636,450	+22,909,352	+35,755	+30,581,557	68,763,810
三.股份总数	110,085,235		+22,017,046	+66,051,141		+88,067,187	198,153,422

无锡威孚高科技股份有限公司

二○○○年年度报告摘要

(一) 公司简介

1、公司法定名称：无锡威孚高科技股份有限公司

英文名称：WEIFU HIGH－TECHNOLOGY CO.,LTD.

2、法定代表人：许良飞先生

3、公司董事会秘书：刘永林先生

授权代表：周卫星先生

联系地址：无锡市人民西路 107 号

电　　话：0510－2719579

传　　真：0510－2751025

Email：wfjt@publicl.wx.js.cn

4、公司注册地址：无锡国家高新技术产业开发区 46 号地块

公司办公地址：无锡市人民路 107 号(邮编 214031)

公司国际互联网址：http://www.china－weifu.com

公司电子信箱：Webmaster@ china－weifu.com

5、公司信息披露报纸名称：《中国证券报》、《证券时报》、《大公报》

登载年报的国际互联网址：http://www.cninfo.com.cn

公司年报备置地：公司证券处

6、股票上市交易所：深圳证券交易所

股票简称：威孚高科、苏威孚 B

股票代码：0581　　2581

(二) 会计数据和业务数据摘要

1、本报告年度主要会计数据

(1) 会计数据

指标名称	项　目
利润总额	148,526,819.05
净利润	132,566,594.62
扣除非经常性损益后的净利润	134,043,509.31
主营业务利润	185,598,217.39
其他业务利润	264,758.46
营业利润	110,752,714.36
投资收益	37,517,339.39
补贴收入	-
营业外收支净额	256,765.30
经营活动产生的现金流量净额	27,681,697.36
现金及现金等价物净增加额	122,915,243.34

(2)境内、境外会计师审计的净利润差异说明：

江苏公证会计师事务所有限公司审计净利润 13257 万元，国际安达信会计师事务所审计净利润 13024 万元，按国际会计准则所作下列调整：

①提列坏帐准备	－300 万元
②冲销呆滞存货	－万元
③调整无未来经济效益的无形及递延资产	23 万元
④按权益法认列的投资损失	1196 万元
⑤提列封存固定资产折旧	－248 万元
⑥少数股东权益	224 万元
⑦其他	－18 万元
⑧提取减值准备	－1110 万元

2、前三年主要会计数据及财务指标

序号	栏目	2000 年	1999 年	1998 年
1	主营业务收入(元)	851,207,431.67	772,520,416.86	568,161,694.89
2	净利润(元)	132,566,594.62	106,518,530.73	76,818,041.71
3	总资产(元)	1,992,760,589.74	1,680,270,306.01	1,530,743,977.44
4	股东权益(元)	1,621,890,019.16	1,171,543,229.70	1,081,276,942.21
5	每股收益(元)(摊薄)	0.30	0.27	0.25
	(加权)	0.33	0.27	0.33
6	每股净资产(元)	3.72	2.97	3.56
7	扣除非经常性损益后的每股收益(元)	0.31	0.27	
8	调整后每股净资产(元)	3.72	2.98	3.55
9	每股经营活动产生的现金流量净额(元)	0.06	0.68	0.15
	其中：母公司	0.31	0.68	0.15
10	净资产收益率(摊薄)%	7.96	9.09	15.36
	(加权)%	10.43	9.39	16.00

3、按照中国证监会《公开发行证券公司信息披露编报规则(第 9 号)》要求计算 2000 年度利润的净资产收益率和每股收益。

项目	报告期利润(元)	净资产收益率(%)		每股收益	
		全面摊薄	加权平均	全面摊薄	加权平均
主营业务利润	185,598,217.39	11.14	14.60	0.43	0.47
营业利润	110,752,714.36	6.65	8.71	0.25	0.28
净利润	132,566,594.62	7.96	10.43	0.30	0.33
扣除非经常性损益后的净利润	134,043,509.31	8.05	10.54	0.31	0.34

注：以上数据以公司合并报表填列。

(三)股本变动及股东情况

1、股本情况

(1) 截止 2000 年 12 月 31 日公司股东总数为 110490 名。

(2) 前 10 名股东的持股情况：

序号	股东名称	持股数(股)	占总股份的(%)	股东类别
①	无锡威孚集团有限公司	121566150	27.86	国有法人股
②	ROBERT BOSCH GMBH	14144000	3.24	境内上市外资股
③	TEMPLETON GLOBAL SMALLER COMPANIES FUND,INC	5555065	1.27	境内上市外资股
④	江苏证券有限责任公司	2995453	0.69	A 股
⑤	BRITISH AIRWAYS PENSIONS TRUSTEES LIMITED	2761211	0.63	境内上市外资股
⑥	无锡市国有资产投资开发总公司	2600000	0.60	社会法人股
⑦	CHAN,KWAN HOI	1969170	0.45	境内上市外资股
⑧	DAGO CORPORATION	1968070	0.45	境内上市外资股
⑨	国投机轻有限公司	1950000	0.45	社会法人股
⑩	中国汽车工业总公司	1950000	0.45	社会法人股

前 10 名股东之间不存在关联交易。国有法人股的股份变动是由于公司实施了配股方案所致(认配 140 万股)。持有本公司 5%以上股份的股东其股份没有质押情况。

(3) 持有公司 10% 以上的国有法人股东为无锡威孚集团有限公司，法定代表人为许良飞先生，主要经营范围为：

普通机械的加工、制造；普通机械、仪器仪表、五金交电、塑料制品、化工产品及原料、汽车及其零配件的销售；汽油机、内燃机的维修；机械技术咨询服务；自营进出口业务。

(4) 报告期内控股股东没有变化。

(四) 股东大会简介

1、1999 年度股东大会

本公司 1999 年 4 月 28 日在《中国证券报》、《证券时报》和《大公报》上刊登关于召开 1999 年度股东大会的通知及会议议题，该次股东大会于 2000 年 6 月 1 日上午在公司会议室召开，出席大会的股东及股东代理人共 97 人，代表股份 17114.0189 万股，占公司总股份的 43.39%(其中 B 股股份数为 2088.8519 万股，占公司总股份的 5.30%)，符合《公司法》及本公司《章程》的有关规定。会议审议并通过了如下决议：①1999 年度董事会工作报告；②1999 年度监事会工作报告；③1998 年财务决算和利润分配方案的报告，即 1999 年度不进行利润分配，也不进行公积金转增股本。④续聘无锡公证会计师事务所和安达信会计师事务所为公司 2000 年度的审计事务所。⑤变更募集资金用途的提案报告。⑥公司 2000 年度增资配股方案的报告，即以 1998 年 12 月 31 日总股本 30343.55 万股为基数，按每 10 股配售 3 股的比例向全体股东配售。⑦"公司 2000 年度配股募集资金用途及可行性报告"。⑧前次募集资金使用及效益情况的报告。⑨更换董事的提案报告。

此次股东大会决议刊登于 2000 年 6 月 2 日的《中国证券报》、《证券时报》和《大公报》上。

2、2000 年度临时股东大会

本公司于 2000 年 10 月 12 日在《中国证券报》、《证券时报》、和《大公报》刊登关于召开 2000 年度临时股东大会的通知和议题。该次临时股东大会于 2000 年 11 月 14 日上午在公司会议室召开，出席该次临时股东大会的股东及股东代理人共 93 人，代表股份数 17447.7105 万股，占公司总股份的 44.23%。(其中 B 股股份数为 2414.5555 万股，占总股份的 6.12%)，符合《公司法》和公司《章程》的有关规定。会议审议并通过了如下决议：①关于公司更名的提案报告，即将公司原名"无锡威孚股份有限公司"更名为"无锡威孚高科技股份有限公司"。②关于修改公司《章程》的提案报告，2000 年度配股方案实施完毕后，公司注册资本及股本结构发生变化，须修改公司章程。

此次临时股东大会的决议公告刊登于 2000 年 11 月 15 日的《中国证券报》、《证券时报》、和《大公报》。

(五) 董事会报告

1、公司的经营情况

(1) 公司的经营业绩

2000 年是公司持续稳步发展的第 21 年，在行业竞争激烈，市场发展空间有限的情况下，公司仍取得了较好的经营业绩，全年完成主营业务收入 85120.74 万元，实现税后净利润 13256.66 万元，分别比 1999 年增长 10.19%和 24.45%。

(2) 公司取得的主要成果

公司大力实施科技兴企战略，发展高新技术产品，使高新技术产品逐步成为公司效益新的增长点，被国家科技部认定为国家高新技术研究发展计划成果产业化基地。

(3) 公司所处的行业地位

公司是我国最大的生产和销售为汽车、农机工程机械和发电设备配套的柴油机燃油喷射系统产品的专业公司，产品主要有 A 型泵、I 号泵、单体泵、喷油器及三对偶件。2000 年公司主导产品的市场地位得到了进一步的巩固和扩大，五大类产品的市场占有率在行业中名列第一。各类产品的市场份额情况列表如下：

产品名称	销售收入	市场份额%	行业排序
A 型泵	165,419,745.54	46.88	第一
I 号泵	59,057,774.09	47.29	第一
单体泵	29,460,117.78	32.22	第一
喷油器	108,738,961.00	19.29	第一
三对偶件	145,692,353.45	26.31	第一

资料来源：全国油泵油嘴行业统计支会编制的 2000 年《油泵油嘴行业统计资料汇编》

(4) 控股子公司的经营状况

①南京威孚金宁有限公司(本公司所占权益为80%)。该公司2000年生产经营取得了快速的发展,全年共实现销售收入14805.71万元,实现利润570.15万元,分别比上年增长10.74%和3747.16%。

②无锡威孚吉大新材料应用开发有限公司(本公司所占权益70%)。该公司自99年筹建以来,新材料的开发、应用研究已取得了重要的阶段性成果。在金属纳米粉制备技术上,公司已成功地制备了金属纳米铝粉、铜粉和镍粉,平均粒度在55纳米级,并推向市场。同时采用纳米技术对威孚公司现生产的关键零部件如柱塞、出油阀等,进行金属表面纳米粉涂层处理,以提高在高压、高速工作状态下的耐磨性,其使用效果已进入验证阶段。目前与中科院力学研究所达成意向,利用纳米技术合作开发轻质金属陶瓷复合材料,此项研究一旦成功,必将大大降低"威孚公司"生产所需原材料的成本。另外,公司正与国防科工委的有关研发部门合作研究纳米技术在军工领域里的应用。公司已申报江苏省纳米应用工程研究中心,其金属纳米在燃油系统方面的应用已申报国家"十五"科技攻关项目。

③无锡欧亚柴油喷射有限公司(本公司所占权益48%),该公司自97年投产以来,由于受配套范围的局限,给生产经营带来一定的困难,2000年随着国家新排放法规的出台,加上柴油机向节能、低排放方向的发展,该公司的技术、质量优势逐步凸现,企业出现了重大转机,生产经营得到了快速的发展,全年共实现销售收入9347.63万元,实现利润1464.52万元。

(5) 经营活动中出现的困难和解决方案

2000年,是油泵油嘴行业产品结构调整快速进行的一年。随着国家在2001年将全面实施欧洲一号排放标准的政策出台,以及中国加入"世贸"组织时机的逐步来临,行业内各企业产品结构调整的步伐明显加快,新品开发的力度大大增加,市场在围绕新产品上的竞争已拉开了序幕;老产品市场的竞争也更趋激烈,给我公司拓展新、老产品市场,提高经济效益带来了一定的影响。针对上述情况,公司采取了以下措施:

①为了适应国家即将实施的更为严格的排放政策,公司在1999年开发成功PW泵和IW泵的基础上,加速实施产业化步伐。在批量投放市场的前提下,扩大生产能力,为2001年大批量生产满足市场急需创造了条件。②激活营销机制,加强考核力度,实现生产、销售、资金回笼的同步增长。③实施品牌战略,把"精品工程"和提高服务质量有机结合起来,树立良好的企业形象,提高产品的信誉度。④完善内部物流的控制系统,减少资金的占用,提高资金的运行质量,最终提高企业的经济效益。

2、公司的财务状况

报告期内,公司坚持以强化主业为原则,严格财务考核,不断提高资金的使用效率和营运质量,财务状况良好。具体情况如下:

指标名称	2000年	1999年	2000年比99年增长±%
1、总资产	1,992,760,589.74	1,680,270,306.01	18.60
2、长期负债	1,500,000.00	60,679,719.27	-97.52
3、主营业务利润	185,598,217.39	146,346,472.60	26.82
4、净利润	132,566,594.62	106,518,530.73	24.45
5、股东权益	1,621,890,019.16	1,171,543,229.70	38.44

3、公司的投资情况

(1) 报告期内募集资金使用情况

根据公司1998年发行A股招股说明书承诺,所募集资金56952万元已按计划投入,详细情况见2000年10月12日刊登于《中国证券报》、《证券时报》和《大公报》上的公司2000年度配股说明书。

(2) 变更募集资金项目进展情况

公司前次募集资金中承诺投资的生产分配式高压油泵(VE泵)项目,由于合作方的原因,经2000年3月16日召开的公司第三届三次董事会提议,并经2000年6月1日召开的1999年股东大会通过,将该项目的募股资金变更为投资高压喷油泵(PW泵)技改、小型高速泵(IW)泵技改、增加投入南京威孚金宁有限公司和补充流动资金。上述内容刊登于2000年6月2日的《中国证券报》、《证券时报》和《大公报》。

①高压喷油泵(PW泵)技改项目,该项目总投资9300万元人民币,截止报告期末,已投入资金8346.17万元。预计2001年进行竣工验收,形成10万台PW泵的生产能力。

②小型高速泵(IW泵)技改项目。

该项目总投资2980万元,截止报告期末,已投入资金1247.82万元,预计2001年进行竣工验收,形成8万台小型高速泵生产能力。

③追加投资南京威孚金宁有限公司项目

本项目在2000年已实施完毕。

④补充流动资金。在2000年生产经营中已投入使用。

(3) 非募集资金投资情况

为了进一步拓展企业的发展空间,公司投资3300万元,参股深圳市和君创业投资有限公司,占该公司注册资本的10%;投资500万元参股无锡高新技术开发有限公司,占该公司注册资本的9.09%。

(4) 2000年配股募集资金的使用情况

2000年,公司实施了以1998年12月31日总股本30343.55万股为基数,按每10股配3股的配股方案,配股价为每股10元人民币,配股总数为4190万股,共募集资金净额为40506万元人民币,于2000年11月20日资金到帐,主要用于投资经国家批准的"年产200万套汽车尾气催化净化器国产化重点示范项目"。为了加快该项目的实施,缩短建设期,公司三届七次董事会决定以现金收购"无锡威孚集团有限公司"所持有的"无锡威孚力达催化净化器有限责任公司"55%的股权,尔后进行增量投入,上述收购预期在2001年一季度评估后实施,并着手增量投入。

4、宏观环境变化对公司的影响

随着中国加入世界贸易组织日益临近,公司将面临境内、境外燃油喷射系统制造商的双重竞争压力。为了应对这一局面,近几年来,公司加大对技术中心的投入,设立了博士后科研工作站,同时,加强同国内及国外科研院所的合作,不断提升产品的技术含量和档次;通过与国外跨国公司的合资合作,学习国外先进的管理经验,也培养了大批的人才。因此,中国加入WTO,对公司来说是鞭策和动力。

5、新年度的业务发展规划

2001年是新世纪的开局之年,也是公司实施"十五"规划的第一年。总的工作思路是,以科技进步和改革创新为动力,加大公司新品开发和产业化、市场化进程;以做精做强企业和增强市场竞争优势,作为一切工作的出发点和立足点,继续走科技开路、市场先导、全面超越的可持续发展之路。

具体措施:

(1)加强技术创新,营造企业长远发展的竞争优势。着力研究开发适应国家未来排放法规所需的电控柴油喷射系统产品,确保企业持续稳定的发展。

(2)在合理规避经营风险的前提下,加大对高新技术产品的投入,特别是加速配股募资项目的建设,使之尽快产生经济效益,为公司的长远发展奠定基础。

(3)系统推进管理信息化工程,实现整体优化,提高资产质量和资金的使用效果。

6、董事会日常工作

(1) 报告期内董事会的会议情况及决议内容

①董事会第二届第三次会议于2000年3月16日以通讯表决的方式召开,会议审议并通过了如下决议:《关于变更部分募集资金投向》的方案,将原计划投资27888万元的募资项目"合资生产分配式高压油泵(VE泵)项目",改投:PW泵技改项目,总投资9300万元;小型高速泵(IW泵)及其配套件技改项目,总投资2980万元;增加投入南京威孚金宁有限公司,投资总额为9934万元。补充流动资金5674万元。

上述董事会决议刊登于2000年4月7日的《中国证券报》、《证券时报》和《大公报》上。

②董事会第三届第四次会议,于2000年4月5日在公司召开,会议审议并通过如下决议:公司1999年度工作报告;公司1999年度财务决算和利润分配预案;公司1999年年度报告和年度报告摘要;更换公司董事的提案;聘任副总经理的提案;信息披露的指定报刊由《香港商报》改为《大公报》。

上述董事会决议刊登于2000年4月7日的《中国证券报》、《证券时报》和《大公报》。

③董事会第三届第五次会议于2000年4月27日在公司召开,会议审议通过了如下决议:公司2000年度增资配股的预案;公司2000年度配股募集资金用途及可行性报告;公司"关于前次募集资金使用及效益情况的说明"。

上述董事会决议刊登于2000年4月28日的《中国证券报》、《证券时报》和《大公报》。

④董事会第三届第六次会议于2000年7月17日在公司召开,会议经审议通过了如下决议:公司2000年中期报告;公司2000年度中期分配预案的报告。决定公司中期不进行利润分配,也不进行公积金转增股本。

上述决议公告刊登于2000年7月19日的《中国证券报》、《证券时报》和《大公报》。

⑤董事会第三届第七次会议于2000年10月11日在公司召开,会议经审议,通过了如下决议:修改公司章程,配股实施后公司的注册资本将发生变化,须对公司章程中的有关条款作相应的修改,同时变更公司名称也须对章程作相应的修改;为加速本次配股募资投向项目的实施进度,决定以低于1800万元(包括1800万元)的现金收购"无锡威孚集团有限公司"所持有的"无锡威孚力达催化净化器有限责任公司"55%的股权;召开2000年度临时股东大会提案。

上述决议内容刊登于2000年10月12日的《中国证券报》、《证券时报》和《大公报》。

(2) 股东大会确定的配股方案已顺利实施,共配售股份总数4190万股。配股价为每股10元,共募集资金净额40506万元人民币。

7、公司管理层情况

(1) 董事、监事、高级管理人员

姓名	职务	性别	年龄	任期	年初持股	年末持股
许良飞	董事长	男	57	1999.5~2002.5	10400	12800
韩江明	副董事长 总经理	男	50	同上	10400	12800
祖吉林	董事	男	58	同上	10400	12800
李同华	董事	男	58	同上	10400	128[illegible]
吴建亮	董事	男	37	同上	2600	3200
洪建华	董事	男	60	同上	10400	12800
陈浩军	董事	男	52	同上	3900	4800
钟锡畅	董事 副总经理	男	52	同上	6500	8000
唐镇寰	董事 副总经理	男	57	同上	3900	4800
徐霖	董事	男	58	同上	14300	17600
倪大可	董事	男	59	同上		
李国栋	董事	男	52	同上		
陈昭林	董事	男	44	2000.6~2002.5		
张继明	董事	男	32	1999.5~2002.5		
王川	董事	男	52	1999.5~2002.5		
赵献时	监事会主席	男	48	1999.5~2002.5	6500	8000
葛颂平	监事	男	47	同上	13000	16000
李渭庆	监事	男	55	同上	9100	11200
王正平	监事	男	55	同上	9100	11200
潘宏英	监事	男	57	同上	5000	6400
刘永林	董事会秘书	男	58	同上	6500	8000
孙庆宪	财务负责人 副总会计师	女	47	同上		

注:董事、监事、高级管理人员持股数增加,主要系公司2000年度实施了每10股配3股的配股方案所致。

董事、监事及高级管理人员中,韩江明、钟锡畅、唐镇寰、刘永林、孙庆宪5人在公司领取报酬,年度报酬在10万元~11万元之间1人,在5万元~8万元之间4人。

(2)报告期内,董事德国博世公司委派董事鲁伯涛先生,因工作变动原因,辞去本公司董事职务,增补德国博世公司中国代表处业务发展总监陈昭林先生为公司董事。

8、本次利润分配预案

(1)经江苏公证会计师事务所有限公司审计,2000年度公司实现净利润13256.66万元,加上1999年度末未分配利润16203.65万元,可供分配的利润为29460.31万元。根据公司章程规定,当年提取10%公积金1325.67万元和5%公益金662.83万元后,按中国会计制度编制的法定帐目可供股东分配利润为27471.81万元。董事会决定以2000年度末总股本43636.615万股为基数,每10股派发现金红利2元(含税),上述分配方案分配普通股股利8727.32万元后,公司法定帐目未分配利润18744.49万元结转下一年度,提请股东大会审议批准。

(2) 预计公司2001年度利润分配政策

公司拟进行一次利润分配;拟分配方式以派发现金红利为主;公司2001年度实现的利润用于股利分配的比例不低于20%,2000年度末未分配利润用于下一年度股利分配的比例不低于10%。以上2001年度分配政策为预计方案,董事会将根据公司的实际经营情况和公司的发展情况对分配方案进行适当调整。

(六)监事会报告

1、监事会第三届第四次会议于2000年4月5日在公司召开,会议通过了提交股东大会的监事会工作报告。监事会决议公告刊登于2000年4月7日的《中国证券报》、《证券时报》和《大公报》上。

监事会第三届第五次会议于2000年4月27日在公司召开,会议审议通过了董事会提出的公司2000年度增资配股的预案;2000年度配股募集资金用途及可行性报告;关于前项募集资金使用及效益情况的说明。

监事会第三届第六次会议于2000年7月17日在公司召开,会议审计通过了公司2000年中期报告,公司2000年度中期分配预案。

2、报告期内公司监事会分别列席了董事会各次会议,并对董事会、经理层的工作发表如下意见:

(1)报告期内公司董事会、经理班子能按照国家有关法规及公司章程运作,公司的各项内控制度完善。公司董事、经理班子在执行职务时没发现有违反法律、法规、公司章程及损害公司利益的行为。

(2)境内外会计师事务所作出的审计意见,公正地反映了公司的生产经营情况。

(3) 公司的募集资金能按照募股承诺投入,部分募股资金的变更,经股东大会审议通过,变更程序合法。

(4)关联交易能体现公平、公开的原则,维护公司及股东的利益。

(七)重要事项

1、报告期内公司无重大诉讼及仲裁。

2、报告期内公司、董事及高级管理人员未受监管部门的处罚。

3、报告期内公司控股股东未有变更。

4、报告期内公司未有收购及出售资产、吸收合并事项。

5、本公司与第一大股东威孚集团有限公司2000年的重大关联交易如下:(单位:万元)

项目	2000年	1999年
采购货物	19744.18	14878.50
销售货物	21029.03	17447.60
购买固定资产	2642.29	4164.90
出售固定资产	—	92.60
加工收入	788.07	709.99
购货现金折扣收入	724.10	680.80
土地及商标使用费	250.25	225.63
资金占用	1203.05	1584.33

6、本公司与其控股股东在人员、资产、财务上的"三分开"情况:

本公司已做到了人员独立、资产完整和财务独立,实行了与控股股东在人员、资产、财务上的"三分开"。

(1)公司自95年发行B股及转为上市公司以来,即在人员上与无锡威孚集团有限公司实行了分开。股份公司有自己独立的经营班子,并建立了完整的组织机构和管理体制,具有独立运行的一切要素。

在资产上,公司在95年发行B股及实施资产重组过程中,经过境内、境外会计师的评估和审计,在与无锡威孚集团有限公司的资产关系上得到了明确的界定,境内、境外律师出具了法律意见书。因此公司与大股东在产权关系上,已实现了完全的分开。

在财务上,公司自发行B股以来,严格按照财政部制订的有关规定,建立了一套独立、完整的财务体系,在与无锡威孚集团有限公司的关联交易上,能严格按照双方签订的关联交易协议,进行财务结算,上述关联交易协议经过境内、外律师验证,符合公开、公平、公正的原则。

7、报告期内公司没有发生托管、承包、租赁其他公司资产或其他公司托管、承包、租赁公司资产的事项。

8、报告期内公司继续聘任境内江苏公证会计师事务所有限公司、境外安达信会计师事务所为本公司审计事务所。

9、报告期内公司无重大合同、重大担保事项。

10、报告期内公司经2000年11月14日召开的2000年度临时股东大会通过,将公司原名称"无锡威孚股份有限公司"更名为"无锡威孚高科技股份有限公司",股票简称由原"苏威孚A"更名为"威孚高科"。上述内容刊登于2000年11月15日的《中国证券报》、《证券时报》和《大公报》。

(八)财务报告

1、审计意见

苏公W[2001]A195号

无锡威孚高科技股份有限公司全体股东:

我们接受委托,审计了贵公司2000年12月31日母公司及合并资产负债表、2000年度母公司及合并利润表及利润表分配表、现金流量表。这些会计报表由贵公司负责,我们的责任是对这些会计报表发表审计意见。我们的审计是依据《中国注册会计师独立审计准则》进行的。在审计过程中,我们结合贵公司的实际情况,实施了包括抽查会计记录等我们认为必要的审计程序。

我们认为,上述会计报表符合《企业会计准则》、《股份有限公司会计制度》的有关规定,在所有重大方面公允地反映了贵公司2000年12月31日财务状况及2000年度经营成果和现金流量情况,会计处理方法的选用遵循了一贯性原则。

江苏公证会计师事务所有限公司　　中国注册会计师

中国.无锡　　2001年4月10日

2、财务报表附后

(九)公司其他有关资料

1、公司首次注册日期:1992年10月22日

地址:无锡市人民西路107号

变更注册日期:1995年9月28日

地址:无锡国家高新技术产业开发区46号地块

变更注册日期:1998年7月16日

地址:无锡国家高新技术产业开发区46号地块

变更注册日期:1999年11月2日

地址:无锡国家高新技术产业开发区46号地块

变更注册日期:2000年11月22日

地址:无锡国家高新技术产业开发区46号地块

2、企业法人营业执照注册号:3200001103404(2/2)

3、税务登记号:320208250456967

4、公司未流通股票托管机构:无锡市证券登记有限公司

5、境内会计师事务所:江苏公证会计师事务所有限公司

地址:无锡市梁溪路28号

境外会计师事务所:安达信会计师事务所

地址:香港中环干诺道中111号永安中心25楼

(十)备查文件

1、载有法定代表人、财务负责人及会计主管人员盖章的会计报表;

2、载有会计师事务所盖章、注册会计师签名并盖章的审计报告原件;

3、报告期内在中国证监会指定报纸上召开披露过的所有文件的正本及公告原件;

以上备查文件置于本公司的证券处(无锡市人民西路107号),供投资者查阅。

无锡威孚高科技股份有限公司董事会

二〇〇一年四月十三日

资 产 负 债 表

2000年12月31日

编报单位:无锡威孚高科技股份有限公司　　单位金额:人民币元

资产	附注	合并报表		母公司		负债及股东权益	附注	合并报表		母公司	
		期末数	年初数	期末数	年初数			期末数	年初数	期末数	年初数
流动资产:						流动负债:					
货币资金	5.1	707,708,064.95	584,792,821.61	682,490,217.73	570,392,092.67	短期借款	5.11	51,500,000.00	256,500,000.00	33,000,000.00	240,000,000.00
短期投资		-	-	-	-	应付票据			15,000,000.00		15,000,000.00
减:短期投资跌价准备						应付帐款	5.12	95,166,853.91	78,035,047.10	41,472,594.96	50,723,802.54
短期投资净值						预收货款		1,390,176.31	1,648,067.60		
应收票据	5.2	70,608,500.00	12,094,580.00	6,880,000.00	5,659,580.00	代销商品款					
应收股利						应付工资					
应收利息	5.3	1,131,000.00	6,270,000.00	1,131,000.00	6,270,000.00	应付福利费		777,355.22	290,120.73		
应收帐款	5.4	274,363,075.58	262,637,734.93	218,332,675.38	216,322,957.94	未付股利		82,953,230.00		82,953,230.00	
其他应收款	5.5	7,158,505.07	7,576,980.51	6,471,038.20	45,091,773.34	未交税金	5.13	2,978,834.75	2,251,412.61	1,671,519.83	1,032,422.65
减:坏帐准备		32,094,831.54	31,914,979.88	18,917,612.39	20,103,460.61	其他未交款		7,125,835.59	627,676.34	7,075,483.82	574,781.41
应收帐款净额		249,426,749.11	238,299,735.56	205,886,101.19	241,311,270.67	其他应付款	5.14	63,426,515.31	51,123,026.20	41,780,812.14	24,764,241.51
预付帐款		42,946.04	83,100.00			预提费用		6,419,030.02	7,919,563.52	4,306,989.66	7,919,563.52
应收补贴款						一年内到期的长期负债	5.15	16,000,000.00	19,000,000.00	16,000,000.00	19,000,000.00
存货	5.6	155,106,886.95	138,526,168.08	104,523,073.30	87,781,351.94	其他流动负债					
减:存货跌价准备		3,565,932.41	3,578,260.79	3,060,094.27	3,060,094.27	流动负债合计		327,737,831.11	432,394,914.10	228,260,630.41	359,014,811.63
存货净额		151,540,954.54	134,947,907.29	101,462,979.03	84,721,257.67	长期负债:					
待摊费用		10,712.00	552,120.00	-	-	长期借款	5.16	1,500,000.00	17,500,000.00	1,500,000.00	17,500,000.00
流动资产合计		1,180,468,926.64	977,040,264.46	997,850,297.95	908,354,201.01	应付债券					
长期投资:						长期应付款	5.17		43,179,719.27		
长期股权投资		303,102,505.32	238,847,589.93	464,936,526.28	297,017,159.70	住房周转金					
长期债权投资		80,000.00	80,000.00	80,000.00	80,000.00	其他长期应付款					
长期投资合计	5.7	303,182,505.32	238,927,589.93	465,016,526.28	297,097,159.70	长期负债合计		1,500,000.00	60,679,719.27	1,500,000.00	17,500,000.00
减:长期投资减值准备						递延税项:					
长期投资净额		303,182,505.32	238,927,589.93	465,016,526.28	297,097,159.70	递延税款贷项					
固定资产:						负债合计		329,237,831.11	493,074,633.37	229,760,630.41	376,514,811.63
固定资产原价	5.8	475,503,156.99	389,034,258.37	322,180,210.32	236,977,940.13	少数股东权益		41,632,739.47	15,652,442.94		
减:累计折旧		157,179,185.12	136,050,761.86	81,907,237.98	66,043,983.25	股东权益:					
减:固定资产减值准备		19,346,101.22	19,346,101.22	3,876,811.34	3,876,811.34	股本	5.18	436,366,150.00	394,466,150.00	436,366,150.00	394,466,150.00
固定资产净值		298,977,870.65	233,637,395.29	236,396,161.00	167,057,145.54	资本公积	5.19	908,918,600.36	545,765,175.52	908,918,600.36	545,765,175.52
在建工程	5.9	155,201,038.88	173,560,332.97	148,184,351.93	170,926,134.76	盈余公积	5.20	89,160,353.74	69,275,364.55	89,160,353.74	69,275,364.55
固定资产清理						其中:公益金		29,175,860.80	22,547,531.07	29,175,860.80	22,547,531.07
待处理固定资产净损失						未分配利润	5.21	187,444,915.06	162,036,539.63	187,444,915.06	162,036,539.63
固定资产合计		454,178,909.53	407,197,728.26	384,580,512.93	337,983,280.30	股东权益合计		1,621,890,019.16	1,171,543,229.70	1,621,890,019.16	1,171,543,229.70
无形资产及其他资产:											
无形资产	5.10	54,930,248.25	57,104,723.36	4,283,312.41	4,623,400.32						
开办费											
长期待摊费用											
其它长期资产											
无形资产及其它资产合计		54,930.248.25	57,104,723.36	4,283,312.41	4,623,400.32						
递延税项:		-	-	-	-						
递延税款借项											
资产总计		1,992,760,589.74	1,680,270,306.01	1,851,730,649.57	1,548,058,041.33	负债和股东权益合计		1,992,760,589.74	1,680,270,306.01	1,851,650,649.57	1,548,058,041.33

利润表及利润分配表

2000 年度

编报单位:无锡威孚高科技股份有限公司　　　　单位金额:人民币元

项　　目	附注	合并报表		母公司		项　　目	附注	合并报表		母公司	
		2000 年	1999 年	2000 年	1999 年			2000 年	1999 年	2000 年	1999 年
一、主营业务收入		851,207,431.67	772,520,416.86	749,662,489.50	699,761,053.35	四、利润总额		148,526,819.05	123,216,896.73	147,386,522.52	123,187,259.65
减:折扣与折让		-	-	-	-	减:所得税		14,819,927.90	16,668,728.92	14,819,927.90	16,668,728.92
主营业务收入净额		851,207,431.67	772,520,416.86	749,662,489.50	699,761,053.35	减:少数股东损益		1,140,296.53	29,637.08	-	-
减:主营业务成本		661,887,173.59	622,845,397.61	594,943,471.27	574,376,403.67	五、净利润		132,566,594.62	106,518,530.73	132,566,594.62	106,518,530.73
主营业务税金及附加		3,722,040.69	3,328,546.65	2,575,207.81	2,473,150.38	加:年初未分配利润		162,036,539.63	162,526,438.51	162,036,539.63	162,526,438.51
二、主营业务利润		185,598,217.39	146,346,472.60	152,143,810.42	122,911,499.30	盈余公积转入					
加:其他业务利润		264,758.46	526,237.43	-1,026,306.16	-492,388.17	六、可供分配的利润		294,603,134.25	269,044,969.24	294,603,134.25	269,044,969.24
减:存货跌价损失		-7,831.89	2,204,727.32	-	2,200,000.00	减:提取法定盈余公积		13,256,659.46	10,651,853.07	13,256,659.46	10,651,853.07
营业费用		19,330,241.79	13,781,842.95	15,423,095.14	10,199,961.12	提取法定公益金		6,628,329.73	5,325,926.54	6,628,329.73	5,325,926.54
管理费用		40,987,261.37	34,093,289.88	19,405,731.36	16,666,762.69	七、可供股东分配的利润		274,718,145.06	253,067,189.63	274,718,145.06	253,067,189.63
财务费用	5.22	14,800,590.22	6,104,037.71	11,226,990.77	2,326,423.66	减:提取任意盈余公积		-	-	-	-
三、营业利润		110,752,714.36	90,688,812.17	105,061,686.99	91,025,963.66	已分配普通股股利		87,273,230.00	-	87,273,230.00	-
加:投资收益	5.23	37,517,339.39	32,374,335.84	42,659,290.58	32,320,998.93	转作股本的普通股股利		-	91,030,650.00	-	91,030,650.00
补贴收入		-	-	-	-	八、未分配利润		187,444,915.06	162,036,539.63	187,444,915.06	162,036,539.63
营业外收入	5.24	1,507,159.42	1,614,262.11	499,361.78	1,185,603.77						
减:营业外支出	5.25	1,250,394.12	1,460,513.39	833,816.83	1,345,306.71						

现　金　流　量　表

2000 年

编报单位:无锡威孚高科技股份有限公司　　　　单位金额:人民币元

项　　目	行次	合并报表	母公司	现金流量表附注	行次	合并报表	母公司
一、经营活动产生的现金流量:				1、不涉及现金收支的投资和筹资活动:			
销售商品、提供劳务收到的现金	1	826,352,309.16	791,816,490.20	以固定资产偿还债务			
收取的租金	2	1,358,006.30	-	以投资偿还债务			
收到的税费返还	3	-	-	以固定资产进行长期投资			
收到的其它与经营活动有关的现金	4	34,355,684.04	32,802,546.25	以存货偿还债务			
现金流入小计	5	862,065,999.50	824,619,036.45	融资租赁固定资产			
购买商品、接受劳务支付的现金	6	625,182,996.89	566,874,006.53	2、将净利润调节为经营活动的现金流量:			
经营租赁所支付的现金	7	222,000.00	-	净利润		132,566,594.62	132,566,594.62
支付给职工以及为职工支付的现金	8	75,761,536.03	47,619,949.96	加:计提的坏帐准备或转销的坏帐		2,613,679.22	1,247,979.34
实际交纳的增值税款	9	42,517,339.44	31,906,259.41	固定资产折旧		24,424,218.01	17,998,791.79
支付的所得税款	10	14,436,578.69	14,436,578.69	无形资产、递延资产摊销		2,174,475.11	340,087.91
支付的除增值税、所得税以外的其它税费	11	5,926,905.75	3,828,340.57	处置固定资产、无形资产和其它长期资产的损失(减收益)		-18,183.63	-478,619.40
支付的其它与经营活动有关的现金	12	70,336,945.34	26,011,335.02	固定资产报废损失		-	-
现金流出小计	13	834,384,302.14	690,676,470.18	财务费用		14,466,858.87	13,328,134.77
经营活动产生的现金流量净额	14	27,681,697.36	133,942,566.27	投资损失(减收益)		-37,517,339.39	-42,659,290.58
二、投资活动产生的现金流量:				递延税款贷项(减借项)			
收回投资所产生的现金	16	109,863,000.00	109,863,000.00	存货的减少(减增加)		-16,580,718.87	-16,741,721.36
分得股利或利润所收到的现金	17	12,288,924.00	12,270,924.00	经营性应收项目的减少(减增加)		-24,003,858.14	40,729,597.70
取得债券利息收入所收到的现金	18	-	-	经营性应付项目的增加(减减少)		-71,584,324.97	-12,388,988.52
处置固定资产、无形资产和其它长期资产而收回的现金净额	19	739,468.18	548,468.18	其它		-	-
收到的其它与投资活动有关的现金	20	-	-	少数股东损益		1,140,296.53	-
现金流入小计	21	122,891,392.18	122,682,392.18	经营活动产生的现金流量净额		27,681,697.36	133,942,566.27
购建固定资产、无形资产和其它长期资产所支付的现金	22	70,194,912.17	62,938,123.46	3、现金及现金等价物净增加情况:			
权益性投资所支付的现金	23	148,889,500.00	247,314,000.00	货币资金的期末余额		707,708,064.95	682,490,217.73
债权性投资所支付的现金	24	-	-	减:货币资金的期初余额		584,792,821.61	570,392,092.67
支付其它与投资活动有关的现金	25	-	-	现金等价物的期初余额		-	-
现金流出小计	26	219,084,412.17	310,252,123.46	减:现金等价物的期初余额		-	-
投资活动产生的现金流量净额	27	-96,193,019.99	-187,569,731.28				
三、筹资活动产生的现金流量:							
吸收权益性投资所收到的现金	28	443,840,000.00	419,000,000.00				
发行债券所收到的现金	29	-	-				
借款所收到的现金	30	337,000,000.00	318,500,000.00				
收到的其它与筹资活动有关的现金	31	-	-				
现金流入小计	32	780,840,000.00	737,500,000.00				
偿还债务所支付的现金	33	561,000,000.00	544,500,000.00				
发生筹资费用所支付的现金	34	13,946,575.16	13,946,575.16				
分配股利或利润所支付的现金	35	-	-				
偿还利息所支付的现金	36	14,466,858.87	13,328,134.77				
融资租赁所支付的现金	37	-	-				
减少注册资本所支付的现金	38	-	-				
支付的其它与筹资活动有关的现金	39	-	-				
现金流出小计	40	589,413,434.03	571,774,709.93				
筹资活动产生的现金流量净额	41	191,426,565.97	165,725,290.07				
四、汇率变动对现金的影响	42						
五、现金及现金等价物净增加额	43	122,915,243.34	112,098,125.06	现金及现金等价物净增加额		122,915,243.34	112,098,125.06

北海新力实业股份有限公司

二○○○年年度报告摘选

一、公司简介

(一)法定名称
中文:北海新力实业股份有限公司
英文:BEIHAI XINLI INDUSTRIAL CO.LTD
(二)法定代表人:刘凤堂
(三)董事会秘书:杨延华
授权代表:温 杰
联系地址:广西北海市海角路 145 号
电话:0779－3906393、3922254 传真:0779－3906393
(四)注册地址:广西北海市海角路 145 号
办公地址:广西北海市海角路 145 号
邮编:536000
国际互联网网址:http://www.bhxl.com
电子信箱:bhxlzq@bh.gx.cninfo.net
(五)信息披露报纸:中国证券报、证券时报
登载年度报告的互联网网址:http://www.cninfo.com.cn
年度报告备置起点:公司九楼证券部
(六)股票上市交易所:深圳证券交易所
股票简称:北海新力 股票代码:0582

二、会计数据和业务数据摘要

(一)主要业绩指标

项目	金额
利润总额(元)	17,905,313.13
净利润(元)	15,574,701.92
扣除非经常性损益后的净利润(元)	11,259,203.08
主营业务利润(元)	14,884,420.73
其他业务利润(元)	2,599,631.41
营业利润(元)	1,858,258.74
投资收益(元)	16,116,154.74
补贴收入(元)	0
营业外收支净额(元)	－69,100.35
经营活动产生的现金流量净额(元)	6,596,177.62
现金及现金等价物净增加额(元)	－57,746,517.05

(二)会计数据及业务指标

1.截至报告期末公司前三年主要会计数据和财务指标

项 目	2000 年	1999 年	1998 年
主营业务收入(万元)	6,211.76	6,346.50	6,966.62
净利润(万元)	1,557.47	3,368.48	3,060.71
总资产(万元)	93,574.95	91,931.56	63,539.00
股东权益(万元)	53,248.64	52,812.04	27,369.48
每股收益(元)	0.083	0.179	0.210
加权平均每股收益(元)	0.083	0.211	0.210
扣除非经常性损益后的每股收益(元)	0.060	0.202	0.199
每股净资产(元)	2.825	2.802	1.881
调整后的每股净资产(元)	2.720	2.769	1.84
每股经营活动产生的现金流量净额(元)	0.035	0.15	—
净资产收益率(%)	2.925	6.378	11.18
加权平均净资产收益率(%)	2.906	9.498	11.595
扣除非经常性损益后加权平均净资产收益率(%)	2.101	9.122	10.966

2.截至报告期末公司前三年主要业务数据和指标

项 目	2000 年	1999 年	1998 年
总收入(万元)	6,651.28	6,734.99	7,802.58
主营业务收入占总收入(%)	93.39	94.23	89.29
其中:装卸收入	43.74	49.10	60.23
堆场收入	9.85	30.34	20.09
代理收入	5.71	5.82	5.34
理货收入	1.19	1.19	0.94
运输收入	32.90	7.79	1.87
吞吐量(万吨)	244.65	235.53	231.92
其中:外贸	104.37	104.99	129.37
内贸	140.28	130.54	102.55
客流量(万人次)	28.94	29.34	25.21

(三)报告期内股东权益变动情况 (单位:元)

项 目	期初数	本期增加	本期减少	期末数
股本	188,471,800.00			188,471,800.00
资本公积	264,814,621.36		1,785,075.16	263,029,546.20
盈余公积	24,639,701.81	2,336,205.29		26,975,907.10
其中:法定公益金	6,999,823.45	778,735.10		7,778,558.55
未分配利润	50,194,250.08	15,574,701.92	11,759,795.29	54,009,156.71
股东权益合计	528,120,373.25	18,689,642.31	13,544,870.45	532,486,410.01

三、股本变动及股东情况

(一)报告期末股东总数为 32822 户。
(二)前 10 名股东情况

序号	股 东 名 称	期初股数	期末股数	持股比例(%)
1	中国华能集团公司	75,652,720	75,652,720	40.14
2	北海市国有资产管理局	53,419,080	53,859,080	28.58
3	北海市风机厂	440,000	440,000	0.23
4	北海市印刷厂	440,000	440,000	0.23
5	北海市技术系统站	440,000	440,000	0.23
6	北海市烟花炮竹厂	440,000	440,000	0.23
7	金元证券投资基金	0	261,750	0.14
8	姜殿双	0	227,520	0.12
9	胡蜀江	0	225,000	0.12
10	杨彦军	0	178,278	0.09

四川托普软件股份有限公司

二○○○年年度报告摘选

一、公司简介

1、公司名称
中文名称:四川托普软件股份有限公司
英文名称:sichuan topsoftware co.,ltd.
2、公司法定代表人:李 智
3、公司董事会秘书、证券事务代表姓名、联系地址、电话、传真、电子信箱
董事会秘书:周 涛
证券事务代表:杨志宏
联系地址:四川省成都市金仙桥街 55 号托普集团客户中心
联系电话:(028)7675467
联系传真:(028)7675753
电子信箱:zhoutao@topgroup.com.cn
4、公司注册地址、办公地址及邮政编码、公司国际互联网址
注册地址:四川省自贡市贡井区建设路 284 号
办公地址:四川省成都市金仙桥街 55 号托普集团客户中心
邮政编码:610031
公司国际互联网址:http://www.topsoftware.com.cn
5、公司选定的信息披露报纸名称、登载公司年度报告的中国证监会指定国际互联网网址、年度报告备置地点
信息披露报纸名称:《证券时报》、《中国证券报》
登载年报的国际互联网址:http://www.cninfo.com.cn
年度报告备置地点:公司董事会办公室
6、公司股票上市交易所、股票简称和股票代码
股票上市交易所:深圳证券交易所
股票简称:托普软件
股票代码:0583

二、会计数据和业务数据摘要

1、本年度主要会计数据和业务数据(单位:元)

项目	金额
利润总额:	133,672,172.18
净利润	87,293,809.56
扣除非经营性损益后的净利润:	69,408,552.47
主营业务利润:	151,991,812.57
其他业务利润:	1,509,397.90
营业利润:	14,683,316.21
投资收益:	1,103,598.88
补贴收入:	19,647,187.50
营业外收支净额:	－1,761,930.41
经营活动产生的现金流量净额:	132,081,600.76
现金及现金等价物净增加额:	876,086,973.65

注:扣除非经常性损益项目及涉及金额(单位:元)

项目	金额
(1).营业外收支净额项目:	－1,761,930.41
a.处理固定资产净收益:	－265,251.52
b.副食品调控基金:	－423,811.68
c.评估减值:	
d.其他净支出:	－1,072,866.94
(2).补贴收入项目:	19,647,187.50
a.超税负的增值税退税	1,468,179.96
b.企业挖潜改造资金	18,179,007.54
(3).以上项目涉及金额:	17,885,257.09

2、前三年主要会计数据和财务指标,(单位:元)

项 目	2000 年	1999 年	1998 年
主营业务收入	508,264,093.07	274,221,434.21	220,763,605.88
净利润	87,293,809.56	57,505,362.51	29,358,758.46
总资产	1,893,163,327.86	739,114,530.63	659,438,716.20
股东权益(不含少数股东权益)	1,215,337,595.75	235,221,262.28	177,977,423.02
每股收益	0.71596	0.6525	0.3332
每股收益(按月平均加权法计算)		0.6525	0.3332
扣除非经营性损益后的每股收益	0.5693	0.5169	0.1545
每股净资产	9.9680	2.6692	2.0196
调整后的每股净资产	9.7161	2.5780	1.9052
每股经营活动产生的现金流量净额	1.0833	1.8306	－0.0952
净资产收益率%	7.1827	24.4473	16.4958

三、股本变动及股东情况

1、股东情况介绍
(1) 报告期末公司股东总数 57342 户。
(2) 前十名股东持股情况(截止 2000 年 12 月 31 日)

股 东 名 称	持股量(股)	持股比例(%)
①、四川托普科技发展公司	42,624,313	34.96
②、四川华普软件发展有限公司	2,800,000	2.37
③、普惠证券投资基金	2,281,400	1.87
④、四川省信托投资公司	1,272,563	1.04
⑤、同盛证券投资基金	1,113,350	0.91
⑥、自贡市银建房地产综合开发公司	840,000	0.69
⑦、自贡市自通房地产综合开发公司	700,000	0.57
⑧、同益证券投资基金	656,200	0.54
⑨、华能原材料公司	625,000	0.51
⑩、工行四川省信托投资公司自贡办事处	560,000	0.46

成都蜀都大厦股份有限公司

二〇〇〇年年度报告摘选

一、公司简介

1、公司名称:成都蜀都大厦股份有限公司
英文名称:CHENGDU SHUDU MANSION CO,LTD.
2、公司法定代表人:程高潮
3、公司董事会秘书:罗亦弟
公司证券事务代表:崔益民
联系地址:成都市蜀都大道暑袜北三街20号
电话:(028)6757539　　6752215
传真:(028)6741677
4、公司注册地址:四川省成都市蜀都大道暑袜北三街20号
邮政编码:610016
公司办公室地址:四川省成都市蜀都大道暑袜北三街20号
邮政编码:610016
公司电子信箱:Sdxl1234@mail.sc.cninfo.net
5、公司选定的信息披露报纸名称:《证券时报》、《中国证券报》;登载公司年度报告的国际互联网网址:深交所"巨潮证券资讯网":www.cninfo.com.cn
6、公司股票上市交易所:深圳证券交易所
股票简称:蜀都A
股票代码:0584

二、会计数据和业务数据摘要

1、报告期主要业务数据摘要

项　目	金 额(元)
利润总额(元)	20,689,508.79
净利润(元)	20,657,627.61
扣除非经营性损益后的净利润(元)	7,695,879.04
主营业务利润(元)	39,856,163.01
其它业务利润(元)	756,112.00
营业利润(元)	-2,098,030.28
投资收益(元)	21,994,876.42
补贴收入(元)	/
营业外收支净额(元)	792,662.65
经营活动产生的现金流量净额(元)	9,753,429.39
现金及现金等价物净增加额(元)	15,162,425.72
注:扣除的非经营性损益项目及涉及金额:	
股权转让收益	11,382,476.07
股权投资差额摊销	-402,727.50
非控股公司分配来的利润	1,982,000.00

2、近三年主要财务指标(单位:人民币元)

项 目	2000年	1999年	1998年(调整前)	1998年(调整后)
主营业务收入	13,789.45	12,981.26	16,246.03	16,006.03
净利润	2,065.76	-14,093.99	406.33	-6,178.55
总资产	67,584.65	73,181.78	106,733.43	88,474.12
股东权益	27,961.73	26,577.89	65,439.22	45,119.49
每股收益(摊薄)	0.10	-0.70	0.02	-0.31
每股收益(加权)	0.10	-0.70	0.021	-0.31
扣除非经常性损益后的每股收益(摊薄)	0.04	-0.69	-0.02	-0.31
扣除非经常性损益后的每股收益(加权)	0.04	-0.69	-0.02	-0.31
每股净资产	1.38	1.31	3.24	2.23
调整后每股净资产	1.20	1.04	2.90	1.87
净资产收益率(摊薄)%	7.39	-53.49	0.62	-13.69
每股经营活动产生的现金流量净额	0.05	0.17	-0.18	-0.118

附表:

	净资产收益率(%)		每股收益(元)	
	全面摊薄	加权平均	全面摊薄	加权平均
主营业务利润	14.25	14.44	0.20	0.20
营业利润	-0.75	-0.76	-0.10	-0.10
净利润	7.39	7.48	0.10	0.10
扣除非经常性损益后的净利润	3.03	3.07	0.04	0.04

三、股本变动及股东情况

1、报告期末公司股东总数10,197名,其中公司董事、监事、高级管理人员冻结2户。
2、持有公司股份前10名股东的持股情况(截止1999年12月31日)。

股　东　名　称	年初持股数(股)	年末持股数(股)	占总股本比例%
①成都市国有资产投资经营公司	37,699,255	37,699,255	18.64
②中国东方电气集团公司	11,166,415	11,166,415	5.52
③四川省长江企业(集团)公司	8,500,200	8,500,200	4.20
④西藏自治区国有资产经营公司	7,150,000	7,150,000	3.54
⑤成都市煤气总公司	5,423,633	5,423,633	2.68
⑥成都市信托投资公司	4,703,035	4,703,035	2.33
⑦成都市食品公司	4,378,608	4,378,608	2.16
⑧成都市汇通城市合作银行	4,260,575	4,260,575	2.11
⑨四川天成金银制品金店	2,341,644	2,341,644	1.16
⑩阿坝州经济技术协作开发总公司	2,310,084	2,310,084	1.14

东北输变电机械制造股份有限公司

二〇〇〇年年度报告摘选

一、公司简介

1.法定名称:东北输变电机械制造股份有限公司
简称:东北电
英文名称:Northeast Electrical Transmission & Transformation Machinery Manufacturing Company Limited
缩写:NEMM
2.法定代表人:项永春先生
3.董事会秘书:厉斌先生、罗宏先生
联系地址:中国辽宁省沈阳市和平区太原南街189号(邮编110001)
电话:(86)24-23527080
传真:(86)24-23527081
4.注册地址:中国辽宁省沈阳市铁西区北二中路18号
办公地址:中国辽宁省沈阳市和平区太原南街189号(邮编110001)
电话:(86)24-23527080
传真:(86)24-23527081
网站:www.china-dbd.com
电子邮箱:nemm585@sina.com
5.年度报告备置地点:董事会办公室
6.国内披露报纸名称:《中国证券报》、《证券时报》
7.香港披露报刊名称:《文汇报》、《HongKong I-mail》
8.登载年度报告的中国证监会指定国际互联网网址:www.cninfo.com.cn
9.股票上市地及代码:H股上市地点:　　A股上市地点:
--香港联合交易所有限公司　　--深圳证券交易所
--股票简称:东北输变电　　--股票简称:东北电
--股票代码:0042　　--股票代码:0585
10.公司工商登记号码:24349013-9
11.税务登记号码:21010624343739-7

二、财务数据摘要

1、按中国会计准则及制度编制的本年度财务数据摘要(单位:人民币千元)

项目	金额
利润总额	(365,331)
净利润	(363,597)
扣除非经常性损益后的净利润	(363,842)
其中:主营业务利润	167,436
其它业务利润	12,487
营业利润	(368,171)
投资收益	2,596
补贴收入	0
营业外收支净额	245
现金及现金等价物净增加额	10,641
其中:经营活动产生的负现金流量净额	(41,411)
注:扣除非经常性损益项目及涉及金额(单位:人民币千元):	
出口退税	0
增值税返还	0
固定资产处置损失	1,185
其它	0
合计:	1,185

2.按中国会计准则及制度编制的公司前三年主要会计数据和财务指标

指标项目	2000年	1999年	1998年
(1)主营业务收入(人民币千元)	1,320,048	1,406,926	1,557,592
(2)净利润/(亏损)(人民币千元)	(363,597)	(166,837)	7,917
(3)总资产(人民币千元)	4,454,892	4,223,589	4,127,166
(4)股东权益(不含少数股东权益)(人民币千元)	1,125,563	1,550,659	1,717,496
(5)每股收益/(亏损)(人民币元)	(0.416)	(0.191)	0.009
(6)扣除非经常性损益后的每股收益/(亏损)(人民币元)	(0.4166)	(0.196)	(0.012)
(7)每股净资产(人民币元)	1.29	1.775	1.967
(8)调整后的每股净资产(人民币元)	1.25	1.767	1.912
(9)每股经营活动产生的现金流入/(流出)净额(人民币元)	(0.047)	(0.086)	(0.001)
(10)净资产收益率(%)	(32.3)	(10.76)	0.46
(11)加权平均净资产收益率(%)	(27.17)	(10.21)	0.46

3.按香港普遍采纳之会计准则编制的财务数据摘要(人民币千元)

指标项目	2000年	1999年	1998年
1)主营业务收入(人民币千元)	1,311,922	1,398,050	1,541,205
2)净利润/(亏损)(人民币千元)	(363,597)	(168,336)	6,417
3)总资产(人民币千元)	4,454,892	4,263,628	4,156,726
4)股东权益(不含少数股东权益)(人民币千元)	1,125,563	1,547,659	1,715,995
5)每股收益/(亏损)(人民币元)	(0.418)	(0.193)	0.007
6)每股净资产(人民币元)	1.29	1.772	1.965
7)调整后的每股净资产(人民币元)	1.25	1.733	1.910
8)净资产收益率(%)	(32.4)	(10.88)	0.37
9)加权平均净资产收益率(%)	(27.29)	(10.32)	0.37

三、股本结构及股东情况

1、股本
(1)股本结构情况及本期股份变动情况表(数量单位:股)

	期初数	增减变动(+/—)	期末数
①、尚未流通股份			
国家拥有股份	450,520,000	-	450,520,000
社会法人股	21,300,000	-	21,300,000
②、已流通股份			
境内上市的A股	143,600,000	-	143,600,000
境外上市的H股	257,950,000	-	257,950,000
③、股份总数	873,370,000	-	873,370,000

注:本报告期内本公司股本总数未发生变化。

四川省长江企业(集团)股份有限公司

二○○○年年度报告摘选

一、公司简介

1、公司名称:四川省长江企业(集团)股份有限公司
英文名称:SICHUAN CHANGJIANG BUSINESS ENTERPRISE (GROUP) COMPANY LIMITED
英文缩写:SCEC
2、公司法定代表人:郭新荣
3、公司董事会秘书:郭丽红
联系地址:四川省成都市府青路一段 34 号
电话号码:(028)3324561　　3339888
传真号码:(028)3333896
4、注册地址:中国四川省成都市府青路一段 34 号
邮政编码:610082
办公地址:中国四川省成都市府青路一段 34 号
邮政编码:610082
电子信箱:scec@mail. sc. cninfo. net
5、公司选定的信息披露报纸:《中国证券报》、《证券时报》
中国证监会指定登载公司年度报告的国际互联网网址:http//www. cninfo. com. cn
公司年度报告备置地点:公司证券部
6、公司股票上市交易地点:深圳证券交易所
股票简称:川长江 A　　股票代码:0586

二、会计数据和业务数据摘要

1、本年度会计数据和业务数据摘要

项 目	金额(元)
利润总额	-56,278,909.55
净利润	-56,278,909.55
扣除非经常性损益后的净利润	-57,081,398.45
其他业务利润	0.00
营业利润	-30,210,104.92
投资收益	-26,871,293.53
补贴收入	413,692.66
营业外收支净额	388,796.24
经营活动产生的现金流量净额	-17,308,173.10
现金和现金等价物净增加额	-6,580,768.11
注:非经常性损益扣除项目及金额如下:	
补贴收入	413,692.66
营业外收支净额	388,796.24

2、公司前三年主要会计数据及财务指标　　单位:人民币元

指标项目	2000年	1999年	1998年	
			调整前	调整后
主营业务收入	407,053,082.42	396,700,668.54	484,425,839.55	484,425,839.55
净利润	-56,278,909.55	3,911,556.67	12,913,228.20	-6,064,389.99
总资产	502,950,867.44	542,514,516.94	660,650,340.78	575,035,838.17
股东权益	310,262,307.85	366,541,217.40	448,244,163.34	362,629,660.73
每股收益	-0.2909	0.020	0.067	-0.031
每股收益(加权)	-0.2909	0.020	0.07	-0.032
扣除非经常性损益后每股收益	-0.295	0.018		
每股净资产	1.60	1.89	2.317	1.87
调整后的每股净资产	1.169	1.38	1.93	1.51
每股经营活动产生的现金流量净额	-0.089	0.22	0.117	0.117
净资产收益率	-18.14	1.07%	2.88%	-1.67%

3、利润表附表
(按照中国证监会《公开发行证券公司信息披露编报规则(第 9 号)》要求计算)

报告期利润(元)	净资产收益(%)		每股收益(元/股)	
	全面摊薄	加权平均	全面摊薄	加权平均
主营业务利润	4.304	3.95	0.069	0.069
营业利润	-9.74	-8.93	-0.156	-0.156
净利润	-18.14	-16.63	-0.291	-0.291
扣除非经常性损益后的净利润	-18.40	-16.87	-0.295	-0.295

4、报告期内股东权益变动情况

项 目	股本	资本公积	盈余公积	法定公益金	未分配利润	股东权益合计
期初数	193,440,000.00	184,624,261.86	27,566,560.42	13,783,280.21	-39,089,604.88	366,541,217.40
本期增加					-56,278,909.55	
本期减少						
期末数	193,440,000.00	184,624,261.86	27,566,560.42	13,783,280.21	-95,368,514.43	310,262,307.86
变动原因					本年利润分配	本年利润分配

三、股东情况介绍

1、本年度末股东总数为 26869 户,其中公司职工(高管人员)4 户,持股 54080 股。
2、主要股东持股情况
持有本公司 5%以上股份的股东仅四川省长江集团有限公司一家,前 10 名股东持股情况如下:

股 东 名 称	期初数(万股)	期内增减(+、-)	期末数(万股)	占总股本比率(%)
四川省长江集团有限公司	6838		6838	35.35
四川富泰房地产开发公司	650		650	3.36
四川省工商银行信托投资公司	650		650	3.36
四川省农村信托投资公司	650		650	3.36
四川省中行信托投资公司	650		650	3.36
海南蜀兴信托投资公司	390		390	2.02
四川省农村信托投资公司阿坝办事处	390		390	2.02
四川省金融市场	390		390	2.02
四川省信托投资公司	338	-42	296	1.53
四川省保险公司	260		260	1.34

光明集团家具股份有限公司

二○○○年年度报告摘选

一、公司简介

1、公司法定名称:
中 文:光明集团家具股份有限公司
英 文:GUANGMING GROUP FURNITURE CO. ,LTD.
缩 写:GMF
2、公司法定代表人:马中文先生
3、公司董事会秘书:高金波女士
授权代表:郑舒怀先生
联系地址:黑龙江省伊春市伊春区青山西路 118 号
联系电话:0458-3610587　　传　真:0458-3666097
电子信箱:mzw@chinagmf. com
4、公司注册地址及办公地址:
黑龙江省伊春市伊春区青山西路 118 号
邮政编码:153000
公司国际互联网网址:http://www. guangming. com
公司电子信箱:Info@GuangMing. Com
5、公司信息披露报纸为《证券时报》
登载公司年度报告的中国证监会指定的国际互联网站:http://www. Cninfo . com. cn
6、公司年度报告备置地点:公司董事会秘书部
7、公司股票上市地:深圳证券交易所
股票简称:光明家具　　股票代码:0587

二、会计数据和业务数据摘

1、本年度公司利润情况(单位:人民币元)

项 目	2000 年度	1999 年度
利润总额	62,147,522.96	52,233,450.71
净利润	53,056,273.97	38,721,480.91
扣除非经常性损益后的净利润	55,453,619.16	36,655,899.76
净资产收益率(加权)%	12.12	9.99
扣除非经常性损益后的净资产收益率(加权)元	12.67	9.46
主营业务利润	93,640,184.49	77,969,367.49
其他业务利润	7,938,217.80	1,699,874.13
营业利润	64,544,868.15	50,167,869.58
投资收益	-3,843,840.00	-1,383,242.91
补贴收入		3,700,000.00
营业外收支净额	1,446,494.81	-251,175.96
经营活动产生的现金流量净额	18,900,752.19	20,529,761.79
现金及现金等价物净增加额	3,854,393.37	13,373,911.76

注:非经常性损益扣除项目有投资收益-3,843,840.00 元,营业外收支净额 1 ,446,494.81 元。

2、截止 2000 年末公司前三年主要会计数据和财务指标

指标项目	单位	2000年	1999年	1998年	
				(调整前)	(调整后)
主营业务收入	万元	30,725	21,351	24,055	23,606
净利润	万元	5,306	3,872	3,425	3,544
总资产	万元	69,710	62,892	55,947	51,046
股东权益	万元	43,230	44,066	33,408	29,826
每股收益(摊薄)	元	0.286	0.209	0.206	0.213
(加权)	元	0.286	0.216	0.206	0.213
扣除非经常性损益后的每股收益	元	0.299	0.197	0.184	0.190
每股净资产	元	2.33	2.37	2.01	1.79
净资产收益率(摊薄)	%	12.27	8.79	10.25	11.88
(加权)	%	12.12	9.99	10.84	12.44
扣除非经常性损益后的净资产收益率(加权)	元	12.67	9.46	9.69	10.27
调整后的每股净资产	元	2.29	2.33	1.98	1.77
每股经营活动产生的现金流量净额	元	0.10	0.11	0.11	0.11

以上主要会计数据和财务指标以公司合并报表进行列示和计算。

三、股本变动及股东情况

1、股本变动情况
(1) 股份变动情况表
截止 2000 年 12 月 31 日,公司股本变动情况如下表:　　数量单位:股

	期初数	本次变动增减(+,-)						期末数
		配股	送股	公积金转股	增发	其它	小计	
一、未上市流通股份								
1、发起人股份	76,118,224							76,118,224
其中:国家拥有股份								
境内法人持有股份								
境外法人持有股份								
其他								
2、募集法人股份	26,099,382							26,099,382
3、高管持股	325,195					-270,078	-270,078	55,117
4、优先股或其他								
其中:转配股	816,478					-816,478	-816,478	0
尚未流通股份合计	103,359,279					-1,086,556	-1,086,556	102,272,723
二、已流通股份								
1.境内上市的人民币普通股	82,352,299					1,086,556	1,086,556	83,438,855
2.境内上市的外资股								
3.境外上市的外资股								
4.其他								
已流通股份合计	82,352,299					1,086,556	1,086,556	83,438,855
三、股份总数	185,711,578					0	0	185,711,578

广东金曼集团股份有限公司

二〇〇〇年年度报告摘选

一、公司简介

1、公司全称:广东金曼集团股份有限公司

英文名称:GUANGDONG KINGMAN GROUP CO.,LTD.

2、公司法定代表人:张旭强

3、公司董事会秘书:刘团得

联系地址:广东省潮州市潮枫路中段烤鳗厂内主楼四楼

电话:(0768)6883983　　传真:(0768)6874588

电话:(0768)6888326

4、公司注册和办公地址:广东省潮州市潮枫路金曼大酒店

邮政编码:521031

公司电子信箱:Gdkm@pub.chaozhou.gd.cn

5、公司选定的信息披露报纸《证券时报》年报报告指定登载网址:http://www.cninfo.com.cn

6、公司股票上市交易所:深圳证券交易所

股票简称:ST 粤金曼　　股票代码:0588

二、会计数据和业务数据摘要

(一)、公司本年度实现的利润总额 -440,358,797.96 元,净利润 -436,322,745.21 元,扣除非经常性损益后的净利润 -433,858,356.69 元,主营业务利润 13,245,657.65 元,营业利润 -435,037,433.86 元,投资收益 -2,856,975.58 元,营业外收支净额 -2,464,388.52 元。经营活动产生的现金流量净额 5,404,111.66 元,现金及现金等价物净增加 -1,382,530.47 元。

注:非经常性损益项目和涉及金额

营业外收支净额 -2,464,388.52 元

(二)、主要会计数据和财务指标　　单位:人民币万元

财务指标	2000 年	1999 年		1998 年
		调整后	调整前	
1.主营业务收入	7,994.32	8,640.94	34,736.66	34,736.66
2.净利润	-43,632.27	-22,032.75	-71,379.96	-21,514.34
3.总资产	570,816.63	90,818.28	96,572.99	185,560.57
4.股东权益(不含少数股东权益)	-106,241.51	-62,978.55	-40,945.80	45,312.77
5.每股收益(元/股)	-3.248	-1.64	-5.314	-1.602
每股收益(加权)(元/股)	-3.248	-1.64	-5.314	-1.602
每股收益(元/股)(扣除非经常性收益后)	-3.230	-1.77	-5.117	-1.654
6.每股净资产(元/股)	-7.910	-4.69	-3.048	3.37
7.调整后的每股净资产(元/股)	-7.923	-4.71	-3.077	3.30
8.每股经营活动产生的现金流量净额	0.040	-0.007	-0.62	-0.62
9.净资产收益率(%)			-47.48	

(三)、股东权益变动情况及其原因　　单位:人民币万元

项 目	股 本	资本公积	盈余公积	其中:公益金	未分配利润	合 计
期初数	13,432.00	44,927.48	4,257.04	821.28	-125,595.07	-62,978.55
本期增加						
本期减少					43,262.96	43,262.96
期末数	13,432.00	44,927.48	4,257.04	821.28	-168,858.03	-106,241.51

三、股本变动及股东情况

(一)股本变动情况

股本变动情况表　　数量单位:股

	期初数	配股	送股	公积金转股	其他	小计	期末数
		本次变动增减(+,-)					
(1)尚未流通股份:							
〈1〉发起人股							
其中:							
国家股拥有股份	39,354,300						39,354,300
境外法人持有股							
外资法人持有股份							
其他							
〈2〉募集法人股	32,850,000						32,850,000
〈3〉内部职工股							
〈4〉优先股或其它							
尚未流通股份合计:	72,204,300						72,204,300
(2)已流通股份:							
〈1〉境内上市的人民币普通股	62,115,700						62,115,700
〈2〉境内上市的外资股							
〈3〉境外上市的外资股							
〈4〉其他							
已流通股份合计	62,115,700						62,115,700
(3)股份合计:	134,320,000						134,320,000

(二)、股东情况介绍

1、报告期末股东总数为 28886 户。

2、主要股东持股情况

序号	股 东 名 称	年末持股数	持股比例(%)
1.	潮州市国有资产管理办公室	39354300	29.30
2.	中国新技术创业投资公司	3650000	2.72
3.	中国工商银行潮州分行	3650000	2.72
4.	北京捷强珠宝有限责任公司	1825000	1.36
5.	中国银行广州信托咨询公司	1825000	1.36
6.	中国农业银行广东省信托投资公司	1825000	1.36
7.	广东发展银行潮州分行	1825000	1.36
8.	北京朝阳区经济信息咨询部	1460000	1.09
9.	建设银行广东信托投资公司	1095000	0.82
10.	潮安县古巷华光鳗场	912500	0.68

贵州轮胎股份有限公司

二〇〇〇年年度报告摘选

一、公司简介

1、公司法定中文名称:贵州轮胎股份有限公司

公司法定英文名称:GUI ZHOU TYRE CO.,LTD.

2、法定代表人:马世春

3、董事会秘书:李尚武

联系地址:贵州省贵阳市百花大道 41 号

电话:(0851)4843651

传真:(0851)4844248

4、公司注册地址:贵州省贵阳市百花大道 41 号

公司办公地址:贵州省贵阳市百花大道 41 号

邮政编码:550008

国际互联网网址:http://www.gtctire.com

电子信箱:qtyre@public.gz.cn

5、公司选定的信息披露报纸:《证券时报》

刊载年报的国际互联网网址:http://www.cninfo.com.cn

6、股票上市地:深圳证券交易所

股票简称:黔轮胎 A

股票代码:0589

二、会计数据和业务数据摘要

1、本年度主要会计数据和业务指标(单位:元)

项目	金额
利润总额	22,360,659
净利润	14,763,608
扣除非经常性损益后的净利润	5,340,347
主营业务利润	158,101,920
其他业务利润	17,836
营业利润	19,118,883
投资收益	——
补贴收入	3,948,996
营业外收支净额	-707,220
经营活动产生的现金流量净额	-59,147,240
现金及现金等价物净增加额	-49,630,553

注:非经营性损益是指公司正常经营损益之外的、一次性或偶发性损益,例如资产处置损益、临时性获得的补贴收入、新股申购冻结资金利息、合并价差摊入等。

2、前三年主要会计数据和财务指标(单位:元)

项目	2000 年	1999 年	1998 年	
			调整前	调整后
主营业务收入	1,567,883,870	1,030,149,019	1,020,654,714	1,020,654,714
净利润	14,763,608	11,879,756	56,654,000	53,039,039
总资产	2,366,327,311	2,152,262,791	1,606,543,592	1,583,158,884
股东权益(不含少数股东权益)	869,629,988	796,236,380	652,771,825	629,387,117
全面摊薄每股收益	0.06	0.05	0.26	0.24
加权平均每股收益	0.06	0.05	0.26	0.24
扣除非经营性收益后的每股收益	0.02	0.05	0.26	0.24
每股净资产	3.419	3.131	2.99	2.89
调整后的每股净资产	3.141	2.875	2.79	2.67
每股经营活动产生的现金流量净额	-0.237	-0.299	-0.35	-0.35

根据中国证监会《公开发行证券公司信息披露编报规则第 9 号》的要求计算的净资产收益率和每股收益如下:

	2000 年				1999 年			
净资产收益率	每股收益		净资产收益率		每股收益		利润项目	
	全面摊薄法	加权平均法	全面摊薄法	加权平均法	全面摊薄法	加权平均法	全面摊薄法	加权平均法
主营业务利润	18.16%	18.87%	0.62	0.62	20.22%	25.39%	0.63	0.74
营业利润	2.20%	2.28%	0.08	0.08	1.95%	2.44%	0.06	0.07
净利润	1.70%	1.76%	0.06	0.06	1.49%	1.87%	0.05	0.05
扣除非正常性损益后的净利润	0.61%	0.64%	0.02	0.02	1.50%	1.88%	0.05	0.05

3、报告期内股东权益变动情况

项目	股本	资本公积	盈余公积	未分配利润	股东权益合计
期初数	254,327,065	462,425,190	59,215,558	20,268,567	796,236,380
本期增加		58,630,000	2,952,722	11,810,886	73,393,608
本期减少					
期末数	254,327,065	521,055,190	62,168,280	32,079,453	869,629,988

三、股东情况介绍

1、报告期末公司股东总数为 62634 户。

2、前十名股东持股情况

序号	股东名称	持股量(股)	持股比例(%)
1	贵阳市国有资产管理局	129,706,825	51.00
2	王作新	500,692	0.1967
3	雷鸣	500,094	0.1966
4	王秀英	467,000	0.1836
5	扬方杰	384,400	0.1511
6	魏冬	344,000	0.1353
7	魏玲	334,304	0.1314
8	罗必寺	324,862	0.1277
9	姚毅刚	321,146	0.1262
10	北京丰合兴业经济发展集团	278,000	0,1093

清华紫光古汉生物制药股份有限公司

二〇〇〇年年度报告摘选

一、公司简介

1、公司名称：清华紫光古汉生物制药股份有限公司
(Tsinghua Unisplendour Guhan Biology Pharmay Co., Ltd)
2、公司法定代表人：张本正(董事长)
3、公司董事会秘书：廖德林
公司授权代表人：周世武
联系电话：0734－－8239335　8239332
传真：0734－－8239335　8239332
电子信箱：stocks@guhan.com
4、公司注册地址：湖南省衡阳市先锋路54号
邮政编码：421001
公司办公地址：湖南省衡阳市先锋路54号
邮政编码：421001
网址：www.guhan.com
5、公司选定的信息披露报纸名称：《中国证券报》、《证券时报》
登载公司年度报告的中国证监会指定国际互联网网址：www.cninfo.com.cn
年度报告备置地址：清华紫光古汉生物制药股份有限公司董秘办
6、公司股票上市交易所：深圳证券交易所
股票简称：紫光生物
股票代码：0590

二、会计数据和业务数据摘要

公司本年度实现利润总额3865万元，净利润3033万元，主营业务利润14187万元，其他业务利润855万元，营业利润3669万元，投资收益49万元，营业外收支净额48万元，经营活动产生的现金流量净额823万元，现金及现金等价物净增加额－653万元。

主要会计数据和财务指标

指标项目	2000年	1999年	1998年	
			调整前	调整后
主营业务收入(万元)	28356	21962.70	19832.60	19832.06
净利润(万元)	3033	1144	2786.50	2250.00
总资产(万元)	63625.5	59086	40434.70	39233.90
股东权益(万元)	37529	34506	26878.40	25627.90
每股收益(元/股)摊薄	0.149	0.10	0.27	0.22
加权	0.175	0.12	0.27	0.22
每股净资产(元/股)	1.85	3.06	2.62	2.50
调整后的每股净资产(元/股)	1.788	2.92	2.58	2.45
净资产收益率(%)摊薄	8.08	3.59	10.36	8.78
每股经营活动产生的现金流量净额	0.04元	－0.09元		
扣除非经常性损益后每股收益(元/股)	0.115	0.11	0.27	0.22

2000年非经常性损益695万元，系出口退税收入196万元；出让产品在菲律宾的经销权848万元，其他系投资收益及营业外收支净额，以上收入扣除有关税金后的净收益为695万元。

1999年非经常性损益－223894.83元，系营业外收支净额和投资损益。

1998年非经常性损益800万元，为市财政补贴收入。

三、股东情况介绍

1、截止2000年12月31日，本公司股东总数为10283户，其中高级管理人员股东7户，无内部职工股股东。

2、持有本公司5%以上(含5%)股份的股东及前10名股东名册

股东名称	年末持股数量	持股比例
1)清华紫光(集团)总公司	43524000	21.44%
2)衡阳市国有资产管理局	41388000	20.58%
3)中国药材公司	8765699	4.32%
4)湖南医药包装广告衡阳公司	5705065	2.81%
5)工行衡阳市信托投资公司	5490000	2.70%
6)衡阳市药材公司	5400000	2.66%
7)湖南省耒阳耒能实业公司	2700000	1.33%
8)深圳市旭能投资有限公司	2700000	1.33%
9)上海新元投资有限公司	2012400	0.99%
10)衡阳市湘南机动车零件供应站	1584360	0.78%

3、衡阳市国资局代表国家持有本公司20.58%的股份。衡阳市国有资产管理局股权无质押、冻结情况。

4、清华紫光(集团)总公司持有本公司21.44%的股份，属国有法人股。清华紫光(集团)总公司法人代表是张本正，注册资本为人民币39451万元。主营业务范围涉及生物制药、信息电子及环保产业等。

5、公司前10名股东之间无关联关系，

6、公司原控股股东衡阳市国有资产管理局2000年4月24日与清华紫光(集团)总公司签订了股权转让协议。根据协议，衡阳市国有资产管理局将持有本公司42.02%股份中的21.44%转让给了清华紫光(集团)总公司。转让后，衡阳市国有资产管理局仍持有本公司20.58%股份，为本公司第二大股东。清华紫光(集团)总公司持有本公司21.44%股份，成为本公司第一大股东。有关本次股份转让事宜，本公司先后在2000年4月26日、7月12日、7月27日《中国证券报》、《证券时报》上进行了披露。

重庆桐君阁股份有限公司

二〇〇〇年年度报告摘选

一、公司简介

(一)公司全称：重庆桐君阁股份有限公司
英文名称：CHONGQING TONG JUN GE CO.,LTD.
英文缩写：T J G
(二)公司法定代表人：廖志扬
(三)公司董事会秘书：邹 莎
联系地址：重庆市渝中区解放西路120号
电话及传真：(023)63843398
(四)公司注册及办公地址：重庆市渝中区解放西路120号
邮政编码：400012
公司互联网网址：http://www.tjgcq.com
电子信箱：cqtjgco@cta.cq.cn
(五)公司选定的信息披露报刊名称：《中国证券报》、《证券时报》
中国证监会指定的国际互联网网址：http://www.cninfo.com.cn
公司年报备置地点：公司办公室
(六)公司股票上市地：深圳证券交易所
股票简称：桐君阁
股票代码：0591

二、会计数据与业务数据摘要

(一)主要经济指标完成情况　　(单位：元)

项目	金额
利润总额	30,487,123.78
扣除非经常性损益后的净利润	23,852,349.51
主营业务利润	100,074,293.17
其他业务利润	5,370,482.60
营业利润	27,506,604.73
投资收益	52,496.02
补贴收入	0.00
营业外收支净额	2,928,023.03
经营活动产生的现金流量净额	46,933,988.77
现金及现金等价物增加额	24,788,004.82

(二)主要会计数据和财务指标

项目	2000年	1999年	1998年	
			调整前	调整后
主营业务收入(万元)	58,921.63	44,045.31	35,845.74	35,845.74
净利润(万元)	2,634.12	1,960.90	2,592.10	1,698.25
总资产(万元)	49,064.42	46,688.44	48,081.23	44,996.46
股东权益(万元)	24,834.93	15,022.84	16,202.02	13,061.94
每股收益(元)	0.264	0.215	0.341	0.233
加权平均每股收益(元)	0.266	0.25	0.341	0.233
扣除非经常损益后的每股收益(元)	0.239	0.107	0.192	0.092
每股净资产(元)	2.49	1.650	2.13	1.720
调整后每股净资产(元)	2.07	1.25	1.90	1.120
每股经营活动产生的现金流量净额(元)	0.47	0.168	－0.133	－0.133
净资产收益率(%)	10.61	13.05	16.00	13.00

根据中国证监会《信息披露编报规则(第九号)》要求计算的数据

报告期利润	净资产收益率(%)		每股收益(元/股)	
	全面摊薄	加权平均	全面摊薄	加权平均
主营业务利润	40.30	41.60	1.002	1.009
营业利润	11.08	11.43	0.275	0.273
净利润	10.61	10.95	0.264	0.266
扣除非经常性损益后的净利润	9.65	9.916	0.239	0.241

(三)股本权益变动情况　　单位：元

项目	股本	资本公积	盈余公积	其中：公益金	未分配利润	合计
期初数	91,266,192.00	21,772,610.87	37,069,214.01	6,518,997.38	120,379.03	150,228,395.91
本期增加	8,600,000.00	75,663,018.09	5,268,233.82	2,634,116.91	26,341,169.09	115,872,421.00
本期减少					17,751,507.82	17,751,507.82
期末数	99,866,192.00	97,435,628.96	42,337,447.83	9,153,114.29	8,710,040.30	248,349,309.09

三、股本情况介绍

(一)股本变动情况

1、截止2000年12月31日，公司股东共计23858户。

2、前10名股东持股情况(截止2000年12月31日)

股东名称	年末持股数(股)	持股比例(%)
(一)重庆太极实业(集团)股份有限公司	65066192	65.15
(二)同盛证券投资基金	432570	0.43
(三)罗显秀	165763	0.17
(四)泰和证券投资基金	155400	0.16
(五)刘明均	149100	0.15
(六)同智证券投资基金	137329	0.14
(七)路爱兰	118239	0.12
(八)姚定武	110800	0.11
(九)福建兴业证券公司上海金陵东路证券交易营业厅	102740	0.10
(十)张祥	97258	0.10

福建省中福实业股份有限公司

二〇〇〇年年度报告摘选

一、公司简介

1. 法定中文名称:福建省中福实业股份有限公司
法定英文名称:FUJIAN CFC INDUSTRIES Co.,LTD.
2. 公司法定代表人:陈克恩
3. 公司董事会秘书:董良浩
联系地址:福建省福州市五四路157号新天地大厦21层
电话:0591-7856942转8219　　7855413转8228
传真:0591-7815622
4. 公司注册及办公地址:福建省福州市五四路157号新天地大厦21层
邮政编码:350003
电子信箱:cfc@public.fz.fj.cn
5. 公司选定的信息披露报纸名称:《证券时报》、《中国证券报》
登载公司年度报告的中国证监会指定国际互联网网址:
http://www.cninfo.com.cn
公司年度报告备置地点:福建省福州市五四路157号新天地大厦21层
6. 公司股票上市交易所:深圳证券交易所
股票简称:ST中福
股票代码:0592

二、会计数据和业务数据摘要

1. 本年度利润总额及构成　　单位:人民币元

项目	金额
利润总额	14,953,586.51
净利润	14,427,081.27
扣除非经常性损益后的净利润	-35,476,442.80
主营业务利润	32,019,384.18
其他业务利润	10,985,769.87
营业利润	-34,949,937.56
投资收益	41,078,401.47
补贴收入	60,198.58
营业外收支净额	8,764,924.02
经营活动产生的现金流量净额	18,661,224.97
现金及现金等价物净增加额	-6,032,539.70
注:扣除的非经常性损益项目和涉及金额	
补贴收入	60,198.58
股权转让损益	41,078,401.47
营业外收支净额	8,764,924.02
合 计	

2. 主要会计数据和财务指标　　单位:人民币元

指标项目	2000年	1999年		1998年	
		调整后	调整前	调整后	调整前
主营业务收入	143,740,078.73	179,477,689.08	179,477,689.08	199,908,423.60	199,908,423.60
净利润	14,427,081.27	-132,940,477.58	-160,613,675.98	-152,600,800.51	-225,164,569.63
总资产	899,419,817.41	916,451,828.23	843,830,699.10	1,158,760,774.00	1,087,589,100.12
股东权益	308,372,009.03	249,205,661.35	146,382,950.08	388,171,734.21	313,022,221.34
每股收益	0.049	-0.45	-0.55	-0.518	-0.76
扣除非经常性损益后的每股收益	-0.1205	-0.41	-0.52	-0.403	-0.243
每股净资产	1.047	0.846	0.497	1.318	1.06
调整后每股净资产	0.852	0.591	0.39	1.264	0.86
每股经营活动产生的现金流量净额	0.063	--	0.37	--	0.16
净资产收益率(%)	4.68	-53.35	-109.72	-39.31	-72

按照中国证监会《公开发行证券公司信息披露编报规则》(第9号)通知要求,计算2000年度利润数据如下:

报告期利润	2000年			
	净资产收益率(%)		每股收益(元)	
	全面摊薄	加权平均	全面摊薄	加权平均
主营业务利润	10.38	11.49	0.1088	0.1088
营业利润	-11.33	-12.54	-0.1187	-0.1187
净利润	4.68	5.17	0.049	0.049
扣除非正常性损益后的净利润	-11.50	-12.73	-0.1205	-0.1205

3. 报告期内股东权益变动情况

项目	股本	资本公积	盈余公积	法定公益金	未分配利润	货币换算差额	股东权益合计
期初数	294,404,655	209,482,277.26	33,035,032.64	12,421,579.30	-302,664,757.25	14,948,453.70	249,205,661.35
本期增加	—	44,469,176.81	—	—	14,427,081.27	270,089.60	59,166,347.68
期末数	294,404,655	253,951,454.07	33,035,032.64	12,421,579.30	-288,237,675.98	15,218,543.30	308,372,009.03
变动原因	—		—	—			

说明:本年度接受捐赠股权增加资本公积。

三、股本变动及股东情况

1、股本变动情况
(1)报告期末股东总数:44633名
(2)公司前十名股东持股情况:(截止2000年12月31日)

名序	股 东 名 称	持股数量(股)	持股比例	
1	福建神龙企业集团有限公司	58890000	20%	已冻结
2	中国福建国际经济技术合作公司	37923600	12.88%	已冻结
3	福州中威实业有限公司	34060000	11.57%	已冻结
4	福建省三星建材联合贸易公司	1872013	0.64%	
5	中国人民建设银行福建省分行	1859000	0.63%	
6	福建华兴信托投资公司	1515085	0.51%	
7	福建省九盛经济开发公司	1347775	0.46%	
8	福建省中行劳动服务公司	948090	0.32%	
9	福建兴业证券公司	929500	0.32%	
10	苏州工业园区农工商总公司	923923	0.31%	

成都华联商厦股份有限公司

二〇〇〇年年度报告摘选

一、公司简介

公司法定中文名称:成都华联商厦股份有限公司
公司英文名称:CHENGDU HUALIAN BUSINESS BUILDING CO.,LTD.
公司法定代表人:付志明
公司董事会秘书:李能发
联系地址:四川省成都市建设路55号
电 话:(028)4312393　　4310018—20172
传 真:(028)4299233
电子信箱:hldb@mail.sc.cninfo.net
公司注册及办公地址:四川省成都市建设路55号
邮政编码:610051
公司电子信箱:hldb@mail.sc.cninfo.net
公司信息披露报纸:《证券时报》、《中国证券报》
公司刊登年度报告网址:http://www.cninfo.com.cn
公司年度报告备置地点:本公司董事会办公室
公司股票上市交易所:深圳证券交易所
股票简称:成都华联
股票代码:0593

二、会计数据和业务数据摘要

1、公司2000年度会计数据摘要

项目	金额(元)
利润总额	23,200,209.43
净利润	20,984,854.36
扣除非经常性损益后的净利润	20,984,854.36
主营业务利润	35,680,635.98
其他业务利润	3,386,082.46
营业利润	-5,144,672.27
投资收益	27,582,977.48
补贴收入	0.00
营业外收支净额	761,904.22
经营活动产生的现金流量净额	31,026,824.06
现金及现金等价物净增加额	19,687,591.30

2、公司前三年的主要会计数据和财务指标　　单位:元

项 目		2000年		1999年		1998年	
		调整后	调整前	调整后	调整前	调整后	调整前
主营业务收入		316,679,054.46		310,100,344.82	310,100,344.82	269,807,707.30	269,807,707.30
净利润		20,984,854.36		28,238,088.24	29,065,633.74	27,348,546.21	29,078,636.80
总资产		543,620,343.81		458,850,394.69	463,139,408.36	398,831,586.32	417,567,285.27
股东权益(不含少数股东权益)		295,231,113.68		281,208,863.89	284,052,602.89	267,453,786.94	284,972,592.66
每股收益	摊薄	0.24		0.33	0.34	0.32	0.34
	加权	0. 24		0.33	0.34	0.33	0.35
扣除非经常性损益后的每股收益	摊薄	0.24		0.23	0.24		
	加权	0.24		0.23	0.24		
每股净资产	摊薄	3.41		3.25	3.28	3.09	3.29
	加权	3.41		3.25	3.28	3.19	3.40
调整后的每股净资产	摊薄	3.37		3.20	3.23	3.01	3.21
	加权	3.37		3.20	3.23	3.11	3.32
净资产收益率(%)	摊薄	7.11	7.11	10.04	10.23	10.20	10.23
	加权	7.1	7.12	10.03	9.70	11.00	11.07
每股经营活动产生的现金流量净额	摊薄	0.36		-0.09	-0.09	0.175	0.175
	加权	0.36		-0.09	-0.09	0.18	0.18

3、以利润表附表形式列示的按全面摊薄法和加权平均法计算的净资产收益率及每股收益:

报告期利润	金 额(元)	净资产收益率(%)			每股收益(元/股)	
		全面摊薄	加权平均		全面摊薄	加权平均
			调整后	调整前		
主营业务利润	35,680,635.98	12.09	12.23	12.11	0.41	0.41
营业利润	-5,144,672.27	-1.74	-1.76	-1.75	-0.06	-0.06
净利润	20,984,854.36	7.11	7.19	7.12	0.24	0.24
扣除非经常性损益后的净利润	20,984,854.36	7.11	7.19	7.12	0.24	0.24

三、股东情况介绍

(1)报告期末股东总数
截止2000年12月31日,本公司共有股东3994户,其中:高级管理人员股东6户。
(2)前十名股东持股情况

序号	股 东 名 称	期初数		本次变动增减(+、-)	期末数	
		持有股数	持股比例(%)		持有股数	持股比例(%)
1	四川郎酒集团有限责任公司	22,840,000	26.40	+1,820,000	24,660,000	28.51
2	成都市国有资产管理局	7,389,494	8.54	0	7,389,494	8.54
3	西南证券有限责任公司	4,496,723	5.20	0	4,496,723	5.20
4	四川成都全兴集团有限公司	3,640,000	4.21	0	3,640,000	4.21
5	成都市华盛集团实业投资有限公司	3,260,000	3.77	0	3,260,000	3.77
6	泸州宝光药业集团有限公司	0	0	+2,800,000	2,800,000	3.24
7	深圳阳光基金管理有限公司	2,240,000	2.59	0	2,240,000	2.59
8	成都证券公司	1,400,000	1.62	0	1,400,000	1.62
9	中国宝安集团股份有限公司	1,400,000	1.62	0	1,400,000	1.62
10	成都市国有资产投资经营公司	1,117,340	1.29	0	1,117,340	1.29

内蒙古宏峰实业股份有限公司

二○○○年年度报告摘选

一、公司简介

1、公司的法定中、英文名称
中文名称:内蒙古宏峰实业股份有限公司
英文名称:NEIMENGGU HONGFENG INDUSTRY COMPANY LIMITED
2、公司法定代表人:高建华
3、公司董事会秘书:路春祥
董事会秘书授权代表:郭洪刚
联系地址:赤峰市黄金大厦九楼证券部
电话:0476-8341477
传真:0476-8350648
4、公司注册及办公地址:内蒙古赤峰市三东街东段61号
邮政编码:024000
5、公司选定的信息披露报纸名称为:《证券时报》,登载公司年度报告的中国证监会指定国际互联网网址为:http://www.Cninfo.com.cn;公司年度报告备置地点:公司证券部。
6、公司股票上市交易所:深圳证券交易所
股票简称:内蒙宏峰
股票代码:0594

二、会计数据和业务数据摘要

(一)公司本年度会计数据(单位:人民币元)

1、利润总额:	84,041,848.87
2、净利润:	71,515,695.56
3、扣除非经常性损益后的净利润:	41,214,222.47
4、主营业务利润:	98,656,536.54
5、其他业务利润:	539,567.17
6、营业利润:	63,495,946.53
7、投资收益:	534,160.18
8、补贴收入:	
9、营业外收支净额:	20,011,742.16
10、经营活动产生的现金流量净额:	8,940,431.98
11、现金及现金等价物净增加额:	-6,932,859.45
注:扣除的非经常性损益项目和涉及金额:	
①利息净收入:	15,296,114.16
②出售柴矿净收益:	16,889,264.08
③处理固定资产净失:	629,496.87
④核销坏帐:	1,254,408.28
非经常性损益合计:	30,301,473.09

(二)公司前三年的主要会计数据和财务指标(单位:人民币元)

指标项目	2000年	1999年	1998年	
			调整前	调整后
(1)主营业务收入	289,926,449.99	238,717,477.88	209,557,998.20	209,557,998.20
(2)净利润	71,515,695.56	63,067,009.24	39,748,316.51	39,810,917.21
(3)总资产	911,801,893.19	817,180,837.57	545,878,634.57	540,782,460.99
(4)股东权益(不含少数股东权益)	682,619,629.24	629,519,125.71	211,111,131.22	206,014,957.64
(5)以净利润计算的每股收益	0.19	0.169	0.301	0.301
(6)以净利润计算的加权每股收益	0.19	0.18	0.301	0.301
(7)扣除非经常性损益后的每股收益	0.11	0.127	0.237	0.237
(8)每股净资产	1.82	1.68	1.60	1.56
(9)调整后的每股净资产	1.77	1.63	1.46	1.42
(10)每股经营活动产生的现金流量净额	0.02	-0.79	0.26	0.26
(11)以净利润计算的净资产收益率	10.48	10.02	18.83	19.32

(三)根据《编报规则第9号》,公司2000年末按全面摊薄法和加权平均法计算的净资产收益率及每股收益:

报告期利润	净资产收益率(%)		每股收益(元)	
	全面摊薄	加权平均	全面摊薄	加权平均
主营业务利润	14.45	14.83	0.26	0.26
营业利润	9.30	9.54	0.17	0.17
净利润	10.48	10.75	0.19	0.19
扣除非经常性损益后的净利润	6.04	6.20	0.11	0.11

(四)报告期内股东权益变动情况及原因　　单位:万股、万元

项目	股本	资本公积	盈余公积	其中:法定公益	未分配利润	股东权益合计
期初数	37407.74	18601.56	3517.83	758.09	3424.78	62951.91
本期增加		28.87	1072.74	357.58	7151.57	8253.18
本期减少					2943.13	2943.13
期末数	37407.74	18630.43	4590.57	1115.67	7633.22	68261.96

变动原因:
①资本公积金本期增加为红花沟金矿维简费比折旧多计提28.87万元,导致资本公积增加28.87万元。
②盈余公积、公益金本期增加为年度内按净利润的10%、5%提取法定盈余公积、公益金。
③未分配利润本期增加为本年度实现的净利润,减少为提取法定公积金和公益金及分配普通股股利。

三、股东情况

1、年度末公司股东总户数为11352户,其中高级管理人员4户。
2、本公司前10名大股东持股情况(截止2000年12月末)。

序号	股东名称	年末持股数(股)	占总股本比例(%)
(1)	赤峰市松山区黄金工业总公司	128018880	34.22
(2)	林西县经委	66044160	17.66
(3)	内蒙古宏峰集团有限责任公司	36028800	9.63
(4)	赤峰市松山区华龙开发公司	14256000	3.81
(5)	海南证大	783510	0.21
(6)	朱彩针	624730	0.17
(7)	李世军	610000	0.16
(8)	薛景芳	577683	0.15
(9)	肖春凤	570468	0.15
(10)	张志容	566500	0.15

西北轴承股份有限公司

二○○○年年度报告摘选

一、公司简介

1、公司的法定中文名称:西北轴承股份有限公司
公司的法定英文名称:XIBEI BEARING CO.,LTD.
2、公司的法定代表人:高续纯
3、公司董事会秘书:聂立卯
联系地址:银川市北京西路4号
电　话:(0951)2020394
传　真:(0951)2013747
电子信箱:nxzdmn@public.yc.nx.cn
4、公司注册及办公地址:银川市北京西路4号
邮政编码:750021
公司国际互联网网址:www.nxz.com.cn
电子信箱:nxzdmn@public.yc.nx.cn
5、公司选定的信息披露报纸名称:证券时报
登载公司年度报告的中国证监会指定国际互联网网址:http://www.cninfo.com.cn
公司年度报告备置地点:公司董事会秘书室
6、公司股票上市交易所:深圳证券交易所
股票简称:西北轴承
股票代码:0595

二、会计数据和业务数据摘要

1、本年度主要利润指标情况　　(单位:人民币元)

	合并报表	母公司
利润总额	7,510,780.13	8,493,273.96
净利润	2,223,132.57	3,003,156.02
扣除非经常性损益后的净利润	-6,542,024.83	-5,385,462.17
主营业务利润	81,280,888.45	70,392,488.36
其他业务利润	7,780,789.41	7,490,661.07
营业利润	1,019,363.81	3,511,476.61
投资收益	-7,379.38	-1,682,410.79
补贴收入	8,388,618.19	8,388,618.19
营业外收支净额	-1,889,822.49	-1,724,410.05
经营活动产生的现金流量净额	-2,939,670.54	12,319,647.51
现金及现金等价物净增加额	-14,117,337.60	-7,474,298.96

说明:扣除非经常性损益后的净利润系扣除了补贴收入。

利润表附表

报告期利润	净资产收益率(%)		每股收益(元)	
	全面摊薄	加权平均	全面摊薄	加权平均
主营业务利润	19.0767	19.1672	0.4646	0.4646
营业利润	0.2392	0.2403	0.0058	0.0058
净利润	0.5218	0.5241	0.0127	0.0127
扣除非经常性损益后的净利润	-1.5354	-1.5423	-0.0374	-0.0374

2、截止报告期末公司前三年的主要会计数据和财务指标　　(单位:人民币元)

	2000年	1999年	1998年
主营业务收入	474,127,716.52	490,106,413.67	382,367,145.49
净利润	2,223,132.57	6,883,890.18	10,323,924.32
总资产	1,115,521,640.76	1,130,780,246.95	1,003,356,896.62
股东权益(不含少数股东权益)	426,073,879.48	420,736,432.69	413,852,542.51
全面摊薄每股收益	0.013	0.039	0.06
扣除非经常性损益后的每股收益(全面摊薄)	0.037	0.041	-0.15
加权平均每股收益	0.013	0.039	0.07
每股净资产	2.44	2.40	2.37
调整后的每股净资产	2.34	2.36	2.26
每股经营活动产生的现金流量净额	-0.017	0.22	-0.09
全面摊薄净资产收益率(%)	0.52	1.64	2.5
加权净资产收益率(%)	0.52	0.013	2.28
扣除非经常性损益后的加权净资产收益率(%)	-1.54	1.74	-5.95

三、股本变动及股东情况

1、报告期末公司股东总数为21554户。
2、前10名股东持股情况

股东名称	期初持股数	期末持股数	占总股本比例(%)	股份性质
西北轴承集团有限责任公司	83,567,400	83,567,400	47.76	国有股
宁夏天力协会	18,000,000	18,000,000	10.29	法人股
中国经济信托投资公司深圳业务部	11,087,652	10,998,096	6.29	公众股
冶钢集团有限公司	2,880,000	2,880,000	1.64	法人股
西宁特殊钢集团有限责任公司	1,800,000	1,800,000	1.03	法人股
北钢集团公司	1,440,000	1,440,000	0.82	法人股
常州常柴股份有限公司	1,440,000	1,440,000	0.82	法人股
李本强	1,477,916	328,500	0.19	公众股
海南东海星光实业有限公司		279,794	0.17	公众股
周立新		240,000	0.14	公众股

安徽古井贡酒股份有限公司

二〇〇〇年年度报告摘选

一、公司简介

(一)公司法定中文名称:安徽古井贡酒股份有限公司
公司英文名称:ANHUI GUJING DISTILLERY COMPANY LIMITED
(二)公司法定代表人:王效金
(三)公司董事会秘书:王 锋
公司证券授权代表:唐贻峰
联系地址:安徽省亳州市古井镇
电话:(0558)5710057　　5710085
传真:(0558)5710006
(四)公司注册地址:安徽省亳州市古井镇
公司办公地址:安徽省亳州市古井镇
邮编:236820
网址:www.gujing.com
email:gujing@mail.ahbbptt.net.cn
(五)公司年度报告披露报刊:《证券时报》、《上海证券报》、香港《大公报》
公司年度报告披露的网址:www.cninfo.com.cn
公司年度报告备置地点:公司董事会秘书室
(六)公司股票上市交易所:深圳证券交易所
股票简称:古井贡 A　　证券代码:0596
股票简称:古井贡 B　　证券代码:2596

二、会计数据与业务数据摘要

(一)本年度主要利润指标情况

利润总额:	22,068.82 万元
净 利 润:	14,714.84 万元
扣除非经常性损益后的净利润:	14,714.84 万元
主营业务利润:	35,185.10 万元
其他业务利润:	-55.28 万元
营业利润:	20,270.15 万元
投资收益:	416.77 万元
补贴收入:	1,316.84 万元
营业外收支净额:	65.05 万元
经营活动产生的现金流量净额:	8,095.99 万元
现金及现金等价物净增加额:	-3,270.75 万元

按照两种不同会计准则、制度计算的净利润差异及其说明

	除税及少数股东权益后利润		股东权益	
	二〇〇〇 人民币千元	一九九九 人民币千元	二〇〇〇 人民币千元	一九九九 人民币千元
本集团法定帐目金额	147,148	149,082	1,117,215	1,040,566
转销 (提取)坏帐准备	—	3,156	—	—
调整不动产、厂房及设备折旧	1,221	1,747	-1,668	(5,238)
资产负债表日后建议的股利分派	—	—	—	68,150
其他	—	144	—	2,350
根据国际会计准则本集团调整后金额	148,369	154,129	1,115,547	1,105,828

(二)、主要会计数据和财务指标

指标项目	2000 年	1999 年	1998 年
1、主营业务收入(万元)	91,576	89,125	86,851
2、净利润(万元)	14,715	14,908	14,101
3、总资产(万元)	158,802	154,345	155,406
4、股东权益(万元) (不含少数股东权益)	111,721	104,057	95,963
5、每股收益(元)	0.63	0.63	0.60
6、加权平均每股收益(元)	0.63	0.63	0.60
7、扣除非经常性损益后的 每股收益(元)	0.63	0.56	0.52
8、每股净资产(元)	4.75	4.43	4.08
9、调整后的每股净资产(元)	4.74	4.42	4.07
10、每股经营活动产生的 现金流量净额(元)	0.34	0.31	0.54
11、净资产收益率(%)	13.20	14.33	14.69
12、加权平均净资产收益率(%)	12.40	13.40	

(三)股东权益变动情况 (单位:万股、万元)

项目	股本	资本公积	盈余公积	法定公益金	未分配利润	股东权益合计
期初数	23,500	52,104	10,993	5,496	17,459	104,057
本期增加数	-	-	1,027	604	6,458	7,664
本期减少数	-	-	-	-	-	
期末数	23,500	52,104	12,200	6,100	23,917	111,721
变动原因:	利润增加					

三、股本变动及股东情况

1、报告期末股东总数
截止 2000 年 12 月 31 日,公司股东总数为 13,256 户。
2、主要股东持股情况(截止 2000 年 12 月 31 日公司前十名股东)

名　　称	持股数(股)	比例(%)
安徽古井集团有限责任公司	155,000,000	65.96
CHEN, YUBIN 陈宇斌	1,813,614	0.77
宝勇企业有限公司	1,685,000	0.72
CHARM YIELD INVESTMENT LIMITED	1,461,500	0.62
紫东投资管理有限公司	1,455,201	0 62
康马有限公司	1,100,600	0.47
深圳国投证券有限公司 (SZ INTL SECURITIES CORP. LTD.)	1,000,000	0.43
TOP DYNAMIC INVESTMENTS LIMITED (景高投资有限公司)	900,000	0.38
CREATE INVESTMENTS LIMITED (康创投资有限公司)	852,001	0.36
民乐投资有限公司	683,500	0.29

东北制药集团股份有限公司

二〇〇〇年年度报告摘选

一、公司简介

1、公司法定中文名称:东北制药集团股份有限公司
公司法定英文名称:NORTHEAST PHARMACEUTICAL GROUP CO.,LTD.
公司英文名称缩写:NEPG
2、公司法定代表人:陈钢
3、公司董事会秘书长:刘亚英
联系地址:沈阳市铁西区重工北街 37 号
联系电话:024-25806664
传　　真:024-25806664
4、公司注册地址:沈阳市经济技术开发区昆明湖街
公司办公地址:沈阳市铁西区重工北街 37 号
邮 政 编 码:110026
电 子 邮 箱:Dyzc@mx.sy.cei.gov.cn
5、公司选定的信息披露报纸名称:《证券时报》《中国证券报》
登载年报的国际互联网网址:http://www.cninfo.com.cn
公司年度报告备置地点:东北制药集团股份有限公司总管理部
6、公司股票上市交易所:深圳证券交易所
股票简称:东北药
股票代码:0597

二、会计数据和业务数据摘要

1、主要会计数据　　单位:人民币元

利润总额	36592773.05
净利润	28851149.45
扣除非经常性损益后的净利润	28851149.45
主营业务利润	295843595.12
其他业务利润	3082411.22
营业利润	30738189.49
投资收益	6999386.34
补贴收入	779000.00
营业外收支净额	-1923802.78
经营活动产生的现金流量净额	36126124.84
现金及现金等价物净增加额	55675930.95

2、公司近三年主要财务指标

指标项目	2000 年	1999 年 调整前	1999 年 调整后	1998 年 调整前	1998 年 调整后
主营业务收入(万元)	119757	101155	101155	76062	76062
净利润(万元)	2885	4338	4338	6817	3552
总资产(万元)	266920	260135	259836	259014	241535
股东权益(万元)	90536	86954	85613	99819	82417
每股收益(元)	0.095	0.14	0.14	0.2693	0.1402
每股净资产(元)	2.98	2.86	2.82	3.94	3.26
调整后的每股净资产(元)	2.70	2.39	—	3.41	—
每股经营活动产生的 现金流量净额(元)	0.12	0.18	—	-0.03	—
净资产收益率(%)	3.19%	4.99%	5.07%	6.83	4.31
扣除后每股收益(元)	0.095	0.113	—	—	—

根据《公开发行证券公司信息披露编报规则第 9 号》净资产收益率和每股收益指标:

	净资产收益率(%)		每股收益(元)	
	全面摊薄	加权平均	全面摊薄	加权平均
主营业务利润	32.68	33.98	0.97	0.97
营业利润	3.40	3.53	0.10	0.10
净利润	3.19	3.31	0.095	0.095
扣除非经常性 损益后净利润	3.19	3.31	0.095	0.095

注主要财务指标根据《公开发行证券公司信息披露编报规则第 9 号》计算

3、报告期内股东权益变动情况　　单位:人民币元

项目	股本	资本公积	盈余公积	法定公益金	未分配利润	股东权益合计
期初数	303810000	559631932	123628074	-6243223	-130943064	856126923
本期增加	—	20381379	—	6471701	142041707	49232547
本期减少	—	—	113190532	—	—	—
期末数	303810000	580013311	10437515	228478	11098643	905359470
变动原因	—	评估增值	弥补亏损		调整年初数	

三、股本变动及股东情况

1、截至 2000 年 12 月 31 日,公司股东总数为 67997 户。
2、截至 2000 年 12 月 31 日,公司前 10 名股东持股情况:　　单位;股

序号	股　东　名　称	期初持股数	变动数	期末持股数	所占比例(%)	股权性质
1	东北制药集团公司	182520000	—	182520000	60.07	国家股
2	东北电力集团公司	3120000		3120000	1.03	法人股
3	中行沈阳信托投资公司	780000	—	780000	0.26	法人股
4	辽宁省证券公司	390000	—	390000	0.13	法人股
5	辽宁国际信托投资公司	390000	—	390000	0.13	法人股
6	辽阳市灯塔里红信用社	390000	—	390000	0.13	法人股
7	工行南湖开发支行	390000	—	390000	0.13	法人股
8	辽宁省证券盘锦分公司	390000	—	390000	0.13	法人股
9	海口宁通有限公司	390000	—	390000	0.13	法人股
10	中国投资银行丹东支行	390000	—	390000	0.13	法人股

蓝星清洗剂股份有限公司

二〇〇〇年年度报告摘选

一、公司简介

1、公司法定中文名称：蓝星清洗剂股份有限公司

公司法定英文名称：Blue Star Cleaner Co., Ltd.

2、公司法定代表人：任建新

3、公司董事会秘书：柯 威

董事会证券事务代表：赵月珑

联系地址：北京市朝阳区北土城西路9号

蓝星清洗剂股份有限公司　　证券部

电话：010－62376645

传真：010－62376625

E－mail：lxqx@public.bta.net.cn

4、公司注册地址：甘肃省兰州市东岗西路196号

公司办公地址：北京市朝阳区北土城西路9号

邮政编码：100029

E－mail：lxqx@public.bta.net.cn

5、公司指定的信息披露报纸：《中国证券报》、《证券时报》

登载公司年度报告的中国证监会指定国际互联网网址：

http://www.cninfo.com.cn

年度报告置备地点：本公司证券部

6、公司股票上市交易所：深圳证券交易所

股票简称：蓝星清洗

股票代码：0598

二、会计数据和业务数据摘要

1、本年度会计数据摘要　　单位：人民币(元)

项目	金额
利润总额	76,183,977.31
净利润	64,154,199.53
扣除非经常性损益后的净利润	63,632,597.52
主营业务利润	83,890,594.74
其他业务利润	－－－－
营业利润	71,462,375.30
投资收益	4,700,000.00
补贴收入	－－－－
营业外收支净额	21,602.01
经营活动产生的现金流量净额	56,291,691.99
现金及现金等价物净增加额	57,187,309.20

注：扣除非经常性损益后的净利润63,632,597.52元，其中：营业外收入60,107.20元，营业外支出38,505.19元，出让股权收益500,000.00元。

2、公司近三年主要会计数据和财务指标：(合并报表)

项目	年度		
	2000年	1999年	1998年
1、主营业务收入(万元)	24680.71	18152.87	10093.44
2、净利润(万元)	6415.42	5158.99	3758.12
3、总资产(万元)	70956.14	64417.73	42160.81
4、股东权益(万元)	57051.08	52170.16	37355.17
5、每股收益(元/股)	0.42	0.34	0.50
每股收益(按月加权平均法计算)	0.42	0.39	0.50
扣除非经常性损益后的每股收益	0.41	0.34	0.50
6、每股净资产(元/股)	3.72	3.40	4.95
7、调整后的每股净资产(元/股)	3.70	3.39	4.94
8、每股经营活动产生的现金流量净额(元)	0.37	0.24	0.71
9、摊薄净资产收益率(%)	11.25	9.89	10.06
10、加权平均净资产收益率(%)	11.58	10.57	11.28

报告期利润	净资产收益率(%)		每股收益(元)	
	全面摊薄	加权平均	全面摊薄	加权平均
主营业务利润	14.70	15.15	0.55	0.55
营业利润	12.52	12.90	0.47	0.47
净利润	11.25	11.58	0.42	0.42
扣除非经常性损益后的净利润	11.24	11.49	0.41	0.41

注：以上数据经广东正中珠江会计师事务所有限公司(原广东正中会计师事务所有限公司)中国注册会计师审计

三、股本变动及股东情况

1、2000年度公司股东情况

①、截止2000年12月31日，公司股东总数为40540户。

②、主要股东持股情况(前十名股东)

名次	股东名称	持股数(股)	所占比例
1	中国蓝星化学清洗总公司	77400000	50.44%
2	石小强	736000	0.48%
3	向文静	705000	0.46%
4	刘振齐	650000	0.42%
5	陈 斌	600000	0.39%
6	毕紫砚	572973	0.37%
7	温 涛	432793	0.28%
8	黄祖修	413630	0.27%
9	石汝斌	408400	0.27%
10	任家英	350200	0.23%

注：上述前十名股东之间不存在关联关系。

青岛双星鞋业股份有限公司

二〇〇〇年年度报告摘选

一、公司简介

1.公司的法定名称：青岛双星鞋业股份有限公司

英文名称：QINGDAO DOUBLESTAR SHOE MANUFACTURINGCO.,LTD

2.公司法定代表人：汪海

3.公司董事会秘书：郭维顺

联系地址：青岛市贵州路5号海富楼三楼

电话：0532－2657986

传真：0532－2657986

4.公司注册地址：青岛市经济技术开发区新街口工业区

邮政编码：266510

公司办公地址：青岛市双星工业园

邮政编码：266229

5.公司选定的信息披露报刊名称：《证券时报》。

登载公司年度报告的互联网网址：http://www.cninfo.com.cn

公司年度报告备置地点：青岛市贵州路5号海富楼三楼董事会秘书办公室

6.公司股票上市交易所：深圳证券交易所

股票简称：青岛双星

股票代码：0599

二、会计数据和业务数据摘要

1.本年度利润总额及构成(单位：元)

项目	金额
利润总额	41,118,775.30
净利润	29,773,460.62
扣除非经常性损益后的净利润	27,420,847.80
主营业务利润	48,398,819.28
其他业务利润	11,856,871.65
营业利润	31,031,482.90
投资收益	9,938,206.00
补贴收入	852,612,.82
营业外收支净额	－703,526.42
经营活动产生的现金流量净额	52,890,867.21
现金及现金等价物净增加额	－27,966,731.69

注：非经常性损益是指公司正常经营损益之外的、一次性或偶发性损益，本公司扣除的非经常性损益有：

补贴收入2,352,612.82元，其中返还增值税852,612.82元，返还企业所得税1,500,000.00元。

2.公司近三年主要会计数据及财务指标

项目	2000年	1999年	1998年调整前	1998年调整后
主营业务收入(万元)	55,313.44	30,353.55	25,139.14	25,139.14
净利润(万元)	2,977.35	4,838.14	4,163.22	4,008.40
总资产(万元)	95,043.25	53,964.52	48,486.67	47,265.33
股东权益(万元)	43,024.27	43,596.58	40,161.58	38,849.88
摊薄每股收益(元)	0.225	0.366	0.315	0.304
每股净资产(元)	3.258	3.30	3.04	2.94
调整后的每股净资产(元)	3.143	3.285	2.998	2.899
每股经营活动产生的现金流量净额(元)	0.40	0.335	－0.013	－0.013
摊薄净资产收益率(%)	6.92	11.10	10.37	10.32
按月平均加权计算的每股收益(元)	0.225	0.366	0.315	0.304
扣除非经常性损益后的每股收益(元)	0.208	0.29	0.218	0.206
加权计算净资产收益率(%)	6.60	11.72	10.90	10.85
扣除非经常性损益后加权净资产收益率(%)	6.92	9.29	7.54	7.36

根据中国证监会《公开发行证券公司信息披露编报规则第9号》的要求计算的净资产收益率和每股收益如下：

报告期利润	2000年度				1999年度			
	净资产收益率(%)		每股收益(元)		净资产收益率(%)		每股收益(元)	
	全面摊薄	加权平均	全面摊薄	加权平均	全面摊薄	加权平均	全面摊薄	加权平均
主营业务利润	11.25	10.73	0.367	0.367	14.32	15.12	0.4726	0.4726
营业利润	7.21	6.88	0.235	0.235	11.86	12.53	0.3915	0.3915
净利润	6.92	6.60	0.225	0.225	11.10	11.72	0.366	0.366
扣除非经常性损益后的净利润	6.37	6.08	0.208	0.208	8.80	9.29	0.2905	0.2905

3、报告期内股东权益变动情况及变化原因　　(单位：元)

项目	股本	资本公积	盈余公积	法定公益金	未分配利润	股东权益合计
期初数	132,053,571	191,101,980.04	24,443,704.81	6,446,,203.52	88,366,550.85	435,965,806.70
本期增加	0	0	7,924,845.61	2,588,112.21	0	0
本期减少	0	0	0	0	13,647,974.11	5,723,128.46
期末数	132,053,571	191,101,980.04	32,368,550.46	9,034,315.73	74,718,576.74	430,242,678.24

变动原因：

盈余公积金和法定公益金增加是母公司及子公司分别按规定计提所致，未分配利润减少是因为本年度实施分红利的数额大于当期增加的可分配利润所致。

三、股东情况介绍

(1)截止2000年12月31日，本公司股东总数为37662户，无内部职工股和公司职工股股东。

(2)主要股东持股情况

序号	股东名称	年末持有股数	占总股份比例(%)
1	青岛双星集团公司	81600000	61.793
2	兴华证券投资基金	257194	0.195
3	刘力强	130000	0.098
4	莫良贵	106500	0.081
5	吕兰	104000	0.079
6	李宁	100000	0.076
7	罗永淑	100000	0.076
8	田宗芝	96692	0.073
9	李海辉	96580	0.073
10	关培生	92310	0.070

说明：双星集团持有的股份为国家股。

石家庄国际大厦(集团)股份有限公司

二〇〇〇年年度报告摘选

一、公司简介

1、公司法定名称:
中文:石家庄国际大厦(集团)股份有限公司
英文:SHIJIAZHUANG INTERNATIONAL BUILDING GROUP CO. LTD.
2、公司法定代表人:吕毅华
3、公司董事会秘书姓名:韩金平;
授权代表姓名:李俊信
联系地址:石家庄广安大街1号
石家庄国际大厦(集团)股份有限公司董事会办公室
电话:0311--6672224
传真:0311--6672254
电子信箱:jphan@public. sj. he. cn
4、公司注册地址:中国河北省石家庄市中山东路301号
公司办公地址:中国河北省石家庄市广安大街1号
邮政编码:050011
公司国际互联网网址:http://www. guoda-group. com
公司电子信箱:jphan@public. sj. he. cn
5、公司选定的信息披露报纸:《中国证券报》、《证券时报》;
登载公司年度报告的中国证监会指定国际互联网网址为:http://www. cninfo. com. cn
公司年度报告备置地点:石家庄市广安大街1号公司董事会办公室
6、公司股票上市交易所:深圳证券交易所
股票简称:国际大厦
股票代码:0600

二、会计和业务数据摘要

1、本年度利润总额构成及现金流量一览表　　　　单位:人民币元

项目	数　额
利润总额	1609017.44
净利润	3737208.03
扣除非经常性损益后的净利润*	-8295952.58
主营业务利润	54701770.65
其他业务利润	9434664.43
营业利润	1887721.11
投资收益	-411548.78
补贴收入	0
营业外收支净额	132845.11
经营活动产生的现金流量净额	-20647308.75
现金及现金等价物净增加额	-18269321.23

*注:扣除项目及金额如下所示

扣除的项目	收益金额	涉及净利润金额
贷款手续费	1 164 177.63	989 550.99
资金占用费	8 269 636.80	7 029 191.28
委托贷款利息	4 590 000.00	3 901 500.00
营业外收入	229 119.38	194 751.47
营业外支出	96 274.27	81 833.13
合计	14 156 659.54	12 033 160.61

2. 截至报告期前三年的主要会计数据和财务指标:

项　目	2000.12.31	1999.12.31		1998.12.31	
		调整前	调整后	调整前	调整后
主营业务收入(元)	132346081.06	66927441.71	101125314.57	145063656.58	172970881.83
净利润(元)	3737208.03	19133854.41	17743712.27	28374711.07	27211732.75
总资产(元)	668243546.46	597821441.01	679619566.89	617806131.90	698725535.72
股东权益(元)	304955854.91	304708541.58	301218646.88	285574687.17	283474934.61
每股收益(元/股)	0.0243	0.1245	0.1154	0.1846	0.1770
每股净资产(元/股)	1.9837	1.9821	1.9594	1.8576	1.8439
调整后的每股净资产(元/股)	1.9233	1.9560	1.9164	1.8364	1.8033
每股经营活动产生的现金流量净额(元)	-0.1343	-0.6641	-0.6512	0.2794	0.2813
净资产收益率(%)	1.23	6.28	5.89	9.94	9.60

3、按照中国证监会发布《公开发行证券公司信息披露编报规则》第9号的规定,计算的净资产收益率和每股收益:

报告期利润	净资产收益率(%)		每股收益(元/股)	
	全面摊薄	加权平均	全面摊薄	加权平均
主营业务利润	17.9376	18.0482	0.3558	0.3558
营业利润	0.6190	0.6228	0.0123	0.0123
净利润	1.2255	1.2330	0.0243	0.0243
扣除非经常性损益后的净利润	-2.7204	-2.7371	-0.0540	-0.0540

三、股东情况介绍

1、报告期末股东总数:截止报告期末,公司共有股东总数34161户。
2、主要股东情况:
①持有本公司股票的前十名股东情况:　　　　(单位:股)

序号	股　东　名　称	持股数量	是否流通	比例(%)
1	石家庄国大集团有限责任公司*	44908837	未上市流通	29.21
2	河北开元房地产开发股份有限公司	28852992	未上市流通	18.77
3	石家庄饮食集团公司	5468359	未上市流通	3.56
4	石家庄市国丰商贸中心	5330345	未上市流通	3.47
5	石家庄国翔服务中心	4638412	未上市流通	3.02
6	石家庄国瑞信息服务中心	3354624	未上市流通	2.18
7	上海财政证券公司襄阳北路证券交易营业部	2200000	未上市流通	1.43
8	河北省纺织品进出口公司	1612800	未上市流通	1.05
9	北京恒昌经济开发公司	1612800	未上市流通	1.05
10	石家庄市国翔管理服务公司	1065077	未上市流通	0.69

广东韶能集团股份有限公司

二〇〇〇年年度报告摘选

一、公司简介

1、公司法定名称:广东韶能集团股份有限公司(下称公司)
英文名称:Guangdong Shaoneng Group Co., Ltd
2、公司法定代表人:徐兵
3、公司董事会秘书:苏韶霞
联系地址:广东省韶关市惠民南路148号
电话:(0751)8153162
传真:(0751)8535226
E-mail:sgsngf@ pub. shaoguan. gd. cn
4、公司注册地址:广东省韶关市惠民南路148号
办公地址:广东省韶关市惠民南路148号
邮政编码:512026
E-mail:sgsngf@ pub. shaoguan. gd. cn
5、公司选定的信息披露报纸名称:《证券时报》
登载公司年度报告的中国证监会指定的国际互联网网址:http://www. cninfo. com. cn
公司年度报告备置地点:广东省韶关市惠民南路148号公司档案室
6、公司股票上市地点:深圳证券交易所
公司股票简称:韶能股份
股票代码:0601

二、会计数据和业务数据摘要

(一)本年度主要利润指标情况(金额单位:万元)

指标项目	金　额
利润总额	16,124
净利润	12,818
扣除非经常性损益后的净利润	11,074
主营业务利润	19,320
其他业务利润	275
营业利润	11,893
投资收益	1,699
补贴收入	1,591
营业外收支净额	940
经营活动产生的现金流量净额	17,899
现金及现金等价物净增加额	43,281

扣除非经常性损益的项目及涉及金额

项　目	金额(万元)
1、上市发行新申购冻结资金利息	912(所得税前1,073)
2、固定资产处理	30(所得税前36)
3、补贴收入——小水电发发展基金	731(所得税前860)
——优惠电价差	5(所得税前6)
——增值税退税	66(所得税前77)
合　计	1,744(所得税前2,052)

(二)截至报告期末公司前三年主要会计数据和财务指标

指标项目	2000年	1999年	1998年	
			调整前	调整后
主营业务收入(万元)	54,740	56,724	54,160	54,160
净利润(万元)	12,818	10,709	12,427	11,050
总资产(万元)	256,757	193,845	200,030	203,599
股东权益(不含少数股东权益)(万元)	171,880	111,599	106,981	107,237
每股收益(摊薄)(元/股)	0.33	0.34	0.40	0.35
(加权)(元/股)	0.37	0.34	0.41	0.36
每股净资产(摊薄)(元/股)	4.40	3.58	3.44	3.44
调整后的每股净资产(摊薄)(元/股)	4.29	3.48	3.37	3.39
每股经营活动产生的现金流量净额	0.46	0.83	0.29	0.29
净资产收益率(%)				
摊薄	7.46	9.60	11.62	10.30
加权	8.86	9.51	12.70	11.37
扣除非经常性损益后的每股收益	0.28	0.32	0.35	0.31

(三)按照中国证监会《公开发行证券公司信息披露编报规则(第9号)》要求,分别列示按全面摊薄法和加权平均法计算的净资产收益率及每股收益如下:

报告期利润	净资产收益率		每股收益	
	全面摊薄	加权平均	全面摊薄	加权平均
主营业务利润	11.24%	13.36%	0.49	0.55
营业利润	6.92%	8.22%	0.30	0.34
净利润	7.46%	8.86%	0.33	0.37
扣除非经常性损益后的净利润	6.44%	7.65%	0.28	0.32

(四)报告期内股东权益变动情况

项目	股本	资本公积	盈余公积	法定公益金	未分配利润	股东权益合计
期初数	311,366,688	578,245,279.79	132,963,457.98	28,126,463.23	93,410,436.31	1,115,985,862.08
本期增加	79,013,840	454,183,483.51	32,044,060.70	6,408,812.14	37,575,102.85	602,816,487.06
本期减少						
期末数	390,380,528	1,032,428,763.30	165,007,518.68	34,535,275.37	130,985,539.16	1,718,802,349.14

三、股东情况介绍

1、截止2000年12月31日,公司在册股东数量为67102户。
2、公司前十名股东持股情况

股　东　名　称	年初持股(股)	年度内增加数(股)	年度内减少数(股)	年末持股数(股)	占总股份比例(%)
韶关市国有资产管理办公室(国有股股东)	68210016	2728400		70938416	18.17
韶关市峡江水电安装工程有限公司	20000000			20000000	5.12
韶关市韶财信托投资公司	5443200			5443200	1.39
韶关市节能技术服务中心	5027804			5027804	1.29
韶关市供电工程公司	3654000			3654000	0.94
广东亿能电力设备股份有限公司	3024000			3024000	0.77
广东省水电安装公司	3000000			3000000	0.77
南京禄口国际机场投资管理有限公司		2567500		2567500	0.66
粤北人民医院	1728000			1728000	0.44
广东省国土厅机关工会委员会	1728000			1728000	0.44

广东金马旅游集团股份有限公司

二〇〇〇年年度报告摘选

一、公司简介

1.公司名称

中文:广东金马旅游集团股份有限公司

英文:Guangdong Golden Horse Tourism Group Stock CO.,LTD

英文简称:Golden Horse CO.,LTD

2.公司法定代表人:王良海先生

3.公司董事会秘书:潘志峰先生

联系地址:广东省潮州市潮枫路旅游大厦四层

联系电话:0768－2268969

联系传真:0768－2297613

E－Mail:phs@szthtf.com

4.公司注册地址:广东省潮州市永护路

公司办公地址:广东省潮州市潮枫路旅游大厦四层

邮政编码:521000

公司 E－Mail:phs@szthtf.com

5.公司信息披露的报刊:证券时报、中国证券报

登载公司年度报告的中国证监会指定国际互联网网址:http://www.cninfo.com.cn

公司年度报告置备地点:广东省潮州市潮枫路旅游大厦四层

6.公司股票上市地:深圳证券交易所

股票简称:ST 金马

股票代码:0602

二、会计数据和业务数据摘要

1.本年度利润总额及构成(合并报表)

利润总额	－27,107,185.77 元
其中:主营业务利润	5,330,404.21 元
其它业务利润	4,528,062.94 元
营业利润	－32,709,104.78 元
投资收益	4,078,767.45 元
营业外收支净额	－1,523,151.56 元
补贴收入	0 元
净利润	－27,107,185.77 元
扣除非经常性损益后的净利润:	－28,702,406.95 元
经营活动产生的现金流量净额:	136,075 元
现金及现金等价物净增加额:	－186,479.80 元

2.会计数据及财务指标(合并报表)

项 目	2000 年度	1999 年度	1998 年度	
			调整后	调整前
(1)主营业务收入(万元)	5,469	4,961	7,336	7,336
(2)净利润(万元)	－2,711	－5,738	－3,840	114
(3)总资产(万元)	32,476	31,584	36,837	48,226
(4)股东权益(万元)	11,655	14,428	20,228	31,664
(5)每股收益(元/股)				
每股收益(摊薄)	－0.27	－0.57	－0.379	0.011
每股收益(加权)	－0.27	－0.57	－0.362	0.013
(6)每股收益(元/股)(扣除非经常性损益)				
每股收益(摊薄)	－0.29	－0.53	－0.382	0.011
(7)每股净资产(元/股)	1.16	1.44	2.016	3.151
(8)调整后的每股净资产(元/股)	0.86	1.03	1.62	2.673
(9)净资产收益率(%)(摊薄)	－23.26	－39.59	－18.81	0.361
(10)每股经营活动产生的现金流量(元/股)	0.001	0.016	－0.63	－0.63

3.报告期利润指标说明(合并报表)

项 目	净资产收益率(%)		每股收益(元/股)	
	(摊薄)	(加权)	(摊薄)	(加权)
主营业务利润	5	2	0.05	0.05
营业利润	－28	－13	－0.33	－0.33
净利润	－23	－10	－0.27	－0.27
扣除非经常性损益的净利润	－25	－11	－0.29	－0.29

4、报告期内股东权益变动情况(单位:元)

项目	股本	资本公积	盈余公积	法定公益金	未分配利润	股本权益合计
期初数	100,500,000	150,992,144.07	6,174,889.68	2,058,296.56	－113,389,358.42	144,277,675.33
本期增加						
本期减少		621,288			27,107,185.77	27,728,473.77
期末数	100,500,000	150,370,856.07	6,174,889.68	2,058,296.56	－140,496,544.19	116,549,201.56

变动原因:经营亏损

三、股本变动及股东情况介绍

1、股本变动情况

(1)截止 2000 年 12 月 31 日股本结构情况如下:　　单位:股

项 目	期初数	本期变动增减(增加)	期末数	比例
一、未上市流通股份				
1、发起人股份	28,800,000		24,250,000	24.13%
其中:(1)国家持有股份	28,800,000		24,250,000	24.13%
(2)境内法人持有股份	28,028,000		32,578,000	32.42%
2、募集股份				
3、内部职工股				
尚未流通股份合计	56,828,000		56,828,000	56.55%
二、已流通股份				
1、人民币普通股	43,672,000		43,672,000	43.45%
已流通股份合计	43,672,000		43,672,000	43.45%
三、股份总数	100,500,000		100,500,000	100%

威达医用科技股份有限公司

二〇〇〇年年度报告摘选

一、公司简介

1、公司法定名称:威达医用科技股份有限公司

英文名称:Weida Medical Applied Technology Co., LTD.

英文缩写:WEIDA

2、公司法定代表人:王志海

3、董事会秘书:陈洪东

办公及联系地址:广东省揭西县城霖都大道 221 号

联系电话:(0663)5583675

传　　真:(0663)5582865

电子信箱:chenhong@pub.jieyang.net.cn

4、公司注册地:深圳市罗湖区罗芳南路 38 号

邮政编码:518002

公司办公地址:广东省揭西县城霖都大道 221 号

邮政编码:515400

国际互联网网址:http://www.weida.com

5、公司选定的信息披露报纸:中国证券报　　证券时报

年报指定登载网址:http://www.csrc.gov.cn/CSRCSite/www.cninfo.com.cn

公司年度报告备置地:董事会秘书办公室

6、公司股票上市地:深圳证券交易所

股票简称:威达医械

股票代码:0603

二、主要会计数据和业务数据摘要

1、主要会计数据　　单位:人民币 元

利润总额	－586,693.02
净利润	2,130,734.47
扣除非经营性损益后的净利润	2,130,734.47
主营业务利润	7,240,903.11
其他业务利润	0
营业利润	－2,462,384.76
投资收益	0
补贴收入	0
营业外收支净额	1,875,691.74
经营活动产生的现金流量净额	1,526,097.92
现金及现金等价物净增加额	1,148,983.37

2、公司近三年主要财务指标

	2000 年	1999 年	1998 年
主营业务收入(元)	35,863,338.82	33,441,029.02	20,996,817.14
净利润(元)	2,130,734.47	1,199,804.45	－96,819,704.03
总资产(元)	259,167,567.60	266,154,310.40	275,485,768.81
股东权益(元)	129,068,559.44	129,111,234.20	132,584,746.62
每股收益(元/股)	0.019	0.011	－0.866
加权平均每股收益(元/股)	0.019	0.011	－0.866
扣除非经营性损益后的每股收益	0.019	0.011	
每股净资产(元/股)	1.154	1.15	1.185
调整后的每股净资产(元/股)	1.024	1.02	1.173
每股经营活动产生的现金流量净额(元/股)	0.014	0.006	
净资产收益率(%)	1.65	0.93	－73.02
加权平均净资产收益率(%)	1.65	0.93	－53.33

3、2000 年度合并利润表附表

项 目	净资产收益率(%)		每股收益(元)	
	全面摊薄	加权平均	全面摊薄	加权平均
主营业务利润	5.61	5.61	0.065	0.065
营业利润	－1.91	－1.91	－0.022	－0.022
净利润	1.65	1.65	0.019	0.019
扣除非经常性损益后净利润	0.20	0.20	0.002	0.002

三、股本变动及股东情况

1、股本变动情况

(1)、股份变动情况表　　单位:万股

	期初数	本次变动增减(+,－)					期末数
		配股	送股	公积金转股	其他	小计	
一、未上市流通股份							
1. 发起人股份	7,303.6						7,303.6
其中:							
国家持有股份	5,700						5,700
境内法人持有股份	1,603.6						1,603.6
境外法人持有股份							
其他							
2. 募集法人股	1,032.65						1,032.65
3. 内部职工股							
4. 优先股或其他							
其中:转配股							
未上市流通股份合计	8,336.25						8,336.25
二、已上市流通股份							
1. 人民币普通股							
2. 境内上市的外资股							
3. 境外上市的外资股							
4. 其他							
已上市流通股份合计	2,850						2,850
三、股份总数	11,186.25						11,186.25

报告期内股份无变动。

中联建设装备股份有限公司

二〇〇〇年年度报告摘选

一、公司简介

1、公司法定中文名称:中联建设装备股份有限公司
公司法定英文名称:CHINA UNITED CONSTRUCTION EQUIPMENT CO.,LTD.
公司英文名称缩写:CUCEC
2、公司法定代表人:张合斌
3、公司董事会秘书:李金柱
联系地址:北京市西城区阜外大街3号东润时代大厦七层
联系电话:(010)68001660　传　真:(010)68001816
电子信箱:
4、公司注册地址:北京市西城区西直门内桦皮厂3号
公司办公地址:北京市西城区阜外大街3号东润时代大厦七层
邮政编码:100037
电子信箱:wtl@yeah.net
5、公司选定的信息披露报纸:《中国证券报》、《证券时报》
登载公司年度报告的国际互联网网址:http://www.cninfo.com.cn
公司年度报告备置地点:公司董事会秘书处
6、公司股票上市交易所:深圳证券交易所
股票简称:中联建设　股票代码:0605

二、会计数据与业务数据摘要

(一)本年度主要会计数据(单位:人民币元)

利润总额	1,111,476.43
净利润	1,111,476.43
扣除非经常性损益后的净利润	-3,746,669.44
主营业务利润	10,990,173.80
其他业务利润	148,407.22
营业利润	-4,011,442.03
投资收益	517,150.01
补贴收入	
营业外收支净额	4,605,768.45
经营活动产生的现金流量净额	4,124,041.01
现金及现金等价物净增加额	-84,771.07

注:扣除非经常性损益项目及金额

项　目	金额(单位:元)
股权投资差额本期摊销	252,377.42
营业外收支净额	4,605,768.45

(二)截至报告期末本公司近三年的主要会计数据和财务指标

指标年份	2000年	1999年	1998年	
			调整后	调整前
主营业务收入(千元)	54,084	54,353	60,007	68,702
净利润(千元)	1,111	-17,178	1,751	4,153
总资产(千元)	300,939	281,725	264,508	334,360
股东权益(千元)	102,038	100,927	119,817	132,197
每股收益(元)	0.013	-0.208	0.021	0.05
每股净资产(元)	1.237	1.223	1.452	1.60
调整后每股净资产	1.049	1.078	1.33	1.46
每股经营活动产生的现金流量净额	0.04999	-0.007	-0.323	-
净资产收益率	1.09%	-17.02%	1.41%	3.14%

(三)利润表附表

报告期利润	净资产收益率		每股收益(元)	
	全面摊薄	加权平均	全面摊薄	加权平均
主营业务利润	10.77%	10.83%	0.13	0.13
营业利润	-3.93%	-3.95%	-0.05	-0.05
净利润	1.09%	1.10%	0.01	0.01
扣除非经常性损益后的净利润	-3.67%	-3.69%	-0.05	-0.05

(四)业务数据摘要

序号	主要产品	2000年产量(台/吨	1999年产量(台/吨)
1	电动双梁桥式起重机	103/3089	112/3339
2	电动单梁桥式起重机	134/488	181/596
3	手动梁式起重机	0	8/16
4	龙门式起重机	20/1015	20/1103
5	其它起重设备	10/360	6/247
6	工矿车辆及配件	145t	14/260

(五)报告期内股东权益变动情况

项　目	股　本	资本公积	盈余公积	法定公益金	未分配利润	股东权益合计
期初数	82,500,000	37,132,503.99	3,210,403.28	895,915.82	-21,916,140.44	100,926,766.83
本期增加	0	0	0	0	1,111,476.43	1,111,476.43
本期减少	0	0	0	0	0	
期末数	82,500,000	37,132,503.99	3,210,403.28	895,915.82	-20,804,664.01	102,038,243.26

变动原因:
1、未分配利润增加1,111,476.43元系本年度实现的净利润。
2、股东权益增加1,111,476.43元系本年度实现的净利润所致。

三、股东情况介绍

(一)本报告期末公司共有股东7784个。
(二)公司前10名股东情况(截止2000年12月31日)

名　称	持股数量(股)	持股种类	持股比例
1.四环生物医药投资有限公司	56,100,000	法人股	68%
2.中联实业股份有限公司	4,125,000	法人股	5%
3.北京中恒企业发展公司	825,000	发起人法人股	1%
4.中国对外建设总公司	330,000	发起人法人股	0.4%
5.中国建筑材料工业建设总公司	330,000	发起人法人股	0.4%
6.华夏世纪创业投资有限公司	223,340	流通股	0.27%
7.中国建设机械总公司	165,000	发起人法人股	0.2%
8.覃辉	137,511	流通股	0.17%
9.吴玉锟	135,283	流通股	0.16%
10.杨启明	121,000	流通股	0.146%

青海明胶股份有限公司

二〇〇〇年年度报告摘选

一、公司简介

1、公司中文名称:青海明胶股份有限公司
公司英文名称:Qinghai Gelatin Company Limited
公司名称缩写:青海明胶
2、公司法定代表人:星晓明
3、公司董事会秘书:张海仓
联系地址:青海省西宁市付东路13号
电话:0971-8013495　传真:0971-8012106
4、公司注册地址:青海省西宁市付东路13号
公司办公地址:青海省西宁市付东路13号
邮政编码:810015
互联网网址:http://www.qhmj0606.com
电子信箱:qhmj@public.xn.qh.cn
5、公司选定的报纸名称:《中国证券报》、《证券时报》
刊载公司年度报告的中国证监会指定国际互联网网址:http://www.cninfo.com.cn
公司年度报告备置地点:公司董事会秘书处
6、公司股票上市交易所:深圳证券交易所
股票简称:青海明胶　股票代码:0606

二、会计数据和业务数据摘要

1、本年度主要利润指标情况:(单位:人民币元)

利润总额:	21,708,271.81
净利润:	17,995,120.98
扣除非经常性损益后的净利润:	17,995,120.98
主营业务利润:	34,641,241.97
其他业务利润:	4,934.47
营业利润:	10,351,582.82
投资收益:	5,720,614.28
补贴收入:	5,843,260.23
营业外收支净额:	-207,185.52
经营活动产生的现金流量净额:	- 19,075,681.60
现金及现金等价物净增加额:	20,414,024.38

2、截止报告期末公司前三年主要会计数据和财务指标:(单位:人民币元)

项目	2000年	1999年	1998年	
		调整后	调整前	调整后
主营业务收入	87,221,922.56	78,326,716.58	65,521,284.17	66,800,608.41
净利润	17,995,120.98	20,434,300.45	18,117,332.21	17,965,624.04
总资产	356,184,380.83	277,568,175.76	251,235,156.69	250,759,420.60
股东权益	266,065,367.25	171,916,048.62	173,381,484.26	172,905,748.17
每股收益	0.24	0.31	0.27	0.268
每股收益(加权)	0.26	0.31	0.287	0.285
扣除非经营损益后的每股收益	—	—	0.235	0.233
每股净资产	3.51	2.57	2.59	2.58
调整后每股净资产	3.39	2.52	2.56	2.55
每股经营活动产生的现金流量净额	-0.25	0.47	0.14	-0.14
净资产收益率	6.76%	11.89%	10.45%	10.39%

三、股本变动及股东情况

1、股本变动情况
(1)股份变动情况(单位:股)

	本次变动前	本次变动增减(+,—)						本次变动后
		配股	送股	公积金转股	增发	其他	小计	
一、未上市流通股份								
1、发起人股份	30,150,000	+1,521,000						31,671,000
其中:								
国家持有股份								
境内法人持有股份	30,150,000	+1,521,000						31,671,000
境外法人持有股份								
其他								
2、募集法人股份	12,200,000	—						12,200,000
3、内部职工股								
4、优先股或其他								
其中:法人股转配股	5,100,000	+1,530,000						6,630,000
高级管理人员持股	2,720	+816						3,536
未上市流通股份合计	47,450,000	+3,051,000						50,501,000
二、已上市流通股份								
1、人民币普通股	19,500,000	+5,850,000						25,350,000
其中:高级管理人员持股	15,300	+4,590						19,890
2、境内上市的外资股								
3、境外上市的外资股								
4、其他								
已上市流通股份合计	19,500,000	+5,850,000						25,350,000
三、股份总数	66,950,000	+8,901,000						75,851,000

2、股东情况介绍
(1)截止本报告期末,公司共有股东10,003户。
(2)前十名股东持股情况

股　东　名　称	期内股份增减(+,-)	期末持股数(股)	占总股本比例
1、青海金牛胶业集团有限公司	+1,521,000	26,871,000	35.43%
2、陕西麦达矿产化工有限公司	0	12,200,000	16.08%
3、上海星恒实业有限公司	+1,157,248	5,014,742	6.61%
4、西宁市自来水公司	0	4,000,000	5.27%
5、山东诚信实业有限公司	300,000	1,300,000	1.71%
6、蒋丽君		325,023	0.43%
7、陈建中		309,810	0.41%
8、青海省化工进出口公司		300,000	0.40%
9、江门市蓬江区恒业化工商行		300,000	0.40%
10、徐云琴		289,757	0.38%

重庆华立控股股份有限公司

二○○○年年度报告摘选

一、公司简介

1、公司法定中文名称：重庆华立控股股份有限公司
公司法定英文名称：CHONGQING HOLLEY SHARE CO. LTD.
缩写：HOLLEY SHAREHOLDING
2、公司法定代表人：汪力成先生
3、公司董事会秘书：袁子力先生
联系地址：重庆市江北区建新北路76号光宇大厦12楼
联系电话：023－67758090
传真：023－67755788
电子信箱：yanzili@public.cta.cq.cn
董事会秘书授权代表：熊 波先生
联系地址：重庆市江北区建新北路76号光宇大厦12楼
联系电话：023－67752652
传真：023－67755788
电子信箱：bobx@126.com
4、公司注册地址：重庆市北碚区龙凤桥258号
邮政编码：400700
公司办公地址：重庆市江北区建新北路76号
邮政编码：400020
公司国际互联网网址：www.cqhlkg.com
公司电子信箱：cqhlkg@public.cta.cq.cn
5、公司选定的信息披露报纸名称：《中国证券报》、《证券时报》
登载公司年度报告的中国证监会指定国际互联网网址：
www.cninfo.com.cn
公司年度报告备置地点：公司证券管理部
6、公司股票上市交易所：深圳证券交易所
股票简称：华立控股
股票代码：0607

二、会计数据和业务数据摘要

1、本年度主要利润指标情况(单位：人民币元)

利润总额	135,435,001.96
净利润	58,791,195.26
扣除非经常性损益后的净利润	53,684,685.82
主营业务利润	214,826,193.61
其他业务利润	9,292,227.02
营业利润	132,991,420.58
投资收益	－2,662,928.06
补贴收入	7,028,975.83
营业外收支净额	－1,922,466.39
经营活动产生的现金流量净额	136,931,714.00
现金及现金等价物净增加额	39,801,788.53
注：扣除的非经常性损益项目和涉及金额	
(1) 收入类	
①补贴收入	7,028,975.83
②其他收入	736,782.92
(2) 支出类	
①处理固定资产净损失	2,602,567.25
②各种罚款支出	23,934.51
③其他支出	32,747.55
(3) 非经常性损益合计	5,106,509.44

2、截至报告期末，公司前三年的主要会计数据和财务指标(单位：元)

项目	2000年	1999年	1998年调整后	1998年调整前
主营业务收入	1,112,497,578.60	595,321,194.61	263,849,183.96	263,849,183.96
净利润	58,791,195.26	15,258,318.14	－51,567,138.25	－4,910,714.98
总资产	978,774,412.13	831,044,870.39	814,887,562.41	857,507,856.65
股东权益	259,231,177.16	198,990,671.34	300,264,420.70	346,920,843.97
每股收益	0.3848	0.0999	－0.3375	－0.032
扣除非经常性损益后的每股收益	0.3514	0.1023		
每股净资产	1.70	1.30	1.97	2.27
调整后每股净资产	1.65	1.23	1.79	2.07
每股经营活动产生的现金流量净额	0.896	－0.1292	0.045	0.045
净资产收益率(%)	22.68	7.668	－17.17	－1.42

三、股东情况介绍

1、报告期末股东总数5163户。
2、报告期末公司主要股东持股情况

股　　东	持股数量(股)	占总股本比例(%)
华立集团有限公司	44,380,000	29.05
中国四联仪器仪表集团有限公司	26,460,000	17.32
重庆川仪总厂有限公司	4,232,161	2.77
深圳市闯旗实业股份有限公司	3,668,593	2.40
蒋华	1,100,000	0.72
重庆国际信托投资公司	1,054,839	0.69
重庆市银桥贸易服务公司	500,000	0.33
重庆市市中区威明现代办公用品部	435,250	0.28
重庆市中区西来寺汽车客运队	405,000	0.27
重庆市中区知识书店	400,000	0.26

广西阳光股份有限公司

二○○○年年度报告摘选

一、公司简介

1、公司法定中文名称：广西阳光股份有限公司
英文名称：SUPER SHINE CO.,LTD.
2、公司法定代表人：唐 军
3、公司董事会秘书：肖 虎
授权代表：王 新
联系地址：北京市西城区车公庄大街乙1号富通大厦2018室(100044)
联系电话：(010)68342951
传　　真：(010)68343211
电子信箱：YGDSH@263.net
4、公司注册地址：广西壮族自治区南宁市园湖南路32号
邮政编码：530022
公司北京办公地址：北京市西城区车公庄大街乙1号富通大厦2018室
邮政编码：100044
公司电子信箱：YGDSH@263.net
5、公司信息披露报纸名称：《证券时报》、《中国证券报》
登载年度报告的互联网网址：WWW.CNINFO.COM.CN
公司年度报告备置地点：公司董事会办公室
6、公司股票上市交易所：深圳证券交易所
股票简称：阳光股份
股票代码：0608

二、会计数据和业务数据摘要

(一)、公司本年度会计数据(单位：人民币元)

公司本年度实现利润总额	151,944,786.16
净 利 润	83,772,701.04
扣除非经常性损益后的净利润	81,397,940.50
主营业务利润	169,479,208.53
其他业务利润	184,568.25
营业利润	140,602,851.73
投资收益	2,105,875.20
补贴收入	8,967,173.89
营业外收支净额	268,885.34
经营活动产生的现金流量净额	－28,142,105.80
现金及现金等价物净增加额	－59,986,046.36

(二)、主要会计数据和财务指标

项 目	2000年度	1999年度	1998年度	
			调整前	调整后
主营业务收入(元)	681,734,654.09	186,748,043.00	172,337,429.63	172,337,429.63
净利润(元)	83,772,701.04	49,998,680.55	33,625,834.65	33,419,712.66
总资产(元)	1,190,580,872.18	843,266,771.86	265,452,813.09	265,199,388.29
股东权益(元)	462,586,447.80	389,243,756.76	208,117,729.76	207,876,508.21
每股收益(元/股)	0.402	0.407	0.309	0.307
以按月平均加权法计算的每股收益(元/股)	0.466	0.454	0.309	0.307
扣除非经常性损益后的每股收益(元/股)	0.390	0.40	0.251	0.249
每股净资产(元/股)	2.218	3.17	1.910	1.907
调整后的每股净资产(元/股)	2.213	3.17	1.909	1.906
每股经营活动产生的现金流量净额	－0.135	0.11	－0.15	－0.15
净资产收益率(%)	18.11	12.85	16.16	16.08

报告期利润	净资产收益率		每股收益(元)	
	全面摊薄	加权平均	全面摊薄	加权平均
主营业务利润	36.64%	39.31%	0.81	0.81
营业利润	30.39%	32.61%	0.67	0.67
净利润	18.11%	19.43%	0.40	0.40
扣除非经常性损益后的净利润	17.60%	18.88%	0.39	0.39

注：扣除非经常性损益的项目为：投资收益2,105,875.20元，营业外收支净额268,885.34元。

三、股本变动及股东情况

(一)、截至2000年12月31日，本公司共有股东27412名，其中高管股股东2名。
(二)、本公司前十名股东持股情况

名　　称	报告期初持股情况(股)	报告期内股份增加(股)	报告期末持股情况(股)	占总股份比　例(%)
北京首创阳光房地产有限责任公司	0	55285020	55285020	26.50%
北流市国有资产管理局	13730000	9611000	23341000	11.19%
北京中环广场置业有限公司	0	10000000	10000000	4.79%
北京北大先锋科技有限公司	0	8972000	8972000	4.30%
广西信托投资公司	2470000	1729000	4199000	2.01%
中国信息信托投资公司	1800000	1260000	3060000	1.47%
北流市供电公司	981000	686700	1667700	0.79%
北流市工贸实业公司	732600	512820	1245420	0.59%
玉林市国企工业总公司	502200	351540	853740	0.41%
武伟	0	800000	800000	0.38%

本公司前十名股东中，武伟为流通股股东，其余为未流通股股东；前十名股东共持有股份10942.388万股，其中流通股份为80万股，尚未流通股份10862.388万股。

本公司前十名股东中，代表国家持有股份的单位为：北京首创阳光房地产有限责任公司、北流市国有资产管理局、广西信托投资公司。

上述股东所持本公司股票无质押或冻结情况。

北京燕化高新技术股份有限公司

二○○○年年度报告摘选

一、公司简介

(一)、公司中文名称:
北京燕化高新技术股份有限公司
公司英文名称:
Beijing Yanhua Up-Dated Hi-Tech. Co., Ltd.
公司简称:燕化高新
(二)、公司法定代表人:杜国盛
(三)、信息披露负责人:沈文辉
联系地址:北京房山区燕山迎风二里八号
邮编:102500
电话:(010)69347433
传真:(010)69345895
(四)、公司注册地址:北京市丰台区科学城海鹰路5号
邮编:100073
公司办公地址:北京市房山区燕山迎风二里八号
邮编:102500
电子信箱:yhgxbgs@yspc.com
(五)、公司选定的信息披露报纸名称:《中国证券报》、《证券时报》、《上海证券报》
登载公司年度报告的国际互联网网址:http://www.cninfo.com.cn
公司年度报告备置地点:公司办公室
公司股票上市交易所:深圳证券交易所
公司股票简称:燕化高新
公司股票代码:0609

二、会计数据和业务数据摘要

(一)、本年度主要会计数据和业务数据(单位:元)

项目	金额
利润总额:	41,880,044.65
净利润:	36,170,189.41
扣除非经常性损益后的净利润:	33,781,458.43
主营业务利润:	56,886,236.73
营业利润:	35,421,243.23
投资收益:	4,070,070.44
补贴收入:	0.00
营业外收支净额:	2,388,730.98
经营活动产生的现金流量净额:	40,050,764.52
现金及现金等价物净增加额:	-9,807,266.38

注:扣除非经常性损益后的净利润是指从净利润中扣除公司报告期内正常经营收益之外的、一次性或偶然性损益。非经常性损益的构成为营业外净收入2,388,730.98元。

(二)、前三年主要会计数据和财务指标(单位:元)

项目	2000年	1999年	1998年调整前	1998年调整后
主营业务收入	186,705,080.30	178,691,693.06	155,359,095.56	155,359,095.56
净利润	36,170,189.41	37,088,041.39	41,738,554.76	38,963,352.38
总资产	470,768,268.01	438,248,105.93	444,310,945.38	438,734,063.02
股东权益	412,644,316.13	395,915,139.07	364,603,980.04	358,827,097.68
每股收益(摊薄)	0.279	0.286	0.322	0.30
每股收益(按月平均加权法)	0.279	0.286	0.365	0.341
扣除非经常性损益后的每股收益	0.261	0.288	0.322	0.30
每股净资产	3.18	3.05	2.81	2.77
调整后的每股净资产	3.09	3.05	2.81	2.76
每股经营活动产生的现金净流量	0.31	0.58	-0.13	-0.13
净资产收益率%(全面摊薄)	8.77	9.37	11.45	10.86
净资产收益率%(加权平均)	8.74	9.83	15.96	14.98
扣除非经常性损益后的加权净资产收益率%	8.16	9.88	15.96	14.98

(三)、利润表附表

报告期利润	净资产收益率(%)		每股收益(元)	
	全面摊薄	加权平均	全面摊薄	加权平均
主营业务利润	13.79	13.74	0.44	0.44
营业利润	8.58	8.56	0.27	0.27
净利润	8.77	8.74	0.28	0.28
扣除非经常性损益后的净利润	8.19	8.16	0.26	0.26

三、股本变动及股东情况

(一)、股本变动情况
1.报告期末股东总数34287户。
2.前十名股东持股情况

股东名称	期末持股数(股)	期内增减(股)	持股比例(%)
1、中国石化集团北京燕山石油化工有限公司	51850500	--	40.01
2、北京燕化联营开发总公司	10530000	--	8.12
3、中国石化集团北京化工研究院	5850000	--	4.51
4、中石化科技开发公司	3900000	--	3.01
5、燕化公司大修厂	2145000	--	1.66
6、北京燕化石油化工设计院	1950000	--	1.50
7、北京燕化兴业技术开发公司	1950000	--	1.50
8、北京市北化研化工新技术公司	1316250	--	1.02
9、同益证券投资基金	1021976		1.00
10、北京燕山爆破工程公司	975000	--	0.75

西安旅游(集团)股份有限公司

二○○○年年度报告摘选

一、公司简介

1、中文名称:西安旅游(集团)股份有限公司
英文名称:XI'AN TOURISM (GROUP) CO., LTD
2、法定代表人:马中秋
3、董事会秘书:刘建利
联系地址:西安市环城南路16号
联系电话:(029)7858883 联系传真:(029)7854296
4、公司注册地址:西安市环城南路16号 邮政编码:710054
公司办公地址:西安市环城南路16号 邮政编码:710054
国际互联网网址:http://www.xiantourism.com(正在建设中)
公司电子信箱:tourism@pub.xaonline.com
5、指定信息披露报刊:《中国证券报》、《证券时报》
登载公司年度报告国际互联网网址:http://www.cninfo.com.cn
公司年度报告备置地点:公司资本运营部、深圳证券交易所
6、公司股票上市交易所:深圳证券交易所
股票简称:西安旅游 股票代码:0610

二、会计数据和业务数据摘要

1、报告期主要会计数据和业务数据

项目	金额
利润总额	19,530,071.55元
净利润	16,600,560.82元
扣除非经营性损益后的净利润	16,965,734.90元
主营业务利润	78,554,215.37元
其它业务利润	0.00元
营业利润	19,895,245.63元
投资收益	0.00元
补贴收入	0.00元
营业外收支净额	-365,174.08元
经营活动产生的现金流量净额	29,714,452.93元
现金及现金等价物净增加额	92,555,886.08元

注:非经营性损益扣除项目有营业外收支净额-365,174.08元。

2、主要会计数据和财务指标

指标项目	单位	2000年度	1999年度	1998年度	
				调整后	调整前
主营业务收入	元	109,578,858.70	80,649,174.88	84,361,011.81	84,361,011.81
净利润	元	16,600,560.82	15,565,682.64	22,212,299.20	23,828,470.90
总资产	元	440,969,019.93	345,784,951.53	307,785,718.47	312,254,504.19
股东权益	元	359,141,661.81	237,033,632.99	221,467,950.35	225,936,736.07
每股收益(全面摊薄)	元	0.10	0.10	0.15	0.16
每股收益(加权平均)	元	0.10	0.10	0.15	0.16
扣除非经营性损益后的每股收益(摊薄)	元	0.10	0.10	0.15	0.16
净资产收益率(全面摊薄)	%	4.62	6.57	10.03	10.55
净资产收益率(加权平均)	%	4.96	6.79	10.56	11.13
扣除非经营性损益后的净资产收益率(摊薄)	%	4.72	6.57	9.17	9.70
每股净资产	元	2.14	1.38	1.48	1.51
调整后每股净资产	元	1.89	1.52	1.42	1.45
每股经营活动产生的现金流量净额	元	0.18	0.25	0.06	0.06

注①按照中国证监会《公开发行证券公司信息披露编报规则(第9号)》要求计算的净资产收益率及每股收益。

项目	净资产收益率(%)		每股收益(元)	
	全面摊薄	加权平均	全面摊薄	加权平均
报告期利润	5.44	5.84	0.12	0.12
主营业务利润	21.87	23.48	0.47	0.48
营业利润	5.54	5.95	0.12	0.12
净利润	4.62	4.96	0.10	0.10
扣除非经常性损益后的净利润	4.72	5.07	0.10	0.10

3.报告期内股东权益变化情况:(单位:万元)

项目	股本	资本公积	盈余公积	法定公益金	未分配利润	股东权益合计
期初数	15,011.00	2,409.13	2,158.47	539.37	4,124.76	23,703.36
本期增加	1,748.79	10,142.74	249.01	83.00	1,660.06	13,800.60
本期减少					1,589.79	1,589.79
期末数	16,759.79	12,551.87	2,407.48	622.37	4,195.03	35,914.17

三、股本变动及股东情况

1、股本变动情况 数量单位:万股

	期初数	本期变动增减(+,-)					期末数
		配股	送股	公积金转股	其他	小计	
一、尚未流通股份							
1、发起人股份							
其中:							
国家拥有股份	5831	524.79				524.79	6355.79
境内法人持有股份							
外资法人持有股份							
其他							
2、募集法人股	5100						5100
3、内部职工股							
4、优先股或其他							
尚未流通股份合计	10931	524.79				524.79	11455.79
二、已流通股份							
1、境内上市的人民币普通股	4080	1224				1224	5304
2、境内上市的外资股							
3、境外上市的外资股							
4、其他							
已流通股份合计	4080	1224				1224	5304
三、股份总数	15011	1748.79				1748.79	16759.79

大连渤海饭店(集团)股份有限公司

二〇〇〇年年度报告摘选

一、公司简介

1、公司法定中文名称:大连渤海饭店(集团)股份有限公司

公司法定英文名称:DALIAN BOHAI HOTEL (GROUP)STOCK CO.,LTD.

2、公司法定代表人:汤闯先生

3、公司董事会秘书:郑力齐先生

联系地址:辽宁省大连市中山区荣盛街27号

电　话:(0411)3633671-381

传　真:(0411)3642706

4、公司注册地址:辽宁省大连市中山区荣盛街27号

公司办公地址:辽宁省大连市中山区荣盛街27号

邮政编码:116001

公司电子信箱:bhhg-bd@dalian.cngb.com

5、公司选定的信息披露报纸:中国证券报

登载公司年度报告的国际互联网网址:http://www.cninfo.com.cn

年度报告备置地点:公司董事会办公室

6、公司股票上市交易所:深圳证券交易所

公司股票简称:大连渤海

公司股票代码:0616

二、会计数据和业务数据摘要

(一)本年度主要会计数据(单位:人民币元)

利润总额为31,740,371.66元,

净利润26,870,564.61元,

扣除非经常性损益后的净利润26,141,659.86元,

主营业务利润85,333,151.25元,

投资收益为-41,527.93元,

营业外收支净额826,647.06元,

经营活动产生的现金流量净额23,639,728.56元,

现金及现金等价物净增加额9,081,894.07元。

注:扣除非经常性损益项目为装修补偿收益857,535.00元。

(二)截止报告期末公司前三年的主要会计数据和财务指标

指标项目	2000年	1999年	1998年
主营业务收入(元)	103,489,301.05	93,888,119.31	98,214,152.44
净利润(元)	26,870,564.61	23,591,705.92	25,227,770.58
总资产(元)	523,659,567.57	449,539,761.93	429,790,736.60
股东权益(元)	297,944,731.01	272,740,928.55	249,149,222.63
每股收益(元)(全面摊薄)	0.318	0.279	0.388
每股收益(元)(加权平均)	0.318	0.323	0.449
每股净资产(元)	3.53	3.23	3.83
调整后每股净资产(元)	3.19	3.04	3.68
每股经营活动产生的现金流量净额	0.28	-0.42	0.20
净资产收益率(%)	9.02	8.65	10.13
扣除非经常性损益后的每股收益	0.309	0.107	0.388
加权平均净资产收益率(%)	9.39	9.04	13.51
扣除非经常性损益后 加权净资产收益率(%)	9.13	3.32	10.12

按照中国证监会《公开发行证券公司信息披露编报规则(第九号)》的要求,计算2000年度的净资产收益率和每股收益如下:单位(元)

报告期利润	净资产收益率(%)		每股收益	
	全面摊薄	加权平均	全面摊薄	加权平均
主营业务利润	28.64	29.82	1.01	1.01
营业利润	10.39	10.82	0.366	0.366
净利润	9.02	9.39	0.318	0.318
扣除非经常损益后的净利润	8.77	9.13	0.309	0.309

注:①本年度公司股本无变动。

②报告期后,公司2000年度配股方案实施完毕,并于2001年2月22日在《中国证券报》上刊登《股份变动暨2000年度配股可流通股份上市公告书》,公司总股本变更为9464万股,股本变动后的每股收益0.284元。

三、股东情况介绍

1、截止2000年12月31日,本公司共有股东6094户。其中国家股股东1户,国有法人股股东1户,社会法人股股东4户,社会流通股股东6088户。

2、前10名股东持股情况如下:

股东名称	持股数(股)	占总股本比例(%)
大连渤海集团有限公司(国有法人股股东)	18,902,000	22.37
广西阳光股份有限公司	9,295,000	11
天津北方国际信托投资公司	9,295,000	11
海南星标实业投资有限公司	5,850,000	6.92
大连市国有资产管理局(国家股股东)	5,408,000	6.4
大连日兴实业公司	1,950,000	2.31
深圳新赛投资发展有限公司	915,000	1.08
深圳市嘉瑞通投资发展有限公司	775,319	0.92
深圳市容德大投资发展有限公司	341,900	0.405
林建华	330,000	0.39

注:前6名股东间无关联关系。

济南柴油机股份有限公司

二〇〇〇年年度报告摘选

一、公司简介

1.公司法定中文名称:济南柴油机股份有限公司

公司法定英文名称:Jinan Diesel Engine Co.,Ltd.

2.公司法定代表人:王涛

3.公司董事会秘书:任传义

股权代表:余良刚

联系地址:山东省济南市文化西路14号

联系电话:0531-2965971-3353

传真:0531-2961241

4.公司注册地址:山东省济南市文化西路14号

公司办公地址:山东省济南市文化西路14号

公司邮政编码:250063

公司电子信箱:jichai@jn-public.sd.cninfo.net

5.公司年度报表备置地点:证券办公室

6.公司股票上市交易所:深圳证券交易所

股票简称:石油济柴

股票代码:0617

二、会计数据和业务数据摘要

1、本年度主要利润指标情况(单位:人民币元)

项目	金额
利润总额:	5,204,307.29
净利润:	5,204,307.29
扣除非经营性损益后的净利润	2,661,705.33
主营业务利润:	42,440,733.75
其他业务利润:	72,616.74
营业利润:	2,410,038.73
投资收益:	
补贴收入:	251,666.60
营业外收支净额:	2,542,601.96
经营活动产生的现金流量净额:	8,507,583.00
现金及现金等价物净增加额:	-1,996,750.48
注:扣除非经营性损益项目和涉及金额	
减固定资产清理净收入:	142,765.00元
减冻结无效申购资金利息:	1,589,659.20元
减债务重组收入:	854,179.46元
加排污罚款:	44,001.70

2、报告期末,公司前三年主要会计数据和财务指标:

指标项目	2000年末	1999年末	1998年
(1)主营业务收入(元)	228,362,913.46	232,378,323.92	159,413,578.67
(2)净利润(元)	5,204,307.29	711,907.24	-16,199,220.33
(3)总资产(元)	476,624,639.29	473,853,457.14	358,007,681.34
(4)股东权益(元)	177,969,394.54	172,765,087.25	172,053,180.01
(5)每股收益(元/股)	0.050	0.0068	-0.156
每股收益(元/股)(加权)	0.050	0.0068	-0.156
(6)每股净资产(元/股)	1.711	1.661	1.654
(7)调整后每股净资产(元/股)	1.595	1.604	1.579
(8)每股经营活动产生的 现金流量净额(元/股)	0.082	0.108	-0.277
(9)净资产收益率(%)	2.924	0.412	-9.42
净资产收益率(%)(加权)	2.968	0.413	-8.99

3.报告期股东权益变化情况

	股本	资本公积	盈余公积	法定公益金	未分配利润	股东权益合计
期初数	104,000,000	85,728,701.85	1,851,160.95	617,053.65	-18,814,775.55	172,765,087.25
本期增加	0	0	0	0	5,204,307.29	5,204,307.29
本期减少	0	0	0	0		
期末数	104,000,000	85,728,701.85	1,851,160.95	617,053.65	-13,610,468.26	177,969,394.54
变动原因					净利润增加	净利润增加

三、股东情况介绍

1.报告期末股东总数10203户

2.前10名股东持股情况

日期:2000年12月31日　　单位:股

序号	股东名称	期末持股数	占总股本比例(%)	持股类别
1	济南柴油机厂	71,500,000	68.75	国有法人股
2	海南省证券公司富岛投资基金	474,700	0.46	社会公众股
3	海南证券	464,925	0.45	社会公众股
4	金元证券投资基金	339,640	0.33	社会公众股
5	柯新华	260,000	0.25	社会公众股
6	何绍伟	195,727	0.19	社会公众股
7	夏小叶	189,500	0.18	社会公众股
8	北京硅谷兴业投资有限公司	185,000	0.18	社会公众股
9	洪青	181,200	0.17	社会公众股
10	李乾福	148,700	0.14	社会公众股

(1)持有本公司股份超过5%以上的股东为济南柴油机厂,是本公司唯一发起人单位。前10位股东之间不存在关联关系。

(2)济南柴油机厂所持68.75%的股份未发生质押、冻结等情况。

(3)公司国有法人股东为济南柴油机厂,系本公司母公司,并代表国家持有本公司68.75%股份。

吉林化学工业股份有限公司

二〇〇〇年年度报告摘选

一、公司简介

中文名称：吉林化学工业股份有限公司
英文名称：Jilin Chemical Industrial Company Limited
中文简称：吉林化工
英文名称缩写：JCIC
公司法定代表人：焦海坤
公司授权代表：施建勋、张丽燕
公司董事会秘书：张丽燕
联系地址：中国吉林省吉林市龙潭区遵义东路 31 号
联系电话：(86 432) - 399 7447　　传真：(86 432) - 302 8126
公司注册及办公地址：中国吉林省吉林市龙潭区遵义东路 31 号　　邮政编码：132021
网址：http://www.jcic.com
公司电子信箱：webmaster @ jcic.com
公司选定信息披露报纸：《证券时报》、《中国证券报》；香港《文汇报》、《虎报》
登载公司年度报告的中国证监会指定国际互联网网址：http://www.cninfo.com.cn
公司年度报告备置地点：
中国：吉林化学工业股份有限公司董事会秘书室
吉林省吉林市龙潭区遵义东路 31 号
香港：运中公关顾问有限公司
香港湾仔霎西街五号新华社新闻大厦 2 楼
公司股票上市资料：
A 股上市交易所：深圳证券交易所；
股票简称：吉林化工；股票代码：0618
H 股上市交易所：香港联交所；　股票简称：吉林化工；　股票代码：0368
ADS 上市交易所：纽约证券交易所；　股票代码：JCC；　比例：1ADS = 100H 股

二、会计数据和业务数据摘要

下表列出本集团二零零零年度按照中国会计准则及国际会计准则审计的有关财务数据：

	按照中国会计准则	按照国际会计准则
人民币百万元		
税前利润(利润总额)/亏损	-880	-877
净利润(注 1)/净亏损	-879	-836
扣除非经常性损益后的净利润(注 2)	15	66
主营业务利润	1239	1232
营业利润	-922	-274
投资利润	37	37
补贴收入	-	-
营业外收支净额	-6	-6
经营活动产生的现金流量净额	137	779
现金及现金等价物净增加额	-18	-18

按中国会计准则
截至十二月三十一日止年度

人民币百万元	二零零零年	一九九九年	一九九八年
主营业务收入	13,847	10,980	9,222
净利润	-879	153	62
总资产	17,584	15,860	15,649
股东权益(不含少数股东权益)	5,687	6,073	5,977
每股收益(全面摊薄)	人民币 -0.25 元	人民币 0.04 元	人民币 0.02 元
每股收益(加权平均)	人民币 -0.25 元	人民币 0.04 元	人民币 0.02 元
每股净资产	人民币 1.6 元	人民币 1.79 元	人民币 1.75 元
调整后的每股净资产	人民币 1.5 元	人民币 1.73 元	人民币 1.67 元
每股经营活动产生的现金流量净额	人民币 -0.06 元	人民币 0.17 元	人民币 0.38 元
净资产收益率(全面摊薄)	-15.46%	2.45%	1.04%
净资产收益率(加权平均)	-14.95%	2.47%	1.04%

按照中国证监会《公开发行证券公司信息披露编报规则(第 9 号)》要求计算的利润数据：

报告期利润	净资产收益率(%)		每股收益	
	全面摊薄	加权平均	全面摊薄	加权平均
主营业务利润	21.61%	20.17%	0.3454	0.3466
营业利润	-16.37%	-15.28%	-0.2617	-0.2626
净利润	-15.46%	-14.95%	-0.2468	-0.2477
扣除非经常性损益后的净利润	0.26%	0.26%	0.0042	0.0042

报告期内本集团按中国会计准则之股东权益变动情况如下：

项目	股本 人民币元	资本公积 人民币元	盈余公积 人民币元	未分配利润 人民币元	股东权益合计 人民币元
年初数	3,411,078,000	1,950,731,988	695,920,990	15,104,355	6,072,835,333
本年增加	150,000,000	343,926,898	321,009	(878,766,153)	(384,518,246)
本年减少	-	(520,000)	-	(551,863)	(1,071,863)
年末数	3,561,078,000	22,941,388,886	696,241,999	(864,213,661)	5,687,245,224

三、股东情况介绍

1、报告期末本公司股东总数为 119,105 户，其中 H 股股东为 857 户，社会公众股(A 股)股东为 118,247 户，国有法人股股东 1 户。

2、本公司前十名股东

于二零零零年十二月三十一日，持有本公司股份的前十名最大股东名单如下：

股 东 名 称	类别	持股数(股)	年度内股数增减(股)	持股比例(%)
1. 中国石油天然气股份有限公司(国有法人股持股单位)*	A 股	2,396,300,000	-	70.2500
2. 香港中央结算代理人有限公司	H 股	791,838,699	+5,899,000	22.2359
3. 香港上海汇丰银行(代理人)有限公司	H 股	135,135,300	+48,000	3.7948
4. CHONG YUEN HUNG	H 股	1,276,000	-	0.0358
5. 金鑫证券投资基金	A 股	1,274,826	-	0.0358
6. KU YUK MUI	H 股	820,000	-	0.0230
7. LEUNG KWOK YUNG	H 股	814,000	-	0.0229
8. KWAN YUET PUI	H 股	800,000	-	0.0225
9. 雒蓬勃	A 股	792,707	-	0.0223
10. 李伟光	A 股	791,000	-	0.0222

黑龙江圣方科技股份有限公司

二〇〇〇年年度报告摘选

一、公司简介

1、公司名称：黑龙江圣方科技股份有限公司
英文名称：Heilongjiang SunField Science & Technology Co., Ltd.
缩写：SFT
2、公司法定代表人：刘晓卫
3、董事会秘书：陈德仁
股证事务授权代表：司学成
联系地址：北京市西城区德宝新园 22 号德宝饭店 448 室
电话：010 - 68318866 - 2800　　传真：010 - 68332263
电子信箱：cdr@sunfieldgroup.com
4、公司注册地址：黑龙江省牡丹江市东二条路 98 号
公司办公地址：北京市西城区德宝新园 22 号德宝饭店 448 室
公司电子信箱：sftbj@sunfieldgroup.com
电话：010 - 68318866 - 2800　　传真：010 - 68332263
邮政编码：100044
5、公司选定的信息披露报纸：《证券时报》
刊登公司年报的中国证监会指定国际互联网网址：http://www.cninfo.com.cn
公司年度报告备置地点：公司证券部
6、公司股票上市交易所：深圳证券交易所
股票简称：圣方科技　　股票代码：0620

二、会计数据和业务数据摘要

1、公司本年度会计数据摘要　　单位：元

项目	金额
利润总额：	48,966,662.71
净利润：	45,297,516.14
扣除非经常性损益后的净利润：	36,560,161.45
主营业务利润：	89,940,146.97
其他业务利润：	-3,183,947.75
营业利润：	40,468,082.62
投资收益：	-133,124.64
补贴收入：	8,737,354.69
营业外收支净额：	-105,649.96
经营活动产生的现金流量净额：	-64,955,696.86
现金及现金等价物净增加额：	57,565,581.45
注：非经常性损益项目及金额：	
补贴收入：	8,737,354.69
营业外收入：	7,125.64
营业外支出：	112,775.60

2、前三年主要会计数据和财务指标

	2000 年	1999 年		1998 年	
		调整前	调整后	调整前	调整后
主营业务收入(万元)	13,791.19	52,796.81	52,796.81	61,502.83	61,502.83
净利润(万元)	4,529.75	9,553.66	6,195.32	5,670.37	3,676.29
总资产(万元)	120,898.00	93,774.84	87,213.54	122,431.85	120,437.77
股东权益(不含少数股东权益)万元	79,058.56	79,881.22	74,528.81	70,395.71	68,401.63
全面摊薄每股收益(元/股)	0.15	0.37	0.24	0.22	0.14
加权平均每股收益(元/股)	0.15	0.37	0.24	0.22	0.14
扣除非经常性损益后的每股收益(元/股)	0.12	-0.01	0.04	0.07	0.07
每股净资产(元/股)	2.54	3.08	2.87	2.71	2.64
调整后的每股净资产(元)	2.54	3.07	2.87	2.71	2.64
全面摊薄净资产收益率(%)	5.73	11.96	8.31	8.06	5.37
加权平均净资产收益率(%)	5.73	11.96	8.31	8.06	5.37
扣除非经常性损益后的加权净资产收益率(%)	4.62	-0.45	1.44	2.54	2.61
每股经营活动产生的现金流量净额(元)	-0.21	-0.026	-0.03	-0.023	-0.02

98 年、99 年的调整是按财政部 2000 年 3 号文进行的。

利润分配表附表

报告期利润	净资产收益率(%)		每股收益(元)	
	全面摊薄	加权平均	全面摊薄	加权平均
主营业务利润	11.38	11.38	0.29	0.29
营 业 利 润	5.12	5.12	0.13	0.13
净 利 润	5.73	5.73	0.15	0.15
扣除非经常性损益后净利润	4.62	4.62	0.12	0.12

3、报告期内股东权益变动情况　　单位：元

项 目	股本	资本公积	盈余公积	法定公益金	未分配利润	股东权益合计
期初数	259,689,200.00	262,348,707.02	80,037,682.16	13,469,310.00	143,212,541.26	745,288,130.44
本期增加	51,937,840.00		27,776,896.22	9,258,965.41		45,297,516.14
本期减少		25,968,920.00			8,448,300.08	
期末数	311,627,040.00	236,379,787.02	107,814,578.38	22,728,275.41	134,764,241.18	790,585,646.58

变动原因：1、股本增加、资本公积减少、未分配利润减少系中期利润分配所致。
2、盈余公积增加、法定公益金增加系利润分配所致。

三、股东情况介绍

(1)报告期末本公司股东总数为 54,544 户，其中国有法人股股东 1 户，社会法人股股东 4 户，社会公众股股东 54,539 户。

(2)前 10 名股东情况

股 东 名 称	持股数量	占总股本比例(%)
西安圣方科技股份有限公司	87,255,600	28.00
牡丹江石油化学工业集团公司	53,120,880	17.05
牡丹江树脂厂	13,090,560	4.20
中国环球租赁公司	3,840,000	1.23
牡丹江造纸厂	3,840,000	1.23
王凤琴	931,300	0.30
钱 斌	692,000	0.22
饶为友	620,600	0.20
张喜成	610,600	0.20
王显臣	539,600	0.17

芜湖海螺型材科技股份有限公司

二○○○年年度报告摘要

一、公司简介

(一)公司法定中文名称:芜湖海螺型材科技股份有限公司
公司法定英文名称:Wuhu Conch Profiles and Science Co., Ltd
(二)公司法定代表人:郭景彬
(三)公司董事会秘书:章明静
联 系 地 址:芜湖市人民路 209 号董事会秘书室
电 话:0553－5840158　　5840151
传 真:0553－5840111
电 子 信 箱:conch-ah@mail.ahwhptt.net.cn
(四)公司注册地址:安徽省芜湖市经济技术开发区
公司办公地址:安徽省芜湖市经济技术开发区港湾路
邮 政 编 码:241009
网 址:Http://www.conchxc.com.cn
公司电子信箱:conch-xc@mail.ahwhptt.net.cn
(五)公司选定的信息披露报纸:《证券时报》
登载公司年度报告的中国证监会指定国际互联网网址:
http://www.cninfo.com.cn
公司年度报告备置地点:董事会秘书室
(六)公司股票上市交易所:深圳证券交易所
股 票 简 称:海螺型材
股 票 代 码:0619

二 主要会计数据和业务数据

(一)本年度主要会计数据和业务数据:

公司本年度实现利润总额为 9835.17 万元,净利润为 9765.58 万元,扣除非经常性损益后的净利润为 8123.23 万元,主营业务利润为 10274.93 万元,其他业务利润为 242.28 万元,营业利润为 8192.92 万元,投资收益为 600 万元,补贴收入为 767.09 万元,营业外收支净额为 275.16 万元,经营活动产生的现金流量净额 5355.24 万元,现金及现金等价物净增加额 6562.01 万元。

(二)前三年主要会计数据和财务指标

指标项目	2000 年	1999 年	1998 年
主营业务收入(万元)	55212.98	3981.90	4194.08
净利润(万元)	9765.58	1057.31	1036.30
总资产(万元)	71418.47	18449.60	18449.60
股东权益(不含少数股东权益)(万元)	25726.52	16560.94	16253.63
每股收益(元/股)摊薄	0.651	0.141	0.138
加权	0.651	0.141	0.138
每股净资产(元/股)	1.72	2.21	2.167
调整后的每股净资产(元/股)	1.71	2.19	2.14
净资产收益率 摊薄	37.96%	6.38%	6.37%
加权	45.86%	6.38%	6.37%
每股经营活动产生的现金流量净额(元/股)	0.36	0.08	0.07
扣除非经常性损益后每股收益(元/股)	0.54	0.136	0.13
按月平均加权法计算的每股收益(元/股)	0.651	0.141	0.138

(三)本年度利润表附表

报告期利润	净资产收益率(%)		每股收益(元/股)	
	全面摊薄	加权平均	全面摊薄	加权平均
主营业务利润	39.9	48.3	0.685	0.685
营业利润	31.8	38.5	0.546	0.546
净利润	38.0	45.9	0.651	0.651
扣除非经常性损益后的利润	31.6	38.1	0.542	0.542

说明:

(1)本公司 2000 年 12 月 31 日主要会计数据和财务指标同 1999 年 12 月 31 日相比变化较大,主要系本公司在本年度 3 月底进行了全部资产置换所至。具体详见本报告"七、重要事项"中的"本报告期内公司资产重组情况"。

(2)非经常性损益扣除项目的说明:

扣除非经常性损益的项目和涉及金额:投资收益(转让股权)6,000,000.00 元;资产处置净收入 3,159,628.81 元;补贴收入 7,670,913.53 元;营业外支出 408,000 .00 元。

主要财务指标计算公式:

全面摊薄净资产收益率 = 报告期利润 ÷ 期末净资产

全面摊薄每股收益 = 报告期利润 ÷ 期末股份总数

加权平均净资产收益率(ROE):

$$ROE = P/(E_0 + NP \div 2 + E_i \times M_i \div M_0 - E_j \times M_j \div M_0)$$

其中:P 为报告期利润;NP 为报告期净利润;E_0 为期初净资产;E_i 为报告期发行新股或债转股等新增净资产;E_j 为报告期回购或现金分红等减少净资产;M_0 为报告期月份数;M_i 为新增净资产下一月份起至报告期期末的月份数;M_j 为减少净资产下一月份起至报告期期末的月份数。

加权平均每股收益(EPS):

$$EPS = P/(S_0 + S_1 + S_i \times M_i \div M_0 - S_j \times M_j \div M_0)$$

其中:P 为报告期利润;S_0 为期初股份总数;S_1 为报告期因公积金转增股本或股票股利分配等增加股份数;S_i 为报告期因发行新股或债转股等增加股份数;S_j 为报告期因回购或缩股等减少股份数;M_0 为报告期月份数;M_i 为增加股份下一月份起至报告期期末的月份数;M_j 为减少股份下一月份起至报告期期末的月份数。

每股净资产=报告期末股东权益÷报告期末普通股股份总数

调整后的每股净资产=(报告期末股东权益－三年以上的应收款项－待摊费用－待处理[流动、固定]资产净损失－开办费－长期待摊费用－住房周转金负数余额)÷报告期末普通股股份总数

(四)本报告期内股东权益变动情况:(单位:人民币元)

项目	股本	资本公积	盈余公积	公益金	未分配利润	股东权益合计
期初数	75,000,000	78,882,507.52	3,922,688.66	3,922,688.16	3,881,509.27	165,609,394.11
本期增加	75,000,000	-	9,765,581.15	9,765,581.15	97,655,811.48	192,186,973.78
本期减少	-	45,000,000.00	-	-	55,531,162.30	100,531,162.30
期末数	150,000,000	33,882,507.52	13,688,269.81	13,688,269.81	46,006,158.45	257,265,205.59

变动原因:
1、股本增加,为公司于本年度中期实施每 10 股送 4 股转增 6 股的分配方案所致;
2、资本公积减少,为公司本年度实施公积金转增股本的分配方案所至;
3、盈余公积金、法定公益金增加,为本公司年度盈利提取所致;
4、未分配利润增加,为本年度盈利留存所致;
5、股东权益增加,为公司本年度盈利留存所致。

三股东情况介绍

(一)截止 2000 年 12 月 31 日,股东总数为 6958 户。

(二)前 10 位主要股东持股情况(截至 2000 年 12 月 31 日)

名次	股东名称	年末持股数量(股	持股比例(%)	持股性质
1、	安徽海螺建材股份有限公司	76,500,000	51.00	国有法人股
2、	中国宣纸集团公司	22,500,000	15.00	国有法人股
3、	蚌埠涂山投资发展有限公司	1,204,649	0.80	社会公众股
4、	皖全椒力能机械有限公司	334,178	0.22	社会公众股
5、	同益证券投资基金	199,901	0.13	社会公众股
6、	袁友功	127,732	0.09	社会公众股
7、	杨丹	106,900	0.07	社会公众股
8、	蔡家珍	105,900	0.07	社会公众股
9、	普丰证券投资基金	105,504	0.07	社会公众股
10、	邓振国	103,450	0.07	社会公众股

说明:

本报告期内,因公司进行了股权转让以及在年度中期实施了每 10 股送 4 股转增 6 股的分配方案,持股 5%以上的股东中安徽海螺建材股份有限公司所持股份共计增加 76,500,000 股,成为公司第一大股东,中国宣纸集团公司所持股份减少 27,022,500 股到 22,500,000 股,成为公司第二大股东。

上述各股东之间无关联关系。本报告期内公司第二大股东中国红星宣纸集团公司将其持有公司 15%的股份(2250 万股),质押给公司第一大股东安徽海螺建材股份有限公司,质押期限为 2000 年 9 月 7 日至 2005 年 6 月 29 日,有关质押的备案手续现正办理中。

四、股东大会简介

本报告期内本公司共召开了一次年度股东大会和三次临时股东大会,具体情况如下:

(一) 1999 年年度股东大会的召开情况

1999 年年度股东大会于 2000 年 3 月 28 日在安徽泾县红星大酒店召开,审议通过了如下议案:

A、《公司 1999 年度报告正本及年报摘要》;
B、《公司 1999 年度董事会工作报告》;
C、《公司 1999 年度监事会工作报告》;
D、《公司关于计提各项资产减值准备的专题报告》;
E、《公司 1999 年度利润分配预案》。

此次会议的决议公告刊登于 2000 年 3 月 29 日的《证券时报》。

(二)2000 年第一次临时股东大会的召开情况

(1)2000 年第一次临时股东大会于 2000 年 4 月 29 日在安徽泾县红星大酒店召开,审议通过了如下议案:

A、《关于出让安徽绿宝药业有限责任公司 92.3%股权的议案》;
B、《关于受让芜湖海螺塑料型材有限责任公司 32%股权的议案》;
C、《关于公司通过资产置换变更公司主业的议案》;
D、《调整部分董事的议案》;
E、《调整部分监事的议案》;
F、《公司章程修改议案》;
G、《董事会对本次股东大会有关情况的说明》。

(2)在本次大会上,接受江柏林、邢春荣、陈小平、曹明友、曹明水、王锦文等辞去公司董事的请求,选举郭景彬、郭文叁、李顺安、朱德金、余彪、李剑等 6 人为公司董事;接受孙业清、凤毅萍辞去公司监事的请求,选举王俊、齐生立为公司监事。

此次会议的决议公告刊登于 2000 年 5 月 9 日的《证券时报》。

(三)2000 年第二次临时股东大会的召开情况

(1)2000 年第二次临时股东大会于 2000 年 6 月 12 日在芜湖海螺国际大酒店召开,审议通过了如下议案:

A、《董事人选变动议案》;
B、《关于更换会计师事务所的议案》。

(2)在本次大会上,接受曹院生辞去董事及董事长职务,决定增补章明静女士为公司董事,选举郭景彬先生为公司董事长。

此次会议的决议公告刊登于 2000 年 6 月 13 日的《证券时报》。

(四)2000 年第三次临时股东大会的召开情况

2000 年第三次临时股东大会于 2000 年 8 月 26 日在芜湖海螺国际大酒店召开,审议通过了《公司 2000 年度中期分配方案》。北京市竞天公诚律师事务所项振华律师对大会作了见证并出具了法律意见书。

此次会议的决议公告刊登于 2000 年 8 月 29 日的《证券时报》。

五、董事会报告

(一)公司经营情况

(1)公司所处行业及公司在行业中的地位

本公司是科技部确定的高新技术企业,主要从事中高档塑料型材、板材、门窗、五金制品的生产、销售和科研开发。目前,以销量及产量计,本公司为国内最大的型材生产企业之一,在行业中居主导地位。

本公司主营 PVC 异型材属近年来兴起的新型化学建材产品,是最具发展潜力的建筑装饰材料之一。用其加工的 UPVC 塑钢门窗是继木门窗、钢门窗、铝合金门窗之后的第四代建筑门窗,具有不易变形、耐老化、耐腐蚀、抗冲击、气密水密性能优良、阻燃性强、使用寿命长等优点,可以"代

钢、代木",具有节能、环保的特点,是新型绿色建筑材料。

塑钢门窗20世纪60年代发源于欧洲,由于其良好的性能,迅速被世界各国广泛使用。在欧美门窗市场的占有率均在35%以上,且呈逐年增长的趋势。

我国塑料型材行业是在20世纪80年代引进国外先进设备的基础上发展起来的,但由于受生活条件和传统观念的影响,塑钢门窗在我国的前期推广步伐一直比较缓慢。九五期间,随着经济发展,建筑节能要求的提高,塑钢门窗的推广和应用也越来越受到国家的重视和广大消费者的青睐,塑钢门窗在建筑业的使用率迅速提高,行业发展进入了一个全新的时期。其中1999年比1998年塑料型材的消费量实现了50%的增长,1999年我国塑料型材用量达到30万吨,实际组装面积约3000万平方米,约占全国门窗市场的15%左右,塑料门窗行业已开始进入产业化的发展阶段。

为此,1999年12月,建设部、国家经贸委、国家技术监督局和国家建材局等四部委局联合发出《关于在住宅建设中淘汰落后产品的通知》。该规定要求,自2000年12月1日起,在大中城市新建住宅中,必须使用节能的塑钢门窗。国家在《国家化学建材产业"十五"计划和2010年规划纲要》中提出"2005年全国塑钢门窗的平均市场占有率要达到30%以上,其中,采暖地区的市场占有率达到50%以上,其他执行建筑节能设计标准的地区的市场占有率不低于35%。以上",国家产业政策将极大地推动塑料型材行业的快速发展。

(2)公司主营业务范围及经营状况

本公司的主要产品包括,50系列、60系列、73系列、77系列、80系列、85系列、88系列、95系列塑钢门窗异型材及卷帘窗等装饰异型材。

本公司从德国引进72条高速型材生产线,配备了200多套进口模具,其技术装备已达到国际先进水平,并拥有代表国际先进水平的产品配方和工艺软件的核心技术。

随着国内经济环境的改善,尤其是住房制度的改革,房地产业的升温,本公司在"低成本、高效率、高品质、合理价位"的经营思想指导下,抓住机遇,在报告期内继续保持了产销两旺的势头。

截止2000年12月31日,本公司实现主营业务收入55,212.98万元,较上年同期的3,981.90万元,增长12.87倍,实现净利润9,765.58万元,较上年同期的1,057.31万元,同比增长8.24倍。

公司取得优异的经营业绩,得益于:

1、经营业务的调整

具体详见本报告"七、重要事项"中的"本报告期内公司资产重组情况"。

2、发挥品牌优势

1995年,公司率先从德国、奥地利引进先进技术和设备,针对中国市场的实际情况,研究开发出适合中国消费特点的型材断面,并拥有代表国际先进水平的产品配方和工艺软件的核心技术。本公司设备采用全电脑自动化监控,拥有世界上最大的混料机组,最先进的三履带牵引机和一模双腔主型材双头模具,为生产高品质的塑料异型材提供了可靠的保证。

在每年一度的国家产品质量技术监督部门的抽检中,"海螺"牌型材均能符合或超过国家技术标准。经过近年来的不懈努力,本公司获得了多项省级和国家级荣誉:

1996年,获欧共体产品质量认证证书;

1996年9月,荣获建设部授予的全国建筑节能新技术、新产品科技成果重点推广项目证书;

1997年3月,荣获建设部授予的国家小康住宅建设推荐产品证书;

1998年12月,荣获安徽省名牌企业和名牌产品称号;

2000年7月,被国家科技部评为国家火炬计划重点高新技术企业。

3、加强基础管理

完善了产品质量保证体系,2000年8月公司在同行业率先通过了ISO9000质量体系认证。完善了计算机信息管理系统,使供应、生产、销售、财务管理水平不断提高,大大降低经营成本,为参与市竞争提供了有力保证。

完善激励机制,全员实施《岗薪工资制度》和绩效考核办法,初步建立"一岗一薪、易岗易薪"的动态管理模式,使劳动生产率得到大幅提高。

4、构筑营销模式

为拓展市场份额,报告期内本公司立足建立全国的大市场,在全国各地原有15个市场部的基础上,增加了7个销售结算中心和8个市场部,使结算中心和市场部达到了30个,遍布全国22个省市。

为更好的服务客户,扩大市场覆盖面,提高市场渗透力,公司在全国各大主要区域设立了8个中转库,建立起比较通畅的全国物流体系。为抓住市场源头,保持销量的稳健增长,公司坚持以"直销为主,经销为辅"的营销策略,加强市场策划、广告宣传,细分市场,使销量较上年增长125%。

5、控制采购成本

针对主要原材料聚氯乙烯价格受世界原油价格波动的影响,为发挥规模优势,切实降低运营成本,公司密切关注国内外市场的变化,充分利用国内外两个市场,编制采购平台,并在低价位时增加原料储备,有效的控制了原料采购成本。

6、防范资金风险

面对激励的市场竞争,公司保持清醒的认识,坚持"款到发货"的销售结算制度,报告期内的销售货款回笼率达101%,应收帐款周转天数由去年的12大降低到今年的6大,有效地防范了资金风险,提高了资金的利用率。

7、加大研发投入

报告期内,公司加大了研发方面人力、物力的投入,在配方研究上实现了突破,并投入规模化生产;产品品种上,开发了适应市场需求的73、80系列的新产品。

(3)、经营中出现的问题与困难及解决方案

本公司PVC原料成本约占总成本的73%,因PVC原料价格受世界原油价格的影响波动较大,对公司成本控制造成了较大的困难。公司一方面通过扩大规模,提升销量,摊薄成本;另一方面,利用国际国内两个供货渠道,并在低价位时增加原料储备,有效的控制了原料采购成本。

面对市场竞争的加剧,公司加大了市场建设和销售队伍建设的力度,在巩固和提升现有市场的基础上,积极开拓新市场。并根据市场需求的变化,进行市场热点品种的预测,及时调整产品结构,推出新产品,满足市场需求。

(二)公司财务状况(单位:万元)

项 目	2000年12月31日	1999年12月31日	增加比例(%)
总资产	71418.47	18449.60	287.10
长期负债	9466.00	1888.66	401.20
股东权益	25726.52	16560.94	55.34
主营业务利润	10274.93	2134.61	381.35
净利润	9765.58	1057.31	823.63

变动原因说明:

报告期内财务状况与上年度财务状况相比变化较大,是因为本公司在年内进行了资产重组。具体情况详见本报告"七、重要事项"中的"本报告期内公司资产重组情况"。

(三)公司投资情况

1、募集资金使用情况

本报告期内,公司没有向社会募集资金。1996年9月,公司首次向社会公开发行股票,扣除发行费用后共募集资金9,396.24万元。至1999年底,实际投入6,036.24万元,尚剩余3,360万元资金没有使用,本公司已在2000年3月30日发布董事会公告变更资金投向,以剩余募集资金和自有资金21,875万元人民币,受让安徽海螺建材股份有限公司持有的芜湖海螺塑料型材有限责任公司100%的股权,该项工作已于本报告期内顺利完成。至此,公司的募集资金全部使用完毕。

2、非募集资金投资情况

由本公司占60%股权的宁波海螺型材有限责任公司,已于2000年内完成安装调试,开始生产,在浙江市场进行了广泛的市场开拓,产销稳步增长,并已开始盈利。

(四)新年度的业务发展计划

房地产业的升温,尤其是住宅产业成为拉动国民经济的新增长点,以及各地建设主管部门对塑钢门窗应用的大力推广,塑料型材行业正处于快速成长期。公司将抓住发展机遇,在2001年一如继往竭诚努力,为股东创造更大的价值,着重做好以下工作:

(1)制订实施发展战略规划

公司将根据型材产品市场容量和行业发展前景,结合公司自身实际情况,制订了三至五年发展规划,其中年内将在芜湖着手实施年产3万吨的扩产计划,并在三到五年之后,型材产销量达到18万吨。

(2)密织市场网络,完善市场功能

2001年公司将增设营销策划部门,完善市场体系建设;在全国的中心城市设立销售中心,建立产品中转库,加快物流体系的建设;在其他有市场影响力的城市建立市场部或办事处,并充实人员,加强人员的素质培养。

(3)优化管理流程,提高管理效率

公司在2001年将进一步完善内部结构、明晰岗位职责,优化管理流程,加强员工培训,全面提升公司的整体素质。

(4)成立研发中心,提高创新能力

公司2001年拟成立研发中心,在新工艺、新配方、新产品方面提高创新能力,不断开发新产品以适应和引导市场需求。在行业品牌的基础上,建立全方位的质量保证体系、售后服务体系和技术开发体系。

(五)董事会日常工作情况

(1)报告年度内董事会的会议情况及决议内容:

报告期内,公司共召开了六次董事会,其中第一届第十四次董事会和第二届第一次董事会主要就公司的生产经营情况向公司董事会成员征求意见,交换看法,不形成决议。

1、公司第一届第十二次董事会于2000年2月16日召开,会议审议并一致通过了A、《公司1999年度报告正本及年报摘要》;B、《公司1999年度董事会工作报告》;C、《公司1999年度监事会工作报告》;D、《公司关于计提各项资产减值准备的专题报告》;E、《公司1999年利润分配预案》;F、《关于召开1999年年度股东大会的议案》。

上述A—E项议案业经公司1999年年度股东大会审议通过,董事会决议公告和股东大会决议公告分别刊登于2000年2月22日和2000年3月29日的《证券时报》。

2、公司第一届第十三次董事会于2000年3月29日召开,会议审议并一致通过了A、《关于出让安徽绿宝药业有限责任公司92.3%股权的报告》;B、《关于受让芜湖海螺塑料型材有限责任公司32%股权的报告》;C、《关于加大资产重组力度,通过资产置换变更公司主业的议案》;D、《关联交易说明》;E、《高级管理人员人事变动的议案》;F、《调整部分董事的议案》;G、《公司章程修改议案》;H、《关于召开2000年第一次临时股东大会的公告》。

上述A—G项议案业经公司2000年第一次临时股东大会审议通过,董事会决议公告和股东大会决议公告分别刊登于2000年3月30日和2000年5月9日的《证券时报》。

3、公司第一届第十五次董事会于2000年4月30日召开,会议审议并一致通过了A、《董事人选变动议案》;B、《关于更换会计师事务所的议案》;C、《关于召开2000年第二次临时股东大会的公告》。

上述A—B项议案业经公司2000年第二次临时股东大会审议通过,董事会决议公告和股东大会决议公告分别刊登于2000年5月10日和2000年6月13日的《证券时报》。

4、公司第二届第二次董事会于2000年7月24日召开,会议审议并一致通过了A、《公司2000年中期报告及摘要》;B、《公司2000年中期利润分配方案》;C、《关于召开2000年第三次临时股东大会的公告》。

上述A—B项议案业经公司2000年第三次临时股东大会审议通过,董事会决议1公告和股东大会决议公告分别刊登于2000年7月27日和2000年8月29日的《证券时报》。

(2)董事会对股东大会决议的执行情况

报告期内公司共召开一次年度股东大会和三次临时股东大会,审议通过了15项议案。董事会严格按照公司章程及有关法规履行职责,认真执行了股东大会的各项决议,及时的完成了股东大会交办的工作。根据2000年8月26日召开的2000年第三次临时股东大会的决定,董事会于2000年7月27日在《证券时报》刊登了2000年度中期利润分配及资本公积金转增股本的公告。即以1999年末总股本为基数,用公积金转赠股本,每10股转赠6股;用未分配利润每10股送4股,并派现0.8元。股权登记日为2000年9月25日,除权基准日为2000年9月26日,本次送、转股份起始交易日为2000年9月27日。

(六)公司管理层及员工情况

(1)董事、监事、高级管理人员

姓名	性别	年龄	职务	任期起止	年初持股数	年末持股数	年度报酬(元)
郭景彬	男	43	董事长	2000.5.9-2003.5.9	0	0	未在公司领取报酬
郭文叁	男	46	董事	2000.5.9-2003.5.9	0	0	未在公司领取报酬
李顺安	男	43	董事	2000.5.9-2003.5.9	0	0	未在公司领取报酬
朱德金	男	54	董事	2000.5.9-2003.5.9	0	0	未在公司领取报酬
余 彪	男	47	董事	2000.5.9-2003.5.9	0	0	未在公司领取报酬
李 剑	男	40	董事、总经理	2000.5.9-2003.5.9	0	0	23108
章明静	女	39	董事、董秘	2000.6.13-2003.6.13	0	0	未在公司领取报酬
王 俊	男	44	监事会主席	2000.5.9-2003.5.9	0	0	未在公司领取报酬
齐生立	男	36	监事	2000.5.9-2003.5.9	0	0	未在公司领取报酬
汤宣虎	男	39	监事	2000.5.9-2003.5.9	0	0	未在公司领取报酬
张可可	男	39	副总经理	2000.9.1-2003.9.1	0	0	8211
周 琦	男	37	副总经理	2000.5.9-2003.5.9	0	0	19398
齐 誉	男	37	副总经理	2000.5.9-2003.5.9	0	0	19121
明章春	男	43	财务总监	2000.3.30-2003.3.30	0	0	17158
胡 健	男	38	总经理助理	2000.5.9-2003.5.9	0	0	16584

公司董事、监事和高级管理人员年度报酬总额为103,580,其中本年度报酬总额在1万元以下有1人;1万至2万有5人。郭景彬、郭文叁、李顺安、朱德金、余彪、章明静、王俊、齐立生和汤宣虎未在公司领取报酬。

(2)报告期内离任董事、监事、高级管理人员情况

姓名	原职务	离任原因
曹皖生	董事长、总经理	股权转让
江柏林	董事、副董事长	股权转让
邢春荣	董事、副总经理	股权转让
陈小平	董事、副总经理	股权转让
曹明友	董事、副总经理	股权转让
曹明水	董事	股权转让
王锦文	董事、董秘	股权转让
洪叶菊	监事会主席	股权转让
孙业清	监事	股权转让
凤毅萍	监事	股权转让

(3)聘任公司经理、董事会秘书的情况

本公司由于在报告期内进行了资产重组,聘任李剑为公司总经理,张可可、周琦、齐誉为公司副总经理,胡健为总经理助理,章明静为公司董事会秘书,明章春为财务总监。原公司高级管理人员自动离任。

(七)本年度利润分配预案及预计下一年度利润分配政策

(1)本年度利润分配预案:根据深圳中天勤会计师事务所出具的标准无保留意见审计报告,本公司2000年度实现净利润97,655,811.48元,根据本公司章程,按10%提取法定公积金9,765,581.15元,按10%提取法定公益金9,765,581.15元,减去年中已分配利润36,000,000.00元,加上年初未分配利润3,881,509.27,本年度实际可供股东分配的利润为46,006,158.45元。由于本公司目前正面临经营规模的迅速扩大,且本公司在2000年中期已实施了10送4转赠6派0.8元(含税)的方案。因此,公司董事会决定,本报告期利润不分配,也不进行资本公积金转增股本。未分配利润全部用于生产经营。此分配预案尚须提交2000年度股东大会审议。

(2)预计2001年度利润分配政策:

公司拟在2001年分配一次,2001年实现净利润拟用于股利分配比例约为20%,公司2000年度未分配利润不用于下一年度股利分配。分配主要采取派发现金股息的形式,现金股息约占股利分配的50%以上,具体分配办法将根据公司当时实际情况而定。此分配预案尚须提交2000年度股东大会审议。

(八)公司继续选定《证券时报》为信息披露报纸。

(九)本报告期内由于进行了资产重组,本公司与安徽华普会计师事务所协商,解除了聘用关系,并重新聘任深圳中天勤会计师事务所为本公司财务审计机构,此项决定的董事会决议公告和股东大会决议公告分别刊登在2000年5月10日和2000年6月13日的《证券时报》。

(十)本公司于2000年7月获得科技部国家火炬计划高新技术证书。本公司产品也获得安徽省科技进步一等奖,本公司获得高新技术企业和高新技术产品的双高企业认证。

六、监事会报告

本报告期内监事会共召开了三次会议:

(1)第一届第八次监事会于2000年2月16日召开，审议并一致通过了《公司1999年度报告正本及年报摘要》、《公司1999年度董事会工作报告》、《公司1999年度监事会工作报告》、《公司关于计提各项资产减值准备的专题报告》、《公司1999年利润分配预案》。以上决议公告刊登于2000年2月22日《证券时报》。

(2)公司于2000年3月29日召开监事会，审议通过了公司监事会提出的部分监事调整的议案。该议案业经公司2000年第一次临时股东大会审议通过。以上决议公告刊登于2000年3月30日《证券时报》。

(3)公司于2000年4月30日召开监事会，审议通过了公司监事人选变动的议案。以上决议公告刊登于2000年5月10日《证券时报》。

七、重要事项

(一)本报告期内公司无重大诉讼、仲裁事项。

(二)本报告期内，公司、公司董事及高级管理人员没有受到监管部门处罚。

(三)本报告期内，由于进行了股权转让，本公司控股股东由中国宣纸集团公司变更为安徽海螺建材股份有限公司。本次股权转让公告刊登于2000年3月30日《证券时报》。2000年3月29日公司召开第一届第十三次董事会会议，接受曹皖生辞去公司总经理、王锦文辞去公司董事会秘书的请求，聘任李剑担任本公司总经理、章明静为公司董事会秘书、明章春为财务总监。2000年4月29日在公司2000年第一次临时股东大会上，接受江柏林、邢春荣、陈小平、曹明友、曹明水、王锦文等辞去公司董事的请求，选举郭景彬、郭文叁、李顺安、朱德金、余彪、李剑等6人为公司董事；接受孙业清、凤毅萍辞去公司监事的请求，选举王俊、齐生立为公司监事。2000年6月12日在公司2000年第二次临时股东大会上，接受曹皖生辞去董事及董事长职务，决定增补章明静女士为公司董事，选举郭景彬先生为公司董事长。以上会议决议公告，分别刊登于2000年3月30日、2000年5月9日和2000年6月13日的《证券时报》。

(四)本报告期内公司资产重组情况

(1)根据安徽省人民政府秘函[2000]17号文批复，经中国证监会证监字[2000]59号文"关于同意豁免安徽海螺建材股份有限公司要约收购'红星宣纸'股票义务的函"的批准，安徽海螺建材股份有限公司与中国宣纸集团于2000年3月22日签订了受让本公司3825万股国有法人股的协议。转让完成后，安徽海螺建材股份有限公司持有本公司国有法人股3825万股，占总股本的51%，为本公司第一大股东，中国宣纸集团公司持有本公司国有法人股1125万股，占总股本的15%，为本公司第二大股东。本次股权转让公告刊登于2000年3月30日《证券时报》。

(2)由于宣纸生产受行业特殊性的制约，市场空间有限，公司生产规模难以进一步扩大，公司决定通过资产置换变更公司的主业。

首先，本公司以3600万元人民币的转让价格出让持有安徽绿宝药业有限责任公司92.3%的股权给中国宣纸集团公司，以现金方式一次性支付款项，并决定以剩余募集资金和自有资金受让安徽海螺建材股份有限公司持有的芜湖海螺塑料型材有限责任公司32%的股权，收购价格为7000万元人民币。芜湖海螺塑料型材有限责任公司系安徽海螺建材股份有限公司之控下属子公司，自1995年投产以来，产品一直供不应求。97－99年曾三次扩建，产销量一直保持同行业前列。

其次，出让宣纸厂相关截止一九九九年十二月三十一日全部资产及相关负债予中国宣纸集团公司，出让价格以安徽华普会计师事务所会事评字[2000]第139号《评估报告》的结果，并经国家财政部确认的价格13,870.54万元，同时受让安徽海螺建材股份有限公司持有的芜湖海螺塑料型材有限责任公司68%的股权，收购价格为14,875万元。

重组完成后，注销芜湖海螺塑料型材有限责任公司的法人资格。通过上述收购与转让，本公司的全部资产已由过去从事宣纸生产的资产全部置换为生产新型建材的资产，公司的主营业务得到一次性全部置换。

上述重组方案的董事会决议和股东大会决议分别刊登在2000年3月29日和2000年5月9日的《证券时报》。

(3)根据资产置换相关协议，本公司可享有按所持有的芜湖海螺塑料型材有限责任公司股权比例参与的本公司临时股东大会通过当月1日起新生利润的分配，同时按比例享有并承担相关权利和义务。

本公司出让宣纸厂资产以1999年12月31日为评估基准日，本公司股东大会批准之日为转让资产的生效日，自评估基准日起之后，到协议生效日，鉴于该部分资产的实际处于微利状态，因此，为简化手续，双方约定该转让资产所产生利润或亏损均由受让方中国宣纸集团公司享有或承担，上述内容已发布《资产置换公告书》刊登在2000年5月9日的《证券时报》。

(4)上述重大的资产重组完成后，本公司的资产结构发生了根本性的变化，顺利完成了主营业务由生产销售"红星"牌宣纸向生产经营"海螺"牌型材的转型。塑料型材属于国家着力推广的新型化学建材，符合国家产业政策，具有良好的成长性。置换进入的优质资产保证了本公司的持续经营能力，本公司的经营情况和盈利能力与以往相比均有大幅提升。

本报告期内，本公司总资产714,184,660.34元，比上年增加529,688,625.37元，增长287.10%。股东权益257,265,205.59元，比上年增加91,655,811.48元，增长55.34%。主营业务利润102,749,318.26元，比上年增加81,403,228.04元，增长381.35%。净利润97,655,811.48元，比上年增加87,082,671.77元，增长823.63%。

另一方面，如果将公司在资产重组前后的同一资产主体，即与芜湖海螺塑料型材有限责任公司在生产、销售和经营情况进行比较，亦能看出本公司的经营能力和盈利能力的不断提高。

本报告期内，本公司总资产714,184,660.34元，比上年增加184,368,998.65元，增长34.80%。股东权益257,265,205.59元，比上年增加53,040,343.17元，增长25.97%。主营业务利润122,743,536.25元，比上年增加23,044,860.79元，增长23.11%。净利润106,509,670.13元，比上年增加21,722,878.15元，增长25.62%。(为提高数据的可比性，这里的本年度利润数据由芜湖海螺塑料型材有限责任公司2000年1月至3月的利润和本公司2000年4月至12月的利润组成，而审计报告中的本年度利润数据根据资产置换协议，仅包括本公司2000年4月至12月的利润，两者口径不一致。)

(五)重大关联交易事项

(1)担保借款

截止2000年12月31日本公司之控股公司安徽海螺建材股份有限公司为本公司担保借款金额为人民币13,000万元

(2)根据本公司2000年度第一次临时股东大会决议，本公司出让"安徽绿宝药业有限责任公司"92.30%的股权给中国宣纸集团公司，出让价格为人民币3,600万元，出让收益为人民币600万元

(3)根据本公司2000年度第一次临时股东大会决议，本公司将截止1999年12月31日的全部资产及相关负债转让给中国宣纸集团公司，转让价格为人民币13,870.54万元，转让收益为人民币309.60万元

(4)根据本公司2000年度第一次临时股东大会决议，本公司受让芜湖海螺塑料型材有限责任公司100%的股权，受让价格为人民币21,875万元

(六)本公司与控股股东在人员、资产、财务上的"三分开"情况

(1)人员分开方面：公司在劳动、人事及工资管理等方面独立；公司经理、副经理等高级管理人员在公司领取薪酬，没有在股东单位担任职务；

(2)资产完整方面：公司拥有完全独立的产供销系统；根据公司与安徽海螺集团有限公司2000年8月31日签订的《商标使用许可合同》，公司每年交纳50万元固定费用以获得"海螺"牌商标使用权；

(3)财务分开方面：公司设有独立的财会部门，有独立的会计人员；建立了独立的会计核算体系和财务管理制度；独立在银行开户。

(七)本报告期内本公司未发生托管、承诺、租赁事项。

(八)本报告期内由于进行了资产重组，本公司与安徽华普会计师事务所协商，解除了聘用关系，并重新聘任深圳中天勤会计师事务所为本公司财务审计机构，此项决定的董事决议公告和股东大会决议公告分别刊登于2000年5月10日和2000年6月13日的《证券时报》。

(九)本报告期内无对外担保事项。

(十)2000年4月29日，经2000年第一次临时股东大会批准：

本公司的名称由安徽红星宣纸股份有限公司变更为芜湖海螺型材科技股份有限公司，本公司的股票简称由"红星宣纸"变更为"海螺型材"。此公告刊登于2000年5月9日于《证券时报》。

(十一)2000年5月8日，经安徽省工商行政管理局批准，本公司变更经营范围和更改注册地址。

(1)经营范围变更为生产销售塑料型材、板材、门窗、五金制品、钢龙骨制造、建筑材料、装饰材料批零、汽车运输、室内外装潢；

(2)公司注册地址原为安徽泾县大桥南路27号现更改为安徽省芜湖市经济技术开发区港湾二路，此公告刊登于2000年5月9日《证券时报》。

(十二)安徽海螺建材股份有限公司持有本公司51%的股份，该公司2000年3月30日在《证券时报》刊登的关于受让安徽红星宣纸股份有限公司部分国有法人股股权的公告中承诺，不委托他人行使此次受让股份的权利。本报告期内，该公司履行了承诺。中国宣纸集团公司持有本公司15%的股份，该公司2000年3月30日在《证券时报》刊登的关于出让安徽红星宣纸股份有限公司部分国有法人股股权的公告中承诺，不委托他人行使该股份的股东权利。本报告期内，该公司履行了承诺。

八、财务会计报告

中天勤财审报字(2001)第B－009号

审计报告

芜湖海螺型材科技股份有限公司全体股东：

我们接受委托，对贵公司二000年十二月三十一日公司及合并的资产负债表及截止上述日期为止二000年度公司及合并的利润表、利润分配表、现金流量表进行了审计。这些会计报表由贵公司负责，我们的责任是对这些会计报表发表审计意见。我们的审计是依据中国注册会计师独立审计准则进行的，在审计过程中，我们结合贵公司实际情况，实施了包括抽查会计记录等我们认为必要的审计程序。

我们认为，上述会计报表符合《企业会计准则》和《股份有限公司会计制度》及其有关的补充规定，在所有重大方面公允地反映了贵公司二000年十二月三十一日公司及合并的财务状况及二000年度公司及合并的经营成果和现金流量，会计处理方法的选用遵循了一贯性原则。

中天勤会计师事务所　　　　中国注册会计师

中国注册会计师

中国　深圳　　　　二〇〇一年二月二十一日

会计报表注释

二零零零年度

注释一.公司主要会计政策、会计估计和合并会计报表的编制方法

由于本公司是原安徽红星宣纸股份有限公司与芜湖海螺塑料型材有限责任公司进行资产置换后变更成立的，资产置换后的财务状况与经营情况是原芜湖海螺塑料型材有限公司的财务状况与经营情况的延续，故本公司在编制2000年度的会计报表的同时，为了会计报表的可比性，本公司编制了备考报表，即会计报表上年的有关数据采用原芜湖海螺塑料型材有限责任公司的会计报表的相关数据，有关资产、负债及损益表项目的注释按备考会计报表对比列示.

1.外币业务核算方法

本公司会计年度涉及外币的经济业务，按业务实际发生日人民币市场汇价折合为人民币记账.月末对货币性项目按月末的市场汇价进行调整，所产生的汇兑损益列入本期损益.

2.坏账核算方法

坏账确认标准：a.债务人破产或死亡，以其破产财产或者遗产清偿后，仍然不能收回；b.债务人逾期未履行偿债义务超过三年仍然不能收回的应收款项.

本公司的坏账核算采用备抵法，坏账准备按应收账款和其他应收款期末余额之和的5%提取.

3.短期投资核算方法

短期投资指本公司购入的随时变现并且持有时间不准备超过一年的投资，包括股票投资、债券投资等.

短期投资在取得时以实际成本计价，即实际支付的价款扣除已宣告发放的现金股利或利息.在期末以成本与市价孰低计价，并将市价低于成本的金额认为当期投资损失列入本期损益.

4.存货核算方法

本公司存货分为原材料、在产品、产成品、低值易耗品等.

本公司的存货盘存制度采用永续盘存法，各类存货取得时按实际成本计价，发出按加权平法计价；低值易耗品领用按一次性摊销；包装物的领用按一次性摊销.

年末，在对存货进行全面盘点的基础上，对存货遭受毁损、全部或部分陈旧过时或销售价格低于成本等原因，预计其成本不可收回的部分，提取存货跌价准备.提取时按单个存货项目的成本高于其可变现净值的差额确定.

5.长期投资核算方法

①长期股权投资

a.股票投资

本公司以货币资金购买股票的，按实际支付的金额计入成本.实际支付的款项中若含有已宣告发放的

股利，则按实际支付的金额扣除已宣告发放的股利后的净额作为投资成本.公司以实物和无形资产折价入股的，按协议、合同约定的价值或资产评估后确定的价值作为成本.

b.股权投资差额

本公司对采用权益法核算的长期股权投资，若取得时的成本与在被投资公司所有者权益中所占的份额有差额以及对长期股权投资核算由成本法改为权益法时，投资成本与享有被投资公司所有者权益份额的差额，则设置"股权投资差额"明细科目核算.该差额按10年平均摊销，列入当期损益.

c.其他股权投资

本公司以货币资金投资的，按实际支付金额计入成本；以放弃非现金资产取得的长期股权，其投资成本以所放弃非现金资产的公允价值确定.如果所取得的股权投资的公允价值比放弃非现金资产的公允价值更为清楚，则以取得的股权投资的公允价值确定.

放弃非现金资产公允价值，或取得股权的公允价值超过所放弃非现金资产的账面价值的差额，扣除应交的所得税后的部分作为资本公积准备项目.

d.收益确认方法

采用成本法核算的，在被投资公司宣告发放现金股利时确认投资收益；采用权益法核算的，在每会计期末按分享或分担的被投资公司实现的净利润或发生的净亏损的份额，确认投资收益或投资损失，并调整长期股权投资的账面价值.

对于股票投资和其他股权投资，本公司对持有被投资公司有表决权资本总额20%以下，或持有被投资公司有表决权资本总额20%或以上，但不具有重大影响时，按成本法核算；对持有被投资公司有表决权资本总额20%或以上，或不足20%但有重大影响时，按权益法核算；对持有被投资公司有表决权资本总额50%以上，或不超过50%但具有实际控制权的子公司按权益法核算并合并会计报表；对共同控制的合营公司以持股比例计算应合并的资产、负债、收入、费用和利润等份额计入合并会计报表.

②长期债权投资

投资按实际支付的价款扣除支付的税金，手续费等相关费用，以及支付的自发行起至购入债券止的已到期尚未领取的利息作为实际成本，实际成本与债券票面价值的差额，作为溢价或折价；债券的溢价或折价在债券存续期间内，于确认相关债券利息收入时摊销.摊销方法为直线法.

收益确认方法是：债券投资按期计算应收利息.计算的债券投资利息收入，经调整债券投资溢价或折价摊销后的金额确认为当期投资收益.其他债权投资按期计算的应收利息确认为当期投资收益.

③长期投资减值准备

本公司对长期投资提取长期投资减值准备.

年末，本公司对长期投资逐项进行检查，如果长期投资的市价持续下跌或被投资单位经营状况恶化等原因导致其可收回金额低于投资的账面价值，则对可收回金额低于长期投资账面价值的差额作为长期投资减值准备，首先冲抵该项投资的资本公积准备项目，不足冲抵的差额部分确认为当期损失.对已确认损失的长期投资的价值又得以恢复的，则在原已确认的投资损失的数额内转回.

6.固定资产计价及其折旧方法

固定资产标准为，使用期限在一年以上的房屋、建筑物、机器、机械、运输工具以及其他与生产、经营有关的设备、器具、工具等；不属于生产、经营主要设备的，单位价值在2000元以上并且使用年限在两年以上的资产.

a.固定资产按实际成本计价.

b.固定资产折旧采用直线法平均计算，并按各类固定资产的原值和估计的使用年限(无残值)

制定其折旧率,分类折旧率如下:

资产类别	使用年限	年折旧率
房屋建筑物	25年	4%
机器设备	10—20年	5—10%
运输工具	5—10年	10—20%
电子设备	5年	20%
其他设备	5年	20%

7.收入确认原则

商品销售:本公司已将商品所有权上的重要风险和报酬转移给买方,不再对该商品实施继续管理权和实际控制权,与交易相关的经济利益能够流入企业,相关的收入与成本能够可靠地计量时,确认营业收入的实现.

8.所得税的会计处理方法

本公司所得税的会计处理采用应付税款法.

9.合并会计报表编制方法

合并会计报表原则是:对本公司持有被投资公司有表决权资本总额50%以上,或虽不超过50%但具有实际控制权的子公司合并其会计报表.

方法是以本公司及纳入合并范围的各子公司的会计报表为合并依据,合并时将本公司与各子公司相互间的重要投资、往来、存货购销等内部交易及其未实现利润抵销后逐项合并,并计算少数股东权益,对合营公司的资产、负债、收入、费用、利润等亦按所占比例份额予以合并。

纳入合并范围的子公司的主要财务数据如下:

公司名称	注册地	注册资本	实际投资额	持股比例	主营业务
宁波海螺塑料型材有限责任公司	宁波市	3,000万元	1,800万元	60%	塑料型材、门窗等的生产与销售;新型建材的开发、生产与销售.

注释二. 税 项

纳入合并报表的各公司适用的主要税种及税率如下:

税项	计税基础	税率
增值税	产品销售收入	17%
城市维护建设税	已交增值税	7%
教育费附加	已交增值税	3%
企业所得税	应纳税所得额	15%

根据芜湖经济技术开发区管理委员会《关于同意芜湖海螺型材料科技股份有限公司有关所得税问题的批复》,本公司所得税税率为15%,自二000年起,所得税享受"两免三减半"的优惠政策,本期处于免税期;本公司之子公司－－宁波海螺塑料型材有限责任公司的所得税税率为33%.

注释三.会计报表主要项目注释

1.货币资金

合并数

项 目	币 种	2000.12.31 RMB	1999.12.31 RMB
现 金	人民币	1,956.78	20,050.46
银行存款	人民币	101,909,759.08	87,389,550.56
合 计		101,911,715.86	87,409,601.02

2.应收账款

(1)合并数

账 龄	2000.12.31 金额	2000.12.31 比例(%)	2000.12.31 坏账准备	1999.12.31 金额	1999.12.31 比例(%)	1999.12.31 坏账准备
一年以内	8,688,217.79	73.31%	434,410.89	10,049,810.19	68.40%	39,045.05
一年以上二年以内	1,616,126.78	13.64%	80,806.34	1,320,668.62	8.99%	----
二年以上三年以内	1,546,662.23	13.05%	77,333.11	3,321,364.55	22.61%	----
三年以上者	----	----	----	----	----	----
合 计	11,851,006.80	100.00%	592,550.34	14,691,843.36	100.00%	39,045.05

(2)公司数

账 龄	2000.12.31 金额	2000.12.31 比例(%)	2000.12.31 坏账准备	1999.12.31 金额	1999.12.31 比例(%)	1999.12.31 坏账准备
一年以内	6,721,013.59	68.00%	336,050.68	8,372,985.02	64.33%	39,045.05
一年以上二年以内	1,616,126.78	16.35%	80,806.34	1,320,668.62	10.15%	----
二年以上三年以内	1,546,662.23	15.65%	77,333.11	3,321,364.55	25.52%	----
三年以上者	----	----	----	----	----	----
合 计	9,883,802.60	100.00%	494,190.13	13,015,018.19	100.00%	39,045.05

欠款金额前五名的单位欠款情况如下:

欠款单位名称	欠款金额	欠款时间	欠款原因
苏州易通物业有限公司	497,799.16	二年以上三年以内	货款
上海正宇贸易中心	484,153.41	一年以内	货款
杭州潮峰公司	407,807.90	一年以内	货款
上海百明实业有限公司	400,000.00	一年以内	货款
上海欣畅门窗有限公司	240,933.18	一年以内	货款

应收账款中无持有本公司5%(含5%)以上股份的股东单位欠款.

3.其他应收款

(1)合并数

账 龄	2000.12.31 金额	2000.12.31 比例(%)	2000.12.31 坏账准备	1999.12.31 金额	1999.12.31 比例(%)	1999.12.31 坏账准备
一年以内	4,350,113.20	92.67%	217,505.66	5,884,327.38	100.00%	——
一年以上二年以内	344,146.37	7.33%	17,207.32	——	——	——
二年以上三年以内	——	——	——	——	——	—
三年以上者	——	——	——	——	——	——
合 计	4,694,259.57	100.00%	234,712.98	5,884,327.38	100.00%	——

(2)公司数

账 龄	2000.12.31 金额	2000.12.31 比例(%)	2000.12.31 坏账准备	1999.12.31 金额	1999.12.31 比例(%)	1999.12.31 坏账准备
一年以内	4,091,908.73	94.45%	204,595.44	5,725,192.71	100.00%	——
一年以上二年以内	240,499.73	5.55%	12,024.98	——	——	——
二年以上三年以内	——	——	——	——	——	—
三年以上者	——	——	——	——	——	——
合 计	4,332,408.46	100.00%	216,620.42	5,725,192.71	100.00%	——

欠款金额前五名的单位欠款情况如下:

欠款单位名称	欠款金额	欠款时间	欠款原因
上海市盛弛汽车销售公司	976,000.00	1年以内	购车款
芜湖市经济技术开发区管委会	768,000.00	1年以内	办公楼房款
广州户外广告有限公司	485,460.00	1年以内	广告费
深圳市安徽建材有限公司	198,000.00	1年以内	家具款
铜凌三佳模具	198,000.00	1年以内	模具款

其他应收款中无持有本公司5%(含5%)以上股份的股东单位欠款情况.

4.预付账款

合并数

账 龄	2000.12.31 金额	2000.12.31 例(%)	1999.12.31 金额	1999.12.31 比例(%)
一年以内	50,007,854.62	99.99%	36,325,448.47	99.99%
一年以上二年以内	——	——	——	——
二年以上三年以内			2,304.00	0.008%
三年以上者	3,103.00	0.01%	799.00	0.002%
合 计	50,010,957.62	100.00%	36,328,551.47	100.00%

(1)变动原因:2000年12月31日余额比1999年12月31日增长37.66%.主要原因是预付原材料款增加.

(2)预付账款中无持有本公司5%(含5%)以上股份的股东单位欠款.

(3)上述预付账款中,欠款单位较大金额的列示如下:

欠款单位名称	欠款金额	欠款时间	欠款原因
芜湖齐鲁石化销售有限公司	13,138,968.86	一年以内	预付货款
上海海螺建材国际贸易有限公司	9,493,118.42	一年以内	预付货款
北京海伦金泰科技发展有限公司	9,174,833.80	一年以内	预付货款
海螺集团有限责任公司	7,616,155.54	一年以内	预付设备款
宁波电力局	5,718,338.32	一年以内	预付电费

5.存货及存货跌价准备

合并数

项 目	2000.12.31 金额	2000.12.31 跌价准备	1999.12.31 金额	1999.12.31 跌价准备
原材料	107,626,468.00	——	18,981,126.34	——
在产品	1,972,654.36	——	9,097,359.77	——
产成品	6,152,151.55	——	257,511.83	——
低值易耗品	474,845.95	——	26,808.55	——
自制半成品	31,463,889.52	——	17,662,935.30	——
分期发出商品	——	——	11,916.46	——
包装物	730,380.79	——	——	——
合 计	148,420,390.17	——	46,037,658.25	——

(1)变动原因:2000年12月31日余额比1999年12月31日增长222.39%,主要原因是本公司期末购入大批量的主要原材料,另生产规模扩大,库存产品增加.

(2)各期存货的成本均低于可变现净值,故未计提跌价准备.可变现净值按市价减去与存货销售有关的费用后的价值确定.

6.长期股权投资

(1)合并数

本期合并抵销后长期股权投资无余额

(2)公司数

a.投资项目

项目名称	2000.1.1 金额 RMB	2000.1.1 减值准备 RMB	本期增加 RMB	本期减少 RMB	2000.12.31 金额 RMB	2000.12.31 减值准备 RMB
其他股权投资	17,923,081.86	——	252,265.69	——	18,175,347.55	——

b.其他股权投资

被投资单位名称	投资期限	占被投资单位注册资本比例	投资金额 RMB
宁波海螺型材有限责任公司	30年	60%	18,000,000.00
合计			18,000,000.00

被投资单位名称	2000.1.1 RMB	本期权益调整额 RMB	2000.12.31 RMB	减值准备 RMB
宁波海螺型材有限责任公司	17,923,081.86	252,265.69	18,175,347.55	----
合计	17,923,081.86	252,265.69	18,175,347.55	----

7.固定资产及累计折旧

固定资产类别	2000.1.1 RMB	本期增加 RMB	本期减少 RMB	2000.12.31 RMB
原值				
房屋建筑物	14,486,476.13	4,280,450.60	——	18,766,926.73
机器设备	115,555,520.74	47,460,721.76	——	163,016,242.50
电子设备	8,268,429.58	72,195.00	——	8,340,624.58
运输工具	2,464,351.86	1,573,587.00	——	4,037,938.86
其他设备	783,728.00	1,082,596.00	——	1,866,324.00
合 计	141,558,506.31	54,469,550.36	——	196,028,056.67
累计折旧				
房屋建筑物	1,642,935.83	695,582.31	——	2,338,518.14
机器设备	11,069,673.31	7,627,152.32	——	18,696,825.63
电子设备	868,650.69	576,695.47	——	1,445,346.16
运输工具	501,297.55	383,461.21	——	884,758.76
其他设备	137,194.16	349,665.56	——	486,859.72
合 计	14,219,751.54	9,632,556.87	——	23,852,308.41
净 值	127,338,754.77			172,175,748.26

本期增加包含从在建工程转入人民币35,411,256.78元.

8.在建工程

合并数

工程项目名称	2000.1.1 RMB	本期增加 RMB	本期转入固定资产 RMB	其他减少数 RMB	2000.12.31	资金来源	工程进度
PVC大门	168,977.69	80,213.12	249,190.81	——	——	自有	100%
型材二期工程	860,856.80	——	——	860,856.80	——	贷款	100%
型材三期工程	4,119,578.50	79,412.83	——	——	4,198,991.33	贷款	100%
型材四期工程	197,857,352.68	9,770,532.52	——	7,208,853.69	200,419,031.51	贷款	99%
办公楼工程	——	4,102,076.83	——	111,430.73	3,990,646.10	自筹	70%
舒雅厂房改造	——	375,938.35	——	31,935.91	344,002.44	自筹	80%
宁波型材工程	3,443,442.96	36,519,395.41	35,162,065.97	117,606.00	4,683,166.40	贷款	100%
合计	206,450,208.63	50,927,569.06	35,411,256.78	8,330,683.13	213,635,837.78		

上述期初余额中含有资本化的利息金额为人民币4,436,885.03元,本期资本化的利息为人民币460,600.23元,本期减少数中含资本化利息为人民币460,600.23元,期末数中含有的资本化利息金额为人民币4,436,885.03元.工程进度为100%的工程项目由于未最终验收结算而未转入固定资产

9.无形资产

合并数

种 类	原始金额 RMB	2000.1.1 RMB	本期增加 RMB	本期摊销 RMB	2000.12.31 RMB
土地使用权	4,732,649.20	4,006,309.16	—	87,554.64	3,918,754.52
合 计	4,732,649.20	4,006,309.16	—	87,554.64	3,918,754.52

10.短期借款

合并数

借款类别	2000.12.31 RMB	1999.12.31 RMB
担保借款	82,000,000.00	108,000,000.00
信用借款	80,000,000.00	----
合 计	162,000,000.00	108,000,000.00

借款单位名称	借款期限	借款利率(月)	2000.12.31 RMB	借款条件
交通银行芜湖市开发区支行	2000.06.26－2001.06.10	4.8750‰	10,000,000.00	担保
农业银行芜湖市支行	2000.11.16－2001.11.16	4.8750‰	20,000,000.00	担保
农业银行芜湖市支行	2000.11.27－2001.11.27	4.8750‰	10,000,000.00	担保
农业银行芜湖市支行	2000.11.28－2001.04.28	4.8750‰	10,000,000.00	担保
农业银行芜湖市支行	2000.11.29－2001.11.29	4.8750‰	10,000,000.00	担保
农业银行芜湖市支行	2000.12.29－2001.12.29	4.8750‰	10,000,000.00	担保
农业银行芜湖市支行	2000.12.30－2001.12.30	4.8750‰	10,000,000.00	担保
建设银行芜湖市支行	2000.08.28－2001.08.28	4.8750‰	20,000,000.00	信用
建设银行芜湖市支行	2000.12.20－2001.12.20	4.8750‰	30,000,000.00	信用
工商银行芜湖市支行	2000.11.30－2001.11.29	4.8750‰	30,000,000.00	信用
建设银行宁波支行	2000.03.30－2001.12.31	5.3625‰	2,000,000.00	担保
合 计			162,000,000.00	

11.一年内到期的长期负债

合并数

借款类别	借款期限	月利率	2000.12.31 RMB
担保借款	1998.07.30－2001.07.30	4.95‰	50,000,000.00

12.应付票据

合并数

出票单位	出票日期	到期日	2000.12.31
1.芜湖齐鲁石化销售有限公司	2000.11.08	2001.02.08	11,400,000.00
2.北京海伦金太科技发展有限公司	2000.11.22	2001.02.22	5,487,200.00
3.芜湖齐鲁石化销售有限公司	2000.11.24	2001.02.24	13,500,000.00
4.山东潍坊亚星化学股份有限公司	2000.11.29	2001.02.29	2,000,000.00
5.北京海伦金太科技发展有限公司	2000.12.11	2001.03.11	5,070,000.00
6.芜湖齐鲁石化销售有限公司	2000.12.27	2001.03.27	13,500,000.00
7.北京海伦金太科技发展有限公司	2000.12.27	2001.03.27	20,400,000.00
合 计			71,357,200.00

13.应付账款

合并数

账 龄	2000.12.31		1999.12.31	
	金 额	比例(%)	金 额	比例(%)
一年以内	19,053,699.34	93.66%	5,977,994.81	75.84%
一年以上二年以内	1,218,699.15	6.00%	1,904,683.00	24.16%
二年以上三年以内	70,000.00	0.34%	——	——
三年以上者	——	——	——	——
合 计	20,342,398.49	100.00%	7,882,677.81	100.00%

应付账款期末余额中无欠付持本公司5%(含5%)以上股份的股东单位款项.

欠款金额前五名的单位欠款情况如下:

欠款单位名称	欠款金额	欠款时间	欠款原因
安徽红星科贸有限公司	10,229,059.79	1年以内	购货款
安徽中利公司	1,269,440.01	1年以内	购货款
潍坊亚星化学股份有限公司	1,164,102.56	1年以内	购货款
广州市东山区文新物资经营部	1,147,446.61	1年以内	购货款
广东广洋高科技有限公司	1,133,600.00	1年以内	购货款

14.其他应付款

合并数

账 龄	2000.12.31		1999.12.31	
	金 额	比例(%)	金 额	比例(%)
一年以内	10,856,939.69	96.43%	3,357,001.94	71.53%
一年以上二年以内	402,210.89	3.57%	1,335,983.26	28.47%
二年以上三年以内	——	——	——	——
三年以上者	——	——	——	——
合 计	11,259,150.58	100.00%	4,692,985.20	100.00%

其他应付款期末余额中欠付持本公司5%(含5%)以上股份的股东单位欠款情况见注释五(三)说明.

欠款金额较大的单位欠款情况如下:

欠款单位名称	欠款金额	欠款时间	欠款原因
安徽海螺建材股份有限公司	8,853,858.65	1年以内	应付股利款
芜湖三亚宏业装饰公司	100,000.00	1年以内	办公楼装修款
安徽省科技厅	12,000.00	1年以内	应付技术开发费

15.应付股利

合并数 主要投资者	2000.12.31 RMB	1999.12.31 RMB
安徽海螺建材股份有限公司	3,060,000.00	----
中国宣纸集团公司	900,000.00	----
合 计	3,960,000.00	----

16.应交税金

合并数

税 种	2000.12.31 RMB	1999.12.31 RMB
增值税	(1,000,460.91)	(9,536,898.23)
城市维护建设税	968,750.91	——
企业所得税	7,081,688.54	6,874,604.76
个人所得税	64.90	——
合 计	7,050,043.44	(2,662,293.47)

17.预提费用

合并数

预提费用项目	2000.12.31 RMB	1999.12.31 RMB
设备安装费	56,276.30	147,245.35
型材四期工程折旧费	13,149,693.64	3,708,352.96
进口设备代理费	304,264.00	610,300.00
水电费	287,135.06	422,051.32
利息	165,974.24	393,478.48
运输费	202,416.54	——
其他	40,000.00	——
合 计	14,205,759.78	5,281,428.11

18.长期借款

合并数

借款单位	2000.12.31 RMB	借款期限	月利率	借款类别
农行芜湖支行	20,000,000.00	1999.04.20－2002.04.20	5.550‰	担保借款
农行芜湖支行	30,000,000.00	1999.05.04－2002.05.04	5.550‰	担保借款
农行芜湖支行	10,000,000.00	1999.06.10－2002.06.10	4.950‰	担保借款
农行芜湖支行	20,000,000.00	1999.06.22－2002.06.22	4.950‰	担保借款
建行宁波支行	14,660,000.00	1999.07.01－2002.07.01	5.445‰	担保借款
合 计	94,660,000.00			

19.主营业务税金及附加

合并数

项 目	2000.1－12 RMB	1999.1－12 RMB
城市维护建设税	3,011,591.91	1,337,959.94
教育费附加	1,327,913.02	573,359.81
营业税	450.00	----
合 计	4,339,954.93	1,913,319.75

20.其他业务利润

合并数

其他业务项目	2000年收入 RMB	2000年支出 RMB	2000年利润 RMB	1999年利润 RMB
废料收入	4,121,242.19	1,205,811.68	2,915,430.51	1,542,999.37

21. 财务费用

合并数

项 目	2000.1－12 RMB	1999.1－12 RMB
利息支出	14,204,407.57	5,938,957.97
减:利息收入	692,480.94	327,620.87
汇兑损失	----	1,176.12
减:汇兑收益	----	----
其他	108,006.14	48,102.39
合计	13,619,932.77	5,660,615.61

22.投资收益

合并数

项 目	2000.1－12 RMB	1999.1－12 RMB
期末调整的被投资公司	——	——
所有者权益净增减		
*出售长期股权投资收益	6,000,000.00	——
合 计	6,000,000.00	——

*该项投资收益是出让本公司持有的安徽绿宝药业有限责任公司92.30%的股份给中国宣纸集团公司所取得的收益.

公司数

项 目	2000.1－12 RMB	1999.1－12 RMB
期末调整的被投资公司	252,265.69	(76,918.14)
所有者权益净增减	(76,918.14)	
*出售长期股权投资收益	6,000,000.00	----
合 计	6,252,265.69	(76,918.14)

*该项投资收益是出让本公司持有的安徽绿宝药业有限责任公司92.30%的股份给中国宣纸集团公司所取得的收益.

23.补贴收入

合并数

收入项目	2000.1－12 RMB	1999.1－12 RMB
财政补贴收入	7,670,913.53	8,687,295.85
合 计	7,670,913.53	8,687,295.85

24.营业外收入

合并数

收入项目	2000.1－12 RMB	1999.1－12 RMB
*出售资产收入	3,096,005.89	——
接受捐赠转入	45,652.55	——
罚款净收入	200.00	——
无法支付而转入的应付款	11,138.03	34,223.13
其他	6,632.34	88,258.95
合 计	3,159,628.81	122,482.08

*该收入是出让原安徽红星宣纸股份有限公司截止1999年12月31日所拥有的全部资产和相关负债给中国宣纸集团公司取得的收入.

注释四.关联公司主要交易

一.存在控制关系的关联方概况

1.存在控制关系的关联方

企业名称	经济性质	法人代表	注册地	与本公司关系	主营业务
安徽海螺建材股份有限公司	国有企业	郭文叁	安徽芜湖	本公司之控股公司	生产、销售建筑材料
中国宣纸集团公司	国有企业	曹皖生	安徽泾县	本公司之股东	生产、销售出口宣纸和纸品

2.存在制关系的关联方的注册资本及其变化如下:

企业名称	2000.1.1 RMB	本年增加数 RMB	本年减少数 RMB	2000.12.31 RMB
安徽海螺建材股份有限公司	106,800,000.00	——	——	106,800,000.00
中国宣纸集团公司	40,910,000.00	——	——	40,910,000.00

3.存在控制关系的关联方所持股份或权益及其变化

企业名称	2000.1.1		本年增加数		本年减少数		2000.12.31	
	金额 RMB	百分比	金额 RMB	百分比	金额 RMB	百分比	金额 RMB	百分比
安徽海螺建材股份有限公司	—	—	76,500,000.00	51%	—	—	76,500,000.00	51%
中国宣纸集团公司	49,500,000.00	66%	11,250,000.00	15%	38,250,000.00	51%	22,500,000.00	15%

二.关联交易

1.担保借款

截止2000年12月31日本公司之控股公司安徽海螺建材股份有限公司为本公司担保借款金额为人民币13,000万元.

2.根据本公司2000年度第一次临时股东大会决议，本公司出让“安徽绿宝药业有限责任公司”92.30%的股权给中国宣纸集团公司,出让价格为人民币3,600万元，出让收益为人民币600万元.

3.根据本公司2000年第一次临时股东大会决议,本公司将截止1999年12月31日的全部资产及相关负债转让给中国宣纸集团公司,转让价格为人民币13,870.54万元，转让收益为人民币309.60万元.

4.根据本公司2000年第一次临时股东大会决议，本公司受让安徽海螺建材股份有限公司持有的芜湖海螺塑料型材有限责任公司100%股权,受让价格为人民币21 ,875万元.

三.关联方应收应付款项余额

项 目	经济内容	2000.12.31 RMB
其他应付款:		
安徽海螺建材股份有限公司	2000年1－3月应付股利	8,853,858.65

注释五.承诺事项

截止2000年12月31日,本公司无需说明的承诺事项.

注释六.或有事项

截止2000年12月31日,本公司无需说明的或有事项.

注释七.资产抵押说明

截止2000年12月31日,本公司无需说明的资产抵押事项.

注释八.资产负债表日后事项

2001年2月9日本公司二届三次董事会会议通过了关于公司投资的议案，同意本公司与安徽海螺建材股份有限公司共同出资在上海成立上海海螺型材有限责任公司，其注册资本为人民币500万元.本公司出资人民币450万元,占注册资本的90%.

注释九.债务重组事项

截止2000年12月31日,本公司无债务重组事项.

注释十.其他重要事项

根据资产置换的相关协议,本公司2000年1－3月的净利润由安徽海螺建材股份有限公司享有,详见《证券时报》2000年5月9日的《安徽红星股份有限公司资产置换公告书》.

芜湖海螺型材塑料有限责任公司2000年1－3月已审损益表如下:

项 目	2000.1－3 RMB
一.产品销售收入	81,761,439.38
减:销售折让与折扣	——
产品销售成本	61,705,966.64
产品销售税金及附加	247,284.79
二.产品销售利润	19,808,187.95

加:其他业务利润	501,024.21
减:营业费用	4,799,667.18
管理费用	2,697,368.18
财务费用	3,432,328.25
三.营业利润	9,379,848.55
加:投资收益	(480,990.86)
营业外收入	0.96
减:营业外支出	45,000.00
四.利润总额	8,853,858.65
减:所得税	——
五.净利润	8,853,858.65

九、公司的其他有关资料

1、公司首次登记注册日期:1996 年 10 月 16 日
公司首次登记注册地址:安徽省宣州市泾县
公司第二次登记注册日期:2000 年 5 月 8 日
公司第二次登记注册地址:安徽省芜湖市经济技术开发区
公司第三次登记注册日期:2000 年 10 月 8 日

2、企业法人营执照注册号:3400001300026
3、税务登记号码:340207719962016
4、公司未流通股份的托管机构为深圳证券登记有限公司。
5、公司法律顾问为北京竞天公诚律师事务所
办公地址:北京市朝阳门外大街 20 号
6、公司的会计师事务所为深圳中天勤会计师事务所
办公地址:深圳市深南中路爱华大厦

十、备查文件目录

1、载有公司董事长签名的 2000 年年度报告正文;
2、载有公司法定代表人、财务负责人、会计经办人签字并盖章的会计报表;
3、载有会计师事务所盖章、注册会计师签名并盖章的审计报告原件;
4、本报告期内在中国证监会指定报纸上公开披露过的所有公司文件的正本及公告的原稿。
5、公司章程。

芜湖海螺型材科技股份有限公司董事会
2001 年 2 月 21 日

资 产 负 债 表

编制单位:芜湖海螺型材科技股份有限公司　　单位:人民币元

资产类	注释	2000.4-12[注]		1999.1-12	
		合并 RMB	公司 RMB	合并 RMB	公司 RMB
流动资产:					
货币资金		101,911,715.86	99,585,462.86	36,291,640.37	36,291,640.37
应收票据		7,989,981.64	7,839,981.64		
短期投资					
减:短期投资跌价准备					
短期投资净额					
应收帐款		11,851,006.80	9,883,802.60	14,545,648.44	14,545,648.44
其他应收款		4,694,259.57	4,332,408.46	21,578,684.97	21,578,684.97
减:坏帐准备		827,263.32	710,810.55	2,862,847.41	2,862,847.41
应收款项净额		15,718,003.05	13,505,400.51	33,261,486.00	33,261,486.00
预付账款		50,010,957.62	49,835,894.91	1,113,006.77	1,113,006.77
应收补贴款				876,341.28	876,341.28
存货		148,420,390.17	141,738,980.24	30,079,000.91	30,079,000.91
减:存货跌价准备				1,718,960.30	1,718,960.30
存货净额		148,420,390.17	141,738,980.24	28,360,040.61	28,360,040.61
待摊费用		141,260.58	73,635.99	498,409.95	498,409.95
流动资产合计		324,192,308.92	312,579,356.15	100,400,924.98	100,400,924.98
长期投资:					
长期股权投资			18,175,347.55	37,500,546.00	37,500,546.00
长期债权投资					
长期投资合计			18,175,347.55	37,500,546.00	37,500,546.00
减:长期投资减值准备					
长期投资净额			18,175,347.55	37,500,546.00	37,500,546.00
固定资产:					
固定资产原值		196,028,056.67	160,994,345.49	45,124,601.39	45,124,601.39
减:累计折旧		23,852,308.41	21,519,671.97	20,543,636.02	20,543,636.02
固定资产净值		172,175,748.26	139,474,673.52	24,580,965.37	24,580,965.37
工程物资					
在建工程		213,635,837.78	208,952,671.38	2,377,864.97	2,377,684.97
固定资产清理					
固定资产合计		385,811,586.04	348,427,344.90	26,958,830.34	26,958,830.34
无形资产及其他资产					
无形资产		3,918,754.52	3,918,754.52	18,717,585.57	18,717,585.57
开办费		262,010.86	162,010.86	401,130.46	401,130.46
长期待摊费用				517,017.62	517,017.62
其他长期资产					
无形资产及其他资产合计		4,180,765.38	4,080,765.38	19,635,733.65	19,635,733.65
资产总计		714,184,660.34	683,262,813.98	184,496,034.97	184,496,034.97
负债及股东权益类					
流动负债:					
短期借款		162,000,000.00	160,000,000.00	2,000,000.00	2,000,000.00
应付票据		71,357,200.00	71,357,200.00		
应付账款		20,342,398.49	20,195,451.82	142,046.48	142,046.48
预收账款		8,334,885.68	8,198,260.91	350,719.61	350,719.61
应付工资				4,883,884.00	4,883,884.00
应付福利费		1,134,334.10	1,092,749.78	353,262.29	353,262.29
应付股利		3,960,000.00	3,960,000.00	7,500,000.00	7,500,000.00
应交税金		7,050,043.44	6,710,725.00	978,474.67	978,474.67
其他应交款		498,942.20	435,942.80	76,665.33	76,665.33
其他应付款		11,259,150.58	10,537,044.14	2,262,470.58	2,262,470.58
预提费用		14,205,759.78	13,510,233.94	139,117.90	139,117.90
一年内到期的长期负债		50,000,000.00	50,000,000.00		
其他流动负债					
流动负债合计		350,142,714.27	345,997,608.39	18,686,640.86	18,686,640.86
长期负债:					
长期借款		94,660,000.00	80,000,000.00		
应付债券					
长期应付款					
住房周转金					
其他长期负债				200,000.00	200,000.00
长期负债合计		94,660,000.00	80,000,000.00	200,000.00	200,000.00
负债合计		444,802,714.27	425,997,608.39	18,886,640.86	18,886,640.86
少数股东权益		12,116,740.48			
股东权益:					
股本		150,000,000.00	150,000,000.00	75,000,000.00	75,000,000.00
资本公积		33,882,507.52	33,882,507.52	78,882,507.52	78,882,507.52
盈余公积		27,376,539.62	27,376,539.62	7,845,377.32	7,845,377.32
其中:公益金		13,688,269.81	13,688,269.81	3,922,688.66	3,922,688.66
未分配利润		46,006,158.45	46,006,158.45	3,881,509.27	3,881,509.27
股东权益合计		257,265,205.59	257,265,205.59	165,609,394.11	165,609,394.11
负债及股东权益总计		714,184,660.34	683,262,813.98	184,496,034.97	184,496,034.97

利 润 分 配 表

编制单位:芜湖海螺型材科技股份有限公司　　单位:人民币元

项目	注释	2000.4-12		1999.1-12	
		合并 RMB	公司 RMB	合并 RMB	公司 RMB
一.净利润		97,655,811.48	97,655,811.48	10,573,139.71	10,573,139.71
加:年初未分配利润		3,881,509.27	3,881,509.27	2,922,997.50	2,922,997.50
盈余公积转入					
二.可供分配利润		101,537,320.75	101,537,320.75	13,496,137.21	13,496,137.21
减:提取法定盈余公积		9,765,581.15	9,765,581.15	1,057,313.97	1,057,313.97
提取法定公益金		9,765,581.15	9,765,581.15	1,057,313.97	1,057,313.97
三.可供股东分配的利润		82,006,158.45	82,006,158.45	11,381,509.27	11,381,509.27
减:应付优先股股利					
提取任意盈余公积					
应付普通股股利		6,000,000.00	6,000,000.00	7,500,000.00	7,500,000.00
转作股本的普通股股利		30,000,000.00	30,000,000.00		
四.未分配利润		46,006,158.45	46,006,158.45	3,881,509.27	3,881,509.27

备考资产负债表

编制单位:芜湖海螺型材科技股份有限公司　　单位:人民币元

资产类	注释	2000.4-12[注]		1999.1-12	
		合并 RMB	公司 RMB	合并 RMB	公司 RMB
流动资产:					
货币资产	三(1)	101,911,715.86	99,585,462.86	87,409,601.02	84,473,668.06
应收票据		7,989,981.64	7,839,981.64	920,000.00	920,000.00
短期投资					
减:短期投资跌价准备					
短期投资净额					
应收账款	三(2)	11,851,006.80	9,883,802.60	14,691,843.36	13,015,018.19
其他应收款	三(3)	4,694,259.57	4,332,408.46	5,884,327.38	5,725,192.71
减:坏帐准备		827,263.32	710,810.55	39,045.05	39,045.05
应收款项净额		15,718,003.05	13,505,400.51	20,537,125.69	18,701,165.85
预付账款	三(4)	50,010,957.62	49,835,894.91	36,328,551.47	1,100,648.46
存货	三(5)	148,420,390.17	141,738,980.24	46,037,658.25	37,416,623.74
减:存货跌价准备					
存货净额		148,420,390.17	141,738,980.24	46,037,658.25	37,416,623.74
待摊费用		141,260.58	73,635.99	320,906.82	320,906.82
流动资产合计		324,192,308.92	312,579,356.15	191,553,843.25	142,933,012.93
长期投资:					
长期股权投资	三(6)		18,175,347.55		17,923,081.86
长期债权投资					
长期投资合计			18,175,347.55		17,923,081.86
减:长期投资减值准备					
长期投资净额			18,175,347.55		17,923,081.86
固定资产:					
固定资产原值	三(7)	196,028,056.67	160,994,345.49	141,558,506.31	141,558,506.31
减:累计折旧	三(7)	23,852,308.41	21,519,671.97	14,219,751.54	14,219,751.54
固定资产净值		172,175,748.26	139,474,673.52	127,388,754.77	127,338,754.77
工程物资					
在建工程	三(8)	213,635,837.78	208,952,671.38	206,450,208.63	203,006,765.67
固定资产清理					
固定资产合计		385,811,586.04	348,427,344.90	333,788,963.40	330,345,520.44
无形资产及其他资产					
开形资产	三(9)	3,918,754.52	3,918,754.52	4,006,309.16	4,006,309.16
开办费		262,010.86	160,010.86	466,575.88	322,270.86
长期待摊费用					
其他长期资产					
无形资产及其他资产合计		4,180,765.38	4,080,765.38	4,472,855.04	4,328,580.02
资产总计		714,184,660.34	683,262,813.98	529,815,661.69	495,530,195.25
负债及股东权益类					
流动负债:					
短期借款	三(10)	162,000,000.00	160,000,000.00	108,000.00	108,000,000.00
应付票据	三(12)	71,357,200.00	71,357,200.00	31,543,950.00	31,543,950.00
应付账款	三(13)	20,342,398.49	20,195,451.82	7,882,677.81	5,761,162.78
预收账款		8,334,885.68	8,198,260.91	3,468,274.50	3,257,273.32
应付工资					
应付福利费		1,134,334.10	1,092,749.78	706,662.50	689,897.18
应付股利	三(15)	3,960,000.00	3,960,000.00		
应交税金	三(16)	7,050,043.44	6,710,725.00	(2,662,293.47)	(1,892,112.09)
其他应交款		498,942.20	435,942.80	68,393.38	68,388.38
其他应付款	三(14)	11,259,150.58	10,537,044.14	4,692,985.20	2,434,899.32
预提费用	三(17)	14,205,759.78	13,510,233.94	5,281,428.11	3,441,873.94
一年内到期的长期负债	三(11)	50,000,000.00	50,000,000.00	8,000,000.00	8,000,000.00
其他流动负债					
流动负债合计		350,142,714.27	345,997,608.39	166,982,078.03	161,305,332.83
长期负债:					
长期借款	三(18)	94,660,000.00	80,000,000.00	146,660,000.00	130,000,000.00
应付债券					
长期应付款					
住房周转金					
其他长期负债					
长期负债合计		94,660,000.00	80,000,000.00	146,660,000.00	130,000,000.00
负债合计		444,802,714.27	425,997,608.39	313,642,078.03	291,305,332.83
少数股东权益		12,116,740.48		11,948,721.24	
股东权益:					
股本		150,000,000.00	150,000,000.00	106,500,000.00	106,500,000.00
资本公积		33,882,507.52	33,882,507.52		
盈余公积		27,376,539.62	27,376,539.62	17,629,672.19	17,629,672.19
其中:公益金		13,688,269.81	13,688,269.81	5,873,641.08	5,873,641.08
未分配利润		46,006,158.45	46,006,158.45	80,095,190.23	80,095,190.23
股东权益合计		257,265,205.59	257,265,205.59	204,224,862.42	204,224,862.42
负债及股东权益合计		714,184,660.34	683,262,813.98	529,815,661.69	495,530,195.25

备考利润分配表

编制单位:芜湖海螺型材科技股份有限公司　　单位:人民币元

项目	注释	2000.4-12[注]		1999.1-12	
		合并 RMB	公司 RMB	合并 RMB	公司 RMB
一.净利润		106,509,670.13	106,509,670.13	84,786,791.98	84,786,791.98
加:年初未分配利润		3,881,509.27	3,881,509.27	28,026,417.04	28,026,417.04
盈余公积转入					
二.可供分配利润		110,391,179.40	110,391,179.40	112,813,209.02	112,813,209.02
减:提取法定盈余公积		9,765,581.15	9,765.581.15	8,478,679.19	8,478,679.19
提取法定公益金		9,765,581.15	9,765.581.15	4,239,339.60	4,239,339.60
三.可供股东分配的利润		90,860,017.10	90,860,017.10	100,095,190.23	100,095,190.23
减:应付优先股股利					
提取任意盈余公积					
应付普通股股利		14,853,858.65	14,853,858.65		
转作股本的普通股股利		30,000,000.00	30,000,000.00	20,000,000.00	20,000,000.00
四.未分配利润		46,006,158.45	46,006,158.45	80,095,190.23	80,095,190.23

利　润　表

编制单位:芜湖海螺型材科技股份有限公司　　　单位:人民币元

项目	注释	2000.4－12[注]		1999.1－12	
		合并 RMB	公司 RMB	合并 RMB	公司 RMB
一.主营业务收入		552,129,787.62	550,791,134.71	39,819,005.81	39,819,005.81
减:折扣与折让					
主营业务收入净额		552,129,787.62	550,791,134.71	39,819,005.81	39,819,005.81
减:主营业务成本		445,521,674.85	447,516,856.49	17,876,284.55	17,876,284.55
主营业务税金及附加		3,858,794.51	3,875,010.97	596,631.04	596,631.04
二.主营业务利润		102,749,318.26	99,399,267.25	21,346,090.22	21,346,090.22
加:其他业务利润		2,422,801.08	2,417,128.54		
减:存货跌价损失				151,492.26	151,492.26
营业费用		5,546,077.09	5,102,294.56	2,099,779.66	2,099,779.66
管理费用		7,799,223.86	6,952,682.28	8,697,597.11	8,697,597.11
财务费用		9,897,627.77	9,261,205.40	(1,647,384.21)	(1,647,384.21)
三.营业利润		81,929,190.62	80,500,213.55	12,044,605.40	12,044,605.40
加:投资收益		6,000,000.00	6,733,256.55		
补贴收入		7,670,913.53	7,670,913.53		
营业外收入		3,159,628.81	3,159,427.85	575,923.70	575,923.70
减:营业外支出		408,000.00	408,000.00	181,541.21	181,541.21
四.利润总额		98,351,732.96	97,655,811.48	12,438,987.89	12,438,987.89
减:所得税		207,083.78		1,865,848.18	1,865,848.18
少数股东本期损益		488,837.70			
五.净利润		97,655,811.48	97,655,811.48	10,573,139.71	10,573,139.71

现　金　流　量　表

编制单位:芜湖海螺型材科技股份有限公司　　　单位:人民币元

项　目	合　并	公　司
一.经营活动产生的现金流量		
销售商品、提供劳务收到的现金	673,385,364.17	659,477,293.85
收取的租金		
收到的除增值税以外的其他税费返还		
收到的其他与经营活动有关的现金	7,671,113.53	7,670,913.53
现金流入小计	681,056,477.70	667,148,207.38
购买商品、接受劳务支付的现金	603,828,032.64	600,759,960.42
经营租赁所支付的现金		
支付给职工以及为职工支付的现金	5,868,473.85	6,412,815.27
支付的所得税款		
支付的除增值税、所得税以外的其他税费	6,199,832.85	6,172,446.43
支付的其他与经营活动有关的现金	11,607,765.99	6,887,757.41
现金流出小计	627,504,105.33	620,232,979.53
经营活动产生的现金流量净额	53,552,372.37	46,915,227.85
二.投资活动产生的现金流量		
收回投资所收到现金	174,705,400.00	174,705,400.00
分得股利或利润所收到现金		
取得债券利息收入所收到的现金		
处置固定资产、无形资产和其他长期资产而收回的现金净额		
收回的其他与投资活动有关的现金		
现金流入小计	174,705,400.00	174,705,400.00
购建固定资产、无形资产和其他长期资产所支付的现金净额	11,700,092.36	10,315,599.96
权益性投资所支付的现金	218,750,000.00	218,750,000.00
债权性投资所支付的现金		
支付的其他与投资活动有关的现金		
现金流出小计	230,450,092.36	229,065,599.96
投资活动产生的现金流量净额	(55,744,692.36)	(54,360,199.96)
三.筹资活动产生的现金流量		
吸收权益性投资的收到的现金		
其中:子公司吸收少数股东权益性投资收到的现金		
发行债券所收到的现金		
借款所收到的现金	150,000,000.00	150,000,000.00
收到的与其他筹资活动有关的现金		
现金流入小计	150,000,000.00	150,000,000.00
偿还债务所支付的现金	72,000,000.00	70,000,000.00
发生筹资费用所支付的现金		
分配股利或利润所支付的现金		
其中:子公司支付少数股东的股利		
偿付利息所支付的现金	10,187,604.52	9,261,205.40
融资租赁所支付的现金		
减少注册资本所支付的现金		
其中:子公司依法减资支付给少数股东的现金		
支付的其他与筹资活动有关的现金		
现金流出小计	82,187,604.52	79,261,205.40
筹资活动产生的现金流量净额	67,812,395.48	70,738,794.60
四.汇率变动对现金的影响		
五.现金及现金等价物净增加额	65,620,075.49	63,293,822.49
1.不涉及现金收支的投资和筹资活动:		
以固定资产偿还债务		
以投资偿还债务		
以固定资产进行长期投资		
以存货偿还债务		
融资租赁固定资产		
2.将净利润调节为经营活动的现金流量:		
净利润	97,655,811.48	97,665,811.48
加:少数股东本期损益	488,837.70	
加:计提的坏账准备或转销的坏账	788,218.27	671,765.50
固定资产折旧	6,198,022.57	5,498,232.94
无形资产及其他资产摊销	219,067.25	185,860.98
处置固定资产、无形资产和其他长期资产的损失(减收益)	(3,096,005.89)	(3,096,005.89)
固定资产报废损失		
财务费用	9,897,627.77	9,261,205.40
投资损失(减收益)	(6,000,000.00)	(6,733,256.55)
递延税款贷项(减借项)		
存货的减少(减增加)	118,341,389.26	111,659,979.33
经营性应收项目的减少(减增加)	(27,163,094.20)	(25,938,424.51)
经营性应付项目的增加(减减少)	78,481,485.43	67,264,127.83
待摊费用减少(减增加)	357,149.37	424,773.96
预提费用增加(减减少)	14,066,641.88	13,371,116.04
其他		
经营活动产生的现金流量净额	53,552,372.37	46,915,227.85
3.现金及现金等价物净增加情况:		
货币资金的期末余额	101,911,715.86	99,585,462.86
减:货币资金的期初余额	36,291,640.37	36,291,640.37
现金等价物的期末余额		
减:现金等价物的期初余额		
现金及现金等价物净增加额	65,620,075.49	63,293,822.49

备　考　利　润　表

编制单位:芜湖螺型材科技股份有限公司　　　单位:人民币元

项目	注释	2000.4－12		1999.1－12	
		合并 RMB	公司 RMB	合并 RMB	公司 RMB
一.主营业务收入		635,076,855.25	632,552,574.09	365,215,776.57	327,308,120.44
减:折扣与折让					
主营业务收入净额		635,076,855.25	632,552,574.09	365,215,776.57	327,328,120.44
减:主营业务成本		507,993,364.07	509,222,823.13	263,603,781.36	227,592,897.48
主营业务税金及附加	三(19)	4,339,954.93	4,122,295.76	1,913,319.75	1,911,199.41
二.主营业务利润		122,743,536.25	119,207,455.20	99,698,675.46	97,804,023.55
加:其他业务利润	三(20)	2,915,430.51	2,918,152.75	1,542,999.37	1,542,999.37
减:存货跌价损失					
营业费用		10,745,744.27	9,901,961.74	7,469,023.85	6,315,516.20
管理费用		10,785,901.02	9,650,050.46	5,224,486.09	4,721,479.06
财务费用	三(21)	13,619,932.77	12,693,533.65	5,660,615.61	5,292,091.76
三.营业利润		90,507,388.70	89,880,062.10	82,887,549.28	83,017,935.90
加:投资收益	三(22)	6,000,000.00	6,252,265.69		(76,918.14)
补贴收入	三(23)	7,670,913.53	7,670,913.53	8,687,295.85	8,687,295.85
营业外收入	三(24)	3,159,628.81	3,159,428.81	122,482.08	34,223.13
减:营业外支出		453,000.00	453,000.00	87,209.23	1,140.00
四.利润总额		106,884,931.04	106,509,670.13	91,610,117.98	91,661,396.74
减:所得税		207,083.78		6,874,604.76	6,874,604.76
少数股东本期损益		168,177.13		(51,278.76)	
五.净利润		106,509,670.13	106,509,670.13	84,786,791.98	84,786,791.98

备考现金流量表

编制单位:芜湖海螺型材科技股份有限公司　　　单位:人民币元

项　目	合　并	公　司
一.经营活动产生的现金流量		
销售商品、提供劳务收到的现金	755,146,803.55	741,238,733.23
收取的租金		
收到的除增值税以外的其他税费返还		
收到的其他与经营活动有关的现金	7,671,113.53	7,670,913.53
现金流入小计	762,817,917.08	748,909,646.76
购买商品、接受劳务支付的现金	690,930,850.00	687,078,731.01
经营租赁所支付的现金		
支付给职工以及为职工支付的现金	7,824,631.80	7,217,087.03
支付的所得税款		
支付的除增值税、所得税以外的其他税费	6,199,832.85	6,172,446.43
支付的其他与经营活动有关的现金	17,737,462.42	10,017,453.84
现金流出小计	722,692,777.07	710,485,718.31
经营活动产生的现金流量净额	40,125,140.01	38,423,928.45
二.投资活动产生的现金流量		
收回投资所收到现金	174,705,400.00	174,705,400.00
分得股利或利润所收到现金		
取得债券利息收入所收到的现金		
处置固定资产、无形资产和其他长期资产而收回的现金净额		
收回的其他与投资活动有关的现金		
现金流入小计	174,705,400.00	174,705,400.00
购建固定资产、无形资产和其他长期资产所支付的现金净额	11,958,492.40	10,574,000.00
权益性投资所支付的现金	218,750,000.00	218,750,000.00
债权性投资所支付的现金		
支付的其他与投资活动有关的现金		
现金流出小计	230,708,492.40	229,324,000.00
投资活动产生的现金流量净额	(56,003,092.40)	(54,618,600.00)
三.筹资活动产生的现金流量		
吸收权益性投资的收到的现金		
其中:子公司吸收少数股东权益性投资收到的现金		
发行债券所收到的现金		
借款所收到的现金	164,000,000.00	160,000,000.00
收到的与其他筹资活动有关的现金		
现金流入小计	164,000,000.00	164,000,000.00
偿还债务所支付的现金	120,000,000.00	116,000,000.00
发生筹资费用所支付的现金		
分配股利或利润所支付的现金		
其中:子公司支付少数股东的股利		
偿付利息所支付的现金	13,619,932.77	12,693,533.65
融资租赁所支付的现金		
减少注册资本所支付的现金		
其中:子公司依法减资支付给少数股东的现金		
支付的其他与筹资活动有关的现金		
现金流出小计	133,619,932.77	128,693,533.65
筹资活动产生的现金流量净额	30,380,067.23	31,306,466.35
四.汇率变动对现金的影响		
五.现金及现金等价物净增加额	14,502,114.84	15,111,794.80
1.不涉及现金收支的投资和筹资活动:		
以固定资产偿还债务		
以投资偿还债务		
以固定资产进行长期投资		
以存货偿还债务		
融资租赁固定资产		
2.将净利润调节为经营活动的现金流量:		
净利润	106,509,670.13	106,509,670.13
加:少数股东本期损益	168,177.13	
加:计提的坏账准备或转销的坏账	788,218.27	671,765.50
固定资产折旧	8,699,501.55	7,299,920.43
无形资产及其他资产摊销	292,089.66	247,814.64
处置固定资产、无形资产和其他长期资产的损失(减收益)	(3,096,005.89)	(3,096,005.89)
固定资产报废损失		
财务费用	13,619,932.77	12,693,533.65
投资损失(减收益)	(6,000,000.00)	(6,252,265.69)
递延税款贷项(减借项)		
存货的减少(减增加)	(102,382,731.92)	(104,322,356.50)
经营性应收项目的减少(减增加)	(52,648,922.13)	(51,131,228.25)
经营性应付项目的增加(减减少)	63,859,580.26	65,487,450.25
待摊费用减少(减增加)	247,270.18	247,270.18
预提费用增加(减减少)	10,068,360.00	10,068,360.00
其他		
经营活动产生的现金流量净额	40,125,140.01	38,423,928.45
3.现金及现金等价物净增加情况:		
货币资金的期末余额	101,911,715.86	99,585,462.86
减:货币资金的期初余额	87,409,601.02	84,473,668.06
现金等价物的期末余额		
减:现金等价物的期初余额		
现金及现金等价物净增加额	14,502,114.84	15,111,794.80

比特科技控股股份有限公司

二〇〇〇年年度报告摘选

一、公司简介

(一)公司法定中文名称:比特科技控股股份有限公司
公司法定英文名称:BIT TECHNOLOGY HOLDING CO.,LTD.
(二)公司法定代表人:杨林
(三)公司董事会秘书:张建
联系地址:北京市东城区东中街9号东环广场A座8层
联系电话:(010)64181481/2/3
联系传真:(010)64181185
(四)公司注册地址:北京市海淀区万寿路甲28号　　邮政编码:100036
公司办公地址:北京市东城区东中街9号东环广场A座8层
邮政编码:100027
公司电子信箱:bit@163bj.com
(五)公司公告报纸名称:《中国证券报》
公司公告国际互联网网址:http://www.cninfo.com.cn
公司中期报告备置地点:比特科技控股股份有限公司董事会秘书处
(六)公司股票上市交易所:深圳证券交易所
股票简称:比特科技
股票代码:0621

二、会计数据和业务数据摘要

(一)本年度主要财务指标:　　单位:人民币元

项目	2000年
利润总额	33,888,489.14
净利润	33,840,657.13
扣除非经常性损益后的净利润	23,295,963.17
主营业务利润	56,978,649.29
其他业务利润	945,000.00
营业利润	31,815,309.68
投资收益	-8,471,514.50
补贴收入	0.00
营业外收支净额	10,544,693.96
经营活动现金流量净额	4,536,677.75
现金及现金等价物净增加额	23,949,990.20
本年度非经营性损益项目:	
补贴收入	0.00
营业外收入	10,737,618.18
营业外支出	192,924.22
合计	10,544,693.96

(二)报告期末公司前三年主要会计数据与财务指标:　　单位:人民币元

项目	2000年	1999年	1998年	
	合并	合并	调整前	调整后
主营业务收入	107,846,119.68	224,597,700.53	43,056,012.61	43,056,012.61
净利润	33,840,657.13	35,467,502.22	31,353,590.80	21,553,263.44
总资产	414,572,286.37	503,927,469.42	507,258,808.84	485,367,040.40
股东权益	332,186,695.33	298,346,038.21	285,543,665.04	262,878,535.98
每股收益	0.226	0.237	0.209	0.145
每股收益(按月平均)	0.226	0.237	0.209	0.163
扣除非经常性损益后的每股收益	0.156	0.147	0.087	0.022
每股净资产	2.22	1.993	1.908	1.756
调整后每股净资产	2.20	1.970	1.802	1.747
每股经营活动产生的现金流量净额	0.03	0.891	-0.018	-0.018
净资产收益率(%)	10.19	11.89	10.98	8.20
加权平均净资产收益率(%)	10.73	12.64	11.72	8.2

(三)利润表附表

项目	净资产收益率(%)				每股收益(元/股)			
	全面滩薄		加权平均		全面滩薄		加权平均	
	2000年	1999年	2000年	1999年	2000年	1999年	2000年	1999年
主营业务利润	17.15	27.82	17.43	27.27	0.381	0.555	0.381	0.555
营业利润	9.58	14.12	10.12	14.84	0.213	0.281	0.213	0.281
净利润	10.19	11.89	10.73	12.64	0.226	0.237	0.226	0.237
扣除非经常性损益后的净利润	7.01	10.84	7.51	11.59	0.156	0.216	0.156	0.216

三、股本变动及股东情况

1、股东变动情况
(1)截止到2000年12月29日,公司股东总数为20699户。
(2)报告期内公司前十名股东持股情况:(截止到2000年12月29日)

序号	股东名称	持股数量(万股)	占总股本比例(%)
1	宁波华能租赁有限公司	3396.90	22.69
2	拓普投资有限公司	2100.00	14.03
3	深圳市伯克利资讯技术有限公司	960.30	6.42
4	航天总公司第二研究院	507.00	3.39
5	中国经济开发信托投资公司	415.74	2.78
6	北京首汽实业股份有限公司	338.00	2.26
7	深圳市通汇实业有限公司	300.58	2.01
8	泰和证券投资基金	245.11	1.64
9	交通银行北京分行	202.80	1.35
10	北京市天龙股份有限公司	118.30	0.79

吉林敖东药业集团股份有限公司

二〇〇〇年年度报告摘选

一、公司简介

1、公司法定中文名称:吉林敖东药业集团股份有限公司
公司法定英文名称:JiLin AoDong Medicine Industry Groups Co.,Ltd
2、公司法定代表人:李秀林先生
3、公司董事会秘书:郭荣先生
授权人姓名:李利平先生
联系地址:吉林省敦化市胜利南大街88号
电　　话:0433-6224462　　0433-6238973
传　　真:0433-6224462
电子信箱:dhadmsb4@public.yj.jl.cn
4、公司注册地址:吉林省敦化市胜利南大街88号
公司办公地址:吉林省敦化市胜利南大街88号　　公司邮政编码:133700
公司国际互联网网址:http://www.jlaod.com
5、公司选定的信息披露报纸:证券时报
刊登公司年度报告的中国证监会指定国际互联网网址:http://www.cninfo.com.cn
公司年度报告备置地点:董事会办公室
电　　话:0433-6238973
6、公司股票上市交易所:深圳证券交易所
股票简称:吉林敖东　　股票代码:0623

二、会计数据和业务数据摘要

1、利润总额:	99,671,248.51
净利润:	82,616,342.17
扣除非经常性损益后的净利润:	78,892,377.41
主营业务利润:	210,012,207.92
其他业务利润:	798,443.17
营业利润:	38,163,115.78
投资收益:	57,784,167.97
补贴收入:	3,693,245.24
营业外收支净额:	30,719.52
经营活动产生的现金流量净额:	77,036,504.77
现金及现金等价物净增加额:	223,829,181.51
注:“扣除非经常性损益后的净利润”中扣除项目及金额:	
(1)补贴收入:	3,693,245.24
(2)营业外收支净额:	30,719.52

2、前三年主要会计数据和指标

	二000年度	九九年度	九八年度	
			调整前	调整后
主营业务收入:	314,183,034.49	385,555,236.98	368,057,704.69	368,057,704.69
净利润:	82,616,342.17	100,381,079.93	89,819,178.33	81,908,582.86
总资产:	1,432,667,801.46	1,162,694,759.76	848,275,036.40	828,301,025.52
股东权益:	1,074,743,940.83	667,845,010.62	587,935,938.84	567,961,927.96
每股收益(摊薄):	0.354	0.513	0.46	0.42
每股收益(加权):	0.428	0.513	0.46	0.42
每股净资产:	4.60	3.42	3.01	2.91
调整后每股净资产:	4.44	3.30	2.90	2.86
每股经营活动产生的现金流量净额:	0.33	0.56	0.158	0.158
净资产收益率(摊薄)%:	7.69	15.02	15.3	14.42
净资产收益率(加权)%:	10.61	15.02	15.3	14.42
扣除非经常性损益后每股收益(摊薄):	0.338	0.475	0.46	0.42

按照中国证监会《公开发行证券公司信息披露编报规则》第9号的通知要求,计算的利润数据:

项目	报告期利润	净资产收益率%		每股收益	
		摊薄	加权	摊薄	加权
主营业利润	210,012,207.92	19.54	26.98	0.899	1.087
营业利润	38,163,115.78	3.55	4.90	0.163	0.198
净利润	82,616,342.17	7.69	10.61	0.354	0.428
扣除非经常损益后的净利润	78,892,377.41	7.34	10.13	0.338	0.408

3、主要产品产量

主要产品	单位	二000年度	一九九九年	一九九八年
安神补脑液	盒	10,384,230	21,069,894	16,734,938
利脑心	盒	1,903,400	2,332,340	4,342,987
鹿胎颗粒	盒	296,420		
血府逐瘀	盒	2,353,720	1,883,393	2,573,878
BP素	支	1,045,066		
鹿茸	kg	1,874	1,881	1,997

三、股本变动及股东情况

(一)股本变动情况表　　单位数量:股

	期初数	本次变动增减(+-)					期末数
		配股	送股	公积金转股	其它	小计	
一、未上市流通股份							
1、发起人股份	72,878,000						82,160,000
其中:							
国家持有股份	61,880,000	9,282,000				9,282,000	71,162,000
境内法人持有股份	10,998,000	0				0	10,998,000
外资法人持有股份							
其他:							
2、募集法人股	26,208,000	0				0	26,208,000
3、优先股或其他							
其中:转配股	11,206,000	3,361,800				3,361,800	14,567,800
未上市流通股份合计	110,292,000	12,643,800				12,643,800	122,935,800
二、已上市流通股份							
1、人民币普通股	85,176.000	25,552,800				25,552,800	110,728,800
其中:高管人员持股	271,830	81,548				81,548	353,378
已上市流通股份合计	85,176,000	25,552,800				25,552,800	110,728,800
三、股份总数	195,468,000	38,196,600				38,196,600	233,664,600

岳阳恒立冷气设备股份有限公司

二〇〇〇年年度报告摘要

(一)、公司简介

1、公司法定中文名称:岳阳恒立冷气设备股份有限公司
公司法定英文名称:YUEYANG HENGLI AIR-COOLING EQUIPMENT, INC.
英文缩写:YUEYANG HENGLI
2、公司法定代表人:刘煌
3、公司董事会秘书:余凤庭
联系地址:岳阳市青年中路
电话:0730-8245246,8245198
传真:0730-8221311
4、公司注册地址:湖南省岳阳市青年中路
公司办公地址:湖南省岳阳市青年中路
邮政编码:414000
公司国际互联网网址:http://www.yyhengli.com
电子信箱:yyhl@public.yy.hn.cn
5、公司选定的信息披露报纸名称:《证券时报》
登载公司二OOO年年度报告的中国证监会指定国际互联网网址:http://www.cninfo.com.cn
公司二OOO年年度报告备置地点:岳阳恒立冷气设备股份有限公司证券投资部
6、公司股票上市交易所:深圳证券交易所
股票简称:岳阳恒立
股票代码:0622

(二)、会计数据和业务数据摘要

1、2000年度公司实现利润情况

利润总额	20,954,660.45元
净利润	14,836,507.48元
扣除非经常性损益后的净利润	13,768,418.68元
主营业务利润	58,416,679.78元
其他业务利润	3,922,207.09元
营业利润	19,886,571.65元
投资收益	1,040,000.00元
补贴收入	0.00元
营业外收支净额	28,088.80元
经营活动产生的现金流量净额	25,527,944.82元
现金及现金等价物净增加额	30,204,128.71元

备注:扣除非经常性损益项目为:营业外收支净额28,088.80元,投资收益1,040,000.00元。

2、主要会计数据和财务指标

单位:人民币元

项目	2000年12月31日	1999年12月31日	1998年12月31日
主营业务收入	206,672,656.43	153,070,952.66	164,725,338.72
净利润	14,836,507.48	17,596,860.19	-4,224,277.85
总资产	504,571,868.81	442,540,127.09	385,776,283.58
股东权益	216,157,880.32	205,433,632.84	189,154,045.55
每股收益	0.1046	0.12	-0.0596
每股净资产	1.53	1.45	2.67
调整后每股净资产	1.49	1.40	2.60
每股经营活动产生的现金流量净额	0.18	-0.03	0.0864
净资产收益率(%)	6.86	8.52	-2.23
扣除非经常性损益后每股收益	0.097	0.12	-0.0595

注:(1)主要财务指标计算方法
每股收益=净利润/年度末普通股股份总数
每股净资产=年度末股东权益/年度末普通股股份总数
调整后每股净资产=(年度末股东权益-三年以上的应收款项净额-待摊费用-待处理资产净损失-开办费-长期待摊费用-住房周转金负数余额)/年度末普通股股份总数
每股经营活动产生的现金流量净额=经营活动产生的现金流量净额/年度末普通股股份总数
净资产收益率=净利润/年度末股东权益×100%

3、本年度利润附表

报告期利润	净资产收益率(%)		每股收益(元)	
	全面摊薄	加权平均	全面摊薄	加权平均
主营业务利润	27.02	27.44	0.41	0.41
营业利润	9.20	9.34	0.14	0.14
净利润	6.86	6.97	0.10	0.10
扣除非经常性损益后的净利润	6.36	6.46	0.097	0.097

(三)、股东情况介绍

(1)截止2000年12月31日止,本公司共有股东21658户。
(2)持有本公司股票的前十名股东的名称和持股情况:
单位:万股

股东名称	期初持股	报告期末	持股比例(%)
1.湖南省成功企业集团有限公司	3870	3870	27.30
2.岳阳国资	1354.6	1354.6	9.55
3.镇江能越技术发展有限公司	480	480	3.38
4.岳阳市博源经贸有限公司	480	480	3.38
5.湖南证券	240	240	1.69
6.湖南申湘实业股份公司投资部	240	240	1.69
7.珠海市西部金鹏实业开发公司	240	240	1.69
8.中国汽车工业总公司	120	120	0.84
9.湖南信达	120	120	0.84
10.湘城陵矶恒发汽车空调联营改装厂	120	120	0.84

注:(1)、岳阳国资代表国家持有股份;
(2)、湖南成功企业集团公司受让华诚投资管理有限公司所持有的3870万股国有法人股,股票性质由原来的国有法人股转变为法人股。
(3)、本公司第二大股东岳阳市国有资产管理局(所持股份占公司总股份的9.55%)无质押和冻结情况。

(四)、股东大会简介

报告期内,公司召开了一九九九年度股东大会及二000年第一次临时股东大会,有关会议召开的时间、形成的决议及信息披露情况如下:
1、2000年4月10日召开的一九九九年度股东大会通过的决议如下:
①审议通过了《1999年度董事会工作报告》;
②审议通过了《1999年度总经理工作报告》;
③审议通过了《1999年度监事会工作报告》;
④审议通过了《1999年度财务工作报告》;
⑤审议通过了《1999年度利润分配方案》:利润分配方案为:不分红、不转增。
本次股东大会决议刊登在2000年4月11日《证券时报》上。
2000年12月28日召开的2000年度第一次临时股东大会通过的决议如下:
①审议通过了关于修改《公司章程》的议案;
②审议通过了公司董事会、监事会换届选举的方案。
新的董事会成员如下:刘煌、高明星、鲁文涛、杨超敏、王孝安、余凤庭、胡余辉
新的监事会成员如下:张宏兵、彭新春、张细元
本次临时股东大会决议刊登在2000年12月19日《证券时报》上。

(五)、董事会报告

1、公司经营情况
过去的一年,公司的经营在"抓改革,重创收,上管理,增收益"的经营方针的指导下,基本完成各项经营目标。
1)、公司主要从事制冷空调设备的制造、销售、安装、维修,销售汽车,加工、销售机械设备及公路运输设备。公司是全国制冷空调协会理事单位,从生产规模和销售额来看公司是全国最大的汽车空调生产企业之一。
2)、经营业绩情况及经营结构情况
本年度,公司经营环境不是很理想,同行业竞争日趋激烈,公司经营者内抓管理外拓市场,取得了一定的成绩,全年实现主营业务收入206,672,656.43元,实现利润总额20,954,660.45元,实现净利润14,836,507.48元。
2000年度分产品、控股子公司的业务数据情况如下:
(1)、按产品分析表:
单位:元

	汽车空调	两器	其他	合计
主营业务收入	92,385,585.50	66,748,024.05	47,539,246.88	206,672,656.43
利润总额	11,659,198.68	4,121,781.62	5,173,680.15	20,954,660.45
除税后利润(未含少数股东权益)	8,870,510.78	2,646,495.03	3,319,501.47	14,836,507.48

(2)、按控股子公司分析表:
单位:元

	主营业务收入	利润总额	税后利润(未含少数股东权益)
通达公司	39,412,654.69	2,215,849.72	1,944,122.79
上海恒安公司	72,021,499.49	8,990,454.81	7,690,616.01

3)、在经营中出现的困难及解决方案
一、由于同行业日趋激烈的竞争,对公司的管理体系提出了更高的要求,公司经营者生产上制定了降成本、保质量的经营措施,以此增强公司产品抗市场风险的能力;二、针对新产品开发力度不够,影响公司产品拓展新的市场等问题,公司对设计人员制定了项目经理制,有利于增强他们的使命感,另外,公司内抓培训外引人才,增强公司科技队伍的整体素质。
2、公司财务状况
(1)、报告期末公司总资产为504571868.81元,较上年同期增长14%(主要系增加货币资金所致);公司长期负债为46134300元,较上年同期增长-44%(主要系一年内到期的长期负债增加);股东权益为216157880.32元,较上年同期增长6%(主要系本年实现净利润所致);公司主营业务利润为58416679.78元,较上年同期增长3%,净利润为14836507.48元,较上年同期增长-15.68%(系成本费用增加所致)。
(2)、在湖南开元会计师事务所对本公司出具的2000年度审计报告(开元所(2001)股审字第009号)中,有一说明段,其内容为:本公司的两大股东--湖南省成功企业集团有限公司和岳阳市国资局承担了本公司2000年度职工内退、下岗、企业办社会及其他事项费用等900万元,本公司冲减了2000年度"管理费用",相应等额增加利润总额,占本公司2000年度利润总额2095.47万元的42.95%。
3、公司投资情况
公司于1998年9月,实行每十股配二点五股的配股方案,共募集配股资金(扣除发行费用)6660万元,公司按配股说明书规定已投入使用,未改变投向,具体投向如下表所示:
单位:万元

项目名称	配股说明书承诺投入		实际投入情况	
	计划投入	投入时间	2000年末实际投入资金	进度
汽车空调模拟实验室	2900	98,99,2000	2688	已完成
豪华汽车空调装配线	2800	1998,1999	2755	已完成

补充流动资金 960 98,99,2000 1217

4、生产经营环境以及宏观政策、法规发生变化对公司的影响:中国加入 WTO 不久就会成为事实,入关后,随着进口关税的降低,国外同行业产品将对公司现有产品的销售形成一定的冲击,公司早在 1997 年就通过了 ISO9001 国际质量体系标准认证,2000 年又通过了德国 VDA6.1/QS9000 质量体系标准认证,公司产品初步具备了跟国际同行业产品抗衡的能力,另外,加入 WTO 后,进口关税也会有所下降,公司产品所需进口件的价格也将会下调,这将有利于降低公司产品成本,进而增强企业产品的竞争能力。

5、新年度业务发展计划

2001 年是实施"十五"计划的第一年,我们确定 2001 年的经营方针为"深化改革、转换机制、调整结构、科技领先、拓展市场、创新管理"。

在 2001 年我们主要做好以下工作:

(1)、进一步完善管理体制,提高企业竞争能力,抓管理主要体现在三个方面:一、夯实企业管理基础工作,提高企业管理水平;二、加强质量管理,提高产品质量;三、加强成本管理,降低产品成本。

(2)、加大改革力度,健全公司激励机制、约束机制和风险机制;

(3)、调整设计、生产、销售战略,增强企业活力,设计上实行项目经理制,生产上实行成本否决制,销售上实行销售业绩考核制。

6、董事会日常工作

1)、报告期内董事会的会议情况及信息披露内容如下;

(1)、2000 年 2 月 21 日公司第二届董事会第十六次会议在北京华诚大厦召开,会议形成如下决议:

因董事长郑慧卿同志在华诚投资管理有限公司内部工作调动原因,根据本人申请,同意郑慧卿同志辞去公司董事长职务。在未选举新的董事长之前,董事会工作由副董事长高明星同志主持。

此决议刊登在 2000 年 2 月 23 日《证券时报》上。

(2)、2000 年 3 月 5 日公司第二届董事会第十七次会议在北京华诚大厦召开,会议形成如下决议:

一、审议通过了公司 1999 年度报告正文及摘要;
二、审议通过了公司 1999 年度董事会工作报告;
三、审议通过了公司 1999 年度总经理工作报告;
四、审议通过了公司 1999 年度财务工作报告;
五、审议通过了公司 1999 年度利润分配预案;
六、审议通过了总经理提名杨超敏等同志任职的预案;
七、审议通过了召开 1999 年度股东大会的有关事宜。

此决议刊登在 2000 年 3 月 7 日《证券时报》上。

(3)、公司第二届董事会第十八次会议于 2000 年 7 月 18 日在本公司三楼小会议室召开,会议审议通过如下决议:一、审议通过公司 2000 年中期报告,二、审议通过公司 2000 年中期利润分配方案:利润不分红、公积金不转增。

此决议刊登在 7 月 20 日《证券时报》上。

(4)、公司第二届董事会第十九次会议于 2000 年 11 月 15 日在公司三楼会议室召开,会议审议通过关于 2000 年 12 月 18 日召开临时股东大会的决议。

此决议刊登在 2000 年 11 月 16 日《证券时报》上。

(5)、公司第三届董事会第一次会议于 2000 年 12 月 18 日在公司三楼会议室召开,会议审议通过如下决议:一、选举刘煌同志为公司董事长;选举高明星同志为公司副董事长;二、经董事长提名,决定聘任:高明星同志为公司总经理;杨超敏同志为公司财务总监;余风庭同志为董事会秘书。三、一致通过了《总经理工作细则》;四、经总经理提名,董事会研究决定聘任:杨超敏同志为公司副总经理(兼);付才秋同志为公司副总经理;龚德谷同志为公司总工程师;吴和卿同志为公司总经济师。五、决定对公司经理班子实施年薪制:总经理年薪为 18 万元;财务总监年薪为 15 万元;副总经理年薪为 10 万元;总工程师年薪为 10 万元;总经济师年薪为 10 万元。

此决议刊登在 2000 年 12 月 19 日《证券时报》上。

2)、董事会对股东大会决议的执行情况

报告期内董事会按照股东大会决议及授权执行了 1999 年度利润分配方案:不分红、不转增;同时根据临时股东大会决议完成了董事会、监事会的换届选举。

7、董事、监事及高级管理人员

董事、监事、高级管理人员

姓名	职务	性别	年龄	任期	年初持股数	年末持股数
郑慧卿	董事长	女	41	1999－2001	0	0
高明星	副董事长、总经理	男	45	1999－2001	32000	32000
潘劲峰	董事	男	53	1999－2001	40000	40000
董佐霖	董事	男	38	1999－2001	0	0
刘林泉	董事	男	43	1999－2001	0	0
余岳鹏	董事	男	49	1999－2001	0	0
温　学	董事	男	37	1999－2001	0	0
沈立民	监事会召集人	男	34	1999－2001	0	0
唐述风	监事	男	53	1999－2001	30000	30000
杨晓明	监事	男	48	1999－2001	0	0
杨超敏	财务总监	男	49	1999－2001	36000	36000
余风庭	董秘	男	39	1999－2001	30374	30374

说明:(1)、报告期内公司董事、监事、高级管理人员年度报酬总额为:11.6 万元,其中 1－2 万元 3 人,2－3 万元 1 人,4－5 万元 1 人,公司董事、监事中有郑慧卿、董佐霖、刘林泉、余岳鹏、温学、沈立民、杨晓明未在公司领取报酬;

说明:(2)、报告期内,董事长郑慧卿因工作调动原因辞去公司董事长职务,报告期内董事会聘任高明星为公司总经理,余风庭为公司董事会秘书;

说明:(3)、报告期末(2000 年 12 月)由于新的第一大股东——湖南成功企业集团公司的入主,公司 2000 年第一次临时股东大会完成了董事会、监事会的换届选举,新的董事会成员如下:刘煌、高明星、鲁文涛、杨超敏、王孝安、余风庭、胡余辉;新的监事会成员如下:张宏兵、彭新春、张细元。

8、本次利润分配预案及公积金转增股本预案

本公司经湖南开元会计师事务所审计,2000 年年度的净利润为 14,836,507.48 元,弥补以前年度的亏损 5,884,274.82 元后,按 10%、5%分别提取法定公积金、法定公益金 1,710,625.20 元、782,407.99 元后,可供股东分配的利润为 6,459,199.47 元,提取任意公积金 551,689.51 元、每 10 股派现 0.3 元(含税),共分配现金红利 425.226 万元,此预案提交 2000 年年度股东大会审议通过后实施。

9、2001 年度公司将继续选定《证券时报》为公司信息披露报刊。

(六)、监事会报告

1、报告期内监事会会议的重要决议信息披露情况:

2000 年 3 月 5 日在北京华诚大厦召开了第二届监事会第五次会议,会议审议通过了 1999 年度监事会工作报告,此次会议决议公告刊登在 2000 年 3 月 7 日《证券时报》上;

2000 年 11 月 15 日在本公司三楼会议室召开了第二届监事会第六次会议,会议审议通过以下决议;1.同意董事会关于 2000 年 12 月 18 日召开临时股东大会的决议,2.在临时股东大会上选举产生新的监事会。此次会议决议公告刊登在 2000 年 11 月 16 日《证券时报》上;

2000 年 12 月 18 日在本公司三楼会议室召开第三届监事会第一次会议,会议审议通过如下决议:一致选举张宏兵同志为公司监事会召集人。此次会议决议公告刊登在 2000 年 12 月 19 日《证券时报》上;

2、公司监事会根据国家有关法律法规,对公司股东大会、董事会的召开程序、决议事项,董事会对股东大会决议的执行情况,公司高级管理人员的执行职务情况及公司管理制度等进行了监督,认为本届董事会的工作是认真负责的,公司经营决策是合理的,公司的管理制度规范。并且建立了良好的内控体系,有效的防范经营风险;公司的董事、高级管理人员没有出现违反国家有关法律、法规以及任何损害公司利益和股东权益的行为。

3、公司监事会对公司财务结构和财务状况进行了认真的检查,认为公司 2000 年度财务报告能够真实反映公司的财务状况及经营成果。

4、公司 1998 年配股募集资金投入项目与配股说明书承诺项目一致。

5、报告期内公司无内幕交易,无损害公司部分股东的权益和造成公司资产流失的事项发生。

6、公司关联交易公平,没有损害公司利益。

7、湖南开元会计师事务所对公司的审计报告中出具了解释性说明文字:本公司的两大股东－－湖南省成功企业集团有限公司和岳阳市国资局承担了本公司 2000 年度职工内退、下岗、企业办社会及其他事项费用等 900 万元,本公司冲减了 2000 年度"管理费用",相应等额增加利润总额,占本公司 2000 年度利润总额 2095.47 万元的 42.95%。

(七)、重要事项

1、重大诉讼、仲裁事项

①本公司于 2000 年 9 月 12 日接到湖南省高级人民法院(2000)湘法经一初字第 11－1 号民事裁决书,裁决内容如下:在中国信达资产管理公司长沙办事处担保合同纠纷一案中,公司作为其担保人之一,湖南省高级人民法院裁定冻结本公司 10485259.06 元银行存款或查封、扣押其相应价值的其他财产。后经公司查证,本公司发起人之一原岳阳制冷设备总厂于 1992 年至 1993 年分两次为国营第 544 厂向中国建设银行岳阳市分行贷款共计 750 万元提供了担保,由于贷款方国营第 544 厂一直欠本息未还,中国信达资产管理公司长沙办事处(该单位依据国务院、财政部、人民银行的有关规定,取得了中国建设银行岳阳市分行对国营 544 厂的债权)于 2000 年 8 月 8 日向湖南省高级人民法院提起诉讼,要求本公司承担归还贷款本息共 10485259.06 元的连带责任,湖南高级人民法院据此下达了民事裁决书,接裁决书后,公司已向湖南省高级人民法院申请复议,此案件正在审理之中。

②、本公司于 2000 年 12 月 11 日接到湖南省岳阳市中级人民法院(2000)岳中经初字第 58 号民事判决书,判决内容中涉及公司部分如下:在岳阳市瓷厂担保合同纠纷一案中,公司作为其连带责任担保人应承担连带清偿责任。经本公司查证,本公司发起人之一原岳阳制冷设备总厂于 1991 年 12 月 29 日和 1992 年 6 月 29 日分两次为岳阳市瓷厂向中国工商银行岳阳市解放路支行贷款共计 110 万元提供了担保,由于贷款方岳阳市瓷厂一直拖欠本息未还,中国工商银行岳阳市解放路支行于 2000 年 11 月向岳阳市中级人民法院提起诉讼,要求本公司承担归还贷款本金及利息 2254489.36 元的连带清偿责任,湖南省岳阳市中级人民法院下达了民事判决书。接本民事判决书后,本公司已向湖南省高级人民法院提起上诉,此案件正在审理之中。

2、报告期内公司董事、监事及高级管理人员无受监管部门处罚的情况。

3、报告期内,董事长郑慧卿辞去董事长职务,在未产生新的董事长之前,董事会工作由副董事长高明星同志主持。

2000 年 11 月,公司第一大股东股权更换,湖南成功企业集团公司受让华诚投资管理有限公司持有的 3870 万股本公司国有法人股成为公司新的第一大股东,2000 年 12 月临时股东大会完成董事会、监事会换届选举,新的董事会成员如下:刘煌、高明星、鲁文涛、杨超敏、王孝安、余风庭、胡余辉

新的监事会成员如下:张宏兵、彭新春、张细元;报告期内高明星任总经理,余风庭任董事会秘书。

4、报告期内公司无收购及出售资产、吸收合并事项。

5、重大关联交易事项

由于国家股股权于 1997 年 11 月发生变动,原行使国家股股权的岳阳恒立制冷集团有限公司其行使股权的资格被依法注销,本公司支付的原属岳阳恒立制冷集团有限公司职工后勤服务系统人员及其他事项的相关费用,2000 年 2 月 15 日经与现第一大股东—湖南省成功企业集团有限公司及第二大股东岳阳市国资局签订《关于对岳阳恒立冷气设备股份有限公司职工内退、下岗、企业办社会及其他事项费用承担的协议》,分别由两大股东承担 2000 年上述相关费用 637 万元和 263 万元。2000 年度和 1999 年度两大股东承担的费用情况比较如下:

单位:万元

费用承担者	1999 年	2000 年
湖南省成功企业集团有限公司	0	637
岳阳市国资局	280	263
华诚投资管理有限公司	760	0
合计	1040	900

以上金额本公司分别冲减了各年的管理费用。

以上两大股东承担的 2000 年度费用款项已于当年收到 763 万元,湖南省成功企业集团有限公司尚欠 137 万元。

6、本公司与控股股东在人员、资产、财务三方面实行明确的"三分开":①在人员方面,公司在劳动、人事及工资管理上完全独立,公司总经理、副总经理在股东单位未担任重要职务;②在资产方面,公司拥有独立的生产系统、辅助生产系统和配套设施;公司拥有工业产权、商标、非专利技术等无形资产;公司独立拥有采购、销售系统。③在财务方面,公司拥有独立的财会部门,并建立了独立的会计核算体系和财务管理制度,公司独立在银行开户。

7、报告期内公司续聘湖南开元会计师事务所。

8、报告期内公司无重大合同也未向外提供担保。

9、报告期内公司未更改名称也未更改股票简称。

10、报告期内公司或持有公司 5%以上股份的股东未在指定报刊和网站上承诺任何事项。

(八)、财务会计报告

1、审计报告

开元所(2001)股审字第 009 号

审 计 报 告

岳阳恒立冷气设备股份有限公司全体股东:

我们接受委托,审计了贵公司 2000 年 12 月 31 日母公司及合并的资产负债表、2000 年度母公司及合并的利润及利润分配表、2000 年度母公司及合并的现金流量表。这些会计报表由贵公司负责,我们的责任是对这些会计报表发表审计意见。我们的审计是依据中国注册会计师独立审计准则进行的。在审计过程中,我们结合贵公司实际情况,实施了包括抽查会计记录等我们认为必要的审计程序。

我们认为,上述会计报表符合《企业会计准则》和《股份有限公司会计制度》的有关规定,在所有重大方面公允地反映了贵公司 2000 年 12 月 31 日的财务状况和 2000 年度的经营成果及现金流量情况,会计处理方法的选用遵循了一贯性原则。

需要说明的是:如附注 6(五)项所述,贵公司的两大股东 湖南省成功企业集团有限公司和岳阳市国资局承担了贵公司 2000 年度职工内退、下岗、企业办社会及其他事项费用等 900 万元,贵公司冲减了 2000 年度"管理费用",相应等额增加利润总额,占贵公司 2000 年度利润总额 2095.47 万元的 42.95%。

湖南开元有限责任会计师事务所　　中国注册会计师:李双桂

湖南　长沙　　中国注册会计师:李永利

二〇〇一年三月二十三日

合并会计报表附注

附注 1:公司概况

岳阳恒立冷气设备股份有限公司(以下简称本公司)于1993年3月经湖南省股份制改革试点领导小组以湘股改字(1993)第20号、湘股改字(1993)第25号文批复,由原岳阳制冷设备总厂改组,并与中国工商银行岳阳市信托投资公司和中国人民建设银行岳阳市信托投资公司等15家企业共同发起,以定向募集方式设立,注册资本4200万元人民币。

1996年本公司经中国证券监督管理委员会证监发字(1996)261号文和证监发字[1996]262号文批准向社会公开发行社会公众股股票1000万股,原内部职工股占用额度上市300万股,每股面值一元。1996年11月1日经岳阳市工商行政管理局依法核准变更工商登记,注册号为18609556-1(5-3);并于1997年7月4日在湖南省工商行政管理局进行规范工商登记,注册号为18380626-8(3-1);注册资本5200万元人民币。本公司于1997年月根据岳恒股字[1997]第2号文件《关于1996年度利润分配的决议》按10:2的比例送红股,从而股本增至6240万元人民币;1998年10月30日,经中国证监会证监字(1998)116号文批准,同意本公司向全体股东以1997年末的总股本为基数,按10:2.5的比例配售新股,应配1560万股,实际配售847.10万股,每股面值1元,配股价8元/股,配股后,股本增至70871000股;1999年3月经本公司董事会岳恒董字(1999)06号文决议,1998年度分红方案以1998年末总股本7087.10万股为基数,资本公积金每10股转增8股,利润分配为每10股送2股,至此,股本增至14174.20万股,并于1999年5月20日经省工商局核准变更登记,企业法人营业执照注册号4300001000868(3-2),注册资本141742000元人民币,现法定代表人刘煌。

1997年11月3日前,岳阳恒立制冷集团有限公司代岳阳市国有资产管理局持本公司股份2425.20万股,持股比例38.87%。1997年11月3日经国家国有资产管理局国资发(1997)282号文件批准,岳阳市国有资产管理局协议转让1800万国家股给华诚投资管理有限公司,股权性质为法人股,占本公司总股本的28.85%,配股后占本公司总股本的27.30%,从而华诚投资管理有限公司成为本公司的第一大股东。剩余625.20万国家股改由岳阳市工业总公司代管,持股比例10.02%,配股后占本公司总股本9%。2000年2月24日,北京华诚投资管理有限公司与湖南省成功企业集团有限公司签定协议,将其持有的岳阳恒立冷气设备股份有限公司国有法人股3870万股全部转让给湖南省成功企业集团有限公司,并于2000年11月经财政部财管字(2000)124号文批准,至此湖南省成功企业集团有限公司成为本公司第一大股东。

本公司主要经营业务包括:制冷空调设备的制造、销售、安装、维修,销售汽车,加工、销售机械设备及公路运输设备。

附注2、主要会计政策

1、会计制度

本公司执行《股份有限公司会计制度》。

2、会计年度

本公司采用公历年制,即每年公历一月一日起至十二月三十一日止。

3、记帐本位币

本公司以人民币为记帐本位币。

4、计帐基础和计价原则

本公司以权责发生制为记帐基础,以历史成本为计价原则。

5、外币业务核算方法

发生的外币业务,以业务发生当日市场汇率折合为人民币记帐,每月终了,对外币性资产帐户的外币余额按当月末市场汇率进行调整,因汇率变动发生的差额,作为汇兑损益计入财务费用。

6、外币会计报表折算方法

纳入合并会计报表范围的子公司以外币编制的会计报表,按财政部财会字(1995)11号文发布的《合并会计报表暂行规定》的方法折算为人民币表示的会计报表。

7、现金等价物的确定标准

现金等价物指本公司持有的期限短、流动性强、易于转换为已知金额现金,价值变动风险很小的投资。

8、坏帐损失的核算方法

(1)、坏帐的确认标准:

A、因债务人破产或死亡,以其破产财产或遗产清偿后确实不能收回部分;

B、因债务人逾期未履行偿债义务超过三年确实不能收回的应收款项;

以上确实不能收回的应收款项,经董事会批准后作为坏帐。

(2)、本公司按应收款项帐龄分析法计提坏帐准备,具体标准为:帐龄1年内按其余额的6%计提坏帐准备、1至2年的按10%计提、2至3年按15%计提、3至4年的按30%计提、4至5年的按50%计提、5年以上按100%计提。

9、存货核算方法

存货分为原材料及辅助材料、委托加工材料、产成品、低值易耗品、在产品五大类。原材料按计划成本进行日常核算,月末根据材料成本差异调整生产成本。低值易耗品采用一次摊销法进行核算。产成品按计划价格结转,每半年按在产品盘点数调整产成品实际成本。中期期末或年度终了,对存货进行全面清查,如由于遭受毁损、陈旧过时、销售价格低于成本等原因,使存货成本不可收回部分,本公司按个别存货项目的成本高于其可变现净值的差额提取存货跌价准备。

10、短期投资核算方法

本公司短期投资以实际支付的全部价款(包括税金、手续费和相关费用)扣除已宣告发放但未领取的股利或到期尚未领取的债务利息入帐;在处置时,按所收到的处置收入与短期投资帐面价值的差额确认为当期损益。短期投资按期末成本与市价孰低法计价,具体方法为:按投资总体计算并确定所计提的跌价损失准备,当该项投资占短期投资总额10%及以上时,按单项计提跌价损失准备,并计入当期损益。

11、长期投资核算方法

(1)债券投资

购入时按实际支付的全部价款,作为实际成本入帐,根据权责发生制原则确认其损益。债券的溢价或折价在存续期内确认债券利息收入时按直线法摊销。

(2)股权投资和其他投资

公司股权投资和其他投资按投资时实际支付的价款或确定的价值记帐,本公司投资占被投资单位有表决权资本总额20%以下的,或对被投资单位的投资虽占其有表决权资本总额20%或20%以上,但不具有重大影响的,采用成本法核算;公司对其他单位的投资占该单位有表决权资本金额的20%-50%或虽投资不足20%但对投资单位有重大影响的采用权益法核算;50%以上或实际拥有控制权的,采用权益法核算,并合并会计报表,股权投资差额按10年平均摊销。

(3)本公司中期期末或年度终了对长期投资逐项进行检查,如果由于市价持续下跌或被投资单位经营状况恶化等原因导致其可收回金额低于帐面价值,并且这种降低的价值在可预计的未来期间内不可能恢复,对可收回金额低于帐面价值的差额提取长期投资减值准备。

12、固定资产计价和折旧方法

(1)使用年限在一年以上的房屋建筑物和机器设备、器具、工具以及单位价值在2000元以上,使用年限在二年以上的非生产经营用设备和物品,作为固定资产核算。

(2)固定资产按历史成本计价。

(3)固定资产折旧采用直线法,按分类折旧率计提,净残值率为3%,其分类折旧率如下:

固定资产类别	折旧年限(年)	年折旧率(%)
生产用房屋建筑物	25	3.88
机器设备	10	9.7
运输设备	6	16.17
非生产用房屋建筑物	40	2.425
其他仪器设备	8	12.125

13、在建工程核算方法

在建工程指为建造或修理固定资产而进行的各项建筑和安装工程,在建工程按实际成本入帐。用借款购建固定资产,其发生的借款费用,在固定资产交付使用前,计入购建固定资产成本,固定资产交付使用后发生的计入当期损益。在建工程完工并交付使用时按工程的实际成本结转固定资产。

14、无形资产计价和摊销方法

购入的无形资产按实际支付的价款入帐;股东投入的无形资产按评估确认的价值入帐;自行开发按法律程序申请取得的无形资产,按依法取得时发生的注册费、律师费等费用入帐。无形资产的摊销期限,合同规定了受益年限的,按不超过受益年限的期限摊销;合同没有规定而法律规定了有效年限的,按不超过法律规定的有限年限摊销,经营期短于有效年限的,按不超过经营期的年限摊销;合同及法律均未规定有效年限的,按不超过10年分期摊销。

15、开办费及长期待摊费用摊销方法

按不超过5年期限分期摊销。

16、收入确认原则

本公司已将商品所有权上的主要风险和报酬转移给买方,既没有保留通常与所有权相联系的继续管理权,也没有对已售出的商品实施控制;与交易相关的经济利益能够流入本公司;销售商品相关的收入和成本能够可靠的计量时,确认收入的实现。提供劳务(不包括长期合同),按照完工百分比法确认相关的劳务收入。

17、所得税的会计处理方法

本公司采用应付税款法核算所得税。

18、合并报表编制方法

本公司依据财政部财会字(1995)11号《合并会计报表暂行规定》编制合并会计报表;合并范围:对持股比例50%以上及持股比例虽不足50%、但实际拥有其控制权的子公司纳入合并报表;合并方法:先对各子公司会计报表项目按《股份有限公司会计制度》的规定进行适当调整,然后以本公司本部为母公司,并将母公司长期投资与所持子公司权益金额、母公司对子公司权益性资本投资收益,母子公司之间的内部往来、内部购销金额等抵销后逐项合并。

附注3、税项

(1)流转税及其他地方税,均按国家有关税法规定并由税务部门稽核计缴,主要税种及税率如下:

税种	税 率	计 税 依 据
增值税	17%	应税销售额
营业税	5%	服务业收入
城建税	7%	增值税、营业税应纳税额
教育费附加	3%	增值税、营业税应纳税额

(2)所得税

本公司根据湖南省人民政府湘政函(1996)121号文件,自1996年1月1日起先按33%上缴所得税,然后由财政按18%的税率返还给公司作为税后利润处理。

本公司的子公司上海恒安空调设备有限公司按33%所得税率计缴所得税,岳阳通达制冷空调有限公司属中外合作企业,自盈利年度起,享受"两免三减半"的优惠政策,本年度为第三个盈利年度,按税率24%减半计缴。

附注4、控股子公司及合营企业:

本公司除公司本部以外,还包括如下子公司:

子公司名称	注册地	注册资本	持股比例	主营业务
岳阳通达制冷空调有限公司	岳阳市	500万美元	75%	生产、销售汽车空调、其他制冷设备及配件
上海恒安空调设备有限公司	上海市	1000万元	60%	汽车空调机、制冷设备及配件等

附注5、会计报表项目附注

(一)合并报表项目附注

1、货币资金

项 目	期初数	期末数
现 金	38,400.84	63,961.35
银行存款	65,753,690.29	95,932,258.49
合 计	65,792,091.13	95,996,219.84

较上期增长45.91%,系增加银行借款所致。

2、短期投资

	期初数		期末数	
	投资金额	跌价准备	投资金额	跌价准备
其他投资	0	0	10,400,000	0

系委托湖南省深蓝科技发展公司托管购买股票、债券,并按不低于委托金额的10%收取投资回报。

3、应收票据

帐龄	期初数	期末数
一年以内	2,650,644.06	0

4、应收帐款

帐 龄	期初数			期末数		
	金额	比例(%)	坏帐准备	金额	比例(%)	坏帐准备
1年以内	85,921,475.24	82.86	5,155,288.51	98,960,020.77	88.4	5,937,601.25
1-2年	6,339,712.91	6.11	633,971.29	3,169,448.83	2.8	316,944.88
2-3年	2,158,734.89	2.08	323,810.10	5,567,151.36	5.0	835,072.70
3年以上	9,277,236.38	8.95	4,238,787.53	4,236,546.19	3.8	1,500,710.05
合计	103,697,159.42	100	10,351,857.43	111,933,167.15	100	8,590,328.88

主要欠款单位	金额	帐龄	性质
(1)岳阳恒发汽车空调有限公司	13,898,906.50	1年以内	货款
(2)岳阳恒达制冷空调公司	13,099,255.14	1年以内	货款
(3)扬州亚星奔驰客车厂	4,671,453.08	1年以内	货款
(4)辽宁黄河集团公司	4,475,147.96	1年以内	货款
(5)神龙汽车公司	3,955,441.45	1年以内	货款

应收帐款中无持有本公司5%(含5%)以上股份的股东单位欠款。

5、其他应收款

帐 龄	期初数			期末数		
	金额	比例(%)	坏帐准备	金额	比例(%)	坏帐准备
1年以内	26,080,181.99	60.53	1,564,810.92	27,291,268.72	85.7	1,637,476.12
1-2年	11,869,545.96	27.55	1,186,954.60	1,425,495.47	4.5	142,549.55
2-3年	4,181,246.27	9.7	627,186.94	1,176,290.35	3.7	176,443.55
3年以上	953,521.82	2.22	450,372.88	1,959,870.49	6.1	1,134,196.93
合计	43,084,496.04	100	3,829,325.34	1,852,925.03	100	3,090,666.15

主要欠款单位:

单位	金额	帐龄	性质
(1)岳阳兴盛实业发展有限公司	15,006,467.38	1年以内	往来款
(2)上海汽车工业销售公司	2,000,000.00	1年以内	临时借款
(3)住房贷款保证金	1,550,000.00	1年以内	保证金
(4)湖南省成功企业集团有限公司	1,370,000.00	1年以内	补贴款
(5)朔日联合收割机公司	1,078,753.33	1年以内	往来款

有持本公司27.3%股份的股东湖南省成功企业集团有限公司的款项137万元。

6、预付帐款

帐龄	期初数	比例(%)	期末数	比例(%)
1年以内	7,876,207.30	77.31	18,265,007.58	100
1-2年	2,235,161.37	22.15		
2-3年	75,839.03	0.54		
合计	10,187,207.70	100	18,265,007.58	100

主要欠款单位:

单位	金额	帐龄	性质
(1)中国汽车进出口湖南公司	11,382,459.45	1年以内	预付设备款
(2)日本株式贸易会社	2,127,539.14	1年以内	预付设备款
(3)常州达扬国际集装箱运输业上海分公司	818,053.90	1年以内	货款
(4)上海丰浩实业有限公司	519,060.00	1年以内	货款

(5) 江铃五十铃汽车公司 439,834.40 1年以内 货款

预付帐款中无持本公司5(含5%)以上股份的股东单位欠款。

7、存货

项目	期初数 金额	期初数 跌价准备	期末数 金额	期末数 跌价准备
原材料	32,226,891.89	8,379,311.59	33,109,877.61	8,113,841.01
在产品	53,766,665.78	20,327,525.05	65,495,318.93	20,459,401.12
库存商品	19,139,097.10	10,166,183.23	24,239,154.49	10,348,319.13
低值易耗品	1,174,281.60		346,087.99	
委托加工材料	220,711.17		260,967.11	
合计	106,527,647.54	38,873,019.87	123,451,406.13	38,921,561.26

8、待摊费用

类别	期初数	本年增加	本年摊销	期末数
财产保险费	200,821.29	130,000.00	219,990.29	110,831.00
保险费	309,998.00	595,550.00	607,772.00	297,776.00
修理费	1,216,054.00		1,216,054.00	
合计	1,726,873.29	725,550.00	2,043,816.29	408,607.00

9、长期投资

(1)项目	期初数 金额	期初数 减值准备	增加	减少	期末数 金额	期末数 减值准备
长期股权投资	400,000.00	0	740,000.00		1,140,000.00	0

(2)其他股权投资明细

被投资单位名称	投资起止日	金额	股份比例	减值准备	备注
中汽专用零件开发公司		200,000	2%	0	
北京亚都科技标准股份有限公司		200,000	0.2%	0	
岳阳兴盛实业发展有限公司		140,000	17.5%	0	
岳阳恒发汽车空调有限公司		300,000	17.86%	0	
岳阳恒达空调有限公司		300,000	17.86%	0	
合计		1,140,000		0	

10、固定资产

资产类别	期初数	本期增加	本期减少	期末结存
一、固定资产原价				
1、房屋建筑物	86,637,373.64	12,250,631.72		98,888,005.36
2、机器设备	103,745,884.31	15,226,841.07	72,000.00	118,900,725.38
3、电子设备	1,997,024.81	304,525.00		2,301,549.81
4、运输工具	6,224,559.12	673,754.97	704,240.20	6,194,073.89
5、其他	6,602,814.58	291,277.80	195,800.00	6,698,292.38
小计	205,207,656.46	28,747,030.56	972,040.20	232,982,646.82
二、累计折旧				
1、房屋建筑物	15,979,860.03	2,596,715.24		18,576,575.27
2、机器设备	34,812,481.17	9,894,447.20	72,000.00	44,634,928.37
3、电子设备	2,490.00	205,573.80		208,063.80
4、运输工具	3,814,652.71	544,473.99	539,627.35	3,819,499.35
5、其他	7,120,421.44	999,770.08	193,572.80	7,926,618.72
小计	61,729,905.35	14,243,470.31	807,690.15	75,165,685.51
三、固定资产净值	143,477,751.11			157,816,961.31

本期固定资产有在建工程转入20,883,867.71元,固定资产中有抵押资产20,594.98万元。其中房屋建筑物8,062.62万元,机器设备12,532.36万元。

11、在建工程

项目名称	期初数	本期增加	本期转入固定资产数	其他转出	期末数	资金来源	工程进度
汽车空调实验室	5,934,679.20	2,998,934.99	8,710,066.34	223,547.85	0	配股	
豪华空调装配线	10,317,241.84	1,185,861.92	11,503,103.76		0	配股	
低压开关实验台	0	29,068.00			29,068.00	自筹	75%
异形管车间	0	1,606,476.00			1,606,476.00	自筹	95%
木包装车间	0	1,016,165.14			1,016,165.14	自筹	95%
热水阀实验室	0	660,073.61	660,073.61		0	自筹	
PJR道路实验仪器	0	10,624.00	10,624.00		0	自筹	
合计	16,251,921.04	7,507,203.66	20,883,867.71	223,547.85	2,651,709.14		

*比上年减少83.7%,系在建工程完工转入固定资产所致。

**无资本化利息

12、无形资产

类别	原始金额	期初数	本期增加	本期转出	本期摊销	期末数	剩余年限
非专利技术	2,000,000.00	1,175,000.00			200,000.00	975,000.00	4.8

13、开办费

期初数	本年增加	本期摊销	期末数
623,538.40		340,116.48	283,421.92

14、短期借款

借款类别	期初数	期末数
抵押借款	59,310,000	29,670,000
担保借款	9,000,000	35,000,000
信用借款		33,080,000
合计	68,310,000	97,750,000

比上年增长43.10%,系扩大生产增加借款所致。

15、应付帐款、应付票据、预收帐款、其他应付款中无持本公司5%(含5%)以上股份的股东单位款项。应付帐款比上年增长36%,系本年增加赊购所致。

16、应付股利

主要投资者	金额	备注
香港三湘公司	1,346,767.11	应分配给子公司的少数股东的股利
西上海集团有限公司	2,614,809.44	应分配给子公司的少数股东的股利
其他	235,344.08	已提取尚未支付
* 本公司全体股东	4,252,260.00	拟分派现金股利
合计	8,449,180.63	

* 系根据2001年3月23日的本公司第三届二次董事会决议预案拟向全体股东按每10股派现金股利0.30元(含税),该预案尚须经股东大会决议。

17、应交税金

税种	金额
增值税	5,704,020.11
城建税	169,351.91
所得税	-997,150.58
营业税	-7,252.51
房产税	-66,284.09
土地使用税	161,393.15
个人所得税	2,502.98
合计	4,966,580.97

18、一年内到期的长期负债

类别	期初数	期末数
抵押借款	21,200,000.00	57,420,000.00
担保借款		6,000,000.00
合计	21,200,000.00	63,420,000.00

* 比上年增长1.99倍,系长期借款转入所致;

** 其中620万元借款已于2000年12月到期。

19、长期借款

借款单位	金 额	期 限	月利率	借款条件
工行解放路支行	13,000,000.00	1999.12.30-2002.12.20	5.94‰	抵押
工行解放路支行	5,000,000.00	2000.12.29-2003.12.20	5.94‰	抵押
工行解放路支行	5,000,000.00	2000.12.29-2003.12.20	5.94‰	抵押
工行解放路支行	10,000,000.00	2000.12.29-2004.12.20	6.03‰	抵押
市商业银行	1,784,300.00	1998.12.29-2003.12.29	5.94‰	信用
市农业发展银行	11,350,000.00	1998.03-2003.03	5.94‰	信用
合 计	46,134,300.00			

比上年下降44.7%,系转入一年内到期所致。

20、股本

2000年度公司股份变动情况表

数量单位:股

股份类别	期初数	本次变动增减(+、-) 配股	送股	公积金转股	其他	小计	期末数
一、尚未流通股份							
1、发起人股份	66142000						66142000
其中:							
国家持有股份	52246000				-38700000	-38700000	13546000
境内法人持有股份	13896000						13896000
外资法人持有股份							
其他							
2、募集法人股	9600000				38700000	38700000	48300000
3、内部职工股	168374						168374
4、优先股或其他							
尚未流通股合计	75910374						75910374
二、已流通股份							
1、境内上市的股份	65831626						65831626
2、境内上市的外资股							
3、境外上市的外资股							
4、其他							
已流通股合计	65831626						65831626
三、股份总数	141742000						141742000

21、资本公积

项 目	期初数	本期增加数	本期减少数	期末数
股本溢价	45,972,771.79			45,972,771.79
接受捐赠资产准备	14,109,450.00	140,000.00		14,249,450.00
资产评估增值准备	458,250.00			458,250.00
合 计	60,540,471.79	140,000.00		60,680,471.79

22、盈余公积

项 目	期初数	本期增加	本期减少	期末数
法定公积	2,932,181.16	1,710,625.20	0	4,642,806.36
公益金	2,775,493.59	782,407.99	0	3,557,901.58
任意公积	3,327,761.12	551,689.51	0	3,879,450.63
合 计	9,035,435.87	3,044,722.70	0	12,080,158.57

23、未分配利润

上年期末数	-4,834,980.41
加:本年调整以前年度损失(查补上年税金等)	-1,049,294.41
期初未分配利润	-5,884,274.82
加:本年利润分配后转入	11,791,781.78
减:分配普通股股利	4,252,260.00
期末未分配利润	1,655,249.96

24、主营业务收入比上年增长35%,系加强营销,增加销售所致。

25、其他业务利润

类 别	收 入	成 本
材料销售	37,010,259.95	32,635,832.77

比上年增长84.3%,系本年让售材料增加所致。

26、财务费用

类 别	上年数	本年数
利息支出	8,161,134.99	11,079,673.85
减:收入	221,098.86	176,949.46
汇兑损失	2,399.28	11,766.24
减:收益	5,985.50	25,266.80
其他	39,007.42	58,007.93
合 计	7,975,457.33	10,947,231.76

比上年增长37.26%系增加银行借款及利息支出所致。

27、所得税

本年岳阳市地税局返还技术改造国产设备投资抵免企业所得税100万、岳阳市财政局返还本期所得税1,181,172.18,冲减了本年所得税费用。

28、支付其他与经营活动有关的资金15,409,486.00元,系支付管理费用、营业费用等相关费用。

(二) 母公司报表有关项目附注

1、应收帐款

帐 龄	期初数 金额	期初数 比例(%)	期初数 坏帐准备	期末数 金额	期末数 比例(%)	期末数 坏帐准备
1年以内	86,801,919.02	86.02	5,208,115.14	100,535,451.44	88.6	6,032,127.08
1-2年	6,323,212.91	6.27	632,321.29	3,164,521.49	2.8	316,452.15
2-3年	2,141,334.89	2.12	321,200.10	5,550,651.36	4.9	832,597.70
3年以上	5,643,436.38	5.59	2,910,246.58	4,185,346.19	3.7	2,344,909.01
合 计	100,909,903.20	100	9,071,883.11	113,435,970.48	100	9,526,085.94

主要欠款单位:

主要欠款单位	金额	账龄	性质
(1)岳阳恒发汽车空调有限公司	13,898,906.50	1年以内	货款
(2)岳阳恒达制冷空调公司	13,099,255.14	1年以内	货款
(3)扬州亚星奔驰客车厂	4,671,453.08	1年以内	货款
(4)辽宁黄河集团公司	4,475,147.96	1年以内	货款
(5)神龙汽车有限公司	3,955,441.45	1年以内	货款

应收帐款中无持本公司5%(含5%)以上股份的股东单位欠款。

2、长期投资

(1)项目	期初数 金额	期初数 减值准备	本期增加	本期减少	期末数 金额	期末数 减值准备
长期股权投资	46,983,461.88	0	2,890,247.54		49,873,709.42	0

(2)其他股权投资明细

被投资单位名称	投资起止期	金额	比例	减值准备
中汽专用零件开发公司		200,000.00	2%	0
北京亚都科技标准股份公司		200,000.00	0.2%	0

上海恒安空调设备有限公司	1994－2004	12,125,719.14	60%	0
岳阳通达制冷空调有限公司	1992.－2003.3	36,607,990.28	75%	0
岳阳兴盛实业发展有限公司		140,000.00	17.5%	0
岳阳恒发汽车空调有限公司		300,000.00	17.86%	0
岳阳恒达空调有限公司		300,000.00	17.86%	0
合 计		49,873,709.42		

对上海恒安空调设备有限公司和岳阳通达制冷空调有限公司两公司的权益累计增加额为38,983,709.42元。

3、主营业务收入

类 别	上年数	本年数
桑塔纳冷凝器	48,962,557.25	47,115,109.15
汽车空调	60,261,716.94	92,385,585.50
常规产品	2,206,820.47	2,465,291.34
其他	10,211,541.25	26,257,428.06
合 计	121,642,635.91	168,223,414.05

4、主营业务成本

类 别	上年数	本年数
桑塔纳冷凝器	39,242,436.58	40,242,801.55
汽车空调	36,951,835.96	61,514,920.63
常规产品	1,780,140.82	2,108,071.17
其他	9,657,931.56	24,378,167.11
合 计	87,632,344.92	128,243,960.46

5、投资收益

项 目	本年数	上年数
委托投资	1,040,000.00	
控股公司按权益法计入的投资收益	6,072,461.71	8,119,319.87
合计	7,112,461.71	8,119,319.87

说明：本年投资收益7,112,461.71，占母公司利润总额15,664,832.42元的45.4%其来源如下：

子公司名称	实现净利	分配比例	分得金额
岳阳通达制冷空调公司	1,944,122.79	75%	1,458,092.10
上海恒安空调设备有限公司	7,690,616.01	60%	4,614,369.61
湖南深蓝科技发展有限公司			1,040,000.00
合 计			7,112,461.71

附注6、关联方关系及其交易

(一)存在控制关系的关联方

企业名称	注册地	主营业务	与本公司关系	企业类型	法定代表人
湖南省成功企业集团有限公司	长沙市	高新技术产业投资、房地产和城市基础设施建设	国有法人股东持本公司27.30%股份	有限责任公司	龙晓宁
岳阳通达制冷空调有限公司	岳阳市	汽车空调的制造、安装及维修	子公司	有限责任公司(中外合作)	杨超敏
上海恒安空调设备有限公司	上海市	汽车空调机、制冷空调设备及配件、制冷工程设计、空调设备安装与维修	子公司	有限责任公司(国内合资)	高明星

(二)存在控制关系的关联方的注册资本及其变化

(金额单位:万元)

企业名称	年初数	本年增加数	本年减少数	年末数
湖南省成功企业集团有限公司	10000	0	0	10000
岳阳通达制冷空调有限公司	$500	0	0	$500
上海恒安空调设备有限公司	1000	0	0	1000

(三)存在控制关系的关联方所持股份变化

(金额单位:万元)

企业名称	年初数		本年增加	本年减少	年末数	
	金额	%	金额	金额	金额	%
湖南省成功企业集团有限公司	0	0	3870	0	3870	27.30
岳阳通达制冷空调有限公司	$375	75	0	0	$375	75
上海恒安空调设备有限公司	600	60	0	0	600	60

(四)不存在控制关系关联方企业

企 业 名 称	与 本 公 司 关 系
岳阳市国资局	持有本公司9%的股份
西上海(集团)有限公司	持有本公司下属子公司上海恒安空调设备有限公司40%的股份
香港三湘有限公司	持有本公司下属子公司岳阳通达制冷空调有限公司25%的股份
岳阳兴盛实业发展有限公司	本公司持有其17.5%的股权
岳阳恒发汽车空调有限公司	本公司持有其17.86%的股权
岳阳恒达空调有限公司	本公司持有其17.86%的股权

(五)关联交易事项

由于国家股股权于1997年11月发生变动，原行使国家股股权的岳阳恒立制冷集团有限公司其行使股权的资格被依法注销，本公司支付的原属岳阳恒立制冷集团有限公司职工子弟学校及后勤服务系统人员的相关费用，2000年2月15日经与现第一大股东—湖南省成功企业集团有限公司及第二大股东岳阳市国资局签订《关于对岳阳恒立冷气设备股份有限公司职工内退、下岗、企业办社会及其他事项费用承担的协议》，分别由两大股东承担2000年上述相关费用637万元和263万元。2000年度和1999年度两大股东承担的费用情况比较如下：

单位:万元

费用承担者	1999年	2000年
湖南省成功企业集团有限公司	0	637
岳阳市国资局	280	263
华诚投资管理有限公司	760	0
合计	1040	900

以上金额本公司分别冲减了各年的管理费用。

以上两大股东承担的2000年度费用款项已于当年收到763万元，湖南省成功企业集团有限公司尚欠137万元。

(六)关联方应收应付款项

单位名称	1999.12.31	2000.12.31	款项性质
长期应付款:			
西上海(集团)有限公司	2406000.00	2406000.00	周转金
应付股利			
西上海(集团)有限公司		2614809.44	
其他应收款			
湖南省成功企业集团有限公司		1370000.00	承担费用款
岳阳兴盛实业发展有限公司	6404489.33	15006467.38	
岳阳恒发汽车空调有限公司	10548194.74	13898906.50	
岳阳恒达空调有限公司	6228539.02	13099255.14	

附注7、或有事项

1、本公司于1994年4月为新疆新岳制冷设备厂长期借款580万元提供担保，该借款已于1997年4月19日到期，年利率7.25%；但该公司尚未偿还此笔借款。

2、本公司发起人之一原岳阳制冷设备总厂于1991年12月29日和1992年6月29日分两次为岳阳市瓷厂向中国工商银行岳阳市解放路支行贷款共计110万元提供担保，由于贷款方岳阳市瓷厂一直拖欠本息未还，中国工商银行岳阳市解放路支行于2000年11月向岳阳市中级人民法院提起诉讼，要求本公司承担归还贷款本金及利息2254489.36元的连带责任，湖南省岳阳市中级人民法院于2000年12月11日下达了(2000年)岳中法初字58号民事判决书，判决我公司作为其连带责任担保人应承担连带清偿责任。目前此案正在进一步审理之中。

3、本公司发起人之一原岳阳制冷设备总厂于1992年至1993年分两次为国营第544厂向中国建设银行岳阳市分行贷款共计750万元提供了担保，由于贷款方国营第544厂一直拖欠本息未还，取得了中国建设银行岳阳市分行对第544厂债权的中国信达资产管理公司长沙办事处向湖南省高级人民法院提起诉讼，要求本公司承担归还贷款本金及利息共计10485259.06元的连带责任，湖南省高级人民法院于2000年9月12日下达了(2000)湘法经初字第11－1号民事裁定书，裁定冻结本公司10485259.06元银行存款或查封、扣押其相应价值的其他财产。至2001年3月10日止，湖南省高级人民法院未继续进行冻结，原被冻银行帐号依法自行解冻。目前，此案正在进一步审理之中。

附注8、承诺事项

本公司无重大承诺事项。

(九)、公司的其他有关材料

1、公司首次注册登记地点：湖南省工商行政管理局

公司首次注册登记时间：1993年5月8日

最近一次变更登记地点：湖南省工商行政管理局

最近一次变更登记时间：1999年5月20日

2、企业法人营业执照注册号：4300001000868(3－2)

3、税务登记号码：430602186095561

4、公司未流通股票托管机构为湖南证券岳阳营业部

5、公司报告期内无证券主承销机构

6、公司聘请的会计师事务所为：湖南开元会计师事务所

湖南开元会计师事务所的办公地址为：湖南省长沙市芙蓉中路490号

(十)、备查文件目录

1、载有法定代表人、主管会计工作负责人、会计机构负责人亲笔签名并盖章的会计报表；

2、载有会计师事务所盖章、注册会计师签名并盖章的审计报告原件；

3、报告期内在《证券时报》上公开披露过的所有公司文件正文及公告原件；

岳阳恒立冷气设备股份有限公司董事会

2001年3月23日

利润及利润分配表

2000年度

编制单位：岳阳恒立冷气设备股份有限公司　　单位：元

项 目	附注	本年数 母公司	本年数 合并数	上年数 母公司	上年数 合并数
一、主营业务收入	5－24	168,223,414.05	206,672,656.43	121,642,635.91	153,070,952.66
减:折扣与折让		－	－	－	－
主营业务收入净额		168,223,414.05	206,672,656.43	121,642,635.91	153,070,952.66
减:主营业务成本		128,243,960.46	147,421,335.12	87,632,344.92	95,620,938.69
主营业务税金及附加		759,641.47	834,641.53	442,730.40	776,824.70
二、主营业务利润		39,219,812.12	58,416,679.78	33,567,560.59	56,673,189.27
加:其他业务利润	5－25	4,333,419.54	3,922,207.09	2,360,791.84	2,373,697.91
减:存货跌价损失		－	48,541.39	－618,293.90	－687,721.90
营业费用		7,966,126.70	8,946,199.43	3,711,988.50	4,882,390.25
管理费用		17,416,189.34	22,510,342.64	14,881,924.05	21,577,196.30
财务费用	5－26	9,658,921.91	10,947,231.76	7,135,236.78	7,975,457.33
三、营业利润		8,511,993.71	19,886,571.65	10,817,497.00	25,299,565.20
加:投资收益		7,112,461.71	1,040,000.00	8,119,319.87	－
补贴收入		－	－	－	1,507,226.00
营业外收入		154,774.39	154,774.39	205,003.13	205,003.13
减:营业外支出		114,397.39	126,685.59	97,200.00	97,200.00
四、利润总额		15,664,832.42	20,954,660.45	19,044,620.00	26,914,594.33
减:所得税	5－27	984,310.15	2,555,875.88	1,794,651.51	5,013,319.25
少数股东本期收益		－	3,562,277.09	－	4,304,414.89
五、净利润		14,680,522.27	14,836,507.48	17,249,968.49	17,596,860.19
加:年初未分配利润		－3,646,731.99	－5,884,274.82	－5,402,500.48	－6,981,811.76
盈余公积转入数		－	－	－	－
六、可分配利润		11,033,790.28	8,952,232.66	11,847,468.01	10,615,048.43
减:提取法定公积金		1,103,379.03	1,710,625.20	－	765,427.01
提取法定公益金		551,689.51	782,407.99	－	239,696.24
七、可供股东分配的利润		9,378,721.74	6,459,199.47	11,847,468.01	9,609,925.18
减:已分配优先股股利		－	－	－	－
提取任意公积金		551,689.51	551,689.51	－	－
已分配普通股股利		4,252,260.00	4,252,260.00	15,494,200.00	15,494,200.00
八、未分配利润		4,574,772.23	1,655,249.96	－3,646,731.99	－5,884,274.82

资 产 负 债 表

2000 年 12 月 31 日

编制单位:岳阳恒立冷气设备股份有限公司　　单位:元

项　目	附注	年末数		年初数	
		母公司	合并数	母公司	合并数
流动资产:					
货币资金	5-1	71,323,227.65	95,996,219.84	60,584,317.30	65,792,091.13
短期投资	5-2	10,400,000.00	10,400,000.00	-	
减:短期投资跌价准备		-	-	-	
短期投资净额		10,400,000.00	10,400,000.00	-	
应收票据	5-3	-	-	650,644.06	2,650,644.06
应收股利		3,922,214.17	-	-	
应收利息		-	-	-	
应收帐款	5-4	113,435,970.48	111,933,167.15	100,909,903.20	103,697,159.42
其他应收款	5-5	28,357,061.16	31,852,925.03	31,614,526.40	43,084,496.04
减:坏帐准备		12,248,692.52	11,680,995.03	12,912,156.15	14,181,182.77
应收款项净额		129,544,339.12	132,105,097.15	119,612,273.45	132,600,472.69
预付帐款	5-6	18,265,007.58	18,265,007.58	9,613,252.18	10,187,207.70
应收补贴款		-	-	-	
存货	5-7	107,210,354.20	123,451,406.13	93,674,431.76	106,527,647.54
减:存货跌价准备		38,829,822.87	38,921,561.26	38,829,822.87	38,873,019.87
存货净额		68,380,531.33	81,115,171.14	54,844,608.89	67,654,627.67
待摊费用	5-8	297,776.00	408,607.00	1,526,052.00	1,726,873.29
待处理流动资产净损失		-	-	-	
一年内到期的长期债权投资		-	-	-	
其他流动资产		-	-	-	
流动资产合计		302,133,095.85	341,704,776.44	246,831,147.88	280,611,916.54
长期投资:		-	-	-	
长期股权投资	5-9	49,873,709.42	1,140,000.00	46,983,461.88	400,000.00
长期债权投资		-	-	-	
长期投资合计		49,873,709.42	1,140,000.00	46,983,461.88	400,000.00
减:长期投资减值准备		-	-	-	
其中:合并价差		-	-	-	
其中:股权投资差额		-	-	-	
长期投资净额		49,873,709.42	1,140,000.00	46,983,461.88	400,000.00
固定资产:		-	-	-	
固定资产原价	5-10	150,598,312.26	232,982,646.82	127,287,296.37	205,207,656.46
减:累计折旧	5-10	45,899,203.59	75,165,685.51	39,186,878.94	61,729,905.35
固定资产净值		104,699,108.67	157,816,961.31	88,100,417.43	143,477,751.11
工程物资		-	-	-	
在建工程	5-11	2,622,641.14	2,651,709.14	16,251,921.04	16,251,921.04
固定资产清理		-	-	-	
待处理固定资产净损失		-	-	-	
固定资产合计		107,321,749.81	160,468,670.45	104,352,338.47	159,729,672.15
无形资产及其他资产:		-	-	-	
无形资产	5-12	-	975,000.00	-	1,175,000.00
开办费	5-13	-	283,421.92	-	623,538.40
长期待摊费用		-	-	-	
其他长期资产		-	-	-	
无形资产及其他长期资产合计		-	1,258,421.92	-	1,798,538.40
递延税项:		-	-	-	
递延税款借项		-	-	-	
资产总计		459,328,555.08	504,571,868.81	398,166,948.23	442,540,127.09
流动负债:					
短期借款	5-14	82,750,000.00	97,750,000.00	59,310,000.00	68,310,000.00
应付票据	5-15	3,118,200.00	3,118,200.00	2,800,000.00	2,800,000.00
应付帐款	5-15	27,562,829.51	29,869,371.13	23,891,239.36	21,998,962.65
预收帐款	5-15	14,548,133.95	4,661,289.29	3,142,187.40	3,142,187.40
代销商品款					
应付工资		164,268.00	1,504,620.10	-	1,007,325.82
应付福利费		225,287.20	321,491.44	16,042.81	41,241.62
应付股利	5-16	4,487,604.08	8,449,180.63	262,944.08	4,145,690.71
应交税金	5-17	449,448.85	4,966,580.97	3,384,509.42	8,306,808.05
其他应交款		133,925.77	133,925.77	-91,673.69	-88,744.30
其他应付款	5-15	6,979,501.04	7,419,552.98	1,848,604.44	3,125,713.77
预提费用		-	-	-	-
一年内到期的长期负债	5-18	57,420,000.00	63,420,000.00	21,200,000.00	21,200,000.00
其他流动负债		-	-	-	-
流动负债合计		197,657,198.40	221,614,212.31	115,763,853.82	133,989,185.72
长期负债:		-	-	-	-
长期借款	5-19	46,134,300.00	46,134,300.00	77,434,300.00	83,434,300.00
应付债券		-	-	-	-
长期应付款		-	2,441,000.00	-	2,406,000.00
住房周转金		-	-	-	-
其他长期负债		-	-	-	-
长期负债合计		46,134,300.00	48,575,300.00	77,434,300.00	85,840,300.00
递延税项:		-	-	-	-
递延税款贷项		-	-	-	-
负债合计		243,791,498.40	270,189,512.31	193,198,153.82	219,829,485.72
少数股东权益		-	18,224,476.18	-	17,277,008.53
股东权益:		-	-	-	-
股本	5-20	141,742,000.00	141,742,000.00	141,742,000.00	141,742,000.00
资本公积	5-21	60,680,471.79	60,680,471.79	60,540,471.79	60,540,471.79
盈余公积	5-22	8,539,812.66	12,080,158.57	6,332,054.61	9,035,435.87
其中:公益金		2,534,437.80	3,557,901.58	1,982,748.29	2,775,493.59
未分配利润	5-23	4,574,772.23	1,655,249.96	-3,646,731.99	-5,884,274.82
股东权益合计		215,537,056.68	216,157,880.32	204,968,794.41	205,433,632.84
负债和股东权益合计		459,328,555.08	504,571,868.81	398,166,948.23	442,540,127.09

现 金 流 量 表

2000 年度

编制单位:岳阳恒立冷气设备股份有限公司　　单位:元

项　目	附注	母公司	合并数
一、经营活动产生的现金流量:			
销售商品、提供劳务收到的现金		173,734,260.25	178,294,547.75
收取的租金		-	-
收到的税费返还		4,071,172.18	5,774,506.18
收到的其他与经营活动有关的现金		4,194,461.88	17,362,709.56
现金流入小计		181,999,894.31	201,431,763.49
购买商品、接受劳务支付的现金		139,365,508.31	111,200,948.48
经营租赁所支付的现金		-	200,000.00
支付给职工以及为职工支付的现金		19,507,774.84	26,528,716.12
实际支付的增值税款		4,857,712.89	10,369,821.95
支付的所得税款		7,806,403.13	11,025,070.87
支付的除增值税、所得税以外的其他税费		1,087,359.52	1,169,775.25
支付的其他与经营活动有关的现金	5-28	5,308,893.91	15,409,486.00
现金流出小计		177,933,652.60	175,903,818.67
经营活动产生的现金流量净额		4,066,241.71	25,527,944.82
二、投资活动产生的现金流量		-	-
收回投资所收到的现金		-	-
分得股利或利润所收到的现金		4,843,969.27	
取得债券利息收入所收到的现金		-	-
处置固定资产、无形资产和其他长期资产而收回的现金净额		136,700.00	165,200.00
收到的其他与投资活动有关的现金		-	-
现金流入小计		4,980,669.27	165,200.00
购建固定资产、无形资产和其他长期资产所支付的现金		7,215,788.18	7,578,988.47
权益性投资所支付的现金		10,400.000.00	10,400,000.00
债权性投资所支付的现金		-	-
支付的其他与投资活动有关的现金		-	-
现金流出小计		17,615,788.18	17,978,988.47
投资活动产生的现金流量净额		-12,635,118.91	-17,813,788.47
三、筹资活动产生的现金流量:		-	-
吸收权益性投资所收到的现金		-	-
发行债券所收到的现金		-	-
借款所收到的现金		35,000,000.00	56,000,000.00
收到的其他与筹资活动有关的现金		1,333,029.09	1,333,029.09
现金流入小计		36,333,029.09	57,333,029.09
偿还债务所支付的现金		6,500,000.00	21,500,000.00
发生筹资费用所支付的现金		-	-
分配股利或利润所支付的现金		-	1,495,979.52
偿付利息所支付的现金		10,524,472.90	11,840,402.90
融资租赁所支付的现金		-	-
减少注册资本所支付的现金		-	-
支付的其他与筹资活动有关的现金		-	-
现金流出小计		17,024,472.90	34,836,382.42
筹资活动产生的现金流量净额		19,308,556.19	22,496,646.67
四、汇率变动对现金的影响		768.64	6,674.31
五、现金及现金等价物净增加额		10,738,910.35	30,204,128.71
现金流量表附注:			
项目		母公司	合并数
1、不涉及现金收支的投资和筹资活动			
以固定资产偿还债务			
以投资偿还债务			
以固定资产进行长期投资			
以存货偿还债务			
融资租赁固定资产			
2、将净利润调节为经营活动的现金流量			
净利润		14,680,522.27	14,836,507.48
加:少数股东损益		-	3,562,277.09
计提的坏帐准备或转销的坏帐		-663,463.63	-2,500,187.74
固定资产折旧		7,384,738.80	14,243,470.31
无形资产、长期待摊费用的摊销		-	540,116.48
待摊费用摊销或预提费用(不含利息)增加(减:减少)		1,823,826.00	2,043,816.29
处置固定资产、无形资产和其他长期资产的损失(减:收益)		-130,648.15	-118,359.95
固定资产报废损失		-	-
财务费用		9,658,921.91	10,947,231.76
投资损失(减:收益)		-7,112,461.71	-1,040,000.00
递延税款贷项(减:借项)		-	-
存货的减少(减:增加)		-13,535,922.44	-16,923,758.59
经营性应收项目的减少(减:增加)		-17,269,713.38	-2,431,592.54
经营性应付项目的增加(减:减少)		9,230,442.04	2,319,882.84
其他			
增值税增加净额(减:减少)		-	-
计提的存货跌价准备		-	48,541.39
经营活动产生的现金流量净额		4,066,241.71	25,527,944.82
3、现金及现金等价物净增加情况:		-	-
现金的期末余额		71,323,227.65	95,996,219.84
减:现金的期初余额		60,584,317.30	65,792,091.13
加:现金等价物的期末余额		-	-
减:现金等价物的期初余额		-	-
现金及现金等价物净增加额		10,738,910.35	30,204,128.71

重庆长安汽车股份有限公司

二○○○年年度报告摘选

一、公司简介

1、公司法定中文名称：重庆长安汽车股份有限公司
公司法定英文名称：Chongqing Changan Automobile Company Limited
2、公司法定代表人：尹家绪
3、公司董事会秘书：崔云江、马军
联系地址：重庆市江北区建新东路 260 号
联系电话：(023)67591249 、67591568　传 真：(023)67866055 、67870261
电子信箱：cazjc@mail.changan.com.cn
4、公司注册地址：重庆市南岸区南城大道 309 号　邮政编码：400060
公司办公地址：重庆市江北区建新东路 260 号　邮政编码：400023
公司国际互联网网址：http://www.changan.com.cn
5、公司信息披露报刊：《中国证券报》、《证券时报》、《香港商报》
公司信息披露网址：http://www.cninfo.com.cn
公司年度报告备置地点：公司董事会办公室
6、股票上市地点：深圳证券交易所
股票简称：长安汽车　长安 B
股票代码：0625　2625

二、会计数据和业务数据摘要

1、本年度主要利润指标(单位：人民币元)。

项目	金额
利润总额	247,865,214.81
净利润	147,654,529.67
扣除非经常性损益后的净利润	151,735,330.78
主营业务利润	998,601,582.96
其他业务利润	26,144,367.30
营业利润	251,014,117.34
投资收益	752,927.38
补贴收入	3,466,472.03
营业外收支净额	-7,368,301.94
经营活动产生的现金流量净额	878,374,025.25
现金及现金等价物净增加额	272,650,984.87

注：①以上数据为合并帐项，包括了本公司以重庆长安铃木汽车有限公司为首的各子公司的相关报表。

② 扣除非经常性损益包括补贴收入 3,466,472.03 元，合并价差摊入 858,000 元，资产处置损益 6,689,273.14 元。

2、按两种会计准则、制度计算的净利润差异说明

本集团的法定会计报表根据《股份有限公司会计制度》及《企业会计准则》编制，在一些重大方面与国际会计准则存在差异.此等差异对截止 2000 年 12 月 31 日合并税后利润及股东权益影响汇总如下：

	合并税后利润		股东权益	
	2000 年度 人民币千元	1999 年度 人民币千元	2000 年 人民币千元	1999 年 人民币千元
根据企业会计准则及股份有限公司会计制度编制之会计报表	147,654	53,715	2,460,631	2,373,590
重庆长安铃木汽车有限公司税后提取的职工奖励及福利基金	(14,000)	(21,000)	---	--
摊销合并产生的商誉	858	858	(18,887)	(19,745)
调整重庆长安铃木汽车有限公司开办费摊销	---	1,147	---	--
转入重庆长安铃木汽车有限公司资本公积之汇兑收益	---	---	14,660	14,660
冲销 1995 年长期资产重估增值	---	---	(7,877)	(7,877)
其它调整	---	(1,978)	1,229	1,229
根据国际会计准则编制之会计报表	134,512	32,742	2,449,756	2,361,857

3、前三年度主要会计数据和财务指标：

项 目	2000 年	1999 年	1998 年
主营业务收入(元)	6,703,211,839.88	5,446,762,000	2,470,406,000
净利润(元)	147,654,529.67	53,715,000	16,572,000
总资产(元)	7,571,674,232.64	7,093,918,000	5,300,261,000
股东权益(元)	2,460,631,236.11	2,373,590,000	2,340,875,000
每股收益(元/股)	0.1204	0.044	0.014
加权平均每股收益(元/股)	0.1204	0.044	0.016
扣除非经常性损益后的每股收益(元/股)	0.1237	0.0357	0.018
每股净资产(元/股)	2.01	1.93	1.91
调整后的每股净资产(元/股)	1.86	1.89	1.90
每股经营活动产生的现金流量净额(元/股)	0.72	0.71	-0.09
净资产收益率(%)	6	2.3	0.70
加权平均净资产收益率(%)	6	2.3	0.71

三、股东情况介绍

1、股东情况介绍

报告期末，本公司股东 86,884 人，其中 A 股股东 80,038 人(其中公司职工股东 6 人)，B 股股东 6,846 人。

2、前十名股东持股情况

股 东 名 称	年初持股数(股)	年度增减数(股)	年末持股数(股)	占总股本比例(%)
1、长安汽车(集团)有限责任公司	708,666,000	0	708,666,000	57.77
2、SUZUKI MOTOR CORPORATION	122,500,000	0	122,500,000	9.99
3、AMERICAN SUZUKI MOTOR CORPORATION	35,000,000	0	35,000,000	2.85
4、NISSHO IWAI CORPORATION	17,500,000	0	17,500,000	1.43
5、宝勇企业有限公司	2,786,000	0	2,786,000	0.23
6、BONY A/C CMG CH CHINA INVESTMENT LIMITED	2,600,100	0	2,600,100	0.21
7、TOYO SECURITIES ASIA LIMITED-A/C CLIENT	2,696,740	-133,080	2,563,660	0.21
8、PRIME GLORY INTERNATIONAL PTE LTD	1,850,000	0	1,850,000	0.15
9、HKIT/006-113039-431	534,080	1,142,320	1,676,400	0.14
10、CBNY S/A PNC/SKANDIA SELECT FUND/CHINA EQUITY AC	0	1,633,100	1,633,100	0.13

连云港如意集团股份有限公司

二○○○年年度报告摘选

一、公司简介

1、公司法定名称：
中文名称：连云港如意集团股份有限公司
英文名称：LIANYUNGANG IDEAL GROUP CO.,LTD
中文名称缩写：如意集团
英文名称缩写：IDEAL GROUP
2、公司法定代表人：李炳源
3、公司董事会秘书：刘滨
董秘授权代表：谭卫
联系地址：连云港市新浦北郊路 6 号
电 话：0518-5153595
传 真：0518-5150105
电子信箱：RYDSHMSC@public.lyg.js.cn
4、公司注册地址：连云港市新浦丁字路东首
公司办公地址：连云港市新浦北郊路 6 号
邮政编码：222006
网 址：http://www.ideal.com.cn
电子信箱：IDEALCO@public.lyg.js.cn
5、公司选定的信息披露报纸名称：
《中国证券报》《证券时报》
登载本公司年报的中国证监会指定网址：http://www.cninfo.com.cn
公司年度报告备置地：
如意集团董事会秘书处
6、公司股票上市交易所：深圳证券交易所
公司股票简称：如意集团　公司股票代码：0626

二、会计数据和业务数据摘要

1、公司本年度实现的主要经济指标　单位：人民币元

项 目	金 额
利润总额	19,333,326.75
净利润	3,781,235.21
扣除非经常性损益后的净利润	3,670,843.90
主营业务利润	82,640,655.24
其他业务利润	1,602,167.44
营业利润	11,243,975.52
投资收益	1,413,210.65
补贴收入	2,437,457.09
营业外收支净额	4,238,683.49
经营活动产生的现金流量净额	-41,397,434.02
现金及现金等价物净增加额	16,209,116.97

注：扣除非经常性损益后的净利润系从净利润中扣除了转让部分固定资产收入等营业外收入 110,391.31 元。

2、截止本报告期末公司前三年的主要会计数据和财务指标　单位：人民币元

项 目	2000 年 12 月 31 日	1999 年 12 月 31 日	1998 年 12 月 31 日	
			调整前	调整后
主营业务收入	2658955063.82	607220631.90	33437749.44	33437749.44
净利润	3781235.21	8008580.66	3350382.23	3720885.09
总资产	653988680.66	353795768.89	208268525.95	202604791.81
股东权益(不含少数股东权益)	154867037.35	148493232.14	127214058.52	124093295.15
每股收益(摊薄)	0.03	0.09	0.056	0.062
每股收益(加权)	0.03	0.09	0.056	0.062
扣除非经常性损益后的每股收益	0.03	0.065	0.01	0.02
每股净资产	1.15	1.65	2.16	2.07
调整后的每股净资产	1.03	1.48	1.66	2.01
每股经营活动产生的现金流量净额	-0.31	0.56	-0.20	-0.20
净资产收益率(%)(摊薄)	2.44	5.39	2.59	2.99
净资产收益率(%)(加权)	2.51	6.25	2.63	2.91
扣除非经常性损益后的加权净资产收益率(%)	2.44	4.60	0.48	1.00

三、股本变动及股东情况

1、股本变动情况

(1)股份变动情况表　数量单位：股

	本次变前	本次变动增减(+、-)						本次变动后
		配股	送股	公积金转股	增发	其他	小计	
一、未上市流通股份								
1、发起人股份	50454000		+10090800	+15136200			+25227000	75681000
其中：								
国家持有股份	27540000		+5508000	+8262000			+13770000	41310000
境内法人持有股份	22914000		+4582800	+6874200			+11457000	34371000
境外法人持有股份								
其他								
2、募集法人股	17046000		+3409200	+5113800			+8523000	25569000
3、内部职工股								
4、优先股或其他								
其中：转配股								
未上市流通股份合计	67500000		+13500000	+20250000			+33750000	101250000
二、已上市流通股份								
1、人民币普通股	22500000		+4500000	+6750000			+11250000	33750000
2、境内上市外资股								
3、境外上市外资股								
4、其他								
已上市流通股份合计	22500000		+4500000	+6750000			+11250000	33750000
三、股份总数	90000000		+18000000	+27000000				135000000

湖北百科药业股份有限公司

二○○○年年度报告摘选

一、公司简介

1、公司的法定中文名称:湖北百科药业股份有限公司
公司的法定英文名称:Hubei Biocause Pharmaceutical Co.,Ltd.
英文名称缩写:Biocause Pharma
2、公司的法定代表人:向汉林
3、公司董事会秘书:丁振荣
证券事务授权代表:成六生
联系地址:湖北省荆门市杨湾路132号
联系电话:(0724)2211003转6218
联系传真:(0724)2217652
电子信箱:hbztgfzq@jm.hb.cninfo.net
4、公司注册及办公地址:湖北省荆门市杨湾路132号
邮政编码:448000
电子信箱:hbztgfzq@jm.hb.cninfo.net
5、公司选定的信息披露报刊:《中国证券报》、《证券时报》,登载公司年度报告的中国证监会指定国际互联网网址:http://www.cninfo.com.cn
公司年度报告备置地点:公司证券部
6、公司股票上市交易所:深圳证券交易所
股票简称:百科药业
股票代码:0627

二、会计数据和业务数据摘要

1、公司本年度实现的主要利润指标(单位:人民币元)

项目	金额
利润总额:	48,859,992.87
净利润:	34,243,380.77
扣除非经常性损益后的净利润:	34,116,993.59
主营业务利润:	80,335,982.91
其他业务利润:	6,753,249.10
营业利润:	44,833,244.53
投资收益:	3,448,050.84
补贴收入:	759,490.08
营业外收支净额:	-180,792.58
经营活动产生的现金流量净额:	-4,606,871.51
现金及现金等价物净增加额:	30,229,178.02

注:扣除非经常性损益项目和涉及金额:(1)补贴收入759,490.08元,(2)营业外收支净额-180,792.58元,(3)合并价差摊销-452,310.32元,合计126,387.18元。

2、公司前三年的主要会计数据和财务指标:(单位:人民币元)

	2000年	1999年	1998年	
			调整前	调整后
主营业务收入	321,963,396.98	255,862,869.65	192,314,233.09	192,314,233.09
净利润	34,243,380.77	31,354,603.13	30,230,399.39	29,592,616.13
总资产	886,330,517.23	770,676,221.78	682,470,580.72	680,824,128.05
股东权益(不含少数股东权益)	527,736,336.04	507,437,483.27	477,686,857.39	476,082,880.14
全面摊薄每股收益	0.12	0.135	0.234	0.229
加权平均每股收益	0.12	0.20	0.27	0.27
扣除非经常性损益后的每股收益	0.12	0.11	0.16	0.15
每股净资产	1.89	2.18	3.70	3.687
调整后的每股净资产	1.86	2.12	3.62	3.61
每股经营活动产生的现金流量净额	-0.02	0.20	-0.04	-0.04
全面摊薄净资产收益率(%)	6.49	6.18	6.33	6.216
加权平均净资产收益率(%)	6.53	6.03	9.62	9.45
扣除非经常性损益后的加权净资产收益率(%)	6.51	5.18	6.74	6.55

根据中国证监会发布的《公开发行证券公司信息披露编报规则(第9号)》通知精神,公司2000年按全面摊薄法和加权平均法计算的净资产收益率及每股收益。

	净资产收益率(%)				每股收益(元)			
	2000年		1999年		2000年		1999年	
报告期利润	全面摊薄	加权平均	全面摊薄	加权平均	全面摊薄	加权平均	全面摊薄	加权平均
主营业务利润	15.22	15.32	12.12	12.5	0.29	0.29	0.265	0.265
营业利润	8.50	8.55	8.25	8.53	0.16	0.16	0.18	0.18
净利润	6.49	6.53	6.18	6.37	0.12	0.12	0.135	0.135
扣除非经常性损益后的净利润	6.46	6.51	5.01	5.18	0.12	0.12	0.11	0.11

3、报告期内股东权益变动情况(单位:元)

项目	股本	资本公积	盈余公积	法定公益金	未分配利润	股东权益合计
期初数	232,408,800.00	173,403,088.97	41,675,669.07	18,943,117.79	59,949,925.23	507,437,483.27
本期增加	46,481,760.00		6,848,676.16	3,424,338.08	34,243,380.77	87,573,816.93
本期减少		46,481,760.00			20,793,204.16	67,274,964.16
期末数	278,890,560.00	126,921,328.97	48,524,345.23	22,367,455.87	73,400,101.84	527,736,336.04

三、股东情况介绍

1、报告期末股东总数为:4840户。
2、前十名股东及其持股情况如下:　单位:股

序号	股东名称	年度末持股数量	是否上市流通股份	持股比例(%)
1.	湖北百科高新投资有限公司(国有法人股股东)	171,313,920	否	61.43
2.	湖北中天集团公司	21,600,000	否	7.74
3.	湖北宝源天发人造板有限公司	6,488,640	否	2.33
4.	湖北中天实业有限公司	4,320,000	否	1.55
5.	中国航空工业总公司宏图飞机制造厂	2,160,000	否	0.77
6.	新疆丰创投资有限责任公司	502,640		0.18
7.	杨竹莲	470,000		0.17
8.	李细南	341,142		0.12
9.	胡广发	327,200		0.12
10.	何蓓薇	307,440		0.11

攀枝花新钢钒股份有限公司

二○○○年年度报告摘选

一、公司简介

1、公司法定中文名称:攀枝花新钢钒股份有限公司
公司法定英文名称:PANZHIHUA NEW STEEL & VANADIUM COMPANY LIMITED
公司英文名称缩写:PSV
2、公司注册地址:四川省攀枝花市弄弄坪　邮编:617062
公司办公地址:四川省攀枝花市大渡口街55号　邮编:617067
3、公司法定代表人:洪及鄙
4、公司董事会秘书:赵忠义
董事会证券事务代表:武坚
联系地址:四川省攀枝花市大渡口街55号
联系电话:0812-2226008、2236282、2236281
传真:0812-2226014
电子信箱:PSV-1@public.phpub.sc.cn
5、公司选定的信息披露报纸:《中国证券报》、《证券时报》、《上海证券报》
刊登公司年度报告的国际互联网网址:http://www.cninfo.com.cn
公司年度报告备置地点:公司董事会秘书处
6、公司股票上市交易所:深圳证券交易所
股票简称:新钢钒　股票代码:0629

二、会计数据和业务数据摘要

(一)本年度实现利润及主要现金流量指标　(单位:人民币元)

项目	金额
利润总额	723,145,543
净利润	461,049,299
扣除非经常损益后的净利润	477,922,349
主营业务利润	1,489,140,104
其他业务利润	11,665,554
营业利润	740,069,820
投资收益	22,000
营业外收支净额	-16,946,277
经营活动产生的现金流量净额	1,765,349,845
现金及现金等价物净增加额	85,181,681

注:"扣除非经常损益后的净利润"一栏中扣除的项目:
本年度处理报废固定资产净损失:16,873,050元

(二)截止报告期末公司前三年的主要会计数据和财务指标　(单位:人民币元)

指标项目	2000年度	1999年度		1998年度		2000年较1999年增减(%)
		调整前	调整后	调整前	调整后	
主营业务收入	7,587,667,733	6,547,385,471	6,547,385,471	6,772,378,414	6,772,378,414	15.89
净利润	461,049,299	317,746,870	274,171,610	415,147,937	403,831,294	68.16
总资产	7,074,791,478	8,122,475,495	8,067,583,592	8,067,624,085	8,056,307,442	-12.31
股东权益	4,129,939,846	3,928,442,479	3,873,550,576	3,815,355,638	3,804,038,995	6.62
每股收益(全面摊薄)	0.45	0.31	0.27	0.41	0.39	66.67
每股收益(加权平均)	0.45	0.31	0.27	0.82	0.80	66.67
扣除非经常性损益的每股收益(全面摊薄)	0.47	0.31	0.27	0.82	0.80	74.07
扣除非经常性损益的每股收益(加权平均)	0.47	0.31	0.27	0.41	0.39	74.07
每股净资产	4.04	3.84	3.79	3.73	3.72	6.60
调整后的每股净资产	3.70	3.41	3.36	3.55	3.54	10.12
每股经营活动产生的现金流量净额	1.73	-0.15	-0.15	-0.19	-0.19	1253.33
全面摊薄净资产收益率(%)	11.16	8.09	7.08	10.88	10.62	57.63
加权平均净资产收益率(%)	11.23	8.00	6.96	27.28	26.63	61.35

注:1998年调整前各数均指在1999年度已按证监会要求计提了四项准备金后的数据。

(三)利润表附表

	净资产收益率(%)		每股收益(元)	
报告期利润	全面摊薄	加权平均	全面摊薄	加权平均
主营业务利润	36.06	36.28	1.46	1.46
营业利润	17.92	18.03	0.72	0.72
净利润	11.16	11.23	0.45	0.45
扣除非经常性损益后的净利润	11.57	11.65	0.47	0.47

三、股本变动及股东情况

1、股本变动情况
(1)股份变动情况表　(单位:股)

股份类别	期初数	本次变动增减(+,-)						期末数
		配股	送股	公积金转增	增发	其他	小计	
一、尚未流通股份								
1、发起人股份	723,500,145							723,500,145
其中:国家持有股份	723,500,145							723,500,145
境内法人持有股份								
境外法人持有股份								
其他								
2、募集法人股								
3、内部职工股								
4、优先股或其他								
5、尚未流通股份								
尚未流通股份合计	723,500,145							723,500,145
二、已流通股份								
1、人民币普通股	299,800,000							299,800,000
2、境内上市的外资股								
3、境外上市的外资股								
4、其他								
已流通股份合计	299,800,000							299,800,000
三、股份总数	1,023,300,145							1,023,300,145

成都倍特发展集团股份有限公司

二〇〇〇年年度报告摘要

一 公司简介

(一)公司法定中文名称:成都倍特发展集团股份有限公司
公司法定英文名称:CHENGDU BRILLIANT DEVELOPMENT GR0UP, INC.
(二)公司法定代表人:曾绍清
(三)公司董事会秘书:解冶
联系地址:中国四川省成都市成都高新技术产业开发区
联络电话:(028)5199519
传真:(028)5184099
(四)公司注册地址:中国四川省成都市成都高新技术产业开发区
公司办公地址:中国四川省成都市成都高新技术产业开发区
邮政编码:610041
公司电子信箱:best@mail. sc. cninfo. net
(五)公司信息披露报纸:《证券时报》
公司年度报告登载的国际互联网网址:http://www. cninfo. com. cn
公司年度报告备置地点:公司董事会办公室
(六)公司股票上市地:深圳证券交易所
公司股票简称:倍特高新
公司股票代码:0628

二 会计数据和业务数据摘要

(一)本年度实现利润数据情况　　单位:元

项目	金额
利润总额	8,281,524.25
净利润	3,789,481.25
扣除非经常性损益后的净利润	3,711,136.13
主营业务利润	119,126,574.29
其他业务利润	30,386,724.69
营业利润	−243,506.85
投资收益	8,359,148.29
补贴收入	78,345.12
营业外收支净额	87,537.69
经营活动产生的现金流量净额	6,784,331.09
现金及现金等价物净增加额	−39,458,495.79

注:本年度公司非经常性损益项目为:补贴收入 78,345.12 元。

(二)截止报告期末前三年的主要会计数据和财务指标

项目	2000 年	1999 年	1998 年	
			调整后	调整前
主营业务收入(元)	469,360,048.31	432,989,351.07	368,346,708.07	368,240,886.53
净利润(元)	3,789,481.25	14,620,376.59	9,664,918.14	65,348,356.38
总资产	1,628,052,808.58	1,452,997,182.86	1,260,700,449.56	1,281,315,643.14
股东权益(元)	530,890,919.26	527,179,744.26	510,993,242.67	591,524,619.75
每股收益(元/股)	0.0196	0.076	0.06	0.41
加权每股收益(元/股)	0.0196	0.076	0.06	0.41
扣除非经常性损益后每股收益(元/股)	0.0192	0.005	0.06	0.41
每股净资产(元/股)	2.74	2.72	3.17	3.67
调整后的每股净资产(元/股)	2.46	2.43	2.84	3.43
每股经营活动产生的现金流量金额(元/股)	0.0351	−0.84	0.0049	0.0049
净资产收益率(%)	0.71	2.77	1.89	11.05
加权净资产收益率(%)	0.72	2.82	1.91	11.69

(三)按中国证监会信息披露编报规则(第九号)要求计算报告期利润的净资产收益率和每股收益:

报告期利润		净资产收益率		每股收益	
		全面摊薄	加权平均	全面摊薄	加权平均
主营业务利润	119,126,574.29	22.44	22.52	0.62	0.62
营业利润	−243,506.85	−0.05	−0.05	−0.001	−0.001
净利润	3,789,481.25	0.71	0.72	0.02	0.02
扣除非经常性损益后的净利润	3,711,136.13	0.70	0.70	0.02	0.02

(四)报告期内股东权益变动情况　　单位:元

项　目	股　　本	资本公积	盈余公积	法定公益金	未分配利润	股东权益合计
期初数	193,560,000	200,223,990.42	115,594,409.78	25,860,347.82	17,801,344.06	527,179,744.26
本期增加			7,064,989.72	3,532,494.86		7,064,989.72
本期减少		78,306.25			3,275,508.47	3,353,814.72
期末数	193,560,000	200,145,684.17	122,659,399.50	29,392,842.68	14,525,835.59	530,890,919.26
变动原因		按控股子公司比例调整	本期净利润提取	本期净利润提取	因子公司提取两金	

三 股本变动及股东情况

(一)股本变动情况
1、公司股份变动情况表

数量单位:股

	本次变动前	本次变动增减(+、-)						本次变动后
		配股	送股	公积金转股	增发	其他	小计	
一、未上市流通股份								
1、发起人股份	33480000							33480000
其中:								
国家持有股份	30360000							30360000
境内法人持有股份	3120000							3120000
外资法人持有股份								
其他								
2、募集法人股份	73680000							73680000
3、内部职工股								
4、优先股或其他								
其中:转配股								
未上市流通股份合计	107160000							107160000
二、已上市流通股份								
1、人民币普通股	86400000							86400000
2、境内上市的外资股								
3、境外上市的外资股								
4、其他								
已上市流通股份合计	86400000							86400000
三、股份总数	193560000							193560000

2、股票发行与上市情况

1996 年 10 月 30 日,经中国证券监督管理委员会(证监发字[1996]294、295 号文)批准,通过深圳证券交易所交易系统"上网定价"发行社会公众股 1800 万股,发行价 9.38 元/股,其中含发行费用每股 0.36 元。公司总股本增至 8065 万股。

1996 年 11 月 18 日,公司股票(A 股)3600 万股在深圳证券交易所挂牌交易,其中包含"上网定价"发行的社会公众股 1800 万股和全部内部职工股 1800 万股。

1997 年 5 月 2 日,公司 1996 年度股东大会一致通过了《关于公司 1995 年度和 1996 年度利润分配方案及资本公积金转增股本方案》,向全体股东每 10 股派送红股 8 股,并按 10:2 的比例向全体股东用资本公积金转增股本,股权登记日为 1997 年 6 月 25 日,除权日 1997 年 6 月 26 日,公司总股本增至 16130 万股。

1999 年 6 月 30 日,公司 1998 年度股东大会审计通过了《1998 年度利润分配方案》,向全体股东每 10 股派送红股 2 股,共计派送 3226 万股。股权登记日为 1999 年 8 月 10 日,除权日为 1999 年 8 月 11 日,公司总股本增至 19356 万股。

(二)股东情况介绍
1、报告期末,公司股东总数为 59369 户。
2、前 10 名股东持股情况如下:

序号	股东名称	年末持股数(股)	占总股本比例(%)
1	成都市国有资产管理局(国家股)	30360000	15.69
2	北京工艺进出口有限责任公司	4800000	2.48
3	成都电缆股份有限公司	2976000	1.54
4	成都钢铁厂	1800000	1.44
5	成都市西南计算机软件公司	1320000	0.68
6	上海森基实业有限公司	1280000	0.66
7	成都市自来水总公司	1200000	0.62
8	成都卷烟厂	1200000	0.62
9	成都无线电机械高科技应用公司	1200000	0.62
10	成都天星实业投资开发公司	1200000	0.62

注:①持有本公司 5%以上股份的股东仅有成都市国有资产管理局,其持有本公司的股份无质押和冻结情况。

②以上股东间不存在关联关系。

③以上股东中除成都市国有资产管理局持股为国家持有股份外,其余均为法人股。

④上海森基实业有限公司系报告期内受让其他法人单位转让的本公司法人股共 1280000 股,从而成为了本公司的第六大股东。

四 股东大会简介

2000 年,本公司共召开了一次股东大会,即 2000 年 5 月 26 日召开的 1999 年度股东大会。

(一)1999 年度股东大会

1、2000 年 4 月 8 日召开的第三届董事会第六次会议,通过了召开 1999 年度股东大会的决议,决议公告刊登于 2000 年 4 月 11 日《证券时报》上。

2、2000 年 5 月 26 日上午 9 点 30 分,公司 1999 年度股东大会在成都高新技术产业开发区高新大厦 11 楼会议厅召开。出席会议的股东和经授权股东代理人共 27 人,持有和代表股份 5388.36 万股,占公司总股份 19356 万股的 27.84%,符合《公司法》和本公司章程的规定。本次股东大会审议并通过了如下决议:

(1)《1999 年度董事会工作报告》
(2)《1999 年度监事会工作报告》
(3)《1999 年度财务决算报告》
(4)《1999 年度利润分配方案》
(5)《续聘四川华信(集团)会计师事务所负责公司 2000 年度审计事务的议案》

本次股东大会决议公告刊登于 2000 年 5 月 27 日《证券时报》上。

五 董事会报告

(一)公司经营情况
1、公司所处行业及行业地位

公司是全国百强高新技术企业,四川省、成都市重点支柱产业企业和成都高新区骨干企业。公司生产的"倍特橱柜"是国家建设部首批"21 世纪小康住宅推荐产品",被四川省人民政府授予"四川省第四届名牌产品"的称号,拥有"中国第一橱"的美誉。倍特巴沙是国家卫生部批准的新一代广谱抗菌类药品。倍特电子科技分公司是海尔洗衣机总厂电脑控制器的主要供货商。公司是成都高新区基础设施建设的主要力量,1997 年至 1999 年连续三年被评为"四川省房地产开发企业综合实力10强、最佳效益10强和市场占有份额20强企业",同时也是"2000年度四川省100家最大(佳)房地产开发企业"。

2、公司主营业务的范围及经营状况

本公司主营业务范围包括:高新技术产品开发、生产和经营,高新技术产业开发区的开发、建设及房地产开发和经营等。

2000年,公司董事会和经营班子全体成员面临更加严峻的外部经营环境,带领全体员工坚持"励精图治、调整完善、积极进取、稳步发展"的经营方针,紧紧围绕年度经营目标,最大限度地挖掘内部潜力。公司全年完成主营业务收入46936.00万元,较1999年增长了8.40%,实现利润总额828.15万元,较1999年下降了47.21%,实现净利润378.95万元,较1999年下降了74.08%。需要说明的是,1999年实现利润总额和净利润中均包含了补贴收入部份,扣除补贴收入后,1999年实现的利润总额和净利润分别只有200.20万元和93.53万元,因此,从公司经营角度讲2000年公司经营状况实际上是好于1999年。

(1)房地产及基础设施建设业继续呈良好发展势头。

2000年公司房地产业在大环境转好和相关配套政策的推动下,呈现出许多积极特征。公司充分抓住了发展房地产业的机遇,全年完成建设开发总投资2.3亿元,全年施工面积达22万平方米,新开工面积15万平方米,竣工面积为6万平方米。全部竣工项目均被成都市质检站评为优良工程,优良率达100%。高水平的规划设计、高质量的施工和高品质的服务,使金杏苑二期、雅典国际社区获"市民喜爱住宅"称号,金杏苑A区被评为省、市"优秀住宅小区"。"倍特房产"成为了畅销房产,房产销售率为100%,全年商品房实现销售收入1.9亿元。2000年,公司承担的3.4公里的人民南路南延线B段已基本完成,其施工质量优良,被成都市委书记王荣轩称赞为"五路一桥"重点工程精品中的精品。位于成都高新区内的569米的紫竹南一街、南二街已全面完工。

(2)高科技实业实力进一步增强

①厨柜

公司针对厨柜行业竞争激烈、产品向个性化方向发展、行业利润不断下降的市场特征,制定了围绕"管理、营销、开发"三大支柱开展工作的经营方针。在产品开发方面针对厨柜市场的个性化发展趋势,推出了10款新式厨柜。在市场营销方面,将原有的分公司营销模式调整为分销商模式。公司还以成都市场为重点,在周边地区增设专卖店和经销商,实现了巩固市场占有率的目标。在稳步发展厨柜市场的同时,还积极利用高等院校上等级、上规模的契机,着力开发医教设备。在管理方面,2000年以狠抓质量管理为核心,顺利通过了ISO9002的认证复核,产品一次性合格率高达99%。

②药业

2000年,公司重点抓了GMP认证、新品开发、内部管理和进一步提升市场份额等项工作。尤其是围绕通过GMP认证这一根本,年内改造了颗粒剂生产线和质检中心,新建了输液生产线,胶囊剂、片剂和原料药车间的改造正处于紧张的收尾阶段,目前,硬件设施已基本符合GMP要求。公司还按GMP规范的要求编写了管理制度、质量标准、工艺规程、验证方案等。在新品开发方面司帕沙星注射液、乳酸司帕沙星注射液和头孢映辛脂等三个品种已完成生产报批,加替沙星片剂、小针及输液、非那甾胺和伊曲康唑三个品种已完成报批临床。在市场拓展方面,进一步强化了销售队伍建设,加大了学术专家对药品营销的支持力度。目前已建立了20余个销售办事处,销售渠道已具相当规模。

③电动车

2000年电动车公司主要围绕新品开发、市场开拓和内部管理三大重点开展工作,取得了一定成效,为实现2001年大幅减亏,力争持平的经营目标奠定了基础。新品开发方面,先后开发了"风之速"、"风中玫瑰"T型、U型、中置式等四款新品,满足了不同消费群体的需要。同时通过进一步强化全员质量意识,顺利通过了ISO9001质量体系认证。在市场营销方面,一方面大力推进电动车的内外销售,另一方面强化售后服务质量,加强同客户的沟通。全年外销市场的拓展成效显著,出口销售业绩为行业第一名,但内销市场仍有待进一步拓展。

④电子科技

2000年,公司按照"巩固原有阵地、建立自有核心技术、发展行业信息电子"的战略发展思路,制定了"争订单、保生产、降费用、促开发、抓发展"的工作重点。在电脑板市场的开发方面,紧紧抓住海尔市场,同时积极寻求新用户。2000年电脑板销售额达到了历史最好水平。公司还成功研制出了拥有自主知识产权的"迈进酒店管理系统",并已销售10余套,创下了当年开发,当年销售的良好业绩。"密码税控安全系统"已出6套样机,经演示得到了国家安全部、国家科委,以及省市有关部门领导和专家的肯定。

⑤网络业

公司在IT市场竞争日趋激烈的环境中积极努力,全年共完成工程项目13项。其中公司承担的西藏石油公司油库计算机控制和管理系统被国家科技部评为科学进步三等奖。结合市场需求,公司还开发了油库收、转、发油作业网络系统、城市路灯控制系统、全套政府办公自动化网络系统、CNG加气站电脑系统等,确保了公司在网络业的可持续发展。

⑥贸易业

公司贸易业通过理顺关系,调整经营结构,在逆境中求生存、促发展。目前仍以出租车业务和汽车租赁业务为重点,全年实现了扭亏为盈。

3、经营中出现的问题与困难及解决方案

(1)存在的问题与困难

①公司应收款项数量经过努力,回款有所增加,但缓解力度仍然不够,造成公司现金流量不足,银行贷款数量较上年继续增长。

②高科技实业产品营销体系的建设仍然不够健全和完善,致使产品的市场覆盖面和市场占有率均没有较大幅度的提升。

③随着公司的发展,高科技人才和管理人才缺乏的矛盾仍未有大的改观,影响了企业核心竞争力的形成,一定程度上制约了公司的快速发展。

(2)解决方案

①进一步增强清欠小组力量,运用法律手段维护公司合法权益。

②科学统筹使用资金,加快资金周转,确保重点项目建设和优势产品需要,提高资金运用效果。

③大力开展增收节支工作,千方百计降成本、减费用,不断提高市场竞争力。

④针对不同产品的特点,建立和完善更加科学、灵活的营销机制,大力加强市场营销和营销网络建设,进一步提高市场占有率,增强公司整体竞争力。

⑤增加公司核心竞争力,采用多种形式,大力引进各类高技术人才和管理人才。

(二)公司财务状况

1、公司财务状况分析

指标名称	本年度(万元)	上年度(万元)	增减(%)
总资产	162,805.28	145,299.72	+12.05%
长期负债	13,488.77	17,896.45	-24.63%
股东权益	53,089.09	52,717.97	+0.70%
主营业务利润	11,912.66	12,013.23	-0.84%
净利润	378.95	1,462.04	-74.08%

财务状况变化的主要原因为:

(1)总资产增长12.05%,主要是因为2000年公司因扩大生产规模向金融机构增加短期借款10879万元及预收货款增加4719.38万元。

(2)长期负债比上年减少了24.63%,主要系长期借款转作一年到期的长期负债所致。

(3)股东权益比上年增加0.7%,主要是因为本年度实现净利润378万元所致。

(4)主营业务利润比上年减少0.84%,主要是因为主营业务毛利下降。

(5)净利润比上年减少74.08%,主要是因为与去年同期比,财政扶持基金本年未列入补贴收入。

2、四川华信(集团)会计师事务所出具了标准无保留意见审计报告。

(三)公司投资情况

1、募集资金的运用和结果说明

公司在报告期内未募集资金,也无报告期前募集资金的使用延续到报告期内。

2、非募集资金重大项目投入情况说明

(1)投资设立中药通电子商务有限公司

2000年7月,公司与香港新世界集团、康柏电脑公司、美国中经合集团、台湾泽阳国际、成都中医药大学和四川因特耐特信息高速公路有限责任公司共同出资300万美元,注册成立了中药通电子商务有限公司(TCM1.COM.INC.),其中我公司出资84万美元,占注册资本的28%,为第一大股东。

中药通电子商务有限公司成立后,其主要业务是通过互联网技术,向全世界推介中国传统医药,并力争建成全球最大的中医药产业门户站点和电子商务平台。

(2)投资设立四川倍特金穗工程有限公司

为加快公司下属的电子科技分公司自主开发的"密码税控系统"规模化生产和市场推广进程,2000年11月10日,公司第三届董事会第八次会议审议同意公司与四川剑南春融信投资有限公司和项目主要研制者自然人两名共同出资500万元,成立四川倍特金穗工程设备有限公司,主要从事密码税控系统的研发和市场销售工作,其中我公司出资175万元,占注册资本的35%。

(3)2000年11月,公司投资500万元参与发起设立了成都新兴创业投资股份有限公司,占该公司1亿元注册资本的5%。该公司主要从事高新技术成果转化及风险投资。

(四)未发生因生产经营环境以及宏观政策、法规重大变化而对公司的财务状况和经营成果产生重要影响的情况。

(五)新年度业务发展计划

2001年公司的总体发展思路是"强化管理增效益,抓住机遇求发展,在新世纪的第一年要取得新的突破"。在这一思想的引领下,在进一步发展优势产业,构造精干高效的组织管理体系和培育良好的市场驾驭能力等方面狠下功夫。

(一)强化管理,注重增收节支,努力降低成本,不断提高市场竞争力。

2001年,强化管理的重点将放在财务管理、成本管理、销售管理、资产管理和行政管理等方面。公司将全面深刻地分析在管理方面存在的问题,并制定出切实有效的措施和管理办法。

(二)利用现代管理和现代信息手段,跟踪公司及各分(子)公司物流、资金流的运行情况,提高管理水平,以利于在管理中及时发现问题和解决问题。

(三)巩固和完善已经形成的"一体两翼"的产业格局,公司的资金、人才、政策要向高科技产业倾斜,加大培育科技含量高、市场潜力大的支柱产品的投入力度,促进高科技产业的尽快壮大。

(四)集聚人才、培养人才、适应公司事业发展的需要。

人是生产力中最活跃的因素,公司将把集聚人才、培育人才放在十分重要的位置,并从工作、生活和学习等各方面关心人才,为他们创造宽松的生活、工作环境和施展才能的良好平台。要通过采取改制、项目承包、奖励和期权等各种措施,把个人利益同企业利益结合起来,充分调动科研、经营管理人才的积极性。

(五)加强企业文化建设,展现企业和员工高尚的精神风貌。

企业文化是一个企业长期积淀的思想意识,是一种能体现员工共识的价值观,我们必须长抓不懈,要继续开展形式多样、健康向上的文体活动,不断提高员工的文化素养,营造积极向上、团结奋进的团队精神。

(六)董事会日常工作情况

报告期内公司共召开了四次董事会,分别是:

(1)2000年1月10日,召开了第三届董事会第五次会议。会议听取了公司董事长兼总裁曾绍清所作的关于公司《1999年度经营工作总结暨2000年经营计划的报告》,审议通过了公司《四项准备金计提方案》。

(2)2000年4月8日,公司召开了第三届董事会第六次会议。会议审议通过了公司《1999年度董事会工作报告》、《1999年度财务决算报告》、《1999年度报告及年报摘要》、《1999年度利润分配预案》、《关于提取四项准备和损失处理的内部控制制度》、《关于续聘四川华信(集团)会计师事务所为公司2000年度财务报告审计机构的预案》、《关于召开1999年度股东大会的议案》。本次会议决议公告刊登在2000年4月11日《证券时报》上。

(3)2000年7月30日召开了第三届董事会第七次会议。会议审议通过了公司《上半年经营工作情况的汇报》、《2000年中期报告及中期报告摘要》、《2000年度中期利润分配预案》、《公司经营班子成员住房期权实施原则办法》、《投资中药通电子商务公司的议案》。决定投资84万美元与香港新世界集团、美国康柏电脑公司、美国中经合集团、成都中医药大学、台湾东帝士集团、成都英特耐特信息高速公路有限公司等6家单位共同参与组建"中药通电子商务有限公司",该项目注册资本300万美元,公司占28%的股份,为第一大股东,该项目将力争建成为亚太地区乃至全球最大的中医药专业门户站点和电子商务平台。本次会议决议公告刊登在2000年8月1日《证券时报》上。在本次会议上,全体董事还签署了《董事声明及承诺书》。

(4)2000年11月10日,召开了第三届董事会第八次会议。会议审议通过了《投资设立四川倍特金穗工程设备有限公司的议案》,为加快公司下属的电子科技分公司自主开发的"密码税控系统"规模化生产和市场推广进程,会议同意公司与四川剑南春融信投资有限公司和项目主要研制者自然人两名共同出资500万元,成立四川倍特金穗工程设备有限公司,主要从事密码税控系统的研发和市场销售工作,其中我公司出资175万元,占注册资本的35%,四川剑南春融信投资有限公司出资225万元,占注册资本的45%,两名自然人以期权持股方式,分别出资50万元,各占注册资本的10%。审议通过了《经营班子成员住房期权实施细则》,会议决定聘任陈家均同志为公司总会计师。本次会议决议公告刊登在2000年11月11日《证券时报》上。

(七)公司管理层及员工情况

1、董事、监事、高级管理人员

曾绍清,董事长兼总经理,男,53岁,任期:1999年7月—2002年7月,年初、年末持股3600股,年度报酬75000元。

周东兵,董事,男,54岁,任期:1999年7月—2002年7月,年初、年末持股3600股,年度报酬68000元。

阿丁,董事,男,55岁,任期:1999年7月—2002年7月,年初、年末持股1200股,不在本公司受领年薪。

马蓉生,董事,男,56岁,任期:1999年7月—2002年7月,年初、年末持股0股,不在本公司受领年薪。

沈永秋,董事,女,61岁,任期:1999年7月—2002年7月,年初、年末持股0股,不在本公司受领年薪。

苏静,董事,女,52岁,任期:1999年7月—2002年7月,年初、年末持股0股,不在本公司受领年薪。

解冶,董事、副总经理兼董事会秘书,男,36岁,任期:1999年7月—2002年7月,年初、年末持股2400股,年度报酬65000元。

吴正德,董事,男,55岁,任期:1999年7月—2002年7月,年初、年末持股0股,不在本公司受领年薪。

苗长江,董事,男,50岁,任期:1999年7月—2002年7月,年初、年末持股0股,不在本公司受领年薪。

岳玉兰,监事,女,53岁,任期:1999年7月—2002年7月,年初、年末持股2400股,年度报酬60000元。

安民民,监事,男,52岁,任期:1999年7月—2002年7月,年初、年末持股0股,不在本公司受领年薪。

李继勤,监事,男,47岁,任期:1999年7月—2002年7月,年初、年末持股0股,年度报酬60000元。

姚代明,副总经理,男,53岁,任期:1999年7月—2002年7月,年初、年末持股0股,年度报酬62000元。

方兆,副总经理,男,38岁,任期:1999年7月—2002年7月,年初、年末持股0股,年度报酬62000元。

报告期内无离任的董事、监事和高级管理人员。

2000年11月10日,公司召开第三届董事会第八次会议,聘任陈家均为公司总会计师。

2、公司员工情况

截止报告期末,公司共有员工1661人,其中:管理人员129人,技术人员488人。公司具有大专以上(含大专)文化程度752人,中专文化程度335人。在管理和技术人员中,具有高级职称的53人,具有中级技术职称的241人。退休职工8人。

(八)本年度利润分配预案及2001年利润分配政策

1、本年度利润分配预案

经四川华信(集团)会计师事务所审计,本公司2000年共实现净利润3,789,481.25元,按《公司法》及《公司章程》的有关规定,提取10%法定公积金3,532,494.86元和10%法定公益金3,532,494.86元后,本年可供分配的利润为-3,275,508.47元,加上上年滚存的未分配利润17,801,344.06元,累计可供股东分配利润为14,525,835.59元。鉴于公司可供股东分配的利润较少,再加上公司流动资金短缺,为维持公司正常生产经营,经公司第三届董事会第九次会议研究决定,2000年不进行利润分配,也不实施公积金转增股本,未分配利润用来补充经营性流动资金。

以上分配预案尚须提交公司2000年度股东大会审议通过。

2、预计2001年利润分配政策

①公司拟在2001年度财务决算后向全体股东分配利润一次。

②2001年度实现的净利润按规定提取法定公积金和法定公益金后,可供股东分配利润的50%将用于2001年股利分配。

③2000年度结转的未分配利润不进行分配。

④股利分配将全部采用派发现金形式进行。

(九)其它报告事项

本公司2000年度继续选定《证券时报》为公司信息披露报纸,报告期内无变更。2001年度,公司决定将《中国证券报》作为公司信息披露指定报纸。

六 监事会报告

2000年度,本公司第三届监事会严格依据《公司法》、《公司章程》赋予的权利和义务,本着对全体股东负责的态度,在公司内部监督、规范运作等方面履行了各项职责,积极开展工作。全年召开监事会四次,并列席了全部董事会和1999年度股东大会。

(一)监事会召开情况

1、公司第三届监事会临时会议于2000年元月10日召开,会议审议了公司《四项准备金提取方案》、《1999年度经营工作情况汇报和2000年经营计划》。

2、公司第三届监事会第三次会议于2000年4月8日召开,会议通过了《1999年度监事会工作报告》;审议了公司《1999年度四项准备和损失处理内部控制制度》、《续聘四川华信(集团))会计师事务所》和《召开1999年度股东大会议案》、《1999年度财务决算报告》、《1999年度报告和年报摘要》及《1999年度利润分配预案》,本次会议决议公告刊登在2000年4月11日《证券时报》上。

3、公司第三届监事会第四次会议于2000年7月30日召开,会议审议通过了公司《2000年中期报告》、《公司监事会工作条例和议事细则》,签署了《监事声明及承诺书》,本次会议决议公告刊登在2000年8月1日《证券时报》上。

4、公司第三届监事会第五次会议于2000年11月10日召开,会议就成都证管办对公司巡检情况进行了讨论,并审议了公司《关于2000年度巡回检查情况的工作汇报》。

(二)对2000年度公司依法运作情况的监事

监事会经过认真慎重考察,认为2000年度公司按照《公司法》要求,建立了完善的内部控制制度,经营工作中依法经营,决策符合程序、合法。按上市规则要求,信息披露及时、准确、真实。公司董事、经理执行公司职务时无违反法律、法规、公司章程的情形,无损害公司利益的行为。

(三)对2000年度公司财务情况的监事

监事会认为,公司在本年度中认真执行了《股份制企业会计制度》,四川华信(集团))会计师事务所对公司的2000年度报告所出具的标准无保留意见的审计报告真实反映了公司的财务状况和经营成果。

(四)对公司募集资金使用和其他事项的监事

1、公司前次募集资金无延续到本年度使用的情况。

2、公司在本年度无收购、出售资产情况发生。

3、公司在本年度内无内幕交易现象发生。

4、公司在本年度无关联交易。

5、公司在报告期内未进行利润预测。

七 重要事项

1、重大诉讼、仲裁事项

本年度公司无重大诉讼、仲裁事项。

2、报告期内公司、公司董事及高级管理人员未有受监管部门处罚情况。

3、本报告期内,公司董事会未进行换届,公司总经理、董事会秘书没有发生变更。

4、报告期内公司无收购及出售资产、吸收合并事项。

5、报告期内无重大关联交易事项

6、上市公司与控股股东在人员、资产、财务上的"三分开"情况:公司1996年11月上市时,是整个集团上市,公司上面没有母公司。公司第一大股东为成都市国有资产管理局,持有本公司15.69%的股份,公司相对于成都市国有资产管理局,做到了人员完全独立、资产完整和财务完全独立。

7、报告期内,公司未发生托管、承包、租赁其他公司资产或其他公司托管、承包、租赁本公司资产的情况。

8、聘任、解聘会计师事务所情况

报告期内继续聘任四川华信(集团)会计师事务所为本公司财务审计机构。

9、报告期内重大合同及担保事项

(1)截止2000年12月31日,公司累计为四川托普科技股份有限公司提供担保金额4000万元,担保期限1年;

(2)公司为四川明日集团借款本金4600万元提供担保,并被迫履行担保义务。

10、报告期内公司无更改名称或股票简称的情况

11、报告期内未发生《证券法》第六十二条、《股票条例》第六十条和《信息细则》第十七条所列举的重大事项,以及公司董事会判断为重大事件的事项。

12、本报告期内,公司及持股5%以上股东未在指定报纸和网站上披露过承诺事项。

八 财务报告

(一)审计报告

成都倍特发展集团股份有限公司全体股东: 川华信审(2001)上字第011号

我们接受委托,审计了贵公司2000年12月31日资产负债表和合并资产负债表、2000年度利润及利润分配表和合并利润及利润分配表、2000年度现金流量表和合并现金流量表。这些会计报表由贵公司负责,我们的责任是对这些会计报表发表审计意见。我们的审计是依据中国注册会计师独立审计准则进行的。在审计过程中,我们结合贵公司实际情况,实施了包括抽查会计记录等我们认为必要的审计程序。

我们认为,上述会计报表符合《企业会计准则》和《股份有限公司会计制度》的有关规定,在所有重大方面公允地反映了贵公司2000年12月31日财务状况及合并财务状况及2000年度经营成果及合并经营成果和2000年度现金流量情况及合并现金流量情况,会计处理方法的选用遵循了一贯性原则。

四川华信(集团)会计师事务所 中国注册会计师:陈更生

有限责任公司 中国注册会计师:曾 武

中国·成都 二〇〇一年三月十五日

(二)会计报表(见附表)

会计报表附注

1、公司简介

成都倍特发展集团股份有限公司是1992年7月经成都市体制改革委员会成体改(1992)112号文和成体改(1992)176号文批准由成都高新技术产业开发区管委会、中国科学院成都生物研究所制药厂、成都钢铁厂、西藏自治区石油公司四家单位共同发起,通过定向募集方式而成立的股份制集团公司。1996年10月经中国证券监督管理委员会证监发字(1996)294、295号文批准,发行社会公众股3600万股(其中职工股占用1800万额度),于1996年11月18日在深圳证券交易所上市。公司1997年5月按1996年末总股本8065万股计算向全体股东每10股送红股8股,共计派送6452万股,按10:2比例向全体股东用资本公积金转增股本1613万股,变更后总股本为16130万股,1999年6月股东大会审议通过,按1998年总股本16130万股为基数,向全体股东每10股送红股2股,共计派送3226万股,送股后总股本为19356万股。

公司主营业务有:高新技术产品的开发、生产、经营;高新技术的交流转让;高新技术开发区的开发、建设、房地产的开发和经营;进出口贸易、国内贸易、信息咨询;项目评估、证券投资、广告展览、租赁、培训等。公司法定地址:成都市成都高新技术产业开发区。法定代表人:曾绍清。

2、主要会计政策、会计估计和合并会计报表的编制方法

(1)执行的会计制度

控股子公司成都倍特电动自行车有限公司执行中华人民共和国《企业会计准则》和《外商投资企业会计制度》,在编制合并会计报表时,已按《股份有限公司会计制度》及其补充规定进行了调整。

公司及其他控股子公司执行中华人民共和国《企业会计准则》和《股份有限公司会计制度》及其补充规定。

(2)会计年度

自公历每年1月1日起至12月31日止。本报告披露会计信息为公历2000年1月1日至12月31日。

(3)记帐本位币

公司以人民币为记帐本位币。

(4)记帐原则和计价基础

公司按权责发生制的原则进行会计核算,采用实际成本计价。

(5)外币核算方法

公司外币业务核算按发生时市场汇价折合人民币记帐,并在月末按市场汇价进行调整,由此产生的汇兑损益与购建固定资产相关的在固定资产交付使用前计入固定资产,除此之外计入当期财务费用。

(6)现金等价物的确认标准

公司持有的期限短、流动性强、易于转换为已知现金且价值变动风险很小的投资,确认为现金等价物。

(7)坏帐核算方法

公司坏帐损失采用备抵法核算。根据公司董事会决议,按期末应收款项(包括应收帐款和其他应收款)余额的10%计提。公司控股子公司成都倍特投资有限责任公司2000年计提坏帐准备的比例由原来的10%改为3‰,在合并会计报表时,按母公司会计政策所规定的计提比例进行了调整。

坏帐的确认标准:

因债务人破产或者死亡,以其破产财产或者遗产清偿后,仍然不能收回的应收款项;因债务人逾期未履行偿债义务超过三年仍然不能收回,经董事会批准可以确认为坏帐的应收款项。

(8)存货核算方法

存货分为:原材料、产成品、在产品、发出商品、低值易耗品、库存商品、开发产品、开发成本、委托代销商品、委托加工物资等。

各种存货按取得时的实际成本计价,存货日常核算采用实际成本核算。存货发出采用移动加权平均法结转。低值易耗品、包装物按一次摊销法摊销。

公司存货跌价准备的确认标准及计提方法

A.确认标准:公司期末对由于存货遭受毁损、全部或部分陈旧过时或销售价格低于成本等原因,使存货成本不可收回的部分提取存货跌价准备。

B.计提方法:按单个存货项目的成本高于其可变现净值的差额计提存货跌价准备。

(9)短期投资核算方法

公司短期投资按取得时的实际成本计价,采用成本法核算。

收益确认以收到或取得索取收益的凭据时确认收益实现。

公司以分类按成本高于市价的差额计提短期投资跌价准备。

(10)长期投资核算方法

长期债权投资:以取得债权的实际成本为入帐价值。

长期股权投资:按投资时实际支付的价款或评估、协议确定的价值记帐。公司对其他单位的投资占该单位有表决权资本总额20%(含20%)以上,或虽投资不足20%,但有重大影响,采用权益法核算,股权投资差额溢价按不超过10年的期限摊销、折价按不低于10年的期限摊销;公司对其他单位的投资占该单位有表决权资本总额20%以下,或虽占20%(含20%)以上,但不具有重大影响,采用成本法核算。

公司的长期债权投资以分类按成本价高于市价的差额计提长期投资减值准备,其投资溢价和折价按其存续期内平均摊销。

长期股权投资减值准备的确认标准和计提方法:

A.确认标准:公司期末对由于市价持续下跌或被投资单位经营状况恶化等原因导致其可收回金额低于帐面价值,并且这种降低的价值在可预计的未来期间不可能恢复,将可收回金额低于长期投资帐面价值的差额确认为长期投资减值准备。

B.计提方法:按个别投资项目成本高于其可收回金额的差额计提长期投资减值准备。

收益确认以收到或取得索取收益的凭据时确认收益实现。

(11)固定资产计价和折旧方法

固定资产的标准及计价:使用年限超过一年,单位价值在2000元以上的房屋、建筑物、机器设备、运输工具、办公设备等为固定资产,按实际成本计价。

固定资产分类为:房屋及建筑物、通用设备、专用设备、运输设备和其他。

固定资产折旧采用直线折旧法平均计算,并按各类固定资产的原值扣除残值(预计残值率3%)和预计使用年限确定折旧率。各类固定资产使用年限和折旧率、残值率分别列示如下:

类　　别	预计使用年限	年折旧率	预计残值率
房屋及建筑物	30年	3.23%	3.00%
通用设备	10-18年	9.70%-5.39%	3.00%
专用设备	10-14年	9.70%-6.93%	3.00%
运输设备	6-12年	16.17%-8.08%	3.00%
其他	4-6年	24.25%-16.17%	3.00%

(12)在建工程核算方法

在建工程按实际发生支出入帐,按工程项目分类核算并在工程完工交付使用时按工程实际成本结转固定资产。用借款进行的工程项目发生的借款利息,在工程项目交付使用前,予以资本化,交付使用后计入当期财务费用。

(13)无形资产计价及其摊销方法

土地使用权按评估确认数或购入实际支付的成本计价,自取得之月起按有效使用年限平均摊销。

中药配方专利以购入成本计价,按受益期十五年平均摊销。

出租车经营权以购入成本计价,按受益期二十年平均摊销。电动自行车专利技术以协议价计价,按受益期十年平均摊销。

(14)开办费、长期待摊费用摊销方法

开办费按实际发生额核算,并从开始生产经营的当月起按5年的期限平均摊销,控股子公司成都倍特电动自行车有限公司执行《外商投资企业会计制度》开办费按10年摊销,合并报表时按母公司会计政策进行了调整。

长期待摊费用按受益期平均摊销。

(15)收入确认原则

商品及商品房的销售:公司以将产品所有权上的重要风险和报酬转移给买方,公司不再对该产品实施继续管理权和实际控制权,相关的收入已经收到或取得了收款的证据,并且与销售该产品有关的成本能够可靠地计量时,确认营业收入的实现。

土地开发收入:以产品(或商品)已交付,并收到货款或取得收款的权利时确认收入的实现。

劳务收入:以劳务已提供,并收到款项或取得收款的权利时确认收入的实现。

他人使用本企业资产收入:以公司资产已经提供对方使用,并取得承租方使用此项资产的价款或按合同、协议规定确认收入的实现。

(16)所得税的会计处理方法:采用应付税款法。

(17) 合并会计报表编制方法

合并范围的确定原则:公司对其他单位投资如占该单位资本总额50%以上,或虽然占该单位资本总额不足50%,但具有实质控制权的,该单位列入合并范围。但A:公司将控股子公司海南倍特绿色工程有限公司承包给海南金华林业有限公司经营;因此合并报表时未将该公司纳入合并范围;B:公司控股子公司成都倍达尔新技术开发有限公司、成都倍特新时代房地产营销策划有限公司、成都家园物业管理有限责任公司和四川雅安温泉旅游开发股份有限公司由于资产小、利润少,根据财政部财会二字(1996)2号文第一条"当子公司资产总额、销售收入及当期利润……的比率均在10%以下时,根据重要性原则,该子公司可以不纳入合并范围。"因此,本年未将该四家公司纳入合并范围。

合并所采用的会计方法:根据财政部财会字(1995)11号《关于印发<合并会计报表暂行规定>的通知》的规定,以母公司和纳入合并范围的子公司2000年度的会计报表以及其他有关资料为依据,合并各项目数额编制而成。合并时,公司的重大内部交易和资金往来均相互抵销。

本年度合并范围变更情况:本年度原全资控股子公司成都倍特实业公司和成都倍特建设开发有限公司根据倍特发(1999)040号关于《集团公司规范化管理的若干(暂行)规定》变更为由成都倍特发展集团股份有限公司绝对控股的控股子公司,因此本年合并报表时将上述两家公司纳入本年度的合并报表范围。上年编制合并报表时,母公司含成都倍特实业公司和成都倍特建设开发总公司,本年母公司数不含这两家公司;这两家公司上年的利润总额为31,486,556.65元,本年为38,427,799.34元。

(三)税项(公司适用的税种及税率)

税种	计税基数	税率
增值税	按销项税额扣除当期允许抵扣的进项税额后的差额	17%
营业税	营业额	3%、5%※
城市维护建设税	应纳增值税额、营业税额	7%
交通建设费附加	应纳增值税额、营业税额	4%
教育费附加	应纳增值税额、营业税额	3%
所得税	应纳税所得额	15%※※

※建筑业按营业额3%计缴;房地产开发收入、技术服务收入及仓储收入按5%计缴。

※※1、公司控股子公司成都倍特电动自行车有限公司实行外资企业税收优惠政策;公司及其他控股子公司所得税适用高新区高新技术企业所得税税率15%

2、2000年11月30日成都高新技术产业开发区地方税务局同意成都倍特发展集团股份有限公司所属分(子)公司企业所得税从2000年起实行汇总申报,统一解缴。

(四)控股子公司及合营企业

名称	成立年度	注册地点	注册资本	投资金额	拥有权益(%)	主要业务	法定代表人	是否合并报表
成都倍特投资有限责任公司	1997.12	成都市	5000万元	4760万元	95.20	证券投资、期货投资、产权投资、实业投资、投资咨询服务及培训	解冶	是
成都倍特期货经纪有限公司*	1998.11	成都市	3000万元	500万元	84.90	国内商品期货代理、期货咨询、培训	解冶	是
成都倍新投资咨询有限责任公司*	1997.11	成都市	120万元		91.23	金融商品、证券、期货投资信息咨询、培训服务	解冶	是
成都倍特新时代置业有限公司*	1999.1	成都市	3000万元		48.45	成都市范围房地产开发、经营业务;批发、零售、代购、代销建筑材料、装饰材料	曾绍清	是
成都倍特电动自行车有限公司	1998.6	成都市	6500万元	5866.24万元	90.25	研究、开发、生产无级调速电动自行车系列产品及配件,销售本公司生产的产品	熊军	是
成都倍达尔新技术开发有限公司	1999.9	成都市	530万元	276万元	52.08	药品的开发、研究及生产和销售	方兆	否※
海南倍特绿色工程有限公司	1999.9	海南白沙	800万元	481.89万元	99.20	现代林业、农业的种植开发,旅游业开发	解冶	否※
成都倍特建设开发有限公司	2000.1	成都市	8000万元	7600万元	95.00	房地产开发、商品房经营及公共设施及其他配套服务等	曾绍清	是
成都倍特实业有限公司	2000.1	成都市	4000万元	3800万元	95.00	橱柜及其配件的制造、加工和销售;高新技术产业投资;销售金属材料等	姚代明	是
成都倍特新时代房地产营销策划有限公司*	2000.10	成都市	200万元	120万元	29.07	房产营销策划、商品房销售代理	翟可峰	否※
四川雅安温泉旅游开发股份有限公司*	2000.9	四川.雅安	2300万元	1320万元	54.52	温泉开发、宾馆、旅游业、房地产开发、中药材种植	曾绍清	否※
成都家园物业管理有限责任公司*	1999.1	成都市	200万元	200万元	48.45	物业管理、批发零售、代购代销健身用品、文化用品、办公用品(不含彩色复印机)	张清	否※

(1)*属间接控股公司;(2)※A:公司将控股子公司海南倍特绿色工程有限公司承包给海南金华林业有限公司经营;因此合并报表时未将该公司纳入合并范围;B:公司控股子公司成都倍达尔新技术开发有限公司、成都倍特新时代房地产营销策划有限公司、成都家园物业管理有限责任公司和四川雅安温泉旅游开发股份有限公司由于资产小、利润少,根据财政部财会二字(1996)2号文第一条"当子公司资产总额、销售收入及当期利润……的比率均在10%以下时,根据重要性原则,该子公司可以不纳入合并范围。"因此,本年未将该四家公司纳入合并范围。

(五)或有事项

1、库存商品中含有发货给成都通联药业有限公司1,308.835吨,成本价为2,443,058.30元已经涉诉,涉诉标的额为3,956,943.24元(含货款3,333,204.00元、约定的利息41,816.29元以及逾期付款违约金581,922.30元)。

2、其他应收款－成都德嘉有限公司1,000,000.00元涉诉,2000年7月收回100,000.00元。

3、公司为四川明日集团在中国银行自贡分行借款本金30,000,000.00元和成都市建行三支行借款本金16,000,000.00元提供担保并被迫履行担保义务,公司帐列其他应收款,99年期末余额为42,419,100.00元(含利息);2000年期末余额为53,235,600.00元(含利息)。

4、公司为成都环保建设工程公司在工行东大街支行借款1,500,000.00元提供担保并被迫履行担保义务,代为还款本金1,500,000.00元,利息为1,112,940.00元,公司帐列其他应收款。

5、公司为四川航空通用设备公司在商行武侯支行借款3,000,000.00元提供担保。

6、公司下属维修中心对外提供维修服务应收四川盐亭县机电公司30,000.00元,发生在94年,四川盐亭县机电公司现已停业清理,因此该款项存在潜在损失。

7、蒋福康及其所属成都邦伟食品有限公司欠付本公司预付款1,000,000.00元及个人欠款369,800元共计1,369,800.00元已涉及诉讼。

8、预付南方通用工程公司货款5,382,368.18元,已于97年涉及诉讼。

9、公司控股子公司倍特实业有限公司其他应收款中应收深圳裕基计算机公司6,000,000.00元;应收佛兰公司539,000.00元涉诉,2000年已判决,公司胜诉,正在执行中。

10、公司控股子公司成都倍特电动自行车有限公司预付国营成都电机厂货款695,100.00元涉诉,公司胜诉,正在执行中。

(六)承诺事项

(1)公司为四川托普科技股份有限公司提供担保,担保金额4000万元,担保期限:1年。

(2)公司为子公司成都倍特新时代置业有限公司提供担保,向中行省分行贷款2000万元,担保期限2年。

(3)公司为子公司成都倍特电动自行车有限公司提供担保,担保金额为1000万元。

(4)公司为子公司成都倍特建设开发有限公司提供担保,担保金额5400万元。

(七)期后事项

公司无需披露的期后事项。

(八)其他重要事项

公司无其他需披露的重要事项。

九 公司的其他有关资料

(一)公司首次注册或变更注册登记日期、地点:

1、首次登记日期:1992年12月8日

地点:成都市工商行政管理局

2、变更注册日期:1996年3月28日

1996年11月12日

1997年7月18日

1999年8月2日

地点:成都市工商行政管理局

(二)企业法人营业执照注册号:5101091000220

(三)税务登记号码　　地税登记号:510100201998129

国税登记号:510109201998129

(四)公司未流通股票的托管机构名称

深圳证券登记有限公司

(五)公司报告期内无证券主承销机构。

(六)会计师事务所:四川华信(集团)会计师事务所

办公地址:成都市洗面桥下街68号3楼1－3,11－13房

十 备查文件目录

本年度报告中涉及的下列文件和资料均齐备、完整,并备于本公司供查阅:

(一)载有法定代表人、主管会计工作负责人、会计机构负责人签名并盖章的公司2000年度会计报表;

(二)载有会计师事务所盖章、注册会计师签名并盖章的公司2000年度审计报告原件;

(三)报告期内在中国证监会指定报纸上公开披露过的所有公司文件的正本及公告的原稿;

成都倍特发展集团股份有限公司董事会

二〇〇一年三月二十一日

利润及利润分配表

2000年度

编制单位:成都倍特发展集团股份有限公司　　单位:元

项目	注释号	本年累计数		上年累计数	
		母公司	合并数	母公司	合并数
一、主营业务收入		85,405,312.50	469,360,048.31	273,069,004.06	432,989,351.07
减:折扣与折让		-	-		
主营业务收入净额		85,405,312.50	469,360,048.31	273,069,004.06	432,989,351.07
减:主营业务成本		36,005,392.53	330,245,709.59	167,590,962.04	293,596,126.70
主营业务税金及附加		2,138,818.01	19,987,764.43	9,774,692.65	19,260,958.33
二、主营业务利润		47,261,101.96	119,126,574.29	95,703,349.37	120,132,266.04
加:其他业务利润	28	372,420.22	30,386,724.69	18,103,888.05	18,137,346.67
减:存货跌价损失		560,381.10	795,797.96	9,518.10	9,518.10
营业费用		27,788,900.09	47,809,770.18	27,213,041.73	36,875,047.90
管理费用		44,950,584.06	66,855,419.01	40,222,242.10	55,954,999.97
财务费用	29	16,377,529.06	34,295,818.68	44,295,661.92	49,710,176.77
三、营业利润		-42,043,872.13	-243,506.85	2,066,773.57	-4,280,130.03
加:投资收益	30	24,728,415.01	8,359,148.29	987,313.14	6,515,264.36
补贴收入	31	78,345.12	78,345.12	13,685,038.00	13,685,038.00
营业外收入	32	54,477.30	592,503.62	101,809.90	178,316.20
减:营业外支出	33	314,370.40	504,965.93	369,629.07	411,463.44
四、利润总额		-17,497,005.10	8,281,524.25	16,471,305.54	15,687,025.09
减:所得税		-	1,017,228.64	1,913,649.21	6,127,386.52
少数股东损益		-	3,474,814.36		-5,060,738.02
五、净利润		-17,497,005.10	3,789,481.25	14,557,656.33	14,620,376.59
加:年初未分配利润		14,097,819.63	17,801,344.06	34,711,694.56	39,572,567.87
盈余公积转入		-	-		
六、可分配利润		-3,399,185.47	21,590,825.31	49,269,350.89	54,192,944.46
减:提取法定盈余公积		-	3,532,494.86	1,455,765.63	2,065,800.20
提取法定公益金		-	3,532,494.86	1,455,765.63	2,065,800.20
七、可供股东分配的利润		-3,399,185.47	14,525,835.59	46,357,819.63	50,061,344.06
减:应付优先股股利		-	-		
提取任意公积金		-	-		
应付普通股股利		-	-		
转作股本的普通股股利		-	-	32,260,000.00	32,260,000.00
八、未分配利润		-3,399,185.47	14,525,835.59	14,097,819.63	17,801,344.06

资 产 负 债 表

2000 年 12 月 31 日

编制单位:成都倍特发展集团股份有限公司 单位:元

资产	注释号	期初数		期末数	
		母公司	合并数	母公司	合并数
流动资产:					
货币资金	1	91,117,519.97	140,173,777.27	26,246,507.10	100,715,281.48
短期投资	2	4,733,351.92	4,829,371.92	3,198,753.07	33,356,166.16
减:短期投资跌价准备		200,000.00	200,000.00	200,000.00	947,454.00
短期投资净值		4,533,351.92	4,629,371.92	2,998,753.07	32,408,712.16
应收票据	3			870,000.00	870,000.00
应收股利				-	-
应收利息				-	-
应收帐款	4	76,494,311.38	77,948,034.80	27,077,365.37	108,939,935.51
其他应收款	4	245,263,784.04	255,110,198.53	343,535,559.46	305,739,660.15
减:坏帐准备		32,175,809.54	33,305,823.33	37,061,292.48	41,467,959.57
应收款项净额		289,582,285.88	299,752,410.00	333,551,632.35	373,211,636.09
预付帐款	5	234,126,901.48	241,966,050.71	34,482,234.81	231,070,346.80
应收补贴款				-	-
存货	6	354,397,477.22	429,461,342.58	22,239,196.36	463,678,345.60
减:存货跌价准备		39,890,014.27	41,181,499.07	2,774,049.61	28,065,356.31
存货净值		314,507,462.95	388,279,843.51	19,465,146.75	435,612,989.29
待摊费用	7	3,236,651.15	4,454,647.92	446,811.10	1,907,418.12
待处理流动资产净损失				-	1,025,838.14
一年内到期的长期债券投资				-	-
其他流动资产				-	-
流动资产合计		937,104,173.35	1,079,256,101.33	418,061,085.18	1,176,822,222.08
长期投资:				-	-
长期股权投资	8	186,851,476.86	115,079,534.62	312,345,737.90	140,175,308.12
长期债权投资				-	-
长期投资合计		186,851,476.86	115,079,534.62	312,345,737.90	140,175,308.12
减:长期投资减值准备		9,213,903.70	9,213,903.70	8,930,000.00	9,213,903.70
长期投资净值		177,637,573.16	105,865,630.92	303,415,737.90	130,961,404.42
合并价差				-	-
固定资产:				-	-
固定资产原值	9	233,419,089.58	247,565,854.64	199,599,909.62	272,631,200.86
减:累计折旧		32,228,397.08	35,517,099.68	27,862,629.75	45,777,722.48
固定资产净值		201,190,692.50	212,048,754.96	171,737,279.87	226,853,478.38
工程物资				-	-
在建工程	10	5,296,391.00	5,489,961.00	16,227,594.57	16,421,164.57
固定资产清理				-	-
待处理固定资产净损失				-	-
固定资产合计		206,487,083.50	217,538,715.96	187,964,874.44	243,274,642.95
无形资产及其他资产					
无形资产	11	24,575,509.92	28,275,509.96	37,901,202.56	55,950,368.41
开办费	12	3,100,562.11	16,308,128.09	438,682.11	12,019,231.39
长期待摊费用	13	1,171,507.47	5,753,096.60	532,102.08	9,024,939.33
其他长期资产				-	-
无形资产及其他资产合计		28,847,579.50	50,336,734.65	38,871,986.75	76,994,539.13
递延税项:				-	-
递延税款借项					
资产总计		1,350,076,409.51	1,452,997,182.86	948,313,684.27	1,628,052,808.58
负债及所有者权益					
流动负债:					
短期借款	14	365,160,000.00	365,160,000.00	307,900,000.00	473,950,000.00
应付票据				-	-
应付帐款	15	23,135,715.59	27,317,117.51	9,834,893.85	44,946,382.81
预付帐款	16	49,750,348.79	53,133,408.87	4,527,625.44	100,327,202.35
代销商品款					
应付工资		2,833,823.73	4,136,822.43	853,614.20	3,978,624.42
应付福利费		1,009,757.00	1,991,343.96	961,215.49	2,420,218.24
应付股利					
应交税金	17	12,541,707.38	18,766,797.01	6,759,574.79	24,769,664.17
其他未交款	18	1,748,786.96	2,180,435.53	508,400.41	2,706,744.83
其他应付款	19	130,380,272.72	162,454,794.23	62,239,327.79	152,520,906.15
预提费用	20	290,630.51	333,530.51	240,545.04	441,204.44
一年内到期的长期负债	21	89,068,790.00	89,068,790.00	32,000,000.00	123,652,500.00
其他流动负债				-	-
流动负债合计		675,919,832.68	724,543,040.05	425,825,197.01	929,713,447.41
长期负债:				-	-
长期借款	22	97,200,000.00	124,071,725.08	18,000,000.00	107,457,562.36
应付债券	23	48,430,500.00	48,430,500.00	-	27,430,160.00
长期应付款		5,200,000.00	5,200,000.00	-	-
住房周转金		1,262.278.22	1,262,278.22	-	-
其他长期负债				-	-
长期负债合计		152,092,778.22	178,964,503.30	18,000,000.00	134,887,722.36
递延税项:				-	-
递延税款贷方				-	-
负债合计		828,012,610.90	903,507,543.35	443.825,197.01	1,064,601,169.77
少数股东权益			22,309,895.25	-	32,560,719.55
股东权益:				-	-
股本	24	193,560,000.00	193,560,000.00	193,560,000.00	193,560,000.00
资本公积	25	200,223,990.42	200,223,990.42	200,145,684.17	200,145,684.17
盈余公积	26	114,181,988.56	115,594,409.78	114,181,988.56	122,659,399.50
其中:公益金		25,764,171.78	25,860,347.82	25,154,137.21	29,392,842.68
未分配利润	27	14,097,819.63	17,801,344.06	-3,399,185.47	14,525,835.59
股东权益合计		522,063,798.61	527,179,744.26	504,488,487.26	530,890,919.26
负债及股东权益合计		1,350,076,409.51	1,452,997,182.86	948,313,684.27	1,628,052,808.58

现 金 流 量 表

2000 年度

编制单位:成都倍特发展集团股份有限公司 单位:元

项目	行次	母公司数	合并数
一、经营活动产生的现金流量			
销售商品、提供劳务收到的现金	1	107,529,265.88	561,515,290.02
收到的租金	2	19,200.00	3,114,588.65
收到的增值税销项税额和退回的增值税款	3	78,345.12	78,345.12
收到的除增值税以外的其他税费返还	4	-	97,467.93
收到的其他与经营活动有关的现金	5	99,034,125.00	145,659,050.69
现金流入小计	6	206,660,936.00	710,464,742.41
购买商品、接受劳务支付的现金	7	46,763,930.84	447,382,160.52
经营租赁所支付的现金	8	45,338.67	1,968,992.84
支付给职工以及为职工支付的现金	9	9,213,714.21	25,301,611.12
支付的增值税款	10	3,750,610.64	7,044,809.30
支付的所得税款	11	-	3,266,711.51
支付的除增值税、所得税以外的其他税费	12	3,190,741.86	15,447,863.73
支付的其他与经营活动有关的现金	13	142,034,380.45	203,268,262.30
现金流出小计	14	204,998,716.67	703,680,411.32
经营活动产生的现金流量净额	15	1,662,219.33	6,784,331.09
二、投资活动产生的现金流量:	16	-	-
收回投资所收到的现金	17	1,484,598.85	2,258,751.60
分得股利或利润所收到的现金	18	5,259,599.95	2,693,999.95
取得债券利息收入所收到的现金	19	-	-
处置固定资产、无形资产和其他长期资产而收回的现金净额	20	-	23,436.00
收到的其他与投资活动有关的现金	21	-	82,900.74
现金流入小计	22	6,744,198.80	5,059,088.29
购建固定资产、无形资产和其他长期资产所支付的现金	23	32,199,784.68	40,706,424.10
权益性投资所支付的现金	24	8,420,000.00	53,016,265.39
债权性投资所支付的现金	25	-	-
支付的其他与投资活动有关的现金	26	-	-
现金流出小计	27	40,619,784.68	93,722,689.49
投资活动产生的现金流量净额	28	-33,875,585.88	-88,663,601.20
三、筹资活动产生的现金流量:	29	-	-
吸收权益性投资所收到的现金	30	-	5,035,000.00
发行债券所收到的现金	31	-	36,000,000.00
借款所收到的现金	32	383,500,000.00	728,489,768.00
收到的其他与筹资活动有关的现金	33	-	12,036.53
现金流入小计	34	383,500,000.00	769,536,804.53
偿还债务所收支付的现金	35	343,560,000.00	689,468,577.90
发生筹资费用所支付的现金	36	7,600.00	7,600.00
分配股利或利润所支付的现金	37	-	395,982.89
偿付利息所支付的现金	38	24,932,221.99	35,169,819.25
融资租赁所支付的现金	39	-	-
减少注册资本所支付的现金	40	-	-
支付的其他与筹资活动有关的现金	41	15,914.25	2,074,050.17
现金流出小计	42	368,515,736.24	727,116,030.21
筹资活动产生的现金流量净额	43	14,984,263.76	42,420,774.32
四、汇率变动对现金的影响	44		
五、现金及现金等价物净增加额	45	-17,229,102.79	-39,458,495.79
(附注)			
1.不涉及现金收支的投资和筹资活动:			
以固定资产偿还债务			
以投资偿还债务			
以固定资产进行长期投资			
以存货偿还债务			
2.将净利润调节为经营活动的现金流量:			
净利润		-17,497,005.10	3,789,481.25
加:少数股东损益		-	3,474,814.36
加:计提的坏帐准备或转销的坏帐		4,885,482.94	8,162,136.24
固定资产折旧		8,732,238.10	14,315,465.25
无形资产摊销		1,994,144.16	2,811,821.55
待摊费用的减少(减:增加)		100,838.42	2,547,229.80
预提费用的增加(减:减少)		-49,009.72	107,673.93
处置固定资产、无形资产和其他长期资产的损失(减:收益)		-2,083.20	58,155.59
固定资产报废损失		-	5,139.10
财务费用		16,377,529.06	34,295,818.68
投资损失(减:收益)		-24,728,415.01	-8,359,148.29
递延税款贷项(减:借项)		-	-
存货的减少(减:增加)		5,295,817.43	-34,217,003.28
经营性应收项目的减少(减:增加)		86,612,125.88	-79,912,858.42
经营性应付项目的增加(减:减少)		-80,059,443.63	60,403,364.70
增值税增加净额(减:减少)		-	-
其他		-	-697,759.37
经营活动产生的现金流量净额		1,662,219.33	6,784,331.09
3.现金及现金等价物净增加情况:		-	-
货币资金的期末余额		26,246,507.10	100,715,281.48
减:货币资金的期初余额		43,475,609.89	140,173,777.27
加:现金等价物的期末余额		-	-
减:现金等价物的期初余额		-	-
现金及现金等价物净增加额		-17,229,102.79	-39,458,495.79

安徽铜都铜业股份有限公司

二〇〇〇年年度报告摘选

一、公司简介

1. 公司法定中文名称:安徽铜都铜业股份有限公司
公司英文名称:ANHUI TONGDU COPPER STOCK CO . LTD.
公司缩写:TDTY
2.公司法定代表人:杨振超
3.公司董事会秘书:吴国忠
联系地址:安徽省铜陵市长江西路有色大院西楼
联系电话:0562－2825029
传　　真:0562－2825082
电子信箱:tongdu@mail. ahwhptt. net. cn
4.公司注册地址:安徽省铜陵市长江西路
公司办公地址:安徽省铜陵市长江西路有色大院西楼
邮政编码:244001
公司国际互联网网址:http://tongdu. yeah. net
公司电子信箱:tongdu@mail. ahwhptt. net. cn
5.公司选定的信息披露报纸名称:《中国证券报》、《证券时报》
登载公司年度报告的中国证监会指定国际互联网网址:http:// www. cninfo. com . cn
年度报告备置地点:公司证券部
6.股票上市交易所:深圳证券交易所
股票简称:铜都铜业
股票代码:0630

二、会计数据和业务数据摘要

1、公司本年度会计数据摘要

项目	金额(单位:元)
(1)利润总额	166,428,007.49
(2)净利润	138,463,960.32
(3)扣除非经常性损益后的净利润	137,621,453.19
(4)主营业务利润	271,790,993.13
(5)其他业务利润	96,117.91
(6)营业利润	169,414,824.19
(7)投资收益	－2,144,309.57
(8)补贴收入	0
(9)营业外收支净额	－842,507.13
(10)经营活动产生的现金流量净额	114,075,015.95
(11)现金及现金等价物净增加额	538,570,407.12
注:扣除的非经常性项目和涉及金额	
① 营业外收入	1,023,804.67
其中:申购冻结资金利息	940,989.26
②营业外支出	1,866,311.80
其中:处理固定资产净损失	956,037.57
③ 以上项目涉及金额	－842,507.13

2、截止报告期末公司前三年的主要会计数据和财务指标:

项目	2000年	1999年	1998年	
			调整前	调整后
主营业务收入(万元)	200803	165528	110670	110670
净利润(万元)	13846	13141	10983	10926
总资产(万元)	275882	167028	122656	121163
股东权益(万元)(不含少数股东权益)	191475	106170	101709	100217
每股收益(元)(摊薄)	0.30	0.36	0.30	0.30
(加权)	0.38	0.36	0.32	0.32
每股净资产(元)	4.11	2.92	2.79	2.75
调整后的每股净资产(元)	4.08	2.84	2.74	2.70
每股经营活动产生的现金流量净额	0.25	－0.54	0.22	0.22
净资产收益率(%)(摊薄)	7.23	12.38	10.80	10.90
(加权)	12.24	12.31	12.61	12.75

3、利润表附表

报告期利润	2000年度				1999年度			
	净资产收益率(%)		每股收益(元)		净资产收益率(%)		每股收益(元)	
	全面摊薄	加权平均	全面摊薄	加权平均	全面摊薄	加权平均	全面摊薄	加权平均
主营业务利润	14.19	24.03	0.58	0.75	21.67	21.55	0.63	0.63
营业利润	8.85	14.98	0.36	0.47	13.36	13.29	0.39	0.39
净利润	7.23	12.24	0.30	0.38	12.38	12.31	0.36	0.36
扣除非经常性损益后的净利润	7.28	12.32	0.30	0.38	11.54	11.47	0.34	0.34

三、股东情况介绍

(1)报告期末股东总数83197户。

(2)截止2000年12月31日前十名大股东持股情况

序号	股东名称	持股数(股)	持股比例(%)
1	铜陵有色金属(集团)公司	275,886,000	59.26
2	铜陵金秋实业公司	4,290,000	0.92
3	铜陵金润工贸有限责任公司	2,860,000	0.61
4	长城证券有限责任公司	2,319,727	0.50
5	上海华东实业有限公司	565,495	0.12
6	朱景磊	354,600	0.08
7	普丰证券投资基金	347,131	0.07
8	童德旺	307,185	0.07
9	王君健	291,240	0.06
10	朱鹏	278,210	0.06

兰宝科技信息股份有限公司

二〇〇〇年年度报告摘选

一、公司简介

1、公司中文名称(中文简称):兰宝科技信息股份有限公司(兰宝信息)
公司英文名称(英文缩写):LAN BAO TECHNOLOGY INFORMATION CO. ,LTD. (LBTI)
2、公司注册地址:长春市朝阳区同志街73号
邮政编码:130021
公司办公地址:长春市二道区岭东路158号
邮政编码:130031
公司国际互联网网址:http://www. lanbao. com. cn
电子信箱:lb@lanbao. com. cn
3、公司法定代表人:刘铁杲
4、公司董事会秘书及董事会证券事务代表:曹志伟
联系地址:长春市二道区岭东路158号
联系电话:(0431)4641596　　联系传真:(0431)4639948
电子邮箱:caozw@lanbao. com. cn
5、中国证监会指定信息披露报纸:《证券时报》
中国证监会指定国际互联网网址:http://www. cninfo. com. cn
公司中期报告备置地点:兰宝科技信息股份有限公司证券部
6、公司股票上市交易所:深圳证券交易所
股票简称:兰宝信息　　股票代码:0631

二、会计数据和业务数据摘要

1、公司本年度利润总额及其构成

项目	金额(元)
利润总额	69,383,420.94
主营业务利润	96,624,101.29
其他业务利润	2,769,289.07
营业利润	69,870,155.86
净利润	51,570,857.26
扣除非经常性损益的净利润	52,057,592.18
营业外收支净额	－486,734.92
经营活动产生现金流量净额	93,827,543.17
现金及现金等价物净增加额	116,652,256.52
注:扣除的非经常性损益	
项目	金额(元)
营业外收入	230,753.32
营业外支出	717,488.24
合计:	－486,734.92

2、公司近三年主要会计数据和财务指标　　金额单位:人民币元

指标项目	2000年	1999年(调整后)	1998年	
			调整后	调整前
主营业务收入	269,198,267.82	170,989,333.69	237,307,307.81	237,307,307.81
净利润	51,570,857.26	48,122,429.96	55,059,568.13	62,557,492.64
总资产	1,176,647,959.27	628,862,230.95	638,159,927.73	651,928,365.47
股东权益(不含少数股东权益)	721,548,965.72	435,662,822,31	389,222,152.13	402,990,589.87
每股收益(元/股)	0.3004	0.3319	0.380	0.4314
扣除非经营损益后的每股收益	0.3032	0.3319	0.259	0.31
每股净资产(元/股)	4.203	3.00	2.684	2.779
净资产收益率(%)	7.15	11.05	14.14	15.52
调整后的每股净资产(元/股)	4.029	2.9554	2.622	2.717
加权平均每股收益(元/股)	0.3257	0.3319	0.3958	0.4497
加权平均净资产收益率(%)	8.91	11.67	17.32	19.09
每股经营活动产生的现金流量净额	0.5465	0.142	0.1972	0.1972

3、按全面摊薄法和加权平均法计算的净资产收益率及每股收益:

报告期利润

	金额(元)	净资产收益率(%)			每股收益(元/股)	
		全面摊薄	加权平均		全面摊薄	加权平均
			调整后	调整前		
主营业务利润	96,624,101.29	13.39	17.78	16.70	0.56	0.61
营业利润	69,870,155.80	9.68	12.86	12.08	0.41	0.44
净利润	51,570,857.26	7.15	9.48	8.91	0.30	0.33
扣除非经常性损益后的净利润	52,057,592.18	7.21	9.58	9.00	0.30	0.33

三、股东情况介绍

(1)截止2000年12月31日公司股东总数为15881户。

(2)公司前10名大股东持股情况

股东名称	期初数(股)	增加数	期末持股数	占总股本(%)
1、长春君子兰集团有限公司	55,610,000	7,782,542	63,392,542	36.92
2、长春通信发展股份有限公司	24,000,000		24,000,000	13.98
3、南方证券有限公司	3,046,205		3,046,205	1.77
4、中轻贸易中心	2,400,000		2,400,000	1.40
5、谢佳玲	2,389,467		2,389,467	1.39
6、阳江市汇鑫贸易有限公司	2,371,800		2,371,800	1.38
7、深圳市嘉年吉食品有限公司	2,322,849		2,322,849	1.35
8、中核财务有限责任公司	2,206,081		2,206,081	1.28
9、陈祖强	2,188,960		2,188,960	1.27
10、广东南方经济发展公司	2,045,466		2,045,466	1.19

福建三木集团股份有限公司

二〇〇〇年年度报告摘选

一、公司简介

1、公司法定中文名称:福建三木集团股份有限公司(缩写:三木集团)
英文名称:FUJIAN SANMU GROUP CO.,LTD.(缩写:SANMU GROUP)
2、法定代表人:陈维辉(代行)
3、董事会秘书:彭东明
电子信箱:fd8825@yahoo.com
4、联系地址:公司办公地址
电话:0591－3341509
传真:0591－3341504
5、注册地址:福建省福州市开发区君竹路162号
邮政编码:350015
6、办公地址:福建省福州市台江区广达路141号
邮政编码:350004
7、国际互联网网址:http://www.san－mu.com
电子信箱:fjsmxx@public.fz.fj.cn
8、选定的信息披露报纸:《证券时报》
登载年度报告的指定互联网网址:http://www.cninfo.com.cn
年度报告置备地点:福建省福州市广达路141号恒宇大厦九层
9、股票上市地:深圳证券交易所
10、股票简称:三木集团
股票代码:0632

二、会计数据和业务数据摘要

1、本年度主要会计数据(单位:人民币元)

利润总额:	48,216,453.06
净利润:	31,599,599.07
扣除非经常性损益后的净利润:	30,772,637.49
主营业务利润:	97,629,278.49
其它业务利润:	1,597,888.73
营业利润:	29,541,703.47
投资收益:	12,565,282.01
补贴收入:	5,565,677.26
营业外收支净额:	543,790.32
经营活动产生的现金流量净额:	－81,397,907.84
现金及现金等价物净增加额:	70,569,636.59

注:扣除的非经常性损益项目有:固定资产清理支出－276,817.67元,冻结资金利息转入820,607.99元,补贴收入404,700元,股权转让收益－121,528.74元。

2、近三年主要会计数据和财务指标　　单位:人民币元

指标项目	2000－12－31	1999－12－31	1998－12－31	
			调整前	调整后
主营业务收入	1,044,603,593.84	595,692,711.51	303,459,177.11	303,251,233.57
净利润	31,599,599.07	47,727,036.22	43,042,837.83	40,480,358.90
总资产	1,533,385,564.04	1,272,336.775.72	1,054,734,989.34	1,026,728,859.14
股东权益	515,732,507.93	511,280,463.70	468,989,131.77	464,374,035.7
每股收益	0.194	0.292	0.264	0.248
加权每股收益	0.194	0.292	0.314	0.290
扣除非经常性损益后的每股收益	0.189	0.181	0.037	0.022
每股净资产	3.159	3.132	2.8	2.845
调整后每股净资产	3.145	3.10	2.84	2.826
每股经营活动产生的现金流量净额	－0.498	0.241	－0.665	－0.665
净资产收益率	6.13%	9.3%	9.18%	8.72%

利润表附表如下:

报告期利润	净资产收益率		每股收益	
	全面摊薄	加权平均	全面摊薄	加权平均
主营业务利润	18.93%	18.52%	0.598	0.598
营业利润	5.73%	5.60%	0.181	0.181
净利润	6.13%	5.99%	0.194	0.194
扣除非经常性损益后的利润	5.97%	5.84%	0.189	0.189

注:2001年3月,公司实施2000年度配股后,总股本增至175,512,979股,按现股本计算,每股收益为0.18元。

3、报告期内股东权益变动情况　　单位:人民币元

项目	期初数	本期增加	本期减少	期末数
股本	163,244,466.00			163,244,466.00
资本公积	242,571,613.92		820,607.99	241,751,005.93
盈余公积	37,791,007.36	4,739,939.86		42,530,947.22
法定公益金	11,513,533.35	1,579,979.95		13,093,513.30
未分配利润	67,673,376.42	31,599,599.07	31,066,886.71	68,206,088.78
股东权益合计	511,280,463.70	36,339,538.93	31,887,494.70	515,732,507.93

变动原因:因发行股票冻结资金利息转入营业外收入,造成资本公积减少;因本期提取2000年度法定公积金和法定公益金,造成盈余公积和法定公益金增加;

三、股东情况介绍

1、截止2000年12月31日,公司股东总数为25981名,其中国家股股东1名。
2、公司前10名股东及其持股情况

股　东　名　称	报告期末持股数量(股)	报告期内股份增减变动情况	占总股本比例(%)
1.福建三联投资有限公司	45,359,740		27.79
2. 福建太德投资有限公司	9,700,000		5.94
3. 福建大野投资有限公司	9,367,057	－632,943	5.74
4.福建卓诚贸易有限公司	8,100,000		4.96
5.福建省三华实业有限公司工会委员会	8,000,000	+8,000,000	4.90
6.泉州市世贸经贸发展有限公司	8,000,000	+8,000,000	4.90
7.福建高德贸易有限公司	7,800,000		4.78
8.泉州市世贸电子商务有限公司	7,573,966	+7,573,966	4.64
9.福州申达房地产开发有限公司	6,613,400	+6,613,400	4.05
10.福州大展实业有限公司	4,099,513	－4,666,667	2.51

沈阳合金投资股份有限公司

二〇〇〇年年度报告摘选

一、公司简介

1、公司法定中文名称:沈阳合金投资股份有限公司
公司英文名称:SHENYANG HEJIN HOLDING CO., LTD.
2、公司注册地址:沈阳市浑南产业区22号
公司办公地址:沈阳市和平区青年大街386号华阳国际大厦A座24层
邮政编码:110004
电子邮箱:syhjzb@mail.sy.ln.cn
电　话:024—23180418
传　真:024—23180061
3、公司法定代表人:孔清华
4、公司董事会秘书:孙刚
公司董事会证券事务代表:王端
5、公司信息披露报纸:《中国证券报》、《上海证券报》、《证券时报》
公司年度报告备置地点:公司董事会秘书处
登载公司年报的中国证监会指定国际互联网网址:http://www.cninfo.com.cn
6、公司股票上市地:深圳证券交易所
股票简称:合金投资
股票代码:0633

二、会计数据和业务数据摘要

(一)年度会计数据摘要:　　单位:人民币元

指标项目	
利润总额	79,245,321.21
净利润	48,033,732.52
扣除非经常性损益后的净利润	31,951,963.54
主营业务利润	127,044,305.18
其他业务利润	22,432,469.97
营业利润	48,107,121.14
投资收益	8,676,103.80
补贴收入	23,003,217.82
营业外收支净额	－541,121.55
经营活动产生的现金流量净额	－22,402,555.43
现金及现金等价物净增加额	－63,177,726.81

注:扣除非经常性损益项目及金额

项　目	涉及金额
营业外收入	281,711.18
营业外支出	714,878.92
补贴收入	16,514,936.72

(二)近三年主要会计数据和财务指标(合并报表)

项　目	2000年度	1999年度	1998年度
1 主营业务收入(元)	843,594,326.04	517,092,391.40	289,008,878.50
2 净利润(元)	48,033,732.52	117,060,976.04	102,074,620.86
3 总资产(元)	1,397,842,222.62	1,348,167,758.81	746,378,612.24
4 股东权益(不含少数股东权益)	429,082,186.59	381,771,782.87	272,213,003.74
5 每股收益(元/股)	0.1497	0.5471	0.86
6 加权每股收益(元/股)	0.1796	0.6423	1.20
7 扣除非经常性损益后的每股收益(元/股)	0.0996	0.3152	
8 每股净资产(元/股)	1.337	1.784	2.29
9 调整后的每股净资产(元/股)	1.2743	1.71	2.12
10 摊薄净资产收益率(%)	11.19%	30.66%	37.50%
11 加权净资产收益率(%)	11.85%	35.80%	55.12%
12 每股经营活动产生的现金流量净额	－0.0698	－0.0892	0.9139

(三)按照中国证监会《公开发行证券公司信息披露编报规则》(第9号)要求计算的利润数据:

报告期利润(元)		2000年度	1999年度
主营业务利润		127,044,305.18	124,586,371.40
营业利润		48,107,121.14	127,499,626.34
净利润		48,033,732.52	117,060,976.04
扣除非经常性损益后的净利润		31,951,963.55	67,434,594.75
净资产收益率	全面摊薄	11.19%	30.66%
	加权平均	11.85%	35.80%
每股收益	全面摊薄	0.1497	0.5471
	加权平均	0.1796	0.6423

三、股本变动及股东情况介绍

股东情况介绍:
截止2000年12月29日,本公司共有股东总数为2378名。

报告期末公司前十名股东持股情况

股　东　名　称	持股数(股)	占总股本(%)
1 新疆德隆国际实业总公司	71,644,500	22.32
2 北京绅仕达科贸有限责任公司	27,153,265	8.46
3 沈阳国有资产经营有限公司	26,030,835	8.11
4 北京万新创新科技开发有限责任公司	23,881,500	7.44
5 中企资产托管经营有限公司	19,105,200	5.95
6 上海华岳投资管理有限公司	12,000,000	3.73
7 海通证券有限公司上海愚园路证券营业部	11,843,730	3.69
8 沈阳天龙金属炉料公司	10,794,438	3.36
9 中极控股有限公司	10,500,000	3.27
10 嘉隆实业投资有限公司	9,552,600	2.97

宁夏宁河民族化工股份有限公司

二〇〇〇年年度报告摘选

一、公司简介

1、公司名称:宁夏宁河民族化工股份有限公司

英文名称:NINGXAI NINGHE NATIONAL CHEMICALS CO.,LTD.

2、公司法定代表人:石进儒

3、公司董事会秘书:董海涛

联系地址:宁夏石嘴山市石嘴山区康乐路

电话:(0952)3312333　3310319

传真:(0952)3312333　3310522

电子信箱:mzhg @ public. yc. nx. cn

4、公司注册地址:宁夏石嘴山市石嘴山区康乐路

公司办公地址:宁夏石嘴山市石嘴山区康乐路

邮政编码:753200

电子信箱:mzhg@public. yc. nx. cn

5、信息披露报纸名称:中国证券报、证券时报

中国证监会指定国际互联网网址:http://www. cninfo. com. cn

年度报告备置地点:本公司证券部

6、公司股票上市地:深圳证券交易所

股票简称:民族化工

证券代码:0635

二、会计数据和业务数据摘要

1、年度主要利润指标情况(单位:元)

利润总额	28415068.90
净利润	28827845.66
扣除非经营性损益后的净利润	27417168.73
主营业务利润	45560745.10
其他业务利润	-66865.46
营业利润	27111747.44
投资收益	555000.00
补贴收入	1372188.59
营业外收支净额	-623867.13
经营活动产生的现金流量净额	-24091575.66
现金及现金等价物净增加额	86751546.50

2、公司前三年的主要会计数据和财务指标(单位:元)

项目	2000年	1999年	1998年	
			调整前	调整后
主营业务收入	204996542.39	178294726.97	169565853.43	169565853.43
净利润	28827845.66	28856728.07	31431492.78	30831505.76
总资产	727940831.23	486955131.45	414842161.82	481192665.00
股东权益	460545685.55	329140440.21	302307768.65	301491435.56
每股收益	0.252	0.287	0.312	0.306
加权平均每股收益	0.287	0.287	0.39	0.38
扣除非经营性损益后的每股收益	0.235	0.287	0.312	0.306
每股净资产	4.02	3.27	3.01	3.00
调整后的每股净资产	4.00	3.27	3.00	2.99
每股经营活动产生的现金流量净额	-0.21	0.06	-	-
净资产收益率(%)	6.26	8.77	10.40	10.23
加权平均净资产收益率(%)	8.45	8.77	12.36	12.13
扣除非经营性损益后加权平均净资产收益率(%)	5.95	7.932	9.09	8.92

3、股东权益变动情况

项目	股本	资本公积	盈余公积	法定公益金	未分配利润	股东权益合计
期初数	100600000	138395150.90	15075793.40	5025264.47	75069495.91	329140440.21
本期增加	13962000	93197879.68	2892883.02	1446441.51	24488521.13	135987755.34
本期减少	-	-	-	-	4582480.00	4582480.00
期末数	114562000	231593030.58	19415117.93	6471705.98	94975537.04	460545685.55
变动原因	为2000年度实施配股方案所致	为2000年度实施配股发行溢价所致	为本年度实现净利润提取10%法定盈余公积金所致	为本年度实现净利润提取5%法定公益金所致	增加是因为本年度实现净利润提取两金后转入所致;减少是因为2000年度分配普通股股利所致	

三、股东情况介绍

(一)、报告期末股东总数为29405户。

(二)、前十名股东持股情况

名次	股东名称	本年度增加(股)	年末持股数量(股)	持股比例(%)
1	宁夏民族化工集团有限责任公司	1962000	45562000	39.77
2	宁夏五金矿产进出口公司	无	6800000	5.94
3	石嘴山矿务局	无	4250000	3.71
4	宁夏机械化工进出口公司	无	3400000	2.97
5	宁夏机械设备进出口公司	无	2550000	2.23
6	天津信托投资公司		522257	0.46
7	北京证券有限公司天坛营业部		256704	0.22
8	张翠霞		236927	0.21
9	章洁倩		213920	0.19
10	山东省资产管理烟台有限公司		204750	0.18

广东风华高新科技股份有限公司

二〇〇〇年年度报告摘选

一、公司简介

1、公司法定中文名称:广东风华高新科技股份有限公司

公司法定英文名称:FENGHUA ADVANCED TECHNOLOGY (HOLDING)CO,. LTD.

2、公司注册地址:广东省肇庆市风华路18号风华电子工业城

公司办公地址:广东省肇庆市风华路18号风华电子工业城

邮政编码:526020

公司网址:http://www. fenghua - advanced. com

电子信箱:FENGH@pub. zhaoqing. gd. cn

3、法定代表人:梁力平

4、公司董事会秘书:廖永忠

公司董事会证券事务代表:钟建薇

联系地址:广东省肇庆市风华路18号风华电子工业城2号楼

电话:0758-2844724

传真:0758-2849045

5、公司选定的信息披露报纸名称:《证券时报》、《中国证券报》、《上海证券报》

公司年度报告备置地点:公司董事会秘书办公室

登载公司年度报告的中国证监会指定国际互联网网址:http://www. cninfo .com. cn

6、公司股票上市地:深圳证券交易所

股票简称:风华高科

股票代码:0636

二、会计数据和业务数据摘要

(一)本年度主要会计数据和业务数据:

序号	项	单位:人民币元
1	利润总额	383,007,306.45
2	净利润	365,564,238.42
3	扣除非经常性损益后的净利润	363,581,648.67
4	主营业务利润	468,091,750.24
5	其他业务利润	1,377,957.59
6	营业利润	381,024,716.70
7	投资收益	0
8	补贴收入	1,393,531.00
9	营业外收支净额	589,058.75
10	经营活动产生的现金流量净额	218,453,742.79
11	现金及现金等价物净增加额	670,101,983.74

注:扣除非经常性损益项目及金额

项 目	涉及金额
营业外收入	2,298,523.20
其中:补贴收入	1,393,531.00
营业外收入	904,992.20
营业外支出	315,933.45

(二)近三年主要会计数据和财务指标(合并报表)

项 目	2000年度	1999年度	1998年度
1 主营业务收入(元)	1,369,454,671.90	884,660,212.23	734,034,771.79
2 净利润(元)	365,564,238.42	224,045,611.79	109,764,904.10
3 总资产(元)	2,503,666,073.01	961,627,550.04	833,222,773.12
4 股东权益(不含少数股东权益)(元)	2,061,400,416.79	679,284,672.69	517,948,454.90
5 每股收益(元/股)	0.69	0.71	0.52
6 加权每股收益 (元/股)	0.71	0.71	0.54
7 扣除非经常性损益后的每股收益(元/股)	0.69	0.70	0.52
8 每股净资产(元/股)	3.89	2.17	2.48
9 调整后每股净资产(元/股)	3.85	2.14	2.44
10 净资产收益率(%)	17.73	32.98	21.20
11 每股经营活动产生的现金流量净额(元/股)	0.41	1.38	(0.70)

(三)按照中国证监会《公开发行证券公司信息披露编报规则(第9号)》要求计算的利润数据:

报告期利润		净资产收益率		每股收益	
		全面摊薄	加权平均	全面摊薄	加权平均
主营业务利润	468,091,750.24	22.71	44.20	0.88	0.91
营业利润	381,024,716.70	18.48	35.98	0.72	0.74
净利润	365,564,238.42	17.73	34.52	0.69	0.71
扣除非经常性损益后的净利润	363,581,648.67	17.64	34.33	0.69	0.71

注:每股收益率和净资产收益率按《公开发行证券公司信息披露编报规则第9号——净资产收益率和每股收益的计算及披露》方法计算。

三、股东情况介绍

1、截止2000年12月29日,本公司共有股东总数为51,509名。其中公司职工股股东7名

2、报告期末公司前十名股东持股情况

名次	股东名称	期末持股数(股)	占总股本(%)
1	广东风华高新科技集团有限公司	142,484,170	26.87
2	广东粤财投资有限公司	42,335,000	7.99
3	肇庆市银华工贸发展公司	26,775,000	5.05
4	广东风华高新科技股份有限公司工会	22,380,300	4.22
5	肇庆市威劲电子有限公司	20,211,000	3.82
6	深圳市加德信投资有限公司	16,725,000	3.16
7	广东投资开发公司	15,284,700	2.89
8	广发证券有限责任公司	13,623,229	2.57
9	裕隆证券投资基金	12,872,573	2.43
10	裕阳证券投资基金	12,218,209	2.31

茂名石化实华股份有限公司

二〇〇〇年年度报告摘选

一、公司简介

1、公司法定中文名称:茂名石化实华股份有限公司

英文名称:Maoming Petro - Chemical Shihua Co. ,Ltd

2、公司法定代表人:何德先

3、公司董事会秘书及授权代表:梁 杰

联系地址:广东省茂名市官渡路162号,联系电话:(0668)2276176

传真:(0668)2281965

4、公司注册和办公地址:广东省茂名市官渡路162号

邮政编码:525000,电话:(0668)2883198、2276176,电子信箱:mhsh@21cn. com

5、公司选定的信息披露报纸:《中国证券报》、《证券时报》、《上海证券报》

刊登公司年度报告的中国证监会指定国际互联网网址:http://www. cninfo. com. cn

公司年度报告备置地点:公司投资理财部

6、公司股票上市交易所:深圳证券交易所

股票简称:茂化实华,股票代码:0637

二、会计数据和业务数据摘要

(一)本年度利润总额及构成(单位:元)

项目	2000年
1、利润总额	82345019.98
2、净利润	50004308.75
3、扣除非经营性损益后的净利润	55494900.53
4、主营业务利润	109665181.50
5、其他业务利润	3518122.21
6、营业利润	82115394.73
7、投资收益	5654736.56
8、补贴收入	
9、营业外收支净额	-5425111.31
10、经营活动产生的现金流量净额	86150073.51
11、现金及现金等价物净增加额	80621497.80

(二)截止报告期末公司前三年主要会计数据和财务指标

指标项目	2000年	1999年	1998年	
			调整后	调整前
1、主营业务收入(万元)	140290.66	90489.91	47746.75	47746.75
2、净利润(万元)	5000.43	7434.45	4641.67	4463.67
3、总资产(万元)	56380.59	55484.01	52407.31	51734.45
4、股东权益(万元)	49240.10	45782.48	42240.73	41567.87
5、每股收益(元)(摊薄)	0.311	0.462	0.288	0.277
(加权)	0.311	0.462	0.330	0.317
6、扣除非经常性损益后每股收益(元)	0.345	0.461		
7、每股净资产(元)	3.059	2.84	2.62	2.58
8、调整后每股净资产(元)	2.972	2.71	2.48	2.44
9、每股经营活动产生的现金流量净额(元)	0.535	0.70	0.29	0.29
10、净资产收益率(%)(摊薄)	10.16	16.24	10.99	10.74
(加权)	10.36	17.02	15.83	15.53

(三)根据中国证监会《公开发行证券公司信息披露编报规则》(第九号)要求,利润附表列示如下:

报告期利润	净资产收益率(%)		每股收益(元)	
	全面摊薄	加权平均	全面摊薄	加权平均
主营业务利润	22.27%	22.71%	0.681	0.681
营业利润	16.15%	17.01%	0.510	0.510
净利润	10.16%	10.36%	0.311	0.311
扣除非经常性损益后的净利润	11.27%	11.49%	0.345	0.345

三、股本变动及股东情况

(一)股本变动情况

1、股份变动情况表

数量单位:股

项目	期初数	本次变动增减(+,-)						期末数
		配股	送股	公积金转股	增发	其他	小计	
一、未上市流通股份								
1、发起人股份	26035200					2616050		28651250
其中:国家持有股份								
境内法人持有股份	26035200					2616050		28651250
境外法人持有股份								
其他								
2、募集法人股	79912370					-2616050		77296320
3、内部职工股								
4、优先股或其他								
其中:转配股								
未上市流通股份合计	105947570							105947570
二、已上市流通股份								
1、人民币普通股	55044428							55044428
其中:高级管理人员持股	29147					4336		43483
2、境内上市的外资股								
3、境外上市的外资股								
4、其他								
已上市流通股份合计	55044428							55044428
三、股份总数	160991998							160991998

中国辽宁国际合作(集团)股份有限公司

二〇〇〇年年度报告摘选

一、公司简介

(一)公司法定中文名称:中国辽宁国际合作(集团)股份有限公司

公司简称:中辽国际

公司英文名称:China Liaoning International Cooperation (Group) Holdings Ltd.

英文缩写:CLIC

(二)公司法定代表人:王新权

(三)公司董事会秘书:王铁民　　授权代表:郑金令

联系地址:沈阳市和平区中华路126号

电话:024-23271740

传真:024-23862853

(四)公司注册地址:沈阳市和平区中华路126号

公司办公地址:沈阳市和平区中华路126号

公司邮政编码:110001

公司电子信箱:clicnet@pub. sy. lnpta. net. cn

公司网址:http://www. cn-clic. com

(五)公司选定的信息披露报纸:《中国证券报》、《证券时报》

中国证监会指定年度报告登载网址:http://www. cninfo. com. cn

公司年度报告备置地点:公司董事会秘书处

(六)公司股票上市地:深圳证券交易所

股票简称:中辽国际

股票代码:0638

二、会计数据和业务数据摘要

(一)公司本年度主要会计数据

项　目	金额(元)
实现利润总额	10,252,785.25
实现净利润	1,026,260.71
扣除非经常性损益后的净利润	-27,296,552.08
主营业务利润	56,551,443.75
其他业务利润	948,055.30
营业利润	-10,205,192.83
投资收益	-7,543,054.00
营业外收支净额	28,001,032.08
经营活动产生的现金流量净额	9,771,223.37
现金及现金等价物净增加额	556,933.51
扣除非经常性损益项目及金额合计	28,322,812.79
其中:转让资产收益	28,423,979.96
营业外收支净额	-422,947.88
长期股权溢价摊销	321,780.71

(二)截止报告期末公司前三年的主要会计数据和财务指标(合并报表)

项目	2000年12月31日	1999年12月31日	1998年12月31日	
			调整前	调整后
主营业务收入	278,923,109.16	215,069,318.89	249,524,942.06	249,524,942.06
净利润	1,026,260.71	-102,921,104.67	24,325,692.36	-44,406,835.08
总资产	608,619,090.07	628,726,240.49	721,761,980.20	704,162,245.02
股东权益(不含少数股东权益)	189,113,511.76	188,629,760.90	372,693,398.05	291,748,413.37
每股收益(摊薄元)	0.007	-0.67	0.16	-0.29
每股收益(加权元)	0.007	-0.67	0.16	-0.29
扣除非经常性损益后的每股收益	-0.176	-0.67	-0.02	-0.48
每股净资产	1.22	1.22	2.41	1.89
调整后的每股净资产	1.01	1.10	1.06	1.21
每股经营活动产生的现金流量净额	0.06	0.11	0.21	0.19
净资产收益率(%)	0.57	-54.58	6.53	-15.22

(三)依据中国证监会《公开发行证券公司信息披露编报规则(第9号)》要求计算的净资产收益率和每股收益:

项目	净资产收益率(%)		每股收益(元)	
	全面摊薄	加权平均	全面摊薄	加权平均
主营业务利润	29.90	29.90	0.37	0.37
营业利润	-5.40	-5.40	-0.07	-0.07
净利润	0.54	0.54	0.007	0.007
扣除非经常性损益后的净利润	-14.43	-14.43	-0.18	-0.18

三、股东情况介绍

(一)截止到2000年末,公司股东户总数为42889户。其中,未流通国有股1户,公司高管人员6户,社会公众股42882户。

(二)公司前十名股东持股情况如下:

股东名称	年末持股数(股)	持股比例(%)
辽宁省国资局	66300000	42.86
谭文兵	353600	0.23
罗肇勤	335700	0.22
曾启明	275000	0.18
张琪	270056	0.17
沈阳华荣投资管理有限公司	260000	0.17
王蓓	246700	0.16
巫庆荣	236707	0.15
廖连英	213800	0.14
叶汝怀	190000	0.12

株洲庆云发展股份有限公司

二○○○年年度报告摘选

一、公司简介

公司法定中文名称:株洲庆云发展股份有限公司
公司法定英文名称:ZHUZHOU QINGYUN DEVELOPMENT CO.,LTD.
公司英文名称缩写:ZZQY
公司法定代表人:张 澎
公司董事会秘书:陈筱萍
授权代表:季晓康
联系地址:株洲市河西天台路株洲海关大楼 8 层
联系电话:0733-8826301-61
传　　真:0733-8826301-61
公司注册地址:湖南省株洲市车站路 1 号
邮　　编:412008
公司办公地址:株洲市河西天台路株洲海关大楼 7,8 层
邮　　编:412000
电子邮箱名:zzqygfgs@mail.zz.hn.cninfo.net
公司选定的信息披露报纸名称:《证券时报》
证监会指定登载公司年度报告的国际互联网网址:http://www.cninfo.com.cn
公司年度报告备置地点:董事会秘书处
公司股票上市交易所:深圳证券交易所
股票简称:庆云发展
股票代码:0639

二、会计数据和主要业务数据摘要

(一)本年度利润总额及构成(单位:元)

项 目	2000 年度
利润总额	5,113,212.47
净利润	5,113,212.47
扣除非经常性损益后的净利润	4,501,725.51
主营业务利润	29,616,638.61
其他业务利润	787,909.36
营业利润	2,461,535.38
投资收益	2,040,190.13
补贴收入:	
营业外收支净额:	611,486.96
经营活动产生的现金流量净额:	11,054,596.76
现金及现金等价物净增加额:	40,389,311.63

注:扣除的非经营性损益项目及涉及金额:611,486.96 元。
其中:营业外收支净额为 611,486.96 元。

(二)公司前三年主要会计数据及财务指标　单位:元

指标项目	2000 年度	1999 年度		1998 年度	
		调整前	调整后	调整前	调整后
主营业务收入	53,816,679.55	73,223,082.29	38,282,817.27	66,124,106.38	66,124,106.38
净利润	5,113,212.47	8,659,497.05	8,788,453.81	-40,790,766.49	-40,790,766.49
总资产	189,086,307.43	141,868,345.47	142,008,682.23	191,076,540.31	191,496,444.01
股东权益	79,910,078.21	74,667,908.98	74,796,865.74	65,615,508.23	66,008,411.93
每股收益	0.0702	0.119	0.1206	-0.56	-0.56
扣除非经营性损益后的每股收益	0.0618	0.0683	0.0710	-0.63	-0.63
每股净资产	1.0967	1.025	1.0265	0.90	0.91
调整后的每股净资产	0.9808	0.97	0.9556	0.82	0.83
每股经营活动产生的现金流量净额	0.1517	0.423	0.2858	-0.52	-0.52
净资产收益率(%)	6.3987	11.60	11.75	-61.8	-61.8

(三)按照中国证监会"公开发行证券公司信息披露编报规则(第九号)"要求计算的本期净资产收益率和每股收益

报告期利润	净资产收益率(%)		每股收益(元)	
	全面摊薄	加权平均	全面摊薄	加权平均
主营业务利润	37.06	38.29	0.41	0.41
营业利润	3.08	3.18	0.03	0.03
净利润	6.40	6.61	0.07	0.07
扣除非经常性损益后的净利润	5.63	5.82	0.06	0.06

(四)本年度股东权益变动情况　单位:元

项目	股本	资本公积	盈余公积	法定公益金	未分配利润	股东权益合计
期初数	72,864,935.00	7,336,823.21	23,366,680.07	1,975,893.42	-30,747,465.96	74,796,865.74
本期增加	-	-	-	-	5,113,212.47	5,113,212.47
本期减少	-	-	-	-	-	-
期末数	72,864,935.00	7,336,823.21	23,366,680.07	1,975,893.42	-25,634,253.49	79,910,078.21

变动原因:未分配利润增加增加系本年度利润增加所致。

三、股东情况介绍

1、截止 2000 年 12 月 31 日,本公司共有股东 14436 户。其中国家股股东 1 户,法人股股东 9 户,其余均为公众股股东。

2、持有本公司 5%以上(含 5%)股份的股东名称及前十名股东持股情况

股 东 名 称	年初持股数(股)	年末持股数(股)	占总股本(%)
沈阳宏元集团有限公司	0	20199910	27.72
福州保税区华裕企业公司	0	14328080	19.66
中国铁道建筑总公司株洲战备材料总厂	2126940	2126940	2.92
株洲市国有资产管理局	1147835	1147835	1.58
长沙铁路总公司	999830	999830	1.37
株洲铁路地区劳服公司	584870	584870	0.80
王大益	0	357100	0.49
株洲市花城进出口汽车维修中心	341770	341770	0.47
陈 斌	0	190001	0.26
费进兰	0	171100	0.23

九江化纤股份有限公司

二○○○年年度报告摘选

一、公司简介

1、公司法定中文名称:九江化纤股份有限公司
公司法定英文名称:Jiujiang Chemical Fibre Co.,Ltd
2、公司法定代表人:张棠华
3、公司董事会秘书:喻铨衡
授权代表:徐惊宇
联系地址:公司证券部
联系电话:0792-8234601-5675
传　　真:0792-8234629
4、注册地址:江西省九江市庐山区蛤蟆石
办公地址:九江化学纤维厂厂区
邮政编码:332017
电子信箱:jjhx@pub.jj.jx.cninfo.net
5、信息披露报纸名称:证券时报
公司年度报告国际互联网网址:http://www.cninfo.com.cn
年度报告备置地点:公司证券部
6、股票上市交易所:深圳证券交易所

二、会计数据和业务数据摘要

1、本年度主要财务指标情况

利润总额:	25417140.75 元;
净利润:	21787844.76 元;
扣除非经常性损益后的净利润:	21710844.76 元;
主营业务利润:	38848786.72 元;
其他业务利润:	10800127.24 元;
营业利润:	25747088.99 元
投资收益:	
补贴收益:	77000.00 元
营业外收支净额:	-406948.24 元
经营活动产生的现金流量净额:	-37079123.81 元;
现金及现金等价物净增加额:	-24751478.15 元

2、报告期末公司前三年的主要会计数据和财务指标:

项 目	2000 年末	1999 年末	1998 年末
主营业务收入(元)	236128941.51	236033886.80	192647237.39
净利润(元)	21787844.76	27726367.00	28306964.46
总资产(元)	651614225.14	476214275.84	360063441.24
股东权益(元)	345323268.72	261489823.96	233763456.96
每股收益(元)(摊薄)	0.20	0.27	0.33
每股收益(元)(加权)	0.21	0.27	0.37
扣除非经常性损益后的每股收益(元)	0.20	0.27	0.33
每股净资产(元)	3.11	2.55	2.73
调整后的每股净资产(元)	3.10	2.54	2.71
每股经营活动产生的现金流量净额(元)	-0.33	0.66	0.17
净资产收益率(%)	6.31	10.60	12.11

三、股本变动及股东情况

1、股份变动情况表(单位:万股)

项 目	本次变动前	本次变动增减(+,-)						本次变动后
		配股	送股	公积金转股	增发	其它	小计	
一.未上市流通股份								
1.发起人股份								
其中:								
国家持有股份								
境内法人持有股份	7466.4							7466.4
境外法人持有股份								
其他								
2.募集法人股份								
3.内部职工股								
4.优先股或其他								
未上市流通股份合计	7466.4							7466.4
二.已上市流通股份								
1.人民币普通股	2808.0	+842.4					+842.4	3650.4
2.境内上市的外资股								
3.境外上市的外资股								
4.其他								
已上市流通股份合计	2808.0	+842.4					+842.4	3650.4
三.股份总数	10274.4	+842.4					+842.4	11116.8

2、股东情况介绍
(1)报告期末公司股东总数为 6332 户。
(2)前十名股东持股情况:

名次	股东姓名	持股数(股)	占总股本比例(%)
1	九江化学纤维厂	74664000	67.16
2	王清发	569015	0.51
3	綦汝业	509822	0.46
4	程金英	500000	0.45
5	汪连珠	477837	0.43
6	朱付刚	463800	0.42
7	符玉春	300000	0.27
8	王琼銮	289000	0.26
9	王圣民	267800	0.24
10	赵建中	266700	0.24

珠海格力电器股份有限公司

二〇〇〇年年度报告摘选

一、公司简介

公司法定中文名称:珠海格力电器股份有限公司

公司法定英文名称:GREE ELECTRIC APPLIANCES,INC.OF ZHUHAI

公司法定代表人:苏结宏

公司董事会秘书:刘兴浩

联系地址:珠海市前山金鸡西路6号

联系电话:0756-8614883-2416 联系传真:0756-8614998 0756-8622581

电子信箱:gree0651@gree.com.cn

公司注册地址:珠海市前山金鸡西路6号

公司办公地址:珠海市前山金鸡西路6号

公司办公联系电话:0756-8614883

邮政编码:519070

公司网址:http://www.gree.com.cn 公司电子信箱:gree@gree.com.cn

选定的信息披露报刊:中国证券报、证券时报、上海证券报

登载年度报告的中国证监会指定的国际互联网网址:

http://www.cninfo.com.cn

公司年度报告备置地点:珠海市前山金鸡西路6号

股票上市地:深圳证券交易所

股票简称:格力电器

股票代码:0651

二、会计数据和业务数据摘要

1、公司本年度实现利润总额:	299,561,972.90元
净利润:	254,870,113.60元
扣除非经常性损益后的净利润:	265,511,439.62元
主要是处理固定资产损失	1054万元
主营业务利润:	1,675,344,424.43元
其他业务利润:	18,873,443.17元
营业利润:	307,239,089.53元
投资收益:	2,964,209.39元
补贴收入:	0元
营业外收支净额:	-10,641,326.02元
经营活动产生的现金流量净额:	865,287,935.53元
现金及现金等价物净增加额:	998,980,293.94元

注:"扣除非经常性损益后的净利润"中扣除项目及金额:减营业外收支净额-10,640,326.02元。

2、公司前三年主要会计数据和财务指标(合并报表) 单位:元

项目	2000.12.31	1999.12.31	1998.12.31	
			调整前	调整后
主营业务收入	6,342,591,764.83	5,165,641,243.30	4,298,140,976.33	4,298,140,976.33
净利润	254,870,113.60	229,161,235.93	211,780,756.59	215,077,377.94
总资产	5,785,824,935.69	3,423,855,391.07	2,925,729,402.91	2,925,910,268.41
股东权益	1,618,520,818.57	1,057,238,919.24	958,832,200.35	958,139,483.31
每股收益(摊薄)	0.71	0.705	0.65	0.66
每股收益(加权)	0.76	0.705	0.66	0.67
每股净资产	4.52	3.25	2.95	2.94
调整后的每股净资产	4.50	3.23	2.90	2.89
每股经营活动产生的现金流量净额	2.42	1.08	1.75	1.75
净资产收益率(%)(摊薄)	15.75	21.68	22.09	22.45
净资产收益率(%)(加权)	19.10	21.36	24.34	24.78

三、股东情况介绍

(1)截止2000年12月31日,公司股东共105,636户。

(2)前10名股东持股情况

股东名称	年末持股数量	持股比例
1.珠海格力集团公司	180,000,000	50.2849%
2.珠海格力房产有限公司	30,000,000	8.3808%
3.珠海华声实业(集团)股份有限公司	6,000,000	1.6761%
4.国通证券有限责任公司	2,869,203	0.0802%
5.马新中	479,674	0.0134%
6.黄道英	408,469	0.0114%
7.刘翰超	372,072	0.0104%
8.章兵	352,200	0.0098%
9.华建交通经济开发中心	327,898	0.0092%
10.陈淑琼	324,800	0.0091%

前三名股东为法人股东,所持股份为未上市流通股份,本年度持股数量没有增减变动。珠海格力房产有限公司所持有本公司的股份办理了贷款质押。其余股东所持股份为已上市流通股份。珠海格力集团公司持有珠海格力房产有限公司26.73%的股份。

(3)珠海格力集团公司简介。法定代表人:徐荣;经营范围:五金家电、电子产品及通讯设备、塑料制品、电子计算机及配件、钟表等;持有本公司的股份没有任何质押。

(4)报告期内控股股东无变动。

天津泰达股份有限公司

二〇〇〇年年度报告摘选

一、公司简介

1、法定名称:天津泰达股份有限公司
英文名称:TIANJIN TEDA CO., LTD.
(TIANJIN ECONOMIC-TECHNOLOGICAL DEVELOPMENT AREA CO., LTD.)
2、法定代表人:刘惠文先生
3、董事会秘书:王平芬女士
联系电话:(022)26828217 26397997—3183 联系传真:(022)26828217
联系地址:天津市北辰区引河南道
4、注册地址:天津泰达中心(天津开发区第三大街16号)
办公地址:天津市北辰区引河南道 邮政编码:300400
电子信箱:teda@shell.tjvan.net.cn.
公司国际互联网网址:http://www.teda-stock.com.cn.
5、公司指定的信息披露报刊:《证券时报》和《中国证券报》。
公司指定的信息披露网站:http://www.cninfo.com.cn.
年报备置地点:董事会秘书处
6、股票上市交易所:深圳证券交易所
股票简称:泰达股份 股票代码:0652

二、会计数据和业务数据摘要

(单位:元)

1、利润总额:	155,712,842.60
净利润:	140,200,471.12
扣除非经营性损益后的净利润:	140,179,489.93
主营业务利润:	161,591,440.91
其他业务利润:	28,895,788.23
营业利润:	130,011,682.24
投资收益:	25,913,373.23
补贴收入:	0
营业外收支净额:	-212,212.87
经营活动产生的现金流量净额:	96,967,030.04
现金及现金等价物净增加额:	415,548,674.82
注:扣除非经营性损益涉及的项目和金额包括:	
(1)、资产处置收益:	-179,018.81元
(2)、一次性补贴收入:	0元
(3)、合并价差:	200,000.00元
合计:	20,981.19元

2、前三年的主要会计数据和财务指标:

指标项目	2000年度	99年度	98年度(调整后)	98年度(调整前)
主营业务收入	382207668.54	217527232.25	214059104.94	214059104.94
净利润	140200471.12	167205283.71	130503899.12	133367499.80
总资产	1284403616.27	742250762.80	639902961.72	642787815.57
股东权益(不含少数股东权益)	652367062.48	554591379.36	379553445.65	382417046.33
每股收益	0.529	0.6306	0.6891	0.7042
加权每股收益	0.529	0.6306	0.6891	0.7042
扣除非经常性损益后的每股收益(元)	0.529	0.616	0.474	0.489
每股净资产	2.46	2.09	2.00	2.02
调整后每股净资产	2.45	2.08	1.97	1.99
每股经营活动产生的现金流量净额	0.366	0.4623	0.7349	0.7349
净资产收益率(%)	21.49	30.15	34.38	34.87
扣除非经常性损益后的加权净资产收益率(%)	19.45	35.41	30.55	31.36
加权净资产收益率(%)	22.44	36.10	41.53	42.24

按照中国证监会《公开发行证券公司信息披露编报规则(第九号)》要求,计算2000年度的净资产收益率和每股收益如下:(单位:元)

报告期利润		净资产收益率(%)		每股收益	
		全面摊薄	加权平均	全面摊薄	加权平均
主营业务利润	161591440.91	25.18	25.87	0.609	0.609
营业利润	130011682.24	20.26	20.81	0.49	0.49
净利润	140200471.12	21.85	22.44	0.529	0.529
扣除非经常性损益后净利润	140179489.93	18.93	19.45	0.458	0.458

三、股本变动及股东情况

1、股本变动情况:
(1)、股份变动情况表 单位:股

	本次变动前	变动增减(+,-)						本次变动后
		配股	送股	公积金转增	增发	其他	小计	
一、未上市流通股份								
1、发起人股份								
其中:								
国家持有股份	104228156							104228156
境内法人持有股份								
境外法人持有股份								
其他								
2、募集法人股份	55106956							55106956
3、内部职工股								
4、优先股或其他	151559							151559
其中:转配股								
未上市流通股份合计	159486671							159486671
二、已上市流通股份								
1、人民币普通股	105668254							105668254
2、境内上市的外资股								
1、境外上市的外资股								
2、内部职工股上市								
已上市流通股份合计	105668254							105668254
三、股份总数	265154925							265154925

福建九州集团股份有限公司

二〇〇〇年年度报告摘选

一、公司简介

(一)公司法定中文名称:福建九州集团股份有限公司
公司法定英文名称:FUJIAN JIUZHOU GROUP. CO.,LTD
(二)公司法定代表人:谢良生
(三)公司董事会秘书:邵军
联系地址:福建省厦门市莲花香秀里 62 号八楼
联系电话:(0592)5516666
传真:(0592)5517799
(四)公司注册地址和办公地址:福建省厦门市莲花香秀里 62 号九州大厦八楼
邮政编码:361009
公司国际互联网网址:www.jzgroup.com.cn
(五)公司选定的中国证监会指定信息披露报纸:《证券时报》
中国证监会指定国际互联网网址:www.cninfo.com.cn
公司年度报告备置地点:福建九州集团股份有限公司证券部
(六)公司股票上市交易所:深圳证券交易所
股票简称:ST 九州
股票代码:0653

二、会计数据和业务数据摘要

(一)本年度主要利润指标情况(单位:人民币元)

项目	2000 年
利润总额	-930,403,734.29
净利润	-934,793,745.32
扣除非经常性损益后的净利润	-521,028,093.08
主营业务利润	56,977,112.79
其它业务利润	1,587,100.31
投资收益	15,771,428.50
补贴收入	500,000
营业外收支净额	-413,765,652.24
经营活动产生的现金流量净额	41,609,794.81
现金及净额等价物净增加额	17,203,973.53

(二)前三年的主要会计数据和财务指标

指标项目	2000 年	1999 年	1998 年
主营业务收入(万元)	19,128	34,918	45,580
净利润(万元)	-93,479	-41,569	1,041
总资产(万元)	64,736	136,781	119,379
股东权益(万元)	-75,297	16,926	61,351
每股收益(万元)(摊薄)	-3.1505	-1.40	0.035
扣除非经常性损益后的每股收益	-1.756		
每股净资产(万元)(摊薄)	-2.5377	0.57	2.07
调整后每股净资产	-2.5850	0.44	2.02
每股经营活动产生的现金流量净额	0.1402	0.11	-0.19
净资产收益率	-124.15	-245.60	1.70

按照中国证监会《公开发行证券公司信息披露编报规则》第 9 号通知精神,公司 2000 年度的净资产收益率和每股收益如下:(单位:人民币元)

报告期利润	
主营业务利润	56,977,112.79
营业利润	-532,909,510.55
净利润	-934,793,745.32
扣除非经常性损益后的净利润	-521,028,093.08

(三)报告期内股东权益变动情况(单位:人民币元)

项目	股本	资本公积	盈余权益	法定公益金	未分配利润
期初数	296,711,400	168,493,145.54	35,192,862.42	13,685,168.57	-331,136,926.57
本期增加		626,800.00			11,931,338.79
本期减少					934,793,745.32
期末数	296,711,400	169,119,945.54	35,192,862.42	13,685,168.57	-1,253,999,333.10

变动原因:本期增加的 11931338.79 元是南平电机厂调整以前年度损益所引起的。本期减少是因为本年度经营亏损。

三、股东情况介绍

(一)报告期末公司股东总数 81951 户
(二)报告期末公司前十名股东持股情况:

股 东 名 称	持股数	持股比例(%)	股份类别
福建省国有资产管理局	65665000	22.13	国家股
福建九州映雪啤酒集团有限公司	8000000	2.696	法人股
厦门合信联贸易有限公司	4000000	1.348	法人股
中国残疾人基金联合会	2000000	0.674	法人股
孙震亚	2000000	0.674	流通股
刘美林	2000000	0.674	流通股
于元芳	1002941	0.338	流通股
王一飞	999900	0.337	流通股
上海敬信实业发展有限公司	922800	0.311	流通股
惠君	800000	0.269	流通股

注:(1)持股 5%以上的股东情况介绍

福建省国有资产管理局是国家股持有单位,局长林永经。该股东在报告期内没有抵押其所持股份。

(2)报告期内控股股东无变更情况

山东淄博华光陶瓷股份有限公司

二〇〇〇年年度报告摘选

一、公司简介

1、公司法定名称:
中文名称:山东淄博华光陶瓷股份有限公司
英文名称:Shandong Zibo Huaguang Ceramics Co.,Ltd.
2、公司法定代表人:苏同强
3、公司董事会秘书:刘玉光
联系电话:0533-2064346
传　　真:0533-2061404
联系地址:中国山东省淄博市张店区湖田镇湖光路 6 号
邮政编码:255076
4、公司注册、办公地址:山东省淄博市张店区湖田镇湖光路 6 号
公司国际互联网网址:http://www.huaguanggroup.com.cn
公司电子信箱:hgjtzjb@zb-public.sd.cninfo.net
5、公司选定的中国证监会指定信息披露报纸:《中国证券报》、《证券时报》,登载公司年度报告的中国证监会指定国际互联网网址:http://www.cninfo.com.cn,公司年度期报告备置地点:公司董秘办公室
6、公司股票上市交易所:深圳证券交易所
股票简称:华光陶瓷
股票代码:0655

二、会计数据和业务数据摘要

1、本年度会计数据(单位:人民币元)

利润总额	25638369.96
净利润	23397501.71
扣除非经常损益后的净利润	17217777.68
主营业务利润	80059263.54
其他业务利润	4012326.35
营业利润	19389525.93
投资收益	69120.00
补贴收入	6600000.00
营业外收支净额	-420275.97
经营活动产生的现金净流量	2431845.86
现金及现金等价物净增加额	48220449.95

注:扣除非经常损益项目为(1)政府财政补贴 6600000.00 元;(2)营业外收支净额 -420275.97 元。

2、截止报告期末公司前三年的主要会计数据和财务指标(单位:人民币元)

指标项目	2000 年	1999 年	1998 年	比 99 年增减%
(1)主营业务收入	324764147.92	259649617.08	234641105.14	25.08
(2)净利润	23397501.71	19378522.18	45562548.59	20.74
(3)总资产	1191804020.41	890932872.95	571675144.03	33.77
(4)股东权益	380578776.68	267303829.77	196088950.51	42.38
(5)每股收益	0.19	0.17	0.49	11.76
(6)每股净资产	3.02	2.30	2.11	31.30
(7)调整后的每股净资产	2.80	2.02	2.02	38.61
(8)净资产收益率(%)	6.15	7.25	23.24	—
(9)加权平均每股收益	0.19	0.17	0.49	11.76
(10)扣除非经常损益后的每股收益	0.14	0.10	0.49	40.00
(11)每股经营活动产生的现金流量净额	0.02	0.38	-0.0003	-94.74
(12)加权平均净资产收益率(%)	6.49	7.52	26.29	--
(13)扣除非经常损益后的加权平均净资产收益率(%)	4.78	4.33	26.34	--

利润表附表

报告期利润	净资产收益率(%)		每股收益	
	全面摊薄	加权平均	全面摊薄	加权平均
主营业务利润	21.03	22.20	0.6359	0.6481
营业利润	5.09	5.38	0.1540	0.1570
净利润	6.15	6.49	0.1858	0.1894
扣除非经常性损益后的净利润	4.52	4.78	0.1367	0.1394

三、股本变动及主要股东持股情况

1、股本变动情况:
(1) 股份变动情况表(表一)　　数量单位:股 (表一)

	本次变动前	本次变动增减(+,-)						本次变动后
		配股	送股	公积金转股	增发	其他	小计	
一、未上市流通股份								
1、发起人股份								
其中:								
国家持有股份	47,178,000	1,420,000						48,598,000
境内法人持有股份	27,326,093							27,326,093
境外法人持有股份								
其他								
2、募集法人股								
3、内部职工股	14,923,320	11,200						14,934,520
4、优先股或其他								
尚未流通股份合计	89,427,413	1,431,200						90,858,613
二、已上市流通股份								
1. 人民币普通股	26,960,400	8,088,800						35,049,200
2. 境内上市的外资股								
3. 境外上市的外资股								
4. 其他								
已上市流通股份合计	26,960,400	8,088,800						35,049,200
三、股 份 总 数	116,387,813	9,520,000						125,907,813

重庆东源钢业股份有限公司

二○○○年年度报告摘选

一、公司简介

(一)公司法定中文名称:重庆东源钢业股份有限公司
公司法定英文名称:CHONGQING DONGYUAN STEEL Co.,Ltd.
(二)公司法定代表人:杨天举
(三)董事会秘书:汪进
联系地址:重庆市渝中区民族路 15 号　　邮政编码:400011
联系电话:(023)63780982
联系传真:(023)63780982
电子信箱:0656@sohu.com
(四)公司注册地址:重庆市渝中区民族路 15 号　　邮政编码:400011
(五)公司指定信息披露报刊:《中国证券报》、《证券时报》
登载公司年度报告的中国证监会指定国际互联网
网址 http://www.cninfo.com.cn
公司年度报告备置地点:公司证券部
(六)公司股票上市交易所:深圳证券交易所
股票简称:重庆东源
股票代码:0656

二、会计数据和业务数据摘要

(一)本年度主要会计数据(金额单位:人民币元)

项目	金额
利润总额	2,381,091.02
净利润	2,370,342.10
扣除非经营性损失的净利润	8,623,731.74
主营业务利润	6,489,515.32
其它业务利润	3,135,253.25
营业利润	9,862,892.12
投资收益	-1,289,932.04
补贴收入	
营业外收支净额	-6,191,869.06
经营活动产生的现金流量净额	-19,708,526.72
现金及等价物增加净额	9,653,338.24

注:扣除的非经营性损益项目及涉及金额:

扣除营业外收支 619 万元,

(二)截止报告期末公司前三年主要财务数据和财务指标　　(单位:万元)

指标项目	2000 年		1999 年		1998 年	
	调整后	调整前	调整后	调整前	调整后	调整前
主营业务收入	45823	45823	37142	37142	36393	36393
净利润	237	538	-2496	-2072	2570	2722
总资产	70214	71065	47497	48014	49274	49426
股东权益	29109	29960	28867	29444	31364	31516
每股收益(元/股)	0.01	0.03	-0.12	-0.10	0.12	0.13
每股收益(加权)	0.01	0.03	-0.12	-0.10	0.12	0.13
扣除非经营性损益后的每股收益(元/股)	0.04	0.04	-0.06	-0.05	0.13	0.13
每股净资产(元/股)	1.41	1.46	1.40	1.43	1.52	1.53
调整后的每股净资产(元/股)	1.05	1.10	1.04	1.09	1.14	1.17
每股经营活动产生的现金流量净额(元/股)	-0.1	-0.1	0.06	0.06	0.02	0.02
净资产收益率(%)	0.81	1.76	-8.65	-7.04	8.19	8.64
净资产收益率(加权)(%)	0.82	1.81	-8.29	-6.80	8.32	8.80

(三)利润表附表

报告期利润	净资产收益率		每股收益	
	全面摊薄	加权平均	全面摊薄	加权平均
主营业务利润	22.15%	22.24%	0.31	0.31
营业利润	3.24%	3.25%	0.05	0.05
净利润	0.81%	0.82%	0.01	0.01
扣附非经营性损益后净利润	2.94%	2.95%	0.04	0.04

(四)报告期内股东权益变动情况(单位:人民币/万元)

项目	股本	资本公积	盈余公积	其中:法定公益金	未分配利润	股东权益合计
期初数	20582	3238	2685	799	2362	28867
本期增加		6	34	12	202	242
本期减少						
期末数	20582	3244	2719	811	2564	29109

变动原因:本期增加主要是本期净利润增加所致。

三、股本变动及股东情况

(一)股本变动情况及股东情况介绍:报告期内股本未发生变动。

1、截止 2000 年 12 月 31 日,本公司股东总数为:33543 户,总股本 20582 万股,其中法人股 13212 万股,社会公众股为 7370 万股。

2、主要股东持股情况:

股东名称	持股数(股)	持股性质	占总股比例
1、泛华工程有限公司	72040000	国有法人股	35.00%
2、重庆钢铁(集团)有限责任公司	55081847	发起法人股	26.76%
3、上海鹏信经贸发展有限公司	2900000	定向法人股	1.41%
4、苏州西江建设发展有限公司	1250000	定向法人股	0.61%
5、张秀容	640000	社会公众股	0.31%
6、程佩秋	516850	社会公众股	0.25%
7、王祥均	497880	社会公众股	0.24%
8、泰和证券投资基金	376601	社会公众股	0.18%
9、上海鸿波阀门制造有限公司	350000	定向法人股	0.17%
10、西南证券有限责任公司	310000	社会公众股	0.15%

中钨高新材料股份有限公司

二○○○年年度报告摘选

一、公司简介

1、公司法定中文名称:中钨高新材料股份有限公司
英文名称:CHINA TUNGSTEN AND HIGHTECH MATERALS CO., LTD.
缩写:CHINA TUNGSTEN HIGHTECH
2、公司法定代表人:周菊秋
3、公司董事会秘书:冯晓元,证券事务代表:王韬鹏
联系地址:海南省海口市龙昆北路 2 号珠江广场帝都大厦 18 层
联系电话:(0898)6777324
传　　真:(0898)6779318
电子信箱:jinhai zq@public.hk.hi.cn.
4、公司注册、办公地址:海南省海口市龙昆北路 2 号珠江广场帝都大厦 18 层
邮政编码:570125
公司电子信箱:jinhai@public.hk.hi.cn.
5、公司选定的信息披露报纸:《证券时报》《中国证券报》
登载年度报告的中国证监会指定国际互联网网址:http://www.cninfo.com.cn
公司年度报告备置地点:公司办公楼证券部
6、公司股票上市交易所:深圳证券交易所
股票简称:中钨高新
股票代码:0657

二、会计数据和业务数据摘要

1、主要利润指标情况(单位:人民币元)

项目	金额
利润总额	41,193,100.12
净利润	37,809,088.21
扣除非经营性损益后的净利润	38,776,652.82
主营业务利润	143,357,656.83
其他业务利润	998,705.67
投资收益	5,165,551.39
补贴收入	62,478.48
营业外收支净额	-1,172,608.80
经营活动产生的现金流量净额	-91,391,216.59
现金及现金等价物净增加额	-97,799,406.77

注:扣除非经营性损益的项目和金额

项目	金额
(1) 补贴收入	62,478.48
(2) 罚款收入	8,716.33
(3) 固定资产清理收益	103,789.10
(4) 罚款支出	19,235.97
(5) 滞纳金支出	731.40
(6) 工伤赔款支出	39,700.00
(7) 固定资产清理净损失	1,082,863.15

2、截止报告期末公司前三年主要会计数据和财务指标

项目	2000 年	1999 年	1998 年
主营业务收入	1,009,458,333.31	805,875,913.49	196,818,809.29
净利润	37,809,088.21	51,829,983.24	38,525,482.87
总资产	927,481,384.78	883,891,930.41	445,941,614.49
股东权益	516,093,618.71	478,847,541.53	224,008,405.14
每股收益(元/股)	0.221	0.303	0.33
加权后每股收益 (元/股)	0.221	0.35	0.33
扣除非经营性损失后的每股收益(元/股)	0.2267	0.29	0.33
每股净资产	3.02	2.80	1.92
调整后的每股净资产	2.83	2.80	1.87
每股经营活动产生的现金流量净额	-0.534	-0.4037	0.043
净资产收益率(%)	7.33	10.82	17.20

按中国证监会发布的《公开发行证券公司信息披露编报规则》第 9 号要求计算的净资产收益率及每股收益:

报告期利润	净资产收益率(%)		每股收益(元/股)	
	全面摊薄	加权平均	全面摊薄	加权平均
主营业务利润	27.28	28.80	0.838	0.838
营业利润	7.196	7.46	0.217	0.217
净利润	7.33	7.596	0.221	0.221
扣除非经营性损益后的净利润	7.51	7.80	0.2267	0.2267

3、本报告期内股东权益变化情况(单位金额:万元)

项目	股本	资本公积	盈余公积	法定公益金	未分配利润	股东权益合计
期初数	17108.13	25394.28	1755.57	1240.01	4051.34	47884.75
本期增加		62.2	756.18	378.09	3024.73	3724.61
本期减少						
期末数	17108.13	25456.48	2511.75	1618.10	7076.07	51609.36

三、股本变动及股东情况

1、股东情况介绍

(1)公司报告期末股东总数为 24287 户。

(2)本公司前十名股东情况

名次	单位名称	期末持股数(股)	占总股本比例(%)	股权性质
1	中钨硬质合金集团公司	62678075	36.64	国有法人股
2	海南恒润投资有限公司	6581250	3.85	其他法人股
3	金鑫基金	5957076	3.48	流通股
4	包头铝厂	5492400	3.21	国有法人股
5	海南金昌旅游实业有限公司	5396625	3.15	其他法人股
6	汕头广澳金属型材厂	5265000	3.08	其他法人股
7	国泰君安证券公司	3957000	2.31	流通股
8	中国有色金属工业海南公司	2632500	1.54	国有法人股
9	李向珍	2058700	1.20	流通股
10	中国有色金属进出口广东公司	1785025	1.04	国有法人股

厦门海洋实业(集团)股份有限公司

二〇〇〇年年度报告摘选

一、公司简介

1.公司名称(中文):厦门海洋实业(集团)股份有限公司
(英文):Xiamen Marine Industry (Group) Co., Ltd.
2.法定代表人:郑亚南
3.董事会秘书:王 华
联系地址:厦门市蜂巢山路3号
电　话:0592－2088142
传　真:0592－2092753
4.公司注册地址:厦门市蜂巢山路3号
公司办公地址:厦门市蜂巢山路3号
邮政编码:361005
电子信箱:mic0658@public.xm.fj.cn
5.公司选定的信息披露报纸:《证券时报》
中国证监会指定年度报告登载网址:http://www.cninfo.com.cn
公司年度报告备置地点为厦门市蜂巢山路3号公司四楼办公室
6.上市交易所:深圳证券交易所
股票简称:ST海洋
股票代码:0658

二、会计数据和业务数据摘要

1、公司本年度会计数据

利润总额:	－216,796,617.09元
净利润:	－215,950,717.44元
扣除非经常性损益后的净利润:	－164,178,047.08元
主营业务利润:	7,787,674.63元
其他业务利润:	1,156,574.38元
营业利润:	－136,165,853.27元
投资收益:	－29,117,962.34元
补贴收入:	15,209.00元
营业外收支净额:	－51,528,010.48元
经营活动产生的现金流量净额:	39,779,444.76元
现金及现金等价物净增加额:	－1,560,676.78元

注:以上扣除的非经常性损益涉及的项目和金额包括补贴收入15,209.00元、营业外收支净额－51,528,010.48元、股权投资差额摊销－259,868.88元(合计－51,772,670.36元)。

2、截至报告期末公司前三年的主要会计数据和财务指标　　单位:元

项目	2000年度	1999年度	1998年(调整前)	1998年度(调整后)
主营业务收入	93,178,631.70	385,090,352.73	411,932,394.93	409,195,507.63
净利润	－215,950,717.44	－46,621,725.64	19,636,120.30	－33,552,205.44
总资产	368,958,371.71	732,813,090.91	857,104,973.93	726,040,894.29
股东权益(不含少数股东权益)	588,965.73	173,175,153.55	346,024,995.43	219,796,879.19
每股收益(摊薄)	－1.375	－0.297	0.125	－0.214
每股收益(扣除非常损益后)	－1.05	－0.254	0.124	－0.215
每股净资产	0.004	1.103	2.20	1.400
调整后的每股净资产	－0.102	0.871	1.895	1.095
每股经营活动产生的现金流量净额	0.253	－0.145	－0.437	－0.437
净资产收益率(%)	－36666	－26.9	5.67	－15.3

3、利润表附表

报告期利润	净资产收益率(%)		每股收益(元)	
	全面摊薄	加权平均	全面摊薄	加权平均
主营业务利润	1322.27	6.71	0.05	0.05
营业利润	－23119.60	－117.27	－0.87	－0.87
净利润	－36666.28	－185.98	－1.375	－1.375
扣除非经常损益后的净利润	－27875.80	－141.39	－1.05	－1.05

注:以上指标系根据《公开发行证券公司信息披露编报规则》第9号规定计算。

4、报告期内股东权益变动情况(单位:元)

项目	期初数	本期增加	本期减少	期末数
股本	157,021,602.00			157,021,602.00
资本公积	125,535,847.42		7.552,989.84	117,982,857.51
盈余公积	14,452,626.75			14,452,626.75
法定公益金	3,828,784.37			3,828,784.37
未分配利润	－72,917,403.16		215,950,717.44	－288,868,120.60
股东权益合计	224,092,673.01		223,503,707.28	588,965.73

变动原因:

(1).报告期内,资本公积减少7.552,989.84元系因怡安(厦门)无纺布有限公司计提长期投资减值准备,相应冲减原评估增值准备;(2).报告期内,未分配利润减少是因为2000年度公司亏损215,950,717.44元。

三、股东情况介绍

1、报告期末公司股东总数为21101名。

2、报告期末公司前10名股东的持股情况(单位:股)

序号	股东名称	持股数	备注
1	福州牛津－－剑桥科技发展有限公司	31,339,000	法人股
2	西安市飞天科贸集团有限责任公司	21,661,355	法人股
3	厦门市国有资产管理局	4,306,249	国有股
4	方树香	1,472,999	流通股
5	林和玩	1,388,078	流通股
6	林金锡	1,379,332	流通股
7	董 生	1,011,770	流通股
8	孙芬心	1,289,711	流通股
9	郭小荣	1,011,770	流通股
10	王 虹	984,800	流通股

珠海中富实业股份有限公司

二〇〇〇年年度报告摘选

一、公司简介

1、公司名称:珠海中富实业股份有限公司
英文名称:ZHUHAI　ZHONGFU　ENTERPRISE　CO.,LTD.
缩写:ZHUHAI　ZHONGFU
2、公司法定代表:黄乐夫
3、公司董事会秘书及其授权代表:李翔、周毛仔
联系地址:广东省珠海市湾仔镇第一工业区
电　话:(0756)8821350　　8821449
传　真:(0756)8821103
E－Mail:zhongful@pub.zhuhai.gd.cn
4、公司注册、办公地址:
广东省珠海市湾仔镇第一工业区
邮政编码:519030
公司国际互联网址:http://www.zhongfu.com.cn
E－MAIL地址:zhongful @ pub.zhuhai .gd.cn
5、①公司选定的信息披露报纸为《证券时报》
②公司年度报告登载的国际互联网网址:
http://www.cninfo.com.cn
③公司报告置放地点:公司证券部
6、公司上市交易所:深圳证券交易所
股票简称:珠海中富
股票代码:0659

二、会计数据和业务数据摘要

(一)主要会计数据:

利润总额:	111,875,899.47元
净利润:	89,382,622.28元
扣除非经常性损益后的净利润	88,821,262.85元
主营业务利润:	188,043,258.76元
其他业务利润:	1,349,739.98元
营业利润	111,559,838.10元
投资收益:	－245,298.06元
营业外收支净额:	561,359.43元
经营活动产生的现金流量净额:	140,994,396.09元
现金及现金等价物净增加额:	279,521,579.90元

(二)主要会计数据和财务指标(单位:元)

指标项目	2000.12.31	1999.12.31	1998.12.31
主营业务收入(元)	731,233,347.04	836,299,189.95	566,849,869.03
净利润(元)	89,382,622.28	153,257,202.91	113,507,084.94
总资产(元)	2,107,555,535.40	1,512,066,789.77	1,311,733,196.38
股东权益(元)(不含少数股东权益)	1,186,326,726.79	855,272,395.75	803,793,192.84
每股收益(摊薄:元)	0.236	0.452	0.33
每股收益(加权:元)	0.249	0.452	0.352
扣除非经营性损益后的每股收益(摊薄:元)	0.234	0.367	0.296
扣除非经营性损益后的每股收益(加权:元)	0.247	0.367	0.308
每股净资产(元)	3.13	2.52	2.37
调整后的每股净资产(元)	3.09	2.49	2.34
每股经营活动产生的现金流量净额(元)	0.37	0.17	0.32
净资产收益率(摊薄:%)	7.53	17.92	14.12
净资产收益率(加权:%)	8.43	18.48	18.12

(三)按照中国证监会〈〈公开发行证券公司信息披露编报规则(第9号)〉〉要求计算的利润数据:

项目	报告期利润	净资产收益率(%)		每股收益(元)	
		全面摊薄	加权平均	全面摊薄	加权平均
主营业务利润	188,043,258.76	15.85	17.73	0.496	0.524
营业利润	111,559,838.10	9.40	10.52	0.295	0.311
净利润	89,382,622.28	7.53	8.43	0.236	0.249
扣除非经营损益后的净利润	88,821,262.85	7.49	8.38	0.234	0.247

三、股东情况介绍

1、股东总数:

截止2000年12月29日下午3时深圳证券交易所收市时,本公司股东总数为96203户。

2、前10名大股东及其年内股份增减变动情况(截止2000年12月29日)　数量单位:股

股东名称	年初数	年内增减	年末数	比例%	质押或冻结情况
珠海市中富工业集团公司	199385000		199385000	52.64	其中15000万股于1998年10月质押给中国银行广东省分行和珠海市分行,该行向中富集团提供7亿元人民币综合授信额度
珠海市中富工业集团公司工会委员会	6715000	1385000	8100000	2.14	
常志伟	0	730000	730000	0.19	
哈尔滨国发投资有限责任公司	475973	120871	596844	0.16	
张慧俊	0	457340	457340	0.12	
大庆开发区厦华科技咨询有限公司	0	400013	400013	0.11	
张正芳	0	394842	394842	0.10	
梁有祥	273000	81900	354900	0.09	
刘书春	0	350000	350000	0.09	
宋 立	0	304000	304000	0.08	

广州南华西实业股份有限公司

二〇〇〇年年度报告摘选

一、公司简介

1、公司法定中文名称:广州南华西实业股份有限公司
公司英文名称:GUANGZHOU NANHUAXI INDUSTRIAL CO.,LTD
2、公司法定代表人:何竟棠
3、公司董事会秘书:张 荻
授权代表:黄丽葵
电 话:(020)84423282　　传 真:(020)84408033
4、公司注册地址及办公地址:广州市江南西路111号中国石油南方大厦16楼
邮政编码:510240
E-mail:nanhuaxi@public·guangzhou.gd.cn
5、公司选定信息披露报纸为《证券时报》、《中国证券报》
登载公司年度报告中国证监会指定国际互联网网址为:http://www.cninfo.com.cn
公司年度报告备置地点:本公司董事会秘书室
6、公司股票上市交易所:深圳证券交易所
股票简称:南华西　　股票代码:0660

二、会计数据和业务数据摘要

1、本年度会计数据摘要:　　单位:万元

项 目	金 额
利润总额	2,291.73
净利润	1,901.38
扣除非经常性损益后的净利润	1,814.28
主营业务利润	7,772.60
其他业务利润	—
营业利润	2,112.24
投资收益	92.39
补贴收入	84.41
营业外收支净额	2.69
经营活动产生的现金流量净额	2,652.93
现金及现金等价物净增加额	-27,002.57
说明:扣除非经常性损益项目及金额包括:	
营业外收入	19.75
营业外支出	17.06
补贴收入	84.41
其中:新产品增值税退税	74.60
出口产品贴息	9.80

2、前三年的主要会计数据的财务指标(单位:万元)

项 目	2000年	1999年	1998年	
			调整前	调整后
主营业务收入	23,972.28	23,290.33	28,880.97	28,880.97
净利润	1,901.38	2,752.87	5,281.56	4,619.45
总资产	118,371.92	79,497.26	61,217.11	59,712.74
股东权益	37,251.38	35,350.01	34,095.69	32,597.13
每股收益	0.14	0.21	0.40	0.35
每股净资产	2.80	2.66	2.57	2.45
调整后的每股净资产	2.64	2.56	2.48	2.36
每股经营活动产生的现金流量净额	0.20	0.30	0.41	0.41
净资产收益率(%)	5.10	7.78	15.49	14.17

3、净资产收益率和每股收益指标

报告期利润	净资产收益率(%)				每股收益(元)			
	全面摊薄		加权平均		全面摊薄		加权平均	
	2000年	1999年	2000年	1999年	2000年	1999年	2000年	1999年
主营业务利润	20.73	21.99	21.27	22.88	0.58	0.58	0.58	0.58
营业利润	5.67	8.58	5.82	8.93	0.16	0.23	0.16	0.23
净利润	5.10	7.79	5.24	8.10	0.14	0.21	0.14	0.21
扣除非经常性损益后的净利润	4.87	7.16	5.00	7.45	0.14	0.19	0.14	0.19

4、股东权益变动情况　　单位:元

项目	股 本	资本公积	盈余公积	法定公益金	未分配利润	股东权益合计
期初数	132,913,293.00	137,257,076.97	19,973,833.42	5,154,134.56	63,355,878.30	353,500,081.69
本期增加	—	—	2,852,063.21	950,687.74	16,161,691.53	19,013,754.74
本期减少	—	—	—	—	—	
期末数	132,913,293.00	137,257,076.97	22,825,896.63	6,104,822.30	79,517,569.83	372,513,836.43
变动原因			本年利润提取	本年利润提取	本年实现的利润(已扣除两金)	本年实现的利润

三、股东情况介绍

1、本报告期末公司股东总数13,852户。
2、公司前10名股东持股情况。

股 东 名 称	持股数	持股比例(%)
(1)广州市南华西企业集团有限公司	85,131,532	64.05
(2)广东华侨信托投资公司投资基金部	3,628,994	2.73
(3)北京贝特实业公司	2,419,329	1.82
(4)登润实业有限公司	1,209,664	0.91
(5)粤华有限公司	1,209,664	0.91
(6)朱存良	533,896	0.40
(7)路等怀	415,000	0.31
(8)陈 瑛	387,590	0.29
(9)李 祯	361,248	0.27
(10)雷伟南	295,650	0.22

长春高新技术产业(集团)股份有限公司

二〇〇〇年年度报告摘选

一、公司简介

1、公司法定中文名称:长春高新技术产业(集团)股份有限公司
公司英文名称:Changchun High & New Technology Industries (Group) Inc.
公司名称缩写:CCHN
2、公司法定代表人:刘成福
3、公司董事会秘书:周伟群
授权代表:焦敏
联系地址:长春市同志街64号火炬大厦5层
联系电话:0431-5666367
传真:0431-5675390
电子信箱:cchn@public.cc.jl.cn
4、公司注册地址:长春市同志街64号
公司办公地址:长春市同志街64号火炬大厦5层
邮政编码:130021
5、公司指定的信息披露报纸名称:《证券时报》
登载本公司年度报告的国际互联网网址:http://www.incninfo.com.cn
公司年报备置地点:公司证券部
6、公司股票上市交易所:深圳证券交易所
股票简称:长春高新
股票代码:0661

二、会计数据与业务数据摘要

(一)公司本年度主要会计数据如下:　　单位:元

项目	金额
利润总额	45,541,158.73
净利润	30,791,529.02
扣除非经营性损益后的净利润	27,105,874.12
主营业务利润	221,135,976.14
其它业务利润	33,474,004.41
营业利润	41,782,035.40
投资收益	4,084,276.63
补贴收入	300,000.00
营业外收支净额	-625,153.30
经营活动产生的现金流量净额	207,977,362.08
现金及现金等价物净增加额	-21,125,946.24

(二)截止报告期末公司前三年主要会计数据和财务指标:　　单位:元

指标项目	2000年度	1999年度	1998年度	
			调整前	调整后
主营业务收入	314,055,672.32	304,831,836.20	259,665,070.99	259,495,199.31
净利润	30,791,529.02	13,727,843.81	55,523,919.30	71,571,740.57
总资产	1,185,921,698.95	1,345,928,296.29	1,375,893,199.75	1,301,546,145.91
股东权益(不含少数股东权益)	477,829,359.04	684,741,630.35	708,083,210.86	670,282,816.58
每股收益(元/股)	0.23	0.068	0.276	0.3555
按月平均加权法计算的每股收益(元/股)	0.15	0.067	-	-
扣除非经常性损益后的每股收益(元/股)	0.13	0.067	-	-
每股净资产(元/股)	3.64	3.40	3.52	3.33
调整后的每股净资产(元/股)	3.33	3.31	3.36	3.22
每股经营活动产生的现金流量净额	1.58	-0.427	-	-
全面摊薄净资产收益率(%)	6.44	2.03	7.84	10.65
加权平均净资产收益率(%)	4.40	-	-	-

(三)净资产收益率及每股收益指标结构分析附表:

报告期利润	净资产收益率(%)		每股收益(元)	
	全面摊薄	加权平均	全面摊薄	加权平均
主营业务利润	46.28	31.58	1.68	1.10
营业利润	8.74	5.97	0.32	0.21
净利润	6.44	4.40	0.23	0.15
扣除非经常性损益后的净利润	5.67	3.87	0.21	0.13

三、股东情况介绍

1、报告期末股东总数
截止2000年12月29日,本公司股东总数为48,386户,其中:发起人股股东1户,法人股股东6户,社会公众股股东48,379户。
2、本公司前十名股东持股情况
截止2000年12月29日

序号	股 东 姓 名	持股数量(股)	持股比例(%)
1	长春高新技术产业发展总公司	45,475,210	34.63
2	长春市南湖实业总公司	2,520,000	1.92
3	长春市第二建筑工程公司	1,008,000	0.77
4	长春市信托投资股份有限公司	1,008,000	0.77
5	长春天燃气化学工业公司	1,008,000	0.77
6	曾锡盛	370,000	0.28
7	胡小荣	308,700	0.24
8	吉林省地产总公司	302,400	0.23
9	胡小荣	256,610	0.20
10	周祥仙	222,400	0.17

广西康达(集团)股份有限公司

二〇〇〇年年度报告摘选

一、公司简介

1、公司中文名称:广西康达(集团)股份有限公司
公司英文名称:GUANGXI KONDA (GROUP)CO.,LTD.
公司英文缩写:KD
2、公司法定代表人:陈鸿兴
3、公司董事会秘书:李 博
授权代表:李 博
联系地址:广西梧州市北环路 12 号
联系电话:(0774)2826686
传 真:(0774)2831582
电子信箱:kondacos@public.glptt.gx.cn
4、公司注册地址:广西梧州市北环路 12 号
公司办公地址:广西梧州市北环路 12 号
邮政编码:543000
公司国际互联网网址:http://www.kondagroup.com
公司电子信箱:kondasec@public.glptt.gx.cn
5、公司选定的信息披露报纸名称:《证券时报》
登载公司年度报告的中国证监会指定的国际互联网网址:http://www.cninfo.com.cn
公司年度报告备置地点:本公司证券部
6、股票上市地:深圳证券交易所
股票简称:广西康达
股票代码:0662

二、会计数据和业务数据摘要

1、主要利润指标情况(单位:人民币元)

	2000 年
利润总额:	-73,462,805.31
净利润:	-71,811,604.91
扣除非经营性损益后的净利润:	-71,494,428.89
主营业务利润:	1,525,243.08
其他业务利润:	7,041,149.29
营业利润:	-40,423,358.94
投资收益:	-157,176.02
补贴收入:	37,000.00
营业外收支净额:	-32,919,270.35
经营活动产生的现金流量净额:	40,108,258.76
现金及现金等价物净增加额:	22,296,052.22

2、主要会计数据和财务指标

项目	2000 年	1999 年	1998 年	
			调整后	调整前
主营业务收入(元)	124,162,441.75	146,588,046.72	148,469,250.30	148,469,250.30
净利润(元)	-71,811,604.91	-28,927,151.40	-10,507,750.23	2,150,178.19
总资产(元)	306,141,703.33	340,108,102.04	406,211,297.56	439,577,889.69
股东权益(元、不含少数股东权益)	41,017,051.72	112,828,656.63	143,905,808.03	169,083,310.61
每股收益(元/股)(摊薄)	-0.6703	-0.2700	-0.0981	0.0201
每股收益(元/股)(加权)	-0.6703			
扣除非经营性损益后的每股收益	-0.6673	-0.2670	-0.0951	0.0230
每股净资产(元/股)	0.3828	1.0531	1.3432	1.5782
调整后的每股净资产(元)	0.1056	1.0144	1.3210	1.5267
每股经营活动产生的现金流量净额(元)	0.3744	0.3579	-0.6612	-0.6612
净资产收益率(%)(摊薄)	-175.08%	-25.64%	-7.30%	1.27%
净资产收益率(%)(加权)	-93.36%			

3、本年度利润表附表

报告期利润	净资产收益率(%)		每股收益(元)	
	全面摊薄	加权平均	全面摊薄	加权平均
主营业务利润	3.72	1.98	0.0142	0.0142
营业利润	-98.55	-52.55	-0.3773	-0.3773
净利润	-175.08	-93.36	-0.6703	-0.6703
扣除非经常性损益后的利润	-174.30	-92.94	-0.6673	-0.6673

4、报告期内股东权益变动情况: 单位:元

项目	股本	资本公积金	盈余公积金	其中:法定公益金	未分配利润	股东权益合计
期初数	107,137,500.00	28,427,100.64	9,816,593.77	5,130,807.52	-32,552,537.78	112,828,656.63
本期增加						
本期减少					-71,811,604.91	-71,811,604.91
期末数	107,137,500.00	28,427,100.64	9,816,593.77	5,130,807.52	-104,364,142.69	41,017,051.72

变动原因:报告期内亏损 71,811,604.91 元,导致股东权益减少为 41,017,051.72 元。

三、股东情况介绍

1、报告期末本公司股东总数 11755 户。
2、前 10 名股东持股情况

股 东 名 称	年末持股数(股)	本年度增减数+/-(股)	占总股本比例(%)
梧州市对外经济贸易公司	21,250,000		19.83
杭州天安置业有限公司	21,000,000		19.60
宁波天翔实业有限公司	10,110,000		9.44
中国银行南宁信托咨询公司	7,500,000		7.00
海口八达进出口公司	4,484,550		4.20
广西索芙特股份有限公司	2,427,450	+2,427,450	2.27
广州市天街小雨化妆品有限公司	1,250,000		1.17
陈宏	364,000	+364,000	0.34
深圳桂兴发展贸易公司	346,500		0.32
吕变莲	303,486	+303,486	0.28

福建省永安林业(集团)股份有限公司

二〇〇〇年年度报告摘选

一、公司简介

1、公司中文名称:福建省永安林业(集团)股份有限公司
公司英文名称:FUJIAN YONGAN FORESTRY(GROUP)JOINT—STOCK CO.,LTD.
2、公司法定代表人:吴景贤
公司总经理:谢益林
3、公司董事会秘书:黄忠明
公司证券事务授权代表:黄 荣
联系地址:福建省永安市燕江东路 12 号
电 话:(0598)3614875
传 真:(0598)3633415
电子信箱:stock@yonglin.com
4、公司办公(注册)地址:福建省永安市燕江东路 12 号
邮 编:366000
公司网址:http://www.yonglin.com
公司电子信箱:info@yonglin.com
5、公司指定信息披露报刊:《证券时报》、《中国证券报》、《上海证券报》
登载公司年报网址:http://www.cninfo.com.cn
公司年度报告置备地点:公司董事会秘书处
6、公司股票上市地:深圳证券交易所
股票简称:永安林业
股票代码:0663

二、会计数据和业务数据摘要

1、公司本年度实现利润情况 单位:元

利润总额:	17258862.23
净利润:	12442726.99
扣除非经常性损益后的净利润:	12070200.46
主营业务利润:	59937042.02
其他业务利润:	1523763.92
营业利润:	-14255749.82
投资收益:	28701196.03
补贴收入:	2610906.49
营业外收支净额:	200509.53
经营活动产生的现金流量净额:	57408467.67
现金及现金等价物净增加额:	-51022598.65

(注:非经常性损益包括公司下属三明人造板厂 99 年所得税返回及营业外收支)

2、公司近三年的主要会计数据和财务指标: 单位:元

项 目	2000 年度	1999 年度	1998 年度
主营业务收入	357773544.17	325440415.04	307043035.57
净利润	12442726.99	48973583.27	67103967.99
总资产	957469416.30	881094996.66	524737630.77
股东权益	439897949.35	462580942.36	248589995.08
每股收益	0.074	0.293	0.455
加权平均每股收益	0.074	0.31	0.455
扣除非经常性损益后的每股收益	0.072	0.18	0.32
每股净资产	2.63	2.766	1.685
调整后的每股净资产	2.48	2.62	1.61
每股经营活动产生的现金流量净额	0.34	0.28	0.145
净资产收益率(%)	2.83	10.587	26.99
加权净资产收益率(%)	2.67	12.78	28.29

3、利润表附表

报告期利润	净资产收益率(%)		每股收益	
	全面摊薄	加权平均	全面摊薄	加权平均
主营业务利润	13.63	13.28	0.358	0.358
营业利润	-3.24	-3.16	-0.085	-0.085
净利润	2.83	2.76	0.074	0.074
扣除非经常性损益后的净利润	2.74	2.67	0.072	0.072

三、股东情况介绍

1、截止 2000 年 12 月 31 日,公司股东总户数为 39560 户。
2、前 10 名股东持股情况(2000.12.31) 单位:股

名次	股 东 名 称	年初持股数	年末持股数	持股比例(%)	股份性质
1	福建省永安林业(集团)总公司	64884600	64884600	38.80	国有法人股
2	永安市财政局	18635400	18635400	11.14	国家股
3	福建省青山纸业股份有限公司	11700000	11700000	7.00	法人股
4	永安市林业建设投资公司	4680000	5850000	3.50	法人股
5	三明市林业总公司	4680000	4680000	2.80	法人股
6	永安市燕林开发公司	1262430	1262430	0.84	法人股
7	兴华证券投资基金	0	582614	0.35	流通股
8	永安市副食品基金开发第三公司	346320	346320	0.21	法人股
9	邹纪水	0	316460	0.19	流通股
10	永安市国有林管理站	287820	287820	0.17	法人股

武汉塑料工业集团股份有限公司

二〇〇〇年年度报告摘选

一、公司简介

1、公司法定中文名称:武汉塑料工业集团股份有限公司
中文简称:武汉塑料
公司英文名称:Wuhan Plastics Industrial Group Co.,Ltd.
英文简称:Wuhan Plastics
2、公司法定代表人:刘文彦
3、公司董事会秘书:詹大虎
联系地址:武汉市解放大道单洞路特1号武汉国际大厦A座12楼
电 话:027-85425727
传 真:027-85891746
电子信箱:James.tiger@163.net
4、公司注册地址:武汉经济技术开发区工业区
公司办公地址:武汉市解放大道单洞路特1号武汉国际大厦A座11~12楼
邮政编码:430022
公司网址:http://www.wuhanplas.com
公司电子信箱:wushuoxx@public.wh.hb.cn
5、公司信息披露报纸:《中国证券报》、《证券时报》
登载公司年报网址:http://www.cninfo.com.cn
公司年报备置地点:公司证券部
6、公司股票上市交易所:深圳证券交易所
股票简称:武汉塑料
股票代码:0665

二、会计数据和业务数据摘要

1、本年度主要会计数据:(单位:人民币万元)

项目	金额
利润总额	4174
净利润	2805
扣除非经常性损益后的净利润	2648
主营业务利润	8042
其他业务利润	982
营业利润	4018
投资收益	69
补贴收入	0
营业外收支净额	87
经营活动产生的现金流量净额	4305
现金及现金等价物净增加额	9064

扣除非经常性损益项目包括:投资收益、营业外收入、营业外支出,涉及金额157万元。

2、近三年主要会计数据和财务指标

项 目	2000年	1999年	1998年
主营业务收入(万元)	44311	31320	27188
净利润(万元)	2805	2782	2546
总资产(万元)	76257	61625	55729
股东权益(万元) (不含少数股东权益)	43246	27643	25379
每股收益(元)(加权)	0.21	0.21	0.21
每股收益(元)(摊薄)	0.20	0.21	0.21
扣除非经常性损益后的每股收益(元)	0.20	0.19	0.15
每股净资产(元)	3.07	2.14	1.96
调整后的每股净资产(元)	2.97	2.02	1.83
每股经营活动产生的现金流量净额(元)	0.31	0.49	0.09
净资产收益率(%)(摊薄)	6.49	10.06	10.31
净资产收益率(%)(加权)	8.7	10.39	12.57

3、股东权益变动情况表 单位:万元

项 目	股本	资本公积	盈余公积	法定公益金	未分配利润	股东权益合计
期 初 数	12943	7583	3600	1299	3518	27643
本期增加	1154	12119	561	280	2805	16639
本期减少	——	475	——	——	561	1036
期 末 数	14097	19227	4161	1580	5762	43246
变动原因	配股	股本溢价	法定提取	法定提取	净利润增加	——

三、股东情况介绍

1、截止2000年12月31日,公司股东总数32812户。
2、前10名股东持股情况

股 东 名 称	年末持股数(股)	持股比例(%)
1、武汉国际信托投资公司(国有法人股)	42975313	30.49
2、武汉国兴投资咨询有限责任公司	12310190	8.73
3、武汉市工业合作联社	12277700	8.71
4、平安信托投资公司	11203303	7.95
5、武汉市益信工程经济发展公司	3360991	2.38
6、长江经济联合发展公司武汉公司	2800825	1.99
7、深圳江海重型机械工程有限公司	2240660	1.59
8、湖北省投资公司	1400412	0.99
9、国信证券有限公司	846750	0.60
10、湖北建设机械股份有限公司	672198	0.48

经纬纺织机械股份有限公司

二〇〇〇年年度报告摘选

一、公司简介

1.公司法定名称:经纬纺织机械股份有限公司
公司英文名称:Jingwei Textile Machinery Company Limited
2.公司法定代表人:尹守恩
3.公司董事会秘书:叶雪华
联系地址:中华人民共和国北京市北京经济技术开发区宏达北路万源商务中心407室
电话:8610 67880151
传真:8610 67880153
邮政编码:100176
电子信箱:mss@mail.jwme.com
4.公司注册地址:中华人民共和国山西省太原市坞城路15号
公司办公地址:中华人民共和国北京市北京经济技术开发区宏达北路万源商务中心407室
邮政编码:100176
国际互联网网址:http://www.jwme.com
电子信箱:jwfj@mail.jwme.com
5.公司信息披露报刊名称:
国内披露报刊名称:中国证券报、证券时报
香港披露报刊名称:文汇报(中文)、虎报(英文)
公司年度报告登载的国际互联网网址:http://www.cninfo.com.cn
年度报告备置地点:董事会秘书室
6.股票上市交易所及股票代码:
A股 上市地点:深圳证券交易所
股票简称:经纬纺机
股票代码:0666
H股 上市地点:香港联合交易所
股票简称:经纬纺机
股票代码:0350

二、会计数据和业务数据摘要

1.按中国会计准则及制度编制
①本年度会计数据:

	2000年 人民币千元
利润总额	146,160
净利润	133,933
扣除非经常性损益后的净利润	130,979
主营业务利润	362,410
其他业务利润	8,015
营业利润	136,761
投资收益	11,169
补贴收入	622
营业外收支净额	-2,393
经营活动产生的现金流量净额	248,769
现金及现金等价物净增加额	1,336,024

注:扣除非经常性损益项目:摊销合并价差621千元;处理固定资产净损失601千元;冻结资金利息478千元;债务重组收入80千元;清算损益4005千元;土地评估损失1629千元。

②前三年主要会计数据和财务指标

	2000年 人民币千元	1999年 人民币千元	1998年 人民币千元
主营业务收入	1,808,125	803,585	409,632
利润总额	146,160	97,485	9,527
净利润	133,933	88,598	8,590
总资产	3,673,565	1,926,711	1,226,550
股东权益(不含少数股东权益)	2,128,315	826,000	737,402
每股收益(人民币元)			
——全面摊薄	0.22	0.21	0.02
——加权平均	0.25	0.21	0.02
——扣除非经常性损益后	0.22	0.21	0.02
每股净资产(人民币元)	3.52	1.95	1.74
调整后的每股净资产(人民币元)	3.46	1.90	1.66
每股经营活动产生的现金流量净额	0.41	(0.02)	(0.06)
净资产收益率(%)			
——全面摊薄	6.29	10.73	1.16
——加权平均	8.30	11.33	1.17

附注:
调整后的每股净资产=(年度末股东权益-三年以上应收款项-待摊费用-待处理(流动、固定)资产净损失-开办费-长期待摊费用)/年度末普通股股份总数.
"应收款项"包括应收帐款、其他应收款、预付帐款、应收股利、应收利息、应收补贴款。

③按中国证监会信息披露编报规则(第9号)的要求计算的利润表附表

报告期利润	净资产收益率(%)		每股收益(元/股)	
	全面摊薄	加权平均	全面摊薄	加权平均
主营业务利润	17.03	22.46	0.60	0.69
营业利润	6.43	8.48	0.23	0.26
净利润	6.29	8.30	0.22	0.25
扣除非经常性损益后的净利润	6.15	8.12	0.22	0.25

三、股东情况介绍

1.主要股东持股情况
截至2000年12月31日,本公司十位最大登记股东持股情况如下:

股 东 名 称	附注	类别	持有股数	占股本总额%
中国纺织机械(集团)有限公司	(1)	A股	220,000,000	36.44
香港中央结算(代理人)有限公司	(2)	H股	176,655,999	29.26
重庆成长实业有限公司	(3)	A股	6,000,000	0.99
上海华源股份有限公司	(3)	A股	5,289,007	0.88
南京纺织产业(集团)有限公司	(3)	A股	2,680,800	0.44
杭州纺织机械总厂	(3)	A股	1,887,500	0.31
国投中型水电公司	(3)	A股	1,878,750	0.31
华夏证券有限公司		A股	1,516,833	0.25
北航城乡科技实业有限公司	(3)	A股	1,500,000	0.25
武汉香烟伴侣生物工程有限公司	(3)	A股	1,000,000	0.17

云南华一投资集团股份有限公司

二〇〇〇年年度报告摘选

一、公司简介

公司中文名称:云南华一投资集团股份有限公司
英文名称:YUNNAN HUAYI INVESTMENT GROUP CO., LTD
英文名称缩写:YHIGC
公司法定代表人:温一雷
公司董事会秘书:赵安昆
公司董事会证券事务代表:李瑞琦
联系地址:云南省昆明市东风西路19号五华大厦五楼
联系电话:(0871)3610134
传　　真:(0871)3625615
公司注册及办公地址:云南省昆明市东风西路19号
邮政编码:650031
国际互联网网址://huayi. kmcom. com. cn
公司电子信箱:huayi@pubilc. km. yn. cn
公司年度报告备置地点:董事会办公室、深圳证券交易所
信息披露报纸:证券时报
登载年报网址://www. cninfo. com. cn
股票上市交易所:深圳证券交易所
股票简称:华一投资
股票代码:0667

二、会计数据和业务数据摘要

(一)本年度主要利润指标情况(单位:人民币元)

项目	金额
利润总额	8,212,259.22
净利润	2,960,280.84
扣除非经常性损益后的净利润	8,045,875.98
主营业务利润	12,416,740.41
其他业务利润	3,066,931.80
营业利润	-8,427,547.02
投资收益	21,753,648.50
补贴收入	——
营业外收支净额	-5,113,842.26
经营活动产生的现金流量净额	28,708,732.45
现金及现金等价物净增加额	-9,637,692.36

注:扣除非经常性损益项目及金额:股权投资差额28,247.12元。

(二)报告期末,公司前三年主要会计数据和财务指标(单位:人民币元)

项目	2000年	1999年	1998年
主营业务收入	115,968,598.68	130,501,897.07	144,099,078.49
净利润	2,960,280.84	8,853,879.86	52,874,986.87
总资产	665,812,306.48	577,685,325.38	588,413,537.00
股东权益	490,101,042.18	487,140,761.34	480,262,200.77
每股收益(摊簿)	0.01	0.03	0.30
——加权平均	0.01	0.04	0.30
扣除非经常性损益后的每股收益	0.03	0.01	0.16
每股净资产	2.00	1.99	2.74
净资产收益率(%)	0.60	1.82	11.01
——加权平均(%)	0.61	1.83	11.19
扣除非经常性损益后的加权净资产收益率(%)	1.65	0.50	5.83
调整后的每股净资产	1.93	1.81	2.67
每股经营活动产生的现金流量净额	0.12	-0.16	0.10

(三)报告期内股东权益变动情况(单位:元)

项目	股本	资本公积	盈余公积	法定公益金	未分配利润	股东权益合计
期初数	245,028,000.00	9,163,662.76	175,573,106.69	31,624,494.93	57,375,991.89	487,140,761.34
本期增加			487,586.40	162,528.80	2,960,280.84	2,960,280.84
本期减少					487,586.40	
期末数	245,028,000.00	9,163,662.76	176,060,693.09	31,787,023.73	59,848,686.33	490,101,042.18
变动原因						

三、股东情况介绍

1、截止2000年12月29日,公司股东总数31798户,其中国家股股东1户,社会公众股股东31797户(含董事、监事及高级管理人员被锁定的6户)。

2、公司前10名股东持股情况:

序号	姓　名	年末持股数(股)	占总股本(%)
1	昆明市五华区国有资产管理局	181440000	74.05
2	单丽羽	828802	0.34
3	魏国贵	774508	0.32
4	李长生	460493	0.19
5	周静财	459900	0.19
6	章佳华	455280	0.19
7	洪成淑	441350	0.18
8	邓凡	440941	0.18
9	洪石子	435120	0.18
10	黄顺子	426230	0.17

注:公司前10名股东之间没有关联关系。

中国石化武汉石油(集团)股份有限公司

二〇〇〇年年度报告摘选

一、公司简介

1、公司中文名称:中国石化武汉石油(集团)股份有限公司
公司英文名称:SINOPEC WUHAN PETROLEUM GROUP CO. LTD
2、公司法定代表人:吕品
3、公司董事会秘书:蒙弘
联系地址:中国石化武汉石油(集团)股份有限公司证券部
联系电话:027-85781439
传真电话:027-85757897
4、公司注册地址:湖北省武汉市万松小区18栋
公司办公地址:湖北省武汉市万松小区18栋
公司邮政编码:430022
公司电子信箱:WUSHIYOU@PUBLIC. WH. HB. CN
5、公司选定的信息披露报纸:《中国证券报》、《证券时报》
年度报告备置地点:中国石化武汉石油(集团)股份有限公司证券部
中国证监会指定信息披露国际互联网网址:HTTP://WWW. CNINFO. COM. CN
6、公司股票上市交易所:深圳证券交易所
公司股票简称:武汉石油
公司股票代码:0668

二、会计数据与业务数据摘要

1、公司本年度利润总额及构成(单位:元)

	2000年度
利润总额	53,184,648.65
净利润	47,192,438.15
扣除非经常性损益后的净利润	37,207,024.28
主营业务利润	120,781,351.13
其他业务利润	5,244,942.56
营业利润	49,688,606.23
投资收益	4,808,264.31
补贴收入	
营业外收支净额	-1,312,221.89
经营活动产生的现金流量净额	81,918,339.76
现金及现金等价物净增加额	-13,011,807.61

扣除非经常性损益项目包括:营业外收支净额和弥补兼并企业以前年度亏损,涉及金额9,985,413.87元。

2、前三年主要财务数据和财务指标:

指标项目	2000	1999	1998
主营业务收入	1,161,577,171.48	930,544,323.60	925,869,118.65
净利润	47,192,438.15	38,921,688.62	22,749,492.54
总资产	895,841,026.06	653,789,497.42	490,410,488.93
股东权益(不含少数股东权益)	344,015,314.15	304,074,470.50	265,141,781.88
每股收益(元)	0.32	0.34	0.20
每股收益(加权)(元)	0.32	0.35	0.21
扣除非经常性损益后的每股收益(元)	0.33	0.28	0.15
每股净资产(元)	2.34	2.69	2.35
调整后的每股净资产	1.95	2.58	2.30
净资产收益率(%)	13.72	12.80	8.58
净资产收益率(加权)(%)	14.40	14.40	11.88
每股经营活动产生的现金流量净额	0.56	-0.27	-0.48

3、本报告期内股东权益变动情况:

(1)股东权益变动情况表

项目	股本	资本公积	盈余公积	法定公益金	未分配利润	股东权益合计
期初数	112,955,300.00	94,521,590.81	44,051,699.59	8,345,010.96	52,545,880.10	304,074,470.50
本期增加	33,886,590.00	90,500.00	9,438,487.64	2,359,621.91	47,192,438.15	90,608,015.79
本期减少					50,667,172.14	50,667,172.14
期末数	146,841,890.00	94,612,090.81	53,490,187.23	10,704,632.87	49,071,146.11	344,015,314.15

(2)股东权益变动说明:

A:本期增加资本公积原因系接受中石化股份公司捐赠微机及联网设备一套,价值90500元;
B:本期增加盈余公积、法定公益金系本年提取数;
C:本期增加未分配利润系本年新增净利润;
D:本期减少未分配利润的因素:
a:提取盈余公积金9,438,487.64元;
b:以期末股本为基数,按每股0.05提取应付普通股股利,计7,342,094.50元
c:以1999年末股本为基数,按每10股送3股红股,计33,886,590元

三、股东情况介绍

1、报告期末股东总数为:37169户。

2、持有本公司5%以上股份及前十位股东持股情况:

股东名称	年内股份增加数(万股)	年末持股数量(万股)
1)、中国石油化工股份有限公司(代表国家持股)	1755	7605
2)、武汉国有资产经营公司(代表国家持股)	407.24988	1764.74948
3)、江汉石油管理局	70.2	304.2
4)、中国石化集团武汉石油化工厂	43.2	187.2
5)、武汉市信托投资公司	43.2	187.2
6)、中国石油大庆石油化工总厂	32.085	139.035
7)、中国石化兰州炼油化工总厂	13.8392	59.9701
8)、中国石化集团茂名石油化工公司	12.9468	56.103
9)、武汉市国际经济贸易公司	10.8	46.8
10)、武汉税务咨询公司	8.64	37.44

吉林中讯科技发展股份有限公司

二〇〇〇年年度报告摘选

一、公司简介

1.公司法定中文名称:吉林中讯科技发展股份有限公司

公司法定英文名称:JILIN SINOSINIC TECHNOLOGY DEVELOPMENT CO.,LTD

2.公司法定代表人:吴瑞林

3.公司负责信息披露事务人员

董事会秘书:张正国

授权代表:陈兴华

联系电话:(0432)4672831

联系传真:(0432)4680646

联系地址:吉林省吉林市丰满区长江街38号

4.公司注册地址:吉林省吉林市高新技术开发区C区26号楼

办 公 地 址:吉林省吉林市丰满区长江街38号

邮 政 编 码:1 3 2 0 1 3

E-mail:wdl@public.jl.jl.cn

5.信息披露报刊名称:证券时报

登载公司年报网址:http://www.cninfo.com.cn

公司年报备置地点:公司证券部

6.公司上市地点:深圳证券交易所

股 票 简 称:中讯科技

股 票 代 码:0669

二、会计数据和业务数据摘要

(一)公司本年度主要利润指标情况(单位:人民币元)

利润总额:	8,476,080.52
净利润:	8,476,080.52
扣除非经常性损益后的净利润:	8,477,300.52
主营业务利润:	11,400,482.70
其它业务利润:	85,339.91
营业利润:	8,477,300.52
投资收益:	——
补贴收入:	——
营业外收支净额:	——
经营活动产生的现金流量净额:	-290,189.38
现金及现金等价物净增加额:	4,245,067.18

(二)截止报告期末公司前三年主要会计数据和财务指标(单位:人民币元)

项目	2000年	1999年	1998年
主营业务收入	47,541,142.45	20,621,622.39	14,384,570.10
净利润	8,476,080.52	39,553,147.94	-65,153,351.55
总资产	138,755,696.47	127,127,408.70	529,608,685.08
股东权益	71,379,770.87	62,903,690.35	23,350,542.41
每股收益	0.1374	0.6414	-1.056
扣除非经常性损益的每股收益	0.1374	0.0652	—
每股净资产	1.16	1.02	0.3786
调整后的每股净资产	1.154	1.02	-0.76
每股经营活动中产生的现金流量净额	-0.005	0.01	—
净资产收益率(%)	11.87	62.88	-279.02
加权净资产收益率(%)	12.62	62.88	-116.496

(三)报告期内股东权益变化情况　　单位:人民币元

项目	股本	资本公积	盈余公积	法定公益金	未分配利润	股东权益合计
期初数	61,670,000.00	104,619,604.10	9,202,707.60	2,93527.49	-112,588,621.35	62,903,690.35
本期增加	—	—	—	—	8,476,080.52	8,476,080.52
本期减少	—	—	—	—	—	—
期末数	61,670,000.00	104,619,604.10	9,202,707.60	2,93527.49	-104,112,540.83	71,379,770.87

变动原因:1、未分配利润的变动系因本年度弥补亏损所致。

2、股东权益增加系因本期利润增长。

三、股本变动及股东情况

(一)股东情况介绍

1.截止到2000年12月31日,本公司有股东22291户,其中,发起人股东3户,现任董事、监事及高级管理人员持股数为零股。

2.前10名股东情况如下:

序号	股东名称	年末持股数(股)	持股比例%
1	吉林万德莱通讯设备有限公司	19,110,000	30.99%
2	深圳吉粤投资有限公司	18,370,000	29.79%
3	万宝集团冷机制作工业公司	1,200,000	1.95%
4	深圳市乐然科技开发有限公司	120,151	0.19%
5	上海大众汽车嘉定特约维修站	103,555	0.17%
6	陆仲夏	80000	0.13%
7	苏长荣	78900	0.13%
8	王生华	78749	0.13%
9	李苹	76460	0.12%
10	林新花	70000	0.11%

湖北天发股份有限公司

二〇〇〇年年度报告摘选

一、公司简介

1.公司名称:中文　湖北天发股份有限公司

英文　HUBEI TIANFA CO.,LTD

2.法定代表人:刘道兴

3.董事会秘书:张进斌

联系地址:荆州市江汉北路12号天发大厦4楼B座

联系电话:0716-8560320

传　　真:0716-8566160

电子信箱:stock@tianfa.com.cn

4.注册地址:荆州市江汉北路12号

办公地址:荆州市江汉北路12号天发大厦

邮政编码:434000

公司网址:http://www.tianfa.com.cn

5.公司信息披露报纸:《中国证券报》、《证券时报》

中国证监会指定登载公司年报的国际互联网网址:http://www.cninfo.com.cn

年度报告备置地点:公司证券部

6.股票上市地:深圳证券交易所

股票简称:天发股份 股票代码:0670

二、会计数据和业务数据摘要

(一)公司本年度利润总额及构成(单位:人民币元)

利润总额	64,525,376.57
净利润	52,360,965.55
扣除非经常性损益后的净利润	51,245,198.50
主营业务利润	135,623,579.40
其他业务利润	217,397.59
营业利润	63,409,609.52
营业外收支净额	1,115,767.05
投资收益	0
补贴收入	0
经营活动产生的现金流量净额	263,052,023.16
现金及现金等价物净增加额	-27,319,468.30
注:扣除非经常性损益项目及金额(元)	
营业外收支净额	1,115,767.05

(二)前三年主要财务数据和财务指标(单位:人民币元)

项目	2000年度	99年度	98年度	
			调整前	调整后
主营业务收入	1,229,556,675.69	1,099,950,890.91	1,097,324,068.51	985,866,625.04
净利润	52,360,965.55	77,606,419.18	78,517,368.41	101,365,209.07
总资产	1,640,304,160.48	1,489,611,209.93	1,557,483,991.53	1,164,433,675.21
股东权益(不含少数股东权益)	783,875,178.61	753,738,281.63	755,059,813.06	676,131,862.45
每股收益(摊薄)	0.22	0.33	0.33	0.69
加权每股收益	0.22	0.41	0.41	0.75
扣除非经常性损益后每股收益	0.22	0.31	0.31	
每股净资产	3.33	3.20	3.21	4.59
调整后的每股净资产	3.30	3.18	3.18	4.58
每股经营活动产生的现金流量净额	1.12	0.44		
净资产收益率(%)	6.68	10.30	10.28	15.03

(三)利润表附表

报告期利润	净资产收益率(%)				每股收益(元)			
	2000年		1999年		2000年		1999年	
	全面摊薄	加权平均	全面摊薄	加权平均	全面摊薄	加权平均	全面摊薄	加权平均
主营业务收入	16.8	17.36	19.66	21.95	0.57	0.57	0.63	0.63
营业利润	8.08	8.12	11.47	12.81	0.27	0.27	0.37	0.37
净利润	6.68	6.70	10.40	11.61	0.22	0.22	0.33	0.33
扣除非经常性损益后的净利润	6.68	6.70	9.60	10.71	0.22	0.22	0.31	0.31

(四)本年度股东权益变动情况:

项目	股本	资本公积	盈余公积	法定公益金	未分配利润	合计
期初数	235,456,000	216,323,330.32	94,557,422.58	28,992,829.90	208,723,060.16	755,059,813.06
本期增加	0	0	11,147,596.28	5,573,798.15	35,639,571.12	52,360,965.55
本期减少	0	0	0	0	23,545,600	0
期末数	235,456,000	216,323,330.32	111,278,817.02	34,900,711.17	220,817,031.28	783,875,178.61

注:①盈余公积、法定公益金增加系从净利润中按规定提取所致。

②未分配利润增加系净利润增加所致;本期减少系期末现金分红所致。

三、股东情况介绍

1、报告期末股东总数为51983户,其中:法人股3户,社会公众股51980户。

2、期末前10名股东持股情况:

股东名称	持股数(股)	持股比例(%)
湖北天发集团公司	70688000	30.02
荆州市第一木材总公司	25600000	10.87
荆州市国有资产管理局	20192000	8.58
梁云海	690696	0.29
泰和证券投资基金	667735	0.28
陈敦喜	641700	0.27
谢林财	469955	0.20
雷体凤	400100	0.17
徐继君	400000	0.17
周继年	381500	0.16

福建省石狮新发股份有限公司

二〇〇〇年年度报告摘选

一、公司简介

中文名称:福建省石狮新发股份有限公司
英文名称:FUJIAN SHISHI XINFA CO.,LTD
法定地址:福建省石狮市民生路 208 号
办公地址:福建省石狮市民生路 208 号石狮新乐园大酒店四楼
法定代表:吴彦赞
股票上市地:深圳证券交易所
股票代码:0671
股证代表:黄永刚
联系电话:(0595)8880671　　传真:(0595)8880410
电子信箱:xinfa@pub1.qz.fj.cn　　邮政编码:362700
公司选定的中国证监会指定报纸名称:《中国证券报》
中国证监会指定国际互联网网址:http//www.cninfo.com.cn
公司年度报告备置地点:公司证券部

二、会计数据和业务数据摘要

(一)本年度利润总额、利润总额的构成及经营活动产生的现金流量净额、现金及现金等价物净增加额:(单位:人民币元)

1、利润总额:	23,537,765.80
2、净利润:	20,012,759.50
3、扣除非经常性损益后的净利润	19,823,423.66
4、主营业务利润:	32,353,328.47
5、其他业务利润:	1,628,799.85
6、营业利润:	23,194,340.82
7、投资收益:	154,089.14
8、补贴收入:	0.00
9、营业外收支净额:	189,335.84
10、经营活动产生的现金流量净额:	22,792,907.53
11、现金及现金等价物净增加额:	4,957,829.30
注:扣除的项目及涉及金额:	
营业外收支净额:	189,335.84
以上涉及金额:	189,335.84

(二)前三年的主要会计数据和财务指标　　单位:人民币元

项目	2000 年	1999 年	1998 年	2000 年比 99 年增减比例(%)
1、主营业务收入:	77,754,879.86	43,163,478.91	36,799,538.43	80.14
2、净利润:	20,012,759.50	13,309,732.53	17,687,235.15	50.36
3、总资产:	276,694,169.74	220,560,910.16	181,056,303.49	25.45
4、股东权益:	179,950,958.91	159,938,199.41	146,628,466.88	12.51
5、每股净资产(元):	1.89	1.68	2.157	12.50
6、调整后的每股净资产:	1.85	1.62	2.056	14.20
7、每股经营活动产生的现金流量净额:	0.24	-0.069	-0.176	-
8、主营业务利润:				
①净资产收益率(%):				
—全面摊薄(%):	17.98	12.13	14.00	48.23
—加权平均(%):	19.04	12.65	18.17	50.51
②每股收益:				
—全面摊薄:	0.34	0.20	0.30	70.00
—加权平均:	0.34	0.20	0.19	70.00
9、营业利润:				
①净资产收益率(%):				
—全面摊薄(%):	12.89	9.43	10.01	36.09
—加权平均(%):	13.65	9.84	13.63	38.72
②每股收益:				
—全面摊薄:	0.24	0.16	0.22	50.00
—加权平均:	0.24	0.16	0.14	50.00
10、净利润:				
①净资产收益率(%):				
—全面摊薄(%):	11.12	8.32	12.06	33.65
—加权平均(%):	11.78	8.68	16.44	35.71
②每股收益:				
—全面摊薄:	0.21	0.14	0.26	50.00
—加权平均:	0.21	0.14	0.26	50.00
11、扣除非经常性损益后的净利润:				
①净资产收益率(%):				
—全面摊薄(%):	11.02	7.87	12.06	40.03
—加权平均(%):	11.66	8.22	16.44	41.85
②每股收益:				
—全面摊薄:	0.21	0.13	0.196	61.54
—加权平均:	0.21	0.13	0.196	61.54

三、股东持股情况

(一)截止 2000 年 12 月 31 日,本公司股东总数为 20084 户。
(二)报告期末公司前十名股东持股情况:　　单位:万股

股东名称	持股情况			持股比例
	期初持股数	报告期内变动数(+或-)	期末持股数	
1、福建省新湖集团公司	2636.9280		2636.9280	27.71%
2、福建华恒鞋帽进出口公司	1361.7139		1361.7139	14.31%
3、泉州市元鸿手袋鞋帽厂	590.1100		590.1100	6.20%
4、福建省石狮闽南羽绒服装厂	461.6337		461.6337	4.85%
5、福建省新湖集团科技信息中心	379.6480		379.6480	3.97%
6、福建省石狮市华新经济发展公司	0	+377.6337	377.6337	3.39%
7、福建省石狮市新湖丰泰工贸公司	322.5600		322.5600	3.25%
8、松明机械工业(深圳)有限公司	309.1424		309.1424	2.83%
9、福建省石狮市迅达运输公司	154.0000		154.0000	1.62%
10、兴业厦门	0	+55.0458	55.0458	0.58%

白银铜城商厦(集团)股份有限公司

二〇〇〇年年度报告摘选

一、公司简介

1.公司法定中文名称:白银铜城商厦(集团)股份有限公司
英文名称:BAIYIN COPPER COMERCIAL BUILDING (GROUP)CO.LTD
英文缩写:BCCCB
2.公司法人代表:敬伟
3.公司董事会秘书:任民
联系地址:白银市白银区五一街 8 号铜城商厦四楼
电　　话:(0943)8223409　　传真:(0943)8227879
电子信箱:bytchjt@by.gs.cninfo.net
4.公司注册地址:白银市白银区五一街 8 号
办公地址:白银市白银区五一街 8 号铜城商厦四楼
邮政编码:730900
电子信箱:bytchjt@by.gs.cninfo.net
5.公司选定的信息披露报纸名称:《中国证券报》、《证券时报》
登载公司年度报告的国际互联网网址:http://www.cninfo.com.cn
6.公司年度报告备置地点:公司证券部
7.公司股票上市地:深圳证券交易所
股票简称:铜城集团　　股票代码:0672

二、会计数据和业务数据摘要

1.报告期主要业务数据摘要(单位:人民币元)

(1)利润总额:	17,900,659.80
(2)净利润:	10,975,385.15
(3)扣除非经常性损益后的净利润:	7,536,716.70
(4)主营业务利润:	16,174,234.06
(5)其他业务利润:	23,703,126.78
(6)营业利润:	14,461,991.35
(7)投资收益:	3,467,602.85
(8)补贴收入:	--
(9)营业外收支净额:	-28,934.40
(10)经营活动产生的现金流量净额:	-15,615,926.69
(11)现金及现金等价物净增加额:	9,204,242.39

本报告期非经常性损益项目及金额:

项目	金额
出让子公司股权而获得的转让收入	3,491,286.11
合并价差摊销	-23,683.26
营业外收支净额	-28,934.40
合计	3,438,668.45

2.主要会计数据和财务指标　　单位:人民币元

指标项目	2000 年	1999 年	1998 年	
			调整后	调整前
(1)主营业务收入	91526059.85	69167235.43	25823246.57	113145637.89
(2)净利润	10975385.15	13978838.93	7565138.01	10025497.58
(3)总资产	364440055.67	300786325.57	217130543.25	308718835.81
(4)股东权益(不含少数股东权益)	119917485.45	112182937.62	98204098.69	103439003.94
(5)每股收益(摊薄)	0.17	0.22	0.12	0.15
按月平均计算的每股收益	0.17	0.22	0.12	0.15
(6)扣除非经营性损益后的每股收益	0.12	-0.32	0.12	0.15
(7)每股净资产	1.84	1.73	1.51	1.59
(8)调整后的每股净资产	1.65	1.27	1.47	1.50
(9)每股经营活动产生的现金流量净额	-0.24	-0.26	0.27	0.27
(10)净资产收益率(%)(摊薄)	9.15	12.46	7.70	9.69
(11)股东权益比率(%)	32.90	37.30	45.23	33.51
(12)股份变动后的每股收益:	0.15			

3.公司 2000 年和 1999 年净资产收益率和每股收益

报告期利润	2000 年				1999 年			
	净资产收益率		每股收益		净资产收益率		每股收益	
	全面摊薄	加权平均	全面摊薄	加权平均	全面摊薄	加权平均	全面摊薄	加权平均
主营业务利润	13.49%	13.75%	0.25	0.25	8.73%	9.31%	0.15	0.15
营业利润	12.06%	12.29%	0.22	0.22	-14.71%	-15.69%	-0.25	-0.25
净利润	9.15%	9.33%	0.17	0.17	12.46%	13.29%	0.22	0.22
扣除非经常性损益后的净利润	6.28%	6.40%	0.12	0.12	-17.75%	-18.93%	-0.32	-0.32

注:上述指标按照中国证监会《公开发行证券公司信息披露编报规则(第 9 号)》要求计算。

三、股本变动及股东情况

1、截止本报告期末,公司股东总数 1922 户。其中法人股股东 7 户,社会公众股股东 1915 户。
2、截止本报告期末,公司前 10 名股东的持股情况　　单位:股

股东名称	期初数	本年度内股份增减(+、-)	期末数	持股比例(%)	股份类别
甘肃金合投资有限公司	0	+16965000	16965000	26.10	法人股
北京市海淀区国有投资经营公司	0	+16900000	16900000	26.00	国有法人股
深圳市东欧投资发展有限公司	1300000	+990000	2290000	3.52	法人股
北京世恒成咨询服务有限责任公司	0	+2081599	2081599	3.20	上市流通股
北京国民保险代理有限公司	0	+2000000	2000000	3.08	法人股
北京市海淀区四季青换热器厂	734831	-48683	686148	1.06	上市流通股
邓福仑	0	+466550	466550	0.72	上市流通股
张炜梅	0	+389000	389000	0.60	上市流通股
姜浩	0	+379000	379000	0.58	上市流通股
甘肃银城实业公司	325000	0	325000	0.50	法人股

大同水泥股份有限公司

二〇〇〇年年度报告摘选

一、公司简介

1、公司法定中文名称：大同水泥股份有限公司

公司法定英文名称：DATONG CEMENT CO.,LTD

缩写：DCC

2、公司法定代表人：李成业

3、公司董事会秘书：刘 刚

授权代表：王 瑾

联系地址：山西省大同市口泉

电　　话：0352－4042623

　　　　　0352－4041541－2600

传　　真：0352－4042623

电子信箱：dtsnzqb@public.dt.sx.cn

4、公司注册地址：山西省大同市口泉

公司办公地址：山西省大同市矿区五法路一号

邮 政 编 码：037001

电 子 信 箱：dtsnzqb@public.dt.sx.cn

5、公司信息披露报纸名称：《中国证券报》、《证券时报》

登载公司年度报告的中国证监会指定国际互联网网址：

http://www.cninfo.com.cn

公司年度报告备置地点：公司证券管理部

6、公司股票上市地：深圳证券交易所

股票简称：大同水泥

股票代码：0673

二、会计数据和业务数据摘要

1、本年度主要利润指标(单位：人民币元)

项目	金额
利润总额：	40,333,060.13
净利润：	27,981,064.28
扣除非经常性损益后的净利润：	28,101,273.68
主营业务利润：	86,360,477.77
其他业务利润：	－3,321,925.20
营业利润：	41,017,316.42
投资收益：	0.00
补贴收入：	0.00
营业外收支净额：	－684,256.29
经营活动产生的现金流量净额：	12,936,711.71
现金及现金等价物净增加额：	－6,409,465.23

注：扣除的非经常性损益项目及金额：捐赠支出：100,600.00元；罚款支出：27,989.4元；罚款收入：8,380.00元。

2、截至报告期末公司前三年主要会计数据和财务指标　　单位：人民币元

项 目	2000年	1999年	1998年	
			调整前	调整后
主营业务收入	204,864,658.46	169,396,540.46	166,697.564.88	166,697,564.88
净利润	27,981,064.28	39,914,126.76	30,620,852.76	29,626,463.60
总资产	481,670,700.53	465,959,917.03	305,288,096.50	301,779,181.03
股东权益	277,266,412.98	266,625,348.70	229,238,830.54	226,711,221.94
每股收益	0.1614	0.2302	0.30	0.2905
每股收益(月均)	0.1614	0.35	0.30	0.2905
扣除非经常性损益后的每股收益	0.1621	0.1644	0.30	0.2903
每股净资产	1.599	1.5376	2.25	2.2227
调整后的每股净资产	1.462	1.4932	2.21	2.1034
每股经营活动产生的现金流量净额	0.0746	0.0059	－0.0373	－0.0373
净资产收益率(％)	10.092	14.9701	13.36	13.0679

三、股东情况介绍

1、截止2000年12月31日，本公司股东总数为42116户。

2、公司前10名股东持股情况

序号	股 东 名 称	持股数量(股)	占总股本比例(％)
1	山西云冈水泥集团有限公司	122400000	70.59
2	陈 宾	381010	0.220
3	娄 西	298560	0.172
4	林耀放	233000	0.134
5	吴文洁	201305	0.116
6	许迎新	140000	0.081
7	河南国瑞信息技术有限公司	137000	0.079
8	冯建中	136500	0.079
9	余丽清	134500	0.078
10	河南黄河旋风股份有限公司	129100	0.074

四川银山化工(集团)股份有限公司

二〇〇〇年年度报告摘选

一、公司简介

1.公司法定中文名称：四川银山化工(集团)股份有限公司

公司法定英文名称：SICHUAN YINSHAN CHEMICAL INDUSTRY (GROUP) CO.,LTD

2.公司法定代表人：王治仲

3.公司董事会秘书：艾小明　　电话：(0832)5452216

授权代表：汤寿坤　　电话：(0832)5452203

传真：(0832)5452216

联系地址：四川省内江市资中县银山镇

4.公司注册地址：四川省内江市资中县银山镇

公司办公地址：四川省内江市资中县银山镇

邮政编码：641201

公司国际互联网网址：http://www.yinshanchemical.com

电子信箱：zzyshg@nj－public.sc.cninfo.net

　　　　　zzyshg@163.net

5.公司选定的信息披露报纸：《中国证券报》、《证券时报》

登载公司年度报告的国际互联网网址：http://www.cninfo.com.cn

公司年度报告备置地点：公司董事会办公室

6.公司股票上市交易所：深圳证券交易所

股票简称：银山化工

股票代码：0675

二、会计数据和业务数据摘要

1.公司本年度实现利润情况　　单位：万元

项目	金额
利润总额	－5,996.70
净利润	－5,964.34
扣除非经常性损益后的净利润	－6,143.10
主营业务利润	－2,037.08
其他业务利润	276.30
营业利润	－6,175.45
投资收益	1.25
补贴收入	205.83
营业外收支净额	－28.33
经营活动产生的现金流量净额	2,461.66
现金及现金等价物增加额	－1,097.05

注：非经常性损益主要包括：投资收益12,471.70元，补贴收入2,058,330.45元，营业外收入113,560.66元，营业外支出396,822.30元。

2.截止本年度末公司前三年的主要会计数据和财务指标：　　单位：人民币元

项 目	2000年	1999年	1998年	
			调整前	调整后
主营业务收入	209,916,137.27	281,759,919.31	331,736,818.51	331,736,818.51
净利润	－59,643,381.44	－47,087,145.16	18,779,860.12	13,429,121.78
总资产	645,150,799.73	679,578,851.82	619,748,487.21	605,177,306.70
股东权益	78,173,972.21	137,817,353.65	179,364,729.72	164,793,549.20
每股收益	－0.52	－0.41	0.16	0.12
每股净资产	0.68	1.21	1.57	1.44
调整后的每股净资产	0.58	1.08	1.51	1.39
每股经营活动产生的现金流量净额	0.22	－0.01		0.18
净资产收益率(％)	－76.29	－34.17	10.47	8.15
加权平均每股收益			0.21	
加权平均净资产收益率			11.05	

3.报告期内股东权益变动情况：

项目	股本(万股)	资本公积	盈余公积	法定公益金	未分配利润	股东权益合计
期初数	11,435.0262	35,447,961.51	13,270,101.82	4,185,745.56	－25,250,971.68	137,817,353.65
本期增加						
本期减少					59,643,381.44	
期末数	11,435.0262	35,447,961.51	13,270,101.82	4,185,745.56	－84,894,353.12	78,173,972.21

变动原因：未分配利润减少59,643,381.44元系公司本年度亏损所致。

三、股东情况介绍

1.报告期末公司共有股东14102户。

2.公司前10名股东为：

名次	股 东 名 称	持股数(股)	占总股本比率(％)	股份性质
1	内江市国有资产管理局	66061762	57.77	国有股
2	四川郎酒集团有限责任公司	3536000	3.09	法人股
3	四川省信托投资公司	2210000	1.93	法人股
4	内江市沱江信托投资公司	2210000	1.93	法人股
5	工行四川省信托投资公司内江办事处	2210000	1.93	法人股
6	深圳市大鹏投资策划有限责任公司	1700000	1.49	法人股
7	中国人民保险公司内江市分公司	1105000	0.97	法人股
8	四川省建设信托投资公司内江办事处	1105000	0.97	法人股
9	中信证券北京地坛证券交易营业部	567496	0.50	社会公众股
10	成都千百鸿实业有限公司	552500	0.48	法人股

河南思达高科技股份有限公司

二〇〇〇年年度报告摘选

一、公司简介

1.公司法定中英文名称：
公司法定中文名称：河南思达高科技股份有限公司
中文简称：思达高科
公司法定英文名称：HENAN STAR HI－TECH CO.,LTD.
英文简称：STAR HI－TECH
2.公司法定代表人：冯井岗
3.董事会秘书：王西林
授 权 代表：向 桥
电话：(0371)3946860
传真：(0371)3826929
公司国际互联网网址：http://www.starhi－tech.com
电子信箱：ZQB@starhi－tech.net
4.公司注册地址：中国河南郑州高新技术产业开发区金梭路38号
公司证券部办公地址：河南省郑州市农业路31号
邮编：450053
5.公司选定的信息披露报纸：《证券时报》
登载公司年度报告的中国证监会指定的国际互联网网址：
http://www.cninfo.com.cn
公司年度报告备置地点：郑州市农业路31号公司办公楼408室
6.公司股票上市地：深圳证券交易所
股票简称：思达高科
股票代码：0676

二、会计数据和业务数据摘要

1. 2000年公司实现利润总额3488.13万元，主营业务利润5282.19万元，其他业务利润1243.19万元，投资收益64.75万元，营业外收支净额27.17万元，净利润2959.04万元，扣除非经常性损益后的净利润2935.95万元，经营活动产生的现金流量净额2068.43万元，现金及现金等价物净增加额1843.37万元。

注：扣除的非经常性损益项目和涉及金额：

(1) 购股冻结资金利息收入	19.55万元
(2) 无法支付的应付款项	1.47万元
(3) 罚款收入	2.34万元
(4) 其他非经常性损益	3.81万元
非经常性损益净额合计：	27.17万元

2. 主要会计数据和财务指标如 下：

指标项目	2000年	1999年	1998年	
			调整前	调整后
1.主营业务收入(万元)	13030.56	10101.74	7072.19	7072.19
2.净利润(万元)	2959.04	2148.48	2378.28	2259.11
3.总资产(万元)	36723.41	32449.36	27635.65	27236.07
4.股东权益(万元)	24270.78	21311.74	19562.84	19163.26
5.每股收益 摊薄	0.17	0.24	0.27	0.26
(元) 加权	0.17	0.24	0.30	0.28
6. 扣除非经常性损益后的每股收益	0.17	0.24		0.25
7.每股净资产(元)	1.37	2.40	2.20	2.16
8.净资产收益率 摊薄	12.19	10.08	12.16	11.79
(%) 加权	12.98	10.41		
9.调整后的每股净资产(元)	1.33	2.35	2.13	2.09
10.每股经营活动产生的现金流量净额(元)	0.12	0.18	0.02	0.02

利润表附表如下：

	净资产收益率(%)		每股收益(元/股)	
	全面摊薄	加权平均	全面摊薄	加权平均
主营业务利润	21.76	23.18	0.3	0.3
营业利润	13.99	14.90	0.19	0.19
净利润	12.19	12.98	0.17	0.17
扣除非经常性损益后的净利润	12.10	12.88	0.17	0.17

三、股本变动及股东情况介绍

1. 股本变动情况

(1) 公司股份变动情况表　　数量单位：万股

	期初数	本次变动增减(+、-)			期末数
		送股	公积金转股	小计	
(一)尚未流通股份					
1.发起人股份	6375	1761.1	4109.3	5870.4	11740.8
其中：					
国家拥有股份					
境内法人持有股份	6375	1761.1	4109.3	5870.4	11740.8
外资法人持有股份					
其他					
2.募集法人股		151.4	353.2	504.6	1009.2
3.内部职工股					
4.优先股或其他					
尚未流通股份合计	6375	1912.5	4462.5	6375	12750
(二)已流通股份					
1. 境内上市的人民币普通股	2500	750	1750	2500	5000
2. 境内上市的外资股					
3. 境外上市的外资股					
4. 其他					
已流通股份合计	2500	750	1750	2500	5000
(三)股份总数	8875	2662.5	6212.5	8875	17750

山东潍坊海龙股份有限公司

二〇〇〇年年度报告摘选

一、公司简介

1、公司法定名称：
中文名称：山东潍坊海龙股份有限公司
英文名称：WEIFANG SEA DRAGON CO.LTD, SHANDONG
2、公司法定代表人：张荣安
3、公司董事会秘书：牛海平，授权代表：陈树广
联系地址：山东省潍坊市寒亭区潍县北路555号
电话：0536－7252140
传真：0536－7252140
4、公司注册地址及办公地址：山东省潍坊市寒亭区潍县北路555号
邮政编码：261100
5、公司选定的信息披露报纸名称：《证券时报》、《中国证券报》，登载公司年度报告的国际互联网网址：http://www.cninfo.com.cn，公司年度报告备置地点：山东潍坊海龙股份有限公司证券部。
6、公司股票上市交易所：深圳证券交易所
股票简称：山东海龙
股票代码：0677

二、会计数据和业务数据摘要

1、公司本年度实现利润总额4,663.72万元、净利润3,805.39万元，扣除非经常性损益后的净利润3,805.39万元、主营业务利润7,865.28万元、其他业务利润69.62万元、营业利润4,691.61万元、营业外收支净额27.89万元、经营活动产生的现金流量净额101.34万元、现金及现金等价物净增加额2,225.19万元。

2、主要会计数据和财务指标

指标项目	2000年	1999年	1998年		2000年比1999年增减%
			调整前	调整后	
主营业务收入(万元)	56,859.74	26,778.15	22,446.95	22,446.95	112.34
净利润(万元)	3,805.39	2,678.35	3,439.59	3,063.42	42.08
总资产(万元)	66,331.29	46,976.30	33,898.29	32,808.90	41.20
股东权益(万元)	29,380.05	25,574.66	24,021.25	24,021.25	14.88
每股收益(元)	0.23	0.16	0.37	0.33	43.75
每股净资产(元)	1.77	1.54	2.61	2.49	14.94
调整后的每股净资产(元)	1.765	1.54	2.58	2.46	14.61
每股经营活动产生的现金流量净额(元)	0.006	－0.17	－0.19	－0.19	103.53
净资产收益率(%)	12.95	10.47	14.32	13.38	23.69

注：(1)按月平均加权法计算的每股收益0.23元，扣除非经营性损益后的每股收益0.23元。

3、报告期内股东权益变动情况

项目	股本(股)	资本公积(元)	盈余公积(元)	法定公益金(元)	未分配利润(元)	股东权益合计(元)
期初数	165657960	35251159	14166075.23	12303786.69	28367620.14	255746601.06
本期增加			3805390.71	3805390.71	38053907.05	38053907.05
本期减少					7610781.42	
期末数	165657960	35251159	17971465.94	16109177.40	58810745.77	293800508.11

变动原因：本年度公司股本未发生变动，未分配利润增加30,443,125.63元，系利润增加所致。

三、股本变动及股东情况

1、股本变动情况

(1)、股份变动情况表　　单位数量：万股

	本次变动前	本次变动增减(+、-)						本次变动后
		配股	送股	公积金转股	增发	其他	小计	
一、未上市流通股份								
1、发起人股份	4605.12							4605.12
其中：								
国家持有股份								
境内法人持有股份	4605.12							4605.12
境外法人持有股份								
其他								
2、募集法人股份	6906.276							6906.276
3、内部职工股								
4、优先股或其他								
其中：转配股								
未上市流通股份合计	11511.396							11511.396
二、已上市流通股份								
1、人民币普通股	5054.4							5054.4
2、境内上市的外资股								
3、境外上市的外资股								
4、其他								
已上市流通股份合计	5054.4							5054.4
三、股份总数	16565.796							16565.796

(2)股票发行与上市情况

① 前三年历次股票发行情况：

1998年6月26日公司实施配股，股票种类为人民币A股，发行日期为98年7月28日，发行价格为每股5.90元，发行数量为1533.87万股，获准上市交易量468万股，上市日期为98年9月18日。

②1999年3月22日公司实施利润分配和公积金转增股本方案，以1998年末总股本9203.22万股为基数，按10:3比例向全体股东送红股2760.966万股，公积金按10:5比例向全体股东转增4601.61万股，股本总额由9203.22万股，增至16565.796万股。

襄阳汽车轴承股份有限公司

二〇〇〇年年度报告摘选

一、公司简介

1、公司法定中文名称：襄阳汽车轴承股份有限公司
公司法定英文名称：XIANGYANG AUTOMOBILE BEARING SHARE COMPANY., LTD
2、公司法定代表人：张德炳
3、公司董事会秘书：姜岳生
授权代表：于洁辉
联系地址及年报备置地：襄阳汽车轴承股份有限公司证券投资部
电子信箱：ZXY@Public.XF.HB.cn
电　　话：0710－3564101 转 82429
传　　真：0710－3560874
4、公司注册地址：湖北省襄樊市襄城区轴承路 1 号
公司办公地址：湖北省襄樊市襄城区轴承路 1 号
邮政编码：441022
5、公司信息披露报刊：《中国证券报》、《证券时报》
国际互联网网址：http://www.cninfo.com.cn
6、公司股票上市地：深圳证券交易所
股票简称：襄阳轴承
股票代码：0678

二、会计数据和业务数据摘要

1、本报告内实现利润及主要现金流量指标：（单位：元）

项目	金额
利润总额	－56,147,853.55
净利润	－56,147,853.55
扣除非经常性损益后的净利润	－61,786,098.12
主营业务利润	32,282,141.23
其他业务利润	－569,416.54
营业利润	－66,212,706.55
投资收益	4,442,973.43
补贴收入	0.00
营业外收支净额	5,621,879.57
经营活动产生的现金流量净额	－46,566,240.43
现金及现金等价物净增加额	6,741,826.89

注：扣除的非经常性损益项目和涉及金额：（单位：元）

项目	金额
(1)债务重组损益	5,758,641.59
(2)固定资产处置损益	－59,112.02
(3)捐赠支出	61,285.00
合 计	5,760,814.57

2、公司前三年的主要会计数据和财务指标

项 目	2000 年	1999 年		1998 年
		调整前	调整后	
主营业务收入(元)	210,915,711.41	277,518,123.63	389,100,000.37	389,100,000.37
净利润(元)	－56,147,853.55	26,912,492.02	47,965,362.26	33,313,964.63
总资产(元)	971,788,267.15	914,335,072.19	902,450,045.46	840,190,662.30
股东权益(元)	541,124,390.44	443,530,395.40	478,877,286.54	416,617,903.38
每股收益(元)	－0.40	0.223	0.397	0.276
加权每股收益(元)	－0.419	0.223	0.397	0.276
扣除非经常性损益后的每股收益(元)	－0.44	0.243	0.404	0.283
每股净资产(元)	3.85	3.67	3.96	3.45
调整后每股净资产(元)	3.53	3.43	3.87	3.21
每股经营活动产生的现金流量净额(元)	－0.332	－0.203	0.18	
净资产收益率(%)	－10.376	6.067	10.02	7.99
加权净资产收益率(%)	－8.69	6.258	10.554	7.70

3、公司本年度股东权益变动情况　单位：元

项 目	股本	资本公积	盈余公积	法定公益金	未分配利润	股东权益合计
期初数	120865568	171180656.14	77770522.18	23519029.18	73713649.08	443530395.40
本期增加	19574450	134167398.59				153741848.59
本期减少					56147853.55	56147853.55
期末数	140440018	305348054.73	77770522.18	23519029.18	17565795.53	541124390.44

变动原因：(1)股本、资本公积的增加为本期配股增加所致；
(2)未分配利润的减少为本期亏损所致。

4、按照中国证监会发布的有关信息披露编报规则(第 9 号)文要求计算的利润数据：

指标名称	净资产收益率(%)				每 股 收 益(元)			
	全面摊薄		加权平均		全面摊薄		加权平均	
	本年度	上年度	本年度	上年度	本年度	上年度	本年度	上年度
主营业务利润	5.966	16.97	4.997	17.503	0.23	0.623	0.24	0.623
营业利润	－12.24	7.025	－10.25	7.245	－0.47	0.258	－0.49	0.258
净利润	－10.38	6.067	－8.69	6.258	－0.40	0.223	－0.419	0.223
扣除非经常性损益后净利润	－11.42	6.617	－9.563	6.824	－0.44	0.243	－0.46	0.243

三、股本情况介绍

1、报告期末股东总数
截止 2000 年 12 月 31 日，公司股东总数为 20051 名。
2、股东情况
主要股东持股情况(前 10 名)

名　　称	持股数(万股)	占总股本(%)
襄阳汽车轴承集团公司	4691.33	33.40
襄阳汽车轴承实业总公司	334.32	2.38
中国工商银行湖北省信托投资公司襄樊市办事处	194.43	1.38
申银万国证券股份有限公司	134.43	0.96
中国工商银行襄樊市分行信息咨询公司	97.21	0.69
襄樊兴业设备租赁调剂公司	97.21	0.69
襄樊中建房地产开发公司襄城公司	97.21	0.69
中国工商银行襄樊市分行劳动服务公司	77.77	0.55
南方证券有限公司	60.00	0.43
田建华	50.09	0.36

大连友谊(集团)股份有限公司

二〇〇〇年年度报告摘选

一、公司简介

1.公司法定中文名称：大连友谊(集团)股份有限公司
公司英文名称：DALIAN FRIENDSHIP (GROUP) CO.,LTD.
2.公司法定代表人：宋传远
3.公司董事会秘书：张宝森
联系地址：辽宁省大连市中山区七一街 1 号
电　　话：0411－2802712　　传　真：0411－2650892
E－mail：dfsc@mail.dlptt.ln.cn
4.公司注册地址：辽宁省大连市中山区人民路 91 号
公司办公地址：辽宁省大连市中山区七一街 1 号
邮政编码：116001
5.信息披露报刊：《中国证券报》
2000 年年度报告正文登载于中国证监会指定的国际互联网网址：
http://www.cninfo.com.cn
2000 年年度报告备置地址：辽宁省大连市中山区七一街 1 号公司证券部
6.公司股票上市地：深圳证券交易所
公司股票简称：大连友谊　　公司股票代码：0679

二、会计数据和业务数据摘要

1. 本年度主要经济指标：

项目	金额
利润总额(元)：	55,294,883.71
净利润(元)：	46,789,263.46
扣除非经常性损益后的净利润(元)：	44,380,788.46
主营业务利润(元)：	249,578,116.07
其他业务利润(元)：	4,467,282.31
营业利润(元)：	57,474,575.61
投资收益(元)：	1,026,229.83
补贴收入(元)：	－
营业外收支净额(元)：	－3,205,921.73
经营活动产生的现金流量净额(元)：	213,319,754.28
现金及现金等价物净增加额(元)：	203,761,895.31

注：扣除非经常性损益项目包括：
出售软件收入(元)：3,000,000.00

2. 截止报告期末公司前三年的主要会计数据和财务指标：

	2000 年	1999 年	1998 年	
			调整前	调整后
主营业务收入(元)：	628,684,322.88	539,398,870.18	563,718,939.02	563,718,939.02
净利润(元)：	46,789,263.46	57,834,133.10	53,663,514.28	53,627,736.77
总资产(元)：	1,357,614,088.81	1,213,822,268.09	1,187,916,019.38	1,181,789,297.30
股东权益(元)：(不含少数股东权益)	574,338,560.31	578,509,385.47	526,726,511.51	521,460,251.58
每股收益(元/股)：摊薄	0.197	0.438	0.406	0.406
加权	0.197	0.438	0.406	0.406
扣除非经常性损益后的每股收益：摊薄	0.187	0.31	0.397	0.397
加权	0.187	0.31	0.397	0.397
每股净资产(元/股)：	2.42	4.38	3.99	3.95
调整后的每股净资产(元/股)：	2.36	3.99	3.83	3.80
净资产收益率(%)摊薄	8.15	9.997	10.19	10.28
加权	7.77	10.51	9.94	9.93
扣除非经常性损益后的加权净资产收益率(%)	7.39	7.55	9.73	9.72
每股经营活动产生的现金流量净额(元)：	0.898	1.48	0.28	0.28

3、利润表附表：

报告期利润	净资产收益率		每股收益	
	全面摊薄	加权平均	全面摊薄	加权平均
主营业务利润	43.45	41.46	1.05	1.05
营业利润	10.01	9.55	0.242	0.242
净利润	8.15	7.77	0.197	0.197
扣除非经常性损益后的净利润	7.73	7.39	0.187	0.187

4. 报告期内股东权益变动情况：(万元)

项目	股本	资本公积	盈余公积	法定公益金	未分配利润	股东权益合计
期初数	132,000,000	272,056,595	76,927,779.05	20,075,451.92	77,449,559.50	578,509,385.47
本期增加	105,600,000		4,667,086	2,333,543	46,789,263.46	159,389,892.46
本期减少		79,200,000			84,360,717.62	163,560,717.62
期末数	237,600,000	192,856,595	81,594,865.05	22,408,994.92	39,878,105.34	574,338,560.31

股本增加是因本年度实施"每 10 股送红股 2 股"及"资本公积每 10 股送 6 股"；
资本公积减少是因为本年度实施"资本公积每 10 股送 6 股"；
盈余公益金增加是本年度实现利润提取所致；
未分配利润变化的原因是本年度根据财政部财企[2000]295 号文件"关于企业住房制度改革中有关财务处理问题的通知"，本期将公司控股子公司大连富丽华大酒店职工住房房改所产生的赤字余额 35,236,141.97 元调减以前年度未分配利润以及利润分配所致。

三、股本变动及股东情况

1. 截止 2000 年 12 月 31 日，本公司股东总数为 41011 户。
2. 公司前十名股东持股情况(截止 1999 年 12 月 31 日)：

名次	股 东 名 称	期末持股数(股)	占总股本比例(%)
1	大连友谊集团有限公司	129,600,000	54.55
2	王兆俊	631,044	0.27
3	张金玲	609,747	0.26
4	任海	563,070	0.24
5	葛文经	554,696	0.23
6	刘鹏	537,300	0.23
7	刘阳	529,051	0.22
8	赵云	516,186	0.22
9	郑林	515,240	0.22
10	王会	506,668	0.21

山推工程机械股份有限公司

二○○○年年度报告摘选

一、公司简介

1、公司法定中文名称:山推工程机械股份有限公司
公司英文名称:Shantui Construction Machinery Co.,LTD.
2、公司法定代表人:董 平 先生
3、公司董事会秘书:谢树敏 先生
联系地址:山东省济宁市太白楼东路 58 号
电话:0537-2909608　　传真:0537-2340411
电子信箱:xsmxcs@ji-public.sd.cninfo.net
4、公司注册地址:山东省济宁市太白楼东路 58 号　　邮政编码:272035
公司国际互联网网址:http://www.shantui.com
电子信箱:shantui@shantui.com
5、公司选定的信息披露报纸名称:《中国证券报》、《证券时报》
登载公司年报的中国证监会指定国际互联网网址:http://www.cninfo.com.cn
公司年度报告备置地点:公司投资证券部
6、公司股票上市交易所:深圳证券交易所
股票简称:山推股份　　股票代码:0680

二、会计数据与业务数据摘要

1、本年度利润实现情况　　单位:人民币元

项目	金额
利润总额	26,183,767.44
净利润	17,104,029.89
扣除非经常性损益后的净利润	17,014,880.53
主营业务利润	210,900,637.00
其它业务利润	18,582,571.92
营业利润	25,894,845.12
投资收益	199,772.96
补贴收入	555,890.40
营业外收支净额	-466,741.04
经营活动产生的现金流量净额	34,809,817.49
现金及现金等价物净增加额	-23,988,980.00

注:扣除的非经营性损益项目和涉及金额

项目	金额
营业外收支净额项目	-466,741.04
补贴收入	555,890.40
合 计	89,149.36

2、截至报告期末公司前三年主要会计数据和财务指标

1)追溯调整后:　　单位:人民币元

项 目	2000 年	1999 年	1998 年
主营业务收入	1,096,270,480.27	837,633,299.46	504,323,831.51
净利润	17,104,029.89	18,232,736.20	28,322,115.28
总资产	1,318,757,830.89	1,185,891,590.99	1,049,737,179.30
股东权益(不含少数股东权益)	565,791,912.13	547,239,807.98	640,602,551.03
每股收益	0.0605	0.065	0.1002
加权平均每股收益	0.0605	0.065	0.1002
扣除的非经营性损益后的每股收益	0.0602	0.063	0.082
每股净资产	2.001	1.936	2.266
调整后的每股净资产	1.979	1.863	2.247
每股经营活动产生的现金流量净额	0.123	-0.003	0.123
净资产收益率(%)	3.02	3.33	4.42
净资产收益率(加权)	3.02	3.33	4.42
扣除非经营性损益后的加权净资产收益率	3.01	3.26	3.60

2)追溯调整前:

项 目	1999 年	1998 年
主营业务收入	837,633,299.46	504,323,831.51
净利润	19,528,632.06	36,003,731.59
总资产	1,305,769,859.72	1,057,418,795.61
股东权益(不含少数股东权益)	667,393,972.57	648,284,167.34
每股收益	0.069	0.127
加权平均每股收益	0.069	0.127
扣除非经营性损益后的每股收益	0.068	0.130
每股净资产	2.361	2.293
调整后的每股净资产	2.288	2.274
每股经营活动产生的现金流量净额	-0.003	0.123
净资产收益率(%)	2.926	5.554
净资产收益率(加权)	2.926	5.554
扣除非经营性损益后的加权净资产收益率	2.865	5.667

3、按中国证监会信息披露编报规则(第九号)要求计算的数据

项 目	数额(元)	净资产收益率(%)		每股收益(元)	
		全面摊薄	加权平均	全面摊薄	加权平均
1、主营业务利润	210,900,637.00	37.28	37.28	0.746	0.746
2、营业利润	25,894,845.12	4.58	4.58	0.092	0.092
3、净利润	17,104,029.89	3.02	3.02	0.0605	0.0605
4、扣除非经营性损益后的利润	17,014,880.53	3.01	3.01	0.0602	0.0602

三、股东情况介绍

1、报告期末公司股东共 69261 户。
2、报告期末公司前十名大股东持股情况

序号	股东代码	股 东 名 称	持股数	比例(%)
(1)	30795224	山东工程机械集团有限公司	99000000	35.02
(2)	99876367	翁一平	938296	0.33
(3)	50540964	山东汶上刘楼农机修造厂	900000	0.32
(4)	54133591	董 艺	868590	0.31
(5)	51325028	山东泰成投资管理公司	770000	0.27
(6)	22882146	山东省南郊集团有限公司	634550	0.22
(7)	97062090	梅水长	610000	0.22
(8)	D3200062	汶上泉河分厂	600000	0.21
(9)	60550009	山东省济宁市银资房地产开发公司	600000	0.21
(10)	33923374	王新瑜	566200	0.20

远东实业股份有限公司

二○○○年年度报告摘选

一、公司简介

1、公司名称:
中文:远东实业股份有限公司
英文:FAR EAST INDUSTRIAL STOCK CO.,LTD
2、公司法定代表人:李晓卫
3、公司董事会秘书及授权代表:蒋顺生
联系地址:江苏省常州市通江大道 466 号新区大厦 11 层
电话:0519-5131666,0519-5120000-16　　传真:0519-5132666
电子信箱:ydgf@pub.cz.jsinfo.net
4、公司注册及办公地址:
公司注册地址:江苏省常州市清潭荆川南路　　邮政编码:213015
公司办公地址:江苏省常州市通江大道 466 号新区大厦 11 层　　邮政编码:213022
网址:http://www.chinafareast.com
电子信箱:ydgf@pub.cz.jsinfo.net
5、公司选定的信息披露报纸名称:《证券时报》
登载公司年度报告的中国证监会指定国际互联网网址:http://www.cninfo.com.cn
公司年度报告备置地点:公司股证事务部
6、公司股票上市地:深圳证券交易所
股票简称:远东股份　　股票代码:0681

二、会计数据和业务数据摘要

(一)公司本年度主要会计数据(合并数)(单位:人民币元)

项目	金额
利润总额	35,499,558.86
净利润	29,170,257.33
扣除非经常性损益后的净利润	27,007,351.87
主营业务利润	49,601,133.80
其他业务利润	49,470.00
营业利润	27,151,109.64
投资收益	8,219,122.00
补贴收入	162,281.00
营业外收支净额	-32,953.78
经营活动产生的现金流量净额	21,450,081.38
现金及现金等价物净增加额	158,857,429.15

(二)截至报告期末公司前三年的主要会计数据和财务指标(合并数)(单位:人民币元)

项目	2000 年度	1999 年度	1998 年度	
主营业务收入	315,910,385.16	256,794,791.94	调整前	253,600,601.06
			调整后	253,600,601.06
净利润	29,170,257.33	21,865,387.45	调整前	20,924,913.34
			调整后	18,036,063.49
总资产	445,970,510.21	237,079,708.93	调整前	211,610,826.43
			调整后	208,147,197.14
股东权益(不含少数股东权益)	325,023,813.22	164,918,275.71	调整前	135,722,358.39
			调整后	148,958,729.10
每股收益	0.2202	0.2187	调整前	0.209
			调整后	0.1803
每股净资产	2.45	1.6492	调整前	1.357
			调整后	1.4895
调整后的每股净资产	2.43	1.6262	调整前	1.332
			调整后	1.4643
每股经营活动产生的现金流量净额	0.1619	0.1069	调整前	0.0554
			调整后	0.0554
净资产收益率(%)	0.0897	13.258	调整前	15.42
			调整后	12.108

(三)利润表附表　　(单位:人民币元)

报告期利润	净资产收益率(%)		每股收益(元/股)	
	全面摊薄	加权平均	全面摊薄	加权平均
主营业务利润	0.1526	0.2437	0.3743	0.3929
营业利润	0.0835	0.1334	0.2049	0.2151
净利润	0.0897	0.1433	0.2202	0.2311
扣除非经常性损益后的净利润	0.0831	0.1327	0.2038	0.2139

(四)报告期内股东权益变动情况:　　单位:元

项 目	股本	资本公积	盈余公积	法定公益金	未分配利润	股东权益合计
期初数	100000000.00	21007239.98	18335700.07	1206887.78	25575335.66	164918275.71
本期增加	32500000.00	136685280.18	5834051.46	2917025.73	29170257.33	204189588.97
本期减少					44084051.46	44084051.46
期末数	132500000.00	157692520.16	24169751.53	4123913.51	10661541.53	325023813.22

三、股东情况介绍

(一)股东情况介绍
1、股东数量:截止 2000 年 12 月 31 日,公司共有股东 8074 户。
2、主要股东持股情况:截止 2000 年 12 月 31 日,公司前 10 名股东持股情况如下:

序号	持股单位名称	期初数(万股)	增加数(万股)	期末数(万股)	占总股本比例(%)	质押或冻结情况
1	香港物华实业有限公司(外资股)	2287.7708	1180.5883	3468.3591	26.18	无
2	常州服装集团有限公司	1756.7626	89.1906	1845.9532	13.93	无
3	中行江苏信托咨询公司	1460.7498	365.1874	1825.9372	13.78	无
4	北京天恩保利投资管理有限公司	785.7474	196.4368	982.1842	7.41	无
5	江苏省国际信托投资公司	486.9166	121.7291	608.6457	4.59	
6	常州市远金服装有限公司		350.0000	350.0000	2.64	
7	兴业厦门		328.5925	328.5925	2.48	
8	香港侨通发展有限公司(外资股)	486.9166	-334.7552	152.1614	1.15	
9	扬州印染厂	110.6412	27.6603	138.3015	1.04	
10	北京银威特投资顾问有限公司		75.9020	75.9020	0.57	

烟台东方电子信息产业股份有限公司

二〇〇〇年年度报告摘选

一、公司简介

1、公司法定名称：
中文全称　烟台东方电子信息产业股份有限公司
中文简称　东方电子
英文名称　Yantai Dongfang Electronics InformationIndustry Co.，Ltd.
2、公司法定代表人　隋元柏
3、公司董事会秘书　高峰
联系地址　烟台市市府街45号
联系电话　(0535)6627308
传　　真　(0535)6627537
电子信箱　gaofeng@public.ytptt.sd.cn
4、公司注册地址　烟台市市府街45号
公司办公地址　烟台市市府街45号
邮政编码　264001
公司国际互联网网址　http://www.dongfang－china.com
5、公司选定的信息披露报纸　《中国证券报》、《证券时报》
登载公司年报的指定网址　http://www.cninfo.com.cn
公司年报备置地点　公司证券办公室
6、公司股票上市交易所　深圳证券交易所
股票简称　东方电子
股票代码 0682

二、会计数据与业务数据摘要

1、本年度公司主要经营指标(单位：人民币元)

项目	金额
利润总额	552,972,522.49
净利润	472,965,724.58
扣除非经常性损益后的净利润	473,674,940.23
主营业务利润	624,546,276.34
其他业务利润	293,767.49
营业利润	507,873,249.84
投资收益	－42,601.16
补贴收入	45,851,089.46
营业外收支净额	－709,215.65
经营活动产生的现金流量净额	380,709,715.22
现金及现金等价物净增加额	201,840,741.66
注：扣除的非经常性损益项目及涉及金额：	
营业外收入	293,922.87
营业外支出	1,003,138.52

2、前三年主要会计数据及财务指标(单位：人民币元)

项目	2000年	1999年		1998年
		调整后	调整前	
主营业务收入	1,375,017,811.58	855,763,889.91	855,763,889.91	450,457,909.24
净利润	472,965,724.58	304,776,465.53	303,614,900.34	134,150,817.90
总资产	1,847,906,906.33	1,292,868,624.86	1,291,517,427.79	549,653,376.59
股东权益	1,395,225,385.97	1,107,681,043.52	1,107,544,705.22	398,969,102.48
每股收益	0.52	0.53	0.53	0.55
每股收益(加权)	0.52	0.54	0.54	0.55
扣除非经常性损益后的每股收益(加权)	0.52	0.54	0.54	0.55
每股净资产	1.52	1.93	1.93	1.62
调整后每股净资产	1.51	1.929	1.929	1.647
每股经营活动产生的现金流量净额	0.42	0.55	0.55	0.32
净资产收益率(%)	33.90	27.41	27.41	33.62
净资产收益率(加权)(%)	35.19	0.357	35.59	39.98
扣除非经常性损益后的净资产收益率(加权)(%)	35.24	0.357	35.59	39.96

3、利润分配表附表

报告期利润	净资产收益率		每股收益	
	全面摊薄	加权平均	全面摊薄	加权平均
主营业务利润	44.76%	46.46%	0.68	0.68
营业利润	36.40%	37.78%	0.55	0.55
净利润	33.90%	35.19%	0.52	0.52
扣除非经常性损益后的利润	33.95%	35.24%	0.52	0.52

4、报告期内股东权益变化情况(单位：万元)

项目	股本	资本公积	盈余公积	法定公益金	未分配利润	合计
期初数	57,372.00	29,672.50	5,743.17	2,780.66	15,199.77	110,768.10
本期增加	34,423.20		4,750.05	2,375.02	40,171.50	81,719.77
本期减少		20,080.20		183.10	32,702.04	52,965.34
期末数	91,795.20	9,592.30	10,493.22	4,972.58	22,669.23	139,522.53

三、股本变动及股东情况

1、股东情况介绍
(1)截止2000年末，公司股东总数为187170户。
(2)截止2000年末，前十名股东持股情况

名次	股　东　名　称	年末持股数(股)	占总股本(%)
1	烟台东方电子信息产业集团有限公司	295,680,000	32.21
2	安顺证券投资基金	27,463,902	2.99
3	安信证券投资基金	26,690,760	2.91
4	烟台东方电子信息产业集团劳动服务公司	20,160,000	2.20
5	黑龙江省大正投资集团有限公司	17,976,591	1.96
6	景宏证券投资基金	10,669,512	1.16
7	上海大正投资有限公司	4,123,746	0.45
8	北京浩跃信商贸有限公司	3,072,774	0.33
9	景福证券投资基金	2,737,848	0.30
10	王景云	2,688,000	0.29

内蒙古远兴天然碱股份有限公司

二〇〇〇年年度报告摘选

一、公司简介

1、公司法定中文名称：内蒙古远兴天然碱股份有限公司
公司法定英文名称："Inner Mongolian Yuan Xing Natural Alkali Company Limited"
2、公司法定代表人：钟志
3、公司董事会秘书：牛伊平
公司董事会证券事务代表：纪玉虎
联系地址：内蒙古东胜市鄂尔多斯西街6号公司证券事务部
联系电话：0477－8539874　传　真：0477－8521747
电子信箱：yxtrj@yh－group.com.cn
4、公司注册地址：内蒙古伊克昭盟东胜市
公司办公地址：内蒙古伊克昭盟东胜市鄂尔多斯西街6号　邮政编码：017000
国际互联网网址：http://www.yuanxing.com
电子信箱：yxtrj@yh－group.com.cn
5、公司选定的信息披露报纸名称：《中国证券报》、《证券时报》
登载公司年度报告的中国证监会指定国际互联网网址：　http://www.cninfo.com.cn
公司年报置备地点：
内蒙古伊克昭盟东胜市鄂尔多斯西街6号公司证券事务部
内蒙证券东胜营业部
6、公司股票上市交易所：深圳证券交易所挂牌
股票简称："天然碱"　股票代码："0683"

二、会计数据和业务数据摘要

1、公司本年度会计数据和业务数据　单位：人民币元

项目	金额
利润总额	26,520,139.96
净利润	20,355,257.60
扣除非经常性损益后的净利润	20,304,955.21
主营业务利润	151,316,668.99
其他业务利润	8,256,809.73
营业利润	26,090,853.53
投资收益	378,984.04
营业外收支净额	50,302.39
经营活动产生的现金流量净额	24,285,692.89
现金及现金等价物净增加额	－6,483,744.31
注：扣除的非经常性损益项目及金额	
营业外收支净额	50,302.39
营业外收入：	
a:处置固定资产收益	421,970.30
b:无法支付的应付款项	1,946,608.10
c:保险赔款	10,386.21
d:罚款收入	1,542.33
合计	2,380,506.94
营业外支出：	
a:处置固定资产损失	1,413,786.51
b:捐赠支出	166,140.90
c:罚款支出	80,279.13
d:非常损失	239,791.05
e:学校经费支出	319,957.52
f:其他	110,249.44
合计：	2,330,204.55

2、公司近三年主要会计数据和财务指标　单位：人民币元

项目	2000年度	1999年度	1998年度	
			调整前	调整后
主营业务收入	505,767,340.21	436,242,623.72	460,408,811.52	460,408,811.52
净利润	20,355,257.60	22,131,165.77	104,154,777.17	81,616,354.26
总资产	2,234,693,507.70	2,045,062,197.02	2,027,456,067.69	1,962,319,464.81
股东权益	934,950,678.35	914,595,420.75	955,970,320.35	890,833,717.47
每股收益	0.043	0.047	0.222	0.174
每股净资产	1.99	1.95	2.038	1.899
净资产收益率(%)	2.18	2.42	10.895	9.162
调整后每股净资产	1.92	1.924	1.989	1.861
每股经营活动产生的现金流量净额	0.052	－0.0578		

3、根据中国证监会《公开发行证券公司信息披露规则第9号》计算净资产收益率和每股收益：

报告期利润	净资产收益率(%)		每股收益(元/股)	
	全面摊薄	加权平均	全面摊薄	加权平均
主营业务利润	16.18	16.36	0.323	0.323
营业利润	2.79	2.82	0.056	0.056
净利润	2.18	2.20	0.043	0.043
扣除非经营性损益后的利润	2.17	2.20	0.043	0.043

4、报告期内股东权益变动情况　单位：元

项目	期初数	本期增加	本期减少	期末数
股本	469,000,000.00			469,000,000.00
资本公积	402,678,785.80	127,500.00	127,500.00	402,678,785.80
盈余公积	25,211,702.34	4,071,051.52		29,282,753.86
法定公益金	11,180,364.55	1,017,762.88		12,198,127.42
未分配利润	17,704,932.61	16,284,206.08		33,989,138.69
股东权益合计	914,595,420.75	20,482,757.60	127,500.00	934,950,678.43

三、股东情况介绍

1、股东情况介绍
(1)报告期末公司股东总数：截止2000年12月31日，本公司共有股东126869户，其中国有法人股1户，公司高管股股东数为7户(董事、监事、高管人员持股)。
(2)本公司前十位股东及其持股情况如下(报告期内)：

股　东　名　称	持股数量(万股)	持股比例(%)
伊克昭盟化学工业集团总公司	30000	63.97
普丰证券投资基金	36.5177	0.078
陈伟生	25.0000	0.053
熊钢	20.0198	0.043
倪瑞娥	20.0000	0.043
孙陆	18.8700	0.040
张伟德	16.4300	0.035
李仕华	16.0000	0.034
李红	16.0000	0.034
周智萍	15.3500	0.033

中山公用科技股份有限公司

二〇〇〇年年度报告摘选

一、公司简介

1、公司法定中文名称:中山公用科技股份有限公司
公司法定英文名称:ZHONGSHAN PUBLIC UTILITIES SCIENCE & TECHNOLOGY CO. LTD
公司英文名称缩写:ZPUS
2、公司法定代表人:陈杰
3、公司董事会秘书:陈秋霞
联系地址:广东省中山市兴中道18号财兴大厦二楼
联系电话:0760-3321168　　传真:0760-3321111
电子信箱:cqx@zpu0685.com
公司董事会证券事务代表:黄海
联系地址:广东省中山市兴中道18号财兴大厦二楼
联系电话:0760-3321126　　传真:0760-3321111
电子信箱:perry@zpu0685.com
4、公司注册地址:广东省中山市兴中道18号财兴大厦二楼
公司办公地址:广东省中山市兴中道18号财兴大厦二楼　　公司邮政编码:528403
公司国际互联网网址:www.zpu0685.com
公司电子信箱:zpu0685@zpu0685.com
5、公司选定的信息披露报刊名称:《证券时报》、《中国证券报》
刊登公司年度报告的中国证监会指定国际互联网网址:http://www.cninfo.com.cn
公司年度报告备置地点:中山公用科技股份有限公司董秘室
6、公司股票上市交易所:深圳证券交易所
股票简称:公用科技　　股票代码:0685

二、会计数据和业务数据摘要

(一)本年度主要会计数据和业务数据(单位:人民币元)

项目	金额
利润总额	20,515,494.10
净利润	20,515,494.10
扣除非经常性损益后的净利润	20,298,560.76
主营业务利润	49,864,481.69
其它业务利润	10,871,337.32
营业利润	20,430,650.82
投资收益	-132,090.06
补贴收入	39,924.26
营业外收支净额	177,009.08
经营活动产生的现金流量净额	31,213,533.94
现金及现金等价物净增加额	20,817,805.67

注:扣除的非经常性损益项目和涉及金额:
营业外收支净额:　177,009.08
补贴收入:　39,924.26

(二)公司近三年主要会计数据和财务指标(单位:人民币元)

指标项目	2000年度	1999年度	1998年度	
			调整后	调整前
主营业务收入	274,439,121.09	534,040,531.39	696,687,731.74	696,687,731.74
净利润	20,515,494.10	7,752,288.51	1,796,136.42	2,892,022.22
总资产	388,008,057.74	708,737,930.20	733,817,280.75	753,404,757.43
股东权益(不含少数股东权益)	287,772,588.71	277,292,057.82	270,369,596.84	289,957,073.52
每股收益	0.1502	0.1021	0.024	0.038
加权每股收益	0.1502	0.1021	0.024	0.038
扣除非经常性损益后的每股收益	0.1486	0.0982	0.023	0.038
每股净资产	2.11	3.65	3.56	3.82
调整后的每股净资产	2.10	3.43	3.34	3.75
每股经营活动产生的现金流量净额	0.23	-0.06	-0.27	-0.27
净资产收益率(%)	7.13	2.80	0.66	0.997
加权净资产收益率(%)	6.93	2.83	0.67	1.00
扣除非经常性损益后的加权净资产收益率(%)	6.85	2.72	0.57	1.40

注:
1、公司2000年末总股本为13662万股,1999年末总股本为7590万股。
2、按照中国证监会《公开发行证券公司信息披露编报规则(第9号)》要求计算的利润数据:

报告期利润	2000年				1999年			
	净资产收益率(%)		每股收益(元)		净资产收益率(%)		每股收益(元)	
	全面摊薄	加权平均	全面摊薄	加权平均	全面摊薄	加权平均	全面摊薄	加权平均
主营业务利润	17.33	16.83	0.3650	0.3650	25.25	25.57	0.9225	0.9225
营业利润	7.10	6.90	0.1495	0.1495	3.26	3.30	0.1190	0.1190
净利润	7.13	6.93	0.1502	0.1502	2.80	2.83	0.1021	0.1021
扣除非经常性损益后的净利润	7.05	6.85	0.1486	0.1486	2.69	2.72	0.0982	0.0982

三、股本变动及股东持股情况

(一)股本变动情况
1、股份变动情况表　　数量单位:股

股份性质	本次变动前	本次变动增减(+、-)						本次变动后
		配股	送股	公积金转股	增发	其他	小计	
一、未上市流通股份								
1、发起人股份	29,550,400			+23,640,320			+23,640,320	53,190,720
其中:国家持有股份	29,550,400			+23,640,320			+23,640,320	53,190,720
境内法人持有股份								
境外法人持有股份								
其他								
2、募集法人股	14,977,600			+11,982,080			+11,982,080	26,959,680
3、内部职工股	11,132,000			+8,905,600		-20,037,600	-11,132,000	0
4、优先股或其他								
其中:转配股								
未上市流通股份合计	55,660,000			+44,528,000		-20,037,600	+24,490,400	80,150,400
二、已上市流通股份								
1、人民币普通股	20,240,000			+16,192,000		+20,037,600	+36,229,600	56,469,600
2、境内上市的外资股								
3、境外上市的外资股								
4、其他								
已上市流通股份合计	20,240,000			+16,192,000		+20,037,600	+36,229,600	56,469,600
三、股份总额	75,900,000			+60,720,000		0	+60,720,000	136,620,000

锦州经济技术开发区六陆实业股份有限公司

二〇〇〇年年度报告摘选

一、公司简介

1、公司法定名称:锦州经济技术开发区六陆实业股份有限公司
缩写:锦州六陆
英文名称:THE LIULU INDUSTRIAL CO., LTD. OF JINZHOU ECONOMIC&TECHNOLOGY DEVELOPMENT ZONE
缩写:JZLL
2、公司法定代表人:冷述铁
3、公司董事会秘书:肖爱东
董秘授权代表:王新华
联系电话:0416-4561247
联系传真:0416-4561377
电子信箱:huaz@fm365.com
4、公司注册地址:锦州经济技术开发区
办公地址:辽宁省锦州市古塔区红星里9号
邮政编码:121001
公司网址:http://www.liulu.com
电子信箱:info@liulu.com
5、公司选定的信息披露报纸:《中国证券报》《证券时报》
登载公司年度报告网址:http://www.cninfo.com.cn
公司年度报告备置地点:公司证券部
6、公司股票上市交易所:深圳证券交易所
股票简称:锦州六陆
股票代码:0686

二、会计数据与业务数据摘要(合并)

1、公司本年度实现利润情况。　　单位:元

项目	金额
利润总额:	26,186,729.70
净利润:	24,396,729.27
扣除非经常性损益后的净利润:	24,902,241.66
主营业务利润:	62,501,243.75
其他业务利润:	6,480,731.89
营业利润:	26,373,100.00
投资收益:	319,142.09
补贴收入:	74,019.25
营业外收支净额:	-579,531.64
经营活动产生的现金流量净额:	10,830,236.83
现金及现金等价物净增加额:	976,323.59

注:非经常性损益涉及的项目及金额:补贴收入74,019.25元,营业外收支净额-579,531.64元。

2、会计数据与财务指标(合并)。

主要指标	2000年度	1999年度调整后	1998年度调整前	1998年度调整后
1、主营业务收入(元)	294,950,965.65	324,282,641.19	247,385,693.09	247,385,693.09
2、净利润(元)	24,396,729.27	38,597,927.36	35,325,675.84	36,798,818.30
3、总资产(元)	543,423,758.79	492,795,672.43	538,359,059.38	516,972,763.37
4、股东权益(不含少数股东权益)(元)	382,086,866.89	375,507,028.62	352,059,101.57	336,909,101.26
5、全面摊薄每股收益(元)	0.22	0.35	0.32	0.33
6、加权平均每股收益(元)	0.22	0.35	0.36	0.40
7、扣除非经常性损益后的每股收益(元)	0.23	0.35	0.23	0.24
8、每股净资产(元)	3.47	3.41	3.20	3.06
9、调整后的每股净资产(元)	3.34	3.12	3.06	2.81
10、全面摊薄净资产收益率(%)	6.39	10.28	10.03	10.92
11、加权平均净资产收益率(%)	6.29	10.28	10.03	10.92
12、扣除非经常性损益后加权净资产收益率(%)	6.42	9.91	10.03	10.92
13、每股经营活动产生的现金流量净额(元)	0.10	0.13	-0.14	-0.14

注1:公司2000年度实施了增资配股,获配股份到帐日为2001年2月5日,配股后公司总股本由11016.6万股增至12536万股,公司本次股份变动后每股收益为0.19元。

利润分配表附表

报告期利润	净资产收益率(%)		每股收益(元)	
	全面摊薄	加权平均	全面摊薄	加权平均
主营业务利润	16.36	16.12	0.57	0.57
营业利润	6.90	6.80	0.24	0.24
净利润	6.39	6.29	0.22	0.22
扣除非经常性损益后的净利润	6.52	6.42	0.23	0.23

三、股东情况介绍

1、报告期末股东总数

截止2000年12月29日,公司股东总数为20862户,其中国有法人股东2户,社会法人股东3户,社会公众股东20857户。

2、公司前十名股东名单及持股数(截止2000年12月29日)　　数量单位:万股

序号	股东名称	年末持股数	所占比例%
1	中国石油锦州石油化工公司	6423.72	58.31
2	锦州商银艺术装潢总公司	223.08	2.02
3	锦州市瑞通服务公司	101.4	0.92
4	秦皇岛市信托投资公司	101.4	0.92
5	锦州市商业房屋开发公司	67.6	0.61
6	钱景茂	54.9998	0.50
7	金盛证券投资基金	50.1253	0.45
8	李秀华	39.4482	0.36
9	程志佳	32.1003	0.29
10	金鑫证券投资基金	30.1000	0.27

保定天鹅股份有限公司

二〇〇〇年年度报告摘选

一、公司简介

1、公司法定中文名称：保定天鹅股份有限公司
公司法定英文名称：BAO DING SWAN CO. LTD
2、法定代表人：王春雨
3、董事会秘书：高志强
联系地址：河北省保定市纸厂路1号
联系电话：0312　3137941－2261
联系传真：0312　3131755
电子信箱：SWAN ZJB@ bdinfo. net
4、公司注册地址：河北省保定市高开区金迪路59号
公司办公地址：河北省保定市纸厂路1号
邮政编码：071055
5、信息披露报纸名称：中国证券报、证券时报
公司年度报告国际互联网址：http：//www. cninfo. com. cn
公司年度报告备置地点：公司董秘办
6、股票上市交易所：深圳证券交易所
股票简称：保定天鹅
股票代码：0687

二、会计数据和业务数据摘要

1、公司本年度实现利润情况　　单位：元

项目	金额
本年度实现利润总额	48043555.77
净利润	32104936.33
扣除非经常性损益后的净利润	33209102.07
主营业务利润	110111962.46
其它业务利润	1120128.82
营业利润	48116634.47
投资收益	1599899.69
补贴收入	0
营业外收支净额	－1672978.39
经营活动产生的现金流量净额	－108038793.07
现金及现金等价物净增加额	42327520.96

注：扣除经常性损益涉及的项目为处置固定资产，无形资产和其他长期资产的损失1672978.39元，扣除33%所得税后为1104165.74元。

2、会计数据及财务指标
公司前三年度的主要会计数据和财务指标

指标项目	2000年	1999年	1998年 调整后	1998年 调整前
主营业务收入	573759238.90	601321362.84	532631159.65	532631159.65
净利润	32104936.33	87869402.63	101073925.30	99028244.87
总资产	1327243468.25	1111280751.33	1010733248.82	1015310468.58
股东权益	1054446033.50	1009560529.43	921691126.80	926268346.56
每股收益	0.10	0.298	0.343	0.336
加权平均每股收益	0.10	0.298	0.343	0.336
每股净资产	3.29	3.42	3.12	3.14
调整后的每股净资产	3.01	3.40	3.11	3.12
每股经营活动产生的现金流量净额	－0.34	0.559	0.454	0.454
净资产收益率(%)	3.04	8.7	10.97	10.69
加权平均净资产收益率(%)	2.73	9.1	10.90	10.62
扣除非经常性损益后的每股收益	0.10	0.298	0.343	0.336
股本变化后每股收益	0.10	0.274	0.343	0.336

3、报告期内股东权益变动情况

项目	股本(股)	资本公积	盈余公积	其中公益金	未分配利润	合计
期初数	295000000	504904025.25	36156611.21	12052203.73	173499892.97	1009560529.43
本期增加	25800000	137756567.74	4815740.45	1605246.81	27289195.88	195661504.07
本期减少					150776000	150776000
期末数	320800000	642660592.99	40972351.66	13657450.54	50013088.85	1054446033.50

变动原因说明：
(1)资本公积金增加，系本期配股资金到位所致；
(2)盈余公积金增加，系从本期净利润中提取法定公积金和法定公益金所致；
(3)法定公益金增加，系从本期净利润中提取所致；
(4)未分配利润减少，系本报告期实现净利润和报告期末进行年度分配所致；
(5)期末合计项减少，系因股东权益各科目变动所致。

三、股本变动及股东情况

(一)股本变动情况
1、股本结构情况
报告年度本公司股份变动情况表
填报日期：2000年12月31日　　单位：股

	期初数	本期变动增减(+、-) 配股	公积金转股	送股	其他	小计	期末数
一、尚未流通股份							
1、发起人股份	220000000	3300000				223300000	223300000
其中：							
国家拥有股份	220000000	3300000				223300000	223300000
境内法人持有股份							
外资法人持有股份							
其他							
2、募集法人股							
3、内部职工股							
4、优先股或其他							
尚未流通股份合计	220000000	3300000				223300000	223300000
二、已流股份							
1、境内上市的人民币普通股	75000000	22500000				97500000	97500000
2、境内上市的外资股							
3、境外上市的外资股							
4、其他							97500000
已流股份合计	75000000	22500000				97500000	295000000
三、股份总数	295000000					320800000	320800000

重庆朝华科技股份有限公司

二〇〇〇年年度报告摘选

一、公司简介

1、公司的法定名称：(中文)重庆朝华科技股份有限公司
(英文)ChongQing ZhaoHua Science&Technology CO.，LTD
2、公司法定代表人：薛同建
3、公司董事会秘书：张光华
联系地址：重庆市渝州路108号金鹤宾馆3楼
电话：(023)68638134　　传真：(023)68638134
4、公司注册地址：重庆市涪陵区江东群沱子街31号　　邮政编码：408000
公司办公地址：重庆市渝州路108号金鹤宾馆3楼
邮政编码：400041
公司电子信箱：jtzhqb@yeah. net
5、公司信息披露报纸：《证券时报》《中国证券报》
深交所上市公司指定披露网址：http：//www. cninfo. com. cn
公司年度报告备置地点：公司证券部
6、公司股票上市交易所：深圳证券交易所
股票简称：朝华科技　　股票代码：0688

二、会计数据和业务数据摘要

1、公司本年度主要会计数据(单位：人民币元)

项目	金额
利润总额：	125,175,123.78
净利润：	81,962,136.83
扣除非经常性损益后的净利润：	42,262,123.44
主营业务利润：	93,783,531.80
其他业务利润：	140,227.28
营业利润：	57,022,755.21
投资收益：	52,817,275.67
补贴收入：	15,300,000.00
营业外收支净额：	35,092.90
经营活动产生的现金流量净额：	190,637,159.34
现金及现金等价物净增加额：	393,100,795.02

注：扣除的非经常性损益项目及涉及的金额：

项　目	金　额(元)
1. 转让四川长虹电器股份有限公司股份	29,271,401.15
2. 重庆市涪陵区财政局给予本公司的"科研技术开发财政补助"	10,251,000.00
3、转让涪陵联合彩釉墙地砖厂和涪丰陶瓷有限公司投资	154,100.00
4、营业外收支净额	23,512.24
合计	39,700,013.39

2、截至报告期末公司前三年的主要会计数据和财务指标

项目指标	2000年12月31日	99年12月31日	98年12月31日 调整后	98年12月31日 调整前
主营业务收入(元)	212,505,922.33	177,764,330.54	138,890,373.36	138,890,373.36
净利润	81,962,136.83	42,775,788.11	32,869,348.05	39,361,762.28
总资产(元)	1,472,722,601.45	946,533,528.96	729,674,215.30	746,012,223.05
股东权益(元)(不含少数股东权益)	463,099,897.99	400,546,824.46	357,771,036.35	372,115,111.58
每股收益(元)	0.41	0.215	0.26	0.32
扣除非经常性损益后的每股收益	0.21	0.08	0.237	0.21
每股净资产(元)	2.33	2.015	2.88	3.00
调整后的每股净资产(元/股)	2.24	1.99	2.81	2.96
每股经营活动产生的现金流量净额	0.96	0.22	－0.21	
净资产收益率(%)(摊薄)	17.70	10.68	9.19	10.58
净资产收益率(%)(加权)	18.98	11.29	12.93	14.84
扣除非经营性损益后的净资产收益率(摊薄)	7.46	3.97	7.41	7.13
扣除非经营性损益后的净资产收益率(加权)	8.00	4.20	10.43	9.99

按照中国证监会《公开发行证券公司信息披露编报规则(第9号)要求计算净资产收益和每股收益

项　目	净资产收益率% 全面摊薄	净资产收益率% 加权平均	每股收益(元) 全面摊薄	每股收益(元) 加权平均
主营业务利润	20.25	21.72	0.47	0.47
营业利润	12.31	13.21	0.29	0.29
净利润	17.70	18.98	0.41	0.41
扣除非经营性损益后的净利润	7.46	8.00	0.17	0.17

3、报告期内股东权益变动情况及变化原因：

项目	股本	资本公积	盈余公积	法定公益金	未分配利润	股东权益合计
期初数	198,758,555	135,848,990.78	23,874,673.61	7,575,818.33	42,064,605.07	400,546,824.46
本期增加	－－	466,792.20	12,294,320.52	4,098,106.84	49,791,960.81	62,553,073.53
本期减少	－－	－－	－－	－－	－－	－－
期末数	198,758,555	136,315,782.98	36,168,994.13	11,673,925.17	91,856,565.88	463,099,897.99

三、股本变动及主要股东持股情况

1、本报告期内股份无变动情况。
2、股东情况介绍
(1) 本报告期末股东总数为14496户。
(2) 本报告期末前10名股东持股情况：

股　东　名　称	年末持股数	持股比例(%)	质押或冻结
① 四川立信投资有限责任公司	40,000,000	20.12	有
②深圳市正东大实业有限公司	34,400,000	17.31	有
③成都龙威实业有限责任公司	12,248,507	6.16	
④涪陵金昌经贸公司	11,520,000	5.80	有
⑤深圳国投证券有限公司	1,143,445	0.58	
⑥深圳国投证券有限公司第二证券交易部	1,099,485	0.55	
⑦国信证券有限公司	745,365	0.38	
⑧王义陶	697,231	0.35	
⑨蒋大奎	624,500	0.31	
⑩杨新	601,496	0.30	

汕头宏业(集团)股份有限公司

二○○○年年度报告摘选

一、公司简介

1、公司法定名称:汕头宏业(集团)股份有限公司
公司法定英文名称:SHANTOU HONGYE(GROUP)CO., LTD.
英文缩写:H.Y.
2、公司法定代表人:蔡承通先生
联系地址:汕头市天山路宏业大楼
电话:0754－8885638　　传真:0754－8897377
3、公司董事会秘书:周应齐先生
联系地址:汕头市天山路宏业大楼
电话:0754－8893332
传真:0754－8895312
电子信箱:hyyqzhou@pub.shantou.gd.cn
4、公司注册地址:汕头市天山路宏业大楼
公司办公地址:汕头市天山路宏业大楼
邮编:515041
电子信箱:hygroup@pub.shantou.gd.cn
5、公司选定的信息披露报纸名称《证券时报》
登载公司年度报告的中国证监会指定的国际互联网网址:
http://www.cninfo.com.cn
公司年度报告备置地点:公司董事会办公室
6、公司股票上市交易所:深圳证券交易所
股票简称:ST 宏业　　股票代码:0689

二、会计数据和业务数据摘要

1、本年度主要利润指标情况(单位:人民币元)

利润总额:	－76,984,936.73
净利润:	－76,984,936.73
扣除非经常性损益后的净利润:	－77,057,150.98
主营业务利润:	0.00
其它业务利润:	－4,137,238.75
营业利润:	－72,561,394.76
投资收益:	－4,423,985.97
补贴收入:	0.00
营业外收支净额:	－444.00
经营活动产生的现金流量净额:	1,956,695.64
现金及现金等价物净增加额:	－1,292,117.22
注:扣除的非经常性损益项目和涉及金额:	
营业外收支净额项目:	－444.00
投资收益:	72,656.25

2、截止报告期末本公司前三年主要会计数据和财务数据(单位:人民币:元)

项目	2000 年	1999 年	1998 年	
			调整后	调整前
主营业务收入		25,301,626.02	91,283,043.75	91,283,043.75
净利润	－76,984,936.73	－90,194,771.83	－32,302,499.36	2,674,126.27
总资产	289,576,341.63	383,678,587.50	498,475,408.88	538,125,903.77
股东权益	47,540,696.29	124,525,633.02	214,720,404.85	257,731,218.05
每股收益(摊薄)	－0.692	－0.811	－0.290	0.024
(加权)	－0.692	－0.811	－0.290	0.024
扣除非经常性损益后的每股收益				
(摊薄)	－0.692	－0.628	－0.415	－0.100
(加权)	－0.692	－0.628	－0.415	－0.100
每股净资产	0.427	1.119	1.930	2.316
调整后每股净资产	0.169	1.109	1.926	2.310
净资产收益率(%)				
(摊薄)	－161.93	－72.43	－15.04	1.04
(加权)	－89.48	－53.17	－13.99	1.01
每股经营活动产生的现金净流量	0.0176	－0.414	－0.264	－0.264

3、利润及利润分配表附表

报告期利润	净资产收益率(%)		每股收益(元/股)	
	全面摊薄	加权平均	全面摊薄	加权平均
主营业务利润				
营业利润	－152.63	－84.34	－0.65	－0.65
净利润	－161.93	－89.48	－0.69	－0.69
扣除非经常性损益后净利润	－161.94	－89.48	－0.69	－0.69

4、报告期内股东权益变动情况　　单位:元

项目	股本(万股)	资本公积	盈余公积	法定公益金	未分配利润	股东权益合计
期初数	11128	124,547,362.22	12,035,243.16	3,656,605.04	－123,336,972.36	124,525,633.02
本期增加						
本期减少					76,984,936.73	76,984,936.73
期末数	11128	124,547,362.22	12,035,243.16	3,656,605.04	－200,321,909.09	47,540,696.29

注:未分配利润及股东权益合计数期末数比期初数减少的原因是公司发生亏损以及计提其他应收款坏帐准备的影响。

三、股东情况介绍

1、报告期末公司股东总数为 24045 户。
2、报告期末公司主要股东持股情况

名次	股　东　名　称	报告期末持有量(万股)	占总股本比例(%)
1	汕头市建安(集团)公司	2724.8	24.49
2	中国建设银行汕头市信托投资公司	1040	9.35
3	中国银行汕头信托咨询公司	1040	9.35
4	汕头经济特区金达实业总公司	520	4.67
5	深圳市城市建设开发(集团)公司	499.2	4.49
6	汕头市金园区金达有限公司	416	3.74
7	黄长锦	21.7509	0.195
8	夏亚明	21.2600	0.191
9	李继芝	15	0.135
10	邱志铭	14.5503	0.131

广东宝丽华实业股份有限公司

二○○○年年度报告摘选

一、公司简介

1、公司法定中文名称:广东宝丽华实业股份有限公司
公司法定英文名称:GUANGDONG BAOLIHUA INDUSTRY STOCK CO.,LTD.
2、公司法定代表人:宁远喜
3、公司董事会秘书:周继来
联系地址:广东省梅州市梅县华侨城香港花园宝丽华综合大楼
电　　话:0753－2511298
传　　真:0753－2511398
4、公司注册、办公地址:广东省梅州市梅县华侨城香港花园宝丽华综合大楼
邮政编码:514788
E－mail:gdblh@pub.Meizhou.gd.cn
5、公司选定的信息披露报纸名称:《中国证券报》、《证券时报》
登载公司年度报告的中国证监会指定的国际互联网网址:http://www.cninfo.com.cn
公司年度报告备置地点:广东省梅州市梅县华侨城本公司办公室
6、公司股票上市交易所:深圳证券交易所
股票简称:宝丽华
股票代码:0690

二、会计数据和业务数据摘要

1、本年度主要利润指标情况(单位:人民币元)

指标项目	金额
利润总额	47,111,288.67
净利润	44,382,274.60
扣除非经常性损益后的净利润	33,107,197.65
主营业务利润	72,252,437.92
其他业务利润	1,508,688.72
营业利润	35,836,211.72
投资收益	－98,514.05
补贴收入	11,400,000.00
营业外收支净额	－26,409.00
经营活动产生的现金流量净额	34,186,861.83
现金及现金等价物净增加额	－36,370,936.48

注:扣除的非经常性损益项目及涉及金额:合并价差摊入－98,514.05 元,补贴收入 11,400,000.00 元,营业外收支净额－26,409.00。

2、截止报告期末公司前三年主要会计数据和财务指标

指标项目	2000 年	1999 年	1998 年	
			调整前	调整后
主营业务收入(元)	220,090,365.68	156,208,450.82	156,358,345.63	156,358,345.63
净利润(元)	44,382,274.60	42,361,325.23	32,704,628.47	35,916,262.24
总资产(元)	494,779,810.60	417,399,852.26	309,099,433.33	299,228,778.49
股东权益(元)	328,134,112.17	330,514,337.57	250,382,087.02	240,511,432.18
全面摊薄每股收益(元)(按"净利润"计算)	0.23	0.39	0.33	0.36
加权平均每股收益(元)(按"净利润"计算)	0.23	0.41*	0.33	0.36
扣除非经常性损益后的全面摊薄每股收益(元)(按"净利润"计算)	0.17	0.39	0.33	0.36
每股净资产(元)	1.70	3.07	2.50	2.41
调整后的每股净资产(元)	1.65	2.96	2.32	2.31
每股经营活动产生的现金流量净额(元)	0.18	0.0042	0.16	0.16
全面摊薄净资产收益率(%)(按"净利润"计算)	13.53	12.82	13.06	14.93
加权平均净资产收益率(%)(按"净利润"计算)	13.15	15.15	13.40	15.46
扣除非经常性损益后的加权平均净资产收益率(%)(按"净利润"计算)	9.81	15.15	13.40	15.46

利润表附表

(根据中国证监会《公开发行证券公司信息披露编报规则第 9 号》的要求计算的净资产收益率和每股收益)

报告期利润	净资产收益率		每股收益(元/股)	
	全面摊薄	加权平均	全面摊薄	加权平均
主营业务利润	22.02%	21.41%	0.37	0.37
营业利润	10.92%	10.62%	0.19	0.19
净利润	13.53%	13.15%	0.23	0.23
扣除非经常性损益后的净利润	10.09%	9.81%	0.17	0.17

三、股东情况介绍

1、报告期末股东总数:截止 2000 年 12 月 31 日持有本公司股份的股东总户数为 12098 户;
2、公司前十名股东的持股情况

序号	股　东　名　称	持股数量(股)	持股比例(%)	股份性质
1	广东宝丽华集团公司	129,240,000	66.79	发起人法人股
2	梅县金穗实业发展有限公司	1,440,000	0.74	发起人法人股
3	广东梅县东风企业(集团)公司	1,440,000	0.74	发起人法人股
4	广东华银集团工程有限公司	1,440,000	0.74	发起人法人股
5	梅州市对外加工装配服务公司	1,440,000	0.74	发起人法人股
6	金泰基金	1,000,000	0.52	流通股
7	何彬	954,540	0.49	流通股
8	曹丰宇	734,580	0.38	流通股
9	宋丽花	705,000	0.36	流通股
10	商细枝	450,000	0.23	流通股

海南寰岛实业股份有限公司

二〇〇〇年年度报告摘选

一、公司简介

(一)公司法定名称:

中文名称:海南寰岛实业股份有限公司

英文名称:HAINAN HUANDAO INDUSTRY CO.,LTD.

(二)公司法定代表人:冯宝忠

(三)公司董事会秘书及股证代表:孔 雁　　林 涛

联系地址:海南省海口市人民大道25号

联系电话:0898-6255909

传　　真:0898-6254684

公司电子信箱:hdsy@hq.cninfo.net

(四)公司注册及办公地址:海南省海口市人民大道25号

邮政编码:570208

(五)公司选定的信息披露报纸名称:《中国证券报》和《证券时报》

登载公司年度报告的中国证监会指定国际互联网网址:http://www.cninfo.com.cn/

公司年度报告备置地点:海口市人民大道25号　　公司证券部

(六)公司股票上市地点:深圳证券交易所

股票简称:寰岛实业

股票代码:0691

二、会计数据和业务数据摘要

1、公司本年度利润及构成

主营业务利润	5,268,006.90
其他业务利润	
营业利润	-9,544,565.82
投资收益	11,577,901.00
补贴收入	
营业外收支净额	-83,503.05
利润总额	1,949,832.13
净利润	2,612,422.57
扣除非经常性损益的净利润	-11,252,365.34
经营活动产生的现金流量净额	84,607.35
现金及现金等价物净增加额	-4,013,317.74

注:本期非经常性损益包括:(1)营业外收支净额-83,503.05元;(2)资金占用费14,470,000.00元;(3)合并价差摊销-521,709.04元;合计13,864,787.91元。

2、截止报告期末公司前三年的主要会计数据和财务指标

项目	2000年度	1999年度	1998年度	
			调整后	调整前
主营业务收入(元)	16,613,337.95	57,953,562.75	68,212,232.20	68,212,232.20
净利润(元)	2,612,422.57	44,589,339.07	37,035,125.83	38,446,768.12
总资产(元)	857,921,063.09	859,493,052.16	755,649,846.38	758,030,534.93
股东权益(元)	630,166,881.11	627,554,458.54	596,634,291.95	599,014,980.50
每股收益	0.0101	0.1727	0.1434	0.1489
扣除非经营性损益后的每股收益(元/股)	-0.0436	0.1021	0.1113	0.1168
每股净资产(元/股)	2.4408	2.4307	2.3109	2.3201
调整后的每股净资产(元/股)	2.4347	2.4247	2.3109	2.3201
每股经营活动产生的现金流量净额	0.0003	-0.2281	-0.0459	-0.0459
净资产收益率(%)	0.41	7.11	6.21	6.42

3、按照中国证监会《公开发行证券公司信息披露编报规则(第9号)》要求计算的2000年度部分财务指标:

报告期利润	净资产收益率(%)		每股收益(元)	
	全面摊薄	加权平均	全面摊薄	加权平均
主营业务利润	0.84	0.84	0.0204	0.0204
营业利润	-1.51	-1.52	-0.0370	-0.0370
净利润	0.41	0.42	0.0101	0.0101
扣除非经常性损益后的净利润	-1.79	-1.79	-0.0436	-0.0436

4、报告期内股东权益变动情况

项目	股本	资本公积	盈余公积	其中:法定公益金	未分配利润	股东权益合计
期初数	258,180,000.00	214,675,643.84	45,849,464.77	16,161,702.46	108,849,349.93	627,554,458.54
本期增加			391,863.39	130,621.13	2,612,422.57	3,004,285.96
本期减少					391,863.39	391,863.39
期末数	258,180,000.00	214,675,643.84	46,241,328.16	16,292,323.59	111,069,909.11	630,166,881.11

三、股东情况介绍

1、截止2000年12月31日,公司股东总数为46612户。

2、前10名股东持股情况表　　单位:万股

股东名称	期初数	期末数	年内股份增减情况	占总股本比例(%)
(1)中国寰岛(集团)公司	7894.72	7894.72	0	30.58
(2)交通银行海南省分行	1035.20	1035.20	0	4.01
(3)中国银行海口信托咨询公司	1035.20	1035.20	0	4.01
(4)海南新鑫发展有限公司	787.00	787.00	0	3.05
(5)海南富南房地产开发公司	530.88	530.88	0	2.06
(6)海南南方物产有限责任公司	256.00	256.00	0	0.99
(7)沈阳市新海达机电化工有限公司	0.00	192.00	+192.00	0.74
(8)海口峻泓实业有限公司	0.00	168.00	+168.00	0.65
(9)海南荣信实业开发公司	128.00	128.00	0	0.50
(10)上海华浩实业发展有限公司	0.00	113.00	+113.00	0.44

沈阳惠天热电股份有限公司

二〇〇〇年年度报告摘选

一、公司简介

1、公司法定中文名称:沈阳惠天热电股份有限公司

英文名称:SHENYANG HUITIAN HEATING&ELECTRICITY SUPPLY CO.,LTD

2、公司法定代表人:卢树春

3、公司董事会秘书:左小明

公司证券事务代表:刘 斌

电　　话:024-22928062

传　　真:024-22939480

联系地址:沈阳市沈河区热闹路47号

E-mail:htrd@263.net

4、公司注册及办公地址:沈阳市沈河区热闹路47号

邮政编码:110014

E-mail:htrdcor@mail.sy.ln.cn

5、公司选定的信息披露报纸名称:《中国证券报》、《证券时报》

刊登年报的互联网网址:http://www.cninfo.com.cn

年度报告备置地点:公司证券部

6、股票上市交易所:深圳证券交易所

股票简称:惠天热电

股票代码:0692

二、会计数据和业务数据摘要

1、本年度主要会计数据(单位:元)

利润总额:	109,481,861.31
净利润:	93,331,769.86
扣除非经常性损益后的净利润:	96,303,562.76
主营业务利润:	142,263,422.74
其他业务利润:	2,360,191.09
营业利润:	100,118,371.45
投资收益:	-3,013,617.24
补贴收入:	15,348,900.00
营业外收支净额:	-2,971,792.90
经营活动产生的现金流量净额:	100,590,564.37
现金及现金等价物净增加额:	92,965,630.74

注:扣除非经常性损益项目及涉及金额:营业外收支净额-2,971,792.90元

2、前三年主要会计数据和财务指标(单位:元)

项目	2000度	1999年度	1998年度	
			调整前	调整后
主营业务收入	541,916,558.65	463,651,212.89	372,397,150.56	372,397,150.56
净利润	93,331,769.86	91,489,803.79	98,039,371.66	84,786,082.84
总资产	1,626,619,767.08	1,371,029,893.13	1,403,973,992.16	1,354,984,687.38
股东权益	824,751,038.86	796,739,451.40	754,238,952.39	705,249,647.61
每股收益	0.399	0.398	0.43	0.37
加权平均每股收益	0.401	0.398	0.47	0.41
扣除非经常性损益后每股收益	0.411	0.380	0.43	0.37
每股净资产	3.52	3.46	3.28	3.07
调整后的每股净资产	3.39	3.22	3.08	2.86
每股经营活动产生的现金流量净额	0.429	0.009	0.063	0.063
净资产收益率(%)	11.32	11.48	13.00	12.02
加权平均净资产收益率(%)	10.98	12.18	18.02	15.86

3、按照中国证监会《公开发行证券公司信息披露编报规则(第9号)》要求计算的利润数据

项目	2000年度				1999年度			
	净资产收益(%)		每股收益(元)		净资产收益(%)		每股收益(元)	
	全面摊薄	加权平均	全面摊薄	加权平均	全面摊薄	加权平均	全面摊薄	加权平均
主营业务利润	17.25	16.74	0.607	0.611	15.66	16.61	0.542	0.542
营业利润	12.14	11.78	0.428	0.430	10.31	10.94	0.357	0.357
净利润	11.32	10.98	0.399	0.401	11.48	12.18	0.398	0.398
扣除非经常性损益后的净利润	11.68	11.33	0.411	0.414	10.97	11.64	0.380	0.380

三、股东情况介绍

1、股份变动情况

(1)截止2000年12月31日,公司股东总数为:61,394户。

(2)主要股东持股情况(截止2000年12月31日)

A、公司前十名股东

股东名称	持股数量(股)	占总股本比例(%)
(1)沈阳市房产国有资产经营有限责任公司	143,569,849	61.300
(2)联合证券有限责任公司	1,013,113	0.432
(3)代 威	250,000	0.106
(4)范丽君	203,125	0.086
(5)何 洁	162,600	0.069
(6)普丰证券投资基金	145,285	0.062
(7)石 悦	139,387	0.059
(8)栾 凤	114,375	0.048
(9)农佳文	111,418	0.047
(10)郑建江	110,200	0.047

注:沈阳市房产国有资产经营有限责任公司所持股份为本公司国家股,其余九名股东所持股份均为社会公众股;前十名股东无关联关系。

B、持有公司5%以上股份的股东

沈阳市房产国有资产经营有限责任公司所持股份系本公司国家股,其所持股份本报告期内未发生变动、未上市流通也无质押和冻结的情况。

成都聚友泰康网络股份有限公司

二〇〇〇年年度报告摘选

一、公司简介

(一)公司名称:成都聚友泰康网络股份有限公司
英文名称:Chengdu Unionfriend－Taikang Network Co.,LTD.
英文缩写:UFTK
(二)公司法定代表人:陈健
(三)公司董事会秘书:罗宏
董事会证券事务代表:王晓旭
联系地址:成都市顺城大道252号顺吉大厦11层
电　　话:(028)6624176　　传　　真:(028)6615233
电子信箱:0693@sc.homeway.com.cn
(四)公司注册地址:成都市海峡两岸科技开发园科技创新中心
办公地址:成都市顺城大道252号顺吉大厦11层
办公电话:(028)6512626　　邮政编码:610015
公司国际互联网网址:http://www.unionfriend.com/0693/index.htm
公司电子信箱:0693@sc.homeway.com.cn
(五)公司选定的信息披露报纸名称:《中国证券报》、《证券时报》
登载公司年度报告的中国证监会指定国际互联网网址:http://www.cninfo.com.cn
公司年度报告备置地点:公司董事会办公室和深圳证券交易所
(六)公司股票上市地:深圳证券交易所
股票简称:聚友网络　　股票代码:0693

二、会计数据和业务数据摘要

(一)本年度会计数据摘要

利润总额:	36,410,998.91元
净利润:	31,697,741.67元
扣除非经常性损益后的净利润:	31,697,741.67元
主营业务利润:	42,995,671.50元
其他业务利润:	197,271.75元
营业利润:	31,388,719.61元
投资收益:	5,036,319.47元
补贴收入:	0元
营业外收支净额:	－14,040.17元
经营活动产生的现金流量净额:	67,789,367.29元
现金及现金等价物净增加额:	200,526,672.88元

(二)截至报告年度末公司前三年的主要会计数据和财务指标(单位:元)

项目	2000年	1999年	1998年调整前	1998年调整后
主营业务收入	162,438,316.70	110,729,629.03	79,576,248.16	79,576,248.16
净利润	31,697,741.67	32,919,642.45	19,357,169.65	18,978,636.42
总资产	586,224,584.70	380,061,309.43	319,389,144.58	305,712,320.59
股东权益(不含少数股东权益)	350,586,058.83	196,429,309.26	175,134,967.20	163,509,666.81
每股收益摊薄	0.25	0.276	0.162	0.159
加权	0.26			
扣除非经常性损益后的每股收益摊薄	0.25			
加权	0.26			
每股净资产	2.73	1.65	1.47	1.37
调整后的每股净资产	2.66	1.52	1.45	1.24
每股经营活动产生的现金流量净额	0.53	0.57	0.26	0.26
净资产收益率%摊薄	9.04	16.76	11.05	11.61
加权	12.55	18.29	11.70	11.70

按照中国证监会《公开发行证券公司信息披露编报规则(第9号)》要求计算的报告期利润的净资产收益率和每股收益。

利润表附表

报告期利润(元)	1999年度				2000年度			
	净资产收益率(%)		每股收益(元/股)		净资产收益率(%)		每股收益(元/股)	
	全面摊薄	加权平均	全面摊薄	加权平均	全面摊薄	加权平均	全面摊薄	加权平均
主营业务利润	17.07	18.63	0.28	0.28	12.26	17.03	0.33	0.35
营业利润	12.26	13.38	0.20	0.20	8.95	12.43	0.24	0.26
净利润	16.76	18.29	0.28	0.28	9.04	12.55	0.25	0.26
扣除非经常性损益后的净利润	15.89	17.35	0.26	0.26	9.04	12.55	0.25	0.26

注:主要财务指标按照年度报告准则规定的公式进行计算。

三、股本变动及股东情况

(一)股本变动情况
1、股份变动情况表
公司股份变动情况表　　数量单位:股

	本次变动前	本次变动增减(＋、－)						本次变动后
		配股	送股	公积金转股	增发	其他	小计	
一、未上市流通股份								
1、发起人股份								
其中:国家持有股份	6,568,856							6,568,856
境内法人持有股份	33,000,000	288,750					288,750	33,288,750
境外法人持有股份								
其他								
2、募集法人股份	49,566,000							49,566,000
3、内部职工股								
4、优先股或其他								
其中:转配股								
未上市流通股份合计	89,134,856	288,750					288,750	89,423,606
二、已上市流通股份								
1、人民币普通股	30,030,000	9,009,000					9,009,000	39,039,000
2、境内上市的外资股								
3、境外上市的外资股								
4、其他								
已上市流通股份合计								
三、股份总数	119,164,856	9,297,750					9,297,750	128,462,606

天津灯塔涂料股份有限公司

二〇〇〇年年度报告摘选

一、公司简介

(一)公司法定中、英文名称及缩写:
(中文名称)天津灯塔涂料股份有限公司
(英文名称)TIANJIN BEACON PAINT & COATINGS CO.,LTD(TJBP)
(二)公司法定代表人:熊必琪
(三)公司董事会秘书:沈鸿鑫
联系地址:天津市北辰区南仓道
电　　话:022—26345536
传　　真:022—26340776
(四)公司注册及办公地址:天津市北辰区南仓道
邮政编码:300400
公司国际互联网网址:http://www.beacon－paint.com
电子信箱:E－mail:beacon @ mail,zlnet,com.cn
(五)公司选定的信息披露报纸名称:证券时报
登载公司年度报告的中国证监会指定国际互联网网址:
http://www.cninfo.com.cn
公司年度报告备置地点:公司证券管理办公室
(六)公司股票上市交易所:深圳证券交易所
股票简称:灯塔油漆
股票代码:0695

二、会计数据和业务数据摘要

(一)公司本年度会计数据　　单位:元

利润总额	27,583,942.94
净利润	24,508,811.39
扣除非经常性损益后的净利润:	－8,416,057.06
主营业务利润	56,904,304.48
其他业务利润	783,563.70
营业利润:	－17,608,983.73
投资收益	43,897,350.21
补贴收入	－－
营业外收支净额	1,295,576.46
经营活动产生的现金流量净额	48,798,297.59
现金及现金等价物净增加额	241,951,969.88

(二)公司前三年主要财务指标:

项目	2000年	1999年	1998年	
			调整前	调整后
主营业务收入(元)	250,083,184.75	290,868,953.21	356,136,378.74	354,834,273.95
净利润(元)	24,508,811.39	24,486,232.25	27,376,756.78	20,822,378.67
总资产(元)	916,819,024.63	653,666,992.20	718,269,269.46	669,093,949.72
股东权益(不含少数股东权益)(元)	397,733,222.95	246,930,026.24	257,315,428.29	222,391,206.59
每股收益(元)	0.143	0.158	0.177	0.135
加权平均每股收益(元)	0.151	0.158	0.177	0.135
扣除非经常性损益后的每股收益(元)	－0.049	0.1102	0.177	0.135
每股净资产(元)	2.33	1.60	1.66	1.44
调整后的每股净资产(元)	2.28	1.54	1.61	1.36
每股经营活动产生的现金流量净额(元/股)	0.29	0.42	0.01	0.01
净资产收益率(%)	6.16	9.92	10.64	9.36

三、股东情况介绍

(一)报告期末公司股东总数9472户。
(二)前10名股东持股情况:

股　　东	持股数(股)	持股比例(%)
天津津联投资有限公司	87,148,723	50.99
汉兴证券投资基金	6,050,046	3.54
山东证券公司总部	1,728,762	1.01
山东民安发展有限公司	1,575,984	0.92
沈阳铁路局	1,400,000	0.82
山东证券有限责任公司	1,289,797	0.75
深圳兆科投资发展有限公司	1,260,000	0 .74
天津市经济建设投资公司	840.000	0.49
中国工商银行黑龙江省分行直属支行	840,000	0.49
中国人民建设银行信托投资公司上海证券部	840,000	0.49

说明:(1)持有本公司5%以上股份的股东是天津津联投资有限公司为我公司国家股持股单位,1999年末持有国家股84,610,411股,2000年实施配股,该公司以现金认购2,538,312股,2000年末该公司持有国家股87,148,723股,占公司总股本的50.99%;

(2)持股5%(含5%)以上的法人股东所持股份没有质押、冻结情况;

(3)公司前10名股东中,第一名股东为公司国家股股东,第五、七、八、九、十名股东为公司法人股股东,其它四名股东为社会公众股股东,本公司未知其关联关系。

3、持股10%以上的法人股东为天津津联投资有限公司;法定代表人:王广浩;主要经营范围:自有资金的实业投资、对投资控股、参股企业资产的经营管理及与投资有关的咨询;各类商品的批发、零售业务。

成都联益实业股份有限公司

二〇〇〇年年度报告摘选

一、公司简介

1、公司名称(中文名称):成都联益实业股份有限公司
2、公司英文名称:Chengdu Lianyi Lndustryand Stock co.,Ltd.
3、公司法定代表人:徐怀忠
公司董事会秘书:海虹
联系地址:四川省双流县东升镇
电话:028-5804970 028-5809135
传真:028-5804420
4、公司注册地址:四川省双流县东升镇
公司办公地址:四川省双流县东升镇
邮政编码:610200
公司电子信箱:cdlydm@mail.cninfo.net
5、信息披露报纸:《中国证券报》、《证券时报》
登载公司年度报告的中国证监会指定国际互联网网址:http//www.cninfo.com.cn
公司年度报告备置地点:公司证券部
6、公司股票上市交易所:深圳证券交易所
股票简称:ST 联益
股票代码:0696

二、会计数据和业务数据摘要

1、公司本年度主要利润指标情况(单位:人民币元)

利润总额:	-20,027,395.00
净利润:	-20,027,395.00
扣除非经常性损益的净利润:	-20,068,061.68
主营业务利润:	-2,922,802.64
其他业务利润:	186,229.02
营业利润:	-18,810,369.80
投资收益:	-1,257,691.88
补贴收入:	-
营业外收支净额:	40,666.68
经营活动产生的现金流量净额:	6,427,874.67
现金及现金等价物增加额:	-2,196.11
注:扣除非经常性项目和涉及金额:	
营业外收支净额项目:	
a.处理固定资产净损失(收入为"-"):	-16,300.10
b.罚款支出(收入为"-"):	-1,299.00
c.捐赠支出:	1,200.00
d.其他净收入:	24,267.58

2、截至报告期末公司三年的主要会计数据和财务指标(单位:人民币元)

(1)公司近三年主要会计数据和财务指标:

项目	2000 年	1999 年		1998 年	
		调整前	调整后	调整前	调整后
主营业务收入	9,664,870.35	28,070,945.48	28,070,945.48	101,702,501.64	36,233,669.06
净利润	-20,027,395.00	-133,441,312.57	-113,441,312.57	23,397,567.52	11,775,987.02
总资产	130,600,401.23	153,262,793.42	147,052,793.42	438,237,410.39	351,154,586.90
股东权益	22,281,497.80	48,518,892.80	42,308,892.80	197,720,212.59	161,960,205.37
每股收益(摊薄)	-0.146	-0.829	-0.829	0.17	0.086
加权每股收益	-0.146	-0.829	-0.829	0.17	0.086
扣除非经常性损益后的每股收益(摊薄加权)	-0.147	-0.835	-0.835	0.178	0.175
每股净资产	0.1629	0.3545	0.3091	1.45	1.1834
调整后的每股净资产	-0.253	0.0393	-0.0061	1.35	0.9659
每股经营活动产生的现金流量净额	0.047	0.0275	0.0275	0.092	0.092
净资产收益率(%)	-89.9	-233.81	-268.00	11.834	7.27

(2)根据中国证监会《公开发行证券公司信息披露细则(第9号)》要求计算的利润数据:

项目	2000 年净资产收益(%)		2000 年每股收益		1999 年净资产收益(%)		1999 年每股收益	
	全面摊薄	加权平均	全面摊薄	加权平均	全面摊薄	加权平均	全面摊薄	加权平均
主营业务利润	-13.12	-9.38	-0.0214	-0.0214	-4.93	-8.60	-0.0152	-0.0152
营业利润	-84.42	-60.35	-0.1374	-0.1374	-261.79	-456.56	-0.8093	-0.8093
净利润	-89.88	-64.26	-0.1463	-0.1463	-268.13	-467.62	-0.8289	-0.8289
扣除非经营性损益后的利润	-90.07	-64.39	-0.1466	-0.1466	-270.21	-471.25	-0.8353	-0.8353

由于会计政策变更,根据财政部财会字(1999)35号文、49号文的有关规定,采用了追溯调整法,调整了1999年度会计报表相关的"坏帐准备"帐项、"存货跌价准备"帐项、"投资减值准备"帐项。调整前后年度会计数据如下:

项目	调整后	调整前
坏帐准备	115,332,792.70	-
存货跌价短期投资准备	4,933,639.51	-
长期投资减值准备	8,600,000.00	-
期初未分配利润	129,743,171.50	123,533,171.50

三、股东情况介绍

(1) 截止2000年12月31日公司股东总数为14387户。
(2)主要股东持股情况(前10名):

股东名称	期初持股数(股)	期末持股数(股)	占总股本比例(%)
广东飞龙集团有限公司	54745600	54745600	40
成都联益集团公司*	29585920	29585920	21.61
双流县东升建筑安装工程公司	474240	474240	0.35
双流异型轧钢厂	474240	474240	0.35
张绪东	0	344288	0.25
赵丛彩	0	320000	0.23
雷元琼	0	296000	0.22
黄长锦	0	289409	0.21
钟丽波	0	264000	0.19
庞斌	0	207000	0.15

咸阳偏转股份有限公司

二〇〇〇年年度报告摘选

一、公司简介

1、公司法定中文名称:咸阳偏转股份有限公司
2、公司法定代表人:雷奇
3、董事会秘书:党长水
授权代表:赵兵
联系地址:陕西省咸阳市渭阳西路七十号
联系电话:(0910)3320567
联系传真:(0910)3320666
电子信箱:csdang@ns1.pianzhuan.com.cn
4、公司注册地址及办公地址:陕西省咸阳市渭阳西路七十号
邮政编码:712021
国际互联网网址:http://www.pianzhuan.com.cn
电子信箱:gzk@ns1.pianzhuan.com.cn
5、公司选定的信息披露报纸:《中国证券报》和《证券时报》
登载公司年度报告国际互联网网址:http://www.cninfo.com.cn
公司年度报告备置地点:公司证券部
6、公司股票上市地:深圳证券交易所
股票简称:咸阳偏转
股票代码:0697

二、会计数据和业务数据摘要

1、公司本年度实现利润情况 单位:元

利润总额	82,489,578.17
净利润	70,495,253.25
扣除非经常性损益后的净利润	61,575,748.25
主营业务利润	116,528,054.00
其他业务利润	967,997.01
营业利润	73,570,073.58
投资收益	8,800,000.00
补贴收入	360,000.00
营业外收支净额	-240,495.41
经营活动产生的现金流量净额	-26,911,084.73
现金及现金等价物净增加额	-41,517,648.64
注:扣除非经常性损益项目及金额(元)	
投资收益	8,800,000.00
补贴收入	360,000.00
营业外收支净额	-240,495.41

2、截止本报告期末公司前三年的主要会计数据和财务指标(单位:人民币元)

项目	2000 年度	1999 年度		1998 年度	
		调整前	调整后	调整前	调整后
主营业务收入	442,312,974.70	608,285,789.92	608,285,789.92	579,746,848.76	579,746,848.76
净利润	70,495,253.25	80,811,227.56	80,672,232.81	136,763,678.36	133,111,251.24
总资产	1,226,621,797.18	1,033,056,817.65	1,033,056,817.65	890,676,261.98	875,138,890.38
股东权益(不含少数股东权益)	764,254,839.24	719,633,494.40	715,505,755.99	453,122,234.86	439,770,748.82
每股收益(摊薄)	0.324	0.37	0.37	0.68	0.66
每股收益(加权)	0.324	0.40	0.40	0.68	0.66
扣除非经常性损益后的每股收益	0.283	0.32	0.32	0.68	0.66
每股净资产	3.51	3.31	3.29	2.26	2.19
调整后每股净资产	3.51	3.28	3.26	2.24	2.18
每股经营活动产生的现金流量净额	-0.12	0.65	0.65		
净资产收益率(%)	9.22	11.23	11.27	30.27	30.18

3、利润表附表

报告期利润	净资产收益率(%)				每股收益(元)			
	全面摊薄		加权平均		全面摊薄		加权平均	
	2000 年	1999 年	2000 年	1999 年	2000 年	1999 年	2000 年	1999 年
主营业务利润	15.25	14.38	15.52	21.42	0.536	0.47	0.536	0.47
营业利润	9.63	11.79	9.80	17.56	0.338	0.39	0.338	0.39
净利润	9.22	11.27	9.39	16.80	0.324	0.37	0.324	0.37
扣除非经常性损益后的净利润	8.06	9.70	8.20	14.46	0.283	0.32	0.283	0.32

三、股东情况介绍

1、截止2000年12月31日,公司共有股东50255户。
2、报告期末公司前10名股东持股情况

股东名称	持股数量(股)	持股比例
①咸阳市国有资产管理局(国家股)	86978800	39.99%
②咸阳偏转发展有限责任公司	53071200	24.40%
③景宏证券投资基金	2195656	1.01%
④郭晓安	1097661	0.50%
⑤金鑫证券投资基金	957686	0.44%
⑥王运民	798880	0.37%
⑦景福证券投资基金	635555	0.29%
⑧王英英	426824	0.20%
⑨齐鲁石油化工股份有限公司	336200	0.15%
⑩吴文鹏	310000	0.14%

沈阳化工股份有限公司

二〇〇〇年年度报告摘选

一、公司简介

1、公司法定中文名称:沈阳化工股份有限公司
英文名称:SHENYANG CHEMICAL INDUSTRY CO.,LTD
2、公司法定代表人:梁会山
3、公司董事会秘书:孙家庆
联系地址:沈阳市铁西区卫工南街14甲
联系电话:024-25820516-3506　　联系传真:024-25740956
电子信箱:syhgzqb@mail.sy.ln.cn
授权代表:杨志国
联系地址:沈阳市铁西区卫工北街46号(110026)
联系电话:024-25827562　　联系传真:024-25827733
4、公司注册地址:辽宁省沈阳市经济技术开发区沈大路888号(110141)
公司办公地址:辽宁省沈阳市铁西区卫工北街46号(110026)
5、公司选定的信息披露报纸:《中国证券报》、《证券时报》
登载公司年度报告的国际互联网网址:http:\www.cninfo.com.cn
公司年度报告备置地点:公司资产经营部
(沈阳市铁西区卫工南街14甲,110024)
6、公司股票上市交易所:深圳证券交易所
股票简称:沈阳化工　　股票代码:0698

二、会计数据和业务数据摘要

1.公司本年度利润总额及构成(单位:元)

项目	金额
利润总额	249,245,311.18
净利润	191,931,888.83
扣除非经常性损益后的净利润	141,053,592.58
主营业务利润	302,822,367.97
其他业务利润	2,964,204.31
营业利润	166,964,706.25
投资收益	83,693,297.99
补贴收入	32,665.76
营业外收支净额	-1,445,358.82
经营活动产生的现金流量净额	247,650,327.23
现金及现金等价物净增加额	71,743,892.07

注:扣除非经常性损益项目和涉及金额:

项目	金额
补贴收入:	32,665.76元
投资价差摊销:	4,925,228.61元
股权转让收益:	56,344,283.57元
营业外收支净额:	-1,445,358.82元

2.公司前三年的主要会计数据和财务指标
追溯调整后:

项目	2000年度	1999年度	1998年度
主营业务收入(元)	2,101,367,168.86	1,005,107,623.43	650,556,940.91
净利润(元)	191,931,888.83	114,845,888.26	104,429,437.88
总资产(元)	3,096,507,174.43	2,895,418,118.23	2,755,553,664.20
股东权益(元)	1,496,552,607.79	1,304,284,158.96	1,187,548,270.70
每股收益(元/股)(摊薄)	0.454	0.272	0.406
(加权)	0.454		
每股净资产(元/股)	3.54	3.09	4.609
调整后每股净资产(元/股)	3.28	3.00	4.506
每股经营活动产生的现金流量净额(元/股)	0.59	0.22	
净资产收益率(%)(摊薄)	12.82	8.81	8.79
(加权)	13.71		
扣除非经常性损益每股收益	0.334		

追溯调整前:

项目	1999年度	1998年度
主营业务收入(元)	1,202,645,040.16	650,556,940.91
净利润(元)	115,505,213.63	110,575,487.53
总资产(元)	3,139,214,565.02	2,790,726,217.50
股东权益(元)	1,304,284,158.96	1,221,049,912.38
每股收益(元/股)	0.27	0.42
每股净资产(元/股)	3.09	4.63
调整后每股净资产(元/股)	2.99	4.55
每股经营活动产生的现金流量净额(元/股)	0.22	-
净资产收益率(%)	8.86	9.06
按月平均加权法计算的每股收益	0.34	0.46
扣除非经常性损益每股收益	0.20	-

3.根据中国证监会《公开发行证券公司信息披露编报规则(第9号)》要求计算的报告期利润的净资产收益率和每股收益。

报告期利润	净资产收益率(%)		每股收益(元/股)	
	全面摊薄	加权平均	全面摊薄	加权平均
主营业务利润	20.23	21.62	0.717	0.717
营业利润	11.16	11.92	0.395	0.395
净利润	12.82	13.71	0.454	0.454
扣除非经常性损益后的净利润	9.43	10.07	0.334	0.334

三、股本变动及股东情况

1、股本变动情况
(1)股份变动情况表(单位:股)

	期初数	本期增减(+,-)	期末数
一、尚未流通股份			
1、发起人股份	235,206,560	0	235,206,560
其中:			
国家拥有股份	147,350,560	0	147,350,560
境内法人持有股份	87,856,000	0	87,856,000
2、内部职工股	20,800,000	-20,800,000	0
尚未流通股份合计	256,006,560	-20,800,000	235,206,560
二、已流通股份			
境内上市的人民币普通股	166,400,000	+20,800,000	187,200,000
已流通股份合计	166,400,000	+20,800,000	187,200,000
三、股份总数	422,406,560	0	422,406,560

佳木斯造纸股份有限公司

二〇〇〇年年度报告摘选

一、公司简介

1、公司法定中文名称:佳木斯造纸股份有限公司
公司法定英文名称:Jiamusi Paper Co.,Ltd.
2、公司注册及办公地址:
黑龙江省佳木斯市光复路306号
邮政编码:154005
公司国际互联网网址:http://www.jzgf.com
电子信箱:Email:jzgfgs@mail.hl.cn
3、公司法定代表人:王永权
4、董事会秘书:张社佳
董事会证券事务代表:孟宪有
联系地址:佳木斯市光复路306号
佳木斯造纸股份有限公司
联系电话:0454-8379070
传　真:0454-8391258
电子信箱:E—mail:jzgfgs@mail.hl.cn
5、公司信息披露报纸名称:《证券时报》
公司年度报告登载网址:http://www.cninfo.com.cn
公司年度报告备置地点:董事会秘书处
6、公司股票上市交易所:深圳证券交易所
股票简称:佳纸股份
股票代码:0699

二、会计数据和业务数据摘要

1、公司本年度主要利润指标情况:

项目	金额
利润总额:	-30680284.86元
净 利 润:	-43611813.91元
扣出非经常性损益后的净利润:	-45768376.25元
主营业务利润:	85554731.76元
其他业务利润:	-1882748.01元
营业利润:	-22050311.14元
投资收益:	-6404150.17元
营业外收支净额:	-2225823.55元
经营活动产生的现金流量净额:	20820058.14元
现金及现金等价物净增加额:	5977939.88元

注:扣除的非经常性损益项目及额度2156562.34元(存货盘盈盘亏的净损失额)

2、截止报告期末公司前三年的主要会计数据和财务指标如下:　　单位:人民币元

项目	2000年	1999年	1998年	
			调整前	调整后
主营业务收入	573939316.01	612131772.75	397718071.56	397718071.56
净利润	-43611813.91	14362516.63	58934686.11	50778919.65
总资产	1662388639.36	1550944482.10	1139277401.64	1230071002.76
股东权益	523469217.75	577093556.95	511439119.93	562731040.32
每股收益	-0.1917	0.0631	0.2591	0.2233
每股净资产	2.3015	2.5373	2.2486	2.4171
净资产收益率	-8.33	2.49	11.52	9.02
调整后每股净资产	1.9243	2.2657	1.9878	2.2134
每股经营活动产生的现金流量净额	0.0915	-0.2566		-0.3928
扣除非经常性损益后的每股收益	-0.201	-0.077	-0.0414	-0.0499
扣除非经常性损益后的加权净资产收益率	-8.74	-3.04		

根据中国证监会《公开发行证券公司信息披露编报规则第9号》规定计算的利润数据如下:

报告期利润	净资产收益率		每股收益	
	全面摊薄	加权平均	全面摊薄	加权平均
主营业务利润	16.34	15.41	0.376	0.376
营业利润	-4.21	-3.97	-0.097	-0.097
净利润	-8.33	-7.85	-0.192	-0.192
扣除非经常损益后的净利润	-8.74	-8.23	-0.201	-0.201

三、股东情况介绍

1、报告期末,本公司共有股东24854户
2、报告期末前10名股东持股情况:

股东名称	持股数(股)	持股比例(%)
佳木斯纸业集团有限公司(国家股)	114550000	50.36
中国人民建设银行黑龙江分行直属支行(法人股)	4420000	1.94
黑龙江省国际信托投资公司(法人股)	2600000	1.14
光明集团公司(法人股)	1690000	0.74
山东淄博市交易营业部(流通股)	1677831	0.74
青岛万通证券有限责任公司(流通股)	1618971	0.71
青岛万通证券有限责任公司(流通股)	1516000	0.67
青岛经济技术开发区交易营业部(流通股)	1502000	0.66
山东平度市交易营业部(流通股)	1410000	0.62
安徽荣源投资咨询有限责任公司(流通股)	1357656	0.59

江南模塑科技股份有限公司

二〇〇〇年年度报告摘选

一、公司简介

1、公司名称
中文名称:江南模塑科技股份有限公司
缩 写:模塑科技
英文名称:JIANGNAN MOULD & PLASTIC TECHNOLOGY CO.,LTD
2、公司法定代表人:曹明芳
3、公司董事会秘书
姓 名:许剑
联系地址:江苏省江阴市周庄镇长青路8号
联系电话:0510-6242802
传 真:0510-6242818
4、公司注册地址:江苏省江阴市周庄镇长青路8号
公司办公地址:江苏省江阴市周庄镇长青路8号
邮 编:214423
电子信箱:jnms@public1.wx.js.cn
5、信息披露报纸名称:证券时报
登载公司年度报告的互联网网址:http://www.cninfo.com.cn
公司年度报告备置地点:公司董事会秘书办公室
6、公司股票上市交易所:深圳证券交易所
股票简称:模塑科技
股票代码:0700

二、会计数据和业务数据摘要

1、本年度主要利润指标情况

利润总额:	71,914,196.84元
净利润:	52,306,330.51元
扣除非经常性损益后的净利润:	48,823,579.05元
主营业务利润:	97,750,893.93元
其他业务利润:	426,691.34元
营业利润:	70,292,706.90元
投资收益:	-573,072.87元
营业外收支净额:	2,194,562.81元
经营活动产生的现金流量净额:	142,388,330.31元
现金及现金等价物净增加额:	73,199,415.20元
注:扣除非经常性损益项目和涉及金额:	
1、评估增值	3,608,232.26元
2、处置固定资产损失	125,480.80元

2、公司三年来的主要会计数据和财务指标(单位:人民币元)

项 目	2000年	1999年	1998年
主营业务收入	258,094,471.11	218,626,546.94	116,324,448.24
净利润	52,306,330.51	32,897,130.39	25,126,325.21
总资产	646,859,793.47	626,535,647.90	520,784,425.96
股东权益	405,542,071.30	390,592,280.78	263,126,391.33
每股收益	0.420	0.264	0.224
每股收益(加权)	0.420	0.291	0.224
每股收益(扣除非经常性损益后)	0.392	0.232	0.249
每股净资产	3.257	3.137	2.351
调整后的每股净资产	3.253	3.122	2.351
每股经营活动产生的现金流量净额	1.143	-0.116	-0.135
净资产收益率%	12.89	8.42	9.55
净资产收益率(加权)%	17.26	11.73	10.09
扣除非经常性损益后净资产收益率(加权)%	11.72	11.59	10.15

注:(1)按中国证监会《公开发行证券公司信息披露编报规则(第9号)》要求计算净资产收益率和每股收益:

报告期利润	净资产收益率		每股收益	
	全面摊薄	加权平均	全面摊薄	加权平均
主营业务利润	0.241	0.235	0.785	0.785
营业利润	0.173	0.169	0.565	0.565
净利润	0.129	0.126	0.420	0.420
扣除非经常性后的净利润	0.112	0.117	0.392	0.392

3、报告期内股东权益变动情况及说明
(1) 股东权益变动情况(单位:万元)

项目	股本	资本公积金	盈余公积	法定公益金	未分配利润	股东权益合计
期初数	12452.18	13739.28	9102.15	1227.78	3765.62	39059.23
本期增加			838.35	261.54	4392.28	5230.63
本期减少					3735.65	3735.65
期末数	12452.18	13739.28	9940.50	1489.32	4422.25	40554.21

(2)变动原因说明:
A、盈余公积和法定公益金变动是因为本年度利润提取数额;
B、未分配利润的变动是因为本年度利润增加及股利分配所致。

三、股本变动及股东情况

1、股东情况介绍
(1)2000年年末公司共有股东20069名。
(2)持股前10位的股东情况如下:

名次	股 东 名	持股数(单位:万股)	占总股本比例(%)
1	江阴模塑集团有限公司	8599.305	69.06
2	泰和证券投资基金	70.8834	0.57
3	卢越孙	25.71	0.21
4	杨富福	22.00	0.18
5	胡全	17.00	0.14
6	郭华萍	17.00	0.14
7	胡亚玲	15.90	0.13
8	刘水科	15.0855	0.12
9	浙江省国际信托投资公司	13.60	0.11
10	陈碧兰	13.0284	0.10

厦门信达股份有限公司

二〇〇〇年年度报告摘选

一、公司简介

1、公司法定中文名称:厦门信达股份有限公司
公司法定英文名称:XIAMEN XINDECO LTD.
2、公司法定代表人:周昆山
3、董事会秘书:范丹
联系地址:厦门湖里信宏大厦二楼
联系电话:0592-6021666-1718
联系传真:0592-6021391
电子信箱:fd@xindeco.com
4、注册地址:厦门湖里信宏大厦二楼
办公地址:厦门湖里信宏大厦二楼
邮政编码:361006
电子信箱:board@xindeco.com
互联网址:www.xindeco.com
5、公司选定的信息披露报纸名称:《证券时报》
登载公司年度报告的中国证监会指定国际互联网网址:
www.cninfo.com.cn
年报备置地点:厦门湖里信宏大厦二楼(公司办公地)
6、股票上市地:深圳证券交易所
股票简称:厦门信达
股票代码:0701

二、会计数据和业务数据摘要(合并报表)

1、本年度利润总额及构成(单位:人民币元)

利润总额:	8,857,280.83
净利润:	8,183,525.24
扣除非经常性损益后的净利润:	8,085,228.84
主营业务利润:	69,397,200.35
其他业务利润:	1,503,023.59
营业利润:	5,865,881.16
投资收益:	3,144,286.22
补贴收入:	
营业外收支净额:	-152,886.55
经营活动产生的现金流量净额	7,880,607.43
现金及现金等价物净增加额	30,957,735.94

*非经常性损益为股权投资差额摊销98,296.40元。

2、截止报告期末公司前三年主要会计数据和财务指标(单位:人民币元)

项目	2000年	1999年	1998年
主营业务收入	786,541,360.53	521,496,316.76	481,213,889.71
净利润(调整前)	8,183,525.24	9,654,888.38	20,133,015.86
(调整后)		9,126,991.23	15,324,420.33
总资产(调整前)	953,012,589.24	898,107,583.53	785,411,993.05
(调整后)		887,108,857.05	771,200,326.90
股东权益(调整前)(不含少数股东权益)	489,833,036.15	493,184,974.95	496,869,038.08
(调整后)		481,661,853.72	483,535,765.52
每股收益(调整前)	0.041	0.048	0.101
(调整后)		0.046	0.077
每股净资产(调整前)	2.45	2.47	2.48
(调整后)		2.41	2.42
净资产收益率(调整前)	1.67%	1.96%	4.05%
(调整后)		1.89%	3.17%
调整后每股净资产(调整前)	2.38	2.44	2.45
(调整后)		2.37	2.39
每股经营活动产生的现金流量净额	0.04	-0.18	0.15

3、按中国证监会发布的《公开发行证券公司信息披露编报规则》第9号的要求计算的净资产收益率及每股收益

报告期利润	净资产收益率		每股收益	
	全面摊薄	加权平均	全面摊薄	加权平均
主营业务利润	14.17%	14.29%	0.347	0.347
营业利润	1.20%	1.21%	0.029	0.029
净利润	1.67%	1.68%	0.041	0.041
扣除非经常性损益后的净利润	1.65%	1.66%	0.040	0.040

4、报告期内股东权益变化情况(单位:股、人民币元)

项目	股本	资本公积	盈余公积	法定公益金	未分配利润	股东权益合计
期初数	200000000	239718578.86	26059717.81	8686572.61	12871734.04	481661853.72
本期增加			1227528.78	409176.26	8183525.24	
本期减少					1227528.78	
期末数	200000000	239718578.86	27287246.59	9095748.87	19827730.50	489833036.15
变动原因:			年度利润分配	年度利润分配	年度利润分配	

三、股本变动及股东情况

1、股本变动情况
经深圳证券交易所核准,2000年1月20日,公司5000万股内部职工股在深圳证券交易所上市。内部职工股上市后,公司流通股为115000000股(其中董事、监事和高管人员所持有的49000股暂时锁定)。
2、股东情况介绍
(1) 报告期末本公司股东总数为78749户。
(2)前十名股东持股情况

股 东 名 称	年末持股数	持股比例
厦门信息-信达总公司	85000000	42.50%
赵世发	591110	0.30%
吕花弟	540000	0.27%
吴刚	439513	0.22%
王浏延	310000	0.22%
上海城域网络发展有限公司	304571	0.16%
陈浩勤	280040	0.14%
海通证券有限公司	232100	0.12%
段启贵	220800	0.11%
吴自善	220000	0.11%

湖南正虹饲料股份有限公司

二〇〇〇年年度报告摘选

一、公司简介

公司法定中文名:湖南正虹饲料股份有限公司
公司英文名称:HUNAN ZHENGHONG FEED CO.,LTD
公司名称缩写:HNZHSL
公司法定代表人:吴明夏
公司董事会秘书:曹国庆
公司董事会秘书授权人:石进良
联系地址:湖南省岳阳市屈原行政区营田镇
联系电话:0730-5728000-861
联系传真:0730-5728011
公司注册地址:湖南省岳阳市屈原行政区营田镇
公司办公地址:湖南省岳阳市屈原行政区营田镇
邮政编码:414418
公司电子信箱:HNZHSL@mail.yy.hn.cn
网　　址:www.hunan-zhenghong.com.cn
公司选定的信息披露报纸:《证券时报》
登载公司年报的中国证监会指定国际互联网网址:http://www.cninfo.com.cn
公司年报备置地点:公司证券部
公司股票上市交易所:深圳证券交易所
股票简称:正虹饲料
股票代码:0702

二、会计数据和业务数据摘要

1、本年度主要财务指标的完成情况

项目	金额(元)	备注
实现利润总额	101,601,280.00	说明:扣除非经常性损益项目金额为:
实现净利润	80,276,982.00	1营业外收支净额:-2,541,805.34
扣除非经常性损益后的净利润	80,483,477.27	2其他业务利润1,080,936.11
主营业务利润	250,871,843.00	3股权投资差额摊入:1,254,373.86
其他业务利润	1,080,936.00	合计:-206,495.37
营业利润	103,197,298.00	
投资收益	945,787.00	
补贴收入	-	
营业外收支净额	-2,541,805.00	
经营活动产生的现金流量净额	54,276,178.00	
现金及现金等价物净增加额	357,542,174.00	

2、截至报告期末,公司前三年主要会计数据和财务指标

项目	2000年12月31日	1999年12月31日	1998年12月31日 调整前	调整后
主营业务收入(万元)	103,819.29	67,976.59	69,334.18	69,334.18
净利润(万元)	8,027.70	4,995.78	6,105.27	5,915.90
总资产(万元)	126,592.98	74,046.68	72,082.75	71,034.38
股东权益(万元)(不含少数股东权益)	84,399.64	55,973.29	52,025.45	50,977.08
每股收益(摊薄元)	0.5109	0.3838	0.469	0.454
每股收益(加权元)	0.5432	0.3838	0.469	0.454
扣除非经常性损益后的每股收益(元)	0.5123	0.3737	0.453	0.438
每股净资产(元)	5.37	4.30	3.996	3.92
调整后的每股净资产(元)	5.29	4.20	3.946	3.87
每股经营活动产生的现金流量净额(元)	0.3455	0.84	0.97	0.97
净资产收益率(%)	9.51	8.93	11.73	11.61

3、本报期内股东权益变动情况及变动原因

项目	股本	资本公积	盈余公积	法定公益金	未分配利润	股东权益合计
期初数	130,180,000	318,978,147.77	28,004,567.75	12,449,197.42	82,570,135.41	559,732,850.93
本期增加	26,933,654	200,035,149.08	17,821,251.80	8,910,625.90	80,276,981.90	325,067,036.78
本期减少					40,803,441.63	40,803,441.63
期末数	157,113,654	519,013,296.85	45,825,819.55	21,359,823.32	122,043,675.68	843,996,446.08
变动原因	吸收合并配股	股本溢价	净利润提取	净利润提取	利润增加提取盈余公积	吸收合并配股利润增加

三、股东情况介绍

(1)报告期末股东总数
本告期末公司股东总户数为23,632户。
(2)主要股东持股情况
持有本公司5%以上(含5%)股份及前十名股东持股情况

股东名称	年末持股数	持股比例(%)
1、湖南屈原农垦集团公司	80680,000	51.35
2、湖南省岳阳市信托投资公司	2,666,667	1.69
3、上海众和投资管理有限公司	1,537,001	0.98
4、上海申楚实业投资有限公司	1,010,400	0.64
5、耿昌泉	544,353	0.35
6、邓显菊	373,810	0.24
7、岳阳市经济技术开发区梦都实业有限公司	345,225	0.22
8、程凤霞	334,820	0.21
9、岳阳市经济技术开发区荣陵建筑安装公司	318,734	0.20
10、赵学军	286,000	0.18

上述前十名股东不存在关联关系。

北海国际招商股份有限公司

二〇〇〇年年度报告摘选

一、公司简介

1、法定中文名称:北海国际招商股份有限公司
英文名称:BEIHAI INTERNATIONAL BUSINESS SOLICITING CO.,LTD.
中文名称缩写:北海招商
英文名称缩写:BIBS
2、法定代表人:乔向明
3、董事会秘书:王键
董事会证券事务代表:柏笑冰
联系地址:郑州市建设西路187号泰隆大厦16层
邮政编码:450007
电　　话:0371-7422266
传　　真:0371-7422233
电子信箱:0703@371.net
4、注册地址:北海市中山西路二号楼
邮政编码:536000
办公地址:郑州市建设西路187号泰隆大厦16层
邮政编码:450007
5、公司信息披露报纸:《证券时报》
登载公司年度报告的中国证监会指定国际互联网网址:http://www.cninfo.com.cn
年度报告备置地点:郑州市建设西路187号泰隆大厦16层(办公地址)
6、股票上市地:深圳证券交易所
股票简称:招商股份
股票代码:0703

二、会计数据和业务数据摘要

1、本年度利润总额及构成(单位:元)

利润总额:	38,788,808.72
其中:	
净利润:	23,805,288.92
扣除非经常性损益后的净利润:	26,425,241.48
主营业务利润:	84,817,886.20
其他业务利润:	1,694,658.43
营业利润:	41,348,761.28
投资收益:	-2,639,056.64
补贴收入:	—
营业外收支净额:	79,104.08
经营活动产生的现金流量净额:	109,083,798.14
现金及现金等价物净增加额:	4,213,418.87
注:扣除非经常性损益项目及金额	
(1)营业外收支净额:	79,104.08
(2)合并价差摊销:	-2,699,056.64
以上项目涉及金额为:	-2,619,952.56

2、截止报告年度末公司前三年的主要会计数据及财务指标(单位:元)

序号　栏目	内容 2000年度	1999年度 调整前	1999年度 调整后	1998年度 调整前	1998年度 调整后
(1)主营业务收入(万元)	26,352.57	10,114.14	10,092.11	7,316.96	7,316.96
(2)净利润(万元)	2,380.53	2,255.05	2,243.67	2,526.37	2,407.23
(3)总资产(万元)	53,425.78	36,473.52	36,317.20	23,683.30	23,336.81
(4)股东权益(万元)(不含少数股东权益)	26,185.63	24,721.77	24,620.16	22,473.87	22,127.38
(5)每股收益(元)(全面摊薄)	0.223	0.212	0.210	0.237	0.226
(扣除非经常性损益后)	0.248	0.155	0.154	0.222	0.211
(6)每股净资产(元)	2.456	2.319	2.310	2.108	2.076
(7)调整后的每股净资产(元)	2.392	2.300	2.290	2.090	2.057
(8)每股经营活动产生的现金流量净额(元)	1.023	0.377	0.377	-0.087	-0.087
(9)净资产收益率(全面摊薄)(%)	9.09	9.12	9.11	11.24	10.88

3、报告期利润表附表

报告期利润	净资产收益率(%) 全面摊薄	净资产收益率(%) 加权平均	每股收益(元) 全面摊薄	每股收益(元) 加权平均
主营业务利润	32.39	32.86	0.796	0.796
营业利润	15.79	16.02	0.388	0.388
净利润	9.09	9.22	0.223	0.223
扣除非经常性损益后的净利润	10.09	10.24	0.248	0.248

4、本报告期内股东权益变动情况

项目	股本	资本公积	法定公积金	任意盈余公积	法定公益金	未分配利润	股东权益合计
期初数	10,660	0	2,092.74	396.22	2,092.74	9,378.46	24,620.16
本期增加	0	0	237.59	250.94	237.59	1,905.35	2,631.47
本期减少	0	0	0	0	0	1,066	1,066
期末数	10,660	0	2,330.33	647.16	2,330.33	10,217.81	26,185.63

三、股东情况介绍

(1)截止本报告期末股东总数为16,889户
(2)2000年12月31日,公司前十名股东的持股情况

名次	股东名称	年末持股数(股)	占总股本(%)
1	河南九龙水电集团有限公司	30,575,284	28.68
2	四川恒运实业有限公司	7,581,600	7.11
3	四川新洲实业有限公司	4,975,426	4.67
4	中国烟草总公司四川省公司	2,843,100	2.67
5	成都市建筑材料总公司	2,369,250	2.22
6	成都工商信托投资有限责任公司	2,369,250	2.22
7	同益证券投资基金	1,329,948*	1.25
8	四川岷江电力股份有限公司	1,279,395	1.20
9	同盛证券投资基金	970,000*	0.91
10	蒲江县财政信用投资公司	947,700	0.89

浙江震元股份有限公司

二〇〇〇年年度报告摘选

一、公司简介

(一)公司法定名称:浙江震元股份有限公司
(二)公司法定代表人:宋逸婷
(三)公司董事会秘书:黄继明　　公司授权代表:周黔莉
联系地址:浙江省绍兴市解放北路 289 号　　邮政编码:312000
联系电话:0575-5144161　　联系传真:0575-5148805
(四)公司注册及办公地址:浙江省绍兴市解放北路 289 号
邮政编码:312000
公司网址:http://www.zjzy.com
公司电子信箱:0705@zjzy.com
(五)公司选定信息披露报纸:《证券时报》
登载公司年度报告的中国证监会指定国际互联网网址:
http://www.cninfo.com.cn
公司年报备置地点:浙江省绍兴市解放北路 289 号公司证券部
(六)公司股票上市地:深圳证券交易所
股票简称:浙江震元　　股票代码:0705

二、会计数据和业务数据摘要

(一)公司本年度会计数据和业务数据摘要(单位:人民币元)

项目	金额
利润总额	36,854,440.22
净利润	20,935,533.62
扣除非经常性损益后的净利润	17,683,961.55
主营业务利润	98,537,134.52
其他业务利润	2,962,403.24
营业利润	28,183,852.81
投资收益	2,500,441.03
补贴收入	333,000.00
营业外收支净额	5,837,146.38
经营活动产生的现金流量净额	32,077,080.21
现金及现金等价物净增加额	130,007,094.95

注:"扣除非经常性损益后的净利润"指标中扣除项目及涉及金额:

项目	金额
1、合并价差摊销	-242,139.89 元
2、新股申购资金利息	1,162,119.65 元
3、资产处置损益	2,331,592.31 元

(二)近三年主要会计数据和财务指标　　单位:元、元/股

项目	2000 年度	1999 年度	1998 年度	
			调整前	调整后
主营业务收入	507,721,487.68	481,678,639.19	397,227,097.18	397,227,097.18
净利润	20,935,533.62	21,605,566.22	21,617,654.25	18,680,246.58
总资产	716,328,391.13	557,352,936.07	552,328,122.94	552,328,122.04
股东权益	411,635,649.61	200,932,315.75	187,650,477.73	179,326,749.53
每股收益(摊薄)	0.167	0.217	0.217	0.188
每股收益(加权)	0.211	0.217	0.217	0.188
扣除非经常性损益后每股收益(摊薄)	0.141	0.207	0.207	0.178
每股净资产	3.28	2.02	1.89	1.80
调整后每股净资产	3.21	1.87	1.74	1.66
每股经营活动产生的现金流量净额	0.256	0.475	0.247	0.247
净资产收益率(摊薄%)	5.09	10.74	11.52	10.43
净资产收益率(加权%)	9.90	10.74	11.52	10.43

(三)按照中国证监会《公开发行证券公司信息披露编报规则》第 9 号的通知要求,计算二〇〇〇年年度的利润数据如下:

项目	报告期利润(元)	净资产收益率(%)		每股收益(元)	
		全面摊薄	加权平均	全面摊薄	加权平均
主营业务利润	98,537,134.52	23.94	46.61	0.7862	0.9908
营业利润	28,183,852.81	6.85	13.33	0.2249	0.2834
净利润	20,935,533.62	5.09	9.90	0.167	0.2105
扣除非经常性损益后的净利润	17,683,961.55	4.30	8.37	0.1411	0.1778

(四)报告期内股东权益变动情况及变化原因　　单位:元

项目	股本	资本公积金	盈余公积	其中:公益金	未分配利润	合计
期初数	99449992	52506718.23	18794113.89	5676657.88	30181491.63	200932315.75
本期增加	25879368	176421368.24	7771468.83	1849764.16	631128.79	210703333.86
本期减少	—	—	—	—	—	—
期末数	125329360	228928086.47	26565582.72	7526422.04	30812620.42	411635649.61
变动原因	二〇〇〇年度公司实施了配股	二〇〇〇年度公司实施了配股	本期计提	本期计提	本期利润增加	本期利润增加

三、股东情况介绍

(一)至 2000 年末公司股东总数为 13,470 人。
(二)至 2001 年 1 月 8 日公司前十名股东持股情况:　　单位:股

股东名称	持股数	持股比例(%)	持股性质
1、绍兴市国有资产投资经营有限公司	31,290,236	24.97	代表国家持股
2、绍兴市财政投资有限公司	3,690,000	2.94	法人股
3、绍兴市恒旦投资发展有限公司	2,790,000	2.22	法人股
4、绍兴市房地产开发公司	1,749,438	1.40	法人股
5、长城证券有限责任公司	1,540,500	1.22	流通股
6、绍兴第二医院	1,142,856	0.91	法人股
7、兴科证券投资基金	1,031,709	0.82	流通股
8、王锡田	965,560	0.77	流通股
9、杭州华东医药(集团)公司	720,000	0.57	法人股
10、李长庚	696,053	0.55	流通股

湖北双环科技股份有限公司

二〇〇〇年年度报告摘选

一、公司简介

1. 公司法定中文名称:湖北双环科技股份有限公司
(以下称"公司"、"本公司")
公司法定英文名称:HUBEI SHUANGHUAN SCIENCE AND TECHNOLOGY STOCK CO.,LTD
2. 公司法定代表人:吴党生
3. 公司董事会秘书:陈卓平
联系地址:湖北省应城市东马坊团结大道 26 号公司证券办公室
联系电话:0712-3591099
传　　真:0712-3591099
公司授权代表:黄 健
联系地址:湖北省应城市东马坊团结大道 26 号公司财务部
联系电话:0712-3591565
传　　真:0712-3513795
4. 公司注册地址及办公地址:湖北省应城市东马坊团结大道 26 号
邮 编:432407
公司电子信箱:info@hbsh.com
5. 公司选定的信息披露报纸名称为《中国证券报》、《证券时报》,登载公司年度报告的中国证监会指定国际互联网网址为:http://www cninfo.com.cn
公司年度报告备置地点:公司证券办公室
6. 公司股票上市交易所:深圳证券交易所
股票简称:双环科技
证券代码:0707

二、会计数据和业务数据摘要

1. 公司本年度主要财务数据:(人民币:元)

项目	金额
利润总额:	96,136,353.83
净 利 润:	81,880,928.19
扣除非经常性损益后的净利润:	81,579,424.96
主营业务利润:	133,022,140.03
其他业务利润:	1,370,700.34
营业利润:	88,523,619.47
投资收益:	7,337,831.13
补贴收入:	
营业外收支净额:	274,903.23
经营活动产生的现金流量净额:	305,585,912.45
现金及现金等价物净增加额:	-95,147,172.60

注:扣除非经常性损益的项目及涉及金额为营业外收入 301,503.23

2. 截止 2000 年末公司前三年主要会计数据和财务指标:

项 目	2000 年	1999 年	1998 年	
			调整前	调整后
主营业务收入(万元)	75,347.03	64,626.65	54,747.04	54,747.04
净利润(万元)	8,188.09	7,400.56	10,292.46	10,215.94
总资产(万元)	158,593.07	157,642.05	133,452.12	133,166.17
股东权益(万元)	125,451.60	121,238.24	114,080.73	113,837.68
每股收益(元/股)	0.31	0.28	0.39	0.39
加权平均每股收益(元/股)	0.31	0.28	0.41	0.43
扣除非经常性损益后的每股收益 (元/股)	0.31	0.28	0.39	0.38
每股净资产 (元/股)	4.73	4.58	4.30	4.30
调整后每股净资产 (元/股)	4.70	4.54	4.27	4.26
每股经营活动产生的现金流量净额	1.15	0.10	-0.1	-0.1
净资产收率 (%)	6.53	6.104	9.022	8.974
加权平均净资产收益率 (%)	6.53	6.104	11.1062	11.024

3. 根据中国证监会发布的《公开发行证券公司信息披露编报规则》第 9 号,
公司 2000 年度按全面摊薄法和加权平均法计算的净资产收益率和每股收益。

报 告 期 利 润	净资产收益率(%)		每 股 收 益(元/股)	
	全面摊薄	加权平均	全面摊薄	加权平均
主营业务利润	10.28	10.61	0.502	0.502
营业利润	6.84	7.06	0.334	0.334
净利润	6.53	6.53	0.309	0.309
扣除非经常性损益后的净利润	6.50	6.50	0.308	0.308

三、股东情况

(1) 至本年度末,公司股东总数为 68422 户。
(2) 至本年度末,持本公司股票最多的前十名股东持股情况:　　单 位:万股

单 位 名 称	持 股 数	占股本总额%
湖北双环化工集团有限公司	10395.8160	39.23
湖北双环化工集团公司福达实业公司	1170.0000	4.42
湖北双环化工集团公司氯碱厂	574.0000	2.17
湖北双环化工集团公司红双环实业公司	154.0000	0.58
武汉钢铁(集团)公司	140.0000	0.53
中联橡胶(集团)公司	105.0000	0.40
湖北省化工总公司	105.0000	0.40
湖北省燃料总公司	70.0000	0.26
武汉达阳物资开发有限责任公司	70.0000	0.26
广西壮族自治区南宁平板玻璃厂	70.0000	0.26

大冶特殊钢股份有限公司

二〇〇〇年年度报告摘选

一、公司简介

1.公司法定中文名称:大冶特殊钢股份有限公司
公司英文名称:DAYE SPECIAL STEEL CO.,LTD
2.公司法定代表人:朱宪国
3.公司董事会秘书:王平国
联系地址:湖北省黄石市黄石大道 316 号
电　话:0714—6293836、6294678
传　真:0714—6457917、6294678
4.公司注册及办公地址:湖北省黄石市黄石大道 316 号　　邮政编码:435001
公司国际互联网网址:http://www.daye-steel.com
电子邮箱:hbygzq@public.hs.hb.cn
5.公司选定的信息披露报纸名称:《中国证券报》、《证券时报》
登载公司年度报告的中国证监会指定国际互联网网址:http://www.cninfo.com.cn
公司年度报告备置地点:本公司证券部
6.公司股票上市交易所:深圳证券交易所
股票简称:大冶特钢　　股票代码:0708

二、会计数据和业务数据摘要

1、主要财务会计数据和财务指标:(单位:人民币元)

项目	金额
利润总额	18,499,793.33
净利润	13,666,780.66
扣除非经常性损益后的净利润	-41,885,593.26
主营业务利润	71,332,429.84
其他业务利润	4,606,659.41
营业利润	-36,780,499.77
投资收益	43,564,254.73
补贴收入	
营业外收支净额	11,716,038.37
经营活动产生的现金流量净额	42,728,043.09
现金及现金等价物净增加额	80,067,839.21

＊扣除的非经常性损益项目及涉及金额(万元)
(1)扣除营业外收入:1,237.98 万元;股权转让溢价 4,383.64 万元
(2)营业外支出:66.38 万元;

2、公司近三年财务指标:

项目	2000 年	1999 年		1998 年	
		调整前	调整后	调整前	调整后
主营业务收入	1,088,699,822.06	1,453,493,462.24	1,453,493,462.24	1,616,580,587.79	1,616,580,587.79
净利润	13,666,780.66	27,564,350.25	26,834,970.25	49,260,769.04	25,067,529.94
总资产	3,824,058,416.87	3,322,973,824.55	3,298,780,585.45	3,134,148,718.42	3,109,955,479.32
股东权益(不含少数股东权益)	1,554,237,768.73	1,564,764,227.17	1,540,570,988.07	1,537,199,876.92	1,513,006,637.82
每股收益(全面摊薄)	0.030	0.061	0.060	0.110	0.056
每股收益(加权平均法)	0.030	0.061	0.060	0.110	0.056
每股净资产	3.46	3.48	3.43	3.42	3.37
调整后的每股净资产	3.37	3.33	3.28	3.18	3.13
每股经营活动产生的现金流量净额	0.095	0.0018	0.0018	0.055	0.055
净资产收益率(%)(全面摊薄)	0.88	1.76	1.74	3.20	1.66
净资产收益率(%)(加权平均)	0.88	1.78	1.76	3.25	1.67
扣除非经常性损益后的加权净资产收益率(%)	-2.7068	1.4287	1.4517	3.8752	2.2967
扣除非经常性损益后的摊薄净资产收益率(%)	-2.6949	1.4161	1.4383	3.8194	2.2815
扣除非经常性损益后的加权每股收益	-0.0932	0.0493	0.0493	0.1306	0.0768
扣除非经常性损益后的全面摊薄每股收益	-0.0932	0.0493	0.0493	0.1306	0.0768

3、按照中国证监会《公开发行证券公司信息披露编报规则(第 9 号)》通知精神,公司 2000 年度按全面摊薄法和加权平均法计算的净资产收益率及每股收益:

报告期利润	净资产收益率				每股收益			
	2000 年度		1999 年度		2000 年度		1999 年度	
	全面摊薄	加权平均	全面摊薄	加权平均	全面摊薄	加权平均	全面摊薄	加权平均
主营业务利润	4.59	4.61	11.06	11.16	0.1587	0.1587	37.90	37.90
营业利润	-2.37	-2.38	1.35	1.37	-0.0818	-0.0818	4.64	4.64
净利润	0.88	0.88	1.74	1.76	0.0304	0.0304	0.060	0.060
扣除非经常性损益后的净利润	-2.69	-2.71	1.42	1.43	-0.0932	-0.0932	0.0493	0.0493

(四)股东权益变动情况:

项目	股本	资本公积	盈余公积	法定公益金	未分配利润	股东权益合计
期初数	449,408,480	950,873,017.25	46,967,001.48	46,967,001.47	39,714,653.83	1,540,570,988.07
本期增加			1,366,678.07	1,366,678.07	13,666,780.66	16,400,136.80
本期减少					2,733,356.14	2,733,356.14
期末数	449,408,480	950,873,017.25	48,333,679.55	48,333,679.54	50,648,078.35	1,554,237,768.73
变动原因			当年提取	当年提取	利润增加	利润增加

三、股本变动及股东情况

(1)报告期内股东总数:截止 2000 年 12 月 31 日公司股东共计 85704 户。
(2)公司前十名股东持股情况:

名次	股 东 名 称	持股数(股)	占总股本%
1	冶钢集团有限公司	259,568,480	57.76
2	东风汽车公司	7,980,000	1.78
3	襄阳汽车轴承股份有限公司	3,420,000	0.76
4	冶钢集团实业总公司	2,850,000	0.63
5	冶钢集团龙腾实业总公司	2,280,000	0.51
6	中国第一拖拉机工程机械公司	2,280,000	0.51
7	北京南口机车车辆机械厂	1,140,000	0.25
8	武汉石化石油液化气公司	1,140,000	0.25
9	无锡市宏裕百货商店	840,000	0.19
10	北内集团	570,000	0.13

唐山钢铁股份有限公司

二〇〇〇年年度报告摘选

一、公司简介

(一)公司法定中文名称:唐山钢铁股份有限公司
公司英文名称:TANGSHAN IRON AND STEEL COMPANY LIMITED
(二)公司法定代表人:王天义
(三)公司董事会秘书:杨万臣
董事会秘书授权代表:郭永
联系地址:河北省唐山市滨河路 9 号
联系电话:0315—2701188
传　　真:0315—2702198
电子信箱:TGYANG@TS-USER.HE.CNINFO.NET
(四)公司注册地址:河北省唐山市滨河路 9 号
公司办公地址:河北省唐山市滨河路 9 号
邮政编码:063016
电子信箱:ZHANGXG@TS-USER.HE.CNINFO.NET
(五)公司选定的信息披露报纸:《中国证券报》、《证券时报》
刊登公司年度报告的国际互联网址:http://www.cninfo.com.cn
公司年度报告备置地点:公司董事会秘书室
(六)股票上市交易所:深圳证券交易所
股票简称　:唐钢股份
股票代码:0709

二、会计数据和业务数据摘要

(一)本年度主要利润指标(单位:人民币元)

项 目	指 标 数
利润总额	693,461,555.44
净利润	592,538,885.46
扣除非经常性损益后净利润	592,808,612.01
主营业务利润	1,397,375,101.04
其它业务利润	17,625,851.85
营业利润	712,548,616.30
投资收益	7,950,004.91
补贴收入	0.00
营业外收支净额	-27,037,065.77
经营活动产生的现金流量净额	1,065,047,071.07
现金及现金等价物净增加额	110,952,309.59

注:扣除的非经常性损益为:处置固定资产损失 269,726.55 元。
(二)主要会计数据和财务指标(单位:人民币元)

项目	2000 年	1999 年	1998 年	
			调整后	调整前
主营业务收入	6,946,615,674.36	5,726,211,024.27	5,048,889,808.20	5,048,889,808.20
净利润	592,538,885.46	492,492,308.19	413,349,861.23	513,440,776.26
总资产	10,255,704,171.10	9,310,132,983.74	8,430,051,980.50	8,868,151,432.59
股东权益	5,355,825,105.76	5,189,125,323.47	4,207,109,022.28	4,645,208,474.37
每股收益(摊薄)	0.44	0.58	0.52	0.65
每股收益(加权)	0.44	0.62	0.52	0.65
扣除非经常性损益后的每股收益	0.44	0.58	0.52	0.65
每股净资产	3.96	6.13	5.30	5.85
调整后的每股净资产	3.85	5.82	5.14	5.68
每股经营活动产生的现金流量净额	0.79	1.10	1.32	1.32
净资产收益率(摊薄)	11.06%	9.49%	9.83%	11.05%
净资产收益率(加权)	10.80%	11.06%	9.75%	11.10%
扣除非经常性损益后净资产收益率(加权)	11.07%	11.06		

附:利润表附表

报告期利润	净资产收益率		每股收益	
	全面摊薄	加权平均	全面摊薄	加权平均
主营业务利润	26.09	25.36	1.03	1.03
营业利润	13.30	12.93	0.53	0.53
净利润	11.06	10.76	0.44	0.44
扣除非经常性损益后的净利润	11.07	10.76	0.44	0.44

三、股东情况介绍

(一)本公司期末股东总数为 164454 名
(二)前 10 名股东持股情况(单位:股)

股 东 名 称	期末持股数	期内增减(+/-)	占总股本比例(%)
1、唐山钢铁集团有限责任公司	915,772,382	343,414,643	67.64
2、唐钢工会	70,142,376	26,303,391	5.18
3、五矿发展股份有限公司	7,596,960	2,848,860	0.56
4、中国第二十二冶金建设公司	6,338,400	2,376,900	0.47
5、河北冶金厅唐山物资站	4,446,000	1,667,250	0.33
6、唐山天辰投资有限责任公司	3,100,800	3,100,800	0.23
7、石碳井矿务局	2,508,000	940,500	0.19
8、唐钢附属企业总公司	2,481,337	-702,724	0.18
9、天津市冶金局供销运输总公司	1,824,000	684,000	0.13
10、冶金部北京钢铁设计研究总院	1,368,000	513,000	0.10

成都天兴仪表股份有限公司

二〇〇〇年年度报告摘选

一、公司简介

1、公司中文名称:成都天兴仪表股份有限公司
英文名称:CHENGDU TIANXING INSTRUMENT AND METER CO,LTD
2、公司法定代表:黄培荣
公司董事会秘书:武承辉
联系地址:成都天兴仪表股份有限公司董事会办公室
联系电话:(028)4600583　(028)4600580-6022
传真:(028)4600581
3、公司注册地址:成都高新技术产业开发区
办公地点:成都外东十陵镇公司办公楼
邮政编码:610106
公司电子信箱:cdtianxing@china.com
4、公司选定的信息披露报刊名称:<证券时报>
登载公司年度报告的国际互联网网址:http://www.cninfo.com.cn
公司年度报告备置地点:董事会办公室
5、上市地点:深圳证券交易所
股票简称:天兴仪表
股票代码:0710

二、会计数据与业务数据摘要

1、公司本年度主要利润指标情况

项目	金额(单位元)
利润总额	2,376,759.27
净利润	1,608,935.90
扣除非经常性损益后的净利润	2,593,962.89
主营业务利润	19,881,649.71
其他业务利润	1,840,322.56
投资收益	-98,795.08
补贴收入	
营业外收支净额	-886,231.91
经营活动产生的现金流量净额	-8,214,095.63
现金及现金等价物净增加额	16,944,174.40

2、近三年主要会计数据和财务指标

项目	2000年	1999年调整后	98年调整前	98年调整后
主营业务收入(万元)	7973.07	9977.21	11842.80	11842.80
净利润(万元)	160.89	1449.78	2362.15	2441.48
总资产(万元)	33238.82	29867.89	30777.52	28333.70
股东权益(不含少数股东权益)(万元)	20351.24	21810.35	20782.56	20360.57
每股收益(元/股)(全面摊薄)	0.015	0.134	0.219	0.226
每股收益(元/股)(加权)	0.015	0.134	0.237	0.245
扣除非经常性损益后的每股收益(元)	0.024	0.124	0.219	0.215
每股净资产(元/股)	1.884	2.019	1.924	1.885
调整后每股净资产(元/股)	1.874	2.008	1.917	1.880
每股经营活动产生的现金流量净额	-0.076	0.142	0.262	0.262
净资产收益率%	0.79%	6.65%	11.37%	11.99%

注1:以上数据和指标均按合并报表计算。
注2:本年度非经常性损益项目为营业外收支净额净额-88.62万元。
3、根据中国证监会《编报规则第9号》的要求计算的2000年报告期利润的净资产收益率和每股收益。

项目	报告期利润	净资产收益率(%)		每股收益(元)	
		全面摊薄	加权平均	全面摊薄	加权平均
主营业务利润	19881649.71	9.77	9.08	0.184	0.184
营业利润	3361786.26	1.65	1.54	0.031	0.031
净利润	1608935.90	0.79	0.73	0.015	0.015
扣除非经常性损益后的净利润	2593962.89	1.27	1.18	0.024	0.024

4、报告期内股东权益变动情况　单位:万元

项目	股本	资本公积	盈余公积	公益金	未分配利润	股东权益合计
期初数	10800	4603.57	961.02	320.34	5445.76	21810.35
本期增加			29.46	9.82	131.44	
本期减少					1620.00	1459.10
期末数	10800	4603.57	990.48	330.16	3957.20	20351.25

三、股本变动情况与股东情况介绍

(一)2000年度公司股份变动情况(截止2000年12月31日)
公司股本结构表　股份单位:股

股份类别	期初数	本期变动增减(+,-)					期末数
		配股	送股	公积金转增	其它	小计	
一、尚末流通股份							
1、发起人股份							
其中:国家拥有股份							
境内法人持有股份	76500000						76500000
境外法人持有股份							
其他							
2、募集法人股							
3、内部职工股							
4、优先股或其他							
尚末流通股份合计	76500000						76500000
二、已流通股份							
1、境内上市的人民币普通股	31500000						31500000
其中:高管人员持股	33948				-3690		30258
2、境内上市的外资股							
3、增外上市的外资股							
4、其他	31500000						31500000
已流通股份合计							
三、股份合计	108000000						108000000

黑龙江龙发股份有限公司

二〇〇〇年年度报告摘选

一、公司简介

1、公司法定中文名称:黑龙江龙发股份有限公司
公司英文名称:HEILONGJIANG LONG-FAR INC.
2、公司法定代表人:周庆治
3、公司董事会秘书:赵润涛
地址:哈尔滨经济技术开发区天顺街副68号
电话:0451-2335442
传真:0451-2334782
电子信箱:zrt0001@sina.com
4、公司注册地址:哈尔滨经济技术开发区天顺街副68号
办公地址:哈尔滨经济技术开发区天顺街副68号
邮政编码:150090
5、公司信息披露报刊:《中国证券报》、《证券时报》
中国证监会指定登载公司年度报告的国际互联网
网址:http://www.cninfo.com.cn
公司年度报告备置地点:公司证券部、深圳证券交易所
6、公司股票上市交易所:深圳证券交易所
股票简称:龙发股份
股票代码:0711

二、会计数据和业务数据摘要

(一)、公司本年度会计数据和业务数据:

项目	单位:人民币元
利润总额:	46,429,026.73
净利润:	34,898,587.16
扣除非经常性损益后的净利润:	34,853,477.88
主营业务利润:	52,370,169.32
其他业务利润:	0.00
营业利润:	46,832,931.36
投资收益:	-449,013.91
补贴收入:	0.00
营业外收支净额:	45,109.28
经营活动产生的现金流量净额:	4,133,175.95
现金及现金等价物净增加额:	39,740,574.84
注:扣除非经营性损益项目	
营业外收支净额:	45,109.28

(二)、截止报告期末公司前三年主要会计数据和财务指标

序号	项目	2000年度	1999年度		1998年度	
			调整后	调整前	调整后	调整前
1	主营业务收入(元)	91,651,276.80	26,145,234.00	26,145,234.00	25,772,823.50	25,772,823.50
2	净利润(元)	34,898,587.16	15,040,147.08	15,040,147.08	19,780,642.58	20,202,324.50
3	总资产(元)	404,741,544.53	240,850,321.52	240,850,321.52	169,333,445.31	169,393,552.95
4	股东权益(元)	266,547,722.80	235,380,018.28	235,372,245.29	165,036,334.59	165,458,016.51
5	每股收益(元)	摊薄	加权　摊薄	加权		
		0.3253　0.1402	0.1736　0.1402	0.1736	0.3005	0.307
6	扣除非经营损益后	摊薄	加权　摊薄	加权		
	每股收益(元)	0.3249　0.1259	0.1558　0.1259	0.1558		
7	每股净资产(元)	2.4849	2.1944	2.1943	2.51	2.51
8	调整后每股净资产(元)	2.4684	2.1944	2.1943	2.50	2.50
9	每股经营活动产生的现金流量净额(元)	0.0385	0.1785	0.1785	0.3240	0.3240
10	净资产收益率(%)	13.09	6.39	6.39	11.99	12.21

三、股东情况介绍

(一)、报告期末股东总数:16137户
(二)、公司前10名股东持股情况　单位:万股

序号	股东名称	年初数	年度内股份增减变动情况				年末数	占总股本比例	质押或冻结
			送股	转增	配股	其他			
1	黑龙江省建设开发实业总公司	2770	0	0	0	-1070	1700	15.849%	无
2	上海沪通信息技术有限公司	0	0	0	0	1557	1557	14.515%	无
3	南都集团控股有限公司	0	0	0	0	1300	1300	12.119%	无
4	哈尔滨龙江非标工具公司	1123.2	0	0	0	-500	623.2	5.810%	无
5	黑河市经济合作区房地产开发公司	196.56	0	0	0	0	196.56	1.832%	无
6	黑龙江惠扬房地产开发有限公司	1442	0	0	0	-1287	155	1.445%	无
7	黑龙江省城乡建设开发公司	84.24	0	0	0	0	84.24	0.785%	无
8	吴秀林						40.3298	0.375%	
9	泰和证券投资基金						29.4958	0.274%	
10	张静						27.5644	0.256%	

广东金泰发展股份有限公司

二〇〇〇年年度报告摘选

一、公司简介

1、公司名称

公司法定名称:广东金泰发展股份有限公司

公司英文名称:GUANGDONG JINTAI DEVELOPING CO.,LTD

2、公司法定代表人:杨志茂

3、公司董事会秘书:刘光芒

地址:广东省清远市新城八号区方正二街自来水大厦

电话:0763-3369393

传真:0763-3362693

电子信箱:jintai@pub.qingyuan.gd.cn

4、公司地址

公司注册地址:广东省清远市经济开发试验区2号区内

公司办公地址:广东省清远市新城八号区方正二街自来水大厦

邮政编码:511515

公司电子信箱:jintai@pub.qingyuan.gd.cn

5、公司选定的信息披露报纸:证券时报

登载公司年报的国际互联网网址:http://www.cninfo.com.cn

公司年度报告备置地点:公司证券部

6、公司股票上市交易所、股票简称和股票代码

公司股票上市交易所:深圳证券交易所

股票简称:金泰发展

股票代码:0712

二、会计数据和业务数据摘要

1、本年度会计数据摘要 单位:元

项目	金额
利润总额	66,660,169.27
净利润	56,540,711.34
扣除非经营性损益后的净利润	4,099,486.22
主营业务利润	21,821,150.18
其他业务利润	6,517,249.94
营业利润	15,377,701.46
投资收益	47,556,578.77
补贴收入	4,170,000.00
营业外收支净额	-444,110.96
经营活动产生的现金流量净额	-51,121,641.53
现金及现金等价物净增加额	14,509,094.89

2、公司近三年的主要会计数据和财务指标

项 目	2000年	1999年	1998年	
			调整后	调整前
主营业务收入(万元)	16,301.71	16,190.58	13,996.77	13,996.77
净利润(万元)	5,654.07	2,245.19	3,403.13	3,676.61
总资产(万元)	57,637.52	53,592.35	49,315.18	49,989.19
股东权益(万元)	41,387.35	35,760.66	33,515.47	34,177.56
每股收益(元)	0.371	0.147	0.268	0.29
加权每股收益(元)	0.371	0.147	0.268	0.29
扣除非经常性损益后(每股收益)	0.0269	0.123	0.186	0.207
每股净资产(元)	2.717	2.348	2.64	2.69
调整后的每股净资产(元)	2.707	2.279	2.615	2.66
每股经营性活动产生的现金净流量净额(元)	-0.336	0.189	-0.088	-0.088
净资产收益率(%)	13.66	6.28	10.15	10.76
加权净资产收益率(%)	14.66	6.48	10.73	11.37
扣除非经营性损益后的加权资产收益率(%)	1.06	6.43		

三、股本变动及股东情况

(截止2000年12月29日)

1、报告期末公司股东总数为13,457人。

2、前10名股东的持股情况

股 东 名 称	年末持股数	增减量	占总股本比例(%)
①金泰集团(国有法人股)	86498208	-3000000	56.79
②金泰化纤(其他法人股)	24037356	0	15.79
③东莞市荣富实业有限公司	3000000	+3000000	1.97
④康庆龙	425000		0.27
⑤梁燕容	373405		0.25
⑥张春梅	320000		0.2
⑦蒋达安	310000		0.2
⑧黄 成	300000		0.19
⑨李春林	290440		0.19
⑩赵炳群	283100		0.19

合肥丰乐种业股份有限公司

二〇〇〇年年度报告摘选

一、公司简介

1、公司的法定中文名称:合肥丰乐种业股份有限公司

公司的法定英文名称 HEFEI FENGLE SEED CO.,LTD.

2、公司的法定代表人:庞莉萍

3、公司董事会秘书:徐继萍

联系地址:安徽省合肥市西七里塘樊洼路8号

电话:(0551)5577479 5577177

传真:(0551)5577479

电子信箱:xjpemail@163.net

4、公司注册地址:安徽省合肥市长江西路727号

办公地址:安徽省合肥市西七里塘樊洼路8号

邮政编码:230031

国际互联网网址:http://www.fengleseed.com

电子信箱:hflsc@mail.hf.ah.cn

5、公司选定的信息披露报纸名称:证券时报

登载年报的中国证监会指定国际互联网网址:http://www.cninfo.com.cn

年度报告备置地点:公司董事会秘书处

6、公司股票上市交易所:深圳证券交易所

股票简称:丰乐种业

股票代码:0713

二、会计数据和业务数据摘要

(一)本年度主要利润指标(单位:人民币元)

项 目	金 额
1、利润总额	69,314,376.92
2、净利润	67,739,013.57
3、扣除非经常性损益后的净利润	68,340,377.42
4、主营业务利润	132,061,166.61
5、其他业务利润	39,138.97
6、营业利润	59,848,982.41
7、投资收益	10,066,758.36
8、补贴收入	0
9、营业外收支净额	-601,363.85
10、经营活动产生的现金流量净额	-5,590,054.10
11、现金及现金等价物净增加额	-6,764,654.39

注:非经常性损益 -601,363.85为本期公益性支出。

(二)前三年主要会计数据和财务指标(单位:人民币元)

项 目	2000年度	1999年度	1998年度	
			调整前	调整后
主营业务收入	408,003,084.36	287,063,596.29	250,703,995.22	248,552,134.22
净利润	67,739,013.57	54,068,389.74	51,209,880.16	51,015,504.23
总资产	993,892,393.75	749,200,148.67	683,684,595.68	681,440,065.05
股东权益(不含少数股东权益)	615,932,225.80	593,193,212.23	424,326,135.78	422,932,366.96
每股收益				
全面摊薄	0.30	0.43	0.47	0.47
加权平均	0.37	0.48	0.47	0.47
扣除非经常性损益后全面摊薄	0.30	0.43	0.47	0.47
扣除非经常性损益后加权平均	0.30	0.48	0.47	0.47
每股净资产	2.74	4.75	3.93	3.92
调整后的每股净资产	2.71	4.74	3.92	3.91
每股经营活动产生的现金流量净额	-0.025	0.53	-0.07	-0.07
净资产收益率(%)				
全面摊薄	11.00	9.27	12.07	12.06
加权平均	10.54	10.05		10.40
扣除非经常性损益后全面摊薄	11.10	9.27		12.06
扣除非经常性损益后加权平均	10.63	10.05		10.04

注:上述1999年数据与1999年报披露的有差异,原因是母公司调减上年损益982017.25元和本年度合并范围发生了变化。

(三)根据中国证监会《公开发行证券公司信息披露细则(第9号)》要求计算的利润数据如下:

报告期利润	净资产收益率%		每股收益(元)	
	全面摊薄	加权平均	全面摊薄	加权平均
主营业务利润	21.44	20.55	0.59	0.72
营业利润	9.72	9.31	0.27	0.33
净利润	11.00	10.54	0.30	0.37
扣除非经常性损益后的净利润	11.10	10.63	0.30	0.37

三、股本变动及股东情况

1、报告期末股东总数

截止2000年12月31日,公司股东总数10904户,其中:国家股股东1户,社会公众股东10894户,公司职工股(高管股)9户。

2、截止2000年12月31日,公司前十名股东持股情况如下:

股 东 名 称	持股数量(股)	占总股本比例(%)
①合肥市种子公司	119,700,000	53.20
②龙满玉	1,130,342	0.50
③方小英	570,120	0.25
④程宝到	545,328	0.24
⑤黄 洪	527,733	0.23
⑥温风彩	504,426	0.22
⑦王应旺	500,840	0.22
⑧陈志英	456,000	0.20
⑨陈 敏	444,087	0.20
⑩丁维华	436,321	0.19

中兴—沈阳商业大厦(集团)股份有限公司

二〇〇〇年年度报告摘选

一、公司简介

1、公司法定中文名称:中兴—沈阳商业大厦(集团)股份有限公司
2、公司法定英文名称:CITIC DEVELOPMENT--SHENYANG COMMERCIAL BUILDING(GROUP) COMPANY LIMITED
公司英文名称缩写:CDSCBGCL
3、公司法定代表人:张旭
4、公司董事会秘书:孙国良
联系地址:辽宁省沈阳市和平区太原北街86号
联系电话:024-23838888转3715　　传　真:024-23830190
电子信箱:ZXJTQGC@PUB SY. LN. CN
5、公司注册地址:辽宁省沈阳市和平区太原北街86号
公司办公地址:辽宁省沈阳市和平区太原北街86号
公司邮政编码:110001
公司国际互联网网址:暂无
6、公司选定的信息披露报纸名称:《中国证券报》、《证券时报》。
登载公司年度报告的中国证监会指定国际互联网网址 http://www.cninfo.com.cn
公司年度报告备置地点:公司证券部
7、公司股票上市交易所:深圳证券交易所
股票简称:中兴商业　　股票代码:0715

二、会计数据和业务数据摘要

(一)公司本年度主要会计数据　　(单位:人民币元)

项目	金额
1、利润总额	635,698.06
净利润	635,698.06
扣除非经常性损益后的净利润	-2,616,911.74
主营业务利润	84,497,747.91
其他业务利润	3,372,045.49
营业利润	-2,727,846.99
营业外收支净额	3,363,545.05
经营活动产生的现金流量净额	50,718,204.95
现金及现金等价物净增加额	-161,000,405.96

(二)截止报告期末公司前三年的主要会计数据和财务指标

	2000年	1999年	1998年
主营业收入(元)	595,365,120.81	839,784,834.78	1,060,995,307.17
净利润(元)	635,698.06	21,830,812.77	48,789,440.21
总资产(元)	968,505,097.37	908,074,916.92	681,891,331.63
股东权益(元)	576,135,582.42	579,885,697.76	424,445,265.59
每股收益(元)	0.003	0.10	0.25
加权平均每股收益(元)	0.003	0.11	0.31
每股净资产(元)	2.68	2.70	2.21
调整后每股净资产(元)	2.61	2.63	2.18
每股经营活动产生的现金流量净额	0.24	0.30	0.09
净资产收益率(摊薄)	0.11	3.76	11.72
净资产收益率(加权)	0.11	4.66	11.85
扣除非经营性损益后的每股收益	-0.012	0.090	0.24
扣除非经营性损益后的加权平均净资产收益率		-0.45%	

根据中国证监会《公开发行证券公司信息披露编报规则》(第9号)通知精神,利润表附表列示如下:

主营业利润	净资产收益率(%)		每股收益	
	全面摊薄	加权平均	全面摊薄	加权平均
本年度	14.67	14.57	0.394	0.394
上年度	18.46	22.84	0.499	0.542
营业利润				
本年度	-0.47	-0.47	-0.013	-0.013
上年度	4.08	5.04	0.11	0.12
净利润				
本年度	0.11	0.11	0.003	0.003
上年度	3.76	4.66	0.10	0.11
扣除非经营性损益后净利润				
本年度	-0.45	-0.45	-0.012	-0.012
上年度	3.31	4.10	0.090	0.097

三、股本变动和股东情况介绍

1、股本变动情况(报告期内公司股本无变动情况)　　数量单位:股

	本次变动前	本次变动增减(+、-)						本次变动后
		配股	送股	公积金转股	增发	其他	小计	
一、未上市流通股份								
1、发起人股份	157,620,000							157,620,000
其中:								
国家持有股份	78,050,000							78,050,000
境内法人持有股份	79,570,000							79,570,000
境外法人持有股份								
其他								
2、募集法人股份								
3、内部职工股(高管)	98,800							83,600
4、优先股或其他								
其中:转配股								
未上市流通股份合计	157,620,000							157,620,000
二、已上市流通股份								
1、人民币普通股	57,000,000							57,000,000
2、境内上市的外资股								
3、境外上市的外资股								
4、其他								
已上市流通股份合计	57,000,000							57,000,000
三、股份总数	214,620,000							214,620,000

广西斯壮股份有限公司

二〇〇〇年年度报告摘选

一、公司简介

1、公司法定中文名称:广西斯壮股份有限公司
公司英文名称:GuangXi　Strong　Co.,LTD
2、公司法定代表人:赵明
3、公司董事会秘书:管自力
公司董事会秘书授权代表:陈宁
联系地址:广西南宁市民主路8号斯壮大厦
电话:(0771)5631973
传真:(0771)5631879
电子信箱:gsdm@public.nn.gx.cn
公司注册地址:广西南宁市民主路8号斯壮大厦
公司办公地址:广西南宁市民主路8号斯壮大厦
邮编:530023
国际互联网网址://www.gxstrong.com
电子信箱:gxsz@public.nn.gx.cn
5、公司选定的信息披露报纸:《中国证券报》、《证券时报》
登载公司年度报告的中国证监会指定国际互联网网址:http://www.cninfo.com.cn
公司年度报告备置地点:深圳证券交易所　　本公司证券部
4、公司股票上市交易所:深圳证券交易所
公司股票简称:广西斯壮
公司股票代码:0716

二、会计数据与业务数据摘要

1、本年度公司主要会计数据(单位:人民币元)

项目	金额
利润总额	9,476,311.91
净利润	5,997,397.81
扣除非经常性损益后的净利润	-8,246,378.66
主营业务利润	40,963,466.23
其他业务利润	569,525.51
营业利润	-10,636,344.53
投资收益	18,761,650.68
补贴收入	0
营业外收支净额	1,351,005.76
经营活动产生的现金流量净额	-53,950,125.75
现金及现金等价物净增加额	-36,741,783.39

注:非正常经营性损益包括以下项目:

项目	金额
减:短期投资收益:	5,433,332.00元
股票投资收益:	6,596,466.00元
股权投资差额摊销:	862,972.71元
营业外收入:	1,914,697.51元
加:营业外支出:	563,691.75元

2、前三年主要会计数据和财务指标

指标项目		2000年	99年度	98年 调整前	98年 调整后
(1)、主营业务收入		13,514.37	11,681.28	12,902.20	12,902.20
(2)、净利润(万元)		599.74	1,574.96	3,027.27	1,652.84
(3)、总资产(万元)		74,262.28	77,600.35	47,554.37	43,888.99
(4)、股东权益(万元)		35,502.87	35,957.79	27,142.18	22,276.80
(5)、每股收益(元)					
摊薄		0.0437	0.115	0.254	0.138
加权		0.0437	0.124	0.254	0.138
扣除非经常性损益后的每股收益	摊薄	-0.0601	0.111		
	加权	-0.0601	0.121		
(6)、每股净资产(元)		2.59	2.62	2.28	1.87
(7)、调整后每股净资产(元)		2.48	2.19	2.03	1.33
(8)、每股经营活动产生的现金流量净额		-0.39	-0.23		
(9)、净资产收益率(%)	摊薄	1.69	4.38	11.15	7.42
	加权	1.65	5.63	11.81	6.79

利润表附表

报告期利润	净资产收益率(%)		每股收益(元)	
	全面摊薄	加权平均	全面摊薄	加权平均
主营业务利润	11.54	11.30	0.2987	0.2987
营业利润	-3.00	-2.93	-0.0776	-0.0776
净利润	1.69	1.65	0.0437	0.0437
扣除非经常性损益后的净利润	-2.32	-2.27	-0.0601	-0.0601

三、股本变动及股东情况

1、股本变动情况:
(1)股份变动情况表数量单位:股

	本次变动前	本次变动增减(+、-)						本次变动后
		配股	送股	公积金转股	增发	其它	小计	
一、未上市流通部分								
1、发起人股份	31033197					+3150108	+3150108	34183305
其中:								
国家持有股份	15559612					+3150108	+3150108	18709720
境内法人持有股份	15473585							15473585
2、募集法人股份	28128922					-3150108	-3150108	24978814
3、内部职工股	31160603					-31160603	-311606030	
未上市流通股份合计	90322722					-31160603	-31160603	59162119
二、已上市流通部分								
人民币普通股	46800000					+31160603	+31160603	77960603
已上市流通股份合计	46800000					+1160603	+31160603	77960603
三、股份总数	137122722					0	0	137122722

广东韶钢松山股份有限公司

二〇〇〇年年度报告摘选

一、公司简介

(一)公司法定中文名称:广东韶钢松山股份有限公司
公司法定英文名称:SGIS Songshan Co.,Ltd.
(二)公司法定代表人:曾德新
(三)公司董事会秘书:庞大春
公司授权代表:刘二
联系地址:广东省韶关市曲江县马坝本公司办公楼
联系电话:0751-8787265
传　　真:0751-8787676
电子信箱:sgqjisss@sg.gd.cninfo.net
(四)公司注册地址:广东省韶关市曲江县马坝
公司办公地址:广东省韶关市曲江县马坝本公司办公楼
邮政编码:512123
公司电子信箱:sgqjisss@sg.gd.cninfo.net
(五)公司选定的信息披露报刊名称:《中国证券报》和《证券时报》
登载公司年度报告的国际互联网网址:http://www.cninfo.com.cn
公司年度报告备置地点:本公司证券部
(六)公司股票上市交易所:深圳证券交易所
股票简称:韶钢松山
股票代码:0717

二、会计数据和业务数据摘要

(一)公司本年度的利润总额及其构成(单位:人民币元)

项目	金额
利润总额	260,634,414.15
净利润	225,299,369.48
扣除非经常性损益后的净利润	232,163,166.28
主营业务利润	336,053,691.26
其他业务利润	215,617.37
营业利润	268,884,169.92
投资收益	--
补贴收入	--
营业外收支净额	-8,249,755.77
经营活动产生的现金流量净额	557,678,600.69
现金及现金等价物净增加额	-1,438.,614.11

注:扣除非经常性损益的项目和涉及金额:(单位:人民币元)

项目	金额
固定资产报废处置净损失	8,249,755.77

(二)近三年的主要会计数据及财务指标(单位:人民币元)

项目	单位	2000年	1999年	1998年
主营业务收入	元	3,346,434,835.12	3,047,884,506.15	2,671,392,538.87
净利润	元	225,299,369.48	177,358,375.53	175,933,883.69
总资产	元	3,000,610,787.98	2,425,496,001.02	2,490,075,681.56
股东权益	元	2,283,730,392.72	2,000,804,631.18	1,906,646,255.65
每股收益	元	0.50	0.43	0.42
扣除非经常性损益后的每股收益	元	0.52	0.43	0.42
每股净资产	元	5.11	4.81	4.58
调整后的每股净资产	元	5.10	4.80	4.56
每股经营活动产生的现金流量净额	元	1.25	0.75	0.12
净资产收益率	%	9.87%	8.86%	9.23%
加权净资产收益率	%	10.26%	8.89%	
扣除非经常损益后的加权净资产收益率	%	10.57%	8.90%	
资产负债率	%	23.89%	17.51%	23.32%

附:利润表附表

报告期利润	净资产收益率(%)		每股收益(元)	
	全面摊薄	加权平均	全面摊薄	加权平均
主营业务利润	14.72	15.31	0.75	0.78
营业利润	11.77	12.25	0.60	0.63
净利润	9.87	10.26	0.50	0.53
扣除非经常性损益后的净利润	10.17	10.57	0.52	0.54

三、股东情况介绍

(一)报告期末公司股东总数为74149户,其中董事、监事、高级管理人员股东12户(其中含公司原董事彭大龙先生),持有本公司股票38,870股(冻结),无内部职工股股东。

(二)持有本公司股票前10名股东名单(单位:股)

名　称	年末持股数量	占总股本比例(%)
韶钢集团	312,000,000	69.767
兴和证券投资基金	4,168,528	0.932
兴华证券投资基金	1,908,875	0.427
大鹏证券有限责任公司	1,255,525	0.281
河南盛隆实业有限公司	400,000	0.089
普丰证券投资基金	313,919	0.070
宋文	295,800	0.066
石振清	259,550	0.058
李森法	237,175	0.053
邱新成	201,220	0.045

吉林纸业股份有限公司

二〇〇〇年年度报告摘选

一、公司简介

1、公司法定中文名称:吉林纸业股份有限公司
公司英文名称:JILIN PAPER MANUFACTURING CO.,LTD.
公司英文缩写:JP
2、公司法定代表人:曲丹时
3、公司董事会秘书:关凌汉
股证事务授权代表:于纪校
联系地址:吉林省吉林市林荫路9号
联系电话:0432-2703225
传　　真:0432-2773695
4、公司注册地址:吉林省吉林市林荫路9号
公司办公地址:吉林省吉林市林荫路9号
公司邮政编码:132002
公司国际互联网网址:http://jlzy.rime.com.cn
公司电子信箱:jlzhy@public.jl.jl.cn
5、公司选定的信息披露报纸名称:《证券时报》
登载公司年度报告的中国证监会指定国际互联网网址:
http://www.cninfo.com.cn
公司年度报告备置地点:吉林省吉林市林荫路9号本公司董事会秘书室、深圳证券交易所、有关证券经营机构营业网点。
6、公司股票上市交易所:深圳证券交易所
股票简称:吉林纸业
股票代码:0718

二、会计数据和业务数据摘要

1、本年度主要会计数据　　单位:人民币元

项　目	金　额
利润总额	73,352,773.18
净利润	74,798,870.54
扣除非经常性损益后的净利润	74,798,870.54
主营业务利润	182,110,406.38
其他业务利润	13,524,673.14
营业利润	57,934,160.83
投资收益	6,799,110.68
补贴收入	8,926,420.03
营业外收支净额	-333,918.36
经营活动产生的现金流量净额	35,546,815.04
现金及现金等价物净增加额	233,775,625.43

2、截止报告期末公司前三年的主要会计数据及财务指标　　单位:元

指　标	2000年	1999年	1998年	
			调整后	调整前
主营业务收入	1,117,323,154.28	981,671,768.18	563,208,728.08	563,208,728.08
净利润	74,798,870.54	115,130,034.89	96,773,816.61	100,544,320.47
总资产	2,766,730,062.75	2,091,101,762.98	1,762,250,817.21	1,792,073,395.58
股东权益	1,309,874,570.16	1,038,219,826.02	927,401,347.86	957,223,926.23
全面摊薄每股收益	0.19	0.33	0.27	0.29
加权平均每股收益	0.21	0.33	0.30	0.31
扣除非经常性损益后的全面摊薄每股收益	0.19	0.25	0.27	0.29
扣除非经常性损益后的加权平均每股收益	0.21	0.25	0.30	0.31
每股净资产	3.28	2.94	2.63	2.72
调整后的每股净资产	3.26	2.93	2.61	2.71
每股经营活动产生现金流量净额	0.09	-0.043		
全面摊薄净资产收益率	5.71%	11.09%	10.43%	10.50%
加权平均净资产收益率	6.95%	11.69%	11.02%	11.10%
扣除非经常损益后的加权平均净资产收益率	6.95%	9.09%	11.02%	11.10%

利润表附表:

报告期利润	净资产收益率(%)		每股收益(元)	
	全面摊薄	加权平均	全面摊薄	加权平均
主营业务利润	13.90	16.93	0.46	0.52
营业利润	4.42	5.39	0.14	0.16
净利润	5.71	6.95	0.19	0.21
扣除非经常性损益后的净利润	5.90	7.19	0.19	0.22

3、股东权益变动情况及变化原因

	股本	资本公积	盈余公积	法定公益金	未分配利润	股东权益合计
期初数	352,560,000.00	343,183,903.98	87,679,164.68	26,735,104.44	228,061,652.92	1,038,219,826.02
本期增加	47,179,080.00	181,655,920.00	25,798,026.90	4,692,612.50	74,798,870.54	334,124,509.94
本期减少					62,469,765.80	62,469,765.80
期末数	399,739,080.00	524,839,823.98	113,477,191.58	31,427,716.94	240,390,757.66	1,309,874,570.16

三、股本变动及股东情况

1、股东情况介绍
(1)截止2000年12月31日,我公司股东总数为94264户。
(2)公司前10名股东持股情况

股　东　名　称	持股数	持股比例
1]吉林市国有资产经营有限责任公司	200,098,080	50.06%
2]沈阳化工集团有限公司	3,120,000	0.78%
3]东北证券有限公司	1,803,064	0.45%
4]中国轻工物资供销总公司	1,560,000	0.39%
5]中国轻工物资供销东北公司	1,560,000	0.39%
6]大连经济开发区吉兴纸业公司	1,357,200	0.34%
7]佳木斯黑龙化学工业有限责任公司	468,000	0.12%
8]曹日红	405,341	0.10%
9]陈东明	390,000	0.097%
10]张良远	279,604	0.07%

焦作市碱业股份有限公司

二○○○年年度报告摘选

一、公司简介

1、公司的法定中文名称:焦作市碱业股份有限公司
公司的法定英文名称:Jiaozuo Soda Industrial Co.,LTD
公司法定英文名称缩写:JZSC
2、公司法定代表人:张希望
3、公司董事会秘书:秦海员
公司董事会证券事务代表:韩景利
联系地址:河南省焦作市解放区环城北路 28 号
联系电话:(0391)2925951－288
(0391)2925951－256
传真:(0391)2919211
4、公司注册地址:河南省焦作市解放区民主北路 15 号
公司办公地址:河南省焦作市解放区环城北路 28 号
邮政编码:454000
电子信箱:jzjyjt@public2.lyptt.ha.cn
5、公司选定信息披露报纸:《中国证券报》、《证券时报》
年度报告指定登载网址:http://www.cninfo.com.cn
公司年度报告备置地点:董事会秘书处
6、公司股票上市交易所:深圳证券交易所
股票简称:焦作碱业
股票代码:0719

二、会计数据和业务数据摘要

1、本年度主要利润指标情况:(单位:人民币元)

利润总额:	27,645,089.38
净利润:	24,015,596.94
扣除非经常性损益后的净利润:	23,669,850.56
主营业务利润:	56,072,572.43
其他业务利润:	－649,241.69
营业利润:	27,617,079.11
投资收益:	－317,736.11
补贴收入:	30,000.00
营业外收支净额:	315,746.38
经营活动产生的现金流量净额:	95,977,962.40
现金及现金等价物净增加额:	120,547,334.10

2、公司前三年主要会计数据和财务指标:(单位:人民币元)

项 目	2000 年	1999 年	1998 年
主营业务收入	256,560,484.71	218,019,397.02	138,564,614.25
净利润	24,015,596.94	18,747,953.22	13,006,104.71
总资产	578,279,445.86	482,247,366.19	372,708,198.25
股东权益(不含少数股东权益)	257,091,862.48	157,955,419.73	139,207,466.51
每股收益	0.2970	0.2567	0.1781
加权平均每股收益	0.33	0.2567	0.2151
每股净资产	3.1795	2.163	1.9062
调整后的每股净资产	3.0935	2.061	1.789
每股经营活动产生的现金流量净额	1.1870	0.84	－0.15
净资产收益率(%)	9.34	11.87	9.34
加权净资产收益率(%)	14.13	12.62	13.08
扣除非经常性损益后加权的净资产收益率(%)	13.93	6.41	8.47

报告期利润	净资产收益率(%)		每股收益(元/股)	
	全面摊薄	加权平均	全面摊薄	加权平均
主营业务利润	22	33	0.69	0.77
营业利润	11	16	0.34	0.38
净利润	9	14	0.30	0.33
扣除非经常性损益后的净利润	9	14	0.30	0.33

3、报告期内股东权益变动情况(单位:元)

项目	期初数	本期增加	本期减少	期末数
股本	73027000.00	7832805.00		80859805.00
资本公积	45037624.01	67288040.81		112325664.82
盈余公积	13151659.13	4776819.38		17928478.51
公益金	7693974.15	2388409.69		10082383.84
未分配利润	26739136.59	19238777.56		45977914.15
股东权益合计	157955419.73	99136442.75		257091862.48

变动原因:
(1)本期股本变动是由于公司 2000 年度实施了配股方案;
(2)资本公积增加是由于公司 2000 年度实施了配股方案,盈余公积增加由于公司实现净利润提取两金所致。
(3)未分配利润增加是由于本年度实现利润所致。

三、股东情况介绍

1、股东情况介绍
①报告期末股东总数
截止到 2000 年 12 月 29 日,公司股东共 9610 户。
②前十名股东持股情况(单位:股)

序号	股 东 名 称	持有数量(股)	持股比例(%)
1	焦作碱业集团有限责任公司	50127805	61.9935
2	林天恩	655925	0.8112
3	刘 柚	263320	0.3257
4	张淑芬	257270	0.3182
5	张会民	234112	0.2895
6	光大证券有限责任公司	219583	0.2716
7	蔡玲玲	200950	0.2485
8	李 彪	198250	0.2452
9	卓晓英	195000	0.2412
10	郭大真	189429	0.2343

山东鲁能泰山电缆股份有限公司

二○○○年年度报告摘选

一、公司简介

1、公司法定名称
中文名称:山东鲁能泰山电缆股份有限公司
英文名称:SHANDONG LUNENG TAISHAN CABLE CO., LTD.
2、公司法定代表人:赵启昌
3、公司董事会秘书:初 军
公司证券事务代表:李富强
联系地址:山东省新泰市金斗路 99 号
联系电话:(0538)7223012－262
传真电话:(0538)7230352
电子信箱:zqb01@shandongcable.com
4、公司注册地址:山东省泰安市文化路 62 号
公司办公地址:山东省新泰市金斗路 99 号
邮政编码:271200
公司国际互联网网址:http://www.shandongcable.com
公司证券部电子信箱:zqb01@shandongcable.com
5、公司选定的信息披露报纸名称:证券时报、中国证券报
登载年报的指定网址:http://www.cninfo.com.cn
公司年度报告备置地点:公司证券部
6、公司股票上市交易所:深圳证券交易所
股票简称:鲁能泰山
股票代码:0720

二、会计数据和业务数据摘要

(一)本年度主要会计数据如下:(单位:人民币元)

项 目	2000 年度
利润总额	217,404,456.33
净利润	122,259,648.20
扣除非经常性损益后的净利润	123,072,735.04
主营业务利润	342,987,024.72
其他业务利润	22,832,608.20
营业利润	192,023,144.39
投资收益	1,455,409.37
补贴收入	23,599,000.00
营业外收支净额	326,902.57
经营活动产生的现金流量净额	126,693,771.77
现金及现金等价物净增加额	－53,315,314.18

注:扣除非经营性损益涉及的项目和金额包括:

项 目	金 额(元)
处置固定资产的损失	813,086.84

(二)近三年主要会计数据和财务指标

项 目	2000 年	1999 年	1998 年	
			调整前	调整后
1.主营业务收入(元)	1,458,832,902.57	788,521,209.40	590,569,896.94	527,497,729.20
2.净利润(元)	122,259,648.20	112,157,836.80	91,317,953.48	59,314,995.69
3.总资产(元)	2,527,328,403.50	2,446,034,771.88	1,234,858,701.35	1,074,380,360.48
4.股东权益(元)(不含少数股东权益)	1,187,342,230.57	1,095,986,400.22	642,396,144.89	523,069,439.19
5.每股收益(元/股)摊薄	0.382	0.35	0.50	0.33
6.每股收益(元/股)加权	0.382	0.39	0.50	0.33
7.扣除非经常性损益后的每股收益(元/股)	0.385	0.34	0.49	0.32
8.每股净资产(元/股)	3.71	3.43	3.53	2.87
9.调整后的每股净资产(元/股)	3.69	3.41	3.44	2.87
10.每股经营活动产生的现金流量净额(元/股)	0.40	0.29	0.29	0.29
11.净资产收益率(%)摊薄	10.30	10.20	14.22	11.34

注 1:2000 年、1999 年总股本按 31980 万股计算,1998 年总股本按 18200 万股计算。
注 2:按照中国证监会《公开发行证券公司信息披露编报规则(第 9 号)》要求计算的利润数据:

报告期利润	净资产收益率(%)				每股收益(元/股)			
	全面摊薄		加权平均		全面摊薄		加权平均	
	2000 年	1999 年	2000 年	1999 年	2000 年	1999 年	2000 年	1999 年
主营业务利润	28.89	23.58	29.64	37.24	1.07	0.81	1.07	0.91
营业利润	16.17	14.09	16.59	22.26	0.60	0.48	0.60	0.54
净利润	10.30	10.20	10.57	16.16	0.382	0.35	0.382	0.39
扣除非经常性损益后的净利润	10.37	9.82	10.64	15.51	0.385	0.34	0.385	0.38

三、股本变动及股东情况

1.报告期末股东总数
至报告期末,公司的股东总户数为 49822 户。
2.前十名股东持股情况

行号	股东名册	持股数量(股)	持股比例%
①	鲁能泰山电缆电器有限责任公司	96,080,400	30.04
②	山东鲁能物资集团有限公司	39,000,000	12.20
③	金盛证券投资基金	3101468	0.97
④	山东证券公司总部	2567005	0.80
⑤	王道连	1170000	0.37
⑥	王道银	1170000	0.37
⑦	王道珂	1106000	0.35
⑧	曹成英	975000	0.30
⑨	毕玉英	975000	0.30
⑩	马玉连	975000	0.30

西安饮食服务(集团)股份有限公司

二○○○年年度报告摘选

一、公司简介

1、公司法定中文名称：西安饮食服务(集团)股份有限公司
公司英文名称：XI'AN CATERING & SERVICE (GROUP) CO. LTD
公司英文名称缩写：XCSG
2、公司法定代表人：毕海生
3、公司董事会秘书：陶光仲
联系地址：陕西省西安市东大街298号
联系电话：029－7232416　　029－7210409－8314
传 真：029－7232416　　029－7251354
4、公司注册地址：陕西省西安市东大街298号
公司办公地址：陕西省西安市东大街298号
邮政编码：710001
公司国际互联网网址：http://www.xcsg.com
E－MAIL地址：xcsg@cnmail.com
5、公司选定的信息披露报纸：《证券时报》
登载公司年度报告的国际互联网网址：http://www.cninfo.com.cn
6、公司年度报告备置地点：
西安饮食服务(集团)股份有限公司证券部
7、公司股票上市交易所：深圳证券交易所
股票简称：西安饮食　　股票代码：0721

二、会计数据和业务数据摘要

1、公司本年度的会计数据(合并报表)　　单位：人民币元

项 目	金 额
利润总额	4,589,330.03
净利润	3,291,408.69
扣除非经常性损益后的净利润	3,291,408.69
主营业务利润	145,044,662.72
其他业务利润	6,724,423.46
营业利润	5,573,649.67
投资收益	264,228.51
补贴收入	
营业外收支净额	－1,248,548.15
经营活动产生的现金流量净额	15,134,350.57
现金及现金等价物净增加额	10,855,790.82

2、报告期末公司前三年主要会计数据和财务指标(合并报表)　　单位：人民币元

项 目	2000年度	1999年度	1998年度	
			调整前	调整后
主营业务收入	277,633,180.66	206,489,043.66	192,187,903.64	192,187,903.64
净利润	3,291,408.69	1,383,684.25	22,067,094.27	19,879,961.33
总资产	489,878,426.77	456,909,894.47	451,500,933.63	414,697,291.18
股东权益(不含少数股东权益)	255,013,470.64	251,720,501.30	287,690,459.50	250,336,817.05
每股收益	0.0288	0.0121	0.1929	0.1700
加权	0.0288	0.0121	0.1929	0.1700
每股净资产	2.2288	2.2001	2.5144	2.1880
调整后的每股净资产	1.7094	1.8430	2.2014	1.8749
净资产收益率(%)	1.29	0.55	7.67	7.77
加权(%)	1.30	0.83	8.27	7.98
每股经营活动产生的现金流量净额	0.1498	－0.2425	－0.1754	－0.1754

3、本年度利润表附表

报告期利润	净资产收益率(%)		每股收益(元/股)	
	全面摊薄	加权平均	全面摊薄	加权平均
主营业务利润	56.88	57.25	1.2677	1.2677
营业利润	2.19	2.20	0.0487	0.0487
净利润	1.29	1.30	0.0288	0.0288
扣除非经常性损益后的净利润	1.29	1.30	0.0288	0.0288

4、报告期内公司股东权益变动情况：(单位：人民币元)

项 目	股 本	资本公积	盈余公积	法定公益金	未分配利润	合 计
期初数	114,415,100.00	123,453,813.85	8,419,053.95	2,806,348.64	5,432,533.50	251,720,501.30
本期增加		1,560.65	625,325.10	208,441.70	3,291,408.69	3,918,294.44
本期减少					625,325.10	625,325.10
期末数	114,415,100.00	123,455,374.50	9,044,379.05	3,014,790.34	8,098,617.09	255,013,470.64
变动原因			见会计报表附注第五大项22小项	本年提取数	本年提取数	增加数为本年利润转入数减少数为本年计提盈余公积数

三、股本变动和主要股东持股情况

(一)股本变动情况　　数量单位：股

	本次变动前	本次变动增减(+,－) 配送股股	公积金转增	增发 其它	小计	本次变动后
1. 尚未流通股份						
①发起人股份	35,000,000		/			35,000,000
其中：国家拥有股份	35,000,000		/			35,000,000
②募集法人股	38,073,900		/			38,073,900
③内部职工股合计	1,341,200		－1,341,200		－1,341,200	/
尚未流通股合计	74,415,100		－1,341,200		－1,341,200	73,073,900
2. 已流通股份						
①境内上市的人民币普通股	40,000,000		/			40,000,000
②内部职工股	/		1,341,200		1,341,200	1,341,200
已流通股份合计	40,000,000		1,341,200		1,341,200	41,341,200
3. 股份总额	114,415,100		/		/	114,415,100

衡阳市金果农工商实业股份有限公司

二○○○年年度报告摘选

一、公司简介

1、公司法定中文名称：衡阳市金果农工商实业股份有限公司
公司法定英文名称：HengYang GoldFruit Agriculture、Industry And Commerce Co.,LTD.
2、公司法定代表人：李静安
3、公司董事会秘书：邓朝晖
联系地址：湖南省衡阳市金果路15号
电　　话：0734－8229258
传　　真：0734－8250038
电子信箱：hyjg338@mail.hy.hn.cn
4、公司注册地址：湖南省衡阳市金果路15号
公司办公地址：湖南省衡阳市金果路15号
邮政编码：421001
5、公司信息披露报纸名称：《证券时报》、《中国证券报》
公司登载年度报告国际网址：http://www.cninfo.com.cn
公司年度报告备置地点：公司证券部
6、公司上市地：深圳证券交易所
股票简称：金果实业
股票代码：0722

二、会计数据和业务数据摘要

1、公司本年度会计数据摘要　　单位：人民币元

项目	金额
公司本年度实现的利润总额：	59406456.17
净利润：	51498236.01
扣除非经常性损益后的净利润：	56917955.82
主营业务利润：	94944643.35
其他业务利润：	33564.41
营业利润：	52614334.89
投资收益：	9851915.72
补贴收入：	0
营业外收支净额：	－3059794.44
经营活动产生现金流量净额：	18399565.31
现金及现金等价物净增加额：	－85548266.37

报告期利润	净资产收益率		每股收益	
	全面摊薄	加权平均	全面摊薄	加权平均
主营业务利润	11.86	12.29	0.49	0.49
营业利润	6.57	6.81	0.27	0.27
净利润	6.43	6.66	0.26	0.26
扣除非经常损益后的净利润	7.13	7.37	0.29	0.29

注："扣除非经常性损益后的净利润"中扣除项目为营业外收支净值－3059794.44元。

2、截止2000年末，公司前三年会计数据和财务指标　　单位.元

项目	2000年	1999年	1998年	
			调整前	调整后
主营业务收入	353898461.53	288317456.25	283718158.83	283718158.83
净利润	51498236.01	48697017.25	28233224.46	18780555.09
总资产	1586515292.07	1199823525.11	379531275.73	346969044.11
股东权益	798543374.06	750291804.45	244515730.44	212155515.65
每股收益(元/股)(摊薄)	0.26	0.30	0.27	0.18
每股收益(元/股)(加权)	0.26	0.428	0.27	0.18
扣除非经常性损益后每股收益(元/股)	0.29	0.22	0.24	0.16
每股净资产(元/股)	4.10	4.62	2.35	2.04
调整后的每股净资产(元/股)	4.05	4.34	2.28	1.74
每股经营活动产生的现金流量净额	0.09	0.08	－0.24	－0.24
净额净资产收益率(%)(摊薄)	6.43	6.50	11.55	8.85
净资产收益率(%)(加权)	6.66	17.56	12.25	9.25

三、股东变动和主要股东持股情况

1、股本变动情况

(1)股份变动情况表　　数量单位：股

股份类别	期初数	本次变动增减(+、－) 送股	公积金转股	其他	小计	期末数
一、尚未流通股份						
1、发起人股份	22110000	2211000	2211000		4422000	26532000
其中：国家拥有股份	6080000	608000	608000		1216000	7296000
境内法人持有股份	16030000	16030000	16030000		3206000	19236000
外资法人持有股份						
其他						
2、募集法人股份	51855320	5185532	5185532		10371064	62226384
3、内部职工股	8368000			－8368000	－8368000	0
4、优先股或其他						
尚未流通股份合计	82333320	7396532	7396532	－8368000	6425064	88758384
二、已上市流通股份						
1、境内上市的人民币普通股	88368000	8836800	8836800		10673600	106041600
2、境内上市的外资股						
3、境外上市的外资股						
4、其他						
已流通股份合计	80000000	8836800	8836800	8368000	26041600	106041600
三、股份总数	162333320	16233332	16233332		3246664	194799984

福州天宇电气股份有限公司

二〇〇〇年年度报告摘选

一、公司简介

1、公司中文名称：福州天宇电气股份有限公司

公司英文名称：FUZHOU TIANYU ELECTRIC CO.,LTD

2、法定代表人：柯子亮

3、公司董事会秘书：金 亮

联 系 电 话：0591—7916470

传 真：0591—7916449

电 子 信 箱：fztydq@pub1.fz.fj.cn

联 系 地 址：福建省福州市新店南平路天宇科技大楼

邮 政 编 码：350012

4、公司注册地址：福建省福州市新店南平路天宇科技大楼

公司办公地址：福建省福州市新店南平路天宇科技大楼

邮 政 编 码：350012

公司电子信箱：fztydq@pub1.fz.fj.cn

5、公司年报披露的报刊：《证券时报》

公司年报刊载的互联网网址：http://www.cninfo.com.cn

公司年度报告备置地点：福建省福州市新店南平路天宇科技大楼

6、公司股票上市交易所：深圳证券交易所

股票简称：天宇电气 股票代码：0723

二、会计数据和业务数据摘要

（一）公司本年度会计数据与业务数据摘要：

项目	金额
1、本年度利润总额(元)：	-35,045,069.03
2、净利润(元)：	-37,025,510.55
3、扣除非经常性损益后的净利润(元)：	-37,409,900.69
4、主营业务利润(元)：	50,979,186.01
5、其他业务利润(元)：	7,260,125.86
6、营业利润(元)：	-36,386,126.33
7、投资收益(元)：	1,133,560.62
8、补贴收入(元)：	328,000.00
9、营业外收支净额(元)：	-120,503.32
10、经营活动产生的现金流量净额(元)：	2,072,100.27
11、现金及现金等价物净增加额(元)：	-31,147,758.27

注：扣除非经常性损益项目：

项目	金额
1、增值税返还(元)：	328,000.00
2、固定资产收入(元)：	112,547.99
3、固定资产清理损失(元)：	-56,157.85

（二）公司前三年的主要会计指标：

公司前三年主要会计数据：

序号 项目	2000	1999		1998	
		调整后	调整前	调整后	调整前
1 主营业务收入(元)	381,030,420.81	396,389,187.58	396,389,187.58	392,501,540.78	392,501,540.78
2 净利润(元)	-37,025,510.55	4,525,561.23	4,495,107.76	30,033,571.21	46,427,253.09
3 总资产(元)	929,321,915.81	977,748,059.96	983,908,595.93	827,741,860.69	865,689,638.15
4 股东权益(元)	432,600,935.77	469,626,446.32	477,349,874.39	379,742,378.38	423,946,138.15
5 每股收益(元/股)	-0.265	0.032	0.032	0.36	0.56
6 加权平均每股收益(元/股)	-0.265	0.035	0.042	0.36	0.56
7 扣除非经常性损益后的每股收益(元/股)	-0.268	0.030	0.030	0.33	0.53
8 每股净资产(元/股)	3.10	3.36	3.42	4.58	5.11
9 调整后每股净资产(元/股)	2.83	3.14	3.21	4.31	4.95
10 每股经营活动产生现金流量净额(元/股)	0.015	-0.63	-0.63		0.14
11 净资产收益率(%)	-8.56	0.96	0.94	7.91	10.96
12 加权平均净资产收益率(%)	-8.21	1.12	1.11	7.91	11.35

（三）净资产收益率和每股收益：

报告期利润	净资产收益率(%)		每股收益(元/股)	
	全面摊薄	加权平均	全面摊薄	加权平均
主营业务利润	11.78	11.30	0.365	0.365
营业利润	-8.41	-8.07	-0.261	-0.261
净利润	-8.56	-8.21	-0.265	-0.265
扣除非经营性损益后的净利润	-8.65	-8.29	-0.268	-0.268

三、股本变动及股东情况

（一）股本变动情况：

1、股本变动情况：

单位：股

	期初数	本次变动增减(+,-) 上市流通	小 计	期末数
一、未上市流通股份				
1、发起人股份	64,236,000			64,236,000
其中：				
国家持有股份	64,236,000			64,236,000
2、募集法人股	5,684,025			5,684,025
3、内部职工股	15,679,170	-15,648,300	-15,648,300	30,870
其中：				
高管人员股份	30,870			30,870
未上市流通股份合计	85,599,195	-15,648,300	-15,648,300	69,950,895
二、已上市流通股份				
人民币普通股	54,000,000	15,648,300	15,648,300	69,648,300
已上市流通股份合计	54,000,000	15,648,300	15,648,300	69,648,300
三、股份总数	139,599,195	0	0	139,599,195

北京东方电子集团股份有限公司

二〇〇〇年年度报告摘选

一、公司简介

1、公司中文名称：北京东方电子集团股份有限公司

公司中文缩写：京东方

公司英文名称：BEIJING ORIENT ELECTRONICS GROUP CO.,LTD.

公司英文缩写：BOE

2、公司注册地址：北京市朝阳区酒仙桥路10号

公司办公地址：北京市朝阳区酒仙桥路10号

邮政编码：100016

公司国际互联网网址：http://www.boe.com.cn

公司电子信箱：web.master@boe.com.cn

3、公司法定代表人：王东升

4、公司董事会秘书：陈炎顺

公司董事会证券事务代表：仲慧峰

联系地址：北京市朝阳区酒仙桥路10号

电话：010-64366264或010-64370756

传真：010-64366264

5、公司选定的信息披露报纸：《证券时报》、《香港大公报》

中国证监会指定的国际互联网网址：http://www.cninfo.com.cn

公司年度报告备置地点：公司资本与股证事务部

6、公司股票上市交易所：深圳证券交易所

A股股票简称：京东方A A股股票代码：0725

B股股票简称：京东方B B股股票代码：2725

二、会计数据和业务数据摘要

1、本年度主要会计数据：

（单位：人民币元）

项目	金额
利润总额：	159,929,737
净利润：	110,395,830
扣除非经常性损益后的净利润：	110,267,579
主营业务利润：	275,374,568
其他业务利润：	1,501,072
营业利润：	95,344,398
投资收益：	62,735,196
补贴收入：	-
营业外收支净额：	1,850,143
经营活动产生的现金流量净额：	-176,842,472
现金及现金等价物净增加额：	1,086,195,822

注：非经常性损益是指公司正常经营损益之外的、一次性或偶发性损益，涉及的项目和金额包括：

项目	金额
搬迁补偿收入	2,000,000元
处理固定资产损益	-1,871,749元
合 计	128,251元

2、截至报告期末公司前三年主要会计数据和财务指标：

指标项目	2000年度	1999年度	1998年度
主营业务收入(元)	2,277,898,830	741,886,971	237,497,076
净利润(元)	110,395,830	74,502,439	60,720,752
总资产(元)	4,026,726,235	2,258,881,965	1,712,851,427
股东权益(元)	2,096,417,855	1,066,544,779	991,780,304
每股收益(元)	0.201	0.152	0.124
扣除非经常损益后的每股收益(元)	0.201	0.148	0.118
每股净资产(元)	3.82	2.18	2.03
调整后的每股净资产(元)	3.78	2.15	2.01
每股经营活动产生的现金流量净额(元)	-0.32	-0.18	—
净资产收益率	5.27%	6.99%	6.12%
加权平均净资产收益率	9.84%	7.24%	6.32%

3、按照《公开发行证券公司信息披露编报规则(第9号)》要求计算的财务指标：

报告期利润	净资产收益率(%) 全面摊薄			净资产收益率(%) 加权平均			每股收益(元) 全面摊薄			每股收益(元) 加权平均		
年度	2000	1999	1998	2000	1999	1998	2000	1999	1998	2000	1999	1998
主营业务利润	13.14	13.28	5.70	24.55	13.76	5.88	0.501	0.289	0.115	0.563	0.289	0.115
营业利润	4.55	4.16	2.87	8.50	4.31	2.96	0.174	0.091	0.058	0.195	0.091	0.058
净利润	5.27	6.99	6.12	9.84	7.24	6.32	0.201	0.152	0.124	0.226	0.152	0.124
扣除非经常性损益的净利润	5.26	6.79	5.82	9.83	7.04	6.00	0.201	0.148	0.118	0.225	0.148	0.118

4、报告期内股东权益变动情况：

（单位：万元）

项目	股本(万股)	资本公积	盈余公积	法定公益金	未分配利润	股东权益合计
期初数	48955.4	24007.15	18531.63	3073.09	15160.30	106654.48
本期增加	6000	91520.45	4415.84	551.98	11039.58	112975.87
本期减少					9988.56	9988.56
期末数	54955.4	115527.60	22947.47	3625.07	16211.32	209641.79
变动原因	增发A股	股本溢价	按规定提取	按规定提取	本年利润增加	本年利润增加增发A股

三、股本变动及股东情况

1、截至2000年12月31日，公司股东总数40318户，其中法人股股东3户，B股股东3936户，内部职工股股东2324户，A股股东34055户。

2、截至2000年12月31日公司前十名股东持股情况

股 东 名 称	持股数(股)	持股比例	股权性质
1 北京电子管厂	325,429,000	59.22%	国有法人股
2 NORMAL WIN ASSETS LIMITED	3,636,570	0.66%	B股
3 北京华银实业开发公司	3,575,000	0.65%	法人股
4 CHINA SOUTHERN CORPORATE FINANCE LIMITED	3,492,000	0.64%	B股
5 WISEMAX INTERNATIONAL LIMITED	3,060,400	0.56%	B股
6 RIPPERTON ASSETS LIMITED	3,019,270	0.55%	B股
7 北京显像管总厂	2,600,000	0.47%	国有法人股
8 刘建东	2,500,000	0.45%	B股
9 CHINA SOUTHERN CAPITAL LIMITED	2,230,800	0.41%	B股
10 GOOD CAPTURE INVESTMENTS	2,170,600	0.39%	B股

鲁泰纺织股份有限公司

二○○○年年度报告摘要

一、公司简介

1、公司名称
中文:鲁泰纺织股份有限公司
英文:LUTHAI TEXTILE JOINT STOCK CO,LTD
2、公司法定代表人:刘石祯
3、公司董事会秘书:秦桂玲;
股证授权代表:郑卫印
电 话:0533－5185166
传 真:0533－5182188
联系地址:淄博市淄川区松龄东路81号
4、公司注册地址:淄博市淄川区松龄东路81号
公司办公地址:淄博市淄川区松龄东路81号
邮政编码:255100
电子信箱:lttc@ public. zbptt. sd. cn
国际互联网网址:www. lttc. com. cn
5、公司年度报告备置地点:公司证券部
公司年报指定登载网址:http://www. cninfo. com. cn
6、公司股票上市地:深圳证券交易所
股票简称:鲁泰A、鲁泰B
股票代码:0726、2726

二、会计数据和业务数据摘要

1、公司本年度会计数据　　单位:人民币元

项目	金额
利润总额	98,279,134.76
净利润	86,511,010.18
扣除非经常性损益后的净利润	85,304,019.50
主营业务利润	155,108,677.51
其他业务利润	1,929,442.04
投资收益	－32,244.08
补贴收入	
营业外收支净额	796,723.17
经营活动产生的现金流量净额	86,456,229.81
现金及现金等价物净增加额	591,714,076.00

说明:扣除非经常性损益后的净利润系扣除索赔及职工违纪罚款等净收入207,440.17元,出口贴息收入589,283.00元以及公司增发A股冻结资金部分利息410,267.51元后所致。

公司净利润差额说明:　　单位:人民币千元

项目	金额
国际会计准则税前利润	99215
调整项目:	
时间性差异	
折旧/摊销	(3387)
依中国会计准则需递延的人员培训费	2451
中国会计准则税前利润	98279
计提所得税	11845
少数股东权益	(77)
净利润	86511

2、公司近三年的主要会计数据和财务指标

单位:人民币元

指标项目	2000年	1999年	1998年
主营业务收入	485,928,527.85	398,139,110.47	316,330,804.06
净利润	86,511,010.18	64,429,486.80	53,592,198.69
总资产	1,418,552,507.87	610,002,198.02	581,252,006.53
股东权益	1,211,056,058.77	335,174,404.15	321,069,965.35
每股收益(摊薄)	0.415	0.41	0.33
每股净资产	5.81	2.12	2.03
净资产收益率	7.14%	19.22%	16.69%
调整后的每股净资产	5.79	2.10	2.03
每股经营活动产生的现金流量净额	0.42	0.62	0.74

3、新增财务指标

报告期利润	净资产收益率		每股收益(元)	
	全面摊薄	加权平均	全面摊薄	加权平均
主营业务利润	12.81%	44.43%	0.74	0.98
营业利润	8.05%	27.94%	0.47	0.62
净利润	7.14%	24.78%	0.415	0.55
扣除非经常性损益后的净利润	7.04%	24.44%	0.41	0.54

4、报告期内股东权益变动情况

项　目	股　本	资本公积	盈余公积	法定公益金	未分配利润	股东权益合计
期初数	158,300,000	136,215,498.64	22,411,856.84	10,886,304.92	7,360,743.75	335,174,404.15
本期增加	50,000,000	816,729,744.44	11,935,043.02	4,296,735.22	86,511,010.18	969,472,532.86
本起减少					93,590,878.24	93590878.24
期末数	208,300,000	952,945,243.08	34,346,899.86	15,183,040.14	280,875.69	1211056058.77

变动原因:资本公积本期增加数为公司增发5000万股A股的溢价所致;盈余公积、法定公益金本期增加数为公司按2000年度预分方案提取所致;未分配利润增加数为公司按2000年度预分方案分配后剩余部分。

三、股本变动及股东情况

1、股本变动情况
(1)股份变动情况表

公司股份变动情况表　　数量单位:股

	本次变动前	本次变动增减(＋,－)					本次变动后
		配股	送股	公积金转股	其他	小计	
一、未上市流通股份							
1、发起人股份	58300000						58300000
其中:							
国家拥有股份							
境内法人持有股份	29150000						29150000
外资法人持有股份	29150000						29150000
其他							
2、募集法人股份							
3、内部职工股	20000000						20000000
4、优先股或其他							
未上市流通股份合计	78300000						78300000
二、已流通股份							
1、人民币普通股	0				50000000		50000000
2、境内上市的外资股	80000000						80000000
3、境外上市的外资股							
4、其他							
已上市流通股份合计	80000000				50000000		130000000
三、股份总数	158300000				50000000		208300000

(2)股票发行与上市情况

A、公司于2000年12月增资发行人民币普通股5000万股,发行价格为每股17.80元人民币。该股份于2000年12月25日在深圳证券交易所挂牌上市。

B、公司于1997年8月发行境内上市外资股8000万股,发行价格为每股1.93元港币。于1997年8月19日在深圳证券交易所挂牌上市。

C、本公司于1993年2月发行内部职工股1000万股,每股面值2元,发行价格每股4元。公司于1994年4月将每股面值2元的股票拆细为每股1元,拆细后内部职工股变更为2000万股。该内部职工股份于1997年4月托管于山东证券登记有限责任公司于2000年12月起已全部托管于深圳证券登记有限公司。该股份待本次增发A股上市满三年后方可上市流通。

2、股东情况介绍
(1)本年度末股东总数22500户,其中境内上市外资股(B股)股东2279户 。
(2)本公司前10名股东持股变动情况

序号	股东名称	期初数	本期增减	期末数	持股比例
1	淄博鲁诚纺织有限公司	29150000	0	29150000	14 %
2	泰纶纺织有限公司	29150000	0	29150000	14%
3	ITOCHU HONG KONG LIMITED (B股)	5000000	0	5000000	2.40%
4	CBNY S/A PNC/SKANDIA SELECT FUND /CHINA EQUITY AC (B股)	1089332	＋2021672	3111004	1.49%
5	CHINA SOUTHERN CAPITAL LIMITED (B股)	820002	＋2103098	2923100	1.40%
6	CSSC INTL LTD (B股)	672001	＋1681370	2353371	1.13%
7	方科 (B股)	588001	＋1699496	2287497	1.10%
8	SINOCOT DEVELOPMENT COMPANY LIMITED(B股)	2341700	－140675	2201025	1.06%
9	WONG CHUN 黄镇(B股)	0	＋1806000	1806000	0.88%
10	深圳恒硕贸易发展公司(A股)	0	＋1649211	1649211	0.79%

说明:上述前10名股东中的第三位至第九位股东所持股份的变动是因B股交易流通所致,第十位股东持股变动是因购买公司本次增发A股所致。

3、持股10%以上的法人股东介绍
(1) 淄博鲁诚纺织有限公司
法定代表:刘子斌
经营范围:从事纺织品、针织品、服装及其它缝纫制品等。
说明:该公司所持本公司股份无质押和冻结情况。
(2)泰纶纺织有限公司
法定代表:许植楠
经营范围:纺纱
说明:该公司所持本公司股份无质押和冻结情况。

四、股东大会简介

公司本年度内分别召开了1999年年度股东大会、2000年度第一次临时股东大会、2000年度第二次临时股东大会共三次。

(一) 1999年年度股东大会

1999年年度股东大会于2000年5月8日上午在公司职工俱乐部三楼会议室召开。

大会由公司董事长刘石祯先生主持,出席股东及股东代表54人,代表股份8344.01万股,其中B股2076.42万股,内部职工股437.59万股,发起人股5830万股。占公司股本总额15830万股的52.71%,符合《公司法》和公司《章程》的规定。会议以记名投票表决方式审议并通过了如下决议:《1999年度董事会工作报告》、《1999年度监事会工作报告》、《1999年度财务决算报告》、《1999年度利润分配方案》、《关于公司前次募集资金使用情况说明的议案》、《关于公司续聘财务审计机构的议案》、《关于增补陈锐谋先生为公司董事的议案》、《关于修改公司章程第一百三十五条的议案》。

此次股东大会决议公告刊登于2000年5月9日的《证券时报》、《香港商报》。

(二)2000年度第一次临时股东大会

2000年度第一次临时股东大会于2000年8月17日在公司职工俱乐部召开,出席会议的股东及股东代表53人,代表有表决权的股份93320251股,占公司股本总额的58.95%,符合国家有关法律、法规及公司章程的规定。大会就董事会提交的《关于申请增资发行A股的议案》进行了逐项审议表决,以有表决权股份总额的100%通过了该议案。

此次股东大会决议公告刊登于2000年8月18日的《证券时报》。

(三) 2000年度第二次临时股东大会

2000年度第二次临时股东大会于2000年9月2日在公司职工俱乐部二楼会议室召开,出席会议的股东及股东代表25人,代表有表决权的股份93681800股,占公司股本总额的59.18%,符

合国家有关法律、法规及公司章程的规定。大会就董事会提交的《关于公司增资发行A股之前未分配利润的处置方案》进行了审议表决,以有表决权股份总额的100%通过了该议案。

此次股东大会决议公告刊登于2000年9月5日的《证券时报》。

五、董事会报告

(一)公司经营情况

1、所处行业及行业地位:

本公司所处行业为棉纺织业,公司是集纺纱、漂染、织布、后整理及制衣于一体的高度垂直综合生产的企业,主导产品为色织布。公司产品86%以上出口,市场覆盖日本、韩国、美国、英国、意大利等三十多个国家和地区,是亚洲六大色织布生产基地之一。公司现已取得ISO9000质量保证体系和ISO14000环境保证体系双重认证,并通过了英国M&S公司授权香港ITS公证行进行的认证,从而为公司产品大量进入欧美市场奠定了基础。我国加入WTO后,随着纺织品出口配额的逐步取消,将给公司的发展创造无限的商机。

据中国棉纺织行业协会发布的"2000年第三季度统计季报"显示:本公司实现利润在全国棉纺织行业排名第6位、出口创汇排名第6位、销售收入排名第27位。

2、公司主营业务的范围及其经营情况

(1)按产品划分的主营业务收入、成本及利润的构成情况表

单位:千元

产品	营业收入		营业成本		营业毛利	
	2000年	1999年	2000年	1999年	2000年	1999年
纺纱产品	278	6976	1616	12316	-1339	-5340
坯布产品	815	4798	737	3763	78	1035
色织布产品	403519	337902	274794	222748	128725	115154
衬衣产品	76889	45355	49120	32587	27769	12768
其他产品	4427	3108	4522	2697	-95	411
合计	485928	398139	330789	274111	155138	124028

(2)按地区划分的主营业务收入情况表

单位:千元

项目	2000年	比例(%)	1999年	比例(%)
日本	73821	15.19	73787	18.53
韩国	38195	7.86	20611	5.18
东南亚	219655	45.20	182725	45.89
欧美	54787	11.27	56493	14.20
国内	64812	13.34	54943	13.80
其他	34658	7.14	9580	2.40
合计	485928	100.00	398139	100.00

(3)占公司主营业务收入10%以上的产品为公司的色织布和衬衣产品,分别占主营业务收入的83.04%和15.82%。

3、公司控股子公司的经营情况

公司共有3家控股子公司:北京鲁泰衬衫有限公司、青岛保税区鲁泰国际贸易有限公司及北京思创服饰有限公司。其经营情况如下:

北京鲁泰衬衫有限公司主要以生产衬衫为主,注册资本560万元,公司拥有60%股权,全年实现主营业务收入651.70万元,实现净利润23.51万元。

青岛保税区国际贸易有限公司,主要从事国际贸易、转口贸易、保税区企业直接贸易、经济咨询等业务,注册资本160万元,公司拥有75%股权。本年度实现销售收入60.48万元,实现利润-33.86万元。

北京思创服饰有限公司,主要从事生产销售服装服饰,注册资金100万美元,公司拥有股权60%。该公司2000年7月正式开业,全年实现主营业务收入171.19万元,亏损49.23万元。

4、在经营中出现的问题及解决方案

公司本年度生产经营情况良好,经营过程中没有遇到重大的问题与困难。

(二)公司财务状况

(1)公司财务状况分析

公司财务状况运行良好,截止2000年12月31日,公司拥有总资产141855.3万元,较上年同期增长132.54%,主要系本期增发5000万股A股募集资金到位所致;长期负债余额为零,较上年同期没有变化;股东权益为121105.6万元,较上年同期增长261.32%,主要系公司本期以17.80元增发5000万股A股,使股本金和资本公积增加,以及本年分配预案提取公积金、公益金所致;本年度实现主营业务利润15510.86万元,较上年度增长25.09%,主要系本年度实现主营业务收入增长所致;实现净利润8651.10万元,较上年度增长34.27%,主要系本年度实现主营业务收入增长幅度较大。

(2)会计师事务所对公司出具的本年度审计报告中无解释性说明、保留意见、拒绝表示意见或否定意见的事项。

(三)公司投资收益情况

(1)前次募集资金使用情况

公司本年度增资发行5000万股A股,发行价17.80元,共募集资金89000万元,扣除发行费用共计2330万元,本次募集资金净额86670万元。该资金2000年12月13日存入公司银行帐户。截止2000年底,根据公司招股意向书中募集资金用途,实际使用情况如下:

A、《高档色织面料技术改造项目》,该项目2000年底已投入资金15054万元,生产用厂房已全部完工,第一阶段96台织机已于2001年1月正式投入生产,第二阶段96台织机将于2001年7月投入生产,第三阶段84台织机将于2001年12月投入生产。

B、《高档面料后整理技术改造项目》,该项目2000年底已投入资金2790万元,生产用厂房已全部完工,部分设备已开始安装,该项目预计2001年上半年投入生产。

C、与东营天信合资组建的《东营鲁信纺织有限公司》已于2001年3月1日正式注册,现已投入生产运营。该项目公司投资6500万元,占注册资本的65%。

D、募集资金中24975万元归还银行贷款,

(2)非募集资金投资情况

公司与北京衬衫厂、美国库鲁特.彼尔德有限公司、新加坡新服饰有限公司、日本陈锐谋先生、北京鲁泰衬衫有限公司共同出资组建了"北京思创服饰有限公司",主要从事生产销售服装服饰,注册资金100万美元,公司拥有股权60%。

该公司2000年7月正式开业。

(四)新年度的业务发展计划(以下数据未经注册会计师鉴定)

在新年度的生产经营中,公司将以强化市场开拓,深化成本管理,优化资源配置,加快科技创新,狠抓规模扩张,全面实施ISO9000和ISO14000国际管理体系标准为指导思想。并结合公司新项目的进展情况制订了如下工作目标:

1、产量计划

纱:2100吨(平均纱支66.8支);

色织布:4500万米(折74纬密);

衬衣:240万标准件;

2、产值:54000万元(不变价);

3、创汇:8800万美元;

4、销售收入:75000万元;

5、新年度新项目投资情况:

A、3300万米色织布项目原计划投入19850万元,一期工程结束时(包括二期工程预定设备)已投入20297万元,三期工程还需投入6404元。因此,该工程在计划投入19850万元的基础上还需补充投入6851万元。

B、拟对公司原有色织布及漂染工厂进行技术改造,计划投入3192万元。该项目达产后,预计新增色织布产量450万米/年,增加销售收入6900万元,年增利润1035万元。

C、为保证公司高档色织布对80支、100支棉纱的需求,公司拟对现有生产设备进行相应的技术改造,增加并捻设备,计划投入3027万元。该项目达产后,预计可使合股纱的生产能力由现在的531.6吨/年,提高到1380吨/年,每年可为公司节约购纱成本2000万元左右。

D、计划投资5000万元新上一条液氨整理生产线,该项目投产后将进一步提升公司色织布档次,增加产品附加值,并将填补国内全棉免烫整理的空白。该项目达产后,预计可新增销售收入3000万元,实现利润1000万元。

E、中国即将加入WTO,将为公司带来无限商机,为抢抓机遇,更进一步开拓国际市场,董事会决定投资600万港元(折人民币636万元),在香港成立鲁泰纺织股份有限公司香港分公司。

(五)董事会日常工作情况

1、报告期内董事会的会议情况及决议内容

本年度共召开董事会议四次,其具体情况如下:

(1)2000年3月31日在公司召开了本年度第一次董事会,会议通过了如下内容:

一、《鲁泰纺织股份有限公司关于资产减值准备的会计处理的内部控制制度》。

二、《公司一九九九年年度报告》及摘要。

三、董事会同意与刘青、陈燕卫合资组建"北京鲁泰腾霄科技有限公司"。

四、与美国库鲁特彼尔德有限公司、新加坡新服饰有限公司、北京鲁泰衬衫有限公司、日本陈锐谋先生共同投资兴建"箭牌"服饰有限公司。

五、公司《53台旧织机改造项目》的方案。

六、《公司一九九九年度会计决算方案》。

七、《公司一九九九年度利润分配预案》。

八、《关于前次募集资金使用情况》的议案。

九、《续聘山东正源会计师事务所、普华永道中国有限公司为本公司的财务审计机构》的议案。

十、董事会同意陈锐谋先生为增补董事候选人并提请股东会审议。

十一、关于修改《公司章程》的议案。

十二、《公司召开一九九九年度股东大会的议案》。

此次董事会决议公告刊登于2000年4月1日的《证券时报》及《香港商报》。

(2)2000年7月7日在公司召开了本年度第二次董事会。会议审议通过了如下内容:

一、关于增资发行A股的议案

二、《关于召开2000年度第一次临时股东大会的议案》。

此次董事会决议公告刊登于2000年7月10日的《证券时报》。

(3)2000年7月24日在公司会议室召开了本年度第三次董事会。审议通过了如下内容:

一、通过了刊登2000年度中期报告的议案。

二、决定中期利润不分配、不转增的议案。

此次董事会决议公告刊登于2000年7月26日的《证券时报》和《香港商报》。

(4)2000年8月1日在公司会议室召开了本年度第四次董事会。通过了如下议案:

一、修改公司关于增资发行A股募集资金计划投资项目的议案。

二、2000年第一次临时股东大会延期至2000年8月17日召开的议案。

三、公司增资发行A股之前未分配利润的处置方案的议案。

四、定于2000年9月2日召开2000年度第二次临时股东大会的议案。

此次董事会决议公告刊登于2000年8月2日的《证券时报》。

2、董事会对股东大会决议执行情况

公司董事会在2000年度内,能够遵照《公司法》和公司《章程》的要求,认真执行股东大会决议,严谨行使股东大会赋予的职权,对股东大会授权事项及报告期内利润分配方案进行了认真执行。对股东大会增发5000万股A股的决议进行了实施,增发A股于2000年12月25日在深交所挂牌交易。

(六)公司管理层及员工情况

1、董事、监事、高级管理人员

(1)公司董事会、监事会、高级管理人员基本情况如下:

姓名	职务	性别	年龄	任期	期初持股数	期末持股数
刘石祯	董事长兼总经理	男	61	1998/5/7-2001/5/7	84,800	84,800
陈有汉	副董事长	男	68	1998/5/7-2001/5/7		
许植楠	董事	男	71	1998/5/7-2001/5/7		
李景河	董事	男	76	1998/5/7-2001/5/7		
陈锐谋	董事	男	57	1998/5/7-2001/5/7		
苏化生	董事兼总会计师	男	57	1998/5/7-2001/5/7	19,600	19,600
赵可树	董事	男	54	1998/5/7-2001/5/7		
王方水	董事兼总工程师	男	40	1998/5/7-2001/5/7	10,000	10,000
秦桂玲	董事兼董事会秘书	女	35	1998/5/7-2001/5/7	12,000	12,000
李振伟	董事	男	41	1998/5/7-2001/5/7		
藤原英利	董事	男	61	1998/5/7-2001/5/7		
李同民	监事兼生产部经理	男	45	1998/5/7-2001/5/7	13,200	13,200
朱令文	监事兼国外业务部经理	男	47	1998/5/7-2001/5/7	28,000	28,000
赵可桂	监事兼总经济师	男	54	1998/5/7-2001/5/7	20,000	20,000

(2)公司董事、监事、高级管理人员的报酬情况

公司董事、监事及高级管理人员中在公司领取报酬的共7人,其中年薪为36万元人民币的1人,年薪为8万元人民币的6人。

2、公司员工情况

公司现有员工3860人,其中生产人员3188人、销售人员190人、技术人员336人、财务人员21人、行政人员125人。现有大中专以上学历的员工898人;现有退休职工47人。

(七)本次利润分配预案或资本公积金转增股本预案。

(1)2000年度利润分配预案:

经山东正源和信会计师事务所有限公司审计,公司2000年实现净利润85,934,704.37元人民币,按《公司法》和《公司章程》规定提取10%法定公积金,计8,593,470.44元人民币;提取5%法定公益金,计4,296,735.22元人民币;可供分配利润为73,044,498.71元人民币。按照公司于2000年8月17日召开的2000年度第二次临时股东大会决议精神:本次增资发行的5000万股A股股东不享受发行前滚存的未分配利润。本次增发A股募集资金到位后当月起的利润由本次增发后的全部股东共享。因此董事会关于2000年度利润分配预案为:(1)以2000年底A股总股数5000万股为基数,每10股派现金红利0.37元(含税),实际分配1,850,000元人民币,余额为22,584元人民币。(2)公司发起人股、内部职工股、B股股东本年度分得利润71,171,914.71元,加上年度未分配利润7,656,173.87元人民币,本年可供上述股东分配的利润计78,828,088.58元。以2000年底发起人股、内部职工股、B股合计股数15830万股为基数,每10股分配4.77元人民币(含税)现金红利,实际分配75,509,100.00元人民币,余额为3,318,988.58元人民币。其中,B股股东按1:1.06的汇率折算,每10股分配港币4.50元(按国税发(1993)45号规定免税)。(3)A股分配后余额22584元加上发起人股、内部职工股、B股分配后余额3,318,988.58元,合计余额为3,341,572.58元人民币,将该余额计提任意公积金,由全体股东共享。(4)以2000年底股本总额20830万股为基数,向全体股东每10股转增3股。

上述分配预案待提交2000年度股东大会审议通过后实施。

(2)2001年度利润分配政策:

1、预计实施分配一次,在2001年度结束后六个月内实施;

2、2001年实现的可供分配利润用于分配的比例计划为50%左右,方式采用现金分配。

上述分配政策应视2001年度实际情况进行相应调整,并提交年度股东大会批准后实施。

(八)其他报告事项

公司信息披露报刊为《证券时报》、《香港商报》及《上海证券报》

六、监事会报告

2000年度公司监事会根据证监会"法制、监管、自律、规范"的八字方针和《公司法》、《公司章程》等有关法规,不断强化自身建设,勤勉尽责,对公司2000年度工作进行了认真的监督检查。报告如下:

1、监事会会议情况

(1)本年度3月31日召开了第一次监事会会议,应到监事4人,实到监事4人,会议讨论并通过了如下议案:一、审议通过了《监事会1999年度工作报告》;二、同意陈锐谋先生因当选董事候选人辞去监事职务;三、监事会成员由四人减少为三人,并建议修改公司章程的第一百三十五条之相关内容。

该次会议公告刊登于2000年4月1日的《证券时报》及《香港商报》。

(2)监事全部列席本年度内四次董事会议。对公司董事会决议及公司重大决策事项进行了有效的监督,建立了完善的内部监控机制。年度内公司董事、经理在执行公司职务时无违反法律、法规、公司章程或损害公司利益的行为。

2、监事会检查公司财务情况

监事会认为会计师事务所出具的审计报告客观、真实的反映了公司的财务状况和经营成果。

3、本公司最近一次资金募集是2000年度增资发行5000万A股募集的资金,该资金已于2000

年12月依照《增发A股招股意向书》的承诺逐步投入使用。对募集资金承诺投资项目未发生变更。

4、公司本年度内无资产收购事项。

5、公司在关联交易中完全以市场价格进行,没有损害本公司的利益。

6、山东正源和信会计师事务所有限公司和普华永道会计有限公司为公司出具的2000年度审计报告无解释性说明、保留意见、拒绝表示意见或否定意见事项。

七、重要事项

1、重大诉讼、仲裁事项

本年度内未发生重大诉讼仲裁事项。

2、报告期内公司董事及高级管理人员未受过监管部门处罚。

3、报告期内公司第一大股东未发生变更;董事丁政曾先生病故,公司1999年度股东大会增选陈锐谋先生为增补董事;公司总经理、董事会秘书未发生变更。

4、报告期收购资产情况

本报告期内未发生资产收购事项。

5、重大关联交易事项

(一)关联方关系

(1)存在控制关系的关联方

企业名称	注册地	主营业务	与本公司关系	法定代表人
鲁诚纺织有限公司	淄博市	纺织品的生产销售	中方发起人	刘子斌
泰国泰纶纺织有限公司	泰　国	纺纱业务	外方发起人	许植楠
青岛鲁泰	青岛市	国际贸易、转口贸易 加工整理、区内企业贸易	控股子公司	刘石祯
北京鲁泰	北京市	设计、制造销售服装等	控股子公司	田 成
北京思创	北京市	设计生产销售服装服饰	控股子公司	刘石祯

(2)存在控制关系的关联方的注册资本及其变化

企业名称	期初数	本期增加	本期减少	期末数
鲁诚纺织有限公司	867万元			867万元
青岛鲁泰	160万元			160万元
北京鲁泰	560万元			560万元
北京思创		100万美元		100万美元

(3)存在控制关系的关联方所持股份及其变化

企业名称	期初数		本期增加		期末数	
	金 额	比例(%)	金额	比例(%)	金 额	比例(%)
鲁诚纺织有限公司	2915万	18.41			2915万	14.00
泰国泰纶纺织有限公司	2915万	18.41			2915万	14.00
青岛鲁泰	120万	75.00			120万	75.00
北京鲁泰	336万	60.00			336万	60.00
北京思创			60万美元	60.00	60万美元	60.00

说明:鲁诚纺织有限公司、泰国泰纶纺织有限公所持公司股份比率变化是因公司增发5000万股A股所致

(4)不存在控制关系的关联方

企业名称	与本公司的关系
施丹露化妆品有限公司	联营企业
泰美领带有限责任公司	同一母公司

泰美领带有限责任公司是鲁泰纺织股份有限公司的中方股东－鲁诚纺织有限公司投资(占泰美领带有限责任公司注册资本的75%)的企业。

(二)关联方交易

(1) 公司与关联方的所有销售及采购业务均按市场价格交易,与合并子公司之间的往来款项及余额已抵销。

(2)采购业务	上年发生数	本年发生数
公司向施丹露化妆品公司和泰美 领带有限责任公司采购制成品	142,389.99	429,344.80
公司从鲁诚纺织有限公司采购原材料		557,591.77
(三)销售业务		
公司向鲁诚纺织有限公司销售货款	596,149.70	10,649,024.54
(四)应收及应付关联方款项	1999.12.31	2000.12.31
其他应付款－鲁诚纺织有限公司		1,486,308.60
预付帐款－施丹露化妆品有限公司		1,835.11
预收帐款－青岛鲁泰		612,169.14
其他应收款－青岛鲁泰		212,623.29

(五)其他

	1999年	2000年
公司向鲁诚纺织有限公司支付土地房屋租金		1,486,308.60元
公司向鲁诚纺织有限公司支付雇佣临时工劳务费	1,268万元	1,421万元

6、公司与第一大股东之间"三分开"情况

公司与第一大股东在人员、资产、财务上完全分开,即人员独立、资产完整、财务独立。具体情况如下:

在人员方面,公司的劳动、人事及工资管理等方面完全独立,所有高级管理人员均在公司领取报酬,未在大股东单位担任重要职务。

在资产方面,公司拥有独立的生产系统、辅助生产系统和配套设施,拥有独立的采购和销售系统,拥有独立的商标、非专利技术等无形资产。

在财务方面,公司设有独立的财务部门,并拥有独立的会计核算体系和财务管理制度,独立在银行开户,独立照章纳税。

7、公司本年度内未发生委托存款或委托贷款事项。

8、聘任、改聘、解聘会计师事务所情况

本公司该年度内未变更会计师事务所。境内、外审计单位仍为山东正源和信有限责任会计师事务所(原名:山东正源有限责任会计师事务所)和普华永道中国有限公司。

9、其他重大合同

(1)截止2000年12月31日,公司与东营天信纺织有限公司签定了合资组建"东营鲁信纺织有限公司"的合同,公司投资6500万元,占注册资本的65%。该合同约定组建的"东营天信纺织有限公司"已于2001年3月1日正式成立,投入生产运营。

(2)公司与日本村田机械株式会社签定了购买捻线机、并纱机等生产设备的合同,该合同金额121.6万美元。

(3)公司与德国祖克－米勒－哈科巴公司签定了购买浆纱机设备的合同,该合同金额109.5万美元。

(4)公司与日本津田驹工业株式会社签定了购买喷气织机设备的合同,该合同金额180万美元。

(5)公司与比利时必佳乐公司签定了购买剑杆织机设备的合同,该合同金额230.5万美元。

(6)公司与日本大阪日进株式会社签定了购买染色机、烘干机、倒纱机等设备,该合同金额158.3万美元。

10、公司报告期内未更改名称和股票简称。

公司报告期内增发了A股,代码为"0726"、股票简称"鲁泰A";公司B股代码为"2726"、股票简称为"鲁泰B"。

11、其他重大事项

公司报告期未有其他重大事项。

八、财务报告

(一)会计报告

审　计　报　告

(2001)鲁正审字第10040号

鲁泰纺织股份有限公司全体股东:

我们接受委托,审计了贵公司2000年12月31日的资产负债表和合并资产负债表、2000年度利润及利润分配表和合并利润及利润分配表以及2000年度现金流量表和合并现金流量表。这些会计报表由贵公司负责,我们的责任是对这些会计报表发表审计意见。我们的审计是依据《中国注册会计师独立审计准则》进行的。在审计过程中,我们结合贵公司的实际情况,实施了包括抽查会计记录等我们认为必要的审计程序。

我们认为,上述会计报表符合《企业会计准则》和《股份有限公司会计制度》的有关规定,在所有重大方面公允地反映了贵公司2000年12月31日的财务状况和2000年度经营成果以及2000年度的现金流量情况,会计处理方法的选用遵循了一贯性原则。

山东正源和信有限责任会计师事务所　　中国注册会计师　王晓楠　马秀英

中国·济南　　2001年2月15日

(二)会计报表(附后)

(三)会计报表附注

2000年度会计报表附注

金额单位:人民币元

一、公司概况

鲁泰纺织股份有限公司(以下简称"公司")原为鲁泰纺织有限公司,系由鲁诚纺织有限公司(原淄博第七棉纺织厂)与泰国泰纶纺织有限公司共同设立的合资企业。1993年2月3日经原国家对外经济贸易部(1993)外经贸资二函字第59号文批准改制为股份制企业。1997年7月经国务院证券委员会证委发(1997)47号文批准,公司发行每股面值为1.00元人民币的境内上市外资股(B股)8000万股。经深圳证券交易所(1997)296号上市通知书批准,1997年8月19日在深圳证券交易所挂牌上市。于2000年11月24日经中国证券监督管理委员会以证监公司字[2000]第199号文核准,公司增发发行面值为1.00元人民币普通股(A股)5000万股,并经深圳证券交易所(2000)162号上市通知书批准,2000年12月25日在深圳交易所挂牌上市。

公司股本总额为人民币20,830.00万元。

经营范围包括生产、销售棉涤纶纱、色织布、衬衣、服装饰品等。

二、主要会计政策、会计估计和合并会计报表编制方法

1、会计制度

公司会计核算执行《外商投资企业会计制度》。本报告所附会计报表系根据《股份有限公司会计制度》作了必要的调整。

2、会计年度

采用公历制,自每年1月1日起至12月31日止。

3、记帐本位币

以人民币为记帐本位币。

4、记帐基础及计价原则

以权责发生制为记帐基础,以历史成本为计价原则。

5、外币业务核算方法

公司发生的外币业务按交易当月月初国家外汇市场汇价(中间价)折合人民币记帐,年度终了按年末的国家外汇市场中间价调整折算人民币金额,差额计入当期损益。

6、合并会计报表的编制范围和方法

公司按财政部财会字[1995]11号《合并会计报表暂行规定》编制合并会计报表,在合并过程中公司内部投资及所有重大往来和交易均已抵销。子公司会计制度按照母公司会计制度厘定。

7、现金等价物的确定标准

公司持有的期限短、流动性强、易于转换为已知金额现金,且价值变动风险很小的投资。

8、坏帐核算方法

A.坏帐的确认标准为:

a.因债务人破产或死亡,以其破产财产或遗产清偿后仍然不能收回的款项;

b.因债务人逾期未履行偿债义务超过三年确实不能收回的款项。

B.公司对坏帐的核算采用备抵法,按期末应收帐款及其他应收款余额的5%计提坏帐准备。

9、存货核算方法

公司存货分为原材料及主要材料、辅助材料、产成品、在产品、库存商品、委托代销商品、委托加工产品和低值易耗品等诸大类。原材料按计划成本核算,计划成本与实际成本差价计入"材料成本差异",月末调整为实际成本;低值易耗品按分期摊销法;其他各类存货购进与入库时按实际成本核算,发出与领用时按加权平均法核算。

期末存货按成本与可变现净值孰低计价,按分析各类存货的可变现净值低于市价的金额计提存货跌价准备。

10、短期投资核算方法

短期投资发生时按实际成本计价,于转让或到期兑付时按超过成本价格的部分作为投资收益的实现;期末按成本与市价孰低计价,差额计入投资收益。

11、长期投资核算方法

A.长期债券投资按成本法核算;

B.长期股权投资按投资时实际支付的价款或确定的价值入帐。

a.投资额占被投资单位权益性资本总额20%以下,或虽占20%或20%以上但不具有重大影响的按成本法核算,期末按分析后可收回投资金额低于帐面价值的金额,计提长期投资减值准备;

b.投资额占被投资单位权益性资本的20%(含20%)以上,或虽占20%以下,但有重大影响的采用权益法核算;

c.投资额占被投资单位权益性资本的50%以上的采用权益法核算并纳入合并报表范围。

按成本法核算的股权投资收益,收到时计入投资收益,按权益法核算的股权投资收益按被投资单位当年实现的净利润所占份额确认。

12、固定资产及累计折旧核算方法

公司固定资产的确认标准为使用年限在一年以上的房屋、建筑物、机器、设备、器具工具等生产经营性资产,以及单位价值在2000元以上且使用期限超过两年的非生产性资产。固定资产按历史成本或法定重估价值入帐,折旧采用直线法,按分类固定资产的估计使用年限计提并考虑了10%的残值率。固定资产折旧年限如下:

类别	预计使用年限	年折旧率(%)
房屋及建筑物	20	4.50
机器设备	13	6.92
运输设备	5	18.00
电子设备	5	18.00
其他设备	5	18.00

13、在建工程核算方法

公司在建工程的确认标准包括与建造、购置或安装厂房设备有关的一切直接或间接成本,及建造安装期间发生的相关筹措资金的利息支出和汇兑损益。在建工程完工交付使用后,按工程决算总成本转为固定资产。

14、无形资产核算方法

公司无形资产按实际成本计价,有合同或协议受益年限的按受益年限平均摊销,无合同或协议受益年限的,按10年摊销。其中:土地使用权按13年摊销;电力使用权、自来水使用权、工业专有技术按10年摊销。

15、开办费、长期待摊费用的核算方法

公司开办费、长期待摊费用按实际支出数入帐,并按受益期限平均摊销,开办费按5年摊销。

16、收入确认原则

A.销售商品:公司已将商品所有权上的主要风险和报酬转移给买方;不再保留通常与所有权相联系的继续管理权,也不再对该商品实施控制;与交易相关的经济利益能够流入公司并且相关的收入和成本能够可靠地计量。

B.提供劳务:劳务的开始和完成在同一年度的,在劳务完成时确认收入;劳务的开始和完成不在同一年度的,但在资产负债表日能对该项交易的结果作出可靠估计的,按完工百分比法确认收入。

17、利润分配

公司税后净利润按以下顺序分配:

A、弥补亏损;

B、提取10%的法定公积金;

C、提取5%的法定公益金;

D、提取任意盈余公积;

E、向股东分红。按董事会提出的预分方案提交股东大会审议确定后执行。

18、所得税的会计处理方法

公司采用应付税款法。

三、主要税项

增值税:公司内销产品按销售收入的17%计算当期销项税;外销产品根据国税发[1999]189号文及鲁国税发[1999]66号文的规定执行"先征后退"的办法。其中:织布出口退税率15%,成衣出口退税率17%。

所得税:

按照《中华人民共和国外商投资企业和外国企业所得税法》第七条及《中华人民共和国外商投资企业和外国企业所得税法实施细则》第七十一条第二款、第七十五条的规定,淄博市为沿海经济开放地区的14个城市之一,年出口产值在70%以上,应按照24%的减半优惠税率,即执行12%的税率,公司以前年度所享受的其他所得税优惠政策均已到期。

四、合并会计报表主要项目注释

1、货币资金

项目	期初数	期末数
现 金	675,597.29	671,490.01
银行存款	24,266,461.89	615,984,645.17
其中:		
人民币	6,852,172.56	550,900,607.73
美 元	17,397,696.64	47,685,229.49
	(USD2,101,171.09)	(USD5,758,728.20)
日 元	8,189.98	2,186,861.58
	(JPY101,110.92)	(JPY30,247,048.07)
港 元	8,402.71	
	(HKD7,853.00)	
欧 元		15,211,946.37
		(EUR1,975,577.35)
合 计	24,942,059.18	616,656,135.18

较期初数增加23.72倍,主要系公司增资发行A股资金到位所致。

备注:1999年12月31日美元汇率1:8.28;日元汇率1:0.0719

2000年12月31日美元汇率1:8.28;日元汇率1:0.0723;欧元汇率1:7.70。

2、应收票据

期初数	期末数
45,674,547.58	46,030,687.78

均系应收国外信用证款。

3、应收帐款

帐 龄	期初数			期末数		
	金 额	比例(%)	坏帐准备	金额	比例(%)	坏帐准备
1年以内	8,814,331.30	82.27	440,716.56	8,687,855.47	73.10	434,392.78
1-2年	229,575.90	2.14	11,478.80	1,480,013.42	12.46	74,000.67
2-3年	949,702.99	8.86	47,485.15	132,655.44	1.12	6,632.77
3年以上	721,420.59	6.73	36,071.03	1,582,253.44	13.32	79,112.67
合 计	10,715,030.78	100	535,751.54	11,882,777.77	100	594,138.89

无持有公司股权5%以上股东的往来款项。

欠款金额前五名列示如下:

单位名称	所欠金额	欠款时间	欠款原因
上海蓝旗服饰发展有限公司	1,223,606.43	1-2年	货款
丸红(上海)有限公司	861,809.22	1年以内	货款
淄博市对外经济贸易公司	426,183.12	1年以内	货款
上海虞航纺织品有限公司	340,400.38	1年以内	货款
青岛好事中制衣有限公司	550,958.10	1年以内	货款

4、其他应收款

帐 龄	期初数			期末数		
	金 额	比例(%)	坏帐准备	金额	比例(%)	坏帐准备
1年以内	4,623,299.53	80.64	231,164.98	19,744,178.12	97.20	987,208.91
1-2年	852,165.89	14.86	42,608.29	400,278.79	1.97	20,013.94
2-3年	258,062.09	4.50	12,903.10	2,400.00	0.01	120.00
3年以上				165,412.09	0.82	8,270.60
合 计	5,733,527.51	100	286,676.37	20,312,269.00	100	1,015,613.45

较期初数增加2.54倍,主要系应收出口退税增加所致,无持有公司股权5%以上股东的往来款项。

欠款金额前五名列示如下:

单位名称及款项	所欠金额	欠款时间	欠款原因
出口退税	13,186,721.17	一年以内	退税款
职工宿舍楼	2,856,375.98	一年以内	垫付款
国外业务部	301,158.04	一年以内	垫付款
淄博电业局	263,581.00	一年以内	用电开户费
淄博海关	221,250.00	一年以内	保证金

5、预付帐款

帐龄	期初数		期末数	
	金额	比例(%)	金额	比例(%)
1年以内	9,138,667.51	97.12	55,538,633.57	99.12
1-2年	31,395.60	0.33	268,360.17	0.48
2-3年	14,575.96	0.15	303.21	0.00
3年以上	224,889.29	2.40	224,889.29	0.40
合 计	9,409,528.36	100	56,032,186.24	100

较期初数增加4.95倍,主要系增加预付材料款所致。

欠款金额前五名列示如下:

单位名称	所欠金额	欠款时间	欠款原因
东营天信纺织有限公司	11,702,123.12	一年以内	货款
新疆阿瓦提县丰收三厂	9,826,547.40	一年以内	货款
新疆溢达纺织有限公司	4,505,130.78	一年以内	货款
普莱克斯公司	3,969,069.09	一年以内	货款
淄博电力设计院	3,500,000.00	一年以内	工程款

6、存货

项目	期初数		期末数	
	金额	跌价准备	金额	跌价准备
原材料及主要材料	36,639,231.73		38,159,451.99	
产成品	81,365,953.48		94,565,536.13	
在产品	15,071,186.55		14,504,148.22	
委托代销商品	6,404,245.80		858,956.08	
委托加工产品	3,049,734.42		576,342.15	
低值易耗品	3,158,701.41		1,561,113.42	129,827.95
合 计	145,689,053.39	129,827.95	150,225,547.99	129,827.95

注:期末存货按可变现净值与市价孰低计价,计提存货跌价准备129,827.95元。

7、待摊费用

项目	期初数	本期增加数	本期摊销数	期末数
保险费	115,021.36		115,021.36	0.00
整理机修费用	0.00	949,286.49	567,035.28	382,251.21
广告费	0.00	475,700.00	158,566.68	317,133.32
出口配额费	1,364,465.67	333,573.86	1,698,039.53	0.00
配件费	102,894.10	135,056.90	237,951.00	0.00
租赁费	136,670.00	390,000.00	483,336.70	43,333.30
合 计	1,719,051.13	2,283,617.25	3,259,950.55	742,717.83

较期初数减少56.79%,主要系摊销出口配额费所致。

8、长期投资

项目	期初数	本期增加	本期减少	期末数
长期股权投资	773,160.68		86,950.00	686,210.68
合 计	773,160.68		86,950.00	686,210.68

长期股权投资明细项目:

被投资单位名称	投资期限	投资金额	占被投资单位注册资本比例(%)
施丹露化妆品公司	15年	214,989.07	10.50
青岛鲁泰		471,221.61	75.00
合 计		686,210.68	

9、固定资产及累计折旧

项目	期初数	本期增加	本期减少	期末余额
原值				
房屋建筑物	83,914,396.37	7,269,258.05		91,183,654.42
机器设备	384,419,918.51	27,346,819.97		411,766,738.48
运输设备	8,829,308.80	558,254.00		9,387,562.80
电子设备	4,290,031.82	878,270.36		5,168,302.18
合 计	481,453,655.50	36,052,602.38		517,506,257.88
累计折旧				
房屋建筑物	14,305,896.09	3,967,898.45		18,273,794.54
机器设备	124,285,095.06	27,160,698.70		151,445,793.76
运输设备	6,434,685.71	461,021.92		6,895,707.63
电子设备	2,021,884.78	559,890.66		2,581,775.44
合 计	147,047,561.64	32,149,509.73		179,197,071.37
净值	334,406,093.86			338,309,186.51

备注:由在建工程及工程物资转入数30,995,538.74。

期末用于抵押借款的固定资产原值共计4768万元。

10、工程物资

期初数	本期增加	本期减少	期末数
3,505,773.61	117,298,649.85	25,323,946.90	95,480,476.56

较期初数增加26.23倍,系公司增加工业园项目投资所致。

其中:本年转入固定资产25,323,946.90元。

11、在建工程

工程名称	期初数	本期增加	本期减少	期末数	资金来源
仓库.车间改扩建	6,919,137.41	2,476,547.38	549,451.12	8,846,233.67	自筹
职工培训中心	1,287,322.80	875,188.54		2,162,511.34	自筹
成衣二期工程	1,274,902.97	276,215.39	1,551,118.36	0.00	自筹
污水站三期工程	1,646,635.66	592,041.18	2,238,676.84	0.00	自筹
鲁泰工业园工程		45,812,067.53		45,812,067.53	募集资金
后整理扩建		3,998,282.44		3,998,282.44	募集资金
其他零星工程	355,768.35	2,155,826.95	1,332,345.52	1,179,249.78	自筹
合 计	11,483,767.19	56,186,169.41	5,671,591.84	61,998,344.76	

较期初数增加4.40倍,主要系公司增加工业园项目投资所致。

备注:在建工程2000年度资本化利息3,582,767.55,本期转入固定资产数5,671,591.84元。

12、无形资产

种 类	期初数	本期增加	本期转出	本期摊销	期末数
土地使用权	10,375,190.41		52,111.00	1,728,490.08	8,594,589.33
电力使用权	3,862,613.80	3,500,000.00		623,649.36	6,738,964.44
自来水使用权	2,606,136.38	840,000.00		318,473.16	3,127,663.22
商标使用权	0.00	662,400.00		662,400.00	0.00
蒸汽使用权		100,000.00			100,000.00
合 计	16,843,940.59	5,102,400.00	52,111.00	3,333,012.60	18,561,216.99

13、开办费

种 类	期初数	本期增加	本期摊销	期末数
开办费		158,647.13	10,576.48	148,070.65

14、长期待摊费用

种 类	期初数	本期增加	本期转出	本期摊销	期末数
装修费	58,920.02	756,000.00		39,836.80	775,083.22
工业园职工培训费		2,451,177.00			2,451,177.00
合 计	58,920.02	3,207,177.00		39,836.80	3,226,260.22

较期初数增加53.76倍,主要系增加工业园职工培训费所致。

15、短期借款

借款类别	期初数	期末数
A.抵押借款		
人民币	72,000,000.00	0.00
美 元	73,692,000.00	24,012,000.00
	(USD8,900,000.00)	(USD2,900,000.00)
B.担保借款		
人民币	3,000,000.00	
美 元		
合 计	148,692,000.00	24,012,000.00

较期初数减少83.85%,主要系公司归还借款所致。

备注:抵押借款系公司以固定资产作抵押。

2000年12月31日美元汇率1:8.28

16、应付帐款

期初数	期末数
20,116,847.46	34,210,435.09

较期初数增加70.06%,主要系公司采购量增加所致。

均系应付购货款,无持有公司5%以上股份的股东款项。

17、预收帐款

期初数	期末数
2,912,758.26	6,577,434.59

较期初数增加1.26倍,主要系公司销售量增加所致。

注:无欠持公司5%以上股份的股东款项。

18、应付股利

期初数	本期增加	本期减少	期末数
59,522,837.62	77,359,100.00	56,109,264.62	80,772,673.00

本期增加数系按董事会2000年利润分配方案向股东分派的股利;本期减少数系向股东支付的以前年度股利。

其中:应付外方法人股股东	15,652,146.40
应付中方法人股股东	13,904,550.00
应付内部职工股股东	11,205,976.60
应付B股股东	38,160,000.00
应付A股股东	1,850,000.00

19、应交税金

税 种	期初数	期末数
增值税	1,761,656.56	23,929,405.10
所得税	12,038,284.80	9,013,657.48
房产税		101,847.41
其他	8,944.13	6,022.64
合 计	13,808,885.49	33,050,932.63

较期初数增加1.39倍,主要系公司应交增值税的增加所致。

20、其他应付款

期初数	期末数

12,674,634.11	16,558,298.68

主要款项列示如下：

应付日方投资款	1,656,000.00
应付中方职工住房补贴	5,274,483.22
*鲁诚纺织股份有限公司往来款	1,486,308.60

*持有公司14%的股份。

21、预提费用

项目	期初数	期末数
预提电费	1,556,025.13	0.00
预提水汽费	989,083.50	369,869.80
审计费	800,000.00	700,000.00
加工费	141,371.68	66,288.66
利息		208,351.42
其他	20,173.00	406,663.68
合计	3,506,653.31	1,751,173.56

较期初数减少50.06%，主要系电费结算加快，公司已不再预提电费所致。

22、一年内到期的长期负债

借款类别	期初数	期末数
长期信用证借款	8,161,833.86 (JPY100,763,381.00)	0.00

1999年12月31日日元汇率1:0.0809

23、资本公积

项目	期初数	本期增加	本期减少	期末数
股本溢价	84,185,430.00	816,729,744.44		900,915,174.44
资产评估增值	9,716,110.34			9,716,110.34
货币换算	42,299,606.30			42,299,606.30
股权投资准备	14,352.00			14,352.00
合计	136,215,498.64	816,729,744.44		952,945,243.08

较期初数增加6.00倍，皆为增资发行人民币普通股(A股)的溢价。

24、盈余公积

项目	期初数	本期增加	本期减少	期末数
法定盈余公积	22,411,856.84	8,593,470.44		31,005,327.28
公益金	10,886,304.92	4,296,735.22		15,183,040.14
任意盈余公积		3,341,572.58		3,341,572.58
合计	33,298,161.76	16,231,778.24		49,529,940.00

25、未分配利润

项目	期初数	本期增加	本期减少	期末数
未分配利润	7,360,743.75	86,511,010.18	93,590,878.24	280,875.69

26、营业收入及成本

行业	营业收入		营业成本		营业毛利	
	1999年	2000年	1999年	2000年	1999年	2000年
纺纱产品	6,976,024.51	277,710.27	12,316,463.05	1,616,435.05	-5,340,438.54	-1,338,724.78
坯布产品	4,797,898.39	814,895.31	3,763,200.51	736,750.67	1,034,697.88	78,144.64
色织布产品	337,902,180.74	403,519,667.28	222,747,519.06	274,793,917.55	115,154,661.68	128,725,749.73
衬衣产品	45,354,826.93	76,889,206.90	32,587,075.72	49,120,030.96	12,767,751.21	27,769,175.94
其他产品	3,108,179.90	4,427,048.09	2,697,167.81	4,522,751.55	411,012.09	-95,703.46
合计	398,139,110.47	485,928,527.85	274,111,426.15	330,789,885.78	124,027,684.32	155,138,642.07

27、其他业务利润

项目	上年发生数	本年发生数
劳务租赁收入	0.00	
废原料及材料收入	1,154,458.02	1,263,694.89
零售制成品收入	104.02	
外销商品收入		665,747.15
其他	-93,319.13	
合计	1,061,242.91	1,929,442.04

28、财务费用

类别	上年发生数	本年发生数
利息支出	11,954,986.59	11,090,371.73
减:利息收入	1,531,903.01	1,820,242.13
利息净支出	10,423,083.58	9,270,129.60
汇兑收益	2,394,831.93	1,458,677.81
汇兑损失	2,070,382.04	2,208,232.12
汇兑净损益	-324,449.89	749,554.31
金融机构手续费	1,941,685.88	2,577,038.79
合计	12,040,319.57	12,596,722.70

29、营业外收入

项目	上年发生数	本年发生数
外单位设备抵帐超额收入		
索赔款	1,311,142.75	594,305.66
职工违纪罚款收入	173,621.30	35,661.67
其他		2,520.00
出口贴息		589,283.00
合计	1,484,764.05	1,221,770.33

30、营业外支出

项目	上年发生数	本年发生数
罚款支出	6,923.00	48,059.91
固定资产清理损失	877,260.57	
其他支出	4,000.00	376,987.25
合计	888,183.57	425,047.16

31、所得税

上年发生数	本年发生数
8,936,850.52	11,845,504.83

六、母公司会计报表主要项目注释

1、应收帐款

帐龄	期初数			期末数		
	金额	比例(%)	坏帐准备	金额	比例(%)	坏帐准备
1年以内	8,780,784.90	82.21	439,039.24	9,649,840.07	75.13	482,492.00
1-2年	229,575.90	2.15	11,478.80	1,480,013.42	11.52	74,000.67
2-3年	949,702.99	8.89	47,485.15	132,655.44	1.03	6,632.77
3年以上	721,420.59	6.75	36,071.03	1,582,253.44	12.32	79,112.67
合计	10,681,484.38	100	534,074.22	12,844,762.37	100	642,238.11

2、其他应收款

帐龄	期初数			期末数		
	金额	比例(%)	坏帐准备	金额	比例(%)	坏帐准备
1年以内	4,136,532.53	78.84	206,826.63	19,286,196.63	97.14	964,309.83
1-2年	852,165.89	16.24	42,608.29	400,278.79	2.02	20,013.94
2-3年	258,062.09	4.92	12,903.10	2,400.00	0.01	120.00
3年以上				165,412.09	0.83	8,270.61
合计	5,246,760.51	100	262,338.02	19,854,287.51	100	992,714.38

3、长期投资

项目	期初数	本期增加	本期减少	期末数
(1)长期股权投资	4,130,622.39	5,110,878.68	407,702.20	8,833,798.87
合计	4,130,622.39	5,110,878.68	407,702.20	8,833,798.87

(2)长期股权投资：

被投资单位名称	投资期限	原始投资金额	占被投资单位注册资本比例(%)	期初余额	按权益法核算本期变动	按权益法核算累计变动	期末余额
施丹露化妆品公司	15年	210,000.00	10.50	214,989.07		4,989.07	214,989.07
青岛鲁泰		1,200,000.00	75.00	558,171.61	-86,950.00	-728,778.39	471,221.61
北京鲁泰		3,336,000.00	60.00	3,357,461.71	142,998.68	164,460.39	3,500,460.39
北京思创	10年	4,967,880.00	60.00		-320,752.20	-320,752.20	4,647,127.80
合计				4,130,622.39			8,833,798.87

4、营业收入及成本

行业	营业收入		营业成本		营业毛利	
	1999年	2000年	1999年	2000年	1999年	2000年
纺纱产品	6,976,024.51	277,710.27	12,316,463.05	1,616,435.05	-5,340,438.54	-1,338,724.78
坯布产品	4,797,898.39	814,895.31	3,763,200.51	736,750.67	1,034,697.88	78,144.64
色织布产品	337,902,180.74	403,519,667.28	222,747,519.06	274,793,917.55	115,154,661.68	128,725,749.73
衬衣产品	44,650,220.33	78,004,037.33	32,016,881.79	52.323,934.89	12,633,338.54	25,680,102.44
其他产品	3,108,179.90	4,427,048.09	2,697,167.81	4,522,751.55	411,012.09	-95,703.46
合计	397,434,503.87	487,043,358.28	273,541,232.22	333,993,789.71	123,893,271.65	153,049,568.57

七、或有事项

公司无需披露的重大或有事项。

八、重要承诺事项

截止2000年12月31日，公司已签定合同但尚未执行的金额为139,996,000.00元.

九、期后事项

(1)公司于2000年10月11日与东营市天信纺织有限公司签定合同，合资组建"东营鲁信纺织有限公司"。注册资本人民币10,000万元，公司投资人民币6,500万元，占注册资本的65%。

2、公司董事会通过2000年利润分配预案：以2000年度可供分配的利润为基数，提取10%法定盈余公积、5%公益金后按以下顺序分配：

(1)按照《招股意向书》A股股东不享受增发前公司滚存的未分配利润，因此以2000年底A股总股数5000万股为基数，加权平均计算每10股分配0.37元(含税)现金红利，实际分配1,850,000元人民币；以2000年底其他股总股数15830万股为基数，按每10股分配4.77元(含税)现金红利，实际分配75,509,100.00元人民币。

(2)A股分配后余额22,584元加上其他股分配后余额3,318,988.58元，合计余额3,341,572.58元，将该余额计提任意公积金，由全体股东共享。

(3)以2000年底的股本总额20830万股为基数，对所有股东每10股转增3股。

上述分配预案待提交2000年度股东大会审议后实施。

九、公司的其他有关资料

1、公司变更注册登记日期

时间：2000年12月14日

地点：山东省淄博市工商行政管理局

2、企业法人营业执照注册号

企股鲁淄总字第000066号

3、税务登记号码：370302613281175

4、公司未流通股票的托管机构名称：深圳证券登记有限责任公司

5、公司2000年度增发了5000万股A股，其主承销商为南方证券有限公司

6、公司聘请的会计师事务所名称、办公地

境内审计：山东正源和信有限责任会计师事务所

办公地：山东省济南市泺源大街5号良友富临大酒店4层

境外审计：普华永道中国有限公司

办公地：北京建国门外大街1号中国国际贸易中心国贸东楼409

十、备查文件

1、载有公司法定代表人签名的年度报告正本。

2、载有公司法人代表、总会计师、财务负责人签名并盖章的会计报表。

3、载有会计师事务所盖章、注册会计师签名并盖章的审计报告原件。

4、报告期内在《香港商报》和《证券时报》公开披露过的所有公司文件的正本及公告原稿。

鲁泰纺织股份有限公司董事会

二00一年三月二十日

利润及利润分配表

2000年度

单位：鲁泰纺织股份有限公司 金额单位：人民币元

项目	行次	母公司		合并	
		上年数	本年数	上年数	本年数
一、主营业务收入	1	397,434,503.87	487,043,358.28	398,139,110.47	485,928,527.85
减：折扣与折让	2				
主营业务收入净额	3	397,434,503.87	487,043,358.28	398,139,110.47	485,928,527.85
减：主营业务成本	4	273,541,232.22	333,993,789.71	274,111,426.15	330,789,885.78
主营业务税金及附加	5			29,859.75	29,964.56
二、主营业务利润(亏损以"-"号填列)	6	123,893,271.65	153,049,568.57	123,997,824.57	155,108,677.51
加：其他业务利润(亏损以"-"号填列)	7	1,061,242.91	1,120,274.06	1,061,242.91	1,929,442.04
减：存货跌价损失	8				
营业费用	9	16,985,284.91	18,493,236.63	16,986,480.23	19,331,756.28
管理费用	10	22,658,170.12	25,986,473.35	23,019,757.81	27,594,984.90
财务费用	11	12,048,753.16	12,609,299.04	12,040,319.57	12,596,722.70
三、营业利润(亏损以"-"号填列)	12	73,262,306.37	97,080,833.61	73,012,509.87	97,514,655.67
加：投资收益(损失以"-"号填列)	13	-270,903.51	-209,997.60	-254,013.22	-32,244.08
补贴收入	14				
营业外收入	15	1,484,764.05	1,219,250.33	1,484,764.05	1,221,770.33
减：营业外支出	16	888,183.57	408,377.16	888,183.57	425,047.16
四、利润总额(亏损以"-"号填列)	17	73,587,983.34	97,681,709.18	73,355,077.13	98,279,134.76
减：所得税	18	8,863,066.42	11,747,004.81	8,936,850.52	11,845,504.83
减：少数股东损益(合并报表填列)	19			-11,260.19	-77,380.25
五、净利润(净亏损以"-"号填列)	20	64,724,916.92	85,934,704.37	64,429,486.80	86,511,010.18
加：年初未分配利润(未弥补亏损以"-"填列)	21	2,979,394.50	7,656,173.87	2,979,394.50	7,360,743.75
盈余公积转入	22				
六、可供分配的利润(亏损以"-"号填列)	23	67,704,311.42	93,590,878.24	67,408,881.30	93,871,753.93
减：提取法定盈余公积	24	6,472,491.70	8,593,470.44	6,472,491.70	8,593,470.44
提取法定公益金	25	3,236,245.85	4,296,735.22	3,236,245.85	4,296,735.22
补充流动资本	26				
七、可供股东分配的利润(亏损以"-"号填列)	27	57,995,573.87	80,700,672.58	57,700,143.75	80,981,548.27
减：应付优先股股利	28				
提取任意盈余公积	29		3,341,572.58		3,341,572.58
应付普通股股利	30	50,339,400.00	77,359,100.00	50,339,400.00	77,359,100.00
转作股本的普通股股利	31				
八、未分配利润(未弥补亏损以"-"号填列)	32	7,656,173.87	0	7,360,743.75	280,875.69

资产负债表

2000 年 12 月 31 日

单位:鲁泰纺织股份有限公司　　　　金额单位:人民币元

资　产	行次	母公司		合　并	
		期初数	期末数	期初数	期末数
流动资产:					
货币资金	1	24,455,823.78	614,084,900.72	24,942,059.18	616,656,135.18
短期投资	2				
减:短期投资跌价准备	3				
短期投资净额	4				
应收票据	5	45,674,547.58	46,030,687.78	45,674,547.58	46,030,687.78
应收股利	6				
应收利息	7				
应收帐款	8	10,681,484.38	12,844,762.37	10,715,030.78	11,882,777.77
其他应收款	9	5,246,760.51	19,854,287.51	5,733,527.51	20,312,269.00
减:坏帐准备	10	796,412.24	1,634,952.49	822,427.91	1,609,752,34
应收款项净额	11	15,131,832.65	31,064,097.39	15,626,130.38	30,585,294.43
预付帐款	12	7,931,232.05	54,018,997.78	9,409,528.36	56,032,186.24
应收补贴款	13				
存货	14	145,876,020.74	140,323,689.16	145,689,053.39	150,225,547.99
减:存货跌价准备	15	129,827.95	129,827.95	129,827.95	129,827.95
存货净额	16	145,746,192.79	140,193,861.21	145,559,225.44	150,095,720.04
待摊费用	17	1,582,381.33	382,251.21	1,719,051.13	742,717.83
待处理流动资产净损失	18				
一年以内到期的长期债券投资	19				
其他流动资产	20				
流动资产合计	21	240,522,009.98	885,774,796.09	242,930,542.07	900,142,741.50
长期投资:					
长期股权投资	22	4,130,622.39	8,833,798.87	773,160.68	686,210.68
长期债权投资	23				
长期投资合计	24	4,130,622.39	8,833,798.87	773,160.68	686,210.68
减:长期投资减值准备	25				
长期投资净额	26	4,130,622.39	8,833,798.87	773,160.68	686,210.68
固定资产:					
固定资产原价	27	478,754,832.82	511,255,732.56	481,453,655.50	517,506,257.88
减:累计折旧	28	146,904,884.34	178,542,761.07	147,047,561.64	179,197,071.37
固定资产净值	29	331,849,948.48	332,712,971.49	334,406,093.86	338,309,186.51
工程物资	30	3,505,773.61	95,480,476.56	3,505,773.61	95,480,476.56
在建工程	31	11,452,448.19	61,964,719.78	11,483,767.19	61,998,344.76
固定资产清理	32				
待处理固定资产净损失	33				
固定资产合计	34	346,808,170.28	490,158,167.83	349,395,634.66	495,788,007.83
无形资产及其他资产:					
无形资产	35	16,843,940.59	18,561,216.99	16,843,940.59	18,561,216.99
开办费	36				148,070.65
长期待摊费用	37		2,451,177.00	58,920.02	3,226,260.22
其他长期资产	38				
无形资产及其他资产合计	39	16,843,940.59	21,012,393.99	16,902,860.61	21,935,547.86
递延税项:					
递延税项借项	40				
资产总计	41	608,304,743.24	1,405,779,156.78	610,002,198.02	1,418,552,507.87
负债及股东权益					
流动负债:					
短期借款	42	148,692,000.00	24,012,000.00	148,692,000.00	24,012.000.00
应付票据	43				
应付帐款	44	20,698,593.34	30,009,435.23	20,116,847.46	34,210,435.09
预付帐款	45	2,890,258.26	6,237,589.58	2,912,758.26	6,577,434.59
代销商品款	46				
应付工资	47	2,715,369.28	5,570,888.51	2,715,369.28	5,570,888.51
应付福利费	48	435,240.48	-195,802.57	473,833.47	-66,873.82
应付股利	49	59,522,837.62	80,772,673.00	59,522,837.62	80,772,673.00
应交税金	50	13,598,383.96	33,479,496.75	13,808,885.49	33,050.932.63
其他应交款	51			3,833.20	629.3
其他应付款	52	12,633,911.86	14,006,462.71	12,674,634.11	16,558,298.68
预提费用	53	3,486,480.31	1,111,230.49	3,506,653.31	1,751,173.56
一年内到期的长期负债	54	8,161,833.86		8,161,833.86	
其他流动负债	55				
流动负债合计	56	272,834,908.97	195,003,973.70	272,589,486.06	202,437,591.54
长期负债:					
长期借款	57				
应付债券	58				
长期应付款	59				
住房周转金	60				
其他长期负债	61				
长期负债合计	62				
递延税项:					
递延税款贷项	63				
负债合计	64	272,834,908.97	195,003,973.70	272,589,486.06	202,437,591.54
少数股东权益(合并报表填列)	65			2,238,307.81	5,058,857.56
股东权益:					
股本	66	158,300,000.00	208,300,000.00	158,300,000.00	208,300,000.00
资本公积	67	136,215,498.64	952,945,243.08	136,215,498.64	952,945,243.08
盈余公积	68	33,298,161.76	49,529,940.00	33,298,161.76	49,529,940.00
其中:公益金	69	10,886,304.92	15,183,040.14	10,886,304.92	15,183,040.14
未分配利润	70	7,656,173.87		7,360,743.75	280,875.69
股东权益合计	71	335,469,834.27	1,210,775,183.08	335,174,404.15	1,211,056,058.77
负债和股东权益合计	72	608,304,743.24	1,405,779,156.78	610,002,198.02	1,418,552,507.87

现金流量表

2000 年度

单位:鲁泰纺织股份有限公司　　　　金额:人民币元

项目	行次	母公司	合　并
一、经营活动产生的现金流量:			
销售商品、提供劳务收到的现金	1	540,832,631.78	547,264,177.31
收到的租金	2		
收到退回的增值税款	3	20,916,369.34	20,916,369.34
收到的除增值税以外的其他税费返还	4		
收到的其他与经营活动有关的现金	5		725,252.99
现金流入小计	6	561,749,001.12	568,905,799.64
购买商品、接受劳务支付的现金	7	351,100,704.30	356,471,840.81
经营租赁所支付的现金	8		1,281,750.00
支付给职工以及为职工支付的现金	9	34,388,722.26	36,698,794.52
支付的增值税款	10	22,173,590.75	22,580,033.03
支付的所得税款	11	14,730,000.00	14,865,577.86
支付的除增值税、所得税以外的其他税费	12	582,402.46	623,046.70
支付的其他与经营活动有关的现金	13	47,741,188.80	49,928,526.91
现金流出小计	14	470,716,608.57	482,449,569.83
经营活动产生的现金流量净额	15	91,032,392.55	86,456,229.81
二、投资活动产生的现金流量:			
收回投资所收到的现金	16	150,870.81	150,870.81
分得股利或利润所收到的现金	17		
取得债券利息收入所收到的现金	18		
处置固定资产、无形资产和其他长期资产而收回的现金净额	19	2,193,600.00	2,193,600.00
收到的其他与投资活动有关的现金	20		
现金流入小计	21	2,344,470.81	2,344,470.81
购建固定资产、无形资产和其他长期资产所支付的现金	22	169,488,830.27	170,662,853.80
权益性投资所支付的现金	23	4,967,880.00	
债权性投资所支付的现金	24		
支付的其他与投资活动有关的现金	25		
现金流出小计	26	174,456,710.27	170,662,853.80
投资活动产生的现金流量净额	27	-172,112,239.46	-168,318,382.99
三、筹资活动产生的现金流量			
吸收权益性投资所支付的现金	28	890,029,744.44	892,927,674.44
发行债券所收到的现金	29		
借款所收到的现金	30	354,504,520.00	354,504,520.00
收到的其他与筹资活动有关的现金	31		
现金流入小计	32	1,244,534,264.44	1,247,432,194.44
偿还债务所支付的现金	33	487,346,353.86	487,373,447.15
发生筹资费用所支付的现金	34	21,200,285.37	21,200,285.37
分配股利或利润所支付的现金	35	51,331,857.72	51,331,857.72
偿付利息所支付的现金	36	11,090,371.73	11,093,903.11
融资租赁所支付的现金	37		
减少注册资本所支付的现金	38		
支付的其他与筹资活动有关的现金	39		
现金流出小计	40	570,968,868.68	570,999,493.35
筹资活动产生的现金流量净额	41	673,565,395.76	676,432,701.09
四、汇率变动对现金的影响	42	-2,856,471.91	-2,856,471.91
五、现金及现金等价物净增加额	43	589,629,076.94	591,714,076.00
补充资料	行次	母公司	合　并
1.不涉及现金收支的投资和筹资活动:			
以固定资产偿还债务	44		
以投资偿还债务	45		
以固定资产进行长期投资	46		
以存货偿还债务	47		
融资租赁固定资产	48		
2、将净利润调节为经营活动的现金流量:			
净利润	49	85,934,704.37	86,511,010.18
加:少数股东损益	50		-77,380.25
加:计提的坏帐准备或转销的坏帐	51	838,540.25	787,324.43
固定资产折旧	52	31,637,876.73	32,174,100.92
无形资产摊销	53	3,333,012.60	3,333,012.60
处置固定资产、无形资产和其他长期资产的损失(减收益)	54		
待摊费用摊销	55	1,200,129.92	2,988,426.30
预提费用	56	3,880,188.69	3,880,188.69
固定资产报废损失	57		
财务费用	58	11,583,331.44	11,583,331.44
投资损失(减收益)	59	209,997.60	32,244.08
递延税款贷项(减借项)	60		
存货的减少(减增加)	61	1,478,670.12	-8,274,577.19
经营性应收项目的减少(减增加)	62	-17,458,121.82	-14,394,740.75
经营性应付项目的增加(减减少)	63	-31,605,937.35	-31,751,131.77
增值税增加净额(减减少)	64		
其他	65		-335,578.87
经营活动产生的现金流量净额	66	91,032,392.55	86,456,229.81
3、现金及现金等价物净增加情况			
货币资金的期末余额	67	614,084,900.72	616,656,135.18
减:货币资金的期初余额	68	24,455,823.78	24,942,059.18
现金等价物的期末余额	69		
减:现金等价物的期初余额	70		
现金及现金等价物净增加额	71	589,629,076.94	591,714,076.00

南京华东电子信息科技股份有限公司

二〇〇〇年年度报告摘选

一、公司简介

1、公司的法定中文名称:南京华东电子信息科技股份有限公司

公司的法定英文名称:Nanjing Huadong Electronics Information & Technology Co., Ltd

2、公司法定代表人:赵竞成

3、公司董事会秘书:伍华林

公司授权代表: 董学山

联系地址:南京市汉中路 89 号金鹰国际商城 26 楼

电话:025-470090-658/798　　025-5311050-2231

传真:025-4702989　　025-5319623

电子信箱: whl. @hdeg. com

4、公司注册地址:南京市浦口高新技术产业开发区 D03 栋

公司办公地址:南京市汉中路 89 号金鹰国际商城 26 楼

邮政编码:210029

公司电子信箱: hde@hdeg. com

5、公司选定的信息披露报纸:《中国证券报》、《证券时报》

登载公司年度报告的中国证监会指定国际互联网网址:

http://www. cninfo. com. cn

6、公司股票上市交易所:深圳证券交易所

股票简称:华东科技

股票代码:0727

二、会计数据和业务数据摘要

(一)2000 年度会计数据和业务数据

利润总额:	107,718,970.51 元
净利润:	103,720,775.69 元
扣除非经常性损益后的净利润:	84,826,264.83 元
主营业务利润:	38,464,934.14 元
其他业务利润:	270,472.16 元
营业利润:	20,957,650.50 元
投资收益:	86,934,547.14 元
补贴收入:	0 元
营业外收支净额:	-173,227.13 元
经营活动产生的现金流量净额:	197,797,839.57 元
现金及现金等价物增加额:	78,430,924.37 元

(二)公司前三年的主要会计数据和财务指标

项目	2000 年度	1999 年度		1998 年度	
		调整前	调整后	调整前	调整后
主营业务收入(元)	276817541.89	304397170.69	304397170.69	323045665.90	323045665.90
净利润(元)	103720775.69	45198268.77	45907147.20	59193210.96	57975465.69
总资产(元)	1147657977.32	1032625008.65	1034103147.21	682226241.92	671743729.14
股东权益(元)	822028687.55	748327649.50	749805788.06	507972470.76	497924782.19
每股收益(元)(摊薄)	0.331	0.187	0.190	0.280	0.275
每股收益(元)(加权)	0.331	0.204	0.208	0.280	0.275
每股收益(元)(扣除非经营性损益)	0.270	0.156	0.159	0.280	0.275
每股净资产(元)	2.62	3.10	3.11	2.41	2.36
调整后的每股净资产(元)	2.61	3.10	3.10	2.39	2.34
每股经营活动产生的现金流量净额(元)	0.63	0.38	0.38	0.28	0.28
净资产收益率(%)	12.62	6.04	6.12	11.65	11.64
净资产收益率(%)(加权)	12.94	7.14	7.69	11.65	11.64

附表:

报告期利润	净资产收益率(%)		每股收益(元)	
	全面摊薄	加权平均	全面摊薄	加权平均
主营业务利润	4.68	4.80	0.12	0.12
营业利润	2.55	2.61	0.0 7	0.07
净利润	12.62	12.94	0.33	0.33
扣除非经常性损益后的净利润	10.32	10.58	0.27	0.27

(三)报告期内股东权益变动情况　　单位:人民币元

项目	股本	资本公积	盈余公积	法定公益金	未分配利润	股东权益合计
期初数	241337400	346479356.57	56799261.55	14523707.37	105189769.94	749805788.06
本期增加	72401219		15532959.95	5103746.39	56687453.84	72222899.49
本期减少		72398733.30				
期末数	313738619	274080623.27	72332221.50	19627453.76	161877223.78	822028687.55
变动原因	10 转赠 3	公积金转赠股本	提取盈余公积金	提取法定公积金		

三、股本变动及股东情况

(一)本报告期末,公司股东总数为 34407 户。

(二)截止 2000 年 12 月 31 日,公司前十名股东持股情况:

股东名称	持股数(万股)	持股比例(%)
南京华东电子集团公司	16234.283	51.74
上海虹桥国际机场股份有限公司	184.504	0.59
熊高华	146.627	0.47
夏阿林	137.4685	0.44
开元基金	122.487	0.39
沈永林	90.6588	0.29
王萍	90.0117	0.29
侯正伟	86.15	0.27
吴建新	81.02	0.26
种艳妮	80.61	0.26

北京化二股份有限公司

二〇〇〇年年度报告摘选

一、公司简介

1、公司法定中文名称:北京化二股份有限公司

公司法定英文名称:BEIJING HUAER COMPANY LIMITED

缩写:BEIJING HUAER CO., LTD

2、公司法定代表人:孙绍刚

3、公司董事会秘书:李崇华

联系地址:北京市朝阳区大郊亭

联系电话:010—67758106

传　　真:010—67781459

4、公司注册地址:北京市朝阳区大郊亭

公司办公地址:北京市朝阳区大郊亭

邮政编码:100022

公司电子信箱:Huaer@Public3. bta. net. cn

5、公司指定的信息披露报纸为:《中国证券报》、《证券时报》

中国证监会指定登载公司年报的国际互联网网址:http//www. cninfo. com. cn

公司年度报告备置地点:公司证券部

6、公司股票上市交易所:深圳证券交易所

股票简称:北京化二

股票代码:0728

二、会计数据和业务数据摘要

1、报告期主要会计数据:

利润总额	88,642,459 元
净利润	75,346,090 元
扣除非经常性损益后的净利润	74,781,814 元
主营业务利润	204,066,158 元
其他业务利润	-3,909,284 元
营业利润	85,837,503 元
投资收益	2,240,680 元
补贴收入	-- 元
营业外收支净额	564,276 元
经营活动产生的现金流量净额	214,726,125 元
现金及现金等价物净增加额	80,630,418 元

注:扣除的非经营性损益项目为营业外收支 564,276 元。

2、公司前三年主要会计数据和财务指标

项　目	单位	2000 年	1999 年	1998 年	
				调整后	调整前
主营业务收入	元	1,141,572,047	895,168,386	640,107,995	640,107,995
净利润	元	75,346,090	5,936,570	15,649,161	4,725,862
总资产	元	1,777,925,118	1,695,134,179	1,810,785,458	1,832,260,714
股东权益(不含少数股东权益)	元	1,087,147,045	1,021,819,487	1,061,115,783	1,082,591,039
每股收益(摊薄)	元/股	0.218	0.017	0.045	0.014
每股收益(加权平均)	元/股	0.218	0.017	0.055	0.017
扣除非经常性损益后的每股收益(摊薄)	元/股	0.217	0.017	0.055	0.017
每股净资产(摊薄)	元/股	3.15	2.96	3.07	3.14
调整后的每股净资产	元/股	3.09	2.91	3.02	3.08
每股经营活动产生的现金流量净额	元/股	0.62	0.28	0.19	0.19
净资产收益率(摊薄)	%	6.93	0.581	1.47	0.44
净资产收益率(加权)	%	6.93	0.581	1.59	0.47
扣除非经常性损益后的加权净资产收益率	%	6.88	0.552	1.59	0.47

3、报告期利润表附表

报告期利润	净资产收益率		每股收益	
	全面摊薄	加权平均	全面摊薄	加权平均
主营业务利润	18.8%	18.8%	0.59	0.59
营业利润	7.9%	7.9%	0.25	0.25
净利润	6.9%	6.9%	0.22	0.22
扣除非经常性损益后的净利润	6.9%	6.9%	0.22	0.22

三、股东情况介绍

1、截止 2000 年 12 月 31 日,本公司共有股东 37653 户。(其中:国有法人股股东 1 户,公司高级管理人员持股股东 12 户)

2、前 10 名股东持股情况　　单位:股

序号	股东名称	持股数量	占总股本的比例(%)
1	北京化学工业集团有限责任公司	241,210,000	69.87
2	杨敏	500000	0.14
3	林朝文	468300	0.14
4	周画英	381300	0.11
5	张霞	279369	0.08
6	林朝鹏	258900	0.07
7	曾志强	240567	0.07
8	梁从政	230300	0.07
9	鄢方英	215900	0.06
10	普丰证券投资基金	215855	0.06

北京燕京啤酒股份有限公司

二〇〇〇年年度报告摘选

一、公司简介

1、公司法定名称:
中 文 名 称:北京燕京啤酒股份有限公司
英 文 名 称:Beijing Yanjing Brewery Co.,Ltd.
2、公司法定代表人:李福成
3、公司董事会秘书:李颖娟
授 权 代 表:刘翔宇
联 系 地 址:北京燕京啤酒股份有限公司
联 系 电 话:010-89495569
传　　　真:010-89495569
电 子 信 箱:securities@yanjing.com.cn
4、公司注册地址及办公地址:北京市顺义区双河路9号
邮 政 编 码:101300
电 子 信 箱:yanjing@public.bta.net.cn
公司国际互联网址:http://www.yanjing.com.cn
5、公司信息批露报纸名称:《中国证券报》、《上海证券报》、《证券时报》
公司年度报告登载网址:http://www.cninfo.com.cn
公司年度报告备置地点:公司证券部
6、公司股票上市交易所:深圳证券交易所
公司股票简称:燕京啤酒
公司股票代码:0729

二、会计数据和业务数据摘要

(一)、本年度利润总额及其构成(单位:人民币元)

利润总额	315279746.72
净利润	268283761.77
扣除非经常性损益后的净利润	266283761.77
主营业务利润	502033739.11
其他业务利润	4352922.11
营业利润	286677423.48
投资收益	21500535.69
补贴收入	2000000.00
营业外收支净额	5101787.55
经营活动产生的现金流量净额	313044229.86
现金及现金等价物净增加额	668460342.91

注:扣除的非经常性损益是报告期内所取得的补贴收入2000000元。

(二)主要会计数据及财务指标

指标项目	2000年度	1999年度	1998年度(调整后)
主营业务收入(元)	1745873557.95	1516296135.34	1328473680.09
净利润(元)	268283761.77	291494924.69	286625765.19
扣除非经常性损益后的净利润(元)	266283761.77	291494924.69	286625765.19
总资产(元)	4043620348.55	2525285015.36	2468154883.00
股东权益(元)	3444194150.20	2269635288.43	2199830163.74
每股收益(元/股)全面摊薄	0.402	0.526	0.517
加权平均	0.439	0.526	0.600
扣除非经常性损益后的每股收益(元/股)	0.400	0.526	0.517
每股净资产(元/股)	5.16	4.10	3.97
调整后每股净资产(元/股)	5.08	4.04	3.91
每股经营活动产生的现金流量净额(元)	0.47	0.33	0.13
净资产收益率(%)	7.79	12.84	13.03

(三)按公开发行证券公司信息披露编报规则第9号计算的净资产收益率和每股收益。

报告期利润	净资产收益率(%)		每股收益(元/股)	
	全面摊薄	加权平均	全面摊薄	加权平均
主营业务利润	14.58	17.61	0.752	0.822
营业利润	8.32	10.06	0.430	0.469
净利润	7.79	9.41	0.402	0.439
扣除非经常性损益后的净利润	7.73	9.34	0.399	0.436

(四)报告期内股东权益变动情况及变动原因(单位:人民币元)

项目	股本	资本公积	盈余公积	法定公益金	未分配利润	股东权益合计
期初数	554224500	1270458983.34	181075799.60	76132596.74	263876005.49	2269635288.43
本期增加	113200000	926560000	67640987.01	27018391.70	67157874.76	1174558861.77
本期减少						
期末数	667424500	2197018983.34	248716786.61	103150988.44	331033880.25	3444194150.20

三、股东情况介绍

1、截止2000年12月31日,本公司共有股东112503户。
2、持有本公司5%以上(含5%)股份的股东情况:
年末前十名股东及持股情况

	持股数(股)	占总股本比例(%)	持股数中已上市流通股份数(股)	持股数中未上市流通股份数(股)
北京燕京啤酒有限公司	448000000	67.1236		448000000
北京市牛栏山酒厂	17577000	2.6335		17577000
北京市西单商场股份有限公司	14647500	2.1946		14647500
普丰证券投资基金	470724	0.0705	470724	
杨玉祥	448700	0.0672	448700	
冯宝宏	350900	0.0526	350900	
鹤山市中远贸易有限公司	325000	0.0487	325000	
赵建平	319551	0.0479	319551	
蒋凤英	270649	0.0406	270649	
赵国仓	250000	0.0375	250000	

沈阳特种环保设备制造股份有限公司

二〇〇〇年年度报告摘选

一、公司简介

1、公司的法定名称:沈阳特种环保设备制造股份有限公司
英文名称:Shenyang Special Environmental Protection Equipment Manufacturing CO.LTD
英文缩写:SSEPEC
2、公司法定代表人:刘桂琴
3、公司董事会秘书及其授权代表的姓名:陈海峰先生及兰云女士
联系地址:沈阳市沈河区热闹路118号
联系电话:024-24811162　　传真:024-24811162
电子信箱:TZHBCHF@ihw.com.cn
4、公司注册地址:沈阳市沈河区热闹路118号
公司办公地址:沈阳市沈河区热闹路118号
邮政编码:110011
网址:www.ssepec.com
公司电子信箱:TZHBCHF@ihw.com.cn
5、信息披露报纸名称:《中国证券报》和《证券时报》
登载年度报告网址:www.cninfo.com.cn
公司年度报告备置地点:沈阳市沈河区热闹路118号
6、公司股票上市交易所:深圳证券交易所
股票简称:环保股份　　股票代码:0730

二、会计数据和业务数据摘要

1、本年度主要利润指标情况

利润总额:	45,736,184.68元
净利润:	40,787,160.70元
扣除非经常性损益后的净利润:	40,884,828.67元
主营业务利润:	60,167,705.48元
其他业务利润:	381,776.90元
营业利润:	880,047.19元
投资收益:	23,544,217.05元
补贴收入:	44,953,805.46元
营业外收支净额:	-97,667.97元
经营活动产生的现金流量净额:	-143,317,800.27元
现金及现金等价物净增加额:	-156,470,045.11元

2、截止报告期末公司前三年主要会计数据和财务指标

项目	2000年	1999年	1998年
主营业务收入(元)	201,052,088.68	690,611,488.40	255,398,539.69
净利润(元)	40,787,160.70	278,447,854.77	175,750,075.49
总资产(元)	1,668,574,229.27	1,369,115,234.86	928,970,008.13
股东权益(元)	854,527,807.34	809,302,425.43	535,684,008.00
每股收益(元/股)	0.072	0.738	0.699
每股收益(月均加权)	0.072	0.856	
每股收益(扣除非经营性损益)	0.072		
每股净资产(元/股)	1.51	2.145	2.129
调整后的每股净资产(元/股)	1.399	2.12	2.10
每股经营活动产生的现金流量净额:	-0.26	0.91	
净资产收益率%			
摊薄	4.77	34.41	32.81
加权	4.92		

根据中国证监会《公开发行证券公司信息披露编报规则(第9号)》要求计算的利润数据

报告期利润	净资产收益率(%)		每股收益(元)	
	全面摊薄	加权平均	全面摊薄	加权平均
主营业务利润	7.04	7.25	0.1063	0.1063
营业利润	0.10	0.11	0.0016	0.0016
净利润	4.77	4.92	0.0721	0.0721
扣除非经常性损益后净利润	4.78	4.93	0.0722	0.0722

3、股东权益变动情况　　单位:元

项目	股本	资本公积	盈余公积	法定公益金	未分配利润	股东权益合计
期初数	377,323,423	54,918,133.23	107,689,132.54	63,074,767.86	210,735,190.01	809,302,425.43
本期增加	188,661,711		4,078,716.07	4,078,716.07	40,787,160.70	45,225,381.91
本期减少					196,819,143.64	
期末数	565,985,134	54,918,133.23	111,767,848.61	67,153,483.93	54,703,207.07	854,527,807.34

变动主要原因:本年度利润增加所至.

三、股本变动及股东情况

1、股本变动情况

公司股份变动情况表　　数量单位:股

	本次变动前	本次变动增减(+,-)						本次变动后
		配股	送股	公积金转股	增发	其他	小计	
未上市流通股份								
1 发起人股份								
其中:								
国家持有股份								
境内法人持有股份	248,038,423		124,019,211				124,019,211	372,057,634
境外法人持有股份								
其他								
2 募集法人股份								
3 内部职工股	32,760,000		16,380,000				16,380,000	594,360
其中:高管								
4 优先股或其他								
其中:转配股								
未上市流通股份合计	280,798,423		140,399,211				140,399,211	372,651,994
二 已上市流通股份								
1 人民币普通股	96,525,000		48,262,500				48,262,500	193,333,140
2 境内上市的外资股								
3 境外上市的外资股								
4 其他								
已上市流通股份合计	96,525,000		48,262,500				48,262,500	193,333,140
三 股份总数	377,323,423		188,661,711				188,661,711	565,985,134

四川美丰化工股份有限公司

二〇〇〇年年度报告摘选

一、公司简介

公司中文名称:四川美丰化工股份有限公司
英文名称:SICHUAN MEIFENG CHEMICAL INDUSTRY CO., LTD.
英文名称缩写:SCMF
公司法定代表人:陈 平
公司董事会秘书:董国政
联系电话:0838－2680243
传真:0838－2680243
授权代表:宋仕全
联系电话:0838－2680127
传真:0838－2680759
联系地址:四川省德阳市嘉陵江西路91号
公司注册地址:四川省射洪县太和镇新阳街87号
邮政编码:629200
公司办公地址:四川省德阳市嘉陵江西路91号
邮政编码:618000
公司电子信箱:meifenga@dy－public.sc.cninfo.net
公司信息披露报纸:《证券时报》、《中国证券报》
登载公司年度报告的中国证监会指定国际互联网网址:http://www.cninfo.com.cn
公司年度报告备置地点:四川省德阳市嘉陵江西路91号本公司办公地点
公司股票上市交易所:深圳证券交易所
公司股票简称:四川美丰
公司股票代码:0731

二、会计数据和业务数据摘要

(一)公司本年度实现利润总额71,882,909.92元,净利润61,100,473.43元,扣除非经常性损益后的净利润61,100,473.43元,主营业务利润95,536,410.68元,其他业务利润－120,569.16元,营业利润72,338,238.79元,投资收益－762,042.53元,营业外收支净额306,713.66元,经营活动产生的现金流量净额48,568,579.31元,现金及现金等价物净增加额78,202,708.41元。

(二)主要会计数据和财务指标　　　　单位:元

指标项目	2000年	1999年	1998年
主营业务收入	338,302,048.22	288,423,676.32	209,848,773.17
净利润	61,100,473.43	61,206,450.13	55,445,887.04
总资产	776,787,806.86	683,107,465.07	461,241,520.37
股东权益	630,198,718.52	591,331,445.09	415,313,639.74
每股收益	0.275	0.551	0.567
每股收益(加权平均)	0.275	0.605	0.567
扣除非经常性损益后每股收益	0.275	0.551	0.567
每股净资产	2.834	5.32	4.25
调整后的每股净资产	2.834	5.32	4.25
每股经营活动产生的现金流量净额	0.218	0.81	0.49
净资产收益率(%)	9.695	10.35	13.35
加权净资产收益率(%)	9.81	12.88	14.21
扣除非经常性损益后加权净资产收益率(%)	9.81	12.93	14.21

(三)利润表附表

项目	净资产收益率(%)		每股收益(元)	
	全面摊薄	加权平均	全面摊薄	加权平均
主营业务利润	15.16	15.36	0.4297	0.4297
营业利润	11.48	11.63	0.3254	0.3254
净利润	9.69	9.81	0.275	0.275
扣除非经常性损益后的净利润	9.69	9.81	0.275	0.275

三、股本变动及股东情况

(一)股本变动情况

1. 股份变动情况表　　　　数量单位:股

	期初数	本次变动增减(+,－)					期末数
		配股	送股	公积金转股	其他	小计	
一、尚未流通股份							
1、发起人股份	58,284,400		5,828,440	52,455,960		58,284,400	116,568,800
其中:							
国家拥有股份	58,089,400		5,808,940	52,280,460		58,089,400	116,178,800
境内法人持有股份	195,000		19,500	175,500		195,000	390,000
外资法人持有股份							
其他							
2、募集法人股	13,992,000		1,399,200	12,592,800		13,992,000	27,984,000
3、内部职工股	2,089,600		208,960	1,880,640	－4,179,200	－2,089,600	
4、优先股或其他							
尚未流通股份合计	74,366,000		7,436,600	66,929,400	－4,179,200	70,186,800	144,552,800
二、已流通股份							
1、人民币普通股	36,800,000		3,680,000	33,120,000	4,179,200	40,979,200	77,779,200
2、境内上市外资股							
3、境外上市外资股							
4、其他							
已流通股份合计	36,800,000		3,680,000	33,120,000	4,179,200	40,979,200	77,779,200
三、股份总数	111,166,000		11,116,600	100,049,400		111,166,000	222,332,000

福建三农集团股份有限公司

二〇〇〇年年度报告摘选

一、公司简介

1、公司法定中文名称:福建三农集团股份有限公司
公司中文名称缩写:福建三农
公司英文名称:FUJIANG SANNONG GROUP CO. LTD
公司英文名称缩写:FJSN
2、公司法定代表人:蔡玉林
3、公司董事会秘书:郑于强
公司负责信息披露事务人员:吴秋萍、邹昆彬
联系地址:福建省三明市梅列区徐碧
福州市湖东路298号写字楼5层福建三农福州办事处
电话:0591－7840852、 0591－7801056、0598－8238185
传真:0591－7810369　　0598－8242852
E－mail:fjsndm@pub1.fz.fj.cn
4、公司注册地及总部地址:三明市梅列区徐碧
邮政编码:365000
公司国际互联网网址
http://www.sannong.com
E－mail:fjsnb@sannong.com
5、公司选定的信息披露报纸为:《中国证券报》、《证券时报》
登载公司2000年度报告的国际互联网网址:
http://www.cninfo.com.cn
公司年度报告备置地点:
福州市湖东路298号写字楼5层福建三农福州办事处
福建省三明市梅列区徐碧本公司股证办
6、公司股票上市地:深圳证券交易所
股票简称:福建三农
股票代码:0732

二、会计数据和业务数据摘要

1.公司本年度会计数据:

公司本年度实现的利润总额为7,609,903.24元,净利润7,404,836.46元;扣除非经常性损益后的净利润4,406,581.03元;主营业务利润85,289,524.93元;其他业务利润1,170,506.66元;营业利润－635,745.91元;投资收益5,247,393.72元;补贴收入1,643,337.00元,营业外收支净额1,354,918.43元;经营活动产生的现金流量净额77,539,433.83元;现金及现金等价物净增加额252,377,305.67元。

非经常性损益扣除的项目为:补贴收入和营业外收支净额。涉及金额2,998,255.43元。

2、主要会计报表数据和财务指标如下表:　　　　单位:元

项目	2000年	1999年		1998年	
		调整后	调整前	调整后	调整前
主营业务收入	165001009.63	177860701.42	177860701.42	278582077.08	312457268.15
净利润	7404836.46	39717027.45	39717027.45	39664288.55	39941828.78
总资产	1065542762.48	878112243.91	878863868.26	841312798.40	610395265.93
股东权益	476559565.69	353471479.23	353471479.23	353354451.78	356109379.61
每股收益(摊薄)	0.0485	0.3009	0.3009	0.3005	0.3026
每股收益(加权)	0.0508	0.3009	0.3009	0.3005	0.3026
每股净资产	3.1215	2.678	2.678	2.677	2.698
调整后的每股净资产	3.064	2.614	2.614	2.583	2.651
净资产收益率(%)(摊薄)	1.55	11.236	11.236	11.225	11.216
净资产收益率(%)(加权)	1.71	11.238	11.238	11.892	12.232
每股经营活动产生的现金流量净额	0.5078	0.389	0.389	－0.143	－0.143
扣除非经常性损益后的每股收益	0.0289	0.282	0.282	0.3005	0.3026

三、股本变动及股东情况介绍

1. 股本变动情况

1)公司股份变动情况表　　　　单位:股

	期初数	本次变动增减(+ －)					期末数
		配股	送股	公积金转股	其它	小计	
一、尚未流通股数							
1、发起人股份	29403000	1603800				1603800	31006800
其中:							
国家拥有股份	29403000	1603800				1603800	31006800
境内法人持有股份							
外资法人持有股份							
2、募集法人股	32912000	60000				60000	32972000
3、内部职工股	25685000	7005000			－32690000	－25685000	0
4、优先股或其它							
尚未流通股份合计	88000000	8668800			－32690000	－24021200	63978800
二、已流通股份	44000000	12000000			32690000	44690000	88690000
1境内上市的人民币普通股							
2境内上市的外资股							
3境外上市的外资股							
4其它							
三、股份总数	132000000	20668800					152668800

要强化资金管理,努力提高投资收益率;要强化质量和营销管理,着力降低废品损失,加速货款回收,向管理要效益。

(五)、董事会日常工作情况

1、报告期内董事会的会议情况及决议内容

(1)2000年1月13日,董事会召开一届十四次会议(通讯方式)审议并通过《关于受让贵州新天振华房地产开发有限公司的议案》。本公司与中国振华电子集团有限公司通过协议转让的方式,受让中国振华电子集团有限公司持有贵州新天振华房地产开发有限公司60%的股权,其转让价格为600万元人民币。此次转让后,本公司持有贵州新天振华房地产开发有限公司总股本1000万元的90%。

(2)2000年4月13日至14日,董事会一届十五次会议在本公司报告厅举行。会议审议并通过《董事会1999年工作总结和2000年工作思路的报告》、《关于计提及核销有关资产减值准备的专项报告》、《1999年年度报告》和《1999年度报告摘要》、《总经理1999年业务报告和2000年工作报告》、《1999年度财务决算报告》、《1999年度利润分配预案的报告》、《续聘贵州黔元会计师事务所为本公司2000年度审计中介机构的议案》、《关于修改本公司章程的议案》、《关于推荐本公司第二届董事会候选人的议案》、《续聘贵州辅正律师事务所张健先生为本公司2000年法律顾问的议案》、《关于向子公司和参股公司委派推荐董事、监事办法的议案》、《关于召开1999年度(第五次)股东大会的议案》。决议公告刊登于2000年4月15日《证券时报》、《上海证券报》。

(3)2000年5月18日,董事会二届一次会议在本公司报告厅召开,会议选举陈清洁先生任本公司第二届董事会董事长、史汉兴任副董事长,审议通过《关于聘任总经理、财务总监、董事会秘书的议案》、《关于聘任常务副总经理、总经济师、总工程师、副总会计师的议案》。决议公告刊登于2000年5月19日《证券时报》、《上海证券报》。

(4)2000年7月21日,董事会二届二次会议在本公司报告厅召开。会议审议通过《申请2000年公募增发上市人民币普通股(A股)的议案》、《2000年公募增发A股募集资金使用的议案》、《关于公募增发A股募集资金计划投资项目可行性的议案》、《关于前次募集资金使用的专项报告》、《关于本次公募增发A股成功后增发成功前未分配利润由新老股东共享的议案》、《关于提请股东大会授权董事会全权办理本次公募增发A股相关事宜的议案》、《关于召开2000年临时(第六次)股东大会的议案》。决议公告刊登于2000年7月22日《证券时报》、《上海证券报》。

(5)2000年8月8日,董事会二届三次会议在本公司报告厅召开。会议审议通过《2000年中期报告》和《2000年中期报告摘要》、《2000年中期利润分配预案》、《关于进一步完善现代企业制度的议案》、《关于聘任董事会证券事务代表的议案》、《关于董事会授权规则的议案》。决议公告刊登于2000年8月9日《证券时报》、《上海证券报》。

(6)2000年9月29日,董事会临时会议在深圳分公司会议室召开。审议通过《关于转让深圳市桑夏民生科技有限公司股权的议案》。决定以协议转让的方式,将本公司持有深圳市桑夏民生科技有限公司5%股权转让给黄之永,转让价格3,011,250元,其中转让收益1,186,250元。

(7)2000年12月25日,董事会二届四次会议在本公司会议室召开。审议通过《关于设立贵州振华亚太高新电子材料股份有限公司的议案》、《关于中国振华(集团)科技股份有限公司资产置换的议案》、《关于组建贵州振华红旗通信设备有限公司的议案》、《关于转让深圳市全景网络有限公司股权的议案》。决议公告刊登于2000年12月28日《证券时报》、《上海证券报》。

2、根据2000年8月22日召开的2000年临时(第六次)股东大会决议,本公司公募增发A股工作于2001年1月3日实施完毕。

(六)、公司管理层情况

1、董事、监事、高级管理人员

(1)、任职及持股情况

姓名	性别	年龄	职务	任职起止日期	年初持股数(股)	年末持股数(股)
陈清洁	男	56	董事长	2000.5~2003.5	15200	15200
史汉兴	男	58	副董事长、总经理	2000.5~2003.5	15200	15200
朱亨林	男	57	董事	2000.5~2003.5	15200	15200
傅荣德	男	58	董事、常务副总经理	2000.5~2003.5	15200	15200
吴德华	男	55	董事	2000.5~2003.5	0	0
杨学政	男	57	董事、董事会秘书	2000.5~2003.5	7600	7600
车文申	男	51	董事、财务总监	2000.5~2003.5	0	0
向性双	男	57	监事会主席	2000.5~2003.5	15200	15200
钱克云	男	54	监事	2000.5~2003.5	9500	9500
汪祥华	男	54	监事	2000.5~2003.5	7600	7600
吴克发	男	53	监事	2000.5~2003.5	9500	9500
杨立棠	男	54	监事	2000.5~2003.5	0	0
刘一凡	男	38	总工程师	2000.5~2003.5	0	0
彭相禹	男	55	总经济师	2000.5~2003.5	0	0
黄富英	女	51	财务负责人	2000.5~2003.5	0	0

本公司原董事杨永光、唐尚斌、申自强、曾润生、张正明以及原监事冯义松、叶开阳等不再担任董事和监事职务,并于2000年5月18日获本公司1999年度(第五次)股东大会审议批准。按照有关规定,经向深交所存管部申请,获准并实施对杨永光等原任董事、监事所持振华科技股票于2000年11月18日予以解冻。

(2)领取报酬情况

年度报酬(万元/年.人)	领取人数(人)	姓名
1.00—2.00	3	汪祥华、吴克发、钱克云
2.10—4.00	7	史汉兴、傅荣德、刘一凡、杨学政、彭相禹、杨立棠、黄富英
4.10—5.00	1	朱亨林(在深圳工作)
未在本公司领取报酬	4	陈清洁、向性双、吴德华、车文申

2000年5月18日,本公司1999年度(第五次)股东大会选举产生本公司第二届董事会,由陈清洁、史汉兴、吴德华、傅荣德、朱亨林、杨学政、车文申等七人组成;选举产生本公司第二届监事会监事向性双、钱克云、杨立棠、确认员工代表监事汪祥华、吴克发,本届监事会由五人组成。

(七)、2000年度利润分配预案和2001年度分配政策

1、2000年度利润分配预案

经天一会计师事务所有限责任公司审计,本公司2000年实现净利润83,793,382.35元。根据本公司章程规定,税后利润提取法定盈余公积和法定公益金各10%,即各提8,375,797.98元;又根据外商投资企业财务制度规定,中外合资企业(下属控股公司)提取福利和奖励基金35,402.57元,净利润减去以上三项再加上1999年未分配利润64,889,467.80元(本数为冲减住房周转金24,971,516.44元后的余额),2000年末可供股东分配的利润为131,895,851.62元。2000年度利润分配,以公募增发后的总股本358,120,000股为基数,每10股派发现金红利2元(含税),共计分配利润71,624,000.00元,此次分配后余未分配利润60,271,851.62元,结转下一年度。根据《中华人民共和国个人所得税法》规定,个人所得红利,按20%的税率交纳个人所得税,由本公司代扣代缴,税后个人股东每10股实得现金红利1.6元。本年度不进行资本公积转增。该预案经董事会审议通过并提交股东大会批准后实施。

2、2001年利润分配政策

1、公司拟在2001年会计年度结束后分配利润一次;

2、公司2000年结转的未分配利润,用于分配的比例不低于30%;

3、公司2001年实现的可供股东分配的利润,用于分配的比例20%左右;

4、拟采用派发现金红利的分配方式;

5、具体分配方案将根据公司当年实际情况确定。公司董事会可根据当时情况进行调整并以分配预案形式提请股东大会审议。

六、监事会报告

报告期内,公司监事会依照《公司法》和《公司章程》的各项规定,遵守《公司监事会会议规则》,不断加强自身建设,尽职尽责,努力工作,认真履行监事会的各项职权和义务,充分行使对公司董事会及其成员和公司经营班子及其成员的监督职能,积极开展对公司长期规划、重大发展项目和公司财务状况的审查工作。为公司健康有序的发展、依法经营并取得良好的经济效益起到了有力保障。现将报告期内主要情况报告如下:

(一)、监事会召开情况

本报告期内,监事会召开了两次会议,列席了各次董事会,出席了股东大会,每位监事充分发表了意见。

2000年第一次监事会(第一届第十次)会议于2000年4月13日在本公司贵宾室召开,会期一天,应到监事6人,实到6人。会议由向性双主席主持,全体监事进行了认真的讨论,审议并通过了以下主要事项:

1、《公司董事会1999年度工作总结和2000年工作思路报告》;

2、《公司1999年度报告和报告摘要》;

3、《公司总经理1999年业务报告和2000年工作报告》;

4、《公司1999年度财务决算报告》;

5、《公司关于计提有关资产减值准备的专项报告》;

6、《公司关于1999年度利润分配预案的报告》;

7、《关于召开第五次股东大会的议案》;

8、《关于修改公司章程的议案》;

9、《关于推荐公司第二届董事会候选人的议案》;

10、《关于推荐公司第二届监事会候选人及职工监事的议案》;

11、《公司监事会1999年度工作报告》。

公司2000年第二次监事会(第二届第一次)会议于2000年5月18日在本公司贵宾室召开,会期一天,应到监事5人,实到4人,因公出差请假1人。会议由向性双先生主持,主要议题为选举第二届监事会主席。

经投票选举,全票通过,由向性双先生继续担任本公司第二届监事会主席职务。根据向性双主席的提名,一致同意杨立棠监事兼任监事会秘书工作。

(二)、监事会独立意见

1、本公司在2000年度工作中,认真贯彻执行国家证监会"法制、监督、自律、规范"八字方针;遵守国家法律、行政法规,执行国家有关政策规定,遵守公司章程,依法治企、依法经营、依法决策。进一步完善了法人治理结构,健全和完善了内部各项规章制度,加强了各项基础管理工作。报告期内,公司董事、高级管理人员在执行公司职务时,未发现违反法律、法规、公司章程或损害公司利益的行为。

2、公司进一步强化优势发展战略和科技兴业战略,加快技改项目进度,加大新的开发研制力度,着力培育新的经济增长点和利润增长点,抢抓西部大开发战略先机,开拓进取,圆满完成了全年各项主要生产经营目标,为公司持续发展夯实了基础。公司2000年度财务报告业经天一会计师事务所有限责任公司审计并出具了无保留意见审计报告,审计报告真实、客观。公司财务报告准确反映了公司的财务状况和经营成果。本年度公司实现主营业务收入66535.10万元,净利润8379.34万元,每股收益(摊薄)0.27元,每股净资产3.85元,净资产收益率摊薄为6.95%。

3、公司2000年末成功实施了公募增发工作,募集资金主要投入新型电子元器件基地的开发与建设,与承诺一致;投资项目符合法定程序、符合国家产业政策和信息化、知识化经济的发展方向。

4、报告期内,公司成功实施了资产置换,未发生收购行为,公司关联交易公平、合理、实事求是,没有损害公司利益,保障了所有者权益。

七、重要事项

(一)、本年度公司无重大诉讼、仲裁事项。

(二)、报告期内无公司、公司董事及高级管理人员受监管部门处罚的情况。

(三)、2000年5月18日,本公司1999年度(第五次)股东大会选举产生本公司第二届董事会,由陈清洁、史汉兴、吴德华、傅荣德、朱亨林、杨学政、车文申等七人组成,董事会秘书由杨学政先生担任;选举产生本公司第二届监事会监事向性双、钱克云、杨立棠、确认员工代表监事汪祥华、吴克发,本届监事会由五人组成。本公司原董事杨永光、唐尚斌、申自强、曾润生、张正明以及原监事冯义松、叶开阳等不再担任董事和监事职务。

(四)本报告期内,将本公司持有深圳市桑夏民生有限公司5%的股权转让,收回投资182.5万元,并获投资收益118.625万元,占利润总额的1.32%;转让本公司持有的深圳市全景网络有限公司18%的股权,收回投资1080万元,并获投资收益108万元,占利润总额的1.2%,转让后本公司持有深圳市全景网络有限公司23%的股权;为突出主业,进行产品结构调整,将所属久达分公司、红星分公司的资产与本公司生产急需的中国振华电子集团有限公司持有的相关资产进行置换,上述资产置换产生的损益为-154,684.64元,已办理完毕资产划转手续。以上事项均按有关规定进行了披露。

(五)、本公司与控股股东中国振华电子集团有限公司在人员、资产、财务实行"三分离",相对于控股股东人员独立、资产完整、财务独立。

(六)、关联交易事项说明,见会计报表附注。

(七)、本公司2000年度无重大合同、担保、抵押等事项。

(八)、聘任、解聘会计师事务所情况

2000年5月18日召开的1999年度(第五次)股东大会审议通过,聘请贵州黔元会计师事务所为本公司2000年度审计中介机构。

(九)、《证券时报》、《上海证券报》为本公司信息披露报刊。

(十)、经中国证券监督管理委员会证监公司字[2000]206号文核准,公司于2000年12月14日开始实施了公募增发方案。

2000年12月14日在《中国证券报》、《证券时报》、《上海证券报》刊登了《中国振华(集团)科技股份有限公司A股公募增发招股意向书》和《新增发行社会公众股向机构投资者配售具体办法》,2000年12月14日、12月18日在上述报纸刊登了提示性公告;2000年12月20日在《中国证券报》、《证券时报》、《上海证券报》刊登了《公募增发A股网上网下累计投标询价结果公告》、《新增发行社会公众股 上网定价发行公告》;12月22日在《中国证券报》、《证券时报》、《上海证券报》刊登了上网定价发行提示性公告。经天一会计师事务所有限责任公司出具的天一验字(2001)第4-004号《验资报告》验证,公募增发资金已于2001年1月2日全部到位。

八、财务报告

(一)、审计报告:见天一会计师事务所有限责任公司天一审字(2001)第4—115号无保留意见审计报告。

(二)、会计报表(附后)

(三)、会计报表附注

1、公司简介

中国振华(集团)科技股份有限公司是由中国振华电子集团公司独家发起并以募集方式设立

的高科技股份制企业,1997年7月在深圳证券交易所上市,1999年实施配股,并于1999年6月在贵州省工商行政管理局变更注册登记。注册号5200001202159。

经过三年多的发展,我公司已成为拥有十多家分公司与子公司,集科、工、贸、金及建筑、房地产行业为一体的集团型上市公司。

2、主要会计政策

(1)、会计制度

母公司执行《股份有限公司会计制度》;子公司执行所属行业会计制度。

(2)、会计期间

会计年度:自公历元月一日至十二月三十一日。

(3)、合并报表的编制方法

根据财政部财会字(1995)11号通知《合并会计报表暂行规定》的规定确定合并范围并执行其编制方法。

(4)记帐原则和计价基础

记帐原则:权责发生制原则。计价基础:历史成本。

(5)、外币折算

以人民币为记帐本位币。人民币与外币的汇率按市场汇价的中间价折算,年末外币余额按年末市场汇价的中间价进行调整。属购建固定资产未竣工验收之前所发生的汇兑损益记入固定资产价值,其余记入当期损益。

(6)、计提各项资产损失准备

计提坏账准备

1、计提范围:应收账款和其他应收款。

2、计提方法:账龄分析与具体情况分析相结合。

3、计提比例

A、一年以内的欠款,按4%计提。

B、1-2年的欠款,按8%计提。

C、2-3年的欠款,按15%计提。

D、3-4年的欠款,按30%计提。

E、4-5年的欠款,按50%计提。

F、5年以上及有确凿证据证明无法收回的欠款,按100%计提。

以上计提比例各单位无权自行改变,根据具体情况的变化需改变计提比例,必须经本公司董事会批准。

无法收回的应收账款和其他应收款,应查明原因,追究责任。若需核销,一般需经董事会批准作为坏账损失,才能冲销计提的坏账准备;数额巨大的,还需经股东大会批准。

坏账损失的核算方法:备抵法。

4、以下几个方面的应收账款和其他应收款不计提坏账准备

A、长期信誉好,一直能在合同期内付款的全国知名大公司的货款。具体指深圳康佳、四川长虹、上海贝尔、天津摩托罗拉、河南安彩高科、深圳中兴通讯、深圳华为、大唐电信等公司。

B、收款完全有保障的出口产品货款。

C、公众公认现金流量充足、国家控制的部门的货款(如供电局、国防军用单位等)。

D、准备用于资产重组的债权(指已有重组决定的)。

E、关联单位之间的货款。

F、其他应收款中的内部职工借款(即备用金)、采购货物的借款、公司内部往来、关联公司之间的往来。

计提短期投资跌价准备

1、短期投资跌价准备的计提方法:成本与市价孰低法。

2、短期投资跌价金额的确定

A、国债、股票:成本价与年末最后一个交易日收市价比较。

B、其他短期投资:成本价与最接近年末的某一天市价比较。

计提存货跌价准备

存货跌价准备计提方法:成本与可变现净值孰低。

长期投资减值准备

长期投资减值准备的计提方法:期末账面余额高于可收回金额部分作为长期投资减值准备。

(7)、存货计价方法

1、原材料和自制半成品:用计划成本核算,实际成本与计划成本的差异另设"材料成本差异"和"自制半成品成本差异"科目进行核算,发出材料和自制半成品按实际差异率调整为实际成本。

2、在产品:按实际成本计价,发出时按加权平均法计算。

(8)、低值易耗品:采用分期摊销。

(9)、短期投资核算方法

采用成本法核算。收益确认方法:实际收到款。

(10)、长期投资核算方法

1、债券投资全部按成本法核算。

2、股权投资及联营投资:合并报表范围内的投资,按权益法核算;所占股权不足20%和不拥有实际控股权,按成本法核算。

(11)、固定资产及折旧

固定资产按实际成本计价,凡使用年限在一年以上的房屋、建筑物、机器、运输工具等,以及不属于生产经营主要设备的物品,单价在2,000元以上,且使用年限超过两年的,均确认为固定资产。固定资产分为房屋及建筑物、机器设备、运输设备和电子设备四类,按年限法计提折旧,固定资产使用年限按国家财务制度规定执行,残值率3%。

(12)、在建工程:在建工程按实际成本计价;在建工程竣工交付使用确认为固定资产。

(13)、无形资产的摊销方法

无形资产为专利权和商誉及特许权等。购入的以实际成本计价。租赁的无形资产按租赁合同规定的收费标准计价。摊销方法:按直线法摊销。摊销期限:按财政部1998年颁布的《股份有限公司会计制度》有关规定执行。

(14)、开办费、长期待摊费用的摊销方法

开办费从项目投产经营的当月起,不超过五年期内平均摊销。

长期待摊费用,在费用项目受益期内平均摊销。

(15)、销售实现确认基准

执行财政部1998年颁布的《股份有限公司会计制度》规定的主营业务收入确认原则。

(16)、税项

1、流转税:按产品销售收入17%计算销项税,扣减进项税并缴纳增值税,深圳地区企业享受地产地销增值税全额返还的优惠政策。

2、所得税

A、子公司,根据其属性和所处地区执行相应的所得税法和享受相应的优惠政策,即:中外合资企业执行中外合资企业所得税法,享受免二减三优惠政策;振华集团财务有限公司属金融企业,执行33%的所得税率;深圳市高新技术企业执行7.5%所得税率。

B、根据贵州省科学技术委员会黔科工复(1997)4号文件认定:中国振华(集团)科技股份有限公司为高新技术企业,贵州省财政厅黔地税函发字(1999)45号文批复:"同意中国振华(集团)科技股份有限公司享受国家高新技术产业开发区所得税政策,从一九九九年一月一日起执行15%的税率。"

C、会计处理方法:应付税款法。

(17)、利润分配

按股东大会批准的分配方案执行。股份公司及所属内联企业税后利润计提法定盈余公积金10%,公益金10%。对外投资的各中外合资企业按董事会决定的比例计提储备基金、企业发展基金、福利奖励基金。

(四)、控股子公司及合营企业

单位名称	注册地	法人代表	注册资本	经营范围	是否纳入合并范围
振华集团财务有限公司	贵州省贵阳市新天大道150号	唐尚斌	人民币10,000万元	集团成员单位人民币存款、贷款、投资结算;经人行批准的其他业务。	因为金融行业,不作合并,故未纳入合并报表
中国振华(集团)新云电子元器件有限责任公司	贵州省凯里市翁义工业区210信箱	史汉兴	人民币20,170.98万元	自产自销电子元器件、机械电子设备及零备件、通讯设备、影视、音响设备。	纳入合并报表
深圳振华微电子有限公司	深圳市南山区科技工业园25幢6层	吴德华	人民币6,810万元	厚薄膜混合集成电路及网络块开发生产销售。	纳入合并报表
贵州同创振华信息产业有限公司	贵州省贵阳市新天大道150号	杨永光	人民币6,000万元	计算机、电子信息产品及配件的开发生产销售、售后维修、技术服务	纳入合并报表
贵州爱普振华视讯科技有限公司	贵州省贵阳市新天大道150号	李世君	人民币1,000万元	可视电话开发生产销售	纳入合并报表
深圳市振华通讯设备有限公司	深圳市南山区南池天安工业区L座8楼	吴德华	人民币1,650万元	无绳电话机等开发生产销售	纳入合并报表
深振市振华重大新电气有限公司	深圳市高新技术工业村W1栋二层	朱亨林	人民币1,000万元	电站微机综合自动化设备开发生产销售	纳入合并报表
中国振华集团建筑工程公司	贵州省贵阳市新天大道150号	杨永光	人民币1,210万元	建筑施工	纳入合并报表
贵州新天房地产开发有限公司	贵州省贵阳市新天大道150号	陈清洁	人民币1,000万元	房地产开发	纳入合并报表
贵州剑江电力电源有限公司	贵州省都匀市经济开发区	彭相禹	人民币178.8万元	电力开关直流系统、电力电子设备	纳入合并报表
上海振沪电子有限公司	上海市卢湾区陕西南路178弄76号	邹坤麟	人民币810万元	电子产品销售	纳入合并报表
深圳市中匀电子实业有限公司	深圳市赛格科技工业园3栋4楼东	唐尚斌	人民币211.87万元	电子产品储运、经济技术咨询	纳入合并报表
深圳康力精密机械公司	深圳市振兴路华康大院	杨永光	人民币3,500万元	工模具机箱机柜	纳入合并报表

振华集团财务有限公司未纳入合并报表,投资收益已记入本年损益,因此对本公司财务状况无影响。

(五)会计报表附注

1、货币资金

金额单位:元

货币资金	币种	期初数			期末数		
		汇率	外币金额	人民币金额	汇率	外币金额	人民币金额
现金	人民币			573,798.17			449,368.29
银行存款	人民币			125,740,309.69			241,034,033.80
	美元	8.2793	113,406.65	938927.69	8.2781	2,427.17	20,092.36
	港币	1.0651	1,486,073.45	1,582,816.83	1.0606	575,722.89	610,611.70
其他货币资金	人民币			14,324,788.18			
合计				143,160,640.56			242,114,106.15

说明:期末母公司货币资金余额202,062,663.08元,子公司货币资金余额40,051,443.07元。

2、短期投资

金额单位:元

投资种类	期初数		期末数	
	投资金额	跌价准备	投资金额	跌价准备
债券投资	100,000,000.00		20,000,000.00	
合计	100,000,000.00		20,000,000.00	

获得固定收益,无跌价风险。

3、应收票据

金额单位:元

出票单位	出票日期	到期日期	金额	贴现、抵押的说明
深圳市康讯电子公司	2000.11.21	2001.3.26	2,622,335.88	无
深圳市康讯电子公司	2000.11.20	2001.2.27	2,592,562.10	无
湖北开关厂	2000.12.27	2001.3.25	200,000.00	无
镇江市电器设备厂	2000.12.27	2001.6.27	200,000.00	无
烟台东方电子信息产业股份有限公司	2000.12.08	2001.3.08	387,309.99	无
重庆天贵物资有限公司	2000.10.30	2001.4.30	200,000.00	无
厦门市清宏实业有限公司	2000.10.16	2001.4.16	300,000.00	无
上海华银开关厂	2000.03.15	2000.12.15	200,000.00	已办委托收款
青岛海晶化工集团物资有限公司	2000.09.30	2001.03.30	320,000.00	无
宁波天安集团电器设备公司	2000.12.21	2001.05.22	320,000.00	无
上海华银开关厂	2000.09.16	2000.12.16	150,000.00	已办委托收款
上海华银开关厂	2000.12.21	2001.03.30	80,000.00	无
上海华银开关厂	2000.12.21	2001.04.30	70,000.00	无
都匀供电局	2000.12.20	2001.03.20	614,250.00	无
扬州市光华皮件制品有限公司	2000.07.25	2001.01.25	100,000.00	无
武汉飞亚汽车工程塑料有限公司	2000.09.21	2001.03.21	51,600.00	无
肥城阿斯德化工有限公司	2000.08.15	2001.01.15	150,000.00	无
镇江市华厦电器厂	2000.11.14	2001.03.13	20,000.00	无
江苏华厦电器厂	2000.12.08	2001.04.18	45,000.00	无
宁波华通电器集团股份有限公司	2000.12.06	2001.06.02	150,000.00	无
华鹏集团公司	2000.10.24	2001.01.24	29,000.00	无
山西焦化股份有限公司	2000.11.21	2001.05.21	440,000.00	无
宁波耐吉集团有限公司	2000.12.12	2001.03.12	500,000.00	无
上海华银开关厂	2000.12.07	2001.03.25	100,000.00	无
上海华银开关厂	2000.12.07	2001.04.15	100,000.00	无
上海华银开关厂	2000.12.07	2001.04.25	150,000.00	无
湖北省凯乐塑料管材股份有限公司	2000.09.16	2001.03.16	863,500.00	无
四川川投电冶有限公司	2000.10.11	2001.11.11	1,340,000.00	无
合肥四方化工集团有限公司	2000.08.09	2001.01.27	500,000.00	无
合计			12,795,557.97	

4、应收款项:

(1) 应收帐款　　金额单位:元

帐龄	期初数			期末数		
	金额	占总额比例	坏帐准备	金额	占总额比例	坏帐准备
1年以内	289,329,434.77	80.47	5,240,268.45	312,157,229.16	81.86	3,840,937.84
1—2年	56,852,221.41	15.84	7,132,826.17	55,645,461.90	14.59	5,584,082.96
2—3年	4,906,261.08	1.36	1,471,878.32	2,850,263.31	0.75	1,155,365.42
3—4年	8,162,162.74	2.35	7,049,723.10	10,655,184.28	2.80	5,889,471.20
合 计	359,550,080.00	100.00	20,894,696.04	381,308,138.65	100.00	16,469,857.42

注:1、持有本公司5%(含5%)以上股份的股东单位的欠款为:无 。

2、重大的已核销的应收款项说明涉及的项目及催讨情况:无 。

(2)、其他应收款　　金额单位:元

帐龄	期初数			期末数		
	金额	占总额比例	坏帐准备	金额	占总额比例	坏帐准备
1年以内	134,974,389.11	99.27	228,160.53	153,637,959.06	98.63	573,553.81
1—2年	657,510.98	0.48	45,934.82	1,286,533.63	0.83	139,620.22
2—3年	25,342.03	0.02	7,602.60	560,532.86	0.36	139,254.26
3年以上	318,781.53	0.23	313,781.53	282,032.67	0.18	282,032.67
合 计	135,976,023.65	100.00	595,479.48	155,767,058.22	100.00	1,134,460.96

注:1、持有本公司5%(含5%)以上股份的股东单位的欠款为:2032万元。

2、重大的已核销的应收款项说明涉及的项目及催讨情况:无 。

(3)、预付款项　　金额单位:元

账龄	期初数	比例	期末数	比例
1年以内	44,684,167.25	89.09	27,933,991.13	86.96
1—2年	2,802,827.59	5.58	1,975,825.40	6.15
2—3年	746,324.50	1.49	685,496.52	2.13
3年以上	1,956,802.54	3.90	1,526,353.68	4.76
合计	50,190,121.88	100.00	32,121,666.73	100.00

1、持有本公司5%(含5%)以上股份的股东单位的欠款为:无 。

2、期末数与期初数比,下降36%,本公司信誉增强,客户发货加快所致。

5、存货　　金额单位:元

存货种类	期初数		期末数	
	金　额	跌价准备	金　额	跌价准备
原材料(减差异后)	82,225,649.97	6,802,685.07	107,824,873.37	6,405,812.35
在途材料	34,584,824.77		36,789,520.09	
委托加工材料	508,152.44		1,242,300.23	
自制半成品及在产品	98,802,859.99	17,695,222.01	82,584,036.21	15,325,863.47
产成品	68,672,611.61	8,851,972.41	96,545,858.90	4,467,679.39
低值易耗品	885,375.40		962,385.47	
包装物	273,540.17		293,525.30	
合 计	285,953,014.35	33,349,879.49	326,242,499.57	26,199,355.21

注:1、计提跌价准备的依据:成本与可变现净值比较。

2、期末数与期初数相比增加14.09%,主要是本年度增加新投产项目及新增单位所致。

6、待摊费用　　金额单位:元

类　别	期初数	本期增加	本期摊销	期末数
年初进项税	876,634.05		876,634.05	
厂房装修		193,084.37		193,084.37
其他	541,832.37	843,400.19	541,832.37	843,400.19
合 计	1,418,466.42	1,036,484.56	1,418,466.42	1,036,484.56

7、长期投资

(1)、长期投资结构　　金额单位:元

项 目	期初数		本期增加	本期减少	期末数	
	金额	减值准备			金额	减值准备
长期股权投资	151,234.758.16		30,580,721.53	22,575,000.00	159,240,479.69	
长期债权投资						
合 计	151,234,758.16		30,580,721.53	22,575,000.00	159,240,479.69	

计提减值准备原因说明:据分析投资项目运行情况正常,故未提减值准备。

(2)、股权投资明细 :　　金额单位:元

被投资单位名称	投资起止期	投资金额	投资比例%	备注
贵州富邦投资有限责任公司	无期限	2,000,000.00	16.67	
振华深圳公司	10年	30,401,935.54	35.00	
贵阳市兴教计算机教育工程服务公司	10年	245,000.00	49.00	
南京同创信息产业集团有限公司	10年	58,000,000.00	15.63	
振华集团财务公司	无期限	51,818,570.33	50.00	金融行业不作合并
深圳市全景网络有限公司	无期限	13,800,000.00	23.00	无实际控股权
振华通讯销售器材公司	20年	200,000.00	20.00	
合并价差		2,774,973.82		公司改制时,中外合资企业资产评估增值
合 计		159,240,479.69		

8、固定资产及折旧　　金额单位:元

类　别	期初数	本期增加	本期减少	期末数
房屋及建筑物	169,682,224.19	35,059,723.46	1,832,259.17	202,909,688.48
机器设备	235,336,301.89	81,235,214.60	6,176,966.26	310,394,550.23
运输设备	20,813,313.24	3,680,547.00	1,330,759.02	23,163,101.22
电子设备	87,128,024.26	27,567,980.25	3,644,041.52	111,051,962.99
原值合计	512,959,863.58	147,543,465.31	12,984,025.97	647,519,302.92
房屋及建筑物	20,285,459.81	5,963,548.64	1,032,177.36	25,216,831.09
机器设备	82,216,359.79	20,685,436.32	5,121,633.64	97,780,162.47
运输设备	8,879,131.60	1,265,432.90	40,062.05	10,104,502.45
电子设备	37,392,115.84	5,563,258.49	5,364,548.61	37,590,825.72
累计折旧合计	148,773,067.04	33,477,676.35	11,558,421.66	170,692,321.73
净值	364,186,796.54	114,065,788.96	1,425,604.31	476,826,981.19

原值本期增加:技改完工转入增加固定资产14754万元。

原值本期减少:报废274万元,出售1024万元。

用于贷款抵押资产净值14465万元。

9、在建工程　　金额单位:元

工程项目名称	高压真空开关柜	片式钽电容	厚薄膜集成电路	零星工程
期初数	6315704.41	42,053,760.54	4,166,199.43	629,985.25
其中:利息资本化金额				
本期增加	15,363,547.13	34,190,931.97	14,416,636.69	205,465.98
其中:利息资本化金额				
本期转入固定资产	4521899.51	56,642,650.33	6,990,109.06	583,745.79
其中:利息资本化金额				
其他减少数	100682.12	566,700.00	86,197.50	100,000.00
其中:利息资本化金额				
期末数	17,056,669.91	19,035,342.18	11,506,529.56	151,705.44
其中:利息资本化金额				
资金来源	募股资金	募股资金	募股资金	自有资金
项目进度(完工率)	60%	98%	100%	100%

工程项目名称	机箱机柜	新型元器件技改	智能电源	卫星通讯	合 计
期初数	5,017,065.75	60,000,000.00	4,275,430.00	6,053,340.31	128,511,485.69
其中:利息资本化金额					
本期增加	13,387,179.50		5,876,932.00	4,596,000.00	88,036,693.27
其中:利息资本化金额					
本期转入固定资产	14,670,141.72				83,408,546.41
其中:利息资本化金额					
其他减少数		60,000,000.00		53,340.31	60,906,919.93
其中:利息资本化金额					
期末数	3,734,103.53		10,152,362.00	10,596,000.00	72,232,712.62
其中:利息资本化金额					
资金来源	募股资金	自有资金	募股资金	募股资金	
项目进度(完工率)	100%		75%	65%	

10、无形资产　　金额单位:元

类别	原始金额	期初数	本期增加	本期转出	本期摊销	期末数	剩余摊销期限
JSQ交换机技术	550,000.00	64,166.62			64,166.62	-	
电力自动化技术	3,000,000.00	3,000,000.00	65,000.00		300,000.00	2,765,000.00	9
高压真空开关柜技术		1,130,000.00			225,999.96	904,000.04	4
土地使用权	6,296,424.00	5,501,994.00	768,430.20		92,614.55	6,177,809.65	48
其他		571,780.00			547,920.00	23,860.00	2
		10,267,940.62	833,430.20		1,230,701.13	9,870,669.69	

11、开办费、长期待摊费用　　金额单位:元

类别	期初数	本期增加	本期摊销	期末数
开办费	2,276,982.91	91,005.51	262,180.69	2,105,807.73
长期待摊费用	16,112,921.56	2,142,085.79	4,321,072.82	13,933,934.53
合 计	18,389,904.47	2,233,091.30	4,583,253.51	16,039,742.26

12、短期借款、一年内到期的长期借款

(1)、短期借款　　金额单位:元

借款类别	期初数	期末数	备注
抵押贷款	88,160,000.00	92,300,000.00	
担保贷款	141,600,000.00	160,026,500.00	
信用贷款	60,190,000.00	53,700,000.00	
合 计	289,950,000.00	306,026,500.00	

(2)、一年内到期的长期借款

借款类别	期初数	期末数	备注
抵押贷款	8,681,519.80		
担保贷款			
信用贷款			
合 计	8,681,519.80	0	

13、未付股利　　金额单位:元

应付股利单位名称	应收股利单位名称	期末数
深圳市重大新电气公司	重庆大学	320,105.63
深圳市中匀电子实业有限公司	中国振华(深圳)电子工业公司	275,697.18
云利电子有限公司	新云有限责任公司	1,356,892.47
怡新电子有限公司	新云有限责任公司	605,896.21
新云有限责任公司	新云器材厂	1,252,036.63
深圳市振华微电子有限公司	中国振华(深圳)电子工业公司	2,986,523.52
深圳市振华微电子有限公司	新云器材厂	4,105,200.67
振华新天房地产开发有限公司	中国振华电子集团有限公司	375,263.54
深圳市振华通讯设备有限公司	中国振华(深圳)电子工业公司	916,442.24
深圳市康力精密机械有限公司	中国振华长红机器厂	96,854.31
深圳市康力精密机械有限公司	中国振华(深圳)电子工业公司	586,523.54
合 计		12,877,435.94

14、未交税金　　金额单位:元

税　种	期　初　数	期　末　数
应交增值税	15,248,950.03	16,755,590.37
应交营业税	404,521.63	560,124.90
应交城建税	510,896.43	207,348.52
应交所得税	905,829.50	2,458,363.08
其他税金	807,220.10	64,829.81
合 计	17,877,417.69	20,046,256.68

欠交增值税说明:跨年度清算。

15、预提费用　　金额单位:元

项　目	期初数	期末数	期末结存的原因
水电费	1,241,191.36	1,532,456.75	提暂未支付的2000年12月水电费
运输费		1,449,449.39	已销售未发出产品应负担的运输费
合 计	1,241,191.36	2,981,906.14	

16、长期借款　　金额单位:元

贷款单位	币种	外币贷款		期末数(折人民币金额)	借款期限	年利率%	借款条件
		汇率	金额				
工商银行	人民币			3,000,000.00	3年	6.66	抵押贷款
中国银行	人民币			202,046.00	3年	6.66	抵押贷款
合 计				3,202,046.00			

17、股本(见股东权益增减变动表)

18、资本公积　　金额单位:元

项　目	期初数	本期增加	本期减少	期末数
股本溢价	704,721,763.92		704,721,763.92	
其中:转增股本				
接受捐赠资产准备				
住房周转金转入				
资产评估增值准备				
股权投资准备				
被投资单位接受捐赠准备				
被投资单位评估增值准备				
被投资单位股权投资准备				
被投资单位外币指标折算差额				
其他资本公积转入				
合 计	704,721,763.92		704,721,763.92	

19、盈余公积　　金额单位:元

项　目	期初数	本期增加	本期减少	期末数
法定盈余公积	19,311,186.05	8,375,797.98		27,686,984.03
公益金	19,311,186.05	8,375,797.98		27,686,984.03
任意盈余公积				
合 计	38,622,372.10	16,751,595.96		55,373,968.06

增减变动的原因及决议:按当年实现净利润提取数。

20、未分配利润　　金额单位:元

期初数	本期增加	本期减少	期末数
64889467.80	67,006,383.82		131,895,851.62

利润分配预案:以公募增发后的总股本 358,120,000 股为基数,每 10 股派发现金红利 2 元(含税),共计分配利润 71,624,000.00 元,此次分配后余未分配利润 60,271,851.62 元,结转下一年度。根据《中华人民共和国个人所得税法》规定,个人所得红利,按 20%的税率交纳个人所得税,由本公司代扣代缴,税后个人股东每 10 股实得现金红利 1.6 元。本年度不进行资本公积转增。该预案经董事会审议通过并提交股东大会批准后实施。

调整期初数情况说明:调整期初未分配利润 24971426.44 元是根据财政部财企(2000)295、(2000)878 号文,对公司成立以后新增住房周转金余额进行处理。

21、财务费用　　金额单位:元

类别	本年发生数	上年发生数
利息支出	18,171,354.74	15,040,757.62
减:利息收入	8,679,588.23	7,956,570.98
汇兑损失	114,830.15	533,130.40
减:汇兑收益	152,480.57	40,239.71
其他	298,797.16	274,583.16
合 计	9,752,913.25	7,851,660.49

22、其他业务利润　　金额单位:元

业务内容	其他业务收入	其他业务支出	其他业务利润
销售材料	12,821,768.11	6,899,604.75	5,922,163.36
销售废品	338,466.53	150.00	338,316.53
外来加工	463,716.14	96,890.62	366,825.52
租赁	2,052,156.30	124,356.66	1,927,799.64
合计	15,676,107.08	7,121,002.03	8,555,105.05

23、投资收益　　金额单位:元

项　　目	金　　额
股权转让收益	2,266,250.00
债权投资收益	8,639,193.53
股权投资收益	478,569.48
其中:调整被投资单位所有者权益净增加数	478,569.48
合 计	11,384,013.01

24、补贴收入　　金额单位:元

项　　目	金　　额	取得收入的来源和依据
地产地销税金减免	8,721,127.62	深圳市政府优惠政策
中央财政补贴	7,650,000.00	新型电子原器件基地建设中央财政补贴
合计	16,371,127.62	

25、营业外收支　　金额单位:元

项目	本期发生数	上年同期发生数	备注
收入合计	1,685,791.54	5,578,704.32	
其中:处理固定资产收益	876,844.48	1,935,445.43	
违约收入	372,053.80	3,008,092.73	违约赔偿
教育费附加返还款	436,893.26	635,166.16	
支出合计	1,559,656.74	557,017.28	
其中:处理固定资产损失	1,255,402.05	250,338.15	
捐赠支出	179,106.24	150,000.00	
违约支出	125,148.45	156,679.13	违约赔偿

26、支付的其他与经营活动有关的现金 13,663 万元,其中主要项目:

(1)、管理费用 2418 万元;(2)、营业费用 2537 万元;(3)、投资项目暂挂往来 4109 万元;(4)、统筹养老保险金 984 万元。

27、支付的其他与筹资活动有关的现金 1,103 万元。

28、支付的其他与投资活动有关的现金 593 万元。

29、分行业资料　　金额单位:元

产品名称	营业收入		营业成本		营业毛利	
	2000	1999	2000	1999	2000	1999
1、新型电子元器件	373680447.77	237178612.24	272009753.21	168219973.83	101670694.56	68958638.41
其中:电容器及厚膜电路	233043974.71	133157690.46	177733392.24	102744965.92	55310582.47	30412724.54
电子电力器件	140636473.06	104020921.78	94276360.97	65475007.91	46360112.09	38545913.87
2、通讯信息产品	155213347.01	187470234.71	126165930.48	149353691.75	29047416.53	38116542.96
其中:程控交换机	25806019.48	54034613.42	15628174.76	37481174.54	10177844.72	16553438.88
无绳、可视电话机	38743645.68	41374236.78	34141962.55	37204288.00	4601683.13	4169948.78
计算机及配件	80066886.32	77560592.46	70520370.57	65646377.41	9546515.75	11914215.05
数字卫星通信产品	10596795.53	14500792.05	5875422.60	9021851.80	4721372.93	5478940.25
3、机电一体化产品	71733491.63	70899168.17	59294908.16	55122460.70	12438583.47	15776707.47
4、其他	64723740.14	37214756.98	58717958.93	32711195.93	6005781.21	4503561.05
合 计	665351026.55	532762772.10	516188550.78	405407322.21	149162475.77	127355449.89

30、关联交易情况

(1)、关联方情况

企业名称	注册地址	主营业务	与本企业关系	经济性质	注册资本(万元)	法定代表人
中国振华电子集团有限公司	贵州省贵阳市新天大道 150 号	电子,机械,建筑,贸易	母公司	国有	人民币 28,852.00	陈清洁
云利电子有限公司	贵州省凯里市 210 信箱	开发生产销售电容器	孙公司	中外合资	美元 128.00	史汉兴
贵州新云利电子有限公司	贵州省凯里市 210 信箱	开发生产销售电容器	孙公司	中外合资	美元 320.40	史汉兴
贵州怡新电子有限公司	贵州省凯里市 210 信箱	生产销售电容器导针	孙公司	中外合资	美元 128.95	史汉兴
中国振华(集团)新云电子元器件有限公司	贵州省凯里市 210 信箱	开发生产销售电子元器件	子公司	有限责任公司	人民币 20,170.98	史汉兴
振华集团财务有限公司	贵州省贵阳市新天大道 150 号	金融业务	子公司	有限责任公司	10,000.00	唐尚斌
贵州同创振华信息产业有限公司	贵州省贵阳市新天大道 150 号	计算机及配件开发生产销售	子公司	中外合资	6,000.00	杨永光
深圳振华微电子有限公司	深圳市高新村 W1 栋三层	厚薄膜集成电路及网络块开发生产销售	子公司	有限责任公司	6,810.00	吴德华
深圳振华通讯有限公司	深圳南山区南油天安工业城二座八楼	无绳电话机开发生产销售	子公司	有限责任公司	1,650.00	吴德华
深圳振华重大新电气有限公司	深圳市高新村 W1 栋二层	电气智能控制设备开发生产销售	子公司	有限责任公司	1,000.00	朱亨林
贵州爱普振华视讯科技有限公司	贵州省贵阳市新天大道 150 号	可视电话机开发生产销售	子公司	有限责任公司	1,000.00	李世君
深圳康力精密机械有限公司	深圳市福田区振兴路华康大厦	模具机箱机柜开发生产销售	子公司	有限责任公司	3,500.00	杨永光

(2)、关联方所有者权益及其变化　　金额单位:元

投资单位名称	年初比例%	年初数	本期增加	本期减少	期末数	年末比例%
振华集团财务有限公司	50.00	107251603.70	110278.78	400974.02	106980369.43	50.00
贵州同创振华信息产业有限公司	60.00	64058449.24		2364261.73	61694187.51	60.00
深圳振华微电子有限公司	72.97	92431008.39	9167042.87	14217016.12	87381035.14	72.97
中国振华(集团)新云电子元器件有限公司	98.33	201305929.55	10796973.57	10612218.26	201490684.86	95.00
中国振华电子集团有限公司	57.52	659366157.41	29365121.43		688731278.84	57.52
深圳振华重大新电气有限公司	60.00	9980437.00	807146.91	626154.53	10161429.38	60.00
贵州爱普振华视讯科技有限公司	50.00	9792075.68		600340.20	9191735.48	50.00
深圳康力精密机械有限公司	98.29	35871008.50	2509635.12		38380643.62	98.29
深圳振华通讯有限公司	48.48	17076111.23	441241.45	28023.09	17489329.59	59.30

增减原因:增加为当期实现利润或新增投资,减少数为分利或亏损。

(3)、存在控制关系的关联交易情况　　金额单位:元

关联方名称及交易内容	本期	上年同期
1、提供水电劳务		
新云厂向云利电子有限公司提供水电	976,516.99	1,144,361.46
新云厂向贵州怡新电子有限公司提供水电	698,552.20	766,249.06
2、固定资产租赁费		
中国振华集团公司租用本公司办公大楼	238,032.00	71,000.00
3、土地使用权租赁费		
本公司租用中国振华集团公司土地使用权	237,996.00	111,200.00
振华集团财务有限公司向振华科技宇光分公司提供贷款	1,000,000.00	1,000,000.00
振华集团财务有限公司向振华科技建新分公司提供贷款	2,000,000.00	1,000,000.00
振华集团财务有限公司向振华科技新云公司提供贷款	9,900,000.00	14,900,000.00
振华集团财务有限公司向中国振华(深圳)电子工业公司提供贷款	8,000,000.00	8,000,000.00
振华集团财务有限公司向中国振华电子集团公司提供贷款	30,000,000.00	33,300,000.00
振华科技为同创振华提供担保	80,000,000.00	80,000,000.00
4、资产置换		
本公司将红星、久达分公司资产与中国振华电子集团公司部分固定资产置换	23,783,293.39	

上述资产置换产生的损益为 -154,684.64 元。贷款利率按人民银行规定执行。租赁价格按当地市场价格,劳务按成本价。

(2)、不存在控制关系的关联方情况及交易

A、不存在控制关系的关联方情况

企业名称	与本公司关系	经济性质
中国振华集团新云器材厂	同一母公司	国有
中国振华集团宇光电工厂	同一母公司	国有
中国振华集团建新机械厂	同一母公司	国有

B、不存在控制关系的关联交易情况　　金额单位:元

关联方名称及交易内容	本期	上年同期
1、往来帐		
本公司应付振华集团新云器材厂各种劳务费	1,256,805.20	1,363,520.47
本公司应付振华集团宇光电工厂各种劳务费	3,215,625.35	3,423,548.36
本公司应付振华集团建新机械厂各种劳务费	1,068,956.32	1,347,850.38
2、商标使用权租赁费		
本公司租用振华集团新云器材厂新云牌商标	370,000.00	370,000.00
本公司租用振华集团宇光电工厂宇光牌商标	330,000.00	330,000.00
本公司租用振华集团建新机械厂建新牌商标	180,000.00	180,000.00
3、固定资产租赁费		
新云公司租赁新云厂厂房及公共设施	1,716,615.52	1,716,615.52
本公司租用振华集团宇光电工厂设备厂房	295,225.49	1,217,200.00
本公司租用振华集团建新机械厂设备厂房	1,211,000.00	822,600.00

价格按合同执行。

31、母公司会计报表主要项目附注:

1、应收款项

(1)应收账款　　金额单位:元

帐龄	期初数			期末数		
	金额	占总额比例	坏帐准备	金额	占总额比例	坏帐准备
1年以内	151,884,294.71	84.06	3,944,368.42	128,399,837.61	80.60	2,485,893.80
1—2年	20,693,241.40	11.45	2,037,763.85	22,365,263.57	14.04	2,079,365.24
2—3年	3,327,015.07	1.84	998,104.52	4,896,525.30	3.07	1,053,252.31
3—4年	4,785,539.64	2.65	3,457,489.31	3,652,032.47	2.29	2,156,325.50
合 计	180,690,090.82	100.00	10,437,726.10	159,313,658.95	100.00	7,774,836.85

注:1、持有本公司 5%(含 5%)以上股份的股东单位的欠款为: 无。

2、重大的已核销的应收款项说明涉及的项目及催讨情况:无 。

(2)、其他应收款　　金额单位:元

帐龄	期初数			期末数		
	金额	占总额比例	坏帐准备	金额	占总额比例	坏帐准备
1年以内	121,658,881.54	99.75	104,272.92	176,338,246.00	99.83	131,638.91
1—2 年	279,996.00	0.23	22,399.68	168,956.39	0.10	25,343.46
2—3 年	23,594.13	0.02	7,078.24	103,256.47	0.06	30,976.94
3 年以上				10,594.13	0.01	5,297.07
合 计	121,962,471.67	100.00	133,750.84	176,621,052.99	100.00	193,256.38

注:1、持有本公司 5%(含 5%)以上股份的股东单位的欠款为:2,032 万元。

2、重大的已核销的应收款项说明涉及的项目及催讨情况:无。

2、长期股权投资明细 :　　金额单位:元

被投资单位名称	投资期限	年末长期投资余额	其中		比例%	备注
			投资额	历年利润分配转入数		
新云电子元器件有限责任公司	无期限	191,670,965.28	191,625,462.03	45,503.25	95.00	合并
贵州爱普振华视讯科技有限公司	无期限	4,595,867.74	5,000,000.00	-404,132.26	50.00	合并
同创振华信息产业有限公司	10年	55,129,595.75	36,000,000.00	19,129,595.75	60.00	合并
振华重大新电气有限公司	无期限	6,484,288.15	6,000,000.00	484,288.15	60.00	合并
深圳振华微电子有限公司	无期限	72,532,890.17	65,000,000.00	7,532,890.17	72.97	合并
振华集团建筑工程公司	无期限	12,100,000.00	12,100,000.00		00.00	合并
深圳振华通讯有限公司	无期限	11,202,919.31	9,785,000.00	1,417,919.31	59.30	合并
康力精密机械有限公司	无期限	37,824,386.58	34,400,000.00	3,424,386.58	98.29	合并
深圳市中匀电子实业有限公司	无期限	5,299,355.14	5,048,277.80	251,077.34	88.31	合并
贵州富邦投资有限责任公司	无期限	2,000,000.00	2,000,000.00		16.67	未合并
振华集团财务公司	无期限	51,818,570.33	51,386,301.71	432,268.62	50.00	金融行业不作合并
深圳市全景网络	无期限	13,800,000.00	13,800,000.00		23.00	99年新成立

有限公司						
贵州新天振华房地产开发有限公司	无期限	7,428,563.49	9,000,000.00	-1,571,436.51	90.00	未合并
贵州剑江电力电源有限责任公司	无期限	1,191,724.84	1,400,000.00	-208,275.16	78.31	99年新成立
振沪电子有限公司	无期限	4,879,504.31	5,000,000.00	-120,495.69	61.73	未合并
中国振华(深圳)电子工业公司	无期限	30,401,935.54	30,097,235.04	304,700.50	35.00	
合 计		508,360,566.63	477,642,276.58	30,718,290.05		

3、投资收益　　金额单位:元

项　　目	金　　额
股权转让收益	2,266,250.00
债权投资收益	8,639,193.53
股权投资收益	14,305,285.09
其中:调整被投资单位所有者权益净增加数	14,305,285.09
合 计	25,210,728.62

32、或有事项:无。

33、资产负债表日后事项:本公司经中国证券监督管理委员会证监公司字[2000]206号文批准,于2000年12月14日至2001年1月3日实施了公募增发方案。经天一会计师事务所有限责任公司验证,本次募集资金705,600,000.00元,扣除发行费用后实际收到股东新增投入资金679,972,510.16元,其中:股本45,000,000.00元,资本公积634,927,510.16元,工商变更正在办理当中。

34、承诺事项:无。

九、公司的其他有关资料

(一)、本公司首次登记注册地:贵州省贵阳国家高新技术产业开发区新天大道150号。1997年6月26日经贵州省工商行政管理局批准注册登记。

(二)、企业法人营业执照注册号为:29082325-8。

(三)、税务登记号码为:地税:520112520182854。国税:52011221400036。

(四)、公司未流通股票的托管机构名称为深圳证券登记有限公司。

(五)、公司报告期内证券主承销机构为国泰君安证券股份有限公司。

(六)、公司聘请的会计师事务所为贵州黔元会计师事务所(现改制为天一会计师事务所有限责任公司)。办公地点:贵州省贵阳市瑞金南路134号宏资大厦A栋13楼。

(七)、公司聘请的律师事务所为:贵州辅正律师事务所,办公地点:贵州省贵阳市。

观韬律师事务所,办公地点:北京西城区金融大街33号通泰大厦B座6层。

十、备查文件目录

(一)、载有董事长签名的中国振华(集团)科技股份有限公司二OOO年度报告。

(二)、载有法定代表人、总会计师亲笔签字并盖章的中国振华(集团)科技股份有限公司二OOO年财务报表。

(三)、载有天一会计师事务所有限责任公司盖章、注册会计师签字并盖章的审计报告正本,即:天一审字(2001)第4--115号《审计报告》。

(四)、《证券时报》一九九七年六月十一日刊登的中国振华(集团)科技股份有限公司(筹)刊登的招股说明书。

(五)、《证券时报》一九九七年六月二十七日刊登的中国振华(集团)科技股份有限公司《上市公告书》。

(六)、《中国振华(集团)科技股份有限公司章程》

中国振华(集团)科技股份有限公司

二〇〇一年三月三十日

利润及利润分配表

2000年

编制单位:中国振华(集团)科技股份有限公司　　单位:元

项　　目	本年度		上年度	
	合并	母公司	合并	母公司
一、主营业务收入	665,351,026.55	375,272,008.26	532,762,772.10	268,603,684.38
减:折扣与折让	17,094.02	17,094.02		
主营业务收入净额	665,333,932.53	375,254,914.24	532,762,772.10	268,603,684.38
减:主营业务成本	516,188,550.78	260,895,041.58	405,407,322.21	191,287,443.03
主营业务税金及附加	3,991,682.93	3,345,989.52	2,399,530.49	2,071,619.67
二、主营业务利润(亏损以"-"号填列)	145,153,698.82	111,013,883.14	124,955,919.40	75,244,621.68
加:其他业务利润(损失以"-"号填列)	8,555,105.05	7,773,757.74	3,360,060.39	2,014,215.93
减:存货跌价损失	-2,448,960.85	-36,553.03	966,535.98	-20,367.12
营业费用	33,679,988.05	22,383,838.12	23,567,849.86	15,099,324.22
管理费用	50,094,387.24	36,919,875.63	42,587,512.09	22,264,263.34
财务费用	9,752,913.25	6,299,761.82	7,851,660.49	5,288,344.22
三、营业利润(亏损以"-"号填列)	62,630,476.18	53,220,718.34	53,342,421.37	34,627,272.95
加:投资收益(损失以"-"号填列)	11,384,013.01	25,210,728.62	10,831,173.63	34,511,525.56
补贴收入	16,371,127.62	8,595,862.16	7,604,208.86	1,443,534.66
营业外收入	1,685,791.54	1,326,955.81	5,578,704.32	3,403,454.75
减:营业外支出	1,559,656.74	1,389,377.65	557,017.28	249,121.93
四、利润总额(亏损以"-"号填列)	90,511,751.61	86,964,887.28	76,799,490.90	73,736,665.99
减:所得税	5,466,530.15	3,206,907.50	4,411,047.45	3,052,224.13
少数股东损益	1,251,839.11		1,118,035.69	
五、净利润(净亏损以"-"号填列)	83,793,382.35	83,757,979.78	71,270,407.76	70,684,441.86
加:年初未分配利润	64,889,467.80	64,889,467.80	8,266,208.18	8,266,208.18
盈余公积转入				
分公司上交利润				
六、可供分配的利润	148,682,850.15	148,647,447.58	79,536,615.94	78,950,650.04
减:提取法定盈余公积	8,375,797.98	8,375,797.98	7,030,591.12	7,030,591.12
提取法定公益金	8,375,797.98	8,375,797.98	7,030,591.12	7,030,591.12
合资企业提取的职工福利及奖励基金	35,402.57		585,965.90	
七、可供股东分配的利润	131,895,851.62	131,895,851.62	64,889,467.80	64,889,467.80
减:应付优先股股利				
提取任意盈余公积				
应付普通股股利				
转作股本的普通股股利				
八、未分配利润	131,895,851.62	131,895,851.62	64,889,467.80	64,889,467.80
附注:				

非常项目	本年度		上年度	
	合并	母公司	合并	母公司
1、出售、处置部门或被投资单位				
2、自然灾害发生的损失				
3、会计政策变更				
4、其他				

应交增值税明细表

2000年度

编制单位:中国振华(集团)科技股份有限公司　　单位:元

项　　目	行次	本年累计数
一、应交增值税		
1、年初未抵扣数(以"-"号填列)	1	-482,540.07
2、销项税额	2	93,246,831.13
出口退税	3	31,277.52
进项税额转出	4	854,053.45
转出多交增值税	5	7,199,534.37
3、进项税额	6	54,949,326.60
已交税金	7	24,051,629.59
减免税款	8	8721,127.62
出口抵减内销产品应纳税额	9	
转出未交增值税	10	13,748,420.99
4、期末未抵扣数(以"-"号填列)	11	-621,348.40
二、未交增值税:		
1、年初未交税(多交数以"-"号填例)	12	15,982,701.15
2、本期转入数	13	6,548,886.62
3、本期已交款	14	5,154,649.00
4、期末未交数(多交数以"-"号填列)	15	17,376,938.77

合并股东权益增减变动表

2000年度

编制单位:中国振华(集团)科技股份有限公司　　单位:元

项　　目	行次	本年数	上年数
一、股本			
年初余额	1	313,120,000.00	280,000,000.00
本年增加数	2		33,120,000.00
其中:资本公积转入	3		
盈余公积转入	4		
利润分配转入	5		
发行新股增加的股本	6		
本年减少数	7		
年末余额	8	313,120,000.00	313,120,000.00
二、资本公积			
年初余额	9	704,721,763.92	456,911,005.51
本年增加数	10		247,810,758.41
其中:股本溢价	11		247,810,758.41
资产评估增值	12		
接受捐赠实物资产	13		
住房周转金转入	14		
上级拨入资金	15		
本年减少数	16		
其中:转增股本	17		
转入损益	18		
年末余额		704,721,763.92	704,721,763.92
三、法定和任意盈余公积	19		
年初余额	20	19,311,186.05	12,280,594.93
本年增加数	21	8,375,797.98	7,030,591.12
其中:从净利润中提取数	22	8,375,797.98	7,030,591.12
法定公益金转入数	23		
本年减少数	24		
其中:弥补亏损	25		
转增股本	26		
分派现金股利	27		
分派股票股利	28		
年末余额	29	27,686,984.03	19,311,186.05
其中:法定盈余公积		27,686,984.03	19,311,186.05
四、法定公益金	30		
年初余额	31	19,311,186.05	12,280,594.93
本年增加数	32	8,375,797.98	7,030,591.12
其中:从净利润中提取数	33	8,375,797.98	7,030,591.12
本年减少数	34		
其中:购建职工住房支出	35		
其他集体福利支出	36		
年末余额		27,686,984.03	19,311,186.05
五、未分配利润	37		
年初未分配利润	38	64,889,467.80	8,266,208.18
本年净利润(净亏损以"-"号填列)	39	83,793,382.35	71,270,407.76
本年利润分配	40	14,786,998.53	14,647,148.14
年末未分配利润(未弥补亏损以"-"号填列)	41	131,895,851.62	64,889,467.80

资 产 负 债 表

2000 年 12 月 31 日

编制单位:中国振华(集团)科技股份有限公司 单位:元

资 产	期末数		母公司	
	合并	母公司	合并	母公司
流动资产:				
货币资产	242,114,106.15	202,062,663.08	143,160,640.56	83,216,913.66
短期投资	20,000,000.00	20,000,000.00	100,000,000.00	100,000,000.00
减:短期投资跌价准备				
短期投资净额	20,000,000.00	20,000,000.00	100,000,000.00	100,000,000.00
应收票据	12,795,557.97	7,580,659.99	12,755,366.55	5,070,000.00
应收股利				
应收利息				
应收帐款	381,308,138.65	159,313,658.95	359,550,080.00	180,690,090.82
其他应收款	155,767,058.22	176,621,052.99	135,976,023.65	121,962,471.67
减:坏帐准备	17,604,318.38	7,968,093.23	21,490,175.52	10,571,476.94
应收款项净额	519,470,878.49	327,966,618.71	474,035,928.13	292,081,085.55
预付帐款	32,121,666.73	21,547,904.15	50,190,121.88	46,603,376.18
应收补贴款				
存货	326,242,499.57	145,739,677.62	285,953,014.35	150,119,368.42
减:存货跌价准备	26,199,355.21	20,466,249.22	33,349,879.49	25,189,027.57
存货净额	300,043,144.36	125,273,428.40	252,603,134.86	124,930,340.85
待摊费用	1,036,484.56	200,000.00	1,418,466.42	880,770.73
待处理流动资产净损失	3,722.09	3,722.09		
一年内到期的长期债权投资				
其他流动资产				
流动资产合计	1,127,585,560.35	704,634,996.42	1,034,163,658.40	652,782,486.97
长期投资:				
长期股权投资	159,240,479.69	508,360,566.63	151,234,758.16	491,188,618.42
长期债权投资				
长期投资合计	159,240,479.69	508,360,566.63	151,234,758.16	491,188,618.42
减:长期投资减值准备				
长期投资净额	159,240,479.69	508,360,566.63	151,234,758.16	491,188,618.42
其中:合并差价	2,774,973.82		2,774,973.82	
固定资产:				
固定资产原价	647,519,302.92	363,186,244.51	512,959,863.58	307,641,807.37
减:累计折旧	170,692,321.73	95,984,923.24	148,773,067.04	91,384,612.59
固定资产净值	476,826,981.19	267,201,321.27	364,186,796.54	216,257,194.78
工程物资				
在建工程	72,232,712.62	26,260,231.12	128,511,485.69	79,451,616.90
固定资产清理			-5,000.0	
待处理固定资产净损失				
固定资产合计	549,059,693.81	293,461,552.39	492,693,282.23	295,708,811.68
无形资产及其他资产:				
无形资产	9,870,669.69	2,533,698.37	10,267,940.62	7,257,860.62
开办费	2,105,807.73	53,000.06	2,276,982.91	72,875.06
长期待摊费用	13,933,934.53	2,988,998.00	16,112,921.56	5,130,853.32
其他长期资产		33,048,723.34		17,370,000.00
无形资产及其他资产合计	25,910,411.95	38,624,419.77	28,657,845.09	29,831,589.00
递延税项:				
递延税款借项				
资产总计	1,861,796,145.80	1,545,081,535.21	1,706,749,543.88	1,469,511,506.07
负债和股东权益				
流动负债:				
短期借款	306,026,500.00	167,076,500.00	289,950,000.00	151,550,000.00
应付票据	7,733,415.35	1,933,000.00		
应付帐款	70,586,431.94	24,455,030.65	67,556,446.97	53,741,002.44
预收帐款	44,818,183.21	41,398,733.37	35,548,975.01	30,107,940.30
代销商品款				
应付工资	3,480,938.82	2,346,254.07	5,588,817.98	4,159,031.89
应付福利费	17,254,626.36	9,149,998.95	17,074,753.87	9,017,043.58
应付股利	12,877,435.94		5,701,095.10	
应交税金	20,046,256.68	9,904,008.07	17,877,417.69	11,611,761.97
其他应交款	508,482.87	460,469.07	640,637.70	640,655.82
其他应付款	74,978,789.44	79,236,021.61	44,820,745.96	47,568,979.55
预提费用	2,981,906.14	329,935.82	1,241,191.36	158,140.00
一年内到期的长期负债			8,681,519.80	2,890,000.00
其他流动负债				
流动负债合计	561,292,966.75	336,289,951.61	494,681,601.44	311,444,555.55
长期负债:				
长期借款	3,202,046.00	3,000,000.00	19,010,346.70	19,010,346.70
应付债券				
长期应付款	826,666.67	680,000.00	333,000.00	17,703,000.00
住房周转金				
其他长期负债				
长期负债合计	4,028,712.67	3,680,000.00	19,343,346.70	36,713,346.70
递延税项:				
递延税款贷项				
负债合计	565,321,679.42	339,969,951.61	514,024,948.14	348,157,902.25
少数股东权益	91,362,882.78		71,370,991.92	
股东权益:				
股本	313,120,000.00	313,120,000.00	313,120,000.00	313,120,000.00
资本公积	704,721,763.92	704,721,763.92	704,721,763.92	704,721,763.92
盈余公积	55,373,968.06	55,373,968.06	38,622,372.10	38,622,372.10
其中:公益金	27,686,984.03	27,686,984.03	19,311,186.05	19,311,186.05
未分配利润	131,895,851.62	131,895,851.62	64,889,467.80	64,889,467.80
股东权益合计	1,205,111,583.60	1,205,111,583.60	1,121,353,603.82	1,121,353,603.82
负债和股东权益合计	1,861,796,145.80	1,545,081,535.21	1,706,749,543.88	1,469,511,506.07

现 金 流 量 表

2000 年度

编制单位:中国振华(集团)科技股份有限公司 单位:元

项 目	金 额	
	合并	母公司
一、经营活动产生的现金流量:		
销售商品、提供劳务收到的现金	745,137,946.96	364,037,826.41
收到的租金	2,139,285.90	1,507,500.00
收到的税费返还	50,000.00	50,000.00
收到的其他与经营活动有关的现金	154,223,799.80	141,848,510.52
现金流入小计	901,551,032.66	507,443,836.93
购买商品、接受劳务支付的现金	559,594,024.48	234,732,302.07
经营租赁所支付的现金	4,044,935.59	3,147,980.20
支付给职工以及为职工支付的现金	80,395,640.78	46,312,199.44
实际交纳的增值税款	30,373,060.96	22,962,412.27
支付的所得税款	5,228,573.31	3,417,047.42
支付的除增值税、所得税以外的其他税费	5,154,594.19	4,459,319.32
支付的其他与经营活动有关的现金	136,627,335.95	162,357,447.19
现金流出小计	821,418,165.26	477,388,707.91
经营活动产生的现金流量净额	80,132,867.40	30,055,129.02
二、投资活动产生的现金流量:		
收回投资所收到的现金	86,030,035.75	85,981,250.00
分得股利或利润所收到的现金	7,121,083.89	7,121,083.89
取得债券利息收入所收到的现金	8,489,193.53	8,489,193.53
处置固定资产、无形资产和其他长期资产而收回的现金净额	160,068.56	156,700.00
收到的其他与投资活动有关的现金		260,000.00
现金流入小计	101,800,381.73	102,008,227.42
购建固定资产、无形资产和其他长期资产所支付的现金	85,257,616.70	15,203,979.19
权益性投资所支付的现金	10,277,880.00	9,995,000.00
债权性投资所支付的现金		
支付的其他与投资活动有关的现金	5,934,957.77	32,233,957.77
现金流出小计	101,470,454.47	57,432,936.96
投资活动产生的现金流量净额	329,927.26	44,575,290.46
三、筹资活动产生的现金流量:		
吸收权益性投资所收到的现金	7,062,105.26	4,739,000.00
发行债券所收到的现金		
借款所收到的现金	241,058,546.00	157,706,500.00
收到的其他与筹资活动有关的现金	4,746,558.61	4,630,247.67
现金流入小计	252,867,209.87	167,075,747.67
偿还债务所支付的现金	201,185,618.39	112,043,696.03
发生筹资费用所支付的现金	2,338,402.11	2,332,402.11
分配股利或利润所支付的现金	2,398,752.92	
偿付利息所支付的现金	17,382,298.87	8,455,537.44
融资租赁所支付的现金	40,000.00	
减少注册资本所支付的现金		
支付的其他与筹资活动有关的现金	11,031,727.50	29,043.00
现金流出小计	234,376,799.79	122,860,678.58
筹资活动产生的现金流量净额	18,490,410.08	44,215,069.09
四、汇率变动对现金的影响额	260.85	260.85
五、现金及现金等价物净增加额	98,953,465.59	118,845,749.42
1、不涉及现金收支的投资和筹资活动		
以固定资产偿还债务		
以投资偿还债务		
以固定资产进行长期投资		
以存货偿还债务		
融资租赁固定资产	146,666.67	
接受捐赠非现金资产		
2、将净利润调节为经营活动的现金流量		
净利润	83,793,382.35	83,757,979.78
加:计提的坏帐准备或转销的坏帐	592,646.02	139,520.46
固定资产折旧	33,477,676.35	16,478,377.81
无形资产摊销	6,076,135.33	1,478,926.68
处置固定资产、无形资产和其他长期资产的损失(减:收益)	327,117.46	336,177.74
固定资产报废损失	70,816.44	61,351.49
财务费用	7,394,111.11	-3,067,448.00
投资损失(减:收益)	-11,384,013.01	-25,182,660.44
递延税款贷项(减:借项)		
存货的减少(减增加)	-47,440,009.50	-343,087.55
经营性应收项目的减少(减增加)	-16,835,236.69	-39,564,352.25
经营性应付项目的增加(减减少)	22,808,402.43	-4,758,709.43
其他	1,251,839.11	719,052.73
经营活动产生的现金流量净额	80,132,867.40	30,055,129.02
3、现金及现金等价物净增加情况:		
货币资金的期末余额	242,114,106.15	202,062,663.08
减:货币资金的期初余额	143,160,640.56	83,216,913.66
加:现金等价物的期末余额		
减:现金等价物的期初余额		
现金及现金等价物净增加额	98,953,465.59	118,845,749.42

海口农工贸(罗牛山)股份有限公司

二〇〇〇年年度报告摘选

一、公司简介

1、公司名称:

中文名称:海口农工贸(罗牛山)股份有限公司

英文名称: HaiKou Agriculture&Industry&Trade(LUONIUSHAN) Co. Ltd.

2、公司法定代表人:吴伟雄

3、公司董事会秘书:柳俊涛

联系地址:海口市龙昆北路2号珠江广场帝豪大厦9楼(邮编:570125)

联系电话:0898-6717891,6772221

传 真:0898-6717830

4、公司注册地址及办公地址:

注册地址:海口市人民大道50号二楼(邮编:570208)

办公地址:海口市龙昆北路2号珠江广场帝豪大厦9楼(邮编:570125)

公司国际互联网网址:http://www.luoniushan.com/

公司电子信箱 lnshdl@public.hk.hi.cn

5、公司信息披露报纸:《中国证券报》、《证券时报》

登载年报的国际互联网网址:http://www.cninfo.com.cn

公司年度报告备置地点:公司办公室

6、公司股票上市地:深圳证券交易所

股票简称:罗牛山

股票代码:0735

二、会计数据和业务数据摘要

1、本年度主要数据(单位:元):

(1)、利润总额	83,167,245.59
(2)、净利润	76,177,079.91
(3)、扣除非经常性损益后的净利润	59,437,079.91
(4)、主营业务利润	69,624,501.44
(5)、其他业务利润	8,828,917.57
(6)、营业利润	45,631,971.56
(7)、投资收益	37,228,337.81
(8)、补贴收入	0
(9)、营业外收支净额	306,936.22
(10)、经营活动产生的现金流量净额	-598,530.33
(11)、现金及现金等价物净增加额数	-5,338,324.84

2、前三年主要会计数据和财务指标:

	2000年	1999年	1998年	
			调整前	调整后
主营业务收入(元)	226,226,697.24	208,739,421.54	186,792,069.02	186,792,069.02
净利润(元):	76,177,079.91	47,009,032.98	68,488,485.48	62,271,404.98
总资产(元):	1,208,055,017.43	1,012,107,528.06	739,038,681.38	681,082,490.67
股东权益(元)	712,793,320.62	655,293,173.76	483,714,603.25	441,582,654.66
每股收益(元)	0.156	0.16	0.472	0.429
加权平均每股收益	0.156		0.472	0.429
每股净资产(元)	1.463	2.29	3.336	3.05
调整后的每股净资产(元):	1.38	2.28	3.289	3.00
每股经营活动产生的现金流量净额	-0.001	0.06	0.168	0.168
净资产收益率(%)	10.69	7.17	14.16	14.10

3、股东权益变动情况介绍:

项 目	股 本	资本公积	盈余公积	法定公益金	未分配利润	股东权益合计
期初数数	286,620,000	242,196,905.96	20,780,884.87	20,780,884.87	70,178,122.57	650,947,240.71
本期增加	200,634,000	/	10,148,113.37	8,535,829.26	76,177,079.91	346,303,876.54
本期减少	/	143,310,000.00	/	/	141,147,796.63	284,457,796.63
期末数	487,254,000	98,886,905.96	30,928,998.24	29,316,714.13	52,207,405.85	712,793,320.62
变动原因	送股及转增股		变动原因见会计报表附注			

三、股东情况介绍

1、股东情况介绍。

(1)、报告期末股东总数为189,993户。

(2)、公司前十名股东持股情况(截止2000年12月29日)

股 东 名 称	年末持股数(万股)	占总股本比例(%)
海口市国营罗牛山农场	9,970.5	20.46
海口永盛畜牧机械工程有限公司	2,764.5	5.67
湖北锐达商贸有限公司	2,113.1	4.34
海南京海中隆投资管理公司	1,473.9	3.02
海口保税区深能贸易有限公司	1,445.0	2.97
海南发海贸易有限公司	1,445.0	2.97
海口宏昌贸易有限公司	1,445.0	2.97
海南兴地实业投资有限公司	1,300.5	2.67
海南兴华农业财务公司	867	1.78
海口天星实业公司	867	1.78

质押或冻结情况:海口市国营罗牛山农场和海口永盛畜牧机械工程有限公司持有本公司法人股超过5%,据了解,其所持股份已经部分质押。

上述前十名股东持有的股份均为非流通法人股。

海口市国营罗牛山农场是公司目前国有法人股持有单位,与其它前十名股东间无关联关系。

重庆国际实业投资股份有限公司

二〇〇〇年年度报告摘选

一、公司简介

1.公司的法定中文名称:重庆国际实业投资股份有限公司

公司的法定英文名称: CHONGQING INTERNATIONAL ENTERPRISE INVESTMENT CO., LTD.

公司中文缩写:重庆实业

2.公司法定代表人:富庶

3.公司董事会秘书:张杲

董事会授权代表:刘美芳

联系地址:重庆市江北区洋河一村76号

联系电话:023-67868187

联系传真:023-67868390

董秘电子信箱:cqieicsb@public.cta.cq.cn

4.公司注册地址:重庆市江北区建新北路86号

公司办公地址:重庆市江北区洋河一村76号

公司邮政编码:400020

公司电子信箱:tzciei@public.cta.cq.cn

5.公司选定的信息披露报纸:《中国证券报》、《证券时报》

登载公司年度报告的中国证监会指定国际互联网网址:http://www.cninfo.com.cn

公司年度报告备置地点:公司证券部

6.公司股票上市交易所:深圳证券交易所

公司股票简称:重庆实业

公司股票代码:0736

二、会计数据和业务数据摘要

1.公司本年度会计数据 单位:人民币元

利润总额	21,605,103.97
净利润	17,391,510.11
扣除非经常性损益后的净利润	11,443,805.40
主营业务利润	20,955,111.93
其他业务利润	-947,835.47
营业利润	1,325,882.12
投资收益	20,478,045.97
补贴收入	0
营业外收支净额	-198,824.12
经营活动产生的现金流量净额	9,563,989.63
现金及现金等价物净增加额	146,562,888.13

注1:非经常性损益扣除项目及涉及金额

(1)计提重庆西源凸轮轴有限公司投资减值准备和坏帐准备	3,163,563.08元
(2)重庆国际客运公司股权转让收益	3,492,304.50元
(3)重庆渝铜公路建设开发有限公司股权转让收益	8,904,157.45元
(4)转让土地使用权损失	2,139,793.32元
(5)处置重庆塑料科研所项目损失	946,576.72元
(6)处置存货损失	198,824.12元
合 计	5,947,704.71元

2.截止本年度末公司前三年的主要会计数据和财务指标(合并报表)

项 目	2000年	1999年		1998年	
		调整后	调整前	调整后	调整前
主营业务收入(元)	33,167,072.23	33,854,161.16	81,687,162.17	34,994,897.23	34,994,897.23
净利润(元)	17,391,510.11	21,076,849.65	21,076,849.65	7,190,085.45	7,462,663.96
总资产(元)	395,500,287.33	262,897,080.67	415,916,785.37	264,352,456.57	267,690,349.56
股东权益(元)(不含少数股东权益)	228,698,013.25	125,223,664.84	128,198,585.72	107,057,986.07	109,455,952.93
每股收益(元)(摊薄)	0.26	0.35	0.35	0.12	0.12
(加权)	0.29	0.35	0.35	0.12	0.12
每股净资产(元)	3.47	2.09	2.14	1.78	1.82
调整后的每股净资产(元)	3.46	2.09	2.12	1.71	1.81
每股经营活动产生的现金流量净额(元)	0.145	0.62	0.62	0.15	0.15
净资产收益率(%)(摊薄)	7.6	16.8	16.44	6.72	6.82
(加权)	12.33				
扣除非经常性损益后的每股收益(元)	0.17	0.36	0.36	0.12	0.12

注:2000年1-11月总股本按6000万股计算,2000年12月总股本按6600万股计算,1999年度总股本按6000万股计算,1998年度总股本按6000万股计算。

三、股本变动及股东情况

1.股本变动情况

(1)截止2000年12月31日,本公司共有股东8049户。

(2)截止2000年12月31日,前十名股东持股情况

序号	股 东 名 称	本年度内股份增减(+、-)	本年度末持股数(股)	占总股本的比例
1	北京中经四通信息技术发展有限公司		12,000,000	18.18 %
2	重庆皇丰实业有限公司	+56,000	9,266,000	14.04 %
3	上海西域实业有限公司		6,000,000	9.09 %
4	上海新启业工贸有限公司		2,864,000	4.34 %
5	中国重庆国际经济技术合作公司海外企业公司		1,466,000	2.22 %
6	重庆国际信托投资公司	+1,200,000	1,200,000	1.82 %
7	华厦证券有限公司重庆分公司		1,000,000	1.52 %
8	重庆庆通物业管理公司	+1,000,000	1,000,000	1.52 %
9	重庆轻渝贸易公司		500,000	0.76 %
10	四川嘉裕物业发展有限责任公司		500,000	0.76 %

南风化工集团股份有限公司

二○○○年年度报告摘选

一、公司简介

1、公司法定中文名称:南风化工集团股份有限公司
公司英文名称:NAFINE CHEMICAL INDUSTRY GROUP CO.,LTD.
2、公司法定代表人:王赟飞
3、公司信息披露负责人:董事会秘书 朱奇立
授权代表:董云琪
联系地址:山西省运城市解放路294号
电话:0359—2017035　　传真:0359—2023302
4、公司注册及办公地址:山西省运城市解放路294号　　邮政编码:044000
国际互联网址:http//www.nafine.com
公司电子信箱:nafine@nafine.com
5、公司年度报告备置地点:公司总部董事会秘书室
公司信息披露报刊:《证券时报》《中国证券报》
登载年报互联网址:http//www.cninfo.com.cn
6、公司股票上市地:深圳证券交易所
公司股票简称:南风化工　　股票代码:0737

二、会计数据和业务数据摘要

1、本年度主要会计数据和业务数据　　单位:元

项　目	2000年
利润总额	120199599.54
净利润	82552589.80
扣除非经常损益后的净利润	85869239.57
主营业务利润	440273902.19
其他业务利润	8377973.32
营业利润	121742549.66
投资收益	6077.82
补贴收入	3130275.36
营业外收支净额	-4679303.3
经营活动产生的现金流量净额	73809407.80
现金及现金等价物增加额	278882109.26

注:扣除的非经常性损益是指:
① 罚没收入净额 -1207217.56元　　② 赔偿收入净额644796.91元
③处理固定资产净收益 -3604386.4元　　④ 债务重组1000000.00元
⑤ 其他收入 -735133.86元

2、前三年的主要会计数据和业务数据　　单位:元

项　目	2000年	1999年	1998年
1、主营业务收入	2403431115.13	2087146977	1691002302
2、净利润	82552589.80	93309582	83327093
3、总资产	3008111032.96	2462245855	1995109998
4、股东权益	1313731730.11	926415957	833106375
5、每股净资产			
全面摊薄(元)	2.87	2.29	4.12
加权平均(元)	3.11	2.29	4.35
6、调整后的每股净资产(元)			
全面摊薄(元)	2.84	2.23	4.06
加权平均(元)	3.08	2.23	4.29
7、每股经营活动产生的现金流量净额	0.16	0.26	0.36
8、净资产收益率			
(1)按主营业务利润计算			
全面摊薄(%)	33.5	39.47	30.29
加权平均(%)	4.17	41.56	34.31
(2)按营业利润计算			
全面摊薄(%)	9.30	12.34	11.84
加权平均(%)	11.11	13.09	13.36
(3)按净利润计算			
全面摊薄(%)	6.28	10.07	10.00
加权平均(%)	7.53	10.60	11.34
(4)按扣除非经常损益后的净利润计算			
全面摊薄(%)	6.50	10.21	--
加权平均(%)	7.80	10.75	--
9、每股收益			
(1)按主营业务利润计算			
全面摊薄(元)	0.96	0.90	1.26
加权平均(元)	1.04	0.90	1.33
(2)按营业利润计算			
全面摊薄(元)	0.27	0.29	0.49
加权平均(元)	0.29	0.29	0.52
(3)按净利润计算			
全面摊薄(元)	0.18	0.23	0.41
加权平均(元)	0.20	0.23	0.44
(4)按扣除非经常损益后的净利润计算			
全面摊薄(元)	0.19	0.24	--
加权平均(元)	0.20	0.24	--

三、股本变动和股东情况

1、报告期末股东总数96706户
2、前十名股东情况

股　东　名　称	年末持股数(股)	占总股本比例(%)	备　注
山西运城盐化局	204180000	44.649	发起人股份
西安日用化学工业公司	39600000	8.660	发起人股份
光大证券有限责任公司	2467589	0.540	
李　芳	1586000	0.347	
中国耀华玻璃公司	1320000	0.289	发起人股份
浙江升华集团公司	1320000	0.289	发起人股份
天津宏发集团公司	1320000	0.289	发起人股份
王惠丽	700000	0.153	
刘卯丹	457430	0.100	
上海华东实业有限公司	437300	0.096	

南方摩托股份有限公司

二○○○年年度报告摘选

一、公司简介

1、公司法定中文名称:南方摩托股份有限公司
公司英文名称:Nan Fang Motor Company Limited
2、公司法定代表人:刘迪群
3、公司董事会秘书:蔡光云
公司董事会证券事务代表:刘绍雄
联系地址:湖南省株洲市董家土段南摩办公大楼
联系电话:(0733)8559515
传　　真:(0733)8559714
4、公司注册地址:湖南省株洲市高新技术产业开发区天台西路1号
公司办公地址:湖南省株洲市董家土段南摩办公大楼
邮政编码:412002
公司电子信箱:nfmt@mail.zz.hn.cn
公司国际互联网网址:http://www.nanfangmotor.com.cn
5、公司选定的信息披露报纸为《中国证券报》。
登载公司年度报告的国际互联网网址为http://www.cninfo.com.cn
公司年度报告备置地点:公司证券部
6、公司股票上市交易所:深圳证券交易所
股票简称:南方摩托
股票代码:0738

二、会计数据和业务数据摘要

(一)本年度利润总额及构成:　　(单位:元)

项目	金额
利润总额:	-162,081,607.36
净利润:	-162,231,607.36
扣除非经常性损益后的净利润:	-147,286,796.01
主营业务利润:	-13,704,067.54
其它业务利润:	8,470,060.69
营业利润:	-150,386,464.38
投资收益:	-9,055,876.60
补贴收入:	0.00
营业外收支净额:	-2,639,266.38
经营活动产生的现金流量净额:	-31,091,762.85
现金及现金等价物净增加额:	-68,779,989.55
注:扣除的非经常性损益项目和涉及金额:	
1、合并价差摊销:	11,115,366.07
2、固定资产处置损益:	-3,829,445.28

(二)截止报告期末公司前三年的主要会计数据及财务指标(合并报表):　单位:人民币元

项　目	2000年度	1999年度		1998年度	
		调整后	调整前	调整后	调整前
1.主营业务收入	511,526,344.99	988,091,691.01	988,091,691.01	1,198,472,480.31	1,198,472,480.31
2.净利润	-162,231,607.36	27,085,812.64	29,816,268.94	112,640,787.83	118,981,929.39
3.总资产	1,950,538,318.51	2,022,263,850.00	2,020,892,173.34	1,903,492,757.42	2,031,540,989.11
4.股东权益)(不含少数股东权益)	1,007,396,717.66	1,144,544,578.02	1,174,516,340.93	1,021,233,638.10	1,149,281,869.79
5.每股收益	-0.41	0.068	0.075	0.30	0.32
6.每股收益(按月平均加权法计算)	-0.41	0.068	0.08	0.30	0.32
7.扣除非经常性损益后的每股收益	-0.38	0.10	0.11	0.338	0.355
8.每股净资产	2.54	2.95	2.95	2.76	3.10
9.调整后的每股净资产	2.25	2.77	2.77	2.65	3.04
10.每股经营活动产生的现金流量净额	-0.08	-38	-0.38	0.48	0.48
11.净资产收益率(%)	-16.06	2.31	2.54	11.03	10.35

(三)利润表附表

报告期利润	净资产收益率(%)		每股收益(元)	
	全面摊薄	加权平均	全面摊薄	加权平均
主营业务利润	-1.36	-1.26	-0.03	-0.03
营业利润	-14.89	-13.78	-0.38	-0.38
净利润	-16.06	-14.87	-0.41	-0.41
扣除非经常性损益后的净利润	-14.70	-13.61	-0.37	-0.37

三、股东情况介绍

(1)报告期末股东总数64813名。
(2)持有本公司5%以上股份及前10名股东持股情况。

名次	股东名称	年末持股数(股	持股比例(%)
1	南方动力	261800000	65.81
2	潘镜棠	799000	0.20
3	桂明	750600	0.18
4	温桂峰	302953	0.076
5	尹强杰	275950	0.069
6	阎炀	272000	0.068
7	童三娥	264500	0.066
8	高晓东	259055	0.065
9	刘会	250000	0.063
10	刘斌	240000	0.060

青岛东方集团股份有限公司

二○○○年年度报告摘选

一、公司简介

1、公司中文名称:青岛东方集团股份有限公司
公司英文名称:QINGDAO DONGFANG GROUP COMPANY LIMITED
2、公司法定代表人:谭京信
联系电话:0532－2651308
传真电话:0532－2651302
3、公司董事会秘书:阎国强
联系地址:中国青岛市胶州路140号
联系电话:0532－2829999－1698
传真电话:0532－2833885
电子信箱:qddfygq@mail.qdec.com.cn
4、公司注册地址:中国青岛市胶州路140号
公司办公地址:中国青岛市胶州路140号
邮政编码:266011
国际互联网网址:http://www.0739qddf.com.cn
电子信箱:qddf@mail.qdec.com.cn
5、公司选定的信息披露报纸为:《证券时报》《中国证券报》
登载公司年度报告的国际互联网网址:http://www.cninfo.com.cn
公司年度报告备置地点:公司证券部
6、公司股票上市地:深圳证券交易所
公司股票简称:青岛东方
公司股票代码:0739

二、会计数据和业务数据摘要

1、本年度主要会计数据和财务指标

项目	金额
公司本年度的利润总额:	6,023,614.89
净利润:	7,477,909.82
扣除非经常性损益后的净利润:	4,645,264.86
主营业务利润:	21,648,686.72
其他业务利润:	15,544,986.04
营业利润:	2,641,040.26
投资收益:	2,246,470.67
补贴收入:	0
营业外收支净额:	1,136,103.96
经营活动产生的现金流量净额:	7,079,831.92
现金及现金等价物净增加额:	－59,765,999.45

注:扣除的非经营性损益项目有:(1)营业外收支净额1,136,103.96元;(2)财政返还所得税1,696,541.00元。

2、三年主要会计数据和财务指标　　金额单位:元

项　目	2000年		1999年	1998年	
				调整前	调整后
主营业务收入	196,473,753.75		228,309,215.29	418,911,491.25	418,911,491.25
净利润	7,477,909.82		7,629,308.50	25,732,527.91	4,046,186.45
总资产	546,583,371.27		520,325,482.83	475,188,466.08	453,477,830.92
股东权益（不含少数股东权益）	313,722,472.15		306,244,562.33	247,184,190.37	225,497,848.91
	全面摊薄	加权平均	全面摊薄	全面摊薄	全面摊薄
每股收益	0.05	0.05	0.05	0.34	0.05
每股净资产	2.15	2.15	2.10	3.27	2.98
调整后的每股净资产	2.13	2.13	2.08	3.20	2.92
每股经营活动产生的现金流量净额	0.05	0.05	－0.14		
净资产收益率	2.38	2.38	2.49%	10.41%	5.35%

上表中1998年度调整后数据是指1999年度根据财政部的规定,按追溯调整法对公司财务进行四项计提计算的。

3、利润表附表

报告期利润	净资产收益率		每股收益	
	全面摊薄	加权平均	全面摊薄	加权平均
主营业务利润	6.90	6.90	0.15	0.15
营业利润	0.84	0.84	0.02	0.02
净利润	2.38	2.38	0.05	0.05
扣除非经营性损益后的净利润	1.48	1.48	0.03	0.03

三、股东情况介绍

1、截止报告期末公司股东总数为32,207户,其中在深圳证券登记公司暂时冻结的公司职工股(高管股)股东数量为16户。

2、前十名股东持股情况

股　东　名　称	持股数量(股)	占总股本比例(%)
青岛市供销合作社联合社	71,085,230	48.77
青岛市农业生产资料总公司	324,000	1.01
陈浩勤	316,472	0.34
浙江博联营养与工程科学研究院	275,681	0.31
韩晓丽	239,900	0.31
李远英	224,000	0.29
青岛市棉麻公司	216,000	0.26
青岛市供销房地产开发公司	216,000	0.24
沅晓瑚	211,000	0.23
魏光云	210,013	0.23

湖南计算机股份有限公司

二○○○年年度报告摘选

一、公司简介

1、公司法定中、英文名称及缩写
中文名称:湖南计算机股份有限公司
英文名称:Hunan Computer Co., Ltd
英文缩写:HCC
2、公司法定代表人:杨德泉
3、董事会秘书:杨林
授权代表:蔚静
联系地址:湖南省长沙市雨花路161号
邮编:410007
电话:0731－5559794,5554610－588　　传真:0731－5514776
电子信箱:hcfpo@public.cs.hn.cn
4、公司注册及办公地址:湖南省长沙市雨花路161号
邮编:410007
公司国际互联网网址:http://www.hcc.com.cn
电子信箱:hcfpo @ public.cs.hn.cn
5、公司选定的信息披露报纸:《中国证券报》、《证券时报》
刊登公司年度报告的国际互联网网址:www.cninfo.com.cn
公司年度报告备置地点:本公司证券部
6、公司股票上市交易所:深圳证券交易所
股票简称:湘计算机　　股票代码:0748

二、公司会计数据和业务数据摘要

1、本年度主要会计数据(单位:元)

项　目	金　额
利润总额	64,195,876.76
净利润	51,862,748.00
扣除非经常性损益后的净利润	50,900,140.93
主营业务利润	180,497,064.91
其他业务利润	2,156,629.87
营业利润	54,733,507.84
投资收益	8,499,761.85
补贴收入	873,368.32
营业外收支净额	89,238.75
经营活动产生的现金流量净额	85,704,115.14
现金及现金等价物净增加额	－101,721,207.33

注:扣除非经常性损益的项目及涉及的金额:临时性补贴收入为873,368.32元、营业外收支净额为89,238.75元

2、近三年主要会计数据及财务指标(合并报表)

	2000年度	1999年度		1998年度	
		调整前	调整后	调整前	调整后
主营业务收入	706955876.83	616730625.80	616730625.80	502468377.69	502468377.69
净利润	51862748.00	42832467.07	43320261.05	64014232.93	57882511.12
总资产	943216030.68	927499796.08	926722174.37	820682812.91	791363525.40
股东权益	624146531.37	594333467.39	594821261.37	477516543.57	448797386.89
每股收益(摊薄)	0.229	0.189	0.191	0.30	0.27
(加权)	0.229	0.199	0.201	0.301	0.272
(扣除非经常性损益)	0.225	0.187	0.190	0.302	0.273
每股净资产	2.757	2.625	2.628	2.24	
调整后每股净资产	2.697	2.57	2.576	2.17	2.05
每股经营活动产生的现金流量净额	0.379	0.274	0.274	0.053	0.053
净资产收益率(摊薄)	8.31%	7.21%	7.28%	13.41%	12.9%
(加权)	8.35%	9.02%	9.12%	13.71%	12.4%

按中国证监会《公开发行证券公司信息披露编报规则(第9号)》的要求计算的数据

报告期利润	净资产收益率		每股收益	
	全面摊薄	加权平均	全面摊薄	加权平均
主营业务利润	28.92%	29.08%	0.797	0.797
营业利润	8.77%	8.82%	0.242	0.242
净利润	8.31%	8.35%	0.229	0.229
扣除非经常性损益后的净利润	8.16%	8.20%	0.225	0.225

3.股东权益变动情况

项目	股本	资本公积	盈余公积	法定公益金	未分配利润	股东权益合计
期初数	226374780	348608431.98	30819045.48	12060461.20	－10980996.09	594821261.37
本期增加		100000.00	15636597.16	6253150.74	51862748.00	67599345.16
本期减少						
期末数	226374780	348708431.98	46455642.64	18313611.94	2607676.75	624164531.37

变动原因:资本公积增加是因为报告期内环保贷款豁免;
盈余公积增加是因为计提法定公积金、法定公益金、任意盈余公积;
未分配利润增加是因为本年度实现的净利润,减少的原因是本期拟实施每10股派1元分红方案以及计提盈余公积。

三、股东情况介绍

(1)、截止报告期末,公司股东总数为65478户,其中国有法人股东4户,社会公众股东65474户。

(2)、前十名股东持股情况

序号	名　　称	持股数(万股)	比例(%)
1	中国长城计算机集团公司	8090.30	35.74
2	湖南电子信息产业集团有限公司	4372.478	19.32
3	邵阳电源总厂	895.90	3.96
4	北京建银电脑公司	278.80	1.23
5	金鼎证券投资基金	218.3836	0.96
6	兴业证券投资基金	80.00	0.35
7	景阳证券投资基金	73.8941	0.33
8	刘大亨	59.14	0.26
9	金盛证券投资基金	50.0595	0.22
10	景福证券投资基金	49.9945	0.22

桂林集琦药业股份有限公司

二〇〇〇年年度报告摘选

一、公司简介

1.公司法定中文名称:桂林集琦药业股份有限公司
中文缩写:桂林集琦
英文名称:GuilinJiqi Pharmaceutical Co., Ltd.
2.公司法定代表人:刘及响
3.董事会秘书:伏卧龙
董事会证券事务代表:刘胜贤
联系地址:广西壮族自治区桂林市育才路55号
邮政编码:541004
联系电话:0773－5818066或0773－5812938转8005
传　　真:0773－5815328
电子信箱:5818066@163.com
4.公司注册地址及办公地址:桂林市育才路55号
公司国际互联网网址:http://www.guilinjiqi.com.cn
电子信箱:sc@guilinjiqi.com.cn
5.公司信息披露报刊:《证券时报》、《中国证券报》
登载公司年度报告的中国证监会指定国际互联网网址:http://www.cninfo.com.cn
公司年报备置地点:公司证券部
6.公司股票上市地:深圳证券交易所
公司股票简称:桂林集琦　　公司股票代码:0750

二、会计数据和业务数据摘要

(一)主要会计数据　　单位:人民币元

项目	金额
公司本年度实现利润总额	58,540,729.62
净利润	18,827,498.75
扣除非经常性损益后的净利润	18,137,131.82
主营业务利润	128,379,600.33
其他业务利润	3,535,373.35
营业利润	57,982,840.09
投资收益	－222,477.40
补贴收入	90,000.00
营业外收支净额	690,366.93
经营活动产生现金流量净额	－65,757,014.78
现金及现金等价物净增加额	64,320,612.49

(二)公司近三年主要财务指标　　单位:人民币元

指标项目	2000年	1999年	1998调整数	1998年
主营业务收入	227,371,697.60	135,402,141.30	165,629,682.28	165,629,682.28
净利润	18,827,498.75	12,305,960.41	39,383,130.72	43,645,903.07
总资产	1,091,794,601.707	684,121,083.77	532,723,134.40	552,455,044.49
股东权益	670,269,380.93	389,354,257.00	377,048,296.59	396,780,026.68
每股收益	0.0876	0.1448	0.4633	0.5135
每股净资产	3.1167	4.5806	4.4359	4.668
调整后的每股净资产	2.9792	4.5171	4.4346	4.665
每股经营活动产生的现金流量净额	－0.3058	0.2653	0.439	0.439
净资产收益率	2.81%	3.16%	10.45%	11%
加权每股收益	0.0883	0.1448	0.4633	0.5135
摊薄每股收益	0.0875	0.1448	0.4633	0.5135
加权净资产收益率	2.95%	3.43%	9.93%	10.43%
摊薄净资产收益率	2.81%	3.16%	9.93%	10.43%
扣除非经常性损益后的加权净资产收益率	2.84%	2.63%	8.01%	8.61%
扣除非经常性损益后的摊薄净资产收益率	2.71%	2.42%	8.01%	8.61%

(三)利润表附注
2000年度

	报告期利润(单位:人民币元)	净资产收益率(%)		每股收益(元/股)	
		全面摊薄	加权平均	全面摊薄	加权平均
主营业务利润	128,379,600.33	19.15	20.09	0.5970	0.6022
营业利润	57,982,840.09	8.65	9.07	0.2696	0.2720
净利润	18,827,498.75	2.81	2.95	0.0875	0.0883
扣除非经常性损益后的净利润	18,137,131.82	2.71	2.84	0.0843	0.0851

(四)报告期内股东权益变动情况　　单位:股、人民币元

项目	股本	资本公积	盈余公积	法定公益金	未分配利润	股东权益合计
期初数	85,000,000.00	225,943,534.38	62,528,569.51	6,801,500.50	15,882,153.11	389,354,257.00
本期增加	130057400.00	239,558,925.18	2,824,124.82	941,374.94	18,827,498.75	397,543,823.93
本期减少	-	107,528,700.00	-	-	2,824,124.82	116,628,700.00
期末数	215,057,400.00	357,973,759.56	65,352,694.33	7,742,875.42	31,885,527.04	670,269,380.93

三、股东情况介绍

1、截至2000年12月31日,本公司股东总数为68866户。
2、报告期末公司前十名股东持股情况如下:

序号	股东名称	拥有股数	股票性质	持股百分比(%)
1	桂林集琦集团有限公司	88897988	国有法人股	41.3369
2	南宁市荣高实业有限责任公司	3959412	社会法人股	1.8411
3	深圳市蛇口招港实业有限公司	1632250	上市流通股	0.7590
4	深圳蛇口招港实业发展有限公司	1416750	上市流通股	0.6588
5	上海原水房地产开发经营公司	1181729	上市流通股	0.5495
6	信维	1017000	上市流通股	0.4729
7	章兵	919940	上市流通股	0.4278
8	陈廷祥	880000	上市流通股	0.4092
9	崔道荣	800000	上市流通股	0.3720
10	王友军	736617	上市流通股	0.3425

葫芦岛锌业股份有限公司

二〇〇〇年年度报告摘选

一、公司简介

1.公司法定中文名称:葫芦岛锌业股份有限公司
公司法定英文名称:HULUDAO ZINC INDUSTRY CO., LTD.
2.公司法定代表人:侯宝泉
3.公司董事会秘书:曲路新　　董事会证券事务代表:文刚
联系地址:辽宁省葫芦岛市龙港区锌厂路24号
电话:(0429)2024121
传真:(0429)2104084
董事会秘书电子信箱:sec@huludaozinc.com
证券事务代表电子信箱:stock@huludaozinc.com
4.公司注册地址:辽宁省葫芦岛市
公司办公地址:辽宁省葫芦岛市龙港区锌厂路24号
邮政编码:125003
公司国际互联网网址:http://www.huludaozinc.com
电子信箱:hx@huludaozinc.com
5.公司披露信息的报纸:《中国证券报》和《证券时报》
登载年度报告的网址:http://www.cninfo.com.cn
年度报告备置地点:公司董事会秘书办公室
股东咨询电话:(0429)2024121
6.公司股票上市地:深圳证券交易所
股票简称:锌业股份
股票代码:0751

二、会计数据和业务数据摘要

1.公司本年度实现利润情况(单位:元)

项目	金额
利润总额	456,928,992.23
净利润	418,365,469.54
扣除非经常性损益后的净利润	418,365,469.54
主营业务利润	609,143,240.67
其他业务利润	－1,313,413.00
营业利润	457,825,985.51
投资收益	-
补贴收入	-
营业外收支净额	－896,993.28
经营活动产生的现金流量净额	－83,742,134.37
现金及现金等价物净增加额	28,558,625.12

注:按中国证监会信息披露编报规则(第九号)要求计算的数据如下:

项目	数额(元)	净资产收益率(%)		每股收益(元/股)	
		全面摊薄	加权平均	全面摊薄	加权平均
主营业务利润	609,143,240.67	23.62	27.43	0.69	0.72
营业利润	457,825,985.51	17.75	20.62	0.52	0.54
净利润	418,365,469.54	16.22	18.84	0.475	0.49
扣除非经常性损益后的利润	418,365,469.54	16.22	18.84	0.475	0.49

2.公司近三年主要会计数据和财务指标:

项目	2000年	1999年		1998年
		调整前	调整后	
主营业务收入(元)	2,936,355,900.13	2,528,076,855.39	2,535,287,642.90	2,535,287,642.90
净利润(元)	418,365,469.54	268,302,127.83	172,809,006.11	116,319,121.73
总资产(元)	4,050,437,988.49	3,221,422,354.24	3,484,821,307.74	3,341,403,109.66
股东权益(元)	2,579,325,539.04	1,827,743,039.10	1,702,859,109.35	1,559,440,911.27
摊薄每股收益(元/股)	0.475	0.436	0.281	0.189
加权每股收益(元/股)	0.49	0.436	0.281	0.189
每股净资产(元/股)	2.93	2.97	2.77	2.54
调整后每股净资产(元/股)	2.85	2.90	2.71	2.50
每股经营活动产生的现金流量净额(元/股)	－0.095	0.118	－0.38	－0.38
净资产收益率(%)	16.22	14.68	10.15	7.46
加权净资产收益率(%)	18.84	14.68	10.15	7.46

注:本公司1998年、1999年总股本为615,000,000股;2000年1－5月总股本为615,000,000股,6－8月为677,768,286股,9－12月为881,098,771股,以上相关数据均当期总股本计算所得。

3.股东权益变动情况(单位:元)

项目	股本	资本公积	盈余公积	法定公益金	未分配利润	股东权益合计
期初数	615,000,000	641,027,607.26	242,664,794.92	82,951,809.07	329,050,636.92	1,827,743,039.10
本期增加	266,098,771	338,225,573	62,754,820.43	20,918,273.48	355,610,649.11	751,582,499.94
本期减少		203,330,485			67,776,828.6	
期末数	881,098,771	775,922,695.26	305,419,615.35	103,870,082.55	616,884,457.43	2,579,325,539.04
变动原因	配股及转增股本	配股溢价及转增股本	利润提取	利润提取	利润增加及派发红利	

三、股本变动和主要股东持股情况

1、截止2000年12月29日,本公司股东户数181,329户,其中未流通法人股股东3户。
2、公司前10名股东持股情况:

名次	股东名称	持股数(股)	占总股本比例(%)
1	葫芦岛锌厂	530,761,771	60.24
2	葫芦岛锌厂工贸实业总公司	2340,000	0.26
3	安信证券投资基金	2,071,638	0.24
4	李久远	1,229,546	0.14
5	申银证券	1,000,000	0.11
6	葫芦岛锌厂工程总公司	975,000	0.11
7	张焕燕	936,907	0.106
8	何富	812,695	0.092
9	北京大学教育基金会	610,610	0.069
10	沈阳北方证券公司第一营业部	546,785	0.062

西藏拉萨啤酒股份有限公司

二〇〇〇年年度报告摘选

一、公司简介

(一)公司法定名称:西藏拉萨啤酒股份有限公司。

英文名称:LHASA BREWERY CO.,LTD.

(二)公司法定代表人:王健。

(三)公司董事会秘书及授权代表:

董事会秘书:牟春华。

授权代表:陈红兵。

联系地址:成都市羊市街西延线三洞桥15号现代大厦4F。

电话(TEL):(0891)6329377　　(028)7793136

传真(FAX):(0891)6329377　　(028)7793136

(四)公司地址:

公司注册地址:西藏自治区拉萨市色拉路36号。

公司办公地址:西藏自治区拉萨市色拉路36号。

邮政编码:850001。

电子信箱:lhasabre @ mail. sc. cninfo. net

(五)公司选定的信息披露报纸名称:《中国证券报》、《证券时报》。登载公司年度报告的中国证监会指定国际互联网网址:http://www.cninfo.com.cn

公司年度报告备置地点:公司董事会秘书室。

(六)公司股票上市交易所:深圳证券交易所。

股票简称:拉萨啤酒。

股票代码:0752。

二、会计数据和业务数据摘要

(一)公司本年度主要会计数据(单位:元):

利润总额	32,621,860.89
净利润	27,763,827.68
扣除非经常性损益后的净利润	19,178,269.15
主营业务利润	45,351,685.30
其他业务利润	3,650,804.25
营业利润	22,760,871.44
投资收益	8,247,352.60
补贴收入	1,358,116.43
营业外收支净额	255,520.42
经营活动产生的现金流量净额	-12,925,480.28
现金及现金等价物净增加额	26,315,214.45
注:扣减非经常性损益项目及金额(扣除应交税款后)	
(1)补贴收入	1,358,116.43
(2)营业外收支净额	217,192.36
(3)投资收益	7,010,249.71

(二)利润表附表:

根据中国证监会公开发行证券公司信息披露编报规则(第9号)的要求编制。

项　目	净资产收益率		每股收益	
	全面摊薄	加权平均	全面摊薄	加权平均
主营业务利润	13.94	15.40	0.25	0.26
营业利润	6.99	7.73	0.13	0.13
净利润	8.53	9.43	0.16	0.16
扣除非经常性损益后的净利润	5.89	6.51	0.11	0.11

(三)公司前三年主要会计数据和财务指标(单位:元)

项　目	2000年	1999年	1998年(调整后)
主营业务收入	110,105,941.36	119,094,390.94	52,923,014.07
净利润	27,763,827.68	46,835,271.96	24,919,357.57
总资产	495,296,656.59	390,169,275.71	293,569,034.06
股东权益	325,419,583.04	232,299,315.16	184,247,048.82
全面摊薄每股收益(元/股)	0.16	0.42	0.378
加权平均每股收益(元/股)	0.16	0.42	0.378
扣除非经常性损益后的每股收益(元/股)	0.11	0.37	0.378
每股净资产	1.85	2.07	2.79
调整后的每股净资产(元/股)	1.81	2.01	2.76
每股经营活动产生的现金流量净额	-0.07	0.51	0.57
净资产收益率(%)	8.53	20.74	13.52

三、股本变动及股东情况

(一)股东情况介绍:

1、报告期末股东总数为20270户。

2、报告期末公司前十名股东持股情况(截止2000年12月31日):

序号	股　东　名　称	持股数(股)	所占比例(%)
(1)	四川光大金联实业有限公司	60364942	34.33
(2)	西藏自治区国有资产经营公司	40243294	22.89
(3)	光大证券有限责任公司	7169747	4.08
(4)	西藏明珠股份有限公司	748944	0.43
(5)	四川省国托物业管理有限责任公司	734259	0.42
(6)	西藏自治区矿业发展总公司	556568	0.32
(7)	扎西才旦	401000	0.23
(8)	兰田玉	331200	0.19
(9)	马晓力	301500	0.17
(10)	赵军	290000	0.16

福建双菱集团股份有限公司

二〇〇〇年年度报告摘选

一、公司简介

1、公司法定中文名称:福建双菱集团股份有限公司

公司法定英文名称:FUJIAN DOUBLE RHOMB CO.,LTD.

2、公司法定代表人:朱煜煊

3、公司董事会秘书:林学斌

证券事务代表:李勤

联系地址:福建省漳州市东环路

电话:(0596)2951030转23507

传真:(0596)2952023

电子信箱:fjdrzet@public.zzptt.fj.cn

4、公司注册及办公地址:福建省漳州市东环路

邮政编码:363000

公司国际互联网网址:http://www.sljt.com

电子信箱:fjdrzet@public.zzptt.fj.cn

5、公司选定的信息披露报纸名称:《证券时报》

登载公司年度报告的中国证监会指定国际互联网网址:

http://www.cninfo.com.cn

公司年度报告备置地点:公司证券部

6、公司股票上市地:深圳证券交易所

股票简称:福建双菱

股票代码:0753

二、会计数据和业务数据摘要

1、本年度主要会计数据　　单位:人民币元

项　目	金　额
利润总额	42,758,889.48
净利润	36,240,229.51
扣除非经常性损益后的净利润	32,648,969.30
主营业务利润	62,650,649.24
其它业务利润	13,206,585.50
营业利润	35,799,336.74
投资收益	5,031,885.61
补贴收入	3,500,000.00
营业外收支净额	-1,572,332.87
经营活动产生的现金流量净额	80,972,260.19
现金及现金等价物净增加额	96,409,303.16
注:扣除的非经常性损益项目和涉及金额	(单位:人民币元)
捐赠支出	50,000.00
罚款滞纳金	41,260.21
补贴收入	3,500,000.00
合　计	3,591,260.21

2、截止至报告期末公司前三年主要会计数据和财务指标　　单位:人民币元

项　目	2000年	1999年	1998年	
			调整前	调整后
主营业务收入	149,871,410.35	135,970,891.76	120,053,387.06	120,053,387.06
净利润	36,240,229.51	58,802,975.31	53,000,790.57	48,451,499.76
总资产	743,631,987.13	699,103,542.02	575,885,539.87	563,319, 968.90
股东权益	595,013,101.15	558,208,684.76	512,931,556.96	498,925,206.15
每股收益(摊薄)	0.18	0.29	0.44	0.40
每股收益(加权)	0.18	0.29	0.44	0.40
扣除非经常性损益后的每股收益	0.16	0.21	0.45	0.41
每股净资产	2.92	2.74	4.27	4.16
调整后每股净资产	2.77	2.70	4.22	4.10
每股经营活动产生的现金流量净额	0.40	-0.13	-0.15	-0.15
净资产收益率(%摊薄)	6.09	10.51	10.33	9.70
净资产收益率(%加权)	6.29	11.09	10.89	10.01
扣除非经常性损益后净资产收益率(%摊薄)	5.77	7.68		
扣除非经常性损益后净资产收益率(%加权)	5.95	8.23		

3、按照中国证监会《公开发行证券公司信息披露编报规则(第9号)》要求计算的2000年指标数据如下:

2000年度	报告期利润(元)	净资产收益率(%)		每股收益(元/股)	
		全面摊薄	加权平均	全面摊薄	加权平均
主营业务利润	62,650,649.24	10.53	10.87	0.3070	0.3070
营业利润	35,799,336.74	6.02	6.21	0.1754	0.1754
净利润	36,240,229.51	6.09	6.29	0.1776	0.1776
扣除非经常性损益后的净利润	32,648,969.30	5.77	5.95	0.1681	0.1681

三、股本变动及股东情况

1、股本变动情况

(1)公司股份变动情况表　　单位:股

	期初数	本次变动增减	期末数
一、尚未流通股份			
1、国家拥有股份	16,517,472		16,517,472
2、境内法人持有股份	116,135,160		116,135,160
尚未流通股份合计	132,652,632		132,652,632
二、已流通股份			
境内上市的人民币普通股	71,399,999		71,399,999
其中:高管持股	62,770		62,770
已流通股份合计	71,399,999		71,399,999
三、股份总数	204,052,631		204,052,631

山西三维集团股份有限公司

二〇〇〇年年度报告摘选

一、公司简介

1、公司法定中文名称:山西三维集团股份有限公司

英文名称:Shanxi Sanwei Group Co.,Ltd

2、公司法人代表:仝立祥

3、公司董事会秘书:褚杰生 电话(0357)6663123

(0357)6663423

授 权 人:张亚平　　电话(0357)6662666

传 真:(0357)6663566

电子信箱:swzqb@sxsanwei.com

联系地址:山西省洪洞县·山西三维公司

4、公司注册地址:太原市高新技术产业开发区 VI－4 区

办公地址:山西省洪洞县赵城·山西三维公司

国际互联网地址:www.sxsanwei.com

电子信箱:swbgs@sxsanwei.com

5、公司选定《证券时报》为信息披露主要报纸

登载公司年度报告的中国证监会指定国际互联网网址:http://www.cninfo.com.cn

公司年度报告备置地点:山西省洪洞县赵城·山西三维公司

6、公司股票上市交易所:深圳证券交易所

股票简称:山西三维

股票代码:0755

二、会计数据和业务数据摘要

1、本年度会计数据摘要　　单位:元

项目	
利润总额	61,900,811.15
净利润	51,442,674.39
扣除非经常性损益后的净利润	51,442,674.39
主营业务利润	97,348,866.21
其他业务利润	2,570,001.01
营业利润	59,818,036.21
投资收益	4,478,112.50
补贴收入	
营业外收支净额	(2,392,975.06)
经营活动产生的现金流量净额	110,596,746.10
现金及现金等价物增加额	170,161,357.59

注:"扣除非经常性损益后的净利润"指标中,本报告期内无扣除的项目和涉及金额。

2、公司前三年的主要会计数据和财务指标

项目	2000年度	1999年度	1998年度	
			追溯调整前	追溯调整后
主营业务收入	368,822,570.89	300,782,077.84	274,049,689.64	273,849,689.64
净利润	51,442,674.39	45,924,973.22	62,250,352.40	61,090,411.96
总资产	1,303,902,293.97	1,074,330,557.57	878,345,908.61	877,185,968.17
股东权益	840,072,680.50	643,542,466.43	598,777,433.66	597,617,493.22
每股收益(摊薄)	0.1852	0.182	0.242	
每股收益(加权)	0.1896			
扣除非经常损益后的每股收益(摊薄)	0.1852			
扣除非经常性损益后的每股收益(加权)	0.1896	0.158		
每股净资产	3.024	2.554	2.38	
调整后的每股净资产	2.948	2.47	2.33	
每股经营活动产生的现金流量净额	0.398	－0.089	0.028	
净资产收益率(摊薄)	6.124	7.14	10.22	
净资产收益率(加权)	6.356			

3、按照中国证监会《公开发行证券公司信息披露编报规则(第9号)》要求计算本报告期的净资产收益率和每股收益:

项目	净资产收益率(%)		每股收益	
	全面摊薄	加权平均	全面摊薄	加权平均
主营业务利润	11.588	12.028	0.3505	0.3588
营业利润	7.121	7.391	0.2154	0.2205
净利润	6.124	6.356	0.1852	0.1896
扣除非经常性损益后的净利润	6.124	6.356	0.1852	0.1896

三、股东情况介绍

1、报告期末股东总数为91968户。

2、2000年12月31日前十名股东持股情况　　单位:股

序号	股东名称	年内配股增加	期末持股数量	占总股本比例(%)	说明	
1	山西三维华邦集团有限公司	0	146911396	52.90	国家股	未流通
2	山西省经济建设投资公司	0	14828924	5.34	国家股	未流通
3	山西省经贸资产经营有限责任公司	400000	6280173	2.26	国家股	未流通
4	谢秀琴		304061	0.11		流通股
5	太原现代集团有限公司	65058	281918	0.10	发起法人股	未流通
6	太原利普公司	48793	211438	0.08	发起法人股	未流通
7	李华贞		211386	0.08		流通股
8	黄少强		204000	0.07		流通股
9	杨子辉		189011	0.07		流通股
10	普丰证券投资基金		164736	0.06		流通股

山东新华制药股份有限公司

二〇〇〇年年度报告摘选

一、公司简介

公司中文名称:山东新华制药股份有限公司("公司")

公司英文名称:SHANDONG XINHUA PHARMACEUTICAL COMPANY LIMITED

公司注册及办公地址:中华人民共和国("中国")山东省淄博市张店区东一路14号

公司国际互联网址:http://www.sdxh.com.cn

公司电子信箱:sdxhzy@zb－public.sd.cninfo.net　　邮政编码:255005

公司法定代表人:贺端 题

董事会秘书:曹长求　　郭磊

董秘电子信箱:xhcs@zb－public.sd.cninfo.net

联系电话:86－533－2184223　　传真号码:86－533－2287508

国内信息披露报纸:《证券时报》、《中国证券报》

中国证监会指定国际互联网网址:http://www.cninfo.com.cn

上市资料:

H股:香港联合交易所有限公司

简称:山东新华制药

代码:0719

A股:深圳证券交易所

简称:新华制药

代码:0756

公司资料查询地点:本公司董事会秘书室

二、会计数据和业务数据摘要

1. 按中国会计准则编制二零零零年度主要会计数据(人民币元)

项目	二零零零年
利润总额	84,674,944
净利润	69,119,387
扣除非经常性损益后的净利润	69,119,387
主营业务利润	302,244,138
其他业务利润	1,972,534
营业利润	86,497,378
投资收益	604,000
补贴收入	—
营业外收支净额	－2,426,434
经营活动产生的现金流量净额	167,535,324
现金及现金等价物净增加额	－10,423,190

2. 财务摘要

(1)按香港普遍采纳之会计原则编制(人民币元)

损益表

	2000年	1999年	1998年
营业额	1,044,073,000	950,661,000	973,884,000
除税前盈利	83,404,000	68,268,000	65,027,000
税项	15,512,000	10,400,000	10,239,000
除税后盈利	67,892,000	57,868,000	54,788,000
少数股东权益	66,000	30,000	0
股东应占盈利	67,826,000	57,838,000	54,788,000

资产与负债表

	2000年	1999年	1998年
总资产	1,354,079,000	1,377,136,000	1,305,449,000
总负债	421,526,000	478,224,000	441,644,000
资产净值	932,553,000	898,912,000	863,805,000

(2)按中国会计准则编制(千元人民币)

项目	2000年	1999年	1998年
主营业务收入	1,044,072,799	950,661,234	973,884,000
净利润	69,119,387	63,609,740	52,783,000
总资产	1,362,726,773	1,384,267,611	1,300,588,000
股东权益(不含少数股东权益)	925,696,192	890,784,569	849,905,000
每股收益			
全面摊薄	0.162	0.149	0.124
加权平均	0.162	0.149	0.124
每股净资产(人民币元)	2.166	2.08	1.99
调整后的每股净资产	2.166	2.06	1.99
净资产收益率(%)			
全面摊薄	7.47	7.14	6.21
加权平均	7.61	7.31	
每股经营活动产生的现金净流量	0.392	0.12	0.17
扣除非经常性损益后的净资产收益率			
全面摊薄	7.47	7.00	6.21
加权平均	7.61	7.16	
扣除非经常性损益后的每股收益	0.162	0.146	0.124

三、股本变动及股东情况介绍

1. 股本结构情况

	于二零零零年十二月三十一日股数	于二零零零年一月一日股数
一、尚未流通股份		
1. 发行人股份	217,440,000	217,440,000
其中:国家拥有股份(由山东新华医药集团有限责任公司持有)(A股)	217,440,000	217,440,000
2. 募集法人股(A股)	16,719,500	16,719,500
3. 内部职工股(A股)	0	30,653,330
尚未流通股份合计	234,159,500	264,812,830
二、已流通股份		
1. 境内上市的人民币普通股(A股)	43,153,330	12,500,000
2. 境外上市的外资股(H股)	150,000,000	150,000,000
已流通股份合计	193,153,330	162,500,000
三、股份总数	427,312,830	427,312,830

四川峨眉柴油机股份有限公司

二〇〇〇年年度报告摘选

一、公司简介

1、公司中文名称:四川峨眉柴油机股份有限公司

英文名称:SI CHUAN EMEI DIESEL ENGINE JOINT - STOCK CO., LTD.

2、公司法定代表人:曹邦俊

3、公司董事会秘书:徐 琳

授权代表:刘本忠

联系地址:四川省内江市稗木镇公司本部

电　　话:0832 - 2414714

传　　真:(0832)2411301

公司电子信箱:njja01@nj - public. sc. cninfo. net

4、公司注册地址:四川省内江市

公司办公地址:四川省内江市木镇

邮 政 编 码:641113

公司国际互联网网址:www. neijiangechai. com

www. chinaemei. com

5、公司选定信息披露报纸:《证券时报》

刊登年报的中国证监会指定网址:http://www. cninfo. com. cn

公司年度报告备置地址:公司本部证券部

6、公司股票上市交易所:深圳证券交易所

股票简称:内江峨柴

股票代码:0757

二、会计数据和业务数据摘要

1、会计数据和业务数据摘要

项目	2000 年度(元)	备　注
利润总额	33,200,796.28	
净利润	28,679,899.92	
扣除非经常性损益后的净利润	19,524,420.28	非经常性损益扣除项目及金额
主营业务利润	56,717,136.02	1、营业外收入:28067701×85% = 238575.46
其他业务利润	7,621,348.32	2、营业外支出:270470×85% = 230,129.43
营业利润	30,809,874.19	3、收取的赏金占用费:
投资收益	-710,366.41	2034964.27×(1.57%)×85% = 1647156.61
补贴收入	3,091,332.00	4、财政专项补贴:3091352
营业外收支净额	9,936.50	5、技术转让费:
经常活动产生的现金流量净额	4,495,403.15	5500000×(1.57%)×85% = 4408525
现金及现金等价物的净增加额	3,067,448.57	

2、截止报告期末公司前三年主要会计数据和财务数据　　单位:元

项 目	2000 年	1999 年		1998 年	
		调整前	调整后	调整前	调整后
主营业务收入	232,643,161.79	277,308,613.93	277,308,613.93	271,852,491.65	271,852,491.65
净利润	28,679,899.92	30,024,295.08	27,648,637.40	38,495,784.01	35,677,947.97
总资产	713,800,001.20	684,059,493.81	659,752,927.51	514,084,558.48	495,219,886.58
股东权益	473,233,926.31	486,815,268.18	456,747,397.35	379,340,962.35	332,267,959.95
每股收益	0.19	0.20	0.18	0.36	0.33
扣除非经营性损益后每股收益	0.13	0.16	0.16	0.29	0.26
每股净资产	3.10	3.19	3.00	3.53	3.09
调整后的每股净资产	3.02	3.16	2.96	3.50	3.06
每股经营活动产生的现金流量净额	0.03	-0.18	-0.18	0.03	0.03
净资产收益率(%)	6.06	6.17	6.05	10.15	10.74
净资产收益率(%)(加权)	6.09	7.04	7.31	10.69	9.95

根据中国证监会《信息披露编报规则(第九号)》要求计算的数据

报告期利润	净资产收益率(%)				每股收益(元/股)			
	2000 年		1999 年		2000 年		1999 年	
	全面摊薄	加权平均	全面摊薄	加权平均	全面摊薄	加权平均	全面摊薄	加权平均
主营业务利润	11.99	11.69	14.28	16.42	0.37	0.37	0.43	0.45
营业利润	6.51	6.53	7.01	8.41	0.20	0.20	0.21	0.22
净利润	6.06	6.09	6.05	7.31	0.19	0.19	0.18	0.19
扣除非经常性损益后净利润	4.13	4.19	5.32	6.45	0.13	0.13	0.16	0.17

三、股东情况介绍

1、报告期末股东总户数 17682 户

2、报告期内持本公司 5%(含 5%)以上股份的股东情况

报告期内公司前十名股东持股情况(截止 2000 年 12 月 31 日)

序号	股 东 名 称	期初持股数(万股)	股份增减变动数(±)	期末持股数(万股)	占总股本比例(%)
1	内江市国有资产管理局(国家股持股单位)	7672.01	- - -	7672.01	50.34
2	四川峨眉柴油机股份有限公司工会	969.8117	- - -	969.8117	6.36
3	四川省信托投资公司	286.9307	-43.0693	242.9307	1.59
4	中国工行四川信托投资公司内江办事处	150.15	- - -	150.15	0.99
5	白马发电厂电力开发总公司	143	- - -	143	0.94
6	成都远大机械厂	128.7	- - -	128.7	0.84
7	四川内然机厂青年油漆涂装厂	122.98	- - -	122.98	0.81
8	中国冶金进出口四川公司	114.4	- - -	114.4	0.75
9	四川省机械进出口公司	85.8	- - -	85.8	0.56
10	中国出口商品基地建设四川公司	85.8	- - -	85.8	0.56

中国有色金属建设股份有限公司

二〇〇〇年年度报告摘选

一、公司简介

中文名称:中国有色金属建设股份有限公司

英文名称:China Nonferrous Metal Industry's Foreign Engineering and Construction Co., Ltd.

英文缩写:NFC

公司法定代表人:张健

董事会秘书:王宏

联系地址:北京市海淀区复兴路戊 12 号恩菲科技大厦 5 楼

电 话:010 - 63955911　　传 真:010 - 63965364

电子信箱:Wanghong@nfc. com. cn

董秘授权代表:马海东

联系地址:北京市海淀区复兴路戊 12 号恩菲科技大厦 5 楼

电 话:010 - 63955911　　传 真:010 - 63965364

注册地址:北京市丰台区西客站南广场驻京办一号楼 B 座中色建设大厦

邮政编码:100055

办公地址:北京市海淀区复兴路戊 12 号恩菲科技大厦 5 楼　　邮政编码:100038

电子信箱:nfc@nfc. com. cn

年报披露报刊:中国证券报　　年报登载网址:http://www. cninfo. com. cn

本报告备置地点:北京市海淀区复兴路戊 12 号恩菲科技大厦 525A 室

上 市地:深圳证券交易所

股票简称:中色建设　　股票代码:0758

二、会计数据和业务数据摘要

(一)主要会计数据

本年度实现利润总额:	30,740,595.31 元
净 利润:	15,636,502.56 元
扣除非经常性损益后的净利润:	3,864,547.69 元
主营业务利 润:	119,326,892.65 元
其他业务利 润:	-2,764,555.78 元
营 业利 润:	63,533,211.25 元
投 资收 益:	-32,813,838.07 元
补 贴收 入:	0.00 元
营业外收支净额:	21,222.13 元
经营活动产生的现金流量净额:	39,194,401.57 元
现金及现金等价物净增加额:	-30,394,104.70 元

注:非经常性损益金额说明

项目	金额
股权投资价差摊入	11,750,732.74
营业外收支	21,222.13

二、近三年的主要会计数据和财务指标:

项目	单位	2000 年	1999 年		1998 年	
			调整前	调整后	调整前	调整后
主营业务收入	万元	22,391.74	17,157.06	17,157.06	90,437.57	50,817.53
净利润	万元	1,563.65	7,019.73	6,311.86	18,664.92	15,779.29
总资产	万元	136,090.54	137,424.47	137,562.54	210,047.09	131,888.58
股东权益(不含少数股东权益)	万元	79,346.49	81,988.72	80,930.67	80,818.89	76,787.50
每股收益	元	0.04	0.20	0.18	0.83	0.70
每股净资产	元	2.21	2.29	2.26	3.61	3.43
调整后的每股净资产	元	2.00	2.02	2.09	3.19	3.20
每股经营活动产生的现金流量净额	元	0.11	-0.20	-0.20		
净资产收益率	%	1.97%	8.56%	7.80%	23.09%	20.54%
扣除非经常性损益后的每股收益	元	0.01	0.16			
2001 年配股后的每股收益	元	0.04				

上表 1998 年度调整后数据是指 1999 年度根据财政部规定,按追溯调整法对公司财务进行减值准备计提计算的。

(三)利润表附表

按中国证监会《公开发行证券公司信息披露编报规则第 9 号—净资产收益率和每股收益的计算及披露》的要求净资产收益率和每股收益如下:

报告期利润	净资产收益率		每股收益	
	全面摊薄	加权平均	全面摊薄	加权平均
主营业务利润	15.04%	14.60%	0.333	0.333
营业利润	8.01%	7.78%	0.177	0.177
净利润	1.97%	1.91%	0.044	0.044
扣除非经常损益后的净利润	0.49%	0.47%	0.011	0.011

三、股本变动及股东情况

(一).股本变动情况　　数量单位:万股

项 目	本次变动前	本次变动增减(+,-)					本次变动后
		配股	送股	公积金转股	其他	小计	
一、未上市流通股份							
1、发起人股份	20,480						20,480
其中:国家持有股份	20,480						20,480
境内法人持有股份							
境外法人持有股份							
其他							
2、募集法人股							
3、内部职工股							
4、优先股或其他							
其中:转配股							
未上市流通股份合计	20,480						20,480
二、已上市流通股份	15,360						15,360
1、人民币普通股	15,360						15,360
2、境内上市的外资股							
3、境外上市的外资股							
4、其他							
已上市流通股份合计	15,360						15,360
三、股份总数	35,840						35,840

武汉中百集团股份有限公司

二〇〇〇年年度报告摘选

一、公司简介

1、公司的法定中文名称:武汉中百集团股份有限公司
公司的法定英文名称:WUHAN ZHONGBAI GROUP CO., LTD.
2、公司法定代表人:汪爱群
3、公司董事会秘书:杨晓红
授权代表:彭 波
联系地址:武汉市汉口江汉路129号武汉中百集团
联系电话:027-82859668
传真电话:027-82210291
电子信箱:whzbyxh@sina.com
4、公司注册地址:湖北省武汉市江汉区江汉路129号
公司办公地址:武汉市汉口江汉路129号武汉中百商厦25楼
邮政编码:430021
公司网址:HTTP://WWW.WHZB.COM
电子信箱:WHZB@WHZB.COM或
WHZBGR@PUBLIC.WH.HB.CN
5、公司选定的信息披露报纸名称:《中国证券报》《证券时报》
登载公司年度报告的中国证监会指定国际互联网网址:
HTTP://WWW.CNINFO.COM.CN
公司年度报告备置地点:公司董事会秘书处
6、公司股票上市交易所:深圳证券交易所
股票简称:武汉中百
股票代码:0759

二、会计数据和业务数据摘要

1、本年度主要会计数据(单位:人民币元)

利润总额	89,928,943.72
净利润	78,877,568.93
扣除非经常性损益后的净利润	63,808,930.37
主营业务利润	182,427,349.66
其他业务利润	24,443,528.00
营业利润	72,209,719.86
投资收益	16,878,646.17
补贴收入	--
营业外收支净额	840,577.69
经营活动产生的现金流量净额	164,231,898.14
现金及现金等价物净增加额	-35,442,706.47

注:扣除的非经常性损益项目金额:股票投资收益15,068,638.56元系法人配售股票收益。

2、截止报告期末公司前三年的主要会计数据和财务指标 单位:人民币元

项目	2000年	1999年	1998年	
			调整前	调整后
主营业务收入	1,087,277,482.29	598,827,802.21	489,373,436.65	489,373,436.65
净利润	78,877,568.93	31,251,560.21	39,075,804.98	30,014,937.17
总资产	1,286,578,784.46	975,020,296.08	598,513,120.94	549,194,724.69
股东权益(不含少数股东权益)	540,066,235.36	510,811,528.93	369,892,064.97	320,573,668.72
每股收益	0.449	0.178	0.263	0.202
每股收益(按月平均加权法计算)	0.449	0.201	0.263	0.202
扣除非经常性损益后的每股收益	0.363	0.169	0.252	0.191
每股净资产	3.07	2.91	2.49	2.16
调整后的每股净资产	3.00	2.64	2.23	1.90
每股经营活动产生的现金流量净额	0.935	-0.288	-0.215	-0.215
净资产收益率(%)	14.61	6.12	10.56	9.36

三、股本变动及股东情况

1、报告期内,公司股本总量未发生变化。
2、股东情况介绍
(1)截止2000年12月31日本公司股东总户数为41,709户。
(2)前十名股东的持股情况 数量单位:股

股东名称	年初持股数	年末持股数	占总股本比例(%)
武汉国有资产经营公司	30,172,000	30,172,000	17.17
武汉国兴投资咨询有限责任公司	9,966,000	9,966,000	5.67
武汉市建银房地产开发公司	3,300,000	3,300,000	1.88
长江经济联合发展股份武汉公司	2,326,500	2,326,500	1.32
湖北凯天国际集团有限公司	1,980,000	1,980,000	1.13
武汉市商业银行民生路支行	1,732,500	1,732,500	0.99
北京钢研新锐新技术开发公司	0	1,700,326	0.98
中国三江航天工业集团公司	1,650,000	1,650,000	0.94
武汉聚安物业管理有限公司	1,650,000	1,650,000	0.94
湖北金鹤实业开发公司	1,650,000	1,650,000	0.94

注:①截止报告期持有本公司5%以上股份的股东武汉国有资产经营公司和武汉国兴投资咨询有限责任公司所持有的本公司股份未发生质押、冻结情况;

②前十名股东均无关联关系;

③前十名股东中北京钢研新锐新技术开发公司所持有的股份为社会公众股。

④武汉国兴投资咨询有限公司于2000年8月7日与武汉华汉投资管理有限公司签订了《股权转让协议》,将其持有的9,966,000股转让给武汉华汉投资管理有限公司,截至报告期,股权过户手续尚在办理中。(公司已在2000年12月19日《中国证券报》和《证券时报》上进行了披露)

(3)报告期内本公司控股股东未变更。

湖北车桥股份有限公司

二〇〇〇年年度报告摘选

一、公司简介

1、公司法定中文名称:湖北车桥股份有限公司
英文名称:Hubei Axle Stock Co., Ltd
英文缩写:HBAXLE
2、公司法定代表人:郭桂华先生
3、公司董事会秘书:陈 林先生
电 话:0716-5225925 013707213146
传 真:0716-5228925
授权代表:丁 翔先生
电 话:0716-5225925
传 真:0716-5228925
4、联系地址:湖北省公安县斗湖堤镇荆江大道178号
注册及办公地址:湖北省公安县斗湖堤镇荆江大道178号
邮 编:434300
公司国际互联网址:www.Chinamep.com
E-mail:yzguo@jz-mail.hb.cninfo.net
5、公司指定信息披露报刊:《中国证券报》、《证券时报》
公司登载年度报告国际互联网址:http://www.cninfo.com.cn
公司年报备置地点:公司董事会办公室、公司证券部
6、公司股票上市交易所:深圳证券交易所
股票简称:湖北车桥
股票代码:0760

二、会计数据和业务数据摘要

(一)本年度利润总额及构成(单位:元)

项目	金额
利润总额	37,056,527.98
净利润	31,498,048.78
扣除非经常性损益后的净利润	25,881,970.69
主营业务利润	45,233,449.47
其它业务利润	5,361,699.18
营业利润	30,449,377.28
投资收益	867,479.25
补贴收入	1,853,400.76
营业外收支净额	3,886,270.69
经营活动产生的现金流量净额	45,843,744.64
现金及现金等价物净增加额	-66,251,808.08

(二)截止报告期末公司前三年主要会计数据和财务指标:

指标项目	2000年	1999年	1998年	
单位:元			调整前	调整后
主营业务收入	167,260,690.82	220,737,161.60	300,755,200.60	300,755,200.60
净利润	31,498,048.78	22,479,789.09	30,238,729.58	25,924,718.36
总资产	502,978,434.75	517,258,251.33	491,336,884.67	469,361,078.04
股东权益	391,754,221.70	355,099,022.27	207,680,885.15	186,897,033.10
每股收益	0.288	0.21	0.312	0.267
加权每股收益	0.288	0.218	0.312	0.267
扣除非经常性损益后的每股收益	0.237	0.11	0.312	0.267
每股净资产	3.58	3.248	2.145	1.93
调整后每股净资产	3.54	3.158	1.985	1.918
每股经营活动产生的现金流量净额	0.419	-0.05	0.199	——
净资产收益率	8.04	6.33	14.56	13.87
加权净资产收益率	8.51	8.34	14.76	13.92
扣除非经常性损益后的加权净资产收益率	7	3.62	14.10	12.09

注①:根据中国证监会《公开发行证券公司信息披露编报规则(第九号)》要求计算的利润数据如下:

报告期利润	净资产收益率(%)		每股收益	
	全面摊薄	加权平均	全面摊薄	加权平均
主营业务利润	11.55	12.23	0.414	0.414
营业利润	7.77	8.23	0.279	0.279
净利润	8.04	8.51	0.288	0.288
扣除非经常性损益后的净利润	6.61	7.00	0.237	0.237

三、股东情况介绍

1、截止2000年12月31日,公司股东总户数为20446户,其中:国家股东1户,法人股东5户,社会公众股东20440户。

2、截止2000年12月31日,公司前十名股东持股情况:

名次	股东名称	本期末持股数(股)	占总股本(%)
①	湖北华通车桥集团有限公司	39491300	36.12
②	公安县经济开发投资公司	10947600	10.01
③	公安县振华物贸有限责任公司	4962200	4.54
④	公安县华通商贸有限责任公司	755424	0.69
⑤	江苏亚星客车集团有限公司	710200	0.649
⑥	武汉市汉阳商场股份有限公司	497061	0.455
⑦	深圳市富有联实业有限公司	391623	0.358
⑧	张彩云	380500	0.348
⑨	丁 林	375100	0.343
⑩	杨友生	373925	0.342

本钢板材股份有限公司

二〇〇〇年年度报告摘要

一、公司简介

1、公司法定中文名称：
本钢板材股份有限公司
公司的法定英文名称：
BENGANG STEEL PLATES CO.,LTD.
2、公司法定代表人：张营富
3、公司董事会秘书：梁广德
公司证券事务代表：孙忠政
联系地址：辽宁省本溪市平山区人路16号
电话：0414－7827344　7828360
传真：0414－7827004　7828009
4、公司注册地址、公司办公地址：
辽宁省本溪市平山区人民路16号
邮政编码：117000
电子信箱：bgbctwg@mail.bxptt.ln.cn
5、公司选定的信息披露报纸名称：《中国证券报》、《证券时报》、《香港商报》。
登载年度报告的中国证监会指定国际互联网网址：
http://www.cninfo.com.cn
公司年度报告备置地点：
辽宁省本溪市平山区人民路16号公司证券部
6、公司股票上市交易地点：深圳证券交易所
(1)B股股票简称：本钢板B
股票代码：2761
(2)A股股票简称：本钢板材
股票代码：0761

二、会计数据和业务数据摘要

1、公司本年度主要利润指标情况(金额单位：人民币元)

利润总额	417,684,411
净利润	349,806,924
扣除非经常性损益后的净利润	349,806,924
主营业务利润	567,576,960
营业利润	425,843,798
营业外收支净额	－8,159,387
经营活动产生现金流量净额	539,535,701
现金及现金等价物净增加额	137,031,562

2、公司前三年主要会计数据和财务指标　　金额单位：人民币元

指标名称	2000年度	1999年度	1998年度
主营业务收入	6,993,593,906	5,578,168,459	4,720,721,130
净利润	349,806,924	332,663,357	297,564,768
总资产	4,728,852,728	4,380,644,000	3,862,583,844
股东权益	3,438,584,306	3,293,257,382	2,960,594,025
每股收益(摊薄)	0.3079	0.2928	0.2619
每股收益(加权)	0.3079	0.2928	0.2619
扣除非经常性损益后的每股收益	0.3079	0.2928	0.2619
每股净资产	3.0269	2.8990	2.6062
调整后每股净资产	3.0083	2.8791	2.5896
每股经营活动产生的现金流量净额	0.47	0.45	0.30
净资产收益率(%)	10.17	10.10	10.05

3、净资产收益率及每股收益指标分析附表

报告期利润	净资产收益率(%)		每股收益(元)	
	全面摊薄	加权平均	全面摊薄	加权平均
主营业务利润	16.51	16.86	0.4996	0.4996
营业利润	12.38	12.65	0.3749	0.3749
净利润	10.17	10.39	0.3079	0.3079
扣除非经常性损益后的净利润	10.17	10.39	0.3079	0.3079

全面摊薄净资产收益率和每股收益的计算公式如下：
全面摊薄净资产收益率＝报告期利润÷期末净资产
全面摊薄每股收益＝报告期利润÷期末股份总数
加权平均净资产收益率(ROE)的计算公式如下：
$ROE=P/(E0+NP\div 2+Ei\times Mi\div M0-Ej\times Mj\div M0)$

其中：P为报告期利润；NP为报告期净利润；E0为期初净资产；Ei为报告期发行新股或债转股等新增净资产；Ej为报告期回购或现金分红等减少净资产；M0为报告期月份数；Mi为新增净资产下一月份起至报告期期末的月份数；Mj为减少净资产下一月份起至报告期期末的月份数。

加权平均每股收益(EPS)的计算公式如下：
$EPS=P/(S0+S1+Si\times Mi\div M0-Sj\times Mj\div M0)$

其中：P为报告期利润；S0为期初股份总数；S1为报告期因公积金转增股本或股票股利分配等增加股份数；Si为报告期因发行新股或债转股等增加股份数；Sj为报告期因回购或缩股等减少股份数；M0为报告期月份数；Mi为增加股份下一月份起至报告期期末的月份数；Mj为减少股份下一月份起至报告期期末的月份数。

4、报告期内股东权益变动情况(金额单位：人民币元)

项目	股本	资本公积	盈余公积	法定公益金	未分配利润	股东权益合计
期初数	1,136,000,000	1,403,670,719	101,154,090	50,577,045	601,855,528	3,293,257,382
本期增加			34,980,692	17,490,346	297,335,886	349,806,924
本期减少					204,480,000	204,480,000
期末数	1,136,000,000	1,403,670,719	136,134,782	68,067,391	694,711,414	3,438,584,306
变动原因			按净利润10%计提增加	按净利润5%计提增加	由于本年利润增加及中期分配所致	

截止2000年12月31日，根据中国会计准则和国际会计准则所计算的税后利润存在差异，详见主要会计报表项目附注。

三、股本情况介绍

1、报告期末股东总数

截止2000年12月31日，公司股东总数为80560户，其中国有法人股东1户，B股股东7735户，A股股东72824户。

2、截止2000年12月31日，公司前十名股东持股情况

序号	股东名称	持股数	占总股本%
1	本溪钢铁(集团)有限责任公司(国有法人股)	616,000,000	54.23
2	SSBT/THE CHINA FUND－UH1 UHO1	7,309,600	0.60
3	CHINA INTL MARINE CONTAINERS (HONG KONG)LTD	6,868,701	0.53
4	NG CHUN WAH 吴俊华	4,911,000	0.43
5	YEUNG KA LING 杨嘉龄	4,553,500	0.40
6	MSCO/EVEREST CAPITAL FRONTIER FUNP L.P	4,349,874	0.38
7	WISEMAX INTERNATIONAL LIMITED 智万国际有限公司	4,171,397	0.37
8	HKIT/006－113039－431	3,793,200	0.33
9	BEST RELIANCE INVESTMENTS LTD	3,698,702	0.325
10	CHINA PINGAN INSURANCE(HK)CO.LTD 中国平保(香港)	3,000,000	0.26

3、本溪钢铁(集团)有限责任公司是本公司持股10%以上的法人股东，其法定代表人为张营富，经营范围是：钢铁冶炼、矿山开采、板材轧制、制氧、制管、发电、煤化工、特钢型材、供暖、水电风气供应、金属加工、机电修造、设备制造、建筑安装、铁路、公路运输、进出口贸易、旅游、建筑材料、耐火材料、计器仪表、物资供销、房地产开发、科研、设计、信息服务等。

四、股东大会简介

1、关于召开1999年度股东大会的通知和关于召开2000年第一次临时股东大会的通知分别刊登在2000年4月18日和8月22日的《中国证券报》、《证券时报》和《香港商报》上。

2、本公司于2000年5月18日在辽宁省本溪市本钢宾馆召开了1999年度股东大会，出席会议的股东(包括股东代理人)19人，所持有表决权股份计616,046,100股，占公司总股份的54.24%，大会通过以下决议：
(1)1999年度董事会工作报告；
(2)1999年度监事会工作报告；
(3)1999年度财务决算及2000年度财务预算报告；
(4)2000年生产经营计划；
(5)1999年度利润分配方案；
(6)计提"四项准备"管理制度；
(7)关于公司1999年计提"四项准备"的报告；
(8)关于推选公司第二届董事会董事候选人的议案；
(9)关于推选公司第二届监事会监事候选人的议案；
(10)关于继续聘请安达信·华强会计师事务所和安达信国际会计公司为2000年度审计师的议案。

3、本公司于2000年9月21日在本钢集团公司第一会议室召开2000年第一次临时股东大会。出席会议的股东及股东代表19人，代表股份622008230股，占公司总股本54.75%，大会通过以下决议：
(1)2000年度中期利润分配方案；
(2)关于对前次募集资金使用情况变更的议案；
(3)关于向本溪钢铁(集团)有限责任公司转让公司持有的本溪钢铁(集团)冷轧薄板有限公司1.98亿股权的议案。

五、董事会报告

(一)公司经营情况
1、公司所处的行业及在行业中的地位
本公司主营业务为钢铁冶炼、板材轧制及其相关产品的销售业务，按销售额已成为国内重要的热轧板材生产基地，国内市场占有率为15.82%。(资料来源：国家冶金局冶金经济发展研究中心)。

2、公司主营业务的范围及其经营情况

(1)公司主营业务的范围为生产、加工、销售热轧板材。

(2)按地区销售收入构成情况:东北占 51.88%,华北占 31.34%,华东占 12.09%,中南占 3.99%,西北占 0.70%。

3、在经营中出现的问题与困难及解决方案

2000 年公司面对即将加入世贸组织后的进口冲击与进一步稳定和扩大市场份额的矛盾,面对产量大幅度增长和加速技术改造的矛盾,知难而进,发动全体员工顽强拼搏,不懈努力,使公司主体设备装备水平更加先进,工艺结构更加合理,经济效益稳定提高。

(1)生产规模合理扩张,产品结构明显优化。全年生产热轧板材 310 万吨,比上年增长 18.57%。为适应市场需求,公司在开发研制新产品、调整产品结构和提高产品质量上狠下功夫,形成了汽车结构用钢、深冲用钢、石油管线用钢等八大系列产品。同时塑造名牌,向精品板材延伸。

(2)积极推进管理创新,深入实施低成本战略。进一步强化财务管理与创新,全面推行了财务预算制管理。实行了内部银行制,最大限度地发挥资金的使用效率。

(3)着力开拓国内外市场,营销工作再创新业绩。面对即将加入 WTO 后的国内外市场形势和全球经济一体化趋势,同时适应国家总量控制政策要求和公司产品未来发展方向,在认真总结近年来营销工作经验的基础上,营销策略和手段不断创新。并积极参与国际市场竞争,把产品出口作为营销工作重点,通过广泛收集国际市场信息,热轧板已打入过去很少涉足的欧美市场。

(二)公司财务状况 (元)

财务指标	2000 年	1999 年	增减(%)
总资产	4,728,852,728	4,380,644,000	7.95%
长期负债	464,000,000	177,070,000	162.04%
股东权益	3,438,584,306	3,293,257,382	4.41%
主营业务利润	567,576,960	463,343,093	22.50%
净利润	349,806,924	332,663,357	5.15%

变动主要原因:

总 资 产:股东权益增加所致。

长期负债:增加长期贷款所致。

股东权益:净利润增加所致。

主营业务利润:主营业务收入增加所致。

净利润:主营业务收入增加,利润总额增加所致。

(三)公司投资情况

1、募集资金使用情况

前次募集资金大部分用于一期连铸工程,关于变更募集资金使用的情况已在本公司中期报告中进行过专题说明,这里不再详述。

(1)板坯连铸一期工程:计划总投资 18.9 亿元,1997 年 3 月开工,2000 年末累计完成投资 17.07 亿元。本年转入固定资产,交付生产。

(2)热连轧改造工程:计划总投资 12.4 亿元,1999 年 3 月开工,2000 年末累计完成投资 2.4 亿元。预计 2001 年完工。

2、非募集资金使用情况

(1)板坯连铸二期工程:计划总投资 4.3 亿元,1999 年 6 月开工,2000 年末累计完成投资 2.3 亿元。预计 2001 年完工。

(2)4#加热炉:计划总投资 1.15 亿元,1999 年 1 月开工,2000 年末完工。2000 年末累计完成投资 1.14 亿元。交付生产。

(3)连轧上料系统:计划总投资 1,700 万元,2000 初开工,2000 年末完工。2000 年末累计完成投资 1,700 万元。交付生产。

(4)炼钢厂挡渣出钢装置:计划总投资 2,600 万元,2000 初开工,2000 年末累计完成投资 849 万元。预计 2001 年完工。

(5)连轧 2#卷取机改造:计划总投资 1.3 亿元,2000 年末累计完成投资 620 万元。预计 2002 年完工。

(四)新年度的业务发展计划

1、生产经营的总目标及措施

经营目标:实现热轧板材产量 320 万吨,新品种的销售收入占总销售收入的 25%以上。

措施:

(1)主动参与国际市场竞争,大力开拓"双高"产品市场,进一步稳定和扩大产品的市场份额。

要积极把握并应对加入 WTO 后给公司带来的机遇和挑战,强化专业营销队伍建设,选择有实力、有信誉的外商作为长期贸易伙伴,要切实做好对美国钢铁企业反倾销的反诉工作,进一步把本钢板材产品推向世界。

要加强国内市场的开发,不断优化品种和用户结构。要加大石油管线钢、耐侯钢、焊瓶钢和深冲钢等高附加值和高技术含量产品的市场开发,认真总结"西气东输"的经验,做好其他输油输气管道的应标工作。

(2)坚持技术创新,以建设精品板材基地为目标,不断加大技术改造和"双高"产品的开发力度。

为完善建设精品板材基地的硬件,2001 年公司要完成转炉挡渣出钢、转炉自动化、热连轧一期改造等重点技改项目。为公司进一步增加产量,提高质量,扩大品种,降低消耗,提高效益奠定基础。

2001 年公司要在继续开发生产超深冲用钢、耐侯钢、石油管线钢等 13 个品种的同时,在开发研制汽车用钢瓶用钢、高强度和高韧性管线、造船板等新钢种上有重大突破。"双高"产品实现销售收入占总收入的 25%。

(3)正确处理生产与技改的矛盾,提高科学管理水平,实现稳产、高产目标。

针对 2001 年生产任务重,改造工期紧的突出矛盾,生产系统和建设系统要紧密团结,通力合作,共同创造生产和改造良好通畅的工作环境。要通过生产与技改部门的密切配合,缩短与新工艺、新技术、新装备的磨合期,使技改工程特别是热连轧机改造尽快达产,并保品种、保质量地完成全年的主要产品产量指标。

(4)深入实施低成本战略,全面加强企业管理

要继续推行预算制管理,在资金管理上坚持收支两条线,通过编制收入预算,做到应收尽收,并通过预算调控支出,做到量入为出。要强化成本管理,深化工序成本攻关活动,瞄准同行业先进水平,确定对标挖潜目标,主要工序成本要达到行业先进水平。要强化质量管理,围绕 ISO9000 标准 2000 版换版,争取尽快完成 2000 版过渡。要严格质量监督检查,特别是上卜工序间的产品质量检查,产品合格率要达到 100%,关键实物质量稳定提高率达到 100%。

(五)中国加入 WTO 对本公司的影响

加入 WTO 对本公司既是机遇,也有挑战,多年来公司积极研究加入 WTO 的对策,首先是加快了技术改造的步伐,使炼钢、轧钢的主要设备装备达到国内外先进水平,同时按国际先进标准组织生产,开发和生产出了石油管线钢、耐侯钢、焊瓶钢、深冲钢等一系列高附加值、高技术含量在国内外市场上有竞争力的产品。其次是在管理上与国际惯例接轨,大幅度降低成本。另外,在销售上,公司十分注重了解和掌握国外冶金企业的主要产品信息,融合与国际接轨的先进营销理念,加强和完善国际市场调查、产品推销、电子商务、国际结算及风险防范等诸多环节,不断扩大出口,进一步增强了在国内外市场的竞争力。

(六)新开工程主要项目

1、转炉自动化:计划总投资 12042 万元,2001 年计划投资 5980 万元。预计 2002 年完工。

2、烟尘治理工程:计划总投资 10147 万元,2001 年计划投资 5150 万元。预计 2002 年完工。

(七)董事会日常工作情况

报告期内,公司召开了三次董事会。

1、2000 年 4 月 15 日,召开了第一届董事会第九次会议,并审议通过如下决议:

(1)1999 年董事会工作报告;

(2)1999 年度报告及摘要;

(3)1999 年财务决算报告;

(4)2000 年生产经营计划;

(5)1999 年利润分配预案;

(6)计提"四项准备"管理制度;

(7)关于公司 1999 年度计提"四项准备"的报告;

(8)关于解聘接厚符副总经理职务的议案;

(9)关于解聘刘国强总经理职务的议案;

(10)关于推荐公司第二届董事会董事候选人的议案;

(11)关于继续聘请安达信·华强会计师事务所和安达信国际会计公司为 2000 年度审计师的议案;

(12)关于召开 1999 年度股东大会的决议。

2、2000 年 5 月 18 日,召开了第二届董事会第一次会议,并审议通过如下决议:

(1)选举张营富为董事长;

(2)聘任梁广德、王庆阳为副总经理。

3、2000 年 8 月 20 日,召开了第二届董事会第二次会议,审议通过如下决议:

(1)2000 年度中期报告及摘要;

(2)2000 年度中期利润分配预案;

(3)关于聘任梁广德为董事会秘书的议案;

(4)关于对前次募集资金使用情况变更的议案;

(5)关于向本溪钢铁(集团)有限责任公司转让公司持有本溪钢铁(集团)冷轧薄板有限公司 1.98 亿股权的议案;

(6)关于召开 2000 年第一次临时股东大会的议案。

(八)公司管理层及员工情况

1、董事、监事、高级管理人员

姓名	性别	职 务	任期起止日期	年初持股数(股)	年末持股数(股)	年度内股份增减变动量(+、-)	增减变动原因	年度报酬总额(元)
张营富	男	董事长	2000/5/18-2003/5/18					未在公司领取
吴茂清	男	董事	2000/5/18-2003/5/18	5000	5000			未在公司领取
于天忱	男	董事	2000/5/18-2003/5/18	10000	10000			未在公司领取
接厚符	男	董事	2000/5/18-2003/5/18					未在公司领取
王庆阳	男	董事、副总经理	2000/5/18-2003/5/18	10000	10000			26406
郭燕昌	男	董事	2000/5/18-2003/5/18					未在公司领取
梁广德	男	董事、副总经理	2000/5/18-2003/5/18	10000	10000			30443
李 宇	男	董事	2000/5/18-2003/5/18					未在公司领取
王英烈	男	监事会主席	2000/5/18-2003/5/18					未在公司领取
何旭升	男	监事会副主席	2000/5/18-2003/5/18					未在公司领取
王云和	男	监事	2000/5/18-2003/5/18	10000	10000			27193
吴 畏	男	监事	2000/5/18-2003/5/18	10000	10000			18473
孙 晓	男	监事	2000/5/18-2003/5/18					未在公司领取

报告期内,副董事长、总经理刘国强离任,副总经理接厚符离任,聘任梁广德、王庆阳为副总经理,聘仼梁广德为董事会秘书。

2、公司共有员工 5313 人,其中生产人员 4436 人,销售人员 124 人,技术人员 386 人,财务人员 23 人,行政人员 344 人。从教育程度上看,有研究生 20 人,本科生 454 人,大专生 571 人,中专生 333 人,高中生 1316 人,高中以下 2619 人。

(九)本次利润分配预案或资本公积金转増股本预案

本公司 2000 年度实现利润总额 417,684,411 元,净利润为 349,806,924 元,每股收益为 0.308 元(已经安达信·华强会计师事务所和安达信国际会计公司审计)。按公司章程规定,提取 10%法定盈余公积 34,980,692 元,提取 5%公益金 17,490,346 元,2000 年中期已经以现金分配利润 20,448 万元,2000 年度剩余未分配利润 92,86 万元,累计可供股东分配的利润 69,471 万元。经公司董事会研究决定,鉴于 2000 年度中期已进行现金分红,2000 年期末不进行利润分配,也不以公积金转增股本。

(十)预计 2001 年利润分配政策

1、本公司预计在 2001 年度报告期内进行一次利润分配。

2、采用现金分红方式。

3、分配的比例不低于 2001 年实现可供股东分配利润的 50%。

六、监事会报告

(一)报告期内,监事会共召开三次会议

1、2000 年 4 月 15 日,召开了第一届监事会第六次会议,审议通过了以下议案:

(1)1999 年度监事会工作报告;

(2)审议公司第一届董事会第九次会议的以下议案

a、1999 年度董事会工作报告;

b、1999 年度报告及摘要;

c、1999 年度财务决算报告;

d、2000 年生产经营计划;

e、1999 年度利润分配预案;

f、计提"四项准备"管理制度;

g、关于公司 1999 年度计提"四项准备"的报告;

h、关于解聘接厚符副总经理职务的议案;

I、关于解聘刘国强总经理职务的议案;

J、关于推荐公司第二届董事会董事候选人的议案;

K、关于继续聘请安达信·华强会计师事务所和安达信国际会计公司为 1999 年度审计师的议案;

L、关于召开 1999 年度股东大会的决议

(3)推荐公司第二届监事会监事候选人的议案;

2、2000 年 5 月 18 日,召开了第二届监事会第一次会议,审议通过了下议案:

(1)审议公司第二届董事会第一次会议的以下议案:

①选举张营富为董事长;

②聘任梁广德、王庆阳为副总经理。

(2)选举王英烈为监事会主席;

(3)选举何旭升为监事会副主席。

3、2000 年 8 月 19 日,召开了公司第二届监事会第二次会议,审议通过了以下议案:

(1)2000 年度中期报告;

(2)2000 年中期利润分配预案;

(3)关于聘任梁广德为公司董事会秘书的议案;

(4)关于对前次募集资金使用情况变更的议案;

(5)关于向本溪钢铁(集团)有限责任公司转让公司持有本溪钢铁(集团)冷轧薄板有限公司 1.98 亿股权的议案;

(6)关于召开 2000 年第一次临时股东大会的议案。

(二)2000 年,监事会根据《中华人民共和国公司法》、《中华人民共和国证券法》等法律法规的规定,以及公司章程所赋予的各项权限,本着对全体股东高度负责的精神,完成了监事会各项职责,并就下列事项发表独立意见:

①公司能够依法运作,公司决策程序合法,已经建立了完善的内部控制制度,公司董事、经理执行公司职务时无违反法律、法规、公司章程或损害公司利益的行为。

②会计师事务所的审计意见及所涉及事项真实反映了公司的财务状况和经营成果。

③公司所募集资金实际投入项目和承诺投入项目相一致。

④公司本年度无收购、出售资产行为,无内幕交易,无损害部分股东的权益或造成公司资产流失。

(5)公司严格执行关联交易协议,关联交易公平合理,无损害上市公司利益。

七、重要事项

1、本年度公司无重大诉讼、仲裁事项。

2、报告期内公司、公司董事及高级管理人员无受监管部门处罚的情况。

3、报告期内无公司控股股东变更;董事会进行了换届,公司总经理刘国强因工作变动原因解聘;梁广德被聘为董事会秘书。

4、报告期内,本钢板材股份有限公司向本溪钢铁(集团)有限责任公司转让公司持有的本溪钢铁(集团)冷轧薄板有限公司 1.98 亿股权。

5、重大关联交易事项。

报告期内,除上述向本溪钢铁(集团)有限责任公司转让公司持有的本溪钢铁(集团)冷轧薄板有限公司 1.98 亿股权之外,没有发生与以前年度不同的关联交易事项。具体交易事项见会计报表附注。

6、本公司与控股股东在人员独立、资产完整、财务独立上已基本做到"三分开"。

在人员方面,上市公司在劳动、人事及工资管理方面是独立的。经理、副经理在上市公司领取报酬,在股东单位不担任重要职务。

在资产方面,上市公司拥有独立的生产系统、辅助生产系统和配套设施;工业产权、非专利技术等资产全部进入上市公司,股份公司拥有独立的采购、销售系统。

在财务方面,上市公司设立了独立的财务部门,并建立了独立的会计核算体系和财务管理制度,独立在银行开户。

7、公司继续聘任安达信·华强会计师事务所和安达信国际会计公司为 2000 年度审计师。

8、报告期内公司不涉及其他重大合同(担保、租赁经营、委托经营)事项。

9、公司报告期内无更改名称或股票简称的情况。

八、财务会计报告

本公司 2000 年度财务报告经安达信·华强会计师事务所中国注册会计师孙宜、肖庆华审计并出具了无保留意见的审计报告。

(一)、审计报告

审计报告

安财审[2001]0099 号

致:本钢板材股份有限公司全体股东

安达信·华强会计师事务所(以下简称"我们")接受委托,审计了本钢板材股份有限公司(以下简称"贵公司")于二零零零年十二月三十一日及一九九九年十二月三十一日的资产负债表和截至二零零零年十二月三十一日及一九九九年十二月三十一日止会计年度的利润及利润分配表和现金流量表。编制会计报表是贵公司管理阶层的责任,我们的责任是依据我们的审计对上述会计报表发表意见。我们的审计是依据《中国注册会计师独立审计准则》进行的。在审计过程中,我们结合贵公司的实际情况,实施了包括抽查会计记录等我们认为必要的审计程序。

我们认为,上述会计报表符合中华人民共和国《企业会计准则》和《股份有限公司会计制度》的有关规定,在所有重大方面公允地反映了贵公司于二零零零年十二月三十一日及一九九九年十二月三十一日的财务状况及截至二零零零年十二月三十一日及一九九九年十二月三十一日止会计年度的经营成果和现金流量,会计处理方法的选用遵循了一贯性原则。

安达信·华强会计师事务所　　中国注册会计师
中国·北京　　孙宜
二零零一年四月二十一日　　中国注册会计师
肖庆华

(二)、会计报表:(附后)

(三)、会计报表附注:

注一、公司简介

本钢板材股份有限公司(以下简称"本公司")系由本溪钢铁(集团)有限责任公司(以下简称"本钢集团公司")以其拥有的炼钢厂、初轧厂及热连轧厂有关经营钢铁板材业务的资产及负债进行重组,采用募集设立方式发行境内上市外资股("B 股"),于一九九七年六月二十七日在中华人民共和国("中国")成立的股份有限公司,注册资本为 1,136,000,000 元。

于一九九七年十一月,本公司经批准发行人民币普通股("A 股")。本公司主要从事钢铁冶炼、压延加工及相关产品的销售业务。

注二、主要会计政策和会计估计

本会计报表所载之财务数据系本公司基于下列会计政策及会计估计编制的。

1. 会计制度

本公司执行中华人民共和国《企业会计准则》和《股份有限公司会计制度》。

另外,根据中国财政部发布的财会[2001]17 号文《贯彻实施<企业会计制度>有关政策衔接问题的规定》的规定,股份有限公司应于二零零一年一月一日起执行《企业会计制度》,《股份有限公司会计制度》同时废止。股份有限公司于编制二零零零年度之会计报表时,应对上述规定中列明之应予追溯调整之事项,作为资产负债表日后调整事项进行追溯调整。本公司现已依据上述规定进行有关会计处理。除于附注四－注释 22 中列明之变动以外,上述变更并未对本公司的财务状况及经营成果产生重大的影响。

2. 会计年度

本公司的会计年度自公历一月一日起至十二月三十一日止。

3. 记账本位币

本公司以人民币为记账本位币。

4. 记账基础及计价原则

本公司的会计核算以权责发生制为记账基础。除按国家规定进行资产评估的资产以重估的价值入账外,各项资产均以取得或购建时发生的实际成本入账。

5. 外币业务核算方法

以非记账本位币计价的经济业务,按业务发生当日中国人民银行公布的汇率(中间价)折合为记账本位币入账。于决算日,货币性项目中的非记账本位币余额按当日中国人民银行公布的汇率(中间价)进行调整。由此产生的折算差额除于筹建期间或固定资产购建期间有关借款发生的汇兑差额资本化外,作为汇兑损益记入当年度财务费用。

6. 现金等价物的确定标准

现金等价物指本公司持有的期限短、流动性强、易于转换为已知金额的现金且价值变动风险很小的投资。

7. 坏账核算方法

本公司对坏账核算采用备抵法。对于预计不能收回或不能全额收回的应收账款、应收票据及其他应收款等,本公司根据实际情况作出估计后提取专项坏账准备或核销;就其余应收账款、应收票据及其他应收款等,本公司于决算日按照其余额的一定比例提取一般性坏账准备;坏账准备或核销均计入当年度管理费用。

8. 存货核算方法

本公司的存货分为原材料、在产品、产成品及备品备件。购入或自制的存货以实际成本入账,存货的领用或发出按加权平均法计算确定。在产品及产成品的成本包括直接材料、直接人工及应分摊的制造费用。备品备件于领用时按一次摊销法计入成本。

本公司于决算日根据各项存货的可变现净值与账面成本的差额提取存货跌价准备;对于长期积压或借出及发出后无法收回的存货,本公司根据实际情况作出估计后提取专项跌价准备或核销;跌价准备或核销均计入当年度损益。

9. 长期投资核算方法

本公司的长期股权投资按投资时实际支付的价款或确定的价值入账。对投资额占被投资单位有表决权资本总额 20%以下,或虽占 20%或 20%以上,但不具有重大影响的长期股权投资,采用成本法核算;对投资额占被投资单位有表决权资本总额 20%或 20%以上,或虽不足 20%但有重大影响的长期股权投资,采用权益法核算。

长期股权投资售出或收回时,实际收到的价款和资产(按所确定的价值)与其账面价值之间的差额,计入当年度损益。

对于预计不能收回或发生重大贬值的长期投资,本公司根据实际情况作出估计后按可收回金额低于投资账面价值的差额提取长期投资减值准备,并计入当年度损益。

10. 固定资产计价和折旧方法

本公司的固定资产指使用期限超过一年的房屋、建筑物、机器、机械、运输工具以及其他与生产经营有关的设备、器具、工具等,以及使用期限在两年以上且单位价值在 2,000 元以上但不属于生产经营主要设备的物品。

固定资产以成本或重估价值为原价入账。固定资产折旧采用平均年限法计算,并按固定资产的类别、估计经济使用年限和预计残值(原值的 3%)确定其折旧率如下:

类　别	估计经济使用年限	年折旧率
房屋及建筑物	10～35 年	2.8 ～9.7%
机器设备	5～ 15 年	6.5 ～19.4%
运输及办公设备	5～ 8 年	12.1 ～ 19.4%

本公司对实质上已经发生减值的固定资产按其可回收金额低于账面价值的差额计提固定资产减值准备。

11. 在建工程核算方法

本公司的在建工程包括施工前期准备、正在施工中和虽已完工但尚未交付使用的建筑工程和安装工程等。在建工程按照实际成本入账,包括直接建造和购入有关资产的成本、于兴建、安装及测试期间有关借款发生的利息支出及外币汇兑差额,并扣除交付使用前取得的收入。在建工程于交付使用后转为固定资产并计提折旧。

本公司对预计发生减值的在建工程,如长期停建并预计在三年内不会重新开工的在建工程,按其可回收金额低于账面价值的差额计提在建工程减值准备。

12. 开办费及长期待摊费用

本公司的开办费及长期待摊费用按实际发生额入账。开办费从开始生产经营的当月起按五年平均摊销。长期待摊费用是指重建职工住宅的迁移费与安置费,按房屋使用年限分三十年平均摊销。

13. 收入确认原则

商品销售

本公司在已将商品所有权的主要风险和报酬转移给买方,不再保留对该商品的继续管理权亦不再对商品实施控制,相关的经济收益已经收到或取得收款的证据,且相关的收入和成本能够可靠地计量时,确认收入的实现。

利息收入

本公司在相关的收入金额能够可靠计量,相关的经济收益已经收到或取得收款的证据时,按资金使用时间和约定的利率确认利息收入。

14. 经营租赁

经营租赁指与资产所有权有关的全部风险和报酬由出租人承担的租赁。经营租赁的租金在租赁期内的各个期间按直线法确认为费用。

15. 所得税的会计处理方法

本公司根据会计报表所列的税前利润或亏损金额,经就不须缴纳或不得用以扣减所得税的收入及支出项目作出调整后,计算应纳税所得额。

本公司所得税的会计处理方法采用应付税款法。

16. 利润分配方法

(1) 提取法定盈余公积及法定公益金

根据《中华人民共和国公司法》,本公司须按根据中国会计准则确定的净利润的 10%和 5%分别提取法定盈余公积(当该项公积已达本公司注册股本金额的 50%以上时可不再提取)和法定公益金。经股东大会决议,本公司可从净利润中提取任意盈余公积。

(2) 股利分配

根据《股份有限公司境内上市外资股规定的实施细则》,本公司在分配股利时以分别根据中国会计准则和国际会计准则所确定的可供股东分配的利润两者中的较低者为基准。股利分配方案须经董事会决议并经股东大会批准。

注三、税项

税 种	计税依据	税 率
增值税	销售收入、加工及修理装配劳务收入以及进口货物金额	17%
营业税	应税劳务收入、转让无形资产及销售不动产收入	3-5%
城市维护建设税	应纳增值税及营业税额	7%
企业所得税	应纳税所得额	33%

根据辽宁省人民政府发出的有关文件,自本公司股票上市之日起,本公司可获相等于当期应纳税所得额18%的财政返还。该等财政返还需有关部门批准。于二零零零年度,本公司仍享有上述财政返还之优惠,并于本年度获得财政返还81,115,452元(见附注四-注释13)。惟根据中国财政部于二零零零年发布的财税[2000]99号文件的有关规定,本公司从二零零二年度起将不再享有上述财政返还之优惠。

注四、会计报表主要项目注释

1. 货币资金

	币种	二零零零年十二月三十一日 原币金额	折算汇率	折合人民币金额	一九九九年十二月三十一日 折合人民币金额
现金	人民币	-	-	19,040	10,501
银行存款	人民币	-	-	249,604,782	116,807,248
	港币	11,979,425	1.0606	12,705,378	8,479,889
				262,329,200	125,297,638

本公司二零零零年度的销售收入较上年度增加,并且实行了"先款后货"的收款政策。本公司还于二零零零年度出售一项长期权益性投资,套现1.98亿元(见注释7)。此外,本公司的借款亦较上年增加,从而导致货币资金比上年增长了约109%。

2. 应收票据

截至本报告日止,本公司于二零零零年十二月三十一日的应收票据已经全部兑现。

3. 应收账款

(1) 应收账款账龄分析列示如下:

账龄	二零零零年十二月三十一日 金额	占该账项余额的百分比	坏账准备	一九九九年十二月三十一日 金额	占该账项余额的百分比	坏账准备
一年以内	7,438,808	5%	-	11,786,061	27%	-
一至两年	10,015,870	21%	9,994,261	27,126,009	62%	812,600
两至三年	26,645,310	55%	9,230,750	5,053,789	11%	710,757
三年以上	4,610,378	9%	4,610,378	-	-	-
	48,710,366	100%	23,835,389	43,965,859	100%	1,523,357

(2) 于二零零零年十二月三十一日,主要应收账款明细项目如下:

单位名称	欠款金额	欠款时间	欠款原因
吉林吉原钢管有限公司	9,993,124	一至两年	货款
潍坊迈特钢管有限公司	9,512,790	两至三年	货款
本溪经济开发区本特有限公司	3,821,620	两至三年	货款
内蒙古物资集团有限公司	3,521,121	两至三年	货款
本溪经济开发区银泉经贸有限公司	2,665,108	两至三年	货款

应收账款中持本公司5%(含5%)以上表决权股份的股东单位的欠款见注释21。

4. 预付账款

所有预付账款均为向本钢集团公司预付的购买原材料及备品备件,能源动力及购买机器设备之账款为一年以内之款项。预付账款较上年增长约193%。这主要是由于预付本钢集团公司的机器设备款项的增加所导致(见注释21)。

5. 其他应收款

(1) 其他应收款账龄分析列示如下:

账龄	二零零零年十二月三十一日 金额	占该账项余额的百分比	坏账准备	一九九九年十二月三十一日 金额	占该账项余额的百分比	坏账准备
一年以内	105,266,592	96%	-	116,152,146	96%	-
一至两年	-	-	-	4,539,171	4%	353,917
两至三年	4,430,068	4%	415,435	433,035	-	192,451
三年以上	-	-	-	33,441	-	33,441
	109,696,660	100%	415,435	121,157,793	100%	579,809

(2) 于二零零零年十二月三十一日,主要其他应收款明细项目如下:

单位名称	欠款金额	欠款时间	欠款原因
本钢第二小型轧钢厂	7,492,692	一年以内	废钢款
本溪市财政局	1,160,000	一年以内	贷款押金
营口中板厂	956,816	两至三年	加工费
首都钢铁公司	467,441	两至三年	多付之原料款
职工欠款	427,344	一年以内	代垫医药费

其他应收款中持本公司5%以上表决权股份的股东单位欠款见注释21。

6. 存货及存货跌价准备

存货明细项目列示如下:

	二零零零年十二月三十一日 金额	跌价准备	一九九九年十二月三十一日 金额	跌价准备
原材料	1,142,178	-	1,098,095	-
在产品	127,784,359	-	180,612,318	-
产成品	222,902,079	-	247,354,855	-
备品备件	113,078,657	6,603,706	144,806,459	2,283,427
	464,907,273	6,603,706	573,871,727	2,283,427

7. 长期股权投资

长期股权投资于一九九九年十二月三十一日之余额是指对本溪钢铁(集团)冷轧薄板有限公司("本钢冷轧公司")的12.375%的权益投资。于二零零零年八月十九日,本公司与本钢集团公司签定股权转让合同,以198,000,000元的价格将本公司于本钢冷轧公司之权益售予本钢集团公司。该项股权交易之价格是依据辽宁华诚信资产评估有限公司于二零零零年出具的资产评估报告(辽华评报字(2000)20号)所认定的本钢冷轧公司之评估价值,由本公司及本钢集团公司协商制定的。该项交易已于二零零零年九月二十一日经本公司临时股东大会批准,并已于二零零零年十二月三十一日前完成(见注释21)。

8. 固定资产及累计折旧

固定资产原价及累计折旧明细项目变动情况列示如下:

	二零零零年度 房屋及建筑物	机器设备	运输及办公设备	合 计	一九九九年度 合 计
成本/评估值					
年初余额	508,920,586	1,330,691,625	23,952,505	1,863,564,716	1,770,855,766
本年购入	-	2,798,757	-	2,798,757	2,578,425
在建工程转入	384,094,209	1,470,823,800	-	1,854,918,009	90,130,525
本年减少	(3,385,028)	(8,589,902)	(894,896)	(12,869,826)	-
年末余额	889,629,767	2,795,724,280	23,057,609	3,708,411,656	1,863,564,716
累计折旧及固定资产减值准备					
年初余额	214,836,281	914,631,911	18,250,451	1,147,718,643	1,000,758,653
本年增加	44,325,778	202,570,750	70,130	246,966,658	146,959,990
减值准备	-	6,846,541	653,459	7,500,000	-
本年减少	(1,394,441)	(7,377,998)	(725,452)	(9,497,891)	-
年末余额净值	257,767,618	1,116,671,204	18,248,588	1,392,687,410	1,147,718,643
年末余额	631,862,149	1,679,053,076	4,809,021	2,315,724,246	715,846,073
年初余额	294,084,305	416,059,714	5,702,054	715,846,073	770,097,113

固定资产净值较上年增加约223%,是由于连铸一期工程完工转入所导致。

固定资产减值准备为本公司根据《企业会计制度》的要求,对下属的初轧厂的由于连铸一期工程投产而闲置的固定资产之预计不可回收金额计提的减值准备(见注释22)。固定资产减值准备7,500,000元已根据《企业会计制度》的要求记入营业外支出。

9. 在建工程

在建工程明细项目列示如下:

工程名称	一九九九年十二月三十一日	本年增加/(冲回)	转入固定资产	二零零零年十二月三十一日	资金来源	项目进度
连铸一期工程	1,724,801,291	(19,697,341)	(1,705,103,950)	-	募股资金及金	完工
其中:资本化利息	122,880,913	-	(122,880,913)	-	融机构借款	
连铸二期工程	81,371,037	156,265,387	-	237,636,424	自筹资金及金	在建
其中:资本化利息	-	7,133,326	-	7,133,326	融机构借款	
汽动挡渣出钢工程	-	8,495,457	-	8,495,457		
自筹资金	在建					
热连轧工程	214,503,167	28,981,050	-	243,484,217	募股资金及金	前期准备
其中:资本化利息	-	6,611,147	-	6,611,147	融机构借款	
其他	59,477,929	135,528,675	(149,814,059)	45,192,545		
	2,080,153,424	309,573,228	(1,854,918,009)	534,808,643		

在建工程较上年下降约74%,主要是由于连铸一期工程于本年完工并转入固定资产。

10. 长期待摊费用

项目	一九九九年十二月三十一日	本年增加	本年摊销	二零零零年十二月三十一日
迁移及安置费	18,624,805	673,100	(766,753)	18,531,152

11. 短期借款

项目	币种	二零零零年十二月三十一日 金额	借款期限	年利率	一九九九年十二月三十一日 金额
信用借款	人民币	80,000,000	一九九九年二月至二零零一年二月	5.850%-6.435%	117,000,000
担保借款 *	人民币	122,510,000	一九九九年二月至二零零一年十月	5.940%	30,000,000
		202,510,000			147,000,000

* 由本钢集团公司担保(见注释21)。

短期借款较上年增长约38%,主要用于满足日常生产经营的流动资金需求。

12. 长期借款及一年内到期的长期负债

长期借款明细项目列示如下:

项目	币种	二零零零年十二月三十一日 金额	借款期限	年利率	一九九九年十二月三十一日 金额
信用借款	人民币	218,560,000	一九九六年十二月至二零零三年十二月	5.940%-6.030%	104,560,000
担保借款	*人民币	300,000,000	二零零零年一月至二零零四年十月	5.940%-6.210%	122,510,000
		518,560,000			227,070,000

* 由本钢集团公司担保(见注释21)。

借款之偿还期分布列示如下:

	二零零零年十二月三十一日	一九九九年十二月三十一日
一年以内	54,560,000	50,000,000
两至三年	374,000,000	177,070,000
三至五年	90,000,000	-
	518,560,000	227,070,000
列为流动负债之部分	(54,560,000)	(50,000,000)
	464,000,000	177,070,000

长期借款较上年增长约162%,主要用于满足购建在建工程及固定资产之资金需求。

13. 应交税金及所得税

(1) 应交税金明细项目列示如下:

税 种	二零零零年十二月三十一日	一九九九年十二月三十一日
增值税	(6,861,397)	(11,480,676)
所得税	9,782,940	(2,243,536)
城市维护建设税	(582,095)	-
营业税	4,177	-
	2,343,625	(13,724,212)

(2) 所得税明细如下:

	二零零零年度	一九九九年度
所得税	148,992,939	129,151,656
减:财政返还	(81,115,452)	(70,446,358)
	67,877,487	58,705,298

14. 应付账款、其他应付款及预收账款

应付账款、其他应付款及预收账款中并无持本公司5%(含5%)以上表决权股份的股东单位的款项。

预收账款较上年下降约30%,是由于本年度本公司生产能力提高,能够及时向顾客发货并将预收账款结转销售收入所导致。

15. 股本及资本公积

股本变动明细项目列示如下:

	二零零零年十二月三十一日 股 数	一九九九年十二月三十一日 股 数
一. 尚未流通股份		
发起人股份(境内法人持有)	616,000,000	616,000,000
二. 已流通股份		
境内上市的人民币普通股	120,000,000	120,000,000
境内上市的外资股	400,000,000	400,000,000

已流通股份合计	520,000,000	520,000,000
三. 股份总数	1,136,000,000	1,136,000,000

上述股本业经安达信·华强会计师事务所验证,并出具验资报告。

资本公积明细项目列示如下:

	二零零零年十二月三十一日	一九九九年十二月三十一日
股本溢价	1,072,187,681	1,072,187,681
资产评估增值	331,483,038	331,483,038
	1,403,670,719	1,403,670,719

16. 盈余公积

盈余公积明细项目列示如下:

项目	一九九九年十二月三十一日	本年增加	本年减少	二零零零年十二月三十一日
法定盈余公积	101,154,090	34,980,692	–	136,134,782
法定公益金	50,577,045	17,490,346	–	68,067,391
年末余额	151,731,135	52,471,038	–	204,202,173

17. 未分配利润

根据二零零零年八月二十日本公司董事会决议,本公司中期利润分配方案为:以截至二零零零年六月三十日的总股本1,136,000,000股为基数,每10股派发现金1.80元(A股含税),此次分配共派发现金204,480,000元,已于二零零零年十一月十五日支付。

根据二零零一年四月二十一日本公司董事会决议,本公司本年度不进行年末利润分配。可供股东分配的利润结转以后期间分配。

18. 营业费用较上年增长约317%,主要是由于本公司本年度出口销售增加,相应的港务费、运输费支出亦随之增加。

19. 财务费用

财务费用明细项目列示如下:

项目	二零零零年度	一九九九年度
利息支出	30,146,537	40,199,679
减:利息收入	(9,149,710)	(730,406)
利息支出资本化	(13,744,473)	(31,502,765)
汇兑损失	163,040	53,430
减:汇兑收益	(153,864)	(25,829)
	7,261,530	7,994,109

20. 净资产收益率及每股收益

本公司按全面摊薄及加权平均法计算的净资产收益率及每股收益如下:

利润项目	二零零零年度				一九九九年度			
	净资产收益率		每股收益		净资产收益率		每股收益	
	全面摊薄法 %	加权平均法 %	全面摊薄法 人民币元	加权平均法 人民币元	全面摊薄法 %	加权平均法 %	全面摊薄法 人民币元	加权平均法 人民币元
主营业务利润	16.51	16.86	0.50	0.50	14.07	14.82	0.41	0.41
营业利润	12.38	12.65	0.37	0.37	11.91	12.55	0.35	0.35
净利润	10.17	10.39	0.31	0.31	10.10	10.64	0.29	0.29
扣除非正常性损益后的净利润	10.17	10.39	0.31	0.31	10.10	10.64	0.29	0.29

21. 关联方关系及其交易

(1) 存在控制关系的关联方情况

a. 存在控制关系的关联方的基本资料及与本公司的关系

关联方名称	注册地	注册资本	主营业务	与本企业关系	持本公司权益比例	经济性质或类型	法定代表人
本钢集团公司	辽宁省本溪市	47亿元	钢铁、钢材冶炼	母公司	54%	国有企业	张营富

b. 本公司与本钢集团公司交易如下:

项目明细	二零零零年度	一九九九年度
销售货物	2,933,465,897	3,050,892,616
购买原材料	4,351,718,845	3,365,343,581
支付能源动力费用	549,530,720	594,608,918
购买辅助材料及备品备件	761,605,097	643,720,834
支付运输费及修理费	114,130,726	92,746,026
支付土地租赁费	2,673,192	2,673,192
支付商标使用费	25,200	25,200

于一九九七年四月十四日,本公司与本钢集团公司已订立一项有效期为五年且于本公司成立日生效之综合服务协议,包括向本钢集团公司购买原材料、能源动力、辅助材料及备品备件。此外,根据此项综合服务协议,本公司须向本钢集团公司支付商标使用费。

根据辽宁省土地管理局于一九九七年三月五日发出之辽土批字(1997)6号关于土地估价结果确认、土地资产处置方案批文,及本公司与本钢集团公司于一九九七年四月七日签订之土地使用权租赁合同,本公司获授权有偿向本钢集团公司租用其房屋建筑物所在之土地,合同期为50年。据此,本公司每年向本钢集团公司支付的土地租赁费约为2,700,000元。租赁费将于租赁期五年后作出调整,并于以后每隔三年调整一次。

根据本钢集团公司于一九九八年及一九九七年之承诺书,本公司应收款项分别计168,137,932元及134,413,750元,合计302,551,682元,由本钢集团公司以应收股利及原材料货款方式抵付。于二零零零年十二月三十一日,尚有约52,000,000元未支付。

于二零零零年十二月三十一日,本公司借款中422,510,000元系由本钢集团公司提供担保(一九九九年:152,510,000元)(见注释11及12)。

于一九九九年度,本钢集团公司承担由于本公司上市重组时固定资产重估增值引起的所得税税负38,223,000元(以15%的所得税税率计算,若税率发生变动,亦由本钢集团公司承担)。

于二零零零年八月十九日,本公司与本钢集团公司签定股权转让合同,以198,000,000元的价格将本公司于本钢冷轧公司之权益售予本钢集团公司。该项股权交易之价格是依据辽宁华诚信资产评估有限公司于二零零零年所出具的资产评估报告(辽华评报字(2000)20号)所认定的本钢冷轧公司之评估价值,由本公司及本钢集团公司协商制定的。该项交易已于二零零零年九月二十一日经本公司临时股东大会批准,并已于二零零零年十二月三十一日前完成(见注释7)。

c. 本公司与本钢集团公司往来余额如下:

项目明细	二零零零年十二月三十一日	一九九九年十二月三十一日
预付账款	870,000,000	297,074,172
其他应收款	87,936,559	83,348,832
应收账款	6,459,314	–
	964,395,873	380,423,004

(2) 不存在控制关系的关联方情况

a. 不存在控制关系的关联方

企业名称	与本公司的关系
大连波罗勒钢管公司	本钢集团公司的子公司
本钢(集团)腾达股份有限公司	本钢集团公司的子公司

b. 本公司销售货物予关联方如下:

关联企业名称	二零零零年度	一九九九年度
大连波罗勒钢管公司	88,732,708	33,197,406
本溪(集团)腾达股份有限公司	–	11,338
	88,732,708	33,208,744

(3) 本公司与关联方的交易均按正常的市场交易条款及有关协议条款进行。

22. 会计政策变更的影响

按照二零零一年颁布的《企业会计制度》的要求及中国财政部的有关规定(见注释25),于编制二零零零年度之会计报表时,计提的固定资产减值准备应作为二零零零年度资产负债表日后调整事项进行追溯调整。本公司已就该变更进行追溯调整。此会计政策之变更对二零零零年度之影响为调增营业外支出7,500,000元,对一九九九年度无影响(见注释8)。

23. 资本性承诺

	二零零零年十二月三十一日	一九九九年十二月三十一日
已批准并已签约		
购买固定资产	1,646,976,000	269,498,000
已批准但未签约		
购买固定资产	159,710,000	79,132,000
	1,806,686,000	348,630,000

24. 或有事项

根据中国财政部发布的财企[2000]295号文、财企[2000]878号文及财会[2001]5号文的规定,企业不再实行住房基金和住房周转金管理制度。企业应发给一九九八年十二月三十一日以前参加工作的无房老职工一次性住房补贴资金,并调整年初未分配利润;按月发给无房老职工和一九九九年一月一日以后参加工作的新职工的住房补贴资金,计入当期成本。本公司并未实行住房周转金制度。此外,截至本报告日止,本公司尚未从有关政府部门处获得关于住房补贴资金的具体计算办法,因此尚无法估计由此可能产生的有关费用并予以计提。本公司将密切关注该事项之进展并于取得足够信息及经董事会批准后进行有关处理。

25. 资产负债表日后事项

(1)于二零零一年一月二十二日,本公司收到加拿大国际贸易法庭发出的调查通知函。该调查声称发现原产地为中国及其他国家或从中国及其他国家出口的部分热轧碳合金钢板和钢卷在加拿大市场出现危害性倾销。该法庭已开始就此问题对包括本公司在内的多家中国钢铁企业进行初步质询。截至本报告日止,本公司尚未获得合理的依据以确定由此可能产生的索偿权和法律诉讼,因此无法估计由此可能产生的具体成本、法律费用和导致的损失。

(2) 中国财政部于二零零一年一月发布了经修订的五项企业会计准则及三项新的企业会计准则并自二零零一年一月一日起实施。此等准则对本公司二零零零年度的财务状况、经营成果并未产生重大影响。

(3) 根据中国财政部发布的财会[2000]25号文及财会[2001]17号文的规定,股份有限公司应于二零零一年一月一日起执行《企业会计制度》,《股份有限公司会计制度》同时废止。股份有限公司于编制二零零零年度之会计报表时,应对上述规定中列明之应予追溯调整之事项,作为资产负债表日后调整事项进行追溯调整。本公司现已依据上述规定进行有关会计处理。除于注释22中列明之变动以外,上述变更并未对本公司的财务状况、经营成果及现金流量情况产生重大的影响。

26. 根据中国会计准则和国际会计准则分别确定的净利润及股东权益之差异调节表

	净利润		股东权益	
	二零零零年度	一九九九年度	二零零零年十二月三十一日	一九九九年十二月三十一日
根据中国会计准则所确定的有关金额	349,806,924	332,663,357	3,438,584,306	3,293,257,382
将固定资产减值损失由营业外支出转入资本公积	7,500,000	–	–	–
冲销长期待摊费用	13,653	(4,688,473)	(18,371,152)	(18,384,805)
根据国际会计准则所作调整产生之递延税项	12,572,117	1,547,196	18,639,103	6,066,986
按照国际会计准则所确定的有关金额	369,892,694	329,522,080	3,438,852,257	3,280,939,563

27. 比较数据

一九九九年度的部分比较数据已重新编列,以符合本年度的编列方式。

九、公司的其他有关资料

(一) 公司首次注册日期、地点

注册日期:1997年6月27日

注册地点:辽宁省本溪市平山区钢铁路18号

(二) 企业法人营业执照注册号:24269024-3

(三) 税务登记号码:210502242690243

(四) 公司尚未流通股票的托管机构名称:

深圳证券登记有限公司

(五) 公司聘请的会计师事务所名称及办公地址:

安达信.华强会计师事务所

深圳市建设路国际金融大厦28楼

安达信国际会计公司

香港上环干诺道中111号永安中心25号

十、备查文件

(一)载有公司法定代表人、财务负责人、会计经办人员签字并盖章的会计报表。

(二)载有会计师事务所盖章、注册会计师签名并盖章的审计报告正本。

(三)报告期内在《中国证券报》、《证券时报》和《香港商报》上公开披露过的所有公司文件的正本及公告的原稿。

本钢板材股份有限公司

二○○一年四月二十四日

本钢板材股份有限公司

截至二零零零年十二月三十一日及一九九九年十二月三十一日

利润及利润分配表

(以人民币元为货币单位)

附注四		二零零零年度	一九九九年度	附注四		二零零零年度	一九九九年度
			(附注四-27)	减:营业外支出	8,22	(9,567,969)	(996,182)
主营业务收入	21	6,993,593,906	5,578,168,459	利润总额		417,684,411	391,368,655
减:主营业务成本	21	(6,409,870,716)	(5,100,791,302)	减:所得税	13	(67,877,487)	(58,705,298)
主营业务税金及附加		(16,146,230)	(14,034,064)	净利润	26	349,806,924	332,663,357
主营业务利润		567,576,960	463,343,093	加:年初未分配利润		601,855,528	319,091,675
减:存货跌价准备	6	(4,320,280)	(2,283,427)	可供分配利润		951,662,452	651,755,032
营业费用	18	(57,105,666)	(13,692,698)	减:提取法定盈余公积	16	(34,980,692)	(33,266,336)
管理费用	21	(73,045,686)	(47,080,115)	提取法定公益金	16	(17,490,346)	(16,633,168)
财务费用	19	(7,261,530)	(7,994,109)	可供股东分配利润		899,191,414	601,855,528
营业利润		425,843,798	392,292,744	减:应付普通股股利	17	(204,480,000)	-
加:营业外收入		1,408,582	72,093	未分配利润		694,711,414	601,855,528

本钢板材股份有限公司

于二零零零年十二月三十一日及一九九九年十二月三十一日的

资产负债表

(以人民币为货币单位)

	附注四	二零零零年十二月三十一日	一九九九年十二月三十一日
			(附注四-27)
资产			
流动资产:			
货币资金	1	262,329,200	125,297,638
应收票据	2	132,390,000	207,017,700
应收帐款	3,21	48,710,366	43,965,859
其他应收款	5,21	109,696,660	121,157,793
减:坏帐准备	3,5	(24,250,824)	(2,103,166)
应收款项净额		134,156,202	163,020,486
预付帐款	4,21	870,000,000	297,074,172
存货	6	464,907,273	573,871,727
减:存货跌价准备	6	(6,603,706)	(2,283,427)
存货净额		458,303,567	571,588,300
待摊费用		2,519,254	3,861,430
流动资产合计		1,859,698,223	1,367,859,726
长期投资:			
长期股权投资	7	-	198,000,000
固定资产:			
固定资产原价	8	3,708,411,656	1,863,564,716
减:累计折旧	8	(1,385,187,410)	(1,147,718,643)
固定资产减值准备	8	(7,500,000)	
固定资产净值		2,315,724,246	715,846,073
在建工程	9	534,808,643	2,080,153,424
固定资产合计		2,850,532,889	2,795,999,497
其他资产:			
开办费		90,464	159,972
长期待摊费用	10	18,531,152	18,624,805
其他资产合计		18,621,616	18,784,777
资产总计		4,728,852,728	4,380,644,000
负债和股东权益			
流动负债:			
短期借款	11	202,510,000	147,000,000
应付账款	14	6,024,302	6,944,951
预付账款	14	424,569,776	608,430,432
应付工资		1,623,690	5,990,040
应付福利费		1,384,423	1,639,352
应交税金	13	2,343,625	(13,724,212)
其他应付款	14	133,252,606	104,036,055
一年内到期的长期负债	12	54,560,000	50,000,000
流动负债合计		826,268,422	910,316,618
长期负债:			
长期借款	12	464,000,000	177,070,000
负债合计		1,290,268,422	1,087,386.618
股东权益:			
股本	15	1,136,000,000	1,136,000,000
资本公积	15	1,403,670,719	1,403,670,719
盈余公积	16	204,202,173	151,731,135
其中:公益金		68,067,391	50,577,045
未分配利润	17	694,711,414	601,855,528
股东权益合计	26	3,438,584,306	3,293,257,382
负债和股东权益总计		4,728,852,728	4,380,644,000

本钢板材股份有限公司

截至二零零零年十二月三十一日及一九九九年十二月三十日止会计年度的

现金流量表

(以人民币为货币单位)

	二零零零年度	一九九九年度
		(附注四-27)
一、经营活动产生的现金流量:		
销售商品、提供劳务收到的现金:	5,041,174,506	4,094,566,518
收到的税费返还	74,337,928	73,138,600
收到的其他与经营活动有关的现金	890,243	1,112,000
现金流入小计	5,116,402,677	4,168,817,118
购买商品、接受劳务支付的现金	(4,153,806,806)	(3,241,382,913)
支付给职工以及为职工支付的现金	(93,767,004)	(102,048,265)
实际缴纳的增值税款	(162,454,307)	(151,206,218)
支付的所得税款	(139,210,000)	(136,091,634)
支付的除增值税、所得税以外的其他税费	(25,354,297)	(19,815,002)
支付的其他与经营活动有关的现金	(2,274,562)	(1,456,145)
现金流出小计	(4,576,866,976)	(3,652,000,177)
经营活动产生的现金流量净额	539,535,701	516,816,941
二、投资活动产生的现金流量:		
收回投资所收到的现金	198,000,000	-
现金流入小计	198,000,000	-
购建固定资产、无形资产和其他长期资产所支付的现金	(732,742,426)	(445,847,187)
现金流出小计	(732,742,426)	(445,847,187)
投资活动产生的现金流量净额	(534,742,426)	(445,847,187)
三、筹资活动产生的现金流量:		
借款所收到的现金	430,000,000	239,510,000
收到的其他与筹资活动有关的现金	9,149,710	1,313,655
现金流入小计	439,149,710	240,823,655
偿还债务所支付的现金	(83,000,000)	(213,510,000)
分配股利所支付的现金	(204,480,000)	-
偿付利息所支付的现金	(15,853,847)	(8,697,000)
支付的其他与筹资活动有关的现金	(3,568,400)	(3,087,361)
现金流出小计	(306,902,247)	(225,294,361)
筹资活动产生的现金流量净额	132,247,463	15,529,294
四、汇率变动对现金的影响	(9,176)	(10,581)
五、现金及现金等价物净增加额	137,031,562	86,488,467
	二零零零年度	一九九九年度
		(附注四-27)
1、不涉及现金收支的投资和筹资活动:	-	-
2、将净利润调节为经营活动的现金流量:		
净利润	349,806,924	332,663,357
加:计提坏账的准备	22,147,658	1,211,264
计提的固定资产减值准备	7,500,000	-
计提的存货跌价准备	4,320,279	2,283,427
固定资产折旧	246,966,658	146,959,990
长期待摊费用摊销	766,753	664,000
待摊费用减少	1,342,176	696,205
财务费用	7,261,530	7,994,109
存货的减少	108,964,454	47,140,884
经营性应收项目的增加	(41,464,695)	(196,356,349)
经营性应付项目的(减少)增加	(168,145,544)	173,490,546
其他	69,508	69,508
经营活动产生的现金流量净额	539,535,701	516,816,941
3、现金及现金等价物净增加情况:		
货币资金年末余额	262,329,200	125,297,638
减:货币资金年初余额	(125,297,638)	(38,809,171)
现金及现金等价物净增加额	137,031,562	86,488,467

西藏矿业发展股份有限公司

二○○○年年度报告摘选

一、公司简介

（一）公司的法定中、英文名称及缩写
公司法定中文名称：西藏矿业发展股份有限公司
公司法定英文名称：Tibet Mineral Development Co.，LTD
公司英文名称缩写：TMD
（二）公司法定代表人：肖永恩
（三）公司董事会秘书的姓名、联系地址、电话、传真
公司董事会秘书：刘晓江
联系地址：西藏拉萨市扎基路 14 号
电话：(0891)6324952　　传真：(0891)6336738
（四）公司注册地址、公办地址、邮政编码、公司电子信箱
公司注册地址：西藏拉萨市扎基路 14 号
公司办公地址：西藏拉萨市扎基路 14 号　　邮政编码：850000
公司电子信箱：xzkyxx@mail.sc.cninfo.net
（五）公司选定的信息披露报纸名称：《中国证券报》、《证券时报》
中国证监会指定的国际互联网网址：http://www.cninfo.com.cn
公司年度报告备置地点：公司董事会秘书处
（六）公司股票上市交易所、股票简称和股票代码
公司股票上市交易所：深圳证券交易所
股票简称：西藏矿业
股票代码：0762

二、会计数据和实现利润情况

1、本年度主要会计数据　（单位：人民币元）

(1)利润总额	7,637,755.51
(2)净利润	6,199,938.63
(3)扣除非经营性损益后的净利润	2,793,152.39
(4)主营业务利润	50,069,566.16
(5)其它业务利润	1,721,162.13
(6)营业利润	4,241,438.19
(7)投资收益	-10,469.91
(8)补贴收入	5,209,000.00
(9)营业外收支净额	-1,802,212.77
(10)经营活动产生的现金流量净额	-47,757,024.14
(11)现金及现金等价物净增加额	44,503,366.77

注：扣除的非经营性损益的项目和金额
(1) 扣除补贴收入：5,209,000.00 元
(2) 营业外收入：3,757,001.01 元
(3) 营业外支出：5,559,213.78 元

2、公司前三年的主要会计数据和财务指标：

项 目	2000 年	1999 年	1998 年（调整后）
主营业务收入	181,236,088.15	142,075,243.13	195,125,953.04
净利润	6,199,938.63	26,350,125.45	34,838,358.93
总资产	756,659,243.14	654,295,151.86	534,572,118.59
股东权益	496,031,756.99	409,992,905.85	392,926,033.49
每股收益（摊薄）	0.0309	0.1400	0.3517
（加权）	0.0311	0.1400	0.4200
扣除非经常性损益后的每股收益	0.0139	0.0938	0.3475
每股净资产	2.4738	2.1786	3.9669
调整后的每股净资产	2.3901	2.1786	3.9669
每股经营活动产生的现金流量净额	-0.24	-0.0206	-0.1496
净资产收益率（摊薄）	1.25%	6.43%	8.87%
（加权）	1.27%	8.76%	10.76%
扣除非经常性损益后的净资产收益率（加权）	0.57%	4.44%	

3、报告期内股东权益变动情况（单位：人民币元）

项目	股本	资本公积	盈余公积	法定公益金	未分配利润	股东权益合计
期初数	188,195,000.00	191,446,429.54	18,444,335.24	9,222,167.62	11,907,141.06	409,992,905.84
本期增加	12,315,000.00	71,487,529.08	1,239,987.72	619,993.86	996,334.35	86,038,851.15
本期减少	—	—	—	—	—	—
期末数	200,510,000.00	262,933,958.62	19,684,322.96	9,842,161.48	12,903,475.44	496,031,756.99

三、股本变动和主要股东持股情况

（一）股本变动情况
1、股本变动情况表
2000 年度公司股份变动情况表　　数量单位：万股

	本次变动前	本次变动增减（+、-）						本次变动后
		配股	送股	公积金转股	增发	其他	小计	
一、未流通股份								
1.发起人股份								
其中：国有持有股份	7862.2	181.5					181.5	8043.7
境内法人持有股份	4307.3							4307.3
境外法人持有股份								
其他								
2.募集法人股								
3.内部职工股								
4.优先股或其他								
其中：转配股								
未上市流通股份合计	12169.5	181.5					181.5	12351.0
二、已上市流通股份	6650.0	1050.0					1050.0	7700.0
1.人民币普通股								
2.境内上市的外资股								
3.境外上市的外资股								
4.其他								
已上市流通股份合计	6650.0	1050.0					1050.0	7700.0
三、股份总数	18819.5	1231.5					1231.5	20051.0

锦州石化股份有限公司

二○○○年年度报告摘选

一、公司简介

1、公司法定中文名称：锦州石化股份有限公司
公司法定英文名称：JINZHOU PETROCHEMICAL CO.，LTD.
英文缩写：JZPC
2、公司法定代表人：吕文君
3、公司董事会秘书：王怀江
授权代表：陈建军
联系地址：辽宁省锦州市古塔区重庆路 2 号
电话：0416-4159024
传真：0416-4159024
电子信箱：wanghj@public.jzpc.com.cn
4、公司注册地址：辽宁省锦州市古塔区重庆路 2 号
公司办公地址：辽宁省锦州市古塔区重庆路 2 号　　邮政编码：121001
公司国际互联网网址：http://www.jzpc.com.cn
电子信箱：jzpcmaster@public.jzpc.com.cn
5、公司选定的信息披露报纸：《中国证券报》、《证券时报》
中国证监会指定国际互联网网址：http://www.cninfo.com.cn
公司年度报告备置地点：锦州石化股份有限公司证券部
6、公司股票上市交易所：深圳证券交易所
股票简称：锦州石化　　股票代码：0763

二、会计数据和业务数据摘要

1、本年度主要会计数据和业务数据

利润总额	97,546,400.21 元
净利润	65,927,096.49 元
扣除非经常性损益后的净利润	84,314,456.29 元
主营业务利润	372,236,166.57 元
其他业务利润	8,270,126.20 元
营业利润	115,933,760.01 元
投资收益	
补贴收入	
营业外收支净额	-18,387,359.80 元
经营活动产生的现金流量净额	430,050,139.52 元
现金及现金等价物净增加额	-40,935,851.68 元

注：扣除非经常性损益为营业外收支净额，金额 18,387,359.80 元

2、前三年主要会计数据和财务指标（单位：元）

项 目	2000 年	1999 年		1998 年	
		调整后	调整前	调整后	调整前
主营业务收入	9,063,535,100.73	5,312,287,562.71	5,312,287,562.71	4,706,572,210.19	4,706,572,210.19
净利润	65,927,096.49	3,942,589.66	5,079,607.73	99,321,188.82	151,223,188.76
总资产	2,287,803,870.94	2,348,225,728.31	2,348,445,158.27	2,268,836,137.64	2,375,165,178.98
股东权益(不含少数股东权益)	1,534,236,229.24	1,468,309,132.75	1,522,239,580.93	1,251,659,973.20	1,357,989,014.54
每股收益	0.084	0.005	0.006	0.138	0.210
加权平均每股收益	0.084	0.005	0.007	0.138	0.210
扣除非经常性损益后的每股收益	0.107	-0.009	-0.008	0.138	0.210
每股净资产	1.948	1.865	1.933	1.738	1.886
调整后的每股净资产	1.929	1.845	1.847	1.648	1.796
每股经营活动产生的现金流量净额	0.546	0.014	0.014	0.437	0.437
净资产收益率%	4.297	0.269	0.334	7.935	11.136
加权平均净资产收益率%	4.391	0.294	0.378	7.369	10.588
扣除非经常性损益后的加权净资产收益率%	5.616	-0.526	-0.441	7.373	10.592

3、根据中国证监会《公开发行证券公司信息披露编报规则（第 9 号）》要求计算的利润数据：

报告期利润	净资产收益率%		每股收益(元)	
	全面摊薄	加权平均	全面摊薄	加权平均
主营业务利润	24.26	24.79	0.473	0.473
营业利润	7.56	7.72	0.147	0.147
净利润	4.30	4.39	0.084	0.084
扣除非经常性损益后的净利润	5.50	5.62	0.107	0.107

4、报告期内股东权益变动情况及变化原因（单位：万元）

项目	股本	资本公积	盈余公积	法定公益金	未分配利润	股东权益合计
期初数(调整前)	78750	75829	1824	911	-5090	152224
期初数(调整后)	78750	73268	0	0	-5187	146831
本期增加			660	330	5603	6593
本期减少						
期末数	78750	73268	660	330	416	153424

变动原因：期初数变动原因①沈阳特派办审计调减净利润 114 万元，减少盈余公积 11 万元，公益金 6 万元，未分配利润 97 万元；②依据财企[2000]878 号文，住房周转金余额 5279 万元转入，减少盈余公积 1813 万元，公益金 905 万元，资本公积 2561 万元

本期变动原因：未分配利润增加是本年度实现的净利润扣除提取的法定盈余公积、法定公益金的金额；法定盈余公积、法定公益金是从利润中提取金额。

三、股本情况介绍

1、报告期末股东总数
截止 2000 年 12 月 31 日，公司股东总数为 65524 户，其中：国有法人股东 1 户。
2、公司前十名股东持股情况：（截止 2000 年 12 月 31 日）

序号	股 东 名 称	持股数量(股)	占总股本比例(%)
1	中国石油天然气股份有限公司	637500000	80.95%
2	颜斌	1500000	0.19%
3	晏秀容	1000000	0.13%
4	合力其汗	900000	0.11%
5	冯大喜	862225	0.11%
6	天津信托投资公司	796195	0.10%
7	周必辉	600000	0.08%
8	罗再容	500000	0.06%
9	普丰证券投资基金	405013	0.05%
10	李鹏翱	402626	0.05%

武汉华信高新技术股份有限公司

二〇〇〇年年度报告摘选

一、公司简介

1、公司法定中文名称:武汉华信高新技术股份有限公司
公司法定英文名称:WUHAN HUAXIN HI－TECH CO. LTD
2、公司注册地址:武汉市中山大道779－805号
公司办公地址:武汉市中山大道779－805号　　邮政编码:430021
公司电子信箱:hxgf 0765@public. wh. hb. cn
3、公司法定代表人:赵从钊
4、公司董事会秘书:倪治
公司董事会证券事务代表:苏瑛
联系地址:武汉市解放大道单洞路18号聚银大厦13楼
电话:(027)85869480　　传真:(027)85855676
5、公司选定的中国证监会指定报纸名称:《中国证券报》、《证券时报》、《上海证券报》
中国证监会指定国际互联网网址:http://www. cninfo. com. cn
公司年度报告备置地点:公司证券部
6、公司股票上市交易所:深圳证券交易所
股票简称:华信股份　　股票代码:0765

二、会计数据和业务数据摘要

1、主要利润指标情况(单位:人民币元)

利润总额	36,708,252.57
净利润	16,870,296.60
扣除非经常性损益后的净利润	15,605,593.28
主营业务利润	62,116,705.82
其他业务利润	23,528,846.29
营业利润	37,576,665.99
投资收益	－63,385.64
补贴收入	
营业外收支净额	－805,027.78
经营活动产生的现金流量净额	7,279,969.94
现金及现金等价物净增加额	12,264,645.22
注:扣除的非经常损益项目和涉及金额:	
罚没支出	54,143.38
固定资产清理损失	1,210,559.94
社会事业发展费	
捐赠支出	
合 计	1,264,703.32

2、截止报告期末公司前三年主要会计数据和财务指标　　单位:人民币

项 目	2000.12.31	1999.12.31		1998.12.31	
		调整前	调整后	调整前	调整后
主营业务收入	263,348,191.31	272,389,394.96	272,389,394.96	328,652,405.70	405,975,537.58
净利润	16,870,296.60	43,217,406.71	42,610,417.62	28,192,903.91	16,724,805.27
总资产	582,093,738.28	505,740,470.50	510,133,157.86	445,050,971.05	570,291,363.36
股东权益(不含少数股东权益)	198,223,433.65	181,584,308.94	180,977,319.85	157,354,796.35	138,366,902.23
每股收益(摊薄)	0.115	0.44	0.43	0.40	0.24
每股收益(加权)	0.115	0.44	0.43	0.40	0.24
扣除非经常性损益后的每股收益(摊薄)	0.106	0.41	0.40		
扣除非经常性损益后的每股收益(加权)	0.106	0.41	0.40		
每股净资产	1.35	1.85	1.85	2.25	1.98
调整后的每股净资产	1.10	1.42	1.48	1.87	1.74
每股经营活动产生的现金流量净额	0.05	0.50	0.50	0.04	0.04
净资产收益率(%)(摊薄)	7.87	23.80	23.54	17.92	12.08
净资产收益率(%)(加权)	8.24	24.15	26.69	19.68	12.86

(1)按照中国证监会《公开发行证券公司信息披露编报规则(第九号)》的要求,计算2000年度的净资产收益率和每股收益如下:单位{元}

报告期利润	净资产收益率(%)		每股收益	
	全面摊薄	加权平均	全面摊薄	加权平均
主营业务利润	31.34	32.79	0.422	0.422
营业利润	18.96	19.84	0.256	0.256
净利润	8.51	8.91	0.115	0.115
扣除非经常性损益后的净利润	7.87	8.91	0.106	0.106

三、股本变动及股东情况

1、股本变动情况
(1)股份变动情况表　　数量单位:股

	本次变动前	本次变动增减(＋、－)						本次变动后
		配股	送 股	公积金转股	增发	其他	小 计	
一、未上市流通股份								
1、发起人股份	37357600		11207280	7471520			18678800	56036400
其中:								
国家持有股份	37357600		11207280	7471520			18678800	56036400
境内法人持有股份								
境外法人持有股份								
2、募集法人股份	36162000		10848600	7232400			18081000	54243000
3、内部职工股								
4、优先股或其他								
其中:转配股								
未上市流通股份合计	73519600		22055880	14703920			36759800	110279400
二、已上市流通股份								
1、人民币普通股	24519600		7355880	4903920			12259800	36779400
2、境内上市的外资股								
3、境外上市的外资股								
4、其他								
已上市流通股份合计	24519600		7355880	4903920			12259800	36779400
三、股份总数	98039200		29411760	19607840			49029600	147058800

通化金马药业集团股份有限公司

二〇〇〇年年度报告摘选

一、公司简介

1、公司法定中文名称:通化金马药业集团股份有限公司
公司法定英文名称:TONGHUA GOLDEN－HORSE PHARMACEUTICAL INDUSTEY CO. Ltd
2、公司法定代表人:闫永明
3、公司董事会秘书:邓金昌
董事会证券事务代表:王亚男
联系地址:吉林省通化市东昌区江南路100－1号
电　　话:0435－3910232
传　　真:0435－3907298
4、公司注册及办公地址:吉林省通化市东昌区江南路100－1号
邮政编码:134001
5、公司选定的信息披露报纸名称:《中国证券报》、《证券时报》
登载公司年度报告的中国证监会指定国际互联网网址:
http://www. cninfo. com. cn
公司年度报告备置地点:公司证券部
6、公司股票上市交易所:深圳证券交易所
股票简称:通化金马
股票代码:0766

二、会计数据和业务数据摘要

1、本年度主要会计数据(单位:人民币元)

利润总额:	317,746,853.77
净利润:	241,914,921.94
扣除非经常性损益后的净利润:	204,241,293.16
主营业务利润:	425,625,131.71
其他营业利润:	349,981.19
营业利润:	260,476,074.67
投资收益:	5,324,906.72
补贴收入:	42,399,219.40
营业外收支净额:	9,546,652.98
经营活动产生的现金流量净额:	196,153,960.49
现金及现金等价物净增加额:	369,586,931.91
扣除非经常性损益项目涉及金额:	
(1)股权投资转让收益及投资差额摊销	5,324,906.72
(2)新产品开发资金补贴收入	10,000,000.00
(3)处置固定资产净收益	10,584,211.26
(4)增值税返还收入	11,154,510.80
(5)新技术创新补贴收入	300,000.00
(6)环保专项治污补贴收入	310,000.00

2、截止报告期末公司前三年主要会计数据和财务指标

项目	2000年	1999年	1998年	
			调整前	调整后
主营业务收入(元)	504,187,311.57	284.909.562	270,986.777	270,986.777
净利润(元)	241,914,921.94	81,346.295	83,310.421	65,684.433
总资产(元)	2,257,839,315.69	1,333,152.592	923,397.748	870,829.347
股东权益(元)	1,056,398,756.57	1,024,024.763	667,514.707	616,271.294
每股收益(元)(摊薄)	0.809	0.271	0.329	0.260
每股收益(加权)	0.809	0.317	0.329	0.260
扣除非经营性损益后的每股收益(元)	0.683	0.201	0.261	0.191
每股净资产(元)	3.53	3.42	2.64	2.44
调整后的每股净资产(元)	3.38	3.28	2.50	2.30
净资产收益率(%)(摊薄)	22.90	7.94	12.48	10.65
净资产收益率(加权)	21.13	11.49	13.31	10.65
每股经营活动产生的现金流量净额(元)	0.656	－0.269	－0.249	－0.249
扣除非经常性损益后加权净资产收益率:	17.838	8.484	10.666	7.809

3、本年度利润表附表

报告期利润	净资产收益率(%)		每股收益(元)	
	全面摊薄	加权平均	全面摊薄	加权平均
主营业务利润	40.291	37.173	1.422	1.422
营业利润	24.657	22.750	0.871	0.871
净利润	22.900	21.129	0.809	0.809
扣除非经常性损益后的净利润	19.334	17.838	0.683	0.683

三、股东情况介绍

1、报告期末股东总数27217户。

2、持有本公司5%以上(含5%)股份的股东

股 东 名 称	年初持股数量(股)	增减变动	年末持股数量(股)	持股比例%
1、通化市三利化工有限责任公司	16,234,800	(＋)23,307,600	39,542,400	13.21
2、通化市二道江区国有资产经营公司(国家持股单位):	39,119,784		39,119,784	13.07
3、通化市特产集团总公司	29,343,600		29,343,600	9.80
4、天元证券投资基金			9,755,739	3.26
5、景博证券投资基金			2,475,854	0.83
6、通化市石油工具厂			1,382,400	0.46
7、王清满			719,000	0.24
8、陈清西			561,677	0.19
9、周晓红			435,670	0.15
10、孙林富			419,000	0.14

中核苏阀科技实业股份有限公司

二○○○年年度报告摘选

一、公司简介

1.公司的法定中、英文名称及缩写
公司中文名称:中核苏阀科技实业股份有限公司
公司英文名称:SUFA Technology Industry Co.,Ltd.,CNNC.
公司英文名称缩写:SUFA
2.公司法定代表人:邵渭敏
3.公司董事会秘书:沈 澄
联系地址:江苏省苏州市人民路679号中核苏阀科技实业股份有限公司董事会秘书室
联系电话:(0512)7533655－2577
电话传真:(0512)7533655－2577
4.公司注册地址:苏州市新区珠江路501号
公司办公地址:苏州市人民路679号
邮 政 编 码:215001
电 子 信 箱:zhsf@public1.sz.js.cn
5.公司选定的信息披露报纸名称:《证券时报》《中国证券报》
登载公司年度报告的中国证监会指定国际互联网网址:http://www.cninfo.com.cn
公司年度报告备置地点:中核苏阀科技实业股份有限公司董事会秘书室
6.公司股票上市地:深圳证券交易所
公司股票简称:中核科技
公司股票代码:0777

二、会计数据和业务数据摘要

1、二○○○年度主要会计数据和财务指标
(1)本年度会计数据　　单位:元

项　目	2000年度
1、利润总额	25,121,438.90
2、净利润	21,081,656.53
3、扣除非经常性损益后的净利润	21,081,656.53
4、主营业务利润	52,083,682.37
5、其他业务利润	6,698,269.10
6、营业利润	20,755,712.22
7、投资收益	3,814,327.49
8、补贴收入	
9、营业外收支净额	551,399.19
10、经营活动产生的现金流量净额	27,021,856.35
11、现金及现金等价物净增加额	－12,070,733.69

(2)近三年主要会计数据和财务指标

项 目	2000年度	1999年度	1998年度	
			调整前	调整后
1、主营业务收入(元)	200,157,455.65	254,932,655.70	267,577,799.94	267,577,799.94
2、净利润(元)	21,081,656.53	25,225,975.93	31,571,955.14	28,406,867.52
3、总资产(元)	439,920,095.26	422,517,709.19	391,065,074.93	378,432,941.73
4、股东权益(元)	286,273,019.04	280,325,893.62	258,043,916.44	247,481,820.82
5、每股收益				
摊薄(元)	0.126	0.21	0.263	0.237
加权(元)	0.126	0.21	0.263	0.237
扣除非经常性损益(元)	0.126	0.21	0.263	0.237
6、每股净资产(元)	1.70	2.34	2.15	2.06
7、调整后的每股净资产(元)	1.67	2.28	2.11	2.02
8、每股经营活动产生的现金流量净额	0.161	0.058	0.041	0.041
9、净资产收益率(%)				
摊薄	7.36	9.00	12.24	11.48
加权	7.44	9.70	13.14	12.29

注:1、本报告期末至本报告摘要披露日止,公司股本未发生变化。
2、调整前(后)指公司会计政策、会计估计变更追溯调整前(后)的会计数据。
(3)按照中国证券会《公开发行证券公司信息披露编报规则(第9号)》要求计算的数据

项 目	净资产收益率(%)		每股收益(元/股)	
	全面摊薄	加权平均	全面摊薄	加权平均
1、主营业务利润	18.19	18.38	0.310	0.310
2、营业利润	7.25	7.32	0.124	0.124
3、净利润	7.36	7.44	0.126	0.126
4、扣除非经常性损益后的净利润	7.36	7.25	0.126	0.126

2、报告期内股东权益变动情况　　单位:元

项 目	股 本	资本公积	盈余公积	其中:法定公益金	未分配利润	合 计
期初数	120,000,000.00	108,796,141.31	21,721,923.79	6,025,508.51	29,807,828.52	280,325,893.62
本期增加	48,000,000.00	/	4,331,255.42	2,165,627.71	21,081,656.53	73,412,911.95
本期减少	/	48,000,000.00	134,531.11	/	19,331,255.42	67,465,786.53
期末数	168,000,000.00	60,796,141.31	25,918,648.10	8,191,136.22	31,558,229.63	286,273,019.04

三、股东情况介绍

(1)截至2000年12月29日。公司股东总数为37605户。其中国有法人股股东1户,公司职工股股东17户,社会公众股股东37587户。
(2)截至2000年末主要股东持股情况(前十名股东)

名次	股 东 名 称	年末持股数(股)	占总股本%
1	中国核工业总公司苏州阀门厂	100800000	60%
2	裕隆证券投资基金	2403527	1.431%
3	徐建成	462840	0.276%
4	易煌丁	226800	0.135%
5	刘志敏	200956	0.120%
6	徐姐平	200200	0.119%
7	胡永彬	169720	0.101%
8	范文良	165000	0.098%
9	柳河朋	162820	0.097%
10	李建华	161960	0.096%

新兴铸管股份有限公司

二○○○年年度报告摘选

一、公司简介

1、公司法定中文名称:新兴铸管股份有限公司
公司法定英文名称:XINXING DUCTILE IRON PIPES CO.,LTD.
2、公司法定代表人:范英俊
3、公司董事会秘书:曾耀赣
联系地址:河北省邯郸市复兴区石化街4号
邮　　编:056017
联系电话:0310－4022042,0310－4020929－7306
联系传真:0310－4022368
电子信箱:xxzgzyg@hd－user.he.cninfo.net
4、公司注册地址及办公地址:河北省武安市上洛阳村北(二六七二厂区)。
邮政编码:056300
公司国际互联网网址:www.xinxing－pipes.com
公司电子信箱:xinxingh@public.hdptt.he.cn
5、公司信息披露报刊为《中国证券报》和《证券时报》
中国证监会指定登载公司年度报告的国际互联网网址为:www.cninfo.com.cn
公司年度报告备置地点:1)河北省邯郸市复兴区石化街4号
新兴铸管股份有限公司股证办
2)河北省邯郸市联纺路
河北证券有限责任公司邯郸营业部
6、公司股票上市地:深圳证券交易所
公司股票简称:新兴铸管
公司股票代码:0778

二、会计数据和业务数据摘要

1、公司本年度主要会计数据

项　目	金额(元)
1)利润总额	419,317,673.27
2)净利润	281,902,792.81
3)扣除非经常性损益后的净利润	264,927,180.49
4)主营业务利润	617,518,486.62
5)其他业务利润	3,710,281.14
6)投资收益	－544,152.49
7)补贴收入	1,257,759.36
8)营业外收支净额	15,717,852.96
9)经营活动产生的现金流量净额	413,597,754.60
10)现金及现金等价物净增加额	165,356,749.52

注:扣除的非经常性损益项目及涉及金额

(1)收购邯郸新兴日积有限公司资产收益	16,213,857.21
(2)补贴收入	1,257,759.36
(3)其他营业外收入	5,944.75
(4)其他营业外支出	501,949.00

2、会计数据摘要
1)前三年主要会计数据和财务指标

项目	2000年	1999年	1998年(调整后)
主营业务收入(元)	2,072,381,082.80	1,901,899,105.28	1,681,797,732.31
净利润(元)	281,902,792.81	230,957,095.58	184,960,571.43
总资产(元)	3,063,985,731.36	2,734,955,367.34	2,413,197,707.74
股东权益(元)	1,667,852,426.77	1,390,113,665.41	1,324,301,366.64
每股收益(元)	0.6488	0.5315	0.5321
加权每股收益(元)	0.6488	0.5315	0.5739
扣除非经常性损益后的每股收益(元)	0.6097	0.4962	0.5349
扣除非经常性损益后的加权每股收益(元)	0.6097	0.4962	0.5768
每股净资产(元)	3.8386	3.1993	3.8098
调整后每股净资产(元)	3.6411	3.0663	3.6272
每股经营活动产生的现金流量净额(元)	0.9519	0.7989	0.8287
摊薄净资产收益率(%)	16.9021%	16.6143%	13.9667%
加权平均净资产收益率(%)	18.4122%	16.0411%	15.8493%
扣除非经常性损益后的摊薄净资产收益率(%)	15.8843%	15.5083%	14.0387%
扣除非经常性损益后的加权净资产收益率(%)	17.3035%	14.9733%	15.9311%

利润表附表:

报告期利润	净资产收益率		每股收益(元)	
	全面摊薄	加权平均	全面摊薄	加权平均
主营业务利润	37.02%	40.33%	1.4212	1.4212
营业利润	24.16%	26.31%	0.9272	0.9272
净利润	16.90%	18.41%	0.6488	0.6488
扣除非经常性损益后的净利润	15.88%	17.30%	0.6097	0.6097

三、股本变动及股东情况

1、报告期末股东总数:截止2000年12月31日,本公司共有股东74,573户。其中:国有法人股股东1名——新兴铸管(集团)有限责任公司;社会股东74,572户。
2、前十名股东持股情况

股 东 名 称	持有股数(股)	持股比例(%)
新兴铸管(集团)有限责任公司	304,500,000	70.081
史中华	400,787	0.092
普丰证券投资基金	270,006	0.062
王艳菊	250,000	0.058
王雷	216,687	0.050
孙海东	215,200	0.050
曾庆祥	200,300	0.046
王本秀	200,000	0.046
吕振元	181,300	0.042
陈国桑	168,000	0.039

兰州三毛实业股份有限公司

二〇〇〇年年度报告摘选

一、公司简介

1、公司的法定中文名称:兰州三毛实业股份有限公司

公司的法定英文名称:LANZHOU SANMAO INDUSTRIAL CO.,LTD.

2、公司法定代表人:罗钟杰

3、公司董事会秘书:宋晓梅

联系地址:甘肃省兰州市西固区玉门街 82 号

电话:(0931)7551627

传真:(0931)7555200

电子信箱:pss@mail.chinapaishen.com

4、公司注册及办公地址:甘肃省兰州市西固区玉门街 82 号

邮政编码:730060

公司国际互联网网址:http://www.chinapaishen.com

电子信箱:ps@mail.chinapaishen.com

5、公司信息披露报纸名称:《中国证券报》、《证券时报》

公司登载年度报告的中国证监会指定的国际互联网网址:http://www.cninfo.com.cn

公司年度报告备置地点:公司证券部

6、公司股票上市交易所:深圳证券交易所

股票简称:三毛派神

股票代码:0779

二、会计数据和业务数据摘要

1、本年度主要利润指标情况　　单位:元

利润总额	69,521,973
净利润	56,152,821
扣除非经常性损益后的净利润	56,436,129
主营业务利润	89,475,646
其他业务利润	1,628,464
营业利润	63,974,886
投资收益	5,969,935
补贴收入	
营业外收支净额	-422,848
经营活动产生的现金流量净额	20,956,219
现金及现金等价物净增加额	132,093,897

注:非经常性损益主要包括:营业外收入 175,362 元,是处置废旧物资收入;营业外支出 598,210 元,是处置固定资产损失。

2、公司近三年的主要会计数据和财务指标　　单位:元

名 称	2000 年	1999 年	1998 年	
			调整前	调整后
主营业务收入	287,473,398	270,368,744	145,419,278	145,419,278
净利润	56,152,821	63,493,604	30,704,430	27,192,624
总资产	868,850,850	645,528,087	617,141,788	598,329,040
股东权益	731,584,331	522,742,249	504,027,651	485,214,904
每股收益	0.307	0.451	0.261	0.232
每股收益(加权)	0.332	0.451	0.285	0.252
每股净资产	3.994	3.709	4.291	4.131
调整后的每股净资产	3.977	3.706	4.287	4.127
每股经营活动产生的现金流量净额	0.114	0.257	-0.200	-0.200
净资产收益率(%)	7.676	12.146	6.092	5.604
净资产收益率(加权)(%)	9.285	12.282	7.267	6.707
扣除非经常性损益后加权净资产收益率	9.332	10.682	7.326	6.779
扣除非经常性损益后的每股收益	0.308	0.392	0.264	0.234

3、按照中国证监会《公开发行证券公司信息披露编报规则(第 9 号)》要求计算的利润数据:

报告期利润	净资产收益率(%)		每股收益(元)	
	全面摊薄	加权平均	全面摊薄	加权平均
主营业务利润	12.230	14.795	0.489	0.529
营业利润	8.745	10.578	0.349	0.378
净利润	7.676	9.285	0.307	0.332
扣除非经常性损益后的净利润	7.714	9.332	0.308	0.334

注:上表 1999 年的净利润、股东权益分别比 1999 年年报数少 1420240 元和 24512699 元,主要是公司执行财政部财会字(2001)5 号文,调整 1998 年以前和 1999 年职工住房补贴所致。

三、股东情况介绍

1、股东情况介绍

(1)报告期末股东总数为 71186 户。

(2)报告期末本公司前十名股东持股情况:

股 东 名 称	股份增减(+、-股)	年末持股数(股)	所占比例(%)
兰州三毛纺织(集团)有限责任公司	+10,612,800	81,364,800	44.424
兰州昭辉投资咨询有限责任公司		1,337,521	0.730
兰州立华商贸有限责任公司		1,323,043	0.722
西南证券有限责任公司		1,030,822	0.563
洪金汉		457,400	0.250
洪叶文		342,209	0.187
吴 嵘		219,918	0.120
肖祥君		200,000	0.109
张海泉		185,000	0.101
梁和国		176,641	0.096

内蒙古草原兴发股份有限公司

二〇〇〇年年度报告摘选

一、公司简介

1、公司名称:内蒙古草原兴发股份有限公司
(英文):Inner Mongolia Prairie XingFa CO.,LTD
2、公司法定代表人:张振武
3、公司董事会秘书:齐向前
电子信箱:qixqian@public.hh.nm.cn
授权代表:孙凯
办公地址:内蒙古自治区赤峰市平庄镇兴发大厦 4 楼
联系电话:0476 - 3514285　　传真:0476 - 3510053
电子信箱:k-sun@china.com
4、公司注册地址:内蒙古·赤峰市·元宝山区·平庄镇
办公地址:内蒙古自治区赤峰市平庄镇兴发大厦　　邮政编码:024076
电子信箱:nmxflx@public.hh.nm.cn
5、公司选定《中国证券报》、《证券时报》、《上海证券报》为信息披露报纸
登载公司年度报告的国际互联网网址:http://www.cninfo.com.cn
年度报告备置地点:公司证券部
6、公司股票上市地:深圳证券交易所
股票简称:草原兴发　　股票代码:0780

二、会计数据和业务数据摘要

1、公司本年度实现利润情况　　单位:元

项目	2000 年度母公司数	2000 年度合并数
利润总额	66,865,018.82	66,865,018.82
净利润	66,865,018.82	66,865,018.82
扣除非经常性损益后的净利润	66,865,018.82	66,865,018.82
主营业务利润	126,901,214.84	126,901,214.84
其它业务利润	-425,988.09	4,299,011.91
营业利润	36,584,656.75	33,342,992.32
投资收益	-3,205,853.53	35,810.90
补贴收入	33,701,956.65	33,701,956.65
营业外收支净额	-215,741.05	-215,741.05
经营活动产生的现金流量净额	-12,568,361.17	-79,568,361.17
现金及现金等价物净增加额	-133,950,788.13	-133,897,326.18

2、截至报告期末公司前三年主要会计数据和财务指标

项目	00 年度		99 年度	98 年度
	母公司	合并		
主营业务收入(元)	994,332,492.36	994,332,492.36	997,998,523.93	804,798,837.05
净利润(元)	66,865,018.82	66,865,018.82	94,951,999.55	56,464,329.83
总资产(元)	1,552,883,890.02	1,602,194,914.10	1,226,812,623.66	772,052,165.46
股东权益(元)	939,670,912.75	939,670,912.75	901,133,093.93	552,758,478.42
每股收益(元)	0.236	0.236	0.335	0.22
加权每股收益(元)	0.236	0.236	0.41	0.22
扣除非经常性损益后的每股收益(元)	0.236	0.236	0.335	0.22
每股净资产(元)	3.32	3.32	3.18	2.190
调整后的每股净资产(元)	3.27	3.27	3.133	2.157
每股经营活动产生的现金流量净额(元)	-0.044	-0.045	0.08	-0.17
净资产收益率(%)	7.12	7.12	10.54	10.22
加权平均净资产收益率(%)	7.15	7.15	14.90	10.50

3、利润表附表

报告期利润	净资产收益率(%)		每股收益(元)	
	全面摊薄	加权平均	全面摊薄	加权平均
主营业务利润	13.50	13.58	0.45	0.45
营业利润	3.55	3.57	0.12	0.12
净利润	7.12	7.15	0.236	0.236

4、报告期内股东权益变动情况　　单位:万元

项目	股本	资本公积	盈余公积	法定公益金	未分配利润	股东权益合计
期初数	28,327.20	35,697.64	8,993.03	1,395.80	17,095.45	90,113.31
本期增加						
本期减少						
期末数	28,327.20	35,697.64	9,996.00	1,730.13	19,946.25	93,967.09
变动原因			提取盈余公积	提取公益金	本年度净利润记入	

三、股本变动及股东情况

1、股本变动情况表
(1)、股份变动情况表
填报日期:2000 年 12 月 31 日　　单位:股

	期初数	本期变动增减(+、-) 配股	公积金转股	送股	其他	小 计	期末数
一、尚未流通股份							
1、发起人股份	106,613,820.00					-51,737,340.00	54,876,480.00
其 中:							
国家拥有股份	99,627,480.00					-44,751,000.00	54,876,480.00
境内法人持有股份	6,986,340.00					-6,986,340.00	
外资法人持有股份							
其他							
2、募集法人股	67,146,180.00					51,737,340.00	118,883,520.00
3、内部职工股	15,912,000.00					-15,912,000.00	
其中:高管人员持股						73,980.00	-73,980.00
4、优先股或其他							
尚未流通股份合计	189,672,000.00					-15,912,000.00	173,760,000.00
二、已上市流通股份							
1、境内上市的人民币普通股	93,600,000.00					15,912,000.00	109,512,000.00
其中:高管人员持股						73,980.00	73,980.00
2、境内上市的外资股							
3、境外上市的外资股							
4、其他							
已流通股合计	93,600,000.00					15,912,000.00	109,512,000.00
三、股份总数	283,272,000.00						283,272,000.00

广东新会美达锦纶股份有限公司

二○○○年年度报告摘选

一、公司简介

1、公司法定中文名称:广东新会美达锦纶股份有限公司
公司法定英文名称:Guangdong Xinhui Meida Nylon Co., LTD.
2、公司法定代表人:陈柏森
3、公司董事会秘书及授权代表:胡振华
联系地址:新会市会城镇江会路上浅口
电话:0750-6122984
传真:0750—6120975
4、公司注册地址、办公地址:广东省新会市会城镇江会路上浅口
邮政编码:529100
电子信箱:8hzh@ 21cn.com
5、公司选定的信息披露报纸:《证券时报》
登载公司年度报告的中国证监会指定国际互联网网址:
http://www.cninfo.com.cn
公司年度报告备置地点:本公司董事会秘书办公室
6、公司股票上市交易所:深圳证券交易所
股票简称:美达股份
股票代码:0782

二、会计数据和业务数据摘要

1、本年度利润总额及构成(单位:元)

项目	2000年度合并报表
利润总额	38,179,044.56
净利润	27,163,598.57
扣除非经常性损益后的净利润	22,883,899.74
主营业务利润	92,286,155.38
其他业务利润	4,374,452.66
营业利润	27,341,612.47
投资收益	6,557,733.26
补贴收入	4,073,320.32
营业外收支净额	206,378.51
经营活动产生的现金流量净额	120,595,850.88
现金及现金等价物净增加额	49,443,694.31
注:非经常性损益项目包括	
项 目	金额
补贴收入	4,073,320.32
营业外收入	1,152,298.17
营业外支出	945,919.66

2、前三年主要会计和财务指标

序号 项目	2000年	1999年	1998年	
			调整前	调整后
1 主营业务收入(万元)	85,391.52	55,283.64	81,861.71	81,861.71
2 净利润 (万元)	2,716.36	2,292.32	5,518.45	4,834.13
3 总资产 (万元)	163,925.47	149,971.17	144,951.86	140,989.94
4 股东权益(万元)	88,937.45	87,931.09	91,139.68	87,177.76
5 每股收益(元/股)(摊薄)	0.08	0.07	0.16	0.14
(加权)	0.08	0.07	0.16	0.14
6 扣除非经营性损益后的每股收益(元/股)				
(摊薄)	0.07	0.05	0.12	0.10
(加权)	0.07	0.05	0.12	0.10
7 每股净资产(元/股)	2.60	2.62	2.66	2.55
调整后的每股净资产(元/股)	2.48	2.53	2.56	2.45
8 每股经营活动产生的现金流量净额(元/股)(摊薄)	0.35	0.37	-0.02	-0.02
(加权)	0.35	0.37	-0.02	-0.02
9 净资产收益率(%)(摊薄)	3.05	2.56	6.05	5.55
(加权)	3.07	2.60	6.24	5.60
10 扣除非经常损益后的加权净资产收益率(%)	2.59	2.11	4.71	3.94

利润表附表

按照中国证监会《公开发行证券公司信息披露编报规则第9号》的要求计算的净资产收益率和每股收益如下:

报告期利润	净资产收益率(%)		每股收益(元/股)	
	全面摊薄	加权平均	全面摊薄	加权平均
主营业务利润	10.38	10.44	0.27	0.27
净利润	3.05	3.07	0.08	0.08
扣除非经常性损益后的净利润	2.57	2.59	0.07	0.07

三、股东情况介绍

(1) 本公司报告期末股东总数52467户。
(2) 公司前10名股东持股情况如下:

序号	股东名称	年末持股数(股)	本期变动数(股)	占总股本比例(%)
1	广东新会美达锦纶集团公司	108,000,000		31.58
2	中国工商银行广东省信托投资公司	20,000,000		5.85
3	中国工商银行信托投资公司	15,000,000		4.38
4	新会市新联贸易发展公司	15,000,000		4.38
5	华夏证券有限公司	10,000,000		2.92
6	广东国际租赁公司	8,000,000		2.34
7	深圳市华能兴楠贸易有限公司	6,450,000		1.89
8	广东省纺织工业总公司	6,000,000		1.75
9	广发证券有限责任公司	4,000,000		1.17
10	深圳歌兰保龄球俱乐部有限公司	3,500,000	+1,950,000	1.02

石家庄炼油化工股份有限公司

二○○○年年度报告摘选

一、公司简介

1、公司法定名称:
中文:石家庄炼油化工股份有限公司
英文:SHIJIAZHUANG REFINING-CHEMICAL CO.,LTD.
英文缩写:SRCC
2、公司法定代表人:奚奎华
3、公司董事会秘书:张海东
公司董事会执行秘书:滕峰阁　　证券事务代表:李金瑞
联系地址:河北省石家庄炼油化工股份有限公司
电　话:0311-5161160
传　真:0311-5161138
4、公司注册地址:河北石家庄市高新技术开发区黄河大道151号。
公司办公地址:河北省石家庄炼油化工股份有限公司
邮政编码:050032
公司电子信箱:tfge0178@sina.com
5、公司选定的信息披露报纸:《中国证券报》、《证券时报》
登载公司年度报告的中国证监会指定国际互联网网址:http://www.see.com.cn
公司年度报告备置地点:石家庄炼油化工股份有限公司证券部
6、公司股票上市交易所:深圳证券交易所
股票简称:石炼化
股票代码:0783

二、会计数据和业务数据摘要

(一)2000年度会计数据和业务数据摘要

利润总额:	-180662681.00
净 利 润:	-207736372.48
扣除非经常性损益后的净利润:	-209622306.17
主营业务利润:	128254063.72
其他业务利润:	-1980299.25
营 业 利 润:	-61032226.14
投 资 收 益:	-121516388.55
营业外收支净额:	1885933.69
经营活动产生的现金流量净额:	88999867.47
现金及现金等价物净增加额:	-189464520.29
注:扣除非经常性损益项目和涉及金额:	
营业外收入	6691770.62
营业外支出	4805836.93

(二)前三年主要会计数据和财务指标(单位:人民币元)

	2000	1999		1998
		调整后	调整前	
(1) 主营业务收入	5766362364.32	2865199388.22	2865199388.22	2607329677.25
(2) 净利润	-207736372.48	68916361.33	97447291.71	208870172.84
(3) 总资产	3111010562.40	2539149408.78	2597830476.98	2645423407.25
(4) 股东权益	1827259743.86	2034502440.34	1979286912.30	1953796655.31
(5) 每股收益	-0.1799	0.0597	0.0844	0.1934
(6) 扣除非经常性损益后的每股收益	-0.1816	0.0559	0.0844	0.177
(7) 每股净资产	1.583	1.76	1.71	1.81
(8) 调整后的每股净资产	1.471	1.65	1.60	1.69
(9) 净资产收益率(%)	-11.37	3.39	4.92	10.69
(10)按月平均加权计算每股收益	-0.1799	0.063	0.099	0.1934
(11)加权净资产收益率(%)	-11.37	3.43	4.96	11.42
(12)每股经营活动产生的现金流量净额	0.077	-0.117	-0.117	0.277

利润表附表

	报告期利润	净资产收益率(%)		每股收益(元/股)	
		全面摊薄	加权平均	全面摊薄	加权平均
主营业务利润	128254063.72	7.02	6.64	0.1111	0.1111
营业利润	-61032226.14	-3.34	-3.16	-0.0529	-0.0529
净利润	-207736372.48	-11.37	-10.76	-0.1799	-0.1799
扣除非经常性损益后的利润	-209622306.17	-11.47	-10.86	-0.1816	-0.1816

(三) 报告期内股东权益变动情况(单元:万元)

项目	股本	资本公积	盈余公积	其中:法定公益金	未分配利润	合 计
期初数	115444	77643	6312	2104	4051	203450
本期增加	-	49	-	-	-	49
本期减少	-	-	-	-	20774	20774
期末数	115444	77693	6312	2104	-16723	182725

变化原因:1)本报告期内公司股本未变动。2)资本公积增加主要安保基金返还购置资产形成。3)未分配利润减少系本年度亏损所至。

三、股东情况介绍

1)、截止2000年12月29日,公司在深圳证券登记公司登记的股东共有116849户。
2)、公司主要股东持股情况(前十名股东)

股东名称	持股数(股)	占总股本比例(%)
中国石油化工股份有限公司	920444333	79.73
北京证券有限责任公司	9999784	0.87
邝建荣	800000	0.069
卞炜明	595000	0.052
普丰证券投资基金	582732	0.05
邹润	555736	0.048
周智萍	540000	0.047
胡兰香	529000	0.046
傅进	512000	0.044
蔡博萱	390000	0.034

武汉中商集团股份有限公司

二〇〇〇年年度报告摘选

一、公司简况

1、公司法定中文名称:武汉中商集团股份有限公司
公司法定英文名称:WUHAN ZHONGNAN COMMERCIAL GROUPCO., LTD[缩写 ZNCG]
2、公司法定代表人:严规方
3、公司董事会秘书:易国华
授权代表:薛玉
联系地址:武汉市武昌区中南路 9 号证券部
联系电话:027－87362507
传　　真:027－87307723
4、公司注册地址:武汉市武昌区中南路 9 号
公司办公地址:武汉市武昌区中南路 9 号
公司邮政编码:430071
公司电子信箱:zhongnan@public.wh.hb.cn
5、公司选定的信息披露报纸名称:《中国证券报》、《证券时报》
登载公司年度报告的中国证监会指定国际互联网网址:http://www.cninfo.com.cn
公司年度报告备置地点:公司证券部
6、公司股票上市地:深圳证券交易所
公司股票简称:武汉中商
公司股票代码:0785

二、会计数据与业务数据摘要

1、公司本年度利润总额及其构成(单位:元)

	2000 年度
利润总额	72,924,413.22
净利润	59,668,258.43
扣除非经常性损益后的净利润	54,128,422.05
主营业务利润	192,624,060.78
其他业务利润	11,072,952.14
投资收益	20,285,988.85
补贴收入	——
营业外收支净额	94,033.44
经营活动产生的现金流量净额	78,302,990.13
现金及现金等价物净增加额	10,775,847,76

注:扣除的非经营性损益项目及涉及金额:5,539,836.3 元,其中:1、处置固定资产净损失 284,894.18 元;2、固定资产变价收入 39,651.56 元;3、转让物业股权投资收益 3,804,651.00 元;4、转让九通公司股权投资收益 1,926,374.00 元; 合并价差摊销－54,054.00 元。

2、截止报告期末公司前三年主要会计数据和财务指标(单位:元)

指标项目	2000 年	1999 年		1998 年	
		调整前	调整后	调整前	调整后
主营业务收入	1,874,885,361.27	1,964,729,501.91	1,964,729,501.91	1,592,907.461.89	1,592,907,461.89
净利润	59,668,258.43	55,727,975.39	56,721,206.04	62,649,827.62	62,487,733.99
总资产	1,496,567,736.23	1,407,174,046.46	1,386,088,640.82	1,224,596,921.15	1,203,682,204.04
股东权益(不含少数股东权益)	542,190,804.08	530,600,610.06	482,522,545.65	389,973,513.78	358,846,625.72
每股收益(元/股)	0.333	0.311	0.316	0.366	0.365
每股收益(元/股)(加权)	0.333	0.311	0.316	0.366	0.365
每股净资产(元/股)	3.02	2.96	2.69	2.28	2.09
调整后的每股净资产	2.89	2.86	2.59	2.22	2.00
每股经营活动产生的现金流量净额	0.44	0.10	0.10	0.25	0.25
净资产收益率(%)	11.01	10.50	11.76	16.07	17.41
净资产收益率(%)(加权)	11.65	13.34	14.64	17.37	18.95

报告期利润	金额(元)	净资产收益率(%)		每股收益(元/股)	
		全面摊薄	加权平均	全面摊薄	加权平均
主营业务利润	192,624,060.78	35.53	37.60	1.073	1.073
营业利润	52,544,390.93	9.69	10.26	0.293	0.293
净利润	59,668,258.43	11.01	11.65	0.333	0.333
扣除非经营性净利润	54,128,422.05	9.98	10.56	0.302	0.302

注:1998 年度按总股本 171,400,320 股计算,1999 年、2000 年度按总股本 179 ,444,070 股计算。

3、报告期内股东权益变动情况　　单位:元

项目	股本	资本公积	盈余公积	法定公益金	未分配利润	股东权益合计
期初数	179,444,070.00	133,750,951.42	168,594,963.32	16,008,996.28	732,560.91	482,522,545.65
本期增加			11,933,651.68	5,966,825.84	59,668,258.43	71,601,910.11
本期减少					11,933,651,68	11,933,651,68
期末数	179,444,070.00	133,750,951.42	180,528,615.00	21,975,822.12	48,467,167.66	542,190,804.08

三、股东情况介绍

1、截止 2000 年 12 月 31 日,本公司拥有股东户数为 5941 户。
2、持有本公司 5%以上的股份及前十名股东持股情况介绍

股　东　名　称	年初持股数(股)	本年度增加(股)	年末持股数(股)	占总股本比例(%)
武汉国有资产经营公司	1016668320		101668320	56.66
中国工商银行武汉市信托投资公司	6708000		6708000	3.74
湖北省电力公司	2496000		2496000	1.39
中国平安保险公司	2496000		2496000	1.39
上海桥科工贸有限公司	156000		2496000	1.87
湖北徐东(集团)股份有限公司	156000		1560000	0.87
武汉市机械设备进出口公司	156000		1560000	0.87
中国建设银行武汉市沿江支行	156000		1560000	0.87
中国农业银行武汉市直属支行	936000		936000	0.52
武汉市粮油食品进出口公司	936000		936000	0.52

北新集团建材股份有限公司

二〇〇〇年年度报告摘选

一、公司简介

1、公司法定名称:北新集团建材股份有限公司
公司英文名称:Beijing New Building Material Public Limited Company
公司英文名称缩写:BNBMPLC
2、公司法定代表人:宋志平
3、公司董事会秘书:常张利
公司负责信息披露事务机构:证券部
电话:010－82913831－2818
传真:010－82912658
电子信箱:czl@bnbm.com.cn
4、公司注册地址:北京市海淀区草桥 7 号
公司办公及通讯地址:北京市海淀区西三旗环岛东路南
北新集团建材股份有限公司
邮政编码:100096
公司网址:http://www.bnbm.com.cn
公司电子信箱:bnbm@public3.bta.net.cn
5、公司信息披露刊名称:《中国证券报》
登载公司年报的互联网址:http://www.cninfo.com.cn
公司年度报告备置地点:本公司证券部
6、公司股票上市交易所:深圳证券交易所
公司股票简称:北新建材
公司股票代码:0786

二、会计数据和业务数据摘要

(一)、公司本年度会计数据　　单位:人民币元

利润总额	85,328,122.37
净利润	80,974,515.29
扣除非经常性损益后的净利润	80,809,438.56
主营业务利润	105,082,065.29
其它业务利润	10,879,455.30
营业利润	60,579,527.57
投资收益	13,286,720.82
补贴收入	11,296,797.25
营业外收支净额	165,076.73
经营活动产生的现金流量净额	78,501,966.63
现金及现金等价物净增加额	114,848,632.06

注:扣除非经常性损益涉及的项目及金额
营业外收支净额:　165,076.73

二、公司近三年主要会计数据和财务指标　　单位:人民币元

指标项目	2000 年度	1999 年度	1998 年度	
			调整后	调整前
主营业务收入	559,200,976.37	468,949,211.27	307,570,839.11	307,570,839.11
净利润	80,974,515.29	64,120,875.08	80,511,139.88	81,049,604.86
总资产	1,782,452,786.27	1,101,111,435.52	1,041,410,342.95	996,136,930.31
股东权益	1,172,932,658.93	740,182,813.44	701,586,291.59	703,594,171.38
摊薄每股收益	0.28	0.25	0.46	0.47
加权每股收益	0.30	0.29	0.50	0.51
扣除非经常性损益后的每股收益	0.28	0.23	0.46	0.46
每股净资产	4.08	2.84	4.04	4.06
调整后的每股净资产	4.06	2.76	3.99	4.01
每股经营活动产生的现金流量净额	0.27	0.17	0.363	0.36
净资产收益率(%)	6.90	8.66	11.48	11.52
加权平均净资产收益率(%)	9.21	8.74		
扣除非经常性损益后的加权净资产收益率(%)	9.19	8.12		

注:
(1) 2000 年末总股本为 28,757.5 万股,1999 年末总股本为 26,025 万股。
(2) 按照中国证监会《公开发行证券公司信息披露编报规则(第 9 号)》要求计算的利润数据:

	报告期利润	净资产收益率		每股收益	
		全面摊薄	加权平均	全面摊薄	加权平均
主营业务利润	105,082,065.29	8.96	11.95	0.37	0.39
营业利润	60,579,527.57	5.16	6.89	0.21	0.23
净利润	80,974,515.29	6.90	9.21	0.28	0.30
扣除非经常性损益后的净利润	80,809,438.56	6.89	9.19	0.28	0.30

三、股本变动及股东情况介绍

一、报告期内股本变动情况表　　数量单位:万股

	期初数	本次变动增减(+,-)					期末数
		配股	送股	公积金转股	其它	小计	
一、尚未流通股份							
1、发起人股份	17,250	100				100	17,350
其中:							
国家拥有股份							
境内法人持有股份	17,250	100				100	17,350
外资法人持有股份							
其它							
2、募集法人股							
3、内部职工股							
4、优先股或其它							
尚未流通股份合计	17,250	100				100	17,350
二、已流通股份							
1、境内上市的人民币普通股	8,775	2,632.5				2,632.5	11,407.5
2、境内上市的外资股							
3、境外上市的外资股							
4、其它							
已流通股份合计	8,775	2,632.5				2,632.5	11,407.5
三、股份总数	26,025	2,732.5				2,732.5	28,757.5

创智信息科技股份有限公司

二〇〇〇年年度报告摘选

一、公司简介

1、公司的法定中文名称:创智信息科技股份有限公司
公司英文名称:Powerise Information Technology Co.,Ltd.
2、公司法定代表人:丁 亮
3、公司董事会秘书:陈 蓓
联系地址:长沙市高新技术产业开发区火炬城 M4 栋
联系电话:0731-8909008
联系传真:0731-8909353
电子信箱:investchen@163.net
4、公司注册及办公地址:深圳市高新技术产业园区工业村管理楼 207#
邮政编码:518000
长沙市高新技术产业开发区火炬城 M4 栋
邮政编码:410013
公司国际互联网网址:http://www.powerise.com.cn
电子信箱:powerise@Powerise.com.cn
5、公司选定的信息披露报纸名称:《中国证券报》、《证券时报》
登载公司年度报告的中国证监会指定国际互联网网址:
Http://www.cninfo.com.cn
公司年度报告备置地点:长沙市高新技术产业开发区火炬城 M4 栋董事会秘书处
6、公司股票上市交易所:深圳证券交易所
股票简称:创智科技
股票代码:0787

二、会计数据和业务数据摘要

1、本年度主要会计数据和业务数据(单位:元)

利润总额:	28835378.56
净利润:	27450085.97
扣除非经营性损益后的净利润:	33631761.38
主营业务利润:	152220347.65
其他业务利润:	346367.73
营业利润:	37403074.85
投资收益:	-8210327.95
补贴收入:	0
营业外收支净额:	-357368.34
经营活动产生的现金流量净额:	120689593.46
现金及现金等价物净增加额:	-41362002.96

说明:"扣除非经常性损益后的净利润"扣除的项目及金额如下:

项 目	涉及金额(元)
五一文清算损失	6181675.41

2、截止 2000 年末,公司前三年主要会计数据和财务指标(单位:元)

项 目	2000 年度		1999 年度		1998 年度	
主营业务收入	417,062,112.08		535,811,795.32		561,539,555.11	
净利润	27,450,085.97		38877607.35		24,227,552.87	
总资产	663,442,495.30		832183842.92		650,568,175.28	
股东权益(不包含少数股东权益)	444,260,583.51		416812506.82		417902924.75	
	摊薄	加权	摊薄	加权	摊薄	加权
每股收益	0.137	0.137	0.39	0.44	0.27	0.27
每股净资产	2.225		4.17		2.88	
调整后的每股净资产	2.146		3.85		2.56	
每股经营活动产生的现金流量净额	0.604		0.18		0.52	
净资产收益率(%)	6.179		9.33		9.42	
扣除非经常性损益后的每股收益	0.168	0.168	0.39	0.43	0.23	0.23

3、按照中国证监会《公开发行证券公司信息披露编报规则(第 9 号)》要求计算的利润数据:

报告期利润	净资产收益率(%)		每股收益(元)	
	全面摊薄	加权平均	全面摊薄	加权平均
主营业务利润	34.26	35.36	0.762	0.762
营业利润	8.419	8.688	0.187	0.187
净利润	6.179	6.376	0.1375	0.1375
扣除非经常性损益后的净利润	7.57	7.81	0.168	0.168

三、股东变动及股东情况

1、股本变动情况
(1) 股份变动情况表
公司股份变动情况表

数量单位:股

	期初数	本次变动增减(+,-) 配股	送股	公积金转股	内部职工股上市	小 计	期末数
一、尚未流通股份							
1、发起人股份	31350143.71			31350100.00		31350100.00	62700243.71
其中:							
国家拥有股份							
境内法人持有股份	31350143.71			31350100.00		31350100.00	62700243.71
外资法人持有股份							
其他							
2、募集法人股	23000000.00			23000000.00		23000000.00	46000000.00
3、内部职工股	13000000.00			13000000.00	-25997400.00	-12997400.00	2600.00
4、优先股或其他							
尚未流通股份合计	67350143.71			67350100.00	——	41352700.00	108702843.71
二、已流通股份							
1、境内上市的人民币普通股	32500000.00			32500000.00	25997400.00	58497400.00	90997400.00
2、境内上市的外资股							
3、境外上市的外资股							
4、其他							
已流通股份合计	32500000.00			32500000.00	25997400.00	58497400.00	90997400.00
三、股份总数	99850143.71			99850100.00		99850100	199700243.71

西南合成制药股份有限公司

二〇〇〇年年度报告摘选

一、公司简介

1、公司法定中文名称:西南合成制药股份有限公司
公司法定英文名称:Southwest Synthetic Pharmaceutical Co. Ltd.
公司英文名称缩写:SSP Co. Ltd
2、公司法定代表人:杨尚元
3、公司董事会秘书:胥思斌
授权代表:杨帆
联系地址:重庆市江北区寸滩水口西南合成制药股份有限公司证券部
电话:023-67091473-8247
传真:023-67091507
电子信箱:hczyzqb@public.cta.cq.cn
4、公司注册地址:重庆市江北区黑石子水口
公司办公地址:重庆市江北区黑石子水口
邮政编码:400025
公司电子信箱:hczyzqb@public.cta.cq.cn
5、公司选定的信息披露报纸:中国证券报
登载公司年度报告的中国证监会指定国际互联网网址:www.cninfo.com.cn
公司年度报告备置地点:西南合成制药股份有限公司证券部
6、股票上市地:深圳证券交易所
股票简称:"合成制药"
股票代码:"0788"

二、会计数据与业务数据摘要

1. 公司本年度实现的利润总额及其构成

项目	2000 年度
利润总额(元)	-92,355,757.05
净利润(元)	-92,355,757.05
扣除非经常性 损益后的净利润(元)	-92,355,757.05
主营业务利润(元)	27,615,412.28
其他业务利润(元)	1,387,296.70
营业利润(元)	-95,449,012.16
投资收益(元)	-1,432,418.13
补贴收入(元)	329,898.04
营业外收支净额(元)	82,505.42
经营活动产生的现金流量净额(元)	-35,034,081.65
现金及现金等价物净增加额(元)	-9,835,042.73

2. 公司近三年的主要会计数据和财务指标

项目	单位	2000 年度	1999 年度	1998 年度 调整前	1998 年度 调整后
主营业务收入	千元	280,841	229,575	284,402	284,402
净利润	千元	-92,356	-49,757	21,747	884
总资产	千元	956,092	971,369	1,029,910	958,868
股东权益(不含少数股东权益)	千元	367,321	459,677	580,321	509,384
每股收益	元	-0.48	-0.26	0.11	0.005
每股收益(加权)	元	-0.48	-0.26	0.12	0.005
扣除非经常性损益后的每股收益	元	-0.48	-0.26		
每股净资产	元	1.91	2.39	3.02	2.65
调整后的每股净资产	元	1.72	2.23	3.00	2.50
每股经营活动产生的现金流量净额	元	-0.18	-0.41	-0.07	
净资产收益率	%	-25.14	-10.82	3.75	0.17
净资产收益率(加权)	%	-22.34	-10.27	3.75	0.17

注 1:本报告期内股本未发生变动。

注 2:本报告数据和指标均以母公司会计报表填列或计算。

注 3:按照中国证监会《公开发行证券公司信息披露编报规则(第 9 号)》要求计算的利润数据:

报告期利润			主营业务利润	营业利润	净利润	扣除非经常性损益后的净利润
净资产收益率	全面摊薄	本年度	7.51%	-25.99%	-25.14%	-25.14%
		上年度	7.87%	-13.82%	-10.82%	-10.82%
	加权平均	本年度	6.68%	-23.08%	-22.34%	-22.34%
		上年度	7.47%	-13.11%	-10.27%	-10.27%
每股收益	全面摊薄	本年度	0.14	-0.50	-0.48	-0.48
		上年度	0.19	-0.33	-0.26	-0.26
	加权平均	本年度	0.14	-0.50	-0.48	-0.48
		上年度	0.19	-0.33	-0.26	-0.26

三、股东情况介绍

(1)截止 2000 年末止,公司股东总数 17520 户。

(2)前十名股东,2000 年末止

名次	股 东 名 称	年末持股数(股)	占总股本%
①	西南合成制药总厂(国有法人股持股单位)	93500000	48.57
②	重庆长江制药厂	5418088	2.81
③	重庆市医药压力容器检测站	5170000	2.69
④	重庆渝北江洛化工厂	1815000	0.94
⑤	西南合成制药厂科学技术协会	1672000	0.87
⑥	华夏证券有限公司	1540000	0.80
⑦	华夏证券有限公司重庆分公司	1375000	0.71
⑧	重庆力豪商贸有限责任公司	880000	0.46
⑨	上海茂冶实业有限公司	660000	0.34
⑩	重庆润康药业有限公司	605000	0.31

江西万年青水泥股份有限公司

二〇〇〇年年度报告摘选

一、公司简介

1、公司中文名称:江西万年青水泥股份有限公司
公司英文名称:JIANGXI WANNIANQING CEMENT CO.,LTD.
2、公司注册地址:江西省万年县
公司办公地址:江西省万年县江西水泥厂办公大楼
邮政编码:335506
3、公司法定代表人:魏新安
4、公司董事会秘书:马 欣
公司证券事务授权代表:周志承
联系地址:江西省万年县江西万年青水泥股份有限公司
电　　话:0793-3839605、3839868
传　　真:0793-3839776
网　　址:http://www.wannianqingcn.com
E-mail:srwngs@public1.srptt.jx.cn
5、公司选定的信息披露报刊名称:《中国证券报》、《证券时报》
刊载公司年度报告的国际互联网网址:http//www.cninfo.com.cn
年度报告备置地点:公司证券部
6、公司股票上市交易所:深圳证券交易所
股票简称:江西水泥
股票代码:0789

二、会计数据与业务数据摘要

1、公司本年度实现利润情况:　　单位:人民币元

利润总额	59,326,338.07
净利润	42,236,386.11
扣除非经常性损益后的利润	42,236,386.11
主营业务利润	95,381,741.65
其他业务利润	-310,062.72
营业利润	33,044,931.59
投资收益	17,454,667.36
补贴收入	9,324,098.58
营业外收支净额	-497,359.46
经营活动产生的现金流量净额	4,275,280.86
现金及现金等价物净增加额	50,331,137.58

2、近三年主要会计数据和财务指标　　单位:人民币(万元)

序号	项目	2000 年度	1999 年度	1998 年度	
				调整前	调整后
1	主营业务收入	28,944.99	30,147.77	27,284.96	27,280.44
2	净利润	4,223.64	3,691.46	4,870.97	4,147.39
3	总资产	86,162.26	69,809.87	58,485.74	57,158.89
4	股东权益	64,764.33	42,906.94	43,678.05	42,279.98
5	每股收益(摊薄)	0.124	0.121	0.159	0.136
6	每股收益(月均加权)	0.124	0.121	0.159	0.136
7	每股收益(扣除非经常性损益后的每股收益)	0.124	0.121	—	0.136
8	每股净资产	1.902	1.402	1.427	1.382
9	调整后每股净资产	1.871	1.383	1.419	1.373
10	每股经营活动产生的现金流量净额	0.013	0.393	-0.035	-0.035
11	净资产收益率%(摊薄)	6.52	8.60	11.15	9.81
12	净资产收益率%(加权)	6.82	8.41		9.77

3.本年度利润表附表:

报告期利润	净资产收益率		每股收益	
	全面摊薄	加权平均	全面摊薄	加权平均
主营业务利润	14.73	15.41	0.280	0.280
营业利润	5.10	5.34	0.097	0.097
净利润	6.52	6.82	0.124	0.124
扣除非经常性损益后的净利润	6.52	6.82	0.124	0.124

三、股本变动及股东情况

1、公司股本变动情况
报告期内公司股本变动情况　　数量单位:股

	本次变动前	本次变动增减(+、-) 配股	送股	公积金转股	其他	小计	本次变动后
一、尚未流通股份							
(1)、发起人股份							
其中:							
国家拥有股份	221,000,000	9,000,000				9,000,000	230,000,000
境内法人持有股份							
外资法人持有股份							
(2)、募集法人股							
(3)、内部职工股							
(4)、优先股或其他							
尚未流通股份合计	221,000,000	9,000,000				9,000,000	230,000,000
二、已流通股份							
(1)、人民币普通股	85,000,000	25,500,000				25,500,000	110,500,000
(2)、境内上市的外资股							
(3)、境外上市的外资股							
已流通股合计	85,000,000	25,500,000				25,500,000	110,500,000
三、股份总数	306,000,000	34,500,000				34,500,000	340,500,000

成都华神集团股份有限公司

二〇〇〇年年度报告摘选

一、公司简介

1、公司的法定中文名称:成都华神集团股份有限公司
公司的法定英文名称:CHENGDU HOIST INC.,LTD.
英文名称缩写:HOIST INC.
2、公司法定代表人:彭旭东先生
3、公司董事会秘书:蒋志勇先生
股权事务授权代表:王天祥先生
联系地址:四川省成都市十二桥路 37 号新 1 号
华神科技大厦 A 座 6 楼
联系电话:(028)7739541　　7786760
传　　真:(028)7778104
4、公司注册地址:四川省成都市十二桥路 37 号新 1 号
公司办公地址:四川省成都市十二桥路 37 号新 1 号
华神科技大厦 A 座 6 楼
邮政编码:610075
公司国际互联网网址:http:www.china-hoist.com
公司电子信箱:hoistin@public.cd.sc.cn
5、公司选定的信息披露报纸名称:《证券时报》
中国证监会指定的登载公司年度报告的国际互联网网址:
公司年度报告备置地点:华神科技大厦 A 座 6 楼公司证券部
6、公司股票上市交易所:中国深圳证券交易所
股票简称:华神集团
股票代码:0790

二、会计数据和业务数据摘要

1、公司 2000 年度主要会计数据　　单位:元

利润总额:	29,781,659.00
净利润:	24,612,761.31
主营业务利润:	67,305,036.86
投资收益:	-1,106,052.68
营业外收支净额:	-39,092.81
经营活动产生的现金流量净额:	15,765,842.38
现金及现金等价物净增加额:	4,634,957.69

2、公司截止 2000 年末前三年的主要会计数据和财务指标

指标项目	2000 年度	1999 年度	1998 年度		2000 年比 1999 年增减(%)
			调整前	调整后	
主营业务收入(元)	179,167,351.09	143,585,066.53	157,685,115.36	157,685,115.36	24.78
净利润(元)	24,612,761.31	21,980,091.72	33,839,162.25	33,294,648.23	11.98
总资产(元)	438,697,450.48	370,360,331.41	312,320,721.94	310,451,234.63	18.45
股东权益(元)(不含少数股东权益)	245,533,081.15	220,920,319.84	210,021,983.39	208,444,228.12	11.14
每股收益(元)(按净利润全面摊薄计算)	0.31	0.278	0.51	0.504	11.51
每股收益(元)(按净利润加权平均计算)	0.31	0.278	0.51	0.504	11.51
扣除非常性损益后的每股收益(全面摊薄)	0.31	0.278	0.51	0.504	11.51
扣除非常性损益后的每股收益(加权平均)	0.31	0.278	0.51	0.504	11.51
每股净资产(元)	3.10	2.79	3.18	3.16	11.11
调整后的每股净资产(元)	3.05	2.75	3.08	3.06	10.91
每股经营活动产生的现金流量净额(元)	0.20	0.17	0.85	0.85	17.65
净资产收益率等(%)(按净利润全面摊薄计算)	10.02	9.95	16.11	15.97	0.70
净资产收益率等(%)(按净利润加权平均计算)	10.55	10.02	16.95	16.70	5.29

按照中国证监会《公开发行证券公司信息披露编报规则(第 9 号)》要求计算 2000 年报告期利润的净资产收益率和每股收益。

报告期利润		净资产权益率(%)		每股权益(元)	
		全面摊薄	加权平均	全面摊薄	加权平均
主营业务利润	67,305,036.86	27.41	28.86	0.85	0.85
营业利润	30,926,804.49	12.60	13.26	0.39	0.39
净利润	24,612,761.31	10.02	10.55	0.31	0.31
扣除非经常损益后的净利润	24,612,761.31	10.02	10.55	0.31	0.31

3、2000 年内股东权益变动情况

项目	股本(股)	资本公积(元)	盈余公积(元)	法定公益金(元)	未分配利润(元)	股东权益合计(元)
期初数	79,200,000	33,401,361.17	38,668,971.10	16,515,435.87	53,134,551.70	220,920,319.84
本期增加			2,461,276.13	2,461,276.13	24,612,761.31	29,535,313.57
本期减少					4,922,552.26	4,922,552.26
期末数	79,200,000	33,401,361.17	41,130,247.23	18,976,712.00	72,824,760.75	245,533,081.15
变动原因			从本年利润提取	从本年利润提取	本年利润转入;计提取盈余公积	

三、股东情况介绍

1、2000 年末股东总数为 11798 人,无内部职工股和公司职工股。
2、持有本公司 5%以上(含 5%)股份的股东名称及前 10 名股东持股情况

序号	股东名称	所持股份数(万股)	占股本比例(%)
1	四川华神集团股份有限公司	2880	36.36
2	海南民丰科技实业开发公司	1537.2	19.41
3	成都君众实业有限责任公司	600	7.58
4	深圳好亦特贸易有限责任公司	540	6.82
5	成都长华置业有限责任公司	322.8	4.08
6	毛炳华	286.773	3.62
7	孟景兵	26	0.328
8	沙捍忠	20.02	0.252
9	阮炎中	19.535	0.247
10	方水坚	18.99	0.24

西北永新化工股份有限公司

二〇〇〇年年度报告摘选

一、公司简介

1、公司法定名称：
中文名称：西北永新化工股份有限公司
英文名称：NORTHWEST YONGXIN CHEMICAL INDUSTRY CO,LTD
2、公司法定代表人：杨德茂
3、公司董事会秘书：曹忆峰
公司股权事务代表：王志哲
联系地址：甘肃省兰州市东岗东路1205号
联系电话：0931－8497111转361
传　　真：0931－8497112
4、公司注册地址：甘肃省兰州市东岗东路1205号
公司办公地址：甘肃省兰州市东岗东路1205号
公司电子信箱：yongxin@public.lz.gs.cn
邮政编码：730020
5、公司信息披露报纸：《证券时报》
公司信息披露网址：http://www.cninfo.com.cn
公司年度报告备置地点：公司证券部
6、公司股票上市地：深圳证券交易所
公司股票简称：西北化工
公司股票代码：0791

二、会计数据和业务数据摘要

一、公司本年度主要财务指标

1、利润总额：	31,677,537.03元
2、净利润：	27,988,404.90元
3、扣除非经营性损益后的净利润：	18,434,803.61元
4、主营业务利润：	22,923,462.72元
5、其他业务利润：	－112,897.39元
6、营业利润：	22,123,935.74元
7、投资收益：	7,083,322.82元
8、补贴收入：	1,700,000.00元
9、营业外收支净额：	770,278.47元
10、经营活动产生的现金流量净额：	44,122,815.34元
11、现金及现金等价物净增加额：	75,803,933.49元

二、截止报告期末公司前三年的主要会计数据和财务指标

表1

项 目	单位	2000年	1999年	1998年
主营业务收入	元	100,030,245.73	93,450,789.46	116,533,114.34
净利润	元	27,988,404.90	3,554,536.23	1,390,688.95
总资产	元	549,253,835.21	436,236,013.93	477,941,212.43
股东权益	元	367,804,133.35	340,133,203.94	334,417,542.89
每股收益(摊薄)	元	0.148	0.019	0.0074
每股收益(加权)	元	0.148	0.019	0.0074
每股收益(扣除非经营性损益)	元	0.098	－0.041	
每股净资产	元	1.946	1.80	1.769
调整后的每股净资产	元	1.943	1.77	1.769
每股经营活动产生的现金流量净额	元	0.233	－0.059	
净资产收益率	%	7.61	1.05	0.416

按照中国证监会《公开发行证券公司信息披露编报规则(第9号)》要求计算净资产收益率、每股收益：

报告期利润	净资产收益率(%)				每股收益(元)			
	全面摊薄		加权平均		全面摊薄		加权平均	
	2000年	1999年	2000年	1999年	2000年	1999年	2000年	1999年
主营业务利润	6.23	5.08	6.47	5.14	0.121	0.091	0.121	0.091
营业利润	6.02	－2.26	6.25	－2.28	0.117	－0.041	0.117	－0.041
净利润	7.61	1.05	7.90	1.06	0.148	0.019	0.148	0.019
扣除非经营性损益后的净利润	5.01	－2.26	5.21	－2.28	0.098	－0.041	0.098	－0.041

三、报告期内股东权益变动情况

项目	股 本	资本公积	盈余公积	法定公益金	未分配利润	股东权益合计
期初数	189000000	163,846,839.00	1,308,339.09	436,113.03	－14,021,974.15	340,133,203.94
本期增加		2,771.98	4,198,260.74	1,399,420.25	23,790,144.16	27,670,929.41
本期减少		320,247.47				
期末数	189000000	163,529,363.51	5,506,599.83	1,835,533.28	9,768,170.01	367,804,133.35

三、股本变动及股东情况介绍

一、股本变动情况

(1)股份变动情况表　　单位：股

项 目	本次变动前	本次变动增减(+－) 配股	送股	公积金转股	增发	小计	本次变动后
一、尚未流通部分							
1、发起人股份	109800000						109800000
其中							
国家持有股份							
境内法人持有股份							
2、募集法人股							
3、高管人员持股	77792						77792
尚未流通股份合计	109877792						109877792
二、已上市流通股份							
1、人民币普通股	79122208						79122208
已流通股份合计	79122208						79122208
三、股份总数	189000000						189000000

青海盐湖钾肥股份有限公司

二〇〇〇年年度报告摘选

一、公司简介

1、公司的法定中、英文名称及缩写
公司中文名称：青海盐湖钾肥股份有限公司
公司英文名称：QINGHAI SALT LAKE POTASH CO.,LTD.
2、公司法定代表人：安平绥
3、公司董事会秘书及其授权代表的姓名、联系地址、电话、传真、电子信箱：
公司董事会秘书：吴文好
公司授权代表：加金才
联系地址：青海省格尔木市黄河路1号
联系电话：(0979)448121 448123
传　　真：(0979)417445
电子信箱：YHJF0792@SINA.COM
4、公司注册地址，公司办公地址及其邮政编码，公司国际互联网网址、电子信箱。
公司注册地址：青海省格尔木市察尔汗
公司办公地址：青海省格尔木市察尔汗
邮政编码：816005
公司国际互联网网址：无
公司电子信箱：YHJF0792@SINA.COM
5、公司选定的信息披露报纸名称，登载公司年度报告的中国证监会指定国际互联网网址，公司年度报告备置地点。
公司选定的信息披露报纸名称：证券时报
登载公司年度报告的中国证监会指定国际互联网网址：http://www.cninfo.com.cn
公司年度报告备置地点：青海省格尔木市青海盐湖钾肥股份有限公司证券部
6、公司股票上市交易所、股票简称和股票代码
公司股票上市交易所：深圳证券交易所
股票简称：盐湖钾肥
股票代码：0792

二、会计数据和业务数据摘要

1、公司本年度主要利润指标情况　　单位：元

1、利润总额	79,080,429.06
2、净利润	68,799,973.28
3、扣除非经常性损益后的净利润	68,876,482.66
4、主营业务利润	86,488,125.75
5、其他业务利润	8,559,069.71
6、营业利润	61,405,231.96
7、投资收益	—
8、补贴收入	17,751,706.48
9、营业外收支净额	(76,509.38)
10、经营活动产生的现金流量净额	(548,973.22)
11、现金及现金等价物净增加额	(86,796,372.67)

2、公司近三年主要会计数据和财务指标　　单位：元

指 标	2000.12.31	1999.12.31	1998.12.31
主营业务收入	229,127,741.59	217,363,665.90	181,262,416.91
净利润	68,799,973.28	63,401,537.27	48,082,372.00
总资产	882,064,499.94	842,918,672.86	737,527,891.36
股东权益(不含少数股东权益)	634,843,159.20	625,672,685.92	430,730,001.56
每股收益(元/股)	0.3115	0.287	0.2404
每股净资产(元/股)	2.87	2.833	2.1537
净资产收益率(%)	10.84	10.13	11.16
调整后的每股净资产	2.8166	2.4667	2.14
每股经营活动产生的现金流量净额	－0.002486	0.4886	

3、报告期内股东权益变动情况　　单位：元

项 目	期初数	本期增加	本期减少	期末数	变动原因
股本	220,850,000.00	—	—	220,850,000.00	
资本公积	337,072,032.32	—	—	337,072,032.32	
盈余公积	23,560,208.03	6,879,997.33	—	33,880,204.02	提取10%盈余
公积法定公积金	7,853,402.68	3,439,998.66	—	11,293,401.34	提取5%公益金
未分配利润	44,190,445.57	68,799,973.28	69,949,495.99	43,040,922.86	盈利及分配利润
股东权益合计	625,672,685.92	9,170,473.28	—	634,843,159.20	经营积累

三、股本变动及股东情况

1、股本变动情况

(1)股份变动情况表(单位：人民币元)　　数量单位：股 每股面值：1元

	本次变动前	本次变动增减(+,－) 配股	送股	公积金转股	其他	本次变动后
一、未上市流通股份						
1、发起人股份	155,850,000					155,850,000
其中：						
国家持有股份	135,850,000					135,850,000
境内法人持有股份	20,000,000					20,000,000
2、内部职工股						
未上市流通股份合计	155,850,000					155,850,000
二、已上市流通股份						
1、人民币普通股	65,000,000					65,000,000
2、已上市流通股份合计	65,000,000					65,000,000
三、股份总数	220,850,000					220,850,000

海南民生燃气(集团)股份有限公司

二〇〇〇年年度报告摘选

一、公司简介

1、公司名称

公司法定中文名称:海南民生燃气(集团)股份有限公司

公司法定英文名称:Hainan Minsheng Gas Corporation

2、公司法定代表人:朱德华

3、公司董事会秘书:汪方怀

董事会证券事务代表:金日

联系地址:海南省海口市海甸四东路民生大厦七楼

电　　话:0898－6254650　　6270066－9718

传　　真:0898－6254650　　6255636

电子信箱:ranqigufen@263.net

4、公司注册地址及办公地址:海南省海口市海甸四东路民生大厦

邮政编码:570208

公司国际互联网网址:http://www.ranqigufen.com

电子信箱:rqgf@ranqigufen.com

5、公司选定的信息披露报纸名称:《中国证券报》、《证券时报》

登载公司年度报告的指定网址:http://www.cninfo.com.cn

公司年度报告备置地点:公司董事会秘书处

6、公司股票上市交易所:深圳证券交易所

股票简称:燃气股份

股票代码:0793

二、会计数据和业务数据摘要

1、本年度主要会计数据(单位:元)

利润总额	95,695,472.48
净利润	99,069,772.57
扣除非经常性损益后的净利润	83,263,237.28
主营业务利润	127,152,391.64
其他业务利润	288,101.93
营业利润	70,457,153.99
投资收益	24,335,254.51
补贴收入	1,378,910.98
营业外收支净额	－475,847.00
经营活动产生的现金流量净额	39,876,829.70
现金及现金等价物净增加额	505,604,319.13

注:扣除的非经常性损益项目为转让深圳桑夏民生科技有限公司股权获得的投资净收益13,038,218.42元,转让海南桑夏环球网络信息有限公司股权获得的投资净收益2,768,316.87元。

2、截至报告期末公司前三年的主要会计数据和财务指标

指标项目	2000年度	1999年度	1998年度	
			调整后	调整前
主营业务收入(元)	239,047,927.99	173,306,423.95	246,639,999.92	246,639,999.92
净利润(元)	99,069,772.57	45,887,501.69	47,640,905.57	61,889,160.76
总资产(元)	1,855,271,965.24	1,040,282,423.40	760,141,684.73	776,469,714.53
股东权益(不含少数股东权益)(元)	1,056,108,182.66	621,455,356.46	575,443,745.77	591,771,557.57
每股收益(元/股)	0.34	0.18	0.19	0.24
按月加权平均的每股收益(元/股)	0.355	0.18	0.19	0.34
扣除非经常性损益后的每股收益(元/股)	0.29	0.06	0.16	0.23
每股净资产(元/股)	3.62	2.45	2.27	2.33
调整后的每股净资产(元/股)	3.54	2.30	2.24	2.31
每股经营活动产生的现金流量净额(元)	0.14	－0.79		
净资产收益率(%)	9.38	7.38	8.28	10.46

3、按照中国证监会《公开发行证券公司信息披露编报规则第9号———净资产收益率和每股收益的计算及披露》要求计算的利润表附表

	报告期利润(元)	净资产收益率(%)		每股收益(元/股)	
		全面摊薄	加权平均	全面摊薄	加权平均
主营业务利润	127,152,391.64	12.04	14.46	0.44	0.46
营业利润	70,457,153.99	6.67	8.01	0.24	0.25
净利润	99,069,772.57	9.38	11.27	0.34	0.36
扣除非经常性损益后的净利润	83,263,237.28	7.88	8.40	0.29	0.30

三、股本变动及股东情况

1、报告期末股东总数。

截止2000年12月31日,本公司股东总数为86,476户。

2、公司前十名股东持股情况(截止2000年12月31日)

序号	股东名称	期末数(股)	占总股本比例(%)
1	海口市煤气管理总公司	54,250,000	18.62
2	中国华闻事业发展总公司	32,021,982	10.99
3	广联(南宁)投资股份有限公司	24,650,000	8.46
4	南宁管道燃气有限责任公司	8,350,000	2.87
5	海口市煤气综合开发公司	3,100,000	1.06
6	海南立森实业公司	2,667,426	0.92
7	王渝	684,300	0.23
8	海南椰海实业开发公司	600,000	0.21
9	海南电南实业发展总公司	500,000	0.17
10	北京云曦经贸公司	500,000	0.17

太原双塔刚玉股份有限公司

二〇〇〇年年度报告摘选

一、公司简介

1、公司法定名称:

中文:太原双塔刚玉股份有限公司

英文:TAIYUAN TWIN TOWER ALUMINUM OXIDE CO,LTD.

2、公司法定代表人:程明远

3、公司董事会秘书:张晓东

公司证券事务代表:周玉旺

联系地址:太原市并州北路168号

太原双塔刚玉股份有限公司董事会秘书处

电　　话:(0351)4930822

传　　真:(0351)4930832

邮　　编:030012

电子信箱:tygydmc@public.ty.sx.cn

4、公司注册地址:山西省太原市郝庄正街62号

邮政编码:030045

公司办公地址:山西省太原市并州北路168号

邮政编码:030012

公司国际互联网网址:www.twin－tower.com

公司电子信箱:tyao@public.ty.sx.cn

5、公司选定的信息披露报纸:《中国证券报》和《证券时报》

登载公司年度报告的国际互联网网址:http://www.cninfo.com.cn

公司年度报告备置地点:公司董事会秘书处

6、公司股票上市交易所:深圳证券交易所

股票简称:太原刚玉

股票代码:0795

二、会计数据和业务数据摘要

1、本年度主要利润指标情况(单位:人民币元)

利润总额:	29,756,369.73
净利润:	25,770,576.20
扣除非经常性损益后的净利润:	23,110,210.98
主营业务利润:	55,366,236.04
营业利润:	27,042,726.14
投资收益:	3,970,804.64
补贴收入:	460,000.00
营业外收支净额:	－1,717,161.05
经营活动产生的现金流量净额:	－19,902,090.70
现金及现金等价物净增加额:	183,232,946.83

2、截止报告期末公司前三年主要会计数据和财务指标

(1)主要会计数据和财务指标:

项目	2000年	1999年	1998年	
			调整前	调整后
主营业务收入(元)	214,789,943.30	238,119,680.00	237,633,661.46	237,633,661.46
净利润(元)	25,770,576.20	49,772,218.08	56,052,250.06	54,085,479.21
总资产(元)	1,141,306,227.29	875,710,800.69	749,749,445.48	747,090,460.25
股东权益(元)	792,737,692.49	544,224,062.27	504,860,829.42	494,451,844.19
每股收益(元/股)	0.0931	0.201	0.362	0.349
加权平均每股收益(元/股)	0.1010	0.238	0.362	0.349
扣除非经常性损益后的每股收益(元/股)	0.0835	0.174	0.292	0.292
每股净资产(元/股)	2.864	2.194	3.26	3.19
调整后的每股净资产(元/股)	2.863	2.189	3.25	3.18
每股经营活动产生的现金流量净额	－0.0719	0.073	0.025	0.025
净资产收益率%	3.25	9.15	11.10	10.94

(2)根据中国证监会《公开发行证券公司信息披露细则(第9号)》要求计算的利润数据如下:

报告期利润	净资产收益率(%)		每股收益(元/股)	
	全面摊薄	加权平均	全面摊薄	加权平均
主营业务利润	6.98	9.04	0.2000	0.2170
营业利润	3.41	4.41	0.0977	0.1060
净利润	3.25	4.21	0.0931	0.1010
扣除非经常性损益后的净利润	2.92	3.77	0.0835	0.0906

三、股本变动及股东情况

1、截止报告期末,公司股东总数为56809户。

2、持有本公司5%以上股份的股东有太原双塔刚玉(集团)有限公司和太原东山煤矿有限责任公司,本年度内因实施"2000年增资配股方案",太原双塔刚玉(集团)有限公司参与配售240万股,年末持有本公司股份11304万股,占股份总额的40.84%,太原东山煤矿有限责任公司未参与本次配股,年末持有本公司股份仍为4936万股,占股份总额的17.83%,年度内未发生质押情况。

3、公司前十名股东持股情况

股东名称	年末持股数	持股比例(%)
(1)太原双塔刚玉(集团)有限公司	113040000	40.84%
(2)太原东山煤矿有限责任公司	49360000	17.83%
(3)深圳市创新科技投资有限公司	726000	0.26%
(4)贾楠安	380000	0.14%
(5)张红涛	265000	0.10%
(6)戴青青	250000	0.09%
(7)薛尔康	240000	0.09%
(8)中国南山开发股份有限公司	222400	0.08%
(9)曲东伟	197340	0.07%
(10)中国石油兰州化学工业公司	191418	0.07%

前十名股东之间不存在关联关系。

宝鸡商场(集团)股份有限公司

二○○○年年度报告摘选

一、公司简介

1、公司名称:宝鸡商场(集团)股份有限公司

英文名称:BaoJi department store(group)Co.,Ltd

2、法定代表人:魏存功

3、董事会秘书:董启怀

证券事务代表:刘竣

联系地址:陕西省宝鸡市经二路114号

电　　话:0917－3215282

传　　真:0917－3215282

4、公司注册地址:陕西省宝鸡市高新开发区峪泉路10号

邮政编码:721000

公司电子信箱:Bsjt001@public.xa.sn.cn

公司网址:Http://www.bsjt.net

5、公司选定信息披露报纸:《中国证券报》、《证券时报》

年度报告备置地点:本公司证券部

登载公司年度报告的中国证监会指定国际互联网网址:

Http://www.cninfo.com.cn

6、上市地点:深圳证券交易所

股票简称:宝商集团

股票代码:0796

二、会计数据和业务数据摘要

1、本年度主要利润指标情况

利润总额	54,992,636.93元
净利润	46,110,143.73元
扣除非经常性损益后的净利润	45,881,903.50元
主营业务利润	78,448,406.99元
其他业务利润	15,330,980.71元
营业利润	53,015,181.54元
经营活动产生的现金流量净额	－101,378,983.71元
现金及现金等价物净增加额	5,647,366.76元
注:扣除非经常性损益项目和涉外金额	
处理固定资产净收益:	228,240.23元
以上项目涉及金额:	228,240.23元

2、主要财务指标　　单位:元

指 标	2000年	1999年	1998年	
			调整后	调整前
(1)主营业务收入	822,850,703.48	719,340,483.58	901,384,103.77	901,384,103.77
(2)净利润	46,110,143.73	40,991,166.10	53,237,377.01	53,039,496.00
(3)总资产	1,037,805,240.51	810,726,663.48	869,827,025.77	72,730,028.61
(4)股东权益	629,960,440.61	411,900,749.66	370,907,621.17	373,810,624.01
(5)每股收益	0.345	0.351	0.712	0.709
(6)每股净资产	4.714	3.53	4.962	5.001
(7)扣除非经常性损益的每股收益	0.343	0.351	0.712	0.709
(8)调整后的每股净资产	4.71	3.521	4.949	4.999
(9)每股经营活动产生的现金流量净额	－0.758	－0.358	－0.472	－0.472
(10)净资产收益率%	7.31	9.95	14.35	14.19

三、股本变动及股东情况

1、股本变动情况:

(1)股份变动情况表　　(单位:万股)

	期初数	本次变动增减(+、-)					期末数
		配股	送股	公积金转增	内部职工股上市	小计	
一、尚未流通股份							
1、发起人股份							
其中:							
国家拥有股份	1156.8211.	185.3880				185.3880	1342.2091
2、募集法人股	2396.1600	225.6000				225.6000	2621.7600
3、内部职工股	2491.2126	390.6476			－2881.8602	－2881.8602	0
尚未流通股份合计	6044.1937	801.6356			－2881.8602	－2881.8602	3963.9691
二、已流通股份							
1、境内上市的人民币普通股	5616.0000	900.0000			2881.8602	2881.8602	9397.8602
其中:高管人员持股	10.0432	1.6083				1.6083	11.6515
2、境内上市的外资股							
3、境外上市的外资股							
4、其他							
已流通股份合计	5616.0000	900.0000			2881.8602	2881.8602	9397.8602
三、股份总数	11660.1937	1701.6356					13361.8293

中国武夷实业股份有限公司

二○○○年年度报告摘选

一、公司简介

1.公司法定名称:

中文名称:中国武夷实业股份有限公司

公司英文名称:CHINA WUYI CO.,LTD.

2. 公司法定代表人:沈继武

3.公司董事会秘书及授权代表:林金铸、陈鸿亮

联系地址:福建省福州市东街33号武夷中心22层股证部

联系电话:0591－7510668

传真:0591－7603158

电子信箱 Email:cwy-d@fiec.com

4.公司注册地址:福建省福州市北大路240号

公司办公地址:福建省福州市东街33号武夷中心22层

邮政编码:350001

公司电子信箱 Email:cwy-@fiec.com

公司互联网网址:http://www.chinawuyi.com

公司年度报告备置地点:公司股证部

5.公司选定的信息披露报纸名称为:《证券时报》、《中国证券报》

登载公司年度报告的中国证监会指定国际互联网网址:http://www.cninfo.com.cn

6.公司股票上市地:深圳证券交易所

股票简称:中国武夷

股票代码:0797

二、会计数据与业务数据摘要

1.公司本年度实现利润总额124,494,233.60元,净利润78,980,380.97元,扣除非经常性损益后的净利润78,980,380.97元,主营业务利润154,859,386.01元,其他业务利润22,405,185.64元,营业利润62,879,370.90元,投资收益61,255,813.14元,补贴收入170,620.08元,营业外收支净额188,429.48元,经营活动产生的现金流量净额61,119,688.54元,现金及现金等价物净增加额204,293,002.00元。

2.截止报告期末公司前三年的主要会计数据和财务指标:(单位:元)

指 标 项 目	2000年度	1999年度		1998年度	
		调整后	调整前	调整后	调整前
主营业务收入	840,655,299.11	765,524,104.87	737,824,237.87	1,119,780,320.71	1,106,963,112.60
净利润	78,980,380.97	111,252,658.70	111,922,339.55	116,021,643.02	116,847,362.18
总资产	3,148,654,857.96	2,774,397,340.13	2,723,597,593.45	2,565,394,426.31	2,695,804,096.83
股东权益	1,251,711,638.63	1,032,718,891.28	1,061,972,886.53	1,021,762,034.52	1,090,796,892.47
每股收益	0.203	0.31	0.311	0.323	0.325
扣除非经常性损益后每股收益	0.203	0.30	0.30	0.323	0.325
每股净资产	3.21	2.87	2.95	2.84	3.035
调整后的每股净资产	3.18	2.83	2.91	2.80	3.00
每股经营活动产生的现金流量净额	0.157	0.80	0.80	－0.90	－0.90
净资产收益率(%)	6.31	10.80	10.54	11.36	10.71

3.本年度利润表附表

报告期利润	净资产收益率(%)(2000年)		每股收益(元)(2000年)		净资产收益率(%)(1999年)		每股收益(元)(1999年)	
	全面摊薄	加权平均	全面摊薄	加权平均	全面摊薄	加权平均	全面摊薄	加权平均
主营业务利润	12.37	13.81	0.40	0.42	13.38	13.67	0.41	0.41
营业利润	5.02	5.61	0.16	0.17	6.98	6.87	0.21	0.21
净利润	6.31	7.05	0.203	0.21	10.54	10.38	0.311	0.311
扣除非经营性损益后的净利润	6.31	7.05	0.203	0.21	10.11	9.96	0.30	0.30

4.报告期内股东权益变动情况(单位:元)

项 目	股 本	资本公积	盈余公积	法定公益金	未分配利润	股东权益合计
期初数	359,422,440.00	558,909,134.59	28,456,497.83	22,765,198.25	93,064,285.82	1,021,762,034.52
本期增加	30,030,000	187,970,000	8,335,433.17	6,668,346.53	63,976,601.27	296,980,380.97
本期减少					107,142,302.42	107,142,302.42
期末数	389,452,440.00	746,879,134.59	36,791,931.00	29,433,544.78	49,898,584.67	1,251,637,964.62

三、股本变动及股东情况

1.股本变动情况

(1) 股本变动情况表　　数量单位:万股

	期初数	本期变动增减(+－)						期末数
		配股	送股	公积金转股	增发	其他	小计	
一、尚未流通股								
1、发起人股份	25,932.244	/	/	/	/	/	/	25,932.244
其中:国家拥有股份	25,932.244	/	/	/	/	/	/	25,932.244
境内法人拥有股份								
外资法人拥有股份								
2、募集法人股								
3、内部职工股								
4、优先股或其他								
尚未流通股合计	25,932.244	/	/	/	/	/	/	25,932.244
二、已流通股份								
1、境内上市的人民币普通股	10,010.00	3,003	/	/	/	/	3,003	13,013.00
2、境内上市外资股								
3、境外上市外资股								
4、其他								
已流通股合计	10,010.00	3,003	/	/	/	/	3,003	13,013.00
三、股份总数	35,942.244	3,003	/	/	/	/	3,003	38,945.244

中水集团远洋股份有限公司

二〇〇〇年年度报告摘选

一、公司简介

一、公司法定中文名称：中水集团远洋股份有限公司
英文名称：CNFC OVERSEAS FISHERY CO.,LTD
公司英文名称缩写：COFC
二、公司法定代表人：刘身利
三、公司董事会秘书：陈明
授权代表：吕慧玲
联系地址：北京市西单民丰胡同31号中水大厦613室
联系电话：(010)88067461
传真：(010)88067463
电子信箱：cofc@8848.net
四、公司注册地址：北京市西城区金融街23号
公司办公地址：北京市西单民丰胡同31号中水大厦6层
邮政编码：100032
五、公司选定的信息披露报刊为：《中国证券报》和《证券时报》；
登载公司年度报告的中国证监会指定国际互联网网址：
http://www.cninfo.com.cn
公司年度报告备置地点：北京市西单民丰胡同31号中水大厦613室
六、公司股票上市地：深圳证券交易所
股票简称：中水渔业
股票代码：0798

二、会计数据和业务数据摘要

一、公司本年度利润总额及其构成(单位：元)

利润总额	60,366,336
净利润	61,520,558
扣除非经常性损益后的净利润	61,520,558
主营业务利润	85,107,925
其它业务利润	5,450,664
投资收益	-823,352
补贴收入	1,385,059
营业外收支净额	2,356,273
经营活动产生的现金流量净额	130,264,827
现金及现金等价物净增加值	51,334,006

二、截止1999年末公司前三年的主要会计数据和财务指标(单位：元)

主要财务指标	2000年度	1999年度	1998年度	
			调整前	调整后
主营业务收入	329,293,609	402,401,076	730,277,921	730,277,921
净利润	61,520,558	86,843,112	93,156,631	94,945,183
总资产	1,094,380,982	1,099,267,504	1,139,724,459	1,141,513,010
股东权益	958,621,607	922,301,048	919,426,428	921,214,979
每股收益	0.24	0.34	0.37	0.38
扣除非经常性损益后的每股收益	0.24	0.34	—	—
每股净资产	3.80	3.66	3.65	3.66
调整后每股净资产	3.77	3.62	3.63	3.64
每股经营活动产生的现金流量净额	0.52	0.24	—	—
净资产收益率(%)	6.41	9.42	10.13	10.31

三、利润表附表

	净资产收益率(%)		每股收益(元/股)	
	全面摊薄	加权平均	全面摊薄	加权平均
主营业务利润	8.88	8.93	0.34	0.34
营业利润	5.99	6.23	0.23	0.23
净利润	6.41	6.46	0.24	0.24
扣除非经常性损益后的净利润	6.20	6.23	0.24	0.24

四、报告期内股东权益变动情况(单位：元)

项目	股本	资本公积金	盈余公积金	法定公益金	未分配利润	合计
期初数	252,000,000	462,500,551	43,765,348	14,588,449	164,035,149	922,301,048
本期增加			9,228,084	3,076,028	52,292,475	61,520,558
本期减少					25,200,000	25,200,000
期末数	252,000,000	462,500,551	52,993,432	17,664,477	191,127,624	958,621,607

注1：年度内股本和资本公积金未发生变动。

注2：年度内盈余公积、法定公益金增加系公司本年度实现净利润61,520,558元，分别按10%和5%的比例计提法定公积金、法定公益金所致。

注3：年度内未分配利润增加系本年度实现利润及利润分配余额所致。

三、股本变动及股东情况

一、报告期末股东总数为34503户。

二、持有本公司5%以上(含5%)股份的股东为：

股东名称	持股数(股)	占总股本(%)
中国水产(集团)总公司	64260000	25.50
中国水产烟台海洋渔业公司	62370000	24.75
中国水产舟山海洋渔业公司	62370000	24.75
海南华糖有限公司	750820	0.30
何仲文	490000	0.19
耿汝明	320000	0.13
张加孟	280000	0.11
张振龙	280000	0.11
葛跃	200000	0.08
耿汝明	180000	0.07

一汽轿车股份有限公司

二〇〇〇年年度报告摘选

一、公司简介

1、公司法定中文名称：一汽轿车股份有限公司
公司英文名称：FAW CAR CO.,LTD
2、公司法定代表人：马文兴
3、公司董事会秘书：王文权
授权代表：郑丽兄
联系地址：长春市绿园区东风大街汽车厂二号门院内
电　　话：0431-5976447、0431-5976174
传　　真：0431-5908726
4、公司注册地址：长春市高新开发区汽车研究开发园区
办公地址：长春市绿园区东风大街二号门院内
邮政编码：130011
电子信箱：fawcar@public.cc.jl.cn
5、公司信息披露报纸名称：证券时报、上海证券报、中国证券报
公司年报国际互联网网址：http://www.cninfo.com.cn
年度年报备置地点：公司证券部
6、公司股票上市地：深圳证券交易所
股票简称：一汽轿车
股票代码：0800

二、会计数据和业务数据

1、本年度主要利润指标(人民币：元)

项目	金额
利润总额	277,128,369.54
其中：主营业务利润	553,485,207.88
其他业务利润	19,370,470.78
投资收益	10,750,187.13
营业外收支净额	2,638,637.88
净利润	286,042,729.58
扣除非经常性损益后的净利润	281,510,596.88
经营活动产生的现金流量净额	583,169,387.78
现金及现金等价物净增加额	80,427,404.84

[注]：扣除非经常性损益后的净利润指扣除新股申购无效资金利息摊销数2,082,132.70元和退增值税款2,450,000元。

2、公司前三年主要会计数据及财务指标(调整后)

指标项目	2000年12月31日	1999年12月31日	1998年12月31日
主营业务收入(万元)	315,175.62	410,622.24	398,370.84
净利润(万元)	28,604.27	51,826.63	45,379.41
总资产(万元)	674,070.11	576,595.26	566,358.68
股东权益(万元)	489,200.70	483,514.14	447,962.51
每股收益(元/股)	0.176	0.318	0.393
扣除非经常性损益的每股收益(元/股)	0.174	0.315	0.386
每股净资产(元/股)	3.01	2.97	3.85
调整后的每股净资产(元/股)	2.73	2.96	3.65
每股经营活动产生的现金流量净额	0.36	0.49	0.08
净资产收益率(%)	5.85	10.72	10.21
加权每股收益(元/股)	0.18	0.37	0.421
加权净资产收益率(%)	5.75	10.94	12.43
扣除非经常性损益后的加权净资产收益率(%)	5.70	10.82	12.30

3、公司前三年主要会计数据及财务指标(调整前)

指标项目	2000年12月31日	1999年12月31日	1998年12月31日
主营业务收入(万元)	315,175.62	410,622.24	398,370.84
净利润(万元)	28,604.27	51,826.63	45,300.91
总资产(万元)	674,070.11	576,595.26	572,941.45
股东权益(万元)	489,200.70	483,514.14	447,843.12
每股收益(元/股)	0.176	0.318	0.390
扣除非经常性损益的每股收益(元/股)	0.174	0.315	0.383
每股净资产(元/股)	3.01	2.97	3.85
调整后的每股净资产(元/股)	2.73	2.96	3.65
每股经营活动产生的现金流量净额	0.36	0.49	0.08
净资产收益率(%)	5.85	10.72	10.12
加权每股收益(元/股)	0.18	0.37	0.420
加权净资产收益率(%)	5.75	10.94	12.41
扣除非经常性损益后的加权净资产收益率(%)	5.70	10.82	12.28

三、股东情况介绍

1、截止本报告期末股东总数为318214户。

2、报告期末前十名股东持股情况：

序号	股东名称	持有股数(股)	占总股本比例
1	中国第一汽车集团公司	1081500000	66.45%
2	光大证券有限责任公司	3655353	0.25%
3	倪咏梅	3514252	0.22%
4	黄采云	1639720	0.10%
5	唐建华	1440000	0.09%
6	北京香海会展房地产开发有限公司	1400000	0.09%
7	新疆金科电子信息开发公司	1290000	0.08%
8	张家界武陵国际大酒店	929114	0.06%
9	周志新	821102	0.05%
10	上海华东实业有限公司	759300	0.05%

湖南酒鬼酒股份有限公司

二○○○年年度报告摘要

一、公司简介

(一)公司法定名称:湖南酒鬼酒股份有限公司
公司英文名称:Hunan JiuGuiJiu Company Limited
公司英文简称:JGJC
(二)公司法定代表人:田家贵
(三)公司董事会秘书:曹宏杰
公司证券事务代表:李文生
公司联系电话:(0743)8312079
公司传真:(0743)8312178
(四)公司注册地:湖南省吉首市振武营
公司办公地址:湖南省吉首市振武营湘泉城
公司邮政编码:416000
(五)公司咨询机构:证券发展部办公室
公司电子信箱:xjgzj@mail.xx.hn.cn
公司选定的信息披露报纸:《中国证券报》、《证券时报》、《上海证券报》
登载公司年报的国际互联网网址:http://www.cninfo.cn
公司年报备置地点:证券发展部办公室
(六)公司股票上市地:深圳证券交易所
公司股票简称:湘酒鬼
公司股票代码:0799

二、会计数据与业务数据摘要

(一)本年度主要利润指标情况(单位:元)

利润总额:	110,399,717.54
净利润:	86,161,208.04
扣除非经常性损益后的净利润:	79,302,172.08
主营业务利润:	154,054,844.04
其他业务利润:	-100,811.57
营业利润:	103,001,253.27
投资收益:	-171,611.19
补贴收入:	309,124.73
营业外收支净额:	7,260,950.73
经营活动产生的现金流量净额:	-104,278,957.53
现金及现金等价物净增加额:	-218,776,564.34
注:扣除的非经营性损益项目及金额:	
冻结新股申购资金利息收入	6,589,035.96

(二)截止报告期末,公司前三年的主要会计数据和财务指标:

1、主要会计数据和财务指标　　单位:人民币元

序号	项目	2000年度	1999年度		1998年度
			调整前	调整后	
1	主营业务收入	371949504.00	499020286.85	499020286.85	478471688.40
2	净利润	86161208.04	152362149.16	146423339.92	193010070.88
3	总资产	1829064817.11	1704855933.94	1704855933.94	1214531384.98
4	股东权益(不含少数股东权益)	1301718847.29	1283261928.86	1275758349.25	931387481.43
5	每股收益	0.284	0.503	0.483	0.55
6	加权每股收益	0.284	0.537	0.517	0.55
7	扣除非经营性损益后的每股收益	0.262	0.481	0.461	0.55
8	每股净资产	4.30	4.23	4.21	3.36
9	调整后的每股净资产	4.25	4.21	4.19	3.33
10	每股经营活动产生的现金流量净额	-0.34	0.09	0.09	-0.10
11	净资产收益率(%)	6.62	11.90	11.48	20.80

2、根据中国证监会《公开发行证券公司信息披露细则(第九号)》要求计算的利润数据如下:

项目 报告期利润	净资产收益率(%)		每股收益(元)	
	全面摊薄	加权平均	全面摊薄	加权平均
主营业务利润	11.83	11.68	0.51	0.51
营业利润	7.91	7.81	0.34	0.34
净利润	6.62	6.53	0.284	0.284
扣除非经营性损益的净利润	6.09	6.01	0.262	0.262

(三)报告期股东权益变动情况

项目	股本	资本公积	盈余公积	法定公益金	未分配利润	股东权益
期初数	303050000	718943656.95	131693131.34	65837821.25	122071560.96	1275758349.25
本期增减	0	409290.00	30116071.37	15038034.08	-4564863.33	25960498.04
期末数	303050000	719352946.95	161809202.71	80875855.33	117506697.63	1301718847.29

变动原因:①盈余公积增加主要是分别提取了10%的法定公积金和法定公益金所致;②未分配利润减少是公司报告期利润下降所致。

三、股东情况

(二)股东情况介绍
1、截止报告期末,公司股东总数83992户。
2、截止报告期末,前10名股东持股情况

序号	股东名称	持股数	持股比例%
1	湖南湘泉集团有限公司	195800000	64.61
2	费步青	494477	0.16
3	高培芝	230000	0.076
4	战松棠	216412	0.071
5	戴祝英	200000	0.066
6	南京市证券公司	200000	0.066
7	王鹤军	199500	0.066
8	谢国庆	192603	0.064
9	冯扬柯	189518	0.063
10	普丰证券投资基金	181626	0.060

注:以上前十名股东不存在关联关系。

3、持股10%(含10%)以上的法人股东:湖南湘泉集团有限公司持有本公司195,800,000股法人股,占本公司总股份的64.61%,法定代表人田家贵,该公司主营白酒、啤酒、药品、酒店服务等。

4、报告期内,控股东无变更情况。

四、股东大会简介

2000年3月31日,本公司在《中国证券报》、《证券时报》上刊登了关于召开1999年度股东大会的公告,2000年5月29日,本公司1999年度股东大会在吉首市振武营湘泉城公司酒文化陈列馆召开。出席大会的股东和授权代表共24名,代表股份196003398股,占公司总股份30305万股的64.68%,本次大会的各项内容以及大会召集、召开的方式、程序均符合《中华人民共和国公司法》及《公司章程》的有关规定,经大会审议表决通过了以下决议:《公司1999年度董事会工作报告》、《公司1999年度监事会工作报告》、《公司1999年度总经理业务工作报告及2000年生产经营计划》、《公司1999年度财务决算报告》、《公司1999年度税后利润分配预案》、《关于修改公司章程的议案》、《关于公司高级管理人员变动的议案》、《关于计提四项资产减值准备和损失处理内部控制制度的议案》。

2000年5月30日,公司在《中国证券报》、《证券时报》上刊登了股东大会决议公告。

五、董事会报告

(一)公司经营情况

1、公司所处行业及公司在行业中的地位

本公司是目前中国白酒行业中经营业绩稳定、品牌优势明显、主业盈利能力突出的骨干企业之一;"酒鬼"牌商标是中国驰名商标,"湘泉"牌商标是湖南省著名商标,"酒鬼酒"在中国白酒品牌中香型独树一帜、包装别具一格、工艺自成一派,是典型的"高档次、高品位、高质量、高附加值"的著名品牌,是凝聚中国白酒传统工艺精髓、民族文化底蕴并代表中国酒文化和中国白酒产业发展方向的著名品牌,在中国白酒体系中有着突出的地位。

2、公司主营业务范围及经营情况

本公司主营业务范围为生产、销售湘泉酒系列白酒和酒鬼酒系列白酒产品,报告年度内实现主营业务收入37194.95万元,较上年同期的49902.03万元下降25.46%;实现利润总额11039.97万元,较上年同期的17726.37万元下降37.72%;实现净利润8616.12万元,较上年同期的14642.33万元下降41.15%。其中本公司持有98%股份的控股子公司湖南酒鬼酒销售有限公司全年共实现销售收入23958.24万元;持有50.83%股份的控股子公司湖南洞庭药业股份有限公司共实现销售收入7696.09万元、净利润141.19万元,分别较上年同期增长22%、49.99%,2000年8月4日,国家二类新药富马酸奎的平取得国家新药证书,现已批量生产,其制剂产品已投放市场,预计2001年可新增销售收入500万元。

3、在经营中出现的问题与困难及解决方案

主要问题与困难:

(1)由于白酒产业结构失衡、供大于求、布局散乱的矛盾在行业整合期依然突出,一定程度上导致公司的成本费用上升、产品价格下降;

(2)由于本公司在全国知名骨干白酒企业中产量相对较小,一直坚守中国传统民族白酒工艺并坚持走精品战略之路,"酒鬼酒"、"湘泉酒"工艺独特、精细复杂,生产周期性较长,一直推行限量生产、分级采量、定期储藏,一定程度上影响了本公司中低档产品的市场份额,致使公司中低档产品成本含量相对较高,规模成本优势、市场价格优势与盈利能力相对明显不足。

(3)由于近年来公司在市场拓展过程中为抢站市场份额和扩大市场覆盖率,自营队伍和销售网络不断壮大,因销售对策和政策欠稳定,使公司应收帐款与市场存货快速增大,导致公司资产的速动比率、存货周转率、应收帐款周转率低下,不但加大了公司的经营负荷也影响了核心品牌形象和原有的价格优势。

主要对策与措施:

(1)调整市场管理体系,推行"五个统一"措施。针对以上问题,公司依据市场情况整合了营销组织机构,原自营销售公司缩减了1/2,原营销人员精简了2/3,制订了"统一营销政策、统一销售价格、统一供货渠道、统一财务管理、统一营销策划及宣传"的五统一措施。

(2)调整市场营销策略,深入推行产品代理制。针对以上问题,一是全面整顿清理市场、清收货款、摸清家底、盘活资金;二是理顺公司下设营销办事处职能,一律改为公司一级经销代理商的办事服务机构;三是坚持一个口子对外,全面推行现款现货,逐步减少赊销业务。

(3)调整市场品牌结构,坚定不移实施精品战略。针对以上问题,公司相继推出了"三年陈酿三星湘泉"、"金湘泉"等中高档产品,并与经销商联合开发了"千年古寨酒"、"酒鬼香醇"等新品牌,停止生产经营技术含量、附加值、效益低的品牌,逐步用新中高档品牌替代成本、价格优势不足的老中低档产品。

(4)调整市场经营节奏,合理控制市场投放量。为稳步推进现款现货销售,深入澄清市场家底,积极消化市场呆滞性资金占用压力,回避行业激烈的恶性竞争,公司较上年适度控制了市场投放总量,并重点进行了资产结构与营销财务的整合。

基于上述的问题与对策,一方面使公司的销售总量下降,盈利水平降低;另一方面也为明年的销售工作创造了较大的发展空间。

(二)公司财务状况(单位:元)

项目	2000年1-12月	1999年1-12月	增减幅度%
总资产	1829064817.11	1704855933.94	7.29
长期负债	186715649.57	-1194271.88	15734.3
股东权益	1301718847.29	1275758349.25	2.03
主营业务利润	154054844.04	240828859.41	-36.03
净利润	86161208.04	146423339.92	-41.15

主要说明:
1、生产规模扩大、固定资产增加导致总资产增加;
2、转入已超过一年期限的流动负债导致长期负债增加;

3、提取盈余公积与新增利润导致股东权益增加;

4、行业无序竞争日益激烈,使主导产品价格有所下降,公司适度控制产品市场投放量,使销售总额有所下降,从而导致主营业务利润、净利润大幅减少。

(三)公司投资情况

1、上市募集资金使用情况

公司招股说明书计划投资项目6个,计划投资总额60830万元,“湘酒鬼”股票上市共募集资金42497万元。经公司1998年度第一次临时股东大会审议通过,并经中国证监会备案,公司对原投资项目进行了适当调整,调整后计划投资总额为51287万元,本报告期共实现投资2663.44万元,累计实现投资42303.14万元,占募股资金42497万元的99%。如下表:

上市募集资金使用情况及调整明细表(单位:万元)

调整前		调整后				
				1999年	2000年	2000年
承诺项目名称	计划投入	项目名称	计划投入	累计数	投入数	累计数
千吨酒鬼、万吨湘泉技改	14300	千吨酒鬼、万吨湘泉技改	12300	9240.55	339.52	9580.07
500吨酒鬼、5000吨湘泉新建(第一期工程)	9750	500吨酒鬼、5000吨湘新建(第一、二期工程同时进行)	22427	15207.08	2100.00	17307.08
3000万件陶瓷技改工程	2970	2000万件陶瓷技改工程	2580	2512.73	113.36	2626.09
环保饲料工程	2980	环保饲料工程	2980	1504.11	285.79	1789.90
并购集团药业公司开发新产品	21830	收购(受让)湘泉集团持有的湖南洞庭药业股份有限公司50.83%的股权	2000	2000	0.00	2000
增补流动资金	9000	增补流动资金	9000	9000	0.00	9000
合计	60830	合计	51287	39464.47	2838.67	42303.14

(1)“千吨酒鬼、万吨湘泉技改工程”已累计完成投资9580.07万元,主体工程已完成100%,全部竣工投产;

(2)“500吨酒鬼、5000吨湘泉新建工程”已累计完成投资17307.08万元,主体工程已完成100 %,已陆续投入生产;

(3)“2000万件陶瓷技改工程”已累计完成投资2626.09万元,主体工程已完成100%,全部竣工投产;

(4)“环保饲料工程”已累计完成投资1789.9万元,主体工程已完成81%,进度暂缓主要是为了保证与新建、扩建项目工程中的新增环保工程配套,便于实行统一规划、逐步到位。

2、配股募集资金使用情况

1999年度配股共募集可使用资金3.207亿元。今年配股募集资金共投入6705.93万元,累计已投入9805.93万元。占募集资金的30.6%,如下表:

本次配股募集资金使用资金表(单位:万元)

本次配股资金 投资项目	计划投资额	1999年 累计投资	2000年 投资额	2000年 累计金额
扩建年产3000吨湘泉酒工程	4998			
扩建年产2000吨精品湘泉酒工程	4997			
扩建年产200吨酒鬼工程	4880	1900	3241.53	5141.53
扩建年产300吨酒鬼香醇工程	4950			
酒鬼、湘泉系列扩建配套工程	2324			
向洞庭药业公司投资建设年产1亿支水针生产线G.M.P技改工程和开发新药项目	3835	0.00	0.00	0.00
公司综合信息管理及决策管理系统工程	2520	0.00	1500	1500
金泉彩印中心技改工程	3892	0.00	1964.40	1964.40
补充公司营运资金	1200	1200	0.00	1200
合计	33596	3100	6705.93	9805.93

(1)根据省委省政府加快“湘酒鬼”发展的要求和州委州政府对重点财源建设项目的总体规划,本公司依照总体工程设计方案,在原有“千吨酒鬼、万吨湘泉”的基础上确定了“2020工程”新扩建计划,将公司上市募集资金投入的“千吨酒鬼、万吨湘泉技改工程”、“500吨酒鬼、5000吨湘泉新建工程”和1999年配股资金计划投入的“扩建年产3000吨湘泉酒工程”、“扩建年产2000吨精品湘泉酒工程”、“扩建年产200吨酒鬼工程”、“扩建年产300吨酒鬼香醇工程”、“酒鬼、湘泉系列扩建配套工程”等5个项目统称为“2020工程”,即上述工程完成后,酒鬼酒系列的年生产能力达到2000吨、湘泉酒系列的年生产能力达到20000吨。

由于2020工程投资项目中,以配股募集资金投入酒业的五个子项目在工程内容、投资规模、主体设施和设计规格相互关联且基本一致,为了节省投资、保证施工质量、加快施工进度,对此公司召开了专家论证会,经专家提议,董事会决定在施工建设中将这五个子项目统筹投入,资金使用上不作单列统计。

(2)为了节省投资、加快进度、提高效益,湖南洞庭药业股份有限公司股东大会决定将原来的“1亿支水针生产线GMP改造工程”调整为利用现有车间进行改造,目前方案正在设计之中,因此报告期末发生投资。

(3)“公司综合信息管理及决策管理系统工程”,主要的技术开发已完成,发生投资1500万元。

(4)“湖南金泉彩印有限公司彩印技改项目”完成投资1964.64万元。本公司董事会2000年度第二次会议同意对原项目投资金额作适当调整,并决定终止原本公司、湘泉集团、金泉公司三家于1999年5月12日签署的《增资协议》,此次方案调整后,本公司对该项目的投资由原来的3892万元减少为1964.4万元,放弃第一大股东地位,结余资金用作补充本公司的流动资金。此次调整方案已报中国证监会备案并经本公司股东大会审议通过。

(5)尚未使用的募集资金,暂时存入银行和参与流动资金周转。

3、其他投资情况

公司因发展需要,本公司第一届董事会2000年度第二次会议决定以自有资金向湖南湘泉大酒店有限公司购买楼层,作为本公司驻长沙的办公场所和经营窗口,经双方协商,于2000年6月27日签署了协议书,据此本公司在6月30日前已向湘泉大酒店支付人民币1900万元。

(四)经营环境及宏观政策变化对公司产生的影响

本公司有着酿制传统工艺白酒得天独厚的自然条件,酒鬼酒是公认的“高质量、高价位、高品位、高附加值”中国三大白酒品牌之一,产销总量相对较小但盈利整体能力位居行业一流水准,代表了未来国际化品牌竞争的主流方向,公司顺应了目前白酒企业骨干化、效益垄断化、生产地域化、产品品牌化、消费文化化、市场国际化的发展态势,符合国家“控制总量、保护名优、调整结构、集约经营、扶优汰劣”的产业政策。同时,公司是湖南省湘西自治州目前唯一的一家上市公司,湘西州已列入国家西部大开发范围,公司在同行业中主业发展潜力及产业拓展空间极大,正面临向国际市场拓展和实现跨越式发展的大好机遇。

(五)新年度的业务发展计划

1、工作方针

以巩固主业、锤炼品牌为基础,以整合营销、拓展市场为主线,以调整结构、培育产业为后劲,以强化管理、创新机制为手段,以盘活资产、优化资本为依托,以提升形象、广纳人才、构筑先进的现代企业文化和战略发展理念为保障,抓住西部开发历史性机遇,振奋精神、统一思想,为创建中华酒业一流企业、实现公司跨越式发展而奋斗。

2、奋斗目标

全年实现主营业务收入6亿元以上,实现利润增长50%以上。

3、主要措施

(1)巩固主业、锤炼品牌,提高科技含量,走内涵式个性化、国际化精品之路。

(2)整合营销、拓展市场,重构营销网络,扩大市场占有率。

(3)调整结构、培育产业,积极构筑后续产业力量,加快传统产业战略升级。

(4)强化管理、创新机制,规范公司运作,建立科学的现代企业管理体系。

(5)盘活资产、优化资本,提高资本运营能力,增强公司综合实力。

(6)提升形象、广纳人才,积极推进“人才战略”和“双品牌”战略,构筑先进的现代企业文化和经营理念。

(六)董事会日常工作情况

1、报告期内董事会的会议情况及决议内容

(1)2000年3月31日,公司第一届董事会召开2000年度第一次会议,会议审议并通过了①《公司1999年度报告及摘要》;②《公司1999年度利润分配预案》;③《关于修改公司章程的议案》;④《关于公司高级管理人员变动的议案》;⑤本公司与湖南投资集团有限公司签署的《交叉担保框架协议书》;⑥公司《关于计提四项资产减值准备和损失处理内部控制制度的议案》;⑦决定于2000年5月29日召开本公司1999年度股东大会。本次会议决议刊登于2000年4月6日的《中国证券报》、《证券时报》上。

(2)2000年5月29日,公司第一届董事会召开2000年度第二次会议,会议审议并通过了①《关于为湖南湘泉大酒店有限公司提供贷款担保的议案》;②《关于向湖南湘泉大酒店有限公司购买办公场所的议案》;③《关于调整湖南金泉彩印有限公司“彩印技改项目”投资金额的议案》。本次会议决议刊登于2000年5月31日的《中国证券报》、《证券时报》上。其中,议案③刊登于2000年7月29日的《中国证券报》、《证券时报》上。

(3)2000年6月12日,公司第一届董事会召开2000年度第三次会议,会议审议并通过了《关于公司高级管理人员变动的议案》。本次会议决议刊登于2000年6月12日的《中国证券报》《证券时报》上。

(4)2000年8月5日,公司第一届董事会召开2000年度第四次会议,会议审议并通过了①《公司2000年中期报告》;②《决定公司2000年中期不分配》。本次会议决议刊登于2000年8月9日的《中国证券报》、《证券时报》上。

2、董事会对股东大会决议的执行情况

报告期内,公司董事会认真执行了股东大会的各项决议,于2000年6月10日在《中国证券报》、《证券时报》上刊登了公司1999年度派息公告,并于2000年6月20日通过深圳证券登记公司向“湘酒鬼”全体股东派发了股息。报告期内,公司没有进行公积金转增股本,也没有进行配股和增发新股。

(七)公司管理层及员工情况

1、第一届董事.监事及高级管理人员情况

报告期内,公司董事会成员变动情况:(1)鉴于公司董事谢茂拾先生已调离本公司,经本人辞职申请,2000年3月31日,第一届董事会2000年度第一次会议同意谢茂拾先生辞去公司董事职务,此议案已经公司1999年度股东大会审议通过;(2)鉴于公司董事、财务总监彭顺文先生因身体原因,难以充分行使其职权,经本人申请,2000年6月12日,第一届董事会2000年第三次会议同意彭顺文先生辞去公司董事、财务总监职务。

报告期内,公司监事会成员没有变动。

第一届董事、监事及高级管理人员情况:

姓名	职务	年度报酬(万元)	年初持股数(股)	年末持股数(股)
王锡炳	董事长	14.32	16575	16575
杨波	常务副董事长、党委书记	--	11700	11700
宋清宏	总经理	11.21	0	0
杨军波	董事	--	11700	11700
曹宏杰	董事、副总经理、董事会秘书	7.33	11700	11700
全子介	董事	--	11700	11700
刘建新	董事	7.5	11700	11700
滕建新	董事	7.4	9750	9750
吴仲秋	董事	7.33	9750	9750
向选华	董事	7.33	9750	9750
樊耀传	监事会主席	8.05	11700	11700
唐岩桥	监事	--	9750	9750
姚本松	监事	1.89	9750	9750
舒良进	监事	5.6	9750	9750
段四军	监事	3.89	9750	9750

说明:本年度公司高级管理人员均依据年初与公司签署的“竞争经营承包合同”或“岗位目标责任书”,并按职务大小和岗位级别交纳相应的“风险抵押金”,一律实行年薪制,不另向公司董事、监事支付报酬和福利(在集团公司任职的高管人员不作统计)。

2、第二届董事、监事及高级管理人员情况

由于本公司第一届董事会、监事会全体成员及其他高级管理人员于报告期末均已任期届满,2001年2月20日股东大会选举产生了公司第二届董事会、监事会,并由第二届董事会、监事会第一次会议选举产生董事长、监事会主席及其它高级管理人员。

第二届董事、监事及高级管理人员情况:

姓名	职务	年初持股数(股)	年末持股数(股)
田家贵	董事长	0	0
杨波	常务副董事长	11700	11700
宋清宏	董事、总经理	0	0
曹宏杰	董事、副总经理、董事会秘书	11700	11700
李伟	董事	0	0
樊耀传	董事	11700	11700
符光明	董事	0	0
高扬先	董事	0	0
向选华	董事	9750	9750
郑凤林	监事会主席	0	0
鲁观平	监事	0	0
杨建军	监事	0	0
舒良进	监事	9750	9750
刘晓方	监事	0	0
马军	副总经理、财务总监	0	0
石东升	副总经理	0	0
黎楚定	副总经理	0	0

3、公司员工情况

报告期内,公司在册员工总数为2831人,其中生产人员2206人,销售人员200人,专业技术人员431人,财务人员36人,行政人员51人,其中公司管理人员中具有大专以上学历的占98%,具有高、中级技术职称的占59%,全公司员工平均年龄为33岁,其中30岁以下员工占员工总数的70%。

(八)本次利润分配预案

根据湖南开元会计师事务所出具的无保留意见的审计报告,公司2000年度共实现净利润86161208.04元,在分别提取10%的法定公积金和盈余公益金后,加上年未分配利润122071560.96元,本期可供股东分配的利润为178116697.63元。本公司董事会提议本年度利润分配预案为:以2000年末总股本303050000股为基数,向全体股东每10股派发现金2元(含税),扣税后,向社会公众股股东每10股实派现金1.60元,共分派现金60610000元,剩余利润结转下一次分配。此议案需提交公司股东大会审议。

(九)2001年度利润分配政策预测

①分配次数:不少于一次;②分配比例:公司2000年度未分配利润用于2001年度股利分配的比例不低于20%,2001年度实现的净利润用于分配的比例不低于20%;③分配形式:采用派发现金与送红股的方式,其中现金股息所占的比例为50%以上。以上拟实施的股利分配政策,公司董事会保留根据公司实际情况对预案进行适当调整的权利。

六、监事会报告

报告期内,公司监事会按照《公司法》和《公司章程》授予的职权,忠实履行监督职能,切实维护股东权益,除参加公司1999年度股东大会和列席董事会历次会议外,对公司的财务管理、董事会执行股东大会情况、经营决策、信息披露、公司董事、经理及高级管理人员的经营行为等情况进行了认真的督查,进一步促进了公司规范运作和科学决策,维护了广大股东的权益。

(一)报告期内,临事会召开会议三次。

1、2000年3月31日,第一届监事会召开2000年度第一次会议,会议审议并通过了①《公司1999年度报告》;②《公司1999年度利润分配预案》;③《公司关于计提四项资产减值准备和损失处理的内部控制制度》;④《公司1999年度监事会报告》。会议决议刊登于2000年4月6日的《中国证券报》、《证券时报》上。

2、2000年5月29日,第一届监事会召开2000年度第二次会议,会议审议并通过了公司《关于调整湖南金泉彩印有限公司“彩印技改项目”投资金额的议案》。

3、2000年8月5日,第一届监事会召开2000年度第三次会议,会议审议并通过了①《公司2000年中期报告》;②《决定公司2000年中期不分配》。会议决议刊登于2000年8月9日的《中国证券报》、《证券时报》上。

(二)报告期内,公司与控股股东湖南湘泉集团有限公司在产品销售,土地、商标、专利使用及后勤服务等关联交易中均按公平、市场的原则进行,没有损害上市公司利益。

(三)报告期内,公司募集资金实际投入项目和承诺投入项目一致,对湖南金泉彩印有限公司“彩印技改项目”投资金额进行的调整履行了合法程序,并经中国证券监督管理委员会备案同意。

（四）湖南开元会计师事务所出具了无保留意见的审计报告。

七、重要事项

（一）报告期内，公司无重大诉讼、仲裁事项。

（二）报告期内，公司、公司董事及高级管理人员没有受到监管部门处罚。

（三）报告期内，公司控股东没有变更；公司董事会未进行换届；公司董事会秘书没有变更；公司总经理没有变更。

（四）报告期内，公司无重大收购及出售资产、吸收合并事项。

（五）重大关联交易事项

1、关于股份公司应收湘泉集团经贸公司帐款问题：

本公司是湘泉集团将其核心资产剥离进行股份制改造后上市而成，因多方面因素的限制，当时原销售网络没有纳入上市公司。虽然上市后公司与湘泉集团经贸公司共同组建了湖南酒鬼酒销售有限公司，同时将独家经销权授予该公司，也制定了独立的销售政策，筹建了销售队伍，但是短时间内难以形成有效的销售网络，而集团经贸公司相对新公司有其长期形成的销售网络和稳定的客户群体优势，在公司培育市场阶级，仍需要依靠集团经贸公司现有的销售网络进行销售。同时，近年来白酒市场竞争日趋激烈，为了稳住公司产品的市场份额和市场占有率，巩固公司的行业地位，促使本公司和集团经贸公司不断增设销售网点，扩大销售范围，并产生了一定数额的赊销业务，从而导致应收集团经贸公司款项相应大幅增加。这种依靠集团公司销售产品的状况仍将持续一段时间。

报告期内，本公司依靠集团经贸公司实现销售收入 23958.24 万元，占同类交易金额的 81.34%，结算方式采取现款交易与赊销相结合的方式，定价原则及交易价格均按公平、市场的原则进行。2001 年本公司将全面推行无赊销无欠款销售，并加大了清收力量，目前公司新的领导层拟对两个公司的销售渠道和销售机构进行重新整合，着力解决本公司与集团经贸公司的关联交易问题，本公司自身的销售体系将逐步走向完善，向集团公司或经销商赊销产品的状况将得到有效遏制。此关联问题将在 1－2 年内予以解决。

2、关于其他应收款中应收湘泉集团款项问题：

由于湘泉集团是我州财政支柱性企业，也是湖南省重点财源性企业集团之一，省、州高度重视湘泉集团的发展，一方面湘泉集团的战略发展和新产业项目的投入需要大量资金，另一方面该集团又要承担较全国同行业企业大得多的税赋，加之集团公司已将大部分优良资产注入本公司，集团目前的一些全资子公司资产规模小、质量相对较差，导致集团公司的流动资金严重不足。该公司为实现稳步持续发展，振兴民族地区经济，解决该公司临时资金周转困难，以稍高于银行同期利率向本公司借入短期周转金。

报告期内，本公司应收集团公司往来款 23077.79 万元，较去年同期增幅较大，本公司按照商行银行同期基准利率上浮 30%即 7.6%的年利率向集团公司收取资金占用费 2128.99 万元。随着国家加快对国有企业的改革步伐，集团公司将通过"两个置换"推进产权改革，加大资产重组整合力度，进一步优化资产结构，同时利用西部大开发优惠政策，新建项目将逐步完工投入运营，集团公司的盈利能力与偿债能力将大大提高。此关联问题将在 1－2 年内予以解决。

3、报告期内，公司无重大诉讼、仲裁事项。

4、公司与湘泉集团有限公司关于土地、商标、专利使用、后勤服务等关联交易均按公平、市场的原则进行，没有损害上市公司利益。

5、公司因发展需要，本公司第一届董事会 2000 年度第二次会议决定以自有资金向湖南湘泉大酒店有限公司购买楼层，作为本公司驻长沙的办公场所和经营窗口，经双方协商，于 2000 年 6 月 27 日签署了协议书，购买价格按指定楼层的实际成本价计算，但最高不超过人民币 2000 万元，据此本公司在 6 月 30 日前向湘泉大酒店支付人民币 1900 万元。待装修完工后，双方再按核准的实际成本最终确定购买价格，并在此后 60 日内结清。

6、报告期内，本公司与控股股东湖南湘泉集团有限公司人员独立、资产分开、财务独立。

7、报告期内，公司未发生托管、承包、租赁其他公司资产或其他公司托管、承包、租赁本公司资产的事项。

8、报告期内，公司继续聘用湖南开元会计师事务所。

9、报告期内，公司对外担保事项：

（1）根据公司第一届董事会 2000 年度第一次会议决议，同意公司与湖南中意投资集团有限公司实行银行贷款交叉担保；报告期内，2000 年 1 月公司为中意投资集团有限公司向湖南省建设银行华兴支行贷款 3500 万元提供担保，担保期 1 年；同年 11 月为该公司向交通银行长沙支行贷款 3000 万元提供担保，担保期 3 年；为该公司向工商银行长沙分行贷款 2800 万元提供担保，担保期 3 年。

（2）根据公司第一届董事会 2000 年度第二次会议决议，同意公司为湘泉大酒店提供不超过贰仟万元人民币的贷款担保，并作为本公司以成本价购买其 22－23 层楼的前提条件，报告期内，公司为湘泉大酒店向中国工商银行长沙市工行韶山路支行贷款 600 万元人民币提供担保。根据中国证券监督管理委员会的有关规定，公司将与湘泉大酒店有限公司及长沙市工行韶山路支行协商，今年内取消为湘泉大酒店有限公司提供的贷款担保。

10、报告期内，公司无更改公司名称或股票简称情况。

（六）公司的"三分开情况"

1、人员分开方面：公司在劳动、人事及工资管理等已建立独立的管理体系和相应的规章制度，公司总经理、副总经理等高级管理人员在本公司领薪，不存在在其他公司领薪的情况，也不存在在控股股东单位担任重要职务的情况。

2、资产完整方面：公司保持资产完整独立，拥有独立的生产系统、辅助生产系统和相关配套设施，公司采购和销售系统独立。

3、财务分开方面：公司拥有独立的财会部门，并拥有独立的会计核算体系和财务管理制度；公司在银行有独立的帐户，依法独立纳税。

（七）报告期内，公司未发生托管、承包、租赁其他公司资产或其他公司托管、承包、租赁本公司资产的事项。

（八）报告期内，公司继续聘用湖南开元会计师事务所。

（九）报告期内，公司没有更改公司名称或股票简称。

（十）其他报告事项

公司选定的信息披露报刊为《中国证券报》、《证券时报》、《上海证券报》。

八、财务报告

（一）审计报告（开元所（2001）股审字第 040 号）

湖南酒鬼酒股份有限公司全体股东：

我们接受委托，审计了贵公司 2000 年 12 月 31 日母公司和合并的资产负债表、2000 年度母公司和合并的利润及利润分配表、现金流量表。这些会计报表由贵公司负责，我们的责任是对这些会计报表发表审计意见。我们的审计是依据中国注册会计师独立审计准则进行的。在审计过程中，我们结合贵公司的实际情况，实施了包括抽查会计记录等我们认为必要的审计程序。

我们认为，上述会计报表符合《企业会计准则》和《股份有限公司会计制度》的有关规定，在所有重大方面公允地反映了贵公司 2000 年 12 月 31 日的财务状况及 2000 年度的经营成果和现金流量情况，会计处理方法的选用遵循了一贯性原则。

湖南开元有限责任会计师事务所　　　　中国注册会计师：李永利

湖南·长沙　　　　中国注册会计师：李弟扩

二〇〇一年三月十六日

（二）会计报表（附后）

（三）会计报表附注

附注 1：公司简介

湖南酒鬼酒股份有限公司（以下简称本公司）系采取社会募集方式设立的股份有限公司。1997 年 4 月 28 日经湖南省人民政府批准，由湖南湘泉集团有限公司独家发起，以其所属湘泉酒公司、酒鬼酒公司、陶瓷公司三家公司的净资产折股投入，并经中国证监会以证监发字[1997]361 号文批准向社会公开发行 5500 万股人民币普通股票，1997 年 7 月 14 日经湖南省工商行政管理局核准登记注册，注册资本 18500 万元。1998 年 4 月 27 日经湖南省证监会湘证监字[1998]37 号文批复，每 10 股送红股 5 股，送股后总股本为 27750 万元。经中国证券监督管理委员会证监公司字[1999]55 号文核准，1999 年 9 月，向全体股东配售 2555 万股，每股面值 1 元，配股后总股本为 30305 万元，并于 1999 年 9 月 21 日经湖南省工商行政管理局核准变更登记，注册号 4300001000647（3—1），注册资本 30305 万元。本公司主要经营范围：生产、销售曲酒系列产品、陶瓷包装物、纸箱、提供印刷服务。

附注 2、本公司采用的主要会计政策

1、会计制度

执行《股份有限公司会计制度》。

2、会计年度

会计年度为每年公历 1 月 1 日起至 12 月 31 日止。

3、记帐本位币

以人民币作为记帐本位币。

4、记帐基础和计价原则

本公司会计核算以权责发生制为记帐基础，采用历史成本为计价原则。

5、外币业务核算方法

对发生的外币业务，采用当日中国人民银行公布的市场汇价（中间价）折合人民币记帐。对各种外币帐户的外币期末余额，按期末市场汇价（中间价）进行调整，发生的差额与购建固定资产有关且尚未交付使用的，计入有关固定资产价值，与购建固定资产无关，属于筹建期的计入开办费，属于生产经营期间的计入当期财务费用。

6、合并会计报表的编制方法

（1）合并范围：本公司直接或间接拥有 50%以上（不含 50%）权益性资本的被投资企业和被本公司控制的其他被投资企业。

（2）编制方法：合并会计报表以母公司和子公司的个别会计报表为基础，按照《合并会计报表暂行规定》编制。

7、现金等价物的确定标准

将期限较短（指从购买日起三个月内到期）、流动性强、易于转换为已知金额现金、价值变动风险很小的投资作为现金等价物。

8、坏帐核算方法

（1）采用备抵法核算坏帐损失

坏帐准备按应收款项的帐龄分析法计提，提取比例为：1 年（含 1 年，以下类推）以内的，按其余额的 5%计提；1－2 年的，按 10%计提；2－3 年的，按 15%计提；3－4 年的，按 25%计提；4－5 年的，按 30%计提；5 年以上的，按 50%计提。

（2）坏帐的确认标准

①债务人破产或死亡，以其破产财产或遗产清偿后，仍不能收回。

②债务人逾期未履行清偿义务，并有足够的证据表明无法收回的。

9、存货核算方法

（1）存货的分类：存货主要包括原材料、在途材料、辅助材料、在产品、产成品、包装物、低值易耗品等。

（2）存货按实际成本计价。购入并已验收入库的原材料按实际成本入帐，发出原材料采用加权平均法计价；入库产成品自制半成品按实际生产成本核算，发出时采用加权平均法计价。领用低值易耗品按一次摊销法摊销。生产领用包装物按加权平均法计价一次计入成本费用。

（3）存货跌价准备：

期末存货按成本与可变现净值孰低计价，存货跌价准备按期末单个存货项目的成本高于可变现净值的差额提取。

10、短期投资核算方法

（1）短期投资以实际支付的全部价款（包括税金、手续费和相关费用）扣除已宣告发放但未领取的股利或到期尚未领取的债务利息入帐，处置时按实际收到的处置收入与短期投资的帐面价值的差额确认投资收益。

（2）期末短期投资按成本与市价孰低计价，并按投资总体计提短期投资跌价准备。

11、长期投资核算方法

（1）长期股权投资的核算方法：

A、本公司长期股权投资的其他投资，按投资时实际支付的价款或确定的价值记帐。本公司投资占被投资单位有表决权资本总额 20%以下，或 20%以上，但不具有重大影响的，采用成本法核算；投资占被投资单位有表决权资本总额 20%或 20%以上，或虽投资不足 20%，但有重大影响，采用权益法核算；投资占被投资单位有表决权资本总额 50%以上或实际拥有控制权的采用权益法核算，并合并会计报表。

B、股权投资差额在年度终了分期平均摊销，计入损益。

股权投资差额的摊销期限，合同规定了投资期限的，按投资期限摊销；没有规定投资期限的，借方差额按不超过 10 年的期限摊销，贷方差额按不低于 10 年的期限摊销。

（2）长期债权投资的核算方法：

A、本公司长期债权投资，按实际支付的全部价款，作为实际成本入帐。债券投资溢价或折价在确认债务利息收入时按直线法摊销。

（3）长期投资减值准备：

本公司中期末或年度终了对长期投资逐项进行检查，如果由于市价持续下跌或被投资单位经营状况恶化等原因导致其可收回金额低于帐面价值，并且这种降低的价值在预计的未来期间不可能恢复，对可收回金额低于长期投资帐面价值的差额提取长期投资减值准备。

12、固定资产计价和折旧方法

（1）固定资产标准：使用年限在一年以上的生产经营用房屋建筑物、机器设备、运输工具和其他设备、工器具等，以及单位价值在 2000 元以上，使用年限在二年以上的非生产经营用设备和物品，作为固定资产核算。

（2）固定资产的计价

A、购入的固定资产，按实际支付的买价、包装、运输费、安装成本及交纳的有关税金等记帐。

B、自行建造的固定资产，按建筑过程中实际发生的全部支出记帐。

C、投资者投入的固定资产，按评估确认价值记帐。

D、融资租入的固定资产，按租赁协议确定的价款、运费、保险费、安装调试费用等支出记帐。

E、在原有固定资产的基础上进行改建、扩建的，按原固定资产价值加上由于改建、扩建而发生的支出，减改建、扩建过程中的变价收入记帐。

F、盘盈固定资产，按重置完全成本记帐。

G、接受捐赠的固定资产，按同类资产市场价值估计记帐，或根据所提供的有关凭据记帐。接受捐赠固定资产时发生的各项费用，计入固定资产价值。

（3）固定资产的折旧方法

固定资产折旧采用直线法分类计提折旧，各类固定资产折旧率如下：

固定资产类别	预计使用年限	预计净残值率	年折旧率
房屋建筑物	30—35	3%	3.23—2.77%
机器设备	10	3%	9.7%
运输工具	6	3%	16.17%
电子设备	5	3%	19.4%
其　他	5	3%	19.4%

13、在建工程的核算

在建工程指为建造或修理固定资产而进行的各项建筑和安装工程。在建工程成本包括固定资产新建工程、改扩建工程、大修理工程等所发生的实际支出，以及改扩建工程等转入的固定资产净值。在建工程完工并交付使用时按实际发生的全部支出转入固定资产核算。

用借款进行的工程发生的借款利息，属于在固定资产交付使用之前发生的，计入在建工程成本，固定资产交付使用后发生的，计入当期损益；用外币借款进行的工程，因汇率变动而产生的差异，在固定资产交付使用之前发生的，计入在建工程成本，固定资产交付使用后发生的，计入当期损益。

14、无形资产计价及摊销方法

（1）无形资产的计价

购入的无形资产，按实际支付的价款作为实际成本。投资者投入的无形资产，按投资各方确认的价值作为实际成本；自行开发并按法律程序申请取得的无形资产，按依法取得时发生的注册费、聘请律师费等费用作为实际成本；研究与开发过程中发生的费用，计入当期损益。

（2）无形资产的摊销方法

无形资产自取得当月起在预计使用年限内分期平均摊销。合同规定了受益年限的，但法律没有规定有效年限的，摊销年限不超过合同规定的受益年限；合同没有规定受益年限而法律规定了有效年限的，摊销年限不超过法律规定的有效年限；合同规定了受益年限，法律也规定了有效年限的，摊销年限不超过受益年限和法律规定的有效年限两者之中较短者；如果合同没有规定受益年限，法律也没有规定有效年限的，按不超过 10 年的期限摊销。

15、开办费及长期待摊费用摊销方法

（1）开办费自公司开始生产经营的当月起，按 5 年期限平均摊销，若金额不大，可在生产经营的当月一次摊销。

(2)租入固定资产的改良支出,在租赁期内平均摊销,固定资产大修理支出在大修理间隔期内平均摊销。

16、收入确认原则

本公司已将商品所有权上的主要风险和报酬转移给买方,既没有保留通常与所有权相联系的继续管理权,也没有对已售出的商品实施控制,与交易相关的经济利益能够流入本公司,并且与销售商品相关的收入和成本能够可靠地计量时,确认收入的实现。提供劳务(不包括长期合同),按照完工百分比法确认相关的劳务收入。他人使用本企业产品应收取的使用费收入,按有关合同协议规定的收费时间和方法计算确认营业收入的实现。

17、所得税的会计处理方法

所得税的会计处理采用应付税款法。

附注3:税项

税 种	计税依据	税 率	备 注
增值税	产品销售收入	17%	
消费税	产品销售收入	25%	
城市维护建设税	应交增值税、消费税	7%	其中陶瓷分公司5%
教育费附加	应交增值税、消费税	3%	
所得税	应纳税所得额	15%	

本公司经湖南省人民政府湘政函[1997]89号文件批准,自本公司设立之日起先按33%的税率征收企业所得税,然后由地方财政按征税基数的18%返还,实际税负为15%。

附注4:控股子公司及合营企业

名 称	注册资本	经营范围	投资额	占股权比例	是否合并会计报表
湖南酒鬼酒销售有限责任公司	1000万元	销售酒鬼酒系列、湘泉酒系列、其他食品、饲料	980万元	98%	是
湖南洞庭药业股份有限公司	3972.17万元	原料药、针剂、片剂、胶囊、输液、口服液、冲剂、滴眼液生产、销售	2000万元	50.83%	是

附注5:合并报表主要项目注释(金额单位:人民币元)

1、货币资金

项目	期 初 数	期 末 数
现 金	28,522.03	18,974.86
银行存款	400,034,995.59	180,076,478.42
其他货币资金		1,191,500.00
合 计	400,063,517.62	181,286,953.28

*货币资金比期初减少218,776,564.34元,主要是本年分配上年现金股利及增加固定资产、在建工程投资及应收款项所致。

2、应收票据

帐龄	期初数		期末数	
	金 额	比例(%)	金 额	比例(%)
1年以内	22,420,190.00	100	13,756,033.00	100

3、应收帐款

帐 龄	期初数			期末数		
	金额	比例(%)	坏帐准备	金 额	比例(%)	坏帐准备
1年以内	108,101,435.47	79.21	5,405,071.77	231,052,679.33	95.9	11,552,633.97
1-2年	14,608,406.11	10.70	1,460,840.61	2,212,725.99	0.9	221,272.60
2-3年	8,644,336.66	6.34	1,296,650.50	1,467,855.12	0.6	220,178.27
3年以上	5,111,711.36	3.75	1,957,124.64	6,189,212.04	2.6	1,610,184.58
合计	136,465,889.60	100	10,119,687.52	240,922,472.48	100	13,604,269.42

*.应收帐款中含有持本公司64.61%股份的股东—湖南湘泉集团有限公司下属湖南湘泉集团经贸有限公司货款215,164,714.62元。

主要欠款单位:

单 位	金 额	欠款时间	性质和内容
①湘泉集团经贸公司	215,164,714.62	1年以内	货款
②美国南洋贸易股份公司	751,690.91	1年以内	货款
③酒鬼酒国际发展公司	456,064.04	1年以内	货款
④湘西自治洲交通贸易公司	392,000.00	3-4年	货款
⑤胡宝生	340,300.00	3-4年	货款

*.应收帐款比上年增加76.54%,主要是增加赊销所致。

4、其他应收款

帐 龄	期初数			期末数		
	金 额	比例(%)	坏帐准备	金 额	比例(%)	坏帐准备
1年:	114,143,730.73	75.88	5,707,186.54	239,013,792.79	97.56	11,950,689.61
1-2年:	34,089,639.27	22.66	3,408,963.93	2,996,888.05	1.22	299,688.81
2-3年:	1,220,342.18	0.82	183,051.33	1,972,878.69	0.81	295,931.81
3年以上:	967,486.47	0.64	316,169.52	1,009,721.63	0.41	302,916.49
合 计:	150,421,198.65	100	9,615,371.32	244,993,281.16	100	12,849,226.72

*.其他应收款中含有持本公司64.61%股份的股东—湖南湘泉集团有限公司往来款230,777,904.61元。

主要欠款单位:

单 位	金 额	欠款时间	性质和内容
①湖南湘泉集团有限公司	230,777,904.61	1年以内	关联往来
② 常德市鼎城人民法院	1,049,500.00	2-3年	替中药厂担保款
③ 保靖县家俱厂	400,000.00	1年以内	借支
④ 长沙酒业研究所	254,988.77	1年以内	借支
⑤ 蒋飞跃	182,173.31	1年以内	备用金

*.其他应收款比上年增加162.87%,主要是与湖南湘泉集团有限公司的关联往来增加110,423,260.15元所致。

5、预付帐款

帐 龄	期初数		期末数	
	金 额	比例(%)	金 额	比例(%)
1年以内	4,698,714.17	70.48	6,079,237.25	100
1—2年	1,967,550.68	29.52		
合 计	6,666,264.85	100	6,079,237.25	100

预付帐款中无持本公司5%(含5%)以上股份的股东单位款项。

主要往来单位:

单位名称	金 额	时 间	性质和内容
①麓山医药公司经营部	1,129,418.50	1年以内	货款
②常德市医药公司四分公司	377,578.374	1年以内	货款
③湖南省医药发展公司	272,179.48	1年以内	货款
④太极集团重庆分公司	270,447.74	1年以内	货款
⑤湖南省制药工业公司	233,365.70	1年以内	货款

6、存货、

项 目	期初数		期末数	
	金 额	跌价准备	金 额	跌价准备
原材料	13,822,074.71	0	16,341,884.85	0
包装物	31,459,974.20	0	31,517,810.96	0
在产品	16,869,549.18	0	16,400,604.25	0
产成品	201,138,922.90	0	108,317,199.98	0
自制半成品	240,202,483.56	0	266,538,492.64	0
在途材料	279,322.33	0	116,777.87	0
低值易耗品	767,777.88	0	926,982.87	0
委托加工材料	42,992.00	0	70,279.96	0
发出商品		0	135,005,463.81	0
合 计	504,583,096.76	0	575,235,497.19	0

7、待摊费用

类 别	期初数	本期增加	本期摊销	期末数
企业财产保险费	817,080.96	2,439,371.30	2,179,738.02	1,076,714.24
维修费	178,737.03	14,000.00	192,737.03	0
产品质量信誉险	553,333.33		553,333.33	0
其 他		1,288,139.53	1,288,139.53	
合 计	1,549,151.32	3,741,510.83	4,213,947.91	1,076,714.24

8、长期投资

(1)项 目	期初数		本期增加	本期减少	期末数	
	金 额	减值准备			金 额	减值准备
长期股权投资	4,352,808.87	52,808.87	24,523,078.81		28,875,887.68	102,808.87

(2)被投资单位名称	投资金额	占被投单位注册资本比例	减值准备	备注
常德绿色洁净型煤有限公司	352,808.87	21.6%	102,808.87	
湖南精英投资管理公司	3,000,000.00	16.67%		
湘泉房地产开发公司	1,000,000.00	10%		
*泰克艾奇智能系统(深圳)有限公司	5,000,000.00	25%		
湖南金泉包装印务有限公司	19,523,078.81	30%		
合计	28,875,887.68			

*泰克艾奇智能系统(深圳)有限公司系美国泰克艾奇有限公司于1993年8月18日在深圳设立的外商独资企业,经营期限10年;2000年12月27日本公司与美国泰克艾奇有限公司协议,将其持有的泰克艾奇智能系统(深圳)有限公司股权的25%转让给本公司。

9、固定资产

资产类别	期初余额	本年增加	本年减少	期末余额
一、固定资产原价				
1、房到建筑物	277,353,826.89	23,283,571.00	588,901.00	300,048,496.89
2、机器设备	137,421,275.80	5,374,919.03		142,796,194.83
3、电子设备	8,432,780.82	2,622,807.02		11,055,587.84
4、运输工具	4,258,582.68	374,523.00	136,000.00	4,497,105.68
5、其 他	11,712,744.57	765,092.00	726,077.92	11,751,758.65
小 计	439,179,210.76	32,420,912.05	1,450,978.92	470,149,143.89
二、累计折旧				
1、房屋建筑物	35,312,553.98	8,655,772.96	439,664.35	43,528,662.59
2、机器设备	38,688,169.73	12,375,655.76		51,063,825.49
3、电子设备	3,149,108.73	1,510,426.43		4,659,535.16
4、运输工具	1,791,040.25	633,741.96	35,104.57	2,389,677.64
5、其 他	5,856,923.69	2,303,733.22	598,409.44	7,562,247.47
小 计	84,797,796.38	25,479,330.33	1,073,178.36	109,203,948.35
三、固定资产净值	354,381,414.38			360,945,195.54

*固定资产本期增加数中含在建工程完工转入32,307,643.05元。

*有房屋建筑物及机器设备7824万元用于银行借款抵押。

10、在建工程

工程项目	期初数	本期增加	本期转入固定资产	其他减少数	期末数	批准文件号	资金来源	工程进度
湘泉酒鬼技改	5,166,873.73	3,395,155.62	8,557,469.35		4,560.00	湘经贸技(97)108#、109#	募股	100%
湘泉酒鬼新建	89,816,719.66	53,415,334.81	21,417,348.83	2,089,030.93	119,725,674.71	湘计工(97)054#	配募股	65%
饲料环保工程	3,990,975.06	2,857,917.72	3,481,382.51		3,367,510.27		募股	80%
湘泉大酒店		19,000,000.00			19,000,000.00		自有	100%
信息管理系统		15,000,000.00			15,000,000.00		配股	
3000万件陶瓷技改	15,697,396.16	1,133,589.04	1,263,030.25	9,730,614.29	5,837,340.66			81%
精烘包扩建	3,191,568.00	2,674,842.00	394,630.70	273,571.72	5,198,207.58		贷款	
298工程		1,089,095.14	1,089,095.14				自筹	
合计	117,863,532.61	98,565,934.33	36,202,956.78	12,093,216.94	168,133,293.22			
其中:资本化利息	246,215.96	208,656.00			454,871.96			

* 比上年增长45.96%,系本年增加投入所致。

11、无形资产

类 别	原始金额	期初数	本期增加	本期摊销	期末数	剩余摊销期限
土地使用权		21,594,345.00	2,089,030.93	173,666.20	23,509,709.73	48
新药专有权	380,000.00	380,000.00		95,000.00	285,000.00	3
药品经营权	320,000.00		320,000.00	32,000.00	288,000.00	9
合 计		21,974,345.00	2,409,030.93	300,666.20	24,082,709.73	

12、长期待摊费用

种 类	期初数	本期增加	本期摊销	期末数
"298"新产品开发费	1,981,830.94			1,981,830.94
房屋租金		720,000.00	76,000.00	644,000.00
固定资产改良支出		287,860.54	57,572.54	230,288.00
合计	1,981,830.94	1,007,860.54	133,572.54	2,856,118.94

*"298"新产品项目2000年11月获国家认证,本年暂未摊销。

13、短期借款

借款类别	期初数	期末数
抵押借款	61,960,000.00	61,960,000.00
担保借款	54,480,000.00	4,400,000.00
信用借款	3,000,000.00	3,000,000.00
合 计	119,440,000.00	69,360,000.00

*.比上年降低41.93%,系本年偿还上期借款所致。

**其中3040万元已逾期,尚未办理还款或延期手续。

14、应付帐款、应付票据、预收帐款和其他应付款中无持本公司5%(含5%)以上股份的股东单位欠款。

15、应付股利

单位名称	金 额
社会公众股东	21,450,000.00
湖南湘泉集团有限公司	39,160,000.00
湖南湘泉集团经贸有限公司	2,601,934.50
其 他	777.39
合 计	63,212,711.89

根据本公司董事会于2001年4月12日的决议,拟按2000年12月31日股本总数,每股派0.2元现金股利(含税),该议案尚须经股东大会决议通过。

16、应交税金

税 种	期末数
增值税	5,132,041.79
消费税	1,712,856.53
营业税	138.37
城建税	-17,073.37
所得税	12,680,032.79
房产税	1,524,438.31
土地使用税	291,791.13
印花税	338,068.67
合 计	21,662,294.22

17、预提费用

类 别	期初数	期末数	备 注
利 息	571,656.00	908,446.00	预提未付
水电费	87,728.76	195,968.41	预提未付
合 计	659,384.76	1,104,414.41	

四川湖山电子股份有限公司

二○○○年年度报告摘选

一、公司简介

(一)公司法定名称:(中文)四川湖山电子股份有限公司
(英文)SICHUAN HUSHAN ELECTRONIC HOLDING CO.,LTD
(二)公司法定代表人:汤东风
(三)公司董事会秘书:张 越
授权代表:陈 禹
办公及联系地址:四川省绵阳市长虹大道中段53号
联系电话:0816-2312421、2336335
传真:0816-2334891
E-MAIL地址:songyu@my-public.sc.cninfo.net
(四)公司注册地址:绵阳市华兴西路一号
公司办公地址:四川省绵阳市长虹大道中段53号
邮政编码:621000
国际互联网网址:http://www.hushan.com
E-MAIL地址:hushan@my-public.sc.cninfo.net
(五)公司年度报告备置地点:绵阳市长虹大道中段53号公司董事会办公室
公司选定信息披露报纸:《中国证券报》、《证券时报》
年度报告指定登载网址:http://www.cninfo.com.cn
(六)公司股票上市交易所:深圳证券交易所
股票简称:四川湖山
股票代码:0801

二、会计数据和业务数据摘要

(一)利润情况:(单位:元)

利润总额:	10,775,971.07
净利润:	10,793,124.98
扣除非经常性损益后的净利润:	-5,837,640.45
主营业务利润:	22,837,760.15
其他业务利润:	1,513,533.52
营业利润:	-5,954,435.38
投资收益:	17,198,641.02
补贴收入:	--
营业外收支净额:	-468,234.57
经营产生的现金流量净额:	-15,110,815.17
现金及现金等价物净增加额:	8,332,143.28

(二)公司前三年主要会计数据和财务指标(单位:元)

	2000年	1999年	1998年
主营业务收入	74,479,907.98	123,857,734.24	155,675,770.73
净利润	10,793,124.98	41,157,223.69	27,134,157.20
总资产	245,650,394.75	253,063,332.91	195,869,953.05
股东权益	169,860,277.74	169,676,034.93	136,277,311.23
每股收益	0.106	0.405	0.37
加权平均每股收益	0.106	0.405	0.44
扣除非经常性损益后的每股收益	-0.057	0.233	
每股净资产	1.67	1.67	1.94
调整后的每股净资产	1.52	1.65	1.93
每股经营活动产生的现金流量净额	-0.15	0.215	0.49
净资产收益率(%)	6.35	24.3	19.25

(三)净资产收益率与每股收益计算

项目	净资产收益率(%)				每股收益(元)			
	全面摊薄		加权平均		全面摊薄		加权平均	
年度	2000年	1999年	2000年	1999年	2000年	1999年	2000年	1999年
主营业务利润	13.45	24.25	13.10	27.87	0.225	0.419	0.225	0.419
营业利润	-3.51	21.58	-3.41	24.70	-0.059	0.372	-0.059	0.372
净利润	6.35	23.95	6.11	26.90	0.106	0.405	0.106	0.405
扣除非经营性损益的净利润	-3.44	13.95	-3.11	15.46	-0.057	0.233	-0.057	0.233

(四)股东权益变动情况:(单位:元)

项目	股本	资本公积	盈余公积	法定公益金	未分配利润	股东权益合计
期初数	101566080	566445.00	33126290.22	10275248.60	33725080.90	168983896.12
本期增加	--	--	1279717.02	426572.34	--	876381.62
本期减少	--	--	--	--	643200.04	--
期末数	101566080	566445.00	34406007.24	10701820.94	33081880.86	169860277.74
变动原因			本年度提取	本年度提取	系调整住房周转金帐目所致	本年度利润增加

三、股东情况介绍

(一)、截止2000年12月29日,公司股东共3844户。
(二)、前十名股东持股情况(单位:万股)

股东名称	年初持股数量	年末持股数量	变动原因	持股比例
(1)吉林省三洋实业公司	2620.8			25.81
(2)深圳市新中泰投资有限公司	1728			17.01
(3)吉林三洋实业公司	1411.2			13.89
(4)上海纳米创业投资有限公司	864			8.5
(5)金鑫证券投资基金	419.6934			4.13
(6)成都君信实业有限公司	307.0080			3.02
(7)绵阳市银兴贸易公司	201.6			1.98
(8)王丽	55.88			0.55
(9)杨立平	45.602			0.45
(10)范英财	44.67			0.43

持有本公司5%以上股份均无质押、冻结情况。

北京京西风光旅游开发股份有限公司

二○○○年年度报告摘选

一、公司简介

1 公司中文名称:北京京西风光旅游开发股份有限公司
公司英文名称:BEIJING JINGXI TOURISM DEVELOPMENT CO.,LTD.
公司英文名称缩写:JXTD
2 公司注册地址:北京市门头沟区新桥大街35号百花宾馆四、五层
公司办公地址:北京市门头沟区新桥大街35号百花宾馆四、五层　　邮政编码:102300
电子信箱:jxtour@public.bta.net.cn
公司网址:http://www.jxtour.com.cn
3 公司法定代表人:刘利华
4 公司董事会秘书:曾 鸣
证券事务代表:包卫刚
联系地址:北京市门头沟区新桥大街35号百花宾馆四层404室
联系电话:(010)69831967　传真:(010)69831957
电子信箱:jxtddm@mx.cei.gov.cn
5 公司选定的信息披露报纸:《中国证券报》、《证券时报》
登载公司年度报告的国际互联网网址:http://www.cninfo.com.cn
公司年度报告备置地点:公司证券部
6 股票上市交易所:深圳证券交易所
股票简称:京西旅游
股票代码:0802

二、会计数据和业务数据摘要

1、本年度利润总额、净利润及其构成　　单位:人民币元

利润总额	41,131,385.71
净利润	34,645,523.76
扣除非经常性损益后的净利润	24,516,702.10
主营业务利润	72,745,354.67
其他业务利润	6,076,801.59
营业利润	24,788,809.04
投资收益	15,682,619.44
补贴收入	
营业外收支净额	659,957.23
经营活动产生的现金流量净额	26,044,537.13
现金及现金等价物净增加额	-28,298,312.53
注:扣除的非经常性损益项目及涉及金额	
资产处置损益:	12,216,429.27
冻结资产利息:	863,827.18
合并价差摊销:	-1,163,995.68

2、截至报告期末公司前三年主要会计数据及财务指标(合并报表)　　单位:元

序号 项目	2000年度	1999年度	1998年度(调整前)	1998年度(调整后)
1 主营业务收入	239,996,456.63	232,902,158.86	179,731,810.35	179,731,810.35
2 净利润	34,645,523.76	30,657,687.66	31,758,679.64	29,788,218.77
3 总资产	953,096,047.63	685,896,116.60	462,928,134.23	439,845,387.10
4 股东权益(不含少数股东权益)	396,796,287.07	370,478,226.50	287,178,285.98	264,095,538.84
5 每股收益	0.298	0.264	0.303	0.284
6 扣除非经常性损益后的每股收益	0.211	0.279	–	
7 加权计算的每股收益	0.298	0.308	0.303	0.284
8 每股净资产	3.413	3.187	2.735	2.515
9 调整后每股净资产	3.06	3.089	2.433	2.213
10 每股经营活动产生现金流量净额	0.224	0.266	0.356	0.356
11 净资产收益率(%)	8.73	8.28	11.06	11.28
12 净利润加权净资产收益率	9.15	8.28	11.06	11.28
13 扣除非经常性损益后净利润的加权净资产收益率(%)	6.48	8.28	11.06	11.28

注:(1)2000年度和1999年度总股本按配股后11,625万股计算,1998年度按上市后总股本10,500万股计算。

(2)根据中国证监会《公开发行证券公司信息披露编报规则第9号》的要求计算的净资产收益率和每股收益如下:

报告期利润	2000年度			
	净资产收益率%		每股收益(元)	
	全面摊薄	加权平均	全面摊薄	加权平均
主营业务利润	18.33	19.22	0.626	0.626
营业利润	6.25	6.55	0.213	0.213
净利润	8.73	9.15	0.298	0.298
扣除非经常性损益后的净利润	6.18	6.48	0.211	0.211

三、股东情况介绍

1、报告期末股东总数
截止2000年12月29日,本公司共有11,322名股东。
2、公司前十名股东持股情况

序号	股东名称	报告期末持股数(股)	占总股本比例
1	北京京西经济开发公司	77,250,000	66.45%
2	北京恒悦科贸有限责任公司	567,498	0.488%
3	山东省天太计算机网络技术有限公司	377,098	0.324%
4	民安投资管理有限公司	369,703	0.318%
5	徐 建	280,000	0.241%
6	李春霞	276,200	0.238%
7	山东天平文化交流中心	233,807	0.201%
8	庄阿云	230,000	0.198%
9	山东民安发展有限公司	225,858	0.194%
10	山东证券公司总部	209,201	0.180%

四川美亚丝绸(集团)股份有限公司

二〇〇〇年年度报告摘选

一、公司简介

(一)公司法定中、英文名称及缩写:
1、中文名称:四川美亚丝绸(集团)股份有限公司
2、英文名称:SICHUAN MEIYA SILK (GROUP)CO.,LTD
3、缩写:美亚股份 MYGF
(二)公司法定代表人:彭可云
(三)公司董事会秘书及证券事务代表的姓名、地址、电话、传真。
1、董事会秘书:罗雄飞
2、董事会证券事务代表:陈玉春
3、联系地址:四川省南充市顺庆区延安路 380 号
4、联系电话:(0817)2602653,2600868,2602333 转 8272,8511
5、传真:(0817)2602653,2601012
(四)公司注册地址:办公地址、邮编
1、公司注册地址及办公地址:四川省南充市顺庆区延安路 380 号
2、邮编:637000
(五)公司选定的信息披露报纸名称、指定登载网址、年度报告备置地点
1、信息披露报纸名称:《中国证券报》
2、证监会指定的国际互联网网址:http://www.cninfo.com.cn
3、年度报告备置地点:公司董事会办公室
(六)公司股票上市交易所、股票简称及股票代码:
1、公司股票上市交易所:深圳证券交易所
2、股票简称及股票代码:美亚股份 0803

二、会计数据和业务数据摘要

1、本年度利润总额及构成(单位:元)
1、本年度利润总额及构成(单位:元)

项目	2000 年
(1)利润总额	6,098,668.83
(2)净利润	6,025,555.16
(3)扣除非经常性损益后的净利润	-9,723,484.65
(4)主营业务利润	1,673,047.03
(5)其他业务利润	5,347,299.60
(6)营业利润	6,250,504.37
(7)投资收益	-120,000.00
(8)补贴收入	
(9)营业外收支净额	-31,835.54
(10)经营活动产生的现金流量净额	5,970,307.26
(11)现金及现金等价物净增加额	-2,933,846.51

2、前三年主要会计数据和财务指标(单位:万元)

指标项目	2000 年	1999 年	1998 年	
			调整前	调整后
(1)主营业务收入	8,862.33	6,376.63	7,461.60	7,461.60
(2)净利润	602.56	142.83	337.37	-383.51
(3)总资产	27,892.57	27,011.03	29,739.72	27,740.15
(4)股东权益	14,636.71	14,034.15	15,890.89	13,891.32
(5)每股收益(元)(摊薄)	0.077	0.018	0.04	-0.05
(加权)	0.077	0.018	0.04	-0.05
(6)扣除非经常性损益后每股收益(元)	-0.12	0.017	0.03	-0.036
(7)每股净资产(元)	1.88	1.80	2.04	1.78
(8)调整后每次股净资产(元)	1.83	1.64	1.83	1.63
(9)每股经营活动产生的现金流量净额(元)	0.08	0.32	0.30	0.30
(10)净资产收益率(%)(摊薄)	4.12	1.02	2.12	-2.76
(加权)	4.20	1.02	2.15	-2.72

3、报告期内股东权益变动情况(单位:元)

项目	股本	资本公积	盈余公积	法定公益金	未分配利润	股东权益合计
期初数	77,970,000.00	28,228,132.34	30,603,920.23	3,065,149.20	3,539,493.35	140,341,545.92
本期增加			903,833.28	301,277.76	5,121,721.88	
本期减少						
期末数	77,970.000.00	28,228,132.34	31,507,753.51	3,366,426.96	8,661,215.23	146,367,101.08

变动原因根据本年度净利润提取盈余公积、公益金、使盈余公积、法定公益金、未分配利润增加

三、股本变动及股东情况

1、股本变动情况　　数量单位:股

	本次变动前	配股	送股	公积金转股	增发	其他	小计	本次变动后
(一)未上市流通股								
(1)发起人股份	40,470,000							40,470,000
其中								
国家持有股份	33,720,000							33,720,000
境内法人持有股份								
境外法人持有股份								
其他								
(2)募集法人股	6,750,000							6,750,000
(3)内部职工股								
(4)优先股或其他	43,500							43,500
未上市流通股份合计	40,513,500							40,513,500
(二)已上市流通股份								
(1)人民币普通股	37,500,000							37,500,000
其中:高管人员股	43,500							43,500
(2)境内上市外资股								
(3)境外上市外资股								
(4)其他								
已上市流通股份合计	37,456,500							37,456,500
(三)股份总数	77,970,000							77,970,000

江苏炎黄在线股份有限公司

二〇〇〇年年度报告摘选

一、公司简介

1、公司的法定中、英文名称及缩写
中文名称:江苏炎黄在线股份有限公司
中文名称简称:炎黄在线
英文名称:JIANGSU CHINESE.COM CO.,LTD.
英文名称缩写:CHINESE.COM
2、公司法定代表人:陆兆祥
3、公司董事会秘书:刘洪梅
联系地址:江苏省常州市新区河海路 96 号
联系电话:(0519)5130805
联系传真:(0519)5130806
电子信箱:investor@0805.chinese.com
4、公司注册地址:江苏省常州市新区河海路 96 号
办公地址:江苏省常州市新区河海路 96 号
邮政编码:213022
公司国际互联网网址:http://www.0805.com.cn
公司电子信箱:investor@0805.chinese.com
5、公司选定的信息披露报纸名称:
《证券时报》《中国证券报》
登载公司年度报告的中国证监会指定国际互联网网址:
http://www.cninfo.com.cn
公司年度报告备置地点:公司董事会办公室
6、公司股票上市交易所:深圳证券交易所
股票简称:炎黄在线
股票代码:0805

二、会计数据和业务数据摘要

1、本年度主要会计数据和业务数据(单位:元)

项目	金额
利润总额	7,075,689.87
净利润	6,761,458.84
扣除非经常性损益后的净利润	-1,214,402.32
主营业务利润	15,624,585.31
其他业务利润	2,016,032.20
营业利润	-967,005.02
投资收益	-
补贴收入	6,586,612.00
营业外收支净额	1,456,082.89
经营活动产生的现金流量净额	67,559,058.64
现金及现金等价物净增加额	47,659,752.63

注:扣除非经常性损益的项目及金额(单位:元)

项目	金额
出售固定资产收益	1,389,249.16
补贴收入	6,586,612.00
以上项目涉及金额合计	7,975,861.16

2、前三年主要会计数据和财务指标(单位:元)

项 目	2000 年度	1999 年度		1998 年度
		调整后	调整前	
主营业务收入	40,648,766.86	39,396,278.05	39,396,278.05	47,486,792.67
净利润	6,761,458.84	-18,416,332.10	-15,407,728.66	8,020,963.18
总资产	183,231,691.27	233,196,605.63	236,430,519.45	239,308,259.32
股东权益(不含少数股东权益)	72,766,157.28	63,524,213.94	66,532,817.38	81,340,208.60
每股净资产	1.2717	1.1102	1.1628	1.4216
调整后的每股净资产	1.2708	0.9753	0.9903	1.3902
每股经营活动产生的现金流量净额	1.1807	-0.1358	-0.1358	-0.2618

注:1999 年度会计数据和财务指标已采用追溯调整法进行了调整,详见会计报表附注。

3、按照中国证监会《公开发行证券公司信息披露编报规则》第 9 号计算的近三年的净资产收益率及每股收益

年度	指标	报告期利润	主营业务利润	营业利润	净利润	扣除非经常性损益后的净利润
2000 年度	净资产收益率	全面摊薄	21.47%	-1.33%	9.29%	-1.67%
		加权平均	23.31%	-1.44%	10.09%	-1.81%
	每股收益(元)	全面摊薄	0.2731	-0.0169	0.1182	-0.0212
		加权平均	0.2731	-0.0169	0.1182	-0.0212
1999 年度	净资产收益率	全面摊薄	-0.41%	-39.66%	-28.99%	-41.43%
		加权平均	-0.36%	-34.92%	-25.53%	-36.48%
	每股收益(元)	全面摊薄	-0.0046	-0.4403	-0.3219	-0.4599
		加权平均	-0.0046	-0.4403	-0.3219	-0.4599
1998 年度	净资产收益率	全面摊薄	9.55%	0.28%	9.86%	-0.92%
		加权平均	10.04%	0.29%	10.37%	-0.96%
	每股收益(元)	全面摊薄	0.1357	0.0039	0.1402	-0.0130
		加权平均	0.1357	0.0039	0.1402	-0.0130

注:以上会计数据及财务指标均以合并会计报表数计算或填列。

三、股本变动及股东情况

1、股本变动情况
(1)截止报告期末,公司股东总数为 5580 户。
(2)公司前十名股东持股情况(截止 2000 年 12 月 31 日)

股 东 名 称	期末持股数(股)	占总股本(%)
常州东普科技发展有限公司	16,853,300	29.454
银通创业投资有限公司	8,982,700	15.699
常州市嘉迅仓储有限公司	3,700,000	6.466
吴伟英	268,300	0.469
常州金狮自行车工贸集团公司	264,000	0.461
无锡市嘉亿商贸有限公司	250,000	0.437
张西芹	246,220	0.430
毛建军	237,150	0.414
毛银全	232,574	0.406
蒋辉红	223,908	0.391

北海银河高科技产业股份有限公司

二○○○年年度报告摘选

一、公司简介

1、公司法定中文名称：北海银河高科技产业股份有限公司
公司法定英文名称：Beihai Yinhe Hi－Tech Industrial Co.，Ltd.
2、公司法定代表人：潘琦
3、公司董事会秘书：欧秋生
联系地址：广西北海市广东南路银河科技大厦八楼
电　　话：0779－3202636
传　　真：0779－3201888
4、公司注册地址：广西北海市银海南路世贸大厦八楼
公司办公地址：广西北海市广东南路银河科技大厦八楼
邮政编码：536000
公司国际互联网网址：http://www.yinhetech.com
电子信箱：yinhe@yinhetech.com
5、公司选定的信息披露报纸名称：《证券时报》、《中国证券报》
登载公司年度报告的中国证监会指定国际互联网网址：http://www.cninfo.com.cn
公司年度报告备置地点：公司董事会秘书处
6、公司股票上市交易所：深圳证券交易所
股票简称：银河科技
股票代码：0806

二、会计数据和业务数据摘要

1、本年度主要利润指标情况：(金额单位：元)

项目	金额
利润总额	94,502,127.32
净利润	87,581,147.96
扣除非经常性损益后的净利润	84,776,997.24
主营业务利润	139,727,304.53
其他业务利润	511,963.68
营业利润	88,998,240.83
投资收益	3,741,868.99
补贴收入	1,227,418.80
营业外收支净额	534,598.70
经营活动产生的现金流量净额	32,950,536.08
现金及现金等价物净增加额	43,884,861.50
注：扣除的非经常性损益的项目和涉及金额(金额单位：元)	
资产处置损益	13,800.00
临时性获得的补贴收入	1,227,418.80
新股申购冻结资金利息	1,247,611.56
合并价差摊入	315,320.36
合 计	2,804,150.72

2、截至报告期末公司前三年的主要会计数据和财务指标：(金额单位：元)

项目	2000年	1999年	1998年	
			调整后	调整前
主营业务收入	283,840,334.19	165,181,556.66	120,293,734.39	148,078,990.80
净利润	87,581,147.96	48,316,754.33	27,424,043.93	29,046,698.88
总资产	882,736,576.51	564,660,026.50	420,925,199.40	463,844,040.04
股东权益(不含少数股东权益)	371,581,138.10	300,205,370.89	265,410,485.86	276,687,654.05
每股收益	0.41	0.30	0.33	0.35
每股收益(按月平均加权法计算)	0.46	0.46	0.36	0.39
扣除非经常性损益后的每股收益	0.40	0.22	0.22	0.24
每股净资产	1.76	1.84	3.23	3.37
调整后的每股净资产	1.72	1.83	3.15	3.34
每股经营活动产生的现金流量净额	0.16	－0.07	0.03	0.03
净资产收益率(%)	23.57	16.09	10.33	10.50

3、报告期内股东权益变动情况：(金额单位：元)

项目	股本	资本公积	盈余公积	法定公益金	未分配利润	股东权益合计
期初数	162,756,000.00	43,813,626.54	40,104,078.50	8,480,633.58	53,531,665.85	300,205,370.89
本期增加	48,826,800.00	3,592,513.17	14,497,558.28	4,379,057.40	74,443,975.76	141,360,847.21
本期减少					69,985,080.00	69,985,080.00
期末数	211,582,800.00	47,406,139.71	54,601,636.78	12,859,690.98	57,990,561.61	371,581,138.10

变动原因：

股本变动：主要系实施1999年度利润分配方案所致。

资本公积变动：系公司以银河科技大厦第三、第五层楼固定资产投资产生的评估增值和国家拨入科技三项经费所致。

盈余公积和法定公益金变动：主要系本年度利润提取数和增值税返还所致。

未分配利润变动：主要系本年度利润转入和利润分配所致。

三、股东情况介绍

1、报告期末股东总数：11,711户
2、报告期末前10名股东的持股情况：

股份单位：股
比例单位：%

股东名称	期初数	本期增减数			期末数			占总股本比例
		已上市	未上市	小计	已上市	未上市	合计	
北海通台经济发展有限公司	17,820,000	0	+5,346,000	+5,346,000	0	23,166,000	23,166,000	10.95
北海光子投资咨询有限公司	11,880,000		+3,564,000	+3,564,000		15,444,000	15,444,000	7.30
张家界祥龙国际酒店有限公司	9,900,000		+2,970,000	+2,970,000		12,870,000	12,870,000	6.08
江苏新思维投资咨询有限公司	8,058,800	－138,800	+2,376,000	+2,237,200		10,296,000	10,296,000	4.87
北海市国际信托投资公司	7,920,000		+2,376,000	+2,376,000		10,296,000	10,296,000	4.87
深圳市元盛实业有限公司	7,920,000		+2,376,000	+2,376,000		10,296,000	10,296,000	4.87
北海三思贸易公司	5,940,000		+1,782,000	+1,782,000		7,722,000	7,722,000	3.65
海南纳克贸易有限公司	5,940,000		+1,782,000	+1,782,000		7,722,000	7,722,000	3.65
海南贝奇电子实业有限公司	4,158,000		+2,843,280	+2,843,280		7,001,280	7,001,280	3.31
裕阳证券投资基金	0	+4,241,875		+4,241,875	4,241,875		4,241,875	2.00

云南铝业股份有限公司

二○○○年年度报告摘选

一、公司简介

1、公司名称：云南铝业股份有限公司
英文名称：YUNNAN ALUMINIUM CO.，LTD.
2、公司法定代表人：代祖让
3、董事会秘书：张文伟
联系地址：云南省昆明市呈贡县云南铝业股份有限公司证券部
联系电话：(0871)7455858
传　　真：(0871)7455605
电子信箱：ylgf@public.km.yn.cn
4、公司注册地址：云南省昆明市呈贡县
办公地址：云南省昆明市呈贡县
邮政编码：650502
网址：//www.china.ylgf.com
5、公司选定的信息披露报纸：《中国证券报》、《证券时报》
登载公司年度报告的中国证监会指定国际互联网网址：http://www.cninfo.com.cn
公司年度报告备置地：公司证券部
6、公司股票上市交易所：深圳证券交易所
股票简称：云铝股份
股票代码：0807

二、会计数据与业务数据摘要

1、本年度利润总额及构成(单位：人民币元　　合并报表)

项目	金额
利润总额：	114,649,696.27
净利润：	97,568,149.96
扣除非经常性损益后的净利润：	85,805,285.09
主营业务利润：	225,922,258.41
其他业务利润：	10,730,407.50
营业利润：	109,204,603.69
投资收益：	5,483,864.87
补贴收入：	0.00
营业外收支净额：	－38,772.29
经营活动产生的现金流量净额：	198,864,492.88
现金及现金等价物净增加额：	56,625,879.79
注：扣除的非经常性损益项目及金额：	
(1) 财政贷款贴息：	6,279,000.00
(2) 投资收益	5,483,864.87

2、主要会计数据和财务指标(合并报表，单位：人民币元)

项目	2000.12.31	1999.12.31	1998.12.31	
			调整后	调整前
主营业务收入	1,470,275,397.69	1,002,920,207.29	555,978,388.14	555,978,388.14
净利润	97,568,149.96	63,602,442.45	448,921.20	2,783,603.76
总资产	2,287,439,157.79	2,146,930,912.13	1,700,682,211.37	1,703,016,893.93
股东权益	715,347,849.69	742,324,153.13	728,321,710.68	730,656,393.24
每股收益	0.3147	0.2052	0.0014	0.009
每股收益(按月加权法计算)	0.3147	0.2052	0.0016	0.01
每股收益(扣除非经常性损益)	0.2768	0.1948	－0.02	－0.012
每股净资产(元)	2.31	2.39	2.35	2.36
调整后的每股净资产	2.29	2.37	2.33	2.35
每股经营活动产生的每股现金流量净额	0.64	0.53	－0.04	－0.04
净资产收益率(%)	13.64	8.57	0.006	0.38

3、报告期内股东权益变动情况：

项目	股本	资本公积	盈余公积	(其中)法定公益金	未分配利润	股东权益合计
期初数	310,000,000	414,859,901.43	13,547,137.75	4,515,712.59	3,917,113.95	742,324,153.13
本期增加	0	0	14,635,222.50	4,878,407.50	5,432,927.46	20,068,149.96
本期减少	0	29,580,201.70	13,547,137.75	4,515,712.59	3,917,113.95	47,044,453.4
期末数	310,000,000	385,279,699.73	14,635,222.50	4,878,407.50	5,432,927.46	715,347,849.69

变动原因：

(1)资本公积金减少是因为按财政部有关规定冲减了住房周转金红书29，580，201.70元。

(2)盈余公积变动是因为本年度提取了10%的盈余公积金，并按财政部有关规定冲减了住房周转金红书13,547,137.75元。

(3)法定公益金变动是因为本年度报告提取了5%的法定公益金，并按财政部有关规定冲减了住房周转金红书4,515,712.59元。

(4)未分配利润增加是分配利润后的剩余数。

(5)股东权益减少主要原因是按财政部有关规定冲减了住房周转金红书。

三、股本变动及股东情况

1、截止2000年12月31日，本公司股东总数为46381户。

2、前十名股东持股情况

序号	股东名称	年末持股数(股)	占股本比例(%)
1	云南冶金集团总公司	230,000,000	74.20
2	广东证券股份有限公司	707,418	0.23
3	泰和证券投资基金	472,223	0.15
4	程敏华	275,000	0.089
5	吴显章	215,000	0.069
6	胡八根	193,600	0.06
7	普丰证券投资基金	192,513	0.06
8	覃扬培	190,000	0.06
9	黄永念	180,000	0.06
10	潘思雅	168,000	0.54

四川锦华股份有限公司

二〇〇〇年年度报告摘选

一、公司简介

1、公司法定中文名称:四川锦华股份有限公司
公司英文名称:SICHUAN JINHUA CO.,LTD
公司简称:四川锦华
2、公司法定代表人:杨奇
3、公司总经理:陈伐
4、公司董事会秘书:张正斌
联系地址:四川省遂宁市遂州中路309号
电话:0825-2226774转2225　2251399
传真:0825-2251399
5、公司注册地址:四川省遂宁市遂州中路309号
办公地址:四川省遂宁市遂州中路309号
邮政编码:629000
6、公司选定的信息披露报纸:《证券时报》
刊载公司年度报告的国际互联网网址:http://www.cninfo.com.cn
公司年度报告备置地址:公司证券部
7、公司股票上市地址:深圳证券交易所
股票简称:四川锦华
股票代码:0810

二、会计数据和业务数据摘要

(一)本年度利润总额及构成(单位:元)

项目	金额
利润总额	47991636.31
净利润	43218202.61
扣除非经常性损益后的净利润	19805202.61
主营业务利润	41544594.23
其他业务利润	881784.34
营业利润	19855235.68
投资收益	339005.38
补贴收入	4500000.00
营业外收支净额	23297395.25
经营活动产生的现金流量净额	1732553.50
现金及现金等价物净增加额	-6029477.84

说明:本年度扣除非经常性损益的项目及涉及金额:
(1)资产转让净收益1891.30万元。
(2)补贴收入450万元。
(二)公司前三年主要会计数据和财务指标:

项目	2000年	1999年	1998年	
			调整后	调整前
主营业务收入(元)	241234471.35	213713889.93	170068820.09	170068820.09
净利润(元):	43218202.61	-12882322.31	3378588.35	4496558.83
总资产(元)	331382094.85	383967208.56	410328258.69	414557232.86
股东权益(元)	169296356.79	141423503.14	157088606.72	161317580.89
每股收益(元/股)	0.58	-0.24	0.064	0.085
每股收益(元/股)(加权)	0.58	-0.24	0.064	0.085
扣除非经常性损益后的每股收益(元)	0.27	-0.24	0.064	-0.19
每股净资产(元/股):	2.29	2.68	2.98	3.06
调整后的每股净资产(元/股)	2.28	2.66	2.96	3.03
每股经营活动产生的现金流量净额:(元)	0.03	0.48	0.13	0.13
净资产收益率(%)	25.53	-9.11	2.15	2.79
净资产收益率(%)(加权)	25.53	-9.11	2.15	2.80

(三)公司报告期股东权益变化情况

项目	股本	资本公积	盈余公积	法定公益金	未分配利润	股东权益合计
期初数	52774000	61599727.58	15014376.96	3480689.74	12035398.60	141423503.14
本期增加	21109600	16525721.88	6482730.39	2160910.13	43218202.61	87336254.88
本期减少		29585752.71	3604668.13	3604668.13	26272980.39	59463401.23
期末数	738836000	48539696.75	17892439.22	2036931.74	28980620.82	169296356.79

三、股本变动及股东情况

(一)报告期末股东总数:
截止2000年12月29日,本公司股东总数为3004户,其中国家股东1户,法人股东7户,公司高管人员7户。
(二)主要股东持股情况(单位:股)

名次	股东名称	年末持股数	占总股本比例(%)
1	遂宁兴业资产经营公司	43920800	59.45
2	栾城县西高手帕加工厂	616980	0.84
3	李太华	600329	0.81
4	罗家桂	573020	0.78
5	四川省遂宁锦华劳动服务公司	560000	0.76
6	张兴珍	548080	0.74
7	李秀英	534360	0.72
8	四川遂宁船山乡吴家湾村社	462000	0.63
9	宋广	412566	0.56
10	吴建军	411180	0.55

烟台冰轮股份有限公司

二〇〇〇年年度报告摘选

一、公司简介

1、法定名称(中文):烟台冰轮股份有限公司
(英文):YANTAI MOON CO.,LTD.
2、法定代表人:于元波
3、董事会秘书:刘立新
董事会证券事务代表:孙秀欣
联系地址:烟台市芝罘区西山路80号
电话:0535-6243451*6503,6243558
传真:0535-6642776
4、注册地址、办公地址:烟台市芝罘区西山路80号
邮政编码:264000
国际互联网网址:http://www.yantaimoon.com
电子信箱:ytbljtzq@public.ytptt.sd.cn
5、公司信息披露报纸:《中国证券报》、《证券时报》
登载公司年度报告的国际互联网网址:http://www.cninfo.com.cn
公司年度报告备置地点:公司证券部
6、股票上市地:深圳证券交易所
股票简称:烟台冰轮
股票代码:0811

二、会计数据和业务数据摘要

1、本年度主要会计数据和业务数据(单位:元)

项目	金额
利润总额	33,704,537.12
净利润	27,829,242.03
扣除非经常性损益后的净利润	27,829,242.03
主营业务利润	75,418,717.76
其他业务利润	3,426,688.12
营业利润	23,766,767.17
投资收益	8,414,912.13
补贴收入	0.00
营业外收支净额	1,522,857.82
经营活动产生的现金流量净额	-20,317,557.95
现金及现金等价物净增加额	11,169,708.63

2、截止报告年度末公司前三年的主要会计数据及财务指标(单位:元)

项目	2000年度	1999年度	1998年度	
			调整后	调整前
主营业务收入	289,617,784.04	250,853,997.20	195,794,175.11	195,794,175.11
净利润	27,829,242.03	26,842,974.53	20,818,470.89	24,374,205.94
总资产	598,400,623.39	444,507,725.52	384,984,360.84	396,488,329.58
股东权益(不含少数股东权益)	266,478,407.27	177,387,117.60	190,136,808.07	201,513,094.68
每股净资产	2.15	1.72	1.68	1.78
调整后的每股净资产	2.14	1.71	1.66	1.76
每股经营活动产生的现金流量净额	-0.16	0.39	0.25	0.25
-----按主营业务利润计算				
全面摊薄净资产收益率(%)	28.30	39.25	36.03	34.00
加权平均净资产收益率(%)	31.44	34.51	36.48	36.14
全面摊薄每股收益	0.61	0.62	0.61	0.61
加权平均每股收益	0.62	0.62	0.61	0.61
-----按营业利润计算				
全面摊薄净资产收益率(%)	8.92	15.67	13.56	14.58
加权平均净资产收益率(%)	9.90	13.78	13.73	15.50
全面摊薄每股收益	0.19	0.25	0.23	0.26
加权平均每股收益	0.20	0.25	0.23	0.26
-----按净利润计算				
全面摊薄净资产收益率(%)	10.44	15.13	10.95	12.10
加权平均净资产收益率(%)	11.60	13.31	11.09	12.88
全面摊薄每股收益	0.23	0.24	0.18	0.22
加权平均每股收益	0.23	0.24	0.18	0.22
--按扣除非经常性损益后的净利润				
全面摊薄净资产收益率(%)	10.44	15.13	10.95	12.10
加权平均净资产收益率(%)	11.60	13.31	11.09	12.88
全面摊薄每股收益	0.23	0.24	0.18	0.22
加权平均每股收益	0.23	0.24	0.18	0.22

三、股本变动及股东情况

1、股东情况介绍
(1)截至2000年12月31日,本公司股东总数为21863户。
(2)前10名股东:

股东名称	持股数量(股)	持股比例
烟台市国有资产管理局(国家股)	65617340	53.06%
烟台制冷空调实业公司(法人股)	20615760	16.67%
中国经济技术投资担保有限公司上海分公司	850000	0.69%
泰和证券投资基金	448500	0.36%
李玉珍	244031	0.20%
山东泰成投资管理有限公司	211820	0.17%
平沪生	179900	0.15%
应宁民	162164	0.13%
任刚	150400	0.12%
赵静	138300	0.11%

陕西金叶科教集团股份有限公司

二○○○年年度报告摘选

一、公司简介

1、公司名称:
中文:陕西金叶科教集团股份有限公司
英文:SHAANXI JINYE SCIENCE TECHNOLOGY AND EDUCATION CO.,LTD GROUP
2、公司法定代表人:田晓康
3、公司董事会秘书:王进春
公司董事会授权代表:强甲申
联系电话:(029)6246725　　6246713
传　真:(029)6246715
4、公司注册地址:西安市高新技术产业开发区(西区)高新三路9号
公司办公地址:西安市朱宏路1号
E-mail:JYDMWJC@PUBLIC.XA.SN.CN
邮政编码:710016
5、公司信息披露报纸:《证券时报》
公司年度报告的中国证监会指定国际互联网网址:
http://www.cninfo.com.cn
公司年度报告备置地点:公司证券部
6、公司股票上市交易所:深圳证券交易所
股票简称:陕西金叶
股票代码:0812

二、会计数据和业务数据摘要

1、2000年度利润总额及构成(单位:人民币元)

项目	金额
利润总额	50,286,975.60
净利润	40,050,144.01
扣除非经常性损益后的净利润	36,352,581.20
主营业务利润	58,160,505.57
其他业务利润	1,251,380.63
营业利润	33,138,604.99
投资收益	13,977,480.00
补贴收入	575,965.33
营业外收支净额	2,594,925.28
经营活动产生的现金流量净额	20,401,045.90
现金及现金等价物净增加额	86,159,024.50
注:扣除的非经常性损益项目和涉及金额	
(1)营业外收支净额项目:	
A、新股申购冻结资金利息收入	3,694,907.44
B、无法支付的应付款项	
C、处理固定资产净损失	573,309.96
(2)补贴收入	575,965.33
(3)以上项目涉及金额	3,697,562.81

2、截止报告期末公司前三年主要会计数据和财务指标(单位:人民币元)

指标项目	2000年度	1999年度	1998年度	
			调整前	调整后
主营业务收入	193,920,391.25	215,396,652.53	165,913,264.24	165,913,264.24
净利润	40,050,144.01	38,294,369.23	32,766,550.86	30,356,236.99
总资产	692,475,212.31	542,204,527.67	487,583,178.03	481,632,197.81
股东权益	381,320,582.83	357,110,438.82	324,228,542.56	318,816,069.59
每股收益(摊薄)	0.25	0.29	0.30	0.28
每股收益(加权)	0.25	0.29	0.34	0.31
扣除非经常性损益后的每股收益(摊薄)	0.23	0.25	0.26	0.24
扣除非经常性损益后的每股收益(加权)	0.23	0.25	0.30	0.27
每股净资产	2.41	2.71	2.95	2.90
调整后的每股净资产	2.36	2.67	2.92	2.87
每股经营活动产生的现金流量净额	0.13	0.15	-0.32	-0.32
净资产收益率(按净利润全面摊薄计算)	10.50%	10.72%	10.11%	9.52%
净资产收益率(加权)(按净利润加权平均计算)	10.62%	11.35%	18.66%	17.40%

三、股本变动及股东情况

1、股本变动情况
(1)股份变动情况表　　数量单位:股

股份类别	本次变动前	本次变动增减(+、-)					本次变动后
		配股	送股	公积金转股	其他	小计	
一、尚未流通股份							
1、发起人股份	55,440,000			11,088,000		11,088,000	66,528,000
其中:							
国家持有股份							
境内法人持有股份	55,440,000			11,088,000		11,088,000	66,528,000
境外法人持有股份							
其 他							
2、募集法人股							
3、内部职工股	36,960,000			7,392,000		7,392,000	44,352,000
4、优先股或其他							
尚未流通股份合计	92,400,000			18,480,000		18,480,000	110,880,000
二、已流通股份							
1、境内上市的人民币普通股	39,600,000			7,920,000		7,920,000	47,520,000
2、境内上市的外资股							
3、境外上市的外资股							
4、其他							
已流通股份合计	39,600,000			7,920,000		7,920,000	47,520,000
三、股份总数	132,000,000			26,400,000		26,400,000	158,400,000

新疆天山毛纺织股份有限公司

二○○○年年度报告摘选

一、公司简介

1、公司名称
中文:新疆天山毛纺织股份有限公司
英文:XINJIANG TIANSHAN WOOLLEN TEXTILES CO.,LTD.
2、公司法定代表人:唐翔千
3、公司董事会秘书:王为民
董事会证券事务代表:(暂无)
联系地址:新疆维吾尔自治区乌鲁木齐市银川路1号新疆天山毛纺织股份有限公司证券投资部
联系电话:0991-4311866转6849
　　0991-4310456
联系传真:0991-4310472　　4324843
电子信箱:tszq@xj.cninfo.net
4、公司注册地址:新疆维吾尔自治区乌鲁木齐市银川路1号
公司办公地址:新疆维吾尔自治区乌鲁木齐市银川路1号
公司邮政编码:830054
公司国际互联网网址:www.chinatianshan.com
公司电子信箱:tsjszx@xj.cninfo.net
5、公司选定的信息披露报纸为:《中国证券报》、《证券时报》
公司选定的信息披露的国际互联网网址为:www.cninfo.com.cn
公司年度报告备置地点为:公司证券投资部
6、公司股票上市交易所:深圳证券交易所
公司股票简称:天山纺织
公司股票代码:0813

二、会计数据和业务数据摘要

1、本年度实现利润情况(单位;人民币元)

项　目	金　额
利润总额:	20,507,855.42
净利润:	19,119,494.80
扣除非经常性损益后的净利润:	19,436,379.51
主营业务利润:	89,639,404.04
其他业务利润:	754,308.42
营业利润:	4,261,640.37
投资收益:	15,870,382.17
补贴收入:	692,717.59
营业外收支净额:	-316,884.71
经营活动产生的现金流量净额:	-41,157,758.30
现金及现金等价物净增加额:	-6,559,780.28

2、截止报告期末公司前三年主要会计数据和财务指标(单位:人民币元)

	2000年	1999年		1998年
		(调 整 后)	(调 整 前)	(调整后)
主营业务收入	463,352,027.22	466,636,320.70	466,636,320.70	467,805,118.34
净利润	19,119,494.80	68,422,388.41	69,996,401.32	60,960,959.67
总资产	1,357,317,588.70	1,133,149,763.48	1,145,723,201.50	1,088,307,599.59
股东权益	645,227,687.59	629,125,435.75	634,485,918.98	568,645,038.34
每股收益	0.057	0.202	0.207	0.325
每股收益(加权)	0.057	0.248	0.254	0.354
每股收益(扣除非经常性损益)	0.057	0.198	0.20	0.327
每股净资产	1.91	1.86	1.88	3.03
调整后的每股净资产	1.80	1.77	1.84	2.97
每股经营活动产生的现金流量净额	-0.12	0.16	0.16	0.54
净资产收益率	2.96	10.87	11.03	10.74

3、报告期内股东权益变动情况(单位:人民币元)

项目	股本	资本公积	盈余公积	其中:法定公益金	未分配利润	股东权益合计
期初数	338,076,000	210,552,088.15	61,214,236.16	23,128,082.33	20,265,864.80	630,108,189.11
本期增加			3,808,259.14	1,904,129.57	19,119,494.80	22,927,753.94
本期减少					6,808,259.14	6,808,259.14
期末数	338,076,000	210,552,088.15	65,022,495.30	25,032,211.90	32,577,100.46	646,227,683.91
变动原因			本年提取	本年提取	增加原因:净利润增加 减少原因:计提两金及股利个人所得税	

注:外币报表折算差额 期初数为-982,753.36元,本期增加-17242.96元,期末余额-999,996.32元。

三、股本变动和股东情况

(一) 股东情况介绍

1、截止报告期末,公司股东总数为73316户,其中公司职工股除公司董事、监事及高级管理人员所持股份依法冻结外,其余全部上市流通。

2、截止2000年12月29日交易日结束,公司前10名股东持股情况如下:

股　东　名　称	年末持股数量(股)	占总股本比例(%)
1)乌鲁木齐市天山毛纺织公司	153885240	45.518
2)香港天山毛纺织有限公司	82810620	24.494
3)香港国际棉业有限公司	8922420	2.639
4)新疆维吾尔自治区供销合作社联合社	7857720	2.324
5)深圳金飞洋投资咨询有限公司	678608	0.201
6)叶伟强	330000	0.0976
7)张弛新	230210	0.0681
8)苏万臣	208700	0.0617
9)东莞市鹏程贸易有限公司	165000	0.0488
10)普丰证券投资基金	150892	0.0446

宁夏美利纸业股份有限公司

二○○○年年度报告摘选

一、公司简介

1、公司名称：
宁夏美利纸业股份有限公司
公司英文名称：
NINGXIA MEILI PAPER INDUSTRY CO.,LTD
英文缩写：
MEILI PAPER
2、公司法定代表人：刘崇喜
3、公司董事会秘书：闫学廷
联系地址：宁夏回族自治区中卫县柔远地区
联系电话：(0953)7679334
传真：(0953)7679216　　7679339
电子信箱：YXT@CHINA-MEILI.COM
授权代表：周立东 杨奎毅
联系地址：宁夏回族自治区中卫县柔远地区
联系电话：(0953)7679334　　7679335
传真：(0953)7679216　　7679223
电子信箱：YXT@CHINA-MEILI.COM
4、公司注册地址：宁夏回族自治区银川市
公司办公地址：宁夏回族自治区中卫县柔远地区
邮政编码：751700
公司国际互联网网址：HTTP://CHINA-MEILI.COM
公司电子信箱：MLZY@CHINA-MEILI.COM
5、公司信息披露报纸：
《证券时报》、《上海证券报》
深圳证券交易所上市公司指定披露的网址为：
HTTP://WWW.CNINFO.COM.CN
公司年度报告备置地：董事会秘书办公室 证券部
6、公司股票上市地：深圳证券交易所
股票简称：美利纸业
股票代码：0815

二、会计数据和业务数据摘要

1、公司本年度会计数据：(单位：人民币元)

项目	金额
利润总额	42,616,861.30
净利润	42,616,861.30
扣除非经常性损益后的净利润	42,384,046.50
主营业务利润	58,995,668.89
其他业务利润	0.00
营业利润	42,384,046.50
投资收益	232,537.40
补贴收入	0.00
营业外收支净额	277.40
经营活动产生的现金流量净额	7,484,648.25
现金及现金等价物净增加额	72,938,154.74

注：扣除非经常性损益后的净利润所扣除的项目和涉及金额：

项目	金额
投资收益：	232,537.40
营业外收支净额：	277.40

2、前三年主要会计数据和财务指标

指标项目	2000年	1999年	1998年(调整后)	1998年(调整前)
主营业务收入	286,960,011.78	191,110,127.33	145,522,040.43	145,522,040.43
净利润	42,616,861.30	40,766,869.89	27,227,302.85	28,094,136.12
总资产	1,072,371,368.78	683,783,976.25	522,361,543.95	523,228,377.22
股东权益	553,087,703.51	373,937,273.71	333,170,403.82	334,037,237.09
每股收益(摊薄)	0.3229	0.3576	0.2388	0.2464
每股收益(加权平均)	0.37	0.36	0.2388	0.3015
扣除非经常性损益后的每股收益	0.3211	0.29	0.2331	0.2407
每股净资产	4.1901	3.2802	2.9225	2.9301
调整后的每股净资产	4.1857	3.2780	2.9163	2.9239
每股经营活动产生的现金流量净额	0.0567	0.0139	-0.0226	-0.0226
净资产收益率(%)(摊薄)	7.71	10.90	8.17	8.41
净资产收益率(%)(加权平均)	10.91	9.28	11.93	12.28

财务指标表(见下表)

报告期利润	2000年度			
	净资产收益率(%)		每股收益(元)	
	全面摊薄	加权平均	全面摊薄	加权平均
主营业务利润	10.67	15.18	0.45	0.52
营业利润	7.66	10.91	0.32	0.37
净利润	7.71	10.97	0.32	0.37
扣除非经常损益后的净利润	7.66	10.91	0.32	0.37

三、股东情况介绍

1、截止报告期，宁夏美利纸业股份有限公司股东总数为25546名。
2、主要股东的持股情况

名次	股东名称	期初持股数	期末持股数	占总股份比例(%)
1	宁夏美利纸业集团有限责任公司	50,000,000.00	53,000,000.00	40.15
2	珠海市国盛企业发展公司	7,000,000.00	7,000,000.00	5.3
3	北京得瑞威狮纸业有限公司	3,000,000.00	3,000,000.00	2.27
4	宁夏回族自治区百货总公司	2,000,000.00	2,000,000.00	1.5
5	宁夏电化总厂	2,000,000.00	2,000,000.00	1.5
6	泰和证券投资基金		990,512.00	0.75
7	刁志华		288,600.00	0.2186
8	李立华		286,740.00	0.2172
9	孙汉侯		230,000.00	0.174
10	黄秀娜		221,000.00	0.167

江苏江淮动力股份有限公司

二○○○年年度报告摘选

一、公司简介

1、公司法定中文名称：江苏江淮动力股份有限公司
公司英文名称：JIANGSU JIANGHUAI ENGINE CO.,LTD
2、公司法定代表人：朱瑞龙
3、公司董事会秘书：王乃强
董事会秘书授权代表：徐健峰
联系地址：江苏省盐城市通榆中路46号
电话：0515-8222889
传真：0515-8244908
电子信箱：jhdl@public.yc.js.cn
4、公司注册地址：江苏省盐城市环城西路213号
公司办公地址：江苏省盐城市环城西路213号
邮政编码：224001
公司国际互联网网址：http://www.jdchina.com
公司电子信箱：jhdl@public.yc.js.cn
5、公司选定的信息披露报纸：《中国证券报》、《证券时报》
公司年度报告备置地点：本公司证券部
证监会指定的公司登载年度报告的国际互联网网址：http://www.cninfo.com.cn
6、公司股票上市地：深圳证券交易所
股票简称：江淮动力
股票代码：0816

二、会计数据和业务数据摘要

1、本年度利润及利润分配表和现金流量表部分数据摘要(单位：元)

项目	金额
利润总额	105,184,195.68
净利润	78,784,829.13
扣除非经常性损益后的净利润	80,197,369.83
主营业务利润	291,389,857.51
其他业务利润	1,927,337.61
营业利润	101,971,012.62
投资收益	7,373,368.82
补贴收入	1,026,134.00
营业外收支净额	-5,186,319.76
经营活动产生的现金流量净额	-72,090,368.24
现金及现金等价物净增加额	136,285,866.74

注：非经常性损益包括(单位：元)：1.营业外收入1,797,404.84；2.处理固定资产净损失1,119,837.87；3.捐赠支出1,767,552.57；4.罚款支出14,288.13；5.质量赔款195,685.41；6.其他112,581.56

2、公司前三年的主要会计数据和财务指标

指标项目	2000年度	1999年度	1998年度	
			调整前	调整后
主营业务收入(元)	1,491,443,401.85	1,387,685,382.30	1,163,839,318.58	1,163,839,318.58
净利润(元)	78,784,829.13	100,380,093.37	93,045,683.76	80,792,105.75
总资产(元)	1,929,477,835.51	1,581,337,224.35	1,376,913,394.30	1,347,137,383.42
股东权益(元)	1,234,436,567.98	892,558,285.35	820,127,708.45	792,190,776.98
每股收益(元/股)(摊薄)	0.257	0.363	0.336	0.292
每股收益(元/股)(加权)	0.268	0.363	0.336	0.292
扣除非经常性损益后的每股收益(元/股)	0.262	0.363	0.336	
每股净资产(元/股)	4.032	3.225	2.96	2.862
调整后的每股净资产(元/股)	3.973	3.181	2.92	2.818
每股经营活动产生的现金流量净额(元/股)	-0.235	0.373	-0.186	-0.186
净资产收益率(%)	6.38	11.25	11.34	10.20

3、利润表附表

报告期利润	净资产收益率(%)		每股收益(元)	
	全面摊薄	加权平均	全面摊薄	加权平均
主营业务利润	23.61	26.63	0.952	0.991
营业利润	8.26	9.32	0.333	0.347
净利润	6.38	7.20	0.257	0.268
扣除非经常性损益后的净利润	6.50	7.33	0.262	0.273

三、股东情况介绍

1、股本变动情况
公司股份变动情况表：　　数量单位：股

	本次变动前	本次变动增减(+,-)						本次变动后
		配股	送股	公积金转股	增发	其他	小计	
一、未上市流通股份								
1、发起人股份	188800000	3000000					3000000	191800000
其中：								
国家持有股份	188800000	3000000					3000000	191800000
境内法人持有股份								
境外法人持有股份								
其他								
2、募集法人股份								
3、内部职工股								
4、优先股或其他								
其中：转配股								
未上市流通股份合计	188800000	3000000					3000000	191800000
二、已上市流通股份								
1、人民币普通股	88000000	26400000					26400000	114400000
2、境内上市的外资股								
3、境外上市的外资股								
4、其他								
已上市流通股份合计	88000000	26400000					26400000	114400000
三、股份总数	276800000	29400000					29400000	306200000

辽河金马油田股份有限公司

二○○○年年度报告摘要

一、公司简介

1、公司法定中文名称:辽河金马油田股份有限公司
公司法定英文名称:Liaohe Jinma Oilfield Company Limited
2、公司法定代表人:王春鹏
3、公司董事会秘书:李忠涛
公司证券事务代表:战　丽
联系地址:辽宁省盘锦市兴隆台区振兴街
邮编:124010
电话:0427－7807584
传真:0427－7823657
电子信箱:LHZQB@liaohe.net.cn
4、公司注册地址:辽宁省盘锦市兴隆台区振兴街
公司办公地址:辽宁省盘锦市兴隆台区振兴街迎宾路13号
公司国际互联网网址:http://www.lhjm.com/
邮政编码:124010
5、公司选定的信息披露报纸名称:《中国证券报》、《证券时报》
登载公司年度报告的国际互联网网址:http://www.cninfo.com.cn
公司年度报告备置地点:公司董事会秘书处
6、公司股票上市地:深圳证券交易所
股票简称:辽河油田
股票代码:0817

二、会计数据和业务数据摘要

1、公司本年度主要利润指标情况:　单位:元

项目	金额
利润总额:	688,157,730.57
净利润:	461,065,679.48
主营业务利润:	703,485,129.91
其他业务利润:	
营业利润:	694.131,693.81
投资收益:	32,265,777.87
补贴收入:	0.00
营业外收支净额:	－38,239,741.11
经营活动产生的现金流量净额:	452,105,574.35
现金及现金等价物净增加额:	－1,139,748,656.30

2、公司近三年的主要会计数据和财务指标　单位:元

项　目	2000年	1999年	1998年
主营业务收入	1,173,294,426.00	868,928,753.00	913,846,892.68
净利润	461,065,679.48	164,752,333.08	138,924,433.64
总资产	2,770,969,219.01	2,606,059,863.79	2,426,528,988.25
股东权益	2,353,873,617.00	2,113,195,596.43	2,315,262,061.80
每股收益(元/股)	0.42	0.15	0.13
扣除非经营性损益后的每股收益(元/股)	0.42	0.15	0.13
每股净资产(元/股)	2.14	1.92	2.10
调整后的每股净资产(元/股)	2.14	1.92	2.10
每股经营活动产生的现金流量净额	0.41	0.75	
净资产收益率(%)	19.587	7.796	6.00

3、股东权益变动情况　单位:元

项　目	股本	资本公积	盈余公积	其中:法定公益金	未分配利润	股东权益合计
期初数	1100000000	844081143.52	58367167.94	19455722.66	110359626.06	2112807937.52
本期增加			69159851.92	23053283.97	391905827.56	461065679.48
本期减少					220000000.00	220000000.00
期末数	1100000000	844081143.52	127527019.86	42509006.63	282265453.62	2353873617.00

变动原因:

年初未分配利润数调整是由于1999年报公布后,盘锦市国税局对本公司进行税务检查,补交增值税所致。

盈余公积金增加是由本年利润按比例提取形成的。

未分配利润增加是由本年利润形成,减少是由于利润分配每10股派2元所致。

三、股本变动及股东情况介绍

1、股东情况介绍

截止到2000年12月29日,本公司股东总数为87,826户,其中未流通国有股1户,公司高管人员22户,社会公众股87,803户。

2、前10名股东持股情况

名次	股东名称	年末持股数额	持股比例(%)
①	中国石油天然气股份有限公司	900,000,000	81.82
②	同盛证券投资基金	4,000,000	0.36
③	同益证券投资基金	2,200,000	0.20
④	潘安义	1,906,800	0.17
⑤	同智证券投资基金	1,608,715	0.15
⑥	九江三联计算机发展有限公司	942,539	0.09
⑦	上海尊泰经贸有限公司	791,500	0.07
⑧	九江江达贸易有限公司	778,434	0.07
⑨	华建国	730,000	0.07
⑩	普丰证券投资基金	652,949	0.06

持有公司5%以上的股东为本公司控股股东——中国石油天然气股份有限公司,持有本公司股份90000万股,占总股本的81.82%,报告期内所持股份及比例未有变化。

中国石油天然气股份有限公司持有的本公司81.82%的国有法人股未作任何质押或冻结,亦未有其他法律争议。

前十名股东之间不存在关联关系。

四、股东大会简介

本报告期内公司共召开了两次股东大会,2000年5月18日召开了"1999年度股东大会";2000年9月26日召开了"2000年第一次临时股东大会"。

1、1999年度股东大会的通知、召开情况

(1)公司关于召开1999年度股东大会的通知公告,刊登于2000年4月14日的《中国证券报》、《证券时报》上。

(2)1999年度股东大会,于2000年5月18日在辽河宾馆三楼会议室召开,出席会议的股东和股东代表共16人,代表股份数额90,020.04万股,占公司总股本的81.84%,符合《公司法》和本公司章程的有关规定。该次股东大会的决议公告刊登于2000年5月19日的《中国证券报》、《证券时报》上。本次股东大会通过了如下决议:

——审议通过了公司1999年度报告(90,020.04万股同意,占出席会议股份总数的100%);

——审议通过了公司1999年度董事会工作报告(90,020.04万股同意,占出席会议股份总数的100%);

——审议通过了公司1999年度监事会工作报告(90,020.04万股同意,占出席会议股份总数的100%);

——审议通过了公司总经理1999年度业务工作报告(90,020.04万股同意,占出席会议股份总数的100%);

——审议通过了公司2000年经营计划(90,020.04万股同意,占出席会议股份总数的100%);

——审议通过了公司1999年度财务决算报告(90,020.04万股同意,占出席会议股份总数的100%);

——审议通过了1999年度利润分配预案:以1999年末总股本110,000万股为基数,向全体股东每10股派现金2元(含税)(90,020.04万股同意,占出席会议股份总数的100%);

——审议通过了关于更换董事会部分成员的议案。会议同意宋道堂先生、赵大雄先生、刘垒昌先生、张相国先生、张伟光先生、于世成先生、刘振军先生因工作单位变动或已到退休年龄等原因辞去董事职务。会议选举王正江先生、孙崇仁先生、付从飞先生、谢文彦先生、李晶女士、周国华先生、侯永久先生为公司董事(90,020.04万股同意,占出席会议股份总数的100%);

——审议通过了关于更换监事会部分成员的议案。会议同意孙崇仁先生、孙仁强先生因工作变动等原因辞去监事职务。会议选举罗颖川先生、麻万林先生为公司监事(90,020.04万股同意,占出席会议股份总数的100%);

——审议通过了关于修改《公司章程》第二十条和第九十七条条款的议案(90,020.04万股同意,占出席会议股份总数的100%)。

2、2000年第一次临时股东大会的通知、召开情况

(1)公司关于召开2000年临时股东大会的通知公告,刊登于2000年8月23日的《中国证券报》、《证券时报》上。

(2)2000年第一次临时股东大会,于2000年9月26日在辽河油田分公司三楼会议室召开,出席会议的股东和股东代表共9人,代表股份数额90,002.80万股,占公司总股本的81.82%,符合《公司法》和本公司章程的有关规定。该次股东大会的决议公告刊登于2000年9月27日的《中国证券报》、《证券时报》上。本次股东大会审议通过了如下决议:

——审议通过了公司2000年度中期报告(90,002.80万股同意,占出席会议股份总数的100%);

——审议通过了2000年度中期利润分配方案:不分配,也不转增(90,002.80万股同意,占出席会议股份总数的100%);

——审议通过了关于更换董事会部分成员的议案,同意王福成先生、王革先生因工作调动原因辞去董事职务;选举王春鹏先生、梁作利先生为公司董事(90,002.80万股同意,占出席会议股份总数的100%)。

五、董事会报告

1、公司经营情况

(1)公司所属行业及在本行业中的地位

公司属能源基础行业。

(2)公司主营业务范围及其经营情况

本公司主营业务范围为石油、天然气的勘探、开发和销售等。

2000年,在董事会的领导下,公司全体员工上下同心,团结求实,积极开拓,锐意进取,按照"技术创新、科学管理、规范运作、全面发展"的工作方针,抓住市场机遇,加速业绩发展,全面实现

了海外河油田的高效开发和小洼油田的有效开发，生产经营等各方面的管理工作均走在了辽河油田同行业的前列，实现了公司领导班子提出的“一年打基础、二年上水平、三年创一流”的奋斗目标。

公司全年实现销售收入117,329万元，利润总额68,816万元，净利润46,107万元，同比增长179.86%，每股收益为0.42元，净资产收益率为19.59%，超额完成了年初制定的各项经营目标。

(3)公司在经营中出现的问题与困难及解决方案

公司生产经营主要存在以下几个方面的问题和困难：

①所属区块自然递减率已近30.02%，综合递减率为7.22%，稳产难度大。

②因公司所辖油区均为稠油区块，小洼区块采用蒸汽吞吐方式开采，与常规稀油开采方式相比，吨油成本高出250元左右，且随着吞吐轮次增加，公司成本将呈逐年上升的趋势。

③公司生产的原油多为稠油，稠油销售价格比稀油低150元/吨左右，在一定程度上影响公司的收益。

针对这些问题，公司采取的主要对策是：

①坚持以地质研究为龙头，强化老区综合治理；坚持以工艺措施为手段，围绕难点实现突破；坚持以科学组织为保障，实现生产持续主动。同时，通过滚动勘探，把老资料与VSP地震处理新技术有机结合，新增地质储量117万吨，通过以上工作，保持了产量的稳定，公司综合递减率和自然递减率同比分别下降了10.7%和12.2%。

②强化以成本控制为核心的运行机制，进一步加强以能源的合理利用和设备单耗的有效控制为重点内容的节能降耗管理，以提高回报率为目标的市场与投资管理，以盘活挖潜为重点的资产管理。按照“保证有效投入、减少低效投入、杜绝无效投入”的原则，公司通过招议标节约投资2321万元，挖潜资产金额647万元，基本上实现了成本的有效控制。

③努力拓宽经营思路，深挖企业内部潜力，用新的效益增长点弥补低油价的损失。

2、公司财务状况

以下指标经中兴宇会计师事务所(2001)第2013号审计报告确认。

单位：元

指标项目	2000年末	1999年末	增长数额	增长比率(%)
总资产	2770969219.01	2606059863.79	164909355.22	6.33
长期负债	0.00	0.00		
股东权益	2353873617.00	2113195596.43	240678020.57	11.39
主营业务利润	703485129.91	245988266.90	457496863.01	185.98
净利润	461065679.48	164752333.08	296313346.40	179.85

变动原因：本年度净利增加所致。

3、公司投资情况

本报告期内，公司无对外长期投资。

公司与国泰君安公司签署资产委托协议，委托金额5000万元，委托期限为2000年8月——2001年2月。

(1)募集资金使用情况

本公司于1998年4月16日在深圳证券交易所以上网定价方式发行A股20000万股，扣除发行费用实际募集资金74,883万元。

本公司募股资金用途与《招股说明书》承诺的投资项目完全一致，具体使用情况见下表：

单位：万元

承诺投资项目	计划投资	实际投资	项目进度
海外河、小洼外围勘探	41676	7440	竣工
海外河、小洼产能建设	68302	59936	尚未竣工
合 计	109978	67376	

由于公司上市后不久，即逢国家油价政策发生变更，从1998年6月1日起开始接并轨价，而在98、99年度里国际油价基本上处于近20年来的低谷。在这种形势下，为了降低勘探、开发风险，保证广大投资者的利益，公司董事会适时调整了募股资金的运行进度，压缩投资，放缓步伐。直至2000年国际油价大幅回升时，公司进行了大规模的投入。目前，勘探项目已全部峻工，新增地质储量850万吨。开发项目也已完成工程进度的90%左右，增加产能15万吨，剩余7507万元募股资金现已与钻井公司签订合同，在2001年将继续用于打井发井。

(2)非募集资金项目投资情况

本公司在报告期内没有进行非募集资金项目的投资。

4、经营环境及客观政策的变化对公司经营产生的影响

(1)中国加入世界贸易组织对公司未来经营产生的重大影响

本公司主营石油、天然气勘探与开发，其油价已从1998年6月1日起与国际接轨，入关后，基本不存在价格竞争风险。同时，根据本公司与中国石油天然气股份有限公司(简称“中油股份公司)辽河油田分公司签署的协议，本公司的全部产品由中油股份公司辽河油田分公司代为销售，而且，在入世谈判过程中，我国还保留了原油进口的垄断权，不存在大量进口问题，市场销售风险不大。因此，从总体上看，入关不会造成公司主营业务的萎缩，对公司未来经营影响不大。

(2)国际油价走势对公司经营产生的影响

98年6月1日起，国家油价政策发生重大变化，国内油价与国际油价接轨，本公司随之执行并轨价，具体价格由国家计委根据国际油价的走势按月公布。对于以油气开采为主业的公司来讲，国际油价的变化对公司的经营成果影响较大。2000年，由于国际油价一直在30美元/桶左右的高位上运行，使公司取得了较好的业绩。根据一些国际能源研究机构的预测，预计2001年国际油价大约维持在22——28美元/桶之间，如无突发性因素，公司效益仍比较可观。

5、新年度业务发展计划

2001年是进入新世纪、实施“十五”计划的第一年，也是公司乘胜前进、加快发展的一年。在这新的一年里，公司将继续坚持以经济效益为中心，以发展为主题，以稳产为基础，以科技为动力，以开展“创新管理年”为主线，抓好主营业务，加大运营力度，实施多元化发展战略，全面实现公司的健康、高效、规范、稳定发展。

为实现这一工作目标，公司将实施“五大战略”工程。

①实施老区稳产战略。集中精力搞好所属老区的综合治理工作，精雕细刻，进一步提高油田开发管理水平，使老区自然递减率和综合递减率分别控制在27%和9%左右。为实现老区连续稳产奠定坚实基础。

②实施稀稠并举战略。进一步加快新区产能建设的步伐，通过加大勘探投资力度，不断扩大新区稀油产量，改善产品结构，提高公司盈利水平。

③实施低成本战略。通过采取压缩注汽量、作业费用，控制电力消耗、油气消耗、原材料消耗，加强审计管理、招投标管理、概预算管理、各项费用管理，进一步加大降低成本的工作力度，确保全年利润目标的实现。

④实施科技增油战略。继续发挥科技第一生产力的作用，紧密围绕生产开展科研与相关高科技项目的应用推广工作，依靠科技解决生产中的疑难问题，建立和完善公司的科技增油责任体系，不断提高油田开发水平，确保全年依靠科技增油5万吨。

⑤实施人才发展战略。公司将逐步培养一批公司发展所需的各类人才，包括勇于争创一流采油、注汽站的基层管理人员；善于攻克技术难关的科技人员；熟悉油井和设备管理、具有丰富生产实践的技术骨干；懂业务、精管理的经营管理人才等等，为公司在新世纪里再上一个台阶作好人才储备。

6、董事会日常工作情况

(1)报告期内董事会的会议情况及决议内容

本报告期内公司第一届董事会共召开了四次董事会会议。

①2000年3月9日，在公司二楼会议室召开董事会一届六次会议，应到董事13人，实到10人。会议审议通过关于聘任赵成斌先生为公司副总经理兼总会计师；同意高晓明同志辞去公司副总经理兼总会计师职务的议案。本次会议决议内容刊登在2000年3月11日的《中国证券报》、《证券时报》上。

②2000年4月12日，在辽河油田分公司三楼会议室召开董事会一届七次会议，应到董事13人，实到董事11人，监事会主席列席会议。会议审议通过如下决议：

——公司1999年年度报告及年度报告摘要；

——公司1999年度董事会工作报告；

——公司1999年度经营工作报告及2000年度生产经营计划；

——公司1999年度财务决算报告及2000年财务预算；

——关于计提资产减值准备的报告；

——1999年度利润分配预案；

——更换董事会部分成员的议案；

——关于修改《公司章程》的议案；

——关于召开公司1999年度股东大会的议案。

本次会议决议内容刊登在1999年4月14日的《中国证券报》、《证券时报》上。

③2000年8月21日，在辽河油田分公司三楼会议室召开董事会一届八次会议，应到董事13人，实到9人，监事列席会议。会议审议通过如下决议：

——公司2000年中期报告及其摘要；

——公司2000年中期利润不分配的议案；

——关于更换董事会部分成员的议案；

——关于召开2000年度第一次临时股东大会的议案。

本次会议决议内容刊登在2000年8月23日的《中国证券报》、《证券时报》上。

④2000年9月26日，在辽河油田分公司三楼会议室召开董事会一届九次会议，应到董事13人，实到10人，监事列席会议。会议以投票表决的方式选举王春鹏先生为公司董事长，付从飞先生为公司副董事长。

本次会议决议内容刊登在2000年9月27日的《中国证券报》、《证券时报》上。

(2)董事会对股东大会决议的执行情况

报告期内，公司董事会按照股东年会的要求，在《证券法》、《公司法》和《公司章程》的指引下，认真开展工作，很好地完成了股东大会交办的各项事宜。

公司董事会根据99股东年会通过的决议，更换了部分董事、监事；修改了《公司章程》有关条款；并于2000年6月实施了股东大会通过的每10股派发现金2元(含税)的分配方案。

7、董事、监事、高级管理人员

公司董事、监事及高级管理人员持股情况(单位：股)

姓名	职务	性别	年龄	任期	年初持股数	年末持股数	年度报酬(元)
王春鹏	董事长	男	55	2000.8－2001.4	0	0	未领薪
付从飞	副董事长	男	53	2000.5－2001.4	0	0	未领薪
于洪坤	董事、总经理	男	51	1998.4－2001.4	5000	5000	28000
刘俊荣	董事	男	55	1998.4－2001.4	3000	3000	未领薪
王正江	董事	男	55	2000.5－2001.4	0	0	未领薪
孙崇仁	董事	男	51	2000.5－2001.4	5000	5000	未领薪
谢文彦	董事	男	37	2000.5－2001.4	0	0	未领薪
梁作利	董事	男	44	2000.8－2001.4	0	0	未领薪
王忠文	董事	男	55	1998.4－2001.4	3000	3000	未领薪
李　晶	董事	女	43	2000.5－2001.4	0	0	未领薪
周国华	董事	男	53	2000.5－2001.4	0	0	未领薪
吴　彤	董事	男	52	1998.4－2001.4	3000	3000	未领薪
侯永久	董事	男	49	2000.5－2001.4	0	0	未领薪
佟维礼	监事会主席	男	53	1998.4－2001.4	3000	3000	未领薪
罗颖川	监事	男	40	2000.5－2001.4	0	0	未领薪
麻万林	监事	男	49	2000.5－2001.4	0	0	未领薪
韩素珍	监事	女	41	1998.4－2001.4	5000	5000	19000
赵建新	监事	男	35	1998.4－2001.4	0	0	17000
吴宝华	副总经理	男	38	1998.4－2001.4	2000	2000	21000
周步高	副总经理	男	47	1999.8－2001.4	0	0	25000
赵　刚	副总经理	男	47	1998.4－2001.4	2000	2000	22000
迟殿双	副总经理	男	53	1998.8－2001.4	0	0	25000
蓝子天	副总经理	男	39	1998.4－2001.4	2000	2000	21000
赵成斌	副总经理兼总会计师	男	35	2000.3－2001.4	0	0	18000
孙元国	副总经理	男	41	1998.8－2001.4	0	0	21000
李忠涛	董　秘	男	40	1998.4－2001.4	3000	3000	19000

报告期内，董事长王福成先生、副董事长宋道堂先生、副董事长王革先生，董事刘振军先生、张伟光先生、于世成先生因工作单位变动及股权转让等原因离任；董事赵大雄先生、刘垒昌先生、张相国先生因已到退休年龄离任。

监事会主席孙崇仁先生、监事孙仁强先生因工作变动及股权转让等原因离任。

本报告期内，公司总经理、董事会秘书没有发生变更。

根据2000年3月9日公司第一届董事会第六次会议决议，任命赵成斌先生为公司副总经理兼总会计师，高晓明先生因工作调动，辞去公司副总经理兼总会计师职务。

8、本次利润分配预案或资本公积金转增股本预案

公司本年度实现利润总额688,157,730.57元，净利润461,065,679.48元。税后利润分配如下：

(1)提取10%法定盈余公积金计46,106,567.95元；

(2)提取5%法定公益金计23,053,283.97元。

可分配利润为391,905,827.56元，加上1999年度结转未分配利润110,359,626.06元，本年末实际可供股东分配的利润为502,265,453.62元。以报告期末总股本110000万股为基数，拟向全体股东每10股派现金2元(含税)，共分配利润220,000,000.00元，尚余282,265,453.62元结转以后年度分配。此预案尚须提交本公司2000年度股东大会审议。

9、其他报告事项：

本公司信息披露指定报刊是：《中国证券报》、《证券时报》、《上海证券报》。

六、监事会报告

二〇〇〇年度，公司监事会依据《公司法》、《公司章程》及国家有关法律的规定，积极开展工

作,忠实履行职责,监事会对公司股东大会、董事会的召开程序、决议事项、董事会执行股东大会决议的情况、公司高级管理人员的工作情况等等事项进行了监督和审查。

1、监事会召开情况

报告期内,公司监事会共召开了三次监事会会议。

(1)2000 年 4 月 12 日,监事会召开了一届五次会议,应到监事 5 人,实到 5 人。会议通过如下决议:

①公司 1999 年度监事会工作报告;

②公司关于计提资产减值准备的报告;

③公司 1999 年度财务决算报告及 2000 年度财务预算报告;

④关于更换部分监事会成员的议案。同意公司监事孙崇仁先生、孙仁强先生因工作变动原因辞去监事职务,决定增补罗颖川先生、麻万林先生为公司监事。

(2)2000 年 5 月 18 日,监事会召开了一届六次会议,应到监事 5 人,实到 5 人。会议通过如下决议:

①选举佟维礼先生为公司监事会主席;

②通过了《辽河金马油田股份有限公司监事会议事细则》。

(3)2000 年 8 月 21 日,监事会召开了一届七次会议,应到监事 5 人,实到 5 人。会议议题:

①审议通过公司 2000 年中期报告及中期报告摘要;

②听取公司 2000 年上半年生产经营情况汇报及下半年工作计划安排;

③听取公司总经理关于公司高管人员履行职务情况的报告。

2、公司依法运作情况

一年来,监事会依据《公司法》和《公司章程》的规定,依法行使监督职能,并发表以下独立意见:

(1)监事会列席了历次董事会会议,认为董事会的决策程序符合《公司法》和《公司章程》的有关规定,公司建立了比较完善的内部控制制度,公司运作规范有序,未发现有违反有关法律、法规的行为。公司董事和高级管理人员在任职期间,均能尽职尽责,诚信勤勉,无违反国家法律、法规、公司章程和损害公司利益的行为。

(2)公司财务报表编制符合《企业会计准则》和《股份有限公司会计制度》有关规定,经中兴宇会计师事务所出具的[2001]第 2013 号审计报告,客观公允地反映了公司 2000 年的财务状况和经营成果,会计处理方法的选用遵循了一贯性的原则。

4、监事会通过对募股资金项目的审查,认为公司募股资金的使用与《招股说明书》中承诺的投资项目一致,资金使用情况正常,项目进展顺利。

5、公司本年度内无收购、出售资产的行为。

6、公司关联交易主要是与控股股东的产品销售关系和与非控制关系的控股股东的生产协作、服务关系,经审查,在关联交易过程中,双方均按市场原则进行,交易公平,价格合理,未有损害股东及公司利益的行为。

7、中兴宇会计师事务所对公司 2000 年度进行财务审计后,出具了无保留意见的审计报告。

七、重要事项

1、报告期内公司无重大诉讼、仲裁事项。

2、报告期内公司、公司董事及高级管理人员没有受到监管部门处罚的情况存在。

3、报告期内控股股东未变更。

报告期内,公司董事会进行了两次调整,经公司 1999 年度股东大会和 2000 年第一次临时股东大会投票选举,公司新当选董事如下:王春鹏先生、王正江先生、孙崇仁先生、付从飞先生、谢文彦先生、梁作利先生、李晶女士、周国华先生、侯永久先生。原董事王福成先生、宋道堂先生、王革先生,赵大雄先生、刘垒昌先生、张相国先生、张伟光先生、于世成先生、刘振军先生因工作单位变动或已到退休年龄等原因不再担任董事职务。

报告期内,公司总经理、董事会秘书没有发生变更。

4、报告期内公司无出售资产、吸收合并事项发生。

5、重大关联交易事项

公司关联交易均按市场原则确定交易协议,详细情况见《会计报表附注》。

6、公司与控股股东在人员、资产、财务上的"三分开"情况

公司自 1998 年成立以来,即按照股份有限公司运行规则规范运作,建立了完善的法人治理结构。公司与控股股东在人员、资产、财务等方面完全分开,各自独立。

在人员方面,公司拥有独立的劳动、人事和工资管理制度,公司总经理等高管人员均在上市公司领取薪酬,无在控股股东单位任职情况发生。

在资产方面,公司已规范运作多年,与控股股东之间产权关系明确,拥有独立、完整的资产。由于公司在设立之初,拿出上市的都是与主业有关的经营性资产,因此,公司在实行"油公司"专业化生产的同时,只拥有独立的生产系统和采购系统,而不拥有辅助生产系统和配套设施。但公司在与之发生的关联交易上,完全采取市场交易的原则,以招投标的方式公平竞争。在油品销售上,公司生产的油品全部由控股股东代销,售价严格按照国家计委公布的并轨价执行,无损害上市公司利益的行为。

在财务方面,公司拥有独立的财务核算体系和独立、健全的财务管理制度,公司独立开设银行帐户、独立纳税。

7、报告期,公司与国泰君安公司签署资产委托协议,期限半年,委托金额 5000 万元。

8、聘任会计师事务所情况

本年度公司继续聘任中兴宇会计师事务所(中兴宇会计师事务所是由原中庆会计师事务所和黑龙江兴业会计师事务所合并改制而来)为本公司财务的审计机构。

9、本报告期内公司无对外重大担保事项。

10、本报告期内公司无更改名称和股票简称的情况。

11、其它事项

根据财政部财经字(1999)863 号文件《关于同意中国石油天然气集团公司所属油田企业改变储量有偿使用费和油田维护费核算办法的通知》,公司决定 2000 年起取消储量有偿使用费和油田维护费,油气勘探费用及探井干井支出按规定直接计入损益,同时油井的折旧年限由 6 年改为 10 年。

八、财务会计报告

一、审计报告

审计报告

中兴宇(2001)审字 2013 号

辽河金马油田股份有限公司全体股东:

我们接受委托,审计了贵公司 2000 年 12 月 31 日的资产负债表、2000 年度的利润及利润分配表和现金流量表。这些会计报表由贵公司负责,我们的责任是对这些会计报表发表审计意见。我们的审计是依据《中国注册会计师独立审计准则》进行的。在审计过程中,我们结合贵公司的实际情况,实施了包括抽查会计记录等我们认为必要的审计程序。

我们认为,上述会计报表符合《企业会计准则》、《股份有限公司会计制度》的有关规定,在所有重大方面公允地反映了贵公司 2000 年 12 月 31 日的财务状况、2000 年度的经营成果以及 2000 年度的现金流量情况,会计处理方法的选用遵循了一贯性原则。

中兴宇会计师事务所有限责任公司　　中国注册会计师　李晓英

中国　北京　　中国注册会计师　刘立宇

2001 年 2 月 15 日

二、会计报表(见附表)

三、会计报表附注

(一)公司简介

辽河金马油田股份有限公司(以下简称公司)是于 1998 年 5 月 6 日以募集方式设立。注册资本 11 亿元,法定代表人:王春鹏。公司 A 种股票于 1998 年 5 月 28 日在深圳证券交易所上市。

公司的控股股东为中国石油天然气股份有限公司(以下简称中油股份),同时,中油股份将公司委托中国石油天然气股份有限公司辽河分公司(以下简称中油股份辽河分公司)管理。

公司经营范围:石油、天然气、成品油勘探、开采、加工、运输、销售。机电产品(小轿车除外)、电子产品、金属材料销售,机械加工,石油、天然气高新技术开发、服务。公司主要产品是原油。

(二)公司主要会计政策、会计估计和合并会计报表的编制方法

1、会计制度

本公司执行《股份有限公司会计制度》。

2、会计年度

本公司采用公历年制,即公历每年 1 月 1 日起至 12 月 31 日止为一个会计年度。

3、记账本位币

本公司以人民币为记账本位币。

4、记账基础和计价原则

本公司以权责发生制为记账基础,资产以历史成本为计价原则。

5、外币业务核算方法

外币经济业务按发生当日市场汇价折合人民币记账,期末对货币性项目中外币余额按期末市场汇价进行调整,因汇价变动发生的差额,作为汇兑损益,计入财务费用。

6、现金等价物的确定标准

现金等价物指企业持有的期限在三个月内、流动性强、易于转换为已知金额的现金、价值变动风险很小的投资。

7、坏账核算方法

确认坏账损失的标准为,有确凿证据表明该项应收款项不能收回或收回的可能性不大,如因债务人死亡或债务单位破产,资不抵债,现金流量严重不足,发生严重自然灾害导致停产而在短期无法偿付债务,以及其他足以证明应收款项发生损失和应收款项愈期五年以上对坏账损失采用备抵法核算。坏账准备的提取按应收账款和其他应收款期末余额的一定比例计提。根据本公司历年应收款项发生坏账的情况,计提比例分别为:应收款项账龄逾期在一年(含一年),计提比例为 5%;应收款项账龄逾期一至二年(含二年),计提比例为 10%;应收款项账龄逾期二至三年(含三年),计提比例为 20%;应收款项账龄逾期三至四年(含四年),计提 40%;应收款项账龄逾期四至五年(含五年),计提 80%;应收款项账龄在五年以上,按全额计提坏账损失准备。

一般情况下,公司对应收关联企业款项不计提坏帐准备。

8、存货核算方法

本公司的存货分为原材料、产成品、低值易耗品。

原材料采用计划成本核算,每月末调整为实际成本;产成品按实际成本计价,发出和销售产成品按实际成本核算;低值易耗品在领用时采用一次摊销法摊销。

存货的保管按永续盘存制度管理。

本公司对存货计提跌价准备。在期末对存货清查后,如有存货遭受毁损、全部或部分陈旧过时或销售价格低于成本时,按单个存货项目的成本低于其可变现净值的差额,计提存货跌价准备。

9、短期投资核算方法

短期投资以实际支付的全部价款(包括税金、手续费和相关费用)扣除已宣告发放但未领取的现金股利(或已到期尚未领取的债券利息)入帐;在处置时,按所收到的处置收入与短期投资帐面价值的差额确认为当期损益。短期投资在年终按成本与市价孰低计价,市价低于成本的部分确认为跌价准备。

10、长期投资的核算方法

本公司对外长期股权投资,按投资时实际支付的价款或确定的价值记账。本公司投资占被投资单位有表决权资产总额 20%以下的,或虽投资占 20%或 20%以上,但不具有重大影响,采用成本法核算;公司投资占被投资单位有表决权资产总额 20 %以上或虽投资不足 20%但具有重大影响的,采用权益法核算。股权投资差额在年度终了分期平均摊销,计人损益。股权投资差额的摊销期限,合同规定了投资期限的,按投资期限摊销;没有规定投资期限的按 10 年平均摊销。

本公司长期债权投资实际支付的价款扣除经纪人佣金、税金、手续费等附加费用及自发行日起至购入债券日止的应计利息后的余额作为实际成本入账,按权责发生制原则确认其损益。

本公司对长期投资计提减值准备。期末长期投资由于市价持续下跌或被投资单位经营状况变化,导致其可收回金额低于投资的账面价值,按可收回金额低于账面价值的差额,作为长期投资减值准备。

11、固定资产计价和折旧方法

(1)固定资产标准:固定资产系指使用期限在一年以上的房屋建筑物、机器设备、运输工具等资产以及单位价值在 2000 元以上、使用期限在两年以上的非生产经营用设备和物品。

(2)固定资产计价

A、购入的固定资产,按实际支付的买价、包装费、运输费、安装成本、交纳的有关税金等记账;

B、自行建造的固定资产,按建造过程中实际发生的全部支出记账;

C、投资者投入的固定资产,按评估确认的价值记账;

D、融资租入的固定资产,按租赁协议确定的设备价款、发生的运输费、途中保险费、安装调试费等支出记账;

E、在原有固定资产的基础上进行改建、扩建的,按原固定资产的价值,加上由于改建、扩建而发生的支出,减改建、扩建过程上发生的变价收入记账;

F、盘盈的固定资产,按重置完全价值记账;

G、接受捐赠的固定资产,按同类资产的市场价值加相关实际费用记账。

(3)固定资产折旧,本公司固定资产折旧采用直线法,按分类折旧率计算折旧,各类折旧率如下:

固定资产类别	使用年限(年)	年折旧率(%)	预计净残值率(%)

房屋建筑物	25－30	3.88－3.23	3
油、汽水井	10	10	0
输油、汽水管线	10－12	10－8.08	0
机器设备	4－10	10－24.25	3
运输设备	8	12.50	0

12、在建工程核算方法

在建工程按实际成本计价,其成本包括直接建筑成本,外购待安装设备成本,设备安装费用及在建期间发生的应资本化的利息和汇兑损益。

利息资本化方法:在建工程在工程开工之日起至工程竣工交付使用之日止发生的借款利息计入在建工程成本

工程完工并交付使用时,将在建工程转为固定资产。

13、无形资产计价及摊销方法

(1)无形资产的计价

购入的无形资产取得实际成本入账;股东投入的无形资产按评估确认的价值入账;自行开发并按法律程序申请取得的无形资产按依法取得时发生的注册费、聘请律师费入账;开发过程中发生的费用,计入当期损益。

(2)无形资产摊销方法

无形资产摊销采用分期平均摊销法。合同规定了受益年限的,按不超过受益年限的期限平均摊销;合同没有规定受益年限而法律规定了有效年限的,按不超过法律规定的有效年限平均摊销;经营期限短于有效期限的,按不超过经营期的年限平均摊销;合同没有规定受益年限的,且法律也没有规定有效年限的,按不超过10年的期限平均摊销。

14、开办费、长期待摊费用的摊销方法

开办费系指在公司筹建期内发生的费用,包括人员的工资、办公费、培训费、差旅费、注册登记费以及不计入固定资产价值的费用等。开办费从开始生产经营的当月起,按5年平均摊销。

长期待摊费用是已经支出,摊销期在1年以上的除开办费以外的其他各项费用,按5年平均摊销。

15、收入确认原则

销售商品,本公司在已将商品所有权上的主要风险和报酬转移给购货方,本公司不再对该商品实施继续管理权和实际控制权,相关的收入已经收到或取得了收款的证据,并且与销售该商品有关的成本能够可靠地计量时,确认收入的实现,并按已实现的收入计入当期损益。

利息和使用费,本公司在与交易相关的经济利益能够流入企业,收入的金额能够可靠的计量时确认收入。利息按他人使用本公司现金的时间和适用利率计算确定;使用费按合同或协议规定的收费时间和方法计算确定。

16、所得税的会计处理方法

本公司所得税的会计处理方法采用应付税款法。公司按评估价值调整有关资产帐面价值并计提折旧或摊销的评估增值,已报盘锦市国税局批准,采用综合调整法分十年调整应纳税额。

17、合并会计报表编制方法

本公司合并会计报表范围的确定原则

本公司按照《合并会计报表暂行规定》编制合并会计报表,即在抵销内部交易和内部往来基础上编制。

18、会计政策、会计估计变更

根据财政部财经字(1999)863号文件"关于同意中国石油天然气集团公司所属油田企业改变储量有偿使用费和油田维护费核算办法的通知"公司决定从2000年开始起取消储量有偿使用费和油田维护费;同时公司将油井的折旧年限由6年改为10年。

公司由于会计估计(折旧年限)的变更使得公司本年度净利润增加80,873,481.35元。此会计估计的变更采用未来适用法。

(三)税项

税种	计税基础	税率(%)
增值税	产品销售收入(抵扣进项税后缴纳)	13,17
城建税	应交增值税、营业税	7
教育费附加	应交增值税、营业税	3
资源税	原油销量	8元/吨
所得税	应纳税所得额	33

(四)控股子公司及合营企业

本报告期内公司无控股子公司及合营企业。

(五)会计报表主要项目注释

1、货币资金 (单位:人民币 元)

项 目	期初数	期末数
现金	8,488.25	3,854.62
银行存款	1,239,908,700.18	100,164,677.51
合 计	1,239,917,188.43	100,168,532.13

货币资金本期上期减少较多是因本期将大部分资金进行短期投资。

2、短期投资和短期投资跌价准备

项 目	期初数	期末数	
	投资金额		跌价准备
股票投资			
债券投资			
其他投资	11,000,000,000.00	11,000,000,000.00	
合 计	11,000,000,000.00	11,000,000,000.00	

委托机构	投资性质	投资金额	是否逾期
中油财务有限责任公司	委托贷款	1,050,000,000.00	否
国泰君安证券股份有限公司	资产委托管理	50,000,000.00	否
合计		11,000,000,000.00	

3、应收利息

	期末数	性质	内容
	2,218,750.00	定期存款利息	本期应计利息
	1,986,111.00	资产委托管理收益	本期应计利息
合 计	4,204,861.00		

4、应收账款

账龄	期初数			期末数		
	金 额	比例(%)	坏帐准备	金 额	比例(%)	坏帐准备
一年以内	21,947,532.59	100%		113,650,202.91	100%	
一至二年						
二至三年						
三年以上						
合计	21,947,532.59	100%		113,650,202.91	100%	

欠款金额前五名的单位名称	金额	发生时间	原 因
中油股份辽河分公司	113,650,202.91	2000年12月	原油销售款

本科目余额全部为持本公司5%以上股份的股东单位(中油股份辽河分公司)欠款。

本期末余额较上期末余额增加的原因是由于本期销售收入增加、及油价上涨而至。期末余额是尚未支付的12月原油销售款。

5、其他应收款

账龄	期初数			期末数		
	金 额	比例(%)	坏帐准备	金 额	比例(%)	坏帐准备
一年以内	94,400.00	100%		87,172.50	90.27%	
二至三年						
三年以上				9,400.00	9.73%	
合 计	94,400.00	100%		96,572.50	100%	

欠款金额前五名的单位名称	金额	发生时间	原 因
公司职工欠款	84,172.50	2000年	出差、住院借款

本科目本期末无应收持本公司5%(含5%)以上股份的股东单位欠款。

本期未提坏帐准备的原因为内部单位、个人欠款不提坏帐。

6、存货及存货跌价准备

项 目	期初数		期末数	
	金 额	存货跌价准备	金 额	存货跌价准备
原材料	22,315,520.14		31,690,387.77	
产成品				
低值易耗品				
在产品				
合计	22,315,520.14		31,690,387.77	

本期未提存货跌价准备的原因是企业存货是由备品备件和周转材料构成。备品备件为进口的专井专用的配件,无市场价可寻,周转材料为重复使用材料,不需计提跌价准备。

7、固定资产及累计折旧

固定资产原值:	2,919,592,495.71
累计折旧:	1,712,335,667.46
净值:	1,207,256,828.25

(1)固定资产原价

项 目	期初数	本期增加	本期减少	期末数
房屋建筑	18,783,457.31	3,559,311.69		22,342,769.00
油气水井	1,959,117,393.66	179,651,847.85		2,138,769,241.51
输油、气(水)管线	133,402,358.47	1,028,241.25	53,335,240.00	81,095,359.72
运输设备	16,740,889.45	9,258,735.18	363,373.00	25,636,251.63
机器设备	666,743,217.43	14,198,223.42	29,192,567.00	651,748,873.85
合计	2,794,787,316.32	207,696,359.39	82,891,180.00	2,919,592,495.71

(2)累计折旧

项 目	期初数	本期增加	本期减少	期末数
房屋建筑	2,267,457.15	595,300.49		2,862,757.64
油气水井	1,136,042,976.76	174,181,283.17	59,704,937.38	1,250,519,322.55
输油、气(水)管线	72,914,664.60	6,642,079.85	24,285,171.92	55,271,572.53
运输设备	4,746,114.07	2,349,007.02	280,950.02	6,814,171.07
机器设备	365,146,545.54	51,806,615.08	20,085,316.95	396,867,843.67
合 计	1,581,117,758.12	235,574,285.61	104,356,376.27	1,712,335,667.46

(3)固定资产净值

期初数	本期增加	本期减少	期末数
1,213,669,558.20	－27,877,926.22	－21,465,196.27	1,207,256,828.25

本期增加的固定资产全部为在建工程转入。

8、在建工程

工程项目	期初数	本期增加	本期减少	本期转入固定资产数	期末数	资金来源	进度
油气(水)井		284,304,782.84	179,651,847.85	179,651,847.85	104,652,934.99		
油气(水)集输设备		7,617,485.89	3,072,969.58	3,072,969.58	4,544,516.31		
输油、气(水)管线		1,028,241.25	1,028,241.25	1,028,241.25			
石油专用设备		4,339,600.27	4,339,600.27	4,339,600.27			
运输设备		9,258,735.18	9,258,735.18	9,258,735.18			
动力设备		1,398,060.45	1,398,060.45	1,398,060.45			
传导设备		1,840,811.79	1,840,811.79	1,840,811.79			
通讯设备		15,000.00	15,000.00	15,000.00			
工具及机器设备		3,384,871.33	3,384,871.33	3,384,871.33			
其他设备		146,910.00	146,910.00	146,910.00			
房屋及建筑物		3,559,311.69	3,559,311.69	3,559,311.69			
合计		316,893,810.69	207,696,359.39	109,197,451.30			

上述项目所用资金除"运输设备"有638万元为自有资金外,其余项目资金来源全部为募股资金;进度为80%—95%。

9、无形资产

项 目	原始金额	期初数	本期增加	本期转出	本期摊销	期末数	剩余年限
土地使用权	107,478,992.64	103,896,359.64			2,149,579.80	101,746,779.844	7年4个月
合 计	107,478,992.64	103,896,359.64			2,149,579.80	101,746,779.844	7年4个月

10、开办费

项 目	期初数	本期增加	本期摊销	期末数
开办费	4,219,304.79	1,261,701.48	2.957,603,31	
合计	4,219,304.79	1,261,701.48	2.957,603,31	

11、应付账款

期初数	期末数
33,491,824.33	23,488,328.01

本期无欠持本公司5%(含5%)以上股份的股东单位的款项。

12、应付股利

股东名称	欠付金额	原因
普通股股利	2,200,000,000.00	本期现金股利
合计	2,200,000,000.00	

根据公司第一届董事会第十次会议决议:以2000年末总股本11亿元为基数,拟实施每10股派现金2元(含税)。

13、应交税金

项 目	期初数	期末数
应交增值税	14,833,238.36	－34,684,429.27
应交营业税	12,950.56	25,000.00
应交城建税	1,039,233.21	1,750.00
应交企业所得税	77,927,755.50	80,325,793,19
应交个人所得税		19,110.00
印花税	38,037.49	17,342.33
房产税	28,466.35	37,007.49
合 计	94,554,465.47	46,063,573.74

14、其他应付款

期初数	期末数
4,953,829.18	1,255,599.99

本期余额中无欠持本公司5%(含5%)以上股份的股东单位的款项。

15、股本

公司股份变动情况表

数量单位:股

项 目	期初数	本期变动增减(+,-)					期末数
		配股	送股	公积金转增	其他	小计	
一、未上市流通股份							
1、发起人股份	900,000,000						9900,000,000
国家持有股份							
境内法人持有股份	900,000,000						900,000,000
境外法人持有股份							
其他							
2、募集法人股份							
3、内部职工股							
4、优先股或其他							
其中:转配股							
未上市流通股份合计	900,000,000						900,000,000
二、已上市流通股份							
1、人民币普通股	200,000,000						200,000,000
2、境内上市的外资股							
3、境外上市的外资股							
4、其他							
已上市流通股份合计	200,000,000						200,000,000
三、股份总数	1,100,000,000						1,100,000,000

16、资本公积

项 目	期初数	本期增加数	本期减少数	期末数
股本溢价	844,081,143.52			844,081,143.52
接收捐赠资产准备				
住房周转金转入				
资产评估增值准备				
股权投资准备				
被投资单位接受捐赠准备				
被投资单位评估增值准备				
被投资单位股权投资准备				
被投资单位外币指标折算差额				
其他资本公积转入				
合计	844,081,143.52			844,081,143.52

17、盈余公积

项 目	期初数	本期增加数	本期减少数	期末数
法定盈余公积金	38,911,445.28	46,106,567.95		85,018,013.23
法定公益金	19,455,722.66	23,053,283.97		42,509,006.63
任意盈余公积金				
合 计	58,367,167.94	69,159,851.92		127,527,019.86

本期增加数为本年利润分配计提数。

18、未分配利润

项 目	期初数	期末数
期初未分配利润	190,707,801.86	110,359,626.06
加:期初未分配利润调增(减)数	164,752,333.08	461,065,679.48
减:本公司提取法定盈余公积金	16,475,233.31	46,106,567.95
本公司提取法定公益金	8,237,616.66	23,053,283.97
本年度分配现金股利	220,000,000.00	220,000,000.00
年末未分配利润	110,747,284.97	282,265,453.62

期初未分配利润与上年末年末未分配利润的差额是因为上年年报之后，盘锦市地税局对本公司进行增值税检查补交的增值税。

19、财务费用

项 目	上年发生数	本年发生数
利息支出		
减:利息收入	20,710.159.28	-19,421,343.36
汇兑损失		
减:汇兑收益		
其他	3,019.50	4,692.28
合 计	-20,707,139.78	-19,416,651.08

20、投资收益

类 别	上期发生数	本期发生数
股权投资收益		
债权投资收益		
其他投资收益		32,265,777.87
合计		32,265,777.87

本期投资收益包括委托中油财务有限责任公司贷款利息7,129,666.87元和委托其他机构进行资产管理而得收益25,136,111元。

21、营业外支出

项 目	上年发生数	本年发生数
固定资产报废损失		38,239,741.11
合 计		38,239,741.11

22、收到的其他与经营活动有关的现金

收到的其他与经营活动有关的现金17,202,593.36元，其中大额收入:

定期存款利息收入: 17,202,593.36

23、支付的其他与经营活动有关的现金

支付的其他与经营活动有关的现金14,577,647.92元,其中大额支出:

物料消耗:	1,132,967.38
修理费:	1,237,138.44
取暖费:	589,152.20
差旅费:	553,219.66
办公费:	1,316,803.19
电费:	1,429,925.76
上市服务费:	1,571,752.00
矿产资源补偿费:	3,000,000.00
误餐费:	1,711,268.60

24、主营业务收入、成本

类别	上年数		本年数	
	收入	成本	收入	成本
原油销售	868,928,753.00	602,820,085.56	1,173,294,426.00	446,763,286.64
合计	868,928,753.00	602,820,085.56	1,173,294,426.00	446,763,286.64

(六)关联方关系及其交易

1、关联方关系

(1)存在控制关系的关联方

企业名称	注册地址	主营业务	与本公司关系	经济性质或类型	法定代表人
中国石油天然气股份有限公司	北京西城区六铺炕街6-8号	陆上石油天然气勘探、生产、销售等	控股母公司	股份公司	马富才

(2)存在控制关系的关联方的注册资本及变化

企业名称	期初数	本期增加数	本期减少数	期末数
中国石油天然气股份有限公司	16,000,000,000	0	0	16,000,000,000

(3)存在控制关系的关联方所持股份或权益及变化

企业名称	期初数		本期增加数		本期减少数		期末数	
	金额	%	金额	%	金额	%	金额	%
中国石油天然气股份有限公司	900,000,000	81.82%	0		0		900,000,000	81.82%

(4)不存在控制关系的关联方

企业名称	与本公司关系	持股比例
中国石油天然气股份有限公司辽河油田分公司	母子公司	0%
辽河石油勘探局	受控同一母公司	0%

2、关联方交易事项

(1)关联方交易的定价标准

本公司与关联方的交易均按照关联协议价格，进行交易。

(2)租赁及接受劳务

关联方单位	交易内容	上期发生数	本期发生数
中油股份辽河油田分公司	材料费	70,880,990.79	9,012,418.38
中油股份辽河油田分公司	劳务费	182,657,020.50	389,472,688.93
中油股份辽河油田分公司	租赁费	1,245,330.00	777,963.89
辽河石油勘探局	劳务费		35,601,139.46
中国石油天然气股份有限公司	收取资金占用费	3,733,901.41	3,133,197.73
合 计		258,517,242.70	434,864,210.66

(3)销售货物及租赁

关联方单位	交易内容	上期发生数	本期发生数
中油股份辽河油田分公司	原油销售	868,928,753.00	1,173,294,426
中油股份辽河油田分公司	热注蒸汽劳务收入	1,271,656.04	13,745,379.17
合 计		870,200,408.96	1,187,039,805.17

(4)关联方应收应付款项余额

项 目	上期发生数	本期发生数
应收帐款:		
中油股份辽河油田分公司	21,947,532.59	113,746,775.41

(5)其他事项

A、关键管理人员报酬等事项，本期支付关键管理人员报酬172,000元，其中1万元—2万元2人，2万元—3万元6人；上期支付关键管理人员报酬164,000元，其中1万元—2万元2人，2万元—3万元6人。B、中油股份辽河分公司拨奖金418,100元。

(七)财务承诺

本公司截止2000年12月31日无财务承诺。

(八)或有事项

本公司报废油气(水)集输设施、输油、气(水)管线、石油专用设备等净损失38,239,741.11元，已取得盘锦市国家税务局直属一分局同意上报固定资产损失的调查报告，尚待辽宁省税务局批准。未做所得税纳税调整。如辽宁省税务局不批准此项报废，则本期净利润将减少1077万元，应交税金增加1077万元。

(九)承诺事项

无资产负债表日存在的承诺事项。

(十)资产负债表日后事项中的非调整事项

无。

(十一)债务重组事项

公司在报告期无债务重组事项。

(十二)非货币性交易

本报告期未发生非货币性交易。

(十三)其它重要事项

根据财政部财经字(1999)863号文件"关于同意中国石油天然气集团公司所属油田企业改变储量有偿使用费和油田维护费核算办法的通知"公司决定从2000年开始起取消储量有偿使用费和油田维护费；公司由于取消储量有偿使用费和油田维护费使本年净利润增加61,640,000元。

九、公司其他有关资料

1、公司首次注册登记日期:1998年5月6日

公司注册登记地名:辽宁省盘锦市兴隆台区振兴街

2、公司法人营业执照注册号:24269446-3

3、公司税务登记号码:211103242694463

4、公司未流通股票的托管机构名称:深圳证券登记有限公司

5、公司聘请的会计师事务所名称:

中兴宇会计师事务所有限责任公司

办公地址:北京西长安街88号首都时代广场

十、备查文件

本公司董事会秘书处备有下列文件供股东查阅:

1、载有法定代表人、财务负责人、会计经办人员签名并盖章的会计报表原件。

2、载有会计师事务所盖章、注册会计师签名并盖章的审计报告原件。

3、报告期内在中国证监会指定报纸上公开披露过的所有公司文件的正本及公告的原稿。

辽河金马油田股份有限公司董事会

二〇〇一年二月二十日

资 产 负 债 表

2000 年 12 月 31 日

编制单位:辽河金马油田股份有限公司　　金额单位:人民币元

资　产	注释	2000 年 12 月 31 日	1999 年 12 月 31 日
流动资产:			
货币资金	1	100,168,532.13	1,239,917,188.43
短期投资	2	1,100,000,000.00	
减:短期投资跌价准备			
短期投资净额		1,100,000,000.00	
应收票据			
应收股利			
应收利息	3	4,204,861.00	
应收帐款	4	113,650,202.91	21,947,532.59
其他应收款	5	96,572.50	94,400.00
减:坏帐准备			
应收款项净额		113,746,775.41	22,041,932.59
预付帐款			
应收补贴款			
存货	6	31,690,387.77	22,315,520.14
减:存货跌价准备			
存货净额		31,690,387.77	22,315,520.14
待摊费用			
待处理流动资产净损失			
一年内到期的长期债权投资			
其他流动资产			
流动资产合计		1,349,810,556.31	1,284,274,641.16
长期投资:			
长期股权投资			
长期债权投资			
长期投资合计			
减:长期投资减值准备			
长期投资净额			
固定资产:			
固定资产原价.	7	2,919,592,495.71	2,794,787,316.32
减:累计折旧		1,712,335,667.46	1,581,117,758.12
固定资产净值		1,207,256,828.25	1,213,669,558.20
工程物资			
在建工程	8	109,197,451.30	
固定资产清理			
待处理固定资产净损失			
固定资产合计		1,316,454,279.55	1,213,669,558.20
无形资产及其他资产:			
无形资产	9	101,746,779.84	103,896,359.64
开办费	10	2,957,603.31	4,219,304.79
长期待摊费用			
其他长期资产			
无形资产及其他资产合计		104,704,383.15	108,115,664.43
递延税项:			
递延税款借项			
资产总计		2,770,969,219.01	2,606,059,863.79
负债和股东权益			
流动负债			
短期借款			
应付票据			
应付帐款	11	23,488,328.01	33,491,824.33
预收帐款			
代销商品款			
应付工资		4,579,265.53	5,310,117.11
应付福利费		4,337,391.72	3,099,994.92
应付股利	12	220,000,000.00	220,000,000.00
应交税金	13	46,063,573.74	94,554,465.47
其他应交款		3,179,044.23	948,437.73
其他应付款	14	1,255,599.99	4,953,829.18
预提费用			
一年内到期的长期负债			
其他流动负债			
流动负债合计		302,903,203.22	362,358,668.74
长期负债:			
长期借款			
应付债券			
长期应付款			
住房周转金			
其他长期负债			
长期负债合计			
递延税项:			
递延税款贷项		114,192,398.79	130,505,598.62
负债合计		417,095,602.01	492,864,267.36
股东权益:			
股本	15	1,100,000,000.00	1,100,000,000.00
资本公积	16	844,081,143.52	844,081,143.52
盈余公积	17	127,527,019.86	58,367,167.94
其中:公益金		42,509,006.63	19,455,722.66
未分配利润	18	282,265,453.62	110,747,284.97
股东权益合计		2,353,873,617.00	2,113,195,596.43
负债及股东权益合计		2,770,969,219.01	2,606,059,863.79

利 润 分 配 表

2000 年度

编制单位:辽河金马油田股份有限公司　　金额单位:人民币元

项　目	注释	2000 年度	1999 年度
一、主营业务收入	24	1,173,294,426.00	868,928,753.00
减:折扣与折让			
主营业务收入净额		1,173,294,426.00	868,928,753.00
减:主营业务成本	24	446,763,286.64	602,820,085.56
主营业务税金及附加		23,046,009.45	20,120,400.54
二、主营业务利润		703,485,129.91	245,988,266.90
加:其他业务利润			
减:存货跌价损失			
营业费用		30,000.00	
管理费用		28,740,087.18	20,796,402.08
财务费用	19	-19,416,651.08	-20,707,139.78
三、营业利润		694,131,693.81	245,899,004.60
加:投资收益	20	32,265,777.87	
补贴收入			
营业外收入			
减:营业外支出	21	38,239,741.11	
四、利润总额		688,157,730.57	245,899,004.60
减:所得税		227,092,051.09	81,146,671.52
五、净利润		461,065,679.48	164,752,333.08
加:年初未分配利润		110,359,626.06	190,707,801.86
盈余公积转入			
六、可供分配的利润		571,425,305.54	355,460,134.94
减:提取法定盈余公积		46,106,567.95	16,475,233.31
提取法定公益金		23,053,283.97	8,237,616.66
七、可供股东分配的利润		502,265,453.62	330,747,284.97
减:应付优先股股利			
提取任意盈余公积			
应付普通股股利		220,000,000.00	220,000,000.00
转作股本的普通股股利			
八、未分配利润		282,265,453.62	110,747,284.97

现 金 流 量 表

2000 年度

编制单位:辽河金马油田股份有限公司　　金额单位:人民币元

项　目	注释	金　额
一、经营活动产生的现金流量:		
1、销售商品、提供劳务收到的现金		1,081,591,755.68
2、收取的租金		
3、收到的税费返还		
4、收到的其他与经营活动有关的现金	22	17,202,593.36
现金流入小计		1,098,794,349.04
5、购买商品、接受劳务支付的现金		159,351,530.17
6、经营租赁所支付的现金		1,198,429.50
7、支付给职工以及为职工支付的现金		40,800,650.19
8、实际交纳的增值税款		164,644,696.15
9、支付的所得税款		241,007,213.23
10、支付的增值税、所得税以外的其他税费		25,108,607.63
11、支付的其他与经营活动有关的现金	23	14,577,647.92
现金流出小计		646,688,774.69
经营活动产生的现金流量净额		452,105,574.35
二、投资活动产生的现金流量:		
1、收回投资所收到的现金		200,000,000.00
2、分得股利或利润所收到的现金		
3、取得债券利息收入所收到的现金		
4、处置固定资产、无形资产和其他长期资产而收回的现金		
5、收到的其他投资活动有关的现金		30,279,666.87
现金流入小计		230,279,666.87
6、购建固定资产、无形资产和其他长期资产而收回的现金		302,148,297.52
7、权益性投资所支付的现金		
8、债券性投资所支付的现金		1,300,000,000.00
9、支付的其他与投资活动有关的现金		
现金流出小计		1,602,148,297.52
筹资活动产生的现金流量净额		-1,371,868,630.65
三、筹资活动产生的现金流量:		
1、吸收权益性投资所收到的现金		
2、发行债券所收到的现金		
3、借款所收到的现金		
4、收到的其他与筹资活动有关的现金		
现金流入小计		
5、偿还债务所支付的现金		
6、发生筹资费用所支付的现金		219,985,600.00
7、分配股利或利润所支付的现金		
8、偿付利息所支付的现金		
9、融资租赁所支付的现金		
10、减少注册资本所支付的现金		
11、支付的其他与筹资活动有关的现金		
现金流出小计		219,985,600.00
筹资活动产生的现金流量净额		-219,985,600.00
四、汇率变动对现金影响额		
五、现金及现金等价物净增加额		-1,139,748,656.30
现金流量表补充资料		
补充资料		
1.不涉及现金收支的投资和筹资活动:		
以固定资产偿还债务		
以投资偿还债务		
以固定资产进行长期投资		
以存货偿还债务		
融资租赁固定资产		
接受捐赠非现金资产		
2.将净利润调节为经营活动的现金流量		
净利润		461,065,679.48
加:计提的坏帐准备或转销的坏帐		-
固定资产折旧		175,869,348.23
无形资产开办费及待摊费摊销		3,411,281.28
处置固定资产、无形资产和长期资产的损失(减收益)		-
固定资产报废损失		38,239,741.11
财务费用		-17,197,901.08
投资损失(减收益)		-30,279,666.87
递延税款贷款(减借项)		-16,313,199.83
存货的减少(减增加)		-9,374,867.63
经营性应收项目的增加(减增加)		-95,909,703.82
经营性应付项目的增加(减减少)		-57,405,136.52
增值税增加净额(减减少)		-
其他		-
经营活动产生的现金流量净额		452,105,574.35
3.现金及现金等价物净增加情况		-
货币资金的期末余额		100,168,532.13
减:货币资金的期初余额		1,239,917,188.43
现金等价物的期末余额		-
减:现金等价物的期初余额		-
现金及现金等价物净增加额		-1,139,748,656.30

锦化化工集团氯碱股份有限公司

二〇〇〇年年度报告摘选

一、公司简介

1、公司的法定中、英文名称及缩写：
锦化化工集团氯碱股份有限公司
JIN HUA GROUP CHLOR－ALKALI CO,LTD
英文缩写:JHC
2、公司法定代表人：沈申成
3、公司董事会秘书：赵志鹏
联系地址：公司证券办
电话：0429－2709065
传真：0429－2901152
电子信箱：jhljgf@online.ln.cn
公司注册地址：辽宁省葫芦岛市连山区化工街
办公地址：辽宁省葫芦岛市连山区化工街锦化化工(集团)有限责任公司院内
邮政编码：125001
5、公司信息披露报刊名称：中国证券报、证券时报
刊登公司年报的国际互联网网址：
http/www.cninfo.com.cn
公司年报备置地点：公司证券办
6、公司股票上市交易所：深圳证券交易所
股票简称：锦化氯碱
股票代码：0818

二、会计数据和业务数据摘要

1、本年度实现的指标或数据

利润总额	42,809,815.02
净利润	27,580,319.48
扣除非经常性损益后的净利润	24,459,196.31
主营业务利润	77,158,928.45
其它业务利润	593,967.05
营业利润	39,394,080.76
投资收益	3,629,566.55
补贴收入	
营业外收支净额	－213,832.29
经营活动产生的现金流量净额	－3,308,919.08
现金及现金等价物净增加额	－136,430,363.04

2、主要会计数据和财务指标

项目	2000年	1999年		1998年	
		调整前	调整后	调整前	调整后
主营业务收入(元)	743,437,866.78	670,365,266.29	670,365,266.29	634,938,402.93	634,938,402.93
净利润(元)	27,580,319.48	46,929,345.50	44,260,693.30	67,502,162.45	57,916,060.67
总资产(元)	2,535,236,695.97	1,456,622,118.00	1,453,953,465.80	1,415,458,052.35	1,415,333,452.13
股东权益(元)	975,950,106.58	951,038,439.30	948,369,787.10	934,071,823.45	914,098,477.66
每股收益(元)	0.081	0.138	0.130	0.199	0.170
加权每股收益(元)	0.081	0.138	0.130	0.199	0.170
扣除非经常性损益后的每股收益(元)	0.072	0.098	0.090	0.199	0.170
每股净资产(元)	2.870	2.797	2.789	2.747	2.689
调整后的每股净资产(元)	2.837	2.743	2.730	2.696	2.638
每股经营活动产生的现金流量净额(元)	－0.01	0.005	0.005	－0.099	－0.099
净资产收益率(%)	2.826	4.935	4.667	7.227	6.336

根据《公司发行证券公司信息披露编报规则》第九号规定，编制如下利润表

附表：

报告期利润	2000年度	净资产收益率(%)		每股收益(元)	
		全面摊薄	加权平均	全面摊薄	加权平均
主营业务利润	77,158,928.45	7.906	8.019	0.227	0.227
营业利润	39,394,080.76	4.037	4.094	0.116	0.116
净利润	27,580,319.48	2.826	2.867	0.081	0.081
扣除非经常性损益后的净利润	24,459,196.31	2.506	2.542	0.072	0.072

3、股东权益变动情况及变化原因

项目	股本	资本公积	盈余公积	法定公益金	未配利润	股东权益合计
期初数	340,000,000.00	555,208,379.09	18,174,211.21	6,058,070.41	34,987,196.80	948,369,787.10
本期增加			4,137,047.92	1,379,015.97	23,443,271.56	27,580,319.48
本期减少						
期末数	340,000,000.00	555,208,379.09	22,311,259.13	7,437,086.18	58,430,468.36	975,950,106.58

变动原因：盈余公积金上年期末数为18,574,509.04元，现变动为18,174,211.21元，变动值为400,297.83元，是由于上年少计入管理费用2,668,652.20元，本年度对上年度的损益进行了调整影响所致。

未分配利润上年期末数为37,255,551.17元，现变为34,987,196.80元，变动值为2,268,354.37元，原因是上年少计入管理费用2,668,652.20元，本年度对上年度的损益进行了调整影响所致。

三、股东情况介绍

1、报告期末股东总数35499户。
2、主要股东持股情况

名次	股东名称	期初持股数	期末持股数	占%
1)	锦化化工(集团)有限责任公司	250,000,000	250,000,000	73.53
2)	广州利德龙科技有限公司	0	2,332,039	0.69
3)	广州金胡蓉投资咨询有限公司	0	865,571	0.25
4)	广州中科信投资有限公司	0	719,753	0.21
5)	张开前	0	397,400	0.12
6)	吴中太	0	341,871	0.10
7)	程帮爱	0	340,800	0.10
8)	余坤生	0	320,000	0.09
9)	张阳南	0	317,000	0.09
10)	吴铁虎	0	298,900	0.09

岳阳兴长石化股份有限公司

二〇〇〇年年度报告摘选

一、公司简介

1、公司全称：岳阳兴长石化股份有限公司
中文简称：岳阳兴长
英文名称：YUEYANG XINGCHANG PETRO－CHEMICAL CO.,LTD.
英文简称：YUEYANG XINGCHANG
2、公司法定代表人：王胜利
3、公司负责信息披露事务人员：
董事会秘书：彭东升
联系电话：(0730)8452594 8843910　　传真：(0730)8439202 8843910
E－mail:Pdsen@clpec.com.cn
授权代表：谭人杰
联系电话：(0730)8844930 8844021 8452837　　传真：(0730)8844930
E－mail:Zqbu@clpec.com.cn
联系地址：公司证券部(湖南省岳阳市金鹗中路康特大厦十楼)
4、公司注册地址：湖南省岳阳市云溪区
公司办公地址：湖南省岳阳市云溪区　　邮政编码：414012
E－mail:Zqbu@clpec.com.cn
互联网网址：http://www.0819.com.cn
5、公司选定的信息披露报纸名称：《证券时报》
登载公司年报的中国证监会指定国际互联网网址：
http://www.cninfo.com.cn
公司年度报告备置地点：公司证券部
6、公司股票上市交易所：深圳证券交易所
股票简称：岳阳兴长　　股票代码：0819

二、会计数据和业务数据摘要

1、公司本年度实现利润总额	52,452,829.30元
净利润	43,601,843.41元
扣除非经营性损益后的净利润	43,601,843.41元
主营业务利润	75,134,847.99元
其他业务利润	391,327.96元
营业利润	53,113,245.33元
投资收益	700,281.34元
补贴收入	/
营业外收支净额	－1,360,697.37元
经营活动产生的现金流量净额	64,427,145.49元
现金及现金等价物净增加额	－62,046,731.47元

注：本年度公司无"非经营性损益后的净利润"指标扣除项目。

2、主要会计数据和财务指标

项目	2000年12月31日	1999年12月31日		1998年12月31日	
		调整前	调整后	调整前	调整后
主营业务收入(元)	697,116,945.98	390,954,344.47	390,926,114.98	350,059,414.25	349,402,102.29
净利润(元)	43,601,843.41	36,724,825.39	38,852,088.53	52,994,542.51	52,303,778.76
总资产(元)	392,316,425.79	335,783,620.81	335,833,035.46	231,888,681.92	223,877,236.26
股东权益(元)(不含少数股东权益)	350,904,060.80	305,174,954.25	307,302,217.39	208,123,965.52	200,401,492.45
每股净资产(元/股)	2.125	1.848	1.861	2.001	1.927
调整后的每股净资产	2.111	1.839	1.853	1.984	1.910
每股经营活动产生的现金流量净额	0.281	0.355	0.355	0.441	0.441
报告期利润	全面摊薄每股收益(元/股)				
主营业务利润	0.455	0.358	0.357	0.708	0.702
营业利润	0.322	0.282	0.281	0.599	0.593
净利润	0.264	0.222	0.235	0.510	0.503
扣除非经常性损益后的净利润	0.264	0.222	0.235	0.510	0.503
报告期利润	加权平均每股收益(元/股)				
主营业务利润	0.455	0.372	0.370	0.708	0.702
营业利润	0.322	0.293	0.292	0.599	0.593
净利润	0.264	0.231	0.244	0.510	0.503
扣除非经常性损益后的净利润	0.264	0.231	0.244	0.510	0.503
报告期利润	全面摊薄净资产收益率(%)				
主营业务利润	21.4	19.4	19.2	35.4	36.4
营业利润	15.1	15.3	15.1	29.9	30.8
净利润	12.4	12.0	12.6	25.5	26.1
扣除非经常性损益后的净利润	12.4	12.0	12.6	25.5	26.1
报告期利润	加权平均净资产收益率(%)				
主营业务利润	21.4	24.1	23.9	35.4	36.4
营业利润	15.1	19.0	18.8	29.9	30.8
净利润	12.4	15.0	15.8	25.5	26.1
扣除非经常性损益后的净利润	12.4	15.0	15.8	25.5	26.1

注：主要财务指标按照年报准则的计算公式进行计算。

三、股本变动及股东情况

1、截止到2000年12月31日，本公司有股东20232户。
2、前10名股东持股情况

股东名称	年初持股数(股)	本年度增加(股)	年末持股数(股)	占总股本比例%
岳阳长炼兴长企业集团公司	64,160,700	0	64,160,700	38.85
巴陵石化长岭炼油化工总厂	45,450,000	0	45,450,000	27.52
长炼职工技术协会	1,282,500	0	1,282,500	0.78
长炼职工大学	1,282,500	0	1,282,500	0.78
岳阳长炼长庆贸易公司	855,000	0	855,000	0.52
陈东明			432,000	0.26
余枚子			290,000	0.18
毛回元			266,600	0.16
刘良成			259,100	0.16
董东景			211,400	0.13

金 城 造 纸 股 份 有 限 公 司

二○○○年年度报告摘选

一、公司简介

1、法定中文名称:金城造纸股份有限公司
法定英文名称:Jincheng Paper Co. ,Ltd
2、法定代表人:柏 丹
3、董事会秘书:吕 立
联系地址:辽宁省凌海市金城街金城造纸股份有限公司董事会秘书办公室
电　　话:(0416)8285084
传　　真:(0416)8282642
授权代表:王 敏
联系地址:辽宁省凌海市金城街金城造纸股份有限公司证券部
电　　话:(0416)8285051
传　　真:(0416)8282642
4、注册地址:辽宁省凌海市金城街
办公地址:辽宁省凌海市金城街金城造纸股份有限公司办公楼　　　邮政编码:121203
电子信箱:http://www.jinchengpaper.com.cn
5、公司信息披露报纸:《证券时报》、《上海证券报》
国际互联网网址:HTTP://WWW.CHINFO.COM.CN
公司年度报告备置地点:公司证券部
6、公司股票上市交易所:深圳证券交易所
股票简称:金城股份
股票代码:0820

二、会计数据和业务数据摘要

1、公司本年度主要会计数据(单位:元)

利润总额	29,425,896.62
净利润	27,440,895.81
扣除非经常性损益后的净利润	21,586,260.80
主营业务利润	75,879,501.14
其他业务利润	3,399,606.92
营业利润	30,363,831.87
投资收益	0.00
补贴收入	0.00
营业外收支净额	－937,935.25
经营活动产生的现金流量净额	305,216,955.49
现金及现金等价物净增加额	303,056,835.31

2、公司近三年主要财务指标

指标名称	2000年度	1999年(调整前)	1999年度(调整后)	1998年度(调整后)
主营业务收入(元)	444,653,835.94	507,785,155.42	507,785,155.42	495,157,524.28
净利润(元)	27,440,895.81	48,747,935.99	43,660,468.59	41,662,201.09
总资产(元)	1,116,471,141.38	852,908,936.85	850,457,239.03	808,041,926.07
股东权益(元)	495,443,548.40	461,700,020.70	455,482,231.80	411,821,763.21
未分配利润	64,657,191.18	78,711,961.73	53,355,606.63	64,578,348.92
坏帐准备	1,392,184.74	20,147,39.68	2,014,739.68	1,439,786.92
存货跌价准备	2,570,665.07	2,570,665.07	2,570,665.07	2,570,665.07
每股收益(元) 摊薄	0.13	0.2306	0.2065	0.2364
加权	0.13	0.2515	0.2253	0.2708
扣除非经常性损益后的每股收益	0.102	0.20 58	0.1829	——
每股经营活动产生的现金流量净额(元)	1.444	——	－0.0986	——
每股净资产(元)	2.343	2.184	2.154	2.3439
调整后每股净资产(元)	2.247	2.167	2.137	——
净资产收益率(%)				
摊薄	5.539	10.56	9.59	10.11
加权	5.848	11.11	10.07	13.92

3、利润表附表

财务指标	净资产收益率(%)		每股收益(元)	
	全面摊薄	加权平均	全面摊薄	加权平均
主营业务利润	15.315	16.172	0.359	0.359
营业利润	6.129	6.471	0.144	0.144
净利润	5.539	5.848	0.130	0.130
扣除非经常性损益	4.357	4.601	0.102	0.102

4、报告期内股东权益变动情况

项目	股本(股)	资本公积(元)	盈余公积(元)	法定公益金(元)	未分配利润(元)	股东权益合计(元)
期初数	211416000	138401837.10	52308788.07	8903995.70	53355606.63	455482231.80
本期增加		12520420.79	12348403.11	1372044.79	27440895.81	
本期减少					12348403.11	
期末数	211416000	150922257.89	64657191.18	10276040.49	68448099.33	495443548.40

三、股东情况介绍

1、报告期股东总数
截止2000年12月31日,公司股东总数为37631户。
2、主要股东持股情况
持有本公司5%以上股份的股东只有本公司的国有法人股股东金城造纸(集团)有限责任公司,报告期末持股数为11305.14万股。
截止2000年12月31日,公司前十名股东名单及持股情况如下:

股东名称	持股数(万股)	占总股本比例(%)
①金城造纸(集团)有限责任公司	11305.14	53.47
②中国印刷物资总公司	336	1.589
③辽宁省造纸芦苇公司	168	0.795
④中轻物产集团沈阳有限公司	92.4	0.437
⑤辽宁省羊圈子苇场	84	0.397
⑥辽宁省东郭苇场	84	0.397
⑦中国轻工物资供销(集团)总公司	84	0.397
⑧辽宁省印刷物资总公司	84	0.397
⑨兴华证券投资基金	80.4	0.380
⑩中国青年出版社	67.2	0.318

湖北京山轻工机械股份有限公司

二○○○年年度报告摘选

一、公司简介

1、公司法定名称:湖北京山轻工机械股份有限公司
英文名称:HUBEI JINGSHAN LIGHT INDUSTRY MACHINERY STOCK CO. ,LTD
英文缩写:JSQJ
2、公司法定代表人:孙友元
3、公司董事会秘书:陈昭俊
证券事务代表:谢杏平
联系地址:湖北省京山县新市镇轻机大道78号
电话:(0724)7221560　　7222220－669
传真:(0724)7221560
电子信箱:xiexp0821@sina.com
4、公司注册地址及办公地址:湖北省京山县新市镇轻机大道78号
邮政编码:431800
公司国际互联网网址:www.jingshanlim.com
电子信箱:jsadminl@jm－mail.hb.cninfo.net
5、公司选定的信息披露报纸名称:《中国证券报》和《证券时报》
登载公司年度报告的中国证监会指定国际互联网网址:http://www.cninfo.com.cn
公司年报备置地点:湖北京山轻工机械股份有限公司证券部
6、公司股票上市交易所:深圳证券交易所
股票简称:京山轻机
股票代码:0821

二、会计数据和业务数据摘要

1、公司本年度会计数据和业务数据(单位:人民币元)

利润总额	107,014,334.95
净利润	89,548,631.37
扣除非经常性损益后的净利润	81,230,636.59
主营业务利润	141,559,241.97
其他业务利润	1,309,253.30
营业利润	98,683,777.58
投资收益	12,562.59
补贴收入	5,993,663.92
营业外收支净额	2,324,330.86
经营活动产生的现金流量净额	69,565,340.95
现金及现金等价物净增加额	－36,776,047.29

说明:扣除的非经常性损益为补贴收入5,993,663.92元,营业外收支净额2,324,330.86。
2、主要财务指标(单位:人民币元)

指标	2000年	1999年调整后	1998年调整后	1998年调整前
主营业务收入	539,286,692.07	458,822,299.53	415,301,557.48	415,301,557.48
净利润	89,548,631.37	93,612,507.03	86,225,639.20	92,339,034.34
总资产	1,193,187,342.69	885,689,162.22	830,417,465.91	869,486,016.22
股东权益	801,058,724.67	773,274,359.70	689,955,897.07	728,751,933.60
每股收益	0.29	0.30	0.42	0.45
每股净资产	2.59	2.50	3.35	3.54
扣除非经常性损益后的每股收益	0.26	0.29	0.41	0.44
调整后的每股净资产	2.58	2.49	3.34	3.53
每股经营活动产生的现金流量净额	0.23	－0.06	0.36	0.36
净资产收益率(%)	11.18	12.11	12.50	12.67

3、报告期内股东权益变动情况及变化原因

项目	股本	资本公积	盈余公积	其中:公益金	未分配利润	合计
期初数	308,821,332.00	305,153,876.70	92,875,544.35	25,099,156.94	66,423,606.65	773,274,359.70
本期增加	－－－－－－－	－－－－－－－	16,438,180.63	5,502,987.36	89,548,631.37	105,986,812.00
本期减少	－－－－－－－	－－－－－－－	－－－－－－－	－－－－－－－	78,202,447.03	78,202,447.03
期末数	308,821,332.00	305,153,876.70	109,313,724.98	30,602,144.30	77,769,790.99	801,058,724.67
变动原因			本年提取盈余公积	本年提取公益金	净利润增加、提取盈余公积、公益金	

三、股本变动及股东情况

1、股本变动情况:
(1)股份变动情况表
报告期内本公司股份总数较上年末无变化,股本结构如下:
报告日期:2000年12月31日　　　数量单位:股　　　每股面值:1元

	本次变动前	本次变动增减(＋,－) 送股	公积金转股	小计	本次变动后
一、未上市流通股份					
1. 发起人股份	178,985,583				178,985,583
其中:					
国家持有股份	25,234,830				25,234,830
境内法人持有股份	153,750,753				153,750,753
境外法人持有股份					
其他					
2. 募集法人股份	8,444,250				8,444,250
3. 内部职工股	38,891,499				38,891,499
4. 优先股或其他					
其中:转配股					
未上市流通股份合计	226,321,332				226,321,332
二、已流通股份					
1. 人民币普通股	82,500,000				82,500,000
2. 境内上市的外资股					
3. 境外上市的外资股					
4. 其他					
已上市流通股份合计	82,500,000				82,500,000
三、股份总数	308,821,332				308,821,332

山东海化股份有限公司

二〇〇〇年年度报告摘选

一、公司简介

1、公司法定中文名称:山东海化股份有限公司
公司中文缩写:山东海化
公司法定英文名称:SHANDONG HAIHUA COMPANY LIMITED
公司英文缩写:SDHH
2、公司法定代表人:肖庆周
3、公司董事会秘书:吴炳顺
联系地址:山东省潍坊海洋化工高新技术产业开发区
电话:(0536)5329379 5329879
传真:(0536)5329879
电子信箱:wfzqb@wf-public.sd.cninfo.net
4、公司注册及办公地址:
山东省潍坊海洋化工高新技术产业开发区
邮政编码:262737
公司国际互联网网址:http://www.sd-haihua.com
公司电子信箱:hhgf@haihua.chem.com.cn
5、公司选定的信息披露报纸:《中国证券报》、《证券时报》
登载公司年报的国际互联网网址:http://www.cninfo.com.cn
公司年度报告备置地点:公司证券部
6、公司股票上市交易所:深圳证券交易所
股票简称:山东海化
股票代码:0822

二、会计数据和业务数据摘要

1、2000年度本公司主要会计数据如下:(单位:人民币元)

项目	2000年度
利润总额:	185,731,232.88
净利润:	155,083,602.88
扣除非经常性损益后的净利润:	124,104,220.85
主营业务利润:	309,417,292.11
其它业务利润:	3,035,634.06
营业利润:	181,047,811.62
投资收益:	3,304,431.99
营业外收支净额:	1,378,989.27
经营活动产生的现金流量净额:	445,421,876.84
现金及现金等价物净增加额:	12,333,321.77

注:非经常性损益包括:资产处置损失3,040,851.97元,新股申购冻结资金利息3,178,579.37元,所得税返还30,841,654.63元。

2、公司近三年主要会计数据和财务指标:

项 目	2000年度	1999年度	1998年度	
			调整前	调整后
主营业务收入(元)	1,168,186,978.10	974,919,318.02	1,080,337,406.85	1,080,337,406.85
净利润(元)	155,083,602.88	113,661,935.60	145,649,415.66	125,358,888.49
总资产(元)	2,312,710,409.35	2,302,004,302.34	2,095,896,697.18	2,044,730,444.81
股东权益(不含少数股东权益)(元)	1,182,857,300.29	1,124,373,697.41	1,144,905,757.35	1,094,711,761.81
每股收益(元/股)(摊薄)	0.37	0.27	0.35	0.30
(元/股)(加权)	0.37	0.27	0.39	0.33
每股净资产(元)	2.82	2.68	2.73	2.61
调整后的每股净资产(元)	2.71	2.63	2.68	2.56
净资产收益率(%)(摊薄)	13.11	10.11	12.72	11.45
(%)(加权)	13.44	10.24	17.63	16.71
扣除非经常性损益后的每股收益(元/股)	0.30	0.20	0.28	0.23
每股经营活动产生的现金流量净额(元/股)	1.06	0.13	-0.21	-0.21
扣除新股中的冻结资金利息净利润(元)	151,905,023.51	110,483,356.22	142,470,836.28	122,180,309.11
扣除新股中的冻结资金利息每股收益(元)	0.36	0.26	0.34	0.29

三、股本变动及股东情况

1、报告期末,本公司股东总数为29524户。
2、公司前十名股东持股情况:

序号	股东名称	持股数	持股比例(%)
①	山东海化集团有限公司	300000000	71.428
②	大鹏证券有限责任公司	7665968	1.825
③	张加荣	492292	0.117
④	罗琼芝	490000	0.117
⑤	王汝军	439300	0.105
⑥	张定梅	438900	0.105
⑦	张永栋	426180	0.101
⑧	李嘉	423000	0.101
⑨	罗敏之	410000	0.098
⑩	程朝建	409500	0.098

广东汕头超声电子股份有限公司

二〇〇〇年年度报告摘选

一、公司简介

公司法定中文名称:广东汕头超声电子股份有限公司
公司法定英文名称:GUANGDONG GOWORLD CO., LTD.
公司法定代表人:李大淳
董事会秘书:陈东屏
联系地址:广东省汕头市兴业路21号
电话:0754-8610992 0754-8245666-3379
传真:0754-8628027
注册地址:广东省汕头市兴业路21号
办公地址:广东省汕头市兴业路21号
邮政编码:515041
公司电子信箱:goworld@pub.shantou.gd.cn
公司国际互联网网址为:http://www.gd-goworld.com
公司选定的信息披露报纸:《中国证券报》、《证券时报》
登载公司年报的网址为:http://www.cninfo.com.cn
公司年报备置地点:公司证券部
股票上市地:深圳证券交易所
股票简称:超声电子
股票代码:0823

二、会计数据与业务数据摘要

1、本年度各项主要指标(单位:元)

	2000年度(合并)
利润总额	121,668,999.13
净利润	76,939,149.21
扣除非经常性损益后的净利润	76,076,167.70
主营业务利润	194,729,165.35
其他业务利润	274,505.23
营业利润	122,528,467.39
投资收益	-3,016,565.08
补贴收入	437,120.00
营业外收支净额	1,719,976.82
经营活动产生的现金流量净额	6,770,318.20
现金及现金等价物净增加额	167,639,545.84

注:扣减非经常性损益内容及金额
(1)申购股票冻结资金利息收入2,140,232.72元
(2)显示器产品增值税及所得税返回437,120.00元
(3)合并价差 -1,562,080.36元

2、会计数据及财务指标(合并报表)

序号	项 目	2000年度	1999年度	1998年度
①	主营业务收入(元)	625,170,976.81	481,491,344.67	400,611,570.65
②	净利润(元)	76,939,149.21	64,517,874.57	86,721,955.27
③	总资产(元)	1,404,402,147.56	992,912,704.21	898,743,708.70
④	股东权益(不含少数股东)(元)	878,079,510.39	621,305,608.41	602,685,972.39
⑤	每股收益(元/股)			
	摊薄:	0.214	0.197	0.264
	加权:	0.219	0.197	0.264
	扣除非经常性损益:	0.212	0.190	
⑥	每股净资产(元/股)	2.445	1.894	1.837
⑦	净资产收益率(%)摊薄:	8.762	10.384	14.389
⑧	调整后的每股净资产(元/股)摊薄:	2.385	1.830	1.768
⑨	每股经营活动产生的现金流量净额	0.019	0.414	

3、本年度利润表附表

报告期利润	净资产收益率(%)		每股收益	
	全面摊薄	加权平均	全面摊薄	加权平均
主营业务利润	22.177	23.160	0.542	0.554
营业利润	13.954	14.573	0.341	0.349
净利润	8.762	9.151	0.214	0.219
扣除非经常性损益后的利润	8.664	9.048	0.212	0.216

三、股东情况介绍

1、截至2000年末,公司股东总数为78337户,其中国有法人股东1户,社会公众股东78336户。

2、持有本公司5%(含5%)以上股份的股东和前十位股东持股情况。

名次	股东名称	年末持股数	占总股本%
1	汕头超声电子(集团)公司	224,000,000	62.3608
2	安顺证券投资基金	5,554,717	1.5464
3	南方证券有限公司	2,791,890	0.7773
4	泰和证券投资基金	2,081,255	0.5794
5	同益证券投资基金	874,850	0.2436
6	上海中技投资顾问有限公司	848,618	0.2363
7	安信证券投资基金	500,050	0.1392
8	北京大学教育基金会	420,010	0.1169
9	秦奋	380,000	0.1058
10	车桂娣	305,000	0.0849
	合 计	237,756,390	66.1905

山西太钢不锈钢股份有限公司

二〇〇〇年年度报告摘要

一、公司简介

(一)公司中文名称:山西太钢不锈钢股份有限公司
公司英文名称:SHANXI TAIGANG STAINLESS STEEL CO. LTD
缩写:STSS
(二)公司注册地址:山西省太原市尖草坪街2号
公司办公地址:山西省太原市尖草坪街2号
邮政编码:030003
公司电子信箱:tgbxzjb@public.ty.sx.cn
(三)公司法定代表人:刘玉堂(董事长)
(四)公司董事会秘书:张竹平
董事会证券事务代表:华春雨
联系地址:山西省太原市解放北路292号
电话:0351-3017728 0351-3017729
传真:0351-3017729
电子信箱:tgbxzjb@public.ty.sx.cn
(五)公司选定的信息披露报纸名称:《中国证券报》和《证券时报》
中国证监会指定的国际互联网网址:www.cninfo.com.cn
公司《年度报告》备置地点:公司证券部
(六)公司股票上市地:深圳证券交易所
公司股票简称:太钢不锈
公司股票代码:0825

二、主要财务数据和指标

1. 本年度实现的利润总额及相关项目(单位:元)

项 目	金 额
利润总额:	356,071,777.95
净利润	291,463,852.16
扣除非经常性损益后的净利润	272,410,570.32
主营业务利润	502,384,387.92
其他业务利润	24,967,788.63
营业利润	345,970,407.76
投资收益	14,443,740.10
补贴收入	0
营业外收支净额	-4,342,369.91
经营活动产生的现金流量净额	366,785,121.07
现金及现金等价物净增加额	144,949,475.53

※ 扣除非经常性损益是指年内向母公司收取资金占用费19,053,281.84元。

2. 主要会计数据及财务指标

指标项目	2000年度	1999年度	1998年度
主营业务收入(元)	4,936,818,680.04	3,545,171,997.99	2,391,787,023.83
净利润(元)	291,463,852.16	283,352,556.75	194,993,172.86
总资产(元)	4,742,896,816.70	4,003,730,360.45	3,580,409,811.26
股东权益(元)	2,184,957,781.07	1,983,491,419.61	1,893,538,862.86
每股收益(元/股)	0.309	0.301	0.310
每股净资产(元/股)	2.319	2.106	3.015
调整后每股净资产(元/股)	2.266	1.958	2.906
每股经营活动产生的现金流量净额(元)	0.389	0.201	-0.054
净资产收益率(%)	13.340	14.29	10.30
按月平均加权每股收益(元/股)	0.309	0.301	0.373
扣除非经常性损益后的每股收益(元/股)	0.289	0.272	0.310

3. 损益表附表:

报告期利润	净资产收益率(%)				每股收益(元/股)			
	2000年		1999年		2000年		1999年	
	全面摊薄	加权平均	全面摊薄	加权平均	全面摊薄	加权平均	全面摊薄	加权平均
主营业务利润	22.99	24.69	20.21	19.70	0.533	0.533	0.426	0.426
营业利润	15.83	17.01	15.98	15.57	0.367	0.367	0.336	0.337
净利润	13.34	14.32	14.29	13.92	0.309	0.309	0.301	0.301
扣除非经常损益后的净利润	12.47	13.39	12.92	12.59	0.289	0.289	0.272	0.272

①表列各项指标均以合并报表口径计算。

②股东权益、每股净资产及调整后每股净资产的计算均按配股后现有总股本向股东每10股派发0.88元红利的利润分配预案进行了调整。

三、股本情况介绍

1. 截止2000年12月31日,公司的股东总数为187,579户,其中国家股股东1户,其余均为流通股股东。持有本公司5%以上股份的股东,只有本公司的国家股股东太原钢铁(集团)有限公司,持有本公司国家股567,000,000股,所持股份无质押,无冻结情况。

2. 公司前10名股东持股情况:

序号	股东名称	持股数(股)	占总股本比例
1)	太原钢铁(集团)有限公司	567,000,000	60.191%
2)	计云翔	2,032,537	0.216%
3)	上海龙胜酒店	1,910,000	0.203%
4)	上海同振贸易有限公司	1,800,000	0.191%
5)	吉吾此嘿	1,717,626	0.182%
6)	陆利霞	972,000	0.103%
7)	朱书华	901,500	0.096%
8)	傅长彬	900,000	0.095%
9)	马成美	810,100	0.086%
10)	朱仁书	695,000	0.074%

公司前十名股东之间不存在关联关系。

3. 持股10%以上法人股东情况

持有公司10%以上的法人股东为太原钢铁(集团)有限公司,系代表国家持有股份,其法定代表人为刘玉堂。经营范围包括:钢铁产品及其所用原材料;耐火材料的加工、销售;建筑材料、电了产品、冶金机电设备、备品备件的制造与销售、技术服务;公路运输工程设计、施工;餐饮宾馆等服务业;产品进出口及对外经济技术合作业务。

4. 报告期内公司控股股东无变化。

四、股东大会简介

1. 公司1999年度股东大会于2000年5月16日召开。
本次股东大会决议公告刊登在2000年5月17日的《中国证券报》、《证券时报》上。
2. 公司2000年第一次临时股东大会于2000年9月1日召开。
本次股东大会决议公告刊登在2000年9月2日的《中国证券报》、《证券时报》上。

五、董事会报告

(一)公司经营情况

1. 山西太钢不锈钢股份有限公司属钢铁行业,以钢和钢材生产销售为主营业务,是全国最大的不锈钢生产厂家。

2. 公司主营业务范围及其经营状况:

(1) 母公司主营业务情况

2000年母公司共销售钢锭、钢坯、钢材684601吨,实现主营业务收入409612万元,比上年增加141947万元,增长53.03%。主营业务利润为39669万元,比上年增加6699万元,增长20.32%。全年产销基本平衡,产销率达到98.79%。主营业务收入和主营业务利润构成情况如下:

母公司主营业务收入构成情况表 单位:万元

产 品	2000年		1999年		同比增长%	
	销售收入	比例%	销售收入	比例%	销售收入	比例%
钢锭	5,685	1.39	23,543	8.8	-17,858	-75.85
钢材	402,434	98.25	243,747	91.06	158,687	65.10
其中不锈钢材	303,329	74.05	165,508	61.83	137,821	83.27
不锈钢薄板	216,450	52.84	106,413	39.76	110,037	103.41
金属制品	1,493	0.36	375	0.14	1117	298.13
合 计	409,612	100	267,665	100	141,947	53.03

母公司主营业务利润构成情况表 单位:万元

产 品	2000年		1999年		同比增长%	
	销售利润	比例%	销售利润	比例%	销售利润	比例%
钢锭	81	0.21	909	2.76	-828	-91.09
钢材	39,626	99.89	32,145	97.50	7,481	23.27
其中不锈钢材	28,971	73.03	24,226	73.14	4,745	19.59
不锈钢薄板	17,207	43.38	16,156	49.00	1,051	6.51
金属制品	-3	-0.10	-84	-0.26	46	
合 计	39669	100	32,970	100	6,699	20.32

(2)主营业务收入和利润构成情况说明

2000年主营业务各项目中钢材收入和利润分别比上年增加158,687万元和7,649万元。增幅分别达到65.10%和23.27%;其中不锈钢材收入和利润增幅分别达到83.27%和19.59%,不锈钢薄板收入和利润增幅分别达到103.41%和6.51%。2000年公司狠抓不锈钢产品的规模、品种和质量,充分发挥现有装备能力,加快技改力度,使公司的生产规模和产品质量均有大的提高。年内钢材市场虽有所好转,但国际镍价的异常波动引发不锈钢价格的较大波动,对公司的利润产生了一定的不利影响,使公司收入和利润增长未能同步。

3. 公司控股子公司的经营情况及业绩

山西新临钢钢铁有限公司是本公司的控股子公司。2000年该公司完成工业总产值58,520万元,比上年增长25.57%,产品销售收入实现111,252万元,实现利润2,786万元,产销率达到100.59%,主要经济技术指标完成了预定目标。去年底投产的3#制氧机和36m2烧结机工程,极大地改善了炼钢的供氧条件和炼铁的炉料结构,使公司的钢和铁产量均突破了70万吨的目标,取得了明显的经济效益。

4. 在经营中出现的问题与困难及解决方案

2000年,国内钢材市场虽有所好转,但不锈钢市场受多种因素的作用,产生了较大的波动。我国对原产于日本和韩国的不锈钢冷轧薄板的反倾销取得终裁胜诉,使不锈钢的市场环境得到了一定程度的改善。但是,国际镍价的异常波动以及不锈钢大量走私和进口,又使得国内不锈钢市场竞争加剧,不锈钢材价格也出现较大幅度的波动,给我们的生产经营带来了一定的困难。在这种情况下,公司仍取得了较大的经营成就,主要是采取了以下一些措施:

(1) 优化生产组织,发挥现有装备能力

炼钢厂在AOD和连铸改造完成后,逐步实现了不锈钢专业化生产,基本形成了以连铸为中心的生产方式。热轧厂始终以不锈中板为重点进行生产组织管理,基本做到了坯料与合同的匹配和品种规格与设备状况的匹配。冷轧厂继续坚持"均衡、稳定、有序"的生产组织原则,采用计划管理和动态管理相结合的方式,充分发挥了新甘辊、混线和光亮线等装备的优势。

(2) 继续抓好技术改造,促进不锈钢产能进一步增加

炼钢厂成功实施了二期改造,将2#AOD炉扩容为40t,并将连铸跨西延,精磨引进了两台美国磨床。炼钢二期改造项目的完成将使公司的不锈钢炼钢能力提前达到年产35-40万吨水平。热轧厂完成了常化炉改造任务,使热处理能力提高了60%。同时,还完成了3#加热炉改造,实施了对研磨线及1#同步机组的改造,解决了制约热轧厂生产进一步发展的几个关键问题。冷轧厂一期改造完成并达产,使不锈钢薄板产量大幅上升,同时为不锈薄板改造二期工程以及50万吨不锈钢系统改造工程进行了前期准备工作。

(3)建立和完善质量保证体系,努力提高产品实物质量

按照ISO9002标准建立并完善了质量保证体系,通过国家冶金质量认证中心进行的总体审核,证明了公司质保体系运行是有效的,于11月7日获得了国家冶金产品质量中心颁发的ISO9002质量体系认证证书。公司在推行和贯彻ISO9002质量体系的同时,积极开展各项技术质量攻关活动,使公司的产品实物质量明显提高,产品质量异议率比上年降低30%。

(4) 深入"对标挖潜",降低生产成本

对照国际水平,从实物质量、技术经济指标、装备能力等方面找差距,制订攻关目标及措施,深入开展对标挖潜工作,使公司的各项技术经济指标有了明显改进,生产成本比99年降低10558万元。

(5) 强化销售工作,提高市场占有率

公司不断强化市场信息工作,完善了信息收集和反馈系统,为公司及时提供决策依据,提高了

驾驭市场的能力。继续推行并深化推销员责任制,促进营销策略创新。全线整改票据传递的管理,改进包装和标识,提高销售过程中的服务质量,扩大了我公司不锈钢的市场占有率。

(二) 公司财务状况

项 目	2000 年	1999 年	比 1999 年度增长%
总资产(万元)	474,289.68	400,373.04	18.46
长期负债	65,148.05	58,665.89	11.05
股东权益(万元)	218,495.78	198,349.14	10.16
主营业务利润(万元)	50,238.44	40088.82	25.32
净利润(万元)	29,146.39	28,335.26	2.86

公司总资产增加 73916.64 万元,增长 18.46%,其主要原因是当年实现净利润 29146.39 万元。负债项目增加 52404.74 万元,其中:长期负债增加 6482.16 万元,流动负债增加 45922.58 万元。流动负债增加的主要原因是生产经营规模不断扩张致使应付及预收帐款增加 26264.73 万元,应付票据增加 19567 万元,短期借款增加 2167.53 万元。长期负债增加的主要原因是长期借款增加 10345.17 万元,长期应付款增加 100 万元,其他长期负债减少 3963 万元(新临钢公司)。股东权益增加 20146.64 万元,其主要原因是当年实现净利润 29146.39 万元和根据公司董事会通过的 2000 年度按配股后现有总股本向股东每 10 股派发 0.88 元红利,减少未分配利润 9470.296 万元。主营业务利润增加 10149.62 万元,增幅 25.32%,其主要原因是主营业务收入增加所致。净利润增加 811.14 万元,其主要原因是①影响净利润增加的项目有:a. 主营业务利润增加 10149.62 万元,b. 其它业务利润增加 252.66 万元,c. 所得税减少 86.08 万元;②影响净利润减少的项目有:a. 期间费用增加 7239.19 万元,b. 投资收益减少 1926.06 万元,c. 营业外收支净额减少 110.93 万元,d. 少数股东权益增加 146.71 万元,e. 存货跌价准备 254.33 万元。

(三)公司投资情况

Ⅰ.募集资金使用情况

公司 1998 年发行股票上市筹资 105600 万元,截止 2000 年 12 月 31 日,本公司募集资金项目实际完成投资 157358.21 万元,其中使用前次募集资金 103740 万元,使用银行贷款 37339.40 万元,自筹 16278.81 万元,剩余募集资金 1860 万元存于银行(将继续用于冷轧一期改造未完项目)。详见下表:(单位:万元)

2000 年股份公司投资情况表:

项目	计划	99 年报累计	2000 年发生额	2000 年报累计	前次募金结余
1. 兼并临钢组建新临钢	20000	20000	0	20000	
其中:使用募集	20000	20000	0	20000	0
2 不锈钢连铸改造	4973.2	5923.51	971.15	6894.66	
其中:使用募集	4973.2	5923.51	-950.31	4973.2	0
自筹资金			1921.46	1921.46	
3.炼钢厂氩氧炉扩容改造	4115.56	3213.91	1158.97	4372.88	
其中:使用募集	4115.56	3213.91	901.65	4115.56	0
自筹资金			257.32	257.32	
4.不锈钢中板改扩建	4992.91	2727.32	3347.88	6075.2	
其中:使用募集	1492.91		1492.91	1492.91	0
银行贷款	3500	2727.32	772.68	3500	
自筹资金			1082.29	1082.29	
5.不锈钢冷轧薄板改扩建	108857.73	80330.22	39685.25	120015.47	
其中:使用募集	75018.33	46490.82	26667.51	73158.33	1860
银行贷款	33839.4	33839.4	0	33839.4	
自筹资金			13017.74	13017.74	(垫支)
(1).一期	84931.86	80330.22	2741.64	83071.86	
其中:使用募集	51092.46	46490.82	2741.64	49232.46	1860
银行贷款	33839.4	33839.4	0	33839.4	
自筹资金			0		
(2).二期	23925.87		36943.61	36943.61	
其中:使用募集	23925.87		23925.87	23925.87	0
银行贷款			0		
自筹资金			13017.74	13017.74	(垫支)
合计	142939.4	112195	45163.25	157358.21	
其中:使用募集	105600	75628.24	28111.76	103740	1860
银行贷款	37339.4	36566.72	772.68	37339.4	
自筹资金	0	0	16278.81	16278.81	

募集资金项目的完成情况说明:

1.炼钢立式连铸机改造:该项目于 1999 年 8 月开工,1999 年年底投入试运行,2000 年 6 月份竣工交付资产。承诺投资 4973.20 万元,实际投资 6894.66 万元,不足部分用自有资金解决。超支 1921.46 万元的主要原因是①进口设备涨价 194 万元②为提高产品质量,增加投资 364 万元③为扩大连铸坯断面、增加品种,增加投资 674 万元④增加环保除尘设施及试车费用 689.46 万元。

2.AOD 炉扩容改造项目:该项目 1999 年 8 月开工,1999 年底投入试运行,计划总投资 4115.56 万元;实际投资 4372.88 万元,不足部分 257.32 万元用自有资金解决。

3.热轧年产 5 万吨不锈中板技术改造:该工程于 1999 年 4 季度正式开工,已建成投产。计划投资 4992.91 万元,其中使用募集资金 1492.91 万元,使用银行贷款 3500 万元;累计投资 6075.2 万元,其中使用募集资金 1492.91 万元,银行贷款 3500 万元,自有资金 1082.29 万元。超支 1082.29 万元的主要原因是公司增加了提高产品质量的措施。

4.冷轧不锈钢薄板改扩建项目:该项目承诺总投资 217015 万元,分两步进行,一期是对现有冷轧厂进行改造,使原有设备的生产能力平衡配套,使不锈冷轧薄板产量达到 10 万吨,二期是扩建新冷轧不锈薄板生产线,年增生产能力 6 万吨。

原冷轧厂改造项目(即一期工程)1999 年底已大部分完成。该项目初设概算 83986 万元,其中使用募集资金 50146.6 万元,使用银行贷款 33839.40 万元,截止 2000 年末,实际投资 83071.86 万元,其中使用募集资金 49232.46 万元,使用银行贷款 33839.40 万元。一期改造项目投资余额 1860 万元将继续用于改造未完项目。主要工程项目投资情况如下:

⑴ 光亮线工程:该项目于 1998 年 10 月投入试生产,1999 年 5 月份竣工交付资产,总投资 15932.14 万元,全部为募集资金。

⑵ 混线工程:该项目于 1998 年 12 月份投入试生产,1999 年 12 月份竣工交付资产,总投资 52494.84 万元,其中使用募集资金 18655.44 万元,使用银行贷款 33839.40 万元。

⑶ 中和站工程:该项目是为了解决混线上马后废酸处理的一项配套工程,总投资 1325.88 万元,全部为募集资金,2000 年 1 月份竣工投产。

⑷ 铺底流动资金:光亮线和混线工程投产后,不锈冷板生产能力扩大,本公司用募集资金补充流动资金 8578 万元。

(5)其他项目:该项目包括二十辊机板形仪和八辊轧机改造两部分,计划投资 6600 万元,截止 2000 年末累计投资 4741.35 万元,其中二十辊轧机板形仪已完成,八辊轧机改造发生引进设备订货 2741.27 万元,由于订货周期长,预计 2002 年完成。

二期工程扩建新不锈钢冷轧薄板生产线,前期准备正在抓紧进行,已开始设备订货。该项目原计划投资 136390 万元,截止 2000 年末累计发生设备预付款和前期准备费 36943.61 万元,其中使用前次募集资金 23925.87 万元,用自有资金垫付 13017.74 万元。

5.兼并临钢组建新临钢:本公司于 1998 年 10 月,按招股说明书承诺投入 20000 万元募集资金,与太钢集团临汾钢铁有限公司共同组建了山西新临钢钢铁有限公司(以下简称新临钢),本公司所投资金占其全部资本的 51%。新临钢在募集资金 20000 万元到位后,根据招股说明书承诺,进行了 3#制氧机、3#烧结机、高炉富氧喷煤和 2#小方坯连铸机四项技改工程的建设,截止 2000 年 12 月末,累计已使用募集资金 16692.51 万元。具体情况如下:

⑴ 3#制氧机项目:承诺投资 4662 万元,增建 6000m^3/h 制氧机一台,已于 1999 年 12 月建成投产,实际投资 5002 万元。

⑵ 3#烧结机项目:承诺投资 3578 万元,增建 36m^2 烧结机一台,实际投资 3523 万元,已于 1999 年 12 月建成投产。

⑶ 高炉富氧喷煤项目:承诺投资 4863 万元。该项目与高炉改造同步进行,于 2000 年 12 月份建成投产。可行性报告批准投资预算 7488 万元,累计已投资 10094.94 万元,工程超支部分 2606.94 万元用自有资金解决。

⑷2#小方坯连铸机项目:承诺投资 4973 万元,新建四机四流小方坯连铸机一台。该项目可行性报告已通过,批准预算投资 3810 万元,截止 2000 年 12 月末累计已投资 679.51 万元,预计 2001 年建成投产。

新临钢募集资金余额 3307.49 万元存于银行,将继续用于 2#小方坯连铸改造和补充流动资金。

Ⅱ.其他投资情况

报告期内本公司用非募集资金投资计划 94 项,本年投资 6481 万元,其中主要项目情况如下:

(1)炼钢 AOD 炉和连铸配套项目:AOD 炉和连铸改造完工后,为使其尽快达产达效,公司组织了专项攻关,针对 AOD 炉的上料系统、除尘系统及连铸出坯系统进行了改造,消除了安全隐患,缩短了 AOD 炉的冶炼时间,提高了连铸机的工作效率。与此同时炼钢厂成功实施了二期改造,将 2#AOD 炉扩容为 40t,并将连铸跨西延,使公司的不锈钢炼钢能力提前达到年产 35 万吨水平,为全年不锈钢任务的完成创造了条件。该工程包括 41 个小项目,本年投资 3862 万元。

(2)热轧电器控制系统改造项目:热轧厂炉卷系统、二辊辅传动系统、6#变流机组长期以来机组老化,故障多,耗能大,且存在较大的安全隐患。为此,公司先后对上述系统进行了改造,提高了工作效率,消除了安全隐患。该工程包括 13 个小项目,本年投资 437 万元。

(3)热轧 3#加热炉项目:计划投资 700.8 万元,当年已完成投资 97 万元累计投资 577.2 万元,该项目采用计算机自动控制系统,对原加热炉进行了改造,实现了用煤气代替重油,完成后可有效地节约能源消耗,提高了工作效率。

(4)热轧抛丸机及淬火机项目:该项目计划投资 1682 万元,截止 2000 年 12 月末累计投资 1367.78 万元,该项目主要为了改善不锈中板表面质量和力学性能,予计 2001 年 3 月份投产。

⑸冷轧旧二十辊 CPC 等项目:冷轧旧二十辊轧机因设备的局限性,轧机作业率较低,为此,在旧二十辊轧机上安装了一套开卷 CPC 对中系统,完善了轧机功能,减少了钢带表面擦划伤;同时围绕提高产品质量水平,在相关机组上采用了改进手段,该工程包括 19 个小项目,当年投资 592 万元,累计投资 703.62 万元。

(四)生产经营环境、宏观政策、法规变化对公司的财务状况和经营成果的影响

2000 年,国家宏观经济形势向好,冶金行业控制总量初见成效。我国对原产于日本和韩国的不锈钢冷轧薄板反倾销的终裁成功,国家打击不锈钢走私和假冒伪劣钢材的力度不断加大,使得不锈钢的市场环境得到了一定程度的改善。但是,由于国际镍价的大幅波动,同时引发不锈钢材的价格波动,两者之间严重失衡;国内不锈钢产量的快速增长,加上进口不锈钢材仍维持在较高水平,使得国内不锈钢市场的竞争十分激烈。下半年开始不锈钢市场价格出现较大幅度的下降,影响了公司利润与收入不能同比增长,也给公司的生产经营带来了一定的困难。

我国加入 WTO 即将成为现实,关税降低和非关税壁垒的取消,将导致国外不锈钢材的大量涌入,市场竞争会更加激烈。同时中国不锈钢市场将纳入波动很大的国际不锈钢市场之中,公司生产经营的难度会大大增加。另外,加入 WTO 后,由于竞争形势的严峻性被人们认识和重视,将为企业和政府运用市场的通行规则解决问题创造一定的条件。加入 WTO,不锈钢企业的原料条件可能会改善,发展资金可能更充裕,有利于企业加快技术进步,有助于国内不锈钢产业的发展。

(五)2001 年业务发展计划

1. 公司 2001 年的生产经营目标:生产钢 35.5 万吨,其中不锈钢 35 万吨,连铸坯 30 万吨;坯材总量 74.9 万吨,其中不锈钢材总量 28.9 万吨,不锈中板 7 万吨,不锈薄板 17.5 万吨,产销率达 100%,销售收入 48.52 亿元。

2. 公司 2001 年的投资计划:①使用前次募集资金余额 1859 万元,继续投入冷轧一期其他项目。②安排配股募集资金 39206 万元,用于冷轧二期工程的罩式炉、新建冷线、新建轧机、修磨机组、纵切机组、新建平整机、卷重系统、公辅设施、磨床及厂房等的设备订货和土建工程。③使用自有资金 7815 万元投资于炼钢厂 AOD 炉智能控制系统、热轧厂高效淬火机和冷轧 φ1000 磨床更新改造等 59 项技改、技措、技进项目。

3. 为确保 2001 年总体目标的实现,公司确定的生产经营指导思想是:围绕战略目标、瞄准国际水平、坚持质量兴厂、深入对标挖潜,强化管理上等级、质量攻坚上台阶、抓好技改增实力、开拓创新增效益,为确保 2001 年阶段目标,实现不锈钢发展再跨越而努力拼搏。重点措施是:

⑴ 优化生产组织管理,要按照高效、科学的原则,采用计算机管理等科学手段,对主体设备运行、物流、各工序坯料、成品的出入库实行严格的时间结点管理,以确保产能最大发挥和品种的及时投产。充分挖掘和发挥现有装备能力,处理好生产和改造的关系,确保任务完成。

⑵坚持质量兴厂,严格按 ISO9002 质量保证体系要求,实施质量控制。继续完善和改进质量控制点,以 100%执行规程、制度为基础,认真开展"三工序"活动,促进工序质量控制水平的提高。炼钢厂开展提高钢质纯净度和铸坯实物质量攻关,热轧厂开展不锈中板"零不良品率"的攻关,冷轧厂开展冷板"无擦划伤、无辊印、无硬度不合、无切边毛刺、无色泽不均"的"五无"攻关,确保不锈钢质量上台阶,向国际先进水平迈进。

⑶ 强化技改工程的组织工作,确保工程质量和工作进度。同时,要加强现有设备的基础管理,按计划抓好检修工作,推行预知维修和点检定修,开展设备故障零目标的攻关竞赛。

⑷ 强化产品和市场开发,深化推销人员责任制。抓好市场信息和服务,推行预知管理,促进营销策略创新。严格合同管理,强化产销协调,推行"按旬交货" 制度,确保产销率 100%,合同兑现率 100%。

(六)公司董事会日常工作情况

1.董事会会议召开情况及决议内容

报告年度内,公司董事会共召开二次会议:

⑴ 山西太钢不锈钢股份有限公司一届六次董事会会议于 2000 年 4 月 12 日在太原钢铁(集团)有限公司主楼一楼会议室召开。本次会议应到董事 9 人,实到董事(委托代表 1 名)9 名,符合《公司法》和《公司章程》的有关规定。会议由董事长刘玉堂先生主持,四名监事及副总经理等高级管理人员列席了会议。会议审议并通过了以下议案:

①公司 1999 年度总经理工作报告;

②公司 1999 年度董事会工作报告;

③公司计提和核销四项资产减值准备的内控制度;

④公司 1999 年四项准备计提情况的报告;

⑤公司 1999 年度财务决算报告及利润分配方案;

⑥1999 年度《年度报告》及《年度报告摘要》;

⑦续聘山西中元会计师事务所为公司 2000 年度审计机构;

⑧决定于 2000 年 5 月 16 日召开公司 1999 年度股东大会。

会议决议公告刊登于 2000 年 4 月 14 日的《中国证券报》和《证券时报》上。

⑵ 山西太钢不锈钢股份有限公司一届七次董事会会议于 2000 年 7 月 30 日上午太原钢铁(集团)有限公司主楼一楼会议室召开,本次会议应到董事 9 人,实到董事 9 人,符合《公司法》和《公司章程》的有关规定,会议由董事长刘玉堂先生主持,5 名监事及副总经理等高级管理人员列席会议。

会上首先在具有证券从业资格的律师解释和见证下,所有董事充分理解后签署了《董事声明及承诺》。

会议审议并通过了如下议案:

①公司 2000 年度中期报告及摘要;

②公司 2000 年度中期利润分配及资本公积金转增股本预案;

③公司前次募集资金使用情况说明;

④公司符合配股条件的说明;

⑤公司 2000 年度增资配股预案;

⑥公司关于 2000 年度配股募集资金投向的可行性报告;

⑦关于召开 2000 年度第一次临时股东大会的议案。

本次董事会议决议公告刊登于 2000 年 8 月 1 日的《中国证券报》和《证券时报》上。

2. 报告期内利润分配及资本公积金转增股本实施情况

山西太钢不锈钢股份有限公司 1999 年度分红派息方案经 2000 年 5 月 16 日召开的 1999 年度股东大会审议通过。

经山西中元会计师事务所审计,本公司 1999 年实现净利润 283,352,556.75 元,提取 10%法定盈余公积金 28,335,255.68 元和 5%公益金 14,167,627.83 元,加年初未分配利润 218,752,306.93 元,减 1999 年实施 1998 年利润分配方案送红股 62,800,000 元及代缴流通股红股个人所得税 5,000,000 元后,1999 年末累计可供股东分配的利润为 391,801,980.17 元。

本公司以 1999 年末股本总数 942,000,000 股为基数,向全体股东每 10 股派发现金红利 2.0 元(含税),合计分配现金 188,400,000 元,其中向控股股东—太原钢铁(集团)有限公司分配现金 113,400,000 元,向流通股股东分配现金 75,000,000 元,未分配利润余额 203,401,980.17 元结转下年。本次分红已完成,2000 年 6 月 23 日为股权登记日,2000 年 6 月 26 日为除息日。,2000 年 6 月 27 日划入股东帐户。

1999 年度未进行资本公积金转增股本。

(七)董事、监事及高级管理人员

1. 董事、监事、高级管理人员持股情况:

姓名	性别	年龄	职务	年初持股数(单位:股)	年末持股数(单位:股)	年度内股份增减变动量	股份变动原因	年末持股比例(%)
刘玉堂	男	60	董事长	15,000	15,000			0.001592
吴晓程	男	54	副董事长	7,500	7,500			0.000796
黎礼才	男	60	副董事长	7,500	7,500			0.000796
李晓波	男	37	董事	7,500	7,500			0.000796

赵增贵	男	58	董事	10,500	10,500	0.001115
洪亨裕	男	58	董事	9,000	9,000	0.000955
缪汉金	男	54	董事兼总经理	9,000	9,000	0.000955
白贵全	男	55	董事	9,000	9,000	0.000955
王维伟	女	49	董事兼总会计师	7,500	7,500	0.000796
杨海贵	男	45	监事会主席	7,500	7,500	0.000796
周宜洲	男	41	监事	7,500	7,500	0.000796
刘锡顺	男	52	监事	7,500	7,500	0.000796
梁晋华	男	52	监事	7,650	7,650	0.000812
李晋洪	男	46	监事	7,500	7,500	0.000796
张亚明	男	38	副总经理	7,500	7,500	0.000796
王克谦	男	45	副总经理	7,500	7,500	0.000796
张竹平	男	44	董事会秘书	0	0	0

2. 公司部分董事、监事、高级管理人员年度报酬总额为141901元，其中20000－25000元2人，15000－20000元6人，刘玉堂、黎礼才、吴晓程、赵增贵、李晓波、洪亨裕、杨海贵、周宜洲、刘锡顺等9人不在公司领取报酬。

3. 本届董事会任期三年(1998年6月6日—2001年6月6日)。

(八)本次利润分配及资本公积金转增股本预案：

1. 经山西天元会计师事务所(更名前为山西中元会计师事务所)审计，本公司2000年实现净利润291,463,852.16元，提取10%法定盈余公积金29,146,385.21元和5%公益金14,573,192.61元，加年初未分配利润203,401,980.17元，2000年可供股东分配的利润为451,146,254.51元。

本公司拟以2000年末总股本94200万股为基数，每10股分配现金红利1.00元(含税)，合计分配红利94,200,000元。由于2001年2月6日已实施了2000年配股方案，实际派发红利以配股实施后的股本总数1,076,170,000股为基数，向全体股东每10股派发现金红利0.88元(含税)，合计分配现金94,702,960元，其中向控股股东——太原钢铁(集团)有限公司分配现金51,802,960元，向流通股股东分配现金42,900,000元，未分配利润余额356,443,294.51元结转下年。

2000年度不进行资本公积金转增股本。

本分配预案将提交2000年度股东大会审议通过后实施。

2. 预计2001年利润分配政策：①根据中国证监会的有关规定及公司经营情况预测，董事会拟在2001年度财务决算后分配利润1次；②公司2001年度实现净利润用于股利分配的比例为20%－40%；③公司2000年度未分配利润不再进行分配；④公司可采用派发现金或送红股的形式，现金红利不低于50%；⑤具体分配办法董事会将按届时实际情况确定。

(九)信息披露报刊名称及变更情况

公司选定的信息披露报刊为《中国证券报》和《证券时报》，年度内未变更。

六、监事会报告

(一)监事会召开情况

报告期内，监事会共召开二次会议：

1. 山西太钢不锈钢股份有限公司一届监事会第四次会议于2000年4月12日上午在太原钢铁(集团)有限公司一楼会议室举行，应到监事五名，实到监事四名，符合《公司法》和《公司章程》规定。会议由监事会主席杨海贵先生主持并审议了1999年度监事会工作报告和一届董事会第六次会议通过的议案。

本次监事会决议公告刊登在2000年4月14日的《中国证券报》和《证券时报》上。

2. 山西太钢不锈钢股份有限公司一届监事会第五次会议于2000年7月30日上午在太原钢铁(集团)有限公司一楼会议室召开。会议由监事会主席杨海贵先生主持，五名监事全体参加会议。会议审议了一届董事会第七次会议通过的议案。

本次监事会决议公告刊登在2000年8月1日的《中国证券报》和《证券时报》上。

(二)监事会独立意见

报告期内，监事会根据《公司法》、《证券法》和公司《章程》对公司董事和经理层人员依法进行全程监督，列席了全部董事会议。

1. 依法对公司运行情况进行监督。2000年度公司董事会严格按照股东大会的各项决议要求，确实履行了各项决议，其决策程序符合《公司法》、《证券法》和《公司章程》及国家法律、法规的有关规定。公司本着审慎经营、有效防范化解资产损失风险的原则制定的公司内部各项控制制度和《计提和核销四项资产减值准备的内控制度》，符合国家有关规定和公司实际情况。

2. 报告期内未发现公司存在非法经营活动，未发现公司董事及高级管理人员在执行公务时违反法律、法规和公司章程或损害公司利益的行为。

3. 报告期内，公司与集团公司及各关联方的关联交易遵守"公平、公正、合理"的市场原则，没有发现在经营上存在关联交易不公平和损害公司利益的情况。

4. 山西天元会计师事务所(更名前为山西中元会计师事务所)为本公司出具了2000年度中期审计报告和年度审计报告。该报告真实反映了公司的财务状况和实际经营成果。

5. 本公司前次募集资金全部用于《招股说明书》承诺的项目，使用合理，部分募集资金项目调整改造内容均按规定程序进行了报批和披露。投入的技改项目，全部是发展不锈钢主业，既保证了公司不锈钢总体发展目标的实现，又符合国家产业政策，符合《证券法》和中国证监会对上市公司募集资金使用的要求。已完成的募集资金项目成为本公司新的效益增长点，增强本公司的发展后劲，从而为公司走上良性可持续发展道路奠定了基础。

6. 经股东大会审议通过，并经中国证监会太原特派员办事处初审和中国证监会复审批准，公司于2000年12月23日正式公告实施配股。配股募集资金全部用于不锈钢冷轧薄板扩建工程，符合国家产业政策，将进一步提高企业核心竞争力。

七、重要事项

(一)本年度公司无重大诉讼、仲裁事项。

(二)本年度公司、公司董事会及高级管理人员未受监管部门的任何处罚。

(三)本年度公司控股股东无变更，公司董事未进行换届改选，也无半数以上成员变动情况。公司其他高级管理人员无变动。

(四)本年度公司无收购或出售资产、吸收合并事项。

(五)重大关联交易事项

Ⅰ.关联方关系

1、存在控制关系的关联方

企业名称	注册地址	主营业务	与本企业关系	经济性质	法定代表人
太原钢铁(集团)有限公司	太原市尖草坪2号	生产加工销售生铁、钢坯、钢材	母公司	国有独资	刘玉堂

2、存在控制关系的关联方注册资本及其变化

企业名称	年初数	本年增加数	本年减少数	期末数
太原钢铁(集团)有限公司	3,000,000,000	－	－	3,000,000,000

3、存在控制关系的关联方所持股份或权益及其变化

企业名称	年初持股比例	本年增加数	本年减少数	期末持股比例
太原钢铁(集团)有限公司	60.19%	－	－	60.19%

Ⅱ.关联方交易事项

1、关联交易主要有以下几项：

(1)股份公司从太钢购入能源介质、重型废钢、钢坯，并委托太钢加工钢坯；

(2)股份公司、新临钢向太钢销售钢锭、中卷板钢材；

(3)股份公司向太钢的子公司销售部分产品；

(4)新临钢从太钢集团临汾钢铁有限公司购入能源介质、原料及材料、设备、备件及大型工具、精矿料和冶金焦、无烟煤等；

(5)新临钢向太钢集团临汾钢铁有限公司销售生铁、钢锭、钢坯及工业气体等。

以上各项交易的价格：购入能源介质、废钢、钢坯，销售各种产品以市场价为准；委托加工按成本加合理利润确定；子弟学校经费、土地租赁费、铁路运费按协议价执行。

2、不存在控制关系的关联方

企业名称	与本企业的关系
上海太钢经贸中心	同属于一个母公司
北京太钢经贸中心	同属于一个母公司
太原钢铁(集团)东北经贸中心	同属于一个母公司
太原钢铁(集团)公司太原经贸中心	同属于一个母公司
太原钢铁(集团)公司珠海经贸公司	同属于一个母公司
太原钢铁(集团)公司中南经贸中心	同属于一个母公司
太原钢铁(集团)西安达城经贸部	同属于一个母公司
广州太钢销售公司	同属于一个母公司
深圳市晋园不锈钢有限公司	同属于一个母公司
成都(太钢)销售有限公司	同属于一个母公司
太钢集团临汾钢铁有限公司	同属于一个母公司
太钢(集团)国际贸易公司	同属于一个母公司
福州福原经济技术联合公司	同属于一个母公司
青岛太钢销售有限公司	同属于一个母公司
太原钢铁(集团)不锈钢管制品有限公司	同属于一个母公司
太原钢铁(集团)有限公司民用建设开发公司	同属于一个母公司
山西太原钢铁公司新兴产业公司	同属于一个母公司
太原钢铁(集团)建设有限公司	同属于一个母公司
山西太钢修建有限责任公司	同属于一个母公司
山西太钢东山水泥厂	同属于一个母公司
太原钢铁(集团)比欧西气体有限公司	同属于一个母公司
太原钢铁(集团)原料贸易有限公司	同属于一个母公司
太原钢铁(集团)金属回收加工贸易有限公司	同属于一个母公司
太钢(集团)福利总厂	同属于一个母公司

3、购进货物

企业名称	项目	2000年度金额	1999年度金额
太原钢铁(集团)有限公司	购入能源介质	238,038,084.86	174,081,402.76
太原钢铁(集团)有限公司	重型废钢	558,223,207.21	248,867,469.29
太钢集团临汾钢铁有限公司	原料	366,825,113.73	311,225,011.80
太原钢铁(集团)有限公司	钢坯	434,549,975.00	312,650,368.40

4、销售货物

企业名称	项目	2000年度金额	1999度金额
太原钢铁(集团)有限公司	钢锭	56,851,522.00	235,426,822.00
太原钢铁(集团)有限公司	中卷板	180,873,491.55	109,198,833.52
太原钢铁(集团)有限公司	废次材	218,744,366.55	190,408,446.11
上海太钢经贸中心	钢材	72,139,027.07	25,154,927.78
北京太钢经贸中心	钢材	34,402,852.26	5,146,212.26
太原钢铁(集团)东北经贸中心	钢材	－	43,863,121.73
太原钢铁(集团)公司太原经贸中心	钢材	－	11,710,981.56
太原钢铁(集团)公司珠海经贸公司	钢材	－	19,131,237.26
太原钢铁(集团)公司中南经贸中心	钢材	35,826,407.94	13,549,493.54
太原钢铁(集团)西安达城经贸部	钢材	20,714,511.14	14,435,247.24
广州太钢销售公司	钢材	188,155,544.01	125,431,093.44
深圳市晋园不锈钢有限公司	钢材	88,745,924.88	36,607,341.75
成都(太钢)销售有限公司	钢材	130,707,118.42	48,584,353.55
太钢集团临汾钢铁有限公司	钢材、氧气、工业性劳务	191,018,484.38	143,503,995.65
太原钢铁(集团)不锈钢管制品有限公司	钢材	－	1,883,133.14

5、其他交易事项

(1)企业名称	交易事项	2000年度金额	1999年度金额
太原钢铁(集团)有限公司	委托加工	102,058,217.45	44,094,780.23
	土地使用权租赁费	512,292.00	512,292.00
	铁路运费	2,395,287.94	4,599,577.35

(2)股份公司本期收太钢委托贷款利息10,951,180.00元；

(3)太钢为股份公司贷款提供担保，担保的贷款金额为709,000,000.00元；

(4)新临钢向太钢集团销售原材料板坯531,842,224.30元；

(5)2000年元月1日股份公司与太钢签定收取资金占用费协议，太钢占用股份公司资金从2000年元月1日起收取资金占用费全年共计19,053,281.84元；

(6)股份公司从2000年1月到12月向太钢支付职工住房维修费5,667,000.00元；

(7)股份公司从2000年1月到12月向太钢支付幼托費皇通勤费340,020.00元；

(8)股份公司向太钢支付子弟学校经费1,216,000元，新临钢向太钢集团临汾钢铁有限公司支付技工学校经费141,367.05元，子弟学校经费853,457.83元；

(9)股份公司与太钢(集团)国际贸易公司签订协议，由太钢(集团)国际贸易公司代理工程所需进口设备，截止2000年12月31日预付代购设备款402,000,000.00元。

(六)公司与控股股东太原(钢铁)集团有限公司在人员、资产、财务上已经"三分开"。

1. 人员独立情况：本公司董事长刘玉堂先生兼任控股股东太原钢铁(集团)有限公司董事长；总经理、副总经理等高级管理人员均在公司领取薪酬，均未在股东单位担任职务。劳动、人事、工资管理独立。

2. 资产完整情况：本公司资产完整。生产系统和配套设施及专有技术等资产已全部进入上市公司。辅助生产系统由太原钢铁(集团)有限公司提供，按关联贸易购入(已在关联贸易中披露)；本公司产、供、销系统独立；控股股东与本公司无同业竞争。占用土地系向太原钢铁(集团)有限公司租用。

3. 财务分开方面：公司财务独立，有独立财务部门，建立独立的财务核算体系，有规范独立的财会制度，在银行独立开户，无与控股公司共用一个银行帐户的情况，独立依法纳税。

(七)本年度公司继续聘任山西省中元会计师事务所(现更名为山西天元会计师事务所)为会计审计中介机构。

(八)其它重大合同(含担保)及其履行情况。

报告期内公司无其它重大合同(含担保)，公司对外担保事项遵循《关于上市公司为他人提供担保有关问题的通知》(证监会公司字[2000]61号文)的规定执行，公司在报告期内未发生担保事项。

(九)报告期内公司未更改公司名称及股票简称。

(十)报告期内公司会计政策未发生变化。

八、财务会计报告

(一)审计报告

(2001)天元股审字第008号

山西太钢不锈钢股份有限公司全体股东：

我们接受委托，审计了贵公司2000年12月31日的资产负债表和合并资产负债表、2000年度利润及利润分配表和合并利润及利润分配表以及现金流量表合并现金流量表。这些会计报表由贵公司负责，我们的责任是对这些会计报表发表审计意见。我们的审计是依据《中国注册会计师独立审计准则》和有关法规进行的。在审计过程中，我们结合贵公司实际情况，实施了包括抽查会计记录等我们认为必要的审计程序。

我们认为，上述会计报表符合《企业会计准则》和《股份有限公司会计制度》的有关规定，在所有重大方面公允地反映了贵公司2000年12月31日的财务状况和2000年度的经营成果及现金流量情况，会计处理方法的选用遵循了一贯性原则。

山西天元会计师事务所(有限公司)　　中国注册会计师：宋晓伟

中国·太原

二〇〇一年三月十三日　　中国注册会计师：韩瑞红

(二)财务报表(附后)

九、公司的其他有关资料

1. 公司首次注册登记日期为：1998年6月11日

公司最近一次变更注册登记日期为:1999 年 6 月 18 日
登记地点为:太原市尖草坪街 2 号
2. 公司企业法人营业执照注册号码为:1400001006339
3. 公司税务登记号码为 14010370101188
4. 公司未流通股票的托管机构:深圳证券登记有限公司
5. 公司报告期内证券主承销商:中国银河证券有限责任公司
6. 公司聘请的会计师事务所为:山西中元会计师事务所
(更名后为山西天元会计师事务所)
办公地点为:太原市迎泽大街 345 号
E-mail:zgrcpa@publicy.sx.cn

十、备查文件目录

公司备查文件包括:

1. 载有法定代替人、财务负责人、会计经办人员签名并盖章的会计报表。
2. 载有会计师事务所盖章、注册会计师签名并盖章的审计报告正本。
3. 报告期内在中国证监会指定报纸上公开披露过的所有公司文件的正本及公告原稿。

公司保证上述备查文件在中国证监会、证券交易所要求提供时和股东依法规或公司章程要求查阅时,及时提供。

山西太钢不锈钢股份有限公司
董事会
二〇〇一年三月十五日

利润及利润分配表(母公司)

编制单位:山西太钢不锈钢股份有限公司　　单位:人民币元

项　目	2000 年度	1999 年度
一、主营业务收入	4096120990.18	2676655111.30
减:主营业务成本	3696741442.50	2342256263.24
主营业务税金及附加	2687383.90	4694124.08
二、主营业务利润	396692163.78	329704723.98
加:其他业务利润	20192093.78	19327026.74
减:存货跌价损失	3115567.92	572287.77
减:营业费用	5657929.00	7016453.86
管理费用	36061191.40	30627741.60
财务费用	54092713.39	16451956.58
三、营业利润	317956855.85	294363310.91
加:投资收益	23389421.97	39360229.47
营业外收入	251326.95	
减:营业外支出	3883955.12	1775369.62
四、利润总额	337713649.65	331948170.76
减:所得税	46249797.49	48595614.01
五、净利润	291463852.16	283352556.75
加:年初未分配利润	203401980.17	218752306.93
六、可供分配的利润	494865832.33	502104863.68
减:提取法定盈余公积	29146385.21	28335255.68
提取法定公益金	14573192.61	14167627.83
七、可供股东分配的利润	451146254.51	459601980.17
减:应付普通股股利	94702960.00	193400000.00
转作股本的普通股股利		62800000.00
八、未分配利润	356443294.51	203401980.17

资产负债表(母公司)

编制单位:山西太钢不锈钢股份有限公司　　单位:人民币元

项　目	附注	1999.12.31	2000.12.31
流动资产:			
货币资金		341717662.54	449987593.60
短期投资		460000000.00	
应收票据		22658946.00	42372618.23
应收利息		1679165.00	
应收帐款		198954446.04	147670362.44
其他应收款		125654602.64	69041868.43
减:坏帐准备		4420296.36	3096621.90
应收款项净额		320188752.32	213615608.97
预付帐款		99475043.71	241120683.42
存货		591356504.38	1123160406.47
减:存货跌价准备		572287.77	3687855.69
存货净额		590784216.61	1119472550.78
待摊费用		12021439.98	
流动资产合计		1848525226.16	2066569055.00
长期投资:	9		
长期股权投资		209810020.35	224019930.74
固定资产:			
固定资产原值		2235107254.49	2421767558.32
减:累计折旧		1011823603.14	1108731175.86
固定资产净值		1223283651.35	1313036382.46
在建工程		162168531.41	478109613.41
工程物资			292260.19
固定资产合计		1385452182.76	1791438256.06
无形资产及其他资产:			
长期待摊费用		1470960.74	637205.56
无形资产及其他资产合计		1470960.74	637205.56
资产总计		3445258390.01	4082664447.36
项　目	附注	1999.12.31	2000.12.31
流动负债:			
短期借款		123000000.00	123000000.00
应付票据			201500000.00
应付帐款		9856681.65	212232964.89
预收帐款		102797768.37	165259823.43
应付福利费		7248182.81	6745506.03
应付股利		188400000.00	86122960.00
应交税金		11157731.37	59495948.53
其他应交款		17261.49	428289.79
其他应付款		41312599.71	46976828.62
一年内到期长期负债		457675800.00	417691729.00
流动负债合计		941466025.40	1319454050.29
长期负债:			
长期借款		501865300.00	559816971.00
长期应付款		17833845.00	17833845.00
长期负债合计		519699145.00	577650816.00
负债合计		1461165170.40	1897104866.29
股东权益:			
股本		942000000.00	942000000.00
资本公积		757585008.00	762290477.30
盈余公积		81106231.44	124825809.26
其中:公益金		27035410.47	41608603.08
未分配利润		203401980.17	356443294.51
股东权益合计		1984093219.61	2185559581.07
负债及股东权益合计		3445258390.01	4082664447.36

合并利润及利润分配表

编制单位:山西太钢不锈钢股份有限公司　　单位:人民币元

项　目	附注	2000 年度	1999 年度
一、主营业务收入	29	4936818680.04	3545171997.99
减:主营业务成本		4425593295.50	3135644723.93
主营业务税金及附加		8840996.62	8639102.50
二、主营业务利润		502384387.92	400888171.56
加:其他业务利润	31	24967788.63	22441223.71
减:存货跌价损失		3115567.92	572287.77
减:营业费用		10534172.56	16622389.07
管理费用		105946467.84	66598773.91
财务费用	30	61785560.47	22653112.03
三、营业利润		345970407.76	316882832.49
加:投资收益	32	14443740.10	33704369.30
营业外收入	33	1889485.05	449746.94
减:营业外支出	34	6231854.96	3682816.36
四、利润总额		356071777.95	347354132.37
减:所得税	35	55476207.88	56337004.33
少数股东损益		9131717.91	7664571.29
五、净利润		291463852.16	283352556.75
加:年初未分配利润		201509217.12	218056155.52
六、可供分配的利润		492973069.28	501408712.27
减:提取法定盈余公积		30096829.30	29132996.77
提取法定公益金		15048414.67	14566498.38
七、可供股东分配的利润		447827825.31	457709217.12
减:应付普通股股利		94702960.00	193400000.00
转作股本的普通股股利			62800000.00
八、未分配利润		353124865.31	201509217.12

合并资产负债表

编制单位:山西太钢不锈钢股份有限公司　　单位:人民币元

项　目	附注	1999.12.31	2000.12.31
流动资产:			
货币资金	1	370331519.64	515280995.17
短期投资	2	480000000.00	
应收票据	4	142877146.00	53702618.23
应收利息		1679165.00	
应收帐款	3	270463248.30	217454965.35
其他应收款	6	198982676.95	119769971.45
减:坏帐准备		5453930.11	3889574.77
应收款项净额		463991995.14	333335362.03
预付帐款	5	113499508.39	255097987.95
存货	7	728792797.10	1343668675.95
减:存货跌价准备		572287.77	3687855.69
存货净额		728220509.33	1339980820.26
待摊费用	8	12021439.98	
待处理流动资产净损失			
其他流动资产			
流动资产合计		2312621283.48	2497397783.64
长期投资:			
长期股权投资			
固定资产:	10		
固定资产原值		2613568181.72	2895187431.16
减:累计折旧		1203956527.90	1335085812.18
固定资产净值		1409611653.82	1560101618.98
在建工程	11	259866108.78	623752262.34
工程物资	12	20160353.63	60880006.78
固定资产合计		1689638116.23	2244733888.10
无形资产及其他资产:			
长期待摊费用	13	1470960.74	765144.96
无形资产及其他资产合计		1470960.74	765144.96
资产总计		4003730360.45	4742896816.70
项　目	附注	1999.12.31	2000.12.31
流动负债:			
短期借款	14	144000000.00	165675320.00
应付票据	15	6830000.00	202500000.00
应付帐款	16	149094631.50	348837120.61
预收帐款	17	115529759.55	178434570.01
应付工资		15830473.26	15830473.26
应付福利费		21468620.20	28606010.25
应付股利	18	188400000.00	86122960.00
应交税金	19	10555110.49	58235068.27
其他应交款		5219700.33	7118283.85
其他应付款	20	111344775.97	176161164.59
预提费用			
一年内到期的长期负债	21	464303043.75	424280909.00
其他流动负债			
流动负债合计		1232576115.05	1691801879.84
长期负债:			
长期借款	22	529195007.11	632646678.11
长期应付款	23	17833845.00	18833845.00
其他长期负债	24	39630000.00	
长期负债合计		586658852.11	651480523.11
负债合计		1819234967.16	2343282402.95
少数股东权益		201003973.68	214656632.68
股东权益:			
股本	25	942000000.00	942000000.00
资本公积	26	757585008.00	762290477.30
盈余公积	27	82397194.49	127542438.46
其中:公益金		27465731.49	42514146.16
未分配利润	28	201509217.12	353124865.31
股东权益合计		1983491419.61	2184957781.07
负债及股东权益合计		4003730360.45	4742896816.70

现金流量表(母公司)

2000 年度

编制单位:山西太钢不锈钢股份有限公司　　金额单位:人民币元

项　目	金　额
一、经营活动产生的现金流量:	
销售商品、提供劳务收到的现金	5194370429.03
收到除增值税以外其他税费的返还	66034000.00
收到的其他与经营活动有关的现金	38566541.12
现金流入小计	5298970970.15
购买商品、接受劳务支付的现金	4746723771.47
经营租赁所支付的现金	1326000.00
支付给职工以及为职工支付的现金	86646445.85
实际交纳的增值税款	470386.33
支付的所得税款	92766223.51
支付的除增值税、所得税以外的其他税费	7522067.04
支付的其他与经营活动有关的现金	31243252.19
现金流出小计	4966698146.39
经营活动产生的现金流量净额	332272823.76
二、投资活动产生的现金流量:	
收回投资所收到的现金	506141585.00
取得债券利息收入	4290005.53
处置固定资产、无形资产和其他长期资产收到的现金净额	1552400.00
收到的其他与投资活动有关的现金	21253113.97
现金流入小计	533237104.50
购建固定资产、无形资产和其他长期资产所支付的现金	512761100.97
现金流出小计	512761100.97
投资活动产生的现金流量净额	20476003.53
三、筹资活动产生的现金流量	
借款所收到的现金	639000000.00
收到的其他与筹资活动有关的现金	
现金流入小计	639000000.00
偿还债务所支付的现金	621000000.00
发生筹资费用所支付的现金	29274.10
分配股利和利润所支付的现金	188400000.00
偿付利息所支付的现金	74048716.83
支付的其他与筹资活动有关的现金	905.30
现金流出小计	883478896.23
筹资活动产生的现金流量净额	-244478896.23
四、现金及现金等价物净增加额	108269931.06
补充资料	金　额
1、不涉及现金收支的投资和筹资活动:	
以固定资产偿还债务	
以投资偿还债务	
以固定资产进行长期投资	
以存货偿还债务	
融资租赁固定资产	
2、将净利润调节为经营活动的现金流量:	
净利润	291463852.16
加:计提的坏账准备或转销的坏账	-1323674.46
计提的存货跌价准备	3115567.92
固定资产折旧	107940002.91
待摊费用摊销	12021439.98
处置固定资产、无形资产、其他长期资产的损失	3556343.93
财务费用	76118543.03
投资损失(减收益)	-23389421.97
存货的减少(减增加)	-531740553.38
经营性应收项目的减少(减增加)	-92685726.13
经营性应付项目的增加(减减少)	487196449.77
经营活动的现金流量净额	332272823.76
3、现金及现金等价物净增加情况	
现金的期末余额	449987593.60
减:现金的期初余额	341717662.54
加:现金等价物的期末余额	
减:现金等价物的期初余额	
现金及现金等价物净增加额	108269931.06

合并现金流量表

2000 年度

编制单位:山西太钢不锈钢股份有限公司　　金额单位:人民币元

项　目	金　额
一、经营活动产生的现金流量:	
销售商品、提供劳务收到的现金	5916159267.98
收取的租金	303438.49
收到的除增值税以外其他税费返还	68778468.03
收到的其他与经营活动有关的现金	41353684.07
现金流入小计	6026594858.57
购买商品、接受劳务支付的现金	5290017763.46
经营租赁所支付的现金	1326000.00
支付给职工以及为职工支付的现金	145713281.97
实际交纳的增值税款	62648918.71
支付的所得税款	94092873.36
支付除增值税、所得税以外的其他税费	13691658.04
支付的其他与经营活动有关的现金	52319241.96
现金流出小计	5659809737.50
经营活动产生的现金流量净额	366785121.07
二、投资活动产生的现金流量	
收回投资所收到的现金	546141585.00
取得债券利息收入所收到的现金	4290005.53
处置固定资产、无形资产和其他长期资产而收到的现金净额	1564702.10
收到的其他与投资活动有关的现金	21217123.19
现金流入小计	573213415.82
购建固定资产、无形资产和其他长期资产所支付的现金	607293673.97
现金流出小计	607293673.97
投资活动产生的现金流量净额	-34080258.15
三、筹资活动产生的现金流量	
借款所收到的现金	760783440.00
收到的其他与筹资活动有关的现金	1000000.00
现金流入小计	761783440.00
偿还债务所支付的现金	683350000.00
发生筹资费用所支付的现金	29274.10
分配股利和利润所支付的现金	188400000.00
偿付利息所支付的现金	77750527.99
支付的其他与筹资活动有关的现金	9025.30
现金流出小计	949538827.39
筹资活动产生的现金流量净额	-187755387.39
四、现金及现金等价物净增加额	144949475.53
项　目	金　额
1、不涉及现金收支的投资和筹资活动:	
以固定资产偿还债务	
以投资偿还债务	
以固定资产进行长期投资	
以存货偿还债务	38903324.44
融资租赁固定资产	
2、将净利润调节为经营活动的现金流量:	
净利润	291463852.16
加:少数股东损益	9131717.91
计提的坏账准备或转销的坏账	-1564355.34
计提的存货跌价准备	3115567.92
固定资产折旧	142555635.66
待摊费用摊销	12021439.98
处置固定资产、无形资产、其他长期资产的损失	3556343.93
处置固定资产报废损失	317570.16
财务费用	79983502.85
投资损失(减收益)	-14443740.10
存货的减少(减增加)	-614812530.14
经营性应收项目的减少(减增加)	-37310741.35
经营性应付项目的增加(减减少)	492770857.43
经营活动的现金流量净额	366785121.07
3、现金及现金等价物净增加情况	
现金的期末余额	515280995.17
减:现金的期初余额	370331519.64
加:现金等价物的期末余额	
减:现金等价物的期初余额	
现金及现金等价物净增加额	144949475.53

国投原宜实业股份有限公司

二○○○年年度报告摘选

一、公司简介

公司中文名称：国投原宜实业股份有限公司
公司英文名称：SDIC YUANYI INDUSTRY CO.，LTD
公司英文名称缩写：SDICYY
公司法定代表人：覃其贵
公司董事会秘书：徐海田
电　　　话：0717—6234470
传　　　真：0717—6233167
公司注册地址：湖北省宜昌市沿江大道114号
公司办公地址：湖北省宜昌市沿江大道114号
邮政编码：443000
公司互联网址：http：//www.gtyy.com
公司电子信箱：Sdicgtyy@public.yc.hb.cn
公司指定信息披露报纸：《中国证券报》《证券时报》
登载公司年度报告的指定网址：http：//www.cninfo.com.cn
年度报告备置地点：公司投资发展部
公司股票上市交易所：深圳证券交易所
股票简称：国投原宜
股票代码：0826

二、会计数据和业务数据摘要

1、本年度会计数据摘要

项 目	金额(元)
(1)利润总额	－41,735,294.32
(2)净利润	－38,945,130.30
(3)主营业务利润	21,264,773.90
(4)其他业务利润	1,584,844.60
(5)营业利润	－40,177,763.01
(6)投资收益	—
(7)补贴收入	2,327,210.74
(8)营业外收支净额	3,884,742.05
(9)经营活动产生的现金流量净额	－17,633,778.27
(10)现金及现金等价物净增加额	－37,589,955.45
(11)扣除非经常性损益后的净利润	－41,159,196.26

注：扣除的非经常性损益项目及金额为：

项目	金额(元)
综合电价补贴	2,214,065.96
合 计	2,214,065.96

2、公司前三年主要会计数据及财务指标

项 目	2000.12.31	1999.12.31		1998.12.31	
		调整后	调整前	调整后	调整前
主营业务收入(元)	194,080,857.35	354,076,593.07	354,076,593.07	405,226,286.57	405,226,286.57
净利润(元)	－38,945,130.30	30,123,579.92	50,118,043.63	16,419,036.90	50,095,127.74
总资产(元)	751,915,698.16	745,163,978.29	805,968,173.63	732,467,303.03	770,412,658.48
股东权益(不含少数股东权益)	397,396,241.09	438,085,291.51	491,755,846.06	404,628,378.26	438,304,469.10
加权平均每股收益(按净利润)	－0.221	0.17	0.312	0.12	0.375
每股净资产(元/股)	2.19	2.41	2.71	2.90	3.14
调整后的每股净资产(元/股)	2.17	2.38	2.68	2.87	3.11
每股经营活动产生的的现金流量净额(元/股)	－0.097	0.42	0.42	0.47	0.47
加权平均净资产收益率(%、按净利润计算)	－9.8	6.88	10.71	4.07	12.43
扣除非经常性损益后的加权平均净资产收益率(%)	－10	－1	3.64	3.04	11.39

3、利润表附表

报告期利润	净资产收益率(%)		每股收益(元)	
	全面摊薄	加权平均	全面摊薄	加权平均
主营业务利润	5.35	5.35	0.12	0.12
营业利润	－10.11	－10.11	－0.22	－0.22
净利润	－9.8	－9.8	－0.22	－0.22
扣除非经常性损益后的净利润	－10	－10	－0.23	－0.23

三、股本变动及股东情况

1、股本变动情况

(1)股份变动情况表　　　　单位：万股

	期初数	本次变动增减(＋，－) 配股	送股	公积金转股	其他	小计	期末数
一.尚未流通股份							
1.发起人股份	11649.3						11649.3
其中：							
国家拥有股份	3849.3						3849.3
境内法人持有股份	7800						7800
外资法人持有股份							
其他							
2.募集法人股							
3.内部职工股	1950						1950
4.优先股或其他							
尚未流通股份合计	13599.3						13599.3
二.已流通股份							
1.境内上市的人民币普通股	4550						4550
2.境内上市的外资股							
3.境外上市的外资股							
4.其他							
已流通股份合计	4550						4550
三.股份总数	18149.3						18149.3

大连龙泉股份有限公司

二○○○年年度报告摘选

一、公司简介

1.公司法定中文名称：大连龙泉股份有限公司
公司法定英文名称：DALIAN LONGQUAN CO.，LTD.
公司法定代表人：王光明
2.公司董事会秘书：乔少辉
联系地址：大连市中山区同兴街67号邮电万科大厦21层
联系电话：0411－2654998转8555
传　　真：0411－2817598
电子信箱：longquan@pub.dl.lnpta.net.cn
授权代表：姜正民
联系地址：大连市中山区同兴街67号邮电万科大厦21层
联系电话：0411－2654998转8002
传　　真：0411－2817598
电子信箱：longquan@pub.dl.lnpta.net.cn
3.公司注册地址：大连市瓦房店市长兴岛镇
公司办公地址：大连市中山区同兴街67号邮电万科大厦21层
邮政编码：116001
电子信箱：longquan@pub.dl.lnpta.net.cn
4.信息披露报纸：《中国证券报》
登载年度报告的中国证监会指定的国际互联网网址：http：//www.cninfo.com.cn
公司年度报告备置地点：大龙泉证券部
5.公司股票上市地点：深圳证券交易所
股票简称：大龙泉
股票代码：0827

二、会计数据和业务数据摘要

1.本年度实现的主要利润指标

利润总额(元)：	17,260,499.07
净利润(元)：	13,472,591.91
扣除非经常性损益后的净利润(元)：	11,702,466.91
主营业务利润(元)：	45,035,059.31
其他业务利润(元)：	166,052.88
营业利润(元)：	13,953,488.76
投资收益(元)：	1,495,087.28
补贴收入(元)：	1,770,125.00
营业外收支净额(元)：	41,798.03
经营活动产生的现金流量净额(元)：	62,010,031.59
现金及现金等价物净增加额(元)：	21,635,302.79

2.主要会计数据和财务指标

项 目	2000年	1999年	1998年	
			调整前	调整后
主营业务收入(元)	115,981,347.27	72,550,891.90	94,715,779.59	94,715,779.59
净利润(元)	13,472,591.91	15,735,875.30	22,891,686.85	19,183,224.45
总资产(元)	369,544,620.61	290,220,358.07	261,050,672.68	254,609,880.68
股东权益(元)	163,099,036.59	149,626,444.68	139,904,363.32	133,890,569.38
每股收益(元)	0.225	0.262	0.458	0.384
每股净资产(元)	2.718	2.494	2.798	2.678
调整后的每股净资产(元)	2.537	2.333	2.621	2.518
每股经营活动产生的现金流量净额(元)	1.034	－0.308	－0.582	
净资产收益率	8.26%	10.52%	16.36%	14.33%

按照中国证监会《公开发行证券公司信息披露编报规则》(第9号)要求计算2000年度的加权净资产收益率和加权每股收益。

	报告期利润	净资产收益率(%)		每股收益(元)	
		全面摊薄	加权平均	全面摊薄	加权平均
主营业务利润	45,035,059.31	27.61	28.80	0.75	0.75
营业利润	13,953,488.76	8.56	8.90	0.23	0.23
净利润	13,472,591.91	8.26	8.62	0.22	0.22
扣除非经常性损益后的净利润	11,702,466.91	7.18	7.50	0.20	0.20

三、股东情况介绍

1.截止2000年12月31日，本公司股东共5,184名。

2.本公司前十名股东持股情况

股 东 姓 名	年初持股数量(股)	年末持股数量(股)	质押或冻结情况
大连市长兴岛经济开发区开发建设有限公司	17,280,000	17,444,000	为本公司贷款提供质押
大连长兴食品技术开发有限公司	12,108,000	12,108,000	为本公司贷款提供质押
大鹏证券有限责任公司	3,000,000	2,580,000	无
深圳市英特泰投资有限公司	2,220,000	2,220,000	无
天津市中昊科技开发咨询有限公司	1,200,000	1,200,000	无
沈阳新思科自动化有限公司	0	420,000	无
辽宁石化自动化工程有限公司	300,000	300,000	无
鞍山市广益实业发展总公司	276,000	276,000	无
鞍山市腾鳌特区东联实业有限公司	276,000	276,000	无
肖兰	0	246,800	无

广东福地科技股份有限公司

二〇〇〇年年度报告摘选

一、公司简介

1、公司的法定中文名称:广东福地科技股份有限公司
英文名称:GUANGDONG FORTUNE SCIENCE & TECHNOLOGY CO., LTD.
公司名称缩写:广东福地 GDFORTUNE
2、法定代表人:詹宗庆
3、董事会秘书:刘国真
联系地址:广东省东莞市篁村科技工业园科技路39号
电话:0769-2402236
传真:0769-2402525
电子信箱:gdfddm@pub.dgnet.gd.cn
4、公司注册和办公地址:广东省东莞市篁村科技工业园科技路39号
邮政编码:523077
公司网址:http://www.gdfortune.com
电子信箱:gdfd@pub.dgnet.gd.cn
5、公司信息披露报纸名称:《证券时报》
中国证监会指定的年报登载网址:http://www.cninfo.com.cn
公司年度报告备置地点:广东省东莞市篁村科技工业园科技路39号本公司总部董事会秘书室
6、股票上市地:深圳证券交易所
股票简称:福地科技
股票代码:0828

二、会计数据和业务数据摘要

1、公司本年度实现利润情况　　单位:人民币元

项 目	金 额
利润总额	207,916,170.51
净利润	185,413,380.20
非经常性损益合计	28,164,865.37
扣除非经营性损益后的净利润	157,248,514.83
主营业务利润	468,561,382.55
其他业务利润	19,271,836.28
营业利润	179,751,305.14
投资收益	33,314,141.47
补贴收入	7,460,960.00
营业外收支净额	-12,610,236.10
经营活动产生的现金流量净额	-349,111,753.77
现金及现金等价物增加额	-178,701,185.03

2、公司近三年主要会计数据和财务指标　　单位:人民币元

项目	2000年	1999年	1998年调整前	1998年调整后
主营业务收入	2,908,375,033.19	3,167,845,624.57	2,308,666,383	2,308,666,383
净利润	185,413,380.20	471,610,313.70	116,979,085	84,981,499
总资产	4,520,534,488.03	4,225,769,292.59	3,184,832,287	3,152,834,701
股东权益	2,932,654,650.87	2,784,900,977.03	2,371,524,840	2,339,527,254
每股收益(摊薄)	0.1592	0.486	0.121	0.088
每股收益(加权平均)	0.1819	0.486	0.127	0.092
扣除非经营性损益后的每股收益(摊薄)	0.135	0.493	0.120	0.087
扣除非经营性损益后的每股收益(加权平均)	0.1543	0.493	0.126	0.091
每股净资产	2.453	2.869	2.443	2.410
调整后的每股净资产	2.427	2.8258		
每股经营活动产生的现金净流量	-0.2997	0.9009		
净资产收益率%(全面摊薄)	6.49%	16.935%	4.933%	3.583%
净资产收益率%(加权平均)	6.838%	18.088%		
扣除非经常性损益后的加权净资产收益率	5.8%	18.335%		

3、利润数据

报告期利润	净资产收益率		每股收益(元)	
	全面摊薄	加权平均	全面摊薄	加权平均
主营业务利润	16.4%	17.28%	0.402	0.46
营业利润	6.29%	6.63%	0.154	0.176
净利润	6.49%	6.84%	0.159	0.182
扣除非经常性损益后的净利润	5.50%	5.80%	0.135	0.1543

注:以上数据是按照中国证监会《公开发行证券公司信息披露编报规则(第9号)》要求计算的。

三、股本情况介绍

1、本报告期末股东总数为40033户。
2、主要股东持股情况(前十名)

序号	股东名称	拥有股数(股)	占总股本(%)	是否上市流通	持股类别
1	广东福地科技总公司	598,977,600	51.43	否	国有法人股
2	福民发展有限公司	291,170,880	25.00	否	外资法人股
3	东莞市财信发展有限公司	21,947,520	1.88	否	国有法人股
4	东莞市经济贸易总公司	3,271,680	0.28	否	国有法人股
5	东莞市君科网络投资有限公司	2,058,400	0.18	是	
6	东莞银川能源实业有限公司	1,635,840	0.14	否	国有法人股
7	周春芳	1,234,320	0.11	是	
8	陈武	1,049,680	0.09	是	
9	普丰证券投资基金	972,652	0.08	是	
10	李铁山	970,000	0.08	是	

江西赣南果业股份有限公司

二〇〇〇年年度报告摘选

一、公司简介

1、公司法定中文名称:江西赣南果业股份有限公司
公司法定英文名称:JiangXi GanNan Fruit Co., Ltd
公司英文名称(缩写):GNF
2、公司法定代表人:熊文祥
3、公司董事会秘书:郭惠浒
董事会秘书授权人:朱闽羽中
电话:0797-8117002、8117151
传真:0797-8117152
联系地址:江西省赣州市红旗大道20号奥林神大厦
电子信箱:gzghh@public1.gzptt.jx.cn
4、公司注册地址:江西省赣州市红旗大道20号
公司办公地址:江西赣州市红旗大道20号奥林神大厦
邮政编码:341000
电子信箱:gzghh@public1.gzptt.jx.cn
5、公司选定信息披露报纸:《证券时报》
刊登公司年度报告的中国证监会指定国际互联网址:http://www.cninfo.com.cn
公司年度报告备置地点:公司董事会秘书办公室
6、公司股票上市交易所:深圳证券交易所
股票简称:赣南果业
股票代码:0829

二、会计数据和业务数据摘要

1、本年度利润情况

序号 项目	单位:元
(1) 利润总额:	15,485,663.42
(2) 净利润:	7,861,430.14
(3) 扣除非经常性损益后的净利润	-510.48
(4) 主营业务利润:	24,365,421.13
(5) 其他业务利润:	4,314,069.93
(6) 营业利润 :	6,341,099.65
(7) 投资收益:	457,451.01
(8) 补贴收入:	7,808,400.00
(9) 营业外收支净额:	878,712.76
(10)经营活动产生的现金流量净额:	13,899,431.40
(11)现金及现金等价物净增加额:	21,816,321.83
注:扣除的非经常性损益项目	涉及金额
托管收入	-825,172.14
补贴收入	7,808,400.00
营业外收入	7,083,148.34
营业外支出	-6,204,435.58

2、公司近三年主要会计数据和财务指标(合并报表)　　单位:元

序号 项目	2000年	1999年		1998年	
		调整后	调整前	调整后	调整前
(1) 主营业务收入	120,386,531.00	153,316,006.61	153,316,006.61	196,411,094.38	196,467,421.12
(2) 净利润	7,861,430.14	15,719,601.30	18,511,562.62	27,695,105.04	29,217,665.76
(3) 总资产	431,498,203.45	415,680,592.29	418,471,575.74	338,427,083.27	334,367,254.72
(4) 股东权益	323,764,633.05	256,522,737.36	259,354,322.84	244,936,618.09	240,842,760.22
(5) 每股收益(元/股)	0.05	0,21	0.247	0.369	0.39
(6) 每股净资产	2.056	3.42	3.458	3.211	3.266
(7) 调整后的每股净资产	1.935	3.32	3.359	3.130	3.20
(8) 每股经营活动产生的现金流量净额	0.088		0.078		-0.051
(9) 净资产收益率(%)	2.43	6.13	7.138	11.499	11.93
(10)按月平均加权每股收益(元/股)	0.051	0.21	0.247	0.369	0.39
(11)加权平均净资产收益率(%)	2.54	—	—	—	—
(12)扣除非经常性损益后的每股收益	0.00	0.079	0.114		

附:利润表附表

报告期利润	净资产收益率(%)				每股收益(元)			
	全面摊薄		加权平均		全面摊薄		加权平均	
	2000	1999	2000	1999	2000	1999	2000	1999
主营业务利润	7.53	10.88	7.88	10.88	0.15	0.37	0.16	0.37
营业利润	1.96	4.31	2.05	4.31	0.04	0.15	0.04	0.15
净利润	2.43	6.13	2.54	6.13	0.049	0.21	0.051	0.21
扣除非经常性损益后的净利润	0.00	2.32	0.00	2.32	0.00	0.08	0.00	0.08

三、股东情况介绍

1、报告期末股东总数:截至2000年12月29日,本公司共有股东26641户(其中公司职工股股东共10户,均为公司董事、监事、高级管理人员)。
2、主要股东持股情况
1. 年度末前十名股东持股情况:

名次	股东名称	年末持股数	占总股本%
1	赣州市国资局(国家股)	46,522,250	29.54
2	章贡区国资局(国家股)	19,947,023	12.66
3	寻乌县国资局(国家股)	11,510,386	7.31
4	安远县国资局(国家股)	9,324,003	5.92
5	信丰县国资局(国家股)	8,150,880	5.18
6	方凯燕	1,132,404	0.72
7	李正元	1,120,900	0.71
8	刘发展	648,100	0.41
9	林依凤	572,727	0.36
10	邬孝斌	544,090	0.35

前十名股东之间不存在关联关系。

山东鲁西化工股份有限公司

二〇〇〇年年度报告摘选

一、公司简介

1、公司的法定中文名称:山东鲁西化工股份有限公司
公司中文缩写:鲁西化工
公司的法定英文名称:Shandong, Luxi Chemical Co. ,Ltd
公司英文缩写:SDLXHG
2、公司法定代表人:赵永堂
3、公司董事会秘书:梁和军
授权代表:王景斌
联系地址:山东省聊城市鲁化路 68 号
电　　话:0635-8324227-5066
传　　真:0635-8324227-5080
董秘电子信箱:Lxhg@lc-public. sd. cninfo. net
4、公司注册及办公地址:山东省聊城市鲁化路 68 号
邮　　编:252000
公司国际互连网网址:Http://www. luxiChemical. com
公司电子信箱:lclxhg@public. lcptt. sd. cn
5、选定的信息披露报纸:中国证券报、证券时报
中国证监会指定国际互联网网址:Http://www. cninfo. com. cn
公司年度报告备置地点:公司证券办公室
6、公司股票上市地:深圳证券交易所
股票简称:鲁西化工
股票代码:0830

二、会计数据和业务数据摘要

1、公司本年利润及构成(单位:元)

项 目	2000 年度
利润总额	67,040,587.47
净利润	55,531,670.49
扣除非经常性损益后的净利润	57,810,963.35
主营业务利润	128,872,638.61
其他业务利润	-204,828.28
营业利润	69,319,880.33
投资收益	-
补贴收入	-
营业外收支净额	2,279,292.86
经营活动产生的现金流量净额	86,999,676.77
现金及现金等价物净增加额	125,216,456.86

2、公司前三年主要会计数据和财务指标(单位:元)

项 目	2000 年	1999 年		1998 年	
		调整后	调整前	调整后	调整前
主营业务收入	959,126,151	850,486,587	850,486,587	537,348,019	537,348,019
净利润	55531670	81,664,754	90,285,385	73,341,899	80,032,788
总资产	1,872,243,757	1,424,510,389	1,433,737,007	1,097,025,127	1,106,382,037
股东权益项	910,258,123	671,478,870	680,462,835	590,177,449	599,534,359
每股收益	0.223	0.408	0.451	0.367	0.400
每股收益(加权)	0.234	0.408	0.451	0.419	0.457
扣除非经常性损益后的每股收益(元)	0.232	0.428	0.432	0.346	0.376
每股净资产	3.65	3.36	3.40	2.95	2.99
调整后的每股净资产	3.64	3.36	3.40	2.94	2.99
每股经营活动产生的现金流量净额(元)	0.35	0.99	0.99	0.70	0.70
净资产收益率	6.10	12.16	13.27	12.43	13.35
净资产收益率(加权)	7.19	12.94	14.11	17.85	18.27
扣除非经常性损益后的加权净资产收益率	7.75	12.21	13.49	15.20	16.56

3、按照中国证监会《公开发行证券公司信息披露编报规则(第 9 号)》要求计算的利润数据:
利润表附表:

报告期利润	金额	净资产收益率		每股收益	
		全面摊满	加权平均	全面摊薄	加权平均
主营业务利润	128,872,638.61	14.16	16.49	0.517	0.543
营业利润	69,319,880.33	7.62	9.22	0.278	0.292
净利润	55,531,670.49	6.10	7.19	0.222	0.234
扣除非经常性损益后的净利润	57,810,963.35	6.35	7.75	0.232	0.244

4、报告期内股东权益变动情况(单位:元)

项 目	股本	资本公积	盈余公积	其中:法定公益金	未分配利润
欺初数	200,000,000	351,633,064.86	24,041,827.74	12,020,913.87	95,803,977.98
本期增加	49,115,350	167,347,581.82	11,118,696.10	5,559,348.05	44,412,974.39
本期减少	0	33,215,350.00	0	0	0
期末数	249,115,350	485,765,296.68	35,160,523.84	17,580,261.92	140,216,952.37

三、股东情况介绍

1、股本变动情况
(1)报告期末股东总数 40542 户。
(2)报告期末公司前 10 名股东的持股情况

序号	股 东 名 称	持股数量	持股比例
①	山东聊城鲁西化工集团总公司	174115361	69.89%
②	华夏证券有限公司	704561	0.282%
③	梁锦国	376569	0.151%
④	蒋丽华	375111	0.15%
⑤	山东中实电力科技总公司	230769	0.093%
⑥	鲁桂泉	227944	0.092%
⑦	易洁琼	146192	0.059%
⑧	苏仕义	134417	0.054%
⑨	周宏兵	132698	0.053%
⑩	普丰证券投资基金	130266	0.052%

山西关铝股份有限公司

二〇〇〇年年度报告摘选

一、公司简介

1. 公司的法定中、英文名称及缩写
中文名称:山西关铝股份有限公司
英文名称:SHANXI GUANLU CO. ,LTD
英文缩写:SXGL
2. 公司法定代表人:许复活
3. 公司董事会秘书:郑启家
联系地址:山西省运城市解州镇新建路 36 号
电　　话:0359—2825474、2825490
传　　真:0359—2800974
E-mail:sxglgf@163. net
4. 公司注册地址:山西省运城市解州镇新建路 36 号
公司办公地址:山西省运城市解州镇新建路 36 号
邮 政 编 码:044001
5. 公司选定的信息披露报纸名称:《证券时报》
公司年度报告中国证监会指定国际互联网网址:
http://www. cninfo. com. cn
公司年度报告备置地点:公司证券部
6. 公司股票上市交易所:深圳证券交易所
股票简称:关铝股份
股票代码:0831

二、会计数据和业务数据摘要

1. 公司本年度利润指标情况(单位:元)

利润总额:	69,568,332.36
净 利 润:	62,709,101.49
扣除非经常性损益后的净利润:	62,350,013.72
主营业务利润:	108,397,848.38
其他业务利润:	1,479,423.00
营业利润:	69,209,244.59
投资收益:	/
补贴收入:	1,073,524.92
营业外收支净额:	-714,437.15
经营活动产生的现金流量净额:	-179,304,433.51
现金及现金等价物净增加额:	62,294,201.84

注:扣除非经常性损益项目和涉及的金额:
(1) 营业外收支净额:-714,437.15 元
(2) 扣除补贴收入:1,073,524.92 元

2. 公司前三年的主要会计数据和财务指标:

项 目	单位	2000 年	1999 年	1998 年
主营业务收入	元	693,972,147.20	519,389,927.37	433,173,358.41
净利润	元	62,709,101.49	62,567,531.28	45,091,198.96
总资产	元	1,639,100,499.32	964,533,058.10	735,386,052.17
股东权益	元	811,674,668.98	585,410,693.03	522,843,161.74
每股收益	元/股	0.259	0.291	0.210
每股收益(加权)	元/股	0.28	0.291	0.255
每股净资产	元/股	3.35	2.723	2.432
调整后每股净资产	元/股	3.34	2.718	2.420
每股经营活动产生的现金流量净额	元/股	-0.74	0.541	0.005
净资产收益率	%	7.726	10.69	8.624
加权净资产收益率	%	9.23	11.29	13.70
扣除非经常损益后的加权净资产收益率	%	9.18	11.25	12.39

根据中国证监会《公开发行证券公司信息披露编报规则(第 9 号)》要求计算的利润数据如下:

报告期利润	净资产收益率		每股收益	
	全面摊薄(%)	加权平均(%)	全 面摊薄(元)	加权平均(元)
主营业务利润	13.35	15.96	0.45	0.48
营业利润	8.53	10.19	0.29	0.31
净利润	7.73	9.23	0.26	0.28
扣除非经常损益后的净利润	7.68	9.18	0.26	0.28

3. 报告期内股东权益变动情况

项目	股本	资本公积	盈余公积	法定公益金	未分配利润	股东权益合计
期初数	215,000,000	254,421,531.00	10,714,441.61	5,357,220.80	99,917,499.62	585,410,693.03
本期增加	27,000,000	160,754,874.46	6,270,910.15	3,135,455.07	53,302,736.27	250,463,975.95
本期减少					24,200,000.00	24,200,000.00
期 末 数	242,000,000	415,176,405.46	16,985,351.76	8,492,675.87	129,020,235.89	811,674,668.98

变动原因:(1)总股本变动原因是由于本年度实施配股所致;
(2)股东权益变动原因是由于配股及本年利润形成所致。

三、股东情况介绍

1、截止 2000 年 12 月 31 日,公司股东总数为 49479 户。
2、前十名股东持股情况

股 东 名 称	年末持股数(股)	占总股本比例(%)
1).山西省运城地区解州铝厂	121,360,000	50.15
2).山西省经济建设投资公司	12,400,000	5.12
3).山西省经贸资产经营有限责任公司	9,200,000	3.80
4).泰和证券投资基金	2,604,039	1.08
5).山西运城制版集团股份有限公司	770,000	0.32
6).山西省临猗化工总厂	770,000	0.32
7).哈尔滨市驰骋经贸有限责任公司	424,757	0.176
8).唐彩霞	420,000	0.174
9).古飞龙	400,000	0.165
10).沈丽萍	302,500	0.125

黑龙江龙涤股份有限公司

二〇〇〇年年度报告摘选

一、公司简介

1、公司法定中文名称:黑龙江龙涤股份有限公司

公司法定英文名称:HEILONGJIANG LONGDI CO. LTD.

2、公司法定代表人:赵瑞民

3、董事会秘书:刘克奇

证券事务联系人:宋士龙　　李春光

联系电话:0451－3717068

传　　真:0451－3717473

4、公司注册及办公地址:黑龙江省阿城市和平街

邮政编码:150316

公司网址:http://www. Longdi－group. Com. Cn

电子信箱:S630211 @public. hr. hl. cn

5、公司选定的信息披露报刊为《证券时报》

6、登载公司年度报告的中国证监会国际互联网网址:http://www. Cninfo. Com. cn

7、年报备置地点:公司证券办

8、股票上市地:深圳证券交易所

股票简称:龙涤股份

股票代码:0832

二、会计数据和业务数据摘要

1、本年度主要会计数据(合并数)

利润总额	133,889,142.39
净利润	100,809,732.51
扣除非经常性损益后的净利润	100,780,890.31
主营业务利润	166,110,874.77
其他业务利润	982,800.48
营业利润	133,855,210.39
投资收益	0
补贴收入	0
营业外收支净额	33,932.00
经营活动产生的现金流量净额	107,211,266.20
现金及现金等价物净增加额	146,785,589.86

2、截至报告期末公司前三年主要会计数据和财务指标(单位:人民币元)

项目	2000年	1999年	1998年	
			调整后	调整前
1、主营业务收入	1,170,335,246.51	870,945,244.61	781,493,820.60	781,493,820.60
2、净利润	100,809,732.51	95,402,545.20	83,085,491.39	85,115,417.75
3、总资产	1,498,354,894.86	1,133,118,249.47	1,161,932,006.04	1,162,859,361.94
4、股东权益	1,240,241,422.41	907,757,268.76	812,354,723.56	812,789,847.79
5、每股收益(全面摊薄)	0.286	0.30	0.366	0.375
6、每股收益(加权平均)	0.314	0.36	0.42	0.432
7、每股净资产	3.52	2.86	3.58	3.58
8、调整后每股净资产	3.51	2.82	3.50	3.50
9、每股经营活动产生的现金流量净额	0.315	0.65	－0.24	－0.24
10、净资产收益率(全面摊薄)	8.13%	10.51%	10.23%	10.47%
11、净资产收益率(加权平均)	10.31%	10.51%	13.27%	13.84%
12、扣除非经常性损益后的每股收益(全面摊薄)	0.2863	0.30	0.334	0.343
13、扣除非经常性损益后	10.31 %	10.51%	12.12%	12.67%

按照中国证监会《公开发行证券公司信息披露编报规则(第9号)》要求计算的利润表附表:

报告期利润	净资产收益率(%)		每股收益(元)	
	全面摊薄	加权平均	全面摊薄	加权平均
主营业务利润	13.39	16.99	0.4718	0.5180
营业利润	10.79	13.69	0.3802	0.4174
净利润	8.13	10.31	0.2863	0.3143
扣除非经营性损益后净利润	8.13	10.31	0.2863	0.3143

三、股本变动及股东情况

1、股本变动情况　　数量单位:万股

	本次变动前	本次变动增减(＋－)					本次变动后
		配股	送股	公积金转股	其他	小计	
一、未上市流通股份							
1、发起人股份							
其中:国家持有股份	8,334.732	181.2853					8,516.0173
境内法人持有股份	1,176.28						1,176.28
境外法人持有股份							
其他							
2. 募集法人股份	7,148.68	6					7,154.68
3. 内部职工股	6,720	1,440					8,160
4. 优先股或其他							
其中:转配股							
未上市流通股份合计	23,379.692	1627.2853					25,006.9773
二、已上市流通股份							
1.人民币普通股	8,400	1,800					10,200
2.境内上市的外资股							
3.境外上市的外资股							
4.其他							
已上市流通股份合计	8,400	1,800					10,200
三、股份总数	31,779.692	3,427.2853					35,206.9773

北京隆源实业股份有限公司

二〇〇〇年年度报告摘选

一、公司简介

一、公司法定中文名称:北京隆源实业股份有限公司

公司法定英文名称:Beijing Longyuan Industrial Stock Co. , Ltd

二、公司法定代表人:郭鹰

三、公司董事会秘书:丁继刚

联系地址:北京东城区菊儿胡同甲33号菊园宾馆B座113室

电话:010－64046959

传真:010－84017838

电子信箱:dingjigang@263. net

四、公司注册地址:北京市海淀区中关村南大街36号湖北大厦1701室

公司办公地址:北京东城区菊儿胡同甲33号菊园宾馆B座一层

邮编:100009

公司电子信箱:bjlysy@public. bta. net. cn

五、公司信息披露指定报纸:《中国证券报》、《证券时报》

登载公司年度报告的中国证监会指定国际互联网网址:

http://www. cninfo. com. cn

公司年度报告备置地点:本公司董事会秘书办公室

六、公司股票上市交易所:深圳证券交易所

股票简称:隆源实业

股票代码:0835

二、会计数据和业务数据摘要

一、本年度主要利润指标(单位:人民币元)

利润总额	26,341,834.03
净利润	15,540,651.63
主营业务利润	120,246,334.39
其他业务利润	647,995.76
营业利润	24,088,490.14
投资收益	2,110,250.15
补贴收入	630,000.00
营业外收支净额	486, 906.26
经营活动产生的现金流量净额	34,674,060.18
现金及现金等价物净增加额	43,829,214.61

二、截至报告期末公司前三年的主要会计数据和财务指标　　单位:人民币元

项 目	2000年度	1999年度	1998年度	
			调整前	调整后
主营业务收入	235832839.02	157280600.23	103426988.28	103426988.28
净利润	15540651.63	14814537.93	13920297.69	13630067.86
总资产	368185103.72	264605556.44	256384079.25	255333294.63
股东权益	152150152.45	141110000.82	127960457.19	126595462.90
每股收益	0.29	0.27	0.26	0.25
每股收益(按月加权平均)	0.29	0.27	0.32	0.30
每股收益(扣除非经常性损益后)	0.29	0.27	0.26	0.25
每股净资产	2.82	2.61	2.37	2.34
调整后的每股净资产	2.56	2.39	2.18	2.16
每股经营活动产生的现金流量净额	0.64	0.023	0.083	0.083
净资产收益率(%)	10.21	10.50	10.88	10.77
净资产收益率(加权)(%)	10.44	10.50	10.88	10.77

三、利润分配表附表:

报告期利润	净资产收益率		每股收益	
	全面摊薄	加权平均	全面摊薄	加权平均
主营业务利润	79.03%	80.77%	2.23	2.23
营业利润	15.83%	16.18%	0.45	0.45
净利润	10.21%	10.44%	0.29	0.29
扣除非经常性损益后的净利润	10.21%	10.44%	0.29	0.29

三、股本变动及股东情况介绍

一、股本变动情况　　单位:万股

	期初数	本年变动增减(＋,－)						期末数
		配股	送股	公积金转股	增发	其他	小计	
一.未上市流通股份								
1.发起人股份								
其中:								
国家持有股份	1929.42							1929.42
境内法人持有股份	388.8							388.8
境外法人持有股份	1731.78							1731.78
其他								
2.募集法人股份								
3.内部职工股								
其中:高管股	45.5					－21.5		24
4.优先股或其他								
其中:转配股								
未上市流通股份合计	4095.5					－21.5		4074
二.已上市流通股份								
1.人民币普通股	1304.5					＋21.5		1326
2.境内上市的外资股								
3.境外上市的外资股								
4.其他								
已上市流通股份合计	1304.5					＋21.5		1326
三.股份总数	5400							5400

广西贵糖(集团)股份有限公司

二○○○年年度报告摘要

一、公司简介

1、公司法定中文名称:广西贵糖(集团)股份有限公司

公司法定英文名称:GUANGXI GUITANG (GROUP) CO., LTD

2、公司法定代表人:杨和荣先生

3、公司董事会秘书:李贵高先生

联系地址:广西贵港市广西贵糖(集团)股份有限公司

电话:0775- 4262888

传真:0775- 4260088

4、公司注册地址:广西贵港市幸福路100号

公司办公地址:广西贵糖(集团)股份有限公司办公大楼

邮政编码:537102

公司国际互联网网址:http://www.Guitang.com

电子信箱:gtgfgs@ppp.nn.gx.cn或securities@Guitang.com

5、公司选定的信息披露报纸名称:《证券时报》

登载公司年度报告的中国证监会指定国际互联网

网址:http://www.cninfo.com.cn

公司年度报告备置地点:本公司证券部和深圳证券交易所

6、公司股票上市交易所:深圳证券交易所

股票简称:贵糖股份

股票代码:0833

二、会计数据和业务数据摘要

1、本年度利润总额及其构成(单位:元)

项目	金额
利润总额:	58,083,135.18
净利润:	38,018,895.22
扣除非经常性损益后的净利润:	37,624,713.22
主营业务利润:	134,006,611.63
其他业务利润:	416,767.46
营业利润:	57,688,953.18
投资收益:	-450,000.00
补贴收入:	0.00
营业外收支净额:	844,182.00
经营活动产生的现金流量净额:	212,288,264.35
现金及现金等价物净增加额:	132,839,058.95

注:扣除非经常性损益涉及的项目及金额:394,182.00元

项目	金额
(1)营业外收入	1,674,541.31元
其中:处理固定资产净收益	1,625,135.51元
罚款收入	56,605.80元
无法支付的应付款	-7,200.00元
(2)营业外支出	830,359.31元
其中:处理固定资产净损失	773,409.31元
违约金、罚款支出	6,950.00元
捐赠支出	50,000.00元
(3)投资收益	-450,000.00元

2、截止本报告期末,公司前三年主要会计数据和财务指标:

项目	年度				
	2000年度	1999年度		1998年度	
		调整前	调整后	调整前	调整后
主营业务收入(元)	647,170,730.81	593,127,371.82	593,127,371.82	468,629,203.46	468,629,203.46
净利润(元)	38,018,895.22	2,685,721.39	2,234,350.29	50,537,229.42	49,890,604.37
总资产(元)	1,171,805,707.85	1,069,716,191.44	1,069,758,308.78	1,033,298,960.55	1,033,298,960.55
股东权益(不含少数股东权益)(元)	620,484,333.14	573,580,595.01	568,685,437.92	570,894,873.62	567,117,655.52
每股收益(元/股)(摊薄)	0.15	0.0106	0.0088	0.20	0.20
每股收益(元/股)(加权)	0.15	0.0106	0.0088	0.25	0.25
扣除非经常性损益后的每股收益(元/股)	0.15	0.0076	0.0059	0.18	0.17
每股净资产(元/股)	2.46	2.27	2.25	2.26	2.24
调整后的每股净资产(元/股)	2.33	2.20	2.19	2.18	2.16
每股经营活动产生的现金流量净额(元/股)	0.84	-0.36	-0.36	0.31	0.31
净资产收益率(%)(摊薄)	6.13	0.47	0.39	8.85	8.80
净资产收益率(%)(加权)	6.47	0.48	0.40	13.74	13.76
扣除非经常性损益后的净资产收益率(%)(加权)	6.40	0.35	0.27	12.07	12.06

按中国证监会《公开发行证券公司信息披露编报规则(第9号)》要求计算2000年报告期利润的净资产收益率和每股收益如下:

报告期利润	金额(元)	净资产收益率(%)		每股收益(元/股)	
		全面摊薄	加权平均	全面摊薄	加权平均
主营业务利润	134,006,611.63	21.60	22.80	0.53	0.53
营业利润	57,688,953.18	9.30	9.82	0.23	0.23
净利润	38,018,895.22	6.13	6.47	0.15	0.15
扣除非经常性损益后的净利润	37,624,713.22	6.06	6.40	0.15	0.15

注:主要财务指标计算方法:

每股收益=净利润/年度末普通股股份总数

每股净资产=年度末股东权益/年度末普通股股份总数

调整后的每股净资产=(年度末股东权益-三年以上的应收款项净额-待摊费用-待处理(流动、固定)资产净损失-开办费-长期待摊费用-住房周转金负数余额)/年度末普通股股份总数

每股经营活动产生的现金流量净额=经营活动产生的现金流量净额/年度末普通股股份总数

净资产收益率=净利润/年度末股东权益×100%

全面摊薄净资产收益率和每股收益的计算公式如下:

全面摊薄净资产收益率=报告期利润/期末净资产

全面摊薄每股收益=报告期利润/期末股份总数

加权平均净资产收益率和每股收益的计算公式如下:

加权平均净资产收益率=报告期利润/{期初净资产+报告期净利润/2+[报告期新增净资产(发行新股或债转股)×新增净资产下一月份起至报告期期末的月份数]/报告期月份数-[报告期减少净资产(回购或现金分红)×减少净资产下一月份起至报告期期末的月份数]/报告期月份数}

加权平均每股收益=报告期利润/[期初股份总数+报告期因公积金转增股本或股票股利分配等增加股份数+报告期因发行新股或债转股等增加股份数×增加股份下一月份起至报告期期末的月份数/报告期月份数-报告期因回购或缩股等减少股份数×减少股份下一月份起至报告期期末的月份数/报告期月份数]

3、本年度股东权益变动情况:

单位:元

项目	股本	资本公积	盈余公积金	法定公益金	未分配利润	股东权益合计
期初数	252,688,500.00	236,261,573.65	35,113,527.86	11,704,509.29	44,621,836.41	568,685,437.92
本期增加		13,780,000	5,702,834.29	1,900,944.77	32,316,060.93	51,798,895.22
本期减少						
期末数	252,688,500.00	250,041,573.65	40,816,362.15	13,605,454.06	76,937,897.34	620,484,333.14
变动原因		自治区财政厅拨入国家技改项目贴息	年度净利润提取	年度净利润提取	年度净利润增加、利润分配提取公积金、公益金后的差额	

三、股东情况介绍

1、报告期末股东总数为48,799户。

2、公司前十名股东的持股情况:

名次	股东名称	期初持股数(万股)	期末持股数(万股)	占总股本比例(%)
1	广西贵糖集团有限公司	10,000	10,000	39.57
2	广西贵糖劳动服务公司	514.40	514.40	2.04
3	广西贵港市榴花造纸公司	500	500	1.98
4	广西贵港市桂花纸品公司	500	500	1.98
5	天津证券有限责任公司	243	243	0.96
6	福建正通投资有限公司	0	227.30	0.90
7	广西贵港甘化股份有限公司	150	150	0.59
8	广西中林发展股份有限公司	150	150	0.59
9	贵港市汇鑫贸易有限公司	0	100	0.40
10	广西玉林地区物资(集团)股份有限公司	100	100	0.40

说明:

本公司目前的控股股东为广西贵糖集团有限公司。本公司除与贵糖集团全资附属企业——广西贵港市丰宝化工总厂存在关联交易外,与其他股东无关联交易。

四、股东大会简介

1、报告期内召开的股东大会情况:

本公司于2000年3月21日在《证券时报》上刊登了定于2000年5月12日召开1999年度股东大会。由于公司高层管理人员须赴境外进行考察和洽谈业务,为此公司董事会在2000年4月28日的《证券时报》上刊登了决定延期召开1999年度股东大会的公告,会议日期改为2000年6月9日。出席本次会议的股东及其代理人68人,代表股份13,183.80万股,占公司总股本25,268.85万股的52.17%,符合《公司法》和本公司《公司章程》的有关规定。

2、1999年度股东大会会议以投票表决方式审议通过了如下决议:

(1)审议通过了《1999年度董事会工作报告》。

(2)审议通过了《1999年度监事会工作报告》。

(3)审议通过了《1999年度财务报告》。

(4)审议通过了《1999年度利润分配预案》。

(5)审议通过了《关于变更部分募股资金用途的议案》。

1999年度股东大会通过的决议,刊登于2000年6月10日的《证券时报》。

五、董事会报告

1、公司经营情况

⑴公司所处行业及公司在本行业中的地位

公司目前主要产品的生产能力为:年产白砂糖、赤砂糖等机制糖12万吨;年产机制纸9万吨;年产食用酒精1万吨,年产轻质碳酸钙2.5万吨;年加工原糖30万吨。为中国制糖综合利用示范企业,农业产业化龙头企业。被国务院列入100家建立现代企业制度试点单位(广西唯一),全国300家重点扶持企业,还是广西唯一列入全国120家试点企业集团－－广西贵糖企业集团的骨干核心企业。

⑵公司主营业务的范围及其经营状况

①报告期内公司主营业务收入、主营业务利润的构成

2000年公司共实现主营业务收入64,717.07万元,主营业务利润13,400.66万元。其中食品行业收入(食糖、食用酒精)28,792.10万元,主营利润9,165.24万元,分别占44.49%和68.40%;造纸行业收入(书写纸等)26,778.60万元,主营利润3,564.83万元,分别占41.38%和26.60%;化工行业(碳酸钙)收入874.95万元,主营利润191.73万元,分别占1.35%和1.43%;动力及对外加工等收入8,271.42万元,主营利润478.86万元,分别占12.78%和3.57%。

②公司主营业务收入或营业利润10%以上的产品介绍

a、食品行业:经营白砂糖是公司的主要产业,已有40多年。2000年销量16.43万吨(其中加工糖7.06万吨),比上年增长11.47%。面对市场食糖价格好转这个机遇,公司发挥技术、质量综合优势,力争获得加工国家储备原糖,把握好销售节奏,提高"桂花"牌白砂糖在高级饮料食品市场的竞争力和获利能力。酒精是制糖过程中的综合利用产品,近期公司争取年产二十万吨燃料酒精技改项目的尽快立项。

b、造纸行业:公司以甘蔗渣为主要原料生产文化用纸,属第二大产业,公司开发的甘蔗渣造纸技术和环保技术处于全国领先水平。随着募股资金的投入,年产四万吨高级文化用纸技改项目正常生产和年产三万吨生活用纸技改项目的建成投产,造纸将成为公司的第一大产业。本报告期机制纸销量6.21万吨,较上年同期增加50%,原因为"年产四万吨高级文化用纸技改项目"已产纸3.13万吨,主要客户为大型印刷企业和出版社。

c、其他:2000年公司在停榨期间,利用发电能力、制糖能力对外单位输电、加工白砂糖而增加了公司的收入和利润。

⑶在经营中出现的问题与困难及解决方案

①年初原料甘蔗遭受了严重的霜冻,从第三季度起原料甘蔗又遭受了严重的干旱,糖份下降,糖的产量减少了35.24%。对此,公司紧紧依靠市政府支持和紧密配合,展开了抗灾,救灾,抢收、抢榨甘蔗。适时调整生产工艺,精心管理,把受灾带来的损失降到了最低限度;同时,公司充分利用国家对糖业实行宏观调控的有利时机,及时有效地调整销售策略并获得了国家储备糖加工业务,加大外购糖加工量,取得了较好的经营效益。

②书写纸市场还十分严峻,竞争愈加激烈。造纸原材料价格上升的速度、幅度都快于、大于销售价格;年产四万吨高级文化用纸技改项目设备的验收和安装方面上存在的问题,于今年10月份才得以部分解决,全年设备运转率低,产量低,增加了单位产品折旧、利息等固定费用。对此,公司利用国家实施环保达标、关停不达标的造纸企业、限制新的造纸项目投入的有利时机,扩大市场规模,占领市场份额,同时集中力量、技术解决设备设计问题,尽快形成新的经济效益增长点。

2、公司财务状况

公司财务状况变动分析:

项目	2000年(万元)	1999年(万元)	增长(%)
总资产	117,180.57	106,975.83	9.54
长期负债	8,107.90	15,643.26	-48.17
股东权益	62,048.43	56,868.54	9.11
主营业务利润	13,400.66	7,769.23	72.48
净利润	3,801.89	223.44	1,601.53

公司以上主要财务指标比上年增长变动原因:总资产增加,主要是募股资金投入技改项目建设使在建工程增加和预收糖款使预收帐款增加所致;长期负债减少,主要是长期借款减少,转入一年以内长期借款所致;股东权益增加,主要是利润增加所致;主营业务利润比上年增加5,631.43万元,增长72.48%,主要是白砂糖价格出现了恢复性回升;净利润比上年增加3,578.45万元,增长1,601.53%,主要是主营业务利润的增加。

3、公司投资情况

⑴募集资金使用情况:

报告期初募股资金剩余22,266万元。报告期内共投入募股资金4,695万元,具体投资情况见下表:

项目名称	计划投资总额(万元)	本期实际投资额(万元)	累计实际投资额(万元)	完成计划(%)	项目进度(%)
年产四万吨高级文化用纸技改项目	6,500	0	6,500	100.00	100.00
10万亩高产优质甘蔗基地技改项目	4,097	596	3,165	77.25	80.00
年产3万吨生活用纸技改项目	15,603	219	484	3.10	15.00
3万吨/年高效甘蔗专用有机复合肥技改	1,300	1,300	1,300	100.00	100.00
150吨/日黑液碱回收炉工程技改	1,200	1,200	1,200	100.00	100.00
拆除热电站现有废旧机炉,增装12MW热电型机组项目	2,900	1,380	1,380	47.59	52.00
合计	31,600	4,695	14,029		

募股资金剩余17,571万元,暂作为流动资金周转。

年产四万吨高级文化用纸技改项目,两台纸机已进入投产,产品质量达到A级文化用纸的国家质量标准。2000年9月份起产生经济效益。

年产3万吨生活用纸技改项目目前正进行着设备国际招标等工作,预计2001年6月份动工兴建。

10万亩高产优质甘蔗基地技改项目,目前已推广种植优质甘蔗约9万亩,2000年/2001年榨季,产量和糖份都有所提高。

经股东大会决议,取消原计划控股式兼并广西桂平糖厂造纸分厂和动力分厂项目,原因为:

①原计划兼并项目的设备已落后于科技进步的形势,已不适合本公司的发展需要。

②近年来,国家环保力度加强,生产安全监察力度加大,原计划兼并项目要达标,将要追加投入巨额资金。兼并收购已不可行。

③实现环保达标排放也是本公司在新的历史条件下生存、发展的必要条件。公司必须加大投资力度,并充分利用本公司的环保专长,加速环保项目技术改造,以确保本公司可持续发展,实现良好的经济效益和社会效益。

原计划控股式兼并广西桂平糖厂造纸分厂和动力分厂项目的募股资金额度8,500万元改投入下述技改项目:

a、3万吨/年高效甘蔗专用有机复合肥技改,项目总投资1,300万元,资金来源为募股资金,现已于12月底投入运行。

b、年产3万吨生活用纸技改项目现拟追加募股资金3,100万元,以减少银行贷款。目前正进行着设备国际招标等工作,预计2001年6月份动工兴建。

c、150吨/日黑液碱回收炉工程技改,项目预计总投资1,900万元,其中募股资金1,200万元,现已于12月份投入使用,运行效果良好。

d、拆除热电站现有废旧机炉,增装12MW热电型机组项目计划总投资3,034万元,其中募股资金2,900万元,该项目现已完成锅炉工程。

详见2000年5月30日《证券时报》的董事会决议公告和2000年6月10日《证券时报》的股东大会决议公告。

⑵其他投资情况:

本报告期公司投资北京融汇中糖电子商务有限公司600,000.00元,参与组建"中国糖业交易网",占被投资单位注册资本的2%。

4、本公司生产经营环境以及宏观政策、法规的重大变化

⑴本公司的所得税税率33%,按应税所得额计缴,根据桂证函(1993)25号和桂证函(1998)51号文由地方财政返还18%所得税,实际缴纳所得税税率为15%。根据有关规定:各地方自行制定的税收先征后返政策执行至2001年12月31日。

⑵在国家加强制糖行业宏观调控和对环保不能达标的纸厂实行关停的政策下,对本公司是利好。

5、新年度的业务发展计划

⑴抓住市场机遇。根据甘蔗原料减少的因素和产品市场的有利时机,采取有效措施,提高产品产量,在巩固原有市场的同时,利用公司的品牌进一步扩大市场规模,加大新产品开发力度,开拓占领市场空间,提高销售队伍的素质,加强销售网络建设。

⑵抓蔗区建设。计划开发6万亩水田种植甘蔗,提高甘蔗的产量和糖份,加快甘蔗产业化、规模化、集约化的步伐,保障公司的原料甘蔗供应提高效益。

⑶抓造纸生产。根据市场调整产品结构,推进造纸生产、工艺、设备管理创新,进一步提高年产四万吨高级文化用纸技改项目的运转率、成纸率、降低生产成本,形成公司新的效益增长点。

⑷抓技改建设。加快年产3万吨生活用纸技改项目的投入,2001年3月份开始国际招标等工作。抓燃料酒精的立项,低聚果糖的开发,开发应用推广高新技术,加强环保建设,增强可持续发展后劲。

⑸抓改革整顿。全面提高员工素质,通过深入改革整顿增强员工的凝聚力和能动力,加强消耗定额管理,完善计划、执行、控制考核制度,加强大宗物资采购招标和限额领料的管理,实施财务预算控制,有效使用资金,全面提高公司的经济效益。

6、董事会日常工作情况

⑴报告期内董事会的会议情况及决议内容

①2000年3月18日,公司董事会召开了第二届第二十二次会议,会议审议并通过了以下决议:

a、公司1999年度报告及年度报告摘要;

b、公司1999年度财务报告;

c、公司1999年度利润分配预案。

此次董事会决议公告刊登于2000年3月21日的《证券时报》。

②2000年5月29日,公司董事会召开了第二届第二十四次会议,会议审议并通过了以下决议:

变更公司1998年公开募股资金中的部分资金用途,拟用以下四个项目替代原计划控股式兼并广西桂平糖厂造纸分厂和动力分厂项目。

a、3万吨/年高效甘蔗专用有机复合肥技改;

b、150吨/日黑液碱回收炉工程技改;

c、拆除热电站现有废旧机炉,增装12MW热电型机组项目;

d、年产3万吨生活用纸技术改造项目。

此次董事会决议公告刊登于2000年5月30日的《证券时报》。

③2000年8月2日,公司董事会召开了第二届第二十八次会议,会议审议并通过了以下决议:

a、公司2000年中期报告正文及中报摘要;

b、公司2000年中期利润分配方案。

此次董事会决议公告刊登于2000年8月4日的《证券时报》。

④2000年12月20日,公司董事会召开了第二届第三十三次会议,会议审议并通过了以下决议:

a、选举公司第三届董事会、监事会成员的议案;

b、决定召开第三届第一次股东大会事宜。

此次董事会决议公告刊登于2000年12月21日的《证券时报》。

⑵董事会对股东大会决议的执行情况:

①报告期内公司没有进行利润分配。

②报告期内公司董事会实施了1999年度股东大会审议通过的关于变更部分募股资金用途的议案。原计划控股式兼并广西桂平糖厂造纸分厂和动力分厂项目的募股资金改投入的3万吨/年高效甘蔗专用有机复合肥技改、150吨/日黑液碱回收炉工程技改、拆除热电站现有废旧机炉,增装12MW热电型机组项目的锅炉工程已按原计划在年内完成。年产3万吨生活用纸技改项目现正在进行着设备国际招标等工作。

7、公司管理层及员工情况

现任董事、监事和高级管理人员持股情况:

姓名	职务	性别	年龄	任期	年初末持股数(股)
杨和荣	董事长、党委书记	男	48	1997.10－2000.12	20,000
杨万善	副董事长、总经理	男	56	1997.10－2000.12	10,000
刘晓帆	副董事长、党委副书记	男	42	1997.10－2000.12	10,000
李贵高	董事会秘书	男	40	1998.09－2000.12	10,000
龙耐坚	董事	男	39	1997.10－2000.12	10,000
黄家驹	董事	男	53	1997.10－2000.12	10,000
陈进东	董事	男	49	1997.10－2000.12	10,000
罗联光	董事	男	49	1997.10－2000.12	10,000
唐瑞萍	董事	女	42	1997.10－2000.12	4,000
农皓	董事	男	38	1997.10－2000.12	0
欧阳可占	副总经理	男	53	1997.10 2000.12	0
郭峰	副总经理	男	42	1997.10－2000.12	10,000
周如军	副总经理	男	47	1997.10－2000.12	10,000
黄金生	监事会主席	男	53	1997.10－2000.12	20,000
周卫红	监事会副主席	女	51	1997.10－2000.12	10,000
陈寿冲	监事会副主席	男	40	1997.10－2000.12	4,000
林举围	监事	男	53	1997.10－2000.12	10,000
梁步明	监事	男	47	1997.10－2000.12	6,000

本年度董事、监事和高级管理人员未发生变动,其所持股份年初数与年末数相同未发生变动。

本公司现任董事、监事及高级管理人员共18人,全年报酬总额86万元,其中:年度报酬在2－4万元之间有7人,在4－7万元之间有8人,在7－9万元之间有3人。

8、本次利润分配和资本公积金转增股本预案

⑴公司2000年实现净利润38,018,895.22元,提取10%法定盈余公积金3,801,889.52元,提取5%法定公益金1,900,944.77元,当年可供分配利润32,316,060.93元,加上年未分配利润44,621,836.41元,2000年末可供股东分配的利润76,937,897.34元。

董事会根据公司发展战略,现正在加快甘蔗渣抄造高级文化用纸和高级生活用纸的高新技术等技改建设,特别是甘蔗产业生态环保技术改造,实现更高的经济效益和社会效益,决定2000年不进行利润分配,也不进行资本公积金转增股本。本预案须股东大会审议通过。

⑵预计2001年度利润分配政策:

①拟在2001年中期分配利润一次;

②分配以派现金为主要方式;

③2001年实现的净利润和2000年度未分配利润用于股利分配的比例不低于20%。

公司董事会保留根据公司发展及当年盈利情况对分配政策调整的权利。

9、公司选定的信息披露报纸仍为《证券时报》。

六、监事会报告

1、报告期内监事会会议召开情况

⑴公司二届六次监事会会议于2000年3月18日召开,审议通过了《1999年度监事会工作报告》、《1999年度报告正文》和《1999年度报告摘要》、《1999年度财务决算报告》、董事会依据财政部(1999)35号文件制定的《关于计提四项资产减值准备内部控制制度》处理程序合法,依据充分,切合实际。

该会议决议公告刊登在2000年3月21日的《证券时报》上。

⑵公司二届八次监事会会议于2000年8月2日召开,审议通过了公司2000年中期报告正文和摘要。

该会议决议公告刊登在2000年8月4日的《证券时报》上。

2、报告期内公司监事会依照《公司法》和本公司章程,认真履行监督职能,切实维护股东的合法权益,全力支持和参与公司的改革和整顿工作。监事会成员列席参加历次董事会会议,对董事会议案发表独立的意见和建议。监事会认为:

⑴公司的生产经营活动能遵守《公司法》和本公司章程,重大决策按程序规范进行。公司董事、总经理等高级管理人员在履行职务的过程中无违反法律、法规、公司章程或损害公司利益的行为。公司的内部控制机制有效运行。

⑵同意公司聘请的会计师事务所出具无保留意见的审计报告。财务报告真实反映了公司的财务状况和经营成果。

⑶公司募股资金的实际投入与《招股说明书》的项目一致,变更部分募股资金用途形成的相应方案切实可行,从而更好地维护了公司股东的利益。

⑷本年度内公司无收购、出售资产行为。

⑸公司关联交易按公平原则和一般市场交易准则进行。

七、重大事项

1、本年度公司无重大诉讼、仲裁事项。

2、本年度公司无董事及高级管理人员受监管部门处罚。

3、本年度公司控股股东、董事及高级管理人员没有变更。

4、本年度公司无收购及出售资产、吸收合并事项。

5、本报告期内公司的重大关联交易事项

⑴采购货物

交易内容	关联交易方	定价原则	采购金额	占本期该原材料采购金额比例
硫酸铝	广西贵港市丰宝化工总厂	当期非关联	2,522,030.66	97.07%
复合肥	广西贵港市丰宝化工总厂	交易平均售价	13,221,782.02	72%

以上交易结算方式为转帐方式,此关联交易对公司的利润影响不大。

关联交易的必要性和持续性原因:贵港市丰宝化工总厂主要生产经营甘蔗专用肥料、硫酸铝等化工产品,稳定地为本公司提供硫酸铝作为造纸辅助材料,以及为本公司提供甘蔗专用肥料。

⑵报告期内公司无资产、股权转让发生的关联交易。

⑶本公司与关联方存在的债权、债务往来事项

关联方应收、应付款项余额

项目	期初数	期末数
应收帐款		
广西贵港市红旗纸厂	137,558.50	137,558.50
预付帐款		
广西贵港甘化股份有限公司	38,624.85	38,624.85
其他应收款		
广西贵糖集团有限公司	4,811,607.49	4,811,607.49
应付帐款		
广西贵港市丰宝化工总厂	85,573.80	0.00
预收帐款		
广西贵港甘化股份有限公司	637.50	637.50

6、公司与控股股东在人员、资产、财务上的“三分开”情况

⑴人员分开方面:

公司的劳动、人事及工资管理完全独立;公司经理、副经理等高级管理人均在本公司领薪;公司财务人员无在关联公司中兼职的情况。

⑵资产完整方面:

公司资产完整,拥有独立的生产系统、辅助生产系统和配套设施、工业产权、商标、非专利技术等无形资产以及独立的采购和销售系统。

⑶财务分开方面:

公司财务独立,设立独立的财务部门、建立独立的财务核算体系,具有规范独立的财务会计制度,独立在银行开户,独立依法纳税。

7、公司或持股5%以上股东没有在指定报纸和网站上披露承诺事项。

8、报告期内公司无托管、承包、租赁本公司资产事项。

9、本年度聘任的会计师事务所未发生变更,原广西公信会计师事务所根据财政部财协字[2000]26号文精神,经财政部财会[2000]1020号文同意,与上海东华会计师事务所、陕西五联会计师事务所以吸收合并方式进行合并,合并后更名为上海东华会计师事务所有限公司。

10、本年度重大合同为:

⑴与工商银行贵港分行于1997年5月5日签订承诺书:用年产4万吨文化纸技改项目新增固定资产2.1亿元,抵押13,780万元的长期借款,期限为1997.5.5－－2003.12.15。

⑵与工商银行贵港分行于2000年8月15日签订流动资金借款合同:用公司现有的经营性房地产6,980万元抵押5,000万元流动资金借款,期限为:2000.8.16－－2001.7.19。

⑶与交通银行南宁分行于2000年10月17日签订流动资金借款合同:用公司生产的“桂花”牌一级白砂糖4,600万元抵押3,000万元流动资金借款,期限为:2000.10.17－－2001.7.16。

⑷与工商银行贵港分行于2000年12月12日签订流动资金借款合同:用公司的生产性机器设备7,338.20万元抵押4,400万元流动资金借款,期限为2000.12.12－－2001.10.11。

⑸与中国银行贵港分行于2000年12月29日签订流动资金借款合同:用公司生产的“桂花”牌一级白砂糖5,581.84万元抵押3,000万元流动资金借款,期限为2000.12.29－－2001.6.28。

11、本年度公司没有更改名称或股票简称。

八、财务报告

1、审计报告:

公司财务报告经上海东华会计师事务所有限公司审计,并出具无保留意见的审计报告。

审计报告

东华桂审字(2001)010号

广西贵糖(集团)股份有限公司全体股东:

我们接受委托,审计了贵公司2000年12月31日的资产负债表和2000年度利润及利润分配表以及现金流量表。这些会计报表由贵公司负责,我们的责任是对这些会计报表发表审计意见。我们的审计是依据《中国注册会计师独立审计准则》进行的。在审计过程中,我们结合贵公司的实际情况,实施了包括抽查会计记录等我们认为必要的审计程序。

我们认为,上述会计报表符合《企业会计准则》和《股份有限公司会计制度》的有关规定,在所有重大方面公允地反映了贵公司2000年12月31日的财务状况及2000年度经营成果和现金流量情况,会计处理方法的选用遵循了一贯性原则。

上海东华会计师事务所有限公司　　中国注册会计师　廖元珍　戴耀民

二00一年三月十三日

2、会计报表:

九、公司的其他有关资料

1、公司注册登记日期:1993年8月18日

公司注册登记地址:广西贵港市

2、企业法人营业执照注册号:19822750－9

3、税务登记号码:45252219822750－9

4、公司未流通股票的托管机构名称:深圳证券登记有限公司

5、公司报告期内无证券主承销机构

6、公司聘请的会计师事务所名称:上海东华会计师事务所有限公司

办公地址:上海市太原路87号甲

十、备查文件

1、载有法定代表人、财务负责人、会计经办人员签名并盖章的会计报表。

2、上海东华会计师事务所有限公司盖章及注册会计师亲笔签名并盖章的审计报告正本。

3、报告期内在《证券时报》公开披露过的所有公司文件的正本及公告原稿。

广西贵糖(集团)股份有限公司

二〇〇一年三月十七日

利润及利润分配表

编制单位:广西贵糖(集团)股份有限公司　　2000年12月　　单位:元

项　目	行次	上年同期数	本年累计数
一、主营业务收入	1	593,127,371.82	647,170,730.81
减:折扣与折让	2		
主营业务收入净额	3	593,127,371.82	647,170,730.81
减:主营业务成本	4	509,889,019.15	507,286,401.96
主营业务税金及附加	5	5,546,020.11	5,877,717.22
二、主营业务利润(亏损以“－”号填列)	10	77,692,332.56	134,006,611.63
加:其他业务利润(亏损以“－”号填列)	11	271,122.63	416,767.46
减:存货跌价损失	12		
营业费用	13	31,200,600.76	22,557,290.90
管理费用	14	32,323,854.70	33,626,712.13
财务费用	15	12,484,744.99	20,550,422.88
三、营业利润(亏损以“－”号填列)	18	1,954,254.74	57,688,953.18
加:投资收益(损失以“－”号填列)	19	－450,000.00	－450,000.00
补贴收入	22		
营业外收入	23	1,687,952.25	1,674,541.31
减:营业外支出	25	483,905.86	830,359.31
四、利润总额(亏损以“－”号填列)	27	2,708,301.13	58,083,135.18
减:所得税	28	1,042,691.84	20,064,239.96
少数股东权益			
加:所得税返还		568,741.00	
五、净利润(净亏损以“－”号填列)	30	2,234,350.29	38,018,895.22
加:年初未分配的利润	31	42,722,638.66	44,621,836.41
盈余公积转入	32		
六、可供分配的利润	33	44,956,988.95	82,640,731.63
减:提取法定盈余公积	34	223,435.03	3,801,889.52
提取法定公益金	35	111,717.51	1,900,944.77
七、可供股东分配的利润	36	44,621,836.41	76,937,897.34
减:应分配优先股股利	37		
提取任意盈余公积	38		
应付普通股股利	39		
转作股本的普通股股利	40		
八、未分配的利润(未弥补亏损以“－”号填列)	41	44,621,836.41	76,937,897.34

资 产 负 债 表

2000年12月31日

编制单位:广西贵糖(集团)股份有限公司　　单位:元

资　产	行次	年初数	年末数
流动资产:			
货币资金	1	102,147,671.41	234,986,730.36
短期投资	2		
减:短期投资跌价准备	3		
短期投资净额	4		
应收票据	5		
应收股利	6		
应收利息	7		
应收帐款	8	246,873,289.50	135,948,690.16
其他应收款	9	56,265,035.98	23,340,858.92
减:坏帐准备	10	6,025,731.88	7,574,079.97
应收款项净额	11	297,112,593.60	151,715,469.11
预付帐款	21	54,023,549.83	77,619,532.44
应收补贴款	24	610,858.34	
存货	30	111,654,751.92	148,248,145.52
减:存货跌价准备	31		
存货净额	32	111,654,751.92	148,248,145.52
待摊费用	33	721,026.64	557,333.00
待处理流动资产净损失			
一年内到期的长期债权投资	35		110,000.00
其他流动资产	36		
流动资产合计	39	566,270,451.74	613,237,210.43
长期投资:			
长期股权投资	40	6,970,000.00	7,570,000.00
长期债权投资	41	110,000.00	
长期投资合计	42	7,080,000.00	7,570,000.00
减:长期投资减值准备	43	2,400,000.00	2,850,000.00
长期投资净额	44	4,680,000.00	4,720,000.00
固定资产:			
固定资产原价	45	613,944,834.91	625,157,587.60
减:累计折旧	46	172,431,888.09	193,906,516.98
固定资产净值	47	441,512,946.82	431,251,070.62
工程物资	48	2,296,812.68	691,846.23
在建工程	49	18,219,573.72	82,174,034.57
固定资产清理	50		
待处理固定资产净损失	51		
固定资产合计	53	462,029,333.22	514,116,951.42
无形资产及其他资产			
无形资产	54	23,359,462.31	22,994,974.31
开办费	55		
长期待摊费用	56	13,419,061.51	16,736,571.69
其他长期资产	57		
无形资产及其他资产合计	58	36,778,523.82	39,731,546.00
递延税项:			
递延税款借项	59		
资产总计	60	1,069,758,308.78	1,171,805,707.85
负债及股东权益			
流动负债:			
短期借款	61	153,490.000.00	238,000,000.00
应付票据	62		
应付帐款	63	51,396,038.34	79,776,035.45
预收货款	64	7,686,863.13	27,810,727.72
代销商品款	65		
应付工资	66	8,199,707.09	1,905,850.84
应付福利费	67	9,010,421.19	9,256,084.15
应付股利	68	15,267,850.00	13,724,042.00
应交税金	69	14,746,772.46	17,996,904.23
其他应交款	70	1,842,056.72	1,491,025.52
其他应付款	71	30,015,553.82	481,709.00
预提费用	72	685,000.00	
一年内到期的长期负债	73	52,300,000.00	79,800,000.00
其他流动负债	74		
流动负债合计	80	344,640,262.75	470,242,378.91
长期负债:			
长期借款	81	137,166,000.00	75,366,000.00
应付债券	82		
长期应付款	83	18,449,305.32	15,160,305.32
住房周转金	84	817,302.79	-9,447,309.52
其他长期负债	85		
长期负债合计	90	156,432,608.11	81,078,995.80
递延税项:			
递延税款贷项	91		
负债合计	92	501,072,870.86	551,321,374.71
股东权益:			
股本	93	252,688,500.00	252,688,500.00
资本公积	94	236,261,573.65	250,041,573.65
盈余公积	95	35,113,527.86	40,816,362.15
其中:公益金	96	11,704,509.29	13,605,454.06
未分配利润	97	44,621,836.41	76,937,897.34
股东权益合计	98	568,685,437.92	620,484,333.14
负债和股东权益合计	99	1,069,758,308.78	1,171,805,707.85

现 金 流 量 表

2000年度

编制单位:广西贵糖(集团)股份有限公司　　单位:元

项　目	行次	金　额
一、经营活动产生的现金流量		
销售商品、提供劳务收到的现金	1	790,285,574.99
收到的租金	2	
收到的增值税销项税额和退回的增值税款	3	
收到的除增值税以外的其他税费返还	4	610,858.34
收到的其他与经营活动有关的现金	8	27,747,570.09
现金流入小计	9	818,644,003.42
购买商品、接受劳务支付的现金	10	411,761,393.33
经营租赁所支付的现金	11	
支付给职工以及为职工支付的现金	12	44,170,738.42
支付的增值税款	13	49,384,801.60
支付的所得税款	14	9,261,030.37
支付的除增值税、所得税以外的其他税费	15	23,679,718.70
支付的其他与经营活动有关的现金	20	68,098,056.65
现金流出小计	21	606,355,739.07
经营活动产生的现金流量净额	22	212,288,264.35
二、投资活动产生的现金流量		
收回投资所收到的现金	23	
分得股利或利润所收到的现金	24	
取得债券利息收入所收到的现金	25	
处置固定资产、无形资产和其他长期资产而收到的现金净额	26	86,412.21
收到的其他与投资活动有关的现金	30	
现金流入小计	31	86,412.21
购建固定资产、无形资产和其他长期资产所支付的现金	32	46,453,081.34
权益性投资所支付的现金	33	600,000.00
债权性投资所支付的现金	34	
支付的其他与投资活动有关的现金	40	
现金流出小计	41	47,053,081.34
投资活动产生的现金流量净额	42	-46,966,669.13
三、筹资活动产生的现金流量		
吸收权益性投资所收到的现金	43	
其中:子公司吸收少数股东权益性投资收到的现金	44	
发行债券所收到的现金	45	
借款所收到的现金	46	218,000,000.00
收到的其他与筹资活动有关的现金	51	
现金流入小计	52	218,000,000.00
偿还债务所支付的现金	53	227,790,000.00
发生筹资费用所支付的现金	54	
分配股利或利润所支付的现金	55	1,543,800.00
其中:子公司支付少数股东的股利	56	
偿付利息所支付的现金	57	21,148,736.27
融资租赁所支付的现金	58	
减少注册资本所支付的现金	59	
其中:子公司依法减资支付经少数股东的现金	60	
支付的其他与筹资活动有关的现金	65	
现金流出小计	66	250,482,536.27
筹资活动产生的现金流量净额	67	-32,482,536.27
四、汇率变动对现金的影响	68	
五、现金及现金等价物净增加额	70	132,839,058.95
1、不涉及现金收支的投资和筹资活动:		
以固定资产偿债务	71	
以投资偿还债务	72	
以固定资产进行投资	73	
以存货偿还债务	74	
融资租赁固定资产	75	
2、将净利润调节为经营活动的现金流量		
净利润	76	38,018,895.22
加:少数股东损益	77	
加:计提的坏帐准备或转销的坏帐	78	1,548,348.09
固定资产折旧	79	39,331,209.24
无形资产摊销	80	470,848.00
待摊费用摊销	81	2,427,533.64
处置固定资产、无形资产和其他长期资产的损失(减:收益)	82	-282,891.84
固定资产报废损失	83	568,834.36
财务费用	84	20,550,422.88
投资损失(减:收益)	85	450,000.00
递延税款贷项(减:增加)	86	
存货的减少(减:增加)	87	-36,593,393.60
经营性应收项目的减少(减:增加)	88	120,252,793.79
经营性应付项目的增加(减:减少)	89	25,545,664.57
增值税增加净额(减:减少)	90	
其他	91	
经营活动产生的现金流量净额	92	212,288,264.35
3、现金及现金等价物净增加情况		
货币资金的期末余额	93	234,986,730.36
减:现金的期初余额	94	102,147,671.41
加:现金等价物的期末余额	95	
减:现金等价物的期初余额	96	
现金及现金等价物净增加额	100	132,839,058.95

天津天大天财股份有限公司

二○○○年年度报告摘选

一、公司简介

1、公司法定名称

中文名称:天津天大天财股份有限公司

英文名称:GENIUS CO., LTD.

2、公司法定代表人:寇纪淞

3、公司董事会秘书:张彤

授权代表:王伟

联系地址:天津市新技术产业园区华苑产业区华天道 3 号

联系电话:022－83710888、83710188

联系传真:022－83710199

Email: tzhang@tiancai.com

4、公司注册地址:天津市新技术产业园区华苑产业区

公司办公地址:天津市新技术产业园区华苑产业区华天道 3 号

邮政编码:300384

公司因特网址:http://www.tiancai.com.cn

公司电子信箱:investor@mail.tiancai.com.cn

5、公司信息披露报刊:《证券时报》、《中国证券报》

登载年报的国际互联网址:http://www.cninfo.com.cn

公司年报备置地:天大天财公司证券部

6、公司股票上市交易所:深圳证券交易所

股票简称:天大天财

股票代码:0836

二、会计数据与业务数据摘要

1、本年度公司主要经营数据: 单位:元

项目	金额
利润总额:	85,924,540.92
净利润:	60,955,916.88
扣除非经常性损益后的净利润:	27,115,887.41
主营业务利润:	94,227,137.75
其他业务利润:	1,941,449.99
营业利润:	34,974,621.82
投资收益:	41,598,188.14
补贴收入:	－－
营业外收支净额:	5,351,730.96
经营活动产生的现金流量净额:	35,193,234.44
现金及现金等价物净增加额:	5,552,914.10

2、前三年主要会计数据及财务指标:

序号 栏 目	2000 年	1999 年	1998 年(调整后)
1 主营业务收入(元)	845,756,900.87	510,755,148.73	249,947,246.65
2 净利润(元)	60,955,916.88	49,769,549.92	28,660,404.41
3 总资产(元)	1,006,224,604.35	774,212,704.84	438,170,278.04
4 股东权益(元)	522,051,094.56	460,757,879.87	280,894,383.40
5 每股收益(元)	0.59	0.48	0.31
6 加权平均每股收益(元)	0.59	0.52	0.31
7 每股净资产(元)	5.08	4.48	3.00
8 调整后每股净资产(元)	5.02	4.41	2.98
9 每股经营活动产生的现金流量净额	0.34	0.18	1.03
10 净资产收益率(%)	11.68	10.80	10.20
11 扣除非经营性损益后的每股收益	0.26	0.48	0.31

三、股东情况介绍

1、股东情况介绍

截止 2000 年末,公司股东总数为 36,308 户,其中境内法人股股东 7 户,社会公众股股东 36,301 户。

本年度内,天津大学将所持天大天财国有法人股中的 1125 万股分别协议转让给丹东菊花电器(集团)公司、天津科技发展投资总公司、天津海华实业发展有限公司、天津市增瑞工贸有限公司等四家公司,目前该股权转让还在报财政部审批过程中,股权转让完成后,天津大学将持天大天财 31,100,056 股,占总股本的 30.27%。除此之外,其他法人股东的持股数未发生变动。

2、主要股东持股情况(前十名股东)

名次	股 东 名 称	报告期末持股数(股)	占总股本比例(%)
1	天津大学	42,350,056	41.21
2	天津大学实业发展总公司	8,104,787	7.89
3	七○七研究所	8,098,909	7.88
4	天津经济建设投资集团总公司	3,250,500	3.16
5	平安证券有限公司	1,167,135	1.14
6	天津华泽(集团)有限公司	650,100	0.63
7	开益国际咨询研究中心	650,100	0.63
8	海南琼海市农贸产品交易批发中心有限公司	650,100	0.63
9	姜银侠	167,500	0.16
10	李宣	166,595	0.16

陕西秦川机械发展股份有限公司

二○○○年年度报告摘选

一、公司简介

1、公司名称:陕西秦川机械发展股份有限公司

英文名称:Qinchuan Machinery Development Co., Ltd. of Shaanxi

2、缩 写:Qinchuan

3、法定代表人:邱世杰

董事会秘书:吴煜

联系地址:陕西省宝鸡市姜谭路 22 号

电 话:0917－3670606

传 真:0917－3390960

4、公司注册地址:宝鸡市高新技术产业开发区火炬路 6 号创新大厦

邮政编码:721006

公司办公地址:陕西省宝鸡市姜谭路 22 号

邮政编码:721009

公司电子信箱:sxqcfz@public.xa.sn.cn

5、公司选定信息披露报纸:《中国证券报》和《证券时报》

年度报告备置地点:本公司证券部

刊登年报的国际互联网网址:http://www.cninfo.com.cn

6、上市地点:深圳证券交易所

股票简称:秦川发展

股票代码:0837

二、会计数据和业务数据摘要

1、本年度主要利润指标情况

公司本年度实现利润总额 4860 万元、净利润 3973 万元、扣除非经常性损益后的净利润 3691 元、主营业务利润 7875 万元、其他业务利润 13 万元、营业利润 3671 万元、投资收益 906 万元、营业外收支净额 283 万元、经营活动产生的现金流量净额 －28 万元、现金及现金等价物净增加额 －442 万元。

2、主要财务指标

指标	2000 年	1999 年调整后	1998 年调整后	1998 年调整前
(1)主营业务收入(万元)	37176	17792	11037	11037
(2)净利润(万元)	3973	3611	3129	3368
(3)总资产(万元)	60759	52295	44577	44819
(4)股东权益(万元)	37700	35056	31446	31688
(5)每股收益(元)	0.30	0.32	0.28	0.30
(6)每股净资产(元)	2.84	3.16	2.84	2.86
(7)扣除非经常性损益的每股收益(元)	0.28	0.32	0.23	0.25
(8)调整后的每股净资产(元)	2.82	3.16	2.84	2.86
(9)每股经营活动产生的现金流量净额(元)	—	0.2424	－	－
(10)净资产收益率%	10.54	10.30	9.95	17.34

三、股本变动及股东情况

1、股本变动情况:

(1)股份变动情况表 单位:股

	期初数	本次变动增减(＋、—)					期末数
		配股	送股	公积金转增	其他	小计	
一、尚未流通股份							
1、发起人股份							
其中:							
国家拥有股份	50200000			10040000		10040000	60240000
境内法人持有股份							
外资法人持有股份							
其他							
2、募集法人股	5570000			1114000		1114000	6684000
3、内部职工股							
4、优先股或其他							
尚未流通股份合计	55770000			11154000		11154000	66924000
二、已流通股份							
1、境内上市的人民币普通股	55000000			11000000		11000000	66000000
其中:高管人员持股	66000			13200		13200	79200
2、境内上市的外资股							
3、境外上市的外资股							
4、其他							
已流通股份合计	55000000			11000000		11000000	66000000
三、股份总数	110770000			22154000		22154000	132924000

2、股东情况介绍

(1)根据深圳证券登记有限公司提供的数据,截至 2000 年 12 月 31 日止,本公司股东为 13066 名。

(2)前 10 名股东持股情况: 单位:股

股东名称	持股数	比例
①秦川机床集团有限公司	60240000	占 45.31%
②陕西中讯经济发展总公司	2868000	占 2.15%
③中国浦发机械工业股份有限公司	1704000	占 1.28%
④上海浦发金桥联合发展有限公司	912000	占 0.68%
⑤昆明富华置业有限责任公司	753929	占 0.57%
⑥西安市化工进出口公司	744000	占 0.56%
⑦ 刘苍云	579800	占 0.44%
⑧ 张廷生	487085	占 0.37%
⑨ 刘建金	363572	占 0.28%
⑩ 王红梅	360191	占 0.27%

西南化机股份有限公司

二〇〇〇年年度报告摘选

一、公司简介

1.公司法定中文名称:西南化机股份有限公司

英文名称:SOUTHWEST CHEMICAL MACHINERY CO.LTD

英文名称缩写:SWCM

2.公司法定代表人:蔡挺

3.公司董事会秘书:阎建军

联系地址:公司董事会办公室

联系电话:(0838)8501521　　8213333－3027

传　　真:(0838)8204843

电子信箱:scyan@163.net

4.公司注册地址:四川省什邡市两路口镇

公司办公地址:四川省什邡市两路口镇

邮政编码:618407

公司电子信箱:SWCM@163.net

5.公司选定的信息披露报刊名称:《中国证券报》、《证券时报》

登载公司年度报告的国际互联网网址:http://www.cninfo.com.cn

公司年度报告备置地点:公司董事会办公室

6.公司股票上市交易所:深圳证券交易所

股票简称:西南化机

股票代码:0838

二、会计数据和业务数据摘要

(一).本年度利润总额及构成:(单位:元)

项目	金额
利润总额	－33,007,231.22
净利润	－33,007,231.22
扣除非经常性损益后的净利润	－33,007,231.22
主营业务利润	－47,901.20
其他业务利润	－34,480.63
投资收益	－37,075.95
补贴收入	
营业外收支净额	－1,683,395.13
经营活动产生的现金流量净额	－3,102,735.08
现金及现金等价物净增加额	－4,405,898.88

(二).近三年主要会计数据和财务指标:

项目	2000年度	1999年度	1998年度
主营业务收入(元)	40,363,117.44	82,356,477.68	79,379,387.01
净利润(元)	－33,007,231.22	－8,805,907.47	693,079.99
总资产(元)	229,782,170.11	239,127,407.32	224,089,657.36
股东权益(元)	26,814,349.59	68,551,118.15	77,357,025.62
每股收益(元)	－0.507	－0.135	0.011
加权每股收益(元)	－0.507	－0.135	0.011
扣除非经常性损益后的每股收益(元)	－0.507	－0.135	－0.159
每股净资产(元)	0.412	1.053	1.188
调整后的每股净资产(元)	0.126	0.893	1.021
每股经营活动产生的现金流量净额	－0.048	0.095	0.018
净资产收益率(%)	－123.1	－12.85	0.90

三、股本变动及股东情况

(一).股本变动情况

1.股份变动情况表:(单位:万股)

项目	期初数	本次变动增减(+、-) 配股	送股	公积金转股	其他	小计	期末数
一.尚未流通股份							
1.发起人股份							
其中:国家拥有股份					+2459.886	+2459.886	2459.886
境内法人持有股份	2459.886				－2459.886	－2459.886	
2.募集法人股	2297.100						2297.100
尚未流通股份合计	4756.986						4756.986
二、已流通股份							
境内上市的人民币普通股	1755.000						1755.000
已流通股份合计	1755.000						1755.000
三、股份总额	6511.986						6511.986

(二)、股东情况介绍:

1.截止2000年12月31日,公司股东总数为10,897户。

2.公司前十名股东持股情况:

序号	股东名称	持有股数(股)	占总股份(%)	备注
1	德阳市国有资产经营有限公司	24,598,860	37.77	国家股
2	山东临沂工业搪瓷股份有限公司	3,900,000	5.99	法人股
3	德阳市化机持股联合会	3,341,000	5.13	法人股
4	深圳西来洋投资发展公司	2,600,000	3.99	法人股
5	上海浦东任晨贸易有限公司	2,240,000	3.44	法人股
6	四川金路股份有限公司	1,300,000	1.99	法人股
7	深圳市旭能投资有限公司	1,300,000	1.99	法人股
8	上海昆凌工贸有限公司	1,130,000	1.74	法人股
9	上海华通达机电产品供应有限公司	830,000	1.27	法人股
10	上海浦东勤勤工贸有限公司	700,000	1.07	法人股

中信国安信息产业股份有限公司

二〇〇〇年年度报告摘选

一、公司简介

(一)公司法定中文名称:中信国安信息产业股份有限公司

公司法定英文名称:CITIC Guoan Information Industry Co., Ltd.

(二)公司法定代表人:李士林

(三)公司董事会秘书:廖小同

联系地址:北京市朝阳区关东店北街1号国安大厦

电 话:(010)65068509

传 真:(010)65061482

电子信箱:dshms@citicguoaninfo.com

(四)公司注册地址:北京市海淀区海淀南路32号

公司办公地址:北京市朝阳区关东店北街1号国安大厦

邮政编码:100020

公司电子信箱:zqb@citicguoaninfo.com

(五)公司选定的信息披露报纸名称:《中国证券报》、《证券时报》、《上海证券报》

登载公司年度报告的中国证监会指定国际互联网网址:http://www.cninfo.com.cn

公司年报备置地点:北京市朝阳区关东店北街1号国安大厦五层

(六)公司股票上市交易所:深圳证券交易所

公司股票简称:中信国安

公司股票代码:0839

二、会计数据和业务数据摘要

(一)公司本年度主要会计数据(单位::元)

利润总额:	311,958,188.84
净利润:	265,769,544.47
扣除非经常性损益后的净利润:	231,143,350.32
主营业务利润:	257,145,153.29
营业利润:	198,537,088.16
投资收益:	113,509,656.53
营业外收支净额:	－88,555.85
经营活动产生的现金流量净额:	181,827,567.17
现金及现金等价物净增加额:	281,217,565.00

(二)公司前三年的主要会计数据及财务指标(单位:元)

	2000年	1999年	1998 调整前	1998 调整后
主营业务收入	528,765,056.80	470,818,205.98	485,965,532.48	485,965,532.48
净利润	265,769,544.47	200,165,447.32	109,188,052.22	105,157,825.49
总资产	2,393,878,214.85	1,366,102,899.93	888,924,637.69	880,982,695.29
股东权益	1,466,028,379.74	880,913,630.32	729,758,853.63	720,155,601.60
每股收益	0.4505	0.5004	0.2730	0.2629
按月平均加权法每股收益	0.4602	0.5000	0.2700	0.2600
扣除非经常性损益的每股收益	0.3918	0.4557	0.2504	0.2404
每股净资产	2.4848	2.2023	1.8244	1.8004
调整后的每股净资产	2.2991	1.9991	1.6755	1.6515
每股经营活动产生的现金流量净额	0.3082	－0.0161	0.1924	0.1924
净资产收益率(%)	18.13	22.72	14.96	14.60

注:以上指标计算涉及股本总数时,公司2000年指标是以现有总股本589,999,989股为基数计算,1999年指标是以原有总股本40000万股为基数计算。

(三)按照中国证监会《公开发行证券公司信息披露编报规则(第9号)》要求计算报告期利润的净资产收益率和每股收益:

报告期利润	净资产收益率(%) 全面摊薄	净资产收益率(%) 加权平均	每股收益(元) 全面摊薄	每股收益(元) 加权平均
主营业务利润	17.54	17.51	0.4358	0.4453
营业利润	13.54	13.52	0.3365	0.3438
净利润	18.13	18.10	0.4505	0.4602
扣除非经常性损益后的净利润	15.77	15.74	0.3918	0.4002

三、股东情况介绍

(一)报告期末股东总数为110,348户。

(二)公司前十名股东的持股情况一览表

股东名称	期末持股数量(股)	占总股本比例
中信国安有限公司	411,627,900	69.767%
汉兴证券投资基金	7,425,359	1.259%
汉盛证券投资基金	7,104,251	1.204%
同益证券投资基金	6,635,279	1.125%
同盛证券投资基金	3,864,110	0.655%
平安证券有限公司	2,280,000	0.386%
金泰基金	1,522,065	0.258%
申银证券	1,000,000	0.169%
北京中京泰咨询有限公司	996,225	0.169%
同德证券投资基金	980,000	0.166%

持有本公司5%以上股份的股东为法人股股东中信国安有限公司,报告期内因公司实施了每10股送3.72093股派0.93元(含税)的利润分配方案,其持股数由期初30,000万股增至期末的41,162.79万股。其所持股份无质押和冻结。

河北承德露露股份有限公司

二○○○年年度报告摘选

一、公司简介

1、公司名称
中文:河北承德露露股份有限公司
英文:He Bei Cheng De LoLo Company Limited
2、公司法定代表人:王宝林
3、公司董事会秘书:李文生
联系地址:河北省承德市双桥区翠桥路南6号
联系电话:(0314)2066791转3088
传　　真:(0314)2063525
公司电子信箱:lolozq@cd－user.he.cninfo.net
公司授权人:王洪
联系地址:河北省承德市双桥区翠桥路南6号
联系电话:(0314)2061585　　(0314)2066791转3061
传　　真:(0314)2063525
4、公司注册地址:河北省承德市高新技术产业开发区(西区8号)
办公地址:河北省承德市高新技术产业开发区(西区8号)
邮政编码:067000
公司电子信箱:lolozq@cd－user.he.cninfo.net
5、公司选定的信息披露报纸名称:中国证券报　　证券时报
公司指定信息披露的国际互联网网址 http://www.cninfo.com.cn
公司年度报告备置地点:河北承德露露股份有限公司证券部
6、公司股票上市地:深圳证券交易所
股票简称:承德露露
股票代码:0848

二、会计数据和业务数据摘要

1、本年度主要利润指标情况

项目	金额
利润总额:	70693704.27元
净利润:	53402228.49元
扣除非经常性损益后的净利润:	55122530.22元
主营业务利润:	231549496.31元
其他业务利润:	2764283.14元
营业利润:	76748880.68元
投资收益:	－4334874.68元
营业外收支净额:	－1720301.73元
经营活动产生的现金流量净额:	52484628.97元
现金及现金等价物净增加额:	167807844.88元

报告期利润	净资产收益率		每股收益	
	全面摊薄	加权平均	全面摊薄	加权平均
主营业务利润	31.46	38.87	0.89	0.94
营业利润	10.43	12.88	0.30	0.31
净利润	7.26	8.96	0.21	0.22
扣除非经常性损益后的净利润	7.49	9.25	0.21	0.22

2、主要会计数据和财务指标

项目	2000年度	1999年度	1998年度	
			调整后	调整前
主营业务收入(元)	821,111,533.74	739,642,163.24	559,941,413.24	559,941,413.24
净利润(元)	53,402,228.49	101,521,336.57	68,844,241.05	71,621,222.16
总资产(元)	872,349,201.37	520,584,682.24	481,798,133.04	485,604,833.09
股东权益(元)	735,927,419.84	410,045,753.55	308,524,416.98	312,331,117.03
每股收益(元/股)	0.21	0.44	0.30	0.31
每股收益(元/股)(加权)	0.22	0.44	0.30	0.31
扣除非经常性损益后的每股收益(元)	0.21	0.43	0.28	0.29
每股净资产(元/股)	2.84	1.78	1.34	1.35
调整后的每股净资产(元/股)	2.84	1.78	1.34	1.35
净资产收益率(%)(摊薄)	7.26	24.76	22.31	22.94
净资产收益率(%)(加权)	8.96	24.76	22.31	22.94
每股经营活动产生的现金流量净额(元)	0.20	0.48	0.21	0.21

三、股东情况介绍

1、截止到2000年末,公司股东总数为59238户,其中:国家股股东1户,社会公众股东59237户。

2、前十名股东持股情况

股　东　名　称	持股数(股)	占总股本比例(%)
①露露集团有限责任公司(国家股)	168250000	64.899
②深圳国投证券有限公司成都营业部	800000	0.309
③北京宝华投资有限公司	300000	0.116
④北京禾沃咨询有限责任公司	281340	0.109
⑤孙秀芳	220870	0.085
⑥岳国卿	216470	0.083
⑦骆俊良	213743	0.082
⑧刘润先	209730	0.081
⑨贾广仁	206379	0.080
⑩赵丽莉	205640	0.079

安徽华茂纺织股份有限公司

二○○○年年度报告摘选

一、公司简介

1、公司法定中文名称:安徽华茂纺织股份有限公司
公司法定英文名称:ANHUI HUAMAO TEXTILE COMPANY LIMITED
2、公司法定代表人:华冠雄
3、公司董事会秘书及其授权代表
董事会秘书:王功著
联系地址:安徽省安庆市纺织南路80号
联系电话:(0556)5516615
传真:(0556)5510166
电子信箱:aqfz@mail.hf.ah.cn
授权代表人:袁珧
联系地址:安徽省安庆市纺织南路80号
联系电话:(0556)5510810转245
传真:(0556)5510166
电子信箱:aqfz@mail.hf.ah.cn
4、公司注册地址:安徽省安庆市纺织南路80号
公司办公地址:安徽省安庆市纺织南路80号
邮政编码:246018
公司国际互联网网址:http://www.huamao.com.cn
公司电子信箱:aqfz@mail.hf.ah.cn
5、公司选定的信息披露报纸:《证券时报》
登载公司年度报告的国际互联网网址:http://www.cninfo.com.cn
公司年度报告备置地点:安徽华茂纺织股份有限公司总经理办公室
6、公司股票上市交易所:深圳证券交易所
股票简称:华茂股份
股票代码:0850

二、会计数据和业务数据摘要

项目	金额
1、公司本年度实现利润总额	132030985.34元
其中:净利润	105247142.81元
扣除非经常性损益后的净利润	102826175.48元
主营业务利润	152875599.72元
其他业务利润	57901.14元
营业利润	111844807.89元
投资收益	17806597.23元
补贴收入	——
营业外收支净额	2379580.22元
经营活动产生的现金流量净额	81384296.67元
现金及现金等价物净增加额	－17032286.92元

2、主要会计数据和财务指标

项目	2000年	1999年	1998年	
			调整前	调整后
主营业务收入(元)	589706513.85	565975471.87	458676696.42	458676696.42
净利润(元)	105247142.81	62229349.14	43605342.14	43101292.33
总资产(元)	783032850.30	622039730.17	530928821.58	530424771.77
股东权益(元)(不含少数股东权益)	531951752.35	460704609.54	424479310.21	4239752601.40
每股收益(元) 主营业务利润(摊薄)	0.90	0.57	0.45	0.45
(加权)	0.90	0.57	0.53	0.53
营业利润(摊薄)	0.66	0.38	0.25	0.25
(加权)	0.66	0.38	0.30	0.29
净利润(摊薄)	0.62	0.37	0.26	0.25
(加权)	0.62	0.37	0.30	0.29
扣除非经常性损益后	0.60	0.35	0.25	0.24
的每股收益(元)(摊薄)	0.60	0.35	0.29	0.29
(加权)				
净资产收益率 主营业务利润(摊薄)	28.74	21.20	17.96	17.96
(加权)	29.78	21.47	27.17	27.17
营业利润(摊薄)	21.03	14.20	10.13	10.01
(加权)	21.79	14.38	15.33	15.15
净利润(摊薄)	19.79	13.51	10.27	10.15
(加权)	20.50	13.67	15.54	15.36
扣除非经常性损益后的净资产收益率(%)(摊薄)	19.33	12.93	10.15	10.03
(加权)	20.03	13.09	15.36	15.18
每股净资产(元)	3.13	2.71	2.50	2.49
调整后的每股净资产(元)	3.13	2.70	2.46	2.45
每股经营活动产生的现金流量净额(元)	0.48	0.32	0.20	0.20

三、股东情况介绍

1、报告期末公司股东总数为8356户。

2、主要股东持股情况

股　东　名　称	年末持股数(股)	占总股本比例(%)
(1)、安徽华茂集团有限公司	120000000	70.59
(2)、安徽省证券公司	5893253	3.47
(3)、安徽省金融会计学会	3490130	2.05
(4)、安徽省六安长江农机具有限责任公司	3400228	2.00
(5)、巢湖市产要交易部	2973630	1.75
(6)、安徽省资信评估公司	2555283	1.50
(7)、安徽四星电脑公司	1473187	0.87
(8)、安徽省合肥市种子公司	1305611	0.77
(9)、安徽省六安手扶拖拉机厂	889500	0.52
(10)、安徽省安庆市三阳电子研究所	849185	0.50

贵州中国第七砂轮股份有限公司

二〇〇〇年年度报告摘选

一、公司简介

1、公司法定中文名称：贵州中国第七砂轮股份有限公司
公司法定英文名称：Guizhou China No .7 Grinding Wheel Co . Ltd
2、公司法定代表人：曾德明
3、公司董事会秘书：任东升
公司证券事务代表：(暂缺)
联系地址：贵州(贵阳)清镇
办公电话：0851－2550469　　传 真：0851－2550408
电子信箱：E—mail:qszqb.777.net.cn
4、公司注册地址：贵州省贵阳市
公司办公地址：贵州(贵阳)清镇
公司邮政编码：551414
公司电子信箱：E—mail:zjlb@chinaqisha.com.cn
公司互联网址：http://www.chinaqisha.com.cn
5、公司选定的信息披露报纸名称：深圳《证券时报》
登载公司年度报告的中国证监会指定国际互联网网址：http://www.cninfo.com.cn
公司年度报告备置地点：公司证券部
6、公司股票上市交易所：深圳证券交易所
股票简称：中国七砂
股票代码：0851

二、会计数据和业务数据摘要

1、本年度利润总额及构成　　单位：元

项目	金额
利润总额	－18,282,852.88
净利润	－18,282,852.88
扣除非经常性损益后的净利润	－16,037,888.52
主营业务利润	26,939,149.71
其他业务利润	－165,251.74
营业利润	－19,402,479.12
投资收益	3,364,590.60
补贴收入	727,576.10
营业外收支净额	－2,972,540.46
经营活动产生的现金流量净额	－673,777.81
现金及现金等价物净增加额	－15,835,380.29

注：扣除非经常性损益项目：
(1)补贴收入　727,576.10元
(2)营业外收入　343,145.90元
(3)营业外支出　3,315,686.36元

按证监会《公开发行证券公司信息披露编报规则第9号》要求计算的资产收益率和每股收益：

报告期利润	净资产收益率(%)		每股收益(元)	
	全面摊薄	加权平均	全面摊薄	加权平均
主营业务利润	6.78	7.52	0.12	0.12
营业利润	－4.88	－5.42	－0.09	－0.09
净利润	－4.60	－5.10	－0.08	－0.08
扣除非经常性损益后的净利润	－4.03	－4.48	－0.07	－0.07

注：计算公式按照《公开发行证券公司信息披露编报规则》第九号的通知执行。

2、截止报告期末公司前三年主要会计数据及财务指标　　单位：元

	2000年度	1999年度	1998年度	
		调整后	调整前	调整后
(1)主营业务收入	159,293,399.71	143,402,778.99	184,095,117.41	184,095,117.41
(2)净利润	－18,282,852.88	3,337,582.27	12,022,713.09	13,229,514.90
(3)总资产	537,359,361.91	567,568,867.53	578,006,681.94	576,444,967.93
(4)股东权益(不含少数股东权益)	397,579,019.04	367,401,816.17	367,625,947.91	364,064,233.90
(5)每股收益(摊薄)	－0.08	0.02	0.07	0.08
(加权)	－0.08	0.02	0.08	0.09
(扣除非经营性损益后)	－0.07	0.02	0.05	0.05
(6)每股净资产	1.77	2.12	2.11	2.10
(7)调整后的每股净资产	1.70	2.05	2.07	2.07
(8)净资产收益率(摊薄)	－4.60%	0.91%	3.29%	3.63%
(加权)	－5.10%	0.91%	4.08%	4.53%
(9)每股经营活动产生的现金流量净额	－0.07	－0.14	－0.05	－0.05

三、股本变动及股东情况

1、股本变动情况　　数量单位：万股
股份结构

	期初数	本次变动增减(＋、－)					期末数
		配股	送股	公积金转股	其他	小计	
一、尚未流通股份							
1、发起人股份	7299.87		2189.96				9489.83
其中：							
国家拥有股份	6309.87		1892.96				8202.83
境内法人持有股份	990		297				1287
外资法人持有股份	0		0				0
其他	0		0				0
2、募集法人股	4040.13		1212.04				5252.17
3、内部职工股	1460		438				1898
4、优先股或其他	0		0				0
尚未流通股份合计	12800		3840				16640
二、已流通股份							
1、境内上市的人民币普通股	4500		1350				5850
2、境内上市的外资股	0		0				0
3、境外上市的外资股	0		0				0
4、其他	0		0				0
已流通的股份合计	4500		1350				5850
三、股份总数	17300		5190				22490

江汉石油钻头股份有限公司

二〇〇〇年年度报告摘选

一、公司简介

1、公司的法定中、英文名称及缩写
公司法定中文名称：江汉石油钻头股份有限公司
公司法定英文名称：Kingdream Public Limited Company
英文缩写：KPLC
2、公司法定代表人：刘恩学
3、公司董事会秘书：龙邦诚
授权代表：操玉华
联系地址：湖北省潜江市广华前进路江钻股份证券部
电话：0728－6518598
传真：0728－6518598
电子信箱：security@kingdream.com
4、公司注册地址：湖北省武汉市洪山区珞瑜路456号
邮编：430070
公司办公地址：湖北省潜江市广华前进路
邮编：433124
公司电子信箱：info@kingdream.com
公司网址：www.kingdream.com.cn
5、公司选定的信息披露报纸：《证券时报》、《上海证券报》
登载公司年度报告的中国证监会指定国际互联网网址：www.cninfo.com.cn
公司年度报告备置地点：公司证券部
6、公司股票上市交易所：深圳证券交易所
股票简称：江钻股份
股票代码：0852

二、会计数据和业务数据摘要

1、本年度主要利润指标情况　　(合并报表　　单位：人民币元)

项目	金额
利润总额	86,088,312.17
净利润	74,511,144.70
扣除非经常性损益后的净利润	72,623,945.00
主营业务利润	144,949,393.32
其他业务利润	6,886,305.00
营业利润	77,963,906.54
投资收益	7,630,251.43
补贴收入	1,261,351.33
营业外收支净额	－767,197.13
经营活动产生的现金流量净额	72,285,318.56
现金及现金等价物净增加额	297,197.32

注：扣除的非经常性损益项目和涉及金额
①补贴收入　1,261,351.33
②资产处置损益　－405,633.06
③合并价差摊入　1,393,045.50
④其他收入　－361,564.07
以上项目涉及金额：　1,887,199.70

2、截至报告期末公司前三年主要会计数据和财务指标(合并报表　　单位：人民币元)

项目	2000年	1999年	1998年(调整后)
主营业务收入	356,283,471.28	225,981,215.90	249,440,442.77
净利润	74,511,144.70	56,133,202.82	81,205,122.64
总资产	874,545,356.65	826,898,061.81	733,267,003.68
股东权益	586,302,784.38	511,791,639.68	492,742,795.26
每股收益	0.373	0.281	0.406
每股收益(加权)	0.373	0.281	0.500
扣除非经常性损益后的每股收益	0.363	0.251	0.378
每股净资产	2.93	2.56	2.46
调整后的每股净资产	2.92	2.55	2.42
每股经营活动产生的现金流量净额	0.361	0.279	0.218
净资产收益率	12.71%	10.97%	16.48%
扣除非经常性损益后的加权净资产收益率	13.23%	9.62%	22.84%

3、按中国证监会《公开发行证券公司信息披露编报规则(第9号)》要求计算的利润数据

报告期利润	净资产收益率(%)		每股收益(元)	
	全面摊薄	加权平均	全面摊薄	加权平均
主营业务利润	24.72	26.40	0.725	0.725
营业利润	13.30	14.20	0.390	0.390
净利润	12.71	13.57	0.373	0.373
扣除非经常性损益后的净利润	12.39	13.23	0.363	0.363

三、股东情况介绍

1、报告期末股东总数29552户。
2、报告期末公司前10名股东持股情况

排名	股东名称	持股数(股)	占总股本比例(%)
1	江汉石油管理局	150,000,000	75
2	北京通航技贸易有限公司	1,508,500	0.754
3	沈静静	453,850	0.227
4	冯玉良	403,300	0.202
5	同智证券投资基金	329,137	0.165
6	张家荣	200,000	0.100
7	普丰证券投资基金	132,282	0.066
8	姚志强	126,400	0.063
9	上海金球集团	120,277	0.060
10	刘长慧	100,000	0.050

唐山陶瓷股份有限公司

二○○○年年度报告摘选

一、公司简介

1、公司法定中文名称:唐山陶瓷股份有限公司

公司法定英文名称:TANGSHAN CERAMIC CORP.,LTD.

2、公司法定代表人:邢平均

3、公司董事会秘书:张树来

公司授权代表:徐加力

联系地址:河北省唐山市路北区缸窑路29号

联系电话:(0315)3291354　　(0315) 3271011-3017

传　　真:(0315) 3291354

4、公司注册地址:河北省唐山市路北区缸窑路29号

公司办公地址:河北省唐山市路北区缸窑路29号

公司邮政编码: 063022

公司电子信箱: tstc@publc.tsptt.he.cn

5、公司选定的信息披露报纸:《证券时报》

指定登载公司年度报告的国际互联网网址:http://www.cninfo.com.cn

公司年度报告备置地点:深圳证券交易所　　唐山陶瓷股份有限公司证券部

6、公司股票上市交易所:深圳证券交易所

股票简称:唐山陶瓷　　股票代码:0856

二、会计数据和业务数据摘要

1、本年度主要利润指标情况(单位:人民币元)

指　标	2000年
(1) 利润总额	46 531 176.28
(2) 净利润	33 163 029.91
(3) 扣除非经常性损益后的净利润	34 302 484.49
(4) 主营业务利润	134 982 271.26
(5) 其它业务利润	16 665 839.15
(6) 营业利润	53 338 226.71
(7) 投资收益	-2 416 007.56
(8) 补贴收入	4 186 258.85
(9) 营业外收支净额	-8 577 301.72
(10)经营活动产生的现金流量净额	-35 533 530.24
(11)现金及现金等价物净增加额	118 767 011.69

注:扣除的非经常性损益项目和涉及金额(单位:人民币元)

项目	金 额
合并价差	-2 629 387.56
新股申购冻结利息	1 489 932.98
合 计	-1 139 454.58

2. 截止报告期末公司前三年主要会计数据财务指标(单位:人民币元)

指 标	2000年	1999年	1998年
(1)主营业务收入	467 767 049.42	464 186 156.02	329 894 012.72
(2)净利润	33 163 029.91	46 017 271.20	33 409 077.08
(3)总资产	1 039 034 086.29	775 465 747.19	789 638 473.20
(4)股东权益(不含少数股东权益)	528 024 919.01	393 301 497.60	363 284 226.40
(5)全面摊薄每股收益	0.19	0.29	0.21
(6)加权平均每股收益	0.20	0.29	0.24
(7)扣除非经常性损益后的每股收益	0.20	0.29	0.21
(8)每股净资产	3.02	2.46	2.27
(9)调整后的每股净资产	2.82	2.38	2.19
(10)每股经营活动产生的现金流量净额	-0.20	-0.01	0.36
(11)全面摊薄净资产收益率(%)	6.28	11.70	9.20
(12)加权平均净资产收益率(%)	7.33	11.91	12.12
(13)扣除非经常性损益后的加权净资产收益率(%)	7.58	12.21	12.05

三、股东情况介绍

1、股东情况介绍

(1)报告期末公司股东总数为33858户,其中社会公众股股东33857户。

(2)报告期末公司前十名股东持股情况

序号	股 东 名 称	持股数量(股)	占总股本比例(%)
1	唐山陶瓷集团有限公司	110,000,000	62.86
2	中国经济技术投资担保有限公司上海分公司	1,600,000	0.91
3	李福成	447,400	0.26
4	李晋	239,519	0.14
5	鄢连苟	166,600	0.10
6	苏庆文	153,400	0.09
7	陕西合记联合实业总公司	136,961	0.08
8	何忠山	130,000	0.07
9	石廷波	126,202	0.07
10	贾友珍	120,500	0.07

公司前10名股东无关联关系。

宜宾五粮液股份有限公司

二○○○年年度报告摘选

一、公司简介

1、公司法定中、英文名称

中文名称:宜宾五粮液股份有限公司

英文名称:YIBIN WULIANGYE CO.,LTD

2、公司法定代表人:王国春

3、公司董事会秘书:彭智辅

证券事务代表:肖祥发

联系地址:四川省宜宾市翠屏区岷江西路150号

联系电话:(0831)3553988转6858、5878

传真号码:(0831)3555958

公司证券事务电子信箱:dshb-wly@163.net

4、公司注册地址、办公地址:四川省宜宾市翠屏区岷江西路150号

邮政编码:644007

公司国际互联网网址:http://www.wuliangye.com.cn

5、公司选定的信息披露报刊为"中国证券报、证券时报、上海证券报"。

刊载公司年度报告的证监会指定国际互联网网址为http://www.cninfo.com.cn

公司年度报告备置地点:董事会办公室

6、公司股票上市交易所为:深圳证券交易所

股票简称:五粮液

股票代码:0858

二、会计数据和业务数据摘要

1、公司本年度实现利润情况

序号	项　目	金额(元)
1	利润总额	1,007,096,192.78
2	净利润	768,112,120.07
3	扣除非经常性损益后的净利润	768,112,120.07
4	主营业务利润	1,808,312,636.90
5	其它业务利润	3,003,015.83
6	营业利润	1,005,710,812.59
7	投资收益	2,373,601.70
8	补贴收入	0
9	营业外收支净额	-988,221.51
10	经营活动产生的现金流量净额	1,294,995,783.27
11	现金及现金等价物净增加额	777,502,685.95

2、截止本报告期末公司前三年的主要会计数据和财务指标　　单位:元

序号	项目	2000年度	1999年度	1998年度
1	主营业务收入	3,953,640,138.96	3,308,791,041.80	2,814,346,533.12
2	净利润	768,112,120.07	649,021,962.90	559,778,280.97
3	总资产	4,600,917,198.25	3,918,898,762.95	2,744,404,636.01
4	股东权益(不含少数股东权益)	3,188,611,486.52	2,420,499,366.45	1,771,477,403.55
5	每股收益	1.60	1.352	1.749
6	每股净资产	6.643	5.043	5.536
7	调整后的每股净资产	6.615	5.043	5.53
8	每股经营活动产生的现金流量净额	2.70	1.872	1.122
9	净资产收益率(%)	24.09	26.81	31.60
10	按月平均加权计算的每股收益	1.60	1.45	1.83
11	扣除非经常性损益后的每股收益	1.60	1.352	1.68

注:(1)2000年末总股本为48,000万股;1999年末总股本48,000万股;1998年末总股本为32,000万股。以上每股指标均按当期实现数除以当期总股本所得。

(2)公司1998年1-3月总股本为24,000万股;4-12月为32,000万股;1999年1-8月总股本为32,000万股,9-12月为48,000万股。以上述月份相关数据作为加权平均的计算基数。

三、股本变动及股东情况

1、股本变动情况

(1)股份变动情况表

公司股份变动情况表

数量单位:股

	期初数	本次变动增减(+,-) 配股	送股	公积金转增	增发	其他	小计	期末数
一、未上市流通股份								
1、发起人股份	360,000,000							360,000,000
其中:								
国家持有股份	360,000,000							360,000,000
境内法人持有股份								
境外法人持有股分								
其他								
2、募集法人股份								
3、内部职工股								
4、优先股或其他								
其中:转配股								
未上市流通股份合计	360,000,000							360,000,000
二、已上市流通股份								
1、人民币普通股	120,000,000							120,000,000
2、境内上市的外资股								
3、境外上市的外资股								
4、其他								
已上市流通股份合计	120,000,000							120,000,000
三、股份总数	480,000,000							480,000,000

安徽国风塑业股份有限公司

二〇〇〇年年度报告摘选

一、公司简介

一、公司简称:
1、公司名称:
中文:安徽国风塑业股份有限公司
英文:ANHUI GUOFENG PLASTIC INDUSTRY CO., LTD.
2、公司法定代表人:郑忠勋
3、公司董事会秘书:叶刚　　证券事务代表:吴亚
联系地址:合肥市马鞍山路1号
联系电话:0551-2885333-3166
传真号码:0551-2888835
4、公司注册地址:安徽省合肥市马鞍山路1号
公司办公地址:安徽省合肥市马鞍山路1号
邮编:230001
电子信箱:guofeng@ mail. hf. ah. cn
5、公司选定的信息披露报纸为《证券时报》
中国证监会指定的登载公司年度报告的国际互联网网址:
http://www.cninfo.com.cn
公司年度报告备置地点:本公司证券部
6、公司股票上市交易所:深圳证券交易所
股票简称:国风塑业
股票代码:0859

二、会计数据和业务数据摘要

1、公司本年度实现　　单位:元

项目	金额
利润总额:	59,348,667.62
净利润:	49,501,906.39
扣除非经常性损益后的净利润:	45,521,876.07
主营业务利润:	94,918,472.34
其它业务利润:	951,015.17
营业利润:	55,368,637,30
投资收益:	2,000,000.00
补贴收入:	543,200.00
营业外收支净额:	1,436,830.32
经营活动产生的现金流量净额:	20,604,219.51
现金及现金等价物净增加额:	111,198,036.00

注:扣除非经常性损益项目和涉及金额:
1)营业外收支净额项目:

项目	金额
a、处理固定资产净损失:	2,057.76
b、罚款支出:	1,220.03
c、扣除新股发行的资金利息:	1,186,602.30
d、其他支出:	246,950,23
2)补贴收入项目:	
a、财政局高科技产品超税负返还:	543,200.00
3)投资收益:	2,000,000.00
4)以上项目涉及金额:	3,980,030.32

2、主要合计数据和财务指标 (单位:元)

指标项目	2000年	1999年	1998年	
			调整前	调整后
主营业务收入	476,827,869.08	409,984,275.02	353,436,474.25	353,436,474.25
净利润	49,501,906.39	59,202,600.26	50,671,057.42	53,389,672.46
总资产	1,146,465,522.74	880,957,203.68	787,359,284.36	777,360,289.48
股东权益(不含少数股东权益)	729,799,746.43	545,704,799.53	496,501,194.15	486,502,199.27
每股收益(摊薄)	0.21	0.33	0.28	0.30
每股收益(加权)	0.22	0.33	0.36	0.38
扣除非经常性损益后每股收益	0.19	0.30	0.26	0.27
每股净资产	3.20	3.03	2.76	2.70
调整后的每股净资产	3.09	3.03	2.75	2.69
每股经营活动产生的现金流量净额	0.08	0.38	0.44	0.44
净资产收益率(摊薄)%	6.5	10.85	10.21	10.97
净资产收益率(加权)%	7.66	11.47	20.05	22.12

3、报告期间内股东权益变动情况:

项目	股本	资本公积	盈余公积	法定公益金	未分配利润	股东权益合计
期初数	180,000,000	281,261,575.93	12,666,483.51	4,222,161.17	71,776,740.09	545,704,799.53
本期增加	55,800,000	162,608,823.29	4,950,190.64	2,475,095.32	49,501,906.39	207,674,946.90
本期减少		36,000,000.00			31,005,285.96	23,580,000.00
期末数	235,800,000	407,870,399.22	13,394,512.98	6,697,256.49	90,273,360.52	729,799,746.43

三、股本变动及股东情况

(一)股本变动情况
1、股本变动情况表　　数量单位:股

	本次变动前	本次变动增减(+,-)					本次变动后
		发行新股	送股	公积金转股	其他	小计	
①尚未流通股份	120,000,000	+1,800,000	—	+24,000,000	—	+25,800,000	145,800,000
发起人股份	120,000,000	+1,800,000	—	+24,000,000	—	+25,800,000	145,800,000
其中:国家持有股份	120,000,000	+1,800,000	—	+24,000,000	—	+25,800,000	145,800,000
尚未流通股份合计	120,000,000	+1,800,000	—	+24,000,000	—	+25,800,000	145,800,000
②已流通股份	60,000,000	+18,000,000	—	+12,000,000	—	+30,000,000	90,000,000
境内上市的人民币普通股	60,000,000	+18,000,000	—	+12,000,000	—	+30,000,000	90,000,000
已流通股份合计	60,000,000	+18,000,000	—	+12,000,000	—	+30,000,000	90,000,000
③股份合计	180,000,000	+19,800,000	—	+36,000,000	—	+55,800,000	235,800,000

北京顺鑫农业股份有限公司

二〇〇〇年年度报告摘选

一、公司简介

1.公司法定名称
中文名称:北京顺鑫农业股份有限公司
英文名称:BEIJING SHUNXIN AGRICULTURE CO., LTD
2.公司注册地址:北京市顺义区站前街
公司办公地址:北京市顺义区站前街
邮政编码:101300
公司国际互联网址:www.0860.com.cn
电子信箱:sxnygf@public.bta.net.cn
3.公司法定代表人:龚建友
4.公司董事会秘书:田建国
联系地址:北京市顺义区站前街
联系电话:(010)69420860、69428900
传　　真:(010)81499846
电子信箱:jgtian@371.net
5.公司选定的信息披露报纸:《中国证券报》、《证券时报》
年度报告指定登载网址:http://www.cninfo.com.cn
公司年度报告备置地点:公司证券部
6.公司股票上市交易所:深圳证券交易所
股票简称:顺鑫农业
股票代码:0860

二、主要会计数据和指标

(一)本年度主要利润指标情况(单位:元)

项目	2000年度
利润总额	85165386.69
净利润	76488226.82
扣除非经常性损益的净利润	77035619.94
主营业务利润	134950091.77
其他业务利润	5076863.61
营业利润	61740587.72
投资收益	1200462.76
补贴收入	22771729.33
营业外收支净额	-547393.12
经营活动产生的现金流量净额	49177853.29
现金及现金等价物净增加额	-162060515.30

扣除非经常性损益项目和涉及金额:扣除营业外收入3028690.60元、营业外支出3576083.72元。

(二)公司前三年主要会计数据和财务指标(单位:元)

指标项目	2000年度	1999年度	1998年度(调整前)	1998年度(调整后)	2000年比1999年增减
主营业务收入	677131956.40	636,305,938.40	733,525,286.06	733,525,286.06	40826018.00
净利润	76488226.82	77,198,567.99	88,391,250.60	84,110,953.05	-710341.17
总资产	1019816080.30	1,026,744,914.95	1,157,079,140.80	1,150,760,104.86	-6928834.65
股东权益	850068875.54	815,580,648.72	742,662,378.28	738,382,080.73	34488226.82
每股收益	0.273	0.276	0.32	0.30	-0.003
加权平均每股收益	0.273	0.276	0.39	0.37	-0.003
扣除非经常性损益后的每股收益	0.275	0.248	0.234	0.219	0.027
每股净资产	3.036	2.91	2.65	2.64	0.126
调整后的每股净资产	2.949	2.86	2.63	2.62	0.089
每股经营活动产生的现金流量净额	0.176	0.29	0.12	0.12	-0.114
净资产收益率(%)	8.998	9.47	11.90	11.39	-0.472
加权净资产收益率(%)	8.998	9.47	11.90	11.39	-0.472
扣除非经常性损益后的加权净资产收益率(%)	9.00	8.51	8.34	10.12	0.49

(三)报告期利润表附表

报告期利润	净资产收益率(%)		每股收益(元)	
	全面摊薄	加权平均	全面摊薄	加权平均
主营业务利润	15.86	15.81	0.48	0.48
营业利润	7.26	7.23	0.22	0.22
净利润	9.00	8.95	0.27	0.27
扣除非经常性损益后的净利润	9.10	9.00	0.28	0.28

(四)股东权益变动情况及变动原因(单位:元)

项目	期初数	本期增加	本期减少	期末数
股本	280,000,000.00			280,000,000.00
资本公积	444,271,127.68			444,271,127.68
盈余公积	31,719,656.68	15,297,645.36		47,017,302.04
法定公益金	15,859,828.34	7,648,822.68		23,508,651.02
未分配利润	59,589,864.36	19,190,581.46		78,780,445.82
股东权益合计	815,580,648.72	34,488,226.82		850,068,875.54

三、股本变动和主要股东情况

1.截止2000年12月31日,公司股东总数为44696户。
2.报告期末公司前十名股东持股情况:

名次	股东名称	持股数量(股)	占总股本比例
1	北京市泰丰现代农业发展中心	210000000	75.00%
2	同盛证券投资基金	598088	0.21%
3	袁妙玲	307400	0.11%
4	中信实业银行深圳分行证券营业部	300000	0.11%
5	深圳市正瑞投资发展有限公司	200000	0.07%
6	景福证券投资基金	200000	0.07%
7	中奥广告有限公司	170000	0.06%
8	吴静凯	130500	0.05%
9	普丰证券投资基金	118357	0.04%
10	贾建勤	118049	0.04%

茂名永业(集团)股份有限公司

二○○○年年度报告摘选

一、公司简介

1、公司的法定中、英文名称及缩写:
中文名称:茂名永业(集团)股份有限公司
英文名称:Maoming Yongye (Group) Co., Ltd.
英文名称缩写:MMYY
2、公司法定代表人:柯朝南
3、公司董事会秘书:王洪信
联系地址:广东省茂名市环市西路 61 号
联系电话:0668—2327411—8888
传真:0668—2326412
电子邮箱:mmyongye@163.net
证券事务代表:刘云燕
联系地址:广东省茂名市官山西路 21 号
联系电话:0668—2286717
传真:0668—2326412
4、公司注册、办公地址:广东省茂名市环市西路 61 号
邮政编码:525024
公司国际互联网网址:无
公司电子信箱:mmyongye@pub.maoming.gd.cn
5、公司选定的信息披露报纸名称:《证券时报》、《中国证券报》
登载公司年度报告的国际互联网网址:http://www.cninfo.com.cn
公司年度报告备置地点:广东省茂名市官山西路 21 号本公司证券部
6、公司股票上市交易所:深圳证券交易所
股票简称:茂化永业
股票代码:0861

二、会计数据和业务数据摘要(合并)

(一)、本年度主要利润指标(单位:人民币元)

利润总额:	12,463,105.29
净利润:	5,624,766.27
扣除非经营性损益后的净利润:	6,493,186.70
主营业务利润:	34,225,799.74
其它业务利润:	100,425.29
营业利润:	13,331,525.72
投资收益:	0
补贴收入:	277,772.26
营业外收支净额:	1,146,192.69
经营活动产生的现金流量净额:	15,127,842.84
现金及现金等价物净增加额:	25,803,528.66

注:本年度公司非经营性损益构成如下(单位:元)

项目	金额
补贴收入	277,772.26
营业外收支净额	-1,146,192.69
合计	-868,420.43

(二)、截至报告期末公司前三年主要会计数据和财务指标:

序号	项 目	2000 年度	1999 年度	1998 年度
1	主营业务收入(元)	157,879,841.31	126,493,283.32	118,483,265
2	净利润(元)	5,624,766.27	16,313,416.58	14,767,113
3	总资产(元)	476,560,907.77	297,144,911.41	244,086,297
4	股东权益(不含少数股东权益)(元)	243,995,306.80	149,793,308.64	143,661,868
5	每股收益(元/股)	0.08	0.25	0.306
6	每股收益(按月平均加权法计算)(元/股)	0.08	0.28	0.358
7	扣除非经营性损益后的每股收益(元/股)	0.09	0.176	0.256
8	每股净资产(元/股)	3.29	2.30	2.80
9	调整后每股净资产(元/股)	3.22	2.30	2.80
10	每股经营活动产生的现金流量净额(元)	0.20	0.066	0.00
11	净资产收益率(%)	2.31	10.89	10.93
12	净资产收益率加权(%)	3.05	11.01	13.19
13	扣除非经常性损益后净资产收益率	2.67	7.63	9.72

利润表附表:

报告期利润	净资产收益率(%)		每股收益(元)	
	全面摊薄	加权平均	全面摊薄	加权平均
主营业务利润	14.03	18.54	0.46	0.50
营业利润	5.46	7.22	0.18	0.20
净利润	2.31	3.05	0.08	0.08
扣除非经常性损益后的净利润	2.67	3.53	0.09	0.10

三、股东情况介绍

1、报告期末股东总数:4498 户
2、前 10 名股东的持股情况

股 东 名 称	持股数量(万股)	占总股本的比例(%)
广东省茂名市国有资产管理局	1952.55	26.33
中石化茂名石油化工公司	338	4.56
茂名永业(集团)股份有限公司工会持股会	88.3	1.19
广东省茂名信托投资有限公司	60	0.81
广东省茂名市化学工业总公司	46.5	0.63
广东省茂名市兴达发展总公司	38.4	0.52
广东省茂名市工业开发公司	35.1	0.47
孟北群	28.1	0.38
杨明才	26.8	0.36
赖细瓜	23.8	0.32

吴忠仪表股份有限公司

二○○○年年度报告摘选

一、公司简介

1、公司法定中文名称:吴忠仪表股份有限公司
公司法定英文名称:Wu Zhong Instrument Co., Ltd.
2、公司法定代表人:赵广生
3、公司董事会秘书:冯平儒
董事会秘书授权代表:李继峰、刘伟盛
联系地址:宁夏吴忠市利通区朝阳街 67 号
电　话:(0953)2013611-2510
传　真:(0953)2012382
E-mail:wyljf0750(sina.com
4、公司注册地址及办公地址:宁夏吴忠市利通区朝阳街 67 号
邮编:751100
http://www.wzyb.com.cn
E-mail:wzyb(public.yc.nx.cn
5、公司信息披露报纸:《中国证券报》、《证券时报》
公司年度报告国际互联网刊登网址:
http://www.cninfo.com.cn
公司年度报告备置地点:公司投资管理本部
6、股票上市交易所:深圳证券交易所
股 票 简 称:吴忠仪表
股 票 代 码:0862

二、会计数据和业务数据摘要

1、年度利润情况(单位:人民币元)

项 目	金 额
利润总额	59,772,144.12
净利润	50,182,975.40
扣除非经常性损益后的净利润	50,019,355.99
主营业务利润	78,612,031.10
其它业务利润	2,467,901.51
投资收益	9,080,689.78
补贴收入	0.00
营业外收支净额	-355,214.57
经营活动产生的现金流量净额	6,317,265.38
现金及现金等价物净增加额	142,295,982.35

2、公司前三年主要会计和财务指标(单位:人民币元)

指 标 名 称	2000 年 12 月 31 日	1999 年 12 月 31 日	1998 年 12 月 31 日	
			调整后	调整前
(1)主营业务收入	199,567,035.48	157,887,568.30	111,531,753.57	111,531,753.57
(2)净利润	50,182,975.40	48,083,455.35	37,441,641.43	44,237,059.27
(3)总资产	963,630,364.69	605,517,332.30	484,342,152.06	495,180,410.22
(4)股东权益(不含少数股东权益)	724,129,546.49	435,771,505.85	428,068,050.50	438,906,308.66
(5)每股收益(元/股)(摊薄)	0.23	0.25	0.30	0.35
(加权)	0.26	0.25	0.35	0.42
(6)每股净资产	3.32	2.29	3.38	3.47
(7)调整后的每股净资产	3.28	2.26	3.37	3.46
(8)净资产收益率(%)(摊薄)	6.93	11.03	8.75	10.08
(%)(加权)	10.89	11.03	14.73	16.97
(9)每股经营活动产生的现金流量净额	0.02	0.16		

3、利润分配表附表

报告期利润	净资产收益率(%)		每股收益(元/股)		1999 年度利润	净资产收益率(%)		每股收益(元/股)	
	全面摊薄	加权平均	全面摊薄	加权平均		全面摊薄	加权平均	全面摊薄	加权平均
主营业务利润	10.8561	17.0576	0.3600	0.4140	主营业务利润	16.6442	16.0427	0.3819	0.3819
营业利润	7.0494	11.0763	0.2338	0.2688	营业利润	13.4624	12.9759	0.3089	0.3089
净利润	6.9301	10.8889	0.2298	0.2643	净利润	11.0349	10.6354	0.2532	0.2532
扣除非经常损益后的净利润	6.9075	10.8534	0.2291	0.2634	扣除非经常损益后的净利润	11.1249	10.7229	0.2529	0.2529

4、股东权益变动原因

项 目	股 本	资本公积	盈余公积	法定公益金	未分配利润	股东权益合计
期初数	18990	219,281,534.89	8,137,307.17	4,061,320.99	14,391,342.22	435,771,505.85
本期增加	2844	242,486,065.24	4,983,040.91	2,491,520.45	50,182,975.40	288,358,040.64
本期减少					40,225,552.36	
期末数	21834	461,767,600.13	13,120,348.66	6,552,841.44	24,348,765.26	724,129,546,49
变动原因	配股	利润提取	利润提取	利润提取	本年度利润转入	本年度利润转入

三、股本变动及股东情况

1、公司报告期末股东总数为 63138 户,其中:公司职工股股东 11 户,全部为公司高级管理人员。

2、公司前十名股东

股 东 名 称	报告期末持有股数(万股)	占总股本比例(%)	流通情况
1)吴忠仪表集团有限公司	9144	41.8796	未流通
2)广州隆怡投资发展有限公司	945	4.3281	未流通
3)山东证券公司总部	86.3363	0.3954	流通股
4)杭州洁翔职工持股协会	66.0783	0.3026	流通股
5)吴秀芹	45.2000	0.2070	流通股
6)机械工业部第十一设计研究院	45	0.2061	未流通
7)蔡正国	44.5000	0.2038	流通股
8)马佩英	35	0.1603	流通股
9)马存孝	34.7000	0.1589	流通股
10)刘文政	34.1000	0.1561	流通股

沈阳北方商用技术设备股份有限公司

二〇〇〇年年度报告摘选

一、公司简介

1、公司名称:沈阳北方商用技术设备股份有限公司
英文名称:SHENYANG NORTHERN BUSINESS TECHNOLOGY AND EQUIPMENT CO., LTD.
2、公司法定代表人:黄勇
3、公司董事会秘书:李伟
董事会秘书授权代表:郑涵
联系地址:沈阳市皇姑区怒江街127号
联系电话:024—86794049
传 真:024-86794029
电子信箱:NBTCNET@pub.sy.lnpta.net.cn
4、公司注册地址:沈阳和平区青年大街386号华阳国际大厦A座24层
公司办公地点:沈阳市皇姑区怒江街127号
邮政编码:110036
5、公司指定披露报纸:《中国证券报》《证券时报》
登载公司年度报告的国际互联网址:http://www.cninfo.com.cn
公司年度报告置备地点:公司证券部
6、公司股票上市交易所:深圳证券交易所
股票简称:北商技术
股票代码:0863

二、会计数据和业务数据摘要

1、公司本年度的会计数据　　单位:人民币元

项 目	金 额
利润总额	45,217,868.63
净利润	33,557,540.06
扣除非经营性损益后的净利润	31,979,762.13
主营业务利润	69,105,134.51
其他业务利润	2,163,808.26
营业利润	41,386,200.35
投资收益	2,253,890.35
补贴收入	1,014,000.00
营业外收支净额	563,777.93
经营活动产生的现金流量净额	-7,089,081.30
现金及现金等价物净增加额	-22,273,293.98

注:扣除的非经营性损益项目和涉及金额
(1)科研项目拨款补贴,金额为1,014,000.00元;
(2)营业外收入758,637.52元;营业外支出194,859.59元。

2、公司近三年财务指标　　单位:人民币元

项 目	2000年	1999年	1998年	
			调整前	调整后
主营业务收入	198,550,035.96	101,468,040.58	71,986,605.34	71,986,605.34
净利润	33,557,540.08	17,020,110.58	16,706,089.18	14,638,004.93
总资产	462,225,736.08	329,100,738.12	207,625,811.03	198,945,669.55
股东权益(不含少数股东权益)	254,380,857.80	225,180,504.70	137,274,320.31	132,267,016.74
每股收益	0.247	0.251	0.334	0.293
每股收益(加权平均法计算)	0.247	0.281	0.334	0.293
扣除非经营损益后的每股收益	0.236	0.195	0.269	0.279
每股净资产	1.88	3.32	2.74	2.64
调整后每股净资产	1.83	3.28	2.69	2.59
每股经营活动产生的现金流量净额	-0.052	-0.124	0.052	0.052
净资产收益率(%)	13.19	7.56	12.17	11.07
净资产收益率(%)(加权平均法计算)	13.87	11.57	——	——

注:以上数据以公司合并会计报表数填列

3、报告期内股东权益变动情况　　单位:人民币元

项目	股本	资本公积	盈余公积	法定公益金	未分配利润	股东权益合计
期初数	67,810,131	125,199,684.97	6,804,761.20	3,402,380.65	21,963,546.88	225,180,504.70
本期增加	67,810,131		8,893,836.62	2,964,612.19	33,557,540.06	110,261,507.68
本期减少		67,810,131			13,251,023.58	81,061,154.58
期末数	135,620,262	57,389,553.97	19,100,978.47	6,366,992.84	42,270,063.36	254,380,857.80
变动原因	用资本公积金送股	用资本公积金送股	提取法定盈余公积金和法定公益金	提取法定公益金	按公司章程提取法定公积金和公益金后拟不再进行利润分配;收购和光达文后补提坏帐准备和存货跌价准备	本会计年度净利润增加

三、股本变动及主要股东持股情况

(1)截止2000年12月31日,公司股东总数为20,712户。
(2)本公司前10名股东持股情况　　单位:股

序号	股 东 名 称	期初持股量	增减变动情况	期末持股量	占总股份比例(%)
1	沈阳和光集团股份有限公司	——	38,870,220	38,870,220	28.66
2	沈阳中天电子发展股份有限公司	13,326,932	13,326,932	26,653,864	19.65
3	沈阳北方商用技术有限公司	4,442,311	4,442,311	8,884,622	6.55
4	广州南沙经济技术开发区安华保税有限公司	4,442,311	4,442,311	8,884,622	6.55
5	长白计算机集团公司	4,442,311	4,442,311	8,884,622	6.55
6	沈阳市建设投资公司	1,332,694	1,332,694	2,665,386	1.96
7	沈阳高技术发展公司	888,462	888,462	1,776,924	1.31
8	兴科证券投资基金	——	1,600,00	1,600,000	1.18
9	陈学兴	——	——	200,000	0.15
10	于荣嘉	——	——	153,700	0.11

中国石化扬子石油化工股份有限公司

二〇〇〇年年度报告摘选

一、公司简介

1、公司的法定中文名称:中国石化扬子石油化工股份有限公司
中文缩写:扬子石化
公司的法定英文名称:SINOPEC YANGZI PETROCHEMICAL CO., LTD.
英文缩写:YPC
2、公司法定代表人:马志平先生
3、公司董事会秘书:吴鹏鸣先生
联系地址:南京高新技术产业开发区16幢B
联系电话:025-7787735/8848631
传　　真:025-7787755/8848635
电子信箱:DMS@YPC.COM.CN
4、公司注册地址及办公地址:南京高新技术产业开发区16幢B　　邮政编码:210061
公司国际互联网网址:http://www.ypc.com.cn/
公司电子信箱:GFB@YPC.COM.CN
5、公司选定的信息披露报纸名称:《中国证券报》、《证券时报》、《上海证券报》
登载公司年报的中国证监会指定国际互联网网址:http://www.cninfo.com.cn
公司年度报告备置地点:公司董事会秘书室
6、公司股票上市交易所:深圳证券交易所
股票简称:扬子石化　　股票代码:0866

二、会计数据和业务数据摘要

(一)公司本年度实现的经营指标情况(单位:人民币元)

项 目	2000年度
利润总额	737,005,494.61
净利润	647,745,374.43
扣除非经常性损益后的净利润	658,085,122.35
主营业务利润	1,423,668,423.52
其他业务利润	20,522,444.69
营业利润	753,025,232.71
投资收益	
补贴收入	
营业外收支净额	-16,019,738.10
经营活动产生的现金流量净额	1,195,726,961.72
现金及现金等价物净增加额	-199,678,256.11

注:扣除的非经常性损益的总金额为10,339,747.92,具体项目及金额构成如下:

项目	金 额
固定资产盘盈	11,498,008.79
处理固定资产净损失	10,887,749.72
固定资产盘亏	5,039,099.56
处理流动资产净损失	5,910,907.43

(二)公司前三年主要会计数据和财务指标(单位:人民币元)

项 目	2000年	1999年	1998年	
			调整前	调整后
主营业务收入	15,378,499,163.29	9,223,912,519.66	8,048,159,080.56	8,048,159,080.56
净利润	647,745,374.43	485,089,181.03	409,026,296.16	381,580,516.46
总资产	10,602,231,855.02	11,093,233,862.97	11,503,105,935.79	11,463,786,803.76
股东权益(不含少数股东权益)	5,178,228,155.59	4,763,398,151.16	4,550,603,102.16	4,511,283,970.13
每股收益(按净利润全面摊薄计算)	0.28	0.21	0.18	0.16
每股收益(按净利润加权平均计算)	0.28	0.21	0.19	0.17
每股收益(按扣除非经常性损益后的净利润全面摊薄)	0.28	0.22	0.17	0.16
每股收益(按扣除非经常性损益后的净利润加权平均)	0.28	0.22	0.17	0.16
每股净资产	2.22	2.04	1.95	1.94
调整后的每股净资产	2.17	1.97	1.89	1.87
净资产收益率(%,按净利润全面摊薄计算)	12.51	10.18	8.99	8.46
净资产收益率(%,按净利润加权平均计算)	12.62	10.46	10.85	10.17
每股经营活动产生的现金流量净额	0.51	0.32		

三、股本变动及股东情况

(一)股本变动情况
1、股份变动情况表　　数量单位:万股

	本次变动前	本次变动增减(+,-) 配股	送股	公积金转股	增发	其他	小计	本次变动后
一、未上市流通股份								
1、发起人股份	198,000							198,000
其中:								
国家持有股份	198,000							198,000
境内法人持有股份								
境外法人持有股份								
其他								
2、募集法人股份								
3、内部职工股								
4、优先股或其他								
其中:转配股								
未上市流通股份合计	198,000							198,000
二、已上市流通股份								
1、人民币普通股	35,000							35,000
2、境内上市的外资股								
3、境外上市的外资股								
4、其他								
已上市流通股份合计								
三、股份总数	233,000							233,000

安徽安凯汽车股份有限公司

二〇〇〇年年度报告摘选

一、公司简介

1、公司法定中文名称:安徽安凯汽车股份有限公司
公司法定英文名称:ANHUI ANKAI AUTOMOBILE CO.,LTD
2、公司法定代表人:王一荃
3、公司董事会秘书:王 军
证券 事务 代表:张 勇
联 系 电 话:(0551)4844712 4844713
公司传真号码:(0551)4844888
4、公司注册及办公地址:安徽省合肥市葛淝路1号
邮 政 编 码:230051
公司互联网网地址:http://www.ankai.com
电子信箱:ankai@mail.ah.cn
5、公司选定的信息披露报纸:《证券时报》
登载公司年度报告的国际互联网网址:http://www.cninfo.com.cn
公司年度报告备置地点:公司董事会办公室
6、公司股票上市地 深圳证券交易所
股票简称:安凯客车 股票代码:0868

二、会计数据和业务数据摘要

1、本年度主要会计数据

项目	金额
利润总额(万元):	1768.40
净 利 润(万元):	1212.30
扣除非经常性损益后的净利润(万元):	1212.30
主营业务利润(万元):	5455.34
其他业务利润(万元):	740.88
投 资 收 益 (万元):	0
补 贴 收 入 (万元):	0
营业外收支净额(万元):	0.19
经营活动产生的现金流量净额(元):	-20,539,311.08
现金及现金等价物净增加额(元):	-21,688,914.92

2、公司近三年主要财务数据和财务指标

指标项目	2000年度	1999年度	1998年度	
			调整前	调整后
主营业务收入(元)	372,485,108.43	473,389,269.54	645,026,410.85	645,026,410.85
净利润(元)	12,122,989.02	24,405,937.72	54,962,939.39	39,644,734.66
总资产(元)	1,106,742,698.54	1,144,187,643.88	845,544,874.81	805494774.93
股东权益(元)	677,492,889.00	665,891,316.83	483,038,982.41	442,988,882.53
每股收益(元/股)	0.055	0.144	0.393	0.283
每股收益(月均)(元)	0.063	0.174	0.393	0.283
扣除非经常性损益后的每股收益(元)	0.055	0.144	0.393	0.283
每股净资产(元/股)	3.07	3.92	3.45	3.16
调整后每股净资产(元)	2.89	3.91	3.44	3.15
每股经营活动产生的现金流量净额(元)	-0.09	-0.463	0.135	0.135

利润分配表附表

报告期利润	净资产收益率(%)		每股收益(元/股)	
	全面摊薄	加权平均	全面摊薄	加权平均
主营业务利润	8.05	8.12	0.247	0.247
营业利润	2.61	2.63	0.080	0.080
净利润	1.79	1.80	0.055	0.055
扣除非经常性损益后的净利润	1.79	1.80	0.055	0.055

3、报告期内股东权益变动情况 单位:元

项 目	股本(股)	资本公积	盈余公积	其中:法定公益金	未分配利润	股东权益合计
期初数	170,000,000	462,026,157.47	13,655,728.67	6,069,212.74	19,388,013.84	665,069,899.98
本期增加	51,000,000	300,000.00	2,182,138.03	969,839.13	12,122,989.02	65,605,127.05
本期减少		51,000,000			2,182,138.03	53,182,138.03
期末数	221,000,000	411,326,157.47	15,837,866.70	7,039,051.87	29328864.83	677,492,889.00
变动原因	本期实施了资本公积金10股转增3股的分配方案	本期实施了资本公积金10股转增3股的分配方案。按规定债务重组收 益增加30万元。	按税后利润增加218万元。	按税后利润提取,增加97万元。	本年实现净1212万元,计提两金减少218万元	

三、股本变动和股东情况

1、股本变动情况
(1)股份变动情况表 数量单位:股

项 目	本次变动前	本次变动增减					本次变动后
		配股	送股	公积金转股	其他	小计	
一、未上市流通股份							
1.发起人股份							
其中:							
(1)国家持有股份	92,000,000			27,600,000		27,600,000	119,600,000
(2)境内法人持有股份							
(3)外资法人持有股份							
(4)其他							
2.募集法人股							
3.内部职工股							
4.优先股或其他							
其中:转配股							
未上市流通股份合计	92,000,000			27,600,000		27,600,000	119,600,000
二、已上市流通股份							
1.人民币普通股	78,000,000			23,400,000		23,400,000	101,400,000
2.境内上市的外资股							
3.境外上市的外资股							
4.其他							
已上市流通股份合计	78,000,000			23,400,000		23,400,000	101,400,000
三、股份总数	170,000,000			51,000,000		51,000,000	221,000,000

烟台张裕葡萄酿酒股份有限公司

二〇〇〇年年度报告摘选

一、公司简介

1、公司法定中文名称:烟台张裕葡萄酿酒股份有限公司
法定英文名称:YANTAI CHANGYU PIONEER WINE COMPANY LIMITED
2、公司法定代表人:孙利强
3、公司董事会秘书:曲为民
联系地址:山东省烟台市世回尧路174号
电话:0086-535-6247214、6647864
传真:0086-535-6247214、6244616
电子信箱:quwm@changyu.com.cn
公司股证事务授权代表:李廷国
联系地址:山东省烟台市世回尧路174号
电话:0086-535-6647864;
传真:0086-535-6244616
4、公司注册地址:山东省烟台市大马路56号
公司办公地址:山东省烟台市世回尧路174号
邮政编码:264001
公司国际互联网网址:http://www.changyu.com.cn
公司电子信箱:stock@changyu.com.cn
5、本公司信息披露报纸:境内:《中国证券报》、《证券时报》;
境外:《香港商报》
登载本公司年度报告的国际互联网网址:http://www.cninfo.com.cn
公司年度报告备置地点:公司董事会秘书处
联系电话:0086-535-6647864
公司股票上市交易所:深圳证券交易所
股票简称:张裕A、张裕B 股票代码:0869、2869

二、会计数据和业务数据摘要

1、本年度会计数据摘要

项 目	金 额(单位:人民币元)
利润总额	172,479,707
净利润	127,480,258
扣除非经常性损益后的净利润	127,480,258
主营业务利润	446,544,705
其他业务利润	-
营业利润	171,682,709
投资收益	-
营业外收支净额	3,292,400
补贴收入	-
经营活动产生的现金流量净额	177,882,620
现金及现金等价物净增加额	713,496,215

2、按境内外两种会计准则审计之净利润的差异说明

2000年度,本公司经安达信.华强会计师事务所按中国会计准则审计的净利润为127,480,258元,经安达信公司按国际会计准则调整后的净利润为121,748,709元,差异如下:

单位:人民币元

按照中国会计准则计算之净利润	127,480,258
按国际会计准则调整对净利润的影响:	
——财政返还确认的会计政策变更	(11,916,549)
——递延税项	6,185,000
按国际会计准则重报之数据	121,748,709

3、截至报告期期末公司前三年的主要会计数据和财务指标 单位:人民币元

项 目	2000.1-12	1999.1-12		1998.1-12	
		调整前	调整后	调整前	调整后
主营业务收入	873,617,952	629,926,974	629,926,974	568,494,018	568,494,018
净利润	127,480,258	92,321,626	84,049,229	79,488,654	84,418,164
总资产	1,610,758,121	820,918,829	809,002,280	711,023,318	707,379,166
股东权益	1,250,121,625	573,097,916	561,181,367	514,976,290	511,332,138
每股收益					
全面摊薄	0.49	0.405	0.37	0.35	0.37
加权平均	0.55	0.405	0.37	0.35	0.37
每股净资产	4.81	2.51	2.46	2.26	2.24
净资产收益率(%)					
全面摊薄	10.2	16.1	15	15.4	16.5
加权平均	17.5	16.1	15	15.4	16.5
调整后的每股净资产	4.67	2.38	2.34	2.19	2.17
扣除非经常性损益后的每股收益	0.49	0.405	0.37	0.35	0.37
每股经营活动产生的现金流量净额	0.68	0.34	0.34	0.06	0.06

三、股东情况介绍

1、股东情况介绍

截止2000年12月31日,本公司共有股东32,769户,其中,国家股股东1名,由烟台市国有资产管理局委托烟台张裕集团有限公司持有;人民币普通股股东30,338户;境内上市外资股股东2,430户,前10名股东持股情况如下:

股 东 名 称	股份类别	持股数(股)	占总股本比例(%)
烟台张裕集团有限公司	A股	140,000,000	53.9
中国光大资产管理有限公司	B股	2,500,400	0.96
SPEEDY LINK INVESTMENT LIMITED	B股	2,500,000	0.96
WELLPLANNED LIMITED	B股	2,500,000	0.96
CHINA EVERBRIGHT FINANCIAL HOLDINGS LIMITED	B股	2,435,000	0.94
中国国泰控股有限公司	B股	2,403,600	0.93
NATEXIS BANQUES POPULAIRES	B股	2,213,627	0.85
金鑫证券投资基金	A股	2,113,140	0.81
LONGBUSY INVESTMENT LIMITED	B股	1,825,600	0.70
BONY A/C CMG CH CHINA INVES-TMENTS LIMITED	B股	1,690,700	0.65

四川新希望农业股份有限公司

二〇〇〇年年度报告摘选

一、公司简介

1、公司法定中文名称：四川新希望农业股份有限公司
公司法定英文名称：SICHUAN NEW HOPE AGRIBUSINESS CO. LTD
公司英文名称缩写：NEW HOPE
2、公司法定代表人：刘永好
3、公司董事会秘书：曾 勇
联系地址：四川省成都市人民南路四段45号
电话：(028)5249289 (028)5249292 传真：(028)5245955
电子邮箱：zengqinzhe@sohu.com
4、公司注册地址：四川省绵阳国家高新技术产业开发区
公司办公地址：四川省成都市人民南路四段45号 邮政编码：610041
公司电子信箱：scnhacl@mail.sc.cninfo.net
5、公司选定的信息披露报纸名称：
中国证券报(2000年1月1日－2000年12月31日)
证券时报(2001年1月1日－2001年12月31日)
登载公司年报的中国证监会国际互联网网址：http://www.cninfo.com.cn
公司年报备置地点：公司董事会办公室
6、股票上市：深圳证券交易所
股票简称：新希望 股票代码：0876

二、会计数据和业务数据摘要

1、公司本年度会计数据和业务数据 单位：人民币元

项目	金额
利润总额：	60,659,679.79
净利润：	55,002,216.63
扣除非经常性损益后的净利润：	54,497,917.49
主营业务利润：	72,038,991.82
其他业务利润：	1,710,998.85
营业利润：	30,150,068.95
投资收益：	30,208,984.73
营业外收支净额：	300,626.11
经营活动产生的现金流量净额：	1,031,975.78
现金及现金等价物净增加额：	－69,561,790.90

2、公司近三年主要会计数据和财务指标 单位：人民币万元

项 目	2000年度	1999年度	1998年度
主营业务收入：	64,135.65	52,576.61	41,275.70
净利润：	5,500.22	5,566.23	5,748.92
总资产：	107,604.96	67,011.54	49,719.68
股东权益：	85,666.54	50,328.44	45,462.31
每股收益(元)(摊薄)：	0.302	0.398	0.4105
(元)(加权)：	0.334	0.398	0.4105
扣除非经常性损益后的每股收益(元)(摊薄)：	0.299	0.398	0.387
(元)(加权)：	0.331	0.398	0.387
每股净资产(元)：	4.71	3.59	3.26
调整后的每股净资产：	4.66	3.54	3.21
净资产收益率(%)(摊薄)：	6.40	11.06	12.65
(加权)：	10.69	11.55	16.01

每股经营活动产生的现金流量净额：0.006元

3、经华信(集团)会计师事务所审计并按照中国证监会关于《公开发行证券公司信息披露规则第9号》文件规定计算的净资产收益率和每股收益：

报告期利润	2000年 净资产收益率(%) 全面摊薄	加权平均	每股收益(元/股) 全面摊薄	加权平均	1999年 净资产收益率(%) 全面摊薄	加权平均	每股收益(元/股) 全面摊薄	加权平均
主营业务利润	8.40	14.00	0.396	0.438	16.24	16.96	0.584	0.584
营业利润	3.48	5.86	0.166	0.183	9.63	10.06	0.346	0.346
净利润	6.40	10.69	0.302	0.334	11.06	11.55	0.398	0.398
扣除非经常性损益后的净利润	6.36	10.59	0.30	0.332	10.83	11.31	0.398	0.398

4、报告期内股东权益变动情况 (单位：万元)

项 目	期初数	本期增加	本期减少	期末数
股本	140,020,000.00	42,006,000.00		182,026,000.00
资本公积	227,772,425.51	298,378,755.73	14,002,000.00	512,149,181.24
法定公积金	16,580,718.00	5,504,584.95		22,085,302.95
法定公益金	8,290,358.99	2,752,292.45		11,042,651.47
未分配利润	110,620,898.23	46,745,339.20	28,004,000.00	129,362,237.43
股东权益合	503,284,400.73	395,386,972.36	42,006,000.00	856,665,373.09

三、股本变动及股东情况

1、公司股份变动情况
(1)、公司股份变动情况表 数量单位(股)

项 目	期初数	本次变动增减 配股	送 股	公积金转股	其他	小 计	期末数
一、尚未流通股份			(10送2)	(10送1)			
1、发起人股份	100,020,000		20,004,000	10,002,000		30,006,000	130,026,000
其中：							
国家拥有股份							
外资法人持有股份							
境内法人持有股份	100,020,000		20,004,000	10,002,000		30,006,000	130,026,000
2、募集法人股							
3、内部职工股							
4、优先股或其他							
二、已流通股份							
1、境内上市的人民币普通股	40,000,000		8,000,000	4,000,000		12,000,000	52,000,000
2、境内上市的外资股							
3、境外上市的外资股							
4、其他							
已流通股份合计	40,000,000		8,000,000	4,000,000		12,000,000	52,000,000
三、股份总数	140,020,000		28,004,000	14,002,000		42,006,000	182,026,000

新疆天山水泥股份有限公司

二〇〇〇年年度报告摘选

一、公司简介

1、公司的名称：新疆天山水泥股份有限公司
公司英文名称：XINJIANG TIANSHAN CEMENT CO.,LTD.
公司英文名称缩写：TSC
2、公司法定代表人：张丽荣
3、公司董事会秘书：周林英
董事会秘书授权代表：马劲
联系地址：乌鲁木齐市仓房沟东路55号附1号
电话：(0991)5615516
传真：(0991)5659425
4、公司注册地址：乌鲁木齐市仓房沟东路55号附1号
公司办公地址：乌鲁木齐市仓房沟东路55号附1号
邮政编码：830006
公司国际互联网网址：http://www.tianshan.com.cn
电子信箱：xsnclc@mail.wl.xj.cn
5、公司选定的信息披露报纸名称：《中国证券报》、《证券时报》
登载公司年度报告的国际互联网网址：http://www.cninfo.com.cn
公司年度报告备置地点：乌鲁木齐市仓房沟东路55号附1号 公司证券发展部
6、公司股票上市交易地点：深圳证券交易所
股票简称：天山股份
股票代码：0877

二、会计数据和业务数据摘要

1、本年度主要利润财务指标完成情况表(单位：人民币元)

项 目	金 额
利润总额：	76,205,819.26
净利润：	67,827,779.44
扣除非经常性损益后的净利润：	64,869,838.07
主营业务利润：	128,470,129.22
其他业务利润：	259,922.01
营业利润：	46,763,898.51
投资收益：	7,476,433.70
补贴收入：	17,824,528.03
营业外收支净额：	2,597,941.37
经营活动产生的现金流量净额：	85,621,536.30
现金及现金等价物增加额：	52,297,745.49

注：扣除非经常性损益项目和涉及金额(单位：人民币元)

项 目	金 额
募股冻结资金利息	3,338,829.41
处理固定资产净损失	398,483.24
其他净收入	17,595.20
合 计	2,957,941.37

2、截止报告期末公司前三年主要会计数据和财务指标：(单位：人民币元)

项目	2000年	1999年 调整前	调整后	1998年
主营业务收入	403,740,444.23	306,319,931.70	306,319,931.70	189,386,569.17
净利润	67,827,779.44	47,084,072.00	43,316,697.88	41,198,468.74
总资产	1,342,258,919.36	815,496,991.20	811,321,278.21	692,796,199.11
股东权益	669,621,169.43	448,376,642.27	445,052,358.63	401,292,569.27
每股收益	0.4695	0.36	0.3346	0.32
每股收益(加权)	0.4567	0.36	0.3346	0.47
扣除非经常损益后的每股收益	0.4491	0.34	0.31	0.29
每股净资产	4.64	3.46	3.44	3.10
调整后的每股净资产	4.56	3.35	3.35	2.98
每股经营活动产生的现金净流量	0.5927	0.51	0.51	0.05
净资产收益率(%)	10.13	10.50	10.00	10.27
净资产收益率(%)(加权)	13.09	11.08	10.24	38.66
扣除非经常损益后的净资产收益率(%)	9.69	9.79	9.02	9.4
扣除非经常损益后的净资产收益率(%)加权	12.52	10.33	9.49	35.39

3、净资产收益率和每股收益

报告期利润率	净资产收益率(%) 全面摊薄	加权平均	每股收益(元) 全面摊薄	加权平均
主营业务利润	19.19	24.79	0.889	0.867
营业利润	6.98	9.02	0.324	0.316
净利润	10.13	13.09	0.4695	0.458
扣除非经常性损益后的净利润	9.69	12.52	0.449	0.438

三、股东情况介绍

1、截止报告期末股东总数19777户。
2、本公司前10名股东的持股情况(截止2000年12月29日交易日结束)

股 东 名 称	年度内股份增减变动情况(＋,－)	年末持股数量(股)	占总股本比例(%)
新疆天山建材(集团)有限责任公司		71520000	49.51
新疆石油管理局		3000000	2.07
新疆对外贸易(集团)有限责任公司		1500000	1.04
新疆金融租赁有限公司		1500000	1.04
中国建筑材料西北公司		1000000	0.69
新疆建化工业总厂		940000	0.65
王俊豪		241930	0.17
安秀海		240175	0.17
谢燕红		225120	0.16
刘鉴平		221000	0.15

云南铜业股份有限公司

二〇〇〇年年度报告摘选

一、公司简介

1. 公司法定中文名称:云南铜业股份有限公司
公司法定英文名称:YUNNAN COPPER INDUSTRY CO. LTD
2. 公司法定代表人:邹韶禄
3. 公司董事会秘书:管 弘
联系地址:云南省昆明市人民东路111号
联系电话:0871－3126709,3133502
传真:0871－3138100
4. 公司注册地址:云南省昆明市国家高新技术产业开发区
公司办公地址:云南省昆明市人民东路111号
公司邮政编码:650051
公司国际互联网网址:http://www.yunnan－copper.com
公司电子信箱:infoyunnan－copper.com
5. 公司选定的信息披露报纸名称:《证券时报》、《上海证券报》
登载公司年度报告的中国证监会指定国际互联网网址:
http://www.cninfo.com.cn
公司年度报告备置地点:公司证券部
6. 公司股票上市交易所:深圳证券交易所
股票简称:云南铜业
股票代码:0878

二、会计数据和业务数据摘要

1、本年度利润总额及其构成(单位:人民币元)

项目	金额
利润总额:	162,230,000.18
净利润:	156,223,217.50
扣除非经常性损益后的净利润:	155,066,741.70
主营业务利润:	320,455,514.27
其他业务利润:	537,772.46
营业利润:	153,474,793.83
投资(期货)收益:	7,598,730.55
补贴收入:	
营业外收支净额:	1,156,475.80
经营活动产生的现金流量净额:	259,656,331.73
现金及现金等价物净增加额:	266,202,371.23

2、截至报告期末公司前三年主要会计数据和财务指标(单位:人民币元)

项目	2000年	1999年	1998年
主营业务收入	2,537,477,322.96	1,957,833,064.71	1,788,257,199.67
净利润	156,223,217.50	140,555,413.51	114,125,152.04
总资产	3,810,144,714.24	2,867,383,059.04	2,049,525,126.35
股东权益(不含少数股东权益)	1,377,554,093.19	1,333,147,307.69	1,287,595,894.18
每股收益	0.214(全面摊薄) 0.214(加权)	0.192	0.281
扣除非经常性损益后的每股收益	0.212	0.192	0.281
每股净资产	1.88	1.82	3.17
调整后每股净资产	1.84	1.81	3.12
每股经营活动产生的现金流量净额	0.36	0.03	－1.61
净资产收益率(%)	11.34	10.54	8.86
加权净资产收益率(%)	11.10	10.35	
扣除非经常性损益后的加权净资产收益率(%)	11.10	11.29	

3、利润表附表(根据中国证监会《公开发行证券公司信息披露编报规则(第9号)》要求计算)

报告期利润	净资产收益率(%)				每股收益(元)			
	2000年		1999年		2000年		1999年	
	全面摊薄	加权平均	全面摊薄	加权平均	全面摊薄	加权平均	全面摊薄	加权平均
主营业务利润	23.26	22.71	21.23	20.85	0.438	0.438	0.387	0.387
营业利润	11.14	10.89	11.47	11.26	0.210	0.210	0.209	0.209
净利润	11.34	11.07	10.54	10.35	0.214	0.214	0.192	0.192
扣除非经常性损益后的净利润	11.26	10.98	11.50	11.29	0.212	0.212	0.210	0.210

三、股本变动及股东情况

1. 股本变动情况
(1)公司股份变动情况表　　数量单位:股

	本次变动前	本次变动增减(+,—)						本次变动后
		配股	送股	公积金转股	增发	其他	小计	
一、未上市流通股份								
1、发起人股份	514800000	0	0	0	0	0	0	514800000
其中:								
国家持有股份	514800000	0	0	0	0	0	0	514800000
境内法人持有股份								
境外法人持有股份								
其他								
2、募集法人股份								
3、内部职工股(高管股)	106200	0	0	0	0	0	0	106200
4、优先股或其他								
其中:转配股								
未上市流通股份合计	514906200	0	0	0	0	0	0	514906200
二、已上市流通股份	215893800	0	0	0	0	0	0	215893800
1、人民币普通股								
2、境内上市的外资股								
3、境外上市的外资股								
4、其他								
已上市流通股份合计	215893800	0	0	0	0	0	0	215893800
三、股份总数	730800000	0	0	0	0	0	0	730800000

山东巨力股份有限公司

二〇〇〇年年度报告摘选

一、公司简介

(一) 公司法定中文名称:山东巨力股份有限公司
公司法定英文名称:SHANDONG JULI COMPANY LIMITED
(二) 公司法定代表人:王清华先生
(三) 公司董事会秘书:李传顺先生
联　系　地　址:山东省潍坊市长松路69号
联　系　电　话:(0536)8555878－8895
传　　　　　真:(0536)8557432
电　子　信　箱:chuanshun@163.net
授　权　代　表:杨正魁先生
联　系　地　址:山东省潍坊市长松路69号
联　系　电　话:(0536)8555878－8895
传　　　　　真 (0536)8556402
电　子　信　箱:jlyzhk@163.net
(四) 公司注册地址、办公地址:山东省潍坊市长松路69号
邮　政　编　码:261021
公司国际互联网网址:http://www.chinajuli.com
电　子　信　箱:hq280880@sina.com
(五) 公司选定的信息披露报纸名称:中国证券报 证券时报
登载公司年度报告的中国证监会指定国际互联网网址:
http://www.cninfo.com.cn
公司年度报告备置地点:公司证券部
(六) 公司股票上市交易所:深圳证券交易所
股　票　简　称:山东巨力
股　票　代　码:0880

二、会计数据和业务数据摘要

(一) 公司本年度实现的主要利润指标情况

项目	金额
利润总额	81085457.75
净利润	68922639.08
扣除非经常性损益后的净利润	69488598.94
主营业务利润	153038046.18
其他业务利润	7290196.49
营业利润	81578601.10
投资收益	——
补贴收入	——
营业外收支净额	－493143.35
经营活动产生的现金流量净额	14674917.70
现金及现金等价物净增加额	36954125.98

扣除非经常性损益时,扣除的项目、涉及金额:报告期产生资产处置损失565959.86元。

(二) 截至报告期末公司前三年的主要会计数据和财务指标　　单位:元

项目	2000年	1999年	1998年	
			调整前	调整后
主营业务收入	1,697,430,471.37	1,460,799,383.16	1,247,752,660.70	1,247,752,660.70
净利润	68,922,639.08	68,471,111.55	26,333,166.21	26,346,853.13
总资产	780,590,137.75	780,590,137.75	757,860,546.50	757,380,301.01
股东权益	481,694,405.28	481,694,405.28	431,230,895.92	430,750,650.43
每股收益	0.40	0.79	0.31	0.31
每股收益(月均)	0.40	0.79	0.32	0.33
扣除非经常性损益后的每股收益	0.40	0.72	——	——
每股净资产	3.06	5.58	5.00	4.99
调整后的每股净资产	3.06	5.40	4.99	4.88
每股经营活动产生的现金流量净额	0.09	0.41	0.68	0.68
净资产收益率(%)	13.06	14.21	6.11	6.12

注:1、公司2000年度增资配股方案于2001年2月22日实施完毕,配股完成后公司总股本增加至18406.7万股,与此相对应的每股收益(摊薄)为0.3744元。

2、按照中国证监会《公开发行证券公司信息披露编报规则》(第9号)的要求,计算公司2000年度的各项净资产收益率和每股收益指标如下:

报告期利润	净资产收益率(%)		每股收益(元)	
	全面摊薄	加权平均	全面摊薄	加权平均
主营业务利润	29.00	29.79	0.88	0.88
营业利润	15.46	15.88	0.47	0.47
净利润	13.06	13.42	0.40	0.40
扣除非经常性损益后的净利润	13.17	13.53	0.40	0.40

三、股东情况介绍

1、报告期末股东总数
截止报告期末,公司股东总数为30421户。
2、报告期末公司主要股东持股情况

股东名称	持股数量(股)	占总股本比例(%)
潍坊巨力机械总厂	83433000	48.35%
潍坊市潍城区国有资产管理局	12544000	7.27%
关淑敏	498861	0.29%
闫彦丽	366402	0.21%
胡秀敏	327100	0.19%
陈翠香	277960	0.16%
陈楠	273806	0.16%
孙亿强	250800	0.15%
范玉琴	248807	0.14%
王翠红	247440	0.14%

中国大连国际合作(集团)股份有限公司

二○○○年年度报告摘选

一、公司简介

1、公司法定中文名称:中国大连国际合作(集团)股份有限公司
公司法定英文名称:CHINA DALIAN INTERNATIONAL COOPERATION (GROUP) HOLDINGS LTD.
公司英文名称缩写:CDIG
2、公司法定代表人:朱明义
3、公司董事会秘书:李枫
联系地址:大连市西岗区黄河路 219 号外经贸大厦 1009 室
电　　话:0411－3780066
传　　真:0411－3780186
电子信箱:lifeng@china－cdig.com
授权代表:韩秀吉
联系地址:大连市西岗区黄河路 219 号外经贸大厦 1009 室
电　　话:0411－3780139　　传真:0411－3780186
电子信箱:security@china－cdig.comQ
4、公司注册地址:大连市西岗区黄河路 219 号
公司办公地址:大连市西岗区黄河路 219 号外经贸大厦
邮政编码:116011
公司国际互联网网址:http://www.china－cdig.com
电子信箱:cdig@pub.dl.lnpta.net.cn
5、公司选定的信息披露报纸名称:《中国证券报》
登载公司年度报告的中国证监会指定国际互联网网址:
http://www.cninfo.com.cn
公司年度报告备置地点:公司证券部
6、公司股票上市交易所:深圳证券交易所
股票简称:大连国际
股票代码:0881

二、会计数据和业务数据摘要(合并报表)

1、本年度实现的主要利润指标(单位:人民币元)

利润总额:	66,673,774.79
净利润:	58,366,062.82
扣除非经常性损益后的净利润:	54,948,067.35
主营业务利润:	150,617,727.86
其他业务利润:	
营业利润:	62,116,746.59
投资收益:	
补贴收入:	1,273,001.58
营业外收支净额:	3,284,026.62
经营活动产生的现金流量净额:	－47,051,288.67
现金及现金等价物净增加额:	53,165,308.61

注:扣除的非经常性损益项目和涉及金额:

项目	金额
新股申购冻结资金利息:	1,531,229.53
增值税退税收入:	1,273,001.58
资产处置损益:	613,764.36
合计:	3,417,995.47

2、截止报告期末公司前三年的主 要会计数据和财务指标(追溯调整后) 单位:人民币元

指标项目	2000 年	1999 年	1998 年
主营业务收入:	775,333,582.16	526,487,512.47	437,851,544.88
净利润:	58,366,062.82	45,476,904.81	29,485,546.83
总资产:	1,308,477,722.41	948,207,012.88	748,315,593.03
股东权益(不含少数股东权益):	655,155,138.16	413,845,165.02	368,365,951.56
全面摊薄每股收益:	0.30	0.48	0.31
加权平均每股收益:	0.34	0.48	0.38
扣除非经常性损益后的每股收益:	0.28	0.41	0.28
每股净资产:	3.39	4.34	3.86
调整后的每股净资产:	3.22	4.05	3.67
全面摊薄净资产收益率(%):	8.91	10.99	8.00
加权平均净资产收益率(%):	13.17	10.99	10.41
扣除非经常性损益后的加权净资产收益率(%):	12.40	9.52	9.56
每股经营活动产生的现金流量净额:	－0.24	0.68	－0.74

三、股本变动及股东情况

1、股本变动情况
(1)公司股份变动情况表(数量单位:万股)

	本次变动前	本次变动增减(＋、－) 配股	送股	公积金转增	增发	其他	小计	本次变动后
一、未上市流通股份								
1.发起人股份	2,400	720	480	1,440			2,640	5,040
其中:国家持有股份	2,400	720	480	1,440			2,640	5,040
境内法人持有股份								
境外法人持有股份								
其他								
2.募集法人股份	2,443		488.6	1,465.8			1,954.4	4,397.4
3.内部职工股	1,200	360	240	720			1,320	2,520
4.优先股或其他								
其中:转配股								
未上市流通股份合计	6,043	1,080	1208.6	3,625.8			5,914.4	11,957.4
二、已上市流通股份								
1.人民币普通股	3,500	1,050	700	2,100			3,850	7,350
2.境内上市的外资股								
3.境外上市的外资股								
4.其他								
已上市流通股份合计	3,500	1,050	700	2,100			3,850	7,350
三、股份总数	9,543	2,130	1908.6	5725.8			9764.4	19,307.4

中商股份有限公司

二○○○年年度报告摘选

一、公司简介

1、公司法定中文名称:中商股份有限公司
公司法定英文名称:China Commerce Company Limited
2、公司法定代表人:范文明
3、公司董事会秘书:李翠芳
授权代表:李春生
联系地址:北京市金融大街 33 号通泰大厦 C 座 8 层
电话:(010)88086592/3/4/5/6/7
传真:(010)88086598
4、公司注册地址:北京市海淀区复兴路 46 号
公司办公地址:北京市金融大街 33 号通泰大厦 C 座 8 层
邮政编码:100032
公司电子信箱:cclc@public2.east.net.cn
5、公司信息披露报纸名称:《中国证券报》
登载公司年度报告网址:http://www.cninfo.com.cn
公司年度报告备置地点:公司证券部
6、公司股票上市交易所:深圳证券交易所
股票简称:中商股份
股票代码:0882

二、会计数据和业务数据摘要

1、本年度公司主要经营数据:　　单位:元

项　目	
(1) 利润总额	15,910,092.89
(2) 净利润	14,855,866.49
(3) 扣除非经常性损益后的净利润	28,671,541.89
(4) 主营业务利润	41,472,591.38
(5) 其他业务利润	1,610,352.30
(6) 营业利润	10,666,155.22
(7) 投资收益	18,401,523.64
(8) 补贴收入	0.00
(9) 营业外收支净额	－13,157,585.97
(10) 经营活动产生的现金流量净额	20,942,741.90
(11) 现金及现金等价物净增加额	－34,480,773.32

说明:扣除的非经常性损益项目及金额包括:清理固定资产损失:114,415.40 元;最高人民法院判决本公司向湖南海达公司支付违约金及相关费用:13,701,260.00 元。

2、公司前三年主要会计数据和财务指标

项目	2000 年	1999 年	1998 年 调整前	调整后
(1) 主营业务收入(元)	304,726,072.40	201,425,843.23	205,689,866.48	205,689,866.48
(2) 净利润(元)	14,855,866.49	38,692,681.22	40,782,405.50	32,437,516.54
(3) 总资产(元)	590,525,118.24	527,947,150.29	434,518,112.69	418,410,730.79
(4) 股东权益(元)	388,637,566.07	373,781,699.58	351,196,279.51	335,089,018.36
(5) 每股收益(元/股)	0.06	0.22	0.23	0.18
加权平均每股收益(元/股)	0.06	0.22	0.26	0.20
扣除非经常性损益后的每股收益(元/股)	0.12	0.21	0.19	0.14
(6) 每股净资产(元/股)	1.56	2.10	1.97	1.88
(7) 调整后的每股净资产(元/股)	1.55	2.08	1.96	1.87
(8) 每股经营活动产生的现金流量净额	0.08	－0.32	0.21	0.21
(9) 净资产收益率(%)	3.82	10.35	11.61	9.68
加权平均净资产收益率(%)	3.90	10.92	14.47	12.01
扣除非经常性损益后加权平均净资产收益率(%)	7.52	10.76	11.73	9.23

3、根据中国证监会发布的《公开发行证券公司信息披露编报规则》第 9 号,公司 2000 年度按全面摊薄法和加权平均法计算的净资产收益率和每股收益

报告期利润	净资产收益率(%) 全面摊薄	加权平均	每股收益(元) 全面摊薄	加权平均
主营业务利润	10.67	10.88	0.17	0.17
营业利润	2.74	2.80	0.04	0.04
净利润	3.82	3.90	0.06	0.06
扣除非经常性损益后的净利润	7.38	7.52	0.12	0.12

三、股东情况介绍

(1)报告期末股东总数为 9950 户。
(2)前十名股东持股情况:

股　东　名　称	年末持股数量(股)	占总股本比例(%)
中商企业集团公司	86,730,000	34.80
浙江省商业集团公司	54,768,000	21.98
中国商业对外贸易总公司	44,702,000	17.94
普丰证券投资基金	6,781,090	2.72
普惠证券投资基金	3,118,173	1.25
华夏证券有限公司	1,328,320	0.53
华夏证券有限公司	1,178,871	0.47
郭庆林	869,470	0.35
田仁碧	809,480	0.32
王志景	710,500	0.29

湖北三环股份有限公司

二〇〇〇年年度报告摘选

一、公司简介

1、公司名称:湖北三环股份有限公司
英文名称:HuBei Triring CO.,LTD.
英文缩写:HBTR
2、公司法定代表人:舒健
3、公司董事会秘书:何一心
联系地址:湖北省武汉市武昌武珞路 356 号
电　　话:027-87274750 87273368
传　　真:027-87271902
电子信箱:H.hyx@163.net
授权代表:聂涛
4、公司注册地址:湖北省武汉市武昌武珞路 356 号
邮政编码:430070
电子信箱:TriRing@163.net
5、公司选定的信息披露报纸名称:中国证券报、证券时报
登载年报的中国证监会指定国际互联网网址:http://www.cninfo.com.cn
6、公司年度报告备置地点:公司证券部
7、公司股票上市地:深圳证券交易所
股票简称:三环股份　　股票代码:0883

二、会计数据和业务数据摘要

1、本年度利润指标及构成情况:

利润总额:	63,150,494.02 元
净利润:	53,489,089.92 元
扣除非经常性损益后的净利润:	51,472,914.57 元
主营业务利润:	101,004,237.98 元
营业利润:	61,026,468.41 元
其他业务利润:	2,415,320.40 元
投资收益:	107,850.26 元
补贴收入:	1,000,000.00 元
营业外收支净额:	1,016,175.35 元
经营活动产生的现金流量净额:	6,274,337.09 元
现金及现金等价物净增加额:	24,617,494.26 元
注:扣除非经常性损益项目:	
补贴收入	1,000,000.00 元
营业外收支净额	1,016,175.35 元

2、截止报告期末公司前三年的主要会计数据和财务指标:

栏目	2000 年度	1999 年度	1998 年度
主营业务收入(元)	989,728,637.28	852,504,239.99	818,007,196.35
净利润(元)	53,489,089.92	68,658,416.37	63,883,121.46
总资产(元)	1,115,037,586.30	968,786,045.02	1,013,400,686.50
股东权益(元)	760,524,083.64	730,620,753.72	661,962,337.35
每股收益(元/股)(加权)	0.227	0.349	0.325
每股收益(元/股)	0.227	0.349	0.325
扣除非经常性损益后的每股收益(元/股)	0.218	0.349	0.307
每股净资产(元/股)	3.22	3.72	3.37
调整后的每股净资产	3.17	3.66	3.31
每股经营活动产生的现金流量净额	0.03	-0.66	0.23
净资产收益率(%)	7.03	9.38	9.65

3、报告期内股东权益变动情况　　单位:元

项目	股本	资本公积	盈余公积	其中:法定公益金	未分配利润	合计
期初数	196,548,000.00	267,981,501.00	101,374,167.08	39,802,585.28	164,717,085.64	730,620,753.72
本期增加	39,309,600.00	10,697,817.98	5,348,908.99	42,791,271.94	92,798,689.92	
本期减少			62,895,360.00	62,895,360.00		
期末数	235,857,600.00	267,981,501.00	112,071,985.06	45,151,494.27	144,612,997.58	760,524,083.64

注:
(1)报告期内公司实行了 1999 年度利润分配方案,每 10 股送 2 股,导致股本增加。
(2)报告期内公司将本年度实现的净利润按 10%的比例计提法定公积金,按 10%的比例计提公益金,导致盈余公积金增加;
(3)报告期内公司将本年度实现的净利润按 10%的比例计提公益金,导致公益金增加;
(4)报告期内由于本年度净利润增加,导致未分配利润增加.

三、股本变动及股东情况

(一)股本变动情况
1、股份变动情况表　　单位:万股

	期初数	本次变动增减(+,-) 配股	送股	公积金转股	其他	小计	期末数
一、尚未流通股份							
1、发起人股份	8654.8		1730.96				10385.76
其中:							
国家拥有股份(国有法人股)	8654.8		1730.96				10385.76
境内法人持有股份							
外资法人持有股份							
其他							
2、募集法人股	2200		440				2640
3、内部职工股	3300		660				3960
4、优先股或其他							
尚未流通股份合计	14154.8		2830.96				16985.76
二、已流通股份							
1、境内上市的人民币普通股	5500		1100				6600
2、境内上市的外资股							
3、境外上市的外资股							
4、其他							
已流通股份合计	5500		1100				6600
三、股份总数	19654.8		3930.96				23585.76

洛阳春都食品股份有限公司

二〇〇〇年年度报告摘选

一、公司简介

1、公司的法定中文名称:洛阳春都食品股份有限公司
公司法定英文名称:LUOYANG CHUNDU FOODSTUFF COMPANY LIMITED
缩写为:LUOYANG CHUNDU FOODSTUFF CO. LTD.
2、公司法定代表人:贾洪雷
3、公司董事会秘书:常 虎
联系地址:河南省洛阳市西工区春都路 126 号
电　　话:0379-2312471
传　　真:0379-2312752
4、公司注册地址:河南省洛阳市凯旋西路 29 号春都大厦西座 15 楼
邮政编码:471000
公司办公地址:河南省洛阳市西工区春都路 126 号
邮政编码:471001
5、公司选定的信息披露报纸:《证券时报》
中国证监会指定的国际互联网网址:http://www.cninfo.com.cn
公司年度报告备置地点:公司证券部
6、公司股票上市交易所:深圳证券交易所
公司股票简称:春都 A
公司股票代码:0885

二、会计数据和业务数据摘要

注释:2000 年 8 月 12 日,本公司召开首届董事会第七次会议,会议审议通过了"关于变更公司部分固定资产折旧计提办法的议案",决定将折旧方法由"年限法"改为"工作量法",但由于公司个别产品的实际生产量太小,适用"工作量法"尚欠妥当,因此,2000 年度,公司在充分考虑会计政策合理性、公允性的基础上,暂未进行会计政策变更。

1、2000 年度公司利润总额及其构成情况(单位:人民币元)

利润总额	-35,931,328.89
净利润	-35,931,328.89
扣除非经常性损益后的净利润	-49,314,077.49
主营业务利润	10,520,294.37
其他业务利润	723,999.54
营业利润	-35,597,798.52
投资收益	---
补贴收入	---
营业外收支净额	-333,530.37
经营活动产生的现金流量净额	-39,603,721.75
现金及现金等价物净增加额	-26,321,732.76

注:扣除非经常性损益项目及金额:
(1)资金占用费 13,716,278.97 元。(2)营业外收支-333,530.37 元。

2、截止到本报告期末公司前三年的主要会计数据和财务指标(单位:人民币元)

指标项目	2000 年度	1999 年度	1998 年度
主营业务收入	295,092,375.43	455,777,719.99	501,641,280.82
净利润	-35,931,328.89	24,080,655.41	40,791,016.15
总资产	884,280,200.59	968,338,779.07	711,478,489.54
股东权益(不含少数股东权益)	599,108,136.96	635,039,465.85	610,958,810.44
全面摊薄每股收益	-0.225	0.151	0.260
加权平均每股收益	-0.225	0.151	0.260
扣除非经营性损益后的每股收益	-0.31	-0.128	
每股净资产	3.74	3.97	3.84
调整后的每股净资产	3.72	3.93	
每股经营活动产生的现金流量净额:	-0.248	-0.164	
摊薄净资产收益率(%)	-6.00	3.79	6.84
加权净资产收益率(%)	-5.82	3.87	27.94
扣除非经常性损益后加权净资产收益率(%)	-7.99	-3.29	

3、利润表附表:

报告期利润	2000 年度 净资产收益率(%) 全面摊薄	加权平均	每股收益 全面摊薄	加权平均	1999 年度 净资产收益率(%) 全面摊薄	加权平均	每股收益 全面摊薄	加权平均
主营业务利润	1.76	1.70	0.066	0.066	4.99	5.09	0.20	0.20
营业利润	-5.94	-5.77	-0.223	-0.223	0.75	0.76	0.03	0.03
净利润	-6.00	-5.82	-0.225	-0.225	3.79	3.87	0.15	0.15
扣除非经常性损益后的净利润	-8.23	-7.99	-0.31	-0.31	-3.23	-3.29	-0.13	-0.13

三、股东情况介绍

1、截止 2000 年 12 月 31 日,本公司共有登记在册股东 3270 户,其中国有法人股东 1 户,社会公众股股东 3269 户。

2、报告期末公司前 10 名股东的情况

股东名称	持股数(股)	占股本比例(%)
1)、洛阳春都集团	100,000,000	62.50
2)、北京闽泉新技术有限责任公司	2,042,100	1.28
3)、薛玉环	1,128,860	0.71
4)、周金龙	1,052,918	0.66
5)、何目清	1,019,031	0.64
6)、蒋卫东	999,500	0.62
7)、黄爱玲	934,172	0.58
8)、张永红	928,313	0.58
9)、王月华	891,266	0.56
10)、邵生于	885,620	0.55

海南高速公路股份有限公司

二○○○年年度报告摘选

一、公司简介

1、公司法定中文名称:海南高速公路股份有限公司
公司法定英文名称:HAINAN EXPRESSWAY Co., LTD.
公司英文名称缩写:HEC
2、公司法定代表人:邢福煌
3、公司董事会秘书:陈求仲
电话:0898-6701555
电子信箱:zks@hi-expressway.com
国际互联网网址:http://www.hi-expressway.com
授权代表:张堪省
电　话:0898-6768394
传　真:0898-6790647
联系地址:海南省海口市机场路16号高速公路大楼　　邮政编码:570203
4、公司注册地址:海南省海口市机场路16号高速公路大楼
公司办公地址:海南省海口市机场路16号高速公路大楼
邮 政 编 码:570203
5、公司信息披露报刊:《中国证券报》《证券时报》
登载公司年度报告的国际互联网:http://www.cninfo.com.cn
公司年度报告备置地点:公司资金证券部
6、股票上市地:深圳证券交易所
股票简称:海南高速
股票代码:0886

二、会计数据和业务数据摘要

1、本年度主要会计数据(单位:人民币元)

利润总额	83,711,238.23元
净 利 润	72,324,117.68元
扣除非经常性损益后的净利润	84,671,628.78元
主营业务利润	178,410,194.33元
其他业务利润	10,029,986.19元
营业利润	95,180,864.88元
投资收益	7,173,164.22元
营业外收支净额	-18,642,790.87元
经营活动产生的现金流量净额	104,427,617.81元
现金及现金等价物净增加额	-136,737,828.67元

说明:扣除非经常性损益项目和涉及金额(1)资产处置损失2,336,369.64元,(2)其他支出2,694,776.61元,(3)固定资产减值损失14,489,529.07元,(4)股权投资收益及其他投资收益7,173,164.22元。

2、截止报告期末公司前三年的主要会计数据和财务指标　　单位:人民币万元

项 目	2000年度	1999年度		1998年度	
		调整前	调整后	调整前	调整后
主营业务收入(万元)	35256	33365	33365	30881	30881
净利润(万元)	7232	12574	12819	22959	22459
总资产(万元)	530253	514622	503782	452582	451945
股东权益 (万元)	258891	267325	256603	255093	244568
每股收益(元)(摊薄)	0.073	0.127	0.13	0.464	0.45
(加权)	0.073	0.1695	0.173	0.464	0.45
扣除非经常性损益后的每股收益(摊薄)	0.086	0.132	0.135	0.463	0.452
(加权)	0.086	0.176	0.180	0.463	0.452
每股净资产(元)(摊薄)	2.62	2.70	2.60	5.16	4.95
调整后每股净资产(元)	2.48	2.64	2.54	5.14	4.93
每股经营活动的现金流量净额(元)	0.106	0.096	0.096	0.34	0.34
净资产收益率(%)(摊薄)	2.79	4.704	4.99	9	9.18
(加权)	2.78	4.91	5.11	9.42	9.42

根据中国证监会《公开发行证券公司信息披露编报规则(第九号)》要求计算的2000年利润数据如下:

报告期利润	净资产收益率(%)		每股收益(元)	
	全面摊薄	加权平均	全面摊薄	加权平均
主营业务利润	6.89	6.86	0.18	0.18
营 业 利 润	3.68	3.66	0.096	0.096
净 利 润	2.79	2.78	0.073	0.073
扣除非经常性损益后的净利润	3.27	3.25	0.086	0.086

三、股本变动及股东情况

(一)股本结构及本期增减变动
截止2000年12月31日公司股本结构如下:(股份单位:万股)

	期初数	本次变动增减(+、-)						期末数
		配股	送股	公积金转增	增发	其他	小计	
一、尚未流通股份								
1、发起人股份	34272.09							34272.09
其中:国家持有股份	23352.12							23352.12
境内法人持有股份	10919.97							10919.97
外资法人持有股份								
其他								
2、募集法人股	39829.50							39829.50
3、内部职工股	9381.24					9381.24	9381.24	
4、优先股或其他								
尚未流通股份合计	83482.83					9381.24	9381.24	74101.59
二、已流通股份								
1、境内上市的人民币普通股	15400					9381.24	9381.24	24781.24
2、境内上市的外资股								
3、境外上市的外资股								
其他								
已上市流通股份合计	15400					9381.24	9381.24	24781.24
三、股份总数	98882.83							98882.83

安徽飞彩车辆股份有限公司

二○○○年年度报告摘选

一、公司简介

(一)公司法定中文名称:安徽飞彩车辆股份有限公司
公司法定英文名称:ANHUI FEICAI VEHICLE CO., LTD.
(二)公司法定代表人:洪理芳
公司董事会秘书:陈晖
董事会授权代表:彭斌
联系地址:安徽省宣城市宣南路口
联系电话:0563-2612500(总机)
传　　真:0563-2612555
(三)公司注册地址:安徽省宣城市宣南路口
公司办公地址:安徽省宣城市宣南路口
邮政编码:242000
电子信箱:ahfc@mail.ahwhptt.net.cn
(四)公司选定的信息披露报纸:中国证券报、证券时报
登载公司年度报告的国际互联网网址:
http://www.cninfo.com.cn
(五)公司年度报告备置地点:公司总经理办公室
公司股票上市地:深圳证券交易所
股票简称:飞彩股份
股票代码:0887

二、会计数据和业务数据摘要

(一)公司本年度实现利润情况:

利润总额:	66,192,445.35元
净利润:	42,111,975.23元
扣除非经营性损益后的净利润:	39,596,379.05元
主营业务利润:	164,053,519.06元
其他业务利润:	6,208,994.51元
营业利润:	62,591,084.45元
投资收益:	750,000.00元
补贴收入:	217,178.00元
营业外收支净额:	2,634,182.90元
经营活动产生的现金流量净额:	44,772,295.26元
现金及现金等价物净增加额:	-15,029,857.51元

注:扣除的非经营性损益项目及金额:

1、处理固定资产收益:	-155,541.18元
2、冻结资金利息:	2,671,137.36元

(二)公司前三年主要会计数据和财务指标:

1、主要会计数据和财务指标　　单位:人民币元

年度项目	2000年	1999年	1998年
主营业务收入	979,895,780.09	913,054,325.00	903,392,005.32
净利润	42,111,975.23	61,592,720.86	56,436,878.44
总资产	1,513,133,471.62	1,316,935,336.33	891,670,930.86
股东权益	554,006,850.33	524,177,659.99	470,584,939.13
每股收益(摊薄)	0.1504	0.2200	0.3527
每股收益(加权)	0.1504	0.3242	0.4300
扣除非经营性损益后的每股收益	0.1414	0.2074	0.3492
每股净资产	1.98	1.87	2.94
调整后每股净资产	1.93	1.85	2.92
每股经营活动产生的现金流量净额	0.1599	0.2375	-0.039
净资产收益率(%)	7.60	11.75	11.99

2、根据中国证监会《公开发行证券公司信息披露编报规则[第9号]》要求计算的利润数据如下:

报告期利润	净资产收益率(%)		每股收益	
	全面摊薄	加权平均	全面摊薄	加权平均
主营业务利润	29.61	30.09	0.5859	0.5859
营业利润	11.30	11.48	0.2235	0.2235
净利润	7.60	7.72	0.1504	0.1504
扣除非经营性损益后的净利润	7.15	7.26	0.1414	0.1414

三、股本变动及股东情况

(一)股本变动情况:
1、股份变动情况表:　　数量单位:万股

	本次变动前	本次变动增减(+、-)						本次变动后
		配股	送股	公积金转股	增发	内部职工股上市	小计	
一、未上市流通股份								
1、发起人股份	21000							21000
其中:国家持有股份	21000							21000
境内法人持有股份								
境外法人持有股份								
其他								
2、募集法人股份								
3、内部职工股								
4、优先股或其他								
其中:转配股								
未上市流通股份合计	21000							21000
二、已上市流通股份								
1、人民币普通股	7000							7000
2、境内上市的外资股								
1、境外上市的外资股								
2、其他								
已上市流通股份合计	7000							7000
三、股份合计	28000							28000

峨眉山旅游股份有限公司

二〇〇〇年年度报告摘选

一、公司简介

1、公司法定中文名称:峨眉山旅游股份有限公司
公司法定英文名称:EMEI SHAN TOURISM COMPANY LIMITED
2、公司法定代表人:马元祝
3、公司董事会秘书:周栋良
证券事务代表:张华仙
联系地址:四川省峨眉山市名山西路 168 号
电　话:0833－5528888
传　真:0833－5526666
4、公司注册地址及办公地址:四川省峨眉山市名山西路 168 号
邮政编码:6142000
域名:EMEISHAN－TOURISM. COM(IP 地址:168.160.68.79)
E－mail:emeishan@ buddha. leshan. scsti. ac. cn
5、公司选定的信息披露报纸:《中国证券报》和《证券时报》
登载公司年度报告的国际互联网网址:http://www. cninfo. com. cn
公司年度报告备置地点:四川省峨眉山市名山西路 168 号
本公司办公楼、公司董秘室
6、公司股票上市交易所:深圳证券交易所
股票简称:峨眉山 A
股票代码:0888

二、会计数据和业务数据摘要

(一)本年度公司主要利润指标情况　　单位:元

项目	额
利润总额	37,940,603.56
净利润	32,641,013.03
扣除非经常性损益后的净利润	29,795,055.25
主营业务利润	65,286,465.16
其他业务利润	593,390.18
营业利润	35,094,645.78
补贴收入	2,610,000.00
营业外收支净额	235,957.78
经营活动产生的现金流量净额	42,012,218.57
现金及现金等价物净增加额	－56,965,303.93

(二)截止报告期末公司前三年的主要会计数据和财务指标:　　单位:元

	2000 年	1999 年	1998 年度
主营业务收入	126,286,554.32	109,199,622.66	87,148,094.73
净利润	32,641,013.03	28,082,741.61	34,586,287.30
股东权益	416,275,526.11	395,500,513.08	379,283,771.47
每股收益	0.28	0.24	0.29
总资产	449,933,348.53	453,350,858.11	458,641,021.39
每股净资产	3.51	3.33	3.20
调整后的每股净资产	3.31	3.30	3.16
净资产收益率(%)	7.84	7.10	9.12
每股经营活动产生的现金流量净额	0.35	0. 23	0.23

(三)按照《公开发行证券公司信息披露编报规则(第 9 号)》要求计算的利润数据:
1、净资产收益率

	1999 年		2000 年	
	全面摊薄	加权平均	全面摊薄	加权平均
主营业务利润	13.79%	13.86%	15.68%	15.85%
营业利润	7.99%	8.03%	8.43%	8.52%
净利润	7.10%	7.14%	7.84%	7.93%
扣除非经营性损益后的净利润	6.79%	6.83%	7.16%	7.23%

2、每投收益

	1999 年		2000 年	
	全面摊薄	加权平均	全面摊薄	加权平均
主营业务利润	0.46	0.46	0.55	0.55
营业利润	0.27	0.27	0.30	0.30
净利润	0.24	0.24	0.28	0.28
扣除非经营性损益后的净利润	0.23	0.23	0.25	0.25

(四)报告期内股东权益变动情况及变化原因　　单位:元

项目	股本	资本公积金	盈余公积金	其中:公益金	未分配利润	股东权益
期初数	118,660,000	252,285,825.56	15,430,543.14	5,143,514.37	9,124,144.38	395,500,513.08
本期增加			4,896,151.95	1,632,050.65	32,641,013.03	20,775,013.03
本期减少					16,762,151.95	
期末数	118,660,000	252,285,825.56	20,326,695.09	6,775,565.02	25,003,005.46	416,275,526.11
变动原因			按税后利润的10%计提	按税后利润的5%计提	2000 年按每 10 股派发现金人民币 1.00 元(含税)的分配预案,以及按税后利润计提法定盈余公积金和法定公益金,使未分配利润减少。	

三、股本变动及股东情况介绍

1、截止 2000 年 12 月 31 日,持有本公司股份的股东总户数为 24566 户。
2、持有公司股票的前十名股东情况:

股东名称	持股数(股)	持股比例(%)	持股类型
峨眉山旅游总公司	65651200	55.327	国有法人股
乐山市红珠山宾馆	13008800	10.963	国有法人股
赵浴才	201335	0.169	社会公众股
李晓东	195326	0.165	社会公众股
朱 江	191594	0.161	社会公众股
兴业证券股份有限公司	175000	0.147	社会公众股
沈巨雷	149000	0.126	社会公众股
王水金	141800	0.119	社会公众股
张公里	127600	0.107	社会公众股
黄彤明	127300	0.107	社会公众股

江苏法尔胜股份有限公司

二〇〇〇年年度报告摘选

一、公司简介

1、公司法定中文名称:江苏法尔胜股份有限公司
公司法定英文名称:Jiangsu Fasten Co., Ltd
英文缩写:FASTEN
2、公司法定代表人:周建松
3、董事会秘书:张岳
证券事务代表:张文栋
联系地址:江苏省江阴市通江北路 203 号
联系电话:0510－6119890;0510－6112883－531
传 真:0510－6106634
电子信箱:yuezhang@public1. wx. js. cn
4、公司注册地址:江苏省江阴市通江北路 203 号
公司办公地址:江苏省江阴市通江北路 203 号
邮政编码:214433
公司国际互联网网址:http://www. chinafasten. com
公司电子信箱:yuezhang@public1. wx. js. cn
5、公司选定的信息披露报刊:《证券时报》、《上海证券报》
刊登公司年度报告的中国证监会指定国际互联网网址:http://www. cninfo. com. cn
公司年度报告备置地点:江苏法尔胜股份有限公司董事会办公室
6、公司股票上市交易所:深圳证券交易所
股票简称:法尔胜
股票代码:0890

二、主要财务数据和指标

1、本年度主要利润指标情况　　单位:元

利润总额	102,386,809.47
净利润	69,767,200.29
扣除非经常性损益后的净利润	50,715,537.48
主营业务利润	170,026,881.60
其他业务利润	4,181,335.70
营业利润	86,021,203.95
投资收益	－2,246,101.30
补贴收入	13,194,763.11
营业外收入	5,483,851.45
营业外支出	66,907.74
经营活动产生的现金流量净额	181,435,358.39
现金及现金等价物净增加额	106,579,686.23

注:扣除非经常性损益的项目是:

项 目	金额(元)
补贴收入	13,194,763.11
冻结资金利息	5,180,881.65
定期银行利息	1,718,837.57
合并价差摊销	－1,042,819.52
合 计	19,051,662.81

2、截至本报告期末前三年的主要会计数据和财务指标:　　单位:元、元/股

项 目	2000 年度	1999 年度	1998 年度	
			调整前	调整后
主营业务收入	653,795,072.53	382,894,448.73	370,490,691.24	370,490,691.24
净利润	69,767,200.29	59,147,164.10	52,190,624.83	50,189,051.67
总资产	1,346,507,775.86	1,072,536,211.02	724,440,829.61	697,687,035.03
股东权益(不含少数股东权益)	595,622,255.08	548,319,054.79	515,925,685.27	489,171,890.69
每股收益(摊薄)	0.35	0.41	0.36	0.35
每股收益(加权)	0.44	0.41	0.36	0.35
扣除非经常性损益后的每股收益(摊薄)	0.25	0.21	0.25	0.24
每股净资产	2.95	3.81	3.58	3.40
调整后的每股净资产	2.88	3.58	3.56	3.38
每股经营活动产生的现金流量净额	0.90	－0.42	－0.07	－0.07
净资产收益率	11.71(%)	10.79(%)	10.12(%)	10.26(%)

注:以上指标计算涉及股份总数时,2000 年按 20160 万股计算,1999 年、1998 年按 14400 万股计算。

3、按照中国证监会《公开发行证券公司信息披露编报规则第 9 号—净资产收益率和每股收益的计算及披露》要求计算的利润表附表:

报告期利润	净资产收益率(%)				每股收益(元/股)			
	全面摊薄		加权平均		全面摊薄		加权平均	
	2000 年	1999 年	2000 年	1999 年	2000 年	1999 年	2000 年	1999 年
主营业务利润	28.55	15.97	29.15	16.88	0.84	0.61	1.07	0.61
营业利润	14.44	12.54	14.75	13.25	0.43	0.48	0.54	0.48
净利润	11.71	10.79	11.96	11.40	0.35	0.41	0.44	0.41
扣除非经常性损益后的净利润	8.51	5.41	8.70	5.71	0.25	0.21	0.32	0.21

三、股本变动及股东情况

(一)报告期末股东总数:截止 2000 年 12 月 31 日,公司股东总数为 13421 户。
(二)公司前十名股东持股情况(截止 2000 年 12 月 31 日)

股东名称	年末持股(股)	占股本比例(%)	股份性质
①法尔胜集团公司	87808000	43.56	国有法人股
②安顺证券投资基金	6400454	3.17	A 股流通股
③安信证券投资基金	4643680	2.30	A 股流通股
④江阴金属制品研究所	2352000	1.17	社会法人股
⑤中国冶金进出口江苏公司	980000	0.49	国有法人股
⑥山东省枣庄橡胶厂	980000	0.49	国有法人股
⑦辽宁省五金矿产进出口公司	980000	0.49	国有法人股
⑧青岛第六橡胶厂	980000	0.49	国有法人股
⑨中国信达信托投资公司	831730	0.41	A 股流通股
⑩安久证券投资基金	737940	0.37	A 股流通股

秦皇岛华联商城股份有限公司

二〇〇〇年年度报告摘要

(一)公司简介

1、公司名称:秦皇岛华联商城股份有限公司
公司英文名称:QINHUANG DAO HUALIAN BUSINESS BUILDING COMPAY LIMITED
2、公司法定代表人:魏超
3、董事会秘书:殷刚
联系地址:河北省秦皇岛市海港区河北大街152号
联系电话:0335-3023349
传真电话:0335-3045671
4、公司注册地址:河北省秦皇岛市海港区河北大街152号
公司办公地址:河北省秦皇岛市海港区河北大街152号
公司邮政编码:066000
国际互联网网址:WWW.HLSC.COM.CN
公司电子信箱:hlsczqb@cmmail.com
5、公司信息披露报纸名称:《中国证券报》、《证券时报》
中国证监会指定国际互联网网址:www.cninfo.com.cn
公司年度报告备置地点:公司证券部
6、公司股票上市交易所:深圳证券交易所
公司股票简称:华联商城
股票代码:0889

(二)会计数据和业务数据摘要

1、本年度公司主要会计数据

单位:元

项目	金额
利润总额	63445385.73
净利润	57080121.89
扣除非经常性损益后的净利润	53679024.46
主营业务利润	135023982.23
其他业务利润	6141989.07
营业利润	59721320.59
投资收益	165080.32
补贴收入	30633420.57
营业外收支净额	495564.25
经营活动产生的现金流量净额	-126590683.25
现金及现金等价物净增加额	223360656.77

注:扣除的非经营性损益项目和涉及金额:①补贴收入:3063420.57元,③资产处置损益:363065.30元;③合并价差摊入:-25388.44元。

2、截止报告期末公司前三年的主要会计数据及财务指标

单位:元

项目	2000年度	1999年度	1998年度
主营业务收入	449187461.55	346045269.21	307699589.67
净利润	57080121.89	59396626.58	15710868.06
总资产	1236265086.98	713839943.28	632013612.82
股东权益(不含少数股东权益)	734120866.65	317086453.77	257913120.26
每股收益	0.252	0.30	0.079
扣除非经常性损益后的每股收益	0.237	0.30	0.079
每股净资产	3.190	1.601	1.302
调整后每股净资产	3.131	1.524	1.219
净资产收益率(%)	7.787	18.73	6.09
每股经营活动产生的现金流量净额	-0.559	0.553	0.149

3.利润表附表

报告期利润	净资产收益率(%)				每股收益(元)			
	全面摊薄		加权平均		全面摊薄		加权平均	
	2000年	1999年	2000年	1999年	2000年	1999年	2000年	1999年
主营业务利润	18.420	36.250	27.24	39.96	0.596	0.580	0.643	0.580
营业利润	8.148	18.945	12.05	20.89	0.264	0.303	0.285	0.303
净利润	7.787	18.732	11.52	20.65	0.252	0.300	0.272	0.30
扣除非经常性损益后的净利润	7.323	18.732	10.83	20.65	0.237	0.300	0.256	0.30

注1:其中1998年年度总股本按198089999股计算,1999年年度总股本按198089999股计算,2000年年度总股本按226560249股计算。

(三)股本变动及股东情况介绍

1.公司股份变动情况
⑴截止2000年12月29日本公司股东总数为60532户。
⑵公司前十名股东持股情况(截止2000年12月29日)

股东名称	已上市流通(股)	未上市流通(股)	占总股比例(%)
1.秦皇岛华联商厦集团有限公司		76456323	33.75
2.中国糖业酒类集团公司		8555670	3.78
3.秦皇岛银河物资经销公司		7983511	3.52
4.东北证券有限责任公司	7840026		3.46
5.中信(秦皇岛)有限责任公司		2682459	1.18
6.中国耀华玻璃集团公司		2395053	1.06
7.景宏证券投资基金	2124963		0.94
8.中国商业对外贸易总公司		1825209	0.81
9.成都天机电子科技发展有限公司		667629	0.29
10.长春金港电子有限责任公司	640000		0.28

以上持有未上市流通股的股东无关联关系,所持已上市流通股的股东,本公司未知其之间的关联关系。

另:公司于2000年8月31日在《中国证券报》、《证券时报》上刊登了公告,公司第一大股东秦皇岛华联商厦集团有限公司与安徽新长江集团投资有限公司签订了股权转让协议,将持有本公司国家股76456323股中的49522500股进行转让,目前已呈报国家有关部门等待审批。

秦皇岛华联商厦集团有限公司为代表国家持有股份的单位,持有本公司股份33.75%,持有本公司股份无质押情况。

⑶持股10%以上的法人股东情况
秦皇岛华联商厦集团有限公司
法定代表人:孙志浩
经营范围:国内商业、物资供销(国家专控除外)、进出口贸易代理、饮食服务、批发零售、仓储、加工、装饰、装璜、商业广告、中介服务。
⑷报告期内控股股东无变更情况

(四)股东大会简介

1、报告期内,本公司召开了1999年度股东大会。

本公司于2000年1月28日刊登了关于召开公司1999年度股东大会的公告,又于2000年2月23日刊登了延期召开1999年股东大会公告,将股东大会召开日期由2000年2月28日改为2000年3月10日,公告均刊登在《中国证券报》和《证券时报》上。

2000年3月10日上午公司1999年度股东大会在公司天华大酒店五楼会议室召开。到会股东共67人,所持股份数为137224112股,占公司总股本的69.27%,符合《公司法》及公司《章程》的规定。

2、股东大会审议通过了以下决议:
⑴审议通过了1999年度公司董事会工作报告;
⑵审议通过了1999年度公司总经理业务报告;
⑶审议通过了1999年度公司监事会工作报告;
⑷审议通过了1999年度公司财务报告及利润分配方案;
⑸审议通过了1999年年度报告正文及摘要;
⑹审议通过了公司2000年增资配股预案;
⑺审议通过了公司前次募集资金使用情况的说明;
⑻审议通过了关于授权董事会行使公司资产处置权的议案;
⑼审议通过了关于暂缓实施商业服务楼改造项目方案的决议;
⑽审议通过了补选监事的议案。

2000年3月11日将99年度股东大会决议公告刊登在《中国证券报》及《证券时报》上。

(五)董事会报告

1、公司经营情况

本公司属商业流通企业,主要从事国内商业零售、批发,机电产品(不含公共安全及设备)的批发、零售;烟(零售)、仓储;汽车货运、服装加工;酒店业、旅游业;汽车经营(含配件)、房地产开发、进出口贸易、电子商务、信息咨询和物业管理等。

报告期内,面对激烈的商业经营环境,公司坚持以市场为导向,切实转变经营观念,以配股成功为契机,适时调整经营结构,积极开拓新的经营领域,主要作了以下工作:一是实现了配股。配股的实施不但为公司带来了新的利润增长点,而且充实了公司的资本金,为公司的发展提供了有利的保障。二是在充分进行市场分析的基础上,适时调整经营结构,积极开拓新的经营领域,主要是:1.一方面利用秦皇岛市大规模进行旧城改造的有利时机,积极开拓房地产开发领域;另一方面充分利用安徽新长江市场开发的品牌、人才、地域等优势,抢占安徽市场开发份额;2.经过努力,公司获得了进出口经营权,并成立了进出口公司,开展进出口贸易;3.紧跟消费热点,积极尝试汽车经营业务。三是强化财务垂直领导体系,加强资金管理,提高资金的使用效率。通过以上措施,保持了公司业绩的稳定,并为公司未来的发展奠定了良好的基础。

报告期内,公司实现主营业务收入449187461.55元,净利润57080121.89元,其中:公司总部(秦皇岛地区)实现主营业务收入327019009.32元,净利润12693791.59元;子公司安徽新长江网络经济发展有限公司(合肥)实现主营业务收入122168452.23元,净利润44834677.07元,分别占公司主营业务收入和净利润的27.20%和77.76%。

安徽新长江网络经济发展有限公司(以下简称"网络公司")是本公司的控股子公司,现持有该公司99%的股权。网络公司成立于1998年10月,主要从事电子商务、信息咨询、网络服务、市场建设和物业管理等业务。该公司从98年7月开始组建中国商品交易中心安徽分中心,即安徽省商品交易中心,建成了占地面积3000平方米的办公区域,配备了两台领先国际水平的COMPAQ(DEC)小型机,及128KDDN专线,网站(域名为:www.acec.com.cn)于1999年5月正式开通运行,其硬件配置及数据库建设均走在全国前列。作为国家"金贸"工程在安徽的唯一试点与示范单位,安徽省商品交易中心成立伊始就得到了安徽省委省政府和安徽省经贸委的大力扶持,并在全省十七个地市都相应成立了组织机构,以推动电子贸易的开展。

网络公司在积极开展网上交易的同时,不断的加大市场开发力度,积极抢占安徽市场开发的市场份额,先后在安徽省重要的交通枢纽芜湖和滁州地区建设大型批发市场,配置商品批发、电子交易、仓储配送、技术服务等功能,成为长江流域加强沟通与联系的纽带和华东地区较大的商品交易中心。

存在问题及解决方案

经营中存在的问题与困难:

[1]市场环境变化。由于消费领域供求关系的结构性调整,社会商品供过于求和购买力不足的矛盾日趋显现。据了解,全国商业平均利润率只有1%左右,商业已全面进入微利时代。

[2]企业经营结构性问题。公司原有的经营方式随着市场经济条件下的行业竞争加剧,已不太适应市场需要。这种模式对经营工作产生了一定的影响。

解决方案:

[1]对商业经营部分的经营结构进行大规模的调整,不断巩固和扩大在本地区的市场份额;

[2]强化内控机制,增强公司抵御市场风险的能力;

[3]积极开拓新的行业领域,提高盈利能力,从而为公司未来发展创造条件。

[4]做好配股募集资金投资项目的实施工作,培育新的利润增长点。

2、公司财务状况

[1]报告期内公司主要会计指标情况

	2000.12.31	1999.12.31	增减比例%
总资产	1236265086.98	713939943.28	73.16
长期负债	40800000.00	129027130.13	-68.38
股东权益	734120866.65	317086453.77	131.52
主营业务利润	135023982.23	114943474.89	17.47
净利润	57080121.89	59396626.58	-3.90

[2]原因:总资产和股东权益增加,系本公司本年度盈利及实施配股所致;长期负债减少,系本公司上年度一年内到期的长期负债还贷;主营业务利润增加系本公司的子公司安徽新长江网络经济发展有限公司本年盈利所致。

3、公司投资情况

[1]报告期内募集资金使用情况

经中国证监会证监公司字[2000]57号文件批准,本公司于2000年6月27日——7月10日实施了配股。公司发起人股东及法人股股东书面承诺放弃配股权,社会公众股股东及内部职工股股东共计配股28470250股,配股价为13元/股,共计募集资金370113250元,扣除发行费用8411700元,实际募集资金361701550元,于2000年7月17日全部到帐,并由北京京都会计师事务所出具了"北京京都验字(2000)第055号"验资报告。

根据配股说明书,本公司配股募集资金投资以下项目:

	项目名称	总投资(万元)
1	安徽省商品交易中心扩建项目	4323.17
2	中国商网联盟建设项目	4968.16
3	集成电路(IC)引线框架项目	13000
4	合肥长江农贸广场扩建项目	4871.36
5	吉林边贸网建设项目	3200
6	滁州农副产品批发市场建设项目	4271
7	偿还银行贷款及补充流动资金	1536.456
	合计	36170.155

截止报告期末,项目具体实施情况如下:

a.安徽省商品交易中心扩建项目。该项目计划总投资4323.17万元,建设期一年,该项目投资已实施完毕,投入配股资金4323.17万元,形成固定资产(房产)4323.17万元。

b.合肥长江农贸市场扩建工程。该项目计划总投资4871.36万元,建设期一年,该项目投资已基本实施完毕,投入配股资金4871.36万元,形成商品房2680.48万元,形成待开发土地2190.88万元。

c.中国商网联盟(电子商务)建设项目。该项目计划投资4968.16万元,建设期一年,该项目实际投入配股资金1338.40万元,形成固定资产(房产)1338.40万元,该项目正在实施。

d.滁州农副产品批发市场建设项目。该项目计划投资4271万元,建设期一年,实际投资4271万元,形成固定资产(商品房)4271万元,该项目已基本实施完毕。

e.商网联盟吉林边贸网项目。该项目计划投资3200万元,经本公司第一届董事会2001(01)次会议决议,并报深圳证券交易所审核批准,变更为"芜湖长江商贸城(A)区扩建项目",并已公告(详见"重要事项")。

f.集成电路IC引线框架项目。该项目计划投资13000万元,经本公司第一届董事会2001(01)次会议决议,并报深圳证券交易所审核批准,变更为"华联商城超市"项目和"亚飞汽车连锁展示销售中心"项目,并已公告(详见"重要事项")。

g.偿还银行贷款补充流动资金1536.456万元,已实施完毕。

截止2000年12月31日,本公司配股项目实际投入配股资金16340.386万元,剩余配股募集资金19829.769万元尚未使用,存放于银行账户中,其中13000万元存放于工商银行秦皇岛分行河北大街办事处,6829.769万元存放于农业银行合肥逍遥津支行。

[2]报告期内非募集资金投资情况

a.经本公司第一届董事会2000(03)次会议决议,本公司于2000年7月投资495万元设立秦皇岛金原房地产开发有限公司,并持有该公司99%的股权。

b.根据本公司《章程》有关授权董事会行使限额为3500万元投资审批权限的有关规定,本公司第一届董事会2000(04)次会议同意公司控股子公司安徽新长江网络经济发展有限公司自筹资金3500万元投资建设安徽芜湖长江市场园区项目(一期)。本项目位于长江沿岸重要的港口城市芜湖鸠江区,坐落于芜-宣-杭高速公路和芜湖长江大桥引桥的交汇处,地理和交通位置非常优越。项目用地100亩,结构设计上采取整体规划,分期实施。一期工程建筑面积40000平方米,以二层框架结构为主,配以封闭式及开放式轻型大蓬结构,涵盖农副产品、糖酒食品、日用百货、五金家电等若干个专业批发区,具有商品批发、电子交易、仓储配送、技术服务等功能。项目一期投资3500万元。建成后将成为长江流域加强沟通与联系的重要纽带和华东地区较大的商品交易中心,预计当年可完成并实现净利润1000万元。

4、中国加入WTO对本公司的影响

1999年11月15日中美二国在北京签署了中美关于中国加入世界贸易组织的双边协议,这一协议的签署,必将加快中国加入WTO的进程,此次加入WTO的中美协议中,开放力度最大的就是流通业,包括了从外贸、批发、零售到运输、售后服务等各个方面,就整体而言,目前国内流通业还难与国际大集团相抗衡,就本企业而言,将会为公司带来良好的发展机遇。主要原因是:

a.入世后,国际集团首先抢滩的将是人口稠密、经济发达的中心城市,经过一段时间的拓展市场,立稳脚跟后,才可能向周围城市辐射发展。本公司所处秦皇岛市虽属沿海开放城市,但属中小城市,将不会成为国际集团的首选目标;

b.公司可以利用国际集团在中心城市拓展市场的良好机遇学习和借鉴国际集团先进的企业管理和市场经营经验,不断强化自身实力,以利长远。同时,积极寻求合作的机会,充分利用外商的先进经营管理机制和资金优势,发展和壮大企业。

5、新年度发展计划

[1]进一步进行产业结构调整,通过配股资金投资项目,培育新的利润增长点;

[2]开拓新的经营领域,逐步向房地产开发、市场建设、进出口贸易等领域发展;

[3]推进网络公司网站建设,最大限度地拓展上网会员数量,发挥网上交易功能;

[4]实施品牌战略,通过与上市公司中的优秀品牌建立经营伙伴关系,确保公司商品经营的品牌优势,做好经营工作;

[5]完善现代企业制度和法人治理结构,实现强化管理,依法治企战略。

6、董事会日常工作情况

[1]报告期内董事会会议情况及决议内容

A、本公司第一届董事会2000(01)次会议于2000年1月25日在安徽省合肥市安徽新长江网络经济发展有限公司会议室召开,出席会议应到董事11人,实到董事或代表11人,会议审议通过了以下决议:议审议通过以下决议:

a.审议通过了公司1999年度董事会工作报告;

b.审议通过了公司1999年度总经理工作报告;

c.审议通过了公司1999年度财务报告及利润分配方案;

d.审议通过了公司1999年年度报告及摘要;

e.审议通过了关于延期执行商业服务楼改造方案的决议;

f.审议通过了公司2000年增资配股的方案;

g.审议通过了2000年配股募集资金投向及可行性报告的决议;

h.审议通过了关于前次募集资金使用情况说明的决议。

决议公告刊登于2000年1月28日的《中国证券报》、《证券时报》

B、本公司于2000年8月5日在公司天华大酒店五楼会议室召开公司第一届董事会2000(02)次会议。出席会议董事应到11人,实到11人。会议程序符合《公司法》和本公司《章程》规定。全体董事审议通过以下决议:

a.审议通过公司1999年中期报告;

b.审议通过公司中期分红派息预案。

c.由于工作变动原因,本公司总会计师张文千、副总会计师王志远、副总经理耿小兆不再担任原任职务,经总经理刘宏先生提名,决定聘任李东先生为公司常务副总经理,王志远先生为公司总会计师,刘勉诚先生为公司副总会计师,焦海青先生为公司副总经理。

决议公告刊登于2000年8月8日的《中国证券报》、《证券时报》

C、本公司第一届董事会2000(03)次会议于2000年10月18日在安徽省合肥市安徽新长江网络经济发展有限公司二楼会议室召开,应出席董事11人,是出席董事11人,监视会主席列席了会议。会议对公司前三个季度的工作进行了回顾和总结,并就公司有关发展方面的问题进行了讨论。会议决议投资495万元设立秦皇岛金原房地产开发有限公司,并持有该公司99%的股权。

D、本公司第一届董事会2000(04)次会议于2000年12月4日以通讯方式召开。应出席会议董事11人,实到董事10人。会议决定:根据本公司<<章程>>之授权董事会行使限额为3500万元投资审批权限的有关规定,同意本公司控股子公司安徽新长江网络经济发展有限公司自筹资金3500万元投资建设安徽芜湖长江市场园区项目(一期)。决议公告刊登于2000年12月6日的《中国证券报》、《证券时报》

[2]董事会对股东大会决议的执行情况

本公司1999年年度股东大会于2000年3月10日召开。会议审议通过了《关于延期执行商业服务楼改造方案的决议》、《审议通过了公司2000年增资配股的方案》、《2000年配股募集资金投向及可行性报告的决议》。董事会对股东大会的决议进行了严格的执行,执行情况如下:

a.关于商业服务楼改造,根据股东大会决议,该项目报告期内未实施;

b.经中国证监会证监公司字[2000]57号文件批准,本公司于2000年6月27日——7月10日实施了配股。公司发起人股东及法人股股东书面承诺放弃配股权,社会公众股股东及内部职工股股东共计配股28470250股,配股价为13元/股,共计募集资金370113250元,扣除发行费用8411700元,实际募集资金361701550元,于2000年7月17日全部到帐,并由北京京都会计师事务所出具了"北京京都验字(2000)第055号"验资报告。

c.根据股东大会决议,本公司配股募集资金投资以下项目:

	项目名称	总投资(万元)
1	安徽省商品交易中心扩建项目	4323.17
2	中国商网联盟建设项目	4968.16
3	集成电路(IC)引线框架项目	13000
4	合肥长江农贸广场扩建项目	4871.36
5	吉林边贸网建设项目	3200
6	滁州农副产品批发市场建设项目	4271
7	偿还银行贷款及补充流动资金	1536.456
	合计	36170.155

截止报告期末,项目具体实施情况如下:

a.安徽省商品交易中心扩建项目。该项目计划总投资4323.17万元,建设期一年,该项目投资已实施完毕,投入配股资金4323.17万元,形成固定资产(房产)4323.17万元。

b.合肥长江农贸市场扩建工程。该项目计划总投资4871.36万元,建设期一年,该项目投资已基本实施完毕,投入配股资金4871.36万元,形成商品房2680.48万元,形成待开发土地2190.88万元。

c.中国商网联盟(电子商务)建设项目。该项目计划投资4968.16万元,建设期一年,该项目实际投入配股资金1338.40万元,形成固定资产(房产)1338.40万元,该项目正在实施。

d.滁州农副产品批发市场建设项目。该项目计划投资4271万元,建设期一年,实际投资4271万元,形成固定资产(商品房)4271万元,该项目已基本实施完毕。

e.商网联盟吉林边贸网项目。该项目计划投资3200万元,经本公司第一届董事会2001(01)次会议决议,并报深圳证券交易所审核批准,变更为"芜湖长江商贸城(A)区扩建项目",并已公告。

f.集成电路IC引线框架项目。该项目计划投资13000万元,经本公司第一届董事会2001(01)次会议决议,并报深圳证券交易所审核批准,变更为"华联商城超市"项目和"亚飞汽车连锁展示销售中心"项目,并已公告。

g.偿还银行贷款补充流动资金1536.456万元,已实施完毕。

截止2000年12月31日,本公司配股项目实际投入配股资金16340.386万元,剩余配股募集资金19829.769万元尚未使用,存放于银行帐户中,其中13000万元存放于工商银行秦皇岛分行河北大街办事处,6829.769万元存放于农业银行合肥逍遥津支行。

7、公司管理层及员工情况

董事、监事、高级管理人员:

魏超:男,47岁,董事任期为1999年6月至2002年6月,报告期内未持有本公司股份。

刘宏:男,39岁,董事任期为1997年5月至2000年5月,报告期内未持有本公司股份。年度报酬35196元。

李东:男,59岁,董事任期为1999年6月至2002年6月,报告期内未持有本公司股份。年度报酬29196元。

张文千:男,38岁,董事任期为1999年6月至2002年6月,报告期内未持有本公司股份。

元昌宏:男,37岁,董事任期为1999年6月至2002年6月,报告期内未持有本公司股份。年度报酬12500元(半年)。

郭江平:男,41岁,董事任期为1999年6月至2002年6月,报告期内未持有本公司股份。

王有森:男,38岁,董事任期为1999年6月至2002年6月,报告期内未持有本公司股份。

孙志浩:男,48岁,董事任期为1997年5月至2000年5月,报告期内持有本公司股份6933股。

韩树仁:男,52岁,董事任期为1997年5月至2000年5月,报告期内未持有本公司股份。

王令义:男,40岁,董事任期为1997年5月至2000年5月,报告期内持有本公司股份27734股。

张绍平:男,43岁,董事任期为1997年5月至2000年5月,报告期内未持有本公司股份。

张福纯:男,48岁,监事任期为1997年5月至2000年5月,报告期内持有本公司股份6933股。年度报酬29196元。

孙立君:女,35岁,监事任期为1997年5月至2000年5月,报告期内持有本公司股份1324股。年度报酬18396元。

曹瑞海:男,42岁,监事任期为1997年5月至2000年5月,报告期内持有本公司股份2910股。年度报酬12960元。

耿学英:女,50岁,监事任期为1997年5月至2000年5月,报告期内持有本公司股份9012股。年度报酬18396元。

鲍　杰:男,31岁,监事任期为2000年3月至2003年3月,报告期内持有本公司股份7211股,年度报酬14400元。

殷　刚:男,40岁,董事会秘书、副总经理,报告期内未持有本公司股份。年度报酬29196元。

姜德起:男,43岁,副总经理,本报告期内持有本公司股份6933股,年度报酬29196元。

焦海青:男,43岁,副总经理,报告期内未持有本公司股份。年度报酬22896。

王志远:男,36岁,总会计师,报告期内未持有本公司股份。年度报酬29196元。

刘勉诚:男,34岁,副总会计师,报告期内未持有本公司股份。年度报酬22896元。

不在公司领取报酬的高级管理人员姓名:魏超、郭江平、张文千、王有森、孙志浩、韩树仁、王令义、张绍平。

部分公司董事、监事在公司内部担任不同级别的职务,其年度报酬以公司现行工资标准执行,采取货币形式支付,公司未对其另行支付额外报酬。

报告期内因工作变动原因,本公司总会计师张文千、副总会计师王志远、副总经理耿小兆不再担任原任职务,经总经理刘宏先生提名,本公司第一届董事会2000(02)次会议决定聘任李东先生为公司常务副总经理,王志远先生为公司总会计师,刘勉诚先生为公司副总会计师,焦海青先生为公司副总经理。

8、利润分配及资本公积金转增股本预案:

[1]报告期利润分配及资本公积金转增股本预案

经北京京都会计师事务所审计,本报告期内公司实现的净利润为57080121.89元,提取法定公积金10414520.81元,提取法定公益金5207260.40元,加上上年度结存未分配利润47138923.89元,可供分配的利润104219045.78元,实际可供股东分配的利润为88597264.57元。董事会审议决定本年度利润分配及资本公积金转增股本预案为:以2000年12月31日公司总股本226560249股为基数,向全体股东每10股送1股红股,派0.5元(含税),以资本公积金向全体股东每10股转赠2股,合计分配33984037.35元,剩余54613227.22元结转下年度分配。此预案需经公司股东大会批准后实施。

[2]预计2001年利润分配政策

预计2001年进行利润分配一次,2001年实现的利润分配比例不低于10%(含10%),结存的未分配利润分配比例不低于20%,采取现金或送股形式分配,董事会保留根据需要对该政策进行调整的权利。

9、其它报告事项:

报告期内公司选定的信息披露报纸为:《中国证券报》和《证券时报》。

(六)监事会报告

二〇〇〇年公司监事会按照《公司法》和《公司章程》授予的职权认真履行监督职责对公司的重大问题,充分发表自己的意见,提出合理化建议。对公司的规范运作和正确决策起到积极的作用,较好地维护了公司和股东的合法权益。

本报告期内,公司监事会会议召开情况:

第一届监事会十次会议于2000年1月25日以通讯方式召开,讨论并通过了《公司1999年工作报告》、《1999年度监事会报告》、《公司2000年增资配股方案》及补选监事的议案,决议公告刊登于2000年1月28日的《中国证券报》、《证券时报》

本监事会对以下事项发表独立意见:

1、报告期内本公司于2000年6月27日—7月10日实施了配股,配股价13元/股(经中国证监会证监公司字[2000]57号文件批准)。共募集资金370113250元,扣除发行费用8411700元,实际募集资金361701550元,于2000年7月17日全部到帐,经北京京都会计师事务所审验。"北京京都验字(2000)第055号"验资报告。

根据本公司配股说明书,本公司本次配股募集资金,投资以下几个项目:

项目名称	总投资(万元)
1、安徽省商品交易中心扩建项目	4323.17
2、中国商网联盟建设项目	4968.16
3、集成电路(IC)引线框架项目	13000
4、合肥长江农贸广场扩建项目	4871.36
5、吉林边贸网建设项目	3200
6、滁州农副产品批发市场建设项目	4271
7、偿还银行贷款及补充流动资金	1536.456
合计	36170.155

其中第1、2、4、6、7项已实施完毕或正在实施中(详见"董事会报告"),第3项集成电路(IC)引线框架项目和第5项吉林边贸网建设项目已经本公司第一届监事会2001年1月17日召开的第11次会议决议变更,同意公司董事会关于变更配股募集资金投资项目的决议。

2、报告期内本公司关联交易公平,无损害公司利益的情况。

六、期后事项

关于变更配股募集资金投资项目的情况

第一届监事会十一次会议于2001年1月14日在公司总部召开,讨论并通过了《关于变更配股募集资金投资项目的意见》,同意取消配股项目中投资13000万元的"集成电路IC引线框架"项目和投资3200万元的"商网联盟吉林边贸网"项目,变更为投资8000万建设"华联商城超市"项目,投资5000万元建设华联商城"亚飞汽车连锁展示销售中心"项目和投资3200万元建设"芜湖长江商贸城(A)区"扩建项目。

关于以上两项变更事项的董事会决议、监事会决议已于2001年1月17日在《中国证券报》、《证券时报》上刊登,待公司股东大会审议通过后实施。

(七)重大事项

1、报告期内公司无重大诉讼、仲裁事项。

2、报告期内公司董事及高级管理人员未受监管部门处罚的情况。

3、公司控股股东及高级管理人员变更情况

[1]报告期内公司控股股东无变更情况

[2]报告期内因工作变动原因,本公司总会计师张文千、副总会计师王志远、副总经理耿小兆不再担任原任职务,经总经理刘宏先生提名,本公司第一届董事会2000(02)次会议决定聘任李东先生为公司常务副总经理,王志远先生为公司总会计师,刘勉诚先生为公司副总会计师,焦海青先生为公司副总经理。(见2000年8月8日《中国证券报》、《证券时报》)

[3]报告期内公司无解聘、新聘公司董事会秘书的情况

4、报告期内公司无收购及出售资产、吸收合并事项

5、重大关联交易事项

A、本公司为安徽新长江网络经济发展有限公司1420万元短期借款提供担保。

B、秦皇岛市金原房地产开发有限公司为本公司4000万元短期借款提供担保,其中信用担保500万元,抵押担保3500万元;

C、安徽新长江网络经济发展有限公司以房产、土地使用权为本公司经营活动提供5500万元短期借款担保。

以上担保事项对本公司经营活动无影响,其他关联交易事项详见会计报表附注。

6、公司与控股股东在人员、资产、财务三分开情况

公司与控股股东秦皇岛华联商厦集团有限公司之间已实现人员独立、资产完整、财务独立,具体情况如下:

[1]人员方面:公司设立人力资源部,负责公司劳动人事及工资管理工作,总经理及副总经理等高级管理人员均在公司领取薪酬,未在股东单位任职。

[2]资产方面:公司拥有独立完整的经营管理系统及相关的配套设施,公司具体的营销业务由公司各实体负责。

[3]财务方面:公司设有独立的财务部门,建立了独立的会计核算体系和财务管理制度,并在银行独立开设银行账户。

7、公司在报告期内无托管、承包、租赁其他公司资产,也无其他公司托管、承包、租赁本公司资产的事项。

8、报告期内本公司续聘北京京都会计师事务所为指定会计师事务所。

9、报告期内本公司无重大合同、担保事项。

10、报告期内本公司无更改名称或股票简称的情况。

11、其它重大事项

[1]秦皇岛华联商厦集团有限公司于2000年8月19日与安徽新长江集团投资有限公司签定协议,将持有的本公司国家股4952.50万股转让给安徽新长江集团投资有限公司。截止2001年3月16日,国家有关部门尚未批准此次转让。(见2000年8月31日《中国证券报》、《证券时报》)

[2]秦皇岛市金原房地产开发有限公司开发金原广场项目,已取得建设用地规划许可证、建设工程规划许可证、建设工程开工证、商品房预售许可证。

[3]报表项目期初期末变化幅度超过30%说明:

A、应收账款本期增加1823.7万元,原因由于安徽新长江网络公司今年进行市场开发中,客户欠购房款。

B、预付账款本期增加4073.3万元,原因是安徽新长江网络公司改建、扩建及配股项目的预付资金。

C、短期借款本期增加8019万元,原因是补充流动资金。

D、应交税金本期增加866.8万元,原因是1.安徽新长江网络公司99年享受所得税免税政策,99年预交的所得税,在2000年已退回。

E、货币资金本期增加22336.1万元,原因是部分配股项目未实施完毕。

F、应付票据本期增加360万元,原因是补充流动资金。

[4]期后事项

关于变更配股募集资金投资项目的有关情况

本公司于2000年6月27日—7月10日实施了配股,扣除发行费用后募集资金361701550元。根据公司配股说明书,承诺投资的"集成电路IC引线框架"项目和"商网联盟吉林边贸网"项目,由于市场情况变化及公司实际发展需要,经本公司第一届董事会2001(01)次会议决议,并报深圳证券交易所审核批准,董事会对其进行适当调整,并于2001年1月17日在《中国证券报》、《证券时报》上公告。

A、原承诺投资"集成电路IC引线框架"项目,投资总额为13000万元。根据我公司的进一步考察和分析,现阶段实施该项目有较大的风险,主要原因:一是该工业园区目前包括水、电、气等在内的基础设施条件不够完善,若进行项目实施势必造成建设工期延长,投资成本加大的不利局面;二是设备材料均需进口。引线框架作为集成电路芯片的载体,具有信号通道、定位固着和散热等重要功能,所需应用的技术先进,其生产属高精尖技术,不仅需要先进的设备,而且需先进技术,国内生产该产品所用设备、材料均需进口;三是人才需要引进。目前,国内生产引线框架的厂家设备比较落后,技术水平相对较低,进口设备所需的技术人才、管理人才严重缺乏,引进相应的人才相当困难;四是市场销路受到制约。集成电路引线框架市场虽然有较大缺口,但其缺口主要是指进口替代产品,通过考察国内较大的该产品用户——集成电路封装厂,他们都有自己固定的供货渠道,90%以上依靠进口,主要是台湾和日本,对国产引线框架在质量、价格上均不认可。实质上,引线框架市场的竞争是国际市场的竞争,在进入WTO后,随着关税的降低,对国内市场冲击会很大,市场前景不容乐观。

因此,将此项目变更为投资建设"华联商城超市"和"亚飞汽车连锁展示销售中心"项目更符合公司主营业务的发展,有利于增强公司的实力和市场竞争力。"华联商城超市"项目位于秦皇岛市中心——金原广场,规划建成一个10000平方米的超级市场,总投资8000万元,建设期1年。投资该项目主要是因为:第一、从今后商业流通的发展趋势看,连锁超市将逐渐成为主要的商业业态形式;第二、秦皇岛是我国北方重要的沿海开放城市和著名的旅游地区,全市人口约260万,每年接待各地旅游人次在800万人以上。目前市区仅有的两个规模在4000平方米左右的超市已不能满足市场需求。第三、公司目前拥有的两个大型综合商场存在着被各种专业店和连锁超市挤占市场份额的经营风险。因此本公司正在对目前的商业运作模式进行战略性的结构调整,投资超市项目是其中的重要环节;第四、此项目建设期较短,有利于尽快产生效益。华联商城"亚飞汽车连锁展示销售中心"项目坐落于秦皇岛市中心——金原广场内,总投资5000万元,规划面积5000平方米,建设期一年,是以经营国内外名牌汽车为主的经营实体,是中国亚飞汽车特许连锁销售网络的会员单位。中国亚飞汽车特许连锁销售网络是1997年经国家经贸委、国家工商管理局批准成立的以"北京亚飞汽车连锁总店"为核心的汽车连锁经营网络,截至2000年8月在全国共有连锁分店280多家。投资该项目的主要原因是:第一、随着秦皇岛市旧城改造的步伐加快和京沈高速的贯通,为我市的汽车经营提供了良好的交通条件;第二、随着秦皇岛市城市规模的不断扩大和居民消费水平的提高,汽车销售形式看好;第三、连锁形式的汽车超市在秦皇岛还是首家,充分利用特许连锁的优势将有利于公司汽车业务的全面开展;第四、银行系统汽车消费信贷业务的全面开展,对本地区汽车经营提供了强有力的支持;第五、本地区有实力的汽车经营单位较少,市场环境相对宽松。因此,投资建设"华联商城超市"和华联商城"亚飞汽车连锁展示销售中心"项目,符合本公司的总体发展规划,并经秦皇岛市计委秦计财(2001)14号和秦计财(2001)15号批准。

B、原承诺投资"商网联盟吉林边贸网"建设项目,总投资3200万元。放弃该项目的主要原因,目前吉林地区的边境贸易日趋萎缩,未能形成统一的有效管理的商品贸易集散地,实施商品中心的集中交易和物流配送的条件尚不成熟,投资成本较高,因此,在此地发展电子商务,引入对外贸易及各种在线交易风险较大。我们认为:借助安徽合肥长江批发市场地域、人才的优势,利用现有资金集中开发"芜湖长江商贸城(A)区"项目更加符合公司的实际发展需要。该项目位于芜湖鸠江区,座落于芜-宣-杭高速公路和芜湖长江大桥引桥的交汇处,地理和交通位置非常优越,经本董事会2000(04)次会议决议,本公司控股子公司安徽新长江网络经济发展有限公司投资3500万元进行了一期工程的建设。一期工程用地100亩,建筑面积40000平方米,目前已全部竣工,市场销售形式看好。根据本公司对安徽芜湖及周边市场的考察,经芜湖市计委计三产[2000]8号文件批准,本公司决定同意控股子公司安徽新长江网络经济发展有限公司对"芜湖长江商贸城(A)区"项目进行扩建。在原工程用地100亩的基础上,扩建到400亩,新扩建面积300亩。项目总投资12000万元,其中:配股募集资金3200万元,网络公司自有资金2800万元,银行贷款6000万元。扩建该项目的主要原因是:第一、一期工程进展顺利,销售情况非常好;第二、综合分析芜湖所处的地理位置,结合一期工程的销售情况,我们认为:现有的投资规模和交易场地偏小,无法充分利用芜湖地处"长江流域经济带"与"华东区域经济中心"的重要战略地位,制约了市场的辐射能力;第三、由于市场规模偏小,相关配套功能如仓储、配货配送、加工、电子商务交易等无法完善,不能充分发挥网络公司拥有的ACEC网络资源优势,满足新型市场交易方式创新和市场功能健全的总体要求。

[5]根据河北省财政厅"冀财企(2000)74号"文件精神,我公司享受企业所得税先按33%的法定税率征收再返还18%(实征15%)的优惠政策。此项优惠政策到2001年12月31日止。

(八)财务会计报告

1、审计报告

北京京都审字(2001)第0568号

秦皇岛华联商城股份有限公司全体股东:

我们接受委托,审计了秦皇岛华联商城股份有限公司(以下简称贵公司)二000年十二月三十一日公司及合并资产负债表、二000年度公司及合并利润表和利润分配表、二000年度公司及合并现金流量表。这些会计报表由贵公司负责,我们的责任是对这些会计报表发表审计意见。我们的审计是依据《中国注册会计师独立审计准则》进行的。在审计过程中,我们结合贵公司实际情况,实施了包括抽查会计记录等我们认为必要的审计程序。

我们认为,上述会计报表的编制符合《企业会计准则》及《股份有限公司会计制度》的有关规定,在所有重大方面公允地反映了贵公司二000年十二月三十一日的财务状况及二000年度的经营成果和现金流量情况,会计处理方法的选用遵循了一贯性原则。

北京京都会计师事务所有限责任公司　　中国注册会计师:童登书

北京建外大街22号赛特广场五层　　中国注册会计师:刘　莉

二〇〇一年三月十六日

(附注五.28三月二十四日)

2、会计报表(附后)

3、会计报表附注

一、公司基本情况

秦皇岛华联商城股份有限公司(以下简称本公司)系经河北省经济体制改革委员会冀股办(1997)18号批复批准,由秦皇岛华联商厦股份有限公司和秦皇岛商城股份有限公司合并设立。

经中国证券监督管理委员会证监发字(1997)477号、478号批复批准,本公司于1997年10月30日在深圳证券交易所上网发行人民币普通股3000万股,发行后股本11,005万股。后经送股、转增和配股,本公司总股本增至22,656.0249万元。

本公司属商品流通行业。主营针纺织品、日用百货、土产日杂、服装鞋帽、糖酒、食品、五金交电、化工产品、家用电器、家俱、金银饰品、汽车配件、机电产品的批发、零售、烟(零售);仓储;汽车货运;服装加工、酒店业、旅游业;电子商务、信息咨询、物业管理;销售特许经营的汽车;自营和代理经外贸部核准的进出口商品业务。

二、公司主要会计政策、会计估计和合并会计报表的编制方法

1、会计制度

本公司执行《股份有限公司会计制度》。

2、会计年度

本公司会计年度为公历1月1日至12月31日。

3、记帐本位币

本公司记帐本位币为人民币。

4、记帐基础和计价原则

本公司采用权责发生制,以实际成本为计价原则。

5、现金等价物的确定标准

本公司将所持有的期限短、流动性强、易于转换为已知金额现金、价值变动风险很小的投资确定为现金等价物。

6、坏帐核算方法

(1)本公司采用备抵法核算坏帐损失。本公司期末对应收款项(包括应收帐款和其他应收款)采用帐龄分析法计提坏帐准备,各帐龄的坏帐准备之计提比例如下:

帐龄	计提比例
1年以内	5%
1-2年	10%
2-3年	15%
3年以上	20%

(2)本公司确认坏帐损失的情形为:

a、因债务人破产或死亡,以其破产财产或遗产清偿后,仍不能收回的应收款项;

b、因债务人逾期未履行偿债义务超过三年仍不能收回的应收款项。

7、存货核算方法

本公司存货分为商品存货和非商品存货。商品存货包括库存商品、开发产品。库存商品采用进价金额核算法;开发产品以实际成本计价,产品出售时以分批实际法结转成本。非商品存货包括包装物、低值易耗品等。包装物采用加权平均法结转发出、领用成本;低值易耗品采用五五摊销法核算。

本公司期末存货按成本与可变现净值孰低计价,并按单个存货计提存货跌价准备。

8、长期投资核算方法

本公司对外股权投资,按投资时实际支付的价款或确定的价值记帐。对其他单位的投资占该单位资本总额20%以下,或对其他单位的投资虽占该单位资本总额20%或20%以上,但不具有重大影响,采用成本法核算;对其他单位的投资占该单位资本总额20%或20%以上,或虽然投资不足20%但有重大影响,采用权益法核算。

采用权益法核算时,本公司按分享或分担的被投资企业实现的净利润或发生的净亏损的份额,调整长期股权投资的帐面价值。

本公司期末长期投资计提减值准备。

9、固定资产计价和折旧方法

本公司固定资产是指单位价值在2000元以上(含2000元),使用年限在一年以上的房屋建筑物、机器设备、运输设备等。固定资产按取得时的实际成本计价,并按直线法计提折旧。各类固定资产估计使用年限、残值率、年折旧率如下:

类别	估计使用年限	残值率	年折旧率
房屋建筑物	20-35年	5%	3.17-2.71%
机器设备	7-15年	5%	13.57-6.33%
运输设备	8年	5%	11.88%
其他设备	8-12年	5%	11.87%-7.92%

10、在建工程核算方法

本公司按投入或购置价值核算在建工程。固定资产在交付使用之前发生的借款利息,计入在建固定资产的成本(利息资本化)。工程完工并交付使用时,按工程的实际成本结转固定资产。

11、无形资产计价和摊销方法

本公司无形资产包括房屋使用权、土地使用权。房屋使用权购置支出的摊销期限为20年;土地使用权按评估价值计价,摊销期限为50年。

12、开办费、长期待摊费用摊销方法

本公司开办费、长期待摊费用按实际成本计价,其摊销年限如下:

类别	摊销年限
开办费	5年
商场改造工程	30年
电力增容	8年
工作服	2年

13、收入确认原则

本公司对于商品销售和房地产销售,以将商品(开发产品)所有权上的重要风险和报酬转移给购货方,公司不再对该商品(开发产品)实施继续管理权和实际控制权,相关的收入已经收到或取得了收款的证据,并且与销售该商品(开发产品)有关的成本能够可靠地计量时,确认营业收入的实现。

14、所得税的会计处理方法

本公司所得税的会计处理采用应付税款法。

15、合并会计报表的编制方法

本公司对拥有50%以上权益的子公司的会计报表进行合并,合并会计报表系根据财政部《合并会计报表暂行规定》编制。合并时,公司相互间重大交易及往来余额均已抵销。

三、税项

1、主要税种及税率

(1)增值税税率为17%(除图书适用13%、粮油适用10%外)

(2)营业税税率为5%

(3)消费税税率为5%

(4)城市维护建设税税率为7%

(5)所得税税率为33%

2、优惠税负及批文

(1)根据河北省财政厅冀财企(2000)74号文规定,本公司执行33%所得税税率,实际税负为15%,超过15%部分由市财政年终清算返还。

(2)根据合肥市地方税务局合地税二(2001)49号文规定,安徽新长江网络经济发展有限公司2000年度免征企业所得税。

(3)根据合肥市地方税务局合地税二(2001)48号文规定,安徽省新长江商品交易有限公司2000年度免征企业所得税997,200.11元。

四、控股子公司及合营企业

截止2000年12月31日,本公司控股子公司及合营企业概况如下:

子公司名称	注册资本	经营范围	本公司投资额	权益比例
安徽新长江网络经济发展有限公司	5000万	电子商务、信息咨询、网络服务、市场建设、物业管理、仓储运输、商品交易、旅游服务、广告	4950万元	99%
安徽省新长江商品交易有限公司	2000万	发布商品供求信息、产品信息,广告及英特网主页制作及发布,提供中介服务	1800万元	90%
秦皇岛市商业服务楼	198万	住宿、打字、传真、复印名片、房屋租赁、歌舞厅	2508.70万元	100%
秦皇岛市金原房地产开发有限公司	500万	房地产综合开发、物业管理、房屋租赁、金属材料、建材、化工产品、装饰材料批发、零售	495万元	99%

说明:本公司于2000年8月9日投资秦皇岛市金原房地产开发有限公司,2000年12月31日合并资产负债表包括金原公司2000年12月31日相关数据。

五、或有事项

截止2000年12月31日,本公司不存在应披露的或有事项。

六、承诺事项

截止2000年12月31日,本公司不存在应披露的承诺事项。

七、重要事项

1、秦皇岛华联商厦集团有限公司于2000年8月19日与安徽新长江集团投资有限公司签定协议,将持有的本公司国家股4952.50万股转让给安徽新长江集团投资有限公司。截止2001年3月16日,国家有关部门尚未批准此次转让。

2、秦皇岛市金原房地产开发有限公司开发金原广场项目,已取得建设用地规划许可证、建设工程规划许可证、建设工程开工证、商品房预售许可证。

(九)公司其他有关资料

1、公司变更注册登记日期:2000年12月26日

地点:河北省工商行政管理局

2、企业法人营业执照注册号:1300001000612

3、税务登记号码:130302104366111

4、公司未流通股票的托管机构:深圳证券登记公司

5、公司聘请的会计师事务所名称:北京京都会计师事务所

办公地点:北京建外大街22号赛特广场五层

(十)备查文件

1、载有法定代表人、财务负责人、会计经办人员签名并盖章的会计报表。

2、载有会计师事务所盖章、注册会计师签名并盖章的审计报告正本。

3、报告期内在中国证监会指定报纸上公开披露过的所有本公司文件的正本及公告的原稿。

以上文件存放于秦皇岛华联商城股份有限公司证券部。股东、投资者及有关人士可于办公时间内查阅。

联系电话:0335-3023349

秦皇岛华联商城股份有限公司董事会

二零零一年三月二十四日

利　润　表

编制单位:秦皇岛华联商城股份有限公司　　　　单位:人民币元

		2000年度		1999年度	
项　目	附注	合并数	母公司	合并数	母公司
一.主营业务收入	5.286.04	449,187,461.55	326,074,461.82	346,045,269.21	284,913,791.32
减:折扣与折让		1,185,842.06	1,185,842.06	185,677.29	185,677.29
主营业务收入净额		448,001,619.49	324,888,619.76	345,859,591.92	284,728,114.03
减:主营业务成本	6.05	303,640,900.67	240,462,512.08	224,457,162.16	212,698,275.92
主营业务税金及附加		9,336,736.59	3,184,868.48	6,458,954.87	3,163,414.41
二.主营业务利润		135,023,982.23	81,241,239.20	114,943,474.89	68,866,423.70
加:其他业务利润	5.29	6,141,989.07	6,082,605.81	13,527,481.62	13,527,331.62
减:存货跌价损失		-7,293,279.57	-7,293,279.57	9,224.92	9,224.92
营业费用		17,712,011.20	14,605,243.38	15,032,347.76	12,700,939.15
管理费用		55,752,499.07	51,039,103.21	43,025,140.11	39,420,156.10
财务费用	5.30	15,273,420.01	15,280,141.68	10,332,845.20	9,785,431.72
三.营业利润		59,721,320.59	13,692,636.31	60,071,398.52	20,478,003.43
加:投资收益	5.316.06	165,080.32	44,203,105.27	-143,159.37	41,675,389.65
补贴收入		3,063,420.57	3,063,420.57	-	-
营业外收入	5.32	517,201.66	144,247.55	5,134,054.87	241,762.10
减:营业外支出	5.33	21,637.41	16,038.61	51,430.81	48,350.43
四.利润总额		63,445,385.73	61,087,371.09	65,010,863.21	62,346,804.75
减:所得税		5,616,271.05	5,616,271.05	6,536,591.98	6,536,591.98
加:财政返还				3,565,413.81	3,565,413.81
减:少数股东本期收益		748,992.79	-	2,643,058.46	-
五.净利润		57,080,121.89	55,471,100.04	59,396,626.58	59,375,626.58

利　润　分　配　表

编制单位:秦皇岛华联商城股份有限公司　　　　单位:人民币元

		2000年度		1999年度	
项　目	附注	合并数	母公司	合并数	母公司
一.净利润		57,080,121.89	55,471,100.04	59,396,626.58	59,375,626.58
加:年初未分配利润		47,138,923.89	58,232,836.77	7,423,689.09	7,763,554.17
二.可分配的利润		104,219,045.78	113,703,936.81	66,820,315.67	67,139,180.75
减:提取法定公积金		10,414,520.81	5,547,110.00	13,120,927.86	5,937,562.66
提取公益金		5,207,260.40	2,773,555.00	6,560,463.92	2,968,781.32
三.可供股东分配利润		88,597,264.57	105,383,271.81	47,138,923.89	58,232,836.77
减:应付优先股股利		-	-	-	-
提取任意盈余公积		-	-	-	-
已分配普通股股利		11,328,012.45	11,328,012.45	-	-
转作股本的普通股股利		-	-	-	-
四.未分配利润		77,269,252.12	94,055,259.36	47,138,923.89	58,232,836.77

资 产 负 债 表

编制单位:秦皇岛华联商城股份有限公司 单位:人民币元

项 目	附注	2000年12月31日 合并数	2000年12月31日 母公司	1999年12月31日 合并数	1999年12月31日 母公司
流动资产:					
货币资金	5.01	256,113,090.88	163,218,786.13	32,752,434.11	8,568,627.65
短期投资		-	-	-	-
减:短期投资跌价准备		-	-	-	-
短期投资净额		-	-	-	-
应收票据		-	-	-	-
应收股利		-	-	-	-
应收利息		-	-	-	-
应收帐款	5.026.01	23,109,346.24	2,517,183.37	4,872,512.77	1,477,274.27
其他应收款	5.036.02	29,414,779.49	289,738,858.43	33,103,808.67	21,504,564.39
减:坏帐准备	5.04	5,378,983.90	5,835,477.65	4,182,110.03	3,206,296.14
应收款项净额		47,145,141.83	286,420,564.15	33,794,211.41	19,775,542.52
预付帐款	5.05	51,482,401.97	6,118,445.35	10,749,687.31	9,509,150.31
应收补贴款	5.06	3,064,864.16	3,064,864.16	5,302,343.59	5,302,343.59
存货	5.07	350,443,082.44	121,067,073.47	171,153,637.35	126,304,907.99
减:存货跌价准备		2,315,140.97	2,315,140.97	9,608,420.54	9,608,420.54
存货净额		348,127,941.47	118,751,932.50	161,545,216.81	116,696,487.45
待摊费用	5.08	69,459.36	69,459.36	185,695.92	185,695.92
待处理流动资产净损失		20,428.10	20,428.10	-11,777.23	-11,777.23
一年内到期的长期债权投资		-	-	-	-
其他流动资产		-	-	-	-
流动资产合计		706,023,327.77	577,664,479.75	244,317,811.92	160,026,070.21
长期投资:					
长期股权投资	5.096.03	7,304,023.51	228,257,259.94	7,313,554.75	179,327,987.23
长期债权投资		-	-	-	-
长期股权投资差额		196,967.79	-221,410.71	222,356.23	-245,243.27
长期投资合计		7,500,991.30	228,035,849.23	7,535,910.98	179,082,743.96
减:长期投资减值准备		100,000.00	100,000.00	100,000.00	100,000.00
长期投资净额		7,400,991.30	227,935,849.23	7,435,910.98	178,982,743.93
固定资产:					
固定资产原价	5.10	543,502,357.67	420,332,547.28	478,685,165.64	389,951,627.04
减:累计折旧	5.10	61,449,814.72	50,760,563.53	44,292,151.21	35,672,535.77
固定资产净值		482,052,542.95	369,571,983.75	434,393,014.43	354,279,091.27
工程物资	5.11	500,603.48	500,603.48	13,566.97	13,566.97
在建工程		13,472,017.13	-	-	-
固定资产清理		-	-	-	-
待处理固定资产净损失		-	-	-	-
固定资产合计		496,025,163.56	370,072,587.23	434,406,581.40	354,292,658.24
无形资产及其他资产:					
无形资产	5.12	15,974,555.10	1,113,755.10	16,355,026.02	1,184,626.02
开办费	5.13	8,901,513.33	6,282,305.51	9,216,452.93	9,128,101.18
长期待摊费用	5.14	1,939,535.92	1,939,535.92	2,108,160.03	2,108,160.03
其他长期资产		-	-	-	-
无形资产及其他资产合计		26,815,604.35	9,335,596.53	27,679,638.98	12,420,887.23
递延税项:					
递延税项借项		-	-	-	-
资产总计		1,236,265,086.98	1,185,008,512.74	713,839,943.28	705,722,359.64
流动负债:					
短期借款	5.15	197,200,000.00	183,000,000.00	117,010,000.00	117,010,000.00
应付票据	5.16	3,600,000.00	1,200,000.00	-	-
应付帐款	5.17	67,172,937.84	52,956,707.64	53,319,143.92	49,731,652.81
预收帐款	5.18	4,011,429.56	393,193.64	98,595.38	98,595.38
代销商品款		72,234,524.90	72,234,524.90	78,340,698.70	78,340,698.70
应付工资		45,031.60	-	7,234.00	-
应付福利费		1,229,438.61	1,041,900.30	2,733,806.51	2,753,431.05
应付股利		11,340,507.49	11,340,507.49	26,521.04	26,521.04
应交税金	5.19	11,280,561.86	6,769,613.42	2,613,007.04	5,308,618.30
其他应交款		743,552.41	654,665.25	96,393.20	-38,567.35
其他应付款	5.2	11,441,657.73	7,798,741.75	7,062,316.98	6,264,629.33
预提费用	5.21	704,435.80	655,826.00	549,510.42	491,400.62
一年内到期的长期负债	5.22	85,000,000.00	85,000,000.00	-	-
其他流动负债		-	-	-	-
流动负债合计		466,004,077.80	423,045,680.39	261,857,197.19	259,986,979.88
长期负债:				-	-
长期借款	5.23	40,000,000.00	40,000,000.00	125,000,000.00	125,000,000.00
应付债券		-	-	-	-
长期应付款		-	-	-	-
住房周转金		-	-	3,227,130.13	2,869,925.99
其他长期负债		800,000.00	800,000.00	800,000.00	800,000.00
长期负债合计		40,800,000.00	40,800,000.00	129,027,130.13	128,669,925.99
递延税项:					
递延税项贷项		-	-	-	-
负债合计		506,804,077.80	463,845,680.39	390,884,327.32	388,656,905.87
少数股东权益		6,668,154.98	-	5,869,162.19	-
股东权益:					
股本	5.24	226,560,249.00	226,560,249.00	198,089,999.00	198,089,999.00
资本公积	5.25	378,962,799.26	378,962,799.26	47,478,758.27	47,478,758.27
盈余公积	5.26	40,000,553.82	21,584,524.73	24,378,772.61	13,263,859.73
其中:公益金		12,666,150.34	6,527,473.98	7,458,889.94	4,485,777.42
未分配利润	5.27	77,269,252.12	94,055,259.36	47,138,923.89	58,232,836.77
股东权益合计		722,792,854.20	721,162,832.35	317,086,453.77	317,065,453.77
负债和股东权益总计		1,236,265,086.98	1,185,008,512.74	713,839,943.28	705,722,359.64

现 金 流 量 表

编制单位:秦皇岛华联商城股份有限公司 单位:人民币元

项 目	附注	合并	母公司
一、经营活动产生的现金流量:			
销售商品、提供劳务收到的现金		482,478,565.54	370,631,313.89
收取的租金		773,750.36	728,730.36
收到的其他税费返还		12,740,900.00	5,300,900.00
收到的其他与经营活动有关的现金		29,394,507.80	17,944,450.00
现金流入小计		525,387,723.70	394,605,394.25
购买商品、接受劳务支付的现金		546,399,267.99	275,350,719.62
经营租赁所支付的现金		1,616,817.77	1,241,817.77
支付给职工以及为职工支付的现金		18,305,022.65	16,045,387.16
实际缴纳的增值税款		9,325,817.64	9,304,948.97
支付的所得税款		10,062,722.76	8,935,475.38
支付的除增值税、所得税以外的其他税费		9,141,230.67	3,747,303.21
支付的其他与经营活动有关的现金	5.34	57,127,527.47	304,287,886.47
现金流出小计		651,978,406.95	618,913,538.58
经营活动产生的现金流量净额		-126,590,683.25	-224,308,144.33
二、投资活动产生的现金流量:			
收回投资所收到的现金		-	-
分得股利或利润所收到的现金		200,000.00	200,000.00
取得债券利息收入所收到的现金		-	-
处置固定资产、无形资产和其他长期资产而收回的现金净额		521,040.00	-
收到的其他与投资活动有关的现金		-	-
现金流入小计		721,040.00	200,000.00
购建固定资产、无形资产和其他长期资产所支付的现金		72,058,764.67	23,324,040.21
权益性投资所支付的现金		-	4,950,000.00
债权性投资所支付的现金		-	-
支付的其他与投资活动有关的现金		-	-
现金流出小计		72,058,764.67	28,274,040.21
投资活动产生的现金流量净额		-71,337,724.67	-28,074,040.21
三、筹资活动产生的现金流量:			
吸收权益性投资所收到的现金		370,163,250.00	370,113,250.00
发行债券所收到的现金		-	-
借款所收到的现金		296,000,000.00	261,000,000.00
收到的其他与筹资活动有关的现金		688,791.44	327,979.12
现金流入小计		666,852,041.44	631,441,229.12
偿还债务所支付的现金		215,810,000.00	195,010,000.00
发生筹资费用所支付的现金		10,158,959.01	10,158,959.01
分配股利或利润所支付的现金		-	-
偿付利息所支付的现金		19,560,914.29	19,239,927.09
融资租赁所支付的现金		-	-
减少注册资本所支付的现金		-	-
支付的其他与筹资活动有关的现金		33,103.45	-
现金流出小计		245,562,976.75	224,408,886.10
筹资活动产生的现金流量净额		421,289,064.69	407,032,343.02
四、汇率变动对现金的影响			
五、现金及现金等价物净增加额		223,360,656.77	154,650,158.48
项目	附注	合并	母公司
附注:			
1、不涉及现金收支的投资和筹资活动:			
以固定资产偿还债务		575,000.00	575,000.00
以投资偿还债务		-	-
以固定资产进行长期投资		-	-
以存货偿还债务		5,788,244.08	5,788,244.08
融资租赁固定资产		-	-
2、将净利润调节调节为经营活动的现金流量			
净利润		57,080,121.89	55,471,100.04
加:少数股东本期收益		748,992.79	-
计提的坏帐准备或转销的坏帐		1,490,668.21	2,922,975.85
计提的存货跌价准备		-6,993,587.84	-6,993,587.84
固定资产折旧		18,266,411.30	15,419,635.26
无形资产、开办费及递延资产摊销		1,530,060.27	3,751,316.34
待摊费用的减少		116,236.56	116,236.56
预提费用的增加		146,925.38	164,425.38
处置固定资产、无形资产和其他长期资产的损失		-362,833.11	-35,708.01
固定资产报废损失		-232.19	-
财务费用		15,273,420.01	15,280,141.68
投资损失		-165,080.32	-44,203,105.27
递延税项贷项		-	-
存货的减少		-185,077,689.39	-550,409.56
经营性应收项目的减少		-305,163,672.39	-261,884,463.32
经营性应付项目的增加		276,519,575.36	-3,766,701.44
其他			
经营活动产生的现金流量净额		-126,590,683.25	-224,308,144.33
3、现金及现金等价物净增加情况			
货币资金的期末余额		256,113,090.88	163,218,786.13
减:货币资金的期初余额		32,752,434.11	8,568,627.65
现金等价物的期末余额			
减:现金等价物的期初余额			
现金及现金等价物净增加额		223,360,656.77	154,650,158.48

重庆长丰通信股份有限公司

二○○○年年度报告摘选

一、公司简介

1、公司法定中文名称：重庆长丰通信股份有限公司

公司法定英文名称：CHONGQING CHANGFENG COMMUNICATION CO.，LTD

2、公司法定代表人：林建南

3、公司董事会秘书：胡进

联系地址：重庆市涪陵区人民东路50号

电　　话：023—72268257－6652

传　　真：023—72269138

电子信箱：Sahl@cqsahl.com

4、公司注册地址：重庆市涪陵区人民东路50号

公司办公地址：重庆市涪陵区人民东路50号

邮政编码：408000

国际互联网网址：http://www.cqsahl.com

电子信箱：Sahl@cqsahl.com

5、公司选定的信息披露报纸名称：《中国证券报》

刊登公司年度报告的中国证监会指定国际互联网网址：

http://www.cninfo.com.cn

公司年度报告备置地点：公司证券部

6、公司股票上市交易所：深圳证券交易所

股票简称：长丰通信

股票代码：0892

二、会计数据和业务数据摘要

1、本年度主要会计数据如下：

	金额(元)
利润总额	110,325,804.51
净利润	79,771,681.74
扣除非经常性损益后的净利润	73,067,980.14
主营业务利润	89,845,240.10
其他业务利润	41,859,715.35
投资收益	－7,108,821.64
补贴收入	24,047,110.39
营业外收支净额	－4,246,095.65
经营活动产生的现金流量净额	274,465,514.70
现金及现金等价物净增加额	－82,866,110.70

注＊ 扣除的非经常性损益项目和涉及金额：

项目	金额
(1)营业外收入：	6,198,953.13元。
(2)营业外支出：	10,445,048.78元。
(3)补贴收入：	24,047,110.39元。
(4)合并价差摊入	13,097,313.14元。
合计：	6,703,701.60元。

2、1998年度—2000年度的主要会计数据和财务指标

	2000年度	1999年度	1998年度
主营业务收入(元)	263,008,787.77	224,753,607.92	229,249,579.65
净利润(元)	79,771,681.74	64,126,788.08	41,862,598.61
总资产(元)	1,158,596,312.71	798,059,349.93	733,267,322.61
股东权益(元)	551,687,605.44	471,921,749.46	407,837,451.54
每股收益(元/股)	0.29	0.23	0.24
每股收益(月均)	0.29	0.34	0.38
扣除非经常性损益后的每股收益	0.26	0.11	0.09
每股净资产(元/股)	2	1.71	2.37
调整后的每股净资产(元/股)	1.93	1.69	2.34
每股经营活动产生的现金流量净额(元/股)	0.9947	－0.06	0.42
净资产收益率	14.46%	13.59%	10.27%

三、股东情况介绍

(1)报告期末股东总数为5831户。

(2)报告期止，公司前十名股东持股情况。

股东名称(姓名)	持股数(股)	持股比例(％)
①重庆市涪陵国有资产经营公司	84,817,600	30.74
②重庆市涪陵华信实业有限公司	64,000,000	23.20
③重庆朝阳科技产业发展有限公司	36,700,320	13.30
④上海东风有色合金厂	8,960,000	3.25
⑤裕隆证券投资基金	1,275,620	0.46
⑥泰州市亚方星威春兰连锁店金华店	1,096,657	0.40
⑦涪陵市宇达工业有限责任公司	800,000	0.29
⑧祝俊英	765,580	0.28
⑨裕阳证券投资基金	757,380	0.27
⑩余巧娟	611,520	0.22

注1.本公司前10名股东之间不存在关联关系。

注2重庆市涪陵国有资产经营公司持有的股份为国家股。

广州冷机股份有限公司

二○○○年年度报告摘选

一、公司简介

1、公司法定的中、英文名称
中文名称：广州冷机股份有限公司
英文名称：Guangzhou Refrigeration Co. Ltd.
2、公司法定代表人：魏长明
3、公司董事会秘书：杨军
授权代表：原晓静
联系地址：广州市白云区人和大街12号公司证券部
电话：020－86453838　　传真：020－86450724
4、公司注册地址：广东省广州市白云区人和大街12号
公司办公地址：广东省广州市白云区人和大街12号
邮政编码：510470
电子信箱：wbcpscom@mx.gzic.gd.cn
5、公司选定的信息披露报纸名称：《中国证券报》、《证券时报》；
登载公司年度报告的中国证监会指定的国际互联网网址：
http://www.cninfo.com.cn
公司年度报告备置地点：广州市白云区人和大街12号公司证券部
6、公司股票上市交易所：深圳证券交易所
股票简称：广州冷机　　股票代码：0893

二、会计数据和业务数据摘要

1、本年度主要会计数据　　(单位：人民币元)

利润总额	－96,122,169.51
净利润	－92,299,109.65
扣除非经营性损益后的净利润	－65,667,497.15
主营业务利润	3,621,861.17
其他业务利润	256,912.72
营业利润	－100,866,314.18
投资收益	
补贴收入	
营业外收支净额	4,744,144.67
经营活动所产生的现金流量净额	－35,977,471.45
现金及现金等价物净增加额	－39,968,875.93

注：扣除的非经营性损益为对存货计提存贷跌价损失准备26,631,612.50元。

2、公司近三年的主要会计数据和财务指标：　　单位：人民币万元

项目	2000年	1999年	1998年	
			调整前	调整后
主营业务收入	13,881.31	25,642.59	33,534.74	33,534.74
净利润	－9,229.91	1,423.21	5,061.18	3,102.53
总资产	102,938.22	94,280.92	95,098.59	92,565.68
股东权益	45,754.45	54,012.63	54,548.07	52,589.42
每股收益(全面摊薄)(元)	－0.416	0.064	0.23	0.14
加权每股收益(元)	－0.416	0.064	0.18	0.12
扣除非经营性损益后的每股收益(元)	－0.295	－0.295	0.193	0.104
主营业务利润每股收益(全面摊薄)(元)	0.016	0.295		
主营业务利润每股收益(加权平均)(元)	0.016	0.295		
营业利润每股收益(全面摊薄)(元)	－0.454	0.083		
营业利润每股收益(加权平均)(元)	－0.454	0.083		
每股净资产(元)	2.06	2.433	2.46	2.37
调整后的每股净资产(元)	1.97	2.35	2.44	2.29
净资产收益率(％)(全面摊薄)	－20.17	2.635	9.28	5.90
加权净资产收益率(％)	－18.02	2.67	7.11	5.65
扣除非经常性损益后的净资产收益率％	－14.35	1.99		
扣除非经常性损益后的加权净资产收益率(％)	－12.83	1.90	5.36	3.83
主营业务利润净资产收益率(全面摊薄)％	0.79	12.15		
主营业务利润净资产收益率(加权平均)％	0.71	12.31		
营业利润净资产收益率(全面摊薄)％	－22.04	3.44		
营业利润净资产收益率(加权平均)％	－19.70	3.484		
每股经营活动产生的现金流量净额(元)	－0.162	0.235	－0.82	－0.82

三、股东情况介绍

(1) 截止2000年底，公司股东总数为：29007户。
(2) 前十名股东持股情况：

股　东　名　称	持股数(股)	持股比例(％)
万宝冷机集团有限公司	165,000,000	74.3243%
泰和证券投资基金	465771	0.21%
缪合连	245100	0.11%
郭启仁	232000	0.10%
张伟圻	206649	0.093%
赵黎明	200000	0.09%
郭少雷	196607	0.089%
普丰证券投资基金会	185531	0.084%
单勇	152000	0.068%
吴晓光	150000	0.067%

河南双汇投资发展股份有限公司

二〇〇〇年年度报告摘选

一、公司简介

1、公司的法定中、英文名称：

公司法定中文名称：河南双汇投资发展股份有限公司

公司英文名称：Henan Shuanghui Investment & Development Co.，Ltd.

2、公司法定代表人：万 隆

3、公司董事会秘书：易激阳

联系电话：(0395)2622616－6158　　传真：(0395)2623398、2621579

董事会证券事务代表：祁勇耀

联系电话：(0395)2622616－6530　　传真：(0395)2622660、2623398

联系地址：河南省漯河市双汇路1号双汇大厦7层

4、公司注册及办公地址：河南省漯河市双汇路1号双汇大厦

公司国际互联网网址：http://www.shuanghui.com.cn

E－mail:0895@371.net　　邮政编码：462000

5、公司选定的信息披露报纸：《中国证券报》、《证券时报》

登载公司年度报告的国际互联网网址：http://www.cninfo.com.cn

公司年度报告备置地点：公司证券部

6、公司股票上市交易所：深圳证券交易所

股票简称：双汇发展

股票代码：0895

二、会计数据和业务数据摘要

1、公司本年度利润总额及构成(单位：人民币元　　合并报表)

利润总额	236,288,063.60
净利润	154,698,250.00
扣除非经常性损益后的净利润	142,293,802.19
主营业务利润	454,326,670.23
其他业务利润	8,269,677.18
营业利润	200,887,563.96
投资收益	22,789,528.11
营业外收支净额	12,610,971.53
经营活动产生的现金流量净额	248,899,238.61
现金及现金等价物净增加额	－118,558,238.63

注：扣除非经常性损益项目和涉及金额：

① 营业外收支净额项目：	12,610,971.53元
其中：新股申购冻结资金利息	3,867,295.93元
②合并价差摊入：	－206,523.72元
以上项目涉及金额：	12,404,447.81元。

2、公司前三年的主要会计数据和财务指标(单位：人民币元)

项 目	2000年	1999年	1998年	
			调整前	调整后
主营业务收入	3,107,212,246.58	2,400,830,372.72	2,015,620,423.67	2,015,620,423.67
净利润	154,698,250.00	116,318,585.41	67,137,176.55	56,349,702.86
扣除新股申购冻结资金利息的净利润	151,411,048.46	113,031,383.87	63,849,975.01	53,062,501.32
总资产	1,549,110,131.94	1,295,358,474.09	1,177,378,133.13	1,158,621,970.57
股东权益(不含少数股东权益)	678,391,263.56	671,804,245.65	566,273,133.93	555,485,660.24
每股收益(元/股)	0.529	0.517	摊薄0.39 加权0.50	摊薄0.326 加权0.416
扣除新股申购冻结资金利息的每股收益(元/股)	0.518	0.503	摊薄0.37 加权0.47	摊薄0.31 加权0.39
扣除非经常性损益后的每股收益(元/股)	0.487	0.45	摊薄0.34 加权0.44	摊薄0.28 加权0.36
每股净资产(元/股)	2.32	2.99	3.27	3.21
调整后的每股净资产(元/股)	2.29	2.99	3.22	3.19
每股经营活动产生的现金流量净额(元/股)	0.85	0.68	0.95	0.95
净资产收益率(%)	22.80	17.31	11.86	10.14

注1：1998年度调整后数据和财务指标指因公司执行国家财政部财会字[1999]35号文会计政策、会计估计变更以及会计差错更正追溯调整计算所得。

三、股东情况介绍

1、报告期末股东总数

截止2000年12月31日，公司股东总数为18293户。

2、报告期末公司前10名股东持股情况

名次	股 东 名 称	持股数(股)	持股比例(%)
1	河南省漯河市双汇实业集团公司	207870000	71.10
2	北京证券有限责任公司	6018344	2.06
3	金泰基金	2417442	0.83
4	周廷芳	770000	0.26
5	张孝刚	719264	0.25
6	陈宏	709462	0.24
7	郑孟涛	673634	0.23
8	黄伟	669578	0.23
9	范安东	619308	0.21
10	谢衡慧	604175	0.21

河南豫能控股股份有限公司

二〇〇〇年年度报告摘选

一、公司简介

1、公司法定中文名称：河南豫能控股股份有限公司

中文简称：豫能控股

公司英文名称：Henan Yuneng Hodings Co.，Ltd.

英文缩写：YNHC

2、公司法定代表人：王松龄

3、董事会秘书：任国胜

股证事务授权代表：廖亮

联系地址：郑州高新技术产业开发区合欢街6号

邮政编码：450001

联系电话：(0371)7984649

联系传真：(0371)7984647

E－mail地址：Yuneng@public2.zz.ha.cn

4、公司注册地址、办公地址：郑州高新技术产业开发区合欢街6号

邮政编码：450001

E－mail地址：Yuneng@public2.zz.ha.cn

5、信息披露报纸：《证券时报》、《中国证券报》

刊登公司年报的网址：http://www.cninfo.com.cn

年度报告备置地点：公司证券部

6、公司股票上市交易所：深圳证券交易所

股票简称：豫能控股

股票代码：0896

二、会计数据和业务数据摘要

(一) 2000年度利润总额及构成(单位：元)

利润总额：	98,167,624
净利润：	82,981,285
扣除非经常性损益后的净利润：	95,398,644
主营业务利润：	157,542,159
其他业务利润：	－228,602
营业利润：	79,395,360
投资收益：	19,314,691
补贴收入：	—
营业外收支净额：	－542,427
经营活动产生的现金流量净额：	191,134,026
现金及现金等价物净增加额：	4,995,472

(二) 近三年主要会计数据及财务指标

项 目	2000年	1999年	1998年
主营业务收入(万元)	38,817.80	40,678.19	44,571.29
净利润(万元)	8,298.13	11,967.74	12,404.51
总资产(万元)	139,904.05	145,977.17	147,415.09
股东权益(万元)	97,707.07	89,408.94	86,041.20
每股收益(元)	0.193	0.278	0.288
加权平均每股收益(元)	0.193	0.278	0.288
扣除非经常性损益后的每股收益(元)	0.222	0.278	0.288
每股净资产(元)	2.27	2.08	2.00
调整后的每股净资产(元)	2.26	2.07	1.99
每股经营活动产生的现金流量净额(元)	0.44	0.38	0.55
净资产收益率	8.49%	13.39%	14.42%
加权平均净资产收益率	8.87%	13.64%	13.70%
扣除非经常性损益后的加权平均净资产收益率	10.20%	13.64%	13.70%

(三) 利润表附表

报告期利润	2000年度			
	净资产收益率(%)		每股收益(元)	
	全面摊薄	加权平均	全面摊薄	加权平均
主营业务利润	16.12%	16.84%	0.3664	0.3664
营业利润	8.13%	8.49%	0.1846	0.1846
净利润	8.49%	8.87%	0.1930	0.193
扣除非经营性损益后的净利润	9.76%	10.20%	0.2219	0.2219

三、股本变动及股东情况

(一) 股本变动情况

1、截止报告期末，公司股东总数为44,219户。

2、公司前10名股东持股情况：　　数量单位：股

序号	股东名称	报告期末持股数量	股份性质	占总股本(%)
1	河南省建设投资总公司	161,000,000	国家股	37.44
2	河南省电力公司	140,000,000	国有法人股	32.56
3	国家电力公司华中公司(原中国华中电力集团公司)	35,000,000	国有法人股	8.14
4	焦作市投资公司	14,000,000	国家股	3.26
5	曲燕文	380,900	流通股	0.09
6	王晨	368,684	流通股	0.09
7	冯艳文	295,120	流通股	0.07
8	郭杰	199,895	流通股	0.05
9	普丰证券投资基金	194,281	流通股	0.05
10	朱楚兰	178,800	流通股	0.04

天津津滨发展股份有限公司

二〇〇〇年年度报告摘选

一、公司简介

1、公司法定中文名称：天津津滨发展股份有限公司
公司法定英文名称：TIANJIN JINBIN DEVELOPMENT CO.,LTD。
英文缩写：JBDC
2、公司法定代表人：张继光
3、公司董事会秘书：巫刚
公司股证事务授权代表：于志丹
联系地址：天津经济技术开发区第一大街二号津滨大厦九楼
电话：(022)66201301
传真：(022)66202480
电子信箱：jbdsh@starinfo.net.cn
4、公司注册地址：天津经济技术开发区洞庭路76号
公司办公地址：天津经济技术开发区第一大街二号津滨大厦
邮政编码：300457
公司国际互联网网址：http://www.jbdc.com.cn
电子信箱：zm@teda.tj.cn
5、公司选定的信息披露报纸：《中国证券报》、《证券时报》
公司年度报告载于中国证监会指定国际互联网网址：http://www.cninfo.com.cn
公司年度报告备置地点：董事会秘书办公室
6、公司股票上市交易所：深圳证券交易所
股票简称：津滨发展
股票代码：0897

二、会计数据和业务数据摘要

1、公司2000年度主要会计数据　　单位：元

项目	金额
利润总额：	70,634,325.56
净利润：	61,653,555.08
扣除非经常性损益后的净利润：	36,829,469.08
主营业务利润：	82,925,558.76
投资收益：	10,346,089.15
营业外收支净额：	3,451,867.50
经营活动产生的现金流量净额：	-153,543,385.67
现金及现金等价物净增加额：	4,108,573.31
注：扣除非经常性益项目和涉及金额(元)	
1).补贴收入：	13,270,000.00
2).营业外收入：	3,580,775.10
3).营业外支出：	128,907.60
4).债权投资收益：	9,441,774.03
5).合并价差长期股权摊入：	-1,339,555.53
以上项目涉及金额：	24,824,086.00

2、公司截止2000年末前三年的主要会计数据和财务指标

指标项目	2000年度	1999年度	1998年度	
			调整前	调整后
主营业务收入(元)	378,355,683.47	431,884,498.43	354,627,039.43	354,627,039.43
净利润(元)	61,653,555.08	63,285,492.76	51,397,767.98	20,237,047.87
总资产(元)	1,485,189,480.88	1,207,507,706.79	1,018,463,204.58	965,058,497.64
股东权益(元)(不含少数股东权益)	635,289,558.58	629,089,153.50	651,713,868.72	565,803,660.74
每股收益(元)(按净利润全面摊薄计算)	0.2283	0.2344	0.1904	0.0749
每股收益(元)(按净利润加权平均计算)	0.2283	0.2344	0.1904	0.0749
扣除非常性损益后的每股收益(全面摊薄)	0.1364	0.1747	0.1113	-0.0041
扣除非常性损益后的每股收益(加权平均)	0.1364	0.1747	0.1113	-0.0041
每股净资产(元)	2.35	2.33	2.41	2.10
调整后的每股净资产(元)	2.28	2.29	2.38	2.07
每股经营活动产生的现金流量净额(元)	-0.57	-0.07	0.03	0.03
净资产收益率等(%)(按净利润全面摊薄计算)	9.70	10.06	7.89	3.58
净资产收益率等(%)(按净利润加权平均计算)	9.55	10.59	20.95	9.61

按照中国证监会《公开发行证券公司信息披露编报规则(第9号)》要求计算2000年报告期利润的净资产收益率和每股收益。

报告期利润		净资产收益率(%)		每股收益(元)	
		全面摊薄	加权平均	全面摊薄	加权平均
主营业务利润	82,925,558.76	13.05	12.85	0.3071	0.3071
营业利润	43,566,368.91	6.86	6.75	0.1614	0.1614
净利润	61,653,555.08	9.70	9.55	0.2283	0.2283
扣除非经常性损益后的净利润	36,829,469.08	5.80	5.70	0.1364	0.1364

三、股本变动及股东情况

1、股本变动情况：公司在本报告期内未发生股份变动情况。
2、股东情况介绍
(1)报告期末股东总数：截止2000年12月29日，公司共有股东43412户
(2)报告期末公司前10名股东情况：

股东名称	持股数(股)	占总股本比例(%)
① 天津经济技术开发区建设集团有限公司	109432577	40.53
② 天津华泰集团股份有限公司	90567423	33.54
③ 王文红	400378	0.15
④ 罗绍光	393594	0.15
⑤ 常桂芬	297600	0.11
⑥ 王文玉	272409	0.10
⑦ 齐家英	234524	0.09
⑧ 杨珉	225000	0.08
⑨ 杨秀荣	217220	0.08
⑩ 高婷	201550	0.07

江西赣能股份有限公司

二〇〇〇年年度报告摘选

一、公司简介

1、公司法定中文名称：江西赣能股份有限公司
公司法定英文名称：JIANGXIGANNENGCO.,LTD
英文缩写：GNCL
2、公司法定代表人：姚迪明
3、公司董事会秘书：李天晓
公司董事会证券事务授权代表：李声意
联系地址：江西省南昌市高新技术开发区火炬大街125号
邮政编码：330029
联系电话：0791-8109899
传　　真：0791-8106120
电子信箱：stock@jxgn.com
4、公司注册地址：江西省南昌市南京东路443号
公司办公地址：江西省南昌市高新技术开发区火炬大街125号
邮政编码：330029
国际互联网网址：http://www.jxgn.com
电子信箱：ganneng@public.nc.jx.cn
5、公司选定的信息披露报纸：《中国证券报》、《证券时报》
中国证监会指定的登载公司年度报告的国际互联网网址：
http://www.cninfo.com.cn
公司年度报告备置地点：江西赣能股份有限公司证券管理部
6、公司股票上市交易所：深圳证券交易所
股票简称：赣能股份
股票代码：0899

二、会计数据和业务数据摘要

1、本年度主要利润指标情况　　单位：元

项目	金额
利润总额	111,560,348.23
净利润	95,053,910.47
扣除非经常性损益后的净利润	94,864,106.65
主营业务利润	144,462,786.84
其他业务利润	
营业利润	106,944,521.69
投资收益	5,237,198.78
补贴收入	-
营业外收支净额	-621,372.24
经营活动产生的现金流量净额	75,611,812.89
现金及现金等价物净增加额	197,595,105.98

注：扣除非经常性损益项目及金额：固定资产报废净损失189,803.82元。

2、利润表附表：根据中国证监会《公开发行证券公司信息披露编报规则第9号》的规定编制。

报告期利润	2000年				1999年			
	净资产收益率(%)		每股收益(元)		净资产收益率(%)		每股收益(元)	
	全面摊薄	加权平均	全面摊薄	加权平均	全面摊薄	加权平均	全面摊薄	加权平均
主营业务利润	9.87	11.32	0.264	0.283	12.66	13.33	0.323	0.323
营业利润	7.31	8.38	0.195	0.210	9.25	9.74	0.235	0.235
净利润	6.49	7.45	0.173	0.187	10.11	10.64	0.258	0.258
扣除非经常性损益后的净利润	6.48	7.44	0.173	0.186	10.11	10.64	0.258	0.258

3、截止报告期末公司前三年的主要会计数据和财务指标

年度 项目	2000年	1999年	1998年	
			调整前	调整后
主营业务收入(元)	497,250,269.39	469,480,360.45	451,321,649.23	451,321,649.23
净利润(元)	95,053,910.47	127,764,999.81	187,840,512.10	187,235,543.71
总资产(元)	1,580,924,035.63	1,437,458,475.68	1,364,911,517.67	1,362,837,664.81
股东权益(元)	1,463,731,405.94	1,263,904,945.60	1,138,536,452.83	1,136,462,599.97
每股收益(元/股)	0.173	0.258	0.379	0.377
按月平均加权每股收益(元/股)	0.187	0.258	0.379	0.377
扣除非经常损益后的每股收益(元/股)	0.173	0.258	0.379	0.377
每股净资产(元/股)	2.67	2.55	2.295	2.291
调整后每股净资产(元/股)	2.66	2.54	2.289	2.285
每股经营活动产生的现金流量净额(元)	0.138	0.45	0.175	0.175
净资产收益率(%)	6.49	10.11	16.498	16.475

三、股本变动及股东情况介绍

1、股本变动情况　　数量单位：股

	本次变动前	本次变动增减(+,-)						木次变动后
		配股	送股	公积金转股	增发	其他	小计	
一、未上市流通股份								
1、发起人股份	358,400,000	10,752,000					10,752,000	369,152,000
其中：								
国家拥有股份								
境内法人持有股份	358,400,000	10,752,000					10,752,000	369,152,000
境外法人持有股份								
其他								
2、募集法人股								
3、内部职工股	104,000	31,200				-20,800	10,400	114,400
4、优先股或其他								
其中：转配股								
未上市流通股份合计	358,504,000	10,783,200				-20,800	10,762,400	369,266,400
二、已上市流通股份								
1、人民币普通股	137,496,000	41,248,800				+20,800	41,269,600	178,765,600
2、境内上市的外资股								
3.境外上市的外资股								
4.其它								
已上市流通股份合计	137,496,000	41,248,800				+20,800	41,269,600	178,765,600
三.股份总数	496,000,000	52,032,000						548,032,000

鞍钢新轧钢股份有限公司

二〇〇〇年年度报告摘要

一、公司简介

(一)公司法定名称

中文:鞍钢新轧钢股份有限公司

英文:ANGANG NEW STEEL COMPANY LIMITED

(二)公司注册地址:中国辽宁省鞍山市南中华路 396 号

办公地址:中国辽宁省鞍山市南中华路 396 号

邮政编码:114003

网 址:http://www.ansc.com.cn

电子邮件:info@ansc.com.cn

(三)公司法定代表人:刘 玠

(四)公司董事会秘书:付吉会

联系地址:中国辽宁省鞍山市南中华路 396 号

证券事务代表:陈其爽、蒋郁葱、张龙

电 话:(86) 412-6334292 6334293

传 真:(86)412-6727772

电子邮件:0898ansc@sina.com

(五)公司选定境内信息披露报纸:《中国证券报》、《证券时报》

公司选定境外信息披露报纸:《香港经济日报》、《Hong Kong iMail》

中国证监会指定的年报登载网址:http://www.cninfo.com.cn

本公司年度报告备置地点:鞍山市南中华路 396 号本公司秘书室

(六)股票上市地点:A 股:深圳证券交易所

H 股:香港联合交易所

(七)可转换公司债券上市地点:深圳证券交易所

(八)股票简称及代码:A 股:鞍钢新轧 0898

H 股:鞍钢新轧 0347

(九)债券简称及代码:鞍钢转债 5898

二、会计数据和业务数据摘要

(一)公司本年度实现利润情况:

截至 2000 年 12 月 31 日止年度	单位:千元
利润总额:	752,422
净利润:	489,749
非经常性损益合计:	0
扣除非经常性损益后的净利润:	489,749
主营业务利润:	1,032,303
其他业务利润:	23,236
营业利润:	756,966
投资收益:	0
补贴收入:	0
营业外收支净额:	-4,544
经营活动产生的现金流量净额:	890,230
现金及现金等价物净增加额:	631,424
按国际会计准则计算的 2000 年度净利润:	491,395
按国内会计准则计算的 2000 年度净利润:	489,749

按国际会计准则的调整事项:无形资产、存货评估差异增加利润 2,455 千元,递延税款减少利润 809 千元。

(二)公司近三年主要会计数据和财务指标

项 目	2000 年	1999 年	1998 年
主营业务收入(千元)	9,793,150	6,923,142	5,692,330
净利润(千元)	489,749	291,261	123,775
总资产(千元)	9,565,110	6,971,340	6,382,179
股东权益(千元)	7,017,861	5,431,939	5,140,678
每股收益(加权)(元)	0.187	0.12	0.049
每股收益(摊薄)(元)	0.168	0.12	0.049
扣除非经常性损益后的每股收益(元)	0.168	0.12	0.049
每股净资产(元)	2.41	2.16	2.05
调整后的每股净资产(元)	2.40	2.16	2.05
净资产收益率(摊薄)	6.98%	5.36%	2.41%
净资产收益率(加权)	8.1%	5.64%	2.42%
每股经营活动产生的现金流量净额(元)	0.31	0.20	0.37
扣除非经常性损益的加权净资产收益率	8.1%	5.64%	2.42%

(三)本年度利润表附表

报告期利润	净资产收益率(%)		每股收益(元)	
	全面摊薄	加权平均	全面摊薄	加权平均
主营业务利润	14.71	17.08	0.354	0.394
营业利润	10.79	12.53	0.259	0.289
净利润	6.98	8.1	0.168	0.187
扣除非经常性损益后的净利润	6.98	8.1	0.168	0.187

注:中国会计准则的主要财务指标的计算公式:

1、全面摊薄净资产收益率 = 报告期利润 ÷ 期末净资产

2、全面摊薄每股收益 = 报告期利润 ÷ 期末股份总数

3、加权平均净资产收益率(ROE)的计算公式如下:

$$ROE = \frac{P}{E0 + NP \div 2 + Ei \times Mi \div M0 - Ej \times Mj \div M0}$$

其中:P 为报告期利润;NP 为报告期净利润;E0 为期初净资产;Ei 为报告期发行新股或债转股等新增净资产;Ej 为报告期回购或现金分红等减少净资产;M0 为报告期月份数;Mi 为新增净资产下一月份起至报告期期末的月份数;Mj 为减少净资产下一月份起至报告期期末的月份数。

4、加权平均每股收益(EPS)的计算公式如下:

$$EPS = \frac{P}{S0 + S1 + Si \times Mi \div M0 - Sj \times Mj \div M0}$$

其中:P 为报告期利润;S0 为期初股份总数;S1 为报告期因公积金转增股本或股票股利分配等增加股份数;Si 为报告期因发行新股或债转股等增加股份数;Sj 为报告期因回购或缩股等减少股份数;M0 为报告期月份数;Mi 为增加股份下一月份起至报告期期末的月份数;

Mj 为减少股份下一月份起至报告期期末的月份数。

5、每股净资产 = 年度末股东权益/年度末普通股股份总数

6、调整后的每股净资产 = (年度末股东权益 - 三年以上的应收账款 - 待摊费用 - 待处理〔流动、固定〕资产净损失 - 开办费 - 长期待摊费用 - 住房周转金负数余额) ÷ 报告期末普通股股份总数

(三)报告期内股东权益变动情况(单位:千元)

项 目	股 本	资本公积	盈余公积	法定公益金	未分配利润	股东权益合计
期初数	2,509,000	2,152,761	185,146	92,573	585,032	5,431,939
本期增加	408,943	949,845	97,950	48,975	489,749	1,946,487
本期减少	—	—	—	—	360,565	360,565
期末数	2,917,943	3,102,606	283,096	141,548	714,216	7,017,861

变动原因:本公司于 2000 年 3 月 15 日至 17 日在境内发行 15 亿元 A 股可转换公司债券,截止 2000 年 12 月 31 日,此债券已转为公司 A 股 408,943,331 股。

三、股东情况介绍

1、报告期末股东总数 118,414 户,其中 H 股股东 1,179 户。

2、2000 年 12 月 31 日名列本公司前 10 名最大股东持股情况

序号	股 东	持 股 数(股)	年内股份增减(股)	持有比例(%)
1	鞍山钢铁集团公司	1,319,000,000	0	45.20
2	香港中央结算有限公司	848,533,999	5,548,500	29.08
3	LO HON MAN	5,000,000	0	0.17
4	中信证券有限责任公司	3,250,409	-	0.11
5	天津泰达中心有限公司	2,709,393	-	0.093
6	上海京华创业投资有限公司	2,407,096	-	0.082
7	上海达尔登实业投资有限公司	1,912,300	-	0.065
8	中银万国证券股份有限公司	1,517,451	-	0.052
9	LAM SAU YING CATHY	1,200,000	0	0.041
10	包杏芬	1,047,302	-	0.036

3、持股 10% 以上法人股东情况简介

(1)鞍山钢铁集团公司

法定代表人:刘玠

经营范围:钢材、金属制品(不含专营)、铸铁管、金属结构、金属丝绳及制品、炼焦及焦化产品、水泥、电力生产、冶金机械设备及零部件、电机、输配电及控制设备仪器仪表、铁矿锰矿采选、耐火土石开采。

(2)香港中央结算有限公司

香港中央结算有限公司为代理人,该系统参与者持有本公司 H 股均未超过本公司总股份的 10%。

本公司持股 5% 以上的股东所持股份没有质押或冻结。

四、股东大会简介

1、本公司 2000 年特别股东大会于 2000 年 3 月 30 日在鞍山市铁东区东风街 108 号东山宾馆召开。出席会议的股东和股东授权代理人代表股份总数为 1,356,700,800 股,占本公司总股本的 54.07%,达到本公司章程和《中华人民共和国公司法》规定的有效股数。。会议审议通过了以下事项:

(1)关于重新确定《供应和服务协议》中主要原材料范围的议案;

(2)关于重新确定《供应和服务协议》中公用事业豁免上限的议案;

(3)关于本公司与鞍钢集团公司的铁水带料加工事宜的议案。

本次会议公告内容刊登于 2000 年 3 月 31 日《中国证券报》、《证券时报》、《Hong Kong iMail》、《香港经济日报》。

2、本公司 1999 年年度股东大会于 2000 年 6 月 1 日在鞍山市铁东区东风街 108 号鞍钢东山宾馆召开。出席会议的股东和股东授权代理人代表股份总数为 1,375,464,100 股,占公司总股本的 54.82%,达到本公司章程和《中华人民共和国公司法》规定的有效股数。会议审议通过了如下事项:

(1)批准本公司 1999 年度董事会工作报告;

(2)批准本公司 1999 年度监事会工作报告;

(3)批准本公司 1999 年度经审计的财务报告;

(4)批准本公司 1999 年度利润分配议案;

(5)批准续聘毕马威会计师事务所及毕马威华振会计师事务所为本公司 2000 年度境外、境内核数师,并授权董事会决定其酬金;

(6)批准 1999 年度本公司董事、监事的酬金;

(7)投票选举刘玠、杨宝星、唐复平、王宝林、姚林、吕贤良、付吉会、于万源、杨天钧、贺英、陈於财等 11 人为本公司董事,组成本公司第二届董事会;

(8)投票选举齐聰、周法、金作勇三人为本公司监事,组成本公司第二届监事会。

本次会议公告内容刊登于 2000 年 6 月 2 日《中国证券报》、《证券时报》、《Hong Kong iMail》、《香港经济日报》。

3、本公司 2000 年临时股东大会于 2000 年 10 月 18 日在公司会议室召开。

出席会议的股东和股东授权代理人代表股份总数为 1,431,465,000 股,占公司总股本的 50.58%,达到本公司章程和《中华人民共和国公司法》规定的有效股数。会议审议通过了以下事项:

(1)投票选举蔡登楼先生为本公司执行董事;

(2)投票选举杨华先生为本公司执行董事;

(3)投票选举李忠武先生为本公司执行董事;

(4)投票选举张立芬女士为本公司执行董事;

本次会议公告内容刊登于 2000 年 10 月 19 日《中国证券报》、《证券时报》、《Hong Kong iMail》、《香港经济日报》。

五、董事会报告

(一)本公司报告年度的经营情况

1、本公司是国内大型钢材生产企业,主要业务为生产及销售钢坯、线材、厚板、冷轧薄板、重轨、管坯、大型材等产品。产品供内销及出口到美国、韩国、日本、菲律宾、欧洲、东南亚等国家和地区。

2、本公司主营业务情况

2000 年度,中国钢铁市场回暖,钢材价格有所增长。2000 年,本公司钢材产品价格与 1999 年末相比,总体上涨了 8.57%,对本公司效益的增长起到积极促进作用。并且,本公司在加大促销力度、降低成本、加强科技开发、调整产品结构、提高产品质量等方面开展工作,确保了本公司效益的稳步增长。

按中国会计准则,本公司截至 2000 年 12 月 31 日止年度实现净利润为人民币 489,749 千元,比上年增长 68.15%,每股盈利为人民币 0.168 元。其中

(1)主要产品产量。本公司 2000 年钢材产量 356.2 万吨,比 1999 年增长 21.45%,其中冷轧板 106 万吨,比 1999 年增长 5.31%,线材 94.6 万吨,与 1999 年持平,厚板 79.7 万吨,比 1999 年增长 28.80%,大型厂 75.9 万吨。另外炼钢厂 2000 年 4 月至 12 月份产钢 184.7 万吨。

(2)本公司针对 2000 年国家宏观经济好转,钢材需求见好,国内钢材市场出现恢复性上升的有利时机,及时调整营销策略,加强市场动态分析,超前策划,加大销售力度,制定灵活的营销策略,不断巩固现有用户,开发新市场。本公司在进一步稳定销售主渠道及细分市场的基础上,积极投身国家西部开发和国家重点工程的竞标工作,制定西部地区市场开发计划,重点跟踪涉及公路、水利、铁路、供热、石油、天然气等行业,加大投标力度。2000 年本公司中标的项目有:大连输水管线、秦川铁路、大庆、三峡、三门峡、新长线、朔黄线、西康线、新疆风力发电和神木 - 延安线等国家重点项目投标工作,成绩显著。

2000 年本公司共销售钢材 351.5 万吨,产销率达到 98.7%。

(3)以经济效益为中心,调整品种结构,增加高效品种。本公司制定详细的高效材计划,纳入经济责任制进行严格考核,并成立开发组,重点开发高效品种。这不仅为公司增加了产品种类,而且取得了良好的经济效益。

(4)积极做好新产品试制、开发、推广工作,逐步优化产品结构,2000 年,本公司共开发出 16 项新产品,取得了很好的经济效益。

(5)2000 年 6 月 7 日,经独立专家认证,本公司被正式颁发"ISO14001 环境管理体系认证证书"和"UKAS 认证证书"。本公司成为辽宁省第一家通过认证并取得证书的大型企业,为公司产品占领国内、国际市场,取得了"绿色"通行证,树立了良好的企业形象。

(二)本公司财务状况及经营情况分析(单位:千元)

(按中国会计准则)

指标名称	2000 年	1999 年	变动(%)	变动原因
总资产	9,565,110	6,971,340	37.21	A
长期负债	271,901	240,000	13.29	B
股东权益	7,017,861	5,431,939	29.20	C
主营业务利润	1,032,303	587,045	75.85	D
净利润	489,749	291,261	68.15	

A、总资产增加主要是 2000 年 3 月 15 日至 17 日,本公司在境内发行 15 亿元人民币 A 股可转换公司债券使存款增加,以及本期利润增加所致;

B、长期负债增加主要是 A 股可转换公司债券未转股部分余额;

C、股东权益增加主要是 A 股可转换公司债券转股 4.09 亿,增加资本公积金 9.5 亿元;

D、本期主营业务利润和净资产增加是由于大型厂带来全年利润、炼钢厂的利润和公司部分产品价格及产量的上涨所致。

(三)本公司投资情况

1、募集资金使用情况

本公司于 1997 年 7 月及 11 月分别发行 8.9 亿股 H 股及 3 亿股 A 股,共募集资金人民币 26.33 亿元。并且本公司于 2000 年 3 月在境内发行了 15 亿元可转换公司债券,共募集资金 14.80 亿元。募集资金投资情况如下:

承诺投资项目	项目总投资(万元)	承诺投入募集资金(万元)	实际投资(万元)	项目进度
建设炼钢厂	240,000	178,000	112,271	已竣工
改造冷轧酸洗连轧联合机组	70,000	55,000	63,963	机电设备安装完毕,现正在精调,5 月份进入试生产
合资建设镀锌板生产线	25,000	25,000	93	已与蒂森克虏伯草签合资合同
建造横切机组和包装线	6,000	5,000	6,000	已竣工
冷轧改扩建	195,000	-	-	正在进行项目前期工作
冷轧 2 号 3 号横切机组改造工程	10,000	-	-	正在进行项目前期工作
冷轧厂新建剪切配送中心工程	18,000	-	-	正在进行项目前期工作

由于本公司大部分项目投资建设期较长,因此本公司将部分募集资金用于归还银行及鞍山钢铁集团公司借款,以减少本公司财务费用支出,共归还 84,000 万元,其余合计 107,828 万元存入银行。

(四)本公司 2001 年业务发展计划

董事会认为,2001 年本公司发展的外部运行条件上,既有有利的因素,也有不利的因素。有利的因素:2001 年国家将继续采取积极的财政政策和稳健的货币政策,增加投资,尤其是国家增大对西部大开发的投资,将进一步拉动消费,钢材市场面临的宏观经济环境将持续改善。国家将继续实施总量控制,关闭"五小",将为国内钢材价格保持稳定创造条件。从本公司内部看,本公司也有着自己的优势,一是本公司作为境内外上市公司,在境内外拥有很大的知名度。二是本公司技术改造工程陆续完成,将为公司带来新的利润增长点。三是本公司财务结构合理,具有较大的发展潜力。四是本公司的管理意识明显增强,技术装备和生产工艺水平都有了很大程度的提高,为公司参与市场竞争提供了强有力的保障。从不利因素看,首先加入 WTO 后,本公司将面对国际市场竞争的挑战;其次,国内同行业之间竞争将更加激烈,我国钢铁产品过剩的现状不会发生根本性改变。

2001 年度本公司生产经营拟采取如下措施:

1、以市场为导向,强化营销管理,加大市场开发力度,稳定销售主渠道,尤其是要积极适应国家西部大开发的发展战略,努力开拓西部市场,同时要加大产品出口,为公司生产经营创造良好的条件,实现产销率百分之百。

2、全面推行集中一贯制的管理,确保生产稳定高效运行。

3、依靠科技进步,加大科技创新力度,坚持走品种、质量、效益型发展道路。

4、进一步深化企业内部改革,建立新型的选人用人和约束激励机制。

5、实施"管理样板工程",强化企业管理,全面实现管理创新。

(五)董事会日常工作情况

1、本公司一届十一次董事会会议于 2000 年 4 月 10 日在鞍钢东山宾馆会议室召开。会议审议通过了以下事项:

(1)批准《1999 年度董事会工作报告》;

(2)批准《1999 年年度报告及其摘要》;

(3)批准《1999 年年度审计报告》;

(4)批准本公司 1999 年利润分配预案;

(5)通过《1999 年度董事及监事酬金议案》;

(6)同意提请股东大会批准聘任 2000 年会计师并授权董事会决定其酬金的议案;

(7)批准关于 1999 年 4 月 1 日至 2000 年 2 月 29 日,由中央结算(证券登记)有限公司代为本公司发出及盖章新股票,股票号码由 45587 至 46279;

(8)通过《关于改选第二届董事会成员的议案》。

本次会议公告内容刊登于 2000 年 4 月 11 日《中国证券报》、《证券时报》、《Hong kong iMail》、《香港经济日报》。

2、本公司二届一次董事会会议于 2000 年 6 月 1 日在鞍钢东山宾馆会议室召开。会议审议通过了以下事项:

(1)推举刘玠先生为本公司第二届董事会董事长;

(2)推举杨宝星先生为本公司第二届董事会副董事长;

(3)推举唐复平先生为本公司第二届董事会副董事长;

(4)推举付吉会先生为本公司第二届董事会秘书;

本次会议公告内容刊登于 2000 年 6 月 2 日《中国证券报》、《证券时报》、《Hong Kong iMail》、《香港经济日报》。

3、本公司二届二次董事会会议于 2000 年 8 月 16 日在鞍钢东山宾馆会议室举行。会议审议通过了以下事项:

(1)批准本公司 2000 年中期报告;

(2)批准本公司 2000 年中期分配预案,2000 年中期本公司不进行利润分配,也不进行公积金转增股本;

(3)批准杨宝星先生辞去本公司董事的请求;

(4)批准唐复平先生辞去本公司董事及总经理的请求;

(5)批准关于聘任姚林先生为本公司总经理的议案;

(6)批准关于聘任本公司副总经理的议案,聘任李忠武先生、张立芬女士、付吉会先生、吕贤良先生、付伟先生为本公司副总经理;

(7)批准关于董事会成员调整的议案,增选蔡登楼先生、杨华先生、李忠武先生、张立芬女士为本公司执行董事,并报下次股东大会批准。

本次会议公告内容刊登于 2000 年 8 月 17 日《中国证券报》、《证券时报》、《Hong Kong iMail》、《香港经济日报》。

4、本公司二届三次董事会于 2000 年 11 月 9 日在鞍钢科技馆会议室举行。,会议审议通过了以下事项:

(1) 批准蔡登楼先生、杨华先生为本公司副董事长;

(2) 批准调整公司固定资产综合折旧率的议案。

本次会议公告内容刊登于 2000 年 11 月 10 日《中国证券报》、《证券时报》、《Hong Kong iMail》、《香港经济日报》。

5、董事会对股东大会决议的执行情况

本年度公司董事会认真执行了股东大会的各项决议。

(六)公司管理层及员工情况

1、现任董事、监事、高级管理人员

(1)2000 年度末,本公司董事、监事及高级管理人员持有本公司股份情况:

姓名	职务	性别	年龄	期初持股(股)	期内增减量	期末持股(股)	变动原因
刘 玠	董事长	男	57	5,000	0	5,000	
蔡登楼	副董事长	男	56	0	0	0	
杨 华	副董事长	男	39	0	0	0	
姚 林	董事、总经理	男	36	5,000	0	5,000	
王宝林	董事	男	57	5,000	0	5,000	
李忠武	董事、副总经理	男	38	0	0	0	
张立芬	董事、副总经理	女	36	0	0	0	
付吉会	董事、副总经理	男	49	5,000	0	5,000	
吕贤良	董事、副总经理	男	57	5,000	0	5,000	
于万源	非执行董事	男	40	0	0	0	
杨天钧	非执行独立董事	男	58	0	0	0	
贺 英	非执行独立董事	男	55	0	0	0	
陈於财	非执行独立董事	男	37	0	0	0	
齐 聰	监事	男	55	0	0	0	
周 法	监事、工会主席	男	55	5,000	0	5,000	
金作勇	监事	男	46	5,000	0	5,000	

(2)董事、监事及高级管理人员年度薪津(以公司支付为限)

2000 年度董事、监事及高级管理人员年度薪津情况

单位:人民币元

姓 名	职 务	董事袍金	酬金及奖金
刘 玠	董事长		80000
杨宝星	原副董事长		53333
蔡登楼	副董事长		26667
唐复平	原副董事长		53333
杨 华	副董事长		26667
姚 林	董事、总经理		80000
王宝林	董事		80000
李忠武	董事、副总经理		26667
张立芬	董事、副总经理		26667
付吉会	董事、副总经理		80000
吕贤良	董事、副总经理		80000

林大庆	原董事		20000
于万源	非执行董事	20000	
杨天钧	非执行独立董事	20000	
贺 英	非执行独立董事	21400	
陈於财	非执行独立董事	21400	
齐 骢	监事会主席		45000
周 法	监事、工会主席		60000
金作勇	监事		60000
金 阳	原监事会主席		15000
覃瑞书	原监事		15000
王兴业	原监事		15000
合 计		82,800	843,334

注:上述数额未包含养老保险金。

(3)报告期内离任的董事、监事、高级管理人员情况

姓 名	原 职 务	离任原因
杨宝星	副董事长	工作变动
唐复平	副董事长、总经理	工作变动
林大庆	董事、副总经理	换届改选
元东浃	非执行董事	换届改选
吕冯美仪	独立董事	换届改选
金 阳	监事会主席	换届改选
覃瑞书	监事	换届改选
王兴业	监事	换届改选

另外新增选蔡登楼先生、杨华先生、李忠武先生、张立芬女士为本公司执行董事,陈於财先生为本公司独立董事,齐骢先生为本公司监事。

2、本公司员工数量、专业构成和教育程度情况

截止2000年12月31日,本公司拥有员工数量8,454人,其中,生产人员6,451人,销售人员31人,技术人员641人,财务人员52人,行政人员390人。本公司员工中,本科以上学历390人,占员工人数的4.61%,专科466人,占5.51%,中专369人,占4.36%。

(七)2000年分配预案及预计2001年分配政策

本公司根据中国法规,从按中国会计准则2000年度净利润489,749千元中,提取10%法定公积金48,975千元,提取10%的法定公益金48,975千元,加年初未分配利润585,032千元,2000年末可分配利润为976,831千元。董事会建议每股派发股息0.09元(含税)。此项分配预案尚须提交2000年度股东大会审议。

公司拟在2001年进行一次分配,预计2001年实现净利润用于股利分配比例不低于40%,公司2000年度未分配利润不用于下一年度股利分配。分配拟主要采取派发现金股息的形式,具体分配方法将根据公司当时实际情况而定。此项分配预案尚须提交2000年度股东大会审议。

(八)本公司选定《中国证券报》、《证券时报》为境内信息披露报纸。

六、监事会报告

本年度本公司监事会依照《公司法》与本公司章程,认真履行职责,维护股东和本公司的合法权益。

1、出席股东大会3次,列席本公司董事会4次,召开监事会议2次。在充分了解本公司生产经营重大决策及实施过程情况的基础上,独立提出意见和建议。

(1)本公司一届五次监事会于2000年4月10日在鞍钢东山宾馆会议室召开。会议审议通过了《1999年度监事会工作报告》和《关于选举第二届监事会成员的议案》。

本次会议公告内容刊登于2000年4月11日《中国证券报》、《证券时报》、《Hong Kong iMail》、《香港经济日报》。

(2)本公司二届一次监事会于2000年11月9日在鞍钢科技馆会议室召开。会议讨论并批准齐骢先生为本公司第二届监事会主席。

本次会议公告内容刊登于2000年11月10日《中国证券报》、《证券时报》、《Hong Kong iMail》、《香港经济日报》。

2、规范本公司股份制工作,加强内部监督。对本公司运作是否符合《公司法》等有关法律法规及本公司章程情况进行了监督,对本公司重大决策提出独立意见,规范本公司运作。

3、对本公司收购鞍钢集团新转炉及其土地和流动资产项目中,审查有关资料,确保收购项目的公正性。

本公司监事会对下列事项发表独立意见:

(1)本公司本年度依法运作,无违规行为。

(2)本公司董事、经理执行本公司职务时无违反法律、法规、本公司章程或损害本公司利益的行为。

(3)本公司本年度在维护生产经营中,购买鞍钢集团公司原料、材料、能源、动力等所有关联交易皆是公平的,无内幕交易,无损害本公司利益或造成本公司资产流失现象。

七、重大事项

(一)重大诉讼、仲裁事项

本年度本公司无重大诉讼、仲裁事项。

(二)本公司收购及出售资产情况

本公司于2000年3月30日召开特别股东大会,核准以人民币4.09亿元的价格收购鞍山钢铁集团公司新转炉及其土地和流动资产,使得本公司拥有了一座年产260万吨钢的全转炉、全连铸的现代化钢厂,为本公司的进一步发展奠定了基础。此项收购已于2000年4月1日完成。

(三)重大关联交易

本公司2000年度向鞍钢集团公司购买大部分生产所需原料及能源动力,又向鞍钢集团公司销售部分其在技术改造、设备维修等方面所需的部分本公司产品,交易方式及价格均按双方签订的原材料和服务供应协议执行。

鞍钢集团公司向本公司提供的主要项目:

项 目	数 量	金额(千元)	价格(元/数量单位)
线材用方坯	888085吨	1334758	1503
大型用方坯	751629吨	1307548	1740
板坯	465393吨	756835	1626
热轧卷	1165995吨	2536724	2176
铁水	824019吨	807539	980
废钢	122977吨	111735	909
工业用水	21619825吨	13610	0.63
循环水	80782000吨	23460	0.29
软水	730500吨	2305	3.16
混合煤气	4763944吉焦	85830	18.02
氮气	101707000立方米	8345	0.08
氧气	114486172立方米	46506	0.41
氩气	1579000立方米	2225	1.41
氢气	4223000立方米	10593	2.51
压缩空气	185689650立方米	10043	0.05
蒸汽	933850吉焦	28506	30.53
运输服务	-	44957	-
出口代理	-	8112	-
产品测试和分析服务	-	8203	-

本公司向鞍山钢铁集团公司提供的产品项目:

项 目	数量(吨)	金额(千元)	价格(元/吨)
冷轧板	19405	61327	3160
厚板	24384	56021	2297
线材	26585	53428	2009
大型	361333	652412	1805
废钢	215246	200020	929
带料加工	1038848	419813	404

2000年本公司向鞍钢集团公司提供的管坯毛利率为9.15%。

上述关联交易已经被董事会中与控股公司没有关系之独立董事委员会确认,上述关联交易(1)为本公司在日常业务过程中进行的交易;(2)按正常商业条款进行;(3)遵照服务协议的条款。

除上述所披露之关联交易外,2000年度,本公司概无与控股股东签订任何重大合约。

(四)本公司相对于控股股东鞍钢集团公司人员独立、资产完整、财务独立。

(五)本报告期内本公司未托管、承包、租赁其他公司资产,亦无其他公司托管、承包、租赁本公司资产等事项。

(六)聘任、改聘、解聘会计师事务所情况

本公司1999年度股东大会批准,继续聘任毕马威会计师事务所为本公司2000年度境外核数师和毕马威华振会计师事务所为本公司2000年度境内核数师。

(七)加入WTO对我公司未来经济发展的影响。

加入WTO后,国内外钢铁市场将完全接轨,各类钢材价格将与国际市场趋于一致,这样中国钢铁行业的效益将受到一定影响。对本公司而言,本公司六类产品总体价格与国际价格基本接近,因此加入WTO对本公司的影响不会很大。

(八)报告期内,本公司无重大担保、抵押合同等情况。

(九)报告期内,本公司并无更改名称或股票简称的情况。

(十)关于财政部《关于企业住房制度改革中有关财务处理问题的通知》对本公司影响的说明

根据《国务院关于进一步深化城镇住房制度改革加快住房建设的通知》(国发[1998]23号)文件和鞍山市人民政府政府《关于印发鞍山市企业住房分配货币化指导方案的通知》(鞍政发[1999]66号)的规定,本公司正在依据实际情况修改住房政策,由于本公司需要根据详尽及具体的情况才能作出决定,本公司在2000年并未做出此项决定,因此,该规定对本公司2000年业绩未产生任何影响。

(十一)鞍钢集团新钢铁有限责任公司事宜

鞍钢集团公司与中国华融资产管理公司和中国信达资产管理公司共同出资,于2000年12月28日将原属鞍钢集团公司的24家企业组成了鞍钢集团新钢铁有限责任公司,该公司于2001年1月1日正式运营。该公司由鞍钢集团公司控股,原由鞍钢集团公司向本公司提供的原材料及水电服务将转由该公司提供,原本公司销售予鞍钢集团公司的钢材产品转为销售予该公司。

(十二)期后事项

2001年2月8日,本公司与德国蒂森克虏伯钢铁公司,在辽宁省大连市香格里拉大饭店共同签署(草签)了鞍钢新轧-蒂森克虏伯合资热镀锌线合资合同。

根据该合资合同,双方将各自出资3,000万美元,作为合资公司的注册资本金。合资公司将在大连市经济开发区建设一条年产40万吨热镀锌板生产线,该生产线采用国际先进的技术和科学的管理方法,生产与销售具有国际公认的先进水平的产品。合资公司的产品主要为汽车工业用板(包括轿车面板),以及部分高档家用电器用板,替代进口产品。合资公司具有广阔的发展前景。本次草签的合同需报中国对外贸易经济合作部批准后,方可设立合资公司。

八、财务会计报告

审计报告

KPMG-A(2000)AR No.0

鞍钢新轧钢股份有限公司全体股东:

我们接受委托,审计了贵公司二零零零年十二月三十一日的资产负债表及二零零零年一月一日至十二月三十一日的利润表及利润分配表和现金流量表。这些会计报表由贵公司负责。我们的责任是对这些会计报表发表审计意见。我们的审计是依据中华人民共和国财政部颁布的《中国注册会计师独立审计准则》进行的。在审计过程中,我们结合贵公司的实际情况,实施了包括抽查会计记录等我们认为必要的审计程序。

我们认为,上述会计报表符合中华人民共和国财政部颁布的《企业会计准则》和《股份有限公司会计制度》及其他有关规定,在所有重大方面公允地反映了贵公司二零零零年十二月三十一日的财务状况和二零零零年度的经营成果和现金流量,会计处理方法的选用遵循了一贯性原则。

毕马威华振会计师事务所　　中国注册会计师　赵奇

中国北京建国门外大街1号　　武卫

中国国际贸易中心

国贸大厦2座16层1608室　　二零零一年三月二十日

邮政编码:100004

鞍钢新轧钢股份有限公司

会计报表注释

截至二零零零年十二月三十一日止年度

(金额单位:人民币千元)

1. 公司基本情况

鞍钢新轧钢股份有限公司(以下简称"本公司")是依据《中华人民共和国公司法》以发起方式设立的股份有限公司。作为鞍山钢铁集团公司("鞍钢集团")重组的一部分,本公司一九九七年五月八日正式成立,于一九九七年七月二十二日在境外发行股票("H股")并于一九九七年七月二十四日在香港联合证券交易所有限公司上市交易;本公司又于一九九七年十一月十六日在境内发行人民币普通股("A股")并于一九九七年十二月二十五日在深圳证券交易所上市交易。本公司是在鞍钢集团所拥有的线材厂、厚板厂、冷轧厂("三个厂")基础上组建而成的。

鞍钢集团是中国的钢铁综合生产企业之一。根据自一九九七年一月一日起生效的分立协议,在此分立协议生效日,鞍钢集团已将与上述三个厂有关的生产、销售、技术开发、管理业务连同有关资产、负债全部转入本公司。

本公司于一九九七年五月八日领取了由辽宁省工商行政管理局颁发的企业法人营业执照。

一九九九年七月一日本公司向鞍钢集团以现金方式收购了鞍钢大型厂的固定资产,并组建了大型材厂。

二零零零年四月一日本公司将向鞍钢集团以现金方式收购的三座炼钢用新转炉等与本公司自行建成的连铸生产线设施为主要设备组建炼钢厂。

本公司的主要业务为生产及销售钢坯、线材、厚板、冷轧薄板及大型材等钢材产品。

2. 主要会计政策

本会计报表所采用的主要会计政策列示如下:

(a)会计制度

编制会计报表所采用的主要会计政策,是根据中华人民共和国财政部颁布的《企业会计准则》

和《股份有限公司会计制度》及其他有关规定而制定的。

(b) 会计年度

本公司的会计年度为公历一月一日至十二月三十一日。

(c) 记帐基础和计价原则

本公司的记帐基础为权责发生制,计价原则为历史成本法。

(d) 记帐本位币

本公司以人民币为记帐本位币。

(e) 外币业务核算方法

外币交易按交易当日中国人民银行公布的外汇牌价及国家认可的套算汇率换算成人民币。年末各项货币性外币资产及负债按资产负债表日中国人民银行公布的外汇牌价及国家认可的套算汇率折合为人民币。除与购建固定资产直接有关的汇兑损益,在购建的资产尚未交付使用之前计入有关资产的购建成本,予以资本化,其他外币换算差额作为汇兑损益计入利润表。

(f) 现金等价物的确定标准

现金等价物指期限短、流动性强、易于转换为已知金额、价值变动风险小的投资,包括由存入起计三个月内到期的银行存款。

(g) 坏帐准备

本公司的坏帐准备,是根据管理层对年末应收帐款和其他应收款的帐龄及其实际可收回性的分析而作出的。

(h) 存货核算方法

本公司存货是按原材料、在产品、产成品及备品备件进行分类的。

存货的取得是按实际成本计价。存货的发出按加权平均法计价。期末存货按可变现净值之较低者计价。低值易耗品一次性摊销、包装物按实际消耗结转成本。

本公司存货跌价准备是按单个存货项目的成本与其可变现净值的差额计算的。

(i) 固定资产计价和折算方法

固定资产为使用年限在一年以上的房屋、建筑物、机器及设备、运输工具等资产及单位价值在人民币2,000元以上,且使用期限超过一年以上的非生产经营用设备和物品。

凡与购买或建造并已交付使用的厂房、建筑物、机器及设备有关的一切直接或间接成本,包括购建期间发生的利息及外汇汇兑损益,全部资本化为固定资产。

固定资产按直线法计提折旧,即固定资产原值或评估确认值减去预计残值后除以预计使用年限,各类固定资产的预计使用年限分别为:

	至2000年 6月30日止 折旧年限(年)	自2000年 7月1日起 折旧年限(年)
房屋及建筑物	13-50	12-42
机器及设备	6-23	6-21
其 他	4-16	4-15

本公司董事会决议,为适应技术进步的需要,自二零零零年七月一日起对固定资产折旧年限进行了变更,增加本年折旧费用人民币42,610千元,减少当期税后利润人民币28,549千元。

本公司固定资产减值准备是在年末按每项固定资产可实现价值低于帐面价值的差额来计提。

(j) 在建工程核算方法

在建工程按成本列示,其成本包括建筑工程及购置成本,以及建筑、安装及测试期间发生与该在建工程有关的利息支出和外币汇兑损益。

当厂房或机器设备交付使用时,转为固定资产。

在建工程不计提折旧。

(k) 无形资产计价和摊销方法

无形资产按成本或评估价值入帐,并在受益期或规定使用年限内按直线法摊销。

(l) 可转换公司债券的核算方法

本公司可转换公司债券以债券票面价值记帐,按年计提利息,利息计入相应工程成本。

债券持有人将债券转换为本公司股票后,本公司将其相应的债券面值及已计提债券利息费用记入本公司股本及资本公积。

(m) 销售

销售在发出商品、提供劳务,同时收讫货款或取得价款凭据时予以确认,即将在所有权方面的主要风险和报酬转移给客户时予以确认。

(n) 关联方

如果本公司有能力直接或间接控制、共同控制另一方或对另一方施加重大影响,或另一方有权直接或间接控制、共同控制本公司,或本公司与另一方或多方同受一方控制,则被视为关联方,关联方可为个人或公司。

(o) 所得税的会计处理方法

本公司采用应付税款法核算所得税。

(p) 税项

本公司适用的主要税种有:增值税、所得税、城市维护建设税、印花税、固定资产投资方向调节税及车船使用税等。

增值税

本公司适用的增值税税率为17%。

营业税金及附加

本公司以增值税净额的7%、3%及1%计算缴纳城市维护建设税、教育费附加及地方教育费。

所得税

本公司适用税率为33%。

(q) 维修保养费

维修保养费于实际发生时在当期损益帐中列支。

(r) 研究开发费

研究开发费于实际发生时在当期损益帐中列支。

(s) 退休金

退休金于实际发生时在当期损益帐中列支。

(t) 利润分配

根据《中华人民共和国公司法》及本公司章程的有关规定,本公司按税后利润的10%计提法定盈余公积金,按税后利润的5%至10%提取法定公益金。

3. 货币资金

	德国马克 千元	美 元 千元	港 币 千元	欧 元 千元	英 镑 千元	12月31日 2000年 人民币 千元	12月31日 1999年 人民币 千元
汇率	3.9398	8.2781	1.0606	7.7056	12.2802		
现金	—	—	—	—	—	3	1
人民币银行存款	—	—	—	—	—	1,664,075	405,434
港币银行存款	—	—	272,137	—	—	288,628	301,029
美元银行存款	—	1,305	—	—	—	10,805	3,108
德国马克银行存款	43,802	—	—	—	—	172,573	286,243
欧元银行存款	—	—	—	17,416	—	134,203	—
英镑银行存款	—	—	—	—	1,153	14,157	—
合计						2,284,444	995,815

本公司二零零零年十二月三十一日货币资金余额高于一九九九年十二月三十一日货币资金余额,主要是由于本公司于二零零零年三月十五日至十七日公开发行A股可转换公司债券,尚未投入有关投资项目部分,以及本年销售收入增长而形成的。

4. 应收帐款

	12月31日 2000年 人民币千元	百分比	坏帐准备 人民币千元	12月31日 1999年 人民币千元	百分比	坏帐准备 人民币千元
一年以内	162,158	100%	—	86,043	100%	—

本公司截至二零零零年十二月三十一日应收帐款余额主要为应收中国铁路物资沈阳公司重轨款103,543千元,应收中铁建沈阳物资总公司重轨款26,607千元,以及应收其他企业销售款人民币32,008千元,其帐龄均在一年以内。

4. 应收帐款(续)

其中,欠款金额前五名的单位分别为:

欠款单位名称	欠款金额 人民币千元	欠款时间	欠款原因
1 中国铁路物资沈阳公司	103,543	2000年12月	购货款
2 中铁建沈阳物资总公司	26,607	2000年12月	购货款
3 大连金州中型机械厂	422	2000年6月	购货款
4 黑龙江物资贸易中心	376	2000年6月	购货款
5 湖北宜昌清云水利水电联营公司	330	2000年3月	购货款
	131,278		

无持本公司5%(含5%)以上股份的股东欠款。

5. 其他应收款

其他应收款主要包括应收出口退税、定期存款利息、代垫运费、职工借款及其他各项应收款。

其他应收款帐龄分析如下:

	12月31日 2000年 人民币千元	百分比	坏帐准备	12月31日 1999年 人民币千元	百分比
一年以内	102,918	97%	—	6,945	86%
一至二年	2,169	2%	—	948	12%
二至三年	922	1%	—	—	—
三年以上	21	—	21	161	2%
合计	106,030	100%	21	8,054	100%
			(注释6)		

无持本公司5%(含5%)以上股份的股东欠款。

其中,欠款金额前五名的单位分别为:

欠款单位名称	欠款金额 人民币千元	欠款时间	欠款原因
1 鞍山市国税局	84,422	2000年	出口退税款
2 中信银行沈阳分行	4,064	2000年	定期存款利息
3 中国银行鞍山分行	1,973	2000年	定期存款利息
4 中国工商银行鞍钢支行	1,434	2000年	定期存款利息
5 中国工商银行国际业务部	1,397	2000年	定期存款利息
	93,290		

6. 坏帐准备

本公司管理层认为,由于截止二零零零年十二月三十一日的应收帐款帐龄均为一年以内,故未计提坏帐准备;其他应收款计提坏帐准备人民币21千元。管理层认为主要款项可以在近期收回,且债务人均有偿还能力,故计提比例低于5%。

7. 应收票据

二零零零年十二月三十一日本公司持有银行承兑汇票人民币1,323,298千元,到期日均在二零零一年一月至二零零一年六月期间内。本公司持有的所有应收票据均无任何抵押或贴现。应收票据中应收鞍钢集团部分为人民币342,928千元。

8. 预付帐款

	注释	12月31日 2000年 人民币千元	12月31日 1999年 人民币千元
备品备件款		10,450	6,482
应收及预付关联公司款			
出口销售应收款	i	139,998	137,307
购买原材料及辅助材料预付款	ii	125,721	752,018
小计		265,719	889,325
合计		276,169	895,807

i. 出口销售应收款指应收鞍钢集团国际经济贸易公司代理本公司出口的销售款。

ii. 鞍钢集团是本公司主要原材料供应商,鞍钢集团对原材料及辅助材料销售实行现金销售政策。

iii. 本公司应收及预付关联公司款中以现金支付的部分帐龄均在一年以内,发出汇票的到期日由结算日起二至六个月不等。

预付备品备件款的帐龄分析如下:

	12月31日 2000年 人民币千元	百分比	12月31日 1999年 人民币千元	百分比
一年以内	9,435	90%	4654	72%
一至二年	249	3%	1,062	16%
二至三年	—	—	14	—
三年以上	766	7%	752	12%
合计	10,450	100%	6,482	100%

预付金额前五名的单位分别为:

预付款单位名称	预付款金额 人民币千元	预付款时间	预付款原因
(1) 鞍钢集团	265,719	2000年	预付料款及出口应收款未核销款
(2) 抚顺特殊钢(集团)有限责任公司	2,469	2000年	预付料款未核销款
(3) 西安冶金机械厂	2,053	2000年	预付备件款未核销款
(4) 鞍山亚赛电磁设备有限公司	1,800	2000年	预付设备款未核销款
(5) 宝钢集团国际经济贸易总公司捆带分公司	912	2000年	预付料款未核销款
	272,953		

鞍钢集团为持有本公司5%(含5%)以上的股东。

9. 存货及存货跌价准备

	12月31日 2000年 人民币千元	存 货 跌价准备	12月31日 1999年 人民币千元	存 货 跌价准备
原材料	183,287	—	114,455	—
在产品	105,429	—	65,206	—
产成品	138,720	—	37,682	—
备品备件	417,713	77,920	394,793	56,920

合计	845,149	77,920	612,136	56,920

10. 待摊费用

种　类	年初数 人民币千元	本年增加 人民币千元	本年摊销 人民币千元	年末数 人民币千元
取暖费	2,462	5,002	4,442	3,022
房产税	—	3,105	3,105	—
报刊费	92	71	163	—
合计	2,554	8,178	7,710	3,022

11. 固定资产

	厂　房 人民币千元	机器及设备 人民币千元	其　他 人民币千元	合　计 人民币千元
原值:				
年初数	1,085,396	2,803,273	357,993	4,246,662
本年购入	164,718	121,571	12,441	298,730
在建工程转入	1,313	917,006	7,541	925,860
本年减少	—	(311)	(484)	(795)
年末数	1,251,427	3,841,539	377,491	5,470,457
累计折旧:				
年初数	391,613	1,193,788	253,936	1,839,337
本年计提折旧	46,174	221,195	62,822	330,191
冲回已提折旧	—	(30)	(372)	(402)
年末数	437,787	1,414,953	316,386	2,169,126
帐面净值:				
二零零零年十二月三十一日	813,640	2,426,586	61,105	3,301,331
一九九九年十二月三十一日	693,783	1,609,485	104,057	2,407,325

12. 在建工程

	年初数 人民币千元	本年增加 人民币千元	本年转入固定资产数 人民币千元	年末数 人民币千元	资金来源	工程进度
炼钢厂改造	827,064	295,646	(896,060)	226,650	募股资金	73.2%
镀锌板生产线	525	406	—	931	募股资金	0.1%
酸洗连轧联合机组	291,010	348,624	—	639,634	募股资金	85.9%
冷轧厂改造	152	(152)	—	—	募集资金	—
技术革新项目	15,551	15,405	(14,914)	16,042	自有资金	77.9%
设备改造	—	27,553	(14,886)	12,667	自有资金	98%
	1,134,302	687,482	(925,860)	895,924		

13. 无形资产

无形资产包括土地使用权、用水及用电权,以评估确认价值作为成本,并自取得之日起在其受益期内按直线法摊销。

无形资产本期变动情况如下:

类别	原始金额 人民币千元	年初数 人民币千元	本年增加 人民币千元	本年摊销 人民币千元	年末数 人民币千元	剩余摊销期限
土地使用权	354,178	304,671	35,195	(7,255)	332,611	46.5年
用水用电权	122,734	115,370	—	(2,455)	112,915	47年
合计	476,912	420,041	35,195	(9,710)	445,526	

本期增加的土地使用权为购买炼钢厂土地使用权。

14. 应付票据

	12月31日 2000年 人民币千元	12月31日 1999年 人民币千元
应付票据	718,794	569,435

本公司采用应付票据方式结算部分货款。截至二零零零年十二月三十一日本公司开出银行承兑汇票计人民币718,794千元,所有应付票据到期日均在二零零一年一月至二零零一年六月期间内。

除应付鞍钢集团的款项外,无欠其他持本公司5%(含5%)以上股份的股东的款项。

15. 应付帐款

	12月31日 2000年 人民币千元	12月31日 1999年 人民币千元
应付帐款	243,667	57,052

本公司截至二零零零年十二月三十一日,本公司应付帐款余额比一九九九年十二月三十一日增长人民币186,615千元,主要是为本公司于二零零零年四月一日新组建的炼钢厂采购原材料和备品备件而需支付的款项。

无欠持本公司5%(含5%)以上股份的股东的款项。

16. 应交税金

	12月31日 2000年 人民币千元	12月31日 1999年 人民币千元
增值税	94,860	19,319
所得税	40,972	17,958
城市维护建设税	4,074	4,723
固定资产投资方向调节税	—	76
契税	4,248	—
其他	2	59
	144,156	42,135

截至二零零零年十二月三十一日,本公司应交税金余额比一九九九年十二月三十一日增加人民币102,021千元,主要是由于二零零零年本公司销售增加而增加的增值税及所得税尚未缴付而形成的。

17. 其他应付款

	12月31日 2000年 人民币千元	12月31日 1999年 人民币千元
其他应付款	176,357	101,830

截至二零零零年十二月三十一日,本公司其他应付款余额比一九九九年十二月三十一日增加人民币74,527千元,主要是由于应付灵山铁路局运费和钢架押金增加。

截至二零零零年十二月三十一日,其他应付款无欠持本公司5%(含5%)以上股份的股东的款项。

18. 借款

	12月31日 2000年 人民币千元	12月31日 1999年 人民币千元
长期借款		
应上交鞍钢集团款	240,000	360,000
减:一年内到期的长期负债	120,000	120,000
	120,000	240,000

根据本公司与鞍钢集团签定的协议,将本公司组建之前的一九九六年十二月三十一日应上交鞍钢集团款计人民币600,000千元作为本公司长期借款,并于一九九八年一月一日开始,以每年不少于人民币120,000千元归还鞍钢集团。此笔长期借款不计利息。

19. 应付债券

	12月31日 2000年 人民币千元	12月31日 1999年 人民币千元
应付债券	151,901	—

本公司于二零零零年三月十五日发行的A股可转换公司债券总金额计人民币1,500,000千元,期限为五年,年利率为1.2%,于二零零零年三月十四日开始计息,二零零五年三月十三日到期。转换期为二零零零年九月十四日至二零零五年三月十三日。截至二零零零年十二月三十一日已有1,349,531千元的可转换公司债券及已计提利息费用人民币9,257千元转为A股408,943千股,增加资本公积人民币949,845千元。

20. 股本

	年初余额	本次变动增减	年末余额
一、未上市流通股份			
1　发起人股份			
其中:国家持有股份	—	—	—
境内法人持有股份	1,319,000,000	—	1,319,000,000
境外法人持有股份	—	—	—
其他	—	—	—
2　募集法人股份	—	—	—
3　内部职工股	—	—	—
4　优先股或其他	—	—	—
未上市流通股份合计	1,319,000,000	—	1,319,000,000
二、已上市流通股份			
1　人民币普通股	300,000,000	408,943,331	708,943,331
2　境内上市的外资股	—	—	—
3　境外上市的外资股	890,000,000	—	890,000,000
4　其他	—	—	—
已上市流通股份合计	1,190,000,000	408,943,331	1,598,943,331
三、股份总数	2,509,000,000	408,943,331	2,917,943,331

截至二零零零年十二月三十一日,A股可转换公司债券累计转为A股共计408,943,331股。本公司将申请办理有关实收资本变更登记手续。

21. 资本公积

项　目	年　初　数	本年增加数	本年减少数	年　末　数
净资产折股	709,817	—	—	709,817
H股溢价收入减发行费用	594,722	—	—	594,722
A股溢价收入减发行费用	848,222	—	—	848,222
A股可转换公司债券转为股本后增加的资本公积	—	949,845	—	949,845
	2,152,761	949,845	—	3,102,606

截至二零零零年十二月三十一日,A股可转换公司债券转股增加资本公积949,845千元。

22. 盈余公积

	年初数	本期增加	本期减少	年末数
法定盈余公积	92,573	48,975	—	141,548
公益金	92,573	48,975	—	141,548
合计	185,146	97,950	—	283,096

根据《中华人民共和国公司法》及本公司章程第一百四十七条规定,本公司按税后利润的10%计提法定盈余公积,直至该公积金结余等于注册资本的50%;从税后利润中提取5%至10%的法定公益金。

23. 未分配利润

	12月31日 2000年 人民币千元	12月31日 1999年 人民币千元
年初未分配利润	585,032	352,023
加:本年利润	489,749	291,261
减:提取盈余公积	(97,950)	(58,252)
股利分配	(262,615)	—
年末未分配利润	714,216	585,032

根据本公司二零零一年三月二十日董事会决议,拟派股利每股人民币0.09元,此预案有待股东大会批准。

24. 主营业务收入

	1月1日至 12月31日 2000年 人民币千元	1月1日至 12月31日 1999年 人民币千元
线材	1,753,228	1,697,383
厚板	1,891,045	1,568,832
冷轧薄板	3,432,080	2,779,263
大型材	2,174,803	877,664
钢坯	541,994	—
	9,793,150	6,923,142

25. 营业税金及附加

	1月1日至 12月31日 2000年 人民币千元	1月1日至 12月31日 1999年 人民币千元
营业税金及附加	25,550	15,146

本公司二零零零年营业税金及附加有所增加,主要原因是由于本公司本会计年度采购及销售增加,造成应交增值税增加,使以应交增值税为基础计算的营业税金及附加增加。

26. 其他业务利润

	1月1日至 12月31日 2000年 人民币千元	1月1日至 12月31日 1999年 人民币千元
包装物利润	6,604	8,035
废钢	16,205	7,919
其他	427	63
合计	23,236	16,017

27. 营业费用

	1月1日至 12月31日 2000年 人民币千元	1月1日至 12月31日 1999年 人民币千元
营业费用	168,158	119,066

本公司二零零零年营业费用有所增加,主要原因是本公司本年度销售增加,使相关运费、包装费及代理费增加。

28. 管理费用

	1月1日至12月31日 2000年 人民币千元	1月1日至12月31日 1999年 人民币千元
管理费用	149,093	86,538

本公司二零零零年管理费用比一九九九年有所增加，主要原因是本公司二零零零年四月一日新建的炼钢厂，及一九九九年七月一日收购的大型厂对二零零零年全年的影响使相关的工资、福利和土地使用权摊销等费用增加。

29. 财务收入

	1月1日至12月31日 2000年 人民币千元	1月1日至12月31日 1999年 人民币千元
利息收入：	40,150	38,071
减：利息支出	—	—
汇兑收益	—	1
汇兑损失	—	(219)
其他	(472)	(553)
合计	39,678	37,300

30. 营业外收入

	1月1日至12月31日 2000年 人民币千元	1月1日至12月31日 1999年 人民币千元
违约金	152	384
其他	11	1,832
合计	163	2,216

31. 营业外支出

	1月1日至12月31日 2000年 人民币千元	1月1日至12月31日 1999年 人民币千元
违约金	3,183	1,140
处理固定资产损失	142	3,663
其他	1,382	26
合计	4,707	4,829

32. 关联交易

存在控制关系的关联方：

企业名称	注册地址	主营业务	与本企业关系	经济性质	法定代表人
鞍山钢铁集团公司（“鞍钢集团”）	辽宁省鞍山市铁西区	钢材、金属制品、铸铁管、金属结构等的生产及销售	母公司	全民	刘玠

二零零零年十二月三十一日鞍钢集团的注册资本为人民币10,794,160千元。

本公司与鞍钢集团间的关联交易

(a) 经常性交易

	1月1日至12月31日 2000年 人民币千元	1月1日至12月31日 1999年 人民币千元
销售产品（扣除营业税金及附加）	823,188	354,775
带料加工（扣除营业税金及附加）	419,813	—
销售废料（扣除营业税金及附加）	200,020	75,370
采购		
-原材料	6,855,139	5,234,383
-辅助材料及备品备件	—	36,462
职工福利设施及其他服务	77,664	101,305
燃料及动力供应	231,425	115,997
技术转让费用	7,506	8,480

-销售产品

本公司向鞍钢集团销售钢材产品。其价格不低于本公司与独立第三方上一个月的销售平均价。

-带料加工

自二零零零年四月起，本公司向鞍钢集团提供炼钢分包加工服务。每吨收取的分包加工费参照实际加工费加5%利润确定。

-销售废料

本公司向鞍钢集团采购用作生产的原材料并按向独立客户收取的平均价格向鞍钢集团销售废料。

-采购原材料

本公司从鞍钢集团采购的原材料价格，以不高于鞍钢集团向独立第三方客户出售的最低销售价和中国五家独立供应商就大批量原材料供应向本公司所报价格的平均值。

-辅助材料及备品备件

本公司的辅助材料及备品备件从鞍钢集团采购。采购价格为鞍钢集团向独立第三方客户收取的平均销售价格，或市场价格，或国家定价。

于2000年内，本公司未从鞍钢集团采购辅助材料及备品备件。

-职工福利设施及其他服务

鞍钢集团为本公司提供的职工福利设施及其他服务包括：铁路与公路运输、燃油与液化石油气的采购代理、进口备品备件和出口产品代理、设备维修及一般保养与大修、设计和工程服务、产品品质测试与分析服务、为本公司职工宿舍供暖、与报纸、电话、图片及其他媒介有关的服务及职员培训服务。鞍钢集团提供的上述服务按适用的国家定价、市场价格或者是按成本向本公司收取费用。

-燃料及动力供应

本公司按成本价向鞍钢集团采购工业用水、循环再用水、软水、混合气体、氧气、氮气、氢气、压缩气体及蒸汽形式的燃料及动力。

-支付技术转让费用

本公司与鞍钢集团签订技术转让协议，鞍钢集团将与本公司生产产品有关的专利技术转让给本公司。本公司按年支付转让费用。

鞍钢集团与中国华融资产管理公司和中国信达资产管理公司共同出资，于二零零零年十二月二十八日将原所属鞍钢集团的二十四家企业组成了鞍钢集团新钢铁有限责任公司，该公司于二零零一年一月一日正式运营。该公司由鞍钢集团控股，原由鞍钢集团向本公司提供的原材料及水电等服务将转由该公司提供，原本公司销售予鞍钢集团的钢材产品转为销售予该公司。

(b) 非经常性交易

-采购新转炉及土地和流动资产

根据本公司一九九八年七月六日同鞍钢集团签订的《选购权协议》，经二零零零年三月三十日特别股东大会批准，于二零零零年四月一日向鞍钢集团收购一炼钢厂的新转炉和土地及流动资产，总值人民币409,000千元。

-债券担保

本公司于二零零零年三月十五日发行五年期A股可转换公司债券人民币1,500,000千元，由鞍钢集团提供担保。

33. 退休保险及其他福利

二零零零年一月一日至十二月三十一日止期间，本公司根据鞍山市人民政府鞍政发[1998]28号文件规定，每月按上月在职职工工资总额的25.5%提取退休养老保险金。自一九九九年三月一日起，本公司根据鞍山市人民政府签发的《关于调整我市企业职工基本养老保险缴费比例的通知》鞍政发[1999]12号文件规定，将提取退休养老保险金比例由23.5%调整为25.5%，上缴鞍山市社会保险总公司，并由该保险公司负责支付本公司离退休职工的离退休金。

34. 资本承担

本公司二零零零年十二月三十一日的资本承担列示如下：

	已授权但未签合同	已签合同但未作准备	合计
全连铸	400,200	1,800	402,000
联合机组	59,670	38,830	98,500
镀铝锌线	1,182,210	230,860	1,413,070
其他设备	4,233	7,689	11,922
合计	1,646,313	279,179	1,925,492

35. 或有负债

本公司于二零零零年十二月三十一日无任何或有负债事项。

36. 期后事项

本公司于二零零一年二月八日与德国蒂森克虏伯公司草签中外合资协议，合资兴建镀锌板生产线，厂址将设在辽宁省大连市。双方将分别出资3,000万美元，作为合资公司的注册资本。此项草签合资协议已报请对外经济贸易委员会批准。

37. 根据国际会计准则调整净利润和股东权益表

本公司的会计报表是根据中华人民共和国《企业会计准则》、《股份有限公司会计制度》及其他有关规定而制定的。但在一些重大方面与国际会计准则存在差异，这些差异对截止二零零零年十二月三十一日的净利润及股东权益的影响如下：

	净利润		股东权益	
	1月1日至12月31日 2000年	1月1日至12月31日 1999年（注）	12月31日 2000年	12月31日 1999年（注）
根据中国会计准则及制度编制的会计报表	489,749	291,261	7,017,861	5,431,939
应付股利	—	—	262,615	—
存货跌价准备	—	3,756	—	—
无形资产摊销	2,455	2,454	(112,915)	(115,370)
可转换公司债券				
-债券贴现	—	—	17,232	—
-附加资本化成本	—	—	5,115	—
递延税项	(809)	(2,050)	29,888	38,071
根据国际会计准则编制的会计报表	491,395	295,421	7,219,796	5,354,640

注：根据国际会计准则第10号——资产负债表日后事项和第37号——准备、或有负债和或有资产，本公司对按国际会计准则编制的会计报表进行了相关一九九九年度追朔调整。

九、公司的其他有关资料

1、本公司首次注册登记：
日期：1997年5月8日
地点：辽宁省鞍山市铁东区南中华路396号
2、报告期内变更注册：
日期：2000年5月6日
地点：鞍山市铁东区南中华路396号
3、本公司在香港营业地址：
香港中环必打街11号置地广场告罗士打大厦39楼
4、本公司法人营业执照注册号：
企股辽总字第000344号
税务登记号码：210302242669479
5、本公司未流通股票的托管机构名称：
深圳证券登记公司
6、核数师：
境外会计师事务所名称：毕马威会计师事务所
办公地点：香港遮打道10号太子大厦8楼
境内会计师事务所名称：毕马威华振会计师事务所
办公地点：北京市国贸大厦2座16层1608室

十、备查文件目录

1、载有董事长亲笔签署的年度报告正本；
2、载有本公司总经理、总会计师、会计主管人员亲笔签字并盖章的财务报表；
3、载有会计师事务所盖章、注册会计师亲笔签字并盖章的审计报告正本；
4、2000年在《中国证券报》、《证券时报》公开披露过的所有本公司文件的正本及公告的原稿；
5、在香港证券市场公司的年度报告。

以上备查文件放置地点：鞍钢新轧钢股份有限公司董事会秘书室，地址：辽宁省鞍山市铁东区南中华路396号。

鞍钢新轧钢股份有限公司
董事会
二〇〇一年三月二十一日

鞍钢新轧钢股份有限公司
利润及利润分配表
截至二零零零年十二月三十一日止年度

(金额单位:人民币千元)

	注释	1月1日至12月31日 2200年	1月1日至12月31日 1999年		注释	1月1日至12月31日 2000年度	1月1日至12月31日 1999年
主营业务收入	24	9,793,150	6,923,142	一、净利润		489,749	291,261
减:主营业务成本		8,735,297	6,320,951	加:年初未分配利润		585,032	352,023
营业税金及附加	25	25,550	15,146	二、可供分配的利润		1,074,781	643,284
主营业务利润		1,032,303	587,045	减:提取法定盈余公积		48,975	29,126
加:其他业务利润	26	23,236	16,017	提取公益金		48,975	29,126
减:存货跌价损失		21,000	10,852	三、可供股东分配的利润		976,831	585,032
营业费用	27	168,158	119,066	减:提取任意盈余公积		-	-
管理费用	28	149,093	86,538	应付普通股股利		262,615	-
加:财务收入	29	39,678	37,300				
营业利润		756,966	423,906				
加:营业外收入	30	163	2,216				
减:营业外支出	31	4,707	4,829				
利润总额		752,422	421,293				
减:所得税		262,673	130,032				
净利润		489,749	291,261	四、未分配利润		714,216	585,032

鞍钢新轧钢股份有限公司
资产负债表
二零零零年十二月三十一日

(金额单位:人民币千元)

	注释	12月31日 2000年	12月31日 1999年
流动资产			
货币资金	3	2,284,444	995,815
应收帐款	4	162,158	86,043
其他应收款	5	106,030	8,054
减:坏帐准备	6	(21)	(681)
应收款项净额		268,167	93,416
应收票据	7	1,323,298	466,864
预付帐款	8	276,169	895,807
存货	9	845,149	612,136
减:存货跌价准备		(77,920)	(56,920)
存货净额		767,229	555,216
待摊费用	10	3,022	2,554
流动资产合计		4,922,329	3,009,672
固定资产			
固定资产原值	11	5,470,457	4,246,662
减:累计折旧	11	(2,169,126)	(1,839,337)
固定资产净值		3,301,331	2,407,325
在建工程	12	895,924	1,134,302
固定资产合计		4,197,255	3,541,627
无形资产	13	445,526	420,041
资产总计		9,565,110	6,971,340
负债及股东权益			
流动负债			
应付票据	14	718,794	569,435
应付帐款	15	243,667	57,052
预收帐款		581,308	400,889
应付工资及福利费		28,451	8,060
应付股利		262,615	-
应交税金	16	144,156	42,135
其他应付款	17	176,357	101,830
一年内到期的长期负债	18	120,000	120,000
流动负债合计		2,275,348	1,299,401
长期负债			
长期借款	18	120,000	240,000
应付债券	19	151,901	-
负债合计		2,547,249	1,539,401
股东权益			
股本	20	2,917,943	2,509,000
资本公积	21	3,102,606	2,152,761
盈余公积	22	283,096	185,146
其中:公益金	22	141,548	92,573
未分配利润	23	714,216	585,032
股东权益合计		7,017,861	5,431,939
负债及股东权益总计		9,565,110	6,971,340

鞍钢新轧钢股份有限公司
现金流量表
截至二零零零年十二月三十一日止会计年度

(金额单位:人民币千元)

	现金流量表 补充说明	1月1日至12月31日 2000年
经营活动产生的现金流量		
销售商品收到的现金		9,138,882
收到的增值税销项税额和退回的增值税款		1,615,590
现金流入小计		10,754,472
购买商品支付的现金		(7,556,527)
支付给职工以及为职工支付的现金		(105,904)
支付的增值税款		(1,508,587)
支付的所得税款		(239,659)
支付的除增值税、所得税以外的其他税费		(35,344)
支付的其他与经营活动有关的现金		(418,221)
现金流出小计		(9,864,242)
经营活动产生的现金流量净额	(a)	890,230
投资活动产生的现金流量		
处置固定资产、无形资产和其他		
资产而收回的现金净额		262
利息收入所收到的现金		29,291
现金流入小计		29,553
定期存款增加		(657,205)
购建固定资产所支付的现金		(298,730)
为在建工程、无形资产和其他资产支付的现金		(692,861)
现金流出小计		(1,648,796)
投资活动产生的现金流量净额		(1,619,243)
补充说明		
筹资活动产生的现金流量		
发行A股可转换公司债券收到的现金		1,480,452
现金流出小计		1,480,452
偿还债务所支付的现金		(120,000)
A股可转换公司债券转股支付的现金		(15)
现金流入小计		(120,015)
筹资活动产生的现金流量净额		1,360,437
现金及现金等价物净增加额	(b)	631,424
(a)将净利润调节为经营活动的现金流量:		
净利润		489,749
加:坏帐准备		(660)
存货变现准备		21,000
固定资产折旧		330,191
固定资产报废损失		131
无形资产摊销		9,710
存货的增加		(233,013)
财务费用		(40,150)
经营性应收项目的增加		(367,825)
经营性应付项目的增加		574,094
增值税增加净额		107,003
经营活动产生的现金流量净额		890,230
(b)现金及现金等价物净增加情况		
现金及现金等价物的年末余额		1,627,239
减:现金及现金等价物的年初余额		995,815
现金及现金等价物净增加额		631,424

现代投资股份有限公司

二〇〇〇年年度报告摘选

一、公司简介

1、中文名称:现代投资股份有限公司
英文名称:XIANDAI INVESTMENT CO.,LTD
2、法定代表人:马军
3、董事会秘书:陈满林
董事会秘书授权代表:罗茜萍
联系电话:0731-2232363
传　　真:0731-2232303
联系地址:长沙市芙蓉中路心安里52号
电子信箱:xdtzgf@public.cs.hn.cn
4、注册地址:长沙市八一路466号
邮政编码:410011
办公地址:长沙市芙蓉中路心安里52号
邮政编码:410005
电子信箱:xdtzgf@public.cs.hn.cn
5、信息披露报纸名称:《中国证券报》、《证券时报》
登载年报的国际互联网网址:http://www.cninfo.com.cn
年度报告备置地址:公司证券部
6、股票上市交易所:深圳证券交易所
股票简称:现代投资
股票代码:0900

二、会计数据和业务数据摘要

1、本年度实现的有关财务指标　　(单位:元)

项　目	金　额
利润总额	178,805,793.36
净　利　润	149,071,455.31
净利润(扣除非经常性损益)	145,774,209.31
主营业务利润	185,283,566.03
其他业务利润	145,158.46
营业利润	131,403,626.76
投资收益	44,266,478.18
补贴收入	0
营业外收支净额	3,135,688.42
经营活动产生的现金流量净额	14,318,522.54
现金及现金等价物净增加额	353,147,191.87

注:扣除的非经常性损益项目及涉及金额

项目	金　额
新股申购冻结资金利息	3,297,246.00

2、前三年主要会计数据和财务指标　　(单位:元)

项　目	2000年	1999年	1998年
主营业务收入	286,818,205.23	248,027,630.08	185,059,189.69
净利润	149,071,455.31	131,444,123.68	92,608,308.21
总资产	4,914,724,598.15	1,595,828,645.17	1,905,210,236.79
股东权益	2,357,631,066.42	1,267,979,738.76	1,136,163,959.49
每股收益(按净利润摊薄)	0.37	0.46	0.49
每股收益(按净利润加权)	0.48	0.54	0.79
每股收益(扣除非经常性损益)	0.37	0.39	0.47
每股净资产	5.91	4.44	5.99
调整后每股净资产	5.81	4.43	5.99
每股经营活动产生的现金流量净额	0.04	0.55	0.43
净资产收益率%(按净利润摊薄)	6.32	10.39	8.14
净资产收益率%(按净利润加权)	9.36	12.63	31.95
净资产收益率%(扣除非经常性损益加权)	9.15		

附表:

报告期利润	净资产收益率(%)		每股收益(元)	
	全面摊薄	加权平均	全面摊薄	加权平均
主营业务利润	7.86	11.63	0.46	0.59
营业利润	5.57	8.25	0.33	0.42
净利润	6.32	9.36	0.37	0.48
扣除非经常性损益后的净利润	6.18	9.15	0.37	0.46

三、股东情况介绍

1、股东情况介绍
(1)报告期末股东总数为68,307户。
(2)公司前十名股东持股情况

	股　东　名　称	持股数量(股)	占总股本比例(%)
1	湖南省高速公路建设开发总公司	145,710,000	36.50
2	华北高速公路股份有限公司	39,090,000	9.79
3	西南证券有限责任公司	6,209,978	1.56
4	张敏	500,380	0.13
5	赵忠昌	480,000	0.12
6	周幼卿	400,000	0.10
7	张法成	396,540	0.10
8	王盼	392,000	0.10
9	胡宗雷	343,000	0.09
10	武名魁	329,869	0.08

哈尔滨航天风华科技股份有限公司

二〇〇〇年年度报告摘选

一、公司简介

1、公司的法定中、英文名称及缩写
中文名称:哈尔滨航天风华科技股份有限公司
英文名称:Harbin Fenghua-aerospace Hi-Tech CO.LTD
英文缩写:HFHTC
2、公司法定代表人:张汝谋
3、公司董事会秘书:王玉伟
联系地址:哈尔滨市中山路178号
电　　话:0451—2624810　　传 真:0451—2624810
电子信箱:aeraspac@public.hr.hl.cn
4、公司注册地址:哈尔滨市西大直街118号
公司办公地址:哈尔滨市中山路178号　　邮政编码:150040
5、公司信息披露报纸名称:<<证券时报>>
登载年报的指定网址:http://www.cninfo.com.cn
公司年报备置地点:哈尔滨市中山路178号机械大厦7楼公司证券部
6、公司股票上市交易所:深圳证券交易所
股票简称:航天科技
股票代码:0901

二、会计数据和业务数据摘要

1、本公司2000年度主要利润指标及现金流量状况:(单位:人民币元)

项　目	金　额
利润总额:	20,384,939.00
净利润:	20,117,058.95
非经常性损益合计:	2,680,028.16
其中:新股申购冻结资金利息:	2,254,570.72
资产处置收益:	242,183.61
无法支付的款项:	388,451.12
扣除非经常性损益后的净利润:	17,437,030.79
主营业务利润:	35,031,396.77
其他业务利润:	1,331,101.14
营业利润:	16,883,989.19
投资收益:	
补贴收入:	820,921.65
营业外收支净额:	2,680,028.16
经营活动产生的现金流量净额:	11,501,696.38
现金及现金等价物净增加额:	-7,188,453.85

2、前三年主要会计数据和财务指标(单位:人民币元)

项　目	2000年(合并)	1999年	1998年 调整前	1998年 调整后
主营业务收入	107,604,932.97	99,182,540.01	116,813,547.77	116,813,547.77
净利润	20,117,058.95	18,053,171.98	27,612,434.71	24,746,299.43
总资产	422,548,963.03	382,987,820.13	378,253,294.16	376,250,215.99
股东权益	311,913,492.78	291,691,372.57	300,055,667.66	297,169,532.37
每股净资产	3.151	2.946	3.030	3.002
调整后每股净资产	3.136	2.926	3.019	2.994
每股经营活动产生的现金流量净额	0.117	-0.444	-0.043	-0.043
净资产收益率(摊薄)	6.45%	6.19%	9.20%	8.33%
净资产收益率(加权)	6.45%	6.19%	28.61%	26.43%
扣除非经营损益后的净资产收益率	5.59%	5%	9.20%	8.33%
每股收益(摊薄)	0.203	0.182	0.279	0.250
每股收益(加权)	0.203	0.182	0.363	0.325
扣除非经营损益后的每股收益	0.176	0.144	0.279	0.250

注2:中国证监会信息披露编报规则《第九号》要求计算的数据

项　目	金额(元)	净资产收益率(%)		每股收益	
		全面摊薄	加权平均	全面摊薄	加权平均
主营业务利润	35,031,396.77	11.23	11.23	0.354	0.354
营业利润	16,883,989.19	5.41	5.41	0.171	0.171
净利润	20,117,058.95	6.45	6.45	0.203	0.203
扣除非经常性损益后的净利润	17,437,030.79	5.59	5.59	0.174	0.174

3、报告期内股东权益变动情况(单位:元)

项目	股本	资本公积	盈余公积	法定公益金	未分配利润	股东权益合计
期初数	99,000,000.00	171,922,218.05	11,291,203.67	4,285,760.28	9,477,950.85	291,691,372.57
本期增加			4,128,473.04	2,011,705.89	16,093,647.17	20,222,120.21
本期减少						
期末数	99,000,000.00	171,922,218.05	15,419,676.71	6,297,466.17	25,571,598.02	311,913,492.78
变动原因			提取盈余公积金所致	提取法定公益金所致	净利润增加所致	净利润增加所致

三、股东情况介绍

1、报告期末股东总数:本公司共有股东25387户。
2、公司前十名股东持股情况(截止2000年12月29日):

股　东　名　称	期末持股数	期内增减	占总股本比例(%)
中国航天机电集团公司	33,268,971	33,268,971	33.60
哈尔滨通用机电技术研究所	9,574,008	0	9.67
哈尔滨工业大学高新技术开发总公司	8,661,078	0	8.75
哈尔滨通用焊接切割成套设备制造厂	6,382,672	0	6.45
天通计算机应用技术中心	5,324,334	0	5.38
哈尔滨亚科工贸有限责任公司	3,000,000	0	3.03
北京奥润办公设备技术公司	2,788,937	0	2.82
房娟娟	455,000	455,000	0.46
福建兴业证券公司上海金陵东路营业部	212,500	212,50	0.22
锡山市银光镀锡薄板有限公司	197,790	197,790	0.20

中国服装股份有限公司

二〇〇〇年年度报告摘选

一、公司简介

1、公司法定中文名称：中国服装股份有限公司
公司法定英文名称：China Garments Co., Ltd.
英文名称缩写：CGC
2、公司法定代表人：方玉根
3、公司董事会秘书：郭恒
联系地址：北京市建国路99号中服大厦27层
联系电话：010－65817498
传　　真：010－65812147
电子信箱：cgcom@public.bta.net.cn
4、公司董事会证券事务代表：刘定国
联系地址：北京市建国路99号中服大厦27层
联系电话：010－65818866转8234　　传　真：010－65812147
电子信箱：cgcom@public.bta.net.cn
5、公司注册地址：北京市新技术产业开发试验区丰台科技园区
公司办公地址：北京市建国路99号中服大厦27层
邮政编码：100020
电子信箱：cgcom@public.bta.net.cn
6、公司选定的信息披露报纸名称：
《中国证券报》、《证券时报》、《上海证券报》
登载公司年度报告的国际互联网网址：
http://www.cninfo.com.cn
公司年度报告备置地点：公司董事会秘书室
7、公司股票上市地：深圳证券交易所
股票简称：中国服装　　股票代码：0902

二、会计数据和业务数据摘要

1、报告期主要利润指标情况（单位：人民币元）

项目	金额
利润总额	43,557,830.88
净利润	37,135,502.64
扣除非经常性损益后的净利润	32,972,346.36
主营业务利润	79,605,006.14
其他业务利润	3,090,324.62
营业利润	32,425,531.93
投资收益	4,455,358.81
补贴收入	1,575,838.27
营业外收支净额	5,101,101.87
经营活动产生的现金流量净额	36,867,701.59
现金及现金等价物净增加额	－36,964,230.53

注：扣除非经常性损益项目、涉及金额：
(1) 补贴收入　992,805.27元；
(2) 营业外收支净额　3,293,365.95元；
(3) 合并差价摊销　－123,014.94元。

2、近三年主要会计数据和财务指标

	2000年	1999年		1998年	
		调整前	调整后	调整前	调整后
主营业务收入	521,516,527.50	292,149,471.83	291,081,388.07	256,721,844.00	256,721,844.00
净利润(元)	37,135,502.64	32,101,256.95	32,101,256.95	51,410,650.00	27,218,998.71
总资产(元)	1,056,609,196.37	945,815,580.74	940,610,600.67	502,316,576.00	475,700,600.67
股东权益(元)	543,705,179.60	530,623,243.88	530,623,243.88	285,169,974.00	260,978,322.85
全面摊薄每股收益(元/股)	0.17	0.15	0.15	0.34	0.18
加权平均每股收益(元/股)	0.17	0.15	0.15	0.34	0.18
扣除非经常性损益后的每股收益（元/股）	0.15	0.11	0.11	0.34	0.18
每股净资产(元/股)	2.53	2.47	2.47	1.90	1.74
调整后每股净资产(元/股)	2.50	2.46	2.46	1.90	1.74
全面摊薄净资产收益率(％)	6.83	6.05	6.05	18.03	10.43
加权平均净资产收益率(％)	6.76	5.48	5.48	18.03	10.43
扣除非经常性损益后的加权平均净资产收益率（％）	6.00	4.22	4.14	18.00	10.00
每股经营活动产生的现金流量净额(元/股)	0.17	－0.16			

三、股本变动和股东情况介绍

1、股本变动情况
(1)、股份变动情况表（数量单位：股）

	本次变动前	配股	送股	公积金转股	增发	其他	小计	本次变动后
一、尚未上市流通股份								
1)、发起人股份	150,000,000							150,000,000
其中：								
国家持有股份								
境内法人持有股份	150,000,000							150,000,000
外资法人持有股份								
其他								
2)、募集法人股								
3)、内部职工股								
其中：高管股								
4)、优先股或其他								
尚未流通股份合计	150,000,000							150,000,000
已流通股份								
1)、境内上市的人民币普通股	65,000,000							65,000,000
2)、境内上市的外资股								
3)、境外上市的外资股								
4)、其他								
已流通股份合计	65,000,000							65,000,000
股份总数	215,000,000							215,000,000

昆明云内动力股份有限公司

二〇〇〇年年度报告摘选

一、公司简介

1、公司法定中文名称：昆明云内动力股份有限公司
公司法定英文名称：KUNMING YUNNEI POWER CO., LTD
2、公司法定代表人：段华生
3、公司董事会秘书：蔡建明
公司股证事务授权代表：雷升逵
联系地址：公司资产管理办公室
联系电话：(0871)5625802
传真电话：(0871)5633176
4、公司注册地址及办公地址：云南省昆明市穿金路715号
公司邮政编码：650224
公司国际互联网网址：http://www.yunneidongli.com
公司电子信箱：ynassets@public.km.yn.cn
5、公司选定的信息批露报纸：《中国证券报》、《证券时报》
中国证监会指定登载公司中期报告的国际互联网网址：
http://www.cninfo.com.cn
6、公司股票上市地：深圳证券交易所
股票简称：云内动力
股票代码：0903

二、主要财务数据和指标

（一）本年度利润总额及构成　（单位：人民币元）

项目	金额
利润总额	94,336,856.60
净利润	79,951,170.62
扣除非经常性损益后的净利润	52,697,933.38
主营业务利润	91,361,652.77
其他业务利润	2,721,476.82
投资收益	29,445,752.51
补贴收入	－
营业外收支净额	2,760,967.17
经营活动产生的现金流量净额	17,439,214.41
现金及现金等价物净增加额	－75,554,167.74

注：扣除的非经常性损益项目系指：
1.作为战略投资者配售股票投资收益及债券投资收益25,028,889.63元；
2.申购资金冻结利息摊销3,061,190.37元；
3.处理固定资产净损益－836,842.76元。

（二）截止报告期末本公司前三年的主要会计数据及财务指标（单位：人民币元）

项　目	2000年	1999年	1998年
主营业务收入	410,004,504.32	364,201,093.80	358,391,390.00
净利润	79,951,170.62	53,508,053.24	50,360,825.41
总资产	838,916,997.23	843,902,676.45	504,487,939.64
股东权益	621,158,711.17	604,207,540.55	179,930,209.79
每股收益(全面摊薄)	0.44	0.30	0.42
扣除非经常性损益后的每股收益(全面摊薄)	0.29	0.28	－
每股净资产	3.45	3.36	1.50
调整后的每股净资产	3.44	3.35	1.48
每股经营活动产生的现金流量净额	0.10	0.21	－
净资产收益率(％)(全面摊薄)	12.87	8.86	27.99

（三）利润表附表

报告期利润	净资产收益率				每股收益			
	2000年		1999年		2000年		1999年	
	全面摊薄	加权平均	全面摊薄	加权平均	全面摊薄	加权平均	全面摊薄	加权平均
主营业务利润	14.71%	14.18%	12.39%	13.90%	0.51	0.51	0.42	0.42
营业利润	10.00%	9.64%	9.78%	10.97%	0.35	0.35	0.33	0.33
净利润	12.87%	12.41%	8.86%	9.93%	0.44	0.44	0.30	0.30
扣除非经常性损益后的净利润	8.48%	8.18	8.26%	9.26%	0.29	0.29	0.28	0.28

三、股本变动及股东情况

（一）股本变动情况　数量单位：万股

股份类别	期初数	配股	送股	公积金转增股本	其他	小计	期末数
1.尚未流通股份	12,000						12,000
(1)发起人股份：							
其中：国家拥有股份	12,000						12,000
境内法人持有股份							
其他							
(2)募集法人股							
(3)内部职工股							
(4)优先股或其他(转配股)							
尚未流通股份合计	12,000						12,000
2.已流通股份	6,000						6,000
(1)境内上市的人民币普通股	6,000						6,000
(2)境内上市的外资股							
(3)境外上市的外资股							
(4)其他							
已流通股份合计	6,000						6,000
3.股份总数	18,000						18,000

厦门路桥股份有限公司

二〇〇〇年年度报告摘选

一、公司简介

1、公司的法定中文名称:厦门路桥股份有限公司
公司的法定英文名称:XIAMEN ROAD & BRIDGE CO.,LTD
2、公司法定代表人:黄灵强
3、公司董事会秘书:缪鲁萍
联系地址:厦门市嘉禾路侨星大厦八楼
联系电话:0592—5326897、5326891
传　　真:0592—5326893
电子信箱:miaolp<lqgf@amoy-raodbridge.com>
4、公司注册地址:厦门市嘉禾路侨星大厦八楼
公司办公地址:厦门市嘉禾路侨星大厦八楼
邮政编码:361009
公司国际互联网网址:www.amoy-raodbrdge.com
电子信箱:rbcicoxm@public.xm.fj.cn
5、公司选定的信息披露报纸:《证券时报》、《中国证券报》
登载公司年度报告的中国证监会指定国际互联网网址:
http://www.cninfo.com.cn
公司年度报告备置地点:厦门市嘉禾路侨星大厦八楼
6、公司股票上市交易所:深圳证券交易所
股票简称:厦门路桥
股票代码:0905

二、会计数据和业务数据摘要

1、本年度主要利润指标情况(单位:人民币元)

项目	金额
利润总额	49,151,299.69
净利润	31,390,365.87
扣除非经营性损益后的净利润	27,177,845.55
主营业务利润	133,811,377.98
其他业务利润	11,168,672.45
营业利润	46,851,599.07
投资收益	1,419,427.87
补贴收入	1,171,837.99
营业外收支净额	-291,565.24
经营活动产生的现金流量净额	96,091,602.12
现金及现金等价物净增加额	-388,981,903.47

注:扣除的非经常性损益项目和涉及的金额:

项目	金额
(1)补贴收入,其中:营业税返还:	486,258.24
所得税返还:	685,579.75
(2)募股资金冻结利息本年摊数:	3,040,682.33

2、截止报告期末公司近三年主要会计数据和财务指标:(单位:人民币元)

项目	2000年	1999年	1998年
主营业务收入	230,175,573.83	136,978,449.00	121,453,827.00
净利润	31,390,365.87	179,943,822.25	104,605,575.78
总资产	2,679,834,518.22	2,790,103,211.92	1,278,353,862.17
股东权益	972,529,043.66	941,138,677.79	391,854,688.80
每股收益(摊薄)	0.106	0.610	0.523
每股收益(月均加权)	0.106	0.636	0.523
扣除非经常性损益后的每股收益	0.092	0.290	0.523
每股净资产	3.297	3.190	1.96
调整后的每股净资产	3.290	3.189	1.96
每股经营活动产生的现金流量净额	0.326	0.635	——
净资产收益率(%)加权	3.08	18.82	31.52
扣除非经常性损益后的加权净资产收益率(%)	2.76	10.43	31.52

3、净资产收益率和每股收益

报告期利润	净资产收益率		每股收益	
	全面摊薄	加权平均	全面摊薄	加权平均
主营业务利润	13.76%	13.14%	0.454	0.454
营业利润	4.82%	4.60%	0.159	0.159
净利润	3.23%	3.08%	0.106	0.106
扣除非经常性损益后的净利润	2.89%	2.76%	0.092	0.092

三、股本变动及股东情况

1、股本变动情况
(1)股本变动情况表　　单位:股

	本次变动前	本次变动增减(+,-) 配股	送股	公积金转股	增发	其他	小计	本次变动后
一、未上市流通股								
1、发起人股份	200,000,000							200,000,000
其中:								
国家持有股份	200,000,000							200,000,000
境内法人持有股份								
境外法人持有股份								
其他								
2、募集法人股份								
3、内部职工股								
4、优先股或其他								
其中:转配股								
未上市流通股份合计	200,000,000							200,000,000
二、已上市流通股份								
1、人民币普通股	95,000,000							95,000,000
2、境内上市的外资股								
3、境外上市的外资股								
4、其他								
已上市流通股合计	95,000,000							95,000,000
三、股份总额	295,000,000							295,000,000

南方建材股份有限公司

二〇〇〇年年度报告摘选

一、公司简介

1、公司法定中文名称:南方建材股份有限公司
公司法定英文名称:Southern Building Materials CO.,LTD.
2、公司法定代表人:谭照华
3、公司董事会秘书:谭昌寿
公司董事会证券事务代表:赵祥元
总部地址:湖南省长沙市五一中路49号
电　　话:0731-2225271　　4452516
传　　真:0731-4453546
电子信箱:sbmc@public.cs.hn.cn
4、公司注册地址:湖南省长沙市芙蓉中路29号
总部办公地址:湖南省长沙市五一中路49号
邮政编码:410011
5、公司选定信息披露报纸:《证券时报》
登载公司年度报告的中国证监会指定国际互联网网址:http: www. cninfo .com.cn
公司年度报告备置地点:湖南省长沙市五一中路49号公司证券部
6. 公司股票上市交易所:深圳证券交易所
股票简称:南方建材
股票代码:0906

二、会计数据和业务数据摘要

(一)本年度主要利润指标情况(单位:人民币元)

项目	金额
利润总额:	41,601,598.56
净利润:	35,796,991.69
扣除非经常性损益后的净利润:	28,157,629.75
主营业务利润:	86,513,617.43
其他业务利润:	765,610.17
营业利润:	31,580,462.49
投资收益:	8,500,402.12
营业外收支净额:	1,520,733.95
经营活动产生的现金流量净额:	52,945,221.64
现金及现金等价物净增加额:	8,138,696.11

注:扣除非经常性损益项目:

项目	金额
处理固定资产收益:	49,580.67元;
申购资金冻结利息摊入:	1,465,117.28元;
无法支付的应付款:	125,816.11元;
保险赔款:	6,323.00元;
营业外支出:	126,103.11元;
股票投资收益:	7,600,000.00元;
合并价差摊入:	-133,249.31元。

(二)主要会计数据和财务指标　　(单位:人民币元)

项目	2000年	1999年		1998年	
		调整后	调整前	调整后	调整前
主营业务收入	812,587,700.15	719,071,428.70	719,071,428.70	744,939,197.57	744,939,197.57
净利润	35,796,991.69	29,115,264.31	29,796,090.14	18,528,100.52	28,208,356.11
总资产	732,316,368.69	685,688,832.40	685,688,832.40	425,085,963.03	434,766,218.62
股东权益	360,678,668.78	327,279,707.09	327,960,532.92	138,315,506.22	147,995,761.81
每股收益(摊薄)	0.286	0.233	0.238	0.206	0.313
每股收益(加权)	0.286	0.250	0.256	0.206	0.313
扣除非经常性损益后的每股收益(摊薄)	0.225	0.216	0.223	0.206	0.313
扣除非经常性损益后的每股收益(加权)	0.225	0.232	0.239	0.206	0.313
每股净资产	2.89	2.62	2.62	1.54	1.64
调整后的每股净资产	2.79	2.60	2.61	1.47	1.57
每股经营活动产生的现金流量净额	0.424	0.189	0.189		
净资产收益率%(按净利润全面摊薄计算)	9.92	8.90	9.09	13.04	19.06
净资产收益率%(按净利润加权平均计算)	10. 37	10.94	11.18	13.40	19.06

注:按照中国证监会《公开发行证券公司信息披露编报规则(第9号)》要求计算净资产收益率和每股收益。

项目	净资产收益率(%)				每股收益			
	全面摊薄		加权平均		全面摊薄		加权平均	
	2000年	1999年	2000年	1999年	2000年	1999年	2000年	1999年
主营业务利润	23.99	18.46	25.06	22.69	0.692	0.483	0.692	0.520
营业利润	8.76	9.54	9.15	11.73	0.253	0.250	0.253	0.269
净利润	9.92	8.9	10.37	10.94	0.286	0.233	0.286	0.250
扣除非经常性损益后的净利润	7.81	8.25	8.16	10.15	0.225	0.216	0.225	0.232

三、股本变动及股东情况介绍

1、报告期末股东总数
截止2000年12月31日,公司股东总数为11407户,其中国有法人股股东1户,社会流通股股东11406户。
2、主要股东的持股情况:

序号	股东名称	年末持股数	占总股本(%)	股份性质
1	南方建材集团有限公司	90,000.000	72	国有法人股
2	宁波证券有限责任公司	1,185,463	0.948	流通股
3	宁波证券有限责任公司	373,723	0.299	流通股
4	沈海英	260,836	0.209	流通股
5	宁波证券有限责任公司	245,000	0.196	流通股
6	宁波市金茂资产管理有限公司	236,500	0.189	流通股
7	施红英	199,900	0.160	流通股
8	章莉芳	199,059	0.159	流通股
9	李冬梅	149,900	0.120	流通股
10	林志国	144,500	0.116	流通股

湖南天一科技股份有限公司

二○○○年年度报告摘要

一、公司简介

1、公司法定中、英文名称及缩写
公司中文名称：湖南天一科技股份有限公司
英文名称：Hunan TianYi Science And Technology Co.,Ltd
2、公司法定代表人：凌磊伯先生
3、公司董事会秘书：欧阳烛宇先生
联系地址：长沙市韶山北路398号华盛花园七楼
电话：0731－5795176
传真：0731－5795175
E－mail：typumps@.public.cs.hn.cn
网址：http://www.tianyipump.com.cn
4、公司注册及办公地址：湖南省平江县城关镇南街339号
邮政编码：414500
公司国际互联网网址：http://www.tianyipump.com.cn
电子信箱：E－mail：typumps@.public.cs.hn.cn
5、公司选定的信息披露报纸名称：《证券时报》。
登载公司年度报告的中国证监会指定国际互联网网址：
http://www.cninfo.com.cn
公司年度报告备置地点：长沙市韶山北路398号华盛花园七楼本公司证券部
6、公司股票上市交易所：深圳证券交易所
股票简称：天一科技
股票代码：0908

二、会计数据和业务数据摘要

1、本年度业务数据指标情况

利润总额：	54,113,923.07元
净利润：	46,249,399.30元
扣除非经营性损益后的净利润：	45,089,347.43元
主营业务利润：	54,966,349.93元
其他业务利润：	5,113,714.89元
营业利润：	35,625,550.59元
投资收益：	17,132,061.78元
补贴收入：	0元
营业外收支净额：	1,356,310.73元
经营活动产生的现金流量净额：	－25,048,878.25元
现金及现金等价物净增加额：	－123,913,401.10元

注：报告期内涉及的非经营性损益项目及金额：(营业外收入1,585,762.35元－营业外支出229,451.65元＋投资收益中合并价差摊入8,456.20元)×(1－15%)＝1,160,051.87元

2、截止报告期末公司前三年主要会计数据和财务指标

单位：人民币元

名 称	2000年12月31日	1999年12月31日	1998年12月31日
主营业务收入	189,272,090.09	135,988,884.79	88,760,908.51
净利润	46,249,399.30	56,796,395.41	28,167,955.76
总资产	697,921,711.38	691,940,288.80	473,262,997.61
股东权益	490,745,721.16	454,296,321.86	397,499,926.45

	加权平均	全面摊薄		加权平均	全面摊薄
每股收益	0.165	0.165	0.4057	0.2641	0.2012
每股净资产	1.753	1.753	3.250	3.730	2.840
调整后每股净资产	1.743	1.743	3.240	3.720	2.830
每股经营活动产生的现金流量净额	－0.089	－0.089	0.0974	0.2477	0.1888
净资产收益率(%)	9.69	9.42	12.50	29.32	7.09
扣除非经营性损益后每股收益	0.161	0.161	0.3964	0.2629	0.2003

注：(1)上述数据和指标均按合并报表数计算，2000年按总股本28000万股计算，1999年按总股本14000万股计算，1998年按总股本14000万股计算。

(2)主要财务指标计算方法；

每股收益＝净利润/报告期末普通股股份总数

每股净资产＝报告期末股东权益/报告期末普通股股份总数

调整后每股净资产＝(报告期末股东权益－三年以上的应收款项－待摊费用－待处理(流动、固定)资产净损失－开办费－长期待摊费用)/报告期末普通股股份总数

每股经营活动产生的现金流量净额＝经营活动产生的现金流量净额/年度末普通股股份总数

净资产收益率＝净利润/报告期末股东权益×100%

(3)按中国证监会《公开发行证券公司信息披露编报规则(第9号)》的要求计算的数 据：

报告期利润	净资产收益率		每股收益	
	全面摊薄	加权平均	全面摊薄	加权平均
主营业务利润	11.20%	11.51%	0.196	0.196
营业利润	7.26%	7.46%	0.127	0.127
净利润	9.42%	9.69%	0.165	0.165
扣除非经常性损益后的净利润	9.19%	9.44%	0.161	0.161

①全面摊薄净资产收益率和每股收益的计算公式如下：

全面摊薄净资产收益率＝报告期利润/期末净资产

全面摊薄每股收益＝报告期利润/期末股份总数

②加权平均净资产收益率(ROE)的计算公式如下：

$ROE = P/E_0 + NP \div 2 + E_i + M_i \div M_0 - E_j \times M_j \div M_0$

其中：P为报告期利润；NP为报告期净利润；E_0为期初净资产；E_i为报告期发行新股或债转股等新增净资产；E_j为报告期回购或现金分红等减少净资产；M_0为报告期月份数；M_i为新增净资产下一月份起至报告期期末的月份数；M_j为减少净资产下一月份起至报告期期末的月份数。

③加权平均每股收益(EPS)的计算公式如下：

$EPS = P/S_0 + S_1 + S_i \times M_i + M_0 - S_j \times M_j \times M_0$

其中：P为报告期利润；S_0为期初股份总数；S_1为报告期因公积金转增股本或股票股利分配等增加股份数；S_i为报告期因发行新股或债转股等增加股份数；S_j为报告期因回购或缩股等减少股份数；M_0为报告期月份数；M_i为增加股份下一月份起至报告期期末的月份数；M_j为减少股份下一月份起至报告期期末的月份数。

3、股东权益变化情况

项目	股本	资本公积	法定盈余公积	法定公益金	未分配利润	股东权益合计
期初数	140,000,000.00	227,516,721.12	8,677,960.07	4,338,980.03	73,762,660.64	454,296,321.86
本期增加	140,000,000.00		4,603,965.74	2,301,982.87	46,249,399.30	193,155,347.91
本期减少		112,000,000.00			44,705,948.61	156,705,948.61
期末数	280,000,000.00	115,516,721.12	13,281,925.81	6,640,962.90	75,306,111.33	490,745,721.16

变动原因：股本增加和资本公积减少是因为本年4月本公司实施了1999年度利润分配及资本公积金转增股本的方案所致；

盈余公积金增加系本年计提法定公积金、公益金所致；

未分配利润增加系本年净利润增加所致，减少的原因包括(1)本年4月本公司实施了1999年度利润分配及资本公积金转增股本的方案，送红股28,000,000.00元；(2)计提盈余公积金6,905,948.61元；(3)本期拟实施每10股派0.35元(含税)的现金分红方案，拟派现金红利共计9,800,000.00元。

三、股本变动及股东情况

①报告期末股东总数为89,804户。

②持有本公司5%以上(含5%)股份的股东及前十名股东名册：

序号	股东名称	拥有股数(股)	占总股本(%)	持股类别
1	平江县国有资产管理局	136,640,000	48.80	国家股
2	湖南泰和集团股份有限公司	49,360,000	17.63	法人股
3	湖南通海实业股份有限公司	4,000,000	1.43	法人股
4	吕长和	180,000	0.064	流通股
5	王美华	158,990	0.057	流通股
6	张庆华	144,554	0.052	流通股
7	普丰证券投资基金	140,053	0.050	流通股
8	王中民	125,000	0.045	流通股
9	王天亦	117,000	0.042	流通股
10	汪惠珍	115,600	0.041	流通股

前10名股东间不存在关联关系，其持有股份未发生质押或冻结情况。

③持有本公司10%(含10%)以上法人股东情况介绍

湖南泰和集团股份有限公司为本公司第二大股东，持有股数4936万股，占总股本比例17.63%，该公司法定代表人王俊杰，主营房地产综合开发；建筑材料、金属材料、装饰材料、五金、交电、化工产品、粮油制品的批发业务。

④报告期内控股股东无变化。

四、股东大会简介

本年度公司共召开两次股东大会。

1、一九九九年度股东大会：

公司于2000年2月29日在《证券时报》上刊登了会议通知。2000年4月3日会议如期在公司本部会议室召开，出席本次会议的股东及股东代表14人(其中社会公众股股东11人)，代表股份数额9,505.44万股，占公司总股本67.896%，符合《中华人民共和国公司法》和公司章程的有关规定，会议以记名投票方式审议通过了如下决议：(1)、审议通过了《董事会工作报告》；(2)审议通过了《监事会工作报告》；(3)、审议通过了《公司1999年度利润分配预案》；(4)审议通过了《公司1999年年度报告》。以上决议刊登在2000年4月4日的《证券时报》、《中国证券报》和《上海证券报》上。

2、2000年度第一次临时股东大会

公司于公司于2000年8月24日在《中国证券报》、《证券时报》和《上海证券报》上刊登了会议通知，2000年9月25日在会议如期在本公司会议室召开。出席本次会议的股东及股东代表3人，代表股份190,000,000股，占公司总股本67.86%，符合《中华人民共和国公司法》和公司章程的有关规定，会议以记名投票方式审议通过了如下决议：(1)、审议通过了《关于发起设立湖南天一银河计算机产业开发有限公司的议案》；(2)审议通过了《关于改选公司董事的议案》；(3)审议通过了《关于修改公司章程部分条款的议案》。以上决议刊登在2000年9月25日的《证券时报》、《中国证券报》和《上海证券报》上。

3、选举、更换公司董事、监事情况：

公司原副董事长王俊杰先生因长期不能在本公司工作，提出辞去董事的申请。经2000年度第一次临时股东大会审议通过。

五、董事会报告

1、公司经营情况：

(1)公司所处的行业以及公司在本行业中的地位

本公司原有主业主要属竞争激烈的机电行业,主营系列稠油泵、油气混输泵、工业潜污泵、系列潜水电泵、系列高低压成套开关设备、高压真空断路器、六氟化硫断路器的制造和销售及自营机电进出口业务等。其中小型潜水电泵的产销量在国内为前三名,并出口东南亚地区;油泵系列产品成功进入国内各主要油田,并出口中东、东南亚和南非等地;电器产品主要市场集中在华南、中南等地。

2000年5月,本公司与国防科技大学计算机学院签署合作协议,随后经过董事会认真讨论和临时股东大会审议通过,本公司于2000年10月在长沙市高新技术开发区注册成立了湖南天一银河信息产业有限公司,开始进入IT产业,正在全力开发和试生产。

(2)公司主营业务的范围及其经营状况

A、分别按行业、产品、地区说明报告期内公司主营业务收入、主营业务利润的构成情况。

项 目	油泵及各种泵类	电器类	其他
主营业务收入(元)	108,166,533.82	50,475,430.36	30,630,125.91
主营业务利润(元)	34,290,674.31	16,794,473.92	3,881,201.70

B、占公司主营业务收入10%以上的业务主要来自稠油泵、螺杆混输泵、潜水电泵及电机、电器开关设备等。

(3)公司主要全资附属企业及控股子公司的经营情况:

岳阳欣广包装有限公司主营纸塑复合袋制造,注册资本138万元,2000年度实现销售收入153万元。

岳阳东方科技有限责任公司主营潜油泵的生产与销售和高科技产品的开发生产及国内贸易,注册资本6,300万元,本公司占90.48%的股份,2000年度实现销售收入1843万元。

岳阳赛马特种泵有限公司主营螺杆泵、混凝土输送泵、沙浆泵、渣浆泵、工业特种用泵及建筑机械的生产与销售,注册资本3,000万元,本公司占96.67%股份,2000年度实现销售收入862万元。

湖南天一银河信息产业有限公司主营计算机软、硬件及其他计算机网络产品的研究、开发、设计、生产与销售,注册资本10,000万元,本公司占99%的股份,2000年度实现销售收入951万元。

湖南天一科技贸易有限公司主营各种泵类与泵站配套的自动控制设备、电器机械及器材、机械成套设备、计算机系统集成等,注册资本1,000万元,本公司占90%股份,2000年度实现销售收入116万元。

黑龙江天一瑞宝科技实业有限公司主营机电产品,水泵、油泵及泵站工程配套的自动控制设备,计算机网络系统集成等,注册资本500万元,本公司占51%股份,2000年度实现销售收入1086万元。

(4)经营中出现的问题与困难及解决方案

公司经营中面临的主要问题是:第一,机电产业竞争加剧,对市场营销体系和管理体系提出更高的要求,为此,本公司重新整合了营销资源,以更贴近市场。第二,面对传统产业边际利润率逐步降低的形势,本公司正在通过与国防科技大学计算机学院的合作,通过成立控股子公司湖南天一银河信息产业有限公司逐步进入IT产业,以尽快将科技成果转化为生产力,优化产业结构,走科技创新的竞争之路。

2、公司财务状况:

报告期本公司总资产69792.17万元,较上年同期增加598.14万元,增幅为0.86%,主要系新成立子公司合并报表所致。公司长期负债为4268万元,较上年增加250万元,幅度6.22%,系增加借款所致。股东权益49074.57万元,较上年增加3644.94万元,增幅为8.02%,系净利润增加所致;公司主营业务收入为18927.21万元,较上年增加5328.32万元,增幅39.18%,系公司大力开拓市场所致;利润为5411.39万元,较上年减少1123.45万元,减幅17.19%,公司净利润为4624.94万元,较上年减少1054.70万元,主要因为:(1)公司为提高市场占有率,降低了部分产品售价;(2)公司扩大了生产经营规模,导致期间费用有所增加。

3、公司投资情况:

(1)截止报告期末公司对外投资情况参见财务审计报告的附注五中的长期股权投资明细项目部分。

(2)前次募集资金延续使用情况:

公司于1998年11月18日发行4500万股人民币普通股股票,募集资金净额24,915万元。

(1)招股说明书承诺项目见下表:

项目名称	招股说明书	实 际 投 资	
	计划投资金额	以前年度投入金额	本年度投入金额
油气混输泵技改项目	4990万元	1225.59万元	2538.80万元
稠油泵技改项目	4730万元	993.62万元	2923.50万元
潜油泵技改项目	4970万元		752万元
螺杆混输油泵技改项目	4990万元		744.70万元
12-126KV高压真空断路器技改项目	700万元	234.36万元	784.10万元

(2)尚未投入使用募集资金去向:

银行存款　14,718.33万元

(3)面对机电行业项目建设周期较长,投入产出率低的情况,公司董事会意识到必须进入新的朝阳产业,走科技创新之路。因此,项目实施时间有所推迟。招股说明书承诺的"潜水泵技改项目"、"KYN系列铠装式高压开关柜技改项目"和"特种高强碳化硅制品技改项目",由于市场形势发生变化,投入原项目盈利前景难以预测。公司拟放弃以上项目,改投与国防科技大学计算机学院技术合作为基础的高中低端路由器、交换机等网络安全设备产品。目前正在进行调研和立项申报工作,一旦完成,将严格按有关程序报股东大会批准,并真实、准确、及时在指定报刊上披露。

4、2001年公司在生产经营环境、宏观政策方面将面临以下影响:

主要影响有二:一是行业竞争日益加剧;二是预计我国将加入WTO,公司将面临更强有力的竞争对手。公司将依托资本市场和国防科技大学计算机学院雄厚的科研实力,大力发展新的产业。若能如此,公司的机遇将大于挑战。

5、新年度的业务发展计划

(1)进一步拓展主营业务,强化管理,挖潜增效,力争各项经济指标稳步增长。

(2)以市场为导向,整合营销资源,加强和完善公司营销体系的建设。

(3)继续以ISO9001为基础,强化质量管理,不断提高产品质量,降低成本费用,努力实现产品及服务质量的稳步提高和公司效益的持续增长。

(4)加大人力资源开发,通过各种途径和方式吸引优秀人才,加强职工培训,优化人力资源管理,通过具有竞争力的人力资源战略和充满活力的人力资源管理体系,创造适合高素质人才成长的环境。

(5)依托资本市场和国防科技大学计算机学院雄厚科研实力,实现高中端路由器产品年内面世并通过国家鉴定,奠定IT产业的发展基础。

(6)做好董事会换届工作,保证公司持续、健康发展。

(7)尝试通过资产整合,提高资产质量。

5、董事会日常工作情况

(1)公司本年度召开的董事会决议的主要内容如下:

A、2000年2月26日,首届董事会第六次会议在公司本部会议室召开,审议通过了1999年度年度报告、利润分配方案、《关于各项资产减值准备的计提预案》、《关于召开公司1999年度股东大会的议案》。本次会议决议刊登在2000年2月29日《证券时报》。

B、2000年4月3日,首届董事会第七次会议在公司本部会议室召开,审议通过了《关于聘任公司高级管理人员的议案》和《关于改选董事的议案》。本次会议决议刊登在2000年4月4日《证券时报》、《中国证券报》和《上海证券报》。

C、2000年5月30日,首届董事会第八次会议在公司本部会议室召开,审议通过了《关于发起设立湖南天一银河计算机产业开发有限公司的议案》;本次会议决议刊登在2000年6月1日《证券时报》、《中国证券报》和《上海证券报》。

D、2000年8月6日,首届董事会第九次会议在公司本部会议室召开,审议通过了2000年度中期报告、利润分配方案、《关于修改公司章程部分条款的议案》。本次会议决议刊登在2000年4月4日《证券时报》、《中国证券报》。

E、2000年9月25日,首届董事会第十次会议在公司本部会议室召开,审议通过了《关于对岳阳赛马特种泵有限公司进行增资扩股的议案》。本次会议决议刊登在2000年9月25日《证券时报》、《中国证券报》和《上海证券报》。

F、2000年10月27日,首届董事会第十一次会议在公司本部会议室召开,审议通过了《关于发起设立湖南天一科技贸易有限公司的议案》、《关于发起设立黑龙江天一瑞宝科技实业有限公司的议案》。本次会议决议刊登在2000年10月31日《证券时报》、《中国证券报》和《上海证券报》。

G、2000年11月18日,首届董事会第十二次会议在公司本部会议室召开,审议通过了《关于收购岳阳南光实业有限公司持有的岳阳东方科技有限责任公司部分股权的议案》、《关于续聘会计师事务所的议案》。本次会议决议刊登在2000年11月20日《证券时报》、《中国证券报》和《上海证券报》。

(2)董事会对股东大会的决议全部执行完毕,其中:

A、1999年度股东大会审议通过的1999年度利润分配方案已于2000年4月实施完毕;

B、2000年第一次临时股东大会审议通过的《关于发起设立湖南天一银河计算机产业开发有限公司的议案》、《关于改选公司董事的议案》及《关于修改公司章程部分条款的议案》,本公司已于2000年10月全部执行完毕。

6、公司管理层及员工情况

(1) 董事、监事、高级管理人员

姓 名	性别	职 务	年龄	任期起止日期	年初持股(股)	年末持股(股)	年度报酬总额(元)
凌磊伯	男	董事长	58	1998.12.9-2001.12.9	10,000	20,000	32,600
吴外斌	男	副董事长	43	1998.12.9-2001.12.9	8,000	16,000	31,400
彭深根	男	董事、总经理	52	1998.12.9-2001.12.9	8,000	16,000	31,400
钟德璐	男	董事	50	1998.12.9-2001.12.9	5,000	10,000	28,200
王学农	男	董事	34	1998.12.9-2001.12.9	5,000	10,000	28,200
毛　晖	男	董事	37	1998.12.9-2001.12.9	5,000	10,000	28,200
叶苍野	男	副总经理	47	1998.12.9-2001.12.9	5,000	10,000	28,200
欧阳纯宝	男	副总经理	35	1998.12.9-2001.12.9	5,000	10,000	28,200
张　建	女	财务总监	45	1998.12.9-2001.12.9	5,000	10,000	28,200
黄　奇	男	副总经理	37	2000.4-2001.12.9	0	0	28,200
欧阳烛宇	男	董事会秘书	29	2000.4-2001.12.9	0	0	28,200

报告期内离任的董事、监事、高级管理人员姓名及离任原因:

姓名	职务	离任原因	离任时间
王俊杰	副董事长	长期不能在本公司工作	2000年9月

聘任或解聘公司经理、董事会秘书情况:

2000年4月3日本公司首届董事会第七次会议同意唐劲松先生因工作调动辞去董事会秘书的要求,聘任欧阳烛宇先生为董事会秘书。

(2)公司现有2,302名员工,其中生产人员1,720名,管理人员86名,财务人员62名,销售人员298名,技术人员136名。大专及大专以上学历的人员占35.8%。按年龄划分:30岁以下占18.18%,30-45岁占47.75%,45岁以上占34.07%。

8、本次利润分配预案及2001年利润分配政策:

(1)本次利润分配预案:经湖南天职孜信会计师事务所审计,本报告期内,公司实现净利润46,249,399.30元,每股税后利润0.165元,提取法定公积金4,603,965.74元,提取法定公益金2,301,982.87元,加上1999年度结转未分配利润73,762,660.64元,减去转作股本的普通股利28,000,000.00元,累计可供股东分配利润85,106,111.33元。本次利润分配预案为:以2000年末股本额总28,000万股为基数,向全体股东每10股派发现金0.35元(含税)。该预案须经公司2000年度股东大会审议后方可实施。

(2) 2001年利润分配政策:

1 公司2001年进行一次利润分配,时间为年末;

2 公司2001年实现的净利润用于股利分配的比例为15%以上;

3 公司本年度未分配利润用于下一年度股利分配的比例为15%以上;

4 利润分配形式采用现金派发形式;

5 上述2001年利润分配政策系预计方案,公司董事会保留根据实际情况进行调整的权利。

9、其他报告事项:

本公司指定披露信息的报刊为《证券时报》,报告期内未作变动。

本公司选定的会计师事务所为湖南天职孜信会计师事务所,报告期内未作变动。

六、监事会报告

1、监事会召开情况:

本报告期内,公司监事会共召开了两次会议:2000年2月27日召开第一届监事会第五次会议,讨论通过了1999年年报、利润分配方案和《关于各项资产减值准备的计提预案》,决议刊登在2000年2月29日的《证券时报》上。2000年8月6日召开第一届监事会第六次会议,讨论通过了2000年中期报告、利润分配方案,决议刊登在2000年8月8日的《证券时报》和《中国证券报》。

2、监事会报告:

本报告期内,本监事会全体成员,遵照《中华人民共和国公司法》及本公司组织章程规定,忠实履行公司章程赋予的职责,维护本公司利益,维护股东权益,遵守诚信原则,谨慎、努力地开展工作。

本监事会对公司的生产经营、发展项目规划、技术改造等经营活动积极参与,认真提出参考意见。并对决策层的指导思想及作出的具体决定是否符合国家法规,是否符合公司组织章程和股东大会决议,以及是否符合股东利益等,进行了有效的监督。同时,不定期审阅公司的会计凭证、帐簿、报表和其他会计资料,并对各分公司年度经营效益、成本费用及履行的经济承包责任进行审计分析,使公司的经营运作能不断降低成本,按公司章程健康稳定地发展。

本监事会在报告期内通过一系列监督、审核活动,形成下列意见:

(1)一致认为:2000年度,公司严格按照《证券法》、《公司法》、《公司章程》和国家其他有关法律、法规规范运作;公司本着审慎经营,有效防范化解资产损失风险的原则,经董事会审议通过的有关决议程序合法,依据充分,公司董事及经理层等高级管理人员在执行职务时未发现有违反法律、法规、公司章程或损害股东利益的行为。

(2)一致认为:湖南天职孜信会计师事务所出具的无保留意见审计报告,真实、客观和准确地反映了公司的财务状况和经营成果。

(3)一致认为:公司募集资金按招股说明书投入使用,方向正确,符合公司整体利益。

(4)一致认为:公司关联交易为公平交易,严格按市场原则进行,没有损害公司利益的行为;没有发现内幕交易,无损害部分股东的利益或造成公司资产损失的行为发生。

本监事会对本公司2000年度努力奋斗所争取的经营业绩和成果表示满意,并坚信:本公司有良好的发展前景。

七、重要事项

1、本年度公司无重大诉讼、仲裁事项。

2、本年度公司无公司董事及高级管理人员受监管部门处罚的情况。

3、本年度公司控股股东没有变更。

4、本年度,公司收购出售资产事项如下:

经首届董事会第十二次会议审议通过,本公司决定以募集资金2487万元收购岳阳南光实业有限公司持有的岳阳东方科技有限责任公司39.48%股权。

5、重大关联交易事项:本报告期内所产生之关联交易均为正常的关联交易,详细情况见财务报表附注。

6、公司的法人治理结构健全,与控股股东湖南省平江县国有资产管理局人员独立,资产完整,财务独立。

(1)人员独立方面:公司设有人事部专门负责公司的劳动、人事及工资管理工作,并制定一系列规章制度对员工进行奖惩。公司高级管理人员在上市公司领取薪酬,均未在控股单位任职。

(2)资产完整方面:公司拥有独立的生产系统、辅助生产系统和配套设施,以及独立的工业产权、商标、非专利技术等无形资产。公司的采购和销售系统由公司独立拥有。

(3)财务独立方面:公司设有独立的财务部门,拥有独立的会计人员、独立的会计核算体系和财务管理制度,有独立的银行帐户。

7、本报告期内本公司未托管、承包、租赁其他公司资产,其他公司托管、承包、租赁本公司资产事项参见财务报表附注。

8、本年度公司无改聘、解聘会计师事务所情况。

9、报告期内,公司无其他重大合同及其履行情况。公司无重大担保事项。

10、本年度公司无变更名称或股票简称的情况。

11、其他重大事项:

(1)根据国家科学技术部火炬高科技产业开发中心国科火字[2000]26号文核准,本公司被国家科技部认定为国家火炬计划重点高新技术企业。以上信息详细披露于2000年3月28日《证券时报》、《中国证券报》和《上海证券报》。

(2)本公司于2000年5月26日与国防科技大学计算机学院签署合作协议,双方决定共同将"银河"这一具有我国自主知识产权的高科技成果和闻名世界的品牌实现产业化,使之广泛应用于国防、气象、航空、电力、金融等重要领域。并以银河计算机为龙头,开发网络通信硬软件产品、数字化设备、嵌入式系统、软件等。合作方式以项目合作为主,可以是新产品研制、成果转化、产品转让等多种方式。其中本公司主要提供资金和后勤保障、市场开拓等,国防科技大学计算机学院负责技术工作和技术支持。以上信息详细披露于2000年5月27日《证券时报》、《中国证券报》和《上海证券报》。

(3)根据财政部财税(2000)99号文件规定,本公司从1998年1月1日起执行的"先征后返"的企业所得税优惠政策将延续至2001年12月31日,即仍按湖南省人民政府湘政函(1997)204号文件规定,按33%税率缴纳企业所得税,由同级财政返还18%。

报告期内本公司再无其他重大事项。

八、财务会计报告

(一)审计报告

长孜审字(2001)第0338号

审 计 报 告

湖南天一科技股份有限公司全体股东:

我们接受委托,审计了贵公司2000年12月31日的资产负债表、合并资产负债表及2000年度的利润及利润分配表、合并利润及利润分配表和2000年度的现金流量表、合并现金流量表。这些会计报表由贵公司负责,我们的责任是对这些会计报表发表审计意见。我们的审计是依据《中国注册会计师独立审计准则》进行的。在审计过程中,我们结合贵公司实际情况,实施了包括抽查会计记录等我们认为必要的审计程序。

我们认为,上述会计报表符合《企业会计准则》和《股份有限公司会计制度》的有关规定,在所有重大方面公允地反映了贵公司2000年12月31日财务状况及2000年度的经营成果和现金流量情况,会计处理方法的选用遵循了一贯性原则。

湖南天职孜信会计师事务所　　　　中国注册会计师:唐　红

湖南·长沙　　　　中国注册会计师:皮佑曾

二〇〇一年三月十三日

(二)会计报表

1. 资产负债表(见附表1)
2. 利润及利润分配表(见附表2)
3. 现金流量表(见附表3)

(三)会计报表附注

附注一、公司简介

湖南天一科技股份有限公司(以下简称"本公司")原名湖南天一泵业股份有限公司,是经湖南省人民政府湘政函(1998)73号文批准,由湖南省平江潜水电泵总厂联合岳阳市泰和实业集团公司和湖南通海实业股份有限公司共同发起,采取募集方式设立的股份有限公司。经中国证券监督管理委员会证监发字(1998)288号和(1998)289号文批准,于1998年11月18日向社会公开发行人民币普通股(A股)4500万股,并于1998年12月18日经湖南省工商行政管理局核准登记,企业法人营业执照注册号:4300001000898,住所:湖南省平江县城关镇南街,注册资本:人民币14000万元。本公司股票于1999年2月3日在深圳证券交易所上市,1997年7月22日经湖南省科学技术委员会湘科工字(1999)132号文批准,本公司为高新技术企业。

1999年11月29日,经湖南省工商行政管理局批准,公司名称变更为湖南天一科技股份有限公司。

2000年4月,本公司根据1999年度股东大会决议,以1999年末股本总额14000万股为基数,向全体股东每10股送红股2股,以资本公积金每10股转增8股,股本增至28000万股。并于2000年6月8日经湖南省工商行政管理局核准变更工商登记,注册号:4300001000898(3-1),注册资本:人民币28000万元。

本公司经营范围为:生产、销售系列工、农业用泵,与泵站工程相配套的自动控制设备、电器机械及器材、保龄球捡瓶机设备及其他机械设备;销售建筑装饰材料(不含硅酮胶);经营本企业生产的机电产品、成套设备及相关技术的出口业务,本企业生产所需的原辅材料、机械设备、仪器仪表、零配件(国家实行核定公司经营的14种商品除外)的进口业务;开展"三来一补"业务;研究、开发电子数字信息技术、计算机网络系统工程并提供成果转让。

本公司包括公司本部及奥星泵业分公司、平江电器分公司、长沙销售分公司以及参股公司岳阳经济技术开发区泰和商城有限公司、湖南世讯视频网络有限公司、湖南天泽电子有限公司和控股子公司湖南天一银河信息产业有限公司、岳阳东方科技有限责任公司、岳阳欣广包装有限公司、湖南赛马特种泵有限公司、湖南天一科技贸易有限公司、黑龙江省天一瑞宝科技实业有限公司。

附注二、公司主要会计政策、会计估计和合并报表的编制方法

1. 会计制度

本公司执行《股份有限公司会计制度》。

2. 会计年度

本公司采用公历年制,以公历每年1月1日起至12月31日止为一个会计年度。

3. 记帐本位币

本公司采用人民币为记帐本位币。

4. 记帐基础和计价原则

本公司以权责发生制为记帐基础,以历史成本为计价原则。

5. 外币业务的核算方法

发生的外币业务采用当日中国人民银行公布的市场汇价(中间价)折合人民币记帐,对各种外币帐户的期末余额按期末市场汇价调整,差额作为汇兑损益,属于资本性支出的计入相关资产价值,属于收益性支出的计入财务费用。

6. 现金等价物的确定标准

本公司将持有时间短(一般3个月内)、流动性强,易于转换为已知金额现金,价值变动风险很小的投资确定为现金等价物。

7. 坏帐核算的方法

1)坏帐损失采用备抵法核算,按帐龄分析法计提坏帐准备,确定的提取比例为:

A、1年以内的按3%计提;

B、1-2年的按10%计提;

C、2-3年的按20%计提;

D、3年以上的按30%计提。

2)坏帐损失的确认标准

A、债务人破产或者死亡,以其破产财产或遗产清偿后仍不能收回的应收款项;

B、债务人逾期未履行其清偿义务,且具有明显特征表明无法收回的应收款项,对确实无法收回的应收款项,经批准后作为坏帐损失,并冲销提取的坏帐准备。

8. 存货的核算方法

1)存货包括原材料、低值易耗品、在产品、产成品、自制半成品、包装物等。

2)核算方法:原材料按计划成本核算,月末结转材料成本差异,调整为实际成本;产成品按实际成本核算,发出时按加权平均法核算;低值易耗品领用时,采用一次摊销法。

3)中期期末或年度终了,根据存货清查结果,按单个存货项目的成本高于其可变现净值的差额计提存货跌价准备。

9. 短期投资的核算

1)本公司短期投资期末按成本与市价孰低计价,按投资类别计提短期投资跌价准备。

2)本公司取得短期投资按实际支付的价款(包括税金、手续费等),扣除实际支付的价款中已宣告而尚未领取的现金股利、已到期尚未领取的债券利息作为投资成本入帐;持有期间取得的现金股利或利息(除取得时已计入应收项目的现金股利或利息外),以实际收到时作为投资成本冲回。

3)处置投资时所取得的处置收入与短期投资帐面价值的差额(扣除原取得时记入应收项目的现金股利、利息、尚未收回的部分),确认为投资收益。

10. 长期投资核算方法

1)长期股权投资

A、取得时投资成本的确定

以支付现金取得长期股权投资按实际支付的全部价款,包括税金、手续费等相关费用,扣除实际支付的价款中已宣告而尚未领取的现金股利作为投资成本入帐;以非现金资产取得长期股权投资按公允价值作为投资成本入帐。

B、持有期间投资成本的确定

成本法核算的长期股权投资,收到被投资单位分派的属于投资前累计盈余的分配额,冲减投资成本,投资成本按冲减后的差额作为新的投资成本。如增加或减少被投资单位的股份而改变长期股权投资的核算方法,则按原投资帐面价值作为投资成本。

C、公司对其他单位的投资占该单位有表决权资本总额20%以下的,或虽在20%(含20%)以上但不具有重大影响的,采用成本法核算。公司对其他单位的投资占该单位有表决权资本总额20%(含20%)以上,或虽在20%以下但具有重大影响,按权益法核算。对占被投资单位资本总额50%(不含50%),或虽然占该单位资本总额不足50%但具有实质控制权的按权益法核算,并合并会计报表。股权投资差额按10年平均摊销。

2)长期债权投资

A、按实际支付的价款,包括税金、手续费等相关费用,及尚未到期的债券利息,扣除已到期尚未领取的利息计价。

B、长期债券投资按期计提利息,同时确认相应的溢折价摊销,作为计提的应收利息的调整。

C、溢价或折价在债券购入后至到期日止的期间内采用直线法摊销。

3)中期期末或年度终了,对长期投资逐项进行检查,按其可收回金额低于投资帐面价值的差额计提长期投资减值准备。

11. 固定资产计价和折旧方法

1)固定资产标准:固定资产系指使用期限超过一年的房屋、建筑物、机器、机械、运输工具以及其他与生产经营有关的设备等,不属于生产、经营主要设备的物品,单位价值在2000元以上,并且使用年限超过二年的,也作为固定资产。

2)固定资产计价

A. 购入的固定资产,按实际支付的买价、相关的费用、税金、安装成本记帐;

B. 自行建造的固定资产,按建造过程中发生的全部支出记帐;

C. 投资者投入的固定资产,按评估确认的原价记帐;

D. 融资租入的固定资产,按租赁协议确定的设备价款,发生的运费、途中保险费、及安装调试费等支出记帐;

E. 在原固定资产上改建、扩建的,按原固定资产的价值加上改建、扩建而发生的支出,减改建、扩建过程中发生的变价收入记帐;

F. 盘盈的固定资产,按重置完全价值记帐;

G. 接受捐赠的固定资产,按同类资产的市场价值加相关实际费用记帐。

3)固定资产折旧:本公司固定资产折旧采用直线法,按分类折旧率计算折旧,各类折旧率如下:

固定资产类别	折旧年限	净残值率%	年折旧率%
房屋建筑物	40年	4	2.40
机器设备	14年	4	6.86
运输设备	10年	4	9.60
电子设备	10年	4	9.60
其他	8年	4	12.00

12. 在建工程的核算方法

在建工程指为建造或修理固定资产而进行的各项建筑和安装工程。

在建工程按实际成本核算,完工时按竣工决算金额转入固定资产。工程已经完工且交付使用但尚未办理竣工决算的按暂估价转入固定资产,待办理竣工决算后按工程决算金额调整固定资产价值。

用借款购建固定资产而发生的利息支出,在该项固定资产未交付使用前,计入购建固定资产的成本;固定资产交付使用后发生的利息支出,计入当期损益。

13. 无形资产的计价和摊销方法

1)土地使用权,购入的土地使用权按实际支付的价款入帐,股东投入的土地使用权按评估确认的价值入帐。按50年分期摊销。

2)非专利技术,购入的非专利技术按实际支付的价款入帐,股东投入的非专利技术按评估确认的价值入帐。按10年分期摊销。

14. 开办费、长期待摊费用摊销方法

1)开办费指公司在筹建期内发生的费用,包括人员工资、办公费、培训费、差旅费、注册费以及不计入固定资产价值的借款费用等。开办费从开始生产经营的当月起,按5年平均摊销。

2)长期待摊费用指已经支出,但摊销期限在一年以上(不含一年)除开办费以外的其他各项费用,按受益期限平均摊销。

15. 收入确认的原则

1)销售商品在下列条件均能满足时予以确认收入

A、公司将商品所有权上的主要风险和报酬转移给购货方;

B、公司既没有保留通常与所有权相联系的继续管理权,也没有对已售出的商品实施控制;

C.与交易相关的经济利益能够流入公司；

D.相关的收入与成本能可靠地计量；

销售商品收入按公司与购货方签订的合同或协议金额或双方接受的金额确定。现金折扣于实际发生时确认为当期费用；销售折让于实际发生时冲减当期收入。

2)提供劳务如在同一会计年度内开始并完成的劳务，于完成劳务时确认收入；劳务的开始和完工分属于不同的会计年度，在同时满足下列条件时，于资产负债表日按完工百分比法，确认相关的劳务收入：

A.劳务总收入和总成本能可靠地计量；

B.与交易相关的经济利益能够流入公司；

C.劳务的完成程度能可靠地确定；

如提供劳务不能同时满足上述条件，则公司在资产负债表日按已经发生并预计能够补偿的劳务成本的金额确认收入，并按相同的金额结转成本；如预计已经发生的劳务成本不能得到补偿，则不确认收入，将已发生的成本确认为当期费用。

3)他人使用本企业的资产如与交易相关经济利益能够流入公司，收入的金额能可靠的计量，则确认收入。利息收入按他人使用本企业现金的时间和适用的利率计算确定；使用费收入按有关合同或协议规定的收费时间和方法计算确定。

16.所得税会计处理方法

本公司所得税采用应付税款法进行核算。即将本期税前会计利润与应纳税所得之间的差异均在当期确认为所得税费用。

17.合并会计报表的编制方法

本公司按照财政部财会字(1995)11号《合并会计报表暂行规定》及财政部财会字(1996)2号文"关于确定合并范围时重要性原则的标准"编制合并会计报表。子公司主要会计政策按照母公司统一选用的会计政策厘定，编制合并会计报表时以母公司及子公司个别会计报表为基础，并将母公司长期投资与所持子公司权益金额、母公司对子公司权益性投资收益、母公司与子公司之间的内部往来、内部销售等抵销后合并。

本年度本公司将控股子公司湖南天一银河信息产业有限公司、岳阳东方科技有限责任公司、岳阳欣广包装有限公司、湖南赛马特种泵有限公司、湖南天一科技贸易有限公司、黑龙江省天一瑞宝科技实业有限公司纳入合并范围。

附注三、税项

1、流转税及其他地方税。均按国家有关税法规定并由税务部门核定计缴，主要税种税率如下：

税种	税率	计税依据
增值税	13%	农业用泵销售额
	17%	其他产品销售额
营业税	5%	营业额
城建税	5%	增值税、营业税应征额
教育费附加	3%	增值税、营业税应征额
房产税	1.2%	按房屋原值的70%

2、所得税：根据湖南省人民政府湘政函[1997]204号文批准，自本公司成立日起，先按33%上缴所得税，然后由财政按照征税基数的18%返还给公司作为税后利润处理，上述政策执行至2001年12月31日止。本公司之控股子公司按33%的税率上缴所得税。

3、其他税项按国家和地方有关规定计缴。

附注四、控股子公司及合营企业

(1)纳入合并范围的子公司

子公司名称	注册地	注册资本	经营范围	投资额	投资比例%
湖南天一银河信息产业有限公司	长沙高新技术产业开发区	10,000万元	研究、开发、设计、生产、销售计算机软、硬件及其他计算机网络产品；投资电子、机械、光学、生物等领域的高新技术产业；销售机械、电子设备及政策允许的金属材料、化工产品。	9,900万元	99.00 *
岳阳东方科技有限责任公司	岳阳经济技术开发区屈原北路	6,300万元	潜油泵的生产，销售高科技产品的开发、生产，国内贸易	5700万	90.48
岳阳欣广包装有限公司	平江县城关镇	138万元	纸塑复合袋制造及产品自销	112万元	81.16
湖南赛马特种泵有限公司	平江县城关镇	3,000万元	泵及建筑用金属结构及构件的制造销售	2,900万元	96.67
湖南天一科技贸易有限公司	长沙市韶山北路398号华盛花园七楼	1,000万元	销售泵类产品、电气机械及器材、机械、电子设备、计算机软硬件、办公用品、建筑装饰材料(不含硅铜胶)及政策允许的金属材料、化工产品。	900万元	90.00 **
黑龙江省天一瑞宝科技实业有限公司	黑龙江省哈尔滨市南岗区花园街245号	500万元	机电产品(不含小轿车)，水泵、油泵及泵站工程配套的自动控制设备，阀门，通信设备(不含无线电发射设备)，办公设备，化工产品(不含危险品)，仪器仪表，研究开发电子数字信息技术，计算机网络系统集成，水处理设备生产。	255万元	51.00

* 岳阳东方科技有限责任公司持有湖南天一银河信息产业有限公司1%的股权，金额为人民币100万元。

** 湖南赛马特种泵有限公司持有湖南天一科技贸易有限公司10%的股权，金额为人民币100万元。

(2)合并报表范围发生变更的内容及原因

A 2000年1月20日，本公司与欧阳纯共同出资500万元，成立了岳阳赛马特种泵有限公司，本公司持有其80%的股份，2000年11月16日，岳阳赛马特种泵有限公司更名为湖南赛马特种泵有限公司，注册资本增加到3,000万元，本公司出资2,900万元，占注册资本的96.67%，本年度已将其会计报表合并。

B 2000年10月1日，本公司与本公司之控股子公司岳阳东方科技有限责任公司共同出资10,000万元成立了湖南天一银河信息产业有限公司，本公司直接持有其99%的股权，间接持有其1%的股权，本年度已将其会计报表合并。

C 2000年10月12日，本公司与黑龙江省瑞宝电力实业有限公司共同出资500万元成立了黑龙江省天一瑞宝科技实业有限公司，本公司持有其51%的股权，本年度已将其会计报表合并。

D 2000年10月30日，本公司与本公司之控股子公司湖南赛马特种泵有限公司共同出资1,000万元成立了湖南天一科技贸易有限公司，本公司直接持有其90%的股权，间接持有其10%的股权，本年度已将其会计报表合并。

附注五、合并会计报表项目注释

1.货币资金

项目	期初数	期末数
现金	32,729.72	55,775.93
银行存款	274,403,294.86	149,972,847.55
其他货币资金		494,000.00
合 计	274,436,024.58	150,522,623.48

* 期末比期初减少45.15%，主要是本期偿还借款、增加存货及预付部分单位货款所致。

2.短期投资及短期投资跌价准备

项 目	期初数		期末数	
	投资金额	跌价准备	投资金额	跌价准备
债券投资	60,000,000.00		60,000,000.00	

* 系本公司将暂时闲置的资金投资国债。

3.应收票据

出票单位	出票日期	到期日	金额	备注
南方摩托股份有限公司	2000,11,9	2001,3,18	600,000.00	
惠州市成达胶管制品有限公司	2000,10,10	2001,2,10	1,000,000.00	
鞍钢新轧钢股份有限公司	2000,8,22	2001,2,21	200,000.00	
秦皇岛晨钢集团有限公司	2000,11,30	2001,3,30	2,000,000.00	
山东潍坊友谊造纸厂	2000,12,12	2001,6,12	150,000.00	
中国船舶工业物资大连公司	2000,11,29	2001,5,29	5,000,000.00	
青岛高科技工业园皇冠建筑材料有限公司	2000,12,15	2001,6,15	500,000.00	
青岛连成商贸有限公司	2000,12,13	2001,6,5	200,000.00	
山西省海鑫钢铁有限公司	2000,10,10	2001,4,9	200,000.00	
安稳丰原生物化学股份有限公司	2000,12,15	2001,6,15	100,000.00	
临沂市永文塑料有限公司	2000,12,07	2001,06,06	500,000.00	
博山华友实业有限公司	2000,12,5	2001,6,5	100,000.00	
济南轻骑三国机械电子有限公司	2000,8,14	2001,2,13	100,000.00	
潍坊庚辰物资经销有限公司	2000,10,30	2001,4,30	500,000.00	
首钢总公司密云铁矿	2000,12,4	2001,5,8	550,000.00	
合计			11,700,000.00	

4.应收帐款

a.帐龄	期初余额			期末余额		
	金额	比例%	坏帐准备	金额	比例%	坏帐准备
1年以内	30,824,354.41	73.59	924,730.63	50,415,590.97	76.41	1,512,467.73
1-2年	10,321,947.25	24.64	1,032,194.72	15,567,918.42	23.59	1,556,791.85
2-3年	556,142.90	1.33	111,228.58			
3年以上	183,162.00	0.44	54,948.60			
合 计	41,885,606.56	100	2,123,102.53	65,983,509.39	100.00	3,069,259.58

b.欠款金额前五名的单位如下：

单位名称	金额	帐龄	欠款原因
湖南湘能线缆有限公司	3,389,629.33	一年以内	货款
南方建材股份有限公司	2,051,438.81	一年以内	货款
长沙电力建设公司王家巷物资分公司	2,005,060.00	一年以内	货款
山东潍柴进出口有限公司	1,893,943.27	一年以内	货款
郴州宜章电力总公司	1,805,000.00	一年以内	货款

* 应收帐款中无持本公司5%(含5%)以上股份的股东单位的欠款。

** 期末数比期初数增加57.5%主要系市场竞争激烈，为确保产品销售市场，增加了部分产品赊销所致。

5.其他应收款

a.帐龄	期初数			期末数		
	金额	比例%	坏帐准备	金额	比例%	坏帐准备
1年以内	68,510,142.53	98.51	2,055,304.27	12,522,223.85	17.89	375,666.72
1—2年	1,035,502.45	1.49	103,550.25	56,728,916.44	81.05	1,808,891.64 *
2—3年				740,000.00	1.06	148,000.00
合 计	69,545,644.98	100	2,158,854.52	69,991,140.29	100.00	2,332,558.36

* 本项目中存入国通证券有限责任公司的保证金55,200,000.00元，坏帐风险较低，本年仍按3%计提坏帐准备。

b.欠款金额前五名列示如下：

单位名称	欠款金额	欠款时间	欠款原因
国通证券有限责任公司深圳振华路营业部	55,200,000.00	1-2年	系本公司原在广东国民信托投资有限公司存入的保证金，现转入国通证券有限责任公司深圳振华路营业部
国防科技大学	3,000,000.00	1年以内	暂垫款
平江地税一分局	1,900,000.00	1年以内	暂借款
中国汽车工业湖南公司	1,080,000.00	1年以内	发票未到
平江县城关镇财政所	500,000.00	2—3年	借款

* 其他应收款中无持本公司5%(含5%)以上股份的股东单位的欠款。

6.预付帐款

a.帐龄	期初数		期末数	
	金额	比例%	金额	比例%
1年以内	10,797,540.42	98.43	41,548,819.29	99.44
1-2年	172,180.75	1.57	235,877.37	0.56
合 计	10,969,721.17	100	41,784,696.66	100.00

b.预付帐款前五名的情况如下：

单位名称	欠款金额	欠款时间	欠款原因
湖南天申机电设备有限公司	32,731,845.00	一年以内	预付设备及材料款
湖南省招标有限公司	4,690,900.00	一年以内	预付货款
北京科锐配电自动化技术公司	288,000.00	一年以内	货款
湘潭市中南电瓷电器厂经营部	117,000.00	一年以内	货款
北京博电新力电测试公司	110,000.00	一年以内	货款

* 预付帐款中无持本公司5%(含5%)以上股份的股东单位的欠款。

** 期末比期初增加3081.49万元，增幅较大，主要系预付湖南天申机电设备有限公司设备款增加所致。

7.存货及存货跌价准备

项 目	期初数		期末数	
	金额	跌价准备	金额	跌价准备
原材料	6,990,809.27		5,153,438.34	
在途材料			8,111,111.10	
低值易耗品	1,952,700.98		2,061,362.68	
在产品	10,145,111.32		14,935,222.29	
库存商品	19,602,094.07		29,561,172.35	
合 计	38,690,715.64		59,822,306.76	

存货期末比期初增加54.62%主要是为满足2001年1季度生产和销售而增加了原材料和产成品的库存。

8.长期投资

1)项 目	期初数		本期增加	本期减少	期末数	
	金额	减值准备			金额	减值准备
长期股权投资	22,702,668.32		2,398,359.70	-8,456.20	25,109,484.22	
其中：股权投资差额	-163,955.04		8,359.70	-8,456.20	-147,139.14	
长期债权投资	52,000,000.00				52,000,000.00	
合 计	74,702,668.32		2,398,359.70	-8,456.20	77,109,484.22	

2)长期股权投资列示如下：

①被投资单位名称	投资期限	投资金额	占被投资单位注册资本的比例%
岳阳经济技术开发区泰和商城有限公司	未约定	22,462,543.91	27%
湖南天泽电子有限公司	15年	2,390,000.00	23.90%

湖南世讯视频网络有限公司	20 年	404,079.45	40%

②股权投资差额

被投资单位名称	初始金额	形成原因	期初数	摊销期限	本期摊销	期末数
岳阳欣广包装有限公司	-168,159.03	追加投资	-163,955.04	10 年	-16,815.90	-147,139.14
岳阳东方科技有限责任公司	8,359.70	追加投资		一次摊销	8,359.70	--*

*本年 11 月公司出资人民币 2,487 万元收购岳阳南光实业有限责任公司持有的岳阳东方有限责任公司 39.48%的股权而形成的股权投资差额 8,359.70 元,因金额较小,本年一次性摊销。

**本公司对湖南天泽电子有限公司无控制、共同控制和重大影响,采用成本法核算。

3)长期债权投资 52,000,000.00 元,系委托理财投资。

9.固定资产及累计折旧

项 目	初 数	本期增加	本期减少	期末数	备注
原 值					
房屋建筑物	63,231,322.29	6,290,447.00		69,521,769.29	
机器设备	30,478,365.02	10,832,476.17	292,400.00	41,018,441.19	
电子设备	2,537,295.00	1,488,414.70		4,025,709.70	
运输设备	4,618,432.00	2,264,244.00	529,000.00	6,353,676.00	
其他	2,610,407.11	490,858.68		3,101,265.79	
小 计	103,475,821.42	21,366,440.55	821,400.00	124,020,861.97	
累计折旧					
房屋建筑物	7,229,325.06	1,443,185.87		8,672,510.93	
机器设备	12,612,387.53	1,898,587.70	128,204.26	14,382,770.97	
电子设备	769,703.25	243,864.39		1,013,567.64	
运输设备	1,420,745.55	366,480.44	249,458.47	1,537,767.52	
其他	1,391,721.61	230,777.25		1,622,498.86	
合 计	23,423,883.00	4,182,895.65	377,662.73	27,229,115.92	
净值	80,051,938.42			96,791,746.05	

* 本期固定资产增加数中,房屋增加主要系本部和天一瑞宝购入增加,机器设备增加主要系奥星泵业分公司购入生产设备增加。

** 本期固定资产减少均系出售。

*** 固定资产中有机器设备和房屋建筑物价值 5992 万元作为银行贷款的抵押物。

10.在建工程

工程项目名称	期初数(其中资本化利息)	本期增加(其中资本化利息)	本期转出(其中资本化利息)	期末数(其中资本化利息)	资金来源	进度
油泵车间		1,374,439.86		1,374,439.86	募股资金	80%
综合楼	1,663,732.67	1,886,108.99		3,549,841.66	募股资金	80%
理化楼		500,285.11		500,285.11	募股资金	30%
仓库		6,770,198.61	657,886.34	6,112,312.27	募股资金	70%
奥星水塔草坪等零星工程		226,999.20	215,562.28	11,436.92	募股资金	90%
综合车间		397,763.46		397,763.46	募股资金	25%
华盛办公楼		3,600,000.00		3,600,000.00	募股资金	90%
待安装设备		14,922,532.37	12,154,037.37	2,768,495.00	募股资金	85%
合 计	1,663,732.67	29,678,327.60	13,027,485.99	18,314,574.28		

11.无形资产

种 类	原始金额	期初数	本期增加	本期摊销	期末数	剩余摊销年限
奥星泵业分公司土地使用权	16,107,627.01	15,785,474.47		322,152.54	15,463,321.93	48 年
平江电器分公司土地使用权	6,831,750.00	6,541,697.00		136,635.00	6,405,062.00	47 年
东方科技土地使用权	18,816,000.00	18,782,638.00		400,344.00	18,382,294.00	45.92 年
平江电器分公司非专利技术	1,358,130.00	1,086,486.00		135,813.00	950,673.00	7 年
平江电器分公司非专利技术	1,625,853.15	1,625,853.15		162,585.24	1,463,267.91	9 年
平江电器分公司非专利技术	5,545,225.15		5,545,225.15		5,545,225.15	10 年
赛马公司非专利技术	1,000,000.00		1,000,000.00	100,000.00	900,000.00	9 年
合 计	51,284,585.31	43,822,148.62	6,545,225.15	1,257,529.78	49,109,843.99	

* 东方科技土地使用权有效期至 2046 年 12 月,按 47 年平均摊销。

12.开办费

类 别	期初数	本期增加	本期摊销	期末数
东方科技开办费	75,297.20		15,324.00	59,973.20
天一银河开办费		775,797.54	25,859.92	749,937.62
天一贸易开办费		55,663.20	1,855.44	53,807.76
天一瑞宝开办费		186,595.57		186,595.57
合 计	75,297.20	1,018,056.31	43,039.36	1,050,314.15

13.长期待摊费用

类 别	期初数	本期增加	本期摊销	期末数
东方科技水电增容费	295,000.00		60,000.00	235,000.00
房屋装修		708,972.20	23,632.55	685,339.65
其他		212,642.09	178.69	212,463.40
合计	295,000.00	921,614.29	83,811.24	1,132,803.05

14.短期借款

借款类别	期初数	期末数	备 注
抵押借款	53,000,000.00		
担保借款	56,000,000.00	32,000,000.00	
信用借款	16,290,000.00	49,900,000.00	
合 计	125,290,000.00	81,900,000.00	

短期借款期末数比期初数减少 34.63%,系归还原银行借款。

15.应付帐款 34,593,849.34 元

无欠持本公司 5%(含 5%)以上股份的股东单位的款项。

16.预收帐款 6,665,601.73 元

无欠持本公司 5%(含 5%)以上股份的股东单位的款项。

17.应交税金

税种	期初数	期末数
增值税	5,009,951.52	6,042,957.65
营业税	67.13	5,242.06
城市维护建设税	175,799.00	188,250.98
所得税	3,280,738.13	1,579,682.61
印花税	11,482.53	-300.00
个人所得税	1,225.00	535.00
合 计	8,479,263.31	7,816,368.30

18.其他应付款 7,306,240.20 元

无欠持本公司 5%(含 5%)以上股份的股东单位的款项。

19.长期借款

借款单位	金 额	借款期限	年利率%	借款条件
农行平江县支行	24,450,000.00	1999.6 至 2002.6	6.324	抵押
农行平江县支行	9,730,000.00	1999.10 至 2002.10	6.633	担保
农行平江县支行	5,000,000.00	1999.12 至 2002.1	6.375	抵押
平江县投资公司	500,000.00	1999.9 至 2002.9	5.04	信用
平江县建行	3,000,000.00	2000.2 至 2002.2	6.633	信用
合 计	42,680,000.00			

20.递延款项 4,115,244.73 元,系本公司股票发行中形成的无效申购资金利息收入的摊余部分。

原始金额	期初数	本期摊销	期末数
7,156,947.20	5,546,634.13	1,431,389.40	4,115,244.73

21.股本

	本次变动前	本次变动增减(+、-) 配股	送 股	公积金转股	增发	其他	本次变动后 小计
一、未上市流通股份							
1、发起人股份	95,000,000		19,000,000	76,000,000			190,000,000
其中:							
国家持有股份	68,320,000		13,664,000	54,656,000			136,640,000
境内法人持有股份	26,680,000		5,336,000	21,344,000			53,360,000
境外法人持有股份							
其他							
2、募集法人股份							
3、内部职工股(高管股)	74,000		14,800	59,200		-26,000	122,000
4、优先股或其他							
其中:转配股							
未上市流通股份合计	95,074,000		19,014,800	76,059,200		-26,000	190,122,000
二、已上市流通股份							
1、人民币普通股	44,926,000		8,985,200	35,940,800		+26,000	89,878,000
2、境内上市的外资股							
1、境外上市的外资股							
2、其他							
已上市流通股份合计	44,926,000		8,985,200	35,940,800		+26,000	89,878,000
三、股份总数	140,000,000		28,000,000	112,000,000			280,000,000

* 上述股本已经长沙孜信会计师事务所长孜验字(2000)158 号验资报告验证。

** 本期股份的变动系本年实施了 1999 年度利润分配及资本公积金转增股本的方案所致,即按 1999 年末股本总额 14000 万股为基数,向全体股东每 10 股送红股 2 股,以资本公积金每 10 股转增 8 股。

*** 期末内部职工股 122,000 股系公司高管股。

22.资本公积

项 目	期初数	本期增加	本期减少	期末数
股本溢价	227,488,581.72		112,000,000.00	115,488,581.72
其他资本公积转入	28,139.40			28,139.40
合 计	227,516,721.12		112,000,000.00	115,516,721.12

23.盈余公积

项 目	期初数	本期增加	本期减少	期末数
法定盈余公积	8,677,960.07	4,603,965.74		13,281,925.81
公益金	4,338,980.03	2,301,982.87		6,640,962.90
任意盈余公积				
合 计	13,016,940.10	6,905,948.61		19,922,888.71

24.未分配利润

期初数	73,762,660.64
加:本年净利润	46,249,399.30
减:提取盈余公积	6,905,948.61
转作股本的普通股股利	28,000,000.00(1999 年度利润分配送红股)
应付普通股股利	9,800,000.00(2000 年度利润拟分配红利)
期末数	75,306,111.33

25.其他业务利润

业务种类	2000 年 业务收入	2000 年 业务支出	2000 年 利润	1999 年 业务收入	1999 年 业务支出	1999 年 利润
驻外服务部上交承包利润	3,368,000.00		3,368,000.00			
材料让售	947,183.96	85,366.03	861,817.93	707,308.49	124,863.18	582,445.31
配件及修理业务	1,093,327.30	288,002.41	805,324.89	351,365.31	134,397.83	216,967.48
运输业务	10,427.35	3,207.28	7,220.07	168,234.57		168,234.57
租赁业务	71,352.00		71,352.00			
合 计	5,490,290.61	376,575.72	5,113,714.89	1,226,908.37	259,261.01	967,647.36

* 本年其他业务利润增加较多,主要是公司加强了对驻外地服务部的管理,与各驻外服务部签订承包合同,服务部上交公司利润所致。

26.财务费用

类 别	2000 年	1999 年
利息支出	8,648,117,56	2,888,746.89
减:利息收入	3,869,596.36	4,469,640.29
汇兑损失		
减:汇兑损益		
其他	132,127.32	71,528.36
合 计	4,910,648.52	-1,509,365.04

27.投资收益

项目类别	2000 年	1999 年
股权投资收益	4,000,000.00	6,014,974.81
债权投资收益	13,123,605.58	14,632,658.50
股权投资差额摊销	8,456.20	-5,051.01
合 计	17,132,061.78	20,642,582.30

* 股权投资收益 4,000,000.00 元系本公司对岳阳经济技术开发区泰和商城有限公司投资本年分回的投资收益。

** 债权投资收益包括:

1)国债投资收益 3,623,605.58 元;

2)委托理财收益 9,500,000.00 元;

3)本公司对岳阳欣广包装有限公司股权投资差额的摊销,本年增加投资收益 16,815.70 元;本期购买岳阳东方科技有限责任公司 39.48%的股权而发生股权投资差额 8,359.70 元,因金额较小,本年一次性摊销,使本年投资收益减少 8,359.70 元。

28.营业外收入

项目类别	2000 年	1999 年
处理固定资产净收益		539.40
无效申购资金利息摊销	1,431,389.40	1,431,389.40
其他	154,372.95	9,973.85
合 计	1,585,762.35	1,441,902.65

29.营业外支出

项目类别	2000 年	1999 年
处理固定资产净损失	219,082.27	127,269.63
罚款支出	10,369.38	5,723.00
合 计	229,451.65	132,992.63

附注六、母公司主要项目注释

1.应收帐款

帐 龄	期初数 金 额	期初数 比例%	期初数 坏帐准备	期末数 金 额	期末数 比例%	期末数 坏帐准备
1 年以内	30,350,525.24	74.24	910,515.76	39,980,958.96	72.19	1,199,428.77
1—2 年	9,791,489.22	23.95	979,148.92	15,403,766.77	27.81	1,540,376.68
2—3 年	556,142.90	1.36	111,228.58			
3 年以上	183,162.00	0.45	54,948.60			
合 计	40,881,319.36	100	2,055,841.86	55,384,725.73	100.00	2,739,805.45

欠款金额前五名列示如下:

单位名称	金 额	帐 龄	欠款原因
长沙电力建设公司王家巷物资分公司	2,005,060.00	一年以内	货款
山东潍柴进出口有限公司	1,893,943.27	一年以内	货款

郴州宜章电力总公司	1,805,000.00	一年以内	货款
衡阳电业局物资公司	1,440,731.00	一年以内	货款
株洲高新电业股份有限公司	1,439,134.00	一年以内	货款

2.长期投资

项 目	期初数		本期增加	本期减少	期末余额	
	金 额	减值准备			金 额	减值准备
长期股权投资	56,175,319.15		166,067,993.34	1,092,034.97	221,151,277.52	
长期债权投资	52,000,000.00				52,000,000.00	
合 计	108,175,319.15		166,067,993.34	1,092,034.97	273,151,277.52	

长期股权投资列示如下:

被投资单位名称	投资期限	投资成本	比例%	本年权益调整	累计权益调整	股权投资差额	期末余额
岳阳经济技术开发区泰和商城有限公司	未约定	2,700,000.00	27.00		19,762,543.91		22,462,543.91
湖南天一银河信息产业有限公司	30年	99,000,000.00	99.00	-258,358.90	-258,358.90		98,741,641.10
岳阳欣广包装有限公司	20年	1,283,964.04	81.16	28,362.89	100,948.99	-147,139.14	1,237,773.89
湖南世讯视频网络有限责任公司	20年	400,000.00	40.00		4,079.45		404,079.45
岳阳东方科技有限责任公司	20年	57,000,000.00	90.48	-833,676.07	-855,935.08		56,144,064.92
湖南赛马特种泵有限公司	未约定	29,000,000.00	96.67	1,379,009.49	1,379,009.49		30,379,009.49
湖南天一科技贸易有限公司	10年	9,000,000.00	90.00	123,254.91	123,254.91		9,123,254.91
黑龙江省天一瑞宝科技实业有限责任公司	未约定	2,550,000.00	51.00	108,909.85	108,909.85		2,658,909.85
合计		200,933,964.04		547,502.17	20,364,452.62	-147,139.14	221,151,277.52

* 岳阳东方科技有限责任公司持有湖南天一银河信息产业有限公司1%的股权,投资额为1,000,000.00元,湖南赛马特种泵有限公司持有湖南天一科技贸易有限公司10%的股权,投资额为人民币1,000,000.00元。

3.主营业务收入及主营业务成本

产品类别	主营业务收入		主营业务成本	
	2000年	1999年	2000年	1999年
水泵及各种泵类	88,684,679.98	80,495,493.47	61,799,313.74	49,752,225.37
电器类	50,475,430.36	54,393,044.51	27,632,642.17	31,996,419.77
合 计	139,160,110.34	134,888,537.98	89,431,955.91	81,748,645.14

4.投资收益

项 目	2000年	1999年
股权投资收益	4,547,502.17	6,025,704.65
债权投资收益	13,123,605.58	14,632,658.50
股权投资差额摊销	8,456.20	-5,051.01
合 计	17,679,563.95	20,653,312.14

附注七、关联方关系及其交易

1、存在控制关系的关联方

A.平江县国有资产管理局是本公司的第一大股东即国家股股东。

B.企业名称	注册地	主营业务	与本企业关系	经济性质	法定代表人
湖南天一银河信息产业有限公司	长沙高新技术产业开发区	研究、开发、设计、生产、销售计算机软、硬件及其他计算机网络产品;投资电子、机械、光学、生物等领域的高新技术产业;销售机械、电子设备及政策允许的金属材料、化工产品。	子公司	有限责任公司	彭深根
岳阳东方科技有限责任公司	岳阳经济技术开发区屈原北路	潜油泵的生产,销售高科技产品的开发、生产,国内贸易	子公司	有限责任公司	毛晖
岳阳欣广包装有限公司	平江县城关镇	纸塑复合袋制造及产品自销	子公司	有限责任公司	凌磊伯
湖南赛马特种泵有限公司	平江县城关镇	泵及建筑用金属结构及构件的制造销售	子公司	有限责任公司	彭深根
湖南天一科技贸易有限公司	长沙市韶山北路398号华盛花园七楼	销售泵类产品、电气机械及器材、机械、电子设备、计算机软硬件、办公用品、建筑装饰材料(不含硅铜胶)及政策允许的金属材料、化工产品。	子公司	有限责任公司	钟德璐
黑龙江省天一瑞宝科技实业有限公司	黑龙江省哈尔滨市南岗区花园街245号	机电产品(不含小轿车),水泵油泵及泵站工程配套的自动控制设备,阀门,通信设备(不含无线电发射设备),办公设备,化工产品(不含危险品),仪器仪表,研究开发电子数字信息技术,计算机网络系统集成,水处理设备生产。	子公司	有限责任公司	凌磊伯

2.存在控制关系的关联方的注册资本及其变化

A.平江县国有资产管理局持有本公司股份13664万股,占本公司股份总数的48.8%。

B.企业名称	年初数	本期增加	本期减少	年末数
湖南天一银河信息产业有限公司		10,000万元		10,000万元
岳阳东方科技有限责任公司	6,300万元			6,300万元
岳阳欣广包装有限公司	138万元			138万元
湖南赛马特种泵有限公司		3,000万元		3,000万元
湖南天一科技贸易有限公司		1,000万元		1,000万元
黑龙江省天一瑞宝科技实业有限公司		500万元		500万元

3.存在控制关系的关联方所持股份或权益及其变化

企业名称	年初数		本年增加	本年减少	年末数	
	金 额	比例%	金额	金额	金 额	比例%
湖南天一银河信息产业有限公司			9,900万元		9,900万元	99.00
岳阳东方科技有限责任公司	3,213万元	51.00	2,487万元		5,700万元	90.48
岳阳欣广包装有限公司	112万元	81.16			112万元	81.16
湖南赛马特种泵有限公司			2,900万元		2,900万元	96.67
湖南天一科技贸易有限公司			900万元		900万元	90.00
黑龙江省天一瑞宝科技实业有限公司			255万元		255万元	51.00

4.不存在控制关系的关联方

企业名称	注册地址	注册资本	主营业务	与本公司关系	经济性质或类	法定代表人
湖南泰和集团股份有限公司	岳阳市	12800万元	房地产综合开发,商贸	持有本公司17.63%的股份,是本公司第二大股东即法人股股东	股份有限公司	王俊杰
岳阳经济技术开区发泰和商城有限公司	岳阳市	1000万元	租赁、商品批发	本公司持有其27%的股份	有限责任公司	余雄
湖南世讯视频网络有限公司	长沙市	100万元	设计,开发转让计算机视频网络工程技术及其它计算机软件	本公司持有其40%的股份	有限责任公司	王祝福

5.关联方交易

1)根据本公司与湖南泰和集团股份有限公司订立的资产委托经营管理协议,从1999年9月1日起本公司将所持岳阳经济技术开发区泰和商城有限公司27%的股份委托给泰和集团经营管理,泰和集团每年以现金向本公司支付委托管理收益640万元,委托经营期限从1999年7月1日起至2002年6月30日止。本年实际收到委托管理收益400万元。

2)岳阳经济技术开发区泰和商城有限公司(以下简称甲方)与本公司筹委会(以下简称乙方)于1998年7月17日签订场地租赁协议,本着平等自愿、互惠互利的原则,该协议约定:甲方将原提供给湖南省平江潜水电泵厂使用的200平方米专柜(位于泰和商城一楼机电产品市场内)租赁给乙方使用,并约定租赁价每月每平方米80元人民币(含水电费),每月共计16000元,于每季度支付一次。租赁期限暂定两年,自本协议生效之日起计算。租赁期满后,在同等条件下,本公司享有优先租赁权。

3)本公司于2000年1月份借给岳阳经济技术开发区泰和商城有限公司流动资金400万元,该笔款项已于2000年12月归还,共向本公司支付资金占用费450,000.00元。

附注八、或有事项

本公司不存在未决诉讼,未决索赔,税务纠纷,应收帐款抵借,应收票据贴现以及通融票据背书等或有事项。

附注九、承诺事项

本公司没有需要说明的承诺事项。

附注十、资产负债表日后事项

2001年3月17日本公司第一届董事会第十三次会议董事会决议,本公司2000年度现金分红预案为:以2000年末股本总额28,000万股为基数,向全体股东每10股派送现金0.35元(含税),上述方案经公司股东大会批准后实施。

附注十一:其他重要事项

2000年4月,本公司实施了1999年度利润分配及资本公积金转增股本的方案。即按1999年末股本总额14000万股为基数,向全体股东每10股送红股2股,以资本公积金每10股转增8股。

九、公司的其他有关资料

1、公司首次注册登记日期:1998年12月18日

注册登记地点:湖南省平江县城关镇南街339号

2、企业法人营业执照注册号:4300001000898

3、税务登记号:430626712106268

4、公司未流通股票托管机构名称:深圳证券登记有限公司

5、公司聘请的会计师事务所名称:湖南天职孜信会计师事务所

办公地址:长沙市朝阳路297号湖南省审计厅内

十、备查文件

1、载有公司法定代表人、财务总监、会计经办人员签名并盖章的会计报表;

2、载有湖南天职孜信会计师事务所盖章、注册会计师签名并盖章的审计报告原件;

3、公司发行A股《招股说明书》、《上市公告书》、《中期报告》原件正本及在指定报纸上公开披露的所有其他公司公告的原稿;

4、年度报告正文;

5、公司章程。

湖南天一科技股份有限公司董事会

二〇〇一年三月二十日

母公司及合并利润分配表

编制单位:湖南天一科技股份有限公司　　单位:人民币元

项 目	注释	2000年度		1999年度	
		母公司	合并数	母公司	合并数
一、主营业务收入		139,160,110.34	189,272,090.09	134,888,537.98	135,988,884.79
减:折扣与折让		-	-		
主营业务收入净额		139,160,110.34	189,272,090.09	134,888,537.98	135,988,884.79
减:主营业务成本		89,431,955.91	133,562,798.13	81,748,645.14	82,407,975.65
主营业务税金及附加		643,006.20	742,942.03	445,200.09	445,846.15
二、主营业务利润		49,085,148.23	54,966,349.93	52,694,692.75	53,135,062.99
加:其他业务利润	5-25	5,094,656.43	5,113,714.89	959,867.07	967,647.36
减:存货跌价损失		-	-		
营业费用		6,429,836.95	8,024,957.56	4,756,063.23	4,835,346.98
管理费用		8,056,841.40	11,518,908.15	7,086,271.66	7,379,784.85
财务费用	5-26	5,021,869.72	4,910,648.52	-1,544,097.69	-1,509,365.04
三、营业利润		34,671,256.59	35,625,550.59	43,356,322.62	43,396,943.56
加:投资利益	5-27	17,679,563.95	17,132,061.78	20,653,312.14	20,642,582.30
补贴收入		-	-		
加:营业外收入	5-28	1,485,588.73	1,585,762.35	1,441,454.65	1,441,902.65
减:营业外支出	5-29	227,851.65	229,451.65	132,992.63	132,992.65
四、利润总额		53,608,557.62	54,113,923.07	65,318,096.78	65,348,435.88
减:所得税		7,359,158.32	7,793,514.63	8,521,701.37	8,531,949.74
少数股东损益		-	71,009,.14		20,090.73
五、净利润		46,249,399.30	46,249,399.30	56,796,395.41	56,796,395.41
加:年初未分配利润		73,762,660.64	73,762,660.64	25,485,724.54	25,485,724.54
盈余公积转入		-	-		
六、可供分配的利润		120,012,059.94	120,012,059.94	82,282,119.95	82,282,119.95
减:提取法定公积金		4,603,965.74	4,603,965.74	5,679,639.54	5,679,639.54
提取法定公益金		2,301,982.87	2,301,982.87	2,839,819.77	2,839,819.77
提取任意公积金		-	-		
应付普通股股利		9,800,000.00	9,800,000.00		
转作股本的普通股股利		28,000,000.00	28,000,000.00		
七、未分配利润	5-24	75,306,111.33	75,306,111.33	73,762,660.64	73,762,660.64

母公司及合并资产负债表

编制单位:湖南天一科技股份有限公司　　单位:人民币元

项　目	注释	2000年12月31日		1999年12月31日	
		母公司	合并数	母公司	合并数
流动资产					
货币资金	5-1	83,168,812.69	150,522,623.48	242,249,951.14	274,436,024.58
短期投资	5-2	-	60,000,000.00	60,000,000.00	60,000,000.00
减:短期投资跌价准备					
短期投资净额		-	60,000,000.00	60,000,000.00	60,000,000.00
应收票据	5-3	11,700,000.00	11,700,000.00		
应收股利					
应收利息					
应收帐款	5-4	55,384,725.73	65,983,509.39	40,881,319.36	41,885,606.56
其他应收款	5-5	71,670,309.82	69,991,140.29	69,411,120.23	69,545,644.98
减:坏帐准备		5,034,230.74	5,401,817.94	4,202,137.68	4,281,957.05
应收帐款净额		122,020,804.81	130,572,831.74	106,090,301.91	107,149,294.49
预付帐款	5-6	8,074,820.72	41,784,696.66	10,969,721.17	10,969,721.17
应收补贴款					
存货	5-7	54,891,899.49	59,822,306.76	36,330,071.58	38,690,715.64
减:存货跌价准备					
存货净额		54,891,899.49	59,822,306.76	36,330,071.58	38,690,715.64
待摊费用			10,487.00	68,260.37	83,747.69
待处理流动资产损失					
一年内到期的长期债券投资					
其他流动资产					
流动资产合计		279,856,337.71	454,412,945.64	455,708,306.17	491,329,503.57
长期投资					
长期股权投资	5-8	221,151,277.52	25,109,484.22	56,175,319.15	22,702,668.32
长期债权投资	5-8	52,000,000.00	52,000,000.00	52,000,000.00	52,000,000.00
长期投资合计		273,151,277.52	77,109,484.22	108,175,319.15	74,702,668.32
减:长期投资减值准备					
长期投资净额		273,151,277.52	77,109,484.22	108,175,319.15	74,702,668.32
其中:合并价差			-147,139.14		-163,955.04
固定资产					
固定资产原价	5-9	107,194,003.98	124,020,861.97	90,883,555.88	103,475,821.42
减:累计折旧	5-9	26,604,532.29	27,229,115.92	23,196,341.81	23,423,883.00
固定资产净值	5-9	80,589,471.69	96,791,746.05	67,687,214.07	80,051,938.42
工程物资					
在建工程	5-10	18,287,079.28	18,314,574.28	1,663,732.67	1,663,732.67
固定资产清理					
待处理固定资产净损失					
固定资产合计		98,876,550.97	115,106,320.33	69,350,946.74	81,715,671.09
无形资产及其他资产					
无形资产	5-11	29,827,549.99	49,109,843.99	25,039,510.62	43,822,148.62
开办费	5-12		1,050,314.15		75,297.20
长期待摊费用	5-13	143,390.09	1,132,803.05		295,000.00
其他长期资产					
无形资产及其他资产合计		29,970,940.08	51,292,961.19	25,039,510.62	44,192,445.82
递延税项					
递延税款借项					
资产总计		681,855,106.28	697,921,711.38	658,274,082.68	691,940,288.80
流动负债					
短期借款	5-14	80,900,000.00	81,900,000.00	124,290,000.00	125,290,000.00
应付票据		-	-	1,682,000.00	1,682,000.00
应付帐款	5-15	27,343,528.87	34,593,849.34	14,460,159.65	14,696,144.34
预付帐款	5-16	5,845,544.63	6,665,601.73	4,710,802.48	4,929,652.78
代销商品款		-	-		
应付工资		-	117,173.25		23,560.00
应付福利费		1,824,970.13	1,843,162.56	2,407,564.11	2,459,803.12
应付股利		9,800,000.00	9,800,000.00		
应交税金	5-17	6,391,914.06	7,816,368.30	8,416,454.54	8,479,263.31
其它应交款		183,758.07	219,210.87	163,820.16	164,095.59
其它应付款	5-18	12,024,424.63	7,306,240.20	2,120,325.75	3,007,265.81
预提费用		-	323,549.25		49,326.71
一年内到期的长期负债		-	-		
其他流动负债		-	-		
流动负债合计		144,314,140.39	150,585,155.50	158,251,126.69	160,781,111.66
长期负债		-	-		
长期借款	5-19	42,680,000.00	42,680,000.00	40,180,000.00	40,180,000.00
应付债券		-	-		
长期应付款		-	-		
住房周转金		-	-		
其他长期负债		-	-		
长期负债合计		42,680,000.00	42,680,000.00	40,180,000.00	40,180,000.00
递延款项					
递延利息收入		4,115,244.73	4,115,244.73	5,546,634.13	5,546,634.13
负债合计		191,109,385.12	197,380,400.23	203,977,760.82	206,507,745.79
少数股东权益			9,795,589.99		31,136,221.15
股东权益			-	-	
股本	5-21	280,000,000.00	280,000,000.00	140,000,000.00	140,000,000.00
资本公积	5-22	115,516,721.12	115,516,721.12	227,516,721.12	227,516,721.12
盈余公积	5-23	19,922,888.71	19,922,888.71	13,016,940.10	13,016,940.10
其中:公益金		6,640,962.90	6,640,962.90	4,338,980.03	4,338,980.03
未分配利润	5-24	75,306,111.33	75,306,111.33	73,762,660.64	73,762,660.64
股东权益合计		490,745,721.16	490,745,721.16	454,296,321.86	454,296,321.86
负债及股东权益合计		681,855,106.28	697,921,711.38	658,274,082.68	691,940,288.80

现　金　流　量　表

2000年度

编制单位:湖南天一科技股份有限公司　　单位:人民币元

项　目	注释	母公司	合并
一、经营活动产生的现产流量			
销售商品、提供劳务收到的现金		142,465,886.38	192,095,090.94
收到的租金		-	-
收到的税费返还			
收到的其他与经营活动有关的现金		9,904,098.88	4,298,974.39
现金流入小计		152,369,985.26	196,394,065.33
购买商品、接受劳务支付的现金		103,023,549.72	145,870,816.17
经营租赁所支付的现金		-	-
支付给职工以及为职工支付的现金		11,993,514.04	12,875,042.03
实际交纳的增值税款		8,315,630.57	8,345,329.07
支付的所得税款		9,382,845.25	9,494,570.05
支付的除增值税、所得税以外的其他税费		688,285.37	688,285.37
支付的其他与经营活动有关的现金		5,519,922.67	44,168,900.89
现金流出小计		138,923,747.62	221,442,943.58
经营活动产生的现金流量净额		13,446,237.64	-25,048,878.25
二、投资活动产生的现金流量			
收回投资所收到的现金		120,000,000.00	120,000,000.00
分得股利或利润所收到的现金		4,000,000.00	4,000,000.00
取得债券利息收入所收到的现金		13,123,605.58	13,123,605.58
处置固定资产、无形资产和其他长期资产收回的现金净额		224,655.00	224,655.00
收到的其他与投资活动有关的资金			
现金流入小计		137,348,260.58	137,348,260.58
购建固定资产、无形资产和其他长期资产所支付的现金		39,543,766.95	45,602,134.91
权益性投资所支付的现金		164,420,000.00	2,390,000.00
债权性投资所支付的现金		60,000,000.00	120,000,000.00
购买或处置子公司支付的现金			24,870,000.00
支付的其它与投资活动有关的现金		-	-
现金流出小计		263,963,766.95	192,862,134.91
投资活动产生的现金流量净额		-126,615,506.37	-55,513,874.33
三、筹资活动产生的现金流量:			
吸收权益性投资所收到的现金		-	2,450,000.00
发行债券所收到的现金			
借款所收到的现金		95,000,000.00	95,000,000.00
收到的其他与筹资活动有关的现金		3,718,150.03	3,869,596.36
现金流入小计		98,718,150.03	101,319,596.36
偿还债务所支付的现金		135,890,000.00	135,890,000.00
发生筹资费用所支付的现金			
分配股利或利润所支付的现金			
偿付利息所支付的现金		8,619,185.24	8,648,117.56
融资租赁所支付的现金			
减少注册资本所支付的现金			
支付的其他与筹资活动有关的资金		120,834.51	132,127.32
现金流出小计		144,630,019.75	144,670,244.88
筹资活动产生的现金流量净额		-45,911,869.72	-43,350,648.52
四、汇率变动对现金的影响额			
五、现金及现金等价物净增加额		-159,081,138.45	-123,913,401.10
附注			
1.不涉及现金收支的投资和筹资活动			
以固定资产偿还债务			
以投资偿还债务			
以固定资产进行长期投资			
以存货偿还债务			
融资租赁固定资产			
2.将净利润调节为经营活动的现金流量			
净利润		46,249,399.30	46,249,399.30
加:少数股东损益			71,009.14
计提的坏帐准备或转销的坏帐		832,093.06	1,119,860.89
固定资产折旧		3,785,853.21	4,182,895.65
无形资产和其它资产摊销		757,185.78	1,384,380.38
待摊费用的减少(减:增加)		68,260.37	-73,260.69
预提费用的增加(减:减少)		-	274,222.54
处置固定资产、无形资产和其他长期资产损失(减:收益)		219,082.27	219,082.27
固定资产报废损失		-	-
财务费用		5,021,869.72	4,910,648.52
投资损失(减:收益)		-17,133,347.48	-17,133,347.48
递延税款贷项(减:借项)		-1,431,389.40	-1,431,389.40
存货的减少(减:增加)		-18,561,827.91	-21,131,591.12
经营性应收项目的减少(减:增加)		-25,567,695.51	-67,058,373.63
经营性应付项目的增加(减:减少)		19,653,013.70	23,394,043.84
其他		-446,259.47	-26,458.46
经营活动产生的现金流量净额		13,446,237.64	-25,048,878.25
3.现金及现金等价物增加情况			
货币资金的期初余额		83,168,812.69	150,522,623.48
减:货币资金的期初余额		242,249,951.14	274,436,024.58
现金等价物的期末余额			
减:现金等价物的期初余额			
现金及现金等价物净增加额		-159,081,138.45	-123,913,401.10

数源科技股份有限公司

二〇〇〇年年度报告摘选

一、公司简介

1.公司法定中文名称:数源科技股份有限公司
公司法定英文名称:SOYEA TECHNOLOGY CO., LTD.
2.公司法定代表人:陈焕新
3.公司董事会秘书:章国经
证券事务代表:丁 毅
联系地址:杭州市西湖区教工路一号
联系电话:(0571)8271018
传　　真:(0571)8271038
电子信箱:stock@soyea-tech.com
4.公司注册地址:杭州市西湖区教工路一号
公司办公地址:杭州市西湖区教工路一号
邮政编码:310012
网址:www.soyea-tech.com
5.公司信息披露报纸:《证券时报》、《中国证券报》、《上海证券报》
指定年报披露网址:http://www.cninfo.com.cn
年度报告备置地点:公司证券部
6.公司股票上市地:深圳证券交易所
股票简称:数源科技
股票代码:0909

二、会计数据和业务数据摘要

(一)本年度主要会计数据和业务数据(单位:元)

主要会计数据	金额
利润总额	7,788,401.25
净利润	3,489,589.51
扣除非经常性损益后的净利润	1,275,293.75
主营业务利润	45,299,291.70
其他业务利润	-2,198,530.12
营业利润	3,970,959.00
投资收益	1,938,716.42
补贴收入	—
营业外收支净额	1,878,725.83
经营活动产生的现金流量净额	40,821,519.25
现金及现金等价物净增加额	146,338,194.55

注:*新股发行时冻结申购资金的利息收入13,631,009.39元,按五年期限平均转销,本期转销2,726,201.88元。

*非经常性损益指投资收益-易和网络股权投资差额摊销、营业外收支共计2,214,295.76元。

(二)近三年主要会计数据

1.主要财务数据　　单位:元

项目	2000年	1999年	1998年
主营业务收入	445,320,324.36	802,574,434.04	798,229,599.55
净利润	3,489,589.51	49,110,255.30	45,559,137.88
总资产	851,519,441.00	821,758,465.65	656,925,947.96
股东权益(不包含少数股东权益)	527,489,351.86	542,804,762.35	194,035,731.53
每股收益	0.0178	0.2500	——
加权平均每股收益	0.0178	0.2710	
扣除非经常性损益后每股收益	0.0065	0.2400	
每股净资产	2.6913	2.7700	——
调整后的每股净资产	2.6356	2.7134	——
每股经营活动产生的现金流量净额	0.2083	-0.1900	——
净资产收益率	0.66%	9.050%	——

2.利润分配表附表

	2000年度			
	净资产收益率(%)		每股收益(元/股)	
	全面摊薄	加权平均	全面摊薄	加权平均
主营业务利润	8.588	8.465	0.2311	0.2311
营业利润	0.753	0.742	0.0203	0.0203
净利润	0.662	0.652	0.0178	0.0178
扣除非经常性损益后的净利润	0.242	0.238	0.0065	0.0065

	1999年度			
	净资产收益率(%)		每股收益(元/股)	
	全面摊薄	加权平均	全面摊薄	加权平均
主营业务利润	23.885	29.244	0.6615	0.7163
营业利润	10.281	12.632	0.2847	0.3083
净利润	9.047	11.727	0.2506	0.2713
扣除非经常性损益后的净利润	8.466	10.973	0.2345	0.2539

三、股本变动及股东情况

(一)股东情况介绍

1.截止2000年12月31日公司股东总户数46812户,其中未流通国有法人股东1户,流通股股东46811户。

2、主要股东持股情况

持有本公司股份5%以上的股东及前十名股东持股情况如下:

股东名称	持股数(股)	占股本比例(%)
西湖电子集团有限公司	136000000	69.39
雷翠芝	264800	0.14
罗汉珍	211000	0.11
罗东平	208165	0.11
黄洪才	185000	0.09
贾美香	181785	0.09
肖望姑	168890	0.09
李炎秀	168700	0.09
吕天喜	141100	0.07
张正会	137800	0.07

江苏大亚新型包装材料股份有限公司

二〇〇〇年年度报告摘选

一、公司简介

1、公司法定中文名称:江苏大亚新型包装材料股份有限公司
公司法定英文名称:Jiangsu Dare Advanced Packing Material Co., Ltd.
2、公司法定代表人:陈兴康
3、公司董事会秘书:王 颐
公司董事会证券事务代表:宋立柱
联系地址:江苏省丹阳经济技术开发区丹荆路
电话:0511-6883666,6882222转2143
传真:0511-6885000
电子信箱:Dare@public.zj.js.cn
4、公司注册地址:江苏省丹阳经济技术开发区丹荆路
公司办公地址:江苏省丹阳经济技术开发区丹荆路
邮政编码:212300
公司国际互联网网址:http://www.Darepacking.com
电子信箱:Dare@public.zj.js.cn
5、公司选定的信息披露报纸名称:《证券时报》、《中国证券报》
登载公司年度报告的中国证监会指定国际互联网网址:http://www.cninfo.com.cn
公司年度报告备置地点:公司证券部
6、公司股票上市交易所:深圳证券交易所
股票简称:大亚股份
股票代码:0910

二、会计数据和业务数据摘要

1、本年度主要利润指标情况(单位:元)

利润总额	70,219,886.03
净利润	57,760,452.96
扣除非经常性损益后的净利润	50,597,128.79
主营业务利润	103,562,563.40
其他业务利润	5,121,167.09
营业利润	71,739,087.04
投资收益	-492,799.08
营业外收支净额	-1,026,401.93
经营活动产生的现金流量净额	46,744,761.99
现金及现金等价物净增加额	-62,193,524.46
注:扣除非经常性损益的项目和涉及金额:	7,163,324.17
a、营业外收支净额	-1,026,401.93
b、资金利息收入	8,189,726.10

2、截止报告期末公司前三年的主要会计数据和财务指标

指标名称	单位	2000年	1999年	1998年	
				调整前	调整后
主营业务收入	元	430,549,949.76	362,697,379.41	377,861,712.01	377,861,712.01
净利润	元	57,760,452.96	68,257,236.43	64,212,618.74	63,766,930.40
总资产	元	1,015,233,635.06	940,802,140.69	465,975,236.22	465,529,547.88
股东权益(不含少数股东权益)	元	786,607,392.39	753,773,686.23	173,975,850.29	173,886,712.63
每股收益(摊薄)	元	0.250	0.295	0.425	0.425
每股收益(加权)	元	0.250	0.323	0.425	0.425
扣除非经常性损益后的每股收益	元	0.219	0.276	0.424	0.425
每股净资产	元	3.40	3.26	1.15	1.16
调整后的每股净资产	元	3.36	3.23	1.13	1.13
每股经营活动产生的现金流量净额	元	0.202	-0.084		
净资产收益率(摊薄)	%	7.34	9.06	36.91	36.67
净资产收益率(加权)	%	7.38	11.50	36.11	35.91
扣除非经常性损益后的净资产收益率(加权)	%	6.46	10.76	36.04	35.83

注:公司是以合并会计报表数填列或计算以上数据和指标。

3.根据中国证监会《公开发行证券公司信息披露编报规则(第9号)》要求计算的净资产收益率及每股收益:

报告期利润	净资产收益率(%)		每股收益(元)	
	全面摊薄	加权平均	全面摊薄	加权平均
主营业务利润	13.17	13.23	0.448	0.448
营业利润	9.12	9.17	0.310	0.310
净利润	7.34	7.38	0.250	0.250
扣除非经常性损益后净利润	6.43	6.46	0.219	0.219

三、股东情况介绍

1、报告期末股东总数36384户,其中国家股股东1户,法人股股东4户,无内部职工股。

2、主要股东持股情况:(根据2000年12月29日深交所存管部提供资料)

股东名称	期末持股数量(股)	占总股本比例(%)	股份性质
江苏大亚集团公司	129923600	56.18	国家股
上海凹凸彩印总公司	19973500	8.64	法人股
上海宝协有机粉末材料厂	2179300	0.94	社会公众股
汕头乾业烟草物资有限公司	676500	0.29	法人股
陶建平	632916	0.27	社会公众股
金盛证券投资基金	503545	0.22	社会公众股
舟山市信托投资公司	500977	0.22	社会公众股
同益证券投资基金	500000	0.22	社会公众股
舟山市信托投资有限责任公司普陀证券交易部	447150	0.19	社会公众股
华宝信托投资有限责任公司	396273	0.17	社会公众股
华宝信托投资有限责任公司舟山分公司	379103	0.16	社会公众股
钱菊生	355000	0.15	社会公众股
北京市牛奶公司	338200	0.15	法人股
成都五牛科美实业发展有限公司	338200	0.15	法人股

南宁糖业股份有限公司

二〇〇〇年年度报告摘选

一、公司简介

1、公司法定中文名称:南宁糖业股份有限公司
公司英文名称:Nanning Sugar Manufacturing CO.,LTD.
2、公司法定代表人:熊可模
3、公司董事会秘书:王国庆
董事会授权代表:李静
联系地址:广西壮族自治区南宁市亭洪路48号
联系电话:0771-4914317
传　　真:0771-4910755
电子信箱:gnusic@public.nn.gx.cn
4、公司注册地址和办公地址:广西壮族自治区南宁市亭洪路48号
邮政编码:530031
公司电子信箱:nnty@nnsugar.com
国际互联网网址:http://www.nnsugar.com.cn
5、公司选定的信息披露报纸:《证券时报》
刊登公司年度报告的国际互联网网址:http://www.cninfo.com.cn
公司年度报告备置地点:公司证券部
6、公司股票上市交易所:深圳证券交易所
股票简称:南宁糖业
股票代码:0911

二、会计数据和业务数据摘要

1、公司本年度的利润总额及其构成(金额单位:人民币元)

利润总额	67,407,290.83
净利润	55,006,584.53
扣除非经常性损益后的净利润	57,144,002.99
主营业务利润	188,895,651.96
其他业务利润	1,506,855.81
营业利润	70,597,467.64
投资收益	369,222.72
营业外收支净额	-3,559,399.53
经营活动产生的现金流量净额	147,790,240.84
现金及现金等价物净增加额	278,321,640.98
注:扣除的非经常性损益项目和涉及金额	-3,190,176.81元
(1)营业外收支净额	-3,559,399.53元
罚没净收入	24,983.43
固定资产清理净损失	2,943,802.12
捐赠支出	32,050.00
职工培训支出	596,850.00
治理"三废"支出	11,680.84
(2)投资收益	369,222.72元
股票投资收益	369,222.72

2、截止报告期末公司前三年的主要会计数据和财务指标(单位:人民币元)

	2000年	1999年	1998年	
			调整后	调整前
主营业务收入	938,049,949.58	905,970,928.96	999,409,459.50	999,409,459.50
净利润	55,006,584.53	43,073,659.87	47,232,132.22	49,426,703.04
总资产	1,338,101,840.29	992,833,897.23	693,484,795.99	695,679,366.81
股东权益	540,084,280.70	518,277,696.17	229,661,735.58	231,856,306.40
每股收益(元/股)(摊薄)	0.2456	0.1923	0.28	0.29
每股收益(元/股)(加权)	0.2456	0.2147		
每股净资产	2.41	2.31	1.37	1.38
调整后的每股净资产	2.37	2.31	1.34	1.35
每股经营活动产生的现金流量净额	0.66	0.38	-	-
净资产收益率(摊薄)	10.19%	8.31%	20.57%	19.72%
净资产收益率(加权)	10.40%	12.13%	-	-
扣除非经常性损益后的每股收益(元/股)	0.2551	0.0175		

3、报告期内股东权益变动情况

项目	股本	资本公积	盈余公积	法定公益金	未分配利润	股东权益合计
期初数	224,000,000.00	253,398,607.12	3,901,370.34	1,950,685.17	35,027,033.54	518,277,696.17
本期增加		400,000.00	5,500,658.45	2,750,329.23	55,006,584.53	63,657,572.21
本期减少					41,850,987.68	41,850,987.68
期末数	224,000,000.00	253,798,607.12	9,402,028.79	4,701,014.40	48,182,630.39	540,084,280.70

(1)资本公积变动原因为财政拨入新技术项目补助费。
(2)盈余公积和法定公益金变动是因为本年度根据公司实现净利润相应计提盈余公积。
(3)未分配利润变动是因为本年度利润增加和中期分配利润。

三、股东变动及股东情况

1、截止2000年12月29日,公司股东总数19653户。
2、持有本公司5%以上(含5%)股份的股东及前十名股东名册

股东名称	年末持股数(股)	占总股本
①南宁振宁资产经营有限责任公司	168000000	75%
②陈锦连	400000	0.18%
③许哲	260000	0.12%
④秦勇	259950	0.12%
⑤刘振生	256800	0.11%
⑥万华萍	216600	0.10%
⑦徐荣生	200500	0.09%
⑧焦亮	200000	0.09%
⑨林勇志	196300	0.09%
⑩钟焕雄	188000	0.08%

四川泸天化股份有限公司

二〇〇〇年年度报告摘选

一、公司简介

(一)公司法定中文名称:四川泸天化股份有限公司
公司法定英文名称:SICHUAN LUTIANHUA COMPANY LIMITED
缩写:LTH
(二)公司法定代表人:任晓善
(三)公司董事会秘书:聂长海
公司董秘授权代表:孙廷武
联系地址:四川泸天化股份有限公司办公大楼
联系电话:0830-4123966
传　　真:0830-4123559
(四)公司注册地址:四川省成都市　　邮政编码:610031
公司办公地址:四川省成都市中同仁路220号
邮政编码:610031
公司国际互联网网址:http://www.lth-inc.com.cn
E-MAIL地址:LTHoffice@lz-public.sc.cninfo.net
(五)公司选定的信息披露报纸名称:《证券时报》
登载公司年度报告的中国证监会指定国际互联网网址:
http://www.cninfo.com.cn
公司年度报告备置地点:公司董事会办公室
(六)公司股票上市交易所:深圳证券交易所
股票简称:泸天化A
股票代码:0912

二、会计数据和业务数据摘要

(一)本年度主要利润指标情况　　单位:元

利润总额	178,485,762.85
净利润	124,492,331.62
扣除非经常性损益后的净利润	95,128,297.02
主营业务利润	327,604,756.41
其他业务利润	3,549,370.19
营业利润	131,069,708.56
投资收益	12,902,168.68
补贴收入	36,676,000.00
营业外收支净额	-2,162,114.39
经营活动产生的现金流量净额	389,116,451.05
现金及现金等价物净增加额	-157,606,613.81

注:扣除非经常性损益项目涉及金额为:补贴性收入36,676,000元;新股申购冻结资金利息收入摊销737,923.23元;处置固定资产净损失1,134,976.05元;长期股权投资差额摊销6,914,912.58元。

(二)主要会计数据和财务指标
截止本报告期末,公司前三年的主要会计数据和财务指标　　单位:元

项目	单位	2000年度	1999年度		1998年度
			调整后	调整前	
主营业务收入	元	1,377,798,321.53	1,386,131,584.87	1,386,131,584.87	855,954,014.23
净利润	元	124,492,331.62	154,708,569.69	155,837,978.99	143,627,064.83
总资产	元	3,588,181,698.39	3,566,768,336.33	3,570,908,996.41	354,425,353.70
股东权益	元	1,452,495,894.65	1,354,899,969.77	1,356,029,379.07	240,294,756.31
每股收益	元/股	0.277	0.344	0.346	0.66
扣除非经常性损益后的每股收益	元/股	0.211	0.306	0.309	0.66
每股净资产	元/股	3.228	3.011	3.013	1.09
调整后的每股净资产	元/股	3.041	2.466	2.717	1.08
加权净资产收益率	%	8.96	15.44	15.55	59.77
扣除非经常性损益后的加权净资产收益率	%	6.84	13.87	13.98	59.77
净资产收益率	%	8.57	11.418	11.492	59.77
每股经营活动产生的现金流量净额	元/股	0.86	1.418	1.418	

(三)报告期利润表附表

报告期利润	净资产收益率		每股收益(元/股)	
	全面摊簿	加权平均	全面摊簿	加权平均
主营业务利润	22.55%	23.57%	0.728	0.728
营业利润	9.02%	9.43%	0.291	0.291
净利润	8.57%	8.96%	0.277	0.277
扣除非经常损益后的净利润	6.55%	6.84%	0.211	0.211

三、股本变动和主要股东持股情况

(一)股本变动情况
本公司1999年4月5日向社会公众上网发行1.5亿A股普通股,以募集方式于1999年4月29日注册成立,本报告期内公司股本结构无变动。
本公司股权结构表
2000-12-31　　单位:万元

	期初数	本次增减变动				期末数
		送股	配股	发新股	小计	
(一)、未上市流通股份						
1、发起人股份	30,000					30,000
其中:国家法人股	30,000					30,000
境内法人股						
境外法人股						
其他						
2、募集法人股份						
3、优先股或其他						
未上市流通股份合计	30,000					30,000
(二)、已上市流通股份						
1、A股	15,000					15,000
2、B股						
3、境外上市外资股						
4、其他						
已上市流通股本合计	15,000					15,000
(三)、股份合计	45,000					45,000

浙江钱江摩托股份有限公司

二○○○年年度报告摘选

一、公司简介

1、公司的法定名称：浙江钱江摩托股份有限公司

公司的英文名称：ZHEJIANG QIANJIANG MOTORCYCLE CO.,LTD

2、公司法定代表人：林莲娣

3、公司董事会秘书：林先进

电　　话：0576－6139250、6139218

传　　真：0576－6139081

联系地址：浙江省温岭市太平镇万昌路

电子信箱：qmsd@mail.tzptt.zj.cn

4、公司注册地址：浙江省温岭市太平镇万昌路

公司办公地址：浙江省温岭市太平镇万昌路

邮 政 编 码：317500

电子信箱：qjsales@mail.tzptt.zj.cn

5、公司选定的信息披露报刊名称：《证券时报》

登载公司年度报告的互联网网址：http://www.cninfo.com.cn

公司年度报告备置地：浙江钱江摩托股份有限公司证券部

6、公司股票上市交易所：深圳证券交易所

股票简称：钱江摩托

股票代码：0913

二、会计数据和业务数据摘要

1、本年度利润总额及构成（单位：人民币元）

利润总额	210,019,919.74
净利润	138,978,463.90
扣除非经常性损益后的净利润	139,358,045.72
主营业务利润	399,739,530.58
其他业务利润	6,997,533.85
营业利润	209,874,972.64
投资收益	248,599.73
补贴收入	－
营业外收支净额	－103,652.63
经营活动产生的现金流量净额	240,567,210.26
现金及现金等价物净增加额	－72,365,851.51

注：非经常性损益是指公司正常经营损益之外的、一次性或偶发性损益，本公司扣除的非经营性损益有：资产处置损益、补贴收入、新股申购冻结资金利息、债务重组收益

2、公司主要会计数据及财务指标　　　　单位：人民币元

项　目	2000 年	1999 年	1998 年
主营业务收入	3,749,284,906.06	2,488,685,350.31	1,307,669,770.60
净利润	138,978,463.90	109,583,818.32	63,015,536.36
总资产	1,561,476,260.19	1,408,763,044.03	653,595,771.93
股东权益	840,926,560.13	733,148,096.23	298,603,089.29
每股收益（全面摊薄）	0.53	0.42	0.32
扣除非经营性损益每股收益	0.54	0.41	0.18
每股收益（加权平均）	0.53	0.44	0.32
每股净资产	3.23	2.82	1.53
调整后的每股净资产	3.16	2.81	1.53
每股经营活动产生的现金流量净额	0.93	－0.49	0.49
净资产收益率（％）	16.53	14.95	21.10

三、股本变动及股东情况

1、截止 2000 年 12 月 31 日，本公司股东总数为 11057 户。

2、主要股东持股情况

序号	股东名称	年末持股数（股）	持股比例（％）	股份性质
1	钱江集团有限公司	132000000	50.77％	国有法人股
2	金狮明钢有限公司	63000000	24.23％	社会法人股
3	兴科证券投资基金	1768498	0.68％	A 股流通股
4	裴显爱	525000	0.20％	A 股流通股
5	隆元证券投资基金	351470	0.14％	A 股流通股
6	林文清	334000	0.13％	A 股流通股
7	孙金蛾	292691	0.11％	A 股流通股
8	陶中祥	252000	0.10％	A 股流通股
9	钱家勤	238540	0.09％	A 股流通股
10	李俊侠	204000	0.08％	A 股流通股

注：前十名股东之间不存在关联关系。

钱江集团有限公司是代表国家持股的公司控股股东。

3、报告期内，控股股东无变更，所持股份无质押或冻结情况。

山东声乐股份有限公司

二○○○年年度报告摘选

一、公司简介

1、公司法定中文名称：山东声乐股份有限公司

公司法定英文名称：SHANDONG SHENGLE CO., LTD.

公司英文名称缩写：SLCL

2、公司法定代表人：吴培龙

3、公司董事会秘书：王庆湘

证券事务代表：田波

联系地址：山东省沂南县县城振兴路 6 号

电　　话：(0539)3221280 转 3178、3177；

传　　真：(0539)3221510

电子信箱：shengle@ly－public.sd.cninfo.net

4、公司注册和办公地址：山东省沂南县县城振兴路 6 号公司

邮政编码：276300

公司国际互联网网址：http://www.shenglegroup.com

公司电子信箱：shengle@ly－public.sd.cninfo.net

5、公司选定的信息披露报纸名称：《中国证券报》、《证券时报》

登载公司年度报告的国际互联网网址：http://www.cninfo.com.cn

公司年度报告备置地点：公司证券部

6、公司股票上市交易所：深圳证券交易所

股票简称：声乐股份

股票代码：0915

二、会计数据和业务数据摘要

1、本年度主要会计数据（单位：人民币元）

利润总额	－3,292,313.48
净利润	－3,012,450.24
扣除非经常性损益后的净利润	－5,857,150.44
主营业务利润	3,648,027.36
其它业务利润	223,661.53
营业利润	－6,821,200.65
投资收益	106,448.82
补贴收入	515,259.47
营业外收支净额	2,907,178.88
经营活动产生的现金流量净额	－90,483,621.03
现金及现金等价物净增加额	－64,419,540.81

注：公司扣除的非经常性损益是指新股申购冻结资金利息 2,993,302.60 元，处理固定资产净损益－148,602.40 元。

2、前三年的主要会计资料和财务指标　　　　单位：人民币元

项目	2000 年度	1999 年度	1998 年度	
			调整前	调整后
主营业务收入	40,032,900.29	102,128,696.29	137,907,794.36	137,907,794.36
净利润	－3,012,450.24	18,165,897.02	21,493,442.58	22,001,888.09
总资产	399,545,387.01	370,303,308.78	238,934,549.42	228,388,510.50
股东权益（不含少数股东权益）	249,042,283.19	252,054,733.43	112,260,159.32	101,714,120.40
每股收益	－0.0333	0.2011	0.3562	0.3647
按月平均加权计算的每股收益	－0.0333	0.2261	0.3562	0.3647
扣除非经常性损益后的每股收益	－0.0648	0.1729	0.3541	0.3625
每股净资产	2.757	2.790	1.861	1.686
调整后的每股净资产	2.692	2.736	1.827	1.643
每股经营活动产生的现金流量净额	－1.002	0.5003	0.4011	0.4011
净资产收益率（％）	－1.21	7.21	19.15	21.63

注：①1999、2000 年度按总股本 9033.6 万股计算，1998 年度按总股本 6033.6 万股计算。

②根据财政部财会字[1999]35 号文、49 号文的有关规定，公司对前三年的会计数据和财务指标进行了追溯调整，并分别以调整前和调整后的数据进行列示。

3、根据中国证监会关于《公开发行证券公司信息披露编报规则》第 9 号通知精神，公司 2000 年度按全面摊薄法和加权平均法计算的净资产收益率及每股收益：

项目	净资产收益率（％）		每股收益（元/股）	
	全面摊薄	加权平均	全面摊薄	加权平均
主营业务利润	1.46	1.46	0.0404	0.0404
营业利润	－2.74	－2.74	－0.0755	－0.0755
净利润	－1.21	－1.21	－0.0333	－0.0333
扣除非经常性损益后的净利润	－2.35	－2.35	－0.0648	－0.0648

三、股东情况介绍

1、报告期末股东总数：

截至 2000 年 12 月 31 日，公司股东总数为 12987 户。

2、前十名股东持股情况：

序号	股东名称	持有股数（股）	占总股本比例（％）
1	山东声乐集团有限公司	37,980,996	42.044
2	山东沂蒙实业集团公司	1,054,110	1.167
3	山东省临沂地区公路局水泥厂	660,000	0.731
4	上海华商联合发展有限公司	533,040	0.590
5	董国臣	493,946	0.547
6	民安投资管理有限公司	455,919	0.505
7	五莲县槎河乡社会福利织布厂	440,000	0.487
8	沂南县发达硅砂有限公司	440,000	0.487
9	夏文波	366,150	0.405
10	济南行者实业有限公司	354,779	0.393

华北高速公路股份有限公司

二〇〇〇年年度报告摘选

一、公司简介

1、公司法定名称
中文名称:华北高速公路股份有限公司
英文名称:HUABEI EXPRESSWAY CO.,LTD
2、公司法定代表人:刘长宽先生
3、公司董事会秘书:周会平女士
联系地址:北京市丰台区芳群园4区22号金城中心18层
电　　话:010-67602600
传　　真:010-67602601
电子信箱:hbgszq@btamail.net.cn
4、公司注册地址:北京市经济技术开发区宏达北路10号
公司办公地址:北京市丰台区芳群园4区22号金城中心18层
邮政编码:100078
5、公司选定的信息披露报纸名称:《中国证券报》、《证券时报》
年度报告指定登载网址:http://www.cninfo.com.cn
公司年度报告备置地点:公司证券事务部
6、公司股票上市交易所:深圳证券交易所
股票简称:华北高速
股票代码:0916

二、会计数据和业务数据摘要

1、本年度主要利润指标情况(单位:人民币元)

利润总额:	280,738,100.66
净利润:	280,738,100.66
扣除非经常性损益后的净利润*	227,964,000.66
主营业务利润:	239,517,810.93
营业利润:	219,866,263.53
投资收益	60,871,837.13
营业外收支净额:	0.00
经营活动产生的现金流量净额:	302,583,695.33
现金及现金等价物净增加额:	132,221,876.73

*扣除的非经常性损益项目及涉及金额(元):

出售持有的现代投资股份有限公司(原名为“湖南长永高速股份有限公司”,以下简称“现代投资”)部分股权而获得的转让净收益4,883.12万元和国债投资收益394.29万元,共计5,277.41万元

2、公司近三年主要会计数据和财务指标:(单位:人民币元)

项　目	2000年	1999年	1998年
主营业务收入	355,767,190.00	303,726,010.00	255,396,280.00
净利润	280,738,100.66	164,634,356.74	114,298,263.47
总资产	3,295,158,843.68	3,089,209,063.22	1,998,554,789.19
股东权益	2,676,602,280.77	2,505,544,180.11	1,139,289,920.46
每股收益(按净利润摊薄)	0.2576	0.1510	0.1524
每股收益(按净利润加权)	0.2576	0.1846	0.1524
每股收益(扣除非经常性损益)	0.2091	0.1479	0.1515
每股净资产	2.4556	2.2987	1.52
调整后的每股净资产	2.4533	2.2987	1.52
每股经营活动产生的现金流量净额	0.2776	0.1786	
净资产收益率%(按净利润摊薄)	10.49	6.57	10.03
净资产收益率%(按净利润加权)	10.76	9.39	10.03
净资产收益率%(扣除非经常性损益加权)	8.74	9.20	10.03

利润表附表

报告期利润	净资产收益率(%)		每股收益(元)	
	全面摊薄	加权平均	全面摊薄	加权平均
主营业务利润	8.95	9.18	0.2197	0.2197
营业利润	8.21	8.43	0.2017	0.2017
净利润	10.49	10.76	0.2576	0.2576
扣除非经常性损益后的净利润	8.52	8.74	0.2091	0.2091

三、股东情况介绍

1、股东情况介绍
1.1 截止2000年末,公司股东总数为135,870户。
1.2 公司前十名股东持股情况

股　东　名　称	持股数量(股)	持股比例(%)
(1)华建交通经济开发中心	285,000,000	26.15
(2)天津市京津塘高速公路公司	284,700,000	26.12
(3)京津塘高速公路北京市公司	146,250,000	13.42
(4)河北省公路开发有限公司	34,050,000	3.12
(5)基金金鑫	16,146,175	1.48
(6)基金泰和	7,782,787	0.71
(7)基金同盛	4,000,000	0.37
(8)基金同益	2,000,000	0.18
(9)基金金泰	1,383,900	0.13
(10)基金普丰	745,862	0.07

湖南电广传媒股份有限公司

二〇〇〇年年度报告摘选

一、公司简介

1、公司法定中文名称:湖南电广传媒股份有限公司
公司法定英文名称:HUNAN TV&BROADCAST INTERMEDIARY CO.,LTD.
公司英文名称缩写:TVBI
2、公司法定代表人:龙秋云
公司董事会秘书:袁楚贤
授权代表:齐慎、朱宜
3、联系地址:湖南省长沙市浏阳河大桥东
电　　话:(86)731—4252080　　4251998
传　　真:(86)731—4252096
电子信箱:tvbds@public.cs.hn.cn
4、公司注册地址:湖南省长沙市浏阳河大桥东
公司办公地址:湖南省长沙市浏阳河大桥东
公司邮政编码:410003
公司国际互联网网址:http://www.tbi333.com
5、公司指定信息披露报纸:中国证券报、证券时报、上海证券报
登载公司年度报告指定的国际互联网网址:http://www.cninfo.com.cn
公司年度报告备置地点:公司董事会秘书处
6、公司股票上市交易所:深圳证券交易所
公司股票简称:电广传媒
公司股票代码:0917

二、会计数据和业务数据摘要

1、本年度主要利润指标　　单位:人民币元

利润总额	161,943,679.40
净利润	144,909,097.13
扣除非经常性损益后的净利润	141,551,195.79
主营业务利润	258,550,252.30
其他业务利润	2,083.28
营业利润	103,952,227.64
投资收益	54,040,979.59
补贴收入	—
营业外收支净额	3,950,472.17
经营活动产生的现金流量净额	107,711,595.82
现金及现金等价物增加值	1,439,151,662.29

备注:按照规定,扣除非经常性损益项目涉及项目及金额:

收入类		支出类	
无效申购冻结资金利息转入	4,776,167.32元	营业外支出	1,041,252.91元
罚款收入	15,097.00元		
其他	200,460.76元		
合计	4,991,725.08元		

2、截止报告期末公司近三年的主要会计数据和财务指标　　单位:人民币元

指标项目	2000年度	1999年度	1998年度	
			调整前	调整后
主营业务收入	578,742,137.50	428,059,980.06	308,516,241.43	308,516,241.43
净利润	144,909,097.13	83,402,072.14	64,079,687.99	60,688,847.97
总资产	3,209,666,457.82	1,270,257,136.11	1,187,905,226.81	1,184,382,626.90
股东权益(不含少数股东权益)	2,341,516,153.33	733,752,617.52	655,549,953.09	652,159,113.07
每股收益(摊薄)	0.56	0.41	0.41	0.38
加权每股收益(按月加权)	0.68	0.41	0.41	0.38
扣除非经常性损益后的每股收益	0.55	0.39	0.41	0.38
每股净资产	9.06	3.57	4.15	4.13
调整后的每股净资产	8.98	3.52	4.10	4.07
每股经营活动产生的现金流量净额	0.42	0.44	0.19	0.19
净资产收益率(%、摊薄)	6.19	11.37	9.77	9.31
净资产收益率(%、加权)	15.50	11.37	9.77	9.31

3、按照中国证监会《公开发行证券公司信息披露编报规则(第9号)》要求计算的利润数据表:

报告期利润	净资产收益率(%)		每股收益(元)	
	全面摊薄	加权平均	全面摊薄	加权平均
主营业务利润	11.04	27.66	1.00	1.21
营业利润	4.44	11.12	0.40	0.49
净利润	6.19	15.50	0.56	0.68
扣除非经常性损益后的净利润	6.05	15.14	0.55	0.66

三、股东情况介绍

1、报告期末股东总数
截止2000年12月31日,持有本公司股票的股东总数为66,844户。
2、主要股东持股情况(前十名和持股5%以上股东)

名次	股东名称	期末持股数(股)	占总股本比例(%)
1	湖南广播电视产业中心	130,000,000	50.31
2	裕阳证券投资基金	5,705,421	2.21
3	湖南星光实业发展公司	3,900,000	1.51
4	裕隆证券投资基金	3,242,039	1.25
5	兴和证券投资基金	3,000,000	1.16
6	景阳证券投资基金	2,703,333	1.05
7	湖南省金帆经济发展公司	2,600,000	1.01
8	湖南省金环进出口总公司	2,600,000	1.01
9	景福证券投资基金	2,499,850	0.97
10	金泰基金	2,457,220	0.95

湖南亚华种业股份有限公司

二〇〇〇年年度报告摘选

一、公司简介

1. 公司法定中文名称:湖南亚华种业股份有限公司
公司法定英文名称:Hunan Yahua Seeds CO.,LTD.
2. 公司法定代表人:吴新民先生
3. 公司董事会秘书:徐远忠先生
联系地址:湖南省长沙市八一路509号亚华大厦十八、十九楼
电话:0731-2566572　　2565818
传真:0731-2566602
E-MAIL地址:xuyz@public.cs.hn.cn
4. 公司注册地址:湖南省长沙市岳麓区银盆南路289号万利大厦五楼
邮政编码:410013
公司办公地址:湖南省长沙市八一路509号亚华大厦十八、十九楼
邮政编码:410011
公司国际互联网网址:www.yahuaseeds.com
E-MAIL地址:yahua@public.cs.hn.cn
5. 公司指定信息披露报刊:《中国证券报》、《证券时报》
登载公司年度报告国际互联网址:www.cninfo.com.cn
公司年度报告备置地点:公司董事会秘书办公室
6. 股票上市交易所:深圳证券交易所
股票简称:亚华种业
股票代码:0918

二、会计数据和业务数据摘要

1.2000年度利润总额及构成(单位:人民币元)

利润总额:	64,836,447.12
净利润:	61,969,095.52
扣除非经营性损益后的净利润:	59,948,155.15
主营业务利润:	95,281,217.97
其他业务利润:	6,068,759.67
营业利润:	19,891,454.73
投资收益:	44,675,333.48
补贴收入:	0
营业外收支净额:	269,658.91
经营活动产生的现金流量净额:	56,317,219.75
现金及现金等价物净增加额:	99,362,903.29

注1:扣除的非经营性损益项目和涉及金额

营业外收支净额项目:	2,020,940.37
A.无效申购冻结资金利息收入	1,590,086.76
B.无法支付的应付款项	430,853.61

注2:本期投资收益较上年增加3840.53万元,主要是由于本公司对湖南证券有限责任公司按权益法核算投资收益,以及本公司为扩大生产经营领域进行项目性投资而增加了收益。

注3:上年先征后返的所得税计入了补贴收入,由于会计政策发生变化,现直接冲减所得税,未体现在当期收入和利润总额中。

2、截止报告期末公司前三年主要会计数据和财务指标(合并数)

项目	单位	2000年	1999年	1998年	
				调整前	调整后
主营业务收入	元	338,286,665.15	265,535,387.64	255,238,555.53	255,238,555.53
净利润	元	61,969,095.52	49,868,667.76	48,413,777.14	39,194,160.63
总资产	元	1,481,524,627.05	970,704,201.24	469,956,790.66	458,410,784.63
股东权益	元	666,332,960.58	613,860,262.86	182,810,170.26	173,590,553.75
每股收益(摊薄)	元	0.365	0.293	0.44	0.36
每股收益(加权)	元	0.365	0.356	0.44	0.36
扣除非经常性损益后的每股收益(摊薄)	元	0.353	0.187	0.42	0.33
每股净资产	元	3.92	3.61	1.66	1.58
调整后的每股净资产	元	3.8	3.55	1.64	1.55
每股经营活动产生的现金流量净额	元	0.33	-0.79	-0.16	-0.16
净资产收益率(摊薄)	%	9.3	8.12	26.48	22.58
净资产收益率(加权)	%	9.71	12.51	26.48	22.58
扣除非经常性损益后的每股收益(加权)	元	0.353	0.227	0.42	0.33
扣除非经常性损益后的净资产收益率(加权)	%	9.39	7.99	26.48	22.58

3、附表:

报告期利润	净资产收益率(%)		每股收益(元)	
	全面摊薄	加权平均	全面摊薄	加权平均
主营业务利润	14.3	14.93	0.56	0.56
营业利润	2.99	3.12	0.12	0.12
扣除非经常性损益后净利润	9.0	9.39	0.35	0.35

三、股本变动及股东情况

1、股本变动情况

(1)截止2000年12月31日,本公司股东总数为8608户。其中:发起人法人股东3户,发起人自然人股东2户,社会公众股股东8603户。

(2)截止2000年12月31日本公司前10名大股东持股情况:

序号	股东名称	持股数量(股)	所占总股本比例
1	湖南省农业集团有限公司	78,100,000	45.94%
2	湖南省南山种畜牧草良种繁殖场	23,100,000	13.59%
3	湖南高溪集团公司	8,800,000	5.18%
4	金鑫证券投资基金	981430	0.58%
5	蔡军民	873940	0.51%
6	陶莹	585100	0.34%
7	褚德申	483300	0.28%
8	杜小明	457300	0.27%
9	周高芬	410500	0.24%
10	王霞	348500	0.20%

金陵药业股份有限公司

二〇〇〇年年度报告摘选

一、公司简介

1、公司法定中文名称:金陵药业股份有限公司
公司法定英文名称:Jinling Pharmaceutical Company Limited
2、公司法定代表人:朱代银
3、公司董事会秘书:徐俊扬
联系地址:江苏省南京市南京经济技术开发区新港大道58号
联系电话:(025)5801711
传　　真:(025)5801486
4、公司注册及办公地址:南京经济技术开发区(新港大道58号)
邮政编码:210038
公司网址:http://www.jlyy.com
电子信箱:info@jlyy.com
5、公司选定的信息披露报纸:《中国证券报》、《证券时报》
中国证监会指定登载公司年度报告的国际互联网网址 http://www.cninfo.com.cn
年度报告备置地点:公司证券部
6、公司股票上市地点:深圳证券交易所
股票简称:金陵药业
股票代码:0919

二、会计数据和业务数据摘要

1、本年度主要经济指标完成情况(单位:人民币元)

利润总额:	143,378,137.88
净利润:	118,853,981.68
扣除非经常性损益后的净利润:	120,775,341.14
主营业务利润:	179,597,107.96
其他业务利润:	488,733.33
营业利润:	122,270,941.85
投资收益:	24,237,408.98
营业外收支净额:	-3,130,212.95
经营活动产生的现金流量净额:	231,306,606.61
现金及现金等价物净增加额:	-47,617,776.80

2、本年度主要会计数据和财务指标 (单位:人民币元)

指标项目	2000年	1999年	1998年	
			(调整后)	(调整前)
主营业务收入	364,950,446.09	354,135,913.59	339,045,415.72	339,045,415.72
净利润	118,853,981.68	112,652,152.53	97,228,136.11	98,189,215.68
总资产	1,222,140,123.80	1,171,217,707.85	427,107,990.24	432,485,949.94
股东权益	1,058,302,039.52	1,015,888,057.84	305,322,357.38	310,365,934.71
每股收益(全面摊薄)	0.424	0.4023	0.4861	0.4909
每股收益(加权平均)	0.424	0.4970	0.4861	0.4909
扣除非经常性损益后每股收益(全面摊薄)	0.431	0.3864	0.4848	0.4896
扣除非经常性损益后每股收益(加权平均)	0.431	0.4773	0.4848	0.4896
每股净资产	3.7797	3.6281	1.5266	1.5518
调整后的每股净资产	3.7729	3.6092	1.4929	1.5181
每股经营活动产生的现金流量净额	0.8261	0.1420	-	-
净资产收益率%	11.23	11.09	31.84	31.64
净资产收益率%(加权平均)	11.05	22.86	39.78	39.05

按照中国证监会《公开发行证券公司信息披露编报规则(第9号)》要求计算的利润数据:

(单位:人民币元)

报告期利润	净资产收益率		每股收益	
	全面摊薄	加权平均	全面摊薄	加权平均
主营业务利润	16.97	16.70	0.641	0.641
营业利润	11.55	11.37	0.437	0.437
净利润	11.23	11.05	0.424	0.424
扣除非经常性损益后的净利润	11.41	11.23	0.431	0.431

报告期内股东权益变化情况(单位:人民币元)

项目	股本	资本公积	盈余公积	法定公益金	未分配利润	股东权益合计
期初数	280,000,000	635,925,548.04	20,988,028.86	20,988,028.87	57,986,452.07	1,015,888,057.84
本期增加	-	-	11,865,585.66	11,865,585.66	94,924,685.25	118,655,856.57
本期减少	-	-	-	-	76,440,000.00	76,440,000.00
期末数	280,000,000	635,925,548.04	32,853,614.52	32,853,614.53	76,471,137.32	1,058,103,914.41

变动原因:本年度母公司实现净利润118,655,856.57元,增加了盈余公积、公益金、未分配利润及股东权益;未分配利润的变动是因为本年度利润增加及拟进行2000年度的利润分配。

三、股东情况介绍

(1) 截止2000年12月31日,本公司共有股东7360户。

(2) 前十名股东持股情况(以2000年12月31日的总股本计算)　　单位:股

序号	股东名称	持股数	占总股本比例
1	南京金陵制药(集团)有限公司	132636206	47.37%
2	福州市医药总公司	24493233	8.75%
3	浙江省交接办	15296360	5.46%
4	南京市交接办	14614336	5.22%
5	合肥市医药工业公司	12959865	4.63%
6	浙江创新科技投资公司	2858630	1.02%
7	金鑫证券投资基金	1349233	0.48%
8	廖若衡	1114038	0.39%
9	罗岗政	996000	0.36%
10	上海天发投资有限公司	994700	0.35%

南方汇通股份有限公司

二○○○年年度报告摘选

一、公司简介

(一)公司法定中文名称:南方汇通股份有限公司

公司法定英文名称:SOUTH HUITON CO., LTD.

(二)公司法定代表人:惠金根先生

(三)公司董事会秘书:高锡忠先生

公司董事会股权事务授权代表:张英凯先生

联系地址:贵州省贵阳市都拉营

联系电话:(0851)4470866

传真:(0851)4470866

(四)公司注册地址:贵阳国家高新技术产业开发区

公司办公地址:贵州省贵阳市新天大道火炬大厦

邮政编码:550018

公司国际互联网网址:http://www.southhuiton.com

电子信箱:msc@southhuiton.com

(五)公司选定信息披露报纸:《证券时报》

登载公司年度报告的中国证监会指定国际互联网网址:

http://www.cninfo.com.cn

公司年度报告备置地点:公司董事会秘书处

(六)公司股票上市交易所:深圳证券交易所

股票简称:南方汇通

股票代码:0920

二、会计数据和业务数据摘要

(一)本年度主要利润指标情况 (单位:人民币元)

利润总额	74,123,408.24
净利润	74,123,408.24
扣除非经常性损益后的净利润	55,323,033.31
主营业务利润	91,632,889.25
其他业务利润	2,769,202.38
营业利润	59,008,860.74
投资收益	6,926,293.92
补贴收入	7,563,298.51
营业外收支净额	624,955.07
经营活动产生的现金流量净额	22,547,809.16
现金及现金等价物净增加额	-171,915,512.52

注:扣除的非经常性损益项目和涉及金额 (单位:人民币元)

资产处置损益	-316,084.17
临时性获得的补贴收入	7,563,298.51
新股申购冻结资金利息	948,544.60
所得税豁免	10,604,615.99

(二)截止2000年末公司前三年的主要会计数据和财务指标 (单位:人民币元)

	2000年	1999年	1998年
主营业务收入	408,799,656.84	284,016,628	274,366,034
净利润	74,123,408.24	57,076,652	50,429,762
总资产	917,703,905.51	685,498,496	256,691,268
股东权益(不含少数股东权益)	583,828,135.70	566,704,727	123,568,094
每股收益	0.39	0.30	0.42
每股净资产	3.07	2.98	1.03
调整后的每股净资产	3.07	2.93	-
每股经营活动产生的现金流量净额	0.12	0.004	-
净资产收益率(%)	12.70	10.07	40.81

三、股东情况介绍

(一)报告期末股东数:

截止2000年12月31日,公司股东总数为25036户,其中未流通国有法人股股东1户,高级管理人员0户,流通股股东25035户。

(二)公司前十名股东持股情况如下:

序号	股东名称	期初持股数(股)	期末持股数(股)	所占比例(%)	备注
1	中国铁路机车车辆工业总公司	120,000,000	120,000,000	63.16	未流通国有法人股
2	海深深南		1703,493	0.90	
3	海通基金		1211,787	0.64	
4	海通青岛		906,178	0.48	
5	海通乔口		727,802	0.38	
6	海通证券有限公司		497,007	0.26	
7	海通证券有限公司		477,647	0.25	
8	何新侠		473,140	0.25	
9	海通汉证		455,041	0.24	
10	刘云芬		381,253	0.20	

前十名股东中,海通基金、海通青岛、海通乔口、海通汉证均系海通证券有限公司机构。

广东科龙电器股份有限公司

二○○○年年度报告摘选

一、公司简介

(一)公司法定中文名称:广东科龙电器股份有限公司

公司法定英文名称:GUANGDONG KELON ELECTRICAL HOLDINGS COMPANY LIMITED

(二)公司注册与办公地址:广东省顺德市容桂镇容港路八号

网址:http://www.kelon.com

(三)法定代表人:王国端

(四)董事会秘书:余楚媛　　许伟文

电话:0765-8362570　　传真:0765-8361055

E-mail:sec@kelon.com

邮政编码:528303

(五)公司选定境内信息披露报纸:《证券时报》

境外信息披露报纸:《HK i-mail》　　《信报》

中国证监会指定的年报登载网址:http://www.cninfo.com.cn

公司年度报告备置地点:广东省顺德市容桂镇容港路八号本公司董事会秘书室

(六)股票上市地:深圳证券交易所、香港联合交易所有限公司

股票简称:科龙电器　　股票代码:0921

二、会计数据和业务数据摘要

(以人民币元为单位)

(一)公司本年度实现利润情况:

指标名称	业务数据
利润总额	(1,007,150,805)
净利润	(678,418,823)
非经常性损益合计	(15,741,048)
其中:	
资产处置损益	(5,544,048)
合并价差摊入	(10,197,000)
扣除非经常性损益后的净利润	(662,677,775)
主营业务利润	618,969,450
其他业务利润	11,333,777
营业利润	(997,920,582)
投资收益	(1,829,000)
补贴收益	175,300
营业外收支净额	(7,576,523)
经营活动产生的现金流量净额	1,090,628,652
现金及现金等价物净增加额	85,569,548
按国际会计准则计算的2000年度净利润	(688,001,403)
按国内会计准则计算的2000年度净利润	(678,418,823)
按国际会计准则的调整事项:	(9,582,580)
调整固定资产重估增值及有关折旧	(15,463,682)
调整有关开办费之以前年度损益调整	5,131,102
调整有关递延退休金之以前年度损益调整	750,000

(二)公司近三年主要会计数据及财务指标:

项目	2000年度	1999年度	1998年度
主营业务收入	4,410,880,037	5,826,700,500	3,931,073,000
净利润	(678,418,823)	643,584,316	590,704,828
总资产	6,911,367,126	7,485,339,144	6,664,138,987
股东权益(未含少数股东权益)	4,134,255,797	4,815,210,308	3,339,131,257
每股收益(加权)	(0.68)	0.69	0.67
每股收益(摊薄)	(0.68)	0.65	0.67
扣除非经常性损益后的每股收益	(0.67)	0.66	0.68
每股净资产	4.17	4.85	3.79
调整后的每股净资产	3.92	4.62	3.53
净资产收益率	(16.4%)	13.4%	17.7%
每股经营活动产生的现金流量净额	1.10	(0.66)	1.18

(三)报告期利润表附表:

报告期利润	净资产收益率(%)		每股收益(元/股)	
	全面摊薄	加权平均	全面摊薄	加权平均
主营业务利润	15.0	13.8	0.62	0.62
营业利润	(24.1)	(22.3)	(1.01)	(1.01)
净利润	(16.4)	(15.2)	(0.68)	(0.68)
扣除非经常性损益后的净利润	(16.3)	(15.0)	(0.68)	(0.68)

(四)股东权益变化及原因

	期初数	本期增加(减少)	期末数
股本	992,006,563	0	992,006,563
资本公积	2,451,222,837	0	2,451,222,837
盈余公积	229,161,802	0	229,161,802
法定公益金	114,580,901	0	114,580,901
未分配利润	1,029,461,787	(678,418,823)	351,042,964
外币报表折算差额	(1,223,582)	(2,535,688)	(3,759,270)
股东权益合计	4,815,210,308	(680,954,511)	4,134,255,797

三、股本变动及股东情况介绍

1、报告期末股东总数为94871户,其中境内股股东94748户、H股股东123户。

2、主要股东持股情况(截止2000年12月31日)

股东名称	期初		期末	
	持股数	比例(%)	持股数	比例(%)
(1)广东科龙(容声)集团有限公司	337,915,755	34.06	337,915,755	34.06
(2)FRANKLIN TEMPLETON GROUP	68,681,750	6.92	91,282,128	9.20
(3)香港上海汇丰银行有限公司	74,143,008	7.47	67,390,807	6.80
(4)渣打银行	85,645,950	8.63	53,587,302	5.40
(5)万国宝通银行	51,932,556	5.24	22,443,538	2.26
(6)德意志银行	28,312,550	2.85	11,530,000	1.16
(7)宝生银行有限公司	-	-	6,889,000	0.70
(8)华侨商业银行有限公司	-	-	5,719,000	0.57
(9)恒生银行有限公司	-	-	5,632,000	0.56
(10)美林远东有限公司	-	-	5,307,800	0.53

阿城继电器股份有限公司

二〇〇〇年年度报告摘选

一、公司简介

(一)、公司中文名称:阿城继电器股份有限公司
公司英文名称:ACHENG RELAY CO.,LTD
公司英文缩写:ARC
(二)、公司法定代表人:朱大萌
(三)、公司董事会秘书:王永利
证券事务授权代表:姜义新
电　话:0451－3703187
传　真:0451－3701318
电子信箱:ACJYX@0451.com
(四)、公司注册地址:哈尔滨市南岗区赣水路高新技术产业开发区15号楼
邮政编码:150001
公司办公地址:黑龙江省阿城市河东街
邮政编码:150302
公司国际互联网网址:Http://www.AchengRelay－China.com
公司电子信箱地址:Webmaster@Achengrelay－China
(五)、公司指定信息披露报刊:《证券时报》
中国证监会指定的年报登载网址:Http://www.cninfo.com.cn.
公司年度报告备置地点:公司证券部
(六)、股票上市地:深圳证券交易所
股票简称:阿继电器
股票代码:0922

二、会计数据和业务数据摘要

(一)、本年度主要会计和业务数据摘要(单位:元)

1、利润总额:	44,337,327.34
2、净利润:	37,601,899.27
3、扣除非经常性损益后的净利润:	35,541,444.93
4、主营业务利润:	85,105,615.51
5、其他业务利润:	130,282.32
6、营业利润:	42,276,873.00
7、投资收益:	1,031,378.13
8、补贴收入:	0
9、营业外收支净额:	1,029,076.21
10、经营活动产生的现金流量净额:	66,315,508.77
11、现金及现金等价物净增加额:	－22,019,429.36

扣除非经常性损益后的净利润是指扣除新股发行冻结资金利息948,499.10元、国债投资收益1,031,378.13元、赔偿金收入113,408.93元、滞纳金支出32,831.82元。

(二)、公司前三年的主要会计数据和财务指标:

项目	2000年	1999年		1998年	
		调整前	调整后	调整前	调整后
主营收入(元)	216,221,116.81	232,053,282.30	232,053,282.30	232,073,780.76	232,073,780.76
净利润(元)	37,601,899.27	33,808,594.25	41,412,708.51	56,974,380.58	30,478,842.50
总资产(元)	741,473,134.50	730,974,102.10	703,665,131.26	377,766,550.17	326,514,745.40
股东权益(元)	519,032,045.37	546,778,002.68	527,073,146.10	201,190,691.36	149,938,886.59
每股收益(摊薄)(元/股)	0.21	0.19	0.24	0.47	0.25
(加权)(元/股)	0.21	0.23	0.28	0.47	0.25
每股净资产(元/股)	2.96	3.11	3.00	1.67	1.24
调整后每股净资产(元/股)	2.96	3.11	3.00	1.63	1.20
净资产收益率(%)	7.24	6.18	7.86	28.32	20.33
每股经营活动产生的现金流量净额(元/股)	0.38	0.09	0.09	0.19	0.19

(三)、根据中国证监会2001年1月19日发布的《公开发行证券公司信息披露编报规则(第9号)》的通知要求计算报告期利润的净资产收益率和每股收益。

报告期利润	净资产收益率(%)		每股收益(元/股)	
	全面摊薄	加权平均	全面摊薄	加权平均
主营业务利润:	16.40	16.27	0.49	0.49
营业利润:	8.15	8.08	0.24	0.24
净利润:	7.24	7.19	0.21	0.21
扣除非经常性损益后的净利润:	6.85	6.80	0.20	0.20

(四)、报告期内股东权益变动情况

项目	股本	资本公积	盈余公积	法定公益金	未分配利润	股东权益合计
期初数	175,550,000	308,030,521.84	19,625,107.28	9,812,553.64	14,054,963.34	527,073,146.10
本期增加	—	—	3,760,189.93	1,880,094.96	37,601,899.27	43,242,184.16
本期减少	—	—	—	—	51,283,284.89	51,283,284.89
期末数	175,550,000	308,030,521.84	23,385,297.21	11,692,648.60	373,577.72	519,032,045.37

三、股本变动及股东情况

(一)、股本变动情况
报告期内公司股本及结构未发生变化。
(二)、股东情况介绍
1、报告期末股东总数42,668户。
2、报告期末本公司前10名股东持股情况

股东名称	持股数	持股比例
①阿城继电器集团有限公司	96,550,000	55%
②泰和证券投资基金	687,500	0.39%
③同益证券投资基金	575,350	0.33%
④东方证券有限责任公司自忠路证券交易营业部	468,001	0.27%
⑤东方证券有限责任公司遵义路证券交易营业部	404,640	0.23%
⑥朱红	363,513	0.21%
⑦张永义	258,000	0.15%
⑧金日松	248,200	0.15%
⑨李刚	233,250	0.13%
⑩季彬	230,000	0.13%

河北宣化工程机械股份有限公司

二〇〇〇年年度报告摘选

一、公司简介

1、公司名称:河北宣化工程机械股份有限公司
缩写:河北宣工
英文名称:XuanHua Construction Machinery Co., Ltd.　缩写:XCMC
2、法定代表人:王建军
3、董事会秘书:庞廷闽
联系地址:河北省张家口市宣化区东升路21号
电话:(0313)3012255－2248　传真:(0313)3055369
电子信箱:hbxg2@hbxg.com
4、注册地址:河北省张家口市
办公地址:河北省张家口市宣化区东升路21号
邮政编码:075105
国际互联网网址:www.hbxg.com
电子信箱:webmaster@hbxg.com
5、信息披露指定报刊:《中国证券报》
登载报告国际互联网网址:http://www.cninfo.com.cn
年度报告置备地点:公司本部证券部
6、股票上市地:深圳证券交易所
股票简称:河北宣工　股票代码:0923

二、会计数据和业务数据摘要

1、本年度主要财务指标:　单位:元

指　标	2000年
利润总额	29,031,150.57
净利润	25,310,681.29
扣除非经常性损益后的净利润	25,423,926.39
主营业务利润	59,209,758.16
其他业务利润	3,129,481.24
营业利润	18,736,769.80
投资收益	10,173,335.50
补贴收入	0
营业外收支净额	121,045.27
经营活动产生的现金流量净额	－60,952,907.61
现金及现金等价物净增加额	－ 5,314,916.74

注:扣除非经常损益项目及金额为出售固定资产净损益－113,245.10元。
2、近三年主要会计数据和财务指标:

指标	2000年	1999年	1998年	
			调整后	调整前
主营业务收入(元)	314,638,314.36	340,357,684.55	385,502,953.92	385,502,953.92
净利润(元)	25,310,681.29	28,433,729.96	22,991,662.42	26,185,829.85
总资产(元)	683,037,615.82	660,513,176.11	425,244,810.72	428,536,529.27
股东权益(元)	391,168,018.11	390,607,336.82	187,108,433.26	190,302,600.69
每股收益(摊薄)	0.15	0.17	0.21	0.24
(元/股)(加权)	0.15	0.21	0.21	0.24
扣除非经常性损益后每股收益(元/股)	0.15	0.15	0.21	0.24
每股净资产(元/股)	2.37	2.37	1.70	1.73
调整后的每股净资产(元/股)	2.35	2.35	1.70	1.73
每股经营活动产生的现金流量净额(元)	－0.37	－0.11	--	--
净资产收益率(摊薄)	6.47	7.28	12.29	13.76
(%)(加权)	6.28	9.50	11.58	--

3、根据中国证监会《公开发行证券公司信息披露编报规则》第9号的通知要求,计算2000年的利润数据如下:

报告期利润	净资产收益率(%)		每股收益(元/股)	
	全面摊薄	加权平均	全面摊薄	加权平均
主营业务利润	15.14	14.68	0.36	0.36
营业利润	4.79	4.65	0.11	0.11
净利润	6.47	6.28	0.15	0.15
扣除非经常损益后净利润	6.50	6.30	0.15	0.15
1999年利润	净资产收益率(%)		每股收益(元/股)	
	全面摊薄	加权平均	全面摊薄	加权平均
主营业务利润	17.47	22.81	0.41	0.50
营业利润	7.61	9.93	0.18	0.22
净利润	7.28	9.50	0.17	0.21
扣除非经常损益后净利润	6.31	8.24	0.15	0.18

三、股本变动和主要股东持股情况

1、股本变动情况:
报告期内股本没有变化。股本结构:　数量单位:股

	本次变动前	本次变动增减(+,-)						本次变动后
		配股	送股	公积金转股	增发	其他	小计	
一、未上市流通股份								
1、发起人股份								
其中:国家持有股份	110,000,000							110,000,000
境内法人持有股份								
境外法人持有股份								
其他								
2、募集法人股								
3、内部职工股								
4、优先股或其他								
其中:转配股								
未上市流通股份合计	110,000,000							110,000,000
二、已上市流通股份								
1、人民币普通股	55,000,000							55,000,000
2、境内上市的外资股								
3、境外上市的外资股								
4、其他								
已上市流通股份合计	55,000,000							55,000,000
三、股份总数	165,000,000							165,000,000

浙江浙大海纳科技股份有限公司

二○○○年年度报告摘选

一、公司简介

1、公司法定中文名称:浙江浙大海纳科技股份有限公司
公司法定英文名称:Zhejiang Haina Science and Technology Co., Ltd
2、公司法定代表人:梁树德
3、公司董事会秘书:朱国英
公司董事会秘书授权代表:宋 浩
联系地址:杭州市浙大路7-3号紫兰酒店6楼
联系电话:0571—7961070　　传　真:0571—7961070
4、公司注册地址:杭州市高新区2号路之江科技工业园区6号楼
公司办公地址:杭州市浙大路7-3号紫兰酒店6楼　　邮政编码:310013
公司国际互联网网址:http://www.highne.com.cn
电子信箱:highne@mail.hz.zj.cn
5、公司选定的信息披露报纸名称:《中国证券报》、《证券时报》
登载公司年度报告的中国证监会指定国际互联网网址:http://www.cninfo.com.cn
公司年度报告备置地点:公司证券部
6、公司股票上市交易所:深圳证券交易所
股票简称:浙大海纳　　股票代码:0925

二、会计数据和业务数据摘要

1、本年度公司主要经营数据　　(单位:元)

项　目	金 额
利润总额	38,023,631.37
净利润	30,527,426.55
扣除非经常性损益后的净利润	24,361,773.52
主营业务利润	63,983,309.18
其他业务利润	846,521.66
营业利润	30,055,851.16
投资收益	4,826,253.77
补贴收入	650,706.92
营业外收支净额	2,490,819.52
经营活动产生的现金流量净额	-25,222,074.09
现金及现金等价物净增加额	-102,012,452.22

注:扣除的非经营性损益项目和涉及金额:股权转让收益2,573,122.38元,股权投资差额摊销145,752.76元,补贴收入650,706.92元,新股申购未中签利息收入3,107,856.78元,固定资产清理净损失-311,785.81元,合计6,165,653.03元。

2、公司近三年主要会计数据和财务指标　　单位:元

项 目	2000年	1999年	1998年	
			调整后	调整前
主营业务收入	233,542,172.45	132,711,703.37	98,738,407.85	98,738,407.85
净利润	30,527,426.55	29,178,708.52	25,554,695.90	28,007,161.62
总资产	540,418,823.78	528,991,914.27	176,534,385.34	179,016,188.39
股东权益	362,459,536.99	348,132,110.44	89,352,571.53	91,815,074.85
每股收益(摊薄)	0.34	0.32	0.43	0.47
每股收益(加权)	0.34	0.38	0.43	0.47
扣除非经常性损益后的每股收益	0.27	0.27	0.41	0.45
每股净资产	4.03	3.87	1.49	1.53
调整后的每股净资产	4.00	3.84	1.47	1.51
每股经营活动产生的现金流量净额	-0.28	0.49		
净资产收益率(%)	8.42	8.38	28.60	30.50
净资产收益率(加权)(%)	8.59	13.34	29.78	32.18
扣除非经常性损益后的加权净资产收益率(%)	6.86	11.30	28.60	31.02

3、按中国证监会《公开发行证券公司信息披露编报原则(第9号)》要求计算2000年报告期利润的净资产收益率和每股收益如下:

报告期利润	净资产收益率(%)		每股收益(元)	
	全面摊薄	加权平均	全面摊薄	加权平均
主营业务利润	17.65	17.61	0.71	0.71
营业利润	8.29	8.27	0.33	0.33
净利润	8.42	8.40	0.34	0.34
扣除非经常性损益后的净利润	6.72	6.70	0.27	0.27

4、股东权益变动情况　　单位:元

项 目	期初数	本期增加	本期减少	期末数
股本	90,000,000.00	0	0	90,000,000.00
资本公积金	238,777,640.45	0	0	238,777,640.45
盈余公积金	5,645,695.57	4,701,982.56	0	10,347,678.13
法定公益金	1,881,898.52	1,567,327.52	0	3,449,226.04
未分配利润	13,708,774.42	9,625,443.99	0	23,334,218.41
股东权益合计	348,132,110.44	14,327,426.55	0	362,459,536.99

三、股本变动和股东持股情况

1、主要股东持股情况

(1)截止2000年12月29日,本公司共有股东22921户。

(2)报告期内持有本公司5%以上股份的股东是浙江大学企业集团控股有限公司,2000年12月末持股数量为56200000股,其持有股份年度内没有增减,也未有质押和冻结情况。

前十名股东持股情况如下:

名次	股东名称	持股数量	持股比例(%)
1	浙江大学企业集团控股有限公司	56200000	62.44
2	浙江省科技风险投资公司	2000000	2.22
3	刘蝶孙	487800	0.54
4	赵 建	450000	0.50
5	褚 健	450000	0.50
6	李立本	450000	0.50
7	张锦心	450000	0.50
8	泰和证券投资基金	399655	0.44
9	江伟东	206270	0.23
10	刘兆沛	204169	0.23

湖北福星科技股份有限公司

二○○○年年度报告摘选

一、公司简介

1.公司的法定中文名称:湖北福星科技股份有限公司
英文名称:HUBEI FUXING SCIENCE AND TECHNIQUE CO.,LTD
英文缩写:HFST
2.公司法定代表人:谭功炎
3.公司董事会秘书:冯东兴
联系地址:湖北省汉川市沉湖镇福星街1号
电话:0712-8740018
传真:0712-8740018
电子信箱:hc.wr.fx@xg.hb.cninfo.net
授权代表:杨望云
电话:0712-8740038-8028
传真:0712-8740018
4.公司注册地址:湖北省汉川市沉湖镇福星街1号
公司办公地址:湖北省汉川市沉湖镇福星街1号
邮政编码:432307
公司国际互联网网址:http://www.fxkj.com
电子信箱:hcfxkj@public.xg.hb.cn
公司选定的信息披露报纸:《证券时报》、《中国证券报》
登载公司年度报告的国际互联网网址:http://www.cninfo.com.cn
5.公司年度报告备置地点:湖北福星科技股份有限公司证券部
公司股票上市交易所:深圳证券交易所
股票简称:福星科技股票代码:0926

二、会计数据和业务数据摘要

1.公司本年度实现利润情况(单位:人民币元)

项目	2000年度
利润总额	96,568,992.27
净利润	82,993,160.81
非经营性损益合计	3,260,535.66
其中:资产处置损益	3,260,535.66
扣除非经营性损益后的净利润	79,732,625.15
主营业务利润	123,223,666.49
其他业务利润	1,332,553.51
营业利润	90,302,275.37
投资收益	6,063,449.20
补贴收入	0
营业外收支净额	203,267.70
经营活动产生的现金流量净额	57,598,904.03
现金及现金等价物净增加额	-146,463,816.04

2.公司前三年主要会计数据和财务指标(单位:人民币元)

项　目	2000年	1999年	1998年
主营业务收入	389,220,781.33	293,629,283.85	312,096,547.37
净利润	82,993,160.81	57,484,991.51	56,137,818.35
总资产	871,882,597.74	753,443,737.77	510,239,620.55
股东权益(不含少数股东权益)	605,976,056.63	556,319,770.82	240,105,160.59
每股收益(摊薄)	0.311	0.280	0.37
(加权)	0.395	0.315	0.37
每股净资产	2.27	2.71	1.60
调整后的每股净资产(加权)	2.88	3.05	1.57
净资产收益率(%)	13.70	10.33	23.38
每股经营活动产生的现金流量净额	0.216	0.245	0.50
扣除非经常性损益后的每股收益	0.299	0.27	0.37

3.根据中国证监会关于发布《公开发行证券公司信息披露编报规则》第9号通知精神,公司2000年按全面摊薄法和加权平均法计算的净资产收益率及每股收益。

报告期利润	净资产收益率(%)		每股收益(元)	
	全面摊薄	加权平均	全面摊薄	加权平均
主营业务利润	20.33	20.71	0.462	0.462
营业利润	14.90	15.18	0.339	0.339
净利润	13.70	13.95	0.311	0.311
扣除非经常性损益后净利润	13.16	13.40	0.299	0.299

4.股东权益变动情况　　单位:股、人民币元

项目	股本	资本公积	盈余公积	法定公益金	未分配利润	股东权益合计
期初数	205,150,000.00	229,373,368.72	33,895,617.01	13,036,775.77	74,864,009.32	556,319,770.82
本期增加	61,545,000.00		8,299,316.08	4,149,658.04	70,544,186.69	144,538,160.81
本期减少		41,030,000.00			53,851,875.00	94,881,875.00
期末数	266,695,000.00	188,343,368.72	42,194,933.09	17,186,433.81	91,556,321.01	605,976,056.63

三、股东情况介绍

1.股东情况介绍

(1)、截止2000年12月31日,公司股东总数20330户,其中内部职工股2925户。

(2)、截止2000年12月31日,公司前十名股东持股情况:

序号	股东名称	年初持股数(股)	增加	年末持股数(股)	持股比例(%)	备注
1	湖北省汉川市钢丝绳厂	122,760,000	36,828,000	159,588,000	59.84	未上市流通股份
2	裕隆基金		8,606,238	8,606,238	3.23	公众股
3	孝感市产权交易中心	3,300,000	990,000	4,290,000	1.61	未上市流通股份
4	湖北川大纺织(集团)股份有限公司	1,650,000	495,000	2,145,000	0.80	未上市流通股份
5	金元基金		975,247	975,247	0.36	公众股
6	深达电子公司		631,081	631,081	0.23	公众股
7	张秀凤		620,100	620,100	0.23	公众股
8	黄阿飞		506,905	506,905	0.19	公众股
9	方其祥		395,330	395,330	0.15	公众股
10	卢惠光		341,120	341,120	0.13	公众股

天津汽车夏利股份有限公司

二○○○年年度报告摘选

一、公司简介

1、公司中文名称：天津汽车夏利股份有限公司
公司英文名称：Tianjin Automotive Xiali Co.,Ltd
2、公司法定代表人：刘清茂
3、公司董事会秘书：张洪生
授权代表：买宏君
联系地址：天津市南开区南京路355号
电话：022－27021917、022－27021924
传真：022－27021903
电子信箱：xiali@mail.zlnet.com.cn
4、公司注册地址：天津市南开区南京路355号
公司办公地址：天津市南开区南京路355号
邮政编码：300073
电子信箱：xiali@mail.zlnet.com.cn
5、公司信息披露报刊：中国证券报、证券时报
刊登年报互联网网址：www.cninfo.com.cn
年度报告备置地点：公司证券部
6、公司股票上市地：深圳证券交易所
公司股票简称：天津汽车　　公司股票代码：0927

二、会计数据和业务数据摘要

1、公司本年度业务数据(单位：人民币元)

利润总额：	328,213,302.86
净利润：	280,846,942.88
扣除非经常性损益后的净利润：	292,042,821.09
主营业务利润：	738,785,567.15
其他业务利润：	2,590,883.08
营业利润：	337,933,287.83
投资收益：	1,475,893.24
补贴收入：	0.00
营业外收支净额：	－11,195,878.21
经营活动产生的现金流量净额：	139,057,673.67
现金及现金等价物净增加额：	－136,321,735.84

扣减非经常性损益内容及金额：
(1)处置固定资产收益：16.1万元，支出：1139.3万元
(2)罚款收益：8.3万元，支出：4.7万元。
2、近三年主要会计数据及财务公式(单位：人民币元)

项　目	2000年	1999年	1998年	
			调整后	调整前
主营业务收入	4,533,681,394.76	6,060,794,122.61	6,060,794,122.61	5,688,772,969.03
净利润	280,846,942.88	446,303,607.24	455,363,607.24	394,683,223.57
总资产	7,226,319,905.25	6,646,977,394.40	6,671,174,174.40	5,655,469,613.62
股东权益(不含少数股东权益)	3,684,850,651.84	3,404,033,708.96	3,428,200,488.96	1,708,067,881.72
以净利润计算的每股收益(摊薄)	0.194	0.308	0.314	0.320
以净利润计算的每股收益(加权)	0.194	0.337	0.344	0.320
扣除非经常性损益后的每股收益(摊薄)	0.201	0.305	0.311	0.321
扣除非经常性损益后的每股收益(加权)	0.201	0.334	0.341	0.321
每股净资产	2.541	2.347	2.364	1.386
调整后每股净资产	2.501	2.260	2.272	1.242
每股经营活动产生的现金流量净额	0.096	0.055	0.055	0.447
以净利润计算的净资产收益率(摊薄)	7.62%	13.11%	13.28%	23.11%
以净利润计算的净资产收益率(加权)	7.92%	18.10%	18.44%	21.31%
扣除非经常性损益后的净资产收益率(摊薄)	7.93%	12.99%	13.16%	23.13%
扣除非经常性损益后的净资产收益率(加权)	8.24%	17.94%	18.27%	21.33%

3、报告期内股东权益变动情况(单位：人民币元)

项目	股本	资本公积	盈余公积	其中：法定公益金	未分配利润	股东权益合计
期初数	1,450,158,200	1,451,199,368.11	139,783,854.69	46,595,284.90	362,862,286.16	3,404,003,708.96
本期增加	0.00	0.00	42,127,041.43	32,184,795.55	238,719,901.45	280,846,942.88
本期减少	0.00	0.00	0.00	0.00	0.00	0.00
期末数	1,450,158,200	1,451,199,368.11	181,910,896.12	78,780,079.69	601,582,187.61	3,684,850,651.84

三、股本变动及股东情况

1、报告期末股东总数为110756户。

2、持有公司5%以上(含5%)股份的股东为天津汽车工业(集团)有限公司，年度内其所持股份没有发生变动，持股数为1,232,158,200股，该股份未被质押或冻结。

公司前10名股东持股情况(1999年12月31日)

名次	股东名称	年末持股数(股)	占总股本比例(%)
1	天津汽车工业(集团)有限公司	1,232,158,200	84.97
2	哈尔滨道里投资股份有限公司	1,197,640	0.08
3	泰和证券投资基金	1,189,767	0.08
4	姜永军	1,105,800	0.08
5	宋彦涛	903,024	0.06
6	哈尔滨北大投资发展有限公司	837,375	0.06
7	普丰证券投资基金	735,059	0.05
8	陈赛辉	567,950	0.04
9	肖坤	555,923	0.04
10	刘力	552,400	0.04

吉林炭素股份有限公司

二○○○年年度报告摘选

一、公司简介

1、公司法定名称：吉林炭素股份有限公司
公司英文名称：JILin Carbon Co.,Ltd
2、公司法定代表人：杨　超
3、公司董事会秘书：李海涛
联系地址：吉林省吉林市和平街九号
电　　话：0432——2730486
传　　真：0432——2730486
4、公司注册地址：吉林省吉林市和平街九号
公司办公地址：吉林省吉林市和平街九号
邮政编码：132002
公司电子信箱：JTGS@public JI.JI.CN
5、公司年度业报告备置地点：公司财务部
登载公司年度报告的中国证监会指定国际互联网网址：
http://www.cninfo.com.cn
6、公司股票上市交易所：深圳证券交易所
公司信息披露的指定报刊：《证券时报》
股票简称：吉林炭素
股票代码：0928

二、会计数据和业务数据摘要

1、公司本年度主要指标情况(金额单位：人民币元)

指　标	2000年
利润总额	50,764,512.98
净利润	42,068,653.71
扣除非经常性损益后的净利润	39,068,653.71
主营业务利润	128,547,980.92
其他业务利润	22,446,850.02
营业利润	49,524,053.18
投资收益	521,856.17
补贴收入	0.00
营业外收支净额	718,603.63
经营活动产生的现金流量净额	－38,486,254.03
现金及现金等价物净增加额	99,356,828.83

注："扣除非经常性损益后的净利润"中扣除的非经常性损益项目和涉及金额(单位：人民币)

项　目	金　额
新股申购冻结利息	3,000,000.00
合计	3,000,000.00

2、截止报告期末公司前三年主要会计数据财务指标(单位：人民币元)

项　目	2000年	1999年	1998年	
			调整后	调整前
主营业务收入	716,711,056.67	620,770,963.13	732,106,866.41	732,106,866.41
净利润	42,068,653.71	68,602,716.67	81,080,087.65	85,035,428.36
总资产	2,153,964,754.64	1,809,023,176.09	1,783,031,240.88	1,790,767,329.55
股东权益	997,448,463.30	1,000,643,649.59	932,040,932.92	939,777,021.59
每股收益	0.15	0.24	0.29	0.30
每股收益(按月平均加权法计算)	0.15	0.24	0.40	0.42
扣除非经营性资产后的每股收益	0.14	0.17	0.22	0.24
每股净资产	3.53	3.54	3.29	3.32
调整后每股净资产	3.26	3.22	3.02	3.05
每股经营活动产生的现金流量净额	－0.14	－0.55	－0.49	－0.49
净资产收益率(%)	4.22	6.86	8.70	9.05
加权净资产收益率(%)	4.12	7.10	18.20	
扣除非经常性损益后的加权净资产收益率(%)	3.82	5.06	13.97	

以上数据和指标均以合并会计报表数填列和计算。
3、报告期内股东权益变动情况：(单位：人民币元)

项目	股本	资本公积	盈余公积	其中：公益金	未分配利润	合　计
期初数	282,899,000.00	554,617,324.00	95,714,311.63	45,497,482.57	67,413,013.96	1,000,643,649.59
本期增加			14,147,393.74	7,073,696.87	27,921,259.97	42,068,653.71
本期减少					45,263,840.00	45,263,840.00
期末数	282,899,000.00	554,617,324.00	109,861,705.37	52,571,179.44	50,070,433.93	997,448,463.30

变动原因：

盈余公积金增加原因是本年度按10%提取法定公积金707.37万元及按10%提取法定公益金707.37万元；

未分配利润变动是因为本年度实现净利润及本报告期实施了利润分配预案，即每10股派现1.60元(含税)。

三、股本变动及股东情况

1、报告期内，本公司股本总量及结构未发生变化。
2、股东情况介绍
(1)股东总数：截止2000年12月31日，本公司股东总数为70,179名，其中：境内法人股股东17名，内部职工股股东6,771名，社会公众股股东63,391名。
(2)公司前10名股东持股情况：

股东名称	持股数(股)	占总股本比例(%)	备注
吉林炭素集团有限责任公司	150,180,000	53.09	国有法人股
攀钢成都无缝钢管有限公司	2,000,000	0.71	境内法人股
本溪钢铁集团有限责任公司	1,500,000	0.53	境内法人股
天津钢管公司	1,000,000	0.35	境内法人股
北满特殊钢股份有限公司	1,000,000	0.35	境内法人股
大连钢铁集团有限公司	1,000,000	0.35	境内法人股
无锡锡兴钢铁股份有限公司	1,000,000	0.35	境内法人股
四川川投长城特殊钢股份公司	1,000,000	0.35	境内法人股
冶钢集团有限责任公司	700,000	0.25	境内法人股
杭州钢铁集团有限责任公司	600,000	0.21	境内法人股

兰州黄河企业股份有限公司

二〇〇〇年年度报告摘选

一、公司简介

1、公司法定名称
中文名称:兰州黄河企业股份有限公司
英文名称:Lan Zhou Huanghe Enterprise Co.,Ltd
2、公司法定代表人:杨纪强
3、公司董事会秘书:魏福新
联系地址:甘肃省兰州市中山路金运大厦22层
电　　话:(0931)8449054
传　　真:(0931)8449005
电子信箱:hhgfgs@public.lz.gs.cn
4、公司注册地址:兰州市七里河区郑家庄108号
公司办公地址:兰州市中山路金运大厦22层
邮 政 编 码:730030
公司电子信箱:lzhhqy@lz.gs.cninfo.net
5、公司信息披露报刊:《证券时报》、《中国证券报》
登载公司年度报告的国际互联网网址:http://www.cninfo.com.cn
公司年度报告备置地点:公司证券部
6、公司股票上市交易所:深圳证券交易所
股票简称:兰州黄河
股票代码:0929

二、会计数据和业务数据摘要

1、公司本年度业务数据摘要　　(单位:人民币元)

项目	金额
利润总额	3,355,610.49
净利润	3,292,734.60
扣除非经常性损益后的净利润	1,074,595.96
主营业务利润	53,400,550.76
其他业务利润	1,060,806.15
营业利润	1,066,590.16
投资收益	146,065.60
补贴收入	-
营业外收支净额	2,142,954.73
经营活动产生的现金流量净额	-1,148,723.97
现金及现金等价物净增加额	-21,854,682.11

扣除的非经常性损益项目和涉及金额:新股冻结利息收入2,218,138.64

2、截止报告期末,公司前三年主要会计数据和财务指标(单位:元)

项 目	2000年	1999年	1998年	
			调整前	调整后
主营业务收入	185,910,118.34	205,065,509.06	377,977,301.03	377,977,301.03
净利润	3,292,734.60	17,579,762.24	31,471,320.00	32,852,211.63
总资产	926,984,029.15	997,455,096.04	642,865,746.00	583,727,072.70
股东权益	489,735,358.25	486,442,623.65	159,660,971.00	157,330,079.68
每股收益(摊薄)	0.0279	0.1790	0.59	0.62
每股收益(加权)	0.0305	0.2322	0.52	0.56
扣除非经常性损益后的每股收益	0.0091	-0.4673	0.53	0.56
每股净资产	4.1559	4.9536	3.00	2.96
调整后的每股净资产	4.0724	4.9371	2.75	2.71
每股经营活动产生的现金流量净额	-0.0097	-0.7482	-0.35	-0.35
净资产收益率(摊薄)	0.67%	3.61%	19.71%	20.88%
净资产收益率(加权)	0.67%	5.46%	19.71%	20.88%

3、附表

报告期利润	净资产收益率(%)		每股收益(元)	
	全面摊薄	加权平均	全面摊薄	加权平均
主营业务利润	10.90	10.94	0.4532	0.4944
营业利润	0.22	0.22	0.0091	0.0099
净利润	0.67	0.67	0.0279	0.0305
扣除非经常性损益后净利润	0.22	0.22	0.0091	0.0099

4、报告期内股东权益变动情况表(单位:元)

项 目	股本(股)	资本公积	盈余公积	法定公益金	未分配利润	股东权益合计
期初数	98,200,000	316,367,517.04	12,986,799.69	6,739,273.35	91,393,894.67	526,179,231.75
本期增加	19,640,000	-	93,685.89	31,228.63	3,199,048.71	3,292,734.60
本期减少	-	-19,640,000.00	-	-	-	-
期末数	117,840,000	296,727,517.04	13,080,485.58	4,360,161.86	62,087,355.63	489,735,358.25

变动原因:
(1) 股本增加,是由于报告期内实施1999年度利润分配方案,以资本公积金转增股本所致。
(2) 未分配利润增加是本年度利润增加所致。

三、股东情况介绍

1、报告期末公司股东总数28,155户。
2、前10名股东持股情况(截止2000年12月31日)

股 东 名 称	持股数量(股)	占总股本比例(%)
兰州黄河企业集团公司	48,000,000	40.73
甘肃省工业交通投资公司	6,000,000	5.09
北京首都国际机场商贸公司	6,000,000	5.09
中石化第五建设公司	3,600,000	3.05
新疆乌市通信技术开发总公司	520,000	0.44
王波	423,920	0.36
陈瑞奇	382,860	0.32
新疆信忆实业有限公司	273,754	0.23
翟映霞	223,200	0.19
王菊娥	214,074	0.18

安徽丰原生物化学股份有限公司

二〇〇〇年年度报告摘选

一、公司简介

(一)公司法定中文名称:安徽丰原生物化学股份有限公司
中文简称:丰原生化
英文名称:ANHUI BBCA BIOCHEMICAL CO., LTD.
英文简称:BBCA BIOCHEMICAL
(二)公司法定代表人:李荣杰先生
(三)公司董事会秘书:何宏满先生
联系地址:安徽省蚌埠市大庆路73号
电　　话:0552-4926486　　传真:0552-4926733
电子信箱:stock@mail.bbca.com.cn
(四)公司注册地址:安徽省蚌埠市大庆路73号
公司办公地址:安徽省蚌埠市大庆路73号　　邮政编码:233010
公司网址:http://www.bbca.com.cn
(五)公司选定的信息披露报纸名称:《证券时报》、《中国证券报》
登载公司年报的网址:http://www.cninfo.com.cn
公司年度报告备置地点:公司证券部
(六)公司股票上市交易所:深圳证券交易所
股票简称:丰原生化　　股票代码:0930

二、会计数据和业务数据摘要

(一)本年度主要会计数据(单位:人民币元)

项目	金额
利润总额	101,205,456.73
净利润	86,024,638.22
扣除非经常性损益后的净利润	84,133,504.39
主营业务利润	196,303,637.44
其他业务利润	1,361,145.35
营业利润	99,314,322.90
补贴收入	500,000.00
营业外收支净额	1,391,133.83
经营活动产生的现金流量净额	126,837,414.43
现金及现金等价物净增加额	-83,145,881.48

注:扣除的非经常性损益项目和涉及金额:

项目	金额
1、营业外收支净额项目:	1,391,133.83
(1)发行股票冻结资金利息	2,271,863.04
(2)罚款净收入	99,433.88
(3)公益性支出	350,000.00
(4)其他净支出	630,163.09
2、补贴收入项目:	500,000.00
(1)财政专项补助	500,000.00
3、以上项目涉及金额:	1,891,133.83

(二)近三年主要会计数据和财务指标(单位:人民币元)

项目	2000年	1999年	1998	
			调整前	调整后
主营业务收入	705,181,140.50	482,901,137.34	345,643,004.50	345,643,004.50
净利润	86,024,638.22	40,641,186.19	36,469,244.50	35,236,945.25
总资产	1,351,920,211.58	1,080,302,199.85	490,576,563.05	488,912,788.18
股东权益	592,081,799.66	571,943,572.86	150,281,595.30	148,867,386.67
每股收益(全面摊薄)	0.585	0.277	0.419	0.405
每股收益(加权平均)	0.585	0.347	0.461	0.446
每股净资产	4.028	3.891	1.728	1.712
调整后的每股净资产	4.013	3.860	1.579	1.563
每股经营活动产生的现金流量净额	0.863	-0.981		
净资产收益率%(全面摊薄)	14.53	7.11	24.27	23.67
净资产收益率%(加权平均)	14.78	11.28	30.85	29.96
扣除非经常性损益后的每股收益	0.572	0.273	0.407	0.393

(三)净资产收益率和每股收益系列指标(单位:人民币元)

报告期利润	净资产收益率		每股收益	
	全面摊薄	加权平均	全面摊薄	加权平均
主营业务利润	33.15%	33.73%	1.336	1.336
营业利润	16.78%	17.06%	0.676	0.676
净利润	14.53%	14.78%	0.585	0.585
扣除非经常性损益后的净利润	14.21%	14.46%	0.572	0.572

三、股本变动及股东情况

(一)股本变动情况
1、股份变动情况表　　数量单位:股

	本次变动前	本次变动增减(+,-)						本次变动后
		配股	送股	公积金转股	增发	其他	小计	
一、未上市流通股份								
1、发起人股份								
其中:								
国家持有股份	85,000,000							85,000,000
境内法人持有股	1,978,800							1,978,800
境外法人持有股								
其他								
1、募集法人股份								
2、内部职工股								
3、优先股或其他								
其中:转配股								
未上市流通股份合计	86,978,800							86,978,800
二、已上市流通股份								
1、人民币普通股	60,000,000							60,000,000
2、境内上市的外资股								
3、境外上市的外资股								
4、其他								
已上市流通股份合计	60,000,000							60,000,000
三、股份总数	146,978,800							146,978,800

北京中关村科技发展(控股)股份有限公司

二○○○年年度报告摘选

一、公司简介

1、公司法定中文名称:北京中关村科技发展(控股)股份有限公司

公司法定英文名称:BEIJING CENTERGATE TECHNOLOGIES (HOLDING) CO., LTD.

2、公司法定代表人:郝有诗先生

3、公司董事会秘书:郭虎亮先生

公司证券事务代表:刘军先生

联系地址:北京市海淀区中关村南大街32号中关村科技发展大厦

电话:(010)62140168

传真:(010)62140038

电子信箱:guo-huliang@centek.com.cn

4、公司注册地址:北京市海淀区海淀路9号

办公地址:北京市海淀区中关村南大街32号中关村科技发展大厦

邮政编码:100081

公司国际互联网网址:http://www.centek.com.cn

5、公司选定的信息披露报纸名称:《中国证券报》、《证券时报》、《上海证券报》

登载公司年度报告的中国证监会指定国际互联网网址:http://www.cninfo.com.cn

公司年度报告备置地点:公司董事会秘书处

6、公司股票上市交易所:深圳证券交易所

股票简称:中关村

股票代码:0931

二、会计数据和业务数据摘要

1、本年度主要利润指标情况　　单位:人民币元

项目	金额
利润总额:	204,458,882.49
净利润:	158,998,162.68
扣除非经常性损益后的净利润:	159,012,833.16
主营业务利润:	273,661,961.74
其他业务利润:	23,139,049.45
营业利润:	150,969,785.67
投资收益:	53,212,998.06
补贴收入:	290,769.24
营业外收支净额:	-14,670.48
经营活动产生的现金流量净额:	-1,290,570,105.29
现金及现金等价物净增加额:	478,792,536.52
注:非经常性损益扣除项目有营业外收支净额	-14,670.48元。

2、截止报告期末公司前三年主要会计数据和财务指标　　单位:人民币元

	2000年度	1999年度	1998年度
主营业务收入	1,570,124,509.89	2,224,531,665.64	2,099,542,077.06
净利润	158,998,162.68	176,383,866.90	84,852,996.19
总资产	6,604,111,725.34	3,123,170,821.24	1,353,800,471.39
股东权益(不含少数股东权益)	1,692,993,966.55	1,626,400,408.84	459,590,047.24
每股收益(摊薄)	0.24	0.26	0.31
每股收益(加权)	0.24	0.40	0.31
扣除非经常性损益后的每股收益(元)	0.24	0.22	0.31
每股净资产	2.51	2.41	1.70
调整后每股净资产	2.45	2.41	1.70
每股经营活动产生的现金流量净额	-1.91	-0.57	
净资产收益率(摊薄)	9.39%	10.85%	18.46%
净资产收益率(加权)	9.32%	19.25%	19.38%

注:以上指标涉及股本总数时,公司2000年度总股本按67,484.694万股计算;1999年度总股本按67,484.694万股计算;1998年度总股本按27,000万股计算。

3、利润表附表　　单位:人民币元

报告期利润	净资产收益率		每股收益	
	全面摊薄	加权平均	全面摊薄	加权平均
主营业务利润	16.16%	16.04%	0.41	0.41
营业利润	8.92%	8.85%	0.22	0.22
净利润	9.39%	9.32%	0.24	0.24
扣除非经常性损益后的净利润	9.39%	9.32%	0.24	0.24

三、股东情况

1、报告期末股东总数为356,683户。

2、报告期末,公司前十名股东持股情况一览表

股东名称	持股数(股)	占总股本比例(%)
·北京住总集团有限责任公司	270,000,000	40.01
·北京市国有资产经营公司	11,000,000	1.63
·陆海龙	5,049,438	0.75
·北京实创高科技发展总公司	5,000,000	0.74
·北京市新技术产业发展服务中心	5,000,000	0.74
·北京北大方正集团公司	3,134,200	0.46
·四通集团公司	3,000,000	0.44
·联想集团控股公司	3,000,000	0.44
·北京开源机械设备公司	1,964,270	0.29
·廖晓明	1,605,960	0.24

湖南华菱管线股份有限公司

二○○○年年度报告摘选

一、公司简介

公司法定中文名称:湖南华菱管线股份有限公司

公司法定英文名称:Hunan Valin Steel Tube & Wire Co., Ltd

法定代表人:李效伟

董事会秘书:汪 俊

电话:0731-4439297　　2245196

传真:0731-4447112　　2245196

公司注册地址:湖南省长沙市芙蓉中路269号华菱大厦20楼

公司办公地址:湖南省长沙市芙蓉中路269号华菱大厦20楼

网址:http://www.valin.com.cn

E-mail:hlgx@public.cs.hn.cn

邮政编码:410011

公司选定境内信息披露报纸:《中国证券报》、《证券时报》

中国证监会指定的年报登载网址:http://www.cninfo.com.cn

公司年度报告备置地点:湖南省长沙市芙蓉中路269号华菱大厦20楼本公司证券部

股票上市地:深圳证券交易所

股票简称:华菱管线

股票代码:0932

二、会计数据和业务数据摘要

1.公司本年度实现利润情况:　　(单位:人民币元)

项目	金额
利润总额(合并)	450,308,034.21
净利润:	364,233,371.87
非经常性损益合计:	-24,745,073.01
其中:	
新股申购冻结资金利息	
资产处置损益:	-21,307,496.48
合并价差摊入:	-3,437,576.53
扣除非经常性损益后的净利润:	388,978,444.88
主营业务利润:	709,660,011.41
其他业务利润:	8,396,240.13
营业利润:	474,239,795.77
投资收益:	-3,309,513.75
补贴收益:	
营业外收支净额:	-20,622,247.81
经营活动产生的现金流量净额:	737,740,007.44
现金及现金等价物净增加额:	1,154,340.28

2.公司近三年主要会计数据及财务指标:

序号	项目	2000年	1999年	1998年	
				调整前	调整后
1	主营业务收入	6,193,375,232.69	4,874,224,553.83	4,526,511,042.50	4,526,511,042.50
2	净利润	364,233,371.87	311,207,245.54	308,138,117.35	242,437,257.51
3	总资产	5,419,319,218.21	4,734,435,682.30	3,621,930,054.06	3,522,329,577.91
4	股东权益	3,373,763,085.73	3,087,798,463.86	1,696,918,474.36	1,597,317,998.21
5	每股收益(摊薄)	0.2327	0.2485	0.2935	0.2309
6	每股收益(加权)	0.2327	0.2746	0.2935	0.2309
7	扣除非经常性损益后的每股收益	0.2485	0.2474	0.2935	0.2309
8	每股净资产	2.16	2.47	1.62	1.52
9	调整后的每股净资产	2.05	2.34	1.49	1.43
10	净资产收益率%(摊薄)	10.80	9.88	18.16	15.18
11	净资产收益率%(加权)	11.02	14.26	18.16	15.18
12	每股经营活动产生的现金流量净额	0.47	0.06		

3.股东权益变化及原因

项目	期初数	本期增加	本期减少	期末数
股本	1,252,300,000.00	313,075,000.00		1,565,375,000.00
资本公积	1,378,368,577.12		62,615,000.00	1,315,753,577.12
盈余公积	46,681,086.84	83,290,235.38		129,971,322.22
其中:公益金	15,560,362.28	41,645,117.69		57,205,479.97
未分配利润	410,448,799.90	364,233,371.87	412,018,985.38	362,663,186.39
股东权益合计	3,087,798,463.86	760,598,607.25	474,633,985.38	3,373,763,085.73

变动原因:股本增加系公司于2000年5月26日第5次股东大会决议通过的1999年度利润分配方案:向全体股东每10股送2股红股、用资本公积金转增0.5股;资本公积金减少系上述分配方案中用资本公积金每10股转增0.5股;盈余公积金增加为本公司本年度盈利提取;未分配利润减少系上述分配方案中用未分配利润每10股送2股红股,派现0.5元(含税)及2000年分配方案年末总股本每10股派现金0.5元(含税);股东权益增加为公司本年度盈利留存所致。

三、股东情况介绍

1、报告期末股东总数为152548户

2、主要股东持股情况(截止2000年12月31日)

股东名称	期末持股数	期内增减	占总股本比例
① 湖南华菱钢铁集团有限责任公司	1312500000	262500000	83.84
② 长沙矿冶研究院	2500000	500000	0.160
③ 普丰证券投资基金	677943		0.043
④ 董洪海	260000		0.017
⑤ 张武	250000		0.016
⑥ 张慧	225000		0.014
⑦ 于月芳	200000		0.013
⑧ 宁悦	179972		0.011
⑨ 梁智敏	175000		0.011
⑩ 林立东	171693		0.010

河南神火煤电股份有限公司

二○○○年年度报告摘选

一、公司简介

1、公司法定中文名称:河南神火煤电股份有限公司

公司法定英文名称:HENAN SHEN HUO COAL INDUSTRY AND ELECTRICITY POWER CO. LTD

2、公司法定代表人:李志经

3、公司董事会秘书:王培顺

证券事务代表:李孟臻

联系地址:河南省永城市新城区光明路

电话:0370-5114822 5114055

传真:0370-5114822

4、公司注册地址:河南省永城市新城区光明路

公司办公地址:河南省永城市新城区光明路 邮政编码:476600

5、公司年度报告备置地点:公司董事会秘书办

公司指定信息披露报纸:《中国证券报》、《证券时报》

登载公司年度报告的中国证监会指定国际互联网网址:

http://www.cninfo.com.cn

6、公司股票上市交易所:深圳证券交易所

股票简称:神火股份

证券代码:0933

二、会计数据和业务数据摘要

1、2000年度公司实现利润总额118274041.75元,净利润95646591.54元,扣除非经常性损益后的净利润87634858.57元;其中主营业务利润173503820.79元,其他业务利润15789637.53元,投资收益7801853.03元,营业外收支净额—2644383.53元,经营活动产生的现金流量净额96443554.87元,现金及现金等价物净增加额32963820.78元。(注:扣除非经常性损益1、投资收益7801853.03元;2、无法支付款项719.98元;3、捐赠支出110200.00元;4、处理固定资产损失98959.96元)

2、主要会计数据和财务指标 单位:人民币元

指标项目	2000年	1999年	1998年(调整后)	1998年(调整前)
1、主营业务收入	538857119.66	462349897.42	412915734.28	412915734.28
2、净利润	95646591.54	77489405.99	58737824.93	63309505.5
3、总资产	1089817169.16	1032802692.21	560319600.34	564891280.91
4、股东权益	795260642.92	770046441.37	211603668.52	216175349.09
5、每股净资产	3.478	3.367	1.334	1.362
6、调整后的每股净资产	3.474	3.345		
7、每股经营活动产生的现金流量净额	0.424	0.46		
8、每股收益	0.418	0.339	0.370	0.399
9、加权平均每股收益	0.418	0.413	0.370	0.399
10、净资产收益率	12.03	10.06	27.76	29.3

3、根据中国证监会《公开发行证券公司信息披露编报规则第9号》计算的净资产收益率和每股收益:

报告期利润	净资产收益率(%)		每股收益(元/股)	
	全面摊薄	加权平均	全面摊薄	加权平均
主营业务利润	21.82	21.21	0.7587	0.7587
营业利润	14.22	13.83	0.4947	0.4947
净利润	12.03	11.69	0.4183	0.4183
扣除非经常性损益后的净利润	11.02	10.72	0.3832	0.3832

三、股本变动及股东情况

1.股本变动情况

报告期内公司股本无增减变动。

公司股份变动情况表 数量单位:万股

	本次变动前	本次变动增减(+、-) 配股 送股 公积金转股 增发 其他 小计	本次变动后
一、未上市流通股份	15868		15868
1、发起人股份			
其中:国家持有股份			
境内法人持有股份			
境外法人持有股份	15868		15868
其他			
2、募集法人股份			
3、内部职工股份			
4、优先股或其他			
其中:转配股			
未上市流通股份合计	15868		15868
二、已上市流通股份	7000		7000
1、人民币普通股	7000		7000
2、境内上市的外资股			
3、境外上市的外资股			
其他			
已上市流通股份合计			
三、股份总数	22868		22868

四川双马水泥股份有限公司

二○○○年年度报告摘选

一、公司简介

(一)公司的法定中文名称:四川双马水泥股份有限公司

英文名称:SICHUAN SHUANGMA CEMENT CO. LTD

(二)公司法定代表人:唐月明

(三)公司董事会秘书:蒲小洪

联系地址:四川省江油市二郎庙镇 联系电话:(0816)3721498 传真:(0816)3721498

证券事务代表:吴朝辉

联系地址:四川省江油市二郎庙镇

联系电话:(0816)3721400-2318 传真:(0816)3721498

(四)公司注册地址:四川省江油市二郎庙镇

公司办公地址:四川省江油市二郎庙镇 邮政编码:621716

公司国际互联网网址:http//www.cement.com.cn

电子信箱:smsn@my-public.sc.cninfo.net

(五)公司选定的信息披露报纸:《中国证券报》

登载公司年度报告的中国证监会指定国际互联网网址:http//www.cninfo.com.cn

公司年度报告备置地点:公司证券部

(六)公司股票上市交易所:深圳证券交易所

股票简称:四川双马 股票代码:0935

二、会计数据和业务数据摘要

(一)本年度利润总额及构成(单位:元)

项 目	金额
利润总额(元)	76,593,140.37
净利润(元)	58,501,251.42
扣除非经常性损益后的净利润(元)	60,877,178.35
主营业务利润(元)	152,556,765.20
其他业务利润(元)	918,825.91
营业利润(元)	78,181,040.84
投资收益(元)	-1,601,701.68
营业外收支净额(元)	13,801.21
经营活动产生的现金流量净额(元)	117,715,531.59
现金及现金等价物净增加额(元)	-109,635,545.08
说明:扣除的非经常性损益项目如下:	
1、合并价差摊销	2527177.22元;
2、无效申购资金冻结利息收入:	376250.29元;
3、诉讼赔款	225000元;
以上项目涉及金额	2375926.93元。

(二)主要会计数据和财务指标

项 目	2000年	1999年	1998年
主营业务收入(元)	445,651,906.50	365,525,870.52	303,270,303.93
净利润(元)	58,501,251.42	40,676,014.44	29,702,495.67
总资产(元)	716,914,255.94	706,885,683.33	341,708,241.19
股东权益(元)	493,222,133.91	456,014,882.49	185,616,262.75
每股收益(元/股)	0.3297	0.2292	0.2487
每股净资产(元)	2.7795	2.5698	1.5539
加权平均每股收益(元)	0.3297	0.2740	0.2487
扣除非经常性收益的每股收益(全面摊薄)	0.3431	0.2335	0.2487
扣除非经常性收益的每股收益(加权平均)	0.3431	0.2886	
调整后的每股净资产(元/股)	2.1097	2.5489	1.5481
每股经营活动产生的现金流量金额	0.6634	0.3207	
净资产收益率(%)	11.86	8.9199	16.0021
加权净资产收益率(%)	12.06	13.10	

(三)按中国证监会《公开发行证券公司信息披露编报规则》第九号通知精神计算的净资产收益率和每股收益

项 目	净资产收益率%		每股收益(元)	
	全面摊薄	加权平均	全面摊薄	加权平均
主营业务利润	30.93	31.44	0.8597	0.8597
营业利润	15.85	16.11	0.4406	0.4406
净利润	11.86	12.06	0.3297	0.3297
扣除非经常性损益后的净利润	12.34	12.55	0.3431	0.3431

三、股本变动及股东情况

(一)股东情况介绍

1、截止2000年12月31日,公司股东总数为8535户。

2、公司前十名股东持股情况(单位:万股)

股东名称	年末持股	比例
四川双马水泥(集团)有限公司	11800	66.50%
林维	51.51	0.29%
四川矿山机器厂	40	0.225%
成都市建筑材料总公司	40	0.225%
广旺矿务局	35	0.197%
四川省信托投资公司	30	0.169%
樊明利	27.7	0.156%
高霞	27.608	0.156%
熊雪连	26.8	0.151%
浙江省信鸿实业有限责任公司	25.74	0.1452%

江苏华西村股份有限公司

二〇〇〇年年度报告摘选

一、公司简介

1、公司的法定中文名称:江苏华西村股份有限公司
公司的法定英文名称:Jiangsu Huaxicun Co., Ltd.
英文名称缩写:H. X. C.
2、公司法定代表人:包丽君
3、公司董事会秘书:卞武彪
授权代表:查建玉
联系地址:江苏省江阴市华西村
电话:0510－6217188　　0510－6217149
传真:0510－6201744
电子信箱:Huaxicun@ hotmail. com
4、公司注册及办公地址:江苏省江阴市华士镇华西村
邮政编码:214420
国际互联网网址:http://www. cnhuaxi. com
5、选定的信息披露报纸名称:《证券时报》
登载公司年度报告的国际互联网址:http://www. cninfo. com. cn
年度报告备置地点:公司董事会办公室
6、公司股票上市交易所:深圳证券交易所
股票简称:华西村
股票代码:0936

二、会计数据和业务数据摘要

1、本年度公司主要会计数据(单位:人民币元)

利润总额	71281699.23
净利润	57335121.94
扣除非经常性损益后的净利润	58610035.97
主营业务利润	82214640.10
其他业务利润	1680148.07
营业利润	68337906.92
投资收益	4870442.15
补贴收入	－
营业外收支净额	－1926649.84
经营活动产生的现金流量净额	50778438.68
现金及现金等价物净增加额	－9671859.16

注:扣除的非经常性损益项目及金额为:处置固定资产损失 1274914.03 元。

2、近三年的主要会计数据和财务指标(单位:人民币元)

	2000 年	1999 年	1998 年	
			(调整前)	(调整后)
主营业务收入	303752452.10	245254881.11	244220455.99	244220455.99
净利润	57335121.94	54695136.71	43846222.27	43348865.74
总资产	593007076.67	494466408.86	192746923.78	190812322.24
股东权益(不含少数股东权益)	466559879.77	439510535.17	105000000.00	103065398.46
每股收益(加权)	0.41	0.46	0.88	0.87
每股收益(摊薄)	0.41	0.39	0.88	0.87
每股净资产	3.45	3.14	2.10	2.06
调整后的每股净资产	3.43	3.13	2.06	2.06
每股经营活动产生的现金流量净额	0.36	0.15	－0.05	－0.05
净资产收益率(摊薄)	11.87	12.44	41.76	42.06
净资产收益率(加权)	11.21	11.72	34.55	34.75

3、根据中国证监会《公开发行证券公司信息披露编报规则第 9 号》计算的净资产收益率和每股收益:

报告期利润	净资产收益率(%)		每股收益(元/股)	
	全面摊薄	加权平均	全面摊薄	加权平均
主营业务利润	17.03	16.07	0.59	0.59
营业利润	14.15	13.36	0.49	0.49
净利润	11.87	11.21	0.41	0.41
扣除非经常性损益后的净利润	12.14	11.46	0.42	0.42

4、本报告期内股东权益变动情况(单位:人民币元)

项 目	股 本	资本公积	盈余公积	法定公益金	未分配利润	股东权益合计
期初数	140000000	246750000	5276053.52	2638026.76	44846454.89	439510535.17
本期增加	－	－	5733512.19	2866756.10	34734853.65	43335121.94
本期减少	－	－	－	－	－	－
期末数	140000000	246750000	11009565.71	5504782.86	79581308.54	482845657.11

变动原因:盈余公积增加系按本年净利 10% 提取、法定公益金增加系按本年净利 5% 提取所致;未分配利润增加系本年净利润扣减应付股利后净额增加所致;股东权益增加系本年净利润增加所致。

三、股本变动及股东情况

1、报告期末股东总数为:12789 户。
2、报告期末,公司前十名股东持股情况:

股东名称	持股数量(万股)	持股比例%
①江苏华西集团公司	9927.02	70.91
②江阴市华士华西冷轧带钢厂	477.75	3.41
③王银美	60.28	0.43
④钱亚萍	52.00	0.37
⑤江阴市华明实业总公司	47.62	0.34
⑥朱锦鹏	40.69	0.29
⑦江阴市前进实业公司	38.09	0.27
⑧江如安	37.38	0.27
⑨常州证券有限责任公司	31.79	0.23
⑩无锡新区联合科技网络有限公司	29.47	0.21

河北金牛能源股份有限公司

二〇〇〇年年度报告摘选

一、公司简介

1、公司法定中文名称:河北金牛能源股份有限公司
公司法定英文名称:HEBEI JINNIU ENERGY RESOURCES Co. Ltd
缩写:金牛能源 "JNNY"
2、公司法定代表人:刘庆法
3、公司董事会秘书:刘彦春
联系地址:河北省邢台市中兴西大街 191 号
电　　话:0319—2068242
传　　真:0319—2068888
电子信箱:liuyanc@xt－user. he. cninfo. net
4、公司注册地址:河北省邢台市中兴西大街 191 号
公司办公地址:河北省邢台市中兴西大街 191 号
邮政编码:054021
公司电子信箱:master@goldbullenergy. com
公司互联网网址:www. goldbullenergy. com
5、公司信息披露报纸名称:《证券时报》、《上海证券报》
登载公司年度报告的中国证监会指定的国际互联网网址:
http://www. cninfo. com. cn
公司年度报告备置地点:公司证券部
6、公司股票上市地:深圳证券交易所
股票简称:金牛能源
股票代码:0937

二、会计数据和业务数据摘要

1、本年度主要利润指标(单位:人民币元)

利润总额:	223,104,607.62
净利润:	189,212,783.94
扣除非经常性损益后的净利润:	188,817,303.30
主营业务利润:	368,553,541.77
其他业务利润:	3,435,691.41
营业利润:	217,376,508.12
投资收益:	0
补贴收入:	5,498,617.76
营业外收支净额:	229,481.74
经营活动产生的现金流量净额:	114,197,848.63
现金及现金等价物净增加额:	(244,416,144.40)

注:扣除非经常性损益的项目为新股发行冻结资金利息摊销 465,271.38 元,影响净利润减少 395,480.67 元。

利润表及利润分配表附表

报告期利润	净资产收益率%		每股收益	
	全面摊薄	加权平均	全面摊薄	加权平均
主营业务利润	24.12	24.55	0.867	0.867
营业利润	14.23	14.48	0.511	0.511
净利润	12.38	12.61	0.445	0.445
扣除非经常性损益后的净利润	12.36	12.58	0.444	0.444

2、截至报告期末公司前三年主要会计数据和财务指标　　(单位:人民币元)

项　目	2000 年	1999 年		1998 年	
		调整后	调整前	调整后	调整前
主营业务收入	891,909,832.25	803,721,425.23	803,721,425.23	870,081,817.72	870,081,817.72
净 利 润	189,212,783.94	165,110,914.03	139,946,555.29	130,803,951.82	145,565,395.64
总 资 产	2,133,304,447.40	1,843,640,546.60	1,818,476,187.86	636,903,070.81	636,903,070.81
股东权益	1,527,852,212.84	1,406,480,946.94	1,381,316,588.20	282,335,465.97	297,096,909.79
每股收益(摊薄)	0.445	0.388	0.329	0.440	0.490
每股收益(加权)	0.445	0.486	0.412	0.440	0.490
扣除非经常性损益后的每股收益	0.444	0.388	0.329		
每股净资产	3.59	3.31	3.250		1.000
调整后的每股净资产	3.59	3.248	3.248	0.950	
每股经营活动产生的现金流量净额	0.27	0.07	0.070		
摊薄净资产收益率	12.38%	11.74%	10.13%	46.33%	49.00%
加权净资产收益率	12.61%	24.06%	20.78%	36.18%	39.46%
扣除非经常性损益后加权净资产收益率	12.58%	24.04%	20.75%	36.15%	39.43%

3、股东权益变动情况

项 目	股本(万股)	资本公积	盈余公积	法定公益金	未分配利润	股东权益合计
期 初 数	42,500	831,131,476.73	24,766,637.09	8,255,545.70	125,582,833.12	1,406,480,946.94
本期增加	0		28,381,917.59	9,460,639.20	189,212,783.94	217,594,701.53
本期减少	0	14,716,518.04			81,506,917.59	96,223,435.63
期 末 数	4,2500	816,414,958.69	53,148,554.68	17,716,184.90	233,288,699.47	1,527,852,212.84

注:本期资本公积减少是由于摊销固定资产评估增值,盈余公积、法定公益金及未分配利润变化是由于报告期实现净利润和按比例提取所致。

三、股东情况介绍

1、股东情况介绍
(1)截止 2000 年 12 月 31 日,本公司股东总数为 12867 户。
(2)公司前 10 名股东持股情况

序号　股东名称	持股数量(股)	占总股本比例(%)
1、邢台矿业(集团)有限责任公司	325,000,000	76.47
2、北京大源非织造有限公司	6,999,393	1.65
3、北京三侨房地产有限责任公司	2,244,872	0.53
4、北京金健华经贸发展有限公司	1,920,000	0.45
5、中煤信托投资有限责任公司	1,711,191	0.40
6、东方世纪证券投资顾问有限公司	1,302,000	0.31
7、欧子清	1,150,000	0.27
8、黄荣华	1,089,396	0.26
9、北京大源腾龙无纺布有限公司	1,035,000	0.24
10、北京集利物业管理有限责任公司	1,004,800	0.23

清华紫光股份有限公司

二〇〇〇年年度报告摘选

一、公司简介

1、公司中文名称：清华紫光股份有限公司
公司英文名称：Tsinghua Unisplendour Corporation Limited
公司英文名称缩写：THUNIS
2、公司法定代表人：宋 军
3、公司董事会秘书：齐 联
联系地址：北京市海淀区清华大学紫光大楼
联系电话：(010)62770008
传　　真：(010)62770880
电子信箱：qilian@thunis.com
董事会证券事务代表：张 蔚
联系电话：(010)62770008
传　　真：(010)62770880
电子信箱：zw@thunis.com
4、公司注册地址及办公地址：北京市海淀区清华大学紫光大楼
邮政编码：100084
公司国际互联网网址：http://www.thunis.com
公司电子信箱：thunis@thunis.com
5、公司选定的信息披露报纸名称：《中国证券报》、《证券时报》、《上海证券报》
登载公司年度报告的中国证监会指定国际互联网网址：http://www.cninfo.com.cn
公司年度报告备置地点：公司证券投资部
6、公司股票上市交易所：深圳证券交易所
股票简称：清华紫光
股票代码：0938

二、会计数据和业务数据摘要

1、公司本年度实现的主要利润指标　　(单位：人民币元)

项目	金额
利润总额	94,150,448.87
净利润	83,323,573.40
扣除非经常性损益后的净利润	80,933,512.94
主营业务利润	187,635,765.28
其他业务利润	1,190,368.25
营业利润	84,546,346.39
投资收益	6,792,266.64
补贴收入	235,631.89
营业外收支净额	2,576,203.95
经营活动产生的现金流量净额	-38,180,803.27
现金及现金等价物净增加额	-138,749,815.14

注：扣除的非经常性损益项目、涉及金额　　(单位：人民币元)

项　目	涉及金额
补贴收入	235,631.89
营业外收入	2,637,864.39
其中：	
无效申购资金利息	2,094,892.90
其他	542,971.49
营业外支出	61,660.44
合计	2,811,835.84
减：所得税	421,775.38
扣除的非经常性损益的净额	2,390,060.46

2、公司前三年的主要会计数据和财务指标　　(单位：人民币元)

项　目	2000年	1999年	1998年 调整后	1998年 调整前
主营业务收入	922,728,560.48	451,514,931.50	409,140,944.25	409,140,944.25
净利润	83,323,573.40	55,734,027.52	43,694,133.79	44,249,327.99
总资产	1,095,508,179.10	797,438,076.62	243,097,429.11	244,486,185.84
股东权益 (不含少数股东权益)	625,496,012.31	603,996,438.91	74,700,932.15	76,106,302.54
全面摊薄每股收益	0.404	0.433	0.546	0.553
加权平均每股收益	0.404	0.546	0.546	0.553
扣除非经常性损益 后的每股收益	0.393	0.416	0.545	0.552
每股净资产	3.035	4.69	0.934	0.951
调整后的每股净资产	2.974	4.65	0.827	0.839
每股经营活动产生的 现金流量净额	-0.185	0.123	--	--
摊薄净资产收益率(%)	13.32	9.23	58.49	58.14
加权净资产收益率(%)	12.91	20.86	--	--
扣除非经常性损益后 加权净资产收益率(%)	12.54	20.04	--	--

三、股本变动及股东情况

1、报告期末本公司股东总数为65,534户。
2、报告期末本公司前10名股东持股情况　　数量单位：股

序号	股东名称	期初数	送股增加	转增增加	期末数	占总股本比例(%)
1	清华紫光(集团)总公司	80,000,000	8,000,000	40,000,000	128,000,000	62.11
2	中国北方工业公司	4,000,000	400,000	2,000,000	6,400,000	3.11
3	中国电子器件工业总公司	2,700,000	270,000	1,350,000	4,320,000	2.09
4	冶金工业部钢铁研究总院	1,600,000	160,000	800,000	2,560,000	1.24
5	北京市密云县工业开发区总公司	500,000	50,000	250,000	800,000	0.39
6	汉兴证券投资基金	--	--	--	727,055	0.35
7	范明月	--	--	--	321,420	0.16
8	郭生敏	--	--	--	315,328	0.15
9	普惠证券投资基金	--	--	--	312,473	0.15
10	陈雪娟	--	--	--	296,334	0.14

云南南天电子信息产业股份有限公司

二〇〇〇年年度报告摘选

一、公司简介

(一)公司法定中文名称：云南南天电子信息产业股份有限公司
公司法定英文名称：YUNNAN NANTIAN ELECTRONICS INFORMATION CO., LTD.
(二)公司法定代表人：郑志刚
(三)公司董事会秘书：温志武
联系地址：中国云南省昆明市环城东路455号　　邮政编码：650041
联系电话：(0871)3366327
传　　真：(0871)3317398
电子邮箱：zwwen@nantian.com.cn
(四)公司注册地址：中国云南省昆明市高新技术产业开发区软件园创新大厦
公司办公地址：中国云南省昆明市环城东路455号　　邮政编码：650041
公司国际互联网网址：http://www.nantian.com.cn
公司电子邮箱：0948@nantian.com.cn
(五)指定信息披露报刊：《证券时报》《中国证券报》
登载公司年度报告的国际互联网网址：http://www.cninfo.com.cn
公司年度报告备置地点：公司董事会秘书处
(六)公司股票上市交易所：深圳证券交易所
股票简称：南天信息　　股票代码：0948

二、会计数据和业务数据摘要

(一)本年度主要利润指标情况(单位：元)

项目	金额
利润总额：	60,940,130.61
净利润：	43,986,170.10
扣除非经常性损益后的净利润：	37,007,550.42
主营业务利润：	144,694,578.64
其他业务利润：	4,331,511.88
营业利润：	50,720,602.85
投资收益：	5,521,575.50
营业外收支净额：	4,157,947.62
补贴收入：	540,004.64
经营活动产生的现金流量净额：	49,511,046.70
现金及现金等价物净增加额：	-54,846,475.63

注：非经常性损益项目说明(单位：元)

项目	金额
(1)新股申购冻结资金利息	2,515,728.04
(2)合并价差摊入	-708,384.06
(3)股权转让收益	2,409,904.67
(4)罚款、违约金收入	1,645,453.94
(5)清理收入	87,160.41
(6)补贴收入	540,004.64
(7)其他收入	488,752.04
小计	6,978,619.68

(二)近三年主要会计数据和财务指标(单位：元)

项目	2000年	1999年 调整后	1999年 调整前	1998年
主营业务收入	672,416,550.68	642,164,927.00	677,387,316.71	796,861,150.96
利润总额	60,940,130.61	69,799,849.56	71,688,381.20	49,103,573.55
净利润	43,986,170.10	46,989,560.22	47,431,965.98	31,443,609.74
总资产	822,328,122.29	850,298,871.12	856,281,801.82	675,795,841.34
股东权益(不含 少数股东权益)	463,464,307.82	455,878,281.24	455,942,537.42	126,763,460.32
每股收益(全面摊薄)	0.31	0.34	0.34	0.31
扣除非经常性损 益后的每股收益	0.26	0.32	0.33	0.31
每股收益(按月加权)	0.31	0.42	0.44	0.31
每股净资产	3.31	3.26	3.26	1.27
调整后的每股净资产	3.21	3.16	3.16	1.24
每股经营活动产生 的现金流量净额	0.35	0.22	0.22	
净资产收益率(摊薄)%	9.49	10.40	10.40	24.80
净资产收益率(加权)%	9.54	18.51	25.26	29.16

(三)报告期利润表附表

报告期利润	净资产收益率(%)		每股收益(元)	
	全面摊薄	加权平均	全面摊薄	加权平均
主营业务利润	31.22	31.39	1.03	1.03
营业利润	10.94	11.00	0.36	0.36
净利润	9.49	9.54	0.31	0.31
扣除非经常性 损益后的净利润	7.98	8.03	0.26	0.26

(四)股东权益变动情况(单位：元)

项目	股本	资本公积	盈余公积	法定公益金	未分配利润	股东权益合计
期初数	140000552	299193390.70	14876216.45	3354433.78	1808122.09	455878281.24
本期增加			8786646.61	2384569.27	35199523.49	43986170.10
本期减少					36400143.52	36400143.52
期末数	140000552	299193390.70	23662863.06	5739003.05	607502.06	463464307.82

三、股本变动及股东情况

1、截止2000年12月31日，公司股东总数为41503户。
2、本公司前十名股东持股情况(单位：股)

股东名称	年末持股数	占总股本(%)
1南天电子信息产业集团公司	64651364	46.179
2珠海南方集团有限公司	25349134	18.107
3云南省医药医疗器械工业公司	5000028	3.572
4裴海平	2000011	1.429
5基金金鑫	1184169	0.846
6李宏坤	1000005	0.714
7丁柏林	1000005	0.714
8周永泰	1000005	0.714
9傅子彬	131610	0.094
10基金普丰	103426	0.074

武汉凯迪电力股份有限公司

二○○○年年度报告摘要

一、公司简介

1.公司法定中、英文名称:武汉凯迪电力股份有限公司
WUHAN KAIDI ELECTRIC POWER CO.,LTD.
英文缩写:W.K.E.P.
2.公司法定代表人:陈义龙
3.公司董事会秘书:曹维垣
授权代表:江艳军
联系地址:武汉市武珞路586号江天大厦22楼
电 话:027—87655171—161
传 真:027—87655218
电子信箱:Kaidi @ public.Wh.hb.cn
4.公司注册地址:武汉市武昌区武珞路586号江天大厦22楼
公司办公地址:武汉市武昌区武珞路586号江天大厦22楼
邮政编码:430070
公司网址:http://www.china－kaidi.com
公司电子信箱:Kaidi @ public.Wh.hb.cn
5.公司信息披露报纸:《中国证券报》、《证券时报》
登载公司年报网址:http://www.cninfo.com.cn
http://www.china－kaidi.com
年度报告备置地点:公司董事会秘书处
6.公司股票上市交易所:深圳证券交易所
股票简称:凯迪电力
股票代码:0939

二、会计数据和业务数据摘要

1.本年度主要会计数据(单位:人民币元)

项目	金额
利润总额	67,595－197.03
净利润	54,905,183.38
扣除非经常性损益后的净利润	26,938,222.48
主营业务利润	69,753,856.85
其他业务利润	887,364.63
营业利润	39,628,236.13
投资收益	27,031,020.41
补贴收入	1,050,000.00
营业外收支净额	－114,059.51
经营活动产生的现金流量净额	－46,380,671.69
现金及现金等价物净增加额	－53,386,978.26
注:扣除的非经常性损益项目金额为	27,966,960.90:
其中 投资收益	27,031,020.41
补贴收入:	1,050,000.00
营业外收入:	1,795,670.01
营业外支出:	1,909,729.52

2、近三年主要会计数据和财务指标

序号	项 目	2000年	1999年	1998年
1.	主营业务收入(万元)	20,815.54	17,218.98	14,306.33
2.	净利润(万元)	5,490.52	2,725.32	2,288.74
3.	总资产(万元)	63,959.93	50,959.73	25,544.06
4.	股东权益(不含少数股东权益)(万元)	42,170.92	40,175.90	9,427.94
5.	每股收益(元)	0.25	0.26	0.39
6.	每股收益(元)(加权)	0.25	0.36	0.39
8.	每股净资产(元/股)	2.01	3.90	1.63
9.	调整后每股净资产(元/股)	1.94	3.90	1.58
10.	每股经营活动产生的现金流量净额(元/股)	－0.21	0.27	－0.31
11.	净资产收益率(%)	12.62	6.78	23.50
12.	净资产收益率(%)(加权)	12.79	21.97	20.47

注1:2000年度总股本按21,630万股计算,1999年度总股本按10,300万股计算,1998年度总股本按5,800万股计算。
注2:以上数据和指标以本公司的合并会计报表数填列或计算。
注3:按照中国证监会《公开发行证券公司信息披露编报规则第9号－－净资产收益率和每股收益的计算及披露》要求,2000年的计算数据如下:

	报告期利润(元)	净资产收益率(%)		每股收益(元)	
		全面摊薄	加权平均	全面摊薄	加权平均
主营业务利润	69,753,856.85	16.03	15.98	0.32	0.32
营业利润	39,628,236.13	9.11	9.40	0.18	0.18
净利润	54,905,183.38	12.62	12.79	0.25	0.25
扣除非经常性损益的净利润	26,938,222.48	6.19	6.49	0.12	0.12

三、股东情况介绍

1、报告期末股东总数27,536户,其中内部职工股股东456户。
2、公司前10名股东持股情况(截至2000年12月29日):

序号	股东名称	期初持股数 股数	%	期末持股数 股数	%	备注
1	北京中联动力化学公司	13,800,000	13.398	28,980,000	13.398	未流通股份
2	中国电力投资有限公司	8,000,000	7.767	16,800,000	7.767	未流通股份
3	洋浦新华能电力发展有限公司	5,055,000	4.908	10,615,500	4.908	未流通股份
4	江西省电业开发总公司	5,000,000	4.854	10,500,000	4.854	未流通股份
5	武汉水利电力大学	4,800,000	4.660	10,080,000	4.660	未流通股份
6	开元基金	5,103,384	4.955	9,971,395	4.610	已流通股份
7	武汉钢铁设计研究院	3,000,000	2.913	6,300,000	2.913	未流通股份
8	湖北省电力公司	3,000,000	2.913	6,300,000	2.913	未流通股份
9	中国水利电力物资有限公司	3,000,000	2.913	6,300,000	2.913	未流通股份
10	天元基金	3,048,250	2.959	4,256,690	1.968	已流通股份

以上前10名股东中,开元基金和天元基金同是南方基金管理有限公司管理的投资基金;其他股东之间均不存在关联关系。

四、股东大会简介

1、1999年度股东大会
公司董事会于2000年2月29日在《中国证券报》21版和《证券时报》20版刊登召开1999年度股东大会的通知公告。1999年度股东大会于2000年3月30日在武汉科技会展中心第二会议室召开,出席会议的股东或股东授权代表19人,代表股份58,728,517股,占公司总股份的57.02%。本次大会审议通过如下决议:
(1)审议通过了《1999年度董事会工作报告》;
(2)审议通过了《1999年度监事会工作报告》;
(3)审议通过了《1999年度财务决算和2000年度财务预算报告》;
(4)审议通过了《1999年度利润分配方案》;
(5)审议通过了《关于修改公司章程的议案》;
(6)审议通过了《关于2000年度续聘会计师事务所的议案》;
(7)审议通过了《关于授予董事会投资决策权的议案》;
(8)审议通过了《关于公司专职董事、董秘薪酬的议案》;
(9)审议通过了《授权董事会制订高级管理人员实行期权方案的议案》。
本次股东大会决议公告和法律意见书刊登于2000年3月31日《中国证券报》40版、《证券时报》4版。
2、临时股东大会
公司董事会于2000年7月26日在《中国证券报》15版和《证券时报》28版刊登召开2000年第一次临时股东大会的通知公告。2000年第一次临时股东大会于2000年8月25日在武汉科技会展中心四楼会议室召开,出席会议的股东或股东授权代表18人,代表股份82,674,413股,占公司总股份的57.33%。本次大会审议通过如下决议:
(1)审议通过了《2000年中期资本公积金转增股本方案》;
(2)审议通过了《关于修改公司章程的提案》。
本次股东大会决议公告和法律意见书刊登于2000年8月26日《中国证券报》21版、《证券时报》11版。

五、董事会报告

1、公司经营情况
(1)公司所处行业及在本行业中的地位
公司以环保和电力工程总承包为主营业务,迄今为止,拥有7项专利技术和120余项企业专有技术。
公司于1997年被武汉东湖新技术开发区(国家级新技术开发区)批准为高新技术企业,同时是国家科委国科火[1997]52号文认定的第二批国家火炬计划重点高新技术企业之一;国家电力公司国电财[1998]592号《关于武汉凯迪股票发行并上市可研报告的批复》指出:"武汉凯迪电力股份有限公司本次股票发行并上市,为电力环保、高科技企业第一家";2000年7月19日,公司被武汉市人民政府确定为环保脱硫产业基地之一。
(2)公司主营业务的范围及其经营状况
① 公司致力于环保产业、新能源及电力工程新技术、新产品的开发和应用。
主要经营燃煤电厂烟气脱硫工程、污水综合处理工程、城镇生活垃圾发电工程、洁净煤燃烧发电技术及工程、火力发电厂凝结水精处理工程、锅炉补给水工程、冲灰水及其回水工程的设计、成套、安装、调试、培训等工程总承包;环保设备制造、计算机控制工程;以及电站辅机系统技术改造等技术服务。公司的新技术、新产品应用于电力、石油、化工、冶金、城建和轻工等行业。
②报告期内公司主营业务收入为20,815.54万元,
其中:水处理工程 17,137万元
化学药品销售 558万元
计算机销售 3,121万元
报告期内公司主营业务利润为6,975.39万元。
(3)在经营中出现的问题与困难及解决方案
受国家宏观经济政策的影响,2000年火力发电厂建设规模继续受到限制,使本公司在承接水处理工程及相关产品销售方面,带来一定压力。公司发行A股股票募集资金计划投资的项目,在2000年尚未产生效益,给公司的经营也产生较大压力。而为新投资项目的市场开拓工作,公司又投入了大量精力,增加了管理费用的开支,影响公司的净利润指标。
公司在努力提高原有技术和产品的市场占有率的同时,全力开拓烟气脱硫、污水综合处理工程和洁净煤燃烧发电技术等新项目的市场,为今后公司业务的拓展奠定了基础。
2、公司财务状况

单位:万元

项 目	2000年	1999年	增减(%)	增减主要原因
总资产	63,959.93	50,959.73	25.51	经营活动所致
长期负债	4,369.88	2,089.75	109.11	长期借款增加所致
股东权益	43,503.42	40,175.90	8.28	经营活动所致
主营业务利润	6,975.39	5,321.94	31.07	投资收益所致
净利润	5,490.52	2,725.32	101.46	投资收益所致

3、公司投资情况
(1)募集资金使用情况
公司于1999年7月发行A股股票,实际募集资金28,683万元。在1999年度末实际投入使用,延续到本报告期内募集资金的使用情况为:

序号	计划投资项目名称	计划投资额(万元)	实际投资额(万元)
1.	北京门头沟垃圾发电厂工程	12,000	300
2.	火电厂烟气脱硫成套装置	4,900	4,900

3.	中压凝结水处理成套装置	4,500	4,500
4.	聚合硫酸铁开发生产	2,860	2,860
5.	扩建KD-306系列高效除垢防垢剂生产线	2,720	2,720
6.	企业技术中心建设	2,550	600
7.	计算机网络管理及控制	2,860	1,000
	合 计	32,390	16,880

由于国家电力体制将进一步改革,实行厂网分开、竞价上网等政策,而目前国家对垃圾发电厂在上网电价和电量方面尚未出台明确的政策,就使垃圾发电厂在未来的竞价上网方面不具备竞争优势。为此,公司对北京门头沟垃圾发电厂工程项目放慢了进度。截至本报告年度末,公司前次募集资金尚有结余11,803万元,其中银行存款为9,690万元,其余2,113万元作为生产性流动资金使用。

(2) 非募集资金投资项目

①投资408万元参与组建"北京凯迪环球阀门制造有限公司",占其注册资本的51%,该公司已在本报告期内组建完毕,完成基建任务。2001年正式投产。

②投资1400万元增加对"武汉凯迪动力化学有限公司"的出资,使其注册资本达到2000万元;本公司占其注册资本的98.5%。

③投资225万元参与组建"江西分宜凯迪发电有限公司",占其注册资本的45%,以推广洁净煤燃烧发电技术。

4、2001年业务发展计划

(1)保持并提高公司原有技术和产品的市场占有率,其中水处理技术和产品的市场占有率保持在70%以上。

(2)继续全力开拓燃煤电厂烟气脱硫项目的市场,力争在年内取得2个项目的工程,同时跟踪若干个项目。

(3)继续全力开拓洁净煤燃烧发电技术的市场,力争在年内取得1-2个工程项目,同时跟踪后续相关项目。

(4)加快开拓城市污水综合治理工程项目的市场,在已承接项目的基础上,力争再承接2-3个工程项目。

(5)迅速开拓本公司的专利产品新型阀门的市场,争取国内市场和国际市场同时开拓,以获得新的效益增长点。

(6)继续抓好募集资金未完成项目的建设工作。

5、董事会日常工作情况

(1)报告期内董事会的会议情况

报告期内公司董事会召开了四次会议:

①三届五次董事会会议于2000年1月16日在武汉湖滨花园酒店二楼会议室召开。会议审议通过了《武汉凯迪电力股份有限公司关于做好计提"四项资产"减值准备和损失处理的暂行规定》、《关于聘任公司总经理的议案》、《关于实施"火电厂烟气脱硫项目"的议案》、《关于投资建设新型阀门制造基地的议案》、《关于增加对武汉凯 迪动力化学有限公司投资的议案》。(信息公告刊登于2000年1月18日《中国证券报》3版、《证券时报》9版)

②三届六次董事会会议于2000年2月26日在武汉湖滨花园酒店二楼会议室召开。会议审议通过了《1999年度总经理工作报告》、《1999年度财务决算报告、利润分配预案和2000年度财务预算报告》、《1999年度董事会工作报告》、《武汉凯迪电力股份有限公司1999年年度报告》、《关于投资2,550万元实施企业技术中心建设项目的议案》、《关于2000年公司续聘会计师事务所的预案》、《关于召开1999年度股东大会的议案》。(信息公告刊登于2000年2月29日《中国证券报》21版、《证券时报》20版)

③三届七次董事会会议于2000年3月29日在武汉湖滨花园酒店二楼会议室召开。会议审议通过了《关于聘用公司副总经理的议案》、《2000年度股东大会、董事会、监事会工作费用预算》、《关于公司专职董事、董秘薪酬的议案》、《关于授权董事会制订高级管理人员实行期权制方案的议案》。(信息公告刊登于2000年3月31日《中国证券报》40版、《证券时报》4版)

④三届八次董事会会议于2000年7月23日在武汉湖滨花园酒店二楼会议室召开。会议审议通过了《武汉凯迪电力股份有限公司2000年中期报告》及其《摘要》、《2000年中期资本公积金转增股本预案》、《关于修改公司章程的提案》、《关于召开2000年第一次临时股东大会的决定》、《武汉凯迪电力股份有限公司信息披露工作条例》、《关于设立脱硫部、污水部、物资供应部的决定》、《关于投资磁光电流互感器项目的议案》、《关于投资参与武汉格林天地环保产业集团重组的议案》。(信息公告刊登于2000年7月26日《中国证券报》15版、《证券时报》28版)

(2)公积金转增股本方案执行情况

①公司1999年度股东大会于2000年3月30日通过决议;以1999年末总股本10,300万股为基数,用资本公积金向全体股东每10股转增4股。转增后,公司总股本为14,420万股,股本结构未发生变化。(信息公告刊登于2000年3月31日《中国证券报》40版、《证券时报》4版)

该转增方案于2000年4月19日予以实施。(信息公告刊登于2000年4月11日《中国证券报》20版、《证券时报》12版)

②公司2000年第一次临时股东大会于2000年8月25日通过决议;以2000年6月30日总股本14,420万股为基数,用资本公积金向全体股东每10股转增5股。转增后,公司总股本为21,630万股,股本结构未发生变化。(信息公告刊登于2000年8月26日《中国证券报》21版、《证券时报》11版)

该转增方案于2000年9月6日予以实施。(信息公告刊登于2000年8月30日《中国证券报》33版、《证券时报》2版)

6、董事、监事、高级管理人员

姓名	职务	性别	年龄	任 期	年初持股(股)	年末持股(股)	持股变动原因
陈义龙	董事长	男	41	1998.10-2001.10	10,000	21,000	公积金转增
黄汉光	副董事长	男	38	1998.10-2001.10	0	0	
王克明	董事	男	28	1998.10-2001.10	0	0	
吕士泽	董事	男	58	1998.10-2001.10	0	0	
孙守恩	董事	男	56	1998.10-2001.10	0	0	
何世虎	董事、副总经理	男	38	1998.10-2001.10	10,000	21,000	公积金转增
赵亚洲	董事	男	41	1998.10-2001.10	0	0	
胡柏初	董事	男	44	1998.10-2001.10	0	0	
高进珊	董事	男	61	1998.10-2001.10	0	0	
唐宏明	董事、副总经理	男	37	1998.10-2001.10	10,000	21,000	公积金转增
秦定国	董事	男	49	1998.10-2001.10	0	0	
顾德章	董事	男	53	1998.10-2001.10	0	0	
曹维垣	董事、董秘	男	56	1998.10-2001.10	0	0	
贺佐智	监事会主席	男	51	1998.10-2001.10	0	0	
方宏庄	监事	男	37	1998.10-2001.10	10,000	21,000	公积金转增
邹 锦	监事	女	53	1998.10-2001.10	0	0	
张世云	监事	女	43	1998.10-2001.10	3,000	6,300	公积金转增
耿建国	监事	男	36	1998.10-2001.10	8,000	16,800	公积金转增
王政福	总经理	男	34	2000.1.-	0	0	
徐志安	副总经理	男	34	1998.10-2001.10	10,000	21,000	公积金转增
袁志方	副总经理	男	46	1998.10-2001.10	5,000	10,500	公积金转增
孙淮林	副总经理	男	42	2000.3.-	0	0	

年薪情况:在公司领取报酬的高级管理人员共10人,年薪总额为98万元,其中年薪在5万元以下的1人;5-10万元的6人;10-15万元的2人;15万元以上的1人(以上年薪收入均含税,其个人所得税由公司代扣代缴)。黄汉光、王克明、吕士泽、孙守恩、赵亚洲、胡柏初、高进珊、秦定国、顾德章、贺佐智、邹锦、张世云等12人未在公司领取报酬。

报告期内,公司董事、监事没有变动;三届五次董事会接受陈义龙辞去兼任总经理职务的请求,聘用王政福任总经理;三届七次董事会聘用孙淮林任副总经理。

7、本次利润分配预案

公司2000年度实现净利润54,905,183.38元,提取10%法定公积金5,490,518.34元,提取5%法定公益金2,745,259.17元,加年初未分配利润39,897,359.66元,可供股东分配利润86,566,765.53元。

经公司董事会研究,提出如下分配预案:

以2000年末总股本21,630万股为基数,向全体股东每10股分配现金股利1.00元(含税),不送红股,不进行资本公积金转增股本。

六、监事会报告

1、监事会会议情况

(1)报告期内监事会召开了二次会议:

①三届四次监事会会议于2000年2月26日在武汉湖滨花园酒店召开,会议审议通过了《武汉凯迪电力股份有限公司监事会工作暂行条例》和《1999年度监事会工作报告》,并就公司经营管理的运作情况形成决议。

②三届五次监事会会议于2000年7月22日至23日在武汉湖滨花园酒店一楼会议室召开,会议审议通过了公司《2000年中期报告》及其《摘要》。

(2)根据公司章程的规定,监事会成员还列席了三届五次、六次、七次、八次董事会会议和1999年度股东大会、2000年第一次临时股东大会。

2、监事会对以下事项发表独立意见

(1)监事会依照国家有关法律、法规和公司《章程》、《监事会工作暂行条例》的有关规定,对公司依法运作的情况进行了监督,未发现有违反国家法律、法规和违背公司《章程》的现象发生。公司决策程序合法,内部控制制度健全,公司董事会、总经理班子成员执行公司职务时无违反法律、法规、公司章程或损害公司利益的行为。

(2)公司财务报告经武汉众环会计师事务所有限责任公司审计,并出具了无保留意见的审计报告,监事会认为该审计报告真实反映了公司的财务状况和经营成果。

(3)公司1999年发行A股股票募集资金延续至本报告年度使用资金投入的项目与承诺投入项目一致。

(4)报告期内公司无收购、出售资产行为。

(5)公司关联交易均按市场公平交易的原则进行,无损害公司利益的行为。

七、重要事项

1、重大诉讼、仲裁事项

本年度公司无重大诉讼、仲裁事项。

2、受监管部门处罚的情况

报告期内公司、公司董事、监事及高级管理人员无受监管部门处罚的情况。

3、公司总经理变更情况

详见"五、董事会报告之6、董事、监事、高级管理人员"部分。

4、收购及出售资产、吸收合并事项

报告期内公司无收购及出售资产、吸收合并事项。

5、重大关联交易事项

报告期内公司无重大关联交易事项。

6、公司"三分开"情况

(1)人员方面 本公司实行全员聘用制,全体员工的人事、组织关系均在武汉市东湖新技术开发区,与任何股东单位都没有关系,在劳动、人事及工资管理等方面均是独立的。公司聘用的总经理、副总经理等高级管理人员全部在公司领取薪酬。

(2)资产方面 本公司全部资产均为本公司独立所有。拥有独立的生产系统、辅助生产系统和配套设施、采购和销售系统;其工业产权、商标、非专利技术等无形资产均由本公司拥有。

(3)财务方面 本公司设立有独立的财会部门,建立了独立的会计核算体系和财务管理制度,独立在银行开户。

7、托管、承包、租赁资产事项

报告期内公司未发生托管、承包、租赁其他公司资产或其他公司托管、承包、租赁本公司资产的事项。

8、聘任会计师事务所情况

本年度公司继续聘任武汉众环会计师事务所有限责任公司(原武汉中华会计师事务所)为公司的审计机构(信息公告刊登于2000年3月31日《中国证券报》40版、《证券时报》4版)。

9、重大合同情况

报告期内公司无重大合同或担保等情况。

10、更改名称情况

报告期内公司无更改名称或股票简称的情况。

11、承诺事项

报告期内公司或持股5%以上股东未在指定报刊和网站上披露承诺事项。

12、期后事项

2001年1月6日召开的三届九次董事会,决定调整公司经营管理班子,聘用徐志安任总经理、彭毅任副总经理兼总经济师、韩洪任总工程师,唐宏明任财务负责人;尚缺岗位以后聘用;未聘用的原总经理班子成员不再继续任职

(信息公告刊登于2001年1月9日《中国证券报》20版、《证券时报》10版)。

八、财务会计报告

1、审计报告

本公司2000年度财务报告经武汉众环会计师事务所有限责任公司中国注册会计师石文先、雷闻审计,并出具了武众会(2001)059号无保留意见的审计报告。

2、会计报表

包括合并会计报表和母公司会计报表,附后。

九、公司的其他有关事项

1、公司的注册

武汉凯迪电力股份有限公司于1993年2月26日首次在武汉东湖新技术开发区注册,注册资本3,060万元;1996年2月28日变更注册资本为5,800万元;1999年8月2日变更注册资本为10,300万元;2000年4月28日变更注册资本为14,420万元;2000年9月15日变更注册资本为21,630万元。

2、企业法人营业执照注册号

公司企业法人营业执照注册号为:4201001170309

3、税务登记号码

公司的税务登记号码为:420101300019029

4、公司未流通股票的托管机构

公司未流通股票托管在深圳证券登记有限公司。

5、聘请的会计师事务所

公司聘请武汉众环会计师事务所有限责任公司(原武汉中华会计师事务所)为审计机构,其办公地点为武汉市解放大道单洞路口武汉国际大厦B栋16楼。

十、备查文件目录

1、载有法定代表人、主管会计工作负责人、会计机构负责人签名并盖章的会计报表。

2、载有会计师事务所盖章、注册会计师签名并盖章的审计报告原件。

3、报告期内在《中国证券报》、《证券时报》上公开披露过的所有公司文件的正本及公告的原稿。

武汉凯迪电力股份有限公司董事会

2001年2月24日

利润分配表

编制单位:武汉凯迪电力股份有限公司 单位:人民币元

项目	附注	2000年度	1999年度
一、净利润		55831938.16	27253224.26
加:年初未分配利润		39897359.66	16732119.05
盈余公积转入数			
二、可供分配的利润		95729297.82	43985343.31
减:提取法定盈余公积		5583193.82	2725322.43
提取法定公益金		2791596.91	1362661.22
三、可供股东分配的利润		87354507.09	39897359.66
减:应付优先股股利			
提取任意盈余公积			
应付普通股股利		21630000.00	
转作股本的普通股股利			
四、未分配利润		65724507.09	39897359.66

资产负债表

编制单位:武汉凯迪电力股份有限公司 单位:人民币元

资产	附注	2000年12月31日	1999年12月31日
流动资产			
货币资金		111372241.02	170444357.26
短期投资			43618776.73
减:短期投资跌价准备			
短期投资净额			43618776.73
应收票据			2000000.00
应收股利			
应收利息			
应收帐款	1	129742674.46	59624256.64
其他应收款	1	99714550.22	83495145.96
减:坏帐准备	1	4772347.54	2593289.04
应收款项净额		224684877.14	140526113.56
预付货款		27386440.91	46704759.71
应收补贴款			
存货		1690589.73	10790.40
减:存货跌价准备			
存货净额		1690589.73	10790.40
待摊费用		125000.00	12320.00
待处理流动资产净损失			
一年内到期的长期债权投资			
其他流动资产		87134196.51	
流动资产合计		452393345.31	403317117.66
长期投资			
长期股权投资	2	106439167.61	35963297.61
长期债权投资			
长期投资合计		106439167.61	35963297.61
减:长期投资减值准备			
长期投资净额		106439167.61	35963297.61
固定资产			
固定资产原价		22835274.14	20382950.87
减:累计折旧		4053455.80	2893393.18
固定资产净值		18781818.34	17489557.69
工程物资			
在建工程		551452.00	
固定资产清理			
待处理固定资产净损失			
固定资产合计		19333270.34	17489557.69
无形资产及其他资产			
无形资产		2445499.75	2237076.42
开办费		222562.26	342612.26
长期待摊费用		7293325.90	1322270.20
其他长期资产			
无形资产及其他资产合计		9961387.91	3901958.88
递延税项			
递延税款借项			
资产总计		588127171.17	460671931.84
负债及股东权益	附注	2000年12月31日	1999年12月31日
流动负债			
短期借款		10000000.00	
应付票据		1733000.00	19480000.00
应付帐款		1967200.74	2142087.99
预收货款		6721731.65	2037167.40
代销商品款			
应付工资			
应付福利费		61778.20	152518.28
应付股利		21630000.00	
应交税金		21253043.24	12288484.13
其他应交款		1170811.63	686904.80
其他应付款		4019004.60	4248193.87
预提费用		387775.00	
一年内到期的长期负债		40000000.00	
其他流动负债			
流动负债合计		108944345.06	41035356.47
长期负债			
长期借款		33000000.00	5000000.00
应付债券			
长期应付款		10221880.83	12877568.25
住房周转金			
其他长期负债			
长期负债合计		43221880.83	17877568.25
递延税款			
递延税款贷项			
负债合计		152166225.89	58912924.72
少数股东权益			
股东权益			
股本		216300000.00	103000000.00
资本公积		134034465.37	247334465.37
盈余公积		19901972.82	11527182.09
其中:公益金		3901623.09	1110026.18
未分配利润		65724507.09	39897359.66
股东权益合计		435960945.28	401759007.12
负债及股东权益合计		588127171.17	460671931.84

利润表

编制单位:武汉凯迪电力股份有限公司 单位:人民币元

项目	附注	2000年度	1999年度
一、主营业务收入	3	144208186.08	95380715.66
减:折扣与折让			
主营业务收入净额		144208186.08	95380715.66
减:主营业务成本	4	87186137.13	60886961.69
主营业务税金及附加		1509384.12	352004.22
二、主营业务利润		55512664.83	34141749.75
加:其他业务利润			
减:存货跌价损失			
营业费用		4208304.71	528358.48
管理费用		15739297.28	3909093.35
财务费用		-909214.21	-189922.93
三、营业利润		36474277.05	29894220.85
加:投资利润	5	28176890.41	312154.16
补贴收入		1050000.00	150000.00
营业外收入		1740614.47	1723240.88
减:营业外收入		1757148.79	72085.14
四、利润总额		65684633.14	32007530.75
减:所得税		9852694.98	4754306.49
五、净利润		55831938.16	27253224.26

现金流量表

编制单位:武汉凯迪电力股份有限公司 单位:人民币元

项目	附注	金额
一、经营活动产生的现金流量:		
销售商品、提供劳务收到的现金		101802773.13
收取的租金		
收到的税费返还		1050000.00
收到的其他与经营活动有关的现金		52105445.47
现金流入小计		154958218.60
购买商品、接受劳务支付的现金		115310696.47
经营租赁所支付现金		123120.00
支付给职工以及为职工支付的现金		3523812.36
实际缴纳的增值税款		6958541.64
支付的所得税款		6559541.64
支付的除增值税、所得税以外的其他税费		1350123.06
支付的其他与经营活动有关的现金		73067614.17
现金流出小计		206893449.34
经营活动产生的现金流量净额		-5193523074
二、投资活动产生的现金流量:		
收回投资所到的现金		70649797.14
分得股利或利润所收到的现金		
取得债券利息收入所收到的现金		
处置固定资产、无形资产和其他长期资产而收回的现金净额		
收到的其他与投资活动有关的现金		
现金流入小计		70649797.14
购建固定资产、无形资产和其他长期资产所支付的现金		6498785.32
权益性投资所支付的现金		69330000.00
债权性投资所支付的现金		
支付的其他与投资活动有关的现金		80000000.00
现金流出小计		155828785.32
投资活动所产生的现金流量净额		-85178988.18
三、筹资活动产生的现金流量:		
吸收权益性投资所收到的现金		
发行债券所收到的现金		
借款所收到的现金		143000000.00
收到的其他与筹资活动有关的现金		3000866.61
现金流入小计		146000866.61
偿还债务所支付的现金		65000000.00
发行筹资费用所支付的现金		
分配股利或利润所支付的现金		
偿付利息所支付的现金		2958763.93
融资租赁所支付的现金		
减少注册资本所支付的现金		
支付的其他与筹资活动有关的现金		
现金流出小计		67958763.93
筹资活动产生的现金流量净额		78042102.68
四、汇率变动对现金的影响		
五、现金及现金等价物净增加额		-59072116.24
附注:		
项目		金额
1、不涉及现金收支的投资和筹资活动:		
以固定资产偿还债务		
以投资偿还债务		
以固定资产进行长期投资		
以存货偿还债务		
融资租赁固定资产		
2、将净利润调节为经营活动的净现金流量:		
净利润		55831938.16
加:计提的坏帐准备或转销的坏帐		2179058.50
固定资产折旧		1160062.62
无形资产摊销		1776497.99
处置固定资产、无形资产和其他长期资产的损失		
固定资产报废损失		
财务费用		-909214.21
投资损失(减收益)		-28176890.41
递延税款贷项(减借项)		
存货的减少(减增加)		-1679799.33
经营性应收项目的减少(减增加)		-76316588.73
经营性应付项目的增加(减减少)		-5800295.33
其他		
经营活动产生的现金流量净额		-51935230.74
3、现金及现金等价物净增加情况:		
货币资金的期末余额		111372241.02
减:货币资金的期初余额		170444357.26
现金等价物的期末余额		
减:现金等价物的期初余额		
现金及现金等价物的净增加额		-59072116.24

合并利润分配表

编制单位:武汉凯迪电力股份有限公司　　单位:人民币元

项　目	附注	2000 年度	1999 年度
一、净利润		54905183.38	27253224.26
加:年初未分配利润		39897359.66	16732119.05
盈余公积转入数			
二、可供分配的利润		94802543.04	43985343.31
减:提取法定盈余公积		5490518.34	2725322.43
提取法定公益金		2745259.17	1362661.22
三、可供股东分配的利润		86566765.53	39897359.66
减:应付优先股股利			
提取任意盈余公积			
应付普通股股利		21630000.00	
转作股本的普通股股利			
四、未分配利润		64936765.53	39897359.66

合并资产负债表

编制单位:武汉凯迪电力股份有限公司　　单位:人民币元

资　产	附注	2000 年 12 月 31 日	1999 年 12 月 31 日
流动资产			
货币资金	5.1	152094396.34	205481374.60
短期投资	5.2		43618776.73
减:短期投资跌价准备			
短期投资净额			43618776.73
应收票据			
应收股利			
应收利息			
应收帐款	5.3	153173786.21	84276584.12
其他应收款	5.3	115604521.51	39299563.78
减:坏帐准备	5.3	5756277.43	4138855.85
应收款项净额		263022030.29	119437292.05
预付货款		34643249.41	52090377.55
应收补贴款			
存货	5.4	49303434.32	29878317.36
减:存货跌价准备			
存货净额		49303434.32	29878317.36
待摊费用	5.5	327850.28	125388.00
待处理流动资产净损失			
一年内到期的长期债权投资			
其他流动资产			
流动资产合计		499390960.64	450631526.29
长期投资			
长期股权投资	5.6	57279284.74	529284.74
长期债权投资			
长期投资合计		57279284.74	529284.74
减:长期投资减值准备			
长期投资净额		57279284.74	529284.74
固定资产			
固定资产原价	5.7	61521602.82	51149472.56
减:累计折旧	5.7	10100055.13	6850544.32
固定资产净值		51421547.69	44298928.24
工程物资			
在建工程	5.8	14252541.89	5446714.97
固定资产清理			
待处理固定资产净损失			
固定资产合计		65674089.58	49745843.21
无形资产及其他资产			
无形资产	5.9	4774509.36	4550275.99
开办费	5.10	987690.60	1281909.09
长期待摊费用	5.10	11492735.05	2858480.96
其他长期资产			
无形资产及其他资产合计		17254935.01	8690666.04
递延税项			
递延税款借项			
资产总计		639599269.97	509597320.28
负债及股东权益	附注	2000 年 12 月 31 日	1999 年 12 月 31 日
流动负债			
短期借款	5.11	12000000.00	
应付票据	5.12	3965000.00	25875000.00
应付帐款	5.13	19467513.39	19424824.46
预收货款	5.14	14723626.86	7607518.03
代销商品款	5.15	589743.59	
应付工资			589.96
应付福利费		128280.65	236628.08
应付股利	5.16	21630000.00	
应交税金	5.17	22382914.23	12876239.53
其他应交款		1936572.23	1466767.04
其他应付款	5.18	6925215.69	6534433.61
预提费用	5.19	792416.00	346241.00
一年内到期的长期负债	5.20	43000000.00	
其他流动负债			
流动负债合计		147541282.64	74368241.71
长期负债			
长期借款	5.21	33000000.00	8000000.00
应付债券			
长期应付款		10698829.88	12877568.25
住房周转金			19968.00
其他长期负债			
长期负债合计		43698829.88	20897536.25
递延税项			
递延税款贷项			
负债合计		191240112.52	95265777.96
少数股东权益		13324966.95	12572535.20
股东权益			
股本	5.22	216300000.00	103000000.00
资本公积	5.23	134034465.37	247334465.37
盈余公积	5.24	19762959.60	11527182.09
其中:公益金		3855285.35	1110026.18
未分配利润		64936765.53	39897359.66
股东权益合计		435034190.50	401759007.12
负债及股东权益合计		639599269.97	509597320.28

合并利润表

编制单位:武汉凯迪电力股份有限公司　　单位:人民币元

项　目	附注	2000 年度	1999 年度
一、主营业务收入	6.1	208155414.00	172189762.33
减:折扣与折让			
主营业务收入净额		208155414.00	172189762.33
减:主营业务成本		136506713.69	118424759.40
主营业务税金及附加		1894843.46	545616.19
二、主营业务利润		69753856.85	53219386.74
加:其他业务利润		887364.63	497120.38
减:存货跌价损失			
营业费用		10410969.96	9415904.65
管理费用		21337996.12	11856633.66
财务费用	5.26	-735980.73	961215.71
三、营业利润		39628236.13	31482753.10
加:投资收益	5.27	27031020.41	-253627.15
补贴收入	5.28	1050000.00	358468.55
营业外收入		1795670.01	1736470.74
减:营业外支出		1909729.52	685379.51
四、利润总额		67595197.03	32638685.73
减:所得税		10708470.59	5160044.01
少数股东本期收益		1981543.06	225417.46
五、净利润		54905183.38	27253224.26

合并现金流量表

编制单位:武汉凯迪电力股份有限公司　　单位:人民币元

项　目	附注	金　额
一、经营活动产生的现金流量:		
销售商品、提供劳务收到的现金		178579126.43
收取的租金		238800.00
收到的税费返还		1203700.00
收到的其他与经营活动有关的现金	5.29	9702811.66
现金流入小计		189724438.09
购买商品、接受劳务支付的现金		175365509.89
经营租赁所支付现金		946358.53
支付给职工以及为职工支付的现金		9849342.51
实际缴纳的增值税款		9754865.27
支付的所得税款		6891422.19
支付的除增值税、所得税以外的其他税费		1915115.76
支付的其他与经营活动有关的现金	5.30	31382495.63
现金流出小计		236105109.78
经营活动产生的现金流量净额		-46380671.69
二、投资活动产生的现金流量:		
收回投资所收到的现金		70649797.14
分得股利或利润所收到的现金		
取得债券利息收入所收到的现金		
处置固定资产、无形资产和其他长期资产而收回的现金净额		100000.00
收到的其他与投资活动有关的现金		4077.41
现金流入小计		70753874.55
购建固定资产、无形资产和其他长期资产所支付的现金		22546317.78
权益性投资所支付的现金		54467280.00
债权性投资所支付的现金		
支付的其他与投资活动有关的现金	5.31	80000000.00
现金流出小计		157013597.78
投资活动所产生的现金流量净额		-85259723.23
三、筹资活动产生的现金流量:		
吸收权益性投资所收到的现金		
发行债券所收到的现金		
借款所收到的现金		145000000.00
收到的其他与筹资活动有关的现金		2525589.05
现金流入小计		147525589.05
偿还债务所支付的现金		65000000.00
发行筹资费用所支付的现金		
分配股利或利润所支付的现金		68640.00
偿付利息所支付的现金		3115424.89
融资租赁所支付的现金		86307.00
减少注册资本所支付的现金		
支付的其他与筹资活动有关的现金		1800.50
现金流出小计		68272172.39
筹资活动产生的现金流量净额		79253416.66
四、汇率变动对现金的影响		
五、现金及现金等价物净增加额		-53386978.26
附注:		
1、不涉及现金收支的投资和筹资活动:		
以固定资产偿还债务		
以投资偿还债务		
以固定资产进行长期投资		
以存货偿还债务		
融资租赁固定资产		
2、将净利润调节为经营活动的净现金流量:		
净利润		54905183.38
加:计提的坏帐准备或转销的坏帐		1617421.58
固定资产折旧		3249510.81
无形资产、待摊费用、长期摊销费用摊销		3601775.23
处置固定资产、无形资产和其他长期资产的损失		
固定资产报废损失		
财务费用		-735980.73
投资损失(减收益)		-27031020.41
递延税款贷项(减借项)		
存货的减少(减增加)		-19425116.96
经营性应收项目的减少(减增加)		-44288630.56
经营性应付项目的增加(减减少)		-18273814.03
其他		
经营活动产生的现金流量净额		-46380671.69
3、现金及现金等价物净增加情况:		
货币资金的期末余额		152094396.34
减:货币资金的期初余额		205481374.60
现金等价物的期末余额		
减:现金等价物的期初余额		
现金及现金等价物的净增加额		-53386978.26

新乡化纤股份有限公司

二○○○年年度报告摘选

一、公司简介

1、公司名称
中文：新乡化纤股份有限公司
英文：XINXIANG CHEMICAL FIBER CO.，LTD.
2、公司法定代表人：陈玉林
3、公司董事会秘书：朱维屏
联系地址：河南省新乡市北站区锦园路 1 号
电　　话：(0373)3978966、3978813
传　　真：(0373)3911359
网址：http://www.bailu.com
电子信箱：Wpzhu@public.xxptt.ha.cn
公司股证事务代表：王文新
联系地址：河南省新乡市北站区锦园路 1 号
电　　话：(0373)3978966
传　　真：(0373)3911359
4、公司注册地址及办公地址：河南省新乡市北站区锦园路 1 号
邮政编码：453011
网址：http://www.bailu.com
电子信箱：Bailu@public.xxptt.ha.cn
5、公司指定信息披露报刊：《中国证券报》、《证券时报》
中国证监会指定国际互联址：http://www.cninfo.com.cn
公司年度报告备置地点：新乡化纤股份有限公司证券部
6、股票上市地点：深圳证券交易所
股票简称：新乡化纤
股票代码：0949

二、会计数据和业务数据摘要

1、本公司 2000 年度利润总额及构成(单位：人民币元)

项目	金额
利润总额	120,603,249.91
净利润	98,558,789.40
扣除非经常性损益后的净利润	94,308,789.40
主营业务利润	128,452,324.27
其他业务利润	3,453,389.84
营业利润	118,975,038.50
投资收益	2,497,418.00
补贴收入	
营业外收支净额	-869,206.59
经营活动产生的现金流量净额	103,943,673.02
现金及现金等价物净增加额	-112,479,008.23

注："扣除非经常性损益后的净利润"中扣除的非经常性损益 5,000,000 元，是指收到的高新技术产业化重点项目贷款贴息。

2、截止报告年度末公司前三年的主要会计数据和财务指标(单位：人民币元)

指标项目	2000 年	1999 年	1998 年
主营业务收入	635,949,635.40	585,055,327.78	564,290,394.27
净利润	98,558,789.40	88,868,514.58	81,224,901.15
总资产	1,216,348,255.86	1,045,304,432.10	492,572,725.98
股东权益	960,125,885.46	886,095,666.66	266,456,571.73
每股收益(加权)	0.40	0.46	0.48
每股收益(摊薄)	0.40	0.36	0.48
扣除非经常性损益后的每股收益	0.38	0.35	0.48
每股净资产	3.91	3.61	1.56
调整后的每股净资产	3.89	3.60	1.55
每股经营活动产生的现金流量净额	0.42	0.20	0.37
净资产收益率(%)	10.27	10.03	30.48

3、利润表附表

报告期利润		净资产收益率(%)		每股收益(元)	
		全面摊薄	加权平均	全面摊薄	加权平均
主营业务利润	128,452,324.27	13.38	13.73	0.52	0.52
营业利润	118,975,038.50	12.39	12.72	0.49	0.49
净利润	98,558,789.40	10.27	10.54	0.40	0.40
扣除非经常性损益后的净利润	94,308,789.40	9.82	10.08	0.38	0.38

4、报告期内股东权益变动情况及变动原因

(1) 股东权益变动情况(单位：人民币元)

项目	股　本	资本公积	盈余公积	法定公益金	未分配利润	股东权益合计
期初数	245285706	534222772.25	45227870.96	22613935.96	38745381.49	886095666.66
本期增加	0	0	9855878 .94	4927939.47	83774970.99	98558789.40
本期减少					24528570.60	24528570.60
期末数	245285706	534222772.25	55083749.90	27541875.43	97991781.88	960125885.46

(2)股东权益变动的原因：本年盈余公积、法定公益金增加额为本年度从净利润中提取数，未分配利润变动是因本年净利润增加所致。

三、股东情况介绍

(1)报告期末股东总数：截至 2000 年 12 月 31 日公司在册股东数量 17146 户。
(2)公司前十名股东持股情况

股东名称	持股数(股)	持股比例(%)
新乡白鹭化纤集团有限责任公司	152,375,206	62.12
北京金国投资管理有限公司	601,400	0.25
陈娟	558,900	0.23
华云秀	556,800	0.23
钟启胜	497,200	0.20
印际春	456,640	0.19
张潇珑	450,500	0.18
刘刚	448,400	0.18
刘腊梅	433,440	0.18
方柏翠	397,206	0.16

重庆民丰农化股份有限公司

二○○○年年度报告摘选

一、公司简介

公司名称中文：重庆民丰农化股份有限公司
英文：CHONGQING MIN-FENG AGROCHEM CO.，LTD
法定代表人：王泉虎
公司董事会秘书：曹若瑜
联系地址：重庆市沙坪坝区井口经济桥 30 号重庆民丰农化股份有限公司
联系电话：(023)65180666　(023)65180743　联系传真：(023)65180655
公司注册地址：重庆市沙坪坝区井口经济桥 30 号
公司办公地址：重庆市沙坪坝区井口经济桥 30 号　邮政编码：400033
公司电子信箱：minfeng@public.cta.cq.cn
公司选定的信息披露报纸：《中国证券报》、《证券时报》
中国证监会指定国际互联网网址：http://www.cninfo.con.cn
公司年度报告备置地点：重庆民丰农化股份有限公司证券处
公司股票上市交易所：深圳证券交易所
股票简称：民丰农化　股票代码：0950

二、会计数据和业务数据摘要

(一)公司 2000 年度利润总额及其构成(单位：元)

项目	金额
利润总额：	43,902,740.31
净利润：	37,236,139.99
扣除非经常性损益后的净利润：	37,560,798.91
主营业务利润：	65,625,017.42
其他业务利润：	762,414.51
营业利润：	44,274,118.07
投资收益：	
补贴收入：	
营业外收支净额：	371,377.76
经营活动产生的现金流量净额：	88,939,087.84
现金及现金等价物净增加额：	27,682,061.07
注：扣除的非经常性损益项目涉及金额合计	-324,658.92 元
①收入类	
资产处置收益	2,200
②支出类	
资产处置损失	326,858.92

(二)主要会计数据和财务指标：

项目	2000 年	1999 年	1998 年	
		调整后	调整前	调整后
主营业务收入(元)	386,743,245.39	382,678,261.08	388,248,944.69	388,248,944.69
净利润(元)	37,236,139.99	29,630,202.50	22,857,547.34	20,069,652.04
总资产(元)	832,111,795.16	651,570,982.39	327,313,560.07	321,589,963.85
股东权益(元)	428,107,015.25	409,980,875.26	102,848,438.89	102,848,438.89
每股收益(元)(摊薄)	0.240	0.191	0.251	0.22
每股收益(元)(加权)	0.240	0.191	0.251	0.22
扣除非经常性损益后的每股收益(元)(摊薄)	0.242			
扣除非经常性损益后的每股收益(元)(加权)	0.242			
每股净资产(元/股)	2.762	2.645	1.128	1.128
调整后的每股净资产(元/股)	2.759	2.639	1.114	1.114
每股经营活动产生的现金流量净额	0.574	0.50		
净资产收益率(%)(摊薄)	8.70	7.23		
净资产收益率(%)(加权)	8.69			

(三)根据中国证监会关于发布《公开发行证券公司信息披露编报规则(第 9 号)》要求，公司按全面摊薄法和加权平均法的净资产收益率及每股收益。

报告期利润	净资产收益率%		每股收益(元)	
	全面摊薄	加权平均	全面摊薄	加权平均
主营业务利润	15.33	15.31	0.423	0.423
营业利润	10.34	10.33	0.286	0.286
净利润	8.70	8.69	0.240	0.240
扣除非经常性损益后的净利润	8.77	8.76	0.242	0.242

(四)报告期内股东权益变动情况：　单位：人民币元

项目	股本	资本公积	盈余公积	法定公益金	未分配利润	股东权益合计
期初数	155,000,000	225,350,672.76	5,926040.50	2,963,020.25	23,704,162	409,980,875.26
本期增加		4,140,000	7,447,228	3,723,614	29,788,911.99	41,376,139.99
本期减少					23,250,000.00	23,250,000.00
期末数	155,000,000	229,490,672.76	13,373,268.50	6,686,634.25	30,243,073.99	428,107,015.25

变动原因：资本公积增加 4,140,000 元为国债项目贴息；盈余公积金、法定公益金增加部分为公司本年度提取数；未分配利润增加数是公司本年度提取两金后的净利润数。

三、股东情况介绍

一、股东情况介绍
1、截止 2000 年 12 月 31 日，公司股东总数 41,705 户。
2、公司前 10 名股东持股情况(2000 年 12 月 31 日在册)

股东名称	年末持股数(股)	占股本比例(%)
重庆市国有资产管理局	91,171,800	58.82
重庆天原化工总厂	3,005,800	1.93
重庆康达机械制造有限责任公司	2,911,200	1.88
南海市高力实业有限公司	1,455,600	0.94
重庆嘉陵化学制品有限公司	1,455,600	0.94
李燕	170,000	0.11
中国经济技术投资担保有限公司上海分公司	150,000	0.10
程亚琪	116,095	0.07
陈后林	114,000	0.07
崔义超	105,250	0.06

山东小鸭电器股份有限公司

二○○○年年度报告摘要

一、公司简介

(一)、公司的法定中文名称:山东小鸭电器股份有限公司
公司的法定英文名称:SHANDONG XIAOYA ELECTRICAL APPLIANCE CO., LTD
(二)、公司法定代表人:由沛
(三)、公司董事会秘书:张锡顺
证券事务代表:王前峰
联系地址:山东省济南市工业北路44号
联系电话:0531-8980541
传真:0531-8980541
(四)、公司注册地址:山东省济南市工业北路44号
公司办公地址:山东省济南市工业北路44号
公司国际互联网网址:http://www.xiao ya sheng ji-ao.com
公司电子信箱:sdxydq@jn-public.sd.cninfo.net
邮政编码:250101
(五)、公司信息披露报纸:《中国证券报》、《证券时报》
登载公司年度报告的互联网网址:http://www.cninfo.com.cn
公司年报备置地点:公司董事会秘书办公室
(六)、公司股票上市交易所:深圳证券交易所
股票简称:小鸭电器
股票代码:0951

二、会计数据和业务数据摘要

(一)、公司本年度共实现利润总额13,875,637.91元、净利润9,296,677.40元、扣除非经常性损益后的净利润9,296,677.40元、主营业务利润157,401,114.11元、其他业务利润3,294,312.97元、营业利润10,861,545.87元、营业外收支净额2,416,896.46元、经营活动产生的现金流量净额-47,273,745.26元、现金及现金等价物净增加额-102,509,518.25元。

(二)、财务指标(单位:元)

指标	2000年	1999年	1998年
主营业务收入	661,324,771.18	538,180,431.19	509,243,191.12
净利润	9,296,677.40	37,892,251.93	23,943,186.06
总资产	1,412,929,208.39	1,316,506,709.14	846,855,807.83
股东权益(不含少数股东权益)	629,292,480.13	619,261,638.52	257,378,778.90
每股收益	0.0366	0.149	0.146
加全平均每股收益	0.0366	0.20	0.146
每股净资产	2.478	2.438	1.57
调整后的每股净资产	2.356	2.37	1.54
每股经营活动产生的现金流量净额	-0.186	0.024	0.06(10-12)月
净资产收益率%	1.48	6.12	9.30
扣除非经营性损益后每股收益	0.0366	0.118	0.146

根据中国证监会关于发布《公开发行证券公司信息披露编报规则》第9号通知的规定计算出的有关财务指标。

报告期利润	净资产收益率(%)		每股收益(单位:元)	
	全面摊薄	加权平均	全面摊薄	加权平均
主营业务利润	25.04	25.24	0.62	0.62
营业利润	1.72	1.74	0.0427	0.0427
净利润	1.48	1.49	0.0366	0.0366
扣除非经营性损益的净利润	1.48	1.49	0.0366	0.0366

三、股东情况介绍

1、本年度末公司股东总数为56137户。
2、本年度末公司前十名股东持股情况

序号	股东名称	持股性质	期初持股数量(万股)	年度内增减变动数量(万股)	期末持股数(万股)	持股比例(%)	质押或冻结情况
1	山东小鸭集团有限责任公司	国家股	12159		12159	47.87	无
2	中信兴业信托投资公司	国有法人股	4141		4141	16.30	无
3	中国经济技术投资担保有限公司上海分公司	流通股		50	50	0.19	
4	济南金钟电子衡器股份有限公司	法人股	32.5		32.5	0.13	无
5	山东电影机械厂	国有法人股	32.5		32.5	0.13	无
6	山东三塑集团有限公司	法人股	32.5		32.5	0.13	无
7	陈建波	流通股		24.2	24.2	0.09	
8	闫文鸿	流通股		18.5	18.5	0.07	
9	于洪	流通股		18.11	18.11	0.07	
10	陈建锋	流通股		18	18	0.07	

持有公司5%以上(含5%)以上股份的股东所持股份不存在质押情况。

3、持有本公司10%(含10%)以上法人股东情况

山东小鸭集团有限责任公司持有本公司国家股12159万股,占公司股份总额的47.87%,该公司系国有独资公司,法定代表人石守恭,主营范围:洗衣机、电饭煲、脱水机、清洁用具、电扇,制冷设备、热水器、燃气灶具的制造、自销;中信兴业信托投资公司持有本公司国有法人股4141万股,占公司股份总额的16.30%,该公司系全国性非银行金融结构,法定代表人李顺生,主营范围:信托存款、信托贷款、信托投资、代理、咨询服务,进出口、"三来一补"、批发、零售、代购、代销。

4、报告期内控股股东未发生变更。

四、股东大会简介

(一)、报告期内公司共召开年度股东大会一次,临时股东大会一次,具体情况如下:

1、年度股东大会

经公司一届六次董事会会议通过,公司于2000年4月12日在《中国证券报》、《证券时报》上刊登了"山东小鸭电器股份有限公司关于召开1999年度股东大会的通知"。2000年5月18日由公司董事会召集,山东小鸭电器股份有限公司1999年度股东大会在公司总部会议室顺利召开。经与会股东及股东代表充分讨论,审议通过决议共6项,此次股东大会决议已刊登于2000年5月19日的《中国证券报》及《证券时报》上。

2、临时股东大会

经公司一届九次(临时)董事会会议通过,公司于2000年9月30日在《中国证券报》、《证券时报》上刊登了"山东小鸭电器股份有限公司2000年度第一次临时股东大会会议通知"。本次临时股东大会由董事会召集,于2000年10月30日在公司总部会议室召开。经与会股东及股东代表充分讨论,大会审议通过同意补选白宗海先生为山东小鸭电器股份有限公司董事,此决议已刊登于2000年10月31日的《中国证券报》、《证券时报》上。

(二)、选举、更换公司董事、监事情况

报告期内公司原董事长王世敦先生因工作调动原因向公司董事会提出辞去公司董事、董事长职务的申请,经公司一届九次(临时)董事会会议通过,同意王世敦先生辞去公司董事、董事长职务,并提名白宗海先生为董事候选人提请临时股东大会审议。经2000年度第一次临时股东大会审议,选举白宗海先生为公司董事。

五、董事会报告

( )、公司经营情况

1、公司主营家用洗衣机、商用洗衣机,公司2000年度销售家用洗衣机50万台,商用洗衣机974台(套),共实现销售收入64,471.32万元,其中家用洗衣机60,545.10万元,商用洗衣机3,926.22万元。公司前身中国济南洗衣机厂系全国最早生产全自动滚筒洗衣机的定点厂家,公司主导产品家用全自动滚筒洗衣机的销售在同类产品中一直名列前茅。

2、2000年度分行业、地区的业务数据

(1)、按行业及产品分析

行业	产品	销量	销售收入(万元)	占主营业务比例(%)
家电	家用洗衣机	50万台	60,545.10	91.55
机械	商用洗衣机	974台(套)	3,926.22	5.94
其他	配件、材料		1,661.15	2.51
合计			66,132.47	100

(2)、按地区分析(家用洗衣机)

地区	销售收入(万元)	占主营业务比例(%)
华东地区	23,601.52	38.98
华北地区	12,622.90	20.85
东北地区	6,456.77	10.66
西北地区	4,536.98	7.49
华南地区	4,043.37	6.68
西南地区	9,283.56	15.34
合计	60,545.10	100

注:华东地区包括:上海、江苏、浙江、安徽、山东、湖北
华北地区包括:北京、天津、河北、河南
东北地区包括:辽宁、吉林、黑龙江
西北地区包括:陕西、山西、内蒙古、宁夏、新疆、甘肃、青海、西藏
华南地区包括:广东、广西、海南、福建
西南地区包括:江西、四川、云南、贵州、湖南

3、公司报告期内经营中面临的主要问题是家电行业竞争加剧,以及主营业务成本的增加导致公司利润下降。对此,公司将依靠自身的品牌优势、技术优势及遍布全国的销售网络,继续提高品牌的知名度,加大产品开发力度,利用不断推出的新产品占领市场;并加快募集资金投资项目的进度,使其尽快成为公司新的利润增长点。

(二)、公司财务状况

截止2000年12月31日,公司财务状况如下:

1、总资产为141,292.92万元,比99年增加9,642.25万元,主要原因是存货增加所致。

2、长期负债为3,750万元,比99年减少9,099.60万元,主要原因是归还部分长期贷款所致。

3、股东权益为62,929.24万元,比99年增加1,003.08万元,主要原因是新增2000年度经营利润所致。

4、主营业务利润为15,740.11万元,比99年减少3,651.15万元,主要原因是主营业务成本增加所致。

5、净利润为929.66万元,比99年减少2,859.55万元,主要原因是主营业务成本增加所致。

(三)、公司投资情况

1、募集资金投资项目情况

公司于1999年9月1日公开发行人民币普通股9000万股,募集资金已全部到位,公司按照招股说明书承诺,募集资金已经投入使用,尚未使用资金存入公司银行帐户。公司募集资金投向如下所示:

承诺投资项目	募集资金计划投资(万元)	现已投入(万元)	预计完工时间	未使用资金去向
"小鸭圣吉奥"滚筒洗衣机技改项目	19,933.54	15,110.00	2001.5	银行存款
引进干洗机项目	6,575.00	4,001.00	2001.6	银行存款
引进大型冷冲压模具生产设备	5,888.00	4,444.00	2001.5	银行存款
合计	32,396.54	23,555.00		

(四)、新年度业务发展计划

1、在产品销售方面2001年公司将继续借助自身的品牌、技术优势在稳定国内市场的前提下,努力开拓国际市场;在国内市场方面公司将改变销售策略,稳住大中城市,重点开发农村市场,逐步建立一县一店制;并加大广告宣传力度,提高品牌形象,充分利用五一、国庆、元旦等节日假在全国开展大规模的现场促销活动。

2、在产品开发方面2001年公司将继续加大产品开发力度,改变开发思路,重点开发两头。主要开发低成本低价格大众型产品及高附加值的高档产品。

3、2001年公司将深入开展全员、全方位、全过程的降本增效活动,挖掘内部潜力,通过比价采购压降低产品成本;通过贷新还旧降低财务费用;通过市场化管理降低管理费用、营业费用。

4、继续坚持走产学研联合的路子,充分利用外脑。2001年公司将继续与多家大专院校、科研机构及国外大公司联合开发新产品(2001年2月24日公司母公司小鸭集团已与中科院联合建立纳米技术应用研究所)。

5、大力开展资本运营,提高公司资本利用率。

6、继续严格按照ISO9001标准,从源头抓起,全方位工作,努力保障产品质量,增强市场竞争力。

7、2001年是募集资金投资项目完工投产的一年,公司将在技术、人员、资金方面给予这三个项目最大的支持和投入,力争使这三个项目早日成为公司新的利润增长点,以回报广大投资者。

(五)、董事会日常工作

1、报告期内董事会的会议情况及决议内容

2000年度公司共召开四次董事会会议

A、公司于2000年4月10日在济南召开第一届六次董事会会议,会议通过决议如下:

①审议通过《1999年度董事会工作报告》;

②审议通过《1999年度总经理工作报告》;

③审议通过《1999年度财务决算报告》;

④审议通过《1999年度利润分配预案》;

⑤审议通过《关于建立〈四项资产减值准备和损失处理的内部控制制度〉的报告》;

⑥审议通过《关于召开1999年度股东大会的议案》;

⑦审议通过《1999年度报告》及《1999年度报告摘要》;

⑧审议通过《关于续聘山东烟台乾聚会计师事务所有限公司为公司2000年度财务审计机构的议案》;

⑨同意对农林机械杀虫机产品投资的方案,相应设立"山东小鸭电器股份有限公司绿洲机械分公司"的机构进行管理。

B、公司于2000年7月26日在济南召开第一届七次董事会会议,会议通过决议如下:

①审议通过2000年上半年《总经理工作报告》;

②审议通过《2000年中期报告》及《2000年中期报告摘要》;

③审议通过《2000年度中期利润分配预案》。

C、公司于2000年8月25日在济南召开第一届八次董事会会议,会议通过决议如下:

①关于对股东贷款担保进行反担保的措施方案。

D、公司于2000年9月28日在济南召开第一届九次(临时)董事会会议,会议采取通讯表决方式通过决议如下:

①审议通过董事长王世敦先生辞去山东小鸭电器股份有限公司董事、董事长职务的申请;

②选举由沛先生为山东小鸭电器股份有限公司董事长;

③审议通过总经理由沛先生辞去山东小鸭电器股份有限公司总经理职务的申请;

④审议通过聘任白宗海先生为山东小鸭电器股份有限公司总经理;

⑤审议通过副总经理张玉宁先生、施振瑞先生辞去山东小鸭电器股份有限公司副总经理职务的申请;

⑥审议通过聘任薛元清先生为山东小鸭电器股份有限公司总会计师;聘任田效峰先生、宋贵亮先生为山东小鸭电器股份有限公司副总经理;

⑦审议通过提名白宗海先生为董事候选人,提请2000年度第一次临时股东大会审议通过;

⑧审议通过《关于召开2000年度第一次临时股东大会的议案》。

(六)、报告期内公司无利润分配、公积金转增股本、配股、增发新股情况发生。

(七)、公司管理层及员工情况

1、公司董事、监事、高级管理人员名单及任职期间、持股数量

姓名	性别	职务	任期起止日期	年初持股数量	期末持股数量
由沛	男	董事长	2000.9—2001.9		
李桦	女	副董事长	98.9—2001.9		
石守恭	男	副董事长	98.9—2001.9		
白宗海	男	董事、总经理	2000.9—2001.9		
付安全	男	董事	98.9—2001.9		
陶延昌	男	董事	98.9—2001.9		
周平	男	董事、副总经理	98.9—2001.9		
梅冬	女	董事	98.9—2001.9		
王晓军	男	董事	98.9—2001.9		
张锡顺	男	董事会秘书	98.9—2001.9		
李淑敏	女	监事会召集人	98.9—2001.9		
李自雄	男	监事	98.9—2001.9		
陈世杰	男	监事	98.9—2001.9		
吕金铎	男	监事	98.9—2001.9		
张岳勤	男	监事	98.9—2001.9		
徐智慧	女	监事	98.9—2001.9		
王永平	男	监事	98.9—2001.9		
薛元清	男	总会计师、副总经理	98.9—		
李德强	男	副总经理	98.9—		
赵殿杰	男	副总经理	98.9—		
田效峰	男	副总经理	2000.9—		
宋贵亮	男	副总经理	2000.9—		

2、董事、监事、高级管理人员年报酬情况:2-3万6人、3—4万3人、4—5万8人,另有4名董事,1名监事不在公司领取报酬。

3、报告期内公司董事长、董事、监事、董事会秘书、高级管理人员变动情况。

报告期内公司董事、董事长王世敦先生因工作调动原因,向公司董事会提出辞去公司董事、董事长职务的申请,公司于第一届九次(临时)董事会会议通过,同意王世敦先生辞去公司董事、董事长职务,并选举由沛先生为公司董事长。经公司2000年度第一次临时股东大会选举白宗海先生为公司董事。根据公司生产经营需要,经公司第一届九次(临时)董事会通过,同意由沛先生辞去公司总经理,张玉宁先生、施振瑞先生辞去公司副总经理职务的申请;同时决定聘任白宗海先生为公司总经理,薛元清先生为公司总会计师,田效峰先生、宋贵亮先生为公司副总经理。

公司董事会秘书、监事会成员报告期内无变动。

4、公司员工情况

公司现有职工3089名,其中:生产工人1699人、管理人员492人、销售人员630人、科研人员103人、其他人员165人;中专学历363人、大专学历375人、本科学历351人、硕士学历5人、博士学历1人;初级职称590人、中级职称68人、高级职称16人。

(八)、本次利润分配预案或资本公积金转增股本预案

山东小鸭电器股份有限公司2000年共实现净利润9,296,677.40元,根据《公司章程》规定提取10%法定盈余公积金为929,667.74元,提取10%公益金为929,667.74元,加年初未分配利润35,577,105.76元,累积可供股东分配的利润为43,014,447.68元。

2001年是公司募集资金投资项目完工、投产的一年,需要大量流动资金投入,以加快效益体现,根据公司实际经营需要及公司长远发展需要,公司决定2000年度暂不进行利润分配,也不进行资本公积金转增股本。该项预案须提请2000年度股东大会审议通过。2001年公司根据生产经营情况将进行一次利润分配,分配比例将不低于累计可供股东分配利润的40%,具体分配方式为送红股。

(九)、其他报告事项

本公司2001年度继续选定《证券时报》、《中国证券报》为公司指定信息披露报纸。

六、监事会报告

(一)、监事会工作报告

2000年度公司监事会共召开两次监事会会议。

A、公司于2000年4月10日在济南召开第一届四次监事会会议,会议通过决议如下:

①审议通过《1999年度监事会工作报告》;

②审议通过《1999年年度报告》及《1999年年度报告摘要》;

③审议通过《关于建立〈四项资产减值准备和损失处理的内部控制制度〉的报告》;

④审议通过《关于续聘山东烟台乾聚会计师事务所有限公司为公司2000年度财务审计机构的议案》

B、公司于2000年7月26日在济南召开第一届五次监事会会议,会议通过决议如下:

①审议通过公司2000年度上半年《总经理工作报告》;

②审议通过中期分配预案;

③审议通过《2000年度中期报告》及《2000年度中期报告摘要》。

(二)、监事会独立意见

本年度监事会依照《公司法》、《证券法》及《公司章程》所赋予的职责,认真履行了监督职能,并列席了各次董事会会议及两次股东大会。监事会认为董事会会议的召集方式和表决程序符合《公司法》、《证券法》、及《公司章程》的有关规定,公司董事会及经理层在生产经营活动中严格遵守《公司法》、《证券法》、《公司章程》的有关规定,切实维护全体股东的利益,无损害公司股东及公司利益的行为。

1、报告期内公司严格按照《公司法》、《证券法》及《公司章程》等法律法规依法运作,决策程序合法,公司董事、高级管理人员在执行职务时无违反法律、法规、公司章程或损害公司利益的行为。公司已建立了完善的内部控制制度。

2、报告期内监事会会同会计师及公司审计机构,对公司财务进行了认真的检查,认为山东乾聚有限责任公司会计师事务所为公司出具的2000年度财务审计报告,真实的反映了公司的财务状况和经营成果。

3、公司1999年9月1日发行新股所募集资金,完全按照招股说明书所承诺项目进行投入。

4、公司报告期内无收购、出售资产事项发生。

5、公司关联交易公平,无损害上市公司利益。

6、山东乾聚有限责任会计师事务所为本公司出具了无保留意见的审计报告。

七、重要事项

(一)、报告期内公司无重大诉讼、仲裁事项。

(二)、报告期内公司、公司董事及高级管理人员无被监管部门处罚的情况发生。

(三)、报告期内公司控股股东未发生变化;公司根据生产经营需要,并经公司第一届九次董事会会议通过,决定聘任白宗海先生为公司新任总经理,由沛先生不再担任公司总经理职务;报告期内公司董事会秘书未发生变化。

(四)、公司报告期内无收购或出售资产、吸收合并事项发生。

(五)、重大关联交易事项

公司报告期内充分利用自己遍布全国的销售网络,适时根据市场的产品变化,将有市场潜力的套桶、双桶洗衣机纳入公司营销网络,转购代理济南雅奥家用电器厂套桶、双桶洗衣机333,267台,交易额293,324,191.93元,使之不断提高公司的赢利水平。本交易价格严格按照互惠互利的原则,并参考同类产品的市场价格,由双方协商制定,两公司的结算方式为按公司月实际代理销售量与济南雅奥家用电器厂结算一次。

其他关联交易见财务报告相关部分.

(六)、公司与控股股东(山东小鸭集团有限责任公司)之间人员独立、资产完整、财务独立。

1、人员分开方面

公司人员与母公司完全独立,公司法人代表、总经理及其他高级管理人员与控股股东之间无一双重任职情况;公司总经理、副总经理及其他高级管理人员均在公司领取薪酬;公司全体财务人员与关联公司无一兼职;公司的劳动、人事及工资管理完全独立。

2、资产完整方面

公司资产完整,公司的生产系统、辅助生产系统和配套设施、工业产权、非专利技术与母公司之间完全独立;公司拥有独立的产、供、销系统;公司与母公司之间不存在从事相同产品经营的同业竞争。

3、财务分开方面

公司财务完全独立,拥有独立的财务部门、财务核算体系、规范的财务制度和对分公司的财务管理制度;设有独立的银行帐户,不存在与控股股东共用一个银行帐户的情况;公司完全独立纳税。

(七)、报告期内公司继续聘任山东乾聚有限责任会计师事务所为公司财务审计机构。

(八)、报告期内公司于3月31日为山东小鸭集团有限责任公司提供贷款担保,担保额2.38

亿元,担保期限5年。公司为降低此项担保的风险,经公司第一届八次董事会会议批准,公司于2000年8月25日与山东小鸭集团有限责任公司签定贷款反担保协议。

(九)、公司报告期内公司名称及股票简称均未发生变化。

八、财务报告

山东乾聚有限责任会计师事务所为本公司出具了无保留意见的财务审计报告。

(一)、审计报告

审计报告

乾聚审字[2001]58号

山东小鸭电器股份有限公司全体股东:

我们接受委托,审计了贵公司2000年12月31日的资产负债表、2000年度利润表及利润分配表、2000年度现金流量表。这些会计报表由贵公司负责,我们的责任是对这些会计报表发表审计意见。我们的审计是依据《中国注册会计师独立审计准则》进行的。在审计过程中,我们结合贵公司的实际情况,实施了包括抽查会计记录等我们认为必要的审计程序。

我们认为,上述会计报表符合《企业会计准则》和《股份有限公司会计制度》的有关规定,在所有重大方面公允地反映了贵公司2000年12月31日的财务状况、2000年度经营成果及现金流量状况,会计处理方法的选用遵循了一贯性原则。

山东乾聚有限责任会计师事务所　　中国注册会计师:朱清滨

地址:中国·烟台　　中国注册会计师:杜中恒

电话:0535—6224384　　二〇〇一年三月十一日

(二)、会计报表(见附表)

(三)、会计报表注释

山东小鸭电器股份有限公司

会计报表附注

1、会计制度

公司执行《股份有限公司会计制度》及其有关补充规定。

2、会计年度

公司会计年度采用公历制,即每年一月一日至十二月三十一日。

3、记帐本位币

会计核算以人民币为记帐本位币。

4、记帐基础和计价原则

采用权责发生制原则记帐,以实际成本为计价原则。

5、外币业务核算方法

公司年度内涉及外币的经济业务,按发生当日外汇市场中间汇价折合人民币入帐;月末将外币帐户余额按月末外汇市场中间汇价折合人民币进行调整,调整后的差额列入“财务费用-汇兑损益”。

6、现金等价物的确定标准

现金等价物指企业持有的期限短、流动性强、易于转换为已知金额现金、价值变动风险很小的投资。

7、坏帐核算方法

1)坏帐的确认标准:因债务人破产或死亡,以其破产财产或者遗产清偿后,仍然不能收回的应收款项或因债务人逾期未履行偿债义务超过三年仍然不能收回的应收款项确认为坏帐;

2)坏帐损失采用备抵法核算;

3)坏帐准备计提方法和计提比例

坏帐准备计提采用帐龄分析法,比例如下:

帐　龄	计提比例
1年以内	2%
1-2年	5%
2-3年	10%
3年以上	20%

8、存货核算方法

1)存货分类为:原材料、产成品、在产品和低值易耗品等。

2)原材料按计划成本进行核算,月末按照发出的原材料的计划成本计算应分摊的成本差异并调整为实际成本。

3)在产品包括直接材料、直接人工及制造费用;

4)产成品按实际成本计价,发出时按加权平均法计价。

5)低值易耗品领用时,采用一次摊销法核算。

6)存货跌价准备计提方法:

由于存货遭受毁损,全部或部分陈旧过时和销售价格低于成本等原因造成的存货成本不可收回的部分,期末采用成本与市价孰低计价原则,按单个存货项目的成本高于可变现净值的差额,计提存货跌价准备。

9、长期投资核算方法

A:长期股权投资

1)公司对其他单位的投资占该单位有表决权资本总额20%或20%以上,或虽投资不足20%,但具有重大影响的采用权益法核算,与此相反时则用成本法核算。

2)公司对其他单位投资占该单位有表决权资本总额50%以上,或虽占该单位有表决权资本总额不足50%,但具有实质控制权时,编制合并会计报表。

3)长期股权投资差额摊销方法:合同规定投资期限的,按投资期限摊销;没有规定投资期限的,无论借方还是贷方差额均按10年采用直线法摊销。

B:长期债权投资

1)长期债权投资:按实际支付的价款扣除支付的各项附加费用,以及支付的自发行日起至购入债券日止的应计利息后的余额作为实际成本。实际成本与债券票面价值的差额,作为溢价或折价。债券的溢价或折价在债券存续期间内于确认相关债券利息收入时,采用直线法摊销。

C:长期投资减值准备

期末由于市价持续下跌或被投资单位经营状况恶化等原因,导致长期投资可收回金额低于帐面价值,且在未来不可收回,按可收回金额低于帐面价值的差额提取长期投资减值准备。

10、固定资产及其折旧

1)、固定资产使用标准:

使用年限在一年以上的房屋建筑物、机器设备和运输工具以及不属于生产经营主要设备,使用年限在两年以上,并且单位价值在2000元以上的资产。

2)、固定资产按实际成本或重置完全价值计价。

3)、固定资产折旧采用“直线法”分类计算,并预计5%的残值,固定资产分类折旧率如下:

类　别	使用年限(年)	残值率(%)	年折旧率(%)
房屋建筑物	30—40	5	3.17—2.38
机器设备	10—14	5	9.5—6.79
运输工具	6—12	5	15.83—7.92
其他	5—8	5	19—11.88

11、在建工程

1)在建工程按实际成本计价;

2)在建工程发生的借款利息处理:属于在固定资产尚未交付使用之前发生的,计入在建固定资产的成本;固定资产交付使用后发生的,计入当期损益。

12、无形资产

1)无形资产按实际成本计价;

2)无形资产摊销:合同规定了受益年限的,按不超过受益年限的期限摊销;合同没有规定受益年限而法律规定了有效年限的,按不超过法律规定的有效年限摊销;经营期短于有效年限的,按不超过经营期的年限摊销;合同没有规定受益年限,且法律也没有规定有效年限的,按不超过10年的期限摊销。

13、所得税会计处理方法

所得税采用应付税款法核算。

14、收入确认的方法

A、商品销售:公司已将商品所有权上的重要风险和报酬转移给买方,公司不再对该商品实施继续管理权和实际控制权,相关的收入已经收到或取得了收款的证据,并且与销售该商品有关的成本能够可靠的计量时,确认业务收入的实现。

B、提供劳务:按照完工百分比法确认相关的劳务收入。

15、税项

(1)企业所得税

股份公司执行33%企业所得税税率。

(2)流转税及附加:

增值税:增值税销项税税率为17%,按销项税额扣除进项税额后的余额缴纳。

城市维护建设税:以应缴纳增值税额的7%计算缴纳。

教育费附加:以应缴纳增值税额的3%计算缴纳。

16、或有事项

公司于二零零零年三月三十一日与中国建设银行济南市东郊支行签订协议[技改保字(2000)第1号]为山东小鸭集团有限责任公司2.38亿元贷款提供担保,期限为2000年3月31日至2005年3月31日;另公司于2000年8月25日与山东小鸭集团有限责任公司就上述担保事项签订反担保协议书,小鸭集团有限责任公司向公司提供反担保的范围,以公司为小鸭集团确定的保证担保范围为限,公司因集团公司借款承担的担保责任,由山东小鸭集团有限责任公司全部承担。

17、承诺事项

截止至审计报告日,本公司无需要披露的承诺事项。

18、资产负债表日后事项

截止至审计报告日公司应收票据中2,260,000.00元已背书转让,622,281.00已退票,15,310,059.00元已到期收回。

19、其他重要事项

截止至审计报告日,公司无需要披露的其他重要事项。

山东小鸭电器股份有限公司

董事会

二〇〇一年四月三日

利　润　表

2000年度

编制单位:山东小鸭电器股份有限公司　　单位:人民币元

资　产	附注	上年同期数	本年累计数
一、主营业务收入		538,180,431.19	661,324,771.18
减:折扣与折让			
主营业务收入净额		538,180,431.19	661,324,771.18
减:主营业务成本		340,854,888.69	500,958,523.56
主营业务税金及附加		3,412,892.68	2,965,133.51
二、主营业务利润		193,912,649.82	157,401,114.11
加:其他业务利润	25	6,687,427.49	3,294,312.97
加:存货跌价损失			
营业费用		65,667,411.42	69,475,435.24
管理费用		57,543,864.26	59,266,182.16
财务费用	26	28,643,186.30	21,092,263.81
三、营业利润		48,745,615.33	10,861,545.87
加:投资收益			-
补贴收入			597,195.58
营业外收入	27	7,882,340.84	3,568,684.91
减:营业外支出	28	72,356.27	1,151,788.45
四、利润总额		56,555,599.90	13,875,637.91
减:所得税		18,663,347.97	4,578,960.51
五、净利润		37,892,251.93	9,296,677.40

利　润　分　配　表

2000年度

编制单位:山东小鸭电器股份有限公司　　单位:人民币元

资　产	附注	上年同期数	本年累计数
一、净利润		37,892,251.93	9,296,677.40
加:年初未分配利润		4,675,972.84	35,577,105.76
盈余公积转入			
二、可供分配的利润		42,568,224.77	44,873,783.16
减:提取法定盈余公积		3,789,225.19	929,667.74
提取法定公益金		3,789,225.19	929,667.74
三、可供股东分配的利润		34,989,774.39	43,014,447.68
减:应付优先股股利			
提取任意盈余公积			
应付普通股股利			
转作股本的普通股股利			
四、未分配利润		34,989,774.39	43,014,447.68

资产负债表

2000年12月31日

编制单位:山东小鸭电器股份有限公司　　单位:人民币元

资　　产	附注	期初数	期末数
流动资产:			
货币资金	1	274,662,701.67	172,153,183.42
短期投资			
减:短期投资跌价准备			
短期投资净额		–	
应收票据	2	15,250,000.00	28,258,740.00
应收股利			
应收利息			
应收帐款	3	317,310,089.25	348,937,031.33
其他应收款	4	127,915,498.00	140,657,128.97
减:坏帐准备		17,201,343.31	17,053,081.79
应收款项净额		428,024,244.04	472,541,078.51
预付帐款	5	51,169,185.32	40,549,425.29
应收补贴款		48,150.07	
存货	6	253,122,610.35	351,329,823.59
减:存货跌价准备			
存货净额		253,122,610.35	351,329,823.59
待摊费用	7	211,763.81	7,701.06
待处理流动资产净损失			
一年内到期的长期债权投资			
其他流动资产			
流动资产合计		1,022,488,655.26	1,064,839,951.87
长期投资:			
长期股权投资			
长期债权投资			
长期投资合计		–	
减:长期投资减值准备			
长期投资净额		–	
固定资产:			
固定资产原价	8	404,768,023.75	427,395,598.83
减:累计折旧		141,750,156.14	162,051,469.65
固定资产净值		263,017,867.61	265,344,129.18
工程物资			
在建工程	9	25,146,886.27	77,619,427.34
固定资产清理			
待处理固定资产净损失			
固定资产合计		288,164,753.88	342,963,556.52
无形资产及其他资产:			
无形资产	10	3,662,300.00	3,247,700.00
开办费			
长期待摊费用	11	2,191,000.00	1,878,000.00
其他长期资产			
无形资产及其他资产合计		5,853,300.00	5,125,700.00
递延税项:			
递延税款借项			
资产总计		1,316,506,709.14	1,412,929,208.39
负债及股东权益			
流动负债:			
短期借款	12	175,035,000.00	251,625,000.00
应付票据	13	52,950,000.00	158,450,000.00
应付帐款	14	221,324,582.05	161,115,107.77
预收帐款	15	31,882,812.17	33,525,413.31
代销商品款			–
应付工资			–
应付福利费		2,380,120.58	3,245,411.57
应付股利			
应交税金	16	41,685,638.59	37,167,434.43
其他应交款		8,137,677.87	8,460,468.07
其他应付款	17	25,332,717.74	16,620,851.58
预提费用	18	20,460.00	165,660.98
一年内到期的长期负债	19	10,000,000.00	75,761,380.55
其他流动负债			
流动负债合计		568,749,09.00	746,136,728.26
长期负债:			
长期借款	20	123,663,075.39	37,500,000.00
应付债券			
长期应付款			
住房周转金		4,832,986.23	–
其他长期负债			
长期负债合计		128,496,061.82	37,500,000.00
递延税项:			
递延税款贷项			
负债合计		697,245,070.62	783,636,728.26
股东权益:			
股本	21	253,975,000.00	253,975,000.00
资本公积	22	321,549,420.55	321,549,420.55
盈余公积	23	8,747,443.58	10,753,611.90
其中:公益金		4,373,721.79	5,376,805.95
未分配利润	24	34,989,774.39	43,014,447.68
股东权益合计		619,261,638.52	629,292,480.13
负债及股东权益总计		1,316,506,709.14	1,412,929,208.39

现金流量表

2000年度

编制单位:山东小鸭电器股份有限公司　　单位:人民币元

资　　产	附注	金　　额
一、经营活动产生的现金流量:		
销售商品、提供劳务收到的现金		638,725,771.98
收取的租金		
收到税费的返还		597,195.58
收到的其他与经营活动有关的现金		15,802,891.44
现金流入小计		655,125,859.00
购买商品、接受劳务支付的现金		523,879,671.42
经营租赁所支付的现金		
支付给职工以及为职工支付的现金		72,432,137.91
支付的增值税款		22,431,816.65
支付的所得税款		13,277,413.53
支付的除增值税、所得税以外的其他税费		4,667,420.63
支付的其他与经营活动有关的现金	29	65,711,144.12
现金流出小计		702,399,604.26
经营活动产生的现金流量净额		-47,273,745.26
二、投资活动产生的现金流量:		
收回投资所收到的现金流量		
分得股利或利润所收到的现金		
取得债券利息收入所收到的现金		
处置固定资产、无形资产和其他长期资产而收回的现金净额		302,875.48
收到的其他与投资活动有关的现金		
现金流入小计		302,875.48
购建固定资产、无形资产和其他长期资产所支付的现金		73,185,254.53
权益性投资所支付的现金		
债权性投资所支付的现金		
支付的其他与投资活动有关的现金		
现金流出小计		73,185,254.53
投资活动产生的现金流量净额		-72,882,379.05
三、筹资活动产生的现金流量:		
吸收权益性投资所收到的现金		
发行债券所收到的现金		
借款所收到的现金		199,000,000.00
收到的其他与筹资活动有关的现金		
现金流入小计		199,000,000.00
偿还债务所支付的现金		152,121,775.93
发生筹资费用所支付的现金		
分配股利或利润所支付的现金		
偿付利息所支付的现金		29,033,713.01
融资租赁所支付的现金		
减少注册资本所支付的现金		
支付的其他与筹资活动有关的现金		197,905.00
现金流出小计		181,353,393.94
筹资活动产生的现金流量净额		17,646,606.06
四、汇率变动对现金的影响		
五、现金及现金等价物净增加额		-102,509,518.25
附注:		
1.不涉及现金收支的投资和筹资活动:		
以固定资产偿还债务		182,951.40
以投资偿还债务		
以固定资产进行长期投资		
以存货偿还债务		18,175,422.88
融资租赁固定资产		
2.将净利润调节为经营活动的现金流量:		
净利润		9,296,677.40
加:计提的坏帐准备或转销的坏帐		-148,261.42
固定资产折旧		22,475,206.74
无形资产摊销		414,600.00
长期待摊费用摊销		313,000.00
待摊费用摊销		204,062.75
预提费用		145,200.98
处置固定资产、无形资产和其他长期资产的损失(减收益)		712,182.43
固定资产报废损失		305,351.31
财力费用		29,033,713.01
投资损失(减收益)		
递延税款贷项(减借项)		
存货的减少(减增加)		-98,207,213.24
经营性应收项目的减少(减增加)		-46,709,402.95
经营性应付项目的增加(减减少)		34,891,137.73
其他		
经营活动产生的现金流量净额		-47,273,745.26
3.现金及现金等价物净增加情况:		
货币资金的期末余额		172,153,183.42
减:货币资金的期初余额		274,662,701.67
现金等价物的期末余额		
减:现金等价物的期初余额		
现金及现金等价物净增加额		-102,509,518.25

湖北广济药业股份有限公司

二〇〇〇年年度报告摘选

一、公司简介

1、公司法定名称:湖北广济药业股份有限公司
公司英文名称:HUBEI GUANGJI PHARMACEUTICAL CO., LTD.
2、公司法定代表人:何谧
3、公司董事会秘书:汪宏勇
联系地址:中国湖北省武穴市江堤路1号　　邮政编码:435400
电　话:0713－6216068　　传　真:0713－6212108
4、公司注册地址:中国湖北省武穴市江堤路1号
公司办公地址:中国湖北省武穴市江堤路1号　　邮政编码:435400
公司电子信箱:gjyy@hb.cninfo.net
5、公司选定的信息披露报纸名称:《中国证券报》、《证券时报》
登载公司年报的国际互联网址:http://www.cninfo.com.cn
公司年度报告备置地点:公司证券部
6、公司股票上市交易所:深圳证券交易所
股票简称:广济药业　　股票代码:0952

二、会计数据和业务数据摘要

1、公司本年度业务数据(单位:人民币元):

利润总额:	36,759,932.70
净利润:	30,615,863.66
扣除非经常性损益后的净利润:	30,885,191.27
主营业务利润:	64,213,082.55
其他业务利润:	126,562.38
营业利润:	33,867,681.79
投资收益:	3,140,238.52
补贴收入:	
营业外收支净额:	－247,987.61
经营活动产生的现金流量净额:	48,567,004.26
现金及现金等价物净增加额:	8,863,109.38

扣除非经常性损益涉及项目和金额为:处理固定资产净收益131,729.61、处理固定资产净损失266,967.47、捐赠支出84,089.75、罚款支出50,000.00。

2、近三年主要会计数据和财务

指标项目	2000年	1999年	1998年
主营业务收入(万元)	13,414.5	17,657.5	16,131.1
净利润(万元)	3,061.6	3,142.4	2,376.9
总资产(万元)	67,621.5	64,878.2	37,158.2
股东权益(不含少数股东权益)(万元)	48,154.1	44,929.5	18,478.20
每股收益(按净利润全面摊薄计算)(元/股)	0.18	0.18	0.20
每股收益(按净利润加权平均计算)(元/股)	0.18	0.23	0.20
扣除非经常性损益后的每股收益(全面摊薄)(元/股)	0.18	0.16	0.20
扣除非经常性损益后的每股收益(加权平均)(元/股)	0.18	0.21	0.20
每股净资产(元/股)	2.81	2.67	1.58
调整后的每股净资产(元/股)	2.79	2.62	1.52
每股经营活动产生的现金流量净额(元/股)	0.28	0.40	－0.13
净资产收益率(按净利润全面摊薄计算)(%)	6.36	6.99	13.41
净资产收益率(按净利润加权平均计算)(%)	6.59	10.89	13.35
净资产收益率(按净利润加权平均计算)(%)	6.59	10.89	13.35

注1:2000和1999年度公司总股本按17122.6万股计算,1998年度公司总股本按12122.6万股计。

注2:以上数据和指标以本公司的合并会计报表数据填列或计算。

3、按照中国证监会《公开发行证券公司信息披露编报规则(第9号)》要求计算本年度利润的净资产收益率和每股收益。

报告期利润	净资产收益率(%)		每股收益(元)	
	全面摊薄	加权平均	全面摊薄	加权平均
主营业务利润	13.33	13.82	0.38	0.38
营业利润	7.03	7.29	0.20	0.20
净利润	6.36	6.59	0.18	0.18
扣除非经常性损益后的净利润	6.41	6.65	0.18	0.18

4、报告期内股东权益变动情况表(单位:万元)

项目	股本	资本公积	盈余公积	法定公益金	未分配利润	股东权益合计
期初数	17,122.6	20,060.2	2,070.9	690.3	5,675.7	44,929.5
本期增加		9.9	459.3	153.1	2755.5	3224.6
本期减少						
期末数	17,122.6	20,070.1	2,530.2	843.4	8431.2	48,154.1
变动原因		转入	提取	提取	新增利润	新增利润

三、股东情况介绍

1、报告期末,公司股东总数为25342户。

2、前10名股东持股情况

名次	名　称	期末持股数(股)	占股本比例(%)
①	武穴市国有资产经营公司(国有股)	41,082,344	23.99
②	上海龙都投资管理有限公司	15,000,000	8.76
③	琼海梅恩房地产开发公司	9,100,000	5.31
④	江苏斯威特高科技风险投资有限公司	9,000,000	5.26
⑤	海南海牛农业综合开发有限公司	7,000,000	4.09
⑥	公元投资有限公司	5,500,000	3.21
⑦	上海励诚投资发展有限公司	5,500,000	3.21
⑧	武汉清诚大桥食品有限公司	5,000,000	2.92
⑨	武穴市财振会计实业公司	3,276,000	1.91
⑩	舟山市信托投资公司	536,500	0.31

广西河池化工股份有限公司

二〇〇〇年年度报告摘选

一、公司简介

1、公司的法定中文名称:广西河池化工股份有限公司
公司英文名称:GUANGXI　HECHI　CHEMICAL　Co.,Ltd
2、公司法定代表人:何元军
3、公司董事会秘书:韦文甫
联系地址:广西河池市
联系电话:0778—2266867　　联系传真:0778—2266882
电子信箱:hgwenfu@hc.gx.cninfo.net
4、公司注册及办公地址:广西河池市
邮政编码:547007
公司国际互联网网址:hechihuagong.com.cn
电子信箱:hgwenfu@hc.gx.cninfo.net
5、公司选定的信息披露报纸名称:《中国证券报》、《证券时报》
登载公司年度报告的中国证监会指定国际互联网网址:Http://www.cninfo.com.cn
公司年度报告备置地点:广西河池市河池化工股份有限公司董事会秘书处
6、公司股票上市交易所:深圳证券交易所
股票简称:河池化工　　股票代码:0953

二、会计数据和业务数据摘要

(一)利润情况　　(单位:人民币元)

利润总额	48,514,267.52
净利润	37,870,733.88
扣除非经常性损益后的净利润	32,869,873.30
主营业务利润	78,645,514.01
其他业务利润	2,144,653.46
投资收益	—
补贴收入	560,444.03
营业外收支净额	4,440,416.55
经营活动产生的现金流量净额	105,757,842.92
现金及现金等价物净增加额	86,412,163.54

说明:扣除非经常性损益的项目、涉及金额如下(单位:人民币元)

1、增值税减免	560,444.03
2、处理固定资产净收益	3,764,924.24
3、申购利息收入	1,188,540.55
4、电力率奖及其他	294,099.63
5、停薪留职管理费	15,056.00
6、处理固定资产净损失及其他	822,203.87

(二)截止报告期末,公司前三年主要会计数据和财务指标(单位:人民币元)

项目	2000年	1999年	1998年	
			调整后	调整前
主营业务收入	317,828,400.47	195,225,468.29	174,918,240.75	174,918,240.78
净利润	37,870,733.88	25,024,647.68	23,033,252.86	24,967,447.34
总资产	1,013,254,530.69	817,215,900.34	581,538,973.33	583,623,273.09
股东权益	391,442,100.99	362,482,259.16	143,030,492.73	145,114,792.49
每股收益	0.21	0.17	0.23	0.25
加权平均每股收益	0.21	0.23	0.23	0.25
扣除非经常性损益后的每股收益	0.18	0.16	0.22	0.24
每股净资产	2.20	2.44	1.45	1.47
调整后每股净资产	2.13	2.43	1.42	1.44
每股经营活动产生的现金流量净额	0.59	0.44	0.26	0.26
净资产收益率	9.67	6.90	16.1	17.2
扣除非经常性损益后的加权平均净资产收益率	8.62	11.59	15.23	16.35

利润表附表

项　目	报告期利润(元)	净资产收益率(%)		每股收益(元)	
		全面摊薄	加权平均	全面摊薄	加权平均
主营业务利润	78,645,514.01	20.09	20.62	0.44	0.44
营业利润	43,513,406.94	11.12	11.41	0.24	0.24
净利润	37,870,733.88	9.67	9.93	0.21	0.21
扣除非经常性损益后的净利润	32,869,873.30	8.40	8.62	0.18	0.18

(三)报告期内股东权益变动情况及变动原因(单位:人民币元)

项目	期初数	本期增加	本期减少	期末数
股本	148,514,868	29,702,973	0	178,217,841
资本公积金	171,601,173.87		29,702,973	141,898,200.87
盈余公积	21,095,266.76	5,680,610.08	0	26,775,876.84
其中:法定公益金	3,710,550.19	1,893,536.68	0	5,604,086.87
未分配利润	21,270,950.53	37,870,733.88	14,591,502.13	44,550,182.28
股东权益	362,482,259.16	73,254,316.96	44,294,475.13	391,442,100.99

变动原因:股本变动是因为1999年度将资本公积金(10股转增2股)转增股本所致;股东权益变动是因为当期利润增加。

三、股本变动及股东情况

1、截止2000年末,本公司股东总数为18580户。

2、截止2000年末,前10名股东持股情况

股东名称	持股量	持股比例	持股类别
广西河池化学工业集团公司	107,406,600	60.26%	国家股
申银万国	2,070,506	1.16%	流通股
汉盛证券投资基金	2,000,221	1.12%	流通股
申银证券	1,532,503	0.86%	流通股
广西壮族自治区农业生产资料总公司	1,200,000	0.67%	法人股
广西河池地区农业生产资料公司	1,200,000	0.67%	法人股
王文	763,557	0.43%	流通股
王淑珍	752,763	0.42%	流通股
施美珍	570,000	0.32%	流通股
赵国生	550,800	0.31%	流通股

海南欣龙无纺股份有限公司

二〇〇〇年年度报告摘选

一、公司简介

1.公司法定中文名称:海南欣龙无纺股份有限公司

法定英文名称:HAINAN XINLONG NONWOVENS CO.,LTD.

2.公司法定代表人:郭开铸

3.公司董事会秘书:魏 毅

董事会秘书授权代表:徐继光

联系地址:海南省海口市龙昆北路2号珠江广场帝豪大厦17层

联系电话:(0898)6717055　　6712769

传　　真:(0898)6723136

电子信箱:xlwfg@public.hk.hi.cn

4.公司注册地址:海南省澄迈县老城工业开发区

公司办公地址:海南省海口市龙昆北路2号珠江广场帝豪大厦17层

邮政编码:570125

国际互联网网址:www.xlwf.com

电子信箱:xlwfg@public.hk.hi.cn

5.公司选定的信息披露报纸:《证券时报》、《中国证券报》

登载公司年度报告的中国证监会指定国际互联网网址:http://www.cninfo.com.cn

公司年度报告备置地点:公司董事会秘书办公室

6.公司股票上市交易所:深圳证券交易所

股票简称:欣龙无纺

股票代码:0955

二、会计数据和业务数据摘要

1.本年度财务数据如下:　　单位:元

项目	金额
利润总额:	16,653,541.30
净利润:	15,384,795.85
扣除非经营性损益后的净利润:	14,647,418.31
主营业务利润:	35,166,701.23
营业利润:	6,613,807.38
补贴收入:	1,002,356.38
营业外收支净额:	37,377.54
经营活动产生的现金流量净额:	-6,939,296.35
现金及现金等价物净增加额:	-91,493,143.28

注:"扣除非经营性损益后的净利润"中扣除项目:[1]营业外收支净额37,377.54元。[2]补贴收入:700,000.00元。

2.主要会计数据和财务指标　　单位:元

会计数据和财务指标	2000年	1999年调整后	1999年调整前	1998年
主营业务收入	133,909,127.35	199,237,112.03	199,237,112.03	122,174,306.46
净利润	15,384,795.85	42,560,074.98	46,388,495.17	30,883,550.73
总资产	781,914,118.23	764,747,657.81	766,105,099.48	482,298,699.44
股东权益(不含少数股东权益)	516,368,566.06	500,983,770.21	504,812,190.40	150,000,000.00
每股收益(摊薄)	0.0750	0.208	0.2263	0.5585
加权平均每股收益	0.0750	0.273	0.2833	0.5585
扣除非经常性损益后的每股收益	0.071	0.1602	0.2286	0.3948
每股净资产	2.5189	2.4438	2.4625	2.7125
调整后的每股净资产	2.4730	2.4062	2.425	2.6008
每股经营活动产生的现金流量净额	-0.0339	0.0244	0.0244	0.5525
净资产收益率	2.98%	8.5%	9.19%	20.59%
加权平均净资产收益率	3.03%	17.13%	19.61%	20.67%

3.报告期利润表附表

报告期利润	净资产收益率(%)		每股收益(元)	
	全面摊薄	加权平均	全面摊薄	加权平均
主营业务利润	6.81	6.91	0.172	0.172
营业利润	1.28	1.30	0.032	0.032
净利润	2.98	3.03	0.075	0.075
扣除非经常性损益后的净利润	2.84	2.88	0.071	0.071

三、股本变动及股东情况

1.股本变动情况

(1)股本变动情况表　　单位:股

	本次变动前	本次变动增减(±) 配股、送股、公积金	其他	小计	本次变动后
1.未上市流通股份					
1)发起人持有股份	150,000,000.00				150,000,000.00
其中:国有法人股					
2)募集法人股					
未上市流通股份合计:	150,000,000.00				150,000,000.00
2.已上市流通股份					
1)人民币普通股份	55,000,000.00				55,000,000.00
2)境内上市外资股					
3)其他					
已上市流通股合计	55,000,000.00				55,000,000.00
合计	205,000,000.00				205,000,000.00

中国石化中原油气高新股份有限公司

二〇〇〇年年度报告摘选

一、公司简介

1、公司中文名称:中国石化中原油气高新股份有限公司

公司英文名称:SINOPEC ZHONGYUAN PETROLEUM CO.,LTD.

2、公司法定代表人:刘锦信

3、公司董事会秘书:李洪海

公司证券事务代表:张东方

联系地址:河南省郑州市高新技术产业开发区瑞达路87号

联系电话:0371-7981018　　0393-4893830

传真电话:0371-7984573　　0393-4893831

4、公司注册地址:河南省郑州市高新技术产业开发区

公司办公地址:河南省郑州市高新技术产业开发区

公司邮政编码:450001

公司国际互联网网址:http://www.zyyq.com

公司电子信箱:zyyq@zytx.com.cn

5、公司选定的信息披露报纸:《中国证券报》

年度报告备置地点:本公司董事会办公室

中国证监会指定信息披露国际互联网网址:http://www.cninfo.com.cn

6、公司股票上市交易所:深圳证券交易所

公司股票简称:中原油气

公司股票代码:0956

二、会计数据与业务数据摘要

1、公司2000年度各项会计数据:　　(单位:人民币 元)

项目	金额
利润总额:	798,056,027.33
净利润:	798,056,027.33
扣除非经常性损益后的净利润:	827,442,324.62
主营业务利润:	965,626,154.86
其他业务利润:	1,451,009.78
营业利润:	829,563,378.77
投资收益:	-2,121,054.15
补贴收入:	
营业外收支净额:	-29,386,297.29
经营活动产生的现金流量净额:	1,422,636,250.81
现金及现金等价物净增加额:	155,389,161.98

注:扣除的非经常性损益项目及金额:

营业外收支净额:　　-29,386,297.29元

2、截止本报告期末公司前三年的主要会计数据和财务指标(单位:元)

项目	2000年	1999年		1998年	
		调整后	调整前	调整后	调整前
主营业务收入	1,912,336,544.76	1,297,854,300.94	1,297,854,300.94	1,289,692,844.38	1,289,692,844.38
净利润	798,056,027.33	263,064,864.01	255,851,364.01	161,781,474.43	162,100,199.69
总资产	3,144,785,717.21	2,239,652,757.08	2,239,652,757.08	957,127,664.00	957,023,041.31
股东权益(不含少数股东权益)	2,657,070,301.48	1,859,014,274.15	1,851,800,774.15	518,798,822.59	518,694,199.90
每股收益(元)	1.1736	0.3869	0.3763	0.3119	0.3125
加权平均每股收益	1.1736	0.4550	0.4426	0.3119	0.3125
扣除非经常性损益后的每股收益(元)	1.2124	0.3821	0.3715	0.3119	0.3125
每股净资产(元)	3.7075	2.7338	2.7232	1.0002	1.0002
调整后的每股净资产	3.7075	2.7338	2.7048	0.9981	0.9979
每股经营活动产生的现金流量净额	2.0921	0.7414	0.7414	-	-
净资产收益率(%)	31.66	13.82	13.82	31.18	31.25
加权净资产收益率(%)	36.44	30.42	29.58	-	-
扣除非经常损益后的加权净资产收益率(%)	37.78	30.04	29.20		

按照中国证监会《公开发行证券公司信息披露编报规则(第9号)》要求计算2000年报告期利润的净资产收益率和每股收益。

报告期利润	净资产收益率(%)				每股收益(元)			
	2000年		1999年		2000年		1999年	
	全面摊薄	加权平均	全面摊薄	加权平均	全面摊薄	加权平均	全面摊薄	加权平均
主营业务利润	38.30	44.09	17.87	38.26	1.42	1.42	0.48	0.60
营业利润	32.91	37.88	13.64	29.20	1.22	1.22	0.37	0.45
净利润	31.66	36.44	13.82	29.58	1.17	1.17	0.38	0.46
扣除非经常性损益后的净利润	32.82	37.78	13.64	29.20	1.22	1.22	0.37	0.45

三、股东情况介绍:

1、截止2000年12月29日,本公司在册股东总数46111户。

2、前十名股东情况:

序号	股东名称	期末持有股数	持股比例(%)
1	中国石油化工股份有限公司	510000000	75.00%
2	安顺证券投资基金	12054619	1.77%
3	同盛证券投资基金	7318200	1.08%
4	同益证券投资基金	3800000	0.56%
5	安信证券投资基金	3611344	0.53%
6	光大证券有限责任公司	1425450	0.21%
7	长城证券有限责任公司	1286899	0.19%
8	江苏省汽车工业销售集团有限公司	777352	0.11%
9	上海胜兰德商务有限公司	698000	0.10%
10	隆元证券投资基金	634440	0.09%

中通客车控股股份有限公司

二〇〇〇年年度报告摘选

一、公司简介

1、公司法定中、英文名称及缩写
中文名称:中通客车控股股份有限公司
中文缩写:中通控股
英文名称:Zhong tong Bus & Holding Co.,LTD
英文缩写:ZTKG
2、公司法定代表人:王庆福先生
3、公司董事会秘书:姜明珠先生
电　话:0635———8322161 转 2003
传　真:0635———8328905
联系地址:山东省聊城市建设东路 10 号
电子信箱:sdlck@lc-public.sd.cninfo.net
4、公司注册地址:山东省聊城市建设东路 10 号
公司办公地址:山东省聊城市建设东路 10 号
邮政编码:252000
国际互联网网址:http://www.zhongtong.com
电子信箱:sdlck@lc-public.sd.cninfo.net
5、公司选定的信息披露报纸名称:《中国证券报》、《上海证券报》、《证券时报》
登载公司年报的中国证监会指定国际互联网网址:
http://www.cninfo.net
公司年度报告备置地点:公司董事会秘书处
地址:山东省聊城市建设东路 10 号
电话:0635———8322161 转 2003
6、公司股票上市交易所:深圳证券交易所
股票简称:中通控股
股票代码:0957

二、会计数据和业务数据摘要

(一)本年度主要会计数据(万元)

项目	金额
利润总额	51,456,253.89
净利润:	46,716,292.29
扣除非经常性损益后的净利润:	37,291,316.04
主营业务利润:	47,671,521.19
其它业务利润:	3,494,431.52
营业利润:	23,995,977.16
投资收益:	25,862,207.35
补贴收入:	1,226,000.00
营业外收支净额:	372,069.38
经营活动产生的现金流量净额:	-56,709,365.60
现金及现金等价物净增加额:	-202,201,197.63

注:扣除非经常性损益后的净利润,扣除的项目为新产品增值税返还和出售山东双力(集团)股份有限公司的股权获得收益,涉及金额为 122.6 万元和 986.220735 万元。

(二)公司前三年主要会计数据和财务指标

序号	名称单位	2000 年度	1999 年度	1998 年度 调整前	1998 年度 调整后
1	主营业务收入(万元)	26,130	29,480	26,057	26,057
2	净利润(万元)	4,672	3,711	3,007	1,542
3	总资产(万元)	65,954	67,965	37,905	35,867
4	股东权益(万元)	43,197	41,340	14,409	12,239
5	每股收益(元)摊薄	0.19587	0.280	0.344	0.176
	加权	0.19587	0.280	0.344	0.176
6	每股净资产(元)	1.81	3.12	1.65	1.40
7	调整后每股净资产(元)	1.7975	3.10	1.63	1.39
8	每股经营活动产生的现金流量净额(元)	-0.2377	-0.13	0.18	0.17
9	净资产收益率(%)摊薄	10.8147	8.98	20.87	12.60
	加权	11.0522	13.8517	21.36	12.49

按照中国证监会《公开发行证券公司信息披露编报规则(第 9 号)》要求计算 2000 年度的加权净资产收益率和加权每股收益。

报告期利润		净资产收益率(%) 全面摊薄	净资产收益率(%) 加权平均	每股收益(%) 全面摊薄	每股收益(%) 加权平均
主营业务利润	47,671,521.19	11.0359	11.2782	0.1999	0.1999
营业利润	23,995,977.16	5.5550	5.6770	0.1006	0.1006
净利润	46,716,292.29	10.8147	11.0522	0.1959	0.1959
扣除非经常性损益后的净利润	37,291,316.04	8.6329	8.8244	0.1564	0.1564

(三)报告期内股东权益变动情况表(单位:元)

项目	股本(万股)	资本公积	盈余公积	法定公益金	未分配利润	股东权益合计
期初数	3250.275	219,180,245.38	16,182,919.88	1,855,574.50	45,537,647.96	413,403,563.22
本期增加	10600.22		7,007,443.84	480,240.11		18,565,797.29
本期减少		79,501,650			14,921,196.55	
期末数	23850.495	139,678,595.38	23,190,363.72	2,335,814.61	30,595,451.41	431,969,360.51
变动原因	送股及转增股	转增股	本年利润提取	本年利润提取	利润分配	利润增加

三、股本变动及股东情况

1、报告期末公司股东总数为 33886 个。
2、报告期末本公司前 10 名股东持股情况及持股 5%以上的股东持股变化情况

单位:万股

股东名称	持股数	占总股本比例(%)
中国公路车辆机械总公司	5131.9542	21.51
山东聊城客车工业集团有限责任公司	4905.9	20.56
中国电力财务有限公司	1174.9005	4.92
深圳市泰安盈投资顾问责任公司	385.7491	1.62
饶向清	98.6587	0.40
饶金楼	92.4335	0.39
臧智勇	78.3	0.33
敖学英	78.12	0.33
王学玲	76.5	0.32
湘证证券投资基金	75.0039	0.31

石家庄东方热电股份有限公司

二〇〇〇年年度报告摘选

一、公司简介

1、公司法定中文名称:石家庄东方热电股份有限公司
公司法定英文名称:SHIJIAZHUANG DONGFANG THERMOELECTRIC CO.,LTD.
2、公司法定代表人:李德时先生
3、公司董事会秘书:胡俊芳先生
联系地址:河北省石家庄市建华南大街 161 号
电话:0311-5053913　传真:0311-5053924
电子信箱:hujunf@263.net
公司董秘授权代表:徐会桥先生
联系地址:河北省石家庄市建华南大街 161 号
电话:0311-5053913　传真:0311-5053924
电子信箱:xuhuiqiao@263.net
4、公司注册地址:河北省石家庄市建华南大街 161 号
公司办公地址:河北省石家庄市建华南大街 161 号
电子信箱:dfrdzqb@sj-user.he.cninfo.net　邮政编码:050031
5、公司选定的信息披露报纸名称:《中国证券报》、《证券时报》
登载公司年度报告的中国证监会指定国际互联网网址:http://www.cninfo.com.cn
公司年度报告备置地点:公司证券部
6、公司股票上市交易所:深圳证券交易所
股票简称:东方热电　股票代码:0958

二、会计数据和业务数据摘要

1、本年度主要利润指标情况:(单位:人民币元)

项目	金额
利润总额	71,454,791.82
净利润	52,369,988.77
扣除非经常性损益后的净利润	51,446,007.30
主营业务利润	92,654,912.14
其它业务利润	3,687,259.15
营业利润	46,530,810.35
投资收益	616,667.00
补贴收入	24,000,000.00
营业外收支净额	307,314.47
经营活动产生的现金流量净额	179,834,001.04
现金及现金等价物流量净额	-67,283,863.28
加权净资产收益率(%)	10.14
扣除非经常性损益后的加权净资产收益率(%)	9.96

注:扣除非经营性损益项目和涉及的金额(人民币元)

项目	金额
(1)债券投资收益	616,667.00
(2)发行股票申购资金利息摊销	681,987.54
(3)处置固定资产损益	-434,064.97
(4)其它收益	59,391.90
合计	923,981.47

2、截止报告期末公司前三年的主要会计数据和财务指标

项　目	2000 年	1999 年	1998 年
主营业务收入	302,648,548.69	225,331,393.79	170,177,504.42
净利润	52,369,988.77	46,537,857.50	39,411,238.89
总资产	1,277,052,297.66	1,120,646,492.12	555,112,625.05
股东权益(不含少数股东权益)	527,832,674.42	490,341,996.27	197,660,331.15
每股收益	0.291	0.26	0.29
加权平均每股收益	0.291	0.32	0.29
扣除非经常性损益后的每股收益	0.286	0.26	0.29
每股净资产	2.982	2.72	1.46
调整后的每股净资产	2.911	2.64	1.36
每股经营活动产生的现金流量净额	0.999	0.58	-
净资产收益率(%)	9.922	9.49	19.94

3、净资产收益率及每股收益情况

报告期利润	净资产收益率(%) 全面摊薄	净资产收益率(%) 加权平均	每股收益(元) 全面摊薄	每股收益(元) 加权平均
主营业务利润	17.554	17.938	0.515	0.515
营业利润	8.815	9.008	0.259	0.259
净利润	9.922	10.139	0.291	0.291
扣除非经常性损益后的净利润	9.747	9.960	0.286	0.286

三、股本变动及股东情况

(一)股本变动情况
1、股本变动情况表公司股份变动情况表

单位:股

	本次变动前	本次变动增减(+,-) 配股	送股	公积金转股	增发	其他	小计	本次变动后
一、未上市流通股份								
1、发起人股份	135000000							135000000
其中:国家持有股份	133350000							133350000
境内法人持有股份	1650000							1650000
境外法人持有股份								
其他								
2、募集法人股份								
3、内部职工股								
4、优先股或其他								
其中:转配股								
未上市流通股份合计	135000000							135000000
二、已上市流通股份								
1、人民币普通股	45000000							45000000
2、境内上市的外资股								
3、境外上市的外资股								
4、其他								
已上市流通股份合计	45000000							45000000
三、股份总数	180000000							180000000

北京首钢股份有限公司

二〇〇〇年年度报告摘要

一、公司简介

1、公司中文名称:北京首钢股份有限公司
公司英文名称:Beijing Shougang Co.,Ltd.
2、公司注册地址:北京市石景山区石景山路
公司办公地址:北京市石景山区石景山路
邮政编码:100041
公司互联网网址:www.sggf.com.cn
3、公司法定代表人:罗冰生
4、公司董事会秘书:章　雁
联系地址:北京市石景山区石景山路
电话:010-88293727
传真:010-68873028
电子信箱:cm1912650@ucinfo.com
5、公司选定的信息披露报纸:
《中国证券报》、《证券时报》、《上海证券报》
中国证监会指定国际互联网网址:http://www.cninfo.com.cn
公司年度报告备置地点:公司证券部
6、公司股票上市交易所:深圳证券交易所
股票简称:首钢股份
股票代码:0959

二、会计数据和业务数据摘要

1、公司本年度利润总额及其构成(单位:元)

项目	金额
利润总额	900,862,521.69
净利润	758,733,398.79
扣除非经常性损益后的净利润	588,131,618.94
主营业务利润	1,311,164,790.21
其他业务利润	43,315,138.67
营业利润	899,998,116.20
投资收益	2,101,775.14
补贴收入	524,729.41
营业外收支净额	-1,762,099.06
经营活动产生的现金流量净额	1,009,284,173.71
现金及现金等价物净增加额	-504,607,072.77
注:扣除的非经常性损益项目和涉及金额:	
资产处置损益	125,844.27
网下发行申购资金利息	141,585.57.01
财政返还所得税	170,334,350.01

2、截止报告期末公司前三年主要会计数据和财务指标(单位:元)

指标项目	2000年	1999年	1998年	
			调整后	调整前
主营业务收入	11,916,583,813.37	11,452,916,252.65	8,797,433,877.82	8,797,433,877.82
净利润	758,733,398.79	721,610,405.59	830,288,799.96	844,344,269.98
总资产	9,636,904,581.47	9,377,793,718.18	7,389,816,460.27	7,452,242,875.64
股东权益	5,035,381,470.03	4,898,110,689.99	2,508,874,634.90	2,571,301,050.27
每股收益(按净利润全面摊薄)	0.33	0.31	0.42	0.43
每股收益(按净利润加权平均)	0.33	0.35	0.42	0.43
扣除非经常性损益后的每股收益(全面摊薄)	0.25	0.24	0.28	0.29
扣除非经常性损益后的每股收益(加权平均)	0.25	0.35	0.28	0.29
每股净资产	2.18	2.12	1.28	1.31
调整后的每股净资产	2.16	2.10	1.25	1.28
每股经营活动产生的现金流量净额	0.44	0.04(四季度)		
净资产收益率(按净利润全面摊薄)	15.07%	14.73%	33.09%	32.84%
净资产收益率(按净利润加权平均)	14.38%	20.18%	33.02%	32.85%

3、利润表附表

报告期利润	2000年				1999年			
	净资产收益率(%)		每股收益(元)		净资产收益率(%)		每股收益(元)	
	全面摊薄	加权平均	全面摊薄	加权平均	全面摊薄	加权平均	全面摊薄	加权平均
主营业务利润	26.04	24.84	0.57	0.57	26.45	36.25	0.56	0.63
营业利润	17.87	17.05	0.39	0.39	17.4	23.84	0.37	0.42
净利润	15.07	14.38	0.33	0.33	14.73	20.18	0.31	0.35
扣除非经常损益后的净利润	11.68	11.14	0.25	0.25	11.42	15.65	0.24	0.27

[注]:上述指标计算方法:
①全面摊薄净资产收益率=报告期利润÷期末净资产。
②全面摊薄每股收益=报告期利润÷期末股份总数。
③加权平均净资产收益率(ROE)的计算公式如下:

$$ROE=\frac{P}{E0+NP\div 2+Ei\times Mi\div MO-Ej\times Mj\div MO}$$

其中:P为报告期利润;E0为报告期净润;Ei为报告期发行新股或债转股等新增净资产;Ej为报告期回购或现金分红等减少净资产;MO为报告期月份数;Mi为新增净资产下一月份起至报告期期末的月份数;Mj为减少净资产下一月份至报告期期末的月份数。

④加权平均每股收益(EPS)的计算公式如下:$EPS=\frac{P}{S0+S1+Si\times Mi\div MO-Sj\times Mj\div MO}$ 其中:P为报告期利润;S0为期初股份总数;S1为报告期因公积金转增股本或股票股利分配等增加股份数;Si为报告期因发行新股或债转股等增加股份数;Sj为报告期因回购或缩股等减少股份数;MO为报告期月份数;Mi为增加股份下一月份起至报告期期末的月份数;Mj为减少股份下一月份至报告期期末的月份数。

三、股东情况介绍

1、报告期末股东总数为149414户。
2、10大股东情况(截止2000年12月31日)

序号	股东名称	持股数(股)	比例(%)
1	首钢总公司	1,960,000,000	84.85
2	北京银威特投资顾问有限公司	9,293,134	0.40
3	昆明云内动力股份有限公司	2,870,000	0.12
4	中远集团财务公司	2,550,000	0.11
5	刘敏	2,525,930	0.11
6	普丰证券投资基金	1,795,394	0.08
7	泰和证券投资基金	1,505,505	0.07
8	青岛国信实业公司(有限)	1,317,000	0.06
9	吴曼珍	1,220,566	0.05
10	郑国年	1,130,093	0.05

[注]:①报告期内本公司控股股东未发生变更,仍为首钢总公司;②报告期内持股5%(含)以上的股东所持股份未发生质押或冻结;③本公司前10名股东之间无关联关系。

四、股东大会简介

1、2000年4月21日,公司在《中国证券报》和《证券时报》刊登了召开1999年度股东大会的公告。

2、股东大会通过或否决的决议

2000年5月23日,公司在首钢陶楼国际会议厅召开1999年度股东大会。出席会议的股东或授权代表共14人,持有或代表的股份数为1964766904股,占公司股本总数的85.05%,符合《公司法》和《公司章程》有关规定,经大会审议,投票表决通过如下议案:①《北京首钢股份有限公司1999年度董事会工作报告》;②《北京首钢股份有限公司1999年度监事会工作报告》;③《北京首钢股份有限公司1999年度财务决算报告》;④《北京首钢股份有限公司1999年度利润分配方案》;⑤《北京首钢股份有限公司2000年度财务预算报告》。

本次大会决议刊登在2000年5月24日的《中国证券报》和《证券时报》上。

五、董事会工作报告

(一)公司经营情况

1、公司所处行业及在本行业中的地位

公司属冶金行业。拥有铁、钢、材相互配套的生产经营体系,主体生产设备达到国际先进水平,是目前国内生产规模最大的线材生产企业,2000年国内市场占有率约12.4%(中国冶金信息中心统计资料)。公司在2000年度大力发展高新技术产业,培育新的经济增长点,进行了多个高新技术项目的投资。

2、公司主营业务的范围及其经营状况

公司主要经营业务以钢铁冶炼、钢压延加工为基础,进行技术开发、技术咨询、技术转让、技术服务、技术培训等。同时,通过依托首都经济和首钢集团的优势,大力发展高新技术产业,进行资本运作,拓展公司发展空间。

占主营业务收入10%以上的主要产品情况(单位:元)

产品名称	2000年	1999年
线材	6,576,672,006.76	5,858,177,261.61
方坯	3,837,078,604.76	3,544,625,670.39
合计	10,413750611.52	9,402,802,932.00

3、控股子公司的经营情况及业绩

深圳首钢先科数字光盘有限公司2000年8月8日投产,主要生产经营数字光盘、光盘用基片、光盘驱动器、光盘系统、多媒体软件、大容量光盘存储器及其部件等。该公司2000年7-12月份主营业务收入2,501,162.07元,实现净利润375,165.75元。

4、在经营中出现的问题与困难及解决方案

公司主要产品以钢铁长线产品为主,品种较为单一,产品附加值不高,与区域经济特征不相适应。针对这一情况,公司着重从以下方面做好工作:一是坚持以市场需求为导向,在保证原产品市场份额的同时,大力研制和开发新产品,改善产品结构。全年相继开发出了82B、模铸合金焊线、连铸20Mn2、PC钢棒、ASTM1006、冷墩钢、连铸焊线共计7个系列的新产品。二是不断增加高附加值、高技术含量产品和出口产品的产量,提高产品附加值。全年高附加值、高技术含量产品产量完成93.94万吨,同比增加45.32万吨;出口产品完成43.85万吨,同比增加39万吨。三是积极拓宽投资经营领域,选择适合首都经济特点的行业进行投资,培育新的经济增长点。

(二)公司财务状况(单位:元)

项目	2000年	1999年	增减
总资产	9,636,904,581.47	9,377,793,718.18	2.8%
长期负债	2,443,619,000.00	2,612,820,000.00	-6.5%

股东权益	5,035,381,470.03	4,898,110,689.99	2.8%
主营业务利润	1,311,164,790.21	1,295,784,594.65	1.2%
净利润	758,733,398.79	721,610,405.59	5.1%

(三)公司投资情况

1、募集资金投资情况

公司于1999年9月,通过发行人民币普通股(A股)3.5亿股(每股面值1元,发行价为人民币5.15元),募集资金180250万元,扣除发行费用实际可用募集资金176947万元,1999年度使用募集资金59162万元。因此募集资金使用延续到本报告期内。

(1)原募集资金投资项目情况 (单位:万元)

序号	项目名称	计划投资	实际投资	差额
一	技改项目	136,697	55,344	81,353
1	炼铁厂提高制粉能力技改项目	10,509	10,971	-462
2	炼铁厂220KV变电站技改项目	14,713	16,622	-1,909
3	炼铁厂7000风机技改项目	11,381	9,180	2,201
4	烧结厂二烧车间4#烧结机大修改造技改项目	2,156	2,156	0
5	焦化厂1#焦炉干法熄焦国内配套项目	7,678	10,686	-3,008
6	焦化厂二回收系统大修改造项目	21,397	709	20,688
7	炼钢厂板坯连铸及钢水真空处理技改项目	68,863	5,020	63,843
二	合营建设项目	6,089	0	6,089
8	冷轧带肋钢筋技改	6,089	0	6,089
三	补充流动资金	41,442	41,442	0
9	补充生产流动资金	41,442	41,442	0
合计		184,228	96,786	87,442

[注]:①实际募集资金180250万元,扣除发行费用3303万元,可用募集资金176947万元;②上述项目计划安排募集资金投资184228万元,实际可用募集资金176947万元,缺口7281万元;③调整募集资金投向80161万元。

(2)原募集资金投资项目执行情况

截止2000年12月31日,原募集资金投资项目已累计使用募集资金96786万元,尚余募集资金80161万元。项目执行情况如下:

——炼铁厂提高制粉能力技改项目,2000年10月31日已竣工投产,比计划增加募集资金投资462万元。预计年创效益约6000万元。

——炼铁厂220KV变电站技改项目,到2000年12月31日已完成募集资金投资16622万元,由于设计变更增加配套及通讯设施,实际比计划投资增加1909万元。项目主体及配套设备正在安装。

——炼铁厂7000风机技改项目,到2000年10月20日,主体及配套设备已安装完并投入运行,共完成募集资金投资9180万元,由于设计变更节约募集资金投资2201万元。

——烧结厂二烧车间4#烧结机大修改造技改项目,已于1999年12月31日竣工投产,本年增加效益2083万元。

——焦化厂1#焦炉干法熄焦国内配套项目,到2000年12月31日已完成募集资金投资10686万元,为使项目早日投产创出效益,已由原计划2001年底提前到2000年底竣工,因此比原计划提前投资3008万元。项目主体及配套设备已全部安装完,正在进行调试。

——焦化厂二回收系统大修改造项目、炼钢厂板坯连铸及钢水真空处理技改项目,计划安排使用募集资金分别为21397万元和68863万元。截止2000年6月30日,两项目的前期准备与部分设备购置已分别使用募集资金709万元和5020万元,尚余20661万元和63758万元。随着钢铁工业的技术进步和发展,为保证公司在工艺技术方面的后发优势,公司决定对原工艺技术方案进行必要调整,以确保这两个项目的工艺技术更先进,投入产出更加合理。在方案调整期间,原计划用于这两个项目的募集资金停止,待方案调整后,公司将安排自有资金完成这两个项目的建设,前期投入的募集资金也将在其中继续发挥作用。

——冷轧带肋钢筋技改项目是与首钢总公司合营建设项目,由于国家产业政策不再鼓励冷轧带肋钢筋的生产,市场对该产品的需求量明显下降等原因,公司决定终止该项目的建设,结转原计划用于该项目投资的全部募集资金6089万元。

——补充流动资金41442万元已发挥出效益。

(3)报告期内变更募集资金投向后投资项目情况 (单位:万元)

序号	项目名称	计划投资	实际投资	差额
1	8英寸0.25微米芯片项目	25,000	0	25,000
2	中关村高科技软件园	23,000	23,000	0
3	清华科技创业投资有限公司	2,400	2,400	0
4	清华阳光项目	9,400	4,700	4700
5	生物芯片项目	2,500	0	2,500
6	生命人寿保险股份有限公司	18,000	18,000	0
	合计	80,300	48,100	32,200

[注]:上述项目共需投入资金80300万元,其中募集资金投资80161万元,其余部分用自有资金投入。

(4)变更募集资金投资情况

根据国家对钢铁行业实行结构调整和总量控制以及产品升级换代的要求,结合首都经济重点发展高新技术产业的特点,为维护广大投资者特别是中小投资者利益,培育新的经济增长点,保证公司经济效益稳定和持续增长,公司决定调整原募集资金投资项目,将变更原募集资金使用后尚余的募集资金,投向已经充分论证、具有较好投资价值并符合国家产业政策的8英寸0.25微米集成电路项目、中关村高科技软件园项目、清华科技创投公司、清华阳光项目、生物芯片项目5个高新技术项目和生命人寿保险股份有限公司。

(5)变更募集资金投向的程序及披露情况

2000年11月29日,公司一届五次董事会审议通过了《北京首钢股份有限公司关于变更募集资金投向的议案》,并提请下一次股东大会审议。同时,针对变更募集资金投向中涉及的关联交易项目聘请独立财务顾问出具了独立财务顾问报告。以上议案和报告经深圳证券交易所批准后于2000年12月4日在《中国证券报》和《证券时报》上进行了公开披露。

2、自有资金投资情况

报告期内,公司用自有资金投资了以下3个项目:

(1)深圳首钢先科数字光盘有限公司,投资5349.9万元。

(2)烟台首钢磁性材料股份公司,投资1500万元。

(3)购买山西西山煤电股份有限公司法人配售的股票563.475万股,投资3656.95万元。

3、投资的公司情况

序号	公司名称	主要经营范围	股权(%)
一	变更募集资金投向后投资的公司		
1	北京华夏半导体制造股份有限公司	超大规模集成电路产品的研究、开发、设计服务、制造、销售、应用及其它相关业务。	6.97
2	北京中关村软件园发展有限责任公司	土地开发、房地产开发的物业管理(含出租写字间)、咨询、培训、孵化高新技术项目;高新技术的开发、转让、制造、销售开发的产品;销售电子产品等。	46
3	北京清华科技创业投资公司	对高新技术企业进行投资及管理;投资咨询;技术开发、转让、咨询服务;人员培训。	12
4	北京清华阳光股份有限公司	全玻璃太阳能集热管、太阳能热水器系统真空薄膜产品、太阳能装置零配件、仪器仪表的技术开发、转让、咨询、制造及销售。	27
5	北京博奥生物芯片有限责任公司	生物芯片、生命科学、医学、材料科学、微机电、化学化工、生物信息学和精密仪器等开发、研究以及生物芯片研制、生产和销售,技术开发、转让、培训、咨询、交流。	4.17
6	生命人寿股份有限公司	人身保险、再保险业务,代理国内外保险机构检验、理赔、追偿等业务,资金运用,受政府委托办理的各种社会保障类保险业务。	—
二	自有资金投资的公司		
7	深圳首钢先科数字光盘有限公司	生产经营数字光盘、光盘用基片、光盘驱动器、光盘系统、多媒体软件、大容量光盘存储器及其部件。生产经营光盘刻录机、光盘包装材料。	51
8	烟台首钢磁性材料股份公司	磁性材料的开发、生产、销售;粉末冶金制品、磁性应用产品的开发。	25.43
9	山西西山煤电股份有限公司	煤炭生产、洗选加工、电力生产及销售;矿山开发及设计施工、矿用电力器材生产经营等。	0.7

(四)报告期内公司无因生产经营环境以及宏观政策、法规发生变化,已经、正在或将要对公司的财务状况和经营成果产生重要影响的情况。

(五)新年度的业务发展计划

1、公司发展指导思想

根据国家产业政策和建设高科技首钢股份的发展目标,2001年,公司坚决贯彻钢铁行业"调控总量,调整结构,加强管理,提高竞争力"的指导方针,坚持以发展为主题,加快用高新技术改造钢铁业的步伐,大力发展高新技术产业,积极推进体制创新、科技创新和管理创新,在新世纪的开局之年,创造新业绩,实现新突破。

2、2001年经营目标任务

(1)主要产品产量:铁412万吨,钢417万吨,钢材328万吨。高附加值、高技术含量产品90万吨,新开发产品产量17万吨。

(2)对标挖潜,增收节支,全年成本降低率3%。

(3)全面加强资金管理,加快资金周转,提高资金使用效率。

(4)进一步加大融资和投资力度,继续投资符合国家产业政策和适合首都经济特点的高新技术项目,不断培育新的经济增长点。

(5)公司拟持续实行派现政策,2001年度用于分配的净利润在50%以上。

3、2001年重点工作

(1)以科技进步为动力,不断推进高新技术产业发展,重点是做好8英寸0.25微米芯片、中关村软件园、清华阳光、生物芯片、永磁材料、数字光盘等项目的投资和管理工作,争取早出效益、多出效益。

(2)坚持用高新技术改造钢铁业,抓紧实施二炼钢厂工艺升级等项目的技术改造。坚持以市场为导向,抓好钢铁产品的生产、销售与开发,确保完成全年任务。加大环境治理力度,全面提高环境质量和水平,为绿化美化首都和北京申奥做出贡献。

(3)加强企业管理,全面推进管理创新和技术创新,为公司钢铁业、高新技术产业和资本运营提供动力和保证。

(4)以人为本,做好人力资源开发工作,全面提高员工素质,为公司持续健康发展夯实基础,创造条件。

(六)董事会日常工作情况

1、报告期内董事会的会议情况及决议内容

报告期内公司共召开4次董事会会议。具体情况如下:

(1)2000年2月22日,公司在首钢月季园二楼会议室召开一届二次董事会。会议审议并通过了以下议案:①《关于2000年财务预算计划安排的议案》;②《关于授权总经理进行证券投资的议案》;③《关于投资兴建高性能钕铁硼永磁材料项目的议案》;④《关于与深圳市先科企业集团合作建设大容量光盘生产线项目的议案》;⑤《关于计提四项资产减值准备的内部控制制度》;⑥《北京首钢股份有限公司主要会计政策》。

(2)2000年4月18日,公司在首钢月季园二楼会议室召开一届三次董事会。会议审议并通过如下议案:①《北京首钢股份有限公司1999年度财务决算报告》;②《北京首钢股份有限公司1999年度利润分配预案》;③《北京首钢股份有限公司1999年年度报告及年度报告摘要》;④《北京首钢股份有限公司1999年度董事会工作报告》;⑤《北京首钢股份有限公司1999年度总经理工作报告》;⑥《北京首钢股份有限公司关于召开1999年度股东大会的有关事项》。

(3)2000年8月23日,公司在首钢月季园二楼会议室召开一届四次董事会。会议审议并通过如下议案:①《关于变更董事长的提案》;②《关于变更董事的提案》;③《北京首钢股份有限公司2000年中期报告》和《北京首钢股份有限公司2000年中期报告摘要》。

(4)2000年11月29日,公司在首钢月季园二楼会议室召开一届五次董事会。会议审议并通过如下议案:①《北京首钢股份有限公司关于变更募集资金投向的议案》;②《北京首钢股份有限公司关于调整对烟台首钢磁性材料有限公司投资的议案》;③《北京首钢股份有限公司关于续聘北京京都会计师事务所为公司审计的会计师事务所的议案》;④《北京首钢股份有限公司关于召开2001年度第一次临时股东大会的有关事项》。

2、董事会对股东大会决议的执行情况

报告期内董事会严格执行股东大会通过的决议。

(七)公司管理层及员工情况

1、董事、监事、高级管理人员情况

姓名	性别	年龄	职务	任期
罗冰生	男	60	董事长	1999.10.12-2002.10.12
杜如明	男	60	副董事长	1999.10.12-2002.10.12
霍光来	男	50	董事	1999.10.12-2002.10.12
徐凝	男	46	董事	1999.10.12-2002.10.12
王毅	男	46	董事	1999.10.12-2002.10.12
方建一	男	47	董事	1999.10.12-2002.10.12
刘水洋	男	38	董事 总经理	1999.10.12-2002.10.12
吴明瑜	男	69	独立董事	1999.10.12-2002.10.12
毕群	男	61	曾任董事长	1999.10.12-2000.08.23
张燕林	男	62	曾任董事	1999.10.12-2000.08.23
李文秀	男	62	曾任董事	1999.10.12-2000.08.23
刘京育	男	51	监事会召集人	1999.10.12-2002.10.12
张宗奎	男	57	监事	1999.10.12-2002.10.12
孙铁	男	44	职工代表监事	1999.10.12-2002.10.12
刘力军	男	42	副总经理	1999.10.12-2002.10.12
王敏	男	35	总会计师	1999.10.12-2002.10.12
章雁	男	45	董事会秘书	1999.10.12-2002.10.12

以上董事、监事、高级管理人员均未持有公司股票。

以上董事、监事、高级管理人员在公司领取薪酬的共5人,领取的年度薪酬总额为351943元。其中,在5至7万元年度薪酬数额区间内2人;在7至8.5万元年度薪酬数额区间内3人。罗冰生、杜如明、霍光来、徐凝、王毅、方建一、吴明瑜、毕群、张燕林、李文秀、刘京育、张宗奎不在公司领取薪酬。

报告期内离任董事、监事和高级管理人员情况

毕　群:原董事、董事长,因工作调动于2000年8月23日辞去原任职;

张燕林:原董事,因退休于2000年8月23日辞去原任职;

李文秀：原董事，因退休于2000年8月23日辞去原任职。

除以上三名董事离任外，其他董事、监事、高级管理人员无离任情况。

报告期内无解聘公司经理、董事会秘书情况。

2、公司员工数量、专业构成、教育程度及退休人员情况

截止2000年12月31日，公司共有在册职工12121人。其中管理人员678人，占5.59%，技术人员756人，占6.24%，财务、销售人员178人，占1.47%，生产及其他人员10509人，占86.7%。在12121人中具有初中文化3904人，占32.2%；高中、技校文化5910人，占48.8%；中专文化1175人，占9.7%；大专及以上文化1132人，占9.3%。退休人员109人。

（八）2000年度利润分配预案

1、2000年度利润分配预案

经北京京都会计师事务所审计，本公司2000年度实现净利润758,733,398.79元，提取10%的法定盈余公积金75,873,339.88元，提取5%的法定公益金37,936,669.94元，结转1999年度未分配利润19,642,429.38元，本年度实际可供股东分配的利润为664,565,818.35元。公司拟以2000年末股本总数2,310,000,000股为基数，向全体股东每10股派现金红利2.5元（含税），合计分配现金577,500,000元；未分配利润余额87,065,818.35元结转下年。本年度不送股，也不实行资本公积金转增股本。

该预案需经股东大会批准。

2、2001年度利润分配政策

公司将持续实行派现的分配政策。

(1)2001年度计划分配利润一次；

(2)2001用于分配的净利润比例大于50%；

(3)2000年度未分配利润在下年度全额用于股利分配；

(4)2001年将以派现金红利方式进行利润分配。

（九）无其他报告事项。

六、监事会报告

1、报告期内监事会会议情况

北京首钢股份有限公司监事会在2000年内召开监事会议情况如下：

(1)2000年4月18日召开监事会议，审议通过了1999年度监事会工作报告、公司1999年度财务决算报告、利润分配预案和公司1999年年报。

(2)2000年8月23日召开监事会议，审议通过了公司2000年中期报告。

(3)2000年11月29日召开监事会议，审议通过了公司关于变更募集资金投向的议案、关于调整对烟台首钢磁性材料公司投资的议案和关于续聘北京京都会计师事务所为公司审计的会计师事务所的议案。

在报告期内还列席了董事会各次会议，参加股东大会并向股东大会报告监事会1999年度工作。

2、报告期内监事会工作情况

根据深圳证券交易所的要求全体监事签署了《监事声明与承诺》。监事会依据《公司法》、《证券法》和《公司章程》对股份有限公司、董事、经理及高级管理人员等进行了有效的监督。现将工作报告如下：

(1)公司依法运作情况

监事会认为，公司董事会和经理班子认真履行了《公司法》和《公司章程》赋予的责任和义务。在报告期内公司不断地健全规章制度，并按制度办事，公司的经营决策符合程序。未发现公司董事、经理执行公司职务时违反法律、法规、公司章程或损害公司利益的行为。

(2)检查公司财务情况

监事会经过审查，认为公司的财务报告真实反映了公司2000年的财务状况和经营成果。北京京都会计师事务所对公司2000年度的财务状况出具了无保留意见的审计报告。

(3)公司1999年度的募集资金实际投入项目和承诺投入项目发生了变更。公司关于变更募集资金投向得到了有关监管部门的批准，程序合法。

(4)公司无收购、出售资产情况，也未发现有损害部分股东权益或造成公司资产流失的情况。

(5)公司在关联交易中按合同或协议公平交易，没有损害公司利益的情况。

七、重要事项

1、报告期内公司无重大诉讼、仲裁事项。

2、报告期内公司、公司董事及高级管理人员均未发生受监管部门处罚的情况。

3、报告期内公司控股股东无变更；公司董事会无换届、改选或半数以上成员变动；公司总经理无变更；公司无解聘或新聘董事会秘书情况。

4、报告期内，公司无收购及出售资产、吸收合并事项。

5、重大关联交易事项

(1)购买商品、提供服务发生的关联交易

A.本公司接受

①原材料

供应单位	品种	本年数	上年数
首钢总公司	方 坯	4,150,877,424.13	3,818,064,036.69
首钢总公司	铁 水	36,050,503.50	
首钢总公司	金属矿	601,529,249.86	1,623,293,523.70
首钢总公司	燃 料	24,777,918.03	
首钢总公司	废 钢	60,033,606.00	
首钢总公司	次 材	193,750,422.64	
首钢总公司	辅 料	368,706,346.69	
首钢总公司	备 件	261,208,038.00	
首钢总公司	溶 剂		63,817,785.36

②能源

供应单位	品种	本年数	上年数
北京首钢电力厂	电 力	335,656,374.14	308,200,013.22
北京首钢氧气厂	氧 气	132,039,092.91	128,803,310.93
首钢总公司	动 力	533,797,451.91	534,954,733.09

③运输服务

根据首钢总公司与本公司签订的协议：首钢总公司向本公司提供运输服务，其中含火车和皮带运输服务等，2000年收取服务费17,195.10万元，1999年收取服务费13,847.92万元。

④生产服务

根据首钢总公司与本公司签订的2000年协议：首钢总公司向本公司提供生产服务，其中含原料及产品检验、自动化设备管理、职工技术培训等，2000年收取服务费3,590.48万元。

⑤生活服务

根据首钢总公司与本公司签订的2000年协议：首钢总公司向本公司提供生活服务，其中含绿化费、道路维护、生产区警卫、幼儿保教等，2000年收取服务费2,441.05万元。

⑥土地租赁

根据首钢总公司与本公司签订的2000年协议：本公司向首钢总公司租赁土地1,621,261平方米，每年付费649万元。

⑦房屋租赁

根据首钢总公司与本公司签订的2000年协议：本公司向首钢总公司租赁办公楼1,381.80平方米，每年付费48.25万元。

⑧料场租赁

根据首钢总公司与本公司签订的2000年协议：本公司向首钢总公司租赁料场31.54万平方米，每年付费410.02万元。

B.本公司提供产品

接受单位	产 品	本年数	上年数
首钢总公司	烧结矿	—	183,595,189.00
首钢总公司	冶金焦	70,990,144.00	125,585,506.41
首钢总公司	生 铁	289,627,202.70	522,022,952.74
首钢总公司	方 坯	3,306,248,205.91	3,544,625,670.38
首钢总公司	板 坯	533,463,579.56	—
首钢总公司	煤 气	318,180,859.07	—
首钢总公司	燃 料	990,660,289.38	—
首钢总公司	原 料	739,330,000.77	—
首钢总公司	废 钢	258,003,130.66	—
北京首钢红冶钢厂	方 坯	56,689,774.70	—
中国首钢国际贸易工程公司	坯、材	658,867,997.73	—
秦皇岛首钢板材有限公司	板 坯	284,985,851.93	1,019,735,050.22

(2)股权转让发生的关联交易

首钢总公司将持有的北京中关村软件园发展有限责任公司的全部股权（占该公司46%股份，交易额23000万元）和北京清华科技创业投资公司股权的50%（占该公司12%股份，交易额2400万元）转让给本公司。双方董事会及本公司股东大会已批准且款项已结。

(3)关联往来

①应收帐款

单位	本年金额	性质
首钢总公司	567,742,700.58	结算款
北京首钢特殊钢有限公司	344,937,471.31	结算款
中国首钢国际贸易工程公司	328,187,992.98	结算款
北京首钢红冶钢厂	128,787,527.32	结算款
北京首钢机电有限公司	20,370,774.42	结算款
秦皇岛首钢板材有限公司	17,033,304.69	结算款

②其他应收款

单位	本年金额	性质
首钢总公司	454,102,414.11	往来款

6、上市公司与控股股东在人员、资产、财务上的"三分开"情况

公司依法规范运作，拥有健全规范的法人治理结构，与控股股东首钢总公司之间，均有各自独立、完整的人、财、物和产、供、销系统。

(1)人员方面　公司设立了独立的劳动、人事及工资管理等机构。

公司经理、副经理等高级管理人员均在本公司领取薪酬，没有在股东单位担任重要职务。

(2)资产方面　公司拥有独立的生产、供应和销售系统，可独立面对市场，与首钢总公司之间无同业竞争，保证了资产的完整性。公司没有独立的工业产权、商标、非专利技术等无形资产，根据与首钢总公司签订的《注册商标使用许可合同》、《专利实施许可合同》和《重组与资产投入合同》，本公司无偿使用首钢总公司拥有的工业产权、注册商标、非专利技术等无形资产。

(3)财务方面　公司设立了独立的财会部门，建立了独立的会计核算体系和财务管理制度；拥有独立的银行帐户，依法独立纳税，保证了财务的独立性。

7、报告期内公司无托管、承包、租赁其他公司资产或其他公司托管、承包、租赁本公司资产的事项。

8、报告期内公司聘任北京京都会计师事务所为公司审计的会计师事务所，未发生解聘情况。

9、其他重大合同及其履行情况

报告期内除与首钢总公司签订的有关关联交易合同外，本公司无其他重大合同。

10、报告期内公司没有更改名称或股票简称。

11、报告期内公司未发生《证券法》第六十二条、《股票条例》第六十条和《信息细则》第十七条所列举的重大事件，以及公司董事会判断为重大事件的事项。

12、报告期内公司或持股5%以上的股东没有在指定的报纸或网站上披露承诺事项。

八、财务会计报告

（一）审计报告

北京首钢股份有限公司全体股东：

我们接受委托，审计了首钢股份有限公司（以下简称"贵公司"）二零零零年十二月三十一日的资产负债表和合并的资产负债表、二零零零年度利润表及利润分配表和合并的利润表及利润分配表、二零零零年度现金流量表和合并的现金流量表。这些会计报表由贵公司负责，我们的责任是对这些会计报表发表审计意见。我们的审计是根据《中国注册会计师独立审计准则》进行的。在审计过程中，我们结合贵公司实际情况，实施了包括抽查会计记录等我们认为必要的审计程序。

我们认为，上述会计报表的编制符合《企业会计准则》及《股份有限公司会计制度》的有关规定，在所有重大方面公允地反映了贵公司二零零零年十二月三十一日财务状况及二零零零年度经营成果和资金变动情况，会计处理方法的选用遵循了一贯性原则。

另外，我们注意到：

截止二零零零年十二月三十一日，贵公司主要关联交易关联方为公司发起人—首钢总公司。鉴于首钢总公司债转股获得批准并于二零零零年十二月成立北京首钢新钢有限责任公司。因此，贵公司主要关联交易的关联方自二零零一年起变更为北京首钢新钢有限责任公司。

北京京都会计师事务所有限责任公司　　中国注册会计师：王　娟

中国注册会计师：景恒心

中国·北京赛特广场　　二零零一年三月一日

（二）会计报表

（三）会计报表附注

1、公司简介

北京首钢股份有限公司（简称"本公司"）是经北京市人民政府京政函[1998]34号文批准，由首钢总公司独家发起，以募集方式设立的股份有限公司。经中国证券监督管理委员会证监发行字[1999]91号文核准，本公司于1999年9月21日至27日首家采用法人配售与上网发行相结合的方式向社会公开发行人民币普通股（A股）35000万股，每股面值1元，每股发行价5.15元。本公司于1999年10月15日经北京市工商行政管理局核准登记，企业法人营业执照号1100001028663(1-1)，注册资本231000万元。

本公司经营范围为钢铁冶炼、钢压延加工，冶金技术开发、咨询、转让、服务，销售金属材料、焦炭、化工产品等，具有完整的产供销体系和独立面向市场的经营能力。

2、公司主要会计政策、会计估计和合并会计报表的编制方法

(1)本公司执行的会计制度

本公司执行《企业会计准则》和《股份有限公司会计制度》。

(2)会计期间

本公司会计期间自公历每年一月一日起至十二月三十一日止。

(3)记帐原则及计价基础

本公司以权责发生制为记帐原则,以实际成本为计价基础。

(4)记帐本位币

本公司以人民币为记帐本位币。

(5)外币核算方法

本公司对于外币业务采用当月一日中国人民银行公布的汇率记帐,月末对非本位币货币性资产及负债的余额按月末中国人民银行公布的汇率折合为记帐本位币,其差额按用途及性质作为汇兑损益记入当期损益或在建工程。

(6)现金等价物的确定标准

凡同时具备期限短(从购买日起,三个月到期)、流动性强、易于转换为已知金额现金、价值变动风险很小等四个条件的投资,确认为现金等价物。

(7)坏帐准备

①坏帐确认原则

本公司对因债务人破产或死亡,以其破产财产或遗产清偿后,仍然不能收回的应收款项和因债务人逾期未履行偿债义务而且具有明显特征表明无法收回的应收款项确认为坏帐损失。

②坏帐准备的提取方式

本公司采用备抵法核算坏帐损失。坏帐准备按帐龄分析法计提,计提比例如下:

应收款项帐龄一年以内的,提取比例为5%;

应收款项帐龄一至两年的,提取比例为8%;

应收款项帐龄两至三年的,提取比例为10%;

应收款项帐龄三至四年的,提取比例为20%;

应收款项帐龄四至五年的,提取比例为30%;

应收款项帐龄五年以上的,提取比例为40%。

(8)存货核算方法

存货核算实行永续盘存制,具体核算方式如下:

①本公司存货分类为:原材料、自制半成品、在产品、产成品、低值易耗品。

②本公司原材料按计划成本核算,月末调整材料成本差异;产成品按实际成本核算,发出时采用加权平均法计价。低值易耗品按一次摊销的方法摊销。

③本公司期末存货采用成本与可变现净值孰低法计价,以可变现净值低于成本的差额计提存货跌价准备,并确认为当期损益。

(9)短期投资核算方法

短期投资在取得时以实际成本计价,期末以成本与市价孰低法计价,以市价低于成本的金额计提短期投资跌价准备。

(10)长期投资核算方法

①长期股权投资

本公司对其他单位的投资占该单位有表决权资本总额20%以下,或对其他单位的投资虽占该单位有表决权资本总额20%或20%以上,但不具有重大影响,采用成本法核算;对其他单位的投资占该单位有表决权资本总额20%或20%以上,或虽投资不足20%,但有重大影响,采用权益法核算;对其他单位投资占该单位资本总额50%以上,或虽然占该单位资本总额不足50%,但具有实质控制权的,编制合并会计报表。

②长期债权投资

投资按实际支付的价款扣除支付的税金、手续费等各项附加费用,以及支付的自发行起至购入债券止的应计利息后余额作为实际成本,实际成本与债券票面价值的差额,作为溢价或折价;债券的溢价或折价在债券存续期间内于确认相关债券利息收入时摊销,摊销方法为直线法。

③计提长期投资减值准备

本公司到中期期末或年度终了,对长期投资中由于市价持续下跌或被投资单位经营状况恶化等原因导致其可收回金额低于帐面价值,并且这种降低的价值在可预计的未来期限内不可能恢复,将可收回金额低于长期投资帐面价值的差额作为长期投资减值准备。

(11)固定资产及累计折旧

①固定资产的确认标准:使用期限超过一年的房屋建筑物、机器设备、运输工具及其它与经营有关的器具等,以及不属于经营的主要设备,但单位价值在人民币2000元以上,使用期限超过两年的物品。

②固定资产按实际成本计价。固定资产折旧采用直线法平均计提。具体如下:

分类	使用年限	残值率	年折旧率
房屋及建筑物	25-44年	3%	2.20%-3.88%
机械动力器设备	12-14年	3%	6.93%-8.08%
运输设备	12年	3%	8.08%
电子设备	10年	3%	9.70%
工业炉窑	13年	3%	7.46%
冶金专用设备	15年	3%	6.47%
工具及其他用具	12-22年	3%	4.41-8.08%

(12)在建工程核算方法

在建工程按工程项目实际支出核算,在工程完工交付使用时,按工程实际成本转入固定资产。在建工程借款所发生的利息及汇兑损益在交付使用前计入工程成本,交付使用后,计入当期损益。

(13)无形资产计价和摊销办法

无形资产按实际成本计价,以直线法在受益年限或规定年限内平均摊销。

(14)开办费、长期待摊费用计价和摊销方法

开办费和长期待摊费用均按实际成本计价。开办费按不超过五年的期限平均摊销;长期待摊费用在受益期限内平均摊销。

(15)收入的确认原则

销售商品的收入,在下列条件均能满足时确认:

①商品所有权上的主要风险和报酬已转移给购货方;

②公司既没有保留通常与所有权相联系的继续管理权,也没有对已出售的商品实施控制;

③与交易相关的经济利益能够流入公司;

④相关的收入和成本能够可靠的计量;

提供劳务的收入,在下列条件均能满足时确认:

①劳务总收入和总成本能够可靠的计量;

②与交易相关的经济利益能够流入本公司;

③劳务的完成程度能够可靠的确定。

(16)所得税的会计处理方法

采用应付税款法。

3、税项

(1)增值税:按产品销售收入的17%税率计算当期销项税额,扣减允许在当期抵扣的进项税额后缴纳。

根据深国税富征字[2000]1241号文认定,深圳先科数字光盘有限公司为2000年特区地产地销企业,并核定该公司2000年度地产地销免税销售比例为50%。

(2)城建税:按应交流转税的7%计缴;

(3)教育费附加:按应交流转税的3%计缴;

(4)所得税:根据北京市财政局京财工[1997]2036号文批准,本公司执行33%企业所得税税率,超过15%的部分由市财政实行"先征后返"。返还资金并入公司税后利润统一进行分配。根据财政部有关规定,该优惠政策延续到2001年12月31日。

4、股子公司及合营企业

单位名称	注册资本	经营范围	本公司投资额	所占权益比例	备注
深圳首钢先科数字光盘有限公司	10,490万元	数字存贮光盘、光盘用基片、光盘驱动器、光盘媒体软件、大容量光盘存储器及其部件。	5,349.9万元	51%	合并报表

合并会计报表范围变化及说明:

(1)2000年度合并范围增加一个控股子公司:深圳首钢先科数字光盘有限公司。因母公司2000年6月7日注资,因此合并范围为2000年7-12月。

投资日会计报表为2000年6月30日会计报表。见附件二。

(2)深圳首钢先科数字光盘有限公司为中外合资经营企业,执行外商投资企业会计制度。因与母公司会计政策差异不大,且金额影响不大,直接使用子公司经审计的报表进行合并。

5、会计报表注释

(1)货币资金

	期末数	期初数
现金	314,658.05	20,738.11
银行存款	307,967,743.94	841,065,186.56
	308,282,401.99	841,085,924.67

其中:

	原币金额	汇率	人民币金额
美元	56,218.88	8.2781	465,385.51
日元	69,418.71	0.0723	5,016.68
港币	75,364.33	1.0613	79,984.16
欧元	2,004.93	7.6937	15,245.33

注:货币资金本期减少原因为大部分募集到的资金已使用。

(2)短期投资

	期末数		期初数	
	投资金额	跌价准备	投资金额	跌价准备
股票投资	64,765,977.41	—	—	—
债券投资	500,000,000.00	—	700,000,000.00	—
其他投资	—	—	—	—
	564,765,977.41	—	700,000,000.00	—

注:①股票投资:其中在帐股票36,783,727.50元,资金账户余额27,982, 249 .91元。

②债券投资为对北京银威特投资顾问有限公司的委托国债投资,期限为6个月,至2001年5月21日止。

③12月31日,短期投资中的股票市值为:

西山煤电	64,968,667.50
中农申购	214,200.00

(3)应收帐款

A.合并报表

①应收帐款的帐龄分析

	期末数			期初数		
	金额	比例	坏帐准备	金额	比例	坏帐准备
一年以内	1,054,794,864.45	65.49%	52,717,236.57	1,012,730,093.42	86.05%	50,636,504.67
一至二年	399,139,106.73	24.78%	31,931,096.60	126,744,495.27	10.77%	10,139,559.62
二至三年	112,396,808.44	6.98%	11,142,915.79	21,546,676.76	1.83%	2,154,667.68
三年以上	44,254,985.24	2.75%	10,072,496.61	15,885,766.95	1.35%	10,053,879.29
	1,610,585,764.86	100.00%	105,863,745.57	1,176,907,032.40	100.00%	72,984,611.26

②截至二零零零年十二月三十一日止,本公司有应收持本公司5%以上股份的股东单位款项[详见附注6、(5)]。

③截至二零零零年十二月三十一日止,应收帐款前五名余额

单位	金额	欠款时间	欠款原因
首钢总公司	567,742,700.58	一年以内	滚动结算
北京首钢特殊钢有限公司	344,937,471.31	一至两年	滚动结算
中国首钢国际贸易工程公司	328,187,992.98	一至两年	滚动结算
北京首钢红冶钢厂	128,787,527.32	一年以内	滚动结算
上海东晟物资公司	78,149,959.57	一至两年	滚动结算

④本期应收款增加主要原因为与关联单位往来欠款增多。

B.母公司

应收帐款的帐龄分析

	期末数			期初数		
	金额	比例	坏帐准备	金额	比例	坏帐准备
一年以内	1,053,989,739.25	65.53%	52,699,486.96	1,012,730,093.42	86.05%	50,636,504.67
一至二年	399,138,707.53	24.81%	31,931,096.60	126,744,495.27	10.77%	10,139,559.62
二至三年	111,429,157.94	6.93%	11,142,915.79	21,546,676.76	1.83%	2,154,667.68
三年以上	43,870,169.67	2.73%	10,072,496.61	15,885,766.95	1.35%	10,053,879.29
	1,608,427,774.39	100.00%	105,845,995.96	1,176,907,032.40	100.00%	72,984,611.26

(4)其他应收款

A.合并报表

①其他应收款的帐龄分析

	期末数			期初数		
	金额	比例	坏帐准备	金额	比例	坏帐准备
一年以内	456,189,638.24	98.93%	22,546,249.33	466,520,478.59	99.49%	21,419,352.11
一至二年	3,706,838.93	0.80%	294,147.11	2,404,012.38	0.51%	192,320.99
二至三年	1,189,617.62	0.26%	108,471.76	—	—	—
三年以上	41,547.33	0.01%	735.71	1,600.00	—	640.00
	461,127,642.12	100.00%	22,949,603.91	468,926,090.97	100.00%	21,612,313.10

②截至二零零零年十二月三十一日止,本公司有其他应收持本公司5%以上股份的股东单位款项[详见附注6、(5)]。

截至二零零零年十二月三十一日止,其他应收款大额

单位	金额	欠款时间	欠款原因
首钢总公司	454,102,414.11	一年以内	往来款

注:与总公司日常往来相抵后余额。

B.母公司

其他应收款的帐龄分析

	期末数			期初数		
	金额	比例	坏帐准备	金额	比例	坏帐准备
一年以内	450,924,986.67	98.95%	22,546,249.33	466,520,478.59	99.49%	21,419,352.11
一至二年	3,676,838.93	0.81%	294,147.11	2,404,012.38	0.51%	192,320.99
二至三年	1,084,717.62	0.24%	108,471.76	—	—	—
三年以上	2,078.57	0.00%	735.71	1,600.00	—	640.00
	455,688,621.79	100.00%	22,949,603.91	468,926,090.97	100.00%	21,612,313.10

(5)存货及存货跌价准备

	期末数		期初数	
	金额	跌价准备	金额	跌价准备
原材料	504,498,150.79	6,904,748.07	417,237,076.56	—
自制半成品	39,293,950.50	—	90,716,831.28	—
在产品	9,983,813.93	—	3,635,440.05	—
产成品	46,268,990.47	—	46,630,564.35	—
低值易耗品	42,731,402.19	2,615,019.49	41,131,265.41	—
委托加工材料	19,956,246.16	—	—	—
发出商品	1,039,208.62	—	—	—
	663,771,762.66	9,519,767.56	599,351,177.65	—

(6)待摊费用

	期初	本期增加	本期减少	期末
期初进项税	19,038,962.70	—	19,038,962.70	—

(7)长期投资

A.合并报表

	期初	本期增加	本期减少	期末
长期股权投资	—	498,660,407.33	94,674.77	498,565,732.56
长期债券投资	—	—	—	—
	—	498,660,407.33	94,674.77	498,565,732.56

长期股权投资明细:

被投资单位名称	投资期限	投资金额	占被投资单位注册资本比例	减值准备	本期权益增减数	累积权益增减额
烟台首钢磁性材料股份公司	2000年起	15,000,000.00	25.43%	—	—	—
生命人寿保险股份有限公司	2000年起	180,000,000.00		—	—	—
清华科技创投公司	2000年起	24,000,000.00	12.00%	—	—	—
中关村高科技软件园	2000年起	230,000,000.00	46.00%	—	—	—
清华阳光股份有限公司	2000年起	47,000,000.00	27.00%	—	—	—
澳门金基电子有限公司	1999年起	766,402.02	—	—	—	—
	—	496,766,402.02	—	—	—	

合并价差

被投资单位名称	摊销年限	期初数	本期增加	本期摊销	期末数
深圳首钢先科数字光盘有限公司	10年	—	1,894,005.31	94,674.77	1,799,330.54

B.母公司

	期初	本期增加	本期减少	期末
长期股权投资	—	549,690,334.53	94,674.77	549,595,659.76
长期债券投资	—	—	—	—
	—	549,690,334.53	94,674.77	549,595,659.76

长期股权投资明细:

被投资单位名称	投资期限	投资金额	占被投资单位注册资本比例	减值准备	本期权益增减数	累积权益增减额
烟台首钢磁性材料股份公司	2000年起	15,000,000.00	25.43%	—	—	—
深圳首钢先科数字光盘有限公司	2000年起	51,604,994.69	51.00%	—	191,334.53	191,334.53
中国生命人寿保险股份有限公司	2000年起	180,000,000.00		—	—	—
北京清华科技创业投资有限公司	2000年起	24,000,000.00	12.00%	—	—	—
北京中关村软件园发展有限责任公司	2000年起	230,000,000.00	46.00%	—	—	—
北京清华阳光股份有限公司	2000年起	47,000,000.00	27%	—	—	—
	—	547,604,994.69	—	—	191,334.53	191,334.53

股权投资差额

被投资单位名称	摊销年限	期初数	本期增加	本期摊销	期末数
深圳首钢先科数字光盘有限公司	10年	—	1,894,005.31	94,674.77	1,799,330.54

注:长期投资——北京清华科技创业投资有限公司、北京中关村软件园发展有限责任公司为首钢总公司转入,已经双方董事会及本公司股东大会批准且款项已结,其他手续正在办理中;

长期投资——北京清华阳光股份有限公司,已经董事会及股东大会批准且款项已结,其他手续正在办理中

长期投资——中国生命人寿保险股份有限公司已经董事会及股东大会批准且款项已付清,其他手续正在办理中。

(8)固定资产及其累计折旧

固定资产

	期初数	本期增加	本期减少	期末数
房屋及建筑物	3,085,737,893.40	33,106,171.07	—	3,118,844,064.47
机械动力设备	2,473,688,254.05	119,960,391.80	635,825.00	2,593,012,820.85
运输设备	63,925,926.04	2,452,249.70	1,458,482.00	64,919,693.74
电子设备	284,678,986.31	8,428,647.01	560,853.00	292,546,780.32
工业炉窑	79,690,740.75	825,400.00	—	80,516,140.75
冶金专用设备	2,937,687,233.92	32,601,000.57	—	2,970,288,234.49
工具及其他	8,481,697.38	1,545,688.10	—	10,027,385.48
	8,933,890,731.85	198,919,548.25	2,655,160.00	9,130,155,120.10

累计折旧

	期初数	本期增加	本期减少	期末数
房屋及建筑物	915,041,804.15	97,178,923.38	—	1,012,220,727.53
机械动力设备	1,262,557,988.33	159,882,770.41	635,266.08	1,421,805,492.66
运输设备	51,003,600.64	5,567,548.82	1,449,472.99	55,121,676.47
电子设备	195,479,754.38	21,365,380.82	560,853.00	216,284,282.20
工业炉窑	44,648,470.47	6,184,021.07	—	50,832,491.54
冶金专用设备	1,605,509,548.01	187,983,716.23	—	1,793,493,264.24
工具及其他	3,820,190.06	929,838.23	—	4,750,028.29
	4,078,061,356.04	479,092,198.96	2,645,592.07	4,554,507,962.93
固定资产净值	4,855,829,375.81			4,575,647,157.17

(9)在建工程(见附件一)

(10)无形资产

	原始金额	期初数	本期增加	本期摊销	期末数	剩余年限
非专有技术	3,425,514.37	—	3,425,514.37	159,324.00	3,266,190.37	9.5年
专有技术	120,693.68	—	120,693.68	20,263.30	100,430.38	2.5年
	3,546,208.05	—	3,546,208.05	179,587.30	3,366,620.75	

(11)开办费

	期初数	本期增加	本期摊销	期末数	摊销期限
开办费	8,249,626.96	2,180,794.12	1,916,055.86	8,514,365.22	5年

(12)长期待摊费用

	期初数	本期增加	本期摊销	期末数
生产线调试费	—	1,926,358.90	—	1,926,358.90

(13)短期借款

借款类别	期末数	期初数
抵押借款	—	—
担保借款	7,000,000.00	—
信用借款	919,201,000.00	765,000,000.00
	926,201,000.00	765,000,000.00

(14)应付帐款

截至二零零零年十二月三十一日止,本公司无应付持本公司5%以上股份的股东单位款项。

(15)应付股利

投资者类别	欠付股利金额	欠付原因
国有法人股东	490,000,000.00	尚未支付
流通股股东	90,548,062.35	尚未支付
	580,548,062.35	

16、应交税金

	期末数	期初数
增值税	18,257,996.99	—
营业税	—	—
消费税	—	—
城建税	2,954,861.31	—
企业所得税	40,845,291.68	—
	62,058,149.98	—

(17)其他应付款

截至二零零零年十二月三十一日止,本公司无其他应付持本公司5%以上股份的股东单位款项。

(18)长期借款

借款单位	金额	期限	月利率	借款条件
中国工商银行石景山支行	1,737,619,000.00	2年	4.95‰	信用借款
中国建设银行石景山支行	106,000,000.00	2年	4.95‰	信用借款
华夏银行石景山支行	600,000,000.00	2-3年	4.95‰	信用借款
	2,443,619,000.00			

(19)股本 单位:股

项目	期初数	投入净资产折合股本	发行新股	期末数
①尚未流通股份				
A.发起人股份	1,960,000,000.00	—	—	1,960,000,000.00
其中:国家拥有股份	1,960,000,000.00	—	—	1,960,000,000.00
境内法人持有股份	—	—	—	—
B.募集法人股	—	—	—	—
C.公司职工股	—	—	—	—
尚未流通股份小计	1,960,000,000.00	—	—	1,960,000,000.00
②已流通股份				
境内上市的人民币	350,000,000.00	—	—	350,000,000.00
流通股 其中:战略投资者	92,000,000.00	—	—	—
一般法人	83,000,000.00	—	—	—
已流通股小计	350,000,000.00	—	—	350,000,000.00
股份合计	2,310,000,000.00	—	—	2,310,000,000.00

注:本年度,战略投资者、一般法人所持有的法人配售股已全部转为流通股上市。

(20)资本公积

项目	期初数	本期增加	本期减少	期末数
股本溢价	2,471,236,588.65	76,936.73	—	2,471,313,525.38
资产评估增值	-11,009,888.88	—	44,039,555.48	-55,049,444.36
	2,460,226,699.77	76,936.00	44,039,555.48	2,416,264,081.02

增加原因:

1999年9月27日网下申购成功的投资者资金冻结期内产生的存款利息,本期结算后计入资本公积。

减少原因:

固定资产评估增值部分440,395,554.81元按十年平均摊销,本期摊销44,039,555.48元,冲减资本公积。

(21)盈余公积

项目	期初数	本期增加	本期减少	期末数
法定盈余公积	72,161,040.56	75,873,339.88		148,034,380.44
法定公益金	36,080,520.28	37,936,669.94		74,017,190.22
任意盈余公积	—	—	—	—
	108,241,560.84	113,810,009.82	—	222,051,570.66

(22)未分配利润

	本年数	上年数
年初未分配利润	19,642,429.38	(62,426,415.37)
加:本年净利润	758,733,398.79	721,610,405.59
减:提取10%法定盈余公积	75,873,339.88	72,161,040.56
提取5%公益金	37,936,669.94	36,080,520.28
应付普通股股利	577,500,000.00	531,300,000.00
年末未分配利润	87,065,818.35	19,642,429.38

①根据本公司章程规定,按当年度税后利润提取10%的法定盈余公积、5%的公益金之后分配利。

②根据本公司董事会利润分配预案,本期利润分配为每10股分配现金股利2.5元。

(23)主营业务收入

品种	本年数	上年数
冶金焦收入	70,990,144.00	125,585,506.41
化工产品收入	105,231,802.71	114,585,289.69
商品煤气收入	11,116,073.36	45,453,639.00
烧结矿收入	—	183,595,189.00
板坯收入	990,027,646.07	1,019,735,050.22
线材收入	6,576,672,006.76	5,858,177,261.61
方坯收入	3,837,078,604.76	3,544,625,670.39
水渣收入	33,214,272.54	39,135,693.58
生铁收入	289,752,101.10	522,022,952.75
光盘收入	2,501,162.07	—
	11,916,583,813.37	11,452,916,252.65

24、其他业务利润

	收入		成本		利润	
	2000年度	1999年度	2000年度	1999年度	2000年度	1999年度
运杂费	10,060,142.41	17,135,905.74	7,069,421.39	16,389,503,88	2,990,721.02	746,401.86
装调费	539,110.24	763,670.26	—	—	539,110.24	763,670.26
槽租	1,088,707.24	1,359,534.75	1,804,316.96	1,218,220.03	-715,609.72	141,314.72
包装物品	6,214,779.21	196,322.67	5,696,764.01	190,803.00	518,015.20	5,519.67
原材料	2,006,835,144.68	—	1,958,421,422.95	—	48,413,721.73	—
辅助材料	321,172,997.43	—	321,172,997.43	—	—	—
加工费	—	67,884.62	—	—	—	67,884.62
税金	—	—	9,212,535.36	163,278.09	-9,212,535.36	-163,278.09
刻录费	50,598.29	—	—	—	50,598.29	—
其他	4,151,430.01	737,560.50	3,420,312.74	163,278.09	731,117.27	737,560.50
	2,350,112,909.51	20,260,878.54	2,306,797,770.84	17,961,805.00	43,315,138.67	2,299,073.54

(25)财务费用

	本年数	上年数
利息支出	197,093,787.24	200,631,173.79
减:利息收入	8,397,561.16	2,721,764.20

汇兑损失	2,355.03	—
减:汇兑收益	4,167.91	—
其 他	12,677.77	180,122.27
	188,707,090.97	198,089,531.86

(26)投资收益

	本 年 数	上 年 数
股权投资收益	2,101,775.14	—
债券投资收益	—	—
联营或合营公司分来利润	—	—
	2,101,775.14	—

(27)营业外收入

	本 年 数	上 年 数
无效申购资金冻结利息收入	141,585.57	2,393,965.41
处理固定资产收益	134,853.28	—
罚款收入	42,960.10	—
其他	23,656.50	—
	343,055.45	2,393,965.41

(28)营业外支出

	本 年 数	上 年 数
罚款支出	1,044,699.50	—
捐赠支出	1,051,446.00	—
固定资产损失	9,009.01	—
	2,105,154.51	—

(29)支付的与经营活动有关的其他现金

总计:98,267,036.42 元,其中

项 目	金 额	项 目	金 额
申奥	1,051,446.00	运输费	20,962,719.43
排污超标	1,044,699.50	代理费	20,711,004.10
生活服务费	11,912,500.00	路企互保费	3,422,890.96
招待费	728,711.85	出口运费	12,546,048.33
会议费	212,798.70	出口港杂费	15,812,604.17
咨询费	630,000.00	广告费	2,632,549.00
差旅费	425,381.26	其他	6,173,683.12

6、关联方关系及其交易

(1)存在控制关系的关联方

企业名称:首钢总公司

注册地址:北京市石景山区

主营业务:钢铁业

与本企业关系:母公司

经济性质和类型:全民所有制

法定代表人:罗冰生

(2)存在控制关系的关联方的注册资本及其变化

企业名称:首钢总公司

年初数:柒拾贰亿陆仟叁佰玖拾肆万元(人民币)

本期增加:无

本期减少:无

年末数:柒拾贰亿陆仟叁佰玖拾肆万元(人民币)

(3)不存在控制关系的关联方关系的性质

企业名称	与本企业关系
北京首钢氧气厂	同一母公司
北京首钢电力厂	同一母公司
中国首钢国际贸易工程公司	同一母公司
北京首钢红冶钢厂	同一母公司
北京首钢特殊钢有限公司	同一母公司
北京首钢机电有限公司	同一母公司
秦皇岛首钢板材有限公司	同一母公司

(4)关联交易

A.本公司接受

①原材料

供应单位	品 种	本 年 数	上 年 数
首钢总公司	方 坯	4,150,877,424.13	3,818,064,036.69
首钢总公司	铁 水	36,050,503.50	
首钢总公司	金属矿	601,529,249.86	1,623,293,523.70
首钢总公司	燃 料	24,777,918.03	
首钢总公司	废 钢	60,033,606.00	
首钢总公司	次 材	193,750,422.64	
首钢总公司	辅 料	368,706,346.69	
首钢总公司	备 件	261,208,038.00	
首钢总公司	溶 剂		63,817,785.36

②能源

供应单位	品 种	本 年 数	上 年 数
北京首钢电力厂	电 力	335,656,374.14	308,200,013.22
北京首钢氧气厂	氧 气	132,039,092.91	128,803,310.93
首 钢 总 公 司	动 力	533,797,451.91	534,954,733.09

③运输服务

根据首钢总公司与本公司签订的协议:首钢总公司向本公司提供运输服务,其中含火车和皮带运输服务等,2000 年收取服务费 17,195.10 万元,1999 年收取服务费 13,847.92 万元。

④生产服务

根据首钢总公司与本公司签订的 2000 年协议:首钢总公司向本公司提供生产服务,其中含原料及产品检验、自动化设备管理、职工技术培训等,2000 年收取服务费 3,590.48 万元。

⑤生活服务

根据首钢总公司与本公司签订的 2000 年协议:首钢总公司向本公司提供生活服务,其中含绿化费、道路维护、生产区警卫、幼儿保教等,2000 年收取服务费 2 ,441.05 万元。

⑥土地租赁

根据首钢总公司与本公司签订的 2000 年协议:本公司向首钢总公司租赁土地 1 ,621,261 平方米,每年付费 649 万元。

⑦房屋租赁

根据首钢总公司与本公司签订的 2000 年协议:本公司向首钢总公司租赁办公楼 1,381.80 平方米,每年付费 48.25 万元。

⑧料场租赁

根据首钢总公司与本公司签订的 2000 年协议:本公司向首钢总公司租赁料场 31. 54 万平方米,每年付费 410.02 万元。

B.本公司提供产品

接受单位	产 品	本 年 数	上 年 数
首钢总公司	烧结矿	—	183,595,189.00
首钢总公司	冶金焦	70,990,144.00	125,585,506.41
首钢总公司	生 铁	289,627,202.70	522,022,952.74
首钢总公司	方 坯	3,306,248,205.91	3,544,625,670.38
首钢总公司	板 坯	533,463,579.56	—
首钢总公司	煤 气	318,180,859.07	—
首钢总公司	燃 料	990,660,289.38	—
首钢总公司	原 料	739,330,000.77	—
首钢总公司	废 钢	258,003,130.66	—
北京首钢红冶钢厂	方 坯	56,689,774.70	—
中国首钢国际贸易工程公司	坯、材	658,867,997.73	—
秦皇岛首钢板材有限公司	板 坯	284,985,851.93	1,019,735,050.22

(5)关联往来

①应收帐款

单 位	本年金额	性质
首钢总公司	567,742,700.58	结算款
北京首钢特殊钢有限公司	344,937,471.31	结算款
中国首钢国际贸易工程公司	328,187,992.98	结算款
北京首钢红冶钢厂	128,787,527.32	结算款
北京首钢机电有限公司	20,370,774.42	结算款
秦皇岛首钢板材有限公司	17,033,304.69	结算款

②其他应收款

单位	本年金额	性质
首钢总公司	454,102,414.11	往来款

7、承诺事项

截止 2000 年末资产负债表日本公司无重大影响报表使用者判断的事项。

8、或有事项

截止 2000 年末资产负债表日本公司无重大影响报表使用者判断的或有事项。

9、其他事项

截止 2000 年末资产负债表日本公司无重大影响报表使用者判断的其他事项。

九、公司的其他有关资料

1、公司注册登记日期:1999 年 10 月 15 日

注册登记地点:北京市石景山区石景山路

2、营业执照注册号码:1100001028663(1-1)

3、税务登记号码:110107700234318

4、公司未流通股票的托管机构名称:

深圳证券登记结算公司

5、公司聘请的会计师事务所

名　　称:北京京都会计师事务所有限责任公司

办公地址:北京市朝阳区建外大街 22 号赛特广场 5 层

十、备查文件目录

1、载有公司负责人、财务负责人、会计经办人员亲笔签名并盖章的会计报表。

2、载有北京市京都会计师事务所盖章、注册会计师亲笔签名并盖章的审计报告原件。

3、报告期内公司在《中国证券报》和《证券时报》上披露过的所有文件的正本及公告原稿。

北京首钢股份有限公司董事会

二〇〇一年三月六日

利润及利润分配表

编制单位:北京首钢股份有限公司　　2000 年度　　单位:人民币元

项　目	附注	本年发生数		上年发生数	
		合并	母公司	合并	母公司
一、主营业务收入	5.(23)	11,916,583,813.37	11,914,082,651.30	11,452,916,252.65	11,452,916,252.65
减:折扣与折让					
主营业务收入净额		11,916,583,813.37	11,914,082,651.30	11,452,916,252.65	11,452,916,252.65
减:主营业务成本		10,557,916,362.02	10,555,020,688.87	10,070,283,402.41	10,070,283,402.41
主营业务税金及附加		47,502,661.14	47,502,661.14	86,848,255.59	86,848,255.59
二、主营业务利润		1,311,164,790.21	1,311,559,301.29	1,295,784,594.65	1,295,784,594.65
加:其他业务利润	5.(24)	43,315,138.67	43,264,540.38	2,299,073.54	2,299,073.54
减:存货跌价损失		9,519,767.56	9,519,767.56		
营业费用		80,993,542.45	80,424,027.42	31,853,729.12	31,853,729.12
管理费用		175,261,411.70	173,713,942.98	215,903,805.64	215,903,805.64
财务费用	5.(25)	188,707,090.97	188,821,973.94	198,089,531.86	198,089,531.86
三、营业利润		899,998,116.20	902,344,129.77	852,236,601.57	852,236,601.57
加:投资收益	5.(26)	2,101,775.14	96,659.76		
补贴收入		524,729.41			
营业外收入	5.(27)	343,055.45	343,055.45	2,393,965.41	2,393,965.41
减:营业外支出	5.(28)	2,105,154.51	2,105,154.51		
四、利润总额		900,862,521.69	900,678,690.47	854,630,566.98	854,630,566.98
减:所得税		141,945,291.68	141,945,291.68	292,644,355.07	292,644,355.07
加:所得税返还				159,624,193.68	159,624,193.68
减:少数股东损益		183,831.22			
五、净利润		758,733,398.79	758,733,398.79	721,610,405.59	721,610,405.59
加:年初未分配利润		19,642,429.38	19,642,429.38	-62,426,415.37	-62,426,415.37
盈余公积转入					
六、可供分配利润		778,375,828.17	778,375,828.17	659,183,990.22	659,183,990.22
减:提取法定盈余公积		75,873,339.88	75,873,339.88	72,161,040.56	72,161,040.56
提取法定公益金		37,936,669.94	37,936,669.94	36,080,520.28	36,080,520.28
七、可供股东分配的利润		664,565,818.35	664,565,818.35	550,942,429.38	550,942,429.38
减:应付优先股股利					
提取任意盈余公积					
应付普通股股利		577,500,000.00	577,500,000.00	531,300,000.00	531,300,000.00
转作股本的普通股股利					
八、未分配利润		87,065,818.35	87,065,818.35	19,642,429.38	19,642,429.38

资 产 负 债 表

2000 年 12 月 31 日

编制单位:北京首钢股份有限公司　　单位:人民币元

资　产	附注	期末数		期初数	
		合　并	母公司	合　并	母公司
流动资产:					
货币资金	5.(1)	308,282,401.99	305,692,296.93	841,085,924.67	841,085,924.67
短期投资	5.(2)	564,765,977.41	536,569,527.50	700,000,000.00	700,000,000.00
减:短期投资准备					
短期投资净额		564,765,977.41	536,569,527.50	700,000,000.00	700,000,000.00
应收票据		3,300,000.00	3,300,000.00	11,192,000.00	11,192,000.00
应收股利					
应收利息					
应收帐款	5.(3)	1,610,585,764.86	1,608,427,774.39	1,176,907,032.40	1,176,907,032.40
其他应收款	5.(4)	461,127,642.12	455,688,621.79	468,926,090.27	468,926,090.97
减:坏帐准备	5.(3)(4)	128,813,349.48	128,795,599.87	94,596,924.36	94,596,924.36
应收款项净额		1,942,900,057.50	1,935,320,796.31	1,551,236,199.01	1,551,236,199.01
预付帐款		260,521.26	170,000.00	102,500.00	102,500.00
应收补贴款					
存货	5(5)	663,771,762.66	650,953,016.58	599,351,177.65	599,351,177.65
减:存货跌价准备		9,519,767.56	9,519,767.56		
存货净额		654,251,995.10	641,433,249.02	599,351,177.65	599,351,177.65
待摊费用	5(6)			19,038,962.70	19,038,962.70
待处理流动资产净损失					
一年内到期的长期债券投资					
其他动资产					
流动资产合计		3,473,760,953.26	3,422,485,869.76	3,722,006,764.03	3,722,006,764.03
长期投资:					
长期股权投资	5.(7)	498,565,732.56	549,595,659.76		
长期债权投资					
长期投资合计		498,565,732.56	549,595,659.76		
减:长期投资减值准备					
长期投资净值		498,565,732.56	549,595,659.76		
合并价差		1,799,330.54			
长期股权投资差额			1,799,330.54		
固定资产:					
固定资产原价	5.(8)	9,130,155,120.10	9,059,034,645.95	8,933,890,731.85	8,933,890,731.85
减:累计折旧	5.(8)	4,554,507.962.93	4,540,132,358.62	4,078,061,356.04	4,078,061,356.04
固定资产净值		4,575,647,157.17	4,518,902,287.33	4,855,829,375.81	4,855,829,375.81
工程物资					
在建工程	5.(9)	1,075,123,393.61	1,074,414,007.65	791,716,220.58	791,716,220.58
固定资产清理				-8,269.20	-8,269.20
待处理固定资产净损失					
固定资产合计		5,650,770,550.78	5,593,316,294.98	5,647,537,327.19	5,647,537,327.19
无形及递延资产:					
无形资产	5.(10)	3,366,620.75			
开办费	5.(11)	8,514,365.22	6,599,626.96	8,249,626.96	8,249,626.96
长期待摊费用	5.(12)	1,926,358.90			
其他长期资产					
无形及其他资产合计		13,807,344.87	6,599,626.96	8,249,626.96	8,249,626.96
递延税项:					
递延税款借项					
资产总计		9,636,904,581.47	9,571,997,451.46	9,377,793,718.18	9,377,793,718.18
负债和股东权益					
流动负债:					
短期借款	5.(13)	926,201,000.00	919,201,000.00	765,000,000.00	765,000,000.00
应付票据					
应付帐款	5.(14)	259,803,927.33	258,505,352.99	434,969,771.30	434,969,771.30
预收帐款		189,362,451.39	189,318,213.71	94,036,393.73	94,036,393.73
代销商品款					
应付工资		12,176,238.00	11,830,000.00	200,680.40	200,680.40
应付福利费		11,966,212.42	11,966,212.42	7,347,988.97	7,347,988.97
应付股利	5.(15)	580,548,062.35	580,548,062.35	531,300,000.00	531,300,000.00
应交税金	5.(16)	62,058,149.98	61,974,506.71		
其他应交款		1,266,065.95	1,266,065.95		
其他应付款	5.(17)	62,889,105.70	58,387,567.30	34,008,193.79	34,008,193.79
预提费用		1,867,797.70			
一年内到期的长期负债					
其他流动负债					
流动负债合计		2,108,139,010.82	2,092,996,981.43	1,866,863,028.19	1,866,863,028.19
长期负债:					
长期借款	5.(18)	2,443,619,000.00	2,443,619,000.00	2,612,820,000.00	2,612,820,000.00
应付债券					
长期应付款					
住房周转金					
其他长期负债					
长期负债合计		2,443,619,000.00	2,443,619,000.00	2,612,820,000.00	2,612,820,000.00
递延税项:					
递延税款贷项					
负债合计		4,551,758,010.82	4,536,615,981.43	4,479,683,028.19	4,479,683,028.19
少数股东权益		49,765,100.62			
股东权益:					
股本	5.(19)	2,310,000,000.00	2,310,000,000.00	2,310,000,000.00	2,310,000,000.00
资本公积	5.(20)	2,416,264,081.02	2,416,264,081.02	2,460,226,699.77	2,460,226,699.77
盈余公积	5.(21)	222,051,570.66	222,051,570.66	108,241,560.84	108,241,560.84
其中:公益金	5.(21)	74,017,190.22	74,017,190.22	36,080,520.28	36,080,520.28
未分配利润	5.(22)	87,065,818.35	87,065,818.35	19,642,429.38	19,642,429.38
外币报表折算差额					
股东权益合计		5,035,381,470.03	5,035,381,470.03	4,898,110,689.99	4,898,110,689.99
负债和股东权益总计		9,636,904,581.47	9,571,997,451.46	9,377,793,718.18	9,377,793,718.18

现 金 流 量 表

2000 年度

编制单位:北京首钢股份有限公司　　单位:人民币元

项　目	附注	合并	母公司
一、经营活动产生的现金流量:			
销售商品、提供劳务收到的现金		15,580,443,867.05	15,577,824,325.67
收取的租金			
收到除增值税以外的其他税费返还			
收到的与经营活动有关的其他现金		22,566,616.60	66,616.60
现金流入小计		15,603,010,483.65	15,577,890,942.27
购买商品、接受劳务支付的现金		13,405,254,580.67	13,402,451,754.42
经营租赁支付的现金		6,967,500.00	6,967,500.00
支付给职工以及为职工支付的现金		363,238,999.46	361,927,445.74
支付的增值税款		549,027,539.43	548,975,847.75
支付的所得税款		101,100,000.00	101,100,000.00
支付的除增值税、所得税以外的其他税费		69,870,653.96	69,784,414.48
支付的与经营活动有关的其他现金	5.(29)	98,267,036.42	96,429,564.73
现金流出小计		14,593,726,309.94	14,587,636,527.12
经营活动产生的现金流量净额		1,009,284,173.71	990,254,415.15
二、投资活动产生的现金流量:			
收回投资所收到的现金		200,000,000.00	200,000,000.00
分得股利或利润所收到的现金		2,196,449.91	
取得债券利息收入所收到的现金			
处置固定资产、无形资产和其他长期资产收回的现金净额		125,844.27	125,844.27
收到的与投资活动有关的其他现金		8,318,786.01	8,318,786.01
现金流入小计		210,641,080.19	208,444,630.28
购建固定资产、无形资产和其他长期资产所支付的现金		394,866,241.34	407,849,970.37
权益性投资支付的现金		586,068,527.50	586,068,527.50
债券性投资支付的现金			
支付的与投资活动有关的其他现金			
现金流出小计		980,934,768.84	993,918,497.87
投资活动产生的现金流量净额		-770,293,688.65	-785,473,867.59
三、筹资活动产生的现金流量:			
吸收权益性投资收到的现金			
其中:子公司吸收少数股东权益性投资受到的现金			
发生债券收到的现金			
借款收到的现金		3,362,820,000.00	3,362,820,000.00
收到的与筹资活动有关的其他现金		218,522.30	218,522.30
现金流入小计		3,363,038,522.30	3,363,038,522.30
偿还债务所支付的现金		3,380,452,505.00	3,377,820,000.00
发生筹资费用所支付的现金			
分配股利或利润所支付的现金		528,251,937.65	528,251,937.65
其中:子公司支付少数股东的股利			
偿付利息所支付的现金		197,927,086.88	197,140,759.95
融资租赁支付的现金			
减少注册资本支付的现金			
支付的与筹资活动有关的其他与现金			
现金流出小计		4,106,631,529.53	4,103,212,697.60
筹资活动产生的现金流量净额		-743,593,007.23	-740,174,175.30
四、汇率变动对现金的影响		-4,550.60	
五、现金流量净增加额		-504,607,072.77	-535,393,627.74
附　注			
1、不涉及现金收支的投资和筹资活动:			
以固定资产偿还债务			
以投资偿还债务			
以固定资产进行长期投资			
以存货偿还债务			
融资租赁固定资产			
2、将净利润调节为经营活动的现金流量:			
净利润		758,733,398.79	758,733,398.79
加:少数股东损益		183,831.22	
加:计提的坏帐准备或转销的坏帐		34,198,675.51	34,198,675.51
固定资产折旧		422,999,301.23	420,636,632.34
无形资产摊销		2,095,643.16	1,650,000.00
处置固定资产、无形资产和其他长期资产的损失		-125,844.27	-125,844.27
固定资产报废损失			
财务费用		188,707,090.97	188,821,973.94
投资损失(减收益)		-2,101,775.14	-96,659.76
递延款贷项(减借项)			
存货的减少(减增加)		-58,620,557.08	-51,601,838.93
经营性应收项目的减少(减增加)		-368,620,021.03	-391,419,810.11
经营性应付项目的增加(减减少)		22,314,662.79	19,938,120.08
其他		9,519,767.56	990,254,415.15
经营活动产生的现金流量净额		1,009,284,173.71	990,254,415.15
3、现金及现金等价物的净增加情况:			
货币资金的期末余额		308,282,401.99	305,692,296.93
减:货币资金的期初余额		841,085,924.67	841,085,924.67
现金等价物的期末余额		28,196,449.91	
减:现金等价物的期初余额			
现金及现金等价物净增加额		-504,607,072.77	-535,393,627.74

云南锡业股份有限公司

二〇〇〇年年度报告摘选

一、公司简介

1、公司法定中文名称:云南锡业股份有限公司
公司法定英文名称:Yunnan Tin Co., Ltd.
2、公司法定代表人:肖建明
3、公司董事会秘书:杨奕敏
联系地址:昆明高新技术产业开发区
电　　话:0873——2448667　　传真:0873——2448308
电子信箱:GFGS6609@mail.hh.yn.cninfo.net
4、证券事务代表:陈建雄
联系地址:昆明高新技术产业开发区
电　　话:0873——2448606　　传真:0873——2448622
电子信箱:XYZJ39@mail.hh.yn.cninfo.net
5、公司注册地址:昆明高新技术产业开发区
公司办公地址:昆明高新技术产业开发区　　邮政编码:650118
公司国际互联网网址:http://www.ytl.com.cn
公司电子信箱:GFGS6609@mail.hh.yn.cninfo.net
XYZJ39@mail.hh.yn.cninfo.net
6、公司选定的信息披露报纸名称:《中国证券报》、《证券时报》
登载公司年度报告的国际互联网网址:http://www.cninfo.com.cn
公司年度报告备置地点:公司证券部
7、公司股票上市交易所:深圳证券交易所
股票简称:锡业股份　　股票代码:0960

二、会计数据和业务数据摘要

1、主要利润指标情况(单位:人民币元)

利润总额:	97,276,880.20
净利润:	97,276,880.20
扣除非经常性损益后的净利润:	95,454,276.78
主营业务利润:	196,131,037.93
其他业务利润:	5,168,487.30
营业利润:	93,029,286.78
投资收益:	91,924.89
补贴收入:	2,424,990.00
营业外收支净额:	1,730,678.53
经营活动产生的现金流量净额:	181,678,273.69
现金及现金等价物净增加额:	-62,534,709.05

注:"扣除的非经常性损益后的净利润"说明

扣除项目	涉及金额(元)
资产处置收益	183,931.35
无法支付的应付款项	2,009,408.37
罚款收入	10,912.00
其他收入	111,533.14
营业外支出	-585,106.33
短期投资收益	91,924.89
共涉及金额	1,822,603.42

2、截止报告期末公司前三年主要会计数据和财务指标:

项　目	2000年	1999年 调整后	调整前	1998年
主营业务收入(元)	1,190,040,648.56	1,108,400,525.91	1,000,741,274.13	1,000,741,274.13
净利润(元)	97,276,880.20	100,449,010.43	90,627,727.90	93,910,575.37
总资产(元)	1,909,373,498.76	1,633,632,364.96	838,104,626.01	843,313,980.56
股东权益(元) (不含少数股东权益)	1,161,861,043.57	1,100,374,563.37	330,718,162.94	334,001,010.41
每股收益(元/股)	0.2718	0.2807	0.3977	0.4121
每股收益(元/股)(加权)	0.2718	0.4025	0.4165	0.4121
扣除非经常性损益后 的每股收益(元/股)	0.2667	0.2577	0.3950	0.4121
每股净资产(元/股)	3.2463	3.0745	1.4511	1.4655
调整后的每股净资产(元/股)	3.2387	3.0611	1.4501	1.4645
每股经营活动产生的 现金流量净额(元/股)	0.5076	-0.4172		
净资产收益率(全面摊薄)(%)	8.37	9.13		
净资产收益率(加权平均)(%)	8.47	19.82		
扣除非经常收损益后 净资产收益率(全面摊薄)(%)	8.22	8.38		
扣除非经常收损益后 净资产收益率 (加权平均) (%)	8.31	18.20		

根据中国证监会关于发布《公开发行证券公司信息披露编报规则》第9号通知精神,公司二零零零年度按照全面摊薄法和加权平均法计算的净资产收益率和每股收益:

报告期利润	净资产收益率(%) 全面摊薄	加权平均	每股收益(元/股) 全面摊薄	加权平均
主营业务利润	16.88	17.07	0.5480	0.5480
营业利润	8.01	8.10	0.2599	0.2599
净利润	8.37	8.47	0.2718	0.2718
扣除非经常性损益 后的净利润	8.22	8.31	0.2667	0.2667

三、股东情况介绍

1、报告期末股东总数
报告期末,公司股东总数为94352户,其中,国有法人股股东1户(云南锡业公司)。
2、公司前10名股东持股情况:

股东名称	持股数量(股)	占总股本(%)
1)云南锡业公司	225,000,000	62.87
2)个旧市锡资工业公司	1,234,200	0.34
3)泰和证券投资基金	1,114,287	0.31
4)个旧锡都有色金属加工厂	1,089,000	0.30
5)三易实业	550,000	0.15
6) 王齐	497,209	0.14
7)中国物资开发投资总公司	390,531	0.11
8)个旧市聚源工矿公司	363,000	0.10
9)田伟	352,880	0.10
10)黄洪林	255,001	0.07

宁夏东方钽业股份有限公司

二〇〇〇年年度报告摘选

一、公司简介

(一)、公司法定中英文名称及缩写:
中文名称:宁夏东方钽业股份有限公司
英文名称:Ningxia Orient Tantalum Industry Co., Ltd.
缩写:OTIC
(二)、公司法定代表人:何季麟
(三)、公司董事会秘书及其授权代表的姓名、联系地址、电话、传真、电子信箱
董事会秘书:张宗国
股证事务代表:叶照贯
联系地址:宁夏石嘴山市大武口区冶金路
联系电话:0952-2012012-6016
传真:0952-2037628
公司证券事务电子信箱:zhqb@otic.public.yc.nx.cn
(四)、公司注册、办公地址及其邮政编码、公司国际互联网网址、电子信箱
公司注册及办公地址:宁夏回族自治区石嘴山市大武口区冶金路
邮政编码:753000
公司互联网网址:http://www.nnms.com.cn/
公司电子信箱:otic@public.yc.nx.cn
(五)、公司选定的信息披露报纸名称、登载公司年度报告的中国证监会指定国际互联网网址、公司年度报告备置地点:
信息披露报纸名称:《中国证券报》、《证券时报》
证监会指定的网址:http://www.cninfo.com.cn/
公司年度报告备置地点:公司证券部
(六)、公司股票上市交易所、股票简称和代码
上市交易所:深圳证券交易所
股票简称:东方钽业
股票代码:0962

二、会计数据和业务数据摘要

(一) 公司本年度实现利润数情况(单位:元):

利润总额:	182,867,935.33
净利润:	151,943,879.20
扣除非经常性损益后的净利润:	151,239,894.15
主营业务利润:	284,454,046.61
其他业务利润:	-11,364,461.21
营业利润:	180,541,951.03
投资收益:	1,621,999.25
补贴收入:	0
营业外收支净额:	703,985.05
经营活动产生的现金流量净额:	94,035,173.13
现金及现金等价物净增加额:	-14,638,737.62

注:"扣除非经常性损益后的净利润"是指从净利润中扣除公司报告期内正常经营损益之外的、一次偶发性损益,扣除数703,985.05元的构成为:新股发行冻结资金利息摊销数4,053,049.78元,罚款收入500.00元,赔款收入172,658.95元,营业外支出3,522,223.68元。

(二) 公司前三年主要会计数据和财务指标(单位:元)

项　目	2000年	1999年	1998年(调整后)
主营业务收入	1,063,744,407.59	546,107,987.61	361,280,527.75
净利润	151,943,879.20	53,237,543.77	43,342,373.46
总资产	1,443,223,210.06	1,158,030,353.26	400,756,385.54
股东权益	887,105,799.72	772,252,913.00	127,479,404.35
每股收益(全面摊薄)	0.512	0.323	0.45
加权平均每股收益	0.512	0.505	0.45
扣除非经常性损 益后的每股收益	0.509	0.298	0.45
每股净资产	2.99	4.68	
调整后的每股净资产	2.98	4.67	1.32
每股经营活动产生 的现金流量净额	0.32	0.17	
净资产收益率(%)(摊薄)	17.13	6.89	33.85
净资产收益率(%)(加权平均)	17.91	25.65	

报告期利润	净资产收益率(%) 全面摊薄	加权平均	每股收益(元) 全面摊薄	加权平均
主营业务利润	32.07	33.54	0.958	0.958
营业利润	20.35	21.28	0.608	0.608
净利润	17.13	17.91	0.512	0.512
扣除非经营损益后的净利润	16.91	17.68	0.51	0.51

三、股本变动及股东情况

(一) 股本变动情况:
1、股份变动情况表:　　单位:万股

	本次变动前	本次变动增减(+,-) 配股	送股	公积金转增	增发	其它	小计	本次变动后
一. 未上市流通股								
1.发起人股	10000			8000			8000	18000
其中:国家股								
境内法人股	100			80			80	180
境外法人股								
其它	9900			7920			7920	17820
2.募集法人股								
3.高管股								
4.优先股								
其中:转配股								
未上市流通股合计	10000			8000			8000	18000
二. 已流通股份								
1.人民币普通股	6500			5200			5200	11700
2.境内上市的外资股								
3.境外上市的外资股								
4.其它								
已上市流通股份合计	6500			5200			5200	11700
三、股份总数	16500			13200			13200	29700

大 连 金 牛 股 份 有 限 公 司

二〇〇〇年年度报告摘要

一、公司简介

(一)公司的法定中文名称:大连金牛股份有限公司
公司的法定英文名称:Dalian jinniu Co., Ltd
(二)公司法定代表人:赵明远
(三)董事会秘书:周建平
董秘授权代表人:王永杰
联系地址:大连市甘井子区工兴路4号
联系电话:0411-6678899、6672112-2198
传真:0411-6678899
电子信箱:ds4@dalian-steel.com
(四)公司注册地址:辽宁省大连市甘井子区工兴路4号
办公地址:辽宁省大连市甘井子区工兴路4号
邮政编码:116031
网址:http://www.dalian-steel.com
(五)公司选定的信息披露报纸:《中国证券报》
登载公司年度报告的中国证监会指定国际互联网址:
http://www.cninfo.com.cn
公司年度报告备置地:大连金牛股份有限公司证券部
(六)公司股票上市地:深圳证券交易所
股票简称:大连金牛
股票代码:0961

二、会计数据与业务数据摘要

(一)本年度主要利润指标情况(单位人民币:元)

利润总额:	87,048,714.04
净利润:	73,991,406.93
扣除非经常性损益后的净利润:	70,554,189.36
主营业务利润:	153,912,047.76
其它业务利润:	2,051,000.57
营业利润:	83,611,496.47
投资收益:	–
补贴收入:	–
营业外收支净额:	3,437,217.57
经营活动产生的现金流量净额:	41,528,288.00
现金及现金等价物净增加额:	-282,453,294.20

注:扣除非经常性损益项目及金额:
(1)摊销申购资金中签利息收益:3,437,217.57元。

(二)截至报告年度末公司前三年的主要会计数据和财务指标 (单位:人民币元)

项目	2000年12月31日	1999年12月31日	1998年12月31日	
			调整后	调整前
主营业务收入	1,174,771,090.70	1,056,784,026.40	1,217,622,278.29	1,216,622,278.29
净利润	73,991,406.93	60,458,211.83	51,229,024.41	58,796,563.74
总资产	2,131,321,359.53	1,447,592,371.68	780,702,508.35	827,757,098.65
股东权益	737,539,718.71	671,664,211.78	233,175,705.95	270,230,296.25
每股收益(元/股)	0.274	0.22	0.30	0.345
每股收益(元/股)(加权)	0.274	0.34	0.30	0.345
每股收益(元/股)(扣除非经常性损益)	0.274	0.21	0.30	0.345
每股净资产(元)	2.73	2.48	1.31	1.585
调整后的每股净资产	2.40	2.30	1.21	1.486
每股经营活动产生的现金流量净额	0.154	-0.14	-0.10	-0.10
净资产收益率(%)	10.03	9	21.97	21.76
净资产收益率(%)(加权)	10.44	23.86	21.67	24.48
扣除非经常性损益的加权净资产收益率	9.96%	22.60%	21.67%	24.48%

报告期利润	净资产收益率(%)		每股收益(元/股)	
	全面摊薄	加权平均	全面摊薄	加权平均
主营业务利润	20.87%	21.72%	0.57	0.57
营业利润	11.34%	11.80%	0.31	0.31
净利润	10.03%	10.44%	0.27	0.27
扣除非经常性损益后的净利润	9.57%	9.96%	0.26	0.26

(三)报告期内股东权益变动情况(单位:人民币元)

项目	股本	资本公积	法定盈余公积金	法定公益金	未分配利润	股东权益合计
期初数	270,530,000	378,831,635.07	2,230,255.87	1,115,127.94	18,957,174.90	671,664,212.78
本期增加	–		7,399,140.69	3,699,570.35	54,776,795.89	65,875,505.93
本期减少	–		–	–	–	–
期末数	270,530,000	378,831,635.07	9,629,396.56	4,814,698.29	73,733,970.79	737,539,718.71

变动原因:
1、本年度实现净利润73,991,406.93元;
2、本年度每10股派发现金红利0.30元(含税)。

三、股东情况介绍

(一)股东情况介绍

1、截止2000年12月29日公司在深圳证券交易所登记有限公司登记的股东共有72867户。
2、持有本公司5%(含5%)以上股份的股东和前十位股东持股情况

名次	股东名称	年末持股数(股)	占股本比例
1	大连钢铁集团有限责任公司	165,000,000	60.99%
2	瓦房店轴承集团有限责任公司	1,300,000	0.48%
3	兰州炭素有限公司	1,300,000	0.48%
4	吉林炭素股份有限公司	1,300,000	0.48%
5	金鑫证券投资基金	1,230,250	0.45%
6	天元证券投资基金	1,077,550	0.40%
7	大连华信信托投资股份有限公司	980,000	0.36%
8	吉林铁合金集团有限责任公司	650,000	0.24%
9	张燕	202,100	0.07%
10	普丰证券投资基金	165,551	0.06%

注:上述股东中代表国家持有股份的单位为大连钢铁集团有限责任公司。
大股东所持股份的冻结情况
报告期内,因为债务原因,公司第一大股东大连钢铁集团有限责任公司被四川省乐山法院分别于2000年5月9日、2000年12月25日冻结其持有的公司国有法人股2500万股、4000万股;被湖南法院冻结其持有的国有法人股3000万股(详见2000年5月11日和2000年12月28日《中国证券报》的重大事项公告)。

四、股东大会简介

报告期内公司共召开过一次股东大会。
2000年4月6日,公司在《中国证券报》上发出关于召开一九九九年年度股东大会的通知。2000年5月8日,公司一九九九年年度股东大会在公司的金鹰宾馆召开,到会股东及股东代理人共代表公司股份167,280,000股,占公司股本总额的61.83%,符合《公司法》和公司《章程》的规定。会议按照普通决议和特别决议的表决要求,采取投票表决方式,一致通过了以下决议:
1、《1999年度董事会工作报告》;
2、《1999年度监事会工作报告》;
3、《大连金牛1999年度财务报告》;
4、《大连金牛1999年度利润分配方案》:99年度利润不分配、不转增;
5、《大连金牛董事、监事、高级管理人员报酬分配预案》;
6、《2000年度公司聘请会计师事务所的议案》:2000年公司将续聘大连正元会计师事务所负责对公司的审计工作;
7、《修改公司章程的议案》。
本次股东大会决议的内容公告于2000年5月9日的《中国证券报》。

五、董事会报告

(一)公司经营情况
1、公司所处行业及在行业中的地位。
本公司属特殊钢行业,是国家尖端性高科技产业的特殊钢材料的生产基地,是我国重点特钢企业和军工重点生产企业。特别是今年用募集资金成功地收购了高精度合金钢棒线材连轧机项目后,行业地位大大提高,其大盘重线材产品独占国内市场,填补国内空白并替代进口产品,成为我国产品种类最多、规格比较齐全的特钢企业,被认为是特钢行业最有发展希望的企业之一。至2000年11月末,在全国20家同行业中,按实现利润排序名列第8位,按销售收入排序名列第8位(资料来源于特钢统计资料汇编)。
2、公司主营业务范围及其经营状况
(1)公司的主营业务范围
公司集特殊钢冶炼、开坯、轧制为一体,主导产品是特殊钢棒线材、特殊钢中小型材。
(2)公司一年经营状况回顾
2000年是公司上市的第一年,在国家"控制总量、调整结构、降低成本、提高效益"的宏观调控政策指导下,通过全体员工的共同努力,公司全面完成了2000年生产经营计划。
①不锈钢产量翻一番,生产形势再创新高。
报告期公司主业特殊钢产量达39.7万吨,比上年同期增加10.7%。钢材达30.3万吨,比上年同期增加6.03%,不锈钢、轴承钢、合金弹簧钢三大主导产品也创出了新的记录。
②全员共创质量品牌,产品质量再上新水平。
公司通过开展质量改进月活动,全员质量意识明显提高;钢带打包、软包装,不锈钢盘条包装质量已达到国内一流,达到或接近国际先进水平。不锈钢大盘条、轴承钢大盘条均被国家冶金局产品质量评审中心评为产品实物质量达到国际先进水平的"金杯奖"。
③学邯钢降成本,再创更佳效益。
为进一步降低成本,树立成本管理新观念,公司注意完善各生产工序单位目标成本的控制与考核,全年降低冶炼目标成本5229万元,采购成本6000万元,全面降低成本费用1.756亿元。
同时公司还加强财务资金管理,建立健全以效益为中心,以财务为核心的一整套管理体系,逐步实现财务成本管理的制度化、规范化和标准化。
④实施"双低策略",经济运行质量进一步提高。
今年公司推出一项重大的经营举措,即现金低价采购和低价销售。一年来的实践已取得明显效果。
一是在全国同行业中率先实行了废钢招标采购,在抢占资源和价格上占有了优势,为公司今年的生产提供了良好的保证;二是销售工作取消了抹帐、串材,全部实行现金销售,回款形势达到了几年来的最好水平。全年销售回款率达到了103.3%,回现款比率达到了75%。
⑤公司技改工作取得了可喜成果。
公司今年在技改工作方面走出了一条"低投入、多产出、快见效、滚动发展"的道路。
利用募集资金完成的收购棒线材连轧机、750轧机后部工序配套工程和750主电机更新这三个项目,对公司理顺生产工艺,调整产品结构将起到极其关键的作用。此外,公司还用自筹资金加大技改投入,投资额2亿多,取得了很好的效果,如第二炼钢厂VD炉工程的建成并投入使用,使轴承钢的氧含量明显降低,达到国内先进水平,其他气体如钢中氢含量也大大降低,使钢表面质量问题得到彻底解决。

⑥新产品开发有活力,成效显著。

2000年公司把新产品开发作为企业经营活动中一项重要的工作,推出了一系列高效新产品,全面理顺了高合金钢生产线。此外,公司还注重跟踪世界工业发达国家产品及工艺技术,以及加强"院""所"合作,开发有市场前景的新产品。

⑦管理和人才机制都有明显创新。

今年全公司开展学海尔活动,向标准管理、文明管理、科学管理方向靠拢,使现场文明管理水平上了一个台阶,并在人事机制上推出了激励人才积极性的系列办法,引进了高级专业技术人才,扭转了人才单向外流的局面。

(3)分行业的主营业务收入、主营业务利润的构成情况　　单位:万元

品种结构	主营业务收入	主营业务利润
碳素结构钢	13,720	581
合金结构钢	27,854	3,352
轴承钢	31,269	7,850
高速工具钢	2,503	182
不锈钢	27,817	1,032
弹簧钢	5,606	1,327
合金工具钢	2,288	86
碳素工具钢	536	211
其它	5,884	770
合计	117,477	15,391

(4)占公司主营业务收入或主营业务利润10%以上的产品主要为:碳素钢结构、合金钢结构、轴承钢和不锈钢,以上产品的销售对象主要是冶金、化工、机械、航空、汽车、铁路等制造行业。

3、在经营中出现的问题与困难及解决方案

2000年,国家对特殊钢行业实行严格的限产政策,规模效益较难启动。特殊钢上游产品价格进一步上扬,原主材料继续涨价,部分装备工艺仍较落后,生产成本偏高,效率低,公司资金紧张的状况还继续存在,产品在国际市场上缺乏较强的竞争力。

为此,公司采取了系列解决措施,注重节约能源,降低成本,强化管理,加大技术改造力度,对原有设备进行技术更新,提高产品质量,改进产品的销售方式,并不断引进人才,加强与各大院所的交流与合作,开发新产品,完成了公司预定的经营目标,取得了较好的业绩。

(二)公司财务状况(单位:万元)

1、公司的财务状况

项　目	2000年	1999年	增减
总资产	213,132	144,759.2	47.23%
总负债	139,378	77,593	79.63%
其中:长期负债	1,031	1,374.9	-25.01%
股东权益	73,754	67,166.4	9.81%
主营业务利润	15,391	11,371.0	35.35%
净利润	7,399	6,045.8	22.38%

增减变动的主要原因:

1、总资产增加68,372.8万元,其中:固定资产增加91,190万元,在建工程增加25,453万元,存货增加5,100万元,无形资产增加1,441万元,应收款项减少26,566万元,货币资金减少28,245.2万元;主要原因为:增发新股募集资金到位,生产规模扩大,业务增加所致。

2、总负债增加61,785万元,主要原因是收购棒线材项目,增加相应负债所致。

3、长期负债减少344万元,主要是申购资金未中签利息分五年摊销中一年摊销额;

4、股东权益增加6,588万元,主要是2000年度实现利润所致。

5、主营业务利润增加4,020万元,主要是主营业务收入增加,高附加值产量增加使利润相应增加;

6、净利润增加1,353.2万元,主要是主营业务收入增加,高附加值产品(不锈钢、轴承钢等)产量增加,净利润相应增加。

2、大连华连会计师事务所(即原大连正元会计师事务所)为公司出具了标准的无保留意见的审计报告。

(三)公司投资情况

1、募集资金的使用情况

公司于1999年12月8日向社会公众公开发行人民币普通股A股股票10,000万股,共募集资金人民币40,800万元,扣除发行费用后实际募集资金38,800万元。截止1999年12月15日,上述募集资金已全部到位,并经大连正元会计师事务所大正会内验字(1999)19号验资报告验证。报告期内募集资金全部按照《招股说明书》的承诺投入使用。

截止本报告期,前次募集资金已按照《招股说明书》的披露全部使用完毕。

(1)收购高精度合金钢棒线材轧机项目

报告期内,公司按照《招股说明书》的披露,对该项目实际投入募集资金29,054.00万元,其中10,000万元为收购资金,19,054.8万元用于偿还应付工程款等承接的债务。

该项目投产后,将大大缩短钢坯从出炉到轧制成材的过程,使轧制吨钢人工成本下降80%,将年节能降耗430万元。

(2)750轧机后部配套工程恢复建设项目

公司按照《招股说明书》的承诺,对该项目投入募集资金4,985.20万元,报告期内已完成该项目的建设并投入试生产运行。

该项目的建成使初轧开坯能力大大提高,年生产能力将达到22.6万吨,达到预期的效果。

(3)750轧机主电机更新项目

报告期内,公司已按照《招股说明书》的承诺对该项目投入募集资金4,760.00万元,全部设备及辅助配套已全部就位,基本完成了该项目的建设,等待生产停机并接。考虑到生产的连续性及市场的需求,公司决定在2001年春节放假期间实施并接,以确保生产经营的稳定。

该项目投入使用后,将满足新的轧制工艺的要求,提高生产能力和产品质量,年节约原材料投入成本50多万元,并将提高主电机的运行效率,年节能降耗20多万元。

2、非募集资金的使用情况

报告期内,公司还以自筹资金加大技改投入、共投资2亿多元对第一炼钢分厂LF炉、VOD炉、第二炼钢分厂VD炉、物资供应部物资仓库、销售公司钢材产品库等重点项目进行了较大的改造。改造的目的在于解决主要产品轴承钢的氧含量,把目前第一炼钢分厂轴承钢的氧含量由20个PPM降到10个PPM;第二炼钢分厂轴承钢的氧含量由17个PPM降到8个PPM,从而提高轴承钢的内在质量。解决不锈钢精炼工艺,提高不锈钢的产量,使目前不锈钢产量由10,000吨增产到30,000吨,预计年可增加产值2.6亿元,增加利润4,000多万元。报告期内部分项目仍在建设之中。

(四)生产经营环境和宏观政策的变化对公司经营状况的影响

随着中国即将加入WTO,国内竞争与国外冲击压力将更加突出。但公司经过加大技术改造,特别是成功收购棒线材连轧机项目,使整体装备水平达到了国内一流,相信通过发挥装备优势,优化产品结构,以及加大出口力度,实行现金招标采购和强化班组核算,降低采购和生产成本等办法,能够迎接新的挑战。

(五)新年度业务发展规划

进入新世纪,公司在经营领域上,将单一生产经营特钢产品变为以特钢产品生产经营为主业和基点,逐步开创资本运营,发展多种经营,以投资收购或参股等形式进入高新技术产业项目经营领域,培育多个经济增长点。

在特钢产业的发展方向上,以质取胜,坚持以实现优质高效为目的,继续坚持"不求最大,但求效益最佳"的方针,坚持以科技进步为先导,实施产品、技术、管理、制度四大创新。重点以提高产品质量和附加值来增值、创效,实现内涵发展。主要途径是:大幅度提高高附加值、高质量产品比例;大幅度提高深加工产品比例,形成具有特色优势的主导产品。

(1)强化科学管理,建立现代管理模式

在形成较完整的生产工艺、改革思路后,下一步就是向短流程、高效率的工艺流程方向改造,同时强化科学管理,建立计算机网络,充分利用世界著名的巴登公司咨询团的诊断,对生产工序采用世界先进的管理模式。

(2)加大力度进行技术改造

公司将以优质高效为原则,做到低投入、高水平、快见效、滚动发展。通过改造,改变目前局部工艺和主体装备落后状况,实现电炉炼钢、精炼、连铸、连轧紧凑式高效短流程生产工艺。努力把公司在产品质量水平、市场竞争力、效率、效益及机制上走在国内同行业前列,达到国际特钢行业一流水平,建成全面与国际接轨的现代化特钢企业。

(3)研制开发新产品

充分利用本公司技术开发中心的优势与北京科技大学、大连理工大学等高校合作,进一步研制开发一批目前国内市场空白的高附加值特钢产品,力争开发新产品增加销售收入八千万元以上,重点是为以下12个行业产品领域开发新产品:

1)模具制造和加工;2)金属制品(主要指线材深加工企业);3)铁路提速弹簧、扣件制造加工;4)特种焊接材料;5)精密微型轴;6)汽车制造及零部件;7)石油、化工;8)轴承制造;9)紧固件;10)发电机组;11)数控机床和农用机械;12)国防工业。

(六)董事会日常工作情况

1、报告期内董事会共召开了第一届董事会四次会议和第一届董事会五次会议两次会议。

(1)公司于2000年3月31日召开了第一届董事会四次会议,11名董事全部出席会议,审议并通过了如下决议:

A、《大连金牛1999年财务报告及2000年财务预算报告》;

B、《关于采用备抵法处理公司坏帐的议案》;

C、《董事会1999年年度工作报告》;

D、《总经理1999年年度工作报告》;

E、《大连金牛2000年生产经营计划方案》;

F、《大连金牛2000年重大投资预案》;

G、《大连金牛股份有限公司1999年年度报告》及其摘要;

H、《大连金牛低价采购、低价销售政策预案》;

I、《大连金牛董事、监事、高级管理人员报酬分配预案》;

J、《大连金牛1999年年度利润分配方案》;

K、《关于董事会秘书人事变动议案》;

L、《关于2000年度聘请会计师事务所议案》;

M、《关于修改公司章程的议案》;

N、《关于召开1999年年度股东大会的议案》。

本次会议的决议内容公告于2000年4月6日的《中国证券报》

(2)公司于2000年8月15日召开了第一届董事会五次会议,11名董事全部出席,审议并通过了如下事项:

A、2000年中期报告及中期报告摘要;

B、关于撤消锻钢分厂、三轧分厂,分别并入初轧厂、第二轧钢厂的议案;

C、公司中期利润分配方案:公司中期利润不分配,也不以公积金转增股本。

本次会议的决议内容公告于2000年8月17日《中国证券报》。

2、报告期内,公司没有实施过利润分配方案、公积金转增股本方案。董事会认真执行了一九九九年年度股东大会的决议,对公司的章程作了相应的修改。

(七)董事、监事、高级管理人员

1、董事、监事和高级管理人员

姓名	性别	年龄	职　务	任期起止日	持股数量	年度报酬总额
赵明远	男	48岁	董事长、总经理	1998.7.28-2001.7.28	0	70079元
白孝慈	男	56岁	副董事长	1998.7.28-2001.7.28	0	不在公司领取报酬
周建平	男	51岁	董事、副总经理兼财务总监、董秘	1998.7.28-2001.7.28	0	63071元
刘宇	男	41岁	董事、副总经理	1998.7.28-2001.7.28	0	56063元
隋万玲	女	47岁	董事、副总经理	1998.7.28-2001.7.28	0	56063元
孙宝惠	男	55岁	董事、副总经理	1998.7.28-2001.7.28	0	56063元
唐律今	男	53岁	董事	1998.7.28-2001.7.28	0	不在公司领取报酬
邵福群	男	38岁	董事	1998.7.28-2001.7.28	0	不在公司领取报酬
魏守忠	男	36岁	董事	1998.7.28-2001.7.28	0	38196元
盛占玉	男	55岁	董事	1998.7.28-2001.7.28	0	不在公司领取报酬
高炳岩	男	41岁	董事	1998.7.28-2001.7.28	0	不在公司领取报酬
张守印	男	55岁	监事会主席	1998.7.28-2001.7.28	0	不在公司领取报酬
王昭利	男	41岁	监事	1998.7.28-2001.7.28	0	不在公司领取报酬
孟绍渤	男	47岁	监事	1998.7.28-2001.7.28	0	不在公司领取报酬

(1)在公司领取报酬的董事、监事及高级管理人员共6人,不在公司领取报酬的有8人,年度报酬介于5万以下的有1人;5万元———6万元的有3人,6万元———7万元的有1人,7万元———8万元的有1人。

(2)报告期内无董事、监事或高级管理人员的离任情况,也无解聘公司经理的情况。

(3)2000年3月31日公司一届四次董事会通过决议,同意刘宇先生辞去公司董事会秘书职务,改选周建平先生为公司董事会秘书。

(八)本次利润分配预案

经大连华连会计师事务所(原大连正元会计师事务所)出具的标准无保留意见审计报告,公司2000年年度实现净利润73,991,406.93元,提取10%法定公积金7,399,140.69元,提取5%法定公益金3,699,570.35元,当年可供股东分配的利润为62,892,695.89元,加上以前年度结转的未分配利润18,957,174.90元,本年度实际可供股东分配利润为81,849,870.79元。

公司拟以2000年年末总股本27,053万股为基数,向全体股东按每10股派现金0.30元(含税),总计派付现金8,115,900.00元。剩余73,733,970.79元结转下年度。

本年度不以资本公积金转增股本。

上述预案须经股东大会批准后实施。

2、预计2001年度利润分配政策

(1)公司计划在2001年结束后分配利润一次;

(2)公司下一年度实现净利润用于股东分配的比例约为15%左右;

(3)公司本年度未分配利润用于下一年度股利的分配比例约为5%左右;

(4)分配主要采用派现或送红股形式,其中现金股息约占股利分配的50%以上,届时根据公司实际情况再定。

(九)其他报告事项

公司选定的信息披露报纸为《中国证券报》。

六、监事会报告

(一)报告期内监事会的工作情况

公司监事会本着对股东负责的精神,根据《公司法》和公司章程的规定,忠实履行有关法律、法规所赋予的职责,积极努力,勤勉尽职,积极维护公司和股东的合法权益,为公司的规范运作和健康发展提供了有利保障。

报告期内监事会共召开二次监事会会议。

1、2000年3月31日,公司召开了第一届监事会第三次会议,三名监事全部出席,会议审议通过了1999年年度监事会工作报告,并确认了募集资金实际投入项目与承诺一致。

本次会议决议公告于2000年4月6日的《中国证券报》。

2、2000年8月15日,公司召开了第一届监事会四次会议,三名监事全部出席,会议审议通过了《2000年年度中期报告》、机构调整决定及利润分配方案。

本次会议决议公告于2000年8月17日的《中国证券报》。

(二)监事会独立工作报告

1、公司依法运作情况

报告期内,公司董事、高管人员遵纪守法,努力工作,团结进取,在特钢市场不十分景气的情况下,克服重重困难,使公司的各项业务均取得了较大发展。公司建立起完善的内部控制制度,决策程序合法,公司董事、经理执行公司公务时没有违反法律、法规、公司章程或损害公司利益的行为。

2、检查公司财务的情况

监事会认为,大连华连会计师事务所(原大连正元会计师事务所)出具的华连内审字[2001]88号标准无保留意见审计报告,准确、可信、真实地反映了公司的财务状况和经营成果。

3、公司于1999年12月8日向社会公众发行人民币普通股A股股票10,000万股,实际募集资金38,800万元。公司募集资金实际投入项目与《招股说明书》承诺投入项目一致,没有改变募集资金用途。

4、公司因用募集资金收购的棒线材连轧机项目而发生收购第一大股东资产事项,交易价格合理,没有发现内幕交易,没有损害其他股东的权益或造成公司资产流失。

报告期内,公司没有发生出售资产事项。

5、关联交易情况

按照《招股说明书》的披露,棒线材连轧机项目(以下简称"该项目")价值为90,701.20万元,公司对该项目共投入募集资金29,054.80万元,其中10,000.00万元作为收购资金支付给大连钢铁集团有限责任公司(以下简称"大钢集团"),同时承接该项目建设期间发生的债务80,701.20万元(承接的债务中含对银行负债4400万美元、27,400万元人民币),随后再以19,054.80万元用于偿还承接的负债。

因原被评估项目中的存货745.33万元在实际收购时已被使用,并且当时按市场价格评估的用电权1,573万元因目前取消了电增容费而失去了价值,故实际收购该项目时扣除存货和用电权后的价值为88,382.87万元。故公司按照《招股说明书》承诺投入29,054.80万元的募集资金后,公司实际承接的剩余负债总额为59,328.07万元。

2000年,在办理该项目的债务转移审批手续过程中时,国家经贸委决定将大钢集团纳入242户实施债转股的企业之一。为配合国家政策的实施,银行、资产管理公司与大钢集团签订了债转股协议草案。由于公司已用募集资金偿还了该项目的部分银行负债,并且中国银行大连市中山广场支行的1200万美元的债权未列入债转股的范围。因此,银行、资产管理公司与大钢集团达成协议:拟将该项目涉及的银行负债中的其余部分(折合人民币约为49,392.07万元)实施债转股,并于2000年11月15日经国经贸产业[2000]1086号文批准实施。

鉴于上述变化,中国工商银行大连市甘井子支行、中国银行大连市中山广场支行与大钢集团达成如下协议:依据1999年7月26日两家银行分别与大钢集团和公司针对该项目签订的《债务转移协议》,由公司承接该项目建设期间发生的银行负债。两家银行作为债权人,现将其拥有的债权中拟实施债转股部分的债权(折合人民币约为49,392.07万元)转移给大钢集团,由大钢集团向公司主张债权人权利。

监事会认为,由于国家政策的影响,导致该项目的债权人发生变化,进而引起的关联交易事项公平,没有损害公司利益。

七、重要事项

(一)重大诉讼、仲裁事项

本年度公司无重大诉讼、仲裁事项。

(二)监管部门处罚情况

报告期内公司、公司董事及高级管理人员无受监管部门处罚的情况。

(三)报告期内公司控股股东没有发生变更,公司董事会没有换届、改选,成员没有发生变动,总经理没有变更;2000年3月31日公司一届四次董事会通过决议,同意刘宇先生辞去公司董事会秘书职务,改选周建平先生为公司董事会秘书。

(四)报告期内公司收购及出售资产、吸收合并事项。

报告期内,公司用募集资金收购大股东大连钢铁集团有限责任公司的棒线材连轧机项目产生的收购资产事项,详见募集资金使用情况及关联交易事项。

报告期内,公司未发生出售资产、吸收合并事项。

(五)重大关联交易事项:

1、关联方关系

(1)存在控制关系的关联方:

①存在控制关系的关联方情况:

企业名称	注册地址	主营业务	与本企业关系	经济性质	法定代表人
大连钢铁集团有限责任公司	大连市甘井子区工兴路4号	特殊钢冶炼、延压加工等	母公司	国有独资企业	赵明远

②存在控制关系的关联方的注册资本及其变化

企业名称	年初数	本年增加数	本年减少数	年末数
大连钢铁集团有限责任公司	341,110,000	-	-	341,110,000

③报告期内,大连钢铁集团有限责任公司所持公司股份未发生变化。

(2)不存在控制关系的关联方的性质

企 业 名 称	与本企业的联系
大连钢铁集团薄板有限公司	与本企业同一母公司
大连钢铁集团三大特殊钢钢丝有限公司	与本企业同一母公司
大连钢铁集团精密合金有限公司	与本企业同一母公司
大连钢铁集团奥凯气体有限公司	与本企业同一母公司
大连钢铁集团工兴实业有限公司	与本企业同一母公司
大连钢铁集团瑞达运输有限公司	与本企业同一母公司
大连冶金物资公司	与本企业同一母公司
大连经济技术开发区特殊钢制品公司	与本企业同一母公司
大连钢铁集团冷拔材有限公司	与本企业同一母公司

2、关联方交易情况

(1)购销商品、提供劳务发生的关联交易:

1. 采购货物

依据招股说明书披露的与大钢集团公司签订的《综合服务协议》,本公司从大钢集团公司及其子公司购入的成品按实际成本加价5%计算。2000年及1999年交易的金额如下(单位:元):

企 业 名 称	2000年	1999年
大连钢铁集团有限责任公司	151,885,277.47	138,929,364.12
大连钢铁集团工兴实业有限公司	134,558.00	98,464.38
大连钢铁集团奥凯气体有限公司	18,231,700.24	21,335,101.39
合计	170,251,535.71	160,362,929.89

2. 接受劳务

依据招股说明书披露的与大钢集团公司签订的《综合服务协议》,本公司接受大钢集团公司及其子公司动力、劳务等辅助服务凡是外购的按市场结算价格计算、凡属自制的按实际成本加价5%计算。2000年及1999年交易金额如下:　　单位:元

企业名称	2000年	1999年
大连钢铁集团有限责任公司	16,641,145.67	13,464,558.87
大连钢铁集团工兴实业有限公司	3,313,811.36	2,814,993.12
大连钢铁集团瑞达运输公司	7,967,238,71	6,160,895.18
合　　计	27,922,195.74	22,440,447.17

3. 销售货物

依据招股说明书披露的与大钢集团公司签订的《综合服务协议》,本公司销售给大钢集团公司及其子公司的产品按同期市场价格计算。报告期内,公司给大连钢铁集团有限责任公司、大连钢铁集团三大特殊钢钢丝有限公司、大连钢铁集团精密合金有限公司、大连钢铁集团工兴实业有限公司、大连钢铁集团薄板有限公司、大连经济技术开发区特殊钢制品公司、大连钢铁集团冷拔材有限公司、大连钢铁集团瑞达运输有限公司、大连钢铁集团奥凯气体有限公司、大连冶金物资公司销售货物分别为127,143,489.36元、60,455,390.11元、2,133,964.48元、14,233,353.89元、56,998,021.81元、609,540.52元、13,683,865.40元、143,293.00元、14,324.00元、3,008,781.50元。

(2)报告期内,公司未发生资产、股权转让发生的关联交易。

(3)债权、债务往来,担保等事项

按照《招股说明书》的披露,棒线材连轧机项目(以下简称"该项目")价值为90,701.20万元,公司对该项目共投入募集资金29,054.80万元,其中10,000.00万元作为收购资金支付给大连钢铁集团有限责任公司(以下简称"大钢集团"),同时承接该项目建设期间发生的债务80,701.20万元(承接的债务中含对银行负债4400万美元、27,400万元人民币),随后再以19,054.8万元用于偿还承接的负债。

因原被评估项目中的存货745.33万元在实际收购时已被使用,并且当时按市场价格评估的用电权1,573万元因目前取消了电增容费而失去了价值,故实际收购该项目时扣除存货和用电权后的价值为88,382.87万元。故公司按照《招股说明书》承诺投入29,054.80万元的募集资金后,公司实际承接的剩余负债总额为59,328.07万元。

2000年,在办理该项目的债务转移审批手续过程中时,国家经贸委决定将大钢集团纳入242户实施债转股的企业之一。为配合国家政策的实施,银行、资产管理公司与大钢集团签订了债转股协议草案。由于公司已用募集资金偿还了该项目的部分银行负债,并且中国银行大连市中山广场支行的1200万美元的债权未列入债转股的范围。因此,银行、资产管理公司与大钢集团达成协议:拟将该项目涉及的银行负债中的其余部分(折合人民币约为49,392.07万元)实施债转股,并于2000年11月15日经国经贸产业[2000]1086号文批准实施。

鉴于上述变化,中国工商银行大连市甘井子支行、中国银行大连市中山广场支行与大钢集团达成如下协议:依据1999年7月26日两家银行分别与大钢集团和公司针对该项目签订的《债务转移协议》,由公司承接该项目建设期间发生的银行负债。两家银行作为债权人,现将其拥有的债权中拟实施债转股部分的债权(折合人民币约为49,392.07万元)转移给大钢集团,由大钢集团向公司主张债权人权利。

(4)其他重大关联交易

1、租赁业务:

本公司租赁大钢集团公司土地155,529.94平方米,根据国家有关规定及双方签订的《综合服务协议》,年付租金334万元;使用大钢集团公司铁路专用线15公里,根据协议年付租金129万元。2000年度实际支付土地租金334万元,支付铁路专用线租金129万元。

2、往来帐项:

项　　目	2000年末余额	1999年末余额
应收帐款:		
大连冶金物资公司	982,439.90	1,034,208.95
大连钢铁集团薄板有限公司	1,054,937.52	9,391,346.26
大连钢铁集团冷拔材有限公司	6,704,727.67	7,857,350.91
大连钢铁集团三大特殊钢钢丝有限公司	5,002,507.39	4,941,883.79
大连钢铁集团有限责任公司	-	142,399,763.92
应收票据:		
大连钢铁集团冷拔材有限公司	-	330,000.00
其他应收款:		
大连钢铁集团有限责任公司	-	109,267,451.95
应付帐款:		
大连钢铁集团工兴实业公司	2,995,192.18	45,694.57
应付票据:		
大连钢铁集团有限责任公司	94,750,000.00	60,000,000.00
预收帐款:		
大钢集团瑞达运输有限公司	47,354.52	25,849.75
大连钢铁集团精密合金有限公司	203,049.52	379,656.74
大连钢铁集团工兴实业公司	1,921,916.49	1,510,048.51
其他应付款:		
大连钢铁集团有限责任公司	491,321,196.25	-

(六)"三分开"情况

1、人员独立方面

公司在劳动、人事及工资管理等方面独立;经理、副经理等高级管理人员在公司领取薪酬,没有在股东单位担任重要职务。

2、资产完整方面

公司拥有独立的生产系统、辅助生产系统和配套设施;公司独立拥有的采购和销售系统;公司已与大连钢铁集团有限责任公司就注册号为1189050和146833的商标已签订了无偿转让协议,由大连钢铁集团有限责任公司将上述两个商标无偿转让给公司,现正在国家商标局办理相关的转让手续。

3、财务独立方面

公司设立独立的会计部门,并建立了独立的会计核算体系和财务管理制度;独立在银行开户。

(七)本年度公司无托管、承包、租赁其它公司资产或其它公司托管、承包、租赁本公司资产的事项。

(八)本年度公司继续聘请大连正元会计师事务所为公司的审计机构。

(九)报告期内公司无其它重大合同。

(十)公司报告期内没有更改名称或股票简称的情况。

(十一)报告期内,公司没有发生《证券法》第62条、《股票条例》第60条和《信息细则》第17条所列举的重大事件,以及公司董会判断为重大事件的事项。

八、财务会计报告

(一)审计报告

审计报告

华连内审字[2001]88号

大连金牛股份有限公司全体股东:

我们接受委托,对贵公司2000年12月31日资产负债表及2000年度利润表、现金流量表进行审计。这些会计报表由贵公司负责,我们的责任是对会计报表发表审计意见。我们的审计是依据《中国注册会计师独立审计准则》进行的。在审计过程中,我们结合贵公司的实际情况,实施了包括抽查会计记录等我们认为必要的审计程序。

我们认为,贵公司上述会计报表的编制符合《企业会计准则》和《股份有限公司会计制度》的规定,在所有重大方面公允地反映了贵公司2000年12月31日的财务状况及2000年度的经营成果、现金流量情况,会计处理方法的选用符合一贯性原则。

大连华连会计师事务所　　中国注册会计师:臧德胜

中国·大连　　中国注册会计师:孙劲松

二〇〇一年三月六日

(二)会计报

(三)会计报表附注

1、公司一般情况

大连金牛股份有限公司(以下简称本公司)是经大连市人民政府[1998]58号文件批准,由大连钢铁集团有限责任公司(以下简称大钢集团公司)、吉林炭素股份有限公司、瓦房店轴承集团有限责任公司、兰州炭素有限公司、大连华信信托投资股份有限公司和吉林铁合金集团有限责任公司共同发起,以大连钢铁集团有限责任公司部分主体资产改组并设立的股份有限公司,根据中国证券监督管理委员会"证监发行字(1999)128号"文件的核准,公司于1999年12月8日向社会募集

公开发行人民币普通股10,000万股。公司注册资本为27,053万元人民币，其中：大钢集团公司投入净资产25,283万元，折国有法人股16,500万股，占股本总额的60.99%；其余5家法人投入资产850万元折553万股(均为法人股)，占股本总额的2.05%。社会公众认购10,000万股，占股本总额的36.96%。本公司以钢铁为生产主体，下设一炼分厂、二炼分厂、初轧分厂、一轧分厂、二轧分厂等五个车间，主要生产高工、不锈、轴承、合工、合结、碳结、弹簧等几大类钢产品。

2、公司采用的主要会计政策

(1)会计制度

执行中华人民共和国《企业会计准则》、《股份有限公司会计制度》及其补充规定。

(2)会计期间

本公司采用公历年度，即从1月1日至当年12月31日为一个完整的会计期间。

(3)记帐本位币

本公司以人民币为记帐本位币。

(4)记帐基础及计价原则

公司以权责发生制为计帐基础，以历史成本为计价原则。

(5)外币业务核算方法

公司发生的非记帐本位币经济业务，均采用业务发生当月月初的中国人民银行公布的市场汇价折合人民币记帐，期末，外币帐户余额按当月月末市场汇价进行调整，差额部分按其归属分别记入当期损益或其他相关项目。

(6)现金等价物的确认标准

公司在编制现金流量表时确定的现金等价物是指公司持有的期限短、流动性高、易于转换为已知金额的现金、价值变动风险很小的短期投资。

(7)坏帐核算方法

①坏帐确认标准：

A.对因债务人破产或死亡，以其破产财产或遗产清偿后，仍无法收回的应收款项；

B.因债务人逾期未履行清偿义务且有充足证据表明无法收回的应收款项。

②公司的坏帐核算采用备抵法，坏帐准备改按帐龄分析法计提(与集团之间的往来款项除外)，根据债务单位的财务状况、现金流量等情况，规定的提取比例为：帐龄1年(含1年)以内的，按其余额的5%计提；帐龄1—2年(含2年)的，按其余额的25%计提；帐龄2—3年(含3年)的，按其余额的30%计提；帐龄3—4年(含4年)的，按其余额的35%计提；帐龄4—5年(含5年以上)的按其余额的40%计提。

(8)存货计价方法

本公司存货包括物资采购、原主材料、辅助材料、修理用备件、低值易耗品、在产品、库存商品等，其中原主材料、辅助材料、修理用备件、低值易耗品按计划成本计价，发出时分摊差异调整为实际成本；在产品、库存商品按实际成本计价；期末在产品成本仅计算原主材料成本。库存商品发出时采用月末一次加权平均法。低值易耗品采用领用时一次摊销法。年度终了按单个存货项目的成本高于其可变现净值的差额提取存货跌价准备。

(9)长期投资的核算方法：

①长期债权投资：

A.债券投资：按实际支付的款项扣除支付的税金和手续费等各项附加费用以及已到期尚未领取的利息后的余额作为实际成本记账；实际成本与债券面值的差额，作为溢价或折价，在债券存续期内采用直线法摊销；债券款项按期计算应计利息，应计利息减债券投资溢价(或加折价)摊销额后的金额计入当期投资收益；处置债券投资时，以实际取得的价款与帐面值的差额确认为当期投资损益。

B.其他债权投资：按实际支付的价款记账；按期计算应计利息记入当期投资损益。

②长期股权投资：按投资时实际支付的价款或确定的公允价值扣除已到期尚未领取的现金股利作为实际投资成本。对拥有被投资单位有表决权资本总额20%以下且不具有重大影响的，采用成本法核算；对拥有被投资单位有表决权资本总额20%至50%或虽投资不超过20%但具有重大影响的，采用权益法进行核算；对拥有被投资单位有表决权资本总额50%以上或虽投资不超过50%但具有实际控制权的，按权益法核算并编制合并会计报表。公司长期股权投资的实际成本与其在被投资单位所有者权益中所占份额之间的差额列作长期股权投资差额，并在规定期限内平均摊销。

③长期投资减值准备：公司对被投资单位由于市价持续下跌或被投资单位经营状况恶化等原因导致其可收回的金额低于帐面价值，并且这种降低的价值在可预计的未来期间内不可能恢复，将可收回金额低于长期投资帐面价值的差额作为长期投资减值准备。预计的长期投资减值损失计入当期损益类项。

(10)固定资产计价及其折旧

公司固定资产标准为使用年限在一年以上的房屋建筑物、机械设备、运输工具以及其它与生产经营有关的设备、器具、工具和不属于生产、经营的单位价值在2,000元以上，并且使用期限超过两年的设备物品。

固定资产折旧年限按照《工业企业财务制度》规定的分类折旧年限确定；预留残值按原价的5%计留；固定资产折旧方法采用分类直线法计提。

各类固定资产折旧年限及年折旧率列示如下：

类　别	折旧年限(年)	年折旧率(%)
房屋	35	2.71%
建筑物	20	4.75%
传导设备	25	3.8%
动力机器设备	14	6.78%
运输设备	10	9.5%
仪器管理用具	8	11.88%

(11)在建工程

在建工程交付使用时，即按固定资产核算。对已交付使用但尚未办理竣工决算的工程，估价转入固定资产，并计提累计折旧；竣工决算办理完毕后，按决算数调整原估价数和已提累计折旧。与购建在建工程直接相关的借款利息支出和外币折算差额，在该项资产完工前计入该项资产的购建成本。

(12)无形资产的计价和摊销方法：

无形资产按取得或形成时发生的实际成本计价，按受益期确定摊销年限采用直线法摊销。

(13)开办费及长期待摊费用的核算方法：

开办费按不超过五年的期限平均摊销；长期待摊费用按受益期平均摊销。无形资产按取得或形成时发生的实际成本计价，按受益期确定摊销年限采用直线法摊销。

(14)借款费用的会计处理：

为购建固定资产和在建工程而发生的借款费用，在固定资产尚未交付使用前发生的予以资本化，计入所建造的固定资产价值；在筹建期间发生的借款费用(为购建固定资产发生的借款费用除外)，计入开办费；除上述借款费用以外的其他借款费用均在发生当期直接计入当期损益。

(15)收入确认原则

已将商品所有权上的主要风险和报酬转移给买方，公司不再对该产品实施继续管理权和实际控制权，相关的收入已经收到或取得了收款的证据，并且与销售该商品有关的成本能够可靠地计量时，确认营业收入实现。

(16)所得税的处理方法：

公司的所得税会计处理采用应付税款法。

(17)合并报表的编制方法及范围

①合并报表的编制方法：

根据财政部财会字(1995)11号文《关于印发〈合并会计报表暂行规定〉的通知》的规定，以本公司和纳入合并范围的子公司的会计报表以及其他有关资料为依据，合并编制而成。合并时：

A.公司提供母公司、子公司提供子公司以及母公司提供子公司的产品和服务等，在合并时将母子公司、子公司之间的营业收入分别与营业成本、费用、存货相抵消。

B.投资和投资收益与子公司所有者权益相抵消。

C.内部往来相互抵消。

D.子公司采用不同会计政策而产生的差异，根据重要性原则决定是否调整。

②合并范围

本公司对其他单位投资占该单位有表决权资本总额50%以上，或虽占该单位资本总额不足50%但具有实质控制权的，编制合并会计报表。

(18)利润分配

根据公司章程规定，公司缴纳所得税后的净利润按下列顺序进行分配：

①弥补亏损；

②提取10%的法定盈余公积，当法定盈余公积金达到注册资本的50%时可不再提取；

③提取5%—10%的公益金；

④经股东大会同意提取任意公积金

⑤支付普通股股利。

具体分配方案由董事会提出分配预案，经股东大会审议决定。

3、税项

(1)增值税：按产品、劳务销售收入的17%税率计算销项税额，扣除当期允许抵扣的进项税额后的余额缴纳；

(2)城市建设维护税：按当期应缴流转税的7%计缴。

(3)教育费附加：按当期应缴流转税的3%计缴

(4)费用性税金：包括房产税、车船使用税、印花税等，按有关规定上缴，计入当期损益。

(5)所得税：

经大政[1998]36号文件批准，从股份公司成立年度起，按33%上缴所税，再返还18%，企业的实际所得税税负为15%。

4、2000年12月31日资产负债表和2000年度利润表及2000年度现金流量表有关项目附注

附注1.货币资金

项　　目	期　初　数	期　末　数
现金	2,727.93	9,971.91
银行存款	366,867,633.00	84,407,094.82
合计	366,870,360.93	84,417,066.73

注：货币资金期末比期初减少282,453,294.20元，降低率为76.99%，主要原因系上年末募集资金已全部按计划投出。

附注2.应收票据

应收票据期末余额9,051,440.00元，均为银行承兑汇票，具体明细如下表列示：

出　票　单　位	金　　额	出票日期	到期日
重庆吉隆摩托车工业有限公司	30,000.00	2000-7-19	2001-1-18
攀枝花市煤业集团有限责任公司	50,000.00	2000-10-23	2001-13-22
重庆雄阳摩托车动力有限公司	150,000.00	2000-10-11	2001-4-9
重庆嘉华摩托车曲轴工业有限公司	100,000.00	2000-8-31	2001-2-28
慈溪市华兴金属有限公司	400,000.00	2000-11-29	2001-5-29
四川省内江川南农团机电有限公司	150,000.00	2000-8-4	2001-2-3
重庆长安汽车股份有限公司	200,000.00	2000-11-16	2001-5-14
中国第一汽车集团公司采购部	300,000.00	2000-12-20	2001-2-8
曲阜市农业机械总公司	100,000.00	2000-9-25	2001-1-25
山东手扶拖拉机制造厂	100,000.00	2000-11-27	2001-5-27
宜昌纺织机械厂	200,000.00	2000-12-19	2001-6-19
安徽省农机公司蚌埠分公司	50,000.00	2000-7-19	2001-1-19
江苏省杨中市内燃机配件厂	100,000.00	2000-12-28	2001-6-28
济南轻骑发动机有限公司	50,000.00	2000-12-7	2001-6-6
呼和浩特机床附件总厂牟平分厂	50,000.00	2000-12-6	2001-6-6
鞍山钢铁集团公司计划财务部	100,000.00	2000-11-17	2001-5-17
河南省新轮贸易有限公司	300,000.00	2000-10-12	2001-4-12
天津市钢锉厂	310,000.00	2000-12-25	2001-3-25
成都量具刃具股份有限公司	200,000.00	2000-12-22	2001-6-21
巨野县左楼家电自行车批发站	50,000.00	2000-10-31	2001-4-30
重庆市北碚愉南物资公司	110,000.00	2000-12-20	2001-6-19
淄博石油设备厂	600,000.00	2000-12-28	2001-4-20
双江工具厂	400,000.00	2000-12-27	2001-6-10
中国铁路物资沈阳公司	180,000.00	2000-12-28	2001-6-28
河南省郸县医药公司第一购销部	100,000.00	2000-8-15	2001-2-15
天津市钢锉厂	387,000.00	2000-12-25	2001-4-25
湖北省荆州市洗衣机总厂	50,000.00	2000-11-30	2001-1-30
岳阳市湘康药业集团有限公司	50,000.00	2000-11-29	2001-3-29
增城市双菱轧钢实业有限公司	3,000,000.00	2000-11-6	2001-4-6
治各安矿务局	131,000.00	2000-12-18	2001-1-18
慈溪冶金机械有限公司	200,000.00	2000-12-28	2001-5-28
河南安彩高科股份有限公司	248,000.00	2000-12-5	2001-6-5
济南轻骑发动机有限公司	20,000.00	2000-12-6	2001-6-6
定远县炉桥威龙农业机械服务中心	240,000.00	2000-12-23	2001-4-23
安徽省技术进出口股份有限公司	155,440.00	2000-12-13	2001-3-13
山东省蓬莱动力机械配件厂	50,000.00	2000-12-16	2001-3-16
连云港北方变速器	20,000.00	2000-12-13	2001-6-13
慈溪市三环轴承有限公司	40,000.00	2000-9-7	2001-2-27
济南轻骑星英摩托车配件有限公司	30,000.00	2000-12-6	2001-3-6
嘉峪关市宁远物资机电有限责任公司	50,000.00	2000-12-13	2001-3-13
合计	9,051,440.00		

注：应收票据期末比期初增加了7,178,540.00元，增长率为383%，主要是公司加大催款力度，将部分应收帐款变为应收票据。

附注3、应收帐款

(1)应收帐款的余额、帐龄情况如下：

帐　龄	期初金额	期初占总额比例	期初坏帐准备	期末金额	期末占总额比例	期末坏帐准备
1年以内	373,904,569.33	73.93%	13,230,007.46	250,722,023.88	72.42%	12,536,101.19
1—2年	64,862,925.66	12.82%	7,941,895.46	51,815,172.01	14.97%	12,953,793.00
2—3年	18,762,447.77	3.71%	5,628,734.33	14,165,598.83	4.09%	4,249,679.65
3—4年	10,977,056.76	2.17%	3,841,969.87	8,982,164.75	2.59%	3,143,757.66
4年以上	37,288,253.46	7.37%	14,915,301.38	20,518,777.28	5.93%	8,207,510.91
合计	505,795,252.98	100%	45,557,908.50	346,203,736.75	100.00%	41,090,842.41

注：应收帐款期末比期初减少159,591,516.23元，降低率为31.55%，主要系公司加大催款力度，货款回笼加快所致。

(2)前五名债务人名单：

单位名称	金　　额	欠款时间	欠款原因
国营哈尔滨第二工具厂	27,912,756.48	1995/2000	货款
洛阳轴承集团有限公司	15,001,355.77	1997/2000	货款
山东机床附件总厂	14,160,349.55	1995/2000	货款
哈尔滨第一工具厂	13,759,102.45	1996/2000	货款
大连得胜钢管有限公司	11,956,982.16	1996/2000	货款

(3)本帐户余额中无持有公司5%以上股份的主要股东欠款。

附注4.其它应收款

(1)其它应收款期末余额、帐龄情况如下：

帐　龄	期初金额	期初占总额比例	期初坏帐准备	期末金额	期末占总额比例	期末坏帐准备
1年以内	109,660,853.36	100%	19,670.07	3,152,297.34	100%	100,000.00
合计	109,660,853.36	100%	19,670.07	3,152,297.34	100%	100,000.00

注:备用金 1,152,297.34 元未提坏帐准备,其它应收款期末比期初减少 106,508,556.02 元,降低率为 97.12%,主要为上年预付棒线材项目 100,000,000.00 元,本年已转入本公司投产使用。

(2)前两名债务人名单:

单位名称	金　额	欠款时间	欠款原因
大连北国经纪有限公司	2,00 0,000.00	2000	借款
备用金	1,152,297.34	2000	借款

(3)本帐户余额中无持有公司 5%以上股份的主要股东欠款。

附注 5.预付帐款

(1)预付帐款的余额、帐龄情况如下:

帐　龄	期初金额	期初占总额比例	期末金额	期末占总额比例
1 年以内			1,680,481.64	100%
合计			1,680,481.64	100%

(2)前两名债务人名单:

单位名称	金　额	欠款时间	欠款原因
沈阳沈机实业总公司	1,157,678.62	2000	货款
盖州双台莹石矿	231,071.26	2000	货款

(3)本帐户余额中无持有公司 5%以上股份的主要股东欠款。

附注 6.存货及存货跌价准备

存货项目	期初数		期末数	
	金　额	跌价准备	金　额	跌价准备
物资采购	21,067,233.85		58,658,569.54	
原主材料	130,251,709.23		53,283,668.52	
辅助材料	8,939,003.30		11,974,503.13	
修理备件	30,675,704.30		35,748,567.50	
低值易耗品	3,564,989.20		3,207,296.48	
材料成本差异	-13,376,850.54		45,839,961.42	
库存商品	58,724,808.22	1,181,442.65	55,552,724.99	1,974,337.90
在产品	134,118,948.69		161,495,874.77	
存货合计	373,965,546.25	1,181,442.65	425,761,166.35	1,974,337.90

附注 7.固定资产及累计折旧

(1) 固定资产原值

类别	期初数	本期增加	本期减少	期末数
房屋	225,443,155.68	119,428,321.63		344,871,477.31
建筑物	2,132,052.00	72,345,398.96		74,477,450.96
传导设备	2,243,895.00	5,078,423.36		7,322,318.36
动力机器设备	327,104,469.31	735,751,618.78	136,076.01	1,062,720,012.08
仪器管理用具	1,452,054.00	8,102,915.21		9,554,969.21
运输设备	2,861,610.00	426,900.00		3,288,510.00
合计	561,237,235.99	941,128,577.94	136,076.01	1,502,234,737.92

注:本年固定资产原值期末比期初增加 940,997,501.93 元,增长率为 167.66%,主要为收购棒线材增加 869,417,867.69 元及 750 后部工序竣工转入固定资产 49,852,000.00 元。

(2)累计折旧

类　别	期初数	本期增加	本期减少	期末数
房屋	153,212,712.00	6,116,810.29		159,329,522.29
建筑物	1,768,734.50	101,626.97		1,870,361.47
传导设备	2,073,370.19	85,357.77		2,158,727.96
动力机器设备	285,873,010.97	22,337,134.89		308,175,173.66
仪器管理用具	961,236.58	175,955.75		1,137,192.33
运输设备	2,141,242.25	279,021.76		2,455,236.21
合计	446,030,306.49	29,095,907.43		475,126,213.92

附注 8.在建工程:

工　程	期初数	本期增加	本期转入固定资产	其他减少数	期末数	资金来源	进度%
棒线材连轧机主轧线配套		139,389,349.49	31,222,509.82	8,108,764.56	100,058,075.11	自筹	95%
750 主电机更新项目		48,061,146.05			48,061,146.05	募股资金	99%
一炼分厂项目改造		10,418,413.89	6,170,136.84		4,248,277.05	自筹	90%
二炼分厂项目改造		43,072,987.20	178,623.97	824,045.54	42,070,317.69	自筹	95%
电炉炼钢及配套工程		1,543,746.09			1,543,746.09	自筹	95%
初轧项目改造		75,495, 619.20	49,852,000.00	2,965,497.21	22,678,121.99	自筹	90%
二轧分厂项目改造		5,589,276.16	72,391.41		5,516,884.75	自筹	90%
物资供应部料厂项目改造		1,017,594.60			1,017,594.60	自筹	95%
销售总公司钢材库封闭		282,431.14			282,431.14	自筹	95%
予付工程款		20,328,000.00			20,328,000.00		
工程物资		18,869,094.37		3,308,202.47	15,560,891.90		
其他	8,176,634.43	1,335,497.66	8,116,634.43	60,000.00	1,335,497.66		
合计	8,176,634.43	365,403,155.85	95,612,296.47	15,266,509.78	262,700,984.03		

注:本期在建工程无利息资本化情况;在建工程期末比期初增加 254,524,349.60 元,增长率为 3,112.28%,主要原因为新增棒线材连轧机生产线后部配套工程、750 主电机更新项目工程及二炼分厂技改项目工程等。

附注 9.无形资产

类别	原始金额	期初数	本期增加	本期转出	本期摊销	期末数
用水权	14,410,843.00		14,410,843.00			14,410,843.00
合计	14,410,843.00		14,410,843.00			14,410,843.00

注:上述无形资产系收购棒线材项目随之带来的用水权。

附注 10.短期借款期末余额 283,910,009.50 元,均为担保贷款,明细如下:

借款单位	贷款日	到期日	年利率(%)	金　额	贷款条件
中国工商银行大连市分行甘井子支行	2000.5.21	2001.5.20	6.435	210,200,000.00	担保
中信实业银行大连分行甘井子支行	2000.6.2	2001.4.15	6.435	20,000,000.00	担保
中国银行大连市中山广场支行	2000.11.1	2001.9.1	6.435	16,100,000.00	担保
中国银行大连市中山广场支行	2000.11.1	2001.11.1	6.435	15,000,000.00	担保
招商银行大连高新技术产业园区支行	2000.4.27	2001.4.27	6.435	10,000,000.00	担保
中国光大银行大连分行	2000.10.11	2001.10.11	6.435	8,000,000.00	担保
中国光大银行大连分行	2000.8.29	2001.2.28	6.138	2,000,000.00	担保
中国银行大连市中山广场支行	2000.11.1	2001.7.1	6.435	1,800,000.00	担保
中国银行大连市中山广场支行	2000.12.31	2001.3.31	6.435	810,009.50	担保
合计				283,910,009.50	

附注 11.应付票据:

接受单位单位	金　额	出票日期	到期日
抚顺铁合金厂	2,000,000.00	2000-12-4	2001-4-27
吉林市元辰经济贸易有限公司	700,000.00	2000-12-4	2001-4-27
北京新中兴物资供销有限公司	313,500.00	2000-12-4	2001-4-27
山东省生建八三厂	200,000.00	2000-12-19	2001-4-27
山东滨州炉料有限责任公司	500,000.00	2000-12-19	2001-4-27
辽东惠丰经贸公司	300,000.00	2000-12-14	2001-4-27
北京新中兴物资供销有限公司	500,000.00	2000-12-14	2001-4-27
吉林市元辰经济贸易有限公司	500,000.00	2000-12-14	2001-4-27
吉林铁合金股份有限公司	1,500,000.00	2000-12-15	2001-6-15
抚顺铁合金厂	1,500,000.00	2000-12-15	2001-6-15
大连钢铁集团有限责任公司	4,000,000.00	2000-12-21	2001-6-21
大连钢铁集团有限责任公司	4,000,000.00	2000-12-21	2001-6-20
大连钢铁集团有限责任公司	4,300,000.00	2000-12-19	2001-4-27
大连钢铁集团有限责任公司	650,000.00	2000-11-21	2001-5-21
西藏矿业发展股份有限公司	1,350,000.00	2000-11-9	2001-5-9
吉林铁合金股份有限公司	2,000,000.00	2000-11-9	2001-5-9
大连钢铁集团有限责任公司	8,000,000.00	2000-10-11	2001-4-10
大连钢铁集团有限责任公司	10,000,000.00	2000-10-19	2001-4-18
大连钢铁集团有限责任公司	5,000,000.00	2000-8-24	2001-1-23
大连钢铁集团有限责任公司	10,000,000.00	2000-8-24	2001-1-23
大连钢铁集团有限责任公司	8,800,000.00	2000-8-31	2001-2-28
大连钢铁集团有限责任公司	10,000,000.00	2000-9-13	2001-3-13
大连钢铁集团有限责任公司	10,000,000.00	2000-9-13	2001-3-13
大连钢铁集团有限责任公司	10,000,000.00	2000-9-13	2001-3-13
大连钢铁集团有限责任公司	10,000,000.00	2000-9-12	2001-3-12
合计	106,113,500.00		

注:本帐户余额中持本公司 5%以上股份的股东大钢集团公司的应付票据为 94,750,000.00 元。

附注 12.应付帐款期末余额 384,638,522.15 元,其中:

帐龄	期末余额	占总额比例
一年以内	286,725,832.39	74.54%
1-2	32,162,923.48	8.36%
2-3	20,469,452.26	5.32%
3-4	45,280,314.02	11.77%
合计	384,638,522.15	100%

注:本帐户余额中无持有本公司 5%以上股份的主要股东欠款。

附注 13.预收货款期末余额 87,690,476.03 元,其中:

帐龄	期末余额	占总额比例
一年以内	87,690,476.03	100%
合计	87,690,476.03	100%

注:本帐户余额中无持有本公司 5%以上股份的主要股东欠款。

附注 14.应付股利期末余额 8,115,000.00 元。

注:本期计提股利 8,115,000.00 元,系根据本公司第一届董事会第六次会议拟定的 2000 年度利润分配预案,计算的应付现金股利。

附注 15.应交税金期末余额 22,943,058.35 元,其中:

税　种	期末数
增值税	15,211,715.82
所得税	6,230,959.99
城建税	1,107,652.14
营业税	-44,791.68
房产税	437,522.08
合计	22,943,058.35

附注 16.其它未交款期末余额 477,178.83 元,其中:

项　目	期末数
教育费附加	522,061.27
地方教育费	-44,882.44
合计	477,178.83

附注 17.其它应付款期末余额 489,581,343.24 元,其中:

帐　龄	期末余额	占总额比例
一年以内	489,223,227.30	99.93%
1-2	358,115.94	0.07%
合计	489,581,343.24	100%

注:其他应付款期末比起初增加了 477,175,212.86 元,增长了 38.46 倍,主要系本年收购棒线材项目带入应付大钢集团公司债务 593,280,710.69 元。

期末应付持有本公司 5%以上股东单位大连钢铁集团有限责任公司款项为 475,591,196.25 元。

附注 18.长期应付款:

项　目	年初数	本年增加	本年减少	期末余额
股票发行利息收入	13,748,870.29		3,437,217.57	10,311,652.72

注:该科目核算内容为本公司 1999 年度发行社会公众股 100,000,000.00 股,申购资金中未中签利息收入,按五年摊销,本年度摊销额为 3,437,217.57 元。

附注 19.股本:

	期初数	本次变动增减						期末数
		配股	送股	公积金转股	增发	其他	小计	
一、未上市流通股份								
1、发起人股份	170,530,000.00							170,530,000.00
其中:								
国家股	169,230,000.00							169,230,000.00
国有法人股								
其他法人持有股份	1,300,000,00							1,300,000,00
境外法人持有股份								
其他								
2、募集法人股份								
3、内部职工股								
4、优先股或其他								
其中:转配股								
未上市流通股份合计	170,530,000.00							170,530,000.00
二、已上市流通股份								
1、人民币普通股	100,000,000.00							100,000,000.00
2、境内上市的外资股								
3、境外上市的外资股								
4、其他								
已上市流通股份合计	100,000,000.00							100,000,000.00
三、股份总数	270,530,000.00							270,530,000.00

附注 20.资本公积

项　目	期初数	本期增加	本期减少	期末数
股本溢价	378,801,359.07			378,801,359.07
募集资金中签利息	30,294.00			30,294.00
合计	378,831,653.07			378,831,653.07

附注 21.盈余公积

项　目	期初数	本期增加	本期减少	期末数
法定盈余公积	2,230,255.87	7,399,140.69		9,629,396.56
法定公益金	1,115,127.94	3,699,570.35		4,814,698.29

合计	3,345,383.81	11,098,711.04		14,444,094.85

根据公司董事会2000年度利润分配预案:本公司按净利润的10%提取法定盈余公积;按净利润的5%提取法定公益金。

附注22.未分配利润

期初数	本期增加	本期减少	期末数
18,957,174.90	73,991,406.93	19,214,611.04	73,733,970.79

年初未分配利润为18,957,174.90元,本年度实现净利润73,991,406.93元,根据公司董事会2000年度利润分配预案,分别按净利润的10%提取法定盈余公积7,399,140.69元和净利润的5%提取法定公益金3,699,570.35元;按每10股分派现金股利0.30元,共应派发现金股利8,115,900元;期末未分配利润为73,733,970.79元。

附注23.主营业务收入

产品名称	上年数	本年数
碳结材	187,583,479.15	137,203,216.18
碳工材	4,695,141.71	5,356,744.71
合结材	308,432,123.68	278,540,400.67
合工材	17,472,745.24	22,878,452.13
弹簧材	49,886,718.66	56,061,114.42
高工材	21,938,370.78	25,031,595.99
滚珠材	316,848,301.77	312,694,835.14
不锈材	102,661,573.40	278,174,683.15
其他	47,265,573.01	58,830,048.31
合计	1,056,784,027.40	1,174,771,090.70

附注24.其它业务利润

项　目	上年数	本年数
销售原材料	3,688,560.53	6,094,207.38
销售辅助材料	562,460.24	-3,942,430.69
销售低值易耗品	12,360.52	-47,695.00
销售备品备件	118,260.56	8,256.00
其他	—	-61,337.12
合计	4,381,641.85	2,051,000.57

附注25.财务费用

项　目	上年数	本年数
息支出	16,080,000.00	18,336,663.47
减:利息收入	11,553,944.27	2,014,115.85
银行手续费	-	-
汇兑损益		690.00
合计	4,526,055.73	16,323,237.62

注:本年比上年增加3.6倍,主要原因为上年收取集团资金占用费8,958,335.06元。

附注26.营业外收入

项目	上年数	本年数
固定资产清理收入	81,075.00	-
申购资金利息收入	-	3,437,217.57
合计	81,075.00	3,437,217.57

附注27.所得税:

项目	上年数	本年数
所得税	10,669,097.19	13,057,307.11

附注28.支付的其它与经营活动有关的现金

项　目	金　额
差旅费	8,332,468.59
水电费	5,754,816.80
运杂费	2,511,076.83
取暖费	1,866,000.00
通勤费	1,145,818.70
会议费	1,083,809.00
广告费	697,027.38
修理费	461,263.00
诉讼费	453,370.00
业务招待费	311,183.65
审计费	300,000.00
物料消耗	287,898.20
包装费	82,735.40
其他	3,857,660.75
合计	27,145,128.30

4、关联方关系及关联方交易

(1)关联方关系

①存在控制关系的关联方:

企业名称	注册地址	主营业务	与本企业关系	经济性质	法定代表人
大连钢铁集团有限责任公司	大连市甘井子区工兴路4号	特殊钢冶炼、延压加工等	母公司	国有独资企业	赵明远

②存在控制关系的关联方的注册资本及其变化

企业名称	年初数	本年增加数	本年减少数	年末数
大连钢铁集团有限责任公司	341,110,000	-	-	341,110,000

③不存在控制关系的关联方的性质

企业名称	与本企业的联系
大连钢铁集团薄板有限公司	与本企业同一母公司
大连钢铁集团三大特殊钢钢丝有限公司	与本企业同一母公司
大连钢铁集团精密合金有限公司	与本企业同一母公司
大连钢铁集团奥凯气体有限公司	与本企业同一母公司
大连钢铁集团工兴实业有限公司	与本企业同一母公司
大连钢铁集团瑞达运输有限公司	与本企业同一母公司
大连冶金物资公司	与本企业同一母公司
大连经济技术开发区特殊钢制品公司	与本企业同一母公司
大连钢铁集团冷拔材有限公司	与本企业同一母公司

(2)关联方交易

①采购货物

依据招股说明书披露的与大钢集团公司签订的《综合服务协议》,本公司从大钢集团公司及其子公司购入的成品按实际成本加价5%计算。2000年及1999年交易的金额如下:

单位:元

企业名称	2000年	1999年
大连钢铁集团有限责任公司	151,885,277.47	138,929,364.12
大连钢铁集团工兴实业有限公司	134,558.00	98,464.38
大连钢铁集团奥凯气体有限公司	18,231,700.24	21,335,101.39
合计	170,251,535.71	160,362,929.89

②接受劳务

依据招股说明书披露的与大钢集团公司签订的《综合服务协议》,本公司接受大钢集团公司及其子公司动力、劳务等辅助服务凡是外购的按市场结算价格计算、凡属自制的按实际成本加价5%计算。2000年及1999年交易金额如下:

单位:元

企业名称	2000年	1999年
大连钢铁集团有限责任公司	16,641,145.67	13,464,558.87
大连钢铁集团工兴实业有限公司	3,313,811.36	2,814,993.12
大连钢铁集团瑞达运输公司	7,967,238,71	6,160,895.18
合计	27,922,195.74	22,440,447.17

③销售货物

依据招股说明书披露的与大钢集团公司签订的《综合服务协议》,本公司销售给大钢集团公司及其子公司的产品按同期市场价格计算。2000年及1999年交易金额如下:

单位:元

企业名称	2000年	1999年
大连钢铁集团有限责任公司	127,143,489.36	380,888,120.27
大连钢铁集团三大特殊钢钢丝有限公司	60,455,390.11	52,410,980.12
大连钢铁集团精密合金有限公司	2,133,964.48	1,508,284.39
大连钢铁集团工兴实业有限公司	14,233,353.89	14,993,925.08
大连钢铁集团薄板有限公司	56,998,021.81	49,065,957.86
大连经济技术开发区特殊钢制品公司	609,540.52	2,447,025.88
大连钢铁集团冷拔材有限公司	13,683,865.40	13,859,999.63
大连钢铁集团瑞达运输有限公司	143,293.00	286,763.24
大连钢铁集团奥凯气体有限公司	14,324.00	-
大连冶金物资公司	3,008,781.50	3,097,879.02
合计	278,424,024.07	518,558,935.49

④关联方应收应付帐项余额

单位:元

项　目	2000年末余额	1999年末余额
应收帐款:		
大连冶金物资公司	982,439.90	1,034,208.95
大连钢铁集团薄板有限公司	1,054,937.52	9,391,346.26
大连钢铁集团冷拔材有限公司	6,704,727.67	7,857,350.91
大连钢铁集团三大特殊钢钢丝有限公司	5,002,507.39	4,941,883.79
大连钢铁集团有限责任公司	-	142,399,763.92
应收票据:		
大连钢铁集团冷拔材有限公司	-	330,000.00
其他应收款:		
大连钢铁集团有限责任公司	-	109,267,451.95
应付帐款:		
大连钢铁集团工兴实业公司	2,995,192.18	45,694.57
应付票据:		
大连钢铁集团有限责任公司	94,750,000.00	60,000,000.00
预收帐款:		25,849.7
大钢集团瑞达运输有限公司	47,354.52	5
大连钢铁集团精密合金有限公司	203,049.52	379,656.74
大连钢铁集团工兴实业公司	1,921,916.49	1,510,048.51
其他应付款:		
大连钢铁集团有限责任公司	475,591,196.25	-

⑤租赁业务

本公司租赁大钢集团公司土地155,529.94平方米,根据国家有关规定及双方的协议年付租金334万元;使用大钢集团公司铁路专用线15公里,根据协议年付租金129万元。2000年度实际支付土地租金334万元,支付铁路专用线租金129万元。

⑥收购棒线材工程项目:根据本公司与大钢集团公司签订的棒线材项目转让协议,以88,382.87万元(原招股说明书披露的棒线材收购项目总额为90,701.20万元,因原被评估项目中的存货745.33万元在实际收购时已使用,又当时按市场价格评估的用电权1,573万元因目前取消了电增容费而失去了价值,故实际收购棒线材项目时扣除存货、用电权的价值为88,382.87万元)收购大钢集团公司的棒线材连轧机生产线,其中实际支付价款29,054.80万元,其余缺口资金593,280,710.69万元以承担债务的方式解决。根据国家经济贸易委员会国经贸产业[2000]1086号文件,经国家经贸委、财政部、中国人民银行联合审核,大钢集团公司被批准列入债转股企业。根据大钢集团公司与中国东方资产管理公司、中国华融资产管理公司签订的"债权转股权协议",予将本公司招股说明书披露的收购棒线材项目缺口资金承担的银行贷款人民币22,896.07万元(原承担的银行贷款人民币为27,400.00万元,扣除已还银行人民币4,503.93万元,实际剩余人民币贷款为22,896.07万元)和美元3,200.00万元由债权转股权。因此,本期收购棒线材项目时将该部分缺口资金做应付大钢集团公司处理。另外1,200.00万美元仍由本公司承接,由于该项贷款债务转移手续正在办理之中,故暂将该项贷款做应付大钢集团公司处理,待债务转移手续办妥后再转列银行借款反映。

5、或有事项

截止2000年12月31日本公司未向任何单位和个人提供债务担保,亦无影响生产经营的重大诉讼事项。

6、资产负债表日后事项中的非调整事项

资产负债表日前被四川省乐山县法院冻结大钢集团公司持有本公司的6,500万国有法人股中,原定于2000年12月30日在深圳拍卖的2,500万国有法人股已终止进行,被冻结的6,500万股国有法人股已全部解冻。因欠湖南铁合金厂货款、中化辽阳石化公司货款、大连市电业局用电款,大钢集团公司所持有的本公司的16,500万股国有法人股全部被法院冻结(详见2001年2月13日《中国证券报》的重大事项公告)。

7、承诺事项

本公司无承诺事项。

九、公司的其它有关资料

(一)公司注册登记日期:1999年12月28日

地点:大连市工商行政管理局

(二)企业法人营业执照注册号:2102001-103527

(三)税务登记号码:210211711341725

(四)公司未流通股票的托管机构名称:深圳证券交易所存管部

(五)公司聘请会计师事务所名 称:大连正元会计师事务所

办公地点:大连市中山区同兴街67号邮电万科大厦24层

十、备查文件目录

本公司保证以下备查文件齐备,完整的置于公司证券部。

(一)载有董事长亲笔签署的年度报告正本。

(二)载有法定代表人、财务负责人、会计机构负责人签名并盖章的会计报表。

(三)载有会计师事务所盖章,注册会计师签名并盖章的审计报告原件。

(四)报告期内在中国证券会指定报纸上公开披露过的所有公司文件的正本及公告的原稿。

大连金牛股份有限公司
董 事 会
二〇〇一年三月六日

利润及利润分配表

编报单位:大连金牛股份有限公司 单位:人民币元

项目	附注	2000年度	1999年度	项目	附注	2000年度	1999年度
一、主营业务收入	23	1,174,771,090.70	1,056,784,026.40	四、利润总额(亏损总额以"-"填列)		87,048,714.04	71,127,308.02
减:折扣及折让		-		减:所得税	27	13,057,307.11	10,669,096.19
主营业务收入净额		1,174,771,090.70	1,056,784,026.40	减:少数股东损益(合并会计报表填列)		-	
减:主营业务成本		1,017,419,338.94	942,353,288.27	五、净利润(净亏损以"-"填列)		73,991,406.93	60,458,211.83
主营业务税金及附加		3,439,704.00	720,662.47	加:年初未分配利润(为弥补亏损以"-"填列)		18,957,174.90	-38,155,653.12
二、主营业务利润(亏损以"-"填列)		153,912,047.76	113,710,075.66	盈余公积转入			
加:其他业务利润(亏损以"-"填列)	24	2,051,000.57	4,381,641.85	六、可供分配的利润(亏损以"-"填列)		92,948,581.83	22,302,558.71
减:存货跌价损失		792,895.25	909,769.10	减:提取法定盈余公积		7,399,140.69	2,230,255.87
营业费用		14,061,249.87	10,653,499.21	提取法定公益金		3,699,570.35	1,115,127.94
管理费用		41,174,169.12	31,833,768.74	补充流动资本			
财务费用	25	16,323,237.62	4,526,054.73	七、可供股东分配的利润(亏损以"-"填列)		81,849,870.79	18,957,174.90
三、营业利润(亏损以"-"填列)		83,611,496.47	70,168,625.73	减:应付优先股股利			
加:投资收益(损失以"-"填列)				提取任意盈余公积			
补贴收入			878,394.62	应付普通股股利		8,115,900.00	
营业外收入	26	3,437,217.57	81,075.00	转作股本的普通股股利			
减:营业外支出			787.33	八、未分配利润(亏损以"-"填列)		73,733,970.79	18,957,174.90

资产负债表

编报单位:大连金牛股份有限公司 单位:人民币元

资产	附注	1999.12.31	2000.12.31
流动资产:			
货币资金	1	366,870,360.93	84,417,066.73
短期投资			
应收票据	2	1,872,900.00	9,051,440.00
应收帐款	3	505,795,252.98	346,203,736.75
其他应收款	4	109,660,853.36	3,152,297.34
减:坏帐准备		45,577,579.57	41,190,842.41
应收帐款净额		569,878,526.77	308,165,191.68
预付货款	5		1,680,481.64
应收补贴款		12,802,915.45	
存货	6	373,965,546.25	425,761,166.35
减:存货跌价准备		1,181,442.65	1,974,337.90
存货净额		372,784,103.60	423,786,828.45
待摊费用			
待处理流动资产净损失			
一年内到期的长期债券			
其他流动资产			
流动资产合计		1,324,208,806.75	827,101,008.50
长期投资:			
长期股权投资			
长期债权投资			
长期投资合计			
减:长期投资储值准备			
固定资产:			
固定资产原价	7	561,237,235.99	1,502,234,737.92
减:累计折旧		446,030,306.49	475,126,213.92
固定资产净值		115,206,929.50	1,027,108,524.00
工程物资			
在建工程	8	8,176,635.43	262,700,984.03
固定资产清理			
待处理固定资产净损失			
固定资产合计		123,383,564.93	1,289,809,508.03
无形资产及其他资产:			
无形资产	9		14,410,843.00
开办费			
长期待摊费用			
其他长期资产			
无形资产及递延资产合计:			14,410,843.00
递延税项:			
递延税项借项			
资产总计		1,447,592,371.68	2,131,321,359.53
负债及股东权益	附注	1999.12.31	2000.12.31
流动负债:			
短期借款	10	230,200,000.00	283,910,009.50
应付票据	11	65,000,000.00	106,113,500.00
应付帐款	12	329,523,486.66	384,638,522.15
预收货款	13	103,324,271.72	87,690,476.03
代销商品款			
应付工资			
应付福利费			
应付股利	14		8,115,900.00
应交税金	15	20,178,719.25	22,943,058.35
其他未交款	16	-676,551.89	477,178.83
其他应付款	17	12,406,130.38	489,581,343.24
预提费用		2,223,233.49	
一年内到期的长期负债			
其他流动负债			
流动负债合计		762,179,289.61	1,383,469,988.10
长期负债:			
长期借款			
应付债券			
长期应付款	18	13,748,870.29	10,311,652.72
住房周转金			
其他长期负债			
长期负债合计		13,748,870.29	10,311,652.72
递延税项;			
递延税款贷项			
负债合计		755,928,159.90	1,393,781,640.82
少数股东权益:			
股东权益:			
股本	19	270,530,000.00	270,530,000.00
资本公积	20	378,831,653.07	378,831,653.07
盈余公积	21	3,345,383.81	14,444,094.85
其中:公益金		1,115,127.94	3,699,570.35
未分配利润	22	18,957,174.90	73,733,970.79
股东权益合计		671,664,211.78	737,539,718.71
负债及股东权益合计		1,447,592,371.68	2,131,321,359.53

现金流量表

编报单位:大连金牛股份有限公司 单位:人民币元

项目	行次	金额
一、经营活动产生的现金流量		
销售商品、提供劳务收到的现金	1	1,131,682,341.15
收到的租金	2	
收到增值税销项税和退回的增值税款	3	
收到除增值税以外的其他税费返还	4	13,350,000.00
收到的其他与经营活动有关的现金	5	
经营活动现金流入小计	6	1,145,032,341.15
购买商品、接受劳务所支付的现金	7	979,440,301.15
经营租赁所支付的现金	8	
支付给职工以及为职工支付的现金	9	49,155,314.54
支付的增值税款	10	21,048,751.35
支付的所得税款	11	24,473,909.22
支付的除增值税、所得税以外的其他税费	12	2,240,647.89
支付的其他与经营活动有关的现金	13	27,145,128.30
经营活动现金流出小计	14	1,103,504,053.15
经营活动产生的现金流量净额	15	41,528,288.00
二、投资活动产生的现金流量		
收回投资所收到的现金	16	
分得股利或利润所收到的现金	17	
取得债券利息收入所收到的现金	18	
处置固定资产、无形资产和其他长期资产而收回的现金净额	19	
收回的其他与投资活动有关的现金	20	
投资活动现金流入小计	21	
购建固定资产、无形资产和其他长期资产所支付的现金	22	369,354,928.23
权益性投资所支付的现金	23	
债权性投资所支付的现金	24	
支付的其他与投资活动有关的现金	25	
投资活动现金流出小计	26	369,354,928.23
投资活动产生的现金流量净额	27	-369,354,928.23
三、筹资活动产生的现金流量		
吸收权益性投资所收到的现金	28	
其中:子公司吸收少数股东权益性投资收到的现金	29	
发行债券所收到的现金	30	
借款所收到的现金	31	73,710,009.50
收到的其他与筹资活动有关的现金	32	
现金流入小计	33	73,710,009.50
偿还债务所支付的现金	34	20,000,000.00
发生筹资费用所支付的现金	35	
偿付利息所支付的现金	36	18,336,633.47
融资租赁所支付的现金	37	
支付的其他与筹资活动有关的现金	38	
筹资活动现金流出小计	39	38,336,663.47
筹资活动产生的现金流量净额	40	35,373,346.03
四、汇率变动对现金流量的影响		
五、现金及现金等价物净增加额	41	-282,453,294.20
六、不涉及现金收支的投资和筹资活动		
以固定资产偿还债务	42	
以投资偿还债务	43	
以固定资产进行长期投资	44	
以存货偿还债务	45	
融资租赁固定资产	46	
七、将净利润调节为经营活动的现金流量		
净利润	47	73,991,406.93
加:少数股东权益	48	
计提的坏帐准备或转销的坏帐	49	-4,581,736.16
固定资产折旧	50	29,095,907.43
无形资产摊销	51	
预提费用的减少	52	-2,223,233.49
待摊费用的减少(减:待摊费用增加)	53	
处置固定资产、无形资产和其他长期资产的损失(减:收益)	54	
固定资产报废损失	55	
财务费用	56	16,323,237.62
投资损失(减:收益)	57	
递延税款贷项(减:借项)	58	
存货的减少(减:增加)	59	-51,795,620.10
经营性应收项目的减少(减:增加)	60	265,657,229.90
经营性应收项目的增加(减:减少)	61	579,404,461.55
增值税的增加净额(减:减少)	62	2,692,243.36
其他	63	-867,035,609.04
经营活动产生的现金流量净额	64	41,528,288.00
八、现金及现金等价物净增加情况	65	
货币资金的期末余额	66	84,417,066.73
减:货币资金的期初余额	67	366,870,360.93
现金等价物的期末余额	68	
减:现金等价物的期初余额	68	
现金及现金等价物净增加额	70	-282,453,294.20

华东医药股份有限公司

二〇〇〇年年度报告摘选

一、公司简介

1. 公司法定中文名称:华东医药股份有限公司
公司英文名称:HUDONG MEDICINE CO.,LTD
2. 公司法定代表人:李邦良
3. 公司董事会秘书:鲍建平
公司董事会秘书授权代表:陈武军
电话:0571-8172165
传真:0571-8172165　　8171332
E-mail:hdmed@mail.hz.zj.cn
4. 公司注册地址:杭州市下城区中山北路439号
公司办公地址:杭州市莫干山路866号(祥符桥)
邮政编码:310011
5. 公司信息披露报纸名称:《中国证券报》《证券时报》
登载公司年度报告的中国证监会指定国际互联网网址:http://www.cninfo.com.cn
公司年度报告备置地点:公司证券办(莫干山路866号)
6. 公司股票上市交易所:深圳证券交易所
公司股票简称:华东医药
公司股票代码:0963

二、会计数据和业务数据摘要

1. 本年度主要会计数据和业务数据摘要(单位:人民币元)

项 目	2000年
利润总额	68,458,547.23
净利润	45,910,354.13
扣除非经常性损益后的净利润	45,853,020.52
主营业务利润	270,171,346.86
其他业务利润	2,699,859.46
营业利润	69,572,787.97
投资收益	397,967.07
补贴收入	-
营业外收支净额	-1,512,207.81
经营活动产生的现金流量净额	19,588,627.39
现金及现金等价物净增加额	-139,119,945.06

2. 公司前三年的主要会计数据和财务指标　　(单位:人民币元)

主要指标 项目	2000年	1999年	1998年 调整前	调整后
主营业务收入	1,617,730,923.06	1,245,869,345.06	1,139,095,420.06	1,139,095,420.06
净利润	45,910,354.13	37,092,469.29	38,711,496.96	26,467,970.62
总资产	1,143,425,584.54	1,004,839,801.36	691,097,254.68	669,063,020.01
股东权益	481,647,338.98	464,213,224.85	192,949,284.97	170,479,569.19
全面摊薄每股收益	0.24	0.20	0.28	0.19
扣除非经常性损益后全面摊薄每股收益	0.24	0.20	0.29	0.20
加权平均每股收益	0.24	0.26	0.28	0.19
扣除非经常性损益后加权平均每股收益	0.24	0.27	0.29	0.20
每股净资产	2.53	2.44	1.38	1.22
调整后每股净资产	2.42	2.30	1.25	1.10
每股经营活动产生的现金流量净额	0.10	0.30	0.17	0.17
全面摊薄净资产收益率	9.53%	7.99%	20.06%	15.53%
扣除非经常性损益后全面摊薄净资产收益率	9.52%	8.28%	21.06%	16.65%
加权平均净资产收益率	9.42%	19.62%	18.81%	14.94%
扣除非经常性损益后加权平均净资产收益率	9.41%	20.32%	19.75%	16.02%

3. 按照中国证监会《公开发行证券公司信息披露编报规则(第9号)》要求计算2000年度的加权净资产收益率和加权每股收益

报告期(2000年度)利润		净资产收益率 全面摊薄	加权平均	每股收益 全面摊薄	加权平均
主营业务利润	270,171,346.86	56.09%	55.46%	1.42	1.42
营业利润	69,572,787.97	14.44%	14.28%	0.37	0.37
净利润	45,910,354.13	9.53%	9.42%	0.24	0.24
扣除非经常性损益后的净利润	45,853,020.52	9.52%	9.41%	0.24	0.24

4. 本年度内股东权益变动情况;

项 目	股 本	资本公积金	盈余公积金	法定公积金	未分配利润	股东权益
期初数	190,000,000.00	255,736,961.52	25,770,375.76	10,721,787.10	-7,294,112.43	464,213,224.85
本期增加	---	23,760.00	6,898,433.24	2,299,477.95	45,910,354.13	45,934,114.13
本期减少	---	---	---	---	35,398,433.24	28,500,000.00
期末数	190,000,000.00	255,760,721.52	32,668,809.00	13,021,265.05	3,217,808.46	481,647,338.98
变动原因	---	股本溢价	分配	分配	---	---

三、股本变动及股东情况

1. 股东情况介绍
(1) 2000年期末股东总数2000年期末股东总数为21096户
(2) 本公司前十名股东:

	持股数(股)	比例(%)
1)杭州华东医药(集团)公司	38,466,364	20.25
2)中国远大集团公司	35,000,000	18.42
3)珠海海湾大酒店	35,000,000	18.42
4)浙江远大房地产开发公司	7,053,716	3.71
5)浙江省新昌制药股份有限公司	2,240,000	1.18
6)珠海经济特区丽珠医药有限公司	1,120,000	0.59
7)浙江省信鸿实业有限责任公司	646,800	0.34
8)西湖电子集团有限公司	560,000	0.29
9)广州花城制药厂	560,000	0.29
10)石家庄第二制药厂	560,000	0.29

天津水泥股份有限公司

二〇〇〇年年度报告摘选

一、公司简介

(一)公司名称:
中文名称:天津水泥股份有限公司。
英文名称:Tian Jin Cement Co.,Ltd.
(二)公司法定代表人:王忠琪
(三)公司董事会秘书:王炳友
授权代表:王鸿林
联系地址:天津市南开区二马路223号。
联系电话:022-27021264,022-27021265　　联系传真:022-27021270
电子信箱:byouwang@public.tpt.tj.cn
(四)公司注册地址:天津市南开区二马路223号。
公司办公地址:天津市南开区二马路223号。　　邮政编码:300100
国际互联网网址:http://www.tsgf.com.cn
公司电子信箱:tsgf@public.tpt.tj.cn
(五)公司信息披露报刊:《证券时报》
登载年报的国际互联网网址:http://www.cninfo.com.cn
公司年度报告备置地点:本公司证券部。
(六)公司股票上市地:深圳证券交易所。
股票名称:天水股份　　股票代码:0965

二、主要会计数据和业务数据摘要

1、本年度公司主要经营数据:

项 目	单位:元
利润总额	48979898.60
净利润	41783031.90
扣除非经营性损益后的净利润	28601517.47
主营业务利润	38259901.74
其他业务利润	11058396.53
营业利润	33472234.56
投资收益	862.00
补贴收入	2336372.22
营业外收支净额	13170429.82
经营活动产生的现金流量净额	-33584619.69
现金及现金等价物净增加额	60618259.45

注:"扣除非经常性损益后的净利润"是指从净利润中扣除公司报告期内非正常经营性损益。非正常经营性损益构成为国库券利息收入862元,减免增值税补贴收入2336372.22元,公司股票申购冻结资金利息7820349.24元,营业外净收入5350080.58元。

2、报告期末前三年的主要会计数据和财务指标:　　单位:元

序号	栏 目	2000年	1999年	1998年 调整后	调整前
1	主营业务收入	322442931.13	314863833.75	391004417.23	391004417.23
2	净利润	41783031.90	29773431.14	31315418.81	22357377.21
3	总资产	1017074350.64	612449563.20	520477562.07	515306744.57
4	股东权益	578487816.05	225824784.15	221007721.70	221051274.86
5	每股收益	0.19	0.20	0.21	0.15
6	每股收益(加权)	0.21	0.20	0.21	0.15
7	每股净资产	2.67	1.54	1.50	1.50
8	调整后每股净资产	2.47	1.22	1.20	1.07
9	每股经营活动产生的现金流量净额	-0.15	-0.09	—	—
10	净资产收益率 %	7.22	13.18	14.17	10.11
11	净资产收益率(加权) %	8.71	13.18	14.17	10.11
12	扣除非经营性损益后净资产收益率	4.92	11.70	11.30	7.30
13	扣除非经营性损益后净资产收益率(加权)	5.93	11.70	11.30	7.30
14	扣除非经营性损益后每股收益	0.12	0.18	0.17	0.11
15	扣除非经营性损益后每股收益(加权)	0.14	0.18	0.17	0.11

利润表附表:

报告期利润	净资产收益率(%) 全面摊薄	加权平均	每股收益(元) 全面摊薄	加权平均
主营业务利润	6.61	7.97	0.18	0.19
营业利润	5.79	6.98	0.15	0.17
净利润	7.22	8.71	0.19	0.21
扣除非经常性损益后的净利润	4.92	5.93	0.12	0.14

三、股本变动和主要股东持股情况

(一)、股本变动情况
(1)股份变动情况表
本年度公司股份变动情况:　　数量单位:股

	期初数	本次变动增减(+、-) 配股	送股	公积金转股	新发	小计	期末数
一、尚未流通股份							
1、发起人股份	147004921						147004921
其中:国家拥有股份	145660921						145660921
境内法人持有股份	1344000						1344000
境外法人持有股份							
其他							
2、募集法人股份							
3、高管持股							
4、优先股或其他							
其中:转配股							
尚未流通股份合计	147004921						147004921
二、已流通股份					70000000	70000000	70000000
1、境内上市的人民币普通股					70000000	70000000	70000000
2、境内上市的外资股							
3、境外上市的外资股							
4、其他							
已流通股份合计					70000000	70000000	70000000
三、股份总数	147004921				70000000	70000000	217004921

湖北长源电力发展股份有限公司

二〇〇年年度报告摘选

一、公司简介

1、公司中文名称：湖北长源电力发展股份有限公司
公司英文名称：HUBEI CHANGYUAN ELECTRIC POWER DEVELOPMENT CO., LTD
2、法定代表人：韩学仲
3、董事会秘书：赵虎
董事会证券事务代表：胡谦
联系地址：武汉市武昌区徐东路45号
电话：027-86778352、86778357
传真：027-86786970
电子信箱：zhaohu310@163.net dd312@sina.com
4、公司注册地址：武汉市武昌区徐东路
公司办公地址：武汉市武昌区徐东路45号长源电力商务中心
邮政编码：430077
公司国际互联网网址：www.cyep.com.cn
公司电子信箱：zfhbcydl@public.wh.hb.cn
5、公司选定的信息披露报纸名称：《中国证券报》、《证券时报》
中国证监会指定登载公司年报的国际互联网网址：www.cninfo.com.cn
公司年度报告备置地点：武汉市武昌区徐东路45号公司证券部
6、股票上市交易所：深圳证券交易所
股票简称：长源电力
股票代码：0966

二、会计数据和业务数据摘要

（一）本年度主要会计数据和业务数据

项目	金额
利润总额(元)	114,634,299.64
净利润(元)	86,517,531.93
扣除非经常性损益后的净利润(元)	69,709,195.18
主营业务利润(元)	145,082,347.57
其他业务利润(元)	561,416.85
营业利润(元)	79,575,576.68
投资收益(元)	31,054,829.81
补贴收入(元)	0.00
营业外收支净额(元)	4,003,893.15
经营活动产生的现金流量净额(元)	161,375,638.79
现金及现金等价物净增加额(元)	54,967,491.01

（二）前三年主要会计数据和财务指标

指标项目	2000年	1999年		1998年
		调整前	调整后	
主营业务收入(元)	673,971,333.93	629,714,268.35	629,714,268.35	611,229,101.30
净利润(元)	86,517,531.93	63,525,231.85	61,231,929.54	58,931,758.21
总资产(元)	2,138,988,952.48	1,805,543,862.69	1,805,660,988.93	1,862,189,267.39
股东权益(不含少数股东权益)(元)	851,485,609.23	315,774,201.54	313,480,899.23	294,494,268.95
每股收益(元/股)	0.28	0.29	0.28	0.27
加权平均每股收益(元/股)	0.29	0.29	0.28	0.27
扣除非经常性损益后的每股收益(元/股)	0.23	0.29	0.28	0.27
每股净资产(元/股)	2.76	1.45	1.44	1.35
调整后每股净资产(元/股)	2.73	1.31	1.30	1.16
每股经营活动产生的现金流量净额(元/股)	0.52	0.98	0.98	0.99
净资产收益率(%)	10.16	20.12	19.53	20.01
加权平均净资产收益率(%)	11.20	19.54	18.83	18.66
应收款项(元)	353,399,102.63	208,356,430.50	208,356,430.50	131,409,079.99

（三）本年度利润表附表

	净资产收益率%		每股收益(元/股)	
	全面摊薄	加权平均	全面摊薄	加权平均
主营业务利润	17.0387	18.7835	0.4704	0.4944
营业利润	9.3455	10.3035	0.2580	0.2712
净利润	10.1608	11.2023	0.2805	0.2948
扣除非经常性损益后的净利润	8.1868	9.0260	0.2260	0.2375

2、"扣除非经常性损益后的净利润"指标中所扣除的项目及涉及金额如下：

项目	金额
新股申购冻结资金利息	4,183,121.02元
证券投资收益	12,625,215.73元
合计	16,808,336.75元

三、股东情况介绍

（一）报告期末股东总数：58710户
（二）报告期公司前十名股东持股情况

股东名称	持股数量(股)	股份性质	占总股本比例(%)
1、湖北省电力公司	111410400	国有法人股	36.12
2、湖北省电力开发公司	57901300	国有法人股	18.77
3、武汉银厦房地产综合发展公司	16800000	国有法人股	5.45
4、湖北建丰房屋建设开发有限公司	16800000	法人股	5.45
5、湖北民源电力实业发展有限责任公司	9280000	法人股	3.00
6、华中电力开发公司	4680000	国有法人股	1.52
7、东风汽车公司	1580000	国有法人股	0.51
8、景福证券投资基金	1049150	公众股	0.34
9、金鼎证券投资基金	737907	公众股	0.24
10、泰和证券投资基金	712800	公众股	0.23

浙江上风实业股份有限公司

二〇〇〇年年度报告摘选

一、公司简介

1、公司法定中文名称：浙江上风实业股份有限公司
公司法定英文名称：ZHEJIANG SHANGFENG INDUSTRIAL HOLDINGS CO., LTD
2、公司法定代表：徐灿根
3、公司董事会秘书：竺铭浩
联系地址：浙江省上虞市上浦镇
联系电话：(0575)2366261
传　　真：(0575)2366328
电子信箱：sfjt@mail.sxptt.zj.cn
4、公司注册地址及办公地址：浙江省上虞市上浦镇
邮政编码：312375
公司国际互联网网址：http://www.shangfeng.org
电子信箱：sfjt@mail.sxptt.zj.cn
5、公司选定的信息披露报刊：《证券时报》
登载公司年度报告的国际互联网网址：http://www.cninfo.com.cn
公司年度报告备置地点：浙江上风实业股份有限公司证券部
6、公司股票上市交易所：深圳证券交易所
股票简称：上风高科
股票代码：0967

二、会计数据和业务数据摘要

1、公司本年度会计数据　　单位：人民币元

项目	2000年
利润总额	48,105,582.72
净利润	37,644,419.81
扣除非经常性损益后的净利润	34,066,440.09
主营业务利润	66,342,821.62
其他业务利润	363,133.50
营业利润	42,962,789.84
投资收益	2,353,960.98
补贴收入	530,198.01
营业外收支净额	2,258,633.89
经营活动产生的现金流量净额	16,309,292.70
现金及现金等价物净增加额	112,354,869.00

2、公司前三年主要会计数据和财务指标　　单位：人民币元

指标项目	2000年	1999年	1998年
主营业务收入	139,122,782.25	135,583,143.57	109,161,326.58
净利润	37,644,419.81	34,063,546.41	29,087,795.84
总资产	501,844,774.08	230,748,638.30	232,770,994.86
股东权益(不含少数股东权益)	429,808,311.22	122,498,748.37	126,899,005.58
每股收益	摊薄0.2752 加权0.30	摊薄0.3809	摊薄0.3169
每股收益(扣除非经常性损益)	摊薄0.2472 加权0.2714	摊薄0.3809	摊薄0.3169
每股净资产	3.14	1.335	1.3826
调整后的每股净资产	3.0572	1.258	1.3709
每股经营活动产生的现金流量净额	0.1192	0.8556	-0.0956
净资产收益率(%)	8.76	28.54	22.92

3、按照中国证监会《公开发行证券公司信息披露编报规则(第9号)》要求计算的净资产收益率及每股收益　　单位：人民币元

报告期利润	净资产收益率(%)		每股收益	
	全面摊薄	加权平均	全面摊薄	加权平均
主营业务利润	15.44	18.64	0.4850	0.5285
营业利润	10.00	12.07	0.3141	0.3422
净利润	8.76	10.58	0.2752	0.2999
扣除非经常性损益后的净利润	7.93	9.57	0.2490	0.2714

4、报告期内股东权益变动情况　　单位：人民币元

项目	股本	资本公积	盈余公积	其中：法定公益金	未分配利润	股东权益合计
期初数	91786080	5615967.40	25096700.97	7571743.92	/	122498748.37
本期增加	45000000	241079472.64	56981118.16	1809372.72	37644419.81	329422010.61
本期减少	/	/	/	/	22112447.76	22112447.76
期末数	136786080	246695440.04	30794819.13	9471116.64	15531972.05	429808311.22
变动原因	上市募集资金	上市溢价	利润分配	利润分配	报告期盈利及分配	上市募集资金及盈利

三、股本变动和股东情况

1、股本变动情况
(1)股份变动情况表　　单位：股

	本次变动前	本次变动增减(+、-)					本次变动后
		配股	送股	公积金转股	增发	小计	
一、尚未流通股份							
1、发起人法人股份	56,127,200						56,127,200
其中：国家股							
2、募集法人股	35,658,880						35,658,880
尚未流通股份合计	91,786,080						91,786,080
二、已流通股份							
人民币普通股					45,000,000	45,000,000	45,000,000
已流通股份合计					45,000,000	45,000,000	45,000,000
三、股份总数	91,786,080				45,000,000	45,000,000	136,786,080

山西神州煤电焦化股份有限公司

二〇〇〇年年度报告摘选

一、公司简介

1、公司法定中文名称:山西神州煤电焦化股份有限公司
公司法定英文名称:SHANXI SHENZHOU COAL ELEOTEICITY COKING CO.,LTD
2、公司注册地址:山西省太原市和平南路83号
公司办公地址:山西省太原市和平南路83号
邮政编码:030024
3、公司法定代表人:麻禄斗
4、公司董事会秘书:刘恩孝
联系地址:山西省太原市和平南路83号
电话:0351－6019365
传真:0351－6199887
公司证券事务代表:张广红
联系电话:0351－6019034
5、公司选定的信息披露报纸:《中国证券报》和《证券时报》
登载公司年度报告国际互联网网址:http//www.cninfo.com.cn/
6、公司股票上市交易所:深圳证券交易所
股票简称:神州股份
股票代码:0968

二、会计数据和业务数据摘要

1、公司本年度实现利润情况

序号 项目	金额(元)
1 利润总额	60,419,128.32
2 净利润	53,680,815.97
3 扣除非经常性损益后的净利润	50,813,522.80
4 主营业务利润	107,742,025.55
5 其他业务利润	24,782,511.13
6 营业利润	58,468,044.78
7 投资收益	
8 补贴收入	
9 营业外收支净额	1,951,083.54
10 经营活动产生的现金流量净额	－40,880,925.53
11 现金及现金等价物净增加额	255,459,910.28

备注:扣除非经常性损益项目为(1)营业外收入3,082,274.18元,(2)营业外支出214,981.01元。

2、截止本报告期末公司前三年的主要财务数据和财务指标

序号	项 目	2000年度	1999年度	1998年度
1	主营业务收入	594,446,825.89	531,494,954.59	557,562,589.75
2	净利润	53,680,815.97	57,814,567.94	48,752,975.74
3	总资产	1,707,902,276.26	1,035,038,253.73	676,073,689.84
4	股东权益(不含少数股东权益)	1,109,216,481.19	422,000,349.57	262,917,954.06
5	每股收益	0.1358	0.2358	0.1988
6	每股净资产	2.81	1.72	1.07
7	调整后的每股净资产	2.71	1.71	1.07
8	每股经营活动产生的现金流量净额	－0.1034	－0.1190	
9	净资产收益率(%)	4.84	13.70	18.54
10	按月平均加权计算的每股收益	0.1555	0.2358	0.1988
11	扣除非经常性损益后的每股收益	0.1286	0.2404	0.2062

3、按中国证监会信息披露编报规则(第九号)要求计算的数据

项 目	数 额(元)	净资产收益率(%)		每股收益(元/股)	
		全面摊薄	加权平均	全面摊薄	加权平均
1、主营业务利润	107,742,025.55	9.71	12.80	0.2726	0.3238
2、营业利润	58,468,044.78	5.27	6.95	0.1479	0.1757
3、净利润	53,680,815.97	4.84	6.38	0.1358	0.1613
4、扣除非经常性损益后的利润	50,813,522.8	4.58	6.04	0.1286	0.1527

三、股本变动和主要股东持股情况

1、股本变动情况:
(1)股份变动情况表:

项目	期初数	本次变动增减(+,-) 配股	送股	公积金转股	增发	其他	期末数 小计
一、未上市流通股份							
1、发起人股份							
其中:							
国家拥有股份	4,550,000.00						4,550,000.00
境内法人持有股份	240,640,000.00						240,064,000.00
外资法人持有股份							
其他							
2、募集法人股份							
3、内部职工股							
4、优先股及其他							
5、证券投资基金配售							
6、战略投资者配售					9,805,310.00	9,805,310.00	9,805,310.00
7、一般法人配售							
未上市流通股份合计	245,190,000.00				9,805,310.00	9,805,310.00	254,995,310.00
二、已流通股份							
1、人民币普通股					140,194,690.00	140,194,690.00	140,194,690.00
2、境内上市的外资股							
3、境外上市的外资股							
4、其他							
已上市流通股份合计					140,194,690.00	140,194,690.00	140,194,690.00
三、股份总数	245,190,000.00				150,000,000.00	150,000,000.00	395,190,000.00

北京中科三环高技术股份有限公司

二〇〇〇年年度报告摘选

一、公司简介

1、公司法定中文名称:北京中科三环高技术股份有限公司
公司法定英文名称:Beijing Zhongke Sanhuan High－Tech. Co.,Ltd.
中文缩写:中科三环
英文缩写:Zhongke Sanhuan Co.,Ltd
2、公司法定代表人:王震西
3、公司董事会秘书:王东明
联系地址:北京市海淀区白石桥路3号友谊宾馆迎宾楼D座
电话:010－68945729,68498888－1279
传真:010－68712144
电子信箱:WTM@san－huan.com.cn
4、公司注册地址:北京市海淀区白石桥路3号友谊宾馆迎宾楼D座
公司办公地址:北京中关村南三街8号　　邮政编码:100080
公司网址:http://www.san－huan.com.cn
电子信箱:shhq@san－huan.com.cn
5、公司信息披露报纸:《证券时报》、《中国证券报》
公司信息披露网址:http://www.cninfo.com.cn
公司年度报告备置地:北京市海淀区白石桥路3号友谊宾馆迎宾楼D座中科三环证券部
6、公司股票上市交易所:深圳证券交易所
股票简称:中科三环
股票代码:0970

二、会计数据和业务数据摘要

(一)主要财务数据　　单位:人民币元

项目	金额
利润总额	47,201,083.00
净利润	27,325,554.00
扣除非经常性损益后的净利润	23,817,407.95
主营业务利润	103,531,291.00
其他业务利润	137,321.08
营业利润	44,097,598.60
投资收益	－358,390.77
营业外收支净额	3,461,875.17
经营活动产生的现金流量净额	－44,207,254.22
现金及现金等价物净增加额	67,103,873.31

(二)截至报告期末公司前三年的主要会计数据和财务指标　　单位:人民币元

项目	2000年	1999年
主营业务收入	371,899,953.28	219,050,528.19
净利润	27,325,554.00	25,266,702.92
总资产	540,182,472.27	248,670,904.51
股东权益(不包含少数股东权益)	344,864,096.96	85,371,832.46
每股收益(全面摊薄)	0.314	0.486
每股收益(加权平均)	0.363	0.486
扣除非经常性损益后的每股收益	0.274	0.486
每股净资产	3.964	1.64
调整后的每股净资产	3.870	1.49
每股经营活动产生的现金流量净额	－0.508	0.251
净资产收益率(%)(全面摊薄)	7.92	29.60
净资产收益率(%)(加权平均)	10.25	29.60

报告期利润	净资产收益率(%)				每股收益(元)			
	全面摊薄		加权平均		全面摊薄		加权平均	
	2000	1999	2000	1999	2000	1999	2000	1999
主营业务利润	30.02	76.73	38.84	76.73	1.190	1.260	1.374	1.260
营业利润	12.79	40.70	16.54	40.70	0.507	0.668	0.585	0.668
净利润	7.92	29.60	10.25	29.60	0.314	0.486	0.363	0.486
扣除非经常性损益后的净利润	6.91	29.60	8.94	29.60	0.274	0.486	0.316	0.486

(三)股东权益变动情况　　单位(元)

项目	股本	资本公积	盈余公积	法定公益金	未分配利润	股东权益合计
期初数	52,000,000	25,490,177.34	3,790,005.44	1,263,335.15	4,091,649.68	85,371,832.46
本期增加	35,000,000	216,955,357.01	4,422,420.88	1,474,140.29	27,325,554.00	283,703,331.89
本期减少		2,388,646.51			21,822,420.88	24,211,067.39
期末数	87,000,000	240,056,887.84	8,212,426.32	2,737,475.44	9,594,782.80	344,864,096.96
变动原因	发行新股	股本溢价	提取盈余公积	提取法定公益金	提取盈余公积分配股利	

三、股东情况介绍

1、截至2000年12月31日,公司股东总数为34,204户,其中:国有法人股股东3户,社会法人股股东1户,外资股股东2户,社会公众股股东34,198户。

2、前10名股东持股情况(2000年12月31日)

股东名称	持股数(股)	占总股本比例(%)
北京三环新材料高技术公司	29,536,600	33.95
美国特瑞达斯公司	6,849,200	7.87
宁波电子信息集团有限公司	6,317,600	7.26
台全(美国)公司	5,281,700	6.07
宁波联合集团股份有限公司	3,679,400	4.23
联想集团控股公司	335,500	0.39
周明怀	161,720	0.19
杭州泰丰化工有限公司	145,308	0.17
王学元	138,400	0.16
董红庆	124,800	0.14

安泰科技股份股份有限公司

二○○○年年度报告摘要

一、公司简介

(一)公司名称
公司法定中文名称:安泰科技股份有限公司(安泰科技)
公司法定英文名称:Advanced Technology & Materials Co., Ltd.(AT&M)
(二)公司法定代表人:殷瑞钰
(三)公司董事会秘书:钱学军
联系地址:中国北京市海淀区学院南路 76 号
联系电话:86-010-62188403
联系传真:86-010-62182695
电子信箱:securities@atmcn.com
(四)公司注册地址:中国北京市海淀区学院南路 76 号
公司办公地址:中国北京市海淀区学院南路 76 号
邮政编码:100081
公司国际互联网网址:http//: www.atmcn.com
(五)公司信息披露报纸名称:《中国证券报》、《证券时报》
登载公司年度报告的国际互联网网址:http//: www.cninfo.com.cn
年度报告备置地点:公司证券部
(六)公司股票上市交易所:深圳证券交易所
股票简称:安泰科技
股票代码:0969

二、会计数据和业务数据摘要

(一) 本年度主要会计数据和业务数据(单位:元)

项目	2000 年度
利润总额	80,345,920.73
净利润	71,378,795.83
扣除非经常性损益后的净利润	69,381,403.79
主营业务利润	84,124,070.38
其他业务利润	1,079,458.02
营业利润	58,131,540.88
投资收益	17,321,940.23
补贴收入	2,851,279.17
营业外收支净额	2,041,160.45
经营活动产生的现金流量净额	27,855,096.84
现金及现金等价物净增加额	1,044,156,659.71

扣除非经常性损益项目(单位:元):

项目	2000 年度	1999 年度	1998 年度
处理固定资产等	398,982.43	86,844.25	140,771.81
新股申购冻结资金利息	1,642,178.02		
合并价差摊入	-43,768.41		
合计	1,997,392.04	86,844.25	140,771.81

(二) 公司前三年的主要会计数据和财务指标(单位:元)

项目	2000 年度	1999 年度	1998 年度
主营业务收入	356,623,288.18	216,511,796.78	209,354,752.52
净利润	71,378,795.83	38,898,513.45	36,338,456.24
总资产	1,486,032,760.73	260,340,397.23	227,090,339.36
股东权益(不包含少数股东权益)	1,031,300,886.90	122,890,691.07	111,575,529.41
每股收益(全面摊薄)	0.4678	0.4201	0.3924
每股收益(加权平均)	0.5594	0.4201	0.3924
扣除非经常性损益后的每股收益	0.4547	0.4191	0.3909
每股净资产	6.7582	1.3271	1.2049
调整后的每股净资产	6.7196	1.2741	1.1474
每股经营活动产生的现金流量净额	0.1825	0.4147	
净资产收益率(%)(摊薄)	6.92	31.65	32.57
净资产收益率(%)(加权)	10.69	29.69	34.04
扣除非经常损益后的加权净资产收益率(%)	10.39	29.62	33.90

利润表附表

报告期利润	2000 年				1999 年			
	净资产收益率(%)		每股收益(元)		净资产收益率(%)		每股收益(元)	
	全面摊薄	加权平均	全面摊薄	加权平均	全面摊薄	加权平均	全面摊薄	加权平均
主营业务利润	8.16	12.60	0.5513	0.6593	55.50	52.06	0.7366	0.7366
营业利润	5.64	8.71	0.3809	0.4556	36.70	34.42	0.4871	0.4871
净利润	6.92	10.69	0.4678	0.5594	31.65	29.69	0.4201	0.4201
扣除非经常性损益后的净利润	6.73	10.39	0.4547	0.5437	31.58	29.62	0.4191	0.4191

注:主要财务指标计算方法:

每股收益和净资产收益率按《公开发行证券公司信息披露编报规则第 9 号——净资产收益率和每股收益的计算及披露》方法计算

每股净资产=报告期末股东权益/报告期末普通股股份总数

调整后每股净资产=(报告期末股东权益-三年以上应收款项-待摊费用-待处理(流动、固定)资产净损失-开办费-长期待摊费用-住房周转金负数余额)/报告期末普通股股份总数

每股经营活动产生的现金流量净额=经营活动产生的现金流量净额/年度末普通股股份总数

(三) 报告期内股东权益变动情况(单位:元)

项目	股本	资本公积	盈余公积	法定公益金	未分配利润	股东权益合计
期初数	92,600,000	20,865,900.75	9,424,790.32	3,769,916.13		122,890,691.07
本期增加数	60,000,000	812,587,200.00	17,891,603.65	7,137,879.58	71,378,795.83	961,857,599.65
本期减少数					53,447,403.65	53,447,403.65
期末数	152,600,000	833,453,100.75	27,316,393.97	10,907,795.71	17,931,392.18	1,031,300,886.90

注:股东权益变动原因:
(1) 报告期内股本增加系发行 6000 万股股票所致;
(2) 资本公积:本期增加系发行新股所致;
(3) 盈余公积金:本期增加系净利润提取所致;
(4) 法定公益金:本期增加系净利润提取所致;
(5) 未分配利润:本期增加系实现净利扣除当年股利分配后所致。

三、股东情况介绍

一、截止到 2000 年 12 月 31 日,本公司股东总数 18654 户。
二、前十名股东持股情况(截至 2000 年 12 月 31 日):

序号	股东名称	持股数量	持股比例(%)
1	钢铁研究总院	90,000,000	58.98
2	开元基金	4,036,263	2.64
3	金瑞新材料科技股份有限公司	3,000,000	1.97
4	天元证券投资基金	2,070,949	1.36
5	平安证券有限责任公司	2,052,900	1.35
6	深圳华强集团有限公司	2,000,000	1.31
7	江南重工股份有限公司	2,000,000	1.31
8	宁夏有色金属冶炼厂	2,000,000	1.31
9	湖南华菱钢铁集团有限责任公司	2,000,000	1.31
10	长峰科技工业集团公司	1,000,000	0.66

说明:①持有 5%(含 5%)以上的股东所持股份本年度未发生质押、冻结情况;

②公司前十名股东中,开元基金和天元基金同属南方基金管理有限公司。除此之外,其他股东之间不存在关联关系;

③前十名股东中战略投资者和其约定持股期限的起止日期如下:

金瑞新材料科技股份有限公司	2000 年 5 月 29 日至 2001 年 5 月 29 日
深圳华强集团有限公司	2000 年 5 月 29 日至 2001 年 5 月 29 日
江南重工股份有限公司	2000 年 5 月 29 日至 2002 年 5 月 29 日
宁夏有色金属冶炼厂	2000 年 5 月 29 日至 2001 年 5 月 29 日
湖南华菱钢铁集团有限责任公司	2000 年 5 月 29 日至 2001 年 8 月 29 日
长峰科技工业集团公司	2000 年 5 月 29 日至 2002 年 5 月 29 日

四、股东大会简介

报告期内公司共计召开两次股东大会。

(一)1999 年度股东大会(注:本次为公司公开发行上市前)

安泰科技股份有限公司 1999 年度股东大会于 2000 年 3 月 24 日在公司会议室召开。出席本次大会的股东或股东代表共 6 名,代表股份 9260 万股,占股份总数的 100%,本次大会的召开符合《公司章程》以及有关法律、法规的规定。经大会审议和表决,通过以下决议:

(1)审议批准《安泰科技股份有限公司 1999 年度董事会工作报告》;
(2)审议批准《安泰科技股份有限公司 1999 年度监事会工作报告》;
(3)审议批准《安泰科技股份有限公司 1999 年度财务决算报告及利润分配方案》;
(4)审议批准《安泰科技股份有限公司 2000 年度财务预算方案》;
(5)审议批准《安泰科技股份有限公司 2000 年度投资计划的方案》。

(二)2000 年度第一次临时股东大会

1、会议由董事会负责召集召开,并以公告形式向公司股东发出会议通知(公告刊登于 2000 年 8 月 2 日《中国证券报》和《证券时报》)。

2、据此通知,2000 年 9 月 2 日在钢铁研究总院 405 会议室召开了本公司 2000 年度第一次临时股东大会。出席会议的公司股东及授权代表共 9 人,代表公司股份 100,821,743 股,占公司总股本的 66.07%,符合《公司法》和公司章程的有关规定。大会以记名投票方式逐项表决通过了如下决议:

(1)审议通过修改公司章程第十二条公司的营业范围;
(2)审议通过修改公司章程第九十四条第(八)款;
(3)审议通过修改公司章程第九十七条;
(4)审议通过《关于安泰科技股份有限公司发行费用的审计报告》。

该次股东大会的决议内容已刊登于 2000 年 9 月 5 日《中国证券报》和《证券时报》。

报告期内本公司董事会、监事会成员未发生变化。

五、董事会报告

(一)公司经营情况

1、公司所处行业情况及在行业中的地位:

公司主要从事新材料与制品以及生产装备的研究、开发、设计、生产和销售。公司所属行业为高科技新材料领域。材料是推动人类社会发展的重要物质力量,是新技术开发和新产业革命的重要基础。新能源的利用、航空航天技术的发展、微电子技术的进步、信息通讯产业的兴起等,无不以新材料的发展为基本条件。二十一世纪,新材料技术将向功能化、复合化、智能化方向发展,最活跃的将是信息功能材料、纳米材料、高性能陶瓷、生物材料、高分子材料、智能材料、复合聚合材料等等。本公司的多项产品均属于上述领域的新型材料制品,如非晶微晶合金材料制品、稀土永磁材料等既具有良好的现实市场,又具有广阔的发展空间。公司是国有综合性科研院所转制为中央直属大型科技型企业后首家上市的高科技企业。是中关村科技园区、北京市科委、中科院和国家科技部认定的高新技术企业。1999 年,公司运行第一年即跻身中关村科技园区海淀园经济规模二十强企业的行列。一年来,随着全球范围内新兴产业的高速发展和传统产业的调整升级,对新

材料的需求异常强烈,由于信息、电子电力、能源化工、生物医疗、航空航天、建材等行业的持续发展,对上述行业作用重要的新材料与制品的需求也不断增长,为公司提供了广阔的发展空间。同时下游行业的技术进步与产品更新换代,对新材料的品种、规格、性能不断提出更新更高的要求,促进了公司的新品研发、技术进步与效益增长。2000 年公司的主营业务均得到高速发展,行业地位稳步提高。截止报告期末,公司主营业务收入 3.57 亿元,净利润 7,138 万元,与 1999 年相比,销售收入增长 64.71%,净利润增长 83.50%。其中,非晶、微晶制品产销量占国内首位,居世界第二位。公司在金属新材料领域,具有产品品种多、生产工艺手段齐全、研发实力雄厚等特点,在国内同行业中具有较强的综合优势。公司还承担了两项国家高技术产业化示范工程项目,一项国家高技术产业化开发项目,一项国家高技术产业化推进项目和一批国家科技攻关、"863"研发项目,使公司在新材料领域的地位不断得到提升。

2、公司主营业务的范围及其经营状况

(1)公司主营业务包括五大产业领域:

①超硬及难熔材料制品产业,主要产品包括:人工合成金刚石制品,大型、异型钨钼制品,金属陶瓷(包括硬质合金)及其他先进陶瓷等。

②功能材料制品产业,主要产品包括:非晶、微晶合金带材及电子元器件,稀土永磁材料,金属软磁材料,储氢材料及制品。

③精细金属制品产业,主要产品包括:高强、耐腐蚀、耐热特种合金的管、板、丝、带、棒材,特种焊接材料,烧结金属丝网及粉末多孔材料,过滤、分离元件、系统,填料塔器和构件。

④生物医学材料及制品产业,主要产品包括:齿科用银汞合金粉、胶囊,调和器,介入性治疗器件等。

⑤工业工程、先进制造技术及技术开发服务产业,主要产品包括:高精度带钢冷轧机,高速冷轧带肋轧机,冶金控轧技术,液压 AGC 技术,真空熔炼炉制造技术,四技服务等。

(2)公司业务收入、主营业务利润按产业分类构成情况如下:

产 业	主营业务收入(元)	主营业务利润(元)
超硬及难熔材料制品	129,640,808.74	28,340,952.78
功能材料制品	62,467,391.11	12,706,078.38
精细金属制品	58,895,240.37	12,844,618.73
生物医学材料	7,093,704.31	2,347,206.74
工业工程、先进制造技术及技术开发服务	98,526,143.65	27,885,213.75
合 计	356,623,288.18	84,124,070.38

(3)公司业务收入、主营业务利润按市场区域分类构成情况如下:

区 域	主营业务收入(元)	主营业务利润(元)
国内市场	268,303,430.18	65,939,011.62
国际市场	88,319,858.00	18,185,058.76
合 计	356,623,288.18	84,124,070.38

3、公司一年经营回顾

2000 年是公司具有历史意义的一年。上半年在做好日常经营的同时,公司完成了股票的发行上市工作,下半年迅速将工作重心转向"全力以赴抓基础管理,全力以赴抓经营业绩"。公司以大力推进 ISO9001 质量体系建立为突破口,全面提升基础管理水平,提出并实施了六项有效措施,在稳健经营中获得了高速增长,取得了可喜的经营业绩,生产和管理向更规范的层次迈进,为公司今后的发展奠定了良好的基础。

①勇于拼搏,开源节流,取得优秀的经营业绩

随着上市后公司内外经营环境和条件的重大变化,相应地对公司经营业绩也提出了新的要求。为全力以赴抓好经营业绩,重点抓了六项工作,即:存量部分增加创收力度,将经营目标调整为责任目标;加大投资和技改项目的产出力度,重点做好钨钼生产线技改与非晶 5 号机组项目;全公司系统内部挖潜,严格控制成本;努力开拓市场,扩大主营业务的市场份额;启动并完成对两个目标企业的资产重组和收购兼并工作,同时适度开展其他短期投资业务;积极争取国家税收优惠政策和其它条件的支持。实践证明,公司下半年重点工作的转移是正确及时的,措施是合理有效的。

②转变观念,规范运作,基础管理初见成效

公司制订了"追求一流"的质量方针,建立了文件化的质量管理体系。通过贯标,公司各级干部和员工的质量意识有了很大的提高,完善了公司各级管理的组织结构,生产活动更加规范有序,初步形成了自我完善、自我改进的质量体系机制,基本具备了质量体系认证审核的条件。与此同时,针对基础管理的薄弱环节,公司从市场、财务、资产、采购等方面规范运作,并初见成效。

③认真组织,合理安排,积极推进项目建设进程

公司严格执行项目投资管理制度,各投资项目均按照规定的程序进行投资决策。在实施过程中,各项目经理部精心组织,努力降低投资成本,保证项目建设进度和工程质量,各项目正稳步推进,部分项目取得了实质性进展。针对拟投资项目立项两年多来市场和技术的发展,公司以积极、严谨和实事求是的态度组织力量对部分项目的实施方案,逐一进行再论证。

④规划前景,技术创新,增强企业可持续发展能力

为打造百年安泰,公司十分重视发展战略、规划的编制和研究工作,逐步形成了公司发展战略和 5-10 年规划框架。技术创新是高科技企业的立身之本和发展的不竭动力。2000 年公司初步建立了研发创新体系,创新工作初见成效。确立了项目市场化、目标国际化、成果商品化的创新原则,建立了公司技术创新委员会、公司研究开发部、基层技术开发部三级管理机构。

2000 年,公司共承担各类国家课题 49 项,自立研发项目 9 项,自立技改项目 4 项。共获得省部级奖励 3 项,发表论文 88 篇。申请专利 11 项,授权专利 19 项,目前全公司共有有效专利 77 件。全年累计研发创新总投入 3038.61 万元,约占公司总销售收入的 8.52%。

4、公司经营中出现的问题和解决方案

(1)产业发展所需的场地空间不足

公司本部位于北京市中关村科技园中心区,处于北京市城市道路的二、三环之间,按照北京市城市发展规划,除研发外,该区域无法满足大规模产业发展建设的需要。公司拟投资项目除部分在北京市中关村科技园昌平园区、河北涿州高科技园区国家冶金精细品种工业性试验基地建设外,其他项目急需落实产业基地。为此,公司在 2001 年的工作中,将在北京市有关新材料产业发展规划的指导下,计划在中关村科技园区内落实产业发展基地。

(2)公司运行机制有待进一步完善

公司已根据现代企业制度的要求,初步建立了相对合理的运行机制,但尚不能满足高科技企业经营与成长的特性,尤其是在激励机制方面,对关键技术人才和管理骨干的有效激励手段尚显薄弱,对长期激励方式的探索不够。对此,公司将加大薪酬的激励功能,使薪酬进一步和经营绩效挂钩、进一步向骨干员工和重要岗位倾斜,同时研究有关国家政策、法律法规,制定有效的长期激励方案。

(3)人才结构不尽合理

公司由综合性科研院所改制而成,科研开发人才充足,但也存在人才结构不尽合理的问题。2001 年,公司将充分发挥科研院所改制企业的科研人才优势,同时加大力度做好急需人员的引进和储备工作,逐步调整公司人才结构,优化人力资源配置,重点引进公司急需的三种人才,即:懂管理、有经验,具有创新精神和企业家素质的高级管理人才;熟悉市场营销、大项目管理、金融财务、资本运作等领域的专业人才;懂技术又熟悉大规模生产的生产管理专才。

5、公司本年度净利润增加的原因

公司在招股说明书中进行了盈利预测,全年净利润预测为 4,488 万元,报告期内实际完成 7,138 万元,超出盈利预测数 59.05%,本公司董事会认为,超出预测幅度较大的原因主要有:

(1)相关行业的快速发展,使公司所处新材料产业市场需求扩大,报告期内,公司的各类新材料产品销售普遍比上年有大幅度增加,非晶、微晶产品,特种难熔合金产品及其他功能材料产品销售增长较快;

(2)全公司范围内进一步挖掘生产、成本潜力,在现有条件下,生产经营水平有较大提高;

(3)盈利预测的基础发生了变化,由于国家对科研院所改制的支持,公司的所得税率从盈利预测时的 15%降低为零税率;

(4)发行上市后,公司经营环境和条件发生了较大变化,财务费用得到降低,短期投资收益有所增加。

(二)公司财务状况

1、公司财务状况(单位:元)

项 目	2000 年度	1999 年度	增减(%)
总资产	1,486,032,760.73	260,340,397.23	471
长期负债	50,000.00	50,000.00	
股东权益	1,031,300,886.90	122,890,691.07	739
主营业务利润	84,124,070.38	68,207,119.19	23
净利润	71,378,795.83	38,898,513.45	84

2、主要变动原因:

(1)总资产和股东权益的增加主要是公司发行新股、募集资金和本年实现的利润所致;

(2)主营业务利润的增加是公司积极开拓市场、主营业务收入增长较大,同时加强内部成本管理所致;

(3)净利润增加主要是主营业务利润增加和免缴企业所得税所致;

3、岳华会计师事务所有限责任公司为本公司出具了标准无保留意见的审计报告。

(三)公司投资情况

1、募集资金投资情况

2000 年 5 月公司募集资金 8.79 亿元,拟投资节能功能材料及制品、高效结构材料及制品、生物医学材料及制品三大类共 10 个项目。截至 2000 年 12 月 31 日止,完成投资 6,847 万元,其他资金延续至本年度继续实施。尚未使用的募集资金,除增加公司流动资金外,其余部分用于国债回购投资和银行存款。募集资金投资项目具体情况如下表:

(单位:万元)

序号	项目名称	计划总投资	2000 年计划投资	2000 年实际投资	完成计划进度	预计收益
1	千吨级非晶带材及制品项目	4,117	1,489	1,855	125%	2001 年底
2	非晶配电变压器及元器件项目	6,726	1,566	335	21%	2001 年底
3	高性能粘结稀土永磁体项目	5,792	1,523	306	20%	2001 年底
4	高性能烧结稀土永磁体项目	2,887	587	241	41%	2001 年底
5	驱动器用稀土永磁材料组件项目	5,472	1,251	118	9%	2001 年底
6	药芯焊丝和包芯线项目	6,986	1,465	3,623	247%	2001 年底
7	金属多孔材料和过滤装置项目	5,530	1,122			2001 年底
8	高品级金刚石及其新型粉末触媒材料项目	5,412	1,046			2001 年底
9	高性能金刚石锯片基体项目	5,893	7,99			2001 年底
10	高性能齿科和介入性治疗材料及器件生产线项目	5,667	1,209	369	31%	2001 年底
	合 计	53,182	12,061	6,847	57%	

募集资金投资项目中,"千吨级非晶带材及制品项目"、"药芯焊丝及包芯线项目"已列为国家高技术产业化示范工程;"驱动器用稀土永磁材料组件项目"已列为国家高技术产业化开发项目;"高性能金刚石锯片基体项目"以本公司与北京兴昌高科技发展总公司合资组建有限责任公司的方式实施,新公司拟注册资本 2 ,980 万元,本公司拟出资 2,831 万元,占 95%,作为该项目的一期投资。上述事宜已于 2000 年 12 月 15 日在《中国证券报》、《证券时报》上予以公告。

公司承担的国家高技术产业示范工程项目取得实质性进展,千吨级非晶带材生产线已建成投入试生产,并已生产出 220mm 宽非晶带材,在线自动卷取装置初试成功,预示着非晶千吨级生产线的产量和产品质量都将有新的突破;药芯焊丝项目全面完成厂房的交工验收、碳钢和不锈钢两条生产线的设备安装调试工作,现已投入试生产。粘结、烧结稀土永磁体项目完成了阶段性任务;介入性治疗器械项目进展顺利,关键设备激光焊机、精密激光切割系统相继进口到货,三种介入性支架产品获国家药监局试字号注册;在中关村科技园区昌平园区投资建设"金刚石锯片基体项目"的实施方案已经董事会批准,并将于 2001 年初开始实施。其余尚未投资项目正处于实施方案的论证过程中。

由于股票发行方式的变化,安泰科技发行价格较预计的发行价格高,募集资金比拟投资项目所需资金多 34,081 万元。本公司对此部分募集资金正在积极安排落实新的投资项目,并将按规定进行公告。

2、非募集资金投资情况

(1)报告期内本公司与控股股东钢铁研究总院签署《北京京钢技贸公司重组改制协议》。安泰科技出资 246 万元,以从钢研总院收购股权和对该公司增资相结合的方式,将北京京钢技贸公司重组为北京安泰京钢国际贸易有限责任公司,其中安泰科技拥有 80%股权,钢研总院拥有 20%股权。重组后的北京安泰京钢国际贸易公司作为安泰科技对外贸易的窗口,加大公司产品进入国际市场的营销力度。报告期末,该公司资产总额 542 万元,净资产 312 万元,报告期内该公司实现主营业务收入 1,760 万元,净利润 23 万元。

(2)报告期内本公司与控股股东钢研总院签署《北京钢康焊接材料有限公司股权转让协议》。以加强安泰科技在焊接材料业务领域的业务整合和经营协同,规避与第一大股东的同业竞争,安泰科技出资 542.6 万元购买钢研总院持有的钢康公司 40%的股权。报告期末,该公司资产总额 1,624 万元,净资产 1,119 万元,报告期内该公司实现主营业务收入 1,455 万元,净利润 376 万元。

(3)2000 年 11 月 8 日,本公司与武汉安全环保研究院等 6 家单位共同签署协议,发起设立武汉天澄环保科技股份有限公司。该公司拟注册资本 3000 万元,本公司出资 125.10 万元,占 3.33%。该公司主要经营范围为环保工程设计、承包、监理,与相应的环保仪器设备设计、生产、销售,及其环保新产品、新技术的研究开发,成果转让,技术咨询和技术服务。

(4)2000 年 5 月 18 日,本公司作为战略投资者认购江西赣粤高速公路股份有限公司流通股 100 万股,总金额 1100 万元,持有期 18 个月。

(四)生产经营环境及相关政策法规方面的变化及对公司的影响

1、根据北京市国家税务局京国税所[2000]663 号《转发国家税务总局关于安泰科技股份有限公司企业所得税优惠政策问题的批复的通知》的精神,本公司自 2000 年 1 月 1 日起至 2003 年 12 月 31 日止,4 年内免交企业所得税。这将对公司的经营活动产生重大影响。

2、本公司地处中关村科技园区,2001 年 1 月 1 日开始实施的《中关村科技园区条例》将对公司在人才引进、吸引风险投资、知识产权保护等方面起到积极作用。

(五)新年度业务发展计划

(1)全力抓好投资项目建设工作。国家高技术产业化示范工程项目非晶微晶材料及制品项目、药芯焊丝项目已建成部分今年要尽快投产、产生效益,同时完成后续建设内容;高性能金刚石锯片基体项目当年开工当年投产;落实安泰科技新材料产业基地,全面推进其他募集资金投资项目的建设。

(2)提高经营业绩,实现持续高速增长。今年要进一步开拓市场,挖掘现存生产潜力,抓紧已投资项目的达产增效,控制成本费用,确保经营业绩快速增长。

(3)安排落实已承诺募集资金投资项目之外的投资项目和投资方式。

(4)全面通过 ISO9000 质量体系认证,带动企业基础管理水平的不断提升;继续加强财务管理和内部稽核,提高财务管理水平,强化成本管理和预算管理。

(5)加强营销策划,扩大营销队伍,结合产业建设构筑营销网络,加强客户关系管理,进一步拓展国际国内市场。

(6)加强人力资源开发管理和学习型组织的建立。要将人才引进和干部交流、培训、考核相结合,建立优胜劣汰的竞争机制,逐步构建学习型组织的框架;推进和建立以岗位考核和业绩考核为基础的薪酬激励制度,并积极探索各种长期激励机制;

(7)按照"创新、创誉、创利"的指导思想组织公司的研发创新工作,建立市场化、开放式的研发体系,为公司持续发展提供技术保障。

(8)面对中国加入 WTO 的机遇和挑战,加速公司国际化进程,全方位、多角度开拓并占领国际市场,充分利用国际资源,积极参与国际竞争与合作。高层次、高速度引进国际先进技术和装备,整体推进公司技术结构升级,实现公司产业技术的跨越式发展。

(9)提炼形成和广泛传播安泰科技企业文化，以积极进取和蓬勃向上的文化内涵统一员工的目标和追求，塑造良好的企业形象。

(六)董事会日常工作情况

1、报告期内董事会的会议情况及决议内容

报告期内公司共召开了五次董事会会议。

(1) 第一届董事会2000年第一次临时会议

本次会议于2000年1月15日在钢铁研究总院会议室召开，会议经表决通过了以下决议：

①审议通过报送中国证监会《安泰科技股份有限公司公开发行股票申请材料》，并授权总裁班子在发行申报过程中，如果遇到筹资不足问题，在合理范围内可向银行申请办理银行贷款承诺书。

②审议通过《关于1999年度介入性医疗器械项目启动准备的情况报告和提请安排激光刻蚀金属支架开发计划的建议》。

(2) 第一届第七次董事会

本次会议于2000年3月24日上午在公司会议室召开，会议经表决通过了以下决议：

①审议通过《1999年度总裁业务工作报告》

②审议通过《安泰科技股份有限公司1999年度财务决算报告及利润分配方案》

③审议通过《安泰科技股份有限公司2000年度财务预算方案》

④审议通过《安泰科技股份有限公司2000年度投资计划方案》

⑤审议通过《关于安泰科技股份有限公司董事、监事业务经费补贴的议案》。

⑥审议通过提交股东大会的《1999年度董事会工作报告》。

(3) 第一届第八次董事会

本次会议于2000年7月29日—30日召开，会议经表决通过了以下决议：

①审议通过《2000年上半年总裁工作报告》。

②审议通过《安泰科技股份有限公司2000年中期报告》及《安泰科技股份有限公司2000年中期报告摘要》。

③审议通过《安泰科技股份有限公司2000年中期利润分配预案》。

④审议通过《关于公司发行费用的审计报告》。

⑤审议通过《关于修改公司章程的议案》。

⑥审议通过了公司总裁才让先生关于聘任周少雄先生出任安泰科技股份有限公司总工程师，钱学军先生出任安泰科技股份有限公司总裁助理的提名建议。

⑦同意于2000年9月2日召开公司2000年度第一次临时股东大会，上述第四、五项议案提交股东大会讨论通过。

(4) 第一届第九次董事会

本次会议于2000年10月24日在钢铁研究总院会议室召开，会议经表决通过了以下决议：

①审议通过《北京京钢技贸公司增资重组方案》。

②审议通过《北京钢廉焊接材料有限公司股权收购方案》。

(5) 第一届第十次董事会

本次会议于2000年12月12日—14日在钢铁研究总院涿州基地会议室召开，会议经表决通过了以下决议：

①审议通过《非晶项目、药芯焊丝项目、驱动器用稀土永磁材料组件项目转国家高技术产业化示范工程和开发项目的议案》。

②审议通过《投资实施募集资金投资项目"高性能人工合成金刚石锯片基体项目"的议案》。

③审议通过《安泰科技薪酬体系建设方案》。

④审议通过《关于聘任岳华会计师事务所有限责任公司为安泰科技审计机构的议案》，同意继续聘请岳华会计师事务所为公司2000年度财务审计机构，并提请下一次股东大会确定。

2、董事会对股东大会决议的执行情况

公司第一届董事会严格按照股东大会授权，在《证券法》、《公司法》、《公司章程》的指引下，认真履行职责，很好地完成了股东大会既定的任务。

2000年，公司董事会按照股东大会的要求，进一步完善和规范了公司的股份制运作，加强自身和经营班子的建设，转变经营观念，转换经营机制，强化内部管理，使公司在激烈的市场竞争中得到了进一步的发展。

(1)公司1999年度股东大会审议通过了1999年度利润分配方案，向发起股东现金分红2325万元，本公司按照股东大会要求进行了利润分配。

(2)报告期内，根据公司发展实际需要，及时对《公司章程》进行了修改，并提交公司股东大会审议通过。

(3)报告期内，本公司面向社会公开发行人民币普通股6000万股，筹集资金8. 79亿元。

(七)董事、监事及高级管理人员

姓名	性别	年龄	职务	任职起止日期	年初持股数	年末持股数	股份增减变化
殷瑞钰	男	65	董事长	1998.12.28-2001.12.28	0	0	0
干　勇	男	53	副董事长	1998.12.28-2001.12.28	0	0	0
才　让	男	43	副董事长、总裁	1998.12.28-2001.12.28	0	0	0
黄曼云	男	60	董事	1998.12.28-2001.12.28	0	0	0
王林森	男	62	董事	1998.12.28-2001.12.28	0	0	0
沈　英	男	54	董事	1998.12.28-2001.12.28	0	0	0
赵士谦	男	42	董事、副总裁	1998.12.28-2001.12.28	0	0	0
肖振声	男	60	董事	1998.12.28-2001.12.28	0	0	0
徐若钢	男	42	董事	1998.12.28-2001.12.28	0	0	0
慕成雄	男	59	监事会主席	1998.12.28-2001.12.28	0	0	0
韩景春	男	61	监事	1998.12.28-2001.12.28	0	0	0
伊熙光	男	56	监事	1998.12.28-2001.12.28	0	0	0
薛恩臣	男	58	监事	1998.12.28-2001.12.28	0	0	0
蒋劲锋	男	29	监事	1998.12.28-2001.12.28	0	0	0
李春元	男	61	副总裁	1998.12.28-2001.12.28	0	0	0
周少雄	男	45	总工程师	2000.7.31--2001.12.28	0	0	0
钱学军	男	37	董事会秘书	1998.12.28-2001.12.28	0	0	0
李连清	男	32	财务负责人	1998.12.28-2001.12.28	0	0	0

说明：(1)不在公司领取报酬的董事、监事：殷瑞钰、干勇、黄曼云、王林森、沈英、徐若钢、慕成雄、韩景春、伊熙光、薛恩臣。

其余董事、监事、高级管理人员年度报酬总额为40.64万元，其中6万至7万之间的有2人，5万至6万之间的有4人，3万至4万之间的有2人。

(2)在报告期内没有董事、监事或高级管理人员离任。

(3)在报告期内没有聘任或解聘公司总裁和董事会秘书。

(4)董事、监事及高级管理人员未持有公司股票，故无股份增减变化。

(八)本期利润分配及公积金转增股本预案

1、本年度利润分配预案：

本公司2000年度实现利润总额80,345,920.73元，净利润71,378,795.83元。董事会提出本年度利润分配预案为：提取10%的法定公积金7,137,879.58元，10%的法定公益金7,137,879.58元，5.07%的任意公积金3,615,844.49元，可供股东分配的利润53,487,192.18元。向全体股东每10股派发现金红利2.33元(含税)，共计派发现金35,555,800.00元；每10股送红股1股(含税)，共计送红股15,260,000股，派发现金和送红股合计50,815,800.00元。未分配利润2,671,392.18元。

2、资本公积金转增股本预案：

公司2000年末资本公积金累计833,453,100.75元，拟向全体股东每10股转增5股的比例转增股本，每股面值1元，共计转增股本数为76,300,000股，转增股本后尚余资本公积金757,153,100.75元。

以上两项预案须经公司2000年年度股东大会审议通过执行。

3、预计下年度利润分配政策：

(1)分配次数：公司2001年度分配利润不少于1次；

(2)分配比例：公司2001年度实现净利润用于股利分配的比例60%—70%；

(3)分配形式：以现金或送股或两者相结合的方式；

(4)说明：以上2001年度利润分配政策，在实施时，须董事会以分配预案形式提交股东大会审议通过后才能正式实施，且董事会保留根据公司发展和盈利情况做出调整选择的权利。

(九)公司选定信息披露报纸为《中国证券报》和《证券时报》

六、监事会报告

(一)报告期内公司监事会按照《公司法》和《公司章程》赋予的职责，认真履行监事职能，并根据实际情况列席公司董事会会议及公司其他重要会议。通过法定的程序对公司董事会成员及高管人员实施有效监督，并适时提出意见和建议。

监事会在2000年共召开两次会议。

1、第一届监事会第三次会议于2000年3月24日在公司总部召开。会议主要通过以下议题：

①审议通过《1999年度总裁业务工作报告》。

②审议通过《1999年度财务决算报告及利润分配方案》。

③审议通过提交股东大会《1999年度监事会工作报告》。

④各位监事认为本报告期内公司依法经营，无违规行为，公司决策程序合法、内部建立了完善的内控制度。公司董事、总裁和其他高级管理人员执行本公司职务未发现无违反法律、法规和本公司章程或损害本公司利益的行为。

⑤同意岳华会计师事务所对安泰科技股份有限公司出具的99年度审计报告，财务报告真实反映了公司的财务状况和经营成果。

⑥公司无损害部分股东的权益或造成公司资产流失的行为。

⑦公司关联交易公平、无损害公司利益的行为。

本次会议由于是在公司公开发行上市之前召开，故未予以公告。

2、第一届监事会第四次会议于2000年7月30日召开。会议审议通过了公司2000年度中期报告及摘要。

本次会议的决议公告见2000年8月2日的《中国证券报》和《证券时报》。

(二)本公司监事会对下列事项发表独立意见：

1、报告期内公司决策程序符合有关法律规定，进一步完善了内部控制制度，公司董事、总裁在执行公司职务时未发现任何违反法律、法规、公司章程或损害公司利益的行为。

2、岳华会计师事务所有限责任公司对公司出具了标准无保留意见的审计报告，监事会认为其真实反映了公司的财务状况和经营成果。

3、报告期内公司募集资金实际投入项目与承诺投入项目一致。

4、公司收购、出售资产交易价格合理，未发现内幕交易，无损害部分股东的权益或造成公司资产流失。

5、报告期内公司与控股股东间发生的关联交易公平合理，无损害公司利益的行为。

6、公司本年度实现净利润7,138万元，比招股说明书中预测计划实现净利润数4,488万元增加2,650万元，增长率为59.05%。公司监事会认为，董事会报告中说明的客观原因反映了公司的实际情况，公司监事会同意董事会的说明。

七、重要事项

(一)重大诉讼、仲裁事项

本公司控股子公司北京安泰钢研金刚石有限责任公司涉及的诉讼事项，详情请见5月24日《中国证券报》、《证券时报》、《上海证券报》刊登的《安泰科技股份有限公司上市公告书》；2000年11月该诉讼事项已经北京市高级人民法院裁定并以(2000)高经终字第488号《北京市高级人民法院民事裁定书》下达了终审裁决。

2000年3月28日，北京昌平白浮基体厂(第一原告)和先锋农场(第二原告)以请求支付货款为由在北京市第一中级人民法院(以下简称北京市第一中院)起诉被告北京钢研金刚石制品公司——本公司控股子公司北京安泰钢研金刚石有限责任公司(以下简称安泰钢研)的前身。原告的诉讼请求为：请求被告向原告支付其所欠货款共计16,262,941.21元；请求被告承担本案的全部诉讼费用。2000年5月16日安泰钢研收到北京市第一中院对本案作出的(2000)一中经初字第688号《民事裁定书》，该《民事裁定书》认为：原告白浮基体厂所提供的证据不足以证明其系1994年1月协议书中约定创办的基体厂即本案所争议的基体厂的债权继承人，亦无法证明其与被告之间存在供货关系，故其主张被告给付货款，本院不予支持。而原告先锋农场亦不具有诉讼主体资格，故依照《中华人民共和国民事诉讼法》第一百零八条第一款第(一)项、第一百四十条第一款第(三)项款之规定，裁定驳回原告北京昌平白浮基体厂、原告北京市昌平县先锋农场对被告北京安泰钢研金刚石制品有限责任公司的诉讼。因此本公司在《招股说明书概要》(详见2000年5月10日《中国证券报》、《证券时报》)及《上市公告书》(详见2000年5月24日《中国证券报》、《证券时报》)中均对该项诉讼情况予以披露。此后，两原告不服北京市第一中院对本案作出的一审裁定，向北京市高级人民法院提起上诉。

经过审理，2000年11月下达的(2000)高经终字第488号《北京市高级人民法院民事裁定书》主要内容如下：

白浮基体厂的主要上诉理由是：我方是原未注册的基体厂当然的继承主体，享有基体厂的所有权利，我厂与钢研公司存在购销关系。先锋农场的主要上诉理由是：我方具备法人资格且是基体厂的主办单位，有权依据协议书向被上诉人主张货款。钢研公司服从原审法院判决。

本院经审查认为，上诉人白浮基体厂向原审法院及二审法院提出的证据材料，均无法支持其上诉主张，不足以证明其系1994年1月协议书中约定创办的基体厂的债权继受人，也无法证明其与钢研公司之间存在购销关系。上诉人先锋农场不具备诉讼主体资格，其上诉理由本院不予支持。原审裁定驳回白浮基体厂、先锋农场的起诉并无不当。综上，依据《中华人民共和国民事诉讼法》第一百五十四条的规定，裁定如下：

(1)驳回上诉，维持原裁定。

(2)一审案件受理费五十元，由北京昌平白浮基体厂、北京市昌平县先锋农场共同负担(已交纳)。二审案件受理费五十元，由北京昌平白浮基体厂、北京市昌平县先锋农场共同负担(已交纳)。

(3)本裁定为终审裁定。

关于该诉讼事项的裁决结果，本公司已以董事会公告形式于2000年11月29日在《中国证券报》和《证券时报》上进行披露。

(二)报告期内公司及高管人员奖罚情况：

(1)奖励情况：

①在中国工程院第五次大会上，中国工程院院士、公司董事长殷瑞钰先生荣获第三届"中国工程科技奖"。该奖是对在工程科技领域取得突出成绩和重要贡献的中国工程师、科学家的重大奖励。

②因安泰科技进入1999年度中关村科技园区海淀园经济二十强，公司总裁才让先生受到园区管委会的表彰和奖励。

③经科技部核准，国务院批准，由我公司功能材料事业部和钢研总院功能材料研究所共同申报的"高稳定性稀土永磁材料与工艺"项目荣获国家科技进步二等奖。

(2)处罚情况：报告期内，未发生公司、公司董事及高级管理人员受监管部门处罚的情况。

(三)报告期内，本公司控股股东冶金工业部钢铁研究总院已由科研事业单位转为中央直属大型科技型企业，名称改为钢铁研究总院，并在国家工商局注册，注册资本59,973万元；公司董事会任期未满,成员未发生变动;公司总裁、董事会秘书未发生变更。

(四)出售资产、收购重组、吸收合并事项

1、本年度内,公司与控股股东钢铁研究总院签署协议,对钢研总院的全资外贸企业北京京钢技贸公司进行改制增资重组,投资246万元,用于购买股份和增资,占改制后北京安泰京钢国际贸易有限公司80%股份,该公司注册资本由100万元增加到300万元。

2、本年度内,公司与控股股东钢铁研究总院签署协议,出资542.6万元,购买钢研总院持有的北京钢廉焊接材料有限公司40%的出资。该事项使公司本年度合并营业收入增加1,455万元,净利润增加45.05万元。

(五)重大关联交易事项

1、资产、股权转让发生的关联交易:

关联交易方	交易内容	定价原则	资产账面价值	评估价值	转让价格	结算方式
钢铁研究总院	购买北京京钢技贸公司80%股权	账面价值加溢价	80万元	80万元	86万元	现金
钢铁研究总院	购买钢廉公司40%股权	账面价值加溢价	402.54万元	未评估	542.6万元	现金

2、其他关联交易事项:详见会计报表附注。

(六)上市公司与控股股东在人员、资产、财务上的“三分开”情况

本公司与控股股东钢铁研究总院之间已实现资产完整、财务独立、人员独立。具体情况如下:

1、在人员方面,公司在劳动、人事及工资管理等方面实行独立。总裁、副总裁及高级管理人员均在本公司领取报酬,未在控股股东单位领取报酬和担任重要职务。

2、在资产方面,本公司拥有独立完整的产、供、销经营系统,工业产权、商标、非专利技术等无形资产均由本公司拥有。

3、在财务方面,本公司设有独立的财务部门,并建立了独立的会计核算系统和财务管理制度,公司拥有银行独立账户并独自纳税。

(七)报告期内,无托管、承包、租赁其他公司资产情况,也无应披露的其他公司托管本公司资产情况。

(八)报告期内,续聘岳华会计师事务所有限责任公司为本公司审计机构。

(九)报告期内,本公司无其他重大合同(含担保等)事项。

(十)报告期内,公司无更改名称或股票简称的情况。

八、财务会计报告

(一)审计报告

安泰科技股份有限公司全体股东:

我们接受委托,审计了贵公司2000年12月31日的合并资产负债表、母公司资产负债表及2000年度的合并利润表、母公司利润表和2000年度的合并现金流量表、母公司现金流量表。这些报表由贵公司负责,我们的责任是对这些会计报表发表审计意见。我们的审计是依据《中国注册会计师独立审计准则》进行的。在审计过程中,我们结合贵公司实际情况,实施了包括抽查会计记录等我们认为必要的审计程序。

我们认为,上述会计报表符合《企业会计准则》和《股份有限公司会计制度》及有关补充规定,在所有重大方面公允地反映了贵公司2000年12月31日的财务状况及2000年度的经营成果及2000年度的现金流量情况,会计处理方法的选用遵循了一贯性原则。

岳华会计师事务所有限责任公司　　中国注册会计师:古小荣

中国·北京　　中国注册会计师:常晓波

2001年2月18日

(二)会计报表:见附表

(三)合并会计报表附注

1、外币业务核算方法:

公司以人民币为记账本位币,会计年度内涉及外币的经济业务,按业务发生时中国人民银行公布的市场汇价的中间价折合为人民币记账。年末按中国人民银行公布的市场汇价中间价折合本位币进行调整,调整后的记账本位币余额与原账面余额之间的差额,计入当年度损益。

2、坏账核算方法:

公司坏账损失采用“备抵法”核算,计提坏账准备的方法为“账龄分析法”同时与纳入合并范围内的子公司的往来及备用金不计提坏账准备;

账龄	计提比例(%)
三年以内	5
三年以上	30

坏账按下列原则确认:

①因债务人破产或死亡,以其破产财产或遗产清偿后仍无法收回的款项;

②因债务人逾期未能履行偿债义务超过三年仍旧不能收回的款项,经董事会批准。

注:公司之子公司“北京钢廉焊接材料有限公司”执行外商投资企业会计制度对按期末余额的0.5%计提坏账准备。

3、存货核算方法:

存货的盘存制度为永续盘存制。

存货分类为:原材料、低值易耗品、包装物、在产品、自制半成品、委托加工产品、产成品、外购商品、发出商品。

①原材料计价除子公司北京安泰钢研金刚石制品有限责任公司按计划成本计价、月末结转材料成本差异外,其余均按实际成本计价,材料发出采用“先进先出法”;

②低值易耗品,进口工具、专用工具采用“五五摊销法”,其他低值易耗品采用“一次摊销法”;

③产成品入库采用“实际成本法”,发出采用“先进先出法”;

④决算日,将单个存货成本与可变现净值比较,按存货成本高于其可变现净值的差额提取存货跌价准备,计入当年度损益。

4、短期投资核算方法:

短期投资按取得时的实际成本计价,持有期间的收益冲减投资成本,转让时确认投资收益。

公司计提短期投资跌价准备:决算日,将股票、债券等短期投资的市价与其成本进行比较,如市价低于成本的,按其差额计提短期投资跌价准备,并计入当年度损益。

5、长期投资核算方法:

①长期股权投资,按投资时实际支付的价款或确定的价值记账。公司持有被投资单位有表决权资本总额低于20%,或虽占20%或以上,但不具有重大影响的,按成本法核算;持有被投资单位有表决权资本总额20%或以上,或虽不足20%但具有重大影响的,按权益法核算;对实质性控股的对外股权投资或持有50%以上股权的对外股权投资编制合并会计报表。

②股权投资差额按合同规定的投资期限摊销。

③长期债权投资,按实际成本计价,利息收入按权责发生制原则处理。

长期债权投资,以实际支付的价款扣除支付的税金、手续费等各项附加费用,以及自发行日至债券购入日应计利息后的余额作为实际成本记账。溢价或折价在债券存续期间内,按直线法予以摊销。

④长期投资减值,决算日如果由于市价持续下跌或投资单位经营状况变化等原因导致其可回收金额低于投资的账面价值,则按照可收回金额低于投资的账面价值的差额计提长期投资减值准备,并计入当年度损益。

6、固定资产计价和折旧方法:

公司固定资产标准为使用年限在一年以上的经营性资产,或不属于生产经营的主要设备及物品、单位价值在2,000元以上,并且使用年限超过两年的资产。固定资产按购建时的实际成本计价,其折旧采用“分类直线法”。

公司固定资产预计净残值率为5%,按规定经济使用年限确定的年折旧率分别如下:

资产类别	折旧年限	年折旧率(%)
机械设备	10-14	6.78-9.50
动力设备	10-16	5.94-9.50
传导设备	12-20	4.75-7.92
运输设备	8-10	9.50-11.88
自动化控制及仪器仪表	5-8	11.88-19.00
工业炉窑	8-12	7.92-11.88
工具及其他生产用具	18	5.28
专用设备	10-12	7.92-9.50
其他机器设备	10	9.50

公司之子公司“北京安泰钢研金刚石制品有限公司”固定资产预计净残值率为3%,按规定经济使用年限确定的年折旧率分别如下

资产类别	折旧年限	年折旧率(%)
机械设备	10-14	6.93-9.70
动力设备	10-16	6.06-9.70
传导设备	12-20	4.85-8.08
运输设备	8-10	9.70-12.13
自动化控制及仪器仪表	5-8	12.13-19.40
工业炉窑	8-12	8.08-12.13
工具及其他生产用具	18	5.39
专用设备	10-12	8.08-9.70
其他机器设备	10	9.70

公司之子公司“北京钢廉焊接材料有限公司”固定资产预计净残值率按外商投资企业的10%估计,按规定经济使用年限确定的年折旧率分别如下

资产类别	折旧年限	年折旧率(%)
机械设备	10-14	6.43-9.00
动力设备	10-16	5.63-9.00
传导设备	12-20	4.50-7.50
运输设备	8-10	9.00-11.25
自动化控制及仪器仪表	5-8	11.25-18.00
工业炉窑	8-12	7.50-11.25
工具及其他生产用具	18	5.00
专用设备	10-12	7.50-9.00
其他机器设备	10	9.00

7、收入确认原则:

公司将商品所有权上的重要风险和报酬转移给买方,不再对该商品实施继续管理权和实际控制权,相关的收入已经收到或取得了收款的证据,并且与销售该产品有关的成本能可靠的计量时,确认营业收入的实现。

劳务收入以劳务已提供,收到价款或取得索取价款的凭据时确认营业收入的实现。

8、所得税的会计处理方法:

公司所得税采用应付税款法核算。

9、合并会计报表的编制方法:

根据财政部财会字(1995)11号《关于印发<合并报表暂行规定>的通知》和财会字(96)2号《关于合并报表合并范围请示的复函》等文件的规定,以公司本部和纳入合并范围的子公司的会计报表及其他有关资料为依据,合并各项目数额编制而成。公司间的重大内部交易和资金往来,在合并时抵消。

公司之子公司北京钢廉焊接材料有限公司执行外商投资企业会计制度,由于对合并会计报表影响不大故未对其进行调整。

10、控股子公司及合营企业

(1)控股子公司情况及其合并范围:

被投资单位	注册资本	经营范围	投资额	持股比例	是否合并 2000年	1999年
北京安泰钢研金刚石制品有限责任公司	5533万元	技术开发、制造销售金刚石制品、金刚石单晶、聚晶、复合片、复方氮化硼、超硬材料、加工金刚石制品辅料等	5257.00万元	95%	合并	合并
北京安泰京钢国际贸易有限公司	300万元	金属材料、生物制品等技术开发、咨询、转让、培训及科技产品出口业务、经贸部批准的其他商品的进出口业务	246.00万元	80%	合并	
北京钢廉焊接材料有限公司	78万美元	生产分芯焊丝、新型焊接材料及相关设备;销售自产产品	542.60万元	40%	合并	
北京先奇激光焊接锯片厂	580万元(已注销)	制造高性能金刚石锯片、金刚石钻头及制品	580.00万元	100%		合并

(2)合并子公司范围变动原因:

公司于2000年12月参与原钢铁研究总院全资子公司“北京京钢技贸公司”的重组改制,成为拥有改制后新公司“北京安泰京钢国际贸易有限公司”80%权益的股东,2000年度纳入合并范围;

公司于2000年9月从钢铁研究总院受让“北京钢廉焊接材料有限公司”40%的权益,成为“北京钢廉焊接材料有限公司”第一大股东,董事会成员中本公司占五分之三,董事长、总经理由公司任命,对该公司有实质性控制权,纳入合并范围;

公司之子公司“北京安泰钢研金刚石制品有限责任公司”于2000年5月收购了其子公司“北京先奇激光焊接锯片厂”另29.31%的权益拥有其100%的权益,并于2000年12月办理完结“北京先奇激光焊接锯片厂”的工商、税务的注销手续,成为“北京安泰钢研金刚石制品有限责任公司”的生产车间,2000年度公司不再合并。

九、公司的其他有关资料

(一)公司首次注册或变更注册登记日期、地点:

首次注册登记:1998年12月30日在北京市工商行政管理局注册登记。

变更注册登记:1999年5月25日在北京市工商行政管理局变更营业范围。

变更注册登记:2000年5月19日在北京市工商行政管理局变更注册资本。

变更注册登记:2000年9月18日在北京市工商行政管理局变更公司章程和营业范围。

(二)企业法人营业执照注册号:1100001520058

(三)税务登记号码:110108633715348

(四)公司未流通股票的托管机构名称:深圳证券登记有限公司

(五)公司报告期内证券主承销机构名称:国泰君安证券股份有限公司

(六)公司聘请的会计师事务所名称、办公地点:

名 称:岳华会计师事务所有限责任公司

办公地点:北京朝阳区安定路39号长新大厦

十、备查文件目录

(一)载有法人代表、财务负责人、会计经办人签名并盖章的会计报表。

(二)载有会计师事务所盖章、注册会计师签名并盖章的审计报告原件。

(三)报告期内在中国证监会指定报纸上公开披露过的所有公司文件的正本及公告原稿。

以上备查文件均完整置于公司证券部。

资产负债表

编制单位:安泰股份有限公司　　2000年12月31日　　单位:人民币元

资　产	注释	期初数	期末数	负债及权益	注释	期初数	期末数
流动资产:				流动负债:			
货币资金		45,016,699.87	939,309,446.43	短期借款		1,600,000.00	251,600,000.00
短期投资		8,000,000.00	150,889,523.97	应付票据			
减:短期投资跌价准备				应付账款		3,565,053.70	5,034,846.91
短期投资净额		8,000,000.00	150,889,523.97	预收账款		28,470,728.83	20,693,432.60
应收票据		612,094.56	34,900,000.00	代销商品款			
应收股利		4,340,188.20	6,836,502.89	应付工资		446,960.79	−728,007.14
应收利息			−	应付福利费		1,204,018.81	1,574,645.60
应收账款	1	12,203,600.79	17,108,547.27	应付股利		35,978,718.00	51,970,582.31
其他应收款		12,097,680.37	16,151,396.53	应交税金		4,273,846.37	573,695.87
减:坏账准备		1,167,486.20	1,598,204.98	其他应交款		89,620.36	64,724.55
应收款项净额		23,133,794.96	31,661,738.82	其他应付款		27,074,881.60	85,746,743.06
预付账款		10,525,220.74	41,824,291.87	预提费用		47,604.00	258,855.93
应收补贴款				一年内到期的长期负债			
存货		39,119,924.65	48,303,210.31	其他流动负债			
减:存货跌价准备		181,043.87	214,660.04	流动负债合计	−	102,751,432.46	416,789,519.69
存货净额		38,938,880.78	48,088,550.27	长期负债:			−
待摊费用		273,681.54	−	长期借款			−
待处理流动资产净损失			−	应付债券			−
一年内到期的长期债权投资			−	长期应付款			−
其他流动资产			−	住房周转金		50,000.00	50,000.00
流动资产合计		130,840,560.65	1,253,510,054.25	其他长期负债			−
长期投资:				长期负债合计	−	50,000.00	50,000.00
长期股权投资	2	61,431,300.14	89,161,802.03	递延税项:			−
长期债权投资			−	递延税款贷项			−
长期投资合计		61,431,300.14	89,161,802.03	负债合计	−	102,801,432.46	381,283,719.69
合并差价			−	少数股东权益	−		−
减:长期投资减值准备			−	股东权益:			0.00
长期投资净额		61,431,300.14	89,161,802.03	股本		92.600.000.00	152.600.000.00
固定资产:			−	资本公积		20.865.900.75	833.453.100.75
固定资产原价		87,189,782.80	90,928,439.46	盈余公积		9.424.790.32	27.316.393.97
减:累计折旧		56,489,529.13	62,530,963.96	其中:公益金		3.769.916.13	10.907.795.71
固定资产净值		30,700,253.67	28,397,475.50	未分配利润			17.931.392.18
工程物资			−	股东权益合计		122.890.691.07	1.031.300.886.90
在建工程		2,720,009.07	76,827,973.57				
固定资产清理			−				
待处理固定资产净损失							
固定资产合计		33,420,262.74	105,225,449.07				
无形资产			−				
开办费			−				
长期待摊费用			243,101.24				
其他长期资产			−				
无形资产及其他资产合计			243,101.24				
递延税项:			−				
递延税款借项			−				
资产总计		225,692,123.53	1,448,140,406.59	负债和股东权益总计		225,692,123.53	1,448,140,406.59

利润及利润分配表

编制单位:安泰科技股份有限公司　　2000年度　　单位:人民币元

项　目	注释	上年发生数	本年发生数	项　目	注释	上年发生数	本年发生数
一、主营业务收入	3	173,464,098.78	275,815,587.07	四、利润总额		45,507,161.61	71,378,795.83
减:折扣与折让				减:所得税		6,608,648.16	−
主营业务收入净额		173,464,098.78	275,815,587.07	少数股东权益			−
减:主营业务成本	4	114,691,066.35	215,023,722.04	五、净利润		38,898,513.45	71,378,795.83
主营业务税金及附加		4,630,971.06	2,652,864.77	加:年初未分配利润		−1,199,352.16	−
二、主营业务利润		54,142,061.37	58,139,000.26	盈余公积转入			−
加:其他业务利润		118,950.69	423,824.70	六、可供分配的利润		37,699,161.29	71,378,795.83
减:存货跌价准备		181,043.87	33,616.17	减:提取法定盈余公积		3,769,916.13	7,137,879.58
营业费用		6,623,140.14	5,682,125.57	提取法公益金		3,769,916.13	7,137,879.58
管理费用		9,409,246.24	14,628,606.55	七、可供股东分配的利润		30,159,329.03	57,103,036.67
财务费用		184,147.48	−3,807,378.09	减:应付优先股股利			−
三、营业利润		37,863,434.33	42,025,854.76	提取任意盈余公积		1,884,958.06	3,615,844.49
加:投资收益	5	5,499,174.52	27,717,541.38	应付普通股股利		28,274,370.97	35,555,800.00
补贴收入		2,045,938.48	−	转作股本的普通股股利			−
营业外收入		121,526.88	1,658,633.61	八、未分配利润		−	17,931,392.18
减:营业外支出		22,912.60	23,233.92				

现金流量表

编制单位:安泰科技股份有限公司　　单位:人民币元

项　目	行次	2000年	补充资料	行次	2000年
一、经营活动产生的现金流量			1.不涉及现金收支的投资和筹资活动:		
销售商品、提供劳务收到的现金	1	246,158,131.40	以固定资产偿还债务	56	
收到的租金	2		以投资偿还债务	57	
收到的税费返还	4	4,336,363.42	以固定资产进行投资	58	
收到的其他与经营活动有关的现金	7	3,366,959.26	以存货偿还债务	59	
现金流入小计	8	253,861,454.08	2.将净利润调节为经营活动的现金流量		
购买商品、接受劳务支付的现金	9	177,761,203.99	净利润	62	71,378,795.83
经营租赁所支付的现金	10		加:计提的坏账准备或转销的坏账	63	430,718.78
支付给职工以及为职工支付的现金	11	21,932,634.70	固定资产折旧	64	6,041,434.83
实际缴纳的增值税款	12	4,446,423.32	无形资产摊销	65	−
支付的所得税款	13	7,202,068.60	待摊费用的减少		273,681.54
支付的除增值税、所得税以外的其他税费	14	3,419,537.71	预提费用的增加		−211,251.93
支付的其他与经营活动有关的现金	17	14,134,589.61	处置固定资产、无形资产和其他资产的损失(减:收益)	66	4,778.33
现金流出小计	18	228,896,457.93	固定资产报废损失	67	
经营活动产生的现金流量净额	19	24,964,996.15	财务费用	68	
二、投资活动产生的现金流量:			投资损失(减:收益)	69	−10,872,727.84
收回投资所收到的现金	20	70,705,000.00	递延税款贷项(减:借项)	70	
分得股利或利润所收到的现金	21		存货的减少(减:增加)	71	−9,183,285.66
取得债券利息收入所收到的现金	22	6,133,565.59	经营性应收项目的减少(减:增加)	72	−13,142,738.75
处置固定资产、无形资产和其他长期资产而收到的现金净额	23	109,811.64	经营性应付项目的增加(减:减少)	73	−17,413,879.35
收到的其他与投资活动有关的现金	26	2,033,402.44	其他		−2,340,529.63
现金流入小计	27	78,981,779.67	经营活动产生的现金流量净额	75	24,964,996.15
购建固定资产、无形资产和其他资产所支付的现金	28	79,818,528.73	3.现金及现金等价物净增加情况:		
权益性投资支付的现金	29	20,135,839.08	现金的期末余额	76	939,309,446.43
债权性投资支付的现金	30		减:现金的期初余额	77	45,016,699.87
支付的其他与投资活动有关的现金	33	60,000,000.00	加:现金等价物的期末余额	78	150,889,523.97
现金出小计	34	159,954,367.81	减:现金等价物的期初余额	79	8,000,000.00
投资活动产生的现金流量净额	35	−80,972,588.14			
三、筹资活动产生的现金流量:					
吸收权益性投资收到的现金	36	879,030,000.00			
发行债券收到的现金	37				
借款收到的现金	38	253,200,000.00			
收到的其他与筹资活动有关的现金	41	13,725,990.08			
现金流入小计	42	1,145,955,990.08			
偿还债务所支付的现金	43	3,200,000.00			
发生筹资费用所支付的现金	44	26,212,843.56			
分配股利或利润所支付的现金	45	23,250,000.00			
偿付利息所支付的现金	46	103,284.00			
融资租赁所支付的现金	47				
减少注册资本所支付的现金	48				
支付的其他与筹资活动有关的现金	51				
现金流出小计	52	52,766,127.56			
筹资活动产生的现金流量净额	53	1,093,189,862.52			
四、汇率变动对现金的影响	54				
五、现金及现金等价物净增加额	55	1,037,182,270.53	现金及现金等价物的净增加额	80	1,037,182,270.53

合并资产负债表

编制单位:安泰股份有限公司　　2000 年 12 月 31 日　　单位:人民币元

资　产	注释	期初数	期末数	负债及权益	注释	期初数	期末数
流动资产:				流动负债:			
货币资金	1	54,538,026.24	955,805,162.98	短期借款	15	3,600,000.00	255,600,000.00
短期投资	2	8,000,000,00	150,889,523.97	应付票据			–
减:短期投资跌价准备			–	应付账款	16	20,838,355.14	20,250,795.97
短期投资净额		8,000,000,00	150,889,523.97	预收账款	17	28,573,228.83	23,233,664.06
应收票据	3	612,094.56	34,900,000.00	代销商品款			–
应收股利			–	应付工资		446,310.79	−728,007.14
应收利息			–	应付福利费		1,655,635.08	2,470,058.90
应收账款	4	47,470,410.95	56,227,657.77	应付股利	18	35,978,718.00	52,167,171.91
其他应收款	5	10,806,523.00	13,801,346.71	应交税金	19	4,852,001.21	−4,032,023.05
减:坏账准备		3,304,456.18	3,789,480.33	其他应交款	20	201,846.73	15,618.41
应收款项净额		54,972,477.77	66,239,524.15	其他应付款	21	35,539,358.29	94,378,638.41
预付账款	6	11,331,324.02	42,887,199.90	预提费用	22	380,630.83	704,991.96
应收补贴款			–	一年内到期的长期负债			
存货	7	73,487,318.94	88,736,190.01	其他流动负债			
减:存货跌价准备		1,005,595.64	1,004,217.52	流动负债合计		132,066,084.90	444,060,909.84
存货净额		72,481,723.30	87,731,972.49	长期负债:			–
待摊费用	8	284,049.45	163,677.58	长期借款			–
待处理流动资产净损失		37,773.01	–	应付债券			–
一年内到期的长期债权投资			–	长期应付款			–
其他流动资产			–	住房周转金		50,000.00	50,000.00
流动资产合计		202,257,468.35	1,338,617,061.07	其他长期负债			–
长期投资:			–	长期负债合计		50,000.00	50,000.00
长期股权投资	9	4,366,604.27	17,143,586.40	递延税项:			–
长期债权投资			–	递延税款贷项			–
长期投资合计		4,366,604.27	17,143,586.40	负债合计		132,116,084.90	444,110,909.84
合并差价			1,321,874.58	少数股东权益	23	5,333,621.26	10,620,963.99
减:长期投资减值准备			–	股东权益:			–
长期投资净额		4,366,604.27	18,465,460.98	股本	24	92,600,000.00	152,600,000.00
固定资产:				资本公积	25	20,865,900.75	833,453,100.75
固定资产原价	10	108,729,206.17	120,961,775.01	盈余公积	26	9,424,790.32	27,316,393.97
减:累计折旧		62,961,561.64	74,027,479.91	其中:公益金		3,769,916.13	10,907,795.71
固定资产净值		45,767,644.53	46,934,295.10	未分配利润	27	0.00	17,931,392.18
工程物资			–	股东权益合计		122,890,691.07	1,031,300,886.90
在建工程	11	3,497,416.37	77,869,685.98				
固定资产清理			–				
待处理固定资产净损失			–				
固定资产合计		49,265,060.90	124,803,981.08				
无形资产及其他资产:							
无形资产	12	320,833.33	666,833.33				
开办费	13	1,223,240.60	1,166,483.72				
长期待摊费用	14	2,907,189.78	2,312,940.55				
其他长期资产							
无形资产及其他资产合计		4,451,263.71	4,146,257.60				
递延税项:			–				
递延税款借项			–				
资产总计		260,340,397.23	1,486,032,760.73	负债和股东权益总计		260,340,397.23	1,486,032,760.73

合并利润及利润分配表

编制单位:安泰科技股份有限公司　　2000 年度　　单位:人民币元

项　目	注释	上年发生数	本年发生数	项　目	注释	上年发生数	本年发生数
一、主营业务收入		216,511,796.78	356,623,288.18	四、利润总额		49,136,292.25	80,345,920.73
减:折扣与折让			–	减:所得税		9,344,399.44	5,138,062.45
主营业务收入净额		216,511,796.78	356,623,288.18	少数股东损益	34	893,379.36	3,829,062.45
减:主营业务成本		143,194,365.01	269,802,645.85	五、净利润		38,898,513.45	71,378,795.83
主营业务税金及附加		5,110,312.58	2,696,571.95	加:年初未分配利润		−1,890,371.34	–
二、主营业务利润		68,207,119.19	84,124,070.38	盈余公积转入			–
加:其他业务利润	28	170,611.43	1,079,458.02	六、可供分配的利润		37,008,142.11	71,378,795.83
减:存货跌价准备		1,005,595.64	−1,378.12	减:提取法定盈余公积		3,769,916.13	7,137,879.58
营业费用		8,425,513.46	10,174,864.57	提取法定公益金		3,769,916.13	7,137,879.58
管理费用		13,586,704.89	20,677,199.99	七、可供股东分配的利润		29,468,309.85	57,103,036.67
财务费用	29	256,113.51	−3,778,698.92	减:应付优先股股利			–
三、营业利润		45,103,803.12	58,131,540.88	提取任意盈余公积		1,884,958.06	3,615,844.49
加:投资收益	30	169,226.13	17,321,940.23	应付普通股股利		27,583,351.79	35,555,800.00
补贴收入	31	3,776,418.75	2,851,279.17	转作股本的普通股股利			–
营业外收入	32	128,338.85	2,353,252.69	八、未分配利润		0.00	17,931,392.18
减:营业外支出	33	41,494.60	312,092.24				

合并现金流量表

编制单位:安泰科技股份有限公司　　单位:人民币元

项　目	行次	附注	2000 年	补充资料	行次	附注	2000 年
一、经营活动产生的现金流量				1. 不涉及现金收支的投资和筹资活动:			
销售商品、提供劳务收到的现金	1		327,125,237.31	以固定资产偿还债务	56		
收取的租金	2		–	以投资偿还债务	57		
收到的税费返还	4		7,349,200.98	以固定资产进行投资	58		
收到的其他与经营活动有关的现金	7		4,665,252.02	以存货偿还债务	59		
现金流入小计	8		339,139,690.31	2. 将利润调节为经营活动的现金流量			
购买商品、接受劳务支付的现金	9		235,887,901.64	净利润	62		71,378,795.83
经营租赁所支付的现金	10		826,600.00	加:少数股东本期损益			3,829,062.45
支付给职工以及为职工支付的现金	11		31,319,859.83	计提的坏账准备或转销的坏账	63		485,024.15
实际缴纳的增值税款	12		14,023,048.42	固定资产折旧	64		8,976,430.24
支付的所得税款	13		7,202,068.60	无形资产摊销	65		226,706.44
支付的除增值税、所得税以外的其他税费	14		3,827,611.95	待摊费用的减少			1,111,032.01
支付的其他与经营活动有关的现金	17	35	18,197,503.03	处置固定资产、无形资产和其他资产的损失(减:收益)	66		−211,251.93
现金流出小计	18		311,284,593.47	固定资产报废损失	67		−6,155.67
经营活动产生的现金流量净额	19		27,855,096.84	财务费用	68		
二、投资活动产生的现金流量:			–	投资损失(减:收益)	69		
收回投资所收到的现金	20		70,705,000.00	递延税款贷项(减:借项)	70		−10,872,727.84
分得股利或利润所收到的现金	21		–	存货的减少(减:增加)	71		
取得债券利息收入所收到的现金	22		6,133,565.59	经营性应收项目的减少(减:增加)	72		−12,913,389.29
处置固定资产、无形资产和其他长期资产所收到的现金净额	23		109,811.64	经营性应付项目的增加(减:减少)	73		−14,653,820.95
收到的其他与投资活动有关的现金	26		7,668,023.33	增值税增加净额			−14,274,698.92
现金流入小计	27		84,616,400.56	其他			−5,219,918.68
购建固定资产、无形资产和其他资产所支付的现金	28		80,169,735.73	经营活动产生的现金流量净额	75		27,855,096.84
权益性投资支付的现金	29		21,835,839.08	3. 现金及现金等价物净增加情况:			
债权性投资支付的现金	30		–	现金的期末余额	76		955,805,161.98
支付的其他与投资活动有关的现金	33	36	60,000,000.00	减:现金的期初余额	77		54,538,026.24
现金出小计	34		162,005,574.81	加:现金等价物的期末余额	78		150,889,523.97
投资活动产生的现金流量净额	35		−77,389,174.25	减:现金等价物的期初余额	79		8,000,000.00
三、筹资活动产生的现金流量:							
吸收权益性投资收到的现金	36		879,030,000.00				
发行债券收到的现金	37		–				
借款收到的现金	38		253,800,000.00				
收到的其他与筹资活动有关的现金	41		13,725,990.08				
现金流入小计	42		1,146,555,990.08				
偿还债务所支付的现金	43		3,200,000.00				
发生筹资费用所支付的现金	44		26,212,843.56				
分配股利或利润所支付的现金	45		23,250,000.00				
偿付利息所支付的现金	46		202,409.40				
融资租赁所支付的现金	47		–				
减少注册资本所支付的现金	48		–				
支付的其他与筹资活动有关的现金	51		–				
现金流出小计	52		52,865,252.96				
筹资活动产生的现金流量净额	53		1,093,690,737.12				
四、汇率变动对现金的影响	54						
五、现金及现金等价物净增加额	55		1,044,156,659.71	现金及现金等价物的净增加额	80		1,044,156,659.71

湖北迈亚股份有限公司

二○○○年年度报告摘选

一、公司简介

1、公司法定中文名称:湖北迈亚股份有限公司
公司英文名称:HUBEI MAIYA CO. ,LTD.
2、公司法定代表人:叶金堂
3、公司董事会秘书:付楚雄
联系地址:湖北省仙桃市勉阳大道131号
联系电话:(0728)3275828
传　　真:(0728)3275829
4、公司注册地址:湖北省仙桃市勉阳大道131号
公司办公地址:湖北省仙桃市勉阳大道131号
邮政编码:433000
5、公司信息披露报纸名称:《证券时报》、《中国证券报》、《上海证券报》
登载公司年度报告的中国证监会指定国际互联网网址:
http://www.cninfo.com.cn
公司年度报告备置地点:公司证券部
6、公司股票上市地:深圳证券交易所
股票简称:湖北迈亚
股票代码:0971

二、会计数据和业务数据摘要

1、本年度利润总额及构成(单位:人民币元)

利润总额	46,474,734.77
净利润	39,138,072.30
扣除非经常性损益后的净利润	29,992,912.30
主营业务利润	83,864,783.51
其它业务利润	−77,711.23
营业利润	35,715,723.02
投资收益	9,194,196.06
补贴收入	/
营业外收支净额	1,564,815.69
经营活动产生的现金流量净额	42,850,757.36
现金及现金等价物净增加额	229.004,229.91

说明:本年度扣除非经常性损益的项目及涉及金额
(1)公司参与配售"凯乐股份"所取得的投资收益9,194,196.06元;
(2)营业外收入是发行股票时,申购冻结资金利息1,359,357.00元;
(3)营业外收支净额是处置固定资产损益205,458.69元。

2、截止报告期末公司近三年的主要会计数据和财务指标:　　(单位:人民币元)

项目	2000年	1999年	1998年	
			调整后	调整前
主营业务收入	242,741,759.70	207,338,185.47	157,392,500.92	157,392,500.92
净利润	39,138,072.30	32,325,815.91	24,369,465.04	27,116,131.90
总资产	913,015,670.85	579,063,998.75	516,399,869.80	523,065,557.26
股东权益	416,791,420.71	187,839,785.86	179,273,969.89	185,939,657.35
每股收益(摊薄)	0.21	0.24	0.18	0.21
每股收益(加权)	0.23	0.24	0.18	0.21
每股净资产	2.23	1.42	1.36	1.41
调整后的每股净资产	2.20	1.38	1.31	1.36
每股经营活动产生的现金流量净额	0.23	0.11	−0.21	−0.21
净资产收益率(%)				
摊薄	9.39	17.20	13.57	14.56
加权	10.60	14.81	12.72	13.91
扣除非经常性损益的净资产收益率% 摊薄	7.20	17.14	13.57	14.56
加权	8.12	14.75	12.72	13.91

3、按中国证监会《公开发行证券公司信息披露编报规则》(第9号文)通知要求:计算的2000年度每股收益和净资产收益率如下:

报告期利润	净资产收益率(%)		每股收益(元)	
	全面摊薄	加权平均	全面摊薄	加权平均
主营业务利润	20.12	22.72	0.45	0.50
营业利润	8.57	9.67	0.19	0.21
净利润	9.39	10.60	0.21	0.23
扣除非经常性损益后的净利润	7.20	8.12	0.16	0.18

4、报告期内股东权益变化情况　　(单位:元)

项目	股本	资本公积	盈余公积	法定公益金	未分配利润	股东权益合计
期初数	132000000	22,000,000	24,470,568.55	8,156,856.18	9,369,217.31	187,839,785.86
本期增加	55000000	169,876,062.55	5,870,710.85	1,956,903.62	39,138,072.30	269,884,845.71
本期减少	/	/	/	/	40,933,210.85	40,933,210.85
期末数	187000000	191,876,062.55	30,341,279.40	10,113,759.80	7,574,078.76	416,791,420.71

三、股东情况介绍

(1)报告期末股东总数
截止2000年12月29日,本公司股东总数37291户,其中国有法人股东1户,法人股东4户,公司高管人员15户。
(2)主要股东持股情况　　(单位:股)

序号	股东名称	年末持股数	占总股本%
1	湖北仙桃毛纺集团有限公司	92160000	49.28
2	仙桃市财务开发公司	9600000	5.13
3	湖北省纺织品公司	2400000	1.28
4	仙桃市彩凤实业公司	1200000	0.64
5	景宏证券投资基金	630200	0.34
6	景福证券投资基金	364400	0.20
7	宁波民安实业投资有限公司	355466	0.19
8	张荣江	343000	0.18
9	普丰证券投资基金	334358	0.18
10	裕隆证券投资基金	326700	0.18

新疆中基实业股份有限公司

二○○○年年度报告摘选

一、公司简介

1、公司法定中文名称:新疆中基实业股份有限公司
公司法定英文名称:XINJIANG CHALKIS CO., LTD
英文缩写:CHALKIS
2、公司法定代表人:刘一
3、公司董事会秘书:成屹
联系地址:新疆乌鲁木齐市五星路17号五星大厦12楼
联系电话:(0991)2649534
传　　真:(0991)2616688
电子信箱:xzjcy@163.net
4、公司注册地址:新疆乌鲁木齐市五星路17号
公司办公地址:新疆乌鲁木齐市五星路17号
邮政编码:830002
电子信箱:Chalkis@xj.cninfo.net
5、公司选定的信息披露报纸:《证券时报》
登载公司年度报告的中国证监会指定国际互联网网址:
http://www.cninfo.com.cn
公司年度报告备置地点:公司董事会秘书处
6、公司股票上市交易所:深圳证券交易所
股票简称:新中基
股票代表:0972

二、会计数据和业务数据摘要

1、本年度主要财务指标的完成情况(单位:人民币元)

项　目	金额(元)
实现利润总额	32,212,214.02
实现净利润	27,136,457.31
扣除非经常性损益后的净利润	20,634,534.99
主营业务利润	74,920,232.75
其他业务利润	8,505,205.19
营业利润	25,487,061.53
投资收益	223,230.17
补贴收入	2,528,227.34
营业外收支净额	3,973,694.98
经营活动产生的现金流量净额	(159,486,918.60)
现金及现金等价物净增加额	45,718,110.15

注:营业外收入中含新股发行冻结资金利息转入3,575,171.60元。

2、截止报告期末公司前三年主要会计数据和财务指标

项目	2000年	1999年	1998年	
			调整前	调整后
主营业务收入(元)	467,575,925.95	392,197,687.34	360,952,504.04	360,952,504.04
净利润(元)	27,136,457.31	25,432,371.54	28,001,201.04	22,285,352.68
总资产(元)	1,038,766,878.01	587,021,441.06	449,143,395.11	440,986,352.42
股东权益(不含少数股东权益)(元)	398,484,032.90	169,956,486.55	167,335,447.12	158,931,959.57
每股收益(摊薄)(元)	0.22	0.32	0.35	0.28
每股收益(加权平均)(元)	0.25	0.32	0.81	0.65
扣除非经常性损益后的每股收益(元)	0.17	0.23	0.33	0.26
每股净资产(元)	3.20	2.14	2.10	1.99
调整后的每股净资产(元)	2.84	2.00	2.04	1.93
每股经营活动产生的现金流量净额(元)	(1.28)	0.42	(0.016)	(0.016)
净资产收益率(%)	6.66	14.96	16.73	14.02

注:①1998年及1999年度按总股本79,589,173股计算,2000年度按总股本124 ,589,173股计算。
② 以上数据和指标以公司合并会计报表数填列和计算

3、利润表附表:

报告期利润	净资产收益率(%)		每股收益(元)	
	全面摊薄	加权平均	全面摊薄	加权平均
主营业务利润	18.40	23.15	0.60	0.68
营业利润	6.26	7.88	0.20	0.23
净利润	6.66	8.39	0.22	0.25
扣除非经常性损益后的净利润	5.07	6.38	0.17	0.19

4、本报告期内股东权益变动情况及变动原因:　　单位:人民币元

项目	股本	资本公积	盈余公积	法定公益金	末分配利润	股东权益合计
期初数	79,589,173	74,230,833.92	16,136,479.63	2,016,545.85		169,956,486.55
本期增加	45,000,000	165,112,331.15	12,211,405.79		6,203,809.41	228,527,546.35
本期减少						
期末数	124,589,173	239,343,165.07	28,347,885.42	2,016,545.85	6,203,809.41	398,484,032.90
变动原因	新股发行	新股发行			本年利润	

三、股本变动及主要股东情况

(一)、股本变动情况
1、公司股份变动情况表　　数量单位:

		股本次股本变动情况		
一、尚未流通股	期初数	发行	配股送股现金转增其它	期末数
1、国家持有股份	65,582,720			65,582,720
2、发起人法人股份	13,396,453			13,396,453
3、定向募集法人股份	600,000			600,000
尚未流通股份合计:	79,589,173			79,589,173
二、已流通股份				
1、人民币普通股				45,000,000
2、流通股份合计				45,000,000
三、股份总数	79,589,173	+45,000,000		124,589,173

佛山塑料集团股份有限公司

二○○○年年度报告摘选

一、公司简介

1、公司法定中文名称:佛山塑料集团股份有限公司
公司法定英文名称:FOSHAN PLASTICS GROUP CO., LTD
2、公司法定代表人:冯兆征
3、董事会秘书:罗汉均
证券事务代表:何水秀
联系地址:广东省佛山市汾江中路 82 号
联系电话:(0757)2297484
联系传真:(0757)2225754
4、公司注册及办公地址:广东省佛山市汾江中路 82 号
邮政编码:528000
公司国际互联网网址:http://www.foshan-plastic.com
5、公司指定的信息披露报刊:《中国证券报》、《证券时报》
登载公司年报的国际互联网网址:http://www.cninfo.com.cn
公司年度报告备置地点:公司董事会秘书办公室
6、公司股票上市交易所:深圳证券交易所
股票简称:佛塑股份(A 股)
股票代码:0973

二、会计数据和业务数据摘要

1、本年度公司主要经营数据: 单位:元

利润总额:	88,702,492.66
净利润:	75,628,611.47
扣除非经常性损益后的净利润:	69,628,903.44
主营业务利润:	174,728,474.40
其他业务利润:	15,802,473.24
营业利润:	60,606,930.81
投资收益:	21,002,786.62
补贴收入:	5,349,133.00
营业外收支净额:	1,743,642.23
经营活动产生的现金流量净额:	-123,485,225.85
现金及现金等价物净增加额	262,061,725.76

注:扣除非经常性损益涉及的项目和金额如下:
(1) 补贴收入: 5,349,133.00
(2) 营业外收入中的利息: 650,575.03

2、公司前三年主要会计数据及财务指标: 单位:元

序号	项目	2000 年	1999 年	1998 年
1	主营业务收入	1,482,378,715.24	1,260,462,359.10	1,065,428,188.41
2	净利润	75,628,611.47	65,894,431.07	60,248,520.87
3	总资产	2,088,994,881.08	1,605,397,725.96	1,493,076,780.50
4	股东权益(不包含少数股东权益)	1,110,895,446.11	514,869,900.75	495,215,372.17
5	每股收益(摊薄)	0.20	0.24	0.22
6	每股收益(加权)	0.22	0.24	0.22
7	扣除非经常性损益后的每股收益(摊薄)	0.19	0.21	0.18
8	扣除非经常性损益后的每股收益(加权)	0.20	0.21	0.18
9	每股净资产	2.97	1.85	1.78
10	调整后每股净资产	2.96	1.83	1.74
11	每股经营活动产生的现金流量净额	-0.33	-0.16	
12	净资产收益率(摊薄)	6.81%	12.80%	12.17%
13	净资产收益率(加权)	8.05%	12.48%	11.73%
14	扣除非经常性损益后的加权净资产收益率	7.44%	11.15%	9.73%

3、利润分配表附表

报告期利润	净资产收益率(%)		每股收益	
	全面摊薄	加权平均	全面摊薄	加权平均
主营业务利润	14.93	18.60	0.47	0.51
营业利润	5.18	6.45	0.16	0.18
净利润	6.81	8.05	0.20	0.22
扣除非经常性损益后的净利润	6.27	7.44	0.19	0.20

4、本年度股东权益变动情况:

项目	股本	资本公积	盈余公积	法定公益金	未分配利润	股东权益合计
期初数	278,450,600.00	164,968,594.08	67,227,531.38	22,409,177.12	4,223,175.29	514,869,900.75
本期增加	95,000,000.00	485,149,029.89	11,344,291.72	3,781,430.57	75,628,611.47	667,121,933.08
本期减少					71,096,387.72	71,096,387.72
期末数	373,450,600.00	650,117,623.97	78,571,823.10	26,190,607.69	8,755,399.04	1,110,895,446.11
变动原因	发行 9500 万股社会公众股	发行溢价部分转入资本公积	提取法定公积金及法定公益金	提取法定公益金	本年度利润增加及分配	

三、股本变动及股东情况

1、报告期末股东总数:39947 户。
2、主要股东持股情况(前十名股东)

序号	股东名称	持股额(万股)	占总股本比例(%)	备注
1	佛山市塑料工贸集团公司	147,028,500	39.370	
2	佛山市塑料皮革工业合作联社	110,024,400	29.462	
3	广东财信投资有限公司	2,700,000	0.723	战略投资者
4	广东梅县梅雁经济发展总公司	2,700,000	0.723	战略投资者
5	广州经济技术开发区广远海运服务公司	2,700,000	0.723	战略投资者
6	广东兆源投资发展有限公司	2,450,000	0.656	战略投资者
7	金鑫证券投资基金	2,375,699	0.636	
8	佛山三冠塑胶有限公司	2,300,000	0.616	战略投资者
9	宜兴市皇康物资有限公司	2,000,000	0.536	战略投资者
10	上海裕达房地产发展投资有限公司	1,800,000	0.482	战略投资者

重庆乌江电力股份有限公司

二○○○年年度报告摘选

一、公司简介

(一)公司法定中文名称:重庆乌江电力股份有限公司　　简称:乌江电力
公司法定英文名称:Chongqing Wujiang Electric Power Co., Ltd.　　公司英文简称:WJEP
(二)公司法定代表人:李鸿铭
(三)公司董事会秘书:张辉
联系地址:重庆市黔江区新华西路　　邮政编码:409000
电话:023-79239491　　传真:023-79239494
电子信箱:domy-c@yeah.net
(四)公司注册地址:重庆市黔江开发区黔江县联合镇西山坪水井湾东侧
邮政编码:409000
公司办公地址:重庆市黔江区新华西路　　邮政编码:409000
公司电子信箱:ywdzjtzb@public.cta.cq.cn
(五)公司选定信息披露报纸:《中国证券报》、《证券时报》
刊登公司年度报告的中国证监会指定国际互联网网址:http://www.cninfo.com.cn
公司年度报告备置地点:公司董事会秘书办公室
(六)公司股票上市交易所:深圳证券交易所
股票简称:乌江电力　　股票代码:0975

二、会计数据和业务数据摘要

(一)公司本年度会计数据摘要(单位:元)

1、主营业务收入	96,645,143.69
2、主营业务利润	63,669,895.77
3、营业利润	53,804,752.25
4、投资收益	2,000,000.00
5、营业外收支净额	-21,614.23
6、利润总额	55,783,138.02
7、净利润	37,374,702.48
8、扣除非经常性损益后的净利润	36,898,604.30
9、经营活动产生的现金流量净额	31,244,375.59
10、现金及现金等价物净增加额	378,768,085.82

注:扣除非经常性损益 476,098.18 元,为公司 2000 年发行新股冻结资金利息收入。
(二)截止报告期末公司前三年的主要会计数据和财务指标(单位:元)

项目/年度	2000 年	1999 年	1998 年
1、主营业务收入	96,645,143.69	92,525,098.41	83,912,618.20
2、净利润	37,374,702.48	40,021,677.88	23,993,736.81
3、总资产	804,049,291.79	338,035,841.94	251,780,494.80
4、股东权益	696,212,434.77	163,577,732.30	82,989,864.05
5、每股净资产	3.76	1.56	
6、调整后的每股净资产	3.75	1.54	
7、每股经营活动产生的流量净额	0.17	0.61	
8、净资产收益率			
(1)按主营业务利润计算			
全面摊薄(%)	9.15	38.35	73.93
加权平均(%)	12.13	60.47	67.12
(2)按营业利润计算			
全面摊薄(%)	7.13	29.00	46.98
加权平均(%)	10.25	45.72	42.66
(3)按净利润计算			
全面摊薄(%)	5.37	24.47	28.91
加权平均(%)	7.12	38.56	26.25
(4)按扣除非经常性损益后的净利润计算			
全面摊薄(%)	5.30	24.47	28.91
加权平均(%)	7.03	38.56	26.25
9、每股收益			
(1)按主营业务利润计算			
全面摊薄	0.34	0.60	
加权平均	0.40	0.60	
(2)按营业利润计算			
全面摊薄	0.29	0.45	
加权平均	0.35	0.46	
(3)按净利润计算			
全面摊薄	0.20	0.38	
加权平均	0.24	0.38	
(4)按扣除非经常性损益后的净利润计算			
全面摊薄	0.20	0.38	
加权平均	0.23	0.38	

三、股本变动和股东情况

(一)股本变动情况
1、股本变动情况表(截止 2000 年 12 月 31 日)　　数量单位:股

项目	本次变动前	本次增减变动(+)				本次变动后
		配股	送股	公积金转股	发行新股	
一、未上市流通股份						
1、发起人股份	105,000,000					105,000,000
其中:						
国有法人股	104,665,300					104,665,300
境内法人持有股份	334,700					334,700
其他						
2、募集法人股份						
3、公司职工股						
4、优先股或其他					32,000,000	32,000,000
其中:						
战略投资者持股					32,000,000	32,000,000
未上市流通股份合计	105,000,000				32,000,000	137,000,000
二、已上市流通股份						
1、人民币普通股					48,000,000	48,000,000
2、境内上市的外资股						
3、境外上市的外资股						
4、其他						
已上市流通股份合计					48,000.000	48,000,000
三、股份总数	105,000,000				80,000,000	185,000,000

广东开平春晖股份有限公司

二○○○年年度报告摘选

一、公司简介

1 、公司法定中文名称:广东开平春晖股份有限公司

2、公司法定英文名称:GUANGDONG KAIPING CHUNHUI CO. , LTD

3、公司注册及办公地址:中国广东省开平市长沙港口路 10 号

邮编:529300

电子信箱:jmkpdl2@pub. jiangmen. gd. cn

4、公司法定代表人:梁树相

5、公司董事会秘书:;陈伟奇

董事会证券事务代表:余志新

联系电话:(0750)2276949,2228111 转 287

传　　真:(0750)2276959

电子邮箱:jmkpdl2@pub. jiangmen. gd. cn

6、公司选定的信息披露报纸名称:《中国证券报》、《证券时报》、《上海证券报》

登载公司年度报告的国际互联网网址:http://www. cninfo. com. cn

年度报告备置地点:广东开平春晖股份有限公司证券部

7、公司股票上市地点:深圳证券交易所

股票简称:春晖股份

股票代码:0976

二、主要财务数据和指标

1 、主要财务数据和指标(单位:元)

项目	2000 年 12 月
利润总额	113,925,920.53
净利润	76,407,948.77
扣除非经常性损益后的净利润	73,698,810.22
主营业务利润	149,326,882.92
其他业务利润	6,357.62
营业利润	109,647,333.16
投资收益	235,097.00
补贴收入	-
营业外收支净额	4,043,490.37
经营活动产生的现金流量净额	-11,018,790.77
现金及现金等价物净增加额	79,077,661.98

说明:"扣除非经常性损益后的净利润"中扣除项目为社会公众股认购资金冻结利息,金额为 4,130,050.89 元,处理固定资产损失 86,560.52 元,考虑所得税影响数 1,334,351.82 元,实际扣除金额为 2,709,138.55 元.

2、截止报告期末公司前三年的主要会计数据和财务指标

项目	2000 年	1999 年	1998 年
主营业务收入	957,524,364.79	773,679,742.94	728,860,244.34
净利润	76,407,948.77	61,253,295.27	54,207,617.13
总资产	1,670,331,798.60	1,212,311,179.86	1,273,746,203.28
股东权益(不含少数股东权益)	1,179,085,481.54	566,764,602.77	50,522,511,307.50
每股收益(摊薄)	0.18	0.37	0.33
每股收益(加权)	0.19	0.37	0.33
每股净资产	2.80	3.46	3.08
调整后的每股净资产	2.79	3.44	3.08
每股经营活动产生的现金流量净额	-0.03	1.95	0.05
净资产收益率(%)(摊薄)	6.48	10.81	10.72
净资产收益率(%)(加权)	8.07	11.42	11.33

按照中国证监会公开发行证券公司信息披露编报规则(第 9 号)的要求,计算的 2000 年净资产收益率和每股收益。

报告期利润	净资产收益率(%)		每股收益	
	全面摊薄	加权平均	全面摊薄	加权平均
主营业务利润	12.66	15.76	0.3546	0.3809
营业利润	9.30	11.57	0.2604	0.2797
净利润	6.48	8.07	0.1814	0.1949
扣除非经常性损益后的净利润	6.14	7.64	0.1718	0.1846

三、股本变动及股东情况

1 、股本变动情况

公司股份变动情况表(数量单位:万股)

	本次变动前	本次变动增减(+,-)						本次变动后
		配股	送股	公积金转股	新发	其他	小计	
一、未上市流通股份								
1、发起人股份								
其中:								
国家持有股份	7,287.55		1,457.51	4,372.53			5.830.04	13,117.59
其他								
2、募集法人股份	5,830.05		1,166.01	3,498.03			4,664.04	10,494.09
3、内部职工股	3,279.40		655.88	1,967.64			2,623.52	5,902.92
4、优先股或其他								
其中:转配股								
未上市流通股份合计	16,397.00		3,279.40	9,838.20			13,117.60	29,514.60
二、已上市流通股份								
1、人民币普通股			680.00	2,040.00	3,400.00		6,120.00	6,120.00
2、境内上市的外资股								
3、境外上市的外资股								
4、其他*(战略投资者)			720.00	2,160.00	3,600.00		6,480.00	6,480.00
已上市流通股份合计			1,400.00	4,200.00	7,000.00		12,600.00	12,600.00
三、股份总数	16,397.00		4,679.40	14,038.20	7,000.00		25,717.60	42,114.60

浪潮电子信息产业股份有限公司

二○○○年年度报告摘选

一、公司简介

1、公司法定中文名称:浪潮电子信息产业股份有限公司

公司法定英文名称:LANGCHAO ELECTRONIC INFORMATION INDUSTRY CO. , LTD.

2、公司注册地址:山东省济南市山大路 224 号

公司办公地址:山东省济南市山大路 224 号

邮政编码:250014

互联网址:http://www. langchao. com. cn

电子信箱:bairong@langchao. com. cn

3、公司法定代表人:王爱先

4、董事会秘书:张磊

证券事务代表:白荣

联系地址:山东省济南市山大路 224 号(公司证券部)

联系电话:0531-8932888-8591

传真:0531-8958704

E-mail:bairong@langchao. com. cn

5、公司信息披露报纸名称:《中国证券报》、《证券时报》

登载年度报告的中国证监会指定国际互联网网址:

http://www. cninfo. com. cn

公司年度报告备置地点:公司证券部

6、公司股票上市地:深圳证券交易所

股票简称:浪潮信息

股票代码:0977

二、会计数据和业务数据摘要

1、本年度主要会计数据和业务数据(单位:元)

利润总额	86,430,342.97
净利润	60,276,156.05
扣除非经常性损益后的净利润	58,650,564.84
主营业务利润	204,947,967.72
其他业务利润	2,567,737.21
营业利润	72,266,162.08
投资收益	5,329,635.05
补贴收入	7,208,954.63
营业外收支净额	1,625,591.21
经营活动产生的现金流量净额	11,487,124.85
现金及现金等价物净增加额	596,855,424.20

注:2000 年非经常性损益 1,625,591.21 元,其中新股申购冻结资金利息 1,611,204.31 元,其他营业外收支净额 14,386.90 元.

2、前三年主要会计数据和财务指标,(单位:元)

项　目	2000 年	1999 年		1998 年	
		调整后	调整前	调整后	调整前
主营业务收入	814,470,312.49	394,413,968.11	394,413,968.11	434,299,023.10	434,299,023.10
净利润	60,276,156.05	42,719,963.10	45,349,963.10	32,291,688.11	33,441,688.11
总资产	1,168,248,541.05	379,121,151.49	382,901,151.49	489,169,005.22	490,319,005.22
股东权益(不含少数股东权益)	784,927,168.26	235,236,231.88	239,016,231.88	207,516,268.78	208,666,268.78
每股收益(摊薄)	0.28	0.28	0.30	0.22	0.22
每股收益(加权)	0.31	0.28	0.30	0.24	0.25
扣除非经常性损益后的每股收益(摊薄)	0.27	0.28	0.30	0.22	0.22
扣除非经常性损益后的每股收益(加权)	0.30	0.28	0.30	0.24	0.25
每股净资产	3.65	1.57	1.59	1.38	1.39
调整后的每股净资产	3.62	1.55	1.58	1.35	1.36
每股经营活动产生的现金流量净额	0.05	0.15	0.15	*	*
净资产收益率(%)(摊薄)	7.68	18.16	18.97	15.56	16.03
净资产收益率(%)(加权)	10.24	18.67	19.60	17.47	18.03
扣除非经常性损益后的加权平均净资产收益率(%)	9.96	18.17	19.11	17.77	18.33

按中国证监会发布的《公开发行证券公司信息披露编报规则》第 9 号的要求计算的净资产收益率及每股收益

报告期利润	净资产收益率(%)		每股收益	
	全面摊薄	加权平均	全面摊薄	加权平均
主营业务利润	26.11	34.81	0.95	1.06
营业利润	9.21	12.28	0.34	0.37
净利润	7.68	10.24	0.28	0.31
扣除非经常性损益后的净利润	7.47	9.96	0.27	0.30

三、股东情况介绍

1、截止 2000 年 12 月 29 日公司股东总数为 62565 户;

2、截止 2000 年 12 月 29 日前十名股东持股情况:

名次	股东名称	持股数(股)	占总股本%
1	浪潮电子信息产业集团公司	128700000	59.86
2	烟台东方电子信息产业集团有限公司	10000000	4.65
3	北京算通科技发展有限公司	5000000	2.33
4	山东时风(集团)有限责任公司	2800000	1.30
5	山东金达实业有限公司	2000000	0.93
6	全泰电脑(惠阳)有限公司	1500000	0.70
7	无锡锅炉厂	508400	0.236
8	无锡市威孚集团有限公司	500000	0.233
9	天元证券投资基金	399600	0.186
10	裕隆证券投资基金	386150	0.180

桂林旅游股份有限公司

二○○○年年度报告摘要

一、公司简介

1、公司法定中文名称：桂林旅游股份有限公司
公司中文名称缩写：桂林旅游
公司法定英文名称：Guilin Tourism Corporation Limited
公司英文名称缩写：GTCL
2、公司法定代表人：陈青光
3、董事会秘书：周茂权
联系地址：广西桂林市榕湖北路十七号榕湖饭店四号楼 4301 房
邮编：541001
电话：(0773)2863839
传真：(0773)2863880
电子信箱：zhoumaoquan@163.net
董事会证券事务代表：黄锡军
联系地址：广西桂林市榕湖北路十七号榕湖饭店四号楼 4101 房
邮编：541001
电话：(0773)2863857
传真：(0773)2863880
电子信箱：ZJB888@163.net
4、公司注册地址：广西桂林市榕湖北路十七号
公司办公地址：广西桂林市榕湖北路十七号榕湖饭店四号楼
邮政编码：541001
公司国际互联网网址：http://www.guilintravel.com
电子信箱：gtcl@public.glptt.gx.cn
5、公司选定的信息披露报纸：《中国证券报》、《证券时报》
登载公司年度报告的中国证监会指定国际互联网网址：
http://www.cninfo.com.cn
公司年度报告备置地点：公司证券部
6、公司股票上市交易所：深圳证券交易所
公司股票简称：桂林旅游
公司股票代码：0978

二、会计数据和业务数据摘要

1、公司本年度会计数据

单位：人民币元

项目	金额
利润总额	42,571,913.93
净利润	36,324,455.31
扣除非经常性损益后的净利润	33,496,696.01
主营业务利润	56,756,528.61
其他业务利润	3,484,716.34
营业利润	39,030,874.63
投资收益	713,280.00
补贴收入	
营业外收支净额	2,827,759.30
经营活动产生的现金流量净额	45,603,328.61
现金及现金等价物净增加额	69,726,159.48

扣除的非经常性损益项目：新股申购冻结资金利息 3,433,074.10 元；处理固定资产净收益 66,045.92 元；罚款、违约金收入 31,369.50 元；其他收入 54,228.73 元；处理固定资产净损失 691,608.95 元；捐赠支出 60,450 元；罚款及其他支出 4,900 元。

2、公司近三年财务指标

单位：人民币元

指标项目	2000 年度	1999 年度	1998 年度
主营业务收入	138,705,594.97	126,496,995.09	224,135,834.97
净利润	36,324,455.31	32,831,802.14	73,601,543.72
总资产	429,844,909.21	218,605,201.43	374,888,397.60
股东权益	354,614,026.35	88,548,088.04	191,321,214.76
每股收益	0.308	0.421	0.409
每股收益(加权平均)	0.347	0.421	0.409
每股收益(扣除非经常性损益)	0.284	0.421	0.400
每股净资产	3.005	1.135	1.063
调整后的每股净资产	2.956	1.060	0.517
每股经营活动产生的现金流量净额	0.387	0.350	-0.100
净资产收益率(%)	10.24	37.08	38.47
净资产收益率(%)(加权平均)	12.96	32.51	33.03

按照中国证监会《公开发行证券公司信息披露编报规则(第 9 号)》要求计算 2000 年报告期利润的净资产收益率和每股收益。

	报告期利润(元)	净资产收益率(%)		每股收益(元)	
		全面摊薄	加权平均	全面摊薄	加权平均
主营业务利润	56,756,528.61	16.01	20.25	0.481	0.542
营业利润	39,030,874.63	11.01	13.92	0.331	0.373
净利润	36,324,455.31	10.24	12.96	0.308	0.347
扣除非经常性损益后的净利润	33,496,696.01	9.45	11.95	0.284	0.320

财务指标计算方法如下：
(1) 全面摊薄净资产收益率＝报告期利润÷期末净资产
(2) 全面摊薄每股收益＝报告期利润÷期末股份总数
(3) 加权平均净资产收益率(ROE)的计算公式如下：
$ROE = P/(E0 + NP \div 2 + Ei \times Mi \div M0 - Ej \times Mj \div M0)$
其中：P 为报告期利润；NP 为报告期净利润；E0 为期初净资产；Ei 为报告期发行新股或债转股等新增净资产；Ej 为报告期回购或现金分红等减少净资产；M0 为报告期月份数；Mi 为新增净资产下一月份起至报告期期末的月份数；Mj 为减少净资产下一月份起至报告期期末的月份数。
(4) 加权平均每股收益(EPS)计算公式如下：
$EPS = P/(S0 + S1 + Si \times Mi \div M0 - Sj \times Mj \div M0)$
其中：P 为报告期利润；S0 为期初股份总数；S1 为报告期因公积金转增股本或股票股利分配等增加股份数；Si 为报告期因发行新股或债转股等增加股份数；Sj 为报告期因回购或缩股等减少股份数；M0 为报告期月份数；Mi 为增加股份下一月份起至报告期期末的月份数；Mj 为减少股份下一月份起至报告期期末的月份数。
(5) 每股净资产＝年度末股东权益/年度末普通股股份数
(6) 调整后的每股净资产＝(年度末股东权益－三年以上的应收款项净额－待摊费用－待处理(流动、固定)资产净损失－开办费－长期待摊费用－住房周转金负数余额)/年度末普通股股份总数
(7) 每股经营活动产生的现金流量净额＝经营活动的现金流量净额/年度末普通股股份总数。
注：本公司 1998 年末股份总数为 18,000 万股，1999 年末股份总数为 7,800 万股，2000 年末股份总数为 11,800 万股。

三、股东情况介绍

1、报告期末股东总数
截止 2000 年 12 月 31 日，公司股东总户数为 16,176 户，其中发起人股东 5 户。
2、截止 2000 年 12 月 31 日，公司前十名股东持股情况

序号	股东名称	年末持股数(股)	占总股本比例(%)
1	桂林旅游发展总公司	50,951,793	43.18
2	桂林五洲旅游股份有限公司	24,144,960	20.46
3	桂林中国国际旅行社	967,749	0.82
4	桂林三花股份有限公司	967,749	0.82
5	桂林集琦集团有限公司	967,749	0.82
6	天元证券投资基金	677,627	0.57
7	叶旭明	214,900	0.18
8	李千金	156,350	0.13
9	深圳市施易源信息咨询有限公司	133,200	0.11
10	董世英	132,280	0.11

注：①桂林旅游发展总公司、桂林中国国际旅行社、桂林集琦集团有限公司为国有法人股股东，桂林五洲旅游股份有限公司、桂林二花股份有限公司为社会法人股股东，其余为社会公众股股东。
②报告期内，本公司持股 5%(含 5%)以上的股东桂林旅游发展总公司、桂林五洲旅游股份有限公司的持股数量未发生变化，其所持股份本公司亦未发现有质押、冻结的情况。
③本公司前 10 名股东中，桂林五洲旅游股份有限公司是桂林旅游发展总公司的控股子公司，其他前 10 名股东之间未发现有关联关系。
④ 报告期内控股股东无变更。

四、股东大会简介

本年度公司召开了 1999 年年度股东大会和 2000 年第一次临时股东大会。
(一)1999 年年度股东大会
本公司 1999 年年度股东大会于 2000 年 2 月 28 日在漓江饭店召开，出席会议的股东及股东代表 5 名，代表股份数 7,800 万股，占公司股份总数的 100%。会议由陈青光董事长主持。会议审议通过了以下决议：
1、1999 年度公司董事会工作报告；
2、1999 年度公司监事会工作报告；
3、1999 年度公司财务决算报告；
4、1999 年度 8－12 月公司利润分配修改方案；
5、公司 2000 年度财务预算方案；
6、公司 2000 年度经营投资计划；
7、2000 年度公司董事、监事的工资及报酬标准。
(二)2000 年第一次临时股东大会
召开本次股东大会的通知公告于 2000 年 6 月 22 日的《中国证券报》和《证券时报》，通知中说明了召开会议的时间、地点、审议事项以及其他有关事项。2000 年 7 月 22 日，本公司 2000 年第一次临时股东大会在广西桂林漓江饭店二楼会议室召开，出席会议的股东及股东代表 5 名，代表股份 77,042,251 股，占公司股份总数的 65.29%。会议由陈青光董事长主持，会议审议通过了以下决议：
1、关于修改公司章程的议案；
2、关于续聘湖北大信有限责任会计师事务所为公司 2000 年度会计师事务所的议案(注："湖北大信有限责任会计师事务所"已更名为"湖北大信会计师事务有限公司")。
本次股东大会经北京市中伦金通律师事务所孙为律师见证并出具了法律意见书。
本次股东大会决议公告刊登于 2000 年 7 月 24 日的《中国证券报》和《证券时报》。

五、董事会报告

(一)公司经营情况

1、公司所处的行业及在行业中的地位

公司所处的行业为旅游行业。公司拥有游船80艘,约占桂林市漓江游船总数的45%,公司漓江涉外游客的接待量约占桂林市漓江涉外游客总量的75%,漓江国内游客的接待量约占桂林市漓江国内游客总量的40%;公司拥有旅游客车196辆,约占桂林市旅游客车总量的16%,在桂林市旅游客车数量和市场份额上排名第一;公司拥有出租汽车293辆,约占桂林市出租汽车总量的18%;公司的全资附属企业桂林山水国际旅行社,为桂林市业务收入最大的5家旅行社之一。

2、公司主营业务的范围及其经营状况

公司主要从事旅游服务及与旅游服务相关的业务,主营业务包括:游船客运、公路旅行客运、汽车出租、旅行社业务。

2000年度公司共接待中外游客1,934,442人次,实现主营业务收入13,871万元,实现净利润3,632万元,分别比1999年度增长15.56%,9.65%,10.64%。

2000年度公司主营业务收入及主营业务利润的行业构成情况:

单位:人民币万元

类 别	主营业务收入	主营业务利润
漓江游船客运	8,853	5,003
旅游客车营运	1,511	352
出租汽车营运	499	155
旅行社	2,995	154
其他	13	12
合计	13,871	5,676

2000年度公司漓江游船客运业务共接待游客698,620人次,实现的业务收入、业务利润分别占公司主营业务收入、主营业务利润的63.83%、88.15%。

3、公司主要全资附属企业及控股子公司的经营情况及业绩

(1)桂林市出租汽车公司(全资附属企业):该公司2000年度共接待游客996,392人次,主营业务收入499万元,主营业务利润155万元。

(2)桂林山水国际旅行社(全资附属企业):报告期内该公司注册资本由150万元变更为490万元,2000年度共接待游客58,777人次,主营业务收入2,995万元,主营业务利润154万元。

(3)桂林旅游航空服务有限责任公司(控股子公司):报告期内,公司根据业务发展需要,将本公司之全资附属企业桂林山水票务公司改制并更名为桂林旅游航空服务有限责任公司,注册资本为500万元,本公司直接持有其35%的股权,桂林山水国际旅行社持有其15%的股权,本公司合计持有其50%的股权。该公司承继原桂林山水票务公司的航空票务业务,并逐步发展相关的航空服务业务。2000年度该公司主营业务收入13万元,主营业务利润12万元。

4、在经营中出现的问题与困难及解决方案

经营中出现的问题:

(1)油料大幅涨价,增加了车船的营运成本;

(2)旅游市场竞争激烈,旅游汽车客运价格疲软,市场占有率有所下降;

(3)经营管理运行机制有待进一步创新和完善。

针对以上问题,公司采取了如下对策:

(1)采取措施增收节支,努力提高经营运行质量。如对车船燃油实行定额管理、对出租车实行定额承包经营、加强对旅游车的经营核算、加大对车船维修费及管理费的控制等;

(2)根据旅游市场形势的变化,不断开发新的旅游产品,拓展客源市场,提高一体化运作能力,增强市场的竞争力;

(3)积极探索公司改革,推进公司的现代企业制度建设。进一步完善公司法人治理结构,建立健全相互制衡机制。加大劳动、人事、分配制度的改革力度,促进经济效益的提高。坚持以成本管理为核心,以资金管理为纽带,以质量管理为重点,以经济责任制为保障的原则,建立并完善经营、计划、投资等管理体系,全面提高了企业管理水平。

(二)公司财务状况

单位:人民币万元

项 目	2000年	1999年	增减(%)
总资产	42,984	21,861	96.63%
长期负债	200	200	-
股东权益	35,461	8,855	300.47%
主营业务利润	5,676	5,217	8.80%
净利润	3,632	3,283	10.63%

财务状况变动原因:

1、总资产、股东权益增长,主要系本年度内公司成功发行4,000万股社会公众股所致。

2、主营业务利润增长,主要系募集资金投入的项目"旅游船更新改造"、"出租轿车更新"、"旅游车辆更新"已产生收益。

3、净利润增长,主要系主营业务利润增长和营业外收入增长所致。

(三)公司投资情况

1、募集资金使用情况

公司于2000年4月21-22日发行4,000万股社会公众股,共募集资金26,040万元(已扣除发行费用)。公司已按照招股说明书承诺项目进行了投资,截止2000年12月31日,公司已累计投入9,106万元。

(1)募集资金承诺投资项目与实际投资项目一致

(2)募集资金承诺投资项目情况

单位:人民币万元

序号	项目名称	计划总投资	至本期末实际投入	项目进度	收益情况
1	旅游车辆更新	4,935	4,500	100%	35
2	旅游船更新改造	4,150	1,243	30%	469
3	出租轿车更新	1,021.5	1,363	133%	97
4	旅游业务推广及日常营运资金	5,000	2,000	40%	-
5	漓江娱乐城	2,286.1	-	-	-
6	漓江水月食府	2,385.1	-	-	-
7	环城旅游巴士	2,519.6	-	-	-
8	水上观光巴士	2,903.1	-	-	-
9	桂林旅游环线"两场"(商场、停车场)建设	1,734.8	-	-	-
	合 计	26,935.1	9,106	-	601

说明:

①由于桂林市正在对城市基础设施和市容、旅游环境进行大规模的改造,上述募集资金承诺投资项目中的5~9项的项目投资环境已发生重大变化,本着对股东负责,谨慎投资的原则,这些项目尚未能按计划实施。

②出租轿车更新项目原计划购置62辆轿车,由于公司2000年有一批出租车已到营运期限,为了保持公司出租车的市场占有率,增加购置了30辆出租车,使得出租轿车更新项目实际投资金额比承诺投资总额多出341.5万元。

③旅游车辆更新项目原计划购置67辆旅游客车,由于车价下降,至本期末公司已完成购置67辆旅游客车的项目计划,该项目节余资金435万元。

(3)尚未使用的募集资金

尚未使用的募集资金共16,934万元,其中7,000万元购买国债,其余为银行存款。

2、报告期内无非募集资金投资的重大项目。

(四)生产经营环境及宏观政策、法规的变化对公司财务状况和经营成果将产生的影响

1、国家更加重视和扶持旅游业发展及国家实施西部大开发战略,为旅游业的发展创造了更为有利的宏观环境,这对公司实施区域化发展战略十分有利。

2、中国加入WTO将会形成更加开放的市场格局,从而有利于旅游业的国际化经营,这对公司经营规模的提升和公司走向国际化经营将产生积极的影响。

(五)新年度的业务发展计划

新年度业务发展的指导思想是:以市场为导向,以利润最大化为目标,以改革创新为动力,以发展旅游为主线,在抓好主营业务生产经营的基础上,积极开发新的经济增长点,调整和完善旅游产品结构和经营结构,促进公司的进一步发展。

(1)加快募股资金的使用。预计已投入的募集资金投资项目在2001年年底前全部完成,同时积极探索和规划新项目、新产品的开发。

(2)实施经营发展的战略性调整,拓展公司发展的空间和领域。抓住国家实施西部大开发和中国加入WTO的机遇,积极扩张旅游产业规模,加大对旅游景区景点和相关产业的投资开发,使公司从以本地经营为主向以桂林为核心的区域化经营转变。

(3)不断推进公司生产要素的重组,有效配置各种资源,提高资源的转化效率。

(4)建立健全与现代企业和市场经济相适应的决策机制、经营机制、竞争机制、激励机制和约束机制,进一步完善法人治理结构,提高公司整体运作和抗风险能力。

(5)进一步强化成本管理,提高资金使用效率,加强财务审计、财务监督,强化内部控制。

(六)董事会日常工作情况

1、报告期内董事会会议情况及决议内容

报告期内公司董事会召开了以下三次会议。

(1)第一届董事会2000年第一次会议

本次会议于2000年1月10日在桂林市榕湖饭店召开,应到董事11人,实到11人,会议由陈青光董事长主持,会议审议并通过以下议案:

1)董事会1999年度工作报告;

2)总经理1999年度工作报告;

3)1999年度财务决算方案;

4)公司2000年度财务预算方案;

5)公司2000年度经营计划;

6)公司计提资产减值准备方案;

7)公司2000年度增加出租车投资规模的议案;

8)1999年8--12月份公司利润分配方案的修正预案;

9)公司2000年度高级管理人员工资报酬的议案;

10)聘任崔寒松为公司总工程师、李伟光为公司总经理助理;

11)关于召开1999年年度股东大会的议案。

(2)第一届董事会2000年第二次会议

本次会议于2000年6月20日在桂林市漓江饭店召开,应到董事11人,实到8人,会议由陈青光董事长主持,会议审议并通过以下议案:

1)关于修改公司章程的议案;

2)续聘湖北大信有限责任会计师事务所为公司2000年度会计师事务所的议案;

3)公司经理工作暂行规定;

4)批准公司成立投资部;

5)批准将公司综合办公室改为总经理办公室;

6)批准公司成立董事会办公室;

7)关于董事会秘书辞职的议案;

8)关于聘任周茂权先生为公司董事会秘书,委任黄锡军先生为董事会证券事务代表的议案;

9)关于召开2000年第一次临时股东大会的议案。

本次会议决议公告刊登于2000年6月22日的《中国证券报》和《证券时报》。

(3)第一届董事会2000年第三次会议

本次会议于2000年8月3日在桂林市漓江饭店召开,应到董事11人,实到10人,会议由陈青光董事长主持,会议审议并通过以下议案:

1)公司2000年中期报告及中期报告摘要;

2)公司2000年中期不进行利润分配及资本公积金转增股本的议案。

本次会议决议公告刊登于2000年8月3日的《中国证券报》和《证券时报》。

2、董事会对股东大会决议的执行情况

报告期内,股东大会通过的1999年度利润分配方案、关于修改公司章程的议案等决议事项均已由董事会实施。

(七)公司管理层及员工情况

1、董事、监事、高级管理人员情况

姓 名	性别	年龄	职务	任期	持股数年初(股)	持股数年末(股)	年薪(元)
陈青光	男	50	董事长	1998.12-2001.4	0	0	66,288
聂玉梅	女	54	副董事长	1998.12-2001.4	0	0	63,216
周益平	男	43	副董事长总经理	1998.4-2001.4	0	0	62,832
李克强	男	48	董事	1998.4-2001.4	0	0	47,374
孙其钊	男	38	董事副总经理	1999.11-2001.4	0	0	46,608
陶 武	男	43	董事总经济师	1999.11-2001.4	0	0	47,088
谢襄郁	男	36	董事总会计师	1999.11-2001.4	0	0	45,780
李志雄	男	43	董事	1998.4-2001.4	0	0	0
刘及响	男	49	董事	1998.4-2001.4	0	0	0
鲁施红	女	45	董事	1998.4-2001.4	0	0	0
赵瀛生	男	53	董事	1998.4-2001.4	0	0	0
周茂权	男	37	董事会秘书	2000.6-2001.4	0	0	46,068
叶林华	男	62	监事会召集人	1998.4-2001.4	0	0	42,072
沈江卫	男	42	监事	1999.10-2001.4	0	0	18,540
马峥嵘	女	46	监事	1998.4-2001.4	0	0	22,092
宋连宝	男	48	副总经理	1998.4-2001.4	0	0	47,184
崔寒松	男	48	总工程师	2000.1-2001.4	0	0	47,472

董事、监事、高级管理人员中年薪在6-7万元的董事3人,在4-5万元的有8人,在1-3万元的2人,李志雄、刘及响、鲁施红、赵瀛生4名董事不在本公司领取薪酬。

经公司第一届董事会2000年第一次会议审议通过,聘任崔寒松为公司总工程师;经公司第一届董事会2000年第二次会议审议通过,同意张志红因工作需要辞去董事会秘书职务,聘任周茂权为董事会秘书。

2、公司员工情况

公司员工共1,471人,其中生产人员1,175人,销售人员48人,技术人员123人,财务人员37人,行政人员67人,其他人员21人。以上人员大专及以上学历154人。

公司现有退休职工1人。

(八)2000年度利润分配预案及预计2001年度利润分配政策

1、2000年度利润分配预案

根据湖北大信会计师事务有限公司出具的鄂信审字(2001)第0050号审计报告,公司2000年度实现净利润36,324,455.31元,提取10%的法定盈余公积金3,632,445.53元,提取5%的法定公益金1,816,222.77元,本年度可供股东分配的利润为30,875,787.01元。

董事会提议以2000年末总股本11,800万股为基数,向全体股东按每10股派发现金2.6元(含税),共计分配股利30,680,000.00元,尚余未分配利润195,787.01元结转下一年度。

2、公积金转增股本预案

公司2000年末资本公积金为220,421,483.00元,董事会提议以2000年末总股本11,800万股为基数,向全体股东按每10股转增5股,总计转增59,000,000股,转增后,资本公积金剩余161,421,483元。

以上利润分配及公积金转增股本预案需提交2000年度股东大会审议。

3、预计2001年度利润分配政策

(1)公司拟在2001年结束后分配利润一次;

(2)公司下一年度实现净利润用于股利分配的比例不低于60%;

(3)公司本年度未分配利润用于下一年度股利分配的比例不低于60%;

(4)分配主要采用派发现金的方式;

(5)2001年度利润分配政策为预计方案,公司董事会保留根据公司实际情况对该分配政策进行适当调整的权利。

(九)其他报告事项

1、公司本年度信息披露报纸为《中国证券报》和《证券时报》。

2、本年度公司聘任的审计机构为湖北大信会计师事务有限公司,没有变更。

六、监事会报告

公司监事会根据《公司法》、《证券法》及《公司章程》的有关规定,本着对股东、公司负责的宗旨,积极开展工作,认真履行监事会的职能,维护股东和公司的合法权益。

(一)会议召开情况

报告期内公司监事会召开了两次会议,同时列席了本年度各次董事会会议和股东大会。

1、第一届监事会2000年第一次会议

本次会议于2000年1月18日在公司会议室召开,会议审议通过了《1999年度监事会工作报告》。

2、第一届监事会2000年第二次会议

本次会议于2000年7月7日在公司会议室召开,全体监事进一步学习了《深圳证券交易所股票上市规则》和其附件《监事声明及承诺》。

(二)监事会对下列事项的意见

1、公司依法运作情况:公司董事会按照股东大会的决议要求,切实履行了各项决议,决策程序符合《公司法》和《公司章程》的有关规定。公司已建立一套完善的内部控制制度,依法经营。公司董事、经理及其他高级管理人员在履行职责行使职权时,能以公司利益为出发点,没有发现违反法律、法规和公司章程的行为,也没有损害公司利益和股东权益。

2、检查公司财务情况:公司监事会对公司财务结构和财务状况及有关业务进行了认真细致地检查,认为公司财务结构合理,财务状况良好。湖北大信会计师事务有限公司出具的审计报告真实、客观地反映了公司截止2000年12月31日的财务状况和经营成果。

3、募集资金情况:公司2000年4月发行4,000万A股共募集资金26,040万元(已扣除发行费用),其使用情况已经在年度报告有关内容中披露。监事会认为其披露内容全面、真实反映了实际使用情况。

4、报告期内,公司无收购、出售资产。

5、关联交易情况:公司的主要关联交易是接受与公司不存在控制关系的关联方桂林五洲旅游股份有限公司提供的船舶修造、汽车修理服务,采购燃料及车船配件,房屋租赁,共计交易金额1,146.33万元。其关联交易事项都以商业原则和市场价格为基础,坚持公开、公平、公正的原则,没有发现有损于公司及股东利益的行为。

七、重要事项

1、本年度公司无重大诉讼、仲裁事项。

2、报告期内公司、公司董事及高级管理人员未受监管部门处罚的情况。

3、报告期内公司控股股东无变更,公司董事会未换届或改选,公司总经理未变更。

公司第一届董事会2000年第二次会议审议通过了董事会秘书张志红女士辞职的议案,并审议通过了关于聘任周茂权先生为董事会秘书的议案。

4、报告期内公司无收购及出售资产、吸收合并事项。

5、报告期内公司重大关联交易事项

报告期内公司的主要关联交易为桂林五洲旅游股份有限公司向本公司提供船舶修造服务、燃料及车船配件等,总金额为1,146.33万元。

关联方	关联事项	关联交易金额(万元)
桂林五洲旅游股份有限公司	船舶修造服务	391.17
	采购燃料及车船配件	690.58
	房屋租赁	47.70
	汽车修理	16.88
	合计	1146.33

说明:

(1)桂林五洲旅游股份有限公司持有本公司20.46%的股份,为本公司第二大股东,也是本公司第一大股东桂林旅游发展总公司的控股子公司。

(2)关联交易的定价原则:以市场价格为依据,进行公平交易和核算。

(3)上述关联交易事项主要为本公司正常经营提供所需的船舶修造、燃料、车船配件等,该等关联交易还将延续下去,其对公司的利润无直接影响。

6、公司与控股股东在人员、资产、财务上的"三分开"情况

(1)在人员方面,公司设有专门的部门负责劳动、人事及工资管理,制定了完善的劳动、人事管理制度。

公司董事长陈青光、副董事长聂玉梅、副董事长兼总经理周益平现分别任本公司第一大股东桂林旅游发展总公司的副董事长兼总经理、董事长、副董事长,公司董事李克强现任本公司第一大股东的董事兼副总经理。

公司董事李志雄、刘及响、鲁施红、赵瀛生现分别任本公司股东桂林五洲旅游股份有限公司、桂林集琦集团有限公司、桂林中国国际旅行社、桂林三花股份有限公司的董事长、董事长兼总经理、总经理、董事长兼总经理。

公司其他董事、监事、副总经理等高级管理人员,在股东单位没有担任职务。

除李志雄、刘及响、鲁施红、赵瀛生4名董事不在本公司领取薪酬外,其他董事、监事、总经理、副总经理等高级管理人员在公司领取薪酬。

(2)在资产方面,公司拥有独立的经营资产、辅助系统和配套设施,亦拥有独立的销售和采购系统。

(3)在财务方面,公司设有独立的财务部门,并建立了独立的会计核算体系和财务管理制度,在银行独立开户。

7、报告期内公司发生的托管、承包、租赁其他公司或其他公司托管、承包、租赁本公司资产的事项

(1)依据公司招股说明书披露的募集资金使用计划,当项目资金运用暂时出现闲置时,闲置资金将用于投资国债、重点建设债券等。公司于2000年6月1日与国泰君安证券股份有限公司签订了70,000,000元的资产委托管理协议书,委托该公司购买并管理国债,委托管理期限为一年,截至本期末市价为72,291,100元。

(2)2000年6月6日,公司以自有资金与新疆金新信托投资股份有限公司签订了10,000,000元的信托资产管理合同,委托管理期限为一年;2000年9月28日,公司以自有资金与申银万国证券股份有限公司签订了50,000,000元的资产委托管理协议书,委托管理期限为一年;截至本期末此二笔委托管理资金的市价为62,251,578.92元。

8、聘任会计师事务所情况

本公司于2000年7月22日召开的2000年第一次临时股东大会通过了续聘湖北大信会计师事务有限公司为本公司2000年度会计师事务所的议案。

9、报告期内,除本报告已披露之外,公司对外无其他重大合同(含担保等)事项。

10、报告期内公司未更改名称或股票简称。

11、公司和持股5%以上股东在指定报纸和网站上未披露过承诺事项。

八、财务会计报告

(一)审计报告

审计报告

鄂信审字(2001)第0050号

桂林旅游股份有限公司全体股东:

我们接受委托,审计了贵公司2000年12月31日的资产负债表及合并资产负债表、2000年度的利润表及合并利润表、2000年度利润分配表及合并利润分配表、2000年度的现金流量表及合并现金流量表。这些会计报表由贵公司负责,我们的责任是对这些会计报表发表审计意见。我们的审计是依据《中国注册会计师独立审计准则》进行的。在审计过程中,我们结合贵公司实际情况,实施了包括抽查会计记录等我们认为必要的审计程序。

我们认为,上述会计报表符合《企业会计准则》和《股份有限公司会计制度》的有关规定,在所有重大方面公允地反映了贵公司2000年12月31日的财务状况以及2000年度的经营成果和现金流量情况,会计处理方法的选用遵循了一贯性原则。

湖北大信会计师事务有限公司　　中国注册会计师　吴卫星

中国·武汉　　中国注册会计师　蔡　瑜

2001年3月10日

(二)会计报表(附后)

九、公司的其他有关资料

1、公司首次注册或变更注册登记日期、地点

1998年4月29日公司登记注册,注册地为桂林市榕湖北路17号

2、企业法人营业执照注册号:4500001001100

3、税务登记号码:地税桂字450300708618439

4、公司未流通股票的托管机构名称:深圳证券登记有限公司

5、公司报告期内证券主承销机构名称:国泰君安证券股份有限公司

6、公司聘请的会计师事务所

名称:湖北大信会计师事务有限公司

办公地址:武汉市中山大道1056号金源世界A座八楼

十、备查文件目录

1、载有法定代表人、主管会计工作负责人、会计机构负责人签名并盖章的会计报表。

2、载有会计师事务所盖章、注册会计师签名并盖章的审计报告原件。

3、报告期内在中国证监会指定报刊上公开披露过的所有公司文件的正本及公告的原稿。

4、载有董事长亲笔签署的年度报告正本。

桂林旅游股份有限公司

二〇〇一年三月十五日

利润及利润分配表

编制单位:桂林旅游股份有限公司　　单位:人民币元

项目	2000年度		1999年度	
	合并	母公司	合并	母公司
一、主营业务收入	138,705,594.97	103,641,331.48	126,496,995.09	99,359,860.60
减:折扣与折让				
主营业务收入净额	138,705,594.97	103,641,331.48	126,496,995.09	99,359,860.60
减:主营业务成本	76,200,934.17	44,441,595.11	68,783,733.34	44,301,376.14
主营业务税金及附加	5,748,132.19	5,651,465.77	5,545,925.20	5,464,792.33
二、主营业务利润	56,756,528.61	53,548,270.60	52,167,336.55	49,593,692.13
加:其他业务利润	3,484,716.34	3,484,716.34	2,244,107.17	2,244,107.17
减:存货跌价损失	-270,453.45	-270,453.45	411,226.69	411,226.69
营业费用	208,538.85		210,540.80	
管理费用	20,508,312.60	18,401,784.15	15,060,998.93	13,127,723.68
财务费用	763,972.32	810,496.41	1,569,770.60	1,629,080.09
三、营业利润	39,030,874.63	38,091,159.83	37,158,906.70	36,669,768.84
加:投资收益	713,280.00	1,166,001.62	1,559,920.00	2,090,718.60
补贴收入			7,039,700.22	7,039,700.22
营业外收入	3,584,718.25	3,583,322.52	272,097.55	147,197.42
减:营业外支出	756,958.95	231,723.32	292,705.26	209,465.87
四、利润总额	42,571,913.93	42,608,760.65	45,737,919.21	45,737,919.21
减:所得税	6,288,272.17	6,284,305.34	12,906,117.07	12,906,117.07
减:少数股东损益	-40,813.55			
五、净利润	36,324,455.31	36,324,455.31	32,831,802.14	32,831,802.14
加:年初未分配利润			-2,937,162.61	-2,937,162.61
盈余公积转入				
六、可供分配的利润	36,324,455.31	36,324,455.31	29,894,639.53	29,894,639.53
减:提取法定盈余公积	3,632,445.53	3,632,445.53	2,989,463.95	2,989,463.95
提取法定公益金	1,816,222.77	1,816,222.77	1,494,731.98	1,494,731.98
七、可供股东分配的利润	30,875,787.01	30,875,787.01	25,410,443.60	25,410,443.60
减:应付优先股股利				
提取任意盈余公积				
应付普通股股利	30,680,000.00	30,680,000.00	25,410,443.60	25,410,443.60
转作股本的普通股股利				
八、未分配利润	195,787.01	195,787.01		

资产负债表

编制单位:桂林旅游股份有限公司　　单位:人民币元

项　目	2000年12月31日		1999年12月31日	
	合 并	母公司	合 并	母公司
流动资产:				
货币资金	112,182,799.15	105,534,450.66	42,456,639.67	40,909,209.17
短期投资	130,000,000.00	130,000,000.00		
减:短期投资跌价准备				
短期投资净额	130,000,000.00	130,000,000.00		
应收票据				
应收股利	790,000.00	790,000.00	750,000.00	750,000.00
应收利息				
应收帐款	48,110,781.79	41,047,863.71	45,852,725.28	38,906,615.82
其他应收款	15,325,572.51	16,203,206.52	24,090,792.54	29,722,776.61
减:坏帐准备	3,806,181.26	3,706,483.06	4,196,611.07	4,196,611.07
应收帐款净额	59,630,173.04	53,544,587.17	65,746,906.75	64,432,781.36
预付帐款	926,404.00	40,000.00	138,791.07	40,000.00
应收补贴款	8,448,486.23	8,448,486.23	10,583,055.43	10,583,055.43
存货	1,864,574.29	1,864,574.29	2,594,770.21	2,594,770.21
减:存货跌价准备			668,914.51	668,914.51
存货净额	1,864,574.29	1,864,574.29	1,925,855.70	1,925,855.70
待摊费用	580,947.72	371,245.78	296,759.52	56,814.42
待处理流动资产净损失				
一年内到期的长期债权投资				
其他流动资产				
流动资产合计	314,423,384.43	300,593,344.13	121,898,008.14	118,697,716.08
长期投资:				
长期股权投资	2,728,000.00	21,187,186.44	1,768,000.00	8,439,515.39
长期债权投资				
长期投资合计	2,728,000.00	21,187,186.44	1,768,000.00	8,439,515.39
其中:合并价差				
减:长期投资减值准备				
长期投资净额	2,728,000.00	21,187,186.44	1,768,000.00	8,439,515.39
固定资产:				
固定资产原价	344,621,500.61	319,005,848.27	346,611,954.01	306,402,573.39
减:累计折旧	243,435,354.52	233,254,437.63	262,032,126.44	233,978,277.53
固定资产净值	101,186,146.09	82,751,410.64	84,579,827.57	72,424,295.86
工程物资				
在建工程	4,637,765.67	4,637,765.67	6,043,799.14	6,043,799.14
固定资产清理	3,546,340.75	2,954,048.87	352,164.70	352,164.70
待处理固定资产净损失				
固定资产合计	109,370,252.51	93,343,225.18	90,975,791.41	78,820,259.70
无形资产及其他资产:				
无形资产				
开办费	1,307,642.85	1,307,642.85	2,829,885.77	2,829,885.77
长期待摊费用	215,629.42	62,836.99	233,516.11	82,171.51
其他长期资产	1,800,000.00	1,000,000.00	900,000.00	
无形资产及其他资产合计	3,323,272.27	2,370,479.84	3,963,401.88	2,912,057.28
递延税项:				
递延税款借项				
资产总计	429,844,909.21	417,494,235.59	218,605,201.43	208,869,548.45
流动负债:				
短期借款			55,000,000.00	55,000,000.00
应付票据				
应付帐款	3,882,330.54	1,481,364.09	2,624,646.38	859,559.03
预收帐款	4,944,697.84	588,024.06	8,605,913.78	1,450,757.06
代销商品款				
应付工资				
应付福利费	3,938,546.49	3,800,041.97	3,144,066.58	3,012,888.59
应付股利	30,680,000.00	30,680,000.00	25,410,443.60	25,410,443.60
应交税金	15,492,552.39	15,426,529.90	20,788,736.17	20,749,629.71
其他应交款	146,446.26	143,048.98	315,633.46	311,027.45
其他应付款	11,384,972.99	8,697,538.44	11,768,956.98	11,364,847.97
预提费用	302,149.91	63,661.80	398,716.44	162,307.00
一年内到期的长期负债				
其他流动负债				
流动负债合计	70,771,696.41	60,880,209.24	128,057,113.39	118,321,460.41
长期负债:				
长期借款	2,000,000.00	2,000,000.00	2,000,000.00	2,000,000.00
应付债券				
长期应付款				
住房周转金				
其他长期负债				
长期负债合计	2,000,000.00	2,000,000.00	2,000,000.00	2,000,000.00
递延税项:				
递延税款贷项				
负债合计	72,771,696.41	62,880,209.24	130,057,113.39	120,321,460.41
少数股东权益	2,459,186.45			
股东权益:				
股本	118,000,000.00	118,000,000.00	78,000,000.00	78,000,000.00
资本公积	220,421,483.00	220,421,483.00		
盈余公积	15,996,756.34	15,996,756.34	10,548,088.04	10,548,088.04
其中:公益金	6,064,216.58	6,064,216.58	4,247,993.81	4,247,993.81
未分配利润	195,787.01	195,787.01		
外币报表折算差额				
股东权益合计	354,614,026.35	354,614,026.35	88,548,088.04	88,548,088.04
负债和股东权益总计	429,844,909.21	417,494,235.59	218,605,201.43	208,869,548.45

现金流量表

编制单位:桂林旅游股份有限公司　　单位:人民币元

项　目	2000年度	
	合 并	母公司
一、经营活动产生的现金流量:		
销售商品、提供劳务收到的现金	136,271,038.86	104,122,066.93
收取的租金		
收到的增值税销项税额和退回的增值税款		
收到的除增值税以外的其他税费返还	9,822,841.37	9,822,841.37
收到的其他与经营活动有关的现金	1,040,719.11	939,554.79
经营现金流入小计	147,134,599.34	114,884,463.09
购买商品、接受劳务支付的现金	49,902,100.13	21,358,292.34
经营租赁所支付的现金	476,973.00	402,573.00
支付给职工以及为职工支付的现金	21,222,626.52	20,029,422.58
支付的增值税款		
支付的所得税款	18,008,771.92	18,000,000.00
支付的除增值税、所得税以外的其他税费	6,327,466.18	5,511,750.41
支付的其他与经营活动有关的现金	5,593,332.98	3,634,935.95
经营现金流出小计	101,531,270.73	68,936,974.28
经营活动产生的现金流量净额	45,603,328.61	45,947,488.81
二、投资活动产生的现金流量:		
收回投资所收到的现金		
分得股利或利润所收到的现金	673,280.00	673,280.00
取得债券利息收入所收到的现金		
处置固定资产、无形资产和其他长期资产而收回的现金净额	353,919.89	353,419.89
收到的其他与投资有关的现金		
投资现金流入小计	1,027,199.89	1,026,699.89
购建固定资产、无形资产和其他长期资产而支付的现金净额	35,436,022.82	28,030,601.01
权益性投资所支付的现金	960,000.00	11,310,000.00
债权性投资所支付的现金	130,000,000.00	130,000,000.00
支付的其他与投资活动有关的现金		
投资现金流出小计	166,396,022.82	169,340,601.01
投资活动产生的现金流量净额	-165,368,822.93	-168,313,901.12
三、筹资活动产生的现金流量净额:		
吸收权益性投资所收到的现金	265,681,483.00	265,681,483.00
发行债券所收到的现金		
借款所收到的现金		
收到的其他与筹资活动有关的现金	5,933,074.10	3,433,074.10
筹资现金流入小计	271,614,557.10	269,114,557.10
偿还债务所支付的现金	55,000,000.00	55,000,000.00
发行筹资费用所支付的现金		
分配股利或利润所支付的现金	25,410,443.60	25,410,443.60
偿付利息所支付的现金	1,712,459.70	1,712,459.70
融资租赁所支付的现金		
减少注册资本所支付的现金		
支付的其他与筹资活动有关的现金		
筹资现金流出小计	82,122,903.30	82,122,903.30
筹资活动产生的现金流量净额	189,491,653.80	186,991,653.80
四、汇率变动对现金影响		
五、现金及现金等价物净增加额	69,726,159.48	64,625,241.49
附注:		
1、不涉及现金收支的投资和筹资活动:		
以固定资产偿还债务		
以投资偿还债务		
以固定资产进行长期投资		
以存货偿还债务		
融资租赁固定资产		
2、将净利润调节为经营活动的现金流量:		
净利润	36,324,455.31	36,324,455.31
加:计提的坏帐准备或转销的坏帐	-390,429.81	-490,128.01
固定资产折旧	16,009,996.17	12,546,159.76
无形资产摊销	435,880.94	435,880.94
处置固定资产、无形资产和其他长期资产的损失(减收益)	101,927.40	102,427.40
固定资产报废损失	523,635.63	
财务费用	763,972.32	810,496.41
投资损失(减收益)	-713,280.00	-1,166,001.63
递延税款贷项(减借项)		
存货的减少(减增加)	-331,734.86	331,734.86
经营性应收项目的减少(减增加)	-510,456.55	4,465,527.46
经营性应付项目的增加(减减少)	-7,458,406.84	-7,612,162.45
增值税增加净额(减减少)		
其他项目	847,768.90	199,098.76
少数股东本期收益		
经营活动中产生的现金流量净额	45,603,328.61	45,947,488.81
3、现金及现金等价物净增加情况		
货币资金的期末余额	112,182,799.15	105,534,450.66
减:货币资金的期初余额	42,456,639.67	40,909,209.17
现金等价物的期末余额		
减:现金等价物的期初余额		
现金及现金等价物的净增加额	69,726,159.48	64,625,241.49

安徽省科苑应用技术开发(集团)股份有限公司

二〇〇〇年年度报告摘选

一、公司简介

(一)公司法定中、英文名称及缩写
公司法定中文名称:安徽省科苑应用技术开发(集团)股份有限公司
中文简称:科苑集团
公司法定英文名称:ANHUI KOYO APPLIED TECHNOLOGY DEVELOPMENT (GROUP) CO., LTD.
英文简称:KOYO GROUP
(二)公司法定代表人:汪德荣
(三)公司董事会秘书姓名、联系地址、电话、传真及电子信箱
公司董事会秘书:欧阳明
联系地址:安徽省宿州市浍水路271号
联系电话:(0557)3920707
传　　真:(0557)3912448
电子信箱:atri-ah@mail.ahbbptt.net.cn
(四)公司注册地址、办公地址、邮政编码、国际互联网网址及电子信箱
公司注册地址:安徽省宿州市浍水路271号
公司办公地址:安徽省宿州市浍水路271号
公司国际互联网址:http://www.koyo.a.com
公司电子信箱:ahkoyo@mail.ahbbptt.net.cn
(五)公司选定的信息披露报纸名称,登载公司年度报告的中国证监会指定国际互联网网址、公司年度报告备置地点
公司信息披露报刊名称:《中国证券报》、《证券时报》
刊登公司年度报告的国际互联网网址:http://www.cninfo.com.cn
公司年度报告备置地点:公司董事会秘书室
(六)公司股票上市交易所、股票简称和股票代码
上市交易所:深圳证券交易所
股票简称:科苑集团
股票代码:0979

二、会计数据和业务数据摘要

(一)本年度公司主要经营数据　　(单位:人民币元)

项目	金额
利润总额	33,534,691.08
净利润	21,519,506.83
扣除非经常性损益后的净利润	17,724,492.08
主营业务利润	48,623,480.90
其他业务利润	1,231,354.25
营业利润	29,333,629.37
投资收益	399,812.96
补贴收入	6,234.00
营业外收支净额	3,795,014.75
经营活动产生的现金流量净额	—28,494,927.67
现金及现金等价增加值	168,522,797.61

注:2000年非经常性损益3,795,014.75元,主要系新股申购冻结资金利息4,452,751.65元,其他营业外收支净额—657,736.90元。

(二)公司近三年的主要会计数据和财务指标　　(单位:人民币元)

指标项目	2000年	1999年	1998年	
			调整后	调整前
主营业务收入	142,807,135.22	96,554,237.44	80,223,133.32	80,223,133.32
净利润	21,519,506.83	21,796,616.18	17,790,745.07	18,906,837.23
总资产	651,469,886.47	191,520,315.42	114,543,052.27	115,659,144.43
股东权益	460,207,535.69	62,509,458.72	58,275,440.02	59,391,532.18
每股收益				
摊薄	0.23	0.40	0.33	0.35
加权	0.28	0.40	0.33	0.35
扣除非经常性损益后每股收益	0.19	0.39	0.32	0.34
扣除非经常性损益后每股收益(加权)	0.23	0.39	0.32	0.34
每股净资产	4.90	1.16	1.08	1.09
净资产收益率(%)				
摊薄	4.68	34.87	30.53	31.83
加权	7.33	34.87	30.53	31.83
调整后的每股净资产	4.86	1.15	1.06	1.08
每股经营活动产生的现金流量净额	-0.30	0.65	0.02	0.02

(三)报告期内股东权益变动情况:　　(单位:人民币元)

项目	股本	资本公积	盈余公积	公益金	未分配利润	股东权益合计
期初数	54,000,000	—	6,759,456.68	2,253,152.23	1,750,002.04	62,509,458.72
本期增加	40,000,000	349,338,570.14	3,204,655.77	1,075,975.34	5,154,851.06	397,698,076.97
本期减少	—	—	—	—	—	—
期末数	94,000,000	349,338,570.14	9,964,112.45	3,329,127.57	6,904,853.10	460,207,535.69

三 股本变动及股东情况

(一)股本变动情况
(1)报告期末股东总数为40865户。
(2)报告期末公司前10名股东持股情况:

股东名称	年末持股数量(股)	持股比例(%)
安徽省应用技术研究所	49,140,000	52.28
宿县地区技术服务公司	2,700,000	2.87
景宏证券投资基金	800,000	0.85
汪德荣	540,000	0.57
李健	405,000	0.43
夏洪亮	405,000	0.43
刘勇	405,000	0.43
胡明	405,000	0.43
雷晓峰	198,055	0.21
北京中经开物业管理有限责任公司	174,470	0.19

黄山金马股份有限公司

二〇〇〇年年度报告摘选

一、公司简介

〈一〉公司法定中文名称:黄山金马股份有限公司
公司法定英文名称:HUANGSHAN JINMA CO., LTD
公司法定英文名称缩写:HSJM
〈二〉公司法定代表人:方汉佐
〈三〉公司董事会秘书:吴金辉
联系地址:安徽省黄山市歙县壕城路1号
联系电话:0559-6516169
传真电话:0559-6536668
电子信箱:hsjm@21cn.com
〈四〉公司注册地址:安徽省黄山市歙县壕城路1号
公司办公地址:同上
邮政编码:245200
公司国际互联网网址:http:/www.hsjinma.con
公司电子信箱:hsjinma@mail.ahwhptt.net.cn
〈五〉公司选定的信息披露报纸:《中国证券报》、《证券时报》
中国证监会指定的国际互联网网址:http:/www.cninfo.com.cn
公司年度报告备置地点:董事会秘书室
〈六〉公司股票上市交易所:深圳证券交易所
股票简称:金马股份
股票代码:0980

二、会计数据及业务数据摘要

〈一〉本年度主要利润指标情况〈单位:人民币元〉

项目	金额
利润总额	44,909,637.70
净利润	38,173,192.05
扣除非经常性损益后的净利润	32,434,647.29
主营业务利润	66,586,499.44
其它业务利润	1,189,269.06
营业利润	35,327,677.19
投资收益	3,843,415.75
补贴收入	2,996,086.45
营业外收支净额	2,742,458.31
经营活动产生的现金流量净额	-24,439,450.75
现金及现金等价物净增加额	185,044,715.00

〈二〉截止报告期末公司前三年主要会计数据和财务指标

项　目	2000年调整后	1999年调整后	1998年调整后
主营业务收入	280,270,093.85	335,386,874.17	292,678,414.19
净利润	38,173,192.05	38,274,556.09	38,615,050.97
总资产	719,045,449.99	366,585,079.32	320,311,839.40
股东权益	499,241,713.57	172,990,542.19	134,715,986.10
每股收益(摊薄)	0.2545	0.4160	0.4197
每股收益(加权)	0.3034	0.4160	0.4197
扣除非经常性损益后每股收益(摊薄)	0.2162	0.4172	0.4004
扣除非经常性损益后每股收益(加权)	0.2578	0.4172	0.4004
每股净资产	3.3283	1.8803	1.4643
调整后的每股净资产	3.3209	1.8658	1.4454
每股经营活动产生的现金流量净额	-0.1629	0.3086	
净资产收益率〈摊薄〉%	7.65	22.13	28.66

〈三〉根据中国证监会关于发布《公开发行证券公司信息披露编报规则》第9号通知精神,公司2000年按全面摊薄法和加权平均法计算的净资产收益率及每股收益:

	净资产收益率%		每股收益	
	全面摊薄	加权平均	全面摊薄	加权平均
主营业务利润	13.34	17.94	0.4439	0.5292
营业利润	7.08	9.52	0.2355	0.2807
净利润	7.65	10.29	0.2545	0.3034
扣除非经常性损益后净利润	6.50	8.74	0.2162	0.2578

三、股本变动及股东情况

〈一〉股本变动情况
1、股份变动情况表〈截止2000年12月31日〉　　单位:股

	本次变动前	本次变动增减〈+、-〉						本次变动后
		配股	送股	公积金转股	增发	其他	小计	
一、未上市流通股份								
1、发起人股份	92,000,000							92,000,000
其中:国家持有股份	90,302,980							90,302,980
境内法人持有股份	1,697,020							1,697,020
境外法人持有股份								
其他								
2、募集法人股份								
3、高管持股								
4、优先股或其他								
其中:转配股								
未上市流通股份合计	92,000,000							92,000,000
二、已上市流通股份								
1、境内上市的人民币普通股						58,000,000		58,000,000
2、境内上市的外资股								
3、境外上市的外资股								
4、其他								
已流通股份合计						58,000,000		58,000,000
三、股份总数	92,000,000					58,000,000		150,000,000

甘肃兰光科技股份有限公司

二〇〇〇年年度报告摘选

一、公司简介

(一)公司法定名称:
中文名称:甘肃兰光科技股份有限公司
英文名称:GANSU LANGUANG SCIENCE & TECHNOLOGY CO,LTD
(二)公司法定代表人:路有志
(三)公司董事会秘书:李伟
股证事务代表:杜颖
联系地址:深圳市福田区振华路56号兰光大厦8楼
电话:0755－3321515
传真:0755－3354195
电子信箱:liwei @languang. com
(四)公司注册地址:甘肃省兰州市城关区陇西路大众市场85号
办公地址:深圳市福田区振华路56号兰光大厦
邮政编码:518031
公司网址:http://www. Languang. com
电子信箱: Info@languang. com
(五)公司指定信息披露报刊:《证券时报》、《中国证券报》
登载公司年度报告的国际互联网网址:
http//www. cninfo. com. cn
公司年度报告备置地点:深圳市福田区振华路56号
(六)公司股票上市交易所:深圳证券交易所
股票简称:兰光科技
股票代码:0981

二、会计数据和业务数据摘要

(一)公司本年度实现的利润构成及现金流量(单位:人民币元)

项　目	金额
利润总额	54,301,648.60
净利润	54,301,648.60
扣除非经常性损益的净利润	48,867,858.66
主营业务利润	95,633,075.28
其他业务利润	－49,531.20
营业利润	48,867,858.66
投资收益	4,503,923.33
补贴收入	
营业外收支净额	929,866.61
经营活动产生的现金流量净额	6,675,505.67
现金及现金等价物净增加额	603,827,042.85
说明:扣除非经常性损益项目:	
1.短期投资收益	4,503,923.23
2.营业外收入	997,411.83
3.营业外支出	67,545.22

(二)公司近三年主要会计数据和财务指标(单位:人民币元)

指标项目	2000年	1999年	1998年
主营业务收入	733,243,445.21	721,530,270.63	600,502,332.22
净利润	54,301,648.60	51,490,546.94	35,969,967.75
总资产	1,182,574,912.19	443,938,521.45	338,003,823.03
股东权益(不含少数股东权益)	698,720,436.86	223,247,458.39	171,756,911.45
每股收益	0.34	0.46	0.32
每股收益(扣除非经常性损益)	0.30	0.47	0.31
每股净资产	4.34	2.01	1.55
调整后的每股净资产	4.33	2.01	1.55
每股经营活动产生的现金流量净额	0.04	－0.31	
净资产收益率(%)	7.77%	23.06%	20.94%

(三)按中国证监会《公开发行证券公司信息披露编报规则(第9号)》要求计算的利润数据

报告期利润	净资产收益率(%)		每股收益(元)	
	全面摊薄	加权平均	全面摊薄	加权平均
主营业务利润	13.69	19.28	0.59	0.68
营业利润	6.99	9.85	0.30	0.35
净利润	7.77	10.95	0.34	0.39
扣除非经常性损益后的净利润	6.99	9.85	0.30	0.35

(四)报告期内股东权益变动情况

项　目	期初数	本期增减(±)	期末数	变动原因
股本(股)	111,000,000	50,000,000	161,000,000	新股发行
资本公积(元)	59,727,751.28	371,171,329.87	430,899,081.15	新股发行
盈余公积(元)	7,877,956.08	8,145,247.29	16,023,203.37	增加本年提取数
法定公益金	2,625,985.36	2,715,082.43	5,341,067.79	增加本年提取数
未分配利润	44,641,751,03	46,156,401.31	90,798,152.34	增加本年利润
股东权益合计	223,247,458.39	475,472,978.47	698,720,436.86	新股发行和本年利润

三、股东情况介绍

1.截止到2000年12月31日,公司股东总户数为43708户。
2.公司前10名股东持股情况(单位:股)

股东名称	持股数(股)	占总股本比例(%)
(1)深圳兰光经济发展公司	100,000,000	62.11
(2)北京科力新技术发展总公司	6,000,000	3.73
(3)北京公达电子有限公司	2,200,000	1.37
(4)上海创思科技公司	1,800,000	1.12
*(5)深圳市兴高商贸有限公司	1,540,000	0.96
(6)深圳大学文化科技服务公司	1,000,000	0.62
*(7)深圳市怀新企业投资顾问有限公司	1,000,000	0.62
*(8)西安凯特计算机工程有限责任公司	900,000	0.56
*(9)深圳市华夏兰海物业管理有限公司	443,900	0.28
(10)泰和证券投资基金	373,200	0.23

宁夏圣雪绒股份有限公司

二〇〇〇年年度报告摘选

一、公司简介

1、公司法定中、英文名称及缩写
中文:宁夏圣雪绒股份有限公司
英文:NINGXIA ST. EDENWEISS CO. , LTD.
英文缩写:ST. EDENWEISS
2、公司注册地址:宁夏回族自治区银川市解放西街119号
公司办公地点:宁夏回族自治区银川市解放西街119号六楼　　公司邮政编码:750001
公司国际互联网网址:http://www. st－edenw. com
公司电子信箱:stedenw @public. yc. nx. cn
3、公司法定代表人:侯羽乾先生
4、董事会秘书:房进贤先生
联系地址:宁夏回族自治区银川市解放西街119号六楼
电话:0951－5026999　　传真:0951－5043634
电子信箱:fangjinxian @ st－edenw. com
证券事务代表:陈晓非女士
联系地址:宁夏回族自治区银川市解放西街119号六楼
电话:0951－5048418
传真:0951－5043634
电子信箱:securities @st－edenw. com
5、公司选定《证券时报》、《上海证券报》作为公司信息披露的报刊,登载公司年度报告的中国证监会指定国际互联网网址:http://www. cninfo. com. cn。
公司年度报告备置地点为:宁夏回族自治区银川市解放西街119号六楼证券部。
6、公司股票上市地:深圳证券交易所
股票简称:圣雪绒　　股票代码: 0982

二、会计财务数据和业务数据摘要

1、公司本年度会计数据(单位:人民币元)

项目	金额
利润总额:	33,977,254.28
净利润:	25,612,118.94
扣除非经常性损益后的净利润:	18,584,483.91
主营业务利润:	66,028,817.79
营业利润:	25,088,047.74
投资收益:	2,253,570.72
补贴收入:	3,475,000.00
营业外收支净额:	3,160,635.82
经营活动产生的现金流量净额:	－142,679,301.14
现金及现金等价物净增加额:	43,361,523.05

注:扣除非经常性损益后的净利润所扣除的项目及金额

项 目	金额
资金冻结利息(冻结资金利息共计10,657,905.10元,分三年分摊)	3,552,635.03
外贸发展补贴收入	3,475,000.00
合 计	7,027,635.03

2、前三年主要会计数据和财务指标

指标项目	2000年	1999年	1998年
主营业务收入	388,646,660.59	324,037,527.77	323, 008,876.68
净利润	25,612,118.94	18,267,563.96	12, 326,563.88
总资产	643,503,801.86	263,938,535.58	249,822,615.20
股东权益	341,642,689.17	73,220,016.78	54,952,452.82
全面摊薄每股收益	0.35	0.42	0.28
加权平均每股收益	0.43	0.42	0.28
扣除非经常性损益后的每股收益	0.25	0.42	0.28
每股净资产	4.62	1.66	1.25
调整后的每股净资产	4.56	1.59	1.21
每股经营活动产生的现金流量净额	－1.93	0.04	0.16
净资产收益率	7.50	24.95	22.43

3、报告期内股东权益变动情况(单位:元)

项目	股本	资本公积	盈余公积	法定公益金	未分配利润	股东权益合计
期初数	44,000,000.00	8,354,871.65	5,408,001.92	1,728,572.25	15,457,143.21	73,220,016.78
本期增加	30,000,000.00	220,210,553.45	5,177,593.14	1,725,864.38	25,612,118.94	281,000,265.53
本期减少					12,577,593.17	12,577,593.17
期末数	74,000,000.00	228,565,425.10	10,585,531.69	3,528,531.69	28,491,669.01	341,642,689.17

三、股本变动及股东情况

1、股份变动情况
(1)股份变动情况表　　数量单位:万股

项目	期初数	本次变动增减(+、-)						期末数
		配股	送股	公积金转增	增发	其他	合计	
一、未上市流通股份								
1、发起人股份	4400							4400
其中:								
国家持有股份	4000							4000
境内法人持有股份	400							400
外资法人持有股份其他								
其他								
2、募集法人股								
3、内部职工股								
4、优先股或其他								
其中:								
转配股								
未上市流通股份合计	4400							4400
二、已上市流通股份								
1、人民币普通股						3000	3000	3000
2、境内上市的外资股								
3、境外上市的外资股								
4、其他								
已上市流通股份合计						3000	3000	3000
三、股份总数	4400					3000	3000	7400

山西西山煤电股份有限公司

二〇〇〇年年度报告摘选

一、公司简介

1、公司法定中文名称:山西西山煤电股份有限公司
公司法定英文名称:Shanxi Xishan Coal and Electricity Po-wer Co.,Ltd
2、公司法定代表人　梁兴保
3、公司董事会秘书　宁志华
联系地址:山西省太原市西矿街319号
联系电话:0351-6127434
联系传真:0351-6127434
公司证券事务授权代表 段天生
联系地址:山西省太原市西矿街319号
联系电话:0351-6148453
电子信箱:xsstock@public.ty.sx.cn
4、公司注册地址:山西省太原市西矿街319号
公司办公地址:山西省太原市西矿街319号
邮政编码:030053
公司电子信箱 xishanco@public.ty.sx.cn
5、公司指定信息披露报纸:《证券时报》
登载公司年报的中国证监会指定国际互联网网址:http://www.cninfo.com.cn
公司年报备置地点:山西省太原市西矿街319号公司证券部
6、公司股票上市交易所:深圳证券交易所
股票简称:西山煤电
证券代码:0983

二、会计数据和业务数据摘要

1、公司本年度会计数据　单位:人民币元

项目	金额
利润总额	255,095,319.82
净利润	193,677,549.46
扣除非经常性损益后的净利润	190,174,389.90
主营业务利润	534,065,420.79
其他业务利润	16,475,018.99
营业利润	251,592,160.26
投资收益	-1,841,767.80
补贴收入	——
营业外收支净额	5,344,927.36
经营活动产生的现金流量净额	316,003,365.11
现金及现金等价物净增加额	935,991,596.77
备注:扣除的非经营性损益项目和涉及金额	3,503,159.56元
(1)投资收益	-1,841,767.80元
(2)营业外收入:	5,945,534.32元
其中:新股申购冻结资金利息	5,898,748.42元
(4)营业外支出	600,606.96元

2、主要会计数据和财务指标(单位:人民币元)

项　目	2000年度	1999年度	1998年度
主营业务收入	1,256,587,725.30	1,001,389,034.89	1,083,710,273.63
净利润	193,677,549.46	177,668,860.43	158,680,511.92
总资产	3,804,018,262.69	1,754,699,210.71	1,133,042,361.57
股东权益(不含少数股东权益)	2,795,546,519.23	1,754,699,210.71	1,133,042,361.57
每股收益	0.24	0.34	
按月平均加权法计算的每股收益	0.30	0.34	—
扣除非经常性损益后的每股收益	0.235	0.34	—
每股净资产	3.46	1.50	—
调整后的每股净资产	3.37	1.50	—
每股经营活动产生的现金流量净额	0.39	0.10	—
净资产收益率(%)	6.93	22.77	30.81
扣除非经常性损益后的净资产收益率(%)	6.80	22.77	30.81

根据中国证监会《公开发行证券公司信息披露编号细则(第9号)》要求计算的利润数据如下:

报告期利润	净资产收益率		每股收益	
	全面摊薄	加权平均	全面摊薄	加权平均
主营业务利润	18.65%	31.86%	0.645	0.815
营业利润	9.21%	15.74%	0.319	0.402
净利润	6.93%	11.84%	0.240	0.303
扣除非经常性损益后的净利润	6.80%	11.62%	0.235	0.297

三、股本变动及股东持股情况

1、股本变动情况
(1)报告期末股东总数
截止2000年12月29日公司股东总数108810户,其中:未流通法人股股东98户,流通股股东108712户。
(2)公司前十名股东持股情况
截止2000年12月29日公司前十名股东持股情况如下:

股东名称	期末持股数(股)	占总股本比例(%)
(1)西山煤电(集团)有限责任公司	509,530,000	63.06
(2)基金裕元	16,340,775	2.02
(3)基金开元	11,269,500	1.39
(4)基金兴和	11,269,500	1.39
(5)基金天元	8,639,950	1.07
(6)基金兴华	8,639,950	1.07
(7)广州科技风险投资有限公司	6,573,875	0.81
(8)山西电力公司	5,634,750	0.70
(9)北京首钢股份有限公司	5,634,750	0.70
(10)基金裕阳	4,883,450	0.60

大庆华科(集团)股份有限公司

二〇〇〇年年度报告摘选

一、公司简介

公司法定中文名称:大庆华科(集团)股份有限公司
公司法定英文名称:Daqing Huake (Group) Company Limited
公司法定代表人:万志强
公司董事会秘书:金连富
董事会证券事务代表:孟凡礼
联系地址:大庆高新技术产业开发区建设路6号
　　大庆华科(集团)股份有限公司
电话:(0459)6291061　传真:(0459)6282351
电子信箱:huake@huake.com
公司注册地址:大庆高新技术产业开发区建设路6号
公司办公地址:大庆高新技术产业开发区建设路6号
邮政编码:163316
电子信箱:huake@huake.com
公司选定的信息披露报纸:《中国证券报》
登载公司年度报告的国际互联网网址:http://www.cninfo.com.cn
公司年度报告备置地点:本公司董事会秘书处
公司股票上市地:深圳证券交易所
公司股票简称:大庆华科
公司股票代码:0985

二、会计数据和业务数据摘要

1、本年度主要利润指标(单位:人民币元):

项目	金额
利润总额	42,422,944.35
净利润	37,205,249.00
扣除非经常性损益后的净利润	40,431,892.05
主营业务利润	66,106,177.37
其他业务利润	565,168.52
营业利润	47,283,710.84
投资收益	-818,941.82
补贴收入	0.00
营业外收支净额	4,041,824.67
经营活动产生的现金流量净额	54,033,284.53
现金及现金等价物净增加额	242,184,519.42

注:扣除非经常性损益项目涉及金额合计3,226,643.05元。

项目	金额
(1)收入类	
新股申购冻结资金利息	756,476.46
处置固定资产	34,588.41
无法支付的款项	23,139.65
投资收益	815,181.62
(2)支出类	
营业外支出	4,856,029.19

2、截止报告期末公司前三年主要会计数据和财务指标(单位:人民币元):

项　目	2000年	1999年	1998年
主营业务收入	400,190,634.29	232,699,168.79	219,371,117.43
净利润	37,205,249.00	29,107,592.02	31,839,107.22
总资产	475,395,010.41	180,705,115.12	176,545,015.30
股东权益(不包含少数股东权益)	379,558,763.07	132,132,872.57	125,059,024.55
每股收益(摊薄)	0.324	0.342	0.375
每股收益(加权)	0.382	0.342	0.375
扣除非经常性损益每股收益	0.352	0.342	0.376
每股净资产(元/股)	3.301	1.555	1.471
调整后的每股净资产(元/股)	3.286	1.533	1.440
净资产收益率(摊薄)%	9.80	22.03	25.46
净资产收益率(加权)%	14.86	22.03	25.46
扣除非经常性损益后的加权平均净资产收益率	16.15	20.82	25.04
每股经营活动产生的现金流量净额	0.470	0.223	

按中国证监会《公开发行证券公司信息披露编报规则》第9号要求计算的利润数据:

报告期利润	净资产收益率%		每股收益(元)	
	全面摊薄	加权平均	全面摊薄	加权平均
主营业务利润	17.42	26.41	0.5748	0.678
营业利润	12.46	18.89	0.4112	0.485
净利润	9.80	14.86	0.3235	0.382
扣除非经常性损益后的净利润	10.65	16.15	0.3516	0.415

3、报告期内股东权益变动情况(单位:人民币元):

项目	股本	资本公积	盈余公积	其中:法定公益金	未分配利润	股东权益合计
期初数	85,000,000	41,311,354.17	5,821,518.40	2,910,759.20	0	132,132,872.57
本期增加	30,000,000	208,970,641.40	7,441,049.80	3,720,524.90	1,014,199.20	247,425,890.50
期末数	115,000,000	250,281,995.67	13,262,568.20	6,631,284.10	1,014,199.20	379,558,763.07

三、股东情况介绍

1、报告期末公司股东总数为26764户。
2、报告期末公司前十名股东持股情况

名次	股东名称	期末持股数	占总股本的比例%
1、	大庆高新技术产业开发区高科技开发总公司	83,641,200	72.73
2、	景宏证券投资基金	663,900	0.58
3、	大庆高新技术产业开发区建设开发总公司	339,700	0.30
4、	大庆龙化新实业总公司	339,700	0.30
5、	大庆开发区华滨化工有限公司	339,700	0.30
6、	大庆龙源石化股份有限公司	339,700	0.30
7、	塔里木石油勘探开发指挥部	272,575	0.24
8、	长江证券有限责任公司	200,000	0.17
9、	史颐珠	163,400	0.14
10、	唐宗相	147,600	0.13

广州友谊商店股份有限公司

二〇〇〇年年度报告摘选

一、公司简介

1.公司法定中文名称:广州友谊商店股份有限公司
公司法定英文名称:GUANGZHOU FRIENDSHIP CO.,LTD.
2.公司法定代表人:郭振球先生
3.公司董事会秘书:邓美薇女士
联系地址:广州环市东路369号广州友谊商店股份有限公司办公室
电话:020-83571948　　传真:020-83572228
电子邮箱:meimy.d@cgzfs.com
股证事务授权代表:邓永光先生
联系地址:广州环市东路369号广州友谊商店股份有限公司企划投资部
电话:020-83570189　　传真:020-83572228
电子邮箱:fcinvestment@cgzfs.com
4.公司注册地址:广州环市东路369号
公司办公地址:广州环市东路369号　　邮政编码:510095
公司国际互联网址:www.cgzfs.com
公司电子邮箱:gzfs@cgzfs.com
5.公司选定的信息披露报纸:《证券时报》
中国证监会指定的登载公司年度报告的国际互联网网址:www.cninfo.com.cn
公司年度报告备置地址:公司企划投资部
6.公司股票上市交易所:深圳证券交易所
股票简称:广州友谊　　股票代码:0987

二、会计数据和业务数据摘要

1.本年度实现的主要利润指标　　单位:人民币元

项目	金额
利润总额	44,684,010.06
净利润	37,904,414.53
扣除非经常性损益后的净利润	37,489,414.53
主营业务利润	170,976,299.44
其他业务利润	10,502,080.34
营业利润	43,374,277.89
投资收益	-23,583.82
补贴收入	
营业外收支净额	1,333,315.99
经营活动产生的现金流量净额	105,588,172.89
现金及现金等价物净增加额	207,118,360.96

注:扣除的非经常性损益项目是报告期内所取得的新股申购冻结资金利息(本年摊入部分)415,000元。

2.截止报告期末公司前三年的主要会计数据和财务指标(追溯调整后)

指标项目	2000年度	1999年度	1998年度
主营业务收入(元)	945,743,251.97	776,896,268.67	820,479,426.87
净利润(元)	37,904,414.53	35,049,459.85	44,826,355.22
总资产(元)	997,408,907.84	729,016,117.34	643,404,806.14
股东权益(元)	584,243,177.82	332,803,680.64	315,684,761.29
全面摊薄每股收益(元/股)	0.1584	0.1955	0.2500
加权平均每股收益(元/股)	0.1855	0.1955	0.2500
扣除非经常性损益后的每股收益(元/股)	0.1567	0.1536	0.2500
每股净资产(元)	2.4414	1.8561	1.7606
调整后的每股净资产(元)	2.4001	1.8224	1.7928
全面摊薄净资产收益率(%)	6.4878	10.5316	14.1997
加权平均净资产收益率(%)	8.4209	10.5187	14.4098
扣除非经常性损益后的加权净资产收益率(%)	8.3287	8.3609	14.4098
每股经营活动产生的现金流量净额(元)	0.4412	0.3402	

3、本年度利润表附表

报告期利润	2000年度				1999年度			
	净资产收益率(%)		每股收益(元)		净资产收益率(%)		每股收益(元)	
	全面摊薄	加权平均	全面摊薄	加权平均	全面摊薄	加权平均	全面摊薄	加权平均
主营业务利润	29.26	37.98	0.71	0.84	46.55	46.55	0.86	0.86
营业利润	7.42	9.64	0.18	0.21	9.23	9.23	0.17	0.17
净利润	6.49	8.42	0.16	0.19	10.53	10.52	0.20	0.20
扣除非经常性损益后的净利润	6.42	8.33	0.16	0.18	8.28	8.36	0.15	0.15

三、股本变动及股东情况

1.股本变动情况
(1).公司股份变动情况表　　数量单位:股

	本次变动前	本次变动增减(+/-)						本次变动后
		配股	送股	公积金转股	增发	其他	小计	
一、未上市流通股份	179,305,405							179,305,405
1.发起人股份								
其中:	150,745,405							150,745,405
国家持有股份	150,745,405							150,745,405
境内法人持有股份								
境外法人持有股份								
其他								
2.募集法人股份								
3.内部职工股	28,560,000							28,560,000
4.优先股或其他								
其中:转配股								
未上市流通股份合计	179,305,405							179,305,405
二、已上市流通股份					60,000,000			60,000,000
1.人民币普通股					60,000,000			60,000,000
2.境内上市的外资股								
3.境外上市的外资股								
4.其他								
已上市流通股份合计					60,000,000			60,000,000
三、股份总数	179,305,405				60,000,000			239,305,405

华工科技产业股份有限公司

二〇〇〇年年度报告摘选

一、公司简介

1、公司法定中文名称:华工科技产业股份有限公司
中文缩写:华工科技
英文名称:HUAGONG TECH COMPANY LIMITED
2、公司法定代表人:王延觉
3、公司董事会秘书:童俊
联系地址:武汉市珞瑜路243号华工科技产业股份有限公司证券部
电　话:027-87780282
传　真:027-87780282
电子信箱:hgtechtj@public.wh.hb.cn
英文缩写:HGTECH
4、公司注册地址:武汉市洪山区珞瑜路1037号
办公地址:武汉市珞瑜路243号华工科技产业大厦11楼
邮政编码:430074
国际互联网址:Http://www.hgtech.com.cn
电子信箱:hgtech@public.wh.hb.cn
5、公司信息披露指定报纸:中国证券报、证券时报
登载公司年度报告的国际互联网址:Http://www.cinfo.com.cn
公司年度报告备置地点:公司证券部
6、公司股票上市地:深圳证券交易所
股票简称:华工科技
股票代码:0988

二、会计数据和业务数据摘要

1、公司本年度利润总额及其构成　　(单位:人民币元)

项目	金额
利润总额	52,806,681.22
净利润	50,201,443.68
扣除非经常性损益后的净利润	44,780,889.74
主营业务利润	82,937,095.75
其他业务利润	1,471,084.78
营业利润	48,656,548.83
投资收益	-902,042.64
补贴收入	2,105,000.00
营业外收支净额	2,947,175.03
经营活动产生的现金流量净额	12,490,504.18
现金及现金等价物净增加额	266,326,734.18

注:扣除的非经常性损益项目和涉及金额
1)补贴收入　　2,105,000.00
2)营业外收入　　3,315,553.94

2、截止报告年度末公司前三年的主要会计数据和财务指标

指标项目	单位	2000年	1999年	1998年
主营业务收入	(元)	180,498,217.24	93,400,484.62	81,459,691.64
净利润	(元)	50,201,443.68	30,556,758.64	22,212,606.09
总资产	(元)	792,932,887.14	185,007,134.29	135,145,014.78
股东权益	(元)	563,021,825.24	141,521,610.03	106,246,462.11
每股收益	(元/股)	0.44	0.36	0.26
每股收益(加权)	(元/股)	0.49	0.36	0.26
扣除非经常性损益后每股收益	(元/股)	0.39	0.33	0.24
扣除非经常性损益后每股收益(加权)	(元/股)	0.44	0.33	0.24
每股净资产	(元/股)	4.90	1.66	1.25
调整后的每股净资产	(元/股)	4.79	1.64	1.25
每股经营活动产生的现金流量净额	(元/股)	0.11	0.15	
净资产收益率	(%)	8.92	21.59	20.91
净资产收益率(加权)	(%)	12.45	21.59	20.91

2、报告期内股东权益变动情况　　单位:人民币元

项目	股本	资本公积	盈余公积	其中:法定公益金	未分配利润	外币折算报表差额	股东权益合计
期初数	85000000	38968283.22	4583513.79	1527837.93	12969813.02		141521610.03
本期增加	30000000	375700000.00	9023177.18	3007725.72	50201443.68	98,771.53	465023392.39
本期减少					43523177.18		43523177.18
期末数	115000000	414668283.22	13606690.97	4535563.65	19648079.52	98771.53	563021825.24

三、股本变动和主要股东持股情况

(一)股本变动情况(截止2000年12月31日)
1、股份变动情况表:　　单位:万股

股份类别	期初数	本次变动增减(+、-)					期末数
		新发	配股	送股	公积金转股	小计	
一.尚未流通股份							
1.发起人股份	8,500						8,500
其中:国家股							
外资法人股							
境内法人股	8,500						8,500
其他							
2.募集法人股							
3.内部职工股							
4.优先股或其他							
尚未流通股份合计	8,500						8,500
二.已流通股份							
1.A股		3,000				3,000	3,000
2.B股							
3.境外上市的外资股							
其他							
已流通股份合计		3,000				3,000	3,000
三.股份总数	8,500	3,000				3,000	11,500

湖南九芝堂股份有限公司

二○○○年年度报告摘选

一、公司简介

1、公司法定中文名称:湖南九芝堂股份有限公司
公司法定英文名称:HUNAN JIUZHITANG CO.,Ltd.
2、公司法定代表人:余克建
3、公司董事会秘书:汪崇湘
联系电话:0731-4489905　　电子信箱:wcx@hnjzt.com.
公司股证事务代表:梁建华、熊亚军
联系电话(传真):0731-4363184
电子信箱:ljh@hnjzt.com. xyj@hnjzt.com.
4、公司注册及办公地址:湖南省长沙市芙蓉北路155号
邮　编:410008
公司国际互联网网址:http://www.hnjzt.com
公司电子信箱:office@hnjzt.com.
5、公司选定的信息披露报纸名称:《证券时报》
登载公司年度报告的国际互联网网址:http://www.cninfo.com.cn
公司年度报告备置地点:湖南省长沙市芙蓉北路155号公司四楼证券部
6、公司股票上市地:深圳证券交易所
股票简称:九芝堂
股票代码:0989

二、主要财务数据和指标

1、本年度主要利润指标情况

项目	金额
(1)、利润总额:	50,037,008.61元
(2)、净利润:	45,719,406.98元
(3)、扣除非经常性损益后的净利润:	40,181,872.21元
(4)、主营业务利润:	156,245,048.88元
(5)、其它业务利润:	10,021.48元
(6)、营业利润:	43,522,261.82元
(7)、营业外收支净额:	6,514,746.79元
(8)、经营活动产生的现金流量净额:	54,866,841.70元
(9)、现金及现金等价物净增加额:	354,265,279.83元

注:"扣除非经常性损益后的净利润"中扣除,项目及金额:减营业外收支净额6,514,746.79元,其中无效申购资金冻结利息收入4,955,368.15元。

2、公司前三年主要会计数据和财务指标(合并报表)

(1)、主要财务数据:

指标项目	2000年度	1999年度	1998年度 调整前	1998年度 调整后
①、主营业务收入(万元)	45584	32954	31012	31012
②、净利润(万元)	4572	3142	2217	2217
③、总资产(万元)	81160	37636	32582	32582
④、股东权益(万元)	49607	15746	9995	9995
⑤、每股收益(元/股)摊薄	0.355	0.355	0.284	0.284
加权	0.421	0.373	0.284	0.284
⑥、扣除非经常性损益后的每股收益(元/股)	0.312	0.364	0.245	0.245
⑦、每股净资产(元)	3.86	1.78	1.28	1.28
⑧、调整后每股净资产(元)	3.82	1.74	1.21	1.21
⑨、每股经营活动产生的现金流量净额(元)	0.427	0.204	-	-
⑩、净资产收益率(%)摊薄	9.22	19.95	22.18	22.18
加权	13.99	24.00	24.95	24.95

(2)、利润表附表:

报告期利润	净资产收益率(%) 全面摊薄	净资产收益率(%) 加权平均	每股收益(元/股) 全面摊薄	每股收益(元/股) 加权平均
主营业务利润	31.50	47.82	1.215	1.438
营业利润	8.77	13.32	0.338	0.401
净利润	9.22	13.99	0.355	0.421
扣除非经常性损益后的净利润	8.10	12.30	0.312	0.37

三、股本变动情况

1、报告期内股票发行及股本变动情况:

本公司2000年6月9日以上网定价与向二级市场投资者配售相结合方式向二级市场发行4000万流通A股,发行价9.00元/股,并于2000年6月28日全部上市。本报告期内股本总数和股权结构变化如下:

报告日期:2000年12月31日　　数量单位:股　　每股面值:1元

	本次变动前	配股	送股	公积金转股	增发	发行新股	小计	本次变动后
一、未上市流通股份								
1、发起人股份	88620000							88620000
其中:								
国家持有股份	78120000							78120000
境内法人持有股份	10500000							10500000
境外法人持有股份								
其他								
2、募集法人股份								
3、内部职工股								
4、优先股或其他								
其中:转配股								
未上市流通股份合计	88620000							88620000
二、已上市的流通股份								
1、人民币普通股						40000000	40000000	40000000
2、境内上市的外资股								
3、境外上市的外资股								
4、其他								
已上市流通股份合计								40000000
三、股份总数	88620000							128620000

诚志股份有限公司

二○○○年年度报告摘选

一、公司简介

(一)公司法定中文名称:诚志股份有限公司
公司法定英文名称:CHENGZHI SHAREHOLDING CO.,LTD.
中文缩写:诚志股份
(二)公司法定代表人:荣泳霖
(三)董事会秘书:许晓阳
股证事务代表:熊智敏
联系电话:0791-6304746
传真:0791-6304524
董秘电子信箱:dongmiban@chengzhi.com.cn
(四)公司注册地址:江西省南昌市高新开发区火炬大道125号
公司办公地址:江西省南昌市北京西路88号江信国际大厦21层
邮政编码:330046
公司国际互联网网址:http://www.chengzhi.com.cn
公司电子信箱:chengzhi@chengzhi.com.cn
(五)公司选定的信息披露报纸名称:《中国证券报》、《证券时报》,登载公司年度报告的中国证监会指定国际互联网网址:http://www.cninfo.com.cn,公司年度报告备置地点:公司董事会办公室
(六)公司股票上市交易所:深圳证券交易所
股票简称:诚志股份
股票代码:0990

二、会计数据和业务数据摘要

(一)公司本年度会计数据　　(单位:人民币元)

项目	金额
利润总额	63,663,836.68
净利润	40,438,493.94
扣除非经常性损益后的净利润	35,691,481.58
主营业务利润	70,925,953,33
其他业务利润	7,862,301.22
营业利润	50,463,805.08
投资收益	65,006.52
补贴收入	9,055,692.50
营业外收支净额	4,079,332.58
经营活动产生的现金流量净额	-6,317,709.53
现金及现金等价物净增加额	244,716,891.03

[备注]扣除的非经常性损益是指:
1、新股申购冻结资金利息4,647,149.37元;
2、合并价差摊入65,006.52元;
3、科技三项经费返还款30,000元;
4、资产处置收益及罚没收入等4,856.47元;
四项合计4,747,012.36元。

(二)公司近三年财务指标　　(单位:人民币元)

项　目	2000年度	1999年度	1998年度
主营业务收入	274,619,956.44	200,259,774.20	232,627,534.50
净利润	40,438,493.94	28,173,177.81	23,260,145.27
总资产	786,218,718.05	268,708,934.34	214,025,726.89
股东权益(不包含少数股东权益)	634,588,239.38	141,592,478.02	113,419,300.21
每股收益(摊薄)	0.34	0.39	0.33
(加权)	0.42	0.39	0.33
扣除非经常性损益后的每股收益(摊薄)	0.30	0.39	0.33
(加权)	0.37	0.39	0.33
每股净资产	5.31	1.98	1.59
调整后的每股净资产	5.21	1.90	1.51
净资产收益率(%)(摊薄)	6.37	19.90	20.51
(加权)	10.26	19.90	20.51
扣除非经常损益后的加权净资产收益率(%)	9.05	19.90	20.51
每股经营活动产生的现金流量净额	-0.05	0.22	—

(三)报告期内股东权益变动情况及其原因　　(单位:人民币元)

项目	股本	资本公积	盈余公积	法定公益金	未分配利润	股东权益合计
期初数	71,500,000.00	38,494,779.81	6,283,624.98	3,141,812.49	25,314,073.23	141,592,478.02
本期增加	48,000,000.00	416,920,000.00	8,087,698.78	4,043,849.39	40,448,192.54	513,455,891.32
本期减少	—	—	17,668.51	8,834.26	8,492,461.45	8,510,129.96
期末数	119,500,000.00	455,414,779.81	14,353,655.25	7,176,827.62	57,269,804.32	646,538,239.38

三、股本变动及股东情况

(一)股东变动情况

1、截止2000年12月31日,公司股东总数13974户。

2、截止2000年12月31日,公司前十名股东持股情况:

股东名称	持股数(股)	变动原因	占总股数(%)	持股期间
清华同方股份有限公司	25741200		21.53	
江西合成洗涤剂厂	22880200		19.15	
江西草珊瑚企业(集团)公司	22163600		18.55	
深圳对外贸易中心	2350000	战略投资者配售	1.97	2000.6.25-12.25
上海邦联投资有限公司	2350000	战略投资者配售	1.97	2000.6.25-12.25
金华金信投资有限公司	2350000	战略投资者配售	1.97	2000.6.25-12.25
北京清华科技园发展中心	2350000	战略投资者配售	1.97	2000.6.25-12.25
浙江康恩贝集团有限公司	2350000	战略投资者配售	1.97	2000.6.25-12.25
金华市天声信息产业投资有限公司	2350000	战略投资者配售	1.97	2000.6.25-12.25
北京知金科技投资有限公司	1370000	战略投资者配售	1.15	2000.6.25-12.25

福建闽东电力股份有限公司

二○○○年年度报告摘选

一、公司简介

1、公司法定中文名称:福建闽东电力股份有限公司
公司法定英文名称:FUJIAN MINDONG ELECTRIC POWER LIMITED COMPANY
2、公司注册地址:福建省福安市中兴街头 71 号
公司办公地址:福建省福安市中兴街头 71 号　　邮编编码:355000
电子邮箱:mddl88@public. ndptt. fj. cn
3、公司法定代表人:翁小巧
4、公司董事会秘书:杨建华
股证事务代表:陈 胜
联系地址:福建省福安市中兴街头 71 号
电话:(0593) 6567918　　传真:(0593) 6380906－6125
电子信箱:yjianhua@public. ndptt. fj. cn
5、公司选定的信息披露报纸名称:《中国证券报》、《证券时报》;
登载公司 2000 年度报告的中国证监会指定国际互联网网址:
http://www. cninfo. com. cn
公司 2000 年度报告备置地点:公司证券投资部
6、公司股票上市交易所:深圳证券交易所
股票简称:闽东电力　　股票代码:0993

二、会计数据和业务数据摘要

(一)本年度利润总额、净利润及其构成(单位:人民币元)

项　目	2000 年度
利润总额	67,627,224.89
净利润	43,520,694.88
扣除非经常性损益后的净利润	38,948,468.74
主营业务利润	98,711,173.97
其他业务利润	3,487,718.53
营业利润	54,475,284.37
投资收益	8,579,714.38
补贴收入	
营业外收支净额	4,572,226.14
经营活动产生的现金流量净额	－22,802,042.80
现金及现金等价物净增加额	500,407,863.70
注:扣除的非经常性损益项目金额	4,572,226.14
1、营业外收入	5,680,781.00
2、营业外支出	1,108,554.86

(二)截至报告期末公司前三年的主要会计数据和财务指标

项　目	2000 年	1999 年	1998 年
主营业务收入(万元)	17,999.77	17,176.10	17,779.30
净利润(万元)	4,352.07	3,306.44	4,885.00
总资产(万元)	202,940.23	69,303.92	59,824.97
股东权益(不含少数股东权益)(万元)	144,308.82	31,470.40	30,643.79
每股收益(元/股)	0.15	0.17	0.24
每股收益(加权)(元/股)	0.18	0.17	0.24
扣除非经常性损益后的每股收益(加权)(元/股)	0.16	0.17	0.24
扣除非经常性损益后的每股收益(元/股)	0.13	0.17	0.24
每股净资产(元/股)	4.81	1.57	1.53
调整后的每股净资产(元/股)	4.72	1.57	1.53
每股经营活动产生的现金流量净额(元/股)	－0.08	0.43	0.37
净资产收益率(摊薄)(%)	3.02	10.51	15.94
净资产收益率(加权)(%)	5.43	10.24	27.14
扣除非经常性损益后的加权净资产收益率(加权)(%)	4.86	10.04	26.96
扣除非经常性损益后的加权净资产收益率(%)	2.70	10.30	15.94

注:(1)按照中国证监会《公开发行证券公司信息报露编报规则(第 9 号)》要求计算的 2000 年指标数据如下:

	报告期利润(元)	净资产收益率(%)		每股收益(元)	
		全面摊薄	加权平均	全面摊薄	加权平均
主营业务利润	98,711,173.97	6.84	12.32	0.33	0.41
营业利润	54,475,284.37	3.77	6.80	0.18	0.23
净利润	43,520,694.88	3.02	5.43	0.15	0.18
扣除非经常性损益后的净利润	38,948,468.74	2.70	4.86	0.13	0.16

三、股本变动及股东情况

(一)股本变动情况
1、股份变动情况(如下表)　　　　单位:万股

小计	本次变动前	配股	送股	公积金转股	增发	其它	本次变动后
一、未上市流通股份							
1、发起人股份	20000						20000
其中:国家拥有股份	19847						19847
境内法人持有股份	153						153
境外法人持有股份							
其他							
2、募集法人股份							
3、高管持股							
4、优先股或其他							
其中:转配股							
未上市流通股份合计	20000						20000
二、已流通股份							
1、人民币普通股					＋10000	＋10000	＋10000
2、境内上市的外资股							
3、境外上市的外资股							
4、其他							
已上市流通股份合计					＋10000	＋10000	＋10000
三、股份总数	20000				＋10000	＋10000	30000

甘肃皇台酒业股份有限公司

二○○○年年度报告摘选

一、公司简介

1、公司法定中文名称:甘肃皇台酒业股份有限公司
英文名称:GANSU HUANGTAI WINE—MARKETING INDUSTRY CO. ,LTD.
2、公司法定代表人:张景发
3、公司董事会秘书:毛宏
授权代表:屈平原
联系地址:甘肃省武威市新建路 55 号
电话:(0935)6112830　　6112946
传真:(0935)6112830
4、公司注册地址及办公地址:甘肃省武威市新建路 55 号
邮政编码:733000
电子信箱:ZHLIDAN@PUBLIC LZ. GS. CN
国际互联网网址:HTTP://WWW. HUANGTAI. COM
5、公司选定的信息披露报纸:《中国证券报》、《证券时报》
刊载公司年度报告的国际互联网网址:
HTTP://WWW. CNINFO. COM. CN
公司年度报告置备地点:公司董事会办公室
6、公司股票上市交易所:深圳证券交易所
股票简称:皇台酒业
股票代码:0995

二、会计数据和业务数据摘要

1、本年度会计数据:(单位:人民币元)

项　目	金额
利润总额	39,469,844.73
净利润	26,412,709.06
扣除非经常性损益后的净利润	27,071,363.09
主营业务利润	55,992,149.45
其他业务利润	3,732,657.42
营业利润	40,135,442.68
投资收益	－1,992,207.60
补贴收入	0.00
营业外收支净额	1,326,609.65
经营活动产生的现金流量净额	－31,233,708.95
现金及现金等价物净增加额	24,067,402.99

注:"扣除非经常性损益后的净利润"指标中,扣除的项目和涉及金额:
(1)扣除短期投资跌价准备 1,992,207.60 元。
(2)扣除营业外收支净额 1,326,609.65 元(含新股发行冻结资金利息)。
2、报告期末公司前三年的会计数据和财务指标:(单位:人民币元)

项目	2000 年度	1999 年度	1998 年度	
			调整前	调整后
主营业务收入	158,410,657.73	154,395,032.02	130,170,775.27	130,170,775.27
净利润	26,412,709.06	26,454,047.01	24,185,293.12	20,900,999.48
总资产	669,409,936.86	341,394,319.86	320,220,301.90	316,936,008.26
股东权益(不含少数股东权益)	472,449,617.57	148,181,759.31	135,012,005.94	131,727,712.30
每股收益	0.19	0.26	0.24	0.21
加权每股收益	0.23	0.26	0.24	0.21
扣除非经常性损益后的每股收益	0.19	0.26	0.24	0.21
每股净资产	3.37	1.48	1.35	1.32
调整后的每股净资产	3.33	1.47	1.33	1.30
每股经营性活动产生的现金流量净额	－0.22	－0.07		
净资产收益率(%)	5.59	17.85	17.91	15.87
加权净资产收益率(%)	10.15	19.60	19.68	17.23

注:(1)以上数据和指标按合并会计报表计算,其中 1998 年有关数据和指标已作了调整。
(2)报告期内公司经批准发行新股 4000 万股,总股本增至 14000 万元。
按中国证监会《公开发行证券公司信息披露编报规则(第 9 号)》要求计算的利润数据:

报告期利润 计算标准	净资产收益率 全面摊薄		净资产收益率 加权平均		每股收益 全面摊薄(元/股)		每股收益 加权平均(元/股)	
年度	2000	1999	2000	1999	2000	1999	2000	1999
主营业务利润	11.85%	36.10%	18.69%	39.66%	0.40	0.54	0.48	0.54
营业利润	8.50%	25.00%	13.40%	27.45%	0.29	0.37	0.34	0.37
净利润	5.59%	17.85%	8.82%	19.60%	0.19	0.26	0.23	0.26
扣除非正常性损益后的净利润	5.73%	17.59%	9.04%	19.29%	0.19	0.26	0.23	0.26

三、股本变动及股东情况介绍

1 、股东情况介绍
(1)报告期末股东总数为:27125 户。
(2)报告期末本公司前十名股东持股情况:

股东名称	股份性质	年末持股数(股)	所占比例(%)
甘肃皇台实业(集团)有限责任公司	国有法人股	91,017,560	65.01
北京丽泽隆科贸公司	法人股	2,994,150	2.14
上海人民印刷八厂	法人股	2,994,150	2.14
兴安证券投资基金	公众股	1,500,078	1.07
苍南县迪科技术发展公司	法人股	1,497,070	1.069
安阳市长虹彩印企业集团	法人股	1,497,070	1.069
常州市嘉迅仓储有限公司	公众股	220,000	0.157
李刚	公众股	212,920	0.152
张苏林	公众股	200,000	0.143
金盛证券投资基金	公众股	200,000	0.143

捷利实业股份有限公司

二〇〇〇年年度报告摘选

一、公司简介

1.公司法定中文名称:捷利实业股份有限公司
公司法定英文名称:JIELEE INDUSTRY CO.,LTD
2.公司法定代表人:姜 新
3.公司董事会秘书:徐朝武
联系地址:哈尔滨市南岗区宣义街1号
电 话:0451—2700598
传 真:0451—2731666
电子信箱:xu-cw@jielee.com
4.公司注册地址:哈尔滨市南岗区宣义街1号
公司办公地址:哈尔滨市南岗区宣义街1号
邮政编码:150001
公司电子信箱:jielee@jielee.com
5.公司选定的信息披露报纸名称:《证券时报》
登载公司年度报告的中国证监会指定国际互联网网址:
http://www.cninfo.com.cn
公司年度报告备置地点:本公司证券部
6.公司股票上市交易所:深圳证券交易所
股票名称:捷利股份
股票代码:0996

二、会计数据和业务数据摘要

(一)本年度主要会计数据和业务数据 单位:元

项 目	2000年度
利润总额	33,879,646.14
净利润	24,633,266.41
扣除非经常性损益后的净利润	24,155,062.84
主营业务利润	46,556,227.93
其他业务利润	1,977,379.11
营业利润	33,596,604.77
投资收益	-195.162.20
补贴收入	---
营业外收支净额	478,203.57
经营活动产生的现金流量净额	-37,970,585.44
现金及现金等价物净增加额	117,964,565.92

注:扣除非经常性损益项目 单位:元

项 目	2000年度	1999年度	1998年度
处理固定资产等	-4,859.56	-129,946.83	----
新股申购冻结资金利息	483,063.13	----	----
合并价差摊入	----	----	----
合 计	478,203.57	-129,946.83	----

(二)公司前三年的主要会计数据和财务指标 单位:元

项 目	2000年度	1999年度	1998年度
主营业务收入	219,051,533.92	218,487,175.45	212,688,715.41
净利润	24,633,266.41	22,595,808.64	17,337,009.22
总资产	482,516,615.38	198,535,818.83	169,920,814.21
股东权益	408,413,412.18	118,055,103.63	110,419,294.99
每股收益(全面摊薄)	0.214	0,282	0.217
每股收益(加权平均)	0.269	0.282	0.217
扣除非经常性损益后的每股收益(摊薄)	0.210	0.284	0.217
扣除非经常性损益后的每股收益(加权)	0.264	0.284	0.217
每股净资产	3.551	1.476	1.380
调整后的每股净资产	3.537	1.475	1.379
每股经营活动产生的现金流量净额	-0.33	0.58	0.42
净资产收益率(%)(摊薄)	6.03	19.14	15.70
净资产收益率(%)(加权)	11.01	19.59	15.27
扣除非经常性损益后的加权净资产收益率(%)	10.80	19.70	15.27

利润表附表

报告期利润	净资产收益率%		每股收益(人民币/股)	
	全面摊薄	加权平均	全面摊薄	加权平均
主营业务利润	11.40	20.81	0.405	0.508
净利润	6.03	11.01	0.214	0.269
扣除非经常性损益后的净利润	5.91	10.80	0.210	0.264

(三)报告期内股东权益变动情况 单位:元

项 目	股本	资本公积	盈余公积	法定公益金	未分配利润	股东权益合计
期初数	80,000,000.00	16,528,438.97	20,217,969.13	7,196,410.55	1,308,695.53	118,055,103.63
本期增加数	35,000,000.00	242,225,042.14	5,472,617.38	1,824,205.79	24,633,266.41	307,330,925.93
本期减少数	-----	-----	-----		16,972,617.38	16,972,617.38
期末数	115,000,000.00	258,753,481.11	25,690,586.51	9,020,616.34	8,969,344.56	408,413,412.18

三、股东情况介绍

(一)报告期末公司股东总数为34748户
(二)报告期末公司前十名股东持股情况

名次	股 东 名 称	期末持股数量(股)	持股比列(%)
1.	哈尔滨嘉利科技发展有限公司	53000000	46.09
2.	哈尔滨广信新型材料开发公司	15000000	13.04
3.	哈尔滨恒利高新技术发展公司	12000000	10.44
4.	同盛证券投资基金	366000	0.32
5.	黄雄燕	296358	0.26
6.	开元基金	265670	0.23
7.	江苏通信开发有限责任公司	140000	0.12
8.	张石磊	126300	0.11
9.	项 煜	101000	0.09
10.	无锡市威孚集团有限公司	100000	0.09

福建新大陆电脑股份有限公司

二〇〇〇年年度报告摘选

一、公司简介

1、法定中文名称:福建新大陆电脑股份有限公司
法定英文名称:FUJIAN NEWLAND COMPUTER CO.,LTD.
2、公司法定代表人:胡 钢
3、公司董事会秘书:李祖荣
证券事务代表:侯浩峰
联系地址:福建省福州市高桥路26号阳光假日大酒店14楼
联系电话:0591—3338178
传 真:0591—3338178 3362320
电子信箱:newland1@pub5.fz.fj.cn
4、公司注册地址:福州市马尾君竹路83号B座5楼
公司办公地址:福建省福州市高桥路26号阳光假日大酒店14楼
公司国际互联网网址:http://www.newland.com.cn
电子信箱:newland1@pub5.fz.fj.cn
5、公司选定的信息披露报刊:《证券时报》
登载公司年度报告的中国证监会指定国际互联网网址:
http://www.cninfo.com.cn
公司年度报告备置地点:公司证券部
6、公司股票上市交易所:深圳证券交易所
股票简称:新大陆
股票代码:0997

二、会计数据和业务数据摘要

1、本年度利润总额及其构成(单位:元)

项 目	金 额
利润总额	44,428,774.46
净利润	39,859,184.53
扣除非经常性损益后的净利润	36,494,296.76
主营业务利润	74,870,078.44
其他业务利润	67,604.19
营业利润	39,726,873.36
投资收益	-501,000.00
补贴收入	1,878,013.33
营业外收支净额	3,324,887.77
经营活动产生的现金流量净额	23,439,870.97
现金及现金等价物净增加额	257,304,694.52
注:扣除非经常性损益项目及涉及金额(单位:元)	
(1)补贴收入:财政扶持生产资金	40,000.00
(2)营业外收入:①.新股申购冻结资金利息:	3,343,118.42
②.资产处置损益:	3,889.28
(3)营业外支出:资产处置损益:	22,119.93

2、前三年主要会计数据和财务指标(单位:元)

项 目	2000年	1999年	1998年
主营业务收入	417,277,515.96	304,757,842.06	229,312,229.09
净利润	39,859,184.53	30,440,836.08	27,340,847.41
总资产	730,072,205.34	234,048,345.20	173,636,227.67
股东权益(不含少数股东权益)	578,699,123.41	97,996,524.35	84,555,688.27
每股收益(加权平均)	0.41	0.45	0.72
每股收益(全面摊薄)	0.34	0.36	0.55
扣除非经常性损益后的每股收益(加权平均)	0.37	0.40	0.55
扣除非经常性损益后的每股收益(全面摊薄)	0.31	0.32	0.42
每股经营活动产生的现金流量净额	0.20	-0.30	0.49
全面摊薄净资产收益率(%)	6.89	31.06	32.34
加权平均净资产收益率(%)	12.71	30.51	39.40
每股净资产	4.99	1.15	1.69
调整后的每股净资产	4.97	1.13	1.67

3、按照中国证监会《公开发行证券公司信息披露编报规则(第9号)》要求计算的利润数据:

报告期利润	净资产收益率(%)		每股收益(元)	
	全面摊薄	加权平均	全面摊薄	加权平均
主营业务利润	12.94	23.87	0.65	0.76
营业利润	6.86	12.66	0.34	0.41
净利润	6.89	12.71	0.34	0.41
扣除非经常性损益的净利润	6.31	11.63	0.31	0.37

三、股本变动及股东情况

1、股东情况介绍
(1)截止2000年12月31日,股东总数为24036户。
(2)前十名股东持股情况(截止2000年12月31日)

名次	股东名称	期末持股数量(股)	持股比例(%)
1、	福建省新大陆发展有限公司	66,980,000	57.74
2、	福建新大陆生物技术股份有限公司	8,500,000	7.33
3、	福建新大陆药业有限公司	5,100,000	4.40
4、	同盛证券投资基金	2,661,070	2.29
5、	福建新大陆光电薄膜有限公司	1,700,000	1.47
6、	福州开发区新大陆置业有限公司	1,700,000	1.47
7、	北京科希盟科技集团	1,020,000	0.88
8、	同益证券投资基金	880,065	0.76
9、	天元证券投资基金	785,597	0.68
10、	宁波证券有限责任公司	430,000	0.37

袁隆平农业高科技股份有限公司

二〇〇〇年年度报告摘选

一、公司简介

(一)公司法定中英文名称:
中文名称:袁隆平农业高科技股份有限公司
英文名称:Yuan Longping High－tech Agriculture Co.,Ltd.
(二)公司法定代表人:田际榕
(三)公司董事会秘书及股证事务代表的姓名、联系地址、电话、传真、电子信箱
董事会秘书:彭光剑　　股证事务代表:何久春
联系地址:长沙市芙蓉区远大二路马坡岭农业高科技园
联系电话:0731－4691889　0731－4691922　传　真:0731－4691806
公司证券事务电子信箱:lphtsd@public.cs.hn.cn
(四)公司注册、办公地址及邮政编码、公司国际互联网网址、电子信箱
公司注册及办公地址:长沙市芙蓉区远大二路马坡岭农业高科技园　　邮政编码:410125
公司互联网网址:www.longpinghightech.com
公司电子信箱:lpht@public.cs.hn.cn
(五)公司选定的信息披露报纸名称、登载公司年度报告的中国证监会指定国际互联网网址,公司年度报告备置地点
选定信息披露报纸名称:《中国证券报》、《证券时报》、《上海证券报》
证监会指定的互联网网址:www.cninfo.com.cn
公司年度报告备置地点:袁隆平农业高科技股份有限公司证券投资部
(六)公司股票上市交易所、股票简称和代码
上市交易所:深圳证券交易所
股票简称:隆平高科　　股票代码:0998

二、会计数据和业务数据摘要

(一)公司本年度实现利润情况(单位:元)

利润总额:	37,929,183.42
净 利 润:	37,959,874.98
扣除非经营性损益后的净利润:	36,601,348.07
主营业务利润:	58,563,209.80
其它业务利润:	285,894.14
营业利润:	34,868,430.88
投资收益:	1,702,225.63
补贴收入:	0
营业外收支净额:	1,358,526.91
经营活动产生的现金流量净额:	106,645,309.80
现金及现金等价物净增加额:	735,521,462.42

扣除非经营性损益明细表(单位:元)

项　目	金 额
1、新股申购冻结资金利息	1,525,551.29
2、营业外收入	166,364.67
其中:罚款收入	2,490.00
处理呆帐收入	156,055.31
其 它	7,819.36
3、营业外支出	
其中:罚款支出	73,800.00
捐赠支出	147,340.94
处理固定资产净损失	108,247.45
非常损失	4,000.66
合 计	333,389.05

(二)公司前三年主要会计数据和财务指标(单位:元)

项 目	2000 年	1999 年	1998 年
主营业务收入	162,544,558.57	114,605,108.66	113,676,854.39
净利润	37,959,874.98	27,216,382.90	26,271,779.01
总资产	926,413,446.74	178,739,930.49	123,713,907.96
股东权益	777,724,165.28	86,968,488.19	39,332,888.04
每股收益 (全面摊薄)	0.36	0.260	
加权平均每股收益	0.49		
扣除非经营性损益后每股收益	0.35		
每股净资产	7.41	1.74	0.79
调整后每股净资产	7.41		
每股经营活动产生的现金流量净额	1.02		
净资产收益率(%)(全面摊薄)	4.88	31.29	66.79
净资产收益率(%)(加权平均)	8.41%		
扣除非经营性损益后净资产收益率(加权平均)	8.11%		

三、股本变动及股东情况

(一)股本变动情况
1、股份变动情况表(单位:万股)

	本次变动前	本次增减(+、-)					本次变动后
		配股	送股	发新股	转增	小计	
未上市流通股份							
(1)发起人股份	5,000						5,000
其中:国家法人股	4,250						4,250
境内法人股	500						500
境内法人股	0						0
自然人	250						250
(2)募集法人股	0						0
(3)高管股	0						0
未上市流通股合计	5,000						5,000
已上市流通股份							
(1)人民币普通股							
其中:上网发行				2,802.50		2,802.50	2,802.50
证券投资基金				1,100		1,100	1,100
战略投资者				1,597.50		1,597.50	1,597.50
(2)境内上市外资股				0		0	0
(3)境外上市外资股				0		0	0
(4)其它				0		0	0
已上市流通股份合计				5,500		5,500	5,500
股份总数	5,000			5,500		5,500	10,500

三九医药股份有限公司

二〇〇〇年年度报告摘选

一、公司简介

(一)、公司法定中文名称:三九医药股份有限公司
公司英文名称:Sanjiu Medical & Pharmaceutical Co., Ltd.
(二)、公司法定代表人:赵新先
(三)、公司董事会秘书:许 宁
联系电话:0755－3360999 转 3579
电子信箱:xuning@999.com.cn
联系传真:0755－2118858
公司股证事务代表:屈定坤
联系电话:0755－3360999 转 3447
电子信箱:qudingkun@999.com.cn
(四)、公司注册及办公地址:深圳市北环大道 1028 号
联系电话:0755－3360999　　联系传真:0755－3350888
邮编:518029
(五)、公司选定的信息披露报纸名称:《中国证券报》、《证券时报》、《上海证券报》
登载公司年度报告的国际互联网网址:http://www.cninfo.com.cn
公司年度报告备置地点:公司证券部
(六)、公司股票上市地:深圳证券交易所
股票简称:三九医药　　股票代码:0999

二、公司会计数据和业务数据摘要

(一)、2000 年业务数据(单位:元)

利润总额	248,423,403.10
净利润	201,578,513.26
扣除非经常性损益的净利润	201,956,951.49
主营业务利润	815,670,010.30
其他业务利润	7,175,101.38
营业利润	190,515,148.56
投资收益	5,734,816.10
补贴收入	1,763,500.00
营业外收支净额	50,409,938.44
经营活动产生的现金流量净额	266,860,908.25
现金及现金等价物净增加额	－113,756,000.31
注:扣除非经常性损益项目及金额	
1、补贴收入	1,763,500.00
2、申购资金冻结利息收入	6,753,417.72
3、无法支付的应付款	2,644,643.12
4、征地赔偿款	1,450,000.00
5、罚款收支净额	－886,596.00
6、处理固定资产净额	－1,777,049.71
7、股权投资差额摊销	－9,140,435.92
8、捐赠支出	－558,348.86
9、固定资产盘亏	－16,549.51
10、国家水利基金	－240,277.46
11、其它营业外收支净额	－370,441.61
以上项目涉及金额为:	－378,138.23

(二)、截止 2000 年 12 月 31 日前三年主要会计数据及财务指标(单位:元):

项 目	2000 年	1999 年	1998 年
主营业务收入	1,828,175,159.07	1,476,418,817.82	1,425,879,412.25
净利润	201,669,188.26	220,218,774.49	150,831,526.69
总资产	5,889,942,233.58	3,579,604,605.84	1,706,789,122.44
股东权益(不包括少数股东权益)	2,582,573,906.31	2,575,909,009.26	694,786,553.81
每股收益(摊薄)	0.27	0.29	0.22
每股收益(加权)	0.27	0.29	0.22
每股净资产	3.43	3.42	1.00
调整后的每股净资产	3.01	3.24	1.00
扣除非经营性损益后的净利润	201,956,651.49	212,751,641.52	151,002,132.86
每股经营活动产生的现金流量净值	0.35	0.16	-
净资产收益率%	7.81	8.30	21.71
净资产收益率%(加权)	7.33	23.35	25.37

(三)、根据中国证监会《公开发行证券公司信息披露编报规则》第九号通知的要求,本公司利润数据计算如下(单位:元/股):

项 目	净资产收益率		每股收益	
	全面摊薄	加权平均	全面摊薄	加权平均
主营业务利润	31.58	29.63	1.08	1.08
营业利润	7.38	6.92	0.25	0.27
净利润	7.81	7.33	0.27	0.27
扣除非经常性损益后的净利润	7.82	7.34	0.27	0.27

三、股本变动及股东情况

(一)、股本变动情况
1、报告期末股东总数
截止 2000 年 12 月 31 日,公司股东总数为 109,799 户,其中发起人股东共 5 户。
2、前十名股东持股情况(截至 2001 年 12 月 31 日)

序号	股东名称	持股数(股)	比例%
1	深圳三九药业有限公司	472,259,600	62.72
2	三九企业集团	79,740,400	10.59
3	横店集团公司	20,000,000	2.66
4	上海大众科技创业(集团)股份有限公司	16,000,000	2.12
5	北京华资银团集团	7,000,000	0.93
6	新疆宏源建信发展公司	3,200,000	0.42
7	威海市医用高分子有限公司	3,080,000	0.41
8	山东省工贸总公司	2,000,000	0.27
9	中国铁路工程总公司	2,000,000	0.27
10	金飞民航经济发展中心	1,650,000	0.21

深圳本鲁克斯实业股份有限公司

二○○○年年度报告摘选

一、公司简介

1、公司法定中文名称:深圳本鲁克斯实业股份有限公司

公司法定英文名称:SHENZHEN BENELUX ENTERPRISE CO., LTD.

2、公司法定代表人:赵从钊先生

3、公司董事会秘书:沈焰雷先生

联系地址:深圳市南山区南油中兴工业城11栋　　邮政编码:518062

联系电话:0755-6068614、6068025

传真号码:0755-6068031

电子邮箱:szshbshi@sz.gd.cninfo.net

4、公司注册地址:深圳市南山区南油中兴工业城11栋　　邮政编码:518062

公司办公地址:深圳市南山区南油中兴工业城11栋　　邮政编码:518062

电子邮箱:szshbshi@sz.gd.cninfo.net

5、公司选定的信息披露报纸名称:《证券时报》、香港《大公报》

登载公司年度报告的中国证监会指定国际互联网网址:http://www.cninfo.com.cn

公司年度报告备置地点:公司董事会秘书处

6、公司股票上市交易所:深圳证券交易所

股票简称:深本实B

股票代码:2041

二、会计数据和业务数据摘要

1、公司本年度会计数据(单位:人民币元)

利润总额	3,829,063.16
净利润	3,634,940.90
扣除非经常性损益后的净利润	2,014,758.87
主营业务利润	95,925.02
其他业务利润	-
营业利润	2,208,881.13
投资收益	-
补贴收入	-
营业外收支净额	1,620,182.03
经营活动产生的现金流量净额	4,740,806.70
现金及现金等价物净增加额	442,724.60

备注:

(1)按不同会计准则、制度计算的净利润及差异产生的原因:

按照国际会计准则审计的2000年度净利润为港币3,418,546.90元,与上述按照中国会计制度审计的2000年度净利润出现差异是由于汇率原因。

(2)扣除的非经常性损益项目、涉及金额:

① 营业外收入人民币1,743,880.69元,为重组收益。

② 营业外支出人民币123,698.66元,为处理库存废品损失。

2、截至报告期末公司前三年的主要会计数据和财务指标:　　单位:人民币元

指标项目	2000年度	1999年度	1998年度
主营业务收入	10,460,444 01	14,137,888.57	53,824,289.90
净利润	3,634,940.90	-11,446,567.18	1,823,323.40
总资产	260,477,037.23	236,437,343.47	232,293,408.44
股东权益	133,494,065.83	130,210,739.01	141,802,692.53
每股收益	0.06	-0.19	0.0301
每股净资产	2.21	2.15	2.34
调整后的每股净资产	2.16	1.21	2.21
每股经营活动产生的现金流量净额	0.08	0.03	0.03
净资产收益率(%)	2.72	-8.79	1.29
按月平均加权法计算的每股收益	0.06	-0.19	0.0301
扣除非经常性损益后的每股收益	0.03		

注:1、因本年度股本没有发生增减变化,按加权计算的每股收益和每股净资产与摊薄计算的相一致。

2、根据中国证监会《公开发行证券公司信息披露编报规则(第9号)》要求计算的利润数据:

报告期利润	净资产收益率(%)		每股收益(元)	
	全面摊薄	加权平均	全面摊薄	加权平均
主营业务利润	0.07	0.07	0.0016	0.0016
营业利润	1.65	1.68	0.0365	0.0365
净利润	2.72	2.76	0.0601	0.0601
扣除非经常性损益后净利润	1.51	1.53	0.0333	0.0333

三、股本变动及股东情况

1、截止2000年12月31日,本公司A股股东数量为64名,B股股东数量为1737名。

2、截止2000年12月31日,公司前10名股东的持股情况:

股东名称	年末持股数	增减变动	备注
蛇口汉盛电子有限公司	19,558,077	0	A股
香港佳利紧密制造有限公司	14,247,290	0	B股
武汉华兴电子有限公司	8,473,001	0	A股
香港捷利音响工业有限公司	1,039,632	0	B股
WONG WAI MING	850,300	-60,100	B股
KOTO TRANSPORT LTD.	726,000	0	B股
PETO VENTURES LTD.	490,250	-191,250	B股
文灿荣	354,868		B股
LING CHI FOON	320,492	92,091	B股
钟香云	303,125		B股

深圳赤湾石油基地股份有限公司

二○○○年年度报告摘选

一、公司简介

公司法定中文名称	深圳赤湾石油基地股份有限公司
公司法定英文名称	SHENZHEN CHIWAN PETROLEUM SUPPLY BASE CO., LTD
(缩写:SCPSB)	
公司法定代表人	傅育宁
公司董事会秘书	崔伟
授权代表	刘伟　　于忠侠
电话	6694211
传真	6694227
联系地址	中国广东省深圳市赤湾基地楼
注册地址	中国广东省深圳市赤湾
办公地址	中国广东省深圳市赤湾基地楼
邮政编码	518068
电子信箱	szcpsb@szonline.net
公司信息披露报纸名称	深圳《证券时报》香港《南华早报》

登载公司年度报告的中国证监会指定的国际互联网地址

http://www.cninfo.com.cn

年度报告备置地点	中国广东省深圳市赤湾基地楼三楼行政部
公司股票上市交易所	深圳证券交易所
股票简称	深基地B
股票代码	2053

二、会计数据和业务数据摘要

(一)本年度利润总额及构成

	单位:美元	单位:人民币元
利润总额	6,301,414.67	52,175,713.46
净利润	5,417,050.48	44,853,177.97
扣除非经常性损益后的净利润	5,451,515.36	45,138,547.18
其中:主营业务利润	6,414,260.88	53,110,080.08
其它业务利润	0	0
营业利润	5,926,569.76	49,071,997.61
投资收益	405,653.37	3,358,809.90
补贴收入	0	0
营业外收支净额	(30,808.46)	(255,094.05)
经营活动产生的现金流量净额	8,872,431.66	73,463,734.14
现金及现金等价物净增加额:	4,401,580.21	36,449,969.23

(二)税后利润差异说明

经罗兵咸永道会计师事务所按照香港会计师公会颁布的标准核数准则进行的审计,与中国会计师审计结果相同,无差异。

(三)主要会计数据及财务指标

截止12月31日

指标名称	2000 千美元	2000 万元人民币	1999 千美元	1999 万元人民币	1998 千美元	1998 万元人民币
主营业务收入	11,676	9,668	10,733	8,885	11,961	9,902
利润总额	6,301	5,218	5,408	4,477	6,183	5,119
净利润	5,417	4,485	4,601	3,809	5,275	4,367
资产总额	69,296	57,377	67,470	55,861	67,617	55,978
股东权益	60,965	50,479	59,882	49,578	58,962	48,813
普通股总数(万股)						
(摊薄)	2 3,060	23,060	23,060	23,060	23,060	23,060
(加权)	23,060	23,060	23,060	23,060	23,060	23,060
每股收益(元/股)						
(摊薄)	0.0235	0.1945	0.02	0.165	0.0229	0.189
(加权)	0.0235	0.1945	0.02	0.165	0.0229	0.189
每股净资产(元/股)						
(摊薄)	0.264	2.189	0.260	2.150	0.256	2.117
调整后的每股净资产(元/股)						
(摊薄)	0.259	2.143	0.254	2.106	0.25	2.07
每股经营活动产生的现金流量净额(元/股)						
(摊薄)	0.038	0.319	0.032	0.267	0.036	0.300
净资产收益率(%)						
(摊薄)	8.9	8.9	7.7	7.7	8.9	8.9
扣除非经常性损益后的每股收益(元/股)						
(摊薄)	0.0235	0.1945	0.02	0.165	0.0229	0.189

三、股东情况介绍

(一)报告期末股东总数

截止2000年12月31日,登记在册股东总人数3147人,其中A股股东只有发起人中国南山开发(集团)股份有限公司一家,B股股东3146人。

(二)主要股东持股情况

前十大股东持股情况(截止2000年12月31日)

序号	股东代码	股东名称	持股数量	持股比例
1	00038657	中国南山开发(集团)股份有限公司	*119,420,000	51.79
2	00210963	OFFSHORE JOINT SERVICES (BASES) CO OF SGP PTE LTD	*51,180,000	22.19
3	00210854	SEMBAWANG MARINE & LOGISTICS LTD	13,000,000	5.64
4	00003361	BONY/ABERDEEN PROLIFIC INTL FD RE CHINA OPS FUND	1,500,000	0.65
5	00306298	杨丽华	1,478,941	0.64
6	00302362	陈丽琼	1,297,798	0.56
7	00280896	文沛荣	1,152,737	0.50
8	00306302	黄转堂	1,104,508	0.48
9	00269983	文灿荣	790,923	0.34
10	00259341	CREATE INVESTMENTS LIMITED	668,000	0.29
合计			191,592,907	83.08

深圳北方建设摩托车股份有限公司

二○○○年年度报告摘选

一、公司简介

1、公司法定中文名称：深圳北方建设摩托车股份有限公司(缩写名称：深建摩)
公司法定英文名称：SHENZHEN NORTH JIANSHE MOTORCYCLE CO.,LTD.
2、公司法定代表人：邓腾江
3、公司董事会秘书：鞠冰
联系地址：重庆市谢家湾正街47号
电话号码：(023)68813741转3245
传 真 号：(023)68482330
电子信箱：ju.bing@163.com
4、公司注册及公司总部地址：深圳福田区深南中路2072号电子大厦416室。
电话号码：(0755)3780750
传 真 号：(0755)3780776
邮政编码：518031
重庆分公司地址：重庆市谢家湾正街47号
电话号码：(023)68813741
传 真 号：(023)68801124
邮政编码：400050
公司电子信箱：sznjsmc@public.cta.cq.cn
公司网址：http://stockmarkets.com.cn/jianshe/index.html
5、公司选定的信息披露报纸名称：《证券时报》和《香港商报》
登载公司年度报告的国际互联网址：http//www.cninfo.com.cn
中期报告备置地：深建摩公司重庆分公司内
6、公司股票上市交易所：深圳证券交易所
公司股票简称：深建摩B
公司股票代码：2054

二、会计数据和业务数据摘要

1、公司本年度实现利润总额8,957千元，净利润14,222千元，扣除非经营性损益后的利润-21,006千元，主营业务利润30,157千元，其他业务利润37,832千元，投资收益-6,123千元，补贴收入366千元，营业外收支净额34,432千元，经营活动产生的现金净额105,996千元，期末现金及现金等价物净增加额为20,341千元。

注：非经常性损益的扣除项目包括：补贴收入366千元，建设集团一次性给予综合服务费补贴35,296千元，处置固定资产净损失434千元。

2、(1)、截止报告期末公司前三年的主要会计数据和财务指标：　　单位：人民币千元

项　目	2000年	1999年(调整前)	1999年(调整后)	1998年
主营业务收入	1,093,767	1,260,090	1,260,090	1,247,089
净利润	14,222	7,735	5,082	-748,078
总资产	1,845,534	1,918,601	2,103,192	1,918,601
股东权益	491,084	480,043	476,862	480,043
每股收益(元)	0.03	0.02	0.01	-1.57
每股净资产(元)	1.03	1.01	1.00	1.01
调整后的每股净资产(元)	0.50	0.99	0.98	0.99
每股经营活动产生的现金流量净额(元)	0.22	0.03	0.03	-0.18
净资产收益率(%)	2.90	1.61	1.07	-155.84
扣除非经常性损益后每股收益(元)	-0.04	0.02	-0.02	1.57
加权净资产收益率(%)	2.90	1.61	1.07	-155.84
扣除非经常性损益后的加权净资产收益率(%)	-0.04	0.02	-0.02	1.57
加权每股收益(元)	0.03	0.02	0.01	-1.57

(2)、中国会计准则和国际会计准则分别确定的净利润(亏损)及股东权益之差异说明：

项 目	净利润(亏损)		股东权益	
	2000年度 人民币千元	1999年度 人民币千元	2000.12.31 人民币千元	1999.12.31 人民币千元
根据中国会计准则编制所确定的有关金额	14,222	5,082	491,084	476,862
坏账准备	——	——	——	——
存货跌价准备	——	——	——	——
递延税项	1,993	1,993	(7,975)	(9,968)
根据国际会计准则所确定的有关金额	16,215	7,075	483,109	466,894

3、股东权益变动情况(单位：千股、千元)

项目	股本	资本公积	盈余公积	公益金	未分配利润	股东权益合计
期初数	477,500	527,282	125,686	24,654	-653,606	476,862
本期增加	-	-	-	-	14,222	14,222
本期减少	-	-	-	-	-	-
期末数	477,500	527,282	125,686	24,654	-639,384	491,084
变动原因：					本年实现利润	

三、股东情况介绍

(1)报告期末股东总数为11622户。
(2)公司前十名股东持股情况：(截止2000年12月31日)

序号	股东名称	持股数(股)	持股比例
1	建设工业(集团)有限责任公司	339,625,000	71.13%
2	中国北方深圳公司	17,875,000	3.74%
3	UNION BANK OF SWITZERLAND	4,140,000	0.87%
4	TOK YEK SENG	2,750,707	0.58%
5	陈丽娟	1,570,701	0.33%
6	钟琼英	1,557,107	0.33%
7	HKIT/006-113039-431	1,220,030	0.26%
8	WONG,CHI HO 黄志豪	979,494	0.21%
9	BNP PARIBAS LUX S/A INTER MULTI INV	816,000	0.17%
10	陈丽琼	794,884	0.17%

深圳大洋海运股份有限公司

二○○○年年度报告摘选

一、公司简介

公司中文名称：深圳大洋海运股份有限公司
公司英文名称：Shenzhen Great Ocean Shipping Co.,LTD
公司英文名称缩写：GOSCO
公司法定代表人：朱文斌
公司董事会秘书：严中宇
联系地址：深圳市南山区南油大道新能源大厦A座9楼903室
电话：0755-6649282
传真：0755-6649953
电子信箱：atd1@public.szptt.net.cn
公司注册地址：深圳市南山区南油大道新能源大厦A座11楼
公司办公地址：深圳市南山区南油大道新能源大厦A座9楼903室
邮政编码：518052
电子信箱：szdayang@sz.gd.cninfo.net
公司选定的信息披露报刊名称：《证券时报》和香港《大公报》
登载公司年度报告的中国证监会指定国际互联网网址：
http://www.cninfo.com.cn
公司年度报告备置地点：公司董事会秘书处
公司股票上市交易所：深圳证券交易所
股票简称：ST深大洋B
股票代码：2057

二、会计数据和业务数据摘要

1、本年度各项主要指标(单位：人民币元)：

	2000年度(合并)
利润总额	-45,717,423.09
净利润	-28,633,635.10
扣除非经常性损益后的净利润	-28,633,169.98
主营业务利润	0
其他业务利润	0
营业利润	-45,527,902.81
投资收益	0
补贴收入	0
营业外收支净额	-189,520.28
经营活动产生的现金流量净额	-998,472.36
现金及现金等价物净增加额	-1,099,254.15
注：(1)扣除非经常性损益内容及金额	
a、处理固定资产净收益	1,890,601.73
b、固定资产清理损失	1,891,066.85

(2)由于公司无力支付境内外同时审计的审计费用，公司决定2000年度不进行境外审计，故无法披露按不同会计准则制度计算的净利润，也无法说明其差异。

2、会计数据及财务指标(单位：人民币元)

序号	项　目	2000年度	1999年度	1998年度 调整前	1998年度 调整后
(1)、	主营业务收入	0	25,104,731.84	105,035,556.42	105,035,556.42
(2)、	净利润	-28,633,635.10	-115,187,470.22	1,760,502.71	-40,891,903.87
(3)、	总资产	174,022,274.53	241,174,369.79	680,377,254.45	601,180,919.99
(4)、	股东权益	17,370,457.67	62,931,088.37	346,399,566.97	267,156,638.50
(5)、	每股收益(元/股)				
	摊薄	-0.145	-0.582	0.009	-0.207
	加权	-0.145	-0.582	0.009	-0.207
	扣除非经常性损益(摊薄)：	-0.145	-0.036	0.004	-0.211
(6)、	每股净资产(元/股)	0.088	0.318	1.749	1.349
(7)、	调整后的每股净资产(元/股)	-0.183	-0.056	1.705	1.331
(8)、	净资产收益率(%)				
	摊薄	-165	-183	0.508	
	加权	-165	-183	0.508	
(9)、	每股经营活动产生现金流量净额	-0.005			

3、按照中国证监会《公开发行证券公司信息披露编报规则》第9号的规定，计算本年度的利润数据如下：

项　目	报告期利润(元)	净资产收益率(%) 全面摊薄	净资产收益率(%) 加权平均	每股收益(元) 全面摊薄	每股收益(元) 加权平均
主营业务利润	0	0	0	0	0
营业利润	-45,527,902.81	-262	-262	-0.23	-0.23
净利润	-28,633,635.10	-165	-165	-0.145	-0.145
扣除非经常性损益后的净利润	-28,633,169.98	-164	-164	-0.145	-0.145

三、股东情况介绍

1、本报告期末的股东数量为8343户，其中法人股股东2家，无内部职工股股东或公司职工股股东。

2、公司前十名股东持股情况(截止2000年12月31日)数量单位：股

股东名称	持股量(股)	持股比例(%)	股份性质
深圳市蛇口大洋海运有限公司	75,776,774	38.27	法人股
江西江南信托投资股份有限公司	43,023,256	21.73	法人股
谢映君	5,280,000	2.70	流通股
张廷江	1,980,000	1.00	流通股
BEST RELIANCE INVESTMENT LTD	669,123	0.3	流通股
何朋东	560,339	0.28	流通股
顾 群	531,150	0.27	流通股
谢爱娣	513,684	0.26	流通股
东亚资产管理有限公司	493,635	0.25	流通股
黄奕生	435,600	0.22	流通股

山东航空股份有限公司

二○○○年年度报告摘选

一、公司简介

一、公司简介
1、公司法定中文名称:山东航空股份有限公司
法定英文名称:SHANDONG AIRLINES CO.,LTD.
2、公司法定代表人:孙德汉
3、公司董事会秘书:郑保安
联系地址:山东济南遥墙国际机场
电话:0531-8737888 0531-8730777-1888
传真:0531-8737889
电子信箱:zhengba@shandongair.com.cn
授权代表姓名:黄海明
联系地址:山东济南遥墙国际机场
电话:0531-8737888 0531-8730777-1888
传真:0531-8737889
电子信箱:huanghm@shandongair.com.cn
4、公司注册及办公地址:山东济南遥墙国际机场 邮政编码:250107
公司国际互联网网址:http://www.shandongair.com.cn
公司电子信箱:zqb@shandongair.com.cn
5、公司指定信息披露报纸
境内:《中国证券报》
境外:香港《大公报》
登载本公司年度报告的互联网网址:http://www.cninfo.com.cn
本公司年度报告备置地点:本公司证券部
联系电话:0531-8737888
6、公司股票上市交易所:深圳证券交易所
股票简称:山航B 股票代码:2152

二、会计数据和业务数据摘要

1、公司本年度实现的财务成果及相关指标(按照中华人民共和国会计准则编制)

项 目	单位:人民币元
利润总额	143,387,413
净利润	93,128,865
扣除非经常性损益后的净利润	93,128,865
主营业务利润	255,724,369
其他业务利润	2,936,206
营业利润	142,395,120
投资收益	-
补贴收入	-
营业外收支净额	992,293
经营活动产生的现金流量净额	157,288,394
现金及现金等价物净增加额	148,197,583

根据国内会计准则、制度计算的净利润、净资产与根据国际会计准则、制度计算的净利润、净资产的差异及原因。

	于2000年12月31日	
	本年净利润 人民币元	之资产净额 人民币元
按中华人民共和国《企业会计准则》及《股份有限公司会计制度》编制之会计报表	93,128,865	533,340,142
调整:		
-有关飞行设备计算折旧基础的差异	(18,334,766)	(28,802,074)
-不确认长期待摊费用的差异	(973,136)	(64,451,097)
-飞机大修之预提费用	6,117,844	20,790,736
-递延税款	2,862,783	12,679,301
-资产负债表日后宣派的股利	-	40,000,000
按国际会计准则调整后之会计报表	82,801,590	513,557,008

2、截至报告期末公司前三年的主要会计数据和财务指标(按照中华人民共和国会计准则编制)

(1)会计数据和财务指标表

项目	单位:人民币元		
	2000年	1999年	1998年
主营业务收入	1,041,981,579	793,632,518	502,568,921
净利润	93,128,865	83,113,933	35,631,228
总资产	1,381,984,390	659,920,407	532,839,073
股东权益(不含少数股东权益)	533,340,142	265,373,795	289,006,457
每股收益(摊薄)	0.2328	0.3197	0.1370
每股净资产	1.33	1.02	1.11
调整后的每股净资产	1.16	0.79	0.94
每股经营活动产生的现金流量净额	0.39	--	--
净资产收益率(摊薄)(%)	17.46	31.32	12.33
加权净资产收益率(%)	25.47	--	--
扣除非经常性损益后的加权净资产收益率(%)	25.47	--	--

三、股本变动及股东情况

1、报告期末股东户数:

截止2000年12月31日,本公司共有股东3384户,其中发起人股东5名;境内上市外资股股东3379户。

2、除控股股东外,公司无持股5%以上的法人股东。前十名股东持股情况如下:

股东名称	持股数(股)	占总股本比例(%)
山东航空有限责任公司	259204000	64.8
林彬泉	5190000	1.30
EVENCHANCE INVESTMENT LIUIT	3615449	0.90
GOLD JUNGLE ASSETS LIMITED	2836000	0.71
GOOD CAPTURE INVESTMENT	2782000	0.70
WANG HONG GANG	2721880	0.68
吕国天	2140000	0.54
白玲	2000000	0.50
BEST RELIANCE INVESTMENT LTD	1830100	0.46
张兆辉	1193300	0.30

承德帝贤针纺股份有限公司

二○○○年年度报告摘选

一、公司简介

1、公司法定中文名称:承德帝贤针纺股份有限公司
法定英文名称:CHENGDE DIXIAN TEXTILE CO.,LTD.
2、公司法定代表人:王淑贤
3、公司董事会秘书:王惠来
公司证券事务代表:杜庆丰
联系地址:河北省承德县下板城镇
电话:0314—3011218、3011577
传真:0314—3011988、3011445
4、公司注册地址:河北省承德县下板城镇
公司办公地址:河北省承德县下板城镇
邮政编码:067400
公司国际互联网网址:http://www.dxtex.com
电子信箱:dxgs-9@public.cdptt.he.cn
5、本公司信息披露报纸:境内:《证券时报》;境外:香港《大公报》
登载本公司年度报告的国际互联网网址:http://www.cninfo.com.cn
公司年度报告备置地点:本公司证券部
联系电话:0314-3011218
6、公司股票上市交易所:深圳证券交易所
股票简称:帝贤B
股票代码:2160

二、会计数据和业务数据摘要

1、本年度会计数据摘要

项 目	单位:人民币元
利润总额	77,585,306
净利润	65,169,622
扣除非经常性损益后的净利润	62,655,698
主营业务利润	100,824,241
其他业务利润	-482,124
营业利润	77,171,382
投资收益	——
补贴收入	——
营业外收支净额	413,924
经营活动产生的现金流量净额	69,277,721
现金及现金等价物净增加额	207,610,491

2、按境内外两种会计准则审计之净利润的差异说明

2000年度,本公司经安达信·华强会计师事务所按中国会计准则审计的净利润为65,169,622元,经安达信公司按国际会计准则调整后的净利润为65,608,622元,差异如下:

	(单位:人民币元)
按照中国会计准则计算之净利润	65,169,622
按国际会计准则调整对净利润的影响	
--递延税项	439,000
按国际会计准则重报之数据	65,608,622

3、报告期末公司前三年的主要会计数据和财务指标 (单位:人民币元)

项目	2000年	1999年	1998年
主营业务收入	284,014,894	197,083,605	146,385,641
净利润	65,169,622	54,704,767	38,488,686
总资产	930,903,601	437,583,198	297,705,746
股东权益	387,236,464	156,835,189	98,273,479
每股收益	0.30	0.55	0.39
扣除非经常性损益后的每股收益	0.30	0.55	0.39
每股净资产	1.80	1.57	1.00
调整后的每股净资产	1.63	1.08	1.00
每股经营活动产生的现金流量净额	0.32	0.65	0.43
净资产收益率(%)	16%	35%	39%
加权平均每股收益	0.51	0.55	0.39

三、股本变动及股东情况

1、股本变动情况

(1)、股份变动情况表

报告期内本公司发行了11500万股境内上市外资股,使股本结构发生了变化。截至2000年12月31日止,本公司股本结构如下表所示:(万股)

	期初数	本次变动增加	期末数
(一)、未上市流通股份			
1、发起人股份	10000		10000
其中:			
国家持有股份			
境内法人持有股份	945.56		945.56
境外法人持有股份			
其他	9054.44		9054.44
2、募集法人股份			
3、高管持股			
4、优先股或其他			
其中:转配股			
未上市流通股份合计	10000		10000
(二)已上市流通股份			
1、人民币普通股			
2、境内上市的外资股		11500	11500
3、境外上市的外资股			
4、其他			
已上市流通股份合计		11500	11500
(三)股份合计	10000	11500	21500

广东雷伊股份有限公司

二〇〇〇年年度报告摘选

一、公司简介

(一)公司法定中文名称:广东雷伊股份有限公司
公司法定英文名称:GUANGDONG RIEYS COMPANY LIMITED
(二)法定代表人:陈鸿成先生
(三)董事会秘书:周皓琳先生
联系地址:深圳市华强北路圣廷苑酒店 B 座 22 楼
电　话:(0755)2076666—22278
传　真:(0755)3789806
电子信箱:okzhl@china.com
(四)注册地址:广东省普宁市军埠镇美新工业园
深圳办公地址:广东省深圳市华强北路圣廷苑 B 座 22 楼
邮政编码:518028
公司国际互联网网址:www.rieys.com
(五)信息披露报纸名称:《证券时报》及香港《文汇报》
登载年度报告的国际互联网网址:http://www.cninfo.com.cn
年度报告备置地点:公司董事会秘书办公室(深圳华强北路圣廷苑酒店 B 座 22 楼)
(六)股票上市交易所:深圳证券交易所
股票简称:雷伊 B
股票代码:2168

二、会计数据和业务数据摘要

1、年度主要利润指标情况(单位:元)

项目	2000 年度合并报表
利润总额:	95206919
净利润:	63047333
扣除非经常性损益后的净利润:	63047333
主营业务利润:	123038006
其他业务利润:	860060
营业利润:	95207771
投资收益:	0
补贴收入:	0
营业外收支净额:	－852
经营活动产生的现金流量净额:	27742622
现金及现金等价物净增加额:	255083559
注: 扣除非经常性损益项目和涉及金额	0

按国内会计准则和国际会计准则计算的差异说明:

经安达信·华强会计师事务所依据中国注册会计师独立审计准则进行审计,本公司 2000 年度的税后利润为 63047333 元人民币;而经国际会计师安达信公司按照国际会计标准委员会公布之国际会计师准则进行的审计,本公司 2000 年度的税后利润为 63323000 人民币元。其差异调整项目如下(单位:人民币千元):

	截至十二月三十一日止年度税后利润 二零零零年 人民币千元	一九九九年 人民币千元
按中国会计准则编列的数额	63,047	37,995
调整的影响		
－撤销的商标摊销额	1,135	1,150
－开办费	(859)	—
按国际会计准则编列的数额	63,323	39,145

2、前三年的主要会计数据和财务指标:

	2000 年	1999 年	1998
主营业务收入(元)	599059225	459294172	220103444
净利润(元)	63047333	37994670	19831782
总资产(元)	680123471	270353908	221644170
股东权益 (不含少数股东权益)(元)	364333137	151102976	113108306
每股收益(元/股) (按净利润全面摊薄计算)	0.36	0.35	0.25
每股收益(元/股) (按净利润加权平均计算)	0.52	0.35	0.25
扣除非经常性损益后的每股收益(全面摊薄)	0.36	0.35	0.25
扣除非经常性损益后的每股收益(加权平均)	0.52	0.35	0.25
每股净资产(元/股)	2.06	1.40	1.41
调整后的每股净资产(元/股)	2.05	1.38	1.41
每股经营活动产生的现金流量净额(元)	0.16	0.40	－0.08
净资产收益率 (按净利润全面摊薄计算)	17%	25%	17.5%
净资产收益率 (按净利润加权平均计算)	30%	29%	17.5%

三、股本变动及股东情况

1、报告期末股东总数:1211 户。

2、于 2000 年 12 月 31 日,本公司前十名股东如下:

股东名称	年末持股数(股)	类别	持股比例(%)
普宁市海成实业有限公司	65,475,000	发起人法人股	36.99
陈美香	16,875,000	发起人自然人股	9.53
普宁市汇隆纺织有限公司	12,150,000	发起人法人股	6.86
普宁市兆业贸易有限公司	6,750,000	发起人法人股	3.81
普宁市健洋实业有限公司	6,750,000	发起人法人股	3.81
陈丽琼	2,000,733	境内上市外资股	1.13
汇益国际有限公司	1,786,800	境内上市外资股	1.01
徐树勋	1,754,010	境内上市外资股	0.99
同欣贸易有限公司	1,570,100	境内上市外资股	0.89
肖慧珍	1,444,812	境内上市外资股	0.81

南京普天通信股份有限公司

二〇〇〇年年度报告摘选

一、公司简介

1.公司中文名称:南京普天通信股份有限公司
公司英文名称:Nanjing Postel Telecommunications Co., Ltd.
2.法定代表人:路俊海 先生
3.董事会秘书:肖兆开 先生
授权代表:顾小荣 先生
联系地址:南京市秦淮区普天路 1 号
电话:86－25－2309954　　传真:86－25－2309954
电子信箱:Ntelecom@public1.ptt.js.cn
4.公司注册地址:中国江苏省南京市江宁经济技术开发区爱立信西侧一幢
公司办公地址:南京市秦淮区普天路 1 号　　邮政编码:210012
公司主页:www.postel.com.cn
公司电子信箱:Office@postel.com.cn
5.公司信息披露报纸:证券时报、香港大公报
年报指定登载网址:www.cninfo.com.cn
年度报告备置地:公司证券管理室
6.公司股票上市交易所:深圳证券交易所
股票简称:宁通信 B　　股票代码:2468

二、会计数据和业务数据摘要

1. 2000 年度会计数据(单位:人民币元)

项目	金额
利润总额	10,335,098
净利润	3,343,768
扣除非经常性损益后的净利润	1,963,086
主营业务利润	161,930,012
其他业务利润	2,072,593
营业利润	5,917,873
投资收益	2,435,799
补贴收入	1,218,418
营业外收支净额	763,008
经营活动产生的现金流量净额	－51,569,787
现金及现金等价物净增加额	－63,492,340
注 1:扣除的非经常性损益项目为:	
补贴收入	1,218,418
合并价差	162,264

注 2:境内外会计师审计结果差异说明:

	2000 年度 税后利润/(亏损) 人民币万元	2000 年 12 月 31 日 资产净值 人民币万元
按中国会计准则编制之合并报表	334.4	48,749
为符合国际会计准则所作的调整		
计提固定资产折旧	(171.3)	(171.3)
计提固定资产减值准备	(277.5)	(277.5)
职工住房补贴支出	(5,262.6)	(5,262.6)
资产重估增值	－	(2,861.8)
其他	－	1,100.5
按国际会计准则编制之合并报表	(5,377)	41,276.3

2.公司近三年主要会计数据(单位:人民币元)

财务指标	2000	1999	1998
主营业务收入	639,343,330	392,421,137	483,620,642
净利润	3,343,768	790,933	12,108,025
总资产	1,039,871,325	873,597,238	751,119,341
股东权益(不包含少数股东权益)	487,489,679	484,192,348	481,460,861
每股收益	0.016	0.004	0.056
扣除非经常性损益后的每股收益	0.009	－0.004	0.056
每股净资产	2.267	2.25	2.24
调整后的每股净资产	1.96	2.11	2.15
每股经营活动产生的现金流量净额	－0.24	－0.12	－0.05
净资产收益率(%)	0.69	0.16	2.51

3.利润表附表

报告期利润	净资产收益率(%) 全面摊薄	加权平均	每股收益(元) 全面摊薄	加权平均
主营业务利润	33.22	33.33	0.753	0.753
营业利润	1.21	1.22	0.028	0.028
净利润	0.69	0.69	0.016	0.016
扣除非经常性损益后的净利润	0.40	0.40	0.009	0.009

三、股东情况介绍

1. 截止 2000 年 12 月 31 日,本公司股东总数为 4467 户,其中国有法人股东 1 户,B 股股东 4466 户。

2. 报告期末前十名股东持股情况(单位:股)

序号	股东名称	年末持股数	持股比例(%)
1	中国普天信息产业集团公司	115,000,000	53.49
2	彭德政	2,000,000	0.93
3	黄真	1,998,100	0.93
4	CBNY S/A PNC/ SKANDIA SELECT FUND/CHINA EQUITY AC	1,982,803	0.92
5	文沛荣	1,753,196	0.82
6	BONY A/C CMG CH CHINA INVESTMENTS LIMITED	1,500,001	0.70
7	HKIT/006－113039－431	957,900	0.45
8	林锡丰	820,200	0.38
9	UNION INV LUX SA RE:EM FERNOST FONDS (LUX)	777,303	0.36
10	孙容金	762,310	0.35

厦门灿坤实业股份有限公司

二〇〇〇年年度报告摘选

一、公司简介

公司名称(中文):厦门灿坤实业股份有限公司
公司名称(英文):TSANN KUEN(CHINA) ENTERPRISE CO., LTD
缩 写:TKC
公司法定代表人:吴灿坤
公司注册地址:中华人民共和国厦门市
办公地址:厦门市湖里工业区兴隆路 88 号　　邮政编码:361006
电子信箱:tcy@tkc.tsannkuen.com
信息披露报纸:国内－<证券时报>,境外－<香港新报>
登载年报的网址:www.cninfo.com.cn 年
度报告备置地点:厦门市湖里工业区兴隆路 88 号
股票上市地:深圳
股票简称:闽灿坤 B　　股票代码:2512
董事会秘书姓名:田竹英
董秘联系地址:厦门市湖里工业区兴隆路 88 号
董秘电话:0592－6030228
董秘传真:0592－6035905

二、会计资料和业务资料摘要

(一)、公司本年度实现的利润金额:　　单位:仟元

项次	项目/年度	金额
1	利润总额(税前)	199,861
2	净利润	183,990
3	扣除非经常性损益的净利润	186,842
4	主营业务利润	473,217
5	其它业务利润	10,811
6	投资收益	－671
7	补贴收入	3,672
8	营业外收支净额(支出)	－5,132
9	经营活动产生的现金流量净额	407,545
10	现金及现金等价物净增加额	95,567

(二)、不同会计准则计算的净利润差异说明

本财务报表按国际会计准则报告的税后净利润为 178,621 仟元,按中国会计准则报告的税后净利润为 183,990 仟元。主要调整如下:

	本年净利润 人民币千元
于中国会计准则财务报表	183,990
按国际会计准则调整:	
因使用调剂汇率折算 1994 年之前购置的固定资产的调整	(2,327)
资产重估调整	666
子公司的开办费调整	(3,708)
报表折算差额	－
其它	－
于国际会计准则财务报表	178,621

(三)、主要会计数据和财务指针

项目/年度	2000 年	1999 年	1998 年	2000 年/1999 年
主营业务收入(千元)	2,506,148	1,774,267	1,311,479	141.25%
净利润(千元)	183,990	132,513	81,478	138.85%
净利润(%)	7.34%	7.47%	6.21%	98.26%
总资产(千元)	2,469,473	1,943,038	1,334,015	127.09%
股东权益(千元)	886,485	702,041	587,559	126.27%
每股收益(元)	0.41	0.29	0.23	141.38%
每股净资产(元)	1.97	1.56	1.63	126.28%
调整后的每股净资产(元)	1.94	1.53	1.53	126.80%
每股经营活动产生的现金流量净额	0.90	0.61	－0.06	147.54%
净资产收益率(%)	20.76%	18.88%	13.87%	109.96%

(四)、报告期内股东权益变化情形　　单位:仟元

项目	股本	资本公积	盈余公积	法定公益金	未分配利润	合计
期初数	360,750	92,538	146,023	10,830	91,900	702,041
本期增加	90,187		73,594	9,200	183,990	356,971
本期减少			36,075		136,906	172,981
期末数	450,937	92,538	183,542	20,030	138,984	886,031
变动原因	1.盈余转增资 2.任意盈余公积转增资		1.转增股本		本年利润结余	

上列股东权益未包括外币报表折算差额 453 仟元。

三、股本变动及股东情况

(一)、股本变动情况　　单位:仟元

项　目	期初数	本次变动增减(+,-) 配股	送股	公积金转股	其它	小计	期末数
一、尚未流通股份							
1、发起人股	263,250		39,487	26,325		65,812	329,062
其中:							
国有拥有股份							
境内法人持有股份							
外资法人持有股份	263,250		39,487	26,325		65,812	329,062
其它							
2、募集法人股							
3、内部职工股							
4、优先股或其它							
尚未流通股份合计	263,250		39,487	26,325		65,812	329,062
二、已流通股份							
1、境内上市的人民币普通股							
2、境内上市的外资股	97,500		14,625	9,750		24,375	121,875
3、境外上市的外资股							
4、其它							
已流通股份合计	97,500		14,625	9,750		24,375	121,875
三、股份总数	360,750		54,112	36,075		90,187	450,937

瓦房店轴承股份有限公司

二〇〇〇年年度报告摘选

一、公司简介

1、公司中文名称:瓦房店轴承股份有限公司
公司英文名称:Wafangdian Bearing Company Limited
2、公司法定代表人:王路顺
3、公司董事会秘书:张兴海
证券事务代表:苏绍礼
联系地址:中国辽宁省瓦房店市北共济街一段 1 号
咨询电话:0411－5509888－3829、3373
传　　真:0411－5500794
电子邮件:zwz214@mail.dlptt.ln.cn
4、公司注册地址:中国辽宁省瓦房店市北共济街一段 1 号
公司办公地址:中国辽宁省瓦房店市北共济街一段 1 号
邮 政 编 码:116300
国际互联网网址:http/www.zwz－bearing.com
5、公司选定的信息披露报纸:《证券时报》、《香港商报》及英文《虎报》
登载公司年度报告的中国证监会指定国际互联网网址:
http//www.cninfo.com.cn
6、公司年度报告备置地点:公司投资证券部
7、公司股票上市地:深圳证券交易所
股票简称:瓦轴 B
股票代码:2706

二、会计资料与业务资料摘要

1、公司本年度主要经济指标情况(单位:人民币元)

利润总额:	47,966,310.49
净利润:	44,294,256.48
扣除非经常性损益后净利润:	47,440,042.06
主营业务利润:	220,072,480.16
其它业务利润:	14,132,696.37
营业利润:	37,443,163.62
投资收益:	11,580,232.45
补贴收入:	－－
营业外收支净额:	(1,057,085.58)
经营活动产生的现金流量净额:	43,341,309.57
现金及现金等价物净增加(减少)额:	(42,261,179.81)

2、截止报告期公司前三年的主要会计资料和财务指标:　　单位:人民币元

追塑调整后 指针项目	2000 年	1999 年	1998 年
主营业务收入	1,095,680,727.81	1,117,594,129.07	1,208,437,170.66
净利润	44,294,256.48	43,379,436.07	53,503,828.31
总资产	2,162,950,508.24	2,182,585,451.87	2,063,448,263.21
股东权益	1,013,331,950.45	981,428,296.50	956,946,309.07
每股收益	0.134	0.131	0.162
按月加权法计算的每股收益	0.134	0.131	0.162
加权平均每股收益	0.134	0.131	0.162
扣除非经常性损益后的每股收益	0.137	0.1353	－－
每股净资产	3.07	2.97	2.90
调整后的每股净资产	2.97	2.91	2.788
每股经营活动产生的现金流量净额	0.131	0.08	0.09
净资产收益率%	4.37	4.42	5.59
加权净资产收益率%	4.28	4.25	5.32
扣除非经常性损益后的净利润	47,440,042.06	44,651,425.09	－－

3、利润分配表附表

按中国证监会《公开发行证券公司信息披露编报规则》第 9 号的通知要求,编制公司 2000 年年度的利润分配表附表:

项目	报告期利润(元)		净资产收益率(%) 全面摊薄		加权平均		每股收益(元/股) 全面摊薄		加权平均	
	2000 年	1999 年	2000 年	1999 年	2000 年	1999 年	2000 年	1999 年	2000 年	1999 年
主营业务利润	220,072,480.16	248,897,358.29	21.72%	25.36%	21.72%	25.36%	0.6669	0.7542	0.6669	0.7542
营业利润	37,443,163.62	44,475,054.08	3.70%	4.53%	3.70%	4.53%	0.1135	0.1348	0.1135	0.1348
净利润	44,294,256.48	43,379,436.07	4.37 %	4.42%	4.37 %	4.42%	0.1342	0.1315	0.1342	0.1315
扣除非经常性损益后的净利润	47,440,042.06	44,651,425 .09	4.48%	4.55%	4.48%	4.55%	0.1374	0.1353	0.1374	0.1353

三、股东情况介绍

1、报告期内股本变动情况表

报告期内:本公司股本结构没有发生变化,股本结构如下:

	期初数	本次+变动增减(+,-) 配股 送股 公积金 转股 其他 小计	期末数
一、尚未流通股份			
1、发起人股份	200,000,000		200,000,000
其中:			
国家拥有股份	200,000,000		200,000,000
境内法人持有股份			
外资法人持有股份			
其他			
2、募集法人股			
3、内部职工股			
4、优先股或其他			
尚未流通股份合计	200,000,000		200,000,000
二、已流通股份			
1、境内上市的人民币普通股			
2、境内上市的外资股	130,000,000		130,000,000
3、境外上市的外资股			
4、其他			
已流通股份合计	130,000,000		130,000,000
三、股份总数	330,000,000		330,000,000

武汉锅炉股份有限公司

二〇〇〇年年度报告摘选

一、公司简介

1、公司法定中文名称:武汉锅炉股份有限公司
公司法定英文名称:WUHAN BOILER CO., LTD.
2、公司法定代表人:黄江
3、公司董事会秘书:陈性智
联系地址:湖北省武汉市武珞路586号
联系电话:027-87883008、87657002
传真:027-87883938
电子信箱:wbgchw@public.wh.hb.cn
4、公司注册地址:湖北省武汉市武珞路586号
公司办公地址:湖北省武汉市武珞路586号　　邮政编码:430070
公司电子信箱:wbgchw@public.wh.hb.cn
5、公司信息披露报刊名称:《证券时报》、《大公报》
登载公司年度报告的国际互联网网址:
http://www.cninfo.com.cn
公司年度报告备置地点:公司董事会办公室
6、公司股票上市地:深圳证券交易所
股票简称:武锅B　　股票代码:2770

二、会计数据与业务数据摘要

一、会计数据和业务数据摘要
1、本年度会计数据摘要　　单位:人民币元

项　目	金额
利润总额	17,307,101.47
净利润	12,584,918.96
主营业务利润	47,298,045.31
其他业务利润	-723,517.42
投资收益	1,138,026.12
补贴收入	2,575,735.92
营业利润	14,410,431.08
营业外收支净额	-817,091.65
经营活动产生的现金流量净额	13,513,116.65
现金及现金等价物净增加额	10,034,584.11
扣除非经常性损益后的净利润	13,402,010.61
注:扣除的非经常性损益项目及金额为:	-817,091.65

普华永道中国有限公司按国际会计准则调整的净利润为816.1万元,根据国际会计准则及其他调整对中国法定财务报表之影响如下:

	净利润 人民币千元	资产净值 人民币千元
根据中国法定财务报表所列报	12,585	499,672
国际会计准则及其他调整		
-冲销长期投资重估增值	-	(2,227)
-冲销以前年度已确认但无法实现的建造合同收入	(4,666)	-
-冲销已于以前年度冲销的开办费摊销	563	(1,313)
-其他	(321)	(242)
经国际会计准则及其他调整后所列报	8,161	495,890

注:差异产生的主要原因是公司根据中国财政部的规定,对以前年度计提资产减值准备,境内会计师采用的是追溯调整法,而境外会计师全部计入当期损益。

2、.公司前三年主要会计数据及财务指标(追溯调整后):　　单位:人民币元

项　目	2000年	1999年(调整后)	1998年(调整后)
主营业务收入	251,209,679.89	149,038,520.17	229,967,539.90
净利润	12,584,918.96	2,266,824.49	14,299,248.85
总资产	976,262,292.63	931,150,735.04	886,622,809.13
股东权益(不含少数股东权益)	493,731,806.03	487,061,714.14	484,794,889.65
每股收益	0.0424	0.0076	0.0481
每股收益(按月平均加权法计算)	0.0424	0.0076	0.0481
扣除非经常损益后的每股收益	0.0451	0.0076	0.0481
每股净资产	1.6624	1.6399	1.6323
调整后的每股净资产	1.6108	1.5326	1.5796
每股经营活动产生的现金流量净额	0.0455	-0.0652	
净资产收益率	2.55%	0.46%	2.95%

3、根据中国证监会《公开发行证券公司信息披露编报规则第九号》计算的净资产收益率和每股收益:

报告期利润	净资产收益率(%)		每股收益(元/股)	
	全面摊薄	加权平均	全面摊薄	加权平均
主营业务利润	9.58	9.59	0.1593	0.1593
营业利润	2.92	2.92	0.0485	0.0485
利润	3.51	3.51	0.0583	0.0583
扣除非经常损益后的净利润	2.71	2.71	0.0451	0.0451

三、股本变动和主要股东持股情况

1.报告期末公司股东总数为2729户。
2.前10名股东的持股情况

名次	股东名称	持股数(股)	占总股本比例(%)
1、	武汉锅炉集团有限公司	172,000,000	57.9
2、	龙芹芳	4,405,521	1.48
3、	方静文	4,346,000	1.46
4、	DA WEI ZHANG 张大伟	3,487,900	1.17
5、	跨国有限公司	2,300,000	0.77
6、	卢汉明	2,237,574	0.75
7、	广博投资有限公司	2,170,492	0.73
8、	国盟投资集团有限公司	1,460,100	0.49
9、	湖北证券公司	1,398,300	0.47
10、	HKIT/006-113039-431	1,245,700	0.42

杭州汽轮机股份有限公司

二〇〇〇年年度报告摘选

一、公司简介

1、公司法定名称:
中文:杭州汽轮机股份有限公司
英文:HANGZHOU STEAM TURBINE CO., LTD
英文缩写:HTC
2、公司法定代表人:方 文
3、公司董事会秘书及其授权代表的姓名、联系方式:
董事会秘书:何建航 电话:(0571)5780198
股证授权人:柏荣华 电话:(0571)5780422
联系地址:杭州市石桥路357号杭州汽轮机股份有限公司证券办
邮政编码:310022
传 真:(0571)5780433
电子信箱:he@htc.net.cn
4、公司注册地址、办公地址、通讯方式及其国际互联网网址:
注册及办公地址:杭州市石桥路357号
邮 政 编 码:310022
电 话:(0571)5780114(总机)
5、国际互联网网址:http://www.htc.net.cn/
6、公司选定的信息披露报纸名称、登载公司年度报告网址、公司年度报告备置地点:
公司选定的信息披露报纸:《证券时报》、《香港商报》;
登载公司年度报告的中国证监会指定国际互联网网址:http://www.cninfo.com.cn
公司年度报告备置地点:本公司证券办
7、公司股票上市交易所、股票简称和股票代码:
股票上市交易所:深圳证券交易所
股票简称:杭汽轮B
股票代码:2771

二、会计数据和业务数据摘要

1、本年度主要会计数据　　金额单位:人民币元

序号	项　目	金　额
1	利润总额	34,956,142.27
2	主营业务利润	83,241,517.65
3	其他业务利润	972,058.17
4	营业利润	34,170,268.85
5	投资收益	-45,838.44
6	补贴收入	-
7	营业外收支净额	831,711.86
8	净利润	30,071,014.34
9	扣除非经常性损益后的净利润	30,189,379.06
10	扣除追溯调整影响后可供分配的利润	30,071,014.34
11	经营活动产生的现金流量净额	58,871,531.68
12	现金及现金等价物净增加额	-821,416.40
13	按国际会计准则计算的净利润	30,843,000.00
14	按国内会计准则计算的净利润	30,071,014.34

2、利润表附表:根据中国证监会《公开发行证券公司信息披露编报规则第9号》的规定编制:

	2000年				1999年			
	净资产收益率(%)		每股收益(元)		净资产收益率(%)		每股收益(元)	
	全面摊薄	加全平均	全面摊薄	加全平均	全面摊薄	加全平均	全面摊薄	加全平均
主营业务利润	19.20	19.20	0.38	0.38	27.07	26.16	0.52	0.52
营业利润	7.81	7.88	0.16	0.16	11.93	11.53	0.23	0.23
净利润	6.87	6.93	0.14	0.14	14.01	13.54	0.27	0.27
扣除非经常性损益后的净利润	6.90	6.96	0.14	0.14	12.10	11.69	0.23	0.23

3、截止报告期末公司中前三年主要会计数据和财务指标　　金额单位:人民币元

序号	指标名称	2000年12月31日	1999年12月31日	备考1998年12月31日
1	主营业务收入	249,196,348.70	113,326,562.00	300,198,729.00
2	净利润	30,071,014.34	58,664,285.00	72,278,356.00
3	总资产	675,302,781.67	672,143,149.00	686,357,345.00
4	股东权益	473,688,611.23	418,617,596.00	403,953,313.00
5	每股收益(元/股)	0.14	0.27	0.33
6	每股净资产(元/股)	1.99	1.90	1.84
7	调整后的每股净资产(元/股)	1.97	1.84	1.81
8	每股经营活动产生的现金流量净额(元/股)	0.27	-0.005	-
9	净资产收益率(%)	6.87	14.01	17.89
10	加权平均后的每股收益(元/股)	0.14	0.27	0.37
11	扣除非经营性损益后的每股收益(元/股)	0.14	0.23	0.37

三、股本变动及股东情况

1、股东情况介绍
(1)报告期末本公司共有股东总数1199名;其中国家股股东1名,B股股东1198名。股东数比上年同期增加601名。
(2)截止报告期末公司前10位股东情况

序号	股东名称	期末持股数(股)	期内增减数(股)	期末占总股本的比例(%)
1	杭州汽轮动力集团有限公司	140,000,000	0	63.64%
2	中国中小企业发展基金有限公司	10,505,092	10,045,092	4.78%
3	WISH HASTER INVESTMENTS	9,000,300	300	4.09%
4	GOOD CAPTURE INVESTMENTS	7,606,600	-1,174,400	3.46%
5	NORMAL WIN ASSETS LIMITED	7,468,300	-288,261	3.39%
6	PERFECT SPACE INVESTMENTS	7,036,200	3,878,084	3.20%
7	FORTUNE DAILY INVESTMENTS	5,084,494	5,084,494	2.31%
8	李国强	2,429,000	0	1.10%
9	MESABI ASSETS LIMITED	1,359,200	1,359,200	0.62%
10	MONOTRACTION (SHANGHAI) HOLDINGS LIMITED	1,233,935	-2,086,065	0.56%

佛山华新包装股份有限公司

二〇〇〇年年度报告摘选

一、公司简介

1、公司法定中文名称：佛山华新包装股份有限公司
法定英文名称：Foshan Huaxin Packaging Co.，Ltd.
2、公司法定代表人：王奇
3、公司董事会秘书：陈海燕
公司股证事务代表：钟长贵
联系地址：佛山市季华路经华大厦20楼
电话：0757－3981729　　传真：0757－3981025
4、公司注册地址：佛山市季华路经华大厦20楼
公司办公地址：佛山市季华路经华大厦20楼　　邮政编码：528000
公司电子信箱：zhuaxin@163.com
5、公司选定的信息披露报纸名称：《证券时报》、《香港商报》
中国证监会指定国际互联网网址：http：//www.cninfo.com.cn
公司年度报告备置地点：公司董事会办公室
6、公司股票上市交易所：深圳证券交易所
股票简称：粤华包B　　股票代码：2986

二 会计数据和业务数据摘要

1、本年度公司主要经营数据

项　目	单位：人民币元
利润总额	125,876,033.26
净利润	113,043,278.87
扣除非经常性损益后的净利润	76,340,735.02
主营业务利润	86,601,340.16
其他业务利润	39,074.49
营业利润	52,048,859.53
投资收益	69,031,428.79
补贴收入	1,298,000.00
营业外收支净额	3,497,744.94
经营活动产生的现金流量净额	87,191,505.72
现金及现金等价物净增加额	73,032,099.64

注：1、2000年非经常性损益36,702,543.85元，是由以下部分组成：

(1)出售联营公司利乐华新(佛山)包装有限公司24%股权但仍享有其税后利润24%收益权。金额为35,639,644.69元；

(2)投资子公司及联营公司的股权投资差额摊入，金额共计－3,732,845.78元。

(3)子公司华丰纸业有限公司2000年度享受的优惠电价补贴款1,298,000.00元。

(4)营业外收支净额3,497,744.94元。

2、根据国际会计准则编制的会计报表与根据国内会计准则编制的会计报表，税后利润存在的差额为224.5万元，差异原因主要是由于长期股权投资差额摊销、联营公司利乐华新提坏帐口径不同而引起的投资收益差额、对控股子公司提取坏帐口径不同所引起的利润差额以及对开办费、长期待摊费用、无形资产摊销处理不同所引起的利润差额。

净利润差异明细如下：

按中国会计法规列报：	11,304.3
遵照国际会计准则作出的调整：	(62.3)
(1)坏帐准备调整	373.3
(2)商誉调整	(237)
(3)联营公司权益调整	(345.2)
(4)其他业务收入调整	46.7
(5)其他	11,079.8

按国际会计准则列报：2000年税后利润(万元)

2、公司近三年的主要会计数据和财务指标

指标项目	2000年	1999年	1998年
主营业务收入	405,235,060.19	293,281,327.51	215,634,122.00
净利润	113,043,278.87	118,585,604.73	95,692,376.00
总资产	1,318,182,523.81	933,683,573.45	881,996,677.00
股东权益(不含少数股东权益)	766,522,391.11	561,448,406.74	495,005,866
每股收益 全面摊薄	0.2572	0.4089	0.3300
加权平均	0.3224	0.4089	0.3300
扣除非经常性损益后每股收益	0.1737	0.2047	0.3300
扣除非经常性损益后每股收益(加权)	0.2177	0.2047	0.3300
每股净资产	1.7441	1.9360	1.7069
净资产收益率(%) 全面摊薄	14.75	21.12	19.33
加权平均	17.12	21.12	19.33
调整后的每股净资产	1.7166	1.9116	1.7011
每股经营活动产生的现金流量净额	0.1984	0.1073	0.0872

注：上述会计数据和财务指标均按年报准则规定的公式计算。

3、根据中国证监会《公开发行证券公司信息披露编报规则(第9号)》要求计算的有关数据：

报告期利润	净资产收益率(%)		每股收益(元)	
	全面摊薄	加权平均	全面摊薄	加权平均
主营业务利润	11.30	13.12	0.1970	0.2470
营业利润	6.79	7.88	0.1184	0.1484
净利润	14.75	17.12	0.2572	0.3224
扣除非经常性损益后的净利润	9.69	11.56	0.1737	0.2177

三、股本变动及股东情况

1、股本变动情况
(1)股份变动情况表

单位：万股

	本次变动前	本次变动情况(＋、－)	本次变动后
一、未流通股份			
发起人股份	29000		29000
未上市流通股份合计	29000		29000
二、上市流通股份			
境内上市的外资股(B)股		14950	14950
上市流通股份合计		14950	14950
三、股份总数	29000	14950	43950

山东省中鲁远洋渔业股份有限公司

二〇〇〇年年度报告摘选

一、公司简介

1、公司的法定名称：
中文名称：山东省中鲁远洋渔业股份有限公司
英文名称：Shandong Zhonglu Oceanic Fisheries Company Limited
2、公司注册地址：中国济南市历山路57号
公司办公地址：中国济南市历山路57号
邮政编码：250013
公司的电子信箱：zlzqb@sd.soim.com或zlzqb@21cn.com
3、公司法定代表人：王爱民
4、董事会秘书：李文役
联系地址：济南市历山路57号
电话：0531－6944881
传真：0531－6955357
电子信箱：zlzqb@21cn.com
证券事务代表：周烽
联系地址：济南市历山路57号
电话：0531－6416949
传真：0531－6943084
电子信箱：zwhl@jn－public.sd.cninfo.net
5、公司的信息披露报刊：《证券时报》、《大公报》、《中国证券报》
中国证监会指定国际互联网址：http//www.cninfo.com.cn
公司年度报告备置地点：公司证券部
6、公司股票上市交易所：深圳证券交易所
股票简称：中鲁B　　股票代码：2992

二、主要财务数据和指标

1、2000年度本公司利润总额及构成(单位：人民币元)

利润总额：	82,686,601
主营业务利润：	118,031,518
营业利润：	79,877,296
营业外收支净额：	873,932
净利润：	72,418,801
扣除非经常性损益后的净利润为：	72,418,801
2、经营活动产生的现金流量净额：	－31,543,768
3、现金及现金等价物净增加额：	203,543,230

4、境内、外会计师审计的净利润差异说明

经安达信公司国际会计师审计，2000年度本公司按国际会计准则编列的净利润与按中国会计准则编制的净利润 没有差异。

5、主要会计数据：

单位：人民币元

项　目	2000年12月31日	1999年12月31日	1998年12月31日
总资产	889,070,574	508,257,264	421,141,162
股东权益	503,813,295	202,679,640	150,367,690
每股净资产(全面摊薄)	1.89	1.58	1.17
调整后的每股净资产	1.89	1.58	1.17

6、主要业务数据：

单位：人民币元

项　目	2000年度	1999年度(模拟数)	1998年度
主营业务收入	592,182,400	911,932,320	756,438,623
净利润	72,418,801	85,473,155	75,399,002
每股经营活动产生的现金流量净额	－0.12	－	－

7、净资产收益率和每股收益指标
时间

利润项目	2000年度				1999年7月30日至1999年12月31日			
	净资产收益率		每股收益		净资产收益率		每股收益	
	全面摊薄	加权平均	全面摊薄	加权平均	全面摊薄	加权平均	全面摊薄	加权平均
主营业务利润	23.40%	34.20%	0.44	0.64	27.30%	25.60%	0.43	0.43
营业利润	15.90%	23.10%	0.30	0.43	23.80%	22.30%	0.38	0.38
净利润	14.40%	21.00%	0.27	0.39	18.40%	17.30%	0.29	0.29
扣除非经常损益后的净利润	14.40%	21.00%	0.27	0.39	18.40%	17.30%	0.29	0.29

8、2000年度本公司股东权益变动情况

单位：股、人民币元

项目	股本	资本公积	法定盈余公积	法定公益金	未分配利润	股东权益合计
期初数	128,071,320	69,020,364	4,470,282	2,235,141	－1,117,467	202,679,640
本期增加	138,000,000	117,322,331	7,935,923	3,967,961	72,418,801	339,645,016
本期减少		345			38,511,016	38,511,361
期末数	266,071,320	186,342,350	12,406,205	6,203,102	32,790,318	503,813,295
变动原因	发行B股	B股发行溢价	本期提取	本期提取	实现利润提取两金，分配股利	股票发行实现利润分配股利

三、股本变动及股东

1、报告期末股东户数：

截止2000年12月31日，本公司共有股东4317户。其中发起人股东5名；境内上市外资股东4312户。

2、除控股股东外，本公司无持股5%以上的法人股东。前10名股东的持股情况如下：

序号	股东名称	持股数(股)	占总股本的比(%)
1	山东省水产企业集团总公司	125,731,320	47.25
2	陈丽琼	6,672,295	2.50
3	文沛荣	3,719,850	1.40
4	温海根	3,340,572	1.26
5	TEN E ONLINE LIMITED	3,300,000	1.24
6	NGAI WAI 倪惠	2,381,000	0.89
7	BEST RELIANCE INVESTMENTS LTD	2,058,649	0.77
8	中国重型汽车进出口有限责任公司	1,950,000	0.73
9	GPEAT DIAMOND INTERNATIONAL LIMITED	1,808,700	0.68
10	WONG CHUN 黄镇	1,696,700	0.64

附　卷

2001年中国证券市场大事记

(2001.01－2001.12)

一　月

1日　《企业会计制度》正式实施。

2日　国家统计局局长朱之鑫披露，2000年我国经济增长8%，按当时汇率计算，我国国内生产总值首次突破1万亿美元。

●中国证监会向中国东方、长城资产管理公司颁发了《经营股票承销业务资格证书》。至此，我国4家专业资产管理公司全部获得了中国证监会颁发的允许公司在其资产管理范围内从事证券承销和推荐上市业务的证书。

●新世纪来临之际，纽约、那斯达克、伦敦、东京、香港、新加坡、多伦多、汉城等世界8大证交所的主席或总裁通过《中国证券报》向全球证券业新世纪寄语。

3日　保监会批准部分保险公司提高投资证券投资基金比例。

●沪市再创收市新高，上证指数收于2123.89点，升20.43。郑百文复牌即封涨停。

●中国证监会在深圳举办了第3期稽查干部培训班，来自各省派出机构的114名稽查干部参加了培训。

5日　国家税务总局局长金人庆透露，2000年全国税收完成12660亿元，其中证券印花税达478亿元，比1999年增长95.2%。

7日　广州证管办全面推行政务公开，一份名为《中国证监会广州证管办办事指南》的文件在广东省主要报纸全文刊登。

●第5届中国资本市场论坛在京召开。

8日　中国证监会主席周小川在"新世纪企业清华大学高峰会"上指出开放式基金面世在即。

9日　中国证监会主席周小川指出，定价是资本市场的核心内容，作为市场监管部门，要减少行政干预，同时要增加对市场秩序的监管；3月份将彻底取消发行额度限制；开放式基金即将推出；二级市场正在积极筹建。

●国家经贸委主任盛华仁宣布国有企业改革与脱困三年目标基本实现，并通报2000年国企净盈利2300亿元。

●中国海洋石油有限公司向美国证券交易委员会及香港联交所申请上市。

●2000年第1份年报振新股份闪亮登场，每股收益达0.40元。

10日　"亿安科技"涉嫌操纵，中国证监会已对持有该股票的主要帐户进行重点监控。

●中国证监督会发布了《关于新股发行公司通过互联网进行公司推介的通知》。

●《外资保险公司管理暂行条例》草案拟就。

11日　中科创业股份涉嫌操纵，中国证监会有关负责人表示正在进行调查。

●据统计，2000年证券质押案大幅膨胀，质押登记的证券总市值高达1622亿元。

●房地产公司上市禁令解除，金地(集团)股份有限公司和北京天鸿实业房地产股份有限公司招股。

12日　2000年保险业累计投资证券基金134亿元，平均收益率达12%。

●中大股份等8家公司共计33亿股转配股上市，转配股上市流通有望提前结束。

●沪市首份年报亮相，川投控股每股收益达0.51元。

13日　中国银行批准从今日起下调美元、港币小额外币存款利率。

14日　为加强对证券公司及其高级管理人员的监管，防范经营风险，中国证监会发布《证券公司高级管理人员谈话提醒制度实施办法》。

●朱镕基总理在举行的全国银行、证券、保险工作座谈会上强调，金融系统要认真贯彻党的十五届五中全会和中央经济工作会议精神，真正把工作重点放在严格金融监管，加强内控机制上来，大力整顿金融秩序，进一步深入金融改革，努力建立现代金融管理制度。

15日　全国证券期货监管工作会议在京闭幕。中国证监会主席周小川提出了2001年证券期货监管工作的指导思想，以及重点要抓好的9大工作。

●中国人民银行行长戴相龙在人行工作会议上指出2001年将着力抓好调控监管和服务3项工作，要保持金融对经济增长支持的力度。

●西藏明珠旗下控股公司目前获得一国际环保组织5年内共计2541万美元的赠款,专项用于R134a项目的研发生产。

●中国保监会主席马永伟在京表示:鼓励符合条件的保险公司上市。

16日　中国证监会首席会计师张为国指出要加快会计和信息披露准则国际化。

●中国证监会规定自3月1日起,新股发行公司在新股发行前必须以网上直播的方式进行公司推介,而且主要高管人员必须到场。

●广州证管办与辖内证券营业部负责人齐聚羊城参加首次广东证券营业部建设工作会议。

17日　中国人民银行行长戴相龙在国务院新闻办举行的中外记者招待会上阐述今年货币政策,解答金融热点问题。

●中国证监会发布《期货交易所、期货经营机构信息技术管理规范(试行)》。

●西部证券正式开业,注册资金10亿元。

●国泰君安证券公司与德国德累斯顿银行在上海签署全面技术合作协议,探索组建中外合资基金公司。

18日　据统计,在沪市会员2000年度证券交易额排名中,海通、银河、国泰君安位列前3甲。

●深交所召开2000年工作总结大会,确定了2001年的工作思路和工作方针:以创业板建设和市场监管工作为主线,确保主板安全稳定运行,促进创业板顺利启动。

●华安证券被核准为综合类证券公司并隆重开业,注册资本17.05亿元。

●33只证券投资基金投资组合公布,资料显示股票投资比重上升。

●中国注册会计师协会第一次全国秘书长工作会议召开,财政部长助理李勇要求加强监管制止作假。

20日　沪深两市共9家公司公布年报,首家亏损年报活力28每股收益为-0.207元。

二　月

5日　中国证监会颁布有关财务指标计算及披露新规定,自3月1日起新股招股书上网披露,公司获利能力可比性提高。

●中国证监会有关负责人表示应严格依法进行郑百文重组。

●为了促进证券公司规范发展,维护市场的安全与稳定,中国证监会发布了《证券公司内部控制指引》。

6日　财政部有关部门正式发布了《企业会计准则—无形资产》等8项企业会计准则,以规范债务重组和无形资产会计处理。

●中国证监会首席顾问梁定邦表示证券市场监管不能搞运动,应持之以恒。

●北京证券正式成为综合类证券公司。

7日　小额外币存款利率下调。

●中国证监会为房企上市立新规,宣布此前发布的相关规定废止。

●中国证监会股票发行审核委员会在京召开2000年度全体会议。据统计2000年发审委共召开67次首次公开发行的发审会,审核企业达228家次。

9日　23家券商获准开展网上交易资格。

10日　上证所召开三届七次理事会,确定2001年工作重点。

12日　厉以宁、董辅礽、萧灼基、韩志国、吴晓求聚首中国股市恳谈会,指出要像对待婴儿一样爱护股市。

●财政部发布4项独立审计准则,将于今年7月1日起正式颁行。

13日　史美伦女士被任命为中国证监会副主席。

14日　经中国证监会批准,又有8家机构获得证券投资咨询从业资格,71人获得证券投资咨询执行资格。

15日　中国证监会主席周小川在“香港上市中国公司研讨会”上强调要着力改进公司治理结构。

●中央工作会议在北京召开。

●沪深股市创下2000年以来成交量最新低。

18日　交通银行和华安基金管理公司赴渝推介开放式基金“华安创新”。

19日　公布境内居民可投资B股市场政策。对境内居民关闭近10年的B股市场即将敞开大门。

●中国证监会有关负责人要求主承销商加强自律。

21日　中国证监会近期将发布实施退市办法,连续亏损将依法退市。

●为促进B股市场健康发展,维护B股市场和外汇市场正常秩序,保护投资人合法权益,规范市场参与者行为,中国证监会和国家外汇管理局就境内居民个人投资B股问题联合发出通知。

●史美伦接受新华社记者采访时表示将努力推进市场监管。

22日　中国证监会发布《公开发行证券公司信息披露的内容与格式准则第1号—招股说明书》(公开征求意见稿)和《公开发行证券公司信息披露的内容与格式准则第2号—股票上市公告书》(公开征求意见稿)。

●郑百文重组过了股东大会关。

23日　为规范境内居民个人投资境内上市外资股开户、交易等业务,维护B股市场的正常秩序,保护投资人的合法权益,沪深交易所就境内居民个人投资B股有关事项发出通知。

24日　中国证监会发布《亏损上市公司暂停上市和终止上市实施办法》,标志我国证券市场的退出机制正式出台。

25日　全国人大财经委信托法、投资基金法工作组组长王连洲透露,信托法、投资基金法将提交审议。

28日　财政部规定新旧会计制度衔接办法,股份公司年报将日趋规范。

●中国证监会召开证券监管系统纪检监察工作会议,中国证监会副主席高西庆指出要加强廉政建设,提高监管水平。

●上海证券交易所发布《关于对会员实施2000年年度检查的通知》,要求会员报送年检材料。

●境内居民B股开放首日,沪深B股全线无量涨停。沪市B股指数报收于91.42点,深市收市报140.09点。

三　月

1日　证券监管系统纪检监察工作会议在京召开。

●沪市B股收盘100.47点,创出1995年以来的新高;深市B股收1035.32点,创出了3年来的新高。

2日　中国保监会宣布,将平安保险等3家保险公司的投资连结类保险在证券投资基金上的投资比例从30%放宽至100%。

●国务院发展研究中心信息中心在北京举办"开放式基金"研讨会,《投资基金法》起草工作组组长王连洲畅谈基金业热点。

3日　兰州证券黑市受打击,现已对14家涉嫌证券期货交易的机构立案查处。

5日　第九届全国人大四次会议开幕。李鹏主持会议,朱镕基作关于国民经济和社会发展第一个五年计划纲要的报告。

●中国证监会秘书长屠光绍指出不断调整监管行为,确保"三公"原则贯彻。

6日　中国证监会首席咨询顾问梁定邦表示B股市场可能设立外国机构投资者。

●中国证监会发出关于发布《公开发行证券公司信息披露内容与格式准则第9号—首次公开发行股票申请文件》的通知。

●中国证监会主席周小川与出席九届全国人大四次会议的香港代表座谈,阐述证券市场热点问题。

7日　全国人大代表、中国人民银行研究局局长谢平提出司法介入证券监管时机成熟。

●戴相龙表示目前人民银行的重要工作之一是加强金融监管,维护居民合法权益。

8日　科技部部长徐冠华强调,证券市场对高新企业发展至关重要;企业上创业板不需要双高认证。

●中国证监会主席周小川指出,规范和发展是"十五"期间中国证券市场建设的主基调。

●中国证监会南宁证券监管特派办要求广西康达限期整改。

●交通银行与海通证券签订银证全面合作协议。

●海虹控股与美国伯纳威斯特互联网签署合作协议。

9日　中国保监会主席马永伟说,十五期间,保险资金投资渠道必将更宽,新的投资渠道正在与证监会等协商;保监会会尽可能地扩大保险公司的投资比例。

●资料显示,2000年我国券商收益普遍高速增长,增幅逾50%,佣金收入占据大头。

●李鹏委员长提出全国人大将检查《证券法》实施情况;《投资基金法》将争取在年内提请审议。

●中国证监会向当事人送达告知公告,"张家界"违规将受罚。

10日　深圳证券交易所发布公开谴责公告,对5家上市公司董事、监事公开谴责。

●为进一步加强市场代理服务,切实维护投资者合法权益,上海证券中央登记结算公司改进现金红利代理发放办法。

11日　上海证券信息有限公司统计资料显示,已公布年报公司中已有52家每股收益超过0.50元,上市公司整体素质向好。

12日　中国证券业协会在沪召开相关研讨会,认为证券投资咨询业前景广阔。

●全国从在财经委副主任周正庆表示,全国人大证券执法检查的筹备工作已经启动。

13日　四任中国证监会主席共话"十五"。证监会主席共话"十五"证券市场发展。

●上海茉织华公布增发A股发行结果:发行价格低于16.50元的指导价格。

●外经贸部部长石广生在九届人大四次会议记者招待会上指出中国加入世贸组织大局已定。

●九洲泰和实业与莱芜钢铁签订《股权转让协议书》,莱钢集团成为鲁银大股东。

14日　最高人民检察院发出通知,要求检察机关与金融证券等系统合作,共同构筑预防职务犯罪网络。

15日　朱镕基总理在九届人大四次会议记者招待会上指出2001年中国证券市场的任务就是要加强监管。

16日　中国证监会有关负责人指出,连续3年以上亏损的B股上市公司,将依法暂停及终止上市。

●股票发行核准制度正式开始推行。中国证监会发布《公开发行证券的公司信息披露内容与格式准则》第1号。

●"华微电子"股票在上证所挂牌上市,上海证券交易所上市公司总数达600家,标志着上证所发展跨入一个崭新阶段。

●中国证监会网站发布《中国证监会信息中心工作人员不介入IT商业活动的声明》。

●沪深证交所在青岛联合举办第一期会员公司统计报表制度培训班,培训券商统计业务。

18日　广州证券公司增资扩股工作全面完成,广州证券成功晋级,资本金增至8.17亿元,民营资本占总股本42%。

19日　中国证监会向证券公司、信托投资发出通知,为给证券交易佣金制度改革提供参考依据,将对其经纪业务作调查。

●中国证监会发布《证券公司公开发行股票监管意见书的内容和出具程序》。

20日　郑州特派办与深圳、武汉、沈阳、长春4地监管机构建立“监管网”。

●广州证管办制定颁布《证券营业部分类监管暂行办法》。

●中国证券网开通视音频直播系统。

21日　修改后的《中外合资经营企业法》出台。

●中国证监会在深圳举办了证券公司现场检查制度培训班，着力提高监管干部业务水平。

●上证B股指数首度突破141点，打破近9年的原历史纪录。

22日　证监会秘书长屠光绍指出“十五”期间将加快证券市场体系建设。

●中国证监会新闻发言人说，有关审核程序和信息披露标准已初步制定完成，建立退市机制的条件已基本具备；若PT公司无法提出切实可行的扭亏措施，中国证监会对其作出终止上市的决定不受45天期限的限制；暂停上市(PT)的股票不再进行挂牌交易，将准许合格的证券公司为终止上的公司提供股份转让服务。

23日　中国证监会副主席陈东征指出证券理论研究重点是规范运作。

●中国证监会对证券投资基金规范化运作进行检查。

24日　财政部发行2001年记帐式(一期)国债200亿元。

●以“创新与发展”为主题的“第一届中国信托业发展论坛”研讨会在沪举行。

●富岛、兴沈、久盛3家基金发布公告，宣布清理规范后合并为久盛证券投资基金。

25日　中国人民银行行长戴相龙在“中国发展高层论坛”上表示人行将继续支持资本市场发展和完善。

26日　中国证监会秘书长屠光绍指出，中国证监会将研究允许现有的B股公司继续增资发行，并安排质量较好且具有外汇需求的企业到B股市场发行上市。

●中国证监会初步确定华安基金管理公司为首家开放式基金试点单位。

●中国证券业协会在京举办了为期3天的“证券公司内控机制高级研修班”。

27日　中国证监会公布对12家在重大购买、出售资产过程中有违规行为的上市公司进行通报批评的决定。

28日　中国证监会发布《上市公司新股发行管理办法》，同时对配股、增发条件作出了规定。

31日　沪深两市就最后一批转配股上市安排发出公告，转配股问题终于解决。

●中国证券登记结算公司成立，这标志着我国证券市场向规范化建设方面迈出重要一步。

●33只证券投资基金2000年度的年报披露到今天全部完成，全年平均分红约0.23元。

四　月

1日　中国证监会发布《证券公司从事股票发行主承销业务有关问题的指导意见》。

2日　中国证监会发布《上市公司检查办法》、《上市公司董事长谈话制度实施办法》，以加强对上市公司的监管。

3日　中国证监会在宁波召开了2001年机构监管工作会议，确定了机构监管工作思路。

●中国证监会发布《上市公司行业分类指引》，将对上市公司行业重新分类。

4日　中国证监会发布新的《上市公司新股发行申请文件》。

●从2000年起，我国金融保险业的营业税税率将分3年从8%降低到5%，每年下调1个百分点。

5日　“第五届中国国际电子商务大会”在京开幕。会议传出我国将在未来5年内积极创造条件，促进金融、财税、贸易等领域的信息化，加快发展电子商务的信息。

6日　国务院批准关于2000年底到期税收优惠政策的调整方案。

●中国证监会发布了《拟发行上市公司改制重组指导意义》(征求意见稿)，对拟上市公司改制重组进行了规范。

●中国证监会副主席史美伦考察深交所。

7日　财政部增发200亿凭证式国债，期限为5年期，票面利率3.14%。

8日　为配合核准制的实施，提高发审工作质量，中国证监会组织发审委委员调研上市公司。

10日　一季度证券交易印花税63.38亿元，比去年同期减收76亿元。

●上海证券交易所向股票发行人、主承销商、上市推荐人通知申请股票发行上市有关问题。

●中国证券业协会第二届理事会第一次(扩大)会议在京召开，中国证监会主席周小川指出我国证券业正发重大转变。

●中国证监会发布《公开发行证券的公司信息披露内容与格式准则第11号—上市公司发行新股招股说明书》和《前次募集资金使用情况专项报告指引》。

11日　首只中外合作基金现身上海。

12日　财政部部长助理李勇透露5项新企业会计准则将出台。

●中国证监会副主席史美伦考察上交所。

13日　中国证监会要求，今年第三季度结束后，股票交易实行特别处理的上市公司必须编制并披露季度报告；明年第一季度起，所有上市公司都必须编制并披露季报。

●中国证监会发布《首次公开发行股票公司申报财务报表剥离调整指导意见》(征求意见稿)。

14日　财政部决定4月20日在银行间市场发行200亿元记帐式(二期)国债,期限3年。

15日　周小川在出席中国人民银行研究生部成立20周年纪念会时指出要增强基础研究,推进金融创新。

●华安基金管理公司在京召开"开放式基金方案专家论证会"。

●"股指期货国际研讨会"召开。

16日　为进一步完善交易运作规范,上海期货交易所对现行9个实施细则部分条款进行了修订。

●上证综指收盘2168.06点,上涨22.66点,再创历史新高。

●天一证券揭牌成立。

●广发证券正式推出"e对壹服务"新概念的综合证券服务体系。

17日　中国证监会发布了《股票发行审核委员会工作程序执行指导意见》,对发审会议的程序作了规范。自发布之日起施行。

●中国证监会通知证券公司不得直接或通过参股风险投资公司间接进行风险投资。

18日　中国证监会副主席史美伦指出中国资本市场前景光明。

19日　易方达基金管理有限公司获准成立,第2批基金管理公司登台亮相。

●北京用友软件股份有限公司刊登招股说明书,计划本月23日发行2500万A股,发行价格为36.68元。这是第1份按发行核准制的要求编制的招股说明书,标志首次公开发行股票的核准制已步入操作实施阶段。

●中国第五届证券期货交易电子技术及网站博览会在京开幕。

●网络经济与经济治理国际研讨会在京举行。财政部提出5条政策建议,人行将规范发展网络银行业务,信息产业市场规模预计10年翻两番。

20日　科技创新与创业板市场高层峰会在京举行。

●为确保上市公司财务工作新旧制度的衔接和顺畅运行,江苏举办为期3天的《企业会计制度》培训。

22日　2001年记帐式(三期)国债完成招标,上证所通知于4月24日至27日在该交易所市场上网发行分销。

23日　中国证监会决定即日起PT水仙终止上市。这是中国证券市场上的首例退市案。

24日　"价格操纵问题国际研讨会"在京召开,证监会副主席高西庆、史美伦出席并讲话。

●中国证监会通知要求各派出机构要增加投资者教育职能。

●泰康首次在保险业引入独立董事制度。

25日　上海证券交易所发布《关于加强暂停上市公司在宽限期内持续信息披露的通知》。

●财政部长项怀诚指出,将通过减持部分国有资产来补充社会保障资金,减持数量不会很大。

●PT水仙发布公告宣布正式退市。

●上港集箱推出沪市第一份季报,2001年第一季度实现净利润14318.62万元。这是中国上市公司有史以来推出的第一份季度业绩报告。

●"亿安科技案"水落石出。4家广东投资顾问被没收违法所得并罚款总计8.98亿元。

●2001年中国证券信息技术论坛在京召开。

●长安汽车集团分与美国福特汽车公司正式签署了共同组建轿车合资企业的合同。长安福特汽车有限公司成立。

26日　"第二届中国国际投资论坛"召开。中国证监会主席周小川明确2001年监管工作两大主题;加强公司治理,提升会计标准。

27日　中国证监会发布《上市公司发行可转换公司债券实施办法》及其3个配套文件,标准着可转换公司债券将成为一个常规的公司融资和投资者选择的证券品种。

30日　中国证监会发出通知,要求各证券公司规范自身担保行为。

五　月

1日　1年期美元和港元存款率利率分别由3.4357%和3.5%降为3%和3.125%。

7日　中国证监会副主席高西庆对上市公司和证券公司治理提出新要求。规定所有上市公司和证券公司独立董事的数量不得低于董事会全体成员的1/3。

8日　中国证监会主席周小川在《财富》论坛发表演讲时指出,今年要设定对上市公司的监管标准;加快对公司会计标准的提升到国际标准;提高公司上市资料及信息披露的标准,以此保护投资者的利益;完善市场监管机制,对市场的运作进行监督,主要是对股价的控制及内部交易进行相应的惩罚;所有境内外公司只要符合条件都可以到沪深上市,而且享受国民待遇。

●中国国家主席江泽民在"2001年《财富》全球论坛香港年会"上发表讲话,提出今后中国将积极探索采用收购、兼并、投资基金和证券投资等多种方式利用外资。

●由中国证券报和清华大学企业研究中心联合推出的2000年中国上市公司综合绩效排序揭晓。东方电子、风华高科、乐凯胶片排在前3位。

●新华社发布《国务院关于整顿和规范市场经济秩序的决定》。

●上海财政证券和上海国股证券部整合重组,组建成立的上海证券有限责任公司在上海正式成立。注册资金达 15 亿元，总资产达 60 亿元。

9 日　财政部副部长楼继伟指出外资可参与国有股减持。

●国家开发银行发行 2001 年第 4 期金融债券 80 亿元。

●首只面向保险公司定向募集的证券投资基金框架确定。

10 日　中国证监会副主席范福春在“中国上市公司峰会”上表示要解决上市公司法人治理结构中的问题，需要处理好 7 大关系。

●凯诺科技、托普软件、洞庭水殖 3 家公司名列 2000 年上市公司成长性排序前 3 甲。

●中国证监会发布《公开发行证券的公司信息披露规范问答第 1 号—非经常性损益》，要求有关公司在信息披露时遵照执行。

11 日　沪深交易所分别发布信息披露考核办法，将从信息披露的及时性、准确性、完整性、合法性 4 方面进行考核。

●全国人大常委会证券法执法检查组在人民大会堂举行第 1 次全体会议。李鹏委员长在会上强调要用法律保障证券市场发展。会议决定会后组织 4 个检查组分赴 4 个城市进行检查。

12 日　北京裕兴等 6 家企业举牌北大方正。

●广东福地重组红光股份成功。

13 日　中国证监会秘书长屠光绍在“保险资金与资本市场对接研讨会”上强调保险资金入市意义重大。

●国家计委副主任张国宝指出高科技产业化工程已全面启动，将继续重点扶持包括上市公司在内的高科技企业。

14 日　ST 琼华侨、ST 永久、ST 钢管暂停上市。

●中国证券业协会主办的 2000 年度全国证券公司经营业绩排名揭晓，南方、海通、银河 3 家证券公司包揽了全部 5 项排名的榜首。显示我国券商抗风险能力明显增强。

●我国首只理财型家庭财产综合保险由华泰保险公司推出。

15 日　国家经贸委研究室发表报告，鼓励国有企业实施股改。

16 日　上海方正延中科技集团董事会发布公告。北大集团提出两项新提案，举牌方提案将上股东大会。

●上海国家会计学院正式揭牌。

17 日　中国证监会发布《股票发行审核委员会关于首次公开发行股票审核工作的指导意见》和《上市公司新股发行审核工作的指导意见》，确立了对初次融资和再融资的审核要点。

●中国证监会发布《新股发行上网竞价方式指导意见》(公开征求意见稿)，就上网竞价发行方式的基本要求、规则及发行价的最终确定征求社会各方意见和建议。

18 日　中国人民银行行长戴相龙指出，要进一步加强金融机构内部管理，整顿金融秩序，防范和严厉打击各种金融违法违规活动。停止发放零首付居民住户贷款、不问用途综合消费贷款。

●中国证券业协会积极研究制定经纪业务指引，证券交易委托代理协议等将统一文本。

●用友软件上市。它是首家采用核准制发行并上市的股票，也是发行最高和上市首日开盘价最高的股票。

19 日　财政部发出《关于认真贯彻执行国家统一会计制度及相关规定的通知》。

20 日　中国证券业协会发布公告，公布了 2000 年度主承销商信誉考评的积分排序。国信证券、国泰君安和光大证券位列积分榜前 3 甲。

●上证所上市总部总监周勤业在“两岸三地证券市场高级论坛”透露上证所将从五处着手以加强上市公司规范与监管。

21 日　沪深两市综合指数共创新，沪市收报 2213.59 点，深市收报 660 点。

●由上海证券交易所与对外经济贸易大学联合举办的“上交所证券节”活动在京拉开帷幕。这是上交所为普及投资者的教育，切实保护投资者利益而开展的一项重要活动。

●中国证监会副主席高西庆在京指出公司治理结构是决定盈亏的最重要因素之一。

22 日　中国监会主席周小川发布第 3 号令，宣布自 2002 年 1 月 1 日起施行《客户交易结算资金管理办法》。届时，新的存管体系将完全隔离客户的资金与证券公司的自有资金。

●沪深大盘盘中创出 2218.44 点的新高。轻骑 B 率超越 A 股价格。

23 日　银行间市场年会召开，中国人民银行及银行间市场官员透露年内人民银行将推出柜台交易、净价交易、增加交易品种等一系列举措，推动银行间市场快速发展。

●中国证监会首席顾问梁定邦接受访问提出国有股减持应参考 4 个原则：维护国家利益、有利于市场发展、有利于公司治理及合规运作。

●经中国证监会，财政部审核，5 大境外事务所获得审计业务临时许可证。

24 日　中国证券业协会召集有关机构，部署在全国开展形式多样的投资者教育工作。

●“中国养老保险基金测算与管理研究成果报告会”召开，社会保障部与博时基金共同完成的报告指出股市至少可吸纳 400 亿养老基金。

25 日　中国证券业协会日前决定，选择部分证券公司试点开展 STAQ、NET 系统原挂牌公司流通股份的转让业务。

●第二届“中国会计与财务研究国际研讨会”召开，财政部会计司司长冯淑萍指出我国新会计标准已基本与国际接轨。

●由首旅股份控股子公司北京神舟国际旅行社集团与法国雅高投资的中法合资“北京首旅雅高旅行社有限公司”在京成立。投资总额 81.6 万美元，中方占 51%，法方占 49%。

26日　北京大学首届金融法春季论坛在京开幕。专家指出要修改金融法律,应对入世挑战。

27日　中国人民银行有关人士透露,利率市场化将有新举措,通过放开外币贷款利率,进一步提高农村信用社利率浮动幅度来提高利率市场化程度。

28日　中国证监会首席顾问梁定邦出席“2001年创新与发展财富论坛”,对中国证券市场进行评点。

30日　上交所对四砂股份未按期披露2000年报进行公开谴责。

●中国证监会公布《关于上市公司建立独立董事制度的指导意见(征求意见稿)》,对独立董理的职责、任职条件及在董事会所占比例作了具体规定。

●中国上市公司治理研讨会在京召开。会上探讨了经济体制改革、公司治理、推进独立董事制度、优化股权结构等问题。

●据统计,中国沪深股市成为仅次于东京市场的亚洲第2大市场。

31日　香港交易所分别与上海证交所和深圳证交所签订合作协议书,三方互换证券市场及上市公司数据。

●沪深两市综指分别创出2222.65点和661.55点的新高。

六　月

1日　中国证监会于5月28日至6月1日在北京举办了首届基金管理公司独立董事培训班。中国证监会副主席陈东征指出规范发展,创新是基金业的主旋律,独立董事应发挥更大的作用。

3日　财政部有关人士透露,《金融企业会计制度》年内将出台,将对证券公司自营证券价值的会计处理方法作出明确规定。

4日　中国证监会副主席高西庆视察了深交所。

●财政部在全国银行间债券市场对2001年记帐式(四期)国债进行招标120亿元标的被承销商如数购买,年利率为4.69%。在设计区间内。这标志着我国首次在国内发行长期固定利率国债基本成功。

5日　全国人大常委会副委员长、全国人大常委会证券法执法检查组组长成思危主持召开了证券法执法检查组第2次全体会议。

●2000年度《上市公司》50强,经《上市公司》杂志评选揭晓。宝钢、上海石化、浦发银行等50家上市公司榜上有名。

6日　中国证监会机构监管部国际与互联网的栏目和内容全面更新。这是继2000年建成证券机构监管信息系统后,利用信息技术手段提高工作效率和透明度的又一举措。

7日　平安、太平洋、华泰3家保险公司被全国银行间同业拆借中心评为2000年度优秀交易员,标志着国内保险公司不仅成为基金市场主力军,也开始参与银行间同业拆借业务。

●中国证监会开始调查ST猴王。

8日　上交所和深交所提醒投资者注意9家PT公司的投资风险。

●经中国证监会批准,《上海证券交易所股票上市规则》(2001年修订本)和《深圳证券交易所股票上市规则》(2001年修订本)即日起正式发布实施,两交易所原《股票上市规则》同时废止。

●渤海证券有限责任公司在天津开业。这是又一家大型综合类证券公司。

9日　因未及时公布预亏公告,PT金田遭谴责。

10日　中国证监会正式同意易方达基金管理公司所管理的科汇、科迅、科翔3只证券投资基金上市进行扩募。

11日　方正科技人事发生变动。常务副董事长兼总裁祝剑秋、副董事长孙岳麒宣辞去在方正科技担任的所有职务。现董事严纯华成为现董事会临时召集人,蒋必金任代理总裁。

12日　中国证监会业协会发布《证券公司代办转让股份业务试点办法》。

●中国证监会在武汉召开了全国证券监管系统体制改革后的第1次综合工作会议。旨在贯彻落实全国政府系统秘书长办公厅主任会议精神,研究证监管系统办公综合工作。

●中国人民银行发布最新金融统计数据,显示2001年5月份货币信贷总量持续增长。

●银河证券有限公司基金研究评价中心在京成立,这是国内证券公司中首家设立的基金评价机构。

13日　为完善社会保障体制,开拓社会保障资金新的筹资渠道,支持国有企业的改革和发展,国务院发布了《减持国有股筹集社会保障资金管理暂行办法》。

14日　中国证监会发布了《关于申请设立基金管理公司若干问题的通知》和《关于规范证券投资基金运作中证券交易行为的通知》。前者扩大了申请设立基金管理公司发起人的范围,放宽了基金管理公司组织形式;后者对基金的证券交易行为提出了更严格、规范的要求。

●深交所综合研究所被中央金融工委、共青团中央命名为2000年度全国“青年文明号”。

15日　PT粤金曼终止上市。

16日　北京地区投资者教育展览在国际会议中心隆重开幕。本次展览由北京证管办主办,湘财证券协办。中国证监会主席周小川出席并参观展览。

17日　由中国证券报和亚商企业咨询有限公司联合举办的第三届“中证.亚商中国最具潜力上市公司50强”评选结果揭晓。东方电子、东软股份位列一、二名。

●西藏自治区政府办公厅与西藏明珠正式签署协议,将西藏大厦委托西藏明珠经营管理。

19日　ST大洋B(2057)发布中期预亏公告。中报预揭开序幕。

●中国证监会等5部门联合颁布了《国有企业境外期货套期保值业务管理办法》。这是中国证监会对期货交易实施集中统一监管以来，第1部关于境外期货管理的部门规章。《办法》规定境外套期须凭许可证。

●据"国有企业改革与发展暨技术创新成果展"统计，3年来，国有企业通过境内外上市，筹资近5000亿元，促进了企业转换经营机制。

20日　科汇、科翔、科讯3只基金上市。

●中国证监会发布《证券公司管理办法》(征求意见稿)，就证券公司的治理与监督，向社会各界征求意见。

22日　中国石油化工股份有限公司刊登了《公开发行A股股票招股意向书》。该公司将采用法人股投资者网下配售和向一般投资者上网发行相结合的方式发行总数为28亿股A股股票，将可能成为首家一次募资过百亿的境内上市公司。

●中国证监会发行监管部和成都证管办召开了核准制下证券发行法规培训会，有关负责人详细讲解了我国证券发行核准制度及其法规、标准和规则。

23日　《证券投资基金会计核算方法》即将出台，目前正在征询各方意见。

●2001年证券从业人员资格考试在全国顺利举行。23、24日两天内共有99000余名业内人士参加考试。这是我国第一次将证券、期货、基金考试集中放在统一平台上的从业资格考试。

24日　由外经贸部首席谈判代表龙永图率领的中国代表团赴日内瓦出席即将举行的世界贸易组织中国工作组第16次会议。

25日　由上海证券交易所、中国证券报社、上海证券报社、证券时报社主办的中国证券市场迄今为止规模最大的调查活动——上市公司信息披露质量问卷调查全面展开。

26日　江苏索普、韶钢松山发布公告，率先在增发新股方案中提出减持各自所持有的上市公司的国有法人股。这是自《减持国有股筹集社会保障资金管理暂行办法》颁布以来，首次提出减持国有股的上市公司。

●中国人民银行发布《关于规范住房金融业务的通知》，对住房金融市场秩序进行整顿。

●杭州大自然公司与申银万国证券签订代办股份转让协议。这是自《证券代办股份转让服务业务试点办法》公布以后第1家与证券公司签订委托代办股份转让协议的公司。

27日　深交所发布关于编制行业分类指数的公告，规定自7月2日起将编制新的证券行业分类指数，深市上市公司被划分为13个门类。

●"新《会计法》实施1周年座谈会"在京召开，财政部部长项怀诚强调要健全监督机制、完善"游戏规则"。

28日　为积极配合新会计准则和制度，中国证监会发出通知，确定相关上市公司、拟上市公司财务信息披露原则。

●"开放式基金在中国"研讨会在京召开，会议介绍了境外基金试点专家评审小组对国内基金试点机构评审的成果。

●全国人大常委副委员长成思危在九届人大22次会议上指出《证券法》实施中存在的不容忽视的问题。

29日　中国证监会发布了《公开发行证券的公司信息披露规范问答》第2号、3号通知，对高管人员激励基金和弥补累计亏损等问题作出解答。

30日　九届全国人大常委会举行第21次法制讲座。李鹏委员长强调要用法律制度来保障证券市场健康发展。

●"广东国投"首宗破产清算案审结。

七　月

1日　中共中央举行大会隆重庆祝中国共产党成立80周年。

●为确保上市公司2001年中期报告工作顺利进行，中国证监会发布通知，对中报有关问题做了8项规定。

2日　中国银行发布最新统计数据，5月份我国外汇存款快速增加，居民外汇储蓄存款超过750亿美元，同比增长22.2%。

3日　中国证监会首席顾问梁定邦在广东南海知识经济论坛上，发表了题为"2001年证券市场热点剖析及中国资本市场发展趋势"的演讲，对当前市场新特点进行评析。

4日　沪深交易所发出通知，要求各上市公司做好2001年中期报告披露工作。

●中国人发银行发布施行《商业银行中间业务暂行规定》，明确商业银行在经过人行审查批准后，可开办金融衍生业务、代理证券业务、以及投资基金托管、信息咨询、财务顾问等投资银行业务。

●中国证监会党委认真学习七、一讲话，表示将进一步推进我国证券市场规范与发展。

5日　中国证监会有关人士透露《中国上市公司治理准则指引》草稿已完成，正在征求内部讨论。

6日　上半年券商交易量排名揭晓，海通证券、银河证券、国泰君安、南方证券、申银万国居两市交易量前5位。

●由中国证券报和亚商企业咨询股份有限公司共同主办的第三届"中证.亚商中国上市公司发展潜力论坛"在海南博鳌揭幕。来自国际国内著名专家学者和200多位著名企业家共同探讨中国企业的国际竞争力。

●为贯彻落实中国证监会一系列的改革措施，提高沪市上市公司2001年中期报告披露质量，上海证交所举办了新会计制度和中报编制培训班。

8日　《投资基金法》起草小组组长王连洲在"《投资基金法》与私募基金专题研讨会"上表示，私募基金的数额还不能确定，但问题已经不可以不管，可行的办法就是使其合法化、公开化。

●国泰君安发布中期业绩预测报告，认为2001年中期上市公司的整体业绩将会出现一定幅度的增长。

●由广东证券和中山大学联合举办的"中天证券讲坛"举行，著名经济学家萧灼基纵谈股市新热点。

9日　中国证监会新闻发言人表示证监会将强化信息披露监管，对未按期披露中报或年报的上市公司将依法进行处罚。

●中国人民银行发布实施《网上银行业务管理暂行办法》，银行通过互联网开办与证券业、保险业直接相关的新业务品种，适用审批制。

●华安基金与JP摩根富林明集团签署中外合资基金管理公司备忘录。

10日　中国人民银行宣布自7月起，将证券公司客户保证金计入广义货币供应量M2。

11日　沪深两市2001年首份上市公司中期报告面世。华侨城公布中报显示，该公司2001年度中期实现税后利润95,503,048.52元，每股收益0.214元，

●中国证监会发布通知，对拟增发新股的上市公司中期报告审计意见等有关问题作了规定。

12日　为促进辅导企业按《新会计制度》要求规范运作，中国证监会南京特派办举办了辅导企业会计制度培训班。

●拟增发新股的金融街公布了2001年中期报告。这是中国证监会自本月11日发布通知后的首份中报。

13日　据统计，2001年上半年，工、农、中、建4家国有银行不良贷款下降，净降2.1个百分点。

15日　中国证券业协会宣布，授予首批28423人证券从业资格。

●"企业发展与资本市场链接"研讨会举行，有关权威人士在会上提出核准制下公司发行上市必须规范改制，理清重点。

●上证所对96家专业证券公司年检评比揭晓，中信证券等31家被评为优秀会员。

16日　中石化上网发行。

●第1期上市公司独立董事培训班举行开学典礼，中国证监会副主席史美伦透露近期将颁布《关于在上市公司建立独立董事制度的指导意见》。

●中国人民银行公布上半年金融统计数据。我国上半年货币供应量稳定增长，居民储蓄存款累计增加5324亿元，国家外汇储备余额达1808.4亿美元。

●中国期货业协会公布2001年上半年全国期货经纪公司代理额排行榜，北亚期货、上海金鹏、中粮期货位列前3甲。

17日　国家统计局新闻发言认叶震在京宣布，今年上半年国内生产总值达42942亿元，同比增长7.9%。

●由中国证券业协会主持制定的《证券交易委托代理业务指引(1-4号)》公布，并公开征求意见。今后该指引将作为委托代理协议书等法律文件的范本。

●"2001年中国金融国际论坛"在京举行。中国人民银行有关人士指出面对中国即将加入WTO，要引导民间私有资金投资非银行金融机构，有关部门应加紧对金融控股集团管理制度的研究。

18日　国家税务总局消息，今年上半年全国税收收入同比增长27%，证券交易印花税减收87亿元。

●上海证券交易所"投资者教育网络"宣告成立。这是全国首家投资者教育网络。

19日　《中国石油化工股份有限公司A股股票上网定价发行中签率公告》发布。此次中国石化A股上网定价发行8.4亿股，网上申购股数为1347.72954亿股，中签率为0.623%。网上申购冻结资金约5687亿元，创单只股票发行冻结申购资金最高纪录。

●股票刚终止上市的上海水仙电器发布公告，其原在上证所挂牌的流通股份将委托申银万国证券公司代办转让。这标志着退市公司普通股的股份转让已正式启动。

●中国证监会副主席高西庆指出，我国证券业律师执业亟待提高，目前正在探讨对执业律师实行谈话制度。

20日　中国证监会主席周小川视察上海期货交易所。

●中国证监会新闻发言人指出，在有关管理办法正式出台前，未经国家证券管理部门批准，上市公司非流通股股东不得以任何公开形式征集股权受让人，否则，受让人受让的股份不得过户。

●全国证券监管系统投资者教育工作会议召开，中国证监会副主席史美伦概括了下一步开展投资者教育工作的重点。

22日　中国人民银行发布2001年二季度城镇储户问卷调查结果显示，以国债、股票为最主要金融资产品种的家庭比例呈上升趋势。

●"2001年(第四届)中国风险投资年会暨研讨会"21-22日在贵阳召开。来自各省70余名代表围绕"政府在推动风险投资中的作用"，"风险资本和投资基金法"等议题开展研讨，并共同签署了《贵阳宣言》。

23日　中国证监会周小川透露，由中国证监会制定的《中国上市公司治理的基本原则和水准》年底前将颁实施。

24日　广西北生等4家公司公布招股说明书，表示将有10%的国有股存量发行，其定价即为新股发行价。此举表明减持在新股发行中首开先河。

●财政部确定了在交易所市场发行160亿元20年期2001年记帐式(七期)国债的发行方案，这在国债存续期限及付息周期上是一次重要突破，是迄今为止发行最长期限的国债。

25日　中国证监会主席周小川出席上海证交所党委召开的

民主生活会,强调证券监系统要坚持“三个代表”,努力把证券监管各项工作提高新水平。

●据财政部会计决算统计2000年底我国国有资产总量比上年增长8.7%,“九五”期间平均递增11.6%。

●深交所发布《深证所证券代码、席位代码、股东代码升位方案》的通知,深交所三类代码将升位。

●上海大众保险公司发表“拟公开发行股票并上市的公告”。这是保险公司首次公开发表有关上市的公告。

26日　郑百文发布公告称,从7月27日至8月27日暂停股票特别转让服务1个月。

●五粮液等5家上市公司因在重大购买、出售资产过程中有违规行为被中国证监会批评。

●中国人民银行发布《关于切实加强商业汇票承兑、贴现和再贴现业务管理的通知》,将加强商业汇票的管理。

27日　第2批改制基金——基金兴业在上交所上市。

●深圳证券交易通信中心举行落成典礼,中国证监会主席周小川出席并讲话,强调证券通信中心的重大作用。

●修订后的香港《创业板上市规则》正式公布。

30日　中国证券会主席周小川透露证监会正考虑以IT技术为基础的公司申请证券公司牌照问题。

31日　票面利率为4.26%的20年期国债(2001年记帐式七期国债)发行。

八　月

3日　北京北大方正集团公司拟收购飞亚达,深圳中航将向北大方正转让其所有的29%飞亚达股权。

●最高人民检察院、中央金融工委、中国人民银行、中国证监会、中国保监会联合发出通知,要求预防金融系统职务犯罪。

4日　银广夏就有关媒体发表的关于银广夏公司文章一事发布公告。

5日　为进一步贯彻中国证监会关于落实全国整顿规范市场经济秩序工作会议精神,西安证管办会同当地公安、工商部门、对西安非法股票交易进行了专项打击。

●世纪证券经中国证监会批准,筹建工作正式启动。

6日　沪深两市发生恐展慌性抛售,两市分别大跌3.9%和4.37%,其中沪市跌穿1900点大关,最低探至1867.96点,创出年内新低。

7日　春兰股份公司增发,其超额认购倍数仅为1.00283倍,创下国内增发新股申购的“最低记录”。

●国家外汇局有关负责人指出将进一步加强对外币现钞提取和出境管理。

●在国内保险企业中率先实现资本国际化的新华人寿保险公司在京发布拟发行股票并上市公告。这是迄今第2家发布拟上市公告的保险公司。

8日　银广夏发布公告称,经公司专门成立核查小组检质取证,初步认定银广夏天津公司存在产品质量、出品数量、结汇金额及财务数据不实等问题。中国证监会已正式立案稽查。

●中国证券市场有史以来最大的一家上市公司——中国石化挂牌上市。

●华融举行首届国际招标项目国内推介会,近30家有影响、有实力的国内投资者参加。

●上海首家专业保险代理公司诞生。

9日　银广夏发布公告称,鉴于其子公司天津广夏情况严重,为保护投资者利益,公司股票自2001年8月9日起停牌30天。

10日　沪深证交所在北京联合召开2000年度会员年检总结会。结果显示200多家会员单位在证券市场取得了显著成绩。中国证监会副主席高西庆出席会议指出要强化自律管理,完善券商结构。

12日　中国证监会在广州召开全国证券稽查系统工作会议,中国证监会主席周小川做了《进一步提高稽查办案效率,努力开创稽查工作新局面》的重要讲话。这是中国证券市场集中统一的监管体系建立以来证券稽查系统的第1次全体会议。

●中国证监会机构监管负责人就证券机构监管法规框架征求业内意见。

13日　为进一步督促各保荐人完善创业板“发行人质量评价体系”,提高创业板上市公司质量,深交所举行了“发行人质量评价体系”评审会。

14日　中国证监会正式批复,同意以中国民族国际信托投资公司为主筹建中国民族证券有限责任公司。

●胜利股份发布公告,《胜利股份有限公司治理纲要》获董事会通过。该方案对相关主体责权作出了明确规定,是我国上市公司中第1家推出的公司治理结构方案。

●财政部发出通知,决定组织财政部驻各地财政监察专员办事处对部分金融企业及相关单位的会计信息质量进行检查,检查对象是光大银行和国信证券系统。

15日　全国注册会计师协会秘书长会议召开。会议强调加强行业监管力度,严惩弄虚作假行为。中注协秘书李勇表示对待银广夏事件将予以严肃处理。目前中注协专项检查组已就此展开调查。

16日　被列为首家试点的华安基金管理公司,获得中国证监会批准设立。“华安创新证券投资基金”首次募集规模为50亿基金单位,交通银行为其托管人。将于9月份正式面市。

●劳动和社会保障部有关人士透露《社保基金投资管理办法》已处会签阶段,不久将颁行。

17日　2001年第6期记帐式国债在银行间市场上市交易。

●有关权威部门官员在京指出,由财政部起草的《上市公司期权管理办法》及相关试点办法不久有望出台。

18日　经中国证监会批准,天同证券正式成立,注册资本20.36亿元,总资产109.94亿元,划分为综合类证券公司。

●我国第1家有限合伙创业投资机构——北京天绿创业投资中心在京成立。

20日　20亿规模"通乾证券投资基金"招募说明书亮相,表明我国封闭式基金市场规模将进一步扩大,标志着我国基金业即将打破自1999年12月30日以来从未新发起成立封闭式基金的局面。

●"商业银行中的投资银行业务研修班"举行,专家认为投资咨询、杠杆融资、并购重组和财务顾问投资银行业务将成商业银行新领域。

●中国人民银行发布并实施《商业银行境外监管指引》。

21日　ST黎明因存在编造虚假会计资料、虚增利润等违纪行为受到处罚。

●中国证监会发布《关于在上市公司建立独立董事制度的指导意见》,这标志着上市公司独立董事制度正式步入实施阶段,是我国完善上市公司治理结构的一项新举措。

22日　天大天财发布公告,公司2001年增发新股及国有股存量发行不超过2200万股已获中国证监会、财政部核准发行。这将是首家在增发过程中减持国有股的公司。

●中国证监会基金监管部向中国证监会各派出机构及沪、深证交所发出说明,规定基金管理公司申请人实收资本在3亿元以上,且信誉较好,运行规范,确定了基金公司发起门槛。

23日　中国证监会依法查处了湖南张家界旅游开发股份有限公司等机构和个人违反证券法规的行为,并对相关责任人予以通报批评。

24日　财政部发出通知,要求对上市公司造假严肃查处。同时,还确定了上市公司《会计法》执行情况重点检查的内容。

26日　22家申请设立基金管理公司的机构代表在京参加监管部门举办的座谈会。新的基金管理公司设立审批框架已成形。

●拟发行可转债的民生银行,彩虹股份、龙电股份、中信海直等发行人纷纷主动聘请国内权威信用评级机构进行信用评级。

27日　沪深股市再次遭遇黑色星期一。上证指数收报1827.25点,下跌59.55点,跌幅达3.16%;深市综指收据547.26点,下跌18.87点,跌幅达3.33%,分别创出年内最低点位。

●在我国证券市场具有举足轻重地位的中国石化、上海石化、仪征化纤同时披露了各自的中期业绩。上海石化、仪征化纤比去年同期净利润下降2/3左右,中国石化净利润增长34%。

●中国证监会检查发现,三九医药公司在资金管理、信息披露、公司治理结构、募集资金使用方面存在严重问题,决定对上市公司及相关人员公开批评。

●经中国证监会核准,长城证券等12家券商获得网上证券委托业务资格。

28日　中国证券业协会基金公会在京成立。至此,14家基金管理公司、36家证券投资基金拥有了行业的自律组织,基金发展进入了新阶段。

29日　第八期记帐式国债(200亿元)在全国银行间上市交易。

●财政部在对去年会计信息质量检查中查出的严重违法违规的几户企业42名责任人,13家会计师事务所及21名相关注册会计师进行了严肃处理。

●中国证监会发出通知,决定自9月1日起开展业内信息系统安全检查。

●基金久安以净值0.6086元面市,这是迄今为止公开上市基金同期跌幅最大的创下了单位净值最低纪录。

30日　泰和基金2001年中期报告显示,中煤信托投资有限公司作为基金泰和的发起人及管理人的股东之一,今年上半年涉嫌违规大增持1753.42万份基金泰和。

●财政部发行总额为200亿元的2001年记帐式(九期)国债。

●15只基金公布中报,多数基金将把系统风险控制放在首要地位,注意资产结构的合理平衡。

●中国证监会发布《关于制定证券投资基金规范运作指导意见的通知》,同时颁发《证券投资基金规范运作指导意见第1号——基金管理公司章程制定指导意见》意味着层次分明的基金监管法规将陆续出台。

31日　沪深两市2001年上市公司中报披露结束,共有1151家公司公布中报,仅有银广夏未披露中报,中报显示每股收益略减,现金流量猛增的特点。

●经中国证监会批准,沪深交易所联合发布《上海、深圳证券交易所交易规则》,自发布之日起3个月后施行。

●南方公司申报的开放式基金试点方案在由中国证监会组织的包括境外专业人士在内的专家评议会上获通过。

九　月

2日　中国人民银行、对外经济贸易合作部、国家税务总局联合发出通知,今后商业银行可对符合要求的出口企业输出口退税帐户托管贷款业务。

3日　财政部颁布了《资产评估准则无形资产》,对无形资产评估的基本要求和披露估出了规定。这是我国资产评估做出的第一部准则。4日,华安基金管理公司宣布,由其发起并首只开放式基金——华安创新证券投资基金将于本月11日起向社会发售。华安同时公布了基金招募说明书和发行说明书。

●国电南白、哈飞股份、珠峰摩托、离合器、兰花科创、浙江中汇、祥龙电业、桂冠电力、北大科技等发九家公司因严重违反上市公司规则等有关规定,上证所对其发出公开谴责。

●中国证监会发布《公开发行证券的公司信息披露规范问答第4号——金融类公司境内外审计差异及利润分配基准》,对金融类公司信息披露进行了规范。

5日　天华基金扩募结果揭晓,其发起人除认购法定持有量外,还认购了本次扩募总份额的51.96%,这开创了我国证券投资基金发行和扩募史上基金发起人兜底包销的先例。

●中国证监会发言人介绍银广夏案初现眉目,查明银广夏虚构利润7.45亿元,并已依法将涉嫌犯罪责任人移送公安机关追究刑事责任。

●中国证监会发布《关于规范面向公众开展的证券投资咨询业务若干问题的通知》(公开征求意见稿),加紧了对证券咨询业的规范。

6日　财政部表示将对银广夏案所涉及的会计师事务所和注册会计师依法进行处罚;吊销刘加荣、徐林文的注册会计师资格;吊销中天勤会计师事务所执业资格;追究中天勤负责人责任。

●中国证监会培训中心和会计部共同举办了为期5天的“会计准则国际化培训班”,中国证监会首席会计师张为国在开班典礼上提出要提高公司财务公信力。

7日　银广夏公告称,因中国证监会的稽查结果已经公布,公司股票将于9月10日复牌。

●圣方科技因披露假信息受到中国证监会处罚。

8日　东方电子称公司现正接受中国证监会调查,公司股票9月10日上午停牌。

9日　南方稳健成长证券投资基金获中国证监会批准。

●第二届“中国资本与财务会计”高级论坛举行。主题为“加入WTO对中国财务会计的挑战”。

10日　中国证监会与世界银行、经合组织及亚洲开发银行在京举办了“中国上市公司治理大会”。中国证监会主席周小川指出完善上市公司治理结构任务艰巨;副主席史美伦表示上市公司治理目标已经明确。

●中国人民银行最新统计数据显示,8月末我国居民储蓄首次突破7万亿元。

11日　首只开放式基金“华安创新”将正式在北京等13个城市同进发售。

●中国证监会在京召开上市公司监管工作座谈会。史美伦指出要时刻准备打击欺诈行为。

●美国世贸中心大楼被两架飞机撞击爆炸倒塌。欧洲各大股市开盘出现暴跌,随后欧美股市、期市全部休市。

●中国证监会发出对《上市公司治理准》征求社会各界意见的通知。

12日　中国证监会发布《超额配售选择权试点意见》,以规范主承销商在拟上市公司发行新股和上市公司增发中行使超额配售选择权的行为。这是促进股票发行制度市场化的重要一步。

13日　中国人民银行行长戴相龙提出人行将进一步规范货币市场与资本市场的联系,完善股票贷款管理办法。

●财政部就《金融企业会计制度》征求社会意见,将于2002年1月1日起施行。

●中国证监会对委托理财活动中存在的严重问题的辽河油田、联通国脉、长春长铃3家上市公司及有关人员进行公开批评。

14日　财政部决定将通过上海证券交易所系统发行2001年记帐式(十期)国债,以现券和回购方式同时上市流通。

15日　世界贸易组织中国工作第18次会议非正式会谈在日内瓦世贸组织总部圆满结束,会议对中国入世法律文件达成一致。

●财政部会计准则委员会会针对正在制定的存货,固定资产和企业合并3项具体准则中遇到的问题,征求社会公众意见。

16日　《上海证券交易所服务大纲》正式出台,上交所随即正式推出正式推出《会员会籍服务指南》;深交所拟放开上市公司临时报告的事前审查。

17日　第6届世界华商大会在南京开幕。这是世界华商首次在中国内地召开,参会人数创下历届大会之最,一大批上市公司企业家参会。

●中国人民银行宣布2001年上半年对中国工商银行、农业银行、建设银行和中国银行4大商业银行的316个二级分行的不良贷款的检查情况。

18日　针对证券承销业务执业问题,中国证券业协会将对部分问题严重的券商进行了谈话提醒,要求主承销商必须提高推荐企业的质量。

19日　中国人民银行行长戴相龙表示,中国加入世界贸易组织5年后,外资银行和中资银行将实行同等国民待遇。

●中国证监会对湖北美尔雅大股东及关联方占用上公司资金达3.689亿元通报,公开批评公司及有关董、监事人员,并已正式立案稽查美尔雅。

20日　中国证券登记结算有限责任公司、上海证券交易所、深圳证券交易所、上海证券中央登记结算公司、深圳证券登记有限公司发布联合公告,宣布自2001年10月1日起,上海、深圳证券登记均由中国证券登记结算有限公司承接。标志着我国集中统一的证券登记结算系统基本形成。

21日　首只开放式基金“华安创新”基金募满50亿份基金单位,于今天正式宣告成立,由华安基金管理公司管理。

●中国人民银行宣布,自2001年9月22日起,下调境内中资商业银行外币小额存款利率,1年期美元存款利率降至2%。

●中国证监会查明麦科特虚假案真相,麦科特案已移送司法机关,公司及有关中介机构涉嫌犯罪责任人员将被追究刑事责任。

25日　中国证券业协会召开股份转让试点工作阶段性总结

会,表示股份转让系统功能已经显现。

26 日　中国共产党第十五届六中全会在北京举行。

●2001 年中国(湖南)高新技术产业发展和风险投资国际论坛召开,全国人大常委副委员长成思危指出,在证券市场必须要注意切实保障中小投资者的合法权益。

●首家房地产资产管理公司在沪成立。

27 日　中国证监会对郑百文股份有限公司及有关中介机构违反证券法规的行为作出了行政处罚;对涉嫌犯罪的主要责任人员,已依法移送公安机关追究其刑事责任。

28 日　东方航空一起涉及金额 45.2 亿元的重大买卖行为既不经股东大会又不依法披露,这种违反上市公司运作机制和信息披露法规行为受到上交所的公开谴责。

●沪深交易所总结上市公司中期报告披露工作。

●南方稳健成长证券投资基金宣告成立。

30 日　《最高人民法院关于冻洁、拍卖上市公司国有股和社会法人股若干问题的规定》于近日公告,并从即日起施行。

十　月

1 日　《信托法》正式实施。

8 日　中国证监会公布《证券营业部审批规则(征求意见稿)》。

●中国证监会发出《关于加强上市公司非流通股协议转让活动规范管理的通知》,规定从即日起,未按证券交易所、证券登记结算公司有关业务规则进行的上市公司非流通股协议转让,证券交易所、证券登记结算公司一律不予办理股份转让、过户登记手续。

●中国证监会发布《关于做好证券公司内部控制评审工作的通知》,规定证券公司须聘请会计师事务所对公司内部控制评审,内控评审应侧重于风险控制的薄弱环节。

10 日　最高法院目前正就《公司法》、《证券法》和《保险法》起草有关司法解释。

●中国证监会发布《关于执行〈客户交易结算资金管理办法〉若干意见的通知》,对商业银行申报存管银行业务资格的具体程序、保证金专户具体的报备及管理等予以明确规定。

●《证券投资基金行业公约》、《证券投资基金从业人员守则》正式发布。至此中国基金业有了自己的行业规范。

●"第三届新兴市场经济国家债券市场发展研讨会"在京召开,财政部有关人士表示我国将逐步建立市场化的国债市场。

11 日　中国社会科学院发布《中国经济形势分析与预测 2001 年秋季报告》,预测 2001 年我国 GDP 增长率将达 7.5%左右,2002 年仍可保持 7－8%的水平,建议对积极财政政策进行结构性调整。

12 日　第三届中国国际高新技术成果交易会在深圳隆重开幕。此次高交会主题为"信息、技术和信息化",主要由高新技术成果交易、高新技术专业产品展示与交易和高新技术论坛三部分组成。

13 日　中国证监会主席周川出席了高交会高新技术论坛,就当前主板市场投资者关心的热点问题作了阐述。

14 日　中国证监会主席周小川视察了深交所,宣布陈东征担任深交所理事长。

15 日　中国证监会发出《关于规范面向公众开展的证券投资咨询业务若干问题的通知》,要求从事证券投资咨询的机构及其执业人员在与其有利害冲突的情况下应进行执业回避,违反有关规定将受罚。

●国家信息中心宏观经济观测公布 1 份报告,指出为保证经济增长,当前必须扩大投资和消费要求,采取继续增发国债、扶持证券市场、保持利率稳定等措施。

●中国证监会主席周小川视察上海证券交易所,宣布了上交所主要领导调整的决定。耿亮出任上交所理事长、党委书记。耿亮在当天召开的三届十次理事会议上表示要切实加强一线监管,努力把上交所建成世界一流交易所。

16 日　中国证监会向各派出机构发出《关于开展明确证券市场各方责任教育的通知》,同时印发了《证券市场各方责任教育纲要》和《实施方案》。要求各派出机构开展明确证券市场各方责任教育。

●国家统计局在京公布:2001 年前三季度我国国内生产总值为 67227 亿元,按可比价格计算,同比增长 7.6%。

●"新世纪会议计教育和会计人员技能框架国际研讨会"召开,对规范我国上市公司的资产和债务重组,以及置换过程中的不规范行为发挥重大影响的企业合并准则有望年底发布。

19 日　中煤信托投资公司宣布,中国人民银行于 9 月 30 日正式核准其重新申请,成为信托业整顿以来首家完成重新登记工作的信托投资公司。

20 日　银广夏公告称,10 月 15 日董事局收到四家法人股东与深圳市发特实业有限公司签订的《股份转让及托管意向书》。股权转让后,深圳发特将成为银广夏第一大股东。

21 日　亚太经合组织 CEO 峰会举行亚洲资本市场专题演讲,中国证监会副主席史美伦强调必须改善资本市场质量。

22 日　深圳中浩(集团)股份有限公司股票被终止上市。

●中国证监会宣布:经报告国务院,决定在具体操作办法出台前,在首先增发中停止国有股出售。这次国有股减持的目的是为广大人民筹集社会保障资金,同时也有利于改善上市公司的股权结构。

●中国证监会副主席史美伦在上市公司独立董事培训班开幕式上指出独立董事制度将提升上市公司治理水准。

●中国人民银行决定将在第四季度现场检查银行承兑汇票业务。

25 日　上海高清数定视频系统有限公司举牌方正科技。

26 日　中国财政部国库司副司长周诚跃在"中国债券市场与技术创新国际研讨会"上透露,年底前将开通国债柜台交易并在交易所实行净价交易,国债市场将走向统一。

●中国证监会对《公开发行证券公司信息披露的内容与格式准则第 2 号<年度报告的内容与格式>》(2001 年修订稿)进行修订并公开征求社会意见。

28 日　深圳证券交易所理事长、党委书记陈东征主持召开第三届理事会第十次会议,他表示当前首要任务是加强一线监管;切实做好创业板筹备工作。

29 日　银广夏发布公告,公司 4 家法人股东日前与深圳发特签订的《股份转让协议》和《委托管理协议》,《委托管理协议》自签订之日起效,深圳发特正式托管银广夏。

●国务院总理朱镕基考察北京国家会计学院,强调"诚信为本、操守为重、遵循准则、不做假帐"。

●财政部、中国证监会发布《注册会计师、会计师事务所证券期货相关业务许可证年检办法》,规定受到行政处罚或未遵守执业准则的注册师将无法通过年检。

30 日　郑百文股权转让诉讼案在郑州市中级人民法院经济审判庭开庭。

●中国进出口银行在银行间市场发行 50 亿元金融债券。

31 日　三季度上市公司季报披露基本结束。到今天共有 129 家公司公布季报,占总数的 10.30%。

●"2001 年基金业创新与监管国际研讨会"召开,中国证监会基金监管部副主任应祁斌在会上指出,处于发展初期的我国基金业应充分利用国际成熟经验和最新金融研究成果,并根据我国市场的实际情况进行创新的突破。

●万联证券经纪有限责任公司在广州正式开业。万联证券是经中国证监会批准,对广州国际信托投资公司等广州市四家信托投资公司下属的证券营业部进行重组,并吸收了实力雄厚的国有控股公司出资而设立的,总部设在广州。

●华安基金管理有限公司与 JP 摩根富林明资产管理集团在上海举行了中外合资基金管理公司联合工作小组成立的签字仪式。这是继双方于 2000 年 8 月及 2001 年 7 月分别签署了全面技术合作协议以及中外合资基金管理备忘录后,又一个合作发展重要里程碑。

十一月

1 日　上证所发出通知称,将从 2002 年 1 月 1 日起在该所市场试行"国债净价交易"。

●中国证监会上市公司监管部副主任童道驰透露,由中国证监会制定的《中国上市公司治理准则》正在广泛征求意见,有望在本月底或下月初出台。

●经过半年多时间的酝酿和多次磋商,上海期交易所和韩国期货交易所签署了谅解备忘录,上海期交所总经理姜洋、韩国期交所主席李仁远代表双方签字。

●国务院副总理温家宝会见出席"不良资产处置国际论坛"的外方代表,他强调要加强国际合作,积极探索处置不良资产的有效途径。

●外经部成立了世界贸易组织司,中国政府世贸组织通报咨询局、进出口公平贸易等。

2 日　中国证券结算公司上海分公司登记结算数据仓库项目在上海通过。这是国内第一个 TB 级数据仓库,也是国内证券市场目前唯一投入使用的大型数据仓库,标着上海证券市场的登记结算管理进入了智能化新阶段。

3 日　"中外资产重组论与实务操作研讨会"召开,全国人大财经委员会民商法专家王连洲在会上多次建议,资产重组也应当立法。

5 日　第八届中国杨凌农业高新科技成果博览会开幕。数百家上市公司及 100 多家投资公司参与农交会洽谈交易。本次"农高会"主题为用科技推动农业现代化,通过农业高新科技成果、融资投资及配对洽谈等活动,为农业科技领域的中外合作与交流以及社会资本投向涉农产业创造契机。

●财政部发布了《企业会计准则——中期财务报告》。准则明确了企业中期财务报告的概念和内容,对编制中期财务报告时应当遵循的确认和计量原则等作出了严格规范。规定自 2002 年 1 月 1 日起,所有上市公司必须施行该准则。

6 日　中国证券业协会颁布了《证券交易委托代理业务指引》,该规定包括第 1-4 号,分别为"风险提示书"、"证券交易委托代理协议书"、"授权委托书"、"网上委托协议书"该系列指引于 2002 年 1 月 1 日起实施。

7 日　大连华信信托投资股份有限公司获准重新登记。

●国家开发银行通过中国人民银行债券发行系统,招标发行 150 亿元 10 年固定利率(附息)金融债券。

●财政部发布《证券投资基金会计核算办法》,规定基金管理公司管理的证券投资基金,包括开放式证券投资基金和封闭式证券投资基金,从 2002 年 1 月 1 日起必须按此《办法》进行会计核算。

●中国人民银行决定对海南赛格国际信托投资公司实施停业整顿。

8 日　郑州市中级人民法院对郑百文股权转让诉讼案作出一审判决。

●国家税务局局长金人庆出席第 12 届世界生产力大会表示入世后中国将对不符合 WTO 规则的现行税收政策作相应调整。

●上海证券交易所开通了"投资者教育中心"二级网站。这是继 7 月份"上海证券交易所教育网络"之后为加强并推进投资者教育工作采取的又一项重要举措。

9日 新华社授权发布了全国人大常务委员会关于我国加入世界贸易组织的决定。

●财政部起草了《企业会计准则——分部报告》,并就此公开征求意见。该准则计划于2003年1月1日起实施。

11日 中国外经贸部部长石广生在多哈签署了中国加入世界贸易组织议定书。对中国作为世贸组织成权利和义务作了规定。稍后石广生向世贸组织秘书处递交经江泽民签署的中国加入世贸组织的批准书,至此,中国加入世贸组织的法律程序全部完成。中国将于12月11日正式成为世贸组织成员。

●中国人民银行新闻发言人宣布根据WTO有关协议,我国将逐步取消戏外资银行的限制。这是银行业对外开放承诺首次正式披露。

12日 深圳证券交易所正式启用新牌交易结算系统,深市证券代码、证券帐户代码(股东代码)和席位代码将一并升位。

●自今日始,深市证券公司股票质押登记业务、上市公司权益分派及股配登记业务、证券转托管业务等将遵循中国证券登记结算公司深圳分公司的相关业务运作指引进行实施,原深交所关于此3项业务细则同时废止。

13日 财政部部长助理李勇在财政部、中国证监会联合会召开的"强化证券市场审计评估执业质量管理工作会议"上表示,证券评估准入及退出制度将出台。

●外经贸部与中国证监会联合发布《关于上市公司涉及外商投资有关问题的若干意见》,规定今后符合产业政策及上市要求的外企公司可在境内发行A、B股;外企上市后,其外资股占总股本比例不低于10%;符合条件的外企也可在境内发行股票。

●中国人民银行发出《关于加强开办银行承况汇票业务管理的通知》,对银行承兑汇票实行总量控制。

14日 国家开发银行发行7年期固定利率100亿元债券。

●上海高清以106.3456万股的优势,超过"方正系",成为方正科技第一大股东。

●"华夏成长"证券投资基金获中国证监会批准设立,这是我国第3只开放式基金,该基金将于11月下旬开始招募和发行。

●"强化证券市场审计评估执业质量管理工作会议"召开,中国证监会副秘书长汪建熙要求着力提高注册会计师职业道德水平。

15日 光大证券和美国保德金融集团在上海签署了合资组建基金管理公司的意向书和管理咨询意向书。

●信达资产管理公司与高盛公司就建立中外合资公司处置不良资产在北京签署合作协议。这是我国首家处置不良资产的合资公司。

16日 因不及时披露巨额担保和修改应收帐款的帐龄,深石化受到深圳证券交易所公开谴责。

●财政部经批准决定今日起,下调证券(股票)交易印花税税率,下调后按2%的税率缴纳花税。

●针对当前上市公司随意变更募集资金用途等问题,中国证监会发布了《关于进一步加强股份有限公司公开募集资金管理的通知》(征求意见稿),决定建立募集资金专户存储制,加强对上市公司募集资金的投向管理。

●中国证监会新闻发言人宣布中国证监会已对四川金路公司及有关中介机构违反证券法规的行为作出了行政处罚。

18日 上海市公司董事会秘书协会全体会员及来自各地董秘共100多人共聚发出"遵守职业道德规范,提高公司治理水准"的倡议。

19日 重庆渝港钛白粉公司发布公告,经中国证监会的核准和深圳证券交易所的同意,公司6652.8万股社会公众股将于20日在深圳交易所恢复上市。这是自中国证监会推出退市机制以来首只复牌PT股。

●国内首家上市公司自律组织——浙江上市公司协会举行成立大会。

●中国证监会副主席高西庆在清华大学出席"21世纪商法论坛",他指出要健全民事赔偿机制,加强投资者利益保护。

●财政部决定取消部分国有股权变动审批。

●中国证券业协会开始受理2001年度证券从业人员资格申请。

20日 财政部出台《企业会计准则——存货》和《企业会计准则——固定资产》两项新会计准则,规定自2002年1月1日起,股份公司须按新的章程对固定资产存货进行确认、计量、提取减值准备和披露。

21日 "华夏成长基金"正式发布招募说明书和发行公告。

●中国保监会正式公布中国保险业加入WTO对外开放的基本承诺,保险业将进入全面开放新时期。

22日 为提高金融类拟公开发行股票的公司及已上市公司、已上市B股公司以及同时在境内外上市公司财务信息披露的质量,保护投资者的合法权。中国证监会发布了《公开发行证券的公司信息披露规范问答第5号——分别按国内外会计准则编制的财务报告差异及其披露》。

25日 南开大学召开"公司治理国际学术研讨会",国家审计署审计长李金华表示将加大审计监督力度。

26日 财政部发行2001年记帐式(十三期)国债。

●中国证监会起草了《关于核准基金管理公司重大变更事项有关问题的通知》和《公开发行证券的公司信息披露编报规则财务报表及财务附注的一般规定》,并公开征求社会各方意见。

●中国证监会对巨额资金被大股东占用的宁夏宁河民族化工公司公开通报批评,并对公司原董事长及10名董事予以谴责。

27日 中共中央、国务院在北京召开中央经济工作会方议,确定了2002年经济工作的8项部署。

28日　基金业公会主办“基金监管法规体系研讨会”,中国证监会副主席史美伦提出加快发展基金业思路:数量要增加、规模要扩大、运作要规范、水平要提高。

●中国证监会发布《关于证券公司增资扩股有关问题的通知》。

●华夏成长基金正式面向投资者发售。

●《保险代理公司管理规定》、《保险经纪公司管理规定》、《保险公告公司管理规定》出台,并将于2002年1月1日正式实行。

29日　中国证券业协会发布《股份转让公司信息披露实施细则》。这表明股份代办转让业务的规范发展向前迈出了重要的一步。

●华融资产管理公司宣布同决把帐面价值108亿元的4个不良资产包出售给摩概括斯坦利为首的投标团,外资正式介入不良资产处置。

十二月

1日　中国人民银行决定调整有关外币现钞管理的3项政策。

2日　深圳证券交易所召开会员(证券经营机构)监管信息服务座谈会。理事长陈东征指出深交所工作的重要内容之一是做好信息服务工作、提高会员防范和化解风险的能力。

●上海期货交易所在北京召开研讨会,20多位中外期货专家论证股指期货设计方案。

3日　亚洲分析师联合年会召开,中国证监会主席周小川介绍了中国资本 市场改革历程。这次会议由香港证券业学会主办,主题为“亚洲——第三个全球金融区”。

●《深圳、上海证券交易所交易规则》正式实施。B股交易改为T+1,对敲交易维持不变;证券买卖实行单笔申报最大数量限制。

4日　中国证监会在总结2001年以来实施基金设立审核专家评议制度的经验的基础上,起草了《证券投资基金设立申请核准工作程序》、《证券投资基金专业咨询委员资格管理与聘任办法》,并公开征求社会各方意见。

●为配合“四·五”普法进行证券法律知识普及,中国证监会发出通知要求开展全国证券法制宣传。

●新华社授权发布了《金融机构撤销条例》。违法经营和经营管理不善的金融机构将 被依法撤销。

●中国证监会发布《亏损上市公司暂停上市和终止上市实施办法(修订)》,规定自2002年1月1日起,上市公司暂停上市后,股票即停止交易,交易所不再提供转让服务。

●中国证监会发布《首次公开发行股票辅导工作办法》,以提高首发股票公司素质及规范运作水平。

5日　国务院总理朱 镕基主持召开国务院第49次常务会议。这次会议讲座并原通过了外资保险公司管理条例等规定。

●长城资产管理公司与全国28家拍卖机构代表在京签订协议,资产值达48亿元的逾500个项目将面向投资者公开拍卖。这表明我国拍卖史上规模最大、范围最广的资产拍卖正式启动。

●中国证监会决定对渤海集团遗漏应披露的信息、财务报告弄虚作假的行为进行处罚。

6日　中国证券业协会市场化研究课题组报告今日发布,指出当前应加强对公司融资行为的约束。

●为落实《客户交易结算资金管理办法》,中国证监会对51家商业银行提交的申清从事客户交易结算资金存管业务的材料进行了审核,确定了获得相关业务资格的商业银行名单。

●中国证监会起草了《上市公司股东持股变动信息披露管理办法》,并征求社会各界意见。该文件提出弄虚假披露股权变动要承担赔偿责任。

●银河基金管理公司的筹建申请获中国证监会核准,“好人举手”制度得以顺利实施,非金融机构首次获准参股基金管理公司,标志着我国按照市场化机制发起设立基金管理公司的工作已开始启动。

7日　中国证监会主席周小川出席中国发展论坛年会,指出我国加入WTO后资本市场将更广阔。但入世并不是意味着外资大举进入A股市场,关键在于提高上市公司质量。

9日　中国人民银行公告,自2001年12月11日起,取消对外资金融机构外汇业务服务对象限制,允许扩大到我国境内所有单位和个人。

●上海证券交易所副总经刘啸东透露将于近期推出统一指数,可以权证方式为国有股定价。

10日　第1只退市的股票水仙电器正式开始柜台转让。

●海通证券增资扩股。

●国务院税则委员会官员透露我国将从2002年1月1日起开始履行入世关税减让义务,关税总水平降至12%左右。

●外经贸部首次在网站公布了“中国加入世界贸易组织法律文件”的英文文本。

11日　我国正式加入世界贸易组织(WTO),成为其第143个成员。

●中国证监会公布我国证券业对WTO承诺的4项主要内容,指出监管部门主要应抓好的6方面工作。4项承诺是指:①外国证券机构可能直接从事B股交易;②外国证券机构驻华代表处可以成为所有中国证券交易所的特别会员;③允许国外机构设立合营公司,从事国内证券投资基金管理业务,外资比例不超过33%,加入后3年内,外资比例不超过49%;④加入后3年内,允许外国证券公司设立合营公司,外资比例不超过1/3。合营公司可以从事A股的承销,B股和H股、政府和公司债券的承销和交易,以及发起设立基金。6方面的工作是指:①熟练掌握WTO规则体系和国际证券监管惯例,提高监管人中素质;②加速有关适应入世的法规、规章的制定和修改,完善法律法规体系;③支持国内证券公司整合,合格的上市,有条件的到境外设立分支机构;④提高上市公司治理水平,推进会计和信息披露准则的国际化;⑤提高各类市场参与者的从业水平和道德规范,树立规则意识;⑥加强和鼓励制度创新和产品创新,逐步多层次的市场体系。

12 日 财政部会议信息质量抽查结果表明。会计信息严重失真,北满特钢、福建福联被点名。

●中国证监会发布《中外合营证公司审批规则(征求意见稿)》,明确了中外合营公司的审批条件和程序。

●中国证监会重新修订发布了《证券交易所管理办法》,对交易所在证券交易、会员及上市公司监管等方面职权做出具体规定。

13 日 财政部、劳动部和社会保障部发布《全国社会金投资管理办法》,并自发布之日起施行。该《办法》规定证券投资基金、股票投资比例不高于 40%,基金管理公司是主要管理人,并规定银行存款和国债投资比例不低于 50%,企业债、金融债比例不高于 10%。

●中国证监会发出通知,在比例超过 50%的资产重组中引入强制性信息披露,并将事后备案制改为事中审核,以鼓励实质性资产重组。此通知自 2002 年 1 月 1 日起施行。

14 日 中国注册会计师协会发布《注册会计师法(修订草案)》,对注册会计师执业进行了规范。

●由财政部制定的《金融企业会计制度》正式出台,将于 2002 年 1 月 1 日起暂在上市的金融企业范围内实施。财政部同时发出通知,要求外商企业从 2002 年 1 月 1 日起执行《企业会计制度》。

17 日 中国证监会发布了新修订的《公开发行债券的公司信息披露的内容与格式准则第 2 号——<年度报告的内容与格式>》,首次明确董事要对年报承担法律责任,要求详尽披露委托理财、担保及公司主要客户情况。

●全国社会保障基金理事会第 1 次会议在北京召开。国务院总理朱镕基出席了会议,他强调要规范稳健运作社保基金。到目前社保基金理事会组建工作已基本完成,基金管理运营将正式启动,申办社保基金投资管理业务资格也由基金理事会确定。

18 日 财政部、民政部公布实施《全国社会保障基金投资管理暂行办法》。

●财政部部长项怀城在全国财政工作会议上指出,2002 年将继续保持积极的财政政策实施力度。

19 日 上海证券交易所举办成立 11 周年座谈会,中国证监会主席周小川出席并纵论证券市场热点。

20 日 中国证监会基金部确定将通过扩大基金市场规模、推动产品创新加快中介服务机构发展等 8 项措施推动证券市场基金的发展。

●上海市政府批转了上海市国有资产管理办公室及上市公司资产重组领导小组办公室《关于进一步规范本市上市公司国有控股股东若干行为意见》。此文件对控股股东的行为进行了规范。

21 日 合丰基金管理公司获准筹建。

22 日 中国证监会起草《境外机构参股、参与发起设立基金管理公司暂行规定(征求意见稿)》,并征求社会各意见。同时对前一段已征求社会各意见。同时对前一段已征求过意见的《关于基金管理公司设立审核程序有关问题的通知》和《关于基金管理公司重大变更事项有关问题的通知》的待报批稿再次征求意见。

●中国证监会发布《关于代理证投资基金销售业务的商业银行完善内部合规控制制度和员工行为规范的指导意见》。

●中国证监会对擅自挪用募集资金购买国债、股票和申购新股的潜江制药进行公开批评。

●由中国期货业协会主办的"2001 年中国期货市场投资论坛"举行。中国证监会首席顾问梁定邦透露,推出股市全国统一指数已为期不远。

25 日 国家审计署组织对 16 家具有上市公司年度会计报表审计资格的会计师事务所 2001 年完成的审计业务质量进行检查,结果表明,16 家事务所中有 14 家出具严重失实审计报告,41 名注会造假 70 多亿。

26 日 中国证监会发布《公开发行证券的公司信息披露编报规则》第 14 号。

27 日 财政部发布《关联方之间出售资产等有关处理问题暂行规定》。

●中国证监会会计部发布《公开发行证券的公司信息披露规范问答第 6 事情——支付会计师事务所报酬及其披露》。

●美国总统布什签署命令,正式宣布给予中国永久正常贸易关系地位。

●ST 东北遭境外银团债权人申请清盘。

28 日 中国证监会经与国家工商行政管理总局等部门协调,决定在 2001 年工商年检中对无证券咨询业务资格的机构进行清理。为更好地理解和执行《关于规范面向若干问题的通知》,证监会有关部门负责人就市场关心的几个问题发表谈话。

●因涉嫌违规融资、操纵市场等,浙江证券被查处。

●湘财证券获准增资扩资。

29 日 国务院公布《中华人民共和国外资金融机构管理条例》。

31 日 中国证监会发布《公开发行证券公司信息披露编报规则第 153 号——财务报告的一般规定》、《公开发行证券公司信息披露编报规则第 16 号—— A 股公司实行补充审计的暂行规定》、《关于 A 股公司做好补充审计工作的通知》。

上市公司 2000 年度经营业绩(沪市)

代码	名称	上市日期	主营业务收入(万元)	同比(%)	利润总额(万元)	同比(%)	净利润(万元)	同比(%)	扣除非经常性损益后净利润(万元)	总资产(万元)	股东权益(万元)	资产负债率(%)	每股收益(摊薄)(元)	每股净资产(元)	调整后每股净资产(元)	净资产收益率(摊薄)(%)	流通A股(万股)	总股本(万股)	收盘价(元)	今年涨幅(%)	市盈率(倍)	分配预案
600001	邯郸钢铁	1998.01.22	585668.44	15.04	88210.13	3.27	75261.97	2.88	59729.91	759147.90	586939.39	22.6800	0.5060	3.9500	3.9400	12.8200	49000.00	148655.31	8.2300	3.7800	16.2600	10 派 2.00 元
600002	齐鲁石化	1998.04.08	715551.04	22.95	53884.08	10.27	43482.49	12.33	43482.49	828910.56	486082.64	41.3600	0.2230	2.4900	2.4600	8.9500	35000.00	195000.00	6.2400	2.3000	27.9800	10 派 0.90 元
600003	东北高速	1999.08.10	34436.06	-6.47	31048.22	31.34	21441.64	7.56	14203.39	414590.85	284064.50	31.4800	0.1767	2.3414	2.3408	7.5482	30000.00	121320.00	6.8200	4.6000	38.6000	10 派 0.70 元
600005	武钢股份	1999.08.03	692528.08	17.35	83829.75	17.22	70689.20	16.67	71137.25	633129.80	455286.24	28.0900	0.3380	2.1780	2.1780	15.5300	32000.00	209048.00	6.8100	7.7500	20.1500	10 派 2.80 元
600006	东风汽车	1999.07.27	344631.19	11.69	44009.25	7.76	37384.01	16.49	37089.29	406905.27	269477.81	33.7700	0.3738	2.6948	2.5443	13.8700	30000.00	100000.00	9.4000	24.8300	25.1500	10 派 2.00 元
600007	中国国贸	1999.03.12	54281.40	13.38	21656.70	-20.35	14599.80	-20.09	15224.50	366429.10	204839.90	44.1000	0.1800	2.5600	2.5400	7.1300	16000.00	80000.00	12.1000	14.4700	67.2200	10 派 1.04 元
600008	首创股份	2000.04.27	16632.10	2.96	44754.91	9.95	43321.55	10.62	43155.04	501249.64	386426.37	22.9100	0.3938	3.5130	3.5086	11.2100	16000.00	110000.00	18.5300	-14.5300	47.0500	10 派 3.34 元
600009	上海机场	1998.02.18	86789.62	16.00	64172.24	-8.06	54520.30	-8.29	54459.85	765011.00	435622.52	43.0600	0.3950	3.1540	3.1530	12.5200	48130.61	138130.61	10.1800	3.8800	25.7700	10 派 3.00 元
600010	钢联股份	2001.03.09	589847.31	-0.41	44058.69	18.81	28889.16	14.77	29550.25	265793.17	156436.41	41.1400	0.3200	1.7400	1.7400	18.4700	--	90000.00	6.5800	2.8100	20.5600	10 派 1.00 元;拟发行 4 亿元公司债券
600016	民生银行	2000.12.19	271010.84	66.84	55919.47	127.95	42916.63	114.34	40858.74	6805821.51	599573.77	91.1900	0.2500	3.4700	3.3300	7.1600	35000.00	173024.84	18.4500	7.1400	73.8000	10 派 2.00 元转 3
600018	上港集箱	2000.07.19	182527.82	29.57	113865.20	29.04	54402.56	35.00	53760.21	704427.26	393857.02	44.0900	0.6030	4.3655	4.3099	13.8128	8400.00	90220.00	24.1800	3.7800	40.1000	10 派 3.50 元
600019	宝钢股份	2000.12.12	3094053.45	9.24	437813.89	28.94	299010.39	31.44	300378.56	3896670.41	2528153.71	35.1200	0.2400	2.0200	2.0200	11.8400	45000.00	1251200.00	5.5100	1.6600	22.9600	10 派 0.50 元
600033	福建高速	2001.02.09	20146.66	6.22	20461.58	177.73	13517.11	137.92	3403.17	223811.74	91032.51	59.3300	0.2787	1.8770	1.8767	14.8500	--	48500.00	8.6700	-2.0300	31.1100	不分配,不转增
600037	歌华有线	2001.02.08	23172.62	28.52	11916.39	24.10	10921.54	19.58	10931.54	60466.35	32863.32	45.6500	0.5700	1.7300	1.7000	33.2300	--	19000.00	39.1000	37.4300	68.6000	10 派 1.00 元
600038	哈飞股份	2000.12.18	23738.18	23.63	4058.89	19.51	4058.89	21.04	4015.09	77618.83	63783.96	17.8200	0.2706	4.2500	4.2500	6.3900	6000.00	15000.00	21.8000	12.4900	80.5600	不分配,不转增
600051	宁波联合	1997.04.10	295731.70	47.86	6912.14	125.66	5017.76	213.01	4263.92	184088.85	79841.91	56.6300	0.1700	2.6400	2.5700	6.2800	8539.79	30240.00	14.1000	-4.7300	82.9400	10 派 1.10 元
600052	浙江广厦	1997.04.15	163594.94	7.09	11311.81	24.40	9578.81	23.92	8671.91	238532.04	82044.80	65.6000	0.2300	1.9400	1.6900	11.6700	19656.00	42336.00	12.1900	2.3500	53.0000	10 派 1.00 元配 3,配股价待定
600053	江西纸业	1997.04.18	30146.68	11.08	7296.70	22.03	5453.65	17.47	3590.23	112796.85	67053.52	40.5500	0.3400	4.1600	4.1600	8.1300	7605.00	16107.00	13.6700	0.0700	40.2100	10 派 1.00 元
600054	黄山旅游	1996.11.22	28603.02	-0.57	6067.70	-39.01	4490.53	-45.78	4550.30	95845.30	71667.89	25.2300	0.1500	2.3700	2.2100	6.3000	5200.00	30290.00	15.0700	3.3600	100.4700	不分配,不转增
600055	万东医疗	1997.05.19	27741.70	34.20	4360.92	2.55	3105.21	1.70	3090.83	52667.61	33323.84	36.7300	0.2800	3.0000	2.9700	9.3200	3900.00	11100.00	20.8000	-5.9700	74.2900	10 派 2.00 元
600056	中技贸易	1997.05.15	140009.55	-4.86	3770.26	3.14	3225.39	1.97	3001.09	112157.91	51265.26	54.2900	0.2474	3.9329	3.9193	6.2900	3900.00	13050.00	21.5300	-15.2400	87.0300	10 派 1.00 元
600057	厦新电子	1997.06.04	99347.74	-17.85	-17647.23	-609.91	-17448.19	-634.92	-18326.79	131499.67	69506.88	47.1400	-0.4870	1.4530	1.3150	-33.5200	14400.00	35820.00	8.9000	-14.9100	0.0000	不分配,不转增
600058	龙腾科技	1997.05.28	1174969.95	57.70	32134.29	50.22	20772.88	50.90	21936.21	429360.13	184415.35	57.0500	0.4898	4.3485	4.2740	11.2642	12000.00	42408.87	22.3000	-12.5500	45.5300	不分配,不转增
600059	古越龙山	1997.05.16	39073.78	-0.79	9862.04	1.25	8252.30	-0.08	8262.32	144434.09	76735.91	46.8700	0.4010	3.7300	3.6900	10.7500	8190.00	20600.00	14.4700	1.7300	36.0800	10 派 2.00 元配 3,配股价 9-13 元
600060	海信电器	1997.04.22	430054.40	44.21	13962.09	-18.20	12534.16	5.43	11909.38	272013.32	140909.73	48.2000	0.3000	3.4000	3.3400	8.9000	12740.00	41449.15	12.5500	-7.5800	41.8300	10 派 1.05 元
600061	中纺投资	1997.05.19	71045.50	45.65	5769.50	21.62	4810.57	15.63	3982.50	76084.20	48555.25	36.1800	0.3350	3.3830	3.3670	9.9100	4680.00	14350.60	12.7400	23.9300	38.0300	10 送 2 派 0.50 元转 8
600062	双鹤药业	1997.05.22	116833.91	61.48	17943.27	71.52	12891.47	69.88	12602.33	148415.63	79055.90	46.7300	0.4217	2.5861	2.5220	16.3100	10998.00	30569.50	18.3500	9.3000	43.5100	10 派 1.00 元配 3,配股价 12-14 元
600063	皖维高新	1997.05.28	38692.80	34.08	6588.70	17.79	5409.52	16.26	5196.64	119843.89	61845.83	48.3900	0.2140	2.4450	2.4180	8.7500	9900.00	25290.00	12.5500	5.2900	58.6400	10 派 1.50 元
600064	南京高科	1997.05.06	88101.63	-15.57	13187.59	-45.94	11260.40	-45.77	11260.40	213231.07	109513.03	48.6400	0.3270	3.1820	3.1820	10.2800	15548.76	34414.59	15.7300	-10.3700	48.1000	不分配,不转增
600065	大庆联谊	1997.05.23	48483.70	48.54	3104.48	313.73	2579.39	323.72	2449.76	137922.40	79119.65	42.6300	0.1612	4.9450	4.9000	3.2600	5000.00	16000.00	12.3900	-9.7500	76.8600	10 送 2 派 0.50 元转 8
600066	宇通客车	1997.05.08	119896.83	71.25	10544.79	8.25	8707.16	23.17	8672.68	142578.10	86822.48	39.1100	0.6368	6.3500	6.2400	10.0300	9372.31	13672.37	18.3900	8.7500	28.8800	10 派 6.00 元
600067	福州大通	1997.05.08	38925.35	44.97	2802.72	19.72	2321.64	20.96	2090.01	54113.39	29914.88	44.7200	0.2200	2.8500	2.8000	7.7600	6792.43	10501.17	16.5800	-2.4100	75.3600	10 派 1.00 元
600068	葛洲坝	1997.05.26	215579.57	4.85	30882.39	-16.27	21211.95	-6.93	23010.08	458378.26	313877.35	31.5200	0.3000	4.4500	4.3800	6.7600	34580.00	70580.00	8.8600	3.6300	29.5300	10 派 1.00 元
600069	银鸽投资	1997.04.30	15424.82	9.95	1077.07	-43.11	1044.39	-9.03	883.57	91335.45	64431.11	29.4600	0.0280	1.7300	1.7100	1.6200	14560.00	37160.00	9.6400	8.3100	344.2900	不分配,不转增
600070	浙江富润	1997.06.04	21371.47	11.46	3081.68	33.78	2615.06	13.52	2693.93	41979.82	23998.56	42.8300	0.3500	3.1700	3.1500	10.9000	3120.00	7573.30	19.5500	8.1900	55.8900	10 派 2.00 元
600071	凤凰光学	1997.05.28	27339.65	11.77	4530.39	31.47	3830.49	35.09	3607.73	56388.85	37293.46	33.8600	0.3600	3.4700	3.4700	10.2700	4862.00	10745.36	19.0000	32.6800	52.7800	10 送 3 派 0.75 元转 4
600072	江南重工	1997.06.03	35355.43	-33.02	2434.36	-62.97	1988.91	-64.10	-1633.09	107607.07	93788.74	12.8400	0.0720	3.4160	3.4030	2.1210	12480.00	27458.08	10.4000	4.5200	144.4400	不分配,不转增
600073	上海梅林	1997.07.04	53724.03	-4.45	10843.47	30.03	7990.30	-21.78	2170.13	133813.96	78034.08	41.6800	0.2500	2.4100	2.3200	10.2400	12000.00	32400.00	14.1300	-11.6900	56.5200	不分配,不转增

代码	名称	上市日期	主营业务收入（万元）	同比（%）	利润总额（万元）	同比（%）	净利润（万元）	同比（%）	扣除非经常性损益后净利润（万元）	总资产（万元）	股东权益（万元）	资产负债率（%）	每股收益（摊薄）（元）	每股净资产（元）	调整后每股净资产（元）	净资产收益率（摊薄）（%）	流通A股（万股）	总股本（万股）	收盘价（元）	今年涨幅（%）	市盈率（倍）	分配预案
600074	南京中达	1997.06.23	49578.17	32.22	7611.46	135.95	6389.74	98.08	6164.51	111006.02	53713.39	51.6100	0.4420	3.7160	3.6730	11.9000	5220.00	14460.00	15.8600	6.1200	35.8800	10派1.00元配3,配股价13－17元
600075	新疆天业	1997.06.17	141249.23	94.33	9746.37	9.39	8754.06	38.71	7407.60	219024.50	108416.89	50.5000	0.3860	4.7800	4.5800	8.0700	9720.00	22680.00	14.0300	－8.6600	36.3500	10派1.00元配3,配股价13－15元
600076	华光科技	1997.05.26	24409.93	28.36	7129.88	61.53	5953.64	58.49	5801.77	102967.11	63127.66	38.6900	0.2653	2.8130	2.7630	9.4310	9600.00	22441.60	22.6400	－3.9000	85.3400	10派0.60元
600077	国能集团	1997.05.20	31308.89	210.77	4592.95	85.82	3094.39	134.51	3094.39	79481.10	37674.50	52.6000	0.2400	2.9700	2.7500	8.2400	4654.07	12681.91	17.8000	－4.8600	74.1700	10派1.00元
600078	澄星股份	1997.06.27	54139.65	21.69	5216.32	－12.92	3604.97	－22.80	4194.33	81396.94	63779.84	21.6400	0.2000	3.5400	3.5400	5.6500	6627.67	18006.20	13.6800	－7.0700	68.4000	10派1.00元
600079	人福科技	1997.06.06	18849.91	40.48	5126.18	31.06	3637.64	99.34	2939.24	51811.66	28724.07	44.5600	0.2890	2.2800	2.2290	12.6600	6422.00	12597.00	18.6300	－10.4300	64.4600	10派0.50元
600080	金花股份	1997.06.12	18382.49	12.40	9570.52	－6.36	8051.68	－7.23	8051.68	103440.22	78873.26	23.7500	0.3500	3.4200	3.2600	10.1900	9984.00	23083.52	14.8100	0.2000	42.3100	不分配,不转增
600081	东风科技	1997.07.03	39410.93	100.94	5929.16	42.06	5192.61	44.76	4251.78	75339.80	40119.88	46.7500	0.2600	2.0000	1.9700	12.9400	5025.00	20100.00	32.0000	24.8500	123.0800	10派1.00元
600083	PT红光	1997.06.06	3730.10	－33.40	－7058.48	63.73	－7058.48	63.73	－7058.48	129948.89	2769.17	97.8700	－0.3070	0.1200	－0.1970	－254.8900	13573.56	23000.00	7.0400	－2.2200	0.0000	不分配,不转增
600084	新天国际	1997.07.11	68613.94	38.68	9614.67	106.58	8811.11	117.55	8659.31	158641.83	64296.90	59.4700	0.4900	3.5500	3.4600	13.7000	6864.00	18090.80	14.6700	－10.5000	29.9400	10转3;拟增发6500万股
600085	同仁堂	1997.06.25	102439.21	22.64	20717.47	25.58	14664.85	5.29	14645.16	167570.74	95358.20	43.0900	0.6110	3.9730	3.9430	15.3800	6000.00	24000.00	23.2900	16.1300	38.1200	10派2.00元转3
600086	多佳股份	1997.06.06	28573.00	13.57	3969.24	－7.47	3195.40	－9.62	3226.59	77328.67	51154.54	33.8500	0.1450	2.3230	2.3100	6.2500	8013.76	22017.60	13.8200	7.6700	95.3100	10送1派0.25元转5
600087	南京水运	1997.06.12	52298.64	46.35	13613.44	50.23	11576.63	50.43	11577.01	95748.91	80494.64	15.9300	0.4840	3.3600	3.2700	14.3800	7280.00	23932.31	15.7400	－0.1900	32.5200	10派3.00元配1.875,配股价10－12元
600088	中视股份	1997.06.16	20468.11	12.26	3021.93	－51.14	2386.74	－53.74	2313.98	80727.78	71413.42	11.5400	0.1310	3.9200	3.8900	3.3400	6000.00	18210.00	26.2100	－0.9800	200.0800	10派1.00元
600089	特变电工	1997.06.18	99684.72	57.25	10224.49	4.39	9315.09	2.60	9335.69	181700.56	81995.35	54.8700	0.3600	3.1599	3.0797	11.3600	13041.60	25949.02	14.8900	－12.2100	41.3600	10派1.00元
600090	啤酒花	1997.06.16	61574.11	121.57	9934.93	162.85	9357.17	154.25	9018.13	117141.82	49446.12	57.7900	0.4100	2.1500	2.0300	18.9200	10882.56	22994.79	14.5000	28.8800	35.3700	10送1.5派0.375元转4.5
600091	明天科技	1997.07.04	78591.60	35.02	9795.62	18.42	8563.01	28.27	8563.01	112931.94	76952.58	31.8600	0.3800	3.4000	3.3800	11.1300	9620.00	22652.60	15.9300	－8.9700	41.9200	10派2.00元
600092	精密股份	1997.06.26	12541.61	－27.11	6024.01	－14.31	5145.19	－13.66	5030.03	96293.64	70253.20	27.0400	0.1970	2.6900	2.6900	7.3200	13309.92	26119.62	12.2600	1.4900	62.2300	不分配,不转增
600093	禾嘉股份	1997.06.26	17556.66	0.03	2455.16	－39.25	2216.54	－24.40	1857.66	72183.94	36733.70	49.1100	0.1700	2.8800	1.4800	6.0300	5100.00	12750.00	14.6600	1.3100	86.2400	10派0.50元
600094	华源股份	1997.07.03	147449.02	49.30	18513.35	26.39	12234.84	27.05	10138.41	326754.92	142577.95	56.3700	0.2500	2.9000	2.8100	8.5800	11040.00	49175.40	11.7200	－0.3400	46.8800	10派1.00元
600095	哈高科	1997.07.08	22385.76	－43.34	2942.09	－58.65	2047.32	－63.97	1884.33	164639.08	72438.50	56.0000	0.0780	2.7700	2.6500	2.8300	15106.60	26156.00	12.5800	－4.5500	161.2800	不分配,不转增
600096	云天化	1997.07.08	76536.84	－0.30	20210.49	－33.66	16490.45	－36.58	16490.45	155623.57	110164.05	29.2100	0.4479	2.9921	2.9884	14.9700	10000.00	36818.18	13.6000	－2.2300	30.3600	不分配,不转增
600097	ST恒泰	1997.06.19	2697.88	－54.87	－9581.12	7.85	－6220.48	20.92	－6033.41	62000.78	1083.43	98.2500	－0.5388	0.0938	0.0655	－574.0000	3500.00	11544.99	12.5800	－2.8600	0.0000	不分配,不转增
600098	广州控股	1997.07.18	345917.44	41.70	120947.28	64.72	88254.98	66.56	78337.75	825102.75	425511.18	48.4300	0.7050	3.4000	3.3900	20.7400	23400.00	125280.00	18.5300	16.9100	26.2800	10派1.35元
600099	林海股份	1997.07.04	20011.05	－28.64	793.55	－64.19	761.34	－59.42	757.51	57836.60	49552.51	14.3200	0.0420	2.7100	2.7000	1.5400	7600.00	18260.00	12.7800	－2.7400	304.2900	10派0.50元
600100	清华同方	1997.06.27	331884.71	98.92	33384.93	52.39	23597.55	46.71	23597.55	529057.97	257361.16	51.3500	0.6160	6.7180	6.4900	9.1700	16162.24	38307.46	42.5400	－3.9700	69.0600	10派1.00元转5
600101	明星电力	1997.06.27	24347.05	17.71	9592.39	－1.46	8166.01	－1.74	8166.01	97040.96	63358.80	34.7100	0.5580	4.3300	4.2700	12.8900	7308.00	14644.39	16.9300	0.3600	30.3400	10派2.00元配3,配股价15－18元
600102	莱钢股份	1997.08.28	452540.76	13.40	62289.03	39.97	52714.82	40.02	53698.18	513685.99	283096.54	44.8900	0.6050	3.2500	3.2500	18.6200	15600.00	87118.20	12.8600	－12.2200	21.2600	10派2.60元
600103	青山纸业	1997.07.03	88577.26	63.30	19006.42	49.50	16781.69	51.92	16439.79	238961.43	158626.70	33.6200	0.2380	2.2460	2.2300	10.5800	44608.42	70630.00	6.9300	0.5800	29.1200	拟10配1.5,配股价6－8元
600104	上海汽车	1997.11.25	250680.66	2.98	84909.98	3.05	74226.69	3.91	74913.64	680796.72	479593.00	29.5500	0.5300	3.4300	3.4000	15.4800	42000.00	140000.00	13.6400	24.9600	25.7400	10送5
600105	永鼎光缆	1997.09.29	74071.58	－86.59	7569.87	－7.60	6192.55	－11.12	6100.77	99350.66	66811.58	32.7500	0.2480	2.6770	2.6240	9.2700	7500.00	24961.05	15.7800	－3.2500	63.6300	10派1.00元配3,配股价10.5－13.5元
600106	重庆路桥	1997.06.18	12279.57	7.45	9091.98	－27.46	7781.70	－16.65	7781.70	129989.58	85534.75	34.2000	0.2510	2.7600	2.6800	9.1000	9000.00	31000.00	14.1000	9.9000	56.1800	10派1.00元
600107	美尔雅	1997.11.06	31190.12	－7.59	8593.45	12.10	6761.98	21.38	5718.62	126707.11	89101.66	29.6800	0.1880	2.4750	2.4420	7.5900	13320.00	36000.00	10.6300	－2.5700	56.5400	10派1.00元
600108	亚盛集团	1997.08.18	69009.12	31.29	11844.25	－8.35	11666.44	2.38	10664.05	163930.56	114424.13	30.2000	0.2916	2.8596	2.8300	10.2000	21294.00	40014.00	10.3000	6.1900	35.3200	10送1派0.25元转2
600109	ST成百	1997.08.07	78374.61	2.80	－3123.38	－15.12	－3124.60	－15.17	－2384.60	27157.62	4002.16	85.2600	－0.4400	0.5640	0.0510	－78.0700	2750.00	7098.27	15.8400	－10.7600	0.0000	不分配,不转增
600110	长春热缩	1997.10.07	8963.03	20.43	5451.92	77.20	4631.09	83.38	4168.65	53103.79	37222.37	29.9100	0.4004	3.2200	3.1500	12.4400	4050.80	11564.80	24.1000	－2.5000	60.1900	10派1.00元配3,配股价12－18元
600111	稀土高科	1997.09.24	39253.49	59.38	10045.72	34.57	9808.11	54.69	10299.33	122309.08	100180.81	18.0900	0.2430	2.4820	2.3550	9.7900	14560.00	40367.40	16.0700	－13.6000	66.1300	10派1.20元
600112	长征电器	1997.11.27	18235.05	21.79	3941.64	21.87	3518.71	27.22	2827.32	79399.50	48625.72	38.7600	0.2046	2.8300	2.7500	7.2400	5200.00	17200.00	15.0900	－2.0100	73.7500	10派0.50元
600113	浙江东日	1997.10.21	10123.98	53.40	1806.91	－27.40	1512.12	－35.15	1512.12	43574.68	35629.72	18.2300	0.1300	3.0200	3.0000	4.2400	4000.00	11800.00	16.3900	－0.9700	126.0800	10派2.00元
600115	东方航空	1997.11.05	1182175.81	10.81	10323.19	－55.66	6237.49	152.30	－22663.32	2698629.81	660654.78	75.5200	0.0041	1.3600	1.2000	0.3040	30000.00	486695.00	5.6800	1.4300	1375.3000	10派0.20元

代码	名称	上市日期	主营业务收入（万元）	同比（%）	利润总额（万元）	同比（%）	净利润（万元）	同比（%）	扣除非经常性损益后净利润(万元)	总资产（万元）	股东权益（万元）	资产负债率（%）	每股收益(摊薄)（元）	每股净资产（元）	调整后每股净资产（元）	净资产收益率(摊薄)(%)	流通A股（万股）	总股本（万股）	收盘价（元）	今年涨幅（%）	市盈率（倍）	分配预案
600116	三峡水利	1997.08.04	22207.57	16.11	4632.52	45.69	3788.72	30.22	3233.85	113351.60	52613.70	53.5800	0.2200	3.0100	2.9100	7.2000	5799.20	17476.80	16.1500	4.2600	73.4100	不分配,不转增
600117	西宁特钢	1997.10.15	131828.21	-1.34	11260.43	-23.74	7992.57	-23.68	7992.57	253645.35	135945.22	46.4000	0.1400	2.3300	2.2100	5.8800	16000.00	58222.00	8.4700	3.2900	60.5000	10派0.60元
600118	中国泛旅	1997.09.08	29392.20	78.42	2585.62	-10.76	1719.08	-21.93	1904.36	36081 02	28019.69	22.3400	0.0910	1.4790	1.4650	6.1400	7200.00	18950.40	19.9500	5.1700	219.2300	不分配,不转增
600119	长江投资	1998.01.15	50829.07	22.81	2989.81	70.60	2153.99	64.90	1467.47	78666 29	35739.70	54.5700	0.1436	2.3800	2.3100	6.0300	4800.00	15000.00	16.8000	3.7000	116.9900	10送1
600120	浙江东方	1997.12.01	310798.83	20.52	12759.91	49.88	8845.43	36.36	6932.82	131815.95	61464.43	53.3700	0.6300	4.3600	4.2200	14.3900	5856.06	14103.61	23.9500	0.8400	38.0200	10送3转增3
600121	郑州煤电	1998.01.07	45883.94	-4.26	11786.35	-34.45	11786.35	-34.45	11818.99	177793.61	125553.04	29.3800	0.1455	1.5500	1.5480	9.3900	21600.00	81000.00	16.5200	-31.1700	113.5400	10派0.25元配3,配股价6-12元
600122	宏图高科	1998.04.20	118286.42	54.45	9204.57	59.91	8013.39	45.06	7621.52	186258.11	59017.09	68.3100	0.2710	1.9990	1.9420	13.5800	12000.00	29520.00	14.8500	-13.8300	54.8000	不分配,不转增
600123	兰花科创	1998.12.17	30278.58	-20.28	1377.63	-83.04	826.76	-88.02	-138.87	166328.85	82739.60	50.2600	0.0223	2.2290	2.1290	1.0000	14400.00	37125.00	11.3300	-2.4100	508.0700	不分配,不转增
600125	铁龙股份	1998.05.11	30545.90	10.02	10216.03	47.97	8011.13	47.45	7885.01	86634.32	50671.79	41.5100	0.4200	2.6600	2.6300	15.8100	5000.00	19077.60	16.1100	4.3600	38.3600	10派1.50元
600126	杭钢股份	1998.03.11	392878.51	27.65	49611.30	70.56	37073.66	73.55	37714.64	293890.67	179829.01	38.8100	0.5740	2.7900	2.7500	20.6200	16575.00	64533.75	11.3400	8.5200	19.7600	10派1.50元
600127	金健米业	1998.05.06	70345.61	37.78	8396.22	32.07	6049.97	8.97	5840.01	97955.26	54852.20	44.0000	0.2370	2.1510	2.0480	11.0290	8500.00	25500.00	22.4200	39.3400	94.6000	10送2派0.50元转3
600128	江苏工艺	1997.09.01	143205.51	18.61	6395.95	3.06	4423.92	-3.39	3683.82	82525.87	55630.02	32.5900	0.2200	2.7900	2.6300	7.9500	7412.31	19944.75	14.9800	-24.7200	68.0900	10派1.50元
600129	太极集团	1997.11.18	119736.31	19.13	8373.51	-29.37	5865.31	-22.15	5370.77	197157.79	97497.71	50.5500	0.2320	3.8600	3.4200	6.0200	7500.00	25260.00	26.0100	-5.3500	112.1100	不分配,不转增
600130	波导股份	2000.07.06	93485.68	201.82	6016.50	15.84	4401.21	-8.51	3182.34	122975.74	80631.20	34.4300	0.2750	5.0400	4.9100	5.4600	3350.00	16000.00	27.6100	-9.1200	100.4000	10派1.00元
600131	岷江水电	1998.04.02	10675.35	-16.27	3799.55	-32.65	3035.23	-30.18	2848.52	121847.27	41129.41	66.2500	0.1100	1.5000	1.5000	6.9200	6930.00	27347.88	13.1200	10.7200	119.2700	10派1.00元
600132	重庆啤酒	1997.10.30	33815.55	10.79	5261.53	4.42	4479.36	7.27	4293.84	125385.93	60976.21	51.3700	0.2620	3.5700	3.5500	7.3500	5200.00	17087.20	17.1500	-1.8900	65.4600	10派2.00元
600133	东湖高新	1998.02.12	34820.44	32.01	6093.46	32.22	4983.26	26.26	4257.48	151604.62	61401.27	59.5000	0.1808	2.2280	2.1610	8.1200	8320.00	27559.22	15.6800	-9.3600	86.7300	10派1.00元
600135	乐凯胶片	1998.01.22	75894.66	22.50	25530.75	34.69	21545.91	34.57	21080.48	110984.49	96750.32	12.8300	0.7560	3.3950	3.3850	22.2700	10491.30	28500.00	22.3400	-3.0800	29.5500	10送2派3.00元
600136	道博股份	1998.03.03	19236.76	33.03	2439.05	-25.40	2027.75	-32.90	1526.51	72478.45	42084.20	41.9400	0.1900	4.0300	3.9400	4.8200	3250.00	10444.40	18.3800	-12.0600	96.7400	10派1.00元
600137	长江包装	1998.04.16	13263.74	48.90	1622.55	136.54	1604.89	136.14	-3216.21	57105.40	16609.31	70.9100	0.2640	2.7360	2.4890	9.6600	1740.00	6071.13	21.8900	1.4400	82.9200	不分配,不转增
600138	青旅控股	1997.12.03	102658.36	21.56	14356.57	6.89	12024.99	8.46	12008.14	166425.17	101627.97	38.9400	0.4504	3.8060	3.6620	11.8300	11700.00	26700.00	17.5100	-20.0500	38.8800	10派1.50元
600139	鼎天科技	1998.02.25	20902.46	99.35	1688.27	-2.64	1355.70	-14.92	959.84	53028.98	16997.39	67.9500	0.1800	2.2400	2.0700	7.9800	2940.00	7601.02	28.8900	7.4800	160.5000	10派1.00元
600141	兴发集团	1999.06.16	27344.22	40.15	3141.40	3.26	2662.86	1.06	2563.84	67130.74	39485.22	41.1800	0.1700	2.4700	2.4700	6.7400	4000.00	16000.00	15.7500	-7.4100	92.6500	10派1.00元
600145	四维瓷业	1999.09.23	19839.77	17.60	4182.89	60.13	3609.02	58.89	3342.41	60080.69	33843.32	43.6700	0.2600	2.4600	2.4400	10.6600	4950.00	13750.00	13.0000	33.8600	50.0000	10送1派0.25元转7
600146	大元股份	1999.07.07	133422.41	74.34	882.66	-59.92	689.62	-67.08	678.64	100331.39	46287.39	53.8700	0.0300	2.3100	2.3000	1.5000	6000.00	20000.00	18.2200	41.4600	607.3300	不分配,不转增
600148	离合器	1998.05.20	15399.44	-4.29	1359.94	-72.11	1150.38	-72.11	1112.90	32030.31	19342.27	39.6100	0.0850	1.4400	1.3600	5.9500	3600.00	13469.40	13.6200	-2.0400	160.2400	10派1.00元
600149	邢台轧辊	1999.10.14	38189.02	3.45	3850.56	-34.23	3225.28	-24.02	3159.36	95673.57	52364.35	45.2700	0.1900	3.0800	3.0500	6.1600	4500.00	16980.00	13.9200	-1.6300	73.2600	不分配,不转增
600150	ST重机	1998.05.20	72281.18	31.90	-4656.67	-59.52	-4666.56	-59.86	-5042.23	127335.12	46135.49	63.7700	-0.1930	1.9100	1.7900	-10.1100	7700.00	24149.31	9.6500	5.7000	0.0000	不分配,不转增
600151	航天机电	1998.06.05	96471.25	17.59	20663.72	21.89	14601.75	26.43	13043.85	209523.00	115635.31	44.8100	0.5000	3.9500	3.6900	12.6300	8840.00	29240.00	15.3200	8.3900	30.6400	10派2.00元转6
600152	维科精华	1998.06.09	130331.66	132.17	5915.99	11.60	4976.32	-3.04	4461.53	86311.09	57021.70	33.9300	0.1695	1.9430	1.9160	8.7300	10350.00	29349.42	10.2300	-1.3500	60.3500	不分配,不转增
600153	厦门建发	1998.06.16	514881.84	51.46	12197.89	-18.82	10328.10	-8.38	11674.31	330502.09	137980.24	58.2500	0.3500	4.6600	4.6300	7.4900	7980.48	29600.00	17.7700	-10.2500	50.7700	10派3.00元
600155	宝硕股份	1998.09.18	105241.03	21.74	10998.72	-17.22	8289.07	-3.24	8310.47	179568.23	82422.32	54.1000	0.3010	2.9970	2.9410	10.0600	8000.00	27500.00	15.6400	1.5600	51.9600	10派1.00元转5
600156	益鑫泰	1998.05.27	83061.30	-7.97	8751.51	-26.29	7724.88	-23.59	7183.42	152056.06	118711.88	21.9200	0.1760	2.7000	2.7000	6.5100	13600.00	43890.00	11.0900	-3.5700	63.0100	10派1.50元
600157	鲁润股份	1998.05.13	41131.54	-30.04	3980.56	-58.46	3277.45	-59.08	3277.45	73750.27	27094.76	63.2600	0.1923	1.5900	1.5600	12.1000	6355.84	17044.62	15.2100	-6.2800	79.1000	不分配,不转增
600158	中体产业	1998.03.27	20514.65	23.70	5783.65	-3.52	5972.59	8.57	5404.16	111324.30	80484.51	27.7000	0.3100	4.1200	4.0200	7.4200	5850.00	19511.40	22.7000	0.4400	73.2300	10送1派2.00元转2
600159	宁城老窖	1998.05.26	26546.15	-7.46	5261.82	-27.14	4372.44	-28.77	3284.93	75713.34	64132.91	15.3000	0.2100	3.0800	3.0700	6.8200	5200.00	20800.00	19.2800	21.4400	91.8100	10送1.8756转增1.8756
600160	巨化股份	1998.06.26	123537.99	10.12	15496.63	17.89	10957.00	-3.10	11552.34	187060.97	97897.31	47.6700	0.3210	2.8700	2.8200	11.2000	8800.00	34100.00	13.5500	-1.2200	42.2100	10派2.50元配3,配股价9.5-11.5元
600161	天坛生物	1998.06.16	13757.75	0.06	4737.47	-6.78	3791.99	-12.15	3624.72	44598.40	27872.86	37.5000	0.1975	1.4500	1.4400	13.6000	4800.00	19200.00	26.0200	5.4300	131.7500	10派2.00元
600162	山东临工	1998.06.09	44301.78	13.04	2832.91	-37.86	2656.01	-33.92	2656.01	121441.39	59587.44	50.9300	0.1500	3.3900	3.3300	4.4600	4900.00	17589.00	12.7600	-2.9700	85.0700	不分配,不转增
600163	福建南纸	1998.06.02	95401.99	108.85	8164.69	-4.26	6915.32	-6.06	6820.23	248107.99	109151.01	56.0100	0.2300	3.5700	3.5500	6.3400	9100.00	30594.66	13.2800	3.1100	57.7400	不分配,不转增

代码	名称	上市日期	主营业务收入(万元)	同比(%)	利润总额(万元)	同比(%)	净利润(万元)	同比(%)	扣除非经常性损益后净利润(万元)	总资产(万元)	股东权益(万元)	资产负债率(%)	每股收益(摊薄)(元)	每股净资产(元)	调整后每股净资产(元)	净资产收益率(摊薄)(%)	流通A股(万股)	总股本(万股)	收盘价(元)	今年涨幅(%)	市盈率(倍)	分配预案
600165	宁夏恒力	1998.05.29	33652.65	42.17	6880.63	36.13	5023.59	15.05	4779.54	77859.27	43586.08	44.0200	0.2190	1.9000	1.8700	11.5300	7200.00	22960.00	28.1400	117.4700	128.4900	10派3.00元
600166	福田汽车	1998.06.02	332194.71	7.06	8518.43	-39.31	9075.92	-10.65	468.00	265749.96	92626.09	65.1500	0.3236	3.3000	3.0600	9.8000	8000.00	28046.60	13.7000	3.8700	42.3400	10派1.40元
600167	ST黎明	1999.01.28	28812.14	12.26	-2873.99	-61.09	-3442.01	-55.80	-3768.27	70464.92	44948.32	36.2100	-0.1812	2.3700	2.2300	-7.6600	7000.00	19000.00	10.3200	-17.5100	0.0000	不分配,不转增
600168	武汉控股	1998.04.27	23511.01	-2.49	16818.69	-21.32	14769.84	-13.19	12862.11	156843.06	129593.48	17.3700	0.3348	2.9376	2.9337	11.4000	12750.00	44115.00	13.2700	3.1900	39.6400	10派5.00元
600169	太原重工	1998.09.04	54378.25	27.76	5141.24	-37.86	5237.09	-25.53	4330.30	148484.98	86902.71	41.4700	0.1400	2.3350	2.2990	6.0260	14400.00	37217.24	8.7400	-4.3800	62.4300	10派0.30元
600170	上海建工	1998.06.23	776728.76	4.10	26600.03	10.79	22627.54	11.06	22460.31	512623.82	206971.32	59.6300	0.4200	3.8500	3.8300	10.9300	15000.00	53700.00	13.1500	6.2200	31.3100	10派1.25元
600171	上海贝岭	1998.09.24	79238.46	94.83	18631.17	16.94	17216.38	21.77	16760.29	146112.98	120145.98	17.7700	0.4000	2.7700	2.7500	14.3300	15600.00	43443.40	23.1600	-10.4800	57.9000	10派1.60元
600172	黄河旋风	1998.11.26	31893.92	36.99	6058.28	-30.82	4887.88	-33.74	4522.82	69203.41	43727.21	36.8100	0.2000	1.7900	1.7800	11.1800	8000.00	24400.00	12.3000	-3.1300	61.5000	10派1.00元
600173	牡丹江	1999.04.15	41381.48	4.41	6866.48	7.91	5836.51	8.41	5797.31	96259.83	62997.00	34.5600	0.2540	2.7400	2.7300	9.2600	8000.00	23000.00	14.4700	35.8700	56.9700	10派1.80元
600175	宝华实业	1999.04.08	7077.94	-47.02	2029.57	-72.08	1890.28	-70.09	1912.63	64832.50	42146.91	34.9900	0.1770	3.9500	3.8000	4.4800	26680.00	10668.00	20.4500	-15.0000	115.5400	10派1.00元
600176	中国化建	1999.04.22	37188.01	0.63	6665.17	42.10	4651.67	66.77	3039.38	124311.72	48843.87	60.7100	0.2090	2.1940	2.0030	9.5200	7420.00	22260.00	12.7200	3.4100	60.8600	10派1.00元;拟增发5000万股
600177	雅戈尔	1998.11.19	143773.96	38.12	32392.17	43.88	29065.01	49.69	28689.12	244570.80	164249.74	32.8400	0.5116	2.8912	2.8845	17.7000	18590.00	56809.51	13.4400	-7.1500	26.2700	10派2.00元
600178	东安动力	1998.10.14	155832.73	25.69	16263.26	6.08	13994.08	6.83	13640.77	171435.84	110060.13	35.8000	0.3312	2.6050	2.6006	12.7100	10660.00	42250.00	11.1100	12.3600	33.5400	10派2.50元配3,配股价7-10元
600179	黑化股份	1998.11.04	107136.80	30.09	4230.05	166.65	2012.70	79.99	709.51	173938.13	79340.50	54.3900	0.0610	2.4000	2.3500	2.5400	10000.00	33000.00	9.0000	-1.9600	147.5400	10派0.30元
600180	九发股份	1998.07.03	35147.65	26.75	7227.78	1.87	6478.99	3.75	6478.99	93610.51	74638.88	20.2700	0.3098	3.5700	3.5100	8.6800	6656.00	20915.84	18.2000	-4.5100	58.7500	10派1.00元
600181	云大科技	1998.09.28	24515.65	70.08	8517.69	26.21	6753.96	27.89	6419.91	134799.66	92337.89	31.5000	0.3900	5.3000	4.4000	7.3100	8400.00	17406.81	15.0800	11.3700	38.6700	10转10
600182	桦林轮胎	1999.05.07	71299.34	1.11	374.11	-85.32	318.00	-85.32	-408.62	200049.36	80089.09	59.9700	0.0090	2.3560	2.3230	0.3970	12000.00	34000.00	8.3300	1.9600	925.5600	不分配,不转增
600183	生益科技	1998.10.28	98869.33	27.77	23397.47	67.77	21449.92	69.48	21203.80	147579.72	94303.82	36.1000	0.4371	1.9215	1.9158	22.7500	12750.00	49078.13	17.1200	-32.6800	39.1700	10派1.50元
600185	海星科技	1999.06.11	40511.43	-16.28	2215.99	-59.68	2005.56	-52.61	2112.76	80805.05	49249.03	39.0500	0.1013	2.4873	2.4697	4.0700	6800.00	19800.00	21.1200	-9.8600	208.4900	10派0.60元
600186	莲花味精	1998.08.25	131042.06	4.54	23377.25	1.35	17182.07	1.93	16979.64	310170.56	144721.39	53.3400	0.2864	2.4120	2.3878	11.8700	20000.00	60000.00	11.4200	20.1900	39.8700	不分配,不转增
600187	黑龙股份	1998.11.11	43754.13	20.23	9660.69	18.24	6874.30	17.19	5055.16	185648.77	75759.55	59.1900	0.3200	3.4700	3.4600	9.0700	6500.00	21815.00	20.1500	-19.4600	62.9700	10派1.00元转5
600188	兖州煤业	1998.07.01	478058.09	17.47	105978.93	-3.20	76418.20	-2.14	77577.40	843844.37	682713.81	19.0900	0.2900	2.6300	2.5600	11.1900	7977.90	260000.00	11.5300	8.0000	39.7600	10派0.82元
600189	吉林森工	1998.10.07	54358.06	25.34	12312.16	5.04	10457.13	6.72	10258.17	166067.89	115707.83	30.3200	0.3400	3.7300	3.5600	9.0400	11050.00	31050.00	12.6900	8.6500	37.3200	10派2.00元
600190	锦州港	1998.05.19	30111.72	-4.74	10885.97	-37.88	9082.75	-38.32	9069.65	228801.80	135785.51	40.6500	0.1400	2.1500	2.0900	6.7000	6000.00	63100.00	17.3800	24.2300	124.1400	10送4派1.00元转1
600191	华资实业	1998.12.10	61608.84	80.83	8960.64	34.82	7259.33	31.86	7068.81	127438.06	98845.62	22.4400	0.2800	3.7500	3.7100	7.3400	9100.00	26355.00	14.4500	-7.4300	51.6100	10派1.00元
600192	长城电工	1998.12.24	68953.75	-2.25	5611.75	-44.84	4874.56	-52.09	4735.79	188708.38	109433.61	42.0100	0.1521	3.4145	3.4036	4.4500	11050.00	32050.00	12.1300	-6.6900	79.7500	不分配,不转增
600193	创兴科技	1999.05.27	18826.60	-28.34	3456.74	4.75	2574.30	28.35	2477.63	54436.54	25592.92	52.9900	0.3070	3.0500	3.0500	10.0600	2300.00	8390.00	13.9100	3.6100	45.3100	10送2派0.50元转8;拟增发4500万股
600195	中牧股份	1999.01.07	143707.93	70.57	9137.17	-18.32	9039.95	3.55	8822.80	142237.44	80268.08	43.5700	0.2300	2.0600	1.9800	11.2600	12000.00	39000.00	11.8000	-1.5800	51.3000	10派2.00元配3,配股价7-9元
600196	复星实业	1998.08.07	57952.08	18.99	15144.40	30.49	12851.55	38.92	12239.09	157110.18	114552.45	27.0900	0.4370	3.9000	3.8170	11.2200	11250.00	29376.00	21.9200	-5.3100	50.1600	10派1.80元
600197	伊力特	1999.09.16	35339.11	-16.33	9371.82	1.99	7452.23	11.24	7419.33	95556.55	69678.70	27.0800	0.3400	3.1600	3.1600	10.7000	7500.00	22050.00	15.6200	-7.5200	45.9400	10派2.00元
600198	大唐电信	1998.10.21	239762.38	120.22	21678.88	44.83	17843.98	42.82	16445.77	462704.35	212467.03	54.0800	0.4060	4.8400	4.5700	8.4000	16537.38	43898.64	28.0000	-9.4400	68.9700	不分配,不转增
600199	金牛实业	1998.08.12	63839.54	-7.71	11163.52	2.10	8152.75	-14.26	7697.76	141352.62	72556.13	48.6700	0.2500	2.2500	2.2400	11.2400	11050.00	32300.00	11.5500	-6.7800	46.2000	10派1.00元
600200	江苏吴中	1999.04.01	41424.41	37.44	5649.80	39.70	4796.18	38.67	4297.58	69518.11	43569.83	37.3300	0.3590	3.2610	3.0870	11.0100	5360.00	13360.00	20.2800	33.3000	56.4900	10送2派0.8元转3配3,配股价12-18元
600201	金宇集团	1999.01.15	19673.53	18.79	3040.96	-12.89	2590.12	-12.14	1210.85	57109.07	34355.36	39.8400	0.2670	3.5400	3.4400	7.5390	3500.00	9700.25	19.1000	-5.0200	71.5400	10派1.00元
600202	哈空调	1999.06.03	19132.92	44.17	6588.37	90.08	5648.49	91.27	4658.11	56160.71	33353.35	40.6100	0.5057	2.9861	2.9853	16.9400	3000.00	11169.60	17.6500	13.4900	34.9000	10送3派2元转7
600203	福日股份	1999.05.14	59255.69	-16.25	6551.46	34.10	5912.44	38.09	3507.33	134623.71	58108.36	56.8400	0.2310	2.2700	2.2300	10.1700	7000.00	25640.00	13.7000	1.0300	59.3100	10派1.20元配3,配股价10-15元
600205	山东铝业	1999.06.30	258527.43	53.16	50744.07	111.87	42163.28	171.44	43550.11	246159.41	124521.64	49.4100	0.7530	2.2200	2.2000	33.8600	16000.00	56000.00	14.6100	3.2500	19.4000	10派5.00元
600206	有研硅股	1999.03.19	11918.32	53.27	3624.89	-40.47	4467.09	-10.39	2167.44	74717.61	69040.90	7.6000	0.3100	4.7600	4.7400	6.4700	6500.00	14500.00	28.2600	-4.6900	91.1600	10派2.00元
600207	安彩高科	1999.07.14	210658.66	118.15	64912.97	105.75	52807.17	139.15	38280.21	320156.42	213098.30	33.4400	1.2002	4.8430	4.7880	24.7800	18000.00	44000.00	22.9900	-17.2700	19.1600	10派5.00元;拟增发10000万股
600208	戴梦得	1999.06.23	115588.89	72.94	7353.85	1.68	4539.09	-17.31	3733.13	222602.86	57836.37	74.0200	0.2200	2.7700	2.6400	7.8500	6500.00	20903.36	16.3100	-9.7900	74.1400	10派1.50元

代码	名称	上市日期	主营业务收入（万元）	同比（%）	利润总额（万元）	同比（%）	净利润（万元）	同比（%）	扣除非经常性损益后净利润（万元）	总资产（万元）	股东权益（万元）	资产负债率（%）	每股收益（摊薄）（元）	每股净资产（元）	调整后每股净资产（元）	净资产收益率（摊薄）（%）	流通A股（万股）	总股本（万股）	收盘价（元）	今年涨幅（%）	市盈率（倍）	分配预案
600209	罗顿发展	1999.03.25	34366.59	81.80	7836.92	31.86	6165.70	23.30	6138.89	91801.14	53210.08	42.0400	0.2615	2.2571	2.2502	11.5900	7500.00	23574.19	21.0000	2.8400	80.3100	10派0.625元
600210	紫江企业	1999.08.24	80252.44	35.66	19419.46	27.65	15157.96	25.71	14810.76	216925.63	96870.58	55.3400	0.4690	2.9950	2.9500	15.6500	8500.00	32340.00	17.8800	−8.4100	38.1200	10派3.00元配3,配股价12－18元
600211	西藏药业	1999.07.21	8312.29	0.19	3594.78	−3.82	3572.18	8.00	3345.78	52836.09	40104.39	24.1000	0.2900	3.2700	3.1800	8.9100	4500.00	12260.00	22.8800	−3.8300	78.9000	10派2.00元
600212	江泉实业	1999.08.17	79930.32	49.70	12528.12	34.59	8746.87	14.83	6885.03	110565.45	85697.25	22.4900	0.3990	3.9100	3.8800	10.2100	5500.00	21902.40	15.1700	−4.5900	38.0200	10派1.00元配3,配股价11－15元
600213	亚星客车	1999.08.31	91603.92	−11.97	6735.92	−4.90	5452.84	−7.65	3825.94	116526.71	61019.81	47.6300	0.2900	3.2100	3.1600	8.9400	6000.00	19000.00	12.6900	0.2400	43.7600	10派1.50元
600215	长春经开	1999.09.09	67710.56	18.05	19551.55	13.75	14261.76	0.03	13964.06	215644.47	148297.56	31.2300	0.4700	4.8500	4.8100	9.6200	9000.00	30600.00	17.1000	−5.3200	36.3800	10派1.00元
600216	浙江医药	1999.10.21	107756.35	−9.45	2294.93	−57.49	2070.38	−37.69	1322.92	143663.44	63375.31	55.8900	0.0690	2.1120	1.9800	3.2700	7540.00	30004.00	18.8500	4.1400	273.1900	10送0.5转增4.5
600217	秦岭水泥	1999.12.16	39637.13	59.58	7290.69	8.99	6194.30	9.14	6152.12	98949.12	66354.30	32.9400	0.3000	3.2100	3.1600	9.3400	7000.00	20650.00	27.1300	64.3200	90.4300	10送2派0.50元转8
600218	全柴动力	1998.12.03	41838.38	−9.10	6249.04	−47.99	5322.32	−50.22	5400.42	90867.52	64530.65	28.9800	0.2050	2.4820	2.4730	8.2500	7800.00	26000.00	11.7500	−4.3900	57.3200	10派1.50元配3,配股价8－11元
600219	南山实业	1999.12.23	92802.24	24.41	16310.28	37.88	13863.73	37.88	13649.61	160853.72	121931.62	24.2000	0.5394	4.7440	4.7440	11.3700	7500.00	25700.00	16.4500	−1.6100	30.5000	10派1.50元配3,配股价11－17元
600220	江苏阳光	1999.09.27	50921.31	−2.43	14306.75	3.63	11969.36	4.12	11969.36	132018.13	117083.28	11.3100	0.3800	3.7500	3.7500	10.2200	11900.00	31238.17	15.1200	−9.4600	39.7900	10派0.50元
600221	海南航空	1997.06.26	229648.43	27.08	18580.71	20.94	16351.58	20.51	12215.69	1018364.87	214535.76	78.9300	0.2240	2.9400	2.4400	7.6200	22140.00	73025.28	8.5200	3.9000	38.0400	10派0.60元
600222	众生制药	1999.11.05	13992.26	−16.49	5082.16	12.15	4287.40	11.53	3753.78	57285.66	41040.71	28.3600	0.3150	3.0100	3.0000	10.4500	3500.00	13614.52	19.4800	−0.3100	61.8400	10派2.50元配3,配股价17－19元
600223	万杰高科	2000.01.13	76196.30	39.48	18780.13	16.81	14700.13	8.39	13249.02	217001.71	158857.95	26.7900	0.2700	2.9600	2.9500	9.2500	14300.00	53625.00	12.9700	−0.6100	48.0400	10派3.00元
600225	天香集团	2000.01.27	37027.79	10.76	4291.74	18.13	3300.97	33.67	2746.89	92630.58	40172.58	56.6300	0.2460	2.9980	2.8990	8.2200	4500.00	13400.00	24.7000	25.2500	100.4100	10派0.50元转5
600226	升华拜克	1999.11.16	20457.89	75.77	6243.16	54.68	6091.11	77.51	5697.96	55141.02	44010.03	20.1900	0.3460	2.5000	2.5000	13.8400	5600.00	17603.76	26.1900	−0.8600	75.6900	10送2派1.00元
600227	赤天化	2000.02.21	60086.76	0.35	7674.03	17.06	6513.33	16.97	6141.29	84326.48	70060.76	16.9200	0.3830	4.1200	4.1200	9.3000	7000.00	17000.00	14.2000	−4.7000	37.0800	10派2.50元
600228	昌九股份	1999.01.19	23349.41	−5.95	1675.86	48.76	1567.94	63.74	1560.03	74312.08	45059.22	39.3600	0.0900	2.5000	2.4600	3.4800	6000.00	18000.00	21.6000	5.8800	240.0000	10送1派1.50元转5
600229	青岛碱业	2000.03.09	78792.11	28.49	7713.69	4.62	6475.74	23.66	5121.84	154297.79	86482.82	43.9500	0.2200	2.9300	2.9100	7.4900	9000.00	29512.62	11.7800	4.5300	53.5500	10派1.80元
600230	沧州大化	2000.04.06	54187.16	−9.83	5635.35	−40.04	4993.05	−26.25	4012.29	85959.58	66459.63	22.6900	0.1900	2.5600	2.5600	7.5100	8000.00	25933.16	14.5600	−4.2100	76.6300	10派0.50元
600231	凌钢股份	2000.05.11	159419.24	21.27	21341.41	65.68	14107.27	28.75	14129.47	153757.06	115354.80	24.9800	0.4600	3.7200	3.5800	12.2300	10000.00	31000.00	12.0600	15.0800	26.2200	10派1.50元
600232	金鹰股份	2000.06.02	57146.24	23.86	6221.99	45.59	4861.76	21.10	4625.36	71691.25	40167.35	43.9700	0.2888	2.3860	2.3227	12.1000	4500.00	16834.76	22.4000	−7.0200	77.5600	10派1.00元转3
600233	大连创世	2000.06.08	28880.05	22.60	4764.82	9.26	2967.40	9.24	2428.00	53978.13	39840.93	26.1900	0.2700	3.6200	3.5800	7.4500	3500.00	11000.00	19.8800	−9.9600	73.6300	10派2.00元
600234	天龙集团	2000.06.15	42267.74	−5.76	2403.94	10.15	1949.93	5.07	1725.25	44930.73	30710.89	31.6500	0.2100	3.2700	3.1300	6.3500	3000.00	9386.00	19.0700	−8.9700	90.8100	不分配,不转增
600235	民丰特纸	2000.06.15	31391.21	12.02	4688.57	−15.12	4437.65	5.64	4129.84	94534.43	53860.50	43.0300	0.2507	3.0430	3.0153	8.2392	5200.00	17700.00	15.1800	−1.5600	60.5500	10派1.50元
600236	桂冠电力	2000.03.23	64718.36	3.56	35139.18	4.59	23562.65	5.19	23297.37	294622.50	235819.52	19.9600	0.3480	3.4900	3.4800	9.9900	11000.00	67536.30	16.9600	1.6800	48.7400	10派2.51元
600237	铜峰电子	2000.06.09	17684.58	19.79	3402.29	17.48	2726.48	15.88	2132.06	65813.11	42995.70	34.6700	0.2700	4.3000	4.2800	6.3400	4000.00	10000.00	25.8000	−12.5400	95.5600	10派1.00元
600238	海南椰岛	2000.01.20	20925.12	81.58	3823.34	38.53	3274.09	32.03	2481.22	59502.27	37391.42	37.1600	0.2000	2.2500	2.2400	8.7600	5000.00	16600.00	15.2800	−5.2100	76.4000	10派0.60元
600239	红河光明	1999.12.02	5644.37	40.57	2912.73	104.86	2106.90	89.14	1619.22	21480.23	18489.30	13.9200	0.4170	3.6600	3.6000	11.4000	2000.00	5056.60	36.5200	−1.8500	87.5800	10送4派1元转1配3,配股价15－25元
600240	仕奇实业	2000.06.28	23261.79	15.21	5940.02	25.50	4529.30	29.85	4569.53	101264.57	74640.20	26.2900	0.2588	4.2700	4.2200	6.0700	7500.00	17500.00	15.5900	−4.7100	60.2400	10派1.20元
600241	辽宁时代	2000.11.28	103381.24	13.10	4773.49	6.51	3161.77	7.13	3171.92	61706.93	34693.63	43.7800	0.2983	3.2730	3.2712	9.1100	3000.00	10600.00	22.9100	4.7100	76.8000	10派1.00元
600242	华龙集团	2000.12.07	10225.72	12.47	3264.79	7.28	2630.72	−3.93	2309.96	70773.43	52552.52	25.7500	0.1330	3.0200	3.0200	4.4800	6000.00	17402.98	15.7000	−7.6500	118.0500	不分配,不转增
600243	青海华鼎	2000.11.20	22172.27	10.00	2680.02	19.87	1882.67	18.52	1744.32	65627.15	39540.29	39.7500	0.1200	2.5200	2.4700	4.7600	5500.00	15600.00	20.3500	−9.5600	169.5800	10派0.40元
600246	先锋股份	2000.09.22	18946.98	56.41	2292.88	2.97	1806.76	−7.33	1775.91	41464.40	29260.67	29.4300	0.1964	3.1805	3.1521	6.0232	3000.00	9200.00	20.6500	−5.7500	105.1400	10派0.80元
600247	物华股份	2000.11.23	11981.02	44.86	2079.61	5.20	1749.45	1.95	1752.36	42881.26	32172.60	24.9700	0.1600	2.9200	2.8200	5.4400	3500.00	11000.00	21.0800	−1.2200	131.7500	10派0.50元
600248	泰丰农业	2000.06.22	16419.68	7.55	3144.87	1.83	3115.02	7.17	2844.77	59127.45	49655.36	16.0200	0.2400	3.8500	3.6300	6.2700	4800.00	12882.00	23.2800	−13.7500	97.0000	10派1.00元
600250	南纺股份	2001.03.06	251671.27	37.58	5881.10	32.54	3822.31	25.97	2970.92	66765.50	18278.73	72.6200	0.4900	2.3500	2.1100	20.9100	－－	7766.28	18.0900	5.3000	36.9200	10派2.00元
600252	中恒集团	2000.11.30	15392.92	11.27	3238.90	−12.70	2785.92	−10.16	2372.01	58426.99	36790.50	37.0300	0.2200	2.9000	2.8800	7.5700	4500.00	12671.76	17.7800	0.9100	80.8200	10派2.00元
600253	天方药业	2000.12.27	36697.15	11.25	6387.93	11.85	4199.85	7.95	3527.34	112071.22	69522.13	37.9700	0.2000	3.3106	3.3040	6.0400	6000.00	21000.00	21.6000	15.0200	108.0000	10派1.00元
600255	鑫科材料	2000.11.22	71598.76	40.72	3322.33	−8.27	2786.27	−8.87	2712.86	67281.39	45710.07	32.0600	0.2930	4.8100	4.7900	6.1000	3000.00	9500.00	32.5200	−9.4200	110.9900	10派2.00元

代码	名称	上市日期	主营业务收入(万元)	同比(%)	利润总额(万元)	同比(%)	净利润(万元)	同比(%)	扣除非经常性损益后净利润(万元)	总资产(万元)	股东权益(万元)	资产负债率(%)	每股收益(摊薄)(元)	每股净资产(元)	调整后每股净资产(元)	净资产收益率(摊薄)(%)	流通A股(万股)	总股本(万股)	收盘价(元)	今年涨幅(%)	市盈率(倍)	分配预案
600256	广汇股份	2000.05.26	71992.52	386.90	17615.54	326.30	14790.53	331.36	14559.36	111662.57	60164.85	46.1200	0.4180	1.7000	1.6780	24.5830	10000.00	35378.32	26.0000	6.0800	62.2000	不分配,不转增
600257	洞庭水殖	2000.06.12	7463.52	107.28	2646.07	88.71	2445.29	94.23	2098.94	48247.47	40523.32	16.0100	0.3350	5.5510	5.4290	6.0340	4000.00	7300.00	24.4100	-6.1200	72.8700	10派1.00元
600258	首旅股份	2000.06.01	74970.66	81.85	8749.03	11.66	5526.38	8.08	4786.15	111232.44	68120.61	38.7600	0.2400	2.9400	2.8500	8.1100	4400.00	23140.00	22.6800	-1.9000	94.5000	10派1.90元
600259	兴业聚酯	2000.05.25	61596.50	26.37	4850.24	12.07	4401.30	12.55	3154.37	134883.84	58621.18	56.5400	0.2060	2.7500	2.6600	7.5100	4863.39	21340.00	14.8300	-2.5600	71.9900	10派0.20元
600260	凯乐股份	2000.07.06	30658.08	17.34	7931.25	23.86	6782.43	24.85	6188.00	104615.04	79465.15	24.0400	0.3900	4.5200	4.5100	8.5400	5500.00	17588.00	30.1100	10.6600	77.2100	10派1.00元
600261	浙江阳光	2000.07.20	30342.83	78.81	5557.66	61.75	4661.76	104.57	3404.15	66674.44	48984.15	26.5300	0.3800	3.9800	3.8900	9.5200	4000.00	12316.00	22.8800	3.9100	60.2100	10派1.00元
600262	北方股份	2000.06.30	23464.21	-12.33	4064.47	-10.09	3373.88	-13.77	3055.94	78439.25	55909.80	28.7200	0.1990	3.2890	3.2540	6.0400	5500.00	17000.00	16.1200	-1.7100	81.0100	10派1.20元
600263	路桥建设	2000.07.25	168564.08	7.35	8962.09	0.97	8103.12	6.72	7438.15	274879.02	138536.18	49.6000	0.1990	3.3940	3.3480	5.8500	5750.00	40813.30	13.4900	-9.6500	67.7900	10派0.80元
600265	景谷林业	2000.08.25	15434.48	-4.50	3051.30	-5.10	2548.27	20.57	1881.10	51488.89	30911.93	39.9600	0.2400	2.9400	2.8300	8.2400	4000.00	10500.00	20.1900	-3.4000	84.1300	10派1.20元
600266	北京城建	1999.02.03	720843.16	22.69	27643.23	32.46	14729.26	10.32	14476.34	673937.69	143995.65	78.6300	0.3682	3.5999	3.5364	10.2300	10000.00	40000.00	20.6600	4.0300	56.1100	10派5.00元转5
600267	海正药业	2000.07.25	51800.40	44.73	6365.23	10.14	5578.16	12.79	5348.14	120690.79	74392.71	38.3600	0.3576	4.7688	4.7451	7.5000	4000.00	15600.00	35.0000	4.4800	97.8700	10送3派1.00元转3
600268	国电南自	1999.11.18	41916.89	9.86	5060.98	20.68	4735.88	41.13	4743.73	76550.41	45244.32	40.9000	0.4010	3.8300	3.7300	10.4700	4000.00	11800.00	26.3500	-3.0500	65.7100	10派2.00元
600269	赣粤高速	2000.05.18	28316.91	20.35	26407.56	58.28	17607.57	5.54	16395.70	397943.98	252445.49	36.5600	0.4990	7.1500	7.1500	6.9700	12000.00	35300.00	16.8000	-4.3800	33.6700	10派4.20元;拟增发6000万股
600270	外运发展	2000.12.28	104569.07	33.08	36761.11	0.49	18039.08	11.45	17318.16	199158.20	138212.28	30.6000	0.6500	4.9900	4.8000	13.0500	7000.00	27771.60	29.0900	3.9700	44.7500	10派1.00元
600272	开开实业	1997.01.08	57520.08	47.29	3705.43	14.36	2959.81	11.86	2953.80	101547.62	43614.92	57.0500	0.1490	2.2030	2.1130	6.7860	--	19800.00	16.7600	6.2100	112.4800	10派0.80元
600275	武昌鱼	2000.08.10	11230.01	2.69	8161.14	21.19	6835.97	19.26	5281.26	87809.69	72958.32	16.9100	0.2795	2.9830	2.9797	9.3700	7000.00	24458.09	16.1500	-1.9400	57.7800	10派0.60元
600276	恒瑞医药	2000.10.18	48470.72	17.10	8188.72	30.58	6527.14	27.15	5703.23	98627.33	67043.26	32.0200	0.4910	5.0470	5.0080	9.7400	4000.00	13285.00	35.2000	16.7500	71.6900	10送3派1.00元转3
600277	亿利科技	2000.07.25	20870.08	14.57	4551.14	25.86	3555.58	11.57	3438.20	94490.68	70587.57	25.3000	0.2250	4.4680	4.1230	5.0400	5800.00	15800.00	20.2500	-9.7600	90.0000	不分配,不转增
600278	东方创业	2000.07.12	277971.41	32.57	13823.36	23.83	9824.74	28.92	9552.87	209005.35	93530.42	55.2500	0.3070	2.9200	2.6900	10.5000	4000.00	32000.00	17.7300	-4.3200	57.7500	10派1.60元
600279	重庆港九	2000.07.31	7076.98	33.52	4781.44	49.35	4781.44	49.35	4222.12	81451.71	70933.31	12.9100	0.2090	3.1070	3.0670	6.7400	8600.00	22839.10	15.4500	4.0400	73.9200	10派1.00元
600280	南京中商	2000.09.26	68617.17	-11.93	3129.03	-5.21	2659.67	-5.09	2554.20	79289.95	41840.98	47.2300	0.2200	3.4500	3.3400	6.3600	3500.00	12126.09	18.4800	-9.3200	84.0000	10派0.60元
600281	太化股份	2000.11.09	78544.82	10.72	7019.41	19.62	4627.84	20.77	4162.35	177418.12	97956.53	44.7900	0.1290	2.7290	2.6650	4.7200	10500.00	35890.60	12.6500	-5.2400	98.0600	10派0.60元
600282	南钢股份	2000.09.19	338977.55	25.85	26787.00	51.32	20896.07	41.49	20322.34	259477.82	150773.97	41.8900	0.5000	3.5900	3.5600	13.8600	12000.00	42000.00	10.8000	18.9400	21.6000	10送2派1.00元
600283	钱江水利	2000.10.18	14595.28	-5.97	6257.07	-13.74	4536.30	-26.43	4488.58	135181.79	84419.54	37.5500	0.1590	2.9587	2.4155	5.3735	8500.00	28533.00	13.5200	-6.1800	85.0300	不分配,不转增
600285	羚锐股份	2000.10.18	13073.45	25.73	3091.81	17.59	2583.62	18.71	2414.40	51479.39	40846.40	20.6500	0.2574	4.0700	4.0500	6.3300	4000.00	10036.00	20.2400	0.8500	78.6300	10派1.00元
600286	国光瓷业	1999.12.09	24863.86	36.40	3245.60	31.71	2853.60	35.68	2627.78	73430.32	35749.81	51.3100	0.3000	3.7600	3.7300	7.9800	3500.00	9500.00	20.1700	-13.8000	67.2300	10派1.00元
600287	江苏舜天	2000.09.01	248284.05	32.52	14619.76	42.75	9069.90	28.16	8155.42	139115.81	66995.05	51.8400	0.5939	4.3866	3.8676	13.5382	4000.00	15272.59	24.5000	7.7300	41.2500	10送1派3.60元
600288	大恒科技	2000.11.29	118836.11	45.20	6387.15	42.24	3852.76	31.46	3330.29	122285.84	64122.06	47.5600	0.2800	4.5800	4.5200	6.0100	5000.00	14000.00	31.5200	-14.4600	112.5700	10派1.40元
600289	亿阳信通	2000.07.20	47363.43	90.41	7958.66	47.07	6191.89	41.94	5809.26	138716.79	85101.89	38.6500	0.5850	8.0400	8.0000	7.2800	4000.00	10589.00	46.9200	-17.2500	80.2100	10派2.00元
600290	苏福马	2000.11.06	15861.77	36.45	1566.83	24.60	1566.83	56.11	1397.15	37492.68	21283.14	43.2300	0.1900	2.5600	2.5200	7.3600	3000.00	8300.00	21.5000	-3.5000	113.1600	10派2.00元
600291	西水股份	2000.07.31	17603.98	20.59	4481.86	60.74	3254.36	55.78	2846.00	81526.95	54108.12	33.6300	0.2000	3.3800	3.2800	6.0100	6000.00	16000.00	15.2800	-2.1100	76.4000	10派1.00元
600292	九龙电力	2000.11.01	27751.81	-8.39	8612.11	3.05	7320.29	5.76	7184.85	103940.40	75636.79	27.2300	0.4380	4.5200	4.5200	9.6800	6000.00	16725.00	23.0900	-12.1700	52.7200	10派2.00元
600293	三峡新材	2000.09.19	40231.42	22.99	7163.65	28.49	4376.66	-6.67	4018.98	129712.60	72265.82	44.2900	0.2074	3.4249	3.4080	6.0600	5500.00	21100.00	17.9900	0.6700	86.7400	10派0.50元
600295	鄂尔多斯	1995.10.20	182181.82	23.12	32029.12	77.42	20639.92	84.64	20639.92	340163.19	156244.43	54.0700	0.4700	3.5800	3.5500	13.2100	--	43600.00	22.4000	0.7600	47.6600	10派3.60元
600296	兰州铝业	2000.07.19	124619.54	21.52	11662.29	39.79	9809.63	38.00	8287.10	202597.83	113970.40	43.7500	0.3330	3.8630	3.8530	8.6100	5500.00	29500.45	14.3300	-3.4400	43.0300	10派0.50元
600297	美罗药业	2000.11.16	56774.25	30.17	3306.62	22.32	2892.41	67.68	2563.97	83412.62	50685.69	39.2300	0.2500	4.4100	4.3400	5.7100	4000.00	11500.00	24.4800	-9.0600	97.9200	10派1.00元
600298	安琪酵母	2000.08.18	18465.79	20.42	4755.82	-4.99	4154.46	15.36	3056.96	61866.08	54470.56	11.9500	0.3062	4.0140	3.9655	7.6270	3500.00	13570.00	25.3300	-6.8100	82.7200	10派1.00元
600299	星新材料	2000.04.20	42794.74	1.62	7265.20	10.75	6161.58	0.27	5304.57	122288.35	76430.06	37.5000	0.2600	3.1800	3.1600	8.0600	8000.00	24000.00	19.9800	10.0800	76.8500	10派0.50元
600300	维维股份	2000.06.30	92825.67	1.17	15505.50	27.21	11859.31	8.22	11168.12	160702.07	126113.67	21.5200	0.3600	3.8200	3.7500	9.4000	5000.00	33000.00	15.9100	-8.3500	44.1900	10派3.00元
600301	南化股份	2000.07.12	46261.01	63.33	4755.46	99.49	4021.50	98.21	3933.41	67479.68	52229.01	22.6000	0.2200	2.8300	2.8300	7.7000	7244.83	18470.61	13.2200	7.3900	60.0900	10派1.00元

代码	名称	上市日期	主营业务收入(万元)	同比(%)	利润总额(万元)	同比(%)	净利润(万元)	同比(%)	扣除非经常性损益后净利润(万元)	总资产(万元)	股东权益(万元)	资产负债率(%)	每股收益(摊薄)(元)	每股净资产(元)	调整后每股净资产(元)	净资产收益率(摊薄)(%)	流通A股(万股)	总股本(万股)	收盘价(元)	今年涨幅(%)	市盈率(倍)	分配预案
600302	标准股份	2000.12.13	57483.48	69.52	8580.88	127.88	6072.70	145.54	5628.62	91486.69	58911.62	35.6100	0.3810	3.6900	3.6800	10.3100	4500.00	15950.49	27.5400	32.5300	72.2800	10派2.00元
600303	曙光股份	2000.12.26	35287.17	94.80	5021.90	131.40	3159.88	80.60	2608.93	80753.35	43000.26	46.7500	0.3500	4.7800	4.7300	33.6100	4000.00	9000.00	32.4900	67.9100	92.8300	10派2.00元转8
600305	恒顺醋业	2001.02.06	14311.20	13.41	2681.78	8.49	1760.21	-16.72	1773.30	19340.67	9958.21	48.5100	0.2020	1.1427	1.1261	17.6800	--	8715.00	17.2400	8.2900	85.3500	10派0.50元
600306	商业城	2000.12.26	83647.60	1.84	3983.39	44.84	2647.43	43.68	2716.64	69412.97	39320.12	43.3500	0.1900	2.8700	2.8100	6.7300	4500.00	13702.99	20.6800	27.6500	108.8400	10派2.00元
600307	酒钢宏兴	2000.12.20	312279.12	6.61	26058.40	41.16	17392.39	22.01	16849.36	301254.39	195244.14	35.1900	0.2400	2.6800	2.5800	8.9000	20000.00	72800.00	7.0900	7.5900	29.5400	10派1.60元
600308	华泰股份	2000.09.28	62617.68	24.01	12092.10	28.00	8782.19	24.73	8217.66	237137.52	135702.17	42.7700	0.4600	7.0500	7.0400	6.4700	9000.00	19247.33	16.9200	-3.7000	36.7800	10派3.00元
600309	烟台万华	2001.01.05	34485.31	63.90	6025.61	64.04	4980.35	89.51	5297.44	75760.77	60106.99	20.6600	0.4200	5.0100	5.0100	8.2900	4000.00	12000.00	30.0800	94.3900	71.6200	10送2派1.00元转8
600310	桂东电力	2001.02.28	40013.68	17.98	5635.32	-14.11	4651.33	-0.20	4805.25	29129.73	18673.21	35.9000	0.4162	1.6700	1.6700	24.9100	--	11175.00	18.9100	6.8400	45.4300	10派3.50元
600312	平高电气	2001.02.21	50046.43	-1.93	7173.09	32.04	4747.77	33.55	4565.86	57803.37	20302.71	64.8800	0.3800	1.6439	1.6376	23.3800	--	12350.00	20.8800	7.3500	54.9500	不分配,不转增
600315	上海家化	2001.03.15	119203.69	10.08	6660.22	61.41	5726.40	61.26	5726.40	80486.89	30492.38	62.1200	0.3000	1.6000	1.5000	18.7800	--	19000.00	16.7600	-1.4100	55.8700	老股东10派0.85978元
600316	洪都航空	2000.12.15	28871.40	7.20	4106.37	-7.36	4106.37	36.62	4066.82	122088.63	101388.44	16.9600	0.2900	7.2400	7.2300	4.0500	6000.00	14000.00	22.6400	8.3300	78.0700	10派1.00元
600318	巢东股份	2000.12.08	42264.51	-7.15	4084.14	-12.74	3540.12	-15.40	2959.86	100227.08	58807.20	41.3300	0.1800	2.9400	2.9400	6.0200	8000.00	20000.00	13.2200	3.1200	73.4400	10派0.50元
600319	亚星化学	2001.03.26	50261.68	13.10	7990.27	17.16	7029.79	17.62	6968.69	71755.49	27300.66	61.9500	0.3000	1.1600	1.1073	25.7500	--	23559.40	18.5500	12.5600	61.8300	不分配,不转增
600320	振华港机	1997.08.05	215685.86	58.00	13977.48	36.94	12424.58	37.87	12424.58	386642.67	170509.97	55.9000	0.2700	3.7300	3.5700	7.2900	7040.00	45650.00	14.9400	6.3300	55.3300	10派2.27元(除A股股东外)
600323	南海发展	2000.12.25	13167.57	338.27	5908.81	106.21	3979.83	107.30	4030.94	96796.74	65180.16	32.6600	0.1900	3.1300	3.0700	6.1100	6500.00	20851.42	16.5200	5.2200	86.9500	10派2.50元
600326	西藏天路	2001.01.16	25508.19	20.08	1154.39	-33.70	1060.90	-26.18	1528.08	26993.68	9663.12	64.2000	0.1768	1.6105	1.5826	10.9800	--	6000.00	23.8000	25.1300	134.6200	10派0.50元
600328	兰太实业	2000.12.22	25060.19	7.99	4866.59	8.80	3769.12	17.74	3803.86	98456.81	63434.25	35.5700	0.2200	3.6700	3.6300	5.9400	6000.00	17265.29	16.4700	-1.3200	74.8600	10派1.70元
600330	天通股份	2001.01.18	25184.49	60.13	5386.20	77.53	5019.77	65.45	4884.20	38542.04	15428.08	59.9700	0.4440	1.3660	1.3500	32.5400	--	11298.00	39.2800	41.8100	88.4700	10派1.00元
600332	广州药业	2001.02.06	426533.38	22.07	21993.58	22.21	14623.42	13.66	12652.87	306391.48	137310.45	55.1800	0.2000	1.8700	1.7400	10.6500	7800.00	73290.00	15.0900	2.6500	75.4500	10派0.30元
600333	长春燃气	2000.12.11	27880.83	2.07	5192.33	33.79	4356.36	35.73	3391.16	84214.86	65200.68	22.5800	0.1800	2.7800	2.6400	6.6800	6000.00	23913.60	16.1100	0.3100	89.5000	10派0.50元
600335	中发展	2001.03.05	22615.61	-25.41	2031.00	-30.90	1670.09	-27.48	827.74	54744.22	13364.86	75.5900	0.2045	1.6400	1.5600	9.5700	--	8162.86	19.6100	7.3300	95.8900	10派3.50元
600336	澳柯玛	2000.12.29	53571.85	-24.31	2974.60	-67.51	2824.40	-52.20	123.23	220162.07	117244.40	46.7500	0.0830	3.4400	3.4300	2.4100	9000.00	34103.60	13.5800	-6.9900	163.6100	10派2.00元
600337	美克股份	2000.11.27	23606.32	33.52	4428.64	24.28	3715.60	26.10	3100.98	75494.77	58872.02	22.0200	0.4000	6.3900	6.3600	6.3100	4000.00	9208.00	30.3000	1.3000	75.7500	10派2.00元
600338	珠峰摩托	2000.12.27	101059.44	0.29	3569.03	-40.41	3327.21	-36.37	2270.52	108849.37	59154.77	45.6500	0.2100	3.7360	3.6960	5.6200	5000.00	15833.30	21.6300	18.3900	103.0000	10派0.30元
600339	天利高新	2000.12.25	31176.94	35.14	5291.35	13.47	3608.19	14.81	3520.73	79418.58	60870.89	23.3500	0.2100	3.5800	3.5100	5.9300	6000.00	17000.00	24.8000	7.0800	118.1000	10派1.50元
600345	长江通信	2000.12.22	28936.19	-0.97	10570.86	33.99	9277.63	34.05	8327.22	108406.37	75070.92	30.7500	0.5600	4.5500	4.4700	12.3600	4500.00	16500.00	43.4000	-6.3400	77.5000	10派2.00元
600356	恒丰纸业	2001.04.19	33416.55	12.01	5927.83	22.60	3936.22	20.59	3956.65	66961.48	45796.26	31.6100	0.2800	3.2700	--	8.5900	--	14000.00	26.5000	-8.4900	94.6400	10派1.00元
600358	国旅联合	2000.09.22	15402.30	5.68	2701.00	6.36	1894.37	-6.68	1371.03	62975.15	42697.10	32.2000	0.1353	3.0498	3.0059	4.4400	5000.00	14000.00	17.4200	-9.0800	128.7500	不分配,不转增
600359	新农开发	1999.04.29	68566.47	8.39	10417.87	39.19	8905.95	32.44	8471.89	129641.61	73138.50	43.5800	0.3030	2.4880	1.2580	12.1800	9000.00	29400.00	13.4100	0.0700	44.2600	10派2.50元配3,配股价9-12元
600360	华微电子	2001.03.16	18071.47	13.24	2503.52	22.52	2123.17	22.50	2123.17	38673.37	12786.93	66.9400	0.3100	1.8804	1.8742	16.6000	--	6800.00	25.2000	6.3700	81.2900	不分配,不转增
600363	联创光电	2001.03.29	47410.73	46.17	3675.07	-8.36	1702.93	-16.35	1057.00	70130.45	17914.24	74.4600	0.1625	1.7093	--	9.5100	--	10480.30	25.3500	5.6300	156.0000	10派0.40元
600365	通葡萄酒	2001.01.15	13831.47	9.15	2988.77	19.30	2002.48	9.86	1402.87	67929.70	53215.03	21.6600	0.1430	3.8011	3.7846	3.7600	--	14000.00	14.4400	-0.0700	100.9800	不分配,不转增
600366	宁波韵升	2000.10.30	28750.87	29.61	4918.22	15.93	3604.85	-7.59	2980.20	84545.75	51803.78	38.7300	0.2836	4.0758	3.9903	6.9600	3500.00	12710.00	25.3700	29.9500	89.4600	10派1.50元转5
600367	红星发展	2001.03.20	25230.98	28.05	7400.84	48.94	5110.30	42.91	5496.76	27926.90	12603.31	54.8700	0.7300	1.8000	1.7700	40.5500	--	7000.00	42.9000	13.1600	58.7700	不分配,不转增
600368	五洲交通	2000.12.21	13503.21	1.39	12515.37	3.31	8296.49	-14.94	8073.81	140843.79	98129.07	30.3300	0.1900	2.2200	2.2200	8.4500	8000.00	44200.00	13.0400	7.0600	68.6300	10派1.00元
600369	长运股份	2001.01.09	15554.76	8.86	3963.78	-5.68	2773.86	-8.44	1699.07	83374.62	56257.66	32.5200	0.1610	3.2650	3.2530	4.9300	7000.00	17230.00	19.2900	26.2400	119.8100	10派1.00元
600376	天鸿宝业	2001.03.12	35096.22	122.05	9501.21	109.51	7275.16	107.53	2703.61	53742.01	22071.45	58.9300	1.0700	3.2300	3.2300	32.9600	--	6825.00	34.6000	19.3100	32.3400	不分配,不转增
600377	宁沪高速	2001.01.16	138169.62	21.37	82826.48	20.33	69148.65	14.32	69148.65	1505722.73	1334304.17	11.3800	0.1370	2.6500	2.6500	5.1800	15000.00	503774.75	8.7700	18.1900	64.0100	10派0.90元
600378	天科股份	2001.01.11	13865.31	8.00	2409.78	17.06	2409.78	17.06	2097.48	49325.83	39974.16	18.9600	0.2100	3.4500	3.4400	6.0300	--	11572.39	22.9500	7.2600	109.2900	10派0.80元转3
600382	广东明珠	2001.01.18	34325.65	6.30	3796.38	46.36	2340.75	13.96	2327.35	41045.40	18868.06	54.0300	0.2100	1.4900	1.4600	14.1800	--	11087.33	15.3500	14.0400	73.1000	10派1.38元

代码	名称	上市日期	主营业务收入(万元)	同比(%)	利润总额(万元)	同比(%)	净利润(万元)	同比(%)	扣除非经常性损益后净利润(万元)	总资产(万元)	股东权益(万元)	资产负债率(%)	每股收益(摊薄)(元)	每股净资产(元)	调整后每股净资产(元)	净资产收益率(摊薄)(%)	流通A股(万股)	总股本(万股)	收盘价(元)	今年涨幅(%)	市盈率(倍)	分配预案
600383	金地集团	2001.04.12	57899.77	95.17	9909.24	64.99	8416.30	65.73	8514.12	113250.85	37066.09	67.2700	0.4680	2.0590	1.9290	22.7100	--	18000.00	26.5500	-1.3000	56.7300	---
600386	北京巴士	2001.02.16	53245.99	60.93	8171.89	13.30	7303.04	5.44	7303.04	86269.25	32404.44	62.4400	0.4200	1.8800	1.8200	22.5400	--	17200.00	16.6000	14.3300	39.5200	10派1.00元
600388	龙净环保	2000.12.29	18515.61	26.63	3019.11	87.02	1958.17	44.48	1369.93	84809.82	58518.20	31.0000	0.1170	3.5040	3.4900	3.3500	6500.00	16700.00	21.0900	-7.7000	180.2600	10派0.60元
600389	江山股份	2001.01.10	52257.79	14.84	4601.48	-3.92	3143.93	-15.86	2964.51	72557.67	40354.89	44.3800	0.2100	2.6900	2.6590	7.7900	--	15000.00	22.1100	3.1200	105.2900	10派1.00元
600390	金瑞科技	2001.01.15	22399.17	24.97	3373.16	8.09	3307.74	5.99	3326.14	91258.16	69558.42	23.7800	0.3100	6.5200	6.4700	4.7600	4000.00	10670.00	39.9300	1.9900	128.8100	10派1.00元
600393	东华实业	2000.07.19	24300.38	39.61	7090.17	-5.85	5228.50	8.19	5228.50	71168.95	38451.68	45.9700	0.5230	3.8500	3.6954	13.6000	2763.19	10000.00	33.6000	-1.1800	64.2400	不分配,不转增
600396	金山股份	2001.03.28	9208.11	15.95	2544.32	24.55	1624.59	18.73	--	26934.16	10662.11	60.4100	0.1910	1.2600	--	15.4300	--	8500.00	18.4100	5.8700	96.3900	---
600398	凯诺科技	2000.12.28	26028.47	94.14	5444.63	38.44	3372.45	28.80	3209.46	78348.41	52787.20	32.6300	0.3500	5.4600	5.4600	6.3900	4500.00	9670.08	24.0000	10.1400	68.5700	10派2.00元
600399	抚顺特钢	2000.12.29	162332.58	1.97	12556.47	-18.75	10723.51	8.38	8329.72	275368.58	137926.39	49.9100	0.2100	2.6500	2.6400	7.7700	12000.00	52000.00	8.5300	18.8000	40.6200	10派0.50元
600400	红豆股份	2001.01.08	37882.52	30.05	7258.52	14.81	4861.23	16.34	4861.23	71690.05	53719.81	25.0700	0.2700	2.9900	2.9900	9.0500	5000.00	17952.30	16.5700	-5.8500	61.3700	10派0.50元
600422	昆明制药	2000.12.08	51203.91	12.10	5700.85	59.97	3517.85	59.11	3056.56	79879.60	51194.93	35.9100	0.3600	5.2100	5.0800	6.8700	4000.00	9818.00	28.0000	0.8000	77.7800	10派1.53元
600466	迪康药业	2001.02.12	10534.68	8.08	2820.08	-22.25	2610.57	-9.89	--	20041.12	11683.57	41.7000	0.3373	1.5095	1.4903	22.3440	--	7740.00	20.3200	4.7400	60.2500	不分配,不转增
600500	中化国际	2000.03.01	568275.11	61.75	18407.53	13.38	13060.46	10.91	12863.57	209122.67	144000.31	31.1400	0.3500	3.8600	3.8500	9.0700	12000.00	37265.00	16.3500	-6.5700	46.7100	10派2.50元
600518	康美药业	2001.03.19	35240.15	7.18	3750.50	33.61	2455.27	21.69	2458.86	23122.90	10396.31	55.0400	0.4700	1.9700	1.9100	23.6200	--	5280.00	37.5200	3.0200	79.8300	10派2.00元
600550	天威保变	2001.02.28	61427.50	5.33	5848.32	2.13	4908.32	17.47	4800.00	82786.07	27722.24	66.5100	0.3100	1.7300	1.7300	17.7100	--	16000.00	17.8100	7.6100	57.4500	不分配,不转增
600555	茉织华	1999.01.18	139424.23	101.78	22955.56	98.37	18517.13	69.76	18061.00	181581.39	65308.06	64.0300	0.5200	1.8500	1.8400	23.5000	--	35350.00	22.7800	9.5200	43.8100	10派3.80元
600558	大西洋	2001.02.27	40869.87	9.87	3795.52	5.31	2318.25	10.79	2476.25	39297.76	13306.23	66.1400	0.3090	1.7700	1.7043	17.4200	--	7500.00	18.1000	8.0600	58.5800	不分配,不转增
600600	青岛啤酒	1993.08.27	376625.91	54.01	16120.05	30.25	9520.18	15.19	3580.25	699523.10	223538.73	68.0400	0.1058	2.4800	2.3600	4.2600	10000.00	90000.00	9.8700	-5.4100	93.2900	10派1.00元
600601	方正科技	1990.12.19	269852.73	63.27	15533.70	156.41	12483.14	268.70	12584.10	130875.09	51742.62	60.4600	0.6700	2.7700	2.6700	24.1300	18662.40	18662.40	33.0900	19.6300	49.3900	不分配, 不转增
600602	真空电子	1990.12.19	505564.68	15.58	62528.40	17.23	30087.50	-1.13	30868.59	773991.49	286512.29	62.9800	0.3570	3.4000	3.3300	10.5000	31815.64	84293.43	13.5300	-3.8400	37.9000	10派1.00元
600603	兴业房产	1992.01.13	22596.99	-31.93	562.42	-83.01	403.56	-85.12	403.56	114618.42	37856.88	66.9700	0.0200	1.9400	1.9400	1.0700	19464.19	19464.19	18.2800	9.4600	914.0000	不分配,不转增
600604	二纺机	1992.03.27	46529.56	65.18	840.70	14.13	691.71	2.45	-8769.34	164148.27	86286.14	47.4300	0.0120	1.5230	1.3910	0.8000	7118.19	56644.92	11.2500	0.0000	937.5000	不分配,不转增
600605	轻工机械	1992.03.27	21975.00	-18.96	374.82	-88.54	846.55	-73.50	846.55	61592.53	32127.99	47.8400	0.0400	1.5300	1.4400	2.6300	2400.00	21019.20	20.1700	8.1500	504.2500	不分配, 不转增
600606	金丰投资	1992.03.27	24020.55	71.22	5659.70	17.21	4414.77	5.67	1397.80	109753.06	23118.43	78.9400	0.2680	1.4030	1.0970	19.1000	4170.90	16479.47	17.2800	-16.7600	64.4800	10派1.20元
600607	上实联合	1992.03.27	92143.95	69.58	13520.20	84.55	9708.38	52.83	9216.65	237379.09	136167.68	42.6400	0.4751	6.6637	6.4400	7.1300	8862.13	20434.16	21.4000	4.3900	45.0400	10派1.00元转5
600608	上海科技	1992.03.27	18117.33	2.43	2788.02	84.23	2143.84	64.31	1750.58	46780.70	30450.55	34.9100	0.1417	2.0100	1.9400	7.0400	9320.77	15126.22	16.1700	-3.2900	114.1100	不分配,不转增
600609	一汽金杯	1992.07.24	82499.24	4.96	24959.72	29.17	24985.05	29.75	12871.00	547301.03	256028.57	53.2200	0.2287	2.3432	1.8677	9.7600	36400.00	109266.71	7.4600	10.1900	32.6200	不分配,不转增
600610	ST中纺机	1992.08.05	38668.82	39.66	455.09	102.44	325.47	101.75	-4180.62	83113.03	8815.52	89.3900	0.0100	0.2500	0.0500	3.6900	2574.00	35709.15	13.1500	-0.3800	1315.0000	不分配,不转增
600611	大众交通	1992.08.07	134982.07	32.79	20567.34	7.17	19604.10	4.83	20021.63	392246.87	191328.98	51.2200	0.3500	3.3800	3.2100	10.2500	10947.34	56585.16	15.0000	-2.4700	42.8600	10派0.25元;拟增发6000万股
600612	第一铅笔	1992.08.14	100076.16	11.11	2005.12	-17.41	1220.52	-11.25	896.65	145102.46	46176.67	68.1800	0.0485	1.8340	1.5775	2.6432	2908.79	25177.94	19.2000	17.0700	395.8800	不分配,不转增
600613	永生股份	1992.08.20	5580.77	-46.74	1619.00	135.75	670.46	4.06	-274.36	53013.12	32963.93	37.8200	0.0453	2.2287	2.2074	2.0340	912.55	14790.50	26.2500	19.7500	579.4700	不分配,不转增
600614	胶带股份	1992.08.28	15096.97	-36.03	2418.84	994.86	2057.80	1821.00	-3414.13	59959.69	18003.06	69.9700	0.1790	1.5640	0.5680	11.4300	834.90	11513.34	31.0100	-3.0900	173.2400	不分配,不转增
600615	丰华圆珠	1992.09.10	3506.42	-78.81	209.16	-97.16	205.20	-96.77	504.92	82168.53	61462.22	25.2000	0.0140	4.0860	4.0810	0.3440	4650.05	15041.64	18.9200	-0.9900	1351.4300	10派0.50元
600616	第一食品	1992.09.29	59376.44	28.19	3103.39	46.16	2650.26	47.75	2643.46	51078.65	32221.95	36.9200	0.2100	2.5400	2.1700	8.2300	4565.40	12693.04	16.2400	1.1800	77.3300	10派1.10元
600617	联华合纤	1992.10.13	41430.44	48.89	649.25	2.83	619.22	17.95	626.69	53244.37	28364.15	46.7300	0.0370	1.7000	1.6000	2.1800	900.00	16719.48	24.0500	11.3400	650.0000	10派0.26元
600618	氯碱化工	1992.11.13	294236.79	32.27	7438.98	66.96	5067.46	41.72	4379.70	490245.91	305126.50	37.7600	0.0440	2.6200	2.3000	1.6600	2783.24	116448.31	18.4600	26.4400	419.5500	不分配,不转增
600619	冰箱压缩	1992.11.16	175677.40	33.84	14064.73	142.54	6694.48	482.59	5886.89	267764.44	92074.28	65.6100	0.1760	2.4200	2.3320	7.2700	2028.00	42258.28	17.0600	4.6600	96.9300	不分配,不转增
600620	天宸股份	1992.11.17	27464.88	61.04	4132.02	0.80	3165.42	-14.59	2514.17	99800.70	37700.56	62.2200	0.1190	1.4130	1.1900	8.4000	8046.55	26677.43	13.8200	0.5100	116.1300	10派0.50元
600621	上海金陵	1992.12.01	86966.64	54.53	22183.86	90.83	20201.80	85.86	11627.02	182018.01	96677.58	46.8900	0.5011	2.4000	2.2600	20.9000	16150.41	40314.03	17.9000	4.9900	35.7200	10送3配3,配股价7-9元
600622	嘉宝实业	1992.12.03	22843.52	4.04	-9114.24	-5275.40	-8905.22	-11752.00	-9177.21	107916.23	65414.21	39.3800	-0.2670	1.9600	1.9370	-13.6100	11519.91	33368.83	11.4700	-9.8300	0.0000	不分配,不转增

代码	名称	上市日期	主营业务收入(万元)	同比(%)	利润总额(万元)	同比(%)	净利润(万元)	同比(%)	扣除非经常性损益后净利润(万元)	总资产(万元)	股东权益(万元)	资产负债率(%)	每股收益(摊薄)(元)	每股净资产(元)	调整后每股净资产(元)	净资产收益率(摊薄)(%)	流通A股(万股)	总股本(万股)	收盘价(元)	今年涨幅(%)	市盈率(倍)	分配预案
600623	轮胎橡胶	1992.12.04	370434.83	-8.04	-43612.97	-2339.90	-43074.29	-3348.40	-54204.29	671668.47	151649.75	77.4200	-0.4840	1.7000	1.4500	-28.4000	2288.00	88946.77	15.9800	-7.6300	0.0000	不分配,不转增
600624	复华实业	1993.01.05	25251.51	12.92	2714.03	54.95	2841.63	50.85	2213.75	95321.82	50630.41	46.8800	0.1079	1.9216	1.6927	5.6100	16172.19	26347.71	15.8800	-0.2500	147.1700	10派0.50元
600625	PT水仙	1993.01.06	11044.18	-36.81	-14456.30	27.19	-14570.67	26.81	-15129.64	42315.10	-5995.93	114.1700	-0.6200	-0.2500	-0.8600	243.0100	1754.93	23640.10	4.8000	-38.4600	0.0000	不分配,不转增
600626	申达股份	1993.01.07	280582.66	16.83	15226.41	12.03	12336.62	18.15	12577.71	224951.29	89131.50	60.3800	0.4060	2.9300	2.8500	13.8400	11037.84	30402.12	10.7200	1.5300	26.4000	10派1.00元
600627	电器股份	1993.01.08	236501.33	41.97	12180.12	224.44	10618.24	240.52	5688.74	436796.71	89575.64	79.4900	0.2050	1.7300	1.2500	11.8500	5100.00	51796.54	13.8500	-1.6300	67.5600	10派0.30元
600628	新世界	1993.01.19	199867.04	4.38	8867.90	26.57	7573.10	27.80	6054.18	204749.15	75765.54	63.0000	0.3420	3.4200	3.3700	10.0000	9678.57	22146.07	13.1000	0.9200	38.3000	10送2派1.00元
600629	ST棱光	1993.02.09	2840.54	-10.38	-4000.95	-6.15	-3999.12	-6.70	-3952.23	54284.17	12200.33	77.5300	-0.2640	0.8100	0.2900	-32.7800	5776.05	15137.76	9.3700	2.0700	0.0000	不分配,不转增
600630	龙头股份	1993.02.09	194865.88	8.19	18060.83	30.49	15178.87	27.60	15117.21	397226.51	129051.27	67.5100	0.4050	3.4400	2.9160	11.7620	14700.00	37520.22	12.5700	-2.9700	31.0400	10派1.20元
600631	第一百货	1993.02.19	426991.89	-12.84	7818.85	-38.03	5866.51	-50.81	5866.51	458524.80	175773.29	61.6700	0.1100	3.3200	2.6200	3.3400	17119.16	52985.94	10.8400	-0.9100	98.5500	10转1
600632	华联商厦	1993.02.19	361956.24	-2.34	13579.66	21.97	11481.26	21.09	5475.98	223629.32	106644.72	52.3100	0.3000	2.7700	2.6000	10.7700	9574.39	38460.20	12.0800	-3.0700	40.2700	10派1.00元
600633	PT双鹿	1993.03.04	--	0.00	-17731.19	-284.77	-17731.19	-284.77	-8373.23	55760.32	-16010.44	128.7100	-1.1660	-1.0530	-1.1680	--	1320.00	15205.08	5.3100	-35.2400	0.0000	不分配,不转增
600634	海鸟电子	1993.02.04	18135.01	-29.75	474.28	-36.24	418.56	-34.70	418.56	27646.01	18453.29	33.2500	0.0500	2.1200	2.1100	2.2700	3980.97	8720.73	18.9000	-0.7400	378.0000	不分配, 不转增
600635	大众科创	1993.03.04	23117.46	-30.95	14807.54	20.07	12816.72	4.17	9530.17	178980.82	116106.34	35.1300	0.2692	2.4400	2.3700	11.0400	25729.92	47618.17	13.5100	-7.9700	50.1900	10派2.00元;拟增发7000万股
600636	三爱富	1993.03.16	48858.61	20.91	5871.33	72.64	4176.88	78.08	4209.72	49007.68	25223.09	48.5300	0.3599	2.1700	2.1400	16.5600	4492.80	11606.40	17.8300	0.9100	49.5400	10派1.00元
600637	广电股份	1993.03.16	270361.01	21.59	20018.81	69.91	17378.36	47.24	18214.00	468414.47	123665.54	73.6000	0.2824	2.0099	1.7420	14.0500	5527.74	61528.41	20.0800	1.8600	71.1000	10派1.00元
600638	新黄浦	1993.03.26	48067.60	14.77	13811.44	9.68	12295.19	28.78	11629.38	298627.95	167795.90	43.8100	0.2372	3.2374	3.2176	7.3300	13088.62	51830.73	17.4400	8.0500	73.5200	不分配,不转增
600639	浦东金桥	1993.03.26	56982.27	-9.24	8548.24	37.96	7025.04	48.22	6921.99	274091.48	169593.05	38.1300	0.1010	2.4300	2.2800	4.1400	11715.00	69784.00	14.3000	5.7700	141.5800	不分配,不转增;拟增发10000万股
600640	联通国脉	1993.04.07	38576.48	-23.15	7213.66	-51.37	6172.58	-50.01	6388.69	136009.39	120964.02	11.0600	0.1700	3.3200	3.1100	5.1000	5533.56	36488.27	23.5600	-5.5000	138.5900	10派1.00元
600641	中远发展	1993.04.07	29249.14	-45.11	32539.85	26.28	28140.38	27.45	18017.08	241074.64	100822.12	58.1800	0.7650	2.7400	2.7300	27.9100	9906.62	36786.60	19.2000	-12.6900	25.1000	10派2.00元
600642	申能股份	1993.04.16	142397.19	24.39	141906.51	124.68	152304.03	83.60	86556.52	991534.58	478645.51	51.7300	0.9330	2.9300	2.8620	31.8200	25099.20	163308.78	17.5900	-10.9400	18.8500	10派4.50元;拟增发18000万股
600643	爱建股份	1993.04.26	56475.13	-13.93	13988.60	7.21	13548.23	8.68	13745.99	261108.10	204664.92	21.6200	0.2940	4.4400	4.2700	6.6200	30835.27	46068.80	13.1000	1.7100	44.5600	10派1.50元
600644	乐山电力	1993.04.26	28469.13	7.11	4860.01	17.17	3713.09	27.52	3288.24	110330.24	47712.67	56.7500	0.1500	1.9100	1.6900	7.7800	12876.16	24933.65	12.7700	-4.9100	85.1300	不分配,不转增
600645	望春花	1993.05.04	20093.66	100.52	5519.66	109.11	4739.91	138.25	3590.57	67835.60	41813.92	38.3600	0.3030	2.6760	2.4860	11.3300	6134.71	15626.75	23.9000	7.4200	78.8800	10派0.10元转6
600647	ST粤海发	1993.05.04	2748.92	11.82	-791.74	-360.11	-790.98	-359.79	-744.54	16677.38	1041.63	93.7500	-0.1478	0.1946	0.0945	-75.9400	2100.00	5351.68	18.4500	-3.9100	0.0000	不分配,不转增
600648	外高桥	1993.05.04	9249.24	-21.74	330.78	-89.93	2377.81	-22.03	-129.53	279740.53	141259.25	49.5000	0.0351	2.0855	2.0695	1.6800	4950.00	67732.50	20.7000	-14.6400	589.7400	10送1
600649	原水股份	1993.05.18	80861.95	-11.49	47928.98	-5.52	40649.47	-6.62	40475.04	705140.44	449873.16	36.2000	0.2200	2.3900	2.3800	9.0400	56085.15	188439.50	9.1500	6.2700	41.5900	10派1.60元
600650	新锦江	1993.06.07	21760.25	17.39	812.54	351.22	567.77	3713.80	567.77	187772.09	151389.42	19.3800	0.0110	3.0200	2.7800	0.3800	3801.60	50146.37	14.5400	2.7600	1321.8200	不分配,不转增
600651	飞乐音响	1990.12.19	27571.57	30.96	9516.24	327.77	7980.29	339.29	4840.13	82097.23	24600.61	70.0300	0.5410	1.6700	1.5900	32.4400	14763.84	14763.84	35.5000	1.6000	65.6200	10送3
600652	爱使股份	1990.12.19	31735.62	15.01	7677.79	249.06	6722.31	164.52	5679.74	101506.23	58961.26	41.9100	0.2244	1.9700	1.9400	11.4000	29962.48	29962.48	13.5000	15.5800	60.1600	10派0.70元
600653	华晨集团	1990.12.19	551141.75	126.64	37816.81	73.27	22593.81	20.31	13102.49	353130.16	103357.23	70.7300	0.4120	1.8900	1.7700	21.8600	54777.06	54777.06	11.0500	8.4000	26.8200	10派1.00元
600654	飞乐股份	1990.12.19	55228.85	3.68	10717.85	1.13	7666.68	2.16	4609.49	164974.39	70559.81	57.2300	0.2000	1.8800	1.5500	10.8700	27751.45	37477.31	12.2500	-1.9400	61.2500	不分配,不转增
600655	豫园商城	1991.01.03	361640.60	1.29	12751.02	6.03	10442.22	8.82	9802.95	343928.52	169222.65	50.8000	0.2200	3.6400	3.3400	6.1700	10377.92	46533.35	11.1800	-5.7300	50.8200	10派1.00元
600656	华源制药	1990.12.19	26444.57	-20.14	1917.09	41.30	1380.18	47.45	1200.74	40515.88	14150.51	65.0700	0.1480	1.5180	1.2600	9.7500	5096.00	9321.84	14.8000	-8.6400	100.0000	不分配,不转增
600657	青鸟天桥	1993.05.24	48921.03	79.08	9593.84	105.75	6895.79	44.61	7002.13	265045.37	74318.66	71.9600	0.5006	5.3951	5.1229	9.2800	7922.77	13775.22	27.0000	-13.2900	53.9400	10派1.00元
600658	兆维科技	1993.05.24	16784.62	42.34	720.68	110.82	552.81	108.09	-1020.03	55393.67	18856.07	65.9600	0.0331	1.1290	1.1040	2.9300	9507.00	16702.31	18.1300	5.3500	547.7300	不分配,不转增
600659	福建福联	1993.05.28	34631.60	61.66	4762.75	40.07	2501.47	-16.20	2484.46	128535.89	24205.36	81.1700	0.2000	1.9500	1.7300	10.3300	3183.58	12387.27	25.1700	0.6800	125.8500	10送3.4派0.85元转0.6;增发4000万股
600660	福耀玻璃	1993.06.10	75499.92	24.03	15389.00	104.17	15003.42	112.59	15514.68	138243.04	48351.41	65.0200	0.5900	1.9000	1.7900	31.0300	8135.58	25472.55	14.1200	0.2700	23.9300	10送3.7派2.70元转2.3
600661	交大南洋	1993.06.14	41550.81	192.62	4600.53	43.06	3017.72	21.56	2994.90	51436.03	28457.08	44.6700	0.2100	1.9700	1.9100	10.6000	2545.54	14473.07	25.1000	-16.2800	119.5200	10派1.50元
600662	上海强生	1993.06.14	60668.13	17.99	10574.54	3.60	9231.10	2.92	8467.25	138396.54	85255.14	38.4000	0.3300	3.0300	2.9200	10.8300	15033.60	28094.04	17.0800	3.9600	51.7600	10送1派1.00元
600663	陆家嘴	1993.06.28	66331.75	3.35	42052.13	880.87	35001.25	1501.80	29024.92	738460.17	430798.03	41.6600	0.1870	2.3100	2.3000	8.1200	16052.40	186768.40	15.6900	2.1500	83.9000	10派1.00元

代码	名称	上市日期	主营业务收入(万元)	同比(%)	利润总额(万元)	同比(%)	净利润(万元)	同比(%)	扣除非经常性损益后净利润(万元)	总资产(万元)	股东权益(万元)	资产负债率(%)	每股收益(摊薄)(元)	每股净资产(元)	调整后每股净资产(元)	净资产收益率(摊薄)(%)	流通A股(万股)	总股本(万股)	收盘价(元)	今年涨幅(%)	市盈率(倍)	分配预案
600664	哈药集团	1993.06.29	644445.84	43.63	34573.74	59.87	22806.34	64.43	22139.18	444940.01	161416.17	63.7200	0.5100	3.5800	3.4800	14.1300	26637.07	45086.04	13.1500	−4.7100	25.7800	10派1.50元配3,配股价11－12.5元
600665	沪昌特钢	1993.07.09	75243.15	−32.89	1637.44	9.47	1281.57	15.77	1262.87	158707.02	133704.26	15.7500	0.0178	1.8600	1.8400	0.9590	11025.00	72010.21	8.7000	−4.9200	488.7600	不分配,不转增
600666	西南药业	1993.07.12	29366.04	2.78	2261.87	6.61	2024.91	14.92	2091.63	40834.94	24851.91	39.1400	0.1400	1.6700	1.5300	8.1500	6319.38	14879.30	14.1900	0.0000	101.3600	不分配,不转增
600667	太极实业	1993.07.28	62397.52	2.06	−3865.03	−248.20	−4105.37	−312.62	−4125.66	209611.43	89455.77	57.3200	−0.1110	2.4300	2.2800	−4.5900	18964.00	36881.74	8.8800	13.9900	0.0000	不分配,不转增
600668	尖峰集团	1993.07.28	94239.02	45.67	4314.60	49.92	3886.21	13.63	3772.03	158675.68	51720.79	67.4000	0.1300	1.7200	1.5900	7.5100	14483.80	30045.91	10.0800	−4.0000	77.5400	不分配,不转增;拟发行7000万元债券
600669	鞍山合成	1993.08.06	18278.99	35.79	2252.79	−58.36	2244.70	−27.31	−84.07	99276.33	32877.12	66.8800	0.0970	1.4200	1.2000	6.8300	14864.85	23217.08	12.2700	0.6600	126.4900	拟10配3,配股价7－10元
600671	天目药业	1993.08.23	9417.55	−31.66	520.61	−70.42	248.50	−82.07	277.81	40588.11	22663.28	44.1600	0.0100	2.0000	1.9000	1.1000	6341.54	12177.86	14.2100	−5.5800	1421.0000	10派0.20元
600672	英豪科教	1993.09.17	63538.86	−8.65	13371.06	−51.05	11624.66	−52.03	10977.94	120710.19	61673.73	48.9100	0.2600	1.4000	1.3900	18.8500	25600.00	44097.70	10.2300	−7.0000	39.3500	10派0.60元配3,配股价6－9元
600673	成量股份	1993.09.17	11374.94	22.07	172.16	185.94	125.56	159.31	125.56	33907.71	12841.01	62.1300	0.0100	1.1600	1.0300	0.9800	4554.00	11079.44	13.4900	−5.2700	1349.0000	不分配,不转增
600674	川投控股	1993.09.24	59589.80	96.67	16035.05	257.97	12315.29	265.65	9234.98	95661.58	52221.01	45.4100	0.5100	2.1600	2.1000	23.5800	9671.29	24138.03	12.0700	−5.8000	23.6700	10送3派0.75元转3配3,配价11－17元
600675	中华企业	1993.09.24	58876.46	75.29	15742.85	12.48	10810.17	−10.35	1336.05	357834.98	121130.30	66.1500	0.1900	2.0800	2.0000	8.9200	26546.68	58121.26	10.7200	2.2900	56.4200	10派1.00元
600676	交运股份	1993.09.28	26173.67	22.53	6811.04	37.95	5543.33	36.30	5479.32	125186.29	90917.02	27.3700	0.3281	5.3810	5.3310	6.1000	7340.00	16896.19	14.4000	−8.2800	43.8900	10派2.00元
600677	浙江中汇	1993.09.28	157064.85	13.00	12766.80	50.74	9208.15	41.54	6877.56	156883.43	52619.63	66.4600	0.2823	1.6130	1.4300	17.5000	17074.57	32617.24	16.0000	−7.9900	56.6800	10派0.80元
600678	四川金顶	1993.10.08	21289.37	−8.62	2024.26	30.11	1738.08	112.47	1835.26	73638.55	42886.12	41.7600	0.0750	1.8400	1.5110	4.0500	9600.00	23266.00	9.7300	2.3100	129.7300	不分配,不转增
600679	凤凰股份	1993.10.08	68995.09	3.04	2859.55	395.67	2558.89	370.41	−1719.72	175317.71	92566.13	47.2000	0.0551	1.9936	1.9366	2.7644	2640.00	46432.28	29.6800	48.7700	538.6600	不分配,不转增
600680	上海邮通	1993.10.18	55554.04	7.81	2986.58	85.59	2767.30	128.09	2706.01	117745.62	54076.98	54.0700	0.0910	1.7730	1.6500	5.1200	2704.00	30492.53	20.6000	−18.6700	226.3700	10派0.30元;拟增发6000万股
600681	诚成文化	1993.10.18	23803.62	51.05	5372.07	609.30	3097.42	784.09	2935.66	67067.38	35987.63	46.3400	0.1500	1.7300	1.6600	8.6100	10852.38	20806.80	13.0300	6.7200	86.8700	10派0.40元
600682	南京新百	1993.10.18	134740.28	5.67	8746.77	30.41	7182.59	31.16	7182.59	140989.41	85210.68	39.5600	0.3100	3.7000	3.5100	8.4300	15288.00	23020.82	10.5300	5.3000	33.9700	10派1.50元
600683	宁波华联	1993.10.25	66053.57	−9.90	651.10	102.29	683.96	102.44	−1621.24	88418.13	23300.07	73.6500	0.0300	1.1700	1.1200	2.9400	8989.04	19925.37	10.8500	1.3100	361.6700	不分配,不转增
600684	珠江实业	1993.10.28	10330.74	1436.20	−10145.24	−499.26	−10203.58	−602.86	−2339.67	106004.65	57540.43	45.7200	−0.5500	3.0800	2.1100	−17.7300	10003.50	18703.94	9.8600	−3.2400	0.0000	不分配,不转增
600685	广船国际	1993.10.28	222226.99	−2.59	−71565.13	−3798.50	−72586.96	−66030.00	−353.70	241838.05	62882.46	74.0000	−1.4674	1.2700	1.1200	−115.4300	12647.95	49467.76	7.1500	−8.2200	0.0000	不分配,不转增
600686	厦门汽车	1993.11.08	86314.19	57.59	6265.28	13.97	3674.83	15.74	3325.67	89586.87	31051.67	65.3400	0.2400	2.0500	1.9800	11.8300	5760.00	15151.76	13.2000	10.2800	55.0000	10派2.00元
600687	新宇软件	1993.11.08	8325.84	1875.80	2931.61	125.82	2537.16	135.26	2720.03	37894.20	18240.87	51.8600	0.4000	2.8800	2.8800	13.9100	2434.60	6342.91	24.5000	40.8100	61.2500	10送6派1.50元转1.3422
600688	上海石化	1993.11.08	2046758.30	42.27	108064.50	23.33	90393.20	22.51	90393.20	2209965.70	1381703.80	37.4800	0.1260	1.9200	1.8500	6.5400	72000.00	720000.00	5.0500	5.8700	40.0800	10派0.60元
600689	上海三毛	1993.11.08	66398.46	122.55	8362.41	91.26	6521.28	60.39	494.40	103091.02	53488.91	48.1100	0.3893	3.1935	3.0900	12.1920	5712.00	16749.28	16.3500	4.1400	42.0000	10送2派0.60元
600690	青岛海尔	1993.10.19	482837.80	21.49	50227.80	23.89	42408.99	36.52	42261.03	403509.27	289070.16	28.3600	0.7500	5.1200	5.1200	14.6700	27491.42	56470.69	20.0000	−3.0800	26.6700	10送2.35派2.35元
600691	东新电碳	1993.11.19	6090.29	−1.70	−1156.08	−351.26	−1154.91	−351.65	−1154.91	24449.09	10088.04	58.7400	−0.1490	1.3050	0.7850	−11.4500	3321.60	7727.45	15.0500	−9.6100	0.0000	不分配,不转增
600692	亚通股份	1993.11.19	16978.66	11.32	2885.65	23.30	2563.18	31.56	1965.28	53685.01	33905.36	36.8400	0.2030	2.6800	2.6300	7.5600	5292.00	12639.92	16.4100	1.8600	80.8400	不分配,不转增
600693	东百集团	1993.11.22	58559.81	9.03	882.04	−37.65	748.43	−37.34	279.00	78187.99	38255.96	51.0700	0.0570	2.8980	2.0700	1.9560	7230.10	13200.87	14.7000	13.1600	257.8900	10派1.00元
600694	大商股份	1993.11.22	135785.77	9.70	10118.37	40.97	8409.36	54.68	8127.24	129890.04	81265.73	37.4300	0.3700	3.5900	3.4600	10.3500	12013.18	22615.98	10.2100	−1.6400	27.5900	10派2.20元配3,配股价7－10元
600695	大江股份	1993.11.22	166082.64	−8.15	2855.20	8.46	792.52	14.79	−1203.42	216287.00	97170.28	55.0700	0.0120	1.4370	1.3900	0.8200	2574.00	67630.57	15.5000	2.7900	1291.6700	不分配,不转增
600696	福建豪盛	1993.12.06	6163.82	−39.03	791.76	108.24	791.76	108.24	−4773.72	72011.34	38224.61	46.9200	0.0302	1.4600	1.4600	2.0700	8965.21	26197.35	12.2100	27.4500	404.3000	不分配,不转增
600697	欧亚集团	1993.12.06	60478.45	21.17	4851.21	4.10	4415.02	31.99	3496.81	67564.27	43638.21	35.4100	0.3600	3.5600	3.4900	10.1200	5952.63	12273.72	14.1200	−0.9100	39.2200	10派2.00元
600698	济南轻骑	1993.12.06	53411.62	−40.76	−27243.03	−859.17	−27243.30	−1481.15	−26605.30	414681.71	271595.47	34.5100	−0.2800	2.7900	2.7900	−10.0300	30671.00	97181.74	5.9800	−8.2800	0.0000	不分配,不转增
600699	辽源得亨	1993.12.06	22762.45	49.97	5782.71	105.32	4658.84	102.73	4158.84	56658.98	28746.37	49.2600	0.2930	1.7700	1.5900	16.5500	7198.96	15891.55	11.7000	0.3200	39.9300	10派0.375元
600700	数码测绘	1996.04.30	58697.79	−2.61	6044.45	3.27	5618.59	21.27	5651.34	105752.78	40214.32	61.9700	0.3900	2.7600	2.6700	13.9700	6167.59	14544.90	32.8000	9.3700	84.1000	10送2派0.50元转8
600701	工大高新	1996.05.28	55936.50	52.42	7640.03	5.05	6250.12	6.40	5770.87	158578.01	77192.72	51.3200	0.1930	2.3800	2.3400	8.1000	17469.10	32409.10	12.5500	−7.1100	65.0300	10派1.00元
600702	沱牌股份	1996.05.24	94090.85	11.20	12802.52	3.23	10649.11	4.79	9731.95	205912.72	165637.96	19.5600	0.3160	4.9100	4.9000	6.4300	14861.86	33730.00	13.2900	−13.7000	42.0600	不分配,不转增
600703	ST天颐	1996.05.28	7174.66	−36.93	−2481.58	78.94	−2472.78	78.96	−2372.78	30735.53	10177.42	66.8900	−0.2070	0.8500	0.6700	−24.3000	5793.20	11951.65	13.2300	22.9600	0.0000	不分配,不转增
600704	中大股份	1996.06.06	652168.37	57.79	19300.29	21.60	7208.00	−22.65	6437.06	278493.98	104045.31	62.6400	0.2500	3.6100	3.4800	6.9300	11115.00	28826.90	13.2900	−0.4500	53.1600	10派2.00元

代码	名称	上市日期	主营业务收入(万元)	同比(%)	利润总额(万元)	同比(%)	净利润(万元)	同比(%)	扣除非经常性损益后净利润(万元)	总资产(万元)	股东权益(万元)	资产负债率(%)	每股收益(摊薄)(元)	每股净资产(元)	调整后每股净资产(元)	净资产收益率(摊薄)(%)	流通A股(万股)	总股本(万股)	收盘价(元)	今年涨幅(%)	市盈率(倍)	分配预案
600705	北亚集团	1996.05.16	31400.25	-3.49	11138.26	12.99	10083.45	21.82	9587.73	147300.34	80414.98	45.4100	0.2000	1.6000	1.5500	12.4600	20891.52	50313.74	13.3800	0.6000	66.9000	不分 配,不转增
600706	长安信息	1996.05.16	37710.85	110.26	1597.36	115.83	1094.16	110.86	1094.16	72475.83	11973.15	83.4800	0.1250	1.3700	1.2300	9.1400	2291.89	8733.34	20.7000	6.8700	165.6000	不分配,不转增
600707	彩虹股份	1996.05.20	190563.06	86.74	13489.97	-29.63	11514.31	-29.57	11514.31	224549.62	154874.93	31.0300	0.2730	3.6770	3.6750	7.4300	14364.48	42114.88	11.6700	-12.5800	42.7500	10派1.20元
600708	东海股份	1996.06.06	18055.63	12.22	1172.22	119.76	552.19	109.05	436.65	134127.57	25514.33	80.9800	0.0232	1.0723	1.0354	2.1600	8659.20	23793.48	13.8000	9.2600	594.8300	不分配,不转增
600709	蓝田股份	1996.06.18	184090.96	-0.57	50155.48	-18.42	43162.86	-15.87	43162.86	283765.19	217841.81	23.2300	0.9700	4.8800	4.4600	19.8100	19975.04	44603.92	16.9300	-0.2400	17.4500	10派2.00元配3,配股价12.5-15.5元
600710	常林股份	1996.07.01	40295.36	3.78	1033.12	29.14	983.25	58.34	420.31	78677.78	46017.06	41.5100	0.0600	2.7900	2.7100	2.1400	7440.00	16500.00	15.3400	-4.6000	255.6700	不分配,不转增
600711	雄震集团	1996.05.31	3240.01	72.23	428.44	91.92	58.83	-71.20	-462.99	14714.35	6408.40	56.4500	0.0090	1.0600	0.8700	0.9200	1512.00	6036.00	22.7500	0.0000	2527.7800	不分配,不 转增
600712	南宁百货	1996.06.26	46788.67	20.05	--	-100.00	1793.78	2.99	1793.15	62799.04	27596.71	56.0600	0.1980	3.0500	2.4500	6.5000	3954.00	9042.00	16.9000	-0.7100	85.3500	10派0.60元
600713	南京医药	1996.07.01	132987.64	13.37	6609.88	-26.01	4852.67	-34.45	4720.17	122923.83	45651.30	62.8600	0.2500	2.3500	2.3200	10.6300	5208.84	19426.07	14.4500	-1.5000	57.8000	10派1.60元
600714	山川股份	1996.06.06	15693.47	9.93	2384.66	10.83	2081.97	11.22	2090.76	33257.26	19801.81	40.4600	0.1931	1.8367	1.7859	10.5100	2500.00	9375.00	20.1800	-3.3500	104.5100	10送1.5派0.50元
600715	ST松辽	1996.07.01	1038.45	441.10	3107.70	49.87	3107.70	49.87	219.72	65289.24	23827.71	63.5000	0.2200	1.7000	1.5600	13.0300	6336.00	14016.00	12.5500	18.8200	57.0500	10转6
600716	耀华玻璃	1996.07.02	31502.95	5.13	4011.37	100.23	3245.78	97.24	3245.78	86051.00	53093.07	38.3000	0.1000	1.6400	1.5100	6.1100	8100.00	32400.00	9.6200	-5.5000	96.2000	10派1.00元;拟增发5000万股
600717	天津港	1996.06.14	65616.90	31.81	23166.36	61.32	19164.32	62.21	19164.32	219120.20	148263.96	32.3400	0.5200	4.0400	3.9800	12.9300	11956.74	36658.54	11.4000	44.7000	21.9200	10派1.00元转8
600718	东大阿派	1996.06.18	110899.94	50.93	19506.53	36.00	16289.34	29.67	16335.16	198102.13	116341.56	41.2700	0.5800	4.1300	4.0200	14.0000	10999.24	28145.17	31.7000	-11.4800	54.6600	10派5.00元;拟增发3500万股
600719	大连热电	1996.07.16	32045.04	16.23	7185.38	45.18	6114.70	45.34	6094.37	119962.03	63708.87	46.8900	0.3000	3.1500	3.1000	9.6000	7605.00	20229.98	14.2800	8.7600	47.6000	10派1.00元
600720	祁连山	1996.07.16	27429.30	12.64	6666.48	29.42	5489.42	32.24	4989.42	80848.55	52610.68	34.9300	0.2530	2.4300	2.2700	10.4300	9689.68	21684.64	8.6900	0.7500	34.3500	10转6
600721	ST百花村	1996.06.26	9262.17	-13.48	-9069.11	-110.23	-8719.41	-118.89	-6803.32	34692.25	12688.04	63.4300	-0.9200	1.3400	1.2700	-68.7400	4650.00	9480.08	11.8300	-15.5000	0.0000	不分配,不转增
600722	沧州化工	1996.06.26	135763.58	102.43	12295.76	-24.33	10416.83	-24.58	10539.90	267952.24	101890.89	61.9700	0.2470	2.4200	2.3700	10.2200	11500.00	42142.00	11.7700	-5.2300	47.6500	10派0.75元
600723	西单商场	1996.07.16	173793.92	6.27	7468.65	-18.55	6294.04	-15.47	6294.04	155411.21	91378.11	41.2000	0.1700	2.5100	2.4300	6.8900	14301.49	36406.36	9.8400	4.9000	57.8800	10派1.00元
600724	宁波富达	1996.07.16	46879.07	39.13	5259.15	64.13	4328.57	60.18	4118.36	54795.88	29948.59	45.3500	0.2100	1.4600	1.3900	14.4500	5802.53	20504.45	21.6500	14.5500	103.1000	不分配,不转增
600725	云维股份	1996.07.02	15401.96	6.72	2304.11	581.44	2111.66	547.63	2101.32	38046.57	34261.44	9.9500	0.1920	3.1100	3.0000	6.1600	3748.48	11000.00	15.7000	10.5600	81.7700	不分配,不转增
600726	龙电股份	1996.04.22	80749.87	4.11	24396.32	21.67	22470.01	22.03	21128.76	330576.27	274919.01	16.8400	0.3200	3.9200	3.9100	8.1700	6000.00	70079.06	9.9900	-2.3400	31.2200	10派1.20元转6
600727	鲁北化工	1996.07.02	83862.58	-12.25	22899.27	-32.26	19605.68	-28.66	19605.68	308992.82	209536.57	32.1900	0.5200	5.5200	5.5200	9.4000	15210.00	37930.00	16.5600	-6.4900	31.8500	10派1.00元
600728	新太科技	1996.07.16	72529.19	18.66	7375.05	51.34	6345.32	34.26	6118.53	117027.51	81101.33	30.7000	0.3050	3.8960	3.8900	7.8240	8112.00	20818.02	19.8000	-11.4100	64.9200	10派1.00元
600729	重庆百货	1996.07.02	204351.47	18.07	8347.17	3.17	7087.80	-2.79	7037.46	102272.20	38951.23	61.9100	0.3474	1.9100	1.6700	18.2000	5100.00	20400.00	17.2700	4.7300	49.7100	10派2.70元
600730	中国高科	1996.07.26	86561.32	148.85	3789.13	557.32	2939.45	609.99	2829.42	157907.69	32401.79	79.4800	0.1700	1.8600	1.8300	9.0700	5460.00	17460.00	18.3300	-0.3800	107.8200	不分配,不转增
600731	湖南海利	1996.08.02	33316.44	11.00	4144.46	20.60	3610.27	36.88	3464.76	91745.15	45261.46	50.6700	0.1540	1.9300	1.8900	7.9800	7464.31	23392.12	11.5300	-6.2600	74.8700	10派0.50元
600732	上海港机	1996.08.16	49504.42	-9.67	2486.26	6.68	2014.47	91.21	1113.79	119664.99	40718.36	65.9700	0.0810	1.6400	1.5500	4.9500	8294.00	24799.06	17.1600	-8.7200	211.8500	不分配,不转增
600733	前锋股份	1996.08.16	13691.06	-11.08	3302.80	141.62	2490.49	82.19	1969.57	44587.20	27824.19	37.6000	0.1260	1.4080	1.4060	8.9500	7560.00	19758.60	25.4000	-11.3400	201.5900	不分配, 不转增
600735	兰陵陈香	1996.07.26	22489.10	-0.97	2317.83	-21.29	2044.49	-2.45	1937.11	42505.70	31167.93	26.6700	0.1720	2.6170	2.5890	6.6000	6420.12	11908.69	23.7800	50.7000	138.2600	10送1转增2
600736	苏州高新	1996.08.15	46074.15	-14.08	14403.68	-23.18	10808.22	-27.55	10362.55	246520.79	96099.20	61.0200	0.2600	2.2700	2.2500	11.2500	11610.00	42264.00	13.0700	-9.5900	50.2700	10派1.50元
600737	新疆屯河	1996.07.31	45407.55	45.65	10508.29	4.81	9185.79	3.50	8491.55	191091.78	83629.59	56.2400	0.2400	2.1800	2.1600	10.9800	16949.40	38362.11	20.2800	-0.5900	84.5000	不分配,不转增
600738	兰州民百	1996.08.02	61279.19	4.39	6149.22	137.65	5215.33	144.93	249.72	106601.29	37180.33	65.1200	0.4450	3.1700	3.1400	14.0300	6562.80	11719.86	11.8800	15.2700	26.7000	10送3派1.00元转7
600739	辽宁成大	1996.08.19	122483.28	-7.23	18450.09	12.22	17389.79	19.31	17053.84	127692.98	71433.98	44.0600	0.7000	2.8800	2.7400	24.3400	9781.20	24757.20	21.9100	-8.1300	31.3000	10派2.00元配3,配股价18-21元
600740	山西焦化	1996.08.08	32564.67	22.75	7125.89	69.95	4771.42	33.13	4975.48	161410.19	63358.58	60.7500	0.2352	3.1200	2.9700	7.5300	8450.00	20285.00	14.3000	-1.1100	60.8000	10派1.00元
600741	巴士股份	1996.08.26	220560.92	32.74	21786.61	20.85	16206.97	17.29	16584.84	407844.47	132349.86	67.5500	0.3100	2.5500	2.4100	12.2500	24000.00	51865.40	9.4200	4.3200	30.3900	10派1.90元
600742	一汽四环	1996.08.26	83703.23	6.19	11224.32	-27.64	10994.64	2.60	10592.39	124779.75	96716.40	22.4900	0.5200	4.5700	4.3300	11.3700	10319.40	21152.34	15.7400	-5.4700	30.2700	10派1.50元
600743	ST幸福	1996.09.09	29557.79	103.99	-30601.33	-364.53	-30601.33	-364.53	-2699.46	28627.97	14913.24	47.9100	-0.9783	0.4768	0.4695	-205.2000	7820.00	31280.00	10.5500	3.6300	0.0000	不分配, 不转增
600744	华银电力	1996.09.05	106771.30	11.20	21224.42	-9.21	17749.06	-10.33	16312.26	457683.73	259563.20	43.2900	0.2751	4.0230	3.9980	6.8400	22176.00	64512.00	11.2600	4.2600	40.9300	10派1.00元配3,配股价7-10元
600745	ST康赛	1996.08.28	8172.12	43.40	-10626.39	-24.23	-9137.87	-19.00	-5918.03	40055.45	9798.81	75.5400	-0.7500	0.8000	0.1600	-93.2500	4675.94	12174.49	12.5000	0.1600	0.0000	不分配, 不转增

代码	名称	上市日期	主营业务收入（万元）	同比（%）	利润总额（万元）	同比（%）	净利润（万元）	同比（%）	扣除非经常性损益后净利润（万元）	总资产（万元）	股东权益（万元）	资产负债率（%）	每股收益（摊薄）（元）	每股净资产（元）	调整后每股净资产（元）	净资产收益率（摊薄）（%）	流通A股（万股）	总股本（万股）	收盘价（元）	今年涨幅（%）	市盈率（倍）	分配预案
600746	江苏索普	1996.09.18	24792.82	21.44	4391.17	78.81	3739.85	99.92	2830.28	53747.68	34885.57	35.0900	0.2197	2.0490	1.9960	10.7200	4890.38	17023.41	20.4800	29.8000	93.2200	2000年度利润10送2派0.50元转6
600747	大显股份	1996.09.16	63362.91	31.46	16021.80	59.20	13407.61	73.15	11521.75	138926.23	79236.61	42.9600	0.5400	3.1900	3.1500	16.9200	9851.40	24802.65	16.6700	0.0100	30.8700	2000年度利润10送2派0.50元
600748	浦东不锈	1996.09.25	51634.30	56.37	1642.15	-38.54	1470.54	-39.32	723.87	121234.05	106415.83	12.2200	0.0250	1.8110	1.8110	1.3800	15697.00	58754.16	8.1500	-6.2100	326.0000	不分配,不转增
600749	西藏圣地	1996.10.15	3818.28	-10.74	779.10	1082.20	667.29	596.79	441.72	20409.34	11085.34	45.6800	0.0830	1.3900	1.2000	6.0200	2400.00	8000.00	20.5400	8.8500	247.4700	不分配,不转增
600750	东风药业	1996.09.23	36846.01	183.22	7547.23	70.43	2761.60	-5.52	2761.60	70846.72	52316.76	26.1600	0.1900	3.5800	3.5600	5.2800	6240.00	14611.20	15.8000	-7.0600	83.1600	10派1.00元
600751	天津海运	1996.04.30	84675.77	67.72	9599.51	56.35	8226.70	66.09	8190.81	162945.50	85598.97	47.4700	0.1765	1.8369	1.7427	9.6107	7976.10	46600.00	12.3100	-4.1700	69.7500	不分配,不转增
600752	哈慈股份	1996.09.25	39552.29	89.93	5439.70	-26.47	5304.65	-22.48	4806.29	89904.53	66937.01	25.5500	0.1800	2.2200	2.1600	7.9200	12376.04	30133.60	11.6100	-3.7300	64.5000	拟10配3,配股价7-9元
600753	ST冰熊	1996.09.27	10339.70	6.52	-4369.97	-71.78	-4369.97	-71.78	-4901.64	39470.80	9613.13	75.6400	-0.3400	0.7500	0.6800	-0.4500	3200.00	12800.00	14.3400	-16.6300	0.0000	不分配,不转增
600754	新亚股份	1994.12.15	69637.67	3.60	14060.65	-1.48	11810.95	0.14	1391.19	191798.60	122131.11	36.3200	0.2130	2.2100	1.9400	9.6700	4836.00	55324.07	12.9500	5.5100	60.8000	10派1.00元
600755	厦门国贸	1996.10.03	227456.60	-2.85	1426.74	-79.85	413.35	-91.93	3486.92	148940.83	65300.09	56.1600	0.0210	3.2960	3.2700	0.6330	12700.00	19812.00	12.8500	4.3900	611.9000	不分配,不转增
600756	齐鲁软件	1996.09.23	5713.77	-22.01	2352.35	-40.36	1747.07	-37.56	1677.47	29767.43	23618.76	20.6600	0.1600	2.1400	2.1000	7.4000	4580.16	11014.72	25.5300	-5.8900	159.5600	10送3派1元转2配3,配股价16-22元
600757	华源发展	1996.10.03	208419.68	42.66	13918.71	75.39	10446.25	44.29	9671.87	288541.33	122804.85	57.4400	0.3300	3.9000	3.8500	8.5100	9360.00	31476.28	19.7900	28.6700	59.9700	10送2派1.20元转3
600758	金帝建设	1996.10.29	59307.39	8.62	527.32	-53.10	503.85	-54.51	-1816.52	112247.26	35680.13	68.2100	0.0315	2.2300	1.7100	1.4120	6159.52	15975.52	11.4800	2.0400	364.4400	不分配,不转增
600760	山东黑豹	1996.10.11	29295.68	-21.79	2986.83	-50.10	2563.52	-48.10	1063.52	102626.76	80692.01	21.3700	0.0940	2.9600	2.9200	3.1800	13158.60	27300.00	10.6400	4.9300	113.1900	10派0.50元配3,配股价5-7元
600761	安徽合力	1996.10.09	48507.69	30.22	6895.30	44.82	5832.48	44.12	5695.78	87562.98	65411.93	25.3000	0.2900	3.2000	3.1800	8.9200	8112.00	20463.63	11.5900	-5.3900	39.9700	10派3.00元
600762	金荔科技	1996.10.25	19437.43	310.40	944.12	117.29	944.12	117.29	874.92	59220.60	12482.69	78.9200	0.1400	1.8900	-0.4400	7.5600	2704.00	6604.00	16.9900	1.5100	121.3600	10转6
600763	北京中燕	1996.10.30	11.67	-99.86	-2381.32	-258.05	-2381.32	-243.80	-2525.73	20507.43	20000.27	2.4700	-0.1490	1.2500	1.1800	-11.9100	4032.00	16032.00	18.6000	20.5400	0.0000	不分配,不转增
600764	三星石化	1996.11.04	59543.13	40.13	7720.43	71.86	5401.61	82.34	5350.00	54442.55	41597.27	23.5900	0.2950	2.2710	2.2680	12.9900	5898.56	18318.17	13.9600	3.9500	47.3200	10派2.00元
600765	力源液压	1996.11.06	4394.82	19.26	40.85	105.48	40.85	105.48	59.96	23799.17	18250.46	23.3100	0.0040	1.6440	1.6290	0.2240	3450.00	11103.20	14.5800	3.9900	3645.0000	不分配,不转增
600766	烟台发展	1996.10.28	30873.19	-26.91	2848.48	-6.40	2122.63	0.40	1986.57	78070.74	23290.24	70.1700	0.1327	1.4565	1.2455	9.1138	5017.77	15990.27	14.2100	9.7900	107.0800	不分配,不转增
600767	运盛实业	1996.11.15	26481.78	-22.68	641.13	5.36	241.84	-42.82	296.64	129694.25	60342.75	53.4700	0.0100	1.7700	1.7500	0.4000	9674.46	34101.02	10.5200	6.8000	1052.0000	不分配,不转增
600768	ST甬华通	1996.11.11	13416.53	8.32	-2863.65	-30.05	-2861.34	-29.36	-2857.03	23424.91	8153.09	65.1900	-0.3100	0.8800	0.7600	-35.1000	2678.40	9288.00	15.4000	-10.8800	0.0000	不分配,不转增
600769	祥龙电业	1996.11.01	49947.03	36.12	2589.76	-60.91	2132.85	-62.12	1746.24	120014.27	93270.54	22.2800	0.0600	2.6700	2.6700	2.2900	8736.00	34881.60	10.8700	-3.5500	181.1700	不分配,不转增
600770	综艺股份	1996.11.20	37521.73	-7.16	14468.06	34.79	9060.37	7.96	3641.83	97265.54	56495.04	41.9200	0.3360	2.0900	1.9800	16.0400	9900.00	27000.00	20.6800	-9.3000	61.5500	10派1.00元配3,配股价15-20元
600771	东盛科技	1996.11.05	31103.87	31.13	5583.87	51.82	5315.46	85.71	5442.90	65955.49	29220.22	55.7000	0.2840	1.5640	1.5040	18.1900	4950.00	18688.70	17.4900	-6.2200	61.5800	不分配,不转增;拟增发5000万股
600772	石油龙昌	1996.11.04	35527.78	11.75	9465.65	-23.21	5107.86	-19.08	5316.06	135826.69	48226.93	64.4900	0.2250	2.1200	2.0600	10.5900	6318.00	22698.00	16.3200	-15.6900	72.5300	不分配,不转增
600773	西藏金珠	1996.11.08	11135.10	2.73	2941.40	39.53	2418.16	31.15	2128.44	38827.17	32432.76	16.4700	0.2500	3.3200	3.1900	7.4600	3751.80	9758.12	21.9000	20.7300	87.6000	10送2派1.00元
600774	汉商集团	1996.11.08	62437.89	-22.22	3202.34	3.46	2721.56	3.53	2645.41	67558.52	37163.44	44.9900	0.3150	4.3000	4.1200	7.3200	2662.40	8648.00	17.6800	-1.5000	56.1300	10派1.00元
600775	南京熊猫	1996.11.18	122443.44	-14.40	13811.69	272.48	13282.34	144.85	10859.40	245621.49	79616.61	67.5900	0.2000	1.2200	1.1400	16.6800	5800.00	65501.50	17.5300	-4.6200	87.6500	不分配,不 转增
600776	东方通信	1996.11.26	771390.06	11.63	41514.17	21.90	37862.45	31.56	38526.75	794567.25	356528.31	55.1300	0.6000	5.6800	5.5400	10.6200	9494.00	62800.00	25.8000	-10.8800	43.0000	10派3.00元
600777	新潮实业	1996.11.21	58507.37	50.21	9690.34	21.84	6455.71	12.02	6464.60	97738.75	72472.76	25.8500	0.3200	3.5400	3.5200	8.9100	4950.96	20486.95	14.6000	-0.2000	45.6300	10派1.50元
600778	友好集团	1996.12.03	98289.37	7.49	3493.61	-47.49	2967.10	-45.20	2868.96	143572.11	45380.38	68.3900	0.1200	1.7700	1.6500	6.5400	10307.55	25663.95	13.2000	3.9500	110.0000	10派0.80元
600779	全兴股份	1996.12.06	128055.85	8.42	22036.82	-25.72	17896.72	-18.84	17945.17	168005.41	67796.37	59.6500	0.4390	1.6600	1.6300	26.4000	13366.08	40753.25	13.5700	-8.1300	30.9100	10派1.00元;拟增发4000万股新股
600780	通宝能源	1996.12.05	24065.74	36.58	6831.97	11.50	5286.60	-12.94	4687.32	77964.91	48105.97	38.3000	0.2500	2.2300	2.2300	10.9900	9356.72	21569.46	11.0200	4.9500	44.0800	10派1.25元
600781	民丰实业	1996.12.18	29492.06	-7.30	151.77	37006.00	198.33	0.84	135.65	86013.66	29374.52	65.8500	0.0200	2.4800	2.2900	0.6800	3375.00	11839.52	22.1700	1.7400	1108.5000	10转5
600782	新华股份	1996.12.25	25439.03	53.89	3041.97	66.63	2688.79	79.53	2357.01	38408.23	26124.93	31.9800	0.2227	2.1633	2.1326	10.2900	3510.00	12076.27	23.9800	40.5600	107.6800	10送1派0.90元转5
600784	鲁银投资	1996.12.25	9967.27	-28.11	5452.88	-3.39	4305.72	-9.66	4355.25	124600.65	53309.19	57.2200	0.1907	2.3616	2.3295	8.0800	17182.80	22573.35	12.8500	1.4200	67.3800	10派0.80元配2,配股价8-12元
600785	新华百货	1997.01.08	50636.14	98.52	3804.10	65.92	3478.70	65.45	3189.40	51065.38	27559.01	46.0300	0.3950	3.1330	3.1120	12.6200	4972.50	8797.50	17.5800	-1.3900	44.5100	10派1.00元配3,配股价10-12元
600786	东方锅炉	1996.12.27	35876.28	-54.36	-11726.28	-1549.10	-11809.60	-1839.90	-12738.97	125580.98	37553.07	70.1000	-0.5590	1.7775	1.1467	-31.4478	5400.00	21127.12	10.3600	-1.2400	0.0000	不分配,不转增
600787	中储股份	1997.01.20	44389.81	-23.59	5667.73	-64.35	4742.53	-64.93	4742.53	94255.05	75205.90	20.2100	0.1530	2.4200	2.3900	6.3100	12616.38	31033.77	11.3100	-8.8600	73.9200	10派0.30元

代码	名称	上市日期	主营业务收入(万元)	同比(%)	利润总额(万元)	同比(%)	净利润(万元)	同比(%)	扣除非经常性损益后净利润(万元)	总资产(万元)	股东权益(万元)	资产负债率(%)	每股收益(摊薄)(元)	每股净资产(元)	调整后每股净资产(元)	净资产收益率(摊薄)(%)	流通A股(万股)	总股本(万股)	收盘价(元)	今年涨幅(%)	市盈率(倍)	分配预案
600788	达尔曼	1996.12.30	30656.49	8.68	13995.38	-14.02	10761.47	-19.64	11105.23	165217.74	104705.41	36.6300	0.4160	4.0460	3.9200	10.2800	8055.00	25877.44	14.1400	-4.8700	33.9900	10派1.00元
600789	鲁抗医药	1997.02.26	70132.22	18.32	7042.21	29.17	5975.55	29.15	5975.55	226992.48	113047.42	50.2000	0.1600	3.1000	3.0500	5.2900	15809.79	36475.42	10.4000	2.1600	65.0000	10派0.80元
600790	轻纺城	1997.02.28	98467.61	24.97	11342.22	6.58	8695.39	9.36	8040.77	267811.14	104200.91	61.0900	0.3740	4.4800	4.2200	8.3400	15764.58	23241.29	10.1000	7.3300	27.0100	10送2派1.00元转4
600791	贵华旅业	1997.01.30	11871.01	-40.03	-4677.48	-314.31	-4688.26	-399.65	-4680.21	25240.00	11219.19	55.5500	-0.4700	1.1300	0.8500	-41.7900	3300.00	9900.00	23.5800	23.5800	0.0000	不分配,不转增
600792	云南马龙	1997.01.23	5956.66	5.42	-1378.67	-284.68	-1378.67	-284.68	-1378.67	16074.33	9731.19	39.4600	-0.2700	1.9100	1.8100	-14.1700	1500.00	5100.00	23.3500	-0.3000	0.0000	不分配,不转增
600793	宜宾纸业	1997.02.20	41276.91	39.78	1409.18	78.74	1255.84	123.40	1204.90	79320.84	17020.17	78.5400	0.1190	1.6160	1.5440	7.3800	3354.00	10530.00	16.5900	5.7400	139.4100	不分配,不转增
600794	保税科技	1997.03.06	16188.18	23.83	4102.06	9.94	2067.01	8.17	1910.37	37366.53	19034.45	49.0600	0.1920	1.7700	1.6900	10.8600	3855.36	10767.36	15.0400	-7.5500	78.3300	不分配,不转增
600795	国电电力	1997.03.18	140725.38	105.40	35342.98	34.96	28184.50	27.97	27842.97	851349.86	407731.68	52.1100	0.6150	8.8970	8.8720	6.9130	11501.57	45826.56	20.3800	4.8400	33.1400	10派2.00元转8
600796	钱江生化	1997.04.08	19860.17	-3.65	4189.39	-2.29	3912.97	6.74	3574.57	41305.07	25076.44	39.2900	0.3674	2.3540	2.3410	15.6040	3249.00	10651.40	21.3000	-11.2500	57.9700	10派1.50元配3,配股价17-21元
600797	天然科技	1997.04.18	64437.43	255.82	10455.47	50.79	6594.00	14.02	-866.49	175652.55	56496.56	67.8400	0.2800	2.2800	2.2200	12.0500	10093.75	23948.75	22.6700	20.4400	80.9600	10送3派0.75元
600798	宁波海运	1997.04.23	26215.34	25.79	10277.40	23.03	8338.45	0.86	8380.72	92748.43	75827.20	18.2400	0.1630	1.4800	1.4800	11.0000	14145.00	51187.50	10.3800	1.6700	63.6800	10派1.25元
600799	科利华	1997.04.16	34382.52	10.28	13290.35	-2.99	11963.78	1.55	11986.85	133985.53	71402.55	46.7100	0.3070	1.8320	1.7830	16.7550	17845.41	38984.40	14.6700	-11.0400	47.7900	10派0.30元
600801	华新水泥	1994.01.03	59462.58	30.58	2150.63	311.43	1652.31	290.10	1534.16	201535.01	71531.39	64.5100	0.0500	2.1800	2.1100	2.3100	4800.00	32840.00	11.2900	1.8000	225.8000	10派0.40元
600802	福建水泥	1994.01.03	54212.38	-8.62	3649.75	-55.68	5242.39	-29.21	1735.04	167825.95	85892.72	48.8200	0.1850	3.0400	2.8400	6.1000	13429.94	28281.70	9.5000	3.6000	51.3500	不分配,不转增
600803	威远生化	1994.01.03	23682.60	-7.99	2822.01	6.77	2306.72	2.69	2258.33	58596.17	32457.14	44.6100	0.2000	2.7500	2.7500	7.1100	6609.60	11822.17	14.5400	3.0500	72.7000	10派1.00元配3,配股价9-13元
600804	工益股份	1994.01.03	23417.19	-10.47	-3147.35	-2726.80	-3147.35	-3887.90	-3147.35	36889.50	20011.12	45.7500	-0.2700	1.7100	1.6200	-15.7300	7195.68	11661.12	13.2200	2.9600	0.0000	不分配,不转增
600805	悦达投资	1994.01.03	103709.49	59.63	14252.79	-7.75	13442.91	1.99	12180.66	354502.01	172921.08	51.2200	0.2460	3.1700	3.1500	7.7700	30949.05	54544.52	9.3900	3.3000	38.1700	10派0.40元
600806	昆明机床	1994.01.03	9107.15	96.93	357.63	107.68	357.63	107.68	225.10	66943.47	50933.72	23.9200	0.0150	2.0800	2.0100	0.7000	6000.00	24500.74	16.4000	-7.2900	1093.3300	不分配,不转增
600807	济南百货	1994.01.03	15969.69	-15.54	40.23	-98.68	15.88	-99.35	15.88	50641.95	22946.51	54.6900	0.0015	2.1260	2.0980	0.0692	6435.00	10792.70	21.9900	0.0000	14660.0000	不分配,不转增
600808	马钢股份	1994.01.04	818568.68	22.75	19708.77	1372.80	17603.10	1242.50	17579.90	1685726.95	1051435.39	37.6300	0.0270	1.8400	1.7800	1.4800	60000.00	645530.00	3.9800	2.3100	147.4100	10派0.20元
600809	山西汾酒	1994.01.06	37247.16	22.81	1728.37	91.00	1272.61	173.84	949.84	113863.86	79084.43	30.5400	0.0294	1.8268	1.7288	1.6100	7668.41	43292.41	10.7800	9.2200	366.6700	不分配,不转增
600810	神马实业	1994.01.06	104044.35	-12.80	17884.58	31.70	11059.48	15.80	11059.48	396335.72	345119.69	12.9200	0.2150	6.7040	6.6510	3.2000	12870.00	51480.00	11.4900	-6.4300	53.4400	10转1
600811	东方集团	1994.01.06	97691.08	60.33	29935.21	-14.09	18439.58	12.09	16902.98	536786.23	250585.83	53.3200	0.3530	4.8000	4.6300	7.3600	36526.99	52189.70	10.6400	7.0400	30.1400	10派1.00元
600812	华北制药	1994.01.14	166788.95	2.30	14827.40	10.25	11118.24	7.23	11559.70	597111.58	252773.52	57.6700	0.1000	2.1600	2.0600	4.4000	46926.86	116939.42	6.8500	3.7900	68.5000	10派0.50元
600813	ST鞍一工	1994.01.14	13070.49	10.52	-12735.34	-400.22	-12739.83	-403.21	-12764.98	133009.65	1480.93	98.8900	-0.4900	0.0600	-0.9900	-858.5600	9960.00	25800.00	7.1700	-2.8500	0.0000	不分配,不转增
600814	杭州解百	1994.01.14	85883.78	15.22	3953.17	29.17	3291.44	27.87	2528.15	79137.87	40829.29	48.4100	0.1390	1.7200	1.6100	8.0610	10139.76	23737.04	9.7500	0.3100	70.1400	10派0.50元配3,配股价6-8元
600815	厦门厦工	1994.01.28	71680.32	29.12	2465.60	-25.54	2033.19	-23.71	1383.45	111044.87	78446.49	29.3600	0.0680	2.6200	2.5200	2.5900	7980.00	29960.91	13.1100	27.4100	192.7900	10派1.00元
600816	鞍山信托	1994.01.28	27947.23	19.15	11707.99	15.67	9312.71	15.51	9464.30	283010.66	88668.25	68.6700	0.2666	2.5380	1.6829	10.5000	20513.44	34931.52	12.6800	-1.9300	47.5600	10送3派0.75元配3,配股价10-12元
600817	宏盛科技	1994.01.28	67866.55	604.99	2847.24	357.20	2333.40	298.23	2304.70	41295.96	11423.12	72.3400	0.2800	1.3800	1.1040	20.4300	1124.20	8251.80	27.8000	-17.8000	99.2900	不分配,不转增;拟增发9000万股
600819	耀皮玻璃	1994.01.28	86687.38	31.69	18526.21	69.53	15462.12	64.17	15462.12	202273.43	160872.92	20.4700	0.3170	3.3000	3.1200	9.6100	3125.00	48750.00	15.0800	-2.4600	47.5700	10派2.20元;拟增发8000万股
600820	隧道股份	1994.01.28	276147.73	27.52	15440.08	39.32	13661.06	44.43	13150.14	443155.30	129613.75	70.7500	0.3633	3.4500	3.1300	10.5400	15140.54	37606.94	14.4000	16.1300	39.6400	10派0.55元转3配3,配股价6-10元
600821	津劝业	1994.01.28	177301.64	-3.32	3875.60	-1.52	3475.26	5.98	--	138548.17	75086.87	45.8000	0.1200	2.5700	2.3800	4.6300	14558.50	29252.10	11.0800	14.8200	92.3300	10派0.95元
600822	物贸中心	1994.02.04	126632.03	15.36	292.17	135.05	266.83	127.61	-1694.39	84170.22	34257.35	59.3000	0.0110	1.3550	1.1380	0.7790	1331.00	25272.03	18.7300	0.2100	1702.7300	不分配,不转增
600823	世茂股份	1994.02.05	22930.19	-17.03	-3154.75	-137.78	-3648.88	-153.92	-512.71	165678.38	50755.00	69.3700	-0.1543	2.1500	2.0400	-7.1900	11315.90	23644.48	11.8800	5.6000	0.0000	不分配,不转增
600824	益民百货	1994.02.04	60199.61	8.45	5388.11	17.61	4401.77	13.47	4400.99	101160.22	48780.25	51.7800	0.2590	2.8700	2.7900	9.0200	6912.73	16988.81	12.9000	12.3300	49.8100	10派1.50元
600825	华联超市	1994.02.04	170338.11	558.68	3170.76	101.05	2858.35	127.16	2858.35	118411.34	22765.87	80.7700	0.2780	2.2130	0.6270	12.5600	2571.27	10285.02	28.0400	-9.5200	100.8600	10送2派0.50元转3
600826	兰生股份	1994.02.04	171576.19	9.23	6847.00	-26.49	5911.23	-21.73	5016.77	137703.91	78619.69	42.9100	0.2100	2.8000	2.6200	7.5200	9514.00	28042.82	13.7600	-12.0800	65.5200	不分配,不转增
600827	友谊股份	1994.02.14	247441.54	329.51	6695.59	52.74	5417.00	32.98	5337.32	325923.62	54108.67	83.4000	0.2200	2.2100	1.1600	10.0100	3356.41	24429.30	16.2000	-4.9300	73.6400	10派1.00元;拟增发5000万股
600828	成都商场	1994.02.24	143951.75	5.16	2954.63	-29.40	2412.38	-29.75	1812.38	99269.75	43135.41	56.5500	0.1420	2.5500	2.3000	5.5900	4257.00	16929.00	15.5000	0.3900	109.1500	10派1.00元
600829	天鹅股份	1994.02.24	51696.96	33.95	7012.37	1581.00	6154.31	2549.80	3233.24	100109.46	46635.54	53.4200	0.4656	3.5300	3.3600	13.2000	3327.50	13216.83	15.6000	-0.6400	33.5100	10派1.00元;拟增发5000万股

代码	名称	上市日期	主营业务收入(万元)	同比(%)	利润总额(万元)	同比(%)	净利润(万元)	同比(%)	扣除非经常性损益后净利润(万元)	总资产(万元)	股东权益(万元)	资产负债率(%)	每股收益(摊薄)(元)	每股净资产(元)	调整后每股净资产(元)	净资产收益率(摊薄)(%)	流通A股(万股)	总股本(万股)	收盘价(元)	今年涨幅(%)	市盈率(倍)	分配预案
600830	甬城隍庙	1994.02.14	44265.50	20.32	5757.81	33.95	3678.56	10.18	869.18	60143.18	36630.42	39.0900	0.2330	2.3180	2.1260	10.0420	8552.40	15803.77	15.1200	14.2900	64.8900	不分配,不转增
600831	ST黄河科	1994.02.24	2829.11	-73.46	-2457.35	-12.73	-2460.06	-12.19	-2460.06	45630.88	10110.30	77.8400	-0.2210	0.9080	0.4636	-24.3300	4634.54	11128.67	12.2600	-13.0500	0.0000	不分配,不转增
600832	东方明珠	1994.02.24	71680.53	33.24	22455.69	9.99	19987.47	6.95	19987.47	381414.27	164784.61	56.8000	0.3090	2.5500	2.3800	12.1300	1268.21	64627.16	26.7800	-5.1600	86.6700	10派2.20元
600833	PT网点	1994.02.24	419.06	138.12	-13653.99	24.60	-13653.99	24.60	-11557.74	47913.88	-40076.07	183.6400	-0.8570	-2.5150	-2.5580	--	4797.93	15934.74	5.3600	-28.1500	0.0000	不分配,不转增
600834	凌桥股份	1994.02.24	10794.81	4.30	6374.58	21.35	5423.27	21.23	5423.27	59354.10	47648.47	19.7200	0.1600	1.3900	1.3900	11.3800	4524.00	34307.00	17.2500	-26.0900	107.8100	10派1.50元
600835	上菱电器	1994.02.24	362828.45	3.57	57649.39	9.85	27586.89	14.64	26012.13	705981.62	274424.48	61.1300	0.6150	6.1200	5.8700	10.0500	14160.00	44838.11	17.7300	-11.3500	28.8300	10派3.00元转2
600836	界龙实业	1994.02.24	40812.08	33.96	1333.39	112.19	826.62	107.09	844.22	72045.09	20900.37	70.9900	0.0740	1.8700	1.2600	3.9600	4132.81	11169.38	15.3300	-6.5200	207.1600	不分配,不转增
600837	PT农商社	1994.02.24	28702.19	-50.25	-6723.59	83.21	-6889.76	82.88	-6889.76	56910.62	-57321.35	200.7000	-1.0600	-8.7900	-8.9300	--	1638.00	6524.49	5.0500	-36.0800	0.0000	不分配,不转增
600838	上海九百	1994.02.24	77615.81	29.02	6273.46	85.62	5173.75	86.74	4682.01	107918.05	50437.56	53.2600	0.2184	2.1300	1.9600	10.2600	10095.53	23693.08	14.2500	9.5500	65.2500	10送1转增4
600839	四川长虹	1994.03.11	1070721.39	7.97	32697.62	-44.18	27423.65	-46.34	19444.68	1660500.98	1317462.95	20.6600	0.1270	6.0870	5.9780	2.0800	95140.23	216421.14	11.2200	-8.6300	88.3500	不分配,不转增
600840	浙江创业	1994.03.11	11686.87	59.89	2432.81	86.79	2092.97	135.19	1296.66	32764.63	16691.44	49.0600	0.1500	1.1900	1.0700	12.5400	6442.03	13975.14	13.9000	-1.7700	92.6700	不分配,不转增
600841	上柴股份	1994.03.11	126244.09	9.77	4755.57	-44.29	3903.81	-48.59	2915.33	236493.87	165685.02	29.9400	0.0810	3.4500	3.2800	2.3600	2160.00	48030.93	15.6500	3.3000	193.2100	10派0.50元
600843	上工股份	1994.03.11	55908.46	47.81	4077.24	590.69	3500.85	511.45	2839.82	132473.54	66792.57	49.5800	0.1387	2.6456	2.4414	5.2414	1560.00	25246.64	18.6700	5.7200	134.6100	不分配,不转增;拟增发9000万股
600844	英雄股份	1994.03.11	43275.32	-22.44	-738.52	-131.03	1376.10	5.97	-4747.19	160533.00	64116.51	60.0600	0.0450	2.1050	1.9800	2.1500	2768.43	30456.45	19.1000	18.1900	424.4400	不分配,不转增
600846	同济科技	1994.03.11	67591.49	20.05	4501.58	6.11	3455.36	-1.12	3455.36	105549.01	35842.56	66.0400	0.1414	1.4671	1.4056	9.6400	11871.92	24431.15	13.2800	-5.3500	93.9200	10派1.00元
600847	万里电池	1994.03.24	9705.48	13.11	903.76	54.94	903.76	54.94	-322.47	19855.21	9847.65	50.4000	0.1019	1.1100	0.9100	9.1800	3989.70	8866.00	17.9900	4.0500	176.5500	不分配,不转增
600849	上海医药	1994.03.24	460777.48	1.56	22227.93	61.14	18483.75	95.75	18252.01	353529.26	81700.37	76.8900	0.8100	3.5600	3.3400	22.6200	10387.50	22955.23	20.4000	4.6700	25.1900	10派1.00元转2
600850	华东电脑	1994.03.24	139073.81	17.23	2389.59	22.95	1755.90	7.74	1141.27	52903.45	21892.49	58.6200	0.1540	1.9200	1.8800	8.0200	3240.00	11402.10	25.0300	-4.8300	162.5300	10派0.50元转5
600851	海欣股份	1994.04.04	96491.54	27.24	13559.13	22.07	11731.51	24.09	11731.51	267002.02	162198.31	39.2500	0.3500	4.8400	4.7600	7.2400	9292.57	33529.17	20.0800	22.8900	57.3700	10派2.00元转5
600852	中川国际	1994.04.04	28780.13	33.69	4358.30	64.38	4028.70	122.02	3873.20	109574.13	25213.97	76.9900	0.2500	1.5300	1.4100	15.9800	5630.86	16430.86	15.7600	-11.3600	63.0400	不分配,不转增
600853	ST北特钢	1994.04.04	114057.37	-0.86	-19128.44	-34.91	-19128.44	-34.91	-23078.82	221851.41	78770.72	64.4900	-0.3593	1.4800	1.2900	-24.2800	16456.00	53240.00	7.7500	1.3100	0.0000	不分配,不转增
600854	春兰股份	1994.04.25	182498.10	-6.28	31762.52	1.08	26652.30	0.60	25426.70	256099.65	174185.36	31.9900	0.8700	5.6900	5.6700	15.3000	7979.40	30630.60	24.5700	0.2900	28.2400	10派2.00元转5
600856	长百集团	1994.04.25	33719.14	9.95	2970.70	-34.44	2418.33	-34.56	2404.63	71553.95	36581.41	48.8800	0.1300	2.0000	1.7100	6.6100	8591.48	18273.77	12.0000	-11.5000	92.3100	10派0.50元配3,配股价10-12元
600857	首创科技	1994.04.25	66141.74	23.12	3648.78	-32.60	3295.98	-35.41	2158.16	45696.65	34046.75	25.4900	0.1700	1.7700	1.7600	9.6800	9150.88	19229.18	13.5000	-13.5200	79.4100	10派0.80元
600858	渤海集团	1994.05.06	2407.13	-10.71	-2390.02	-564.71	-2404.01	-591.00	-1521.78	24007.99	14399.90	40.0200	-0.1981	1.1867	1.1521	-16.6946	6795.36	12134.67	12.0500	-6.5900	0.0000	不分配,不转增
600859	王府井	1994.05.06	227235.97	63.27	2765.23	647.61	3050.36	666.45	2490.62	291661.09	155378.77	46.7300	0.0780	3.9540	3.4200	1.9600	19837.86	39297.30	9.2500	3.3500	118.5900	10派0.50元
600860	北人股份	1994.05.06	44205.60	-3.87	5854.71	-3.09	5142.33	5.27	5142.33	135707.56	97462.69	28.1800	0.1290	2.4400	2.2900	5.2800	5000.00	40000.00	12.8200	5.0800	99.3800	10派1.00元
600861	北京城乡	1994.05.20	106497.75	85.68	11215.58	-1.46	9700.66	-17.65	8436.57	224598.36	155567.57	30.7400	0.2400	3.8300	3.4200	6.2000	16731.00	40573.89	11.0200	3.3800	45.9200	10派0.80元配3,配股价6-9元
600862	纵横国际	1994.05.20	40592.18	75.68	10170.17	58.36	9008.25	41.55	7339.00	159441.80	92573.32	41.9400	0.4500	4.6600	4.6100	9.4900	10197.32	19870.40	17.8600	-11.2800	39.6900	10派1.20元转2
600863	内蒙华电	1994.05.20	142284.24	15.98	35652.67	51.59	30419.92	50.99	30419.92	376967.61	334326.74	11.3100	0.3220	3.5380	3.5010	9.1000	15210.00	94498.00	10.2300	5.4600	31.7700	10派1.00元配3,配股价5-8元
600864	岁宝热电	1994.08.09	23620.52	22.75	2876.07	-18.80	1611.16	-31.58	1509.00	82780.05	38860.85	53.0600	0.1180	2.8400	2.7900	4.1500	4537.50	13659.45	14.8400	-13.0100	125.7600	不分配,不转增
600865	百大集团	1994.08.09	92847.95	12.21	7256.30	9.45	5437.79	10.82	5399.54	137764.31	65476.93	52.4700	0.2000	2.4300	2.2300	8.3000	13533.99	26970.63	10.9000	-2.2400	54.5000	10派1.60元
600866	星湖科技	1994.08.18	34887.49	20.26	9438.60	22.00	8649.97	22.51	8610.34	108292.90	75139.83	30.6100	0.3450	3.0000	2.9200	11.5100	14952.34	25053.01	12.9300	3.4200	37.4800	10送3派1.00元
600867	通化东宝	1994.08.24	19908.35	-9.39	6419.83	-35.79	4630.90	-31.50	3882.53	146911.29	141794.09	3.4800	0.1427	4.3600	4.2600	3.2700	15769.73	32449.30	11.9000	-5.7800	83.3900	10派1.00元
600868	梅雁股份	1994.09.12	59377.43	9.46	18784.08	-5.12	18105.02	-2.46	17887.62	243989.42	163382.74	33.0400	0.2610	2.3530	2.3070	11.0800	49758.90	69433.77	7.0900	5.2100	27.1600	10送2派0.50元
600869	青海三普	1995.02.06	12387.94	9.94	1104.20	86.18	939.84	57.93	944.97	37916.97	22724.96	40.0700	0.0800	1.8900	1.7300	4.1400	3000.00	12000.00	15.9500	3.4400	199.3800	不分配,不转增
600870	厦华电子	1995.02.28	344791.32	21.27	-29780.09	-560.32	-29161.40	-637.94	-28711.35	418833.14	112103.38	73.2300	-0.7900	3.0200	2.9900	-26.0100	15151.35	37081.87	9.8500	-17.3000	0.0000	不分 配,不转增
600871	仪征化纤	1995.04.11	901447.20	27.40	98549.30	8.75	84022.80	11.33	91599.80	1136108.80	882107.90	22.3600	0.2100	2.2050	2.1540	9.5300	20000.00	400000.00	6.8100	4.6100	32.4300	10派0.90元
600872	中炬高新	1995.01.24	76047.45	46.35	15705.54	34.00	13394.22	27.35	10099.91	258710.36	135754.26	47.5300	0.2980	3.0160	2.9280	9.8700	24923.61	45005.60	9.5300	3.0300	31.9800	10派0.30元配3,配股价8-10元
600873	西藏明珠	1995.02.17	5097.38	36.72	490.45	110.70	490.45	110.70	463.15	43884.73	25832.09	41.1400	0.0450	2.3870	2.3000	1.9000	5213.66	10823.66	14.5500	-9.9100	323.3300	不分配,不转增

代码	名称	上市日期	主营业务收入（万元）	同比（%）	利润总额（万元）	同比（%）	净利润（万元）	同比（%）	扣除非经常性损益后净利润（万元）	总资产（万元）	股东权益（万元）	资产负债率（%）	每股收益（摊薄）（元）	每股净资产（元）	调整后每股净资产（元）	净资产收益率（摊薄）（%）	流通A股（万股）	总股本（万股）	收盘价（元）	今年涨幅（%）	市盈率（倍）	分配预案
600874	创业环保	1995.06.30	350073.80	23.09	17238.74	146.16	16860.37	145.06	16860.37	141953.40	140665.40	0.9100	0.1300	1.0600	1.0600	11.9900	11249.50	133000.00	11.8800	−0.7500	91.3800	不分配，不转增
600875	东方电机	1995.10.10	64441.70	−14.89	324.46	−44.95	230.97	−52.35	−2239.70	239727.34	114706.52	52.1500	0.0051	2.5500	2.0000	0.2000	6000.00	45000.00	9.9400	0.5100	1949.0200	不分配，不转增
600876	洛阳玻璃	1995.10.31	90152.20	9.66	8944.00	150.66	6599.10	26.55	6599.10	288904.50	155271.60	46.2600	0.0900	2.2200	1.8100	4.2500	5000.00	70000.00	10.6000	4.0200	117.7800	不分配，不转增
600877	中国嘉陵	1995.10.13	257252.04	−18.30	2132.65	−51.24	2354.31	−55.52	−415.11	385413.03	152123.82	60.5300	0.0500	3.2100	3.0800	1.5500	21960.00	47387.08	7.9100	5.7500	158.2000	不分配，不转增
600878	北大科技	1995.10.13	25979.92	−53.46	3545.65	−70.51	3248.85	−72.99	3367.97	82597.91	52566.65	36.3600	0.1140	1.8480	1.8330	6.1800	8863.63	28443.07	13.3100	−2.9900	116.7500	不分配，不转增
600879	火箭股份	1995.11.15	42029.26	57.66	8413.02	121.08	6422.72	98.45	5061.50	88293.93	33750.22	61.7800	0.4400	2.3200	2.3200	19.0300	7875.00	14572.21	25.2900	6.8900	57.4800	10送2派0.50元转3
600880	博瑞传播	1995.11.15	22475.80	43.91	3005.26	6.49	2735.38	11.21	2656.85	39864.75	20913.20	47.5400	0.2100	1.6100	1.3800	13.0800	4187.75	13018.01	29.8800	45.1200	142.2900	10派0.70元
600881	亚泰集团	1995.11.15	105533.56	35.95	20531.09	44.53	17434.52	42.34	12656.09	403321.73	172510.90	57.2300	0.3700	3.6300	3.5100	10.1100	27551.56	47510.63	10.1900	10.5200	27.5400	10派0.75元
600882	山东农药	1995.12.06	39014.77	−2.27	1290.94	−65.22	1091.00	−65.75	1091.00	93715.58	52877.86	43.5800	0.0600	2.8500	2.6500	2.0600	9682.96	18584.91	10.6900	−1.2900	178.1700	不分配，不转增
600883	富邦科技	1995.12.08	6169.91	−15.27	1185.66	−46.16	1036.52	−49.30	1087.82	20117.18	13759.20	31.6000	0.1020	1.3490	1.3360	7.5300	2700.00	10200.00	17.9100	−2.0800	175.5900	10派0.40元配3，配股价10－16元
600884	杉杉股份	1996.01.30	80704.84	3.15	12626.09	31.16	11994.35	37.09	7656.52	122918.04	84046.18	31.6200	0.5040	3.5300	3.4800	14.2700	11691.53	23783.09	14.3000	0.1400	28.3700	10派1.00元配3，配股价10－14元
600885	双虎涂料	1996.02.05	10269.59	−16.55	−1539.38	−1124.50	−1517.51	−1256.70	−1517.51	43034.83	13256.77	69.2000	−0.1170	1.0200	0.8500	−11.4500	4986.80	12980.71	12.6500	10.0000	0.0000	不分配，不转增
600886	湖北兴化	1996.01.18	185907.41	41.41	592.37	109.86	592.37	109.86	592.37	116700.07	95376.01	18.2700	0.0210	3.3850	3.3850	0.6210	10731.70	28174.58	11.8500	9.2200	564.2900	不分配，不转增
600887	伊利股份	1996.03.12	150503.20	30.78	12822.20	15.50	9847.70	10.31	9907.43	116115.31	76498.03	34.1200	0.6700	5.2200	5.0500	12.8700	7989.39	14667.11	24.2300	−7.5200	36.1600	10派3.50元；拟增发5000万股
600888	新疆众和	1996.02.15	41782.70	31.40	2519.18	561.28	2500.09	741.03	2329.63	91007.61	21678.25	76.1800	0.2420	2.1400	2.0300	11.3200	2925.00	10338.90	19.5000	12.2000	80.5800	10派0.40元
600889	南京化纤	1996.02.06	29151.98	−76.64	4525.50	−31.72	3976.30	8.17	3808.11	61832.29	45610.12	26.2400	0.2500	2.8200	2.7800	8.7200	6681.85	16154.74	11.5800	−1.3600	46.3200	10派0.50元配3，配股价8－11元
600890	长春长铃	1996.03.08	40930.16	12.82	6401.89	−13.63	6617.89	10.08	6217.89	119811.12	72176.67	39.7600	0.2300	2.5200	2.4700	9.1700	12135.83	28689.41	20.1000	17.5400	87.3900	10派1.00元
600891	秋林集团	1996.03.25	56740.83	−5.82	458.36	−20.69	313.30	−30.20	−302.32	107083.34	61333.60	42.7200	0.0130	2.5200	2.4400	0.5100	11425.70	24356.41	10.2800	−2.8400	790.7700	不分配，不转增
600892	石劝业	1996.03.15	2178.30	20.54	146.30	107.94	120.67	106.55	62.72	24546.09	7017.70	71.4100	0.0239	1.3896	1.0194	1.7195	1530.97	5050.00	22.7200	0.2600	950.6300	不分配，不转增
600893	吉发股份	1996.04.08	103905.78	42.48	−623.68	−162.65	−1118.57	−324.27	−1518.57	184028.12	65626.41	64.3400	−0.0476	2.7900	2.2800	−1.7000	11531.69	23491.09	8.8000	−14.2300	0.0000	不分配，不转增
600894	广钢股份	1996.03.28	250683.49	13.55	11365.13	162.92	10122.68	166.68	4289.41	343115.19	161112.52	53.0400	0.1480	2.3500	2.3300	6.2800	16169.03	68618.00	9.2000	10.8400	62.1600	10派1.00元
600895	张江高科	1996.04.22	18220.36	8.03	15119.56	100.64	12790.16	99.83	12739.25	143046.09	84848.41	40.6800	0.5500	3.6400	3.6300	15.0700	6000.00	23325.00	19.2300	11.0100	34.9600	10送4派1.00元转3
600896	中海海盛	1996.05.03	42866.09	24.78	9133.36	14.45	6744.94	4.34	7239.64	110918.87	77885.07	29.7800	0.2100	2.4500	2.3500	8.6600	15607.80	31728.26	10.3400	−5.4800	49.2400	10派1.00元
600897	厦门机场	1996.05.31	18077.96	4.95	6175.91	1.14	5143.49	0.90	5056.77	129196.60	113292.60	12.3100	0.1900	4.2000	4.1900	4.5400	6750.00	27000.00	14.0700	−0.8500	74.0500	10派1.00元
600898	PT郑百文	1996.04.18	53526.33	−59.07	−5167.98	94.73	−4705.09	95.08	−4620.45	96171.42	−133479.83	238.8000	−0.2381	−6.7557	−8.3802	－－	10709.92	19758.21	5.4800	−18.5700	0.0000	不分配，不转增
600899	信联股份	1996.04.26	15510.73	39.93	6271.40	48.59	6115.77	62.38	6037.27	80450.53	48288.55	39.9800	0.3500	2.7200	2.7000	12.7000	5430.54	17750.54	24.7900	45.8200	70.8300	10派0.60元；拟增发6000万股
600929	国旅B股	1994.09.28	54106.28	16.74	1830.77	0.00	1663.15	9.29	1663.15	68662.63	39798.89	42.0400	0.1300	3.0000	2.8800	4.1800	－－	13255.63	1.1210	83.7700	－－	10派0.50元
600935	金泰B股	1995.07.27	15385.04	−4.13	188.03	45.37	186.74	70.32	−181.22	43216.03	29584.68	31.5400	0.0100	1.6000	1.5700	0.6300	－－	18530.00	1.0250	97.8800	－－	不分配，不转增
600939	汇丽B股	1996.06.24	33023.16	45.44	2671.48	678.39	2144.01	398.61	2144.01	80125.63	31139.33	61.1400	0.1300	1.8900	1.6700	6.8900	－－	16500.00	1.1230	115.1300	－－	不分配，不转增
600948	伊煤B股	1997.08.08	83291.08	20.83	1534.87	74.62	1255.61	92.90	1425.64	126804.39	78193.52	38.3400	0.0340	2.1400	2.0100	1.6100	－－	36600.00	0.7950	120.8300	－－	10派0.15元
600949	东电B股	1997.09.23	340022.27	4.71	101536.16	3.06	62170.87	−24.49	76888.00	726957.54	514746.38	29.1900	0.3100	2.5600	2.5500	12.0800	－－	201000.00	0.8300	88.6400	－－	10派2.18元
600950	五菱B股	1997.10.16	65026.92	−20.93	−7626.01	−807.12	−7293.48	−1549.70	−7113.68	123036.67	53465.99	56.5400	−0.2200	1.6100	1.3100	−13.6400	－－	33191.40	0.7840	116.5700	－－	不分配，不转增
600951	大化B股	1997.10.21	94453.86	17.04	1796.18	157.08	1796.18	157.08	1806.66	93812.37	55744.56	40.5800	0.0650	2.0300	2.0300	3.2200	－－	27500.00	0.8100	118.9200	－－	不分配，不转增
600953	凯马B股	1998.06.24	317935.94	12.26	10705.04	25.63	8560.62	5.75	6830.62	364202.90	134863.12	62.9700	0.1300	2.1100	2.0800	6.3500	－－	64000.00	0.8400	132.0400	－－	不分配，不转增
600956	东贝B股	1999.07.15	17582.69	−5.86	2544.37	−29.85	2544.37	−17.83	2544.37	57168.31	36131.08	36.8000	0.1100	1.5400	−1.5000	7.0400	－－	23500.00	0.8960	135.7900	－－	10派0.50元；拟增发5000万股
600957	凌云B股	2000.07.28	77941.21	−4.18	8156.79	−9.09	7549.06	−16.88	7549.06	146075.43	57907.69	60.3600	0.2200	1.6600	1.6500	13.0400	－－	34900.00	1.0190	120.5600	－－	10派0.20元

上市公司 2000 年度经营业绩(深市)

代码	名称	上市日期	主营业务收入(万元)	同比(%)	利润总额(万元)	同比(%)	净利润(万元)	同比(%)	扣除非经常性损益后净利润(万元)	总资产(万元)	股东权益(万元)	资产负债率(%)	每股收益(摊薄)(元)	每股净资产(元)	调整后每股净资产(元)	净资产收益率(摊薄)(%)	流通A股(万股)	总股本(万股)	收盘价(元)	今年涨幅(%)	市盈率(倍)	分配预案
0001	深发展 A	1991.04.03	278916.27	26.62	54676.81	99.04	50655.18	126.61	49968.85	6722749.98	473888.37	92.9500	0.2600	2.4400	2.2700	10.6800	139312.48	194582.21	15.6500	7.7800	60.1900	不分配,不转增
0002	深万科 A	1991.01.29	387329.67	32.99	38614.18	34.73	30123.15	31.46	27173.78	562224.72	290619.87	48.3100	0.4770	4.6100	4.3100	10.3700	39871.19	63097.19	14.6500	4.7200	30.7100	10 派 1.80 元
0004	北大高科	1990.12.01	13100.66	4.27	2356.54	193.36	2200.64	236.44	456.46	50820.67	8894.23	82.5000	0.2620	1.0590	0.7960	24.7400	4165.72	8397.67	28.8900	-12.4500	110.2700	不分配,不转增
0005	世纪星源	1990.03.03	14594.75	7.65	-931.19	-106.83	105.75	-99.13	-1310.21	202066.70	82458.93	59.1900	0.0020	1.4500	1.4200	0.1300	27019.25	56981.93	7.9800	3.2300	3990.0000	10 送 0.43719 派 0.11367 元转 0.43719
0006	深振业 A	1992.04.27	188412.50	0.88	16126.48	17.68	11841.20	32.26	12183.43	378781.12	112285.14	70.3600	0.4670	4.4300	4.0200	10.5500	15780.70	25359.16	14.3600	8.7100	30.7500	10 派 2.00 元
0007	ST 达声	1992.04.13	5215.13	-65.23	-17845.37	-361.18	-17214.52	-348.63	-10136.29	95188.92	7748.93	91.8600	-1.2000	0.5400	0.1000	-222.1500	7956.10	14359.37	13.0200	-2.1100	0.0000	不分配,不转增
0009	深宝安 A	1991.06.25	63750.54	-25.75	5985.63	7.34	3720.24	20.50	1255.90	466422.86	130350.08	72.0500	0.0390	1.3600	1.2500	2.8500	57940.64	95881.00	7.3000	2.5300	187.1800	不分配,不转增
0010	深华新 A	1995.10.27	53328.59	28.00	2359.68	146.37	1994.27	137.11	994.78	35178.19	15406.58	56.2000	0.1400	1.0500	0.9900	12.9400	4950.09	14701.74	15.1600	10.9000	108.2900	不分配,不转增
0011	ST 深物业	1992.03.30	65812.03	19.82	6116.14	23.13	5371.28	25.05	5161.21	266728.87	26424.98	90.0900	0.1000	0.4880	0.0400	20.3300	9139.13	54179.92	10.7700	-1.6400	107.7000	不分配,不转增
0012	南玻科控	1992.02.28	111643.44	14.20	17792.73	209.88	16422.88	196.78	15428.88	282484.20	183169.47	35.1600	0.2400	2.7100	2.5900	8.9700	10716.60	67697.54	20.6500	-18.9200	86.0400	10 派 1.20 元
0013	深石化 A	1992.05.06	81909.68	31.81	6861.20	126.54	3762.78	272.62	3668.29	232994.20	56732.99	75.6500	0.1240	1.8700	1.7700	6.6300	5127.14	30335.50	13.4700	-3.0900	108.6300	不分配,不转增
0014	ST 深华源	1992.06.02	7818.36	10.49	1419.39	118.80	1215.44	116.15	-3256.39	31041.99	19.02	99.9400	0.1400	0.0021	-0.2010	6391.2500	4522.04	8964.68	16.7100	15.2400	119.3600	不分配,不转增
0016	深康佳 A	1992.03.27	901655.47	-10.97	29878.53	-52.17	22488.33	-54.80	22566.08	1006301.38	361484.07	64.0800	0.3736	6.0049	5.6549	6.2200	22419.87	60198.64	12.7000	-15.1600	33.9900	10 派 1.50 元配 3,配股价 9-15 元
0017	ST 中华 A	1992.03.31	6797.31	0.59	-18035.21	-7.97	-17795.13	-7.01	-17933.71	245930.64	4558.77	98.1500	-0.3710	0.0950	-1.8700	-390.0000	7637.67	47943.30	8.3300	-8.8600	0.0000	不分配,不转增
0018	深中冠 A	1992.06.16	16375.82	-40.67	541.10	-50.44	506.32	-53.62	256.57	43773.27	30708.48	29.8500	0.0300	1.8160	1.8000	1.6500	2012.12	16914.24	17.2200	-7.6200	574.0000	不分配,不转增
0019	深深宝 A	1992.10.12	7023.98	6.92	1309.19	-58.59	1062.03	-63.46	-540.87	42611.09	28964.50	32.0300	0.0640	1.7370	1.7300	3.6700	3072.96	16670.77	14.1900	-5.0800	221.7200	10 派 1.00 元
0020	深华发 A	1992.04.28	11841.16	-28.09	287.81	-70.25	292.84	-70.75	292.84	46696.66	29933.06	35.9000	0.0100	1.0570	0.8550	0.9800	4984.51	28316.12	21.1300	-2.3600	2113.0000	不分配,不转增
0021	深科技 A	1994.01.31	386410.75	18.73	16879.20	-50.20	15087.00	-51.82	15087.00	387486.16	232722.22	39.9400	0.2060	3.1750	3.1500	6.4800	20058.21	73293.21	17.5800	-12.9300	85.3400	10 派 0.50 元配 3,配股价 14-19 元
0022	深赤湾 A	1993.05.05	43217.07	14.05	12138.77	13.45	8256.12	13.96	8227.88	225233.85	107959.50	52.0700	0.2160	2.8300	2.7840	7.6500	5043.55	38151.70	13.4000	1.5200	62.0400	10 派 1.29 元
0023	深天地 A	1993.04.29	25686.34	-14.72	2368.43	-29.95	1784.57	-30.15	32.65	82855.45	27054.50	67.3500	0.1286	1.9500	1.5700	6.6000	4619.12	13875.62	18.6800	15.6700	145.2600	10 派 0.506 元
0024	招商局 A	1993.06.07	291723.11	213.52	35371.83	38.16	20891.06	30.72	18163.07	488882.77	214855.91	56.0500	0.4390	4.5100	4.3800	9.7200	13096.52	47639.60	13.8600	-4.1500	31.5700	10 派 1.30 元
0025	ST 特力 A	1993.06.21	15261.61	-50.55	-11868.00	-2.51	-11838.30	-1.89	-12597.86	76647.89	9860.42	87.1400	-0.5400	0.4200	0.3000	-127.6000	3428.51	22028.16	13.2300	2.5600	0.0000	不分配,不转增
0026	飞亚达 A	1993.06.03	25302.81	-9.71	2075.17	-46.19	1466.52	-52.44	1452.00	78198.25	59322.88	24.1400	0.0590	2.3800	2.2600	2.4700	6075.00	24931.80	16.8000	19.1500	284.7500	不分配,不转增
0027	深能源 A	1993.06.27	230802.29	45.73	67051.39	22.61	35490.26	8.54	39983.19	754431.35	255793.89	66.0900	0.3542	2.5526	2.3347	13.8700	40526.35	100207.94	10.1000	2.7500	28.5100	不分配,不转增
0028	深益力 A	1993.08.09	10789.90	19.64	-297.61	-110.80	-178.48	-108.67	-2029.54	49088.66	32299.34	34.2000	-0.0060	1.1200	1.0700	-0.5500	5488.56	28814.94	24.1900	11.4200	0.0000	不分配,不转增
0029	深深房 A	1993.12.03	85284.09	17.86	8188.43	-21.40	7655.20	-27.64	7648.15	411391.35	160157.22	61.0700	0.0757	1.5800	1.5000	4.7800	14784.00	101166.00	9.6800	-9.7900	127.8700	不分配,不转增
0030	ST 英达 A	1993.09.29	73983.86	-27.00	3753.66	-56.55	420.31	-90.68	-863.50	143828.27	7009.37	95.1300	0.0146	0.2430	-0.2950	6.0000	4026.00	28842.00	14.5700	-5.0800	997.9500	不分配,不转增
0031	深宝恒 A	1993.10.08	31372.97	25.05	3878.12	135.63	2040.11	117.04	1789.67	140670.14	8890.51	93.6800	0.0400	1.9100	1.8600	2.3000	16348.99	46630.24	9.3900	-1.3700	234.7500	不分配,不转增
0032	深桑达 A	1993.10.25	115260.30	35.34	4224.56	4.36	3175.62	2.43		84529.61	24523.35	70.9900	0.2430	1.8700	1.6000	12.9500	3630.00	13081.20	18.8300	-13.1900	77.4900	10 派 1.00 元;拟增发 3000 万股
0034	深信泰丰	1994.05.09	41588.71	-24.09	27387.97	478.27	27147.93	495.84		136896.59	34276.54	74.9600	0.8700	1.1000	0.8900	79.2000	8460.46	31113.94	16.8100	5.0600	19.3200	不分配,不转增
0035	中科健 A	1994.04.08	86615.16	41.36	4491.45	670.82	4546.42	533.37		84454.61	21279.56	74.8000	0.3900	1.8400	1.5100	21.3700	4253.05	11588.72	24.0000	-5.9600	61.5400	不分配,不转增
0036	华联控股	1994.06.17	243882.90	105.58	20022.43	47.50	9473.85	16.39	9069.07	262927.95	86005.79	67.2900	0.2635	2.3900	2.3100	11.0200	17717.25	35955.51	10.2700	7.4300	38.9800	10 派 1.00 元
0037	深南电 A	1994.07.01	88971.40	48.11	16771.15	32.23	14528.82	23.59	10070.30	134140.81	71754.16	46.5100	0.4100	2.0100	1.8400	20.2500	3366.00	35640.00	21.2800	42.0100	51.9000	10 送 2.5 派 0.74 元转 2.5
0038	深大通 A	1994.08.08	5865.54	-44.39	189.94	105.41	413.96	111.26	60.38	18443.97	10617.08	42.4400	0.0460	1.1730	1.1230	3.8990	1914.00	9048.60	19.3600	3.2000	420.8700	不分配,不转增
0039	中集集团	1994.04.08	895427.48	72.30	63186.06	113.67	46196.51	79.31	34542.07	663979.15	209067.26	68.5100	1.3580	6.1500	5.9600	22.1000	4599.13	34020.14	27.8800	-0.2100	20.5300	10 派 2.00 元;拟增发 8000 万股
0040	深鸿基 A	1994.08.08	37432.35	-36.56	1693.89	-90.47	1166.59	-90.33	1166.59	236983.62	120853.05	49.0000	0.0250	2.5740	2.4210	0.9600	28680.05	46959.34	10.1500	5.2900	406.0000	不分配,不转增
0042	深长城 A	1994.09.21	144288.66	19.11	15900.53	9.41	11178.88	6.10	11486.97	344856.49	122304.03	64.5300	0.4670	5.1070	4.8420	9.1400	6912.17	23946.30	18.1600	6.9500	38.8900	10 派 1.50 元
0043	深南光 A	1994.09.28	87677.89	21.91	2843.22	-4.46	1645.69	-15.55	1645.69	124191.67	43698.41	64.8100	0.1200	3.1400	2.3100	3.7700	3672.23	13932.55	15.9000	1.4700	132.5000	10 派 0.80 元

代码	名称	上市日期	主营业务收入(万元)	同比(%)	利润总额(万元)	同比(%)	净利润(万元)	同比(%)	扣除非经常性损益后净利润(万元)	总资产(万元)	股东权益(万元)	资产负债率(%)	每股收益(摊薄)(元)	每股净资产(元)	调整后每股净资产(元)	净资产收益率(摊薄)(%)	流通A股(万股)	总股本(万股)	收盘价(元)	今年涨幅(%)	市盈率(倍)	分配预案
0045	深纺织A	1994.08.15	29289.63	41.71	2782.98	18.02	2271.71	12.07	2271.71	69657.00	27833.97	60.0400	0.1390	1.7000	1.5600	8.1600	2208.44	16341.60	16.6800	-1.6500	120.0000	不分配,不转增
0046	光彩建设	1994.09.12	27517.06	166.67	5286.05	-66.63	3784.39	-72.05	3694.55	130462.46	55522.40	57.4400	0.1850	2.7100	2.6260	6.8200	9732.17	20488.78	12.2300	-0.7100	66.1100	10派1.00元
0047	ST中侨	1994.10.21	7584.52	-42.72	-13677.23	15.38	-12070.69	16.36	-10662.72	137165.30	842.16	99.3900	-1.0000	0.0700	-1.3300	-1433.3300	3292.46	12040.46	12.5300	3.1300	0.0000	不分配,不转增
0049	深万山A	1995.03.20	2825.74	-7.81	46.70	109.51	43.72	108.79	-359.31	46087.97	20299.71	55.9500	0.0030	1.4800	1.2700	0.2200	4472.36	13682.92	18.4000	5.6900	6133.3300	不分配,不转增
0050	深天马A	1995.03.15	31761.38	18.05	3765.19	53.99	3251.80	47.77	2603.72	60693.36	34581.28	43.0200	0.2800	2.9700	2.8900	9.4000	1694.00	11627.00	22.8100	-10.4100	81.4600	10派1.7514元
0055	深圳方大	1995.11.29	43149.28	-4.94	8049.62	8.52	6929.99	4.23	6929.99	128086.85	102251.59	20.1700	0.2300	3.4500	3.4300	6.7800	4200.00	29640.00	17.3600	-13.9300	75.4800	10派1.20元
0056	深国商	1995.10.30	46986.29	49.30	4367.56	-6.40	3612.30	16.75	3573.23	110884.69	42466.30	61.7000	0.1600	1.9200	1.6500	8.5100	5522.23	22090.12	12.2000	-5.2100	76.2500	不分配,不转增;拟增发5000万股
0059	辽通化工	1997.01.30	112096.86	-19.75	1340.72	-89.86	233.50	-97.81	-3316.13	254949.39	146617.31	42.4900	0.0035	2.2100	2.0800	0.1600	16897.17	66322.52	7.1500	-2.4600	2042.8600	不分配,不转增
0060	中金岭南	1997.01.23	285078.30	-0.66	14848.75	3.65	13024.71	4.16	13802.42	457901.17	109060.50	76.1800	0.3000	2.5200	2.1600	11.9400	20520.00	43200.00	9.7900	3.2700	32.6300	10派2.00元
0061	农产品	1997.01.10	127268.46	106.20	12565.79	29.45	8921.96	27.61	8465.97	224659.69	95960.47	57.2900	0.4830	5.1910	4.6900	9.3000	10170.31	18485.76	16.7000	-7.5300	34.5800	10派2.00元
0062	深圳华强	1997.01.30	46881.49	-43.78	11376.84	-13.52	9784.56	-12.44	9701.27	126470.66	114508.40	9.4600	0.3619	4.2300	4.2100	8.5400	12802.15	27040.00	16.2000	-12.5300	44.7600	10派1.00元
0063	中兴通讯	1997.11.18	452342.58	80.80	42518.09	-13.91	35415.24	67.47	33847.88	632100.68	188581.57	70.1700	0.8600	4.5600	4.5000	18.7800	12480.00	41340.00	37.9200	-0.3900	44.0900	不分配,不转增
0065	北方国际	1998.06.05	32142.03	34.83	1814.04	-9.70	1518.41	-7.82	1383.21	30612.55	14743.53	51.8400	0.1900	1.8400	1.7800	10.3000	2000.00	8000.00	23.0400	8.5800	121.2600	不分配,不转增
0066	长城电脑	1997.06.26	225315.88	34.47	16707.43	-29.21	16731.29	-27.85	16796.92	222805.57	120689.77	45.8300	0.3649	2.6300	2.6200	13.8600	18126.00	45849.15	17.1800	-20.3200	47.0800	10派1.00元
0068	赛格三星	1997.06.11	112978.02	32.38	15161.10	2547.60	14641.25	2456.80	18694.20	307419.24	150315.72	51.1000	0.1860	1.9100	1.8100	9.7400	22500.00	78597.05	10.1400	-4.0700	54.5200	10派0.80元
0069	华侨城A	1997.09.10	15079.09	4.18	8766.19	66.33	8571.09	70.90	9327.67	130283.92	92584.05	28.9400	0.2300	2.4800	2.4100	9.2600	11700.00	37260.00	18.0100	17.1800	78.3000	10转2
0070	特发信息	2000.05.11	57081.03	16.98	5987.60	-8.38	5587.95	6.67	2242.25	136935.73	78062.46	42.9900	0.2200	3.1200	2.9500	7.1600	7000.00	25000.00	24.0300	-9.7600	109.2300	10派2.80元
0078	海王生物	1998.12.18	19898.12	125.11	6815.34	90.33	6153.35	98.07	7398.33	87229.72	23571.12	72.9800	0.4000	1.5400	1.4700	26.1100	3805.60	15280.00	21.7300	-1.4500	54.3300	10派1.3778元
0088	盐田港A	1997.07.28	24783.73	8.20	12787.60	11.68	9393.83	7.81	9922.16	340424.51	141524.11	58.4300	0.1610	2.4190	2.3960	6.6380	12500.00	58500.00	15.4500	9.1100	95.9600	10派1.30元
0089	深圳机场	1998.04.20	45390.07	23.64	33476.31	23.27	31649.66	26.34	31061.96	262358.33	198498.25	24.3400	0.6330	3.9710	3.9420	15.9400	18000.00	49989.00	17.6700	-3.3900	27.9100	10派4.00元
0090	深天健	1999.07.21	154687.19	14.48	11911.30	-3.83	9710.40	-6.75	9710.40	300767.85	97582.95	67.5600	0.4350	4.3710	4.1030	9.9500	5800.00	22326.16	20.2100	-15.7200	46.4600	10股派1.50元
0096	广聚能源	2000.07.24	111814.71	39.31	7230.17	43.50	7088.96	54.38	6346.29	129561.85	90729.72	29.9700	0.2100	2.7500	2.6700	7.4900	8500.00	33000.00	13.3100	-4.8600	63.3800	10派1.10元
0099	中信海直	2000.07.31	29726.40	11.10	6030.29	11.97	5125.75	11.97	4747.54	109426.64	82577.18	24.5400	0.2615	4.2131	4.1895	6.2100	6000.00	19600.00	22.6400	-6.8700	86.5800	10派2.00元
0150	麦科特	2000.08.07	29285.96	-0.72	5044.58	14.53	3980.63	9.95	3581.93	76680.37	66606.83	13.1400	0.2211	3.7000	3.6800	5.9800	7000.00	18000.00	13.6600	-1.7200	61.7800	10派1.00元转8
0151	中成股份	2000.09.06	39764.28	29.30	7683.14	10.08	6310.61	18.91	5879.21	98909.55	75208.38	23.9600	0.3200	3.8100	3.8000	8.3900	7000.00	19732.00	20.6500	-9.5500	64.5300	10派1.60元
0153	新力药业	2000.09.20	11414.65	99.53	3085.51	251.37	2626.92	204.21	2547.82	63478.62	53142.15	16.2800	0.4040	8.1750	8.1060	4.9400	2500.00	6500.23	36.1300	-4.6700	89.4300	不分配,不转增
0155	川化股份	2000.09.26	104251.10	0.94	13409.12	-4.90	9736.42	-3.21	9053.34	177321.91	131512.74	25.8300	0.2100	2.8000	2.8000	7.4000	130000.00	47000.00	10.2800	-4.6400	48.9500	不分配,不转增
0156	安塑股份	2000.09.06	13387.53	16.80	2564.93	62.68	2226.16	46.71	2007.30	64125.64	46492.09	27.5000	0.2300	4.8200	4.6900	4.7900	3600.00	9650.00	22.0000	-4.4700	95.6500	10派0.50元
0157	中联重科	2000.10.12	24485.02	33.05	6196.98	23.51	5255.82	17.44	5093.17	95043.98	80967.42	14.8100	0.3504	5.3978	5.3106	6.4900	5000.00	15000.00	24.0500	-2.6300	68.6400	10派1.00元
0158	常山股份	2000.07.24	183212.90	11.59	13362.50	3.56	9361.07	13.75	10234.04	188515.55	113815.27	39.6300	0.2300	2.8500	2.8300	8.2200	10000.00	40000.00	11.9100	-9.2900	51.7800	10派1.00元
0159	国际实业	2000.09.26	34999.41	-12.98	3337.07	-8.91	2573.60	0.36	1815.51	89330.33	56555.38	36.6900	0.1498	3.2921	3.2793	4.5500	7000.00	17179.23	19.9200	-8.1200	132.9800	不分配,不转增
0301	丝绸股份	2000.05.29	132638.42	30.34	13010.79	33.17	10818.78	30.16	10911.36	178812.98	121518.94	32.0400	0.2320	2.6040	2.5880	8.9000	5100.00	46660.08	12.6300	-0.5500	54.4400	10派0.50元
0400	许继电气	1997.04.18	97939.48	32.35	24300.22	5.97	20116.46	3.00	20093.29	207886.40	140755.13	32.2900	0.5320	3.7200	3.7070	14.2900	19440.00	37827.20	17.7900	-12.2300	33.4400	10派2.00元
0401	冀东水泥	1996.06.14	65485.74	18.94	11139.35	-11.00	9315.05	-11.70	9315.05	223824.39	154320.74	31.0500	0.1056	1.7501	1.6523	6.0400	26995.00	88178.56	7.0200	-1.9600	66.4800	10派1.40元
0402	金融街	1996.06.26	22055.86	81.85	5918.24	335.73	4013.87	232.04	4013.87	59974.88	20173.91	66.3600	0.3200	1.6000	1.6000	19.9000	4800.00	12590.64	20.2900	6.5700	63.4100	10派1.00元
0403	三九生化	1996.06.28	38118.44	8.92	14489.24	47.32	11907.20	48.52	11040.57	117857.53	55146.52	53.2100	0.6100	2.8000	2.7900	21.5900	9262.50	19668.35	18.7000	-16.1100	30.6600	10派1.00元配2,配股价16-19元
0404	华意压缩	1996.06.19	19882.02	13.92	4281.51	31.68	3348.73	16.80	1284.37	69979.59	46720.16	33.2400	0.1400	1.9700	1.9700	7.1700	7098.00	23725.08	10.0400	0.3000	71.7100	10派1.00元
0405	有色鑫光	1996.06.20	65582.82	23.35	-10223.34	-204.14	-11219.57	-264.99	-9654.43	104950.96	58200.89	44.5400	-0.2950	1.5280	1.0170	-19.2770	11042.81	38092.54	9.7300	-1.4200	0.0000	不分配,不转增
0406	石油大明	1996.06.28	83780.95	81.54	33045.93	335.77	27506.11	422.92	2750.61	180406.95	127621.92	29.2600	0.9100	4.2100	3.9100	21.5500	22152.37	30335.63	15.8900	13.5000	17.4600	10派2.00元
0407	胜利股份	1996.07.04	95504.25	-11.69	5769.54	-16.92	4153.23	-24.77	4244.58	103438.84	57621.62	44.2900	0.1700	2.4100	2.3200	7.2100	12420.00	23958.88	10.5500	-0.7500	62.0600	不分配,不转增

代码	名称	上市日期	主营业务收入(万元)	同比(%)	利润总额(万元)	同比(%)	净利润(万元)	同比(%)	扣除非经常性损益后净利润(万元)	总资产(万元)	股东权益(万元)	资产负债率(%)	每股收益(摊薄)(元)	每股净资产(元)	调整后每股净资产(元)	净资产收益率(摊薄)(%)	流通A股(万股)	总股本(万股)	收盘价(元)	今年涨幅(%)	市盈率(倍)	分配预案
0408	河北华玉	1996.06.24	44799.25	45.13	4148.74	-27.68	1984.20	-42.32	1884.20	73238.55	29603.42	59.5800	0.1900	2.8500	2.7400	6.7000	3090.00	10382.40	18.9800	8.8500	99.8900	不分配,不转增
0409	四通高科	1996.06.27	9162.94	1468.60	678.08	136.84	681.14	137.01	596.82	32176.97	25097.34	22.0000	0.0400	1.4600	1.1300	2.7100	7517.37	17137.41	15.0000	-24.5500	375.0000	不分配,不转增
0410	沈阳机床	1996.07.18	58574.38	67.88	1869.85	55.21	1610.00	46.00	901.42	286494.40	93596.18	67.3300	0.0470	2.7450	2.6150	1.7200	13537.28	34091.93	9.5000	-3.5500	202.1300	10派0.20元
0411	PT凯地	1996.07.16	8870.25	9.15	-7291.03	-3.86	-7366.63	-6.70	-5207.46	29230.40	4458.61	84.7500	-0.6390	0.3870	0.2790	-165.2200	3151.29	11525.00	9.0000	-17.9600	0.0000	不分配,不转增
0413	宝石A	1996.07.08	4491.89	685.02	10004.83	226.80	8396.12	197.10	8293.98	161689.83	54268.23	66.4400	0.2190	1.4200	1.4000	15.4700	4508.95	38300.00	12.0500	-3.1400	55.0200	不分配,不转增
0415	汇通水利	1996.07.16	17049.45	2.18	4993.13	-32.71	4654.29	-33.12	4638.45	77444.25	42564.99	45.0400	0.2000	1.8250	1.7820	10.9300	9561.88	23318.00	13.0100	-6.6000	65.0500	10派0.30元配3,配股价8-12元
0416	ST国货	1996.07.19	16481.69	-15.99	-2398.58	41.71	-2393.90	41.81	-2393.73	38147.48	22457.80	41.1300	-0.2100	1.9800	1.9100	-10.6600	6241.68	11367.90	16.4100	16.2200	0.0000	不分配,不转增
0417	合肥百货	1996.08.12	79210.84	9.55	6293.49	24.28	4985.63	17.16	3251.09	97424.19	56968.37	41.5300	0.5920	6.7600	6.4700	8.7500	3042.00	8424.14	22.6400	-6.8300	38.2400	10送2派1.50元
0418	小天鹅A	1996.07.18	272486.35	2.45	23511.88	-11.12	18821.77	-10.11	17774.73	340714.94	199586.58	41.4200	0.5155	5.4700	5.3700	9.4300	7200.00	36510.38	15.1500	-7.7300	29.3900	10派3.00元;拟增发5000万股
0419	通程控股	1996.08.16	65878.17	1.84	4435.43	-4.65	3571.15	-5.51	3186.68	110985.26	56626.96	48.9800	0.2035	3.2265	3.1183	6.3100	6407.32	17550.82	15.2100	-4.4000	74.7400	10派1.00元
0420	吉林化纤	1996.08.02	86539.72	8.00	5704.36	-48.14	4830.83	-48.23	4339.75	212312.15	118381.26	44.2400	0.1300	3.1300	3.0800	4.0800	19424.57	37825.75	8.4500	2.9200	65.0000	10派1.20元
0421	南京中北	1996.08.06	34379.18	18.09	3143.65	-4.60	2645.85	-2.83	3093.71	82467.01	41215.46	50.0200	0.1340	2.0900	1.8900	6.4200	6208.44	19718.30	11.8500	-2.4700	88.4300	10派1.00元
0422	湖北宜化	1996.08.15	39376.71	-6.41	4602.78	-56.00	3944.20	-46.79	3824.25	103146.27	63160.38	38.7700	0.2110	3.3780	3.3400	6.2400	8373.11	18696.30	12.5900	4.3900	59.6700	10派1.00元
0423	东阿阿胶	1996.07.29	42346.24	51.09	10356.30	65.87	8444.50	87.38	8618.75	87102.33	72704.52	16.5300	0.4030	3.4690	3.4650	11.6150	14750.26	20959.57	16.4900	4.2400	40.9200	10派2.00元转3股
0425	徐工科技	1996.08.28	126164.42	9.85	9886.08	6.28	7515.98	-6.01	7336.00	151076.78	63706.48	57.8300	0.2130	1.8100	1.4200	11.8000	12137.65	35274.10	17.3900	4.8400	81.6400	10送1派0.80元转2配3,配股价9-15元
0426	富龙热力	1996.08.28	17273.29	17.80	7390.64	-7.01	6324.26	-5.37	6272.35	106787.09	73707.69	30.9800	0.3430	4.0000	3.7900	8.5800	5104.08	18448.08	14.6800	-0.8300	42.8000	10送1.0932派0.2733元
0428	华天酒店	1996.08.08	19280.08	35.07	4733.87	12.89	3629.32	5.12	3063.40	70443.82	50461.76	28.3700	0.2300	3.1800	3.0100	7.1900	4680.00	15880.00	14.6200	0.4200	63.5700	不分配,不转增
0429	粤高速A	1998.02.20	25110.09	-2.75	18413.65	-50.04	12701.52	-57.07	13217.56	379108.75	327668.87	13.5700	0.1500	4.0100	3.8900	3.7800	13000.00	83807.85	12.7400	-15.2900	84.9300	10派1.00元转5
0430	ST张家界	1996.08.29	3389.51	-34.67	-10562.94	-3979.70	-10232.05	-3280.90	-7874.93	38993.01	9223.77	76.3500	-0.5570	0.5020	0.4470	-114.5190	7435.80	18360.00	10.7900	-2.7100	0.0000	不分配,不转增
0488	晨鸣A	1997.05.26	241147.43	40.18	42181.95	25.02	23132.70	33.45	17691.69	538426.36	286373.07	46.8100	0.5102	6.3162	6.1841	8.0800	7000.00	45339.79	18.6500	-6.0900	36.5500	10送1派3.00元
0498	丹东化纤	1997.06.09	83942.57	15.60	988.48	-78.67	708.82	-80.23	708.82	153282.86	72452.57	52.7300	0.0180	1.8600	1.8400	0.9800	17400.00	39000.00	9.9600	19.8600	553.3300	不分配,不转增
0501	鄂武商A	1992.11.20	201153.40	21.06	7838.43	-2.59	2815.21	7.96	2832.62	324871.87	116596.13	64.1100	0.0600	2.3000	1.6500	2.4100	20252.62	50724.86	8.2200	-5.4100	137.0000	10派0.40元
0502	琼能源A	1992.11.23	6213.06	2728.10	3598.21	83.39	3622.37	84.62	-744.75	42884.84	26004.02	39.3600	0.2327	1.6705	1.4586	13.9300	5715.87	15566.85	16.5900	0.6100	71.2900	不分配,不转增
0503	海虹控股	1992.11.30	42288.17	43.17	9159.49	12.03	7941.00	-3.37	7440.91	96710.36	44748.02	53.7300	0.2320	1.3073	1.2394	17.7460	11865.92	34228.72	23.4500	-6.9100	101.0800	10派0.30元;拟增发4000万股
0504	赛迪传媒	1992.12.08	2204.02	149.74	2526.32	-140.93	2826.14	-146.43	8274.19	59704.89	31497.28	47.2500	0.0900	1.0100	0.9900	8.9700	8675.59	31157.39	18.4100	6.1700	204.5600	不分配,不转增
0505	珠江控股	1992.12.21	3721.76	-7.37	5630.24	148.26	6272.47	128.13	-1816.67	80401.43	46370.52	42.3300	0.1700	1.2300	1.1700	13.5300	11340.58	37765.08	11.3400	-10.7800	66.7100	不分配,不转增
0506	东泰控股	1993.03.12	27030.84	174.66	3366.36	39.46	2564.10	6.23	1629.96	72703.35	27668.77	61.9400	0.1030	1.1100	1.0490	9.2700	14431.35	24910.17	13.3700	7.3900	129.8100	不分配,不转增
0507	粤富华A	1993.03.26	20958.92	105.23	6078.39	55.31	5055.11	32.13	5468.19	113373.13	91118.04	19.6300	0.1470	2.6400	2.6000	5.5500	19555.80	34499.74	8.4300	1.5700	57.3500	不分配,不转增
0509	天歌科技	1993.05.07	28832.16	21.39	3881.89	6.64	3008.31	7.66	2646.56	68673.50	35713.08	48.0000	0.1398	1.6600	1.3900	8.4200	11608.23	21518.52	13.6000	-4.0200	97.2800	10派1.00元配3,配股价10-15元
0510	金路集团	1993.05.07	51100.29	48.42	8207.61	16725.00	8207.04	17872.00	8301.44	100145.35	58450.61	41.6300	0.2800	1.9960	1.8530	14.0400	19319.50	29287.61	21.6000	15.2000	77.1400	10转6
0511	银基发展	1993.05.18	25437.65	281.09	7125.03	128.06	4713.02	103.74	4713.02	141778.59	88867.53	37.3200	0.2620	4.9400	4.9200	5.3000	11903.29	17988.10	15.7300	-1.6900	60.0400	10派1.00元转5
0513	丽珠集团	1993.07.20	117855.32	3.95	3525.63	107.94	1037.58	529.81	1037.58	158829.07	91600.19	42.3300	0.0300	2.9900	2.6500	1.1300	11567.23	30603.55	12.9000	-0.6900	430.0000	不分配,不转增
0514	渝开发A	1993.07.12	4561.25	-12.56	78.09	-94.65	52.12	-95.74	-307.88	49765.92	18159.69	63.5100	0.0040	1.5400	1.4000	0.2900	4324.32	11754.29	16.4400	-5.7900	4110.0000	不分配,不转增
0515	PT渝钛白	1993.07.12	21478.61	30.91	350.93	102.48	350.93	102.48	-256.44	71461.33	21783.54	69.5200	0.0270	1.6800	1.5700	1.6100	5544.00	13000.52	14.2800	-1.5200	528.8900	不分配,不转增
0516	陕解放A	1993.08.09	72808.42	7.30	3712.95	17.63	3194.43	19.15	3194.43	63578.55	23050.63	63.7400	0.2650	1.9200	1.9000	13.8600	3342.65	12035.03	15.3100	-7.6300	57.7700	10派1.80元
0517	甬成功	1993.08.06	20365.19	325.37	6215.95	114.27	5446.59	101.00	5424.54	57070.62	25368.35	55.5500	0.6100	2.8200	2.7900	21.4700	2780.18	8989.78	26.0200	-7.3000	42.6600	不分配,不转增
0518	四环生物	1993.09.08	18724.68	77.91	5678.39	46.65	5301.61	36.92	5103.97	27467.24	20483.35	25.4300	0.4000	1.5300	1.4400	25.8800	7590.00	13374.24	17.3500	7.4000	43.3800	10派0.375元
0519	银河科技	1993.10.08	15532.03	-3.04	2920.37	68.19	2559.51	54.15	1623.37	39750.48	20069.31	49.5100	0.2000	1.6700	1.6400	11.9900	4974.18	12774.80	16.6700	-2.9600	83.3500	10派1.00元
0520	中国凤凰	1993.10.25	80106.41	93.26	10483.84	-15.43	6652.22	-35.46	6453.29	138663.38	125917.61	9.1900	0.1280	2.4300	2.4200	5.2800	29499.09	51916.88	7.3200	-3.3000	57.1900	10派1.00元
0521	美菱集团	1993.10.18	133902.34	0.92	632.33	-89.40	552.63	-88.45	527.12	252668.21	137751.05	45.4800	0.0130	3.3300	3.2600	0.4000	13805.28	41364.29	9.2100	3.8300	708.4600	不分配,不转增

代码	名称	上市日期	主营业务收入(万元)	同比(%)	利润总额(万元)	同比(%)	净利润(万元)	同比(%)	扣除非经常性损益后净利润(万元)	总资产(万元)	股东权益(万元)	资产负债率(%)	每股收益(摊薄)(元)	每股净资产(元)	调整后每股净资产(元)	净资产收益率(摊薄)(%)	流通A股(万股)	总股本(万股)	收盘价(元)	今年涨幅(%)	市盈率(倍)	分配预案
0522	ST白云山	1993.11.08	82252.69	4.16	7176.48	27.60	7176.48	27.60	7621.20	180111.73	5341.13	97.0300	0.1900	0.1400	−1.4600	134.3600	15654.44	37434.44	9.1200	0.4400	48.0000	不分配,不转增
0523	广州浪奇	1993.11.08	44898.63	16.68	464.00	−82.05	243.25	−88.06	221.00	64928.98	50826.87	21.7200	0.0100	2.2200	2.1600	0.4800	9418.67	22935.06	10.6000	−4.3300	1060.0000	不分配,不转增
0524	东方宾馆	1993.11.08	22434.26	8.77	2500.38	−11.55	2042.58	−13.70	1787.58	80166.88	68951.61	13.9900	0.0800	2.5600	2.2100	2.9600	9898.47	26967.37	9.7300	2.1000	121.6300	10派1.00元
0525	红太阳	1993.10.28	22405.46	2.04	4807.75	−13.27	3969.35	−13.60	3969.35	63438.04	44013.10	30.6200	0.2408	2.6700	2.4763	9.0200	7612.11	16484.64	19.3800	6.3700	80.4800	10送1.5派0.50元转5.5
0526	厦海发A	1993.11.01	8662.58	1491.90	1965.43	128.60	1369.09	54.81	1369.09	22744.51	14211.82	37.5200	0.1730	1.7930	1.7920	9.6300	3277.53	7925.03	17.6600	−5.7600	102.0800	不分配,不转增
0527	粤美的A	1993.11.12	880524.43	52.08	49731.48	59.17	30316.21	9.17	26619.42	717408.64	197536.21	72.4700	0.6300	4.0700	3.6700	15.3500	29008.30	48488.97	12.7200	−5.0000	20.1900	10派3.00元;拟增发1000万股
0528	桂柳工A	1993.11.18	76519.05	5.29	667.94	−35.27	115.43	−53.90	115.97	120502.71	69726.08	42.1400	0.0030	2.1300	2.1000	0.1200	11963.68	32753.68	7.9000	−4.7000	2633.3300	不分配,不转增
0529	粤美雅A	1993.11.18	70406.08	−15.91	702.31	102.23	678.28	102.14	575.93	274605.97	163600.46	40.4200	0.0200	4.1300	4.1100	0.4100	21605.81	39651.59	7.4800	−3.9800	374.0000	不分配,不转增
0530	大冷股份	1993.12.08	80068.32	11.12	8543.85	9.96	7815.13	9.97	7821.56	176751.93	110270.36	37.6100	0.2230	3.1500	3.1000	7.0900	9837.02	35001.50	10.3300	−8.3400	46.3200	10派1.00元
0531	穗恒运A	1994.01.06	66801.30	11.06	10585.48	−10.72	5928.02	−9.62	6279.40	144202.43	55890.85	61.2400	0.2200	2.0970	2.0000	10.6100	10782.16	26652.13	11.5700	−1.1100	52.5900	10派1.50元
0532	粤华电A	1994.01.03	–	0.00	−15592.08	−6512.50	−15592.08	−6512.50	−2566.43	41038.84	38202.40	6.9100	−0.7100	1.7500	1.6800	−40.8100	9353.61	21839.22	17.1800	−4.5600	0.0000	不分配,不转增
0533	万家乐A	1994.01.03	116706.60	4.86	1870.37	−89.67	2318.05	−84.97	2519.64	369690.83	135837.99	63.2600	0.0400	2.3600	2.2000	1.7100	20370.56	57568.00	8.6600	−14.3400	216.5000	不分配,不转增
0534	汕电力A	1994.01.04	8640.42	11.35	1671.90	173.91	1494.20	302.05	1523.95	57101.61	54269.59	4.9600	0.0717	2.6058	2.5811	2.7533	8822.93	20826.13	11.5500	−10.5300	161.0900	10派1.00元
0537	南开戈德	1993.12.10	45427.97	27.47	12814.23	38.86	12829.85	39.03	11501.16	114816.89	80981.12	29.4700	0.6000	3.7900	3.7600	15.8400	8748.86	21376.24	22.6500	11.3300	37.7500	10送2派0.50元转7
0538	云南白药	1993.12.15	80640.50	234.29	6040.00	33.61	4922.44	46.94	4702.00	79285.05	38987.58	50.8300	0.2650	2.1000	2.0700	12.6300	5821.20	18581.80	17.4000	−2.4700	65.6600	10派1.00元
0539	粤电力A	1993.11.26	428809.21	24.77	193182.80	24.60	97029.22	16.26	100263.61	1129912.58	473557.45	58.0900	0.3770	1.8400	1.7800	20.4900	30747.60	257540.40	11.7700	−10.8300	31.2200	10派1.50元
0540	世纪中天	1994.02.02	21416.83	45.03	27137.99	559.69	22947.76	693.48	3410.25	108250.86	43381.27	59.9300	1.1900	2.2600	2.0700	52.8900	6622.44	19224.20	19.4800	−6.2800	16.3700	10送7派2.00元
0541	佛山照明	1993.11.23	68728.04	14.06	18924.21	1.05	16115.35	1.76	15705.72	217199.75	187682.42	13.5900	0.4500	5.2400	5.2100	8.5900	14703.54	35844.83	12.6000	−1.7900	28.0000	10派3.80元
0542	TCL通讯	1993.12.01	93222.90	214.06	3004.88	116.75	2631.66	114.63	2631.66	109089.25	43752.73	59.8900	0.1400	2.3260	1.9600	6.0100	8145.28	18810.88	16.2000	−11.9600	115.7100	不分配,不转增
0543	皖能电力	1993.12.20	68961.41	7.24	26109.03	21.63	22077.64	21.06	20490.04	279032.18	229048.61	17.9100	0.2856	2.9600	2.9400	9.6400	14064.38	77300.88	9.5200	1.8200	33.3300	10派2.00元
0545	恒和制药	1993.12.15	14899.69	−9.00	487.22	104.94	487.22	104.94	687.85	34064.21	16306.54	52.1300	0.0360	1.2000	1.1400	2.9900	6809.58	13563.58	11.0600	−5.6300	307.2200	不分配,不转增
0547	闽福发A	1993.11.30	22528.21	45.37	4381.50	−32.59	3794.52	−40.25	3659.44	99692.79	41444.68	58.4300	0.3100	3.3900	3.3100	9.1600	7356.33	12242.32	15.4200	4.7600	49.7400	10派1.00元
0548	湖南投资	1993.12.20	13095.51	30.10	7883.10	22.11	5692.17	−9.40	5759.99	80739.70	52318.87	35.2000	0.1960	1.8000	1.7920	10.8800	12620.48	29060.80	11.5000	1.7700	58.6700	不分配,不转增
0549	湘火炬A	1993.12.20	154338.38	271.29	15199.39	128.28	8595.85	65.15	8530.10	230809.47	94120.28	59.2200	0.3310	3.6190	3.4070	9.1300	16628.04	26007.96	19.8600	3.8200	60.0000	10送2派2.00元转4
0550	江铃汽车	1993.12.01	282515.51	15.79	6391.43	141.26	5329.15	133.08	3472.36	430203.85	165434.64	61.5500	0.0620	1.9160	1.2400	3.2200	11760.00	86321.40	8.4500	18.6800	136.2900	不分配,不转增
0551	创元科技	1994.01.06	33970.42	431.67	5017.51	−6.47	4493.95	−7.93	4493.95	119723.82	49025.27	59.0500	0.1900	2.0300	1.9600	9.1700	11079.43	24172.64	11.8100	−4.2900	62.1600	10派1.00元
0552	甘长风A	1994.01.06	23662.43	12.51	3317.36	33.44	3223.37	29.66	2238.01	52033.33	23380.47	55.0700	0.1810	1.3140	1.3120	13.7900	6679.20	17787.00	14.2200	−12.3800	78.5600	不分配,不转增
0553	沙隆达A	1993.12.03	91314.63	−6.08	2355.89	−68.57	1800.70	−71.44	1123.55	189737.75	100813.76	46.8700	0.0600	3.3900	3.2600	1.7900	9723.23	29696.16	12.4300	16.1700	207.1700	不分配,不转增
0554	泰山石油	1993.12.15	106526.85	11.69	15565.61	261.20	12893.25	336.70	6708.78	119716.91	78628.39	34.3200	0.4020	2.4530	2.2710	16.4000	19652.50	32052.89	12.0400	6.4900	29.9500	10转5
0555	太光电信	1994.04.08	73.42	−80.38	48.00	103.82	49.39	104.05	−388.15	11449.80	10125.92	11.5600	0.0060	1.2400	1.0100	0.4900	2189.33	8182.77	24.7100	−3.3300	4118.3300	不分配,不转增
0557	银广夏A	1994.06.17	90898.87	136.98	42337.94	226.83	41764.64	226.31	41407.69	315129.53	120852.81	61.6500	0.8270	2.3900	2.1500	34.5600	28081.95	50526.14	35.0700	−7.0500	42.4100	10派3.00元配1.5,配股价20−30元
0558	辽房天A	1994.05.09	5466.85	−35.83	1334.96	26.58	1334.96	26.58	223.79	53181.28	16432.23	69.1000	0.1140	1.4000	1.3300	8.1200	5050.44	11716.44	16.5500	−3.2700	145.1800	不分配,不转增
0559	万向钱潮	1994.01.10	122999.97	2.30	15415.41	20.15	14650.88	25.79	13811.75	159273.29	92797.99	41.7400	0.5180	3.2800	3.2300	15.7900	8833.26	28285.98	13.0700	−2.4800	25.2300	10股送1.8266派1.8266元
0560	昆百大A	1994.02.02	75136.96	−15.36	−7838.45	−739.87	−7741.69	−755.36	−7752.69	110239.38	17707.73	83.9400	−0.5760	1.3200	0.6200	−43.7200	6240.00	13440.00	10.8500	−0.8200	0.0000	不分配, 不转增
0561	陕长岭A	1994.05.09	63677.74	5.57	1336.02	107.47	1352.16	107.55	−5647.84	164860.58	82770.53	49.7900	0.0340	2.0850	1.8620	1.6340	24208.77	39701.26	7.7800	−5.1200	228.8200	不分配,不转增
0563	陕国投A	1994.01.08	29939.80	−17.10	6236.74	16.05	4896.07	14.73	4467.69	361832.29	51755.21	85.7000	0.1560	1.6500	1.5200	9.4600	12636.00	31418.70	12.3100	4.5000	78.9100	10派1.00元;拟增发12000万股
0564	西安民生	1994.01.10	82650.60	14.11	4285.90	180.60	3420.45	167.10	3420.45	99170.40	54352.25	45.1900	0.1693	2.6900	2.6600	6.2900	13513.12	20200.70	11.5000	17.4700	67.9300	不分配,不转增
0565	渝三峡A	1994.04.08	29468.12	−5.37	310.43	−80.15	279.98	−79.61	279.98	48244.59	36445.76	24.4600	0.0160	2.1000	2.0700	0.7700	8741.38	17343.69	16.1500	11.8400	1009.3800	不分配,不转增
0566	轻骑海药	1994.05.25	17548.66	29.15	−5408.21	−166.48	−5408.21	−166.48	−5408.21	88558.40	20864.33	76.4400	−0.2670	1.0300	0.9260	−25.9000	8354.90	20234.90	10.6000	−2.8400	0.0000	不分配,不转增
0567	琼海德A	1994.05.25	943.06	−70.92	−4273.95	−339.97	−4127.03	−284.69	−7191.13	42514.57	15626.10	63.2500	−0.2700	1.0300	1.0100	−26.2100	6048.00	15120.00	11.6600	−13.6300	0.0000	不分配,不转增

代码	名称	上市日期	主营业务收入(万元)	同比(%)	利润总额(万元)	同比(%)	净利润(万元)	同比(%)	扣除非经常性损益后净利润(万元)	总资产(万元)	股东权益(万元)	资产负债率(%)	每股收益(摊薄)(元)	每股净资产(元)	调整后每股净资产(元)	净资产收益率(摊薄)(%)	流通A股(万股)	总股本(万股)	收盘价(元)	今年涨幅(%)	市盈率(倍)	分配预案
0568	泸州老窖	1994.05.09	97873.11	-3.86	22142.04	-8.58	16682.92	30.14	10705.82	203817.14	131526.04	35.4700	0.3400	2.6900	2.6600	12.6800	12313.41	48893.46	12.0900	-2.4200	35.5600	拟10配3,配股价8-12元
0569	川投长钢	1994.04.25	147816.64	6.88	6704.56	424.93	6704.56	424.93	5641.50	226621.91	79903.44	64.7400	0.0960	1.1490	1.0000	8.3900	14792.94	69514.22	7.1400	-0.2800	74.3800	不分配,不转增
0570	苏常柴A	1994.07.01	230759.20	-28.48	3497.30	-73.04	3968.71	-59.90	2579911.70	357454.74	169487.99	52.5800	0.1100	4.5300	4.4100	2.3400	11102.56	37424.96	12.2300	-7.0700	111.1800	不分配,不转增
0571	新大洲A	1994.05.26	179663.27	-28.82	-14143.15	-536.45	-13965.36	-1142.00	-11691.76	291171.73	99365.45	65.8700	-0.1897	1.3500	1.2200	-14.0500	33700.55	73606.40	6.8900	-16.7900	0.0000	不分配,不转增
0572	琼金盘A	1994.08.08	7381.27	-27.91	71.26	-39.55	87.42	-8.12	-2213.46	91325.60	24382.97	73.3000	0.0040	1.1290	0.9800	0.3500	8685.89	21589.45	10.2200	-9.6400	2555.0000	不分配,不转增
0573	粤宏远A	1994.08.15	18670.70	19.18	923.49	-51.12	597.16	-39.27	835.45	227021.74	140975.82	37.9000	0.0130	3.1234	2.9540	0.4200	29205.81	45128.39	7.6900	3.2200	591.5400	不分配,不转增
0576	广东甘化	1994.09.07	76954.26	70.96	3175.70	50.99	2670.62	50.21	2454.67	166351.29	97668.02	41.2900	0.1100	3.9400	3.7300	2.7300	10310.33	24759.86	11.1100	17.0700	101.0000	10派0.70元
0578	数码网络	1995.03.03	69827.38	297.73	4189.35	99.05	3775.90	116.15	3775.90	62802.14	28337.49	54.8800	0.1900	1.4300	1.4000	13.3200	6876.38	19815.34	14.5700	-8.1300	76.6800	10派0.50元配3,配股价10-15元
0581	威孚高科	1998.09.24	85120.74	10.19	14852.68	20.54	13256.66	24.45	13404.35	199276.06	162189.00	18.6100	0.3000	3.7200	3.7200	7.9600	19200.00	43636.62	12.5300	-5.1500	41.7700	10派2.00元
0582	北海新力	1995.11.02	6211.76	-2.12	1790.53	-50.59	1557.47	-53.76	1125.92	93574.95	53248.64	43.1000	0.0830	2.8250	2.7200	2.9250	5720.00	18847.18	13.5600	-2.8000	163.3700	10派0.50元
0583	托普软件	1995.11.01	50826.41	85.35	13367.22	44.24	8729.38	51.80	6940.86	189316.33	121533.76	35.8000	0.7160	9.9680	9.7161	7.1827	6880.00	12192.43	37.9000	-3.5900	52.9400	10派5.00元
0584	蜀都A	1995.11.28	13789.45	6.23	2068.95	114.68	2065.76	114.66	769.59	67584.65	27961.73	58.6300	0.1000	1.3800	1.2000	7.3900	5056.48	20223.51	15.0200	10.6000	150.2000	不分配,不转增
0585	ST东北电	1995.12.13	132004.82	-6.18	-36533.07	-121.57	-36359.73	-117.94	-36384.20	445489.22	112556.33	74.7300	-0.4160	1.2900	1.2500	-32.3000	14360.00	87337.00	6.7900	-10.8900	0.0000	不分配,不转增
0586	川长江A	1995.12.20	40705.31	2.61	-5627.89	-1294.70	-5627.89	-1538.80	-5708.14	50295.09	31026.23	38.3100	-0.2909	1.6000	1.1690	-18.1400	6084.00	19344.00	14.1500	1.0700	0.0000	不分配,不转增
0587	光明家具	1996.04.25	30725.39	43.91	6214.75	18.98	5305.63	37.02	5545.36	69710.36	43229.55	37.9900	0.2860	2.3300	2.2900	12.2700	8343.89	18571.16	12.4100	-2.0500	43.3900	拟10配3,配股价10-15元
0588	PT粤金曼	1996.01.23	8640.94	8.09	-21671.43	50.79	-22032.75	49.50	-43385.84	90818.28	-62978.55	169.3500	-3.2480	-7.9100	-7.9230	--	6211.57	13432.00	5.0000	-28.4700	0.0000	不分配,不转增
0589	黔轮胎A	1996.03.08	156788.39	52.20	2236.07	30.82	1476.36	24.28	534.03	236632.73	86963.00	63.2500	0.0600	3.4190	3.1410	1.7000	12462.02	25432.71	10.7600	-21.8000	179.3300	不分配,不转增
0590	紫光生物	1996.01.19	28356.14	29.11	3865.46	159.77	3033.00	165.11	2334.83	63625.55	37529.42	41.0200	0.1490	1.8500	1.7880	8.0800	6318.00	20302.84	19.9500	-29.9800	133.8900	不分配,不转增
0591	桐君阁	1996.02.08	59150.13	33.55	3048.71	31.99	2634.12	34.33	2385.23	49004.42	24834.93	49.3200	0.2640	2.4900	2.0700	10.6100	3480.00	9986.62	18.0900	-3.3100	68.5200	10派1.25元
0592	ST中福	1996.03.27	14374.01	-19.91	1495.36	110.96	1442.71	110.85	-3547.64	89941.98	30837.20	65.7100	0.0490	1.0470	0.8520	4.6800	8681.14	29440.47	10.8800	3.9200	222.0400	不分配,不转增
0593	成都华联	1996.03.12	31667.91	2.12	2320.02	-25.77	2098.49	-25.69	2098.49	54362.03	29523.11	45.6900	0.2400	3.4100	3.3700	7.1100	2366.00	8650.33	32.7000	14.7000	136.2500	10送2转增8
0594	内蒙宏峰	1996.03.20	28992.64	21.45	8404.18	10.32	7151.57	13.40	4121.42	91180.19	68261.96	25.1400	0.1900	1.8200	1.7700	10.4800	12972.96	37407.74	15.8800	-6.5900	83.5800	10送2派0.50元转3
0595	西北轴承	1996.04.19	47412.77	-3.26	751.08	28.95	222.31	-67.71	-654.20	111552.16	42607.39	61.8000	0.0130	2.4400	2.3400	0.5200	6583.25	17495.99	13.6000	-4.7600	1046.1500	不分配,不转增
0596	古井贡	1996.06.12	91575.70	2.75	22068.82	-4.16	14714.84	-1.30	14714.84	158801.95	111721.45	29.6500	0.6300	4.7500	4.7400	13.2000	1996.95	23500.00	24.2900	-14.3200	38.5600	10派3.00元;拟增发3500万股
0597	东北药	1996.05.23	119756.80	18.39	3659.28	-27.39	2885.11	-33.49	2885.11	266919.64	90535.95	66.0800	0.0950	2.9800	2.7000	3.1900	10881.00	30381.00	10.1600	7.4000	106.9500	不分配,不转增
0598	蓝星清洗	1996.05.29	24680.71	35.96	7618.40	21.60	6415.42	24.35	6363.26	70956.14	57051.08	19.6000	0.4200	3.7200	3.7000	11.2500	7605.00	15345.00	14.8400	2.3400	35.3300	10派1.00元
0599	青岛双星	1996.04.30	55313.44	82.23	4111.88	-34.09	2977.35	-38.46	2742.08	95043.25	43024.27	54.7300	0.2250	3.2580	3.1430	6.9200	4800.00	13205.36	13.1900	4.0000	58.6200	10派2.675元
0601	韶能股份	1996.08.30	54740.15	-3.50	16123.96	6.37	12817.62	19.69	11074.00	256756.72	171880.23	33.0600	0.3300	4.4000	4.2900	7.4600	17164.22	39038.05	12.8200	-0.6200	38.8500	10派1.50元
0603	威达医械	1996.08.23	3586.33	7.24	-58.67	87.42	213.07	77.59	213.07	25916.76	12906.86	50.2000	0.0190	1.1540	1.0240	1.6500	2850.00	11186.25	15.9800	-4.0800	841.0500	不分配,不转增
0605	中联建设	1996.09.13	5408.44	-0.49	111.15	106.59	111.15	106.47	-374.67	30093.89	10203.82	66.0900	0.0130	1.2370	1.0490	1.0900	2062.50	8250.00	21.5900	19.6100	1660.7700	不分配,不转增
0606	青海明胶	1996.10.04	8722.19	11.36	2170.83	-8.06	1799.51	-11.94	1213.62	35618.44	26606.54	25.3000	0.2400	3.5100	3.3900	6.7600	2535.00	7585.10	27.4300	32.8300	114.2900	不分配,不转增
0607	华立控股	1996.08.30	111249.76	86.87	13543.50	171.89	5879.12	285.31	5368.47	97877.44	25923.12	73.5100	0.3848	1.7000	1.6500	22.6800	4500.00	15278.00	20.9900	-3.3200	54.5500	10派0.20元转2.5;拟增发5000万股
0608	阳光股份	1996.09.19	68173.47	265.06	15194.48	108.47	8377.27	67.55	8139.79	119058.09	46258.64	61.1500	0.4020	2.2180	2.2130	18.1100	9749.38	20860.02	17.0900	-8.1700	42.5100	10派0.50元配3,配股价15-18.5元
0609	燕化高新	1996.10.10	18670.51	4.48	4188.00	2.03	3617.02	-2.47	3378.15	47076.83	41264.43	12.3500	0.2790	3.1800	3.0900	8.7700	4911.66	12960.67	18.6100	12.7200	66.7000	10派1.50元
0610	西安旅游	1996.09.26	10957.89	35.87	1953.01	6.65	1660.06	6.65	1696.57	44096.90	35914.17	18.5600	0.1000	2.1400	1.8900	4.6200	5304.00	16759.79	14.5800	-2.6100	145.8000	10派0.80元
0611	民族集团	1996.10.08	22520.82	1.31	-211.06	76.26	83.68	111.96	60.76	60741.88	29848.98	50.8600	0.0048	1.7050	1.6300	0.2800	7548.15	17504.06	12.5200	5.7400	2608.3300	不分配,不转增
0612	焦作万方	1996.09.26	66508.97	-1.30	6463.73	-43.15	5012.55	-41.12	4508.04	158299.96	57994.69	63.3600	0.1860	2.1510	2.0680	8.6430	10154.16	26964.76	11.2900	-8.4300	60.7000	10派1.00元;拟增发8000万股
0613	PT东海A	1996.10.08	2212.73	-8.08	-6106.97	-11.99	-6106.97	-11.99	-2880.24	32580.32	10396.90	68.0900	-0.1700	0.2900	0.2900	-58.7400	4510.00	36410.00	7.2000	-22.5800	0.0000	不分配,不转增
0615	湖北金环	1996.10.16	31377.87	-6.22	4385.94	-26.77	3745.93	-26.43	3745.93	74241.23	54502.73	26.5900	0.2420	3.5200	3.5100	6.8730	6987.27	15490.85	12.5900	-2.7000	52.0200	10派0.80元
0616	大连渤海	1996.11.08	10348.93	10.23	3174.04	13.94	2687.06	13.90	2614.17	52365.96	29794.47	43.1000	0.3180	3.5300	3.1900	9.0200	3380.00	8450.00	25.0500	4.9900	78.7700	10转6

代码	名称	上市日期	主营业务收入（万元）	同比（%）	利润总额（万元）	同比（%）	净利润（万元）	同比（%）	扣除非经常性损益后净利润（万元）	总资产（万元）	股东权益（万元）	资产负债率（%）	每股收益（摊薄）（元）	每股净资产（元）	调整后每股净资产（元）	净资产收益率（摊薄）（%）	流通A股（万股）	总股本（万股）	收盘价（元）	今年涨幅（%）	市盈率（倍）	分配预案
0617	石油济柴	1996.10.22	22836.29	-1.73	520.43	631.04	520.43	631.04	266.17	47662.46	17796.94	62.6600	0.0500	1.7110	1.5950	2.9240	3250.00	10400.00	16.7300	3.2700	334.6000	不分配,不转增
0618	吉林化工	1996.10.15	1384672.23	26.11	-86301.49	-479.62	-87876.62	-691.26	1500.00	1771070.84	568724.52	67.8900	-0.2500	1.6000	1.5000	-15.4600	20000.00	356107.80	6.3400	0.6300	0.0000	不分配,不转增
0619	海螺型材	1996.10.23	55212.98	1286.60	9835.17	690.67	9765.58	823.62	8123.23	71418.47	25726.52	63.9800	0.6510	1.7200	1.7100	37.9600	5100.00	15000.00	27.1000	5.8600	41.6300	不分配,不转增;拟增发3000万股
0620	圣方科技	1996.10.29	13791.19	-73.88	4896.67	-34.67	4529.75	-26.88	3656.02	120898.00	79058.56	34.6100	0.1500	2.5400	2.5400	5.7300	15048.00	31162.70	14.7700	-2.8900	98.4700	不分配,不转增
0621	比特科技	1996.11.05	10784.61	113.18	3388.85	-20.39	3384.07	-4.59	2329.60	41457.23	33218.67	19.8700	0.2260	2.2200	2.2000	10.1900	5567.69	14968.32	22.4900	20.2000	99.5100	不分配,不转增
0622	岳阳恒立	1996.11.07	20667.27	35.02	2095.47	-22.14	1483.65	-15.69	1376.84	50457.19	21615.79	57.1600	0.1046	1.5300	1.4900	6.8600	6583.16	14174.20	13.9900	-0.0700	133.7500	10派0.30元
0623	吉林敖东	1996.10.28	31418.30	-18.51	9967.12	-22.71	8261.63	-17.70	7889.24	143266.73	107474.39	24.9800	0.3540	4.6000	4.4400	7.6900	11037.54	23366.46	15.2700	-10.8100	43.1400	10派2.00元
0625	长安汽车	1997.06.10	681556.95	20.89	24786.52	37.90	14765.45	174.89	15173.53	757167.42	246063.12	67.5000	0.1204	2.0100	1.8600	6.0000	16797.18	122666.60	7.5700	6.9200	62.8700	10派0.38元
0626	如意集团	1996.11.28	265895.51	337.89	1933.33	14.84	378.12	-52.79	36.08	65398.87	15486.70	76.3200	0.0300	1.1500	1.0300	2.4400	3375.00	13500.00	16.6000	-3.0400	553.3300	不分配,不转增
0627	百科药业	1996.11.12	32196.34	25.83	4886.00	2.65	3424.34	9.21	3411.70	88633.05	52773.63	40.4600	0.1200	1.8900	1.8600	6.4900	7300.80	27889.06	21.0000	2.2600	175.0000	10送2派0.50元
0628	倍特高新	1996.11.18	46936.00	8.40	828.15	-47.21	378.95	-74.08	371.11	162805.28	53089.09	67.3900	0.0196	2.7400	2.4600	0.7100	8640.00	19356.00	14.0800	-4.3500	718.3700	不分配,不转增
0629	新钢钒	1996.11.15	758766.77	15.89	72314.55	55.58	46104.93	68.16	47792.23	707479.15	412993.98	41.6200	0.4500	4.0400	3.7000	11.1600	29980.00	102330.01	8.1200	11.8500	18.0400	10派2.00元配3,配股价7-8.5元
0630	铜都铜业	1996.11.20	200803.41	21.31	16642.80	12.20	13846.40	5.37	13762.15	275881.58	191475.12	30.6000	0.3000	4.1100	4.0800	7.2300	18252.00	46555.60	9.7600	2.7400	32.5300	10派1.00元
0631	兰宝信息	1996.11.22	26919.83	57.44	6938.34	8.55	5157.09	7.17	5205.76	117664.80	72154.90	38.6800	0.3004	4.2030	4.0290	7.1500	8190.00	17169.25	18.4900	-10.9300	61.5500	10派1.00元转4
0632	三木集团	1995.11.21	104460.36	75.38	4821.65	-10.37	3159.96	-33.79	3077.26	153338.56	51573.25	66.3700	0.1940	3.1590	3.1450	6.1300	4082.38	16324.45	13.8000	-3.3700	71.1300	10派1.50元
0633	合金投资	1996.11.12	84359.43	63.14	7924.53	-52.14	4803.37	-58.97	3195.20	139784.22	42908.22	69.3000	0.1497	1.3370	1.2743	11.1900	8690.38	32092.20	30.5600	-3.0100	204.1400	不分配,不转增
0635	民族化工	1996.11.20	20499.65	14.98	2841.51	-1.53	2882.78	-0.10	2741.72	72794.08	46054.57	36.7300	0.2520	4.0200	4.0000	6.2600	5200.00	11456.20	15.4200	0.4600	61.1900	10派0.40元
0636	风华高科	1996.11.29	136945.47	54.80	38300.73	60.15	36556.42	63.17	36358.16	250366.61	206140.04	17.6600	0.6900	3.8900	3.8500	17.7300	18575.25	53033.10	21.1700	-21.1500	30.6800	10派1.50元
0637	茂化实华	1996.11.14	140290.66	55.03	8234.50	-6.74	5000.43	-32.74	5549.49	56380.59	49240.10	12.6600	0.3110	3.0590	2.9720	10.1600	5504.44	16099.20	26.3600	15.5100	84.7600	10送2派1.00元转3
0638	中辽国际	1996.11.26	27892.31	29.69	1025.28	110.18	102.63	101.00	-2729.66	60861.91	18911.35	68.9300	0.0070	1.2200	1.0100	0.5700	8840.00	15470.00	10.1000	-5.9600	1442.8600	不分配,不转增
0639	庆云发展	1996.11.26	5381.67	40.58	511.32	-41.75	511.32	-41.82	450.17	18908.63	7991.01	57.7400	0.0702	1.0967	0.9808	6.3987	3280.71	7286.49	18.3300	-2.6600	261.1100	不分配,不转增
0650	九江化纤	1996.12.10	23612.89	0.04	2541.71	-22.08	2178.78	-21.42	2171.08	65161.42	34532.33	47.0000	0.2000	3.1100	3.1000	6.3100	3650.40	11116.80	14.0700	-2.3600	70.3500	10送2派0.50元转6
0651	格力电器	1996.11.18	634259.18	22.78	29956.20	10.93	25487.01	11.22	26551.14	578582.49	161852.08	72.0300	0.7100	4.5200	4.5000	15.7500	14196.00	35796.00	18.2900	18.6100	25.7600	10派4.00元转5
0652	泰达股份	1996.11.28	38220.77	75.71	15571.28	-16.69	14020.05	-16.15	14017.95	128440.36	65236.71	49.2100	0.5290	2.4600	2.4500	21.8500	10581.98	26515.49	17.3500	6.2000	32.8000	10派1.60元
0655	华光陶瓷	1996.11.28	32476.41	25.08	2563.84	8.25	2339.75	20.74	1721.78	119180.40	38057.88	68.0700	0.1900	3.0200	2.8000	6.1500	3504.92	12590.78	15.2600	-14.7000	80.3200	10派1.50元;拟增发4000万股
0657	中钨高新	1996.12.05	100945.83	25.26	4119.31	-27.18	3780.91	-27.05	3877.67	92748.14	51609.37	44.3600	0.2210	3.0200	2.8300	7.3300	7452.00	17108.13	14.7100	-23.2300	66.5600	不分配,不转增
0658	ST海洋	1996.12.18	9317.86	-54.01	-21679.66	-458.14	-21595.07	-461.30	-16417.80	36895.84	58.90	99.8400	-1.3750	0.0040	-0.1020	-36666.000	9971.50	15702.16	18.2700	56.6900	0.0000	不分配,不转增
0659	珠海中富	1996.12.03	73123.33	-12.56	11187.59	-39.10	8938.26	-41.68	8882.13	210755.55	118632.67	43.7100	0.2360	3.1300	3.0900	7.5300	17130.75	37879.25	11.0000	-2.7400	46.6100	10派2.00元
0660	南华西	1996.12.09	23972.28	2.93	2291.73	-29.47	1901.38	-30.93	1814.28	118371.92	37251.38	68.5300	0.1400	2.8000	2.6400	5.1000	3923.23	13291.33	16.6000	-2.8700	118.5700	不分配,不转增
0661	长春高新	1996.12.18	31405.57	3.03	4554.12	52.06	3079.15	124.30	2710.59	118592.17	47782.94	59.7100	0.2300	3.6400	3.3300	6.4400	7980.34	13132.66	15.5700	-5.1200	67.7000	10派0.50元
0662	广西康达	1996.12.16	12416.24	-15.30	-7346.28	-127.11	-7181.16	-148.25	-7149.44	30614.17	4101.71	86.6000	-0.6703	0.3828	0.1056	-175.0800	3857.25	10713.75	14.4800	6.1600	0.0000	不分配,不转增
0663	永安林业	1996.12.06	35777.35	9.94	1725.89	-69.67	1244.27	-74.59	1207.02	95746.94	43989.79	54.0600	0.0740	2.6300	2.4800	2.8300	5921.28	16723.26	14.5400	6.1300	196.4900	10派2.00元
0665	武汉塑料	1996.12.10	44311.06	41.48	4174.21	13.11	2804.67	0.83	2648.00	76257.39	43246.03	43.2900	0.2000	3.0700	2.9700	6.4900	5001.38	14096.95	15.3200	-0.3900	76.6000	不分配,不转增
0666	经纬纺机	1996.12.10	180812.49	125.01	14615.99	49.93	13393.26	51.17	13097.90	367356.51	212831.48	42.0600	0.2200	3.5200	3.4600	6.2900	20300.00	60380.00	9.8200	5.9300	44.6400	10派1.10元
0667	华一投资	1996.12.05	11596.86	-11.14	821.23	-22.98	296.03	-66.57	804.59	66581.23	49010.10	26.3900	0.0100	2.0000	1.9300	0.6000	6358.80	24502.80	11.3100	-7.6700	1131.0000	不分配,不转增
0668	武汉石油	1996.12.10	116157.72	24.82	5318.46	-3.49	4719.24	21.25	3720.70	89584.13	34401.53	61.6000	0.3200	2.3400	1.9500	13.7200	4163.36	14684.19	16.0900	8.5000	50.2800	10派0.50元
0669	中讯科技	1996.12.10	4754.11	130.54	847.61	-78.57	847.61	-78.57	847.73	13875.57	7137.98	48.5600	0.1374	1.1600	1.1540	11.8700	2299.00	6167.00	20.8800	-10.7300	151.9700	不分配,不转增
0670	天发股份	1996.12.17	122955.67	12.05	6452.54	-30.39	5236.10	-33.31	5124.52	164030.42	78387.52	52.2100	0.2200	3.3300	3.3000	6.6800	11897.60	23545.60	12.0700	-0.8700	54.8600	10派1.00元
0671	石狮新发	1996.12.18	7775.49	80.14	2353.78	48.96	2001.28	50.36	1982.34	27669.42	17995.10	34.9600	0.2100	1.8900	1.8500	11.1200	2910.50	9517.31	18.4100	6.9700	87.6700	10派0.50元配3,配股价12-15元
0672	铜城集团	1996.12.18	9152.61	32.33	1790.07	11.22	1097.54	-13.50	753.67	36444.01	11991.75	67.1000	0.1700	1.8400	1.6500	9.1500	2600.00	6500.00	28.3800	6.9400	166.9400	10送5.5派0.30元

代码	名称	上市日期	主营业务收入(万元)	同比(%)	利润总额(万元)	同比(%)	净利润(万元)	同比(%)	扣除非经常性损益后净利润(万元)	总资产(万元)	股东权益(万元)	资产负债率(%)	每股收益(摊薄)(元)	每股净资产(元)	调整后每股净资产(元)	净资产收益率(摊薄)(%)	流通A股(万股)	总股本(万股)	收盘价(元)	今年涨幅(%)	市盈率(倍)	分配预案
0673	大同水泥	1997.01.24	20486.47	20.94	4033.31	−16.63	2798.11	−29.90	2810.13	48167.07	27726.64	42.4400	0.1614	1.5990	1.4620	10.0920	5100.00	17340.00	12.6000	−0.4700	78.0700	10派1.00元配3,配股价8−12元
0675	ST银山	1996.12.26	20991.61	−25.50	−5996.70	−27.35	−5964.34	−26.67	−6143.10	64515.08	7817.40	87.8800	−0.5200	0.6800	0.5800	−76.2900	3315.00	11435.03	14.4000	2.8600	0.0000	不分配,不转增
0676	思达高科	1996.12.24	13030.56	28.99	3488.13	38.49	2959.04	37.73	2935.95	36723.41	24270.78	33.9100	0.1700	1.3700	1.3300	12.1900	5000.00	17750.00	26.6200	7.2700	156.5900	不分配,不转增
0677	山东海龙	1996.12.24	56859.74	112.34	4663.72	25.43	3805.39	42.08	3805.39	66331.29	29380.05	55.7100	0.2300	1.7700	1.7650	12.9500	5054.40	16565.80	13.5100	−3.2900	58.7400	拟10配3,配股价6−10元
0678	襄阳轴承	1997.01.06	21091.57	−24.00	−5614.79	−277.70	−5614.79	−308.63	−6178.61	97178.83	54112.44	44.3200	−0.4000	3.8500	3.5300	−10.3760	7890.16	14044.00	13.1800	8.4800	0.0000	不分配,不转增
0679	大连友谊	1997.01.24	62868.43	16.55	5529.49	−24.53	4678.93	−19.10	4438.08	135761.41	57433.86	57.7000	0.1970	2.4200	2.3600	8.1500	10800.00	23760.00	10.6300	−14.5500	53.9600	10派1.25元
0680	山推股份	1997.01.22	109627.05	30.88	2618.38	43.28	1710.40	−6.19	1701.49	131875.78	56579.19	57.1000	0.0605	2.0010	1.9790	3.0200	18122.35	28272.00	9.7500	−14.8500	161.1600	不分配,不转增
0681	远东股份	1997.01.21	31591.04	23.02	3549.96	41.62	2917.03	33.41	2700.74	44597.05	32502.38	27.1200	0.2202	2.4500	2.4300	0.0897	3875.00	13250.00	20.1900	−2.7500	91.6900	10派1.00元转5
0682	东方电子	1997.01.21	137501.78	60.68	55297.25	53.68	47296.57	55.18	47367.49	184790.69	139522.54	24.5000	0.5200	1.5200	1.5100	33.9000	60211.20	91795.20	17.5000	−8.9000	33.6500	10派2.00元
0683	天然碱	1997.01.31	50576.73	15.94	2652.01	1.84	2035.53	−8.02	2030.50	223469.35	93495.07	58.1600	0.0430	1.9900	1.9200	2.1800	16900.00	46900.00	9.0600	5.7200	210.7000	不分配,不转增
0685	公用科技	1997.01.23	27443.91	−48.61	2051.55	109.01	2051.55	164.64	2029.86	38800.81	28777.26	25.8300	0.1502	2.1100	2.1000	7.1300	5646.96	13662.00	15.7000	6.2200	104.5300	10派1.00元
0686	锦州六陆	1997.02.27	29495.10	−9.05	2618.67	−37.70	2439.67	−36.79	2490.22	54342.38	38208.69	29.6900	0.2200	3.4700	3.3400	6.3900	4099.40	11016.60	14.7600	7.1100	67.0900	10送2派1.00元
0687	保定天鹅	1997.02.21	57375.92	−4.58	4804.36	−52.84	3210.49	−63.46	3320.91	132724.35	105444.60	20.5500	0.1000	3.2900	3.0100	3.0400	9750.00	32080.00	10.7900	3.8500	107.9000	10派4.70元
0688	朝华科技	1997.01.20	21250.59	19.54	12517.51	123.16	8196.21	91.61	4226.21	147272.26	46309.99	68.5500	0.4100	2.3300	2.2400	17.7000	10059.00	19875.86	19.2000	14.7400	46.8300	10送4派1.00元转2
0689	ST宏业	1996.12.31	−−	0.00	−7698.49	14.65	−7698.49	14.65	−7705.72	28957.63	4754.07	83.5800	−0.6920	0.4270	0.1690	−161.9300	4888.00	11128.00	9.9600	1.8400	0.0000	不分配,不转增
0690	宝丽华	1997.01.28	22009.04	40.90	4711.13	4.25	4438.23	4.77	3310.72	49477.98	32813.41	33.6800	0.2300	1.7000	1.6500	13.5300	5850.00	19350.00	16.6700	10.0300	72.4800	10派2.00元
0691	寰岛实业	1997.02.28	1661.33	−71.33	194.98	−96.17	261.24	−94.14	−1125.24	85792.11	63016.69	26.5500	0.0101	2.4408	2.4347	0.4100	13018.00	25818.00	10.8700	−14.7500	1076.2400	不分配,不转增
0692	惠天热电	1997.02.27	54191.66	16.88	10948.19	1.71	9333.18	2.01	9630.36	162661.98	82475.10	49.3000	0.3990	3.5200	3.3900	11.3200	8651.00	23420.49	12.9700	−2.3600	32.5100	10派0.87元
0693	聚友网络	1997.02.26	16243.83	46.70	3641.10	−0.48	3169.77	−3.71	3169.77	58622.46	35058.61	40.2000	0.2500	2.7300	2.6600	9.0400	3903.90	12846.26	23.5800	7.6700	94.3200	10派3.00元
0695	灯塔油漆	1997.02.18	25008.32	−14.02	2758.39	4.98	2450.88	0.09	−841.61	91681.90	39773.32	56.6200	0.1430	2.3300	2.2800	6.1600	5942.30	17088.27	21.0000	−8.6200	146.8500	不分配,不转增
0696	ST联益	1997.03.06	966.49	−65.57	−2002.74	−82.35	−2002.74	−82.35	−2006.81	13060.04	2228.15	82.9400	−0.1460	0.1629	−0.2530	−89.9000	5158.40	13686.40	13.0900	22.3400	0.0000	不分配,不转增
0697	咸阳偏转	1997.03.25	44231.30	−27.29	8248.96	−13.70	7049.53	−12.62	6157.57	122662.18	76425.48	37.6900	0.3240	3.5100	3.5100	9.2200	7741.17	21746.17	17.5500	−9.0700	54.1700	10派1.00元
0698	沈阳化工	1997.02.20	210136.72	109.07	24924.53	87.40	19193.19	67.12	14105.36	309650.72	149655.26	51.6700	0.4540	3.5400	3.2800	12.8200	18720.00	42240.66	10.1800	10.6500	22.4200	10派0.75元配3,配股价8−10元
0699	佳纸股份	1997.03.10	57393.93	−6.24	−3068.03	−281.57	−4361.18	−403.65	−4576.84	166238.86	52346.92	68.5100	−0.1917	2.3015	1.9243	−8.3300	9357.74	22744.80	13.7100	6.8600	0.0000	不分配,不转增
0700	模塑科技	1997.02.28	25809.45	18.05	7191.42	35.54	5230.63	59.00	4882.36	64685.98	40554.21	37.3100	0.4200	3.2570	3.2530	12.8900	3852.88	12452.18	17.5300	−7.6900	41.7400	10派3.00元;拟增发3000万股
0701	厦门信达	1997.02.26	78654.14	50.82	885.73	−37.19	818.35	−10.34	808.52	95301.26	48983.30	48.6000	0.0410	2.4500	2.3800	1.6700	11500.00	20000.00	13.8100	−4.7600	336.8300	不分配,不转增
0702	正虹科技	1997.03.18	103819.29	52.73	10160.13	65.00	8027.70	60.69	8048.35	126592.98	84399.64	33.3300	0.5109	5.3700	5.2900	9.5100	6497.66	15711.37	19.5000	18.9400	38.1700	10转8
0703	招商股份	1997.03.28	26352.57	161.12	3878.88	8.34	2380.53	6.10	2642.52	53425.78	26185.63	50.9900	0.2230	2.4560	2.3920	9.0900	4680.00	10660.00	16.1500	−2.9400	72.4200	10派1.00元配3,配股价11−14元
0705	浙江震元	1997.04.10	50772.15	5.41	3685.44	5.18	2093.55	−3.10	1768.40	71632.84	41163.56	42.5400	0.1670	3.2800	3.2100	5.0900	8073.09	12532.94	14.5000	−9.5400	86.8300	10派1.00元
0707	双环科技	1997.04.15	75347.03	16.59	9613.64	10.42	8188.09	10.64	8157.94	158593.07	125451.60	20.9000	0.3100	4.7300	4.7000	6.5300	13356.90	26498.22	15.2800	26.9400	49.2900	10送0.868派1.3024元转4.341
0708	大冶特钢	1997.03.26	108869.98	−25.10	1849.98	−40.96	1366.68	−49.07	−4188.56	382405.84	155423.78	59.3600	0.0300	3.4600	3.3700	0.8800	16698.45	44940.85	6.7100	0.4500	223.6700	不分配,不转增
0709	唐钢股份	1997.04.16	694661.57	21.31	69346.16	19.69	59253.89	20.31	59280.86	1025570.42	535582.51	47.7800	0.4400	3.9600	3.8500	11.0600	28540.99	135382.98	8.4200	5.2500	19.1400	10派3.50元;拟增发15000万股
0710	天兴仪表	1997.04.22	7973.07	−20.09	237.68	−85.41	160.89	−88.90	259.40	33238.82	20351.24	38.7700	0.0150	1.8840	1.8740	0.7900	3150.00	10800.00	25.2600	−19.6300	1684.0000	10送3派1.50元转1
0711	龙发股份	1997.04.11	9165.13	250.55	4642.90	165.83	3489.86	132.04	3485.35	40474.15	26654.77	34.1400	0.3253	2.4849	2.4684	13.0900	5110.56	10726.56	18.5000	14.8700	56.8700	10派0.40元
0712	金泰发展	1997.04.15	16301.17	4.03	6666.02	189.47	5654.07	145.53	409.95	57637.52	41387.35	28.1900	0.3710	2.7170	2.7070	13.6600	3809.20	15231.15	16.7600	−4.0100	45.1800	不分配,不转增
0713	丰乐种业	1997.04.22	40800.31	42.13	6773.90	25.28	6773.90	25.28	6834.04	99389.24	61593.22	38.0300	0.3000	2.7400	2.7100	11.0000	10525.37	22500.00	17.9500	0.9600	59.8300	10派2.00元配3,配股价12−15元
0715	中兴商业	1997.05.08	59536.51	−29.11	63.57	−97.59	63.57	−97.09	−261.69	96850.51	57613.56	40.5100	0.0030	2.6800	2.6100	0.1100	5700.00	21462.00	11.9000	−3.0900	3966.6700	不分配,不转增
0716	广西斯壮	1997.04.18	13514.37	15.69	947.63	−42.77	599.74	−61.92	−824.64	74262.28	35502.87	52.1900	0.0437	2.5900	2.4800	1.6900	7796.06	13712.27	14.3900	−3.2900	329.2900	不分配,不转增
0717	韶钢松山	1997.05.08	334643.48	9.80	26063.44	20.91	22529.94	27.03	23216.32	300061.08	228373.04	23.8900	0.5000	5.1100	5.1000	9.8700	13520.00	44720.00	10.1000	9.6600	20.2000	10派2.00元
0718	吉林纸业	1997.04.08	111732.32	13.82	7332.58	−37.28	7479.89	−35.03	7730.52	276673.01	130987.46	52.6600	0.1900	3.2800	3.2600	5.7100	18860.40	39973.91	7.8600	−2.3600	41.3700	10派0.80元

代码	名称	上市日期	主营业务收入(万元)	同比(%)	利润总额(万元)	同比(%)	净利润(万元)	同比(%)	扣除非经常性损益后净利润(万元)	总资产(万元)	股东权益(万元)	资产负债率(%)	每股收益(摊薄)(元)	每股净资产(元)	调整后每股净资产(元)	净资产收益率(摊薄)(%)	流通A股(万股)	总股本(万股)	收盘价(元)	今年涨幅(%)	市盈率(倍)	分配预案
0719	焦作碱业	1997.03.31	25656.05	17.68	2764.51	8.61	2401.56	28.10	2366.99	57827.94	25709.19	55.5400	0.2970	3.1795	3.0935	9.3400	3073.20	8085.98	20.5400	10.7300	69.1600	10送2派0.10元转4
0720	鲁能泰山	1997.05.09	145883.29	85.01	21740.45	19.41	12225.96	9.01	12307.27	252732.84	118734.22	53.0200	0.3820	3.7100	3.6900	10.3000	18471.96	31980.00	16.9900	0.1800	44.4800	10派1.00元配3,配股价10-14元
0721	西安饮食	1997.04.30	27763.32	34.45	458.93	131.21	329.14	137.87	329.14	48987.84	25501.35	47.9400	0.0288	2.2288	1.7094	1.2900	4132.74	11441.51	14.9400	-4.9000	518.7500	不分配,不转增
0722	金果实业	1997.05.22	35389.85	22.75	5940.65	2.68	5149.82	5.75	5691.80	158651.53	79854.34	49.6700	0.2600	4.1000	4.0500	6.4300	10604.16	19480.00	13.5000	2.0400	51.9200	不分配,不转增
0723	天宇电气	1997.05.15	38103.04	-3.87	-3504.51	-609.84	-3702.55	-918.14	-3740.99	92932.19	43260.09	53.4500	-0.2650	3.1000	2.8300	-8.5600	6964.83	13959.92	13.5900	3.1900	0.0000	不分配,不转增
0725	京东方A	1997.06.10	227789.88	207.04	15992.97	50.99	11039.58	48.18	11026.76	402672.62	209641.79	47.9400	0.2010	3.8200	3.7800	5.2700	6000.00	54955.40	20.6400	-9.3500	102.6900	10派1.00元
0726	鲁泰A	1997.08.19	48592.85	22.05	9827.91	33.98	8651.10	34.27	8530.40	141855.25	121105.61	14.6300	0.4150	5.8100	5.7900	7.1400	5000.00	20830.00	17.8200	1.5400	42.9400	A股10派0.37元转3
0727	华东科技	1997.05.20	27681.75	-9.06	10771.90	110.58	10372.08	125.94	8482.63	114765.80	82202.87	28.3700	0.3310	2.6200	2.6100	12.6200	15139.58	31373.86	14.7900	-9.7100	44.6800	10派1.00元;拟增发6900万股
0728	北京化二	1997.06.16	114157.20	27.53	8864.25	1329.70	7534.61	1169.20	7478.18	177792.51	108714.70	38.8500	0.2180	3.1500	3.0900	6.9300	10400.00	34521.00	10.7400	-10.1300	49.2700	不分配,不转增
0729	燕京啤酒	1997.07.16	174587.36	15.14	31527.97	-8.21	26828.38	-7.96	26628.38	404362.03	344419.42	14.8200	0.4020	5.1600	5.0800	7.7900	18720.00	66742.45	13.2100	3.0400	32.8600	10派2.00元
0730	环保股份	1997.05.22	20105.21	-70.89	4573.62	-86.20	4078.72	-85.35	4088.48	166857.42	85452.78	48.7900	0.0720	1.5100	1.3990	4.7700	19333.31	56598.51	13.8500	-24.2300	192.3600	不分配,不转增
0731	四川美丰	1997.06.17	33830.20	17.29	7188.29	-0.17	6110.05	-0.17	6110.05	77678.78	63019.87	18.8700	0.2750	2.8340	2.8340	9.6950	7777.92	22233.20	13.8000	-1.4900	50.1800	10派1.00元配3,配股价10-13元
0732	福建三农	1997.07.04	46500.10	-2.69	760.99	-83.37	740.48	-81.36	440.66	106554.28	47655.96	55.2800	0.0485	3.1215	3.0640	1.5500	8869.00	15266.88	14.1900	10.1700	292.5800	不分配,不转增
0733	振华科技	1997.07.03	66535.10	24.89	9051.18	17.85	8379.34	17.57	6554.88	186179.62	120511.16	35.2700	0.2700	3.8500	3.7700	6.9500	13300.00	31312.00	14.9700	-8.1600	55.4400	10派2.00元
0735	罗牛山	1997.06.11	22622.67	11.13	8316.72	78.62	7617.71	78.55	5943.71	120805.50	71279.33	41.0000	0.1560	1.4630	1.3800	10.6900	22542.00	48725.40	8.3600	-2.7900	53.5900	不分配,不转增;拟增发新股
0736	重庆实业	1997.04.25	3316.71	-2.03	2160.51	-19.08	1739.15	-17.49	1144.38	39550.03	22869.80	42.1800	0.2600	3.4700	3.4600	7.6000	2600.00	6600.00	25.5500	-5.5100	98.2700	不分配,不转增
0737	南风化工	1997.04.28	240343.11	15.15	12019.96	1.32	8255.26	-11.53	8586.92	300811.10	131373.17	56.3300	0.1800	2.8700	2.8400	6.2800	20956.00	45730.00	9.3500	12.7900	51.9400	10派2.00元
0738	南方摩托	1997.06.26	51152.63	-48.24	-16208.16	-577.49	-16223.16	-698.95	-14728.68	195053.83	101018.38	48.2100	-0.4100	2.5400	2.2500	-16.0600	13600.00	39780.00	6.9200	-7.3600	0.0000	不分配,不转增
0739	青岛东方	1997.05.09	19647.38	-13.94	602.36	-38.93	747.79	-1.98	464.53	54658.34	31372.25	42.6000	0.0500	2.1500	2.1300	2.3800	7359.14	14574.92	13.4600	-5.2100	269.2000	不分配,不转增
0748	湘计算机	1997.07.04	70695.59	14.63	6419.59	30.63	5186.27	19.72	5090.01	94321.60	62414.65	33.8300	0.2290	2.7570	2.6970	8.3100	8975.49	22637.48	16.9700	-6.6600	74.1000	10派1.00元;拟增发5000万股
0750	桂林集琦	1997.07.09	22737.17	67.92	5854.07	270.91	1882.75	52.99	1813.71	109179.46	67026.94	38.6100	0.0876	3.1167	2.9792	2.8100	12197.27	21505.74	10.8800	-11.3300	124.2000	不分配,不转增
0751	锌业股份	1997.06.26	293635.59	16.15	45692.90	14.07	41836.55	55.93	41836.55	405043.80	257932.55	36.3200	0.4750	2.9300	2.8500	16.2200	34702.20	88109.88	10.3300	7.2700	21.7500	不分配,不转增
0752	拉萨啤酒	1997.06.25	11010.59	-7.55	3262.19	-40.93	2776.38	-40.72	1917.83	49529.67	32541.96	34.3000	0.1600	1.8500	1.8100	8.5300	7342.59	17583.90	20.3000	26.9500	126.8800	10派0.40元
0753	福建双菱	1997.06.26	14987.14	10.22	4275.89	-38.54	3624.02	74363.37	3264.90	74363.20	59501.31	19.9900	0.1800	2.9200	2.7700	6.0900	7140.00	20405.26	13.8200	7.3700	76.7800	不分配,不转增
0755	山西三维	1997.06.27	36882.26	22.62	6190.08	15.59	5144.27	12.01	5144.27	130390.23	84007.27	35.5700	0.1852	3.0240	2.9480	6.1240	10920.00	27771.39	12.1400	10.8700	65.5500	10派1.50元
0756	新华制药	1997.08.06	104407.28	9.83	8467.49	14.37	6911.94	8.66	6911.94	136272.68	92569.62	32.0700	0.1620	2.1660	2.1660	7.4700	4315.33	42731.28	14.5200	-2.5500	89.6300	10派0.80元
0757	内江峨柴	1997.06.27	23264.32	-16.11	3320.08	-15.53	2867.99	3.73	1952.44	71380.00	47323.39	33.7000	0.1900	3.1000	3.0200	6.0600	5483.06	15241.71	15.3500	0.1300	80.7900	10派0.80元
0758	中色建设	1997.04.16	22391.74	30.51	3074.06	-58.84	1563.65	-75.23	386.45	136090.54	79346.49	41.7000	0.0400	2.2100	2.0000	1.9700	15360.00	35840.00	10.1700	-11.3700	254.2500	10派0.46元
0759	武汉中百	1997.05.19	108727.75	81.57	8992.89	154.69	7887.76	152.40	6380.89	128657.88	54006.62	58.0200	0.4490	3.0700	3.0000	14.6100	11282.70	17566.90	12.1000	6.8600	26.9500	10派2.00元配3,配股价8-10元
0760	湖北车桥	1997.06.27	16726.07	-21.27	3705.65	24.81	3149.80	46.03	2588.20	50297.84	39175.42	22.1100	0.2880	3.5800	3.5400	8.0400	5179.36	10932.23	14.2800	-0.1400	49.5800	10派1.00元配3,配股价12-15元
0761	本钢板材	1998.01.15	699359.39	25.37	41768.44	6.72	34980.69	5.15	34980.69	472885.27	343858.43	27.2900	0.3079	3.0269	3.0083	10.1700	11994.50	113600.00	7.9000	0.6400	25.6600	不分配,不转增;拟增发40000万股
0762	西藏矿业	1997.07.08	18123.61	27.56	763.78	-68.98	619.99	-76.47	279.32	75665.92	49603.18	34.4400	0.0309	2.4738	2.3901	1.2500	7700.00	20051.00	17.0000	3.4100	550.1600	10派0.20元
0763	锦州石化	1997.09.15	906353.51	70.61	9754.64	1141.00	6592.71	1572.20	8431.45	228780.39	153423.62	32.9400	0.0840	1.9480	1.9290	4.2970	15000.00	78750.00	6.7900	5.9300	80.8300	不分配,不转增
0765	华信股份	1997.11.03	26334.82	-3.32	3670.83	-32.15	1687.03	-60.41	1560.56	58209.37	19822.34	65.9500	0.1150	1.3500	1.1000	7.8700	3677.94	14705.88	20.9300	4.6800	182.0000	不分配,不转增
0766	通化金马	1997.04.30	50418.73	76.96	31774.69	175.23	24191.49	197.39	20424.13	225783.93	105639.88	53.2100	0.8090	3.5300	3.3800	22.9000	18995.60	29934.42	18.6000	5.2000	22.9900	10送3派7.00元转2
0767	漳泽电力	1997.06.09	93698.92	4.65	19305.51	-19.36	14504.12	-18.85	14511.22	484356.29	150110.01	69.0100	0.3330	3.4500	3.4500	9.6600	12000.00	43500.00	15.6700	-7.7700	47.0600	10派1.60元
0768	西飞国际	1997.06.26	79715.95	37.20	7337.74	28.67	6875.99	48.19	7044.44	269626.15	190185.18	29.4600	0.1800	4.8600	4.8500	3.6200	17700.00	39150.00	11.9600	-3.9400	66.4400	10派2.00元
0769	盛道包装	1997.05.30	27345.53	-4.38	354.12	-73.95	219.57	-72.94	219.57	80372.40	43936.34	45.3300	0.0118	2.3700	1.7200	0.5000	8100.00	18540.00	12.2700	12.2600	1039.8300	不分配,不转增
0776	延边公路	1997.06.11	12552.37	23.47	3445.70	-41.66	2930.76	-46.15	2930.76	75750.64	40159.12	46.9900	0.1592	2.1800	2.1800	7.3000	9318.40	18411.00	10.5500	-2.4100	66.2700	10派1.50元
0777	中核科技	1997.07.10	20048.55	-21.36	2512.14	-15.86	2108.17	-16.43	2108.17	43992.01	28627.30	34.9300	0.1260	1.7000	1.6700	7.3600	6720.00	16800.00	12.3500	-2.9900	98.0200	不分配,不转增

代码	名称	上市日期	主营业务收入(万元)	同比(%)	利润总额(万元)	同比(%)	净利润(万元)	同比(%)	扣除非经常性损益后净利润(万元)	总资产(万元)	股东权益(万元)	资产负债率(%)	每股收益(摊薄)(元)	每股净资产(元)	调整后每股净资产(元)	净资产收益率(摊薄)(%)	流通A股(万股)	总股本(万股)	收盘价(元)	今年涨幅(%)	市盈率(倍)	分配预案
0778	新兴铸管	1997.06.06	207238.11	8.96	41931.77	35.65	28190.28	22.06	26492.72	306398.57	166785.24	45.5700	0.6488	3.8386	3.6411	16.9021	13000.00	43450.00	14.4300	0.7700	22.2400	拟10配3,配股价11-14元
0779	三毛派神	1997.05.28	28747.34	6.33	6952.20	-18.10	5615.28	-11.56	5643.61	86885.08	73158.43	15.8000	0.3070	3.9940	3.9770	7.6760	10179.00	18315.48	10.6800	-5.2400	34.7900	10派0.50元
0780	草原兴发	1997.06.06	99433.25	-0.37	6686.50	-52.60	6686.50	-29.58	6686.50	160219.49	93967.09	41.3500	0.2360	3.3200	3.2700	7.1200	10951.20	28327.20	12.3800	-6.8500	52.4600	10派1.00元;拟增发8000万股
0782	美达股份	1997.06.19	85391.52	54.46	3268.21	-14.40	2716.36	18.50	2288.39	163929.47	88937.45	45.7500	0.0800	2.6000	2.4800	3.0500	12741.00	34200.00	9.0400	-1.7400	113.0000	10派0.50元
0783	石炼化	1997.07.31	576636.24	101.26	-18066.27	-274.96	-20773.64	-401.43	-20962.23	311101.06	182725.97	41.2600	-0.1799	1.5830	1.4710	-11.3700	23400.00	115444.43	5.6000	-6.2000	0.0000	不分配,不转增
0785	武汉中商	1997.07.08	187488.54	-4.57	7292.44	18.29	5966.83	5.20	5412.84	149656.77	54219.08	63.7700	0.3330	3.0200	2.8900	11.0100	5094.38	17944.41	14.5800	-12.0200	43.7800	10送1转增3配3,配股价14-20元
0786	北新建材	1997.06.06	55920.10	19.25	8532.81	21.15	8097.45	26.28	8080.94	178245.28	117293.27	34.2000	0.2800	4.0800	4.0600	6.9000	11407.50	28757.50	14.9900	-9.5900	53.5400	10派1.50元
0787	创智科技	1997.06.26	41706.21	-22.16	2883.54	-37.26	2745.01	-29.39	3363.18	66344.25	44426.06	33.0400	0.1370	2.2250	2.1460	6.1790	9099.74	19970.02	15.6900	-8.6200	114.5300	不分配,不转增;拟增发7000万股
0788	ST合成	1997.06.16	28084.13	22.33	-9235.58	-85.61	-9235.58	-85.61	-9235.58	95609.22	36732.12	61.5800	-0.4800	1.9100	1.7200	-25.1400	4950.00	19250.00	11.8100	-5.1400	0.0000	不分配,不转增
0789	江西水泥	1997.09.23	28944.99	-3.99	5932.63	9.08	4223.64	14.42	4223.64	86162.26	64764.33	24.8300	0.1240	1.9020	1.8710	6.5200	11050.00	34050.00	11.5300	-1.6500	92.9800	10派1.25元
0790	华神科技	1998.03.27	17916.74	24.78	2978.17	13.51	2461.28	11.98	2461.28	43869.75	24553.31	44.0300	0.3100	3.1000	3.0500	10.0200	2040.00	7920.00	29.4000	-11.1500	94.8400	拟10配3,配股价18-28元
0791	西北化工	1997.10.14	10003.02	7.04	3167.75	791.19	2798.84	687.40	1843.48	54925.38	36780.41	33.0400	0.1480	1.9460	1.9430	7.6100	7912.22	18900.00	12.9500	2.1300	87.5000	不分配,不转增
0792	盐湖钾肥	1997.09.04	22912.77	5.41	7908.04	8.51	6880.00	8.51	6887.65	88206.45	63484.32	28.0300	0.3115	2.8700	2.8166	10.8400	6490.67	22085.00	16.7800	-11.3100	53.8700	10派2.70元;拟增发3500万股
0793	燃气股份	1997.07.29	23904.79	60.51	9569.55	100.94	9906.98	115.90	8326.32	185527.20	105610.82	43.0800	0.3400	3.6200	3.5400	9.3800	16207.21	29141.15	15.0100	6.4500	44.1500	不分配,不转增
0795	太原刚玉	1997.08.08	21479.00	-9.80	2975.64	-44.06	2577.06	-48.22	2311.02	114130.62	79273.77	30.5400	0.0931	2.8640	2.8630	3.2500	11440.00	27680.00	10.8800	-3.5500	116.8600	不分配,不转增
0796	宝商集团	1997.07.03	82285.07	14.39	5499.26	13.90	4611.01	12.49	4588.19	103780.52	62996.04	39.3000	0.3450	4.7140	4.7100	7.3100	9397.86	13361.83	14.7200	-2.0600	42.6700	10送1派0.60元转1
0797	中国武夷	1997.07.15	84065.53	9.81	12449.42	-21.09	7898.04	-29.01	7898.04	314865.49	125171.16	60.2500	0.2030	3.2100	3.1800	6.3100	13013.00	38945.24	10.9500	-1.7900	53.9400	10派2.00元
0798	中水渔业	1998.02.12	32929.36	-18.17	6036.63	-32.14	6152.06	-29.16	6152.06	109438.10	95862.16	12.4100	0.2400	3.8000	3.7700	6.4100	6300.00	25200.00	13.5700	-4.5700	56.5400	10派1.00元
0799	湘酒鬼	1997.07.18	37194.95	-25.46	11039.97	-37.72	8616.12	-41.16	7930.22	182906.48	130171.88	28.8300	0.2840	4.3000	4.2500	6.6200	10725.00	30305.00	14.0900	-8.0300	49.6100	10派2.00元
0800	一汽轿车	1997.06.18	315175.62	-23.24	27712.84	-55.77	28604.27	-44.81	28151.06	674070.11	489200.70	27.4300	0.1760	3.0100	2.7300	5.8500	54600.00	162750.00	7.0100	8.3500	39.8300	10派1.00元
0801	四川湖山	1998.05.06	7447.99	-38.31	1077.60	-77.27	1079.31	-73.78	-583.76	24565.04	16986.03	30.8500	0.1060	1.6700	1.5200	6.3500	3024.00	10156.61	24.5000	-33.0600	231.1300	10送3派1.00元
0802	京西旅游	1998.01.08	23999.65	3.05	4113.14	11.09	3464.55	13.01	2451.67	95309.60	39679.63	58.3700	0.2980	3.4130	3.0600	8.7300	3895.84	11625.00	20.0200	3.7300	67.1800	10派0.80元
0803	美亚股份	1998.03.03	8862.33	38.98	609.87	262.93	602.56	321.86	-972.35	27892.57	14636.71	47.5200	0.0770	1.8800	1.8300	4.1200	3745.65	7797.00	24.6900	0.4500	320.6500	不分配,不转增
0805	炎黄在线	1998.05.29	4064.88	3.18	707.57	139.16	676.15	136.71	-121.44	18323.17	7276.62	60.2900	0.1182	1.2717	1.2708	9.2900	1441.83	5721.83	25.5700	-2.2200	216.3300	不分配,不转增
0806	银河科技	1998.04.16	28384.03	71.84	9450.21	53.51	8758.11	81.26	8477.70	88273.66	37158.11	57.9100	0.4100	1.7600	1.7200	23.5700	5405.40	21158.28	20.1700	-16.8900	49.2000	10派1.00元
0807	云铝股份	1998.04.08	147027.54	46.60	11464.97	28.42	9756.81	53.40	8580.53	228743.92	71534.78	68.7300	0.3147	2.3100	2.2900	13.6400	7991.90	31000.00	11.3400	5.3900	36.0300	10派2.50元;拟增发6000万股
0809	第一纺织	1998.06.16	39542.44	57.44	2730.70	-15.40	2348.91	-22.16	2040.44	50940.54	25433.86	50.0700	0.2100	2.1200	2.0900	9.6700	3500.00	11457.00	15.4400	-3.9800	73.5200	10派1.00元
0810	四川锦华	1998.06.02	24123.45	12.88	4799.16	472.54	4321.82	435.48	1980.52	33138.21	16929.64	48.9100	0.5800	2.2900	2.2800	25.5300	2800.00	7388.36	21.4200	11.2400	36.9300	10送3派0.75元
0811	烟台冰轮	1998.05.28	28961.78	15.45	3370.45	6.36	2782.92	3.67	2782.92	59840.06	26647.84	55.4700	0.2300	2.1500	2.1400	10.4400	3744.00	12367.31	16.0600	-4.9700	69.8300	10派1.50元
0812	陕西金叶	1998.06.23	19392.04	-9.97	5028.70	1.66	4005.01	4.58	3635.16	69247.52	38132.06	44.9300	0.2500	2.4100	2.3600	10.5000	4752.00	15840.00	15.3100	-9.9400	61.2400	10派1.00元
0813	天山纺织	1998.05.19	46335.20	-0.70	2050.79	-73.63	1911.95	-72.06	1943.64	135731.76	64522.77	52.4600	0.0570	1.9100	1.8000	2.9600	8460.00	33807.60	11.3100	-4.4800	198.4200	不分配,不转增
0815	美利纸业	1998.06.09	28696.00	50.15	4261.69	4.54	4261.69	4.54	4238.40	107237.14	55308.77	48.4200	0.3229	4.1901	4.1857	7.7100	6500.00	13200.00	14.8500	6.6000	45.9900	10派0.50元
0816	江淮动力	1997.08.18	149144.34	7.48	10518.42	-15.22	7878.48	-21.51	8019.74	192947.78	123443.66	36.0200	0.2570	4.0320	3.9730	6.3800	11440.00	30620.00	12.6900	13.0000	49.3800	10派0.50元
0817	辽河油田	1998.05.28	117329.44	35.03	68815.77	179.85	46106.57	179.85	46106.57	277096.92	235387.36	15.0500	0.4200	2.1400	2.1400	19.5870	20000.00	110000.00	9.4700	2.7100	22.5500	10派2.00元
0818	锦化氯碱	1997.10.17	74343.79	10.90	4280.98	-19.22	2758.03	-37.69	2445.92	253523.67	97595.01	61.5000	0.0810	2.8700	2.8370	2.8260	9000.00	34000.00	10.7500	2.7700	132.7200	不分配,不转增
0819	岳阳兴长	1997.06.25	69711.69	78.32	5245.28	16.42	4360.18	12.23	4360.18	39231.64	35090.41	10.5600	0.2640	2.1250	2.1110	12.4000	5210.32	16513.39	14.7800	-1.8600	55.9800	不分配,不转增
0821	京山轻机	1998.06.26	53928.67	17.54	10701.43	-1.37	8954.86	-4.34	8123.06	119318.73	80105.87	32.8600	0.2900	2.5900	2.5800	11.1800	8250.00	30882.13	13.7000	-3.4500	47.2400	10派2.00元;拟增发5000万股
0822	山东海化	1998.07.03	116818.70	19.82	18573.12	20.29	15508.36	36.44	12410.42	231271.04	118285.73	48.8500	0.3700	2.8200	2.7100	13.1100	11993.40	42000.00	15.3800	18.0800	41.5700	10派2.30元配3,配股价10-14元
0823	超声电子	1997.10.08	62517.10	29.84	12166.90	27.81	7693.91	19.25	7607.62	140440.21	87807.95	37.4800	0.2140	2.4450	2.3850	8.7620	13520.00	35920.00	12.9900	-6.5500	60.7000	10派1.50元
0825	太钢不锈	1998.10.21	493681.87	39.25	35607.18	2.51	29146.39	2.86	27241.06	474289.68	218495.78	53.9300	0.3090	2.3190	2.2660	13.3400	37500.00	94200.00	7.0100	12.8500	22.6900	10派0.88元

代码	名称	上市日期	主营业务收入（万元）	同比（%）	利润总额（万元）	同比（%）	净利润（万元）	同比（%）	扣除非经常性损益后净利润（万元）	总资产（万元）	股东权益（万元）	资产负债率（%）	每股收益（摊薄）（元）	每股净资产（元）	调整后每股净资产（元）	净资产收益率（摊薄）（%）	流通A股（万股）	总股本（万股）	收盘价（元）	今年涨幅（%）	市盈率（倍）	分配预案
0826	国投原宜	1998.02.25	19408.09	-45.19	-4173.53	-212.73	-3894.51	-229.28	-4115.92	75191.57	39739.62	47.1500	-0.2200	2.1900	2.1700	-9.8000	4550.00	181493.00	23.9000	39.7700	0.0000	不分配,不转增
0827	大龙泉	1998.10.16	11598.13	59.86	1726.05	-4.79	1347.26	-14.38	1170.25	36954.46	16309.90	55.8600	0.2250	2.7180	2.5370	8.2600	2246.40	6000.00	27.3600	-4.2300	121.6000	不分配,不转增
0828	福地科技	1997.06.17	290837.50	-8.19	20791.62	-60.32	18541.34	-60.69	15724.85	452053.45	285695.02	36.8000	0.1592	2.4530	2.4270	6.4900	24768.00	116468.35	11.9200	-7.8800	74.8700	10派0.65元;拟增发14000万股
0829	赣南果业	1997.12.02	12038.65	-21.48	1548.57	-25.64	786.14	-49.99	-0.05	43149.82	32376.46	24.9700	0.0500	2.0560	1.9350	2.4300	6204.55	15750.00	11.1900	-16.4900	223.8000	10派0.35元
0830	鲁西化工	1998.08.07	95912.62	12.77	6704.06	-31.53	5553.17	-32.00	5781.10	187224.33	91025.81	51.3800	0.2230	3.6500	3.6400	6.1000	7500.00	24911.54	11.7800	-5.7600	52.8300	不分配,不转增
0831	关铝股份	1998.09.11	69397.21	33.61	6956.83	-6.37	6270.91	0.23	6235.00	163910.05	81167.47	50.4800	0.2590	3.3500	3.3400	7.7260	9750.00	24200.00	13.8100	41.2100	53.3200	10送2派1.00元转3
0832	龙涤股份	1998.08.25	117033.52	34.38	13388.91	2.42	10080.97	5.67	10078.09	149339.43	124024.14	16.9500	0.2860	3.5200	3.5100	8.1300	10200.00	35206.98	11.2700	10.2700	39.4100	不分配,不转增
0833	贵糖股份	1998.11.11	64717.07	9.11	5808.31	2044.60	3801.89	1601.60	3762.47	117180.57	62048.43	47.0500	0.1500	2.4600	2.3300	6.1300	8000.00	25268.85	10.6700	-0.2800	71.1300	不分配,不转增
0835	隆源实业	1999.06.25	32583.28	107.17	2634.18	12.96	1554.07	4.90	1554.07	36818.51	15215.02	58.6800	0.2900	2.8200	2.5600	10.2100	1326.00	5400.00	35.7500	-13.7700	123.2800	10派0.30元
0836	天大天财	1997.09.29	84575.69	65.59	8194.30	26.20	5697.44	14.48	2517.49	100622.46	52691.31	47.6300	0.5540	5.0800	5.0200	10.8100	3900.00	10275.46	36.0900	-6.7000	65.1400	不分配,不转增
0837	秦川发展	1998.09.28	37176.25	108.95	4859.87	12.85	3973.31	10.05	3691.00	60758.73	37700.40	37.9500	0.3000	2.8400	2.8200	10.5400	6600.00	13292.40	10.7300	-7.8100	35.7700	10送3派1.00元转3配3,配股价8－14元
0838	ST西化机	1997.06.26	4036.31	-50.99	-3300.72	-261.32	-3300.72	-274.83	-3300.72	22978.22	2681.43	88.3300	-0.5070	0.4120	0.1260	-123.1000	1755.00	6511.99	17.9600	-5.9200	0.0000	不分配,不转增
0839	中信国安	1997.10.31	52876.51	12.31	31195.82	38.26	26576.95	32.77	23114.34	239387.82	146602.84	38.7600	0.4505	2.4848	2.2991	18.1300	17837.21	59000.00	25.6700	-8.4800	56.9800	10派4.50元;拟增发7000万股
0848	承德露露	1997.11.13	82111.15	11.01	7069.37	-40.56	5340.22	-47.40	5512.25	87234.92	73592.74	15.6400	0.2100	2.8400	2.8400	7.2600	9100.00	25925.00	12.4600	-5.8900	59.3300	不分配,不转增
0850	华茂股份	1998.10.07	58970.65	4.19	13203.10	80.55	10524.71	69.13	10282.62	78303.29	53195.18	32.0700	0.6200	3.1300	3.1300	19.7900	5000.00	17000.00	18.4800	15.2100	29.8100	10派2.00元转2
0851	中国七砂	1998.06.09	15929.34	11.08	-1828.29	-567.86	-1828.29	-647.79	-1603.79	53735.94	39757.90	26.0100	-0.0800	1.7700	1.7000	-4.6000	5850.00	22490.00	12.8500	13.1200	0.0000	不分配,不转增
0852	江钻股份	1998.11.26	35628.35	57.66	8608.83	53.94	7451.11	32.74	7262.39	87454.54	58630.28	32.9600	0.3730	2.9300	2.9200	12.7100	4991.13	20000.00	17.9700	5.0900	48.1800	10转4
0856	唐山陶瓷	1998.08.13	46776.70	0.77	4653.12	-23.62	3316.30	-27.93	3430.25	103903.41	52802.49	49.1800	0.1900	3.0200	2.8200	6.2800	6500.00	17500.00	12.2900	2.6700	64.6800	10派1.50元
0858	五粮液	1998.04.27	395364.01	19.49	100709.62	27.98	76811.21	18.35	76811.21	460091.72	318861.15	30.7000	1.6000	6.6430	6.6150	24.0900	12000.00	48000.00	37.2500	0.4000	23.2800	不分配,不转增
0859	国风塑业	1998.11.19	47682.79	16.30	5934.87	-17.20	4950.19	-16.39	4552.19	114646.55	75403.55	34.2300	0.2100	3.2000	3.0900	6.5000	9000.00	23580.00	12.1600	3.2300	57.9000	10派1.00元
0860	顺鑫农业	1998.11.04	67713.20	6.42	8516.54	-11.23	7648.82	-0.92	7703.56	101981.61	85006.89	16.6400	0.2730	3.0360	2.9490	8.9980	6993.40	28000.00	13.8900	3.5900	50.8800	10派1.50元
0861	茂化永业	1998.10.28	15787.98	24.81	1246.31	-34.71	562.48	-65.52	649.32	47656.09	24399.53	48.8000	0.0800	3.2900	3.2200	2.3100	2112.50	7416.97	21.3900	-12.9100	267.3800	10派1.00元
0862	吴忠仪表	1998.09.15	19956.70	26.40	5977.21	2.01	5018.30	4.37	5001.94	96363.04	72412.95	24.8500	0.2300	3.3200	3.2800	6.9300	11700.00	21834.00	14.0600	3.4600	61.1300	10派1.50元
0863	北商技术	1997.09.25	19855.00	95.68	4521.79	107.18	3355.75	97.16	3197.98	46222.57	25438.09	44.9700	0.2470	1.8800	1.8300	13.1900	3900.00	13562.03	20.9400	-0.1900	84.7800	10派0.30元
0866	扬子石化	1998.05.12	1537849.92	66.72	73700.55	32.53	64774.54	33.53	65808.51	1060223.19	517822.82	51.1600	0.2800	2.2200	2.1700	12.5100	35000.00	233000.00	6.1500	11.8200	21.9600	10派1.20元
0868	安凯客车	1997.07.25	37248.51	-21.32	1768.40	-38.44	1212.30	-50.33	1212.30	110674.27	67749.29	38.7800	0.0550	3.0700	2.8900	1.7900	10140.00	22100.00	9.3900	0.3200	170.7300	不分配,不转增
0869	张裕A	1997.09.23	87361.80	38.69	17247.97	57.33	12748.03	51.67	12748.03	161075.81	125012.16	22.3900	0.4900	4.8100	4.6700	10.2000	3200.00	26000.00	22.5100	-9.0100	45.9400	10派2.00元
0876	新希望	1998.03.11	64135.65	21.99	6065.97	-5.51	5500.22	-1.19	5449.79	107604.96	85666.54	20.3900	0.3020	4.7100	4.6600	6.4000	5200.00	18202.60	16.8600	-10.7800	55.8300	不分配,不转增
0877	天山水泥	1999.01.07	40374.04	31.80	7620.58	42.17	6782.78	56.59	6486.98	154225.89	66962.12	56.5800	0.4695	4.6400	4.5600	10.1300	6500.00	14446.00	22.3100	-7.0000	47.5200	不分配,不转增
0878	云南铜业	1998.06.02	253747.73	29.61	16223.00	15.42	15622.32	11.15	15506.67	381014.47	137755.41	63.8500	0.2140	1.8800	1.8400	11.3400	21589.38	73080.00	9.1700	2.9100	42.8500	10派1.40元
0880	山东巨力	1998.04.02	169743.05	16.20	8108.55	0.62	6892.26	0.66	6948.86	102166.76	52765.71	48.3500	0.4000	3.0600	3.0600	13.0600	5000.00	17257.70	16.4900	14.1200	41.2300	10送1派0.25元转4
0881	大连国际	1998.09.02	77533.36	47.27	6667.38	33.33	5836.61	28.34	5494.81	130847.77	65515.51	49.9300	0.3000	3.3900	3.2200	8.9100	7350.00	19307.40	42.3700	52.6800	141.2300	10送1派0.25元转5
0882	中商股份	1998.06.16	30472.61	51.28	1591.01	-63.46	1485.59	-61.61	2867.15	59052.51	38863.76	34.1900	0.0600	1.5600	1.5500	3.8200	6300.00	24920.00	14.0500	0.3600	234.1700	不分配,不转增
0883	三环股份	1998.05.19	99116.72	16.19	6315.05	-21.82	5348.91	-22.09	5147.29	111503.76	76052.41	31.7900	0.2270	3.2200	3.1700	7.0300	6600.00	23585.76	12.9300	0.9400	56.9600	10派1.00元
0885	春都A	1999.03.19	29509.24	-35.26	-3593.13	-212.19	-3593.13	-249.21	-4931.41	88428.02	59910.81	32.2500	-0.2250	3.7400	3.7200	-6.0000	6000.00	16000.00	19.5600	-9.4900	0.0000	不分配,不转增
0886	海南高速	1998.01.23	35255.92	5.67	8371.12	-40.23	7232.41	-43.58	8467.16	530252.57	258891.06	51.1800	0.0730	2.6200	2.4800	2.7900	24781.24	98882.83	8.3800	-3.6800	114.7900	10派0.50元
0887	飞彩股份	1998.12.03	106107.37	6.43	6619.24	-9.66	4211.20	-31.63	3959.64	151313.35	55400.69	63.3900	0.1504	1.9800	1.9300	7.6000	7000.00	28000.00	12.2600	6.2200	81.5200	10派0.50元
0888	峨眉山A	1997.10.21	12628.66	15.65	3794.06	15.64	3264.10	16.23	2979.51	44993.33	41627.55	7.4800	0.2800	3.5100	3.3100	7.8400	4000.00	11866.00	18.0100	1.8700	64.3200	10派1.00元
0889	华联商城	1997.12.18	44918.75	29.81	6344.54	-2.41	5708.01	-3.90	5367.90	123626.51	72279.29	41.5300	0.2520	3.1900	3.1310	7.7870	12337.11	22656.02	14.6700	-0.4700	58.2100	10送1派0.50元转2
0890	法尔胜	1999.01.19	65379.51	70.75	10238.68	17.05	6976.72	17.96	5071.55	134650.78	59562.23	55.7700	0.3500	2.9500	2.8800	11.7100	8400.00	20160.00	21.5000	1.4200	61.4300	10送1派1.00元转2

代码	名称	上市日期	主营业务收入(万元)	同比(%)	利润总额(万元)	同比(%)	净利润(万元)	同比(%)	扣除非经常性损益后净利润(万元)	总资产(万元)	股东权益(万元)	资产负债率(%)	每股收益(摊薄)(元)	每股净资产(元)	调整后每股净资产(元)	净资产收益率(摊薄)(%)	流通A股(万股)	总股本(万股)	收盘价(元)	今年涨幅(%)	市盈率(倍)	分配预案
0892	长丰通信	1999.01.15	26300.88	17.02	11032.58	35.37	7977.17	24.40	7306.80	115859.63	55168.76	52.3800	0.2900	2.0000	1.9300	14.4600	8000.00	27591.79	22.0300	-6.3400	75.9700	不分配,不转增
0893	广州冷机	1998.12.24	13881.31	-45.87	-9612.22	-629.15	-9229.91	-748.53	-6566.75	102938.22	45754.45	55.5500	-0.4160	2.0600	1.9700	-20.1700	5688.40	22200.00	10.5000	-2.2300	0.0000	不分配,不转增
0895	双汇发展	1998.12.10	310721.22	29.42	23628.81	24.04	15469.83	33.00	14229.38	154911.01	67839.13	56.2100	0.5290	2.3200	2.2900	22.8000	8433.22	29237.00	15.7700	-5.4000	29.8100	10派5.00元,拟增发5000万股
0896	豫能控股	1998.01.22	38817.80	-4.57	9816.76	-29.19	8298.13	-30.66	9539.86	139904.05	97707.07	30.1600	0.1930	2.2700	2.2600	8.4900	8000.00	43000.00	12.9900	1.4800	67.3100	不分配,不转增
0897	津滨发展	1999.04.22	37835.57	-12.39	7063.43	-2.65	6165.36	-2.58	3682.95	148518.95	63528.96	57.2300	0.2283	2.3500	2.2800	9.7000	7000.00	27000.00	16.0700	14.1900	70.3900	10派1.00元转6
0898	鞍钢新轧	1997.12.25	979315.00	41.46	75242.20	78.60	48974.90	68.15	48974.90	956511.00	701786.10	26.6300	0.1680	2.4100	2.4000	6.9800	70894.33	291794.30	4.6600	9.9100	27.7400	10派0.90元
0899	赣能股份	1997.11.26	49725.03	5.92	11156.03	-12.68	9505.39	-25.60	9486.41	158092.40	146373.14	7.4100	0.1730	2.6700	2.6600	6.4900	17876.56	54803.20	10.4200	0.8700	60.2300	10派1元(含税)
0900	现代投资	1999.01.28	28681.82	15.64	17880.58	17.82	14907.15	13.41	14577.42	491472.46	235763.11	52.0300	0.3700	5.9100	5.8100	6.3200	16800.00	39916.59	12.1100	-8.8800	32.7300	10派1.50元
0901	航天科技	1999.04.01	10760.49	8.49	2038.49	-4.73	2011.71	11.43	1743.70	42254.90	31191.35	26.1800	0.2030	3.1510	3.1360	6.4500	3000.00	9900.00	25.9700	-2.7300	127.9300	不分配,不转增
0902	中国服装	1999.04.08	52151.65	79.17	4355.78	0.98	3713.55	15.68	3297.23	105660.92	54370.52	48.5400	0.1700	2.5300	2.5000	6.8300	6500.00	21500.00	13.6100	-0.9500	80.0600	10派1.00元
0903	云内动力	1999.04.15	41000.45	12.58	9433.69	51.66	7995.12	49.42	5269.79	83891.70	62115.87	25.9600	0.4400	3.4500	3.4400	12.8700	6000.00	18000.00	14.2800	2.7300	32.4500	10派3.50元配3,配股价9-13元
0905	厦门路桥	1999.04.29	23017.56	68.04	4915.13	-74.70	3139.04	-82.56	2717.78	267983.45	97252.90	63.7100	0.1060	3.2970	3.2900	3.2300	9500.00	29500.00	11.0600	-9.2700	104.3400	不分配,不转增
0906	南方建材	1999.07.07	81258.77	13.01	4160.16	22.57	3579.70	22.95	2815.76	73231.64	36067.87	50.7500	0.2860	2.8900	2.7900	9.9200	3500.00	12500.00	21.2800	0.7100	74.4100	10派0.20元配3,配股价15-18元
0908	天一科技	1999.02.03	18927.21	39.18	5411.39	-17.19	4624.94	-18.57	4508.93	69792.17	49074.57	29.6800	0.1650	1.7530	1.7430	9.4200	8987.80	28000.00	12.5500	-9.4500	76.0600	10派0.35元
0909	数源科技	1999.05.07	44532.03	-44.51	778.84	-86.73	348.96	-92.89	127.53	85151.94	52748.94	38.0500	0.0178	2.6913	2.6356	0.6600	6000.00	19600.00	14.3400	-4.1400	805.6200	10派1.00元
0910	大亚股份	1999.06.30	43054.99	18.71	7021.99	-13.00	5776.05	-15.38	5059.71	101523.36	78660.74	22.5200	0.2500	3.4000	3.3600	7.3400	8000.00	23125.00	15.1700	3.5500	60.6800	10派1.00元
0911	南宁糖业	1999.05.27	93804.99	3.54	6740.73	6.78	5500.66	27.70	5714.40	133810.18	54008.43	59.6400	0.2456	2.4100	2.3700	10.1900	5600.00	22400.00	13.0600	2.1100	53.1800	拟10配3,配股价9-13元
0912	泸天化	1999.06.03	137779.83	-0.60	17848.58	-9.81	12449.23	-19.53	9512.83	358818.17	145249.59	59.5200	0.2770	3.2280	3.0410	8.5700	15000.00	45000.00	9.4900	2.8200	34.2600	10派0.60元
0913	钱江摩托	1999.05.14	374928.49	50.65	21001.99	32.37	13897.85	26.82	13935.80	156147.63	84092.66	46.1500	0.5300	3.2300	3.1600	16.5300	6500.00	26000.00	16.7100	15.5900	31.5300	10派1.20元配3,配股价10-15元
0915	声乐股份	1999.06.09	4003.29	-60.80	-329.23	-112.94	-301.25	-116.58	-585.72	39954.54	24904.23	37.6700	-0.0333	2.7570	2.6920	-1.2100	3000.00	9033.60	20.9100	-8.3300	0.0000	不分配,不转增
0916	华北高速	1999.09.27	35576.72	17.13	28073.81	63.90	28073.81	70.52	22796.40	329515.88	267660.23	18.7700	0.2576	2.4556	2.4533	10.4900	34000.00	109000.00	7.3300	-0.5400	28.4500	10派1.00元
0917	电广传媒	1999.03.25	57874.21	35.20	16194.37	60.50	14490.91	73.75	14155.12	320966.65	234151.62	27.0500	0.5600	9.0600	8.9800	6.1900	11800.00	25840.00	29.3800	-4.3600	52.4600	10派3.00元
0918	亚华种业	1999.07.20	33828.67	27.40	6483.64	-0.73	6196.91	26.80	5994.82	148152.46	66633.30	55.0200	0.3650	3.9200	3.8000	9.3000	6000.00	17000.20	21.7600	-2.6800	59.6200	10派0.50元配3,配股价15-18元
0919	金陵药业	1999.11.18	36495.04	3.05	14337.81	6.54	11885.40	5.51	12077.53	122214.01	105830.20	13.4100	0.4240	3.7797	3.7729	11.2300	8000.00	28000.00	20.8300	-18.4700	49.1300	10派2.73元
0920	南方汇通	1999.06.16	40879.97	43.94	7412.34	8.88	7412.34	29.87	5532.30	91770.39	58382.81	36.3800	0.3900	3.0700	3.0700	12.7000	7000.00	19000.00	18.6300	-2.0700	47.7700	10派3.00元
0922	阿继电器	1999.06.18	21622.11	-6.82	4433.73	-13.94	3760.19	-9.20	3554.14	74147.31	51903.20	30.0000	0.2100	2.9600	2.9600	7.2400	5500.00	17555.00	16.8700	-3.9800	80.3300	10派2.60元
0923	河北宣工	1999.07.14	31463.83	-7.56	2903.12	-26.55	2531.07	-10.98	2542.39	68303.76	39116.80	42.7300	0.1500	2.3700	2.3500	6.4700	5500.00	16500.00	12.7400	-5.6300	84.9300	10派1.50元
0925	浙大海纳	1999.06.11	23354.22	75.98	3802.36	2.13	3052.74	4.62	2436.18	54041.88	36245.95	32.9300	0.3400	4.0300	4.0000	8.4200	3000.00	9000.00	37.3600	-15.4000	109.8800	10派1.80元
0926	福星科技	1999.06.18	38922.08	32.56	9656.90	45.02	8299.32	44.37	7973.26	87188.26	60597.61	30.5000	0.3110	2.2700	2.8800	13.7000	7150.00	26669.50	16.2800	-0.8500	52.3500	10派1.25元配2.3076,配股价
0927	天津汽车	1999.07.27	453368.14	-25.20	32821.33	-42.02	28084.69	-37.07	29204.28	722631.99	368485.07	49.0100	0.1940	2.5410	2.5010	7.6200	21800.00	145015.82	7.5800	3.9800	39.0700	不分配,不转增
0928	吉林炭素	1999.03.12	71671.11	15.45	5076.45	-47.90	4206.87	-38.68	3906.87	215396.48	99744.85	53.6900	0.1500	3.5300	3.2600	4.2200	9000.00	28289.90	10.3100	-1.3400	68.7300	10派1.60元
0929	兰州黄河	1999.06.23	18591.01	-9.34	335.56	9.34	329.27	-81.27	107.46	92698.40	48973.54	47.1700	0.0279	4.1559	4.0724	0.6700	4500.00	11784.00	14.6400	-5.6100	524.7300	不分配,不转增
0930	丰原生化	1999.07.12	70518.11	46.03	10120.55	111.67	8602.46	111.67	8413.35	135192.02	59208.18	56.2000	0.5850	4.0280	4.0130	14.5300	6000.00	14697.88	26.6500	12.1200	45.5600	不分配,不转增
0931	中关村	1999.07.12	157012.45	-29.42	20445.89	-1.34	15899.82	-9.86	15901.28	660411.17	169299.40	74.3600	0.2400	2.5100	2.4500	9.3900	37484.69	67484.69	20.8400	-18.6600	86.8300	10派1.50元
0932	华菱管线	1999.08.03	619337.52	27.06	45030.80	23.52	36423.34	17.04	38897.84	541931.92	337376.31	37.7500	0.2327	2.1600	2.0500	10.8000	25000.00	156537.50	7.2600	5.2200	31.2000	10派0.50元;拟增发20000万股
0933	神火股份	1999.08.31	53885.71	16.55	11827.40	5.93	9564.66	23.43	8763.49	108981.72	79526.06	27.0300	0.4180	3.4780	3.4740	12.0300	7000.00	22868.00	15.2200	-2.3100	36.4100	10派4.00元配3,配股价13-16元
0935	四川双马	1999.08.24	44565.19	21.92	7659.31	34.06	5850.13	43.82	6087.72	71691.43	49322.21	31.2000	0.3297	2.7795	2.1097	11.8600	5800.00	17745.00	24.2100	34.2000	73.4300	10送2派1.20元转6
0936	华西村	1999.08.10	30375.25	23.85	7128.17	10.64	5733.51	4.83	5861.00	59300.71	48284.57	18.5800	0.4100	3.4500	3.4300	11.8700	3500.00	14000.00	21.2600	2.2400	51.8500	10派1.00元转2
0937	金牛能源	1999.09.09	89190.98	10.97	22310.46	12.97	18921.28	14.60	18881.73	213330.44	152785.22	28.3800	0.4450	3.5900	3.5900	12.3800	10000.00	42500.00	15.4200	-11.9400	34.6500	10派1.25元配3,配股价10-14元
0938	清华紫光	1999.11.04	92272.86	104.36	9415.04	45.01	8332.36	49.50	8093.35	109550.82	62549.60	42.9000	0.4040	3.0350	2.9740	13.3200	6400.00	20608.00	40.7700	-24.4900	100.9200	10派3.00元

代码	名称	上市日期	主营业务收入（万元）	同比（%）	利润总额（万元）	同比（%）	净利润（万元）	同比（%）	扣除非经常性损益后净利润（万元）	总资产（万元）	股东权益（万元）	资产负债率（%）	每股收益（摊薄）（元）	每股净资产（元）	调整后每股净资产（元）	净资产收益率（摊薄）（%）	流通A股（万股）	总股本（万股）	收盘价（元）	今年涨幅（%）	市盈率（倍）	分配预案
0939	凯迪电力	1999.09.23	20815.54	20.89	6759.52	107.10	5490.52	101.46	2693.82	63959.93	43503.42	31.9800	0.2500	2.0100	1.9400	12.6200	9450.00	21630.00	19.0000	-20.0000	76.0000	10派1.00元
0948	南天信息	1999.08.03	67241.66	4.71	6094.01	-12.69	4398.62	-6.39	3700.76	82232.81	46346.43	43.6400	0.3100	3.3100	3.2100	9.4900	4000.00	14000.06	25.3900	-8.4100	81.9000	10派2.60元
0949	新乡化纤	1999.10.21	63594.96	8.70	12060.32	-2.24	9855.88	10.90	9430.88	121634.33	96012.59	21.0600	0.4000	3.9100	3.8900	10.2700	7500.00	24528.57	19.0300	2.6400	47.5800	10送1派1.00元转9
0950	民丰农化	1999.09.16	38674.32	1.06	4390.27	28.70	3723.61	25.67	3756.08	83211.18	42810.70	48.5500	0.2400	2.7620	2.7590	8.7000	5500.00	15500.00	14.1000	-5.3700	58.7500	10派1.50元配3,配股价8-10元
0951	小鸭电器	1999.11.25	66132.48	22.88	1387.56	-75.47	929.67	-75.47	929.67	141292.92	62929.25	55.4600	0.0366	2.4780	2.3560	1.4800	9000.00	25397.50	9.8600	-2.0900	269.4000	不分配,不转增
0952	广济药业	1999.11.12	13414.51	-24.03	3675.99	-16.45	3061.59	-2.57	3088.52	67621.51	48154.11	28.7900	0.1800	2.8100	2.7900	6.3600	5000.00	17122.60	15.4800	-9.9500	86.0000	不分配,不转增
0953	河池化工	1999.12.02	31782.84	62.80	4851.43	64.53	3787.07	51.33	3286.99	101325.45	39144.21	61.3700	0.2100	2.2000	2.1300	9.6700	6000.00	17821.78	16.7700	-1.3500	79.8600	10派0.50元;拟增发3000万股
0955	欣龙无纺	1999.12.09	13390.91	-32.79	1665.35	-63.89	1538.48	-63.85	1464.74	78191.41	51636.86	33.9600	0.0750	2.5189	2.4730	2.9800	5500.00	20500.00	14.7900	3.7900	197.2000	不分配,不转增
0956	中原油气	1999.11.10	191233.66	47.35	79805.60	203.37	79805.60	203.37	82744.23	314478.57	252107.03	19.8300	1.1736	3.7075	3.7075	31.6600	17000.00	68000.00	17.8300	16.5400	15.1900	10送2派2.00元
0957	中通控股	2000.01.13	26129.63	-11.36	5145.63	20.35	4671.63	25.88	3729.13	65954.09	43196.94	34.5000	0.1959	1.8100	1.7975	10.8147	8100.00	23850.50	12.4500	5.2400	63.5600	10派1.00元
0958	东方热电	1999.12.23	30264.85	34.31	7145.48	27.94	5237.00	12.53	5144.60	127705.23	52783.27	58.6700	0.2910	2.9820	2.9110	9.9220	4500.00	18000.00	15.4300	-5.2200	53.0200	10派0.50元;拟增发5000万股
0959	首钢股份	1999.12.16	1191658.38	4.05	90086.25	0.02	75873.34	5.14	58813.16	963690.46	503538.15	47.7500	0.3300	2.1800	2.1600	15.0700	35000.00	231000.00	10.6200	-5.7700	32.1800	10派2.50元
0960	锡业股份	2000.02.21	119004.06	7.37	9727.69	-3.16	9727.69	-3.16	9545.43	190937.35	116186.10	39.1500	0.2718	3.2463	3.2387	8.3700	13000.00	35790.40	12.0900	-2.1100	44.4800	10派1.00元;拟增发6000万股
0961	大连金牛	2000.03.01	117477.11	11.16	8704.87	22.38	7399.14	22.38	7055.42	213132.14	73753.97	65.4000	0.2740	2.7300	2.4000	10.0300	10000.00	27053.00	10.4200	4.3000	38.0300	10派0.30元配3,配股价6-9.5元
0962	东方钽业	2000.01.20	106374.44	94.79	18286.79	122.18	15194.39	185.41	15123.99	144322.32	88710.58	38.5300	0.5120	2.9900	2.9800	17.1300	11700.00	29700.00	41.4200	-11.3800	80.9000	10派1.25元
0963	华东医药	1998.02.25	161773.09	29.85	6845.85	10.59	4591.04	23.77	4585.30	114342.56	48164.73	57.8800	0.2400	2.5300	2.4200	9.5300	5000.00	19000.00	20.2900	-3.9800	84.5400	10派1.50元
0965	天水股份	2000.04.06	32244.29	2.41	4897.99	39.25	4178.30	40.34	2860.15	101707.44	57848.78	43.1200	0.1900	2.6700	2.4700	7.2200	7000.00	21700.49	12.3300	-3.6700	64.8900	不分配,不转增
0966	长源电力	2000.03.16	67397.13	7.03	11463.43	3.49	8651.75	41.29	6970.92	213898.90	85148.56	60.1900	0.2800	2.7600	2.7300	10.1600	9000.00	30845.17	14.5400	-1.8200	51.9300	10派2.00元转2
0967	上风高科	2000.03.30	13912.28	2.61	4810.56	7.17	3764.44	7.67	3406.64	50184.48	42980.83	14.3500	0.2752	3.1400	3.0572	8.7600	4500.00	9178.61	20.4600	-5.0600	74.3500	10派1.20元
0968	神州股份	2000.06.22	59444.68	11.84	6041.91	-11.60	5368.08	-7.15	5081.35	170790.23	110921.65	35.0500	0.1358	2.8100	2.7100	4.8400	14019.47	39519.00	10.7000	1.0400	78.7900	10派1.00元
0969	安泰科技	2000.05.29	35662.33	64.71	8034.59	63.52	7137.88	83.50	6938.14	148603.28	103130.09	30.6000	0.4678	6.7582	6.7196	6.9200	6000.00	15260.00	27.7600	-12.2100	59.3400	10送1派2.33元转5
0970	中科三环	2000.04.20	37190.00	69.78	4720.11	35.04	2732.56	8.15	2381.74	54018.25	34486.41	36.1600	0.3140	3.9640	3.8700	7.9200	3500.00	8700.00	31.2100	22.3700	99.3900	10派2.00元转8
0971	湖北迈亚	2000.04.27	24274.18	17.08	4647.47	22.20	3913.81	21.07	2999.29	91301.57	41679.14	54.3500	0.2100	2.2300	2.2000	9.3900	5500.00	18700.00	14.2800	-4.9900	68.0000	10派1.875元
0972	新中基	2000.09.26	46757.59	19.22	3221.22	-11.65	2713.65	6.70	2063.45	103876.69	39848.40	61.6400	0.2200	3.2000	2.8400	6.6600	4500.00	12458.92	19.8800	-3.9600	90.3600	10派0.70元
0973	佛塑股份	2000.05.25	148237.87	17.61	8870.25	9.81	7562.86	14.77	6962.89	208899.49	111089.54	46.8200	0.2000	2.9700	2.9600	6.8100	9500.00	37345.06	15.0300	-0.9200	75.1500	10派1.60元
0975	乌江电力	2000.06.08	9664.51	4.45	5578.31	17.60	3737.47	-6.61	3689.86	80404.93	69621.24	13.4100	0.2000	3.7600	3.7500	5.3700	4800.00	18500.00	14.6700	-0.2700	73.3500	10派1.00元
0976	春晖股份	2000.06.01	95752.44	23.76	11392.59	24.61	7640.79	24.74	7369.88	167033.18	117908.55	29.4100	0.1800	2.8000	2.7900	6.4800	12600.00	42114.60	14.1400	-10.9000	78.5600	10派1.20元
0977	浪潮信息	2000.06.08	81447.03	106.50	8643.03	66.87	6027.62	41.10	5865.06	116824.85	78492.72	32.8100	0.2800	3.6500	3.6200	7.6800	6500.00	21500.00	25.7000	-8.7700	91.7900	10派1.00元
0978	桂林旅游	2000.05.18	13870.56	9.65	4257.19	-6.92	3632.45	10.64	3349.67	42984.49	35461.40	17.5000	0.3080	3.0050	2.9560	10.2400	4000.00	11800.00	18.6100	0.8800	60.4200	10派2.60元转5
0979	科苑集团	2000.04.27	14280.71	47.90	3353.47	30.58	2151.95	-1.27	1772.45	65146.99	46020.75	29.3600	0.2300	4.9000	4.8600	4.6800	4000.00	9400.00	25.8300	-14.9500	112.3000	10派1.40元
0980	金马股份	2000.06.16	28027.01	-16.43	4490.96	-0.26	3817.32	-0.26	3243.46	71904.54	49924.17	30.5700	0.2545	3.3283	3.3209	7.6500	5800.00	15000.00	14.2400	-4.3000	55.9500	10派1.25元
0981	兰光科技	2000.06.22	73324.34	1.62	5430.16	5.46	5430.16	5.46	4886.79	118257.49	69872.04	40.9200	0.3400	4.3400	4.3300	7.7700	5000.00	16100.00	25.0700	-13.1600	73.7400	10派4.00元
0982	圣雪绒	2000.07.06	38864.67	19.94	3397.73	26.16	2561.21	40.21	1858.45	64350.38	34164.27	46.9100	0.3500	4.6200	4.5600	7.5000	3000.00	7400.00	23.2600	-11.7600	66.4600	10派1.00元
0983	西山煤电	2000.07.26	125658.77	25.48	25509.53	15.13	19367.75	9.01	19017.44	380401.83	279554.65	26.5100	0.2400	3.4600	3.3700	6.9300	11520.00	80800.00	12.5100	7.9400	52.1300	不分配,不转增
0985	大庆华科	2000.07.26	40019.06	1588.60	4242.29	23.48	3720.52	27.82	4043.19	47539.50	37955.88	20.1600	0.3240	3.3010	3.2860	9.8000	3000.00	11500.00	24.2600	-3.5800	74.8800	10派2.50元
0987	广州友谊	2000.07.18	94574.33	21.73	4468.40	9.57	3790.44	8.15	3748.94	99740.89	58424.32	41.4200	0.1584	2.4414	2.4001	6.4878	6000.00	23930.54	13.3800	-5.7100	84.4700	10派1.00元
0988	华工科技	2000.06.08	18049.82	93.25	5280.67	69.29	5020.14	64.29	4478.09	79293.29	56302.18	29.0000	0.4400	4.9000	4.7900	8.9200	3000.00	11500.00	51.9800	-24.1300	118.1400	10派3.00元
0989	九芝堂	2000.06.28	45584.21	38.33	5003.70	34.58	4571.94	45.51	4018.19	81160.11	49606.62	38.8800	0.3550	3.8600	3.8200	9.2200	4000.00	12862.00	24.6600	-1.9500	69.4600	10派4.00元
0990	诚志股份	2000.07.06	27462.00	37.13	6366.38	50.49	4043.85	43.54	3569.15	78621.87	63458.82	19.2900	0.3400	5.3100	5.2100	6.3700	4800.00	11950.00	23.2400	-5.8700	68.3500	10送3派1.00元转2
0993	闽东电力	2000.07.31	17999.77	4.80	6762.72	29.44	4352.07	31.62	3894.85	202940.23	144308.82	28.8900	0.1500	4.8100	4.7200	3.0200	10000.00	30000.00	14.0600	1.8800	93.7300	10派1.00元

代码	名称	上市日期	主营业务收入(万元)	同比(%)	利润总额(万元)	同比(%)	净利润(万元)	同比(%)	扣除非经常性损益后净利润(万元)	总资产(万元)	股东权益(万元)	资产负债率(%)	每股收益(摊薄)(元)	每股净资产(元)	调整后每股净资产(元)	净资产收益率(摊薄)(%)	流通A股(万股)	总股本(万股)	收盘价(元)	今年涨幅(%)	市盈率(倍)	分配预案
0995	皇台酒业	2000.08.07	15841.07	2.60	3946.98	5.42	2641.27	-0.16	2707.14	66940.99	47244.96	29.4200	0.1900	3.3700	3.3300	5.5900	4000.00	14000.00	16.2800	-4.7400	85.6800	不分配,不转增
0996	捷利股份	2000.07.18	21905.15	0.26	3387.96	15.64	2463.33	9.02	2415.51	48251.66	40841.34	15.3600	0.2140	3.5510	3.5370	6.0300	3500.00	11500.00	20.1800	-7.3000	94.3000	10派1.00元
0997	新大陆	2000.08.07	41727.75	36.92	4442.88	33.50	3985.92	30.94	3649.43	73007.22	57869.91	20.7300	0.4100	4.9900	4.9700	6.8900	3100.00	11600.00	33.8200	-7.3900	82.4900	10派2.50元
0998	隆平高科	2000.12.11	16254.46	41.83	3792.92	39.36	3795.99	39.47	3660.13	82641.34	77772.42	5.8900	0.3600	7.4100	7.4100	4.8800	5500.00	10500.00	41.5900	-20.0300	115.5300	10派3.60元
0999	三九医药	2000.03.09	182817.52	23.82	24842.34	-4.43	20157.85	-8.46	20195.70	588985.16	258248.32	56.1500	0.2700	3.4300	3.0100	7.8100	15300.00	75300.00	18.7500	-6.9500	69.4400	10派2.60元
2053	深基地B	1995.07.28	9667.74	8.81	5217.57	16.55	4485.32	17.76	4513.85	57377.50	50479.23	12.0200	0.1945	2.1890	2.1430	8.9000	--	23060.00	12.4700	311.5500	--	10派0.1879美元
2054	深建摩B	1995.07.25	109376.70	-13.20	895.70	34.83	1422.20	179.85	-2100.60	184553.40	49108.40	73.3900	0.0300	1.0300	0.5000	2.9000	--	47750.00	7.6100	306.9500	--	不分配,不转增
2057	ST大洋B	1995.12.21	--	-100.00	-4571.74	77.61	-2863.36	75.14	-2863.32	17402.23	1737.05	90.0200	-0.1450	0.0880	-0.1830	-165.0000	--	19800.00	6.8900	266.4900	--	不分配,不转增
2152	山航B	2000.09.12	104198.16	31.29	14338.74	19.84	9312.89	12.05	9312.89	138198.44	53334.01	61.4100	0.2328	1.3300	1.1600	17.4600	--	40000.00	8.7000	206.3400	--	10派1.00元
2160	帝贤B	2000.09.29	28401.49	44.11	7758.53	20.40	6516.96	19.13	6265.57	93090.36	38723.65	58.4000	0.3000	1.8000	1.6300	16.0000	--	21500.00	12.0700	146.3300	--	10派1.06元
2168	雷伊B	2000.10.27	59905.92	30.43	9520.69	66.78	6304.73	65.94	6304.73	68012.35	36433.31	46.4300	0.3600	2.0600	2.0500	17.0000	--	17700.00	11.7500	167.0500	--	10派0.50元
2468	宁通信B	1997.05.20	63934.33	62.92	1033.51	77.68	334.38	322.76	196.31	103987.13	48748.97	53.1200	0.0160	2.2670	1.9600	0.6900	--	21500.00	10.5900	218.0200	--	不分配,不转增
2512	闽灿坤B	1993.06.30	252696.73	41.07	19986.16	36.14	18399.04	38.85	18684.20	246947.31	100966.11	59.1100	0.4100	1.9700	1.9400	20.7600	--	45093.75	10.8200	211.8200	--	不分配,不转增
2706	瓦轴B	1997.03.25	109568.07	-1.96	4796.63	-10.10	4429.43	2.11	4744.00	216295.05	101333.20	53.1500	0.1340	3.0700	2.9700	4.3700	--	33000.00	8.5800	260.5000	--	10派0.50元
2770	武锅B	1998.04.15	25120.97	68.55	1730.71	654.25	1258.49	455.18	1340.20	97626.23	49373.18	49.4300	0.0424	1.6624	1.6108	2.5500	--	29700.00	7.5000	316.6700	--	10派0.20元;拟增发8000万股
2771	杭汽轮B	1998.04.28	24919.63	-14.53	3495.61	-40.41	3007.10	-48.74	3018.94	67530.28	43768.86	35.1900	0.1400	1.9900	1.9700	6.8700	--	22000.00	10.0200	216.0900	--	10派0.50元
2986	粤华包B	2000.07.06	40523.51	38.17	12587.60	-9.07	11304.33	-4.67	7634.07	131818.25	76652.24	41.8500	0.2572	1.7441	1.7166	14.7500	--	43950.00	9.0800	225.4500	--	10派1.26元
2992	中鲁B	1997.06.10	59218.24	-35.06	8268.66	-17.55	7241.88	-15.27	7241.88	88907.06	50381.33	43.3300	0.2700	1.8900	1.8900	14.4000	--	24807.13	10.9100	198.0900	--	10派1.00元

上市公司2001中期基本情况简报表

项目			资产状况							经营效果								股本			分配（配售）
序号	代码	公司简称	总资产（亿元）	比2000±%	净资产（亿元）	比2000±%	每股净资产（元）	2001.08.31摊薄后	净资产收益率（%）	主营收入（亿元）	比2000中期±%	净利润（万元）	比2000中期±%	每股净利润（万元）	2001.08.31摊薄后	每股经营性现金流量（元）	2001.08.31摊薄后	总股份（亿股）	流通股（亿股）	2001.08.31	2001中期利润分配及其已公布未实施之配售方（预）案
1	0001	深发展	851.81	26.71	49.62	4.70	2.55	2.55	4.50	17.69	85.64	22321	25.43	0.115	0.115	0.63	0.63	19.46	13.93	13.93	不分配不转增
2	0002	深万科	60.66	8.64	30.47	6.04	4.83	4.77	5.59	24.33	69.67	17046	48.76	0.270	0.270	-1.15	-1.15	6.31	5.20	5.20	不分配不转增
3	0003	深金田	25.68	2.95	-5.77	-6.07	-1.73	-1.73		1.14	-26.38	-3328	53.48	-0.100	-0.100	0.22	0.22	3.33	2.66	2.66	不分配不转增
4	0004	北大高科	1.67	-67.20	1.03	15.27	1.22	1.22	13.25	0.23	-62.06	1358	113.95	0.162	0.162	-0.06	-0.06	0.84	0.42	0.42	不分配不转增
5	0005	世纪星源	21.04	4.12	12.18	47.97	1.87	1.87	0.03	0.53	-20.19	31	-89.92			0.02	0.02	6.52	3.44	3.44	不分配不转增
6	0006	深振业	39.09	3.21	11.74	4.58	4.63	4.56	4.38	8.01	2.26	5148	80.93	0.203	0.200	0.84	0.83	2.54	1.58	1.58	不分配不转增
7	0007	深达声	9.64	1.31	0.70	-9.44	0.49	0.49	-11.65	0.11	-66.52	-818	71.70	-0.060	-0.060	0.01	0.01	1.44	0.80	0.80	不分配不转增
8	0008	亿安科技	2.74	-5.37	0.87	-16.01	1.18	1.18	-19.07	0.18	-79.56	-1654	-164.63	-0.225	-0.225	-0.04	-0.04	0.74	0.35	0.35	不分配不转增
9	0009	深宝安	44.09	-4.42	12.63	0.92	1.32	1.32	0.93	3.46	29.48	1175	-43.24	0.012	0.012	0.05	0.05	9.59	5.80	5.80	不分配不转增
10	0010	深华新	3.24	-8.02	1.54	-0.27	1.05	1.05	1.00	2.20	-1.39	153	163.72	0.010	0.010	0.07	0.07	1.47	0.68	0.68	不分配不转增
11	0011	深物业	28.02	5.07	3.12	3.88	0.51	0.51	4.26	2.44	-4.20	1175	10.99	0.021	0.021	0.09	0.09	5.42	1.53	1.53	不分配不转增
12	0012	南玻科控	27.03	-4.30	18.37	0.29	2.71	2.71	4.31	4.81	3.26	7922	-1.26	0.117	0.117	0.19	0.19	6.77	3.30	4.06	不分配不转增
13	0013	深石化	26.90	16.63	7.30	5.07	1.88	1.88	4.54	4.80	19.51	2596	41.72	0.086	0.086	0.06	0.06	3.03	0.84	0.84	不分配不转增
14	0014	深华源	7.30	177.09	2.05	598.22	2.28	2.28	2.72	0.93	71.58	556	133.62	0.062	0.062	-0.55	-0.55	0.90	0.45	0.45	不分配不转增
15	0015	深中浩	2.18	3	-10.23	7	-6.5	-6.5	0.11	0		111.57	102	0.007	0.007	-0.02	-0.02	1.57	0.48	0.48	不分配不转增
16	0016	深康佳	79.57	-20.93	34.23	-5.32	5.69	5.69	-5.58	32.10	-12.63	-19096	-255.85	-0.317	-0.317	0.05	0.05	6.02	4.27	4.27	不分配不转增(拟10配2.727股)
17	0017	深中华	23.90	-2.81	0.19	-69.37	0.04	0.04	312.09	0.23	-13.20	-5828	10.04	-0.122	-0.122			4.79	2.55	2.55	不分配不转增
18	0018	深中冠	4.57	4.47	3.08	0.35	1.82	1.82	0.66	0.73	-18.83	204	-47.59	0.012	0.012	0.04	0.04	1.69	0.47	0.47	不分配不转增
19	0019	深深宝	4.47	4.89	3.73	28.80	2.05	2.05	2.53	0.34	-6.11	942	11.51	0.052	0.052	-0.31	-0.31	1.82	0.66	0.66	不分配不转增
20	0020	深华发	4.71	0.84	3.01	0.54	1.06	1.06	0.54	0.42	-26.61	162	313.96	0.006	0.006	0.07	0.06	2.83	1.58	1.58	不分配不转增
21	0021	深科技	39.34	1.53	23.71	1.90	3.24	3.24	1.87	15.03	-5.96	4425	-25.48	0.060	0.060	0.54	0.54	7.33	2.01	2.01	不分配不转增(拟10配3股)
22	0022	深赤湾	22.72	1.46	10.92	2.42	2.86	2.86	2.37	2.05	-3.37	2586	-34.47	0.068	0.068	0.27	0.27	3.82	1.57	1.57	不分配不转增
23	0023	深天地	8.87	7.33	2.69	0.49	1.94	1.94	0.48	1.01	-34.20	131	-86.04	0.009	0.009	0.06	0.05	1.39	0.46	0.46	不分配不转增(拟10配3股)
24	0024	招商局	52.70	8.10	22.05	3.11	4.63	4.63	3.17	13.73	6.95	6994	-19.06	0.147	0.147	-0.35	-0.35	4.76	2.67	2.67	不分配不转增
25	0025	深特力	7.48	-2.35	0.98	2.67	0.42	0.42	-12.42	0.57	-28.61	-1154	86.16	-0.050	-0.050	-0.01	-0.01	2.20	0.61	0.61	不分配不转增
26	0026	飞亚达	7.63	-2.48	6.04	1.90	2.42	2.42	2.76	1.15	-11.41	1669	124.41	0.067	0.067	0.15	0.15	2.49	1.19	1.19	不分配不转增
27	0027	深能源	80.86	6.85	27.77	8.65	2.77	2.77	8.82	14.69	77.04	24498	29.98	0.244	0.244	0.69	0.69	10.02	4.05	4.05	不分配不转增
28	0028	一致药业	11.75	139.45	3.76	16.39	1.31	1.31	13.95	7.99	1448.03	5243	395.49	0.182	0.182	0.24	0.24	2.88	1.10	1.10	不分配不转增
29	0029	深深房	40.03	-2.69	16.08	0.42	1.59	1.59	0.30	2.93	-14.20	483	-73.81	0.005	0.005	0.04	0.04	10.12	2.68	2.68	不分配不转增
30	0030	莱英达	14.50	0.85	0.75	7.30	0.26	0.26	-19.79	3.05	-25.67	-1488	68.57	-0.052	-0.052	0.13	0.13	2.88	0.80	0.80	不分配不转增
31	0031	深宝恒	15.54	10.67	9.22	3.99	1.98	1.98	3.84	1.08	-18.26	3541	481.78	0.076	0.076	0.05	0.05	4.66	1.63	1.63	不分配不转增
32	0032	深桑达	9.18	9.13	2.59	7.00	1.98	1.98	6.54	8.85	135.98	1695	135.90	0.130	0.130	0.29	0.29	1.31	0.36	0.36	不分配不转增
33	0033	新都酒店	6.42	-2.57	4.18	-0.34	1.45	1.45	-0.34	0.59	-3.45	-141	65.31	-0.005	-0.005	0.08	0.08	2.88	0.67	0.67	不分配不转增
34	0034	深信泰丰	15.73	17.35	3.49	10.26	1.12	1.12	9.08	6.93	258.71	3167	190.47	0.102	0.102	-0.25	-0.25	3.11	0.85	0.85	不分配不转增
35	0035	中科健	9.40	12.31	2.24	7.56	1.93	1.93	6.96	5.67	44.31	1557	-27.15	0.134	0.134	-1.18	-1.18	1.16	0.43	0.43	不分配不转增
36	0036	华联控股	25.04	-4.40	9.11	5.90	2.53	2.50	5.57	10.68	5.26	5077	-8.81	0.140	0.138	0.04	0.04	3.60	1.77	1.77	不分配不转增
37	0037	深南电	14.22	5.99	9.73	35.59	1.78	1.78	9.94	4.46	20.64	9674	76.52	0.180	0.180	0.33	0.33	5.48	1.73	1.73	不分配不转增
38	0038	深大通	1.76	-4.65	1.07	1.34	1.19	1.19	1.32	0.10	-69.38	142	-42.76	0.015	0.015	0.06	0.06	0.90	0.19	0.19	不分配不转增
39	0039	中集集团	77.01	16.92	23.76	16.62	6.98	6.98	14.26	41.15	1.17	33872	64.27	0.996	0.996	-0.52	-0.52	3.40	1.88	1.88	不分配不转增

项目			资产状况							经营效果								股本			分配（配售）
序号	代码	公司简称	总资产（亿元）	比2000 ±%	净资产（亿元）	比2000 ±%	每股净资产（元）	2001.08.31摊薄后	净资产收益率（%）	主营收入（亿元）	比2000中期±%	净利润（万元）	比2000中期±%	每股净利润（万元）	2001.08.31摊薄后	每股经营性现金流量（元）	2001.08.31摊薄后	总股份（亿股）	流通股（亿股）	2001.08.31	2001中期利润分配及其已公布未实施之配售方（预）案
40	0040	深鸿基	23.77	0.92	11.83	−1.37	2.52	2.52	−1.39	1.37	−20.96	−1641	−373.05	−0.035	−0.035	−0.06	−0.05	4.70	2.87	2.87	不分配不转增
41	0042	深长城	39.55	14.69	12.86	5.15	5.37	5.32	4.90	5.50	−13.45	6302	73.98	0.260	0.257	−0.22	−0.22	2.39	0.69	0.69	不分配不转增
42	0043	深南光	12.30	1.77	4.13	1.36	2.96	2.96	1.48	3.11	−19.54	612	−37.36	0.044	0.044	0.16	0.16	1.39	0.38	0.38	不分配不转增
43	0045	深纺织	7.31	5.00	2.94	5.47	1.80	1.80	5.19	1.53	16.83	1522	16.86	0.093	0.093	0.09	0.09	1.63	0.55	0.55	不分配不转增
44	0046	光彩建设	16.39	26.12	9.57	73.92	3.92	3.92	0.66	1.04	−25.97	634	−77.04	0.026	0.026	−0.93	−0.93	2.44	1.27	1.27	不分配不转增
45	0047	深中侨	13.58	−0.98	−0.28	−437.88	−0.23	−0.23		0.16	−75.60	−3587	−3.37	−0.298	−0.298	0.05	0.05	1.20	0.33	0.33	不分配不转增
46	0048	中科创业	17.22	−7.53	2.12	−10.14	0.54	0.54	−11.28	4.72	1.52	−2392	−148.15	−0.061	−0.061	0.15	0.15	3.91	1.14	1.14	不分配不转增
47	0049	深万山	4.44	−2.72	1.93	−2.72	1.41	1.41	−2.79	0.14	6.17	−539	−733.98	−0.039	−0.039	0.08	0.08	1.37	0.45	0.44	不分配不转增
48	0050	深天马	9.20	51.65	7.15	106.84	5.39	5.39	2.31	1.52	−2.57	1650	8.44	0.124	0.124	0.16	0.16	1.33	0.36	0.36	不分配不转增
49	0055	深圳方大	13.86	8.18	10.60	3.67	3.58	3.58	3.54	2.08	0.90	3752	2.78	0.130	0.130	0.22	0.22	2.96	1.62	1.87	不分配不转增
50	0056	深国商	12.53	−0.80	3.81	1.27	1.73	1.73	1.25	1.67	−25.86	478	9.96	0.022	0.022	0.02	0.02	2.21	1.27	1.27	不分配不转增
51	0058	深赛格	40.11	−2.19	17.01	1.60	2.34	2.34	1.40	8.90	−26.39	2387	74.53	0.033	0.033	0.39	0.39	7.26	3.15	3.15	不分配不转增
52	0059	辽通化工	24.26	−0.45	13.59	0.11	2.05	2.05	0.11	4.60	−24.95	148	−23.68	0.002	0.002	0.04	0.04	6.63	1.69	1.69	不分配不转增
53	0060	中金岭南	48.85	8.73	10.39	3.04	2.41	2.41	4.17	14.24	−1.77	4330	−45.92	0.100	0.100	0.62	0.62	4.32	2.05	2.05	不分配不转增（拟10配3股）
54	0061	农产品	24.78	10.58	9.96	4.96	5.39	5.39	4.73	7.09	107.13	4709	−15.22	0.255	0.255	0.31	0.31	1.85	1.02	1.02	不分配不转增
55	0062	深圳华强	12.81	1.28	11.78	2.88	4.36	4.36	2.80	1.54	−51.46	3298	−38.86	0.122	0.122	0.04	0.04	2.70	1.28	1.28	不分配不转增（拟10配3股）
56	0063	中兴通迅	104.01	65.44	35.70	92.82	7.71	7.71	5.43	35.41	129.39	19368	55.40	0.418	0.418	0.29	0.29	4.63	1.75	1.75	每10股送2股派1.5元(含税)
57	0065	北方国际	8.83	188.38	3.44	133.10	3.39	3.39	1.58	3.13	111.61	541	−23.85	0.053	0.053	−0.22	−0.22	1.02	0.26	0.26	不分配不转增
58	0066	长城电脑	23.72	6.76	13.23	10.16	2.89	2.89	9.23	10.97	17.65	12207	29.73	0.266	0.266	−0.40	−0.40	4.58	1.81	1.81	不分配不转增
59	0068	赛格三星	30.30	−0.25	15.52	5.84	1.98	1.98	5.52	5.37	8.36	8566	128.50	0.109	0.109	0.29	0.29	7.86	2.25	2.25	不分配不转增
60	0069	华侨城	15.56	19.40	10.16	9.74	2.27	2.27	9.40	0.91	−32.32	9550	170.08	0.214	0.214	0.02	0.02	4.47	1.40	1.40	不分配不转增
61	0070	特发信息	13.51	−0.89	8.01	3.41	3.20	3.20	3.30	2.40	9.85	2640	26.98	0.106	0.106	0.13	0.12	2.50	0.70	0.70	不分配不转增
62	0078	海王生物	30.87	255.78	16.73	623.67	7.54	7.54	2.54	2.37	135.60	4245	53.07	0.190	0.190	−0.51	−0.51	2.22	1.07	1.07	不分配不转增
63	0088	盐田港	33.54	−1.46	15.71	11.18	2.69	2.69	10.06	1.68	69.45	15801	786.01	0.270	0.270	0.12	0.12	5.85	1.25	1.25	不分配不转增
64	0089	深圳机场	27.88	6.28	21.81	9.89	4.36	4.36	9.06	2.92	45.95	19759	35.53	0.395	0.395	0.43	0.43	5.00	1.80	1.80	不分配不转增
65	0090	深天健	30.57	1.64	10.25	5.05	4.59	4.59	4.80	8.32	32.67	4923	3.13	0.221	0.221	0.48	0.48	2.23	0.58	0.58	不分配不转增
66	0096	广聚能源	13.92	7.46	9.65	6.32	2.92	2.92	4.18	5.64	2.21	4034	12.49	0.122	0.122	0.23	0.23	3.30	0.85	0.85	不分配不转增
67	0099	中信海直	12.48	14.01	8.57	3.76	4.37	4.31	3.62	1.54	11.98	3104	34.95	0.158	0.158	0.11	0.11	1.96	0.60	0.60	不分配不转增
68	0150	麦科特	7.36	−4.04	6.82	2.37	2.10	2.10	2.31	0.92	−37.14	1578	68.50	0.049	0.049	−0.07	−0.07	3.24	1.26	1.26	不分配不转增
69	0151	中成股份	9.70	−1.77	8.08	7.76	4.10	4.10	5.27	3.01		4260		0.216	0.216	−0.18	−0.17	1.97	0.70	0.70	每10股转增5股
70	0153	新力药业	7.40	17.33	5.29	0.31	8.13	8.13	2.15	0.87		1136		0.175	0.175	0.56	0.56	0.65	0.25	0.25	每10股派现金1.50元（含税）
71	0155	川化股份	18.37	3.60	13.48	2.53	2.87	2.87	2.47	5.06	−7.64	3334	−19.68	0.071	0.071	0.27	0.27	4.70	1.30	1.30	不分配不转增
72	0156	安塑股份	6.26	−1.44	4.60	1.20	4.76	4.76	1.18	0.69		544		0.056	0.056			0.97	0.36	0.36	不分配不转增
73	0157	中联重科	10.03	5.90	8.53	5.81	5.69	5.69	6.37	1.79	71.93	5435	94.05	0.362	0.362	0.27	0.27	1.50	0.50	0.50	每10股送2转8股，派现金0.5元(含税)
74	0158	常山股份	20.34	7.91	11.94	4.88	2.98	2.98	3.48	8.57	−8.52	4158	−15.16	0.104	0.104	0.20	0.20	4.00	1.00	1.00	不分配不转增
75	0159	国际实业	10.06	13.07	5.65	0.39	3.29	3.29	0.38	1.40	−39.27	217	−83.21	0.013	0.013	0.12	0.12	1.72	0.70	0.70	不分配不转增
76	0301	丝绸股份	18.85	5.81	12.68	4.91	2.72	2.72	4.37	7.98	42.73	5545	62.96	0.120	0.120	0.26	0.26	4.67	1.00	1.00	不分配不转增
77	0400	许继电气	21.29	4.05	14.62	6.33	3.86	3.86	5.96	4.66	24.51	8707	13.58	0.230	0.230	0.02	0.02	3.78	1.94	1.94	不分配不转增
78	0401	冀东水泥	24.90	11.26	15.84	2.67	1.80	1.80	2.60	4.17	42.05	4125	−13.09	0.047	0.047	0.22	0.22	8.82	2.70	2.70	不分配不转增
79	0402	金融街	8.25	37.57	2.50	23.76	1.98	1.98	19.20	2.18	174.00	4794	324.63	0.380	0.380	−0.50	−0.50	1.26	0.48	0.48	不分配不转增

项目			资产状况							经营效果								股本			分配(配售)
序号	代码	公司简称	总资产(亿元)	比2000±%	净资产(亿元)	比2000±%	每股净资产(元)	2001.08.31摊薄后	净资产收益率(%)	主营收入(亿元)	比2000中期±%	净利润(万元)	比2000中期±%	每股净利润(万元)	2001.08.31摊薄后	每股经营性现金流量(元)	2001.08.31摊薄后	总股份(亿股)	流通股(亿股)	2001.08.31	2001中期利润分配及其已公布未实施之配售方(预)案
80	0403	三九生化	12.87	10.11	5.89	8.72	2.99	2.99	8.02	2.30	-0.29	4720	-28.19	0.240	0.240	0.38	0.38	1.97	0.94	0.94	不分配不转增
81	0404	华意压缩	11.99	71.40	6.59	40.95	2.52	2.53	0.58	1.10	3.71	384	-76.05	0.015	0.014	-0.13	-0.13	2.61	0.95	0.95	不分配不转增
82	0405	有色鑫光	9.58	-2.61	4.81	-5.08	1.26	1.26	-5.41	1.00	-72.76	-2606	-230.23	-0.068	-0.068	0.02	0.02	3.81	1.13	1.13	不分配不转增
83	0406	石油大明	21.23	17.67	14.18	11.08	4.67	4.67	9.98	3.85	9.56	14146	29.19	0.466	0.466	0.52	0.52	3.03	2.22	2.22	不分配不转增
84	0407	胜利股份	11.06	9.02	5.24	-5.83	2.19	2.19	2.95	3.98	-4.84	1546	-13.55	0.065	0.065	-0.02	-0.02	2.40	1.44	1.44	每股派2元
85	0408	河北华玉	7.75	6.01	4.26	44.37	3.72	3.72	1.43	1.45	-34.86	609	-53.12	0.053	0.053	-0.40	-0.40	1.15	0.41	0.41	不分配不转增
86	0409	四通高科	3.01	-6.32	2.53	0.83	1.48	1.48	0.82	0.50	4459.53	207	149.17	0.012	0.012	-0.04	-0.04	1.71	0.75	0.75	不分配不转增
87	0410	沈阳机床	30.75	7.68	9.38	1.28	2.75	2.75	1.60	3.56	32.53	1506	42.65	0.044	0.044	0.01	0.01	3.41	1.35	1.35	不分配不转增
88	0411	凯地丝绸	2.77	-5.11	0.20	-55.88	0.17	0.17	-93	0.21	-61.51	-1829	15.41	-0.159	-0.159	-0.029	-0.029	1.15	0.32	0.32	不分配不转增
89	0412	北方五环	7.43	-7.52	2.42	-24.76	0.84	0.84	-26.26	0.26	-17.49	-6356	-62.17	-0.220	-0.220	0.05	0.05	2.89	1.06	1.06	不分配不转增
90	0413	宝　石	15.76	-2.56	5.58	2.88	1.46	1.46	9.31	0.36	110.02	5196	123.18	0.136	0.136	-0.07	-0.07	3.83	1.45	1.45	不分配不转增
91	0415	汇通水利	8.60	11.52	4.46	5.75	1.91	1.91	5.44	1.41	121.56	2426	2.41	0.104	0.104	0.32	0.32	2.33	0.96	0.95	不分配不转增(拟10配3股)
92	0416	青岛国货	3.66	-3.93	2.07	-7.95	1.82	1.82	-5.61	0.74	-14.43	-1160	-242.50	-0.102	-0.102	-0.03	-0.03	1.14	0.63	0.63	不分配不转增
93	0417	合肥百货	8.56	-17.50	5.92	4.69	5.86	5.86	4.48	5.30	29.09	2656	51.51	0.263	0.263	0.19	0.19	1.01	0.37	0.37	不分配不转增
94	0418	小天鹅	33.86	-0.61	20.84	4.42	5.71	5.71	4.24	11.30	-23.34	8828	-22.87	0.241	0.241	0.11	0.11	3.65	1.99	1.99	不分配不转增
95	0419	通程控股	11.43	6.96	5.77	2.98	3.29	3.29	2.89	3.15	1.14	1669	4.24	0.095	0.095	0.27	0.27	1.76	0.65	0.65	不分配不转增
96	0420	吉林化纤	21.57	1.78	11.80		3.12	3.12		5.07	12.63	0	-99.99			-0.02	-0.02	3.78	1.94	1.94	不分配不转增
97	0421	南京中化	8.91	8.64	4.15	2.37	2.11	2.11	2.32	2.02	39.97	961	18.63	0.049	0.049	-0.21	-0.21	1.97	0.76	0.76	不分配不转增(拟10配3股)
98	0422	湖北宜化	10.75	984.68	5.94	0.48	3.18	3.13	3.63	2.60	16.89	2155	26.49	0.120	0.118	0.15	0.15	1.87	0.84	0.84	不分配不转增
99	0423	东阿阿胶	8.80	1.07	7.67	5.52	2.82	2.82	5.23	1.97	31.51	4015	72.05	0.147	0.147	0.05	0.05	2.72	1.92	1.92	不分配不转增
100	0425	徐工科技	18.13	20.77	6.06	-3.41	1.32	1.32	7.00	7.94	9.44	4239	4.62	0.092	0.092	-0.07	-0.07	4.59	1.58	1.58	不分配不转增(拟10配3股)
101	0426	富龙热力	13.34	24.91	9.76	33.34	4.40	4.40	2.57	0.99	11.16	2512	-6.83	0.113	0.113	0.01	0.01	2.22	0.73	0.73	不分配不转增
102	0428	华天酒店	8.80	24.86	6.80	34.78	3.94	3.94	3.69	1.12	20.44	2508	49.89	0.145	0.145	0.25	0.25	1.73	0.61	0.61	不分配不转增
103	0429	粤高速	56.27	-8.81	33.72	2.42	2.68	2.68	2.36	3.08	151.00	7962	-20.69	0.060	0.060	-0.57	0.16	12.57	5.78	5.78	不分配不转增
104	0430	张家界	3.17	-12.75	0.76	-13.44	0.41	0.41	-17.31	0.17	85.88	-1315	20.05	-0.071	-0.071			1.84	0.74	0.74	不分配不转增
105	0488	晨鸣纸业	64.06	19.19	31.21	9.14	6.88	6.15	3.28	12.92	2.40	10245	-15.71	0.226	0.202	0.66	0.60	4.53	2.58	2.83	不分配不转增
106	0498	丹东化纤	17.02	11.11	7.26	0.34	1.86	1.86	0.34	4.07	-0.06	246	-53.16	0.006	0.006	0.19	0.19	3.90	1.74	1.74	不分配不转增
107	0501	鄂武商	33.28	4.99	10.91	1.05	2.15	2.15	1.40	11.38	7.31	1523	-57.23	0.030	0.030	0.08	0.08	5.07	2.04	2.04	不分配不转增
108	0502	琼能源	4.30	0.30	2.58	0.15	1.66	1.66	0.15	0.14	-75.57	38	-99.40	0.002	0.002	-0.01	-0.01	1.56	0.57	0.57	不分配不转增
109	0503	海虹控股	10.16	8.06	5.08	13.64	1.49	1.49	13.52	1.91	-19.80	6876	51.30	0.200	0.200			3.42	1.19	1.19	不分配不转增
110	0504	港澳实业	6.49	9.34	3.12	0.02	1.00	1.00	0.02	0.89	77.67	8	100.38			0.06	0.06	3.12	0.87	0.87	不分配不转增
111	0505	珠江控股	7.72	-0.13	4.43	2.12	1.17	1.17	1.56	0.35	172.32	691	154.12	0.018	0.018	-0.04	-0.04	3.78	1.71	1.71	不分配不转增
112	0506	东泰控股	6.95	-9.80	2.99	8.21	1.20	1.20	7.50	1.85	87.23	2256	1175.10	0.091	0.091	0.05	0.05	2.49	1.44	1.44	不分配不转增
113	0507	粤富华	11.10	-2.11	9.34	2.49	2.71	2.71	2.43	0.73	17.52	2264	-8.54	0.066	0.066	-0.05	-0.05	3.45	1.96	1.95	不分配不转增
114	0509	天歌科技	6.55	-4.54	3.85	7.71	1.79	1.78	7.16	1.69	29.86	2752	15.05	0.127	0.127	0.10	0.15	2.15	1.16	1.16	不分配
115	0510	金路集团	10.25	4.11	6.08	9.55	1.30	1.30	8.72	2.70	23.35	5303	313.52	0.113	0.113	0.02	0.02	4.69	3.09	3.09	不分配不转增
116	0511	银基发展	14.66	3.40	8.92	2.50	3.31	3.31	2.43	0.71	75.35	2170	133.18	0.080	0.080	-0.71	-0.71	2.70	1.79	1.79	不分配不转增
117	0513	丽珠集团	16.33	5.49	9.08	3.62	2.97	2.97	3.50	6.45	9.00	3176	383.93	0.100	0.104	0.26	0.26	3.06	2.19	2.38	不分配不转增
118	0514	渝开发	5.01	0.59	1.82	0.10	1.55	1.55	0.10	0.26	13.95	18	-96.62	0.002	0.002	0.03	0.03	1.18	0.43	0.43	不分配不转增
119	0515	渝钛白	7.13	-0.36	2.26	3.34	1.45	1.45	3.14	1.05	26.54	604	116.00	0.046	0.046	0.13	0.15	1.30	0.55	0.55	10派0.1元(含税)转增2

项目			资产状况							经营效果								股本			分配（配售）
序号	代码	公司简称	总资产(亿元)	比2000±%	净资产(亿元)	比2000±%	每股净资产(元)	2001.08.31摊薄后	净资产收益率(%)	主营收入(亿元)	比2000中期±%	净利润(万元)	比2000中期±%	每股净利润(万元)	2001.08.31摊薄后	每股经营性现金流量(元)	2001.08.31摊薄后	总股份(亿股)	流通股(亿股)	2001.08.31	2001中期利润分配及其已公布未实施之配售方(预)案
120	0516	陕解放	6.52	9.19	3.66	59.49	2.81	2.81	5.49	3.52	1.06	2008	10.86	0.154	0.154	−0.01	−0.01	1.30	0.43	0.43	不分配不转增
121	0517	甬成功	6.78	18.65	2.83	11.56	3.15	3.15	10.43	2.75	202.00	2956	8.44	0.329	0.329	1.19	1.19	0.90	0.28	0.28	不分配不转增
122	0518	四环生物	4.03	46.59	2.49	21.48	1.86	1.86	17.69	1.90	86.06	4401	23.17	0.329	0.329	0.32	0.32	1.34	0.76	0.76	不分配不转增
123	0519	银河创新	5.18	32.27	3.11	59.65	2.28	2.28	4.47	0.94	0.78	1390	2.68	0.102	0.102	0.20	0.20	1.37	0.58	0.58	不分配不转增
124	0520	中国凤凰	14.84	7.02	12.81	1.72	2.47	2.47	1.69	4.46	63.93	2163	−51.64	0.042	0.042	0.43	0.43	5.19	2.95	2.95	不分配不转增
125	0521	美菱电器	25.97	2.79	13.81	0.25	3.34	3.34	0.25	7.81	11.53	349	54.65	0.008	0.008	0.14	0.14	4.14	2.51	2.51	不分配不转增
126	0522	白云山	18.19	1.44	0.77	71.72	0.21	0.21	34.21	4.49	3.04	2646	−34.74	0.071	0.071	0.12	0.12	3.74	1.57	1.57	不分配不转增
127	0523	广州浪奇	6.37	−1.89	5.10	0.40	2.23	2.23	0.40	2.73	44.99	202	−73.39	0.009	0.009	0.01	0.01	2.29	0.94	0.94	不分配不转增
128	0524	东方宾馆	8.06	0.55	6.96	1.00	2.58	2.58	0.99	1.24	16.32	689	−56.40	0.026	0.026	0.09	0.09	2.70	0.99	0.99	不分配不转增
129	0525	红太阳	8.00	26.16	4.99	13.30	1.78	1.78	11.74	1.89	34.73	5860	64.99	0.209	0.209	0.06	0.06	2.80	1.29	1.29	不分配不转增
130	0526	旭飞实业	2.46	8.30	1.53	7.72	1.93	1.93	7.17	0.02	12941.21	1098	489.89	0.139	0.139	−0.06	−0.06	0.79	0.33	0.33	不分配不转增
131	0527	粤美的	77.81	8.87	21.65	10.67	4.46	4.46	9.64	59.84	21.89	20872	−4.99	0.430	0.430	0.09	0.09	4.85	2.92	2.92	不分配不转增
132	0528	桂柳工	12.47	3.45	7.05	1.08	2.15	2.15	1.07	4.99	23.65	751	−44.61	0.023	0.023	−0.03	−0.03	3.28	1.20	1.20	不分配不转增
133	0529	粤美雅	27.56	0.37	16.43	0.42	4.14	4.14	0.41	2.48	−41.05	679	112.38	0.017	0.017	0.11	0.11	3.97	2.16	2.16	不分配不转增
134	0530	大冷股份	17.82	1.51	11.32	3.80	3.24	3.24	3.66	4.50	9.15	4142	14.05	0.118	0.118	0.01	0.01	3.50	2.13	2.13	不分配不转增
135	0531	穗恒运	14.76	2.44	5.89	5.53	2.21	2.21	5.24	3.88	58.24	3085	7.88	0.116	0.116	0.34	0.34	2.67	1.08	1.08	不分配不转增
136	0532	粤华电	4.34	−1.44	4.00	4.84	1.83	1.83	4.60	0.06	−80.28	1848	247.49	0.085	0.085	−0.04	−0.04	2.18	0.94	0.94	不分配不转增
137	0533	万家乐	35.60	2.12	12.05	0.92	2.09	2.09	0.91	6.12	17.68	1096	−80.93	0.020	0.020	−0.50	−0.50	5.76	2.04	2.03	不分配不转增
138	0534	汕电力	5.75	0.88	5.46	0.82	2.62	2.62	0.82	0.45	19.16	446	123.34	0.020	0.020	0.05	0.05	2.08	0.88	0.88	不分配不转增
139	0535	猴王	4.61	−2.55	−4.32	−8.27	−1.43	−2.18		0.17	−44.22	−3300	−771.94	−0.110	−0.166			3.03	1.70	1.70	不分配不转增
140	0536	闽闽东	3.63	−1.32	−0.64	−46.33	−0.53	−0.53		0.54	−24.39	−2034	−129.68	−0.167	−0.167	0.02	0.02	1.22	0.45	0.45	不分配不转增
141	0537	南开戈德	14.72	29.85	8.72	9.11	2.15	2.15	8.35	3.06	36.20	7279	20.37	0.180	0.180	0.30	0.30	4.06	1.66	1.66	不分配不转增
142	0538	云南白药	8.38	8.60	4.22	11.59	2.27	2.27	10.33	3.93	−1.75	4362	66.93	0.235	0.235	−0.26	−0.26	1.86	0.59	0.59	不分配不转增
143	0539	粤电力	121.40	7.77	61.82	32.37	2.33	2.33	8.63	26.57	37.34	53360	11.98	0.201	0.201	0.33	0.33	26.59	10.57	10.57	不分配不转增
144	0540	世纪中天	11.11	2.68	4.64	6.94	1.42	1.42	7.39	1.01	−30.01	3426	19.07	0.105	0.105	−0.22	−0.22	3.27	1.13	1.13	不分配不转增
145	0541	佛山照明	22.79	4.93	19.68	4.86	5.49	5.49	4.64	3.80	19.27	9129	21.02	0.250	0.250	0.29	0.29	3.58	2.30	2.30	不分配不转增
146	0542	TCL通讯	13.08	21.25	4.39	1.62	2.33	2.33	1.55	7.26	85.72	678	−64.99	0.036	0.036	0.14	0.14	1.88	0.81	0.81	不分配不转增
147	0543	皖能电力	28.30	2.00	23.76	4.41	3.07	3.07	4.23	3.28	3.23	10042	100.75	0.130	0.130	0.23	0.23	7.73	1.41	1.41	不分配不转增
148	0544	豫白鸽	12.73	1.33	2.66	0.73	0.99	0.99	0.73	2.13	−17.44	193	−76.96	0.007	0.007	0.02	0.02	2.69	1.09	1.09	不分配不转增
149	0545	恒和制药	3.38	−0.72	1.66	1.68	1.22	1.22	1.65	0.79	−0.79	274	247.76	0.020	0.020	0.01	0.01	1.36	0.68	0.68	不分配不转增
150	0546	吉轻工	3.86	−2.57	−1.18	−23.21	−0.70	−0.70		0.12	−61.39	−814	40.62	−0.048	−0.048	−0.02	−0.02	1.70	0.85	0.85	不分配不转增
151	0547	闽福发	10.01	1.22	4.22	3.86	3.45	3.45	3.71	1.25	34.34	1568	17507.36	0.128	0.128	0.58	0.58	1.22	0.74	0.74	不分配不转增
152	0548	湖南投资	16.68	111.80	10.30	104.57	3.02	3.01	4.16	1.58	160.33	4283	74.36	0.125	0.125	0.30	0.30	3.41	1.76	1.76	每10股派现金0.6元(含税)
153	0549	湘火炬	22.84	1.66	9.42	4.29	2.26	2.26	4.19	9.51	19.64	3948	5.50	0.094	0.094			4.16	2.66	2.66	不分配不转增
154	0550	江铃汽车	40.86	−3.34	15.62	−1.08	1.81	1.81	4.50	17.12	25.31	7027	1156.49	0.080	0.080	0.49	0.49	8.63	4.62	4.62	不分配不转增
155	0551	创元科技	11.09	−6.55	5.12	6.84	2.12	2.10	5.89	3.46	220.36	3015	17.60	0.130	0.128	0.11	0.11	2.42	1.11	1.11	不分配不转增
156	0552	甘长风	4.79	3.14	2.30	6.97	1.29	1.29	6.52	1.11	−6.42	1497	−45.70	0.080	0.080	−0.04	−0.04	1.78	0.67	0.67	不分配不转增
157	0553	沙隆达	18.40	−1.41	9.91	1.06	3.34	3.34	1.05	4.90	7.22	1040	−25.33	0.035	0.035	0.16	0.16	2.97	2.12	2.12	不分配不转增
158	0554	泰山石油	11.92	−0.40	8.47	7.72	1.76	1.76	7.17	6.72	21.63	6070	18.06	0.126	0.126	−0.02	−0.02	4.81	2.95	2.95	不分配不转增
159	0555	太光电信	2.33	107.26	1.04	4.22	1.27	1.27	4.05	0.39	9559.42	419	155.26	0.051	0.051	−0.59	−0.59	0.82	0.22	0.22	不分配不转增

项目			资产状况							经营效果								股本			分配（配售）
序号	代码	公司简称	总资产（亿元）	比2000±%	净资产（亿元）	比2000±%	每股净资产（元）	2001.08.31摊薄后	净资产收益率（%）	主营收入（亿元）	比2000中期±%	净利润（万元）	比2000中期±%	每股净利润（万元）	2001.08.31摊薄后	每股经营性现金流量（元）	2001.08.31摊薄后	总股份（亿股）	流通股（亿股）	2001.08.31	2001中期利润分配及其已公布未实施之配售方（预）案
160	0556	南洋航运	3.58	0.19	0.33	-26.26	0.13	0.13	-35.61			-1173	78.42	-0.047	-0.047	-0.01	-0.01	2.49	1.17	1.17	不分配不转增
161	0557	银广夏																			不分配不转增
162	0558	辽房天	3.59	-32.58	1.69	3.12	1.45	1.45	3.02	0.22	-34.88	512	13.39	0.044	0.044	-0.21	-0.21	1.17	0.51	0.51	不分配不转增
163	0559	万向钱潮	19.31	21.26	13.82	48.95	3.77	3.77	6.29	6.13	0.18	8688	2.21	0.237	0.237	0.27	0.27	3.66	1.36	1.36	不分配不转增
164	0560	昆百大	10.85	-1.56	1.59	-10.49	1.18	1.18	-11.72	3.23	-19.62	-1857	9.75	-0.138	-0.138	0.05	0.05	1.34	0.62	0.62	不分配不转增
165	0561	陕长岭	15.85	-3.06	8.20	0.64	2.07	2.07	0.64	3.58	8.02	522	166.90	0.013	0.013	-0.01	-0.01	3.97	2.42	2.42	不分配不转增
166	0562	宏源证券	53.84	6.49	6.61	8.56	1.27	1.27	7.88	2.18	89.08	5210	22.39	0.100	0.100	0.64	0.64	5.19	1.52	1.53	不分配不转增
167	0563	陕国投	40.15	11.19	5.40	5.25	1.72	1.72	4.99	1.28	-16.12	2693	26.15	0.086	0.086	2.21	2.21	3.14	1.26	1.26	不分配不转增
168	0564	西安民生	9.90	1.29	5.50	1.24	2.72	2.72	4.85	4.54	8.65	2667	235.32	0.130	0.130	0.36	0.36	2.02	1.37	1.37	（拟10股配3股）每10股派1元（含税）
169	0565	渝三峡	4.94	2.43	3.61	-1.06	2.08	2.08	0.23	1.43	-2.47	83	112.13	0.005	0.005	-0.03	-0.02	1.73	0.87	0.87	不分配不转增
170	0566	轻骑海药	7.64	-13.75	0.82	-60.67	0.41	0.41	154.79	0.77	-10.29	-12703	-1240.63	-0.628	-0.628	0.03	0.03	2.02	0.84	0.84	不分配不转增
171	0567	琼海德	4.19	-1.39	1.38	-11.91	0.91	0.91	-7.53	0.08	-95.48	-1037	-238.27	-0.069	-0.069			1.51	0.60	0.60	不分配不转增
172	0568	泸州老窖	20.83	2.75	12.19	-6.67	2.49	2.49	2.88	4.67	-0.45	3572	-25.77	0.072	0.072	0.18	0.18	4.89	1.23	1.23	每10股派发红利2.5元（含税扣税后实际派发2元）
173	0569	川投长钢	21.75	-4.01	8.16	2.13	1.17	1.17	2.09	7.92	18.96	1703	-15.37	0.025	0.025	0.02	0.02	6.95	1.48	1.48	不分配不转增
174	0570	苏常柴	36.49	2.08	16.67	-1.62	4.46	4.46	-1.64	9.87	-31.86	-2739	-171.63	-0.070	-0.070	0.27	0.27	3.74	2.11	2.11	不分配不转增
175	0571	新大洲	27.78	-5.07	9.92	0.55	1.35	1.35	0.54	7.90	0.49	539	388.29	0.007	0.007	0.15	0.15	7.36	3.37	3.37	不分配不转增
176	0572	琼金盘	8.20	-3.56	2.19	0.03	1.01	1.01	0.19	0.27	-35.46	42	102.26	0.002	0.002	-0.12	-0.12	2.16	0.87	0.87	不分配不转增
177	0573	粤宏远	22.78	2.58	13.66	0.35	3.03	3.03	0.34	1.11	45.27	470	-49.53	0.010	0.010	0.04	0.04	4.51	2.92	2.92	不分配不转增
178	0576	广东甘化	16.82	1.11	10.01	2.53	4.04	4.04	2.47	3.11	11.09	2469	127.95	0.100	0.100	-0.42	-0.42	2.48	1.03	1.03	不分配不转增
179	0578	数码网络	7.36	17.36	3.08	9.14	1.56	1.56	6.54	3.90	347.21	2016	377.23	0.102	0.102	0.02	0.02	1.98	0.69	0.69	不分配不转增（拟10配3股）
180	0581	威孚高科	21.06	5.67	17.14	5.66	3.93	3.93	5.35	5.07	11.16	9175	18.28	0.210	0.210	0.14	0.14	4.36	3.04	3.04	不分配
181	0582	北海新力	0.80	-91.20	5.17	1.72	2.74	2.74	1.86	0.39	33.61	963	437.66	0.051	0.051	-0.03	-0.03	1.88	0.57	0.57	不分配不转增（拟10配3股）
182	0583	托普软件	22.83	20.92	12.85	6.27	10.54	10.54	4.25	3.80	69.85	5458	47.06	0.448	0.448	1.58	1.58	1.22	0.69	0.69	不分配不转增
183	0584	蜀都	6.54	-2.97	2.74	-1.15	1.36	1.36	0.41	0.40	-44.36	111	-52.36	0.006	0.006	0.02	0.02	2.02	0.86	0.86	不分配不转增
184	0585	东北电	44.80	0.56	10.20	-9.39	1.17	1.17	-10.36	6.11	10.80	-10567	-379.53	-0.120	-0.120	0.12	0.12	8.73	1.44	1.44	不分配不转增
185	0586	川长江	4.58	-8.99	3.11	0.14	1.61	1.61	0.14	1.7[illegible]	19.07	44	-61.91	0.002	0.002	-0.18	0.18	1.93	0.61	0.61	不分配不转增
186	0587	光明家具	6.68	-3.67	4.44	3.45	2.39	2.39	3.33	1.13	17.79	1479	138.99	0.080	0.080	0.21	0.21	1.86	0.83	0.83	不分配不转增（拟10配3股）
187	0589	黔轮胎	24.68	4.49	8.71	0.63	3.42	3.42	0.63	6.63	10.21	549	-14.27	0.021	0.021	-0.06	-0.06	2.54	1.25	1.25	不分配不转增
188	0590	紫光生物	7.35	4.68	3.70	1.15	1.82	1.82	1.13	1.35	5.32	419	-70.53	0.021	0.021	-0.18	-0.18	2.03	0.64	0.64	不分配不转增
189	0591	桐君阁	5.57	14.49	2.50	5.82	2.51	2.51	5.46	3.51	22.50	1367	37.44	0.137	0.137	0.19	0.19	1.00	0.35	0.35	不分配不转增
190	0592	中福实业	8.87	0.44	3.05	0.86	1.03	1.03	0.31	0.53	-45.76	96	-85.22	0.003	0.003	0.02	0.02	2.94	0.87	0.87	不分配不转增
191	0593	成都华联	5.09	-6.39	3.07	4.08	1.78	1.78	3.91	1.75	33.70	1202	6.91	0.069	0.069	-0.02	-0.01	1.73	0.57	0.57	不分配不转增
192	0594	内蒙宏峰	9.20	1.17	7.14	4.97	1.91	1.27	4.74	1.04	-10.70	3384	-40.26	0.090	0.059	0.02	0.01	3.74	1.30	1.95	不分配不转增
193	0595	西北轴承	10.85	-2.72	4.26	1.91	2.44	2.44	1.78	2.11	-15.28	761	1488.13	0.043	0.043	0.07	0.07	1.75	0.66	0.66	不分配不转增
194	0596	古井贡	16.66	4.88	11.58	3.69	4.93	4.89	3.60	4.03	-10.42	4127	-15.82	0.176	0.176	0.52	0.52	2.35	0.80	0.80	不分配
195	0597	东北药	25.99	-2.32	9.20	2.63	3.03	3.03	2.42	6.92	23.14	2231	-36.64	0.073	0.073	0.02	0.02	3.04	1.09	1.09	不分配不转增
196	0598	蓝星清洗	7.47	5.30	5.92	3.70	3.86	3.86	3.57	1.18	37.25	2113	12.27	0.140	0.140	-0.08	-0.08	1.53	0.76	0.76	不分配不转增（拟10配3股）
197	0599	青岛双星	10.74	12.98	5.59	30.04	3.80	3.80	2.61	2.81	-7.56	1459	12.03	0.099	0.099	0.33	0.33	1.47	0.66	0.66	不分配不转增
198	0600	国际大厦	6.62	-0.38	2.95	-2.65	1.92	1.92	-2.72	0.77	64.27	-802	-346.19	-0.052	-0.052	0.18	0.18	1.54	0.46	0.46	不分配不转增
199	0601	韶能股份	25.67	0.87	17.40	3.07	4.46	4.46	2.98	2.83	15.18	5179	23.59	0.130	0.130	0.22	0.22	3.90	1.72	1.72	不分配不转增

项目			资产状况							经营效果								股本			分配（配售）
序号	代码	公司简称	总资产（亿元）	比2000±%	净资产（亿元）	比2000±%	每股净资产（元）	2001.08.31摊薄后	净资产收益率（%）	主营收入（亿元）	比2000中期±%	净利润（万元）	比2000中期±%	每股净利润（万元）	2001.08.31摊薄后	每股经营性现金流量（元）	2001.08.31摊薄后	总股份（亿股）	流通股（亿股）	2001.08.31	2001中期利润分配及其已公布未实施之配售方（预）案
200	0602	金马集团	3.25	0.01	1.13	-3.41	1.12	1.12	-3.52	0.26	-5.27	-397	83.73	-0.040	-0.040			1.01	0.44	0.44	不分配不转增
201	0603	威达医械	2.58	5.92	1.29	-3.31	1.16	1.16	-3.17	0.03	-76.14	-410	-217.91	-0.037	-0.037	-0.02	-0.02	1.12	0.29	0.29	不分配不转增
202	0605	四环药业	1.65	-45.20	1.04	1.91	1.26	1.26	2.01	0.16	-2.21	209	168.43	0.025	0.025	0.07	0.07	0.83	0.21	0.21	不分配不转增
203	0606	青海明胶	3.50	-1.09	2.70	2.75	3.56	3.56	2.85	0.63	82.81	768	27.62	0.100	0.101	0.70	0.70	0.76	0.32	0.32	每10股转增10股
204	0607	华立控股	11.99	22.47	2.95	13.61	1.54	1.54	13.00	5.96	8.29	3829	23.29	0.200	0.200	-0.70	-0.70	1.91	0.56	0.56	不分配不转增
205	0608	阳光股份	10.57	-11.17	5.05	9.14	2.42	2.42	8.36	2.74	36.19	4226	-3.61	0.203	0.203	-0.35	-0.35	2.09	0.98	0.98	不分配不转增（拟10配3股）
206	0609	燕化高新	4.34	2.11	3.77	2.74	2.91	2.91	2.67	0.93	8.23	1008	-37.12	0.078	0.078	0.01	0.01	1.30	0.49	0.49	不分配不转增
207	0610	西安旅游	4.37	-0.36	3.57	0.11	2.13	2.13	0.11	0.44	-11.80	39	-94.34	0.002	0.002	0.10	0.10	1.68	0.53	0.53	不分配不转增
208	0611	民族集团	5.84	-3.85	2.93	-1.98	1.67	1.67	-2.02	1.06	-11.07	-590	-1138.06	-0.034	-0.034	-0.01	-0.01	1.75	0.75	0.75	不分配不转增
209	0612	焦作万方	19.92	26.32	5.71	4.28	2.12	2.12	4.11	6.12	85.17	2342	356.53	0.087	0.087	0.91	0.91	2.70	1.02	1.02	不分配不转增
210	0613	大东海	2.16	-2.68	-0.11	-757.90	-0.03	-0.03		0.11	-11.03	-1290	29.42	-0.040	-0.040			3.64	1.33	1.33	不分配不转增
211	0615	湖北金环	7.59	2.55	5.62	3.61	3.63	3.63	0.96	1.25	-25.96	541	-74.06	0.035	0.035	0.01	0.01	1.55	0.71	0.71	不分配不转增
212	0616	大连渤海	6.69	29.92	4.70	62.24	3.23	3.23	2.52	0.48	-1.59	1184	36.62	0.081	0.081	0.03	0.03	1.45	0.67	0.67	不分配不转增
213	0617	石油济柴	4.99	8.23	1.72	5.81	1.66	1.66	5.31	1.10	1.79	914	930.60	0.088	0.088	-0.34	-0.34	1.04	0.33	0.32	不分配不转增
214	0618	吉林化工	164.56	-7.08	50.43	-11.33	1.42	1.42	-12.70	60.00	0.28	-64190	-1528.51	-0.180	-0.180	0.12	0.12	35.61	2.00	2.00	不分配不转增
215	0619	海螺型材	8.42	17.96	3.29	28.02	2.20	2.20	21.89	4.41	83.74	7209	35.38	0.480	0.481	-0.02	-0.02	1.50	0.51	0.51	不分配不转增
216	0620	圣方科技	12.47	6.57	7.76	3.16	2.49	2.49	3.06	1.73	160.29	2377	-36.27	0.076	0.076	-0.33	-0.33	3.12	1.50	1.50	不分配不转增（拟10配3股）
217	0621	比特科技	5.88	41.96	3.36	1.23	2.25	2.25	0.76	0.18	-42.54	257	-62.48	0.017	0.017	0.04	0.04	1.50	0.56	0.56	不分配不转增（拟10配3股）
218	0622	岳阳恒立	4.80	-1.03	2.01	1.54	1.42	1.42	1.52	0.93	11.52	305	-12.55	0.022	0.022	-0.30	-0.30	1.42	0.66	0.66	不分配不转增
219	0623	吉林敖东	14.56	2.12	11.16	4.44	4.77	4.77	4.25	2.07	18.06	4740	-6.85	0.203	0.203	0.29	0.29	2.34	1.25	1.25	不分配不转增
220	0625	长安汽车	72.29	-4.53	25.59	4.00	2.09	2.09	3.85	41.60	15.90	9849	187.15	0.080	0.080	0.40	0.40	12.27	5.18	5.18	不分配不转增
221	0626	如意集团	8.18	25.38	1.61	4.46	1.19	1.19	4.27	15.29	46.52	686	-28.51	0.051	0.051	0.03	0.03	1.35	0.34	0.34	不分配不转增
222	0627	百科药业	10.09	15.98	6.73	30.84	1.95	1.95	2.20	1.80	19.80	1476	-19.60	0.043	0.043	0.10	0.10	3.45	0.99	0.99	每10股转增5股
223	0628	倍特高新	16.11	-0.34	5.35	2.19	2.77	2.77	2.14	2.59	49.42	1146	45.19	0.059	0.059	0.58	0.58	1.94	0.86	0.86	不分配不转增
224	0629	新钢钒	69.19	-2.20	44.17	6.95	4.32	4.32	6.50	38.35	-7.23	28709	38.07	0.280	0.280	0.53	0.53	10.23	3.00	3.00	不分配不转增（拟10股配3股）
225	0630	铜都铜业	28.41	5.00	19.23	3.20	4.13	4.13	4.00	9.72	-4.73	7688	9.29	0.165	0.165	0.49	0.49	4.66	1.83	1.83	不分配不转增
226	0631	兰宝信息	13.44	14.19	7.41	2.74	4.32	4.32	4.58	2.11	84.77	3395	-6.01	0.200	0.200	0.24	0.24	1.72	0.82	0.82	不分配不转增
227	0632	三木集团	15.55	8.71	6.73	30.74	3.84	3.79	2.52	4.07	-11.30	1697	-13.02	0.097	0.095	-0.32	-0.32	1.76	0.53	0.53	不分配不转增
228	0633	合金投资	14.23	1.82	4.44	3.53	1.39	1.39	3.41	3.77	-11.13	1515	-35.26	0.047	0.047	0.24	0.24	3.21	1.39	1.39	不分配不转增
229	0635	民族化工	7.98	13.46	4.41	0.85	3.85	3.85	0.64	0.77	-29.20	281	-80.72	0.025	0.025	-1.15	-1.15	1.15	0.52	0.52	不分配不转增
230	0636	风华高科	28.03	12.38	21.26	3.57	4.01	4.01	3.41	5.86	1.71	7245	-57.63	0.137	0.137	0.14	0.14	5.30	2.00	2.00	不分配不转增
231	0637	茂化实华	5.77	2.25	5.30	7.56	2.19	2.19	7.03	7.02	1.89	3722	-15.28	0.154	0.154			2.41	0.83	0.83	不分配不转增
232	0638	中辽国际	5.65	-6.09	1.70	-4.84	1.10	1.10	-5.67	1.18	-3.70	-961	44.42	-0.062	-0.062	-0.06	-0.06	1.55	0.88	0.88	不分配不转增
233	0639	庆云发展	1.52	-17.36	0.78	1.70	1.07	1.07	4.30	0.36	16.75	335	42.72	0.046	0.046	-0.19	-0.19	0.73	0.33	0.33	不分配不转增
234	0650	九江化纤	6.35	-2.60	3.46	0.24	1.73	1.73	0.24	1.09	-7.69	82	-92.97	0.004	0.004	0.06	0.06	2.00	0.66	0.66	不分配不转增
235	0651	格力电器	58.31	0.87	17.78	10.25	3.31	3.31	9.28	34.35	18.21	16527	41.28	0.308	0.308	-1.38	-1.38	5.37	2.13	2.13	不分配不转增
236	0652	泰达股份	26.41	105.65	12.52	91.96	4.17	4.17	6.09	2.01	44.67	7629	-5.72	0.254	0.254	0.83	0.83	3.00	1.38	1.38	不分配不转增
237	0653	九州股份	6.43	-0.71	-7.58	-0.65	-2.55	-2.55		0.70	-23.29	-2909	15.87	-0.098	-0.098	0.03	0.03	2.97	2.17	2.17	不分配不转增
238	0655	华光陶瓷	11.63	-1.98	3.88	3.34	3.08	3.08	3.23	1.42	10.09	1254	88.82	0.100	0.100	0.09	0.09	1.26	0.35	0.35	不分配不转增
239	0656	重庆东源	7.27	3.51	2.86	-1.82	1.39	1.39	-1.76	2.08	-6.46	-502	-2839.92	-0.024	-0.024	0.01	0.01	2.06	0.74	0.74	不分配不转增

项目			资产状况							经营效果								股本			分配(配售)
序号	代码	公司简称	总资产(亿元)	比2000 ± %	净资产(亿元)	比2000 ± %	每股净资产(元)	2001.08.31摊薄后	净资产收益率(%)	主营收入(亿元)	比2000中期 ± %	净利润(万元)	比2000中期 ± %	每股净利润(万元)	2001.08.31摊薄后	每股经营性现金流量(元)	2001.08.31摊薄后	总股份(亿股)	流通股(亿股)	2001.08.31	2001中期利润分配及其已公布未实施之配售方(预)案
240	0657	中钨高新	9.52	2.88	5.15	0.04	3.01	3.01	3.65	6.26	13.18	1878	-63.43	0.110	0.110	0.40	0.40	1.71	0.75	0.75	每10股派1元(含税)
241	0658	海洋集团	4.10	-3.16	1.27	19.39	0.81	0.81	10.28		-99.82	1301	165.34	0.083	0.083	-0.47	-0.47	1.57	1.00	1.00	不分配不转增
242	0659	珠海中富	20.29	-3.75	12.18	2.67	3.22	3.22	2.60	3.82	10.87	3163	-8.60	0.084	0.084	0.13	0.13	3.79	1.71	1.71	不分配不转增
243	0660	南 华 西	11.74	-0.86	3.74	0.42	2.81	2.81	0.42	0.73	-34.25	156	-85.23	0.012	0.012	-0.01	-0.01	1.33	0.39	0.39	不分配不转增(拟10配3股)
244	0661	长春高新	11.71	1.57	4.56	0.79	3.47	3.46	0.45	1.59	14.75	204	53.81	0.016	0.015	-0.13	-0.13	1.31	0.80	0.80	不分配不转增
245	0662	广西康达	2.81	-8.19	0.29	-28.14	0.28	0.28	-38.17	0.22	-73.01	-1125	-480.60	-0.105	-0.105	-0.17	-0.17	1.07	0.39	0.39	不分配不转增
246	0663	永安林业	9.06	9.16	3.22	3.11	1.93	1.93	3.02	1.56	-9.05	972	-42.01	0.058	0.058	0.03	0.03	1.67	0.59	0.59	不分配不转增
247	0665	武汉塑料	7.66	2.11	4.31	2.28	3.06	3.06	2.23	2.42	33.62	962	-19.49	0.068	0.068	0.08	0.08	1.41	0.50	0.50	不分配不转增
248	0666	经纬纺机	37.30	2.64	21.79	4.33	3.61	3.61	4.15	12.34	48.42	9049	37.79	0.150	0.150	-0.03	-0.04	6.04	2.03	2.03	不分配不转增
249	0667	华一投资	6.08	-9.10	4.90	1.21	2.00	2.00	1.19	0.65	12.23	584	332.18	0.023	0.024	-0.08	-0.08	2.45	0.64	0.64	不分配不转增
250	0668	武汉石油	9.83	13.85	3.35	3.22	2.28	2.28	3.12	6.08	17.22	1042	-41.93	0.071	0.071	0.04	0.04	1.47	0.42	0.42	不分配不转增
251	0669	中讯科技	1.38	1.18	0.72	1.40	1.17	1.17	1.39	0.18	1.47	100	-62.62	0.016	0.016	-0.07	-0.07	0.62	0.23	0.23	不分配不转增
252	0670	天发股份	17.96	11.84	11.66	55.60	4.28	4.28	1.73	7.31	3.26	2013	-29.64	0.074	0.074	-0.12	-0.12	2.72	1.55	1.55	不分配不转增
253	0671	石狮新发	2.83	5.60	1.70	-0.70	1.79	1.79	2.09	0.29	44.76	356	-37.87	0.037	0.037	-0.10	-0.10	0.95	0.29	0.29	不分配不转增(拟10配3股)
254	0672	铜城集团	5.38	47.67	2.57	114.39	2.36	2.37	1.72	0.60	7.01	441	-13.58	0.041	0.041	-0.27	-0.27	1.09	0.50	0.50	不分配不转增
255	0673	大同水泥	4.69	-2.33	2.86	3.58	1.65	1.65	3.45	1.06	20.21	986	35.19	0.057	0.057	0.36	0.36	1.73	0.51	0.51	不分配不转增(拟10配3股)
256	0675	银山化工	6.07	-5.84	0.66	-15.61	0.58	0.58	-17.95	1.26	13.17	-1184	-6.66	-0.104	-0.104	0.06	0.06	1.14	0.33	0.33	不分配不转增
257	0676	思达高科	20.83	2.75	12.19	-6.67	2.05	1.21	8.52	0.89	62.37	3244	87.00	0.180	0.105	0.01	0.01	1.85	0.58	0.98	10送1.8股转增5.2股
258	0677	山东海龙	8.81	34.48	3.04	6.43	1.84	1.84	6.04	2.89	3.43	1836	-18.20	0.111	0.111	0.04	0.04	1.66	0.51	0.51	不分配不转增(拟10配3股)
259	0678	襄阳轴承	9.37	-3.60	5.19	-4.12	3.69	3.69	-4.62	1.40	26.40	-2395	-54.36	-0.171	-0.171	0.10	0.10	1.40	0.79	0.79	不分配不转增
260	0679	大连友谊	13.78	1.56	5.93	3.36	2.50	2.50	3.25	3.38	8.02	1928	29.76	0.081	0.081	0.18	0.17	2.38	1.08	1.08	不分配不转增
261	0680	山推股份	15.03	13.94	6.05	6.93	2.14	2.14	6.28	7.90	40.17	3797	107.32	0.134	0.134	0.34	0.34	2.83	1.81	1.81	不分配不转增
262	0681	远东股份	4.62	3.70	3.42	5.20	1.72	1.72	4.95	1.78	31.21	1692	62.34	0.085	0.085	0.08	0.08	1.99	0.58	0.58	不分配不转增
263	0682	东方电子	18.31	0.33	16.21	18.07	1.77	1.77	15.35	7.03	15.10	24883	14.43	0.271	0.271	-0.08	-0.05	9.18	6.02	6.02	不分配不转增
264	0683	天 然 碱	26.10	17.53	9.16	1.31	1.95	1.95	1.29	2.84	32.76	1183	78.83	0.025	0.025	-0.06	-0.06	4.69	1.69	1.69	不分配不转增
265	0685	公用科技	4.37	12.55	2.94	2.30	2.16	2.16	2.25	0.27	-89.53	662	2952.53	0.048	0.048	0.05	0.05	1.37	0.56	0.56	不分配不转增
266	0686	锦州六陆	6.21	14.31	5.06	32.47	3.43	3.43	1.33	0.76	-45.01	671	-25.48	0.046	0.046	0.28	0.28	1.47	0.63	0.63	不分配不转增
267	0687	保定天鹅	12.86	-2.76	9.88	1.83	3.08	3.08	1.80	2.75	-16.50	1778	-23.64	0.055	0.055	0.16	0.16	3.21	0.98	0.98	不分配不转增
268	0688	朝华科技	17.77	36.77	9.95	111.87	2.86	2.86	5.26	0.67	-32.62	5237	10.43	0.150	0.150			3.48	1.99	1.99	不分配不转增
269	0689	宏业集团	2.75	-1.95	0.24	-37.75	0.22	0.22	-60.65			-1453	27.37	-0.131	-0.131			1.11	0.49	0.49	不分配不转增
270	0690	宝 丽 华	4.44	-10.20	3.48	5.99	1.80	1.80	5.65	1.55	79.34	1965	30.97	0.100	0.100	-0.05	-0.05	1.94	0.59	0.59	不分配不转增
271	0691	寰岛实业	8.37	0.37	6.08	0.33	2.36	2.35	0.33	0.07	-10.92	201	-77.99	0.007	0.007	-0.02	-0.02	2.58	1.30	1.30	不分配不转增
272	0692	惠天热电	17.41	10.87	11.12	44.68	4.17	4.17	2.77	3.52	0.07	3087	-19.19	0.115	0.115	-0.22	-0.22	2.66	1.12	1.12	不分配不转增
273	0693	聚友网络	8.13	38.75	3.76	7.24	2.93	2.93	6.75	0.60	-32.31	2539	42.91	0.200	0.200	0.16	0.16	1.28	0.39	0.39	不分配不转增
274	0695	灯塔油漆	9.58	4.54	4.05	1.96	2.37	2.37	1.92	1.16	-15.52	778	28.70	0.046	0.046	0.16	0.12	1.71	0.59	0.77	不分配不转增
275	0696	成都联益	1.24	-4.86	0.16	-28.65	0.12	0.12	-40.15	0.02	-67.10	-638	7.15	-0.047	-0.047			1.37	0.52	0.52	不分配不转增
276	0697	咸阳偏转	13.25	13.75	7.47	1.80	3.43	3.43	1.77	2.66	35.74	1321	-70.15	0.060	0.060	0.85	0.85	2.17	0.77	0.77	不分配不转增
277	0698	沈阳化工	32.79	5.90	14.47	-3.28	3.43	3.43	1.44	8.68	-12.12	2082	-56.62	0.049	0.049	-0.21	-0.21	4.22	1.87	1.87	不分配不转增(拟10配3股)
278	0699	佳纸股份	16.48	-0.88	5.12	-2.21	2.25	2.25	-2.97	2.97	105.03	-1521	40.40	-0.067	-0.067	0.04	0.03	2.27	0.94	0.94	不分配不转增
279	0700	模塑科技	7.46	15.30	4.11	1.34	3.30	3.30	7.34	1.16	-1.02	3018	28.95	0.242	0.242	0.44	0.57	1.25	0.39	0.39	每10股派现金2元(含税)

项目			资产状况							经营效果								股本			分配（配售）
序号	代码	公司简称	总资产（亿元）	比 2000 ± %	净资产（亿元）	比 2000 ± %	每股净资产（元）	2001.08.31 摊薄后	净资产收益率（%）	主营收入（亿元）	比 2000 中期 ± %	净利润（万元）	比 2000 中期 ± %	每股净利润（万元）	2001.08.31 摊薄后	每股经营性现金流量（元）	2001.08.31 摊薄后	总股份（亿股）	流通股（亿股）	2001.08.31	2001 中期利润分配及其已公布未实施之配售方（预）案
280	0701	厦门信达	10.35	8.60	4.82	−1.52	2.41	2.41	0.10	4.30	42.30	47	−93.71	0.002	0.002	0.01		2.00	1.15	1.15	不分配不转增
281	0702	正虹科技	13.79	11.90	8.36	3.85	2.95	2.95	3.71	5.60	36.59	3101	80.73	0.109	0.109	−0.12	−0.12	2.83	1.17	1.17	不分配不转增
282	0703	世纪光华	6.07	13.89	2.59	−0.39	2.43	2.43	2.57	1.10	−3.50	667	−28.22	0.063	0.063	−0.64	−0.64	1.07	0.47	0.47	不分配不转增（拟 10 配 3 股）
283	0705	浙江震元	7.41	3.40	4.14	2.40	3.31	3.31	2.06	2.66	10.69	855	0.26	0.068	0.068	−0.10	−0.10	1.25	0.81	0.81	不分配不转增
284	0707	湖北双环	19.39	22.25	16.20	29.10	3.49	3.49	2.34	4.11	11.90	3788	17.18	0.082	0.082	0.03	0.03	4.64	2.64	2.64	不分配不转增
285	0708	大冶特钢	40.42	6.09	15.57	1.11	3.47	3.47	0.91	7.08	34.81	1418	−1.70	0.032	0.032	0.17	0.17	4.49	1.67	1.67	不分配不转增
286	0709	唐钢股份	103.11	1.61	57.46	9.50	4.24	4.24	5.86	40.39	24.66	33680	−0.71	0.249	0.249	0.50	0.50	13.54	2.85	2.85	不分配不转增
287	0710	天兴仪表	3.06	−7.82	1.95	−4.37	1.29	1.29	−4.57	0.26	−31.10	−889	−1500.50	−0.058	−0.058	−0.03	−0.03	1.51	0.44	0.44	不分配不转增
288	0711	龙发股份	4.08	0.88	2.78	4.36	2.59	2.59	4.18	0.23	44.45	1162	30.59	0.108	0.108	0.56	0.56	1.07	0.51	0.51	不分配不转增
289	0712	锦龙发展	6.75	17.06	4.22	1.87	2.77	2.77	1.84	0.85	32.34	774	159.77	0.051	0.051	0.29	−0.11	1.52	0.38	0.38	不分配不转增
290	0713	丰乐种业	9.04	−9.04	6.23	1.17	2.77	2.77	1.15	1.62	14.71	719	−25.98	0.032	0.032	0.16	0.16	2.25	1.05	1.05	不分配不转增（拟 10 配 3 股）
291	0715	中兴商业	9.64	0.04	5.98	3.75	2.79	2.79	3.62	5.79	91.24	2163	2775.63	0.101	0.101	0.34	0.34	2.15	0.57	0.57	不分配不转增
292	0716	广西斯壮	5.97	3.03	3.28	−1.26	2.39	2.39	0.47	0.48	−13.04	154	−1.57	0.011	0.011	0.13	0.13	1.37	0.78	0.78	不分配不转增
293	0717	韶钢松山	35.32	17.71	24.62	7.80	5.51	5.51	5.19	18.33	17.59	12775	52.83	0.286	0.286	−0.11	−0.11	4.47	1.35	1.35	不分配不转增
294	0718	吉林纸业	29.77	7.82	13.12	0.59	3.28	3.28	0.59	4.44	−26.08	768	−81.07	0.019	0.019	−0.05	−0.05	4.00	1.89	1.89	不分配不转增
295	0719	焦作鑫安	5.55	−4.04	2.69	4.62	2.08	2.08	5.58	1.34	−0.56	1502	117.03	0.116	0.116	−0.43	−0.43	1.29	0.49	0.49	不分配不转增
296	0720	鲁能泰山	25.92	3.07	12.25	4.30	3.83	3.83	4.13	8.52	34.15	5056	95.60	0.158	0.158	0.10	0.10	3.20	1.85	1.85	不分配不转增（拟 10 配 3 股）
297	0721	西安饮食	5.01	2.86	2.58	2.11	2.25	2.25	2.07	1.44	12.66	532	1.76	0.047	0.047	0.08	0.08	1.41	0.41	0.41	不分配不转增
298	0722	金果实业	16.83	11.59	7.67	4.84	3.94	3.94	4.62	2.22	19.40	3543	123.04	0.180	0.180	0.07	0.07	1.95	1.06	1.06	不分配不转增（拟 10 配 3 股）
299	0723	天宇电气	8.41	−5.56	3.27	−16.98	2.34	2.34	−20.46	1.77	0.73	−6682	−2205.16	−0.479	−0.479	0.04	0.04	1.40	0.70	0.70	不分配不转增
300	0725	京东方 A	40.03	−0.49	21.47	2.63	3.91	3.91	2.57	12.76	28.50	5510	10.65	0.100	0.100	0.52	0.53	5.50	2.10	2.10	不分配不转增
301	0726	鲁 泰 A	14.39	1.43	12.71	4.93	4.69	4.69	4.70	3.63	56.45	5972	37.29	0.221	0.221	−0.17	−0.17	2.71	1.69	1.69	不分配不转增
302	0727	华东科技	12.57	10.81	8.44	4.33	2.69	2.69	4.15	1.62	20.75	3504	−28.51	0.111	0.111	−0.15	−0.15	3.14	1.51	1.51	不分配不转增
303	0728	北京化二	16.88	−5.04	10.35	−4.80	3.00	3.00	−4.69	3.95	−26.52	−4856	−297.15	−0.141	−0.141	−0.73	−0.73	3.45	1.04	1.04	不分配不转增
304	0729	燕京啤酒	44.43	2.47	35.75	4.09	5.36	5.36	3.93	11.75	41.74	14046	0.14	0.210	0.210	0.30	0.30	6.67	1.87	1.87	不分配不转增
305	0730	环保股份	17.76	6.45	8.74	2.33	1.55	1.55	2.27	1.00	−73.69	1987	−87.05	0.035	0.035	0.07	0.07	5.66	1.93	1.93	不分配不转增
306	0731	四川美丰	8.17	6.77	6.52	5.50	2.93	2.93	5.22	2.16	35.81	3401	18.98	0.153	0.153	0.32	0.32	2.22	0.78	0.78	不分配不转增（拟 10 配 3 股）
307	0732	福建三农	10.21	5.31	4.73	1.16	3.09	3.09	1.09	1.82	0.20	516	168.65	0.033	0.033	0.11	0.19	1.53	0.89	0.89	不分配不转增
308	0733	振华科技	24.97	40.07	17.93	58.66	5.01	5.01	2.97	3.37	1.22	5318	24.56	0.148	0.148	0.10	0.10	3.58	1.78	1.78	不分配不转增
309	0735	罗 牛 山	13.36	7.06	7.44	4.35	1.53	1.53	4.17	1.24	13.39	3102	−49.53	0.064	0.064	0.10	0.10	4.87	2.25	2.25	不分配不转增
310	0736	重庆实业	5.31	34.34	2.35	2.55	3.55	3.55	2.48	0.17	−54.54	582	36.28	0.088	0.088	−0.10	−0.10	0.66	0.26	0.26	不分配不转增
311	0737	南风化工	29.94	−0.25	13.57	3.65	2.97	2.97	3.52	11.49	−6.22	4779	4.76	0.105	0.105	0.10	0.10	4.57	2.10	2.10	不分配不转增
312	0738	南方摩托	16.30	−10.85	7.49	−15.74	1.88	1.88	−16.60	1.32	−47.61	−12433	−88.90	−0.310	−0.310	0.02	0.02	3.98	1.36	1.36	不分配不转增
313	0739	青岛东方	4.66	−5.53	3.10	−2.22	2.13	2.13	−2.27	0.84	−28.95	−704	−293.00	−0.048	−0.048	0.02	0.02	1.46	0.74	0.74	不分配不转增
314	0748	湘计算机	10.62	12.89	6.53	4.98	2.88	2.88	4.36	3.20	1.64	2849	28.37	0.126	0.126	−0.23	−0.23	2.26	0.90	0.90	不分配不转增
315	0750	桂林集琦	10.81	4.05	6.28	0.77	2.92	2.92	0.77	0.72	−55.53	483	−85.11	0.022	0.022	0.07	0.07	2.15	1.22	1.22	不分配不转增
316	0751	锌业股份	45.63	13.00	27.10	5.53	3.08	3.08	5.24	14.44	−3.76	14208	−48.25	0.161	0.161	0.22	0.22	8.81	3.47	3.47	不分配不转增
317	0752	西藏发展	7.39	51.12	3.35	4.55	1.90	1.90	4.35	0.63	22.93	1455	0.10	0.083	0.083	0.01	0.01	1.76	0.73	0.73	不分配不转增
318	0753	福建双菱	10.27	40.19	8.39	43.00	3.72	3.72	3.05	0.64	−4.83	2557	36.78	0.113	0.113	0.04	0.04	2.25	0.93	0.93	每 10 股派 0.05（元）
319	0755	山西三维	12.86	−0.62	8.58	3.35	3.09	3.09	3.24	2.10	21.64	2782	96.18	0.100	0.100	0.44	0.44	2.78	1.09	1.09	不分配不转增

项目			资产状况							经营效果								股本			分配（配售）
序号	代码	公司简称	总资产（亿元）	比2000 ±%	净资产（亿元）	比2000 ±%	每股净资产（元）	2001.08.31摊薄后	净资产收益率（%）	主营收入（亿元）	比2000中期±%	净利润（万元）	比2000中期±%	每股净利润（万元）	2001.08.31摊薄后	每股经营性现金流量（元）	2001.08.31摊薄后	总股份（亿股）	流通股（亿股）	2001.08.31	2001中期利润分配及其已公布未实施之配售方（预）案
320	0756	新华制药	14.24	4.48	9.76	5.41	2.28	2.28	5.13	5.72	3.39	5006	15.21	0.117	0.117	0.06	0.06	4.27	0.43	0.43	不分配不转增
321	0757	内江峨柴	8.84	24.82	4.75	0.76	3.12	3.12	0.74	1.57	39.94	354	−52.91	0.023	0.023	0.02	0.02	1.52	0.55	0.55	不分配不转增
322	0758	中色建设	14.01	6.52	10.36	38.90	2.68	2.67	1.11	0.69	−29.11	1154	−63.88	0.030	0.030	0.27	0.27	3.87	1.82	1.82	不分配不转增
323	0759	武汉中百	12.39	−2.21	5.42	4.05	3.08	3.08	3.90	7.27	31.72	2110	−15.02	0.120	0.120	0.07	0.07	1.76	1.13	1.13	不分配不转增（拟10配3股）
324	0760	湖北车桥	4.74	0.62	3.58	2.51	3.27	3.27	2.45	0.82	2.96	876	13.09	0.080	0.080	0.23	0.23	1.09	0.52	0.52	不分配不转增（拟10配3股）
325	0761	本钢板材	51.45	8.80	36.01	4.72	3.17	3.17	4.51	35.17	4.67	16224	−20.83	0.143	0.143	0.33	0.33	11.36	5.20	5.20	不分配不转增
326	0762	西藏矿业	7.25	−2.50	4.87	0.63	2.43	2.43	0.63	1.07	16.08	305	−70.42	0.015	0.015	0.01	0.01	2.01	0.77	0.77	不分配不转增
327	0763	锦州石化	26.35	19.18	15.75	8.07	2.00	2.00	7.47	41.28	2.88	11768	166.05	0.149	0.149	−0.49	−0.49	7.88	1.50	1.50	不分配不转增
328	0765	华信股份	7.83	39.03	2.91	56.14	1.87	1.87	1.87	1.27	−9.93	545	−59.62	0.035	0.035	−0.92	−0.92	1.56	0.44	0.44	10送0.5股转增5.5股派0.125元（含税）
329	0766	通化金马	18.35	−18.74	11.18	5.83	2.49	2.49	5.51	2.06	20.29	6154	−2.54	0.137	0.137	−0.28	−0.28	4.49	2.85	2.85	不分配不转增
330	0767	漳泽电力	48.42	−0.03	15.57	3.74	3.58	3.58	4.22	6.91	47.64	6567	−29.46	0.151	0.151	0.30	0.30	4.35	1.20	1.20	不分配不转增
331	0768	西飞国际	26.35	−2.19	19.13	0.73	4.89	4.89	0.72	3.92	12.18	1379	−59.06	0.040	0.040	−0.12	−0.12	3.92	1.77	1.77	不分配不转增
332	0769	盛道包装	7.39	−7.96	4.40	0.21	2.37	2.37	0.27	1.13	−21.43	118	−47.36	0.006	0.006	−0.08	−0.08	1.85	0.81	0.81	不分配不转增
333	0776	延边公路	7.39	−2.38	4.14	3.00	2.25	2.25	2.92	0.59	−1.15	1206	−34.58	0.066	0.066	0.30	0.30	1.84	0.93	0.93	不分配不转增
334	0777	中核科技	4.63	5.48	2.94	3.16	1.75	1.75	3.06	1.30	16.53	900	−50.66	0.054	0.054	−0.10	−0.10	1.68	0.67	0.67	不分配不转增
335	0778	新兴铸管	36.15	18.31	15.70	−5.40	3.61	3.61	11.07	12.83	16.61	17376	21.97	0.400	0.400	0.73	0.72	4.35	1.30	1.30	每10股派现金6元（含税）（拟10配3股）
336	0779	三毛派神	8.77	0.89	7.41	1.35	4.05	4.05	1.34	0.74	−40.56	991	−56.58	0.054	0.054	−0.20	−0.20	1.83	1.02	1.02	不分配不转增
337	0780	草原兴发	16.75	5.14	9.77	4.92	3.45	3.45	4.69	5.26	15.49	4583	18.61	0.162	0.162	0.93	0.93	2.83	1.10	1.10	不分配不转增
338	0782	美达股份	15.48	1.29	7.97	2.35	2.33	2.33	2.30	4.86	26.88	1833	34.80	0.050	0.054	−0.02	−0.02	3.42	1.27	1.28	不分配不转增
339	0783	石炼化	30.31	−2.59	17.29	−5.38	1.50	1.50	−5.70	28.12	13.30	−9854	28.16	−0.085	−0.085	0.16	0.16	11.54	2.34	2.34	不分配不转增
340	0785	武汉中商	15.77	11.27	5.66	5.36	2.26	2.26	5.09	9.55	−0.50	2883	−3.06	0.115	0.115	0.14	0.14	2.51	0.71	0.71	不分配不转增
341	0786	北新建材	19.41	9.59	11.91	2.99	4.14	4.14	2.90	3.37	56.88	3453	31.41	0.120	0.120	−0.03	−0.03	2.88	1.14	1.14	不分配不转增
342	0787	创智科技	8.07	24.21	4.54	5.04	2.27	2.27	4.80	1.84	−12.34	2178	204.46	0.109	0.109	0.08	0.08	2.00	0.91	0.91	不分配不转增
343	0788	合成制药	9.54	2.93	3.24	−4.30	1.68	1.68	−4.50	1.17	0.88	−1457	−187.56	−0.076	−0.076	0.09	0.09	1.93	0.50	0.49	不分配不转增
344	0789	江西水泥	10.33	19.93	7.14	10.32	2.10	2.10	1.79	1.67	23.29	1279	−46.00	0.040	0.040	−0.05	−0.05	3.41	1.11	1.11	不分配不转增
345	0790	华神集团	4.76	9.77	2.52	4.03	3.18	3.14	5.44	1.11	65.98	1371	43.86	0.170	0.167	0.06	0.06	0.79	0.20	0.20	10送2股转增3股派0.5元含税
346	0791	西北化工	4.95	−8.69	3.66	1.40	1.94	1.94	1.17	0.42	−5.45	428	94.25	0.023	0.023	−0.19	−0.19	1.89	0.79	0.79	不分配不转增
347	0792	盐湖钾肥	9.02	2.32	6.28	−1.13	2.84	2.84	6.60	1.16	28.38	4143	81.66	0.187	0.187	0.09	0.09	2.21	0.65	0.65	10派2元含税
348	0793	燃气股份	18.76	0.93	10.99	4.20	3.77	3.77	4.03	0.91	7.34	4432	410.05	0.152	0.152	0.28	0.28	2.91	1.62	1.62	不分配不转增
349	0795	太原刚玉	9.98	−10.18	7.68	0.75	2.78	2.78	0.74	0.96	−5.24	569	−68.35	0.021	0.021	0.07	0.07	2.77	1.14	1.14	不分配不转增
350	0796	宝商集团	9.44	2.78	6.51	3.38	4.06	4.06	3.27	4.32	8.45	2130	37.97	0.133	0.133	−0.03	−0.03	1.60	1.13	1.13	不分配不转增
351	0797	中国武夷	31.82	1.59	12.48	0.96	3.21	3.21	0.76	3.60	0.29	953	−83.48	0.024	0.024	−0.18	−0.18	3.89	1.30	1.30	不分配不转增
352	0798	中水渔业	10.87	−0.63	9.59	0.09	3.81	3.81	0.09	0.79	−24.38	87	−95.93	0.003	0.003	−0.04	−0.04	2.52	0.63	0.63	不分配不转增
353	0799	湘酒鬼	18.61	3.48	13.15	3.36	4.34	4.34	3.25	2.43	4.79	4271	7.96	0.141	0.141	0.50	0.50	3.03	1.07	1.07	不分配不转增
354	0800	一汽桥车	59.22	−9.86	47.12	0.80	2.90	2.90	1.53	14.23	−24.72	7232	−72.09	0.044	0.044	0.02	0.01	16.28	5.46	5.46	不分配不转增
355	0801	四川湖山	2.48	1.01	1.67	0.13	1.27	1.27	0.13	0.25	−45.71	22	−98.32	0.002	0.002	−0.03	−0.03	1.32	0.39	0.39	不分配不转增
356	0802	京西旅游	9.49	1.65	3.87	2.04	3.33	3.33	2.00	1.90	92.35	773	46.35	0.066	0.066	0.06	0.06	1.16	0.39	0.39	不分配不转增
357	0803	美亚股份	3.07	10.62	1.51	4.20	1.93	1.93	4.03	0.55	57.69	607	208.08	0.078	0.078	0.43	0.43	0.78	0.37	0.38	10转增3
358	0805	炎黄在线	1.87	2.13	0.80	10.35	1.40	1.40	8.75	0.40	146.68	702	243.54	0.122	0.122	0.36	0.36	0.57	0.14	0.14	不分配不转增
359	0806	银河科技	10.61	20.61	4.16	12.58	1.97	1.97	13.49	1.90	36.77	5614	28.70	0.270	0.270	0.06	0.06	2.12	0.88	0.88	10派0.5元（含税）（拟10配3股）

项目			资产状况							经营效果								股本			分配（配售）
序号	代码	公司简称	总资产（亿元）	比2000±%	净资产（亿元）	比2000±%	每股净资产（元）	2001.08.31摊薄后	净资产收益率（%）	主营收入（亿元）	比2000中期±%	净利润（万元）	比2000中期±%	每股净利润（万元）	2001.08.31摊薄后	每股经营性现金流量（元）	2001.08.31摊薄后	总股份（亿股）	流通股（亿股）	2001.08.31	2001中期利润分配及其已公布未实施之配售方（预）案
360	0807	云铝股份	24.53	7.25	7.94	10.97	2.56	2.56	9.89	8.48	19.53	7848	102.22	0.250	0.250	0.48	0.48	3.10	0.80	0.80	不分配
361	0809	第一纺织	5.05	−0.78	2.30	−5.37	2.01	1.99	−5.67	1.96	78.89	−1304	−219.84	−0.114	−0.113	−0.11	−0.11	1.15	0.35	0.35	不分配不转增
362	0810	四川锦华	3.43	3.46	1.74	2.66	1.81	1.81	4.14	1.08	−9.82	720	−27.47	0.075	0.075	0.11	0.11	0.96	0.36	0.36	不分配不转增
363	0811	烟台冰轮	6.59	10.70	2.85	8.06	2.30	2.30	7.46	2.11	38.09	2123	46.08	0.172	0.172	0.24	0.24	1.24	0.37	0.37	不分配不转增
364	0812	陕西金叶	7.66	14.22	3.71	2.92	2.34	2.34	2.83	0.98	3.65	1052	−22.04	0.066	0.066	0.05	0.05	1.58	0.92	0.92	不分配不转增
365	0813	天山纺织	14.15	4.23	8.38	31.25	2.31	2.31	0.35	1.50	−11.76	290	−77.49	0.008	0.008	−0.08	−0.08	3.63	1.10	1.10	不分配不转增
366	0815	美利纸业	11.84	10.45	5.70	3.14	4.32	4.32	3.05	1.76	56.05	1739	37.74	0.132	0.132	0.11	0.11	1.32	0.65	0.65	不分配不转增
367	0816	江淮动力	20.08	4.85	12.53	2.63	4.09	4.09	2.64	8.73	−5.15	3306	−16.92	0.108	0.108	0.23	0.23	3.06	1.14	1.14	不分配不转增
368	0817	辽河油田	27.78	2.24	25.15	9.37	2.29	2.29	8.56	5.82	−2.78	21538	7.42	0.196	0.196	−0.01	−0.01	11.00	2.00	2.00	不分配不转增
369	0818	锦化氯碱	26.67	5.19	9.67	−0.72	2.85	2.85	−0.72	5.06	31.92	−698	−121.30	−0.021	−0.021	0.20	0.20	3.40	0.90	0.90	不分配不转增
370	0819	岳阳兴长	5.03	30.87	3.60	4.90	2.18	2.18	4.67	2.98	−24.69	1679	−35.77	0.102	0.102	−0.09	−0.09	1.65	0.52	0.52	不分配不转增
371	0820	金城股份	11.74	5.20	5.12	3.39	2.42	2.42	3.93	2.73	21.19	2013	32.63	0.095	0.095	0.21	0.21	2.11	0.77	0.77	每10股派0.2元(含税)(拟10配3股)
372	0821	京山轻机	12.92	8.31	8.61	7.42	2.79	2.79	5.93	3.27	31.96	5106	48.53	0.170	0.170	0.33	0.33	3.09	1.21	0.83	不分配不转增
373	0822	山东海化	25.39	9.93	12.82	8.69	3.05	3.05	8.00	7.31	36.42	10254	113.55	0.244	0.244	0.25	0.25	4.20	1.20	1.20	不分配不转增(拟10配3股)
374	0823	超声电子	16.05	14.59	9.21	5.36	2.57	2.57	5.09	3.49	26.48	4690	37.10	0.131	0.131	0.15	0.15	3.59	1.35	1.35	不分配不转增
375	0825	太钢不锈	55.24	16.88	31.17	43.92	2.90	2.90	5.29	28.69	28.22	16496	12.68	0.153	0.153	0.16	0.16	10.76	4.88	4.88	不分配不转增
376	0826	国投原宜	7.48	−0.47	3.66	−7.93	2.02	2.02	−8.60	0.74	−24.25	−3152	−7479.38	−0.174	−0.174			1.81	0.65	0.65	不分配不转增
377	0827	大龙泉	5.03	36.64	2.84	75.93	4.25	4.25	1.65	0.74	−10.56	469	−45.85	0.070	0.070	−0.30	−0.30	0.67	0.29	0.29	不分配不转增
378	0828	福地科技	41.07	−9.09	26.25	−7.44	2.25	2.25	−8.06	8.86	−44.20	−21150	−184.91	−0.182	−0.182	−0.04	−0.04	11.65	2.48	2.48	不分配不转增
379	0829	赣南果业	4.32	0.60	3.23	0.53	2.05	2.05	0.49	0.57	−13.28	157	−56.43	0.010	0.010	−0.10	−0.10	1.58	0.62	0.62	不分配不转增
380	0830	鲁西化工	18.35	−2.00	9.47	4.01	3.80	3.80	3.85	4.82	0.50	3648	23.62	0.146	0.146	0.27	0.27	2.49	0.75	0.75	不分配不转增
381	0831	关铝股份	18.23	13.66	8.14	4.93	2.24	2.24	4.70	7.37	195.02	3827	182.17	0.105	0.105	0.25	0.25	3.63	1.46	1.46	不分配不转增
382	0832	龙涤股份	15.48	4.58	12.38	0.63	3.52	3.52	3.43	5.12	−10.27	4242	−16.44	0.120	0.120	−0.20	−0.20	3.52	1.84	1.83	10派1元(含税)
383	0833	贵糖股份	13.32	13.27	6.27	4.75	2.48	2.48	4.53	4.23	28.54	2843	321.36	0.112	0.112	−0.21	−0.21	2.53	0.80	0.98	不分配不转增
384	0835	隆源实业	3.98	6.87	1.52	5.43	2.81	2.81	5.15	1.42	54.30	783	55.19	0.145	0.145	3.46	−0.15	0.54	0.13	0.13	不分配不转增
385	0836	天大天财	13.30	35.08	5.40	34.16	5.26	5.26	6.42	4.05	−5.71	3465	16.20	0.337	0.337	0.82	0.82	1.03	0.39	0.39	不分配不转增
386	0837	秦川发展	6.18	1.64	3.87	2.45	1.82	1.82	2.34	1.55	23.71	905	−5.01	0.043	0.043	0.05	0.05	2.13	1.06	1.06	不分配(拟10配3股)
387	0838	西南化机	2.39	6.03	0.02	−86.95	0.03	0.03	666.31	0.17	−15.24	−1165	−69.53	−0.179	−0.179	−0.01	−0.01	0.65	0.18	0.18	不分配不转增
388	0839	中信国安	24.65	2.52	15.86	9.10	2.69	2.69	8.34	2.67	−2.67	13221	−8.08	0.220	0.220	0.21	0.21	5.90	1.78	1.78	不分配不转增
389	0848	承德露露	9.04	3.64	7.76	5.39	2.99	2.99	5.12	4.39	9.62	3968	50.21	0.153	0.153	−0.57	−0.57	2.59	0.91	0.91	不分配不转增
390	0850	华茂股份	9.80	25.82	7.66	45.21	3.50	3.50	9.19	3.56	17.44	7048	31.20	0.322	0.332	0.41	0.41	2.19	0.77	0.77	不分配不转增
391	0851	中国七砂	5.03	−6.38	3.88	−2.44	1.72	1.73	−2.50	0.53	−3.51	−971	−917.42	−0.043	−0.043	−0.04	−0.04	2.25	0.77	0.77	不分配不转增
392	0852	江钻股份	10.00	15.35	6.25	8.08	2.23	2.23	7.48	2.12	32.36	4672	48.89	0.167	0.167	0.05	0.05	2.80	0.70	0.70	不分配不转增
393	0856	唐山陶瓷	11.42	9.86	5.36	1.43	3.06	3.06	1.41	1.81	−6.21	756	−18.71	0.043	0.043	0.07	0.07	1.75	0.65	0.65	不分配不转增
394	0858	五粮液	63.10	37.15	43.83	37.45	8.57	8.57	10.92	28.17	5.62	47862	11.35	0.936	0.936	0.51	0.51	5.11	1.44	1.44	10派1元(含税)送4转增3
395	0859	国风塑业	13.80	20.33	7.81	3.56	3.31	3.31	3.44	2.65	13.38	2682	89.12	0.114	0.114	0.12	0.12	2.36	0.90	0.90	不分配不转增
396	0860	顺鑫实业	12.42	19.73	10.59	28.39	3.48	3.48	3.34	3.97	18.86	3535	−22.44	0.120	0.120	−0.01	−0.01	3.04	0.91	0.91	不分配不转增
397	0861	茂化永业	4.77	0.21	2.52	3.20	3.40	3.38	3.10	0.76	22.92	781	10.85	0.105	0.104	−0.21	−0.21	0.74	0.36	0.37	不分配
398	0862	吴忠仪表	10.38	9.90	7.29	3.32	3.34	3.34	3.21	1.08	37.04	2344	−1.86	0.107	0.107	0.06	0.06	2.18	1.17	1.17	不分配不转增
399	0863	和光商务	6.26	35.48	2.69	5.65	1.98	1.98	6.58	2.30	121.40	1770	16.98	0.130	0.130	0.05	0.05	1.36	0.39	0.39	不分配不转增

项目			资产状况							经营效果								股本			分配(配售)
序号	代码	公司简称	总资产(亿元)	比 2000 ± %	净资产(亿元)	比 2000 ± %	每股净资产(元)	2001.08.31 摊薄后	净资产收益率(%)	主营收入(亿元)	比 2000 中期 ± %	净利润(万元)	比 2000 中期 ± %	每股净利润(万元)	2001.08.31 摊薄后	每股经营性现金流量(元)	2001.08.31 摊薄后	总股份(亿股)	流通股(亿股)	2001.08.31	2001 中期利润分配及其已公布未实施之配售方(预)案
400	0866	扬子石化	112.58	6.19	53.33	2.99	2.29	2.29	2.96	72.31	0.94	15781	−39.73	0.070	0.070	0.16	0.16	23.30	3.50	3.50	不分配不转增
401	0868	安凯客车	10.78	0.50	6.49	0.27	2.94	2.94	0.27	2.02	23.10	172	53.96	0.008	0.008	0.08	0.08	2.21	1.01	1.01	不分配不转增
402	0869	张 裕 A	15.87	−1.45	13.43	7.40	5.16	5.16	6.89	4.92	2.54	9254	36.95	0.356	0.356	0.27	0.27	2.60	1.20	1.20	不分配不转增
403	0876	新 希 望	12.86	21.75	10.66	27.21	5.49	5.49	3.99	3.32	5.21	4247	15.17	0.219	0.219	0.25	0.24	1.94	0.64	0.64	10 派 2 元(含税)
404	0877	天山股份	18.42	19.43	7.08	5.74	4.90	4.90	5.43	3.07	89.15	3841	52.11	0.265	0.265	0.08	0.08	1.44	0.65	0.65	10 送 2 派 2 元(含税)
405	0878	云南铜业	38.87	2.71	18.14	35.33	2.27	2.27	2.39	14.21	26.34	4336	−48.76	0.054	0.054	0.34	0.34	7.99	2.81	2.81	不分配不转增
406	0880	山东巨力	11.44	12.17	7.13	35.72	2.58	2.58	5.50	8.82	0.63	3919	5.65	0.142	0.142	0.16	0.16	2.76	1.32	1.32	不分配不转增
407	0881	大连国际	15.48	19.38	6.65	3.36	2.15	2.15	3.37	5.05	74.69	2244	22.82	0.070	0.070			3.09	1.58	1.58	不分配不转增
408	0882	中商股份	5.34	−8.75	3.90	1.63	1.56	1.56	1.61	1.10	−21.31	626	257.40	0.025	0.025	−0.03	−0.03	2.49	0.63	0.63	不分配不转增
409	0883	三环股份	11.88	7.46	7.84	4.38	3.33	3.33	4.19	8.37	94.85	3288	67.87	0.139	0.139	0.18	0.18	2.36	1.05	1.06	不分配不转增
410	0885	春 都	8.14	−5.47	5.53	−3.98	3.46	3.46	−4.14	0.69	−55.37	−2293	−160.25	−0.143	−0.143	−0.01	−0.01	1.60	0.60	0.60	不分配不转增
411	0886	海南高速	56.61	6.75	26.23	1.32	2.65	2.65	1.31	1.59	−4.45	3425	−14.07	0.035	0.035	0.04	0.04	9.89	2.48	2.48	不分配不转增
412	0887	飞彩股份	18.24	45.51	7.75	41.59	2.57	2.57	3.36	4.81	−11.76	2603	−8.79	0.086	0.086	1.04	1.04	3.01	0.91	0.91	不分配不转增
413	0888	峨 眉 山	4.76	6.56	3.94	−0.78	3.32	3.32	2.21	0.58	12.14	871	29.31	0.070	0.070	0.12	0.12	1.19	0.40	0.40	每 10 股派 2.00 元(含税)
414	0889	华联商城	13.30	21.13	6.85	4.36	3.02	2.32	4.18	2.17	7.72	2865	6.00	0.126	0.096	−0.72	−0.72	2.27	1.23	1.23	不分配不转增
415	0890	法 尔 胜	17.67	32.60	9.34	60.45	3.20	3.20	4.20	4.27	45.57	3923	20.61	0.134	0.134	−0.12	−0.12	2.92	1.33	1.33	不分配不转增
416	0892	长丰通信	14.05	22.63	5.92	9.29	2.15	2.42	8.50	1.52	1447.41	5030	19.65	0.182	0.182	0.14	0.14	2.76	0.80	0.80	10 送 3 股转增 2 股派 0.75 元(含税)
417	0893	广州冷机	9.40	−8.69	4.55	−0.63	2.05	2.05	0.17	1.86	55.53	78	104.20	0.004	0.004	0.09	0.09	2.22	0.57	0.57	不分配不转增
418	0895	双汇发展	18.43	18.72	7.58	12.35	2.59	2.59	10.99	15.99	8.37	8329	13.21	0.285	0.285	0.11	0.11	2.92	0.84	0.85	不分配不转增
419	0896	豫能控股	14.81	6.93	9.10	−5.82	2.12	2.12	3.27	1.73	−5.63	2977	−13.74	0.070	0.070	0.06	0.06	4.30	0.80	0.80	每 10 股派 2 元(含税)
420	0897	津滨发展	19.29	30.89	9.11	45.86	2.01	2.01	2.53	1.13	−23.48	2302	21.62	0.051	0.051	−0.08	−0.08	4.53	1.42	1.42	不分配不转增
421	0898	鞍钢新轧	102.45	7.10	73.24	4.36	2.48	2.48	2.68	47.47	9.71	19658	−15.13	0.067	0.067	0.13	0.13	29.52	7.43	7.35	不分配不转增
422	0899	赣能股份	15.06	−4.49	14.25	−2.35	2.60	2.60	1.44	1.97	−14.09	2057	−60.01	0.038	0.038			5.48	1.79	1.79	不分配不转增
423	0900	现代投资	49.37	0.46	24.50	4.30	6.14	6.32	3.84	2.35	91.11	9409	100.78	0.236	0.236	0.16	0.16	3.99	1.68	1.68	不分配不转增
424	0901	航天科技	5.11	21.18	3.14	1.01	3.17	3.17	1.00	0.60	39.40	315	−53.18	0.030	0.030	−0.59	−0.58	0.99	0.30	0.30	不分配不转增
425	0902	中国服装	11.28	12.33	5.07	1.34	2.36	2.36	1.32	2.05	6.65	670	−43.58	0.031	0.031	−0.12	−0.12	2.15	0.65	0.65	不分配不转增
426	0903	云内动力	8.76	4.37	6.47	4.14	3.59	3.59	6.13	3.28	88.74	3968	165.15	0.220	0.220	0.53	0.53	1.80	0.60	0.60	不分配不转增(拟 10 配 3 股)
427	0905	厦门路桥	27.82	0.11	9.83	1.17	3.33	3.33	1.16	1.16	52.11	1136	−34.96	0.039	0.039	0.24	0.24	2.95	0.95	0.95	不分配不转增
428	0906	南方建材	8.52	18.18	3.55	1.55	2.84	2.84	1.53	3.13	−10.55	543	−66.74	0.043	0.043	0.12	0.12	1.25	0.35	0.35	不分配不转增(拟 10 配 3 股)
429	0908	天一科技	6.69	−3.65	5.00	2.52	1.78	1.78	2.46	0.93	28.18	1228	−31.99	0.043	0.043			2.80	0.90	0.90	不分配不转增
430	0909	数源科技	8.30	−1.19	5.27	2.15	2.69	2.67	0.47	1.23	−42.90	246	114.74	0.013	0.012	−0.96	−0.96	1.96	0.60	0.60	不分配不转增
431	0910	大亚股份	12.32	20.63	7.77	−0.64	3.36	3.36	2.44	2.36	59.14	1893	1.53	0.082	0.082	0.09	0.09	2.31	0.80	0.80	10 派 1 元(含税)
432	0911	南宁糖业	10.51	−21.46	5.73	6.13	2.56	2.56	5.77	5.01	8.04	3309	120.90	0.148	0.148	0.23	0.23	2.24	0.56	0.56	10 派 3.4 元(含税)(拟 10 配 3 股)
433	0912	泸 天 化	35.91	0.26	14.92	3.21	3.32	3.32	3.06	8.58	6.72	4560	−31.58	0.101	0.101	0.44	0.44	4.50	1.50	1.50	不分配
434	0913	钱江摩托	15.68	0.51	8.95	6.69	3.44	3.44	5.82	14.63	−6.74	5209	2.16	0.200	0.200	0.31	0.31	2.60	0.65	0.65	不分配不转增(拟 10 配 3 股)
435	0915	声乐股份	4.09	3.35	2.41	−1.90	2.67	2.67	−1.93	0.20	−42.05	−466	−434.63	−0.052	−0.052	−0.79	−0.79	0.90	0.30	0.30	不分配不转增
436	0916	华北高速	31.78	−3.55	27.59	3.08	2.53	2.53	2.99	1.75	13.80	8247	−15.33	0.075	0.075	0.13	0.13	10.90	3.40	3.40	不分配不转增
437	0917	电广传媒	39.88	25.15	24.09	3.57	9.32	9.32	3.23	2.99	12.81	7787	77.89	0.300	0.301	0.08	0.08	2.58	1.18	1.18	不分配不转增
438	0918	亚华种业	14.79	1.95	6.71	5.54	3.95	3.95	5.25	2.23	49.72	3524	128.87	0.207	0.207	−0.23	−0.23	1.70	0.60	0.60	不分配不转增(拟 10 配 3 股)
439	0919	金陵药业	12.87	7.18	10.98	5.85	3.92	3.86	6.62	2.06	11.29	7271	18.01	0.260	0.256	0.23	0.23	2.80	0.80	0.80	不分配不转增

项目			资产状况							经营效果								股本			分配（配售）
序号	代码	公司简称	总资产（亿元）	比2000±%	净资产（亿元）	比2000±%	每股净资产（元）	2001.08.31摊薄后	净资产收益率（%）	主营收入（亿元）	比2000中期±%	净利润（万元）	比2000中期±%	每股净利润（万元）	2001.08.31摊薄后	每股经营性现金流量（元）	2001.08.31摊薄后	总股份（亿股）	流通股（亿股）	2001.08.31	2001中期利润分配及其已公布未实施之配售方（预）案
440	0920	南方汇通	8.15	−11.17	6.29	7.79	3.31	3.31	6.71	2.38	14.11	4222	34.25	0.222	0.222	0.09	0.09	1.90	0.70	0.70	不分配不转增
441	0921	科龙电器	79.30	15.05	41.37	0.52	4.17	4.17	0.48	27.91	−10.58	1975	−84.09	0.020	0.020	1.04	1.04	9.92	1.10	1.10	不分配不转增
442	0922	阿继电器	7.91	6.71	5.41	4.19	3.08	3.08	4.00	1.48	36.01	2164	20.69	0.120	0.120	0.11	0.11	1.76	0.55	0.55	不分配不转增
443	0923	河北宣工	6.66	−2.55	4.01	2.42	2.43	2.43	2.36	1.83	19.37	944	−20.94	0.057	0.057	−0.05	−0.05	1.65	0.55	0.55	不分配不转增
444	0925	浙大海纳	5.92	9.57	3.72	2.60	4.13	4.13	1.70	1.26	39.09	631	−38.75	0.070	0.070	0.29	0.29	0.90	0.30	0.30	不分配不转增
445	0926	福星科技	10.95	26.84	6.51	9.05	2.44	2.44	8.30	2.32	6.62	5406	39.77	0.203	0.203	−0.13	−0.13	2.05	0.55	0.72	不分配不转增（拟10配2.3067股）
446	0927	天津汽车	73.10	3.26	36.08	2.15	2.49	2.19	2.11	16.44	−9.67	7599	−13.81	0.052	0.052	0.01	0.01	14.50	2.18	2.18	不分配不转增
447	0928	吉林炭素	24.11	11.92	10.15	1.79	3.59	3.59	1.76	3.99	7.65	1782	−23.99	0.063	0.063	−0.26	−0.26	2.83	0.90	0.90	不分配不转增
448	0929	兰州黄河	9.11	−1.69	4.73	−3.32	4.02	4.02	−3.43	0.80	−17.39	−1626	−372.28	−0.137	−0.137	0.24	0.34	1.18	0.54	0.54	不分配不转增
449	0930	丰原生化	20.89	55.14	13.30	126.59	7.51	7.51	3.43	4.01	20.89	4562	84.56	0.258	0.258	0.16	0.16	1.77	0.90	0.90	不分配
450	0931	中关村	79.67	23.64	17.64	4.53	2.61	2.61	4.34	8.40	16.29	7653	11.04	0.113	0.113	0.44	0.44	6.75	3.75	3.75	不分配不转增
451	0932	华菱管线	78.65	6.42	34.95	7.84	2.23	2.23	7.27	38.52	29.10	25415	99.92	0.162	0.162	0.47	0.47	15.65	2.50	2.50	不分配不转增
452	0933	神火股份	10.50	−3.35	7.85	−0.90	3.43	3.43	7.83	3.11	14.45	6149	4.64	0.269	0.269	0.32	0.32	2.29	0.70	0.70	10派3元（含税）（拟10配3股）
453	0935	四川双马	8.24	14.57	5.33	8.13	1.67	1.67	7.52	2.25	5.86	4008	75.34	0.125	0.125	0.10	0.10	3.19	1.04	1.04	不分配不转增（拟10配3股）
454	0936	华西村	7.41	25.26	5.19	7.53	3.09	3.09	7.00	3.07	110.67	3636	57.96	0.216	0.216	−0.57	−0.57	1.68	0.42	0.42	不分配不转增
455	0937	金牛能源	23.04	7.99	16.09	5.05	3.79	3.79	5.26	5.48	33.07	8468	13.63	0.199	0.199	0.39	0.39	4.25	1.00	1.00	不分配不转增（拟10配3股）
456	0938	清华紫光	11.22	3.75	6.17	0.35	2.99	2.99	0.09	6.76	101.50	57	−98.63	0.003	0.003	−0.29	−0.29	2.06	0.64	0.64	不分配不转增
457	0939	凯迪电力	7.21	14.91	4.61	8.19	2.13	2.13	7.57	1.91	81.39	3486	−4.60	0.161	0.161	0.01	0.01	2.16	0.95	0.95	不分配不转增
458	0948	南天信息	7.64	−6.74	4.77	2.73	3.41	3.41	2.66	3.41	37.44	1267	176.43	0.090	0.090	−0.45	−0.45	1.40	0.40	0.40	不分配不转增
459	0949	新乡化纤	14.08	16.40	9.86	3.49	2.01	2.01	3.38	3.74	12.06	3331	−21.85	0.068	0.068	0.19	0.19	4.91	1.50	1.50	不分配不转增（拟10配3股）
460	0950	民丰农化	8.95	8.27	4.27	0.98	2.75	2.75	0.97	2.65	30.70	414	−64.31	0.027	0.027	−0.06	−0.06	1.55	0.55	0.55	不分配不转增（拟10配3股）
461	0951	小鸭电器	14.08	1.47	6.07	0.51	2.39	2.39	0.50	3.55	7.68	305	−15.19	0.012	0.012	0.07	0.07	2.54	0.90	0.90	不分配不转增
462	0952	广济药业	7.32	8.23	4.86	0.87	2.84	2.84	3.07	0.85	31.63	1489	50.52	0.087	0.087	−0.21	−0.21	1.71	0.50	0.50	不分配不转增（拟10配3股）
463	0953	河池化工	9.88	−2.49	4.04	3.17	2.27	2.27	3.07	1.56	23.37	1240	44.08	0.070	0.070	0.09	0.09	1.78	0.60	0.60	不分配不转增
464	0955	欣龙无纺	7.86	1.74	5.13	2.31	2.50	2.50	2.26	0.88	36.26	1156	200.49	0.056	0.056	0.04	0.04	2.05	0.55	0.55	不分配不转增
465	0956	中原油气	36.87	17.24	27.68	9.81	4.07	4.07	8.93	8.84	0.71	24728	−17.98	0.364	0.364	0.50	0.42	6.80	1.70	2.04	不分配不转增（拟10配3股）
466	0957	中通控股	6.87	4.17	4.61	6.65	1.93	1.93	6.23	1.73	36.10	2869	45.82	0.120	0.120	0.36	0.36	2.39	0.81	0.81	不分配不转增
467	0958	东方热电	13.56	7.11	5.73	9.22	3.18	3.18	8.44	2.58	71.39	4837	235.31	0.269	0.269	0.18	0.18	1.80	0.45	0.45	不分配不转增
468	0959	首钢股份	97.56	1.34	54.05	7.53	2.34	2.34	7.41	60.55	0.90	40064	0.60	0.173	0.173	0.23	0.23	23.10	3.50	3.50	不分配不转增
469	0960	锡业股份	19.83	2.36	11.82	2.01	3.30	3.30	1.99	5.71	−3.97	2333	−48.41	0.065	0.065	−0.08	−0.08	3.58	1.30	1.30	不分配不转增
470	0961	大连金牛	22.35	5.07	7.69	4.91	2.84	2.84	3.34	5.78	−1.03	2570	−24.76	0.095	0.095	0.16	0.16	2.71	1.00	1.00	不分配不转增（拟10配3股）
471	0962	东方钽业	20.07	39.15	10.21	15.27	3.44	3.44	14.70	9.77	114.30	15014	159.51	0.506	0.506	−0.64	−0.64	2.97	1.17	1.17	每10股送2股派现金0.5元（含税）
472	0963	华东医药	13.04	14.19	4.97	3.40	2.62		3.30	9.25	18.49	1635	7.55	0.086	0.086	0.18	0.18	1.90	0.50	0.50	不分配不转增
473	0965	天水股份	11.23	10.45	5.85	1.18	2.70	2.70	1.17	1.49	45.99	685	46.78	0.032	0.032	−0.12	−0.12	2.17	0.70	0.70	不分配不转增
474	0966	长源电力	20.92	−2.21	8.11	−4.66	2.19	2.19	2.72	3.85	33.62	2205	−45.39	0.059	0.059			3.70	1.08	1.08	不分配不转增
475	0967	上风高科	5.00	−0.30	4.57	6.38	3.34	3.34	3.87	0.73	−0.52	1770	0.73	0.129	0.129			1.37	0.45	0.45	不分配不转增
476	0968	神州股份	17.51	3.81	11.14	2.41	2.82	2.82	2.35	3.12	17.11	2619	35.65	0.066	0.066	−0.01	−0.01	3.95	1.40	1.40	不分配不转增
477	0969	安泰科技	12.37	−16.37	10.67	4.12	4.37	4.37	3.96	2.46	104.89	4219	68.22	0.173	0.173	0.11	0.11	2.44	0.82	0.88	不分配不转增
478	0970	中科三环	5.75	6.51	3.70	7.27	2.36	2.36	6.78	1.92	15.85	2506	72.77	0.160	0.160	−0.26	−0.26	1.57	0.63	0.63	不分配不转增
479	0971	湖北迈亚	10.03	10.30	4.21	2.05	2.25	2.22	2.01	1.15		846	−36.91	0.045	0.044	0.05	0.05	1.87	0.55	0.55	不分配不转增

项目			资产状况							经营效果								股本			分配（配售）
序号	代码	公司简称	总资产（亿元）	比 2000 ± %	净资产（亿元）	比 2000 ± %	每股净资产（元）	2001.08.31 摊薄后	净资产收益率（%）	主营收入（亿元）	比 2000 中期 ± %	净利润（万元）	比 2000 中期 ± %	每股净利润（万元）	2001.08.31 摊薄后	每股经营性现金流量（元）	2001.08.31 摊薄后	总股份（亿股）	流通股（亿股）	2001.08.31	2001 中期利润分配及其已公布未实施之配售方（预）案
480	0972	新中基	12.67	22.22	4.01	1.18	3.22	3.22	1.16	1.94	46.11	467	7.20	0.037	0.037	−0.41	−0.41	1.25	0.45	0.45	不分配不转增
481	0973	佛塑股份	21.23	3.80	11.38	4.44	3.05	3.05	4.25	8.08	26.96	4836	23.94	0.129	0.129	0.26	0.26	3.73	0.95	0.95	不分配不转增
482	0975	乌江电力	8.19	−0.18	7.11	2.12	3.84	3.84	2.08	0.62	44.57	1477	4.94	0.080	0.080	0.03	0.03	1.85	0.70	0.70	每 10 股转增 6 股
483	0976	春晖股份	16.62	9.03	10.64	2.91	2.53	2.53	2.83	4.40	6.40	3005	−19.60	0.071	0.071	−0.24	−0.24	4.21	0.61	1.26	不分配不转增
484	0977	浪潮信息	11.72	0.31	8.17	4.03	3.80	3.80	3.88	3.70	62.08	3167	41.98	0.147	0.147	0.05	0.04	2.15	0.65	0.65	不分配不转增
485	0978	桂林旅游	4.54	5.89	3.71	5.09	2.10	2.10	4.84	0.87	48.06	1797	80.44	0.102	0.102	0.08	0.08	1.77	0.60	0.60	不分配不转增
486	0979	科苑集团	6.77	4.50	4.73	3.55	5.03	5.03	3.42	1.17	92.80	1618	37.64	0.172	0.172	−0.08	−0.08	0.94	0.40	0.40	不分配不转增
487	0980	金马股份	7.61	5.79	5.17	2.41	3.45	3.45	2.35	1.37	−12.51	1217	−8.87	0.081	0.081	−0.29	−0.29	1.50	0.58	0.58	不分配不转增
488	0981	兰光科技	11.37	−3.88	6.69	−4.25	4.16	4.16	3.21	3.07	−23.31	2147	−21.50	0.133	0.133	0.70	0.70	1.61	0.50	0.50	不分配不转增
489	0982	圣雪绒	9.96	54.84	3.54	3.47	4.78	4.78	3.36	1.89	60.48	1186	579.43	0.160	0.160	−1.36	−1.35	0.74	0.30	0.30	不分配不转增
490	0983	西山煤电	40.26	5.84	28.18	0.80	3.49	3.49	3.66	9.29	93.10	10311	21.07	0.128	0.128	0.25	0.25	8.08	2.88	2.85	不分配不转增
491	0985	大庆华科	4.55	−4.34	3.97	4.64	3.45	3.45	5.23	2.13	17.40	2077	9.68	0.181	0.181	−0.01		1.15	0.30	0.30	不分配不转增
492	0987	广州友谊	9.32	−6.55	6.05	3.59	2.53	2.53	3.47	5.27	12.04	2099	−0.79	0.088	0.088	−0.02	−0.02	2.39	0.60	0.60	不分配不转增
493	0988	华工科技	7.91	0.75	5.78	4.14	5.03	5.03	4.13	1.27	176.62	2387	50.32	0.208	0.208	−0.03	−0.003	1.15	0.30	0.30	不分配不转增
494	0989	九芝堂	9.21	15.54	5.03	4.43	3.91	3.91	4.24	3.17	43.89	2130	28.30	0.166	0.166	0.01	0.01	1.29	0.40	0.40	不分配不转增
495	0990	诚志股份	8.41	3.90	6.50	2.39	3.62	3.63	2.33	1.81	107.15	1516	78.27	0.085	0.085	0.03	0.03	1.79	0.72	0.72	不分配不转增
496	0993	闽东电力	20.60	2.28	14.58	1.84	4.86	4.86	1.72	1.19	72.09	2513	145.18	0.080	0.080	0.18	0.18	3.00	1.00	1.00	不分配不转增
497	0995	皇台酒业	6.81	3.17	4.75	2.72	3.39	3.39	2.60	0.73	−12.76	1257	6.68	0.090	0.090	0.23	0.23	1.40	0.40	0.40	不分配不转增
498	0996	捷利股份	5.24	8.52	4.16	1.93	3.62	3.62	1.89	0.89	−17.42	787	−34.43	0.068	0.068	0.66	0.66	1.15	0.35	0.35	不分配不转增
499	0997	新大陆	7.28	−0.24	5.99	3.55	5.17	5.17	3.43	2.25	32.48	2056	40.50	0.180	0.180	0.20	0.20	1.16	0.31	0.31	不分配不转增
500	0998	隆平高科	9.62	3.89	8.07	3.79	7.68	7.68	3.65	1.03	68.07	2944	139.35	0.280	0.280	0.02		1.05	0.55	0.55	不分配不转增
501	0999	三九医药	60.49	3.56	26.53	4.21	3.52	3.52	4.04	10.59	10.49	10718	−10.80	0.142	0.142	0.21	0.21	7.53	1.82	1.82	不分配不转增
502	2041	深本实 B	2.79	11.59	1.29	5.16	2.14	2.14	4.91	0.36	610.11	635	7666.79	0.104	0.104	0.24	0.24	0.61	0.16	0.16	不分配不转增
503	2053	深基地 B	5.74	−4.98	5.05	−6.24	2.34	2.34	6.24	0.51	8.34	3360	65.58	0.146	0.146	0.12	0.12	2.31	0.60	0.60	不分配不转增
504	2054	深建摩 B	18.11	−1.85	4.32	−11.37	0.90	0.90	−12.83	4.11	−35.07	−5537	−2468.17	−0.116	−0.116	−0.13	−0.13	4.78		1.20	不分配不转增
505	2057	深大洋	1.35	−22.44	−0.57	−361.06	−0.29	−0.29				−2280	−76.55	−0.115	−0.115			1.98	0.79	0.79	不分配不转增
506	2152	山航 B	19.93	44.23	5.68	6.50	1.42	1.42	6.10	5.74		3464		0.090	0.090	0.06	0.06	4.00	1.40	1.40	不分配不转增
507	2160	帝贤 B	10.52	13.03	4.26	10.00	1.98	1.98	9.09	1.39		3871		0.180	0.180	0.19	0.19	2.15	1.15	1.15	不分配不转增
508	2168	雷伊 B	7.64	13.20	3.77	3.71	2.13	2.13	3.58	1.15		1350		0.076	0.076	−0.20	−0.20	1.77		0.69	不分配不转增
509	2468	宁通信 B	10.63	2.75	4.36	1.66	2.03	2.03	1.63	3.60	64.60	711	37.28	0.033	0.033	−0.34	−0.34	2.15		1.00	不分配不转增
510	2512	闽灿坤 B	23.32	−5.55	9.59	8.22	2.13	2.13	7.60	11.04	10.77	7287	−20.73	0.160	0.160	0.50	0.50	4.51	1.22	1.22	不分配不转增
511	2706	瓦轴 B	21.77	0.66	10.40	2.62	3.15	3.15	2.08	5.05	−1.76	2160	−24.33	0.065	0.065	0.08	0.08	3.30	1.30	1.30	不分配不转增
512	2770	武锅 B	11.07	13.37	5.06	2.57	1.71	1.71	2.51	1.73	95.79	1270	944.29	0.043	0.043	0.58	0.58	2.97	1.25	1.25	不分配不转增
513	2771	杭汽轮 B	6.65	−1.30	4.48	2.69	2.03	2.02	2.60	1.25	−5.50	1147	−45.40	0.052	0.051	0.06	0.06	2.20	0.80	0.80	不分配不转增
514	2986	粤华包 B	13.24	0.45	8.25	7.64	1.88	1.88	7.09	2.51	48.20	5853	5.03	0.133	0.133	0.03	0.03	4.40	1.50	1.50	不分配不转增
515	2992	中鲁 B	10.11	5.66	5.34	6.02	2.01	2.01	5.68	1.75	−49.98	3031	−40.65	0.114	0.114	−0.12	−0.12	2.66	1.38	1.38	不分配不转增
516	60000	浦发银行	506.39	15.30	79.31	7.23	3.29	3.29	6.74	32.35	49.66	53491	0.88	0.222	0.220	0.38	0.38	24.10	4.00	4.00	不分配不转增
517	600001	邯郸钢铁	86.46	15.23	60.71	5.01	4.08	4.08	4.77	35.93	38.32	28978	0.47	0.195	0.195	0.25	0.25	14.87	4.90	4.90	不分配不转增
518	600002	齐鲁石化	79.22	−4.43	49.55	1.95	2.54	2.54	1.91	36.45	20.95	9465	−46.52	0.049	0.050	0.10	0.10	19.50	3.50	3.50	不分配不转增
519	600003	东北高速	42.37	2.20	29.07	2.34	2.40	2.40	2.29	1.52	−4.34	6643	3.75	0.054	0.050	0.07	0.07	12.13	3.00	3.00	不分配不转增

项目			资产状况							经营效果								股本			分配（配售）
序号	代码	公司简称	总资产（亿元）	比2000 ±%	净资产（亿元）	比2000 ±%	每股净资产（元）	2001.08.31摊薄后	净资产收益率（%）	主营收入（亿元）	比2000中期±%	净利润（万元）	比2000中期±%	每股净利润（万元）	2001.08.31摊薄后	每股经营性现金流量（元）	2001.08.31摊薄后	总股份（亿股）	流通股（亿股）	2001.08.31	2001中期利润分配及其已公布未实施之配售方（预）案
520	600005	武钢股份	63.10	−0.34	49.32	8.33	2.36	2.36	7.69	30.91	−9.18	37920	10.38	0.181	0.180	0.25	0.25	20.90	3.20	3.20	不分配不转增
521	600006	东风汽车	45.12	11.67	29.02	8.66	2.90	2.90	9.69	19.77	19.92	28100	38.34	0.281	0.280	0.19	0.19	10.00	3.00	3.00	10派0.5元（含税）
522	600007	中国国贸	36.80	0.42	21.33	4.27	2.67	2.67	4.11	2.84	11.00	8776	32.20	0.110	0.110	0.14	0.14	8.00	1.60	1.60	不分配不转增
523	600008	首创股份	50.63	1.03	40.88	5.78	3.72	3.72	5.32	1.36	73.08	21735	10.65	0.198	0.200	0.21	0.21	11.00	1.60	1.60	不分配不转增
524	600009	上海机场	71.37	−6.70	49.36	13.31	3.50	3.50	5.50	5.34	55.41	27130	−5.02	0.192	0.190	0.23	0.24	14.12	5.12	4.92	不分配不转增
525	600010	钢联股份	69.74	162.38	35.15	124.71	2.81	2.81	4.93	29.08		17342		0.139	0.140	0.13	0.13	12.50	3.50	3.50	不分配不转增
526	600016	民生银行	1003.03	47.59	58.54	−0.74	2.60	2.60	5.17	20.47	145.70	30239	46.91	0.130	0.130	6.75	6.75	22.49	4.55	4.55	不分配不转增
527	600018	上港集箱	74.89	6.34	42.66	8.34	4.73	4.73	8.14	10.14	34.24	34727	43.22	0.385	0.390	0.66	0.66	9.02	0.84	2.10	不分配不转增
528	600019	宝钢股份	377.58	−3.10	268.89	6.36	2.15	2.15	5.94	146.72		159652		0.128	0.130	0.31	0.31	125.12	18.77	18.77	不分配不转增
529	600028	中国石化	3649.24	7.04	284.16	6.31	1.53	1.53	6.31	588.57		810700		0.097	0.100	0.10	0.09	839.02		15.04	不分配不转增
530	600033	福建高速	34.70	55.06	22.82	150.66	3.33	3.33	3.28	1.13		7473		0.109	0.110	0.11	0.11	6.85	2.00	2.00	不分配不转增
531	600037	歌华有线	19.09	215.84	16.28	395.75	6.03	6.03	4.46	1.49		7261		0.269	0.270	0.31	0.31	2.70	0.80	0.80	不分配不转增
532	600038	哈飞股份	8.05	4.70	6.37	1.03	4.25	4.25	1.02	0.86	−4.20	652	−67.86	0.040	0.040	0.02	0.02	1.50	0.60	0.60	不分配不转增
533	600051	宁波联合	21.67	17.71	8.16	2.36	2.70	2.70	2.31	16.87	32.97	1883	−42.71	0.060	0.060	0.22	0.22	3.02	0.85	0.85	不分配不转增
534	600052	浙江广厦	26.79	12.99	8.41	4.24	1.99	2.00	4.07	11.02	71.87	3426	−20.64	0.080	0.080	−0.02	−0.02	4.23	1.97	1.97	不分配不转增
535	600053	江西纸业	11.06	−1.80	6.72	3.03	4.17	4.17	2.94	1.56	14.84	1977	15.24	0.123	0.120	0.20	0.20	1.61	0.76	0.76	不分配不转增
536	600054	黄山旅游	11.07	15.76	7.20	3.72	2.38	2.38	3.59	1.71	29.55	2581	2.19	0.085	0.090	0.22	0.22	3.03	1.56	1.56	不分配不转增
537	600055	万东医疗	4.76	−7.92	3.31	2.27	2.98	2.98	2.43	1.26	5.92	803	42.41	0.072	0.070	−0.26	−0.26	1.11	0.39	0.39	不分配不转增（拟10配3股）
538	600056	中技贸易	16.06	43.18	5.17	0.91	3.97	3.97	0.90	14.62	87.67	468	−84.05	0.035	0.040	3.94	3.94	1.30	0.39	0.39	不分配不转增
539	600057	厦新电子	13.26	2.91	4.86	−5.71	1.36	1.36	−6.05	4.89	−6.08	−2943	66.61	−0.082	−0.082	−0.12	−0.12	3.58	1.44	1.44	不分配不转增
540	600058	龙腾科技	52.22	22.03	18.92	3.29	4.46	4.46	3.67	74.97	46.29	6952	50.73	0.163	0.160	0.68	0.68	4.24	1.20	1.20	不分配不转增
541	600059	古越龙山	14.39	−7.58	7.62	−2.67	3.80	3.77	2.67	1.67	0.23	2092	−16.69	0.102	0.099	−0.14	−0.14	2.06	0.82	0.82	不分配不转增
542	600060	海信电器	35.52	30.59	24.26	72.16	4.91	4.91	1.78	18.57	11.36	4311	−15.18	0.087	0.090	0.35	0.35	4.94	2.04	2.04	不分配不转增
543	600061	中纺投资	7.49	2.13	4.73	3.21	1.65	1.65	3.11	2.83	4.62	1469	59.53	0.051	0.050	0.14	0.14	2.87	0.94	0.94	不分配不转增
544	600062	双鹤药业	21.21	49.25	8.25	12.00	2.70	2.70	10.71	10.00	82.73	8839	36.12	0.290	0.290	0.31	0.28	3.06	1.10	1.43	不分配不转增
545	600063	皖维高新	10.22	−14.46	6.47	5.38	2.56	2.56	5.11	2.33	42.23	3307	39.65	0.131	0.130	0.22	0.22	2.53	0.99	0.99	不分配不转增
546	600064	南京高科	23.50	10.23	11.33	3.47	3.29	3.29	3.34	2.88	−45.67	3779	−47.22	0.110	0.110	−0.06	−0.06	3.44	1.55	1.55	不分配不转增
547	600065	大庆联谊	12.39	−9.50	7.88	0.91	4.11	4.11	0.90	2.58	38.13	708	−33.59	0.036	0.040	0.13	0.13	1.92	0.60	0.60	不分配不转增
548	600066	宇通客车	14.39	2.29	8.66	3.67	6.34	6.34	3.50	7.02	49.39	3011	57.40	0.220	0.220	0.41	0.41	1.37	0.94	0.94	不分配
549	600067	福州大通	5.91	9.22	3.17	5.96	3.01	2.99	5.63	2.16	29.33	1781	56.60	0.170	0.169	0.07	0.07	1.05	0.68	0.68	不分配不转增
550	600068	葛洲坝	47.59	3.82	32.01	1.98	4.54	4.54	1.94	9.59	−11.07	6206	−40.74	0.088	0.090	−0.09	−0.09	7.06	3.46	3.46	不分配不转增
551	600069	银鸽投资	9.77	12.01	5.86	−2.98	1.58	1.58	−3.48	0.78	2.27	−2037	−474.95	−0.050	−0.050	0.03	0.03	3.72	1.46	1.46	不分配不转增
552	600070	浙江富润	4.40	6.05	2.37	0.65	3.13	3.13	5.71	0.98	6.66	1353	112.19	0.180	0.180	0.03	0.03	0.76	0.31	0.31	每10股派1.6元(含税)(拟10配3股)
553	600071	凤凰光学	6.05	7.33	3.86	3.39	2.11	2.11	4.46	1.53	23.76	1721	171.10	0.094	0.090	0.17	0.17	1.83	0.83	0.83	10送1转增2股派0.25元(含税)
554	600072	江南重工	11.68	8.71	9.44	0.89	3.44	3.44	0.89	1.08	25.73	836	43.86	0.030	0.030	−0.36	−0.36	2.75	1.25	1.25	不分配不转增
555	600073	上海梅林	13.23	1.66	7.83	5.08	2.42	2.42	4.83	2.86	−13.72	3779	−50.52	0.120	0.120	−0.02	−0.02	3.24	1.20	1.20	不分配不转增（拟10配3股）
556	600074	南京中达	10.74	−3.13	5.71	6.70	3.95	3.95	6.25	2.29	8.28	3572	321.81	0.247	0.250	0.65	0.65	1.45	0.52	0.52	不分配不转增（拟10配3股）
557	600075	新疆天业	19.66	−9.06	10.71	4.41	4.72	4.72	1.64	5.13	−4.66	1756	259.31	0.077	0.080	0.06	0.05	2.27	0.97	0.97	不分配不转增（拟10配3股）
558	600076	青鸟华光	14.98	46.70	6.60	5.84	2.94	2.94	5.52	1.68	64.94	3645	11.23	0.162	0.160	0.05	0.04	2.24	0.96	0.96	不分配（拟10配3股）
559	600077	国能集团	7.82	−0.84	3.60	1.30	2.84	2.84	1.28	1.63	69.10	459	123.13	0.036	0.040	−0.15	−0.15	1.27	0.47	0.47	不分配不转增

项目			资产状况							经营效果								股本			分配(配售)
序号	代码	公司简称	总资产(亿元)	比2000±%	净资产(亿元)	比2000±%	每股净资产(元)	2001.08.31摊薄后	净资产收益率(%)	主营收入(亿元)	比2000中期±%	净利润(万元)	比2000中期±%	每股净利润(万元)	2001.08.31摊薄后	每股经营性现金流量(元)	2001.08.31摊薄后	总股份(亿股)	流通股(亿股)	2001.08.31	2001中期利润分配及其已公布未实施之配售方(预)案
560	600078	澄星股份	9.05	11.23	6.11	-4.20	3.39	3.39	4.45	2.76	34.11	2720	41.28	0.151	0.150	0.16	0.16	0.18	0.66	0.66	10派3元(含税)
561	600079	人福科技	7.83	53.47	2.96	5.81	2.35	2.35	5.49	0.84	0.36	1628	57.59	0.129	0.130	-0.10	-0.10	1.26	0.64	0.64	不分配不转增
562	600080	金花股份	11.05	7.07	8.05	2.32	3.49	3.49	2.87	0.72	-22.06	2310	-43.21	0.100	0.100	0.13	0.13	2.31	1.00	1.00	每10股派0.21元(含税)
563	600081	东风科技	7.39	0.03	4.10	5.91	2.04	2.04	5.58	2.82	76.65	2289	-23.18	0.113	0.110	-0.14	-0.14	2.01	0.50	0.50	不分配不转增
564	600082	津百股份	11.81	1.31	3.37	-13.98	2.26	2.26	-16.26	2.58	13.38	-5480	-234.87	-0.370	-0.370	-0.49	-0.49	1.49	0.79	0.79	不分配不转增
565	600083	红光实业	2.79	-78.62	-0.22	-180.12	-0.10	-0.10		0.27	96.80	883	122.56	0.038	0.040	0.01	0.01	2.30	1.36	1.36	不分配不转增
566	600084	新天国际	17.84	12.95	6.53	2.73	2.78	2.78	5.40	4.60	123.92	3543	-21.74	0.150	0.150	0.05	0.05	2.35	0.89	0.89	不分配
567	600085	同仁堂	19.63	19.94	12.46	36.27	3.76	3.76	9.47	8.37	64.21	11800	98.12	0.356	0.360	0.31	0.31	3.32	1.00	1.00	不分配不转增
568	600086	多佳股份	7.31	-0.73	4.83	1.65	1.37	1.37	1.62	1.23	-10.22	784	-27.22	0.022	0.020	0.01	0.01	3.52	1.28	1.28	不分配不转增
569	600087	南京水运	10.83	14.47	8.31	4.68	3.47	3.47	7.23	2.30	-3.89	6011	12.42	0.251	0.250	0.19	0.19	2.39	0.73	0.73	不分配不转增
570	600088	中视传媒	8.67	7.83	7.21	1.43	3.96	3.96	1.41	1.06	148.74	1018	42.47	0.056	0.060	-0.21	-0.16	1.82	0.60	0.78	不分配不转增
571	600089	特变电工	22.21	24.89	8.31	6.05	3.20	3.20	5.71	6.39	45.49	4742	-9.63	0.183	0.180	-0.05	-0.05	2.59	1.30	1.30	不分配不转增
572	600090	啤酒花	15.24	30.08	5.25	6.21	1.43	1.43	6.06	2.82	152.03	3183	64.83	0.087	0.090	0.20	0.20	3.68	1.74	1.74	不分配不转增
573	600091	明天科技	11.13	3.34	7.76	8.16	3.43	3.43	7.54	3.80	14.36	5852	6.28	0.258	0.260	0.22	0.22	2.27	0.96	0.96	不分配
574	600092	精密股份	9.95	9.73	6.72	3.96	2.57	2.57	3.81	0.81	18.99	2560	105.52	0.098	0.100	0.08	0.08	2.61	1.33	1.33	不分配
575	600093	禾嘉股份	7.55	4.77	3.78	2.87	2.96	2.96	2.57	0.56	-42.61	972	5.14	0.076	0.080	-0.02	-0.02	1.28	0.51	0.51	不分配不转增(拟10配3股)
576	600094	华源股份	36.61	13.97	14.36	4.39	2.92	2.92	4.20	9.47	28.69	6036	-4.34	0.120	0.120	0.14	0.14	4.92	3.17	3.17	不分配不转增
577	600095	哈高科	16.71	1.81	7.34	1.88	2.81	2.81	1.85	1.34	8.22	1355	0.06	0.052	0.050	0.14	0.14	2.62	1.51	1.51	不分配不转增
578	600096	云天化	17.71	14.06	11.04	0.49	3.00	3.00	6.07	4.60	6.73	6699	-36.23	0.182	0.180	0.46	0.46	3.68	1.00	1.00	10派2.00元(含税)
579	600097	恒泰芒果	6.64	-1.37	0.70	-19.70	0.61	0.61	-22.68	0.10	-44.42	-1584	-9.17	-0.137	-0.140	0.01	0.01	1.15	0.35	0.35	不分配不转增
580	600098	广州控股	82.21	-0.80	46.60	10.04	3.72	3.72	9.11	18.82	25.95	42526	35.87	0.339	0.340	0.57	0.57	12.53	2.34	2.34	不分配不转增
581	600099	林海股份	5.52	-0.43	4.64	1.38	2.54	2.54	1.36	0.71	4.23	630	11.76	0.034	0.030	0.01	0.01	1.83	0.76	0.91	不分配不转增
582	600100	清华同方	54.22	3.41	26.34	4.97	4.58	4.58	5.27	21.94	107.72	13887	59.14	0.242	0.240	0.12	0.12	5.75	2.48	2.48	不分配不转增
583	600101	明星电力	9.36	-0.62	6.43	6.37	4.39	4.39	5.99	1.28	14.49	3851	36.78	0.263	0.260	0.36	0.36	1.46	0.73	0.73	不分配不转增(拟10配3股)
584	600102	莱钢股份	56.63	10.34	30.90	9.32	3.55	3.55	8.47	23.87	10.73	26175	12.46	0.300	0.300	0.37	0.37	8.71	1.56	1.56	不分配不转增(拟10配3股)
585	600103	青山纸业	24.09	1.85	16.49	5.55	2.34	2.34	5.26	4.99	20.79	8671	3.63	0.123	0.120	0.07	0.07	7.06	4.46	4.46	不分配不转增(拟10配3股)
586	600104	上海汽车	100.48	54.81	82.39	83.94	3.27	3.27	5.54	15.79	26.50	45610	4.90	0.181	0.180	0.12	0.12	25.20	7.56	7.56	不分配不转增
587	600105	永鼎光缆	11.33	17.41	6.81	6.44	2.73	2.73	5.80	5.58	57.52	3949	126.76	0.158	0.160	0.09	0.09	2.50	0.75	0.75	不分配(拟10配3股)
588	600106	重庆路桥	13.50	3.98	8.83	4.15	2.85	2.85	3.99	0.68	15.44	3522	-5.67	0.113	0.110	0.14	0.14	3.10	0.90	0.90	不分配不转增
589	600107	美尔雅	10.93	-7.86	8.57	4.98	2.38	2.38	4.56	1.16	-29.69	3774	-18.64	0.104	0.100	0.09	0.08	3.60	1.33	1.33	不分配不转增(拟10配3股)
590	600108	亚盛集团	18.48	16.50	13.81	26.71	2.30	2.30	4.45	4.19	27.38	6142	32.98	0.102	0.100	0.02	0.02	6.01	2.77	2.77	不分配不转增
591	600109	成百集团	2.50	-7.96	0.02	-82.47	0.03	0.03	470.32	3.40	-10.38	-958	22.89	-0.135	-0.140	-0.03	-0.03	0.71	0.28	0.28	不分配不转增
592	600110	长春热缩	4.56	-8.63	3.52	3.65	3.05	2.84	4.34	0.35	56.78	1529	5980.92	0.132	0.121	-0.31	0.13	1.16	0.81	0.41	10送2派0.25元(含税)转增4
593	600111	稀土高科	12.18	1.36	10.26	4.70	2.54	2.54	4.49	1.64	-12.09	4606	6.23	0.114	0.110			4.04	1.46	1.46	不分配不转增
594	600112	长征电器	7.47	-3.48	4.70	0.81	2.73	2.73	0.81	0.84	-7.48	378	-27.21	0.022	0.020	-0.08	-0.08	1.72	0.52	0.52	不分配不转增
595	600113	浙江东日	4.43	1.62	3.64	2.23	3.09	3.09	2.19	0.42	-11.40	796	-2.14	0.067	0.070	0.14	0.14	1.18	0.40	0.40	不分配不转增
596	600115	东方航空	266.37	-1.29	59.90	-9.33	1.23	1.23	-3.78	61.34	9.58	-22652	-419.47	-0.046	-0.050	0.30	0.29	48.67	3.00	3.00	不分配不转增
597	600116	三峡水利	11.19	-0.81	5.32	2.40	3.04	3.04	2.26	1.23	-15.50	1202	49.40	0.069	0.070	0.09	0.09	1.75	0.58	0.58	不分配不转增
598	600117	西宁特钢	26.18	5.23	13.40	2.21	2.30	2.30	2.16	5.95	-14.06	2896	-47.84	0.050	0.050	0.06	0.06	5.82	1.60	1.60	不分配不转增
599	600118	中国泛旅	3.96	11.90	2.81	3.01	1.49	1.49	2.87	1.18	-24.30	808	-59.08	0.043	0.040	0.14	0.14	1.90	0.72	0.72	不分配不转增(拟10配1.875股)

项目			资产状况							经营效果								股本			分配（配售）
序号	代码	公司简称	总资产(亿元)	比2000±%	净资产(亿元)	比2000±%	每股净资产(元)	2001.08.31摊薄后	净资产收益率(%)	主营收入(亿元)	比2000中期±%	净利润(万元)	比2000中期±%	每股净利润(万元)	2001.08.31摊薄后	每股经营性现金流量(元)	2001.08.31摊薄后	总股份(亿股)	流通股(亿股)	2001.08.31	2001中期利润分配及其已公布未实施之配售方(预)案
600	600119	长江投资	7.61	8.81	3.63	2.83	2.20	2.20	2.78	2.55	3.03	1008	10.00	0.061	0.060	−0.30	−0.30	1.65	0.53	0.53	不分配不转增
601	600120	浙江东方	12.45	−5.28	6.85	12.06	3.04	3.04	10.41	14.11	6.89	7130	34.18	0.316	0.320	0.91	0.91	2.26	0.94	0.94	不分配不转增
602	600121	郑州煤电	16.97	1.35	11.99	4.11	1.48	1.48	3.78	2.94	43.01	4535	−29.78	0.060	0.060	0.13	0.13	8.10	2.16	2.16	不分配不转增(拟10配3股)
603	600122	宏图高科	22.90	23.65	9.13	57.52	2.86	2.86	1.41	7.24	39.39	1283	−68.08	0.040	0.040	−0.40	−0.40	3.19	1.44	1.44	不分配不转增
604	600123	兰花科创	15.76	−3.75	8.15	1.65	2.20	2.20	1.62	2.07	7.88	1320	−61.73	0.036	0.040	0.05	0.05	3.71	1.44	1.44	不分配不转增
605	600125	铁龙股份	8.47	−1.27	5.27	5.87	2.76	2.76	5.54	1.26	0.72	2922	0.75	0.153	0.150	0.26	0.26	1.91	0.91	0.91	不分配不转增(拟10配3股)
606	600126	杭钢股份	32.76	11.46	19.95	10.94	3.09	3.09	9.85	22.30	21.07	19674	8.81	0.305	0.310	0.23	0.23	6.45	1.66	1.66	不分配不转增
607	600127	金健米业	16.66	84.76	12.60	166.67	2.91	2.91	2.12	2.36	0.94	2676	47.66	0.062	0.060	0.14	0.14	4.33	1.91	1.91	不分配不转增
608	600128	江苏工艺	9.63	15.81	5.74	3.16	2.88	2.88	4.50	6.54	−6.10	2582	1.17	0.130	0.130	0.27	0.27	1.99	0.74	0.74	不分配不转增
609	600129	太极集团	24.16	23.19	10.29	6.38	4.07	4.07	5.90	7.06	21.65	6065	128.42	0.240	0.240	0.32	0.32	2.53	0.75	0.75	不分配不转增
610	600130	波导股份	15.65	27.24	8.35	3.52	5.22	5.22	3.40	12.29	185.03	2841	32.32	0.178	0.180	0.58	0.58	1.60	0.40	0.40	不分配不转增
611	600131	岷江水电	12.47	2.34	4.23	2.89	1.55	1.55	2.81	0.53	6.75	1188	28.81	0.043	0.040	0.16	0.16	2.73	0.69	0.69	不分配不转增(拟10配3股)
612	600132	重庆啤酒	11.99	−3.02	6.16	4.05	3.60	3.60	3.90	2.03	24.82	2398	8.40	0.140	0.140	0.46	0.46	1.71	0.52	0.52	不分配不转增
613	600133	东湖高新	13.44	−0.20	6.32	3.62	2.29	2.29	3.57	1.41	−4.37	2255	−27.87	0.081	0.080	−0.12	−0.12	2.76	0.83	0.83	不分配不转增
614	600135	乐凯胶片	11.49	3.52	10.69	10.57	3.13	3.13	9.56	3.53	−15.64	10219	−10.75	0.299	0.300	0.45	0.45	3.42	1.26	1.26	不分配不转增
615	600136	道博股份	6.28	−10.91	4.09	2.82	3.92	3.90	1.56	0.50	−22.22	638	−24.90	0.061	0.060	0.05	0.05	1.04	0.41	0.41	不分配不转增
616	600137	长江控股	7.09	24.19	1.77	7.16	2.92	2.92	6.68	0.35	−49.72	1185	173.40	0.195	0.200	−0.16	−0.16	0.61	0.17	0.17	不分配不转增
617	600138	青旅控股	17.39	4.72	11.00	8.53	4.12	4.12	5.68	6.14	39.22	6245	11.22	0.234	0.230	0.08	0.08	2.67	1.17	1.17	不分配不转增
618	600139	鼎天科技	4.92	−4.35	1.65	7.34	2.17	2.17	6.00	1.51	127.44	988	491.14	0.130	0.130	1.20	1.20	0.76	0.29	0.29	不分配不转增
619	600141	兴发集团	6.67	0.72	3.99	3.47	2.50	2.50	3.36	1.58	27.59	1339	51.68	0.084	0.080	0.11	0.10	1.60	0.40	0.40	不分配不转增(拟10配3股)
620	600145	四维瓷业	6.80	13.43	3.97	17.81	1.60	1.60	12.57	1.55	124.06	4988	1317.69	0.202	0.200	0.18	0.17	2.48	0.89	0.89	不分配不转增
621	600146	大元股份	9.87	−1.58	4.34	−6.23	2.17	2.17	−6.86	8.38	63.65	−2978	−39.13	−0.149	−0.150	0.11	0.11	2.00	0.60	0.60	不分配不转增
622	600148	离合器	3.85	20.26	2.57	32.86	1.82	1.82	1.36	0.76	−4.26	348	−63.03	0.025	0.030	−0.01	−0.01	1.42	0.42	0.42	不分配不转增
623	600149	邢台轧辊	9.25	−0.12	4.91	−0.36	2.89	2.89	1.37	1.78	11.14	673	107.69	0.039	0.040	−0.03	−0.03	1.70	0.45	0.45	10送2转增3派0.5元(含税)
624	600150	沪东重机	12.69	−0.16	4.61	0.70	1.91	1.91	0.70	3.12	58.38	322	115.58	0.013	0.013	0.33	0.33	2.41	0.77	0.77	不分配不转增
625	600151	航天机电	21.25	2.91	11.94	6.62	2.55	2.55	6.39	4.96	19.60	7630	28.06	0.163	0.160	0.14	0.18	4.68	1.41	1.41	不分配不转增
626	600152	维科精华	10.11	17.19	5.97	4.18	2.03	2.03	3.88	5.64	−1.70	2314	−26.05	0.078	0.080	0.11	0.11	2.93	1.11	1.11	不分配不转增
627	600153	厦门建发	33.91	2.65	14.60	5.93	4.93	4.93	5.60	27.06	18.52	8176	68.90	0.276	0.280	0.40	0.40	2.96	0.80	0.80	不分配不转增
628	600155	宝硕股份	18.44	6.95	8.00	5.20	1.94	1.94	4.88	5.11	−4.10	3905	−8.56	0.095	0.100	0.12	0.12	4.13	1.20	1.20	不分配不转增
629	600156	益鑫泰	15.26	2.60	11.78	2.07	2.68	2.68	2.03	3.61	−10.39	2387	−15.07	0.054	0.050	0.01	0.01	4.39	1.36	1.36	不分配不转增
630	600157	鲁润股份	6.64	−9.99	2.88	6.44	1.69	1.69	6.05	2.34	−12.81	1746	−37.00	0.102	0.100	0.16	0.16	1.70	0.64	0.64	不分配不转增(拟10配3股)
631	600158	中体产业	10.47	−1.43	7.75	1.35	3.06	3.06	1.33	28.85	3856.95	1033	−43.02	0.040	0.040	0.04	0.04	2.54	0.76	0.76	不分配不转增
632	600159	宁城老窖	8.89	22.51	7.54	23.65	2.47	2.47	1.38	0.99	−19.30	1042	−41.14	0.034	0.030	−0.07	−0.07	3.05	0.88	0.88	不分配不转增
633	600160	巨化股份	20.79	12.85	10.21	7.30	2.99	2.93	7.16	6.42	−2.88	7305	2.31	0.214	0.206	0.40	0.40	3.41	0.88	0.88	不分配不转增
634	600161	天坛生物	4.49	1.11	3.05	10.18	1.59	1.59	9.10	0.86	19.22	2778	17.17	0.145	0.150	0.04	0.04	1.92	0.48	0.48	不分配不转增
635	600162	山东临工	12.81	7.65	5.80	1.34	3.30	3.30	1.32	2.25	8.86	764	−23.09	0.043	0.040	0.09	0.09	1.76	1.08	1.08	不分配不转增
636	600163	福建南纸	25.05	1.11	10.86	−0.12	3.55	3.55	4.11	5.55	25.28	4464	−22.14	0.146	0.150	0.32	0.32	3.06	0.91	0.91	10派1.5元(含税)
637	600165	宁夏恒力	10.77	38.39	6.52	49.69	2.60	2.60	4.13	1.83	31.94	2690	−0.57	0.107	0.110	−0.18	−0.18	2.51	0.94	0.94	不分配不转增
638	600166	福田汽车	30.92	16.92	9.58	4.73	3.42	3.42	4.52	21.62	42.27	4324	18.48	0.154	0.150	0.14	0.14	2.80	0.80	0.80	不分配不转增
639	600167	黎明服装	5.83	3.71	3.51	−3.51	1.85	1.85	−3.65	0.19	−89.59	−1280	−237.65	−0.067	−0.070	−0.73	−0.73	1.90	0.70	0.70	不分配不转增

项目			资产状况							经营效果								股本			分配（配售）
序号	代码	公司简称	总资产（亿元）	比2000±%	净资产（亿元）	比2000±%	每股净资产（元）	2001.08.31摊薄后	净资产收益率（%）	主营收入（亿元）	比2000中期±%	净利润（万元）	比2000中期±%	每股净利润（万元）	2001.08.31摊薄后	每股经营性现金流量（元）	2001.08.31摊薄后	总股份（亿股）	流通股（亿股）	2001.08.31	2001中期利润分配及其已公布未实施之配售方（预）案
640	600168	武汉控股	15.44	−1.00	13.49	4.83	3.06	3.06	3.98	1.16	2.55	5363	−14.08	0.122	0.120	0.17	0.17	4.41	1.28	1.28	不分配不转增
641	600169	太原重工	16.26	11.05	8.69	2.39	2.33	2.33	2.33	3.47	48.84	2025	−17.45	0.054	0.050	0.02	0.02	3.72	1.44	1.44	不分配不转增
642	600170	上海建工	53.10	3.58	21.66	4.67	4.03	4.00	4.47	33.18	6.41	9673	34.87	0.180	0.178	0.30	0.11	5.37	1.50	1.50	不分配不转增（拟10配3股）
643	600171	上海贝岭	15.21	4.57	12.96	8.48	2.98	2.98	7.82	4.49	56.04	10133	43.32	0.233	0.230	−0.19	−0.19	4.34	1.56	1.56	不分配不转增
644	600172	黄河旋风	9.86	42.47	7.45	70.45	2.78	2.78	2.97	1.62	−1.61	2215	−33.01	0.083	0.080	−0.02	−0.02	2.68	1.04	1.04	不分配不转增
645	600173	牡丹江	11.29	21.31	6.15	2.90	2.67	2.67	2.82	1.90	−10.12	1733	−19.17	0.075	0.080	0.26	0.26	2.30	0.80	0.80	不分配不转增
646	600175	宝华实业	6.30	−2.86	3.98	−3.18	3.73	3.71	−3.91	0.20	−46.81	−1556	−387.64	−0.146	−0.149	−0.02	−0.02	1.07	0.27	0.27	不分配不转增
647	600176	中国化建	14.31	16.82	4.87	1.54	2.19	2.19	1.76	2.53	26.61	860	−36.64	0.039	0.040	0.10	0.10	2.23	0.74	0.74	不分配不转增
648	600177	雅戈尔	27.76	14.14	18.79	14.38	3.31	3.31	12.56	8.73	12.40	23597	71.78	0.415	0.420	0.39	0.39	5.68	1.86	1.86	不分配不转增
649	600178	东安动力	18.76	10.80	11.50	6.47	2.72	2.69	6.07	10.33	30.15	6977	−4.66	0.165	0.168	0.21	0.21	4.23	1.07	1.07	不分配不转增
650	600179	黑化股份	18.44	6.02	8.00	0.86	2.43	2.42	0.85	4.94	1.97	682	−76.28	0.021	0.020	−0.12	−0.12	3.30	1.00	1.00	不分配不转增
651	600180	九发股份	9.42	2.82	7.66	5.49	3.66	3.66	5.21	2.82	71.57	3988	28.12	0.191	0.190	0.03	0.03	2.09	0.67	0.67	10转增2股
652	600181	云大科技	14.41	12.22	9.21	7.22	2.65	2.65	6.74	1.67	146.64	6205	257.77	0.178	0.180	0.07	0.07	3.48	1.68	1.68	不分配不转增
653	600182	桦林轮胎	21.04	7.73	7.73	0.23	2.27	2.27	0.23	4.11	26.60	177	107.39	0.005	0.005	−0.06	−0.06	3.40	1.20	1.20	不分配不转增
654	600183	生益科技	15.02	−2.38	9.99	5.96	2.04	2.04	5.63	3.77	−14.55	5620	−34.12	0.115	0.115	0.20	0.20	4.91	1.28	1.28	不分配不转增（拟10配3股）
655	600185	海星科技	8.16	3.43	5.10	3.62	2.58	2.58	3.49	1.87	−27.12	1781	36.48	0.089	0.090	0.80	0.80	1.98	0.68	0.68	不分配不转增（拟10配18股）
656	600186	莲花味精	41.36	33.65	22.73	57.79	3.34	3.34	4.50	6.24	−4.07	10235	15.36	0.151	0.150	0.10	0.10	6.80	2.80	2.80	不分配不转增
657	600187	黑龙股份	18.73	3.88	7.31	3.66	2.23	2.23	3.75	2.28	10.85	2380	−5.37	0.072	0.070	0.07	0.06	3.27	0.98	0.98	不分配不转增
658	600188	兖州煤业	109.53	31.69	84.53	28.95	2.95	2.95	5.28	30.86	43.61	44664	19.90	0.156	0.160	0.19	0.19	28.70	1.80	1.80	不分配不转增
659	600189	吉林森工	16.56	−0.31	12.03	3.98	3.87	3.87	3.82	2.75	13.72	4600	2.48	0.150	0.150	−0.64	−0.64	3.11	1.11	1.11	不分配不转增
660	600190	锦州港	25.54	11.64	14.11	3.95	1.49	1.49	3.80	1.59	21.07	5359	15.04	0.057	0.060	0.07	0.07	9.47	2.57	2.57	不分配不转增
661	600191	华资实业	13.25	3.99	10.27	3.91	3.90	3.90	4.74	3.02	9.05	4868	31.63	0.190	0.190	0.18	0.18	2.64	0.91	0.91	10送1.5股派送现金0.38元（含税）
662	600192	长城电工	18.20	1.27	10.13	0.83	3.16	3.16	0.82	3.10	5.79	830	−75.86	0.025	0.030	0.01	0.01	3.21	1.11	1.11	不分配不转增
663	600193	创兴科技	6.23	16.43	2.58	4.39	1.54	1.54	4.21	1.07	0.89	1085	80.22	0.065	0.070	0.12	0.12	1.68	0.46	0.46	不分配不转增
664	600195	中牧股份	17.09	22.59	8.11	4.23	2.08	2.08	4.05	6.46	−5.90	3287	−11.42	0.084	0.080	−0.19	−0.19	3.90	1.20	1.20	不分配不转增（拟10配3股）
665	600196	复星实业	17.45	14.23	11.98	7.79	4.08	4.08	7.54	3.81	32.45	9034	45.36	0.308	0.310	0.10	0.10	2.94	1.13	1.13	不分配不转增
666	600197	伊力特	9.79	2.49	7.18	2.79	3.26	3.26	7.93	1.64	4.38	5698	70.71	0.258	0.260	0.02	0.02	2.21	0.75	0.75	10派1.7元（含税）
667	600198	大唐电信	46.59	4.17	19.80	−0.15	4.51	4.51	4.16	10.58	39.49	8239	0.26	0.187	0.190	0.73	0.73	4.39	1.65	1.65	10派2.00元（含税）
668	600199	金牛实业	16.33	19.25	9.86	44.45	2.85	2.85	2.74	2.92	−5.46	2703	−34.65	0.078	0.080	0.13	0.13	3.46	1.30	1.30	不分配不转增
669	600200	江苏吴中	7.34	7.81	4.67	10.57	2.33	1.79	8.60	3.50	117.84	4018	124.67	0.201	0.154	0.17	0.13	2.00	0.80	1.05	10送1转增2
670	600201	金宇集团	7.27	29.40	5.48	64.11	5.01	5.01	2.45	0.82	−30.52	1339	−29.38	0.123	0.120	−0.89	−0.89	1.09	0.46	0.46	不分配不转增
671	600202	哈空调	6.26	16.20	3.46	11.54	1.55	1.55	10.33	1.48	183.00	3578	353.92	0.160	0.160			2.23	0.60	0.60	不分配不转增
672	600203	福日股份	14.30	10.60	5.94	3.82	2.32	2.32	3.66	3.14	−19.12	2178	82.25	0.085	0.090	0.33	0.33	2.56	0.70	0.70	不分配不转增
673	600205	山东铝业	23.68	−2.13	13.55	12.51	2.42	2.42	10.79	11.06	−21.71	14614	−41.28	0.261	0.260	−0.19	−0.19	5.60	1.60	1.60	不分配
674	600206	有研硅股	9.05	22.85	7.03	3.37	4.85	4.80	1.98	0.57	52.02	1393	34.37	0.096	0.099	0.06	0.06	1.45	0.65	0.65	不分配不转增
675	600207	安彩高科	30.70	−2.94	22.95	9.67	5.22	5.22	8.81	8.89	−11.07	20219	−9.44	0.459	0.460	1.13	1.13	4.40	1.80	1.80	不分配不转增
676	600208	戴梦得	22.29	0.51	5.89	2.93	2.82	2.82	2.65	5.31	−33.82	1563	31.40	0.075	0.080	−0.20	−0.20	2.09	0.65	0.65	不分配不转增
677	600209	罗顿发展	9.29	1.24	5.64	5.94	2.39	2.39	5.61	3.34	180.80	3163	23.27	0.134	0.130	−0.23	−0.23	2.36	0.75	0.75	不分配不转增
678	600210	紫江企业	24.83	14.60	10.80	11.66	3.34	3.22	10.12	5.79	35.35	10932	41.01	0.338	0.328	0.11	0.11	3.23	0.85	0.85	10股转增6股
679	600211	西藏药业	5.54	6.75	4.03	2.69	3.28	3.28	2.62	0.37	7.70	1054	−5.42	0.086	0.090	−0.29	−0.29	1.23	0.45	0.45	不分配不转增

项目			资产状况							经营效果								股本			分配(配售)
序号	代码	公司简称	总资产(亿元)	比2000±%	净资产(亿元)	比2000±%	每股净资产(元)	2001.08.31摊薄后	净资产收益率(%)	主营收入(亿元)	比2000中期±%	净利润(万元)	比2000中期±%	每股净利润(万元)	2001.08.31摊薄后	每股经营性现金流量(元)	2001.08.31摊薄后	总股份(亿股)	流通股(亿股)	2001.08.31	2001中期利润分配及其已公布未实施之配售方(预)案
680	600212	江泉实业	11.24	1.85	8.77	5.32	4.00	4.00	5.05	4.78	7.57	4430	22.99	0.202	0.200	−0.24	−0.24	2.19	0.55	0.55	不分配不转增(拟10配3股)
681	600213	亚星客车	12.20	5.35	6.19	2.67	3.26	3.26	3.67	4.53	28.61	2271	86.84	0.120	0.120	−0.20	−0.20	1.90	0.60	0.60	不分配不转增
682	600215	长春经开	24.79	14.94	15.52	4.64	5.07	5.07	4.97	3.71	5.28	7709	−1.14	0.252	0.252	−0.21	−0.21	3.06	0.90	0.90	不分配不转增(拟10配3股)
683	600216	浙江医药	15.99	12.28	6.27	2.45	1.39	1.39	2.39	4.01	−37.82	1499	−21.71	0.033	0.030	0.02	0.02	4.50	1.13	1.13	不分配不转增
684	600217	秦岭水泥	10.60	8.02	6.83	4.24	1.65	1.65	4.22	2.24	17.42	2880	19.05	0.070	0.070	0.04	0.03	4.13	1.40	1.40	不分配不转增
685	600218	全柴动力	9.27	3.02	6.57	3.28	2.53	2.44	3.18	2.33	9.18	2088	−24.49	0.080	0.077	0.13	0.13	2.60	0.78	0.78	不分配不转增
686	600219	南山实业	17.06	8.71	12.43	5.36	4.84	4.84	5.09	4.97	3.83	6326	57.49	0.246	0.250	0.04	0.04	2.57	0.75	0.75	不分配不转增(拟10配3股)
687	600220	江苏阳光	14.19	6.30	12.46	6.45	3.99	3.99	6.13	3.60	29.97	7635	17.58	0.240	0.240	0.19	0.19	3.12	1.19	1.19	不分配不转增
688	600221	海南航空	116.42	14.55	21.79	2.44	2.98	2.98	2.38	14.76	37.15	5194	96.20	0.071	0.070	0.19	0.19	7.30	2.98	2.98	不分配不转增
689	600222	众生制药	5.67	4.65	4.04	−3.81	3.09	3.09	3.00	0.60	7.70	1253	19.84	0.092	0.090	0.12	0.12	1.36	0.35	0.35	不分配不转增(拟10配3股)
690	600223	万杰高科	22.23	2.46	16.74	5.35	3.12	3.12	5.07	4.48	69.88	8496	76.96	0.160	0.160	0.47	0.47	5.36	1.43	1.43	不分配不转增
691	600225	天香集团	11.76	27.72	4.04	2.11	2.01	2.01	1.98	1.88	−3.04	843	5.08	0.040	0.040	0.39	0.39	2.01	0.68	0.68	不分配不转增
692	600226	升华拜克	5.95	9.17	4.51	3.99	2.14	2.14	10.21	1.56	66.50	4610	102.36	0.220	0.220	0.26	0.26	2.11	0.67	0.67	10派1.5元(含税)转增2股(拟10配3股)
693	600227	赤 天 化	8.72	3.43	7.22	3.11	4.25	4.25	3.02	3.54	22.28	2182	−14.43	0.128	0.130	0.54	0.54	1.70	0.70	0.70	不分配不转增
694	600228	昌九股份	7.99	4.32	4.56	2.55	1.58	1.58	2.48	1.66	54.47	1132	126.95	0.040	0.040	−0.15	−0.15	2.88	0.96	0.96	不分配不转增
695	600229	青岛碱业	16.10	4.37	8.87	2.58	3.01	3.01	2.51	5.11	30.36	2223	−17.67	0.075	0.080	0.16	0.16	2.95	0.90	0.90	不分配不转增
696	600230	沧州大化	8.26	−1.26	6.43	0.21	2.48	2.48	0.21	2.37	−18.98	136	−93.83	0.005	0.005	0.07	0.07	2.59	0.80	0.80	不分配不转增
697	600231	凌钢股份	17.28	12.49	11.97	3.89	3.86	3.86	3.75	8.07	4.10	4485	−27.31	0.145	0.150	0.52	0.52	3.10	1.00	1.00	不分配不转增
698	600232	金鹰股份	7.06	−1.37	4.41	10.11	2.02	2.02	7.50	3.17	22.53	3306	61.53	0.151	0.150	−0.05	−0.04	2.19	0.59	0.59	不分配不转增
699	600233	大连创世	5.42	0.47	4.09	2.63	3.72	3.72	2.63	1.15	0.06	1077	−1.27	0.098	0.100	0.02	0.02	1.10	0.35	0.35	不分配不转增
700	600234	天龙集团	6.39	56.68	2.54	−12.82	2.71	2.71	−3.88	1.07	−52.93	−987	−259.53	−0.105	−0.105	−0.13	−0.13	0.94	0.30	0.30	不分配不转增
701	600235	民丰特纸	10.31	9.61	5.56	3.63	3.14	3.14	3.46	1.49	−3.83	1925	−2.18	0.109	0.110	0.13	0.13	1.77	0.52	0.52	不分配不转增
702	600236	桂冠电力	28.43	−8.51	24.28	−2.27	3.60	3.60	2.94	2.61	−26.68	7127	−51.20	0.106	0.110	0.10	0.10	6.75	0.62	0.62	不分配不转增
703	600237	铜峰电子	6.48	−0.49	4.53	6.89	4.53	4.53	6.45	1.23	38.19	2919	142.06	0.292	0.290	0.23	0.23	1.00	0.40	0.40	不分配不转增
704	600238	海南椰岛	6.42	7.83	3.94	5.34	2.37	2.37	5.07	1.33	80.32	1999	23.80	0.120	0.120	−0.22	−0.22	1.66	0.50	0.50	不分配不转增
705	600239	红河光明	2.23	6.13	1.90	5.74	2.51	2.51	6.42	0.39	94.31	1222	167.80	0.161	0.160	0.10	0.15	0.76	0.30	0.20	10送1转增1股派0.25元(含税)(拟10配3股)
706	600240	仕奇实业	9.55	−2.74	7.36	2.20	4.21	4.21	2.16	0.89	−19.78	1587	−29.79	0.091	0.090	−0.40	−0.40	1.75	0.75	0.75	不分配不转增
707	600241	辽宁时代	6.48	4.95	3.60	3.79	3.40	3.40	3.11	5.50	28.31	1119	−21.08	0.105	0.110	0.10	0.10	1.06	0.30	0.30	不分配不转增
708	600242	华龙集团	6.97	7.46	4.72	1.10	2.71	2.71	1.09	0.21		514		0.030	0.030	−0.04	−0.04	1.74	0.60	0.60	不分配不转增
709	600243	青海华鼎	6.50	0.60	3.96	2.30	2.53	2.53	2.24	1.09		889		0.057	0.060	−0.03	−0.03	1.57	0.55	0.55	不分配不转增
710	600246	先锋股份	3.75	−8.05	2.98	5.10	3.24	3.24	3.11	0.87	−2.47	929	−11.44	0.101	0.100	−0.09	−0.09	0.92	0.30	0.30	不分配不转增
711	600247	物华股份	3.77	−12.03	3.34	3.76	3.04	3.04	1.24	0.41		413		0.038	0.040	0.04	0.04	1.10	0.35	0.35	不分配不转增
712	600248	秦丰实业	6.89	8.17	5.02	3.72	3.89	3.89	1.19	1.20	71.82	596	−48.98	0.046	0.050	−0.34	−0.34	1.29	0.48	0.48	不分配不转增
713	600250	南纺股份	12.59	88.75	6.35	248.44	4.79	4.79	2.45	12.09		1554		0.117	0.120	−1.61	−1.61	1.33	0.55	0.55	不分配不转增
714	600252	梧州中恒	5.93	2.74	3.76	3.82	2.97	2.97	2.02	0.82	27.75	758	−22.70	0.060	0.060	−0.26	−0.26	1.27	0.45	0.45	不分配不转增
715	600253	天方药业	10.03	−9.16	7.03	3.72	3.35	3.36	3.57	1.80		2512		0.120	0.120	−0.01	−0.01	2.10	0.60	0.60	不分配不转增
716	600255	鑫科材料	6.91	2.65	4.89	6.86	5.14	5.14	1.99	3.42	−3.17	973	−24.74	0.102	0.100	0.10	0.10	0.95	0.30	0.30	不分配不转增
717	600256	广汇股份	16.64	49.05	7.82	29.92	2.21	2.21	23.03	11.24	1199.69	18001	532.05	0.509	0.510	0.61	0.61	3.54	1.00	1.00	10送6转增1股派1.5元(含税)
718	600257	洞庭水殖	5.24	15.75	4.09	1.56	5.60	5.60	1.53	0.54	184.33	628	50.68	0.086	0.090	0.04	0.04	0.73	0.40	0.40	不分配不转增
719	600258	首旅股份	11.08	−0.08	7.09	4.51	3.06	3.06	4.33	5.17	117.30	3066	94.90	0.132	0.130	0.09	0.09	2.31	0.49	0.49	不分配不转增

项目			资产状况							经营效果								股本			分配（配售）
序号	代码	公司简称	总资产（亿元）	比2000 ±%	净资产（亿元）	比2000 ±%	每股净资产（元）	2001.08.31 摊薄后	净资产收益率（%）	主营收入（亿元）	比2000中期±%	净利润（万元）	比2000中期±%	每股净利润（万元）	2001.08.31 摊薄后	每股经营性现金流量（元）	2001.08.31 摊薄后	总股份（亿股）	流通股（亿股）	2001.08.31	2001中期利润分配及其已公布未实施之配售方（预）案
720	600259	兴业聚酯	12.50	−0.10	4.87	−0.89	2.28	2.28	−0.90	2.56	−26.95	−437	−117.97	−0.021	−0.020	0.27	0.27	2.13	0.49	0.49	不分配不转增
721	600260	凯乐科技	9.71	−4.42	8.19	7.10	4.66	4.66	6.63	2.52	66.55	5428	79.19	0.309	0.310	−0.15	−0.15	1.76	0.55	0.55	不分配不转增
722	600261	浙江阳光	7.12	6.78	5.23	5.70	4.25	4.25	5.40	2.67	149.88	2824	80.98	0.229	0.230	0.25	0.25	1.23	0.40	0.40	不分配不转增
723	600262	北方股份	7.92	0.99	5.65	1.00	3.32	3.32	0.99	0.66	−36.83	562	−60.86	0.033	0.030	0.06	0.06	1.70	0.55	0.55	不分配不转增
724	600263	路桥建设	29.76	8.93	13.91	1.57	3.41	3.41	1.53	5.50	−23.10	2131	−38.82	0.052	0.050	0.01		4.08	0.86	1.15	不分配不转增
725	600265	景谷林业	4.98	0.41	2.87	0.55	2.74	2.74	0.55	0.79	5.09	158	−83.84	0.015	0.015	−0.02	−0.02	1.05	0.40	0.40	不分配不转增
726	600266	北京城建	39.33	−41.65	14.96	3.87	2.49	2.49	4.78	4.44	−85.81	7145	1.80	0.119	0.120	0.05	0.05	6.00	1.50	1.50	不分配不转增(拟10配3股)
727	600267	海正药业	12.31	2.87	7.71	4.04	3.09	3.09	3.88	2.77	8.58	2991	27.76	0.120	0.120	0.11	0.11	2.50	0.64	0.64	不分配不转增
728	600268	国电南自	8.98	17.94	4.49	0.27	3.81	3.81	0.27	2.23	48.27	122	−80.86	0.010	0.010	−0.83	−0.83	1.18	0.40	0.40	不分配不转增
729	600269	赣粤高速	41.10	3.27	26.19	3.76	7.42	7.42	3.63	1.80	40.02	9496	4.49	0.269	0.270	0.49	0.49	3.53	0.92	0.92	不分配不转增
730	600270	外运发展	19.97	0.52	15.01	9.00	4.92	4.92	8.25	5.76	16.20	12391	55.97	0.410	0.410	0.59	0.59	3.05	0.77	0.77	不分配不转增
731	600272	开开实业	15.55	54.78	8.62	98.96	3.55	3.55	1.88	4.13	72.54	1624	−10.79	0.067	0.070	0.17	0.17	2.43	1.25	1.25	不分配不转增
732	600275	武昌鱼	9.64	12.91	7.28	3.17	2.98	2.98	3.07	0.45	−22.25	2235	−28.67	0.091	0.090	0.82	0.82	2.45	0.70	0.70	不分配不转增
733	600276	恒瑞医药	10.45	5.97	7.13	6.39	3.36	3.36	6.01	3.00	29.78	4284	67.64	0.202	0.200	0.04	0.04	2.13	0.64	0.64	不分配不转增
734	600277	亿利科技	9.14	−0.24	6.93	2.32	4.39	4.39	1.90	0.93	2.34	1316	15.57	0.083	0.080	−0.02	−0.02	1.58	0.58	0.58	不分配不转增
735	600278	东方创业	19.96	−3.00	9.45	5.17	2.95	2.95	4.90	11.07	−26.92	4635	6.95	0.145	0.150	0.05	0.05	3.20	0.40	0.80	不分配不转增
736	600279	重庆港九	8.45	4.45	7.26	3.16	3.18	3.18	2.35	0.52	82.91	1709	5.28	0.075	0.080	0.10	0.10	2.28	0.86	0.86	不分配不转增
737	600280	南京中商	7.96	0.84	4.21	2.57	3.47	3.47	2.51	4.75		1056		0.087	0.090	0.34	0.34	1.21	0.35	0.35	不分配不转增
738	600281	太化股份	19.07	7.33	10.19	2.57	2.84	2.84	2.51	4.04	8.68	2558	14.31	0.071	0.070	−0.06	−0.06	3.59	1.05	1.05	不分配不转增
739	600282	南钢股份	26.57	2.93	16.31	9.09	3.24	3.24	8.33	19.39	24.30	13585	68.72	0.270	0.270	0.64	0.64	5.04	1.44	1.44	不分配不转增
740	600283	钱江水利	13.10	−2.49	8.64	2.27	3.03	3.03	2.21	0.83	32.71	1905	8.01	0.067	0.070	0.10	0.10	2.85	0.85	0.85	不分配不转增
741	600285	羚锐股份	5.35	6.29	3.96	2.49	3.95	3.95	2.43	0.74	21.61	964	−4.09	0.096	0.100	−0.09	−0.09	1.00	0.40	0.40	不分配不转增
742	600286	国光瓷业	8.32	21.87	3.20	3.90	3.37	3.37	3.76	1.39	28.29	1204	48.78	0.127	0.130	0.21	0.21	0.95	0.35	0.35	不分配不转增
743	600287	江苏舜天	16.26	16.91	6.61	−1.33	3.94	3.94	8.96	13.79		5922		0.353	0.350	0.30	0.30	1.68	0.44	0.44	不分配不转增
744	600288	大恒科技	13.10	7.42	6.82	6.55	4.87	4.87	3.55	7.58	20.43	2418	58.95	0.173	0.170	−0.50	−0.50	1.40	0.50	0.50	不分配不转增
745	600289	亿阳信通	14.89	8.11	8.71	3.97	8.23	8.23	3.82	2.50	49.09	3325	55.12	0.314	0.310	1.96	1.96	1.06	0.40	0.40	不分配不转增
746	600290	苏福马	3.60	−2.99	2.13	2.41	2.57	2.57	2.36	0.63		503		0.061	0.060	−0.28	−0.28	0.83	0.30	0.30	不分配不转增
747	600291	西水股份	9.44	20.35	5.30	3.97	3.31	3.31	3.85	1.04	42.30	2040	142.78	0.127	0.130	0.04	0.04	1.60	0.60	0.60	不分配不转增
748	600292	九龙电力	10.10	−1.21	7.63	2.82	4.56	4.56	1.69	0.93		1290		0.077	0.080	0.20	0.20	1.67	0.60	0.60	不分配
749	600293	三峡新材	10.10	−0.32	7.02	1.38	3.33	3.33	1.36	1.00	−46.43	954	−52.02	0.045	0.050	−0.09	−0.08	2.11	0.55	0.55	不分配不转增
750	600295	鄂尔多斯	37.56	10.42	29.54	89.06	5.73	5.73	3.40	9.65	82.24	10046	55.34	0.195	0.200	−1.37	−1.37	5.16	2.90	2.90	不分配不转增
751	600296	兰州铝业	23.52	16.45	11.90	4.98	4.03	4.03	4.75	5.04	−20.51	5649	27.49	0.191	0.190	0.29	0.29	2.95	0.90	1.10	不分配不转增
752	600297	美罗药业	8.37	0.38	5.16	1.88	4.49	4.49	1.96	2.98	10.48	1014	−33.91	0.088	0.090	−0.29	−0.28	1.15	0.40	0.40	不分配不转增
753	600298	安琪酵母	6.43	3.92	5.43	−0.40	4.00	4.00	4.86	0.96	20.07	2639	83.93	0.194	0.190	0.14	0.14	1.36	0.35	0.35	不分配不转增
754	600299	星新材料	13.75	15.18	7.59	3.30	3.16	3.16	3.19	2.65	33.16	2423	37.65	0.100	0.100	0.42	0.42	2.40	0.80	0.80	不分配不转增
755	600300	维维股份	15.64	−1.77	13.08	4.91	3.96	3.96	4.63	5.36	1.82	6059	13.24	0.184	0.180	0.11	0.11	3.30	1.00	1.00	不分配不转增
756	600301	南化股份	7.42	10.25	5.42	4.02	2.93	2.93	3.23	2.25	−4.55	1751	3.09	0.095	0.095	0.01	0.01	1.85	0.73	0.73	10派0.4元(含税)
757	600302	标准股份	9.45	3.37	6.28	6.73	3.94	3.94	6.30	3.14	1.01	3955	14.92	0.248	0.250	0.21	0.21	1.60	0.45	0.45	每10股转增10股
758	600303	曙光股份	8.19	1.41	5.14	19.51	3.17	3.17	4.03	1.84		2071		0.128	0.130	0.77	0.77	1.62	0.72	0.72	不分配不转增
759	600305	恒顺醋业	4.10	112.09	3.80	281.32	2.99	2.99	3.14	0.77		1190		0.094	0.090	0.08	0.08	1.27	0.40	0.40	不分配不转增

项目			资产状况							经营效果								股本			分配（配售）
序号	代码	公司简称	总资产（亿元）	比2000±%	净资产（亿元）	比2000±%	每股净资产（元）	2001.08.31摊薄后	净资产收益率（%）	主营收入（亿元）	比2000中期±%	净利润（万元）	比2000中期±%	每股净利润（万元）	2001.08.31摊薄后	每股经营性现金流量（元）	2001.08.31摊薄后	总股份（亿股）	流通股（亿股）	2001.08.31	2001中期利润分配及其已公布未实施之配售方（预）案
760	600306	商业城	6.58	−5.24	4.06	4.91	2.97	2.97	4.68	4.96		1901		0.139	0.140	−0.11	−0.11	1.37	0.45	0.45	10转增3股
761	600307	酒钢宏业	33.87	12.85	20.28	4.49	2.79	2.79	4.30	16.99	2.15	8717	−23.39	0.120	0.120	−0.02	−0.02	7.28	2.00	2.00	不分配不转增
762	600308	华泰股份	21.75	−8.28	14.05	3.56	7.30	7.30	3.45	3.30		4846		0.252	0.250	0.13	0.13	1.92	0.99	0.90	不分配不转增
763	600309	烟台万华	7.28	−3.86	6.64	10.44	2.77	2.77	9.46	2.90		6277		0.260	0.260	0.14	0.14	2.40	0.80	0.80	不分配不转增
764	600310	桂东电力	7.46	156.02	6.02	222.59	3.84	3.84	4.61	1.67		2775		0.177	0.180	0.43	0.43	1.57	0.45	0.45	不分配不转增
765	600311	荣华实业	11.94	199.18	9.40	332.67	4.70	4.70	2.98	2.48		2798		0.140	0.140	0.36	0.36	2.00	0.80	0.80	不分配不转增
766	600312	平高电气	13.16	127.66	9.37	361.56	5.11	5.11	0.67	1.75		628		0.034	0.030	−0.34	−0.34	1.84	0.60	0.60	不分配不转增
767	600313	中农资源	15.44	14.95	7.54	0.80	2.99	2.99	0.09	9.47		69		0.003	0.003	−0.27	−0.27	2.52	0.80	0.80	不分配不转增
768	600315	上海家化	16.72	112.48	10.68	272.57	3.96	3.96	4.13	6.39		4411		0.163	0.160	0.42	0.42	2.70	0.80	0.80	不分配不转增
769	600316	洪都航空	11.68	−4.34	10.40	2.62	7.43	7.43	2.56	2.05		2658		0.190	0.190	0.16	0.16	1.40	0.60	0.60	10转增5股
770	600318	巢东股份	14.91	48.97	6.05	3.04	3.03	3.03	2.95	2.10		1784		0.090	0.090	0.04	0.04	2.00	0.80	0.80	不分配不转增
771	600319	亚星化学	13.28	95.36	9.83	317.70	3.12	3.12	3.77	3.19		3702		0.117	0.120	0.05	0.05	3.16	0.80	0.80	10派0.8元(含税)
772	600320	振华港机	44.26	14.46	17.97	5.37	3.94	3.94	5.09	14.26	78.22	9149	73.12	0.200	0.200	−1.37	−1.37	4.57	1.98	1.98	不分配不转增
773	600321	国栋建设	11.06	290.72	10.64	628.57	6.07	6.07	2.80	1.70		2976		0.170	0.170	0.06	0.06	1.75	0.70	0.70	不分配不转增
774	600323	南海发展	9.66	0.58	6.78	5.33	3.25	3.25	5.07	0.99		3436		0.165	0.170	0.40	0.40	2.09	0.65	0.65	不分配不转增
775	600326	西藏天路	5.05	90.83	3.65	308.42	3.65	3.65	2.18	1.36		796		0.080	0.080	−0.30	−0.29	1.00	0.40	0.40	不分配不转增
776	600328	兰太实业	9.04	−5.61	6.25	2.96	3.62	3.62	2.88	1.15		1800		0.104	0.100	0.01	0.01	1.73	0.60	0.60	不分配不转增
777	600329	中新药业	26.69	6.22	14.88	41.35	4.02	4.02	2.65	7.89		3937		0.107	0.110	−0.07	−0.07	3.70	0.40	0.40	不分配不转增
778	600330	天通股份	7.11	86.14	5.50	265.58	3.60	3.60	8.34	1.41		4590		0.300	0.300	0.28	0.28	1.53	0.40	0.40	每10股转增5股
779	600332	广州药业	37.97	26.08	21.56	62.49	2.66	2.66	4.21	26.45		9076		0.111	0.110	0.06	0.06	8.11	0.78	0.78	不分配不转增
780	600333	长春燃气	9.26	9.90	6.76	3.66	2.83	2.83	3.53	1.81	51.96	2383	−20.32	0.100	0.100	−0.25	−0.25	2.39	0.60	0.60	不分配不转增
781	600335	中发展	6.73	27.09	3.22	178.83	2.77	2.77	1.54	1.01		496		0.043	0.040	−0.86	−0.86	1.17	0.35	0.35	不分配不转增
782	600336	澳柯玛	25.40	15.35	12.03	2.60	3.53	3.48	2.54	4.69		3049		0.089	0.089	1.05	1.05	3.41	0.90	0.90	不分配不转增
783	600337	美克股份	7.80	3.34	6.35	7.90	6.90	6.90	3.18	1.12		2022		0.220	0.220	0.31	0.31	0.92	0.40	0.40	不分配不转增
784	600338	珠峰摩托	10.01	−7.69	5.94	1.04	3.75	3.75	1.03	3.15		610		0.039	0.040	−0.14	−0.14	1.58	0.50	0.50	不分配不转增
785	600339	天利高新	7.40	−6.36	6.39	5.72	3.76	3.76	4.01	1.71		2561		0.150	0.150	0.04	0.03	1.70	0.60	0.60	10转增4股
786	600345	长江通信	11.92	13.65	8.17	16.26	4.95	4.95	13.98	1.18		11427		0.693	0.690	−0.26	−0.26	1.65	0.45	0.45	不分配不转增
787	600346	冰山橡塑	3.28	0.71	1.29	5.95	1.83		5.61	1.02		723		0.100		0.07	0.05	1.05	0.39	0.39	
788	600356	恒丰纸业	5.87	−10.15	4.65	5.09	3.32	3.32	4.85	1.99		2253		0.161	0.160	−0.04	−0.04	1.40	0.40	0.40	不分配不转增
789	600358	国旅联合	6.00	−3.46	4.31	2.72	3.08	3.08	2.65	0.80	5.93	1141	20.44	0.081	0.080	0.09	0.09	1.40	0.50	0.50	不分配不转增
790	600359	新农开发	10.75	−12.39	6.87	3.81	2.34	2.34	3.67	1.53	−41.24	2523	−8.85	0.086	0.090	−0.50	−0.50	2.94	0.90	0.90	不分配不转增(拟以10配3股)
791	600360	华微电子	7.84	105.51	5.42	339.01	4.59	4.59	2.51	1.07		1358		0.115	0.120	0.08	0.08	1.18	0.50	0.50	不分配不转增
792	600363	联创光电	11.92	70.09	5.78	223.05	3.51	3.51	1.70	3.44		960		0.058	0.060	−0.15	−0.15	1.65	0.60	0.60	不分配不转增
793	600365	通葡萄酒	6.23	−7.09	5.33	1.83	3.81	3.81	1.80	0.58		961		0.069	0.070	−0.14	−0.14	1.40	0.60	0.60	不分配不转增
794	600366	宁波韵升	6.94	−18.04	5.55	7.05	2.91	2.91	6.26	1.80	32.63	3474	109.99	0.182	0.180	0.17	0.17	1.91	0.53	0.53	不分配不转增
795	600367	红星发展	6.59	135.95	5.36	325.41	5.36	5.36	5.67	1.61		3037		0.304	0.300	−0.21	−0.21	1.00	0.30	0.30	不分配不转增
796	600368	五洲交通	14.45	2.58	9.94	6.13	2.25	2.25	4.86	0.69		4835		0.109	0.110	0.16	0.14	4.42	0.80	0.80	不分配不转增
797	600369	长运股份	8.83	7.97	5.58	2.02	3.24	3.24	1.02	0.49		571		0.033	0.030	−0.23	−0.24	1.72	0.70	0.70	不分配不转增
798	600372	昌河股份	33.89	63.58	13.04	142.51	3.18	3.18	3.87	19.76		5046		0.123	0.120	0.67	0.67	4.10	1.10	1.10	不分配不转增
799	600376	天鸿宝业	8.54	58.88	6.32	186.20	5.84	5.84	1.28	1.12		808		0.070	0.070	−1.01	−1.01	1.08	0.40	0.40	10派0.5元(含税)

项目			资产状况							经营效果								股本			分配(配售)
序号	代码	公司简称	总资产(亿元)	比2000±%	净资产(亿元)	比2000±%	每股净资产(元)	2001.08.31摊薄后	净资产收益率(%)	主营收入(亿元)	比2000中期±%	净利润(万元)	比2000中期±%	每股净利润(万元)	2001.08.31摊薄后	每股经营性现金流量(元)	2001.08.31摊薄后	总股份(亿股)	流通股(亿股)	2001.08.31	2001中期利润分配及其已公布未实施之配售方(预)案
800	600377	宁沪高速	149.37	−0.80	136.85	2.75	2.72	2.72	2.67	7.46		36584		0.073	0.070	0.10	0.10	50.38	1.50	1.50	不分配不转增
801	600378	天科股份	5.09	4.29	4.09	3.57	2.72	2.72	3.76	0.73		1538		0.102	0.100	−0.04	−0.04	1.50	0.59	0.59	不分配不转增
802	600380	太太药业	23.13	212.18	19.66	742.61	7.25	7.25	5.40	3.64		10610		0.391	0.390	0.44	0.44	2.71	0.70	0.70	每10股派3.0元(含税)
803	600381	白唇鹿	4.86	64.87	3.23	211.81	2.93	2.93	1.96	0.54		631		0.057	0.060	0.04	0.04	1.10	0.35	0.35	不分配不转增
804	600382	广东明珠	8.50	109.13	4.95	207.23	2.90	2.90	2.94	1.80		1457		0.085	0.090	0.11	0.11	1.71	0.60	0.60	不分配不转增
805	600383	金地集团	19.22	69.75	12.53	237.91	4.64	4.64	4.38	2.83		5490		0.203	0.200	−0.58	−0.58	0.70	0.90	0.90	不分配不转增
806	600385	山东金泰	3.97	−6.76	1.94	3.59	2.75	2.75	3.46	0.81		673		0.095	0.100	0.06	0.06	0.71	0.34	0.34	不分配不转增
807	600386	北京巴士	14.76	72.91	11.24	256.80	4.46	4.46	2.63	3.35		2953		0.120	0.120	0.19	0.21	2.52	0.80	0.80	不分配不转增
808	600388	龙净环保	8.80	3.93	6.00	2.93	3.60	3.60	2.85	1.61		1712		0.102	0.100	−0.08	−0.08	1.67	0.65	0.65	不分配不转增
809	600389	江山股份	6.82	−5.17	4.23	6.32	2.82	2.82	4.89	3.47		2066		0.138	0.140	0.35	0.35	1.50	0.40	0.40	不分配不转增
810	600390	金瑞科技	8.02	−10.82	6.82	1.62	6.39	6.39	1.58	1.10		1080		0.101	0.100	−0.30	−0.30	1.07	0.40	0.40	不分配不转增
811	600393	东华实业	7.33	2.94	3.89	1.17	3.89	3.89	3.72	0.87		1448		0.145	0.150	0.01	0.01	1.00	0.28	0.28	10送10派1.00元(含税)
812	600395	盘江股份	14.14	93.55	11.51	195.84	3.10	3.10	2.93	2.49		3377		0.091	0.090			3.71	1.20	1.20	不分配不转增
813	600396	金山股份	5.36	99.48	3.93	270.96	3.02	3.02	2.02	0.55		793		0.061	0.060	−0.15	−0.15	1.30	0.45	0.45	不分配不转增
814	600398	凯诺科技	8.03	2.44	5.55	5.15	5.74	5.74	4.90	1.78		2720		0.280	0.280	−0.26	−0.26	0.97	0.45	0.45	不分配不转增
815	600399	抚顺特钢	28.67	6.63	13.75	4.28	2.65	2.65	3.99	6.72		5484		0.105	0.110	0.29	0.29	5.20	1.20	1.20	不分配不转增
816	600400	红豆股份	7.14	−0.39	5.57	3.87	3.11	3.10	3.38	1.93		1885		0.105	0.110	−0.03	−0.03	1.80	0.50	0.50	不分配不转增
817	600418	江汽股份	7.21	10.66	2.81	19.05	1.87		16.01	9.36		4492		0.300		−0.03	−0.03	2.30	0.88	0.88	
818	600419	新疆天宏	3.86	55.10	2.78	197.69	3.47	3.47	2.28	0.85		633		0.080	0.080	0.25	0.25	0.80	0.30	0.30	不分配不转增
819	600422	昆明制药	7.55	−4.89	5.30	4.31	5.40	5.40	4.12	2.41		2185		0.223	0.220	0.32	0.32	0.98	0.40	0.40	不分配不转增
820	600466	迪康药业	6.80	272.15	6.27	436.78	4.92	4.92	2.10	0.53		1318		0.103	0.100	0.03	0.03	1.27	0.50	0.50	不分配不转增
821	600468	特精股份	5.81	58.45	3.42	152.28	3.11	3.11	1.33	0.76		454		0.041	0.040	−0.21	−0.21	1.10	0.30	0.30	不分配不转增
822	600488	天药药业	10.07	100.28	6.98	229.57	4.68	4.68	4.90	2.52		3419		0.229	0.230	0.53	0.53	1.49	0.45	0.45	不分配不转增
823	600498	烽火通信	18.88	33.94	5.74	17.56	1.74		14.94	7.16		8567		0.260		−0.77	−0.62	4.10	0.88	0.88	
824	600500	中化国际	22.52	7.49	14.92	3.83	4.00	4.00	3.69	29.35	27.35	5509	−10.37	0.148	0.150	1.13	1.13	3.73	1.20	1.20	不分配不转增
825	600501	航天晨光	8.28	100.11	4.23	180.08	3.44	3.44	0.63	1.64		265		0.022	0.020	−0.40	−0.40	1.23	0.40	0.40	不分配不转增
826	600508	上海能源	10.58	5.24	5.62	13.48	1.86		12.00	7.39		6671		0.220		0.61	0.46	4.02	1.10	1.10	
827	600518	康美药业	4.82	108.33	3.36	223.18	4.75	4.75	4.63	1.91		1556		0.220	0.220	−0.28	−0.28	0.71	0.18	0.18	不分配不转增
828	600519	贵州茅台	12.14	−4.29	5.62	26.48			39.78	8.74		22341		1.210		−0.35	−0.35	2.50	0.72	0.72	
829	600528	中铁二局	31.59	56.36	17.75	118.77	4.33	4.33	3.90	17.95		6926		0.169	0.170	0.06	0.06	4.10	1.10	1.10	不分配不转增
830	600530	交大昂立	11.21	150.10	8.71	383.69	4.36	4.36	2.99	2.05		2601		0.130	0.130	0.05	0.05	2.00	0.50	0.50	不分配不转增
831	600539	狮头股份	5.01	−2.05	2.27	8.82	1.51		8.10	1.41		1838		0.110		0.08	0.05	2.30	0.88	0.88	
832	600550	天威保变	13.87	67.52	8.14	193.70	3.70	3.70	1.66	2.90		1347		0.061	0.060	−1.11	−1.11	2.20	0.60	0.60	不分配不转增
833	600555	茉织华	27.44	51.10	20.43	212.83	4.70	4.70	5.04	10.02	92.01	10295	38.78	0.240	0.240	0.12	0.12	4.35	1.91	1.91	不分配不转增
834	600556	北生药业	2.73	1.84	0.85	8.09	1.75		7.48	0.55		639		0.131		0.11	0.06	0.90	0.45	0.45	不分配不转增
835	600558	大西洋	6.87	75.20	4.59	247.52	3.83	3.83	3.12	2.34		1434		0.119	0.120	−0.24	−0.24	1.20	0.45	0.45	不分配不转增
836	600566	洪城股份	2.94	31.73	1.51	7.88	2.28		7.30	0.64		1103		0.170		0.12	0.08	1.06	0.44	0.44	
837	600568	潜江制药	4.62	272.04	4.26	490.82	5.85	5.85	1.53	0.43		653		0.090	0.090	0.04	0.04	0.73	0.35	0.35	不分配不转增
838	600569	安阳钢铁	45.08	−11.43	26.53	10.11	2.42		9.07	31.13		24064		0.220		0.31	0.25	13.45	2.75	2.75	
839	600588	用友软件	10.76	562.27	10.21	1117.79	10.21	10.21	2.85	1.33		2914		0.290	0.290	0.33	0.33	1.00	0.25	0.25	不分配不转增

项目			资产状况							经营效果								股本			分配（配售）
序号	代码	公司简称	总资产（亿元）	比2000±%	净资产（亿元）	比2000±%	每股净资产（元）	2001.08.31摊薄后	净资产收益率（%）	主营收入（亿元）	比2000中期±%	净利润（万元）	比2000中期±%	每股净利润（万元）	2001.08.31摊薄后	每股经营性现金流量（元）	2001.08.31摊薄后	总股份（亿股）	流通股（亿股）	2001.08.31	2001中期利润分配及其已公布未实施之配售方（预）案
920	600679	凤凰股份	16.70	−18.61	8.58	−19.88	1.85	1.85	0.94	2.00	−47.91	806	−26.44	0.017	0.020	−0.49	−0.49	4.64	1.58	1.58	不分配不转增
921	600680	上海邮通	13.60	15.51	5.84	7.96	1.91	1.91	7.37	4.06	70.17	4305	1025.04	0.141	0.140	0.03	0.03	3.05	1.52	1.52	不分配不转增
922	600681	诚成文化	7.42	10.64	3.85	7.08	1.85	1.85	6.71	1.09	−6.93	2585	24.02	0.124	0.120	0.06	0.06	2.08	1.09	1.09	不分配不转增(拟10配3有股)
923	600682	南京新百	14.32	−10.70	8.40	4.73	3.65	3.65	4.51	7.01	5.87	3788	1.66	0.165	0.170	0.03	0.03	2.30	1.53	1.53	不分配不转增
924	600683	宁波华联	8.93	1.71	2.34	1.17	1.17	1.17	1.23	3.25	−1.24	287	127.70	0.014	0.010	0.02	0.02	1.99	0.90	0.90	不分配不转增
925	600684	珠江实业	10.44	−1.51	5.78	0.50	3.09	3.09	0.50	0.79	10770.79	290	1127.23	0.015	0.015	0.04	0.04	1.87	1.00	1.00	不分配不转增
926	600685	广船国际	27.14	13.28	6.16	1.07	1.24	1.24	1.06	7.79	−36.97	653	−72.70	0.013	0.010	0.29	0.29	4.95	1.26	1.26	不分配不转增
927	600686	厦门汽车	9.40	4.90	3.28	12.40	2.17	2.17	11.42	4.78	57.07	3746	143.60	0.247	0.250	−0.07	−0.07	1.52	0.58	0.58	不分配不转增
928	600687	新宇软件	3.70	−2.31	1.99	9.05	1.81	1.81	8.30	0.78		1651	1865.80	0.150	0.150	0.23	0.23	1.10	0.42	0.42	不分配不转增
929	600688	上海石化	242.60	9.78	136.41	−1.27	1.90	1.90	1.03	97.60	1.25	14060	−66.70	0.020	0.020			72.00	7.20	7.20	不分配不转增
930	600689	上海三毛	11.11	11.08	5.21	2.66	3.11	3.11	2.64	2.77	−9.11	1375	62.68	0.082	0.080	−0.06	−0.05	1.67	0.98	1.17	不分配不转增
931	600690	青岛海尔	63.15	56.50	50.43	74.45	6.32	6.32	7.92	65.00	140.13	39956	119.66	0.501	0.500	0.95	0.95	7.98	4.50	4.50	不分配不转增
932	600691	东新电碳	2.39	−2.02	0.92	−8.27	1.19	1.19	−9.01	0.24	−13.07	−831	−58.66	−0.108	−0.108	−0.10	−0.10	0.77	0.33	0.33	不分配不转增
933	600692	亚通股份	5.96	16.50	3.23	3.04	2.56	2.56	2.95	0.91	6.24	954	157.43	0.075	0.080	−0.46	−0.46	1.26	0.53	0.53	不分配不转增(拟10配2股)
934	600693	东百集团	7.14	−6.05	3.85	1.09	2.92	2.92	1.07	3.37	29.77	413	−59.17	0.031	0.030	−0.12	−0.12	1.32	0.72	0.72	不分配不转增
935	600694	大商股份	16.11	24.02	8.52	4.81	3.77	3.76	4.59	8.11	23.30	3906	65.80	0.170	0.170	0.43	0.43	2.26	1.20	1.20	不分配(拟10配3股)
936	600695	大江股份	21.87	1.28	9.69	1.32	1.43	1.43	1.30	8.68	14.93	1258	60.34	0.018	0.020	0.09	0.09	6.76	0.86	0.86	不分配不转增
937	600696	福建豪盛	5.43	−16.55	2.91	−6.95	1.11	1.11	−7.47	0.24	−48.26	−2175	−45.71	−0.083	−0.080	0.02	0.02	2.62	0.90	0.90	不分配不转增
938	600697	欧亚集团	7.53	16.73	4.20	3.17	3.43	3.38	3.11	3.30	10.70	1310	12.02	0.107	0.108	0.46	0.46	1.23	0.65	0.65	不分配不转增
939	600698	济南轻骑	40.17	1.01	24.51	−3.73	2.52	2.52	−1.62	3.00	35.82	−3963	−1827.74	−0.041	−0.040	−0.11	−0.11	9.72	5.37	5.37	不分配不转增
940	600699	辽源得亨	7.15	30.37	2.83	3.75	1.78	1.78	3.61	0.89	−13.19	1023	−39.96	0.064	0.060	0.04	0.04	1.59	0.72	0.72	不分配不转增(拟10配2.5股)
941	600700	数码测绘	10.80	3.93	4.58	19.16	1.57	1.57	16.08	0.13	−95.94	7357	121.96	0.250	0.250	0.11	0.11	2.91	1.56	1.56	不分配不转增
942	600701	工大高新	16.62	5.34	7.94	3.62	2.45	2.45	3.47	4.07	−33.02	2755	−18.20	0.085	0.090	0.28	0.28	3.24	1.52	1.75	不分配不转增(拟10配3股)
943	600702	沱牌曲酒	19.26	−2.03	15.76	0.81	4.67	4.67	0.81	4.40	−0.04	1273	−71.26	0.038	0.040	0.05	0.05	3.37	1.49	1.49	不分配不转增
944	600703	天颐科技	4.56	48.75	1.50	48.07	1.26	1.26	10.24	1.71	240.66	1538	190.87	0.130	0.130	−0.62	−0.62	1.20	0.59	0.59	不分配不转增
945	600704	中大股份	28.52	2.41	10.88	4.58	3.78	3.78	4.38	13.49	−54.70	4770	21.50	0.165	0.165	0.53	0.53	2.88	1.28	1.28	不分配不转增
946	600705	北亚集团	16.74	13.65	8.32	3.42	1.65	1.65	6.12	1.95	16.05	5090	−25.99	0.101	0.100	0.10	0.10	5.03	2.09	2.09	不分配不转增
947	600706	长安信息	7.50	3.57	1.24	4.14	1.43	1.43	3.98	3.32	553.21	495	230.02	0.057	0.060	0.03	0.02	0.87	0.38	0.38	不分配不转增
948	600707	彩虹股份	25.35	12.90	15.89	2.59	3.77	3.77	2.53	10.12	18.71	4012	−53.36	0.095	0.100	−0.05	−0.05	4.21	1.44	1.44	不分配不转增
949	600708	东海股份	10.25	−23.62	3.40	33.15	1.43	1.43	3.79	0.82	−21.39	1286	182.98	0.054	0.050	0.01	0.01	2.38	0.87	0.87	不分配
950	600709	蓝田股份	31.76	14.21	22.01	8.30	4.93	4.93	7.66	8.22	4.20	16861	−9.43	0.378	0.380	0.30	0.30	4.46	2.00	2.00	不分配不转增
951	600710	常林股份	8.52	9.09	4.60	1.25	2.79	2.79	2.18	2.95	41.73	1004	58.51	0.061	0.060	0.27	0.28	1.65	0.74	0.74	不分配不转增
952	600711	雄震集团	1.36	34.02	0.71	11.59	1.18	1.18	10.39	0.21	19.40	742	1723.35	0.123	0.120	0.18	0.18	0.60	0.15	0.15	不分配不转增
953	600712	南宁百货	5.87	0.25	2.61	1.69	2.89	2.89	1.66	2.86	23.21	434	−3.90	0.048	0.050	0.06	0.06	0.90	0.40	0.39	不分配不转增
954	600713	南京医药	12.37	3.72	4.47	4.67	2.30	2.30	4.94	7.12	12.62	2209	−4.85	0.114	0.110	−0.29	−0.29	1.94	0.83	0.83	不分配不转增
955	600714	山川股份	3.32	0.76	1.99	2.28	1.85	1.85	2.23	0.57	−13.76	444	4.80	0.041	0.040	−0.04	−0.04	1.08	0.29	0.29	不分配不转增
956	600715	松辽汽车	6.63	1.79	2.46	3.73	1.10	1.10	3.60		−100.00	884	81.15	0.039	0.040	0.28	0.28	2.24	1.01	1.01	不分配不转增
957	600716	耀华玻璃	8.66	3.11	5.22	2.44	1.61	1.58	2.38	1.94	47.10	1241	88.16	0.038	0.040	0.11	0.11	3.24	0.81	0.81	不分配不转增
958	600717	天津港	26.31	20.08	16.01	9.29	2.43	2.43	8.50	4.26	69.83	13613	208.69	0.210	0.210	0.32	0.32	6.60	2.15	2.15	不分配不转增
959	600718	东软股份	23.98	22.06	12.29	6.71	4.37	4.37	6.29	7.27	71.82	7728	−1.95	0.275	0.280	−0.02	−0.02	2.81	1.13	1.13	不分配不转增

项目			资产状况							经营效果								股本			分配(配售)
序号	代码	公司简称	总资产(亿元)	比2000±%	净资产(亿元)	比2000±%	每股净资产(元)	2001.08.31摊薄后	净资产收益率(%)	主营收入(亿元)	比2000中期±%	净利润(万元)	比2000中期±%	每股净利润(万元)	2001.08.31摊薄后	每股经营性现金流量(元)	2001.08.31摊薄后	总股份(亿股)	流通股(亿股)	2001.08.31	2001中期利润分配及其已公布未实施之配售方(预)案
960	600719	大连热电	13.55	13.56	6.64	5.23	3.28	3.28	4.90	2.15	34.24	3252	10.54	0.161	0.160	-0.04	-0.04	2.02	0.76	0.76	不分配不转增
961	600720	祁连山	9.26	14.56	5.42	3.06	1.56	1.56	5.74	1.30	11.44	3113	23.94	0.090	0.090	0.07	0.07	3.47	1.63	1.63	10派0.05元(含税)
962	600721	百花村	3.41	-0.89	1.27	1.86	1.34	1.34	1.82	0.26	-49.23	231	107.35	0.024	0.024	0.07	0.06	0.95	0.47	0.47	不分配不转增
963	600722	沧州化工	25.78	-1.27	9.95	4.43	2.36	2.36	4.25	7.18	14.97	4223	-47.16	0.100	0.100	0.02	0.02	4.21	1.15	1.15	不分配不转增
964	600723	西单商场	16.92	20.13	12.82	40.26	3.13	3.13	1.45	8.40	5.29	1864	-18.57	0.046	0.050	-0.07	-0.07	4.10	1.86	1.86	不分配不转增
965	600724	宁波富达	8.63	63.14	4.90	73.58	2.15	2.15	6.39	3.01	36.38	3134	38.45	0.140	0.140	0.21	0.21	2.28	0.98	0.98	10转增6股派现金2元(含税)
966	600725	云维股份	4.00	5.19	3.52	2.73	3.20	3.20	2.66	1.03	79.24	936	206.50	0.085	0.090	-0.03	-0.03	1.10	0.37	0.38	不分配不转增
967	600726	龙电股份	33.04	0.22	28.56	4.22	2.55	2.55	4.05	6.10	57.01	11574	-18.26	0.100	0.100	0.19	0.19	11.21	6.00	6.00	不分配不转增
968	600727	鲁北化工	31.06	0.53	21.48	2.51	5.66	5.66	4.22	3.91	-14.45	9054	-13.43	0.239	0.240	0.06	0.06	3.79	1.52	1.52	不分配不转增
969	600728	新太科技	10.28	-11.14	8.19	2.73	3.93	3.93	2.66	2.67	-20.37	2180	-32.29	0.105	0.110	-0.11	-0.11	2.08	0.81	0.81	不分配不转增
970	600729	重庆百货	10.55	7.35	4.31	10.99	2.00	2.00	7.56	12.20	14.19	3090	1.76	0.150	0.150	0.17	0.05	2.04	0.51	0.51	不分配不转增
971	600730	中国高科	19.80	25.40	3.34	3.20	1.92	1.92	3.11	4.37	278.18	1038	289.54	0.059	0.060	0.62	0.62	1.75	0.55	0.55	不分配不转增
972	600731	湖南海利	8.32	-5.47	4.32	3.90	1.85	1.85	3.76	1.72	17.91	1622	6.17	0.069	0.070	0.01	0.01	2.34	0.75	0.75	不分配不转增
973	600732	上海港机	12.74	6.81	4.08	1.22	1.65	1.65	1.21	2.75	49.62	492	-63.30	0.020	0.020	0.21	0.21	2.48	0.83	0.83	不分配不转增
974	600733	前锋股份	5.10	15.60	2.61	2.37	1.32	1.32	1.97	0.57	-32.69	514	-35.68	0.026	0.030	0.32	0.32	1.98	0.76	0.76	不分配不转增
975	600734	实达电脑	17.44	-1.91	5.40	2.18	1.54	1.54	2.14	14.56	8.76	1155	118.48	0.033	0.030	-0.63	-0.63	3.52	1.33	1.33	不分配
976	600735	兰陵陈香	4.97	20.55	3.09	3.20	1.99	1.99	3.10	1.17	17.84	957	47.39	0.062	0.060			1.55	0.83	0.83	不分配不转增
977	600736	苏州高新	27.29	10.69	13.79	43.54	3.02	3.02	3.20	3.16	24.49	4415	-51.75	0.097	0.100	0.24	0.24	4.57	1.51	1.51	不分配不转增
978	600737	新疆屯河	22.65	18.51	8.77	4.89	2.29	2.29	4.66	2.51	18.30	4091	-8.88	0.107	0.110	0.24	0.24	3.84	1.93	1.93	不分配不转增
979	600738	兰州民百	9.83	-7.53	3.63	-1.90	1.55	1.55	1.33	3.42	9.53	482	-48.10	0.021	0.020	0.06	0.06	2.34	1.31	1.31	不分配不转增
980	600739	辽宁成大	12.63	-0.36	8.25	15.61	3.33	3.33	13.51	5.52	8.99	11142	-2.30	0.450	0.450	-0.44	-0.44	2.48	0.98	0.98	不分配不转增(拟10配3股)
981	600740	山西焦化	17.97	11.36	6.70	5.79	3.30	3.30	5.47	2.84	84.22	3668	27.87	0.180	0.180	-0.08	-0.08	2.03	0.85	0.85	不分配不转增
982	600741	巴士股份	44.21	8.90	13.91	6.35	2.68	2.68	6.00	11.97	30.00	8305	15.45	0.160	0.160	0.43	0.43	5.19	2.40	2.40	不分配不转增
983	600742	一汽四环	13.15	5.37	10.31	7.41	4.88	4.88	7.19	11.92	173.83	7412	-19.53	0.350	0.350	-0.19	-0.19	2.12	1.03	1.03	不分配不转增
984	600743	幸福实业	2.90	7.19	1.34	0.24	0.43	0.43	-0.61	1.45	-5.13	-82	-160.58	-0.002	-0.003	0.01	0.01	3.13	0.78	0.78	不分配不转增
985	600744	华银电力	47.59	5.81	25.91	2.95	4.02	4.02	2.86	4.71	18.22	7415	-29.36	0.115	0.120	0.11	0.11	6.45	2.22	2.22	不分配不转增(拟10配3股)
986	600745	康赛集团	3.86	-0.80	0.77	-11.63	0.63	0.63	-11.08	0.04	-91.67	-850	33.98	-0.070	-0.070	-0.01	-0.01	1.22	0.47	0.47	不分配不转增
987	600746	江苏索普	5.58	4.71	3.52	2.32	1.15	1.15	2.27	1.25	6.03	800	-33.64	0.026	0.030	0.17	0.17	3.06	0.88	0.88	不分配不转增
988	600747	大显股份	18.54	37.61	12.26	63.37	3.75	3.75	3.48	3.34	9.40	4269	-24.02	0.130	0.130	0.13	0.15	3.27	1.51	1.28	不分配不转增
989	600748	浦东不锈	11.93	-0.35	10.48	0.43	1.78	1.78	0.43	1.89	-30.39	448	-50.28	0.007	0.008	0.02	0.02	5.88	1.57	1.57	不分配不转增
990	600749	西藏圣地	2.06	1.15	1.14	2.86	1.43	1.43	2.78	0.14	-23.38	317	-42.58	0.040	0.040	0.05	0.05	0.80	0.24	0.24	不分配不转增
991	600750	东风药业	6.66	-3.02	5.24	5.46	3.59	3.59	5.11	1.74	-7.77	2709	53.13	0.180	0.180	-0.23	-0.23	1.46	0.62	0.62	不分配不转增
992	600751	天津海运	22.28	36.75	11.50	34.37	2.34	2.34	0.50	3.92	-11.14	576	-91.22	0.012	0.010	-0.16	-0.16	4.93	2.84	2.84	不分配不转增
993	600752	哈慈股份	9.66	8.23	6.85	3.24	2.27	2.27	3.14	0.97	-65.53	2147	-24.81	0.070	0.070	-0.26	-0.26	3.01	1.24	1.24	不分配不转增
994	600753	冰熊股份	4.13	4.55	0.94	-1.75	0.74	0.74	-1.78	0.49	-18.70	-168	-81.59	-0.013	-0.010	-0.02	-0.02	1.28	0.32	0.32	不分配不转增
995	600754	新亚股份	23.51	24.43	17.62	46.00	2.92	2.92	2.05	3.08	-11.44	3620	-29.48	0.060	0.060	0.04	0.04	6.03	2.54	2.54	不分配不转增
996	600755	厦门国贸	14.71	2.72	6.25	3.25	3.16	3.16	3.13	8.84	-21.81	1960	-54.05	0.098	0.100	0.69	0.69	1.98	1.27	1.27	不分配不转增
997	600756	齐鲁软件	3.53	21.28	2.71	18.01	1.64	1.64	11.44	1.90	500.02	4133	346.34	0.250	0.250	0.34	0.34	1.65	0.69	0.69	不分配不转增
998	600757	华源发展	29.11	2.24	12.37	4.04	2.62	2.62	3.88	8.22	27.96	4802	59.44	0.102	0.100	-0.20	-0.20	4.72	1.40	1.40	不分配不转增
999	600758	金帝建设	11.48	3.51	3.46	0.86	2.17	2.17	0.86	2.46	22.79	296	-29.12	0.019	0.020	-0.06	-0.06	1.60	0.62	0.62	不分配不转增

项目			资产状况							经营效果								股本			分配（配售）
序号	代码	公司简称	总资产（亿元）	比2000 ±%	净资产（亿元）	比2000 ±%	每股净资产（元）	2001.08.31摊薄后	净资产收益率（%）	主营收入（亿元）	比2000中期±%	净利润（万元）	比2000中期±%	每股净利润（万元）	2001.08.31摊薄后	每股经营性现金流量（元）	2001.08.31摊薄后	总股份（亿股）	流通股（亿股）	2001.08.31	2001中期利润分配及其已公布未实施之配售方（预）案
1000	600759	华侨投资	2.27	−10.26	−4.76	0.34	−2.28	−2.28			77.87	−377	72.97	−0.018	−0.020			2.09	0.69	0.69	不分配不转增
1001	600760	山东黑豹	10.40	1.53	8.20	1.86	3.00	3.00	1.83	1.58	−12.32	1501	−43.92	0.055	0.060			2.73	1.32	1.32	不分配不转增
1002	600761	安徽合力	9.23	5.82	6.83	5.04	3.34	3.34	4.80	2.75	21.90	3278	95.74	0.160	0.160	0.05	0.05	2.05	0.94	0.94	不分配不转增
1003	600762	金荔科技	6.22	4.98	2.12	70.00	2.01	2.01	6.97	0.67	−44.73	1478	239.77	0.140	0.140	−0.24	−0.24	1.06	0.43	0.43	不分配不转增
1004	600763	北京中燕	1.64	−18.48	1.58	−19.41	0.99	0.99	−24.88	0		−3805	−540.57	−0.24	−0.24	−0.005	−0.005	1.60	0.40	0.40	不分配不转增
1005	600764	三星石化	5.64	6.46	4.18	4.14	2.28	2.28	3.60	2.57	0.67	1504	−27.75	0.082	0.080	0.07	0.07	1.83	0.59	0.59	不分配不转增（拟10配3股）
1006	600765	力源液压	2.11	2.03	1.51	0.28	1.36	1.36	0.28	0.25	24.04	42	115.55	0.004	0.004	0.03	0.03	1.11	0.35	0.35	不分配不转增
1007	600766	烟台发展	8.23	12.64	3.42	53.06	2.00	2.00	0.29	1.11	−22.82	99	−94.38	0.006	0.006	−0.12	−0.12	1.71	0.60	0.60	不分配不转增
1008	600767	运盛实业	13.17	1.64	6.02	0.25	1.77	1.77	0.25	1.40	124.75	149	38.22	0.004	0.040	0.06	0.05	3.41	0.97	0.97	不分配不转增
1009	600768	宁波华通	2.41	2.89	0.77	−3.07	0.83	0.83	−3.17	0.81	40.25	−244	76.69	−0.026	−0.030	−0.10	−0.10	0.93	0.27	0.27	不分配不转增
1010	600769	祥龙电业	11.66	−2.87	9.39	0.68	2.69	2.69	0.67	2.57	11.70	631	−57.38	0.018	0.020			3.49	0.87	0.87	不分配不转增
1011	600770	综艺股份	9.45	1.42	5.92	6.53	2.19	2.19	4.58	1.45	−26.00	2713	−59.93	0.100	0.100	−0.16	−0.16	2.70	0.99	0.99	不分配不转增（拟10配3股）
1012	600771	东盛科技	8.17	23.90	3.21	9.96	1.72	1.72	9.06	1.94	19.37	2909	57.74	0.160	0.160	0.01	0.01	1.87	0.50	0.50	不分配不转增
1013	600772	石油龙昌	14.78	10.75	6.46	40.74	2.70	2.70	0.78	1.15	−35.35	501	−84.62	0.021	0.020	0.16	0.16	2.40	0.76	0.76	不分配不转增
1014	600773	西藏金珠	4.07	8.07	3.35	6.42	2.86	2.86	5.87	0.60	41.23	1966	231.47	0.168	0.170	−0.56	−0.56	1.17	0.45	0.45	不分配不转增
1015	600774	汉商集团	7.61	13.87	4.53	23.90	4.80	4.80	0.96	2.87	−13.59	433	−43.13	0.046	0.050	−0.21	−0.21	0.94	0.35	0.35	不分配不转增
1016	600775	南京熊猫	26.39	9.05	8.39	10.43	1.28	1.28	9.43	5.66	−5.15	7911	8.45	0.121	0.120	−0.03	−0.03	6.55	0.58	0.58	不分配不转增
1017	600776	东方通信	82.47	3.82	37.02	3.84	5.90	5.90	3.54	43.37	52.77	13121	−28.36	0.210	0.210	0.20	0.20	6.28	2.67	2.67	不分配不转增
1018	600777	新潮实业	10.60	14.17	7.14	50.18	3.49	3.49	4.73	2.90	70.00	3375	121.14	0.160	0.160	0.06	0.06	2.05	0.50	0.50	不分配不转增
1019	600778	友好集团	19.28	34.30	7.58	67.09	2.43	2.43	1.85	5.24	4.10	1404	−26.51	0.045	0.050	−0.21	−0.21	3.11	1.71	1.71	不分配不转增
1020	600779	全兴股份	16.81	0.26	8.06	19.41	1.98	1.98	16.25	6.24	−10.95	13099	6.06	0.321	0.320	0.21	0.21	4.08	1.34	1.34	不分配不转增
1021	600780	通宝能源	7.58	−4.46	5.19	4.88	2.41	2.41	4.65	1.14	−0.35	2417	80.28	0.110	0.110	0.39	0.39	2.16	0.94	0.94	不分配不转增
1022	600781	民丰实业	7.66	−8.89	2.75	0.38	2.33	2.33	0.38	1.20	−31.08	104	65.20	0.009	0.010	−0.05	−0.05	1.18	0.34	0.34	不分配不转增
1023	600782	新华股份	4.18	8.93	2.72	4.03	1.41	1.41	3.88	1.39	32.05	1054	51.48	0.054	0.050	0.12	0.12	1.93	0.56	0.56	不分配不转增
1024	600783	四砂股份	5.46	−3.04	2.95	−3.09	1.46	1.46	−3.19	0.81	−13.01	−941	−1937.48	−0.046	−0.050	−0.01	−0.01	2.02	0.65	0.65	不分配不转增
1025	600784	鲁银投资	12.09	−1.74	5.32	2.77	2.36	2.36	2.70	0.51	−28.70	1434	−37.78	0.063	0.060	0.01	0.01	2.26	1.72	1.72	不分配不转增
1026	600785	新华百货	5.02	−0.58	2.93	8.23	3.33	3.33	7.60	2.77	34.98	2225	10.11	0.250	0.260	0.42	0.42	0.88	0.50	0.50	不分配不转增（拟10配股）
1027	600786	东方锅炉	13.00	4.37	3.01	−17.49	1.43	1.43	−21.19	1.52	−29.33	−6381	−730.34	−0.302	−0.300	0.06	0.06	2.11	0.54	0.54	不分配不转增
1028	600787	中储股份	10.32	11.75	7.48	2.04	2.41	2.41	2.26	3.18	50.06	1688	−47.72	0.054	0.050	−0.52	−0.52	3.10	1.26	1.26	不分配不转增
1029	600788	达尔曼	24.04	45.64	13.45	31.76	4.69	4.69	3.76	1.32	−1.51	5051	−9.53	0.176	0.180	0.80	0.80	2.87	1.05	1.05	不分配不转增
1030	600789	鲁抗医药	23.55	4.19	11.59	3.46	3.18	3.18	3.34	4.05	0.18	3874	3.36	0.110	0.110	0.16	0.21	3.65	1.58	1.58	不分配不转增
1031	600790	轻纺城	26.79	0.58	10.62	3.41	2.86	2.86	3.67	5.01	6.66	3900	1.82	0.105	0.110	0.36	0.36	3.72	2.52	2.52	不分配不转增
1032	600791	天创置业	2.40	−4.97	1.05	−7.34	1.06	1.06	−7.93	0.31	−48.57	−831	−2847.00	−0.084	−0.080	0.02	0.23	0.99	0.33	0.33	不分配不转增
1033	600792	云南马龙	1.57	−1.67	0.83	−13.42	1.63	1.63	−15.50	0.35	5.48	−1290	−233.40	−0.253	−0.250	0.08	0.08	0.51	0.15	0.15	不分配不转增
1034	600793	宜宾纸业	7.96	0.32	1.80	5.62	1.71	1.71	5.32	2.32	24.40	956	326.74	0.091	0.090	0.04	0.04	1.05	0.34	0.34	不分配不转增
1035	600794	保税科技	4.80	42.53	3.13	104.45	2.63	2.63	2.07	0.44	−44.82	648	−70.04	0.054	0.050	−0.52	−0.52	1.19	0.50	0.50	不分配不转增
1036	600795	国电电力	87.60	2.90	42.63	6.96	5.17	5.17	6.50	13.94	183.94	27718	100.25	0.336	0.340	0.80	0.80	8.25	2.07	2.07	不分配不转增
1037	600796	钱江生化	4.50	10.37	2.66	8.14	2.49	2.49	7.53	1.10	1.07	1999	−8.12	0.188	0.190	0.21	0.21	1.07	0.32	0.32	不分配不转增（拟10配3股）
1038	600797	浙大网新	15.20	13.03	9.35	73.11	2.74	2.42	4.40	2.69	−8.35	4120	52.20	0.120	0.120	0.10	0.10	3.42	1.66	1.66	不分配不转增
1039	600798	宁波海运	9.65	7.96	7.61	5.08	1.49	1.49	4.84	1.24	−3.74	3684	9.18	0.072	0.070	0.05	0.05	5.12	1.41	1.41	不分配不转增

项目			资产状况							经营效果								股本			分配(配售)
序号	代码	公司简称	总资产(亿元)	比2000±%	净资产(亿元)	比2000±%	每股净资产(元)	2001.08.31摊薄后	净资产收益率(%)	主营收入(亿元)	比2000中期±%	净利润(万元)	比2000中期±%	每股净利润(万元)	2001.08.31摊薄后	每股经营性现金流量(元)	2001.08.31摊薄后	总股份(亿股)	流通股(亿股)	2001.08.31	2001中期利润分配及其已公布未实施之配售方(预)案
1040	600799	科利华	15.30	16.04	7.55	8.91	1.94	1.94	8.18	1.69	15.62	6176	11.70	0.158	0.160	0.03	0.03	3.90	1.79	1.79	不分配不转增(拟10配3股)
1041	600800	天津磁卡	22.26	-16.34	10.12	8.08	2.75	2.75	7.87	3.64	112.14	7968	8.21	0.216	0.220	0.51	0.50	3.68	1.74	1.74	不分配不转增
1042	600801	华新水泥	20.29	0.89	7.25	1.93	2.21	2.21	1.36	3.16	11.04	986	147.40	0.030	0.030	0.15	0.15	3.28	2.12	2.12	不分配不转增
1043	600802	福建水泥	17.18	7.92	7.76	0.43	2.75	2.75	0.43	2.59	6.02	334	-91.22	0.012	0.010	0.03	0.03	2.83	1.34	1.34	不分配不转增
1044	600803	威远生化	6.33	9.29	3.13	2.04	2.65	2.65	2.00	1.37	12.83	627	-12.64	0.050	0.050	0.03	0.03	1.18	0.66	0.66	不分配不转增(拟10配3股)
1045	600804	工益股份	3.69	0.05	1.99	-0.68	1.70	1.70	0.04	1.32	8.86	7	100.45			0.11	0.11	1.17	0.72	0.72	不分配不转增
1046	600805	悦达投资	42.12	19.68	17.61	3.29	3.23	3.23	3.18	6.72	25.54	5606	-47.43	0.103	0.100	0.13	0.13	5.45	3.09	3.09	不分配不转增
1047	600806	昆明机床	6.95	4.32	5.08	0.44	2.07	2.07	0.43	0.38	22.18	220	174.12	0.009	0.010	-0.06	-0.06	2.45	0.60	0.60	不分配不转增
1048	600807	济南百货	4.81	-4.94	2.15	-6.37	1.99	1.99	-6.87	0.27	-63.21	-1477	-409.10	-0.137	-0.140	-0.07	-0.07	1.08	0.64	0.64	不分配不转增
1049	600808	马钢股份	171.97	2.01	105.21	0.07	1.84	1.84	1.10	47.22	26.50	13021	105.15	0.020	0.020	0.14	0.14	64.55	6.00	6.00	不分配不转增
1050	600809	山西汾酒	10.71	-4.25	7.89	1.86	1.82	1.82	1.83	2.07	18.72	1441	175.13	0.033	0.033	0.07	0.07	4.33	0.77	0.77	不分配不转增
1051	600810	神马实业	41.92	7.47	34.18	1.03	6.64	6.64	1.02	6.08	7.61	3485	-46.34	0.068	0.070	-0.11	-0.10	5.15	1.29	1.42	不分配不转增
1052	600811	东方集团	59.76	11.93	25.68	3.40	4.92	4.92	3.29	5.84	18.57	8438	5.42	0.162	0.160	-0.51	-0.46	5.22	3.65	4.02	不分配不转增
1053	600812	华北制药	61.21	3.84	25.46	3.52	2.18	2.18	3.40	10.18	13.00	8656	81.31	0.074	0.070	0.21	0.21	11.69	4.69	4.69	不分配不转增
1054	600813	鞍山一工	13.04	-1.80	-0.18	-179.36	-0.07	0.39	279.43	0.28	-56.11	-4970	-101.47	-0.193	-0.190	-0.03	-0.03	2.58	1.00	1.00	不分配不转增
1055	600814	杭州解百	8.24	10.00	4.06	3.59	1.71	1.71	3.47	4.93	19.88	1408	-17.05	0.059	0.060	0.07	0.07	2.37	1.01	1.01	不分配不转增(拟10配3股)
1056	600815	厦工股份	12.23	11.05	7.83	0.95	2.61	2.61	0.94	5.39	63.65	739	-30.78	0.025	0.030	-0.17	-0.17	3.00	0.80	0.80	不分配不转增
1057	600816	鞍山信托	29.19	3.23	9.24	5.29	2.04	2.04	5.02	1.22	11.99	4642	3.45	0.102	0.100	0.19	0.19	4.54	2.67	2.67	不分配不转增(拟10配3股)
1058	600817	宏盛科技	5.66	38.53	1.31	19.66	1.59	1.59	10.06	5.27	390.87	1318	29.97	0.160	0.160	0.82	0.82	0.83	0.11	0.11	不分配不转增
1059	600818	上海永久	2.74	-1.49	-2.91	14.84	-1.09	-1.09		1.47	9.90	1298	144.06	0.049	0.050	0.10	0.10	2.66	0.84	0.84	不分配不转增
1060	600819	耀皮玻璃	26.01	13.05	17.01	5.73	3.49	3.49	5.41	6.18	59.69	9196	40.52	0.189	0.190	0.11	0.11	4.88	1.56	1.56	不分配不转增
1061	600820	隧道股份	41.57	-3.99	12.54	8.65	2.56	2.56	7.96	18.29	66.27	9984	56.43	0.204	0.200	-0.29	-0.29	4.89	1.97	1.97	不分配不转增
1062	600821	津劝业	13.84	5.29	6.86	0.96	2.35	2.35	1.21	10.46	2.45	829	-22.88	0.030	0.030	0.14	0.14	2.93	1.46	1.46	不分配不转增
1063	600822	物贸中心	8.67	10.45	2.92	5.46	1.16	1.16	5.17	15.57	160.23	1512	7734.46	0.059	0.060	0.03	0.03	2.53	0.80	0.80	不分配不转增
1064	600823	世茂股份	5.69	-3.72	4.65	4.95	1.97	1.97	4.72	0.45	-54.68	2193	620.78	0.093	0.090	0.07	0.07	2.36	1.13	1.13	不分配不转增
1065	600824	益民百货	8.83	-7.71	6.67	38.51	3.44	3.44	3.99	4.02	41.17	2657	23.22	0.137	0.140	0.31	0.31	1.94	0.90	0.90	不分配不转增
1066	600825	华联超市	11.68	2.46	2.21	11.56	1.43	1.43	10.10	14.96	1049.79	2234	15797.57	0.145	0.160	-1.15	-1.15	1.54	0.39	0.39	不分配不转增
1067	600826	兰生股份	13.38	-2.37	8.11	4.28	2.89	2.89	4.11	8.91	7.45	3330	4.01	0.120	0.120	0.05	0.05	2.80	0.95	0.95	不分配不转增(拟10配3股)
1068	600827	友谊股份	32.11	0.55	5.36	8.20	2.19	2.19	7.58	33.85	736.36	4058	66.67	0.166	0.170	-1.39	-1.39	2.44	1.41	1.41	不分配不转增
1069	600828	成商集团	9.44	-3.33	4.27	0.34	2.52	2.52	3.29	7.20	1.86	1407	-24.14	0.080	0.080	0.12	0.12	1.69	0.43	0.43	不分配不转增
1070	600829	天鹅股份	9.81	-0.84	4.52	-0.47	3.42	3.42	3.81	2.56	-1.27	1724	135.28	0.130	0.130	-0.22	-0.22	1.32	0.33	0.33	10派1.45元(含税)
1071	600830	甬城隍庙	7.34	29.00	4.93	48.27	2.82	2.82	3.22	3.34	118.27	1586	-15.41	0.091	0.090	-0.10	-0.10	1.75	1.03	1.03	不分配不转增
1072	600831	黄河机电	4.24	-5.62	0.82	-12.56	0.74	0.74	-14.40	0.02	-85.26	-1188	41.68	-0.107	-0.110	-0.05	-0.05	1.11	0.46	0.46	不分配不转增
1073	600832	东方明珠	43.41	13.82	27.81	68.74	4.04	4.04	3.73	2.83	-12.50	10371	19.79	0.151	0.150	0.09	0.09	6.88	1.57	1.57	不分配不转增
1074	600833	商业网点	5.06	6.29	1.41	135.56	0.89	0.89	4.99	0.37	754.16	705	127.38	0.04	0.04	0.41	0.41	1.59	0.48	0.48	不分配不转增
1075	600834	申通地铁	6.77	14.12	5.54	4.82	1.61	1.61	4.60	0.70	34.65	2545	0.25	0.074	0.070	-0.02	-0.02	3.43	0.70	0.80	不分配不转增
1076	600835	上菱电器	74.06	6.94	27.29	5.58	6.09	6.09	5.35	19.15	8.84	14952	0.39	0.325	0.330	0.45	0.37	4.48	2.36	2.84	不分配不转增
1077	600836	界龙实业	7.01	-0.82	2.00	1.55	1.79	1.79	1.53	2.31	43.38	306	152.80	0.027	0.030	0.12	0.12	1.12	0.41	0.41	不分配不转增
1078	600837	农垦商社	4.62	-18.89	2.13	137.24	3.27	3.27	2.66	0.98	-39.21	569	118.79	0.09	0.09	-0.004	-0.004	0.65	0.16	0.16	不分配不转增
1079	600838	上海九百	12.74	40.34	7.09	64.06	1.77	1.77	2.28	0.79	-81.43	1617	26.96	0.040	0.040	-0.50	-0.50	4.01	1.97	1.97	不分配不转增

项目			资产状况							经营效果								股本			分配（配售）
序号	代码	公司简称	总资产（亿元）	比 2000 ± %	净资产（亿元）	比 2000 ± %	每股净资产（元）	2001.08.31 摊薄后	净资产收益率（%）	主营收入（亿元）	比 2000 中期 ± %	净利润（万元）	比 2000 中期 ± %	每股净利润（万元）	2001.08.31 摊薄后	每股经营性现金流量（元）	2001.08.31 摊薄后	总股份（亿股）	流通股（亿股）	2001.08.31	2001 中期利润分配及其已公布未实施之配售方（预）案
1080	600839	四川长虹	166.02	2.64	126.74	0.16	5.86	5.86	0.16	38.17	−15.68	2057	−92.01	0.010	0.010	0.63	0.62	21.64	9.51	9.51	不分配不转增
1081	600840	浙江创业	4.78	48.48	1.64	1.97	1.18	1.18	1.93	0.88	125.18	317	−26.09	0.023	0.020	−0.31	−0.31	1.40	0.64	0.64	不分配不转增
1082	600841	上柴股份	24.21	3.38	16.23	2.41	3.38	3.38	2.68	7.19	12.34	4352	18.22	0.091	0.090	0.21	0.21	4.80	2.39	2.39	不分配不转增
1083	600842	中西药业	14.00	11.74	2.20	1.22	1.02	1.02	1.21	1.49	−41.91	266	−87.72	0.012	0.010	0.09	0.09	2.16	0.84	0.84	不分配不转增
1084	600843	上工股份	13.88	5.02	6.96	4.69	2.76	2.76	4.47	4.28	66.40	3108	198.80	0.123	0.120	0.12	0.12	2.52	1.13	1.13	不分配不转增
1085	600844	英雄股份	14.85	−3.82	6.11	3.61	2.01	2.01	0.71	1.95	−12.55	431	−46.33	0.014	0.010	−0.05	−0.05	3.05	1.25	1.25	不分配不转增
1086	600845	钢管股份	2.83	−56.07	2.37	10.91	0.90	0.90	8.28	0.74	−35.58	1960	162.79	0.070	0.040	−0.04	−0.04	2.62	1.01	1.01	不分配不转增
1087	600846	同济科技	11.07	8.27	3.59	4.23	1.47	1.47	4.06	2.06	−41.91	1458	−13.07	0.059	0.060	−0.04	−0.04	2.44	1.19	1.19	不分配不转增（拟 10 配 3 股）
1088	600847	万里电池	1.96	−0.41	0.93	3.66	1.05	1.05	3.53	0.55	26.64	329	2706.15	0.037	0.040	0.04	0.03	0.89	0.40	0.40	不分配不转增
1089	600848	自仪股份	10.28	−2.68	1.28	8.36	0.32	0.32	2.18	2.75	−2.86	280	126.33	0.007	0.010			3.99	1.41	1.41	不分配不转增
1090	600849	上海医药	36.33	3.29	14.70	92.59	4.65	4.65	5.46	24.35	9.83	8019	−12.70	0.250	0.250	−0.41	−0.41	3.16	1.91	1.91	不分配不转增
1091	600850	华东电脑	5.19	−1.04	2.19	1.93	1.28	1.28	1.69	5.95	1.46	369	−39.14	0.022	0.020	−0.08	−0.08	1.71	0.49	0.49	不分配不转增
1092	600851	海欣股份	30.84	16.10	16.79	4.16	5.01	5.01	4.00	4.04	3.35	6713	45.66	0.200	0.200	−0.03	−0.02	3.35	1.77	2.66	不分配不转增
1093	600852	中川国际	11.31	3.35	2.63	3.10	1.60	1.60	2.94	1.10	48.43	771	114.69	0.050	0.050	0.72	0.72	1.64	0.56	0.56	不分配不转增
1094	600853	北满特钢	22.08	−0.39	7.51	−4.48	1.41	1.41	−4.69	5.16	9.71	−3521	58.19	−0.066	−0.070	−0.05	−0.05	5.32	1.65	1.65	不分配不转增
1095	600854	春兰股份	27.70	8.38	18.97	9.16	6.19	4.33	8.39	10.73	−12.98	15922	−4.34	0.520	0.363	0.36	0.21	3.06	0.80	1.98	不分配不转增
1096	600855	航天长峰	3.21	8.01	1.89	5.55	1.18	0.18	5.26	0.70	155.33	996	142.94	0.062	0.060	0.16	0.16	1.60	0.53	0.53	10 派 0.2（含税）
1097	600856	长百集团	6.96	−2.02	3.72	3.25	2.04	2.04	3.14	1.87	13.61	1171	−18.46	0.064	0.060	0.08	0.08	1.83	0.86	0.86	不分配不转增（拟 10 配 3 股）
1098	600857	首创科技	4.37	−4.10	3.49	2.63	1.82	1.82	2.56	3.02	−2.75	895	−42.31	0.047	0.050	0.02	0.02	1.92	0.92	0.92	不分配不转增
1099	600858	渤海集团	2.33	−2.45	1.37	−3.54	1.13	1.13	−3.67	0.13	10.70	−503	−410.64	−0.041	−0.040	−0.02	−0.02	1.21	0.68	0.68	不分配不转增
1100	600859	王 府 井	31.66	9.68	15.55	2.31	3.96	3.96	1.12	15.72	38.39	1746	−27.92	0.044	0.040	0.02	0.02	3.93	1.98	1.98	不分配不转增
1101	600860	北人股份	14.61	10.88	9.67	3.46	2.42	2.42	3.35	3.52	66.87	3236	54.27	0.081	0.080	−0.04	−0.04	4.00	0.50	0.50	不分配不转增
1102	600861	北京城乡	24.19	7.72	16.15	3.83	3.98	3.98	3.69	7.27	27.47	5959	16.72	0.150	0.150	−0.10	−0.10	4.06	1.67	1.67	不分配不转增（拟 10 配 3 股）
1103	600862	纵横国际	18.06	13.30	9.98	7.75	4.48	4.18	7.19	2.28	29.14	7177	78.80	0.300	0.300	−0.06	−0.06	2.38	1.22	1.22	不分配不转增
1104	600863	内蒙华电	38.55	2.73	34.39	3.41	3.64	3.64	3.29	6.88	5.23	11324	−16.89	0.120	0.120	0.21	0.21	9.45	1.52	1.52	不分配不转增（拟 10 配 3 股）
1105	600864	岁宝热电	8.21	−0.64	3.93	1.40	2.88	2.88	1.39	0.94	−3.65	546	68.84	0.040	0.040	−0.05	−0.05	1.37	0.45	0.45	不分配不转增
1106	600865	百大集团	13.27	−0.51	6.77	5.55	2.51	2.51	5.25	5.17	11.84	3557	27.67	0.130	0.130	0.22	0.22	2.70	1.35	1.35	不分配不转增
1107	600866	星湖科技	10.10	−5.47	7.71	4.55	2.37	2.37	4.35	2.15	6.81	3352	−22.15	0.103	0.100	0.11	0.11	3.26	1.94	1.94	不分配不转增
1108	600867	通化东宝	14.27	−0.62	13.67	1.10	4.21	4.21	1.09	0.82	−7.25	1493	−35.22	0.046	0.050	0.03	0.03	3.24	1.58	1.58	不分配不转增
1109	600868	梅雁股份	33.88	36.21	25.31	60.07	2.50	2.50	3.17	4.18	64.34	8017	−12.74	0.079	0.080	0.10	0.12	10.12	7.76	6.47	不分配不转增
1110	600869	青海三普	3.70	5.79	2.01	1.54	1.68	1.68	1.51	0.64	15.30	304	171.07	0.025	0.030	0.040	0.04	1.20	0.30	0.30	不分配不转增
1111	600870	厦华电子	38.52	−8.21	10.92	−1.98	2.94	2.94	−2.23	10.47	−46.91	−2440	−186.50	−0.066	−0.070	−0.02	−0.02	3.71	1.52	1.52	不分配不转增
1112	600871	仪征化纤	115.46	1.63	88.32	1.39	2.21	2.21	1.37	39.10	−10.04	12119	−67.90	0.030	0.030	0.07	0.07	40.00	2.00	2.00	不分配不转增
1113	600872	中炬高新	26.32	5.41	13.48	1.88	3.00	3.00	2.89	4.80	21.26	3893	−13.70	0.086	0.090	0.17	0.16	4.50	2.49	2.49	不分配不转增（拟 10 配 3 股）
1114	600873	西藏明珠	4.35	−0.72	2.52	1.01	2.33	2.33	1.00	0.31	21.86	252	−22.29	0.023	0.020	−0.25	−0.25	1.08	0.52	0.52	不分配不转增
1115	600874	创业环保	15.39	8.41	15.01	6.74	1.13	1.13	6.31	2.20	−83.57	9479	144.58	0.070	0.070	0.11	0.11	13.30	1.12	1.12	不分配不转增
1116	600875	东方电机	25.08	4.61	10.77	−6.15	2.39	2.39	−6.55	1.77	−13.52	−7051	−487.25	−0.157	−0.160	−0.08	−0.08	4.50	0.60	0.60	不分配不转增
1117	600876	洛阳玻璃	31.11	7.67	15.61	0.51	2.23	2.23	0.51	3.89	−8.48	797	−75.26	0.011	0.010	0.09	0.11	7.00	0.50	0.50	不分配不转增
1118	600877	中国嘉陵	38.89	5.14	13.85	0.67	2.92	2.92	0.67	13.19	8.07	926	−57.19	0.020	0.020	0.26	0.26	4.74	2.20	2.20	不分配不转增
1119	600878	北大科技	8.53	3.28	5.34	1.53	1.88	1.88	0.92	0.61	−68.01	493	−80.59	0.02	0.02			2.84	0.89	0.89	不分配不转增

项目			资产状况							经营效果								股本			分配（配售）
序号	代码	公司简称	总资产（亿元）	比 2000 ±%	净资产（亿元）	比 2000 ±%	每股净资产（元）	2001.08.31 摊薄后	净资产收益率（%）	主营收入（亿元）	比 2000 中期±%	净利润（万元）	比 2000 中期±%	每股净利润（万元）	2001.08.31 摊薄后	每股经营性现金流量（元）	2001.08.31 摊薄后	总股份（亿股）	流通股（亿股）	2001.08.31	2001 中期利润分配及其已公布未实施之配售方（预）案
1120	600879	火箭股份	10.57	19.76	6.70	98.41	2.86	2.86	5.32	1.63	-1.14	3563	16.38	0.150	0.150	0.08	0.08	2.34	1.37	1.37	不分配不转增
1121	600880	博瑞传播	4.20	5.92	2.23	7.53	1.71	1.71	6.94	1.44	68.76	1546	18.39	0.120	0.120	0.27	0.27	1.30	0.42	0.42	不分配不转增（拟 10 配 3 股）
1122	600881	亚泰集团	43.02	8.98	16.94	2.92	3.57	3.57	2.84	4.44	-2.59	4813	-22.64	0.101	0.100	-0.46	-0.46	4.75	2.76	2.76	不分配不转增
1123	600882	大成农药	9.06	-0.88	4.95	2.85	2.66	2.66	2.77	2.74	27.48	1370	30.08	0.074	0.070	0.01	0.01	1.86	0.97	0.97	不分配不转增
1124	600883	富邦科技	2.08	3.46	1.43	3.72	1.40	1.40	3.58	0.42	23.80	512	-28.87	0.050	0.050	0.04		1.02	0.27	0.27	不分配不转增（拟 10 配 3 股）
1125	600884	杉杉股份	12.21	-0.26	8.85	5.87	3.72	3.72	5.47	4.64	1.70	4840	-34.73	0.204	0.200	0.16	0.15	2.38	1.17	1.17	不分配不转增（拟 10 配 3 股）
1126	600885	双虎涂料	5.04	10.97	1.31	-1.55	1.01	1.01	-1.67	0.52	15.40	-218	59.13	-0.017	-0.020	0.10	0.10	1.30	0.50	0.50	不分配不转增
1127	600886	湖北兴化	12.72	8.99	9.52	-0.14	3.38	3.38	-0.16	6.46	17.56	-148	95.71	-0.005	-0.005	-0.16	-0.16	2.82	1.07	1.07	不分配不转增
1128	600887	伊利股份	16.15	39.08	8.33	8.89	5.68	5.68	7.91	13.04	80.21	6590	5.77	0.450	0.450	0.63	0.63	1.47	0.80	0.80	不分配不转增
1129	600888	新疆众和	10.56	16.31	2.25	4.85	2.18	2.18	4.63	1.84	-6.57	1043	251.09	0.101	0.100	0.64	0.64	1.03	0.29	0.29	每 10 股转增 5 股
1130	600889	南京化纤	6.79	10.03	4.70	3.16	2.91	2.91	3.06	1.64	20.12	1437	-12.83	0.090	0.090	0.27	0.27	1.62	0.67	0.67	不分配不转增（拟 10 配 3 股）
1131	600890	长春长铃	14.66	26.60	7.56	5.98	2.03	2.03	5.62	1.60	-29.60	4251	99.71	0.110	0.110	0.53	0.53	3.73	1.58	1.58	10 转增 3 股（拟 10 配 3 股）
1132	600891	秋林集团	10.19	-4.43	5.89	-2.16	2.42	2.42	-2.21	2.23	-26.94	-1301	-157.88	-0.053	-0.050	0.06	0.06	2.44	1.29	1.29	不分配不转增
1133	600892	湖大科教	2.41	2.09	0.62	0.83	1.23	1.23	0.82	0.10	-58.11	51	150.13	0.010	0.010	0.13	0.13	0.51	0.15	0.15	不分配不转增
1134	600893	吉发股份	17.25	-3.45	6.31	-3.80	2.69	2.69	-4.18	3.60	-24.59	-2636	9.23	-0.112	-0.110	-0.09	-0.09	2.35	1.15	1.15	不分配不转增
1135	600894	广钢股份	32.36	-2.79	15.30	1.46	2.23	2.23	1.99	12.21	1.56	3045	2.79	0.044	0.040	-0.07	-0.07	6.86	1.62	1.62	不分配不转增
1136	600895	张江高科	25.87	83.09	19.97	135.39	4.27	4.27	4.97	2.87	136.80	9928	108.28	0.212	0.210	-0.60	-0.60	4.68	1.66	1.66	不分配不转增
1137	600896	中海海盛	11.10	0.12	8.20	5.31	2.59	2.59	5.05	2.45	48.77	4139	19.71	0.130	0.130	-0.08	-0.08	3.17	1.56	1.56	不分配不转增
1138	600897	厦门机场	12.46	-3.55	11.57	2.12	4.29	4.29	2.07	0.87	-1.42	2399	0.15	0.088	0.090	0.11	0.10	2.70	0.68	0.68	不分配不转增
1139	600898	郑州百文	8.99	-5.78	-13.68	-1.91	-6.92	-6.92		1.42	-56.81	-2534	58.24	-0.128	-0.130	0.01	0.01	1.98	1.07	1.07	不分配不转增
1140	600899	信联股份	9.24	20.98	4.63	1.99	2.61	2.61	1.90	0.82	-25.88	879	-45.58	0.049	0.050	0.15	0.14	1.78	0.54	0.54	不分配不转增
1141	900929	国旅 B 股	6.74	-0.25	3.96	2.19	2.99	2.99	2.15	2.45	4.40	850	27.77	0.064	0.060	0.02	0.02	1.33	0.66	0.66	不分配不转增
1142	900935	金泰 B 股	4.15	1.20	2.81	2.11	1.52	1.52	2.07	0.84	-0.12	580	2274.93	0.031	0.030	0.07	0.07	1.85	0.80	0.80	不分配不转增
1143	900939	汇丽 B 股	8.54	7.99	3.09	1.88	1.87	1.87	2.13	1.68	7.42	659	42.62	0.040	0.040	0.01	0.01	1.65	0.08	0.08	不分配不转增
1144	900948	伊煤 B 股	12.74	0.91	7.88	1.48	2.15	2.15	1.46	4.20	31.16	1150	132.11	0.031	0.030	0.07	0.07	3.66	1.66	1.66	不分配不转增
1145	900949	东电 B 股	76.61	5.38	54.86	6.58	2.73	2.73	6.41	16.40	-3.29	35187	-3.11	0.175	0.180	0.14	0.14	20.10	6.90	6.90	不分配不转增
1146	900950	五菱 B 股	9.67	-21.37	3.61	-32.52	1.09	1.09	-48.21	0.93	-76.48	-17396	-13795.15	-0.520	-0.520	-0.01	-0.01	3.32	1.34	1.34	不分配不转增
1147	900951	大化 B 股	7.68	-18.15	5.62	0.90	2.05	2.05	1.01	4.41	-3.89	566	-47.08	0.021	0.020	-0.01	-0.01	2.75		1.00	不分配不转增
1148	900953	凯马 B 股	35.52	-2.26	13.89	3.61	2.17	2.17	3.27	16.16	-7.64	4545	13.45	0.071	0.070	0.05	0.05	6.40	2.40	2.40	不分配不转增
1149	900956	东贝 B 股	7.03	22.95	3.78	4.68	1.61	1.61	4.23	1.64	73.99	1600	9.82	0.068	0.070	0.17	0.17	2.35	1.15	1.15	不分配不转增
1150	900957	凌云 B 股	14.60	-0.05	6.00	3.54	1.72	1.72	3.42	2.55	-29.74	2049	-44.86	0.059	0.060	-0.11	-0.11	3.49	1.84	1.84	不分配不转增

广东金兰德房地产评估咨询有限公司

按照国务院有关规定，广东省地价评估事务所现改制为广东金兰德房地产评估咨询有限公司，原执业范围不变。公司技术力量雄厚，有相当数量的土地估价师、房地产估价师、资产评估师、造价工程师、会计师等专职估价队伍，其中70%以上拥有中、高级职称。

本公司信息灵敏，有近万宗评估案例经验，完成的大项目有广东电信、广东移动、广东无线寻呼、中国石化广东企业、广深铁路、三茂铁路、佛开高速公路、广东金曼集团、广东金马集团、广东中旅集团、佛山东鹏集团等境内外上市企业和其他大型企业的房地产评估、项目投资策划和可行性研究工作。同时完成了广州及周边市县、粤东四市、惠州、河源、揭阳、云浮等数十个城市的土地定级及基准地价评估，并拥有国内最长年限、最高级别的土地估价资质（国家A级）和房地产评估资质，年审中获得报告免检的殊荣。

规范的操作、竭诚的服务，公平、公正、高效、高质、权威的评估，为公司赢得了大量客户，是广东省高院定点评估单位，并与多家银行建立了密切的合作关系，评估类型涉及到企业上市、企业改制、司法仲裁、房地产抵押、土地出转让、清产核资、房屋征迁及危房改造评估及其他咨询性评估。

本公司愿与国内外各界朋友进一步建立广泛的联系，为中外客户提供全面、可靠、快捷、优质的服务。

资质证书号码：国土资源部2000A076号
财政部023021-107号

法定代表人：李新

电话：020-87607630　　87607651
87607661

传真：020-87752493

E-mail：GTTDJS@163.net

辽宁天健会计师事务所有限公司

通讯地址：辽宁省沈阳市沈河区北京街16号九层

电话：024-22515988　　22533707

传真：024-22533738

电子信箱：scztsw@mx.Ln.cei.gov.cn

春天寄语

CHUN TIANJIYU

PAN-CHINA

重庆天健会计

PAN-CHINA(CHONGQING

付思福 先生

所长、中国注册会计师、证券业特许会计师、中国注册资产评估师、高级会计师，长期从事会计实务、会计制度和社会审计工作，具有丰富的专业服务和管理经验。现在还担任中国注册会计师协会理事、中国资产评估协会理事、重庆市注册会计师协会常务理事、重庆市资产评估协会副会长、重庆市会计学会副秘书长等职务。

天行健 君子以自强不息

公司简介 Briefly Introduction

重庆天健会计师事务所有限责任公司是天健会计师事务所集团的成员之一，是全国首批完成脱钩改制的具有证券从业资格的会计中介服务机构（改制前身为重庆会计师事务所，改制后先为重庆华源会计师事务所），也是目前西南地区最具规模的会计师事务所之一。

本所现有员工182人，平均年龄28岁，注册会计师68人（其中：具有从事证券资格的注册会计师26人），注册资产评估师26人，土地估价师17人，房地产估价师17人，造价工程师8人，税务师17人；硕士研究生学历占8%，大学本科学历占60%；40%的人拥有中、高级职称。

PAN-CHINA

师事务所有限责任公司

ERTIFIED PUBLIC ACCOUNTANTS CO.,LTD.

Web:hycpas.com.cn E-mail:office@hycpas.com.cn

本所具有多种特许执业资格：经财政部和中国证监会批准的证券、期货相关业务审计资格；经财政部和中国人民银行批准的金融相关业务审计资格；经财政部批准的资产评估综合B级评估资格；经重庆市土地房屋局批准的房地产价格评估资格和土地评估资格；经重庆市建委批准的工程造价咨询单位乙级资格；经重庆市司法局批准的司法鉴定资格等等。

本所内设审计一部、审计二部、审计三部、审计四部、资产评估部、基建审计部、管理咨询部、专业标准及培训部、计算机工程部、行政部和办公室。

目前，本所拥有3000余平方米建面的办公写字间和先进的现代化办公设备；事务所内部建有局域网，与互联网随时畅通。娱乐水吧及乒乓活动房为公司员工及客户提供了休闲、健身好去处。

本所具有丰富的执业经验，为客户提供审计和会计服务、资产评估、基建审计和工程造价咨询及咨询服务等。主要客户有包括中国嘉陵、重庆啤酒、重庆太极、成都百货等在内的20余家上市公司和包括重庆爱立信科技有限公司、重庆海逸酒店有限公司、重庆百事天府饮料有限公司等在内的诸多外商投资企业。

本所与国际“五大”会计公司建立了长期友好的合作关系，经常进行高层人员互访和信息交流。本所曾多次接受国际“五大”及香港、台湾地区和其他国家众多的会计师事务所的委托，为其客户在中国进行投资、设立公司及办事处提供会计审计、管理咨询等服务。

重庆天健与北京天健、深圳天健、浙江天健、厦门天健、辽宁天健等6家国内著名会计师事务所共同创建的天健会计师事务所集团，凭借丰富的执业经验和一流的专业水准、突出的专业人才优势，强大的信息资源和广泛的公共关系，愿意竭诚为社会各界提供高效、优质和全方位的专业服务。

地址：中国重庆市渝中区人和街74号11-12楼 电话：(023)63651196 传真：(023)63651161 邮编：400015

法人代表：张耀麟 先生

DALIAN HUALIAN

以质量求信誉
以信誉求发展

服务至上

独立 客观 公正

DALIAN

大连华连会计师事务所

DALIAN HUALIAN

大连华连会计师事务所（以下简称本所）由原大连正元会计师事务所和大连信义会计师事务所于2000年8月新设合并成立。两所均为大连地区成立最早的会计师事务所，均具有国家财政部、中国证监会联合颁发的从事“证券期货相关业务”特许资格及中国人民银行、财政部确认的金融、保险企业审计资格。

本所现有从业人员140多人，包括注册会计师81人（具有证券、期货审计资格的注册会计师28人，注册资产评估师28人，注册税务师19人，律师3人），其中不乏精通英语、日语的专门人才。

本所先后承办了大连商场股份有限公司等二十余家A股、B股股票发行审计、验资、盈利预测及会计报表审计工作；并为多家公司进行了上市改组、破产清算等资产评估工作。

本所因业务发展需要，不断加强与国际会计公司的业务交流。先后派出10余人次到英国普华永道、毕马威、香港何铁文、香港麦毅全等国际会计公司工作和学习，并多次与普华永道、德勤、安达信、安永等国际会计公司进行业务合作。为加入WTO后提高我国经济鉴证类社会中介行业的执业水平做出积极的准备。

回首往事，付出令人充实；展望未来，机遇给人鼓舞。守信用、讲信誉、重信义是本所的传统美德，不断加强思想道德素质和专业素质建设是我们的立所之本。在行业建设与发展中，实践代表先进文化的前进方向是我们不懈的追求。我们将恪守独立、客观、公正的基本原则，为客户竭诚服务。

中注协会长崔健民（中）访问本所

财政部部长助理、中注协秘书长李勇来所指导工作

地址：大连市中山区同兴街67号邮电万科大厦24F

电话：0411-2819300

传真：0411-2813033

电子信箱：dcpa@dlptt.ln.cn

山东乾聚有限

QJCPA

山东乾聚有限责任会计师事务所（原山东烟台乾聚会计师事务所有限公司）创立于1984年6月，现从业人员223名，其中：注册会计师110名，证券相关业务资格的注册会计师33名，注册评估师51名，注册税务师32名，注册造价师14名，大学本科以上学历及中高级职称人员占95.6%。1994年获财政部、国家国有资产管理局、中国证券监督管理委员会批准从事证券、期货相关业务审计、评估双重资格。2000年获财政部、中国人民银行批准的全国首批从事金融相关业务资格。2001年获建设部批准的工程造价甲级资格，成为全国会计中介机构服务功能最完善的大型事务所之一。

我所承办的主要业务有：证券、期货、金融相关业务的审计、评估，会计报表审计、离任审计，验证资本、资产（有形资产、无形资产、商标等）评估、法律鉴证、工程预决算审查、税务代理、财务分析、企业策划、可行性分析、咨询服务等。

我所始终以一流的质量、一流的服务、一流的信誉赢得了社会各界的信赖。现已执行的上市公司审计、评估业务有：山东黑豹、莱芜钢铁、鲁抗医药、鲁能泰山、山东航空（B股）、鲁西化工、烟台万华、东方电子、九发股份、四川禾嘉、张裕公司（B股）、南山实业、小鸭电器、云南白药（配股）、云南保税科技、云南锡业（配股）、云南南天信息、鲁润股份（配股）、中通控股等十几家企业。已执行的改制、拟上市业务有：山东华鲁恒升、山东黄金、山东三箭、医疗器械、山东科亿达、绿叶制药、氨纶股份、济南钢铁、宁夏高宁纸业、山东科达、药用玻璃、山东硅苑、山东鲁花、西安旺大实业、云南英茂通信、云南医药公司、云南通印股份、云南楚雄矿冶、山东好当家等四十余家企业。

我们倡导的发展方针是“宁要发展一百年，不要风险收入一百万”。执业中我们按照执业谨慎原则，从审计业务的承接、审计计划的制定、审计程序的实施到审计报告的出具，都制定了严格的管理控制制度，保证了执业质量的不断提高。

我们兴业之关键是“以人为本，信誉至上”。“追求完美”的企业文化使全所员工形成强大的凝聚力；员工综合素质的提高，使我们拥有了一支会外语、会微机、会公共关系、会独立执业、懂法律的“四会一懂”队伍。我们在多次与国际知名的会计公司德勤、安达信、毕马威的成功合作中，获得了国际同行的好评和敬重。自一九八九年以来，我所连年被评为省市两级先进集体，一九九五年，被财政部授予“全国财会先进集体”荣誉称号。国家、省、市有关部门领导对我所倍加关注，都给予了高度评价。

员工外出执业

责任会计师事务所

一流的质量 · 一流的服务 · 一流的信誉

办公大厅一角

地址：山东省烟台市胜利路201-209号汇丰广场12F　邮政编码：264001
电话：(86535) 622 4385　传真：(86535) 622 4381

以信誉求发展

事务所为200余家中外合资、独资公司及企业集团提供服务。主要单位有（排名不分先后）：江苏新科电子集团、江苏五菱集团（现B股上市公司）、新加坡（武进）大众钢铁有限公司、法国VALLOUREC GROUP常州法力诺长城焊管公司、香港ROAD KING INFRASTRUCTURE LIMITED、德国MANNESMANN REXROTH GMBH常州公司、马来西亚·文秀（常州）房地开发公司、江苏武进钢铁集团、江苏江南铁合金集团、江苏新华昌集团、江苏新龙工贸集团、江苏武进物资集团、武进物资（集团）总公司、武进商业集团、武进粮食集团、江苏华喜毛纺集团、江苏奥普集团、武进创成塑机集团、江苏远宇电子集团、江苏江浪减速机集团、武进制药集团、江苏新中装饰集团、江苏红联集团、常州飞达电梯集团、武进柴油机厂、武进齿轮厂、常州液压成套设备厂、常州运莱生物化工有限公司、常州丰厚服装有限公司、常州申新制冷机械有限公司、常州鸿联灯饰有限公司、武进亚能热电有限公司、武进供销社（集团）公司、江苏常恒集团、武进天工经编机集团、武进农机集团、江苏新亚化工集团、江苏华东机房设备集团、江苏中华多宝集团、江苏东方石油化工集团、江苏亚邦集团、江苏金牛线缆集团、武进晨阳工业公司、江苏中东集团、武进通达集团、武进电机厂、武进路劲常漕公路开发有限公司、五菱柴油机德州有限公司、常州东方精细化工有限公司、常州翔达纺织印染有限公司、常州亨运服装有限公司、常州创成塑料机械有限公司、江苏多宝保健药品有限公司。

董事长、所长、主任会计师：**陈华康**　中国注册会计师
江苏省注册咨询专家
江苏省注册会计师协会理事

⑤

⑥

⑦

①办公大楼外景
②事务所办公门厅
③办公大厅场景
④注册造价工程师们开展建设工程决算审计
⑤五菱集团资产评估项目
⑥财务会计、珠算培训
⑦会计电算化培训

細雨留痕

总经理：于洪坤　先生

于洪坤，男，1950年12月生，大学文化程度，高级工程师。现任辽河金马油田股份有限公司总经理。

1972年5月，东北石油学院采油工程专业学生；

1975年11月，辽河油田兴隆台采油厂生产科技术员；

1978年9月，辽河油田高升采油厂生产科工程师；

1984年5月，辽河油田高升采油厂副厂长；

1994年11月，辽河油田兴隆台采油厂厂长兼党委副书记；

1998年3月，辽河金马油田股份有限公司总经理、党委书记。

和兴证券经纪有限责任公司

董事长：王长庚　先生

王长庚，42岁，博士，兼职副教授，现任和兴证券经纪有限责任公司董事长。

1985-1987　西南财经大学金融系读硕士研究生

1987-1989　中共四川省委政策研究室、财经办、办公厅主任干事

1989-1994　四川省财政厅农财处、农发办、外经处副处长、副主任、处长

1994-2001　四川省建设信托投资公司总经理

1995-2001　西南财经大学金融学院读博士研究生

2001-现在　和兴证券经纪有限责任公司董事长（法定代表人）

董事长：王 刚　先生

王刚，内蒙古兰太实业股份有限公司董事长、党委书记，1946年出生，高级工程师，大专学历。1967年毕业于内蒙古巴彦淖尔盟农牧业机械学校，分配至吉兰泰盐场工作。历任采盐车间副主任、精盐分厂厂长、吉兰泰盐场副场长。一九八六年至一九八八年在内蒙古工业大学就读企业管理工程专业。毕业后历任阿拉善盟经济处副处长，吉兰泰盐场场长，吉兰泰盐化集团公司董事长、总裁、党委副书记等职。在吉兰泰盐场任职期间，曾担任精盐工程副总指挥，现场总指挥，建成了年产5万吨精盐厂。此后又主持进行了精盐“五改九”工程，在不动主体设备的情况下，通过对原工程一些环节的填平补齐，使原设计年产5万吨精制盐达到9万吨的生产能力，该项目投资少、收益大，荣获内蒙古自治区企业技术进步三等奖。1991年主持了国家“火炬计划”天然胡萝卜素基地工程建设，在吉兰泰建成了年产500公斤天然胡萝卜素生产基地，填补了一项国家科技空白。1994年主持了金属钠工程建设，该项目引进美国RMI公司先进的制钠技术，一次试车成功，年产金属钠5000吨、液氯7500吨，1998年又主持了对制钠厂的“五改八”技术改造工程，形成了年产8000吨金属钠、12000吨液氯的生产规模，成为亚洲最大的金属钠厂。由于企业加大技术改造力度，加快了新产品开发，使企业实力不断增强，1991年吉兰泰盐场被评为全国500家最佳经济效益企业之一，1994年进入全国轻工业200强，1997年进入全国512户重点企业，王刚先生本人也曾被评为内蒙古自治区劳动模范，并荣获企业“五一”劳动奖章，是内蒙古自治区九届人大代表。

广东民安证券经纪有限责任公司

董事长：孔祥其　先生

孔祥其，男，40岁，大学本科，经济学学士，经济师。现任广东民安证券经纪有限责任公司董事长。

1978年9月－1982年7月 就读于中南财经大学财金系

1982年7月－1985年3月 广东业余财经学院任职

1985年3月－2000年5月 在广东粤财信托投资公司工作，公司党委成员，历任投资部、中外合资公司、计划资金部总经理等职务。

2000年5月至今 广东民安证券经纪有限责任公司工作，任董事长、党委书记。

在其领导下，公司先后获得中国证监会、广东省委、省政府表彰。

中国建设银行基金托管部

总经理：江先周　先生

江先周，男，1961年11月生，硕士研究生、高级经济师。现任中国建设银行基金托管部总经理。

1978年10月－1982年7月　东北财经大学投资系
1983年9月－1986年7月　财政部科研所研究生部
1986年7月－1992年7月　中国建设银行办公室　副处长
1992年8月－1993年11月　英国Heriot-watt大学国际金融
1993年12月－1995年4月　中国建设银行国际部　处长
1995年5月－1997年4月　中国建设银行办公室　副主任
1997年4月－2000年7月　中国建设银行国际部　副总经理
2000年8月至今　中国建设银行基金托管部　总经理

山东小鸭电器股份有限公司

SHANDONG XIAOYA ELECTRICAL APPLIANCE CO.,LTD

董事长：石守恭　先生

石守恭先生，51岁，大专文化程序，高级工程师。1968年开始工作于济南拖拉机厂。历任济南拖拉机厂计量员、中国济南洗衣机厂生产科副科长、副厂长、山东小鸭集团有限责任公司总经理、山东小鸭电器股份有限公司副董事长，现任山东小鸭电器股份有限公司董事长。

总经理：刘 宏 先生

刘宏现年39岁，大学本科学历，高级经济师，中共党员，曾任秦皇岛市商业局财务科科长，秦皇岛华联商城股份有限公司副董事长、副总经理兼总会计师等职，现任秦皇岛华联商城控股股份有限公司总经理、党委书记。先后分别被省、市政府授予杰出青年企业家，全国商业内贸系统和秦皇岛市劳动模范。

总裁：刘 波 先生

刘波先生于1956年11月11日出生，教授、博士生导师，现任南方证券有限公司总裁。

1980年9月至1984年9月，就读于上海财经学院财金系并获学士学位；

1984年9月至1987年2月，就读于上海财经大学财金系并获硕士学位；

1987年2月到1992年12月，任上海财经大学金融系副主任；

1990年9月到1992年7月，就读于复旦大学国际金融系并获博士学位；

1992年12月到1997年8月，任上海证券交易所副总经理、上海证券交易所发展研究中心主任、上海证券报常务副总编；

1998年6月至今，任南方证券有限公司总裁。

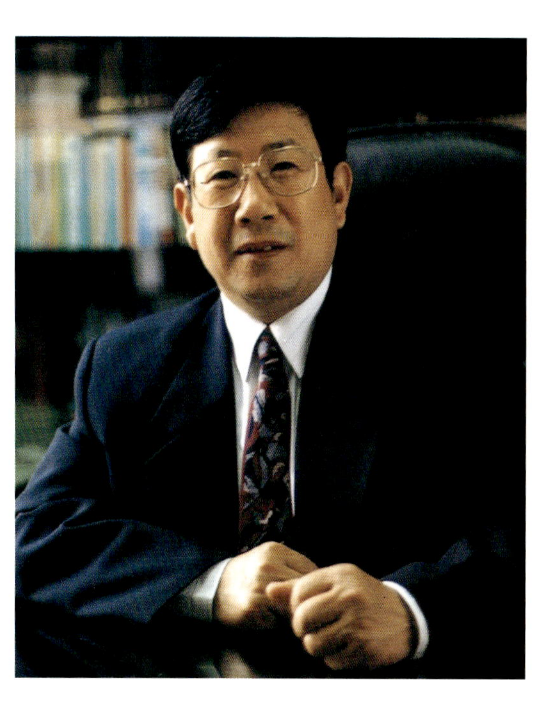

董事长：李名岷　先生

李名岷，男，1946年2月出生，大学文化程度、高级经济师，现任莱芜钢铁股份有限公司董事长、党委副书记。

1970年8月毕业于山东工业大学，并在莱钢机修厂参加工作。历任莱钢总厂机械厂副厂长、厂长，莱钢总厂副厂长、党委副书记，莱钢集团公司董事、副董事长、总经理、党委副书记等职。现任莱钢股份有限公司董事长、党委副书记，是山东省第九届人民代表大会代表，山东省优秀思想政治工作者，山东省“富民兴鲁”劳动奖章获得者。

新疆天宏纸业股份有限公司
XINJIANG TIANHONG PAGERMAKING CO.,LTD

董事长：李国民　先生

李国民，1943年4月生，江苏南京人，回族，中专文化，中共党员，新疆天宏纸业股份有限公司董事长、党委副书记，高级经济师，石河子市第三、四、五、六届人大代表，石河子市第五、六届人大常委，农业部农垦造纸协会理事长，中国造纸学会碱法草浆专业委员会副主任委员，中国造纸学会理事，中国造纸协会副主任委员。1958年10月参加工作，在南京铁路局机务段机车工人，1964年加入中国共产党。曾在中国人民解放军二十军五十八师服役，曾任新疆生产建设兵团农八师一四一团排长、副连长、团武装股参谋，农八师拟组建现役团连长，新疆石河子造纸厂造纸车间副主任、厂保卫干事、组织干事、人武部副部长、劳人科科长、办公室主任、厂长助理、副厂长、厂长、党委副书记，现任新疆天宏纸业股份有限公司董事长、党委副书记。自1995年任造纸厂厂长、党委副书记以来，始终坚持以改革求发展、向管理要效益、全心全意依靠职工办企业的方针，带领全厂干部、职工，连年超额完成生产、财务指标，经济效益不断增长，在自治区同行业中连续多年名列首位，“博雪牌”文化用纸占自治区市场份额的50%。1999年，新疆石河子造纸厂改制设立了新疆天宏纸业股份有限公司，公司于2001年6月28日在上海证券交易所挂牌上市。1995－2000年连续六年被评为厂级标兵，优秀共产党员，1996年被师市评为优秀干部和“十佳”厂长（经理），1997年荣获兵团优秀共产党员，1997－1998年连续两年荣获农八师石河子市“十佳”搭档称号。

董事长：沈长全　先生

董事长：张文武　先生

张文武，1942年生，陕西米脂人，中共党员，高级会计师、注册评估师。1967年毕业于西北财经学院财政与金融专业，现任华龙证券有限责任公司董事长。

社会兼职有中国资产评估协会理事、中国资产管理协会常务理事、甘肃省注册会计师协会副会长、甘肃省注册评估师协会会长。

先后在内蒙古第一机械制造厂、兰州铁道学院、宝鸡市计划委员会工作。1991年7月调甘肃省国有资产管理局历任处长、局长，1996年3月任甘肃省财政厅副厅长兼省国有资产管理局局长，并自1996年3月起一直分管省信托投资公司的工作。

1998年开始负责全省四家信托投资公司的清理整顿工作和华龙证券的组建工作，任省清理整顿信托投资公司领导小组办公室副主任、华龙证券筹委会主任。

在省级以上各类报刊发表专业论文20多篇，主编出版了专业论著《国有资产管理实务新编》、《资源资产化管理》、《从资产经营看甘肃企业改革》。

论文《建立现代企业制度中国有资产管理的几个问题》获96年财政系统科研成果特别奖、97年甘肃社会科学优秀成果二等奖（兴陇奖）。

论文《加快财政支出改革，强化财政支出管理》获2000年财政系统优秀科研成果特别奖。

主编专著《从资产经营看甘肃企业改革》获2000年财政系统优秀科研成果一等奖。

甘肃荣华实业(集团)股份有限公司
GANSU RONGHUA INDUSTRY GROUP CO.,LTD.

董事长：张严德　先生

张严德，男，现年40岁，中共党员，高中文化，经济师。曾任甘肃省武威荣华工贸总公司总经理。现任甘肃荣华实业（集团）股份有限公司董事长。

历获“全国乡镇企业家”、“全国优秀青年乡镇企业家”、“全国乡镇企业科技进步先进工作者”、“全国劳动模范”、“优秀共产党员”、“全国农业科技先进工作者”等荣誉称号，系中国青年乡镇企业家协会常务理事、中国淀粉工业协会理事、甘肃省九届人大代表，具有丰富的企业经营管理经验。

天津一德证券经纪有限责任公司

董事长、总经理：张彦兵　先生

张彦兵先生，男，1953年12月9日出生，天津市人，研究生学历，现任天津一德证券经纪有限责任公司董事长、总经理。

1970 - 1976年　中国人民解放军198师炮兵团　战士
1976 - 1985年　天津物资局金属公司　职员科长
1985 - 1992年　天津物资局　副处长
1993 - 1995年　北洋(天津)钢材批发交易市场　副总裁
1995 - 1998年　天津联合期货交易所　副总裁、总裁
1998 - 2001年　天津一德投资集团　执行总裁
2001年至今　天津一德证券经纪有限责任公司　董事长、总经理

董事、常务副总裁：宋建生　先生

宋建生，男，1955年元月出生，高级经济师。1983年至1995年历任中国人民银行贵州分行办公室秘书、副主任，交通银行海南分行人事处副处长、信托业务部副经理，贵阳市城市信用社副理事长、主任，1996年至2001年任贵州证券公司副董事长、总经理、党总支书记。2001年，贵州证券与湛江证券合并重组并增资扩股成立汉唐证券有限责任公司后，出任汉唐证券有限责任公司董事、常务副总裁。

CPA 江苏武晋会计师事务所

董事长：陈华康　先生

陈华康，男，1952年10月出生，会计师。现任江苏武晋会计师事务所董事长、所长、主任会计师。兼任常州市注册会计师协会常务理事、常州市资产评估协会常务理事、副秘书长、江苏省注册咨询专家。

专业特长：长期从事财政财务管理、社会审计、资产评估、企业财务咨询和管理的组织工作。担任江苏新科电子集团财务顾问，参与江苏新华昌集团、江苏旷达集团等创业板上市企业的财务策划工作，组织实施武进行政中心工程造价管理咨询。

1995年起根据《中国注册会计师独立审计准则》，组织制定本所执业质量控制标准等社会审计规范，并根据财政部《企业具体会计准则》和《会计法》、《企业会计制度》，在社会组织业务培训，在年报审计工作中组织实施。

1996年5月组织对江苏五菱集团实施整体资产评估，担任项目经理（五菱B股上市前）。

1997年7月组织对江苏新科电子集团实施企业改制整体资产评估，担任项目经理。

1998年3月起先后组织指导江苏恒力集团、江苏阳湖纺织集团等十余家企业组建股份有限公司的审计、资产评估。评估值达35.8亿元，增值率18.6%。

1999年5月组织实施武进行政中心及高新科技开发区工程造价管理咨询工作，审计额达3.8亿元，为社会节约资金近0.83亿元。

1993年起对上市公司年报审计及资产重组、并购进行长期跟踪研究。1999年9月参与中国（江苏）改革发展研究院研究报告—99重大研究课题《公司制企业法人治理结构》之六《股份公司财务及负责人》的编著。2001版《公司制企业法治理结构》编著之一。

董事长：陈青光　先生

陈青光，男，1950年3月生，中共党员，高级经济师，研究生学历。现任桂林旅游发展总公司党委书记、副董事长、总经理，桂林旅游股份有限公司董事长，并担任中国旅游车船协会副会长等社会服务职务。曾就读于重庆交通学院管理工程系，杭州大学旅游系函授部，中山大学哲学系。先后在桂林机床厂、桂林汽车总站、桂林市泰和饭店、桂林市杉湖旅行社、桂林市旅游车船公司、桂林市旅游局、桂林市人民政府工作，曾任桂林市旅游车船公司总经理，桂林市旅游局局长，桂林市人民政府副秘书长、市长助理，桂林旅游发展总公司董事长等职务及广西旅游协会副会长，桂林市旅游协会会长，桂林市道路同业工会副会长，桂林市青年企业家协会副会长等社会职务。

董事长：陈树隆　先生

陈树隆先生，1964年11月出生，籍贯安徽巢湖，中共党员，大学本科学历，高级经济师、高级会计师。现任安徽国元控股（集团）有限责任公司总裁，国元证券有限责任公司董事长、首席执行官、法定代表人。

1983－1987年在安徽财贸学院会计系就读本科，1999年开始在中国科技大学工商管理学院攻读硕士研究生。

1987－1989年在安徽财贸学院会计系任教；1989－1993年在安徽省财政厅综合处从事预算外资金、国债发行等管理工作；1994－1997年在安徽省国债服务中心(安徽省财政证券公司)工作，任主任(总经理)、法定代表人；1998－2001年在安徽省信托投资公司工作，任总经理、党委副书记、法定代表人；2001年3月任安徽国元控股(集团)有限责任公司总裁，2001年8月开始在国元证券有限责任公司工作。

陈树隆同志具有较高的金融企业经营管理水平，他所领导的企业均取得了跨越式的发展。在他任期内，安徽省国债服务中心完全依靠自我滚动发展，四年累计实现利润4.7亿元，连续四年人均年利润超过290万元；安徽省信托投资公司从1998年至2000年三年累计实现利润19.6亿元，证券经纪业务的省内市场占有率由1997年的14.5%增至2000年的39%，承销股票融资13.3亿元，其中主承销5家，上市推荐5家。同时，自1996年以来，他所领导的企业累计捐资、赞助社会公益事业9000多万元。

由于贡献突出，1997年10月他被安徽省政府授予“安徽省劳动模范”称号，1998年12月被安徽省政府授予“中青年优秀企业经营者”称号，1999年12月荣获“安徽省第五届十大杰出青年企业家”称号，2000年12月被安徽省政府授予“贡献金质奖”和“安徽省劳动模范称号”。2001年4月被全国总工会授予全国“五一劳动奖章”，1998年11月当选为中国青年企业家协会副会长。

在学术上，他先后在《金融时报》、《中国证券报》等报刊上发表多篇论文，担任中国证券业协会2000年重点科研课题组成员并荣获一等奖。

中国华融资产管理公司

总裁：杨凯生　先生

杨凯生，武汉大学经济学院毕业，经济学博士，研究员，从事过工业企业生产工艺和成本预算管理工作。1985年进入银行，曾任过中国人民银行研究生院硕士生导师，现为中国人民大学金融与证券研究所学术委员会委员、中国人民大学兼职教授，《经济参考报》(投资)专家顾问理事会常务理事。历任中国工商银行规划信息部主任、深圳分行行长、总行副行长、现任中国华融资产管理公司总裁。在国家级杂志、期刊上发表学术论文20余篇，著有《银行风险防范和危机化解比较国际研究》专著(中国金融出版社2000年出版)。

中 山 证 券 有 限 公 司

董事长：金向东　先生

金向东，男1957年10月出生，大学本科，现任中山证券有限公司董事长。

1977年3月－1978年3月在北京海淀区清原公社章庄大队插队;

1978年4月－1982年1月在中国人民大学哲学系读本科;

1982年2月－1986年12月在北京文化部文化管理学院教学;

1987年1月－1991年1月在北京中央国家机关团委工作;

1991年2月－1994年9月在深圳宝安集团北京实业公司安信财务顾问有限公司工作;

1994年10月至今在中山证券有限公司工作。

北京首钢股份有限公司
BEIJING SHOUGANG CO.,LTD.

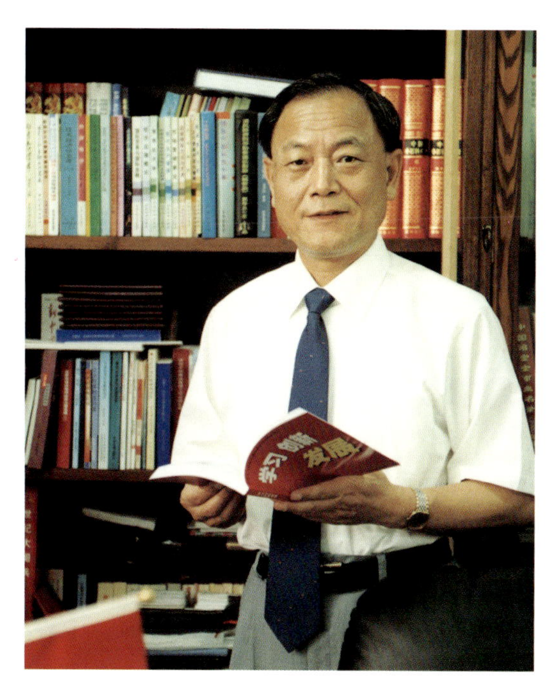

董事长：罗冰生　先生

罗冰生，男，1941年8月生，重庆璧山县人，1962年毕业于贵州工业大学炼钢专业。1963年到首钢参加工作，曾任首钢总公司副总经理、总经理、党委副书记、副董事长。1992年当选为中共十四届中央委员会候补委员。1997年当选为中共北京市八届委员会委员。现任首钢总公司党委书记、董事长兼北京首钢股份有限公司董事长，中国金属学会副理事长，中国钢铁协会副会长，中国企业联合会副会长，北京金属学会理事长。

罗冰生同志任首钢领导职务以来，不断解放思想，开拓创新，审时度势，驾驭全局，研究解决首钢改革发展的根本性问题，组织制定和实施了一系列重大决策，取得了突出的成效。

以建立现代企业制度为目标，深化首钢企业改革。1995年开始，采取主辅分离的办法，组建以首钢总公司为母公司，以资本为纽带的母子公司一首钢集团；1997年党的十五大以后，实施现代企业制度框架建设；1999年以来，按照党的十五届四中全会的要求，进入现代企业制度规范化建设阶段。组织实施了"首钢股份"上市和部分银行债务的"债转股"，实现了投资主体多元化。首钢总公司已改组为控股公司，首钢集团改制为多种所有制并存、多法人的大型企业集团。

积极推进首钢的战略性结构调整。提出了"质量、品种、效益、环境"的发展方针，使首钢由外延发展转向内涵发展。坚持可持续发展战略，不断加大环境治理力度，厂区环境质量明显改善。提出了面向新世纪、建设新首钢的奋斗目标，制定了首钢三大发展战略，即用高新技术改造钢铁业，大力发展高新技术产业、房地产业和服务业，积极发展海外事业，并初见成效。2000年底，首钢非钢产业销售收入和海外营业额占集团销售收入总额的比例已达50.52%。

兖州矿业(集团)有限责任公司

董事长：赵经彻　先生

赵经彻 男，汉族，安徽省肥东县人，1936年9月生，1957年7月参加工作，1980年7月加入中国共产党，合肥工业大学毕业，教授级高级工程师，博士生导师。1957年7月至1980年8月历任枣庄矿务局陶庄煤矿技术员、工程师、副总工程师、总工程师，1980年9月至1985年6月任兖州矿务局兴隆庄煤矿总工程师兼副矿长、矿长，1985年7月至1996年3任兖州矿务局副局长、局长，1996年3月至1997年8任兖州矿业（集团）有限责任公司董事长兼总经理，1997年9月辞去总经理职务，专任董事长职务至今。

赵经彻董事长先后获得国家科技进步特等奖、一等奖，全国企业管理现代化成果一等奖，中华人民共和国十佳经营者，1997年世界煤炭行业杰出工程师国际荣誉评审会国际最高奖，中国管理成就奖，中国市场经济功勋人物，中国煤炭工业企业家，全国"五·一"劳动奖章获得者，蒋一苇企业管理创新成就奖，何梁何利科学与进步奖，全国劳动模范，享受国家政府特殊津贴。

赵经彻同志兼任中国矿业大学、山东科技大学、合肥工业大学教授，中国矿业大学工商管理学院名誉院长，山东省政协委员等社会职务，同时还兼任中国企业管理研究会副会长，中国市场经济研究会副会长，中国煤炭技术咨询委员会常务委员，国务院发展研究中心《管理世界》学术指导，中国岩石力学与工程学会第四届理事会副理事长、中国能源研究会第四届理事会理事等职务。

大连金牛股份有限公司

DALIAN JINNIU CO.,LTD

董事长、总经理：赵明远 先生

赵明远同志1952年11月7日出生，汉族，大专文化，高级经济师，中共党员，现任大连钢铁集团有限责任公司董事长、大连金牛股份有限公司董事长、总经理。

赵明远同志1969年入大连钢厂参加工作。1974年12月后，先后任大连钢厂水汽车间党支部副书记，机动处党总支副书记，大连钢厂团委副书记、书记。1981年4月考入大连干部管理学院学习工业企业经济管理，获大专文凭。1983年6月到1996年2月，先后任大连钢厂铸造车间党支部书记、大连钢厂供应处处长兼书记、大连钢厂副总经济师、大连钢厂副厂长。1996年3月临危受命出任大连钢厂厂长，1998年7月任大连金牛股份有限公司董事长、总经理。赵明远同志1999年获大连市优秀人才奖，2000年获辽宁省"五·一"劳动奖章、大连市1998－1999年度劳动模范称号。

四川省天风证券经纪有限责任公司

总经理：郑大平 先生

郑大平，男，1954年9月出生，MBA研究生，经济师，现任四川省天风证券经纪有限责任公司总经理。

曾任四川省政府经济研究中心、四川省体改委付处长、处长；遂宁市体改委副主任；成都联合期货交易所副总裁、党组成员；现任四川省天风证券经纪有限责任公司总经理。

著述及获奖情况：

在国内刊物发表论文数十篇，其中《对进一步改革的九个问题的思考》获四川省哲学社会科学优秀科研成果三等奖；《对技术市场现状和进一步发展的几点看法》获四川省科协首届青年优秀论文奖；著作《流通经济辞典》任主编和主要撰稿人，56万字四川辞书出版社出版；《城市经济辞典》任编委及主要撰稿人，四川科技出版社。在反映改革的9集电视系统节目《超越》担任撰稿人和制片人，该片获全国改革题材电视艺术三等奖。在全国青联、共青团中央开展的"为'七·五'建设出成果作贡献"竞赛活动中，获四川省青联、团省委1986－1990年度先进个人称号。

伊利 内蒙古伊利实业集团股份有限公司
INNER MONGOLIA VILI INDUSTRIAL GROUP CO.,LTD.

董事长：郑俊怀　先生

郑俊怀，董事长兼总裁，男，汉族，49岁，中共党员，工商管理硕士，高级经济师，内蒙古呼和浩特土左旗人。

1974年1月——1975年11月、呼市农林局政工科——科员

1975年12月——1979年12月、呼市国营畜禽场——副书记、副厂长。

1980年1月——1982年12月、呼市奶牛公司招待所

1983年1月——1993年5月、呼市回民奶食品厂——厂长

1993年5月——至今内蒙古伊利实业集团股份有限公司——董事长

内蒙古伊利集团董事长郑俊怀先生所获荣誉称号和奖励（不包括科技成果奖）：

1. 1989年内蒙古优秀企业家; 2. 1986年呼和浩特市劳动模范; 3. 1989年度市长特别奖; 4. 1991年呼和浩特市"十大新闻人物"; 5. 1993年内蒙古自治区优秀企业家; 6. 1993、1994、1996年获工业企业优秀工作者荣誉称号; 7. 1995、1996年呼和浩特市"十家市民" 8. 1995、1996年内蒙古自治区劳动模范; 9. 1995年度全国劳动模范、"五一"劳动奖章获得者; 10. 1996年度全国轻纺工业企业优秀厂长（经理）荣誉称号; 11. 1996年学邯钢优秀个人; 12. 1998年"全国上市公司改革成果巡礼征文"活动中，被授予特别荣誉奖; 13. 2001年被中国乳品工业协会评为2001年度全国乳品行业优秀企业家。

長城證券有限責任公司
GREAT WALL SECURITIES CO.,LTD.

总裁：徐 英　女士

徐英女士，中共党员，长城证券有限责任公司总裁。

徐英女士1973年至1978年在北京燕山实化总厂工作。1982年毕业于北京财贸学院金融系，毕业后留校任教，从事金融教学与研究工作。1989年赴海南汇通国际信托投资公司任职，历任公司副总经理、常务副总经理，主管公司的证券业务。1995年，汇通证券与深圳长城证券部合并成立长城证券有限责任公司后，徐英女士担任公司总裁。近二十年来，徐英女士一直从事金融证券的教学、研究和金融企业的领导工作，具有丰富的金融证券理论知识和实践经验。

1995年以来，在各级政府、证管部门以及各股东单位的大力支持下、在董事会的领导下，徐英女士和公司经理会成员带领长城证券全体员工积极进取，艰苦奋斗，取得了不俗的成绩。公司业务和资产规模迅速扩大，利润连年增长。1999年，中国证监会批准长城证券公司增资扩股。2000年长城证券有限公司完成增资扩股，资本金由1.57亿元扩大到8.25亿元，并成为中国证监会核准的第一批综合类券商。2000年，长城证券在经营业绩、综合实力、规范管理等方面均取得了长足的进步，市场份额大幅度提高，上缴税收上亿元，为股东创造了很好的收益。

目前，长城证券在中国十多个大中城市设有二十二家证券营业部，拥有员工700多人，各项业务均名列全国券商前列。长城证券以其稳健经营和优质服务赢得了广大投资者的长期信任。

进入新世纪，长城证券将以投资银行为龙头，以经纪业务为基础，以管理机制和业务创新为手段，以迅速提高员工队伍素质为保证，加强内部管理，规范公司经营，全面提升公司各项业务和管理水平，逐渐形成长城经营特色，争取使各项工作再上一个新台阶。

董事长：翁景庆　先生

翁景庆，男，1945年出生，大学本科，高级会计师。长期从事企业财务和经营管理工作，积极构建现代企业制度，成绩显著。曾任铁道部大桥局五处副处长、总会计师，铁道部第二工程局副总会计师、总会计师、中铁二局集团有限公司副总经理兼总会计师。现任中铁二局集团有限公司总经理、中铁二局股份有限公司董事长。

广西桂东电力股份有限公司
GUANG XI GUI DONG ELECTRIC POWER CO.,LTD.

董事长、总经理：温昌伟　先生

温昌伟，男，1950年12月出生，高级经济师。现任广西桂东电力股份有限公司董事长、总经理。

曾获全国水利经济先进个人；全国劳动模范；广西优秀经理等荣誉称号。

大同证券经纪有限责任公司

董事长兼总裁：董 祥 先生

董祥，男，现年37岁，中共党员，研究生学历，高级经济师。从事金融工作20年，其中从事证券工作9年，现任大同证券经纪有限责任公司董事长兼总裁。1981年12月参加工作，曾任人民银行雁北分行计划科副科长、办公室主任，中国银行大同分行办公室主任。大同证券公司深圳业务部总经理；1995年1月起任大同证券公司董事长兼总裁至今。

董祥同志既熟悉和精通证券业务，又具有丰富的管理理论知识和经验，几年来，带领大同证券全体员工锐意进取、改革图强，使公司迅速发展壮大，成为经纪类券商成功的典范。同时，董祥同志还十分注重自身学识水平的培养和提高，工作以来，他撰写了调查分析报告、论文等100余篇，60余万字，被采用和刊登的论文及调研文章50余篇，20余万字。其中国家级报刊发表14篇，6万余字，并编著出版了《证券公司实务》一书。该书系统地介绍了金融、证券知识及证券公司经营管理工作的诸多实践经验。

富国基金管理有限公司
FULLGOAL FUND MANAGEMENT CO.,LTD.

董事长：虞志皓 先生

虞志皓，工商管理学硕士。1982年任上海工商银行信贷科长，1987年后调任工商银行上海信托投资公司主管证券业务。1990年担任上海申银证券公司总裁助理，主管公司证券经纪业务和分支机构建设，期间还兼任浦西管理总部总经理。1997年担任申银万国证券公司总监。1999年担任富国基金管理公司董事长。

虞志皓先生长期从事金融工作，是新中国以来最早一批致力于证券业务探索和市场拓展的成员之一。1989年在国内证券业务尚处萌芽阶段就牵头组织了中国第一个证券信息网，会员单位60多家，遍布全国各大中城市；同时还组织举办了近十期证券知识和业务学习班，学员达500多人次，为我国证券市场的前期发展做了大量有益的工作。担任富国基金公司董事长以后，和公司领导班子一起全力遵从“亲力亲为，奉献社会”的企业宗旨，奉行“诚信、专业、进取……你想的，正是我们在做的”的经营理念，重管理、求实效，最大限度地保证投资者的利益。目前，公司管理运作汉盛、汉兴、汉博、汉鼎四只证券投资基金，规模达到60亿份基金单位。虞志皓先生锐意进取，稳健诚信的经营理念正引导着公司跻身于国际一流基金管理公司的行列。

总经理：缪汉金　先生

缪汉金，男，汉族，1946年6月生，江苏省江阴县人，1969年8月参加工作，1985年3月加入中国共产党，大学文化程度，高级工程师，现任山西太钢不锈钢股份有限公司董事兼总经理。

1969年8月毕业于东北工学院钢铁冶金系，分配到太钢第三炼厂。历任三钢厂技术科副科长、科长、副厂长、厂长。1998年6月任山西太钢不锈钢股份有限公司董事兼总经理。

在从事技术管理工作期间，对电弧炉冶炼电磁纯铁及炉料纯铁系列产品进行了理论和实践的深入研究，是电磁纯铁国家标准的起草人之一，为太钢电磁纯铁于1979年和1984年分获国家质量银奖和金奖作出突出贡献；组织参与了国内第一座18tAOD炉（氩氧精炼炉）不锈钢精炼工艺技术的研究开发；组织参加了国内第一台特殊钢坯连铸机的建设、投产和工艺研究。多次获得公司、省科技进步奖，1984年获得山西省冶金厅模范工作者、太原市先进生产者。

在担任第三炼钢厂副厂长、厂长期间，积极推行科学管理，坚持“质量兴厂”方针，1995年该厂被冶金部命名为“现场管理样板厂”。本人连续多次被集团公司评为优秀厂长，1997年被授予太原市劳动模范。

宝 盈 基 金 管 理 有 限 公 司

董事长：谭向东　先生

谭向东，男，1954年8月出生，湖南茶陵人，中国共产党党员，文化程度：经济学博士，民族：汉族，职称：高级经济师、研究员；现任宝盈基金管理有限公司董事长，深圳证券交易所理事。

学习经历

1978年9月－1982年7月　湖南财经学院读本科，获经济学学士学位；
1993年9月－1996年6月　西南财经大学在职攻读并获经济学硕士学位；
1995年9月－1998年7月　厦门大学在职攻读并获经济学博士学位。

工作经历

1982年－1986年　中国人民银行湖南省分行信贷处科长；
1986年－1990年　中国工商银行总行调研部副处长；
1990年－1992年　中国工商银行石家庄分行副行长；
1992年－1994年　中国工商银行总行信托投资公司证券部总经理；
1994年－1995年　中国工商银行总行信托投资公司副总经理；
1995年－1997年　北京证券有限责任公司总经理；
1997年－2000年　联合证券有限责任公司常务副总裁；
2000年10月至今　宝盈基金管理有限公司董事长。

专业资格

1993年5月	中国工商银行总行	高级经济师
1995年12月	中国管理科学院	研究员
1995年	中国证监会	证券高管人员资格
2000年7月	中国证监会	基金高管人员资格

国元证券有限责任公司
GUOYUAN SECURITIES CO.,LTD

董事、总裁：蔡 咏 先生

蔡咏，男，1960年6月出生，江苏扬州人，中共党员，本科学历，高级经济师，现任国元证券有限公司董事、总裁。

1978年10月至1982年7月，就读于安徽财贸学院财政金融系财务会计专业，获经济学学士学位。1982年8月至1990年10月就职于安徽省财贸学院财政金融系任讲师、教研室主任。1990年11月至1993年7月，就职于安徽省国际经济技术合作公司美国(塞班)分公司，从事投资项目管理工作，任财务经理。1993年8月调入安徽省国际信托投资公司，任国际金融部经理。1996年10月，调任安徽省国际信托投资公司深圳证券营业部总经理，1999年2月起任安徽国投证券总部副总经理兼深圳营业部经理。1998年至2001年8月兼任深圳市安鹏投资发展有限公司董事长、总经理，2000年至2001年8月兼任安徽省政府窗口公司－黄山(香港)有限公司总经理助理。在安徽国投工作期间，所主管的国际金融部、深圳证券部连续多次被公司授予“先进集体”称号，其中深圳证券部在深圳市200多家证券营业部评比中，连续两年被当地证管部门评为“深圳市优秀证券营业部”。由于工作突出、绩效显著，自1994年起他连续六年被评为公司“先进工作者”。2001年5月，按照安徽国投和安徽信托信证分业重组方案，他参加了国元证券有限责任公司筹备组的工作，9月任国元证券有限责任公司总裁并报中国证监会通过。

近十年来，他在金融证券工作中，始终坚持国家的方针政策，严格依法经营，按章办事，所负责的部门从未出现一起违法违规现象，经营稳健，决策果断，使这些部门在激烈的市场竞争中取得了优异成绩，为公司的发展做出了突出贡献。

在经营管理中，他十分注意自己的理论知识学习，经常参加国内外有关金融、证券、财务管理等方面的培训，不断更新和丰富自己的理论知识。1997年3月至1997年12月曾参加深圳大学组织的“香港会计与审计”学习班，1995年5月、6月间参加了中国国际信托投资公司在荷兰组织的“国际投资、金融与会计”培训班，1997年10月，参加中国证券业培训中心在北京举办的“证券业风险控制”的学习。

在工作实践中，他先后撰写了《国际会计》、《会计原理》、《会计原理的教与学》等专著，并有30余篇专业论文在国家、省级报刊上发表。

丰富的管理经验、几经历练的决策与把握全局的能力，加上厚实的理论文化功底，为未来引导国元证券的健康持续发展奠定了基础。

秦皇岛华联商城控股股份有限公司
QINHUANGDAO HUALIAN BUSINESS BUILDING HOLDING CO.,LTD.

董事长：魏 超 先生

魏超，安徽省肥东县人，汉族，中共党员，高级政工师，1953年10月出生，1971年参加工作，1987年于北京纺织政工学院管理专业毕业，先后在合肥市供电局、安徽省政协秘书处、安徽省纺织工业厅、海南省纺织工业局工作。1985年起，他历任省纺织厅政治处副主任、厅直属机关党委副书记、安徽省服装公司总经理、海南省纺织局人事处长，多次荣获“先进工作者”、“优秀党务工作者”称号。1995年起魏超先生“下海”创业，担任过安徽新长江集团投资有限公司（以下简称“新长江集团”）董事长、法人代表，现任政协安徽省委员会委员、华联商城董事长。

魏超先生创办的新长江集团主营房地产、电子商务、市场开发，投资1.8亿元，于1997年建成合肥长江批发市场，2000年市场交易额达到100多亿元，被国家统计局列为“大型交易批发市场20强”，排名第19位。

1999年6月，新长江集团与秦皇岛华联商厦集团有限公司合作对华联商城进行了资产重组，重组后华联商城净利润较重组前翻了一翻多。

魏超先生性格坚毅、豁达，为人随和，思维敏捷，意识超前。他倡导“依法办事，制度管人，数据说话，按效分配”的管理宗旨和“务实创新”的发展理念，始终把股东利益放在首位，坚信企业的成功是企业里一批人的成功。

董事长：成 锋　先生

成锋先生，现年55岁，大专学历，高级会计师，1968年参加工作，1991年至1993年3月任石河子电力工业公司副经理，具有丰富的企业经营和财务管理经验，1999年3月至2001年2月担任新疆天富热电股份有限公司总经理，2000年，荣获全国质量管理先进个人。兼任股份公司控股子公司石河子开发区天富房地产开发有限责任公司董事长。

上海大屯能源股份有限公司
SHANGHAI DATUN ENERGY RESOURSES CO.,LTD.

董事长：曹祖民　先生

曹祖民先生，上海大屯能源股份有限公司董事长，中国公民，男，49岁，大学文化，高级工程师。中国煤炭工业优秀企业管理者，江苏省优秀企业经营者，江苏省人大代表，全国“五一”劳动奖章获得者。

编 后 语

2001年是我国取得辉煌成就的一年。就在全球经济陷入衰退之际，北京成功申办2008年奥运会、上海成功举办APEC会议、中国加入WTO等，这些重大事件将使全球更加关注中国，这种关注使得我国股票市场的流动性和资本都会有不同程度的增加。我国股市经过11年的发展，潜力巨大，市场形势也令人鼓舞。在过去的4年里，A股和B股的平均年增长率分别达到了15.5%和56.3%，这在全球也是首屈一指的。

2001年也是我国证券市场的规范年、监管年。这一年中中国证监会仅着眼于规范上市公司治理和确保财务真实性方面就出台了近30份新规定，并正式启动了退市机制；同时大力开展投资者教育活动，积极创造条件建立股东代表诉讼制度，鼓励投资者拿起法律武器保护自己的合法权益。而对法律法规体系的建设与完善，核准制下新股发行市场化，国有股减持方案的战略调整，更体现了证券监管部门监管思想的巨大进步。

随着我国证券市场向规范化、市场化、国际化的发展，市场内在规律正越来越明显地发生着重要作用。建设初期具有中国特色的“圈钱市”、“政策市”离我们渐渐远去，更加透明的、公正的、符合市场经济规律的法律法规体系正在迅速构筑和完善，一个全面向国际标准接轨的规范化证券市场正在孕育之中。

在新的一年里，国民经济将继续保持健康、快速的发展。股份制改革要继续稳步推进，上市公司整体素质需进一步提升，这既给年轻的国内资本市场构筑了更广阔的舞台，也赋予了更大的责任。我们衷心地希望市场各参与主体加倍珍惜证券市场这来之不易的大好局面，以**“法制、监管、自律、规范”**的八字方针规范和约束自己的言行，用改革和创新来保障我国证券市场充满活力、稳定发展。

新年伊始，万马奔腾。《中国证券大全》(2001)在中国证监会的领导下和中国证券报社、中国经济出版社的指导下，在上海证券交易所、深圳证券交易所及各地证券监管部门的大力支持下，在得到各上市公司、证券商等单位的密切配合及证券界同仁的帮助下，在全体编委和编辑工作者紧张、有序、辛勤耕耘下全部截稿。作为我国证券界的一部大型品牌全书，《中国证券大全》拥有**“权威、真实、实用、规范、全面”**的良好声誉，她与中国证券市场一起成长壮大。面对国际形势的风云变幻和改革开放不断深化的新要求，作为该书的编辑工作者，我们将与时俱进、积极进取、锐意创新，以更出色的成绩回报广大读者对我们的信任和支持。

由于编者理论水平及实践经验不足，加之证券市场不断的发展变化，书中观点难免有不成熟之处，若有疏漏，恳请业内人士及广大读者予以批评、指正，此外，该书在编辑过程中适当引用了部分证券类的报刊与出版物的信息资料，在此一并致谢！

编 者

2002年1月28日

联系电话:0755 －3288756

传　　真:0755－3288183

专业股海商潮世界
“静心”遨游大自然

京工商广临字 2000179 号

图书在版编目(CIP)数据

中国证券大全·2001·/施光耀 陈京华主编.—北京:中国经济出版社,2002.02

ISBN 7-5017-5535-3

Ⅰ.证… Ⅱ.陈… Ⅲ.证券市场-概况-中国-2001

Ⅳ.F832.51

中国版本图书馆 CIP 数据核字(2002)第 006830 号

中国证券大全(2001)

主编 施光耀 陈京华

责任编辑 王连英 沈绪旺

*

中国经济出版社出版发行

(北京市百万庄北街 3 号)

邮编:100037

各地新华书店经销

深圳市星亚辉广告有限公司制作输出

深圳市佳信达印务有限公司印刷

*

开本:889×1194 毫米 1/16 121 印张 8050 千字

2002 年 2 月第 1 版 2002 年 2 月第 1 次印刷

ISBN 7-5017-5535-3/F·4443

定价:780.00 元(共三册精装)

序　言

中国资本市场前景广阔

中国证监会主席　周小川

2001年对中国而言，是不寻常的一年。这一年，北京申奥成功；这一年，APEC会议在上海成功召开；这一年，我国加入了世界贸易组织；这一年，国民经济在全球经济衰退的情况下"一枝独秀"；这一年，中国证券市场的规范化、市场化、国际化发展取得了显著成效。

保护中小投资者始终是重中之重

从计划经济转轨到市场经济，许多观念要转变，也不是一夜之间就能实现的。许多上市公司尊重投资者的观念还较差，这也不奇怪，在计划经济时期企业眼睛向上，看上级行政部门的。在改革过渡期间，企业一只眼睛看市场，另一只眼睛看行政主管部门。真正尊重中小投资者得有个转变过程，这个过程需要我们不断去推动、促进、加速。保护中小投资者需要转变理念，监管机构、交易所、证券业协会都应提高认识。证券市场初建时，对这方面的重视不够，因为那时的目标主要是企业改革、国有企业筹资及减轻通货膨胀压力等。伴随着改革进程，许多非常重要的观念提出来了，大家都在转变。作为市场组织者、监管者，我们要始终把保护中小投资者作为重中之重，并体现在实际工作中。证监会正在推动建立帮助中小投资者进行诉讼的机制。

完善公司治理是我们的一个工作重点

完善公司治理是过去一年我们工作的一项重点，为此证监会连续召开多次会议，起草了关于上市公司治理结构的一个指引性文件，已经过国际研讨、专家征求意见和公开征求意见，不久前已正式同国家经贸委联合发文。《上市公司治理准则》的对象还包括那些拟上市公司。在股权结构方面，从中长期看，应减少公众公司中"一股独大"的现象，这需要花一些时间。

建立独立董事制度是完善公司治理的一项重要内容，这项制度实行一段时间后，将会产生明显效果。从道理上讲，我们希望独立董事是专业型的，有专业背景和经验，能够站在中小投资者立场维护其利益。但就中国目前的情况看，独立董事的来源和经验都欠缺，尚需要培训和实践。不能指望这一制度一建立就会有立竿见影的效果，任何制度发挥作用都有个过程，人才也是逐步锻炼的。有些人知识背景不错，但欠缺经验，可能通过几年的经验积累就会逐步发挥作用。

由于各种原因，有些上市公司在重组方面做文章，出现了一些虚假重组。最近证监会发布了《关于上市公司重大购买、出售、置换资产若干问题的通知》，这些情况在市场发展过程中是可以改善的。

对于信息披露，我想应该从两方面加以认识和推动。首先要让上市公司正确认识信息披露的重要性，从自身长期利益考虑，让市场了解进而取得信任。上市公司披露虚假信息一般是为短期利益，一经发现就要受处罚。因此，加大监管和查处力度对促进信息披露更真实有好处。一些案例出来后，大家对会计准则、诚信原则越来越重视，我们感觉到这方面亟需推进。提高信息披露真实性要求提升会计准则、改进审计质量。在这方面，可采取开放的办法，对国内会计准则和国际通行做法存在差异的方面，不断进行对比和思考，看哪些需要进一步提升；在改进审计质量方面，可适当引进国际知名会计师事务所对新发行公司提供补充的审计报告。从某种角度看，审计质量关系到市场信心。一般新兴市场不可避免案件较多、虚假信息较多，有一个逐渐走向成熟的过程，几乎每个市场都是如此发展而来的。在此过程中要想加速规范化，提升投资者信心，就要使信息披露更真实，就得采用较为开放的作法。否则，就得忍受较慢的规范化步伐，因此，这是一个利弊的权衡。

上市公司是改革开放中走得较快的群体

企业改革一直是经济改革的出发点和立足点，但到今天仍有一些问题没解决好，这些企业共同的问题在1000多家上市公司身上也必然有所表现。从实际数据的比较来看，1000多家上市公司仍是企业群体中改革推进比较快、绩效比较好、比较有创新的。此外要看改革转轨的历史进程和发展的前景，中国企业在改革初期时的基础很差，财务上是"软约束"，多数企业不知道公司治理结构、信息披露、外部审计等概念。如今发展到上千家上市公司初步走上轨道，是很快的进步。同时，与国际比较还有差距也是必然的。但另一方面，中国能够20年高速增长，正是所有这些企业在不断改革、不断发展中取得增长的汇总。其中上市公司对增长的贡献又是高于平均水准的。有些人对中国经济很看好，但对中国企业很悲观，应该说，这有自相矛盾之处。动态地看，大多数上市公司未来的前景会很好，在今后的改革发展中仍会处在领先地位。股市投资既要看当前绩效，更要看未来。

国有股减持很有希望找出比较合理的方案

国有股减持问题是市场关注的一个焦点。我们公开征集减持方案，一是相信群众智慧中会产生优秀的方案，二是希望寻找并获得多赢的局面。资本市场会有多种不同利益存在，需要在其中寻找一条更平衡的出路。采用这种方法也是在市场反馈下作出的尊重实践的选择。

证监会的定位是搭建一个平台，以便各类资本市场参与者在平台上运作。这次证监会规划发展委员会会同两个交易所和若干业界研究所负责搜集汇总方案，到目前，征集到的意见有4000多份，超出我们预想。其中很多方案显示出非常深刻的思考和才华，表现出对中国证券市场规范、国际经验、中国国情各方面的综合思考，我们很受启发。目前方案已初步分类、汇总，下一步，还将鼓励各主要设计人对同类方案进行改进、完善、配套。我们还留了一个口子，如果还有特别思路的方案，可以继续递交。交易所和业界的几个研究所都参与了这项工作。在经过健全完善后，将进一步征集评论性意见。

从汇总材料中，来自各方的工作人员归纳出在几个方面大家的意见比较接近：一是希望今后的国有股减持或国有股、法人股流通的通盘解决方案，能体现社会公平的原则。社会各界希望最终的解决方案，能兼顾当事各方的利益，能争取社会多方共赢的局面。二是希望今后的国有股减持或国有股、法人股流通的通盘解决方案，能体现有利于证券市场稳定的原则。社会各界希望最终的解决方案，能最大限度地减小对证券市场价格波动的影响，给证券市场一个稳定的发展空间。三是希望今后的国有股减持或国有股、法人股流通的通盘解决方案，能体现有利于证券市场长远发展的原则。社会各界希望能以国有股减持为契机，争取实现通盘解决国有股、法人股流通的战略目标，给中国证券市场今后的长期健康发展，奠定坚实的市场基础。四是希望尽快实现新上市公司股份全部流通，从而不再扩大现有非流通股的存量，不再增加新的"历史遗留问题"。实现上市公司股份可以全部流通，有助于集中力量解决现有证券市场中非流通股存量问题，有助于中国证券市场从此走上更加规范化的发展道路。

总之，绝大多数方案提到，在采用不同方法消化历史遗留问题的同时，新股应该全流通，这也是规范化的内容之一。同时，由于法人股不流通导致市场出现扭曲，使得流通股投资者在这一格局中容易受到损失，为解决这一问题，绝大多数方案认为应该实行某种补偿措施，具体怎么做，方案各有特色。看来，有很多共同基点已出现。方案的征集有助于找出符合中国国情的方法，很有希望找出一个或多个比较合理的方案。

用动态的眼光来看，市场是能实现"多赢"的。"多赢"或"双赢"的说法，是从《搏弈论》中来的，能否"多赢"取决于"搏弈"的性质。如市场的发展能使资源配置优化或改进，就能促进经济有效发展，经济发展又需要市场扩大，并给各类市场参与者带来机会。这就成了蛋糕做大的过程，做大了蛋糕，大家就可能多赢。反之，如蛋糕不能做大，你多我就少，就是"零和"搏弈。资本市场不是静态的，不能只看今天，蛋糕大小似乎不变，无法实现多赢。必须用动态的眼光看资本市场，伴随着资源配置的优化和经济的增长，蛋糕一定随之做大，也就应该存在多赢。

竞争和外力的进入有助于市场发展

加入 WTO，标志着我国的改革开放进入了一个新的阶段。入世对于中国资本市场的影响，更多地体现在服务领域。如证券经纪、承销、投资基金管理、资产评估、证券评级、有关的法律和会计服务等等。因此入世对于国内证券公司、基金管理公司、法律事务所和会计师事务所等服务性机构产生的挑战和机遇比较大。

当然，这种挑战或者说竞争首先是一种合作。国内机构有很多产品、方式没做过，有许多服务没有提供过，通过合资方式可借鉴很多东西。同时，我们开放的步伐是稳妥的，开始只允许合资公司，你要是觉得自己实力强能应对竞争，可以选择自己干，也可选择合资，大股还在中方。此外还可以选择技术合作，比如说三只开放式基金的发行就都找了外国合作伙伴给予协助和支持。

外部力量的进入有两方面有益作用，首先是补充作用，其次是规范作用。国内的机构过去积累了一些经验，但在外部环境、内部运作上还有一些不规范的地方。过去开展工作时许多法律法规尚未出台；即便是现在，法规条例也还不全面，有的还在酝酿中。在这种状况下，一部分外部力量的进入对加快规范有好处，他们会把在成熟市场运作的做法、经验带进来。现在还有一些国内机构内控较差，通过竞争和外力的进入会有助于加以改善。外部力量进入以后，竞争带来的影响总的来说是正面的，是有助于中国资本市场发展的。现阶段看，不是外资公司进来打垮国内公司的问题。竞争其实就是这样，如果人家做得好，就逼着你去做好。

对待外来竞争，我觉得，不要小看自己，中国证券业人才很多。如果竞争压力不够大，反而就会因循守旧；有了压力，我认为大多数人都能迎头赶上。中国加入 WTO，短期内对证券市场的冲击似乎不太大。但大家必须清醒认识到，证券业的开放是一个动态的过程，不能只看我们入市谈判所作的承诺，眼光要放远一些，要加倍努力，以缩小我们与国际同行的差距。

中国资本市场发展空间很大

中国国民经济增长很快，前景很好。首先，证券市场总市值占 GDP 的比重较低，其中还包括一块不流通的，今后有很大的发展空间。我国居民储蓄率较高，如果储蓄都通过银行进行贷款，风险管理的压力是较大的，应走向多元化渠道。资本市场在中国才搞十几年，基础不够好，还比较弱，但从整个金融体系的结构合理化和风险管理出发，又必须加快发展，从这个角度看，证券市场发展空间很大。其次，资本市场工具还不全面，目前主要是股票，债券市场的发展仍有一些问题没解决，公司债下一步发展有很多工作要做。在工具创新方面确实有很大的空间，比如期货、衍生产品，国民经济发展有需求，其发展前景良好。

随着现代化建设和改革开放的推进，未来我国股票总市值加上资本市场其他证券的总市值，应接近或达到一年 GDP 的水平。中国 20 多年改革开放所取得的成就是让人始料未及的，将来中国证券市场的发展也会是这样。

2002 年 1 月 15 日

《中国证券大全》编辑委员会

2001年沪深

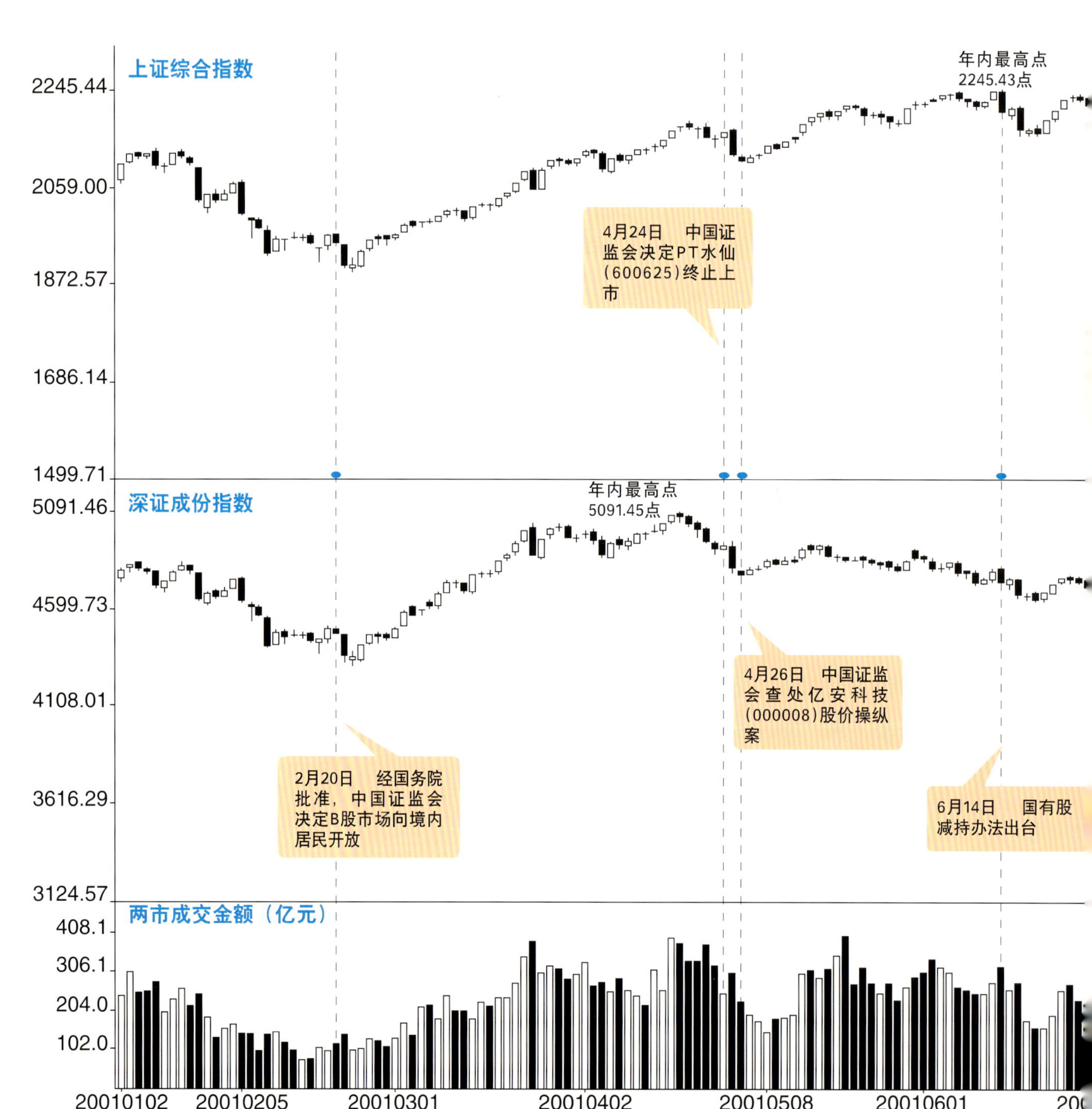

股市日K线图

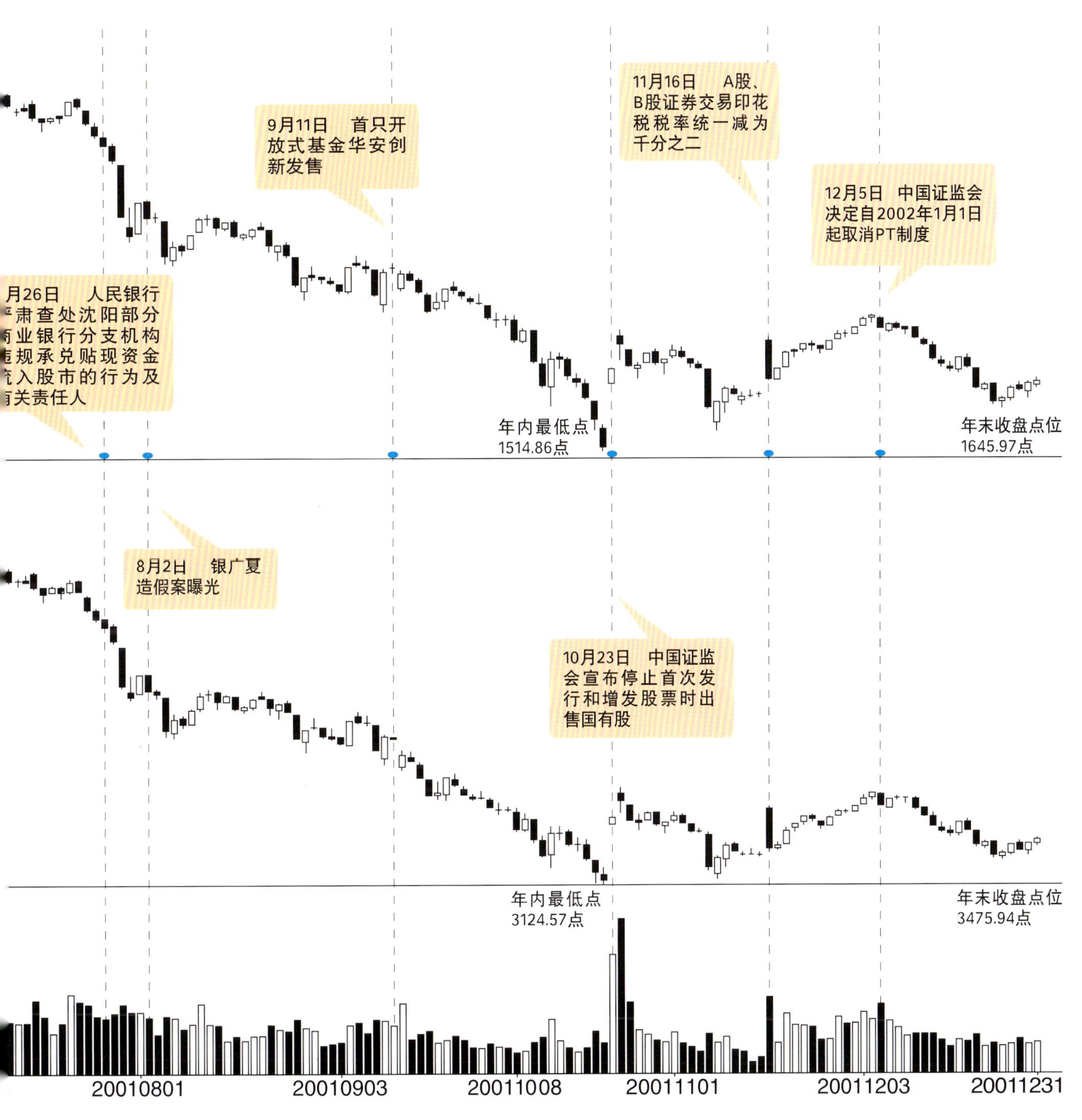

9月11日 首只开放式基金华安创新发售
11月16日 A股、B股证券交易印花税税率统一减为千分之二
12月5日 中国证监会决定自2002年1月1日起取消PT制度
月26日 人民银行肃查处沈阳部分商业银行分支机构违规承兑贴现资金流入股市的行为及有关责任人
年内最低点
1514.86点
年末收盘点位
1645.97点
8月2日 银广夏造假案曝光
10月23日 中国证监会宣布停止首次发行和增发股票时出售国有股
年内最低点
3124.57点
年末收盘点位
3475.94点
20010801
20010903
20011008
20011101
20011203
20011231

中国证券市场2001年总貌图示

(一)发行上市

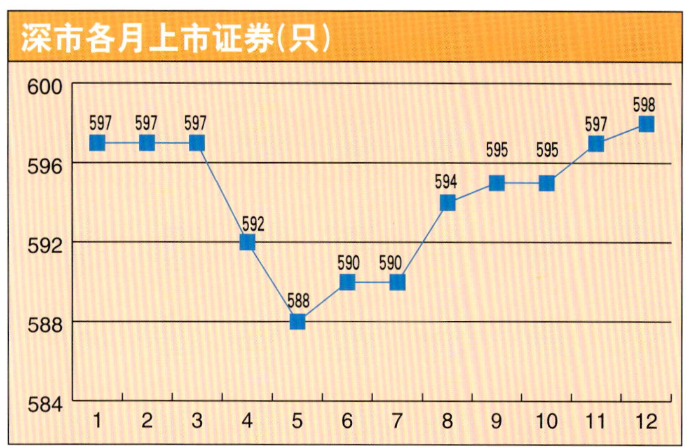

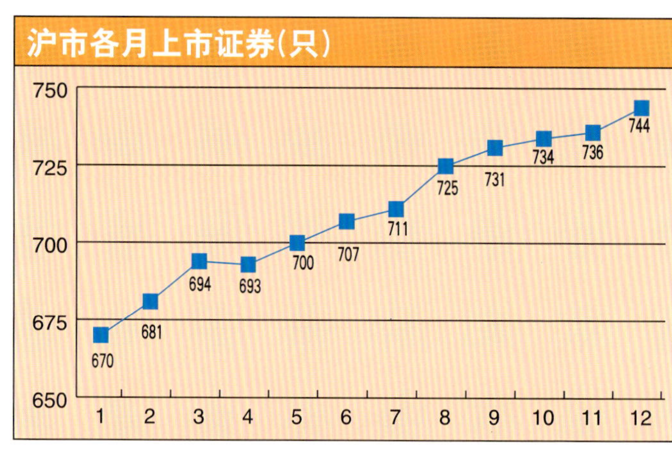

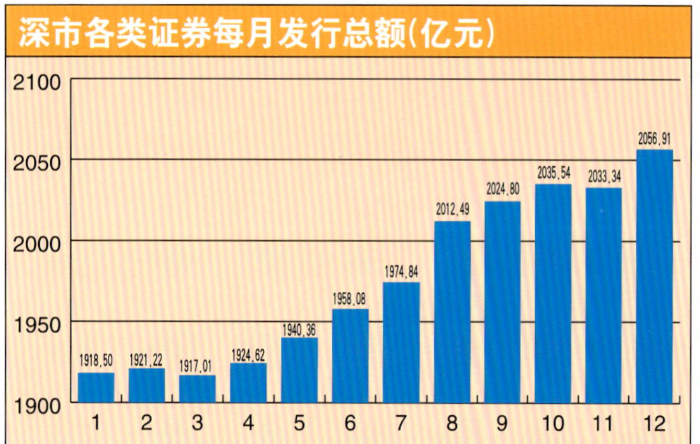

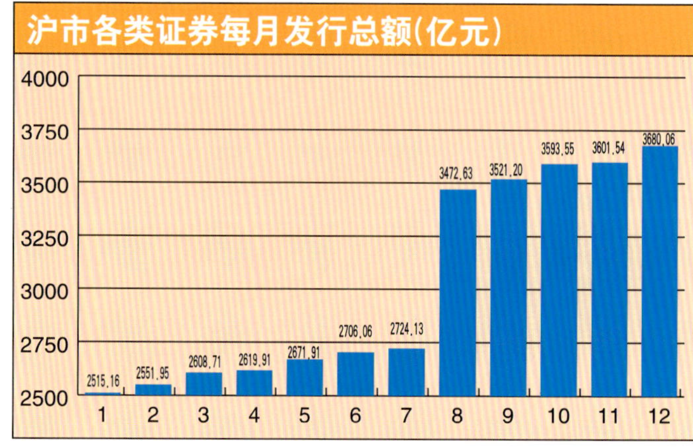

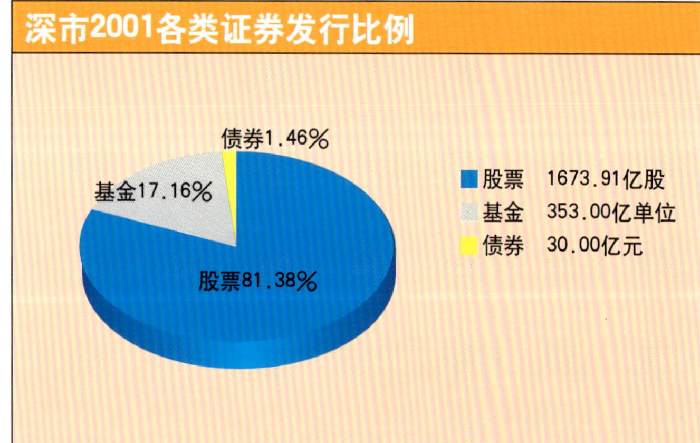

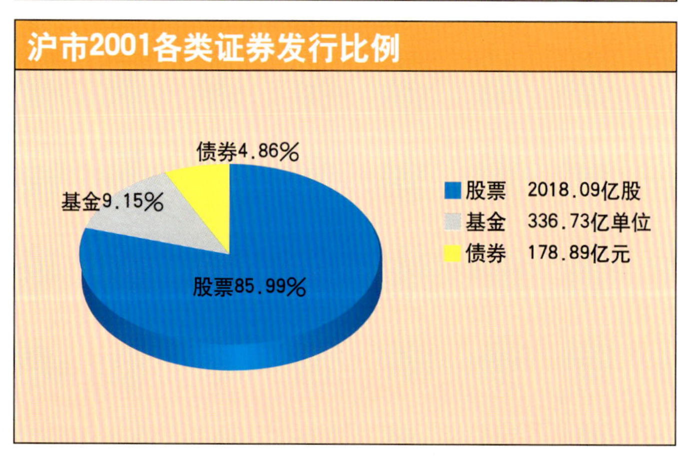

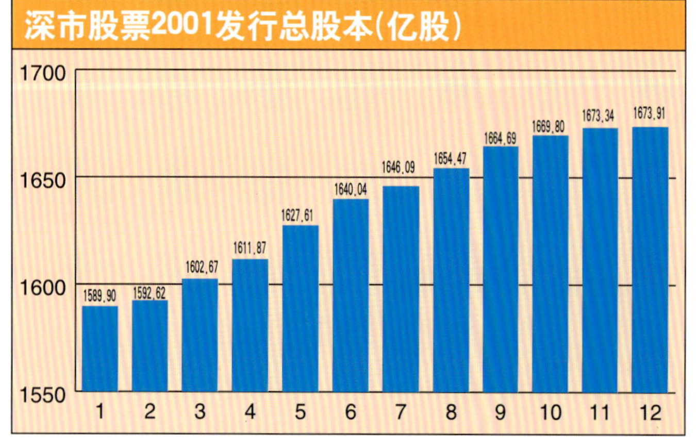

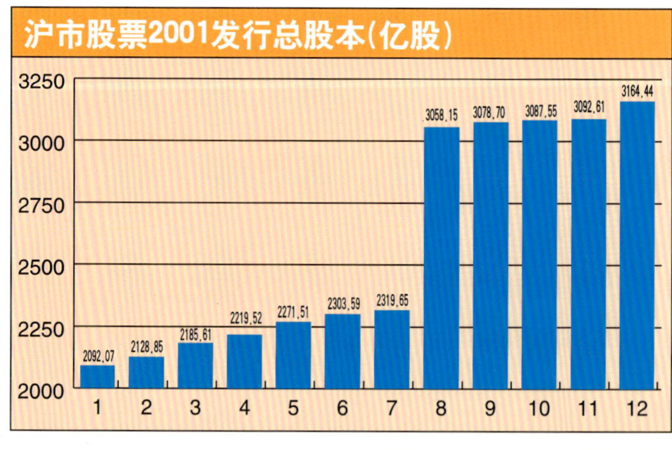

中国证券市场2001年总貌图示
(二)证券交易

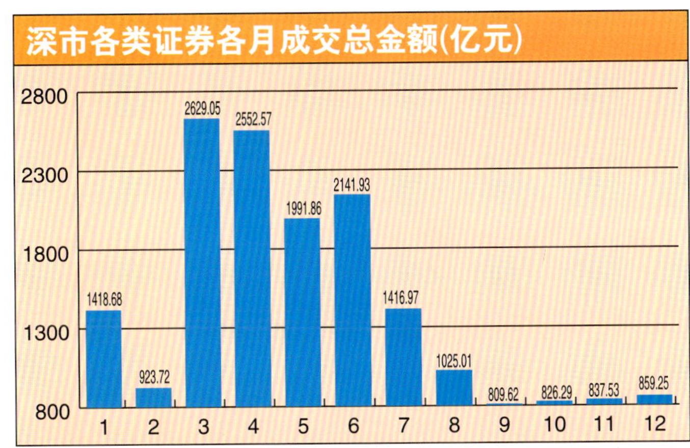

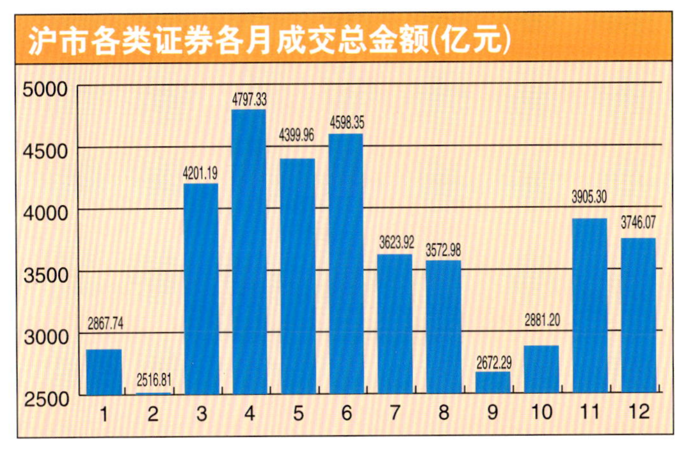

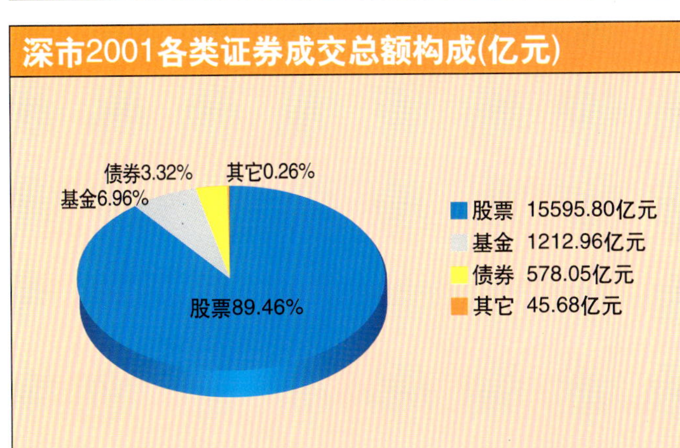

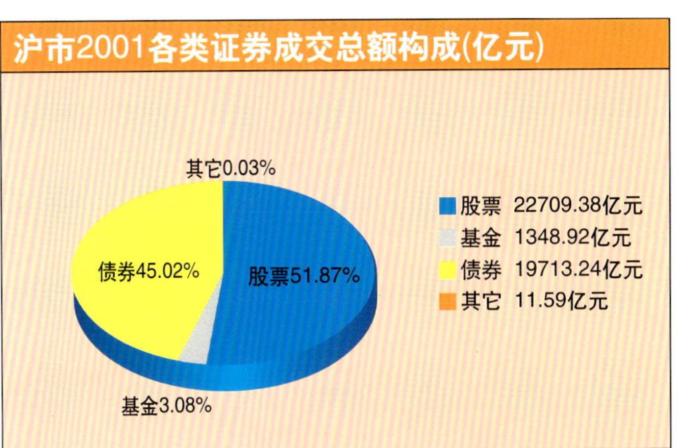

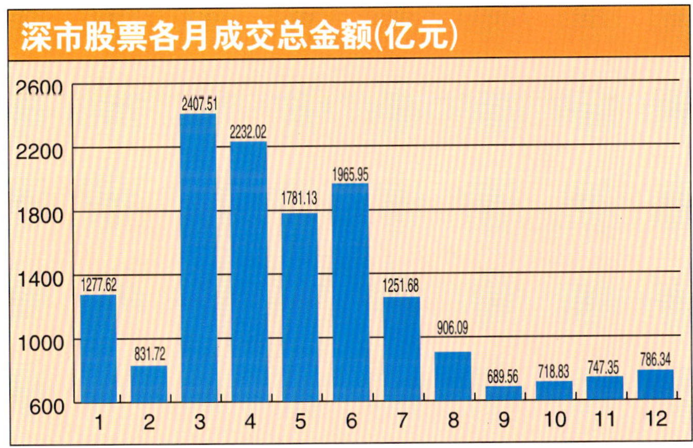

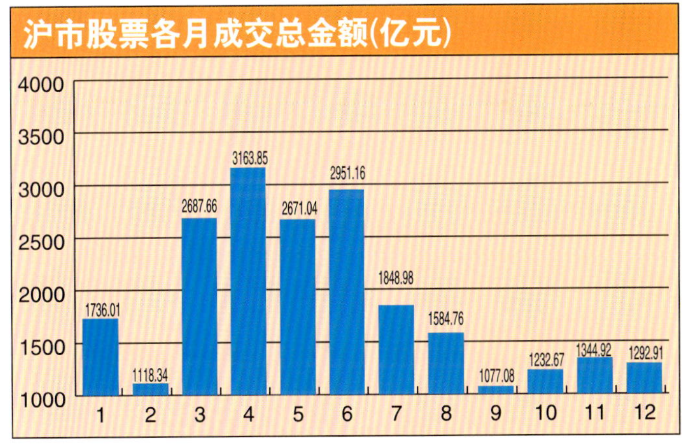

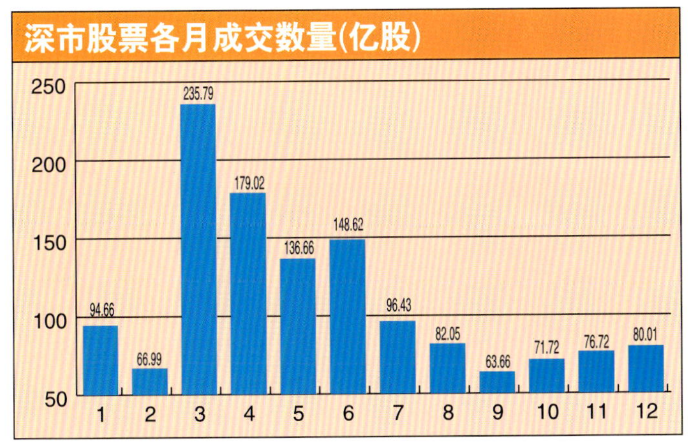

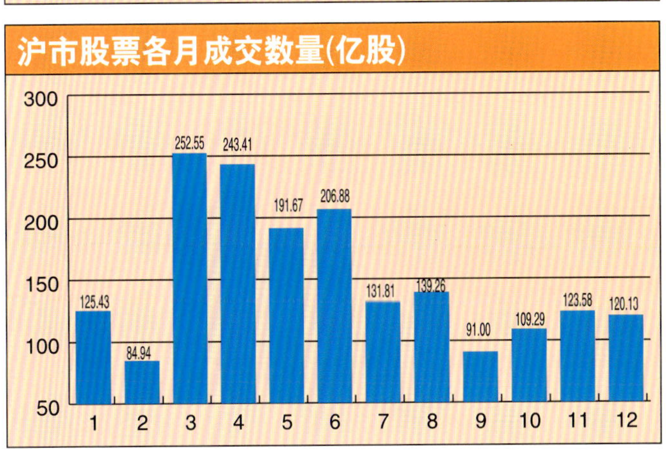

中国证券市场2001年总貌图示
(三)市值·筹资

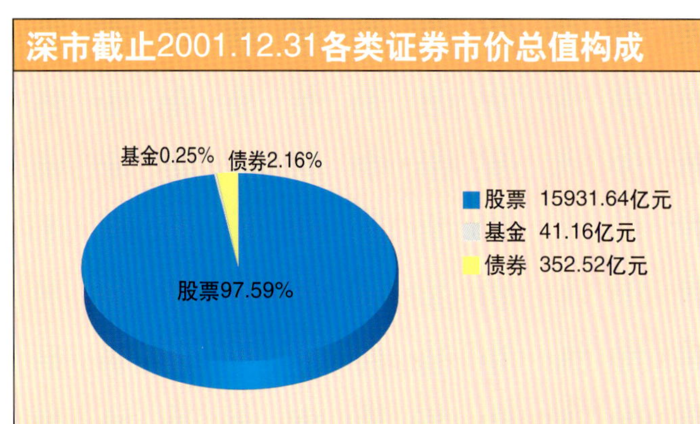

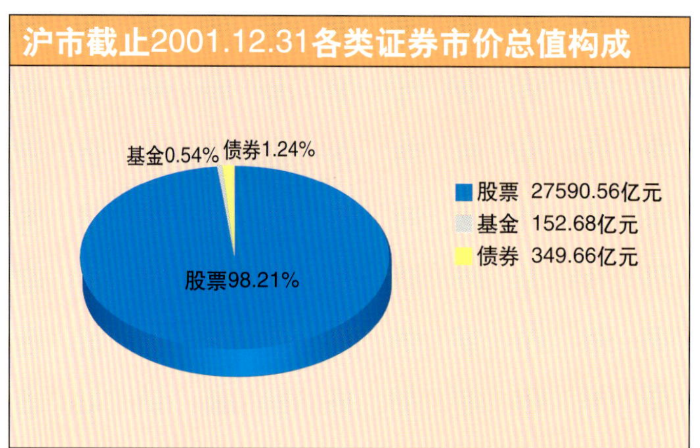

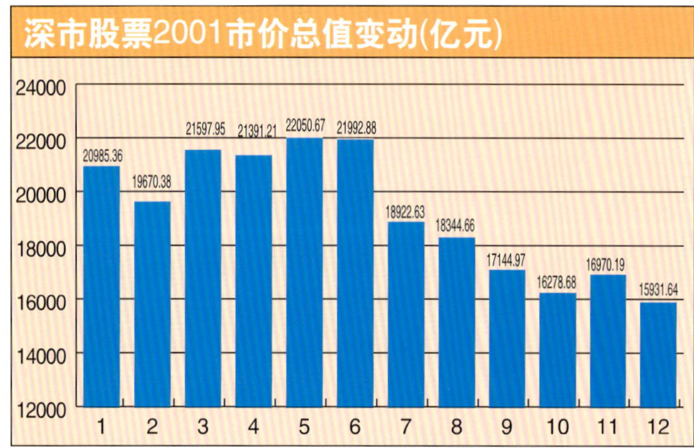

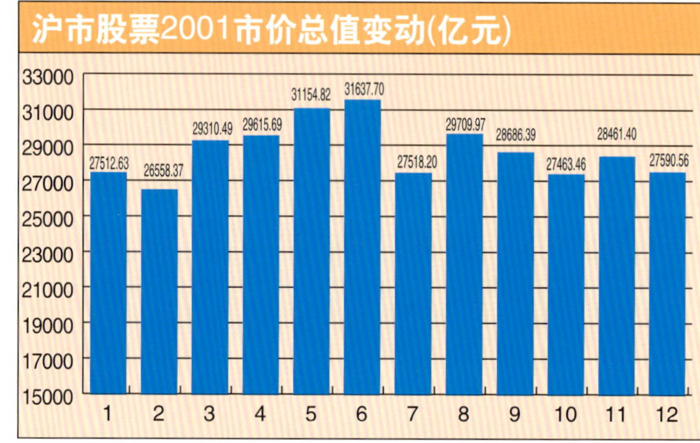

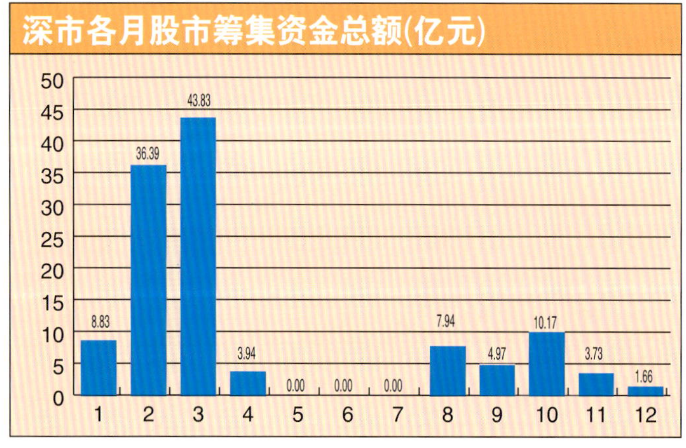

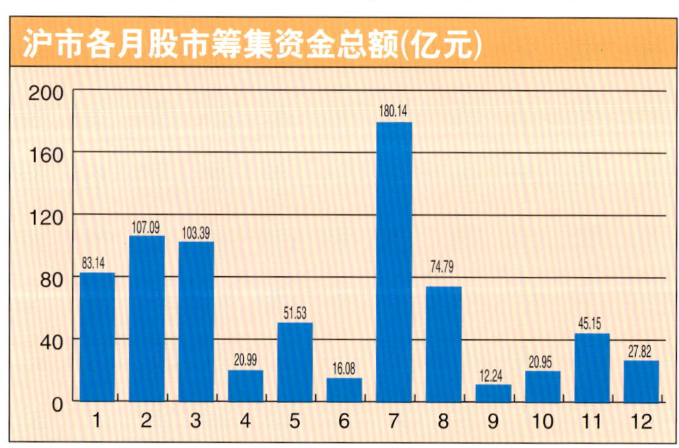

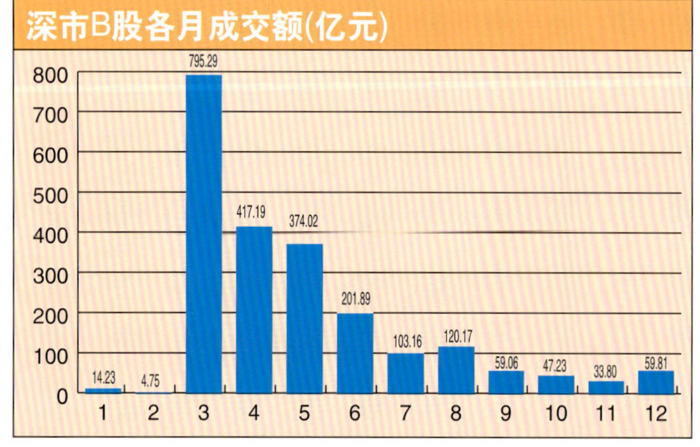

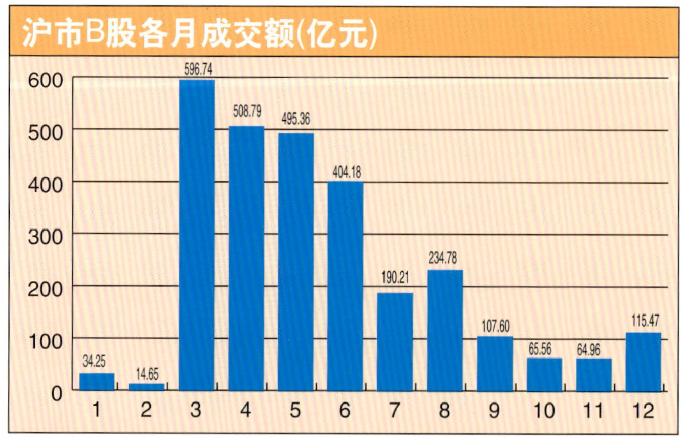

中国证券市场2001年总貌图示

(四)上市公司

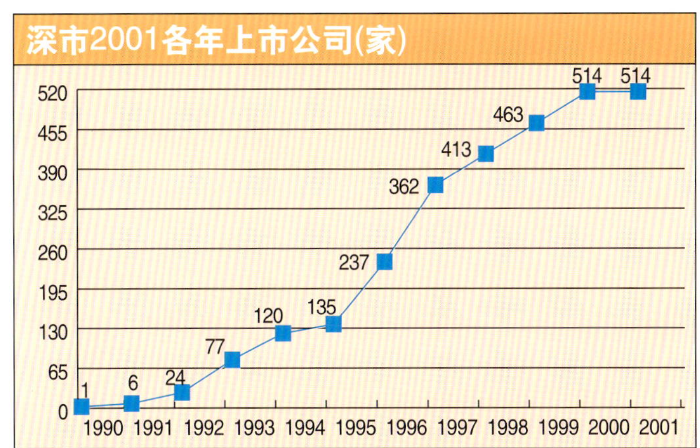

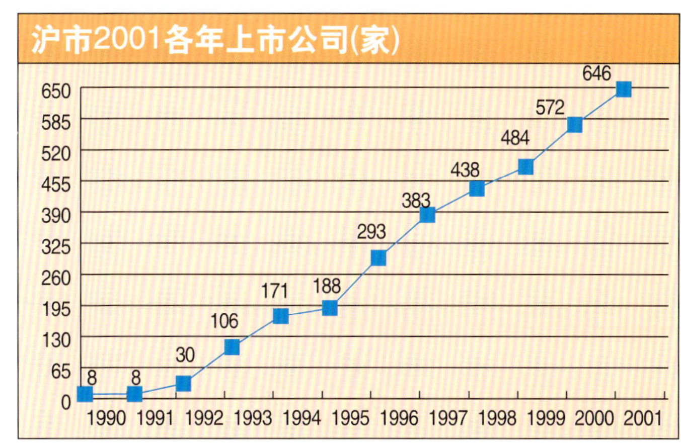

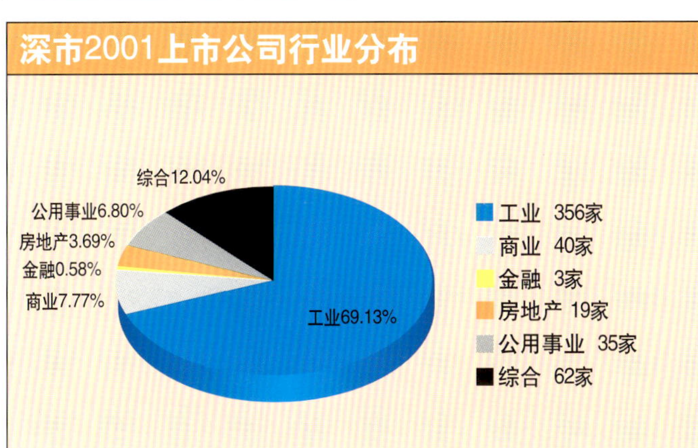

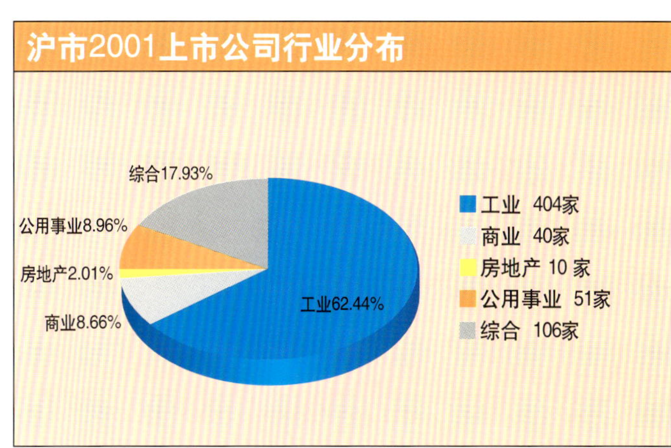

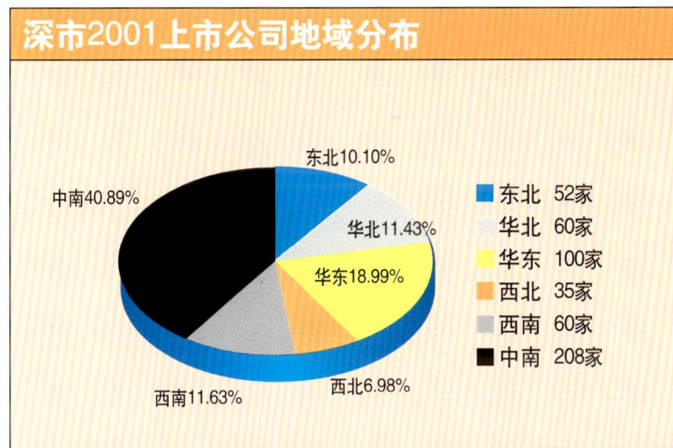

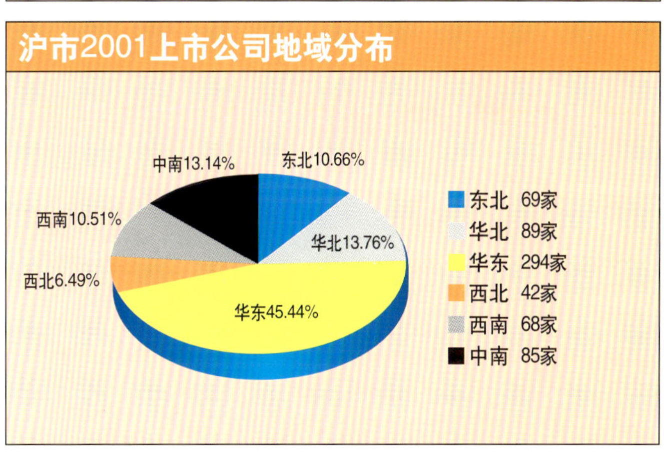

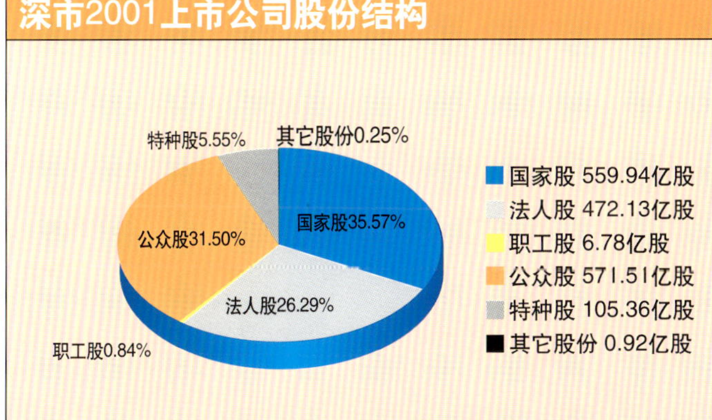

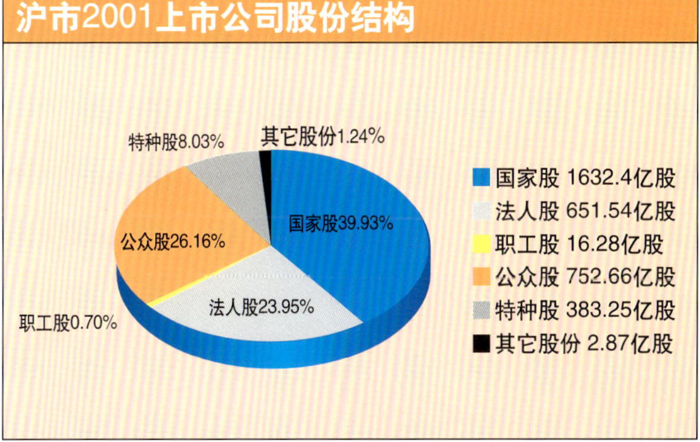

中国证券市场2001年总貌图示

(五)投资者·会员

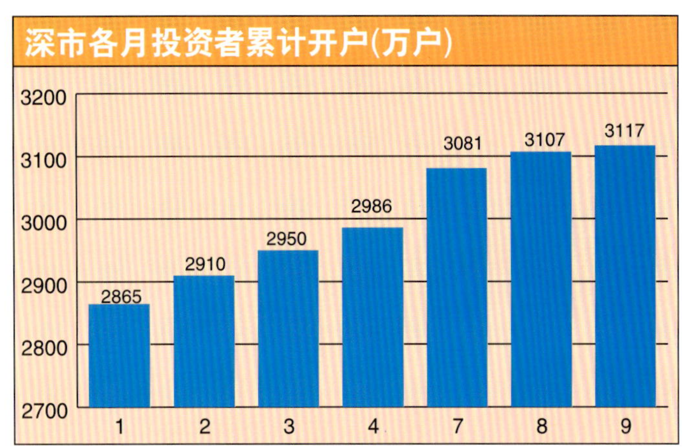

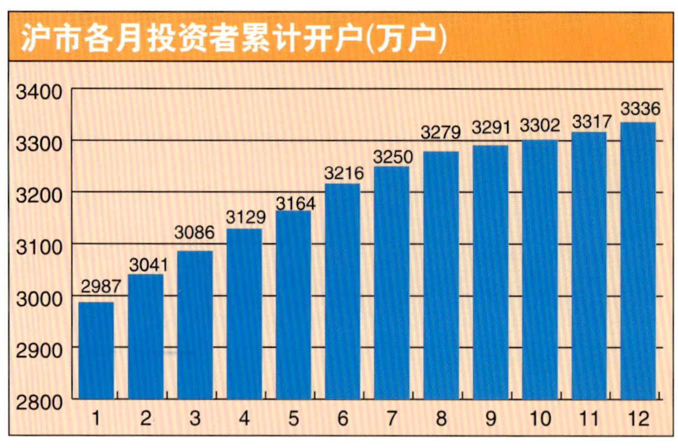

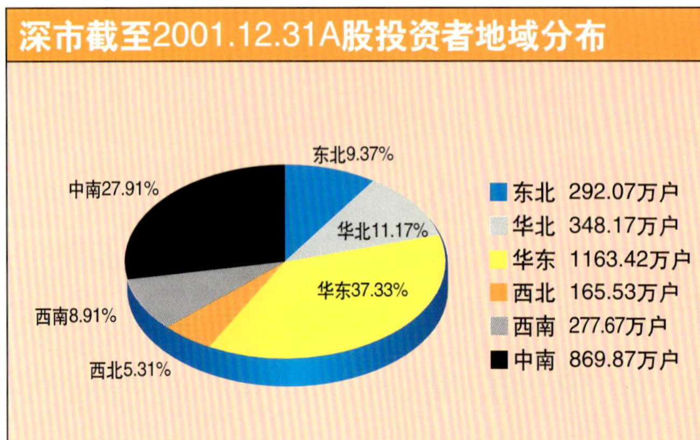

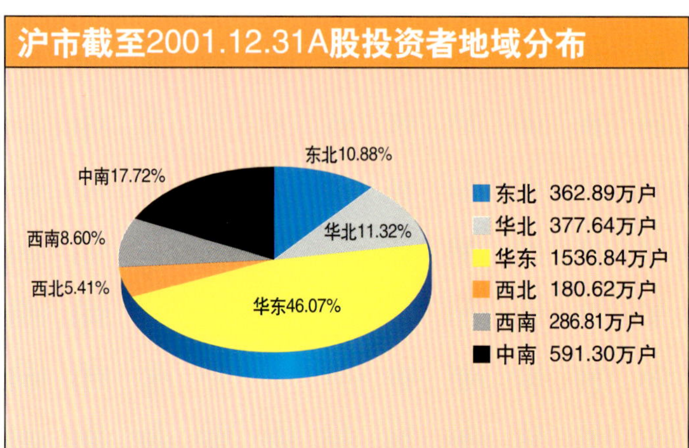

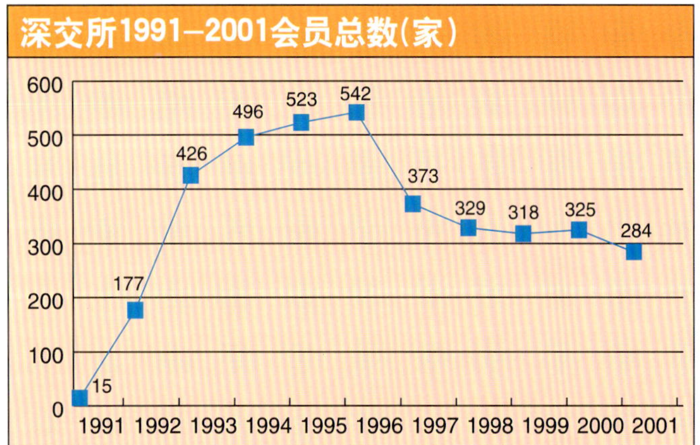

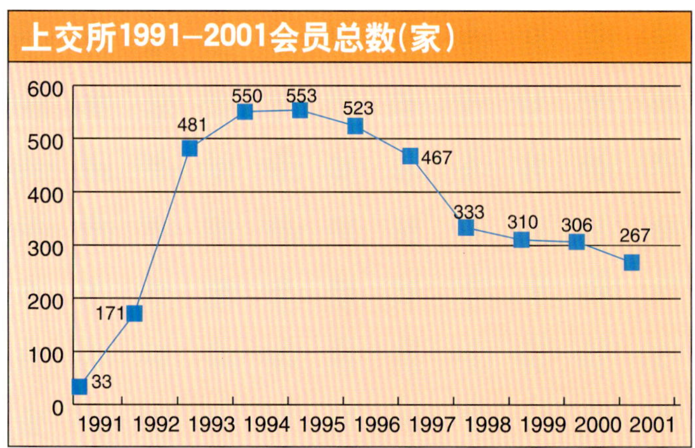

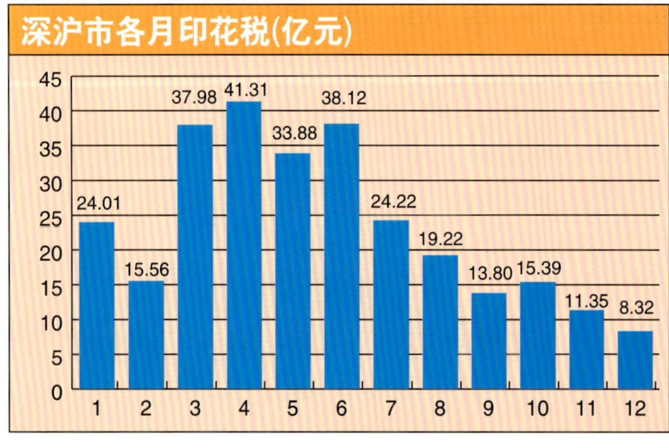

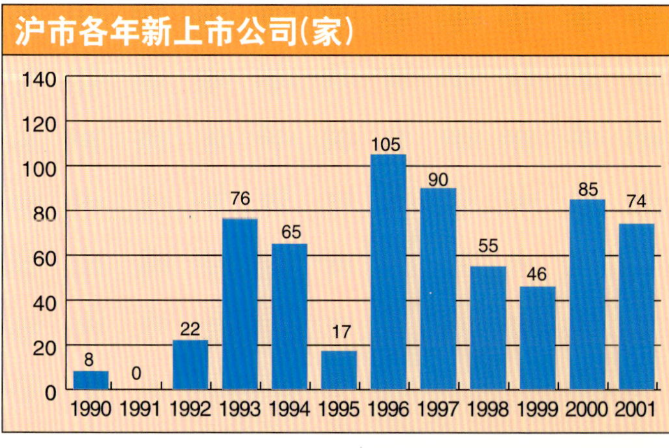

中国证券市场2001年十大证券新闻

一、“中科系”操纵股票案事发遭查处

元旦前后，以中科创业为首的“中科系”股票突然连续跌停，中科创业更是连续十个跌停。随即，中科创业因涉嫌操纵被证监会查处。

二、郑百文重组一波三折

2月5日，PT郑百文的大股东百文集团、债权人信达公司和重组方三联集团达成妥协和解，出台郑百文重组方案。但因方案中涉及一些法律问题，使重组成为各方关注的焦点。目前重组前景仍存在不确定性。

三、B股市场向境内投资者开放

2月20日，经国务院批准，中国证监会决定，允许境内居民以合法持有的外汇开立B股帐户，交易B股股票。B股市场开放前后，市场反应强烈，B股指数亦一路上扬，在五月底创出新高，涨幅在2倍以上。

四、退市机制正式启动

2月24日，证监会发布《亏损上市公司暂停上市和终止上市实施办法》，我国证券市场退出机制正式出台。4月23日，PT水仙被终止上市，成为首例退市案。与此同时，券商代办转让系统启动。12月5日，证监会又发布《亏损上市公司暂停上市和终止上市实施办法（修订）》，证券市场退出机制进一步完善。

五、国有股减持引起市场强烈反应

6月14日，国务院发布《减持国有股筹集社会保障资金管理暂行办法》，当日，沪深两市个股普遍下跌。7月24日，广西北生药业等四家公司在招股说明书中披露，将有10%的国有股存量发行，其定价为新股发行价。随后，一些上市公司陆续披露国有股减持方案，股指在多方面因素的作用下一路走低。10月22日，中国证监会决定：在具体操作办法出台前，停止在首发增发中出售国有股。10月23日，沪深大盘量价齐飞，大盘几乎涨停。两市全天共成交290.22亿元，为年内最大成交量。随后，证监会向社会各界征集对国有股减持的建议和方案。

六、社保基金入市

7月，社保基金参与中石化新股申购，社保基金入市的大门正式开启。为保证社保基金入市能够平稳、良性运行，12月18日，财政部、民政部公布实施《全国社会保障基金投资管理暂行办法》。

七、银广夏等上市公司造假内幕曝光

8月，有关媒体曝出银广夏造假内幕，中国证监会随即正式立案稽查，银广夏股票被连续30多天停牌。经查，银广夏虚构利润共计7.45亿元，公司涉案高管和深圳中天勤会计师事务所签字注册会计师违反有关法律法规，也被依法移送公安机关追究刑事责任。在银广夏股票停牌当天，沪深两市发生恐慌性抛售，两市分别大跌3.9%和4.37%，并创出年内新低。公司股票复牌又出现连续十五个跌停板。

随着监管力度的加强，麦科特、东方电子、蓝田股份等公司的问题逐一曝光并被调查。

八、开放式基金试点推出

自9月份开始，华安创新、南方稳健成长和华夏成长三只开放式证券投资基金先后成功发行并正式设立，总规模近120亿份基金单位。12月初，华安创新和南方稳健成长已开始开放申购和赎回。

九、降低证券（股票）交易印花税税率

11月16日，财政部调整证券（股票）交易印花税税率。对买卖、继承、赠与所书立的A股、B股股权转让书据，由立据双方当事人分别按2‰的税率缴纳证券（股票）交易印花税。A股降幅为50%，B股降幅为33%。

十、中国入世加快金融领域开放进程

12月11日，我国正式加入世界贸易组织。金融领域对外开放步伐随之加快，中国证监会在入世当日公布了入世承诺和应对措施。一些证券公司、基金管理公司积极寻求对外合作，外企上市也提上日程。

桂林旅游

股票代码：000978 股票简称：桂林旅游 上市地：深圳证券交易所

Guilin tourism

桂林旅游股份有限公司是由桂林旅游发展总公司作为主要发起人，经广西壮族自治区人民政府批准，于1998年4月29日注册成立的股份有限公司。经中国证券监督管理委员会核准，公司于2000年4月21日在深交所发行人民币普通股4,000万股A股，并于2000年5月18日在深交所挂牌上市。现注册资本11,800万元。主要从事公路旅行客运、汽车出租、漓江游船客运、旅行社、旅游贸易、旅游工艺品制造及销售等业务，是桂林市最大的旅游企业。

公司遵循“以诚、信、实服务于游客，以最佳的经济效益和社会效益回报股东和社会”的宗旨，确立了“依托资源优势，以市场需求为导向，以效益最大化为目标，立足主业，配套扩展，创新管理，实现一体化规模经营，创名牌企业形象”的发展战略。它以桂林旅游发展总公司所拥有的芦笛、七星、滨江、象山四大精品景区景点和漓江为依托，建立起吃、住、行、游、购、娱“一条龙”旅游服务体系，拥有最大的旅游车队和漓江船队。运用高科技和现代管理手段，大力开发观光旅游、商务旅游、会议旅游、休闲度假旅游于一体的旅游产品，不断增强市场竞争力；多渠道筹措资金，加大投入改造力度，更新旅游船、旅游车和出租汽车，

伊利

健康活力源自伊利

内蒙古伊利实业集团股份有限公司是内蒙古自治区资源优势转化为经济优势的龙头企业，下属企业近30家，被列为国家520户重点企业之一、内蒙古自治区37家重点企业和国家八部委确定的151家农业产业化龙头企业之一。2000年，资产已达11.6亿元，主营业务收入15.05亿元，利润总额1.28亿元，上交税金1.9亿元，分别是1992年股份制改组前的45倍、50倍、64倍和120倍。截止2001年6月30日，企业总资产已增到16.15亿元，半年主营业务收入已达13.04亿元，比去年同期又增长了80%。

伊利集团是全国最大的三家乳品企业之一，公司生产具有清真特色的“伊利”牌系列产品畅销全国各地，深受广大消费者的青睐。1995年至2000年连续六年雪糕、冰淇淋产销量居全国第一，液态奶生产能力2000年上升到全国第一位，奶粉、奶茶粉被评为全国优质清真食品，产销量居全国前三位。公司所属的冷饮事业部、液态奶事业部、奶粉事业部、速冻食品厂和矿饮公司在全国食品行业首家通过了ISO9002国际质量体系认证；伊利雪糕、冰淇淋、奶粉、奶茶粉、无菌奶等39类产品100多个品种通过了国家绿色食品发展中心的绿色食品认证。伊利雪糕、冰淇淋在国家乳品检测中心市场抽检中，连续多年产品的合格率为100%。公司荣获中国质量管理协会授予的“全国用户满意企业”称号，被中国食品工业协会评为“质量效益型企业”。1999年12月伊利商标被国家工商行政管理局认定为中国驰名商标。2000年9月伊利集团又被国家质量技术监督局评为“全国质量管理先进企业”。

1996年3月，伊利股票在上海证券交易所挂牌交易，同年7月和1998年被上海证券交易所评为“30”指数样本股，1999年7月、2000年6月和2001年6月连续三次被中国证券报和上海亚商咨询公司评为“中证·亚商中国最具发展潜力上市公司50强”之一。作为全国乳品行业唯一一家上市公司，2000年实现全国同行业利税第一。在内蒙古自治区20家A股上市公司中，每股收益排行第一。伊利股份凭借良好的业绩和高速的成长性已成为

证券市场公认的蓝筹绩优股。

伊利集团公司不仅自身取得了很好的业绩，同时也产生了巨大的社会效益。奶源基地的建设带动了几十万农民脱贫致富，每年可向奶农发放奶款4亿多元。企业的发展为社会创造了近20万个就业岗位，同时推动了周边地区农业产业化的进程，带动了周边地区种植业、养殖业、运输业、包装业和商业等相关产业的发展，带动了地方经济的腾飞，受到社会各界的广泛称赞。

为迎接全球经济一体化的挑战，早日实现“创中国乳业第一品牌”的目标，集团通过收购、兼并、资产重组、托管等方式先后在内蒙古中西部地区，北京、上海、黑龙江、河北等地建立了自己的生产基地，使企业规模迅速扩大。经过对市场营销的整合，现已形成了稳固的营销网络、通畅的销售渠道。与此同时，坚持天然品质的品牌地位，注重核心竞争能力的提高。伊利集团投人巨资全面进行了乳业技术改造，筹建了国内一流的技术中心。

伊利集团的快速发展引起了社会各界的广泛关注，许多国家领导人亲自到伊利视察。中共中央总书记、国家主席江泽民、国务院总理朱镕基分别视察了伊利集团，并做了重要指示。内蒙古自治区和呼和浩特市两级党委、政府的领导也始终非常关心伊利集团的发展，经常到伊利集团指导工作，并多次召开专门办公会议研究和解决伊利集团在新时期的发展问题。

今天的伊利集团，面对国际化经济的挑战，采取各种有力措施，快速形成企业核心竞争能力，正向实现“创中国乳业第一品牌”的目标大步迈进。

董事长：郑俊怀 先生

股票代码：600887

股票简称：伊利股份

上市地点：上海证券交易所

地址：内蒙古呼和浩特市金川开发区金四路8号
电话：(0471) 3601621　3602351
传真：(0471) 3601615
邮编：010080

内蒙古伊利实业集团股份有限公司

INNER MONGOLIA YILI INDUSTRIAL GROUP CO.,LTD.

莱芜钢铁股份

LAIWU STEEL CO

中共中央政治局委员、山东省委书记吴官正（左）来公司视察工作，集团公司董事长姜开文（右）、股份公司董事长李名岷（中）陪同吴书记在生产一线。

董事长：李名岷先生

总经理：赵雁彬先生

莱芜钢铁股份有限公司于1997年8月22日设立，公司股票于1997年8月28日在上海证券交易所上市。公司上市时总股本为52980万股，其中社会公众股为8000万股；总资产为24.19亿元，其中股东权益为12.30亿元。截止2000年末，公司总股本为87118.2万股，其中社会公众股为15600万股；总资产为51.37亿元，其中股东权益为28.31 亿元。公司主营业务为钢铁产品的生产和销售。公司拥有电炉钢和转炉钢两套生产系统，主体工艺技术装备为国内领先水平，部分装备达到当今国际水平。公司主要产品有H型钢、螺纹钢、带钢、圆钢等100多个品种、400多种规格，多项产品获得省级和国家级优质产品荣誉称号。公司产品销往全国25个省、市、自治区的1400多家企业，并出口美、日、韩、东南亚和港台等国家和地区。2000年，公司共生产钢211.62万吨，生铁170.83万吨，钢材189.56万吨；实现主营业务收入452540.76万元，每股收益0.605元，净资产收益率18.62%。

公司上市以来，坚持创优良业绩与抓规范运作并举，在扎扎实实搞好钢铁主业的同时，适时拓展资本运营领域，提出了“以钢铁产业为依托，优化产业结构和产品结构，向高科技新材料领域发展”的战略目标。四年多来，公司资产规模不断扩大，在总股本比上市之初增长60%多的情况下，始终保持了优良的经营业绩，并给股东以丰厚的投资回报，在证券市场上树立了钢铁板块绩优股的形象，充分体现了公司雄厚的发展实力和良好的成长性。

有限公司
RPORATION

股票代码：600102
股票简称：莱钢股份

中型型钢生产线

高炉雄姿

地址：山东省莱芜市钢城区
邮政编码：271104
电话：（0634）6820601、6821189
传真：（0634）6821094
电子信箱：mishuke@mail.laigang.com
网址：http://www.laigang.com

环境优美的厂区

桂林旅游

兰 太 实 业
LANTAI INDUSTRY

川化股份

东方钽业
ORIENT TANTALUM

石油大明

兰陵陈香

大同水泥

东
安

东方集团
ORIENT GROUP

广济药业

DH
东海股份

BIRD
波导股份

HG
邯郸钢铁

凯迪电力

鲁抗医药

SALT LAKE

江山股份

南京钢铁

金健米業
GAEA GEM

兰宝信息

吉林炭素

HISUN
海正药业

CHINA QISHA

禾嘉股份

999
三九医药

SANWEI
三 维

三峡新材
NBM

兰花科创

上海石化

兰州黄河

SHEN MA

山东铝业

苏福马

天龙集团

JIANGSU WUZHONG

西安旅游
XI'AN TOURISM(GROUP) CO.,LTD

首钢股份

吴江丝绸

TG
太原钢铁

云南马龙

ZXY
襄阳轴承

JZJY
焦作碱业

GUAN LÜ
关铝股份

飞彩股份

甬成功

云南白药集团股份有限公司
YUNNAN BAIYAO GROUP CO.,LTD.

NANSHAN
南山实业

青山纸业

欲穷千里目

目　录

序言·中国资本市场前景广阔 …………………… 周小川

第一卷　证券监管

第一章、证券市场监管概览 …………………… 3
一、我国证券监管体制发展历程 …………………… 3
二、证券市场监管目标与对象 …………………… 4
三、证券市场监管手段与原则 …………………… 5
四、加强信息不对称监管的必要性 …………………… 7
第二章、证券发行监管 …………………… 8
一、证券发行管理制度 …………………… 8
二、证券发行程序规范 …………………… 8
三、证券发行信息监管 …………………… 9
四、证券发行承销监管 …………………… 10
五、证券发行主体责任 …………………… 11
第三章、证券交易监管 …………………… 11
一、证券交易监管制度 …………………… 11
二、证券交易基本原则 …………………… 12
三、证券上市程序监管 …………………… 13
四、证券信息披露监管 …………………… 14
五、证券交易行为监管 …………………… 14
六、网上证券交易的发展与监管 …………………… 15
第四章、上市公司监管` …………………… 16
一、对上市公司投资证券行为的监管 …………………… 17
二、对上市公司增发、配股的监管 …………………… 17
三、对上市公司兼并、收购的监管 …………………… 18
四、对上市公司持续信息公开的监管 …………………… 20
第五章、证券公司监管 …………………… 21
一、券商监管与指导的目标与原则 …………………… 21
二、券商监管与指导的重要性和必要性 …………………… 21
三、券商治理结构的监管 …………………… 22
四、券商投资合营及财务的监管 …………………… 22
五、证券从业人员的监管 …………………… 23
六、券商结算资金的监管 …………………… 24
七、进一步加强对券商的监管与指导 …………………… 25
第六章、证券交易所监管 …………………… 27
一、证券交易所的章程 …………………… 27
二、证券交易所的交易规则 …………………… 27
三、证券交易所对会员的监督管理 …………………… 28
四、证券交易所自律职责的履行 …………………… 28
第七章、企业分拆上市与监管 …………………… 30
一、什么是企业分拆及企业分拆上市 …………………… 30
二、我国企业分拆的实现形式 …………………… 30
三、企业分拆对公司的市场影响 …………………… 30
四、我国对企业分拆的监管 …………………… 31
第八章、中国证券市场监管新格局及其影响 …………………… 32
一、监管格局发展的两大发展取向 …………………… 32
二、中国证券市场监管格局新特点 …………………… 33
三、监管新格局对证券市场的影响 …………………… 33
第九章、完善退市制度,加快证券市场法制建设进程 … 36
一、目前我国上市规则存在的缺陷 …………………… 36
二、我国现有法律法规对退市的规定 …………………… 36
三、退市制度对上市公司的深远影响 …………………… 37
四、建立和完善退市制度的重要意义 …………………… 38
第十章、“入世”与中国证券监管 …………………… 40
一、WTO对开放证券市场的要求 …………………… 40
二、我国目前证券监管的发展状况 …………………… 40
三、加入WTO后我国证券监管面临的挑战 …………………… 41
四、国外证券监管的经验借鉴 …………………… 41
五、我国证券监管国际化发展对策 …………………… 41

第二卷　证券自律

第一章、证券机构自律概况 …………………… 45
一、证券自律的涵义与内容 …………………… 45
二、自律管理机构 …………………… 45
三、自律机构监管制度 …………………… 47
第二章、证券业协会自律与管理 …………………… 48
一、证券业协会组织的自律特征 …………………… 48
二、证券业协会对会员的自律管理 …………………… 48
三、证券业协会自律管理职责的履行 …………………… 49
第三章、机构投资者自律与管理 …………………… 50
一、机构投资者自律的重要性 …………………… 50
二、机构投资者自律途径选择 …………………… 50
三、机构投资者投资策略的自律调整 …………………… 51
四、机构投资者自我教育管理 …………………… 51
第四章、证券投资基金业自律与管理 …………………… 53
一、证券投资基金业自律的必要性 …………………… 53
二、证券基金业的内部管理 …………………… 53
三、证券投资基金的行业公约与守则 …………………… 54
第五章、证券咨询业的自律与管理 …………………… 55
一、证券咨询业自律与管理的必要性 …………………… 55
二、证券咨询行业的自律应遵循的原则 …………………… 56
三、证券咨询机构与从业人员自身管理 …………………… 57

第三卷　证券规范

第一章、上市公司的规范与运作 …………………… 60
一、上市公司经营管理行为的规范 …………………… 60
二、上市公司财务报表编制的规范 …………………… 61
三、上市公司新股发行的规范 …………………… 62
四、上市公司信息披露的规范 …………………… 63
五、上市公司重大购买或出售资产行为的规范 …………………… 64
六、上市公司建立独立董事制度的规范 …………………… 64

第二章、证券公司的规范与运作 …… 66
一、证券公司的设立、组织结构、筹建与开业、变更与终止的规范 …… 66
二、证券公司编制年报的规范 …… 70
三、我国对主承销商承销业务的规范与管理 …… 70
四、证券公司自营业务及其风险控制 …… 71
五、证券公司对上市公司的辅导 …… 72
六、证券公司日常行为规范 …… 72
第三章、证券交易所的规范与运作 …… 74
一、证券交易所设立与解散的规范 …… 74
二、证券交易所职能的规定 …… 74
三、证券交易所组织结构的规范 …… 74
四、证券交易所经营行为的规范管理 …… 75
五、证券交易所风险基金的规范管理 …… 79
六、证券交易所日常行为管理 …… 80
第四章、基金管理公司的规范与运作 …… 81
一、设立基金管理公司申报材料的内容与格式 …… 81
二、基金从业人员任职的资格要求 …… 81
三、基金管理公司信息披露的规范 …… 82
四、基金管理公司审核专家评议制度 …… 83
五、基金投资运作的监督管理 …… 83
第五章、证券服务公司的规范与运作 …… 85
一、证券登记结算机构的规范与运作 …… 85
二、证券投资咨询公司的规范与运作 …… 85
三、证券会计、审计机构的规范与运作 …… 86
四、证券律师事务所的规范与运作 …… 87
五、证券资产评估机构的规范与运作 …… 89
第六章、证券从业人员任职资格与规范管理 …… 91
一、现阶段我国证券从业人员的现状 …… 91
二、证券从业人员任职资格管理的特征 …… 91
三、我国证券从业人员任职资格管理存在的问题 …… 92
四、加强证券从业人员培训与任职资格管理的政策建议 …… 92
五、国外证券从业人员培训与任职资格管理的经验借鉴 …… 94
第七章、法人股流通规范管理的战略措施 …… 95
一、什么是法人股 …… 95
二、法人股流通的历史回顾与前景展望 …… 95
三、目前法人股流通存在的问题 …… 96
四、法人股流通的规范化措施 …… 97
附:法人股流通的有关政策 …… 97
第八章、建设有中国特色的独立董事制度 …… 99
一、我国建立独立董事制度原因分析 …… 99
二、独立董事制度在我国的成功实践 …… 99
三、我国目前建立和实施独立董事制度应注意的问题 …… 100
四、建立健全我国独立董事制度的战略措施 …… 101
第九章、完善中的证券民事赔偿制度 …… 102
一、我国证券法中民事赔偿机制的基本结构 …… 102
二、完善证券民事赔偿机制的必要性 …… 103
三、完善我国证券民事赔偿机制的政策建议 …… 104
四、境外股东代表诉讼制度设计的经验借鉴 …… 104
五、建立我国股东代表诉讼制度需要解决的问题 …… 106

第四卷　证 券 新 知 识

第一章、证券法律制度新知识 …… 110
一、核准制 …… 110
二、新会计制度 …… 111
三、董事长谈话制度 …… 113
四、股东代表诉讼制度 …… 114
第二章、证券市场新知识 …… 115
一、投资者教育 …… 115
二、上市公司治理 …… 116
三、券商法人治理结构 …… 118
四、开放式基金 …… 119
五、投资者关系管理 …… 120
六、股份回购 …… 121
七、证券交易佣金制度 …… 123
八、股票期权制 …… 124
第三章、证券交易新知识 …… 126
一、网上证券交易 …… 126
二、股指现货交易 …… 126

第五卷　股 市 投 资

第一章、股市投资心理学 …… 130
一、心理学的基本内容 …… 130
二、股市投资者心理分析 …… 131
第二章、股市投资的基本分析 …… 133
一、宏观经济因素分析 …… 133
二、股市基本要素分析 …… 134
三、上市公司基本分析 …… 135
第三章、股市投资理论分析与指标应用 …… 140
一、股市投资技术理论分析 …… 140
二、股市投资指标运用 …… 146
第四章、股市投资机会与风险控制 …… 151
一、美国股市重大投资机会的借鉴 …… 151
二、我国股市的潜在投资机遇 …… 153
三、对国内股市风险的认识 …… 153
四、国内股市风险的有效控制 …… 154
第五章、股市投资策略 …… 155
一、我国股市涨跌趋势分析 …… 155
二、理性的选股策略 …… 156
三、股市投资的具体操作方法 …… 157

第六卷　投 资 基 金

第一章、证券投资基金的规范化发展 …… 161
一、发展证券投资基金的作用 …… 161
二、我国证券投资基金业的发展现状 …… 161
三、当前发展证券投资基金面临的问题 …… 162
四、证券投资基金规范化发展的对策 …… 163
第二章、开放式基金的投资及其风险防范 …… 164
一、全球开放式基金的发展趋势 …… 164
二、发展开放式基金对我国证券市场的战略意义 …… 164
三、开放式基金投资的风险分析 …… 165
四、开放式基金投资风险的有效防范 …… 165

第三章、规范发展私募基金的政策建议 …… 167
一、私募基金的内涵 …… 167
二、我国私募基金发展状况 …… 167
三、规范发展私募基金的作用 …… 167
四、现阶段私募基金发展面临的法律问题 …… 168
五、规范发展私募基金的措施 …… 168
第四章、社保基金运作机制与入市模式选择 …… 169
一、我国社保基金入市的状况分析 …… 169
二、社保基金入市对证券市场的影响及意义 …… 170
三、社保基金入市模式的选择分析 …… 170
四、社保基金进入证券市场的途径 …… 171
五、社保基金入市的交易方式 …… 171
六、社保基金入市运作机制的设计 …… 171
第五章、上市证券投资基金简介 …… 174
500001 金泰证券投资基金 …… 174
500002 泰和证券投资基金 …… 174
500003 安信证券投资基金 …… 175
500006 裕阳证券投资基金 …… 175
500007 景阳证券投资基金 …… 175
500008 兴华证券投资基金 …… 176
500009 安顺证券投资基金 …… 176
500010 金元证券投资基金 …… 177
500011 金鑫证券投资基金 …… 177
500013 安瑞证券投资基金 …… 178
500015 汉兴证券投资基金 …… 178
500016 裕元证券投资基金 …… 179
500017 景业证券投资基金 …… 179
500018 兴和证券投资基金 …… 180
500019 普润证券投资基金 …… 180
500021 金鼎证券投资基金 …… 181
500025 汉鼎证券投资基金 …… 181
500028 兴业证券投资基金 …… 182
500029 科讯证券投资基金 …… 183
500035 汉博证券投资基金 …… 183
500038 通乾证券投资基金 …… 184
500039 同德证券投资基金 …… 184
184688 开元证券投资基金 …… 185
184689 普惠证券投资基金 …… 186
184690 同益证券投资基金 …… 186
184691 景宏证券投资基金 …… 186
184692 裕隆证券投资基金 …… 187
184693 普丰证券投资基金 …… 187
184695 景博证券投资基金 …… 188
184698 天元证券投资基金 …… 188
184699 同盛证券投资基金 …… 189
184700 鸿飞证券投资基金 …… 189
184701 景福证券投资基金 …… 190
184702 同智证券投资基金 …… 190
184703 金盛证券投资基金 …… 191
184705 裕泽证券投资基金 …… 191
184706 天华证券投资基金 …… 192
184708 兴科证券投资基金 …… 193
184710 隆元证券投资基金 …… 193
184711 普华证券投资基金 …… 194
184713 科翔证券投资基金 …… 194
184718 兴安证券投资基金 …… 195
184738 通宝证券投资基金 …… 195

第七卷 创业板市场

第一章、创业板市场概述 …… 199
一、创业板市场的内涵与特征 …… 199
二、我国设立创业板市场的现实意义 …… 199
三、影响企业在创业板上市的关键因素 …… 201
四、我国设立创业板市场的可行性 …… 202
五、创业板市场信息披露制度 …… 203
第二章、创业板市场的建设与发展 …… 205
第三章、创业板市场的风险及其防范 …… 209
一、创业板市场风险分析 …… 209
二、境外创业板市场风险监控经验借鉴 …… 209
三、我国防范创业板市场风险的战略措施 …… 210
第四章、我国创业板市场的框架设计 …… 211
一、我国创业板市场的目标定位 …… 211
二、我国创业板市场的上市条件设计 …… 212
三、创业板市场新股发行定价模式设计 …… 213
四、创业板市场的交易规则设计 …… 215
五、创业板市场交易制度的选择 …… 216
六、创业板市场的监管体系设计 …… 218
第五章、我国创业板市场前景展望 …… 220
第六章、信息、生物、纳米三大高新技术的发展 …… 222
一、21世纪信息技术将继续得到迅速发展 …… 222
二、生物技术将获得空前的发展机遇 …… 223
二、纳米技术将引发新的产业革命 …… 224

第八卷 上海证券交易所

第一章、上海证券交易所简介 …… 228
第二章、上海证券交易所11年发展概述 …… 230
一、上海证券交易所11年来的市场发展 …… 230
二、上海证券交易所11年来的市场基础设施建设 …… 230
三、上海证券交易所11年来的市场监管 …… 231
四、上海证券交易所11年来的市场服务 …… 232
附:上海证券交易所发展大事记 …… 233
第三章、沪市2000年度上市公司经济指标总览 …… 238

第九卷 深圳证券交易所

第一章、深圳证券交易所简介 …… 256
第二章、深圳证券交易所11年发展概述 …… 259
一、深圳证券交易所11年发展历程 …… 259
二、深圳证券交易所11年发展特征 …… 259
三、深圳证券交易所11年发展成就 …… 260
附:深圳证券交易所发展大事记 …… 261

第三章、深市2000年度上市公司经济指标总览 …… 265

第十卷 企业创新

第一章、企业创新概述 …… 280
一、企业创新的重要意义 …… 280
二、企业创新行为的特征 …… 280
三、企业创新的主要内容 …… 281
四、企业创新机制的有效构筑 …… 283
第二章、企业制度创新 …… 285
一、企业制度创新概述 …… 285
二、激励机制的变革与创新 …… 287
三、企业资金流运作创新 …… 288
第三章、企业组织创新 …… 289
一、企业组织创新的基本原则与要求 …… 289
二、企业组织创新的层次与方式 …… 289
三、目前我国企业组织结构的主要形式 …… 289
四、对我国企业组织结构局限性的分析 …… 290
五、我国企业组织结构创新的战略措施 …… 291
第四章、企业科技创新 …… 292
一、科技创新的内涵与特征 …… 292
二、科技创新对证券市场的深远影响 …… 292
三、科技创新对企业发展的战略意义 …… 293
四、科技创新的政策扶持与上市公司的发展 …… 293
五、我国企业科技创新的重要举措 …… 294
六、企业科技创新发展前景预测 …… 296
第五章、企业观念创新 …… 297
一、观念创新是企业创新的坚实基础 …… 297
二、影响观念创新的主要因素 …… 297
三、新时期企业观念创新能力的培养 …… 298
四、21世纪企业的七大创新观念 …… 299
第六章、新时期我国券商经纪业务的创新发展 …… 302
一、券商经纪业务的本质 …… 302
二、券商经纪业务面临严峻挑战 …… 302
三、新时期券商经纪业务创新举措 …… 303
第七章、中国资本市场可持续发展与创新 …… 305
第八章、华泰证券网上业务创新 …… 308
一、华泰证券网技术特点简要介绍 …… 308
二、网上证券交易收益与成本 …… 309
三、华泰证券开展网上证券交易业务的成功实践 …… 311

第十一卷 品牌战略

第一章、我国上市公司实施品牌战略的必要性 …… 315
第二章、上市公司品牌塑造 …… 317
一、上市公司必须树立品牌创新思想 …… 317
二、技术持续创新是品牌塑造的有力保障 …… 317
三、创造驰名商标是品牌塑造的主要环节 …… 318
四、品牌塑造必须注意的问题 …… 319
第三章、上市公司品牌战略的实施与管理 …… 320
一、规范管理和规模经济是品牌战略实施的基础 …… 320
二、战略控制是品牌实施与管理的基本手段 …… 321
三、上市公司品牌管理的十大误区 …… 321

第十二卷 投资理财

第一章、公司理财概述 …… 325
一、公司理财目标 …… 325
二、公司理财内容 …… 325
三、公司理财方法 …… 326
四、公司理财职能 …… 327
五、公司理财环境 …… 327
六、公司理财原理 …… 330
第二章、上市公司理财实务 …… 334
一、上市公司筹资理财 …… 334
二、上市公司投资理财 …… 337
三、上市公司投资收益分配 …… 343
第三章、券商理财实务 …… 346
一、券商筹资 …… 346
二、券商投资决策 …… 347
三、券商资金运用的日常管理 …… 348
四、券商投资评价 …… 348
五、券商的投资利润分配 …… 349
第四章、个人投资理财实务 …… 350
一、储蓄 …… 350
二、债券投资 …… 350
三、股票投资 …… 351
四、基金投资 …… 351
五、外汇投资 …… 352
六、银行贷款 …… 352
第五章、证券投资基金理财实务 …… 353
一、基金理财的涵义 …… 353
二、基金理财的主要内容 …… 353
三、基金理财的负面影响 …… 354
四、基金理财负面影响的有效防范 …… 355
第六章、网上理财 …… 356
一、网上理财的兴起 …… 356
二、网上理财的工具选择 …… 356
三、目前我国网上理财面临的问题 …… 356
四、网上理财的前景展望 …… 357

第十三卷 证券文化和股票发行

第一章、我国证券文化的形成与发展 …… 360
第二章、我国证券文化的特色与作用 …… 361
第三章、我国证券文化的建设与繁荣 …… 363
第四章、股票发行市场化研究 …… 365
一、我国股票发行制度的演变 …… 365
二、我国股票发行制度的政策效应分析 …… 369
三、我国股票发行制度由核准制向注册制转变 …… 372
四、发行定价市场化分析 …… 374
五、发行市场化对公司及投资者的影响 …… 378
六、发行制度改革及券商应对措施 …… 380
七、发行市场化政策建议 …… 383

第五章、对我国上市公司增发融资的思考与探索 ··· 385
一、增发融资历程与存在的问题 ······ 385
二、提高增发标准规范增发市场 ······ 387
三、市场波动对上市公司增发事件日股价走势的影响 ··· 389
四、增发对券商的影响及其对策 ······ 395
五、增发对上市公司业绩的影响 ······ 397
六、券商在证券市场融资中的作用 ······ 399

第十四卷 证券法律法规汇编

1、中华人民共和国证券法 ······ 404
2、中华人民共和国信托法 ······ 412
3、中华人民共和国中外合资经营企业法 ······ 415
4、中华人民共和国外资保险公司管理条例 ······ 416
5、中华人民共和国外资金融机构管理条例 ······ 418
6、中国证券监督委员会股票发行审核委员会工作程序执行指导意见 ······ 420
7、中国证监会股票发行审核委员会关于首次公开发行股票审核工作的指导意见 ······ 422
8、中国证监会股票发行审核委员会关于上市公司新股发行审核工作的指导意见 ······ 423
9、股份转让公司信息披露实施细则 ······ 425
10、上市公司新股发行管理办法 ······ 430
11、上市公司检查办法 ······ 432
12、上市公司董事长谈话制度实施办法 ······ 433
13、关于在上市公司建立独立董事制度的指导意见 ······ 434
14、上市公司发行可转换公司债券实施办法 ······ 436
15、全国社会保障基金投资管理暂行办法 ······ 438
16、关于上市公司涉及外商投资有关问题的若干意见 ······ 441
17、亏损上市公司暂停上市和终止上市实施办法(修订) ··· 442
18、上市公司治理准则 ······ 443
19、证券投资基金会计核算办法 ······ 446
20、证券投资基金行业公约 ······ 455
21、证券投资基金业从业人员执业守则 ······ 456
22、金融机构撤销条例 ······ 456
23、境外会计师事务所执行金融类上市公司审计业务临时许可证管理办法 ······ 458
24、客户交易结算资金管理办法 ······ 459
25、证券公司代办股份转让服务业务试点办法 ······ 461
26、国有企业境外期货套期保值业务管理办法 ······ 465
27、国有企业境外期货套期保值业务管理制度指导意见 ··· 467
28、期货交易所、期货经营机构信息技术管理规范(试行) ··· 469
29、金融资产管理公司吸收外资参与资产重组与处置的暂行规定 ······ 473
30、首次公开发行股票辅导工作办法 ······ 474
31、境内上市外资股(B股)公司非上市外资股上市流通的办理程序 ······ 478
32、公开发行证券的公司信息披露内容与格式准则第1号—招股说明书 ······ 478
33、公开发行证券公司信息披露的内容与格式准则第2号—年度报告的内容与格式(2001年修订稿) ······ 487
34、公开发行证券的公司信息披露内容与格式准则第7号—股票上市公告书 ······ 493
35、公开发行证券的公司信息披露内容与格式准则第9号—首次公开发行股票申请文件 ······ 496
36、公开发行证券公司信息披露内容与格式准则第10号—要约收购报告 ······ 498
37、公开发行证券公司信息披露内容与格式准则第11号—要约收购中被收购公司董事会报告 ······ 501
38、公开发行证券的公司信息披露内容与格式准则第12号—上市公司发行可转换公司债券申请文件 ······ 503
39、公开发行证券的公司信息披露的内容与格式准则第13号—可转换公司债券募集说明书 ······ 504
40、公开发行证券的公司信息披露内容与格式准则第14号—可转换公司债券上市公告书 ······ 508
41、公开发行证券公司信息披露内容与格式准则第9号—上市公司股东持股变动报告 ······ 510
42、公开发行证券的公司信息披露内容与格式准则第10号—上市公司新股发行申请文件 ······ 513
43、公开发行证券的公司信息披露内容与格式准则第11号—上市公司发行新股招股说明书 ······ 515
44、公开发行证券公司信息披露编报规则第7号—商业银行年度报告内容与格式特别规定 ······ 519
45、公开发行证券公司信息披露编报规则第8号—证券公司年度报告内容与格式特别规定 ······ 520
46、公开发行证券的公司信息披露的编报规则第12号—公开发行证券的法律意见书和律师工作报告 ······ 521
47、公开发行证券的公司信息披露编报规则第13号—季度报告内容与格式特别规定 ······ 524
48、公开发行证券的公司信息披露编报规则第14号—非标准无保留审计意见及其涉及事项的处理 ······ 525
49、公开发行证券的公司信息披露编报规则第15号—财务报告的一般规定 ······ 526
50、公开发行证券的公司信息披露编报规则第16号—A股公司实行补充审计的暂行规定 ······ 531
51、关于A股公司做好补充审计工作的通知 ······ 531
52、证券公司管理办法 ······ 532
53、证券公司检查办法 ······ 534
54、证券公司内部控制指引 ······ 534
55、超额配售选择权试点意见 ······ 537
56、证券交易委托代理业务指引(1—4号) ······ 538
57、证券交易所管理办法 ······ 541
58、两交易所发布上市公司信息披露考核办法 ······ 546
59、上海、深圳证券交易所交易规则 ······ 547
60、上海证券交易所股票上市规则(2001年修订本) ······ 552
61、深圳证券交易所股票上市规则(2001年修订本) ······ 564
62、上交所B股交易规则摘要 ······ 577
63、深交所B股交易规则摘要 ······ 578
64、资产评估准则——无形资产 ······ 578
65、企业会计准则——存货 ······ 579
66、企业会计准则——固定资产 ······ 581
67、企业会计准则——中期财务报告 ······ 582
68、关联方之间出售资产等有关会计处理问题暂行规定 ······ 584

69、证券公司从事股票发行主承销业务有关问题的指导意见 …… 586
—附件一：首次公开发行股票申请文件主承销商核对要点 …… 586
—附件二：主承销商关于上市公司新股发行尽职调查报告必备内容 …… 595
—附件三：主承销商关于上市公司新股发行申请文件核对表 …… 597
—附件四：主承销商关于股票发行回访报告必备内容 …… 601
70、首次公开发行股票公司申报财务报表剥离调整指导意见(征求意见稿) …… 602
71、新股发行上网竞价方式指导意见(公开征求意见稿) …… 604
72、上市公司股东持股变动信息披露管理办法(征求意见稿) …… 606
73、拟发行上市公司改制重组指导意见(征求意见稿) …… 609
74、证券营业部审批规则(征求意见稿) …… 611
75、公开发行证券的公司财务报表及财务报表附注的一般规定(征求意见稿) …… 613
76、证券投资基金设立申请核准工作程序(征求意见稿) …… 618
77、中外合营证券公司审批规则(征求意见稿) …… 618
78、金融企业会计制度(征求意见稿) …… 620
79、境外机构参股、参与发起设立基金管理公司暂行规定(征求意见稿) …… 633
80、关于境内居民个人投资境内上市外资股若干问题的通知 …… 634
81、关于首次公开发行股票公司招股说明书网上披露有关事宜的通知 …… 635
82、关于完善基金管理公司董事人选制度的通知 …… 635
83、关于新股发行公司通过互联网进行公司推介的通知 …… 636
84、关于规范证券公司受托投资管理业务的通知 …… 636
85、关于证券公司增资扩股有关问题的通知 …… 638
86、关于核准基金管理公司重大变更事项有关问题的通知(征求意见稿) …… 638
87、关于规范面向公众开展的证券投资咨询业务行为若干问题的通知 …… 639
88、关于执行《客户交易结算资金管理办法》若干意见的通知 …… 640
89、关于拟发行新股的上市公司中期报告有关问题的通知 …… 642
90、关于上市公司、拟首次发行股票并上市的公司做好与新会计准则和制度相关信息披露工作的通知 …… 642
91、关于申请设立基金管理公司若干问题的通知 …… 643
92、关于规范证券投资基金运作中证券交易行为的通知 …… 643
93、关于做好上市公司2001年年度报告有关工作的通知(上交所) …… 644
94、关于做好上市公司2001年年度有关报告工作的通知(深交所) …… 644
95、关于基金管理公司设立及审核程序有关问题的通知(征求意见稿) …… 646
96、关于上市公司重大购买、出售、置换资产若干问题的通知 …… 648

第十五卷 上海证券交易所上市公司信息汇集

600000 上海浦东发展银行股份有限公司 …… 651
600001 邯郸钢铁股份有限公司 …… 651
600002 齐鲁石油化工股份有限公司 …… 655
600003 东北高速公路股份有限公司 …… 655
600005 武汉钢铁股份有限公司 …… 656
600006 东风汽车股份有限公司 …… 656
600007 中国国际贸易中心股份有限公司 …… 657
600008 北京首创股份有限公司 …… 657
600009 上海国际机场股份有限公司 …… 658
600010 内蒙古包钢钢联股份有限公司 …… 658
600011 华能国际电力股份有限公司 …… 659
600016 中国民生银行股份有限公司 …… 660
600018 上海港集装箱股份有限公司 …… 660
600019 宝山钢铁股份有限公司 …… 661
600033 福建发展高速公路股份有限公司 …… 661
600037 北京歌华有限电视网络股份有限公司 …… 662
600038 哈飞航空工业股份有限公司 …… 662
600051 宁波联合集团股份有限公司 …… 663
600052 浙江广厦建筑集团股份有限公司 …… 663
600053 江西纸业股份有限公司 …… 664
600054 黄山旅游发展股份有限公司 …… 664
600055 北京万东医疗装备股份有限公司 …… 665
600056 中技贸易股份有限公司 …… 665
600057 厦门厦新电子股份有限公司 …… 666
600058 五矿龙腾科技股份有限公司 …… 666
600059 浙江古越龙山绍兴酒股份有限公司 …… 667
600060 青岛海信电器股份有限公司 …… 667
600061 中纺投资发展股份有限公司 …… 668
600062 北京双鹤药业股份有限公司 …… 668
600063 安徽皖维高新材料股份有限公司 …… 669
600064 南京新港高科技股份有限公司 …… 669
600065 大庆联谊石化股份有限公司 …… 670
600066 郑州宇通客车股份有限公司 …… 670
600067 福州大通机电股份有限公司 …… 671
600068 葛州坝股份有限公司 …… 671
600069 河南银鸽实业投资股份有限公司 …… 672
600070 浙江富润股份有限公司 …… 672
600071 凤凰光学股份有限公司 …… 673
600072 江南重工股份有限公司 …… 673
600073 上海梅林正广和股份有限公司 …… 674
600074 南京中达制膜(集团)股份有限公司 …… 674
600075 新疆天业股份有限公司 …… 675
600076 潍坊北大青鸟华光科技股份有限公司 …… 675
600077 辽宁国能集团股份有限公司 …… 676
600078 江苏澄星磷化工股份有限公司 …… 676
600079 武汉人福高科技产业股份有限公司 …… 677
600080 金花企业(集团)股份有限公司 …… 677
600081 东风电子科技股份有限公司 …… 678

600082 天津百货大楼股份有限公司 …… 678
600083 成都福地科技股份有限公司 …… 679
600084 新天国际经贸股份有限公司 …… 679
600085 北京同仁堂股份有限公司 …… 680
600086 湖北多佳股份有限公司 …… 680
600087 南京水运实业股份有限公司 …… 681
600088 无锡中视影视基地股份有限公司 …… 681
600089 新疆特变电工股份有限公司 …… 682
600090 新疆啤酒花股份有限公司 …… 682
600091 包头明天科技股份有限公司 …… 683
600092 陕西精密合金股份有限公司 …… 683
600093 四川禾嘉股份有限公司 …… 684
600094 上海华源股份有限公司 …… 684
600095 哈尔滨高科技(集团)股份有限公司 …… 685
600096 云南云天化股份有限公司 …… 689
600097 海南恒泰芒果产业股份有限公司 …… 689
600098 广州发展实业控股集团股份有限公司 …… 687
600099 林海股份有限公司 …… 687
600100 清华同方股份有限公司 …… 691
600101 四川明星电力股份有限公司 …… 691
600102 莱芜钢铁股份有限公司 …… 692
600103 福建省青山纸业股份有限公司 …… 696
600104 上海汽车股份有限公司 …… 696
600105 江苏永鼎股份有限公司 …… 697
600106 重庆路桥股份有限公司 …… 701
600107 湖北美尔雅股份有限公司 …… 701
600108 甘肃亚盛实业(集团)股份有限公司 …… 702
600109 成都百货(集团)股份有限公司 …… 707
600110 长春热缩材料股份有限公司 …… 707
600111 内蒙古包钢稀土高科技股份有限公司 …… 708
600112 贵州长征电器股份有限公司 …… 708
600113 浙江东日股份有限公司 …… 709
600115 中国东方航空股份有限公司 …… 709
600116 重庆三峡水利电力(集团)股份有限公司 …… 710
600117 西宁特殊钢股份有限公司 …… 710
600118 中国泛旅实业发展股份有限公司 …… 711
600119 长发集团长江投资实业股份有限公司 …… 711
600120 浙江东方集团股份有限公司 …… 712
600121 郑州煤电股份有限公司 …… 712
600122 江苏宏图高科技股份有限公司 …… 713
600123 山西兰花科技创业股份有限公司 …… 713
600125 大连铁龙实业股份有限公司 …… 714
600126 杭州钢铁股份有限公司 …… 714
600127 湖南金健米业股份有限公司 …… 715
600128 江苏弘业股份有限公司 …… 715
600129 重庆太极实业(集团)股份有限公司 …… 716
600130 宁波波导股份有限公司 …… 721
600131 四川岷江水利电力股份有限公司 …… 721
600132 重庆啤酒股份有限公司 …… 702
600133 武汉东湖高新集团股份有限公司 …… 702
600135 乐凯胶片股份有限公司 …… 723
600136 武汉道博股份有限公司 …… 723
600137 四川长江包装纸业股份有限公司 …… 724
600138 中青旅控股股份有限公司 …… 724
600139 鼎天科技股份有限公司 …… 725
600141 湖北兴发化工集团股份有限公司 …… 725
600145 重庆四维瓷业股份有限公司 …… 726
600146 宁夏大元化工股份有限公司 …… 726
600148 长春一东离合器股份有限公司 …… 727
600149 邢台轧辊股份有限公司 …… 727
600150 沪东重机股份有限公司 …… 728
600151 上海航天汽车机电股份有限公司 …… 728
600152 宁波维科精华集团股份有限公司 …… 729
600153 厦门建发股份有限公司 …… 729
600155 河北宝硕股份有限公司 …… 730
600156 湖南华升益鑫泰股份有限公司 …… 731
600157 泰安鲁润股份有限公司 …… 730
600158 中体产业股份有限公司 …… 739
600159 内蒙古宁城老窖股份有限公司 …… 739
600160 浙江巨化股份有限公司 …… 740
600161 北京天坛生物制品股份有限公司 …… 740
600162 山东临沂工程机械股份有限公司 …… 741
600163 福建省南纸股份有限公司 …… 741
600165 宁夏恒力钢丝绳股份有限公司 …… 742
600166 北汽福田车辆股份有限公司 …… 742
600167 沈阳黎明服装股份有限公司 …… 743
600168 武汉三镇实业控股股份有限公司 …… 743
600169 太原重工股份有限公司 …… 744
600170 上海建工股份有限公司 …… 744
600171 上海贝岭股份有限公司 …… 745
600172 河南黄河旋风股份有限公司 …… 745
600173 牡丹江水泥股份有限公司 …… 746
600175 海南宝华实业股份有限公司 …… 746
600176 中国化学建材股份有限公司 …… 747
600177 雅戈尔集团股份有限公司 …… 747
600178 哈尔滨东安汽车动力股份有限公司 …… 748
600179 黑龙江黑化股份有限公司 …… 748
600180 山东九发食用菌股份有限公司 …… 749
600181 昆明云大科技产业股份有限公司 …… 749
600182 桦林轮胎股份有限公司 …… 750
600183 广东生益科技股份有限公司 …… 750
600185 西安海星现代科技股份有限公司 …… 751
600186 河南莲花味精股份有限公司 …… 752
600187 黑龙江黑龙股份有限公司 …… 751
600188 兖州煤业股份有限公司 …… 757
600189 吉林森林工业股份有限公司 …… 761
600190 锦州港务(集团)股份有限公司 …… 762
600191 包头华资实业股份有限公司 …… 761
600192 兰州长城电工股份有限公司 …… 766
600193 厦门创兴科技股份有限公司 …… 766
600195 中牧实业股份有限公司 …… 767
600196 上海复星实业股份有限公司 …… 767
600197 新疆伊力特实业股份有限公司 …… 768
600198 大唐电信科技股份有限公司 …… 768

600199 安徽金牛实业股份有限公司 …… 769
600200 江苏吴中实业股份有限公司 …… 769
600201 内蒙古金宇集团股份有限公司 …… 770
600202 哈尔滨空调股份有限公司 …… 770
600203 福建福日电子股份有限公司 …… 771
600205 山东铝业股份有限公司 …… 771
600206 有研半导体材料股份有限公司 …… 772
600207 河南安彩高科股份有限公司 …… 773
600208 中宝戴梦得投资股份有限公司 …… 772
600209 海南罗顿发展股份有限公司 …… 780
600210 上海紫江企业集团股份有限公司 …… 780
600211 西藏诺迪康药业股份有限公司 …… 781
600212 山东江泉实业股份有限公司 …… 781
600213 杨州亚星客车股份有限公司 …… 782
600215 长春经济技术开发区开发建设(集团)股份有限公司 …… 782
600216 浙江医药股份有限公司 …… 783
600217 陕西秦岭水泥股份有限公司 …… 783
600218 安徽全柴动力股份有限公司 …… 784
600219 山东南山实业股份有限公司 …… 784
600220 江苏阳光股份有限公司 …… 785
600221 海南航空股份有限公司 …… 785
600222 河南竹林众生制药股份有限公司 …… 786
600223 山东万杰高科技股份有限公司 …… 786
600225 福建天香集团股份有限公司 …… 787
600226 浙江升华拜克生物股份有限公司 …… 787
600227 贵州赤天化股份有限公司 …… 788
600228 江西昌九化工股份有限公司 …… 788
600229 青岛碱业股份有限公司 …… 789
600230 河北沧州大化股份有限公司 …… 789
600231 凌源钢铁股份有限公司 …… 790
600232 浙江金鹰股份有限公司 …… 791
600233 大连大杨创世股份有限公司 …… 790
600234 太原天龙集团股份有限公司 …… 797
600235 民丰特种纸股份有限公司 …… 797
600236 广西桂冠电力股份有限公司 …… 799
600237 安徽铜峰电子股份有限公司 …… 802
600238 海南椰岛股份有限公司 …… 802
600239 云南红河光明股份有限公司 …… 803
600240 内蒙古仕奇实业股份有限公司 …… 803
600241 辽宁时代服装进出口股份有限公司 …… 804
600242 广东华龙集团股份有限公司 …… 804
600243 青海华鼎实业股份有限公司 …… 805
600246 北京先锋粮农实业股份有限公司 …… 805
600247 吉林物华(集团)股份有限公司 …… 806
600248 杨凌秦丰农业科技股份有限公司 …… 806
600250 南京纺织品进出口股份有限公司 …… 807
600252 广西梧州中恒集团股份有限公司 …… 807
600253 河南天方药业股份有限公司 …… 808
600255 安徽鑫科新材料股份有限公司 …… 808
600256 新疆广汇石材股份有限公司 …… 809
600257 湖南洞庭水殖股份有限公司 …… 809
600258 北京首都旅游股份有限公司 …… 810
600259 海南兴业聚酯股份有限公司 …… 810
600260 湖北凯乐新材料科技股份有限公司 …… 811
600261 浙江阳光集团股份有限公司 …… 811
600262 内蒙古北方重型汽车股份有限公司 …… 812
600263 路桥集团国际建设股份有限公司 …… 812
600265 云南景谷林业股份有限公司 …… 813
600266 北京城建股份有限公司 …… 818
600267 浙江海正药业股份有限公司 …… 818
600268 国电南京自动化股份有限公司 …… 819
600269 江西赣粤高速公路股份有限公司 …… 819
600270 中外运空运发展股份有限公司 …… 820
600272 上海开开实业股份有限公司 …… 820
600275 湖北武昌鱼股份有限公司 …… 821
600276 江苏恒瑞医药股份有限公司 …… 822
600277 内蒙古亿利科技实业股份有限公司 …… 821
600278 东方国际创业股份有限公司 …… 827
600279 重庆港九股份有限公司 …… 827
600280 南京中央商场股份有限公司 …… 828
600281 太原化工股份有限公司 …… 828
600282 南京钢铁股份有限公司 …… 829
600283 钱江水利开发股份有限公司 …… 829
600285 河南羚锐制药股份有限公司 …… 830
600286 湖南国光瓷业集团股份有限公司 …… 830
600287 江苏舜天国际集团服装进出口股份有限公司 …… 831
600288 大恒新纪元科技股份有限公司 …… 832
600289 哈尔滨亿阳信通股份有限公司 …… 831
600290 苏福马股份有限公司 …… 837
600291 内蒙古西卓子山草原水泥股份有限公司 …… 840
600292 重庆九龙电力股份有限公司 …… 840
600293 湖北三峡新型建材股份有限公司 …… 841
600296 兰州铝业股份有限公司 …… 841
600297 大连美罗药业股份有限公司 …… 842
600298 湖北安琪酵母股份有限公司 …… 842
600299 星辰化工新材料股份有限公司 …… 843
600300 徐州维维食品饮料股份有限公司 …… 844
600301 南宁化工股份有限公司 …… 843
600302 西安标准工业股份有限公司 …… 849
600303 丹东曙光车桥股份有限公司 …… 849
600305 江苏恒顺醋业股份有限公司 …… 850
600306 沈阳商业城股份有限公司 …… 850
600307 甘肃酒钢集团宏兴钢铁股份有限公司 …… 851
600308 山东华泰纸业股份有限公司 …… 851
600309 烟台万华聚氨酯股份有限公司 …… 852
600310 广西桂东电力股份有限公司 …… 853
600311 甘肃荣华实业(集团)股份有限公司 …… 854
600312 河南平高电气股份有限公司 …… 869
600313 中垦农业资源开发股份有限公司 …… 852
600315 上海家化联合股份有限公司 …… 870
600316 江西洪都航空工业股份有限公司 …… 871
600318 安徽巢东水泥股份有限公司 …… 871
600319 潍坊亚星化学股份有限公司 …… 872

600320 上海振华港口机械(集团)股份有限公司 …… 873
600321 四川国栋建设股份有限公司 …… 874
600322 天津市房地产发展(集团)股份有限公司 …… 875
600323 南海发展股份有限公司 …… 873
600326 西藏天路交通股份有限公司 …… 876
600328 内蒙古兰太实业股份有限公司 …… 883
600329 天津中新药业集团股份有限公司 …… 887
600330 浙江天通电子股份有限公司 …… 888
600332 广州药业股份有限公司 …… 889
600333 长春燃气股份有限公司 …… 888
600335 中外建发展股份有限公司 …… 895
600336 青岛澳柯玛股份有限公司 …… 895
600337 美克国际家具股份有限公司 …… 896
600338 西藏珠峰工业股份有限公司 …… 896
600339 新疆独山子天利高新技术股份有限公司 …… 897
600345 武汉长江通信产业集团股份有限公司 …… 897
600346 大连冰山橡塑股份有限公司 …… 898
600356 牡丹江恒丰纸业股份有限公司 …… 899
600359 新疆塔里木农业综合开发股份有限公司 …… 900
600360 吉林华微电子股份有限公司 …… 903
600361 北京华联商厦股份有限公司 …… 921
600363 江西联创光电科技股份有限公司 …… 922
600365 通化葡萄酒股份有限公司 …… 923
600366 宁波韵升(集团)股份有限公司 …… 922
600367 贵州红星发展股份有限公司 …… 926
600368 广西五洲交通股份有限公司 …… 926
600369 重庆长江水运股份有限公司 …… 927
600372 江西昌河汽车股份有限公司 …… 934
600376 北京天鸿宝业房地产股份有限公司 …… 935
600377 江苏宁沪高速公路股份有限公司 …… 936
600378 四川天一科技股份有限公司 …… 941
600379 陕西宝光真空电器股份有限公司 …… 942
600380 深圳太太药业股份有限公司 …… 943
600381 青海白唇鹿股份有限公司 …… 944
600382 广东明珠球阀集团股份有限公司 …… 941
600383 金地(集团)股份有限公司 …… 963
600385 山东金泰集团股份有限公司 …… 964
600386 北京巴士股份有限公司 …… 965
600388 福建龙净环保股份有限公司 …… 965
600389 南通江山农药化工股份有限公司 …… 966
600390 金瑞新材料科技股份有限公司 …… 970
600391 四川成发航空科技股份有限公司 …… 971
600393 广州东华实业股份有限公司 …… 972
600395 贵州盘江精煤股份有限公司 …… 973
600396 沈阳金山热电股份有限公司 …… 974
600398 凯诺科技股份有限公司 …… 970
600399 抚顺特殊钢股份有限公司 …… 975
600400 江苏红豆实业股份有限公司 …… 975
600418 安徽江淮汽车底盘股份有限公司 …… 976
600419 新疆天宏纸业股份有限公司 …… 977
600422 昆明制药股份有限公司 …… 990
600448 华纺股份有限公司 …… 991
600466 四川迪康科技药业股份有限公司 …… 992
600468 天津特精液压股份有限公司 …… 993
600488 天津天药药业股份有限公司 …… 994
600498 烽火通信科技股份有限公司 …… 995
600500 中化国际贸易股份有限公司 …… 990
600501 南京晨光航天应用技术股份有限公司 …… 996
600506 新疆库尔勒香梨股份有限公司 …… 1007
600508 上海大屯能源股份有限公司 …… 1008
600518 广东康美药业股份有限公司 …… 1014
600519 贵州茅台酒股份有限公司 …… 1015
600520 铜陵三佳模具股份有限公司 …… 1016
600523 贵州贵航汽车零部件股份有限公司 …… 1017
600528 中铁二局股份有限公司 …… 1018
600530 上海交大昂立股份有限公司 …… 1030
600539 太原狮头水泥股份有限公司 …… 1031
600550 保定天威保变电气股份有限公司 …… 1032
600556 广西北生药业股份有限公司 …… 1033
600566 湖北洪城通用机械股份有限公司 …… 1034
600568 湖北潜江制药股份有限公司 …… 1035
600569 安阳钢铁股份有限公司 …… 1036
600588 北京用友软件股份有限公司 …… 1037
600589 广东榕泰实业股份有限公司 …… 1038
600596 浙江新安化工集团股份有限公司 …… 1049
600600 青岛啤酒股份有限公司 …… 1014
600601 上海方正延中科技集团股份有限公司 …… 1050
600602 上海广电电子股份有限公司 …… 1050
600603 上海兴业房地产股份有限公司 …… 1051
600604 上海二纺机股份有限公司 …… 1051
600605 上海轻工机械股份有限公司 …… 1052
600606 上海金丰投资股份有限公司 …… 1052
600607 上海实业联合集团股份有限公司 …… 1053
600608 上海宽频科技股份有限公司 …… 1053
600609 一汽金杯汽车股份有限公司 …… 1054
600610 中国纺织机械股份有限公司 …… 1054
600611 大众交通(集团)股份有限公司 …… 1055
600612 中国第一铅笔股份有限公司 …… 1055
600613 上海永生股份有限公司 …… 1056
600614 上海胶带股份有限公司 …… 1056
600615 上海丰华圆珠笔股份有限公司 …… 1057
600616 上海市第一食品商店股份有限公司 …… 1057
600617 上海联华合纤股份有限公司 …… 1058
600618 上海氯碱化工股份有限公司 …… 1058
600619 上海海立(集团)股份有限公司 …… 1059
600620 上海市天宸股份有限公司 …… 1059
600621 上海金陵股份有限公司 …… 1060
600622 上海嘉宝实业(集团)股份有限公司 …… 1060
600623 上海轮胎橡胶(集团)股份有限公司 …… 1061
600624 上海复华实业股份有限公司 …… 1061
600625 上海水仙电大股份有限公司 …… 1062
600626 上海申达股份有限公司 …… 1062
600627 上海电器股份有限公司 …… 1063
600628 上海新世界股份有限公司 …… 1063

600629 上海棱光实业股份有限公司 …… 1064
600630 上海龙头股份有限公司 …… 1064
600631 上海市第一百货商店股份有限公司 …… 1065
600632 上海华联商厦股份有限公司 …… 1065
600633 上海白猫股份有限公司 …… 1066
600634 上海海鸟电子股份有限公司 …… 1066
600635 上海大众科技创业(集团)股份有限公司 …… 1067
600636 上海三爱富新材料股份有限公司 …… 1067
600637 上海广电信息产业股份有限公司 …… 1068
600638 上海新黄浦置业股份有限公司 …… 1068
600639 上海金桥出口加工区开发股份有限公司 …… 1069
600640 上海国脉通信股份有限公司 …… 1069
600641 中远发展股份有限公司 …… 1070
600642 申能股份有限公司 …… 1070
600643 上海爱建股份有限公司 …… 1071
600644 乐山电力股份有限公司 …… 1071
600645 上海望春花(集团)股份有限公司 …… 1072
600646 上海国嘉实业股份有限公司 …… 1072
600647 上海同达创业投资股份有限公司 …… 1073
600648 上海外高桥保税区开发股份有限公司 …… 1073
600649 上海市原水股份有限公司 …… 1074
600650 上海新锦江股份有限公司 …… 1074
600651 上海飞乐音响股份有限公司 …… 1075
600652 上海爱使股份有限公司 …… 1075
600653 上海华晨集团股份有限公司 …… 1076
600654 上海飞乐股份有限公司 …… 1076
600655 上海豫园旅游商城股份有限公司 …… 1077
600656 上海华源制药股份有限公司 …… 1077
600657 北京天桥北大青鸟科技股份有限公司 …… 1078
600658 北京兆维科技股份有限公司 …… 1078
600659 福建省福联股份有限公司 …… 1079
600660 福耀玻璃工业集团股份有限公司 …… 1079
600661 上海交大南洋股份有限公司 …… 1080
600662 上海强生出租汽车股份有限公司 …… 1080
600663 上海陆家嘴金融贸易区开发股份有限公司 …… 1081
600664 哈药集团股份有限公司 …… 1081
600665 上海沪昌特殊钢股份有限公司 …… 1082
600666 西南药业股份有限公司 …… 1082
600667 无锡市太极实业股份有限公司 …… 1083
600668 浙江尖峰集团股份有限公司 …… 1083
600669 鞍山合成(集团)股份有限公司 …… 1084
600670 长春高斯达生物科技集团股份有限公司 …… 1084
600671 杭州天目山药业股份有限公司 …… 1085
600672 四川英豪科技教育投资股份有限公司 …… 1085
600673 成都量具刃具股份有限公司 …… 1086
600674 四川川投控股股份有限公司 …… 1086
600675 中华企业股份有限公司 …… 1087
600676 上海交运股份有限公司 …… 1087
600677 浙江中汇(集团)股份有限公司 …… 1088
600678 四川金顶(集团)股份有限公司 …… 1089
600679 凤凰股份有限公司 …… 1088
600680 上海邮电通信设备股份有限公司 …… 1093
600681 武汉诚成文化投资集团股份有限公司 …… 1093
600682 南京新街口百货商店股份有限公司 …… 1094
600683 宁波华联集团股份有限公司 …… 1094
600684 广州珠江实业开发股份有限公司 …… 1095
600685 广州广船国际股份有限公司 …… 1095
600686 厦门汽车股份有限公司 …… 1096
600687 厦门新宇软件股份有限公司 …… 1096
600688 上海石油化工股份有限公司 …… 1097
600689 上海三毛纺织股份有限公司 …… 1097
600690 青岛海尔电冰箱股份有限公司 …… 1098
600691 东新电碳股份有限公司 …… 1103
600692 上海亚通股份有限公司 …… 1103
600693 福建东百集团股份有限公司 …… 1104
600694 大连商场股份有限公司 …… 1104
600695 上海大江(集团)股份有限公司 …… 1105
600696 利嘉(福建)股份有限公司 …… 1105
600697 长春欧亚集团股份有限公司 …… 1106
600698 济南轻骑摩托车股份有限公司 …… 1106
600699 辽源得亨股份有限公司 …… 1107
600700 陕西煤航数码测绘(集团)股份有限公司 …… 1107
600701 哈尔滨工大高新技术产业开发股份有限公司 …… 1108
600702 四川沱牌曲酒股份有限公司 …… 1108
600703 湖北天颐科技股份有限公司 …… 1109
600704 浙江中大集团股份有限公司 …… 1109
600705 北亚实业(集团)股份有限公司 …… 1110
600706 长安信息产业(集团)股份有限公司 …… 1110
600707 彩虹显示器件股份有限公司 …… 1111
600708 上海东海股份有限公司 …… 1111
600709 湖北江湖生态农业股份有限公司 …… 1112
600710 常林股份有限公司 …… 1112
600711 厦门雄震集团股份有限公司 …… 1113
600712 南宁百货大楼股份有限公司 …… 1113
600713 南京医药股份有限公司 …… 1114
600714 青海山川铁合金股份有限公司 …… 1114
600715 松辽汽车股份有限公司 …… 1115
600716 秦皇岛耀华玻璃股份有限公司 …… 1115
600717 天津港(集团)股份有限公司 …… 1116
600718 沈阳东大阿尔派软件股份有限公司 …… 1116
600719 大连热电股份有限公司 …… 1117
600720 甘肃祁连山水泥股份有限公司 …… 1117
600721 新疆百花村股份有限公司 …… 1118
600722 沧州化学工业股份有限公司 …… 1119
600723 北京市西单商场股份有限公司 …… 1118
600724 宁波富达电器股份有限公司 …… 1122
600725 云南云维股份有限公司 …… 1122
600726 黑龙江电力股份有限公司 …… 1123
600727 山东鲁北化工股份有限公司 …… 1128
600728 辽宁新太科技股份有限公司 …… 1129
600729 重庆百货大楼股份有限公司 …… 1128
600730 中国高科集团股份有限公司 …… 1135
600731 湖南海利化工股份有限公司 …… 1135
600732 上海港机股份有限公司 …… 1136

600733 成都前锋电子股份有限公司 …… 1136
600734 福建实达电脑集团股份有限公司 …… 1137
600735 山东兰陵陈香酒业股份有限公司 …… 1137
600736 苏州新区高新技术产业股份有限公司 …… 1138
600737 新疆屯河股份有限公司 …… 1138
600738 兰州民百(集团)股份有限公司 …… 1139
600739 辽宁成大股份有限公司 …… 1139
600740 山西焦化股份有限公司 …… 1140
600741 上海巴士实业(集团)股份有限公司 …… 1140
600742 长春一汽四环汽车股份有限公司 …… 1141
600743 湖北幸福实业股份有限公司 …… 1141
600744 湖南华银电力股份有限公司 …… 1142
600745 黄石康赛股份有限公司 …… 1142
600746 江苏索普化工股份有限公司 …… 1143
600747 大连大显股份有限公司 …… 1144
600748 上海浦东不锈薄板股份有限公司 …… 1143
600749 西藏圣地股份有限公司 …… 1147
600750 江西东风药业股份有限公司 …… 1147
600751 天津市海运股份有限公司 …… 1148
600752 哈慈股份有限公司 …… 1148
600753 河南冰熊保鲜设备股份有限公司 …… 1149
600754 上海新亚(集团)股份有限公司 …… 1149
600755 厦门国贸集团股份有限公司 …… 1150
600756 山东浪潮齐鲁软件产业股份有限公司 …… 1150
600757 上海华源企业发展股份有限公司 …… 1151
600758 辽宁金帝建设集团股份有限公司 …… 1151
600759 海南华侨投资股份有限公司 …… 1152
600760 山东黑豹股份有限公司 …… 1152
600761 安徽合力股份有限公司 …… 1153
600762 衡阳市金荔科技农业股份有限公司 …… 1153
600763 北京中燕探戈羽绒制品股份有限公司 …… 1154
600764 甘肃三星石化(集团)股份有限公司 …… 1154
600765 贵州力源液压股份有限公司 …… 1155
600766 烟台华联发展集团股份有限公司 …… 1155
600767 运盛(福建)实业股份有限公司 …… 1156
600768 宁波华通集团股份有限公司 …… 1156
600769 武汉祥龙电业股份有限公司 …… 1157
600770 江苏综艺股份有限公司 …… 1157
600771 东盛科技股份有限公司 …… 1158
600772 中油龙昌(集团)股份有限公司 …… 1158
600773 西藏金珠股份有限公司 …… 1159
600774 武汉市汉商集团股份有限公司 …… 1159
600775 南京熊猫电子股份有限公司 …… 1160
600776 东方通信股份有限公司 …… 1160
600777 烟台新潮实业股份有限公司 …… 1161
600778 新疆友好(集团)股份有限公司 …… 1161
600779 四川全兴股份有限公司 …… 1162
600780 山西通宝能源股份有限公司 …… 1162
600781 上海民丰实业股份有限公司 …… 1163
600782 新华金属制品股份有限公司 …… 1163
600784 鲁银投资集团股份有限公司 …… 1164
600785 银川新华百货商店股份有限公司 …… 1164
600786 东方锅炉(集团)股份有限公司 …… 1165
600787 中储发展股份有限公司 …… 1165
600788 西安达尔曼实业股份有限公司 …… 1166
600789 山东鲁抗医药股份有限公司 …… 1166
600790 浙江中国轻纺城集团股份有限公司 …… 1167
600791 贵州华联旅业(集团)股份有限公司 …… 1167
600792 云南马龙化建股份有限公司 …… 1168
600793 宜宾纸业股份有限公司 …… 1168
600794 云南新概念保税科技股份有限公司 …… 1169
600795 国电电力发展股份有限公司 …… 1169
600796 浙江钱江生物化学股份有限公司 …… 1170
600797 浙江浙大网新科技股份有限公司 …… 1170
600798 宁波海运股份有限公司 …… 1171
600799 黑龙江省科利华网络股份有限公司 …… 1171
600800 天津环球磁卡股份有限公司 …… 1172
600801 华新水泥股份有限公司 …… 1172
600802 福建水泥股份有限公司 …… 1173
600803 河北威远生物化工股份有限公司 …… 1173
600804 成都工益冶金股份有限公司 …… 1174
600805 江苏悦达股份有限公司 …… 1174
600806 昆明机床股份有限公司 …… 1175
600807 山东济南百货大楼(集团)股份有限公司 …… 1175
600808 马鞍山钢铁股份有限公司 …… 1176
600809 山西杏花村汾酒厂股份有限公司 …… 1177
600810 神马实业股份有限公司 …… 1176
600811 东方集团股份有限公司 …… 1184
600812 华北制药股份有限公司 …… 1184
600813 鞍山第一工程机械股份有限公司 …… 1185
600814 杭州解百集团股份有限公司 …… 1182
600815 厦门工程机械股份有限公司 …… 1186
600816 鞍山市信托投资股份有限公司 …… 1186
600817 上海宏盛科技发展股份有限公司 …… 1187
600818 上海永久股份有限公司 …… 1187
600819 上海耀华皮尔金顿玻璃股份有限公司 …… 1188
600820 上海隧道工程股份有限公司 …… 1188
600821 天津劝业场(集团)股份有限公司 …… 1189
600822 上海物资贸易中心股份有限公司 …… 1189
600823 上海世茂股份有限公司 …… 1190
600824 上海益民百货股份有限公司 …… 1190
600825 华联超市股份有限公司 …… 1191
600826 上海兰生股份有限公司 …… 1191
600827 上海友谊股份有限公司 …… 1192
600828 成都人民商场(集团)股份有限公司 …… 1192
600829 哈尔滨天鹅实业股份有限公司 …… 1193
600830 宁波城隍庙实业股份有限公司 …… 1193
600831 黄河机电股份有限公司 …… 1194
600832 上海东方明珠股份有限公司 …… 1194
600833 上海商业网点发展实业股份有限公司 …… 1195
600834 上海申通地铁股份有限公司 …… 1195
600835 上海上菱电器股份有限公司 …… 1196
600836 上海界龙实业股份有限公司 …… 1196
600837 上海市都市农商社股份有限公司 …… 1197

600838 上海九百股份有限公司 …… 1197
600839 四川长虹电器股份有限公司 …… 1198
600840 浙江安平创业投资股份有限公司 …… 1198
600841 上海柴油机股份有限公司 …… 1199
600842 上海中西药业股份有限公司 …… 1199
600843 上工股份有限公司 …… 1200
600844 英雄(集团)股份有限公司 …… 1200
600845 上海宝信软件股份有限公司 …… 1201
600846 上海同济科技实业股份有限公司 …… 1201
600847 重庆万里蓄电池股份有限公司 …… 1202
600848 上海自动化仪表股份有限公司 …… 1202
600849 上海市医药股份有限公司 …… 1203
600850 上海华东电脑股份有限公司 …… 1203
600851 上海海欣集团股份有限公司 …… 1204
600852 中国四川国际合作股份有限公司 …… 1204
600853 北满特殊钢股份有限公司 …… 1205
600854 江苏春兰制冷设备股份有限公司 …… 1205
600855 北京航天长峰股份有限公司 …… 1206
600856 长春百货大楼集团股份有限公司 …… 1206
600857 哈工大首创科技股份有限公司 …… 1207
600858 渤海集团股份有限公司 …… 1207
600859 北京王府井百货(集团)股份有限公司 …… 1208
600860 北人印刷机械股份有限公司 …… 1208
600861 北京城乡贸易中心股份有限公司 …… 1209
600862 南通纵横国际股份有限公司 …… 1209
600863 内蒙古蒙电华能热电股份有限公司 …… 1210
600864 哈尔滨岁宝热电股份有限公司 …… 1210
600865 百大集团股份有限公司 …… 1211
600866 广东肇庆星湖生物科技股份有限公司 …… 1211
600867 通化东宝药业股份有限公司 …… 1212
600868 广东梅雁企业(集团)股份有限公司 …… 1212
600869 青海三普药业股份有限公司 …… 1213
600870 厦门华侨电子股份有限公司 …… 1213
600871 仪征化纤股份有限公司 …… 1214
600872 中山火炬高新技术实业股份有限公司 …… 1214
600873 西藏明珠股份有限公司 …… 1215
600874 天津创业环保股份有限公司 …… 1215
600875 东方电机股份有限公司 …… 1216
600876 洛阳玻璃股份有限公司 …… 1216
600877 中国嘉陵工业股份有限公司 …… 1217
600878 大连北大科技(集团)股份有限公司 …… 1217
600879 长征火箭技术股份有限公司 …… 1218
600880 成都博瑞传播股份有限公司 …… 1218
600881 吉林亚泰(集团)股份有限公司 …… 1219
600882 山东大成农药股份有限公司 …… 1219
600883 云南富邦科技实业股份有限公司 …… 1220
600884 宁波杉杉股份有限公司 …… 1220
600885 武汉力诺工业股份有限公司 …… 1221
600886 湖北兴化股份有限公司 …… 1221
600887 内蒙古伊利实业集团股份有限公司 …… 1222
600888 新疆众和股份有限公司 …… 1226
600889 南京化纤股份有限公司 …… 1226
600890 长春长铃实业股份有限公司 …… 1227
600891 哈尔滨秋林集团股份有限公司 …… 1227
600892 河北湖大科技教育发展股份有限公司 …… 1228
600893 吉林省吉发农业开发集团股份有限公司 …… 1228
600894 广州钢铁股份有限公司 …… 1229
600895 上海张江高科技园区开发股份有限公司 …… 1229
600896 中海(海南)海盛船务股份有限公司 …… 1230
600897 厦门机场发展股份有限公司 …… 1230
600898 郑州百文股份有限公司(集团) …… 1231
600899 浙江信联股份有限公司 …… 1231
900929 上海中国国际旅行社股份有限公司 …… 1232
900935 上海金泰股份有限公司 …… 1232
900939 上海汇丽建材股份有限公司 …… 1233
900948 内蒙古伊泰煤炭股份有限公司 …… 1233
900949 浙江东南发电股份有限公司 …… 1234
900950 江苏新城房产股份有限公司 …… 1234
900951 大化集团大连化工股份有限公司 …… 1235
900953 华源凯马机械股份有限公司 …… 1235
900955 上海茉织华股份有限公司 …… 1236
900956 黄石东贝电器股份有限公司 …… 1236

第十六卷 深圳证券交易所上市公司信息汇集

000001 深圳发展银行股份有限公司 …… 1238
000002 万科企业股份有限公司 …… 1238
000003 金田实业(集团)股份有限公司 …… 1239
000004 深圳市北大高科技股份有限公司 …… 1239
000005 深圳世纪星源股份有限公司 …… 1240
000006 深圳市振业(集团)股份有限公司 …… 1240
000007 深圳市赛格达声股份有限公司 …… 1241
000008 广东亿安科技股份有限公司 …… 1241
000009 中国宝安集团股份有限公司 …… 1242
000010 深圳市华新股份有限公司 …… 1242
000011 深圳市物业发展(集团)股份有限公司 …… 1243
000012 中国南玻科技控股(集团)股份有限公司 …… 1243
000013 深圳石化工业集团股份有限公司 …… 1244
000014 华源实业(集团)股份有限公司 …… 1244
000015 深圳中浩(集团)股份有限公司 …… 1245
000016 康佳集团股份有限公司 …… 1245
000017 深圳中华自行车(集团)股份有限公司 …… 1246
000018 深圳中冠纺织印染股份有限公司 …… 1246
000019 深圳市深宝实业股份有限公司 …… 1247
000020 深圳华发电子股份有限公司 …… 1247
000021 深圳开发科技股份有限公司 …… 1248
000022 深圳赤湾港航股份有限公司 …… 1248
000023 深圳市天地(集团)股份有限公司 …… 1249
000024 招商局蛇口控股股份有限公司 …… 1249
000025 深圳市特力(集团)股份有限公司 …… 1250
000026 深圳市飞亚达(集团)股份有限公司 …… 1250
000027 深圳能源投资股份有限公司 …… 1251

000028 深圳一致药业股份有限公司 …… 1251
000029 深圳经济特区房地产(集团)股份有限公司 …… 1252
000030 深圳市莱英达集团股份有限公司 …… 1252
000031 深圳市宝恒(集团)股份有限公司 …… 1253
000032 深圳市桑达实业股份有限公司 …… 1253
000033 深圳市新都酒店股份有限公司 …… 1254
000034 深圳市深信泰丰(集团)股份有限公司 …… 1254
000035 中国科健股份有限公司 …… 1255
000036 深圳市华联控股股份有限公司 …… 1255
000037 深圳南山热电股份有限公司 …… 1256
000038 深圳大通实业股份有限公司 …… 1256
000039 中国国际海运集装箱(集团)股份有限公司 …… 1257
000040 深圳市鸿基(集团)股份有限公司 …… 1257
000042 深圳市长城地产(集团)股份有限公司 …… 1258
000043 深圳市南光(集团)股份有限公司 …… 1258
000045 深圳市纺织(集团)股份有限公司 …… 1259
000046 光彩建设股份有限公司 …… 1259
000047 深圳市中侨发展股份有限公司 …… 1260
000048 深圳市康尔达(集团)股份有限公司 …… 1260
000049 深圳市万山实业股份有限公司 …… 1261
000050 深圳天马微电子股份有限公司 …… 1261
000055 方大集团股份有限公司 …… 1262
000056 深圳市国际企业股份有限公司 …… 1262
000058 深圳赛格股份有限公司 …… 1263
000059 深圳辽河通达化工股份有限公司 …… 1263
000060 深圳市中金岭南有色金属股份有限公司 …… 1264
000061 深圳市农产品股份有限公司 …… 1264
000062 深圳华强实业股份有限公司 …… 1265
000063 深圳市中兴通讯股份有限公司 …… 1265
000065 北方国际合作股份有限公司 …… 1266
000066 中国长城计算机深圳股份有限公司 …… 1266
000068 深圳市赛格三星股份有限公司 …… 1267
000069 深圳华侨城控股股份有限公司 …… 1267
000070 深圳市特发信息股份有限公司 …… 1268
000078 深圳市海王生物工程股份有限公司 …… 1268
000088 深圳市盐田港股份有限公司 …… 1269
000089 深圳市机场股份有限公司 …… 1269
000090 深圳市天健(集团)股份有限公司 …… 1270
000096 深圳市广聚能源股份有限公司 …… 1270
000099 中信海洋直升机股份有限公司 …… 1271
000150 麦科特光电股份有限公司 …… 1271
000151 中成进出口股份有限公司 …… 1272
000153 安徽新力药业股份有限公司 …… 1272
000155 川化股份有限公司 …… 1273
000156 湖南安塑股份有限公司 …… 1273
000157 长沙中联重工科技发展股份有限公司 …… 1274
000158 石家庄常山纺织股份有限公司 …… 1274
000159 新疆国际实业股份有限公司 …… 1275
000301 吴江丝绸股份有限公司 …… 1275
000400 许继电气股份有限公司 …… 1276
000401 唐山冀东水泥股份有限公司 …… 1276
000402 金融街控股股份有限公司 …… 1277
000403 三九宜工生化股份有限公司 …… 1277
000404 华意压缩机股份有限公司 …… 1278
000405 珠海鑫光集团股份有限公司 …… 1278
000406 胜利油田大明集团股份有限公司 …… 1279
000407 山东胜利股份有限公司 …… 1279
000408 河北华玉股份有限公司 …… 1280
000409 四通集团高科技股份有限公司 …… 1280
000410 沈阳机床股份有限公司 …… 1281
000411 深圳凯地丝绸股份有限公司 …… 1281
000412 长春北方五环实业股份有限公司 …… 1282
000413 石家庄宝石电子玻璃股份有限公司 …… 1282
000415 新疆汇通(集团)股份有限公司 …… 1283
000416 青岛健特生物投资股份有限公司 …… 1283
000417 合肥百货大楼股份有限公司 …… 1284
000418 无锡小天鹅股份有限公司 …… 1284
000419 长沙通程控股股份有限公司 …… 1285
000420 吉林化纤股份有限公司 …… 1285
000421 南京中北(集团)股份有限公司 …… 1286
000422 湖北宜化化工股份有限公司 …… 1286
000423 山东东阿阿胶股份有限公司 …… 1287
000425 徐州工程机械科技股份有限公司 …… 1287
000426 赤峰富龙热力股份有限公司 …… 1288
000428 湖南华天大酒店股份有限公司 …… 1288
000429 广东省高速公路发展股份有限公司 …… 1289
000430 张家界旅游开发股份有限公司 …… 1289
000488 山东晨鸣纸业集团股份有限公司 …… 1290
000498 丹东化学纤维股份有限公司 …… 1290
000501 武汉武商集团股份有限公司 …… 1291
000502 海南新能源股份有限公司 …… 1291
000503 海南海虹企业(控股)股份有限公司 …… 1292
000504 北京赛迪传媒投资股份有限公司 …… 1292
000505 海南珠江控股股份有限公司 …… 1293
000506 四川东泰产业(控股)股份有限公司 …… 1293
000507 珠海经济特区富华集团股份有限公司 …… 1294
000509 四川天歌科技集团股份有限公司 …… 1294
000510 四川金路集团股份有限公司 …… 1295
000511 沈阳银基发展股份有限公司 …… 1295
000513 丽珠医药集团股份有限公司 …… 1296
000514 重庆渝开发股份有限公司 …… 1296
000515 重庆渝港钛白粉股份有限公司 …… 1297
000516 西安解放集团股份有限公司 …… 1297
000517 宁波成功信息产业股份有限公司 …… 1298
000518 江苏四环生物股份有限公司 …… 1298
000519 成都银河动力股份有限公司 …… 1299
000520 武汉凤凰股份有限公司 …… 1299
000521 合肥美菱股份有限公司 …… 1300
000522 广州白云山制药股份有限公司 …… 1300
000523 广州市浪奇实业股份有限公司 …… 1301
000524 广州市东方宾馆股份有限公司 …… 1301
000525 南京红太阳股份有限公司 …… 1302
000526 厦门旭飞实业股份有限公司 …… 1302
000527 广东美的集团股份有限公司 …… 1303

000528 广西柳工机械股份有限公司 …… 1303
000529 广东美雅集团股份有限公司 …… 1304
000530 大连冷冻机股份有限公司 …… 1304
000531 广州恒运企业集团股份有限公司 …… 1305
000532 珠海华电股份有限公司 …… 1305
000533 广东万家乐股份有限公司 …… 1306
000534 汕头电力发展股份有限公司 …… 1306
000535 猴王股份有限公司 …… 1307
000536 闽东电机(集团)股份有限公司 …… 1307
000537 天津南开戈德股份有限公司 …… 1308
000538 云南白药集团股份有限公司 …… 1308
000539 广东电力发展股份有限公司 …… 1309
000540 世纪中天投资股份有限公司 …… 1309
000541 佛山电器照明股份有限公司 …… 1310
000542 TCL 通讯设备股份有限公司 …… 1310
000543 皖能股份有限公司 …… 1311
000544 白鸽(集团)股份有限公司 …… 1311
000545 吉林恒和制药股份有限公司 …… 1312
000546 吉林轻工集团股份有限公司 …… 1312
000547 福建省福发股份有限公司 …… 1313
000548 湖南投资集团股份有限公司 …… 1313
000549 湘火炬汽车零部件股份有限公司 …… 1314
000550 江铃汽车股份有限公司 …… 1323
000551 创元科技股份有限公司 …… 1323
000552 甘肃长风宝安实业股份有限公司 …… 1324
000553 湖北沙隆达股份有限公司 …… 1324
000554 山东泰山石化股份有限公司 …… 1325
000555 深圳市太光电信股份有限公司 …… 1325
000556 南洋航运集团股份有限公司 …… 1326
000557 广夏(银川)实业股份有限公司 …… 1326
000558 沈阳房天股份有限公司 …… 1327
000559 万向钱潮股份有限公司 …… 1327
000560 昆明百货大楼(集团)股份有限公司 …… 1328
000561 长岭(集团)股份有限公司 …… 1328
000562 宏源证券股份有限公司 …… 1329
000563 陕西省国际信托投资股份有限公司 …… 1329
000564 西安民生集团股份有限公司 …… 1330
000565 重庆三峡油漆股份有限公司 …… 1330
000566 海南轻骑海药股份有限公司 …… 1331
000567 海南海德纺织实业股份有限公司 …… 1331
000568 泸州老窖股份有限公司 …… 1332
000569 四川川投长城特殊钢股份有限公司 …… 1332
000570 常柴股份有限公司 …… 1333
000571 海南新大洲摩托车股份有限公司 …… 1333
000572 海南金盘实业股份有限公司 …… 1334
000573 东莞宏远工业区股份有限公司 …… 1334
000576 江门甘蔗化工厂(集团)股份有限公司 …… 1335
000578 青海数码网络投资股份有限公司 …… 1335
000581 无锡威孚高科技股份有限公司 …… 1336
000582 北海新力实业股份有限公司 …… 1340
000583 四川托普长征软件股份有限公司 …… 1340
000584 成都蜀都大厦股份有限公司 …… 1341
000585 东北输变电机械制造股份有限公司 …… 1341
000586 四川省长江企业(集团)股份有限公司 …… 1342
000587 光明集团家具股份有限公司 …… 1342
000588 广东金曼集团股份有限公司 …… 1343
000589 贵州轮胎股份有限公司 …… 1343
000590 清华紫光古汉生物制药股份有限公司 …… 1344
000591 重庆桐君阁股份有限公司 …… 1344
000592 福建省中福实业股份有限公司 …… 1345
000593 成都华联商厦股份有限公司 …… 1345
000594 内蒙古宏峰实业股份有限公司 …… 1346
000595 西北轴承股份有限公司 …… 1346
000596 安徽古井贡酒股份有限公司 …… 1347
000597 东北制药集团股份有限公司 …… 1347
000598 蓝星清洗剂股份有限公司 …… 1348
000599 青岛双星鞋业股份有限公司 …… 1348
000600 石家庄国际大厦(集团)股份有限公司 …… 1349
000601 广东韶能集团股份有限公司 …… 1349
000602 广东金马旅游集团股份有限公司 …… 1350
000603 威达医用科技股份有限公司 …… 1350
000605 四环药业股份有限公司 …… 1351
000606 青海明胶股份有限公司 …… 1351
000607 重庆华立控股股份有限公司 …… 1352
000608 广西阳光股份有限公司 …… 1352
000609 北京燕化高新技术股份有限公司 …… 1353
000610 西安旅游(集团)股份有限公司 …… 1353
000611 内蒙古民族实业集团股份有限公司 …… 1354
000612 焦作万方铝业股份有限公司 …… 1354
000613 海南大东海旅游中心股份有限公司 …… 1355
000615 湖北金环股份有限公司 …… 1355
000616 大连渤海饭店(集团)股份有限公司 …… 1356
000617 济南柴油机股份有限公司 …… 1356
000618 吉林化学工业股份有限公司 …… 1357
000619 芜湖海螺型材科技股份有限公司 …… 1358
000620 黑龙江圣方科技股份有限公司 …… 1357
000621 比特科技控股股份有限公司 …… 1365
000622 岳阳恒立冷气设备股份有限公司 …… 1366
000623 吉林敖东药业集团股份有限公司 …… 1365
000625 重庆长安汽车股份有限公司 …… 1372
000626 连云港如意集团股份有限公司 …… 1372
000627 湖北百科药业股份有限公司 …… 1373
000628 成都倍特发展集团股份有限公司 …… 1374
000629 攀枝花新钢钒股份有限公司 …… 1373
000630 安徽铜都铜业股份有限公司 …… 1379
000631 兰宝科技信息股份有限公司 …… 1379
000632 福建三木集团股份有限公司 …… 1380
000633 沈阳合金投资股份有限公司 …… 1380
000635 宁夏宁河民族化工股份有限公司 …… 1381
000636 广东风华高新科技股份有限公司 …… 1381
000637 茂名石化实华股份有限公司 …… 1382
000638 中国辽宁国际合作(集团)股份有限公司 …… 1382
000639 株洲庆云发展股份有限公司 …… 1383
000650 九江化纤股份有限公司 …… 1383

000651 珠海格力电器股份有限公司 …… 1384
000652 天津泰达股份有限公司 …… 1384
000653 福建九州集团股份有限公司 …… 1385
000655 山东淄博华光陶瓷股份有限公司 …… 1385
000656 重庆东源钢业股份有限公司 …… 1386
000657 中钨高新材料股份有限公司 …… 1386
000658 厦门海洋实业(集团)股份有限公司 …… 1387
000659 珠海中富实业股份有限公司 …… 1387
000660 广州南华西实业股份有限公司 …… 1388
000661 长春高新技术产业(集团)股份有限公司 …… 1388
000662 广西康达(集团)股份有限公司 …… 1389
000663 福建省永安林业(集团)股份有限公司 …… 1389
000665 武汉塑料工业集团股份有限公司 …… 1390
000666 经纬纺织机械股份有限公司 …… 1390
000667 云南华一投资集团股份有限公司 …… 1391
000668 武汉石油集团股份有限公司 …… 1391
000669 吉林中讯科技发展股份有限公司 …… 1392
000670 湖北天发股份有限公司 …… 1392
000671 福建省石狮新发股份有限公司 …… 1393
000672 白银铜城商厦(集团)股份有限公司 …… 1393
000673 大同水泥股份有限公司 …… 1394
000675 四川银山化工(集团)股份有限公司 …… 1394
000676 河南思达高科技股份有限公司 …… 1395
000677 山东潍坊海龙股份有限公司 …… 1395
000678 襄阳汽车轴承股份有限公司 …… 1396
000679 大连友谊(集团)股份有限公司 …… 1396
000680 山东山推工程机械股份有限公司 …… 1397
000681 远东实业股份有限公司 …… 1397
000682 烟台东方电子信息产业股份有限公司 …… 1398
000683 内蒙古远兴天然碱股份有限公司 …… 1398
000685 中山公用科技股份有限公司 …… 1399
000686 锦州经济技术开发区六陆实业股份有限公司 …… 1399
000687 保定天鹅股份有限公司 …… 1400
000688 朝华科技(集团)股份有限公司 …… 1400
000689 汕头宏业(集团)股份有限公司 …… 1401
000690 广东宝丽华实业股份有限公司 …… 1401
000691 海南寰岛实业股份有限公司 …… 1402
000692 沈阳惠天热电股份有限公司 …… 1402
000693 成都聚友泰康网络股份有限公司 …… 1403
000695 天津灯塔涂料股份有限公司 …… 1403
000696 成都联益实业股份有限公司 …… 1404
000697 咸阳偏转股份有限公司 …… 1404
000698 沈阳化工股份有限公司 …… 1405
000699 佳木斯造纸股份有限公司 …… 1405
000700 江南模塑科技股份有限公司 …… 1406
000701 厦门信达股份有限公司 …… 1406
000702 湖南正虹饲料股份有限公司 …… 1407
000703 世纪光华科技股份有限公司 …… 1407
000705 浙江震元股份有限公司 …… 1408
000707 湖北双环科技股份有限公司 …… 1408
000708 大冶特殊钢股份有限公司 …… 1409
000709 唐山钢铁股份有限公司 …… 1409
000710 成都天兴仪表股份有限公司 …… 1410
000711 黑龙江龙发股份有限公司 …… 1410
000712 广东锦龙发展股份有限公司 …… 1411
000713 合肥丰乐种业股份有限公司 …… 1411
000715 中兴—沈阳商业大厦(集团)股份有限公司 …… 1412
000716 广西斯壮股份有限公司 …… 1412
000717 广东韶钢松山股份有限公司 …… 1413
000718 吉林纸业股份有限公司 …… 1413
000719 焦作市碱业股份有限公司 …… 1414
000720 山东鲁能泰山电缆股份有限公司 …… 1414
000721 西安饮食服务(集团)股份有限公司 …… 1415
000722 衡阳市金果农工商实业股份有限公司 …… 1415
000723 福州天宇电气股份有限公司 …… 1416
000725 京东方科技集团股份有限公司 …… 1416
000726 鲁泰纺织股份有限公司 …… 1417
000727 南京华东电子信息科技股份有限公司 …… 1423
000728 北京化二股份有限公司 …… 1423
000729 北京燕京啤酒股份有限公司 …… 1424
000730 沈阳特种环保设备制造股份有限公司 …… 1424
000731 四川美丰化工股份有限公司 …… 1425
000732 福建三农集团股份有限公司 …… 1425
000733 中国振华(集团)科技股份有限公司 …… 1426
000735 海口农工贸(罗牛山)股份有限公司 …… 1434
000736 重庆国际实业投资股份有限公司 …… 1434
000737 南风化工集团股份有限公司 …… 1435
000738 南方摩托车股份有限公司 …… 1435
000739 青岛东方集团股份有限公司 …… 1436
000748 湖南计算机股份有限公司 …… 1436
000750 桂林集琦药业股份有限公司 …… 1437
000751 葫芦岛锌业股份有限公司 …… 1437
000752 西藏拉萨啤酒股份有限公司 …… 1438
000753 福建双菱集团股份有限公司 …… 1438
000755 山西三维集团股份有限公司 …… 1439
000756 山东新华制药股份有限公司 …… 1439
000757 四川峨眉柴油机股份有限公司 …… 1440
000758 中国有色金属建设股份有限公司 …… 1440
000759 武汉中百集团股份有限公司 …… 1441
000760 湖北车桥股份有限公司 …… 1441
000761 本钢板材股份有限公司 …… 1442
000762 西藏矿业发展股份有限公司 …… 1448
000763 锦州石化股份有限公司 …… 1448
000765 武汉华信高新技术股份有限公司 …… 1449
000766 通化金马药业股份有限公司 …… 1449
000767 山西漳泽电力股份有限公司 …… 1450
000768 西安飞机国际航空制造股份有限公司 …… 1450
000769 大连盛道集团股份有限公司 …… 1451
000776 延边公路建设股份有限公司 …… 1451
000777 中核苏阀科技实业股份有限公司 …… 1452
000778 新兴铸管股份有限公司 …… 1452
000779 兰州三毛实业股份有限公司 …… 1453
000780 内蒙古草原兴发股份有限公司 …… 1453
000782 广东新会美达锦纶股份有限公司 …… 1454

000783 石家庄炼油化工股份有限公司 …… 1454
000785 武汉中商集团股份有限公司 …… 1455
000786 北新集团建材股份有限公司 …… 1455
000787 湖南创智信息科技股份有限公司 …… 1456
000788 西南合成制药股份有限公司 …… 1456
000789 江西万年青水泥股份有限公司 …… 1457
000790 成都华神集团股份有限公司 …… 1457
000791 西北永新化工股份有限公司 …… 1458
000792 青海盐湖钾肥股份有限公司 …… 1458
000793 海南民生燃气(集团)股份有限公司 …… 1459
000795 太原双塔刚玉股份有限公司 …… 1459
000796 宝鸡商场(集团)股份有限公司 …… 1460
000797 中国武夷实业股份有限公司 …… 1460
000798 中水集团远洋股份有限公司 …… 1461
000799 湖南酒鬼酒股份有限公司 …… 1462
000800 一汽轿车股份有限公司 …… 1461
000801 四川湖山电子股份有限公司 …… 1468
000802 北京京西风光旅游开发股份有限公司 …… 1468
000803 四川美亚丝绸(集团)股份有限公司 …… 1469
000805 江苏炎黄在线股份有限公司 …… 1469
000806 北海银河高科技产业股份有限公司 …… 1470
000807 云南铝业股份有限公司 …… 1470
000810 四川锦华股份有限公司 …… 1471
000811 烟台冰轮股份有限公司 …… 1471
000812 陕西省金叶印务股份有限公司 …… 1472
000813 新疆天山毛纺织股份有限公司 …… 1472
000815 宁夏美利纸业股份有限公司 …… 1473
000816 江苏江淮动力股份有限公司 …… 1473
000817 辽河金马油田股份有限公司 …… 1474
000818 锦化化工集团氯碱股份有限公司 …… 1480
000819 岳阳兴长石化股份有限公司 …… 1480
000820 金城造纸股份有限公司 …… 1481
000821 湖北京山轻工机械股份有限公司 …… 1481
000822 山东海化股份有限公司 …… 1482
000823 广东汕头超声电子股份有限公司 …… 1482
000825 山西太钢不锈钢股份有限公司 …… 1483
000826 国投原宜实业股份有限公司 …… 1488
000827 大连龙泉股份有限公司 …… 1488
000828 广东福地彩色显像管股份有限公司 …… 1489
000829 江西赣南果业股份有限公司 …… 1489
000830 山东鲁西化工股份有限公司 …… 1490
000831 山西关铝股份有限公司 …… 1490
000832 黑龙江龙涤股份有限公司 …… 1491
000833 广西贵糖(集团)股份有限公司 …… 1492
000835 北京隆源实业股份有限公司 …… 1491
000836 天津天大天财股份有限公司 …… 1496
000837 陕西秦川机械发展股份有限公司 …… 1496
000838 西南化机股份有限公司 …… 1497
000839 中信国安信息产业股份有限公司 …… 1497
000848 河北承德露露股份有限公司 …… 1498
000850 安徽华茂纺织股份有限公司 …… 1498
000851 贵州中国第七砂轮股份有限公司 …… 1499
000852 江汉石油钻头股份有限公司 …… 1499
000856 唐山陶瓷股份有限公司 …… 1500
000858 宜宾五粮液股份有限公司 …… 1500
000859 安徽国风塑业股份有限公司 …… 1501
000860 北京顺鑫农业股份有限公司 …… 1501
000861 茂名永业(集团)股份有限公司 …… 1502
000862 吴忠仪表股份有限公司 …… 1502
000863 沈阳北方商用技术设备股份有限公司 …… 1503
000866 扬子石油化工股份有限公司 …… 1503
000868 安徽安凯汽车股份有限公司 …… 1504
000869 烟台张裕葡萄酿酒股份有限公司 …… 1504
000876 四川新希望农业股份有限公司 …… 1505
000877 新疆天山水泥股份有限公司 …… 1505
000878 云南铜业股份有限公司 …… 1506
000880 山东巨力股份有限公司 …… 1506
000881 中国大连国际合作(集团)股份有限公司 …… 1507
000882 中商股份有限公司 …… 1507
000883 湖北三环股份有限公司 …… 1508
000885 洛阳春都食品股份有限公司 …… 1508
000886 海南高速公路股份有限公司 …… 1509
000887 安徽飞彩车辆股份有限公司 …… 1509
000888 峨眉山旅游股份有限公司 …… 1510
000889 秦皇岛华联商城股份有限公司 …… 1511
000890 江苏法尔胜股份有限公司 …… 1510
000892 重庆长丰通信股份有限公司 …… 1516
000893 广州冷机股份有限公司 …… 1516
000895 河南双汇投资发展股份有限公司 …… 1517
000896 河南豫能控股股份有限公司 …… 1517
000897 天津津滨发展股份有限公司 …… 1518
000898 鞍钢新轧钢股份有限公司 …… 1519
000899 江西赣能股份有限公司 …… 1518
000900 现代投资股份有限公司 …… 1526
000901 哈尔滨航天风华科技股份有限公司 …… 1526
000902 中国服装股份有限公司 …… 1527
000903 昆明云内动力股份有限公司 …… 1527
000905 厦门路桥股份有限公司 …… 1528
000906 南方建材股份有限公司 …… 1528
000908 湖南天一科技股份有限公司 …… 1529
000909 数源科技股份有限公司 …… 1536
000910 江苏大亚新型包装材料股份有限公司 …… 1536
000911 南宁糖业股份有限公司 …… 1537
000912 四川泸天化股份有限公司 …… 1537
000913 浙江钱江摩托股份有限公司 …… 1538
000915 山东山大华特科技股份有限公司 …… 1538
000916 华北高速公路股份有限公司 …… 1539
000917 湖南电广传媒股份有限公司 …… 1539
000918 湖南亚华种业股份有限公司 …… 1540
000919 金陵药业股份有限公司 …… 1540
000920 南方汇通股份有限公司 …… 1541
000921 广东科龙电器股份有限公司 …… 1541
000922 阿城继电器股份有限公司 …… 1542
000923 河北宣化工程机械股份有限公司 …… 1542

000925 浙江浙大海纳科技股份有限公司 …… 1543
000926 湖北福星科技股份有限公司 …… 1543
000927 天津汽车夏利股份有限公司 …… 1544
000928 吉林炭素股份有限公司 …… 1544
000929 兰州黄河企业股份有限公司 …… 1545
000930 安徽丰原生物化学股份有限公司 …… 1545
000931 北京中关村科技发展控股股份有限公司 …… 1546
000932 湖南华菱管线股份有限公司 …… 1546
000933 河南神火煤电股份有限公司 …… 1547
000935 四川双马水泥股份有限公司 …… 1547
000936 江苏华西村股份有限公司 …… 1548
000937 河北金牛能源股份有限公司 …… 1548
000938 清华紫光股份有限公司 …… 1549
000939 武汉凯迪电力股份有限公司 …… 1550
000948 云南南天电子信息产业股份有限公司 …… 1549
000949 新乡化纤股份有限公司 …… 1554
000950 重庆民丰农化股份有限公司 …… 1554
000951 山东小鸭电器股份有限公司 …… 1555
000952 湖北广济药业股份有限公司 …… 1559
000953 广西河池化工股份有限公司 …… 1559
000955 海南欣龙无纺股份有限公司 …… 1560
000956 中国石化中原油气高新股份有限公司 …… 1560
000957 中通客车控股股份有限公司 …… 1561
000958 石家庄东方热电股份有限公司 …… 1561
000959 北京首钢股份有限公司 …… 1562
000960 云南锡业股份有限公司 …… 1569
000961 大连金牛股份有限公司 …… 1569
000962 宁夏东方钽业股份有限公司 …… 1570
000963 华东医药股份有限公司 …… 1577
000965 天津水泥股份有限公司 …… 1577
000966 湖北长源电力发展股份有限公司 …… 1578
000967 浙江上风实业股份有限公司 …… 1578
000968 山西神州煤电焦化股份有限公司 …… 1579
000969 安泰科技股份有限公司 …… 1580
000970 北京中科三环高技术股份有限公司 …… 1579
000971 湖北迈亚股份有限公司 …… 1586
000972 新疆中基实业股份有限公司 …… 1586
000973 佛山塑料集团股份有限公司 …… 1587
000975 重庆乌江电力股份有限公司 …… 1587
000976 广东开平春晖股份有限公司 …… 1588
000977 浪潮电子信息产业股份有限公司 …… 1588
000978 桂林旅游股份有限公司 …… 1589
000979 安徽省科苑应用技术开发(集团)股份有限公司 … 1593
000980 黄山金马股份有限公司 …… 1593
000981 甘肃兰光科技股份有限公司 …… 1594
000982 宁夏圣雪绒股份有限公司 …… 1594
000983 山西西山煤电股份有限公司 …… 1595
000985 大庆华科(集团)股份有限公司 …… 1595
000987 广州友谊商店股份有限公司 …… 1596
000988 华工科技产业股份有限公司 …… 1596
000989 湖南九芝堂股份有限公司 …… 1597
000990 诚志股份有限公司 …… 1597
000993 福建闽东电力股份有限公司 …… 1598
000995 甘肃皇台酒业股份有限公司 …… 1598
000996 哈尔滨捷利实业股份有限公司 …… 1599
000997 福建新大陆电脑股份有限公司 …… 1599
000998 袁隆平农业高科技股份有限公司 …… 1600
000999 三九医药股份有限公司 …… 1600
200041 深圳本鲁克斯实业股份有限公司 …… 1601
200053 深圳赤湾石油基地股份有限公司 …… 1601
200054 深圳北方建设摩托车股份有限公司 …… 1602
200057 深圳大洋海运股份有限公司 …… 1602
200152 山东航空股份有限公司 …… 1603
200160 承德帝贤针纺股份有限公司 …… 1603
200168 广东雷伊股份有限公司 …… 1604
200468 南京普天通信股份有限公司 …… 1604
200512 厦门灿坤实业股份有限公司 …… 1605
200706 瓦房店轴承股份有限公司 …… 1605
200770 武汉锅炉股份有限公司 …… 1606
200771 杭州汽轮机股份有限公司 …… 1606
200986 佛山华新包装股份有限公司 …… 1607
200992 山东省中鲁远洋渔业股份有限公司 …… 1607

附　卷

• 中国证券市场大事记(2001.01-2001.12) …… 1608
• 上市公司2000年度经营业绩(沪市) …… 1625
• 上市公司2000年度经营业绩(深市) …… 1640
• 上市公司2001年中期基本情况简报表 …… 1653
• 广东金兰德房地产评估咨询有限公司 …… 1682
• 辽宁天健会计师事务所有限公司 …… 1682
• 中国证券大全编委会特邀编委介绍 …… 1684
• 编后语 …… 1703

彩　页　索　引

[第一册目录前]
600102 莱芜钢铁股份有限公司
600887 内蒙古伊利实业集团股份有限公司
000978 桂林旅游股份有限公司
深圳市星亚辉广告有限公司

[第一册158页后]
富国基金管理有限公司
南方基金管理有限公司
宝盈基金管理有限公司
中国建设银行基金托管部
交通银行证券投资基金托管部

[第一册518页后]
600095 哈尔滨高科技(集团)股份有限公司
600001 邯郸钢铁股份有限公司
600104 上海汽车股份有限公司
600108 甘肃亚盛实业(集团)股份有限公司
600129 重庆太极实业(集团)股份有限公司
600156 湖南华升益鑫泰股份有限公司
600186 河南莲花味精股份有限公司
兖矿集团有限公司
600207 河南安彩高科技股份有限公司
600232 浙江金鹰股份有限公司
600265 云南景谷林业股份有限公司
600276 江苏恒瑞医药股份有限公司
600288 大恒新纪元科技股份有限公司
600290 苏福马股份有限公司
600310 广西桂东电力股份有限公司
600311 甘肃荣华实业(集团)股份有限公司
600328 内蒙古兰太实业股份有限公司
600326 西藏天路交通股份有限公司
600332 广州药业股份有限公司
600360 吉林华微电子股份有限公司
600365 通化葡萄酒股份有限公司
600377 江苏宁沪高速公路股份有限公司
600381 青海白唇鹿股份有限公司
600389 南通江山农药化工股份有限公司
600419 新疆天宏纸业股份有限公司
600501 南京晨光航天应用技术股份有限公司
600508 上海大屯能源股份有限公司
600528 中铁二局股份有限公司
600589 广东榕泰实业股份有限公司
600678 四川金顶(集团)股份有限公司
600690 青岛海尔股份有限公司
600722 沧州化学工业股份有限公司
600726 黑龙江电力股份有限公司
600728 广州新太科技股份有限公司
600747 大连大显股份有限公司
600809 山西杏花村汾酒厂股份有限公司

[第二册目录前]
000400 许继电气股份有限公司
000581 无锡威孚集团有限公司
000619 芜湖海螺型材科技股份有限公司
000628 成都倍特发展集团股份有限公司
000726 鲁泰纺织股份有限公司
000733 中国振华(集团)科技股份有限公司
000799 湖南酒鬼酒股份有限公司
000817 辽河金马油田股份有限公司
000825 山西太钢不锈钢股份有限公司
000889 秦皇岛华联商城控股股份有限公司
000833 广西贵糖(集团)股份有限公司
000898 鞍钢新轧钢股份有限公司
深圳市星亚辉广告有限公司

[第二册1118页后]
000908 湖南天一科技股份有限公司
000939 武汉凯迪电力股份有限公司
000951 山东小鸭电器股份有限公司
000961 大连金牛股份有限公司
000969 安泰科技股份有限公司
济南钢铁股份有限公司
云南楚雄矿冶股份有限公司
武汉开元科技创业投资有限公司
深圳市卓海科技文化实业有限公司
广州科技风险投资有限公司
上海证券通信有限责任公司
深圳证券通信有限公司
华泰证券有限责任公司
华泰证券网
天同证券有限责任公司
天同在线理财网

[第三册目录前]
南方证券有限公司
南方证券中国搜股网
湘财证券有限责任公司
西南证券有限责任公司
国元证券有限责任公司
汉唐证券有限责任公司
华龙证券有限责任公司
武汉证券有限责任公司
大同证券经纪有限责任公司
广东民安证券经纪有限责任公司
四川省天风证券经纪有限责任公司
天元证券经纪有限公司
天津一德证券经纪有限责任公司
和兴证券经纪有限责任公司
中国银河证券有限责任公司合肥金城营业部

[第三册1682页后]
重庆天健会计师事务所有限责任公司
大连华连会计师事务所
山东乾聚有限责任会计师事务所
江苏武晋会计师事务所
湖北大信会计师事务所
北京京都会计师事务所有限责任公司
天职孜信会计师事务所
青海竞帆律师事务所

VOLUME 1

第一卷

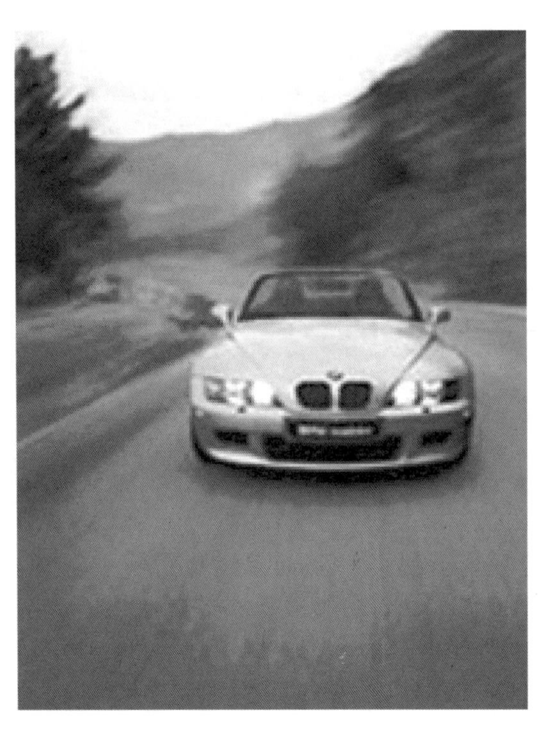

证券监管

- 证券市场监管概览
- 证券发行监管
- 证券交易监管
- 上市公司监管
- 证券公司监管
- 证券交易所监管
- 企业分拆上市与监管
- 中国证券市场监管新格局及其影响
- 完善退市制度,加快证券市场法制建设进程
- "入世"与中国证券监管

第一章　证券市场监管概览

一、我国证券监管体制发展历程

二、证券市场监管目标与对象

三、证券市场监管手段与原则

四、加强信息不对称监管的必要性

第二章　证券发行监管

一、证券发行管理制度

二、证券发行程序规范

三、证券发行信息监管

四、证券发行承销监管

五、证券发行主体责任

第三章　证券交易监管

一、证券交易监管制度

二、证券交易基本原则

三、证券上市程序监管

四、证券信息披露监管

五、证券交易行为监管

六、网上证券交易的发展与监管

第四章　上市公司监管

一、对上市公司投资证券行为的监管

二、对上市公司增发、配股的监管

三、对上市公司兼并、收购的监管

四、对上市公司持续信息公开的监管

第五章　证券公司监管

一、券商监管与指导的目标与原则

二、券商监管与指导的重要性和必要性

三、券商治理结构的监管

四、券商投资合营及财务的监管

五、证券从业人员的监管

六、券商结算资金的监管

七、进一步加强对券商的监管与指导

第六章　证券交易所监管

一、证券交易所的章程

二、证券交易所的交易规则

三、证券交易所对会员的监督管理

四、证券交易所自律职责的履行

第七章　企业分拆上市与监管

一、什么是企业分拆及企业分拆上市

二、我国企业分拆的实现形式

三、企业分拆对公司的市场影响

四、我国对企业分拆的监管

第八章　中国证券市场监管新格局及其影响

一、监管格局发展的两大发展取向

二、中国证券市场监管格局新特点

三、监管新格局对证券市场的影响

第九章　完善退市制度，加快证券市场法制建设进程

一、目前我国上市规则存在的缺陷

二、我国现有法律法规对退市的规定

三、退市制度对上市公司的深远影响

四、建立和完善退市制度的重要意义

第十章　"入世"与中国证券监管

一、WTO对开放证券市场的要求

二、我国目前证券监管的发展状况

三、加入WTO后我国证券监管面临的挑战

四、国外证券监管的经验借鉴

五、我国证券监管国际化发展对策

证券市场是当今世界最具活力的资源配置市场，要稳步、规范、持续地发展，监管是必不可少的重要手段，证券发行与交易作为证券市场的重要组成部分，强化监管促使其法制化、规范化尤其重要。同时，加强对上市公司、证券公司等市场主体的监管和指导，推动其规范化运作与发展，不仅是证券市场监管的主要内容，也是证券市场监管的重要目标。

随着证券市场的发展，特别是新股发行核准制的出台与退市机制的实施，证券市场逐渐形成了新的监管格局，而我国已正式成为世贸组织成员，证券市场的逐步开放，又将进一步促进证券市场监管新格局的多元化发展。

第一章 证券市场监管概览

综观各国证券市场的发展历史和现状，可以发现政府对证券市场进行监管在任何背景的国度中都是存在的，即任何一个存在证券市场的国家明显地存在证券监管。在理论上，证券经济和证券市场的特殊性使得证券监管几乎成为最少争议的管制措施。管制(Regulation)是指那些为防止有损于“公共利益”的私人决策而通过公开方式以控制厂商的价格、销售和生产决定的政府行为。但是，由于证券市场不同于厂商和消费者所组成的一般产品市场，它是一个金融的公开市场，由多方面的利益主体：上市公司、投资者、金融中介机构、自律管理机构(如证券交易所等)和政府监管部门等共同构成。而且，这个市场的运行及其变动会敏感地触及国民经济的每一根神经末梢，对于整个经济、金融、政治及至社会(包括国际社会)产生普通产品市场不可企及的影响力。所以，“证券监管”的概念比一般意义上的“公共管制”或“公共规制”概念具有更为丰富的内涵和更广阔的外延。“证券监管”不仅仅局限于微观层次，政府在进行“证券监管”时，不仅需要制约证券市场上的垄断和不公平竞争行为，而且需要应对由自然垄断和信息非对称所导致的市场失灵问题；不仅需要从证券交易中介的金融机构实施微观的行为管制，而且需要从维护市场稳定和借助证券实现其整体经济目标出发实施对证券市场的宏观调控和管理。对于一刚成立的新兴证券市场或者中国这样一个处于转轨经济的证券市场，尤其是政府还需要承担起创造、培育乃至完善整个证券市场机制的职责。因此，证券市场上的政府干预具有全方位和多层次性。证券监管的概念既涉及微观领域又涉及宏观领域；既涉及间接规制和直接规制方面又涉及经济规制和社会规制方面；既涉及企业又涉及个人甚至涉及所谓“自律管理机构”；既涉及金融部门又涉及实体部门。

“证券监管”以矫正和改善证券市场内在的问题(广义的“市场失灵”)为目的，通过法律、经济、行政等手段对参与证券市场各类活动的各类主体的行为进行干预、管制和引导。

“证券监管”具有广泛性和特殊性，证券监管的广泛性是指证券监管并非给仅仅局限于政府对证券市场操纵、欺诈、内幕交易等行为的法律监督和约束，而是从广义的政府干预的角度对证券市场进行管制。它既是以一般的管制概念为基础，又具有与之相区别的特殊范畴。在现代经济社会中，证券监管机构不仅是单纯地限制上市企业和投资者的行为，而是多方位地干预和介入整个证券领域。各国证券监管的实践充分证明了这一点。尤其在那些发展中国家和转轨国家的新兴证券市场上，证券监管的制度和行为呈现出复杂性和多样性，同西方成熟市场相比具有更为明显的政府行政干预特征。例如，我国前期实行的额度发行管理制度，既体现了政府对于产业扶植导向和国企改革的宏观战略安排，又是任何证券领域的研究所不能回避的主要监管制度之一。同时，政府在宏观层面上对上市规模的额度控制被用于实现其二级市场的股指调控目标，反映了监管者对证券市场稳定性及其对于国民经济的外部影响的着重考虑。在这一点上，“证券监管”和“政府对证券市场的干预”两个概念之间是一致的。证券监管的广泛性是发展中国家新兴证券市场上的政府监管特征。

证券监管的特殊性来自于证券和证券本身的特殊性。证券自身没有内在价值，债券、票据或其他支付承诺的价值依赖于承诺者的财务状况；股票的价值则取决于公司或其他发行主体的预期收益，其市场价格决定基于这些预期评价的投资者的意愿。相对商品劳务交易的管制，证券交易的特殊性决定了证券监管的特殊性。

一、我国证券监管体制发展历程

我国证券市场实行的是以政府监管为主，自律为补充的集中统一的监管体制。随着市场的发展，我国证券市场监管体制从起步阶段的艰难探索，到初步发展建立全国性证券监管架构，再进一步形成全国集中统一的证券监管体制，直至21世纪的发展新时期。经历了一个从地方监管到中央监管，从分散监管到集中监管的过程。总体来说，我国证券监管体制的发展历程大致可分为四个阶段：

1.第一阶段：20世纪80代初期到20世纪90年代初期，是我国证券市场的起步阶段

1981年，中央政府为缓解财政的压力和解决建设资金不足的问题，采用发行国债的形式筹措资金，从而迈出了新中国证券市场发展的第一步。80年代初期，上海、深圳、北京等地企业开始以股票、债券的形式集资，发行股票如深圳宝安、北京天桥、上海飞乐等，1986年8月，沈阳市信托投资公司开办窗口交易代客买卖股票和企业债券，同年9月，工商银行上海分行静安区营业部开始证券柜台交易，我国有价证券转让市场开始恢复。

1990年12月、1991年7月，上海、深圳两市先后开办证券交易所，证券交易由分散柜台交易为主转变为以场内集中交易为主。1991年8月，经中国人民银行批准，民政部注册登记，中国证券业协会在北京成立。同年8月10日，中国国债协会成立。两协会都具备了自律性管理的特点，发挥着自身在行业管理中的积极作用，而中国证券业协会的成立则是我国证券业走向规范和全面发展的一个重要标志。在监管上，从80年代初期各地先后出现证券发行交易后，地方政府部门即开始对证券市场实行监管，之后中国人民银行、国家体改委等陆续介入，此阶段监管具有较大的分散性，尚未形成全国性证券监管架构。

2.第二阶段：这一阶段从1992年10月到1998年4月

1992年初，邓小平同志南巡讲话，明确可以进行股份制和股票市场的试验，解除了姓“资”姓“社”的疑惑，从思想上解决了证券市场发展的障碍。国务院在总结区域性证券市场试点经验教训的基础上，于1992年10月，成立了国务院证券委员会和中国证券监督管理委员会(以下简称中国证监会)，负责对全国证券市场进行统一监管，同时开始在全国范围内进行股票发行和上市试点。各省、自治区、直辖市及一些计划单列市、省会城市纷纷组建隶属于地方政府的证券管理办公室或证监会，这些机构各自行使地方政府赋予的企业发行上市的预选、初审职能。到1997年底，30个省、自治区、直辖市和14个计划单列市及新疆生产建设兵团共设45个证券监管机构。此间，各地方政府基本都设立了相应的证券监管部门，全国性的监管框架初步形成。

3.第三阶段：1998年4月到2001年3月

1998年以前，除国务院证券委、中国证监会对证券市场的管理外，中国人民银行、国家体改委、国家计委、财政部等政府部门也参与证券市场的管理，这种缺乏统一性的多头管理导致管理效率低下问题。1997年底，国务院批准了经修改的《证券交易所管理办法》，决定对证券交易所的管理职责由地方政府转到中国证监会，并在召开的全国金融工作会议中，决定建立全国统一的证券、期货监管体系，撤销国务院证券委，由中国证监会统一负责对全国证券及期货业的监管，这样就理顺了中央和地方监管部门的关系，对地方证券监管部门实行由中国证监会直接领导的管理体制。至此，由中国证监会和派出机构证券监管办公室组成的，全国高度集中统一的证券市场监管体制形成了。

4.第四阶段：2001年3月至今

我国证券市场监管体制发展到了一个新的历史时期。监管体制新时期的特点表现在以下几个方面：

①监管机构的发行监管职能发生重大转变。核准制代替审批制，把筛选发行人的权力赋予给主承销商。监管机构今后在发行人与中介机构已经尽职的基础上，转向“高层次监管”，制定标准与规则，促进法规和政策体系的完善，并以此维护一个公平、透明、高效、有序的市场。

②核准制下，地方各级监管部门不但进一步加强了对证券市场的监管力度，认真贯彻执行国家有关法律、法规和方针、政策，并且因地制宜，不断更新监管理念，采取强有力的监管措施，强化了对证券市场的监管与指导。自贵阳、武汉、沈阳、长沙等成立了稽查局以后，进一步增强了地方证券监管机构的监管力量，与中央证监机构形成了统一互动的监管新格局。

③我国信息披露格式逐步走向统一。2001年3月16日正式发布的《公开发行证券公司信息披露内容与格式准则第1号--招股说明书》和2001年4月11日公布的《公开发行证券的公司信息披露内容与格式准则第11号--上市公司发行新股招股说明书》，标志着上市公司的信息披露格式达到统一，信息披露的内容、方式等也有了重大突破。信息披露标准与国际通行准则逐步一致。

④中国证监会初步建立了证券公司市场准入、持续跟踪到市场退出三个环节的法律法规体系和监管框架。核准制的实施与退市机制的启动，引起了证券市场各层面的相应变化，上市公司在证券市场中的整体素质进一步得到提高。2001年，监管机构对证券市场的监管空前加强，进一步加大了立法力度，也强化了依法行政。目前，我国证券监管体制正步入创新与发展时期，这对于加强证券期货市场的监管，促进证券期货市场的健康规范发展，有着十分重要的意义。

二、证券市场监管目标与对象

从证券立法的角度来看，证券监管的宗旨或目的，各国都有不同的表述，这主要是基于各国的社会经济、政治、体制等内在因素的差异。国际证监会组织(IOSCO)提出了三项监管目标：保护投资者；保证市场的公平、有效和透明；减少系统性风险。我国证券市场监管的目标，是由我国证券市场的发展水平决定的。

我国《证券法》第1条规定：“为了规范证券发行和交易行为，保护投资者的合法权益，维护社会经济秩序和社会公共利益，促进社会主义市场经济的发展，制定本法”。与其他国家对监管最终目标定性表述为更多突出促进国民经济发展的政府理念不同，我国证券市场监管的最终目标是促进社会主义市场经济发展，监管的目标可分为三层含义：

第一，弥补证券市场缺陷，保护市场参与者合法利益(尤其是投资者利益)；第二，确保证券市场的公平、公开与公正，规范证券发行和交易行为，促进证券市场机制的有效运行和证券市场的规范化发展；第三，维护社会经济秩序和社会公共利益，促进社会主义市场经济的发展。

其中第一层的含义主要是从微观层次阐述的，突出证券市场监管的直接目标是维护市场参与者的合法利益，特别是广大投资者的利益。第二层的含义主要是要求政府及其证券监管部门限制和克服一切垄断、操纵、欺诈、内幕交易等违法行为，规范证券发行、交易行为并保证其公平、有序地进行，力求实现一个健康、稳定、有序、高效率的证券市场，从而从根本上维护投资者的利益。可以说，第二层含义是与第一层含义密切联系，具有相通之处。第三层含义主要是从宏观层次阐述，证券市场监管的最终目标是

一、二层含义的延伸。可以说,促进经济发展,证券监管应当促进资本形成和经济增长,这也是发展证券市场的一个出发点。证券市场是整个社会经济一个复杂的有机组成部分,证券市场的规范与发展始终从属于整个国民经济的稳定与增长的需要。因此,证券市场不仅与一国的金融体系(包括货币市场、信贷市场等其他金融市场)和实体经济密切联系,而且与经济发展、社会稳定等密切相关。当前,我国监管目标的三层含义是层层递进的,三者相互联系,相互影响,是一个密不可分的统一体。

我国证券市场监管目标的一个重要因素是在证券市场发展新时期,坚持效率与公平的原则。一般地,证券市场效率指的是证券市场调节和分配资金的效率,即证券市场能否将资金分配到最能有效使用资金的企业;而证券市场的公平是指证券市场各参与主体间的竞争起点、待遇和运行规则公平,其中主要包括投资者公平和中介机构公平。我国2001年对证券市场监管力度进一步加大,特别是新股发行核准制的实施与退市机制的启动,注重于对投资者利益的保护,加强了对上市公司的整体质量的监管。在维护证券市场公平的同时,进一步强调证券市场的高效性。可以说,在证券市场上,公平是效率的前提和基础,效率则是公平的最终体现和归宿。两者的统一则是证券市场监管的核心目标。

从证券监管的概念可知,证券监管与银行监管相比具有明显的广泛性和复杂性。银行业监管的对象是商业银行和经营存、放、汇业务及名称同银行有异的金融机构。而证券监管的对象涵盖参与证券市场运行的所有主体,既包括证券经纪商和自营商等证券金融中介机构,也包括工商企业和个人。根据不同的划分标准,证券监管对象可以有不同的划分形式。具体有以下几种:

第一种从金融监管活动的覆盖出发,证券监管对象可分为:①信息(Disclosure Regulati on),即证券发行人提供的有关证券的公开财务信息;②金融活动(Financial Activity Regulation);③金融机构(Regulation of Financial Instutions);④外国参与者(Regulation of Participants),其主要是限制外国公司在国内市场上的作用以及其对金融机构所有权的控制。

第二种,从参与证券经济活动的主体的性质来区分,证券监管对象就是参与证券市场活动的各法人和自然人主体。一般包括:①工商企业。这里通常指进入证券市场筹集资金的资本需求者,也包括在证券交易市场参与交易的企业法人;②基金。它包括被作为交易对象的上市基金,也包括作为重要市场力量的投资基金;③个人。主要指证券市场上的投资者即资金供给者和各种证券从业人员;④证券金融中介机构。主要指涉及证券发行与交易等各类证券业务的金融机构。它既包括专业的证券经纪商、承销商、自营商,也包括银证合一体制下的商业银行和其他金融机构;⑤证券交易所或其他集中交易场所。证券交易所是指提供证券集中交易的场所,它既包括传统的有形市场,也包括以电子交易系统为运作方式的无形市场;⑥证券市场的其他中介机构。包括证券登记、托管、清算机构以及证券咨询机构、会计师事务所、律师事务所、资产评估机构等。

第三种,从各类主体在证券市场活动中所处地位和所扮演角色的不同,证券监管对象大致可分四类:①"上市对象"。它是指以股票、债券、基金等证券形式挂牌上市的各类市场主体,即筹资者;②"交易对象"。它是指证券发行与交易等各类活动中,提供各种中介服务的上述金融机构、咨询机构、市场服务机构等;③"自律管理对象",主要指证券集中交易场所。

第四种,从各项证券监管的法律、法规、制度等的框架和具体内容来划分,证券监管对象应包括:①证券发行市场;②证券交易市场;③证券商;④自律管理机构;⑤投资公司或投资基金(按美国模式归类并命名);⑥证券市场从业人员,尤其是证券市场上的专业人员。

第五种,根据证券监管的理论依据划分。可以将监管对象定性为各种证券市场失灵现象,并按其性质不同将证券监管划分为对证券欺诈行为的管理、对证券信息问题的管理等等。

三、证券市场监管手段与原则

证券市场监管的手段是为实现监管目标服务的。证券市场的特殊地位和市场失灵问题的复杂性决定了证券监管手段的多样性。我国目前对证券市场主要采用行政、法律和经济、信息监督和行业自律相结合的监管手段。

(1)行政手段。它是指政府监管部门采用计划、政策、制度、办法等对证券市场进行直接的行政干预和管理。这是一种最主要的监督管理方式,行政监督机构主要有中国证监会、地方各级证券监管机构等,各机构履行相关的监管职能。

行政监管手段具有法律性、强制性和全面性的特点。它具有法律依据和法律保障,与证券市场活动有关的机构、个人及事项,都必须无条件接受其监督管理。行政手段管理既监管证券发行,如我国在证券发行方面采取核准制度等,也监管证券交易;既监管公开发行,也监管内部发行;既监管证券的上市交易,也监管证券的柜台交易;既监管证券的发行与上市公司,也监管所有的证券经营机构、证券商和经纪人以及投资者的交易行为。行政手段监管的全面性,决定其管理包容了所有证券市场活动的有关方方面面。

(2)法律手段。它是指国家通过立法和执法,以法律规范的形式将证券市场运行中的各种行为纳入法制轨道,对证券发行与交易过程中的各参与主体按法律要求规范其行为。我国1999年7月1日出台的《证券法》,是我国证券市场最重要,最基本的法律制度,此后我国逐渐形成了一个以证券基本法为核心,专门的证券管理法规或规则相补充,其他有关法律相配套的证券法规体系。它旨在运用法律手段管理证券市场,其中主要是通过立法和执法抑制和消除欺诈、垄断、操纵、内幕交易以及恶性市场投机现象等,从而维护证券市场的健康、有序的发展。法律手段的强制性、法律性决定其是一种强有力的监管手段,是我国证券市场重要的监管手段之一。

(3)经济手段。它是指政府以管理和调控证券市场为主要目的,采用间接调控的方式影响证券市场运作和参与主体的行为。在我国证券监管的实践中,经济手段主要有金融信贷手段与税收政策调整手段。前者主要是运用金融货币政策来影响证券市场的活动。金融货币手段可以有效地平抑股市的非理性波动和过度投机，这种经济监控手段有助于实现稳定证券市场的预期管理目标。后者主要是利用税率和税收结构的调整直接造成交易成本的增减，有效地运用这种影响从而达到对证券市场活动调控的目的。两种经济手段的结合运用，可以充分发挥经济杠杆的作用，能形成对证券市场积极有效的影响。

(4)信息监督。按照信息披露制度公开原则的要求，每个证券发行、上市公司，必须公开证券主管机构及证券交易所要求的文件、资料，如招股说明书、上市公告书、年度报告、季报、临时公告等。资产评估公司要对发行公司、上市公司的资产按照真实性原则进行评估，并签署资产评估报告；信用评级公司要实事求是的对其信用进行评级，并签署信用等级证明；会计师事务所和注册会计师要对公司的财务报告进行信息审核，并签署财务审核意见书；证券交易所和证券主管机构要对所有文件和资料进行审核，提出最后审批，进行有效的信息披露，接受更大范围内的信息监督，包括新闻媒介及一些投资团体或机构投资者的监督。再者，个人投资者对发行证券公司不但可以通过发行人的公开信息披露，如年报、季报、临时公告等，对其进行分析评估并进行投资决策，而且，还可以利用股东的身份，通过参加股东大会，以及参加投票和检查帐簿记录等，对发行上市公司进行信息监督。可以说，信息监督是一种最为直接的监管手段，能形成对信息披露主体的有力监督。

(5)自律管理。一般证券市场监管均采取政府管理与自律管理相结合的形式。随着证券市场的发展，证券发行与交易专业化程度的提高，以及证券业机构之间的相关性加强，自律管理已成为证券市场发展的客观需要。在我国，行政手段的监管尽管范围较大，但日常性的具体监督管理还需要证券交易所及证券行业协会等建立一套自律性的规章制度，并根据国家有关的法规、政策，以及证券主管机构的要求，相关的经营与运行规章细则等对其内部以及证券的发行与交易，实行严格的监督管理。而且，随着核准制的实施，证券公司在责任与义务加大的同时，更要加强自律管理。此外，作为既是一个证券交易经营与服务机构又是一个监督管理机构的证券交易所，证券行业协会、中国国债协会以及2001年3月成立的中国证券登记结算有限责任公司等自律管理机构，都必须坚持自律管理的原则，在履行监督职责的同时，进行有效的自律管理。

《证券法》的出台与实施，进一步以法律的形式确立了我国证券市场监管体制的基本框架，通过权威机构和行之有效的途径对证券市场依法监管，为维护证券市场的规范有序，促进证券市场健康稳定地发展，产生了十分重要的作用。我国证券监管的基本原则有以下几条：

1.监管权力高度集中统一的原则

按照这个原则，建立全国统一集中的证券监管体系和一个高度科学化的证券市场运作与监管系统。它深为诸多国家和地区的证券市场所推崇与效仿，其中以美国最为典型，联邦政府设立了一个强有力的证券交易委员会，专门行使管理、监督全国证券发行与交易活动的职能。它不但拥有强有力的行政权，还拥有一定的立法权和司法权。由于政府监管具有法律性、强制性及全面性的特点，从而确保了监管的高效运行。所以，我国《证券法》规定：凡与证券有关的机构、个人及事项，都必须无条件接受中国证监会的监管。一旦被监管者有违法行为，中国证监会可依法对其进行处罚，触及刑律涉嫌犯罪的，则移交司法机关处理。

2.强化证券监管权威性、高效有力性的原则

从当前情况看，我国证券市场还存在着许多潜在的深层次问题，主要体现在证券公司、各类中介组织及上市公司的过度包装、信息披露不规范、内幕操纵交易等。另外，还缺乏化解风险的有效机制和处理处罚违规违法行为的机制。究其原因，就是在市场经济发展中，在各个利益主体日益强化的情况下，原有的证券监管体制还没理顺，监管力度还不够。

首先是各部门利益强化，致使将证券监管职权分布于各有关部门的体制，难以有效地运转，各部门相互扯皮，相互推诿，无法适应瞬息万变的市场；其次是地方利益强化，目前审批管理、额度分配的体制烙印还会产生地方政府的道德危机行为。一方面地方政府纵容甚至支持将一些经营不佳、地方包袱重、根本不符合上市条件的企业，过度包装后推上市；另一方面为了维护地方在资本市场上的形象，地方政府对本地企业上市后的各种违法违规行为不采取有效措施查处，甚至继续纵容其通过各种违法行为来维持配股资格，想方设法使其不被摘牌。上市企业难以形成“优进劣出”的竞争机制，导致上市公司的总体质量下降，证券市场风险过高。因此，我国必须及时地建立起权威统一的、高效有力的监管体制，严格贯彻落实准制实施，以维护证券市场健康稳定地发展。

3.维护证券市场公平、公正、公开的监管原则

《证券法》第3条规定：“证券的发行、交易活动，必须实行公开、公平、公正的原则”。《证券法》提供给我们观察问题和处理问题的准绳，它集中反映了证券发行和交易等经济活动以及监管工作中的基本法律要求，是证券立法、依法监管应遵循和维护投资者利益、保障证券市场稳定发展的基本原则。

“公正原则”是“三公”原则的核心所在，它要求证券监督管理机构在公开、公平的基础上对一切被监管的对象给予公正待遇。公正原则是实现公开、公平原则的保障。根据公正的原则，证券立法机构应当制定体现公平精神的法律、法规和政策。证券监督管理机构必须根据授予的权限，公正地履行监管职责；要在法律的基础上，对一切证券市场参与者给予公正的待遇。对证券违法行为的处罚，对证券纠纷事件和争议的处理，都应当公正地进行。对于制定的各项规章制度进行公开，主要是使得被监管的对象有所适从，明示便于执行；便于人们监督管理机构是否依法行使其职权，以免产生不公正行为；便于人们监督其制定的规章、规则是否同法律、行政法规相抵触，以便监管机构及时改正。“处罚公开”是对国务院证券监管机构作出的一项义务性规定，是贯彻落实“三公”原则的一项措施。《证券法》要求国务院证券监管机构工作人员必须忠于职守，依法办事，公正廉洁，不得为自己谋私利。在公正处理有关问题的基础上，保护被处罚单位和人员合法利益，防止国务院证券监管机构及其工作人员滥用处罚职权现象的发生，以促使其尽职尽责地履行法律、行政法规所规定的处职职权。

四、加强信息不对称监管的必要性

在我国,信息不对称现象的存在严重影响我国证券市场的稳定发展。信息失灵导致的信息不对称,主要体现在证券市场主体与主体之间,如上市公司与投资者之间的不对称信息,证券交易所、证券中介机构与投资者之间的信息不对称,还有证券监管机构及政府政策与投资者之间的信息不对称、机构投资者与个人投资者之间信息的不对称等,信息不对称会给投资决策产生决定性影响,还会带来许多负面因素。因此,加强对证券市场信息不对称的监管显得尤为必要。

1.信息不对称带来的消极影响

上市公司的"成本观念"、"投资者获取信息的局限性"以及证券自身的属性等,是信息不对称现象存在的主要原因,由此产生的市场不规范行为以及风险,将影响到证券市场上资源的有效配置。信息不对称带来的消极影响主要表现在两个方面:

(1)不利于投资者的正确投资决策。一般地,投资者在进行投资选择时,要判断上市公司的质量好坏,对所投资对象的投资价值要作定性与定量的分析,而在信息不对称的情况下,投资者则无法确定上市公司的质量水平。因此,投资者在作出投资决策时,往往只能根据整个市场所有发行企业的平均质量来决定其愿意投资的价格。投资者的这种行为会抑制那些高于平均质量水平的发行企业提高经济效益和管理水平的积极性,从而导致投资者向低质量企业流动。由此产生的不合理现象,造成高质量企业不选择进入证券市场。特别是在证券市场本身可以为企业的发展提供一种激励约束机制时,这时证券市场无法真实反映企业的经营业绩,导致这种有利于企业发展的激励约束机制也无法发挥作用。这样,信息不对称的结果造成股票价格与上市公司经营业绩的背离,使得证券市场失去了评价上市公司业绩、约束上市公司经营行为的市场机制,这种市场选择的结果只会导致整个市场的上市公司质量的降低,这显然不利于投资者的投资决策与整个证券市场资源的有效配置。

(2)加大了证券市场的风险程度。信息不对称的产生,对于我国正处于发展中的证券市场来说,无疑加大了其风险程度。在一个有效的证券市场上,公司实物资本状况的信息应该能充分地反映在所代表的股票价格上,因此信息的变动会影响股票价格的变动。而股票价格的暴涨暴跌,是市场风险的重要表现形式,由于信息是影响价格变动的主要因素,因此信息问题也就成为了市场风险的主要来源。如果信息在各个投资主体之间是完全并且是对称的,而且股票市场是有效的,股票的价格能充分地反映这些信息,则就不会产生价格过度背离价值的风险。但是,如果信息不对称或不完全,市场投资主体就会高估或低估股票价格,就会导致价值与价格的背离,市场的泡沫就会过度膨胀,最终就会蕴藏巨大的市场风险。

2.加强证券市场信息不对称监管的必要性

证券市场中由于信息不对称的存在,监管者承担起对证券市场信息不完全性和非对称的监管任务,其必要性主要体现在以下几个方面:

(1)保护投资者利益的需要。我国证券市场处于发展阶段,证券投资者对证券投资的决策能力还需进一步提高,风险意识还有待强化,对筹资者的生产经营管理情况缺乏应有的了解,信息的不完整性,将影响投资者的正确投资选择,加上目前股市的信息垄断、信息操纵现象,监管者必须要通过立法等各种管理措施,监督筹资者向社会进行信息披露,实事求是的公开经营和财务状况。同时,专门机构也要对筹资者的资信进行评级,对弄虚作假的行为给予处罚和管制,对操纵市场的行为实施制裁,确实保护证券市场的健康发展,维护投资者的合法权益。

(2)维护证券市场正常秩序的需要。发展社会主义证券市场,必须要引入竞争机制,由于市场供求规律的作用,市场价格会发生波动,而少数投资者会利用内幕信息操纵等不正当手段,买空卖空,牟取暴利;有些机构投资者则会利用虚假信息,进行欺诈;也有一些证券从业人员与投机分子内外勾结利用信息优势,进行内幕交易,操纵市场。因此,国家必须加强对证券市场的管理,加强对其活动检查监督,对非法证券交易活动以及信息操纵行为从严查处,以维护证券市场的正常秩序。

(3)提高证券市场效率的需要。及时、准确、可靠、全面的信息是证券市场参与者进行交易决策的重要依据。因此,一个发达的高效率的证券市场必须是一个信息得以科学传播的市场,它必须有一整套现代化的信息通讯设备系统,组织严密的科学的信息网络机构,这样,才能保证证券市场信息的流畅传播,才能促进证券市场中的各个要素发挥联动效应,从而提高证券市场的效率,推动证券市场整体素质的不断提高。

(4)进一步健全证券市场体系的需要。证券市场是一个综合性信息市场。证券市场按金融商品划分可包括债券市场和股票市场;按功能划分可包括发行市场和交易市场;按组成证券市场的机构职能划分,包括投资机构、发行机构、交易机构、咨询机构等。证券市场组成的错综复杂性也决定了信息的反复性,产生的信息不对称问题必须需要国家监管部门进行总体调控与指导,实行统一监管,并根据他们各自不同的特点和运行规律,以及他们之间的客观内在联系,依据整个经济发展的需要,统筹规划,加强监督和管理,这样才能促进整个证券市场体系不断完善和协调发展。

综上所述,我国证券市场信息不对称的存在已经对我国证券市场运作产生了较大影响。因此,我国证券市场呼唤对信息不对称的更全面深入的监管,以消除由此带来的风险和不利影响,促进整个证券市场的稳定与发展。

第二章 证券发行监管

证券发行是指证券发行人根据法定的程序将证券出售给投资者的行为。在证券发行市场中，主要参与主体包括证券发行人、证券投资者、证券公司和证券发行审批核准机构、相关的证券监管部门以及证券服务中介机构等。证券发行的监管是检核拟上市公司、提高上市公司质量水平的第一道关口。《证券法》对证券发行的监管就是要对整个发行过程中所涉及的参与主体的行为进行规范。这主要包括证券发行管理制度、证券发行的核准依据、发行的条件、申请程序和要求、审核的规定、信息监督、风险与责任承担、证券承销等。

一、证券发行管理制度

证券发行管理制度主要有两类：核准制与注册制(Registerecl System)。前者又称优劣制度(Merit Regulation System)或实质性审核制度。后者又称注册登记制或申报制。

1.核准制

核准制要求证券监管机构对证券发行者要进行实质性审核，并有权否决不符合实质性条件的证券发行申请，一般要遵守下列证券发行监管的基本原则：

(1)实现对于与投资者决策实质相关的财务与其他信息的充分、及时、准确的披露；

(2)公司的所有证券持有者受到公平与平等的待遇；

(3)实现具有国际通用性的高水平的会计与审计标准。

并且，监管机构在确定证券发行资格时，通常要考虑下列核查因素：发行人的经营与财务状况；经营业绩和利润状况；营业性质和产业导向；资本结构合理性；管理者和发行人的资格与能力，发行人所得报酬的合理性；企业发展前景与成功可能性等。我国现在实行的是证券发行核准制。

2.注册制

注册制即所谓的公开管理准则，实质上是一种发行公司的财务公开制度，它要求发行证券的公司提供关于证券发行本身以及同证券发行有关的所有信息，包括证券发行人经营状况、财务报告、董事及高管人员的履历、资信、发行所得款项的使用、发行价格的拟定、发行数额分配计划等。发行人对这些信息不但要完全公开，不得有重大遗漏，而且还要对其提供信息的真实性、完整性和准确性承担法律责任。一般而言，注册制下发行人只需做到信息充分披露，在注册申报后的规定时间内，未被证券管理部门拒绝注册的，即可进行证券发行，无须政府批准，证券市场十分成熟的国家一般采用的都是注册制。

二、证券发行程序规范

加强对证券发行程序的规范，是证券发行的重点工作之一，按照《证券法》有关规定，对证券发行的程序规范主要包括以下几个方面：

1.发行申请的核准程序应公开

发行申请的核准程序是国务院证券监督管理机构所规定的发行申请人申请发行股票时需要履行的手续、内部审核的工作规程等。发行申请的核准程序公开，有利于申请人提出发行申请，减少因不了解发行申请的程序而花费不必要的时间和费用。同时也有利于监督管理，减少审核过程中出现不公开、不公平、不公正的现象发生。

2.发行审核程序中的行为限制

(1)限制的主体。被指定的负责核准证券发行申请的有关人员。

(2)限制的行为。主要包括：①不得与申请发行的单位有利害关系；②不得接受发行申请单位的馈赠；③不得持有所核准的发行申请的股票；④不得私下与申请发行证券的单位进行接触；⑤证券法律法规限制的其他有关行为。

3.发行核准的期限要求

国务院证券监督管理机构或者国务院授权的部门审核或审批的期限为3个月，该期限自受理证券发行申请文件之日起计算。审核机构或者审批部门必须在法定期限内作出审核或者审批的决定，如不符合法定条件也应在审批期限内作出不予审核或审批的回复，并向申请人说明不予审核或审批的理由。此项规定可以有效防止审核机构或审批部门久审不核或不批，防止工作不负责任现象的发生，从而有利于提高监管效率，进一步加强对发行核准的规范。

4.核准制下的股票发行程序

根据我国现行《证券法》的有关规定，以及新股发行核准制的实施，拟发行股票公司在申请公开发行股票时，须严格履行一系列申请审批程序。主要包括五个步骤：

(1)发行人自已选择证券公司承销

公开发行证券的发行人，根据公司发展战略以及要求发行上市的需要，自己进行选择具有主承销资格的证券担任发行推荐人和主承销商。

根据中国证券业协会2000年发布的《信誉主承销商考评试行办法》，规定了由证券发行人、证券投资基金管理公司、证券公司会计师事务所、律师事务所及中国证券监督管理委员会(以下简称中国证监会)按统一标准，对具有主承销资格的证券商进行量化考评。积分前8位的证券商授予“信誉主承销商”，中国证监会将对其发行承销的业务优先受理。

(2)主承销商负责推荐发行公司

作为主承销商的证券公司，向中国证监会推荐发行人，并对所出具的推荐函与尽职调查报告承担相应责任。而且，对于主承销商首次公开发行股票及进行重大重组的上市公司增发或配股的，证券公司应履行其对发行人的上市辅导义务。在1年辅导期内,需要帮助企业完善法人治理结构,建立健全财务制度,熟悉上市公司信息披露规则,对企业董事、监事和高级管理人员提供顾问服务等。并采取具体的措施进行落实。并且,担任主承销商的证券公司应当成立内核小组,并按内核程序对决定推荐发行的公司出具推荐函。同时,要明确推荐意见及其理由,正确评价发行人发展前景,并阐明有关发行人是否符合发行上市条件及其他有关规定,揭示发行人的主要问题和风险等。对于发行人的不规范行为,证券公司应要求其整改,并将整改情况在尽职调查报告或核查意见中予以说明。担任主承销商的证券公司应当在发行完成当年及其后的1个会计年度发行人年度报告公布后1个月内,对发行人进行回访,就其募集资金的使用情况、盈利预测实现情况、是否严格履行公开披露文件中所作出的承诺、以及经营状况等方面是否与推荐函相符等进行核查,出具回访报告。

(3)发行审核委员会对发行申请文件进行审查

中国证监会受理申请文件后,对发行人申请文件的合规性进行初审,并在30日内将初审意见函告发行人及其主承销商。主承销商自收到初审意见之日起10内将补充完善的申请文件报至中国证监会。中国证监会对按初审意见补充完善的申请文件进一步审核,并且在受理申请文件后60日内,将初审报告和申请文件提交发行审核委员会审核。中国证监会设立股票发行审核委员会,依照法定条件审核股票发行申请,以投票方式对股票发行申请进行表决,提出审核意见。发行审核委员会依法履行职责,独立发表审核意见并享有表决权,不受任何单位和个人的干涉。

(4)国务院证券监管机构进行核准

发行审核委员会提出审核意见后,中国证监会对发行人申请做出核准或不予核准的决定。予以核准的,出具核准公开发行的文件。不予核准的,出具书面意见,说明不予核准的理由。中国证监会自受理申请文件到作出决定的期限为3个月。发行申请未被核准的企业,接到中国证监会书面决定之日起60日内,可提出复议申请。中国证监会收到复议后60日内,对复议申请作出决定。

(5)发行人在证券市场进行筹资

发行人获准发行股票后,将与承销商依据公司价值和一级市场供求状况,协商确定股票发行价格。发行定价和发行方式都将更多吸取国际市场的经验,趋于多样化和市场化。发行人和承销商的证券公司也将对市场状况作出判断,选择认为适宜的时机发行股票,以尽量保证发行成功。

三、证券发行信息监管

信息披露制度是指上市公司为保障投资者利益和社会公众监督而依照法律规定必须公开其有关的信息和资料,使投资者能在充分了解情况的基础上做好决策的一系列制度。在我国,信息披露制度是证券市场监管的必要手段。通过上市公司的信息披露,投资者可以了解到上市公司的经营情况、财务状况及其发展趋势,从而有利于证券主管机构对证券市场的监管,引导证券市场健康、稳定地发展;有利于社会公众依据所获得的信息,及时采取措施,做出正确的投资选择;有利于投资者对上市公司进行监督;也有利于企业自身规范化发展,上市公司整体素质的提高。

1.证券发行信息披露三大原则

信息在证券市场运作和功能发挥过程中起核心作用。在信息披露准则国际化以及会计准则国际化的要求下,对上市公司信息监管要坚持信息披露的三项基本原则:

①要求上市公司必须全面、及时、准确地披露财务及其它对投资者决策有实质性影响的信息;

②上市公司的所有股东应该受到公开、公开的对待;

③采用国际通用的会计与审计准则。

上市公司实行公司营业和财务完全公开的原则,其目的在于向有可能成为投资人的社会公众提供有关公司股票、债券等证券的投资价值的资料,从而防止公司发起人、内部知情人以及证券经纪人的欺诈行为。目的也是防止欺诈或架空的公司产生,确保对所有股东的“公平、公开、公正”。实行公开原则还可以防止投资人在公司因经营不善或财务不健全而导致营业状况恶化时,因情况不明而导致投资失误,即防止投资者冒不合理投资的风险。而且随着资本的国际化程度的加大以及我国已经加入WTO,信息披露客观上要求与国际惯例接轨,采用国际通用的会计与审计准则。

2.证券发行信息披露的要求

证券发行应按照核准制有关规则进行,发行申请经核准或者审批后,发行人应依法在证券公开发行前,公告公开发行的募集文件,并对该文件进行有效的公开披露,一般而言,对披露的信息有如下要求:

(1)公告募集文件必须经过核准或者批准。未经依法核准或者审批,任何单位和个人不得向社会公开发行证券。这是公告公开发行募集文件的前提。

(2)公告募集文件必须在证券公开发行前进行。即公告募集文件须在发行证券核准或审批后至发行证券前的期限内进行,提前或滞后都是不允许的。并且发行人在发行证券的信息依法公开前,任何知情人不得公开或者泄露该信息的内容。

(3)公告的募集文件必须披露于指定的场所供公众查阅。指定场所是指法律、行政法规和有关部门根据法律、行政法规制定的实施办法中所规定的场所。不同的文件公开的场所不同。如公司章程、股东名册、股东大会会议记录、财务会计报告等,根据《公司法》的规定应置备于本公司,而招股说明书则根据《公开发行证券的公司信息披露内容与格式准则第11号--上市公司发行新股招股说明书》等相关文件,披露于某一指定专业报刊。

3.上市信息披露的主要规定

上市信息披露要严格遵守一定程序、信息披露“三原则”以及其它相关规定。主要包括以下内容:

(1)上市信息披露要遵循的程序为:

①编制表册及各种文件;

②提交股东大会通过;

③呈报法定的主管机关备案;

④供社会公众查阅;

⑤在法定的报刊上予以公告;

⑥法律还要求公司的年度会计报告必须经过法定审计员进行审计。

(2) 上市公司的董事必须保证公开披露的文件内容没有虚假、严重误导性陈述或重大遗漏,保证承担连带责任,并在招股说明书上予以书面声明,具有法律效力。

公开披露的文件内容涉及财务会计、法律、资产评估等事项的,应由具有从事证券业务资格的会计师事务所、律师事务所和资产评估机构等专业性中介机构审查验证,并出具意见。专业性中介机构及人员必须保证其审查验证的文件的内容没有虚假、严重误导性陈述或者重大遗漏,并且对此承担相应的法律责任。在核准制下,上述保证要在招股说明书中予以书面声明,构成法律要约。

(3)上市公司应当将要求公布的信息在中国证监会指定的全国性报刊中自行选择至少一家予以刊登披露,同时上市公司可以在证券交易所指定的地方报刊上披露有关信息,但必须保证,指定报刊不晚于非指定报刊披露信息,且在不同报刊上披露同一信息的文字必须一致。

(4)公开披露的信息应当用中文表述,发行B股等特种股票及境外上市的公司公开披露信息,如有必要,还应当用英文等其他文字表达,外文本的字义和词义与中文本有差异时,以中文本为准。而且,上市公司公开披露信息的各种文件需译成英文的,英译文则应刊登在至少一种中国证监会指定的英文报纸上。

(5)上市公司应当指定专业人员负责信息披露事务,包括与证券主管机关、证券交易所、有关证券经营机构、中介服务机构、新闻机构等的联系,同时回答社会公众提出的有关问题。公司负责信息披露事务的人员应当将本人姓名、联系地址、邮政编码、办公室电话号码和图文传真号码等信息,以书面形式报告证券主管机关,并且在加强对投资者教育的过程中,扩大与公众的直接联系交流。

四、证券发行承销监管

证券承销是指具有承销业务资格的证券公司接受证券发行人的委托,在法律规定或约定的时间范围内,利用自己良好的信誉和销售渠道(营业网点)将拟发行的证券发售出去,并因此收取一定比例承销费用等一系列活动。根据《证券法》的有关规定,承销人所承销的证券必须是合法的,即承销发行的证券必须经过国务院证券监督管理机构或国务院授权的部门核准,否则承销协议无效,并由签订承销协议人承担相应的法律责任。

1.证券承销方式及规范

证券承销方式主要有两种,即代销与包销。

(1)证券代销。它是指证券公司(承销人)代发行人发售证券,在承销期结束时,将未售出的证券全部退还给发行人的承销方式。承销人即证券公司,与发行人之间属于一种代理关系,其具体权责受承销协议合同和相关法律的约束。《证券法》规定,证券公司代销证券人应当在代销期满后的15天内,与发行人共同将证券代销情况报国务院证券监督管理机构备案。

(2)证券包销。它是指证券公司将发行人的证券按照协议全部购入,或者在承销期结束时将售后剩余的证券全部自行购入的承销方式。证券承销人与证券发行人是一种买卖关系。在这种情况下,发行证券是否售出,风险全部由承销人承担,但证券发行人必须按照协议或约定支付给承销人有关的承销费用。《证券法》有关规定,证券公司包销证券的,应当在包销期满后15天内,将包销情况报国务院证券监督管理机构备案。

2.证券承销价格与协议

《证券法》规定:"股票发行采取溢价发行,其发行价格由发行人与证券承销商确定,报国务院管理机构核准。"这就是说,国家不再对股票发行价格做统一规定,而是由当事人双方协商决定。随着股票发行定价市场化程度的加大,特别是自新股发行核准制实施以来,中国证监会发布的《新股发行上网竞价方式指导意见》,标志着新股发行向完全市场化迈出关键性一步。一级市场新股发行无风险时代结束,一级市场的发行风险促使承销商在与发行人签订证券代销或包销协议时,要确保证券承销工作的严肃性。因此,在进行证券承销人与发行人订立合法的书面合同时,要严格拟定合同条款,做到符合法律法规的同时,也需注意风险的规避,签订证券承销合同应载明的事项主要包括:

①当事人的名称、住所及法定代表人姓名;

②代销、包销证券的种类、数量、金额及发行价格;

③代销、包销的期限及起止日期;

④代销、包销的付款方式及日期;

⑤代销、包销的费用和结算办法;

⑥违约责任;

⑦国务院证券监督管理机构规定的其他事项。

3.承销商的责任与义务

为保护证券发行市场的正常运行,维护证券市场秩序,保持证券市场的有序发展,维护广大社会公众的利益,减少证券承销过程中的不范现象的发生,防止出现误导证券市场、欺诈投资者等行为,证券承销商必须承担相关责任并履行相关义务。

(1)承销商要加强自律、强化内部管理。《证券法》第22条规定:"证券公司不得以不正当竞争手段招揽承销业务。"在证券承销业务中,不正当竞争主要包括:

①迎合或鼓励企业以不合理的高溢价发行股票;

②贬损同行;

③向发行人允诺在股票上市后维持股票价格;

④利用行政干预;

⑤给有关当事人回扣;

⑥违反规定降低费用或者免费承销;

⑦其他不正当竞争行为。

证券公司需严格遵守上述《证券法》规定,强化责任,严格自律。

(2)对发行证券的招股说明书或公司债券募集办法等募集文件进行核查,务必保证其真实性、准确性、完整性。证券公司如发现发行人募集文件等材料有虚假记载、误导性陈述或重大遗漏的,不得进行证券的销售活动,已经销售的,应立即停止并采取纠正措施。

(3)在承销期内,证券承销商对所代销、包销的证券先行出售给认购人,证券承销人不得事先预留所代销的证券或者预先购入并留存所包销的证券。

(4)证券承销商在承销期满后15天内应将承销情况报国务院证券监督管理机构备案。报告必须采取书面形式,并清楚地将基本情况列明,如:承销人、被承销人(发行人)、承销合同的履行、证券的出售等详细情况。

(5)证券承销商应强化自身责任与义务。有关具体事项要严格遵循2001年4月1日中国证监会颁布的《证券公司从事股票发行主承销业务有关问题的指导意见》。

五、证券发行主体责任

根据《证券法》第13条规定:“发行人向国务院证券监督管理机构或者国务院授权的部门提交的证券发行申请文件,必须真实、准确、完整。为证券发行出具有关文件的专业机构和人员,必须严格履行法定职责,保证其所出具的文件的真实性、准确性和完整性”。这里提到的真实、准确、完整是指发行主体向国务院证券监督管理机构或者国务院授权部门提交的申请文件内容必须客观,不得弄虚作假,并且内容应清晰、全面,不能故弄玄虚引起误导,不得故意隐瞒事实或者存在重大遗漏。申请发行主体和出具文件的相关机构及人员必须遵守该定,若违反则须承担相应责任。

1.证券申请发行人应承担的后果和法律责任

(1)国务院证券监督管理机构或者国务院授权的部门对申请不予核准。

(2)国务院证券监督管理机构或者国务院授权的部门对已作出的核准证券发行的决定,发现不符合法律、行政法规规定的,应当予以撤销;尚未发行证券的,停止发行;已经发行的,持有人可以按照发行价并加算银行同期存款利息,要求发行人返还。

(3)属于制作虚假发行文件的,查后停止发行,退还所募资金及其利息,处以非法所募资金金额1%以上5%以下的罚款;构成犯罪的,依法追究刑事责任。

2.出具文件的有关专业机构及人员应负的责任

根据《证券法》有关规定,对弄虚作假的责任人必须承担违法所得的1倍以上5倍以下的罚款,并由有关主管部门负责机构停业,吊销直接责任人员的资格证书。造成损失的,承担连带责任。构成犯罪的,依法追究刑事责任。

总之,我国的股票发行核准制的实施,是证券市场的重大改革,有利于证券发行的规范化。目前,我国已经正式加入WTO,随着证券市场的逐步开放,更需要进一步加强对证券发行的监管。

第三章 证券交易监管

证券交易是指证券投资者买卖证券的行为,在证券市场上最频繁、最活跃和风险最集中的是证券交易行为。证券交易行为是整个证券交易市场行为中的核心。证券立法与监管的最主要任务之一是规范和监督证券交易行为,确立并实施证券交易的基本规则。证券交易基本规则和证券交易行为直接影响到证券市场的稳定和发展,对我国市场经济体制改革的进程与市场经济的发展起着重大作用。

一、证券交易监管制度

我国现行的证券交易监管制度是一种政府积极干预下的交易市场管理制度,它是我国证券市场规范发展的重要保障。其构成要素具有鲜明的特征,也具有符合我国国情与证券市场现实的合理性与必要性。其必将随着我国证券市场的发展而不断发展完善。

1.证券交易监管制度的主要特征

我国证券交易监管制度特征主要表现在以下几个方面:

(1)严格限制的证券市场交易准入制度。我国《 证券法》有关法规规定,银行资金不得违规入市,国企和国有资产控股企业也不得炒作股票,进入股市受到一定条件限制,券商自营必须使用自有资金和依法筹集的资金;

(2)禁止性的信用交易管理制度。严格禁止保证金交易。明确交易停止制度,技术性停牌和临时停市两种形式,并实行退市机制;

(3)统一的价格限额制度及禁止性的买空卖空管制;

(4)严格实行公开信息披露制度。且实行“T+1”的交易结算制度,《证券法》规定当日买入的证券不得当日卖出,即杜绝“T+0”;

(5)政府监管者有意识有目的地通过直接或间接方式干预或介入市场运行,以求实现维持市场稳定和供需均衡等监管目标;

(6)对不正当交易行为作出明确界定,并制定相应的处罚措施。《证券法》相关章节详细列举了各种内幕交易、操纵市场、虚假陈述、欺诈等行为。

2.证券交易监管制度实施的必要性

我国现行的证券交易监管制度基本是根源于国情和证券市场发展现状的,在证券市场上具有实施的客观必要性。主要体现在以下几个方面:

(1)市场失灵会带来“效率”与“公平”失衡。由于我国证券市场过度投机和操纵行为的存在,以及投资者的非理性投资决策,监管者必然要采取行政性手段进行监管;

(2)信息的不对称。我国证券市场信息失灵严重,内幕信息与虚假信息存在于市场,因此需要严格的交易停止制度和交易市场的信息公开等制度,从而增进信息的对称性、披露的充分性和市场透明度;

(3)由于各种内幕交易、操纵市场、虚假陈述、欺诈等行为造成证券市场的高风险性。证券交易监管必须把抑制过度投机和制约市场操纵作为交易市场的监管中心,采取一系列旨在减少市场的非稳定性、降低系统风险的证券交易监管制度;

(4)我国证券市场是一个处于发展中的证券市场。完全市场化的证券交易监管只适合运用于市场机制高度成熟的市场。而在当前,我国证券市场由于严重的垄断和操纵、欺诈及内幕交易行为的存在,只有采取管制式监管制度方可真正体现证券市场的资源优化配置功能。

3.证券交易监管的进一步强化

证券市场是一个动态发展的过程,不断调整和改善证券交易制度,进一步强化证券交易监管,有利于证券交易市场的规范化,以及交易市场的效率与公平,从而促进市场功能的良好发挥。

(1)严格执法,坚持制裁各种市场操纵、内幕交易、证券欺诈、虚假陈述等不当交易行为。我国现阶段交易监管立法较为明确完整,但关键是要进一步通过增强执法来保证法规的实施,要在实践中进一步加强法规制度的可操作性,增加交易行为的透明度。同时,应建立健全内幕人员持股数量与变动情况的及时报告和公开披露制度,完善预防内幕交易的法律机制;

(2)提高信息技术的运用含量,构建安全、高效、规范的市场运作体系,进一步降低市场交易运作成本。在完善市场基础设施建设的同时,进一步加强与完善全国证券登记结算统一体系,加强市场风险管理,防范信息网络技术运用带来的风险,从而形成对证券交易、清算、信息披露的有力监管;

(3)对证券交易的监管采取行政的、法律的、及经济的多种综合手段,进行全方位的监管,并且,在科学设定股票供应增长率的同时要促进国债、企业债券、可转换公司债券的证券衍生物等的发展,丰富证券交易品种,完善证券供求种类结构,增强证券交易市场的活力和创造力。这是证券交易市场供求机制完善的重要要求。

二、证券交易基本原则

证券交易原则就是指从事证券交易活动所依据的法则或标准。《证券法》对证券交易的原则性规定主要体现在:证券限制性交易原则;上市交易的证券在交易所内进行;交易所内交易必须采取集中竞价的方式,并实行价格优先、时间优先的原则;证券交易收费合理性原则等。

1.证券限制性交易原则

证券限制性交易原则的一个基本前提是证券的合法性。在证券交易行为中证券合法性有两个方面的含义:一是该证券必须是经过法定主管部门核准且已经发行的;二是证券已经交付给投资者。两方面同时具备,否则属非法证券。合法的证券才是投资者进行投资和交易的前提条件,非依法发行的证券,不得买卖。同时,在证券交易中,要遵守证券限制性交易原则。《证券法》规定:对有转让期限制的股票,在限制的期限内,不得交易。关于有限制的股票及期限主要包括以下几点:

(1)发起人持有的本公司的股票,自公司成立之日起3年内不得买卖,并且公司董事、监事、经理在任职期限内不得买卖本公司的股票;

(2)为股票发行出具审计报告、资产评估报告或者法律意见书等文件的有关专业机构和人员,在该股票承销期和期满6个月内,不得买卖该种股票;

(3)为上市出具审计报告、资产评估报告或法律意见书等文件的专业机构和人员自接受上市公司委托之日起至上述文件公开后5日内,不得买卖该种股票;

(4)持有公司股票5%以上的股东,不得将其所持有的本公司股票买入后6个月卖出,也不得在卖出后6个月内又买进。但是,证券公司因包销购入售后剩余的股票持有5%以上股份的,卖出该股票时不受6个月时间限制。

2.证券挂牌交易原则。

《证券法》规定,依法核准上市交易的股票、公司债券及其他证券应当在证券交易所挂牌交易。这主要体现三方面的内容:

(1)交易双方交易的股票必须是上市公司的股票,非上市公司的股票不能在证券交易所进行;

(2)上市公司的股票在证券交易所挂牌交易必须经过国务院证券监管机构核准;

(3)上市公司的股票必须在指定的场所即证券交易所进行交易,否则属于违法行为。

实行挂牌交易原则,可以有效地防止场外交易、内幕交易等非法交易行为,有利于投资者在公平交易环境下进行交易,从而有利于维护投资者的利益。

3.集中竞价交易原则。

集中竞价是指两个以上的买方和两个以上的卖方,通过公开竞价形式来确定证券买卖价格的方式。在集中竞价买卖证券过程中,当买方提出最高价与卖方提出最低价一致时,该种证券的价格则可以确定,买卖双方就可以达成交易。这种集中竞价交易方式,有利于证券交易的公平合理性。

一般地,集中竞价应当实行价格优先和时间优先原则。所谓价格优先是指在证券交易中买方出价高的一方可以比出价低的一方优先成交或者优先订立交易合同,而卖方中要价低的一方可以比要价高的一方优先成交或者优先订立交易合同。而时间优先则是指证券交易中买卖各方在出现相同的出价或要价时,按照时间的先后顺序进行成交或订立交易合同。

4.现货交易原则。

证券交易以现货进行交易。现货交易是指买卖双方进行交易时以现金票款和实有证券进行交割的一种交易方式。由于证券交易数额巨大,不便于当场钱货两清。所以很多国家或地区都规定有一个交割限期,我国股票交易清算采取T+1的作法,即当天交易,第二天交割,杜绝"T+0"的交易方式。在没有交割之前投资者均不能再进行买卖,也不能解除成交。现货交易相对比较稳定,可

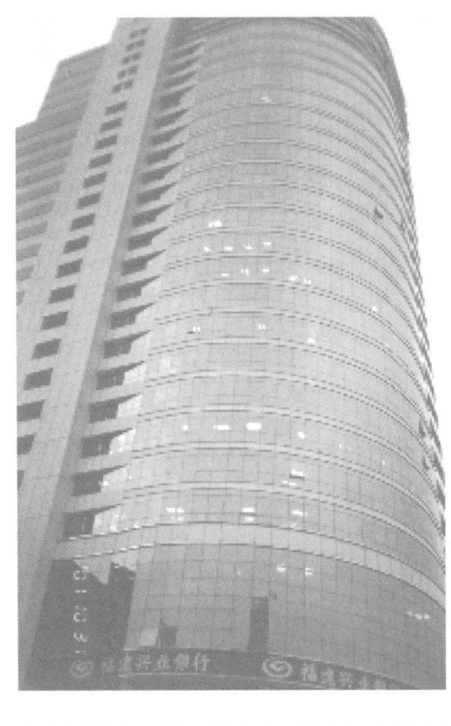

以抑制过分投机心理和市场欺诈行为。

5. **交易合理收费原则。**

证券交易的收费指具有收费权的单位,依据法律、行政法规、行政规章以及有关收费规则,对证券交易的各行为主体收取一定费用的行为。证券交易收取的费用主要包括:上市公司向证券交易所缴纳的上市费用;投资者向为其提供服务的证券公司缴纳的费用,即佣金;证券公司向证券交易所缴纳的入场费用等。证券交易的收费必须合理,并公开收费项目、收费标准和收费办法,并且,证券交易的收费项目、收费标准和管理办法由国务院有关管理部门统一规定并公开发布。证券交易合理收费有利于防止收费部门滥收费而引起恶性竞争,有利于证券交易市场规范化。

三、证券上市程序监管

按照《证券法》的有关规定,股份有限公司申请其股票上市,必须经过国务院证券监督机构核准,并依照有关法律、行政法规的规定报送有关文件,在核准过程中对于符合相关法律所规定条件的申请者,予以批准。

证券上市申请程序,是指发行者按照法定的步骤向证券交易所及主管机关申请要求对自己及所提交的法定文件加以审查,以期获准在证券市场上公开上市交易自己的证券的流程。主要分为证券上市申请文件的制作提交与上市的审批。

1.证券上市申请文件制作与提交

申请上市的法定文件必须依照法定要求的种类、规格、内容制作,要求文书必须真实完整规范。在向证券交易所上市委员会提出上市申请时,提交下列文件:

(1)证券管理机关核准公开发行证券的证明副本;

(2)经会计师鉴证的最近年度的会计表册(上市日期在下半年应包含上半年会计表册);

(3)董事会有关上市决议的副本;

(4)公开招股说明书;

(5)已鉴证的欲上市证券的副本;

(6)委托董事与交易所订立上市契约的副本;

(7)证券交易所认为必要的其他文件。

2.证券交易发行上市审核委员会

证券上市申请审批过程中,上市委员会受理证券上市申请并在法定的时间内对申请事项予以审查并答复是否准予上市。上市委员会主要职责是:

(1)审批证券上市。

(2)拟订上市的规则和提出修改上市规则的建议。

上市委员会是证券交易所理事会下设机构。上市委员会设主席1人,由上市委员会第一次会议在委员中推选。上市委员会会议由主席召集和主持。会议法定人数至少7人,其决议须经出席会议的2/3以上委员会以不记名投票方式表决通过后方可有效,主席因故不能履行职责时,由副主席代理。上市委员会由13名委员组成,由下列人员构成;

①律师、注册会计师、证券交易所所在地会员和外地会员各2人,由证券交易所理事会聘任,报证券交易所所在人民政府和中国证监会备案;

②中国证监会和证券交易所所在地人民政府授权机构各委派1人;

③证券交易所理事长、总经理;

④证券交易所其它理事1人。

3.我国证券上市审查程序

目前,我国对公司股票上市申请采取的是严格的复审制。即首先由证券交易所依据法律法规对上市申请进行审查批准后,再报送主管机构审查核定,经核定符合上市标准的,签订上市协议书,在交易所内正式挂牌交易。

(1)证券交易所审批。证券交易所对上市申请的审查内容主要有两个方面:其一,申请股票上市交易的股份有限公司是否具备《公司法》第153条规定的各种条件。主要是考察公司的财务状况、生产经营状况、公司的股票状况等。其二,申请其股票上市交易的股份有限公司提交的文件是否齐备、规范,内容是否真实、可靠等。

股份有限公司提出上市申请,上市委员会应当自收到申请之日起20个工作日内作出审批,确定具体上市时间。审批文件报中国证监会备案。

(2)证券主管机构审批。经证券交易所依照法律法规对上市申请审查后,具备上市条件的股票,报证券主管机构审批,经证券主管机构审查批准后,证券交易所即签发《上市通知书》,通知提出申请上市的股份有限公司。

(3)签订上市协议书。审查合格后,被获准股票上市的公司应与证券交易所签订上市协议书,以确定相互间的权利与义务。其主要内容包括:

①公司应定期呈报各种财务报表,此类报表均应由会计师事务所签署;

②公司有人事、财务、经营、股权处理等重大变化应及时通知证券交易所;

③公司应定期向公众充分公布有关应予以披露的资料和事项,当公司遇有重大情况发生时,也应及时公布;

④上市公司不得拒绝证券交易所提出的上市公司提供其它资料的合理要求;

⑤上市协议还应写明该公司上市股票的种类、发行时间、发行股数、面值及发行价格、发行总额、累计上市总额等等；

⑥证券交易所保证上市公司股票上市的权利，予以公平对待；

⑦应写明有关上市费用事宜。

(4)正式挂牌交易。经审查合格后，公司股票符合上市标准，获得证券主管机构审批，并签订上市协议书，即可在证券交易所内正式挂牌交易。

4.上市公告。

上市公告书是指上市公司按照证券法规和证券交易所业务规则的要求，于其股票上市前，就其公司及股票上市有关事宜，通过指定的报刊向社会公众公布的宣传和说明材料。《公司法》第153条规定：股票上市申请批准后，被批准上市公司必须公告其股票上市报告，并将其申请文件存放在指定的地点供公众查阅。

(1) 关于上市公告书的内容，《股票发行与交易管理暂行条例》作了十分明确的规定。《条例》第34条规定："上市公告的内容，除应当包括本条例第15条规定的招股说明书的主要内容外，还应包括以下事项：①股票获准在证券交易所交易的日期和批准文号；②股票发行情况、股权结构和最大的10名股东名单及持股数额；③公司股东大会同意公司股票在证券交易所交易的决议；④董事、监事和高级管理人员简历及其持有本公司证券的情况；⑤公司近3年或者成立以来的经营业绩和公司的股票状况等；⑥交易所保证公司股票上市权利，公告期间终止日距挂牌交易首日不得超过180天，其盈利预测期间自挂牌交易起至盈利预测期间终止日，不得少于90天。

(2)上市公告的时间与方式。获准上市的公司应当在其股票挂牌交易首日前3个工作日内，将简要上市公告书全文或不超过1万字的上市公告概要刊登在至少一种中国证监会指定的全国性报刊媒体上，并将上市公告书备置于上市公司所在地、拟挂牌交易的证券交易所、有关证券经营机构及其网点供公众查阅，同时报送中国证监会一式10份。

四、证券信息披露监管

证券信息披露按发行人所处阶段的不同，可分为初次信息披露和持续信息披露。主要内容包括招股说明书、财务会计报告、公司债券募集办法，还包括上市公司的季度报告、中期报告、年度报告及临时公告等。持续信息披露须遵循三大原则：

第一、准确性或真实性原则

此原则主要是要求上市公司进行信息披露应从客观性、一致性、规范性三方面进行。所谓客观性是指反映的事实必须是上市公司经营活动中发生的，而不是为了影响证券市场价格而编造的；一致性是指上市公司所公开的信息内容与其所反映的事实之间必须一致；规范性是指符合证券法所规定的对不同性质信息的真实性的不同标准。对描述性信息、评价性信息、预测性信息采用不同的判断标准。随着资本市场的国际化，上述原则要逐步与国际证券业协会规定要求采用的国际会计与审计准则接轨。

第二、充分性或完整性原则

坚持信息披露的充分性与完整性原则，必须确保能够影响证券市场价格的重大信息没有遗漏。信息公开的完整性，有质和量两方面的规定。即在性质上应公开的信息必须是重大信息，而数量上应公开的信息必须能够使投资者有足够的投资判断依据。各国证券法律法规一般以固定格式和程序要求企业连续披露财务报告、重大事项、前景预测等各种财务、经营信息。

第三、及时性或时效性原则

及时性或时效性原则是持续信息披露的一项重大原则。一方面，及时性反映了证券市场吸收信息的能力和信息反映的程度，并注重严格的时间界限；另一方面，及时的信息公开是信息不对称性的动态表现。市场上不同层面或区域的投资者群体在信息获取及时性上的差异要求监管者的介入以确保接收信息的同时性，从而维护投资者的利益。

总之，信息披露必须坚持"三大原则"，保证信息真实、准确、完整，不得有虚假记载，误导性陈述或者有重大遗漏。持续性信息披露有利于证券交易市场的规范化，有利于维护投资者的合法利益，也有利于上市公司改善自身的经营与管理。

五、证券交易行为监管

《证券法》禁止的交易行为，一般来说是指证券市场中的内幕交易行为、有损投资者利益和证券市场规范健康发展的行为，主要包括：内幕交易行为、操纵市场行为、编造并传播虚假信息行为、欺诈客户行为等。

证券市场是一个信息市场。信息对投资者的投资决策有重大影响，因而加强规范信息获取的途径与方式尤为重要。为保障证券市场的公开性、公平性、公正性，增强投资者的信心，维护证券交易市场的秩序与规范化发展，就必须禁止内幕交易行为、操纵市场行为、编造并传播虚假信息等行为，并积极防止损害客户利益的欺诈行为发生。

1.禁止的内幕交易行为

内幕交易行为是指利用内幕信息进行证券交易的行为，其主要包括：

①内幕人员利用内幕信息买卖或者根据内幕信息建议他人买卖证券；

②内幕人员向他人泄露内幕信息，使他人利用该信息进行内幕交易；

③非内幕人员通过不正当的手段或者其他途径获得内幕信息，并根据该信息买卖证券或者建议他人买卖证券；

④其他内幕交易行为。

2.禁止的操纵市场行为

操纵证券市场行为，是指在证券交易市场中，制造虚假繁荣、虚假价格，诱导或者迫使其他投资者在不知真相的情况下作出错误的投资决策，从而使操纵者达到获利或者减少损失的目的。操纵证券市场的行为主要包括以下几个方面：

①通过单独或者合谋，集中资金、持股或者利用信息优势，联

合或者连续买卖证券、操纵证券交易价格的行为；

②与他人串通，以事先约定的时间，价格和方式相互进行证券交易或者相互买卖并不持有的证券，影响证券交易价格或者证券交易量的行为；

③以自己为交易对象，进行不转移所有权的自买自卖，影响证券交易价格或者证券交易量的行为；

④以其他方式操纵证券价格，获取不正当利益或转嫁风险的行为。

3.编造并传播虚假信息的行为

编造并传播虚假信息是指为达到某种目的而人为地进行臆造，并将其通过他人或媒介机构进行公众传播、或者单独制造、传播信息的行为。《禁示证券欺诈行为暂行办法》中规定的虚假陈述的行为包括：

①发行人、证券经营机构在招募说明书、上市公告书、公司报告及其他文件中作出虚假陈述；

②律师事务所、会计师事务所、资产评估机构等专业性证券服务机构在其出具的法律意见书、审计报告、资产评估报告及参与制作的其他文件中作出虚假陈述；

③证券交易场所、证券业协会或者其他证券业自律性组织作出对证券市场产生影响的虚假陈述；

④发行人、证券经营机构、专业性证券服务机构、证券业自律性组织在向证券监督管理部门提交的各种文件、报告和说明中作出虚假陈述；

⑤在证券发行、交易及其相关活动中其他虚假陈述。

我国《证券法》第72条规定：禁止证券交易所、证券公司、证券登记结算机构、证券交易所服务机构、社会中介机构及其他从业人员、证券业协会、证券监督管理机构及其工作人员，在证券交易活动中作出虚假陈述或者信息误导；禁止国家工作人员、新闻传播媒介从业人员和有关人员编造并传播虚假信息，并要求各种传播媒介传播证券交易信息必须真实客观，禁止误导。

4.禁止损害客户利益的欺诈行为

《证券法》第73条规定，禁止证券公司及其从业人员从事下列损害客户利益的欺诈行为：

①违背客户的委托意愿买卖客户证券；

②不在规定的时间内向客户提供交易的书面确认文件；

③挪用客户所委托买卖的证券或者客户帐户上的资金；

④私自买卖客户帐户上的证券，或者假借客户的名义买卖证券；

⑤为牟取佣金收入，诱使客户进行不必要的证券买卖；

⑥其他违背客户真实意思表示、损害客户利益的行为。

另外，《证券法》第74、75条规定，在证券交易中，禁止法人以个人名义开立帐户买卖证券，禁止任何人挪用公款买卖证券；有关单位和人员在证券交易中发现禁止的交易行为，应当及时向证券监督管理机构报告。

六、网上证券交易的发展与监管

所谓网上证券交易，是指投资者利用互联网资源，获取证券的即时报价、分析市场行情，并通过互联网委托实施的一种即时交易。它是提升券商经纪业务竞争力的重要手段。

2000年以来，我国网上证券交易发展迅速，据不完全统计，目前我国证券交易网站已超过400家。随着我计算机技术的发展，网上证券交易的费用将会逐步降低，网上交易将更加方便和高效，因此，网上证券交易将会有较大的发展空间。据专家学者预测，到2004年后，中国 将有800多万个网上交易用户，占目前开户总数的12%，占交易总量的10%，若仅按1999年沪深两地A股交易总量3.13万亿元计算，网上交易的佣金收入可达110亿元左右，发展前景十分光明。

1.对券商网上业务的监管

为加强对券商网上业务的监管，促使其运作规范化、透明化，要做到以下两点：

(1)实行严格的资格认证制度。为确保网上交易的安全性，监管部门在券商申请开展网上交易业务时，要严格把关，对不符合有关条件的坚决不予批准。审查的重点主要从三方面入手：第一、券商的网上交易平台是否能保证网络安全、通信安全和应用安全。为了保证网上交易平台的安全性，监管部门应委托实力雄厚的系统集成商进行开发，保证全国券商都会使用统一的交易平台，以便于统一管理。而且还可以根据系统集成商的技术实力与发展状况，监管部门对网络交易平台的开发商进行统一的资格认定之后由券商和系统集成商进行双向选择，达到合作目的；第二，券商是否建立了规范的内部业务与信息系统管理制度。分工明确、责任权利相统一的内部管理制度是一项业务能否顺利开展的前提和制度保证。券商开展网上交易业务也应有规范的内部管理制度；第三，券商是否建立了一支稳定的、高素质的技术管理队伍和业务管理队伍，这是确保网上交易业务顺利开展的前提；第四，对于已开展了网上交易业务的券商的后期检查，如果出现券商不再符合条件的情况，应限期整改，不能改正者，则取消其开展网上交易业的资格。

(2)实行定期报告与随时报告制度。基于网上证券交易的虚拟性、隔离性、多变性，为全面掌握证券公司开展网上交易的情况，券商必须对网上交易的开展情况，包括交易量、投资者开户情况、发展速度等进行总结，对系统平台技术性能、管理制度、人员情况以及在开展网上交易业务中遇到的问题，进行书面总结，定期向中国证监会报告或将这些总结内容汇入中国证监会对证券公司的年度检查范围。并且针对下列情况的变动，要随时向中国证监会报告：

①券商技术系统进行重大升级；

②业务管理制度进行重大修订；

③主要技术人员与管理人员发生变动；

④其他有关重大事项。

2.对网站经营的监管

目前，网站还缺乏专门的法律法规进行统一监督与管理。我国券商自建网站，采用租赁形式来作为网上委托的入口网站和提供信息服务的窗口。而且，还有许多网站没有与券商合作，却刊登有大量有关金融证券的信息。为了强化信息披露，减少虚假信息，提高信息的可信度，中国证监会有必要会同有关部门制定《证券类网站暂行管理办法》，确立网站管理的政策法规依据，对网站进行有效管理，对网站经营的监管包括：

(1)实行证券交易类网站许可证制度。主要注重以下几个方面：第一，券商网站如用于网上交易的接口，审批时原则上可与对其网上交易业资格审批同时，决定是否予以许可证；第二，对非券商的网站，应视其技术水平决定是否予以入口许可证；不作为网上交易入口的网站，应视其点击率，网站内容的专业程度，决定是否允许其披露证券信息。

(2)强化对网站内容的管理。网站披露的内容要严格按《网上证券委托暂行管理办法》的有关规定进行；监管的重点还应包括券商的网上投资咨询是否违背有关投资咨询等方面的法规，以及网站中是否传播虚假的、误导性的信息等。

(3)加强对券商网页的管理。加强网页的管理主要涉及以下两 个方面：一是券商网站连接是否负连带责任。一般的，券商在自己的网页上都有hyper-link(网站连接)设置，入网者可以通过券商的主页进入其可以连接的其他网站的主页。但是当被连接的网站提供误导信息时，券商是否应负有责任？针对这种情况监管机构有必要对此制定相应的可操作性规定。一般来讲，提供虚假信息的网站应承担主要责任，券商不宜承担连带责任。二是证券业以外的第三者在网页设置连接了券商的网页，该网站经营者是否涉足了证券业务而违反了有关规定。针对这种情况，如果连接者直接涉及了所连接券商的具体业务内容、连接者参与了投资者所在连接券商之间的活动、连接者以直接或间接形式向所连接券商收取费用，则均可视为涉足了证券业务而违反了规定，应属禁止行为。

总之，随着我国加入WTO，证券市场将在开放中进一步壮大，网上证券交易拥有巨大的发展空间，同时，也蕴含了较多的风险，结合目前网上证券交易的法律与政策环境，我们应根据客观实际，借鉴成熟资本市场的网上证券交易管理经验，积极进行监管策略的调整与创新，从而保证网上证券交易的规范化发展。

第四章 上市公司监管

上市公司的质量是中国证券市场健康发展的基础。新时期加强对上市公司的监管与指导具有重要意义。自中国证券监督管理委员会(以下简称中国证监会)成立以来，通过一系列有效的监管与指导措施，使上市公司规范化运作水平逐步提高。但是，我们也应该看到其还存在许多问题。据中国证监会有组织、有系统的抽查发现，有的公司没有建立良好的公司法人治理结构；有的公司在参与股票交易活动中未能严格遵守法律、法规规定；有的公司存在多计收益、少摊成本、虚计利润的现象；有的公司存在操纵市场、内幕交易、欺诈发行、虚假重组等情况；还有的公司不同程度地改变了募集资金的用途；在信息披露上，暴露出种种违反会计准则、审计准则和信息披露规范等问题。而且，还存在为上市公司进行服务的中介服务机构不遵守有关制度与准则的问题。这些问题需要采取有效的监督与管理措施来要妥善解决。

2001年中国证监会加强了对上市公司监管力度，自核准制实施以来，颁布了一系列的上市公司的监管措施，目的是促进上市公司规范运作，改善公司法人治理结构，督促上市公司合理使用募集资金，督促上市公司及时准确地进行信息披露，提高上市公司的透明度，监督注册会计师、资产评估师客观公正地对待上市公司财务报表的审计与评估，以切实保护投资者利益，促进证券市场规范化发展。

一、对上市公司投资证券行为的监管

我国证券市场尚处于发展时期，投机炒作与违法违规等不规范现象时有发生，国有商业银行资金通过各种渠道不断流入股市，部分上市公司与国有企业利用禁入股市的资金进行股票炒作。这既助长了股市投机，又增加了国有资产管理的风险，影响到整个社会主义市场经济。为了发挥股票市场为经济建设筹建资金和促进企业转换经营机制的功能，维护正常的市场秩序，则必须进一步规范上市公司与国有企业的投资证券行为。中国证监会对上市公司投资证券行为作出了以下规定：

(1)上市公司不得动用银行信贷资金买卖股票，不得用股票发行募集资金炒作股票，也不得提供募集资金给予其它机构或个人炒作股票。

(2)国有企业不得炒作股票，不得提供资金给其他机构或个人炒作股票，也不得动用国家银行信贷资金买卖炒作股票。

(3) 上市公司和国有企业为长期投资而持有已上市流动股票，应向证券交易所报告。证券交易所应采取措施，加强监督和管理。

(4)上市公司和国有企业只能在交易所开设一个A股股票帐户(B股暂不对机构开放)，必须用本企业(法人)的名称，严禁上市公司和国有企业以个人名义开设股票帐户或者为个人买卖股票提供资金。对违反上述规则的单位，必须及时纠正，拒不纠正者，将按照有关规则从严处罚并追究法定代表人和直接责任人责任。

(5)证券交易所、证券登记清算机构和证券经营机构，要对已开设的股票帐户和资金帐户进行检查，进一步加大监管力度，如发现国有企业或上市公司进行股票炒作，或以个人名义开设股票帐户以及为个人股票帐户提供资金的，应要求其立即纠正并及时向中国证监会报告。

(6)各省、自治区、直辖市人民政府，国务院各部门应适时对所属国有企业参与股票炒作的情况进行检查，名地方证券管理部门要组织对辖区内的上市公司参与股票炒作的情况进行检查，检查结果要向中国证监会报告。对违规炒作股票的国有企业和上市公司，一经查实，其收入一律没收并处以罚款；对挪用银行信贷资金买卖股票的企业，银行要停止新增贷款，限期收回被挪用的贷款；对国有企业的主要负责人和直接责任人，由其主管部门给予撤职开除处分；对上市公司的主要负责人和直接责任人，由中国证监会认定并宣布其为市场禁入者。

二、对上市公司增发、配股的监管

为加强对上市公司的监管，规范上市公司新股发行活动，保护投资者的合法权益和社会公共利益，根据《公司法》、《证券法》及其它相关法律、行政法规的规定，中国证监会2001年3月15日公布了《关于做好上市公司新股发行工作的通知》，3月28日颁布了《上市公司新股发行管理办法》，对上市公司新股增发、配股作了专门规定。一般而言，对上市公司再融资监管主要表现在以下几个方面：

1.配股、增发条件的规定

上市公司申请发行新股(即配股、增发)，应当符合《公司法》、《证券法 》规定的条件，还应符合以下具体要求：

①公司章程符合《公司法》和《上市公司章程指引》的规定；

②本次新股发行募集资金用途必须符合国家产业政策的规定；

③股东大会的通知、召开方式、表决方式和决议内容都必须符合《公司法》及有关规定；

④必须建立健全法人治理结构，对具有实际控制权的法人或其他组织及其他关联企业在人员、资产、财务上分开，保证上市公司的人员、财务独立以及资产完整；

⑤不存在资金、资产被具有实际控制权的个人、法人或其他组织及其关联人占用的情形或其他损害公司利益的重大关联交易；

⑥本次新股发行募集资金数额在原则上应低于公司股东大会批准的拟投资项目的资金需要数额；

⑦公司有重大购买或出售资产行为的，应当符合中国证监会的有关规定；

⑧中国证监会对增发、配股实行净资产按比例相挂钩的制度；

⑨中国证监会规定的其他要求。

有下列情形之一的，中国证监会对上市公司的发行申请不予核准：

①最近3年内有重大违法违规行为；

②公司在最近3年内财务会计文件有虚假记载、误导性陈述或重大遗漏。重组中进入公司的有关资产的财务会计资料及重组后的财务会计资料有虚假记载、误导性陈述或重大遗漏；

③招股文件存在虚假记载、误导性陈述或重大遗漏；

④擅自改变招股文件所列募集资金用途而未作纠正，或者未经股东大会认可；

⑤存在为股东及股东的附属公司或者个人债务提供担保的行为；

⑥中国证监会认定的其他情形。

2.新股发行程序与审核

上市公司新股发行应按一定的程序进行并审核，其发行程序为：

(1)上市公司董事会决定聘请主承销商事宜。主承销商进行尽职调查后，应就新股发行方案与董事会取得一致意见，并同意向中国证监会推荐上市公司发行新股；上市公司申请发行新股，应当按照上市公司《新股发行管理办法》的要求，依法就下列事项作出决议：

①董事会应当就本次发行是否符合本办法、具体发行方案、募集资金使用的可行性、前次募集资金的使用情况作出决议，并提请股东大会批准；

②股东大会应当就本次发行的数量、定价方式或价格(包括价格区间)、发行对象、募集资金用途及数额、决议的有效期，对董

事会办理本次发行具体事宜的授权等事项进行逐项表决。

(2)上市公司自提出发行申请至新股发行前，如果发生了《证券法》第62条规定的重大事件，以及《上市公司新股发行管理办法》第11条规定的重点关注事项，必须报告中国证监会和证券交易所，同时对发行申请文件予以修改。需要提请股东大会批准的，董事会应当及时通知主承销商，并在2个工作日内将上述当及时召开股东大会。

(3)上市公司申请发行新股,应当按照中国证监会的规定编制并提交发行申请文件。

(4) 上市公司最近3年财务会计报告均由注册会计师出具了标准无保留意见审计报告的，公司应当在申请文件中提供最近3年经审计的财务会计报告;发行申请于下半年提出的,还应当提供申请当年公司公告的中期财务会计报告。

(5)股票发行审核委员会(以下简称“发审委”)依法审核上市公司新股发行申请,中国证监会根据发审委的审核意见依法作出核准或不予核准的决定。

(6)发行申请经中国证监会核准后,上市公司应当与证券交易所协商确定新股发行上市的时间及登记等具体事项。

(7)上市公司增发的具体操作,应当按照中国证监会的有关规定进行。在确定股票发行价格之前,上市公司可以向投资者发出招股意向书,招股意向书应当载明:“本招股意向书的所有内容均构成招股说明书不可撤销的组成部分,与招股说明书具有同等法律效力”。而且,上市公司(包括主承销商)根据投资者的认购意向确定发行价格后,编制招股说明书,并同时报中国证监会备案。

(8)发行申请未获核准的上市公司,自中国证监会作出了不予核准的决定之日起6个月内不得再次提出新股发行申请。

(9) 上市公司和主承销商应当在申请文件中出具承诺函,保证在有关本次增发的信息公开前保守秘密,且不向在本次增发中参加配售的机构提供任何财务资助或补偿。

3.上市公司增发、配股的法律责任

上市公司在增发、配股过程中,如若违反有关法律法规,中国证监会将按下列内容进行处理:

(1) 上市公司和承销商在发行信息公开前泄露有关信息的，中国证监会给予公开批评并责令上市公司发布澄清公告。

(2)上市公司和承销商向在增发中参加配售的机构投资者提供财务资助或补偿的,中国证监会给予公开批评,并责令立即改正。

(3)当上市公司增发完毕后,凡不属于公司管理层事前无法预测且事后无法控制的原因，利润实现数未达到盈利预测的,上市公司董事长、公司聘请的注册会计师、担任主承销商的证券公司法定代表人、业务负责人和项目负责人应当在股东大会及指定报刊上公开作出解释;利润实现数未达到盈利预测80%的,如无合理解释,上述人员应当在指定报刊公开道歉;未达到盈利预测50%的,中国证监会对有关上市公司给予公开批评,自作出公开批评之日起2年内,不再受理该公司发行新股的申请。

(4)上市公司配股完成当年加权平均净资产收益率未达到银行同期存款利率的,上市公司董事长、担任主承销商的证券公司法定代表人、业务负责人和项目负责人应当在股东大会及指定报刊上公开作出解释;如无合理解释,上述人员应当在指定报刊公开道歉,中国证监会对上市公司给予公开批评;上市公司配股当年出现亏损的,中国证监会自作出公开批评之日起2年内,不再受理该公司发行新股的申请。

(5) 金融类公司以外的上市公司将募集资金投资于商业银行、证券公司等金融机构的,中国证监会给予公开批评,并责令立即改正。

三、对上市公司兼并、收购的监管

《证券法》所称的“上市公司收购”,包括收购和兼并两方面内容，其涵义主要是指投资者公开收购股份有限公司已经依法发行上市的股份,以达到对股份有限公司控股或者兼并目的行为。随着核准制的实施与退市机制的启动,上市公司的收购和兼并,对于提高上市公司的整体质量,促进我国证券市场的发展,具有重要的现实意义。《证券法》关于上市公司的收购的法律规定共16条,体现在对上市公司的收购方式、收购条件、收购程序和收购活动等方面的监管,主要内容包括:

1.对收购方式的监管

《证券法》第78条规定:“上市公司收购可以采取要约收购或者协议收购的方式”。依据本条规定,上市公司的收购方式主要有两种:一是要约收购;二是协议收购。

(1)要约收购。它是指收购方通过向被收购公司的管理层和股东,发出购买其所持该公司股份的书面意向,并按照其依法公告的收购要约中所规定的收购条件、收购价格、收购期限以及其他规定事项,收购目标公司股份的收购方式。要约收购需具备以下两个条件:

①持有一个上市公司已发行股份的30%;

②连续进行收购。

如果同时具备以上两项条件的,应当进行强制收购。强制收购主要是指当一持股者持股比例达到法定数额时,强制其向目标公司同类股票的全体股东发出公开收购要约的法律制度,进行强制收购的方式为要约收购,即向该股份有限公司所有其余股东发出收购其持有的股份要约,但经中国证监会免除发生要约的除外,也就意味着具备发出收购要约条件的,可以向证券监督管理机构提出申请,对其要约收购的义务予以豁免,经中国证监会批准后,可以对其要约的义务予以豁免。

(2)协议收购。广义上说,协议收购一般是由收购公司和目标公司董事进行谈判,签订协议经过股东大会同意后有效,而且一旦达成协议后双方均应接受并须向证券交易所和证券主管部门报告并公告。

我国《公司法》对协议收购是排斥的 。但目前由于我国上市公司存在着高比例的非流通国有股和法人股,而国有股减持还没有进入具体实施阶段,协议收购又具有成本低、程序简单、成功率高的特点,这就使协议收购成为主要和现实的收购方法而被大量采用,管理层对协议收购也采取了默许的态度。这是协议收购在证券市场中的一种状况。按照《证券法》有关规定,协议收购是指收购人通过与目标公司的管理层或者目标公司的股东反复磋商,达成协义,并照协议所规定的收购条件、收购价格、收购期限以及其他规定事项,收购目标公司股份的收购方式。协议收购必须事先与目标公司的管理层或者目标公司的股东,达成书面转让股权的协议。《证券法》的明确规定,确立了上市公司进行协议收购的法律地位。

2.对收购程序的监管

(1)对要约收购程序的规范

根据《证券法》第82条规定,在发出收购要约时,收购人必须向国务院证券监督管理机构报送上市公司收购报告书。报告书应当包括以下内容:

①收购人的名称、住所;

②收购人关于收购的决定;

③被收购的上市公司的名称;

④收购目的;

⑤收购股份的详细名称和预定收购的股份数额;

⑥收购的期限、收购的价格;

⑦收购所需资金额及资金保证;

⑧报送上市公司收购报告书时所持有被收购公司股份数占该公司已发行的股份总额的比例。

另外,《证券法》第83第还规定,收购人在依照前条规定报送上市公司收购报告书之日起15天后,公告其收购要约。收购要约的期限不得少于30天,并不得超过60天。

(2)对协议收购程序的规范

《证券法》第89条规定:“采用协议收购方法的,收购人可以依照法律、行政法规的规定同被收购公司的股东以协议方式进行股权转让。以协议方式收购上市公司时,达成协议后,收购人必须在3日内将该收购协议向国务院证券监督管理机构及证券交易所作出书面报告,并予公告。在未作出公告前不得履行收购协议。”

根据上述规定,采用协议方式收购上市公司,主要有两个步骤:其一,达成收购协议。即收购人通过向目标公司董事会提出收购意向,双方就收购事项进行磋商和谈判,最终就收购事宜达成一致;其二,书面报告并公告。为了有利于证券机构进行监督管理,也为了保证信息披露的及时性,收购协议达成后,应在法定时间向有关机构报告,并进行公告。另外,对于具体履行方式的选择。《证券法》第90条规定的方式为其中之一,该条规定:“采取协议收购方式的协议双方,可以临时委托证券登记结算机构保管协议转让的股票,并将资金存放于指定的银行。”

3.对收购活动行为的监管

(1)对要约收购活动的行为规范。

对要约收购活动的行为约束与监管,主要包括以下几个方面:

第一,收购要约对股东一律平等。根据《证券法》第85条的规定:“收购要约中提出的各项收购条件,适用于被收购公司所有的股东。”收购要约中提出的各项条件适用于被收购公司的所有股票持有人,强调收购过程中股东权利的平等性原则。

第二,对要约收购的强制性规定。《证券法》第88条规定:“采取要约收购方式的,收购人在收购要约期限内,不得采取要约规定以外的形式和超出要约的条件买卖被收购公司的股票”。该条是收购要约强制性如目标公司股东平等待遇原则的进一步具体体现。即要求在收购要约的有效期限内,收购人必须严格按照收购要约规定的方式和条件收购股票。

第三,在有效期限内要约不得撤回。收购要约一旦发生并予以公告,收购人在有效的期限内,就要受到要约的约束,不得撤回。这是为了保护收购公司其他股东的利益,也是为了防止利用收购行为操纵股市,从而维护证券市场的稳定。

第四,收购要约可依法予以变更。在收购要约的有效期限内,收购要约虽不能撤回,但可以对要约中的有关事项进行变更,但变更不能对收购行为产生实质性影响,且变更依照法定程序进行,不得擅自变更。

(2)对收购信息披露的行为规范。

《证券法》第79条规定:“通过证券交易所的证券交易,投资者持有一个上市公司已发行的股份的5%时,应当在该事实发生之日起3天内,向国务院证券监督管理机构、证券交易所作出书面报告,通知该上市公司,并予以公告,在上述规定的期限内,不得再行买卖该上市公司的股票。投资者持有一个上市公司已发行的股份的5%后,通过证券交易所的证券交易,其所持该上市公司已发行的股份比例每增加或减少5%,应当依照前款规定进行报告和公告。在报告期限内和作出报告、公告后2天内,不得再行买卖该上市公司的股票。”据此其对收购的信息披露有关规定包括:

①对持股情况需要披露的条件。通过证券交易所的证券交易,投资者持有一上市公司已发行股份的5%时;投资者持有上市公司已发行的股份的5%后,其所持该上市公司已发行的股份比例每增加或者减少5%;

②披露的期限。首次达到5%时,应当在该事实发生之日起3天内;此后股份增减达到5%时,在报告期限内和作出报告、公告后的2天内;

③披露间禁止的行为。不得再行买卖该上市公司的股票;

④披露方式的规定。即向国务院证券监督管理机构、证券交

易所作出书面报告，通知该上市公司，并予以公告。

此外，对于收购股份转让的行为规范，对收购结束后收购情况的报告和公告的规范等，《证券法》第91条、第93条等分别作了有关规定。

随着证券市场监管力度的加强，上市公司的收购方式、收购程序以及收购活动等方面的收购行为将更加得到规范，进一步为证券市场规范化发展创造有利的条件。

四、对上市公司持续信息公开的监管

我国监管部门近来出台的一系列监管政策，大部分都与完善上市公司信息披露制度有关。这充分说明了监管部门对上市公司信息披露的重视。上市公司持续信息披露。其主要包括中期报告、年度报告、季度报告以及临时公告等。要规范上市公司行为，必须加强对持续信息披露的监管。在当前形势下，强化信息披露监管建设，有利于增强投资者的投资信心与决策的有效化，维护投资者的合法权益；有利于加强信息披露的对称性；有利于防止利用虚假信息、内幕信息等各种信息操作手段造成的市场违法违规行为的发生；有利于形成一个诚信、有效、科学、规范的市场信息披露、传播空间，从而提高证券市场的运行效率；有利于上市公司以及整个证券市场的健康规范化发展。

1.中期报告信息披露

(1)中期报告的公告时间。股票上市交易的公司必须存在一个会计年度的上半年结束之日起（即第6个月底)，2个月内向国务院证券监督管理机构和证券交易所提交本公司的中期报告，并要求报告应在国家有关部门规定的报刊上或者专项出版的公报上刊登披露，同时将其置备于公司住所、证券交易所，供社会投资公众查阅，确保信息披露公开。

(2)中期报告的格式及正文。中国证监会发布的《公开发行股票公司信息披露的内容与格式准则第3号--中期报告的内容与格式》，其中具体明确了中期报告的格式与正文。正文主要包括财务报告；经营情况的回顾与展望；重大事件说明；发行在外股票的变动与股权结构的变化；股东大会简介以及其它备查文件等。

(3)中期报告的内容。《证券法》规定，证券上市交易的公司，必须向国务院证券监督管理机构和证券交易所提交记载以下内容的中期报告，并予以公告。

①公司财务会计报告和经营情况；

②涉及公司的重大诉讼事项；

③已发行的股票、公司债券变动情况；

④提交股东大会审议的重要事项。

2.年度报告信息披露

(1)年度报告的公告时间。股票上市交易的公司必须在每一个会计年度结束之日起（即第12个月底)，4个月内向国务院证券监督管理机构和证券交易所提交本公司的年度报告，并刊登在国务院有关部门规定的报刊上或者专项出版的公报上，同时将其置备于公司住所、证券交易所，以供社会投资公众查阅。

(2)年度报告的格式与正文。中国证监会发布的《公开发行股票公司信息披露的内容与格式准则第2号--年度报告的内容与形式》，规定了年度报告的格式与内容，正文主要包括以下几个方面：

①公司简介；

②会计数据和业务数据摘要；

③董事会或总经理的业务报告；

④董事会报告、监事会报告及股东会简介；

⑤财务报告、公司在报告年度内发生重大事件及其披露情况要览；

⑥关联企业以及公司的其他有关资料；

⑦备查文件。

(3)年度报告的内容。上市公司必须向国务院证券监督管理机构和证券交易所提交记载以下内容的年度报告，并予以公告：

①公司概况；

②公司财务会计报告和经营情况；

③董事、监事、经理及有关高级管理人员简介及其持股情况；

④已发行的股票、公司债券情况，包括持有公司股份最多的前10名股东名单和持股数额；

⑤国务院证券监督管理机构规定的其他事项。

颁布的《股票发行与交易管理暂行条例》对年度报告的内容，做了以下规定，主要内容包括：公司简况；公司主要产品或者主要服务项目简况；公司所在行业简况；公司所拥有的重要的工厂、矿山、房地产等财务简况；公司发行在外股票的情况，包括持有公司5%以上发行在外普通股的股东名单及前10名最大的股东名单；公司股东数量；公司董事、监事和高级管理人员的简况、持股情况和报酬；公司及其关联人一览表和简况；公司近3年或者成立以来的财务信息摘要；公司管理部门对公司财务状况和经营成果的分析；公司发行在外债券的变动情况，涉及公司的重大诉讼事项；经注册会计师审计的公司最近2个年度的比较财务报告及其附表、注释；该上市公司为控股公司的，还应当包括最近2个年度的比较合并财务报告；中国证监会要求载明的其他内容。

3.临时报告信息披露

临时报告是股票发行人发生可能对其股票价格产生较大影响而投资人尚未得知的重大事件及时向投资者披露的重要途径。《证券法》第32条规定，发生上述重大事件，上市公司应当立即将有关该重大事件的情况向国务院证券监督管理机构和证券交易所提交临时报告，并予以公告，说明事件的实质。

第五章 证券公司监管

证券商是连接上市与投资者的桥梁,是证券市场的重要组成部分。证券商的经营质量的好坏,运作规范与否,将直接影响到整个证券市场的健康有序发展。中国证券监督管理委员会(以下简称中国证监会)近年出台了一系列旨在加强对证券商监管的政策,标志着我国证券市场向管理制度化的方向迈出了重要性的一步。但同时,还存在许多制约证券商健康发展的因素。因此,随着核准制的实施,要进一步加强对证券商的监管与指导,保证证券商规范化稳定发展。

一、券商监管与指导的目标与原则

对证券商实行监管与指导的目标要明确化,其目标主要是:

1.运用和发挥券商监管机制的积极作用,限制其消极作用;

2.通过对证券商经营行为的监管,采用定期报告制度、财务保证制度、行为规范与行为禁止制度等相关制度,同时结合经营自律制度,保证券商正常健康运作,维护投资者的正当权益,保障合法的证券交易活动,促使券商依法经营,防止人为操纵、欺诈等不法行为,维护证券市场的正常秩序;

3.通过对证券商的监管与指导,加强对投资者的自身建设,促使其业务运作机制的改革与创新,发挥新时期投资的战略性作用;

4.通过对证券商股票承销业务的监管与指导,对承销资格进行严格确认,并强化对承销过程的管理与有效风险控制,在严格执行监督检查制度中保持证券商承销业务的规范化运作,从而提升业绩,提高专业竞争力;

5.强化监管与指导,不断强化证券商作为上市公司与投资者的桥梁地位,特别是在核准制下,要达到外部监管与内部自控的良好互动,从而提高其核心竞争力。

在核准制下,对证券商监管与指导的原则,可以概括为;

第一、依法管理原则。这一原则要求对券商的监管与指导必须进行有效的法律法规建设,从而来划分其相关的权利与义务,保持市场相关参与方的合法权益,即对证券商监管指导必须要有充分的法律依据与法律保障。

第二、保护投资者利益原则。在核准制条件下,投资者的决策与投资收益不但受上市公司的影响,而且也受证券商的影响,并且大多数投资者是利用收入进行证券投资,缺乏证券投资的专业知识与技巧,因此对证券商的监管应采取相应措施,使投资者得到公平的对待,维护其合法的权益,从而增强投资者的投资动力。

第三、"三公"原则。对证券商的监管必须坚持"公平、公开、公正"三原则。要通过对证券商检查制度的执行及相关报告等的披露,规范证券商的运作,维护证券交易市场上交易双方的合法权益,并杜绝欺诈、虚假承销、操纵市场、内幕交易、虚假报告等行为,使证券交易在"公平、公开、公正"的原则下进行。2000年12月21日出台的《证券公司检查办法》,为"公平、公开、公正"三原则的遵循创造了有利的条件。

第四、国家监督与行业自律相结合的原则。这一原则旨在加强政府、证券主管机构对证券商监管的同时,也要加强证券经营机构从业者的自我约束,自我教育和自我管理。政府对证券市场的监管是管好证券商的保证,而证券商的自我约束自我管理是管好自身的基础。对证券商的监管,采取国家监督与自律相结合的原则,这是我国对证券商的监管基本原则,也是世界各国共同奉行的原则。

二、券商监管与指导的重要性和必要性

结合国内实际情况,借鉴国际惯例,随着中国证监会对证券商的监管与指导的不断加强,近年初步建立了对证券商的监管框架,并取得了显著成效。据初步统计全国101家证券公司整体实力大幅提高,2000年净资本总额同比增加近10倍。具体表现在:一是资产总额、所有者权益和经纪、自营承销等三项主要业务收入比上年翻了一番,分别达到了5573亿元、765亿元、337亿元、130亿元和26亿元;二是利润和上缴国家税收翻了两番,分别达到了241亿元和107亿元;三是客户交易结算资金比上年翻了一番,达到3730亿元;四是净资本总额从24.6亿元猛增到236.4亿元,证券公司的抗风险能力大大得到提高。

券商监管与指导的重要性主要表现在以下几个方面:

一是加强对券商的监管与指导,有利于券商改革内部管理体制,提高经营效率,增强抵御风险的能力。从制度上规范券商的业务运作与利润获取方式,从而促使证券商把提高自身核心竞争力作为生存发展的唯一出发点。

二是强化对券商的监管与指导,将有利于券商对拟上市公司的一线监管,从而提高上市公司的整体质量,为证券市场的规范化发展创造有利条件。

三是加强对券商的监管与指导,有利于我国券商提高对抗国外券商的竞争力。我国已加入WTO,国外券商的进入这将对我国证券的监管与指导提出更大的挑战。因此,强化对券商的监管与指导,及早建立与完善券商监管体制可以促使我国证券监管早日走上国际化的路径,实现证券市场的国际化接轨。

目前,由于证券市场发展的限制以及历史原因,我国证券商除了资产规模小、业务品种单一外,在对证券商的监管与指导上,也还存在许多问题,这些问题不仅严重制约了证券商本身业务的拓展,也使证券市场隐含着巨大的风险,故而加强对券商监管与指导尤为必要。证券商内部存在的风险主要有:

首先,客户保证金被任意挪用。这种状况大大增加了投资者和证券商的风险。故而需进一步强化保护投资者权益的观念,建立投资者利益保障机制,加强对券商的监管。

其次,风险防范不严。部分证券商业务与规模的膨胀与公司

的自身的完善不协调，公司法人治理结构不健全，内部风险控制不得力，核心竞争力不强，仅依靠自律管理来进行自我规范还不够，需要证券监管机构加强对其监管与指导。

第三，是违法违规事件时有发生。我国证券市场存在的如“红光事件”、“猴王事件”、“银广夏事件”等，这些违法违规事件严重地损害了广大投资者的利益，扰乱了证券市场秩序，加大了市场风险。

第四，思想上存在“不良惯性”的风险。虽然核准制已经实施，但长期在股票行政审批制度下积累的“不良惯性”在券商中仍有表现。如依赖监管部门思想严重，有的把重点放在“攻关”上，有的还干扰正常的审核秩序，重数量轻质量，重拉项目不重管项目，重发展轻规范，重发行轻持续服务的思想还存在，对发行申报随意性大，不负责任，甚至为发行人掩盖矛盾和问题等，这些与核准制度要求格格不入。

第五，随着股票发行市场化定价的程度加深，股票发行一级市场承销无风险的历史被打破。券商在股票承销业务中将面临发行风险。但部分券商还存在认为发行无风险思想，行为短视而不顾后果。因此，加强对券商的监管与指导，显得尤为必要。

三、券商治理结构的监管

良好的公司治理是投资者信心的根本保证，同时也是证券市场持续健康发展的基石。为进一步加强对公司治理结构的监管，中国证监会发布了《证券公司管理办法》(以下简称《办法》)做出了以下规定：

1.证券公司必须严格按照现代企业制度的要求，建立健全符合《公司法》要求的股东会、董事会、监事会制度，证券公司董事、监事应符合《公司法》和《证券法》的有关规定。证券公司董事会决议违反法律、法规和公司章程的，或对证券公司造成损失的，投赞成票的董事应承担直接责任。经证明在表决时曾表明异议并记载了会议记录的投反对票的董事，可以免除责任，对在表决中投弃权票或未出席也未委托他人投反对票的董事不得免除责任。

2.证券公司董事会和总经理要明确各自的职责。董事会和总经理原则上不应由同一人担任。

3.证券公司经营出现重大问题，董事会、监事会、总经理难以正常履行职能时，单项或联合持股超过证券公司总股本10%的股东应指派临时负责人，负责证券公司的日常经营，并提出处置方案并报中国证监会。如符合以上条件的股东不能履行上述职责时，中国证监会可要求其他证券公司进行托管。

4.证券公司出现下列情况之一时，独立董事人数不得少于董事人数的1/3：

(1)董事会和总经理由同1人担任时；

(2)内部董事占董事人数1/5以上时；

(3)证券公司因违法违规受到查处或出现本办法的第29条情形时；

(4)证券公司诚信度严重不足，可能影响客户或股东合法权益时；

(5)证券公司主管部门、股东大会或中国证监会认为有必要时。

5.按照有关规定：证券公司必须建立独立董事制度。证券公司独立董事应符合下列条件：

(1)《公司法》规定的董事资格条件；

(2)非证券公司股东单位的任职人员；

(3)非证券公司当前或以前3年以内的任职人员；

(4)与证券公司的其他董事、监事、高级管理人员、财务负责人、稽核负责人没有利益关系；

(5)不在与证券公司存在重大利益关系的机构任职；

(6)具有5年以上金融、法律或财务工作的经验，并有足够的时间与精力履行董事职责；

(7)中国证监会规定的其他条件。

6.证券公司审议下列事项时，应经半数以上的独立董事的同意方可生效：

(1)证券公司的审计义务；

(2)证券公司的关联交易，对外担保和质押贷款；

(3)证券公司高级管理人员的任免；(4)证券公司董事、高级管理人员的薪酬及其他形式的报酬；

(5)证券公司聘请或更换会计师事务所：

(6)证券公司章程规定的其他事项；

(7)中国证监会规定的其他事项。

7.从事资产管理业务的证券公司子公司，应比照证券投资基金管理公司建立独立董事制度。证券公司上市后，应按中国证监会有关上市公司的规定完善独立董事制度。

8.证券公司董事会应当设立薪酬委员会、提名委员会和监察委员会。监察委员会负责日常监督检查公司遵守、执行法律、法规情况。监察委员会的主要职责是：

(1)根据法律、法规和中国证监会有关规定对公司经营管理行为的合法性进行监督；

(2) 当董事及公司高级管理人员的行为损害公司利益时，要求相关人员予以纠正；

(3)向公司董事会报告公司遵规守法情况，并于每年年底或公司发生重大违法违规行为时，向中国证监会作出书面报告；

(4)公司董事会授予的其他职权。

监察委员会负责人须符合证券公司高级管理人员任职资格的要求，并且其负责人的变更必须事先征得中国证监会同意。

四、券商投资合营及财务的监管

对证券公司投资财务的监管，是证券公司规范化发展的重要内容。证券公司的投资领域是否合理，合营参股是否符合条件，财务运作规范与否，对证券公司关系重大。《证券公司管理办法》、《中外合营证券公司审批规则》对此作了相关规定，主要包括如下几个方面：

1.投资范围的规定。证券公司经中国证监会批准可以从事以下投资：

(1)发起设立或参股其他证券；

(2)发起设立或参股证券投资基金管理公司；

(3)发起设立或参股证券投资咨询类机构;

(4)发起设立或参股期货公司;

(5)发起设立或参股境外中资类证券机构;

(6)发起设立或参股风险投资公司;

(7)经中国证监会批准的其他投资领域。

2.中外合营方面,证券公司应遵循中国证监会颁布的《中外合营证券公司审批规则(征求意见稿)》。

我国已加入了WTO,2001年12月12日,中国证监会颁布了《中外合营证券公司审批规则(征求意见稿)》文件明确了中外合营证券公司的审批条件和程序。文件规定,合营公司的经营范围拟包括:承销A、B股和债券,以及B股、债券的自营和经纪业务。对于合营的出资比例或在合营公司中拥有的权益比例,文件规定,外国合营者不得低于1/4,同时不得超过1/3;中国合营者不得低于1/3。

文件规定,合营公司应具备的条件包括:

①注册资本不低于人民币5亿元;

②具有证券从业资格的人员不少于50人,并有必要的会计、法律和计算机专业人员;

③有健全的内部管理制度、风险控制管理制度和规范的对承销、经纪、自营等业务在人员、财务、信息等方面分开管理的制度,有适当的内部控制技术系统;

④有符合要求的营业场所和合格的交易设施等。

文件还规定,外国合营者可以收购证券公司的股权,也可以出资参股证券公司。外国合营者应具备的条件主要包括:

①在所在国家具有合法的证券经营资格,经营金融业务10年以上,近3年未受到过证券监管机构和司法机关的重大处罚;

②近3年各项风险监控指标符合国家法律的规定和证券监管机构的要求;

③具有完善的内部控制制度等。

3.财务风险监管方面,证券公司或其子公司必须遵循中国证监会发布的下列有关规定:

(1)证券公司或证券公司的子公司必须依照法律、法规和国家财政主管部门制定的财务、会计规章制度,建立健全内部财务、会计管理办法,并须严格执行《证券公司财务制度》。

(2)证券公司或证券公司分公司税后利润在提取《证券公司财务制度》规定的一般风险准备金后,才能用于股东分红。且每年应从税后利润中提取10%的一般风险准备金,用于弥补证券交易的损失。一般风险准备金余额累计达到注册资本50%,可不再提取。

(3)证券公司或证券公司子公司必须按照中国证监会的规定,聘请具有证券业务资格会计师事务所对其财务状况进行审计。且必须将所聘请的具有证券业务资格的会计师及事务所名单报中国证监会备案;变更聘请的,则必须在变更后3个工作日内向中国证监会报告并说明原因。

(4)证券公司及其分支机构应当奉行遵规守法、稳健经营、高效服务的宗旨,加强内部管理,按照中国证监会颁发的《证券公司内部控制指引》的要求,建立健全内部控制制度,严格按照中国证监会的要求报送财务报表和业务报表,自觉防范和化解经营风险,并且遵守下列财务风险监管指标:

①综合证券的净资产不得低于两亿元,经纪类证券公司和证券子公司的净资本不得低于2000万元。

②证券公司流动资产余额不得低于流动负债余额;

③综合类证券公司的负债总额(不包括客户存放的交易结算资金)不得超过其净资产的8倍;

④经纪类证券公司的负债总额(不包括客户存放的交易结算资金)不得超过其净资产额的4倍。证券公司子公司的负债总额不得超过其净资产的4倍。

(5)证券公司或证券公司子公司出现下列情况,则必须在3个工作日内报告中国证监会及其派出机构,并说明原因与对策。

①净资产低于中国证监会规定金额的120%,或者比上月下降20%的;

②流动资产余额低于流动负债余额的120%的;

③综合类证券公司负债总额超过净资产的7倍,经纪类证券公司负债总额超过净资产3倍的,证券公司子公司负债超过净资产3倍的。

五、证券从业人员的监管

证券公司是证券交易市场的主要参与主体。加强对证券从业人员的监管,防范经营与管理风险,依照《证券法》与《公司法》对证券公司从业人员资格做了相应规定,在2001年4月中国证监会颁布的《证券公司高级管理人员谈话提醒制度实施办法》(以下简称《实施办法》),又进一步加强了对证券公司及其高级管理人员的监管。

1.《证券法》的规定。《证券法》第125条规定,有下列情形之一者,不得担任证券公司的董事、监事或者经理;

(1)因违法行为或者违纪行为被解除职务的证券交易所、证券登记结算机构的负责人或者证券公司的董事、监事、经理,自被解除之日起未逾5年;

(2)因违法行为或者违纪行为被撤销资格的律师、注册会计师或者法定资产评估机构、验证机构的专业人员,自被撤销之日起未逾5年。

2.《公司法》的规定。《公司法》第57条的有关规定如下:

(1)无民事行为能力或者限制民事行为能力的;

(2)个人所负债务数额较大债务到期未清偿;

(3)担任因经营不善破产清算的公司、企业的董事或者厂长、经理,并对该公司、企业的破产负有个人责任的,自该公司、企业破产清算之日起未逾3年;

(4)担任因违法吊销营业执照的公司、企业法定代表人,并负有个人责任的,自该公司、企业被吊销营业执照之日起未逾3年;

(5)因犯有贪污、贿赂、侵占财产、挪用财产罪或者破坏社会经济秩序罪、被判处刑罚,执行期满未逾5年,或者因犯罪被剥夺政治权利,执行期未逾5年。

3.同时相关法律规定,国家机关工作人员和法律规定的其他人员,不得在证券公司中兼任职务。因违法行为或者违纪行为被开除的证券交易所、证券登记结算机构、证券公司的从业人员和被开除的国家机关工作人员，不得招聘为证券公司的从业人员。

4.《实施办法》的规定。《实施办法》对高级管理人员监管作了如下规定：

凡有下列情形之一的，监管部门将约请证券公司高管人员谈话提醒：

①公司或个人涉嫌违反国家法律、法规；

②公司或个人涉嫌违反中国证监会有关规定；

③公司法人治理结构、内部控制制度等公司组织管理上出现重大隐患或漏洞；

④业务经营或财务管理上临近中国证监会对公司风险监控指标预警值或综合风险评价得分低于一定分值，可能出现或已经出现风险；

⑤公司或个人有违反社会公德或欺上瞒下、弄虚作假行为，造成不良影响；

⑥中国证监会为维护证券市场秩序而认为确有必要时。

同时办法还规定，谈话对象无故拒绝、推托，不如实陈述或故意隐瞒的，中国证监会将记录于该公司和高管人员的档案中，并按有关规定进行处理。未经许可，谈话人员及谈话对象不得透露与谈话结果有关的任何信息。

一般来讲，谈话提醒后证券公司及高管人员应认真总结，及时整改，中国证监会将对整改情况进行跟踪检查，并根据整改结果按规定进行处理。谈话记录和整改结果将作为公司及高管人员的考核材料归档保存，并作为今后审核公司各项业务资格及高管人员任职资格的重要参考。对于在执行谈话制度中如发现公司或管理人员确有违法、违规行为的，中国证监会将依法进行处理。

六、券商结算资金的监管

为加强对证券公司交易结算资金的监管，规范交易结算资金的运作，2001年5月中国证监会发布了《客户交易结算资金管理办法》(2002年1月1日实行，以下简称《办法》)，对证券公司结算资金的规定包括：

1.对客户帐户的管理

有关客户帐户的管理方面主要内容有以下几点：

(1)证券公司及其证券营业部必须将客户交易结算资金金额存放于客户交易结算资金专用存款帐户和结算备付帐户。

(2)证券公司根据业务需要可在多家存管银行存放客户交易结算资金，但必须确定一家存管银行为主办存管银行。

(3)证券公司应当在存管银行开立客户交易结算资金专用的存款帐户，在主办存管银行开立自有资金专用存款帐户。其下属证券营业部应当在证券公司确定的存管银行设在当地的分支机构开立客户交易结算资金专用存款帐户。

(4)证券公司在同一家存管银行只能开立一个客户交易结算资金专用存款帐户，在主办存管银行只能开立一个自有资金专用存款帐户。一个证券营业部只能在同一家存款银行设立在当地的分支机构开立一个客户交易结算资金专用存款帐户。

(5)证券公司及其证券营业部开立客户交易结算资金专用存款帐户，证券公司开立的自有资金专用存款帐户，应在开立3个工作日内向中国证监会报告，在获得帐户备案回执之前，不得使用。

(6)证券公司在获得中国证监会的帐户备案回执后，应当通知其存管银行及结算公司。

(7)证券公司不再使用的客户交易结算资金专用存款帐户，应当在向中国证监会报备后注销，并同时通知有关存管银行、结算公司。证券公司、结算公司不再使用的自有资金专用存款帐户，应当向中国证监会报备后注销，其中证券公司注销自有资金专用存款帐户的，应通知结算公司。

(8)证券公司、证券营业部出现迁址、终止营业等情形，应当及时注销不再使用的客户交易结算资金专用存款帐户、自有资金专用存款帐户。

2.资金划拨与监管

有关交易结算资金的划拨与监管的主要内容包括以下几个方面：

(1)综合类证券公司必须将客户交易结算资金和其证券自营资金分开办理，其业务人员、财务帐户均应分开，不得混合操作。

(2)综合类证券公司向客户收取佣金等费用、以自有资金补充结算备付金，应当集中通过清算备付金帐户和自有资金专用存款账户划拨。经纪类证券公司向客户收取佣金等费用，应当从一个固定的客户交易结算资金专用款帐户集中向证券公司自有资金帐户划拨。

(3)通过证券交易所发行有价证券时，验资专户里的申购资金必须通过清算备付金帐户处划拨。证券公司承销非上市证券从客户筹集的资金，应当通过证券公司在主办存管银行的客户交易结算资金专用存款帐户划拨给发行人。

(4)证券公司自营证券帐户应当向中国证监会和结算公司备案，并且应当按月向中国证监会报告客户交易结算资金帐面余额。同时，抄送结算公司。

(5)证券公司根据中国证监会要求或遇到客户交易结算资金专用存款帐户、清算备付金申存款帐户、验资专户出现重大异常情况时，应当及进向中国证监会报告。

(6)证券公司应当对客户交易结算资金集中统一管理。其下属证券营业部收到的客户交易结算资金，除留足日常备付的部分外，应当交由证券公司管理。

(7)客户交易结算资金只能用于客户的证券交易结算和客户提款。证券公司不得以客户交易结算资金、清算备付金为他人提供担保。

3.证券公司违反《客户交易结算资金管理办法》的法律责任

证券公司、证券营业部违反《办法》的法律责任包括以下两个方面：

(1)证券公司、证券营业部有下列行为之一的，责令限期改正，给予通报批评、公开批评，单处或者并处警告、3万元以下罚款：

①未按本办法制定客户交易结算资金操作办法和规程；

②违规开立客户交易结算资金专用存款帐户、自有资金专用存款帐户；

③未在规定时间内向中国证监会报备存管银行、客户交易结算资金专用款帐户、自有资金专用存款帐户；

④未及时注销不再使用的客户交易结算资金专用存款帐户、自有资金专用存款帐户；

⑤未按期向中国证监会报告客户交易结算资金的账面余额；

⑥其他违反本办法的行为。

(2)证券公司、证券营业部有下列行为之一的，责令限期改正，给予通报批评、公开批评、单处或者并处警告、3万元以下罚款，情节严重的，按照《证券法》第143条处罚：

①以伪造、变造中国证监会帐户备案回执等欺骗手段，取得存管银行或者结算公司资金划拨许可；

②违反本办法，在客户交易结算资金专用存款帐户、清算备付帐户之外存放客户交易结算资金；

③以客户交易结算资金为他人提供担保；

④其他违反本办法的行为。

七、进一步加强对券商的监管与指导

加强对券商监管与指导，进一步强化券商监管机制，以保证其规范化运作，维护投资者的权益，保障证券市场的健康有序发展，可以从以下三大方面入手。

1.强化券商监管与指导理念

(1)监管强调保荐人作用。在核准制下，证券商的职能发生了显著的变化，担任拟上市公司上市入门的一线把关者。特别是随着股票发行市场化程度不断提高，保荐人的角色已直接关系到新股承销业务的风险及收益。对证券商的监管与指导要进一步强化。这种监管理念要提倡，使证券商认识到担任新角色这一大趋势，杜绝过去的审批制下的陈旧观念，从而建立起适应市场发展的全新的竞争制度，保证在市场竞争中立于有利地位。

(2)券商监管必须为提高核心竞争力服务。对券商的监管重心之一应该是提高其核心竞争力。国内券商竞争力薄弱，是造成中外券商存在巨大差距的关键所在。券商核心竞争力包括融资能力、业务创新能力、经营管理水平等方面。加强对券商的监管与指导应为券商创造良好的政策法律环境，使其在业务、技术与管理上进行不断创新改革。改变目前小而全、小而多的低水平发展模式，迅速壮大实力。在加大监管的同时允许国内更多的民间资本介入证券行业，强化市场竞争意识，从而增强券商的核心竞争力。

(3)券商监管应强调自律的基础作用。自我约束、自我管理是券商发展的保证。核准制的实施，强调券商必须加强自身的约束机制的完善，强化内部控制，并通过从业人员的监管机制，提高从业人员的综合素质，及时防范券商的流动性风险。因此，对券商监管与指导，必须要强调自律为基础的理念，从而实现内外统一的有效监管。

(4)监管应以保护投资者利益为出发点。加强对证券商的监管力度，要切实维护投资者的利益，这应是券商监管的重要理念之一。防止券商利用其资金、技术、信息等方面的优势，恶意操纵市场，进行内幕交易。对证券违法犯罪行为，要严厉查处。证券市场规范化发要求对券商的监管，一定要强化依法行政，从而保证投资者应有的合法权益。

2.加强券商监管与指导的法律、法规体系建设

法律、法规建设不但为监管券商提供政策制度依据，而且对促进券商的规范化运作起着不可忽视的推动作用。自2000年12月底《证券公司检查办法》出台，到2001年4月2日的《证券公司从事股票发行主承销业务有关问题的指导意见》，证券商监管体系中的法规建设得到不断的加强，为证券市场的规范化发展创造了有利条件，充分体现了法规建设在加强对券商监管与指导中的积极作用。但同时，制约证券商规范运作的不利因素使我们认识到，在对证券商加强监管与指导的法规建设中，还应该注重以下几大问题：

(1)强调法规建设中的制度贯彻问题。截止2000年末，中国证监会发布了关于证券公司监管的法规规章41件，基本上做到了监管有法可依。但在监管执法上却还需进一步加强。目前，在办理证券商各项监管事项及审批上，存在审批与监管的随意性与人为因素，甚至产生腐败。一些不良资产比例较大的公司还存在巨大风险，其中原因之一是依法监管不力，没有真正贯彻执行监管法规。而一些券商内幕交易、操纵市场、虚假承销、黑市交易等违法违规行为，即使立法形成相关规范准则，但由于执法不严，没有落实贯彻，故而形成“有法犯法、有规犯规”的不良现象。所以，还必须继续加大对证券经营机构的清理整顿力度，进一步落实证券商现场检查和非现场检查制度，监管部门要联合司法、检察、公安等部门，统一协调监管工作，强化依法行政，并要组织派出机构和有关中介机构联合进行检查监管，进一步推进证券商规范化经营，最大限度地保护投资者的利益。

(2)明确法规建设中的明细责任。《证券法》及有关法规是有效监管与指导的依据。其对违法违规行为的规范性与约束性要求它本身必须条理化、明晰化，特别是规定当事人的责任与义务时，必须做到责任具体明细，具有可操作性。2000年12月21日出台的

《证券公司检查办法》,为对证券公司实施现场和非现场检查提供了法规依据,同时也确定了相关当事人的责任与义务,在责任承担的划分上做到了明细化与规范化。2001年4月份出台的《证券公司高级管理人员谈话提醒制度实施办法》,更加强调了高管人员的责任。因此,对当事人责任的明细化,是法规建设的基本要求,这对依法监管与指导证券商十分重要,是今后法规建设中必须坚持的重要原则之一。

(3)要注重法规建设中的信息反馈。我国在对证券商的监管立法上,基本做到了有法可依,但目前存在忽视信息反馈的现象,对法规的执行效果调查研究得较少,这是一个薄弱环节,其造成的直接后果是执法效果欠佳。

因此,我国在加强对证券监管与指导的相关法规建设中,必须形成"制度、贯彻、反馈"的理念,这样才可能做到执法的效果性、规范性、合理性和严谨性。

3. **建立健全券商监管体系**

我国券商监管体系已初步建立,但还需要不断完善,这样更有利于券商经营的进一步规范化,使投资者的权益得到切实有效地保护,促进证券市场健康稳定发展。可以从以下几个方面着手:

(1)完善券商市场准入机制。证券行业是知识高度密集型行业,具有高风险性,证券从业人员的道德品质、知识结构和操作技能决定其服务水平,直接关系到证券市场的规范化发展。因此,证券商、证券交易所、证券行业协会应统一协调,完善证券从业人员资格考试制度、资格管理与年检制度以及高级管理人员保荐推荐制度。

(2)完善券商持续跟踪机制。完善券商持续跟踪机制必须不断完善证券机构电子监管信息系统,特别是完善证券风险公司风险预警功能与综合风险评价指标体系,为证券公司的综合评价确定科学依据,有利于对证券公司整体风险进行实时监控,为保护投资者利益提供有力保障。

(3)完善券商市场退出机制。要进一步完善证券公司业务的优胜劣汰机制,实行有效的竞争模式。退出机制的完善可以从以下几个方面进行:

第一,强化证券公司承销、投资咨询等业务的单项发牌制度的执行力度。在业务经营活动中,涉嫌违法违规的证券公司,要对其实行暂停直至取消业务资格的处罚。促使证券商加强守法经营的意识,按规范运作,提高经营质量。

第二,建立和完善股票主承销商退出机制。优胜劣汰是市场经济的必然规律。退市机制的启动,对提高上市公司的整体质量有重大作用。为完善对证券商的主承销退出机制,中国证监会应继续推行信誉主承销商评选制度,对资质较优、经营规范的证券公司通过评选信誉主承销商,进行表扬和激励,同时,推行末位淘汰制,对不注意规范经营,内部风险控制不力,有违法违规行为以及单项业务综合考评排名为后5位的证券公司采取限制其业务范围措施,甚至淘汰出局。

第三,要进一步加大对证券商自营业务的监管力度。防止证券商利用其资金、技术、信息等方面的优势,恶意操纵市场,扰乱证券市场秩序。一方面,中国证监会需进一步完善证券公司自营业务人员档案系统,对各证券公司的自营业务"操盘手"、负责人进行统计、登记和考核;另一方面,要启用证券自营与经纪业务实时监控系统,使证券公司、证券交易所、中国证监会实现交易信息联网,做到对每家证券营业部的每笔交易都能跟踪监控,并对交易异常的股票帐户进行重点监控,从而及时发现和查处操纵市场的行为。

总之,对证券商的监管与指导,必须要切实加强券商监管的法律法规建设,并进一步加大执法力度,强化依法行政,继续完善券商监管体系,这样才能提高证券商核心竞争力,促使其运作规范化,维护投资者的利益,保障证券市场的健康有序发展。

第六章 证券交易所监管

证券交易是最重要的证券自律机构，与政府的监管对比，证券交易所的自律有下列显著的特征：

第一、自律与市场直接关联，最适合法律所不及的范围内监管。自律监管组织对交易环境和市场情况更了解，对市场信息反馈最贴近，对监管问题的回应将更及时，更能经受住市场条件变化的考验，这是与政府机关与司法机关相比重要特征之一；

第二、自律的市场与参与者会产生市场的互动。他们的出现会增加专业化知识、监管机构的经验与监管的有效性，并且，市场参与者也能通过市场参与，熟悉监管进程与步骤，因此，可以从内部保证市场参与者的行动与监管职责要求的统一性；

第三、市场化的监管者，比法律监管者和政府更能吸引资金与人才，而且，由市场参与者制定的措施，比外部监管者带有强制性的措施具有更广泛的合法性与群众性基础，自律规则能够被监管对象更快地有效地接受；

第四、自律能最大限度的降低监管成本。自律力求避免命令式的监管，命令性的和法定措施限定了措施的审慎性，而且成本很高，自律监管将降低监管成本，政府依自律监管组织的知识和专业化比自己重新创造一整套规则更有效。而且，自律组织规定的措施比政府监管者制定的措施受政治利益的影响小得多。这是行业自律的一个显著优点。

一、证券交易所的章程

《证券法》第96条规定：设立证券交易所必须制定章程。章程的好坏直接影响到证券交易所的稳定性。章程是证券交易所的纲领性文件。

1.证券交易所的章程制定

证券交易所的章程是指由证券交易所会员大会制定的，对证券交易所及会员、内部组织机构具有约束力的，并经过证券监督管理机构批准的内部行为规范。证券交易所的章程是设立证券交易所的必备条件之一，对其的修改补充必须经过严格审核。《证券法》第96规定：“证券交易所章程的制定与修改，必须经过国务院证券监督管理机构的批准。”即为了保障章程的合法性与自身约束可操作性，证券交易所章程的制定与修改，必须经过国务院的证券监理机构批准。

2.证券交易所章程的法定事项

证券交易所章程内容是证券交易所运作的指导性纲领。证券交易章程的法定事项主要包括以下方面：

①证券交易所的名称和住所。证券交易所的名称是证券交易所的称谓，是区别于其他单位或者个人的标志。证券交易所的名称必须符合法律规定，应该在其名称中标明证券交易所字样，与证券交易所集中交易的设立地是指证券交易所的交易大厅不同，证券交易所的住所是指证券交易所主要办事机构的所在地；

②证券交易所的业务范围。即证券交易所的经营范围。按照《证券法》及国际惯例，证券交易所应该从事与自身职能有关的业务，不能从事营利为目的业务；

③费用收入的管理与使用。费用包括证券交易所会依法缴纳的会费、席位费及应分担的经费、交易保证金等。证券交易所应该制定出费用使用、管理的详细规范，费用管理严格自律；

④会员的权利和义务。即会员在会期间所享有的权利和应履行的义务。关于会员的资格，是指进入证券交易所，成为证券交易所会员的条件。会员加入和退出程序是指已成为会员的想要退出不再成为会员时需要办理的手续。同时证券交易所应该根据会员管理制度，对会员进行严格管理。

⑤证券交易所的内部组织机构及其产生办法、职权、议事规则。证券交易所的内部组织机构包括会员大会、理事会、总经理和监察委员会。

⑥证券交易所的法定代表人。法定代表人是依法确定的代表证券交易所对外行使职权的最高负责人。总经理是证券交易所的法定代表人，一般由国务院证券监管机构任免。

⑦对会员的纪律处分。即指会员犯有某种错误时，证券交易所应当给予的纪律处罚。强化对会员的自律约束与管理。

⑧需要在章程中规定的其他事项。

二、证券交易所的交易规则

为保证证券交易所有序运作，证券交易所应该制订出规范的交易规则，对参与证券交易的各个主体进行有效约束，对违法、违规行为必须作出相应的处罚，严格履行自律职责。其主要规则包括：

1.集中竞价交易规则。集中竞价交易是在证券交易所内进行证券买卖的一种交易方式。一般包括三种：口头申报竞价交易、书面申报竞价交易、电脑申报竞价交易，其是一个不断买卖的过程，买方与卖方集中在一个市场内公开申报，当买卖双方的价格达成一致时则会达成买卖交易。目前我国一般采用书面申报竞价交易、电脑申报竞价交易，采用后者形式居多。

证券交易的集中竞价规则主要包括：

(1)证券交易所的交易规则。如交易时间的规定、开市的基本标志、交易席位的规定、进入市场交易人员应具备的条件等规则；

(2)会员接受客户委托的基本规则。如接受客户委托办理手续、委托的形式和种类、委托成交后通知委托人等规则；

(3)交易的具体规则。根据《证券法》第105条规定，证券公司应根据投资者的委托，按照时间优先的规则提出交易申报，参与证券交易所场内的集中竞价交易等。交易的具体规则有价格优先、时间优先原则、早报竞价的方式、操作的基本程序等；

(4)证券的管理规则。按照《证券法》第105条规定，证券交易所所属的证券登记结算机构应该根据成交的结果，按照清算交割规则，进行证券资金的清算交割，办理证券登记过户手续。其证券管理的规则必须包括证券的过户登记、证券的保管等原则；

(5)对违规行为的处罚等。

2.关联回避规则。它是指证券交易所的理事、监察委员或总经理和其他工作人员在执行与自己的亲属有利害关系且与证券交易有关的职务时，应当退出由他人来处理。这是严格自律的重要表现。《证券法》第114条规定："证券交易所的负责人和其他从业人员在执行与证券交易有关的职务时，凡与其本人或者亲属有利害关系的，应当回避。"

(1)回避条件。证券交易所的回避规则是有一定条件的，包括两个需同时具备的方面。一是执行的是与证券交易有关的职务。如审查公司上市是否符合上市基本条件，上市公司在交易过程中有否违法、违规等。二是与本人或者其亲属有利害关系的。其是指处理的对象与本人或者亲属有一定的恩怨或者处理对自己有利或者对他人不利的情形等。

(2)回避的人员。凡与本人或者亲属有利害关系的，应当回避，这里包括两种人：

①证券交易所的负责人员，包括理事、监察委员、总经理等；

②证券交易所负责人员以外的其他从业人员，包括副总经理、各部门经理、技术人员等。

3.交易保证金和风险基金的保管规则。

交易保证金和风险基金由证券交易所的理事会依法进行自律管理，并实行严格的保存措施。主要要遵循以下三点：

(1)存入开户银行设专门帐户。即交易保证金和风险基金与证券交易所的其他费用帐户要区别开来，保持其独立性。

(2)存入帐户必须依法进行。交易保证金和风险基金的开立帐户必须为法定的办理存贷业务的机构，如商业银行或者信用社等金融机构。

(3)坚持专款专用原则。即不得违反有关的法律法规，任意动用或者挪作他用，不得超过规定的数量使用证券交易保证金和风险基金。

三、证券交易所对会员的监督管理

会员是组成证券交易所的成员。证券交易所对会员的管理作了一系列管理规则，主要包括以下几个方面：

1.会籍的申请及资格的审核

申请加入证券交易所应提交必需的有效文件。如提供申请、报告书、法定代表人和证券业务负责人的简历、审批批准文件及业务许可证明机构章程及重要业务规章制度等。获证券交易所批准后方可成为会员。

2.会籍的注销管理

会员发生下列情况之一的，证券交易所可终止其会籍：

(1)申请注销会籍；

(2)发生重大违法、违规行为或严重违反证券交易所章程和业务规则；

(3)逾期未缴纳会员经费或未申请席位；

(4)被解散、被依法撤销或依法宣布破产；

(5)不再符合会员规定条件或不能履行会员义务。

3.会员的业务范围及业务人员的基本要求。

它是证券交易所会员所从事有关业务应当具备的条件，以及会员进入交易场内的人员必须经过培训考核等。

4.实施会员检查制度。

证券交易所对会员实施严格的年检等检查制度。会员必须向证券交易所报送月度会计报表、年度会计报表等。通过检查，了解会员在该年度的财务状况、内部风险控制制度以及其遵守相关法规和交易所业务规则等情况，以便进一步清理不符合国家有关规定及交易所会员条件的机构。

另外，证券交易所必须随时掌握会员的公司章程、注册资本、营业地址、法人代表、股东的变更等情况。当会员受到的国家有关管理部门处罚、发生亏损、涉及重大诉讼或仲裁事项时，证券交易所需要求会员及时报告，以规避会员的风险。

四、证券交易所自律职责的履行

证券交易所是国院授权批准成立的证券自律管理机构，其在执行国务院证券监督管理机构授予权力的同时，必须认真履行自身职责，加强行业的自律管理，确保投资者的利益与证券交易的有序运行。

1.即时公布证券交易行情

信息公开是证券市场的一个重要规则，也是保证券市场正常运行的基础，只有信息公开，才能使投资者及时地调整投资方向，从而保护投资者的利益。《证券法》第107条规定，"证券交易所应当为组织公平的集中竞价交易提供保障，即时公布证券交易行情，并按交易日制作证券市场报表，予以公布。"这说明即时公布证券交易信息是证券交易所必须履行的职责之一，即时交易行情包括证券代码、证券的名称、开盘价、前一日收盘价、成交量、证券的即时价格等。而且，证券交易所还须按交易日制证券市场行情表。并通过专业报刊公开刊发的方式进行公布。该表一般记有下列事项：

(1)上市证券的名称、开市价、最高价、最低价及收市价，与前一个交易日收市比较后的涨跌情况；

(2)成交量、成交额的分计及合计；

(3)股价指数及其涨跌情况；

(4)国务院证券监督管理机构要求刊登的其他事项。

2.对技术性停牌、临时停市的公告。

《证券法》第109条规定："因突发事件而影响证券交易的正常进行时，证券交易所可以采取技术性停牌的措施；因不可抗力的突发性事件或者为维护证券交易的正常秩序，证券交易所可以决定临时停市。"

(1)停牌与停市的界定。停牌是指某一种上市证券临时停止交易的行为。原因是指某一种证券交易过程中由于出现突发性事件造成有可能影响该证券的交易秩序时，证券交易所可以临时停止这种证券交易。停市是指证券交易所内所有的上市证券都停止交易的行为。其原因是由于出现了不可抗拒的突发性事件,比如地震、电脑出现了难以控制的故障使得证券交易难以进行,特别是难以公布证券交易即时行情时,就可以采取停市的作法。停牌与停市是保持证券交易所正常有序运作的必要方式。

(2)停牌与停市的决定。停牌与停市的决定权一般由证券交易所的常设机构理事会或者总经理决定。但根据《证券法》第109条规定,证券交易所采取技术性停牌或者决定临时停市,必须及时报告国务院证券监督管理机构。

3.办理股票的暂停、恢复、终止的具体事项

《证券法》第108规定"证券交易所依照法律、行政法规的规定,办理股票、公司债券的暂停上市、恢复上市或者终止上市的事务,其具体办法由国务院证券监督管理机构制定。"

(1)上市股票的暂停。根据《公司法》有关规定,当上市公司有下列情形之一的,证券交易所根据中国证券监督管理委员会(以下简称中国证监会)的决定有权决定暂停其股票上市。①公司股本总额、股份分布等发生变化,不再具备上市条件;②公司不按规定公开其财务状况,或者对财务会计报告作虚假记载;③公司有重大违法违规行为;④公司最近3年连续亏损。

(2)上市股票的恢复。当上市公司的股票被暂停后,在规定的期限内,经过整顿达到了上市的条件,或者经过调查,其违法行为不属于重大违法行为,没有造成严重后果的,可再行上市,即恢复上市资格,重新进行交易。

(3)上市股票的终止。上市公司的股票被终止的情况包括以下三种:一是上市公司不按照规定公开其财务状况,或者对财务会计报告作虚假记载,或者有重大违法行为,经过查实后果严重的;二是上市公司被暂停后,第一个半年后仍然不能达到上市公司条件的;三是上市公司决议解散、被行政主管部门依法责令关闭或者被宣告破产的,必须终止上市。上市公司股票暂停、终止等具体实施,可根据2001年11月30日中国证监会颁布的《亏损上市公司 暂停上市与终止上市实施办法(修订)》进行。

上市公司股票的暂停、恢复、终止由中国证监会决定,证券交易所一旦发现上市公司股票存在有上述相关规定的情形,必须及时向中国证监会作出报告,提出自己的意见和建议。

4.监控证券交易并实行信息披露的监督

《证券法》第110条规定:证券交易所对证券交易实行实时监控,并按照国务院证券监督管理机构的要求,对异常的交易情况提出报告。证券交易所是重要的证券自律机构,对证券交易实行监控和对上市公司实行监督是它的重要职责之一。《证券法》第110条还规定:"证券交易所对上市公司披露信息进行监督,督促上市公司依法及时、准确地披露信息。"因此为了保证对证券市场的及时管理和监督,确保证券市场信息的准确、及时和完整,证券交易所必须对本交易所内的异常情况,上市公司披露信息情况进行有效监控和监督,按照国务院证券监督管理机构的要求提出报告,对违法违规的责任人将依法进行相关的处罚,以保持证券交易市场的公平、公正、合理有序。

总之,随着2001年证券市场监管力度的加大、核准制的实施与退市机制的启动,证券交易所作为证券自律监管机构,一线自律监管的责任加大,因此,加强证券交易所全方位的自律管理尤为必要,对推动整个证券市场的规范化发展具有积极意义。

第七章 企业分拆上市与监管

在国外成熟的资本市场,企业分拆的运用较为普遍。企业分拆形成的上市公司,由于会受公司的有利影响,能保持较高的发行价与上市市盈率,因而其筹资资金一般要高于普通的新上市公司。虽然在我国企业资产重组方式中,兼并、收购的形式比重相对较高,但随着证券市场的发展,企业分拆上市与企业分拆监管将是我们面对一项重要课题。

一、什么是企业分拆及企业分拆上市

企业分拆是指通过资产转让而使公司变小的资产分离活动。广义上的企业分拆包括已上市公司或者未上市公司将部分业务从母公司中分离出来独立上市,狭义的企业分拆是指已上市公司将其部分业务或者某个子公司独立出来,另外公开单独招股上市。企业分拆属于资产收缩范畴,是吸收合并经济活动的逆操作过 程。而企业分拆上市则是企业分拆的一种类别。它是指母公司设立一新公司,并将母公司资产的一部分转到新公司去,母公司再将子公司股权对外出售。认购各股权的人不受硬性限制,可以是母公司的股东,也可以不是母公司的股东,我们通常所说的企业分拆上市就是指股权切离。股权切离相当于母公司全资所有的子公司部分普通股的首次公开发售(IPO),也被称为“子股换母股的IPOs”,股权切离的形成介于企业分立和资产剥离之间,在股权切离中,子公司普通股的IPO引起资产所有权的交易,同时公司也产生了新的法律实体。

二、我国企业分拆的实现形式

要有效实现我国企业分拆,一方面,要明确适合企业分拆的公司类型;另一方面,要正确选择企业分拆的途径与方式。

1.适合企业分拆的公司类型

不是所有类别的公司都适合企业分拆。一般地,有两种类型的公司适合进行分拆,一种是针对有特定项目的公司分拆;一种是为了配合集团公司的经营由多元化向专业化转变,从事多元化经营的集团型上市公司的分拆。

(1)项目型公司分拆。一般是指拥有重大项目而需要资金投入的公司,此类公司不同于集团型公司。其显著特点是规模较小,业务较为简单。这些公司有较强的项目投资意向,由于有些项目处于投入期,项目尚未产生效益,或已开始产生但仍需较大资金投入以扩大产能,以这些项目为主体成立全资子公司,再将子公司进行改制,引入发起人成立有限责任式股份公司。另一方面,是直接吸收非母体上市公司的权益,共同发起设立新的子公司。母公司可以通过控股形式继续保持对子公司的控制权,将这些子公司分拆上市引入社会资本,子公司的风险发生转移将由社会投资者共同承担。

(2)集团型上市公司分拆。集团型上市公司的分拆是为了恢复集团型上市公司的融资功能。此类公司适合分拆的原因,主要是基于这些企业原来在进行股份制改造和上市时,选择“集团整体上市”模式,即将整个集团改组上市,或者将多个公司组成一个集团上市,这些集团型上市公司一个突出特点是拥有规模较大的全资子公司和参股子公司,多达几十余家,公司在上市时考虑的是如何募集更多的资金。因此公司资产总量大,但资产质量不佳,净资产低,负债比率高,并且部分子公司因经营不善影响了整个上市公司的业绩,使上市公司最终丧失配股条件和进一步进行资本经营的能力。

2.企业分拆的两种方式选择

企业分拆由于不同的条件与目的,其分拆的方式也不同,一般地,企业分拆有以下两种方式选择。

一种是存续分拆,公司以其部分财产和业务另设一个新的公司,原公司继续存在。股权切离以及企业分立中的纯粹分立、并股都属于存续分拆的范畴;另一种是新设分拆,公司全部财产分别归入两处以上的新设公司,原公司解散。如果分拆出去的子公司要公开上市,在分拆的基准日,原上市公司的股票除权后继续交易,除权价格依据子公司的流通情况决定,而分拆出去的公司可选择当期上市交易,也可选择暂缓交易。

三、企业分拆对公司的市场影响

1.树立良好的市场形象,提高公司股票的市场价值

实行多元化经营的上市公司,其业务范围往往涉及广泛的领域,使得市场投资者以及证券分析人员对其所涉及的复杂业务可能无法作出正确判断,由此便可能会低估其股票的市场价值。企业分拆后,有关子公司价值的持续公开信息将会对子公司的经营业绩产生正面的影响。作为一个独立于母公司的经济实体,其公司的业绩进行评估会更客观公正。公司分拆的全部收益与被分离出来的子公司的价值和剥离出的资产的价值,相当母公司的价值经过重组活动,虽然没有实质的改变,但子公司却有自身独立的新的市场价值。

2. 能够促进管理人员与股东利益的有机结合,理顺控股结构,推动企业健康发展

企业的分拆有利于促进管理人员与股东利益的结合,这主要是因为在一个多部门企业或多元化发展的企业中,整个企业价值之上的股权激励措施其实并不与处于分支机构内的经理的决策或业绩有机统一,从而股权激励对于企业内的各部门的经理人员分配和不利于公司整体战略的投资决策,从而给股东带来某些未曾预料的成本与费用。但分拆则有利于这种状况的改变。分拆能将公司的不固定业务按其特点划分成两个或更多的有不同管理人员的独立实体,子公司直接进入资本市场,接受资本市场的严密审视,这将子公司经营管理人员的报酬与公开交易的股票的市场表现有机联系在一起,强化了子公司的激励机制,从而使分拆出去的子公司的管理人员和其它重要员工激励和报酬制度与他们最直接从事活动相互联系起来,促使期权计划在子公司中的有效实施。分拆后的母公司理顺控股结构,从而有利于推动企业的建立与壮大。

3.分拆上市能够为上市公司开辟新的市场融资渠道

一般来讲,上市公司的股本总规模达到一定的规模后,其股本扩张能力与资本运作能力都将受到较大限制。而分拆则可以为上市公司提高资本运作能力、扩张股本规模提供空间。第一,上市公司将某一子公司独立出来,进行上市,优质资产可以不受整个上市公司的影响而丧失扩张能力;第二,分拆后上市公司还可以将比较优质的资产逐步转移到分拆出来上市的子公司中去,并且逐步地进行再生改造,合法规避管理层对配股提出的业绩和数量限制;第三,由于目前上市公司的资产规模越来越大,资产重组的障碍也越来越多,通过分拆,分离出一些有价值的资产,催生出若干小规模的子公司, 并且子公司在市场上价值的透明度增加,有利于对子公司价值的公正评估, 从而增加资产重组成功的可能性。如果母公司决定售出子公司,股票公开市场的建立会促进其与买者在出售的价格上达成协议。这样,可以充分利用壳资源的价值,有利于上市公司出售部分资产。

4.企业分拆能够使公司适应并利用法规环境,形成一项反兼并反收购的管理策略

目前,不同地区、不同类型的上市公司税率有所差别,通过分拆独立出来的若干子公司、母公司可以通过母公司和子公司以及子公司之间合法的关联交易,进行利润的合理分配,也就是说,母公司可以合法避税并且为独立出的子公司股东带来利益。同时,企业分拆上市有利于公司形成反兼并、反收购的管理策略。由于公司的潜在价值得到释放,获得市场充分认可,公司的价值最大限度地体现出来,从而增加收购方的收购成本,为敌意收购制造障碍,减少了市场风险,有利于企业的稳定发展。

四、我国对企业分拆的监管

企业分拆,在某种意义上是企业重组的逆过程,是企业的一种重要经济活动。随着证券市场的发展,必须加强对企业分拆的监督与管理。**.企业分拆的有关法律规定**我国《公司法》对企业分拆操作的主要程序、分立的方式等相关方面做了规定,主要包括以下几个方面:

(1)对公司分拆的合法性说明。《公司法》第182条规定,公司合并或者分立,应当由公司的股东大会作出决议。《公司法》第183条规定,股份有限公司合并或者分立,必须经国务院授权的部门或者省级人民政府批准。

(2)对债权人利益的保护性规定。公司的分拆,会产生相应的债权债务关系。我国《公司法》对此作了相关说明。《公司法》第185条规定:"公司分立,其财产作相应的分割。公司分立时,应当编制资产负债表及财产清单。公司应当自作出分立决议之日起10日内通知债权人,并于30日内在报纸 上至少公告3次。债权人自接到通知日起30日内, 未接到通知书的自第一次公告之日起90日内,有权要求公司清偿债务或者提供相应的担保。不清偿债务或不提供相应担保的,公司不得分立。公司分立前的债务按照所达成的协议由分立后的公司承担。"

(3)对注册资本增减的有关规定。公司分拆,一般会引起注册资本的相应变化。对此《公司法》第186条规定:"公司需要减少注册资本时必须编制资产负债表及财产清算。公司应当自作出减少注册资本决议之日起10日内通知债权人,并于30日内在报纸上至少公告3次。债权人自接到通知书之日起30日内,未接到通知书的自第一次公告之日起90日内,有权要求公司清偿债务或者提供相应的担保。公司减少资本后的注册资本不得低于法定的最限额。《公司法》第187条还规定:有限责任公司增加注册资本时,股东认缴新增资本的出资,按照本法设立有限责任公司缴纳出资的有关规定执行。股份有限公司为增加注册资本发行新股时,股东认购新股应当按照本法设立股份有限公司缴纳股款的有关规定执行。

(4)对公司分拆监管的说明。《公司法》第188条规定:公司合并或者分立,登记事项发生变更的,应当依法向公司登记机关办理变更登记;公司解散的,应当依法办理公司注销登记;设立新公司的,应当依法办理公司设立登记。公司增加或者减少注册资本,应当依法向公司登记机关办理变更登记。

2.企业分拆监管的政策建设

加强企业分拆监管,需要强化分拆的法律程序,严格规范信息披露,明确相关财务关系,实施有效的公司分拆监管应注重以下几点:

(1)对企业分拆上市的资格进行严格管理

分拆上市公司是一种企业架构设计, 它有可能产生负面影响。并非每一个上市公司的各项资源和条件都是适合分拆的,因此,要加强对企业分拆上市资格的认证,严格考察其分拆上市的条件,这方面可以借鉴香港联交所的有关规定。

香港《证券上市规则》对分拆上市的母公司做了详细规定。第一,《证券上市规则》8.05条规定母公司将业务分拆上市前一年的盈利不得低于2000万元,而前两年的累计盈利亦不得低于3000万元。母公司须使上市委员会确信在新公司上市后,母公司保留有足够的业务运作及相当价值的资产,以支持母公司分拆后持续的上市地位。也就是说,母公司除保留其在新公司的权益外,自己亦须保留有相当价值的资产及足够业务的运作(不包括其在新公司的权益),以独立地符合上市规则第8章的规定。现今,联交所建议放宽有关规则, 建议母公司在紧接提出分拆申请之前的5个财政年度中,其中任何3年的盈利不得少于5000万元,同时就余下两年未计算在内的财政年度之业绩必须证明是受到特殊因素或市况大幅逆转所影响。而且上述因素以后极可能不会继续存在或再次出现,母公司也已经采取了相关措施。

(2)明确公司分拆的法律程序。按照我国的《公司法》有关规定，适合条件的股份有限责任公司分立的法律程序主要包括：

①签定分拆协议（由股东大会批准）；

②确认债权债务，进行财产分割（编制资产负债及财产清单）；

③报批（经国务院授权的部门或者省级人民政府）；

④重新登记（向工商管理机关办理设立、变更或注销登记；向税务机关办理变更登记）；

（3）严格规范企业分拆的信息披露。企业分拆时的信息披露规范十分重要。由于分拆是上市公司董事会最先讨论并作出决定，因此，在法律上对公司高层管理人员和相关参与的中介机构在公司分拆时的信息泄露和内幕交易等问题上，必须作出严格的规定。在中国证券市场，由于存在着小公司效应，分立因此对二级市场的价格波动会有较大的影响，这要求公司分拆时须对信息披露严格规范。

（4）正确确定分拆后投资收益的会计处理。对于上市公司因子公司分拆而获得的投资收益，应在会计上明确其处理的具体措施。从短期来看，由于发行人相当一部分股份有出售限制期，因而发行人短期不可能通过股份的出售带来业绩的突变，但该期限过后，母公司则可通过股份的上市流动带来巨额收益，子公司分拆上市后，母公司的合理价值应相当于公司在子公司市值中所占有权益的市值加上母公司扣除这部分权益后的价值。所以在会计制度上，应该明确这类公司分拆子公司上市后所实现的投资收益应该如何摊销。

综上所述，随着我国证券市场的进一步发展，企业分拆将成为证券市场上的重大课题，针对我国企业分拆的实现形式以及其对证券市场的影响，加强对企业分拆的监督管理无疑具有十分重要的意义。

第八章 中国证券市场监管新格局及其影响

证券市场是法制的市场。有力的监管是证券市场规范化发展的必然要求。自2000年下半年开始，中国证券监督管理委员会（以下简称中国证监会）陆续出台了多项针对证券市场的监管政策及法规。到2001年，监管的力度进一步加强，强化监管已成为贯穿2001年全年工作的主线。这表明证券市场的政策环境正在发生变化，中国证券市场监管由此呈现了新的特点，形成了证券市场监管新格局，对证券市场必将产生深刻的影响。

一、监管格局发展的两大发展取向

监管是证券市场的规范化发展的重要内容。对监管格局发展起重要影响的主要是以下两大理论取向。

1.规范和发展是中国证券市场的中心主题

中国股市起步和成长于双重体制背景下，股市运行从一开始就受到传统体制的严重制约，运作存在许多的不规范之处。而且，不论是政府、企业、中介机构还是个人投资者都缺乏应有经验，只能在实践中摸索。而对于监管部门，由于相关条件的不成熟或不难以发挥正面激励作用，导致对分支机构经理激励的弱化。另外还会由于分支机构经理和高级管理人员之间信息不对称和偏好的差异，导致内部资源配置不合理，效率低因此，对中国证券市场来说，规范化是健康发展的前提与保障。从经济学意义上说，发展绝不仅仅意味着规模的扩张和数量的增加，更重要的是质量的提高。质量的提高无疑包含规范化程度提高、制度完善。从这个角度来看，证券市场的发展本身就包含规范化内容。因此，离开规范化就难以谈及证券市场的发展，而离开证券市场谈规范化也将失去应有的内容与意义。

同时，中国证监会也进一步强调规范发展是“十五”的主基调。并指出现在强调规范发展，是中国证券市场发展的客观要求。证券市场是一个发展的综合体，规范发展是市场各个主体的共同任务和责任。具体对每个层面和每个市场主体而言，由于具体市场上的角色与职责不同，其内涵也不尽相同。对于中国证监会，确保市场的规范发展则是其职责和使命所在，搞好监管工作是确保市场规范发展的重要手段，也是应尽的义务。只有强化了监管，市场才能规范，只有规范了市场，可持续发展才有保障。

2.监管规范化是中国证券市场发展的有力保障

监管是证券市场的发展的必然要求，但同时监管的规范化也十分重要，它是证券市场发展的有力保障。由于中国证券市场各种不规范现象的形成有着复杂的背景，因此，如何规范，是一个需要认真探讨的问题。鉴于股市在中国经济运行和发展中已占有重要地位，并且监管的规范化主要体现在监管方式、监管制度的科学化、明细化等方面,有一种观点认为:由于规范的目的在于推进股市的健康发展,所以,应加强监管,落实规范,不应选择"硬着陆"的取向,而应选择"软着陆"的方针。即对以往的不规范行为"抓大放小",重点放在查处和惩处少数严重违法违规的个人和机构上,以减少其对股市运行带来的冲击或震动。这种观点无疑是符合我国国情的。如对庄家操纵股市进行监管,由于我国股市中庄家操纵股市有各种情形,若不分轻重缓急,对所有坐庄行为一并查处,不仅证券监管部门工作量将大大增加,而且股市正常运作也将受到不利影响。因此,监管方式的选择十分重要。而且多年来,中国证券市场的不规范,首先是法制的不规范、监管不规范,为此,要加强监管,就必须加强法律法规的规范化和监管的规范化。虽然,在《证券法》等法律法规中,有关于严禁操纵股市等违规行为方面的规定,但这些规定没有做到明细化,缺乏监管的可操作性。因此,加强监管,推进证券市场规范化,一方面必须对严重违法违规的个人和机构进行查处;另一方面,则必须加强法律法规的规范化,执法和监管的规范化,从而保证监管的可操作性、合理性、科学性。可以说,以上两种理论取向,对证券市场监管格局呈现新的特点起了重要作用。

二、中国证券市场监管格局新特点

2001年,从防范整体金融风险的角度考虑,管理层强力推进对证券市场的监管,监管力度大大加强,在监管格局上呈现出以下新的特点:

1.监管的重点从行政审批型管制转向市场秩序监管

我国证券市场长期以来,在监管上存在重"审批"轻"市场"的现象。证监工作的大部门精力投在公司募股、上市和金融机构业务的审批上,而对市场秩序的监管力度不够,且技术手段滞后,从而难以适应市场发展的客观需要。随着股票发行、上市的市场化程度加大,证监工作的重点将实行转移,重心是维护证券市场秩序,保护广大投资者的合法权益,促使证券市场的规范化健康发展。而维持证券市场秩序主要是规范上市公司、证券基金和管理公司、证券公司等市场主体的行为,对其实行有效监管。监管重心的转变,符合证券市场规范发展的需要,将使监管方式、监管效率发生重大变化,对证券市场具有重要意义。

2.以自律为主的一线监管

由于核准制的实施,一线监管被赋予重任,证券交易所、证券公司等机构的一线监管的责任加强,这实际上增强了监管力量。究其原因,主要是新股发行核准制代替审批制,推荐筛选发行人的权力赋予给了主承销商(证券公司),主承销商的责任与义务是使市场更加透明、高效、有序。因此,随着新股发行核准制的实施,一线监管被赋予重任,一线监管的作用与角色的扮演者从证券市场中凸现出来。

3.动态化、制度化的监管手段

过去的事后监管通常是发生严重后果才进行调查处理,并且监管方式与措施一般为随机性检查,这种做法存在较大弊端。而新的监管体系则以提高监管效率为中心,实施监管的动态化、制度化。建立股票市场的实时监控系统有利于及时发现市场上的违规行为,及早采取风险防范对策。比如对证券公司、管理层制定了《证券公司检查办法》,建立了证券机构电子监管信息系统,对证券公司的经纪业务和自营业务实施全过程监管。而且,对于上市公司的监管,也体现了动态化特征,如在核准制下,提高了上市公司信息披露的及时性和频率,并增加了信息披露的新内容,体现出了时代特征。在制度化方面,如建立对证券公司高管人员和上市公司董事长谈话制度,对券商的高级管理人员则更严格,出台的《证券公司高级管理人员谈话提醒制度》中预防与处罚的有效性结合,避免过去出了问题再处罚的情况。总之,对于证券公司的监管,中国证监会对其逐步建立了一套法规制度体系,监管框架正处于不断的完善之中。而对上市公司监管的制度化特点,主要体现在自2001年2月份《公开发行证券公司信息披露的内容与格式准则第1号--招股说明书》和《公开发行证券公司信息披露的内容与格式准则第2号--股票上市公告书》,到4月份出台的《上市公司检查办法》与《上市公司董事长谈话制度实施办法》等一系列法规制度上,并且信息披露形成了统一格式。这种监管的动态化、制度化的监管手段,将大大提高监管效率,进一步推动对证券市场的规范化发展。

4.监管的力度加大并坚持强化依法行政

2001年监管力度大大加强,特别是核准制实施以来,中国证监会初步建立了证券公司从市场准入、持续跟踪到市场退出三个环节的法律法规体系和监管框架。同时,地方各级监管部门也进一步加大监管与处罚力度,并且实质性引入刑事处罚成为了监管格局的又一大特征。由于证券市场秩序混乱、违规行为屡禁不止与处罚力度不够有很大关系,因此,管理层明确提出,要对市场反应强烈的庄家操纵股市等问题进行集中查办,依法定性、依法处理,以维护市场运作秩序。并且,中国证监会进一步强调,要与司法、检察、公安等有关部门联合,严肃处理证券市场违法违规行为,对证券金融市场犯罪行为,坚决打击从严惩处。可以说,加强对证券市场违法行为的刑事处罚力度是证券监管的客观要求。而强化依法行政,加大监管力度,已成为规范证券市场发展的重要特征。

三、监管新格局对证券市场的影响

证券市场在今后一段时期内,总的形势将是在发展与规范的关系上不可避免地以规范为主,新的监管格局对证券市场将产生重大影响,主要体现在以下几个方面:

1.对上市公司的影响

监管新格局对上市公司的影响较大,主要表面在以下三个方面:

(1)信息披露的加强与上市公司监管制度建设,将进一步规范上市公司的行为。核准制下,市场化要求上市公司更为真实、及时地披露有关信息,要坚持信息披露国际化方向,遵循信息披露的国际"三原则",同时在强化信息披露方面,中国证监会强调争取用两年左右的时间,建立起一套公开透明、纲目兼备、层次清晰、易于操作、公开执行的信息披露规范体系,增强信息披露监管方面的力度。并且在信息披露的会计准则国际化方面,出台了多项规定和措施,进一步推动了信息披露与国际化接轨。有关上市公司的检查办法与上市公司董事长谈话制度也将进一步规范上市公司的行为,抑止违规行为的发生,使其进行有效地内部管理,加强内控,从而降低对市场的不利影响,促使市场的规范化进程。

(2) 核准制的实施将进一步提高上市公司融资的市场化程度。中国证监会2001年3月17日实现了审批制到核准制的转变,取消了额度管理,所有符合法定条件的拟发行企业都可以公开发行股票。随着发行制度改革的深入,发行程度的透明化程度也将日益提高,同时也打破了所有制的局限,为各种经济成分的拟上市公司提供一个相对公平、公开、公正的竞争环境,有利于整个社会资源的有效配置。而且除新股发行核准制外,上市公司的再融资也根据公司质量和市场特点将有更多的选择。公司债券有新的制度出台,可转换债券成为金融业的一大创新,企业的融资渠道进一步拓展。但同时,其也将受到更多的市场规则约束,这无疑有利于上市公司的规范化发展与市场资源的优化配置。

(3)新股发行市场化的监管力度进一步加强。这将有利于提高上市公司的净资产收益率水平,防范资金使用不当的风险。由于《上市公司新股发行管理办法》(简称《新办法》)注重上市公司对募集资金以后公司净资产收益率的事后审查与监管,使得上市公司在投资项目的选择上更加慎重;另一方面,由于《新办法》对募集资金的实际需要量以及投资项目的进程和资金需要相匹配方面的审查较以前更加严格,因此,一定程度上抑制了上市公司"募集资金最大化"的冲动,从而导致净资产收益率的提高,使资金使用不当的风险得到有效规避。

2.对证券公司的影响

新的监管机制的形成,使证券公司成为了强化监管的主要对象之一。监管格局的新特点对其影响主要有三方面:

(1)证券公司经营规范化程度进一步提高。随着监管程度的不断加强,证券公司行为规范化取得了一定发展,证券公司参与庄股队伍的行为得到较大整治。但是,证券公司作为上市公司与投资者的桥梁,自身还存在一些问题,对其加大监管力度,仍然是管理层的主要任务之一。由此,中国证监会陆续出台了多项针对证券公司的监管措施和规定,如《证券公司检查办法》、《证券公司内部控制指引》、《证券公司高级管理人员谈话提醒制度》等。而随着证券公司上市进程的加快,其对自身的自律需进一步加强,规范化程度也将进一步获得提高,以适应不断发展的证券市场的需要。

(2)一级市场承销无风险的历史宣告结束。随着市场化改革的加深,股票发行市场化定价的放开,券商承销业务已面临风险,特别是《新股发行上网竞价方式指导意见》的出台,标志着我国证券发行市场进入了一个新的阶段,并逐步走向完全市场化与国际化。因此,证券公司必须加强内控,强化内部管理,积极防范发行过程中产生的促销风险、行为竞争风险等,而且,由于新股发行核准制的实施,券商全靠走关系、搞"公关"进行承销的模式不再适用,券商在核准制前,大家都在一条起跑线上,对于主承销商,关键是要去选择、培育真正质量好、有潜力的企业,这样才能积极地规避股票承销风险,在市场化竞争中取得有利地位。同时,由于交易佣金的总体水平趋降,经纪利润也随即摊薄。这样,在确立市场化监管思路下,证券营业部批设的政策门坎降低,来自行业内外的竞争将加剧,价格竞争将不可避免。因此,证券代理业务的发展策略需要做出重大调整。

(3)资产管理和投资银行将成为证券公司竞争能力和盈利能力的两大支柱。从全球金融服务业来看,资产管理是一项增长快、吸引力强的业务之一。目前,其在我国规模较小,在券商经营收入中所占比例低,但随着近几年三类企业资金、社保基金、商业保险基金已准许进入证券市场,而证券市场的高收益性与高风险性,促使以委托资产管理的形式将上述资金交给券商运作将成为一种趋向。这样,在监管力度加大的条件下既可以防范风险,又能保证收益。因此,资产 管理将是未来几年证券商最大发展潜力的业务之一。同时,综合类券商在监管政策调整下,将需转变观念,在一级市场的业务要向"大投行"发展,"大投行"即现代银行,"大投行"的核心思想,就是发展专业化分工协作,以客户服务为中心,并且要进行多层研究,坚持以人为本,以保持市场竞争的有利地位。再者,随着市场竞争的日趋激烈和证券行业利润的不断降低,以及证券市场监管力度的加大,经纪类券商的证券经纪业务也面临着越来越大的竞争压力,对证券市场运行趋势的准确把握、业务创新以及提高智能化服务水平已成为经纪类券商参与经纪业务市场竞争的三个重要手段,而对证券经纪业务未来趋势的研究和预测,应成为经纪类券商进行经纪业务战略决策的重要依据和出发点。

3.对机构投资者的影响

在新的监管格局下,机构投资者的影响主要体现在以下三个方面:

(1)机构投资者的投资理念在调整下将出现新的变化。随着监管力度的加大,基金形成的"集中投资、重仓持有"的投资风格和多数基金风险相同的情况会发生变化,不规范行为会减少。并且集中投资原则仍会为部分基金所坚持,同时在投资策略上,更多的基金会更加注重组合投资和分散投资,指数化投资的比重也将增加。这样有利于基金投资的风险规避,由此各基金的投资风格形成多样化格局。在投资决策中,将更加注重对宏观政策、行业收益发展的定性分析,并且数量化的定价模型和投资模型将更多地得到运用。因此,这种变化有利于整个市场投资理念由投机向投资转变。从而在一定程度上将避免投资不当带给市场的波动,有利于证券市场的稳定发展。

(2)基金将进一步规范化。在核准制下,对基金的信息披露要求将更高,对基金的行为限制将更加严格,对基金的优惠政策将逐渐取消,部分基金的违规行为在监管进一步强化依法行政的条件下将得到查处。并且,由于公司信息披露制度的不断完善,上市公司与券商高级管理人员谈话提醒制度的实行,新股发行采取核准制,证券公司与证券交易所的一线监管力度的加大,禁止信贷资金进入股市,以及对违法行为的严厉打击,将极大地规范机构投资者的行为,减少机构投资者通过与上市公司合谋、内幕交易等方式违法获取利益的现象，从而有利于维护投资者的利益，规范市场有序地发展。

(3)新基金的设立和规模的扩大,尤其是开放式基金的成立将吸引一定量的场外资金进入证券市场。随着开放式基金的推出,交易品种将更加丰富。以华安创新基金为龙头,我国开放式基金试点将开始实质性招募和运作,因此,将给市场各类投资者提供一个新的投资品种，并且使机构投资者的力量也进一步加强。同时,指数基金,股指期货等新的交易品种的出台,将使广大投资者获得更大的投资选择余地。

4.对一、二级市场的影响

新的证券市场监管格局的形成,特别是新股发行核准制的实施,对我国证券一、二级市场将产生深刻影响。主要表现为以下几个方面:

(1)新股首发、增发、配股将出现相应变化。随着发行市场化程度加大,新股发行的市盈率在逐渐提高,投资者开始尝试参与询价过程,同时新股申购将面临一定风险。而且,由于净资产收益率指标的下调会使获得配股权的公司大大增加,但同时其也将受到更多因素的限制,那么增发将以比配股条件低且不受30%比例的限制,而将取代配股成为新股发行的主要形式,并且配股中超比例配售现象几乎不会出现。而新股发行家数增加的同时,每家公司募集资金的数量将会呈下降趋势,这可以从《上市公司新股发行管理办法》等相关文件中看出。

(2)一级市场的资金供求将出现新变化。一级市场实行核准制以后,股票发行量和价格将由发行人的承销商根据市场情况商定,这样一级市场的风险会增大,一级市场的收益率也将会下降。一级市场数千亿的套利资金中的一部分，将会寻找新的投资渠道,二级市场将是其可能流向之一。但是,由于这部分资金多为风险回避型,当一级市场的投资收益率低于10%后,能流入二级市场的比例将是有限的。而大量违规流入的信贷资金(据称一级市场70%资金来自于银行信贷)将被清理,所以,整体股市的资金将有所减少。如果这些资金的30%流出股市,将减少资金供给2000亿元左右。同时,由于证券市场进入调整期,一级市场扩容速度可能会减缓,对资金需求的增长可能会有所下降。

(3)二级市场的资金供求也将受到影响。随着监管力度的加大,新股发行核准制的实施,一方面,二级市场的资金会由于上市公司用于委托理财资金受到相应限制而减少。目前,相当多的上市公司将募股的部分资金用于委托理财，据对284家上市公司2000年报的统计发现,短期投资已达220亿元,这些短期投资绝大部分用于委托中介机构进行申购新股或股票投资。但在核准制下,由于《上市公司新股发行管理办法》规定,如果公司存在大量闲置用于委托理财或存放于缺乏风险控制的地方,公司发行新股将受到限制,因此新办法会导致上市公司流入二级市场的资金量相应减少。另一方面,二级市场的增量资金将会由于上市公司不得投资于证券公司的限制而减少。自《证券法》颁布以后,我国券商经历过一次增资扩股的高潮,券商增资扩股募集的资金大多数直接或间接进入了股市。针对券商增资扩股的资金大多数来源于上市公司股票发行所募集的资金,新办法限制了券商新股发行的资金投资于证券公司,并且在有关方面做了明确规定,这样,使得上市公司通过券商增资扩股途径流入二级市场的资金将不会再增加。此外,在对一、二级市场资金供求的影响上,游资的阶段性退出、新增开户资金增长速度的放缓以及创业板与国有股流通是2001年影响资金供求的重要因素，而且在其他一些投资领域也可能会分流部分资金。

(4)一级市场与二级市场之间资金流动性加强。据有关研究表明，目前我国一级市场资金与二级市场资金之间的相关性不强，还存在一级市场冻结申购资金量一直保持相对独立走势的现象，即使在实行二级市场配售后,而冻结资金量也没有明显减少。这主要是由于一级市场无风险,许多风险规避型资金如特大型资金、大型资金等主要在一级市场上运作。据统计,到2000下半年一级市场沉积的资金量达到5000-7000亿元,随着核准制的实施,监管力度的加大,新股发行定价市场化程度的加深,一级市场放开后,风险的不断增加将会使得部分风险回避型资金退出市场,一级市场与二级市场的资金在风险与收益的要求方面渐趋同质。由此,一级市场与二级市场利润渐趋平均化,并且股票市场资金在追求效益最大化的目标下,将在一、二级市场之间流动。因此,一级市场与二级市场的相关性将进一步增加。

总之,在新世纪,随着中国证券市场监管力度的加大,证券市场监管格局呈现出新的特征,新的监管格局必将进一步对证券市场产生深刻的影响,而证券市场的各个相关层面理应在这种新变化中,积极转变观念,调整思路,努力加大管理力度。

第九章 完善退市制度，加快证券市场法制建设进程

在我国证券市场上，上市公司该停牌不停牌、该退出不退出的现象较普遍，完全不具备《公司法》规定的上市条件和标准，在“特别转让”的规则掩护下比过去更加活跃地进行交易，这极不利于证券市场的规范、有序运作。

2001年11月30日，颁布实施的《亏损上市公司暂停上市和终止上市实施办法（修订）》明确规定连续3年亏损的公司将被暂停上市，第一个半年度内未能扭亏为盈，将被终止上市。这一措施对于完善我国证券市场法制建设、对于国内证券市场健康发展都具有深远意义。

一、目前我国上市规则存在的缺陷

目前，上市规则存在的缺陷在于：PT公司如果在3年里没有实现扭亏为盈，是否需要摘牌，怎样摘牌，这需要制定新的规则加以确认。此外，管理层对建立上市公司退出制度目前尚处于研究阶段。有关法规的规定主要是集中在三个方面：一是公司连续多年亏损，股票为3年、债券为2年；二是公司有重大违规行为；三是公司解散、关闭或破产。其中的实施细则将与《破产法》等其它相关配套法规共同研究制定，很显然，这是一个循序渐进的过程。因此，只有适当降低市场退出壁垒，建立和完善上市公司退出制度，与市场进入壁垒和准入机制相配套、相适应，才能改善市场结构，优化上市公司总体质量，净化市场秩序，从而提高市场运行效率。

二、我国现有法律法规对退市的规定

目前，我国上市公司的退市制度，《证券法》、《公司法》和修订后的《交易所上市规则》等都有明确的规定。

1.《交易所上市规则》对上市公司暂停上市的制度及安排

从2000年5月1日起施行的新《交易所上市规则》规定，有下列情形之一的，应暂停上市：

①上市公司股本总额、股权分布等发生变化不再具备上市条件；

②上市公司不按规定公开其财务状况，或者对财务会计报告作虚假记载；

③上市公司有重大违法行为；

④上市公司最近3年连续亏损；

证券交易所自上市公司公布年度报告之日起，对其股票实施停牌，并在停牌后3个工作日内就该公司股票是否暂停上市作出决定，报中国证券监督管理委员会（以下简称中国证监会）备案。上市公司应当根据证券交易所或中国证监会所作的暂停上市决定，在指定报刊上刊登《暂停股票上市公告书》。自公司公告当日起，交易所停止其股票交易，为了保护中小投资者的利益，交易所为投资者提供股票“特别转让”服务。如果前三种情形被暂停上市的公司重新具备上市条件后，或者因第四种情形被暂停上市的公司，在暂停上市后3年内的任何一年有盈余的，可以向交易所提出恢复上市的申请，交易所自收到申请后3个工作日内提出意见，报中国证监会批准后恢复该公司股票上市。对于恢复股票上市的公司，其股票交易实施特别处理。上市公司在接到中国证监会恢复公司股票上市决定后，应当在指定报刊上刊登《恢复股票上市公告书》。

2.《公司法》、《证券法》对上市公司终止上市的制度安排

我国《公司法》第157、158条规定，上市公司有下列情形之一的，将由国务院证券管理部门决定终止其上市：

①公司股本总额、股权分布等发生变化不再具备上市条件，在限期内未能消除；

②公司不按规定公开其财务状况，或者对财务会计报告作虚假记载，经查实后果严重的；

③公司有重大违法行为，经查实后果严重的；

④公司最近3年连续亏损，在限期内未能消除；

⑤公司决议解散、被行政主管部门依法责令关闭或者被宣告破产的。

终止上市，就是失去了在交易所持牌交易的资格，又称为摘牌。《证券法》也明确规定，不符合条件的上市公司应按《公司法》的规定退出市场。新《上市规则》与《公司法》的有关规定有些不同，它没有将“公司最近3年连续亏损，在限期内未能消除”作为终止该公司股票上市的依据。对其他情形的处理则与《公司法》相同，并规定针对第一至三种情形，交易所在收到中国证监会终止其上市的决定后，终止该公司股票上市；针对第五种情形，交易所在报中国证监会批准后终止该公司股票上市。

3.《亏损上市公司暂停上市和终止上市实施办法（修订）》对退市的制度安排

为了促进证券市场的健康发展，保护投资者的合法权益，2001年11月30日，中国证监会发布了《亏损上市公司暂停上市和终止上市实施办法（修订）》以下简称《办法》及关于发布《亏损上市公司暂停上市和终止上市实施办法》的通知（证监发［2001］），通知明确要求，根据《办法》规定暂停上市的公司，在暂停上市期间，证券交易所不为其股票提供特别转让的服务。对于在《办法》发布前已经暂停上市的公司，其股票恢复上市和终止上市按以下规定执行：

（1）自其宽限结束之日起，证券交易所停止为其股票提供特别转让的服务。

（2）公司符合下列条件的，在2001年度度报告披露后的5个工作日内，并在宽限期结束之前，可以向证券交易所提出恢复上市申请：

①在法定限期内披露2001年度报告；

②2001年度财务报告显示公司已经盈利。

（3）在法定披露期限内未披露2001年度报告的，证券交易所停止为其股票提供特别转让的服务，并在法定披露期限结束后10个工作日内做出公司股票终止上市的决定。宽限期结束日之前披露2001年度报告法定期限内的公司，如果未在宽限

期结束日之前披露2001年度报告，或者虽然在宽限期结束日之前披露了2001年度报告，但未在宽限期结日后5个个工作日内提出恢复上市申请的，证券交易所应当在公司宽限期结束日后10个工作日内做出公司股票终止上市的决定。

(4)证券交易所依照《办法》的有关规定，做出恢复上市或终止上市的决定。

《办法》共5章，22条，包括：总则，暂停上市、恢复上市、终止上市和附则。其中暂停上市规定：公司出现最近3年连续亏损的情形，证券交易所应自公司公布年度报告之日起10个工作内作出暂停其股票的决定。证券交易所决定公司股票暂停上市的，应在2个工作日内通知公司并公告。公司应在接到证券交易所股票上市决定之日后2个工作日内，在中国证监会报纸和网站及证券交易所指定网站上登载《股票暂停上市公告》，公告以下内容：

①暂停上市股票的种类、简称、证券代码以及暂停上市起始日；

②证券交易所股票暂停上市决定的主要内容；

③证券交易所要求的其他内容。

公司在其股票暂停上市期间，每月至少披露一次为恢复上市所采取的具体措施，如公司未采取任何重大措施，也应予以披露。公司在其股票暂停上市期间，应当依法继续履行信息披露义务。

恢复上市规定：公司股票暂停上市后，符合下列情况的，可以在第一个半年度报告披露后的5个工作日内向证券交易所提出恢复上市申请：

①在法定期限内披露暂停上市后的第一个半年度报告；

②半年度财务报告显示公司已经盈利。

公司申请恢复上市，应聘请具有主承销商资格并符合证券交易所有关规定的上市推荐人进行推荐。证券交易所应在公司提出股票恢复上市申请之日起5个工作日内作出是否受理申请的决定。证券交易所决定受理后，应在30个工作日内作出是否予以恢复上市的决定。公司在接到证券交易所核准其股票恢复上市的决定后，应在2个工作日内在中国让监会指定报纸和网站及证券交易所指定网站上登载《股票恢复上市公告》，公告以下内容：

①恢复上市的股票的种类、简称、证券代码；

②证券交易所核准恢复上市决定的主要内容；

③公司董事会关于恢复上市措施的具体说明；

④证券交易所要求的其他内容。

公司登载《股票恢复上市公告》5个交易日后，其股票恢复上市交易。公司在其股票恢复上市交易后至其披露上市后的第一个年度报告期间，证券交易所对其股票交易实行特别处理。

综合上市规定：公司在法定期限结束后仍未披露暂停上市后第一个年度报告的，证券交易所应当在法定披露期限结束后的10个工作日内做出公司股票终止上市的决定。公司在法定期限内披露了暂停上市后的第一个半年度报告，但未在披露后5个工作日内作出恢复上市申请，或提出申请后证券交易所未予以受理的，证券交易所应在披露后15个工作日内做出终止上市的决定。证券交易所受理公司恢复上市申请后，经审核认为不符合恢复上市条件的，应在受理申请后30个工作日内做出终止上市的决定。

公司股票暂停上市后，股东大会作出终止上市决议的，公司应当在2个工作日内通知证券交易所，证券交易所应在接到通知后的5个工作日内作出公司股票终止上市的决定。公司恢复上市后，在法定期限内披露了恢复上市后的第一个年度报告，但公司出现了亏损的，证券交易所应在其披露年度报告后的30个工作日内做出终止上市的决定。如果公司年度财务报告被注册会计师出具带解释性的无保留意见，否定意见或拒绝表示意见的审计报告，证券交易所可以对公司财务报告盈利的真实性进行调查核实，调查核实期间不计算在前款规定的做出终止上市决定的期限之内。公司应在接到证券交易所终止上市的决定的2个工作日内在中国证监会指定的报纸和网站及证券交易所指定网站登载《股票终止上市公告》，公告以下内容：

①终止上市股票的种类、简称、证券代码以及终止上市日期；

②终止上市决定的主要内容；

③终止上市后其股票登记、转让、管理事宜；

④证券交易所要求的其他内容。

股票终止上市的公司可以依照《公司法》、《证券法》的规定和中国证券业协会批准的证券公司签订协议，委托证券公司办理股份转让。

三、退市制度对上市公司的深远影响

证券监管部门自2000年以来，就对经营状况异常的上市公司股票采取“ST、PT”制度。目的就是为了保护刑登者的利益，向投资者揭示可能存在的风险，增强市场的透明度，减少市场的投机成份，同时也给ST、PT类公司以警示，促使其变革创新。但这种方式并没有扭转部分上市公司连年继续损亏的局面。除了一般意义上的技术因素外，其重要原因是公司法人治理结构不完善，公司权力机构、决策机构、执行机构三者之间的分立制衡关系严重扭曲，并没有真正起到各负其责、协调运转、有效制衡的核心作用。可以说，法人治理结构的不完善是造成上市公司经营效果不佳的根本性制度原因。

随着PT水仙的下市，使上市公司退市已成为现实，退市对上市公司治理结构的影响也进一步实现出来，主要体现在以下三方面：

一方面，退市为上市公司敲响了警钟。良好的公司治理是上市公司发展的基础，完善公司法人治理结构，将成为上市公司发展战略的重要组成部分。目前上市公司最根本的问题是股权结构不合理，大多上市公司由国企业改制而成，不流通的国有股、法人股高达60%至70%，股权高度集中而且权力机构、决策机构、执行机构、缺乏有利制衡，股东大会、董事会、监事会作用异化，由此造成了决策不利，经营管理不善而导致连续亏损，负债不断加大，企业内部风险剧增甚至面临退市危险。因此针对这种情况，上市公司须严格规范控股股东的行为，优化公司股权结构，通过国有股或技术法人股转让实现股权结构的改善，进一步加强对内部人的监督约束，同时还需提高董事会的容量，引入独立董事制度，提高董事决策的独立性，并加强董事会的内部分工和制衡，建立相应的约束机制与适当的激励机制等，以完善公司法人治理结构。

另一方面，在退市机制下，证券监管机构也更加重视上市公司治理结构的改进。我国上市公司治理结构改进的工作已拉开帷幕，《中国上市公司治理的基本原则和水准》、《关于在上市公司建立独立董事制度的指导意见》等更为公司治理提供了制度保障 。中国证监会指出，良好的公司治理是证券市场的基石。并决定从建立健全上市公司治理的原则标准和法律法规、引入独立董事制度及规范董事会运作、大力发挥机构投资者在治理中的积极作用以及加强投资者教育等几个方面采取措施，提高上市公司治理水平，完善法人治理结构。这表明退市下加强对公司治理结构的改进，不仅关系到上市公司本身，而且也关系到市场的相关层面，特别是证券管理层的监管决策。

此外，在退市条件下，上市公司的管理层在加强对公司法人治理结构的同时，应该把"退市"作为一个重要话题。把退市的选择上升到发展战略的高度，明确上市公司退市可行性操作细则，但针对目前《公司法》有关退市规定需进一步细化，许多方面要加强操作实施性，并且与国外成熟的资本市场有事由、有标准、有程序性相比，我国关于上市公司退出的规定还非常粗造。因此，还需进一步明确上市公司退市的可行性途径选择与具体的操作规程。

四、建立和完善退市制度的重要意义

建立并完善退市制度是证券市场法制建设的内容之一，具有很重要的作用，概括起来，主要有以下几点：

第一，建立和完善上市公司退出机制是促进证券市场规范、稳定发展的重要手段

2001年3月，九届全国人大四次会议通过了《国民经济和社会发展第十个五年计划纲要》。《纲要》指出，完善市场退出机制，积极疏通和逐步规范企业特别是上市亏损公司退出市场的通道。这是第一次正式把上市公司退出制度写进政府文件，为提高上市公司总体质量营造了良好的政策氛围。朱镕基总理曾说："上市公司的整顿是证券市场加强监管的一个核心内容，中国证监会正在采取各种措施来加强这一方面的工作，摘牌就是考虑的一个措施"，由此可见，退市制度已受到决策层和管理层的高度重视与普遍关注，并日益成为证券市场监管的主要内容。

第二，建立和完善上市公司退出制是推动证券市场稳健、高效运作的必要途径和有效手段

众所周知，一个高度市场化的证券市场可以通过其内在的运行机制实现其自身的均衡。证券市场运行机制的表现之一，就是不断吸纳优质公司上市，同时又不断淘汰劣质公司下市。通过吐故纳新的动态调整过程，为证券市场注入新的生机和活力，促使资源从低效率的劣质公司流向高效率的优质公司，促进资源的合理有效配置，这是证券市场所应具备的重要功能。因此，作为优化资源配置的有机系统，证券市场必须是双向开放、有进有出的市场。但是，到目前为止，我国的证券市场基本上表现为一个单向扩容的半封闭式的市场。市场机制的不完善和市场体系的不健全造成市场的功能残缺不全。与此同时，证券市场排放功能的发挥缺乏必要的制度支持和实现途径，这极大地制约了我国证券市场内在机制的正常运行，并弱化甚至导化了证券市场的其他功能，从而难以充分地发挥市场的整体功能与整合效应。

可见，要确保我国证券市场长期平稳、健康发展，就必须从制度建设上加以完善，这就需要在逐步改革股票发行制度、完善上市公司机制的同时，还必须重视并着手探讨建立既体现市场经济运作规则，又符合我国证券市场发展实际情况的公司退出机制。上市公司的动态调整过程就是资源的重新配置过程，只有证券市场有进有退，上市公司能上能下，把优质公司吸纳进来，将劣质公司淘汰出局，才能盘活存量，优化增量，实现资源的合理有效配置，提高资源配置效率。通过证券市场内在运行机制的自身调节，可以优化上市公司主体结构，改善其整体素质，提高其营运质量和运作效率，为我国证券市场运行实现更高层次的动态均衡奠定坚实的基础。

第三，建立和完善上市公司的退出制度有利于扩大投资者不断增强风险意识，逐步树立理性的投资观念，保进证券市场的稳健、有序运行

近年来，在证券市场上出现一种反常现象，一些公司因经营不善，戴上"ST、PT"帽子以后，反而好得更厉害，股价不但没降下来，相反还上扬。这与实施"ST、PT"这两次交易制度以发挥提高风险作用的初衷背道而驰。从长远看，建立并完善退市制度不但能够增强和维护广大投资者的风险意识与合法权益，而且还可以逐步树立中长线的成熟投资理念，抑止投机行为，促进证券市场的稳定、健康运行。

在我国证券市场成长的初期，为了确保市场的平稳发展，切实维护广大投资者的利益及其投资的积极性，在法律不健全的情况下，采用一种较为宽松的政策有其积极作用，经过11年的培育和发展，我国的证券市场已有了相当大的规模，并取得了举世瞩目的成绩。目前，进一步完善和规范市场制度建设已到了刻不容缓的地步，只有坚定不移地贯彻实施《证券法》，对那些严重违背有关法规或连本亏损、资不抵债的上市公司坚决摘牌，才能有利于市场的可持续性的发展，也才能监督促进上市公司等有关市场主体严格遵循有关法律法规，加强经营管理，提高整体素质。

附：境外证券市场退市规则

到目前为止，我国的有关法律只规定了退市条而未规定退市程序。这里介绍的境外成熟的证券市场的退市规则,包括香港联交所、纳斯达克和纽约证券交易,对我国很有借鉴作用。

香港联合交易所

1、上市公司出现以下情况之一,将被联交易所停牌或除牌:

(1)公司被清查或勒令停业;

(2)公司资产的接人或管理人已被任命;

(3)公司已停止营业;

(4)公司应交纳行政费用未如数上交;

(5)公司已与其债权人达成妥协或计划安排;

(6)公司有董事被判违法,且判决中提及该人有贪污或欺诈行为:

(7)公司有董事违反证券法;

(8)应依法登记,如董事、秘书及其它管理人员的登记未获批准,或已被撤销或暂停。

2、退市程序:联交所的退市程序包括停牌程序和除牌程序。

(1)停牌程序。如股票发行人出现财政困难,以致严重损害发行人继续经营业务的能力,或导致其部分或全部业务停止运作,以及(或者)发行人于结算日录得净负债,即发行人的负债额高于其资产产值,发行人自行提出停牌要求或者按交易所指令而停牌。

(2)摘牌。有关程序按下列四个阶段进行:

①在停牌后首6个月的初段时间,发行人须按有关规定期就本公司进展发出公告,交易所将视其进展情况决定是否进入程序第二阶段。

②在第二阶段,交易所将致函发行人,使其注意它持续未能符合持续上市的规定,并忠告发行人须于其后的6个月内呈交复牌建议。在6个月期限结束后,交易所将决定有关个案是否适当进入程序的第三阶段;

③如决定有关个案进入第三阶段,交易所会刑登通告。载列该名发行人的名称及指出其资产或业务不足以维护其上市地位,并订出发行人可呈交复牌建议的期限(一般为6个月),发行人在此阶段须按月向交易所呈交进度报告;

④第三阶段结束后,如尚未接获任何复牌建议,发行人的上市地位将予取消,届时交易所有关发行人均会因此发出公告。

纽约证券交易所

1、如股份公司出现如下情况之一,交易所将对其股票实施摘牌:

(1)公众股东数量达不到交易所规定的标准;

(2)股票交易量极度萎缩,低于交易所最低标准;

(3)因资产处置、冻结等因素而失去持续经营的能力;

(4)法院宣布该公司破产、清算;

(5)财务状况和经营业绩达不到交易所规定的最低要求;

(6)不履行信息披露义务;

(7)违反法律;

(8)违反上市协议。

2、退市程序:

(1)证交所发现上市公司低于继续上市标准,10日内通知上市公司;

(2)公司接到通知,45日内作出答复,提出整改计划,说明在18个月内重新达到上市标准;

(3)交易所在接到公司整改计划后,45日内通知是否接受其整改计划;

(4)公司在接到交易所批准整改计划后的45日内,发布公司正低于上市标准的信息;

(5)在计划开始后的18个月内,交易所每3个月对公司的情况进行审核。其间如公司不执行计划,交易所将根据情况是否严重,作出是否终止其上市的决定;

(6)18个月结束,如公司仍不符合上市标准,交易所将通知公司其股票终止上市,并通知公司有申请听证的权力;

(7)如听证会维持交易所关于终止公司上市决定,交易所将向美国证券委员会提出申请;

(8)美国证券委员会批准后,公司股票正式终止交易。

纳斯达克市场

纳斯达克市场包括纳斯达克全国市场和纳期达克小额资本市场。纳期达克全国市场的上市条件分为初始上市要求和持续上市要求,而且持续上市要求还与其初始上市要求相对应,如下表所示:

表一 纳斯达克初始上市标准及其对应持续上市标准(单位:美元)

指标	初始标准一	初始标准二	初始标准三	持续上市标准(对应一、二)	持续上市标准(对应三)
有形净资产	600万	1800万	无要求	无要求	无要求
市值	无要求	无要求	7500万	同上	5000万
或总资产	同上	同上	7500万	同上	5000万
或总收入	同上	同上	7500万	同上	5000万
税前收益	100万	同上	无要求	同上	无要求
公众持股量	110万	110万	110万	75万	10万
公众持股市值	800万	1800万	2000万	500万	1500万
营业记录	无要求	2年	无要求	无要求	无要求
最低报买价	5	5	5	1	5
股票人数	400个	400个	400个	400个	400个
做市商制	3个	3个	4个	2个	4个

纳斯达克摘牌程序:

(1)交易所发现上市公司不符合持续上市要求,一周内通知公司;

(2)公司接到通知后,一周内向交易所上市部作出答复,提出应对措施,并可要求予以临时豁免;

(3)交易所上市部一周通知公司是否予以临时豁免;如果公司是因为报价低于规定标准的原因,一般可得到9天的临时豁免。如果属于其它情况,且交易所认为不符合临时豁免条件,可以决定对其实行摘牌;并告知公司可以要求对此摘牌决定进行听证。否则7天后摘牌;

(4)公司提出听证的,交易所听证部门将在上市决定摘牌后45天内举行听证。听证结果可以决定给公司60-90天的临时豁免,到期仍不符合上市条件的再摘牌。听证会也可能拒绝给公司豁免,以后公司还可在15天内提出复议申请,否则在5天后即停止交易。

第十章 "入世"与中国证券监管

加入WTO,是我国经济发展中的一件大事。在我国证券市场发展尚不成熟,法律法规体系尚不健全的情况下,如何应对加入WTO后的挑战和加强证券监管的国际化发展,已成为大家关注的焦点。

一、WTO对开放证券市场的要求

目前,证券市场的对外开放面临的最直接的问题是加入WTO后,怎样遵守承诺,与国际证券市场接轨,接受《服务贸易总协定》(GATS)、《GATS的金融服务附录》、《金融服务承诺的谅解书协议》以及《全球金融服务贸易协议》等规则的管辖与约束。

1、《服务贸易总协定》(GATS) 对WTO各成员国开放证券市场的要求

《服务贸易总协定》(GATS) 是WTO调整服务贸易的基本法律文件,其宗旨是:推进服务贸易自由化和促进发展中国家服务贸易增长。它为服务贸易的逐步自由化提供了制度上的安排与保障,该协定对组织各成员国开放证券市场的要求如下:

第一,提供最惠国待遇。最惠国待遇要求每一缔约方须向其他任何缔约方无条件地开放证券市场。

第二,保障市场透明度。透明度原则要求每一缔约方必须将其与证券市场有关的法律法规、行政命令或其它规定规则及习惯做法,无论是由地方政府或是中央政府颁布的,都应在协议生效前予以公布。

第三,市场准入的规定。市场准入除特别规定外,各缔约方不得有下列行为:①限制外资进入本国的证券市场,包括限定其最高股东权比例或对单个的外国投资额实行限制;②要求必须通过特定法人实体或合资企业从事证券业务;③限制境外证券投资者的数量和经营证券业务的总量。

第四,证券市场逐步市场化。逐步市场化原则是专门保护发展中国家成员的条款,它规定:当发展中国家成员的金融开放出现严重问题,危及到本国的金融稳定与安全时,可采取临时性限制保护措施;当某项证券投资基金服务开放实施后出现问题时,可进行修改或撤销,但需提前通知全体缔约成员;允许发展中国家对本国的证券投资基金服务进行补贴,以扶持其成长。

第五,国民待遇。国民待遇原则要求各缔约方给予外国证券投资及投资者的待遇不得低于给予本国证券投资及投资者的待遇。如在投资证券的种类、投资数量、投资比例等方面不应有差别。

2.《GATS的金融服务附录》 对各缔约方开放证券市场的要求

《GATS的金融服务附录》主要对金融服务的范围、定义、国内法规、争端解决办法等做了规定。同时,该文件还要求达到谨慎协议的各方对其他成员的加入应提供充分机会,并适用相等的规则和监督措施。目前,国际间广泛接受的慎重协议主要有《巴塞尔协议》、《伦敦银行监管的核心原则》以及证监会国际组织的一系列协议、决定等。

3.《全球金融服务贸易协议》对各缔约方开放证券市场的要求

《全球金融服务贸易协议》在WTO发展历程中具有非常重要的地位。它对消除各国长期存在的银行、保险和证券业的贸易壁垒,确立多边的、统一的开放的政策和原则具有十分重要的作用。它要求各缔约方必须遵守:①允许外国在国内建立金融服务公司,并按竞争规则运行;②外国公司享有国内公司同等的进入国内市场的权利;③取消跨边界服务的限制;④允许外国资本在投资项目中比例超过50%。

4.有关《金融服务承诺的谅解书协议》对WTO成员国开放证券市场的要求

《金融服务承诺的谅解书协议》是根据经合组织国家的建议,为使金融服务的具体承诺与自由化底限相符合以及为达到一定程度的统一性而设定的,它以不同于GATS特定义务规定的承诺方式对金融服务做出具体承诺的程序,该程序比GATS特定义务确定的方式更为严格,并且比GATS本身规定了更为繁重的自由化义务,可见,它对WTO各成员国开放证券市场的要求更具体、更严格。

二、我国目前证券监管的发展状况

证券监管工作一直都是我国证券市场发展中的重头戏。国务院总理朱镕基指出的"法制、监管、自律、规范"八字方针,就充分体现了我国政府对证券市场监管工作的重视。但是由于受各方面因素的影响,我国证券监管工作长期以来都处于被动状态。直到1999年7月1日《证券法》的颁布实施,我国的证券监管工作才真正做到有法可依,由行政监管转向以法制监管为主的轨道。

1.证券监管机构不断完善,监管队伍整体水平大为提高

我国的证券监管工作在国务院领导下实行中国证券监督管理委员会(以下简称中国证监会)集中统一监管。监管机构由中国证监会、中国证券业协会、沪深证券交易所、各省市证券监管机构、中国证监会派出机构办事处等构成。2000年底中国证监会相继在全国成立了九大稽查分局。2001年中国证监会在积极建立健全证券监管机构体系的同时,还采取各种有效措施不断加强证券监管队伍建设,并大胆起用年轻、有能力的证券监管工作骨干,不断完善优胜劣汰机制和内部激励机制。目前,监管力量正在逐步充实与壮大,监管队伍整体素质大为提高。

2.证券监管法律法规体系日益完善

法律法规体系是开展证券监管工作的法律依据和保障，自1990年中国证券市场成立以来，我国证券市场的立法工作就有条不紊地展开，在最初几年由于受客观条件等方面的制约，证券立法工作成效不大，法律法规的制定存在较大的随意性和盲目性，往往是市场出现问题后才开始出台相关法律法规，导致出台的法律法规存在较大的滞后性，给证券监管工作带来了不少困难，直到1999年7月1日《证券法》颁布实施，我国的证券监管工作才基本步入正轨。目前我国已基本形成了以证券法律为核心，行政法规为补充，部门规章为主体，涉及市场准入、持续监管、市场退出等覆盖证券市场各方面的法律法规体系。

3.证券监管力度加大，进一步强化了对违法行为的查处

《证券法》的正式实施，我国证券监管力度开始不断加强，随着2000年新《会计法》的出台，国务院发出了《关于整顿和规范市场经济秩序的通知》，在全国范围内掀起严查上市公司和会计信息造假违规的高潮。为了进一步加强证券监管工作的力度，中国证监会相继组织大量专业人员开展了稽查和执法行动。自1999年以来共立案220件，相当于1993年至1998年的总和，结案192件，对92个案件作出了行政处罚，有104家机构和270名个人受到了警告，没收非法所得、罚款、暂停执业资格或撤销从事证券期货资格等各种行政处罚，罚款总额达14.9亿元，其中2001年的证券监管力度最大，成效最显著。这充分表明，我国证券监管工作力度已大为加强，并逐步强化了违法违规行为的查处。

4.社会各界对证券监管的认识逐步提高，参与意识加强

自2000年以来，证券监管就成为各大媒体关注的焦点，ST郑百文退市大讨论更是众人皆知。随着证券市场问题的频频曝光，“加强监管”成为社会各界一致的共识。中国证监会倡议广大投资者要拿起法律武器，起诉违法者并鼓励新闻媒体积极监督，揭露违法违规行为。为提高广大投资者的自我保护、监管意识，中国证监会及下属机构办事处，各证券公司在全国掀起了声势浩大的投资者教育热潮，各大媒体更是纷纷组织力量加强证券监管方面的宣传披露。此外，建立股东代表诉讼制度，维护股东的合法权益的呼声也愈来愈高。这些都表明了我国社会各界对证券监管的认识大大提高，参与意识日益加强，我国证券监管工作正朝着良好的方向发展。

三、加入WTO后我国证券监管面临的挑战

加入WTO后，随着我国证券市场的扩大开放，证券监管工作将不断面临新的挑战，具体表现在：

1.证券监管标准有待提高

从我国证券监管工作的发展现状看，虽然近两年取得了长足发展，初步建立了有效的监管法律法规体系，监管队伍也日益壮大，但我国证券市场与国际市场存在许多制度、环境等方面的差异，与国际证券监管工作相比，我国证券监管工作尚处于初级阶段，监管标准远远低于国际水平，这就要求我国证券监管部门在有限的缓冲期内迅速提升自己的证券监管标准，以对开放后的证券市场，特别是涌入的外国证券中介服务机构、投资者实行国际化的监管。这对于我国的证券监管部门而言，无疑是一大挑战。

2.证券监管内容急需完善

目前，我国证券监管工作主要集中在上市公司会计信息“造假”、大股东侵占上市公司资产、关联交易、机构投资者操纵股价等重大违法违规行为上，而忽视了对证券公司、基金管理公司、证券交易所、证券咨询委托理财顾问、会计师事务所、资产评估机构等机构的监管。并且，由于我国目前的证券法律法规体系不健全，有些违法违规行为虽进行了查处，却无法起到应有的威慑作用。从国外的情况看，证券市场发达的西方国家不但拥有完善的法律法规体系，而且也制定了有关司法介入的框架和条款，而我国证券监管在内容的深度、广度上与国际市场监管相差甚远，因此加入WTO后，我国将面临扩充证券监管内容，完善证券监管法律法规体系的挑战。

3.证券监管对象日益复杂化

加入WTO后，我国证券市场参与主体将包括所有参与我国证券市场活动的各类机构及个人投资者，其中国外大型的共同基金、保险公司、投资银行、券商、外资上市企业等将成为主要监管对象，由于我国证券监管手段有限，监管技术有待加强，信息披露的监管和违规事件查处力度不够，这些国际性证券市场参与主体的加入，必将加大我国证券监管工作的难度。

四、国际证券监管的经验借鉴

1.国际证券监管的三大目标

证监会国际组织(IOSCO)提出的证券监管三大目标是：

①保护投资者；

②确保建立一个公平、公正和有足够透明度的市场；

③尽量减少系统性金融风险。

2.国际证券监管的原则

IOSCO提出的证券监管原则如下：

①监管机构的责任应当明确，目的性强；

②监管机构在运作上应保持独立对其职能和权力的行使负责；

③监管机构应具备足够的权力，适当的资源以及行使其职能和权力的能力；

④监管机构的工作人员应当遵循最高的职业规范，包括适当的保密标准；

⑤监管机构应该采取明晰和一贯的监管程序；

⑥自律组织应受监管机构的监管，在行使监管职责及制定任务的时候应遵循公正保密的原则；

⑦监管机构应当有全面的执法权力；

⑧外国监管机构为行使监管职责需要取证时，监管体系应允许本国(地区)监管机构向其提供协助。

五、我国证券监管国际化发展对策

加入WTO后，我国证券市场将会出现一系列的新情况和新

问题，我国必须采取国际化的发展措施，对现有的证券监管体制和功能做出适当调整，以适应这一新形势。

1.进一步完善证券监管模式

我国现有的证券监管模式是典型的集中监管模式。这种自上而下的集中监管模式的弊端是显而易见的：权力过于集中，灵活性不足，监管范围有限。加入WTO后，面对新的开放环境和更复杂的监管对象，仅依靠中国证监会的监管无疑是不够的。因此我国证券监管要充分地发挥自律监管与市场监管的作用，强化交易所、证券业协会、会计师事务所、审计师事务所、证券公司、民间监管机构的监管职能，建立多层次的监管体系。

2.加强国际证券监管组织的合作，积极参与国际证券监管体系建设

1994年，中国证监会成为国际证券监管委员会（IOSCO）的正式成员，并在该组织发挥了十分积极的作用。加入WTO后，我国证券监管部门要加大国际证券监管组织合作与协调的力度，拓展合作的空间，积极地学习和借鉴各国证券监管经验，并结合我国实情做到有法可依，由行政监管转向以法制监管为主的轨道。

3.调整证券监管的发展方向、提高证券监管标准

从近几年我国证券监管的发展趋势来看，我国证券监管的发展倾向于微观监管、国内监管及分业监管。而国际证券监管的发展趋势为放松微观管制，加大宏观监管力度，注重国内监管和国外监督的协调，强调银行业和证券业的合作监管。加入WTO后，我国证券监管的发展方向应与国际证券监管的发展趋势一致。同时，也要进一步提高证券监管的标准，唯有如此，我国证券监管才能应对加入WTO后带来的挑战，不断深化和推动我国证券监管的发展，最终走向国际化。

4.保持对外资的适度监控

加入WTO后，保持对进入我国证券市场的外国资本的适度监控，是维护我国证券市场稳定，降低证券市场整体运营风险的一项有效措施。在证券市场高度开放的条件下，加强对国际资本的监管主要有以下几项内容：一是控制好外国资本介入本国证券市场的规模和比例，它包括控制外国资本入市的总体规模；制定外国资本占有本国企业股权的最大比例；对外资投资证券市场高风险资产的规模与比例进行限制。二是控制外国资本进入本国证券市场的投向。三是控制好外国资本进入本国证券市场的时间与时机；四是加强对国际资本流动的管理，建立国际资本流动的信息披露机制和国际资信评级机制。五是建立完善的对冲基金监管体系，以加强对国际对冲基金的监管。

5.建立国际一流的证券监管队伍，提高监管能力

由于我国证券市场建设起步较晚，市场机制尚不成熟，证券监管一直滞后于市场的发展步伐，从而导致我国证券监管队伍建设十分缓慢，直至2000年全国九大稽查局的成立，这一局面才有所改变。加入WTO以后，随着我国证券市场开放的不断深入，证券监管队伍的技术水平和综合能力的要求越来越高。为此，我国证券监管部门必须加快证券监管队伍的建设，积极培育和引进国际型证券监管人才，以提升我国证券监管队伍的整体水平和开展国际证券监管的能力，应对证券市场开放的挑战。

综上所述，加入WTO后，开放证券市场对我国证券监管提出了新的、更高的要求，使我国的证券监管面临巨大挑战。面对新的市场环境，我国的证监管部门必须采取相应的战略措施，以实现证券监管的国际化发展。

VOLUME 2

第二卷

证券自律

- 证券机构自律概述
- 证券业协会自律与管理
- 机构投资者自律与管理
- 证券投资基金业自律与管理
- 证券咨询业自律与管理

第一章 证券机构自律概况

一、证券自律的涵义与内容

二、自律管理机构

三、自律机构监管制度

第二章 证券业协会自律与管理

一、证券业协会组织的自律特征

二、证券业协会对会员的自律管理

三、证券业协会自律管理职责的履行

第三章 机构投资者自律与管理

一、机构投资者自律的重要性

二、机构投资者自律途径选择

三、机构投资者投资策略的自律调整

四、机构投资者自我教育管理

第四章 证券投资基金业自律与管理

一、证券投资基金业自律的必要性

二、证券投资基金业的内部管理

三、证券投资基金的行业公约与守则

第五章 证券咨询业自律与管理

一、证券咨询业自律与管理的必要性

二、证券咨询行业自律应遵循的原则

三、证券咨询机构与从业人员自身管理

行业自律的根本目的是通过行业自我管理与约束，维护自身合法利益，推动本行业的繁荣发展。证券业的自我管理与约束，主要是通过证券交易所、证券业协会、登记结算公司等自律机构，行使行业自律职责，以促进整个证券市场主体的自律规范化发展。

随着证券市场的发展，《证券法》实行的“他律”与“自律”相结合的监管原则正在逐步实施，证券市场的监管模式正在走向市场化。特别是2001年新股发行核准制的实施，证券交易所被赋予“一线监管”的自律职责正逐步加强，证券业协会等自律机构在市场发展中的自律职能也进一步获得发挥，行业自律将促使我国证券业规范化发展再上一个新的台阶。

第一章 证券机构自律概述

一、证券自律的涵义与内容

自律， 通俗的讲就是指行为人对自己的主体行为进行自我约束，自我管理。行业自律，是商品经济发展到一定阶段的必然要求，商品生产交换的竞争使人们认识到市场公平交易的秩序与其商业利益休戚相关，为保护其共同利益而自发地组织起来，逐渐形成行业自律的规则、章程乃至成熟的行会制度(The GuiLd System)。因此，证券自律(Self-Regula-tion of securities)的基本涵义可以概括为：由证券业的有关从业人员组织起来，通过行业机构，共同制定规则，以此约束自身行为，从而实现行业内部的自我监管，保护自身利益并维护证券业的繁荣发展。

纵观各国证券自律的基本内容，一般主要包含以下三个方面：

(1)市场参与者的监督管理。主要指监督证券公司、证券登记清算机构、存管机构、基金公司、投资公司等发挥重大作用。作为上述市场参与者的联合体，这种自我监管具体表现为：注册管理或特许管理；证券从业人员的资格管理；对会员的管理。

(2)市场交易活动的监督。成熟的证券交易所都有依法，并按具体的上市标准批准证券上市的权力，也几乎都具备经政府授权或经政府批准的市场交易规则。而且，一般还存在设置于证券交易所和证券业协会中的股票与市场监视系统，通过电脑网络直接监控市场活动。比如美国证券商协会（NASD）以此系统(Stock Watch Automatic Tracking)监视 NASDAQ(全美证券商自动报价系统)和OTC市场(场外交易市场)，同时，自律组织提供所有必需的即时市场交易信息与历史数据。

(3)维护市场“三公”原则，以维护市场的公平、秩序和运作效率为出发点，处理争议并实施制裁，保护市场参与者的利益。措施主要包括：由会员出资建立经纪互保基金；由会员和政府共同出资建立市场突变的平准基金，建立风险赔偿基金等。

二、自律管理机构

自律管理机构一般由三类市场组织构成：(1)证券交易所、电子交易系统等。前者是专门从事证券交易的场所，后者虽是“有形市场”，但在组织管理上归属于有形机构。(2)证券业协会，即证券业行业自律组织。(3)证券登记、托管、清算机构。如果说证券交易所是“前台”，则其就属于“幕后”，它的存在是以证券交易为基础的，是证券活动的重要组成部分。我国证券自律管理机构主要包括证券交易所、证券业协会、国债协会、中国证券登记结算有限责任公司等。

1.证券交易所

(1)证券交易所特性

证券交易所本身不买卖证券，只是提供交易场所，其在整个证券市场的构成中，占有核心地位。它的性质及其在证券市场活动中扮演的职能角色具有多重性：它既是一个集中交易场所从而成为证券经纪的运行中心，又是由众多证券从业机构所构成的市场中介组织；既是监管上市公司、证券商和市场交易行为的第一线监管机构，又是受政府管制国家控制的证券市场主体。

(2)证券交易所职责

证券交易所作为自律管理者，管理职责主要表现在三方面：其一，实施证券上市监管和上市后的持续监管；其二，实施对会员证券商的监管；其三，监管市场交易行为，作为市场第一线监管者担负监察和查处各类不正当交易行为，在一定权限内维护市场稳定的职责。

我国证券交易所的主要职责包括：① 根据国家的法律、法规和规章制定证券交易所的业务规则，提供证券交易的场所和设施并组织监管证券交易活动；②审核批准证券的上市申请；③根据证券交易所规章对会员的证券交易活动进行监督管理，提供管理证券交易所的证券市场信息即时公布证券交易行情，对证券交易实行监控并监督上市公司信息披露等；④证券交易所集中负责场内集中交易的管理，采用会员制度，要求参与场内交易的会员遵守业务规则，提供相应的抵押金，并按规定的内容和时间向证券交易所提供其证券交易业务报告的统计资料；⑤管理会员与交易所的帐户。

2.中国证券业协会

(1)设立与宗旨

中国证券业协会是改革开放的产物,成立于1991年8月28日,总部设在北京。它实行会员制,最高机构是会员大会,它是全国证券业行业自律性管理组织,是非营利性社会团体法人。它的宗旨是,依据我国社会主义市场经济的要求,贯彻执行国家有关方针、政策和法规,发挥政府与证券经营机构之间的桥梁和纽带作用,维护市场的公开、公平、公正和有序运行,促进证券市场健康稳定地发展,加强证券业的自律管理,维护会员的合法权益,建立和完善具有中国特色的证券市场体系。

(2)会员大会

协会的最高权力机构是会员大会,会员大会每2年举行一次,必要时经常务理事会决议可临时召开。其职责是:①制定和修改协会章程,审议工作报告;②选举理事会会长、副会长、理事会理事;③确定会费的收取标准,④讨论决定协会的其他重大问题。会员大会在闭会期间,由常务理事会主持日常工作。常务理事会设理事长、副理事长和常务理事,其具体职责是:在理事会闭会期间行使理事会职责,聘任协会正、副秘书长及其他工作人员,负责筹备召开下届会员大会或理事会,并向会员大会或理事会报告工作,审查批准会员入会申请、退会申请,定期向理事会报告会员基金及会费运用情况和财务收支情况,协调解决其他重要问题等。

中国证券业协会的成立是我国证券业走向规范和全面发展的一个重要标志。随着"证券法"的实施,中国证券业协会进一步发挥着对证券市场的行业自律监管作用。

3.中国国债协会

中国国债协会是1991年8月10日经财政部和民政部批准成立的。其组织机构由会员大会、理事会、常务理事会、办事机构组成。协会会员主要由团体会员和个人会员组成。凡经国家批准成立的财政证券公司、国债服务部,以及经营国债业务的其他中介机构,承认该协会章程,执行该协会决议,均可申请加入,经常务理事会批准后即可成为正式会员。凡是从事国债发行、兑付 、流通及有关国债发展战略研究等工作的个人,均可以提出申请,经常务理事会的批准后便可以成为国债协会的个人会员。中国国债协会运用自律性管理的特点,发挥自身在行业管理中的积极作用,利用已形成的国债服务网络,把所有的国债中介机构凝聚成一个团体,使行业管理落到实处。

中国国债协会的宗旨是:在国家有关法律法规和国家财政政策的指导下,为维护国债信誉,促进国家债券业的发展,在会员之间交流债券业务经验,沟通有关债券业务的信息,并提高业务水平和国债服务质量,提高债券交易技术。在新时期里,进一步发挥行业自律的作用。

4.中国证券登记结算有限责任公司

证券登记和清算机构是证券市场的重要组成部分,证券的登记、过户、清算、交割等环节的存在使得证券交易得以最终顺利完成。概言之,他们涵盖了所谓"交易后服务"全部内容。只有上述环节的安全、高效、顺利的运行才能保证证券交易的最后完成,因此,它们与投资者的利益休戚相关。专门的证券登记和清算机构一般独立于证券交易所而设立,是不以盈利为目的的自律管理机构,由政府采取注册登记或审核批准的方式统一管理。

中国证券登记结算有限责任公司主管部门是中国证券监督管理委员会(以下简称中国证监会),公司业务接受中国证监会监管。1997年全国金融工作会议提出要改革证券交易保证金和结算制度,组建全国统一的证券市场结算体系。

随着我国证券市场的发展,现行的分散型的登记结算体制已不能适应发展的需要。上海、深圳证券交易所两套登记结算系统相互独立、互不联通成为证券市场发展的"瓶颈",而国外资本市场实行的集中统一的证券登记结算体制,已在实践中显示出明显优势。为了建立集中统一的证券结算体制,进一步防范和化解市场风险,维护证券市场的规范化发展。2001年3月30日,经国务院同意、中国证监会批准,中国证券登记结算有限责任公司在北京正式成立,集中统一的证券登记结算体系建设起来了,这标志着我国证券市场向规范化建设方面迈出了重要的一步。

中国证券登记结算有限责任公司按照市场化、规范化原则,采取有限责任公司的形式,由上海证券交易所、深圳证券交易所共同出资组建,注册资本人民币6亿元。公司内设综合管理部、登记托管部、结算部、技术部和业务发展部5个部门,沪深交易所下属的两个登记结算公司从交易所分离出来,转变为中国证券登记结算有限责任公司的分公司,公司实行董事会领导下的总经理负责制。

证券登记结算公司是专门为证券与证券交易办理存管、资金结算交收和证券过户业务的中介服务机构,同时也是一个自律管理的机构,公司不以盈利为目的。公司的业务范围包括:证券帐户和结算帐户的设立和管理、证券登记与过户、证券托管与转托管、证券和资金的清算与交收、受发行人委托办理证券权益分配等代理人服务以及中国证监会批准的其他业务。

中国证券登记结算有限责任公司实行统一的登记结算体制后,它的作用主要体现在三个方面:

各交易所分立登记结算公司,不仅与国际体系不适,而且各交易所依据各自的结算制度而制定不同的业务规则和收费标准,在给券商及投资者带不便的同时,也降低了市场运行效率。新的体制将对两个交易所原有登记结算业务进行整合,制定统一的登记结算规则和流程。这一方面方便了市场参与人的业务操作,提高了市场资源的使用效率,降低了运行成本;另一方面,避免了券商保证金重置,跨市场调拨资金头寸,提高了市场资金使用效率。

登记结算总是与风险控制相伴随,而控制风险则是登记结算体制生死攸关的大事。防范和控制风险能力较弱,是我国目前登记结算体制的一大隐患。如得不到的有效防范和控制,就会从根本上威胁到整个市场的安全。中国证券登记结算公司将根据不同风险设计出相应的防范和控制措施。比如,在控制信用风险方面,将努力实施"一手交钱、一手交货"的银贷对付(DVP)制度;在控制系统性风险方面,将建立针对整个市场的结算风险基金;在控制不可抗力风险方面,将建立异地备份系统。中国证券登记结算有限责任公司的成立,将有助于从体制上保证各种风险防范和控制制度的设立与实施。有利于投资者入市,降低开户成本。现行分散的登记结算体制,投资者与券商要付出双份的开户费。建立集中统一的登记结算体制，将来逐步实现证券帐户"一卡通"，投资者只要开一个帐户，就可以在任何一个合法的证券交易所进行交易。同时，在任何一个交易场所进行的交易，可以在同一登记结算系统内进行清算，大大降低交易成本。

而且，统一的登记结算系统以它具有的拓展性和前瞻性为市场的进一步发展提供了空间，它将有力地支持市场的不断创新发展，适应国际化的需要，不断发挥其在中国证券市场中的重要作用。

三、自律机构监管制度

我国自律管理机构是随着我国证券市场的发展而发展起来的，在证券监管上我国实行政府监管与自律管理相结合的原则。由于我国证券市场属于新兴的发展市场，因此我国现行的自律机构监管制度，是指以证券交易所、证券业协会、国债协会及中国证券登记结算有限责任公司等。为机构主体的政府集权控制的管理制度，它具有"政府主导"的、"强干预性"的、"严格管制"的制度特征。

1.自律机构监管制度特征评价

我国证券市场在本身上归属于新兴的发展市场，我国自律机构监管制度具有鲜明的特征。主要包括以下几个方面：

(1)集中管理模式。证券交易市场的整体结构目前定位于完全集中的场内交易市场和集中的重直管理模式，即全部证券交易（除部分国债品种外）统一集中在上海、深圳两家证券交易所交易，形成两所分立并存的格局，柜台交易市场开始建立。并且，两所由中央政府和中国证监会集中统一监管，在设立上，采用特许制，审批权归于国家最高行政机关即国务院。

(2)自律职权窄小。证券交易所自律管理职权范围狭小，上市管理权实际上由政府监管机构掌握，对于上市公司收购和公司持续信息公开的监管权实由中国证监会行使，证券交易所只拥有有限的上市公司持续信息披露的监督权，一定的会员管理权、严格法规约束下的集中竞价交易的具体规则制定权，以及有限的技术性停牌与临时停市决定权(呈报中国证监会)，并且，对于交易市场的异常情况与波动，证券交易所的管制权限较为有限，现行的自律机构监管制度有鲜明特征：更多强调事务而非权利。证券协会的自律职能范围同样较为窄小，基本上是出于辅助政府监管的需要。随着2001年新股发行核准制的实施，证券交易所被赋予的"一线监管"的职责逐渐加强。

2.自律机构监管制度实施的合理性

我国证券市场属于一个尚处发展期的证券市场，制度的完全市场化只适应于成熟的资本市场。我国采用现行自律机构监管制度具有其内在合理性，主要表现在以下几方面：

(1)从制度的基础来看。外国成熟资本市场的经验表明，自律管理诞生的制度基础是市场经济制度长期发展的结果。我国处于经济体制转型时期，历史与体制的原因制约了自律管理制度的形成与发展。而且，过去市场经验证明，如果缺少强有力的政府管制，在地方利益和自身利益驱动下很难履行自律管理职责，因而，会带来过度竞争状态的自律管制放松的风险，产生过度投机行为，导致市场的不稳定。也就是说，现阶段我国证券市场在一定程度上的确缺乏自律监管正常发挥其有效作用的基础。

(2)从制度的实施目标来看。我国现阶段证券市场监管一个明显的特征是：政府的主导性，政府监管与自律监管相结合的原则是为监管的目标服务的。只要政府监管的目标仍然定位从发行到上市全程管理，那么证券交易所对上市公司的选择与管理机制无多大现实意义。并且，作为证券自律组织的交易所也缺少足够的权威。因此，一旦制度的实施目标没有发生改变，自律机构监管制度则必须处于从属地位，成为政府监管的必更补充。这是由证券市场发展目标决定的。

(3)从制定的实施环境看。由于我国金融机构的自我约束和风险控制能力差，法制尚不健全，且柜台交易制度刚刚实施，集中管理模式并存的格局尚在形成。虽然在2001年，随着证券市场退市机制的启动，场外交易市场的柜台交易制度日渐走向前台，但又由于电脑网络技术支撑下的交易市场形式完全可以覆盖全国，同时可促进市场统一和运作效率提高，并且退市机制的成熟发展还需要一个过程，OTC市场发展尚处于起步阶段。

3.自律机构监管制度的发展与完善

证券市场是一个动态发展的过程，自律机构监管制度也将随之而发展。新时期，证券自律机构要加强管理、强化职能、锐意革新，进一步完善自律机构监管制度，为证券市场的规范化发展提供自律管理是制度约束，创造良好的市场环境。

(1)充分发挥证券交易所的一线监管职能，适当而有序地逐步增大其监管权力。应当在法律法规上进一步细化规则，明确中国证监会、证券交易所、证券业协会、结算公司的权责分配的基础上，让证券交易所在更多方面发挥其政府监管所不可替代的作用，从而提高监管效率。

(2)坚持"以人为本"的原则，充分调动证券交易所及其人员的积极性，在扩大其实时监控权以及相关调查权、增加其自律监管自主权的同时，要采用高新科技手段，为证券交易所的正常与高效运作，提供技术支持力量，指导证券交易所根据客观实际制定更加严密的科学的自律制度，实现自律工作的制度化、程序化和规范化，提高自律效率，获取更大的自律成果。此外，在"以人为本"的理念指导下，需大量配备业务素质高的专业自律人才，充实交易所的一线监管力量，加强其自律管理能力，更进一步发挥其自律管理的作用。

(3)强化证券业协会的组织功能。我国实施的是政府监管与自律管理相结合的原则，以政府监管为主导。在证券业协会的功能还不能充分发挥到位的条件下，要首先加强培养协会对各类证券从业人员的自律管理权威，切实保障从业人员培训、考核与注册等工作组织到进行。随着2001年新股发行核准制的实施，证券中介机构在逐渐进入自主经营、责权明确、运作趋向规范的市场化运轨道后，相关法律责任加大，因此更进一步强化协会对会员机构和行业内部的自律监管，以及协会对客户与券商间关系的协调作用，使其成为政府监管的有效补充，充分发挥证券业协会的自律管理作用。

(4)进一步完善证券交易所登记结算系统和统一的结算系统

的风险防范制度。这就要求：第一、要加强对集中统一的登记结算体制的完善，借鉴国外成熟资本市场，建立登记结算服务体系，形成登记结算机构、清算银行、存管中心之间分工明确、高效安全的运作机制。使整个证券结算系统的构建与设计确保其公平、有效并减少系统风险，从而解决目前证券商保证金重置等问题，增强风险控制能力，并进一步积极防范和化解市场国际化风险；第二，建立健全相关法律法规，确立制度保障，进一步规避交易风险。要在《证券法》的基础上细化和完善风险基金和结算风险基金的设置，明确基金来源和使用的规则，加强风险管理与防范；第三，确立"技术保障"原则。应积极加强交易体系各环节与场所的技术装备，提高技术设施的安全系数，并且更进一步加强技术保障力度，防范电脑化运作中的技术性风险。

总之，我国自律机构监管机制是在我国具有"政府主导"、"强干预性"的、"严格管制"的、"市场自律"的监管制度背景下发展起来的，它的实施有较强的现实合理性，并且随着我国证券市场的不断发展，我国自律机构监管制度也将在其自身发展中不断完善，职责将更充分地得到实现，其在证券市场也将进一步发挥更大的作用。

第二章　证券业协会自律与管理

证券行业协会是证券业的自律性组织，是社会团体法人，由全体会员组成的会员大会是其权力机构，它是政府与证券经营机构之间的纽带与桥梁，加强对证券业协会的自律监管，对维护投资者和会员的合法权益，完善证券市场体系和促进证券业的规范化发展有积极作用。

一、证券业协会组织的自律特征

证券业协会属于社会团体法人，即是由市场主体自愿组织成立的从事社会公益、学术研究、行业共同利益保护和自律等活动的一种法人。证券业协会作为一个社会性行业自律组织，其具有以下主要特征：

1. 证券业协会属于社会团体法人，具备社会团体法人的属性，重要表现为：

①市场主体遵守"自愿"原则成立；

②有自愿出资成立的团体财产或者基金；

③组成成员共同制定团体的章程；

④以自己的所有财产承担民事责任；

⑤不以营利为目的。

2.成立必须具备一定的条件

证券业协会作为一个社会团体，它必须具备以下条件：

①依法成立；

②有必要的财产或者经费；

③有自己的名称、组织机构和场所；

④能够独立承担民事责任。

3.证券业协会是自律性组织

所谓自律，是指由协会会员通过订立章程对协会进行自我管理和自我约束，主要表现为对业内会员的监督与约束，从而促进本行业的规范化发展。

4.证券业协会必须有会员

《证券法》规定，证券公司必须加入证券业协会。同时，其他会员可以是证券登记结算机构、证券交易服务机构、有关的社会中介组织，也可以是这些机构和组织的从业人员。除证券公司之外，其他会员都遵守"自愿"原则入会。

二、证券业协会对会员的自律管理

加强对会员的自律管理是证券业协会工作的重要内容。自律管理的加强，可从以下几个主要方面展开：

1.深化协会会员管理理念

《证券法》实施以来，中国证券业协会对证券公司的自律管理职能正在逐步加强。《证券法》明确规定了参与资本市场的各个主体的权利与义务，证券公司应当在法律许可的范围内从事发行活动，但是对证券公司发行承销资质和信誉缺乏具体的约束，因此对会员的管理在理念上必须强化，要消除部分证券公司在业务经营上主要依赖于地方政府，对行业组织无认同的观念，发挥行业自律在弥补立法监管和行政监管的不足这一作用，形成证券业协会与证券公司（会员）良好互动的关系，进一步推进会员自律管理工作的进展。

2.强化协会会员的权利与义务

证券业协会的自律管理，要求进一步强化会员的权利与义务，协会会员享有以下权利：①有选举权和被选举权、会员会议表决权；②享有对协会的工作提出批评与建议权；③有向协会提出维护其合法权益不受损害的权利；④优先参加协会组织的各种活动；⑤有权享有协会提供的各种服务；⑥有请示退会的权利等。

协会会员依法享有权利的同时，也应履行下列义务：①遵守协会章程、协会规章制度及各项决议；②服从协会的协调事务；③积极参加协会组织的各项活动，承办协会交办的事宜；④按协会规定提供经济、金融证券信息及统计资料；⑤按规章缴纳会费；⑥协会规定的其他义务。

协会还根据需要吸收证券市场管理部门有关领导及从事证券研究及业务工作的专家、学者成为个人会员。个人会员的权利为享受协会提供的各种服务，参加协会举办的各项活动，获取协会提供的各类信息资料等。个人有接受咨询、参加论证、审校书刊等义务。。

3.进一步落实信誉评分制度

中国证券业协会发布了《信誉主承销商考评试行办法》(以下简称《办法》)([2001]21号)与《信誉主承销商信誉积分规则》。这是中国证券业协会自成立以来行使行业自律职能，规范券商业务的最实质性举措，是证券业行业自律的重要一步。证券业协会发布《规则》公告的主要内容包括：

(1)关于考评积分办法，《办法》规定了各个考评部分信誉积分在信誉总积分中的权益分别为：中国证券监督管理委员会(以下简称中国证监会)考评部分占20%；发行人考评部分占20%；基金管理公司考评部分占10%；律师事务所考评部分占15%；会计师事务所考评部分占15%；证券公司考评部分占20%。

(2)关于考评组织方式，各考评主体要根据《信誉主承销商考评试行办法》和《信誉主承销商信誉积分规则》自行制定切实可行的考评组织实施办法。《信誉主承销商信誉积分规则》公布后，中国证券业协会将对以后各年度的具体考评工作作出安排。

(3)关于考评工作的基本要求，则更严格按照《信誉主承销商考评试行办法》、《信誉主承销商信誉积分规则》和中国证券业协会组织制定的各相关办法，进行加分或减分。

可以说，证券业协会颁布《信誉主承销商考评试行办法》，是其行业自律职能正在逐步加强的实质性体现，《办法》的颁布表明《证券法》实行的“他律”与“自律”相结合的监管原则正在逐步实施，证券市场的监管手段和方式正在走向市场化。

三、证券业协会自律管理职责的履行

证券业协会的职责是指协会的对内对外的职权和责任，是证券业协会自律的主要内容。因此，要加强证券业协会的自律，则必须强化其职责履行。

1.证券业协会职责自律规定

《证券法》中对证券业协会应履行的职责有明确规定，主要包括以下几个方面：

(1)协助证券监督管理机构教育和组织会员执行证券法律、行政法规；

(2)依法维护会员的合法权益，向证券监督管理机构反映会员的建议和要求；

(3)收集整理证券信息，为会员提供服务；

(4)制定会员应遵守的规则，组织会员单位的从业人员的业务培训，开展会员间的业务交流；

(5)对会员之间、会员与客户之间发生的纠纷进行调解；

(6)组织会员就证券业的发展、运作及有关内容进行研究；

(7)监督、检查会员行为，对违反法律、行政法规或者协会章程的会员按规定给予纪律处分；

(8)中国证监会赋予的其他职责。

2.对代办股份转让的自律管理

中国证券业协会应依法履行自律性管理职责，为此，于2001年6月11日发布了《证券公司代办股份转让服务业务试点办法》(以下简称《办法》)，对代办股份转让服务业务进行监督管理。

《办法》规定，当股份转让公司有重大违法行为，发生影响股份转让的重大事件时，中国证券业协会有权依法做出暂停转让的决定。这是证券业协会依法履行自律性管理职责的重要体现。同时，证券业协会负责人还就试点期间加强股份转让的监督做出了以下安排：

(1)加强代办券商一线监督的作用，加强对挂牌公司的监督和投资价值分析，规范股份转让公司信息披露行为，并及时向投资者提示风险。同时要切实履行代办协议，对于股份转让公司不遵守协议，代办券商可以暂停转让。另外，还需要充分利用营业部的信息专栏和公司网站，加强对投资者的宣传和教育，不断提高投资者的风险意识。

(2)股份转让公司必须依法进行信息披露。遵循真实、准确、完整、及时的信息披露原则。决定进行股份代办转让的公司，在正式转让前，必须披露经具有证券从业资格的会计师事务所审计的年度报告；在发布定期报告和临时重要公告时，必须提交代办券商进行合规性审查，并且应接受代办券商的监督和指导，认真对待投资者的咨询。

(3)强化对代办股份转让工作的监督管理。代办股份转让工作的监督管理，不但需要证券业协会要完善对代办券商的日常自律性管理，建立评价考核制度，而且也需进一步完善股份转让的监管手段，加大监控力度，并且针对股价异常波动，要对有关帐户进行有效地核查和监控，保持与投资者的交流与沟通。同时，根据中国证监会要求，不断改进股份代办转让工作，注意分析市场，对异常交易展开调查，及时处理，并对反馈调查信息进行效果评估。

另外，还需努力做好与新闻媒体，特别是指定报刊的沟通与协调。要坚持公正、平衡的原则，客观公正地报道股份转让的有关情况，及时、充分地揭示市场风险，防止片面追求新闻效应的误导性宣传，从而更好地发挥信息对称性效应。

3.制定行业自律公约

证券市场的整体发展，一个重要动力就是行业自律的推动。证券业是一个科技与信息含量丰富的市场，行业自律的作用尤为重要，保持证券市场的健康发展，这需要加强行业公约的自律规范作用。

证券行业协会2000年制定了禁止在股票发行过程中不正当竞争的行业公约。对证券发行以及证券商的承销业务进行了自律性规范。通过禁止在股票发行过程中不正当竞争行为的行业公约，禁止“过桥融资贷款”。证券业协会对行业公约还将继续有效地执行。对违反证券业协会有关规定的，要进行行业谴责，并对证券公司管理人员规定，如果3年内受到证券业协会处罚，则不得担任证券公司的高级管理人员。行业公约在自律规范中，也推进了佣金制度改革的进程。同时还应注重以下几点：

①设立管理人员岗位培训、专业人员持续培训、行业发展专题培训这三条主线，加强对证券从业人员的培训力度，提高证券从业人员的整体素质，并拟定对全国2500个证券营业部负责人进行培训和考试，现在着手拟定培训大纲，每年证券分析师40个小时的后期培训工作将在全国展开，并确定2001年岗位培训的重点为营业部正副经理；

②继续制定自律规则，颁布证券业务指引，使证券业务指引能真正起到行业自律规范作用；

③证券业协会属下的证券分析师专业委员会在2001年建立上市公司说明会制度，积极组织上市公司说明会，配合中国证监会加强对上市公司信息披露的监管，主要是针对年报的内容，由证券分析师在上市公司说明会上提出问题，上市公司代表做出解释与答复。可通过这种形式进行上市公司现场信息披露；

④证券业协会还将努力健全自律管理体系，积极研究保护投资者利益、加快发展我国多层次的证券市场体系等方面的问题。体现证券业协会积极保护投资者利益，促进行业自身发展的自律职能。

总之，在证券市场中，加强行政监管的同时，还应该积极地发挥证券自律管理机构的作用。证券业协会在新时期里，其自律管理职能将进一步在证券市场中表现出来，证券业协会在自律管理工作中，要严格执行全心全意为会员服务的原则，积极贯彻执行中国证监会精神，从严执行规章，努力树立行业形象，充分发挥自身在行业自律中的重要作用，从而促进整个证券业的自律规范发展。

第三章 机构投资者自律与管理

目前，在一系列鼓励机构投资者发展的政策推动下，我国证券市场机构投资者比例逐步提高，我国证券市场由以散户为主体逐步转向以机构为主导，但由于还处于从散户时代向机构时代过渡的时期，因此机构投资者在管理层的监管下，加强自身的发展与自我约束，显得尤为重要，这是证券市场进一步规范化发展的客观要求。

一、机构投资者自律的重要性

随着我国证券市场的发展，投资者获得了长足进步与发展，但是在进一步发展过程中，投资者还存在许多负面因素，因而强化投资者自律，消除负面因素尤为重要。

(1) 有明确的法律法规规定的从事股票交易权利的法人，即证券公司和证券投资基金管理公司存在的问题有：

①综合实力较弱，缺乏规模，并且部分证券公司仍然没有完成保证金清理工作，资产流动性差；

②法人治理结构不完善，内控机制不健全；

③基金管理公司运用证券投资基金进行的证券投资活动和证券公司的证券交易自营活动，还存在部分恶性违规、违法犯罪的行为；

④部分从业人员缺乏“市场经济中的金融业是服务行业”的正确观念，混淆了特许资格和特权的关系，不懂得在市场经济条件下不存在法外特权，从而导致证券违法违规行为的发生。

(2)按照《证券法》和相关法规可以参加股票交易，但操作受到限制的法人即属“三类”企业的机构投资者，其还存在一些问题，具体表现在：

①法人治理结构不完善，内控机制不健全；

②入市资金存在利用信贷资金和募股资金的情况；

③缺乏金融证券人才和充分的证券交易市场经验；

④不正常的关联交易普遍存在，如：法人在银行开设资金帐户，然后利用个人身份证在证券机构开设股票帐户等，虚买虚卖、内幕交易、操纵市场的欺诈行为比较严重。

(3)“三资”企业、私营企业、未上市非国有控股的股份制企业，还有社团法人等，有关问题表现在：

①缺乏以何种方式参与股票交易等相关法规规定或权利义务规定不具体；

②有相当一部分从事证券投资活动的法人由个人或家族控制，存在缺乏外部约束等情况；

③入市资金来源不明。从已暴露的案例看多是信贷资金和非法的私下借贷资金，此类“地下基金”通常会导致市场操纵行为的发生，并且机构投资还存在对市场、上市公司基本面的研究薄弱，投资策略缺乏理性等问题，因此，要求其调整投资策略，加强投资策略的科学合理性，而且更需要执行自律管理与自我约束，推动整个证券市场的健康规范化发展。

二、机构投资者自律途径选择

机构投资者的自律，须结合证券监管与证券市场运行体系的现实，对有关可行性操作方式要进行科学的分析，一般地，以下几条途径可以加强机构投资自律。

（1）制定科学的市场准入制度。随着证券市场的发展，机构投资时代的到来，机构投资者的市场运作行为的自律规范，先应通过适当的政策引导，鼓励其自律。特别是在市场准入的过程中，从业人员的准入资格管理是自律规范的重点，面对市场种种的不规范现象，单靠行政性监管是不够的，合理的方式应是借鉴外国金融机构法人制度，并按照目前的证券法律法规，修改完善机构投资者准入规则，增加对机构投资者规范行为的市场评价机制，采取市场化的方式，进行机构投资者有效的市场准入自律。

（2）以国际公司治理结构为参照，强化机构投资者内部自律与管理。随着我国证券市场的发展，证券市场许多违法违规事件暴露出来，中国证券监督管理委员会（以下简称中国证监会）及地方各级证券监管部门对此采取了一系列监管措施，并会同其他执法部门强化监管手段，不断加大对证券违规和证券犯罪行为的打击力度。与此相应的是，市场迫切需要树立信誉高、运作规范、自律意识强、可为他人直接参照的机构投资者样板。而机构投资者应以《公司法》为基础，以国际公司治理结构的最新理论和实践为参照，建立科学的公司治理结构，完善内部控制制度，树立严格自律意识，完善自我约束机制。不但要自我规范证券认购行为和证券交易行为，而且更需强化对证券投资行为负有直接法律责任的高级管理人员的资格管理，企业上市筹资、证券投资基金的发行上市等要进一步加强证券筹资活动及其相关信息披露行为的自身约束，并接受监管者引导，完善财产制度，自律规范信用与契约关系，形成代客理财、代人操作的良好服务机制。

（3）建立"自律投资人"自愿登记制度。随着证券市场机构投资者的发展，以前从特定的机构范围内选定从事证券特许业务的非市场模式必将打破。做为证券监管部门，应当提供良好的市场评价机制，鼓励机构投资者自愿规范其投资行为，在其获得特许资格之前，就自愿接受证券监管部门、证券交易所的监管和社会舆论的监督，证券监管部门要打破以往形成的部门壁垒，将资格特许制度平等地拓延到各类市场投资主体，同要强化市场监督，建立一整套符合市场化方向的激励机制和约束机制，以自律投资人注册登记制度为基础，改革新股发行中的战略投资人制度、证券公司和基金管理公司的筹建审批制度，以及考虑设计证券资产运用代理制度等，这是机构投资者自律管理的重要途径。

三、机构投资者投资策略的自律调整

机构投资者的发展主要体现在投资者的投资策略上，在证券市场中，机构投资者要获得更进一步的发展，必须要注重自身投资决策的研究调整，加强投资决策方面的自律与管理。针对市场运行环境的变化，投资策略的自律调整主要体现在以下几个方面：

（1）坚持"基础研究"。基于证券市场法律、法规、制度和政策的变化，上市公司信息披露监管的加强，股市稳定逐步加强，换手率的降低以及个人投资者投资理念的进步，机构投资者应该努力坚持"基础研究"的原则，加强自律研究管理，特别是我国已经加入WTO，证券市场的逐步开放需要机构投资者更加注重于市场基础研究工作。研究宏观经济、法规政策、行业变化、国外证券市场发展变迁，以及成熟的机构投资者市场运作模式及先进科学的管理方式等，正确把握市场大趋势，挖掘未来市场热点板块；深入了解公司基本面，并进行深入的投资可行性分析与投资效益预测等，注重长期投资；而且随着股指期货等创新型投资工具的出现，应更重视股指期货、法人股方面的研究，从而创造证券市场新的投资契机，开发出新的投资效益增长点。

（2）注重理性投资与波段操作。由于集中资金做庄变得相对困难和风险加大，大资金要注重分散投资、组合投资，把握市场趋势，进行波段操作。具体来说，要作如下调整：

一是重视理性投资。随着市场机构投资者不断增多，因而不可避免地造成机构与散户的博弈转向机构与机构的博弈。要更加注重宏观经济和上市公司的基本面分析，投资于经营业绩稳定而成长性的企业，长期持有而取得投资收益。

二是科学组合投资。经过多年发展，我国股市的系统性风险已经明显下降了。有关分析认为，当前我国证券市场系统风险已经下降至30%~40%，即经过有效组合可以规避其中的60%~70%。因此，随着机构投资者日益增多，合理的投资组合将成为机构投资者防范风险的重要方式之一。2001年公布的年第二季度的36只基金投资组合表明，基金的投资取向已经发生了重大变化，投资趋向分散，基金选股更加注重业绩和股本扩张能力。

（3）要进行金融资本与产业资本的对接。即所谓一级市场与二级市场相结合。对于资本实力雄厚的机构投资者（不包括目前的金融机构），可以更多地参与实业投资或收购上市公司股权，充分调配各种要素，合理利用市场资源，使风险可以分散，并能攻守兼备。同时，还要坚持"以人为本"。

（4）机构投资者投资行为更趋向自律理性。在投资决策自律的基础上，机构投资者的行为方式、选股偏好、持股周期等都应自律理性化。这要求做好以下几个重要方面的工作：

①注重内部风险控制，挖掘个股内在投资价值；

②进行组合投资，以中长期投资为主流投资，逐渐摒弃做庄行为与过度投机行为；

③投资选择上，注重收益稳定、稳定性好的大蓝筹股，抛弃以前的不炒绩优蓝筹股、专炒绩差亏损股的投资行为，这样，机构投资者投资行为的自律理性将宣告过度投机的历史终结，机构投资者将迎来理性的机构投资时代。

四、机构投资者自我教育管理

加强机构投资者的自我教育管理、自律约束，主要是通过以中国证监会为领导核心的投资者教育体系的创建，来进行自我教育管理，自律不断发展。中国证监会以及有关部门，要采取以下主要措施，加强对(机构)投资者的教育管理：

1.**强化监管机构的教育职能。**

监管机构由于其自身的权威地位，能够协调投资者教育活动，整合投资者教育资源；是可以直接处理投资者的举报、投诉，使投资者教育中的权益保护教育更容易落到实处，因此可从以下几个方面来加强对投资者的教育管理工作：

(1)设立专门法规，提供投资者教育依据。要通过立法，制定类似于英国金融服务与市场法的专门法，规定监管部门负有促进投资者对我国金融体系全面了解的法定职责。其中既包括让投资者了解不同投资产品或投资交易的风险和收益，还应向投资者提供相应的信息和咨询，这种咨询的目的是向投资者提供财务计划的一般性信息和建议，帮助投资者了解什么样的投资产品或服务可以实现他们的计划，有哪些选择，以及这些选择的利与弊。而机构投资者一定要加强上述问题的学习研究工作。

(2)设立专门的投资者教育机构。在监管部门中设立类似于美国投资者教育与协助办公室，或类似于英国消费者关系部的专门机构，专职负责投资者教育工作。而做为专职机构，它的开展投资教育的理念应为：良好的投资者教育是对投资者权益的最好保护，投资者教育是保护投资者权益的重要途径，所有活动安排都应围绕这个理念来进行。作为政府机构，为协调、整合全国的投资者教育活动，可以建立一个由投资咨询机构、证券公司、政府、投资者组成的“投资者教育论坛”。论坛定期集合，协调各个组织所进行教育活动，研讨在开展教育活动中遇到的各种问题及拟采取的策略等，为加强自我教育与管理，作为机构投资者理应配合、参与专职机构开展的教育活动。

2.**制定长期投资者教育战略。**

投资者教育是一项系统工程，需要有众多的组织和机构共同参与和合作来承担这项工程。投资者教育又是一项任重道远的事业，顺利开展这项事业，应该制定长期的投资者教育战略，明确各个投资者教育机构的定位、职能、近期目标及远期目标，以及教育内容和教育方式的选择、人力物力的投入等。为做好教育战略实施的调研工作，顺利开展投资者教育，监管机构应主持做好两项重要调查项目：一是关于投资领域投资者教育现状的调查，目的是了解在社会上有哪些投资者教育资料，在哪些方面还存在不足地方，并提出一些建议，如：建立投资者教育资料中心数据库；采取措施加强全国投资者教育工作的协调整合；研究系统评估投资者教育资料质量的办法；制定投资者教育工作的一般指引；对投资者教育的焦点问题进行深入研究。二是对投资者教育机构和投资者现状的调查。调查采用抽样分析的方式，并把这一结果做为制订投资者教育策略的重要依据。

在上述调查的基础上，监管机构制定并向社会各界公布一份投资者教育战略纲要咨询文件，广泛征求社会各界的意见和建议。而作为机构投资者，应明确定它自身的学习目标和自身定位。具体内容为：A.通过投资者教育促进自我对不同投资产品或服务性质的了解；B.提高自我对投资产品或服务进行比较并做出理性决定的能力；C.提高自我预防欺诈的能力；D.提高自我在遇到问题时采取相应行动的能力和意识。根据投资者定位与目标，监管机构应把自己的投资者教育功能定位为：A.向投资者提供信息和建议，帮助他们了解自身的投资需求并做出明确的投资决策；B.告诫投资者注意证券市场上的欺诈行为，并提出如何避开的建议；C.向投资者宣传他们的正当权利；D.普及投资者的金融及证券常识；E.告知投资者监管机构的职责以及何处可以获得进一步的信息等。

总之，随着我国证券市场的发展与壮大，机构投资者的自身发展与自律管理的不断深化以及自我教育管理工作的深入，机构投资者在我国证券市场的重大作用与强势地位将进一步体现出来。

第四章 证券投资基金业自律与管理

随着证券市场与整个证券投资的基金业发展，证券投资基金业自律提上日程，2001年10月份《证券投资基金行业公约》与《证券投资基金从业人员执业守则》的出台，标志着证券投资基金业自律进入了一个新的阶段。

一、证券投资基金业自律的必要性

我国证券投资基金起步于1991年，到1997年全国只有75只基金，整个基金业规模实力较小，经过几年的发展，基金业获得了长足进展，在证券市场中发挥着越来越重要的作用。但是，目前证券基金业还存在制度、机制等方面的缺陷，客观上需要加强自律。

1.基金发行机制滞后，相关制度尚不完善

基金发行采用审批制，在一定时期里促进了基金的发展，但随着整个证券市场的发展，这种带有浓厚的政府色彩的机制已不适应市场化的需要，其弊端主要体现在抑制了基金管理公司的积极性与创造力，不利于管理创新能力的提高，市场效率与市场竞争力难以提升，由此容易导致市场运作的不规范操作。而且，由于《证券投资基金法》还处于草拟阶段，相关的法律法规框架尚没有建立起来，整个证券基金业缺乏有效的法律法规环境，在这种机制约束力较弱的状况下，强化行业自律，则显得尤为重要。这不仅有利于基金管理人在基金运作过程中，自觉遵守职业操守，严格加强自我管理与约束，提高资金运作与投资收益，从而维护资金持有人的应有利益，而且还会抵制违反市场秩序的行为，形成基金管理人相互监督的有利局面。

2.基金管理公司与托管公司责任不明确，自律性的薄弱影响了资金运作效率的提高

投资基金当事人有基金发起人、基金管理人和基金托管人等。基金投资权益顾问、会计师、律师等视为相关人士。我国基金发起人基本上属于银行、信托投资公司、证券公司和保险公司，其中大部分是非银行金融机构。基金管理人主要是信托投资公司，此外还包括证券公司和由人民银行分行批准设立的基金管理公司，而银行及所属信托投资公司充当基金托管人的比例较高。事实上，从上述这些基金及基金托管人特点看，有许多方面 与《证券投资基金管理暂行办法》还存在差距，基金当事人之间的相关责任与义务还不够明确，而且在实践运作中所体现的行业自律性也不强，这种状况无疑不利于基金业的管理与发展。

3.基金业的市场化运作程度较低

这种状况的存在，非常需要行业自律来激发市场竞争活力。虽然自2000年以来，我国基金业获得了较大发展，基金业的市场化程度大大提高，但从总体情况看，由于我国基金业现在尚处垄断经营状态，市场缺乏有利于竞争因素与空间，这从本质上反映了基金业整个行业的市场化运作效率较低，具体表现为：基金管理公司仍收取较高的固定管理费用，而与业绩挂钩的费率较低，这种收费方式使基金管理人和基金持有人之间所应承担的风险及收益极不对称，无法形成有效的竞争机制和激励机制，从而不利于促进基金市场化运作水平的提升。

4.基金业的服务中介体系落后，难以为基金提供高效的服务

我国的基金服务中介机构，尤其是评估机构缺乏，且没有形成一套有效的基金评估体系，不能对基金进行全面、高效的评估。目前所有的基金评估都倾向于净值增长指标，而忽视风险因素以及基金的决策程度和决策质量等管理方面的指标。这使得我国基金业无法从整体上提升自己的经营管理水平，投资者无法对基金投资价值作出正确判断，不利于基金业的持续稳定的发展。

二、证券投资基金业的内部管理

加强基金内部管理，是基金管理人在投资运作中防范基金负面影响的基本举措。加强基金内部管理，主要应从以下几个方面入手：

1.明确投资定位

基金管理人是接受基金持有人委托而从事基金资产的管理运作，因此，基金管理人在投资运作中必须要正确定位。加强自我约束与管理，为基金持有人谋取各种合法合规的收益、维护基金持有人的合法权益。由于基金持有人将资金委托给基金管理人运作不是一个短期行为，因此，基金管理人为基金持有人谋取合法利益、维护其权益也不能是一个短期行为，受此制约，基金管理人在组合投资中，就必须有效地将基金持有人的短期利益与长期利益统一起来，避免因短期投资风险过大而影响了长期收益的增加。

2.明确自身的职责

基金管理人受托而经营基金资产，其基本职责在于为基金持有人谋取较高的投资收益(例如高于公司债券率)，而不在于谋取高于股市平均收益的投资回报，因此，基金管理人在投资运作中不应担负过度的盈利目标，但如果不能明确自身的基本职责，则有可能在一味追求超高投资收益的驱使下，放弃自我约束与管理，从而造成不规范的投资行为，甚至违法犯罪。从这个意义上说，明确自身职责，加强自律，回避投资风险是需要认真重视的。

3.注重社会效益

基金管理人的直接目标是管理运作好基金资产，为基金持有人获取合法的权益,保护其合法收益。但世间各种行为和现象彼此联系,因此,基金运作不仅应充分考虑到基金持有人的利益,而且应当注意某一投资行为可能给经济社会带来的影响。事实上,注重社会效益的一个根本要求就是加强当事人的自我的约束与管理。因此,对某一投资战略,可能给基金持有人带来较大收益,但同时可能给经济社会带来较大负面影响时,基金的投资动作应当特别慎重抉择,因为,经济社会的稳定发展,是各种经济活动(包括证券投资)的基本前提,一味追求一时高收益而影响了经济社会的稳定,将给基金的后续投资造成损失,结果是得不偿失。

4.强化信息披露

由于多方面因素的制约,基金持有人中的每个人很难详尽地了解和把握基金管理人对基金资金的动作状况,要增强基金持有人对基金管理人的监督约束力度,一个重要的途径是通过信息披露来提高基金管理人对基金资产运作的透明度,因此基金管理人要坚持"三公"原则,及时、准确、完整地按照有关制度要求定期披露运作信息和基金资产信息。基金管理人必须定期披露投资运作中的规范化状况,如是否存在利用内幕信息进行交易的行为,是否存在操纵股价的行为,是否存在泄露组合投资信息的行为等 。

5.明确投资战略

基金管理人运作基金资产由一系列持续展开的组合投资构成,股市状况是一个日新月异的过程,在这种条件下,把握好投资运作的独立性至关重要,因此,需要有明确的投资运作战略。这种战略的形成不仅需要依靠基金管理人中的各类专业人员的共同努力,而且需要借助社会各方面的力量,投资战略一旦确定,就应当持续贯彻,不应因股市走势的暂时变化(或股市舆论的暂时变化)而随意修改或放弃。

三、证券投资基金的行业公约与守则

我国证券投资行业自律目标是为了提高证券投资基金从业人员的职业道德和自律意识,维护基金投资人的合法权益,树立基金业的良好形象,提高行业技术水平和服务质量,促进基金业健康、稳定发展,实现行业发展的目标。为此,2001年10月,中国证券业协会制定并发布了《证券投资基金行业公约》和《证券投资基金从业人员执业守则》。

1.证券投资基金的行业公约

证券投资基金的行业公约主要是要求基金公司必须以基金投资人利益为出发点,取信于基金投资人、市场和社会,严格遵守国家法律法规、基金公约和委托管理协议等规定,以规范的运作、专业的管理、稳健的经营,树立基金业良好的形象,维护公众对基金的信心,并确保公开披露的信息真实、准确、完整和及时。具体内容如下:

(1)以基金投资人利益为出发点,以取信于基金人、取信于市场、取信于社会为宗旨,坚持诚实信用、"公平、公正、公开"原则,自觉维护证券市场健康稳定发展;

(2)严格遵守国家法律法规,以及监管部门的有关规章;

(3)严格遵守基金契约和托管协议等法律文件的规定;

(4)严格自律管理、规范经营行为,建立完善的内部管理制度、内部控制制度和员工行为规范;

(5)与监管部门积极配合、通力合作,保证基金监管工作的顺利开展;

(6)以规范的动作、专业的管理、稳健的经营,树立基金企业的良好形象,维护公众对基金的信心;

(7)确保公开披露的信息真实、准确、完整和及时;

(8)关注公众对基金投资行为的评议并接受基金监督,及时根据证券交易制度的调整修正基金运作中的投资交易行为;

(9)加强从业人员的培训和管理,提高从业人员业务素质和职业道德水平;

(10)致力于基金的宣传及投资者教育,共同培育基金市场;

(11)倡导成员间以多种形式进行经验交流,团结协作、互相促进,共同发展;

(12)提倡公平竞争,维护行业声誉,严格禁止下列行为:

①违反证券交易制度和规则,扰乱市场秩序;

②贬损同行,以抬高自己;

③从业人员为自己或与本人有利害关系的他人买卖股票;

④以不正当手段谋求业务发展;

⑤有损基金业形象的行为;

⑥其他法律、法规和中国证监会禁止的行为。

2.证券投资基金的执业守则

证券投资基金的执业守则主要是要求从业人员应公开诚实对待基金和基金投资人,依法保障基金投资人的合法权益,确保向基金投资人提供的信息真实、明确、完整和及时;应以基金资产投资的保值增值为目标,进行规范管理;严格遵守投资规程,有效控制风险,以专业经营方式管理和保管基金资产。明确禁止基金从业人员故意损害基金投资人及其他同业机构、人员的合法权益等行为。具体内容包括以下几条:

(1)基金从业人员执业操守。坚持"遵纪守法、诚实信用、勤勉尽责、自律自强"16字方针。

(2)基金从业人员行为准则。

①遵守有关法律法规、监管部门规定、基金契约,以及行业公认的职业道德和行为规范;

②坚持"公平、公正、公开"原则,公平对待基金和基金投资人,依法保障基金投资人的合法权益;

③以基金资产的保值增值为目标,以取信基金投资人、取信于市场、取信于社会为宗旨,规范管理、忠于职守,自觉维护证券市场的正常秩序;

④诚实对待基金投资人,确保向基金投资人提供的信息真实、准确、完整和及时;

⑤勤勉、谨慎、尽责地履行职责;

⑥严格遵守基金投资规程,有效地控制投资风险,以专业经营方式管理和保管基金资产;

⑦遵守工作纪律,对具备资格和能力处理的事项提供意见;

⑧保守基金、基金投资人及本人所在公司的商业秘密;

⑨热爱本职工作,努力钻研业务,不断提高专业技能;

⑩团结同事,协调合作,优质高效地完成本职工作。

(3)珍惜基金业的职业荣誉,自觉维护本行业及所在公司的声誉。

(4)禁止下列行为:

①违反证券交易制度和规则,扰乱市场秩序;

②故意损害基金投资人及其它同业机构、人员的合法权益;

③违反基金契约、托管协议等有关法律文件;

④信息披露不真实、有误导、欺诈成分;

⑤泄露在任职期间知悉的有关公司、基金的商业秘密;

⑥为自己或与本人有利害关系的他人买卖股票;

⑦玩忽职守,滥用职权;

⑧越权或违规经营;

⑨以不正当手段谋求业务发展;

⑩其他法律、法规和中国证监会禁止的行为。

目前在我国,投资基金业的发展还处于初级阶段,基金操作还存在许多不规范,良好的行业发展环境还没有完全形成,因此,要进一步加强证券基金业的行业自律,提高证券投资从业人员的职业道德与自律意识,提高行业技术水平与服务质量,从而促进整个基金业的健康有序发展。

第五章　证券咨询业自律与管理

证券咨询业是一种以专门的知识、信息、技能和经验为资源,帮助投资者对某一投资项目进行分析、论证,提供投资方案及建议,降低投资风险,提高投资收益水平的知识服务性产业。证券咨询业的行业自律要求证券咨询机构与从业人员以诚信为基础,加强自身的约束与管理,这是证券市场发展中的自律的客观要求。

一、证券咨询业自律与管理的必要性

加强证券咨询业自律与管理,对证券咨询行业和证券市场的健康发展,对保护投资者尤其是中小投资者的利益,无疑具有重大的作用,加强证券咨询业的自律与管理的必要性主要体现在以下几个方面:

1.有利于证券投资咨询业务的规范化

随着证券市场的不断成长壮大,证券投资咨询行业也蓬勃发展起来。毋庸置疑,证券投资咨询行业在普及证券知识,帮助广大投资者把握投资机会,回避市场风险等方面起到了不可或缺的作用。但是,由于我国的证券投资咨询行业起步较晚,是一个新兴行业,在管理制度与具体运作方面还存诸多缺陷与漏洞。如有些机构或个人自身不具备证券投资咨询业务资格,却向广大投资公众就证券市场、证券品种的走势、投资证券的可能性进行分析,预测或建议,结果对市场造成了不良影响。再如,有些面向广大投资公众进行证券投资咨询业务的人员只是挂名证券投资咨询机构而并未专职在证券投资咨询机构工作,证券投资咨询机构难以对其进行有效的管理。为此,2001年10月份中国证券监督管理委员会(以下简称中国证监会)颁布了《关于规范面向公众开展的证券投资咨询业务行为若干问题的通知》,这一证券咨询业的自律性规范法规实施后,有助于完善《证券、期货投资咨询管理暂行办法》及其实施细则,在很大程度上有利于消除证券投资咨询业务的不规范现象。

2.有利于提高证券投资咨询工作质量

目前证券投资咨询行业中不进行深入研究看图说话的现象仍然较为普遍,这是证券投资咨询工作质量不高的一个重要原因。而证券投资咨询业是知识服务性产业,不但要求从业人员学历高、知识面广,而且更要求其专业性强面向行业专家型转化。我国目前已经实行持证上岗制度,明确规定从事这一行业的人员需要大学本科以上学历,并要有一定的从业经历。但是以目前在市场上活跃的某些"股评家"来讲,由于经常要应付各种各样的约稿、股评、讲座等,因而较少能仔细地进行调查、分析、研究,只是凭历史的图形对个股的未来趋势发表建议,这样的股评难以收到科学的效果。针对分析师自我管理欠佳,行业自律漏洞较多的局面,证券咨询公司应视规格而定,制定各自的研究方向,加强研究项目的管理，积极参加行业内培训。同时，还应尽快建立起行业内评价体系，对于注册证券分析师定期进行资格评价，并进行评级，推出我国的名牌专业分析师，2001年10月份出台的《关于规范面向公众开展的证券投资咨询业务行为若干问题的通知》，对证券投资咨询机构及其执行人员预测证券市场、证券品种的走势或对投资证券的可行性建议提出了充分性要求。这将促使证券投资咨询机构及其执业人员对证券市场和证券品种进行深入细致的研究，从而有助于提高证券投资咨询工作的质量。

3.有利于清除害群之马，改善行业形象，维护投资者的利益

目前，在证券投资咨询业中，管理层给予证券咨询公司能够从事的“正当业务”只有证券投资咨询，但目前市场上多数咨询业务都是免费的，由于缺乏足够的生存空间，经营者只有在夹缝中寻找“灰色收入”来填补咨询的漏洞，没有较多的精力搞实地考察研究，从而制约了咨询行业向更深层次发展。同时，对于“灰色收入”这样的非规范性业务，管理层也难以监督管理，从而造成了目前市场的混乱，各种人员在其中为着各自的目的而损害投资者利益，这些证券投资咨询行业中的害群之马，违背了证券投资咨询行业公认的客观公正、诚实信用的原则，往往主观臆断地以虚假信息、内幕信息或者以市场传言为依据向投资者提供分析、预测或建议，从而对广大投资者产生误导。而且，更有极少数证券投资咨询机构或其执业人员与庄家一起，披着证券投资咨询的外衣，进行违法违规活动，损害了广大投资者的利益，扰乱了证券市场秩序，严重败坏了证券投资咨询行业的声誉，在社会上造成极其恶劣的影响。《关于规范面向公众开展的证券投资咨询业务行为若干问题的通知》所制定的执牌上岗、禁止行为和执业回避以及处罚规定，有助于清除证券投资咨询行业中的害群之马使其无立足之地，这有利于纯洁证券投资咨询队伍，改善证券咨询业行业形象，维护广大投资者的利益。

二、证券咨询行业自律应遵循的原则

现在我国证券市场面临的重要问题是诚实信用问题，作为证券市场的服务机构，证券咨询机构就是投资者的“外脑”，其职能是对证券投资操作遇到的问题，如投资机会的选择等，进行客观的评价和论证，给投资者提供建议，帮助投资者降低风险或获得最大投资收益，可以说，诚信是证券咨询机构遵循的基本法则。

但在实际操作中，一些证券咨询机构受经济利益的驱使，成为“庄托”，欲凭借庄家的资金支持而扩大其知名度。目前，对大部分咨询机构而言，甚至要收取来源于理财工作室的手续费返还或委托理财利润分成，咨询资格只是拓展业务的一种工具。有些咨询机构甚至允许一些不具备咨询资格的人员有偿使用公司品牌在这种情况下咨询机构根本无法保持诚信。为提高理财工作室的交易量，不管市场行情如何，一律怂恿或暗示客户频繁操作，为吸引客户或委托理财资金，鼓吹利好即将来临，或者炮制模拟交易而达到极高的投资回报，以诱导投资者的加入。他们往往对自己或客户持有的股票不分场合地推荐，甚至不惜捏造事实而导致股价异常波动。这种违背市场“公开、公平、公正、公信”原则的行为，不但扰乱了证券咨询业秩序，而且也造成了对证券市场的不良响。因此，市场需要诚信，证券咨询业需要诚信，需要以诚信为基础的行业自律。证券咨询业行业自律要明确以下三方面内容：

1.要明确树立行业的职业道德规范，以诚实信用作为每个从业人员必备的道德品质，用以约束自己的行为

这就要求在培养和使用证券投资分析人员的开始就要高标准、严要求，严格把握个人的基本素质和综合素质两大关，同时对每个从业人员所在的投资咨询公司来说，要大力改善现在多数专业投资咨询公司规模偏小，内部管理机构不完善的局面以及目前相对偏多、偏杂的状态。而且，要树立品牌形象意识，塑造典范，在以后可以大力扶持大型的专业投资分析咨询机构，建议可按证券地区的划分来着重培养若干家(区)的权威性和信誉性都较高的公司。

2.证券分析师要加强自我约束与管理

证券投资咨询行业虽也有其行业的特殊性，不可能绝对避免在进行分析研判过程中的片面性和主观性，但对近期的“银广夏”事件，其中确实有一些证券投资咨询人员为其充当了不光彩角色。虽然，客观上也不排除当前市场环境“诚信”不足也是影响证券分析师准确判断的重要因素，但是如果证券分析师能以对公众投资者高度负责的精神，对于投资分析、预测及咨询服务相关的问题进行全面、详尽、深入的调查研究，类似这样的一些重大虚假问题是能够及早被发现和避免的。因此，证券分析师等行业内从业人员除了要进行必要的业务素质学习和再教育培训活动以外，还需要结合目前中国证监会开展的投资者教育活动，开展一系列的从业人员职业道德行为规范的后续教育，进一步加强从业人员的诚信、高度责任感的思想素质教育，如可实行定期或不定期的开展职业道德教育活动以及咨询公司之间的内部管理经验的交流研讨会等，从而在不断自我约束与管理中提高整体素质。

3.要建立健全业内管理制度，增强约束力

目前，我国在咨询机构的管理上还存在明显的缺陷。到目前为止，还没有咨询机构或个人因类似问题而受到公开的调查或处罚，因此，要尽快对有关法律法规进行修改与完善，建立和健全业内管理制度，增强约束力，使咨询机构恪守诚信原则。这方面美国的做法值得我们借鉴，在1999年和2000年的网络浪潮中，华尔街部分分析师极力推荐即将上市的网络股，为炒作推波助澜。为此，投资者进行积极维权，将一些上市公司和其承销商告上了法庭，美国国会也很快成立了一个调查委员会进行调查，一些颇具知名度的咨询机构和分析师因此受到质询。可以说，从各国对投资咨询业的管理经验来看，对从业人员特别是证券分析师的业务素质、道德品质以及从业资格的授予或撤销都有严格的规定，并且都有明确指定的负责资格认定的管理部门和严格的管理制度，其资格要求通常包括年龄、学历、工作经验、个人品德、资格考试、奖惩记录等等。相对于我国证券市场目前众多的投资咨询公司以及相对较为松散的管理，我们必须严格遵守《关于规范面向公众开展的证券投资咨询业务行为若干问题的通知》，要进一步健全业内的管理制度，增强自身约束力。

三、证券咨询机构与从业人自身管理

证券咨询机构与从业人员要遵守职业道德操守，加强自身约束与自我管理，避免在业务活动中因利益冲突而导致欺诈客户、操纵市场、误导投资者等违法违规事件发生，《关于规范面向公众开展的证券投资咨询业务行为若干问题的通知》对证券咨询机构与从业人员做出了自我约束与管理，主要包括以下几个方面：

1.遵循严格的市场准入制度

任何机构或个人就证券市场、证券品种的走势，投资证券的可行性以口头、书面、电脑网络或者中国证监会认定的其他形式向公众提供分析、预测或建议，必须先行取得中国证监会授予的证券投资咨询业务资格证书，或者证券投资咨询人员执业证书。

2.坚持客观公正、诚实信用原则

证券投资咨询机构及其执业人员从事证券投资咨询活动必须客观公正、诚实信用。具体而言，第一，不得以虚假信息、内幕信息或者市场传言为依据向客户投资者提供分析、预测或建议；第二，预测证券市场、证券品种的走势或者就投资证券的可行性进行建议时需有充分的理由和依据，不得主观臆断；第三，证券投资分析报告、投资分析文章等形式的咨询服务产品不得有不负责任的煽动性语言。证券投资分析报告、投资分析文章等形式的咨询服务产品不得有建议投资者在具体证券品种上进行具体价位买卖等方面的内容；第四，证券投资咨询机构及其执业人员应防止和杜绝媒体对其所提供的稿件进行断章取义，做有损原意的删节和修改，并且提供之日起将其稿件以书面形式保存3年。此外，证券投资咨询机构及其执业人员不得参加媒体举办的荐股“擂台赛”、模拟证券投资大赛或类似的栏目或节目。

3.进行执业回避，维护市场公信

证券投资咨询机构及其执业人员有下列情形之一的，应当作出执业回避。

(1)经中国证监会核准的公开发行证券的企业的承销商或上市推荐人及其所属的证券投资咨询机构和证券投资咨询执业人员(包括自有关证券公开发行之日起18个月内调离的证券投资咨询执业人员)，不得在公众传播媒体上刊登或发布其为客户撰写的投资价值分析报告，也不得以假借其他机构和个人名义等方式变相从事前述业务；

(2)有证券投资咨询业务资格的证券公司的自营、资产管理和投资银行等业务部门的专业人员在离开原岗位的6个月内不得从事面向社会公众开展的证券投资咨询业务；

(3)证券投资咨询机构或其执业人员在知悉本机构、本人以及财产上的利害关系人与有证券有利害关系时，不得就该证券的走势或投资的可行性提出评价或建议；

(4)中国证监会根据合理理由认定的其他可能存在利益冲突的情形。

4.进行科学建议，强化信息披露

证券投资咨询机构或其执业人员在预测证券品种的走势或对投资证券的可行性提出建议时，要进行相应的信息披露，信息披露应按以下要求进行：

(1)证券投资咨询机构或其执业人员在预测证券品种的走势或对投资证券的可行性提出建议时，应明确表示在自己所知情的范围内本机构、本人以及财产上的利害关系人与所评价或推荐的证券是否有利害关系；

(2)证券投资咨询机构需在每逢单月的前3个工作日内，将本机构及其执业人员前2个月所推荐的证券是否涉及下列各项情况，向注册地的中国证监会派出机构提供书面备案材料：

①证券投资咨询机构前5名股东、前5名股东所控股的企业是否持有相关证券；证券投资咨询机构“理财工作室”客户和其他主要客户是否持有相关证券；证券投资咨询执业人员在财产上有利害关系的企业或自然人是否持有相关证券。

②证券投资咨询机构或其执业人员是否与持有相关证券流通部分前5位的股东有利害关系；证券投资咨询执业人员所在的机构在过去18个月内是否从事了涉及其推荐证券所属企业的除担任承销商和推荐人以外的投资银行业务活动。

③证券投资咨询机构及其执业人员是否就同一证券在同一时间，向不同类型的客户做方向不一致的投资分析、预测或建议。

④证券投资咨询机构及其执业人员在从事面向社会公众开展的证券投资咨询业务活动时是否向所依托的媒体支付任何形式的费用或其他利益。

⑤中国证监会根据合理理由认定的其他可能存在利益冲突的情形。

(3)证券投资咨询机构需在每逢单月的前3个工作日内，将本机构及其执业人员前2个月向其特定客户提供的买卖具体证券建议的情况、向公众提供的买卖具体证券建议的情况，向注册地的中国证监会派出机构提供书面备案材料。

5.建立“防火墙”及相应的管理制度

对于有证券投资咨询业务资格的证券公司，应当建立起研究咨询业务与自营、资产管理和投资银行等业务之间的“防火墙”和相应的管理制度，从事面向社会公众开展的证券投资咨询业务的人员必须专职在研究咨询部门工作，并由所在机构将其名单向中国证监会和机构注册地的中国证监会派出机构备案；对于专业证券投资咨询机构，应当建立起研究咨询业务与其他证券类业务之间的“防火墙”和相应的管理制度，从事面向社会公众开展的证券投资咨询业务的人员必须专职在研究咨询部门工作，并由所在机构将其名单向中国证监会和机构注册地的中国证监会派出机构备案。

6.对于与证券咨询机构有联系的各类传播证券信息的媒体，应当遵守《关于加强证券期货信息传播管理的若干规定》，不得刊发或播发未取得中国证监会授予的业务资格证书的任何机构或个人的关于证券市场、证券品种的走势、投资证券的可行性的任何形式的分析、预测或建议类的信息。

总之，证券市场的发展，在坚持行政监管的同时，也要积极地进行行业自律与管理。加强证券咨询业自律与管理是证券市场发展的客观要求，证券投资咨询业自律要以诚信为基础，强化证券咨询机构与从业人员自我约束与管理，保证证券咨询业的健康发展，从而促进整个证券行业的进步。

VOLUME 3

第三卷 证券规范

- 上市公司的规范与运作
- 证券公司的规范与运作
- 证券交易所的规范与运作
- 基金管理公司的规范与运作
- 证券服务公司的规范与运作
- 证券从业人员任职资格与规范管理
- 法人股流通规范管理的战略措施
- 建设有中国特色的独立董事制度
- 完善中的证券民事赔偿制度

第一章 上市公司的规范与运作

一、上市公司经营管理行为的规范

二、上市公司财务报表编制的规范

三、上市公司新股发行的规范

四、上市公司信息披露的规范

五、上市公司重大购买或出售资产行为的规范

六、上市公司建立独立董事制度的规范

第二章 证券公司的规范与运作

一、证券公司的设立、组织结构、筹建与开业、变更与终止的规范

二、证券公司编制年报的规范

三、我国对主承销商承销业务的规范与管理

四、证券公司自营业务及其风险控制

五、证券公司对上市公司的辅导

六、证券公司日常行为规范

第三章 证券交易所的规范与运作

一、证券交易所设立与解散的规范

二、证券交易所职能的规定

三、证券交易所组织结构的规范

四、证券交易所经营行为的规范管理

五、证券交易所风险基金的规范管理

六、证券交易所日常行为管理

第四章 基金管理公司的规范与运作

一、设立基金管理公司申报材料的内容与格式

二、基金从业人员任职的资格要求

三、基金管理公司信息披露的规范

四、基金管理公司审核专家评议制度

五、基金投资运作的监督管理

第五章 证券服务公司的规范与运作

一、证券登记结算机构的规范与运作

二、证券投资咨询公司的规范与运作

三、证券会计、审计机构的规范与运作

四、证券律师事务所的规范与运作

五、证券资产评估机构的规范与运作

第六章 证券从业人员任职资格与规范管理

一、现阶段我国证券从业人员的现状

二、证券从业人员任职资格管理的特征

三、我国证券从业人员任职资格管理存在的问题

四、加强证券从业人员培训与任职资格管理的政策建议

五、国外证券从业人员培训与任职资格管理的经验借鉴

第七章 法人股流通规范管理的战略措施

一、什么是法人股

二、法人股流通的历史回顾与前景展望

三、目前法人股流通存在的问题

四、法人股流通的规范化措施

附:法人股流通的有关政策

第八章 建设有中国特色的独立董事制度

一、我国建立独立董事制度原因分析

二、独立董事制度在我国的成功实践

三、我国目前建立和实施独立董事制度应注意的问题

四、建立健全我国独立董事制度的战略措施

第九章 完善中的证券民事赔偿制度

一、我国证券法中民事赔偿机制的基本结构

二、完善证券民事赔偿机制的必要性

三、完善我国证券民事赔偿机制的政策建议

四、境外股东代表诉讼制度设计的经验借鉴

五、建立我国股东代表诉讼制度需要解决的问题

入世以后,证券市场将逐步开放,这给证券市场规范化管理提出了新的、更高的要求,这种要求可以总结为三个方面:一是需要有更高的监管标准;二是监管者在评价跨国界交易行为本质和特征方面需要有更强的能力;三是需要有高效、真诚、务实的国际监管交流与合作。为适应上述要求,我国必须在监管体制与功能等方面作出重大调整,确保上市公司、证券公司、投资机构等得以规范运行。

第一章上市公司的规范与运作

上市公司的质量的好与坏、高与低直接关系到证券市场的健康发展。自从中国证券监督管理委员会(以下简称中国证监会)成立以来,一直把提高上市公司的质量作为工作的重中之重。通过一系列的规范措施,使得上市公司依法运行的观念大大加强,规范化运作水平在新世纪上了一个新台阶。但我们也应该清醒地认识到,目前,有不少上市公司不同程度地改变了募集资金的用途,在参与股票交易活动中未能严格遵守有关法律法规的规定,在信息披露方面,上市公司对一些该披露的重大事项,未做披露。另外,为上市公司出具审计报告的会计师事务所及其注册会计师存在着未能严格执行现行会计制度和审计准则的问题。

中国证监会颁布一系列的规范措施,其目的是推动上市公司能规范运作,督促上市公司合理使用募集资金和及时准确地进行信息披露,提高上市公司的透明度,依法监管注册会计师客观公正地对上市公司财务报表进行审计,以切实保护投资人利益,促进证券市场健康、稳定和持续发展。

一、上市公司经营管理行为的规范

为规范上市公司经营管理行为，加大对上市公司监管的力度,规范上市公司经营管理行为,维护广大投资者的切身利益。中国证监会先后颁布实施了《上市公司检查制度》、《上市公司董事长谈话制度实施办法》。

1.《上市公司检查制度》

中国证监会于2001年3月19日颁布实施了《上市公司检查制度》,中国证监会派出机构(也称检查机构)必须按照中国证监会统一部署组织实施辖区内的公司检查工作,制度规定:

检查时,可以根据需要聘请具有从事证券、期货相关业务资格的注册会计师、律师予以协助。检查方式分为巡回检查和专项检查。

巡回检查是例行的合规性检查,检查的内容包括:

①信息披露的真实性、准确性和完整性;

②公司治理结构的规范性;

③公司的独立性，主要检查上市公司与控股股东在人员、财务、资产等方面的分开情况;

④财务管理和会计核算制度的合规性;

⑤募集资金使用与招股说明书的一致性及变更的程序,资金管理的安全性;

⑥中国证监会认为应予检查的其他事项。

专项检查是针对公司存在的问题进行的调查核实,检查的重要内容有以下一些方面:

①有关募集资金使用情况专项检查;

②有关投资者投诉问题和舆论关注问题的专项检查;

③有关重大资产重组情况的专项检查;

④中国证监会认为应予检查的其他事项。

检查机构进行检查时,被检查公司应按要求向检查人员提供下列文件:

①公司章程及有关公司运作的各项管理制度;

②公司的股东大会、董事会、监事会的会议记录,决议文本,公司经理办公会议文件等;

③公司与控股股东在人员、财务、资产方面的关系说明;

④公司的会计报表、相关帐簿和凭证以及其他涉及会计报表的资料;

⑤公司债务情况、担保情况的说明;

⑥公司内设部门、分支机构、子公司、参股公司设置情况及图示;

⑦公司公开发行股票以来在指定报刊上公布的信息;

⑧会计师事务所提供对公司财务报告发表审计意见的工作底稿;

⑨检查操作规程中涉及的内容及其他应该查阅的文件。

检查人员进行检查时,应遵守法律、法规及其他有关规定,认真履行职责、廉洁自律,实事求是,检查工作不得干预被检查公司正常的生产经营活动,但可以对有关情况和资料进行记录、录音、照像和复印。同时,对检查过程中知悉的商业秘密负有保密责任。

有下列情形之一的,中国证监会可根据法律、法规及相关规定,视情节轻重予以处罚。

①被检查公司、接受检查的人员及被检查公司的主审会计师事务所不予以协助和配合,不如实反映情况或拒绝检查的;

②对在检查过程中发现涉嫌违反法律、法规及其他有关规定的;

③中国证监会认定的其他重大问题。

检查结果未公布前,检查人员及被检查公司、相关中介机构人员不得透露与检查结果有关的任何信息。检查机构于现场检查结束后5个工作日内向被检查公司发出检查通报，对检查中发现问题的公司,应发出限期整改通知书,要求其对存在的问题在限定期限内进行整改。被检查公司对限期整改通知书内容持有异议的,可以在收到限期整改通知书后10个工作日内向中国证监会提出申诉意见。如果有异议的,应在收到限期整改通知书1个月内向所在地中国证监会派出机构提交整改报告,整改报告应包括董事会关于整改工作的决议、对照限期整改通知书逐项落实整改措施的情况及效果。同时报送公司股票挂牌交易的证券交易所,并予以公开披露。被检查公司的整改工作应在检查机构要求的期限内完成。检查机构应跟踪监督被检查公司的整改情况,并对其整改效果出具评价意见。

2.《上市公司董事长谈话制度》

2001年3月19日,中国证监会颁布实施了《上市公司董事长谈话制度实施办法》。

为了加强上市公司监管,促进上市公司依法规范运作,保护广大投资者的合法权益,上市公司存在下列情形之一的,中国证监会应当约见上市公司董事长谈话:

①严重资不抵债或主要资产被查封、冻结、拍卖导致公司失去持续经营能力的;

②控制权发生重大变动的;

③未履行招股说明书承诺事项的;

④公司或其董事会成员存在不当行为,但不构成违反国家证券法律、法规及中国证监会有关规定的;

⑤中国证监会认为确有必要的。

中国证监会约见上市公司董事长,应按照下列程序进行:

第一,中国证监会认为有必要约见上市公司董事长谈话时,应当履行内部审批程序,经批准后方可进行;

第二,中国证监会约见上市公司董事长谈话时,应确定主谈人员和记录人员,谈话使用专门的谈话记录纸(谈话记录格式附后),谈话结束时应要求谈话对象复核、签字;

第三,中国证监会根据需要决定谈话时间、地点和谈话对象应提供的书面材料,并提前三天以书面形式通知该上市公司的董事会秘书,谈话对象确因特殊情况不能参加的,应事先报告,经同意后委托相应人员代理,中国证监会认为必要时,可以要求上市公司其他有关人员、上市公司控股股东的高级管理人员、相关中介机构执业人员参加谈话,谈话对象不得无故拒绝、推托;

第四,中国证监会在约见谈话时,主谈人员应确认谈话对象的身份,宣布谈话制度、谈话目的,告知谈话对象应当真实、完整地向主谈人员说明有关情况,并对所说明的情况和作出的保证承担责任;

第五,谈话对象应对有关情况进行说明、解释,并提供相应说明材料,对公司情况说明不清、说明材料欠完备的,应当限期补充,谈话对象不得作出虚假陈述或故意隐瞒事实真相。

如果谈话对象对谈话所涉及的重要事项说明不清,提供的材料不完整,在限期内又未能进行充分补充的,或经中国证监会两次书面通知,谈话对象无正当理由不参加谈话的,中国证监会可以对其进行公开批评。谈话对象在谈话中虚假陈述或故意隐瞒事实真相的,或在执行谈话制度中发现上市公司或高级管理人员有违法行为的,中国证监会将视其情节轻重依据有关规定对其进行查处。谈话记录将作为进一步调查的证据。谈话记录有下列内容:

(1)谈话时间;

(2)谈话地点;

(3)谈话人;

(4)记录人;

(5)谈话对象;

(6)上市公司名称;

(7)通讯地址;

(8)邮编;

(9)上市公司董事长;

(10)姓名;

(11)电话;

(12)传真;

(13)谈话事由;

(14)谈话内容。

中国证监会应该为谈话和整改情况建立专项档案,做为上市公司董事长及其他高级管理人员是否忠实履行职务的记录。中国证监会的谈话人员,应遵守法律、法规及有关规定,认真履行职责,对在谈话中知悉的有关单位和个人的商业秘密负有保密义务。未经许可,参加谈话人员不得透露与谈话结果有关的任何信息。

三、上市公司财务报表编制的规范

上市公司的财务报告是广大投资者投资分析的重要工具,上市公司财务报表编制的规范对稳定证券市场意义十分重大。上市公司能否及时、全面、真实、准确地做好财务报表编制工作,直接关系到股东的权益能否得到合理的保障以及投资者能否获得客观、公正的投资决策信息。为了保障投资者的切身利益,中国证监会对上市公司季度报告和年度报告的编制应进行规定,具体包括:

1. 对季度报告编制的规范

为了强化上市公司信息披露的及时性和真实性,进一步提高上市公司信息披露水平，中国证监会制定并于2001年4月6日颁布实施了《公开发行证券的公司信息披露编报规则第13号--季度报告内容与格式特别规定》(《简称特别规定》)，《特别规定》指出：季度报告的编制应注重披露公司所发生的重大事项。一般不重复已披露过的信息。对在前一定期报告或临时报告中披露过的重大事项只需注明该报告刊载的报刊，互联网网站的名称与刊载日期。公司在编制季报中的财务资料时，应遵循以下规定：

(1)财务数据应以人民币千元或万元为单位。

(2)无需披露财务数据与指标。

(3)无需披露完整的财务报表，但应披露简要的合并利润表与合并资产负债表。简要合并利润表包括的项目主要有：主营业务收入、主营业务利润、其他业务利润、期间费用、投资收益、营业外收支净额、所得税与净利润。上述数据应按报告期、年初至报告期期末数分别披露，上年同期数无需披露；简要合并资产负债表包括的项目主要有流动资产、长期投资、固定资产净值、无形资产及其他资产、资产总计、流动负债、长期负债、少数股东权益与股东权益。上述数据应按年初、报告期期末数分别披露。

(4)在财务报表附注部分，需披露如下内容：①与前一定期报告相比，会计政策、会计估计以及财务报表合并范围的重大变化及影响数；②季度财务报告采用的会计政策(主要指对不均匀发生费用的确认、计量等)与年度财务报告的重大差异及影响数；③应纳入财务报表合并范围而未予合并的子公司及未合并原因。

2.对年报编制的规范

对年报编制的规范，具体而言包括以下一些内容：

(1)按照中国证监会《关于规范上市公司行为若干问题的通知》要求，上市公司应将以税后利润派送红股和公积金转增股本予以明确区分。

(2)新上市的公司，若财务报表数据中包含新股申购冻结资金利息，披露时应扣除新股申购冻结资金利息的各项财务数据和财务指标。

(3) 公司在编制财务报表时应严格执行财政部的有关规定，并注意以下问题：

①新上市公司，其当年新股申购冻结资金的利息，应在财务报表附注中予以说明；

②地方财政部门对公司所得税实行全额征收、比例返还政策的公司在编制财务报表时，对会计科目的处理，应当书面征得省级财政部门的同意，并在财务报表附注中予以说明；

③公司在报告期内因收购兼并或资产重组而使被合并对象的所有者权益全部转移到上市公司的，应当确立合并基日。合并当事人应就合并前后被合并单位的资产、负债、收益的变化，提出具体的处理意见，并按照法定程序履行各方产权所有者批准程序。有关的会计科目处理，应当以财政部现行的有关规定为准。并在财务报表附注中予以说明；

④财务报表附注中“在建工程”的附注，应当注明在建工程的利息资本化金额。

(4) 在境外证交所上市的公司以及在境内发行外资股的公司，其会计核算应遵循财政部颁布的最新会计准则。

三、上市公司新股发行的规范

为了保障广大投资者的合法权益和社会公共利益，根据《公司法》、《证券法》及其它相关法律、行政法规的规定要求，中国证监会于2001年2月15日发布了《上市公司新股发行管理办法》(以下简称《管理办法》)，该《管理办法》对上市公司的新股发行进行了规范。具体包括以下几方面：

1.新股发行的条件及应注意的事项

《管理办法》规定：上市公司申请发行新股，除了应符合《公司法》、《证券法》规定的条件外，还须满足下列具体要求：

(1)公司章程符合《公司法》和《上市公司章程指引》的规定；

(2)股东大会的通知，召开方式、表决方式和决议内容符合《公司法》及有关规定；

(3)本次新股发行募集资金用途符合国家产业政策的规定；

(4)本次新股发行募集资金数额原则上不超过公司股东大会批准的拟投资项目的资金需要数额；

(5)不存在资金、资产被具有实际控制权的个人、法人或其他组织及其关联人员占用的情形或其他损害公司利益的重大关联交易；

(6)公司有重大购买或出售资产行为的，应当符合中国证监会的有关规定；

(7)具有完善的法人治理结构，与对其具有实际控制权的法人或其他组织及其他关联企业在人员、资产、财务上分开，保证上市公司的人员、财务独立以及资产完整；

(8)中国证监会规定的其他要求。

上市公司有下列情形之一的，中国证监会不予核准其发行申请：

①最近3年内有重大违法违规行为的；

②招股文件存在虚假记载、误导性陈述或重大遗漏的；

③擅自改变招股文件所列募集资金用途而未作纠正，或者未经股东大会认可的；

④存在为股东及股东的附属公司或者个人债务提供担保行为的；

⑤公司在最近3年内财务会计文件有虚假记载、误导性陈述或重大遗漏；重组中进入公司的有关资产的财务会计资料及重组后的财务会计资料有虚假记载、误导性陈述或重大遗漏的；

⑥中国证监会认定的其他情形。

担任主承销商的证券公司对以下事项应引起高度注意，并在尽职调查报告中予以说明：

(1)存在对公司经营能力和收入有重大影响的关联交易；

(2)与同行业其他公司相比，公司重要财务指标如应收帐款周转率和存货周转率异常，可能存在重大风险；

(3)公司现金流量净增加额为负，且经营性活动所产生的现金流量净额为负，可能出现支付困难；

(4)公司曾发生募集资金的实施进度与原招股文件所作出的承诺不符，募集资金投向变更频繁，使用效果未达到公司披露的水平；

(5)公司本次发行筹资计划与本次募集资金投资项目的资金需要及实施周期相互不匹配，投资项目缺乏充分的论证；

(6)上市公司前次发行完成后，效益显著下降，或利润实现数未达到盈利预测的80%；

(7)公司最近3年未有分红派息，董事会对于不分配的理由未作出合理解释；

(8)公司缺乏稳健的会计政策；

(9)公司资金大量闲置，资金存放缺乏安全和有效的控制，或者大量资金用于委托理财；

(10)公司资产负债率过低，通过股本融资会导致公司财务结构更加不合理，或公司缺乏明确的投资方向，资金可能出现剩余；

(11)公司或有负债数额巨大，且存在较大风险；

(12)公司存在重大仲裁或诉讼；

(13)公司内部控制制度存在较大缺陷；

(14)公司可能不具备可持续发展的能力，经营存在重大不确定性；

(15)公司最近1年内因违反信息披露规定及未履行报告义务受到中国证监会公开批评或证券交易所公布谴责；

(16)公司董事会未履行其向全体股东所作出的承诺；

(17) 公司未按照中国证监会及其派出机构发出的限期整改通知书的要求完成整改。

2.新股发行程序与审核事项

上市公司自提出发行申请至新股发行前，发生《证券法》第62条规定重大事件，以及《管理办法》第11条规定的重点关注事项，应该及时通过主承销商，并在2个工作日内将上述情形报告中国证监会和证券交易所，同时对发行申请予以修改，如需提请股东大会批准的，董事会应该及时召开股东大会。

上市公司董事会决定聘请主承销商事宜，主承销商进行尽职调查后，应就新股发行方案与董事会取得一致意见，并同意向中国证监会推荐上市公司发行新股。

上市公司申请发行新股，应该按照中国证监会的规定编制提交发行申请文件，并依法就下列事项作出决议：

(1)董事会应当就本次发行是否符合《管理办法》、具体发行方案、募集资金使用的可行性、前次募集资金的使用情况作出决议，并提请股东大会批准。

(2)股东大会应当就本次发行的数量、定价方式或价格(包括价格区间)、发行对象、募集资金用途及数额、决议的有效期、对董事会办理本次发行具体事宜的授权等事项进行逐项表决。

股票发行审核委员会(以下简称“发审委”)依法审核上市公司新股发行申请，中国证监会根据发审委的审核意见依法作出核准或不予核准的决定。发行申请经中国证监会核准后，上市公司应当与证券交易所协商确定新股发行上市的时间及登记等具体事项。

上市公司增发的具体操作，应当按照中国证监会的有关规定进行。在确定股票发行价格之前，上市公司可以向投资者发出招股意向书，招股意向书应当载明：“本招股意向书的所有内容均构成招股说明书不可撤销的组成部分，与招股说明书具有同等法律效力”。主承销商和上市公司根据投资者的认购意向确定发行价格后，编制招股说明书，并同时报中国证监会备案。发行申请未获核准的上市公司，自中国证监会作出不予核准的决定之日起6个月内不得再次提出新股发行申请。

3.新股发行应承担的法律责任

有下列情形之一的，中国证监会应给予公开批评，并责令其改正。

①为上市公司发行新股提供服务的中介机构未按中国证监会的规定履行勤勉尽责义务的；

②上市公司和承销商在发行信息公开前泄露有关信息的；

③上市公司和承销商在增发中参加配售的机构投资提供财务资助或补偿的；

④金融类公司以外的上市公司将募集资金投资于商业银行、证券公司等金融机构的。

上市公司增发完成后，凡不属于公司管理层事前无法预测且事后无法控制的原因，利润实现数未达到盈利预测的，上市公司董事长、公司聘请的注册会计师、担任主承销商的证券公司法定代表人、业务负责人和项目负责人应当在股东大会及指定报刊上公开作出解释；利润实现数未达到盈利预测80%的，如无合理解释，上述人员应当在指定报刊上公开道歉；未达到盈利预测50%的，中国证监会对有关上市公司给予公开批评，自作出公开批评之日起2年内，不再受理该公司发行新股的申请。

四、上市公司信息披露的规范

上市公司信息披露应当履行以下基本义务：一是及时披露所有对上市公司股票价格可能产生重大影响的信息；二是确保信息披露的内容真实、准确、完整，没有虚假、严重误导性陈述或重大遗漏。上市公司董事会全体成员必须保证信息披露内容真实、准确、完整，没有虚假、严重误导性陈述或重大遗漏，并就其保证承担连带赔偿责任。上市公司公开披露的信息包括年度报告、中期报告和其他临时报告。公司及其董事、监事、高级管理人员不得泄漏内幕信息，不得进行内幕交易或配合他人操纵证券交易价格。

上市公司公开披露的信息必须在第一时间报送证券交易所，证券交易所根据有关法律、法规、规章对上市公司公开披露的信息进行形式审核。上市公司在信息披露前，应当按照证券交易所要求将有关公告和相关备查文件提交证券交易所。

上市公司公告如果出现错误、遗漏或误导，证券交易所可以要求公司作出说明并公告，公司应当按照要求办理。

上市公司应当将公司承诺事项和股东承诺事项单独摘出呈送证券交易所备案，并在定期报告中专项披露上述承诺事项的履行情况。上市公司未履行承诺的，董事会应及时详细披露原因以及董事会应承担的法律责任；股东未履行承诺的，上市公司董事会应及时详细披露具体情况，并说明董事会所采取的措施。

上市公司存在或正在筹划收购、出售资产、关联交易及其他重大事件，应当遵循分阶段披露的原则，履行以下信息披露义务：

(1)在该事件尚未披露前,董事和有关当事人应当确保有关信息绝对保密;如果该信息难以保密,或者已经泄露,或者公司股票价格已明显发生异常波动时,上市公司应当立即予以披露。

(2)上市公司就上述重大事件与有关当事人一旦签署意向书或协议,无论意向书或协议是否附加条件或附加期限,上市公司应当立即予以披露。与此同时,如果上述协议发生重大变更、中止或者解除、终止的,上市公司应当及时予以披露,说明协议变更、中止或者解除、终止的情况和原因。

(3)上述重大事件获得有关部门批准的,或者已披露的重大事件被有关部门否决的,公司应当及时予以披露。

上市公司公开披露的信息应当在至少一种指定报纸上公告,按照规定应当上网披露的,还应当在指定网站披露。在其他公共传媒披露的信息不得先于指定报纸和指定网站。上市公司不得以新闻发布或答记者问等形式代替公司的正式公告。

在法制健全的证券市场上,公开披露的信息成为上市公司与广大投资者,市场监管者之间的主要交流内容,有利于保障证券市场的公平、公正和高效运行。上市公司应当配备信息披露所必要的通讯设备和计算机等办公设备,保证计算机可以连接国际互联网和对外咨询电话的畅通。

五、上市公司重大购买或出售资产行为的规范

为了规范上市公司重组行为,支持上市公司通过重组提高资产质量,维护投资者合法权益,证监字[2000]75号文件对上市公司重大购买或出售资产的行为作了如下规定:

1.上市公司重大购买或出售资产的界定

所谓上市公司重大购买或出售资产的行为是指上市公司购买、出售或置换资产达到下列标准之一的情形:

(1)收购或出售的资产总额占上市公司最近经审计后总资产的50%;

(2)收购或出售资产净额占上市公司最近经审计后总资产的50%;

(3)收购或出售资产相关的利润占上市公司最近经审计后利润的50%。

2.上市公司实施重大购买或出售资产的行为应遵循的程序

一般地,上市公司实施重大购买或出售资产的行为遵循的程序如下:

(1)上市公司董事会对有关事宜进行可行性研究,并按照有关法律、法规和证券交易所股票上市规则的要求履行信息披露义务。

(2)上市公司董事会聘请具有证券从业资格的会计师事务所、律师事务所和财务顾问对有关事宜进行认证并出具意见。

(3)董事会就有关事宜进行审议并形成决议;监事会对董事会履行诚信义务情况进行监督并发表意见。

(4)董事会应当在形成决议后2个工作日内向证券交易所报告,并将该决议及中介机构和监事会的意见一并公告。同时,按照本通知附件的要求,向中国证监会及上市公司所在地的中国证监会派出机构报送备案材料。监管机构要求补充有关材料的,董事会应在召开股东大会前及时补充并作出公告。

(5)股东大会就有关事宜进行审议并形成决议。董事会应就上市公司重组后是否产生关联交易或形成同业竞争等问题向股东大会提交单独议案。上市公司应当聘请具有证券从业资格的律师,对股东大会的合法有效性出具意见。

(6)股东大会审议通过后,上市公司实施有关购买或出售资产的计划。

(7)有关购买或出售资产过户手续完成后,上市公司应聘请具有证券从业资格的律师事务所对实施结果出具法律意见,并将该法律意见与过户手续完成情况一并及时公告。该法律意见书应当与其他相关文件共同备置于公司,供投资者查阅。

上市公司在股东大会作出有关购买或出售资产决议后仍未完成有关手续的,应立即将实施情况报告证券交易所并公告。此后每30天应当公告一次,直至完成有关购买或出售资产过户手续。

3.上市公司进行重大购买或出售资产交易时,如果交易对方已与上市公司控股股东就直接或间接受让上市公司股权事宜向上市公司推荐董事事宜达成协议,那么上市公司所实施的该项购买或出售资产的交易属于关联交易,应执行有关法律法规或规则中关于关联交易的规定。与此同时,交易对方在上市公司达成或出售资产的协议时,必须立即向中国证监会和证券交易所报告其拟受让股权的情况并公告。

上市公司实施重大购买或出售资产交易后,应当保证上市公司的持续经营能力,保证上市公司与控股股东人员、资产、财务上分开。在资产重组完成后6个月内,上市公司应按照有关法律法规的要求,向中国证监会及上市公司所在地派出机构报送规范运作情况的报告。

4.上市公司购买或出售的资产占上市公司总资产70%以上,按规定必须聘请具有主承销商资格的证券公司进行辅导,辅导的内容和报告程序应当参照中国证监会对公开发行股票公司进行辅导的规定执行。如果上市公司重组效果良好,运作规范的,可以在重组完成一年后提出配股或增发新股的申请,其重组前的业绩可以模拟计算。如果上市公司重组后不符合上市条件的,中国证监会将按照有关法律、法规的规定作出暂停或终止上市的定。

六、上市公司建立独立董事制度的规范

所谓上市公司独立董事是指不在公司担任除董事外的其他职务,并与其所受聘的上市公司及其主要股东不存在可能妨碍其进行独立客观判断的关系的董事。它对上市公司及全体股东负有诚信与勤勉义务。独立董事应当按照相关法律法规和《公司章程》、《关于在上市公司建立独立董事制度的指导意见》的要求,认真、独立履行职责,维护公司整体利益,尤其要关注中小股东的合法权益不受损害。独立董事原则上最多在5家上市公司兼任独立董事,并确保有足够的时间和精力有效地履行独立董事的职责。

一般而言,上市公司董事会成员中应当有1/3以上为独立董

事,其中应当至少包括1名会计专业人士。如果独立董事出现不符合独立性条件或其他不适宜履行独立董事职责情形的,上市公司应按中国证监会的要求补足独立董事人数。上市公司应当保证独立董事享有与其他董事同等的知情权,提供独立董事履行职责的必需的工作条件。独立董事行使职权时,上市公司有关人员应当积极配合,不得拒绝,阻碍或隐瞒,不得干预其独立行使职权。对上市公司建立独立董事制度的规范具体包括以下内容:

1.独立董事任职资格要求

担任独立董事应当符合下列基本条件:

(1)根据法律、行政法规及其他有关规定,具备担任上市公司董事的资格;

(2) 具有《关于在上市公司建立独立董事制度的指导意见》(以下简称《指导意见》)的要求的独立性;

(3)具有上市公司运作的基本知识,熟悉相关法律、行政法规、规章及规则;

(4)具有5年以上法律、经济或者其他履行独立董事职责所必需的工作经验;

(5)公司章程规定的其他条件。

按照有关规定下列人员不得担任独立董事:

(1) 在上市公司或者其附属企业任职的人员及其直系亲属、主要社会关系(直系亲属是指配偶、父母、子女等;主要社会关系是指兄弟姐妹、岳父母、儿媳女婿、兄弟姐妹的配偶、配偶的兄弟姐妹等);

(2) 直接或间接持有上市公司已发行股份1%以上或者是上市公司前10名股东中的自然人股东及其直系亲属;

(3) 在直接或间接持有上市公司已发行股份5%以上的股东单位或者在上市公司前5名股东单位任职的人员及其直系亲属;

(4)最近1年内曾经具有前3项所列举情形的人员;

(5)为上市公司或者其附属企业提供财务、法律、咨询等服务的人员;

(6)公司章程规定的其他人员;

(7)中国证监会认定的其他人员。

2.独立董事的提名、选举和更换的规定

(1)上市公司董事会、监事会、单独或者合并持有上市公司已发行股份1%以上的股东可以提出独立董事候选人,并经股东大会选举决定。

(2) 独立董事的提名人在提名前应当征得被提名人的同意。提名人应当充分了解被提名人职业、学历、职称、详细的工作经历、全部兼职等情况,并对其担任独立董事的资格和独立性发表意见,被提名人应当就其本人与上市公司之间不存在任何影响其独立客观判断的关系发表公开声明。在选举独立董事的股东大会召开前,上市公司董事会应当按照规定公布上述内容。

(3)在选举独立董事的股东大会召开前,上市公司应将所有被提名人的有关材料同时报送中国证监会、公司所在地中国证监会派出机构和公司股票挂牌交易的证券交易所。上市公司董事会对被提名人的有关情况有异议的,应同时报送董事会的书面意见。

中国证监会在15个工作日内对独立董事的任职资格和独立性进行审核。对中国证监会持有异议的被提名人,可作为公司董事候选人,但不作为独立董事候选人。在召开股东大会选举独立董事时,上市公司董事会应对独立董事候选人是否被中国证监会提出异议的情况进行说明。

对于本《指导意见》发布前已担任上市公司独立董事的人士,上市公司应将前述材料在本《指导意见》发布实施起1个月内报送中国证监会、公司所在地中国证监会派出机构和公司股票挂牌交易的证券交易所。

(4) 独立董事每届任期与该上市公司其他董事任期相同,任期届满,连选可以连任,但是连任时间不得超过6年。

(5)独立董事连续3次未亲自出席董事会会议的,由董事会提请股东大会予以撤换。

除出现上述情况及《公司法》中规定的不得担任董事的情形外,独立董事任期届满前不得无故被免职。提前免职的,上市公司应将其作为特别披露事项予以披露,被免职的独立董事认为公司的免职理由不当的,可以作出公开的声明。

(6)独立董事在任期届满前可以提出辞职。独立董事辞职应向董事会提交书面辞职报告,对任何与其辞职有关或其认为必要引起公司股东和债权人注意的情况进行说明。

如因独立董事辞职导致公司董事会中独立董事所占的比例低于本《指导意见》规定的最低要求时,该独立董事的辞职报告应当在下任独立董事填补其缺额后生效。

3.独立董事必须对上市公司重大事项发表独立意见

按照有关规定,独立董事应当对以下事项向董事会或股东大会发表独立意见。

(1)提名、任免董事;

(2)聘任或解聘高级管理人员;

(3)公司董事、高级管理人员的薪酬;

(4)上市公司的股东、实际控制人及其关联企业对上市公司现有或新发生的总额高于300万元或高于上市公司最近经审计净资产值的5%的借款或其他资金往来,以及公司是否采取有效措施回收欠款;

(5)独立董事认为可能损害中小股东权益的事项;

(6)公司章程规定的其他事项。

独立董事就上述事项发表意见有以下几类:a、同意;b、保留意见及其理由;c、反对意见及其理由;d、无法发表意见及其障碍。如果有关事项属于需要披露的事项,上市公司应当将独立董事的意见予以公告,独立董事出现意见分歧无法达成一致时,董事会应将各独立董事的意见分别披露。

第二章 证券公司的规范与运作

证券公司是指根据《公司法》、《证券法》和其他有关法律法规及《证券公司管理办法》批准设立的经营证券业务的金融机构。证券公司分支机构是指证券公司设立的子公司、分公司、证券营业部、证券服务部。为了加强对证券公司的监管，规范证券公司的经营，促进证券公司的发展，维护投资者利益，防范金融风险，中国证券监督管理委员会(以下简称中国证监会)统一负责证券公司的设立、变更、终止事项的审批，依法履行对证券公司的监管职能。

一、证券公司的设立、组织结构、筹建与开业、变更与终止的规范

为了加强对证券公司的管理与监督，促进证券业的规范发展，中国证监会于2001年6月20日发布了《证券公司管理办法》(征求意见稿)，就证券公司的治理与规范征求意见，从该征求意见稿的主要内容看，《证券公司管理办法》主要从以下几个方面对证券公司予以规范。

1.证券公司设立的规范

中国证监会对证券公司实行分类管理，证券公司分为经纪类证券公司和综合类证券公司两种，并按其分类颁发业务许可证。

(1)设立经纪类证券公司必须具备的条件。

①注册资本不低于人民币5000万元；

②有符合要求的营业场所和合格的交易设施；

③具备证券从业资格的从业人员不得少于20人，并应有相应的会计、法律、计算机专业人员；

④有健全的管理制度和风险控制制度；

⑤有符合规定的计算机信息系统、业务资料报送系统；

⑥有适当的内部控制技术系统和健全的内部控制制度；

⑦中国证监会规定的其他条件。

根据有关规定，经纪类证券公司可以从事以下一些业务：

①证券的代理买卖；

②代理证券的还本付息、分红派息；

③证券代保管、鉴证；

④代理登记开户；

⑤与证券经纪业务相关的证券投资咨询；

⑥中国证监会批准的其他业务。

(2)设立综合类证券公司须具备的条件。

①注册资本金不低于人民币5亿元；

②有符合要求的营业场所和合格的设施；

③有符合规定的计算机信息系统、业务资料报送系统；

④有适当的内部控制技术系统和健全的内部控制制度；

⑤自营、经纪、资产管理等业务在人员、财务、业务运行等方面具有规范的分开管理制度；

⑥具备证券从业资格的从业人员不得少于50人，并应有相应的会计、法律、计算机专业人员；

⑦中国证监会规定的其他条件。

按照有关规定，综合类证券公司可以从事下列业务：

①证券的自营买卖；

②证券的承销和上市推荐；

③证券的代理买卖；

④代理证券的还本付息、分红派息；

⑤证券代保管、签证；

⑥代理登记开户；

⑦与证券经纪业务相关的证券投资咨询；

⑧资产管理；

⑨中国证监会批准的其他业务。

(3)证券公司设立子公司应具备的条件。证券公司设立子公司必须符合《公司法》及有关法律法规的规定，并经中国证监会批准。

①证券公司申请设立网上证券经纪业务的子公司应满足以下条件：

a、必须是经中国证监会依据《证券法》规范后的证券公司；

b、网上证券经纪公司的注册资本金不低于人民币5000万元；

c、有符合中国证监会要求的网络交易硬件设备和软件系统；

d、具备证券从业资格的从业人员不少于20人；

e、有10人以上技术人员确保硬件设备和软件系统安全、稳定运行；

f、中国证监会规定的其他条件。

②证券公司申请设立资产管理子公司应满足下列条件：

a、证券公司须具备中国证监会核准的从事资产管理业务的资格；

b、资产管理公司的注册资本不低于人民币5000万元；

c、具备相应类别证券从业资格的从业人员不少于20人；

d、中国证监会规定的其他条件。

③证券公司申请设立从事证券承销、上市推荐等业务的投资银行类子公司应满足下列条件：

a、证券公司必须具备中国证监会核准的从事证券承销和上市推荐业务的资格；

b、投资银行类公司的注册资本不少于人民币1亿元；

c、具有投资银行类证券从业资格的从业人员不少于20人；

d、中国证监会规定的其他条件。

证券公司设立经营证券经纪业务的子公司，具备的条件与设

立经纪类证券公司的条件相似，证券公司申请设立从事证券投资咨询业务的子公司应根据《证券、期货投资咨询管理暂行办法》及相关规定执行。以上子公司的设立，证券公司所持的股份均不得低于51%。

(4)证券公司设立分公司应具备的条件。证券公司可按照中国证监会有关规定申请设立分公司、证券营业部和证券服务部。如果下设的分公司、证券营业部和证券服务部不具备法人资格的，其经营行为所产生的民事责任由证券公司承担。证券公司分公司是证券公司地区性的经营管理机构，按照总公司的授权从事证券业务。证券公司不得授权证券营业部或证券服务部从事其营业之外的业务。证券公司申请设立分公司必须满足下列条件：

①证券公司已设立两年以上，经营规范，一年内无违反证券监管法律法规的记录；

②分公司营运资金不少于人民币1000万元；

③综合类证券公司拨付分公司、证券营业部营运资金的总额不得超过其注册资本的50%；经纪类证券公司拨付分公司、证券营业部营运资金的总额不得超过其注册资本的80%；

④分公司具备证券从业资格的从业人员不少于10人；

⑤中国证监会规定的其他条件。

经中国证监会批准，证券公司可以依法公开发行股票、债券及其他有价证券，并且还可以从事下列投资活动：

①发生设立或参股证券投资基金管理公司；

②发起设立或参股证券投资咨询类机构；

③发起设立或参股期货公司；

④发起设立或参股境外中资类证券机构；

⑤发起设立或参股风险投资公司；

⑥发起设立或参股其他证券公司；

⑦中国证监会批准的其他投资。

证券公司的股东资格必须符合法律和法规的有关规定，有下列情形之一的公司和企业，不得成为证券公司的股东。

①依据有关法律法规或监管部门规定不能投资于证券公司的；

②申请前3年有重大违法、违规经营记录的；

③累计亏损达到注册资本50%的；

④未决诉讼标的金额达到净资产的50%的；

⑤对外累计投资超过净资产50%的(法律、法规另有规定的除外)。

2.证券公司组织结构的规范

《证券公司管理办法》规定：证券公司必须按照现代企业制度的严格要求，建立健全符合《公司法》要求的股东会、董事会、监事会制度。如果证券公司经营出现重大问题，董事会、监事会、总经理难以正常履行职能时，单独或联合持股超过证券公司总股东10%的股东应指派临时负责人，负责证券公司的日常经营，并提出处理方案报中国证监会。如果满足以上条件的股东不能履行上述职责，中国证监会可以要求其他证券公司对该公司进行托管。

此外，证券公司还须建立独立董事制度，证券公司独立董事应具备下列条件：

①《公司法》规定的董事资格条件；

②非证券公司股东单位的任职人员；

③非证券公司当前或以前3年以内的任职人员；

④与证券公司的其他董事、监事、高级管理人员、财务负责人、稽核负责人没有利益关系；

⑤不在与证券公司存在重大利益关系的机构任职；

⑥具有5年以上金融、法律或财务工作的经验，并有足够的时间和精力履行董事职责；

⑦中国证监会规定的其他条件。

证券公司出现下列情况之一时，独立董事人数不得少于董事人数的1/3：

①董事长和总经理由同一人担任时；

②内部董事占董事人数1/5以上时；

③证券公司因违法违规受到查处时；

④证券公司诚信度严重不足、可能影响客户或股东合法权益时；

⑤证券公司主管部门、股东会或中国证监会认为必要时。

证券公司审议下列事项时，应经半数以上独立董事的同意后才能生效：

①证券公司的审计事务；

②证券公司的关联交易、对外担保和质押贷款；

③证券公司的高级管理人员的任免；

④证券公司董事、高级管理人员的薪酬及其他形式的报酬；

⑤证券公司聘请或更换会计师事务所；

⑥中国证监会规定的其他事项。

从事资产管理业务的证券公司了公司，应按照证券投资基金管理公司建立独立董事制度。证券公司上市以后，应按照中国证监会有关上市公司的规定完善独立董事制度。证券公司董事会应该设立薪酬委员会、提名委员会和监察委员会。

3.证券公司筹建的规范

《证券公司管理办法》明确指出：设立证券公司、证券公司子公司、证券公司分公司，分为筹建和开业两个阶段。申请筹建证券公司，申请人应向中国证监会提交下列材料：

①申请报告；

②筹建方案；

③公司章程；

④筹建负责人名单、简历及资格证书；

⑤发起人协议或股东会决议；

⑥下属分公司、证券营业部及证券服务部进行内部控制的技术方案和制度等；

⑦股东名册及其工商执照副本复印件、出资额、出资方式、出资比例、背景材料及发起人近3年经会计师事务所审计的财务报表；

⑧具备证券业务资格的律师事务所就申请材料的合法性、真实性和完整性出具的《法律意见书》；

⑨中国证监会要求的其他材料。

上述申请材料应同时抄送拟设立证券公司或公司所在地中国证监会派出机构备案。证券公司申请筹建分公司，必须向中国证监会提交以下材料：

①申请报告；

②筹建方案；

③筹建负责人名单、简历及资格证书；

④公司《经营证券业务许可证》正、副本复印件；

⑤股东会决议；

⑥具备证券业务资格的律师事务所就申请材料的合法性、真实性、完整性出具的《法律意见书》；

⑦中国证监会要求的其他材料。

一般的，上述申请材料应同时报送拟设立分公司所在地中国证监会派出机构备案。

中国证监会按照《证券公司管理办法》对筹建申请材料进行审查，并在自收到符合要求的申请材料之日起30个工作日内将审查结果书面通知申请人。如果审查没有通过的，中国证监会应该在书面通知中注明理由，而且在1年内不再受理筹建申请。所在地中国证监会派出机构负责对筹建工作进行规范管理。筹建申请人应该自中国证监会批准筹建之日起6个月内完成筹建工作。筹建过程中，应每隔两个月向所在地中国证监会派出机构报告筹建进展情况。逾期未完成筹建的，原批准文件自动失效。遇有特殊情况需要延长筹建期限的，应该书面报告所在地中国证监会派出机构，经派出机构初审同意并报中国证监会批准，但是延长期不得超过3个月。筹建申请人完成筹建工作并经所在地中国证监会派出机构验收合格后，方能申请开业。

4.证券公司开业的规范

申请证券公司或证券公司子公司开业，申请人应该向中国证监会提交以下材料：

①开业申请报告；

②公司章程；

③拟任公司高级管理人员资格申请材料和证券从业人员的名单、简历及资格证书；

④股东会或者公司创立大会决议；

⑤股东名册及其出资额、出资方式、出资比例；

⑥内部控制技术系统、营业场所及设备、信息系统、业务资料电脑报送系统的说明材料；

⑦包括内部控制制度在内的管理制度；具备证券业务资格的律师事务所就申请材料的真实性、合法性和完整性出具的《法律意见书》；具备证券业务资格的会计师事务所出具的验资报告；

⑧所在地中国证监会派出机构验收报告；

⑨中国证监会要求的其他材料。

证券公司申请分公司开业，应该向中国证监会提交下列材料：

①开业申请报告；

②分公司主要负责人、证券从业人员的名单、简历及资格证书；

③营业场所及设备、信息系统的说明材料；

④具备证券业务资格的律师事务所就申请材料的真实性、合法性和完整性出具的《法律意见书》；

⑤包括内部控制制度在内的管理制度；

⑥具有证券业务资格的会计师事务所出具的证券营运资金审验报告；

⑦所在地中国证监会派出机构验收报告；

⑧中国证监会要求的其他材料。

中国证监会依据《证券公司管理办法》规定对开业申请材料进行审查，并在自收到符合要求的申请材料之日起30个工作日内将审查结果书面通知申请人。审查未通过的，中国证监会应当在书面通知中注明理由。证券公司、证券公司子公司、证券公司分公司开业，申请人应当持开业批准文件向中国证监会申领《经营证券业务许可证》或者《证券经营机构营业许可证》，并到工商行政管理部门办理登记注册。自注册之日起1个月内开业，逾期未开业的，原批准文件自动失效，由中国证监会收回许可证，遇有特殊情况经中国证监会同意延期开业的除外。经批准设立的证券公司及其分支机构，应在自批准开业之日起5个工作日内，由证券公司在中国证监会或其派出机构指定的报纸上公告。证券公司、证券公司子公司、证券公司分公司的筹建、开业申请事项及其他变更事项，必须聘请具备从事证券业务资格的律师事务所就其真实性、合法性和完整性出具法律意见书。

5.证券公司变更的规范

《证券公司管理办法》规定：证券公司或证券公司子公司出现下列情形之一的，需向中国证监会提出申请：

①变更公司名称、住所；

②修改公司章程；

③变更业务范围；

④注册资本的增加或减少；

⑤合并和分立；

⑥解散、撤销和破产；

⑦中国证监会规定的其他事项。

中国证监会自收到符合要求的申请材料之日起30个工作日内将审查结果书面通知申请人。审查未通过的，中国证监会应该在书面通知中说明理由。

证券公司或证券子公司可以增加或减少注册资本，申请时需向中国证监会提供申请报告，并提交下列材料：

①申请报告；

②变更注册资本方案；

③股东会决议；

④注册资本变更后股东比例；

⑤新股东名册、工商执照副本(复印件)及其拟出资额、出资方式、背景材料及经审计的连续3年的财务报表；

⑥具备证券业务资格的律师事务所就申请材料的真实性、合法性和完整性出具的《法律意见书》；

⑦中国证监会要求的其他材料。

中国证监会按照现行法律、法规和政策对注册资本金变更材料进行审查，并在自收到符合要求的申请材料之日起30个工作日内将注册资本金变更方案的审查意见书面通知申请人。审查未通过的，中国证监会在书面通知中注明理由，并在1年内不再受理其注册资本金变更申请。 申请人在中国证监会批准注册资本金变更方案之日起3个月内完成方案的落实工作，并向中国证监会报送下列材料：

①注册资本金变更完成情况报告；

②变更公司章程；

③变更的高级管理人员申请材料；

④具备证券业务资格的会计师事务所出具的验资报告；

⑤具备证券业务资格的律师事务所就材料的真实性、合法性、完整性出具的《法律意见书》；

⑥中国证监会规定的其他材料。

在特殊情况下，如果需要延长期限的，应该书面报请中国证监会批准，但延长期不得超过1个月。

证券公司可以合并或分立，申请合并或分立的证券公司应向中国证监会报送以下一些材料：

①参与合并证券公司签订的合并协议书；

②参与合并或拟分立证券公司股东会关于合并或分立的决议；

③新公司章程；

④新公司拟任高级管理人员简历；

⑤新公司的注册资本与股权结构；

⑥参与合并或拟分立的证券公司连续3年经审计的财务报表；

⑦具备证券业务资格的律师事务所就申请材料的真实性、合法性和完整性出具的《法律意见书》；

⑧中国证监会规定的其他材料。

中国证监会在自收到符合要求的申请材料之日起30个工作日内将审查结果书面通知申请人，审查未通过的，中国证监会应该在书面通知中注明理由。申请合并或分立的证券公司应在中国证监会批准之日起半年内完成合并或分立工作，经过所在中国证监会派出机构验收合格后，向中国证监会申请新公司开业，并报送下列申请材料：

(1)开业申请；

(2)股东会决议；

(3)新公司章程；

(4)拟任公司高级管理人员任职资格申报材料和证券从业人员的名单、简历及资格证书；

(5)内部控制技术系统、营业场所及设备、信息系统、业务资料电脑报送系统的说明材料；

(6)包括内部控制制度在内的管理制度；

(7)股东名册及其出资额、出资方式、出资比例；

(8) 具备证券业务资格的律师事务所就申请材料的真实性、合法性和完整性出具的《法律意见书》；

(9)具有证券业务资格的会计师事务所出具的验资报告；

(10)所在地中国证监会派出机构验收报告；

(11)中国证监会要求的其他材料。

6.证券公司终止的规范

证券公司或证券子公司不能支付到期债务， 丧失偿付能力的，经中国证监会批准同意的，可依法向法院申请破产，证券公司或证券公司子公司债权人依法向法院申请破产的，证券公司或证券子公司必须在1个工作日内书面报告中国证监会。证券公司或证券子公司被宣告破产的，由法院按司法程序执行。公司在终止前，应妥善安置客户，清偿债务。破产的证券公司或证券子公司必须由公司或破产清算组向中国证监会交回《经营证券业务许可证》，持中国证监会签发的通知书到工商行政部门办理注销登记，并在中国证监会指定的报刊上公告。

证券公司申请撤销子公司或分公司，必须向撤销机构所在地中国证监会派出机构报送下列材料，经所在地中国证监会派出机构初审同意后，报中国证监会批准。

①撤销申请；

②股东会关于撤销证券公司子公司或分公司的决议；

③由公司法定代表人签署的妥善安置客户及清偿债务的方案及承诺书；

④拟撤销的证券公司子公司近3年经审计的财务报表或经证券公司法定代表人签署的分公司财务处置报告；

⑤具备证券业务资格的律师事务所就申请材料的真实性、合法性和完整性出具的《法律意见书》；

⑥中国证监会要求的其他材料。

证券公司在中国证监会批准之日起3个月内完成撤销工作，并到所在地工商行政管理机关办理注销登记手续。经中国证监会批准，撤销工作可以延期，但延期最长不得超过3个月。撤销工作完成后，向所在地中国证监会派出机构书面报告撤销工作完成情况，经所在地中国证监会派出机构验收合格后报中国证监会备案。

证券公司可以是有限责任公司或股份有限公司，经中国证监会批准后，证券公司可以变更公司形式。证券公司变更公司形式应按照《公司法》和《证券法》有关规定执行。证券公司或证券子公司因解散、破产、撤销及其他原因宣布终止时,应该成立清算机构,严格遵守《证券公司财务制度》的有关规定。

二、证券公司编制年报的规范

证券公司编制年度报告时,除应遵循中国证监会有关年度报告内容与格式的一般规定外,还应遵循《证券公司年度报告内容与格式特别规定》的要求。其中的财务报表附注部分还应遵循《公开发行证券公司信息披露编报规则第6号--证券公司财务报表附注特别规定》的要求。证券公司披露截至报告期末前3年年末或年度的财务数据与财务指标主要有:流动资产、代买卖证券款、受托资金、流动负债、净资本、营业收入、手续费收入、自营证券差价收入、证券发行收入、营业支出、净资产负债率等。证券公司董事会应在其报告中披露以下事项:

(1)证券经纪业务情况具体包括:①按证券种类(如股票、基金、国债、企业债券和其他证券等)和交易场所披露代理买卖证券的金额、市场份额;② 按债券的种类(如国债、企业债券等)披露报告期内代理的已兑付债券金额;③披露报告期内代理保管证券的增减变动情况,并注明有无将代保管证券抵押、回购或卖空情况。

(2)按全额承购包销、余额承购包销和代销等承销方式分别披露报告期内承销的次数、承销金额和相应的承销收入。

(3)按自营证券种类披露本期与上期按月计算的自营证券年均余额、自营证券差价收入和自营证券收益率。

(4) 披露本期与上期有关资产管理业务的平均受托管理资金、受托资金总体损益和平均受托资产管理收益率。

(5)其他业务利润较大的,分别按业务类别披露本期与上期的收入和支出情况。

(6)前一报告期末所披露风险因素本年内给证券公司造成的损失,以及本年末所存在的可能对其造成重大影响的各种风险因素及相应对策。这些风险因素包括营运风险、管理风险、市场风险、财务风险、电子技术风险、法律法规风险等。对风险因素能够作出定量分析的,应进行定量分析;不能作出定量分析的,应进行定性描述。

(7)资产负债表日后的非调整事项,包括所投资金融品种或金融工具等价格的异常波动、对一项金融资产的大额投资、公司股票和债券的发行、外汇汇率的较大变动、自然灾害、重大证券交易等等。应详细披露这些非调整事项的内容以及其对财务状态和经营成果的影响;如无法作出估计,应说明原因。

证券公司应聘请具有证券公司审计经验的、具有执行证券期货相关业务资格的会计师事务所,按中国独立审计准则对其依据中国会计和信息披露准则和制度编制的法定财务报告进行审计。此外,证券公司也可以聘请获中国证监会和财政部特别许可的国际会计师事务所,按国际通行的审计准则,对增加的审计内容按国际通行的会计和信息披露准则编制的补充财务报告进行审计。证券公司还应委托所聘请的会计师事务所对其内部控制制度,尤其是风险管理系统的完整性、合理性和有效性进行评价,提出改进建设,并出具评价报告。评价报告随年度报告一并报送中国证监会和证券交易所。所聘请的会计师事务所指出以上三性存在缺陷的,证券公司董事会应对此予以说明,监事会应就董事会所作的说明确表示意见,并分别予以披露。

证券公司编制年度报告摘要时,年度报告正文中的财务资料应与法定财务报告一致,法定财务报告与补充财务报告之间存在重大差异的,应在摘要中予以说明,补充财务报告作为年度报告的附录披露。

三、我国对主承销商承销业务的规范与管理

我国对主承销商承销业务的规范管理主要包括以下几方面内容:

1.承销资格的确定

主承销商从事股票承销业务,应取得中国证监会颁发的《经营股票承销业务资格证书》。申请从事股票承销业务,担任主承销商应具备一定的条件。

2.承销过程中的管理

对主承销商承销过程的管理有两方面:一是备案管理。主承销商从事股票承销活动需要在中国证监会备案,备案材料包括:①承销说明书;②承销协议及承销团协议;③与发行人之间的投资参股关系等。二是证券承销的禁止行为管理。中国证监会还须对承销过程中的若干行为,尤其是对下列禁止行为加以监管:①禁止主承销商在承销过程中提供透支、回扣或其他不正当手段诱使他人认购股票;②禁止主承销商进行虚假承销;③禁止主承销商以不正当竞争手段招揽承销业务;④禁止主承销商透露非公开信息;⑤禁止主承销商在承销过程中和承销结束后股票上市以前以任何身份参与所承销股票及其认购证券的私下交易,也不能为这些交易提供任何便利。

3.股票承销业务的风险管理

股票承销业务的风险控制管理的内容主要有:

①主承销商的负债总额与净资产之比不超过10:1,主承销商从事证券业务发生的负债总额与证券营运资金之比不超过10:1;

②主承销商的流动资产占净资产、证券营运资金的比例不得低于50%;

③主承销商不得同时承销4只或4只以上的股票;

④主承销商从事股票承销业务,应保持风险意识,贯彻稳健经营原则,制定和执行风险管理制度,严格监督和约束内部各职能部门和下属机构,加强内部风险控制,发现风险超过有关条款要求时,应立即向中国证监会报告并提出调整方法。

4.对主承销商检查制度的监管

检查制度监管的主要内容有:①中国证监会对主承销商从事股票承销业务情况可进行定期或不定期的检查,并可要求主承销商报送股票承销及相关业务材料;②中国证监会和由其授予部分

监管职责的地方证券监管部门,对从事股票承销业务过程中涉嫌违反有关规定和法规的证券经营机构,可进行调查,并可以要求提供、复制或封存有关业务文件、资料、帐册、报表、凭证及其他必要的材料;③中国证监会可聘任具有从事证券相关业务资格的会计师事务所等专业性中介机构,依据有关规定在中国证监会要求的事项内对主承销商的股票承销务情况进行稽核。

对违反有关法规而开展承销业务的主承销商,中国证监会将给予警告,没收非法所得,罚款,暂停或取消承销业务资格直至撤销机构的处罚。

四、证券公司自营业务及其风险控制

证券经营是证券公司的主要业务之一,它对证券市场的稳定发展有着重要作用。但同时,也将给证券带来了一定的投机性和风险性。因此,世界各国对证券公司从事的自营业务的资格条件、财务状况、风险控制能力等方面都进行了严格限制。

1. 证券自营业务的特征及作用

证券自营是证券经营机构为本机构投资买卖证券、赚取买卖差价并承担相应风险的行为。其特征如下:

(1)自营业务也是一种二级市场的证券买卖业务,与经纪业务不同的是,自营商是为自己从事证券买卖,与其他投资者不发生直接联系。

(2)自营业务的收入来源于自营商买卖证券的差价和差价之外的投资收益,而这是基于自营商对市场和证券价格走势的正确预测和判断,一旦出现失误,则要承担很大的风险。

(3)证券经营机构从事自营业务的目的就是利用证券价格的变动,捕捉有利时机赚取利润,因而其行为必须表现出一定的投机性。

显然,证券的自营业务对证券市场的健康稳定发展有积极的作用,具体表现在:

(1)价格的发现功能。自营商在作出买卖决策之前,一般都应该对市场状况和股价走势等进行调查、研究和分析,挖掘出证券价格将要上升的时机或将某个有上升潜力的证券买入,抑或是挖掘证券价格有下调的趋势或将某个价格高的证券卖出。众所周知,这有利于发现证券内在的真实价值,并能够使证券价格在证券市场上进行有序的组合。

(2)保障证券交易的连续性。证券二级市场存在的最大意义,在于它能随时满足广大投资者将其持有的证券变现的要求。实际上要做到这一点,保障二级市场一定的活跃程度,使其交易具有连续性非常重要。自营的目的在于通过低价买进、高价卖出,获取买卖差价,因而它们的行为有利于活跃股市交易,保障市场交易的连续性。

2.证券自营业务的资格与管理

证券公司从事自营业务,按照规定必须具有中国证监会认定的证券自营业务资格,并取得中国证监会颁发的《经营证券自营业务资格证书》。证券公司申请从事自营业务必须具备以下条件:

①具有不低于人民币2000万元的净资产;

②具有不低于人民币1000万元的净资本;

③2/3以上的高级管理人员和主要业务人员获得中国证监会颁发的《证券从业人员的资格证书》;

④在近1年内没有严重违法违规行为或在近2年内未受到取消证券自营业务的处罚;

⑤机构成立并且正式开业已超过半年,证券兼营机构的证券业务与其他业务分开经营、分账管理;

⑥设有证券自营业务专用的电脑申报终端和其他必要的设施等。

证券公司从事自营业务,必须接受中国证监会和证券交易所的监管,并遵循下列规定:

①应当以公司名义开设证券自营账户,并将经营自营业务与代理业务的资金、账户、人员分开管理;

②证券公司在从事自营业务中,不得进行内幕交易;

③证券公司在从事自营业务中,不得进行操纵市场行为;

④证券公司在从事证券自营业务中不得将自营业务与代理业务混合操作,不得以自营账户为他人或以他人名义为自己买卖证券,不得委托其他证券机构代为买卖证券;

⑤证券公司持有上市公司或其关联公司10%以上的股份时,不得自营买卖该公司的股票;

⑥在自营业务中,应将买进或卖出的证券逐笔交由结算机构办理交割,不得以当日卖出或买进的同种证券抵充;

⑦在自营业务中应当建立和完善内部监控机制,严格守法,防范和制止机构内部内幕交易、操纵市场、欺诈客户行为的发生。

3.证券自营业务的风险控制规范

证券公司从事自营业务,由于证券市场的价格波动、突发事件引发股价暴涨暴跌、投资决策及判断失误等将会造成很大的风险,甚至导致券商资不抵债而破产。为防范和控制自营业务的风险,《证券经营机构业务管理办法》要求券商在从事自营业务时必须保持风险意识,贯彻稳健经营方针,防范各种风险因素,制订证券自营风险控制和每日风险检查制度,在内部设立专门机构和人员对风险状况进行检查,同时必须遵循下列规定:

①负债总额与净资产之比不得超过10:1;

②流动性资产占净资产的比例不得低于50%；

③自营账户上持有人民币普通股、基金券、认股权证等按成本价计算的总金额，不得超过其净资产的80%；

④持有一种非国债类证券按成本计算的总金额不得超过净资产的20%；

⑤买入任一上市公司股票按当日收盘价的总市值不得超过该上市公司流通股总市值的20%；

⑥自营业务出现盈利时，应按其盈利额的5%提取自营买卖损失准备金，直至累计总额达到其净资本的5%为止。自营买卖损失准备金除用弥补证券自营买卖损失外，只能用于形成非股票类高流动性资产，不得用作其他用途。

五、证券公司对上市公司的辅导

按照《股票发行上市辅导工作暂行办法》(证监发[2000]17号)的规定，辅导机构应严格遵守《公司法》、《证券法》等法律法规，诚实守信，做好辅导工作。辅导主要包括以下内容：

①股份有限公司设立及其历次演变的合法性、有效性；

②股份有限公司人事、财务、资产及供、产、销系统独立完整性；

③对公司董事、监事、高级管理人员及持有5%以上(含5%)股份的法人(或其法人代表)进行《公司法》、《证券法》等有关法律法规的培训；

④建立健全股东大会、董事会、监事会等组织机构，并实现规范运行；

⑤依照股份公司会计制度建立健全公司财务会计制度；

⑥建立健全公司决策制度和内部控制制度，实现有效运作；

⑦建立健全符合上市公司要求的信息披露制度；

⑧规范股份公司和控股股东及其他关联方的关系。

⑨公司董事、监事、高级管理人员及持有5%以上(含5%)股份的股东持股变动情况是否合规。

辅导工作开始前10个工作日，辅导机构应当向中国证监会派出机构提交下列材料：

(1)辅导机构及辅导人员的资格证明文件(复印件)；

(2)辅协协议，辅导协议应明确双方的责任与义务；

(3)辅导计划，辅导计划应包括辅导目的、方式、要求等内容，辅导计划要切实可行；

(4)拟发行公司基本情况资料表；

(5)最近两年经审计的财务报告(资产负债表、损益表、现金流量表等)。

从辅导之日起，辅导机构两个月就向派出机构报送一次《股票发行上市辅导报告》，每一次报送的报告都必须按照报告所要求的各项内容如实填报，并根据有关法律法规的要求逐项评估。在此基础上，针对公司存在的问题会同拟发行公司董事、监事或有关管理人员认真研究整改方案，跟踪辅导，并在下一次报告时说明整改情况，如果拟发行公司对辅导意见有不同的看法，辅导机构应于下一次报告时书面报告给中国证监会派出机构。

辅导机构报送的《股票发行上市辅导报告》由中国证监会派出机构存档备查。辅导期满15个工作日内，辅导机构应向派出机构报送《关于上市辅导汇总报告》，该报告同时作为拟发入场公司股票发行申请文件的必备材料。辅导机构在辅导过程中，应将有关资料及重要情况汇总，建立“辅导工作底稿”存档备查。当辅导机构委派的辅导人员发生变化时，应在变化后10个工作日内报告中国证监会派出机构。接替人员应完全承诺接受前任工作。拟发行公司更换辅导机构时，原辅导机构就要向派出机构书面报告解约的原因，继任辅导机构应在变更后10个工作日内向派出机构提交辅导机构及辅导人员的资料证明文件(复印件)、辅导协议以及辅导计划。同时应对原辅导机构的解约原因发表意见。继任辅导机构表示完全同意前任辅导意见的，辅导期可以连续计算。否则，辅导期从继任辅导机构开始辅导起重新计算。

一般来讲，辅导有效期为3年，即本次辅导期满后3年内，拟发行公司可以由主承销机构提出股票发行上市申请超过3年，则必须按有关规定的程序与要求重新聘请辅导机构进行辅导。经辅导机构申请，派出机构对拟发行公司的改制、运行情况及辅导内容、辅导效果进行评估和调查，并出具调查报告。辅导机构对拟发行公司的辅导情况作为评选“信誉主承销商”的主要内容，中国证监会将优先受理“信誉主承销商”推荐的企业股票发行申请，中国证监会在核准过程中发现辅导不合格的，将视情况轻重对辅导机构依法作出处理。

六、证券公司日常行为规范

1.《证券公司检查制度》

为了进一步规范证券公司的日常行为，推动证券市场的健康稳定发展，按照有关要求，证券公司应建立检查制度。

中国证监会负责检查工作的总体部署和组织实施并根据工作需要可经委托具有从事证券业务资格的会计师事务所、律师事务所有关人员组成检查小组，对公司进行检查。中国证监会派出机构负责辖区内的检查工作并根据中国证监会的部署和工作需要进行检查。检查方式分为现场检查与非现场检查两种。所谓现场检查是指检查人员亲临检查现场，通过听取汇报、查验有关资料等方式进行实地检查。非现场检查则是指通过手工或计算机系统对公司上报的业务报表、财务报表等有关资料进行定期和不定期的统计分析，通过设置风险预警指标及时发现公司存在的问题。

对公司检查的主要内容包括：

(1)公司经营的合规性。主要检查公司贯彻执行国家金融证券法规、制度以及中国证监会各项规定的情况，重点是公司设立、撤销以及有关事项变更的合法性、合规性，各项业务操作的合法性、合规性和公司高级管理人员、从业人员从业资格及业务行为的合规性以及公司内部控制制度的健全性和有效性等。

(2)公司经营的正常性。主要对公司日常经营情况进行统计，了解公司业务开展情况和经营收支情况，分析其经营情况是否正常，针对公司的经营风险、资产负债、净资本情况和损失情况进行分析,对公司的内部风险控制能力进行评价,有针对性的采取措施,防范和化解风险。

(3)公司经营的安全性。主要是对公司的内控制度、信息系统进行考评,督促其加强安全管理,制定风险处置方案,防止安全事故的发生。

中国证监会及其派出机构进行检查时,可要求被检查的公司向检查人员提供以下文件:

(1)公司的会计报表、相关帐簿和凭证以及其他涉及会计报表的资料;

(2)公司的自营、代理、资产管理等业务开展的交易记录、电脑数据、合同文本、公司有关管理制度文件等;

(3)公司的股东大全、董事会、监事会的会议记录,决议文本,公司经理办公会议文件等;

(4) 现场检查操作规程中涉及的内容及其他应该查阅的文件。

检查人员对被检查对象进行现场检查时,可以对有关情况和资料进行记录、录音、录像、照像和复制。接受检查的人员不予以协助和配合,不如实反映情况,拒绝检查,隐瞒情况的,被检查对象的主审会计师事务所拒绝检查、隐瞒情况的,中国证监会根据法律、法规及有关规定对其予以处罚。

中国证监会对检查中未发现问题、检查结果良好,运行规范的公司进行通报表场;对检查中发现问题的公司出具整改意见书,限期整改,对整改不力的公司通报批评,并将检查结果作为出具公司年度检查意见的依据之一;对在检查过程中发现的违反法律,法规及有关规定的公司及有关责任人,中国证监会根据法律、法规及有关规定在职权范围内给予处罚。构成犯罪的,移送司法机构依法追究刑事责任。检查结果未公布前,检查人员及被检查公司不得透露与检查结果有关的任何信息。检查人员对检查过程中知悉的商业秘密负有保密责任。检查人员在检查过程中违规违纪行为按照有关法律法规和纪律规定处理。

2.《证券公司管理办法》

证券公司及其子公司、分公司、证券营业部应该将《经营证券业务许可证》或《证券经营机构营业许可证》正本放置在公司住所或者营业场所的显著位置,并妥善保管许可证副本。证券公司及其分支机构不得变造、多造、出租、出借、转让许可证,从事证券业务应该遵循公平竞争的原则,不得违反中国证监会和证券交易所规定的收费标准。证券公司从业人员从事证券业务的资格应经中国证监会或授权机构确认,中国证监会对证券公司高级管理人员实行谈话提醒制度。公开发行股票的证券公司或证券子公司必须按照中国证监会规定的信息披露编报规则要求进行公开信息披露,同时也必须按照法律法规和证券交易所的规定,制定安全保密措施,妥善保存客户开户记录、交易记录等资料,防止资料与数据丢失、泄密,严禁涂改资料和数据。

中国证监会及其派出机构可以聘请具有证券业务资格的会计师事务所对证券公司或证券子公司进行调查, 在调查之前5个工作日书面通知证券公司或其分支机构。书面通知的内容包括三个方面:一是调查的内容;二是所需的时间;三是中国证监会(或其派出机构)调查人员名单。证券公司或证券子公司对中国证监会及其派出机构的调查不得以任何理由拒绝或者拖延提供有关资料,或者提供不真实、不准确、不完整的资料。在调查过程中,公司的主要负责人和有关人员不得以任何理由逃避调查。

证券公司或证券子公司必须按照法律、法规和国家财政主管部门的制定的财务、会计规章制度,建立健全内部财务、会计管理办法,并遵循下列财务风险监管指标:

①综合类证券公司的净资本不得低于2亿元, 经纪类证券公司和证券子公司的净资本不得低于2000万元;

②证券公司流动资产金额不得低于流动负债余额;

③综合类证券公司的负债总额(不包括客户存放的交易结算金)不得超过其净资产额的8倍;

④经纪类证券公司的负债总额(不包括客户存放的交易估算金)不得超过其净资产额的4倍;

⑤证券公司子公司的负债总额不得超过其净资产的4倍。

中国证监会可以根据证券市场发展状况,对证券公司及子公司财务风险监管指标进行调整。证券公司或证券子公司出现下列情况的,必须在3个工作日内报告中国证监会及其派出机构,并说明原因和对策。

(1)净资本低于中国证监会规定金额的120%,或者比上月下降20%的;

(2)流动资产余额低于流动负债余额的20%的;

(3)综合类证券公司负债总额超过净资产7倍的;

(4)经纪类证券公司负债总额超过净资产3倍的;

(5)证券公司子公司负债总额超过净资产3倍的。

中国证监会派出机构对辖区内证券公司及其分支机构实行年度检查制度。年检的内容包括:

(1)设立或变更事项的审批手续是否完备;

(2)年检申报材料的各项内容与实际情况是否相符;

(3)注册资本或营运资金是否真实、充足;

(4)客户交易结算资金管理情况;

(5)交易风险准备金提取及使用情况;

(6)是否超业务范围经营;

(7)法定代表人或主要负责人的变更手续是否完备;

(8)证券公司从业人员、高级管理人员是否遵纪守法;

(9)证券公司是否违章、违法经营;

(10)营业场所和安全设施是否符合要求;

(11)中国证监会认为需要检查的其他事项。

对证券公司及其分支机构年检的时间为当年的4月30日前,证券公司年检工作由中国证监会派出机构组织实施,派出机构在年检结查后,将年检情况书面报告中国证监会。年检合格的证券公司及其分支机构,由中国证监会派出机构在其《经营证券业务许可证》或《证券经营机构营业许可证》副本加盖中国证监会年检专用章予以公告,有权将年检不合格的证券公司及其分支机构限期进行整改并进行复查,将证券公司整改报告及复查情况书面报告中国证监会。

第三章 证券交易所的规范与运作

根据2001年12月12日中国证券监督管理委员会(以下简称中国证监会)发布的《证券交易所管理办法》,证券交易所是指按规定条件设立的,不以营利为目的,为证券集中和有组织的交易提供场所、设施、履行国家有关法律、法规、规章、政策的职责,实行自律性管理的法人。其作为高度组织化的有形市场,具有以下明显的特征:

第一,有固定的交易场所和交易时间;

第二,实行"公开、公平、公正"原则,并对证券交易加以严格管理;

第三,交易的对象是满足一定标准的上市证券;

第四, 交易价格是通过公开竞价的方式决定;

第五,集中了证券的供求双方,具有较高的成交速度和成交率;

第六,参加交易者为具备会员资格的证券经营机构,交易采取经纪制,即一般投资者不能直接进入交易所买卖证券,只能委托会员作为经纪人间接进行交易。

证券交易所在现代社会里非常重要,是证券交易市场的核心,其组织和运作的好坏,对证券市场的健康发展具有重要的影响。目前,我国对证券交易所的规范主要体现在以下几个方面。

一、证券交易所设立与解散的规范

根据新出台的《证券交易所管理办法》的有关规定,证券交易所的设立必须谨慎行事,由中国证监会审核,报国务院批准成立。申请设立证券交易所,必须向中国证监会提交以下文件:

(1)、设立申请书;

(2)、章程和主要业务规则草案;

(3)、拟加入会员名单;

(4)、理事会候选人名单及简历;

(5)、场所、设备及资金情况说明;

(6)、拟任用管理人员的情况说明;

(7)、中国证监会要求提交的其他文件。

按照有关要求,证券交易所章程应当包括下列事项:

(1)设立的目的;

(2)名称;

(3)主要办公及交易所和设施所在地;

(4)职能和业务范围;

(5)会员的资格和加入及退出程序;

(6)会员的权利和义务;

(7)对会员的纪律处分;

(8)组织机构及其职权;

(9)高管人员的产生、任免及其职责;

(10)资本和财务事项;

(11)解散的程序和条件;

(12)其他需要在章程中规定的事项。

证券交易所出现章程规定的解散理由,由会员大会决议解散的,经证中国监会审查同意后,报国务院批准后实施。

二、证券交易所职能的规定

证券交易所应当创造公开、公开、公正的市场环境,保证证券市场的正常运行。证券交易所的职能主要包括:

①提供证券交易所的场所和设施;

②制定证券交易所的业务规则;

③接受上市申请、安排证券上市;

④组织、监督证券交易;

⑤对会员进行监督;

⑥对上市公司进行监督;

⑦设立证券登记结算机构;

⑧管理和公布市场信息;

⑨中国证监会许可的其他职能。

按照《证券交易所管理办法》的规定,证券交易所不得直接或者间接从事:

①以营利为目的的业务;

②新闻出版业;

③发布对证券价格进行预测的文字和资料;

④为他人提供担保;

⑤未经中国证监会批准的其他业务。

证券交易所上市新的交易品种以联网等方式为上市的证券交易品种提供证券交易服务,应当报中国证监会批准。证券交易所应当在其职能范围内制定和修改业务规则,证券交易所制定和修改业务规则,由证券交易所理事会通过,报中国证监会批准。

三、证券交易所组织结构的规范

证券交易所设立会员大会、理事会和专门委员会,会员大会为证券交易所的最高权力机构。会员大会有以下职权:

①制定和修改证券交易所章程;

②选举和罢免会员理事;

③审议和通过理事会、总经理的工作报告;

④审议和通过证券交易所的财务预算、决算报告；

⑤决定证券交易所的其他重大事项。

章程的制定和修改经会员大会通过后，报中国证监会批准。会员大会由理事会召集，每年召开1次。有下列情况之一的，应当召开临时会员大会：

①理事人数不足本办法规定的最低人数；

②占会员总数1/3以上的会员请求；

③理事会认为必要时。

会员大会须有2/3以上会员出席，其决议须经出席会议的半数以上表决通过后方为有效。会员大会结束后10日内，证券交易所应当将大会全部文件及有关情况报中国证监会备案。

理事会是证券交易所的决策机构，每届任期3年。理事会职责是：

①执行会员大会的决议；

②制定、修改证券交易所的业务规则；

③审定总经理提出的工作计划；

④审定总经理提出的财务预算、决算方案；

⑤审定对会员的接纳；

⑥审定对会员的处分；

⑦根据需要决定专门委员会的设置；

⑧会员大会授予的其他职责。

证券交易所理事会由7至13人组成，其中非会员理事人数不少于理事会成员总数的1/3，不超过理事会成员总数的1/2。会员理事会员大会选举产生。非会员理事由中国证监会委派。理事连续任职不得超过2届。理事会议至少每季度召开一次。会议须有2/3以上理事出席，其决议应当经出席会议的2/3以上理事表决同意方为有效。理事会决议应当在会议结束后的 2 个工作日内报中国证监会备案。

理事会设理事长1人，副理事长1至2人，理事长、副理事长由中国证监会提名，理事会选举产生，总经理应当是理事会成员，理事长负责召集和主持理事会议，理事长因故临时不能履行职责时，由理事长指定的副理事长代其履行职责，理事长担任会员大会期间的会议主席，理事长不得兼任证券交易所总经理。

证券交易所设总经理1人，副总经理1至3人，总经理、副总经由中国证监会任免，总经理、副总理不得由国家公务员兼任，总经理、副总经理任期3年，总经理不得连续任职不行超过2届，总经理在理事会领导下负责证券交易所的日常管理工作，为证券交易所的法定代表人。总经理因故临时不能履行职责时，由总经理指定的副总经理代理其改造职责，证券交易所中层干部的任免报中国证监会备案、财务、人事部门负责人的任免报中国证监会批准。

理事会监察委员会，每届任期3年。监察委员会主席由理事长兼任。监察委员会对理事长负责，行使下列职权：

①监察交易所高级管理人员和其他工作人员工作遵守国家有关法律、法规、规章、政策和证券交易所章程、业务规则的情况；

②监察高级管理人员执行会员大会、理事会决议的情况；

③监察证券交易所的财务情况；

④证券交易所章程规定的其他职权。

根据需要，理事会可以下设其他专门委员会。各专门委中会的职责、任期和人员组成等事项，应当在证券交易所章程中作出具体规定。各专门委中会的经费应当纳入证券交易所的预算。

有下列情形之一的，不得招聘为证券交易所从业人员，不得担任证券交易所高级管理人员：

①犯有贪污、贿赂、侵占财产、挪用财产罪或者破坏社会经济秩序罪，或者因犯罪被剥夺政治权利；

②因违法、违纪行为被解除职务的证券经营机构或者其他金融机构的从业人员，自被解除职务之日起未逾5年；

③因违法行为被撤销资格的律师、注册会计师或者法定资产评估机构、验资专业人员，自被撤销资格之日起未逾5年；

④担任因违法行为被吊销营业执照的公司、企业的法定代表并对该公司、企业的吊销营业执照负有个人责任的，自被吊销营业执照未逾5年；

⑤担任因经营管理不善而破产的公司、企业的董事、厂长或者经理，并对该公司、企业的破产负有个人责任的，自破产之日起未逾5年；

⑥被开除的国家机关工作人员，自被开除之日起未逾5年；

⑦国家有关法律、法规、规章、政策规定的其他情况。

证券交易所高级管理人员的产生、聘任有不正当情况，或者前述人员在任期内有违反国家有关法律、法规、规章、政策和证券交易所章程、业务规则的行为，或者由于其他原因，不适宜继续担任其他所担任的职务时，中国证监会有权解除有关人员的职务，并任命新的人选。

四、证券交易所经营行为的规范管理

证券交易所行为的规范管理主要体现在以下几个方面：

1.对会员的规范管理

证券交易所应当制定具体的会员管理规则，其内容包括：

①取得会员的资格的条件和程序；

②席位的管理办法；

③与证券交易和清算业务有关的会员内部监督、风险控制、电脑系统的标准及维护等方面的要求；

④会员的业务报告制度；

⑤会员所派出市代表在交易场所内的行为规范；

⑥会员及其出市代表违法、违规的行为的处罚；

⑦其他需要会员规则中的事项。

证券交易所接纳的会员应当是有权部门批准设立并具有法人地位的境内证券经营机构。境外证券经营机构设立的驻华代表处，经申请可以成为证券交易所的特别会员。特别会员的资格及权利、义务由证券交易所章程规定。证券交易所决定接纳或者开除会员应当在决定后的5个工作日内向中国证监会备案；决定接纳或者开除会员以外的其他会员应当在履行有关手续5个工作日之前向中国证监会备案。

证券交易所必须限定交易席位的数量。证券交易所设立普通席位以外的其他席位应当报中国证监会批准。证券交易所调整普通席位和普通席位以外的其他席位的数量， 应当事先报中国证监会批准。证券交易所应当对会员取得的交易席位实施严格管理。会员转让席位必须按照证券交易所有关管理规定由交易所审批，严禁会员将席位全部或者部分以出租的或者承包的形式交由其他机构和个人使用。证券交易所应当根据国家关于证券经营机构自营业务管理的规定和证券交易所业务规则，对会员的证券自营业务实施下列监管：

①要求会员的自营买卖业务必须使用专门的股票账户和资金账户，并采取技术手段严格管理；

②检查开设自营账户的会员是否具备规定的自营资格；

③要求会员按月编制库存证券报表，并于次月5日前报送证券交易所；

④对自营业务规定的具体控制措施，并报中国证监会备案；

⑤每年6月30日和12月31日过后的30日内向中国证监会报送各家会员截止该日的证券自营业务情况；

⑥其他监管事项。

证券交易所应当在业务规则中对会员代理客户买卖证券业务做出详细规定，并实施下列监管：

①制定会员与客户所签订的代表协议的格式并检查其内容的合法性；

②规定接受客户委托的程序和责任，并定期抽查执行客户委托的情况；

③要求会员每月过后5日内就其业务和客户投诉等情况提交报告，报告格式和内容由证券交易所报中国证监会批准后颁布。

证券交易所每年应当对会员的财务状况、内部风险控制制度以及遵守国家有关法规和证券交易所业务规则等情况进行抽样或者全面检查，并将检查结果上报中国证监会。证券交易所有权要求会员提供业务的报表、账册、交易记录及其他文件、资料。证券交易所会员应当接受证券所的监督管理，并主动报告有关问题。证券交易所可以根据证券交易所章程和业务规则对会员违规行为进行制裁。

2.对上市公司的规范管理

证券交易所应当根据有关法律、行政法规的规定制定具体的上市规则，其内容包括：

①证券上市的条件、申请和批准程序以及上市协议的内容与格式；

②上市公告书的内容及格式；

③上市推荐人的资格、责任、义务；

④上市费用及其他有关费用的收取方式和标准；

⑤对违反上市规则行为的处理规定；

⑥其他需要在上市规则中规定的事项。

证券交易所应当与上市订立上市协议，确定相互间的权利和义务关系。上市协议的内容与格式应当符合国家有关法律、法规、规章、政策的规定，并报中国证监会备案。交易所与任何上市公司所签上市协议的内容与格式均应一致。需要与某些上市公司签署特殊条款时，报中国证监会批准。上市协议应包括下列内容：

①上市费用的项目和数额；

②证券交易所为公司证券发行、上市提供的技术服务；

③要求公司指定专人负责证券事务；

④上市公司定期报告、临时报告的报告程序及回复所询的具体规定；

⑤股票停牌事宜；

⑥协议双方违反上市协议的处理；

⑦仲裁条款；

⑧证券交易所认为需要在上市协议中明确的其他内容。

证券交易所应当建立上市推荐人制度，保证上市公司符合上市要求，并在上市后由上市人推荐人指导上市公司履行相关义务。证券交易所应当监督上市推荐人切实履行业务规则中完全的相关职责。上市推荐人不按规定履行职责时，证券交易所有权根据业务规则的规定对上市推荐人予以处分。证券交易所应当根据中国证监会的统一制定的格式和证券交易所的有关业务规则，复核上市公司的配股说明书、上市公告书等募集资金及证券上市直接相关的公开说明文件，并监督上市公司按时公布。证券交易所可以要求上市公司或者上市推荐人就上述文件做出补充说明并予以公布。

证券交易所应当督促上市公司按照规定的报告期限和中国证监会统一制定的格式，编制并公布年度报告、中期报告，并在其公布后进行检查，发现问题应当根据有关规定及时处理。证券交易所应当在报告期结束后20个工作日内，将检查情况报告中国证监会。证券交易所应当审核上市公司编制的临时报告。临时报告的内容涉及《公司法》、国家证券法规以及公司章程中规定需要履行审批程序的事项，或者涉及应当报中国证监会批准的事项，证券交易所应当在确认其已履行规定的审批手续后，方可准予其公布。出现以下情况之一的，证券交易所应当暂停上市公司的股票交易，并要求上市公司立即公布有关信息：

①该公司股票发生异常波动；

②有投资者发出收购该公司股票的公开要约；

③上市公司依据上市协议提出停牌申请；

④中国证监会依法作出暂停股票交易的决定时；

⑤证券交易所认为必要时。

证券交易所应当设立上市公司股东持股情况的档案资料，并根据国家有关法律、法规、规章、政策对股东数量及其买卖行为的限制规定，对上市公司股东交易过程中的持股变动情况进行即时统计和监督。上市公司股东因持股数量变动而产生信息披露义务的，

证券交易所应当在其履行信息披露之前，限制其继续交易该股票，督促其及时履行信息披露义务，并立即向中国证监会报告。证券交易所应当采取必要的技术措施，将上市公司尚未上市流通股份与其已上市流通股份区别开来。未经中国证监会批准，不得准许尚未上市流通股份进入交易系统。证券交易所应当采取必要的措施，保证上市公司董事、监事、经理不得卖出本人持有的本公司股票。上市公司应当建立上市公司统计系统，并按照交易所的要求及时报送、公布有关统计资料。证券交易所对上市公司未按规定履行信息披露义务的行为，可以按照上市协议的规定予以处理，并可以就其违反证券法规的行为提出处罚意见，报中国证监会予以处罚。此外，证券交易所应当按照《证券交易所管理办法》的有关规定，对其他上市证券的发行人进行监管。

3.对证券交易活动的规范管理

证券交易所应当制定具体的交易规则，其内容包括：

(1)交易证券的种类和期限；

(2)证券交易的方式和操作程序；

(3)证券交易中禁止的行为；

(4)清算交割事项；

(5)交易纠纷的解决；

(6)上市证券的暂停、恢复与取消交易；

(7)证券交易的开市、收市、休市及异常的处理；

(8)交易手续费及其他有关费用的收取方式和标准；

(9)对违反交易所规则行为的处理规定；

(10)证券交易所证券交易信息的提供和管理；

(11)股价指数的编制方法和公布方式；

(12)其他需要交易在规则中规定的事项。

证券交易所应当公布即时行情，并按日制作证券行情表，记载下列事项，以适当方式公布：

①上市证券的名称；

②开市、最高、最低及收市价格；

③与前一交易日收市价比较后的涨跌情况；

④成交量、值的分计及合计；

⑤股价指数及其涨跌情况；

⑥中国证监会要求公开的其他事项。

证券交易所应当就其市场的成交情况编制日报表、周报表、月报表和年报表，并及时向社会公布。证券交易所应当在业务规则中对证券合同的生效和废止条件作出详细规定，并维护在证券交易所达成的证券合同有效性。证券交易所应当保证投资者有平等的机会获取证券市场的交易行情和其他公开披露的信息，并有平等的交易机会。证券交易所有权依照有关规定，暂停或者恢复上市证券的交易。暂停交易超过1个交易日进时，应当报中国证监会备案，暂停交易的时间超过5个交易日时，应当事先报中国证监会批准，中国证监会有权要求证券交易所暂停或者恢复上市证券的交易。

证券交易所应当建立市场准入制度并根据证券法规的规定或者中国证监会要求，限制或者禁止特定证券投资者的证券交易行为。除上述情况外，证券交易所不得限制或者禁止证券投资者的证券买卖行为。

证券交易所及其会员应当妥善保存证券交易中产生的委托资料、交易记录、清算文件等，并制定相应的和保密管理措施。证券交易所应当根据需要制定上述文件的保存期，并报中国证监会批准，重要的文件的保存应当不少于20年。证券交易所应当保证其业务规则行到切实执行，对违反业务规则的行为要及时处理。对国家有关法律、法规、规章、政策中规定的有关证券交易所负有发现、制止和上报的责任，并有权在职责范围内予以查处。证券交易所应当建立符合证券市场监督管理和实时监控要求的计算机系统，并设立负责证券市场监管工作的专门机构。中国证监会可以要求证券交易所之间建立以市场监管为目的的信息交换制度和联合监管制度，共同监管跨市场的不正当交易行为，控制市场风险。

4.对境内上市外资股（B股）证券帐户开立的规范

随着境内、境外投资者B股开户人数的大幅增加，为了规范B股证券帐户开立工作，加强B股证券帐户的管理，方便境内投资者开户入市，必须要努力搞好B股证券帐户开立工作，以推动B股市场的健康发展。

境内居民个人开立B股证券帐户，须本人亲自办理，并须提供以下文件：

①中华人民共和国居民身份证(以下简称身份证)及其复印件；

②等值1000美元以上的银行进帐凭证及其复印件；

③《B股证券帐户申请表》；

④认为需提交的其它文件。

证券交易所境外居民个人开立B股证券帐户，须提供境外居民身份证、护照或其他有效身份证件及其复印件。境外机构投资者开立B股证券帐户，须提供商业注册登记证、授权委托书、董事身份证明书及其复印件、经办人身份证件及其复印件。

投资者遗失B股证券帐户的应办理挂失补办手续，境内居民个人挂失补办B股证券帐户的，应提供身份证及其复印件，或户口本、户口所在地公安机关出具的身份证遗失证明(贴本人照片并压盖公安机关公章)及其复印件。境外居民个人挂失补办B股证券帐户，应提供境外居民身份证、护照或其他有效身份证件及其复印件。境外机构投资者挂失补办B股证券帐户，应提供商业注册登记及其复印件、授权委托书、董事身份证明书及其复印件、经办人身份证及其复印件。

B股证券帐户资料有下列之一发生变化，应及时申请办理B股证券帐户资料变更手续：

①姓名或名称；

②身份证号码或商业注册登记号；

③住所。

个人投资者申请变更证券帐户资料，须提供下列文件：

①B股证券帐户及其复印件；

②有效身份证及其复印件；

③发证机关出具的更改证明(须注明新旧身份证件的姓名及身份证件号码)。

境外机构投资者申请变更B股证券帐户资料，须提供下列文件：

①授权委托书；

②董事身份证明书及其复印件；

③变更证明文件；

④经办人身份证件及其复印件。

投资者可到具备从事证券交易所B股业务资格的证券营业部、委托的开户代理机构办理B股证券帐户。

为了保证原始凭证的完整性，开户完成后，操作人员应将个人开户资料的身份证和银行进帐凭证的复印件反面粘贴在《B股帐户申请表》背面或直接把身份证和外汇进帐凭证复印在申请表背面。并定期将开户凭证按时间、证券帐户号码顺序装成册，中间不得缺漏，作为重要的凭证应长期保管。一般情况下，开户凭证每200户装订一册，每册封面必须写明起止日期、起止证券帐户号码、户数、装订人姓名。

5. 对证券交易所B股交易的规范

一般而言，不同的证券交易所，B股交易的规则也不同。

(1) 上海证券交易所B股交易规则。境内居民个人在上海证券交易所进行B股交易，必须办理指定交易。B股股票帐户开立的同时，该帐户即被指定在开户会员处。B股股票帐户的指定于T+1日生效。B股指定交易可以撤销和重新指定，撤销和重新指定由境内居民个人向会员提出申请，会员将其申请通过操作平台传送至登记公司，由登记公司审核后于次日通知会员该申请是否生效。境内居民个人只能在境内会员处进行指定和交易，不得在境外B股证券经营机构处办理指定交易。

上海B股的交易时间与上海A股的交易时间完全相同，每周一到五的上午9:30–11:30，下午1:00–3:00，周六、周日和公众假期除外。

上海证券交易所进行B股交易的程序是：投资者开设B股帐户后即可委托券商代理其进行B股交易。证券商受理委托后，由其场内交易员将委托指令输入交易所电脑交易主机系统，经系统撮合配对后，将成交数据传回券商，在T+3日交收。上海B股委托方式分当面委托和电话委托两种。投资者本人或其指定代理人到证券商B股交易柜台，亲自填写委托单，即为当面委托。目前居住在境内的B股投资者或在境内有其指定代理人的投资者较多采用这种方式。投资者本人或其指定代理人通过电话、传真、电传等通讯方式向证券商下达买卖指令，称为电话委托。大多数B股投资者（包括个人、机构和各类基金）居住海外，进行B股交易时，较多采用长途通讯方式，将委托指令下达给境内券商，或通过B股海外代理商进行买卖，这些海外代理商一般也是通过电话、传真等方式传达交易指令，这类委托均属电话委托。

上海B股买卖申报价格的最小升降单位是0.001美元，申报数量以“股”为单位（买入申报必须是1000股的整数倍），每股面额为1元人民币，B股面值及发行价格以人民币计，其发行价在发行时，折算成美元，在此以后挂牌、交易与结算均用美元进行。B股交易实行价格涨跌幅限制，除上市首日的证券无涨跌幅限制外，每只证券的交易价格相对于上一次交易日收市价的涨跌幅度不得超过10%，即每只证券涨跌限价为(1±10%)×上一交易日收市价。同时，为防止交易员输单出错或人为造价引起股价剧烈波动，上海证券交易所对申报价格升降幅度进行限制。具体规定如下：

①任何高于市价的卖出委托均可自由申报；

②任何低于市价的买入委托均可自由申报；

③高于市价的买入委托的递增幅度不得大于电脑即时揭示价位的10%；

④低于市价的卖出委托的递减幅度不得小于电脑即时揭示价位的10%。

一般而言，对其限制可以防止人为造价和交易员操作出错。因为，高于市价的卖出和低于市价的买入委托均难有机会成交，而高于市价的买入和低于市价的卖出几乎有100%的成交机会。

此外，还可以进行零股交易，即指不足一交易单位的委托买卖，因此不足1000股的委托买卖即为零股交易。买入不能有零股申报，而卖出可以申报零股卖出。

上交所B股交易采用集合竞价方式产生开盘价，每个交易日9:15–9:25为集合竞价交易时间；9:30–11:30，13:00–15:00为连续竞价交易时间。上海B股的法定名册登记机构是上海证券中央登记结算公司（简称清算公司），在业务运作上实行结算会员制，即以结算会员作为投资帐户登记和投资者的结算交收代理人参加B股的中央登记、结算交收、存管。所有的投资者均通过各自选择的结算会员来获取清算公司提供的服务。清算公司按照“销货两讫”、“职期交收”和“实行T+3交收”的原则组织B股的中央结算和交收。投资者在向结算会员申请开立B股股票帐户时，要填写清算公司统一制作的投资者开户登记表，由清算会员盖章后与投资者的有效证件复印件送至清算公司，清算公司将开户登记资料输入股东数据库，并通过结算会员以“开户确认书”形式向每一个投资者提供一个股票帐户代码。对于投资者因B股上市公司发行新股、派红股等认购和获得的B股，清算公司将根据承销商编制、提交的认购清单和经核准的上市公司分配决议办理股权登记，对交易市场B股买卖引起的股权变更，由清算公司根据结算会员的交收指令办理股权登记。

上海B股的交易费用有以下几种：

①佣金。该佣金一般按成交金额的0.43%计收；

②印花税。该税按成交金额的0.3%计收；

③交易经手费和证管费。交易经手费按成交金额的0.0255%计收，证管费按成交金额的0.0045%计收；

④清算费。该项费用按成交金额的0.05%计收。

(2)深圳证券交易所B股交易规则。深圳B股的开市时间为每周一至周五上午9:30-11:30，下午1:00-3:00，逢每周六、日及国内和香港公众假期休市。深圳B股的交易以港币计价，委托买卖及清算的价格以1股为准，买卖数额以1手即100股或其整数倍为单位，但不足100股的零股，可在集中交易市场交易时间内卖出，但不可买进。

B股交易方式可以分为集中交易和对敲交易两种，它们分别在交易所的集中交易和对敲系统中完成。所谓集中交易是指在B股交易时间内通过深圳证券交易所的集中市场交易系统达成的交易。对敲交易则是指B股证券商在开市后至闭市前5分钟将其接受的同一种B股买入委托和卖出委托配对后输入，经交易所的对敲交易系统确认后达成的交易。对敲交易仅限于股份托管在同一证券商处且不同投资者之间的股份协议转让。每笔交易数量须达到50000股以上。申报内容有证券代码、买卖方股东代码、买卖方合同序号、对敲价格和对敲手数等。对敲交易一经对敲交易系统接受后，不可撤销。对敲交易的价格幅度为“前一交易日收盘价加20个价位与当日价中取一个最低价为下限”。例如：某只B股前一交易日的收盘价为HK$5.80加20个价位(0.20)为6.00，当日最高价为6.10，则当日对敲交易价格上限为HK$6.10，反之，减20个价位(-0.20)为HK$5.60，当日最低价为HK$5.70，则价格下限为HK$5.60。

B股交易的竞价原则为：B股交易的升降单位为港币一仙(港币0.01)，每笔有效委托的接受范围在上一笔成交价的500个价位(5.00)之内，新股上市当日的有效委托接受范围在上一笔成交价的1500个价位(15.00)之内，开盘时上一笔成交价取发行公司的发行价。

境内居民个人与非居民之间不得进行B股协议转让。境内居民个人所购B股不得向境外转托管。深圳B股的交收期为T+3日，即在某一个交易日成交的股票将在第4个交易日完成股份的过户及资金的收付。在交易所买进并确认成交的股票可于当天全部或部分卖出，但股份及资金净额的最终交收亦需在T+3日完成。结算公司根据交易所成交资料及结算会员指令进行股份及资金的结算交收，根据交易所交收指令的对盘与配对的成功来保证交易所发生的每笔交易如期交收，并实现“货银对付”。

①指令及报送方式。用于完成同一投资者在不同结算会员之间进行股份转移的指令为二类指令（目前仅适用于境外B股经纪及托管银行）。证券商及托管银行通过B-COM(结算公司客户终端服务系统）或传真在B股中央结算系统规定时限内向结算公司发送各类交收指令。

②结算交收程序。结算交收的程序如下：

a.在交易所达成的所有B股交易记录在当日收市后传送至结算公司的B股中央结算系统。在T+1日结算系统根据成交资料生成交收指令；

b.T+2日中午12:00前，使用二类指令的结算会员需将该指令发送至B股中央结算系统，系统将于T+2日下午完成二类指令的配对，不配对指令的修正需在T+2下午完成。二类指令配对完成后，进行试交收，打出试交收报告及各参与结算会员；

c.T+3日中午12:00前，应付款结算会员须将应付资金划至结算公司指定帐户。T+3下午4:00前，结算公司进行股份及资金的最终交收，打出应交收确认书通知各参与结算会员。

股份托管于境内证券商处的客户办理转托时需填写转托管申请表，填写转托管资料，包括：股东代码、股东姓名、证券代码、证券名称、转出股数、转出/转入券商名称、代码。申请表需交由转出及转入证券商签单确认，如于在作日12:00前传与结算公司，该笔转托管将第2天到账。结算公司向转入券商处委托卖出，转托管费确认书或不确认书，获确认的转托管理股份，投资者即可在转入券商处委托卖出，转托管费为每户100元港币。

深圳B股的交易费用有以下几种：

①经纪佣金。该项佣金为成交金额的0.43%；

②印花税。该项税为成交金额的0.3%；

③交易规费。该规费为成交金额的0.0341%。

五、证券交易所风险基金的规范管理

所谓证券交易所风险基金是指用于弥补证券交易所重大经济损失，防范证券交易所业务活动有关的重大风险事故，以保证证券交易活动正常进行而设立的专项基金。根据《证券交易所风险基金管理暂行办法》的规定，风险基金主要来源于以下几个方面：

(1)按证券交易所收取交易手续费的20%提取；

(2)按证券交易所收取席位年费的10%提取；

(3)按证券交易所收到会员费10%的比例一次性提取；

(4)按《证券交易所风险基金管理暂行办法》(证监发[2000]22号)施行之日新股申购冻结资金利差帐面余额的15%一次性提取；

(5)对违规会员的罚款、罚息收入。

证券交易风险基金由证券交易所理事会统一管理，理事会必须指定机构，负责该基金的日常管理和使用。该基金应以专户方式全部存入国有商业银行，存款利息全部转入基金帐户。一般来讲，基金资产与证券交易所资产应分开列帐，并且基金还须下设分类帐，分别记录基金资产、利息收入及对应的资产本息使用情况。

证券交易所使用该基金时，必须报经中国证监会协商财政部后批准，最低可付金额为2000万元。使用该基金后，证券交易所应当向有关责任方追偿，追偿款转入该基金。与此同时，应当按照有关法律法规的要求，建立和完善业务规则、内部管理制度及会员监管制度，最大限度地避免风险基金作相应变更、清算时，须经中国证监会批准，由证监会同财政部另行决定该基金剩余资产中应上交财政和退还相关出资人的比例和数额。

六、证券交易所日常行为管理

证券交易所不得以任何方式转让其依照《证券交易所管理办法》取得的设立及业务许可。证券交易所的高级管理人员对其任职机构负有诚实信用的义务。证券交易所的总经理离任时，交易所理事会应当聘请地方审计局或者具有从事证券相关业务资格的会计师事务所进行总经理离任审计。交易所聘请的审计机构应当报中国证监会认可。证券交易所的总经理、副总经理不得在任营利性组织、团体和机构中兼职。证券交易所的非会员理事及其他工作人员不得以任何形式在证券交易所会员公司兼职。证券交易所的高级管理人员及其他工作人员不得以任何方式泄露或者利用内幕信息，不得以任何方式从证券交易所的会员、上市公司获取利益。证券交易所的高级管理人员及其他工作人员在履行职责时，遇到本人或者亲属等有利害关系情形时，应当回避。具体回避事项由其章程、业务规则规定。

证券交易所收取的各种资金和费用应当严格按照规定用途使用，并制定专项管理规则进行管理，不得挪作他用。证券交易所的收支结余不得分配给会员。证券交易所应当履行下列报告义务：

①第一财政年度终了后3个月内向中国证监会提交经具有证券从业资格的会计师务所审计财务报告；

②每一季度结束后15日内、每一年度结束后30日内，就业务情况、国家有关法律、法规、规章、政策的执行情况等向中国证监会提交季度、年度工作报告。年度工作报告抄报证券交易所所在地人民政府；

③国家其他有关法律、法规、规章、政策及本办法其他条款中规定的报告事项；

④中国证监会要求的其他报告事项。

遇有重大事项，证券交易所应当随时向中国证监会报告。这里所说的重大事项包括：

①发现证券登记结算机构、证券交易所会员、上市公司、证券投资者和证券交易所工作人中存在或者可能存在严重违反国家有关法律、法规、规章、政策的行为；

②发现证券市场中产生严重违反国家有关法律、法规、政策行为的潜在风险；

③证券市场中出现国家有关法律、法规、规章、政策未作明确规定，但会对证券市场产生重大影响的事项；

④执行国家有关法律、法规、规章、政策过程中，需由证券交易所做出重大决策的事项；

⑤证券交易所认为需要报告的其他事项；

⑥中国证监会规定的其他事项。

遇有以下事项，证券交易所应当随时向中国证监会报告，同时抄报交易所所在地人民政府，并采取适当的方式告知交易所会员和证券投资者：

①发生影响证券交易所安全运转的情况；

②证券交易所因不可抗力导致停市，或者为维护证券交易正常秩序采取技术性停市措施。

证券交易所应当根据中国证监会的要求，向中国证监会提供证券市场信息、业务文件和其他有关的数据、资料。中国证监会有权要证券交易所提供会员和上市公司的有关资料。有权要求证券交易所和证券登记结算机构对其章程和业务规则进行修改。有权派员监督检查证券交易所和证券登记结算机构的业务、财务状况，或者调查其他有关事项。证券交易所涉及诉讼，上述机构的高级管理人员因履行职责及诉讼或者依照国有关法律、法规、规章应当受到解除职务的处分时，证券交易所应当及时向中国证监会报告。

第四章 基金管理公司的规范与运作

自从2001年以来，中国证券监督管理委员会(以下简称中国证监会)先后发布了4个具有部门规章性质的通知，为基金管理公司的规范与运作初步确立了新的框架。但与对股票发行与交易的统一规范监管体系的建立相比，起步较晚，对证券投资基金的统一规范监管还需要进一步加强。

一、设立基金管理公司申报材料的内容与格式

1.筹建申报材料的内容

(1)申请报告。该部分的内容主要包括拟设立基金管理公司的名称、目的、设立方案、发起人资格条件等，应由各发起人签字、盖章。

(2)可行性报告。该部分内容主要是设立基金管理公司的必要性和可行性分析。

(3)发起人情况。该部分内容包括四个方面：一是基本情况。它包括公司名称、法定代表人、注册资本、住所、成立时间、批准机关、组织形式、经营范围及主要股东等；二是法人资格及业务资格证明文件。它包括《企业法人营业执照(副本)复印件、证券经营机构的《经营证券业务许可证(副本)》复印件；三是实收资本及财务状况。它包括主要发起人由具有从事证券相关业务资格的会计师事务所审计的最近3年的财务报表及审计报告和其他发起人由具有从事证券相关业务资格的会计师事务所出具的实收资本验资证明；四是自律情况说明。它包括各发起自律备案时间、自律承诺内容、备案期间遵守自律承诺情况等。

(4)发起人协议。该部分内容包括各发起人的出资金额与比例、发起人的权利与义务、发起人对基金管理公司筹备组的授权等。

(5)筹备组人员情况。它包括筹备组成人员名单、简历、拟任职务及最近3年内的遵纪守法情况。此外，还须提交至少2名筹备组成人员过去3年内所从事股票投资管理的相关资料。

(6)基金管理公司设立先期准备工作情况的说明。该部分的内容主要包括有关法律法规的学习，对外交流与合作效果、拟设立基金管理公司治理结构与内部风险控制制度准备，吸引海外人才与人员培训，基金产品设计等。

(7)公司章程。该部分内容包括内部机构设置及职能；内部管理制度；基金产品设计方案；具有从事证券法律业务资格的律师事务所及其律师对发起人协议、公司章程等出具的法律意见。

(8)中国证监会要求提交的其他材料。

2.申报材料的纸张、封面及份数

(1)纸张。纸张的规格为209×259毫米，相当于A4纸张规格。

(2)封面。筹建申报材料封面必须冠有“设立基金管理公司筹建申请材料”字样，申请设立的基金管理公司名称、申请人名称；开业申报材料封面应冠有“设立基金管理公司开业申请材料”字样，申请设立的基金管理公司名称、申请人名称。

(3)份数。一般申报材料一式三份，其中要求至少有一份是原件。

二、基金从业人员任职的资格要求

基金从业人员资格包括基金从业资格、基金经理资格和高级管理人员任职资格。中国证监会负责对基金从业人员资格进行监督管理。

1.对基金从业资格的管理

基金管理公司正式聘用的基金从业人员，必须取得基金从业资格。基金从业人员申请基金从业资格应当具备以下条件：

①具有中华人民共和国国籍(中国证监会批准的除外)；

②具有完全民事行为能力；

③遵守国家有关法律、法规以及行业规范，熟悉有关证券、金融法律法规；

④品质良好，诚实信用，忠于职守，保守秘密；

⑤具有大学财经、法律等证券相关专业专科以上学历，或具有其他专业专科以上学历，并具有从事2年以上证券业务或3年以上其他金融业务的工作经历，具备证券、金融、法律等专业知识；

⑥通过中国证监会或其他授权的机构组织的基金从业资格考试；

⑦中国证监会规定的其他条件。

有下列情形之一的，按照有关规定，不得申请基金从业资格：

①受过刑事处罚或重大行政处罚的；

②担任因经营不善破产清算或者因违法被吊销营业执照的公司、企业的董事长、总经理及其他高级管理人员，并对以上结果负有个人责任的；

③个人所负债务到期尚未清偿，且数额较大的；

④被中国证监会认定为证券市场禁入者的；

⑤中国证监会认定的不适合从事基金业务的其他情形。

基金从业人员申请基金从业资格，应当由拟聘任单位向中国证监会报送下列材料：

①中国证监会统一印制的申请表；

②学历、学位证明复印件；

③身份证复印件；

④基金从业资格考试证明复印件；

⑤拟聘任单位对申请人的推荐意见；

⑥中国证监会要求报送的其他材料。

2.对基金管理公司基金经理资格的管理

担任基金管理公司基金经理的基金从业人员，除具有一般基

金从业资格以外，还必须取得基金经理资格。申请基金经理资格，应当满足下列条件：

①具有基金从业资格；

②有从事3年以上基金业务或5年以上证券业务的工作经历，具有丰富的证券分析、证券投资经验和良好的工作业绩；

③通过中国证监会或授权的机构组织的基金经理资格考试；

④中国证监会规定的其他条件。

基金从业人员申请基金经理资格的，拟聘任单位须向中国证监会报送下列材料：

①中国证监会统一印制的申请表；

②学历、学位证明复印件；

③身份证复印件；

④基金从业资格证书复印件；

⑤基金经理资格考试证明复印件；

⑥中国证监会要求报送的其他材料。

3.对基金管理公司高级管理人员任职资格的管理

基金从业人员申请基金管理公司，基金托管部高级管理人员，按照有关规定必须符合以下条件：

①具有基金从业资格或具有中国证监会认可的其他从事证券工作经历；

②有较为丰富的专业管理知识和经验，较强的管理工作和业务工作能力以及良好的管理工作业绩；

③拟担任基金管理公司高级管理人员的，须具有3年以上基金业务或5年以上证券、金融业务工作经历。拟担任基金托管部高级管理人员的，须具有3年以上银行工作经历；

④中国证监会规定的其他条件。

基金管理公司、基金托管部拟聘任高级管理人员的，应由其拟聘任单位按照有关规定的要求，向中国证监会报送材料，经审核符合条件的，方可任职。

三、基金管理公司信息披露的规范

基金管理公司公开披露的基金信息主要包括：招股说明书、上市公告书、定期报告、临时报告和法律、行政法规以及中国证监会规定应予披露的其他信息等。公开披露基金信息时不得就基金业绩进行预测；不得保证获利、保证分担亏损或承诺最低收益；不得通过促销方式，劝诱、利诱投资人购买基金；不得抵毁同行和不得刊登任何虚假或欺诈内容。

1.招募说明书

基金发行以前，发行协调人应当协助基金发起人按照《证券投资基金管理暂行办法》及其实施准则第3号《证券投资基金招募说明书的内容与格式》编制并公告招募说明书。同时，发行协调人还需就基金发行具体事宜编制并公布发行公告。

2. 上市公告书

基金获准在证券交易所上市交易时，基金管理公司应编制基金上市公告书，并在上市交易日前10个工作日内刊登在中国证监会指定的全国性报刊上，同时一式二份分别报送中国证监会和证券交易所备案。基金上市公告书的内容与格式应当符合证券投资基金信息披露准则上市公告书的内容与格式的规定。上市公告书中载有财务会计资料的，其报告期间终止日距上市交易日不得超过30天。

3.定期报告

定期报告包括年度报告、中期报告、投资组合公告、基金资产净值公告和公开说明书。基金管理公司应当在每个基金会计年度结束后90天内编制完成年度报告，并将其刊登在中国证监会指定的全国性报刊上，同时一式两份分别报送中国证监会和基金上市的证券交易所备案。基金年度报告的格式与内容应当符合证券投资基金信息披露准则年度报告的内容与格式的规定，其中财务报告应当经过审计。基金管理公司应当在每个会计年度的前6个月结束后60天内编制完成中期报告，并刊登在中国证监会指定的全国性报刊上，同时一式两份分别报送中国证监会和基金上市的证券交易所备案。中期报告的内容与格式应当符合证券投资基金信息披露准则中期报告的内容与格式的规定。投资组合公告每季度公布1次，应当披露基金投资组合的分类比例，及其基金投资按市值计算的前10名股票明细。公告截止日后15个工作日内，基金管理公司应编制完投资组合公告，经基金托管人复核后予以公告，同时分别报送中国证监会和基金上市的证券交易所备案。基金投资组合公告的内容与格式应当符合证券投资基金信息披露准则

基金投资组合公告的内容与格式的规定,基金资产净值每周至少公告1次。基金管理公司应在每次公告截止日后第1个工作日计算并公告基金资产净值及每一基金单位资产净值,同时分别报送中国证监会和证券交易所备案。基金管理人在计算基金资产净值时,基金所持股票应当按照公告截止日当日平均价计算。开放式基金成立后,基金管理公司应在6个月结束后的30天内编制并公告说明书,公告说明书公告截止日为每6个月的最后1天。

以上报告,除特殊情况,年度报告以外的定期报告毋需经过会计师事务所审计。

4.临时报告

基金一旦有重大事件发生,有关信息披露义务人应当在第一时间内报告中国证监会及基金上市的证券交易所,并编制临时报告书,经上市的证券交易所核准后予以公告,同时报中国证监会。重大事件是指可能会对基金持有人权益及基金单位的交易价格产生重大影响的事件。具体包括以下几种情况:

①基金持有人大会决议;

②基金管理人或基金托管人变更;

③基金管理人的董事长、总经理、基金托管部的总经理变动;

④基金管理人的董事1年内变更超过50%;

⑤基金管理人或基金托管部主要业务人员1年内变更超过30%;

⑥基金管理人或基金托管人受到重大处罚;

⑦重大诉讼、仲裁事项;

⑧基金提前终止;

⑨其他重要事项。

5.澄清公告与说明

由于任何公共传播媒介中出现的或是在市场上流传的消息都有可能对基金价格产生误导性影响,相关的信息披露业务人获悉后,必须立即对该消息进行公开澄清,并将有关情况立即报送中国证监会和基金上市交易的证券交易所。另外,基金管理公司还需遵守基金上市的证券交易所关于信息披露的规定。

四、基金管理公司审核专家评议制度

为了保障基金管理公司设立审核工作的公开、公平、公正,基金管理公司应适时推出审核专家评议制度。

1.专家评议会委员的构成

专家评议会委员是由中国证监会的专业人士、中国证监会以外的有关专家和社会知名人士构成,专家评议会对公司筹建申请以书面方式提出评议意见。中国证监会根据专家评议会的意见,按法律法规及有关规定作出是否决定批准公司筹建。中国证监会基金监管部门负责召集专家评议会议,送达有关申报材料、起草会议纪要、保管档案等具体工作。

2.专家评议会委员的职责、权利和义务

专家评议会委员的职责是:按照有关法律法规并结合国际资本市场基金运作实践,对基金管理公司筹建申请进行评议,就基金管理公司的发起人资格、可行性报告、发起人协议、筹备组成员、治理结构与内控机制、基金产品设计方案等提出评议意见。专家评议会委员依法履行职责时,享有下列权利:

(1)以个人身份参加评议会,独立发表意见,不受任何单位和个人的干涉;

(2)通过中国证监会及其授权机构调阅履行职责所必需的公司筹建申请有关材料。

专家评议会委员在使权利时,也必须履行以下义务:

(1)认真审阅公司筹建申请材料,按时参加评议会,客观、公正地发表专业性意见;

(2)不得利用所得到的非公开信息为本人或者他人直接或间接谋取利益;

(3)不得以评议会委员身份从事商业活动;

(4)保守申请人的商业秘密;

(5)不得对外透露专家评议会议程、出席会议人员、讨论内容、审核意见及其他有关情况。

3.专家评议会委员的工作程序

每次参加专家评议会的委员的法定人数为5人,由中国证监会基金监管部门按照专业结构适当的原则选定。专家评议会委员的工作程序如下:

①申请人对委员的公正性有异议的,可提出要求相关委员回避的申请。中国证监会基金监管部门依据申请人提供的书面证据作出是否批准申请、更换委员的决定;

②专家评议会采用“分别审阅、集中讨论”和“集中审阅、集中讨论”两种方式。采用“分别审阅、集中讨论”方式时,中国证监会基金监管部门应当在会议召开的5个工作日前,将会议通知及有关材料送达与会委员。采用“集中审阅、集中讨论”方式时,与会委员到指定地点集中审阅材料。集中讨论由中国证监会基金监管部门的负责人召集,但其不参与投票表决事宜;

③专家评议会对筹建申请进行集中讨论时,拟任基金管理公司董事长、总经理等应当到会作现场陈述和答辩,有关的境外合作方代表和律师等可随同到会,但出席总人数不得多于5人;

④专家评议会应当在集中讨论结束后,向中国证监会提交书面评议意见。对有争议的重大事项,由出席会议的委员以投票方式进行表决,以3人以上的共同意见确定争议结果。有争议的重大事项的内容,由召集人确定;

⑤按照专家评议会的评议意见,属中国证监会依法不应当继续进行筹建审核工作情形的,申请人可以根据评议意见补充、修改申请材料或者作出书面解释,向中国证监会申请再次评议。中国证监会将另行选定5名专家召开评议会;

⑥按照再次进行的专家评议会的评议意见,仍属中国证监会依法不应当继续进行筹建审核工作情形的,中国证监会应当出具不予批准的正式文件;

⑦对中国证监会出具不予批准文件的情形,申请人可以按照有关规定提请行政复议。

五、基金投资运作的监督管理

为了切实维护广大基金投资人的合法权益，保障基金管理公司各项工作的顺利开展，必须对基金的投资运作实行有效的监督与管理。按照《关于加强证券投资基金监管有关问题的通知》，个人投资者直接或间接持有某一基金的份额不得超过基金总份额的3%，已超过基金总份额3%的投资者，不得继续买入。并须在上述通知公布后10个工作日内报基金管理公司。超过部分必须在6个月内卖出，逾期不卖的，由交易所指定机构强行卖出，差价收入上缴国家。

基金管理公司可以选择财务状况比较良好，经营行为比较规范，研究实力比较强劲的证券经营机构，向其租用专用交易席位，但每一只基金通过一个证券经营机构买卖证券的年成交量，不得超过该基金买卖证券年成交量的30%。所选证券经营机构的有关情况、基金通过该证券经营机构买卖证券的成交量以及支付的佣金等，都必须如实地向中国证监会报告，并在基金中期报告和年度报告中予以公开披露。

一般来讲，基金管理公司的自有资金只能用于发起基金、管理基金及买卖国债，其基金管理费收入应主要用于公司业务发展。管理公司运用基金资产进行投资，应该严格按照招股说明书所披露的投资决策程序进行，不许运用基金资产进行内幕交易和操纵市场，不得通过关联交易损害基金持有者的利益，严禁运用基金资产配合管理公司发起人及其他任何机构的证券投资业务，严禁故意维持或抬高管理公司发起人及其他任何机构所承销股票的价格。

基金管理公司应当设立督察员，全权负责公司的监察稽核工作。督察员的任免应报中国证监会核准。督察员可列席公司的任何会议，对基金运作、内部管理、制度执行及遵循法律规章情况进行内部监察、稽核，每月应独立出具稽核报告，报送中国证监会和基金管理公司董事长。如发现公司有重大违规行为，必须立即向中国证监会和公司董事长报告。同时，中国证监会也应对管理公司进行定期和不定期检查，检查内容包括：是否存在内幕交易和操纵市场行为，以及有损害基金投资人利益的关联交易，基金投资运作、信息披露、收益分配等是否合法、合规，管理公司自有资金的使用、内部管理制度的建立和执行以及员工遵守法律规章等情况。中国证监会对管理公司实行年检制度，必须把管理公司高级管理人员任职资格的年度考核，列入管理公司的年检内容。

证券交易、基金管理公司、基金托管部三者之间应紧密配合、相互协调，确保基金安全、高效运作。通过采用先进电脑技术减少运作环节以及强化内部监控等措施，加强信息保密管理。同时，还应当设置基金投资运作的电脑自动化监控系统和预警系统，实现基金会计核算、基金资产估值的电脑化运行。此外，还应实行信息密级管理及获取信息授权管理制度，指定专人负责对外信息事务管理。电脑应当全面录音，录音资料应保存5年以上，与基金投资业务有关人员的移动电话在工作时间应当集中管理。

第五章 证券服务公司的规范与运作

证券服务机构是指依法设立的从事证券服务业务的法人机构。证券服务业务包括的内容有证券投资咨询、证券发行与交易的咨询、策划、财务与法律顾问及其他配套服务,还包括证券资信评估服务、证券清算交割服务、证券登记过户服务以及经证券管理部门认定的其他业务。

根据我国《证券法》的规定,证券服务机构设立除了按照工商管理法规的要求办理以外,还必须得到证券管理部门的批准,非证券服务机构不得从事证券服务业务。

一、证券登记结算机构的规范与运作

为了规范证券登记结算机构,中国证券监督管委员会(以下简称中国证监会)先后颁布了《证券登记结算机构管理办法》、《证券法》等法律法规予以规范,主要包括以下几方面:

1.证券登记结算机构的组织结构

所谓证券登记结算机构是指为证券的发行和交易证明办理证券登记、存管、结算业务的中介服务机构。从我国目前证券市场的运作来看,证券登记结算机构包括两个层面:其一是中央登记结算机构。它是专门为交易所提供集中登记、集中存管、集中结算服务的机构。它可以是由交易所独资设立的有限责任公司,也可以是由金融机构共同发起组建的属定向募集的有限责任公司。我国现阶段有两家此类公司:一家是深圳证券登记结算公司,另一家是上海证券中央登记结算公司。它们分别由深圳证券交易所和上海证券交易所独资设立,并接受交易所对其业务活动的监督,其职能是以安全、高效、低成本为原则,为证券的发行与交易提供集中的登记、存管与结算服务。根据业务上的需要,中央登记结算机构一般设立登记部、存管部、股份结算部、资金交收部、国际结算部等主要业务部门;其二是地方登记结算机构。它是代理中央登记结算机构为地方证券经营机构和投资者提供登记、结算及其他服务的地方机构。从现阶段来看,一般为具有独立法人地位的全民所有制企业或事业单位或者由地方金融机构共同发起组建的定向募集有限责任公司。根据业务的需要,地方登记结算机构一般设置营业部、清算部、业务部、电脑部等主要业务部门。

2.证券登记结算机构的业务范围的要求

根据我国《证券法》的要求,中央登记结算机构的业务范围主要有以下几点:

①证券帐户、结算帐户的设立;

②证券的托管和过户;

③证券持有人名册登记;

④证券交易所上市证券交易的清算和交收;

⑤受发行人委托派发证券权益;

⑥办理与上述业务有关的查询;

⑦国务院证券监督管理机构批准的其他业务。

地方登记结算机构经主管机关批准,并按照与中央结算机构的代理协议,主要从事下列业务:

①经批准公开发行或非公开发行证券的名册登记;

②上市及未上市记名证券的转让登记;

③代理有价证券的分红派息或还本利息;

④有价证券的集中代保管;

⑤代理本地证券经营机构的资金清算业务;

⑥主管机关批准的其他业务。

证券登记结算机构必须采取以下措施保障业务的正常进行:

①具有必备的服务设备和健全的数据安全保护措施;

②建立完善的业务、财务和安全防范管理制度;

③建立完善的风险管理系统。

3.证券登记结算机构设立的条件规定

按照《证券法》的有关规定,设立证券登记结算机构必须具备下列条件:

①自有资金不少于人民币2亿元;

②具有证券登记、托管和结算服务所必需的场所和设施;

③主要管理人员和业务人员必须具有证券从业资格;

④国务院证券监督管理机构规定的其他条件。

证券登记结算机构的规范与运作还应该向发行人提供证券持有人名册及其有关资料,根据证券登记结算的结果,确认证券持有人的证券事实,提供证券持有人登记资料、保障证券持有人名册和登记过户记录真实、准确、完整,不得伪造、篡改、毁坏,依法为证券持有人保密,要妥善保存登记、托管和结算的原始凭证。主要的原始凭证的保存期不得少于20年。同时证券登记结算机构还须按要求设立结算风险基金,并存入指定银行的专门帐户。证券结算风险基金从证券登记机构的业务收入和收益中提取并可由证券公司按证券交易量的一定比例缴纳,主要用于因技术故障、操作失误、不可抗力导致的证券登记结算机构的损失,结算风险基金应专项管理,风险基金赔偿后,应向有关负债人追偿。证券登记结算机构不得将客户的证券用于质押或出借他人。

二、证券投资咨询公司的规范与运作

目前,我国的证券投资咨询行为尚处于发展初期,还存在诸多的问题,因此我国有关部门先后制定并颁布了《证券期货投资咨询管理暂行办法》、《证券法》、《关于对证券经营机构及其营业部的证券咨询及证券信息业务加强管理的通知》、《关于证券投资咨询人员从业资格申请有关问题的通知》、《关于对证券投资咨询机构及人员进行年度检查的通知》等法律法规对证券咨询业予以规范。

1.证券投资咨询业务范围的规定

按《证券期货投资咨询管理办法》规定，证券投资咨询公司从事证券投资咨询业务的范围一般包括：

①接受投资人或客户委托，提供证券投资咨询服务；

②举办有关证券投资咨询的讲座、报告会、分析会；

③在报刊上发表证券投资咨询的文章、评论、报告，以及通过电台、电视台等公众传播媒体提供投资咨询服务；

④通过电话、传真、电脑网络等电信设备系统提供证券投资咨询服务；

⑤中国证监会认定的其他业务。

2.证券投资咨询公司开展业务的要求

根据《证券法》的有关规定，证券投资咨询公司一般应满足下列条件后，方可开展业务。

①必须具备一定数量的有资格从事证券投资咨询业务的专业人员；

②必须具备固定的营业场所和较完备的通信及其他信息传递设施；

③必须具有开展投资咨询业务的方式和健全的内部管理制度；

④必须取得国家证券管理部门的业务许可。

3.证券投资咨询公司从业人员的规范管理

证券投资咨询公司及其咨询人员，应当以行业公认的谨慎、诚实和勤勉尽责的态度，为投资人或客户提供证券投资咨询服务，应当完整、客观、准确地运用有关信息、资料向投资人或客户提供分析、预测和建议，不能断章取义地引用或篡改有关信息、资料，不能以虚假信息、市场传言或者内幕信息为依据向投资人或客户提供投资分析、预测或建议。具有自营业务资格的证券经营机构在从事证券投资咨询业务时，就同一问题向本部门和其他投资人提供的咨询意见应一致，不能为自营获利而误导广大投资者。

根据《证券法》的规定，证券投资咨询公司的从业人员，必须具备证券专业知识和从事证券业务2年以上经验，认定其从事证券业务资格的标准和管理办法由国务院证券监督管理机构制定。证券投资咨询公司的从业人员不得有下列行为：

①代理委托人从事证券投资；

②与委托人约定分享证券投资收益或者分担证券投资损失；

③买卖本咨询机构提供服务的上市公司股票。

我国的《证券、期货投资咨询管理暂行办法》已经颁布实施，这无疑将使该行业在规范的前提下得到快速的发展，更好地为证券市场的发展服务。

三、证券会计、审计机构的规范与运作

为规范会计师事务所和审计事务所，财政部和中国证监会对注册会计师、会计师事务所、审计事务所（统称“事务所”）从事证券、期货相关业务实行许可证管理制度，并制定发布了《中国注册会计师独立审计准则》及《关于执行证券期货相关业务的会计师事务所与挂靠单位脱钩的通知》等相关规则。

1.会计师事务所的资格管理

会计师事务所从事证券业务必须遵循《注册会计师法》、《证券法》、《公司法》、以及财政部、中国证监会《关于从事证券业务的会计师事务所注册会计师资格确认的规定》及《关于注册会计师执行证券期货相关业务实行许可证管理的暂行规定》等法律、法规和文件按照这些法律或文件的规定，从事证券业务的注册会计师应具备下列条件：①所在事务所已取得许可证；

②具有证券、期货相关业务资格考试合格证书，执行

国内发行B股和境外股票上市业务的注册会计师和助理人员，还必须具有一定的外语水平；

③有执行独立审计业务3年以上的经历；

④年龄不超过60岁；

⑤以往3年内没有违反法律、法规和执业准则、规则的行为并年检合格。

从事证券业务的会计师事务所必须符合下列条件：

①与挂靠单位脱钩；

②依法成立3年以上，内部控制制度健全，并在以往3年内没有违反法律、法规和执业准则、规则的行为；

③具有8名以上取得证券、期货相关业务资格考试合格证书或者已经取得许可证的注册会计师（注：不含分支机构注册会计师）；

④专职从业人员不少于40岁（注：不含分支机构人员），其中60岁以内人员不少于30人；

⑤注册资本、风险基金及事业发展基金总额须达300万元以上。

2.申请从事证券相关业务许可证的程序

符合上述条件的注册会计师申请执行证券机关业务，必须填写《注册会计师证券、期货相关业务许可证申请表》，符合要求的事务所申请执行证券、期货相关业务的，必须在规定的受理申请时间内向省级注册会计师协会如实提交下列材料：

①事务所执行证券、期货相关业务的申请报告及《事务所证券、期货相关

业务许可证申请表》；

②注册会计师填写的《注册会计师证券期货相关业务许可证申请表》或者许可证复印件；

③事务所填写的《事务所注册会计师一览表》、《事务所业务助理人员一览表》及《事务所聘用的其他专家和技术人员的情况表》；

④最近3年的年度会计报表，事业发展基金、风险基金的计提及使用情况说明等。

经过省级注册会计师协会审查并提出意见后，报中国注册会计师协会、中国证监会审核。经审核合格的注册会计师、事务所，由财政部会同中国证监会批准并公告，同时由中国注册会计师协会办理颁发许可证事宜。没有取得许可证的事务所和注册会计师以及其他机构和人员不得从事证券相关业务。

3.注册会计师及会计师事务所的职责

注册会计师的证券业务主要是本着独立审计的要求，对证券发行人的年度会计报表发表审计意见，提出书面审计报告。注册会计师根据审计结果，对证券发行人的有关问题的处理情况作出不同的审计意见，并出具审计报告。审计报告有四种：一是无保留意见的审计报告；二是保留意见的审计报告；三是否定意见的审计报告；四是无法表示审计意见的审计报告。一般而言，注册会计师及事务所在证券业务中的职责主要有：

①向上市公司、投资人及相关证券中介机构提供有关会计事务的管理咨询；

②办理资产评估业务，并对新建或改组的股份公司的资产评估结果进行检查验证工作；

③股份公司投入资本的验资工作；

④对股份公司的会计科目、会计报表和其他财务资料做常年会计查账验证工作；

⑤对发行股票的公司的招股说明书进行审核并签证；

⑥协助办理股份公司股票上市的有关财务会计业务和股权转让的有关财务会计工作；

⑦接受股份公司、有关管理机构和投资人的委托，对公司会计报告、营业报告、利润分配方案和其他财务资料进行复审；

⑧协助股份公司及有关当事人办理公司收购与兼并的有关事项；

⑨协助办理股份公司的终止与清算及其他需要委托注册会计师办理的事项。

4.注册会计师职业道德准则与法律责任

所谓注册会计师的职业道德，是指注册会计师在执业时所应遵循的行为规范，它包括职业品德、职业纪律、专业胜任能力及职业责任等方面所应达到的行为标准。我国注册会计师职业道德准则有以下一些内容：

①恪守独立、客观和公正的原则；

②保持和提高专业胜任能力；

③遵守独立审计准则等职业规范，合理运用会计准则及国家其他相关技术规范；

④在维护社会公众利益的前提下，竭诚为客户服务；

⑤与同行保持良好的工作关系，配合同行工作；

⑥维护职业形象，不得有可能损害职业形象的行为。

注册会计师因违约，过失或欺诈给被审计单位或其他制度关系人造成损失的，按照有关法律和规定，注册会计师须承担相应的法律责任。注册会计师的法律责任包括行政责任、民事责任和刑事责任。行政责任是指注册会计师违反了法律、法规的有关规定，政府主管部门将依法对其进行行政处罚，包括对会计事务所给予警告、没收违法所得、罚款、暂停执业、撤销以及对注册会计师给予警告、暂停执业、吊销注册会计师证书和宣布为市场禁入者等。民事责任是指会计师事务所给他人造成经济损失的，应予以赔偿。刑事责任是指注册会计师犯有刑律禁止的行为会受到刑事追究，将判处一定期限的徒刑。

5.从事证券相关业务的注册会计师及事务所的行为规范

注册会计师及事务所从事证券相关业务由财政部和中国证监会确认、监督和管理。注册会计师的许可证实行年度注册制度。取得证券业务许可证的会计师变更工作的事务所，必须向中国注册会计师协会、中国证监会提出申请，视情况变更或收回许可证。取得许可证的事务所变更名称或发生合并、分立行为的必须及时通过省级注册会计师协会向财政部、中国证监会报告，财政部、中国证监会根据具体情况保留、收回或变更原许可证。同时事务所每年必须向中国注册会计师协会和中国证监会报送执行证券相关业务的年度总结。

注册会计师不得有下列行为：违反《中华人民共和国注册会计师法》、《中华人民共和国公司法》、证券、期货相关法规以及执业准则、规则；未取得许可证或者暂停执行证券、期货相关业务期间，擅自执行证券、期货相关业务。事务所不得有下列行为：违反《中华人民共和国注册会计师法》、《中华人民共和国公司法》、证券、期货相关法规以及执业准则、规则；以欺骗或者其他不正当手段获得许可证；未取得许可证或者暂停执行证券、期货相关业务期间，擅自执行证券、期货相关业务；违反有关规定，降低执业质量，低价争揽业务；未按要求报送年度总结。有上述情形之一的，其主管部门应该根据情节的轻重进行相应的处罚。

境外会计事务所在中国境内临时执业的，必须向财政部门和中国证监会提交该事务所及其注册会计师的基本情况，经审核同意后方可执行。已获得认同的境外会计事务所及其注册会计师必须严格遵守中国的有关法律法规，遵守财政部、中国证监会发布 的《关于中外合作会计师事务所、境外会计师事务所执行中国企业在境外上市审计业务若干问题规定的通知》的规定，并每年需向财政部和中国证监会重新申报一次。

四、证券律师事务所的规范与运作

律师及律师事务所从事的证券法律业务，是一项涉及面广、综合性强、技术性高的工作，为了保证从事证券法律业务的律师及律师事务所的执业水平，司法部和中国证监会先后颁布了《公开发行证券的法律意见书和律师工作报告》、《中华人民共和国律师暂行条例》对律帅及律师事务进行规范。

1.律师及律师事务所从事证券业务的资格管理

根据《中华人民共和国律师暂行条例》

和国家有关律师资格的规定，凡从事证券法律业务的律师应由本人提出申请，省、自治区、直辖市司法厅（局）审核报司法部，经司法部会同中国证监会批准并发给从事证券业务的资格证书；申请从事证券业务的律师必须符合下列条件：

①3年以上的从事经济、民事法律业务的经验，熟悉证券法律业务或2年以上从事证券法律业务研究、教学工作经验；

②有良好的职业道德，在以往3年内没有受到纪律处分；

③经过司法部、中国证监会或司法部、中国证监会指定或委托的培训机构举办的专门业务培训并考核合格。

凡事从事证券法律业务的律师事务所，除了必须符合《中华人民共和国律师暂行条例》及国家有关律师事务所的规定外，同时还必须符合下列条件：

①有3名以上（含3名，下同）取得从事证券法律业务资格证书的专职律师；

②由律师事务所申请，省、自治区、直辖市司法厅（局）审核报司法部，经司法部会同中国证监会批准并发给从事证券法律业务许可证。申请报告应当包括的内容有：a.申请单位的名称、地址、主管部门；b.法定代表的姓名、职务；c. 登记注册文件复印件；d.专业人员人数及结构；e.主要业务范围；f.专业人员持有股票的详细情况；g.3名以上取得从事证券法律业务资格证书律师的简历及资格证书复印件；h. 司法部和中国证监会认为需要提供的其他文件。

2.律师事务所从事证券法律业务的权利与义务规定

在从事证券法律业务时，律师事务所依法享有下列权利：

①依法独立从事证券法律业务，不受委托单位意见所左右；

②有权要求委托单位如实提供资料；

③有权按规定标准和付出的劳务收取相应报酬；

④对证券法律业务过程及业务成果拥有申辩权。当律师事务所提交的有关业务成果受到质疑时，律师事务所有权对其证券法律业务过程及业务成果进行申辩。

同样地，律师事务所在从事证券法律业务时，依法履行下列义务：

①依法进行证券法律业务活动，及时提交法律意见书；

②律师事务所作为一个公正的社会性法律服务机构，应为客户保密；

③对证券法律业务结果负责。如果委托人及其他有关当事人对律师事务所提交的业务结果有异议，并能证明律师事务所提交的结果是错误的，则律师事务所除需退回全部费用外，还应赔偿单位因此而遭受的损失。

3.律师事务所从事证券法律业务的内容与程序

按照有关法律法规的规定，律师及律师事务所从事证券法律业务的主要内容有三个以下方面：

一是为公开发行和股票上市的企业出具有关法律意见书。承办律师应在审查有关事实和材料的基础上，依据法律规定，本行业公认的业务标准和道德规范。按照中国证监会规定的标准格式，草拟法律意见书初稿，经2位承办律师共同复核商定后，送律师事务所主任审批，并以公函发送委托人。律师及所在事务所应对出具的法律意见书的真实性、准确性及完整性负有相应的责任。

二是对招股说明书的内容进行验证，并制作验证笔录。验证笔录是主承销商律师对招股说明书所述内容进行验证的记录，其目的在于保证招股说明书的真实性、准确性。它是发行人向中国证监会申请公开发行股票时必须具备的法定文件之一。验证笔录的内容由重要信息、依据或确认、确认人三部分构成。律师应当对招股说明书中所载全部主要信息进行验证。法律意见书和验证笔录都应以律师事务所的名义制作，由2名以上具有证券从业资格的律师签名，并加盖事务所印章。

三是审查、修改、制作各种有关法律文件。律师及律师事务所从事证券法律业务时必须按照一定的程序来进行，其程序是：

首先，接受委托。双方当事人应在自愿、协商的基础上签订书面委托合同，委托合同中应明确规定双方的权利和义务。一般而言，委托方负有向律师提供有关真实情况和材料，向律师支付报酬的义务。而承办律师则负有向其出具法律意见书和关于出具法律意见书的律师工作报告的义务。

其次，审查各项事实和材料。律师在出具法律意见书之前，必须对委托人提供的各种材料进行认真仔细地审查，并进行初步的法律分析。证券律师审查的材料包括①发起人协议书；②发起人设立批文；③公司章程（草案）；④招股说明书（草案）；⑤营业执照；⑥企业重组方案；⑦法定代表人资格证明等。

再次，出具法律意见书。承办律师在审查上述事实和材料以后，应按照中国证监会规定的标准格式，草拟法律意见书，经2位承办律师共同复核商定，交送律师事务所主任审批并以公函发送委托人，一般说来，出具的法律意见书其内容有：①申请人所附文件是否齐备、真实；②股份公司的筹备是否符合要求；③公司的章程是否有明显的瑕疵；④公司的股东结构持股比例是否符合法律要求；⑤公司重大的合约是否有效，对公司的经营活动有什么深远影响；⑥公司是否有重大的诉诉案件，未结案件及可能会出现的某种判决等。

4.律师及律师事务所从事证券法律业务的道德规范和行为准则

律师及律师事务所的职业道德，能够协调律师人员的内部关系以及律师与服务对象的关系，对规范律师行为有着重要的作用。它包括以下内容：

(1)自律。自律要求从事证券法律业务的律师及律师事务所对于职业道德规范和法规政策的规定能自觉执行。特别是在无人监督的情况下，应当以律师及律师事务所的职业态度来约束自已，不做损害国家利益与客户利益的事情。

(2)诚信。证券律师的执业活动是建立在基本信用关系上的，若没有诚信，证券律师的执业便会失去最基本的价值依托，律师及律师事务所行业生存空间将大大受到限制。

(3)正直。正直是律师及律师事务所执业的最基本的要求。它要求律师处理法律业务时不带个人成见和感情用事，并坚持按原则办事。

(4)守法。律师的法律意识，是其经济活动得以顺利进行的条件之一，守法要求证券律师不仅要熟悉有关政策法规，同时还要自觉执行所有政策法律法规。

(5)廉洁。廉洁作为一种规范要求，是指律师及律师事务所在非份的收益面前，保持自己应有的道德情操。

(6)保密。保密即保守机密，是指保守在执业过程中接触的有关客户的商业秘密，包括保守有关国家机密等。

所谓律师及律师事务所的行为准则是指律师及律师事务所在从事证券法律业务过程中应遵守的行为标准。行为准则的完善与否，直接关系证券市场的生死存亡。现阶段，我国律师事务所的行为准则主要来自两方面：一是有关法律、法规及部门规章；二是各证券机构制定的自律性规范。它包括的内容有：

(1)文明经营、礼貌服务，保证证券交易中的“公开，公平，公正”；

(2)热爱本职工作，准确执行客户指令，为客户保密；

(3)努力钻研业务，提高自己的业务水平和工作效率；

(4)服从管理，服从领导，团结同事协调合作，自觉维护律师及律师事务所执业的正常秩序；

(5)积极维护投资者的合法利益；

(6)不得向客户提供证券价格上涨或下跌的肯定性意见；

(7)不得劝诱客户保证证券交易；

(8)不得接受客户的买卖证券的种类、数量、价格及买进或卖出的全权委托；

(9)不得以获取投机利益为目的，利用职务之便从事证券的卖卖活动；

(10)不得与发行公司或相关人员间有获取不当利益约定；

(11)不得接受分享利益的委托；

(12)不得向客户保证收益；

(13)不得为达到排除竞争者的目的，不正当地运用其在交易中的优越地位限制某些客户的业务活动。

5.中国证监会对律师及律师事务所从事证券业务的行业规范

为了规范律师从事证券法律业务的行为，有效防范和化解证券市场的风险，保护广大投资者及客户的切身利益，中国证监会对律师及律师事务所从事证券法律业务的管理进行了规定。

①协助中国企业到境外或香港等地发行和上市股票的外国律师事务所，必须按照《国务院关于进一步加强在境外发行股票和上市管理的通知》执行；

②对《国务院关于进一步加强在境外发行股票和上市管理的通知》及有关法规、政策把握不准，尤其对有关境外发行和上市是否需要履行国内审批手续的问题，应当书面向中国证监会咨询，不得在没有掌握相关法律、政策的情况下出具法律意见书，不得误导客户和境外证券监管机构；

③在从事证券法律业务活动中应当加强自律，强化内部管理，提高律师业务水平，严格要求律师在业务活动中依法行事；

④从事证券法律业务活动中对所核查文件内容的合法性、完整性、规范性进行核查和验证。对勤勉尽责仍不能对其法律问题作出准确判断的应当发表保留意见，并且应当指出有保留意见的事项对本次发行(配股)、上市等问题的影响程度，不得利用回避问题的方式误导监管部门、有关当事人和投资者，保留意见应当在法律意见书中作为主要问题特别说明；

⑤律师事务所及律师在业务活动中不得诋毁同行，支付介绍费或者给予回扣，利用行政干预等不正当手段招揽业务，律师辞职、调离本所，或本所增加具有从事证券法律业务资格的律师，所在律师事务所及律师本人应当于情况发生之日起15日内报中国证监会法律部备案。律师事务所因具有从事证券法律业务资格的律师人数不足3人的，中国证监会将暂停受理其出具的有关法律文件，直到其具有从事证券法律业务资格的律师达到法定的人数。

⑥律师及律师事务所违反《关于加强律师从事证券法律业务管理的通知》的有关规定，中国证监会将视情节轻重，对其给予警告，罚款，没收非法所得，暂停或者取消其从事证券业务资格的处罚，造成严重影响的，认定为证券市场禁入者。

五、证券资产评估机构的规范与运作

从事证券业的资产评估机构是指对股票发行、上市交易的公司资产进行评估和开展与证券业务有关的资产评估业务的专门机构，其规范与运作包括以下几个内容：

1.资产评估机构从事证券业务资格管理

根据国家有关法律法规的要求，凡是申请从事证券业务的资产评估等机构必须满足下列条件：

①必须是已取得省级以上国有资产管理部门授予正式资产评估资格的评估机构，兼营评估业务的机构必须设有独立的资产评估业务部门；

②具有良好的职业道德，以往3年内没有发生过明显工作失误或违反职业道德的行为；

③评估机构中的专职人员不得少于10人，其中职龄人员(非离退休人员)不得少于5人。专职人员超过17人的评估机构，其中职龄人员所占比例不少于1/3；

④评估机构中的专职人员必须具有较高的资产评估水平、经验和技能，并具有较

丰富的证券业务及相关金融、法律、经济方面的知识，其中骨干人员参加过股份制改造的资产评估工作；

⑤评估机构的实用资本不得少于30万元人民币，风险准备金不得少于5万元人民币，自取得从事证券业务资格之年起，每年从业务收入中计提不少于4%的风险准备金。

2.资产评估机构的业务范围要求

根据国务院颁布的《国有资产管理办法》的规定，国有资产占有单位有下列情形之一的，应进行资产评估，上市公司要参照执行：

①开办中外合资经营企业或中外合作经营企业；

②企业兼并、出售联营、股份经营；

③企业清算；

④资产拍卖转让；

⑤依照国家有关规定需要进行资产评估的其他情形。

3.资产评估机构开展资产评估工作的一般程序

目前，我国国有资产评估法定程序分为：申请立项、资产清查、评定估算、验证确认等几个步骤。

①申请立项。这是资产评估工作的开始阶段，它是指在发生需要进行资产评估的经济行为前，由资产占有单位按程序向国有资产部门申请立项。国有资产占有单位申请资产评估立项，先要提出资产评估申请，其主管部门签署意见后报国有资产管理部门或其授权部门。国有资产评估立项申请书主要包括的内容有：

a.资产占有单位名称、隶属关系、所住地址；

b.评估目的；

c.评估资产和种类；

d.资产账面总量；

e.申报日期。

②资产清查。国有资产占有单位在准予评估立项后，应组织力量对被估计资产、债权、债务等进行认真清查，并向资产评估单位提供详细的资料。资产评估机构对待评估的资产帐目、卡片等与其他资产进行核对，检查资产的名称、数量、单位、帐号、购置时间、帐面价值等是否一致。根据委托评估资产的范围，逐步进行实地盘点核实帐目是否相符。如果委托评估的是企业整体资产，还须按照企业会计报表、统计报表、财产目录等资料对企业的债权债务和经营成果是否真实作出签定。

③评定估算。资产的评定估算是资产评估工作最关键的阶段，它一般包括三个步骤：一是制定评估实施方案；二是根据方案实施评定估算；三是提出评估的报告。

④验证确认。验证确认是资产评估工作的最后一道程序，具体分以下几个步骤进行：第一，提出确认申请；第二，国有资产管理部门对提出的申请及相关报告资料及上级主管部门的签署意见后，进行全面细致地审核；第三，国有资产管理部门在对资产评估结果报告书进行全面审核的基础上，通过实地抽查等方法，对资产评估结果进行验证，包括资产评估结果的数据和实物抽样检验；第四，经过审核、验证等项工作，国有资产管理部门对符合下列条件者予以确认，并下达确认通知书。a.确认申请符合规范要求；b.申报材料完备、手续齐全；c.审核验证合格；d.资产评估机构工作认真仔细、独立、客观、公正；e.满足其他必要的条件。

如果有资产管理部门作出不予确认或要求修改资产评估报告书，重新进行资产评估决定的，须明确说明原因，指出问题所在。国有资产占有单位、资产评估机构如果对国有资产管理部门下达的评估确认通知或作出不予确认的决定时，经同级国有资产管理部门协调无效，可以自收到确认通知之日起15日内向上级国有资产管理部门申请复议，并呈交具体理由和根据，上一级国有资产管理部门收到复议后，根据申请人提出的理由和根据，对确认的或不予确认的资产评估报告书中的问题进行重新验证，经复议裁定后，向当事各方下达裁定通知书，被评估的单位接到资产评估结果确认通知书后应根据资产评估的目的和国家有关会计制度进行账务处理。至此，资产评估工作全部结束。

4.对资产评估机构资格与业务的规范管理

取得证券相关业务资产评许可证的机构，必须严格执行国家有关证券法规、资产评估方面的法律、法规、业务规则。在该机构执业的专业人员每年必须接受不少于1周的专业培训。资产评估机构从事证券相关业务时，必须接受国有资产管理局和中国证监会的监督。资产评估机构及其人员在执行业务时出现重大疏漏、严重误导、弄虚作假及其他违反职业道德、工作纪律和证券市场有关法规的行为时，中国证监会可会同国有资产管理局或单独予以处罚，情节严重的将吊销其资产评估资格许可证，直至追究经济和法律责任。没有取得证券相关业务资产评估许可证的专业资产评估机构和兼营资产评估业务的其他机构，不得从事证券业资产评估业务。为了保证股票发行及上市交易的公正性，对同一股票公开发行、上市交易的公司，其财务审计与资产评估工作不得由同一机构承担。同时，股票公开发行与上市交易的公司，有权自行选择已取得证券相关业务资格的资产评估机构进行评估，任何部门不得进行干预。

获得证券相关业务资产评估许可证的国有资产评估机构包括中外合资评估机构，每个会计年度结束后90日内，须向国家国有资产管理局和中国证监会报送其上个年度从事证券业务情况、专业人员培训情况、国有资产管理部门年检结论以及资产评估机构变化的其他有关资料，由国家国有资管理局会同中国证监会重新确认其证券相关业务的评估资格。

第六章　证券从业人员任职资格与规范管理

众所周知，证券业是高度专业化、产业关联度很强的一个行业，加强对证券从业人员的业务培训与任职资格管理，是提高业内人士专业素质、强化资本市场建设的基础工作之一。在当今激烈的竞争环境中，规范的证券市场急需要一支高素质的人才队伍。

一、现阶段我国证券从业人员的现状

目前，我国证券从业人员的基本情况呈如下特点：

1.证券从业人员规模差别较大

2000年中国证券业协会对会员单位从业人员的基本情况进行了一次调查，调查的结果显示：规模较大的仅占9%的比例，而规模居中略偏低则占六成多。

2.证券从业人员性别比例基本平衡

调查的结果还显示：男性占的比例大约是52%，男女比例大致相等。

3.证券从业队伍年轻化

证券公司的从业人员的年龄普遍都比较低，大多数都在30岁以下。

4.证券从业人员的学历以大专和本科为主

从统计的资料来看，证券从业人员的学历，专科约占36.35%，本科约占29.43%，两者合计达到了60%以上。此外，中专以下学历的占23.34%，而博士、硕士的比例只有10%。

5.证券业组织结构精简

在证券公司工作人员中大多数从事业务工作占71%，而管理人员只占11%，队伍精练，工作效率高。

6.证券经纪业务人员比例较大

在证券业务中，经纪业务人员比重突出，占60%以上，其他各类人员比例差别不大。证券业务人员构成情况见下图：

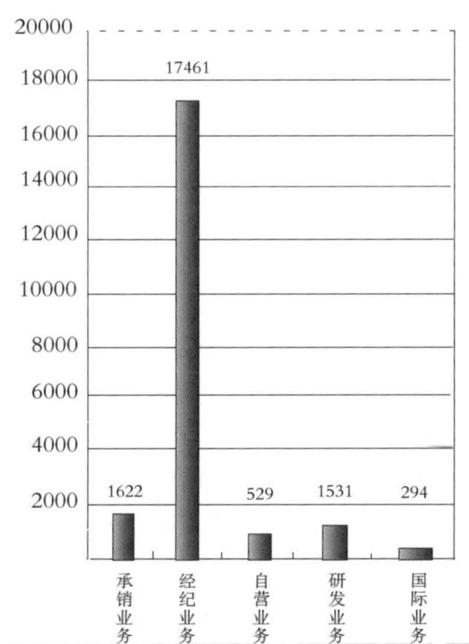

7.证券管理人员比例构成较合理

在证券从业人员中，各类管理人员占总数的11%左右。其中，具有中级或中级以上职称的占七成，它主要包括高级管理人员和营业部经理。比例构成比较科学、合理。证券管理人员构成情况见下图：

G：高级管理人员

Y：营业部经理

Q：其他

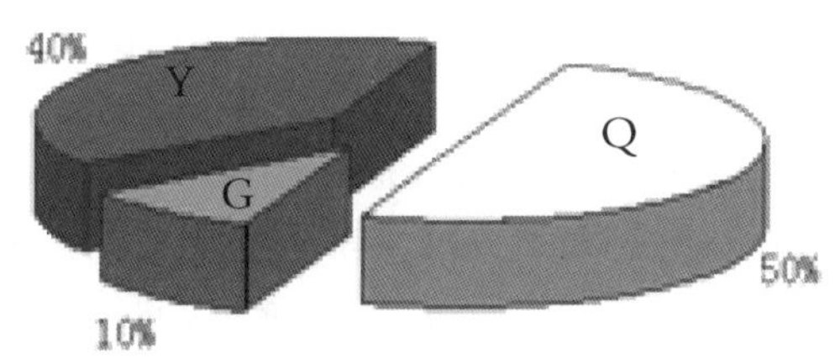

二、证券从业人员任职资格管理的特征

我国资本市场的一个显著特征就是市场自发的制度演进与管理层的推动相结合，表现在任职资格管理方面便是制度的持续创新与制度的自我完善交替出现，这使得我国证券市场的任职资格管理具有开放与不断适应新情况、新变化的特征。

我国证券从业人员任职资格管理，具体而言具有以下几个特征：

1.根据证券市场发展阶段进行阶段性管理

我国证券市场发展初期，尽管较高的收入和相对灵活的机制吸引了一大批素质较高的从业人员，但作为一个朝阳产业，不断增长的态势需要更多的高素质人才的加盟。因此相对于成熟市场国家的要求，我国证券市场的准入标准低一点，是符合我国国情的。

2.权利与义务相一致是任职资格管理的主要价值取向

证券市场的高风险主要体现在具体的业务活动中，不同层次的业务，需要动用不同规模的资源。也就是说，业务资格的获得，从一定程度上可以被看作是一定资源控制力的获得，这在各类机构的管理岗位上表现得特别突出，因此实行业务资格管理是一种科学的办法。

3. 行政监管和行业自律相结合的任职资格管理格局初具雏形

中国证券监督管理委员会(以下简称中国证监会)具有行政权利管理从业资格,就证券从业人员的市场准入、违规责任等问题发表意见,意见是以国家权力为基础作出的,具有强制性特征。同时,获取这种资格对从业人员来说就是获得了一种人力资本,因此也需要国家权利的介入。但是因管理手段和可以使用的管理工具受到限制,加上管理成本等诸多方面的问题,行业自律显得非常重要了,而世界各国的经验也证明了这是一条行之有效的做法。

三、我国证券从业人员任职资格管理存在的问题

我国证券市场经过11年的发展,已取得了辉煌成就,但证券从业人员的任职资格管理一直没有跟上发展步伐。从目前证券从业人员任职资格管理的现状看,我国证券从业人员任职资格管理尚存在诸多问题,亟待解决。具体表现为:

1.任职资格管理脱离了证券市场主体的积极参与

这种状况,对挖掘市场主体的偏好不利,同时也使高素质人才的需求与准入的门槛之间缺乏联系。一般而言,人才的准入经过管理层的批准便了事,而在市场经济条件下雇佣人才的永远是市场主体,因此进入证券市场的人员必须满足各个市场主体的需求。但另一方面,证券从业人员的任职资格管理与市场主体人事权的矛盾更难处理。如果没有一个妥善的安排,市场主体便会消极执行管理层的相关规定。

2.任职资格设置系统性差

系统差表现为两个方面:一是证券从业人员的任职资格是按业务、按管理职级划分的,这种办法很难体现管理层统一的价值趋向,并且包容性不够;二是很多新兴的业务没有被吸收进来,在券商经纪业务全面转型的时期,这样的体系将造成巨大的经济损失。

3.日常管理的力度有待提高

证券市场的准入仅仅只解决一个任职资格问题,但任职资格的有效管理对证券从业人员的监督作用更为明显,因此,匹配一些日常管理规范更加有效。

4.行业自律的功能尚需进一步加强

证券从业人员任职资格管理从政府的角度来讲,就是通过法律规定证券从业人员应具备的最低标准,以及从事证券业务的行为原则和涉及重要事项的禁止性规定。从自律管理的角度讲,就是通过自律规范确定开展证券从业业务的基本规则、职业操守。两者相比,法律规则是最基本的要求,具有强制力;自律规范较为具体,是较高要求,靠从业人员自觉遵守,违反的结果是纪律处分或业内谴责。自律组织通过制订并执行行业自律性公约、执行行为准则与职业道德操守,开展证券从业人员的继续教育和考核评比来有效提高证券分析师的执业水准,减小分析预测错误的可能性。我国证券市场是在政府的倡导和推动下发展起来的,在一定程度上自律管理的空间相对较小。自律管理的欠缺,制约了证券从业人员职业操守的树立。这一点在投资咨询业务方面表现尤为突出,主要表现为证券分析师职业操守的薄弱。

在我国的规章制度中也有对职业道德的规定,但在执行的时候,应强调设置这种职业道德守则的意图并不仅仅局限于最低限度遵守法律上被禁止的、或被限制的行为等被动的义务,更重要地在于确立更积极、主动的,以其专业能力为基础,经常为投资者竭尽全力的自律性服务。只要这种职业道德的高度觉悟深深地扎根于从业人员之中,社会对证券从业人员的信任度就会较好地建立起来。

四、加强证券从业人员培训与任职资格管理的政策建议

1、我国证券从业人员培训和任职资格管理急需解决的问题

对证券从业人员任职资格管理包括两个方面的内容:一是市场准入问题;二是人员培训问题。而人员培训又包括从业前培训与在职继续教育两个环节。根据我国的实际情况和国外的经验,证券业要加强我国人员培训与任职资格管理的制度目标,首先要妥善解决好以下几个问题:

(1)考试内容与市场需要对接问题。一个很关键的问题就是考试内容的确定,一般而言,有两种方式可供选择:一种是题库考试。这种方式有利于提供公平性,然而对新增知识的吸收不够;另一种是逐年变化。这种方式与前一种的优缺点恰好相反,在与市场对接时两种方式需要平衡处理。

(2)门槛高低的选择问题。在21世纪,考试选拔高素质人才既要有把关的功能,也要满足证券市场规模对人才需求的增加。这就要求考试标准的确定要适中,较高的门槛会使市场对人员的需求得不到保障。而较低的门槛又不利于证券市场专业化水平的提高。

(3)任职资格管理与证券市场主体人力资源管理的关系问题。证券市场经营主体中最难以落实的是CEO的任职资格管理。管理层在技术上提出的要求可能很难被机构接受,而机构认为CEO主要工作是管理,对证券市场有一些了解也就足够了。建议保留资格审查权,但是可以进行豁免。

(4)考试与从业前后培训相互分离但又相互促进的关系问题。考试与培训相互分离是一个基本的原则问题。从业前培训,根据现行规定,应该由中国证监会指定培训机构,但同时也要鼓励证券市场主体积极与中国证监会指定院校进行合作培训。抑或是由证券市场主体提供实习机会,分担培训成本。从业后培训其目的主要有三个:一是为了提升从业人员的素质;二是为了学习和掌握新技术;三是为了适应政策环境或经营环境的不断变化。在目前情况下,一般来讲,证券市场主体都是比较积极地进行此类培训,管理层因需要集中力量解决国内证券市场上出现的一些问题,故需要组织部分从业人员有针对性的参与培训。

(5)如何与国际业务接轨的问题。现阶段,我国资本市场技术含量需要大幅度提高,与此同时,制度规范体系也需要进一步加强,尤其是在我国证券市场尚存很多盲点需要向外国同行学习的情况下,如何与国际接轨的问题便提上了议事日程。美国CFA和国际执业投资分析师协会ACIIA是国际上较为公认的两个资格评价体系,这两个体系基本反映了资本市场共有的知识要求。随着全球经济一体化趋势的进一步明显,认同并遵守同一套标准,享用同一个知识平台,在同一个话语环境里对话是非常重要的。但是在目前情况下,CFA和ACIIA对我国从业人员来讲显然是一个较高的要求,我们不能生搬硬套。任职资格管理制度国际化要求与我国证券从业队伍建设方面不足的冲突,对从业人员中担负较高职责的人员,应该逐步先行与国际要求接轨。

2.我国证券从业人员培训与任职资格管理的制度设计

从以上的有关论述中我们发现,在目前,我国证券从业人员培训与任职资格管理制度还不是很完善,亟待完善和加强。针对这种情况,对证券从业人员培训与任职资格管理制度的设计,提出几点建议:

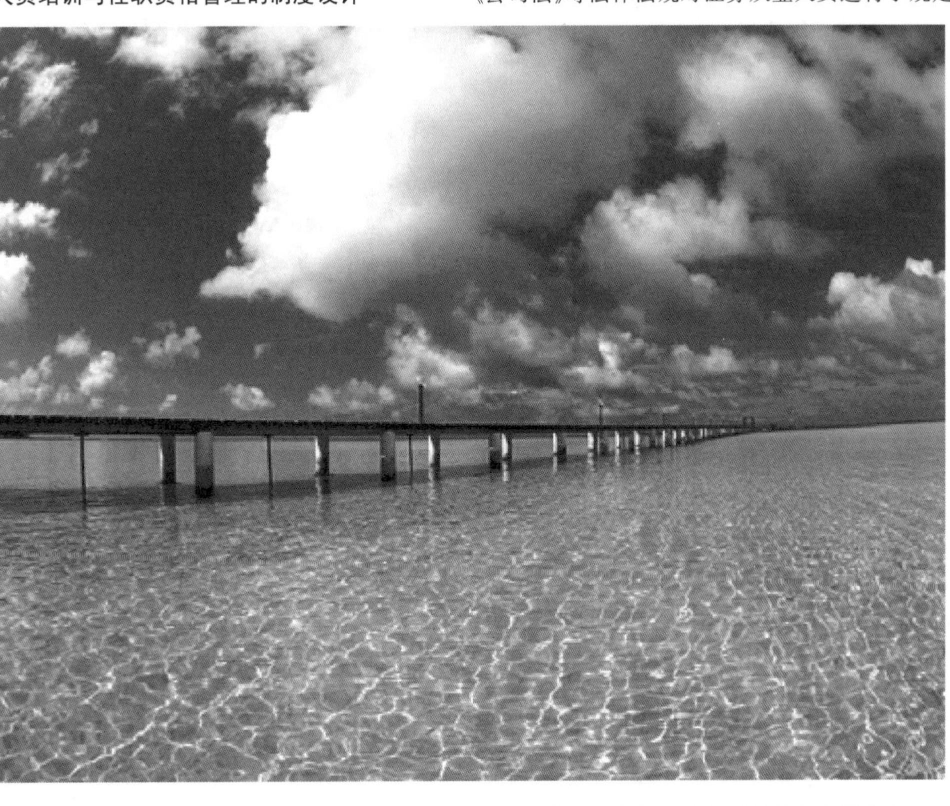

(1)对证券从业人员确定一个最低要求。采用考试的办法确定,在参照国外方式的基础上,设计一套新的合乎国情的办法。致于考试的内容可以适当分解为基础知识和专业知识两部分。其中基础知识应该中国证监会指定机构组织考试,专业知识则应该证券市场主体组织考试,并将考试结果上报中国证监会指定机构,分数所占权重可以根据特殊情况进行适当的调整。这样灵活的安排主要目的是为了充分调动机构的积极性。

从业前培训由中国证监会指定院校或成立培训中心负责进行,在指定院校的情况下,中国证监会须进行年检,以确保培训质量。

(2)根据机构自身的需要,确定从业后的培训。中国证监会为了促进技术进步,可以对从事不同业务的机构,要求不同的人员,或直接要求其相关人员在指定地培训。

(3)对机构CEO的任职资格管理,应该主要侧重管理履历的要求,并同时考虑增加最低要求。但中国证监会或其授权机构可以豁免。

(4)与国际业务接轨的问题,原则上应该从市场主体的业务资格审查入手进行有效管理,例如,从事涉外业务的市场主体,必须有几名取得ACIIA或CFA资格的员工,以此来推动市场机构加强与国外的技术交流。

(5)引入民事、刑事责任,加强道德风险防范。关于道德风险的防范,建议不要主要依靠资格管理,应该引入民事责任和刑事责任的机制,依法加强管理,受到民事责任或刑事责任追究的人。其从业资格应做相应变化,从降格、暂停从业、禁止从事某些业务到终身禁入。

3.证券从业人员的规范管理

证券市场是具有高风险的交易场所,证券公司作为证券交易所主要参与主体,为保障证券市场的健康发展,我国《证券法》和《公司法》等法律法规对证券从业人员进行了规定。

(1)禁止性行为。所谓禁止性行为,是根据法律的规定,证券从业人员不得从事的行为,它是经过多年的司法实践,被确认对证券市场有严重危害性的行为。证券从业人员如果从事这些行为活动,将受到法律的制裁和处罚。它具体包括以下几个方面:

①不得向客户提供证券价格上涨或下跌的肯定性意见;

②不得劝诱客户保证证券交易;

③不得以获取投机利益为目的,利用职务之便从事证券买卖活动;

④不得与发行公司或相关人员具有获取不当利益的约定;

⑤不得接受客户的买卖证券种类、数量、价格及买进或卖出的全权委托;

⑥不得接受分享利益的委托;

⑦不得向客户保证收益;

⑧不得为达到排除竞争者的目的,不正当地运用其在交易中的优越地位限制某些客户的业务活动。

(2)担任证券高级管理人员的规定。有下列情形这一的,不得担任证券高级管理人员:

①因违法行为或者违纪行为被解除职务的证券交易所、证券

登记结算机构的负责人或者证券公司的董事、监事、经理，自被解除职务之日起未逾5年；

②因违法行为或者违纪行为被撤销资格的律师、注册会计师或者法定资产评估机构、验证机构的专业人员，自被撤销资格之日起未逾5年；

③因犯有贪污、贿赂、侵占财产、挪用财产或者破坏社会经济秩序罪，执行期满未逾5年，或者犯罪被剥夺政治权利，执行期未逾5年；

④担任经营不善破产清算公司的董事或者厂长、经理，并对该公司的破产负有个人责任的，自该公司破产清算完结之日起未逾3年；

⑤担任因违法被吊销营业执照的公司的法定代表人，并负有个人责任的，自该公司被吊销营业执照之日起未逾3年；

⑥无民事行为能力或者限制民事行为能力；

⑦个人负有数额较大的债务到期未清偿；

⑧国家机关工作人员和法律规定的其他人员。

证券从业人员必须忠实履行职责，按照委托人的委托履行自己的义务，保守委托人的秘密，依照法律规定及时办理各种委托手续和证券的成交手续，以确保委托关系的正常进行。证券公司的从业人员是代表证券公司从事中介业务的人员，在聘用人员过程中必须认真挑选，如果证券公司人员在证券交易活动中，按其所属的证券公司的指令或者利用职务违反交易活动的，其给客户所造成的损失，由所属的证券公司承担全部责任。

五、国外证券从业人员培训与任职资格管理的经验借鉴

一般而言，成熟市场的管理层对证券从业人员都实行培训与任职资格管理，而其中最常用的是实行考试制度。目前，在国际上有两个证券从业人员培训与任职资格认定体系比较有权威性：一个是美国投资管理及研究协会特许金融分析师CFA；另一个是国际执业投资分析师协会ACIIA的投资分析师CIIA。后者的根本宗旨是推行国际标准，此外也允许世界各国按照自己的要求，把自己的经验与国际执业标准有机地结合起来。在现阶段，这个标准已被许多人接受。

在美国，证券从业人员的培训工作由专门的机构进行。全美证券商协会负责证券从业人员的资格确认工作，该协会设有考试委员会，委员由各交易所选派。考试题目由各委员提出，并由委员会综合，最后送证券交易委员会确定。考试委员会负责制定考试标准，组织考试。在英国，证券与期货管理局负责证券从业人员的注册工作。该属设有考试中心，专门负责证券从业人员的资格考试。该中心还同时选定四家专门机构组织培训。在加拿大，证券从业人员的培训和考试工作由培训中心在证券业协会和证券交易所的领导下进行，培训中心的理事会由证券业协会和证券交易所的负责人以及培训中心主任组成。培训中心在全国设有4个分中心。证券从业人员的注册由证券协会负责。而马来西亚证券从业人员的资格审查、证书颁发工作由依据《证券法》成立的资格办公室负责。马来西亚的资格管理制度有三个特征：一是强调个人综合能力的考察；二是重视个人品质、行业纪律方面的考察；三是实行严格的淘汰制度，包括考试制度和年检制度。

综合以上一些国家的做法，马来西亚的证券从业人员培训与任职资格审查工作是赋予行政权力的，而其它一些国家都把证券从业人员培训与任职资格审查和考试权利赋予自律性组织。此外，这些国家对证券人员培训与任职资格考试工作的管理还具有以下特征：

第一，任职资格考试（市场准入审查）和从业人员培训从过程上分开，有些国家甚至由不同的机构负责。这些机构享有不同的行政权力或授权，如加拿大分别由不同的机构负责。在这些国家看来，培训是向从业人员提供服务，鉴于证券业的技术复杂性，由证券业内人士提供这种培训是恰当的。而关于资格审查的权利事关市场准入，只有享有行政权利的机构才能行使。

第二，在证券从业人员的任职资格考试内容上，广泛吸收了业内其他市场主体的意见。考试被管理层认可，被考试的内容是证券市场从业的必需知识。

第三，除马来西亚外，其他国家没有把证券从业人员的道德操守列入考试范畴，这些国家认为可以通过对违法者施以重惩的办法提高其违法成本，起到威慑的作用。

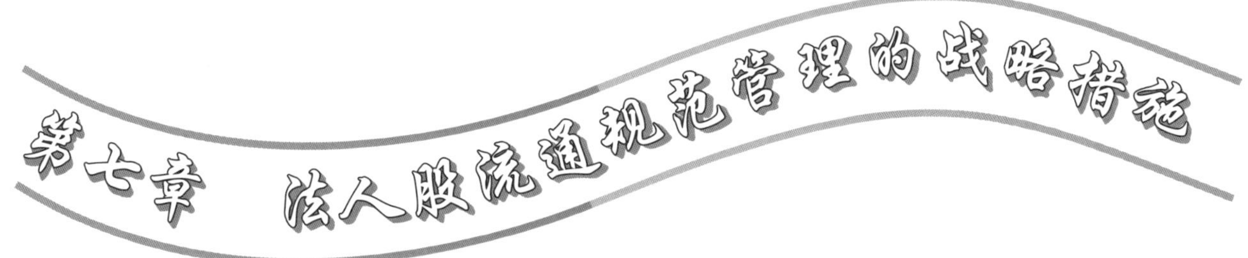

第七章 法人股流通规范管理的战略措施

法人股在我国的上市公司中是最难堪的一种股权。一是它不能像普通股那样,能够通过市场进行交易来实现股权的流通;二是它也不能像国有股那样,其股东拥有决定公司重大经营决策并对公司具有绝对的控制力。从公司的股权运作来看,法人股处于普通股和国有股的夹缝中,其合法权益很难得到有效的保障。目前,法人股实际上成了规范上市公司股权关系与公司治理结构的"鸡肋",因为法人在公司治理结构中的积极作用根本就无法发挥。与此同时,随着证券市场规模的不断扩大,法人股也日益增多,庞大的法人股存量,必成为影响证券市场规范发展和引发市场动荡的一个不可忽视的因素。与国有股一样,法人股未来朝哪个方向发展已成了广大投资者非常关切的对象。同时它也日益成为我国证券市场规范发展的重要障碍。作为我国证券市场重大历史遗留问题的法人股,还需要采取相应措施加以规范。

一、什么是法人股

所谓法人股是指企业法人或具有法人资格的事业单位和社会以其依法可支配的资产向公司非上市流通股权部分投资所形成的股份。法人股是非流通股,不包括法人持有的A股或B股流通股。按认购对象分,可分为境内发起法人股、外资法人股和募集法人股三个部分。

法人股作为股份制公司的一种特殊股权,与国有股一样,其产生有着极为相似的经济背景、历史背景以及经济体制因素。从一定的意义上讲,法人股是公有制经济与私有制经济思想相结合的产物。它产生的直接原因是我国国有企业的改革,与国有股相比,法人股除了具有不流通的共性以外,法人股还具有不同于国有股的明显特征:第一,从价格上看,法人股是采取溢价方式发行的,但它的溢价水平与普通股相比要低得多;第二,法人股具有一定的社会性质,即法人股并不局限改制企业本身,它是向其他法人募集的股份,从而打破了股权设置局限于改制企业本身资产的限制。法人股在我国经济体制改革中所发挥的作用主要表现在以下几个方面:

1.推动了我国法人财产权制度的形成与发展

在我国,法人股实际上是与法人财产权直接相联系的,它是法人财产权的一种表现形式。正是因为这一概念的引入,使我国从根本上认识了企业独立法人地位的重要性。使我们从理论和实践上逐步深刻认识到企业的法人财产权利关系是市场经济的根本关系。

2.为我国建立政企分开的经济体制提供了必要的理论基础和操作工具

这是法人股的真正历史功绩所在。法人股的引入为我国建立适合现代市场经济制度的财产制度引入了新的运作概念。法人股财产权是现代市场经济财产制度的核心和现代经济运行的基础。因此,要建立现代市场经济制度,就必须确立法人财产权并形成法人财产权的运动载体。因为独立的法人财产权是企业成为独立的市场主体的前提,与此同时,也是我国社会主义市场经济体制早期改革的难点与重点。即使在目前总结改革的历史过程,也不难看出是当时体制改革一个无法绕过的环节,这是由于企业的独立市场主体地位是建立在企业拥有独立的法人财产权基础之上的。

综上所述,尽早建立健全我国的法人财产权制度基础,是我国经济体制改革的一种必然要求,而实现这一要求就必须解决一个关键问题:法人财产权的确立、量化及其运动。不难看出,法人股概念的确立及其在实践中的引入,创造性地解决了我国经济体制改革的这一难点与重点。

3.法人股创造了新的资源配置载体

法人股的确立,可以使不同企业通过法人股交易而进入或退出某种企业和行业,调整企业的资产结构和经营方向。因而它为资产的流动和再配置创造了新的载体。实际上,我国上市公司的重组很多就是通过法人股转让而实现的,而且,法人股还可以在企业之间建立相互持股关系,这种通过法人股的相互持有,可以促进企业的分工与协作并在这一基础之上形成战略联盟,而这种联盟本质上是一种资产联盟,是一种以资产为纽带而形成的企业经济关系。同时,法人股实质上也能冲破我国原有资产配置条块分割的限制,促进资源的跨地区、跨所有制、跨行业配置,从而在一定程度促进了我国资产运作的市场化发展,加深和发展市场经济的深度和广度。这也是我国法人股的积极效应之一。

二、法人股流通的历史回顾与前景展望

1993年是个分界线,在这之前,我国对法人股流通问题非常重视。曾专门组建了两个法人股流通市场,即中国证券交易系统(简称NET系统)和全国证券自动报价系统(简称STAQ系统),并有20多只法人股在NET系统和STAQ系统上市交易。但在这之后,法人股流通则被禁止,已上市交易的公司随着A股的发行也相继退出市场。

然而,我国法人股的发行并没有随着法人股禁止流通就彻底停止。我国在开始推行股份制试点时通常采取的是定向募集方式,但定向募集方式采取的又是法人股形式。后来有部分定向募集公司改为上市公司,这样便形成了庞大的法人股存量。这部分法人股在一般条件下除了发生私人的协议转让以外均不流通,法人股仍旧被限

制为非流通的股份。

目前,法人股已具备了流通的条件。其一,从金融投资的发展程度来讲,近几年,我国金融投资的意识已得到了长足的发展。随着我国居民收入水平的提高,社会公众的证券投资需求急剧增加。股票作为一种投资工具已越来越为广大公众所接受。与此同时,法人股的投资价值也正在逐步被社会投资公众所接受,这诸多方面无疑为法人股的市场化创造了现实的社会需求条件。另外,随着我国经济的进一步开放和国际资本市场一体化的发展,法人股甚至成为国际资本的战略投资方向之一。资本经营在我国的兴起有力地推进了大企业和各种社会资金的股权投资,而法人股现在已成为这些投资者追逐的对象。由此可以看出,法人股向流通股转化是具备社会条件的,法人股流通不存在市场购买力不足的问题;其二,从投资者的角度看,我国也初步具备解决法人股流通的有利条件。这主要体现为我国市场发育的成熟度和投资主体构成已大不同前,从成熟度看,一大批相对成熟的投资者、券商等中介机构,特别是以基金为主的机构投资者获得了长足的发展。这为我国法人股的并轨流通创造了现实的市场需求;其三,从市场承载力讲,我国也具备法人股流通的条件,虽然法人股一次性完全与社会公众股并轨流通会对上海和深圳两个交易所造成的冲击不可忽视,但是由于法人股的存量相对而言比较小,目前只占市场总股本的7%。而且,由于我国的法人股绝大部分是采取溢价发行的,相对于国有股来说,其与流通的股票的价格相差也比较小,因而其对市场的冲击不是很明显,并且根据我国目前的市场需求看,如此规模的法人股转化为流通股,只要方法得当,把握好时机,对造成的冲击是完全可以控制的。

从我国股票市场的现实条件和长远发展要求来分析,在今后我国的法人股将转化为流通股,这是基于以下两点考虑的:

其一,从根本上,我国法人股流通的必要性与国有股一样,在于我国上市公司股权的模式中的均衡所有权权利关系必须重建,因为同一企业的股票划分为流通股与非流通股以及同股同权不同价的股权关系使"等量财产所有权拥有等量权利"的基本原则无法贯彻。对于同一企业的股票,由于获得相同股权的成本和市场价格不同,由此而使法人股打上权利关系不合理的烙印。而这个问题,显然只有通过法人股的流通来解决。

其二,法人股的非流通性使相当一部分企业与个人在增资配股过程中陷入困境。在我国,法人放弃配股的事比比皆是。法人股不能流通,使企业资金凝滞。每年的配股阶段,是法人股持有者最为烦恼的时期。如果配股,资金注入无法套现,只是增加法人股存量的积淀。相反,放弃配股,损失又太大。由此陷入了进退两难的尴尬局面。此外,还有不少企业原想借投资法人股提高资金的使用效益,将一部分暂时闲置的资金也购买了法人股,不料结果是活钱变成死钱,反而直接影响了资金的周转,给企业的生产经营带来了严重的困难。

从社会的角度看,法人股限制了资金流动性,而从市场的深层运行看,它导致了我国股市正常功能发挥的偏离,使证券市场的规范化发展丧失了应有的股权微观基础。因此,法人股问题一日不解决,证券市场的的健康、稳定快速发展在一定程度上就会受到影响。

三、目前法人股流通存在的问题

目前,法人股拍卖的"火爆"气氛很浓。据统计,2000年以来仅发生在沪市上市公司法人股过户转让中,涉及到拍卖转让的比例就高达60%-90%。而仅上海一地,就有60多家从事法人股拍卖业务的拍卖行。实际上,在一浪高过一浪的拍卖声中,一个具有一定规模的法人股交易市场正在逐渐形成。在转让巨额佣金的趋势下,这个市场形成的速度也正在与日俱增。

其实,在目前不断升温的法人股拍卖热中有许多不规范之处,特别是法人股拍卖市场的合法性和拍品价格的公正性,非常令人担忧。目前,法人股拍卖存在的问题主要有以下几个方面:

1.市场价格被扭曲

按照市场经济供需规律,供小于求会使商品价格上升,但是,法人股拍卖从一年前的"有价无市"到现阶段"火爆"场面,的确有市场供求因素在起作用。实际上,据业内人士透露,如今法人股的拍卖被操纵者控制。其做法如下:拍卖品的价格事先由卖方报价,随后由拍卖行提供一个参考价进行拍卖。

上述是一般意义上拍卖品的拍卖方式,但对于大宗拍卖品而言,情况就不一样了,大宗拍卖品的拍卖其价格常常是事先议定好的,公开拍卖只不过是形式而已。此外,广大投资者由于拍卖品价格变化过快而往往难以作出正确的结论。这种事先通过小批量拍卖,人为制造一个价格,等到该价格被广大投资者接受后,便大笔大笔抛出的做法,严重损害了投资者的切身利益。

2.信息不对称,难以体现公平性和公正性

法人股拍卖在现阶段主要是拍卖行以刊登广告的形式注明拍卖品拍卖的时间、地点及数量。因信息来源很复杂,可靠性不高,对于广大普通投资者而言,在获取法人股拍卖信息方面处于劣势。这样冒然购买,无疑会造成重大损失。据了解,如今从事法人股拍卖的拍卖行一般都是各自为政,同样的法人股,在同一天的不同时间、不同地点、不同场次最终成交的价格也各不一样。显然,这种交易的公平性、公正性值得质疑。

3.竞拍者利益得不到保障

目前在法人股拍卖广告中,常常打着"拟上市公司"或者"能在创业板上市的公

司”的旗号,以此来吸引更多的竞拍者。这种借市场进行炒炸的现象,无不令人担忧。同时,随着参与法人股拍卖的投资者的不断增加,在“赚钱”的示范效应趋势下,一大批个人投资者想方设法也想挤进这个领域。他们贯用的手法是筹措一笔资金与法人单位私底下达成协定,以此参与法人股竞拍。因这种行为缺乏法律保障,如果出现内幕交易,投资者往往是诉诸无门。

法人股在目前条件下,尚无统一管理的具体法规,也没有明确由哪个部门对法人股拍卖负有监管责任,广大竞拍者的利益得不到基本保障。

4.反复质押使累积的风险越来越大

在法人拍卖的过程中,一些精明的“炒家”在拍得一定数量的法人股后,将其拿到银行去质押,将得到的一笔贷款,再去拍卖,拍卖后又去质押,如此反复操作便能够达到“滚雪球”的效果,操作者利用少量的资金获得较多的法人股。法人股通过拍卖增强了流通性,这对持有者和需求者来说,会有一定的好处,但对银行来说风险的积累则越来越大,这是很不利的。

5.“红火”的表象掩藏着“炒作”的实质

从表象看,法人股拍卖虽然红红火火,成交金额也愈来愈大,但是导致成交量急剧上升的真正原因只不过是存量法人股在不同拍卖行倒来倒去罢了。法人股行情的上升使原来在内地和沿海地区之间存在的法人股“价差”大为缩小,同时也使持有者“惜售”心理加深。因此,在拍卖行并没有增加多少增量资源的条件下,法人股拍卖的成交量反而大幅度上升,实际上这是一种“炒作”,反映的是失真的红红火火。

四、法人股流通的规范化措施

众所周知,我国目前法人股流通方式尚不规范,须采取有效措施,使国有股和法人股流通在规范条件下进行:

1.降低法人股上市流通的数量

由于历史的原因,目前,我国的国有股和法人股数量庞大,针对这种情况,上市之前适当降低其数量是十分必要的。可以选择下列几种主要途径对法人股进行分流:

(1)把部分法人股转换成优先股。该措施适合收益比较稳定的上市公司,为减轻公司的分红压力,绩优股比例可控制在总股本的10%左右,而一般地,优先股股东关注的是固定的分红收益,这样,上市流通可以推后。

(2)回购法人股。1999年云天化集团公司开创了我国上市公司回购国有股和法人股的先河,取得了很好效果。自有资金比较充足的上市公司可以效仿云天化的这一做法。如果缺乏自有资金,可以根据实际情况,通过融资(比如借款、发行可转换债券等)回购法人股。

(3)把部分法人股转换成长期低息债权,以降低股本总量。该措施是针对有一定偿债能力的上市公司,股转债的比例可控制在总股本的10%左右,债权期限以10-30年为宜,利息低于同期贷款利率。

(4)部分法人股通过低价出售转换为内部职工和经营者持股。该做法可以成为一项制度化的激励机制,这从一定程度上解决了现阶段国有企业激励机制不健全的问题。对于那些没有发行过内部职工股的上市公司,比例可以稍高一点,面对该部分股票,管理层应限定上市的时间。

2.管理层对法人股上市流通应提前公告

这项措施包括的内容主要有以下几个方面:

(1)确定法人股开始上市流通和终止新上市公司发行非流通法人股的时间。原则就是解决老问题的同时,不能导致新的问题。

(2)公布预定完成所有法人股上市流通的时间表,可暂定为5年,每年上市基本均等的股票数量。时间表最好细化到每一周的上市股票数量安排,从而稳定投资者的预期。

(3)法人股上市定价取值区间应限制在每股净资产价格和某一参考日流通股收盘价之间,上市定价由上市公司股东大会确定,由中国证监会核准。净资产值为负数的上市公司法人股在净资产转为正数之前不能上市流通。

(4)允许不同上市公司针对自身情况制订不同的上市方式,并鼓励在法律许可范围内推出有创新意义的上市方式。

法人股上市流通是一项浩大的系统工程,使其在规范条件下进行,不仅要求上市方式具有可操作性,而且还需要相关的制度给予支持与配合。

3.扩大投资者队伍,夯实股市的需求基础

这一措施可以考虑让国有企业、养老基金、保险机构等参与国有股和法人股配售,从而加快国有股和法人股的上市流通进程。

考虑到国有股和法人股上市流通问题具有很大的特殊性,对二次发行、网下配售和缩股行为应放开限制,以改变目前法人股拍卖的不规范化。

附:法人股流通的有关政策

1993年4月,国务院颁布《股票发行与交易管理暂行条例》,规定国家拥有股份的转让必须经国家有关部门批准,国家拥有股份的转让不得损害国家拥有股份的权益。

全国人大颁布的《公司法》规定,上市公司股份的发行,必须同股同权,同股同利;股东持有的股份可以依法转让;股东转让其股份,必须在依法设立的证券交易场所进行。

1994年3月,国家国有资产管理局发布《股份制试点企业国有股权管理的实施意见》,对国有股权管理的原则、内容、及主管部门作出明确规定。

国家国有资产管理局发布《关于在上市公司送配股时维护国家股权益的紧急通知》,强调国家股配股权宜采用协议方式转让。

1995年9月,国务院办公厅转发国家证券委《关于暂停将上市公司国家股与法人股转让给外商的请示》,要求在国家有关政策颁布之前,任何单位一律不准向外商转让上市公司国家股与法人股。

国家国有资产管理局主要领导表示,上市公司国有股权控制比例下降也是国有资产流失。

1996年1月,中国证监会认为四川广华国家股向外资转让之举属违规操作,停止该公司股票交易两天,并按照国务院有关文件精神，暂不批准该项协议转让合同。

在鞍山信托国家股协议转让过程中，中国人民银行辽宁省分行与鞍山市支行对受让方进行金融业务资格审查时发现，受让方未经国家股转让方同意，擅自由受让方变更为委托收购人，违反原转让合同和国家规定的审批程序，决定解除该项协议转让合同。

1998年底，国家开始整顿场外证券交易市场，撤销了各地法人股柜台交易市场，1999年关闭了北京STAQ和NET两个法人股交易市场，并要求做好相关善后工作。在北京STAQ和NET两个法人股交易市场挂牌交易的股票符合上市条件的已转至深沪证交所上市，例如海南航空。同时中国证监会鼓励上市公司合并曾在地方法人股柜台交易市场挂牌交易的企业，合并后新增股份计入上市公司总股本。

2000年3月，中国证监会宣布国家股、法人股向个人配售的转配股可分批上市流通。中国证监会颁布了《关于上市公司非流通股份类别变更有关问题的通知》，允许国家股权向非国有法人转让后，可登记为其他非流通股份。

2000年9月，中国证监会又颁布《关于境内上市外资股(B股)公司非上市外资股上市流通问题的通知》，允许发行B股的上市公司境外发行人法人股可在B股市场上市流通。

2001年1月，中国证监会主席周小川在全国证券期货监管工作会议上指出，在确保市场稳定的前提下，逐步解决国有股、法人股上市流通问题。

2001年3月，中国证监会主席周小川与香港人大代表座谈时表示，法人股不流通是历史原因形成的，现在情况发生了变化，到一定阶段解决问题的时机就成熟了，中国证监会希望从法律、市场、规章以及市场承受力等方面做好准备工作。当然法人股的流通会非常谨慎，可能新的公司有新的办法，老的公司也会排出一个时间表，以维持市场的公平，使市场不会产生大的震动。

2001年4月，国家财政部部长项怀诚表示，国有企业在上市过程中减持部分股份的问题，政府有关部门已研究了一段时间，现在正办理必要的行政手续，不久就会正式公布，目的是用于补充国家社会保障基金，但减持的数量不会太大。

2001年5月，中国证监会首席顾问梁定邦表示，减持社会法人股，最顺理成章的办法是借鉴转配法人股的先例，以“先入先出”的方式让市场逐步消化；减持国有股可部分配售到社保基金中，也可随新股按比例发行，但一定要注意市场的承受能力。

2001年5月，上海市国资办负责人表示，上海当地90家含国有股的上市公司的资产质量要高于全国平均水平，对外资更有吸引力，中央已考虑让上海率先进行外资参与国有股减持试点。

2001年5月，根据中国证监会意见，中国证券业协会作出决定，选择部分证券公司试点开展STAQ、NET系统原挂牌公司股份转让的代理业务。

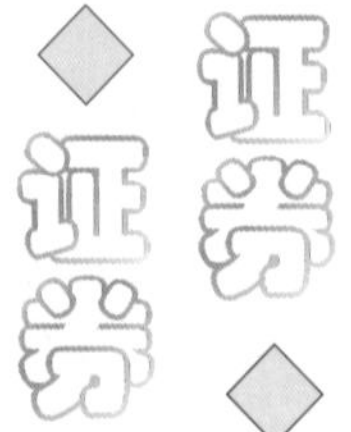

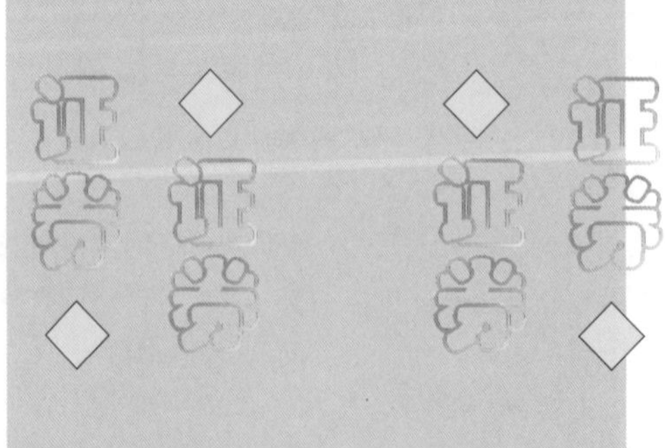

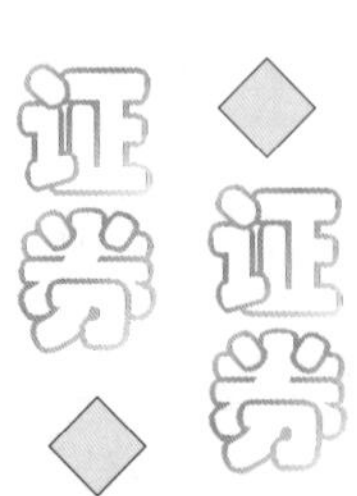

第八章　建设有中国特色的独立董事制度

2001年8月21日，为完善上市公司治理结构，促进上市公司规范运作，中国证券监督管理委员会(以下简称中国证监会)发布了《关于在上市公司建立独立董事制度的指导意见》(以下简称《指导意见》)。文件规定，在2002年6月30日前，董事会成员中应至少包括2名独立董事；在2003年6月30日前，董事会成员中至少包括1/3的独立董事。这一规范性文件的出台，标志着我国上市公司独立董事制度的初步建立。

一、我国建立独立董事制度原因分析

1.目前证券行业中存在的弊端急需要我们完善董事会职责

我国的证券行业相对于西方成熟的证券市场而言，尚处于发展的阶段。随着我国证券业的日益向前发展，上市公司由于所有权虚置而引起的企业管理不完善的问题渐渐显露了出来。

在我国的上市公司里，国有股、法人股占总股本的60%以上，大股东拥有对公司的绝对控制权。但由于国有股权所有者缺位、产权虚置，所有者的代表有权无责，被授权经营者的权利与义务严重失衡，导致无人对国有产权最终负责。公司董事会、管理层不能妥善地履行对国有股的授权经营，有的甚至利用这些权利谋取私利。在我国上市公司中，道德风险引起的不当管理成了普遍存在的问题。在这种情况下，上市公司引入独立董事制度，对完善我国上市公司董事会职责、建立合理的公司治理结构具有重要意义，符合我国当前国情，有利于证券业的健康、持续发展。

2. 建立独立董事制度是对上市公司实行社会监督的有效途径之一

我国是以公有制为主的社会主义国家。国有资产实行的是授权经营、分工监督。现阶段，我国的国有资产实质上已演变成全社会资产，将大部分非关系到国计民生的国有资产交由社会机构监督管理是符合社会、国家根本利益的。问题是经营权授下去了，但监督没有跟上。我国在国有大型企业中实行了委派制，由国务院直接派出工作人员对大型企业进行监督。实际上，对于上市公司，由政府直接派员监督显然是不合适的。上市公司的公众性质和市场运行原则，决定了对上市公司的监管应通过市场机制来完成，并要利用自律的社会中间机构来保证其良好地运行。因此，在我国建立切合实际的独立董事制度是对上市公司实行社会监督的有效途径之一。

3.建立独立董事制度有利于完善公司内部治理结构

我国有相当一部分的上市公司的董事是股东董事，他们直接受派于股东，如果让他独立地去考虑公司利益而忽视其自身的固有利益，是不太可能的。这样，董事会的运作实际上就被控股股东所控制，在公司里产生了严重的“内部人控制”现象。当控股股东与其他投资者的利益发生冲突时，受损的就总是其他投资者。因此，“内部人控制”现象也就导致了一系列的不良后果：上市公司行为短期化；与控股股东间发生不正常的关联交易；操纵股价；二级市场内幕交易盛行；违法乱纪；中小投资者的利益受不到保护，社会利益、国家利益也无可避免地遭到损害。

事实上，目前具有监督职能的监事会，由于其自身局限性，并不能有效地实行监督。我国《公司法》对监事会的组成和职权有很明确的规定。“监事会由股东代表和适当比例的公司职工代表组成”，可见监事会和公司之间实际上存在着紧密的利益关系，其行为有可能受制于公司管理层。《公司法》还规定监事会的职能主要是“检查公司财务”和对董事、经理违反法律法规的行为进行监督。这些职能对监事会来讲实际意义也不大，因为财务检查一般只有专业人士才能发现问题，而监事会的来源又决定了其对管理层违法行为起不到监督的作用。在这种情况下，我们建立一个具有独立性的独立董事，对于监事会能够行使好自己的职责也是一种促进和补充。因此，针对我国目前的实际情况，以及证券业在发展过程中产生的一系列问题，都需要我们尽快建立和完善适合我国上市公司实际需要的独立董事制度。

二、独立董事制度在我国的成功实践

自2001年8月21日的《指导意见》颁布以来，一些上市公司已经陆续按照要求，在公司内建立起独立董事机构。同年8月29日，广东宝丽华实业股份有限公司率先从制度上对独立董事进行全面规范，目的是为了从根本上规范公司法人治理结构，确保公司谨慎决策，不盲目扩张。众多的上市公司认为：独立董事的引入是上市公司的一件大事，此举对完善上市公司的治理结构，促进上市公司规范化运作具有积极而深远的意义。这些上市公司的观点并不是在应和国家政策，而是有实践证明的。

从取得成功经验的上海石油化工股份有限公司为例。上海石化是1993年6月改制成的股份有限公司，上市初期就建立了规范的独立董事制度，到2001年的8年时间里，公司已走上了良性发展轨道。公司的资产负债率上市前为75%，现已降至36%；销售收入从76亿元人民币/年增至现在的205亿元人民币/年。上市以来公司从未发生过违规违纪事件，在信息披露方面也一直得到证券交易所的好评。在这8年里，局外独立董事一直尽职尽责的履行着自己的职责，上海石化的发展、进步离不开全体局外董事的支持和帮助以及他们的诚信与勤勉。上海石化建立独立董事制度取得成功经验证明，建立独立董事制度，有利于改善上市公司的治理结构，提高上市公司质量；有利于加强公司的专业化运作，提高董事会决策的科学性；有利于强化董事会的制约机制，保护中小投资者的权益；有利于增加信息披露的透明度，督促上市公司的规范运作。

勿需置疑，建立独立董事制度对上市公司、中小股东乃至我国整个证券市场，都是一大"利好"，今后的独立董事制度，也会向着更专业化、群体化的方向发展。但是，独立董事也不可能解决治理结构中存在的所有问题，我们目前在具体实施独立董事制度时需要注意解决一切可能出现的问题。

三、我国目前建立和实施独立董事制度应注意的问题

从我国独立董事制度的实践经验及我国的国情来看，在我国建立和实施独立董事制度将主要面临以下几个问题：

1.要从我国实际出发，不能脱离我国国情

我国证券市场还不够成熟，存在着许多不规范。我国上市公司与美英等国公司不同，多一个常设的监督董事会和管理层的机构监事会，因此，我们在建立独立董事制度时，就该考虑到与监事会并存的问题，让二者的监督功能各有侧重，互相补充。另外，我国公司治理结构中还存在职业管理层的缺失问题。

在一些市场经济发达的国家，所有权与经营权能达到有效分离，这样就产生了一个庞大的职业经理层，他们具有良好的职业操守、成熟的从业心态，良好的专业优势和综合管理能力，并有相应的社会角色标准与压力对他们进行约束，也可以说职业经理层与所有权、经营权的分离是互为因果的。在我国，职业经理层远未建立，企业管理非职业化、专业化的现象的非常严重。相应的，我国有能力担任合格独立董事的人员也不多，他们或是具备了知识但缺乏市场化条件下企业经营管理经验，对公司的业务的判断能力不够，或是有可能具备经验、能力，但时间或自律又不够，不能够独立、公正地履行职责。

其实，独立董事在公司里能否发挥作用还涉及到一个声誉问题。在经济发达国家，已经有专门对高级管理人员的经营绩效进行独立评估的中间机构，其组织方式类似于会计师事务所。一旦独立董事在上市公司中表现出应有的独立和客观，这个机构就极大保护和提升他们的声誉，从而在一定程度上激励独立董事去监督执行董事和经理人员。但是，由于我国个人信誉及社会评价体系尚未建立，这既不利于独立董事职责的履行，也不利于职业经理层发育。所以，我们在独立董事制度时都应考虑到这些现实，照搬国外的做法是不符合我国现阶段的国情的。

2.建立独立董事制度不能缺乏法律法规和执行准则的约束

独立董事职责重大，在实践中如何保证他们职责的有效行使是我们应重点考虑的问题，也是独立董事制度能否真正有效的关键。在实践中，独立董事要想有效地发挥作用，需要对公司及其业务进行深入了解；对待公司问题不受任何从属关系束缚，并能及时获取公司信息。在这里出现了两个问题：一是上市公司能否让独立董事深入了解；二是独立董事的自律问题。

针对前一种问题，《指导意见》已经明确规定了独立董事的相关权利和职责。但是在我国目前上市公司质量不尽如意、管理透明度较低的情况下，加上信息的不对称，独立董事作出执业判断的信息来源多数由公司管理层提供，那么如果独立董事非自身过失造成的失误也应有不同的法规规定。

对待后一种问题，其实涉及到独立董事自身素质的问题。独立董事对公司负有诚信、勤勉的义务，诚信是指其履行职责时应诚实信用，在个人利益与公司利益冲突时，应以公司利益为重；勤勉是指其履行职责时应如同处理自己的事务时那样行事，一名董事，如果不能参与公司会议、了解公司经营的基本状况、阅读相当数量的报告、在公司需要时不能承担相应的职责，可以认为其违反了勤勉义务。在这里，很大程度上取决于独立董事的自我约束，但也不可忽视法律法规的作用。要想独立董事真正很好发挥作用，公司须对其建立起激励和约束机制。

对于独立董事制度的建立，我们国家可以通过《独立董事法》强制上市公司依法执行，同样也可以依照一定的法规来保证独立董事正常履行职能、约束独立董事行为，从而确保公司董事会的独立性，建立健全现代企业治理结构，维护社会公共利益和投资者的合法权益，促进社会主义市场经济的健康发展。

3.对于独立董事的作用要明确，防止独立董事的工作陷入误区

独立董事在董事会中具有否决权，被独立董事否决的议案如果再议时，要由全体董事的2/3以上同意才能通过，并且要在公开披露的决议中列明独立董事的意见。董事会对外发布的公告应有独立董事意见。从这些方面来看，独立董事有较高的地位与较大的权力，但我们也要注意明确区分。首先，独立董事的建立只是有利于解决上市公司现存的"一些问题"，并不是"一切问题"。其次，我们建立独立董事，是要依法维护上市公司的整体利益，不要把大股东的利益与中小股东的利益对立起来。再次，独立董事不能陷入盲目而独断专行的误区，要特别注意处理好与董事会、经理层、监事会的关系，这样当独立董事有意见、建议时才能避免和管理层的冲突，使对方容易接受监督和意见。最后，对于《指导意见》中赋予的独立董事对上市公司关联交易一定的否决权要谨慎使用，对于兼任独立董事，要量力而行，确保有足够的时间和精力有效地履行职责，不能让独立董事制度流于形式。

4.对独立董事的人选须确定标准范围，要实行严格的准入制度

目前，多数上市公司认识到公司法人治理结构治理的重要性，所以对于建立独立董事制度持拥护支持态度，部分公司已经实行了独立董事制度，但这些公司的独立董事制度的实践，却出现了不少问题，独立董事数量与质量不相称，没有取得预期效果。针对这些情况，在公司实践操作中，要建立严格准入制度，主要应

注意以下几方面的情况。

首先,上市公司要注意拟选聘的独立董事是否已在竞争对手或潜在竞争对手的公司中任重要职务,起决策作用。这类独立董事很有可能失去其决策独立性或造成商业机密的外泄,影响公司的正常经营和发展。

其次,对独立董事的选择不能仅仅要求是行业里的权威,最好还要是综合性人才,能够为上市公司做出有价值的商业判断,而不能仅是依靠所谓的“名人效应”,充当上市公司的花瓶。同时,所选董事必须要有直抒己见的勇气和魄力,只有这样,才能体现出独立董事的独立性。

第三,还要保证独立董事有足够的时间和精力履行公司董事职责。由于独立董事一般都是兼职,没有足够的时间和精力就无法保证独立董事提出自己的正确建议和行使独立董事的权力,独立董事也就成为了虚设。因此,公司在聘用独立董事时就要考虑到所聘独立董事的年龄和身体健康状况及其是否兼职太多的问题。而且,上司公司在确定聘用之前,最好是请专业中介机构对拟选的独立董事进行资质调查和可行性论证,这样才能使独立董事制度在我国尽快完善起来。

四、建立健全我国独立董事制度的战略措施

目前,在国内一些上市公司中已经开始实行了独立董事制度。但是,还存在许多不足。真正建立起完善的独立董事制度,使其能够适合我国特色,还应采取以下措施:

1.切实加强对各项法规、制度落实的监督

《指导意见》的及时颁布,说明国家一直都在关注着证券市场内部所存在的问题。但具体法律法规的执行,还需要有监管部门定期对落实情况作检查,对违反或不执行《指导意见》的要追究责任,进行严肃处理。颁布《指导意见》的目的,就是想让独立董事的作用得到真正发挥,弥补目前“一股独大”带给公司管理上的缺陷。另外,对于一些独立董事不能保证工作时间与参与度,一年的出勤率低于2/3,则监管部门也应要求上市公司更换独立董事。因此,要使独立董事制度起到预期的效果,重点在于加强监管力度,切实落实制度法规的执行。

2.确定独立董事应有的社会地位

当前我国境内独立董事发挥的作用远远低于国际上通常的要求。究其原因,主要有两个方面:参与程度低和参与要求低。

参与程度低主要是因为大部分独立董事都是兼职,当与本职工作发生冲突时,兼职的独立董事活动便无暇顾及。而参与要求低,这与独立董事的社会地位有关。当前受聘的独立董事大多数与上市公司有良好的合作关系,一般不愿意因过多发表不同意见而影响双方关系。而当前一些著名学者,经济学家等,他们因为有较高的社会地位与声望,意见当说则说,无后顾之忧,所以这种独立董事队伍的作用则明显要强。鉴于此,要想解决这个问题先要树立新的社会观念,确立上市公司独立董事应有的、较高的社会地位。这有利于独立董事的参与程度与参与要求的提高,充分发挥其应有的作用。

3.要明确区分独立董事与监事会不同职责

我国公司法明确提出了监事会的职责主要是检查公司财务、对董事和经理违法、违规、违反公司章程和损害公司利益的行为进行监督和要求纠正。其工作重点是财务,其工作对象是董事和经理。而独立董事首先要履行一般董事的职责,其次还要履行独立董事的特别职责,以增强董事会的独立性,把工作重点放在监督、纠正公司违法违规和损害中小股东的行为上,努力维护全体股东的共同利益。从独立董事的董事身份来说,也是监事会的监督对象,但从独立董事职责范围上来说,其又是对监事会职能的一种补充。

对于独立董事与监事会的不同的监督职责,我们要作出明确区分,不能使独立董事与监事会职能发生重叠,要体现出独立董事在上市公司规范运作中的特殊功能。

4.根据市场需求建立独立董事人才市场

《指导意见》规定到2003年6月各上市公司都需要配齐1/3以上独立董事。根据已上市和即将上市公司数估计两年内将产生4000多名独立董事,且大部分都会在境内产生。依照这一基本要求,可以想象国内人才市场肯定是供不应求。将来有可能出现的情况就是上市公司会展开一场“独立董事”人才之争,那么结果将会出现一个人兼几家上市公司的独立董事的局面,甚至部分上市公司会降低要求聘用充数的独立董事,这两种情形都将会影响独立董事作用的实质发挥。所以,我们在推出建立独立董事制度的同时,必须抓紧培育和建立独立董事的人才市场。

5. 要成立一个专门的中间机构来推进独立董事人才市场的建立

2001年10月22日,中国证监会副主席史美伦女士指出,当独立董事形成一个专业化群体并真正发挥作用之日,必将是上市公司治理水平大幅提升之时。我们建立独立董事人才市场并不仅仅是壮大独立董事的数量,还要提高其专业水平,那么,就要对独立董事实施“上岗”前或“上岗”后的必要培训,并定期邀请专家、学者、监管部门、业内代表对独立董事进行专业培训,同时,不但其要加强业务交流,而且也须进行自我管理,以利于提高独立董事的群体素质。因此,就需要有一个能起桥梁作用的中间机构。目前我们可以成立一个类似上市公司董秘协会的组织,利用其熟悉上市公司的情况,以及既清楚独立董事的基本要求,又有广泛的社会各界关系的优势。成立这样一个中间机构,才能有序地推进独立董事人才市场的建立,这样才能避免上市公司到处“乱请”独立董事的现象,才能为公司选拔优秀独立董事创造条件,有力地发挥独立董事的作用。

独立董事制度的建立是我国上市公司进行治理结构调整的重要一步,对我国股份制公司的规范运作,对我国证券市场的规范化发展,具有重要意义。但作为一种刚刚建立的制度,要使其短时期就有效发挥作用,是不现实的。当前,我们要努力创造条件,并结合我国上市公司治理中的具体情况,在发展中不断规范,积极、稳妥地推进独立董事制度建设。

第九章 完善中的证券民事赔偿制度

《证券法》自实施以来，在规范我国证券发行与交易行为，保障证券市场健康有序的发展等方面起到了非常重要的作用。但是由于证券法律中民事责任制度上的缺陷，还不能充分有效地维护广大中小投资者合法权益，"亿安科技"、"银广厦事件"等违法行为的发生，更使我们认识到完善我国证券法中民事赔偿机制，建立股东代表诉讼制度已刻不容缓。

一、我国证券法中民事赔偿机制的基本结构

证券法中的民事赔偿是指违反证券法规定的义务而产生的侵权损害赔偿责任。它包括发行人擅自发行证券的民事赔偿；虚假陈述的民事赔偿；内幕交易的民事赔偿；操纵市场行为的民事赔偿；欺诈客户的民事赔偿等。建立和完善证券法中的民事赔偿机制，主要是指完善证券法中的侵权损害赔偿责任。具体包括以下几个方面：

1.擅自发行证券的民事赔偿责任

《证券法》第175条规定"未经法定的机关的核准或审批擅自发行证券的，或者制作虚假的发行文件发行证券的，责令停止发行，退还所募资金和加算银行同期存款利息，并处以非法所募资金金额1%以上5%以下的罚款。对直接负责的主管人员和其他直接责任人员给予警告，并处以3万元以上30万元以下罚款。构成犯罪的，依法追究刑事责任。"该条中提到退还所募资金和加算银行同期存款利息，既不是指由证券持有人依据不当得利请求返还，也不是指由证券持有人直接向发行人提出请求或提出诉讼，而是由行政机关责令发行人向证券持有人退还所募资金和加算银行同期存款利息。可见，该条并没有对民事责任作出规定。由于擅自发行证券的行为会导致实际买卖证券行为的发生，如果擅自发行证券的行为被宣告无效，必然会出现善意的证券买卖人所持有的股票既被宣告作废，其已经支出的费用不能得到补偿的局面，因此，需要通过民事赔偿责任的办法补偿违法发行的证券的善意买卖人所遭受的损害。

2.虚假陈述的民事赔偿责任

对于民事赔偿责任，我国《证券法》第63条规定得比较完整，但该条规定也存在明显的缺陷。表现为：一是责任的主体不完全。在该条的规定中，责任主体并没有包括发起人，此处所说的发起人是上市公司的发起人，它与发行人、董事等属不同主体，不可混淆；遗漏对发起人责任之规定是不妥当的；二是对请求权的主体没有作出规定；三是对上市公司而言，没有必要区分故意和过失，只要其陈述的内容不真实，即使这种不真实是因为疏忽而遗漏，上市公司也应当承担责任；对中介机构而言，则应当区分是否有故意或重大过失，如果其出于故意，且与上市公司构成共同侵权，则应当承担连带赔偿责任。如果没有形成恶意通谋，应当承担补充责任。如果是轻微的过失，不应当承担责任；四是我国的《证券法》第202条明确规定对中介机构违法行为也应当承担民事责任，但民事责任为连带赔偿责任，这值得商榷。一般而言，在虚假陈述的情况下，主要还是应当由上市公司承担责任，而中介机构应当承担补充的责任。

3.内幕交易的民事赔偿责任

我国证券立法没有确立证券内幕交易的民事赔偿责任，其主要原因是请求权的主体或损害难以确定。受害人在因内幕交易行为遭受损害的情况下，在确定请求权主体时，应考虑时间问题，只有将内幕交易发生到该内幕信息公开之日买进或者卖出的所有投资者包括在请求权主体内，才能更好地保护投资者。

4.操纵市场行为的民事赔偿责任

长期以来许多庄家在证券市场中恶性炒作、幕后交易、操纵股价获取暴利的行为，不但严重危害了证券市场的秩序，而且造成了许多中小投资者的损失。在行为人操纵市场的情况下，无论是否恶意串通，如果这种行为是按照既定的交易规则进行交易，则不能按照《证券法》第115条简单的宣告无效，因为对操纵市场的行为宣告无效，将会影响众多投资者的利益，在宣告无效时，也难以适用返还财产的责任。在操纵市场的情况下，应当区分两种情况，一是操纵者与受害者之间具有交易关系，即受害者是从操纵者手中买入或卖出股票的，在此情况下，受害者可以寻求合同上的救济；二是操纵者与受害者之间不存在交易关系，即受害者不是从操纵者手中买入或卖出股票的，对此情况，主要通过侵权责任来为当事人提供救济。

5.欺诈客户的民事赔偿责任

一般来说，欺诈客户主要是合同责任，应当由合同法调整，但是在特殊的情况下会涉及到侵权责任。比如，为牟取佣金收入，诱使客户进行不必要的证券交易，证券公司及其从业人员虽然也违反了基于委托合同所应当承担的诚信义务，但是它毕竟诱使客户与他人从事证券交易而并不是与自己从事证券交易，受害的客户基于合同很难向证券公司及其从业人员提出请求。诚然，在这种情况下，证券公司又使他人遭受财产损害，其实这是侵害他人的财产权，所以受害人可以基于侵权行为诉请赔偿。

将欺诈客户的行为认定为侵权，必须要解决欺诈本身是否构成侵权问题。众所周知，欺诈主要是对合同效力产生影响，并不等

于侵权。但证券侵权民事责任是一种法定的责任,行为人所违反的是一种由证券法所规定的法定义务,可以将欺诈行为作为侵权对待,将证券欺诈行为侵权处理应属于民事侵权的一种特殊情况。

二、完善证券民事赔偿机制的必要性

1.完善证券民事赔偿机制,是弥补相关法律不足的需要

"银广厦事件"不仅涉及公司信息披露违规的问题,而且还关系到投资者对欺诈者的诉讼和索赔问题。但是纵观我国的相关法律法规,如《证券法》、《公司法》都比较注重对违法违规者进行行政、刑事处罚,而对民事诉讼和索赔较为忽视。

如《证券法》第63条中既没有对原告的范围作出规定,也没有对归责原则加以明确。总的来看,我国证券法中证券民事赔偿责任规则还没有建立起来。现代法律以权利为本位,法治的基本内涵是合理分配权利和切实保障权利。受损害的权利是否有效得到保护,尤其能否通过诉讼伸张,是衡量一国法律之完善与否的重要标志,因此,建立证券民事赔偿机制,是完善相关法律法规的需要。

2.是维护市场"三公"原则,推动市场稳定发展的需要

纵观我国证券市场的11年发展史,可以说在饱受造假事件困扰中发展起来的。从最早的"原野"、"琼民源",到"红光"、"大庆联谊"、"郑百文",再到"猴王"、"ST张家界",这些具有重大影响的造假案,无不给广大投资者造成巨大的损失。

从以上案例的处理结果可以发现,基本上没有对个人的罚款性处理,即使案情十分严重、造假手续非常恶劣,也没有对主要当事人进行刑事处罚,这严重地违背了市场"三公"原则。

从国外,尤其是美国的经验看,为更好地贯彻实施证券法,确保证券市场"三公"原则的实现,需要建立一套切实可行的政策执行和监督体系。这一体系主要由两部分组成,一是证券交易委员会的监督;二是明确授权投资人可以对违反证券法律的行为进行起诉及要求赔偿损失。如果落实了民事赔偿制度,广大投资者可以通过行使民事诉讼权的方式保护自己的利益,并参与对市场的监管。证券市场中民事赔偿机制的建立,将不亚于消费者权益保护法及其双倍赔偿制对消费市场规范的效果。从目前证券市场的现状来看,民事赔偿制度如能及时跟进,有助于化解社会矛盾,促进市场公正,增加投资者的信心。因此,建立和完善证券民事赔偿制度,让受害者的损失得到充分补偿,是确保证券市场"三公"原则的实现,加强对投资者(尤其是中小投资者)的保护,维持投资者的信心,推动证券市场的持续健康发展的需要。

3.是提高证券市场监管效力的需要

一个国家证券市场的成熟程度,与投资者保护机制的完善程度是紧密相连的。投资者利益保护得越好,证券市场就越是成熟,上市公司与证券市场的运作质量和运作效率就越高,风险就越小;反之则相反。投资者保护机制完善的重要标志之一,是在存在着良好的政府监管的同时,存在着良好的司法规制。这种司法规制以系统配套的实体法和程序法为前提,其核心环节是一整套高效的、基于民商法和经济法的证券民事赔偿机制和相应的诉讼机制。如果投资者的合法权益受到侵害时,就可以向中国证监会举报,或者直接向法院起诉主张民事索赔,因此,一旦民事赔偿机制建立,欺诈者就会反复权衡违法成本。面对着高额的民事索赔和行政罚款,面对着可能引发的一连串旷日持久的诉讼官司,欺诈活动的猖獗势头肯定能得到一定程度的遏制。从这一方面讲,建立民事赔偿机制,是提高证券市场监管效力的需要。

4.是保护广大中小投资者合法权益的需要

纵观我国证券市场出现的证券欺诈行为,受害最大的往往是广大中小投资者。据有关资料显示:自1999年以来,中国证券监督管理委员会(以下简称中国证监会)共立案220件,结案192件,对92个案件做了行政处罚,罚没款总额达14.9亿元。监管部门行政处罚的力度不可谓不大,但行政处罚对证券欺诈的遏制作用效果并不明显,尤其没有为广大投资者挽回经济损失。国际经验表明:在公司董事会与大股东共谋损害公司及中小投资者利益等情况下,为中小投资者提供一个充分保护自己的手段,使其通过外部的司法救济,而且是可以获得经济补偿的民事救济,可以弥补自己遭受的损失,同时也维护了自己的合法权益。由此可见,民事赔偿制度的跟进可以让投资者因证券欺诈行为而导致的损失依法得到司法上的救济。所以,这是保护中小股东利益的需要。

5.是我国证券市场对外开放的需要

我国已加入WTO,国内资本市场开放的趋势不可逆转。可以预计,开放的资本市场中的权益争议将变得越来越普遍。除了《民法通则》、《公司法》、《证券法》等大法的修改完善和对外经贸法规系统性清理外,及早建立和完善证券民事赔偿机制显得尤为重要,其不但可以为享受同等国民待遇的中外投资者和权利主体提供平等的司法保护和权利救济,而且将为我国在制度建设和司法审判方面占据先机和制高点,并为国家经济金融决策提供强有力的、符合国际惯例的司法基础。由此可见,尽快建立与完善证券民事赔偿机制是中国证券市场对外开放的重要要求。

成熟的市场需要成熟的参与者,成熟的市场必然将规范为终极目标。市场的健康和规范不是由哪一方参与者的单方努力就能完成的,它需要各方形成合力,时刻铭记自身的责任,时刻检查应尽的义务,时刻提醒自己应承受的风险。而此次纲要的颁布,以及随后依据纲要开展的投资者教育活动,将向这一目标迈出扎实的一步。

6.是在证券市场引入司法机制的需要

在一个越来越市场化的经济体制中,司法介入不及时跟进,资本市场的公开、公平、公正原则和投资者利益就得不到保护,资本市场的发展就必然蕴藏着深层次的秩序危机和信心危机。目前,民事审判在证券领域,除以前审理了一些期货纠纷案以外,主要审理了一些证券营业部与投资者之间出现的纠纷案件,对证券发行市场与交易市场上因证券欺诈行为而出现的侵权纠纷案件基本上未予涉及。民事审判工作在这一领域的严重滞后,不利于证券市场的规范化,而建立股民民事赔偿机制,正是从司法上保护市场经济的健康发展的客观要求。

三、完善我国证券民事赔偿机制的政策建议

证券民事赔偿机制的确立与完善,即对证券违法行为导致的投资者损失通过司法程度得以救济,是证券市场法制建设的重要一环。对上市公司及证券公司管理层、律师、会计师等中介机构的证券违法行为将具有强大的震慑作用和明显的阻遏效果,有利于证券市场的发展和投资者合法权益的保护。民事赔偿机制的完善,使投资者利益得到有效的司法保障。这将改善我国的投资环境,增强投资者的信心,为入世后的证券市场逐步开放做法制准备。

近年来,投资者提起民事赔偿诉讼呈增加趋势,但应看到目前法院受理证券民事赔偿案件还存在一定障碍。究其原因,一是法制不健全,或规定比较原则,适用上存在一定难度。目前,我国关于证券民事赔偿的法律规定,无论在实体法上还是程序法上,均存在需要进一步修改、完善的方面。《公司法》、《证券法》对证券民事赔偿的比较原则,一些规定缺乏可操作性;对内幕交易、操纵市场行为未明确规定民事赔偿责任,因上述违法行为而蒙受损失的投资者只能依照《中华人民共和国民法通则》的一般规定单独地向人民法院申请民事赔偿。至于上市公司管理层侵害公司利益,股东代公司诉讼的派生诉讼制度,有利于小投资者的集团诉讼以及可能应该对投资者损失承担较大责任的中介、专业性机构和人员的民事赔偿责任等,在我国《公司法》、《诉讼法》上均尚未确立;二是行政监管部门力量、经验不足,监管力度不够而形成大量纠纷无法在萌芽状态解决。加上仲裁、调解等司法前置程序的缺乏,导致大量纠纷拥向司法部门;三是司法实践不足,对若干具体法律技术问题把握不准。证券民事赔偿审理涉及复杂的法律技术问题,诸如原告、被告资格的确定、诉讼时效、损失范围规定、赔偿金额计算、举证责任、诉讼代表人的选定、偿付方式等,司法实践尚付阙如。在这种情况下,允许所有有一般管辖权的法院均受理此类案件,可能会造成审理结果极大的不一致性,需要以司法解释的形式予以明确;四是对维护司法公正与确保社会稳定的综合考量。由于前三方面问题的存在,用传统的法律观念去衡量此类案件的处理即显得不够,需要加入对社会整体影响这一因素的考虑。证券民事赔偿案一般特点是,首先涉及散户投资者人数众多,抗风险能力弱,理性投资意识较差。一旦纠纷处理不当,容易演变为过激的群体行动。其次涉案金额较大,受害投资者要求赔偿的金额与证券违法行为人实际偿付能力之间往往存在较大差距。在受害投资者的赔偿要求得不到满足情况下,容易触发投资者比较过激的情绪。同时,作为证券违法行为人的发行人、证券公司有可能在原本不良的财务状况下雪上加霜,造成支付不能,面临破产,从而引发全社会的系统风险。

为进一步完善证券民事赔偿机制,必须借鉴境外成功经验,参照国际准则健全相关法制,突出对小股东的保护,营造良好的公司治理文化和司法环境。

第一,进一步细化《公司法》、《证券法》民事责任制度。我国的证券监管制度存在重行(政)刑(事)轻民事的现象,这即不符合国际证券立法的发展趋势,也不适应我国证券市场发展的实际需要。为改变目前证券立法民事责任与行政责任、刑事责任不协调的现状,应当通过立法和司法解释细化证券违法行为的民事责任。

第二,建议在拟议中的《〈公司法〉修订案》中,顺应国际潮流,强化小股东保护制度,明确董事责任和监督制衡机制,建立健全派生诉讼制度。

第三,在诉讼法中设立集团诉讼机制及司法前置程序(需要修改仲裁法),以利于小投资者的投诉及解决法院拥挤问题。

第四,参照国际准则,制定并实施上市公司公司治理准则等,努力提升上市公司的公司治理水准,构筑有效的司法环境,营造良好的公司治理文化氛围。

四、境外股东代表诉讼制度设计的经验借鉴

从股东代表诉讼制度的发展历程看,美国是世界上最早设计完善股东代表诉讼制度的国家,日本则是亚洲首个直接参照美国引进该制度的国家,我国台湾地区则为大陆引进股东代表诉讼提供了更为有利的借鉴。目前,美国、日本及台湾地区的股东代表诉讼制度投诉主要包括:

1.起诉股东资格的规定

在股东代表诉讼中,为了防止股东滥诉,一些国家和地区的法律一般都对起诉股东的资格从持股期限和持股数进行了限制。其中:美国对持股期限采取同时拥有股份原则,即提起代表诉讼的股东必须从被告对公司实施侵害行为起至诉讼判决之时都持续拥有公司的股票,对于起诉股东最低持股数,美国没有作出限制,只要持有一股或最少持股单位都可以提起代表诉讼;日本对于持股期间采用简单的固定期限限制方法,《日本商法》第267条第1款规定,提起代表诉讼的股东必须是持有股份达6个月以上的

3. 股东诉讼代表制度原告和被告的规定

在各国家地区的股东代表诉讼制度设计中，对诉讼的原告和被告的规定基本相同。

(1)原告。股东代表诉讼制度中，原告主要是用尽内部救济的股东，公司有时也可以成为原告。如《日本商法典》第268条第2款规定，公司可以参加诉讼，但在当地延迟诉讼或法院负担显著增大时，则不在此限。

(2)被告。股东代表诉讼中的被告主要包括：①董事会。美国、日本、我国台湾地区的股东代表诉讼制度都将董事会作为主要被告；②其他危害公司者。比如美国现行股东代表诉讼法规中的被告是从事违法行为而对公司造成损害的人，因此还包括除董事会以外的其他损害公司行为的人。

4.诉讼担保

所谓诉讼担保是指法院在受理案件之前或诉讼过程中应被告的请求要求原告提供一笔资金或财产，以对其败诉的情况下因诉讼产生的费用及可能给被告造成的损害进行担保的制度。许多国家法律要求股东代表诉讼中的原告提供诉讼担保，以防止滥诉现象。

在美国，最早建立股东代表诉讼担保制度的是纽约州。现今美国共有10个州采用该制度，即要求原告就诉讼中可能出现的费用进行担保，这些费用除了通常败诉情况下原告应付的诉讼费用外，最重要的是可观的律师费。原告达到一定的条件可以免除诉讼担保，即原告股东的持股数达到了一定的比例(如纽约州要求是5%)或是一定的金额(如纽约州规定为50,000美元，而新泽西州规定为25,000美元)，还有的州将免除诉讼担保的决定权交给法院，如加州和得州。

在日本，根据《日本商法》第267条第2、5、6款的规定，股民代表诉讼的被告提出请求并证明原告存在恶意时，法院得依法应被告之请求命令原告提供相当之担保。这里所谓的恶意指的是被告要证明原告明知道所提起的诉讼会侵害被告还提起诉讼。

我国台湾地区公司法第214条第2款也有相似的规定如“股东提起诉讼时，法院因被告之申请，得命令起诉之股东提供相当担保”。

5.诉讼赔偿

股东代表诉讼制度主要是为了保护中小投资者利益和防止滥诉，因此在诉讼结束后，对于遭受损害的一方，法律要给予一定赔偿或补偿，以平衡原告与被告两者的利益。诉讼赔偿可分为以下两种情况：

(1)原告胜诉。在原告胜诉的情况下，被告需要作出的赔偿包括两方面：其一，对公司的赔偿。即公司利益确实受损，被告应向公司履行赔偿义务，赔偿方式包括财产赔偿和非财产赔偿；其二，对原告的赔偿。原告胜诉后除了从公司获得的赔偿间接获得利益外，还应该获取其他收益以弥补诉讼中花费的时间、精力和金钱。

股东。为了证明持股达6个月以上，记名股东必须在股东名册上登记为股东超过6个月，无记名股东则必须将股票寄存于公司达6个月以上。但如果公司成立未满6个月，则只要在公司成立后持续持有公司股票者就可以提起诉讼，不须受持股6个月期限的限制，对于最少持有股份数额，日本也没有做出限制，只要持有一股或最少持股单位者都可以提起代表诉讼；在我国台湾地区，对于持股期间的限制，公司法第214条规定：提起代表诉讼的股东必须持有公司股票达1年以上；对于所持股份数，公司法则规定提起代表诉讼的股东必须持有已发行股份总数的5%以上。

2.起诉前的内部救济

由于股东代表诉讼是一种代位诉讼，是作为原有公司内部监督制度失灵的补充救济设计而存在，因此其适用的前提是公司内部救济手段的用尽。用尽公司内部救济指的是股东在公司遭到违法行为的损害后，不能马上直接提起诉讼，而必须先向公司的监督机关提出由公司出面进行诉讼的请求，只有在请求已落空或注定落空、救济已失败或注定失败时，股东才可以代表公司提起诉讼。

采用起诉前的内部救济主要是为了给公司有关机关的一个履行职责的机会，过滤不成熟的代表诉讼，使诉讼行为更理性，减少股东不负责任的敲诈性诉讼。作为用尽内部救济的明确证明，一些国家和地区的法律一般规定股东要求公司提出诉讼的请求应以书面形式向公司特定机关作出。由于各国和地区公司治理结构略有不同，公司内部负有主要监督责任的机关，即救济诉诸的对象也不尽相同。美国大多数州的公司立法要求代表诉讼的起诉股东必须先请求公司董事会起诉，待此请求无效后，才可以提起代表诉讼。美国还有一些州将股东大会作为救济的诉诸对象。由于在美国，股东代表诉讼很大程度上针对的都是公司的董事会，将其规定为救济的诉诸对象，作用必将受到一定限制，因为很难要求一个人对自己提起诉讼。故此，美国一些州让股东大会肩负起这个职责。

大陆法系公司法一般规定有专门的监督机构监事会，日本和我国台湾地区也不例外。监事会有对侵害公司的行为进行监督并提起诉讼的权利和义务。因此，在日本和我国台湾地区，股东在提起代表诉讼之前必须先请求公司监事会进行诉讼。

这种赔偿分两种情况：一种情况是由被告直接向原告股东赔偿。比如，我国台湾地区公司法第215条规定，当代表诉讼所依据之事实，显属实在，经终局判决确定时，被诉之董事对于起诉之股东因此所受之损害，负赔偿责任；另一种情况是由公司向原告股东补偿。《日本商法》第268条第1款规定："股东胜诉时，在诉讼过程中除了诉讼费用以外所支出之必要费用以及所支付之律师报酬，该股东可以请求公司在其支出之费用范围内以及报酬额范围内支付相当之数额。"

(2)原告败诉。在原告败诉的情况下，公司可请求原告股东赔偿。《日本商法》第268条第2款规定"股东败诉时，除非是恶意提起诉讼，否则对公司不负损害赔偿之责。"即在日本法中，当股东提起代表诉讼是出于恶意(明知诉讼是不适当且有害于公司)时，股东败诉情况下，公司可向原告股东要求赔偿。我国台湾地区公司法第214条第2款亦规定了"如因败诉，致公司受有损害时，起诉之股东，对于公司负赔偿之责。"

在股东败诉的情况下，作为被告的董事等有向原告获得损害赔偿的权利，各国和各地区由于赔偿的前提条件下不同而在法律上存在差异。我国台湾地区的法律要求原告起诉之事实显属虚构时，应对董事负赔偿责任。在美国，采纳诉讼担保制度的州，如果代表诉讼的原告打输官司，他所提供的担保就必须用来赔偿被告在诉讼中所支付的全部费用，除马里兰州和科罗拉多州外，大部分的州要求被告的律师费也从原告的担保中支付。而且，大部分的州不论原告所提起的讼诉是否滥诉，都要求原告赔偿，只有少数几个州的求偿是限制在原告滥诉的前提下。

6.其他规定

(1)不能任意终止诉讼之规定。美国法中虽没有诉讼告知和诉讼参加的制度，但却对原告股东终止诉讼作了限制。美国大多数州的公司法，以及《模范商业公司法》中都规定对于股东代表诉讼的任何和解、妥协、中止以及撤销的情况都须事先获得法庭的同意。

(2)诉讼告知和诉讼参加。《日本商法》第268条第2款规定"股东及公司对于前项之诉讼(即代表诉讼)得为诉讼之参加……"；第3款又规定"股东在起诉后必须立即对公司为诉讼之告知"，此即日本商法中代表诉讼之诉讼参加及强制诉讼告知制度。

综上所述，从我国证券市场的发展情况，建立证券民事赔偿机制已刻不容缓，这有利于防止上市公司的证券欺诈行为的恶化，保护中小投资者的利益，规范上市公司行为维护投资者利益。从国外的经验看，建立股东代表诉讼制度无疑为一项有效的举措。因此，我国应借鉴国际经验，建立符合我国国情的股东代表诉讼制度，以早日完善我国证券市场的民事赔偿机制，为证券市场长远稳定发展创造良好条件。

五、建立我国股东代表诉讼制度需要解决的问题

基于我国的政策与法律环境，并结合国外成熟证券市场的经验，我国要建立适应国情的股东代表诉讼制度，需解决以下几方面的问题：

1.证券欺诈行为的定性归责问题

我国现行的《证券法》中，典型的证券欺诈行为包括内幕交易，操纵市场，虚假、误导、重大遗漏，欺诈客户。侵权的对象大多是证券市场中不特定的投资者，受损害者可依据民事侵权法提起损害赔偿之诉。民法理论通常将侵权行为分为一般侵权行为与特殊侵权行为。一般侵权行为的特点在于：在主观归责上，实行过错责任，即只有侵权人具有侵权损害的故意或过失才承担责任；在因果关系上，侵权行为必须与损害后果之间具有必然的因果关系；在举证责任上，一般实行"谁主张(权利)，谁举证"的原则。显然，在中小投资者处于弱势地位、不可能有效收集侵权证据的证券市场，如果采用一般侵权行为学说，投资者实现民事索赔将困难重重。因此，在英美等发达国家，均在事实上将证券欺诈行为定性为特殊侵权行为。根据特殊侵权行为的原理，在归责原则上不一概实行过错责任，而针对不同的侵权主体实行无过错责任(如对发行人)、过错推定责任(如对操纵者)或过失责任(如对中介机构)；在因果关系方面，不要求原告对侵权行为与损害后果的必然联系进行举证，而实行因果关系推定，即根据被告侵权行为的客观事实，推实其行为给原告造成了损失，但赋予被告以免责抗辩权，只要其举证说明原告的损失与己无关就无需承担责任。

特殊侵权行为无论是在我国民法理论还是在民事立法、民事司法中均得到确认，只不过由于民法通则颁布时尚未建立证券市场，因而未在立法条款中将证券欺诈的特殊侵权性质予以"法定化"。为此，我们只能通过司法解释、个案审判对此予以确认。

2.民事诉讼主体资格的确定问题

关于谁有权作为原告，我国证券法规定得并不明确，《证券法》第63条规定为因不实表示而"在证券交易中遭受损失的"投资者，第202条则根本未指明谁有权提起诉讼。原告的范围，应按不同的责任形态和不同的责任阶段而作具体分析。请求合同责任时应要求当事人之间有直接交易关系，请求侵权责任时则不以有直接交易关系为必要，以发行文件不实主张责任和以持续公开文件不实要求赔偿的，也不相同。由此可见，我国要建立股东代表诉讼制度，必须对民事诉讼主体资格予以明确。

3.民事诉讼中的举证问题

在诉讼中，举证关系到最后胜诉与否，关系到当事人的利益能否得到保护。证明证券信息披露不实侵权，包括三要素：一是信息披露中有不实陈述行为存在。不实陈述是指负有信息披露义务的机构或个人，在其信息披露文件中包括有实质性虚假记载、误导性陈述或者有重大遗漏；二是投资人受到损害。上市公司公开的信息披露文件中的不实陈述，往往谎报公司业绩、在资产评估中高估资产价值等等，目的是使公司股票市价上扬，待真相大白于众时，该公司的股价往往会下跌，投资者特别是普通股东往往损失惨重，因此投资者受到损害，是提起诉讼的必要条件；三是其损失是信赖存在虚假记载、误导性陈述或者有重大遗漏的披露信息进行证券交易造成的，即是由于侵权行为造成的。侵权人的行为与损害事实之间的因果联系是否需要，各国要求不同，发达国

家证券法基本不要求当事人举证主张因果关系的存在。在我国,因果关系是必要的条件。

4.损失的界定问题

由于证券交易中参与人的广泛性和集中撮合交易的瞬间性,无法象普通侵权案一样去一对一地界定侵权人的获利与受害者的损失之间的对应关系。事实上,欺诈者所获得的利益可能高于原告的损失,也可能低于原告的损失,在一些情况下甚至没有获利,而在一个特定的欺诈案件中,原告的损失很可能事实上是欺诈者以外的第三人造成的。针对以上情况,美国司法审判中总结出两个损失界定规则:一是实际损失规则。根据实际损失规则,被告应对原告的实际损失进行赔偿,这就意味着被告的赔偿额可能高于违法所得额,赔偿具有惩罚性;二是交易获利规则。根据交易获利规则,被告只以其在证券交易中所获取的非法利益为限赔偿原告的损失,而对超出部分不予赔偿。结合我国的具体情况,在原则上应采取实际损失规则,即被告应对原告在证券交易中因买卖差价而导致的实际损失承担赔偿责任。

5.赔偿损失的计算问题

这是一个全球性的难题,一方面,损害赔偿额即责任的范围在侵权法上本身就是一个极为复杂、争论不休的问题;另一方面,证券市场上证券的价值难以确定,这又给这一问题的解决横添事端。所以,各国证券法的处理方法是以法令规定一系列标准,以此标准直接计算损害赔偿额。从现实的情况看,损失的计算可分以下三种情况:

第一,内幕交易的损失计算。目前,国外关于内幕交易的损失计算有三种方法:①实际价值计算法。即原告进行证券交易时的价格与当时证券的实际价值的差额;②实际诱因计算法。即内幕交易者对其行为所引发的证券价格波动导致投资者损失部分负责,而对其他因素造成的价格波动及投资者损失不承担责任;③合理时间计算法。即原告进行证券交易时的价格与内幕交易行为暴露后一段合理时间内的证券价格之差额。从我国的实际情况看,由于证券的实际价值不好确定,因此可以考虑按特定时间段的平均买入价或平均卖出价,或以平均股票指数作为计算依据,而与原告进行证券交易时所产生的差额,作为原告的实际损失。

第二,操纵市场的损失计算。根据我国的损失界定规则,我国的赔偿原则为:被告对原告的直接损失和法定间接损失赔偿;总赔偿额可大于被告违法所得额,但不得超过原告实际损失总额。在计算损失时,必须考虑到,操纵行为往往是一个连续的活动,操纵者既买又卖,因此,不可能也没有必要在每一笔交易中区分被告是买入方还是卖出方,加之股票的实际价值很难判断,因此,我们宜从原告角度计算实际损失,该实际损失包括:①在股价操纵期间高买低卖的差价损失;②连续买卖的,按先入先出规则扣除盈利后的亏损部分损失;③判决前未卖出的,以判决前一日的平均卖出价计算差价损失;④差价损失部分的佣金、税金损失以及利息损失。

第三,虚假信息的损失计算。虚假信息包括:虚假记载、误导性陈述、重大遗漏等。根据我国现行《证券法》第63条规定:法定信息公开文件存在虚假记载,致使投资者在交易中受损的"发行人、承销的证券公司应当承担赔偿责任,发行人、承销的证券公司的负有责任的董事、监事、经理应当承担连带赔偿责任"。可见,承担责任者包括合同法定外的第三人,所以,应该认为我国《证券法》采用了侵权责任的方式来规制信息公开中的不实陈述行为。

据此,我国对虚假信息的损失计算可以采取以下方法:对于发行未上市的证券,原告可要求按发行价加算银行同期存款利息返还;对于因虚假信息导致证券交易损失的,原告可要求就买入证券的价格款与卖出证券的价款之差额及相关费用予以赔偿;在合理期间内连续买卖的,赔偿额中可扣减盈利部分。

6.诉讼方式与费用问题

诉讼方式的选择与费用问题是完善民事赔偿机制,建立股东代表诉讼制度的两个重要方面。由于中小投资者是弱势群体,个别股东感到自己的利益受到损失的同时,也会感到势单力薄。我国现有的法律为广大中小投资者提供了权利救济手段,这就是集团诉讼或代表人诉讼。中小股东在其自身权利受到上市公司或者是其它方面的损害时,可以委托律师用发布公告的方式,集合分散的股东为原告,对被告进行群体诉讼。此类案件中,律师事务所可以参照国际惯例积极介入,采取风险代理的方式。如果官司败诉,由律师团来承担法院的诉讼费、律师费;如果胜诉,将和投资者来商定一个比例,在美国分成比例可以高达四六开,律师分成40%,当事人分成60%。至于诉讼费,律师团可以和受理法院沟通,诉讼费争取可以免交或者少交,胜诉之后再按民事诉讼的规定,再行补交,少交的这一部分诉讼费可以由律师事务所代垫。这也是中小投资者保护自身权益向国际化靠拢的方式。

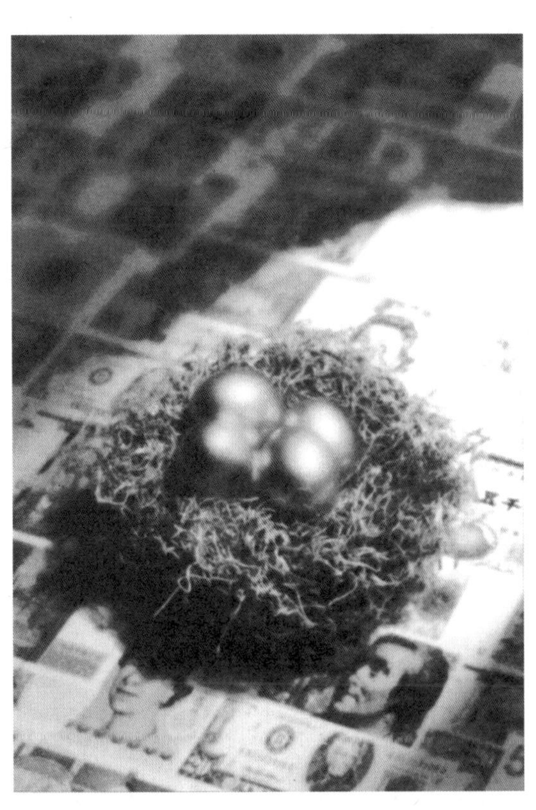

VOLUME 4

第四卷

证券新知识

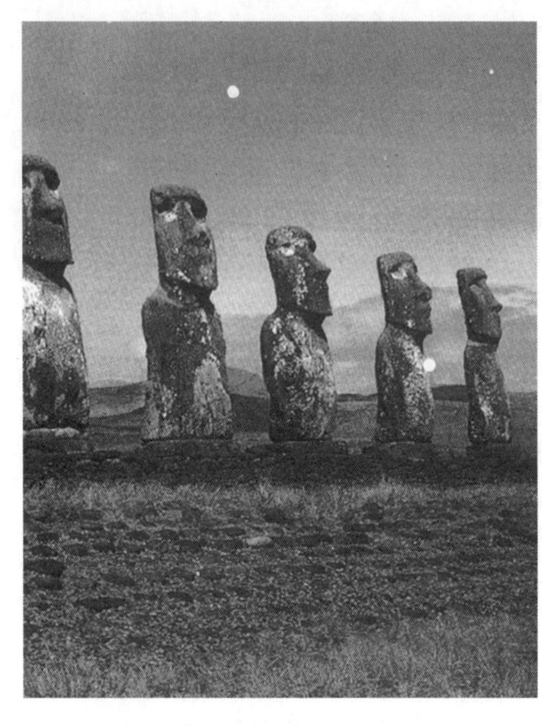

●证券法律制度新知识

●证券市场新知识

●证券交易新知识

A COMPREHENSIVE HANDBOOK OF CHINESE SECURITIES

中国证券大全

•2001•

第一章　证券法律制度新知识

一、核准制

二、新会计制度

三、董事长谈话制度

四、股东代表诉讼制度

第二章　证券市场新知识

一、投资者教育

二、上市公司治理

三、券商法人治理结构

四、开放式基金

五、投资者关系管理

六、股份回购

七、证券交易佣金制度

八、股票期权制

第三章　证券交易新知识

一、网上证券交易

二、股指现货交易

第一章 证券法律制度新知识

一、核准制

1.核准制概述

所谓核准制是由证券中介机构负责推荐股票发行、证券监管机构审查批准企业发行上市的监管制度。证券中介机构判断拟发行股票的企业是否达到发行上市标准，证券监管机构根据报送文件审查其合规性和适销性条件，对其发行上市申请进行审批。目前实行核准制的主要是大陆法系国家、美国部分州、韩国等国家和地区。

我国的核准制才刚刚实施，虽然1999年7月1日生效的《证券法》第一次提出了新股发行核准制，但是为了集中解决历史遗留的指标企业，并为核准制的推行准备过渡期，新股发行审批制一直实行到2001年3月份。在此期间，中国证券监督管理委员会(以下简称中国证监会)于2000年3月颁布《股票发行核准程序》，随后又发布了《公开发行证券公司信息披露内容与格式准则第9号首次公开发行股票申请文件》，这是首次明确核准制新股发行需要报审的材料目录。

2001年3月17日开始，中国证监会决定废止审批制，执行股票发行核准制。2001年4月19日作为国内第一家按核准制要求发行A股的公司用友软件公布了招股说明书，标志着核准制在我国正式启动。

2.实施核准制的程序

核准制由“改制辅导一年，证券公司推荐，发行审核委员会审核，发行人和主承销商确定发行规模、发行方式、发行价格，中国证监会核准”等制度构成，具体程序如下：

(1)受理申请文件

发行人按照中国证监会颁布的《公司公开发行股票申请文件标准格式》制作申请文件，经省级人民政府或国务院有关部门同意后，由主承销商推荐并向中国证监会申报。

中国证监会收到申请文件后在5个工作日内作出是否受理的决定。未按规定要求制作申请文件的，不予受理。同意受理的，根据国家有关规定收取审核费人民币3万元。

为不断提高股票发行工作水平，主承销商在报送申请文件前，应对发行人辅导一年，并出具承诺函。

(2)初审

中国证监会受理申请文件后，对发行人申请文件的合规性进行初审，并在30日内将初审意见函告发行人及其主承销商。主承销商自收到初审意见之日起10日内将补充完善的申请文件报至中国证监会。

中国证监会在初审过程中，将就发行人投资项目是否符合国家产业政策征求国家发展计划委员会和国家经济贸易委员会意见，两委自收到文件后在15个工作日内，将有关意见函告中国证监会。

(3)发行审核委员会审核

中国证监会对按初审意见补充完善的申请文件进一步审核，并在受理申请文件后60日内，将初审报告和申请文件提交发行审核委员会审核。发行审核委员会按照国务院批准的工作程序开展审核工作。委员会进行充分讨论后，以投票方式对股票发行申请进行表决，提出审核意见。

(4)核准发行

依据发行审核委员会的审核意见，中国证监会对发行人的发行申请作出核准或不予核准的决定。予以核准的，出具核准公开发行的文件；不予核准的，出具书面意见，说明不予核准的理由。中国证监会自受理申请文件到作出决定的期限为3个月。

(5)复议

发行申请未被核准的企业，接到中国证监会书面决定之日起60日内，可提出复议申请。中国证监会收到复议申请后60日内，对复议申请作出决定。

3.核准制与审批制、注册制的比较

除核准制外，新股发行还有审批制和注册制两种监管制度。所谓审批制是指在我国证券市场的发展初期，为了维护上市公司的稳定和平衡复杂的社会关系，采用行政计划的方法分配上市指标，由地方政府或部门根据指标推荐企业发行上市的监管制度。证券中介机构主要发挥技术指导作用，证券监管部门则具有行政性的实质审批职权。而注册制则是在市场化程度较高的国家采用的发行监管方式，证券监管部门公布发行上市的必要条件，达到条件的企业即可发行上市。发行人是否达标由证券中介机构负责，证券机构只实施对其合规性的形式审查。

核准制取消指标和额度，在其报送材料中取消省级政府及部委的推荐函；核准制以券商推荐、审查和辅导替代政府推荐，进入证券市场的企业由券商把关和培育；核准制下强调信息披露质量，启动强制性信息披露，报送材料中增加发行人及所有机构对

发行申请文件真实性、准确性和完整性的报告,以及其它关于改制、重组、关联交易、同业竞争等方面的更详细资料;核准制更加重视企业持续发展能力,在报送材料中增加了发行人关于技术含量及其技术创新能力的依据;核准制下发行价格、发行规模突破行政限制,发行价格将由市场决定,不披露盈利预测的新股定价将以市场询价和竞价为主要方式。

4. 核准制的实施对证券市场的重要影响

核准制是证券市场发展到一定阶段的产物,较之传统的审批制,有其明显的优越性,因此,将对证券市场产生积极而深远的影响,具体表现在以下几个方面;

(1)大大提高证券市场资源配置的能力

审批制下企业上市的资格由地方政府或企业主管部门定夺,政府政策往往向国企倾斜,一些优秀的民营企业因为取不到额度而被拒之门外,而一些并不具备条件或者强大竞争力的企业占据了指标。取消额度制而改核准制,使各种类型的企业在募股方面处于平等地位,取消特权,在公平的市场竞争中赢得机会。这样,将低质量的公司拒之门外,让发展势头良好的企业获得充分的融资机会,将大大提高证券市场资源配置的能力。

(2)有利于提高上市公司质量

核准制彻底取消了地方和政府部门的推荐职能,监管机构也不再负审批之责。这意味着企业质量如何、风险如何,将更多地交由市场自身去甄别和判断,同时企业的生存与发展也面临更大的市场竞争压力。中介机构将更加注重对上市公司经营的持续性考查,上市公司近三年的经营绩效成为能否再融资的前提条件。因此,这有利于促使上市公司努力提高公司竞争力,在战略规划、市场营销、资金筹措、人力资源管理等方面进行详尽规划和严格实施,按照《重组意见》搞好改制、做到合规,作好详尽、科学的项目评估和资金预算等,从而有利于提升整个行业的水准。

(3)有利于培育优秀的券商群体

核准制交给中介机构一个重大的任务,是使其成为企业质量、企业上市的把关者,新股发行一线监管由中介机构承担,证券中介机构成为核准制的关键。因此,券商也承受了更大的压力,核准制不容置疑地向券商提出了如下要求:挑选成长性好的企业,尽职尽责搞好上市辅导;提高投行从业人员的专业技能和职能操守,维护和提高主承销商声誉,提升市场形象;合理测算发行定价,稳妥实施金融创新,设计出最适当的融资工具和适合市场需求的发行方案。

中国证券市场自其形成以来,不断地进行了一系列变革,其目的都是在借鉴成熟市场经验的同时逐渐使中国市场趋于完善。核准制的实行,可以说是中国证券市场逐步走向成熟的重要一步。

二、新会计制度

1.新会计制度概念

所谓新会计制度就是指在《会计法》、《企业财务通则》及《企业财务会计报告条例》等法律法规依据基础上由财政部制定并公布的一系列企业会计制度及相关会计准则,它由一般规定、会计科目和会计报表、主要会计事项、分录举例等部分组成。其内容归纳起来包括以下三个方面:

(1)由于经营资金的取得、运用和退出企业等经济活动所引起的资产与权益的增减变动情况;

(2)在经营过程中发生的各项支出和产品成本的形成情况;

(3)企业销售收入的取得,以及利润的实现、汇总与分配情况。

1999年,全国人大会议修订通过《会计法》,规定国家实行统一的会计制度;2000年财务部向全国印发《企业会计制度》的通知,要求从2001年1月1日起暂在股份有限公司范围内实施;2001年1月18日,财务部印发《企业会计准则--无形资产》等8项准则的通知,随后国务院总理朱镕基签发了《企业财务会计报告条例》,规定企业应当依据该条例和国家统一的会计制度的要求,对会计报表中各项会计要素进行合理的确认和计量。截止目前,财政部共发布了13项具体会计准则和1项基本会计准则,《企业会计制度》和这些相关会计准则构成了新会计制度的重要组成部分。

2.我国新会计制度与国际会计标准的比较

经过一系列的会计改革,我国基本实现了会计标准的国际化,会计制度和准则已相当完备,与国际会计惯例比较没有太大的差距。现将我国会计制度与国际会计惯例的主要内容的比较列表如下(转后页)。

我国会计制度与国际会计惯例主要内容比较

比 较 项 目	国家统一的会计制度	国际会计准则
会计一般原则	在现有12条原则(客观性、相关性、一致性、可比性、及时性、清晰性、权责发生制、配比、历史成本、划分资本性支出与收益性支出、谨慎、重要性)的基础上,增加了"实质重于形式"原则	信息质量特征:可理解性、相关性(含重要性、及时性)、可靠性(含真实反映、实质重于形式、中立性、审慎、完整性)、可比性
短期投资期末计价	成本与市价孰低,对市价低于成本的差额,计提短期跌价准备	成本与市价孰低或市价法
应收款项期末计价	按概率和企业实际情况计提坏帐准备,发生坏帐经董事会或类似机构批准核销	按概率和企业实际情况计提坏帐准备
存货期末计介	成本与可变现净值孰低,对可变现净值低于成本的差额,计提存货跌价准备	成本与可变现净值孰低
长期投资期末计价	帐面价值与可收回金额孰低,对可收回金额低于帐面价值的差额,计提长期投资减值准备	成本;重估金额;对有价的权益性证券,以投资组合为基础确定的成本与市价孰低
固定资产期末计价	帐面价值与可收回金额孰低,对可获收回金额低于帐面价值的差额,计提固定资产减值准备	基准处理方法:帐面金额,即成本扣减相关累计折旧和累计减值损失后的余额 允许选用的处理方法:重估价,即资产在重估日公允价值减去随后发生的累计折旧和累计减值损失后的余额
无形资产期末计价	帐面价值与收回金额孰低,对可收回金额低于帐面价值的差额,计提无形资产减值准备	基准处理方法:帐面金额,即成本扣减相关累计折旧和累计减值损失后的余额 允许选用的处理方法:重估价,即资产在重估日公允价值减去随后发生的累计摊销额和累计减值损失后的余额
在建工程期末计价	如果合同预计总成本将超过合同预计总收入,应当将预计损失立即作为当期费用	合同总成本很可能超过合同总收入,预计的损失应立即确认为费用
存货发出计价	在先进先出法、加权平均法、移动平均法、个别计价法、后进先出法等方法中作出选择	基准处理方法:先进先出法或加权平均法 允许选用的处理方法:后进先出法
长期投资收益确认与计量	按照是否具有重大影响,分别采用成本法或权益法	按照是否具有重大影响,分别采用成本法或权益法
固定资产折旧方法	年限平均法、工作量法、年数总和法、双倍余额递减法	直接法、余额递减法、工作量法
无形资产摊销方法	直线法	所使用的摊销方式应反映企业消耗无形资产经济利益的方式。如果该种方法不能可靠地确定,那么应采用直线法。
收入确认原则	1、企业已将商品所有权上的主要风险和报酬转移给购货方;2、企业既没有保留通常与所有权相联系的继续管理权,也没有对已售出的商品实施控制;3、与交易相关的经济利益能够流入企业;4、相关的收入和成本能够可靠地计量	1、企业针商品所有权上的主要风险和报酬移给购货方;2、企业既没有保留通常与所有权相联系的继续管理权,也没有对已售出的商品实施实际控制;3、收入的金额可以可靠地计量;4、与交易相联系的经济利益很可能流入企业;5、与交易相关的已生或将发生的成本可以可靠地计量。
借款费用处理原则	借款费用资本化,其范围限定在固定资产的购置和建造	基准处理方法以:费用化 允许选用的处理方法:资本化
会计政策变更	追溯调整法,如果累积影响不能合理确定,则采用未来适用法	基准处理方法:追溯调整法 允许选用的处理方法:未来适用法(适用于产生的与前期相关的调整金额无法合理确定的情况)
会计估计变更	未来适用法	未来适用法
会计差错更正	与前期相关的重大会计差错,如影响损益,应将其对损益的影响数调整发现当期的期初留存收益,会计报表其他相关项目的期初数也应一并调整;如不影响损益,应当调整会计报表相关项目的期初数。	基准处理方法:与前期相关的重大差错更正的金额应通过调整留存收益的期初余额来列报。 允许选用的处理方法:重大差错更正金额应计入当期净损益
租赁的会计核算	与国际会计准则一致	《国际会计准则第17号—租赁》
关联方关系及其交易的披露	与国际会计准则一致	《国际会计准则第24号—关联方披露》
现金流量表	与国际会计准则一致	《国际会计准则第7号—现金流量表》
建造合同	与国际会计准则一致	《国际会计准则第11号—建造合同》
资产负债表日后事项	与国际际会计准则一致	《国际会计准则第10号—资产负债日后事项》
或有事项	或有事项的确认和计量与《国际会计准则第37号》中有关或有事项的确认和计量一致	《国际会计准则第37号—准备、或有负债和或有资产》
外币业务	外币业务的发生和期末汇率的调整与《国际会计准则第21号》一致	《国际会计准则第21号—汇率变动的影响》

3.新会计制度实施的必要性

我国现阶段会计信息失真,信息质量不高,人们对会计信息可靠性越来越产生怀凝,由此引起了"会计信息危机",影响了市场的健康发展,在一定程度上也影响了会计的国际化进程。新会计制度的实施的必要性具体表现在三个方面:一是旧的会计制度带有浓厚的计划经济色彩,不能充分反映市场经济所产生的经济事项,会计要素的确认和计量还不能真正反映会计信息质量特征的基本要求,不能真正体现会计信息的可靠性要求,从而导致了会计信息的失真;二是"两则两制"(即《企业会计准则基本准则》、《企业财务通则》和分行业的企业财务制度以及会计制度缺乏统一性,信息不具备可比性;三是会计核算制度缺乏可操作性分行业的会计制度对会计核算只规定了财务处理原则,导致会计制度不能指导企业进行会计核算,使企业会计核算缺乏可操作性,我国原会计核算制度存在的缺陷必须通过会计制度的改革才能弥补。同时,全球经济一体化和我国已加入WTO对会计领域带来的机遇与挑战,促使我们重新审视行业会计制度,并按照市场经济的需要建立国家统一的会计制度。

4.新会计制度实施的重要意义

新会计制度是规范会计行为和提高会计信息可靠性的基础。新会计制度是在《股份有限公司会计制度》和已经发布的10个具体准则的基础上,根据近几年上市公司的实际情况,参照会计要素的定义和会计国际化的要求制定的。它体现以下几个方面的特点:

(1)体现统一性原则。新会计制度不再分行业,对不同行业的企业由《企业会计制度》与其后发布的体现行业特点的具体核算办法结合执行,形成我国特有的会计核算制度体系。

(2)体现可靠性原则。新会计制度对会计要素的确认和计量遵循会计要素定义的要求,使之在会计报表上所反映的各项会计要素均符合其质量特征,满足了会计信息可靠性的要求。

(3)体现了会计标准的国际化潮流。新会计制度规定的会计政策和会计确认、计量标准,与国际会计准则中的核心准则所规定的会计政策和会计确认、计量标准基本相同。

(4)体现了中国特色。新会计制度规定了会计核算的原则、会计政策和采纳、会计要素的确认、计量等一般会计核算规定,又规定了会计科目的设置和运用方法、财务会计报告的编制方法等具体核算方法,具有较强的可操作性,符合中国当前国情。

综上所述,新会计制度实施的意义,一方面在于使中国会计准则国际化,使国内资本标准与国际通行的资本标准渐趋一致,让更多的境外投资者放心地进入中国资本市场,促进中国资本市场全球化;另一方面会计准则的提高将使得上市公司业绩比以前更具真实性,使广大投资者能够正确判断企业财务状况和经营成果,从而在较少泡沫成份的情况下,真正实现保护投资者利益这一证券监管的核心目标。

三、董事长谈话制度

1.董事长谈话制度的概念

所谓董事长谈话制度是指中国证券监督管理委员会(以下简称中国证监会)主管业务部门认为必要时可直接约见上市公司董事长谈话的一种制度。2001年3月19日中国证监会发布的《上市公司董事长谈话制度实施办法》(以下简称《办法》),详尽地规定了这一内容,它适用于股票在上海证券交易所和深圳证券交易所上市交易的股份有限公司,中国证监会各派出机构具体实施其辖区内上市公司董事长谈话工作。中国证监会同时还发布了《上市公司检查办法》,规定了中国证监会对各上市公司检查、监督的方式、内容以及处罚标准。两《办法》发布的目的都是为了加强对上市公司的监管,促进上市公司依法规范运作,保护投资者的合法权益。

2.实施董事长谈话制度的条件

《办法》规定,上市公司存在下列情形之一的,应当约见董事长谈话:

(1)严重资不抵债或主要资产被查封、冻结、拍卖导致公司失去持续经营能力的;

(2)控制权发生重大变动的;

(3)未履行招股说明书承诺事项的;

(4)公司或其董事会成员存在不当行为,但不构成违反国家证券法律、法规及中国证监会有关规定的;

(5)中国证监会认为确有必要的。

3.实施董事长谈话制度的程序

中国证监会约见上市公司董事长,必须按照如下程序进行:

(1) 中国证监会认为有必要约见上市公司董事长谈话时,应当履行内部审批程序,经批准后方可进行。

(2)中国证监会约见上市公司董事长谈话时,应确定主谈人员和记录人员,谈话使用专门的谈话记录纸。谈话结束应要求谈话对象复核、签字。

(3)中国证监会根据需要决定谈话时间、地点和谈话对象应提供的书面材料,并提前三天以书面形式通知该上市公司的董事会秘书。谈话对象确因特殊情况不能参加的,应事先报告,经同意后委托相应人员代理。中国证监会认为必要时,可以要求上市公司其他有关人员、上市公司控股股东的高级管理人员、相关中介机构执业人员参加谈话。谈话对象不得无故拒绝、推托。

(4)中国证监会在约见谈话时,主谈人员应确认谈话对象的身份,宣布谈话制度、谈话目的,告知谈话对象应当真实、完整地向主谈人员说明有关情况,并对所说明的情况和作出的保证承担责任。

(5)谈话对象应对有关情况进行说明、解释,并提供相应说明材料,对公司情况说明不清、说明材料欠完备的,应当限期补充,谈话对象不得作出虚假陈述或故意隐瞒事实真相。

4.对谈话中违规行为的处理

在执行谈话制度过程中,如果出现下述不当行为及违规行为应及时进行处理:

(1)经中国证监会两次书面通知,谈话对象无正当理由不参加谈话的,中国证监会将对其进行公开批评。

(2)谈话对象对谈话所涉及的重要事项说明不清,提供的材料不完整,在限期内又未能进行充分补充的,中国证监会将对其进行公开批评。同时谈话对象在谈话中虚假陈述或故意隐瞒事实真相的,中国证监会将视其情节轻重依据有关规定进行严肃处理。

(3)在执行谈话制度中发现上市公司或高级管理人员有违法违规行为的,中国证监会将依法查处。谈话记录将作为进一步调查的证据。

5.相关人员、部门的责任与注意事项

在董事长谈话制度的实施过程中,有关部门及相关人员对以下事项必须高度注意并承担一定责任:

(1)中国证监会的谈话人员,应遵守法律、法规及有关规定,认真履行职责,对在谈话中知悉的有关单位和个人的商业秘密负有保密义务。未经许可,参加谈话人员不得透露与谈话结果有关的任何信息。

(2)谈话对象应当根据谈话结果及时整改,纠正不当行为,中国证监会将对整改情况进行监督检查。

(3)中国证监会为谈话和整改情况建立专项档案,做为上市公司董事长及其他高管人员是否真实履行职务的记录。

6.实施董事长谈话制度的意义

董事长谈话提醒制度除了意味着证券监管部门对上市公司高层人士在公司治理中所起作用的重视有了新的突破外;另一方面,也打破了传统的上市公司漏子越捅越大、有关部门袖手不管,直到出了大问题甚至糟糕得一塌糊涂时再来处罚的办事模式,及时监督与提醒了上市公司对其自身行为进行规范,使其防患于未然,这不仅体现了监管部门对上市公司的有效监督和约束,更多地体现了其督导、扶持上市公司成长的功能,同时也完善了自身的结构与功能。

附:董事长谈话制度谈话记录格式

谈话记录

谈话时间:

谈话地点:

谈话人:

记录人:

谈话对象:

上市公司名称:

通讯地址:

邮编:

上市公司董事长:

姓名:

电话:

传真:

谈话事由:

谈话内容:

谈话对象(签名)

四、股东代表诉讼制度

1.股东代表诉讼制度概述

股东代表诉讼制度是指当公司权利受到损害,应该代表公司行使讼诉权的公司机关拒绝或怠于行使诉讼权利时,公司股东可以代表公司进行的诉讼法律制度。这一制度在英美等国率先创设,又称为衍生诉讼制度。

股东代表诉讼制度的目的是建立一种机制为公司股东,尤其为中小股东主持正义,禁止公司董事、高级管理人员、大股东及其关联人员滥用公司权力。它是实现股东民事权利、弥补公司治理结构缺陷以及其他救济方法不力的必要手段,是现代公司法的一项重要内容,在保护中小股东权益方面有着重要作用。

2.股东代表诉讼制度的内容

股东代表诉讼制度包括起诉股东的资格、起诉前的救济、诉讼的原告和被告、诉讼担保、诉讼赔偿、保护小股东利益的其他规定等多方面内容。

(1)起诉股东的资格

在股东代表诉讼中,为防止股东滥诉,各国法律一般都对起诉股东的资格从持股期限上作了限制,有些国家或地区还对股东持股的数量提出了要求。比如,日本规定提起诉讼的股东必须是持有股份6个月以上的股东。而台湾规定提起代表诉讼和股东必须是持有已发行股份总数5%以上的股东。

(2)起诉前的救济

股东代表诉讼作为原有公司内部监督制度不力的补济手段,因此其起用前提是只有当由公司出面进行诉讼和请求失败时,股东才可以代表公司提起诉讼。作为用尽内部救济的明确证明,股东要求公司提出诉讼的请求是以书面形式向公司特定机关提出。

(3)诉讼的原告和被告

在股东代表诉讼中,原告主要是用尽内部救济之股东,但公司也可加入原告。

股东代表诉讼中的被告以前一般是公司董事会,后来逐渐扩大到所有对公司施加了损害的主体,也就是说公司董事、董事外的公司内外任何人,只要其行为对公司造成损害,都可以成为代表诉讼中的被告。具体包括:①上市公司及其董、监事等高级管理人员。上市公司的发起人和董事等作为违规操作的受益看,其证券侵权行为必须受到行政、刑事、民事处罚。②券商。券商与上市公司之间存在共同过错,应承担连带责任。③中介机构。中介机构若参与上市公司的弄虚作假,其责任不可免除。④证券咨询服务机构。这些机构的虚假信息是误导投资者的重要原因,负有连带责任。⑤内幕交易人员和操纵市场者。证券市场投资者长期深受其害,其责任不可推卸。

(4)诉讼担保

诉讼担保是指法院在受理案件之前或诉讼过程中应被告的请求要求原告提供一笔资金或财产,以对其败诉的情况下因诉讼产生的费用及可能给被告造成的损害进行担保的制度。许多国家的法律均要求股东代表诉讼中的原告提供诉讼担保,以防止滥诉行为。

(5)诉讼赔偿

由于股东代表诉讼制度设计的出发点就是在保护小股东利益和防止滥诉之间寻求平衡,在诉讼结束后,对于遭受损害的一方,法律会给予一定赔偿或补偿,以平衡原告与被告两者的利益。

(6)保护小股东利益的其他规定

①诉讼告知和诉讼参加。诉讼告知即股东在起诉后必须及时告知公司;诉讼参加即股东及公司对于代表诉讼一案具有知情权与参加的权利。

②不能任意终止诉讼的规定。如美国大部分州的法律规定,对于股东代表诉讼的任何和解、妥协、中止以及撤销的情况都须事先征得法庭的同意。

3.我国诉讼制度的现状及改善

我国现行的法律制度中只有直接诉讼的规定,没有规定股东代表诉讼。证券市场出现的一系列问题,如红光案等,很大程度上是由于缺乏股东代表诉讼制度这一制约机制造成的。因此,借鉴国外的先进经验,建立我国的股东代表诉讼制度势在必行。

(1)我国现行的直接诉讼制度。在我国,有关股东能依法向公司提起的诉讼均是直接诉讼。直接诉讼主要涉及股东与公司间的关系,股东是公司的主人,与作为经营者的高管人员和公司董事往往存在利益冲突,因此,直接诉讼作为一种司法救济的途径,其目的是创造一种机制来有效保护股东利益。所有股东,只要认为公司侵犯了其合法权益,如未能获得分配股息、无辜剥夺投票权等,都可依据现有的《公司法》、《民法通则》等法律向法院提起主张,要求停止侵害或赔偿损失等。

现行诉讼制度的缺陷在于,当公司发布虚假信息、大股东利用关联交易侵占公司财产等侵权事件发生时,现有的法律和诉讼制度对中小股东的保护明显滞后。我国《公司法》的规定中,没有明确少数股东对控制股东提起诉讼的途径,只简单规定股东有权对股东大会决议、董事会决议提起诉讼,因此难以真正约束与规范公司董事、大股东滥用权力的行为。

(2)我国建立股东代表诉讼制度的思考

"红光案"、"银广厦事件"后,股东代表诉讼作为股东诉权的重要方面,其设立的必要性备受关注。股东代表诉讼制度建立后,公司董事、监事、经理及其他管理人员就完全可以成为诉讼的被告,中小投资者权益的保护将进一步落到实处,上市公司治理和证券市场完善将更上一个台阶。

总之,我国东代表诉讼制度在设立过程中,股东诉讼制度在国外市场中已经在投资者权益保护方面发挥了重要的作用,但目前在我国,由于缺乏诉讼程度的法律规定,可行的方法是通过比较研究各国、各地区的相关制度,借鉴其有益经验,结合我国具体国情,建立切实有效的制约机制。

第二章 证券市场新知识

一、投资者教育

1.投资者教育的定义

投资者教育,在美国和澳大利亚又被称为消费者教育,一般解释为针对个人投资者进行的一种有目的、有计划、有组织的传播相关投资知识、传授相关投资经验、培养相关投资技能、倡导理性的投资观念、提示相关的投资风险、告知投资者权利及保护途径、提高投资者素质的一项系统的社会活动。

2.投资者教育的目的与内容

在我国,中国证券监督管理委员会(以下简称中国证监会)规定的投资者教育的内容包括如下六个方面:一是提高全社会的投资者教育意识,宣传中国证监会投资者教育职能和教育方案;二是普及证券投资基础知识,例如股票市场、债券市场、封闭式基金、开放式基金等。以深入浅出的方式介绍各种证券投资品种,对象主要是那些新入市或投资经验较少的中小投资者;三是解释和宣传证券期货监管方面新的政策法规;四是推行风险提示和风险教育,特别是实行股票发行核准制、上市公司终止上市制度以及今后推出创业板或其他新产品时,投资者需要注意的各类风险;五是提高投资者保护权益的意见,包括如何防止证券欺诈、争端解决途径以及普及对证券法律法规的认识;六是普及金融投资知识。

从理论上来说,投资者教育包括以下三个方面的内容:

(1)投资决策教育

投资决策就是对投资产品和服务做出选择的行为和过程,投资者的投资决策受个人背景和社会环境两类因素的影响,投资决策教育就是要在指导投资者分析投资问题,获得必要信息、进行理性选择的同时,致力于改善投资者的决策条件中的各个变量。

(2)个人资产管理教育

它是指导投资者对个人资产进行科学地计划和控制的过程。在投资理财将为更多人接受的情况下,投资者教育的范围应超越投资者具体的投资行为,深入到整个个人资产管理中去。

(3)市场参与教育

它是号召投资者为改变其投资决策的社会和市场环境进行主动参与的过程。投资者的市场参与包括两个层次：一是保护自身合法权益；二是实现投资者利益在资本市场制度体系中的代表。投资者权益在受到损害时能有一个公平、公正的法律保障，同时其心声能够影响上层管理部门的立法、执法过程。

3.投资者教育的重要作用

各国证券市场的监管部门都将投资者教育作为保护投资者权益、维护市场健康有序发展，加强市场监管效率的重要途径之一，这一点在西方成熟资本市场表现更为突出。就投资者教育作用而言，有以下几个方面：

(1)投资者教育能够增强投资者信心，提高参与市场运作的效率

在选择和购买投资产品或服务时，投资者会遇到日益加大的来自信息与技能的困难。据国外调查的结果表明，如果投资者了解他们所面对的产品或服务的技术性特征，并因此而感觉到自己的资产正在通过自己的努力而增值时，他们参与资本市场投资的信心就会大为增强。同时，投资者教育帮助投资者对投资产品和服务合理质疑、并对相关信息作出分析和判断。这样，投资者的投资决策就在不断的思考与质疑中提出来，更具理性，也提高了他们参与证券市场运作的效率。

(2)投资者教育有助于保护投资者合法权益

保护投资者权益是证券监管部门工作的核心所在。相当长一段时间内，保护投资者合法权益主要是通过制定严格的法律法规并且严格执行它们来实现。时至今日，有关证券监管的法律体系已非常庞大，一方面使普通投资者难于掌握；另一方面因为法律本身注定只能起到"亡羊补牢"的作用，使人们意识到对投资者进行教育，提高其自身辨别力与防范能力是治标治本的有效办法。受过投资教育的投资者能更好地防范证券欺诈行为，因为他们在决策之前知道自己该弄清楚哪些问题，更容易发现欺诈行为的漏洞所在，一旦他们遭受非法行为侵害，也会更迅速地动用法律手段保护自己、讨回公道。

(3)投资者教育是弥补和改善证券市场信息不对称问题的重要途径

证券市场的有效性决定于市场信息在证券价格上的表现程度，而事实上，任何国家的证券市场都不完善，信息的不对称总在影响着投资者投资决策的正确度。信息的不对称包括：①投资者掌握信息不充分以及投资者与咨询机构之间知识不对称；②由于各种投资协议都是长期的，在购买时投资者难于判断投资服务的长期质量；③投资者倾向于使用不完善的信息，如朋友的推荐或广告；④投资者与咨询机构存在利益冲突；⑤投资市场产品存在复杂性以及某些投资产品的技术性。目前，各国证监部门正在试图通过改善提高信息披露来让投资者获得更多信息，但这远远不够，因此投资者教育就成为投资者具备必要的投资知识和投资技能的主要途径。

(4)投资者教育有助于保障证券市场健康发展及社会稳定

投资者是证券市场的重要主体，他们对投资产品、风险及市场本身越了解，就越能合理地期望自己的投资回报，有更强的风险承受能力，对证券市场的秩序和产品越有信心，参与人数和资金会更多，市场交投更活跃，证券市场得以加快发展。同时，证券市场是一个不断发展创新的市场，不论是制度创新还是工具创新，投资者的理性参与都是创新成功的必备条件，向投资者普及各种证券知识和各类创新的背景知识则是投资者理性参与的基础。随着投资者群体的不断扩大，有效的投资者教育将成为社会稳定的重要因素之一，公民通过教育将愿意以更主动的态度参与政治、经济问题，建立自己掌握命运的主人翁意识，因而愿意去创造与维护一个更加和谐、稳定的社会环境。

4.我国投资者教育的发展对策

经过多年实践，境外成熟证券市场非常重视投资者教育在证券监管中的重要作用，并且形成了一整套完善的由证券监管部门、证券交易所、证券公司、证券交易机构、投资者权益组织、专业投资教育机构、学校等构成的投资者教育网络。而我国的证券市场还处于发展的初级阶段，对投资者教育的重要性认识较晚，因此我国只有充分借鉴境外成熟市场有益经验和做法，才能使投资者教育工作在证券监管中发挥应有的作用。做好投资者教育工作，可从以下几个方面入手：

第一，切实加强全系统对投资者教育工作的领导，形成各负其责，齐抓共管局面。中国证监会及各派出机构、证券和期货交易所、证券期货业协会要充分发挥自身优势，大力推动投资者教育工作的开展。

第二，积极探索新形势下投资者教育工作的规律和办法，增强教育效果。一方面要借鉴境外证券市场的成功经验，同时要结合我国实际情况，进行创造性地运用。

第三，把投资者教育各项任务融入中国证监会的监管工作。把监管、审批、查处与教育有机结合起来，着眼于证券市场政策法规的普及、典型案件的剖析、投资品种及其特点的介绍和各种市场风险的揭示，让投资者了解必备的投资知识，熟悉证券市场法律和法规，树立防范风险意识和正确投资理念，学会保护自身的合法权益，自觉维护社会公共利益。

第四，把受理投资者投诉作为投资者教育的一项重要工作来抓。积极创造条件，在整个系统内逐步完善受理投资者投诉机制，及时查处举报的违规案件，认真听取投资者的意见和建议。

第五，切实采取各种有效措施，推动证券经营机构积极开展投资者教育。证券经营机构应建立必要的制度，投资者教育活动与市场营销活动适当分开，防止对投资者产生误导，避免利益冲突。

第六，重视发挥新闻媒体在投资者教育工作中的重要作用，坚持正确的舆论导向。

第七，重视对从事投资者教育工作干部的培养和选拔，努力建设一支高素质的投资者教育工作队伍。

二、上市公司治理

1.上市公司治理概述

上市公司治理有狭义和广义两种，狭义的上市公司治理是指

董事会的结构、功能以及董事会成员和经理人的权利、责任、义务和相应的决策机制。广义的上市治理则是指公司的员工、客户、债权人这些重要的利益相关者之间的利益关系。它包括企业的人力资源管理、收益分配和激励机制、财务制度、内部制度和管理等等。总的来讲,完整的上市公司治理定义是:明确股东、董事、经理和其他利益相关人之间的权利和责任的分配,规定公司议事规则和程序,并决定公司目标和组织结构,以及实施目标和进行监督的手段。

有效的上市公司治理有三项主要要求:透明、公平与诚信。透明是产生、运用有效协作和激励所需信息的必备条件。公平能保护所有股东的法律和合约权力,并且帮助制定管理层受托完成的公司目标,充分保护中小投资者的利益,为董事和管理层提供足够的激励和约束。

2.上市公司治理的目标和原则

上市公司治理是一个全球性的问题,如何完善公司治理结构成为众多国家极力探索的问题。在我国,公司上市后由于受旧经济运行管理体制、思路和习惯的影响,公司治理相对落后,为此改善公司治理必须在一定的目标与原则下进行。

(1)上市公司治理的目标

改善上市公司治理的目标归纳起来有三个:

①保护全体股东的权利和利益;

②建立健全的公司治理模式,确保公司运行质量;

③降低控股公司的权力和风险。

(2)上市公司治理的原则

一般来讲,改善上市公司治理必须坚持以下六条原则:

①强化董事会的功能,董事会必须对全体股东负责;

②增强董事会的独立性,加强独立董事所在的审计、薪酬等专门委员会的责任;

③建立一套健全、可实施的、责任明确的公司治理规则;

④注重风险管理,增加公司价值;

⑤提高信息披露标准,增加公司透明度;

⑥加强对公司董事、高管人员和会计人员的监督力度。

上市公司治理包含了内部治理结构的调整和外部监管体系的完善两方面。

一是从规范上市公司治理结构入手完善公司治理。

(1)优化股权结构。目前我国上市公司中有半数以上的国有大股东持股比例高于50%,形成一股独大现象。“一股独大”会产生许多问题,比如上市公司人员、资产、财务长期难以独立于大股东;关联交易盛行,上市公司经营业绩核算可靠性低;大股东一手操纵公司事务,损害了中小股东利益等等。因此,当务之急是逐步调整上市公司的股权结构。调整上市公司的股权结构可采取以下两种措施:

①引导大股东降低持股比例,通过国有股减持、战略性退出降低国有股东过分集中程度。

②积极发展机构投资者,允许和引导基金、保险、养老机构持股,实现股权多元化。

(2)规范董事会的行为。制定和完善相关的法律法规,促使董事勤勉诚信,尽职尽责。包括以下几点:

①明确董事会及董事长的职责:执行公司的战略决策,监督经理层,向公司全体股东负责;

②确立严格的董事资格评选标准。通过严格考察淘汰不称职的董事、保留高效运作的董事班子;

③完善董事会的构成。提高外部董事在董事会所占比重,在董事会下设立为董事会决策提供专业支持的投资咨询委员会、高管人员薪酬委员会、提名委员会等专门委员会;

(3)引入独立董事制度。独立董事负有双重使命,一种是约束执行董事或经营者的行为,以解决经营权与所有权的冲突;另一种是代表小股东的利益,以解决控股股东与小股东的代理问题。具体包括:

①独立董事应独立于任一股东,不在公司内部任职,以有效监督股东、董事、经理层行为;

②独立董事应在职业道德、专业知识、社会资历等方面具有较高素质,为广大投资者信任;

③独立董事除董事职能外,还有监督股东、董事、经理行为的权力,对董事会决议及管理层行为的公平性发表意见。

(4)建立有效的激励约束机制和退出机制。激励约束机制的主要内容包括:

①实行绩效年薪制和经理期权股等薪酬制度,蒋董事、经理的薪酬与结合工作绩效,促使其对公司事务投入更多时间和精力;

②建立经理人市场,探索上市公司经理层通过人才市场产生的途径,全面提高经理人才素质;

③建立退出机制,打破干部终身制,增加经理人才自我约束的压力;

④实行稽察特派员制度,由国务院直接外派的稽察特派员能有效地监督董事、经理行为。

(5)切实保护小股东权益。核准制下保护中小股东利益将成为上市公司治理与监管的重点。

①坚持一股一票原则，禁止发行双重股票，不设置投票上限，允许异地投票；

②制约董事权利。当上市公司出现并购、资产转移或公司章程变更时，小股东有权要求控股股东回购股票，此外还有小股东要求权和衍生诉讼权等；

③实行自动代理投票权的委托方式，设置专职的代理投票机构，将多数小股东投票权集中在某一机构手中，专门实施监督。

二是从完善市场监管体系入手完善公司治理。

公司治理必须两手抓，一手抓公司内部治理结构；一手抓市场监管环境，通过法律法规的改善来建立健全的监督、约束与惩处体系，促进公司治理的完善。

(1)完善上市公司信息披露制度。实行强制信息披露，保证信息披露完整、准确、公平、公正；提高会计准则，严禁虚假和有严重误导性的财务信息。在这方面强化社会监督，在建立健全有关规章制度和法律规范的同时，加大执法力度。

(2)加强对上市公司规范运作的监督。除日常监督外，证监部门应加强监察工作的力度，实行举报制度，核准制下对违规运作的上市公司在配股、增发新股方面设置了更多限制。

(3)强化监事会的权威性，建立监事资格认定制度。促使上市公司选择懂经营管理、有社会资历的专业人士担当监事，在公司章程中赋予其独立行使职责的权利，扩大其监督权限。

(4)设立股东代表诉讼制度。公司股东有权向法院起诉因失职而损害公司利益的董事，追究该董事的损害赔偿责任，这将在立法上确立股东权益不受侵害的法律保障体系。

(5)加强中介机构的建设和规范。核准制下中介机构成为公司上市的辅导、保存人和上市公司规范运作的监督者，因此，促进公司治理，首先要建立一支合格的中介机构队伍。要建立中介机构的资格认证、诚信评级制度、违规处罚制度，对违规行事的人员和机构取消其从业资格。同时加强市场信用建设、规范证券公司会计师事务所、审计师事务所、律师事务所等中介机构的行为，防止中介机构的失职，即多方勾通作弊，制造虚假信息。

3.几种典型的公司治理模式

目前，世界上主要有三种公司治理模式：

第一种是英美等国的外部人模式。该模式的特点是两权(经营权和所有权)分离，股权极为分散，董事长、行政总裁持股在0.5%左右。治理方式包括控制权竞争、独立董事制度、经营者激励等。

第二种是德日等国的内部人模式。该模式的特点是两权分离，股权更为分散，董事长、总经理持股比例在0.2%左右，企业之间盛行交叉持股。治理方式主要是大股东监控与银行相机治理。

第三种是东亚等地区的家族、政府模式。该模式的特点是两权分离不完全，股权相对集中，经营决策者拥有45%左右的股权，另外55%为公众股。治理方式有大股东监控与家族管理等。

参照国外经验，我国上市公司治理更多地表现出内部人模式的特点，但也存在一些问题，亟待解决。

4.上市公司治理的重要作用

一般的良好的公司治理，具有以下五个方面的作用：

(1)维护全体股东和公司的整体利益，运用公司的全部资产实现公司正常运作，实现股东价值最大化；

(2)能够提高公司在证券市场上的竞争力，降低企业直接融资成本；

(3)能够保证公司工作效率、管理透明，提高公司运作质量；

(4)提高资源的配置效率和使用效率，促进经济持续增长，创造更多就业机会；

(5)增强投资者信息，提高整个市场的综合竞争实力。

上市公司治理是一项长期而又艰巨的工作，怎样治理并无具体方案可循，需要在实践中不断发现问题，总结经验。有效的公司治理，是多方面努力的结果，需要公司内部努力和外部监管的共同合作。只有这样，上市公司和证券市场才能不断规范化发展。

三、券商法人治理结构

2001年4月26日，中国证券监督管理委员会(以下简称中国证监会)主席周小川指出：上市公司治理将成为工作重点。6月20日中国证监会发布了《证券公司管理办法》(征求意见稿)，关于券商法人管理结构改善的问题正式提上日程。

1.《证券公司管理办法》对券商法人治理结构的有关规定

《证券公司管理办法》比较详细地对证券公司法人治理结构作了规定。概括起来主要有以下几点：

(1)证券公司必须严格按照现代企业制度的要求，建立健全符合《公司法》要求的股东会、董事会、监事会制度。证券公司的董事、监事应符合《公司法》和《证券法》的有关规定。证券公司董事会决议违反法律、法规和公司章程的，或对证券公司造成损失的，投赞成票的董事应承担直接责任。对经证明在表决时曾表明异议并记载于会议记录的投反对票的董事，可以免除责任，对在表决中投弃权票或未出席也未委托他人投反对票的董事不得免除责任。

(2)证券公司董事长和总经理要明确各自的职责，原则上不应由同一人担任。

(3)证券公司经营出现重大问题，董事会、监事会、总经理难以正常履行职能时，单独或联合持股超过证券公司总股本10%的股东应指派临时负责人，负责证券公司的日常经营，并提出处置方案报中国证监会。如符合以上条件的股东不能履行上述职责，中国证监会可要求其他证券公司对该公司进行托管。

(4)证券公司必须建立独立董事制度，证券公司出现下列情况之一时，独立董事人数不得少于董事人数的1/3；

①董事长和总经理由同一人担任时；

②内部董事占董事人数1/5以上时；

③证券公司因违法违规受到查外时；

④证券公司诚信度严重不足，可能影响客户或股东合法权益时；

⑤证券公司主管部门、股东会或中国证监会认为必要时。

证券公司成立与独立董事应符合下列条件：

a.《公司法》规定的董事资格条件；

b.非证券公司股东单位的任职人员；

c.非证券公司当前或以前3年以内的任职人员；

d.与证券公司的其他董事、监事、高级管理人员、财务负责人、稽核负债人没有利益关系；

e.不在与证券公司存在重大利益关系的机构任职；

f.具有5年以上金融、法律或财务工作的经验，并有足够的时间和精力履行董事职责；

g.中国证监会规定的其他条件。

(5)证券公司审议下列事项时，应经半数以上独立董事的同意方可生效：

①证券公司的审计事务；

②证券公司的关联交易、对外担保和质押贷款；

③证券公司高级管理人员的任免；

④证券公司董事、高级管理人员的薪酬及其他形式的报酬；

⑤证券公司聘请或更换会计师事务所；

⑥证券公司章程规定的其他事项；

⑦中国证监会规定的其他事项。

(6)从事资产管理业务的证券公司子公司，应比照证券投资基金管理公司建立独立董事制度。证券公司上市后，应按中国证监会有关上市公司的规定完善独立董事制度。证券公司董事会应当设立薪酬委员会、提名委员会和监察委员会。

监察委员会负责人须符合证券公司高级管理人地任职资格的要求，监察委员会负责人变更必须事先征中国证会同意。

(7)中国证监会对证券公司从业人员实行资格管理制度等。

2.我国券商法人治理结构存在的问题

目前，我国证券公司法人治理结构存在的问题主要有以下三个方面：

(1)“一股独大”现象严重

在券商法人治理结构中，大股东控制着经营管理层，甚至直接委派经管人员，严重侵害了其他中小股东的利益。

(2)股权结构过于分散

在股权结构中单个股东拥有的比重都不大，即使最大股东也不足10%的比例，这样削弱了股东会、董事会对经营层的约束作用，强化了经营层对公司的控制力度，加大了内部人控制。

(3)董监事会流于形式

这个问题包括两层含义：一是证券公司董事会与经理层界定分工不明确。同时，作为国有企业或国有资产控股的证券公司，由于国有资产代表缺位，董事会形同虚设；二是监事会只是在形式上设立一个办公室，并没有建立有效的职能部门对财务状况、董事及经营层进行监督，却更多地承担起党务、行政等“份外工作”。

3.完善券商法人治理结构的对策

针对券商目前面临的问题，必须采取有效措施对证券公司法人治理结构进行完善。

第一，扩大证券公司股权融资，推动券商增资扩股和发行股票、债券和其他有价证券，为券商提供获得稳定的长期资金来源。同时要促进股权主体多元化，从而有利于分散股权，优化股本结构，完善证券公司治理结构。

第二，实行公司内部员工持股和股票期权的激励约束机制，促使证券公司成为公司利益相关的共同体。同时也将扩大公司的融资渠道，减少筹资成本。

第三，在董事会中设立独立董事制度，完善董事会的组织机构，让与控股股东无经济利益关系的诚信、正直、勤勉、尽责的专业人士独立董事的身份进入董事会，并拥有相应的权利，从而使独立董事切实担负起保护股东，特别是小股东权益的责任。

第四，建立健全券商内控机制。根据券商发展需要，建立一个完善的内部控制机制作为规范发展的保障体系，可从以下方面着手：

(1)形成系统的内控框架。内控制度的建设、内控机制的设立应当形成系统，内部控制要求有一个高水平的领导者对其进行系统管理，让各个局部的风险控制形成一个整体，使整个系统高度一体化，在市场中能安全运行，最大程度地保证企业的安全。

(2)强化一级法人制度。要强化证券公司的内部控制，必须强化一级法人制度。内部控制的系统，在一级法人体制下必须是相对独立的，授权授信的系统完全应由总公司来直接控制，要有完善的授权制度和独立的系统，监督要适当独立，有问题能直接反映到总部，由公司直接掌握。

(3)建立相互制约的机制。证券公司所有岗位必须严格限定职责，对所有的人都形成有效制约。首先对决策的领导要有制约。内控制度建设必须有针对性，对每个岗位的工作者须有一个规范性条文。不能把不出风险，不出问题的希望寄托在人的思想觉悟上。

(4)内部控制的效益和成本。内控建设要有投入和成本，就目前状况而言是要继续加大投入，改善内部控制的条件，利用现代化手段加快信息传递，控制风险，从而有效地、及时地监督一部分人的实务操作，以保证整个系统确定能够控制风险。

目前，证券公司的法人治理结构的完善十分重要，由于我国券商法人治理结构尚存在诸多缺陷，基于我国已加入WTO，券商必须建立健全法人治理结构，构筑核心竞争能力，以推动证券市场向规范化、国际化方面发展。

四、开放式基金

据美国投资公司协会对全球开放式基金的统计数据显示：全球开放式基金正处于快速发展的历程之中，发展速度基本保持在两位数以上的水平，一些东欧国家及俄罗斯已在近几年成功推出了开放式基金，其发展速度远远高于全球的平均发展速度，其迅猛之势为世界证券市场所瞩目。在这种大背景下，我国开放式基金应该加大力度，跟上世界开放式基金的发展步伐。

1.开放式基金发展前景展望

2001年9月11日，我国首只开放基金“华安创新”启动发行工作，第二只开放式基金南方稳健成长基金的发行工作也进入了倒计时，中国的基金业随之翻开了历史性的一页。作为首只开放式基金，华安创新开放式基金的引进，将会给中国金融机构带来一次新的革命，而且这种革命的速度非常迅猛。据专家估计，用不了几年时间，基金业总值将会超过上百亿元人民币，这将会引发国家金融机构，包括机构结构、资本市场结构、金融资产结构的巨大变化。同时，开放式基金的引入，也将使现有的投资理念发生变化。一种新的投资理念将在价值评估体系的再构过程中产生。此外，还会使二级市场的震荡频率减少，波动周期拉长，从而使中线机会多于短线机会，改变现在的短线炒作观念。开放式基金的投资一般注重中长线投资，大型、低价和具有成长性的蓝筹股将会受到重视，从而带动市场的重新定位。开放式基金强制性信息披露要比封闭式基金及时得多，从而增强了可操作性。对于投资者而言，这些公开信息代表了大资金对市场趋势和政策的即时反映，对于改变目前重个股、轻大盘的思维定式也有一定帮助。

总之，开放式基金的出现，适应了人类金融结构的变化，并且正加剧着这种变化。开放式基金的出现和发展，将是人类金融工具创新的又一个里程碑。它促进了现代金融理论的突破，在今后的一段时期内有巨大的发展潜力。

2.发展开放式基金的制约因素

开放式基金具有更高的流动性和更市场化的运作与管理机制，是成熟证券市场上的主流基金。我国的证券市场与成熟市场相比，在市场规模、股东结构上都还存在着制约开放式基金发展的因素，不利于开放式基金的发展。这些制约因素主要包括：

(1)市场规模的限制

我国证券市场经过11年的发展，市场总体规模已经不小，但是众多上市公司的股本结构与成熟市场相比有很大不同，可流通股比例较小，公众股比例小，国家股与法人股所占比重大，股权结构不分散，因而市场整体流动性还不强。这与开放式基金要求的高流动性还有一定差距，在一定程度上制约了开放式基金的发展。

(2)投资者结构限制

目前，我国证券市场投资者以散户为主，机构投资者比例较小。开放式基金发展初期，为保证其流动性，加上申购和赎回费用情况，收益率可能会比封闭式基金要低，对中小投资者的吸引力可能不会很大。这对开放式基金的发行不利，对以后发展也会有一定制约作用。

(3)投资对象限制

我国股市中上市公司质量尚有待提高，不少上市公司经营业绩逐年下滑，常常是1年优，2年平，3年进入亏损行列，能够为投资者提供长期稳定回报的不多。在这种环境下，开放式基金很难找到大量符合其投资理念的优质投资对象，难以长期投资。

(4)避险工具限制

国外成熟市场，开放式基金的运作通常都有相应的避险工具，像指数期货、股票期货等。但这些金融衍生工具目前在我国尚未开办。市场面临的系统风险和非系统性风险比较大。

由于我国证券市场的不成熟，开放式基金的发展还受到诸多因素的制约，因此，投资者在追求开放式基金可能会带来的可观收益的同时，对其风险也应有足够的认识，把握好最佳的投资机会。

3.开放式基金风险种类及其控制分析

对于开放式基金来说，风险主要有内部风险和外在风险两大类。内部风险主要指基金管理风险，所谓基金管理风险主要指由于基金管理公司管理水平的高低、基金管理公司内部控制是否有效，会直接影响到开放式基金的业绩水平和价格水平，从而带来的风险；外在风险主要有市场风险和流动性风险，所谓市场风险主要指开放式基金投资股票与债券，股票与债券价格的浮动带来的风险。由于开放式基金可以随时赎回，潜在赎回可能也会加重投资风险。而流动性风险是指开放式基金所持资产在变现过程中价格的不确定性与可能遭受的损失。简单地说，流动性风险就是潜在的赎回风险。

对于开放式基金的三大风险，可以采取不同的风险控制方法和相应对策。借鉴国外成熟市场经验可以发现：适当的资产结构与资金来源结构是规避开放式基金资产流动性风险的重要条件。统计资料表明，美国10亿美元以上规模的共同基金负债结构中，机构投资者所占比例达45.5%。资金来源的机构性为基金管理人实现其投资目标提供了保障。国内证券市场上机构投资者所占比例低，从而加大了流动性风险。同时，建立大宗交易和程序化交易机制，降低交易成本可以降低市场上系统性风险。在持股结构上，开放式基金弱化对小盘股的联手操作，重视指数型公司股票的持有比例，这些措施在一定程度上也能降低流动性风险。

对于市场风险，基金管理公司可以合理利用避险工具和相关政策，采取主动投资、组合投资，进行价值型投资或成长型投资等方式来降低风险。目前，我国尚未开办指数期货、股票期货等金融衍生工具，但有相关扶持政策，相信随着市场的发展，可以利用的避险工具也会越来越多，从而能有效地降低市场风险。另外，基金管理公司可以根据不同情况，灵活选用组合投资方式，主动投资以换取较高的回报，同时又能降低同一收益率情况下的风险水平。

对于基金管理风险，基金管理只有加强内部控制来解决，由于证券市场行情变化多端，基金管理公司在日常管理中不可能绝对消除内部风险问题。基金管理公司进行内部风险控制的目的，就是建立健全内部风险控制体系，使内部风险控制在最低的或者说可承受的范围之内，通过组织控制、操作控制，最大限度地减少自身损失，从而保证公司管理和基金运作正常高效地进行。

五、投资者关系管理

1.投资者关系管理的含义

投资者关系管理，也称IRM（Investor Relations Management）是指上市公司与投资者进行有效沟通的一种管理工作，目前在国外广泛流行。

1969年，世界上第一个全国投资者关系协会在美国成立之后，1980年美国成立了全国性的投资者关系协会，1990年全球投资者关系管理工作进入一个新的阶段，成立了国际投资者关系联合会、芬兰投资者关系协会、加拿大投资者关系协会等。我国投资者关系管理工作起步晚，但已在一定程度上得以开展。

2.投资者关系管理的宗旨

投资者关系管理的宗旨是:通过有效沟通增强公司价值。它主要包括两个方面,一是有效沟通。所谓有效沟通是指将公司的情况客观、全面、及时地告知投资者,使他们不至于低估公司的价值;二是增强公司价值。增强公司价值应既要防止公司价值被低估而遭致被收购,又要使公司股价建立在投资者坚定的信心基础上,避免公司股价被炒高后,损害投资者利益而被主管部门停牌罚出。

从这两点看来,在主观上投资者关系管理是为公司管理者服务的,它并未提出保护中小投资者或改善公司治理结构之类的义务。但客观上,在信息充分沟通的情况下,包括弱势群体在内的投资者就将投资决策建立在充分了解信息的基础上,从而有利于投资决策。同时,高度透明的公司运作自然会比暗箱操作更加规范。

3.投资者关系管理的内容和方式

投资者关系管理工作以信息沟通为核心,其具体内容自其发展以来一直都在不断变化,在成功运用了现代信息技术革命成果的今天,投资者关系管理工作的内容和方式主要包括以下几个方面:

第一,调查研究公司的经营状况、行业动态以及证券监管部门的相关法规,确保公司对外信息披露工作的及时、完整、真实、公平。

第二,建立网站,作为公司信息披露的窗口,披露程度至少应达到法定的信息披露标准,多数公司还必须补充披露一些信息。

第三,就公司的重大事项组织召开面向全体投资者的传统会议、电话会议和网上直播,并负责会务工作。

第四,与财经媒体、机构大户、证券分析师及中小投资者积极保持联系,确保公司能得到投资界的广泛关注。

第五,策划、安排公司高管人员与投资界的联系,包括参加有关会议、网上交流或在媒体上发表观点、披露信息等。

第六,与监管部门保持联系,与同行开展交流与合作,总结分析本公司的投资者关系管理工作。

当然,许多上市公司的投资者关系管理工作实际上并不是由其自身完成,而是委托专业机构代理。所以当前诞生了不少专业投资者关系管理公司,其队伍正在不断壮大。

4.我国投资者关系管理工作的改进

目前,我国的投资者关系管理工作在一定程度上已经开展,A股市场上早就有的一些项目包括在报刊和网站上公布年报、中报,公布股民咨询电话并派专人回答股民提问,以及从2001年3月1日起才开始执行的新股发行必须在网上直播等都是投资者关系管理工作的一部分。但是仍不够规范,缺乏系统化。因此,我们应该大胆借鉴国外的先进经验,以推动我国工作的开展。

(1)正确认识、全面理解投资者关系管理工作。投资者关系管理工作的本质即充分沟通公司与投资者之间的信息。市场各界,尤其是监管部门,应高度关注投资者关系管理工作的规范化、法制化建设。

(2)强调根据信息技术的发展水平和普及程度,制定相关的投资者关系管理工作规范。同时密切关注发达国家的投资者关系管理发展趋势并在条件成熟时及时纳入我国的强制性投资者关系管理服务范围。

(3)投资者关系管理工作必须与规范市场秩序、完善公司治理结构和保护中小投资者权益等相结合。要把投资者关系管理纳入促进市场健康发展的系统工程中。首先,要把做好投资者关系管理提高到有利于促进市场规范发展的高度认识和设计。其次随着投资者关系管理工作的完善、见效,要让它为改善公司治理结构等难题做出贡献。

(4)适当提倡工作的专业化、代理制。根据国外的经验,应建立一些投资者关系管理专业公司,把上市公司各自为政的、透明度较低的投资者关系管理提高投资者关系管理工作的客观性、专业性和标准性活动,变为专业公司系统化、程序化和公开化的业务。这样将有利于加快我国投资者关系管理工作规范化、产业化和与国际接轨的步伐。

(5)研究防范和处罚投资者关系管理工作中误导投资者的法规。从我国投资者关系管理事业启动开始,就要发展与打假并重、对心存侥幸者保持威慑。重点是确保中心投资者与大的投资机构在获取公司的投资者关系管理服务上同股同权、不受歧视。

(6)适时筹建我国的投资者关系管理协会。投资者关系管理发展为一种行为之后,应适时地筹建自己的行业性自律组织。它可以协助政府制定从业规范并监督实施,奖优罚劣,迅速推广先进经验,实施行业禁入制度,从而使专业人员有压力和动力。

作为国外成熟资本市场和有益经验之一,投资者关系管理这一全新的工作值得我国上市公司借鉴。但开展投资者关系管理工作应结合我国国情,具体问题具体分析,走出一条具有中国特色的上市公司投资者关系管理之路。

六、股份回购

1.股份回购的概念

股份回购是指上市公司利用自有资金或债务融资以一定价格购回公司发行在外的普通股,将其作为库存股或进行注销,以达到减资或调整股本结构的目的。在国外成熟资本市场中常用其作为资本运作和公司理财方式。

公司实行股份回购的目的在于规避政府对现金红利的管理和调整公司资本结构以对抗其它公司的敌意收购。作为一种合法的公司行为,股份回购和杠杆收购同样是一种公司所有权与控制权结构变更类型的公司重组形式。公司在完成股份回购后可注销其所回购的股份,但在一般情况下是将其作为库藏股保留。库藏股不参与每股收益的计算和分配,日后可挪作他用,如用于实行员工股票期权计划或发行可转换公司债务等,在我国按照《公司法》的有关规定,股份回购只能是购回公司发行在外的股份并将其注销。

2.股份回购的方式选择

国际上股份回购主要有三种方法:一是固定价格要约回购。该方法的优点是:所有股东向公司出售其所持股票享有均等机会;在回购数量不足时享有取消回购计划或延长要约有效期的权力;要约价格存在高出市场当前价格的溢价,因此这种回购方式更为积极。但溢价的存在使得这一方式的执行成本较高;二是荷兰式拍卖回购。这种回购方式在回购价格确定方面给予公司更大的灵活性,由于股东异质性产生向上倾斜的供给曲线,与固定价格要约收购相比,企业支付的溢价更低一些,一般大公司更喜欢荷兰式拍卖回购方式;三是公开市场回购。公开市场回购是股票回购中数量最大的方式,其优点在于收购成本低,市场平均溢价在3.5%左右。

我国的股份回购分为国有股回购和流通股回购两种。

(1)国有股回购

由于国有股回购主要在国有股股东和上市公司之间进行,这种交易方式是一对一的方式,因此国有股回购一般在交易所外,以协议方式回购。

(2)流通股回购

由于不同的回购方式具有不同的特点和回购成本,我国的流通股回购可以根据证券市场情况和企业的财务,按照市场“三公”原则,选择股票回购方式。

对于建立上市公司股权激励制度为目的的股票回购,由于回购规模较小,宜采用公开市场股票回购的方式,降低回购成本;对于稳定公司股价为目的的股票回购,可以采用固定价格要约回购和荷兰式拍卖回购方式,将回购价格确定在股票市场价格和股票价值之间,通过固定价格要约回购和拍卖方式,使股票的市场价格反映其价值。

3.股份回购的现实意义

股份回购对于上市公司和公司股东都是一种可以获利的合法行为,对维持证券市场秩序,保证其健康、稳定发展,有一定的现实意义。

(1)股份回购使上市公司和股东双双受益

对于上市公司而言,股份回购能够调整和改善公司的股权结构,适当提高资产负债率,以充分有效地发挥财务杠杆效应。同时,股份回购是一种非常股利政策,当股票价值被市场特别是分割的市场严重低估时,实施股份回购可以增加公司价值。对股东而言,采用回购股份的方式可以使需要公司派现的股东获得现金股利,并且通过股份回购派发股利可得以合法避税,减少公司被收购的可能性,而且不至于在回购股份后出现现金流量严重不足、资产负债率过高,营运资产明显减少等对公司业绩下降有直接影响的不利因素,相反将可以增加公司每股盈利,提高股票市值,有利于维护社会公众股股东的合法权益。

(2)股份回购有利于证券市场的良性运作

股份回购是公司实施反收购策略的有力工具,有利于稳定和维护公司股价。股份回购可以抑制过度投机行为,熨平股市的大起大落,促进证券市场的规范、稳健运行。股份回购有利于建立员工持股制度和股票期权制度,对净资产收益率也具有一定的调节作用。

4.股份回购可能引发的问题

股份回购对上市公司、股东、证券市场的作用是显而易见的,但也会引发一些问题,亟待解决。

(1)社会法人股东和公众股东的利益保障问题

这一问题主要发生在协议回购的情况中,目前我国实施的股票回购都是发生在上市公司与其国有大股东之间,属于定向股票回购,与“同股同权”的宗旨相违背。此外,从已实施回购的申能股份和云天化来看,两家公司分别以每股2.51元和2.83 价回购国有法人股。回购定价是通过公司具有绝对控股地位的国家股与国有法人股东协商,以低于市场价格的每股净资产值为基础,用现金回购占公司总股本30%左右的股票,并注销。虽然公司质量的好坏可以通过回购价格反映出来,但股票回购属于典型的关联交易。如果交易的资产状况存在明显的或隐藏的问题而又难以体现在交易价格中,中小股东就有可能因不知情而使得相应的权益被侵犯。

(2)债权人的利益保障问题

为保证公司的正常经营活动和保护公司债权人的利益,上市公司资本的确立应坚持三个原则:资本确定原则、资本维持原则和资本不变原则。当前我国对何种类型的上市公司可以回购股票并无明确规定,如对拟回购公司的财务业绩制定一个明确的标准,防止公司在现金不充裕或财务状况恶化时仍采取回购行为,使债权人蒙受损失。

(3)信息披露、内幕交易以及市场扰乱问题

作为股份发行的逆向操作,股份回购的提议是由上市公司与国有大股东商议后提出的,可能涉及内幕交易,容易引起市场波动。如果法规严格、缜密,监控及时、准确,回购作为一种金融工具对于上市企业的经营和股票市场的活跃都不失为一件益事,否则可能会造成市场的动荡,带来许多问题。

5.股份回购制度的政策建议

(1)在《公司法》、《证券法》等重要法律法规中明确规定股票回购是我国上市公司收购自己股票的一种重要制度,在《证券法》、《股票发行与交易管理条例》等有关股票发行与交易等法律法规中明确上市公司交易公司自身股票的条款;在《会计法》中增加有关股票回购会计处理方面的具体条款等。

(2)在《公司法》等相应法律法规中,补充国有股票回购的公司财务业绩。为防止债权人及中小股东蒙受损失,必须设置必要的回购限制条件。对于借稳定公司股价为名,炒作本公司股票等内幕交易行为为目的股票回购应严令禁止。

(3)在《上市公司章程指引》列出要约回购和公开交易方式回购等股票回购方式。但在目前条件下,采用的是协议回购,其他方式用的不多。针对这种情况,建议把诸如在公开拍卖市场竞买等方式引入到法律法规中。同时对股票回购的方式给定比较具体的操作方式,以避免在操作过程中出现的混乱。

(4)在我国有关公司股票回购制度的法律法规调整与充实时,应补充有关的公司收入分配与股票回购相互关系方面的法律条款,使得我国上市公司股票回购制度的法律法规体系更加完善和健全。

作为一种成熟的资本运作和公司理财方式,股份回购在我国的实施中尽管还将面临一系列的法律和现实障碍,但随着对它的研究日趋明朗化,股份回购终将对我国证券市场的制度完善起到一定的借鉴意义,成为我国证券市场又一新的举措。

七、证券交易佣金制度

1.我国现行证券交易佣金制度概述

我国现行的证券交易佣金制度是单一固定佣金制，即证券商按固定的比率向投资者收取的费用，它分为固定佣金制和自由佣金制两种。随着证券市场的扩容和交易量的不断扩大，深沪交易所曾相继调整过佣金收取标准，但都没有在制度上变革这种单一固定佣金制度。目前我国的佣金收取标准见下表：

	上海		深圳	
交易品种	标准佣金	最低标准(元)	标准佣金	最低标准(元)
A股	3.5%	10	3.5%	5
B股	4.3%	无	4.3%	无
基金	3.5%	无	3%	5
证券投资基金	2.5%	5	2.5%	5
债券	2%(上限，可浮动)	5	2%(上限，可浮动)	5

从上表可知，我国现行的佣金制度缺乏弹性，不能灵活应变证券交易的各种情况。同时佣金费率过高产生了诸多问题：

(1)现行固定费率制不利于促进证券业的业内竞争和业务创新，保护了落后；

(2)佣金暗折现象普遍，易滋生腐败；

(3)佣金过高令投资者交易成本居高不下。

2.改革我国佣金制度的必要性

随着证券市场的不断发展，现有的佣金制度已经落后，佣金市场化在不久的将来必将成为证券市场发展趋势，变革我国佣金制度，也就成为大势所趋：

(1)改革佣金制度是促进证券行业内部优胜劣汰刺激证券市场发展的需要

现行的高额固定佣金制不仅使一些高效率的公司获得超额垄断利润，同时也保护了一些低效率的公司。准入的许可证制度是垄断的又一原因，使得国内券商的投资回报率远远超出一般行业的投资回报水平，这使证券行业失去了优胜劣汰、适者生存的竞争压力，券商主要依靠高额的佣金收入，一些实力较弱、营运成本较高的证券公司也能生存下来，这不利于证券市场整体水平的提高与券商自身发展。

(2)改革佣金制度是提高证券市场国际竞争力的需要

佣金制度的变革将推动证券业的兼并重组，提高其业务创新能力与抗风险能力，使其国际竞争力大大加强。加入WTO以后，国外券商将充分利用较低的佣金、较低的交易成本优势来吸引投资者，从而对国内券商造成冲击，因此国内证券业的佣金制度改革势在必行。

(3)改革佣金制度是制止非法返佣、保证证券市场健康发展的需要

固定佣金制使证券公司彼此竞争客户时，一方面愿意用较低的佣金吸引客户；另一方面又碍于交易所硬性规定的固定费率，因此，佣金返还和佣金折扣就以不同的方式暗暗进行，这既不利于监管当局进行监管，又造成了国家税收的流失。同时佣金折扣或返还是滋生腐败的温床，使合规经营的券商难以获取正常的经营利润，不利于证券市场有序和公平的竞争。从长远看，不利于证券市场健康发展。

(4)网上证券交易迅猛发展将使佣金自由化改革提上日程

网上证券交易由于其技术含量高、交易成本较低，远远优越于传统交易方式，在券商市场具有相当的竞争力。网上交易成本的下降将为佣金下调创造极大的空间，也向现行佣金制度提出了挑战。

3.改革我国佣金制度的步骤

综合起来看，佣金自由化改革的方式主要有两种：一种是“逐步自由化”；另一种是“大爆炸”方式。

(1)逐步自由化方式

该方式按照交易金额或者部门分类，在不同的时间分批自由化；逐步降低佣金费率，直到最终取消最低佣金。这种方式的优点是允许券商有适当的时间进行调整，目前世界上大多数国家采取了这种方式。

(2)“大爆炸”方式

它是在某个时间就所有证券交易的佣金同时实行自由协商制度。这种方式可以避免逐步自由化方式中佣金自由化进程不能按照计划进行的问题，但是，采取这种方式将导致市场急剧波动的风险。目前只有美国等少数国家采取了这种方式。

我国证券市场还不成熟，证券公司实力不足，仍需要一定的保护和扶持，佣金制度改革不能一蹴而就，因此，采用逐步自由化方式更适合。

采用逐步自由化方式改革我国佣金制度可按以下四个步骤进行：

第一，构建浮动佣金制度。实行浮动佣金制度在浮动范围内，佣金比率由券商与投资者协商制订，将促使券提高业务透明度，进而减少监管方面的隐患。

第二，对浮动范围设置下限。测算一个券商经纪业务的盈亏平衡点，再加上一个合理利润率，以此作为参考设置下限，防止券商对市场信息反应过度，造成恶性竞争。

第三，根据单笔成交金额对佣金分段计算。对券商和交易所而言，单笔成交量与其成本呈反比例变动，并且当前存在的返佣措施也是主要针对资金量较大的投资者的，因此，随着单笔成交金额的增大，券商收取较低比率的佣金是合理的。

第四，根据委托方式对佣金比率进行调整。目前，网上委托与电话委托占用券商资源较少，并已成为发展的必然趋势。采用委托方式成本与佣金比率相配比的原则，可以进一步强化这一趋势，从而节约券商的有限资源，减轻管理的压力。

4.改革佣金制度对证券市场的影响

佣金制度改革在各国历史的实践证明，它会在很大范围内影响证券市场格局的变化，可以预见，它在我国未来的实施也将产生深远的影响：

(1)大大推动我国证券业兼并重组的过程

佣金制度改革后,佣金收入下降,一些实力较弱、营运成本较高的证券公司将难以生存,倒闭或重组是其必由之路,实力雄厚、能有效控制成本的公司将存活下来,合并进程将大大加快。为了在佣金自由化的竞争中保有一席之地,证券公司纷纷将大规模削减人员,减少设备,缩减办公地点,减少或合并公司部门,最大限度节约开支。同时尽力提高技术含量,改善服务质量,提高交易水平,从而在优胜劣汰的生存竞争中提高整个行业的水准。

(2)不断推动券商的业务创新

证券公司业务重心将出现重大调整,证券承销不再有大的变化,以收费为基础的新业务将逐渐发展成最重要的收入来源,包括资产管理和共同基金,收费项目如公司融资、兼并和收购、杠杆收购、公司财务顾问和咨询等。为了应付佣金市场化,券商在旧的经纪业务开发中还将从产品创新(如研究指数交易基金)、技术创新(如网上证券交易)、组织创新(整理网点资源、纠正亏损、集团战略)、人才培养(培育全面的经纪人队伍)入手,作出全面调整。

(3)增强证券市场国际竞争力

可以说,佣金自由化在一定程度上提升了整个证券行业的竞争水平,提高了其业务创新能力与抗风险能力,这将为我国的证券业国际化铺平道路。

(4)降低市场交易成本,活跃市场

支付证券公司的佣金是投资者买卖证券的一项主要成本,佣金水平的下降将使证券交易成本大幅下降,从而大大调动投资者买卖证券的积极性,促进市场交投活动,活跃市场。我国加入WTO后,其佣金变革也势在必行,但由于我国具有特殊的国情,以及本国证券市场起步较晚这一事实,使得佣金完全自由化方式并不可取。因此,对证券交易佣金制度变革,我国证券监管部门应采取逐步调低佣金费率的政策,以适应市场发展的需要。

八、股票期权制

票期权制在近两年内正在为许多上市公司所关注,作为一种在西方发达国家行之有效的激励机制,对妥善解决"代理"问题,促进公司长远发展等诸多方面起到了非常关键的作用。

1.实施股票期权制的现实意义

所谓股票期权制实际上是一种长期契约,这种长期契约有利于减少股东的机会主义。同时,由于股票期权在很大程度上取决于企业业绩,它也有利于抑制企业风险的发生,企业作为一个契约的联结点因股票期权制而得到优化。具体而言,实施股票期权制有以下几方面的现实意义:

(1)股票期权的实施可以在一定程度上解决国有企业中投资主体缺位所带来的监督弱化及国企经营者激励严重不足等问题。

作为股东的国有资产管理部门与国企经营者之间是一种委托代理关系,当委托人(股东)与代理人(经营者)利益发生矛盾时,代理人很可能会牺牲委托人利益以谋取自身利益最大化。实施期权激励,建立以产权联系为纽带的经营者激励和约束机制,将经营者和股东放在同一个利益层面上,将促使经营者更重视国有资产的保值和增值。

(2)股票期权将经营者的远期利益与企业的长远发展结合起来,在很大程度上避免了短期行为的出现。

占经营者收入较大比例的经理人股票期权的红利和兑现收入与企业未来的经营业绩紧密相关,这使经营者更加关心自己的未来收益而不再"近视",在经营者努力企业业绩提升股东和经营者同时受益这一连续的利益驱动机制作用下,经营者更关注企业的长远发展,因而避免了企业短期行为。

(3)股票期权的实施,使经营者持股,有利于优化股权结构,促使企业投资结构主体多元化。

产权结构的调整有利于推动国有企业改革,建立现代企业制度,促进公司治理结构的健全和完善,有利于解决"内部人控制"问题。

(4)股票期权的实施,导致企业经营者参与企业剩余索取权的分享,必然会带来经理收入的大幅度提高,改变了当前国企经营者收入较低的状况。

从理论上来说,这也是承认企业家才能这种人力资本并作为一种要素投入,分享企业利润,这有助于我国经理人市场的形成和培育。

2.实施股票期权制的步骤

目前,股票期权制可以通过信托契约的方式安排实施。具体来讲可分以下几个步骤进行:

第一,公司在拟订股票期权计划时,在计划中明确指定某一信托机构,并通过协议(该协议并非信托协议)约定,由该信托机构在股票期权开始实施的一段时间内,以尽可能低的价格从证券二级市场上以自己名义购买并持有约定数量的公司股票,同时就实施购买价和事先确定的期权行权价之差价的承担和支付等问题加以约定。

第二,在公司授予特定人员股票期权后,股票期权权利所有人立即按公司要求,与公司指定的信托机构签署统一格式的信托协议,载明其可行权的股票数额,将其期权的行使(权)委托给该信托机构,由该信托机构在规定的行权期间内按事先确定的行权价格自行决定行权。同时,指明信托受益人(可以是委托人自已,也可以是委托人指定的第三人)。

第三,信托机构在以自己名义行权后可按协议双方的约定,以自己名义持有或售出股票。

第四,信托机构将最终处分股票所得收益扣除相应费税后支付给信托受益人,信托关系终止。

3.在我国实行股票期权制的法律障碍

欧美证券市场发达的国家普遍都已实行经理人股票期权制,并取得了良好的效果,但在我国实施这一制度还存在着一些法律障碍。主要表现在以下几个方面:

(1)股票流通的法律限制

一项完整的股票期权制应包括行权后的股票流通,只有允许流通,才能真正使股票期权的激励作用发挥出来。而我国《公司法》第147对公司高级管理人员持有的公司股票的流通性作了限制。该条规定:公司董事、监事、经理应当向公司申报所持有的本公司股份,并在任职内不得转让。

(2)与《证券法》相冲突

众所周知,内幕交易是为任何国家的证券法律法规所禁止的行为。我国《证券法》及其他证券法律法规对知情人士利用内幕交易问题均作了禁止性规定。在实施股票期权制的过程中,要想防止内幕交易的发生,除了立法限制以外,内幕人员严守诚信原则也是十分重要的,然而在我国现阶段的市场环境中,期望作为股票期权制受益人的公司高级人员却能在买出股票时不利用所掌握的内幕消息,显然是不现实的。因此,在允许期权权利人通过择机卖出股票以实现最大激励利益和禁止内幕交易之间,就构成一对很现实的矛盾。

(3)公司不得持有本公司股票的规定

股票期权制的实施,首先要解决实际购买股票时的股票来源问题。从规范的制度设计来看,该股票应来自公司,期权权利人事先确定的价格从公司实际购得股票。而在目前情况下,根据我国的公司法律制度,公司无法拥有本公司股票。我国《公司法》规定,上市公司的股票必须全部发行在外,公司不得库存自己的股票,也不得拥有待发行的股票额度。此外,我国《公司法》还特别规定,公司不得收购本公司的股票,除非是为了减少公司注册资本或与持有公司股票的其他公司合并的目的,这实际上等于又堵死了公司从二级市场回购并持有本公司股票的另一途径。

4.建立股票期权制应考虑的因素

由于我国股价波动性较大,股市不确定因素太多,加上股票期权、虚拟股票奖励本身有其缺陷,所以公司在进行股票期权方案设计时应对这些不利因素予以充分考虑。

(1)进一步完善企业治理结构

在进行股票期权制度试点的同时,应不断完善企业治理结构。一方面,通过进一步深化国有企业改革,调整当前不合理的产权结构,改变当前经理人由政府主管部门任命的做法,建立现代企业制度,完善企业的内部治理结构;另一方面,通过进一步规范资本市场,加强对证券市场的监督和管理,加快经理人市场的培育,完善企业外部治理结构。

(2)加强法律、法规等制度建设

在目前市场机制和法律制度不健全的情况下,必须完善法律、法规制度,为股票期权制的实施创造一个良好的制度环境。

①修改《公司法》中关于不允许公司回购和持有自身股票的规定,允许上市公司回购并持有不超过一定比例的本公司股票专门用于股票限期权计划,修改《证券法》中的相应条款,允许经理人在特定的期内可以买卖本公司的股票,但应通过透明的信息披露加强对这种行为的监管,以防经理人利用内幕信息操纵股市、扰乱证券市场秩序,损害股东利益。

②对股票期权等长期激励制度的税收优惠作出特别规定。对股票期权制度实施特别的税收政策完全必要并且符合当前企业改革的发展方向。

③财政部门应尽快制定股票期权会计制度或是相应的准则,对股票期权的会计处理和信息披露制度作出规定;中国证监会也应制定相关的政策并以此为基础,加强对上市公司经理人股票期权计划的监管。

(3)进行经理人股票期权计划的试点

股票期权对提高企业经营业绩具有激励作用,特别是具有长期激励性,但在不同行业以及不同规模的企业,这种激励作用存在着很大的差别。对规模较大、比较成熟的行业来说这种激励的效果不是很明显,这类企业的股价一般比较稳定,经理人员的努力对提升企业业绩的边际效果也不是很明显。对于一些规模较小、风险较大、现金流量较小、正处于成长期的企业来说则效果显著,特别是对一些处于发展阶段的高科技企业非常有激励效果。

证券市场新知识　证券市场新知识　证券市场新知识　证券市场新知识

第三章 证券交易新知识

一、网上证券交易

1.网上证券交易的概念

网上证券交易是指投资者利用互联网网络资源(包括公用互联网、局域网、专网、无线互联网等)进行与证券交易有关的活动,包括获取实时行情、相关市场资讯、投资咨询、以及网上委托等一系列服务。广义的网上证券交易包括部分或完全利用有线或无线网络、内联网或互联网完成开户、委托、清算、支付、交割等证券交易过程,同时也包括部分或完全在线获取投资资讯信息和建立在此基础之上的个人理财等其他金融增值服务。狭义的网上证券交易则是指借助互联网,完成开户、委托、支付、交割和清算等或在线获取证券交易的全过程。

2.我国网上证券交易的模式

按经营模式分,我国网上证券交易主要可以分为以下两种模式:

(1)IT公司主导模式

网上证券交易在国内开展,开始是由证券公司全权委托IT公司负责的,即IT公司(包括网络服务公司、资讯公司或软件系统开发商)负责开设网络站点,为客户提供投资资讯,证券公司以营业部身份在后台为客户提供网上证券交易的通道。这种模式多为较早开展网上证券交易的证券公司采用。

(2)证券公司主导模式

国内一些大证券公司设立自己的网站,并纷纷开通本公司的网上交易系统网络,客户委托通过证券公司网站进行证券公司的交易系统,不再转经IT公司。这种较为科学的方式已成为证券公司开展网上证券交易的主要方式。因受各公司平台系统的影响,它又可分为总部集中交易、证券公司各分支机构独立交易、点对点远程交易几种方式。

3.网上证券交易的系统构成

网上交易的主要目的就是通过运用先进的技术手段,降低交易成本,实现便利、快捷、全方位的信息咨询和委托买卖服务,为券商经纪业务增加一种新的、能够迅速扩大营业规模的工具。其技术实质即互联网技术在证券业中的充分应用,通过网络整合各种资源,包括人才、信息、通讯设施等各方面,利用网络的高效、无限、快捷优势实现证券业的成本降低、规模扩张,建立完善的服务体系。

券商开展网上证券交易,为实现低成本,规模扩张之路,首先要构建网上证券经纪业务体系,具体包括:

①网站。网站是交易平台的接入窗口,是为客户提供股票信息服务的平台。证券商通过网络为股民提供综合性的和个性化的信息服务,吸引网上股民,以争取网上交易客户资源,并利用互联网网络资源,实现信息的大整合。

②交易平台。依托Internet网络连接GSM网以及WEBTV、PDA等电子通道共同构建的电子商务平台,不仅是一个服务平台、交易平台,更是一个拓展平台,它处于全新的商业模型的最前端,因此,它聚集了大量的合作伙伴和用户群体。通过选择有效的电子交易方式和手段,多通道的信息传播使网上证券交易比传统交易运作更高效。在交易活跃期间,多电子通道平台能实时完成众多股民的请求,迅速扩大营业规模。

③网上券商经纪中心。网上券商经纪中心又称呼叫中心,该中心不仅仅是网上交易的技术手段和系统平台,而且也是服务体系和服务制度的体现。通过最广泛的电话咨询与服务,将所有在线服务整合起来,最终为客户所要求的任何方式提供服务。

4.网上证券交易的意义

网上证券交易的产生与发展对整个证券市场产生了深远的影响,其作用主要表现在以下几个方面:

(1)给投资者提供公平、公正、优质、快捷、方便、完善的证券信息与证券交易服务,提高交易效率,减少一些不必要的交易损失。

(2)为券商扩展业务的同时给降低成本提供了机会。传统证券交易方式是通过证券营业部实现的,每家营业部的建设成本颇高,而网上交易则可以通过网络整合人才、信息、通讯设施各种资源大幅度降低证券经营机构的运营成本。最重要的是,网上交易不仅仅是技术创新,它还意味着服务与业务的创新,意味着大规模的业务拓展,它将从本质上改变证券经营机构的竞争力与价值。

(3)为证券交易所乃至证券市场与国际证券市场接轨铺平道路。证券网络化使得全球投资者都可以通过网上证券投资我国证券市场,我国投资者也可以投资其他国家的证券市场。

网上证券由于广域信息化的特点,网上证券交易必须进行风险防范和运行监管,网上证券的交易信息、结算信息的保密对于券商和投资者都至关重要。我国在推出网上证券交易的同时,也应当注意网上证券交易的风险防范和监管。

综上所述,由于网上证券交易具有传统交易方式无法比拟的成本优势、效率优势,在中国证券业加速发展和全球经济一体化进程加快的背景下,在快者生存的竞争时代,网上证券交易必将成为推动证券业和全球经济一体化的有力武器。

二、股指现货交易

股指现货交易是我国股票市场交易的一个创新品种,它具备以往各个交易品种优越性,同时又能有效防范相关负面影响,因此,我国应适时推出股指现货交易。

1.股指现货交易的主要内容

股指现货交易的内容主要包括以下几个方面：

(1)股票指数现货交易以股票价格指数为对象，所以相对于股票现货交易而言，指数交易属于一种衍生品种，为了便于交割，要为指数交易设计一个合约，以使对应于每一个指数位都有相应的价格。在实际交易中，可象股票现货交易一样，设定最小交易单位。

(2)保证金。为降低交易风险，股指现货采取足额现金交易，即买卖一份合约，应该按其价格金额交割现金，不存在杠杆融资交易的情况。在交易流程设计上股指现货交易的买卖双方都必须支付同额的价款，并且这笔资金不是从买方直接流到卖方帐户，而是作为保证金交付给开户机构，只有当买卖双方进行了与原来相反方向的交易后(即平仓)，才能取回投资款，价差即其盈亏。

(3)成交机制。股指现货交易的成交机制可称为主动要约，被动成交。在同一指数位有买卖盘是必要条件，成交的充分条件是在某一指数位事先有买卖盘后指数确定达到过该点位，也就是买卖是投资者主动设置的，而成交与否则是由大盘指数实际运行情况而决定的，即被动成交，同时成交顺序也要遵从价格优先，时间优先的原则，于是股指现货交易运行便与实际大盘运行一致，相应地保证了该新品种能规避就指数炒指数带来的风险。

(4)退出机制。股指现货没有一个确定的退出时期，只有在交易所认为有必要暂时终止该品种交易时，可提前一段时间向市场公示，并采取象股票交易一样的退出程序，如每周交易一次，直到规定最后日期协议平仓。

2.股指现货交易与股票现货交易

一般而言，股指现货交易既具有股票现货交易的稳定性，又具有股指期货交易的避险功能，能够扬长避短。三者的异同点如下表：

比较内容名称	股指现货交易	股票现货交易	股指期货交易
交易对象	股指	单个股票	股指
可否卖空	可	不可	可
交割时间	即时	即时	有确定的期限
保 证 金	全额现金	全额现金	一般有按全额的一定比例(如10%)有杠杆率
成交方式	主动要约，被动成交;价格优先,时间优先;由实际指数决定是否成交	主动要约，撮合成交;价格优先,时间优先	主动要约,撮合成交;价格优先,时间优先
承受风险	系统性风险	系统性风险	系统性风险,单个期货
		个股风险	品种风险,信用风险
清算方式	买,卖双方分别向交易所清算	买,卖双方直接清算	买卖双方分别向交易所清算
是否需平仓	在该品种存续期不需平仓	不需	在到期日必须平仓
是否有套期保值功能	有	无	有
与指数变化的同步性	同步	受指数影响但有可能有较大乖离	受指数影响，但平仓以前可能有一定乖离

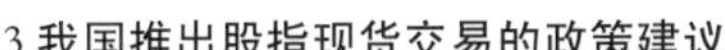
3.我国推出股指现货交易的政策建议

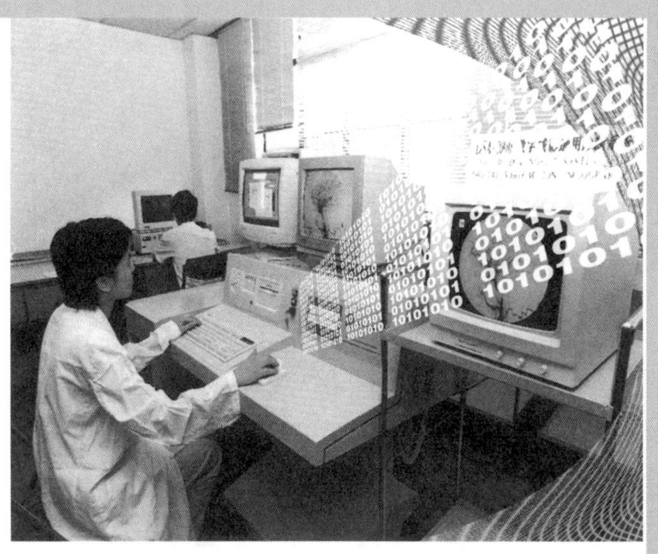

目前，我国推出股指现货交易将面临一些问题，可以从如下方面加以考虑：

首先，在选择指数产品上，可采用全样本的综合指数，尽量增强其稳定性。我国股市的两个综合指数上证指数和深证指数中，上证综指不仅完全可以描绘深证综指的走势，而且它为投资者所熟知，可信赖度较高，因此，可以考虑用上证综指作为股指现货标的。

其次，在交易合约中的约定上，应考虑两点：一是指数与指数现货单个合约价格的对应，即取上证综指的整数位再除以100作为指数现货的价格；二是每个交易的最少申报合约单位，应以1年等于100个单个合约为宜。

再次，在股指现货被操纵性上，要仔细分析由于股指现货交易是被动成交，它使指数现货交易的投机性降到最低。从本质上说，指数现货实际上是一个超级投资担保，即把所有上市挂牌股票合起来的超级股票。假设以上证综指为指数现货的标的，那么从实证结果看，同时操纵这些大盘股以达到操纵上证综指的历史纪录是没有的，将来随着总市值的不断增大其可能性更是不大。因此，上证综指除了它是反映股市走势的工具处，它没有被操纵的可能性。

股指现货交易是我国股票市场的一个创新交易品种，它综合了以往诸多交易品种的优越性。但在推出它的同时，仍须充分考虑各方面技术要素，使其在创立初期就臻于完善，避免其在市场运作中可能带来的风险。

证券交易新知识

VOLUME 5

第五卷 股市投资

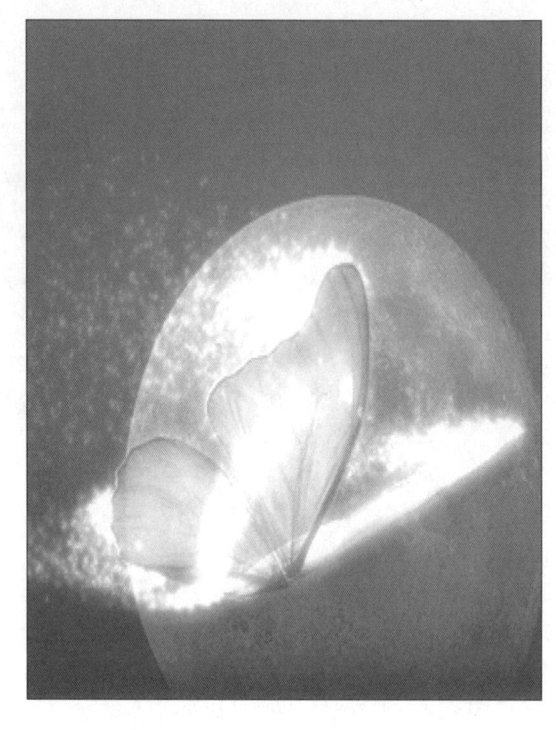

- 股市投资心理学
- 股市投资的基本分析
- 股市投资理论分析与指标应用
- 股市投资机会与风险控制
- 股市投资策略

第一章　股市投资心理学

一、心理学的基本内容

二、股市投资者心理分析

第二章　股市投资的基本分析

一、宏观经济因素分析

二、股市基本要素分析

三、上市公司基本分析

第三章　股市投资理论分析与指标应用

一、股市投资技术理论分析

二、股市投资指标运用

第四章　股市投资机会与风险控制

一、美国股市重大投资机会的借鉴

二、我国股市的潜在投资机遇

三、对国内股市风险的认识

四、国内股市风险的有效控制

第五章　股市投资策略

一、我国股市涨跌趋势分析

二、理性的选股策略

三、股市投资的具体操作方法

目前，随着我国股市稳定机制的建立与逐步完善，股市『一夜暴富』的神话不可能再重现。股市投资者要想在这个收益与风险并存的市场中立于不败之地，除了要具备较强的心理素质之外，还应具备较强的证券理论素质。特别是如今我国已加入WTO，证券市场正与国际接轨，投资者转换新的投资理念、选择理性的投资策略，显得尤为迫切。

第一章 股市投资心理学

随着我国证券市场的不断发展壮大和大众投资观念的转变，证券投资者队伍也正在进一步扩大，根据2001年8月的统计资料显示：我国沪、深两市的开户数已达6500万户。然而，股市是一个风险与收益并存、机遇与陷阱相伴的场所，作为投资者，必须做好充分的心理准备，才能应对自如。在股市一直流传着一个说法，即战胜股市必须先战胜自己。股市作为一个心理竞技场，它与投资者的心理素质息息相关。作为股市投资主体的投资者，其投资行为无疑都要受到其自身心理影响，这种影响从心理学角度讲可分为有意识的和无意识的，因此，结合心理学研究股市投资心理，有利于投资者的投资决策和心理素质的培养。

一、心理学的基本内容

心理学作为一门新兴的学科，它是19世纪中叶从哲学中分离出来的。现代心理学主要着眼于研究人的心理现象。其基本内容如下：

1.心理过程分析

人的心理过程具体可分为感觉、知觉、记忆、想象、思维、注意、情绪、情感、意志等几大部分。

(1)感觉。感觉是人认识事物的第一步，主要是指人的感觉器官同外界客观事物相接触，并在头脑中形成一定的映象，是人脑对该事物个别属性的反映。感觉具有不同的种类，人们的感觉是同实践活动紧密联系的，它可以通过有目的训练和实践得以提高。

(2)知觉。人的知觉是指人脑对直接作用于感觉器官的当前客观事物的整体属性的反映。知觉以感觉为基础，可分为视知觉、听知觉、嗅知觉、空间知觉、时间知觉、错觉等，其中错觉是一种不正确的知觉，是人类知觉事物时发生错误而造成的，这需要通过丰富知识经验和培养细致的观察力加以克服。

(3)记忆。记忆是人类心理活动的重要组成部分，它是对事物的识记、保持和再现的心理过程。其中识记是整个记忆过程的开始，是通过观察和学习在大脑留下痕迹的过程。它可以分有意识记和无意识记，保持则是指人们把学过的东西储存在脑中，它可以分瞬时、短时和长时保持，重现则是对过去的记忆材料重新呈现。记忆作为一种心理过程，一般具有这样的特性，那就是令人愉快的经历容易记住，而痛苦的经历容易忘却。就每个投资者而言，由于个人记忆的广度、速度、持久性各不相同，以及记忆的上述特性，投资结果对投资者影响也有所差异。

(4)想象。想象是在感觉、知觉的基础上创造出新形象的过程，或者是根据语言文字的描述在头脑中形成相应事物的形象的认识活动。想象在证券投资中具有特殊的作用。这一方面表现为投资者对层出不穷的各种题材、概念的合理想象的现时把握；另一方面表现为投资人在做决定时，对未来投资前景的想象。正如投资者常说的：投资股票，就是投资未来，而对未来的把握自然离不开想象。

(5)思维。思维是人认识客观现实的理性认识阶段。心理学家认为思维是人脑对客观事物间接的概括的反映，它是人类超越动物界的本质。思维是在实践活动中发展起来的，又是在实践中得到提高和检验。就证券投资而言，投资人不仅需要具有一般的思维品质，而且还需要具有较强、独特的思维能力，对股市各种相关现象、变化情况进行独立性判断，最终作出正确决定。

(6)注意。人的认识活动，不论是感觉、知觉，还是思维、想象，都必须通过注意来进行，不注意就不可能产生对事物的感性和理性心理活动。因此，注意是一切心理过程的开端。心理学家认为注意是心理活动对一定事物的指向和集中。注意可分为无意注意和有意注意两类，其中无意注意由自己感兴趣的事物或者外界事物的强烈刺激所引起的；有意注意则是有目的的，需要一定努力去集中注意。

(7)情感。人类在认识客观事物时，往往会表现出一定的态度，产生这样或那样的感受和体验，如喜怒哀乐，哭笑、欢欣、忧虑等这些就是心理学所称的情感。从心理学来说，情绪来自于情感，情感通过情绪来反映，它是比较稳定的，是人类特有的。这里提到的情绪是指情感过程的外部表现，是不稳定的，是人和动物共有的。因此，在股市这一个特殊的场合，人们的情绪会随着股市的变化产生不同程度的波动。

(8)意志。意志是反映人们在行动过程中的心理活动，它是人们根据预定目的，自觉去行动并克服困难的有意识的心理过程。意志是与人们的思维活动紧密联系在一起的，它具有调节和控制自己的行为、完成预定目标的作用。同时，意志的心理过程非常明显地表现在对待困难的态度方面，在克服外部和内部困难时，人们会经历意志的考验，并表现出个人特点，意志这种行动中的心理过程，对人的工作和生活具有十分重要的作用，良好的意志品质能使人在改造客观世界中，表现出积极主动、勇敢坚定的精神风貌，在证券投资中，意志无疑具有十分重要的作用。意志坚强的人能坦然面对投资失败，意志薄弱的人则往往经受不住投资失败的打击。

2.个性心理分析

心理学认为，人的个性是指那些比较稳定的个人所特有的心理特征的综合表现。由于每个人所处的社会环境，生活条件及所受教育的不同，所以个人在心理风格和面貌上存在着差别。人的个性主要体现在兴趣、能力、气质和性格等方面，它是可以改变的。

(1)兴趣。兴趣是人们对某些事物特别具有吸引力的一种倾向,具有多样性和个性化。在证券投资中,每个投资者往往会有自己的投资兴趣,有的偏向电子类股票,有的偏向医药类股票,有的喜欢房地产类股票等。值得注意的是,人的兴趣会随时间、环境、认识的不断发展变化而变化,而投资选择的变化正是这种兴趣动态性的反映。

(2)能力。能力是人的一种个性心理,它直接影响人的活动效率,使人的活动得以顺利完成,心理学将能力分为基本能力和特殊能力。所谓基本能力即智力,它是指日常行为活动中表现出来的能力,如观察力、记忆力、注意力、思考力、想象力等;而特殊能力即是专业能力,它是指人在某些专业活动中的能力,如音乐、信息、设计等。心理学研究发现,人的能力存在差异,其中基本能力的差异较小,专业能力的差异则较大,证券投资作为一种专业性较强的活动,它自然要受个人投资能力的影响。一般地,投资能力强,收益就高;投资能力弱,收益则低或出现亏损。但是,人的能力是可以不断提高的,所以专业投资精英往往是在不断的投资活动中成熟起来的。

(3)气质。从心理学角度讲,气质就是人情感活动的一种反映形式,是构成每个人的心理活动的动力方面的特征。现代心理学将人的气质分为胆汁型、多血型、粘液型、抑郁型四种。这四种气质类型都有好的一面,也有不好的一面。在现实生活中,大多数人属于中间类型,即同时具有两种以上气质类型的特点,在证券投资中,人的气质对投资行为有一定的影响,胆汁型的投资者往往倾向于短线操作,快进快出,容易受信息的影响;多血型则倾向于题材炒作,追踪热点板块;粘液型投资者则能严格执行即定投资计划、时刻注意控制投资风险;抑郁型投资者则往往投资谨慎,优柔寡断,易受周围环境干扰。

(4)性格。心理学把表现在人的态度和行为方面的比较稳定的心理特征叫做性格,它是个性的主要方面。心理学认为人的性格可以分为内向型、外向型和中间型三种。一般来讲,不同性格的人在证券投资中往往表现出不同的投资行为。

3.群体心理分析

社会心理学认为,群体心理是指群体成员在群体活动中共有的,有别于其他群体价值、态度和行为方式的总和。群体心理是一种十分复杂的心理现象,它一旦形成,就有一种超越个体心理的作用,从而使每个个体表现出独立状态中根本不会有的心理活动。

(1)群体心理的感染效应。群体心理的感染效应是指群体中的个人受到他人或群体的影响,不由自主地产生相应的情绪反应,而且,这种情绪会在群体中相互感染。群体感染可分情绪感染和行为感染两种情况。心理研究发现,紧张感是群体心理的感染效应产生的基础,感染效应很容易在具有共同信念、态度和价值观的人之间传染。

(2)群体心理的流行时尚效应。社会心理学中所说的时尚或流行是指一种群众性的心理现象,表现为群体中的成员在短时间内纷纷追求某种生活方式,并以此获得心理满足。在证券投资活动中,市场热点板块、炒作题材的形成就是群体心理的流行时尚效应的表现,流行时尚效应通常表现出新奇性、时效性、周期性、极端性。

(3)群体心理的集群行为。集群行为是一种相当数量的群众自发产生的,不受正常社会规范约束的狂热行为。集群行为有四种表现形式,一是攻击性的集群行为,如群众性暴乱行为;二是恐惧性集群行为,如群众遭遇危机时的逃避行为;三是获取性集群行为,如群众在风闻物价将上涨时出现的抢购和囤积商品行为;四是表现性集群行为,如狂热的宗教信仰。集群行为表现出情绪支配性、迅速接受性、容易越轨性。科学研究表明,集群行为的展开,需具备一定的程序和规则。

二、股市投资者心理分析

1.常见的几种投资心理

在证券投资市场中,投资者常表现出如下几种心理:

(1)恐惧心理。恐惧是一种复杂的情绪,有多种表现形式,当一个人处于恐惧之中,常常混合着其它一些否定性的情绪,诸如忿恨、敌意、愤怒、报复心等,因而会形成一种极大的破坏力。投资人出现这种恐惧心理主要是害怕“踏空”,即害怕投资损失和害怕失去赚钱机会。恐惧心理一般表现在以下几个方面:

①对“踏空”的恐惧。“踏空”是任何股市投资者都不可避免的,投资者一旦出现“踏空”,自然害怕第二次“踏空”,在现实中,投资者对“踏空”的恐惧往往会使其头脑处于“真空”状态,以致让其忘掉市场中还有其他机会的存在,从而再次“踏空”。

②对坏消息的恐惧。一般地,任何一个可能对投资者利益构成危险的消息都会引起恐惧,使投资者处于惶惶不安的状态。当情况变得更糟糕时,则投资者会大量抛售手中的股票,从而股价下跌;当坏消息被证实并释放时,则投资者的恐惧心理会消失,投资者重新买进股票,从而使股价上升。

③对熊市的恐惧。投资者对熊市的恐惧永远存在,当股市处于牛市巅峰时,一些高水平的投资者就会发觉熊市苗头,从而开始抛售手中的股票,使股价上涨趋势受到扼制,而当股市走势证实了这种预期时,则投资者会抛空手中股票,从而使股价大幅下跌,而当熊市见底时,投资者对熊市预期基本释放时,投资者又会开始买进股票,推动股市上涨。

④对过去失误的恐惧。在投资者经受了过去失误的严重打击后往往会对此挥之不去,这样,一旦投资过程中出现相类似的情况,甚至是一点苗头或暗示,投资者就可能会做出不明智的抛售行为,从而导致投资失误。这种对过去失误的恐惧对投资群体也有影响,它会对投资群体产生恐慌感染效应。如中国股市1996年12月16日的暴跌,美国1929年的“黑色星期五”等。

⑤对战争危机的恐惧。战争作为一种破坏性极强的活动,其对投资者的威胁不言而喻,投资者对战争的恐惧反应是:当宣布进入战争状态或出现有关战争谣言时,投资者因担心战争损失而大量抛售股票,从而使股价大幅下跌,而当战争真正开始,战争风险释放到前景日益明朗时,投资者又会买进股票,使股价上升;当战争最终取得胜利,大部分投资者的心理预期兑现或破灭时,投资者又会大量卖出股票套取收益,从而使股价下跌;当战争不断恶化时,投资者对风险的预期扩大,则会促使投资者大量

抛出手中股票,从而使股价大幅下跌。

(2)贪婪心理。贪婪对投资者的影响不言而喻。在股票市场中,常常会有一些投资者期望一夜暴富,不能理智地面对市场的各种变化。许多投资者在经历了成功投资之后,往往会采取更多的冒险之举,做出粗心的决策,从而播下失败的种子,给自己带来灾难性的打击。投资者不论是在短期交易或者是在长期投资中获得成功,都会有放松和放低警觉性的倾向,而贪婪心理的存在则使投资者。盲目入市,最终往往招致失败。因此,贪婪心理是导致投资失败的重要根源之一。

(3)趋同心理。趋同心理是投资者的普遍心理现象。它是股市跟风现象产生的根本原因。证券投资者群体具有某些聚集场所,如证券营业部等。这使得投资者群体容易相互影响,同时,由于各类媒体,如电视、电台、报刊、杂志、网站等相关信息的传播,投资者往往在相同或相近的时刻,获取相同或相近的信息,再由于旁人的影响或崇拜心理,就容易表现出趋同心理,产生随大流的行动。

(4)定势心理。在心理学中,定势心理是指人们由于过去的经验作用,而在心理和行为上出现固定化倾向。在证券市场中。投资者往往会形成自己的投资偏好,发展出一套独特的投资理念,他们经常买卖某种证券而获利,就会"食髓知味"般地不断投资于这种或同类证券。投资者这种喜欢固定,持久地选择某种投资对象,或者采取某种操作方式的行为就是心理学中的定势心理,投资者一旦形成某种定势心理,即使是股市情况发生变化,他们仍然依照原先的投资作法。这种定势心理是投资者在平常的投资中形成的,是日积月累的结果,具有一定的价值,然而投资者面对的是一个充满变数的市场,新政策、理念、题材、热点层出不穷,投资者如果墨守陈规,自然难适应市场,遭受损失也在所难免。

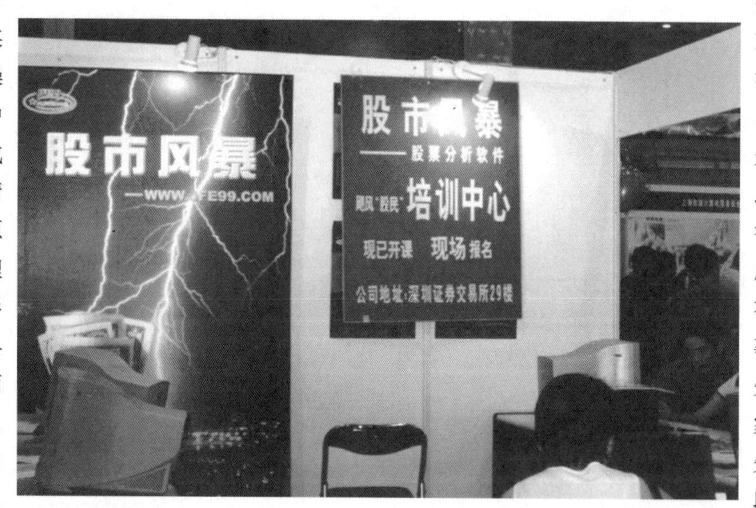

(5) 逆反心理。逆反心理主要是投资者在受某种理论、媒体、或某个投资者、股评影响,而采用某种操作手法失误后,结果就从盲目服从走向一概否定,对此操作手法弃之不再用,或者干脆采取与其相反的操作思路、操作技术。

2.影响投资者心理的因素分析

在证券投资中,保持一份良好的心态避免外部因素的影响,坚持独立思考对投资者来说具有十分重要的意义。一般来讲,影响投资者的外部因素有以下几种:

(1)大众媒体。在证券市场中,传媒对投资者的影响不容忽视。对于大多数投资者而言,广播、电视、报刊、杂志、互联网等大众传媒每天都在向他们提供各种证券信息,这些证券信息往往成为他们投资决策的重要依据。社会心理学认为,投资者对传媒的基本态度有两种;一种是寻求支援;另一种是认同排斥。其中第一种态度表现为:当投资者倾向于某种态度时,就会试图在传媒提供的信息中寻求相同或相似的观点,以为支援,并乐于接受这种观点;而对那些与自己的立场相异或对立的观点,则会表现出排斥甚至予以忽视。而且,当股市风起云涌,涨跌难定之时,投资者对传媒的依赖性和敏感性会大大提高。

(2)传闻与小道消息。在证券市场中,各种各样的市场传闻与小道消息,如政策的变化、上市公司的情报、机构大户的投资动向等对投资者的心理影响不言而喻,尤其是对目前尚不成熟的我国证券市场,更有"消息市"之称,投资者往往沉迷于发掘各类市场传闻和小道消息,而不去做独立的思考和判断。特别令人注意的是,往往在证券市场行情处于转变的关键时期,各种市场传闻、小道消息就会频繁出现,而这些市场传闻和小道消息往往真假难辨,令投资者无所适从。市场传闻与小道消息的出现,特别是突发性消息往往会对投资者的心理造成冲击,使行情出现剧烈变动。对投资者而言,传闻和小道消息往往对投资决策有关键的影响,尤其是当这种传闻和小道消息是由某个特殊的人提供的时候。

(3)专家与权威的意见。证券市场中,对于投资者而言,证券投资专家、分析师和权威的意见往往具有极大的影响力。这主要是因为专家与权威的声望是建立在多年的成功预测并得到投资者的广泛认同基础之上。同时,由于大众传媒的广泛普及和推波助澜,专家、权威的声望往往过份夸大。从投资者的角度讲,专家和权威的意见具有重要的参考价值,然而,事实告诉我们,当投资人丧失自己的独立性,只依靠专家的意见行事,往往会招致失败。一般来说,在早期阶段,听从权威的劝告肯定是有好处的,但随着权威的声望日益提高,投资者要逐步减少对权威专家的迷信。证券投资发展的历史表明投资者不能一味依赖权威的意见,在权威、专家们声威壮大隆重之日,投资者更得保持清醒,加强对上市公司基本面的研究与分析,不断提高投资技术。

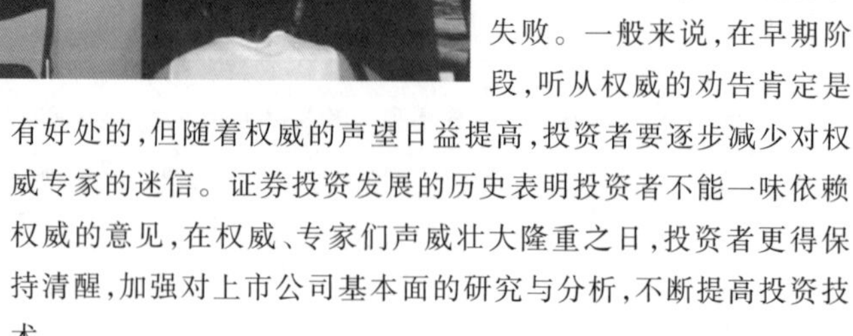

(4) 绿色草坪效应。所谓绿色草坪效应是指人们在观看远处的草地时,常常会觉得远处的草坪比近处的要绿,可跑过去一看绿意往往大为逊色。在证券市场,常常会存在同样的心理效应。当投资者购买了一种股票之后,这只股票未涨,相反别的股票却不断上涨,这时绿色草坪效应就会显示出来,使股资者变得心浮气躁,失去客观性,而捺不住"杀跌追涨"。投资者要克服绿色草坪效应的消极影响,最好的办法是投资之前要注重对市场进行分析,不同个股要有较为客观的评判,同时,须加强投资心理调节,保持较为平稳的心态。 ※

第二章 股市投资的基本分析

股票市场的一个显著特征是收益与风险并存，投资者为了股票投资的安全性并获取良好回报，必须对市场价格水平及走势进行分析，以确定最佳的投资对象及出入市时机。股市投资分析就是以测定投资的股票价值为目的，而对所影响该股票价格的因素做出评估、检查及审核的一系列活动。股市投资的基本分析包括：宏观经济因素分析、股市基本要素分析、上市公司基本分析。

一、宏观经济因素分析

股市被称为国民经济的“晴雨表”，我国股市的运行和我国宏观经济运行是紧密结合在一起的。我国宏观经济变量的变化(主要是国民生产总值、经济增长率、失业率、通货膨胀率、利率及汇率等的变化)，将直接或间接地影响股市的走势，因此要进行股市投资，必须对宏观经济变量进行准确的分析。

1.国内生产总值(GDP)的增长率

国内生产总值(GDP)是指在一定时间范围(通常为1年)，一个国家的国民经济所生产的全部商品与劳务的价值总和。它是衡量宏观经济的重要指标，它具有很强的综合性，所以在经济预测中，常用国内生产总值及其各个组成指标的变动即经济增长率来分析经济发展的趋势及各行业的前景。所谓经济增长率是指国民生产总值每年增长的速度。毋庸置疑，一个国家的GDP持续上升意味着该国整个国民经济运行良好，制约经济发展的各种矛盾或趋于缓和或已化解，对未来经济的运行情况人们已产生良好的预期；相反，如果GDP处于不稳定的非均衡增长状态中，经济运行时刻处于振荡之中，这种不平衡将可能激发社会中的各种矛盾，导致一国经济非良性运行，从而影响股市的总体走势。就2000年而言，我国的GDP增长率达到了7.9%，整体经济运行处于平稳良性循环状态；居民生活水平基本达到小康水平，通货紧缩压力已大大缓解，在积极财政政策和西部大开发政策的支持下，我国基础设施、能源、交通等状况大为改观；国有企业改革取得了阶段性成果，实现了扭亏转盈；2001年，我国宏观经济运行平稳，货币供应量增长与经济增长基本适应，居民储蓄稳定增长，达7万多亿元，外汇储备跃居世界第二位，达2000亿美元，等等。

以上分析表明，我国的宏观经济运行总体状态良好，有力地支持了股市长期稳定发展，有利于股市投资。

2.通货膨胀

通货膨胀是一个影响比较复杂的因素，它主要是由于过多地增加货币供应量造成的。通货膨胀对股市投资而言，具有较大的影响。一般而言，通货膨胀与股价存在如下关系：①温和的、可预期的通货膨胀对股价影响较小；②通货膨胀程度较高但仍在社会可承受的心理区间内，且伴随经济景气度、GDP持续增长、就业率上升等现象，那么它将刺激股价上涨；③如果通货膨胀超过人们的心理预期，整个经济将被严重扭曲，商品价格水平出现失衡，物价飞涨，这将导致股价下跌；④如果出现恶性通货膨胀，则将导致整个股市股价大跌，甚至出现“崩盘”。

自1993年以来，我国的通货膨胀经历了一个周期性的变动，从1993年的高位27.7%回落到1996年的18%，实现了经济的“软着陆”，但同时也导致了我国股市1994年的大震荡和1995、1996年的持续低迷。从我国的通货膨胀的现象看，主要是由需求膨胀，包括投资膨胀和消费膨胀两方面因素造成的。经历了1997年亚洲金融危机后，我国的通货膨胀压力消失，随之步入了通货紧缩状态。自从1998年到2000年，国家为刺激经济增长，缓解通货紧缩的压力，坚持实施积极的财政政策，到2001年初，基本解决了通货紧缩的问题。总之，通货膨胀对股价的影响较为复杂，适度的通货膨胀一般可刺激股价上扬，而持续增长的通货膨胀将会给企业带来致命打击，但是政府实施紧缩政策，股价也将会因此大跌。

3.利率

利率即资金的价格，从利率的制定形式来看，利率有官方利率和市场利率。从现实情况看，西方发达市场经济国家实行的是市场利率，而我国实行的是“官方利率”，利率由政府(国务院)制定，因而相对西方国家而言，我国的利率水平对股市的影响与之不尽相同。我国的利率水平对股市的影响主要表现在以下几个方面：

(1)从需求方面看，利率作为机会成本变量，如果持有了股票，就放弃了存款所能取得的利息。也就是说，当存款利率下降时，持有股票的机会成本就小了，在风险一定的情况下持有股票无疑是经济的选择。而当存款利率上升时，经济主体会卖掉股票。所以，在股市供给一定的条件下，存款利率下降，银行资金就会流入股市，股市需求上升引致股价上扬；反之则相反。这一点在西方发达市场经济国家表现的尤为明显。在我国由于资金自由流通受到限制，股市不太成熟且容量有限，因而这种变化不够明显。

(2)从上市公司角度分析，银行利率的高低与股票市场股票价格的涨跌有着密切的关系，一般规律是银行利率高则股价跌，银行利率低则股价涨，银行利率与股票价格成反比关系。利率是影响公司经营成果的重要因素，因为银行利率提高，公司借款利息上升，导致成本上升，直接造成公司利润减小，因而股价趋低。相反，银行利率降低，公司资本运用成本下降，有利于公司增资扩大生产,公司利润亦随之上升,股价上涨。由此可见,利率高低与公司盈利能力强弱并无必然的联系,只能对股价涨跌产生一定的影响。

4.汇率

所谓汇率是指一国货币兑换成另一国货币的比率,是国际金融领域一个重要的宏观经济变量,直接影响世界贸易状况。随着世界经济一体化进程的推进,汇率变动对股市的影响也越来越大。

从汇率变动的实质看,汇率的存在,使得一国商品的价格得以换成另一国的货币价格。汇率的变化对股市的影响具体表现为:①当外汇看涨,本国货币贬值,会从整体上改善国际贸易状况,使资金流入国内,其中一部分流向股票市场,股价会因此上涨;②当外汇看跌,国际贸易中进口增加,出口减少,需要一部分资金用于对外支出,政府、企业和个人会抛出手中股票引起股价下跌。汇率变动对股市的影响对于我国股市来说,存在一些不确定性,甚至可能出现截然相反的情况,如1997年人民币贬值引发的股市大跌。这主要是因为我国的股市尚欠成熟,投资者心理较为脆弱所致,这种汇率对股市反常影响的出现是我国国情决定的。

5.经济景气度

所谓经济景气度是指经济运行过程中的一种态势,表明经济运行处于稳定、协调、有效状态之中。经济景气度指标作为判定经济景气的一种指标,是对未来经济运行的一种描绘,在很大程度上影响经济主体对经济前景的预期,从而影响投资者对上市公司未来业绩的预期,并最终反映在股市上。

6.失业率

失业率是指失业人数占全部劳动力人数的比率。失业率的高低可以从侧面上衡量宏观经济的好坏,即失业率高说明国家经济发展速度缓慢甚至处于停滞期,企业不景气,宏观经济形势较差,国民人均收入降低,股市投资者减少,从而使股价降低;反之失业率低,是表明经济增长迅速,企业处在扩充和发展阶段,宏观经济趋好,人们收入增加,股市资金充沛,股价将随之上涨。

7.财政收支

财政收支制度本身具有内在的自动稳定功能,当经济出现波动时,财政制度的内在稳定性就会自动发挥出来,减轻以至消除经济的波动。政府的财政收支制度对股市的调节表现以下几个方面:

(1)政府收入的自动调节对股市的影响。当经济繁荣,股价在无任何约束的情况下会被旺盛的需求"炒"得很高,这时整个社会的就业人数增加,总收入水平较高,因而政府的税收会自动上升。由于实行的是收入累进税,政府税收的幅度大于收入上升的幅度,有利于抑制通货膨胀,同时减少了人们的实际可支配收入水平,投资需求在一定程度上受到遏制,使股价上升的势头减缓了。相反,当经济衰退时,股价在无任何约束的情况下会因需求不足而进入低谷,但政府实行的是收入累进税,政府税收下降幅度会超过收入下降幅度,有利于抑制衰退,同时使人们的实际可支配收支不致下降过快,投资需求在一定程度上得到了保证,避免了股价在短时间内急剧下跌。由此可见,税收这种在股市繁荣时累进,在股市萧条时累退的自动伸缩性有助于缓和股市的波动。

(2)政府支出的自动变化对股市的影响。当经济繁荣时,收入水平上升,失业率下降,政府的失业救济金和其他福利转移支付减少,降低了社会总需求水平,减少了人们的实际收入,因而减少了投资总量,这对于抑制股价上涨是有利的。当经济衰退时,收入水平下降,失业率上升,政府的失业救济金和其他福利支出增加,尽管这部分主要用来购买生活必需品而非用于投资,但这些支出被带来"乘数效应",有利于收入水平的提高,从而间接地增加了投资总量,这对于遏制股价下跌是有利的。可见,财政支出的自动伸缩性对于稳定股价也是有利的。

(3)政府基金对于股价的稳定作用。西方政府往往设立农产品基金,在农产品产量上升,价格下降时,政府收购农产品,以稳定其价格,这就使以农产品为原料的加工工业和其他所有产业不会因成本下降而出现股价上升过快。反之,在农产品欠收,价格上升时,政府减少对产品的购买或给农场主以价格补贴以维持农产品的价格,这样,其他产业不会因成本上升而亏损,因此也就不会出现股价暴跌的局面。

8.国际收支

在开放的经济条件下,随着国际产品市场、资本市场、劳务市场和技术市场的形成和完善,促进了商品、资本、劳务和技术的跨国界流动,使得任何一个置身于国际经济一体化趋势中的国家都不可避免地与国外发生多种经济关系。在经济开放度日益提高的情况下,国际收支状况对国民经济的影响也日趋明显。因此,在考察股市行情的变动时,也必须把国际收支作为一个极其重要的变量加以分析。

二、股市基本要素分析

股市基本要素分析主要是对市场的供求机制、价格规律、竞争关系以及对股市走势产生影响的相关因素进行分析,具体包括投资者结构及其变化趋势、市场供求机制、市场监管、市场基础建设等方面。

1.投资者结构及动向分析

股价的走势、股市的波动与投资者结构密切相关。一般地,股市投资者主要分为两大类:一是机构投资者;二是个人投资者。股市中机构投资者与个人投资者的比例、资金实力对比是决定股市行情的重要因素。根据投资者在股市中的实力差别,股市投资者又可分为庄家和散户。从现实情况来看,我国股市中投资者以散户为主,机构投资者占据主力地位。机构投资者中的主力,对市场的影响力主要有:

①决定市场行情的转折点。当行情周期性变化进入转折时期,机构选择大举入市或出市之时,就是行情发生转折点之际。在行情底部,主力进行转折性操作必以对大势的周密分析为依据,同时往往还有一个先行吸收筹码和等待合适利多消息配合的过程。而在行情的顶部,主力的转向操作往往以市场多种力量对比和重大利空消息的预见为转移。

②在多头市场中维持升势,制造波段,拉长或缩短行情区间。主力能有效达到目的的一个十分重要的前提就是各大主力之间的共识和窜谋,即不仅要顺大势,而且还要成大流。

③阻碍市场的超跌趋势。当主力机构手中筹码多又陷入套牢中时,随着市场下跌势能的削弱,主力将以控制抛盘,增加接盘双管齐下方法,阻挡大盘下跌。在市场机构投资人较多的情况下,这种阻止功能会十分强烈。这对大市的稳定发展是有利的。

④制造个股和板块行情。大、中、小主力都热衷于此道。在市场缺少上升能量时,市场主力的作用是保持市场活力,维持股价指数水平的有效力量。

散户投资主体,其投资倾向具有某种惰性特征,即起动慢,而后劲足。换言之,散户具有较强的从众性,只有在市场形成一定的人气特征时,才会引致大规模的散户协同行为:涨时追高,跌时杀低。而散户的顺势操作更具冲动性,这是因为散户单个资金规模小,对单个散户来说跌时无出货规模约束;涨时无吸筹限制,追涨杀跌较少后顾之忧。散户作为一个整体力量,其强弱亦受经济周期及宏观金融形势的影响。散户的操作特色及资金力量对大市及个股的走势及强弱同样具有重大的作用。

总之,机构投资者在市场波动中起着重大的作用,但这种作用至多只改变行情走势的次级图形,主力行为只有在符合大势趋向时才会成为成功之作。

2.市场供求机制

股市作为市场经济的产物,其自然要受市场规律的作用,因此,市场供求机制对股市的影响不可忽视。其中最为突出的是股票市场中的马太效应。所谓马太效应是指股票价格水平的升降与股市的增量资金数额和存量资金的周转速度成正相关关系,与股市的增量股票数额(新上市或离市股票)和存量股票的周转速度成负相关关系。所以,在股票市场上,价格的上升会推动价格的进一步上升,而价格的下跌则会进一步加速价格的下跌。由于股市马太效应的存在,股市价格的超常动荡,呈现骤跌或暴涨行情。

3.市场监管政策

对我国股市而言,素有"技术面不如资金面,资金面不如政策面"之说,这就充分概括了市场监管政策对股市的重要性。从市场监管政策的范围看,它主要体现在市场准入、股票发行和交易市场参与者行为规范、税收政策等方面。这些政策的颁布实施将直接或间接地影响股票市场的供求关系,从而影响股价走势。

市场监管政策对股市行情的影响程度,受市场成熟度的影响,股市越成熟,市场监管政策的影响就越小。所以随着我国证券市场的不断发展成熟,因市场监管政策而引发的政策行情将会日益弱化。

4.市场基础建设

证券市场基础建设包括市场营业网点在全国甚至国外的扩大,交易所电脑撮合能力的升级、信息发布速度的加速、交易所交易管理制度的完善、物质设施更新、技术水平的提升等。市场基础建设对股市行情的影响虽然是缓慢的、渐进式的,可却是实实在在的。因为市场基础建设能直接影响入市的投资者队伍规模,影响市场投资者的行为,影响交易的效率,影响市场信息的公开性、及时性、准确性,影响市场"公平、公正、公开"原则的实现等等,这些都会直接或间接影响市场行情变化趋势。

三、上市公司基本分析

股票的价格是衡量上市公司价值的一个指数,在成熟的资本市场中,上市公司价值一般直接体现在股票的价格上。相对来说,我国目前上市公司自身的优劣对股票价格的影响较小,但是,随着股票市场的不断发展成熟,股票发行核准制、退市机制的实施与完善,上市公司的价值对其股票价格影响将越来越大,投资者通过对上市公司基本分析可以了解该公司的股票投资价值,从而作出适当的投资决策。投资者对上市公司的基本分析主要包括以下几个方面:

1.上市公司的竞争分析

上市公司的竞争力分析,主要包括公司的规模竞争分析、业务竞争分析、管理水平竞争分析等。

(1)企业规模竞争分析。企业规模的大小与产品成本直接相关,当企业的规模过小时,其产品的平均成本较高。随着企业的规模增大,一方面由于生产的专业分工加强而使生产效率提高;另一方面由于能更充分发挥大型设备的生产能力,所以产品的平均成本降低,而产品成本的降低就使企业具有了低价格竞争优势,从而可以提升企业的市场竞争地位。当然企业的规模不是越大越好,因为只有处于规模经济平衡点时才能使产品成本最低,所以在同一行业企业之间,企业规模未达到规模经济平衡点时,企业的规模越大,其竞争力越大,并且企业的适度规模随着行业的不同、技术水平的发展和生产要素的变化而不断变化。

(2)业务竞争分析。企业业务一般包括主营业务和兼营业务两大类,其中主营业务是企业生存和发展基础所在,它将决定企业经营发展的方向。企业主营业务的竞争地位主要体现在市场占有率、与竞争对手的差距,以及主营业务的发展前景等方面。兼营业务是除企业主营业务之外的业务,其比重、种类、发展前景、利润贡献率大小等是衡量企业综合经营能力、抵御行业竞争风险能力、未来业务发展方向、增长潜力等方面的重要因素。但不管主营业务还是兼营业务的发展,都离不开企业的具有竞争力的综合营销能力,它包括企业的营销队伍总体水平、营销战略管理水平、营销策略的独特性、营销渠道的拓展能力、分销能力等。一个企业的竞争力,除了具备好的产品外,还必须具有良好的业务竞争能力。具体而言,就是企业所具备的体现市场竞争力的销售额及其增长率、利润率。

(3)管理水平竞争分析。公司管理水平的主要考察指标有:

①企业管理层素质。一个企业管理层的素质如何,主要是看管理层的战略决策能力、技术决策能力与其管理企业的大小、性质是否相适应。公司管理层素质在一定程度上决定着公司的前程和命运。因为管理层的战略决策能力决定企业的发展方向,而战术决策能力又决定着企业的经营方向,如果有一方面决策不当,都会严重阻碍企业的发展。

②企业管理组织机构。企业管理组织机构的基本形势主要有直线制的组织机构、直线职能制的组织机构、事业部的组织机构、矩阵制的组织机构。不同规模与性质的企业一般说应采取相应的组织形式,否则会出现机构重叠、人浮于事,导致管理效率的低下。反过来说,企业采用了合适的组织机构形式,整个企业机制运转都将搞活,人尽其责,效率大大提高。

③企业的经营方针。合理的经营方针能使一个企业尤其是对上市公司的成功经营会起到事半功倍的效果。经营方针正确与否主要看是否从单纯的生产型向生产经营型转变。在市场经济中,只顾强调生产而不问市场供求状况的企业,在市场竞争中会无疑受到阻碍。

④管理规章制度的制定及执行情况。把正确的管理经验使之成为明确的管理规章制度,这是很重要的,但制度重在落实执行。很多企业管理办法形式上不错,可就是执行起来困难重重,不见成效。投资者对这种规章制度不能执行的上市公司特别要注重投资风险问题。

2.公司的盈利能力及成长性分析

投资者为获得较满意的投资收益,必须关心一个公司的盈利情况,即其盈利的数额、稳定性和增长率。因为公司普通股票的价值和发放股息的多寡,是由盈利来决定的,投资者对公司盈利能力及成长性分析主要包括以下几个方面:

(1)公司盈利能力分析。一般情况下公司盈利额的多寡是由销售额的大小来决定的。然而,并不是总是如此,常有销售额增加而盈利额不变或反而减少,或销售额减少而盈利额反而增多的情况发生。这是由于在收入和成本费用上都可能产生临时性或一次性变动的缘故。从收入方面说,有时公司的销售额减少了,但因精简机构、紧缩人员、提高行政效率,而使工薪及各种行政费用大大减少,也可以提高盈利额。从支出方面来说,除了上述行政费用的改变外,其他如工资制度和福利费用的改变,会计上折旧率、折耗率计算方法的改变,存货核价方法的改变等,都可影响到公司的盈利额,而与销售额不发生直接关系。为此,在核算公司的盈利时,都要把那些一次性影响盈利增减的因素除去,对于使盈利额临时增加或减少的部分进行调整,比较正确地估计公司的正常盈利,使其能显示出公司在正常情况下的盈利能力,以及历年盈利的稳定性程度。

(2)公司盈利能力的指标分析。公司盈利能力是一个总体概念,它通过公司各项经营指标表现出来:

①营业利润率。营业利润率是企业营业利润与销售额的比率,用百分比表示,这个百分比的大小,可以看出公司在业务经营上能获利能力如何。

②资本周转率。资本周转率是指销售额或营业收入与资产总值的比率用百分比表示,百分比越高,说明资金利用的情况越好,因而收入随之增加。这也反映每元资本产生收入的能力,用此比例乘上销售率等于资本收益率,由此可以看出,如其他条件不变,资本周转越快,公司的盈利能力越强。

③投资收益率。投资收益率是指资产总值与净收入的比率,它表明公司投入的资本所产生的净盈利能力。需要说明的是,这里的净收入是指在所有收入中减去税款和债息的余数,如果没有减去这两项,则称为投资总额的盈利能力。

④销售收益率,即净利润率。它是用净销售额或营业收入去除收入,用百分比表示,表明每元销售额能赚到多少净收入。净收入越高,表示公司获利的能力越大。

⑤股权收益率。它是指税后净收入与普通股股东的股权的比率,股权收益越高,表示公司可获得的利润越大。

以上所讲的各种比例的大小,表明从各个不同角度,如在销售上、资产的使用上、投入的资本上反映公司的盈利能力。但它们本身没有一个绝对的标准,还须与同行业中的其他公司,尤其是一些领先的公司进行比较,才能评比出公司盈利能力的强弱。

(3)未来盈利的预测。盈利的多寡,是表现一个公司经营好坏的主要标志,但是,历年的盈利额只能表示公司过去的经营成果,而不能说明公司将来盈利的情况。因此,除了研究分析公司过去及当前的盈利大小和盈利能力的高低外,还须进一步对公司以后盈利的变动趋势进行预测。由于真正决定公司普通股票的现值,并不仅凭当前盈利的现状,而更重要的还在于它今后的增长趋势。为此,投资者对股票投资最关心的问题,是他们希望股价在今后不断提高,股息在今后不断增加。然而这些都决定于未来盈利的不断增长。预计未来盈利的方法很多,一般都是根据过去的资料来推算未来的增长,或根据过去销售额和盈利之间的关联进行推测,或根据利润率和预测的销售额进行预测等。

3.公司的财务分析

公司的财务分析是上市公司基本分析的重点,它主要包括公司主要财务报表和财务指标两大方面。

(1)财务报表。公司的主要财务报表一般有三种:即资产负债、损益表和财务状况变动表。

①资产负债表(图 1)。资产负债表是综合反映企业资产负债情况的重要报表。通过对资产负债表中的数据进行分析,可以了解企业资产的构成,负债的情况、偿债能力、资产的质量与流动性等,并以此判断公司盈利能力,未来发展前景等。

图 1**(转下页)**:

资产负债表

编制单位：　　　　xxx公司　　　　xxx年 12 月 31 日　　　　单位:元

资产	年初数	期末数	负债及所有者权益	年初数	期末数
流流动资产			流动负债:		
货币资产			短期借款		
短期投资			应付票据		
应收票据			应付帐款		
应收帐款			预收帐款		
减:坏帐准备			其他应付款		
应收帐款净额			应付工资		
预付货款			应付福利费		
其他应收款未交税金					
存货					
待摊费用					
待处理流动资产损失			未付利润		
一年内到期的长期债券投资			其他未交款		
流动资产合计			预提费用		
长期投资			待扣税金		
固定资产:			一年内到期的长期负债		
固定资产原价			其他流动负债		
减:累计折旧			流动负债合计		
固定资产清理			长期负债:		
固定资产净值			长期借款		
在建工程			应付债券		
待处理固定资产损失			长期应付款		
固定资产合计			长期负债合计		
无形及递延资产			所有者权益		
无形资产			实收资本		
递延资产			资本公积		
无形及递延资产合计			盈余公积		
其他资产:			未分配利润		
其他长期资产			所有者权益合计		
资产总计			负债与所有者权益合计		

②损益表(图 2)。损益表是反映公司利润来源构成情况的报表。通过对损益表的分析,可以了解公司的利润来源、构成情况,以衡量公司的经营业绩。

图 2

损益表

编制单位：　　　　xxx年 12 月　　　　单位:元

项目	本月数	本年累计数
一、产品销售收入		
减:产品销售成本		
产品销售费用		
产品销售税金及附加		
二、产品销售利润		
加:其他业务利润		
减:管理费用		
财务费用		
三、营业利润		
加:投资收益		
营业外收入		
减:营业外支出		
四、利润总额		

③财务状况变动表(图 3)。财务状况变动表又称资金流动表或资金来源与运用表,它反映公司在某个指定会计期间所发生的重大财务变动情况,同时也提供了对公司的各种资金来源及其运用状况。通过分析公司的财务状况变动表,可以评价公司的融资情况和公司的经营业绩。

图 3

财务状况变动表

编制单位：　　　　年度　　　　单位:元

流动资金来源与运用	行次	金额	流动资金各项目的变动	行次	金额
一、流动资金来源:			一、流动资金本年增加数:		
1.本年净利润			1.货币资金	41	
加:不减少流动资金的费用和损失:	1		2.短期投资	42	
(1)不数股东本期损益(亏损以"-"号表示)	2		3.应收票据	43	
(2)固定资产折旧	3		4.应收账款净值	44	
(3)无形资产,递延资产及其他资产摊销(减其他负债转销)	4				
(4)固定资产盘亏(减盘盈)	5		5.预付货款		
(5)清理固定资产损失(减收益)	6			45	
(6)递延税款	7				
(7)其他不减少流动资金的费用和损失	8		6.其他应收款	46	
小计	10		7.待摊费用	47	
2.其他来源			8.存货	48	
(1)固定资产清理收入(减清理费用)	11		9.待处理流动资产净损失(减收益)	49	
(2)增加长期负债	12		10.一年内到期的长期债券投资	50	
(3)收回长期投资	13		11.其他流动资产	51	
(4)对外投资转出固定资产	14				
(5)对外投资转出无形资产	15				
(6)资本净增加额	16				
(7)少数股东资本增加额	17				
小计	19				
流动资金来源合计	20				
二、流动资金运用:			流动资产增加净额	60	
1.利润分配:			二、流动负债本年增加数:		
(1)提取法定公积金	21		1.短期借款	61	
(2)提取法定公益金	22		2.应付票据	62	
(3)提取任意公积金	23		3.应付账款	63	
(4)已分配股利	24		4.预付货款	64	
小计	25		5.应福利费	65	
2.少数股东利润分配	26		6.未付股利	66	
3.其它运用:			7.未交税金	67	
(1)固定资产和在建工程净增加额			8.其他未交款	68	
(2)增加无形资产,递延资产及其他资产	28		9.其他应付款	69	
(3)偿还长期负债	29		10.预提费用	70	
(4)增加长期投资	30		11.一年内到期的长期负债	71	
小计	31		12.其他流动负债	72	
流动资金运用合计	32				
外币会计报表折算差额	33		流动负债增加净额	79	
流动资金增加净额	40		流动资金增加净额	80	

(2)财务指标。公司的财务指标分析是以公司提供的数据为依据,通过简单运算得到的一些指标数据。

①偿债能力指标。偿债能力指标主要包括流动比率、速动比率、应收帐款周转率和周转天数等。

a.流动比率。流动比率是衡量企业短期偿债能力的最常用的指标。这一指标表明在相应的偿债期限内,可转换为现金的资产足以抵补短期债权人的索赔要求的程度。如果公司陷入困境时,它就会拖延偿还应付帐款或寻求新的贷款等,流动负债增加速度就会快于流动资产的增长,它的流动比率就会下降。将一家公司的流动比率与行业的平均流动比率相比较,常常能说明许多问题,这并不是要求公司的流动比率等于行业平均流动比率,但如是一个公司的投资者就必须研究产生差异的原因。因此,若这一比率偏离行业平均比率,是投资者需作进一步检查的信号。流动比率的计算公式如下:

$$流动比率 = \frac{公司流动资产(现金 + 短期投资 + 有价证券等)}{公司流动负债(短期借款 + 应付票据 + 应付帐款等)}$$

b.速动比率。速动比率是反映公司在不依靠变卖存货的情况下,偿付短期债务的能力的指标。由于存货是流动资产中最不易流动的部分,在清算变卖时,它往往会出现亏损。所以,如果在流动资产中存货比重很大,那么,即使流动比率很高,也不能说明公司有较强的偿债能力。一般认为速动比率保持在1:1的水平上比较合适。速动比率计算公式:

$$速动比率=\frac{公司速动资产(流动资产-存货)}{公司流动负债}$$

c.应收帐款周转率和周转天数

$$应收帐款周转率(次)=\frac{赊销净额(或销货净额)}{应收帐款平均余额}$$

$$应收帐款回收期(天)=\frac{365(360)天}{应收帐款周转率}$$

$$应收帐款周转天数=\frac{应收帐款平均余额}{年销货净额/360}$$

②资本结构指标。资本结构指标主要包括股东权益比率、负债比率、长期负债与资本化比率、股东权益与固定资产比率等。

a. 股东权益比率。这是指股东权益总额对总资产的比例关系,又称为净值比率,其计算公式为:

$$股东权益比率=\frac{股东权益总额}{资产总额}$$

b.负债比率。这是负债总额被资产总额所除之商,用以衡量债权人资金在公司总资产中所占百分比,计算公式为:

$$负债比率=\frac{负债总额}{公司资产总额(股东权益)}$$

负债比率说明对债权人债权的保障程度,负债比率越低,则债权保障程度越高;否则,负债比率过高,则债权人就可能要遭受损失。把一个公司的负债比率与同业平均数相比,就可知道该公司负债所占资产的比例是否合适。

c.长期负债与资本化比率。该比率越高,表明企业未来支付固定利息及长期债务本金的能力越差,该比率过高时,通常表明发行债券集资较为划算。其计算公式如下:

$$长期负债与资本化比率=\frac{长期负债}{(长期负债+股东权益)}\times100\%$$

③经营效率指标。公司的经营效率指标主要有存货周转率与周转天数、固定资产周转率、总资产周转率、股东损益周转率、主营业务收入比率及增长率等。

a.存货周转率和存货周转天数。存货周转率为销售成本与期初期末平均存货之比,用来衡量公司销货能力的强弱和存货是否适量,比率越高,表示存货周转快,积压的存货减少,存货费用等支出也越少,但如果比率过高,则说明企业不能应付顾客需要,没有充分发挥企业的潜力。

平均存货周转天数也是用来表示存货的周转速度,平均存货周转天数越多,表明存货数额越大,存货周转越慢。其计算公式为:

$$存货周转率=\frac{销售成本}{(期初存货+期末存货)/2}\times100\%$$

$$存货周转天数=\frac{365}{存货周转率}$$

b.固定资产周转率。固定资产周转率是销售收入与固定资产的比率,表示固定资产全年的周转次数,用来衡量公司固定资产的利用程度。比率越高,表明固定资产周转的速度越快,闲置的固定资产越少。反之,比率越低,则表示固定资产存在闲置现象,或者固定资产的投资过分扩张。其计算公式为:

$$固定资产周转率=\frac{销售收入}{(期初固定资产+期末固定资产)/2}\times100\%$$

c.总资产周转率。总资产周转率是销售收入与资产总额之间的比率,它反映公司使用其资源生产商品或收入的相对比率,用来衡量公司总资产是否得到充分利用,比率越高,表明资产周转速度越高,总资产利用的效率也越高。其计算公式为:

$$总资产周转率=\frac{销售收入}{资产总额}\times100\%$$

④盈利能力指标。盈利能力指标,也称收益指标,它是衡量公司财务成果的重要指标,其主要有毛利率、净利率、资产收益率。

a.毛利率。毛利率是销售毛利与销售收入的比率,这个比率反映公司的定价策略,毛利率的高低与产品的性质有密切关系,高档名牌商品往往有较高的毛利率,而大众化商品的毛利率则相对较低。毛利率的高低与公司的盈利能力并无直接对应关系,对毛利率的分析要结合其他因素综合考虑。其计算公式为:

$$毛利率=\frac{销售毛利}{销售收入}\times100\%$$

$$=\frac{(销售收入-销售成本)}{销售收入}\times100\%$$

b.净利率。净利率比较准确地反映了公司通过销售赚取利润的能力。在实际分析中,将它与毛利率结合起来考虑,能对企业的获利能力有更全面的了解。其计算公式为:

$$净利率=\frac{税后利润}{销售收入}\times100\%$$

c.资产收益率。资产收益率是用以衡量公司运用所有投资资源所经营成效的指标,该比率越高,表明公司越善于运用资产;反之,则资产使用效果越差。其计算公式为:

$$资产收益率=\frac{税后利润}{平均资产总额}\times100\%$$

⑤投资收益指标。投资收益指标是衡量投资者的收益、报酬的指标。它主要包括普通股每股收益率、股息发放率、股利报酬率、市盈率、投资收益比率、每股净资产额等。

a.普通股每股净收益。每股净收益也称每股盈利,是税后利润减去优先股股利后与已发行普通股股数之间的比率,通过这个指标,投资者不但可以了解公司的获利能力,还可以通过每股盈利的大小来预测每股股息和股息增长率,并据以决定每一普通股的内在价值。其计算公式如下:

$$每股净收益=\frac{(税后利润-优先股股息)}{普通股股数}$$

b.股息发放率。股息发放率是指分派的现金股利与普通股应得利益之比,反映公司的股利政策。其计算公式为:

$$股息发放率=\frac{普通股每股股利}{普通股每股净收益}\times100\%$$

股息发放率与企业的类型有很大关系,发展中企业常将部分利润留备扩充业务之用,则股利发放率较低,而已进入成熟期的企业,往往有较高的股利发放率。一般说,企业利润的再投资有利于提高企业的未来获利能力,但也有不少投资者对现金股利更感兴趣。股息发放率的高低并不是一个绝对的标准,股息发放率较高,投资者的眼前利益较大,但如果企业有很好的投资项目,能够在将来为投资者提供更高的回报,则股息发放率较低就并不是一件坏事,这实际上是近期利益与长远利益的权衡。当然,如果企业没有合适的投资项目,就更应该尽量把股利分给投资者,由投资者去做投资决策。

c.股利报酬率。股利报酬率是普通股每股股利与每股市价的比率。其计算公式为:

$$股利报酬率=\frac{普通股每股股利}{普通股每股市价}\times100\%$$

一般说来,股票投资的股利报酬率,受利率水平变动的影响较大,利率高,股利报酬率亦高;利率低,股利报酬率亦低。因此,股利报酬率对于以谋取最高股利为目的的投资者是非常重要的。

d. 市盈率。又称本益比或价格盈利比,市盈率有时也简称PE值。市盈率是投资分析中极为重要的指标,它可以反映出投资者预期公司未来盈利成长的状况与股票价格的对应关系。其计算公式为:

$$市盈率=\frac{股票市场价格}{每股盈利额}$$

由于股票的市价每天都在波动,因此股票市盈率的数字也是经常处于变动之中。股价越高,其股票的市盈率也就越高;相反,当股价回落时,其市盈率也随之变小。

e.投资收益比率。该指标反映投入资本所能赚到净盈利的能力,计算公式为:

$$投资收益率=\frac{净收入}{资产总值}\times100\%$$

f.每股净资产。又称普通股帐面值价值,它反映了普通股股东所拥有的资产价值,是股票市场价格中有实物资产作为支持的部分。其计算公式为:

$$每股净资产额=\frac{股东权益-优先股股本}{已发行普通股股数}$$

将每股帐面价值与每股票面价值相比较,可以看出公司经营状况的好坏。通常经营状况良好、财务健全的公司,其每股净资产必高于每股票面价值;如果每股净资产逐年提高,就表明该公司的资本结构越来越健全。当然,必须明确的是,每股帐面价值仅是表明股东所持有的公司每股股票的价值,并不真正表示股东所能取得的价值。

现在有的投资者认为帐面价值对于具有成长性的工业来讲没有太大的意义,因为资产必须有盈利能力才能引起投资者的兴趣,一般具有成长性股票的价格常可以高于帐面价值若干倍。

综上所述,股市投资的基本分析是投资者进行股票投资操作的第一步。股市投资者只有掌握了股市投资的基本分析,对宏观经济环境、股市基本因素、上市公司基本面有较深的分析了解,才能正确地进行投资导向与投资决策,使投资收益与投资价值充分体现出来。

股市投资技术分析主要是从股票市场入手，侧重于分析股票市场价格的运动规律，由此来决定股票的投资价值。股市投资技术理论是股市投资技术分析的基础，股市投资技术理论随着整个证券市场的发展而发展，同时，股市各种技术指标运用也日趋广泛。

第三章 股市投资理论分析与指标应用

一、股市投资技术理论分析

股市投资技术分析理论主要包括道氏理论、K线理论、形态理论、波浪理论等。

1.道氏理论

道氏理论是技术分析的理论基础，道氏理论是以美国人查尔斯·道名字命名的，其开创了股票市场技术性分析的先河。道氏理论的主要内容有三点，即股票价格的运动趋势；股票的买空与卖空市场；基本趋势的形成标准。

(1)股票价格的运动趋势。道氏理论认为股票价格的运动有三种趋势：①基本趋势，即股价广泛或全面性上升或下降的变动情形。这种变动持续的时间通常为一年或一年以上，股价总升(降)的幅度超过20%。对投资者来说，基本趋势持续上升就形成了买空或多头市场，持续下降就形成了卖空或空头市场；②次级趋势，因为次级趋势经常与基本趋势的运动方向相反，并对其产生一定的牵制作用，因而也称为股价的修正趋势。这种趋势持续的时间从3周至数月不等，它可使股价波动的幅度一般为股价基本趋势的1/3或2/3；③短期趋势或日常波动。短期趋势反映了股价在6天以内的变化情况。

在三种趋势中，长期投资者最关心的是股价的基本趋势，其目的是想尽可能早地在多头市场上买入股票，而在空头市场形成时及时地卖出股票。非长期投资者则对股价的次级趋势比较感兴趣，他们的目的是想从中获取短期的利润。短期趋势的重要性较小，且易受人为操纵，因而不便作为趋势分析的对象。人们一般无法操纵股价的基本趋势和修正趋势，只有国家的财政部门才有可能进行有限的调节。

(2)股票的买空与卖空市场。当股票的基本趋势继续上升时，买空(或多头)市场便形成了，买方市场通常可分为三个阶段：一是累积阶段，股票的价格水平一般比较低。由于以前股价的下降，投资大众对证券投资尚缺少兴趣，只有少数预测股价不久即上升的投资者才购进并累积股票；二是持续增长阶段。在此阶段里，股票的价格和股票的交易量开始持续、稳定地增长。与此同时，公司的收益进一步提高，经济前景相当乐观；三是狂热阶段。在此阶段，所有的经济与金融消息对投资者来说都非常有利，股价明显上涨，投资交易进入狂热阶段，股票市场上投机活动开始泛滥。

当股价的基本趋势转为持续下降时，卖空(或空头)市场开始形成。卖空市场也分三个阶段：一是分配阶段。在此阶段里有远见的投资者由于意识到股票的价格已快接近峰顶，因而开始卖出他们在股票低价时购进的大量库存股票；二是恐慌阶段。这一阶段股票前景开始转趋不利，投资者们开始加速抛出股票，股价因而急剧下降。投资者和投机者为避免以后更大的损失而竞相售出，更加剧了股价的跌势；在第三阶段股票的价格仍继续下降，但速度逐渐减慢。在此阶段由于股价过低，股票持有者不愿出售，因而市场的交易量不大。当股价下降至足够低的水平时，某些投资者又开始重新累积股票，这样，上述的整个市场过程又重新开始。

(3)基本趋势的形成标准。为了计量股票市场平均价格的趋势，查尔斯·道在1897年提出了道·琼斯工业平均指数的雏形，他使用了两个平均指数：一个是运输业平均指数；另一个是工业平均指数。道氏理论的一个基本前提是，股市的一个主要或次要的运动，只有两种平均数互证时才能肯定地表示出来。即两种平均数必须配合，如果一个上升，一个下降便无重要性可言，只有两种平均数向相同方向运动，才有互证的可能。互证的表现方式有两种，第一种是两种平均数经过一段牛皮状态的波动，然后产生突破。第二种方式是两个平均数同时表现新的高点或新的低点。

2.K线理论

K线分析法是指将股市每日、每周或每月的股价变动情形用图形来表示，依照形状研判股价未来动态的一种方法。

①K线的种类分析。K线的种类包括：

(1)、小阳线。表示买方力量略大于卖方力量。

(2)、大阳线。这是买方力量尽力发挥的表现。出现在大跌之后，表示行情强劲反弹；出现在盘局之后，表示买方力量已明显占上风，后市必有一段较大升幅；如果出现在大涨之后，表明市场过于乐观，买方力量将耗尽，股市将进入整理或反转。

(3)、光头小阳线，意义与a同。

(4)、光头大阳线，意义与b同。

(5)、上影阳线，又称上升抵抗线。表示买方受到卖方的压力，股价上升受到阻力。上影越长，说明上档阻力越大。如在上涨途中出现，表示市场需要盘整一段时间才能继续挺升。如出现在大涨之后，则预示着后市可能走低。

(6)、下影阳线、(7)上吊阳线。此二种K线又称先跌后涨线。表示股价在较低的价位上获得了买方的支撑，卖方力量受挫。该种K线出现在大跌行情之后，表示市场将有一段反弹行情。如果出现大涨之后，表示卖压已大，股价已高，随后应准备逢高出货。

(8)、极阳线。实体很小，且带上下影线，表明行情混乱,从当天涨跌中无法判断后市。

(9)、上下带长影线的阳线。该种K线最为复杂,表明当日股价大幅波动,买卖双方争斗激烈,双方均未能控制局面,只是收盘前买方力量处于上风。若在大涨之后出现,往往表示天价临近,要特别小心。

(10)、小阴线。多见于盘局中,单个小阴线无法判断后市。

(11)、大阴线。表示卖方力量强劲,出现在盘局后期,表明买方力量崩溃,后市将大跌;出现在大涨之后,是市场反转的明显信号;出现在较长一段下跌行情后,且配合成交量放大,说明已临近底部,后市将有反弹。

(12)、上影阴线。又称先涨后跌线,表示卖方力量较强,且充分发挥,使买方陷入套牢境地。该K线若在大涨后出现,意味着市场将进入盘整或反转。

(13)、下影阴线。又称下跌抵抗线,表明卖方力量强大,却遭到买方力量的抵抗。在下跌途中出现,表示跌势方兴未艾;在大跌后出现,且下影线长于实体数倍,则表明后市将反弹。

(14)、极阴线。意义同i。

(15)、一字型。此型罕见,一般只出现在交易特别冷清的行情中,目前证券交易所的B股交易中,有时出现此型。

(16)、T字型。表示卖方力量较足,买方力量强弱可从下影线的长短看出。

(17)、倒T型。表示买方力量有限,上升暂时乏力。

(18)、十字型。表明买卖双方势均力敌,在上升行情中出现,说明抛压已大,近期升高无望。在下跌行情中出现,表明股价已获得买盘支撑,欲跌不能。在大涨或大跌之后出现,则是市场反转的征兆,若跳空开盘后形成,则可靠性更大。

(19)、上下长影阴线。此型十分复杂,表明买卖双方争夺激烈,行情一天内上冲下突。在上涨行情后期出现,意味着天价的形成;在大跌后出现,意味着跌势将终止,底价已到来。

收盘可能性很大。若开盘后,股价回跌阳线实体内,表示买卖双方短兵相接,虽然多头暂时遭受卖方压力,但卖方不占绝对优势。最糟的情况则是在开盘后买卖双方在阳线实体下端进行争战;卖方利空消息出现,快速压低行情,买方驻足不前,再创新低价;当日卖方已完全控制行情,极可能出现一根强力的长阴线实体。

第二,昨日K线是带上影线的阳线实体,今日开盘后买方与卖方可能发生战斗的区域有四种(见图A):a.影线上端,买气雄厚,有创新高价之能力;b.影线部分,表示买方昨日虽有小挫折,不能以最高收盘,今日重整旗鼓,与卖方正面遭遇;c.实体部分,表示卖方继昨日将买方从高价逐退后,今日乘胜追击,买方起而抵抗,处于被动地位,较为不利;d.实体下端,强大的卖方乘买方低落时,全力进攻,在新低价区成交,收盘时阴线居多。

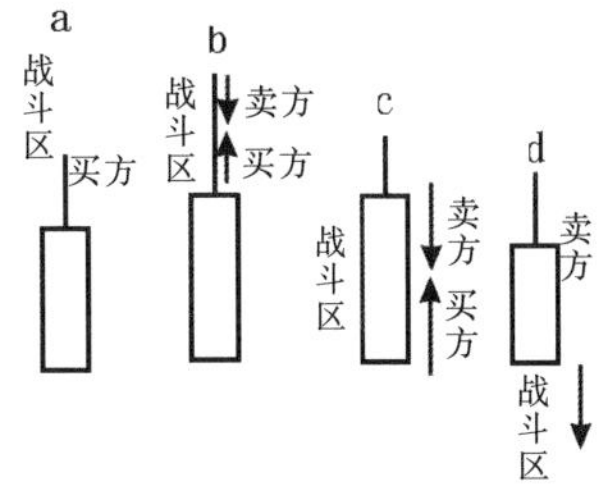

图A

第三,昨日K线是带下影线的阳线实体,今日开盘后买方与卖方可能发生战斗的区域有四种(见图B转下页):a.实体上端,买方创新高价,卖方退却;b.实体部分,卖方施压力,与买方短兵相接;c.影线部分,卖方开盘后就突破买方防线昨日开盘价,使战斗在影线区域发生,买方无力反攻,任凭卖方全力压低行情,当日造成长阴线可能性很大;d.影线之下端,这是买方最弱势的表现,任凭卖方破坏行情,当日可能出现跳空下跌的阴线或是不带下影线的阴线实体。

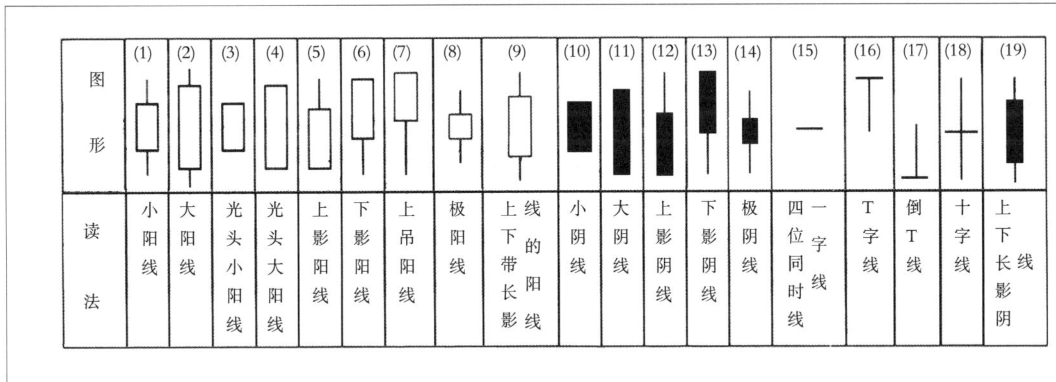

图形	(1)	(2)	(3)	(4)	(5)	(6)	(7)	(8)	(9)	(10)	(11)	(12)	(13)	(14)	(15)	(16)	(17)	(18)	(19)
读法	小阳线	大阳线	光头小阳线	光头大阳线	上影阳线	下影阳线	上吊阳线	极阳线	上下带长影的阳线	小阴线	大阴线	上影阴线	下影阴线	极阴线	一字线 四位同时线	T字线	倒T线	十字线	上下长影阴线

②K线与股票买卖时机。K线与股票买卖的时机紧密相连,下面是几种典型的利用K线进行的股票买卖时机分析。

第一,昨日K线是不带上下影线之阳线实体,今日开盘后不久,买方力量强大,屡次出现新的高价,表示多头主力介入,高价

第四,昨日是上下带影线的阳线实体,买方与卖方战斗的区域有五种(见图C转下页):a.影线上端,卖方在高价所施压力不强,买方在开盘后全力进攻,在新高价区域与卖方战斗,极可能出现长阳线;b.影线部分,卖方虽处劣势,仍与买方拼斗,以阳线

收盘机会为大;c.实体部分,卖方反击,买方亦不退却,双方相持;d.下影线部分,卖方力量强大,突破买方阵地,使买方处于不利地位,有创新低价之可能,收盘的阴线居多。e.下影线的下端卖方借利空消息出现,开盘后便以新低价成交,买方全部套牢,极可能出现长阴线收盘。

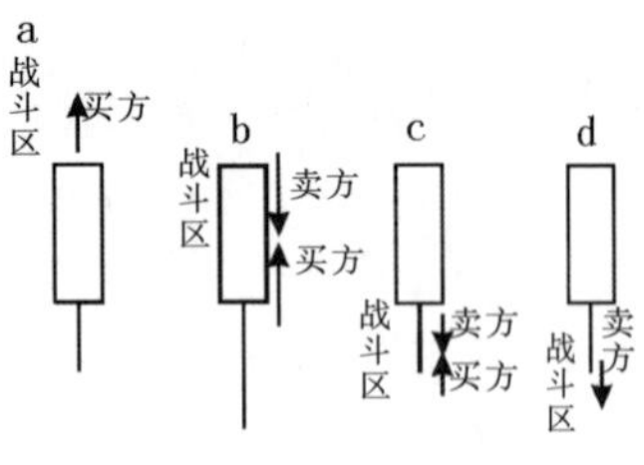

图 B

图 C

第五,昨日K线是不带有上下影线的阴线实体,买方与卖方可能发生争斗的区域有三种(见图D):a.实体下端,今日开盘后,屡次出现新低价,表示卖方占优势,以低价收盘可能大;b.实体部分,开盘后买方立即反攻,与卖方相持不下;c.实体上端,买方乘利多消息出现时,快速拉高行情,卖方不敢抵抗,放弃阵地开盘价。今日买方已掌握大局,可能出现一根长阳线。

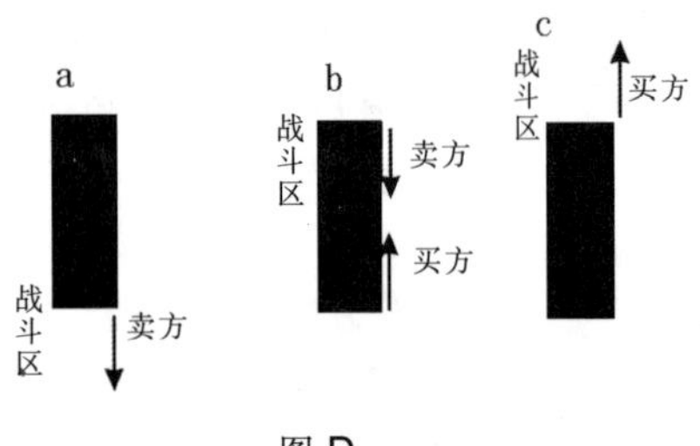

图 D

第六,昨日K线是带上影线的阴线实体,买方与卖方可能发生战斗区域有四种(见图E):a.影线上端,买方完全扫除昨日卖方所占的优势,大量买进,卖方退守,可能出现一根长阳线;b.影线部分,买方一开盘后便占上风,将区域拉至高价位进行,卖方处于不利地位;c.实体部分,买方主动与卖方争斗,但卖方力量并不弱;d.实体下端,卖方持续追击,再创新低价。

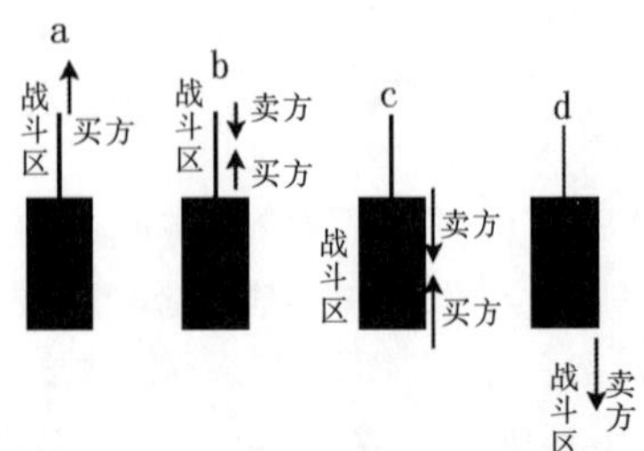

图 E

第七,昨日K线是带下影线的阴线实体,买方与卖方战斗的区域有四种(见图F):a.实体上端,强大的买方在开盘后占优势;b.实体部分,买方与卖方相持不下;c.影线部分,卖方渐居优势,买方渐趋不利;d.影线下端,卖方全力进攻,在新低价区相交,极可能出现长阴线。

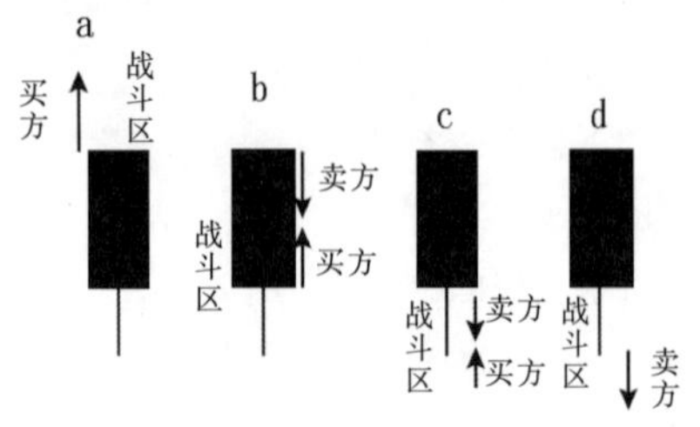

图 F

第八,昨日K线是上下带影线的阴线实体,战斗区有五种(见图G):a.上影线上端,买方借利多消息,奋力抢进,卖方完全处于劣势,出现长红线;b.上影线部分,卖方已失势,买方有力量以高价收盘;c.实体部分,买方反攻,与卖方正面接触,双方对峙;d.下影线部分,卖方再度施加压力,买方以守为攻,处于不利地位;e.下影线下端,卖方在开盘后全力进攻,创新低价,买方处于守势,收盘时以长阴线居多。

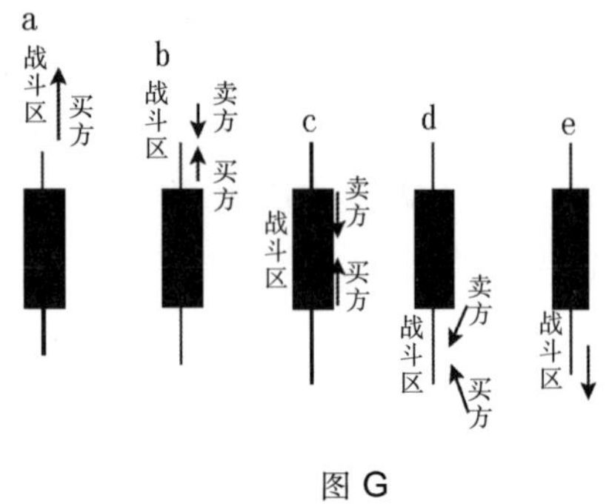

图 G

3.形态理论

股票的价格是由股票的供求关系决定的,而股票的供给与需求又是由各种合理与非合理因素决定的。股价在经过一段时间的上涨或下跌后,往往要经过一段时间的盘整,再继续原来的趋势,或使原来的趋势发生逆转,就会形成各种不同的图形,如三角形、旗形等,一般称为各种股价形态。形态可分为两大类:一种是股价经过盘整后继续向原方向上升或下跌,称为连续形态;另一种是股价经过盘整后改变原来的方向,如由上升转为下跌,或由下跌转为上升,称为反转形态。有些图形为某种形态所仅有,如旗形仅出现在连续形态中。但大多数图形,如矩形、双重底、双重顶、三角形等,为两种形态所共有,只是出现的频率各不相同而已。现将常见的一些图形出现的形态情况列表如下:

名称	图形	特征	连续形态	反转形态
双重顶	股价 顶 顶 颈线 时间	①颈线是通过双顶之间的低点与双顶作一平行线。②股价突破颈线达3%以上时为有效突破。	出现	出现
双重底	股价 颈线 底 底 时间	①股价突破颈线达3%以上时为有效突破；②从第二底上升时成交量要大于从第一底上升时的成交量，否则可信度要降低。	出现	出现
三重顶	股价 顶 顶 顶 颈线 时间	①顶与顶之间的时间间隔不必相等；②三顶点的股价不必相等,高低不超过3%即可。	较少出现	较多出现
头肩顶	股价 头 肩 肩 颈线 时间	①股价突破颈线价位达3%时为有效突破；②股价突破颈线时，成交量不一定扩大。	较少出现	较常出现
头肩底	股价 颈线 肩 肩 底 时间	①股价突破颈线价位达3%时为有效突破；②突破颈线时需要成交量的配合。	较少出现	较常出现
复合头肩顶	股价 头 肩 肩 肩 肩 时间 颈线	向下突破颈线时，成交量不一定会扩大；但此后若继续下跌，成交量就会上升。	较少出现	较常出现
复合头肩底	股价 颈线 肩 肩 肩 肩 底 时间	向上突破颈线需要成交量的配合，否则突破的有效性就会减低。	较少出现	较常出现

（续表）

名　　称	图　　形	特　　征	连续形态	反转形态
三　重　底	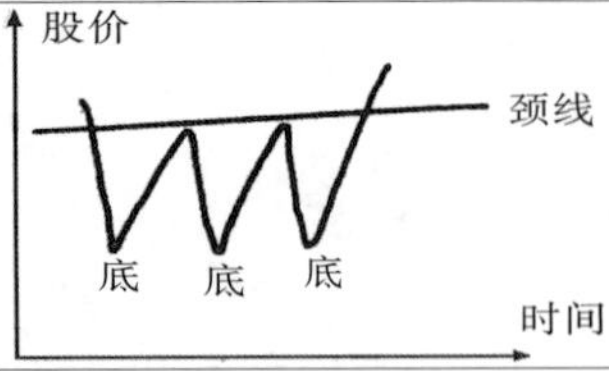 股价 颈线 底 底 底 时间	①底与底之间的时间间隔不必相等；②三底点的股价不必相同，高低不超过3%即可	较少出现	较多出现
上升直角三角形	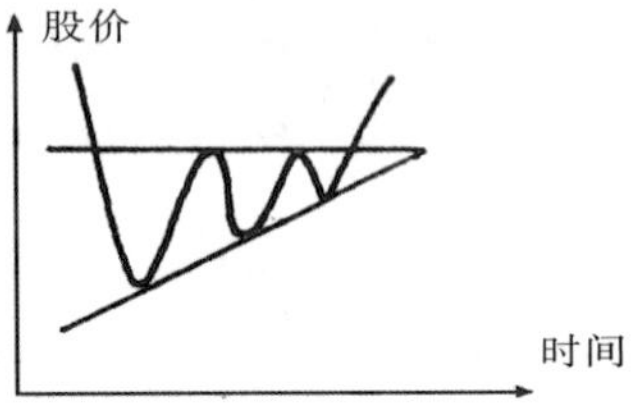 股价 时间	股价突破上升直角三角形开始上升时，成交量若没有增加，这一突破可能是假突破。	出现概率约20%	出现概率约80%
下降直角三角形	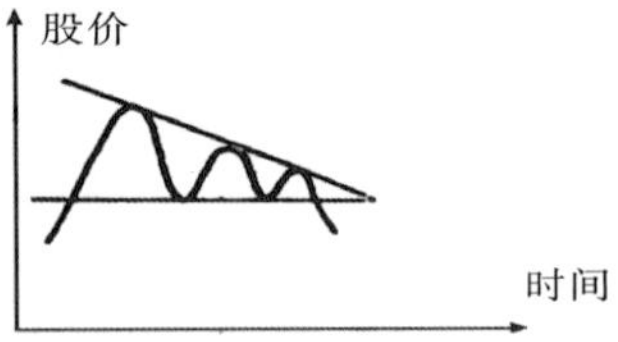 股价 时间	股价向下突破时，成交量不一定随之增加，这不影响突破的有效性。	出现概率约20%	出现概率约80%
增　大　型	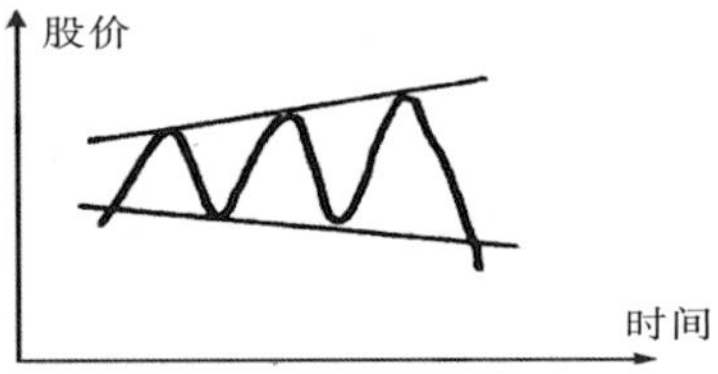 股价 时间	①增大型的成交量变化不规则，并不随形态的发展而减少或增加；②增大型一般表示多头市场的终结。	较少出现	较多出现
上升楔形	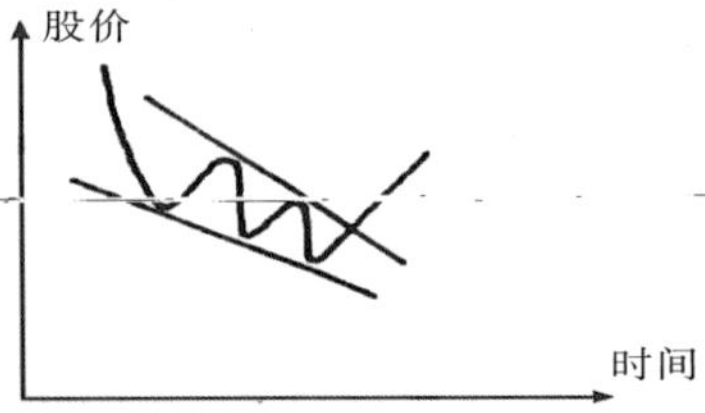 股价 时间	成交量随形态的发展越来越小。	较少出现	较多出现
下降楔形	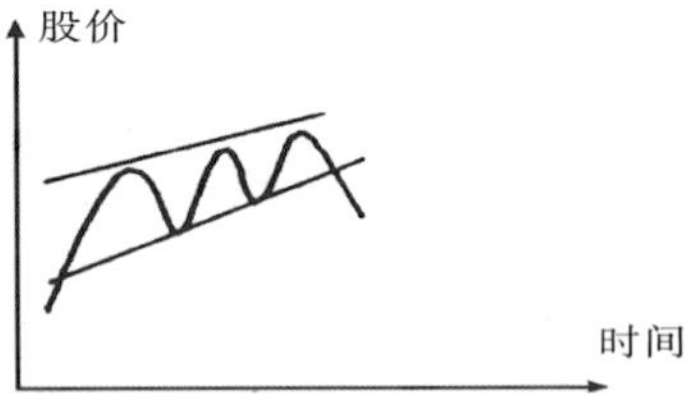 股价 时间	成交量随着形态的发展而越来越小。	较少出现	较多出现
对　称三角形	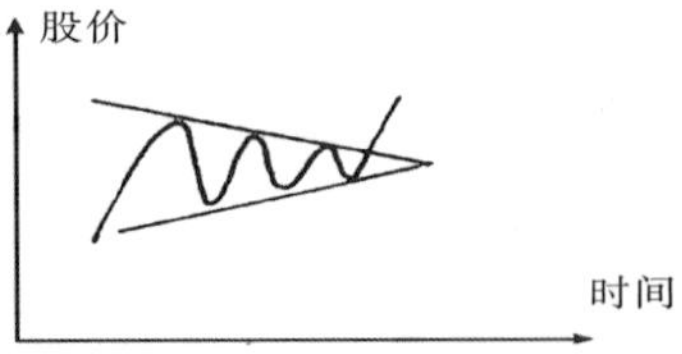 股价 时间	①当股价盘整到三角形的尖端时才向上突破，其上升的程度非常有限；②股价盘整至中途突然快速上升，成交量大增，则会出现大的上升行情。	出现概率约75%	出现概率约25%

（续表）

名　称	图　　形	特　　征	连续形态	反转形态
上升矩形	股价 时间	股价突破上界线时,需要件以成交量的大量增加。	较多出现	较少出现
下降矩形	股价 时间	股价突破下界线时,不必伴以成交量的相应增加。	较多出现	较少出现
旗　形	股价 上升旗形 时间 股价 下降旗形 时间	①股价向上突破时，需要件以成交量相应增加； ②股价向下突破时，成交量则不一定相应增加； ③旗形只是一种连续型态,不可能成为反转型态。	出　现	不 出 现

4.波浪理论

波浪理论认为,不论是多头市场还是空头市场,股价变动的每一个完整的循环都会呈现出几个固定的波浪走势。如在多头市场中,一个循环分8个波浪(见图1),前5个看涨,后3个看跌。在前5个波浪中,奇数序号(1、3、5)波浪是上升的,称方向波或推动浪;偶数号(6、8)波浪是明显看跌,奇数序号(7)波浪是反弹整理。整个循环基本上是不同程度的奇数序波浪看涨或反弹,偶数序的波浪是看跌或回跌。

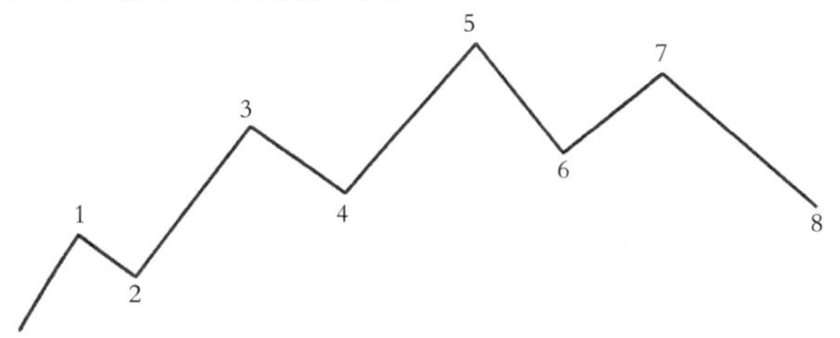

图1　多头市场的8个波浪循环

在空头市场中,其波动趋势刚好与多头市场相反(见图2)。即前5个波浪行情看跌,其中奇数序号波浪看跌,偶数序号波浪看涨。后3个波浪是行情看涨,其中偶数序号(6、8)波浪看涨,奇数序号(7)波浪是回跌整理。由此可以看出,整个循环基本上是不同程度的奇数序波浪看跌或回跌,偶数序波浪则看涨或反弹。

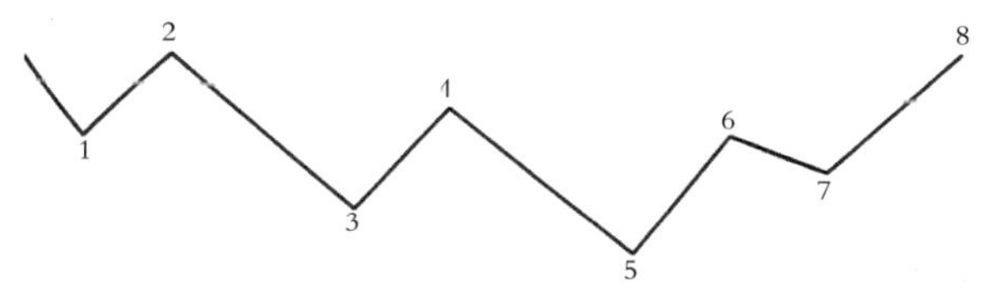

图2　空头市场的8个波浪循环

在波浪理论中,任一序列,任一级次的波,都可被细分以及再细分为较小级次的波。向主要方向进行的三个推动波(方向波),可以分成更小的五个小波浪,而向相反方向进行的两个调整浪也可分成更小的三个小波浪(如图3)。两个在某一相同级次上的波浪,可以被分成小一级次的8个波,然后8个波又可用相同的方式,继续细分为再小一级次的34波。

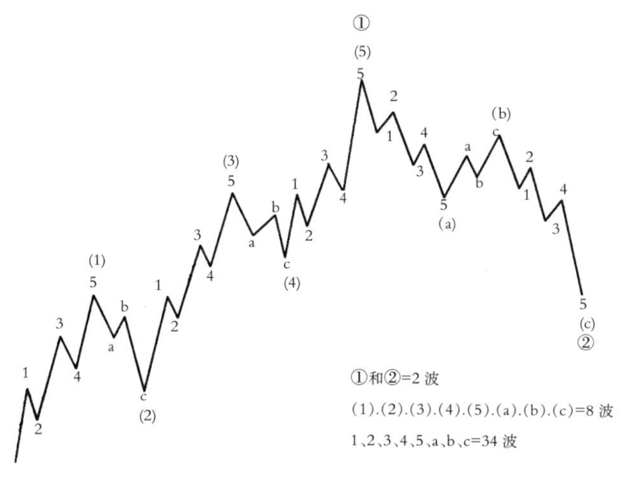

图3

波浪理论中各浪的特性是:

第1浪。第1浪大约有半数是属于营造底部形态的一部分,第1浪是8浪循环的开始，由于这段行情的上升出现在空头市场形势后的反弹或反转，买方力量并不强大，加上空头继续存在,因此,在此类1浪上升之后出现第2浪调整回跌时,其回挡的程度往往较深。另外半数的第1浪,出现在长期盘整完成之后。在这类波浪中,其行情上升幅度较大。根据实际经验,第1浪的涨幅是5浪中最短的行情。

第2浪。这一浪是下跌浪。由于市场人士误以为熊市尚未结束,其下跌调整的幅度相当大,几乎吃掉第1浪的升幅。当行情在此浪中跌至第1浪起点时,市场出现惜售心理,抛售压力逐渐衰竭,成交量也逐渐萎缩时,第2浪调整才会宣告结束。此浪中经常出现表中的反转形态,如头肩底、双重底等。

第3浪。该浪的涨势往往是最大的、最有爆发力的上升浪,其持续的时间与幅度经常是最长的,投资者信心恢复,成交量大幅度上升,常出现图表中的突破信号(如裂口跳升等)。在突破第1浪的高点时,是最强烈的的买进信号。由于第3浪涨势激烈,经常出现"延长波"现象。

第4浪。以三角形调整形态运行的机会较多,浪底一般不会低于第1浪的顶点。

第5浪。在股市中该浪的涨势通常小于第3浪,且经常出现失败的情况。在该浪中二、三线股通常是市场上的主导力量,其涨幅常常大于一线股,此时市场情绪相当乐观。

第6浪(即a浪)。在该浪中,市场人士大多数认为上升行情并未逆转,此时仅为一个暂时的回档现象。实际上,该浪的下跌,在第5浪中通常已有警告讯号,如成交量与股价走势背离或技术指标上的背离等。但由于此时市场心态仍较为乐观,故该浪有时出现平势调整或者"之"字型态运行。

第7浪(即b浪)。该浪经常表现为成交量不大,是多头的逃命线。然而,由于是一段上升行情,容易让投资者误以为是另一波段的涨势,形成"多头陷阱",许多人士在此惨遭套牢。

第8浪(即c浪)。该浪是一段破坏力较强的下跌浪,跌幅大,持续的时间也较长,而且出现全面性下跌。

波浪理论看起来颇为简单和容易运用。实际上,由于其每一个上升(下跌)的完整过程都包含有一个八浪循环,大循环中有小循环,小循环中还有更小的循环,即大浪中有小浪,小浪中有细浪,使数浪变得相当繁杂和难以把握。另外,推动浪和调整浪经常出现变化型态和复杂型态,使得对浪的准确划分更加难以界定。这两点构成了波浪理论运用的最大难点。

二、股市投资技术指标运用

技术指标运用作为一种股市投资方法,目前颇受广大投资者的偏爱。尤其是近几年,随着证券市场的发展,各种指标层出不穷,其设计原理、数学模型也更趋复杂。

1.随机指标KD·J

随机指标KD·J(Stochastics Process),它是由乔治·兰恩(George Lane)提出的,它综合了动量观念、相对强弱指标与移动平均线的优点,并通过计算一定时间周期内出现过的最高价、最低价及收盘价等价格的波动幅度来反映股价的超买超卖现象,其主要用于短期买卖时机的研判。

(1)随机指标KD·J的计算公式:

①直接法:

$$\%K(n)_t=\frac{C_t-L(n)_t}{H(n)_t-L(n)_t}\times 100\%$$

其中:

$H(n)_t=\max\{Hi|t-n+1\leqq i\leqq t\}$(最近n日内的最高价)

$L(n)_t=\text{mix}\{Li|t-n+1\leqq i\leqq t\}$(最近n日内的最低价)

K值的m日平均值,即D值

$$\%D(n)_t=\frac{1}{m}\sum_{i=i}^{m}\%K(n)_t-i+1$$

②间接法:它是先计算出未成熟随机值RSV,再计算K值、D值。

$$RSV(n)_t=\frac{C_t-L(n)_t}{H(n)_t-L(n)_t}\times 100$$

$$\%K(n)_t=\frac{2}{3}\%K(n)_{t-1}+\frac{1}{3}RSV(n)_t$$

$$\%D(n)_t=\frac{2}{3}\%D(n)_{t-1}+\frac{1}{3}RSV(n)_t$$

[注1]:一般取n=9、m=3。

[注2]:若没有前一日K值时用50代替。

此外还需引入另外一个参数J,其计算公式为:J=3K-2D或J=3D-2K。

(2)随机指标的应用。随机指标常用于短期行情预测,其主要运用如下:

①超买超卖分析。K值和D值小于20,属超卖,是买入信号;K值和D值大于80,属超买,是卖出信号。

②背离分析。股价创新低,而K、D值却不创新低,称为底背离,是买入信号;股价创新高,而K、D值却不创新高,称为顶背离,是卖出信号。

③交叉分析。在低位K线从下方向上过D线,称为黄金交叉,是买入信号,K、D线在低位二次黄金交叉时,是最佳买入信号;在高位K线从上方向下过D线,称为死亡交叉,是卖出信号,K、D线在高位2次死亡交叉时是最佳卖出信号。

④实战运用。a、寻找二次交叉,并以此判断买入还是卖出;b、寻找J值异常点,当J值<O时,股份已到近期底部,为强烈买入信号;c、超买超卖分析。不同的时间周期,随机指标的超买和超卖的划分不同,其中短期(一般时间周期取5天)K、D,当K<15、D<20时,属超卖,是买入信号;当K>85,D>80时,属超买,是卖出信号;中期(一般时间周期取20天)K、D,当K<20、D<20时,属超卖,是买入信号;当K>80、D>80时,属超买,是卖出信号;长期(一般时间周期取60天)K、D,当K<20、D<20时,属超卖,是买入信号;当K>80,D>75时,属超卖,是卖出信号。同时,引用KD.J进行实战指导。选择买点时,一定注意成交量的配合,若K线上穿D线,甚至二次金叉而成交量并未有效放大,则该买进信号的可信性便要大打折扣,而当KD.J发出卖出信号一

般不需成交量的配合,因为一旦高位死叉,不管成交量如何,跌势已成,人气涣散,行情不再看好。而且KDJ在发出卖出信号时,一般较大势早,因此,投资者可从容减仓。

2.人气指标AR

人气指标AR是一种"潜在动量指标",它是一种根据股市积聚的能量多少来反映行情潜在的上涨或下跌动能的指标,人气指标AR以当日开盘价为平衡点来衡量买卖气势的强弱,主要用于预测股市的未来走势,并提供买卖时机。

(1)人气指标AR的计算公式。人气指标AR计算公式为:

$$AR=\frac{\sum_{i=1}^{n}(H-O)_i}{\sum_{i=1}^{n}(O-L)_i}\times 100\%$$

其中:n一般取10、15、20、25,H为最高价,O为开盘价,L为最低价。

AR的移动计算可采取基本法,也可采取平滑法,即在分子和分母同时进行平滑移动。

(2)人气指标AR的应用。人气指标AR的应用主要体现在两个方面:

①买卖时机分析。人气指标在50以下,属超卖,是买入信号;人气指标值在200以上,属超买,是卖出信号;股价高价下跌,AR也跌至一半时可以买进;股价低价上升,AR也升至一倍时可以卖出。

②零线分析。AR的零线位为100,在该位几日累积上升振幅等于累积下跌振幅,显示多空力量均衡。

3.意愿指标BR

意愿指标BR与AR同起源于日本,它是一种以相反理论为基础的情绪指标,它是以上日收盘价为起点来比较股价上涨幅度和下跌幅度,用来反映投资人的买卖意愿。

(1)计算公式。意愿指标与人气指标的区别仅在评价的起点不同,其计算公式为:

$$BR=\frac{\sum_{i=1}^{n}(H-CY)_i}{\sum_{i=1}^{n}(CY-L)_i}\times 100\%$$

其中:CY为上日收盘价,n一般取10、15、20、25。

(2)意愿指标的应用。其应用包括以下两方面:

①买卖时机判断。BR的零线位为100,是多空力量的平衡点;当BR<50,是超卖,股价随时会反弹,是买入时机;当BR>300,是超买,股价会随时下跌,是卖出信号。

②实战应用。BR由高档下降一半,此时介入抢反弹成功率相当高。如果此时AR位于40左右的低水平(代表多方持续蓄积能量),而BR由上向下缓慢接近AR,几乎达到交义,则此时即为千载难逢的买进时机。行情上涨或下跌时的AR、BR大多分向不同方向,故当两指标由分离趋于接近时则意味着行情酝酿反弹。通常BR比AR高,当BR运行于AR之下时多为行情作底的征兆。

4.移动平均线MA

移动平均线MA(Moving Arerage)理论是世界各国证券市场普遍接受,必不可少的指标工具,它是利用统计票上"移动平均"原理,取日(或其它时间长度)为单位,将一定日数的日收盘价逐日移动加总平均,从而得出每日的收盘平均股价,逐日将其连接成一条曲线,就是移动平均线。

(1)移动平均线MA的计算公式。移动平均线MA的计算公式如下:

$$MA(n)_t=\frac{1}{n}\sum_{i=1}^{n}C_{t-i+1}$$

注:移动平均线依统计取样日数的差别分为短期均线:包括5日线、10日线等;中期均线:包括25日线、30日线等;长期均线:包括100日线、250日线等。

(2)移动平均线MA的应用。MA的应用包括买卖时机的判断和实战应用两个方面:

①买卖时机判断。属于买入信号的情况有:a.移动平均线从下降逐渐转为水平,并有上升的迹象,当股价从移动平均线的下方向上突破移动平均线时,是买入信号;b.股价在移动平均线之上,当股价下跌而没有跌破移动平均线,股价又再度上升时,是买入信号;c.股价由移动平均线之上跌至移动平均线之下,但移动平均线仍呈上升趋势时,是买入信号;d.股价在移动平均线之下,突然暴跌,使得股价距离移动平均线非常远,股价极有可能再次向移动平均线靠拢(这是分久必合的道理),是买入信号。属于卖出信号的情况有:a.股价处在上升趋势中,且在移动平均线之上,当股价连续数日上涨,使得股价离移动平均线愈来愈远,股价随时会向移动平均线靠拢,是卖出信号;b.移动平均线由上升逐渐转为水平,当股价从移动平均线上方跌破移动平均线时,是卖出信号;c.股价在移动平均线之下,股价反弹时未突破移动平均线,而移动平均线已有从水平转为向下的趋势时,是卖出信号;d.股价在移动平均线之上,而移动平均线仍继续向下时,是卖出信号。

②实战应用。实战中,MA应用可分两种情况:一种是单条移动平均线MA的应用。属于买入信号的有:a.移动平均线由较为缓慢下跌转为急速下跌,当又变缓至近似水平时,如图(a)所示;b.移动平均线由上升变成平缓,又出现下降,当移动平均线由下降再次变为平缓时,如图(b)所示;c.移动平均线经过一段上升之后变为平缓,而后又开始上升时,如图(c)所示;移动平均线上升的速度号不是很快,但总体趋势是上升时,如图(d)所示;属于卖出信号的有:a.移动平均线由较为平缓的上升转为急速上升,当又变缓至近似水平时,如图(e)所示;b.移动平均线由缓慢下降变为急速下降时,如图(f)所示;c.移动平均线下降的速度号不是很快,但总体呈下降趋势时,如图(g)所示;d.移动平均线和股价相互交错在一起,并在一定的范围内水平移动时,如图(h)所示(转下页)。

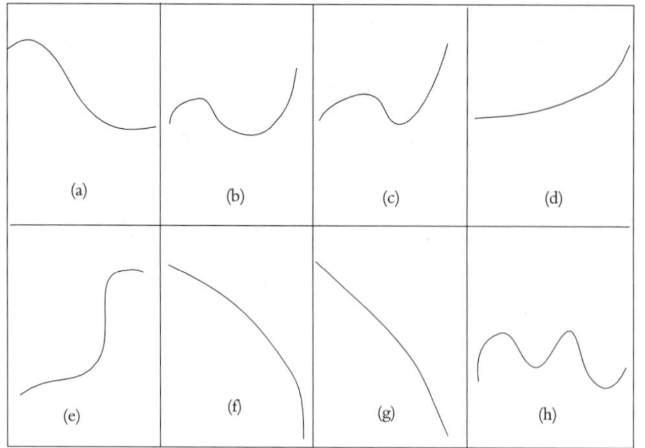

另一种是多条移动平均线 MA 的综合运用。属于买入信号的有：a.当短期移动平均线向上突破中、长期移动平均线时；b.股价位于移动平均线上方，并同短期、中期和长期移动平均线并列呈上升趋势时；c.弱市行情持续了相当一段时间后，当短期移动平均线从谷底上升时。属于卖出信号的有：a.移动平均线持续上升了一段时期后，短期移动平均线变为水平势态甚至出现下降趋势时；b.长期移动平均线在最上方，中、短期移动平均线在下方，股价在最下方排列，且都呈下降趋势时；c.当短、中、长期移动平均线及股价相互交叉时，表明股价处于盘整状态，此时移动平均线给出的信号频繁但不准确，此时应结合其他技术指标综合研判。

5.威廉指标%R

威廉指标%R（Williams Overbought/Oversold Index）是利用由拉瑞·威廉（Larry Williams）首先提出的摆动点来衡量股市的超买、超卖现象来预测股价周期变化的高点与低点，并提供买卖信号。

（1）威廉指标%R 的计算公式。威廉指标%R 的计算公式如下：

$$\%R_t=\frac{H(n)_t-C_t}{H(n)_t-L(n)_t}$$

其中：

$H(n)_t=\max\{H_i|t-n+1\leq i\leq t\}$（最近 n 日内的最高价）

$L(n)_t=\text{mix}\{L_i|t-n+1\leq i\leq t\}$（最近 n 日内的最低价）

［注 1］：一般取 n=5、20、60。

［注 2］：威廉指标%R 的计算方法与随机指标 KD 指标非常相近，而且%R 值与%K 值互为补数，即：

%R+%K=100

（2）威廉指标%R 的应用。威廉指标%R 的买卖时机判断情况分别为：①短期（一般时间周期 5 天）威廉指标大于 85 时，属超卖，是买入信号；②中期（一般时间周期 20 天）威廉指标大于 80 时，属超卖，是买入信号；③长期（一般时间周期 60 天）威廉指标大于 75 时，属超卖，是买入信号；④短期（一般时间周期 5 天）威廉指标小于 15 时，属超买，是卖出信号；⑤中期（一般时间周期 20 天）威廉指标小于 20 时，属超买，是卖出信号；⑥长期（一般时间周期 60 天）威廉指标小于 25 时，属超买，是卖出信号。

至于实战应用，当 W%R 向上突破 50 中轴线时，市场由弱转强，此时可以追高补仓；W%R 向下突破 50 中轴线时，市场由强转弱，此时可以杀跌减仓。W%R 经常会在超买、超卖区徘徊，决不能认为只要威廉指标在超买 / 卖区内就要立即卖出 / 买进，只有指标穿破预定线位才是真正买卖信号。运用本指标一定要注意结合股价精心发现其背离情况，而且威廉指标在超买或超卖区总会徘徊一段时间，经常会形成“M”头或“W”底的形态，投资者一定要善于捕捉此类信号。

6.相对强弱指标 RSI

相对强弱指标 RSI（Relative Strength Index）是根据一段时期内股价涨跌的幅度，来表现多空双方力量相对强弱的指标。股价涨幅较大，则表明多头力量较强，股价可能继续上涨；反之，则表明空头力量较强，股价可能继续下跌。

（1）相对强弱指标 RSI 计算公式。相对强弱指标 RSI 的计算公式如下：

$$RSI(n)_t=\frac{UC(n)t}{UC(n)_t+DC(n)_t}\times 100$$

其中：

$UC(n)_t=\sum_{i=1}^{n-1}\max\{D,C_{t-i+1}-C_{t-i}\}$ （最近 n 日内收盘价的涨幅之和）

$DC(n)_t=\sum_{i=1}^{n-1}\max\{O,C_{t-i}-C_{t-i+1}\}$ （最近 n 日内收盘价的跌幅之和）

［注 1］：国外一般取 n=9、14；中国市场取 n=10、20 则更有效。

［注 2］：相对强弱指标 RSI 的另一形式为：

$$RSI(n)_t=\frac{UC(n)_t}{\sum_{i=1}^{n-1}|C_{t-i+1}-C_{t-i}|}$$

（2）相对强弱指标 RSI 的应用。

①买卖时机判断：a.相对强弱指标值小于 20 时，属超卖，是买入信号；b.股价创新低，相对强弱指标未同时创新低，称为底背离，是买入信号；c.在低位区当短周期的相对强弱指标线由下往上穿越长周期的相对强弱指标线时，是买入信号；d.相对强弱指标值大于 80 时，属超买，是卖出信号；e.股价创新高，相对强弱指标未同时创新高，称为顶背离，是卖出信号；f.在高位区当短周期的相对强弱指标线由上往下穿越长周期的相对强弱指标线时，是卖出信号；g.可以通过在相对强弱指标线上画“支撑线”和“压力线”的方法研判买卖时机。当相对强弱指标向上突破“压力线”时，是买入信号；当相对强弱指标向下跌破“支撑线”时，是卖出信号。

②实战应用：a. 在高位区若相对强弱指标随股价创新高，则后市仍属强势；在低价区若相对强弱指标随股价创新低，则后市

仍属弱势;b.在高位区若股价突然下跌,相对强弱指标也迅速向下时,表明一轮跌势的出现,是卖出时机;c.要注意 RSI 的极高或极低的位置是极准的行动信号。一般来说,上证指数超过 93 则一定要出货或减仓;反之,若低于 5 则一定要买进或补仓;d.相对强弱指标值以 50 为中界线,50 以下是弱势区,50 以上是强势区,相对强弱指标大于 80 属超买,股价容易产生回挡;相对强弱指标小于 20 属超卖,股价容易产生反弹。但进入超买或超卖区后,股价经常出现超买而不跌,超卖而不涨的情形。此时应尽量采用长周期的相对强弱指标来研判;e.在使用两条不同周期的相对强弱指标的交叉信号作为买卖时机时,相对强弱指标值在 40~60 之间的交叉信号应避免使用;f.买卖时机中提到的 80,20 等分界线的划分与以下两个因素有关:一是与 RSI 的参数有关。一般参数越大,分界线离中心越近,离 10 和 0 就越远;二是与不同股票有关。股票不同,股性不同,则 RSI 能达到的高度也不同。一般越活跃的股票,其分界线离中心线应该越远;反之同理。

7.保利加通道 BOLL

保利加通道指标 BOLL (Bollinger Bands) 是约翰·布林 (John Bollinger)利用股价的移动标准差提出来的,它是按一定的方式将区间的顶部和底部分别连成线则构成保利加通道,上边的线称为阻力线,下边线称为支撑线。保利加通道具有灵活性和顺应趋势的特点,目前,保利加通道已成为市场上最受欢迎的技术分析指标之一。

(1)保加利通道 BOLL 的计算公式。移动标准差的计算公式如下:

$$S(n)_t^2=\frac{1}{n-1}\sum_{i=1}^{n}[C_{t-i+1}-MA(n)_t]^2$$

其中:

$$MA(n)_t=\frac{1}{n}\sum_{i=1}^{n}C_{t-i+1}$$ (最近 n 日内移动平均值)

保利加通道是以股价平均线 $MA(n)_t$ 为中心线,上方阻力线 $MA(n)_t+\alpha S(n)_t$ 和下方的支撑线 $MA(n)_t-\alpha S(n)_t$ 之间的带状区域,α 是调整参数。

[注 1]:布林建议 n=20、α=2;尤其指出当 n<10 时,该指标有时失灵。

[注 2]:除了使用收盘价格以外,亦可使用中间价

$$TP_i=\frac{H_i+L_i+C_i}{3}$$ 或

$$TP_i=\frac{H_i+L_i+2C_i}{4}$$

(2)保利加通道 BOLL 的应用。

①买卖时机判断。a.股价向下突破支撑线时,将会反弹,是买入信号;b.股价向下触及支撑线又调头向上时,是买入信号;c.股价向上穿越阻力线时,将会回档,是卖出信号;d.股价向上触及阻力线又调头向下时,是卖出信号。

②实战应用。实战应用情况包括:a.股价跌破保利加通道下限,为短线抢反弹的绝好时机,跌的越深,反弹幅度越大;b.有时会出现以下情形:股价从高位下挫,经过剧烈运行,则要逐渐趋于平静,这时保利加通道上、下边界愈渐接近,几乎形成水平带。但股价一旦突破通道边界,则后市必是一波强势行情;c.当保利加通道的带状区呈水平方向移动,如股价反复突破阻力线,表明股价趋势是强势,暗示未来股价上涨的可能性较大,可在回挡时买入股票;d.当带状区处于水平方向移动,股价反复突破支撑线时,表明股价趋势是弱势,暗示未来股价下跌的可能性较大,可在反弹时卖出股票;e. 保利加通道的带状区变的越来越窄时,预示着将要有大行情发生;f.股价有时会反复向上突破阻力线或向下突破支撑线,频繁发出买卖信号,但回档或反弹的幅度又不太大,造成进出频繁,获利困难,此时应配合变速率指标 ROC、顺势通道指标 CCI、随机指标 KD.J 等指标综合研判。

8.心理线 PSY

心理线 PSY(Psychological Line)研究的是一段时间周期内市场倾向于买方或倾向于卖方的心理,对多空双方力量对比进行探索,并根据一段时间周期内上涨与下跌的变动情况决定买卖时机。它反映一定的日数中股价上涨日数占上涨和下跌总日数之比重,由于股价涨跌时间和投资人心理波动状态有着某种相互联系与相互作用,故该振荡指标被作为心理线,它属于情绪指标的一种。

(1)心理线 PSY 的计算公式。心理线 PSY 的计算公式如下:

$$PSY(n)_t=\frac{UD(n)_t}{n}\times100$$

其中:

$$UD(n)_t=\sum_{i=1}^{n}\max\{O,\mathrm{sign}(C_{t-i+1}-C_{t-i})\}$$ (最近 n 日内股价上涨天数之和),以 12 日为宜。

(2)心理线 PSY 的应用。

①买卖时机判断。a.以 12 日为基准,心理线值低于 25 时属超卖,一段上升行情展开前,通常心理线的超卖低点会出现两次,当出现第二次超卖低点时,是买入信号;b.当心理线值低于 10 时,是真正的超卖区,是买入信号;c.当心理线值超过 75 时属超买,一段下降行情展开前,通常心理线的超买高点会出现两次,当出现第二次超买高点时,是卖出信号;d.当心理线在超买区密集出现两次高点时,是卖出信号。

②实战应用。实战应用情况包括:a.长期实践证明,无论上升行情或下跌行情展开前,通常心理线会出现两次以上的买点和卖点,有充分时间和机会来判断和决策。若投资者通过观察心理线发现超卖现象严重,则心理线向上变动会再度落回此点附近,此时即为极佳的买进机会。反之亦然;b.心理线在 25~75 区域内属常态区,是观望信号;c.心理性的超买、超卖界限的确定,因个股差异而有所不同。

9.乖离率 BIAS

乖离率 BIAS(又称 Y 值)是由移动平均原理派生出的一项技术分析指标,主要用于测算股价在波动过程中与移动平均线

的偏离程度，它是移动平均线分析的一项辅助工具。

(1)乖离率计算公式。n 日乖离率的计算公式如下：

$$Y(n)_t=\frac{C_t-MA(n)_t}{MA(n)_t}$$

其中：$MA(n)_t=\frac{1}{n}\sum_{i=1}^{n}C_{t-i+1}$ （最近 n 日内收盘价的移动平均值）

[注]：一般取 n=6、10。

(2)乖离率 BIAS 的应用。

①买卖时机判断。a. 大势下跌时，当 10 日乖离率小于-10 时，是买进信号；b.大势上升时，当 10 日乖离率小于-5 时，是买进信号；c.大势上升时，当 10 日乖离率大于 10 时，是卖出信号；d.大势下跌时，当 10 日乖离率大于 5 时，是卖出信号。

②实战应用。在实战中，乖离率有正负之分，若股价在平均线之上，则为正乖离率；股价在平均线之下，则为负乖离率。当股价与平均线相交时，则乖离率为零，正的乖离率越大，表示短期获利愈大，则获利回吐的可能性愈高；负的乖离率愈大，则空头回补的可能性也愈高。另外，还可以通过在乖离率曲线上画支撑线和压力线来研判买卖时机。当乖离率向上突破压力线时，是买入信号；当乖离率向下跌破支撑线时，是卖出信号。

股市投资理论分析与指标应用

股市投资理论分析与指标应用

第四章 股市投资机会与风险控制

一、美国股市重大投资机会的借鉴

我国已加入WTO,证券市场的发展也进入了一个新的时期。在逐步规范化、市场化、国际化的国内证券市场中,价值投资和理性投资将成为投资者主体的主流投资理念。如何把握未来证券市场中的投资机会,也成为每一位投资者最关心的问题。美国股市已有200多年历史,是全球最成熟的市场,美国股市各阶段重大投资机会的发生、发展、消亡的历史,对我们抓住中国股市未来重大投资机会,是一个很好的借鉴。

1.政策变化中孕育着投资良机

政策可以分为宏观经济政策、监管政策和行业政策,它是影响企业经营的重要外部因素,政策的重大变化同时会产生正面和负面的影响。受到正面影响的上市公司,其中存在着重大的投资机会。这是因为:

第一,恰当的宏观经济政策是股市进入牛市的基础。一般在经济衰退的末期政府通常会制定适当的财政政策、货币政策、贸易政策来刺激经济快速复苏。20世纪90年代,美国在克林顿任期内道琼斯指数上涨了3倍,纳斯达克指数上涨了10倍,主要是受克林顿政府推行的宏观经济政策的影响。其推广的财政政策包括:通过增加投资,经济转型和增长战略来增加财政收入;削减国防经费;削减联邦行政开支;取消非生产性开支,鼓励私人投资。货币政策倾向谨慎温和。贸易政策提倡"公平贸易",并制定了美国有史以来第一个"国家出口战略",确定六大重点出口产业,把开拓国外市场、扩大对外贸易放在对外战略的优先地位。同时由克林顿亲任主席,成立了国家科学委员会,把科技提到了重要地位。

第二,美国近80年牛市的保障是严厉的监管政策。美国股市在20世纪30年代之前存在上市公司拒绝公布年度销售额、董事会保留重要信息方便自己牟利、内幕交易盛行、欺诈行为屡见不鲜等问题,当时投资者只关心价格操纵者而忽视公司经营业绩,终于导致了1929年10月的美国股灾,股价在两天内下跌23%,到1932年跌幅达90%。罗斯福当选总统不久,大力促进1933年《证券法》和1934年《证券交易法》的出台,并成立了美国证券交易委员会(SEC)。在严厉的监管政策下,美国证券市场才逐步趋向价值投资和理性投资,通用汽车(GM)、通用电器(GE)等一大批蓝筹股成为美国股市的中流砥柱,奠定了美国股市长达67年的大牛市,道琼斯指数从1933年初的60点上涨到2000年的10788点,涨幅达178.8倍。

第三,行业政策的出台可以在短期 获取效益。行业政策通常是政府出于全局考虑,鼓励或者遏制某些行业发展或者在新的社会条件下改变已不合时宜的行业规则而制订的。1996年美国《电信法》出台,允许长途电话、市内电话和有线电视三者互相准入,自由竞争,打破了美国电话电报公司(ATT)在长途电话上的垄断地位,所以ATT的股价在1996年6月到1997年3月间暴跌46%,而其竞争对手股价同期市场上涨20%以上。新的行业政策意味着更加宽松的市场环境。美国QWEST通信公司抓住这次机会,利用新兴的IP技术抢夺市场,股价从1997年6月上市之初的6.8美元上涨到2000年的51.5美元,最大涨幅达6.57倍。投资者如果能抓住行业政策变化这一机会,获益是最快的。

2.从宏观经济周期的波动中可寻觅投资机会

股价本质上是投资者对上市公司未来盈利的预期,而上市公司未来盈利又取决于宏观经济周期的波动,所以每一轮经济扩张周期启动之时,是最有价值的投资机会。

第二次世界大战后,美国一共经历了9次完整的经济周期,目前正处于从1991年开始的第十次经济周期的衰退阶段。由表1可以看出,美国经济在战后的9个完整的经济周期里表现出了明显的牛长熊短的特征,经济扩张阶段的平均时间达50个日,是经济收缩阶段平均时间的近5倍。

表1:1945-1991 美国经济周期

序号	周期波谷	周期波峰	收缩周期	扩张周期	合计
1	1945年10月	1948年11月	8	37	45
2	1949年10月	1953年7月	11	45	56
3	1954年5月	1957年8月	10	39	49
4	1958年4月	1960年4月	8	24	32
5	1961年2月	1969年12月	10	106	116
6	1970年11月	1973年11月	11	36	47
7	1975年3月	1980年1月	16	58	74
8	1980年7月	1981年7月	6	12	18
9	1982年11月	1990年7月	16	92	108
10	1981年3月	—	8	—	—
平均			10.6个月	50个月	60.5个月

备注:收缩周期是指上次波峰到本次波谷的时间,扩张周期是指本次波谷到下次波峰的时间。(以月为单位)

新一轮经济扩张的前提是前期的经济收缩,在经济收缩阶段如果能提前预测未来经济的转机抢先入市,就能占尽先机。我们来观察美国道琼斯指数在美国经济扩张(表2)和收缩(表3)阶段中的表现,了解何时是最佳的投资时机。

表 2:美国经济扩张阶段道琼斯指数的表现

周期	波谷时指数	波峰时指数	期间最高点	与上一周期低点相比最大涨幅	期间最大涨幅	顶部提前时间
45.10-48.11	186	171	213		15%	5个月
49.10-53.7	189	275	295	84$	56%	6个月
54.5-57.8	327	484	524	106%	60%	12个月
58.4-60.4	455	601	688	65%	51%	3个月
61.2-69.12	662	800	974	73%	47%	7个月
70.11-73.11	794	822	1067	70%	34%	10个月
75.3-80.1	768	876	1007	77%	31%	36个月
80.7-81.7	935	952	1031	41%	10%	3个月
82.11-90.7	1039	2905	3024	292%	191%	没有提前
平均				101%	55%	9个月

表 3:美国经济经济收缩阶段道琼斯指数的表现

周期	波峰时指数	波谷时指数	期间最低点	期间最大跌幅	底部提前时间
48.11-49.10	171	189	160	-6.4%	4个月
53.7-54.5	275	327	254	-7.6%	9个月
57.8-58.4	484	455	416	-14%	7个月
60.4-61.2	601	662	564	-6.1%	4个月
69.12-70.11	800	794	627	-21.6%	6个月
73.11-75.3	822	768	570	-30.6%	3个月
80.1-80.7	876	935	730	-16.7%	4个月
81.7-82.11	952	1039	770	-19.1%	3个月
90.7-91.3	2905	2913	2344	-19.3%	5个月
平均				-15.7%	5个月

备注:1、期间最低点是从波峰到波谷期间道琼斯指数的最低指数,期间最大跌幅是指期间最低点与波峰时指数相比的跌幅;

2、底部提前时间是指道琼斯指数到达最低点时的月份与经济周期波谷时月份之间的差异。

从表中可以看到,股市的波动周期与道琼斯指数的波动周期几乎没有吻合记录,道琼斯指数的底部每次都比经济周期的波谷提前了3到9个月,平均为5个月时间。每次经济收缩阶段股市最大跌幅从6%到30%,平均为15.7%,而且有逐渐增大趋势。另外,从表中还可以发现,如果能在经济周期的波谷来临前5个月左右入市,随之而来的经济扩张阶段平均涨幅达到101%。即使等到经济周期波谷已确实来临入市,平均收益也达到55%。这样,我们根据美国股市过去60年来的经验,经济周期的波谷来临前5个月左右,是投资者最好的投资机会。

3.创新的企业能带来重大投资机会

其实,在现存的各种行业中,都存在着许多重大的投资机会。尤其在改良性技术、新的生产管理方法、新的销售策略和渠道或新的消费偏好出现时,新企业成绩会顺时壮大,改变旧有的市场格局,从而带来重大的投资机会,其中以高科技行业的概率最大,传统行业一样也有投资机会。

以美国的数字设备公司(DEC)、康柏(COMPAQ)和戴尔(DELL)三家公司为例。DEC公司在20世纪90年代之前一直是计算机行业中仅次于IBM的公司,但对计算机行业的第二次转折拒之门外,康柏公司却在1986年率先推出386微机,1994年取代IBM成为全球微机霸主,股价从1986年的0.46美元上涨到1999年的47美元,涨幅达102倍,也是同期道琼斯指数涨幅的102倍,并在1997年收购了康柏。到了第三次转折,互联网的出现,戴尔公司开创了计算机行业直销先河,在2001年第一季度又取代了康柏的霸主地位。其股价从1988年8月的0.0833美元上涨到2000年3月的59.6875美元,涨幅达715倍,而康柏公司则因循守旧不久被惠普公司收购。当然,并非只有高科技行业才有这样的投资机会,在消费者偏好不断变化的消费品行业里以及其他传统行业里,也有重大投资机会。如美国的一家名为HOME DEPOT的零售公司,从1984年8月上市到2000年12月,股价从0.3124美元上涨到最高价68.28美元,最大涨幅达217倍,是道琼斯指数同期涨幅的26倍。到2001年10月19日的收盘价为40.4美元,最终涨幅仍达128倍,市场表现毫不逊色于高科技。HOME DEPOT公司主要成就在于主攻家居产品,朝市场细化、专业化方向发展,定下了新的市场格局,为投资者创造了重大的投资机会。

4.新行业的诞生是投资者获取收益的最好机会

回顾美国历史,每次新行业的诞生都为投资者提供了获取巨大收益的机会。观察如下表格可以看到,新行业在过去五年里平均最大涨幅达到480%,是道琼斯指数的5.3倍,可见这些新兴行业是投资者获取高回报的一个良机。但是,这里有一个必须对新行业进行甄别的问题,根本标准就是新行业能否在短期内产生现金流量和利润。而有一些所谓的新行业,或是因为技术不太熟练,或是成本太高,或是市场需求还较小,在市场高涨时也会以诱人面目出现,但并不是投资者投资的对象。例如美国在60年代也曾炒过计算机、电子、生物基因、太空技术等新兴行业,IBM公司在1962年10月到1968年5月期间,股价曾大涨294%,而同期道琼斯指数涨幅只有38%,但由于当时成本高,市场需求小,所以IBM的股价又重新下跌。可见,投资者在进行新行业的投资之前,也需要考虑各方面的因素。

我国部分新行业1996年10月-2001年10月股价平均最大涨幅

序号	行业	最大涨幅
1	无线通信	670%
2	半导体	550%
3	通信设备	440%
4	软件	440%
5	计算机	430%
6	生物技术	350%
7	道琼斯指数	90%
平均		480%

数据来源:道琼斯公司,道琼斯分类指数

二、我国股市潜在的投资机遇

1.产业转型中的投资机会

随着传统产业环境的急剧变化、衰退,越来越多上市公司面临生存危机,对投资者来说,产业转型才是今后投资的热点。产业转型是生产要素的重新组合,其实质是产业创新。产业创新是一个比较广泛的概念,它是传统产业类上市公司进入高新技术产业、实现产业转移的基本途径,但并不完全等同于高科技,并不是要所有上市公司放弃传统产业而转向高科技产业。产业创新包括三个方面的内容:一是信息化创新;二是生命科技创新;三是绿色化创新。只要有一种上述行为即属产业创新。另外,如果进入新的行业也可称作产业创新,如传统商业企业开发电子商务、传统医药制造企业进入生物医药领域、家电企业转入信息家电业等。只有对产业创新的内容有充分认识,才可能抓住上市公司产业转型中的机会。

用财务分析的方法对公司重组后业绩改善的评价来看,产业转型重组企业的股价涨幅不仅显著高于非产业转型的股价涨幅,而且股票价格在高价区域持续的时间较长。而非产业转型重组企业的股价涨幅很低,即使有大的涨幅,持续时间也很短。可见产业转型重组绩效显著优于非产业转型重组的绩效,说明产业转型具有很好的投资机会。具体可以从以下三个方面来寻找投资机遇:

其一,从衰退产业中寻找机会。衰退产业是指产品销售额持续下降的产业。产业衰退必然使大部分没有竞争优势的企业推动生存的市场条件,衰退产业中的企业进行产业创新有较强迫切性,破坏性创新和产业突破概念比较大,所以产业转型成功率就比较高。

其二,从微利股、亏损股中寻找壳资源。此类个股一般是主营业务逐年萎缩、主营业务亏损或缺乏明显主业的企业。这类企业股价低,重组转型机会大,但一般缺乏主动转型能力,主要是通过股权转让或资产置换,所以,投资者关键是要寻找和发现壳资源。

其三,从产业转移中寻找投资机会。产业转移是区域经济结构调整的必然结果,它导致企业的产业转型。目前上海正由于传统的制造业中心向以金融服务为主的服务业中心转化,迫使沪市本地公司进行产业大转型,这正是投资者要把握的投资机会。

2.新材料板块中的投资机会

新材料是现代国民经济的三大支柱产业之一,近年来在国家产业政策的支持下得到了迅速发展,新材料行业现面临前所未有的投资机遇,主要表现在:

(1)新型材料上市公司业绩优良,盈利能力强。2001年中报数据显示,15家新材料上市公司平均每股收益为0.196元,而2000年以后上市的上市公司每股收益更是高达每股0.223元,并且没有一家出现亏损。上半年税后净利润高达4516.41万元,每股净资产、净资产收益率即使在5家新上市公司对其稀释的情况下,仍然高达3.506元和6.209%,分别比市场平均水平高出0.936元和2.029%,表明新材料上市公司的资产质量较为优良,并具有较强的盈利能力。

(2)新型材料上市公司主营业务突出,净利润指标具有可信度。目前在仅有15家新材料上市公司中,有11家公司的营业利润占利润总额的比例在80%以上,营业利润对利润总额的平均贡献率为84.49%,大大超过市场的一般水平,这就说明新材料上市公司的日常经营业务的竞争力强,主营业务都十分突出,净利润指标具有一定的可信度。

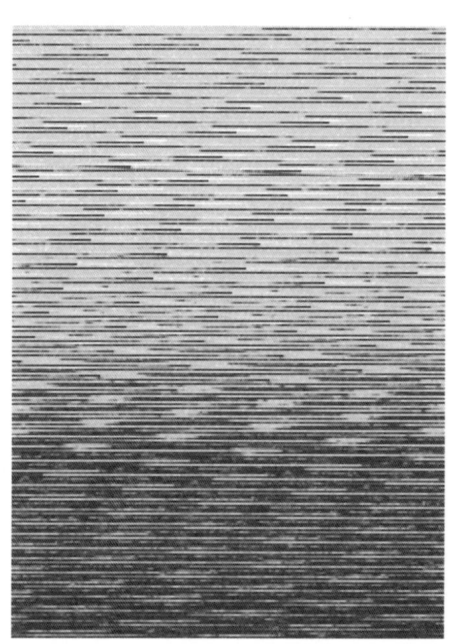

(3)新材料公司资金流动性强,负债压力和风险小。据统计,新材料上市的平均资产负债率只有23.79%,表明公司负债经营的压力和风险较小。平均流动比率和速动比率分别为4.405和3.602,远远高于正常水平,表明公司资金流动性很强。公司平均资产总额为97180.57万元,平均每股经营现金流量为0.05元,表明资产实力雄厚,现金流量净额充沛,使新材料上市公司债务偿还风险的可能性变小。

(4)新材料上市公司成长性高,回收大。有资料显示,15家新材料上市公司的平均总股本只有21,420万股,流通股为7,663万股,但其净资产增长率、净利润增长率却高达28.08%、36.27%,属于典型的小盘绩优高成长性板块。同时,新材料上市公司还较为重视对投资者的回报,几乎所有的公司都给了投资者丰厚的现金股利分红,还有大部分公司利用公积金进行大比例送股,使投资者在公司持续稳定高速发展的过程中获得较高的收益。

三、对国内股市风险的认识

1.要具备风险意识

股市中,机会和风险是并存的,机会越大表明风险越高。风险是投资者最大的敌人,对风险理解越深刻,对股市的认识也就越清醒。判断一个投资者是否成熟,就看他对股市是否时刻保持风险意识。如果对风险的认识不足,在投资中必然处于不利地位。

从微观上来看,个股风险主要表现在市场股价与其内在价值中枢的偏离程度。偏离程度越高,其风险因素就越高;如果处于负偏离状态,则表明该个股内在价值被低估。在这里,关键就是如何判断一只个股的内在价值。

一般而言，股票市场定价的理论计算模型较多，但这只能作为一个参考数据，更多的要考虑市场的认同程度，运用最多的是以市场比价效应为依据，对同一板块中的不同品种，根据其业绩水平、流通盘规模、市场题材及股票的活跃程度来判断风险程度的大小。而从纯技术的角度出发，可以根据股票平均市场成本和市场筹码的集中程度来判断一只股票的风险水平。如果股票价格与市场的平均成本距离较小，则风险较小；如果股票价格与市场平均成本差距较大，则市场风险程度也较大。对个股的持股成本的分析一般是以市场的成交密集区域为基础来估算市场持股成本的。

总之，股市风险无时不在。对广大投资者来说主要是如何防范和回避风险，对上市公司来说，则要提高风险预警意识。

2.对股市流动性风险要予以高度关注

流动性与信息有效性是证券市场最为核心的问题。流动性是指如何使市场流动起来，买卖双方能快速、高效地成交；信息有效性是指如何能够让价格充分有效地反映整个市场和有关各个交易当事人的情况。流动性风险在盘面的表现主要体现在四个方面：第一，大部分个股的日成交量在10万股以下；第二，在许多个股的盘中，买一买二买三出现很大价差，而且，每一个买单也通常只有一手两手，只要稍大一些的买单就能把个股价格推得很高；第三，交易量不能有效放大，但成交的资金集中度却很高；第四，下跌的个股具有无规律性。

2001年6月份以来，中国股市长达5个多月处于跌势。最大的原因是中国人民银行对银行违规资金的严厉清查。对银行资金进行清查或要求这些资金撤出股市，股市的流动性就会急速减少，并由此导致股市资金某个环节的断裂。在中国这种完全为流动性资金所推高的股市，一旦股市的流动性出现问题，股价下跌就在所难免。今后我国股市很长时间内要进行整顿、规范，投资者应时刻关注可能发生的流动性风险。

3.对上市公司产业转型风险要保持清醒认识

毋庸置疑，产业转型能为投资者带来很大的投资机会，但同时，企业产业转型也是一种高风险的不确定性活动。根据企业的发展规律，产业转型的成功率极低。每一个投资者必须正确认识企业产业转型中的风险。

产业转型的风险存在于产业创新的每一个阶段，风险的大小与创新的程度成正比，产业创新的程度越高，风险就越大。在产业创新的过程中，技术风险要比市场风险易于预测，而且远远小于市场风险。产业转型的风险主要表现在以下几个方面：

第一，市场开拓和销售的增长只是对未来较长时期内的预期，而在这期间内，未知因素太多，这是市场风险的主要来源。此外，对衰退产业的需求下降也难准确估计。对新兴产业市场增长和衰退产业需求下降如果错误估计必然会使企业错过产业创新的最佳时机，增加产业创新的风险。

第二，按传统经济学理论制定的有关企业发展战略、技术开发计划、市场销售预测以及企业竞争策略并非完全符合市场的要求。人们一般习惯按线形思维定式来预测新兴产业的市场增长率和衰退产业的销售下降率，但实际上，市场完全是处于混沌状态之中，并不遵循简单地、机械式的线形运动规律。

第三，由于企业决策者受到信息不完全，情感偏好等因素的影响，习惯于低估新建项目成本、高估销售收入和利润，从而增加新兴产业的吸引力，使投资者进行投资。但实际上销售收入和利润的预测不仅受制于对总销量的估计，也受制于新兴产业的未来成本、价格和价格弹性。因此，这种预测是融入了企业的各层人员如技术人员、销售人员、市场分析人员以及决策者的个人偏好后的脱离了市场的预测。

第四，技术被淘汰是高科技产业创新的主要风险所在。技术创新是产业转型的基本动力，也是新兴产业孕育和发展的关键因素。但是，技术创新缺乏可预见性。在技术革命的时代来预测技术发展的速度尤其困难。一旦出现替代技术，将使原有产业衰退或衰亡。由于技术进步加速，产业生命周期缩短，产业创新的技术风险也越来越大。我国很多上市公司，在募股时承诺投入某一潜力巨大、市场前景看好的项目，但在该项目建成投产时或正在建设之中，该产业或产品市场已趋饱和，甚至已开始衰退或产品即将被淘汰。甚至有的项目还在论证之中，市场已发生变化了。如我国的VCD产业，由于电子技术的突飞猛进，在20世纪90年代初期刚诞生，90年代中期就被DVD所替代，现在DVD又面临被PDVD替代的风险。

此外，产业转型的风险还反映在公司财务上的现金流出和流入的不均衡上。在盈亏平衡以前，产业创新是现金净流出，但如果对价格和成本估算失误，就永远不可能达到平衡点。随着时间的推进，产业创新的累计资金流入越来越大，累计风险也越来越大。一旦后续环节出现失误，其风险会加倍转向前面的环节，这将会使企业陷入困境甚至毁灭，而对投资者来说也会陷入困境。

四、国内股市风险的有效控制

股市风险可以分为两类，一类是由于非对称信息的存在使得交易者在交易时面临着因为对方隐藏信息导致的风险，即逆向选择及道德风险，这是一种人为的风险；另一类是由于不可控制的自然、社会因素导致的不确定性而产生的风险。而我国证券市场的风险主要是由于信息不对称导致的人为的风险，因此，对股市风险的控制也侧重于这一方面上。

1.进行各类股票市场的合并工作，构建统一市场

具体操作程序是：对国内投资者投资B股加以合法化和明确化，对外资规模、投资期限、流入方式等方面做出适当规定，在此前提下允许国外资金投资A股市场。当A、B市场平均市盈率相接近时就可进行合并工作。

2.培育市场中介机构的职能，并对之实行强制化规范

国外市场中，市场中介机构发挥中介、监督、信息审核、保证、发送等重要作用。对投资者了解上市公司、降低投资风险起着重要作用。而我国中介机构因其发展的先天不足和后天条件的限制，常有沦为上市公司附庸的倾向，对投资者是不利的。因此,控制股市风险要对现有中介机构大力扶持与规范化培育,早日实现其规范化和国际化。

3.建设企业债券市场

债券市场与股票市场是资本市场两大主要组成部分。债券市场的建设,不但促使企业融资能力的发挥,更重要的是可以分散股票市场的金融风险、分担金融压力。具体实施可以从这几个方面入手:

①参照国际经验,根据我国国情,建立起一套适时适当的债券评级指标体系;②大力支持、推动本国债券评级机构的发展,同时适度引进国外信誉卓著的同类机构,以实现机构体系的构建和完善;③积极挖掘市场深度,开发新的债券品种,实现交易客体的多样化;④根据我国实际状况,制订《公司债券法》及其他相关法规,为债券市场的健康发展创造良好的法律环境和规范化框架。

4.对上市公司进行严格监管

上市公司是股市的基石,没有规范运作的上市公司,就必然加大股市的风险。所以要想从根本上化解股市风险,首要任务就是对上市公司进行严格监管。

加强上市公司监管,涉及到健全法制、完善市场、推进公司治理结构,提高中介机构诚信、加强投资者教育等领域。具体可以从以下几个方面着手:

①加强对上市公司高层管理人员的培训和教育,使高级管理人员能够及时掌握新出台的监管政策,自觉、自查、自警、自律,提高自我约束能力;

②按照上市公司治理准则的要求,加强上市公司治理结构,从根本上解决上市公司的规范运作和提高制衡约束能力;

③建立由证券监管部门与公检法部门共同组成的证券监管执法体系,加强联合协作制度,提高司法约束能力;

④持之以恒地开展投资者教育,帮助投资者树立"维权意识",依法捍卫自己的合法权益,发挥投资者对上市公司的监督作用,从而提高对上市公司的社会约束能力。

市场的成熟不仅需要质地优良的上市公司及可信赖的中介机构来降低风险,而且需要成熟的投资者建立科学的投资理念。双方共同努力降低信息的极端不对称情况,投资者才能在今后的市场投资中有效地抓住每一个投资机会。

第五章 股市投资策略

我国证券市场发展到今天,已形成了自身运行的规律。市场在什么状态和背景下上涨,在什么状态和背景下跌落,如果投资者掌握了这种市场趋向,就可以为今后的市场投资总结出一套理性投资策略。

一、我国股市涨跌趋势分析

我国证券市场已经有10多年历史了,从它的发展过程来看可以分为两个阶段:第一阶段是1996年以前的寻求定位的摸索发展阶段。这个阶段由于市场定位的不确定性,所以运行规律并未形成。第二阶段是1996年以后明确定位的快速发展阶段。这个阶段与我们当前市场的运行背景、运行趋势等方面上具有很大的相似性。所以可以通过这一阶段市场的历次暴跌及以后出现的反弹过程的了解与总结,来寻找市场的涨跌规律。

我们先来了解1996年以来历次暴跌及引发下跌的原因(如下表):

1996 年以后股市暴跌一览表(当日跌幅超过 5%)

时间	上证综指跌幅(%)	深圳综指跌幅(%)	引发下跌的直接原因
1996.12.16	9.91	10.05	人民日报发表社论《正确认识当前股市》,公布1996年新股发行额度100亿元
1996.12.17	9.44	9.97	同上,惯性下跌
1996.12.19	7.23	8.56	同上,下跌延续
1997.2.18	8.91	9.83	领导人健康困扰市场
1997.5.14	5.81	5.87	印花税率由3‰提高至5‰
1997.5.16	7.18	9.26	同上或同下(提前做出反映)
1997.5.22	8.83	9.70	公布1997年新股发行额度300亿元
1997.6.6	6.24	6.72	惯性下跌
1997.7.7	5.39	8.00	下跌延续
1997.9.22	6.80	7.10	连续下跌后消息面依然维持真空
1997.9.23	5.62	7.28	惯性下跌
1998.8.17	8.36	8.32	君安出现问题,与国泰合并
1999.7.1	7.61	7.99	《证券法》正式实施
2001.7.30	5.27	5.21	查处银行违规资金,国有股高价减持等消息见诸报端

从上表可以归纳出市场直接下跌的原因基本上是这几类：政策明确引导市场挤掉泡沫；国家加强了监管力度；市场资金需求的增加以及对市场资金供给的控制。

我们从市场出现暴跌的频率来看，1999年以前平均每年都会出现，而1999年以后长达2年之久都没有出现，市场非理性波动幅度有所下降；从暴跌延续的时间来看，1996年下半年连续3个交易日出现暴跌，而1997年因受到多重因素共同影响也有3个交易日暴跌，到1998以后在市场消化了突发性因素之后便没有再出现连续暴跌走势了。以上面几次日跌幅超过5%为标志，可以划分出市场曾有四个快速下跌的阶段(如下表)：

1996年以来股市快速下跌阶段特征一览表

下跌起始	暴跌前市场状态	集中下跌延续时间	集中下跌结束后运行模式
1996.12.12	连续上涨11个月左右，累计上涨140%左右	持续10个交易日	盘底2个月左右，重新进入连续上涨格局
1997.5.08	连续上涨2个多月，累计上涨75%左右	持续2个月左右	进入长达2年的调整市，期间产生2个多月幅度为20%左右的中级反弹
1999.7.01	持续1个多月,但涨幅高达65%左右的爆发性行情	持续1个多月	数次反弹受阻后下破箱体进入持续时间为4个月的阴跌状态
2001.6.26	持续上涨1年半左右，累计上涨65%	持续5个多月	进入调整时期,大盘的压力出现增加迹象

从上表快速下跌阶段的特征，可以发现每一次暴跌开始之前，市场都出现过一次累计涨幅在至少65%以上的持续上涨阶段，但是波动幅度在降低，即持续上涨的时间延长累计涨幅下降；从集中快速下跌持续的时间来看，持续时间最长为两个月左右，而且属于终结牛市运行趋势的标志性调整，其余都不超过1个月；再从集中下跌结束后的市场运行态势来看，结束牛市的下跌之后会有一个漫长的中枢整体下移的过程，不过在期间仍然会出现一次幅度在20%左右的中级反弹，在这之后，市场重新恢复上涨至少需要2个月以上的时间。市场必要的休养生息阶段显然是不可逾越的。

从这些现象中我们可以看出市场所处的历史背景的不同对市场的波动状况起着至关重要的作用。可以说导致市场下跌的原因更多地来自一些行政性特点比较鲜明的政策措施，因为从1996年底和1997年5月初的两次下跌原因及过程来看，市场在反映基本面变化过程中往往缺乏弹性，缺乏自身运行趋势的体现，出现一种非常极端的市场反映，要么暴跌之后很快出现更为强烈的上涨趋势，要么彻底改变上涨趋势进入长时间的阴跌状态。但是从1999年以后特别是2000年以来，市场出现日跌幅超过5%的频率大大降低，市场整体波动的幅度也有所缓解，究其原因是能够直接影响指数波动的具有行政性特点的政策因素逐渐减少，而立足于加强市场监管和改革市场出现的不合理问题的规范性措施在增多。其中虽然也出现过市场短期运行有较大幅度的波动，这只不过是改革过程中难免会有的与市场预期不符的举措。但总体来说，只要有效坚持不直接影响市场运行趋势的政策取向，坚持从事前、事中、事后多方面入手来规范市场，避免过多通过一两个典型案例的查处来改变市场状态的政策措施，市场就能够降低波动的幅度和大幅波动的频率，从而达到稳步发展的效果。

从市场基本面变化的角度来看，在突然变化之前，无论是市场状态还是政策导向事先都有一些征兆，在每一次政策变化之前市场几乎都处于或刚经历过一种狂热的上涨阶段，市场的自我控制能力已处于失效状态，只能依靠政策来降低市场泡沫。而市场对基本面变化的反应普遍在短时间内以激烈的形式体现。其实，基本面的变化只是引发市场下跌的一个契机，市场的运行具有一个循环的定式，市场往往是在连续的上涨之后需要进行某种形式的调整，外部环境的变化只不过对这种形式作了一个引导。我国证券市场建立以来，虽然出现了多次的暴跌，但整个市场的运行始终维持向上发展的趋势。这是因为几乎任何一次暴跌之后总有一次暴涨，而在暴涨之后也几乎总有一次暴跌，这已成为证券市场运行的一种循环定式，我国证券市场就是在这种过程中不断成长起来的。那么，我们再从历史的角度来了解历次暴跌后出现的反弹情况，使投资者从这个循环过程中总结规律，摆脱不利局面，采取正确的投资策略。1996年以来股市上涨情况见下表：

1996年以来股市恢复上涨特征一览表（截至2002.1）

时　间	性 质	领衔者	原　因
1996年底下跌之后	反转	传统绩优	价值发现的惯性思维主导
1997年5月下跌之后	反弹	资产重组	永恒的热点，更适合的调整市道
1999年7月下跌之后	反转	网络,科技	来自海外的灵感，多数的确是我国业绩和成长最优秀的群体
2001年7月下跌之后	反转依然可期	传统绩优	政策利好与投资理念的调整

从1996年以来市场恢复上涨特征的表格可以看出：每次结束下跌后反转或反弹过程中的领衔者虽没有什么共同点，但有其规律可循：第一，在3年熊市之后必然选择传统绩优股，其价值的发现是一种最为简单的价值回归的投资策略；第二，当全球网络经济风潮掀起的时候，中国证券市场开始第一次与国际接轨，建立起了网络、科技股，这是一次有创意的投资策略。

总的来说，无论是价值回归的绩优股，业绩突变的重组股还是业绩高速成长的科技股，其业绩是投资者决定投资策略的核心。在未来市场中，当市场真正结束下跌之后，无论以何种形式恢复，投资决策的重点都应该是出现明显复苏和稳定成长的行业。

二、理性的选股策略

在理性投资中，公司价值实现最主要的风险取决于时间跨度。时间跨度越大，信息越不充分，而且未来影响公司股价的各种因素的变数也会增加，这样将导致投资者对股价走势及公司基本面变化的判断过程依靠主观的思维定势，即基于对过去经验总结得出的分析方法,但是,历史是不会简单地重复,时间跨度越大,就会发生越多无法预测的偶然事件,公司价值实现的变数就越多。为了减少时间跨度给投资带来的风险,投资者应该在决定投资之前,设定好投资期限,并依据投资期限对公司进行深入的分析,不能简单的依靠过去的经验总结。

根据国内公司的现状,可以设定以下几种投资期限来决定具体的投资策略:

第一,半年以内。一般来说,在6个月以内,公司基本面不会有很大的变动,即使有也可以反映在其赢利的波动上,所以在这个期限内投资,要集中注意公司的赢利信息上。一般而言,获得赢利数据的信息有:

①公司生产能力、产销率及产品价格;

②公司的项目赢利预测;

③公司过去的赢利数据及公司或行业的增长率;

④中介机构提供的数据;

⑤税务或主管部门提供的经营数据;

⑥证券分析师提供的分析报告。

通常,距离公司公布赢利数据的时间越近,预测的数据越准确,所以国内一些公司已开始公布季度报告,为赢利预测准确性奠定基础。

第二,半年至一年以内。在这个投资期限内,除了要把握公司的预期之外,主要需分析公司的财务状况。对账务状况的分析,可以从以下三个方面入手:①看财务状况是否危险,增产负债率、应收帐款、库存等数据是否过高,公司偿债能力指标是否合理;②看公司财务是否恶化,主要通过财务数据连续近几年比较来进行分析;③看公司资产质量是否低劣,在这里,资产质量的评价指标是净资产的调整系数。

第三,两年以内。投资者准备在这个期限内投资,应该分析公司的治理能力,包括公司主要管理者的素质和能力及公司的治理结构。大量事例表明,一个公司的主要管理者的能力,是公司能够发展的重要因素,像海尔、联想等公司的发展是和张瑞敏、柳传志的管理分不开的。而良好的公司治理结构则可以规范公司参与各方的权利和义务,降低公司经营成本,提高公司整体运作效率。考察公司的治理结构,主要从以下几个方面着手:①公司是否平等对待所有股东,保护股东合法权益;②公司是否具备独立性,以及与大股东的关系;③董事会及董事的决策水平及是否履行了诚信与勤勉义务。

第四,两年以上,在这个比较长的投资期限内,投资者的重点是判断公司是否能持续经营,确保公司持续经营的要素是公司的核心竞争力。从总体上看,如果公司借助一系列互补的技能和知识的结合,具有使一项和多项业务达到世界一流水平的能力,可以认为是有核心竞争力的。从经营要素来看,公司的核心竞争力表现在企业人力资源、核心技术、企业声誉、营销技术、营销网络、管理能力、经营者驾驭财务杠杆的能力、研究开发能力、企业文化等多方面。长期投资具有很大的时间跨度风险,但是投资回报也最大,投资者应该对各种要素仔细分析。

三、股市投资的具体操作方法

1.投资策略的基本要素

任何一种投资策略,都是由时机、选择和配置三个基本要素构成。所谓时机,就是解决何时买,何时卖的问题;选择,在宏观层面上讲是指解决选择某个行业、某个板块的问题,在个股层面上讲,就是选择某只具体的股票进行投资配置,解决的是在确定时机和对象后,持有多大仓位的问题。

证券市场上合理获利的途径主要有两个:一是持有某公司的股票,通过公司的盈利获取分红;二是阶段性持有公司股票,通过低吸高抛,从差价中获利。这两种途径概括起来就是长线投资和波段操作。一般来说,长线投资是一种理性的投资理念,在西方成熟的证券市场上,选择绩优高成长性的个股长期持有,也被实践证明是合理的投资策略。但从2001年年初开始,国内证券市场长线投资者损失惨重,许多个股股价被腰斩,这时能把握时机,有效地进行波段操作,就能将损失降低到最小。

自1996年以来,绩优股表现一直突出,以网络股为代表的高科技股经过短暂的表现之后重归跌势。可见,理性的投资理念和实际存在较大反差,投资者应根据当前市场实际情况适当调整投资策略。2000年下半年市场总体趋势弱,虽然申奥概念股、入世概念股以及电力板块、有线电视板块、银行板块等一度有所表现,但大多是领涨个股走势较好,并不是整体板块走强,所以在整理格局下注重对个股的选择。

对投资者而言,根据行情的变化,适时调整仓位,更换个股,使投资组合保持最优是最重要的。从整体来看,2001年跌幅最大的都是问题股,如银广夏、亿安科技、ST康达尔、蓝田股份等,这些个股在前几年都被暴炒过,其下跌都对市场产生了明显的负面影响。从2001年中报来看,一批老牌优绩股分与高科技个股也加入到了预亏预警的行列,也对市场产生了强烈的冲击,令大多高位持有者和抢反弹者遭受了不同程度的损失。在弱市行情下,投资者最关键的是要持有现金,保存实力。

2.空头市场操作方法

所谓空头市场,是指市场总体的运行趋势是向下的,其间虽有反弹,但一波却比一波低。在这样的市场道中,绝大多数是亏损的,只有少数投资机会。空头市场的特点是人气淡薄,怕被套心理占先,再强的个股也难保持持续升势,只能出现反弹行情。一般投资者以投资的现金回报来考察投资对象,参考标准主要是银行存款利息收入。通常是生产与人们生活密切相关的大宗消费品的形象良好的著名公司因其业绩良好而股价抗跌,成为投资者买入的优先对象。具体操作策略如下;

一是短线操作。快进快出。在空头市场中,操作上一定要快。对于时间不充足不能及时了解行情的投资者来说,这样的市场不宜进入;对于职业投资人或随时可以了解行情的人来说应短线参与,适可而止。

二是把握阶段反弹时机入场。空头市场的反弹可分为短时反弹和阶段性反弹,或称初级反弹和次级反弹。初级反弹强度有限、持续时间短,有时只有几天甚至一、两天,而阶段性反弹力度大得多,持续时间有时会达到一、两个月。在空头市场中,要把握的就是阶段性反弹。但是,投资者往往分辨不出初级反弹和阶段性反弹。一般来讲,当下跌达到一定时间、下跌幅度达到或超过30%之后,方会出现阶段性反弹,这时,成交量也会比原来增长1/3。

三是要果断出局,保存实力。在空头市场中如果一旦出现被套,很难有解套的机会,因此,最重要的是要及时果断。一般投资者在被套后不甘心亏损卖出,往往令原来设想的短线的投机变成无奈的长线投资,但所选股票并未考虑长线投资价值,并不适宜长线投资。这种被动的长期持股并不一定能变帐面亏损为帐面盈利,更可能的是帐面亏损等于实际亏损。所以,在决策不当遭受亏损时,应果断出局,保存实力,否则损失会更大。

四是集中参与强势个股。在普遍看空的市场中,没有人会大举进场去做一波行情,盘中的个股行情多是主力的自救行为。这种行为显示出主力的实力。在设定持仓比例的前提下,集中进入一、两只强势股,可以获取短差。需要注意的是在选股时,应选择明显有主力被套的股票,且目前价位距离套牢区较远,无解套压力的中小盘股。因为在空头市场中,每只个股的日成交量往往只有几十万股,如果大资金入驻上亿流通股的大盘股,即使能做出一波小行情,但实现利润后根本出不了局,何况,大资金考虑到风险大一般也不会轻举妄动。因此,只能选择中小盘股。

五是要首先保证本金安全。进行股票投资,并不要时刻持有部分股票。在空头市场中,选择的标准首先是风险较小。因为在此期间出现的反弹时间很短,之后又是下跌,而选择风险较小的个股,即使涨幅不大,但下跌空间也很小,损失就小一些。能够保本是空头市场操作的出发点,在这个基础上再去寻找盈利机会。

3.多头市场操作方法

多头市场也就是我们所说的牛市,其特征为市场行情普遍看涨,延续时间较长,它一般分为三个阶段:第一阶段是指在空头市场尾端,有远见的投资者预测到市场将发生变化而开始选择个股逐步买入,促使成交微量回升,市场交投开始慢慢活跃。第二阶段市场呈现整理格局。第三阶段出现持续上扬行情。每个牛市在每个阶段运行的时间并不尽相同。多头市场的操作技巧如下:

一是买入股票,并长期持有。大牛市中的一个重要特征常常是个股普涨,但是由于行业受宏观经济影响的程度不同、股本结构的特点不同,持有不同个股的收益也有很大区别。所以,在坚持长线持股的原则基础上,关键还应选好个股,才能获取高额盈利。

二是投资领涨个股或领涨板块。在股市逐步展开牛市行情之时,往往会出现领涨个股或领涨板块来充当大盘走势的风向标,投资这些个股的收益会远远大于市场的平均水平。这也是任何市道行情下的一种有效的投资技巧。领涨股一般主力实力不凡,对大盘指数有不可忽视的作用,一旦领涨股回落,其它个股行情也会受到影响。1996年至1997年,深发展、四川长虹两只个股成为众所瞩目的龙头。1996年2月初,股市刚进入牛市第一阶段,深发展月涨幅已居榜首;此后又推动着指数上涨,在行情展开之际,深发展连续拉出13根阳线。当年,在指数大涨174.92的情况下,深发展的股价则翻了几倍。当年沪市的四川长虹股价从8元多直升至60多元,令持有该股的投资人满载而归。再看2000年的股市,网络股、科技股率先启动,并在两个月中左右着网络股的走势,其后马钢股份领涨大盘国企股、股价连翻几番。

三是利用比价效应进行投资。在多头市场的个股行情方面,往往呈现一线股、二线股、三线股行依次轮涨的局面,而且持续的时间也比较长。在这样的市场中,如果错过了率先启动的个股的机会,还可以在其他同类个股中补偿。比如在1996年的行情中,四川长虹率先上涨,青岛海尔、春兰股份处于蓄势期,由于这三只股票都属家电行业,地位不相上下,在前者示范效应下,后者一旦启动,很容易调动投资者的积极性,如果逢低吸纳后两只股票,获益也很大。不过,投资者应根据资金量理性地控制持股数量,如果持股过多,就难以顾全大局。对于普通投资者,持股数量与资金比例一般应控制在3-5只/百万;对于集团投资者应控制在5-8只/千万。

4.平衡市的操作

所谓平衡市即大盘在某一个区域内运行,中线看来没有明显的上升或下降趋势,股指往往在某点位就止跌,而到了一定高点又回调。这样的行情中,投资者要做的就是看好波段,精选个股。具体操作方法如下;

第一,要重视公司基本素质。平衡市出现在股市下降或上升间的一个持续时间不确定的过渡形态。投资者一般会根据当时的市场情况和对未来的评判买进卖出。此时,尤为重要的就是判断公司的基本素质和市场的运行特征是否有较大的相关性。因为业绩或题材好的个股价格波动较大,可能赢利的空间也较大;同它们在大盘结束平衡市进入上升或下跌时具有上涨快或较抗跌的特性。

第二,要重视K线组合形态和成交量的配合关系。在平衡市中,指数在一定区域内反复波动。除个别股票外,大多数股票受制于大盘,股价通常在一定空间内震荡,构成上有顶下有底的局面。此时,在个股操作上,就需要重视技术分析。

第三,降低收益预期,集小胜为大胜。在平衡市中,股价和指数往往在一个相对确定的区域中上下震荡,波动幅度不大,如果投资者长期持有股票,只会出现股价回到原位或离开买进价一段距离的后停滞不前。不能及时获利便意味着机会浪费甚至失去帐面赢利。同时另一只股票的最佳投资时机也可能错过。

第四,要短期投资。平衡市的震荡特性决定了股价和指数的单一方向运动的时间不会太长,同时平衡市持续的时间不确定性也意味着股价的运动方式随时可能发生变化。所以短时间持有是在平衡市中操作的一个重要准则。

在市场投资策略的选取中,不同的市场行情应该有不同的操作方法。投资者应总结过去的股市运作规律,结合当前市场的实情,确定理性的投资策略。

彩世界

http://www.fullgoal.com.cn
魏 青先生
公司副总经理、督察员。历任中国新技术创业投资公司金融部和证券部项目经理、华夏证券有限公司基金部副总经理。
谢 卫先生
公司副总经理。经济学博士，高级经济师。历任中国电力信托投资公司基金部副经理(主持工作)、中国人保信托投资公司证券总部副总经理兼北京营业部总经理。
虞志皓
公司董事长
学历。历任工商银行信托投资公司科长、上海申银证券公司总裁助理兼浦西管理总部总经理、申银万国证券股份有限公司总监。
李建国先生
公司副董事长、总经理。经济学博士，历任河南证券有限责任公司研究发展部兼投资部总经理、河南证券有限责任公司总经理助理兼上海业务部总经理、河南证券有限责任公司总经理、海通证券有限公司副总裁。
李长伟先生
公司副总经理。经济学硕士。曾在河南省人民政府发展研究中心工作；历任申银万国证券股份有限公司海口营业部总经理、申银万国证券股份有限公司北京管理总部副总经理兼北京营业部总经理。
步步为赢
FUND MANAGEMENT CO.LTD.

交通银行证券投资基金托管部总经理：谢红兵先生

证券投资基金托管部

交通银行始建于1908年，具有悠久的历史，是我国早期的四大银行之一。1986年经国务院批准，重新组建，成为全国性的股份制商业银行，为国内五大银行之一。截止到2000年底，资产规模达6282亿元，各项业务持续快速发展。2001年英国《银行家》杂志7月份公布的全世界1000家大银行中，交通银行列108位，较上年提升了22位。

1998年7月，经中国证监会和中国人民银行批准，交通银行获得开展基金托管业务资格，是中国首批获准开展基金托管业务的五家银行之一。2001年7月经中国人民银行和中国证监会批准，获得开放式基金认购、申购、赎回和注册登记代理业务资格，成为中国第一家获得开放式基金代理业务资格的商业银行。

根据中国证监会和中国人民银行的要求，我行设立了专门的基金业务部门——证券投资基金托管部。托管部现有24名员工，其中拥有硕士和博士学位的多名，员工的学历层次较高，具有基金、证券和银行的从业经验。

自开展基金托管业务至今，我行始终坚持以“一流的服务质量、一流的工作效率、一流的银行信誉”为宗旨，“诚实信用、勤勉尽责”，坚持人才、科技、制度和管理先行的原则，不断加强人才培养，提高基金托管业务的科技含量，不断进行产品创新和开发，多次在基金业率先开展新业务：是首家尝试证券投资基金网下发行的托管银行；是第一个托管大额规模（30亿）证券投资基金的托管银行；首家开创一家基金管理公司管理的多只基金分别在不同银行进行托管的模式，为基金托管业务有效竞争局面的形成作出了贡献。我行还积极探索研究B股基金、保险基金、中外合作基金、产业基金、私募基金的运作和托管模式。

基金托管部每年在电脑系统方面投入了大量的人力和物力，拥有自己独立的机房和技术人员，在近两年中先后开发了会计核算和交易监管软件、开放式基金代销和注册服务软件，并成功投入开放式基金托管业务的实际运作中，基金托管部在软件的运行和管理方面有严密的安全措施，符合“独立、安全、及时、稳定”的原则。

在业务的管理上，我行十分注重加强制度建设，提高管理水平，把业务发展与规范管理有机地结合在一起，确保了交通银行基金托管业务安全、规范、高效、优质地运行，多年来，在基金的资金清算上，保持了零差错。

目前已托管了普惠、安顺、汉兴、兴科、裕华、安久、科讯、科汇、久富、华安创新等十只证券投资基金，累计托管的基金资产发行规模已达到160亿元。托管服务质量和水平受到证券主管部门和基金同业的认可和好评。

交通银行对新业务的运作十分重视，2001年9月成功代理发行我国首只开放式基金，受到了证券主管部门、基金管理公司、投资者和社会媒体的好评。

地址：上海市仙霞路18号　电话：021-62751234　传真：021-62750005

异国庄园怡景

VOLUME 6

第六卷

投资基金

宝盈基金管理有限公司 协办

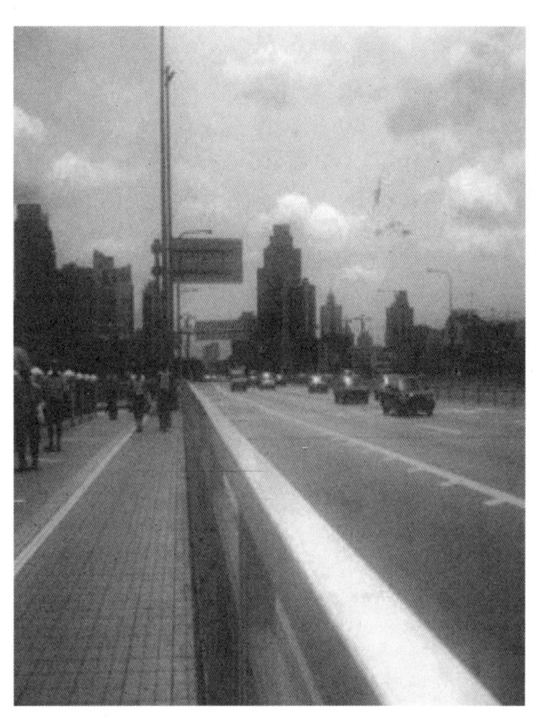

- 证券投资基金的规范化发展
- 开放式基金的投资及其风险防范
- 规范发展私募基金的政策建议
- 社保基金运作机制与入市模式选择
- 上市证券投资基金简介

第一章　证券投资基金的规范化发展

一、发展证券投资基金的作用

二、我国证券投资基金业的发展现状

三、当前发展证券投资基金面临的问题

四、证券投资基金规范化发展的对策

第二章　开放式基金的投资及其风险防范

一、全球开放式基金的发展趋势

二、发展开放式基金对我国证券市场的战略意义

三、开放式基金投资的风险分析

四、开放式基金投资风险的有效防范

第三章　规范发展私募基金的政策建议

一、私募基金的内涵

二、我国私募基金发展状况

三、规范发展私募基金的作用

四、现阶段私募基金发展面临的法律问题

五、规范发展私募基金的措施

第四章　社保基金运作机制与入市模式选择

一、我国社保基金入市的状况分析

二、社保基金入市对证券市场的影响及意义

三、社保基金入市模式的选择分析

四、社保基金进入证券市场的途径

五、社保基金入市的交易方式

六、社保基金入市运作机制的设计

第五章　上市证券投资基金简介

发展投资基金，解决和拓展证券市场资金渠道，推动证券市场稳步、健康发展，是现代化市场经济国家普遍采用且实践证明十分有效的办法。我国基金业发展至今，基金规模继续扩大，投资收益大幅上升，基金市场化运作程度大大提高，基金的市场作用日益突出，基金投资价值获得广泛认可。并且，开放式基金的推出、私募基金的规范化发展、社保基金的入市等，为基金业注入了新的活力，产生了积极的作用。随着《投资基金法》的出台，相关配置法律法规建设的稳步推进，基金业的规范化发展将进入到一个崭新的阶段。

第一章 证券投资基金的规范化发展

一、发展证券投资基金的作用

证券投资基金作为一种专业性投资工具，近几年在国外获得了飞速发展。在我国，证券投资基金的发展则刚刚起步，但发展迅速。综合国外和国内的实践经验，发展证券投资基金，具有以下几方面重要作用：

1.投资基金的发展有利于促进整个金融体系的稳定

投资基金是一种收益共享、风险共担的集体投资方式。投资基金的投资风险根据有限责任的原则按出资比例的大小由所有出资人共同分担，投资基金的缩小或清算不会产生其它金融机构破产对挤提存款等金融恐惧，因此，不致产生多米诺骨牌效应，引发金融危机。这主要是由于投资基金的原则是每人按持有基金的份额均等地承担风险。从这个意义上讲，投资基金的发展有利于促进整个金融体系的稳定。

2.投资基金能提高资金运作效率，促进国民经济的发展

投资基金作为金融中介机构，它大大提高了资金融通的效率。投资基金较单个投资者单独投资而言，不仅可大大节约交易信息、风险管理等各种成本，而且基金投资管理者相对于中小投资者而言，无论在投资经验，还是投资技巧、技术分析等方面都有无可比拟的优势，其可以克服中小投资者参与投资所面临的各种自然障碍，使闲散的社会资金集聚在一起，提高资本的配置效率，从而促进实际经济领域的投资和国民经济的发展。

3.有利于改善投资者结构，稳定证券市场

我国证券市场在投资者结构上的鲜明特色是散户投资者比例高。个人投资者由于投资知识有限、投资经验不足，加上受资讯条件限制，容易产生盲目跟风追涨杀跌的行为，使投资带有极大的盲目性和浓厚的投机色彩，从而加剧证券市场的波动。而证券投资基金出现和发展，能有效地改善证券市场的投资者结构，成为稳定市场的中坚力量。这主要表现在：一方面，证券投资基金理性的投资行为有利于证券市场的稳定。基金由专家来经营管理，他们精通专业知识，投资经验丰富，信息资料齐备，分析手段先进，所有投资决策都基于对上市公司的深入分析和对宏观经济的详细研究，投资行为十分理性，因而不会过多地受市场波动的影响，客观上起到稳定市场的作用；另一方面，证券投资基金长远的投资战略有利于证券市场的稳定。基金注重资本的长期增长，多采取长期的投资行为，而不会频频在证券市场上进进出出，因此能减少证券市场的波动。同时基金作为长期的战略投资者，往往会在市场低迷时入市，而在行情高涨时抛出，事实上起到证券市场稳定器的作用。

4.有利于广泛吸收民间资本、闲散资本投资证券市场，满足证券市场发展的资金需求

近两年来，我国证券市场一直处于高速发展状态，市场扩容迅速，市场规模增长较快。为了确保证券市场高速发展所需的巨额资金支持，我国政府先后采取了一系列措施来扩大资金来源渠道，包括：降低银行存款利率；允许三类企业资金入市；不断提高保险资金入市比例等。这些措施的目标只有一个，就是增加证券市场的资金供应量。从国外发达的证券市场，如美国的经验来看，证券投资基金作为市场的主力资金，在证券市场中占有重要地位。2000年，美国基金投资已占股票总市值的50%以上，对推动美国证券市场的发展起到了巨大作用。由此可见，发展证券投资基金有利于广泛地吸引社会闲散资本，满足证券市场高速发展的资金需求。

5.有利于促进我国证券市场国际化发展

根据现实情况和外国合作组建证券投资基金，逐步、有序地引进外资投资本国证券市场，这种方式能使监管当局较好地控制利用外资的规模和市场开放程度，有利于一国证券市场循序渐进地国际化发展。目前，出于国家安全利益考虑，不便对外资直接开放A股市场，因而，设立面向海外投资者的证券投资基金，由基金投资于国内A股市场就成为一种较好的选择。这种方式简便灵活，资产流动变现能力好，容易被外资接受，同时又可避免外方操纵国内A股市场，成为国际投资资本和国内证券市场间的缓冲区和控制阀，并可以以规范发展的证券投资基金为基础进一步开拓其他新的渠道，从而有力地推进我国证券市场的国际化进程。

二、我国证券投资基金业的发展现状

2001年是我国证券市场飞速发展的一年，以机构投资者面貌出现的证券投资基金也获得了快速发展。并已成为资本市场不可或缺的重要组成部分。

1.基金规模继续扩大，投资收益大幅上升

我国证券投资基金在1999年高速扩张的基础上，2001年基金规模增长势头不减，到2001年底，基金已达33只，基金资产总规模达560亿元，净值总和828.94亿元，占二级市值流通市值10%以上，不少基金已成为上市公司的前10大股东。在基金规模、数量稳定扩张的同时，基金的投资收益也大幅上升。33只基金2001年年报显示，除基金隆元外，32只基金共派现160.0625亿元。在32只分红基金中，每基金单位现金红利在0.3元以上的就有12只。由此可见，2001年我国证券投资基金总体发展情况良好。

2.基金的市场作用日益突出

2001年，证券投资基金在证券市场中的作用大为提升，这主要表现为：

第一，基金对投资者的投资理念引导加强，基金管理公司作为专业化的机构投资者，拥有人才、信息、管理等多方面优势，且基金管理公司普遍注重上市公司内在价值和成长性方面的分析，注重理性投资理念,这有利于引导投资者投资理念向理性化方向转变。

第二,为大型国企上市提供了资金支持。在我国未设立证券投资基金之前,部分优秀的大型国企只能赴海外上市融资。自2000年以来,随着我国证券投资基金的规模不断扩大,证券市场的承受能力大增。宝钢、民生银行等大型企业在基金的支持下相继成功上市。目前基金正为大型企业提供有力的资金支持。

第三,基金业的发展,促进了我国证券研究水平的提高。基金的投资是建立在深入细致的上市公司研究基础之上的,为提高投资收益,基金对证券研究的要求十分严格,促使证券研究机构要不断提高研究水平,这从总体上促进了我国证券研究水平的提高。

3.基金市场化运作程度大大提高

2001年基金业向市场化方向迈进了一大步,其市场化运作程度大大提高。主要表现如下:一是基金的新股配售特权被取消,这使基金在申购新股时与其它投资者处于同一地位,无法获取新股配售特权带来的利益,有助于基金市场化发展;二是基金管理费用与业绩挂钩,固定费率降低,迫于其它基金公司的压力,原先收取固定费率的公司降低了固定费率部分,提高了同业绩挂钩的部分,这样的收费方式更符合市场原则;三是基金管理公司的客户服务意识大大加强。2001年各基金管理公司转变了服务观念,以为客户提供增值服务作为发展重心,体现了市场化服务意识;四是基金管理公司开始了与海外机构的合作,基金管理公司与海外机构开展合作无疑有利于提高自身的市场化经营管理水平。

4.保险公司成为基金最大持有人

33只基金的年报显示,包括中国人寿保险公司、中国太平洋保险在内的众多商业保险公司已持有大量基金单位,分别成为各只基金的前10名持有人。据初步预计,保险公司所持基金单位在2001年末的市值约为136亿元,相当于证券投资基金流通市值的20%左右。

三、当前发展证券投资基金面临的问题

长期以来,我国证券市场机构投资者,特别是大型机构投资者比例偏低,导致市场投机气氛过浓,对证券市场的发展极为不利。为此,管理层自2000年起把培育机构投资者视为优化市场投资者结构,推进证券市场健康发展的重要内容。但是,目前基金业的发展仍面临许多问题,主要包括以下几个方面:

1.基金管理制度尚不完善

证券投资基金在我国刚刚起步,无论是法制建设,还是市场监管都处于不断完善的过程中。在证券投资基金的设立、发行过程中,还存在计划经济的色彩,基金设立仍采用审批制度,基金的发行上市时间、发行规模、发行公司、管理者都要经过许多部门的层层审批。这样的管理制度体系大大挫伤了基金管理公司的积极性,使基金产品创新缺乏动力。另外,国家对基金管理公司的数目以及发起人的资格认定有严格限制,这使得基金业进入门槛过高,基金管理公司数量过少。到目前为止尚只有14家基金管理公司,难以形成有效的市场竞争氛围与规模化经营,从而难以促进基金管理公司经营管理水平的不断提高,难以推动我国基金业的整体发展,特别是由于我国的《投资基金法》仍处于起草阶段,尚未正式颁布实施,这使得我国证券投资基金的法制监管体系很不完善,无法对基金业的各种市场行为实施有效监管,从而导致基金业发展面临各种市场风险,影响了基金业的发展。

2.基金管理公司法人治理结构不完善,经营管理行为不规范

目前,由于我国的基金管理公司的设立是采取严格的审批制,带有很强的行政色彩,因此,导致了基金管理公司存在着严重的行政主导行为,也对基金管理公司法人治理结构的完善产生了极大阻碍作用。特别是由于我国基金管理公司的大股东都是国有股,受政府直接控制,行政色彩更加浓厚,这使得基金管理公司的法人治理结构很不完善,从而导致经营管理行为极不规范,违规交易行为普遍存在。据证监会调查资料表明:10家基金管理公司中,未发现异常交易行为只有2家,异常交易行为较轻的有5家,大成、长盛两公司异常交易行为数量按区域超过平均水平,博时公司的异常交易行为数量最为突出。基金管理公司这样缺乏有效的法人治理结构的状况,容易导致公司经营管理行为的不善,从而产生严重的违规违法行为。

3.基金托管人严重缺位

按《证券投资基金暂行管理办法》有关规定,基金托管人对基金管理人负有监督职责。然而,事实表明,几乎所有的基金托管人都没有有效行使上述权力。具体表现为:尽管中国证券监督管理委员会已公布对基金的调查结果,4家基金管理公司或多或少承认在管理基金资产中存在异常交易行为,而托管人却在基金年报中的《托管人报告》中均出现了无意见的托管人意见报告,其中农业银行、工商银行、交通银行、中国银行均对其托管的基金运作的合规性作出了肯定性的认定,只有建设银行未对基金投资运作合规性问题做出肯定性认定。这充分表明,国有商业银行作为基金托管人,没有有效地行使监督管理权。导致这一现象的原因主要有两方面:一方面是经济利益关系的制约,基金管理人、基金发起人、基金管理公司具有选择基金托管人的权利,这使得各基金托管人为获取高额托管费收入而敷衍塞责,缺乏有效监督;另一方面是在实际操作运作过程中,托管人对管理人的自主交易行为范畴内的投资运作实际上无法监督,托管人只能从表面角度来判断管理人是否符合法规和规则的要求,而无法对异常交易行为实行有效监管。

4.基金管理人才缺乏,基金品种创新不足

基金作为专业性的投资公司,需要大量的高级专业人才,这些专业人才既要具备较高理论素养,同时又要具备丰富的实践经验。但是由于我国证券市场发展较晚,市场化程度不高,且专业人才培训机制尚不健全,无法短期内培养出大量能满足基金业需要的专业人才。目前,虽然有大量的海外人士加盟,但仍然不能满足基金业迅速发展的需求。基金专业人才的缺乏直接导致了我国基金管理公司经营管理水平难以提高,市场化经营管理能力有限。此外,基金的品种单一,创新慢,无法满足投资者的个性化投资需求,以及在经营管理风格、投资组合上,大多数基金仍有趋同现

象,严重阻碍了我国基金业的发展。

5.基金会计行为缺乏专门的准则依据

自我国证券投资基金诞生以来,在《证券投资基金会计核算办法》颁布实施之前,我国基金会计行为所依据的只是《企业会计准则投资》与《证券投资基金管理暂行办法实施准则第五号--证券投资基金信息披露指引》。然而,《企业会计准则投资》并没有涵盖证券投资基金业务,有关会计确认、计量和反映的规范只有在其信息披露规则中才能找到,在基金的招募说明书中,只有"会计制度执行国家有关的会计制度"一条,缺乏可操作性,在基金的年报中也仅有:本基金的会计报表按照中华人民共和国《企业会计准则》,中国证券监督管理委员会颁布的《证券投资基金管理暂行办法实施准则第三号--证券投资基金信息披露指引》以及中国证券监督管理委员会允许的如主要会计政策所述的基金行业的实务操作约定而编制。至于证券投资基金会计确认、计量和报告具体依据何种制度则不明显。证券投资基金会计确认、计量和报告缺乏权威性的具体会计准则、制度为依据,这样最终导致了我国基金会计报表信息缺乏可比性、真实性,因此,基金会计行为的不规范化局面亟需改变。

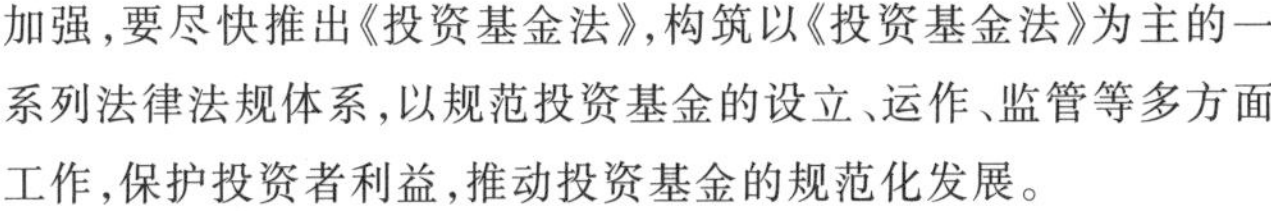

四、证券投资基金规范化发展的对策

大力发展证券投资基金对于证券市场的作用是不言而喻的,为此,我国政府自1999年以来相继采取了一系列措施来促进证券投资基金的发展。2001年4月,为规范证券投资基金的发展,中国证券监督管理委员会又依法对基金管理公司的非法交易行为进行了查处。从当前的实际情况看,我国可以采取以下对策来规范发展证券投资基金。

1.加快《投资基金法》立法步伐,完善相关配套法律法规

目前,我国证券投资基金法制建设滞后,《投资基金法》仍处于起草修改之中,尚未颁布实施,而现行的《证券投资基金暂行管理办法》又存在许多缺陷,从规范发展证券投资基金的角度出发,我国的证券投资基金法制建设工作必须加快加强,要尽快推出《投资基金法》,构筑以《投资基金法》为主的一系列法律法规体系,以规范投资基金的设立、运作、监管等多方面工作,保护投资者利益,推动投资基金的规范化发展。

2.加强法制监管力度,强化依法行政

良好的法律法规体系为证券投资基金的规范化发展提供了法律保证,而进一步规范发展证券投资基金,则必须在完善相关法律体系、法规体系的同时,建立有效监督管理体系和执法体系,加强法制监管力度,强化依法行政。对基金当事人及投资者的行为进行有效监管,对违法乱纪行为要依法予以查处,以肃清市场违法行为,为此,我国政府的金融监管要作重大调整。首先,我国政府立场应从保护国家和金融机构的利益转变到保护投资者、存款人和消费者利益上来。其次,监管手段要从行政管制、业务控制和干部任免等方式转变到法律、经济、证券从业资格的监管手段上来。第三,监管内容应从业务限制转变到金融机构经营行为的合法性、合规性上来。通过法制、监管、执法等方面的调整,为我国证券投资基金的发展创造良好的外部环境。

3.营造良好的市场竞争环境,加快基金市场规范发展步伐

证券投资基金的规范发展离不开良好的市场竞争环境,要营造我国证券投资基金良好的市场竞争环境,必须要弱化政府在基金业发展中的行政职权,并适当放宽开放型基金的准入条件,取消固定的管理费率,以形成市场竞争的约束机制,从而最终形成基金之间、基金管理公司之间、基金服务机构之间的综合性、全方位的有利竞争环境。

目前,在我国现在的基金市场环境中,证券投资基金尚处于起步阶段,市场的扩张速度较快,为了防止市场高速扩张带来的一系列问题,对基金市场我国政府必须坚持规范发展的原则,包括以下几个方面:一是加快新基金品种的开发和市场推广;二是加快基金主要投资产品的开发和市场建设;三是扩大基金投资者范围和投资比例;四是加快基金服务中介市场的规范化建设,建立公正、严明、高新、科学的基金评价体系;五是提高基金市场的运作效率,特别是在加快基金市场建设时,必须加快债券市场和金融衍生产品市场的建设,只有债券和金融衍生产品丰富了,才能形成多样化的证券投资基金品种,满足投资者对收益、风险组合的不同偏好。同时,有利于基金管理公司风险的控制与新的运作场所的开辟,多方面促进证券投资基金的发展。

4.加强基金会计工作力度,规范证券投资基金会计行为

要规范我国的证券投资基金会计行为,必须从会计制度和会计准则的制定入手。具体可以采取如下措施:

(1)制定金融业会计准则。要规范我国的证券投资基金会计行为,首先应借鉴国外成熟市场金融工具会计准则和国际会计准则,制定符合我国证券投资基金需要的金融业会计准则。为此,国家财政部已于2001年6月7日发布了《证券投资基金会计核算办法》征求意见稿,以征求中国证监会、各基金管理公司、各基金托管银行以及会计师事务所等有关各方意见,预计《证券投资基金会计核算办法》将很快颁布实施,这将有利于规范我国证券投资基金的会计行为。

(2)加强证券投资基金会计行业自律。要借鉴国际上投资基金业比较发达国家或地区的成熟做法,尽快制定适合我国国情的证券投资基金会计规定、指引等,以增强证券投资基金行业的自律意识,培养优秀的证券投资基金会计人员,提高整个证券投资基金行业会计水准。

(3)规范基金招股说明书中的会计、审计行为。我国应对证券投资基金招股说明书中的会计、审计作出详细明确的具体规定,

以规范基金内部会计人员的行为,加强基金内部会计师的职业道德的培养,不断督促基金内部会计师提高自己的执业水平和财务工作水平。

5.加快证券投资基金专业人才培训培育,推进基金执业队伍建设

证券投资基金业是一门专业性很强的工作,它的规范发展离不开专业化、高素质人才队伍的支持,为此国家、证券监管部门、基金管理公司应采取一切可行措施加快专业人才队伍建设,通过培训、出国深造、学习交流等各种方式来培养优秀的执业人才,以满足高速发展的我国基金业的人才需求,促进证券投资基金业的规范发展。

综上所述,发展证券投资基金是我国发展机构投资者的一项重要的战略举措。同时也是我国政府为规范证券市场投资行为所做的正确选择。鉴于我国证券投资基金品种单一、投资行为趋同的状况,为继续规范发展证券投资基金,除了坚持实施上述的有效措施外,还必须积极探讨和采取新的有效措施。

第二章 开放式基金的投资及其风险防范

2001年9月11日,我国第一只开放式基金"华安创新"启动发行工作,紧接着,第二只开放式基金南方稳健投资成长基金也开始着手准备发行。随着我国对开放式基金投资风险管理的加强,开放式基金的规范化发展将对基金业和整个证券市场产生积极作用。

一、全球开放式基金的发展趋势

全球开放式基金的发展趋势呈以下几个特征:

1.全球开放式基金规模扩张迅速

近几年,开放式基金作为证券市场的重要组成部分,呈现出迅速扩张态势。1995年至2000年5年间资产规模翻了一番,由1995年的5.4亿美元增长到了2000年9月的12亿美元。年增长率高达17.96%。据美国投资公司协会对37个国家和地区开放式基金的统计结果表明,近5年里的开放式基金的资产规模都在增长,只是各国和地区的增长速度不同,部分情况见下表,从下表中可以看出,在全球开放式基金规模扩张的趋势中,美国在全球开放式基金市场上的主导地位十分稳固,短时期里不会改变。

	1996 年	2000 年	增长(倍)
美国	2.8 万亿美元	7.27 万亿美元	1.596
意大利	798.78 亿美元	4188.74 亿美元	4.24
澳大利亚	365.05 亿美元	3280.62 亿美元	7.99
香港	336.95 亿美元	2229.63 亿美元	5.6
爱尔兰	84.61 亿美元	1311.6 亿美元	14.5
台湾	43.88	388.96 亿美元	7.86
芬兰	12.11 亿美元	129.61 亿美元	9.7
阿根廷	6.31 亿美元	76.64 亿美元	11.15
俄罗斯	600 万美元	2.45 亿美元	408.3

2.单只开放式基金管理的资产呈稳步盘升趋势

全球开放式基金管理的资产规模正在不断地扩大。1995年到2000年9月单只开放式基金平均管理资产规模分别是1.54、1.83、2.11、2.67、2.18、2.27亿美元,虽然不同国家和地区的单只开放式基金的资产规模差别较大,但是绝大多数国家和地区的开放式基金规模都保持了不同程度的增长。其中美国开放式基金规模的增长最具代表性,1995年到2000年9月,单只基金的平均规模分别达到了4.91、5.64、6.69、7.55、8.79、9.06亿美元。

3.全球证券市场开放式基金化率持续攀高

所谓开放式基金化率是指全球开放式基金管理资产总额与全球主要股票市场总市值的比率。分析1995年以来的数据,便会发现全球开放式基金化率正在逐渐盘升。就平均而言,开放基金资产规模大约占同期全球主要股票总市值的1/3,到2000年9月,则已占总市值的36.19%。

二、发展开放式基金对我国证券市场的战略意义

开放式基金是一种发展趋势,发展开放基金将对我国证券市场的发展产生积极的影响。具体表现在:

1.稳定证券市场

开放式基金的推出有助于大盘形成牛长熊短的走势。开放式基金通过追加认购和解约赎回机制来调节证券投资市场,以达到稳定证券市场的目的。目前,我国证券市场尚处于发展中,市场机制不完善,因此股指上升阶段往往伴随着大规模扩容,导致在一轮上升行情后期开始出现后续资金严重不足的局面,从而制约上升行情的完整展开。开放式基金的推出则能在一定程度使这一局面有所改变。随着股指的上升,开放式基金的规模也随之迅速扩大,将有效缓解此时加速扩容所导致的后续资金严重不足的窘状,从而有助于延长牛市的持续时间,使新一轮上升行情得以展开,稳定了证券市场。

2.优化基金公司

开放式基金的设立和发展,会对基金公司起到很好的优化作用,具体表现在以下几个方面:

(1)转变买卖市场,加大基金市场竞争。随着开放基金的设立,基金市场将逐渐由卖方市场转为买方市场,各种类型基金间的竞争将会越来越激烈。由于开放式基金与封闭式基金在交易方式和设立方式上有较大差别以及开放式基金自身具有的的优势,投资者将会青睐新推出的开放式基金,这势必给原有的封闭式基金带来压力,使基金市场的竞争更加激烈,从而达到了优化基金公司的目的。

(2)完善基金公司管理决策体系。开放式基金的推出将促使基金公司在管理决策方面作出相应的调整,表现在以下三个方面:其一,在公司的经营策略方面,公司必须重视基金销售以及投资者的需求,根据具体实际情况建立相应的销售部和客户部以及服务部,以满足客户的要求;其二,需要改变基金的投资策略。开放基金交易特点决定了它必须留足备用资金,同时要求持有变现能力强的股票,以应付投资者随时赎回基金的巨大风险。因此,开放式基金的投资策略将更加科学、灵活多变;其三,对投资经理人素质要求高。开放式基金需要基金经理人既要精通基金的各项业务,又要对开放式基金可能出现的风险情况有充分的认识,并能在操作实践中进行更理性、更科学的投资决策,最大限度地保护和实现投资者利益。

(3)避免市场中基金的"道德危害"和"内部人控制"现象。首先,开放式基金规定的每日信息披露制度使投资者能够追踪监督基金经理人的行为,其赎回的特性也在一定程度上保证了这些信息的可靠性。其次,开放式基金单位价格比封闭式基金的价格更能真实反映其价值。在一定程度上能较好地避免投机行为的发生。另外,投资者除特殊情况外,随时都可以将资金从经营业绩差的基金公司赎回,转而投向业绩好的基金公司。这样,资源得以有效配置,市场机制的优胜劣汰作用也得以充分发挥,从而可以有效地避免"内部人控制"现象发生。

(4)提高了基金投资操作的透明度。透明操作是开放式基金的显著特点,缺乏透明度或透明度不高的基金,既违反了开放式基金的有关规定,也不能吸引更多的投资者。在西方发达国家,开放式基金每天都要公布其投资组合、资产净值、购买价格、赎回价格等情况。

3.促进监管水平提高

随着开放式基金的推出,市场监管体制势必会有新的变化:首先是过去监管对象过于分散的局面将得到改变,从而能集中力量加强对机构者的监管;其次是促使监管者变被动为主动式监管,防患于未然;再次是将改善我国投资基金的监管环境,通过建立实时监控系统,防止基金的市场操作行为。

三、开放式基金投资的风险分析

当我们通过购买开放式基金进行投资活动时,常常会面临以下三大风险:

1.制度风险

由于开放式基金在我国尚处于起步阶段,还缺乏相关法律来规范开放式基金运作的各个环节。比如,基金公司的管理与信息披露、基金经理的投资、信托部门的运营等。证券监管和立法部门应加大立法力度,促使基金业在我国蓬勃发展。

2.流动风险

众所周知,开放式基金随时要面临着投资者的赎回要求,在市场不利或受益人信心受挫的情况下,会出现由于投资者大量赎回而造成开放式基金现金流动性不足的严重的后果,这向我国基金经理们提出了一个新的挑战:一方面要有足够的资金投入长期运营以保证基金整体的赢利性;另一方面也必须考虑到随时面临的赎回要求,使资金短期流动性趋于合理。

3.基金投资策略的风险

对于基金投资策略风险,投资者应重点关注的部分为:基金投资组合整体风险、基金投资风格风险和投资对象规模风险三种。

(1)基金投资组合整体风险。它是指基金经理利用投资组合获取收益的同时所带来的风险,在一般情况下是指投资组合的波动性,即价格的波动幅度。一般来讲,基金组合的波动越厉害,其潜在风险就越大,由于基金公司的管理水平以及基金经理的业务对基金的收益影响很大,因此,作为投资者应当尽最大可能选择那些过去表现优秀的基金,与此同时,在组合中还适当考虑指数基金。

(2)基金投资者风格风险。它分为价值型和增长型两种,价值型基金经理倾向于购买具有投资价值的股票,而增长型基金经理在选择股票时,喜欢关注具有持续增长趋势的行业,把销售及收益增长势头强劲的公司作为投资对象。一般来讲,价值型股票风险要高于增长型股票的风险,因而其投资回报率则相应也高于增长型股票。

(3)基金投资对象规模风险。根据统计资料显示,大型股票和小型股票在风险及回报上存在明显的差异。小市值公司因其在规模上处于劣势,反映其竞争力相对缺乏,因而表现出比大市值公司更大的风险。然而,正是伴随着更大的风险,投资小型公司从长远看将得到更丰厚的回报。

四、开放式基金投资风险的有效防范

从目前开放式基金的实际运作情况看,开放式基金的投资风险可以采取以下措施进行防范:

1.公司实行换岗、互控制

在开放式基金管理公司内部,应该对于某些个人长期操作会带来不利的工作岗位实行换岗制,以打破个人的独断行为。此外,还应实行互控制,各部门内部及各部门之间加大相互监管力度,相互制约相互促进。公司应作出明文规定:重大业务不应由一个人经办、一个部门、一个主管决策,应有横向部门予以评估审核;每个人、每个部门所从事的工作必须受到其他人或部门对其所履行职责的检查核对。

2.设稽察部加强督察

中国证券监督管理委员会在《关于加强证券投资基金监管问题的通知》中明文规定，基金管理公司和基金托管部应设立监察稽核工作。基金管理公司应设督察员，全权管理和负责公司的监察稽核工作。督察员可列席基金管理公司的任何会议，对基金运作、内部管理、制度执行及循规守法情况进行内部监察、稽核，每月独立出具稽核报告，报送中国证券监督管理委员会和管理公司董事长。督察人员的任免，应报中国证券监督管理委员会批准。在基金管理公司中设立督察员职务，既是执行基金公司内部监察法规和各项制度实施情况的要求，也是证券监管部门通过这个岗位了解公司全部管理情况的重要手段，更是控制风险的有效措施。

3.建立三权分立或投资决策体系

开放式基金公司的投资行为一般应由三项内容构成：一是对投资项目的调研和建议；二是对投资建议报告的分析和决策；三是对决策意见的组织实施。这三项工作相对应着三种权力，即投资项目建议权、投资项目的决策权和投资决策执行权，这三种权力在基金管理公司内部实行严格分立，投资项目的建议一般由公司的研究开发部门提出，建议报告由研究人员通过市场的深入调研或对市场信息进行综合分析以后形成，然后递交给投资决策机构讨论评审。评审时，可以请研究部门的有关人员参与，但决策权集中在决策机构，建议人员没有决策权。决策机构大部分公司都设立投资决定委员会，人数不定，在经过论证之后，决定投资，通过投资指令下达给投资部门执行。投资部门在实施决策意见时，应根据市场情况决定具体入市时间和买卖数量。这种三权分立式的决策体系，有利于防止内部人侵权和控制风险。

4.设立内、外控制系统

开放式基金管理公司对投资风险的管理的控制可借助于内、外两个控制系统。

(1)系统外的控制系统。其一，中国证券监督管理委员会依法对基金公司的内部管理进行监督、指导，重点 是防止关联交易、内幕交易和公司内部人侵权事件的发生。中国证券监督管理委员会采用定期或不定期抽查的方式，对基金公司的日常管理进行有针对性的检查，一旦发现问题，可立即予以制止，并责令基金公司及时整改。其二，托管银行对基金公司的管理风险应负有监督责任。特别是在股票交易出现异常时，应及时发出提示性公告，引起基金公司高层领导注意。其三，基金公司的高层管理人员也有责任定期或不定期地向中国证券监督管理委员会汇报工作、通报情况，这也是有效控制管理风险的手段。

(2)系统内的控制系统。开放式基金风险内控系统由以下几个方面构成：①股东大会的监督。《证券投资基金管理暂行办法》规定，股东大会通过法定的程序，有权修改基金契约，有权提前终止基金，有权更换基金托管人和基金管理人。股东大会的这些权力的赋予与行使，对于防范基金的风险，特别是基金管理风险有十分重要的作用；②公司实行全员劳动合同制，对员工进行职业道德教育和自律意识的教育，使之成为公司防范风险的基础性条件；③基金公司财务部设立督察部门和督察员岗位，来督促和推动公司的日常管理法律化、程序化；④公司实行“防火墙”制度，对重要机密信息实行内部各部门间隔离制，来严格防止基金公司的内部人员利用权力和所获取的信息，为任何投资人之外的个人或法人谋取利益。开放式基金在我国刚刚起步，还面临着制度建设和市场的诸多问题的制约，但开放式基金运作只要沿着法律规范和监管的方向不断改进，就会达到证券市场发展的预期目的。

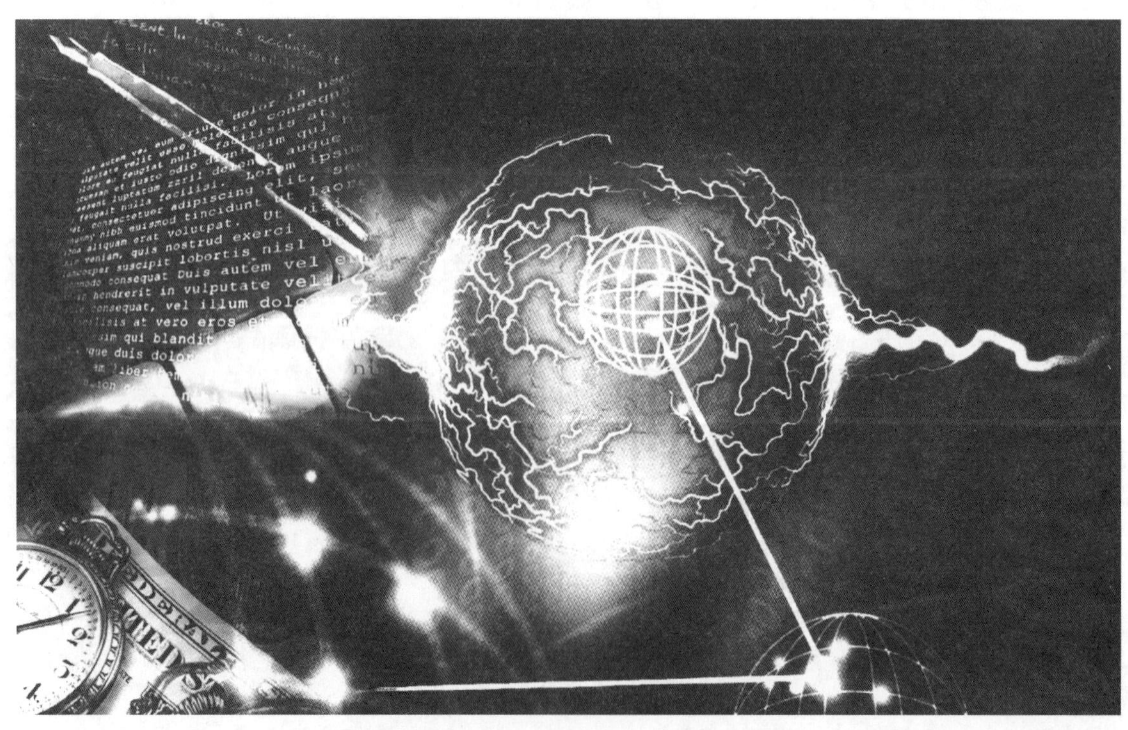

第三章 规范发展私募基金的政策建议

自2000年以来，管理部门多次提出，要采取措施超常规发展包括证券公司、基金公司等在内的各类机构投资者。而2001年开放式基金试点的推出，保险资金入市比例的提高，则极大地促进了机构投资者队伍的发展壮大。而“基金黑幕”事件引发的争论，基金违规交易行为的查处与曝光，则使得基金成为业内人士关注的焦点。如何规范发展机构投资者，特别是私募基金，就更具有重要的现实意义。

一、私募基金的内涵

所谓私募基金，又称为特定基金，它是指通过非公开方式面向少数机构投资者或个人募集资金而设立的基金，它的销售与赎回都是基金管理者通过私人与投资者协调进行的。私募基金与公募基金相比，在以下几方面有较大区别：

(1)资金的募集方式不同。公募基金是采取公开发行方式，向社会各类投资者广泛募集资金，而私募基金则是通过非公开发行方式募集资金。公募基金一般会利用公开媒体的广告招揽客户，而私募基金大都是通过熟人关系介绍招揽客户。

(2)发起人和管理人主体资格不同。公募基金的发起人和管理人是经政府主管部门批准的拥有合法的基金发起人和管理人资格的公司。而私募基金的发起人和管理人大都是不具备基金发起人和管理人资格的公司，甚至个人。

(3)募集对象不同。公募基金是经政府批准按一定要求以社会公众为募集对象；私募基金的募集对象则是少数特定的投资者。

(4)经营管理形式不同。公募基金的投资管理要依据相关的政策、法规严格执行，并且要执行严格的信息披露制度；私募基金的投资管理则主要根据投资者和募集者商定的方式予以投资管理，且不必执行严格信息披露要求。目前私募基金的管理者主要有以下几类：

第一类是工作室。经常见诸于一些较大媒体上的所谓“工作室”，是目前最公开最常见的私募基金管理者。这些工作室主要由有各室的“股评人士”或“研究人员”组成，他们要求的资金量不多，投资者只要有50万元就可以加入其行列。正是因为资金量不大，这类管理者大都提供20%左右的保本收益率，且不直接向投资者收取费用，大都与客户所进行交易的营业部进行协商，从交易佣金中提取。

第二类是投资、咨询、顾问公司。目前，众多的咨询公司、投资公司、顾问公司一直以委托代理的方式操纵着数目庞大的私募基金。这些基金管理者大都持有10%以上的基金份额，其收入来源为年终基金分红按比例提取，如果亏损则管理者要负责支付。

第三类是券商。证券公司是最早的私募基金管理者。1999年起综合类券商经批准可以从事资产管理业务，受托管理现金、国债或者上市证券，券商就成了公开的私募基金管理者。目前大部分证券公司都在或多或少地从事非公募资产委托管理业务。

第四类是个人管理者。从1999年中期起，由于受投资管理公司成为证券业一大热点，大量证券公司从业人员纷纷跳槽出来自己做业务，这些人中有的是券商的操盘手，具有丰富的投资经验和广泛的社会关系，自然就成了私募基金最佳管理者。

二、我国私募基金发展状况

据业内资深人士估计，我国现有地下私募基金的总量远远超过在沪深两市挂牌超过800亿元公募基金总量。其总量约为2000亿~5000亿元。业内人士认为，目前一级市场的资金量大约有15%到30%来自私募基金。由于2000年我国一级市场资金量超过了6000亿元，由此可知这部分私募基金总量至少在1000亿元以上。我国私募资金规模之所以如此庞大，主要是资金来源途径广泛，其中主要有四大部分：一是国有企业自有资金；二是股份公司或民营企业的流动资金；三是以“大户”为主的个人投资者的资金；四是上市公司的资金，这在一些上市公司2000年年报中可以看到，并且上市公司业已成为私募基金的主要来源。从私募基金的构成看，目前地下私募基金的来源主要为境内资金，但不排除境外资金的流入。虽然我国私募基金市场的发展带有自发性，且没有相应的法律规范监管，但我国的私募基金市场却迄今尚未出现大的问题，发展情况较好，这主要是因为我国私募基金市场化程度高，主要体现在：(1)激励机制直接。私募基金大部分只给管理者一个固定管理费以维持开发，其收入主要从年终分红中按比例提取，这使得基金持有者与管理人利益一致。(2)有效的风险承担机制。我国的私募基金管理人大都持有基金总额的10%~30%，一旦发生亏损，管理人的部分资金将用来弥补亏损，这使得私募基金管理人不断加强管理。(3)融资和投资方式充分市场化。(4)治理机制建设较好。

从目前我国私募基金的发展情况来看，私募基金规模庞大已是不争的事实，由于私募基金大都来源广泛，包括个人投资者、私营企业、股份公司、上市公司、国有企业等。如此巨大的资金如果缺乏有效地监管，一旦发生问题，极有可能引发大规模金融危机，为此，必须对私募基金进行规范化管理，给私募基金以合法的地位，既可以引导它们促进高新技术产业发展，又能保护投资人，同时还可以化解风险。

三、规范发展私募基金的作用

目前，社会各界都在呼吁要规范私募基金的发展，在此点上，我国《中国投资基金法》(草案)明确给予私募基金合法地位。私募基金走规范发展之路，从长远看将对证券市场具有十分重要的作用。

1.可以抑制证券市场的过度炒作

从目前我国证券市场的现实情况看，私募基金由于没有得到有效的规范约束，正在逐步成为我国证券市场的“庄家”，并对证券市场造成了不利影响。如果规范私募基金的发展，走规范发展之路，则可以提高对私募基金投资运作的监管力度，规范私募基金的投资行为，从而最大限度地防止私募基金成为证券市场的“黑庄”，减轻证券市场投机炒作气氛，确保证券市场的长期稳定发展。

2.可以提高证券业整体投资水平

由于私募基金产权关系明晰，利益约束硬化，并且有效地解决了基金发起人和经理人的利益机制问题，为最优秀的人才创造了发挥最大潜能的经营管理环境和激励机制，从而可以全面调动私募基金经理人的积极性和创造性。促使其不断进取，提升自己的投资水平和经营管理能力。但是由于目前私募基金尚处于“地下活动”状态，无疑给私募基金管理人带来了巨大的政策风险，使其经营管理才能受到政策环境的干预，难以最大限度地发挥。而一旦私募基金获准规范发展，则私募基金管理者将可以在开放的、规范的环境中自由地施展自己的拳脚，充分展示自己的才能，从而带动证券业整体投资经营管理水平的提高。

3.可以促进基金业的竞争发展

一旦私募基金得到政策许可走上规范发展之路，私募基金将成为大众投资者又一投资品种，这将打破我国公募基金一统天下的局面。而且一旦私募基金规范发展，必将有更多的投资咨询顾问公司、证券公司及其他公司加入私募基金的队伍中，这会使私募基金队伍迅速壮大，使基金业竞争更加激烈，在优胜劣汰的市

场环境中推动我国基金业的健康稳定发展。

4.可以扩大市场资金来源

一旦私募基金踏上规范发展之路，不仅会使大量处于隐秘状态的私募基金“浮出水面”，而且会迅速吸引社会投资者的目光，一些囿于法律、政策风险而不敢加入私募基金的投资者将迅速介入，从而迅速壮大私募基金的资金实力，为证券市场提供充足的资金来源。目前，我国居民储蓄已超过7万亿元，这部分资金将为私募基金的发展和壮大提供坚实的基础。

四、现阶段私募基金发展面临的法律问题

从私募基金自筹的发展来看，随着市场规范化程度的不断提高，私募基金的发展已面临日益严峻的法律问题，具体包括：

1.保底收益涉嫌违法

为了吸引客户，目前各私募基金募集者大都承诺保证本金的安全、保证年终收益率等，而且私募基金承诺的年终收益率在10%~30%之间，超过银行存款利率，私募基金这种行为严重违反了有关法律法规，有非法集资之嫌。

2.投资者权益无法律保证

许多私募基金是靠私人关系建立起委托关系的，只有口头协议，没有正式文本合同，这就使得双方的合作关系无法律保障，容易导致法律纠纷。

3.缺乏有效的外部监管

这将导致投资者利益分配不均，容易引起投资者之间的冲突，并有可能引发连锁反应，使私募基金无法做大。

4.私募基金的运作成本偏高

对于大型私募基金而言，如果采用一个专用帐户来运作，由于风险较高，难以获得投资者认同，故大多数私募基金都采取公司制形式，所以运营成本相对公募基金而言要高得多。

私募基金上述法律障碍的存在，使得私募基金长期发展受阻，影响私募基金的业务运作，并要承担很大的生存风险，同时，私募基金的非规范性，也使得其发展壮大受限，难以吸引足够的客户货源，因此，需要走一条规范发展之路。

五、规范发展私募基金的措施

私募基金能否“翻牌”，由地下转入地上，主要取决于政策和法规的要求，尤其是有关部门的态度。目前，我国的《投资基金法》(征求意见稿)中已明确写入了“特定基金”，即私募基金。并且《投资基金法》起草人对私募基金的界定，发起设立的资格及其程序，管理人的市场准入，投资者的进入标准及其数量要求，私募基金的组织形式等方面问题进行了探讨。由此可见，我国私募基金的规范发展已拉开了序幕，有关政策建议主要包括以下几个方面：

1.从法规上规范私募基金的发展

目前具体来说，在《投资基金法》中对私募基金进行法律界定，明确私募基金的发起人和管理人应当具备的条件和资格，规定发起设立私募基金的条件和程序，对投资者和私募资金来源、数量作出限定，统一私募基金的组织形式和契约合同等等，只有明确了上述问题，私募基金的规范发展才有章可循。

2.从市场监管方面规范私募基金的发展

地下私募基金的存在是真正的“黑募”，必须规范以保护中小投资者的利益。私募基金一旦规范化，将在市场上产生重大影响，不久前中国证券监督管理委员会依法查处涉嫌非法操纵亿安科技股价的3家公司，是证券监管部门加大对私募基金市场监管力度的表现。为了规范私募基金的发展，加强基金市场投资行为监

管十分重要,从前段情况来看,我国政府应采取措施防止私募基金直接进入股市,以防止其成为操纵市场的"庄家"。

3.加强私募基金自身的监督管理能力

私募基金具备基金的共同特点,即现金资产的所有权与管理权相分离,基金管理人具有资产的管理权,基金托管人为基金投资者行使部分监督。但由于私募基金的投资者人数相对较少,为了保护基金持有人的利益,基金管理人必须接受基金发起人或基金托管人的监督。为此,《投资基金法》草案中规定,特定基金(私募资金)的基金管理人可以由发起人自行担任,也可以委托他人担任,但基金托管人不能自行担任。这一规定加强了特定基金的外部和管理层的监督权力。

4.严格私募基金的管理人和发起人的资格认定

实践表明,如果我国简单以实收资本或注册资金以及从业人员的数量作为限制私募基金的管理人和发起人资格的"门槛",将会导致大机构、个人介入私募基金的发起设立。因此,必须严格认定基金发起人和管理人资格,规定只有符合一定资产规模的证券公司、信托公司、资产管理公司、投资顾问公司才能具备私募基金发起人和管理人资格。

5.统一私募基金的合同契约,使委托投资关系合理化

由于目前私募基金大多数都采取口头契约形式建立委托投资关系,这使得私募基金投资风险较大。为此,国家应制定统一的私募基金合同契约,对私募基金当事人的权利、义务、违约责任等事项作出明确规定。另外,要在契约中明确不允许设立最低收益保底条款,以促进私募基金的公平竞争。

6.杜绝违规资金投资私募基金

上市公司、国有企业将资金通过各种方式和渠道投资私募基金已较为常见,若对这种情况听之任之,后果将不堪设想。为此,国家应立法明确规定哪些资金可以投资私募基金,并对违规投资私募基金的行为制定相应的法律制裁条款,以防止私募基金来源不明,失去监控。

总之,私募基金在我国大量存在已是不争的事实,如何尽快解决私募基金问题已成当务之急,为此,投资基金立法小组成员已达成共识,那就是以法律规范私募基金的发展,但是私募基金毕竟不同于公募基金,它的规范发展要受许多客观条件和现实情况的限制,因此,必须采取各种有效措施来规范其发展。

第四章 社保基金运作机制与入市模式选择

随着国家养老保险和医疗体制改革方案的出台,社保基金的保值增值问题引起了人们的广泛关注。按现行政策,我国的社保基金保值只能通过购买国债或存入银行获取利息来实现。虽然流动性充足,但增值潜力较弱,不能满足我国对建立完善的社会保障体系提出的迫切要求。于是允许保险资金入市的呼声便日益高涨,社保基金入市势在必行。

社保基金是指国家通过立法手段,对国民收入进行分配和再分配形成的专门基金,对劳动者因年老、患病、伤残、失业、生育、死亡等原因暂时或永久丧失劳动力而失去生活来源时,在物质上给予社会性帮助的一种社会保障制度。目前,我国社会保障基金最主要的是养老保险、医疗保险和失业保险三大部分。面对这样庞大的资金源,经济学者和证券界从业人士认为应促进社保基金的资本运营开辟通道入市。社保基金入市有积极作用,同时也需要进一步规范化。

一、我国社保基金入市的状况分析

1999年10月20日,允许部分保险公司将不超过上半年总资产5%投资证券投资基金的《保险公司投资证券投资基金管理暂行办法》应运而生。1999年11月,基金同盛上网发行30亿基金单位,其中向商业保险公司配售9亿份,共11家保险公司参与申购。2000年3月,根据已获批准并按5%投资证券投资基金的保险公司的资产结构和质量,资产运用收益等,中国保监会陆续将部分保险公司投资资金的比例提高到不超过上半年总资产的10%到15%。2001年底,中国部分保险公司入市比例提升到15%,并批准其他一些保险公司投资证券投资基金。2000年,平安、新华人寿、泰康人寿和华泰财产等4家保险公司获准将入市资金比例提高到10%,太平洋保险公司获准将入市资金比例提高到15%。中宏保险、金盛人寿、中保康联等3家中外合资保险公司的入市比例提高至上年末资产的10%。这是继太平洋安泰、安联大众、友邦广州等公司后,又一批入市资金比例可达到上半年末资产10%的外资含中外合资保险公司。

33只资金年报显示,至2001年底,中国人寿保险公司、中国太平洋保险公司等众多商业保险公司均已持有较多基金单位。其中中国人寿保险公司、中国太平洋保险公司、平安保险公司与中国再保险公司,占到了所有保险公司所投基金单位的高达95.7%的份额。它们持有的基金单位的市值在2001年末分别为56.68亿元、31.03亿元、27.87亿元、12.54亿元。其它保险公司如华泰保险、泰康人寿、大众保险与友邦保险所持有基金单位在2001年末

市值达到6亿元。

尽管证券投资基金大有“庙小”而容不下社保基金在这个“大和尚”的趋势，但2001年基金年报显示，近3/4的基金的持有人是保险公司，其中国内最大的保险公司中国人寿保险公司成为基金兴和、金泰、安信等几只基金的最大持有人，太平洋保险公司、平安保险公司也正在成为多只基金的最大持有人。保险基金平均持有基金单位总数达到基金总额的14.6%，但值得注意的是保险资金对基金的投资仍十分挑剔，基金市场年报显示，包括基金景宏在内的10只基金在半年内被保险公司大量增持，增持份额超过7个百分点。其中有5家的增幅超过100%。在这些被增持的基金中，基金天元被社保基金增持的份额最高，由于中国人寿保险公司、太平洋保险公司、平安保险公司与中国再保险公司等4家保险公司纷纷增加持有份额，使其在2000年下半年就增加了15个百分点。增幅最大的是基金普丰，社保资金持有比例从2001年6月30日的5.6%增加到年末的19.17%。增幅达250%。基金安顺被增持的份额也较高，持有比例已达13.21%。与此同时，有近10只基金被保险公司持有的份额出现了下降，整体下降幅度为3.5%，其中有5只基金被抛售过半，基金的前10大持有人不再有保险公司。另外，基金同智是33只基金中前10大持有人中唯一没有保险公司的基金。这表明，保险公司在扩大入市资金量的同时，也对投资的基金进行了部分调整。

随着保险公司资产与投资比例的逐步增加，保险公司可投资于资本市场的资金也将大规模增加。2001年初，平安保险、泰康人寿、华安保险、金盛人寿的入市比例由10%提高到15%，友邦保险上海分公司入市比例由5%提高到15%，新华人寿和华泰财产则由10%提高到12%，中国人寿由5%提高到10%。2001年5月，中国保监会宣布已经批准平安、新华和中宏3家保险公司投资连结类保险，帐户在证券投资基金上的最高投资比例可以从原先的30%升至100%。按照规定中国人寿保险2001年进入资本市场的资金将达160亿元，而根据现有33只基金净值的规模折算，中国人寿保险公司即使每只基金持有份额都达到该基金份额10%的比例，最多也只能投资70亿元。由此可见，由于基金总体规模的限制，社保基金入市将面临投资无门的尴尬处境。为此，拓宽社保基金入市门户就显得十分迫切。

二、社保基金入市对证券市场的影响及意义

目前，我国人口结构正逐渐向老龄化转变。根据劳动和社会保障部的统计，截止2001年底我国社保基金的数量为1000多亿元，但据估算，未来5年随着我国人口老龄化的加速，社保基金的净支出将不断增大。而且，社保基金运作效益差，盈利较低，为此，我国必须采取措施，尽快弥补社保基金的缺口，其中最主要的措施就是实现社保基金的增值。就国内目前的实际情况而言，社保基金入市对于自身的保值增值和对证券市场的发展都具有重大意义。

1.社保基金入市有利于实现保值增值，防范支付风险

国内外证券市场的发展经验表明，股票市场的投资报酬率明显大于银行存款利率和国债收益率，特别是在正处于高速发展时期的我国证券市场，股票投资收益率更高。从这一点讲，股票市场无疑是我国社保基金实现保值增值的最佳场所。当然为避免股票市场的高风险，我国社保基金应在控制风险的前提下，有条件、有步骤、有限度地进入证券市场，从而确保我国社保基金可以安全地分享我国国民经济和证券市场发展的成果，实现保值增值，以防范可能出现的支付风险。

2.社保基金入市将推动基金业的发展

目前，我国挂牌的基金总规模仅为800多亿元，规模较少，为了推动基金业的快速发展，我国政府采取了许多政策措施，比如允许“三类企业”购买基金，提高保险资金入市比例，发展开放式基金等，但由于多方面原因的限制，我国的基金业仍然发展缓慢，规模难以迅速扩大。从国际经验看全球基金业近20年快速发展，主要得益于基金规模的膨胀。在欧美基金资产中，养老基金占了60%，借鉴国际经验，我国也可以利用保险基金发展基金业，即可以通过放宽社保基金购买基金的比例，甚至设立专门供社保基金投资的基金品种发展我国基金业。

3.社保基金入市将推动证券市场扩容和规范发展

从证券市场资金供给方面讲，社保基金的入市无疑可以在一定程度上满足其市场扩容的资金需求。从证券市场的规范发展方面来讲社保基金的入市将加强机构投资者的实力，并承担起中、小散户代理人的角色对上市公司进行全方位、多层次的监督，从而推动上市公司质量的不断提高。从国有股减持方面讲，我国上市公司中不流通的国有股和法人股的权益在60%以上，股权结构极不合理，影响了证券市场的流通性，不利于我国证券市场的长期稳定发展。为此政府正积极探讨国有股减持方案，并提出了将部分国有股票现以补充社保基金不足的方案。因此，允许一定比例的社保基金入市，可以解决社保基金积累不足和国有股减持对证券市场的冲击问题。总而言之，允许一定比例的社保基金入市将有利于证券市场的长期稳定发展。

三、社保基金入市模式的选择分析

一旦社会保险基金迈出入市的第一步，面临的第一个重大并必须解决的问题就是社保基金如何入市。具体而言，即社保基金应选取何种入市模式及什么样的入市途径等。“他山之石，可以攻玉”，面对这些问题，我们可以借鉴国外有益的经验，从国际的观点来看，社保基金入市模式主要有三种：

(1)零售模式。即参与社会保障的职工都拥有各自的个人帐户，每个人都可以自选择投资于不同的基金公司。而基金公司则只要符合注册要求，即可以自由进入市场，吸收社会保障资金入户。为避免发生重大投资失误，吸收社保基金的基金公司必须遵守有关规定以控制投资风险。这种入市模式的好处是个人拥有充分的自选择权利，但管理运作成本高，且与我国目前社保基金集

中统一管理模式不相适应。目前,智利的社保基金采取这种入市模式。

(2)适度集中模式。即将社保基金集中到少数几家公共机构统一征收,然后再通过招标方式选择少数几家基金管理公司进行投资。这种入市模式可以采取招标的方式选取基金管理公司,从而确保基金管理公司的规范化、高效化,有利于降低管理费用,提高投资收益率。目前,瑞典采取这种模式,这种模式也比较适合我国社保基金。

(3)高度集中模式。即职工将缴纳的社会保障金集中为一家基金,由其进行集中投资,社会基金的收益率由政府确定。这种入市模式由于资金采取集中征集式管理,因此可以节省费用、降低运作成本,但是它可能出现因垄断而带来的各种问题。这种模式不符合我国社保基金现状。目前新加坡采取的是这种模式。

四、社保基金进入证券市场的途径

从世界各国和地区的实际情况看，社保基金入市主要有两种途径:即间接入市和直接入市。

(1)间接入市。间接入市是指社保基金委托给专业的基金管理公司、券商、银行、保险公司等金融机构进行投资理财。从国外的情况看,各国养老基金的管理模式,虽然存在的以政府为主导的投资运营体系,但绝大多数是委托独立机构管理,采取间接入市模式。社保基金之所采取委托独立管理机构的间接入市,一是由于这种方式实现了政资分开有利于防止腐败行为;二是由于资金的管理运用需要有相当的经验和专门的技巧,非专业管理机构难以确保社保基金的保值增值。因此采取间接入市方式,是社保基金运作体制市场化和社会发展的必然要求。

(2)直接入市。直接入市是指社保基金设立专门的社保基金管理公司或通过参股控股基金管理公司,直接参与社保基金的管理运作。这种入市方式可以更好地保证社保基金的安全性和灵活性。但直接入市由于公共机构直接参与社保基金的管理运作,容易导致行政干预,政企不分,甚至出现腐败、操纵股市等现象的发生,使社保基金无法按市场机制运作,缺乏效率和市场竞争力。

两相比较,直接入市可使社保基金直接参与资金管理,使资金的安全性和资金使用时的灵活性得到了充足的保证。但直接入市也会带来许多弊端,如导致腐败、资源配置不合理等,尤其是直接入市可能导致"道德风险"扩大,因为公共机构发起设立的基金,没有政府和公共机构的隐性担保,从而有可能盲目冒险从事。

在国外,各国养老基金一般都是委托独立机构管理和运用资金。这一方面是各国普遍强调政企分开,另一方面由具有相当经验和专门技巧的资金运作机构进行资金管理运用的操作,更能胜任且效果更佳,而且由政府管理运作的公共养老基金存在一个问题,它的收益率一般都低于私人机构管理的养老基金,究其原因,一是公共养老基金在投资方面受到了太多的限制;二是公共养老基金管理机构之间的竞争相对不足,缺乏足够的压力促使它们努力提高收益率。由此可以看出,社保基金管理运作体制的市场化和社会化是国际养老基金领域未来发展的方向。

虽然间接入市更符合社会分工细化的需要,效率更高,但目前我国国内仅有10家基金管理公司和33家证券投资基金，在规模上还不能满足社保基金,乃至商业保险基金的入市需要。所以,目前我国社保基金的入市途径应采取间接入市为主。但需要尽快对现有基金管理公司和证券投资基金规模进行扩容,拓宽入市途径,以满足社保基金和商业保险基金不断高涨的投资需求。

五、社保基金入市的交易方式

社保基金入市交易方式分两种:封闭式和开放式,两者各具特点。

封闭式特点:①发行基金单位数量有限;②交易价格在设立时由社保基金管理公司或承销机构确定,发行完毕或基金上市交易后由证券交易市场供求关系决定;③明确规定存续期限,在此期间投资者不可赎回。

开放式特点:①资本总额无数量限制;②发行和转让时基金单位价格由资产净值加一定手续费构成;③可随时赎回基金单位或追加资本。

从上述两者各自特点比较而言,开放式基金更能适应社保基金投资所遵循的安全性、收益性、流动性原则。因此,以开放型基金的方式进行商业化运作,既有助于社保基金投资的安全性和流动性,也有利于国内证券投资基金投资运作的规范化和证券市场的长远发展,因此开放式基金应成为社保基金运作的首选方式。

六、社保基金入市运作机制的设计

一般而言,将社保基金交由证券基金管理公司、券商、银行、保险公司等专业化的资产管理机构进行投资管理的基础上,可将社保基金运作体制设计为三层结构:第一层为社会保障基金(全国社保基金、非政府社保基金);第二层为资产管理机构(基金管理公司、证券公司、商业银行和保险公司);第三层为托管银行(商业银行)。在这一体制中,全国社保基金理事会和中国社保基金管理委员会监督社保基金;中国证券监督管理委员会(以下简称中国证监会)监管资产管理机构;中国人民银行监管托管银行。由直属国务院的社保基金理事会明确这三类机构相互的责权,并进行了协调统一,共同完成监管工作。从总体上,设计一个"集中监管,分散运作"的体制。

1.设立专门的管理部门以集中监管,即以中央监管为主,对社保基金入市实施有效的法律保障,并加以监督执行

它具有全国统一协调、有利于贯彻落实政策和规定、节省监管成本等优点。我们设计由全国社保基金理事会和中国社保基金管理委员会、中国证监会和中国人民银行分别监管全国与非政府的社会保障基金、资产管理机构和托管银行,同时共同负责对社会保险基金入市条件的制定和监管，主要是审查基金发起人、基金管理人和基金托管人的资格和条件。对有关的资本要求、人员资格要求、组织结构要求、内部制度要求、报表要求等进行审批。只有运营主体达到了一定资格条件以后,才应允许从事社会保险基金运营的业务。

①创立全国社会保险基金理事会和中国社会保障基金管理委员会。2000年9月国务院决定建立“全国社会保障基金”,并设立直属国务院、中央一级机构的“全国社会保险基金理事会”对“全国社会保障基金”进行统一监管,中国社会基金管理委员会对其所辖的非政府基金活动进行控制和监督。中国社会保障基金管理委员会是中国劳动社会保障部的重要组成部分,负责监管非政府社会保障基金,由劳动保障部直接任命中国社会保障基金委员会的负责人。该负责人向劳动保障部长直接汇报、负责。具体内容有:A、非政府的社保基金的许可和监督;B、批准社保基金合同的做法;C、管理收益支付;D、确保个人社保基金账户的保密;E、保证基金帐户之间转帐安全;F、管理基金的运作、会计、重组、合并和清算;G、其他。该委员会应该及时发布和修改非政府的社保基金运作的规则,对会计、报告程序、独立外部审计、社保基金的重组与清算、最低资本要求等都应该有适当规定。

②由中国证监会单独设立一个社保基金部,具体负责:A、许可和监督资产管理机构;B、与人民银行一起负责许可和监督托管银行;C、管理非政府基金的投资活动;D、其他。此外,中国证监会负责对资产管理机构的日常投资行为进行监管,主要包括对资产管理机构自身投资的限制,对投资对象的限制,对募集及宣传行为的限制等。

③由人民银行负责许可和管理托管银行。可以设立托管银行监管部,加强对社保基金的监管。

在这三类管理机构之间还应建立一个永久工作委员会,协调三者间关系,互相配合,共同完成监管工作。

2.全国社会保障基金与非政府社会保障基金

在坚持社会统筹与个人账户相结合的基础上,整个社保基金的体制采用个人账户实账运营,即从现收现付制向实收退休金制过渡。它意味着建立三大支柱,第一支柱主要是中央财政拨入的资金,通过变现部分国有资产所获得的资金具有强制性,由政府管理资产现收现付,供款与收益脱钩,为老年人提供最基本的收入,它主要适合于国家机关和事业单位员工以及老员工和退休人员;第二支柱主要是企业职工基本养老保险,国家单位和个人共同负担保险费用,也是强制性的。将来可以采取公司基金、行业基金或者职业基金等形式,可以有固定供款制(每期投入固定金额,未来退休收入取决于投资收益率)和固定收益制(当前储蓄等于未来应支付的退休金的现值)两种方式,但是将来应该以固定供款制为主,由非政府机构管理资产;第三支柱是自愿性的个人储蓄性保险和企业职工补充保险,主要是雇员和雇主主导相结合的固定供款制,由个人和公司交款,提供额外的储蓄与保险,由非政府机构管理资产。这样改革后,社会保障基金以个人账户实账运营为主,退休收益与个人账户余额挂钩,能够跟随个人移动,有利于企业的市场化运作和劳动力的自由移动。

社会保险基金理事会的主要任务有三点:①管理中央财政拨入的资金、通过变现部分国有资产所获得的资金以及其他形式筹集的资金;②根据财政部和劳动保障部共同下达的指令和确定的方式拨出资金,挑选、委托专业性的资产管理公司对基金的资产进行运作,以实现其保值增值;③向社会公布社会保障基金的资产、收益、现金流量等情况。因此,在新体制中由“全国社会保障基金”管理第一支柱的资金,其来源包括财政部划款、国有股及其他资产的变现或者减持等。由政府承担全国社会保障基金的安全。

由多家非政府社会保障基金管理第二和第三支柱资金。非政府基金的主要功能:一是为关联的资产管理机构制定一般的投资原则;二是将资金转给资产管理机构,在参与者的帐户之间分配投资收益,计算和支付养老金。参照开放式基金的方式设立非政府社保基金,可由现有基金管理公司或证券公司等资产管理机构作为发起人来组织,也可由新设立的社保基金管理公司来组织。由中国社保基金管理委员会对这些独立于其它金融机构的非政府基金进行管理。它可以对所有参与者开设,也可以只对公司员工开放。注册资本应与基金参与者的供款分离。

设立归属于“全国社会保障基金理事会”的全国社会保障基金支付中心,做为专门为全国社会保障基金和非政府基金办理注册登记的机构。由商业银行或者其他具有技术条件的机构,负责参与者账户的管理和服务,负责基金单位的注册登记以及退休金发放等。内容包括:A、计算和支付现收现付制度中的养老基金;B、通过发行个人社会保障号,确保每个职工参与社会保障体系;C、就第二支柱建立财政专户;D、确保每个人的供款能够被支付到其所选择的基金。企业和个人供款的有效转让对建立公众的信心,最大化供款者的收益非常重要。之所以委托商业银行负责参与者账户的管理和服务,因为银行分支机构多,客户基础广泛,银行内部电子汇划系统使资金的划拨非常迅速,通过全国联行清算系统,能够方便和及时地进行资金和基金单位的结算。由于技术、管理等方面的条件限制,全国社会保障基金支付中心作为重要的社会保险经办机构应该通过委托银行、邮局,依托社区和其他中介机构,统一组织,完成以上社会化服务。

3.资产管理机构

作为社会保障基金的服务提供商,由基金管理公司、证券公司、银行、保险公司组成。可以与数家社会保障基金签订合同。其最主要职责就是按照基金契约的规定,组织专业人士,制定基金资产投资策略,选择具体的投资对象,决定投资时机、价格和数量,运用基金资产进行投资。它还须负责和社会保障基金及其参与者提供有关基金运作的信息,包括计算公告基金资产净值、编制基金财务报告并负责对外及时公告等。

社保基金入市的具体操作方式有两种。一种是由社保基金与资产管理机构共同为社保基金定做一个资产委托管理方案,或由资产管理机构专门设计适合社保基金投资的基金,对社保基金进行私募。优点是基金的设计会更多的考虑社保基金的特点,基金组合的资产与社保基金更相匹配。另一种是在社保基金入市时在现有资产管理机构中公开招标,挑选优秀的资产管理机构对社基金进行管理和运作,并且有权更换基金管理人。设立新的社保基金管理公司,可由基金管理公司、证券公司和由中国证监会认可的其它法人机构充当发起人。对发起人的要求为:主要发起人经营状况良好,最近3年连续盈利;实收资本不少于3亿元人民币;有合格的基金运作和管理人才。其组织形式可为有限责任公司或股份有限公司。目前对其设立实行审批制,将来可采取注册制。

4.托管银行

作为社保基金入市的基础,它们负责保管社会保障基金资产、确保和监督社会保障基金或者资产管理机构不会对社会保障基金帐户上的资产进行非法运作。通常由具备一定条件的商业银行等专业性金融机构担任,主要职责为:(1)安全保管基金资产;(2)执行基金管理人的划款及清算指令;(3)监督基金管理人的投资运作;(4)复核、审查基金管理人计算的基金资产净值及基金价格等。

可见,托管基金资产是托管银行的基本职责。在监督社保资产管理机构投资运作的过程中,对违法、违规投资指令,可不予执行并向中国证监会报告。所以,两者在行政和财务上应相互独立,双方高级管理人员不得互相兼任任何职务。社保基金有充分理由要求更换托管银行时,经中国证监会和中国人民银行批准,可以予以更换。

对托管银行的资格应严格要求。市场竞争机制决定其资格条件。我国对基金托管业务实行审批制,社保基金托管银行的资格可参照《证券投资基金管理暂行办法》的有关规定,由商业银行担任。社保基金托管银行必须经中国证监会和中国人民银行审查批准。目前,中国工商、建设、农业、中银及交通5家国有商业银行已取得基金托管业务资格。将来在条件成熟时,托管银行可以采取注册制。

5.其他

(1)注册会计师和律师作为专业、独立的中介服务机构,它为社会保险基金入市提供专业、独立的会计、精算、法律服务,如注册会计师为社会保障基金年报提供审计报告等。

(2)社会保险基金入市的结算程序社会保险基金入市的资金结算程序是:社会保障计划的职工与全国社会保障基金支付中心进行结算,全国社会保障基金支付中心与社保基金进行结算,社保基金与基金托管银行进行结算,基金托管银行与资产管理机构进行结算。社会保险基金入市后收回资金的结算程序与上面的程序相反。在结算原则上,可以采取全额结算与净额结算相结合的方法。全国社会保障基金支付中心与基金管理人进行净额结算,全国社会保障基金支付中心与社会保障计划的职工进行全额结算。

(3)非政府社会保障基金的保险机构参照美国养老金收益保障公司的经验,国家应该建立非政府社会保障基金的保险机构,中国社保基金收益保障公司,为非政府保障基金中固定收益制基金提供专门的保险。

社保基金入市,目前条件下不是很成熟,国家也不是十分希望影响社会稳定的社保基金进入证券市场。但从我国社保基金的发展情况来看,社会保基金入市势在必行。

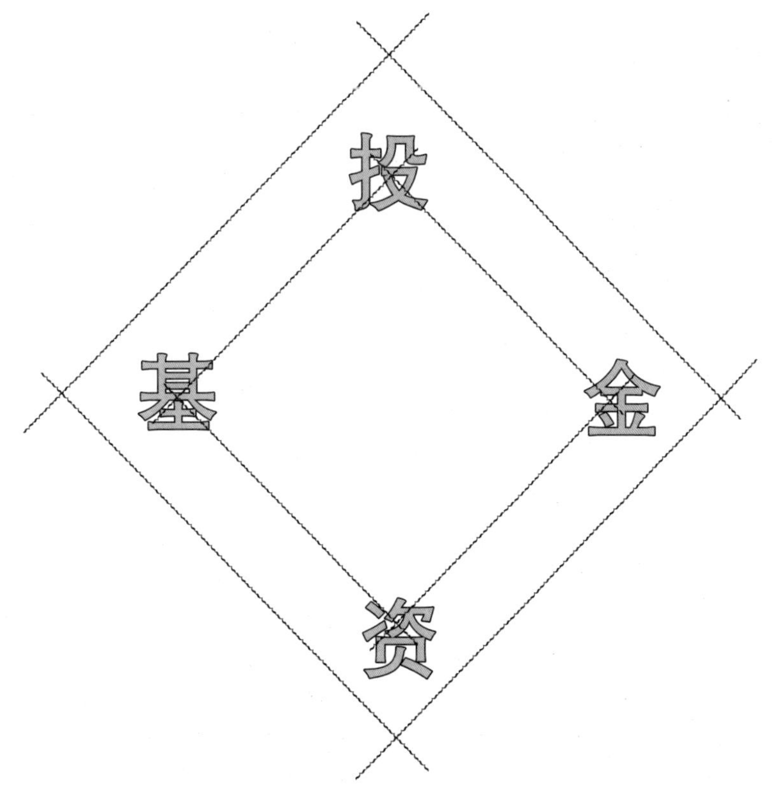

第五章上市证券投资基金简介

金泰证券投资基金

基金简称 基金金泰 **基金代码:** 500001

基金类型 契约型封闭式 **基金托管人** 中国工商银行

基金管理人 国泰基金管理有限公司

法人代表 陈勇胜 **网址** www.gtfund.com.cn

邮件 huangym@gtfund.com

注册地址 上海浦东新区商城路618号

联系人 丁昌海 **注册资本** 60,000,000.00元

公司电话 021-62531069 **公司传真** 021-62531262

招股日期 1998-03-23 **上市日期** 1998-04-07

基金情况简介 金泰证券投资基金是遵照《证券投资基金管理暂行办法》及其他有关规定,依据《金泰证券投资基金基金契约》设立的封闭契约型证券投资基金。基金存续期15年。基金发起人为国泰证券有限公司、中国电力信托投资有限公司、上海爱建信托投资公司和浙江省国际信托投资公司。基金托管人为中国工商银行。 基金管理人为国泰基金管理有限公司。经中国证券监督管理委员会证监基字[1998]7号文批准,全部20亿基金单位,由发起人认购6,000万基金单位,其余194,000万基金单位于1998年3月23日通过上海证券交易所以上网定价方式发行, 发行价1.01元人民币(含0.01元发行费用)。基金的发行和募集工作已于1998年3月27日结束。1998年3月27日,金泰证券投资基金发起人公告金泰证券投资基金成立。公开发行的19.4亿份基金单位和发起人认购的6,000万份基金单位共计20亿元,已于3月27日全部划至本基金的托管人中国工商银行"金泰基金专户",本基金的管理人国泰基金管理有限公司正式管理本基金。基金上市申请经上海证券交易所[上证上(1998年)第015号文]审核同意,将于1998年4月7日在上交所挂牌交易。基金总份额为20亿份,本次上市流通的份额为19.4亿份, 本基金发起人认购的6000万份基金单位中的3000万份,根据金泰证券投资基金契约规定一年后上市交易,发起人持有的基金份额在基金存续期内不能低于基金总份额的1.5%。基金上市后交易单位每手为100份,存续期15年(1998年3月27日至2013年3月27日)。

主要财务指标:(截止时间:财务指标 2001-06-30 股本)

单位基金净收益	0.08
本期净收益	154,260,216.73
单位基金资产净值	1.22
期末基金资产净值	2,446,406,419.34
基金资产净值收益率	6.19%
期末基金资产总值	2,451,791,418.99
本期基金净值增长率	-0.57%
基金累计净值增长率	93.92%

泰和证券投资基金

基金简称 基金泰和 **基金代码:** 500002

基金类型 契约型封闭式 **基金托管人** 中国建设银行

基金管理人 嘉实基金管理有限公司

法人代表 余利平 **网址** www.harvestfund.com.cn

邮件 hfminfo@harvestfund.

地址 北京市西城区金融大街35号国际企业大厦1636室

联系人 付小兵 **注册资本** 60,000,000.00元

公司电话 010-88091666 **公司传真** 010-88091678

招股日期 1999-04-01 **上市日期** 1999-04-20

基金情况简介 泰和证券投资基金是遵照《证券投资基金管理暂行办法》及其实施准则等有关规定,依据《泰和证券投资基金基金契约》设立的契约型封闭式证券投资基金,基金存续期为15年。基金发起人为广发证券有限责任公司、北京证券有限责任公司、吉林省信托投资公司、中煤信托投资有限责任公司、嘉实基金管理有限公司,基金托管人为中国建设银行,基金管理人为嘉实基金管理有限公司。经中国证券监督管理委员会证监基金字[1999]7号文批准,全部20亿份基金单位,由发起人认购6000万份基金单位,其余19.4亿份基金单位于1999年4月2日通过上海证券交易所以上网定价方式发行,发行价1.01元人民币(含0.01元发行费用),基金的发行和募集工作已于1999年4月8日结束。本基金公开发行的19.4亿份基金单位和发起人认购的6000万份基金单位共计20亿元,已于1999年4月8日全部划至本基金的托管人中国建设银行"泰和证券投资基金专户";4月8日,本基金发起人公告本基金成立, 本基金管理人嘉实基金管理有限公司正式管理本基金。基金上市申请经上海证券交易所上证上字(19)号文审核同意, 将于1999年4月20日在上交所挂牌交易。基金总份额为20亿份,本次上市流通的份额为19.4亿份。根据《泰和证券投资基金基金契约》的规定,本基金发起人持有的6000万份基金单位自本基金成立之日起一年内不得转让。一年以后,在本基金存续期间,发起人持有的基金单位不得低于基金单位总份额的1.5%。基金上市后交易单位每手为100份,存续期15年(1999年4月8日至2014年4月7日)。

主要财务指标:(截止时间:财务指标 2001-06-30 股本)

单位基金净收益	0.22
本期净收益	437,870,568.34
单位基金资产净值	1.40
期末基金资产净值	2,793,432,488.84
基金资产净值收益率	17.20%
期末基金资产总值	2,805,228,075.59
本期基金净值增长率	9.17%

基金累计净值增长率 70.98%

安信证券投资基金

基金简称 基金安信 **基金代码:** 500003
基金类型 契约型封闭式 **基金托管人** 中国工商银行
基金管理人 华安基金管理有限公司
法人代表 杜建国 **网址** www.huaan.com.cn
注册地址 上海市浦东南路360号新上海国际大厦38楼
联系人 冯颖 **注册资本** 50,000,000.00元
公司电话 021-58881111 **公司传真** 021-58406138
招股日期 1998-06-16 **上市日期** 1998-06-26

基金情况简介 安信证券投资基金是遵照《证券投资基金管理暂行办法》及其他有关规定,依据《安信证券投资基金基金契约》设立的契约型封闭式证券投资基金。基金存续期15年。基金发起人为上海国际信托投资公司、山东证券有限责任公司和华安基金管理有限公司,基金托管人为中国工商银行,基金管理人为华安基金管理有限公司。经中国证券监督管理委员会证监基字[1998]22号文批准,全部20亿基金单位,由发起人认购6,000万份基金单位,其余19.4亿份基金单位于1998年6月16日通过上海证券交易所以上网定价方式发行,发行价1.01元人民币(含0.01元发行费用),基金的发行和募集工作已于1998年6月22日结束。1998年6月22日,安信证券投资基金发起人公告安信证券投资基金成立。公开发行的19.4亿份基金单位和发起人认购的6,000万份基金单位共计20亿元,已于6月22日全部划至本基金的托管人中国工商银行"安信基金专户",本基金的管理人华安基金管理有限公司正式管理本基金。基金上市申请经上海证券交易所[上证上(98)字第040号文]审核同意,将于1998年6月26日在上交所挂牌交易。基金总份额为20亿份,本次上市流通的份额为19.4亿份,本基金发起人认购的6000万份基金单位自本基金成立日起一年内不得转让。发起人持有的基金份额在基金存续期内不能低于基金总份额的1.5%。基金上市后交易单位每手为100份,存续期15年(1998年6月22日至2013年6月22日)。

主要财务指标:(截止时间:财务指标 2001-06-30 股本)

单位基金净收益	0.18
本期净收益	361,030,770.04
单位基金资产净值	1.43
期末基金资产净值	2,869,570,045.62
基金资产净值收益率	12.98%
期末基金资产总值	2,926,455,034.28
本期基金净值增长率	3.21%
基金累计净值增长率	149.05%

裕阳证券投资基金

基金简称 基金裕阳 **基金代码:** 500006
基金类型 契约型封闭式 **基金托管人** 中国农业银行
基金管理人 博时基金管理有限公司
法人代表 周道志
注册地址 广东省深圳市红岭中路102号国信大厦29层
联系人 周正清 **注册资本** 100,000,000.00元
公司电话 010-65171166 **公司传真** 010-65187020
招股日期 1998-07-17 **上市日期** 1998-07-30

基金情况简介 裕阳证券投资基金是遵照《证券投资基金管理暂行办法》及其他有关规定,依据《裕阳证券投资基金基金契约》设立的契约型封闭式证券投资基金,基金存续期15年。基金发起人为中国长城信托投资公司、光大证券有限责任公司、金华市信托投资股份有限公司、国信证券有限公司和博时基金管理有限公司(排名不分先后,按注册名称笔划排序),基金托管人为中国农业银行,基金管理人为博时基金管理有限公司。 经中国证券监督管理委员会证监基字[1998]27号文批准,全部20亿份基金单位,由发起人认购6000万份基金单位,其余19.4亿份基金单位于1998年7月17日通过上海证券交易所以上网定价方式发行,发行价1.01元人民币(含0.01元发行费用),基金的发行和募集工作已于1998年7月24日结束。本基金公开发行的19.4亿份基金单位和发起人认购的6000万份基金单位共计20亿元,已于1998年7月24日全部划至本基金的托管人-中国农业银行"裕阳证券投资基金专户";7月25日,本基金发起人公告本基金成立,本基金管理人-博时基金管理有限公司正式管理本基金。基金上市申请经上海证券交易所[上证上(98)字第046号文]审核同意,将于1998年7月30日在上交所挂牌交易。基金总份额为20亿份,本次上市流通的份额为19.4亿份。根据《裕阳证券投资基金基金契约》的规定,本基金发起人持有的6000万份基金单位自本基金成立之日起一年内不得转让。一年以后,在本基金存续期间,发起人持有的基金单位不得低于基金单位总份额的1.5%。基金上市后交易单位每手为100份,存续期15年(1998年7月25日至2013年7月25日)。

主要财务指标:(截止时间:财务指标 2001-06-30 股本)

单位基金净收益	0.10
本期净收益	200,903,707.00
单位基金资产净值	1.20
期末基金资产净值	2,390,751,974.00
基金资产净值收益率	7.76%
期末基金资产总值	2,405,271,902.00
本期基金净值增长率	-5.56%
基金累计净值增长率	110.09%

景阳证券投资基金

基金简称 基金景阳 **基金代码:** 500007
基金类型 契约型封闭式 **基金托管人** 中国农业银行
基金管理人 大成基金管理有限公司
法人代表 姜继增 **网址** www.dcfund.com.cn
注册地址 深圳市新闻路报社大院报业大厦12层C区
联系人 杜鹏 **注册资本** 100,000,000.00元

公司电话 010-66413888 **公司传真** 010-66416268

上市日期 1999-10-22

基金情况简介 长阳证券投资基金（以下简称“长阳基金”）是按照《证券投资基金管理暂行办法》、国务院关于原有投资基金清理规范的有关要求和《关于湖南省原有投资基金清理规范实施方案的批复》(证监基金字[1999]24号)清理规范后并经中国证监会验收确认的契约型封闭式投资基金。原基金存续期10年（自1992年5月至2002年12月），上市后将按有关规定向中国证监会申请扩募和续期。基金发起人为湖南省国际信托投资公司、大成基金管理有限公司；基金管理人为大成基金管理有限公司；基金托管人为中国农业银行。本基金是由原湖南省国际信托投资公司受益基金按照有关规定清理规范而成，经中国证监会证监基金字[1999]24号文批复，基金份数总额为20000万份基金单位，其中发起人持有600万份基金单位，截止9月17日每基金单位净值1.1731元。1999年9月17日，本基金管理人大成基金管理公司正式管理本基金。基金上市申请经《关于湖南省原有投资基金清理规范实施方案的批复》(证监基金字[1999]24号)、《关于同意原湘国信基金规范为长阳证券投资基金并向上海证券交易所申请上市的函复》和上海证券交易所上证上θ1999κ68号文审核同意，将于1999年10月22日在上海证券交易所挂牌交易。基金单位总份额为20000万份，本次上市流通的份额为19400万份基金单位。根据《基金契约》的规定，在本基金存续期间，各基金发起人持有基金单位不得低于基金总规模的0.5%，全部发起人持有的基金单位不得低于基金总规模的1%，其余部分在基金上市二个月后方可流通。基金上市后交易单位每手为100份。

主要财务指标：(截止时间：财务指标 2001-06-30 股本)

单位基金净收益	0.08
本期净收益	77,082,100.00
单位基金资产净值	1.17
期末基金资产净值	1,174,259,889.00
基金资产净值收益率	6.57%
期末基金资产总值	1,181,959,869.00
本期基金净值增长率	0.41%
基金累计净值增长率	40.44%

兴华证券投资基金

基金简称 基金兴华 **基金代码：** 500008

基金类型 契约型封闭式 **基金托管人** 中国建设银行

基金管理人 华夏基金管理有限公司

法人代表 邵淳 **网址** www.ChinaAMC.com

地址 北京市东直门南大街6号东方花园饭店写字楼6层

联系人 方瑞枝 **注册资本** 138,000,000.00元

公司电话 010-66069966 **公司传真** 010-66102200

招股日期 1998-04-22 **上市日期** 1998-05-08

基金情况简介 兴华证券投资基金是遵照《证券投资基金管理暂行办法》及其他有关规 定，依据《兴华证券投资基金基金契约》设立的契约型封闭证券投资基金。基金存续期15年。基金发起人为华夏证券有限公司、北京证券有限责任公司、中国科技国际信托投资有限责任公司。基金托管人为中国建设银行。基金管理人为华夏基金管理有限公司。经中国证券监督管理委员会证监基字［1998]17号文批准，全部20亿元基金单位，由发起人认购6000万份基金单位，其余19.4亿份基金单位于1998年4月22日通过上海证券交易所以上网定价方式发行，发行价1.01元人民币(含0.01元发行费用)。基金的发行和募集工作已于1998年4月28日结束。1998年4月28日，兴华证券投资基金发起人公告兴华证券投资基金 成立。公开发行的19.4亿份，本基金发起人认购的6000万份基金单位自本基金成立日起一年内不得转让。发起人持有的基金份额在基金存续期内不能低于基金总份额的1.5%。基金上市后交易单位每手为100份，存续期15年(1998年4月28日至2013年4月28日)。

主要财务指标：(截止时间：财务指标 2001-06-30 股本)

单位基金净收益	0.08
本期净收益	164,059,457.22
单位基金资产净值	1.23
期末基金资产净值	2,465,341,970.70
基金资产净值收益率	7.19%
期末基金资产总值	2,484,753,890.40
本期基金净值增长率	7.65%
基金累计净值增长率	111.28%

安顺证券投资基金

基金简称 基金安顺 **基金代码：** 500009

基金类型 契约型封闭式 **基金托管人** 交通银行

基金管理人 华安基金管理有限公司

法人代表 杜建国 **网址** http://www.huaan.com.cn

注册地址 上海市浦东南路360号新上海国际大厦38楼

联系人 冯颖 **注册资本** 50,000,000.00元

公司电话 021-58881111 **公司传真** 021-58406138

招股日期 1999-06-09 **上市日期** 1999-06-22

基金情况简介 安顺证券投资基金是遵照《证券投资基金管理暂行办法》及其实施准则等有关规定，依据《安顺证券投资基金基金契约》设立的契约型封闭式证券投资基金，基金存续期为15年。基金发起人为上海国际信托投资公司、山东证券有限责任公司、浙江证券有限责任公司、华安基金管理有限公司，基金托管人为交通银行，基金管理人为华安基金管理有限公司。经中国证券监督管理委员会证监基金字[1999]15号文批准，全部30亿份基金单位，由发起人认购3000万份基金单位，其余29.7亿份基金单位于1999年6月9日通过上海证券交易所以上网定价方式发行，发行价1.01元人民币(含0.01元发行费用)，基金的发行和募集工作已于1999年6月15日结束。本基金公开发行的29.7亿份基金单位和发起人认购的3000万份基金单位共计30亿元，已于1999年6月15日全部划至本基金的托管人-交通银行“安顺证券投资基金专

户"，本基金管理人-华安基金管理有限公司正式管理本基金；6月16日，本基金发起人发布本基金于6月15日成立的消息。基金上市申请经上海证券交易所上证上字【1999】(36)号文审核同意，将于1999年6月22日在上海证券交易所挂牌交易。基金总份额为30亿份，本次上市流通的份额为29.7亿份。根据《安顺证券投资基金基金契约》的规定，本基金发起人持有的3000万份基金单位自本基金成立之日起一年内不得转让。一年以后，在本基金存续期间，发起人持有的基金单位不得低于所认购份额的50%。基金上市后交易单位每手为100份，存续期15年(1999年6月15日至2014年6月14日)。

主要财务指标：(**截止时间：财务指标** 2001-06-30 **股本**)

单位基金净收益	0.09
本期净收益	263,621,506.07
单位基金资产净值	1.32
期末基金资产净值	3,962,159,532.66
基金资产净值收益率	6.90%
期末基金资产总值	4,051,237,947.89
本期基金净值增长率	3.55%
基金累计净值增长率	69.17%

金元证券投资基金

基金简称 基金金元 **基金代码**： 500010

基金类型 契约型封闭式 **基金托管人** 中国工商银行

基金管理人 南方基金管理有限公司

法人代表 骆新都 **网址** www.southernfund.com

注册地址 广东省深圳市深南大道4009号投资大厦7楼

联系人 邱孝斌 **注册资本** 50,000,000.00元

公司电话 0755-2712000 **公司传真** 0755-2712578

上市日期 2000-07-11

基金情况简介 金元证券投资基金（以下简称“金元基金”)是按照《证券投资基金管理暂行办法》、原有投资基金清理规范的有关要求和《关于大连市原有投资基金清理规范实施方案的批复》(证监基金字[2000]3号)清理规范后由原大证利民基金、工行可转、大信基金、建信基金合并并经中国证监会验收确认的契约型封闭式投资基金。原基金存续期10年（自1992年5月28日至2002年5月27日)，上市后将按有关规定向中国证监会申请扩募和续期。 基金发起人为南方基金管理有限公司；基金管理人为南方基金管理有限公司；基金托管人为中国工商银行。本基金是由原大证利民基金、工行可转、大信基金、建信基金经中国证监会证监基金字[2000]3号文批准，按照有关法律、法规清理规范并合并而成，基金份数总额为20151.12万份基金单位。截止2000年3月28日基金资产移交时每基金单位净值1.0095元。2000年3月28日，本基金管理人南方基金管理有限公司正式管理本基金。基金上市申请经《关于大连市原有投资基金清理规范实施方案的批复》(证监基金字[2000]3号)和《关于同意大连市4只原有投资基金规范合并为金元证券投资基金并申请上市的函》证监基金字[2000]45号文和上海证券交易所上证上字[2000]47号《上市通知书》审核同意，将于2000年7月11日在上海证券交易所挂牌交易。基金单位总份额为20151.12万份，由于历史原因本基金发起人未能持有基金份额。本次上市流通的份额为20151.12万份基金单位。本基金管理人已经持有人大会授权，向中国证券监督管理委员会提出扩募申请并获批准。本基金规模将在上市后扩募到5亿基金单位。基金上市后交易单位每手为100份。

主要财务指标：(**截止时间：财务指标** 2001-06-30 **股本**)

单位基金净收益	0.03
本期净收益	17,356,023.05
单位基金资产净值	1.08
期末基金资产净值	541,289,582.45
基金资产净值收益率	3.30%
期末基金资产总值	593,411,976.62
本期基金净值增长率	2.99%
基金累计净值增长率	11.37%

金鑫证券投资基金

基金简称 基金金鑫 **基金代码**： 500011

基金类型 契约型封闭式 **基金托管人** 中国建设银行

基金管理人 国泰基金管理有限公司

法人代表 陈勇胜 **网址** www.gtfund.com.cn

邮件 huangym@gtfund.com

注册地址 上海浦东新区商城路618号

联系人 丁昌海 **注册资本** 60,000,000.00元

公司电话 021-62531069 **公司传真** 021-62531262

招股日期 1999-10-15 **上市日期** 1999-11-26

基金情况简介 金鑫证券投资基金是遵照《证券投资基金管理暂行办法》及其他有关规定，依据《金鑫证券投资基金基金契约》设立的封闭式契约型证券投资基金。基金存续期 15年。基金发起人为国泰君安证券股份有限公司、浙江国际信托投资公司、上海爱建信托投资公司、国泰基金管理有限公司。基金托管人为中国建设银行。 基金管理人为国泰基金管理有限公司。经中国证券监督管理委员会证监基字【1999】29 号文批准，全部30亿份基金单位，由发起人认购3,000万份基金单位，其余29.7亿份基金单位于1999年10月15日通过上海证券交易所以上网定价方式发行，发行价1.01元人民币(含0.01元发行费用)。基金的发行和募集工作已于 1999年10月21日结束。本基金公开发行的29.7 亿份基金单位和发起人认购的3,000万份基金单位共计30亿元， 已于1999年10月21 日全部划至本基金的托管人中国建设银行" 金鑫证券投资基金专户"；1999年10月22日，本基金发起人公告金鑫证券投资基金成立。 本基金的管理人国泰基金管理有限公司正式管理本基金。基金上市申请经上海证券交易所上证上字【1999 】76号文审核同意，将于1999年11月26日在上交所挂牌交易。基金总份额为30亿份，本次上市流通的份额为29.7亿份。根据金鑫证券投资基金基金契约规定， 本基金发起人持有的3,000万份基金

单位自本基金上市起一年内不得转让。一年以后，在本基金存续期间，基金发起人持有的基金份额不得低于基金总份额的0.5%。基金上市后交易单位每手为100份，存续期15年(1999年10月21日至2014年10月21日)。

主要财务指标：(截止时间：财务指标 2001-06-30 股本)

单位基金净收益	0.12
本期净收益	350,673,723.22
单位基金资产净值	1.28
期末基金资产净值	3,828,830,781.97
基金资产净收益率	9.17%
期末基金资产总值	4,981,210,063.33
本期基金净值增长率	0.47%
基金累计净值增长率	47.46%

安瑞证券投资基金

基金简称 基金安瑞 **基金代码：** 500013

基金类型 契约型封闭式 **基金托管人** 中国工商银行

基金管理人 华安基金管理有限公司

注册地址 上海市浦东新区浦东南路360号新上海国际大厦

法人代表 杜建国 **联系人** 沈雪峰

注册资本 150,000,000.00元

公司电话 021-58881111 **公司传真** 021-68604666

上市日期 2001-08-30

基金情况简介 本基金由金龙基金、沈阳万利基金、沈阳富民基金清理规范后合并而成，遵照中国证监会要求，经规范合并后，更名为"安瑞证券投资基金"，基金管理人更换为华安基金管理有限公司，基金托管人更换为中国工商银行。金龙基金历史沿革金龙基金于1992年经中国人民银行证管办 (1992)36号文以及中国人民银行沪银金管(93)5389号文批准设立并发行，上市申请经中国人民银行银复(1996)330号文、中国人民银行上海市分行沪银非银管(1996)11180号文和上海证券交易所上证上(96)字第105号文审核同意，于1996年11月29日起在上海证券交易所挂牌交易。基金总份额为10000万份，存续期为10年。基金托管人为交通银行上海浦东分行，基金管理人为上海国际信托投资公司证券投资信托部。金龙基金自设立以来，年均分红率为7.33%。截止2000年6月30日，金龙基金资产净值总额为101,050,219.91元，扣除1%合并上市费用后的基金资产净值按照1:1的比例折算为安瑞证券投资基金基金单位，即1个单位的金龙基金可以转换成1个单位的安瑞基金。沈阳富民基金历史沿革沈阳富民投资基金于1992年根据中国人民银行沈阳市分行沈银金字1992(74)号文批准设立，基金份额为3450万份，不定存续期。沈阳富民基金于1992年7月31日在沈阳证券交易中心上市交易，1994年3月7日和上海证券交易所联网交易。基金托管人为中国工商银行沈阳市分行，基金管理人为沈阳北方证券公司基金管理部。沈阳富民投资基金自设立以来，年均分红率为7.05%。截止2000年6月30日，沈阳富民基金资产净值总额为34,876,316.93元，扣除1%合并上市费用后的基金资产净值按照1:1的比例折算为安瑞证券投资基金基金单位，即1个单位的富民基金可以转换成1个单位的安瑞基金。沈阳万利基金历史沿革沈阳万利投资基金于1992年根据中国人民银行沈阳市分行沈银金字1992 (111) 号文批准设立，基金份额为7320万份，不定存续期。沈阳万利基金于1992年10月31日在沈阳证券交易中心上市交易，1994年3月7日和上海证券交易所联网交易。基金托管人为中国工商银行沈阳市分行，基金管理人为中国工商银行沈阳市银信支行万利投资基金管理部。沈阳万利投资基金自设立以来，年均分红率为8.875%。截止2000年6月30日，沈阳万利基金资产净值总额为73,949,384.25元，扣除1%合并上市费用以后的基金资产净值按照1:1的比例折算为安瑞证券投资基金基金单位，即1个单位的万利基金可以转换成1个单位的安瑞基金。

主要财务指标：(截止时间：财务指标 2001-10-09 股本)

单位基金资产净值	1.19
期末基金资产净值	247,817,949.44
期末基金资产总值	259,140,668.12

汉兴证券投资基金

基金简称 基金汉兴 **基金代码：** 500015

基金类型 契约型封闭式 **基金托管人** 交通银行

基金管理人 富国基金管理有限公司

法人代表 虞志皓 **网址** www.fullgoal.com.cn

注册地址 上海市浦东新区世纪大道88号金茂大厦32层

联系人 林志松 **注册资本** 100,000,000.00元

公司电话 021-50478888 **公司传真** 021-50470328

基金情况简介 汉兴证券投资基金是遵照《证券投资基金管理暂行办法》及其实施准则等有关规定，依据《汉兴证券投资基金基金契约》设立的契约型封闭式证券投资基金，基金存续期为15年。基金发起人为海通证券有限公司、江苏证券有限责任公司(现名为：华泰证券有限责任公司)和富国基金管理有限公司，基金托管人为交通银行，基金管理人为富国基金管理有限公司。经中国证券监督管理委员会证监基金字 [1999]38 号文批准，全部30亿份基金单位，由发起人认购3000 万份基金单位，向商业保险公司配售7.973亿份基金单位， 其余21.727亿份基金单位于1999年12月24 日通过上海证券交易所以上网定价方式发行，发行价1. 01元人民币(含0.01元发行费用)，基金的发行和募集工作已于1999 年 12月30日结束。本基金公开发行的21.727亿份基金单位、向商业保险公司配售7.973亿份基金单位及发起人认购的3000万份基金单位共计30亿元，已于1999年12月30 日全部划至本基金的托管人-交通银行"汉兴证券投资基金专户"；12月30日，本基金发起人公告汉兴证券投资基金成立，本基金管理人-富国基金管理有限公司正式管理本基金。基金上市申请经上海证券交易所上证上字[2000](1)号文审核同意，将于2000年1月10日在上交所挂牌交易。基金总份额为30亿份，本次上市流通的份额为29.7亿份。根据《汉兴证券投资基金基金契约》的规定，本基金发

起人持有的3000 万份基金单位自本基金成立之日起一年内不得转让。一年以后,在本基金存续期间,发起人持有的基金单位不得低于基金单位总份额的0.5%。基金上市后交易单位每手为100份,存续期 15 年(1999年12月30日至2014年12月30日)。

主要财务指标:(截止时间:财务指标 2001-06-30 股本)

单位基金净收益	0.06
本期净收益	171,104,878.27
单位基金资产净值	1.14
期末基金资产净值	3,414,913,084.98
基金资产净值收益率	4.69%
期末基金资产总值	3,420,945,315.04
本期基金净值增长率	-5.52%
基金累计净值增长率	30.0

裕元证券投资基金

基金简称 基金裕元 **基金代码:** 500016

基金类型 契约型封闭式 **基金托管人** 中国工商银行

基金管理人 博时基金管理有限公司

法人代表 周道志

注册地址 广东深圳市罗湖区红岭中路102号国信大厦29楼

联系人 周正清 **注册资本** 100,000,000.00元

公司电话 010-65171166 **公司传真** 010-65187020

上市日期 1999-10-28

基金情况简介 湘证证券投资基金是按《证券投资基金管理暂行办法》、主管部门关于原有投资基金清理规范的有关规定和《关于湖南省原有投资基金清理规范实施方案的批复》(证监基字[1999]24号),清理规范后经中国证监会验收确认的契约型封闭式投资基金。 基金存续期为 10 年(1992年6月1日至2002年5月31日)上市后将按有关规定向中国证监会申请扩募和续期。基金发起人为博时基金管理有限公司(以下简称"博时公司")、湖南证券股份有限公司(以下简称"湖南证券"),其中湖南证券为基金原发起人。基金管理人为博时基金管理有限公司,基金托管人为中国工商银行。本基金是对原湖南证券股份有限公司投资受益基金按照有关法律、法规清理规范而成,经中国证监会证监基金字[1999]24号文批复,基金份额总额为2亿基金单位,其中发起人持有400万份基金单位,截止1999年9月17 日每基金单位净值:1.175元。1999年9月21日博时基金管理有限公司正式管理本基金。基金上市申请经《关于湖南省原有投资基金清理规范实施方案的批复》(证监基字[1999]24号文)、《关于同意原湘证基金规范为湘证证券投资基金并向上海证券交易所申请上市的函复》(证监基字[1999]21 号)和上海证券交易所上证上字[1999]69号文审核同意,将于1999年10月28日在上海证券交易所挂牌交易。 基金总份额为2亿份,本次上市流通的份额为1.96亿份。根据《基金契约》的规定,基金发起人博时公司和湖南证券在基金存续期内持有基金单位份额合计不得低于基金规模的1%,单个基金发起人在基金存续期内持有基金单位份额不得低于基金规模的0.5%,基金发起人持有的其余部分在基金上市二个月之后,方可流通。

主要财务指标:(截止时间:财务指标 2001-06-30 股本)

单位基金净收益	0.05
本期净收益	78,485,618.00
单位基金资产净值	1.16
期末基金资产净值	1,742,700,014.00
基金资产净值收益率	4.32%
期末基金资产总值	1,746,384,705.00
本期基金净值增长率	-3.01%
基金累计净值增长率	37.51%

景业证券投资基金

基金简称 基金景业 **基金代码:** 500017

基金类型 契约型封闭式 **基金托管人** 中国农业银行

基金管理人 大成基金管理有限公司

法人代表 姜继增

地址 广东深圳福田区新闻路报社大院报业大厦12层C区

联系人 杜鹏、胡勇钦 **注册资本** 100,000,000.00元

公司电话 0755-3515355 **上市日期** 2001-12-19

基金情况简介 景业证券投资基金(以下简称"本基金")是遵照《证券投资基金管理暂行办法》(以下简称《暂行办法》)、《国务院办公厅转发证监会原有投资基金清理规范方案的通知》(国办发[1999]28号)的有关规定和中国证券监督管理委员会(以下简称"中国证监会")证监基金字[2000]21号《关于中国农业银行系统原有投资基金清理规范方案的批复》、证监基金字[2000]6号《关于天津市原有投资基金清理规范方案的批复》、证监基金字[2000]32号《关于河南省郑州豫源基金清理规范补充方案的批复》,由原大连农信基金、宁波金穗基金、浙江农信受益证券、沈阳农信受益债券、天津信托投资公司创业基金、郑州豫源基金等六只基金(以下简称"原基金")清理规范后,经二次合并而设立的契约型封闭式证券投资基金,总规模为372,874,343份基金单位,存续期为10年(1992年4月1日至2002年3月30日)。 原基金的发起人中,保留天津信托投资公司为本基金发起人,原基金的其他发起人不再担任本基金发起人,增加大成基金管理有限公司为本基金发起人。通过基金发起人间基金份额的转让,大成基金管理有限公司持有本基金5,912,322份基金单位, 占本基金单位总份额的1.59%。天津信托投资公司持有本基金42,080,184份基金单位,占本基金单位总份额的11.29%(详见"四、基金的历史沿革及基金资产的形成")。本基金托管人为中国农业银行,基金管理人为大成基金管理有限公司。 本基金管理人根据原基金临时持有人大会授权,向中国证监会提出上市、扩募、续期申请,该申请已获批准。 根据中国证监会证监基金字 [2001]27号文和上海证券交易所上证上字[2001]201号文审核批准,景业证券投资基金将于2001年12月19日在上海证券交易所挂牌交易。基金单位总份额372,874,343份,本次上市流通的份额为369,145,600份基金单位。根据《基金契约》的规定,在基金首次扩募前,全部基金

发起人持有基金单位不得低于基金总规模的1%，超出1%的部分在基金上市后即可流通；在基金首次扩募后的整个存续期间，全部基金发起人持有的基金单位不得低于基金总规模的0.5%，超出0.5%的部分在基金扩募部分上市两个月后可以流通。根据中国证监会《关于同意景业证券投资基金上市、扩募和续期的批复》(证监基金字[2001]27号)，本基金上市后将由原来的372,874,343份基金单位扩募至5亿份基金单位。扩募后，基金存续期延长五年，至2007年3月30日。扩募时间将另行公告。基金上市后交易单位每手为100份基金单位，每份基金单位面值为1.00元。

主要财务指标：(截止时间：财务指标 2001-12-13 股本)

本期净收益	-81,455,260.28
单位基金资产净值	0.72
期末基金资产净值	266,752,244.96
期末基金资产总值	271,319,804.71

兴和证券投资基金

基金简称 基金兴和 **基金代码：** 500018

基金类型 契约型封闭式 **基金托管人** 中国建设银行

基金管理人 华夏基金管理有限公司

法人代表 邵淳 **网址** www.ChinaAMC.com

地址 北京市东直门南大街6号东方花园饭店写字楼6层

联系人 方瑞枝 **注册资本** 138,000,000.00元

公司电话 010-66069966 **公司传真** 010-66102200

基金情况简介 兴和证券投资基金是遵照《证券投资基金管理暂行办法》及其实施准则等有关规定，依据《兴和证券投资基金基金契约》设立的契约型封闭式证券投资基金，基金存续期15年。基金发起人为华夏基金管理有限公司、华夏证券有限公司、北京证券有限责任公司，基金托管人为中国建设银行，基金管理人为华夏基金管理有限公司。经中国证券监督管理委员会证监基金字[1999]19 号文批准，全部30亿份基金单位，由发起人认购3000 万份基金单位，其余29.7亿份基金单位于1999年7月8日通过上海证券交易所以上网定价方式发行，发行价1.01 元人民币(含0.01元发行费用)，基金的发行和募集工作已于1999年7月14日结束。本基金公开发行的29.7 亿份基金单位和发起人认购的3000万份基金单位共计30亿元，已于1999年7月14日全部划至本基金的托管人中国建设银行"兴和证券投资基金专户"；1999年7月15日，本基金发起人发布本基金于7月14日成立的消息，本基金管理人华夏基金管理有限公司正式管理本基金。基金上市申请经上海证券交易所上证上字[1999] 51号文审核同意，将于1999年7月30日在上交所挂牌交易。基金总份额为30亿份，次上市流通的份额为29.7亿份。根据《兴和证券投资基金基金契约》的规定，本基金发起人认购的3000 万份基金单位自本基金成立之日起一年内不得转让。一年以后，在本基金存续期间，发起人持有的基金份额不得低于基金单位总份额的0.5%。基金上市后交易单位每手为100份，存续期 15年(1999年7月14日至2014年7月13日)。

主要财务指标：(截止时间：财务指标 2001-06-30 股本)

单位基金净收益	0.06
本期净收益	191,514,765.55
单位基金资产净值	1.24
期末基金资产净值	3,721,996,251.23
基金资产净值收益率	5.47%
期末基金资产总值	3,771,368,583.75
本期基金净值增长率	5.99%
基金累计净值增长率	49.14%

普润证券投资基金

基金简称 基金普润 **基金代码：** 500019

基金类型 契约型封闭式 **基金托管人** 中国工商银行

基金管理人 鹏华基金管理有限公司

法人代表 陈正蓉

注册地址 深圳市深南东路5047号深圳发展银行大厦27楼

联系人 程国洪 **注册资本** 80,000,000.00元

公司电话 0755-2080661 **上市日期** 2001-09-04

基金情况简介 普润证券投资基金(以下简称"基金普润")是按照《证券投资基金管理暂行办法》、国务院关于原有投资基金清理规范的有关规定和中国证监会证监基金字【2000】41号《关于广东省金券基金、粤东国债投资受益凭证及金信基金清理规范方案的批复》和证监基金字【2000】36号《关于中国工商银行系统原有投资基金清理规范方案的批复》，并经原金信基金、银海投资基金2000年临时持有人大会决议通过，由原金信基金和银海投资基金清理规范后合并而成的契约型封闭式证券投资基金。基金普润的存续期为10年(自1992年5月9日至2002年5月8日)。基金发起人为鹏华基金管理有限公司，基金托管人为中国工商银行，基金管理人为鹏华基金管理有限公司。本基金管理人根据本基金持有人大会授权，向中国证券监督管理委员会提出上市、扩募申请。根据中国证监会证监基金字【2001】26号文《关于同意普华、普润证券投资基金上市、扩募和续期的批复》和上海证券交易所上证上字【2001】140号《上市通知书》审核同意，本基金将于2001年9月4日在上海证券交易所挂牌交易。基金单位总份额为203,220,000份。基金发起人鹏华基金管理有限公司目前持有1,500万份基金单位，其中2,032,200份为发起人份额，本次不上市流通，发起人所持有的其余12,967,800份为可流通部分，本次将上市流通。按照有关规定，在基金扩募部分上市后两个月内，发起人持有的基金份额合计不低于基金总份额的1%；上市两个月后直至存续期内，发起人持有的基金份额合计不低于基金总份额的0.5%。根据中国证监会证监基金字【2001】26号文《关于同意普华、普润证券投资基金上市、扩募和续期的批复》，本基金上市后30个交易日内将由203,220,000份基金单位扩募至5亿份基金单位。基金扩募后存续期延长5年，至2007年5月8日。基金上市后交易单位每手为100份基金单位，每份基金单位面值为1.00元。

主要财务指标：(截止时间：财务指标 2001-09-26 股本)

本期净收益	13,502,309.11
单位基金资产净值	1.04
期末基金资产净值	211,511,546.55
期末基金资产总值	213,851,431.80

金鼎证券投资基金

基金简称 基金金鼎 **基金代码:** 500021

基金类型 契约型封闭式 **基金托管人** 中国建设银行

基金管理人 国泰基金管理有限公司

法人代表 陈勇胜 **网址** www.gtfund.com.cn

邮件 huangym@gtfund.com

注册地址 上海浦东新区商城路618号

注册资本 110,000,000.00元 **联系人** 丁昌海

公司电话 021-62531069 **公司传真** 021-62531262

上市日期 2000-08-04

基金情况简介 金鼎证券投资基金（以下简称“金鼎基金”）是按照《证券投资基金管理暂行办法》(以下简称《暂行办法》)、原有投资基金清理规范的有关要求和《关于中国建设银行原有投资基金清理规范方案的批复》(证监基金字[2000]14号)由原“建业基金”、“沈阳公众基金”、“陕建基金”清理规范合并而成的契约型封闭式投资基金。规模为232,748,084份基金单位,基金存续期为10年(自1992年5月31日至2002年5月30日)。基金发起人为国泰君安证券股份有限公司和国泰基金管理有限公司;基金管理人为国泰基金管理有限公司; 基金托管人为中国建设银行。本基金管理人根据原基金持有人大会授权,向中国证券监督管理委员会提出上市、扩募、续期申请,该申请已获批准。根据中国证监会《关于同意建业基金、沈阳公众基金、陕建基金合并规范为金鼎证券投资基金并上市、扩募和续期的批复》(证监基金字[2000]51号)的批复,并经上海证券交易所(上证上字[2000]59号《上市通知书》)批准,金鼎证券投资基金将于2000年8月4日在上海证券交易所挂牌交易。根据中国证监会《关于同意建业基金、沈阳公众基金、陕建基金合并规范为金鼎证券投资基金并上市、扩募和续期的批复》(证监基金字[2000]51号)的批复,本基金在上市后,将由原来的232,748,084份基金单位扩募到5亿份基金单位。扩募后,基金存续期将延长5年(至2007年5月31日)。扩募时间将另行公告。基金单位总份额为232,748,084份基金单位,其中,本基金发起人持有2, 327,460份基金单位,其余基金单位全部由公众持有。本次上市流通的份额为230,420,624份基金单位。根据《基金契约》及有关规定,基金扩募时全部基金发起人认购不低于基金总规模1%的基金单位,在基金存续期, 全部基金发起人持有基金单位不得低于基金总规模的0.5%,其余部分可在该基金扩募部分上市两个月后流通。基金上市后交易单位每手为100份基金单位。

主要财务指标:(截止时间:财务指标 2001-06-30 **股本**)

单位基金净收益	0.05
本期净收益	23,006,133.73
单位基金资产净值	1.14
期末基金资产净值	569,274,957.11
基金资产净值收益率	4.32%
期末基金资产总值	571,027,648.33
本期基金净值增长率	6.90%
基金累计净值增长率	18.72%

汉鼎证券投资基金

基金简称 基金汉鼎 **基金代码** :500025

基金类型 契约型封闭式 **基金托管人** 中国工商银行

基金管理人 富国基金管理有限公司

法人代表 虞志皓 **网址** www.fullgoal.com.cn

注册地址 上海市浦东新区世纪大道88号金茂大厦32层

联系人 林志松 **注册资本** 100,000,000.00元

公司电话 021-50478888 **公司传真** 021-50470328

上市日期 2000-08-17

基金情况简介 汉鼎证券投资基金(以下简称“本基金”)是由原宝鼎投资基金依据《证券投资基金管理暂行办法》、国家关于原有投资基金清理规范的政策和中国证券监督管理委员会(以下简称:中国证监会)《关于上海市原有投资基金清理规范方案的批复》(证监基金字[2000]10号)进行清理规范并根据中国证券监督管理委员会《关于汉鼎证券投资基金设立、上市、扩募和续期的批复》(证监基金字[2000]53号)同意更名后而设立的契约型封闭式证券投资基金。本基金发起人为申银万国证券股份有限公司、富国基金管理有限公司, 基金管理人为富国基金管理有限公司,基金托管人为中国工商银行。本基金总规模为2亿份基金单位,基金存续期为10年(自1994年1月1日至 2003年12月31日)。基金汉鼎的前身宝鼎投资基金是根据国家法律、法规有关规定,经中国人民银行上海市分行沪银金管(93)5389号文批准,由原上海万国证券公司作为发起人,在上海市普教系统定向发行的契约型封闭式基金。基金管理人为原上海万国证券公司,基金托管人为中国农业银行,基金名称定为宝鼎投资基金,基金规模为1亿份基金单位,存续期为10年。根据上海会计师事务所上会师报字(94)第035号验资报告, 宝鼎基金募集的1亿元资金于1993年12月31日全部到位,基金于1994年1月1日正式设立。1996年7月16日, 原上海万国证券公司与原上海申银证券公司合并成立申银万国证券股份有限公司,宝鼎基金的管理人变更为申银万国证券股份有限公司基金管理总部。1996年11月29日, 经中国人民银行银复 [1996] 330号文批准, 宝鼎投资基金在上海证券交易所挂牌进行柜台交易,实现了封闭式基金的流通。宝鼎基金1996、1997、1998、1999年度平均年净资产收益率为22.30%。2000年4月26日,宝鼎基金以通讯表决方式召开了宝鼎基金2000 年第一次受益人大会, 大会通过了宝鼎基金滚存收益分配方案与将宝鼎基金的基金份额由1亿份调整为2亿份的方案。2000年6月9日,宝鼎基金以通讯表决方式召开了宝鼎基金2000年第二次受益人大会,大会通过了申请摘牌、更换发起人、更换管理人、更换托管人、基金资产移交、更名等

议案，审议通过了《汉鼎证券投资基金基金契约》，通过了申请上市、申请扩募和续期等授权议案。2000年6月29日，宝鼎基金开始进行资产移交，宝鼎基金管理人更换为富国基金管理有限公司，基金托管人更换为中国工商银行，原托管人农业银行将基金资产全部移交给新的托管人中国工商银行。富国基金管理有限公司根据宝鼎基金2000年第二次受益人大会的授权，将宝鼎基金更名为“汉鼎证券投资基金”。2000年6 月30日，基金资产全部划入中国工商银行为本基金开立的“汉鼎证券投资基金专户”。根据2000年6月30日上海上会会计师事务所出具的验资报告截止至2000年6月30日，宝鼎基金资产状况为：股票投资62,049,813.84人民币元；货币资金137,554,740.99人民币元，基金资产净值为199,604,554.83人民币元，每份基金单位净值1.996人民币元。原宝鼎基金的资产已经全部划入新基金托管人中国工商银行开立的“汉鼎证券投资基金专户”。2000年7月1日新基金管理人富国基金管理有限公司正式开始本基金的运作。2000年7月6日，为配合基金的清理规范，汉鼎基金实施了调整基金份额的方案，即以净资产为依据，按1:1的比例将净资产折为基金份额，汉鼎基金的份额调整到2亿份基金单位。经中国证券监督管理委员会《关于汉鼎证券投资基金设立、上市、扩募和续期的批复》(证监基金字[2000]53号)文件确认，本基金正式更名为“汉鼎证券投资基金”。基金类型为契约型封闭式，规模为2亿份基金单位，存续期为10年(1994年1月1日至2003年12月31日)，基金发起人为申银万国证券股份有限公司和富国基金管理有限公司。同意富国基金管理有限公司代表汉鼎证券投资基金向上海证券交易所提出上市申请，同意光大证券有限责任公司为汉鼎证券投资基金的上市推荐人。本基金上市申请经上海证券交易所上证上字[2000]63号文审核同意，将于2000年8月17日在上海证券交易所挂牌交易。本次上市流通的总份额为1.98亿份基金单位，每份基金单位面值为1元。根据《汉鼎证券投资基金基金契约》的规定，在基金存续期间，发起人持有的基金单位不得低于基金单位总份额的0.5%。汉鼎证券投资基金上市后，将在适当的时间扩募至5亿份基金单位，扩募时间另行公告。

主要财务指标：(截止时间：财务指标 2001-06-30 股本)

单位基金净收益	0.03
本期净收益	13,776,131.42
单位基金资产净值	1.04
期末基金资产净值	520,561,829.66
基金资产净值收益率	0.03
期末基金资产总值	525,998,274.05
本期基金净值增长率	0.59%
基金累计净值增长率	4.67%

兴业证券投资基金

基金简称 基金兴业 **基金代码：** 500028

基金类型 契约型封闭式 **基金托管人** 中国农业银行

基金管理人 华夏基金管理有限公司

法人代表 邵淳 **联系人** 方瑞枝

地址 北京市东直门南大街6号东方花园饭店写字楼6层

注册资本 138,000,000.00元

公司电话 010-66069966-66

上市日期 2001-07-27

基金情况简介 本基金由原海鸥基金、珠信基金、赣农受益基金、金星受益基金四只基金合并而成，根据中国证监会批复，经规范重组后，更名为“兴业证券投资基金”，并转由华夏基金管理有限公司管理，中国农业银行托管。海鸥基金历史沿革海鸥基金是经中国人民银行广东省分行银复[1993]403号批准设立的契约型、封闭式信托投资基金，由珠海国际信托投资公司、珠海市人寿保险股份有限公司为基金发起人，基金发行规模5000万元。珠海海鸥投资基金部担任基金管理人，珠海人寿保险公司为基金托管人。海鸥基金自设立以来，年均分红率为6.67%。珠信基金历史沿革珠信基金原名"一号珠信物托"，是经中国人民银行珠海分行金管字第[1991]151号批准，由珠海国际信托投资公司独家发起并管理的专项物业投资基金。基金发行规模6930万元，并经武汉证券交易中心[1994]第1号函批准于1994年1月12日在武汉交易中心上市交易。1997年1月珠信基金经收益人大会决议及珠海市人民银行[1996]264号批准，进行增资扩股，配售比例为10:5，配售后珠信基金规模达10395万元。由此，珠信基金由单一的专项物业信托投资基金改为综合性投资基金，基金管理人更换为珠海海鸥投资基金部。珠信基金自设立以来，年均分红率为7.83%。赣农受益基金历史沿革赣农基金由中国农业银行江西省信托投资公司作为独家发起人，1992年5月经中国人民银行江西省分行"赣银字(1992)72号"文件(《关于同意省农业银行信托投资公司发行信托投资受益证券的批复》)批准在江西省内发行。赣农受益基金发行规模3000万份，期限五年，为封闭式受益证券。1993年7月1日经第一次分红送派后，总额增扩至3600万份单位。后经中国人民银行江西省分行"赣银字(1993)127号"文件(《关于同意农业银行江西省信托投资股份有限公司信托投资受益证券由五年期改为无偿还期的批复》)批准，于1993年5月1日改为无偿还期封闭式受益证券。同年又经中国人民银行江西省分行批准，天津证券交易中心审查，于1993年12月30日在天津证券交易中心挂牌交易至今。现基金管理人为江西江南信托投资股份有限公司(原中国农业银行江西省信托投资股份有限公司)，无基金托管人。赣农基金自设立以来，每百份基金累计送红股20份基金单位，以现金形式分红的年均分红率为10.386%。金星基金历史沿革金星基金是经中国人民银行辽银金字(1992)125号文件批准发行，由原锦州市工行信托投资公司发行设立的，总额度4000万元，期限5年；后经辽宁省人民银行辽银金字(1993)68号文件批准，期限由5年延长至15年，并于1993年11月18日在天津证券交易中心上市交易。1996年12月，华夏证券与工商银行辽宁省分行签订基金转让协议，经中国人民银行辽银复字(1997)168号文件批准，由华夏证券有限公司正式受让金星基金，基金托管人为工商银行锦州市分行。金星基金自设立以来，年均分红率为12.43%。根据《国务院办公厅转发证监会原有投资基金清理规范方案》的有关规定，原基金属于应清理规范的投资基金。根据中国证监会《关于广东省原有投资基

金清理规范补充方案的批复》(证监基金字19号)、《关于江西省原有投资基金清理规范方案的批复》(证监基金字[2000]20号)、《关于辽宁省原有投资基金清理规范方案的批复》(证监基金字[2000]30号)精神、以上四只基金进行了规范重组。海鸥基金于2000年6月12日,珠信基金、赣农受益基金和金星基金于2000年6月9日以通讯方式召开基金临时持有人大会,会议通过了摘牌、进行资产置换、合并、基金资产移交、更换基金管理人、更换基金托管人、更名、审议新基金契约、调整存续期、上市及扩募、收益分配、授权等十二项决议。海鸥基金、珠信基金、赣农受益基金和金星受益基金合并为"兴业证券投资基金"。2000年6月23日,赣农受益基金和金星受益基金在天津证券交易中心摘牌,珠信基金在武汉证券交易中心摘牌;2000年6月28日,海鸥基金在上海证券交易所摘牌。根据基金临时持有人大会决议,合并后的"兴业证券投资基金"的管理人更换为华夏基金管理有限公司,基金托管人更换为中国农业银行,基金存续期为10年(1991年11月15日至2001年11月14日)。

主要财务指标:(截止时间:财务指标 2001-08-08 股本)

单位基金资产净值	0.85
期末基金资产净值	171,522,027.15
期末基金资产总值	173,719,396.53

科讯证券投资基金

基金简称 基金科讯 **基金代码:** 500029

基金类型 契约型封闭式 **基金托管人** 交通银行

基金管理人 易方达基金管理有限公司

法人代表 梁棠 **联系人** 顾晶

注册地址 广东省广州市体育西路189号28楼

注册资本 120,000,000.00元

公司电话 020-38797888

招股日期 2001-06-25 **上市日期** 2001-08-02

基金情况简介 本基金由原 "广发基金一期"、"广信基金"合并而成,其历史沿革分别如下:1、广发基金一期 广发投资基金一期于1993年1月12日按中国人民银行广东省分行粤银复[1992]733号文批准设立,发行规模为5000万个单位,94年实施10送2的方案后,规模增加为6000万。该基金为封闭式契约型基金,存续期限8年。1993年8月18日在南方证券交易中心挂牌上市,94年3月14日与上海证券交易所联网交易。 该基金的原发起人是广东发展银行,原管理人是广东发展银行基金部。银证分离后,发起人转换为广发证券有限责任公司,管理人转换为广发证券有限责任公司基金部。基金托管人是中国工商银行广东省分行营业部。2、广信基金 广信基金于1993年12月14日经粤银复[1993]388 号文批准成立。发行规模为 12875.4万个基金单位。该基金为封闭式契约型基金,存续期8年。1994年3月3日和 1994年3月14日分两次在南方证券交易中心挂牌交易, 同年3月14日与上海证券交易所联网交易。广信基金的发起人为广东国际信托投资公司,基金管理人为广东国际信托投资公司基金部,基金托管人为中国建设银行广东省分行直属支行(现更名为中国建设银行广州市分行直属支行)。广发证券有限责任公司为该基金的清理规范责任人。根据原有投资基金清理规范的有关要求及《关于广东省原有投资基金清理规范补充方案的批复》(证监基金(2000)19号)精神,以上两只基金进行了规范重组。2000年6月30日以通讯表决方式召开临时持有人大会,会议通过了摘牌、资产置换、合并、更换发起人、更换管理人及托管人、更名、审议新基金契约、上市、扩募、续期等有关事项的决议。2000年7月12日,基金正式摘牌并停止交易。根据持有人大会决议,广发投资基金一期和广信基金合并为"科讯证券投资基金",并由易方达基金管理有限公司管理。基金托管人更换为交通银行。基金存续期为10年(1993年 1月12日2003年1月11日)。截止2000年6月26日,广发投资基金一期资产净值为96967775.47元,每份基金单位净值为1.62元。扣除1%的合并上市费用后,基金净资产总值为95998097.71元,基金单位资产净值为1.5999元。广发投资基金一期按扣除合并上市费用后的净值以 1:1的比例转换为科讯证券投资基金, 即1个单位广发投资基金一期转换为1.5999 个单位基金科讯,上述转换已自动完成。截止2000年6月29日,广信基金资产净值为112387754.93元, 每份基金单位净值为0.87元,扣除1%的合并上市费用后,基金净资产总值为111263877.38元, 基金单位资产净值为0.8641元。广信基金按扣除合并上市费用后的净值以1:1的比例转换为科讯证券投资基金,即1个单位广发投资基金一期可转换为0.8641 个单位基金科讯,转换不足一个基金单位份额所对应的资产净值计入科讯证券投资基金资产,上述转换已自动完成。

主要财务指标:(截止时间:财务指标 2001-06-22 股本)

单位基金资产净值	1.02
期末基金资产净值	210,682,082.35
期末基金资产总值	214,011,396.48

汉博证券投资基金

基金简称 基金汉博 **基金代码:** 500035

基金类型 契约型封闭式 **基金托管人** 中国建设银行

基金管理人 富国基金管理有限公司

法人代表 虞志皓 **网址** www.fullgoal.com.cn

注册地址 上海市浦东新区世纪大道88号金茂大厦32层

联系人 林志松 **注册资本** 100,000,000.00元

公司电话 021-50478888 **公司传真** 021-50470328

上市日期 2000-10-17

基金情况简介 汉博证券投资基金(以下简称"本基金")是按照《证券投资基金管理暂行办法》、国务院关于原有投资基金清理规范的有关要求和《关于山东省原有投资基金清理规范方案的批复》(证监基金字[2000]13号)、《关于辽宁省原有投资基金清理规范方案的批复》(证监基金宁[2000]30号)、《关于重庆三峡投资基金清理规范调整方案的批复》(证监基金字[2000]33号)由原淄博基金、通发基金、三峡基金清理规范合并后,并经中国证监会验收确认的契约型封闭式证券投资基金。原基金存续期10

年(自1992年5月30日至2002年5月29日),本基金管理人根据持有人大会授权,向中国证监会提出设立、上市、扩募、续期申请并已获批准,获准更名为汉博证券投资基金,扩募至5亿份基金单位,并将存续期调整为15年(自1992年5月30日至2007年5月29日)。本基金发起人为海通证券有限公司、山东证券有限责任公司;基金管理人为富国基金管理有限公司;基金托管人为中国建设银行。根据2000年7月13日北京天健会计师事务所出具的验资报告,截止2000年7月11日,本基金的总资产为人民币223,856,130.84元(其中:银行存款为人民币 180,686,909.64元,股票市值为人民币31,659,780.40元,国债市值为人民币11,509,440.80元)负债为人民币1,392,861.83元;基金资产净值为人民币222,463,269.01元,其中:基金总份额为221,692,894份基金单位,基金单位每份面值为人民币1元。每份基金单位资产净值1.0035元。原三基金的资产已经全部划入新基金托管人中国建设银行开立的"汉博证券投资基金专户"。2000年7月12日,本基金管理人富国基金管理有限公司正式管理本基金。经中国证券监督管理委员会《关于同意淄博基金、通发基金、三峡基金合并规范为汉博证券投资基金并上市、扩募和续期的批复》(证监基金字[2000]70号)文件确认,本基金正式更名为"汉博证券投资基金"。基金类型为契约型封闭式,规模为221,692,894份基金单位,存续期为10年(1992年5月30日至2002年5月29日),基金发起人为海通证券有限公司和山东证券有限责任公司。同意富国基金管理有限公司代表汉博证券投资基金向上海证券交易所提出上市申请,同意山东证券有限责任公司为汉博证券投资基金的上市推荐人,同意海通证券公司为汉博证券投资基金的扩募协调人。本基金上市申请经上海证券交易所上证上字[2000]82号文审核同意,将于2000年10月17日在上海证券交易所挂牌交易。本次上市流通的份额为219,475,964份基金单位,根据《汉博证券投资基金基金契约》的规定,基金发起人在基金上市时合计持有不少于基金总规模1%的基金单位。在本基金存续期间,合计持有不少于基金总规模0.5%的基金单位,其余部分在基金扩募部分上市二个月后流通。基金上市后,将在适当的时间扩募至5亿基金单位,扩募时间另行公告。

主要财务指标:(截止时间:财务指标 2001-06-30 股本)

本期净收益	2,201,081.01
单位基金资产净值	1.03
期末基金资产净值	517,115,980.42
基金资产净值收益率	0.40%
期末基金资产总值	520,314,010.60
本期基金净值增长率	-1.19%
基金累计净值增长率	10.25

通乾证券投资基金

基金简称 基金通乾 **基金代码:** 500038

基金类型 契约型封闭式 **基金托管人** 中国建设银行

基金管理人 融通基金管理有限公司

法人代表 孟立坤 **联系人** 李超

注册地址 广东省深圳市民田路10号中海大厦6、7、8层

注册资本 125,000,000.00元

公司电话 0755-2550609 **公司传真** 0755-2550383

上市日期 2001-09-21

基金情况简介 通乾证券投资基金是遵照《证券投资基金管理暂行办法》及其实施准则等有关规定,依据《通乾证券投资基金基金契约》设立的契约型封闭式证券投资基金,基金存续期15年。基金发起人为河北证券有限责任公司、陕西省国际信托投资股份有限公司、融通基金管理有限公司,基金托管人为中国建设银行,基金管理人为融通基金管理有限公司。经中国证券监督管理委员会证监基金字[2001]25号文批准,全部20亿份基金单位,由发起人认购2,000万份,向商业保险公司配售6亿份,余下13.8亿份基金单位向自然人和商业保险公司以外的法人(以下简称"一般法人")发行,其中,向自然人上网定价发行9.8亿份基金单位,向一般法人网下发行4亿份基金单位,发行价1.01元人民币(含0.01元发行费用),基金的发行和募集工作已于2001年8月29日结束。本基金上网定价发行的9.8亿份、向商业保险公司配售的6亿份、网下向一般法人发行的4亿份和发起人认购的2,000万份基金单位共计20亿元,已于2001年8月29日全部划至本基金的托管人中国建设银行"通乾证券投资基金"专户;2001年8月30日,本基金发起人公告通乾证券投资基金于2001年8月29日成立,本基金的管理人融通基金管理有限公司正式管理本基金。基金上市申请经上海证券交易所上证上[2001]156号文审核同意,将于2001年9月21日在上交所挂牌交易。基金总份额为20亿份,本次上市流通的份额为19.8亿份。根据《通乾证券投资基金基金契约》的规定,本基金发起人持有的2,000万份基金单位自本基金成立之日起一年内不得转让。一年后,在本基金存续期间,发起人持有的基金单位不得低于基金单位总份额的0.5%,即1,000万份,并应由每家基金发起人按发起时的认购比例分别持有。基金上市后交易单位每手为100份,存续期15年(2001年8月29日至2016年8月28日)。

主要财务指标:(截止时间:财务指标 2001-09-14 股本)

单位基金资产净值	1.01
期末基金资产净值	2,023,942,653.68
期末基金资产总值	2,034,281,720.24

同德证券投资基金

基金简称 基金同德 **基金代码:** 500039

基金类型 契约型封闭式 **基金托管人** 中国农业银行

基金管理人 长盛基金管理有限公司

法人代表 王其华 联系人 李燕敏

注册地址 广东省深圳市福田区华福路航都大厦13C

注册资本 80,000,000.00元

公司电话 010-64689198 **上市日期** 2001-08-01

基金情况简介 本基金前身是金券受益基金和粤东国债

投资受益凭证。这两只基金的情况分别如下:(一)金券受益基金(以下简称“金券基金”)金券基金于1992年7月经中国人民银行汕头分行批准,同年12月1日由汕头证券股份有限公司作为发起人设立的封闭式契约型不定存续期基金。金券基金的托管人和管理人均为汕头证券股份有限公司。金券基金设立时规模为5000万基金单位,单位面值1元。经过历次扩募,截至1999年底金券基金规模达12000万基金单位。金券基金于1993年7月经批准在大连证券交易中心上市交易8000万基金单位,1995年10月在南方证券交易中心上市交易4000万基金单位。(二)粤东国债投资受益凭证(以下简称“粤东受益凭证”)粤东国债投资受益凭证是于1993年10月20日经中国人民银行汕头分行批准,1994年7月1日由汕头证券股份有限公司作为发起人设立的封闭式契约型投资受益凭证,存续期限为15年,粤东受益凭证管理人为汕头证券股份有限公司,托管人原为中国建设银行汕头信托投资公司,现改为汕头证券股份有限公司营业部。粤东受益凭证的规模为8000万基金单位,于1995年7月21日在沈阳证券交易中心上市交易。根据《国务院办公厅转发证监会原有投资基金清理规范方案的通知》(国办发[1999]28号文)的有关规定原基金属于应清理规范的投资基金。根据中国证监会证监基金字[2000]41号文对原基金清理规范方案的批复,原基金分别于2000年9月22日以通讯方式召开原基金临时持有人大会对原基金清理规范、实施合并、更换管理人和托管人、更名、调整存续期、上市、申请扩募及其他有关事宜(以下简称“合并事宜”)进行表决。根据2000年9月30日的统计结果,原基金临时持有人大会对合并事宜均通过决议。根据原基金临时持有人大会的决议和有关授权原基金的发起人、原任管理人和原任托管人与本基金的发起人、新任管理人和新任托管人共同签署了《基金合并协议》,原任管理人与新任管理人共同签署了《更换基金管理人协议书》,原任托管人与新任托管人共同签署了《更换基金托管人协议书》和《基金资产移交协议书》,本基金的发起人共同签署了《发起人协议书》。根据上述协议原基金自《基金合并协议》确定的基金资产移交基准日即2000年10月20日起正式实施合并。原基金的原任管理人向各自挂牌的交易场所大连证券交易中心、广东南方证券交易中心和沈阳证券交易中心申请自2000年10月11日起正式摘牌并终止交易。原基金资产中除上市公司可流通股票和国债以外的全部非流动性资产,均由原发起人按照以2000年5月31日为审计基准日的审计报告中确定的基金单位资产净值,等额置换为现金资产(粤东国债投资受益凭证单位资产净值为0.90元,金券基金单位资产净值为0.85元,由原发起人出资补足至0.90元)合并后的本基金资产全部为现金资产。在基金资产移交基准日原任托管人把经过资产置换的原基金资产移交给本基金的新任托管人,原基金的原任管理人更换为本基金的新任管理人,原基金的原任托管人更换为本基金的新任托管人。原基金的发起人不再担任本基金的发起人;本基金发起人目前没有持有基金份额,在本基金扩募时将向发起人配售,各发起人均认购相同比例的发起人基金份额,合计持有本基金单位总额的1%;在本基金存续期内发起人保持不低于本基金单位总额0.5%的基金单位。原基金合并后形成的本基金更名为“同德证券投资基金”。本基金的发起人、新任管理人和新任托管人共同签署本基金契约以取代原基金的基金章程。合并后本基金由新任管理人向中国证监会和上海证券交易所申请上市、扩募和续期。本基金的首次分配在2001年财政年度终了后依据本基金契约的有关规定进行。

主要财务指标:(截止时间:财务指标 2001-08-14 股本)

单位基金资产净值	0.99
期末基金资产净值	198,418,612.30
期末基金资产总值	199,105,525.92

开元证券投资基金

基金简称 基金开元 **基金代码:** 184688

基金类型 契约型封闭式 **基金托管人** 中国工商银行

基金管理人 南方基金管理有限公司

法人代表 骆新都

网址 www.southernfund.com

邮件 webmaster@southernfund.com

注册地址 深圳市深南东路深港花园三楼

注册资本 50,000,000.00元

公司电话 (0755)5414078转

公司传真 (0755)5543121

招股日期 1998-03-23 **上市日期** 1998-04-07

基金情况简介 开元证券投资基金是遵照《证券投资基金管理暂行办法》及其他有关规定,依据《开元证券投资基金基金契约》设立的封闭式契约型证券投资基金。基金存续期15年。基金发起人为南方证券有限公司、广西信托投资公司、厦门国际信托投资公司。基金托管人为中国工商银行。基金管理人为南方基金管理有限公司。经中国证券监督管理委员会证监基字[1998]6号文批准,全部20亿 份基金单位,由发起人认购6000万份基金单位,其余194,000万份基金单位于1998年3月23日通过深圳证券交易所以上网定价方式发行,发行 价1.01元人民币(含0.01元发行费用)。基金的发行和募集工作已于1998年3月27日结束。1998年3月27日,开元证券投资基金发起人公告开元证券投资基金 成立。公开发行的19.4亿份基金单位和发起人认购的6,000万份基金单位共计20亿元,已于3月27日全部划至本基金的托管人中国工商银 行“开元基金专户”,本基金的管理人南方基金管理有限公司正式管理本基金。基金上市申请经深圳证券交易所深证发[1998]65号文审核同意,将于1998年4月7日在深交所挂牌交易。基金总份额为20亿份,本次上市流通的份额为19.4亿份。根据开元证券投资基金基金契约规定,发起人持有的6000万份基金单位一年后上市,但在本基金存续期间,基金发起人持有的基金份额不得低于基金单位总份额的1.5%。基金上市后交易单位每手为100份,存续期15年(1998年3月27日至2013年3月27日)。

主要财务指标:(截止时间:财务指标 2001-06-30 股本)

单位基金净收益	0.08
本期净收益	155,474,854.74
单位基金资产净值	1.26

[1999]20号文批准，全部30亿份基金单位，由发起人认购3000 万份基金单位，其余29.7亿份基金单位于1999年7月8 日通过深圳证券交易所以上网定价方式发行，发行价1.01 元人民币(含0.01元发行费用)，基金的发行和募集工作已于1999年7月14日结束。本基金公开发行的29.7 亿份基金单位和发起人认购的3000万份基金单位共计30亿元，已于1999年7月14日全部划至本基金的托管人-中国工商银行“普丰证券投资基金专户”;1999年7月15日，本基金发起人公告本基金成立，本基金管理人-鹏华基金管理有限公司正式管理本基金。基金上市申请经深圳证券交易所深证上[1999]63号文审核同意，将于1999年7月30日在深交所挂牌交易。基金总份额为30亿份，本次上市流通的份额为29.7 亿份。根据《普丰证券投资基金基金契约》的规定，本基金发起人持有的3000万份基金单位自本基金成立之日起一年内不得转让。一年以后，在本基金存续期间，发起人持有的基金单位不得低于发起人认购部分的50%。基金上市后交易单位每手为100份，存续期15年(1999年7月14日至2014年7月14日)。

主要财务指标：(截止时间：财务指标 2001-06-30 **股本**)

单位基金净收益	0.08
本期净收益	229,364,847.85
单位基金资产净值	1.19
期末基金资产净值	3,580,104,275.66
基金资产净值收益率	6.43%
期末基金资产总值	3,585,472,354.93
本期基金净值增长率	0.68%
基金累计净值增长率	46.86%

景博证券投资基金

基金简称 基金景博 **基金代码：** 184695

基金类型 契约型封闭式 **基金托管人** 中国农业银行

基金管理人 大成基金管理有限公司

法人代表 姜继增 **网址** http://www.dcfund.com.cn

注册地址 北京市海淀区三里河路1号西苑饭店11号楼

注册资本 100,000,000.00元

公司电话 0755-3183388 **公司传真** 0755-3199588

上市日期 1999-10-22

基金情况简介 巨博证券投资基金（以下简称“巨博基金”)是按照《证券投资基金管理暂行办法》、国务院关于原有投资基金清理规范的有关要求和《关于湖南省原有投资基金清理规范实施方案的批复》(证监基金字[1999]24号)清理规范后并经中国证监会验收确认的契约型封闭式投资基金。原基金存续期10年(自1992年6月至2002年6月)，上市后将按有关规定向中国证监会申请扩募和续期。基金发起人为湘财证券有限责任公司、大成基金管理有限公司;基金管理人为大成基金管理有限公司；基金托管人为中国农业银行。本基金是由原湘财证券有限责任公司管理的巨博基金按照有关法律、法规清理规范而成，经中国证监会证监基金字[1999]24号文批复，基金份数总额为25001.7万份基金单位，其中发起人持有1000万份基金单位，截止9月20日基金资产移交时每基金单位净值1.253元。1999年9月22日，本基金管理人大成基金管理公司正式管理本基金。基金上市申请经《关于湖南省原有投资基金清理规范实施方案的批复》(证监基金字[1999]24号)、《关于同意原巨博基金规范为巨博证券投资基金并向深圳证券交易所申请上市的函复》和深圳证券交易所深证上[1999]94号文审核同意，将于1999年10月22 日在深圳证券交易所挂牌交易。基金单位总份额为25001.7万份，本次上市流通的份额为24001.7万份基金单位。根据《基金契约》的规定，在本基金存续期间，各基金发起人持有基金单位不得低于基金总规模的0.5%，全部发起人持有的基金单位不得低于基金总规模的1%，其余部分在基金上市二个月后方可流通。基金上市后交易单位每手为100份。二、基金持有人结构及前十名持有人

主要财务指标：(截止时间：财务指标 2001-06-30 **股本**)

单位基金净收益	0.13
本期净收益	126,730,802.00
单位基金资产净值	1.24
期末基金资产净值	1,241,600,522.00
基金资产净值收益率	10.33%
期末基金资产总值	1,248,522,932.00
本期基金净值增长率	1.29%
基金累计净值增长率	37.50%

天元证券投资基金

基金简称 基金天元 **基金代码：** 184698

基金类型 封闭式契约型 **基金托管人** 中国工商银行

基金管理人 南方基金管理有限公司

法人代表 骆新都 **网址** www.southernfund.com

邮件 webmaster@southernfu

注册地址 深圳市深南东路深港花园三楼

注册资本 50,000,000.00元

公司电话 0755-2712000 **公司传真** 0755-2712578

招股日期 1999-08-18 **上市日期** 1999-09-20

基金情况简介 天元证券投资基金是遵照《证券投资基金管理暂行办法》及其他有关规定，依据《天元证券投资基金基金契约》设立的封闭式契约型证券投资基金。基金存续期15年。基金发起人为南方证券有限公司、大鹏证券有限责任公司、南方基金管理有限公司。基金托管人为中国工商银行。基金管理人为南方基金管理有限公司。经中国证券监督管理委员会证监基字【1999】22号文批准，全部30亿份基金单位，由发起人认3,000万份基金单位，其余29.7亿份基金单位于1999年8月18日通过深圳证券交易所以上网定价方式发行，发行价1.01元人民币（含0.01元发行费用)。基金的发行和募集工作已于1999年8月24日结束。本基金公开发行的29.7亿份基金单位和发起人认购的3,000万份基金单位共计30亿元，已于1999年8月24日全部划至本基金的托管人中国工商银行"天元证券投资基金专户";1999年8月27日，本基金发起

人公告天元证券投资基金成立。本基金的管理人南方基金管理有限公司正式管理本基金。基金上市申请经深圳证券交易所深证上【1999】84号文审核同意,将于1999年9月20日在深交所挂牌交易。基金总份额为30亿份,本次上市流通的份额为29.7亿份。根据天元证券投资基金基金契约规定,本基金发起人持有的3,000万份基金单位自本基金成立起一年内不得转让。一年以后,在本基金存续期间,基金发起人持有的基金份额不得低于其认购份额的50%。基金上市后交易单位每手为100份,存续期15年(1999年8月26日至2014年8月25日)。

主要财务指标:(截止时间:财务指标 2001-06-30 **股本**)

单位基金净收益	0.12
本期净收益	365,287,362.92
单位基金资产净值	1.26
期末基金资产净值	3,775,525,818.94
基金资产净值收益率	9.49%
期末基金资产总值	3,805,392,997.86
本期基金净值增长率	-1.16%
基金累计净值增长率	56.49%

同盛证券投资基金

基金简称 基金同盛 **基金代码:** 184699

基金类型 契约型封闭式 **基金托管人** 中国银行

基金管理人 长盛基金管理有限公司

法人代表 王其华 **网址** www.csfunds.com.cn

注册地址 北京市朝阳区北三环东路8号静安中心22层

注册资本 80,000,000.00元

公司电话 (010)64689198-651

公司传真 (010)64689471

招股日期 1999-11-01 **上市日期** 1999-11-26

基金情况简介 同盛证券投资基金是遵照《证券投资基金管理暂行办法》及其他有关规定。基金发起人为中信证券有限责任公司、湖北证券有限责任公司、天津北方国际信托投资公司、安徽省信托投资公司和长盛基金管理有限公司,基金托管人为中国银行,基金管理人为长盛基金管理有限公司。经中国证券监督管理委员会证监基金字[1999]30 号文批准,全部30亿基金单位,由发起人认购3000 万份基金单位,向商业保险公司配售9亿份,其余20.7亿份基金单位于1999年11月1日通过深圳证券交易所以上网定价方式发行,发行价1.01元人民币(含0.01 元发行费用),基金的发行和募集工作已于1999年11月5日结束。1999年11月1日同盛证券投资基金发起人公告同盛证券投资基金成立。公开发行的20.7亿份基金单位、向商业保险公司配售9亿份以及发起人认购的3000万份基金单位共计30亿元, 已于11月5 日全部划至本基金的托管人——中国银行"同盛基金专户",本基金的管理人——长盛基金管理有限公司正式管理本基金。基金上市申请经深圳证券交易所深证上[1999]109号文审核同意,将于1999年11月26 日在深交所挂牌交易。基金总份额为30亿份,本次上市流通的份额为29.7亿份,本基金发起人认购的3000 万份基金单位自本基金成立日起一年内不得转让。一年以后,在本基金存续期间,发起人持有的基金单位不得低于其认购基金单位份额的 50%,即1500万份基金单位,并应由每家基金发起人按发起时认购的比例分别持有。基金上市后交易单位每手为100份,存续期 15 年(1999年11月5日至2014年11月5日)。

主要财务指标:(截止时间:财务指标 2001-06-30 **股本**)

单位基金净收益	0.10
本期净收益	286,155,410.56
单位基金资产净值	1.26
期末基金资产净值	3,768,868,610.68
基金资产净值收益率	7.93%
期末基金资产总值	3,775,141,778.08
本期基金净值增长率	4.39%
基金累计净值增长率	47.03%

鸿飞证券投资基金

基金简称 基金鸿飞 **基金代码:** 184700

基金类型 契约型封闭式 **基金托管人** 中国建设银行

基金管理人 宝盈基金管理有限公司

法人代表 谭向东

注册地址 深圳市福田区深圳特区报业大厦第15层

注册资本 100,000,000.00元

公司电话 0755-3515288 **上市日期** 2001-11-28

基金情况简介 本基金由原蓝天投资基金清理规范而成,其历史沿革如下: 蓝天投资基金经中国人民银行深圳经济特区分行深人银复字(1993)第023号文批准,深人银复字(1993)第214号文确认,由中国建设银行深圳分行和深圳蓝天基金管理公司发起设立的封闭式投资信托(契约型)基金。1994年3月21日,深圳蓝天投资基金以"蓝天基金"的简称在深圳证券交易所挂牌交易,交易代码"4003"。1994年11月30日,经中国人民银行深圳经济特区分行深人银复字[1994]第373号文批准,蓝天基金封闭期限由三年延长到十年,即封闭期从1993年4月15日至2003年4月15日,基金规模为3.79157亿份基金单位,基金经理人为深圳蓝天基金管理公司,基金信托人为中国建设银行深圳分行。根据《国务院办公厅转发证监会原有投资基金清理规范方案的通知》(国办发[1999]28号)的有关规定;根据中国证券监督管理委员会《关于深圳市原有投资基金清理规范补充方案的批复》(证监基金字[2000]31号)关于蓝天基金资产要全部调整为现金、上市公司流通股票、国债等流动性资产的有关要求,2000年6月20日至6月27日,蓝天基金以通讯表决方式召开了蓝天基金2000年临时持有人大会,大会审议通过了申请摘牌、更换发起人、更换管理人、更换托管人、基金资产移交等议案,审议通过了《鸿飞证券投资基金基金契约》,审议通过了申请更名、上市、申请扩募和续期等授权议案。在原蓝天基金的清理规范中,原蓝天基金管理人深圳蓝天投资基金管理公司已向宝盈基金管理有限公司提交了与蓝天基金

规范、移交有关的、以及可能对基金规范与移交产生影响的所有资料、文件和信息,中国对外经济贸易信托投资公司、联合证券有限责任公司、重庆国际信托投资公司、天津信托投资公司、山东省国际信托投资公司对原蓝天基金的低流动性资产进行了置换,使基金资产成为由国内上市公司股票和货币资产组成的高流动性资产。基金置换后更名为"鸿飞证券投资基金",并交由宝盈基金管理有限公司管理,托管人更换为中国建设银行。2000年10月25日,基金资产全部划入中国建设银行为本基金开立的"鸿飞证券投资基金专户"。2001年5月18日,新任基金管理人宝盈基金管理公司正式开始本基金的运作管理。

主要财务指标:(截止时间:财务指标 2001-12-06 **股本**)

本期净收益	-680,354.38
单位基金资产净值	0.99
期末基金资产净值	197,588,148.78
期末基金资产总值	197,653,840.85

景福证券投资基金

基金简称 基金景福 **基金代码:** 184701

基金类型 契约型封闭式 **基金托管人** 中国农业银行

基金管理人 大成基金管理有限公司

法人代表 姜继增 **网址** www.dcfund.com.cn

注册地址 北京市海淀区三里河路1号西苑饭店11号楼

注册资本 100,000,000.00元

公司电话 0755-3183388 **公司传真** 0755-3199588

招股日期 1999-12-24 **上市日期** 2000-01-10

基金情况简介 景福证券投资基金是遵照《证券投资基金管理暂行办法》及其他有关规定,依据《景福证券投资基金基金契约》设立的契约型封闭式证券投资基金,基金存续期 15年。基金发起人为光大证券有限责任公司、大鹏证券有限责任公司、广东证券股份有限公司、大成基金管理有限公司,基金托管人为中国农业银行,基金管理人为大成基金管理有限公司。经中国证券监督管理委员会证监基金字[1999]39 号文批准,全部30亿份基金单位,由发起人认购3,000万份,向商业保险公司配售68,680万份,其余228,320万份基金单位于1999年12月24 日通过深圳证券交易所以上网定价方式发行,发行价1.01元人民币(含0.01元发行费用),基金的发行和募集工作已于1999年12月30日结束。本基金公开发行的228,320万份基金单位、向商业保险公司配售的68,680万份和发起人认购的3,000万份基金单位共计30亿元,已于1999年12月30 日全部划至本基金的托管人中国农业银行"景福证券投资基金"专户;1999年12月31日,本基金发起人公告景福证券投资基金于1999年12月30日成立,本基金的管理人大成基金管理有限公司正式管理本基金。基金上市申请经深圳证券交易所深证上[2000]2号文审核同意,将于2000年1月10日在深交所挂牌交易。基金总份额为30亿份,本次上市流通的份额为29.7亿份。根据《景福证券投资基金基金契约》的规定,本基金发起人认购的基金单位,自基金成立之日起一年内不得转让。一年后,在本基金存续期间,发起人持有的3,000万份基金单位不得低于基金单位总份额的0.5%,即1,500万份,并应由每家基金发起人按发起时的认购比例分别持有。基金上市后交易单位每手为100份,存续期 15 年(1999年12月30日至2014年12月30日)。

主要财务指标:(截止时间:财务指标 2001-06-30 **股本**)

单位基金净收益	0.07
本期净收益	223,423,237.00
单位基金资产净值	1.22
期末基金资产净值	3,646,857,922.00
基金资产净值收益率	6.26%
期末基金资产总值	3,652,717,971.00
本期基金净值增长率	2.57%
基金累计净值增长率	37.80%

同智证券投资基金

基金简称 基金同智 **基金代码:** 184702

基金类型 契约型封闭式 **基金托管人** 中国银行

基金管理人 长盛基金管理有限公司

法人代表 王其华 **网址** www.csfunds.com.cn

注册地址 北京市朝阳区北三环东路8号静安中心22层

注册资本 80,000,000.00元

上市日期 2000-05-15

公司电话 (010)64689198-651

基金情况简介 同智证券投资基金是遵照《证券投资基金管理暂行办法》、原有投资基金清理规范的有关规定和中国证监会证监基金字[2000]4号文《关于中国银行系统原有投资基金清理规范方案的批复》、[2000]5号文《关于湖北省原有投资基金清理规范方案的批复》、[2000]6号文《关于天津市原有投资基金清理规范方案的批复》、[2000]7号文《关于河北省秦皇岛海湾基金清理规范意见的批复》,由赣中基金、中盛基金、长江基金、武汉基金、开信基金及海湾基金等六只基金清理规范后合并而成的契约型封闭式证券投资基金,规模为268,027,448份基金单位,存续期为10年(1992年3月13日至2002年3月13日)。原基金的发起人中,长江证券有限责任公司和天津北方国际信托投资公司保留为本基金的发起人,原基金的其他发起人不再担任本基金的发起人;本基金增加中信证券股份有限公司、安徽省信托投资公司和长盛基金管理有限公司为发起人。经过发起人间基金份额的转让,本基金发起人均持有相同比例的发起人基金份额,合计持有本基金单位总额的1%。基金托管人为中国银行,基金管理人为长盛基金管理有限公司。根据《国务院办公厅转发证监会原有投资基金清理规范方案》的有关规定,原基金属于应清理规范的投资基金。根据中国证监会证监基金字[2000]4号文、[2000]5号文、[2000]6号文、[2000]7号文对原基金清理规范方案的批复、主管部门关于原有投资基金清理规范的有关规定,基金份数总额为268,027,448份,其中发起人持有268.0275万份基金单位。2000年3月8日,本基金管理人长盛基金管理有限公司正式管理本基金。本基金管

理人根据本基金持有人大会授权，向中国证券监督管理委员会提出上市、扩募、续期申请，该申请已获批准。根据中国证监会《关于同意赣中基金等原有证券投资基金合并规范为同智证券投资基金并申请上市的批复》(证监基金字[2000]25号文)、《关于同智证券投资基金上市、扩募和续期的批复》(证监基金字[2000]26号文)和深圳证券交易所深证上[2000]46号文审核批准，同智证券投资基金将于2000年5月15日在深圳证券交易所挂牌交易。基金单位总份额268,027,448份，本次上市流通的份额为265,347,173份基金单位。根据《基金契约》的规定，基金上市时全部基金发起人持有的基金单位不得低于基金总规模的1%，在基金存续期，全部基金发起人持有基金单位不得低于基金总规模的0.5%，其余部分可在该基金扩募部分上市两个月后流通。根据中国证监会《关于同智证券投资基金上市、扩募和续期的批复》(证监基金字[2000]26号文)的批复，本基金上市后将由原来的268,027,448份基金单位扩募至5亿份基金单位。扩募后基金存续期延长五年(至2007年3月13日)。扩募时间将另行公告。基金上市后交易单位每手为100份基金单位。

主要财务指标:(截止时间:财务指标 2001-04-09 股本)

单位基金净收益	0.05
本期净收益	1,652.55
单位基金资产净值	1.17
期末基金资产净值	58,472.28
基金资产净值收益率	3.80%
期末基金资产总值	58,602.59
基金累计净值增长率	20.07%

金盛证券投资基金

基金简称 基金金盛 **基金代码:** 184703

基金类型 契约型封闭式 **基金托管人** 中国建设银行

基金管理人 国泰基金管理有限公司

法人代表 陈勇胜 **网址** www.gtfund.com.cn

邮件 huangym@gtfund.com

注册地址 上海市浦东新区商城路199号良友大厦

注册资本 60,000,000.00元

公司电话 (021)62531069 **公司传真** (021)62531262

上市日期 2000-06-30

基金情况简介 珠江证券投资基金(以下简称“珠江基金”)是按照《证券投资基金管理暂行办法》、国务院关于原有投资基金清理规范的有关规定和中国证券监督委员会《关于广东省原有投资基金清理规范总体方案的批复》(证监基金字[1999]号)清理规范后，并经中国证监会验收确认的契约型封闭式证券投资基金，规模为233,640,000份基金单位，基金原存续期10年(自1994年12月1日至2004年11月30日)。原基金的发起人中，国泰君安证券股份有限公司保留为本基金的发起人，其他发起人不再担任本基金的发起人。本基金增加国泰基金管理有限公司为发起人，经过原发起人与新发起人间基金份额的协议转让，本基金发起人合计持有本基金单位总额的1%。基金发起人为国泰君安证券股份有限公司、国泰基金管理有限公司;基金管理人为国泰基金管理有限公司;基金托管人为中国建设银行。本基金是由原广州珠江投资基金管理有限公司管理的珠江投资基金按照有关法律、法规清理规范而成，基金份数总额为233,640,000份基金单位，其中发起人持有2,340,000份基金单位，截止2000年4月26日基金资产移交时，每基金单位净值1.1474元。2000年4月26日，本基金管理人国泰基金管理公司正式管理本基金。本基金管理人根据基金持有人大会授权，向中国证监会提出上市、扩募、续期申请，该申请已获批准。基金上市申请经《关于广东省原有投资基金清理规范总体方案的批复》(证监基金字[1999]41号文)、《关于同意珠江投资基金规范为珠江证券投资基金并申请上市的批复》(证监基金字[2000]39号文)和深圳证券交易所证上[2000]79号文审核同意，将于2000年6月30日在深圳证券交易所挂牌交易。基金单位总份额为233,640,000份，本次上市流通的份额为231,300,000份基金单位。根据《基金契约》的规定，基金上市时全部基金发起人持有的基金单位不得低于基金总规模的1%，在本基金存续期间，全部基金发起人持有基金单位不得低于基金总规模的0.5%，其余部分在该基金扩募部分上市二个月后方可流通。根据中国证监会《关于珠江证券投资基金上市、扩募、更名和续期的批复》(证监基金字[2000]40号文)的批复，本基金上市后将由原来的233,640,000份基金单位扩募至5亿份基金单位，扩募后基金存续期延长5年(至2009年11月30日)，基金名称将变更为“金盛证券投资基金”。扩募、续期和更名时间将另行公告。基金上市后交易单位每手为100份基金单位。

主要财务指标:(截止时间:财务指标 2001-06-30 股本)

单位基金净收益	0.05
本期净收益	25,123,199.27
单位基金资产净值	1.09
期末基金资产净值	546,258,921.19
基金资产净值收益率	4.63%
期末基金资产总值	647,779,027.63
本期基金净值增长率	0.89%
基金累计净值增长率	8.71%

裕泽证券投资基金

基金简称 基金裕泽 **基金代码:** 184705

基金类型 契约型封闭式 **基金托管人** 中国工商银行

基金管理人 博时基金管理有限公司

注册地址 北京市建国门内大街18号恒基中心1座23层

注册资本 100,000,000.00元 **法人代表** 周道志

公司电话 010-65171166 **公司传真** 010-65187020

上市日期 2000-05-17

基金情况简介 裕泽证券投资基金(以下简称“本基金”)是由原半岛基金依据《证券投资基金管理暂行办法》、《国务院办公厅转发证监会关于原有投资基金清理规范方案的通知》(国办

发[1999]28 号)的有关要求和中国证券监督管理委员会《关于深圳市原有投资基金清理规范总体方案的批复》(证监基金字[1999]42 号)进行清理规范并根据中国证券监督管理委员会《关于同意半岛投资基金规范更名为裕泽证券投资基金并申请上市、扩募和续期的批复》(证监基金字[2000]24 号)同意更名后形成的契约型封闭式证券投资基金。本基金发起人为国通证券有限责任公司、博时基金管理有限公司，基金管理人为博时基金管理有限公司,基金托管人为中国工商银行。本基金总规模为2亿份基金单位，基金存续期为10年（自1996年5月31日至2006年5月31日)。基金裕泽的前身深圳半岛投资基金(公司)是根据国家法律、法规有关规定， 经中国人民银行深圳经济特区分行深人银复字(1994)第035号文批准,由招商局蛇口工业区有限公司、招商局蛇口工业区理财服务公司、中国平安保险公司、深圳安达实业股份有限公司、 招商局蛇口工业区社会保险公司五家公司于1994年3月发起设立的公司型封闭式基金。1995年4月1日，深圳半岛投资基金在深交所挂牌进行柜台交易， 实现了封闭式基金的流通。1996年5月31日,经主管机关中国人民银行深圳经济特区分行(深人银复[1996]124号文件)批准,深圳半岛投资基金从公司型基金改制为契约型基金， 基金经理人为深圳市半岛投资基金管理有限公司，基金信托人为招商银行,基金名称定为半岛基金，基金规模为1亿份基金单位，存续期为10年（1996年5月31日至2006年5月 31日)。自1994年至1999年底,半岛基金平均年收益率为36.67%。依据《证券投资基金管理暂行办法》、《国务院办公厅转发证监会原有投资基金清理规范方案的通知》(国办发[1999]28号)的有关规定；根据中国证券监督管理委员会《关于深圳市原有投资基金清理规范总体方案的批复》(证监基金字[1999]42号）关于半岛基金资产要全部调整为现金、上市公司流通股票、国债等流动性资产的有关要求；按照2000年2月29日半岛基金受益人大会决议,深圳市半岛基金管理有限公司对半岛基金的非流动性资产进行了转让,2000年3月,半岛基金资产全部调整为流动性资产。2000年3月18日,半岛基金以通讯表决方式召开了半岛基金2000年第一次受益人大会,大会通过了申请摘牌、更换发起人、更换管理人、更换托管人、基金资产移交等议案，审议通过了《半岛证券投资基金基金契约》,通过了申请上市、申请扩募和续期、申请更名等授权议案,通过了10送10分配预案。2000年3月23日,为配合本基金的清理规范,半岛基金实施了10送10的分配方案,即每10个基金单位送10 个基金单位。半岛基金规模调整到2亿份基金单位。2000年3月24日,半岛基金开始进行资产移交,半岛基金管理人更换为博时基金管理有限公司,基金托管人更换为中国工商银行,原托管人招商银行将基金资产全部移交给新的托管人中国工商银行。博时基金管理有限公司根据半岛基金2000年第一次受益人大会的授权，将半岛基金更名为“裕泽证券投资基金”。2000年3月27日,基金资产全部划入中国工商银行为本基金开立的“裕泽证券投资基金专户”。根据2000年3月28日深圳天勤会计师事务所出具的验资报告,截止至2000年3月27日,半岛基金资产状况为：股票投资208235959.09人民币元；货币资金44747647.71人民币元 ,基金资产净值为252983606.80人民币元，每份基金单位净值1.2649元。原半岛基金的资产已经全部划入新基金托管人中国工商银行开立的“裕泽证券投资基金专户”。2000年3月28日新基金管理人博时基金管理有限公司正式开始本基金的运作。经中国证券监督管理委员会《关于同意半岛投资基金规范更名为裕泽证券投资基金并申请上市、扩募和续期的批复》(证监基金字[2000]24号)文件确认,本基金正式更名为“裕泽证券投资基金”。基金类型为契约型封闭式,规模为2亿份基金单位,存续期为10年(1996年5月31日至2006年5月31日),基金发起人为国通证券有限责任公司和博时基金管理有限公司。同意博时基金管理有限公司代表裕泽证券投资基金向深圳证券交易所提出上市申请,同意国通证券有限公司为裕泽证券投资基金的上市推荐人。根据中国证券监督管理委员会《关于同意半岛投资基金规范更名为裕泽证券投资基金并申请上市、扩募和续期的批复》(证监基金字[2000]24号)，经深圳证券交易所(深圳上[2000] 50号)批准,裕泽证券投资基金将于2000年5月17日在深圳证券交易所挂牌交易。本次上市流通的总份额为2亿份基金单位,每份基金单位面值为1元。裕泽证券投资基金上市后,将由原来的2亿份基金单位扩募为5亿份基金单位。扩募协调人为国通证券有限责任公司。本基金扩募到5亿份基金单位规模后,基金存续期将延长五年(至2011年5月31日),扩募时间将另行公告。

主要财务指标:(截止时间:财务指标 2001-06-30 股本)

本期净收益	453,798.00
单位基金资产净值	1.06
期末基金资产净值	530,486,202.00
基金资产净值收益率	0.08%
期末基金资产总值	535,185,633.00
本期基金净值增长率	−1.94%
基金累计净值增长率	4.14%

天华证券投资基金

基金简称 基金天华 **基金代码:** 184706

基金类型 契约型封闭式 **基金托管人** 中国农业银行

基金管理人 银华基金管理有限公司

法人代表 黑学彦 **联系人** 凌宇翔

注册地址 深圳市深南大道6008号特区报业大厦19层

注册资本 100,000,000.00元 **邮编** 518009

公司电话 0755-3515399 **上市日期** 2001-08-08

基金情况简介 根据中国人民银行四川省分行文件“川人行金[1994]68号”、中国人民银行四川省分行文件“川人行金[1994]87号”及1994年8月《验资报告》，四川国债投资基金设立时名称为“光大国库券再投资受益券”,发行总额的上限为2 亿个受益单位,每个受益单位面值为人民币 1 元。中国光大银行作为基金发起人认购了 2000万个基金单位(占发行总额的10%)。管理人为四川光大资产管理公司,托管人为中国光大银行。根据中国光大银行文件“光银复{1995}9号”、中国人民银行四川省分行文件“川人行金[1995]78号”、中国人民银行四川省分行文件“川人行金[1995] 65号"文件,"光大国库券再投资受益券"更名为"四川国债投资基金"。《光大国库券再投资受益券章程》也由四川省人行核准的《四川国债投资基金信托契约》所替代。基金管理人四川光大资产管理公司于1995年5 月更名为四川投资基金管理公司。基金托管人为中国农业银行四川省分行。中国光大银行将所持的2000万个基金单位全部兑付,同时转让了其持有的40%的四川投资基金管理公司的股份,使本基金已没有发起人。 基金设立后自1995年6月至1999年1月,对投资人总共开放八次,进行认购和赎回。1999年7月,根据四川省人民政府办公厅川办函[1999]117号《关于四川国债投资基金转为封闭式基金的函》、四川投资基金管理公司川基金[1999]09号《关于停止四川国债投资基金开放的请示》。1999年7月起,基金由开放式基金转为封闭式基金。 根据原有投资基金清理规范的有关要求及《关于四川国债投资基金清理规范方案的批复》(证监基金[2000]8号)文件精神,四川国债投资基金进行了规范重组。2000年6月10日-25日以通讯表决的方式召开临时持有人大会,根据基金持有人大会决议,四川国债投资基金更名为"天华证券投资基金"。增设基金发起人为银华基金管理有限公司、湘财证券有限责任公司、西南证券有限责任公司、南方证券有限公司、东北证券有限责任公司,基金管理人更换为银华基金管理有限公司,基金托管人更换为中国农业银行。根据原四川国债投资基金2000年临时持有人大会决议,本基金截止到1999年度收益暂不分配。拟在上市前按每基金单位净值不低于 1 元的标准进行规模调整。2000年10月31日刊登了规模调整和份额转换公告,每一单位的四川国债投资基金转换为1.6个天华证券投资基金,基金的总规模由原来的52630.7万份调整为84209. 12万份。转换后资产总值为860,850,907.95元,资产净值为860,136,347.13,基金单位资产净值为1.02元。

主要财务指标:(截止时间:财务指标 2001-08-01 股本)

单位基金资产净值	0.95
期末基金资产净值	798,000,273.22
期末基金资产总值	806,625,007.95

兴科证券投资基金

基金简称 基金兴科 **基金代码:** 184708

基金类型 契约型封闭式 **基金托管人** 交通银行

基金管理人 华夏基金管理有限公司

法人代表 邵淳 **网址** www.ChinaAMC.com

地址 北京市东直门南大街6号东方花园饭店写字楼6层

注册资本 138,000,000.00元

公司电话 (010)64156666-5015

上市日期 2000-07-18

基金情况简介 兴科证券投资基金(以下简称本基金)是按《证券投资基金管理暂行办法》、国务院关于原有投资基金清理规范的有关规定和中国证监会《关于江苏省原有投资基金清理规范实施方案的批复》(证监基金字[2000]11号)、《关于陕西省原有投资基金清理规范实施方案的批复》(证监基金字[2000]12号)、《关于同意陕信基金等5只原有投资基金规范合并为兴科证券投资基金并申请上市的批复》(证监基金字[2000]43号)、《关于兴科证券投资基金上市、扩募和续期的批复》(证监基金字[2000]44号),由陕信基金、长安基金、南京基金、通信基金和常信基金等五只基金经清理规范后合并而成的契约型封闭式证券投资基金,基金规模为226,659,366份基金单位。基金存续期为10年(1992年5月31日至2002年5月31日)。原基金的发起人中,陕西证券有限公司保留为本基金的发起人,其共持有基金单位2,070,925份,占本基金单位总额的0.91%;原基金的其他发起人不再担任本基金的发起人;本基金增加华夏基金管理有限公司为发起人。由于历史原因,华夏基金管理有限公司目前暂未持有本基金。本基金管理人为华夏基金管理有限公司,基金托管人为交通银行。新任的基金管理人和基金托管人已于2000年4月8日正式接管本基金。 本基金管理人根据本基金持有人大会授权,向中国证券监督管理委员会提出上市、扩募、续期申请。根据中国证监会证监基金字[2000]44号文《关于兴科证券投资基金上市、扩募和续期的批复》,经深圳证券交易所深证上[2000]101号文批准,将于2000年7月18日在深圳证券交易所挂牌交易。基金总份额为226,659,366份,本次上市流通的份额为224,588,441份。根据《基金契约》的规定,基金上市时全部基金发起人持有基金单位份额不得低于基金总规模的1%,在基金存续期内,基金发起人持有基金单位份额不得低于基金规模的0.5%,其余部分在基金扩募部分上市两个月之后,方可流通。根据中国证监会《关于兴科证券投资基金上市、扩募和续期的批复》(证监基金字[2000]44号),本基金上市后将由226,659,366份基金单位扩募至5亿份基金单位。扩募后基金存续期延长五年(至2007年5月30日)。扩募和更名时间将另行公告。基金上市后交易单位每手为100份基金单位,每基金单位面值1元。

主要财务指标:(截止时间:财务指标 2001-06-30 股本)

单位基金净收益	0.07
本期净收益	35,849,374.33
单位基金资产净值	1.12
期末基金资产净值	557,522,691.73
基金资产净值收益率	6.75%
期末基金资产总值	568,628,314.41
本期基金净值增长率	4.82%
基金累计净值增长率	22.31%

隆元证券投资基金

基金简称 基金隆元 **基金代码:** 184710

基金类型 契约型封闭式 **基金托管人** 中国工商银行

基金管理人 南方基金管理有限公司

法人代表 骆新都 **网址** www.southernfund.com

注册地址 深圳市深南东路深港花园三楼

注册资本 50,000,000.00元

公司电话 0755-2712000 **公司传真** 0755-2712578

上市日期 2000-10-18

基金情况简介 隆元证券投资基金(以下简称"本基金")是按《证券投资基金管理暂行办法》、国务院关于原有投资基金清理规范的有关规定和中国证监会《关于黑龙江省原有投资基金清理规范实施方案的批复》(证监基金字[2000]27号)、《关于同意北疆基金、兴龙基金、大庆基金合并规范为隆元证券投资基金并上市的批复》(证监基金字[2000]67号)、《关于同意北疆基金、兴龙基金、大庆基金合并规范为隆元证券投资基金并上市、扩募和续期的批复》(证监基金字[2000]68号),由北疆基金、兴龙基金、大庆基金等三只基金经清理规范后合并而成的契约型封闭式证券投资基金,基金规模为21,800万份基金单位。基金存续期限为10年(1992年12月29日至2002年12月29日)。本基金由南方基金管理有限公司作为发起人,南方基金管理有限公司目前持有本基金600万份基金单位。本基金管理人为南方基金管理有限公司,基金托管人为中国工商银行。基金资产已于2000年7月21 日全部划至本基金的新任基金托管人中国工商银行"隆元证券投资基金专户",2000年7月24日,新任基金管理人南方基金管理有限公司正式接管本基金。本基金管理人根据本基金持有人大会授权,向中国证券监督管理委员会提出上市、扩募和续期申请。根据中国证监会证监基金字[2000]68号文《关于同意北疆基金、兴龙基金、大庆基金合并规范为隆元证券投资基金并上市、扩募和续期的批复》,经深圳证券交易所深证上[2000]138号文批准,将于2000年10月18日在深圳证券交易所挂牌交易。本基金总份额为21,800万份,本次上市流通的份额为21,582万份(包括发起人持有的382万份)。根据中国证监会《关于同意北疆基金、兴龙基金、大庆基金合并规范为隆元证券投资基金并上市、扩募和续期的批复》(证监基金字[2000]68号),本基金上市后将由21,800万份基金单位扩募至5亿份基金单位。基金扩募时,由发起人和持有人按比例认购。在基金存续期内,基金发起人南方基金管理有限公司持有基金单位份额不少于基金总规模的0.5%,其余部分可在本基金扩募部分上市两个月后流通。扩募后基金存续期限延长五年(至2007年12月29日)。扩募时间将另行公告。基金上市后交易单位每手为100份基金单位,每基金单位面值1元。

主要财务指标:(截止时间:财务指标 2001-06-30 股本)

单位基金净收益	0.03
本期净收益	12,842,424.99
单位基金资产净值	1.06
期末基金资产净值	529,055,124.95
基金资产净值收益率	2.55%
期末基金资产总值	631,309,168.16
本期基金净值增长率	4.93%
基金累计净值增长率	4.94%

普华证券投资基金

基金简称 基金普华 **基金代码:** 184711

基金类型 契约型封闭式 **基金托管人** 中国工商银行

基金管理人 鹏华基金管理有限公司

法人代表 陈正蓉 **联系人** 陈鹏

注册地址 深圳市深南东路5047号深圳发展银行大厦27层

注册资本 80,000,000.00元

公司电话 0755-5870805 **上市日期** 2001-08-28

基金情况简介 普华证券投资基金(以下简称"基金普华")是按照《证券投资基金管理暂行办法》、国务院关于原有投资基金清理规范的有关规定和中国证监会证监基金字[2000]31号《关于深圳市原有投资基金清理规范补充方案的批复》和证监基金字[2000]36号《关于中国工商银行系统原有投资基金清理规范方案的批复》,并经原南山基金、银城投资基金2000年临时持有人大会决议通过,由原南山基金和银城投资基金清理规范后合并而成的契约型封闭式证券投资基金。基金发起人为鹏华基金管理有限公司,基金托管人为中国工商银行,基金管理人为鹏华基金管理有限公司。本基金管理人根据本基金持有人大会授权,向中国证券监督管理委员会提出上市、扩募申请。根据中国证监会证监基金字[2001]26号文《关于同意普华、普润证券投资基金上市、扩募和续期的批复》,经深圳证券交易所深证上[2001]76号文批准,本基金将于2001年8月28日在深圳证券交易所挂牌交易。本基金上市后将由226,859,000份基金单位扩募至5亿份基金单位。基金的存续期为10年(自1992年5月29日至2002年5月28日)。基金扩募后存续期延长5年,至2007年5月28日。本次上市流通的份额为226,859,000份基金单位,由于历史原因本基金发起人未能持有基金份额,基金发起人将在本基金扩募时认购500万份基金发起人份额。基金上市后交易单位每手为100份基金单位,每份基金单位面值1.00元。

主要财务指标:(截止时间:财务指标 2001-09-24 股本)

单位基金净收益	3,034,469.02
单位基金资产净值	1.01
期末基金资产净值	228,984,172.67

科翔证券投资基金

基金简称 基金科翔 **基金代码:** 184713

基金类型 契约型封闭式 **基金托管人** 中国工商银行

基金管理人 易方达基金管理有限公司

法人代表 梁棠 **联系人** 顾晶

注册地址 广州市体育西路189号28楼

注册资本 120,000,000.00元

公司电话 021-38797888 **上市日期** 2001-06-20

基金情况简介 1. 广发基金二期 广发投资基金二期于1993年12月15日按中国人民银行广东省分行粤银复[1993]389号文批准设立,发行规模为5300万个单位,该基金为封闭式契约型基金,存续期限8年。1994年3月3日在南方证券交易中心挂牌上市,同年3月14日与深圳证券交易所联网交易。广东发展银行原为该基金的发起人,基金管理人为广东发展银行基金部。1997年,根据银证分离规定,发起人变更为广发证券有限责任公司,基金管理人变更为广发证券有限责任公司基金部,基金托管人为中国工

商银行广东省分行营业部。截止2000年6月26日,广发基金二期资产净值总额为54,395,537.42元。合并上市费用后,基金资产净值总额为53,851,582.04元,基金单位资产净值为1.0160元。广发基金二期按扣除合并上市费用后的净值以1:1 的比例转换为基金科翔,即1个单位的广发基金二期转换为1.0160个单位的基金科翔,转换后不足1个基金单位的份额所对应的资产净值计入科翔证券投资基金资产。上述基金单位的转换工作已经完成。 2.南方基金南方基金于1993年12月14日根据粤银复[1993]391号文批准成立。发行规模为 22630万个单位,该基金为封闭式契约型基金,存续期8年。1994年3 月3 日在南方证券交易中心上市,同年3月14日与深圳证券交易所联网交易。 广东省南方金融服务总公司为该基金发起人,基金管理人为广东省南方金融服务总公司基金部,基金托管人为中国工商银行广州分行。截止2000年6月26日,南方基金资产净值总额为229,672,290.59元。扣除1%的合并上市费用后,基金资产净值总额为227,375,567.68元,基金单位资产净值为1 .0047元。南方基金按扣除合并上市费用后的净值以1:1的比例转换为基金科翔,即 1个单位的南方基金转换为1.0047个单位的基金科翔,转换后不足1个基金单位的份额所对应的资产净值计入科翔证券投资基金资产。上述基金单位的转换工作已经完成。根据原有投资基金清理规范的有关要求及《关于广东省原有投资基金清理规范补充方案的批复》(证监基金[2000]19号文)精神,以上两只基金进行了规范重组。2000年6月30日以通讯表决方式召开持有人临时大会,会议通过了摘牌、资产置换、资产移交、合并、更换发起人、更换管理人及托管人、更名、上市、扩募、续期授权等有关事项的决议。2000年7月12日收市后,原基金摘牌。根据持有人大会决议 ,广发基金二期和南方基金合并为"科翔证券投资基金",并转由易方达基金管理有限公司管理。基金托管人更换为中国工商银行,基金存续期为10年(1993年 12 月14日?2003年12月13日)。广发基金二期和南方基金的资产在合并前已经全部置换为货币资产。

主要财务指标:(截止时间:财务指标 2001-06-22 股本)

单位基金资产净值	1.01
期末基金资产净值	285,017,199.90
期末基金资产总值	293,833,744.74

兴安证券投资基金

基金简称 基金兴安 **基金代码:** 184718

基金类型 契约型封闭式 **基金托管人** 中国银行

基金管理人 华夏基金管理有限公司

法人代表 邵 淳 **网址** www.ChinaAMC.com

地址 北京市东直门南大街6号东方花园饭店写字楼6层

注册资本 138,000,000.00元

公司电话 (010)64156666-5015

基金情况简介 兴安证券投资基金(以下简称本基金)是按《证券投资基金管理暂行办法》、国务院关于原有投资基金清理规范的有关规定和中国证监会《关于黑龙江省原有投资基金清理规范实施方案的批复》(证监基金字[2000]27号)、《关于同意龙江基金、广源基金、龙银基金合并规范为兴安证券投资基金并上市的批复》(证监基金字[2000]62 号)、《关于同意龙江基金、广源基金、龙银基金合并规范为兴安证券投资基金并上市、扩募和续期的批复》(证监基金字[2000]63号),由龙江基金、广源基金、龙银基金等三只基金经清理规范后合并而成的契约型封闭式证券投资基金,基金规模为236,712,708份基金单位。基金存续期为10年(1992年12月29日至2002年12月29日)。本基金由华夏基金管理有限公司作为发起人。由于历史原因,华夏基金管理有限公司目前暂未持有本基金,将在首次扩募时认购至规定比例。本基金管理人为华夏基金管理有限公司,基金托管人为中国银行。新任的基金管理人和基金托管人已于2000年7月20日正式接管本基金。本基金管理人根据本基金持有人大会授权,向中国证券监督管理委员会提出上市、扩募、续期申请。根据中国证监会证监基金字[2000]63号文《关于同意龙江基金、广源基金、龙银基金合并规范为兴安证券投资基金并上市、扩募和续期的批复》,经深圳证券交易所深证上[2000]129号文批准,将于2000年 9月20日在深圳证券交易所挂牌交易。基金总份额为236,712,708份,本次上市流通的份额为236,712,708份。根据中国证监会《关于同意龙江基金、广源基金、龙银基金合并规范为兴安证券投资基金并上市、扩募和续期的批复》(证监基金字 [2000]63号),本基金上市后将由236,712,708份基金单位扩募至5亿份基金单位。扩募时,先由华夏基金管理有限公司认购基金规模的1%,计500万份基金单位,认购价格为扩募摊薄后的基金单位净值加计0.01元扩募手续费,余下部分由持有人按比例认购。在基金存续期内,基金发起人华夏基金管理有限公司持有基金单位份额不得低于基金规模的0.5%, 其余部分在基金扩募部分上市两个月之后,方可流通。扩募后基金存续期延长五年(至2007年12月29日)。扩募时间将另行公告。基金上市后交易单位每手为100份基金单位,每基金单位面值1元。

主要财务指标:(截止时间:财务指标 2001-06-30 股本)

单位基金净收益	0.05
本期净收益	23,920,245.68
单位基金资产净值	558,274,898.93
期末基金资产净值	558,274,898.93
基金资产净值收益率	4.51%
期末基金资产总值	568,014,731.52
本期基金净值增长率	5.35%
基金累计净值增长率	15.04%

通宝证券投资基金

基金简称 基金通宝 **基金代码:** 184738

基金类型 契约型封闭式 **基金托管人** 中国建设银行

基金管理人 融通基金管理有限公司

法人代表 孟立坤 **联系人** 吴治平

注册地址 深圳市福田区民田路10号中海大厦6、7、8层

注册资本 125,000,000.00元

公司电话 0755-2550676 **上市日期** 2001-11-14

基金情况简介 通宝证券投资基金是按《证券投资基金管理暂行办法》、国务院关于原有投资基金清理规范的有关规定和中国证监会《关于中国信达资产管理公司下属原有投资基金清理规范方案的批复》(证监基金字[2000]22号)以及中国证监会《关于同意通乾证券投资基金设立及通宝证券投资基金上市、扩募并续期的批复》(证监基金字[2000]25号),由原苏建基金、建皖基金、昌久基金清理规范后合并而成的契约型封闭式投资基金,基金规模为209,754,000份基金单位,基金存续期为10年(1992年5月31日至2002年5月30日)。基金发起人为河北证券有限责任公司、上海爱建信托投资有限责任公司、融通基金管理有限公司,基金管理人为融通基金管理有限公司,基金托管人为中国建设银行。2001年5月25日,本基金管理人融通基金管理有限公司正式管理本基金。根据中国证券监督管理委员会《关于同意通乾证券投资基金设立及通宝证券投资基金上市、扩募并续期的批复》(证监基金字[2001]25号),经深圳证券交易所(深证上[2001]79号)批准,通宝证券投资基金将于2001年9月6日在深圳证券交易所挂牌交易。本基金上市后,将由原来的209,754,000份基金单位扩募至5亿份基金单位,基金存续期将延长5年(至2007年5月30日),扩募时间将另行公告。本次上市流通的份额为209,754,000份基金单位,每份基金单位面值为1元。因历史原因,本基金成立时,基金发起人中只有上海爱建信托投资有限责任公司持有本基金份额1,000,000份,该部分在本基金上市时可上市流通,发起人河北证券有限责任公司和融通基金管理有限公司未持有基金份额。在本基金上市之后首次扩募时,基金发起人将合计认购扩募后基金单位总份额的1%的发起人应持有份额。在基金存续期间,发起人应持有的基金份额保持不低于基金总份额的0.5%,超过部份可于本基金扩募部份上市两个月后流通。

主要财务指标:(截止时间:财务指标 2001-09-25 股本)

单位基金净收益	-7,259,750.79
单位基金资产净值	0.97
期末基金资产净值	202,497,540.03
期末基金资产总值	204,585,264.94

证券投资基金

VOLUME 7

第七卷 创业板市场

●创业板市场概述

●创业板市场的建设与发展

●创业板市场的风险及其防范

●我国创业板市场的框架设计

●我国创业板市场前景展望

●信息、生物、纳米三大高新技术的发展

第一章 创业板市场概述

一、创业板市场的内涵与特征

二、我国设立创业析市场的现实意义

三、影响企业在创业板上市的关键因素

四、我国设立创业板市场的可行性

五、创业板市场信息披露制度

第二章 创业板市场的建设与发展

第三章 创业板市场的风险及其防范

一、创业板市场风险分析

二、境外创业板市场风险监控经验借鉴

三、我国防范创业板市场风险的战略措施

第四章 我国创业板市场的框架设计

一、我国创业板市场的目标定位

二、我国创业板市场的上市条件设计

三、创业板市场新股发行定价模式设计

四、创业板市场的交易规则设计

五、创业板市场交易制度的选择

六、创业板市场的监管体系设计

第五章 我国创业板市场前景展望

第六章 信息、生物、纳米三大高新技术的发展

一、21 世纪信息技术将继续得到迅速发展

二、生物技术将获得空前的发展机遇

三、纳米技术将引发新的产业革命

在第三届中国国际高新技术成果交易会上，中国证监会主席周小川在深圳做了《发展资本主场，为高新技术服务》的专题报告，这在资本市场，特别是在创业资本市场上引起了不小的反响。正确理解周小川的讲话，将有利于弄清管理层对创业板设立的总体思路，对创业资本和创业企业的运作具有重大的指导意义。

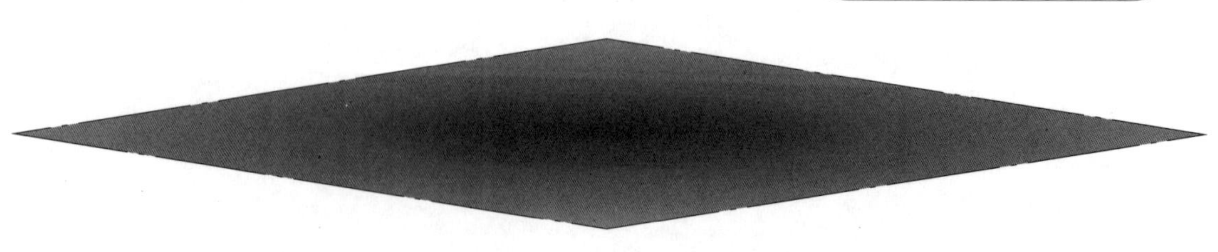

第一章创业板市场概述

一、创业板市场的内涵与特征

1.创业板市场的内涵

所谓创业板市场是指为支持中小企业发展而专门设立的依托计算机网络进行证券交易的市场，它是资本市场的一个组成部分。创业板市场是相对于主板市场而言的，在创业板市场上挂牌上市的公司多为具有潜在成长性的新兴中小型企业，其上市条件较主板市场略为宽松，因此投资创业板市场相对主板市场而言有着更大的风险。但由于其对上市公司的信息披露及主营业务范围要求严格，故批准上市的难度较大，然而作为高科技产业的一条融资渠道，依然受到广大中小企业的青睐，并且已成为推动高科技产业发展的重要力量。

1971 年，全美证券交易商协会在华盛顿建立了一个以现代信息技术为基础的自动报价系统，即 NASDAQ 市场，标志着创业板市场的诞生。NASDAQ 作为创业板市场的先驱，现已成为全球最大的无形交易市场，它对美国高科技产业的发展起着巨大的推动作用，为美国经济发展作出了巨大贡献。正是因为 NASDAQ 的骄人成绩，才引起世界各国的注意，使创业板市场在全球迅速发展起来。1987 年，新加坡成立自动报价市场 SESDAQ。1988 年，吉隆坡证券交易所成立了 KLSE。1995 年 5 月欧洲议会成立了 EASDAQ。1995 年 6 月英国成立了 AIM。1995 年 3 月，布鲁塞尔、阿姆斯特丹、法兰克福、巴黎证交所共同成立了欧洲新市场 EURO.NM。

2.创业板市场的显著特征

创业板市场作为相对于主板市场的特殊证券交易市场，它具有以下显著的特征：

(1)独立性。创业板市场的独立性可以概括为以下几点：

①独立的市场地位。创业板市场虽然是证券市场的一部分，但作为一个特殊的市场，相对于主板市场来说，具有独立的市场地位。其中包括拥有自己的机构和专职人员；拥有独立的前线管理及市场监督，使其营运独立于现有市场，不受主板市场的控制独自拥有上市公司；独自发行证券；独自进行各种监督、管理活动等。

②独立的上市规则。创业板市场拥有自己独立上市规则，并且在使用时不需要参照主板市场的规则。

③独立的交易系统、交易制度。创业板市场的交易系统、交易制度对于主板市场而言，完全处于独立状态。它是证券市场的又一新市场，它所采用的交易系统具有独立运作的特点，其所有产交易制度是另行制定而不是与主板市场共享，并且执行时是以本市场交易制度为准，而非主板市场交易制度。

④独立的发布方式、发布渠道。创业板市场的信息发布不受主板市场的干扰，如独立的网页公告等，其所发布的信息独立于主板市场，只发布与本市场相关的信息内容而不涉及到主板市场信息。

（2）对中小高科技企业发展的推动性。创业板市场作为专门为高科技企业而设立的资本市场，对推动本国科技产业的发展具有重要的意义。它有利于完善中小科技企业的创业投资市场体系，为中小高科技企业提供巨大的融资场所，从而促进中小高科技企业的规范与发展壮大。

（3）高风险性。创业板市场最鲜明的特点就是它的高风险性，相对主板市场来说，其风险性要高得多，主要体面在以下两个方面：

①股价的波动性。作为创业板市场的上市公司，其股票的价格波动大，主要有两方面原因：一是上市公司的内部原因引发股价波动，如财务状况、经营状况等剧变，这一点是由于上市公司本身发展状况而定。在创业板市场上市的公司都属于增长型高科技中小企业，其发展受环境影响比较严重，承受力有限，容易产生各种突变，从而造成股价波动；二是公司外部原因引起的信息波动，如巨额资本的加入、投机者的炒作，这一点是由于上市公司的基础薄弱、经济实力小、股票发行量少等限制使上市公司驾驭市场的能力有限，给炒家以炒作的机会，受巨额资本影响严重，导致股价波动剧烈，风险性大。

②上市公司的倒闭破产比率高。尽管创业板市场的上市公司都属于科技增长型企业，但由于其正处于成长期，还不够成熟，各方面的承受力有限，在繁杂多变的经济环境中，容易被环境等因素所左右，从而导致倒闭、破产。相对于主板市场来说，创业板市场由于上市公司本身的原因倒闭破产的比率大大超过主板市场，从而使创业板市场的投资具有较高的风险性。

二、我国设立创业板市场的现实意义

开设创业板市场不仅能使部分中小高科技企业可以通过证券市场筹集到足够的发展资金，更重要的是，在现代资本市场一整套严格的监管和风险保障措施下，可以帮助中小企业迅速步入规范化的管理和运营状态，提高中小企业的经营素质和市场竞争力，有利于我国高科技产业的发展和壮大。具体来说，我国设立创业板市场具有以下现实意义：

1.有利于我国高科技产业化发展，加速我国产业结构调整步伐

设立创业板市场能为高科技企业的融资提供方便，使高科技企业通过创业板市场上市融资，获取其研究和开发所需的巨额资金，而且高科技企业的上市一方面可以通过证券管理促使高科技术企业规范运作，提高其经营管理水平，推动企业发展、壮大；另一方面通过上市可以使公司的创建者获取高额创业利润和较高社会声誉，从而产生良好的社会效益和示范效应，刺激社会创业活动以及其他高科技企业发展，从而从整体上推动我国高科技产业的发展，为我国创建更多的高科技企业，实现高科技产业化。

2.可以实现高风险、高收益的均衡

高科技企业可以利用银行贷款的间接方式得到融资，但是，如果获得贷款的高风险科技企业的项目开发成功，提供贷款的银行除了得到正常的贷款利息外，得不到任何额外的风险收益，全部风险收益均为企业所得。相反，如果高科技企业所开发的项目失败，银行则要承担全部贷款风险，从而有损银行的利益，有损金融机构的稳定性。而在创业板市场中，完全可以避免上述风险与收益的不对称现象。通过建立"风险共担收益同享"的现代直接融资制度，一方面可以产生一种风险补偿机制，使承担高风险的股本投资者获得高收益，进而形成一种良性循环，吸引社会上更多的资金投入到高科技产业，支持高科技产业发展；另一方面，在资本市场上，通过股权的分散化和股票二级市场的流动性，能够有效地分散风险和有效地增加整个金融系统抗御风险的能力。

3.可以减少资本市场受外来资本的冲击风险，促进我国资本市场对外开放，提高我国资本市场的国际竞争地位

资本市场的全球化是全球经济一体化的重要组成部分，从全球资本市场的资金流向来看，包括 NASDAQ 在内的全球新兴市场正成为全球资金追逐的一个焦点。高科技企业所孕含的巨大成长潜力成为支撑新兴市场不断壮大的内在动力。基于我国已加入 WTO，我国资本市场的对外开放将是一个必然的进程，这是我国经济融入全球经济一体化的需要。建立创业板市场，扩大市场容量，减少资本市场受外来资本的冲击风险，将有利于我国资本市场未来的开放，有利于我国与国际资本市场的交流与接轨，从而提升我国资本市场的国际竞争地位。

4.有利于营造公平的竞争环境，提高我国经济的运行效率，实现资源优化配置

目前，我国证券市场资源配置的功能还没有充分发挥。其突出表现就是市场资金流向并未与整个社会的资源配置要求相吻合，投资者短线投机的心态过于强烈，长线投资的意识尚待强化。而建立创业板市场就可以凸现高科技产业及其相关企业在整个资本中的地位，引导市场投资者更大程度地关注高科技板块并对之寄予更浓厚的投资兴趣。

我国国有企业发展缓慢，缺乏一个有效、竞争的市场环境。长期以来，带有倾向性的融资策略使得民营企业与国有企业在竞争中处于不平等的地位，从而降低了国有企业所面临的竞争压力。因此，必须要为科技产业的发展提供一种高效率的融资机制。在这种融资机制下，既能保证资金筹集与使用过程具有较高的透明度，避免间接融资时的黑箱操作以及与之相联的高风险低效率，促使社会资金向生产率高的行业配置，又能通过二级市场的流动性，实现投资期限的转换，将投资者进入股市的资金来源转移到一级市场上对上市公司的长期投资，保证充足的长期资本供给，改善企业的财务结构，降低企业的财务风险从而提高企业的经济效益。同时，通过创业板市场上市，创业投资者在公司上市以前投入的资金可以带来大量的创业利润，并可在二级市上将股票转让，迅速套现，从而加速创业投资资金的回收，带动创业基金和创业投资公司的发展，提高整个经济运行效率。

5.促进主板市场的发展

通过建立创业板市场，吸引大量相对而言前景较好、素质较高的公司上市，从一定定程度上会对主板市场形成压力。通过引入这种压力，可促进创业板市场优化自身服务，注重上市公司质量，增加对其上市公司内部监督管理，进一步提高自身运作效率，从而促进主板市场的发展。而且，设立创业板市场后，独立的创业板市场将被赋予独特的风险概念，从而使主板市场的理性安全投资概念得到强化，改善主板市场投机气氛较浓的状态，确立主板市场上正确的投资观念，促使投资者正确认识和对待风险投资，推动我国证券市场的持续快速发展。另外，设立创业板市场，还可以带动证券相关行业的发展，如投资中介机构、投资银行、证券商、证券投资基金，大大丰富了投资银行以及证券经纪、法律、会计等业务所服务的数量范围与品种。同时促进风险评级、投资咨询、风险投资、保险等业务的发展。

综上所述，建立创业板市场具有非常现实的意义。它一方面为高科技企业的发展提供了相对宽松的上市条件，有助于高科技企业的发展，从而为我国实现高科技产业化创造条件；另一方面，将提高社会资源配置效率，完善我国资本市场体系，促进其他行业的发展，从而在总体上提高我国的经济实力。

三、影响企业在创业板上市的关键因素

创业板市场相对于主板市场而言,无论是在上市规则,还是市场操作方面都有所区别。其中影响企业在创业板市场上的关键因素主要有:

1.主题概念

在创业板市场中,对拟上市企业的第一要求就是企业的主题概念。主题概念是否突出、有吸引力是企业能否上市的一个关键。因此,企业准备在创业板市场上市时,应首先为自己确定一个良好的、能为投资者接受的主题概念。

(1)主题概念的确定。如何确定这样一个主题概念,主要可从以下几个方面考虑:

①高成长性。即企业的主要产品、技术或业务是否是新兴产业,是否具有持续发展的能力和高成长性,这是风险投资者最关注的指标。

②无限的市场容量。这一点要求企业产品拥有无限的市场容量成长空间。这主要是因为上市公司本身的竞争实力有限,在其发展过程中,会有一大批竞争实力强的企业进行竞争。如果整个市场容量有限的话,可以预见,竞争将使上市公司的利润率大打折扣,从而使投资人望而却步。

③垄断性。在激烈的市场竞争中,企业对技术、资源的垄断性往往决定了企业对市场的控制和占有力。这是保障企业良好生存和高速成长的关键,拟上市企业如果没有对高新技术或资源的垄断性,则这个拟上市企业在以后的发展中将会受到严重的制约。

④发展性。如今产品换代、技术更新周期越来越短,一个好的产品和业务,其生存期也非常短。因此,企业要不断推出新的产品和业务,来保证企业的竞争性,推动企业的持续发展,只有具备持续发展性的企业才能吸引投资者投资。

(2)主题业务的成熟化操作。主题业务的成熟化是指企业在支持主题概念的业务经营方面,需要形成完整的供、产、销流程,企业的主题业务成熟化是企业完成创业的标志。

企业要想在一个较短的时间内,使自己的主题业务达到成熟化,并不是件容易的事,除了良好的经营管理、先进的营销策略、严格的成本控制、高超的财务技巧外,尤其需要辅以特别的手段,解决好企业创业期的成本问题,将企业成本降至公司日常现金流量能够承受而又不能对公司的市场拓展和增长构成制约的范围,其主要包括引入战略风险投资和实行成本转移法两方面。

2.经营指标要求

创业板市场对拟上市企业的经营活动是有一定的指标要求。在生存性指标与成长性指标中,主要是要加强对后者的要求,而企业经营指标是要在一段经营期限内达到上市指标要求。开展指标经营则是通过各种手段、方法,使拟上市企业在指标经营期内达到上市指标要求,实现企业上市的目的,其主要有成长性控制和引入战略投资两种。

(1)成长性控制。成长性控制就是保证企业在准备期内经营业绩持续稳定地高增长。企业在创立之初,要实现高增长并不难,而要持续地、稳定地高增长,就需要采用一些技巧,如成本控制法、销售收入法等。在创业板市场中,成长性越高越好,其他要有良好的稳定性相配合,才能吸引投资者投资。

(2)引入战略投资。引入战略投资是创业板市场拟上市企业创业和生存的根本,也是开展指标经营的手段。拟上市企业要引入战略投资,首先要了解战略投资者的基本心理要求,如要求被投资企业有极好的主题概念;要求被投资企业管理者有良好的经营管理能力;要求在投资计划中必须安排未来通过上市构筑退出通道的计划。只有了解战略投资者这些心理要求,才能顺利地引入战略投资,从而实现指标经营的各项目标。

3.上市成本

公司的股票不论在主板市场或在创业板市场上市,都要支付相应的费用,其主要包括财务顾问费用、发行费用和上市费用。

(1)财务顾问费用。新兴企业在创业板市场上市是一项专业领域宽广、涵盖内容繁杂、技术要求高的系统工程,因此只靠本企业能力是不能完成的,必须聘请专业化的财务顾问来协助完成,所以公司要支付财务顾问费用。财务顾问费用主要包括差旅费、调研费、公关推介费、资料管理及文件出印费、方案设计策划等费用,这是一项必需而且值得花的费用。

(2)发行费用。公司在创业板市场上市的发行费用主要指发行公司支付给中介机构的费用。它包括资产评估费、财务审计费、法律工作费、广告宣传费、材料印刷费、上市承销费等费用。这些费用都要根据具体工作量、效益等进行控制,以避免费用过高。

(3)上市费用。上市费用是指公司股票上市后,应当按上市期权的承诺和证券交易所的收费规则(标准)缴纳的费用。上市费用分为上市初费和上市月费两种。

(4)额外费用。由于创业板市场在信息披露、公司管理及保荐人的责任方面对发行人提出了更高的要求,因此必须支付一些额外费用。

4.信息披露

创业板市场对信息披露的要求相当高,上市公司的信息披露要达到要求,必须从以下几个方面展开工作:

(1)实行全面信息披露操作。发行人须持续就其投资做全面披露,使投资者任何时候都可以了解公司情况。

①保证活跃业务活动的陈述内容的完整性;

②有关内容不能产生误导,并且必须遵守《公司条例》中规定将前3个年度的财务资料及审核报告交证券交易所。

(2)公司要进行全面披露的内容。主要包括:

①进行业务目标陈述。业务目标陈述内容须包括公司的整体目标、市场潜力以及预计的财务动向,其中包括主要的假设及风险因素;每项主要业务活动的短期业务目标的执行情况;商业

秘密或特敏感的资料应该保密。公司上市文件的业务目标不能随意更改，并且要与其后的实际业务进度进行比较，业务目标陈述所载的资料主要由公司董事、担保人负责审阅，以确定事件中的假设是否合理，并列出具体时间表说明有关售股所得款项的预计用途。

②进行持续申报。创业板市场上市公司每季须交一份未经审计的财务报表。年度及半年度报告要将公司实际的业务进展与上市文件内所载的业务目标进行比较，两年保存期满则取消。

5.财务顾问

在这里所指的财务顾问是持续为企业在资本经营方面提供投资银行服务的机构。具体而言是从事证券发行与代理买卖、企业重组与并购、以及基金管理、风险管理等业务的专业投资机构。

企业的财务顾问负责对企业上市、重组、并购等资本经营活动进行指导，其作用非常重要，因此财务顾问的选择一定要慎重。

①采用正确的方法考察财务顾问。这是选择财务顾问的第一步，其主要是采用业绩评价、同行评价、单位评价等方法进行考察评价财务顾问；

②采用正确的评价标准评价财务顾问。对财务顾问的评价，应包括技术评价标准，如财务顾问的国际投资操作能力等；业务标准，如财务顾问的业务网络和协作关系；利益标准，如财务顾问能否以长期利益为目标与企业共同成长；其它能力标准，如良好的分析判断能力，提供方案和准备的能力等。

③合理确定财务顾问费用。财务顾问费用是企业选择财务顾问所要考虑的问题。财务顾问费用即财务顾问在为企业从事创业板上市工作期间的办公、通讯、交通、住宿等费用。

6.董事会与董事

上市公司的董事会是由公司股东大会选举产生的董事组成，对内管理公司事务、对外是代表公司的执行机关。主要负责监督公司管理层的管理情况，给管理层的经营战略提建议并进行评测；对企业目前状况提建议，并参与一些远期规划讨论等。公司董事会主要由审计委员会、任命委员会、利益和协调委员会、奖励委员会、执行委员会等组成。董事应当对公司忠实履行职责，不得损害公司利益，不得自营或者为他人经营同类业务，或从事损害本公司利益的其它活动。

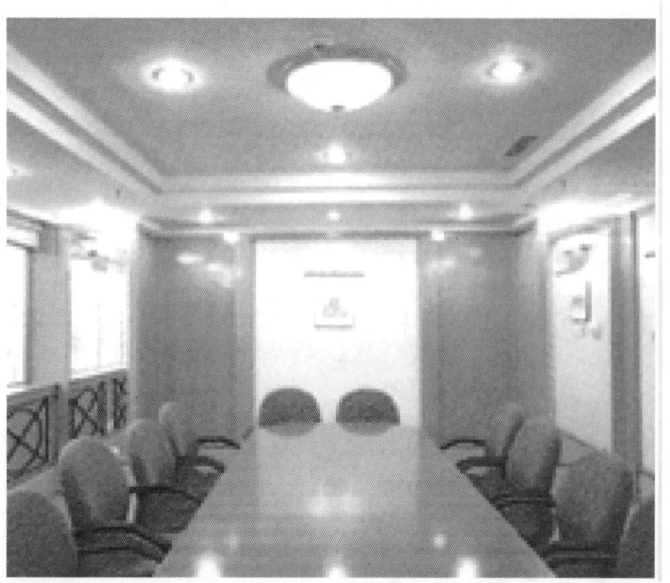

四、我国设立创业板市场的可行性

我国设立创业板的政策研究自1998年6月起步，迄今已有3年时间。3年来各有关机构深入研究国内外各方面条件，就创业板市场问题进行大量理论、政策和实务方面的探讨，“创业板”概念已深入人心，创业板市场和主要管理法规已完成拟定和修改程序，创业板交易市场的技术系统已调试完成，市场上形成了来自证券公司、创业公司、创业投资公司、投资者各方面的强大社会需求，可以说，我国设立创业板市场的条件已日益成熟。主要表现为：

1.具有充足的上市公司和投资者投资需求

建立股市所需的条件很多，但最基本的只有两个：一是公司的上市需求；二是投资者的投资需求。

我国自证券交易所成立后，场外交易市场就被逐步取消并最终被宣布为非法市场。自1993年(尤其是1996年)以后，金融支持和主板发行指标主要向国有大中型企业倾斜，由此，形成这样一种格局：1000多万家中小型民营企业和高科技企业在寻求新技术新产品的产业化之路时，急需解决资本金问题，但途径极为狭窄。这同时显示，我国设立创业板不乏企业需求。

在投资需求上自1996年5月以来，我国连续降息7次，并从1999年11月起开始征收利息所得税，这使得居民储蓄存款收益大幅下降，目前，我国城乡居民手中拥有8.5万亿元的巨额金融资产，仅储蓄存款就高达7万亿元，同时，机构存款数量也快速增加至4万多亿元。尽管相当多的个人和机构有着投资证券的强烈需求，但由于全国证券品种较少且规模较小，所以，投资者的选择相当有限。这同时显示，我国设立创业板不乏投资者需求。

2.具备了较为完善的市场规则

我国创业板市场从开始设计架构时就充分吸取证券市场发展中的经验教训，尽力做到从我国体制改革、经济发展和国际规则的要求出发，努力按照市场经济规则来规范市场运作，这就为避免主板市场早期混乱格局的再现、保障创业板规范健康地运行提供了制度基础，同时以中国证监会和深交所为代表的监管机构已进行了充分的技术准备和相当水平的法则准备，包括发行人质量评价体系的推出、创业板市场规则咨询文件的出台等。此外，美国近期纳斯达克的各方面教训，我国主板市场打击“黑庄”、惩治内幕交易和操纵股市等强化监管的经验，也使创业板的有关运作规则和监管机制更加完善。

3.创业板市场的设立具备了良好的政策环境

设立创业板离不开政府的政策支持。在中国,设立创业板得到中央领导高度重视和政府政策的大力扶持。同时,决策层和理论界在创业投资体系建设的重要性、必要性问题上已基本达成共识。这一开明的政策环境来源于两个方面:一方面是支持高新技术开发和产业化已成为增强国际竞争力、保障国民经济持续发展的决定性因素;另一方面是决策层开始意识到改善社会资产质量、调整经济结构、提供经济运行效率等等在很大程度上取决于中小企业的发展和民营经济的成长。而且,当今中国经济社会环境是改革开放20多年来最好的时期,政府部门职能转变取得了明显成效,市场经济规则正逐步深入经济活动的各个主要领域,成为决定资源有效配置的主要机制,这决定了我国创业板市场在良好的政策环境中运行。

从以上分析,可以看出我国设立创业板市场的基本条件已经初步形成。

五、创业板市场信息披露制度

信息披露制度是证券市场赖以存在和健康发展的基本制度。随着2001年10月12-17日第三届中国国际高新技术成果交易会的举行,国内建立创业板市场呼之欲出。制定健全的信息披露制度对建立规范的国内创业板市场尤为重要。

1.信息披露制度概述

信息披露制度是指证券市场上有关当事人在证券发行、上市和交易等一系列环节中依照法律、法规以及证券主管部门管理规章和证券交易所等自律监管机构的有关规定,以一定方式向投资者和社会公众公开与证券有关信息而形成的一整套行为规范和活动准则。证券市场信息披露的主体有广义和狭义之分。从广义上说一切依法承担披露义务的信息发源人都是信息披露的主体,包括证券监管部门、证券交易所、上市公司、证券经营机构、部分证券中介服务机构和特定情况下的投资者,以一切投资者和社会公众为对象。从狭义上说,信息披露的主体专指上市公司。除上市公司以外的广义信息披露主体被称为证券市场信息披露参加者。

对于证券市场中制订的信息披露制度在具体实施时还应采取一系列管理体系、管理结构和管理手段。其核心内容包括两方面:一方面是信息披露的管理机构组成及其职责划分;另一方面是信息披露的规范体系。信息披露的管理机构主要是证券监管部门和证券交易所。证券监管部门负责信息披露制度的制订及对违规行为的处罚;证券交易所的职责主要在一线监管。信息披露的规范体系包括四个层次:一是最高立法机关制定的证券基本法律;二是政府制定的有关法规;三是证券监管部门制定的各类规章;四是自律规范,具体指证券交易所制定的市场规则、自律组织制定的行业守则等。

2.创业板市场信息披露制度的具体内容

根据对证券市场信息披露制度主体的划分,可见上市公司、证券交易所和特定情况下投资者的信息披露是其核心部分。

(1)上市公司信息的披露,是投资者进行投资决策的基础信息和主要依据。上市公司披露的具体内容有:①提高信息披露的频率和密度,除了中报和年报外,还要披露季度报告;②披露活跃业务,业务发展规则和融资规划,详细说明募集资金的用途;③披露项目的进展情况,若完成预定计划,需说明所采取的措施,若计划未完成,则应说明原因并提出改进建议;④披露有关技术项目情况,包括公司采用的技术在国内外同行业中所处的地位,高新技术项目主管人员的变动、技术本身的升级换代、同行业竞争对于技术创新的动态,以及核心技术人员的变动等;⑤对重大关联交易进行披露;⑥披露高管人员的非财务信息,包括其获得的成果、专利、获奖状况和违法违纪行为等;⑦披露高管人员和核心技术人员持股的处置情况;⑧及时披露公司业务、营销、财务等方面存在的风险因素;⑨披露保荐人的有关信息。

(2)证券交易所交易信息的披露。交易信息是证券市场运行的基本条件,也是投资者进行证券买卖不可或缺的指示器。证券交易信息包括交易前委托信息和交易结果信息两个方面。交易前委托信息具体内容包括委托的价量、种类、到达时间、委托单的来源及当前买卖价、可能的开盘价等信息;交易结果信息具体内容包括买卖双方名称、成交价量、开盘价、最高最低价、大额交易结果信息等。

(3)特定情况下投资者信息的披露。对创业板市场来说,特定情况下投资者所持股份权益的变动及其他有关事项的发生与变更会直接关系到上市公司的正常经营与发展,所以也应及时披露。对特定情况下投资者所披露的信息内容,很多是对上市公司所披露信息的组成部分。具体内容主要包括两方面:一是投资者所持股份及其变动信息;二是外部收购人所公布的收购要约及其他相关信息。

(4)关联交易披露方法。关联交易的披露是证券市场信息披露制度的一个重要有机组成部分。对于提高证券市场的效率、维护证券市场的公开、公正、公平,保护相关利益人特别是中小投资者起着积极的作用。随着我国创业板即将建立,如何进行创业板市场关联交易的披露显得十分必要。

关联交易是指不论是否收取价款,上市公司与关联方之间发生了转移资源或义务的事项。当发生关联交易时,由于关联方能对上市公司或其董事会加以控制或施加重大影响,所以有可能接受一些对公司不合理乃至于偏袒关联方的条件,从而使其他股东利益受到侵害。这种不合理的现象有:利用转移价格实现利润向关联人转移;资产转移或其他经济业务采取不利于上市公司的条件,使上市公司发生现金支出,从而使上市公司的盈利能力下降,财务风险上升,进而使其他股东利益受害。所以,创业板市场加强对关联交易的披露十分重要。

创业板市场关联交易披露的范围包括以下两个方面:一是对关联交易定价政策的披露;二是对研究开发项目转移的披露。在进行创业板市场关联交易披露时,应遵循以下原则:①对关联方的认定要按照企业的实质。如果某一企业尽管在公司股权的份额比例较小,没有达到控制或重大影响的比例,但实际上市公司的生产经营需依赖其技术或技术资料,就该认定该企业为公司的关联方;②对重要信息重点披露,比如要加强对定价政策和研究开发项目转移的披露;③如果进行披露获得的利益要小于对利益相关者造成的损害,应豁免此程序,但必须经法定程序批准。比如对关联交易涉及高新技术时,对此披露可能造成技术泄密,使公司丧失竞争力等。

3.创业板市场信息制度的规范及监管

根据我国证券市场已有的经验,在市场建立之初制订一系列规章制度是十分必要的,但在实际市场操作中想让已制定的规章制度发挥应有的作用,还必须对其进行规范及监管。即将推出的创业板市场的准入条件比现在的主板市场要低得多,相反在信息披露制度的规范和监管上应该比主板市场要严格。

(1)创业板市场信息制度的规范。该规范具体包括:①制定形式规范统一、层次清晰、易于操作的创业板信息披露规则体系。即对深圳证券交易所已拟订的征求意见稿的适当修改、完善,并尽快制定有关发行上市时模拟资料、收购兼并或大比例重组时模拟资料、首次定期报告、盈利预测资料的编制规则,以及上市公司如何弥补亏损,计算关键财务比率等具体问题的处理方法;②提高信息披露的最低要求,这有利于投资者对企业作出客观评价,有效化解风险。在这方面,除要求发行人在其上市文件及公告内作出适当忠告及披露外,还可要求企业额外披露上市前两年内所从事的业务记录情况、业务目标,并将其业务目标落实情况在中报、年报中进行比较,对任何重大差异都作出解释,对发行人的法人治理结构也详细说明;③缩短信息披露的时间间隔,对重大事宜更应及时披露。重大事宜主要包括上市公司发生兼并、收购、资产重组等。

(2)创业板市场信息披露制度的监管。一般而言,对创业板市场信息披露制度的监管主要包括以下几个方面:

第一,要公正执法。我国有关法律法规对有关虚假信息披露或者不按规定披露信息的处罚有详细规定,但目前主板市场行政执法上却存在很多干扰。在即将建立的创业板市场只有公正执法才可能健康持续发展。

第二,要公开执法。一方面要对证券监管部门每年审核股票记录,表达的各种意见在一段时间后以适当方式公开;另一方面对证券监管部门查处的违规案件涉及到的具体事实、有关人员具体责任、处罚决定适时、适当整理并公布 。

第三,要把立法权和执法权分开。证券监管部门与证券交易所虽然都是保护投资者利益的,但一个是法规的制订者,一个是法规的执行者,二者责任有区别,所以权利与义务应分开。

除了上述三种监管方法,创业板信息披露制度的实施还得强化自律机构,主要是中介机构的自律和发行人及上市公司的自律。这样再与监管部门的监管工作结合起来,才能使信息披露制度在创业板市场发挥切实有效的作用。

第二章 创业板市场的建设与发展

我国创业板市场的建设与发展是一个重大的课题，要严格贯彻“法制、监管、自律、规范”八字方针，具体而言，做好以下几项工作对建设与发创业板市场非常重要：

第一、对创业板市场要进行科学定位，尤其是要妥善处理好与主板市场的关系

从境外证券市场实践看，独立运作的创业板市场较依附于主板的创业板市场具有更高的营运质量和运作效率。采取这种市场模式，不仅上市标准和监管标准不同于主板，组织管理系统和交易系统也完全独立，创业板市场与主板市场之间存在的竞争关系，赋予了交易所强烈的竞争意识和进取精神，从而为市场的成长增添内在动力。NASDAQ市场之所能够在近30年时间里发展成为一个上市企业家数和成长速度均超过纽约交易所，成交金额和市值与纽约证交所不分伯仲的市场，原因是它在服务于中小高科技企业的同时，大门对普通行业、大型企业也是敞开的。比较而言，附属于主板市场的创业板市场，充当一个“跳板”，将使得优质企业逐渐集中到主板市场，创业板沦为次要市场，从而严重影响投资者的参与兴趣和其他企业的上市意愿，减少了市场的流动性。

根据我国证券市场的实际发展情况，建立独立运作的创业板市场是十分必要的。国内创业板肩负着实验探索、推动主板市场变革的重任。它依循国际惯例运作和管理，为具有良好市场前景、符合国家产业政策、成长型企业服务，从某种意义上讲，它是培育高成长公司的摇篮。

第二、认真掌握监管的原则，能由市场决定的应坚定不移的由市场来决定

创业板市监管的核心是实行强制性的、严格的信息披露制度。一般来讲，它在信息披露的详细程度和频率上比主板市场有着更高的要求。如何对创业板加强监管、建立健全信息披露机制，将是创业板市场面临的一个严峻问题。要妥善解决这一问题须要从两方面进行：一要明确监管的原则。强化信息披露管理的目的在于使发行人在具备必要的知识、经验和专业标准的顾问（保荐人）的指引和帮助下，充分、及时、真实完整地披露信息，以使得投资有足够的信息对其经营能力、市场前景和投资风险作出审查和评估，并作出投资判断，为此必须通过立法和强化监管的方式，严格界定发行人、保荐人的职责和义务，制定相应的违规惩处条例，以及足够的保护投资者利益的措施，促使市场在公平、公正和公开的环境下有效进行；二要建立分级监管模式，明确分工，各司其职，保证市场监管公正有效。中国证券监督管理委员会（以下简称中国证监会）负责根据市场环境的变化对创业板市场规则的科学性和公正性定期进行检查，同时全力督察交易所履行职责。交易所则具体负责市场一线监管，处理市场日常事务，重点是通过监控系统的具体搜索和分析功能实时监视所有交易活动，对异常交易和可能的违规行为进行调查与裁决，监察发行人遵守这一“游戏规则”。

第三、严守上市发行审核关，贯彻执行保荐人、发审委制度是重中之重

双高认证的取消，对保荐人制度的借鉴，以及发审委制度的改革，反映了管理层把企业价值的评判权交给了市场。

(1)上市审核要透明。审核标准、审核规则、发审委条例应向社会公开，发审委会议应允许上市公司代表与会接受聆讯，要让发审委委员充分占有在审企业各项信息，这样才能公正、客观地行使表决权。为了让委员深入了解在审企业在所属行业中的地位、技术水平以及行业发展现状及未来前景，发审委会议应聘请技术专家顾问参会。

(2)保荐人条件要放宽松。从实际出发，让更多的券商承销创业板市场的股票。对于券商来讲，创业板上市条件虽然宽，并不意味着所推荐企业符合条件就一定能够上市。券商要占领市场，争取信誉，必须精选上市资源，严格落实保荐责任，直面竞争，此举将大大提升券商队伍素质。

(3)发审委委员市场化。发审委作为股票发行上市审核的核心机构，其委员的专业判断能力直接影响着上市公司的质量和创业板市场未来的发展前景。目前，主板市场的发审委委员主要来自证券监管机构、国家有关部委、学术专家和教授、社会知名人士等。根据国际经验，发行上市审核委员会的委员大多是资深的市场专业人士。如香港创业板市场的上市委员会员必须是会计事务所的合伙人、执业大律师、公司董事等。参照国际惯例，创业板市场发审委应由与证券市场密切相关的专业人士组成。

第四、努力培育一批市值巨大、经营稳定能够成为市场基础的龙头上市公司,建立分层次的市场,在内部形成激励机制

创业板要取得成功,必须逐步培育起真正有实力的高科技公司作龙头,避免上市行业企业单一(香港创业板过多倚重网络股),引入具有实质科技业务的"朝阳品种",如生化科技、新材料、通讯技术和半导体工业上市企业。在创业板市场发育到一定阶段,特别是形成一批龙头企业后,可以考虑借鉴NASDAQ做法,建立两个层次不同的上市标准,保障在创业板内部能实现能进能出,能上能下。目前NASDAQ内设有两个板块:全国市场(National Market,简称NNM)和小型资本市场(Smallcap Market,简称SCM)。在2000年6月19日开业的"日本纳期达克"也是分两大板块:一个是"普通企业板块",上市标准相对严格,企业须符合净资产、业绩、上市时股票总额等一系列条件;另一个是"增长企业板块",上市条件比较宽松,主要以创业不久的风险企业为对象。实践证明,建立分层次的市场能够稳定市场基础,在内部形成激励机制。

第五、实行严格的退出机制,促使创业板市场充满生机和活力

我国证券市场实行ST、PT制度的初衷是警示投资者树立风险意识,但随着这一阵容的逐年扩大,证券市场蓄积的风险越来越有可能对投资者利益构成威胁。要解决淘汰机制的问题,在市场创办初期就应有意识地扶持一批具有较高科技含量(如已通过双高认证,属于信息、生物工程、新材料、新能源企业)较大规模,具有高成长性,在同行业具有良好的市场声誉的企业上市。待创业板运作到一定阶段,特别是随意"核心层"的逐步形成,上市要求逐渐放开,避免退出机制对整个市场的不利影响。而对于投资者而言,实际上给了他们一个适应新市场、适应新的判断上市企业价值的缓冲期。

第六、规范机构投资者,完善券商信誉评估考核体系

机构投资者作为市场的最重要的参与者,是稳定、活跃和培育证券市场的重要力量。从我国情况看,机构投资者无论在规模、实力、经营方式还是市场表现上与境外成熟市场投资者相比均存在较大差距。为此,管理层要提出发展包括证券投资基金、保险基金、养老基金在内的各种类型的机构投资者,在3-5年内改变散户与机构投资者的比例,采用超常规的、具有创造性的思路,加快培育成熟、理性的机构投资者,使机构在质量上的大幅度提高。管理层在培育机构投资者问题上的态度为创业板的市场的建设与发展打下了良好的基础。

机构投资者整体素质要有一个大的提高,必须切实发挥证券商协会的作用,逐步完善券商信誉评估考核体系。我国证券商协会在建立自律机制、规范会员行为方面要通过定期组织信誉考评,以及订立相应的一系列激励和约束措施,督促券商自觉维持声誉,从而从整体上提高券商信誉水平。要通过信誉评估,使券商认识到"双向扩容"同样重要:通过增资扩股,增强有形资本实力;通过提高信誉,扩大无形资本实力,这样才能赢得市场参与各方的广泛信任和认同。

第七、加强投资者教育,建立多层次的投资者利益保护机制

创业板市场是一个新生事物,它要求市场参与具备较高的专业水平和素质,有比较高的风险承受能力,而中小投资者控制风险的能力较差。在此情形下加强投资者教育,建立多层次的投资者利益保护机制显得非常必要。

首先,要求发行人完善公司治理机构,建立起公众股东负责的有效机制。境外创业板市场有一些经验做法可以借鉴:设立独立董事制度;设立针对董事、高层管理人员和核心技术人员的股票期权规划;设立监察委员会,由独立董事出任主席,委员会的主要权限是对公司的财务计划、制度结构、董事和管理层薪酬等事宜进行审核。此外,科学设计主要发起人售股限制期,确保管理层稳定及致力于公司的长远发展。

其次,加强投资者教育,帮助他们提高法律意识。根据我国《上市公司章程指引》有关条款规定,股东可以依据公司章程起诉公司或其他股东、或公司的董事、监事、经理和其他高级管理人员。此外,应通过发行《创业板投资者指南》、《创业板发行上市秩序》等小册子,举办投资者教育研讨会等手段,使投资知悉关系切身利益的条款,通过合理途径对违规者进行诉诸行动。

再次,借鉴境外经验,设立投资者权益保障机构,成立风险赔偿基金。在我国,可以考虑设立风险赔偿基金,由券商按交易额一定比例缴纳,由证券交易所统一负责管理,用于补偿投资者因券商经营不规范、破产而导致的经济损失。虽然,在以前证券公司破产的案例中,投资者的利益受到保护,但从长远看,加入WTO后证券业的竞争会加剧,公司破产、兼并、整合将不可避免,建立赔偿基金将有助于降低监管成本,也有利于社会安定。

第八、大胆借鉴国际通行做法,进行金融创新

创业板作为一个新兴市场,应该担负起制度创新、金融创新的重任:允许公司在通过发审会分次发行或预留一部分,让公司根据业务实际情况合理决定筹资额,避免资金利用的停滞和浪费,给公司更大的灵活性,实行认股期权;允许公司上市后通过发行可转换债券、认股权证等多种形式融资;开办股票指数期货交易,在市场规模不断扩大的情况下,为投资者提供及时锁定风险、投资避险的工具,这既是机构投资者特别是基金管理公司成功运作开放式基金的必要条件,也是我国在加入世贸组织(WTO)和金融市场的逐步对外开放的大背下最迫切的要求。这就要求我们敢于突破现行的条条框框,大胆借鉴国际通行做法,向市场化、国际化方向靠拢。

附：我国创业板市场建设与发展大事记

1984年，国家科学委员会(注：1998年国务院机构改革后改为科技部）科技促进发展研究中心，组织了关于"新的技术革命与我国的对策"这一课题的研究，提出了建立创业投资机制以促进高新技术发展的建议。

1985年1月，中共中央、国务院颁布《关于科学技术体制改革的决定》。其中指出：对于变化迅速、风险较大的高技术开发工作，可以设立创业投资给以支持。

1986年，在国务院批准下，国家科委、财政部共同出资创立了中国新技术创业投资公司，该公司是我国第一个股份制的、以从事创业投资为目的的企业。

1991年，国务院颁布了《关于批准国家高新技术开发区和有关政策规定的通知》([1991]国发12号)，指出：有关部门可以在高新技术产业开发区建立风险投资基金，用于风险较大的高技术产业开发。条件成熟的高新技术开发区可创办风险投资公司。

1991年，国家科学委员会、财政部和中国工商银行联合组建了科技风险开发事业中心，成为发展创业投资事业、促进高新技术产业化的事业单位。

1992年，沈阳市、成都市等地科技风险开发事业中心成立，此后山西科技基金发展总公司、广东科技创业投资公司、上海科技投资公司、浙江省科技创业公司等公司也陆续建立。

1995年，中共中央、国务院发布《关于加速科学技术进步的决定》一文，强调要发展科技风险投资事业，建立科技风险投资机制。

1996年，《国务院关于"九五"期间深化科学技术体制改革的决定》文件指出：要积极探索发展科技风险投资机制，促进科技成果转化。同年，全国人大通过的《中华人民共和国促进科技成果转化法》其中规定：国家鼓励设立科技成果转化基金和风险基金，其资金来源由国家、地方、企业、事业单位以及其他组织或者个人提供，用于支持高投入、高风险、高产出的科技成果的转化，加速重大科技成果的转化。这是我国首次将创业投资这一概念纳入法律条款。

1996年，国家科学委员会为深入研究创业投资机制进行了充分准备。主要是派出访问学者赴美学习研究美国的小企业投资法、知识产权保护、创业投资等。并详尽调研了分析了我国多年来的创业投资状况。

1996年11月，国家科委在长沙召开省市科委科技金融工作座谈会，国家科委副主任邓楠、人民银行货币政策司、四大国有商业银行以及国家科委有关司局和省市科委主管领导纷纷出席。与会各方要求国家科委尽快牵头加强对创业投资机制的研究。

1997年，国家科委党组织决定由邓楠副主任负责创业投资机制的研究工作。此后即组成了以清华大学经济管理学院专家为主的研究组。根据清华专家初步研究情况，国家科委党组对研究工作提出了明确要求：①要比较清晰地论述创业投资体系；②要研究论述创业投资与资本市场的关系；③要提出建立创业投资机制的操作性的实施方案；④提出政策建议既要有突破又要切实可行。

1997年，深圳市成立了风险投资研究领导小组。是年6月，国家科委条件财务司和专家组赴深圳调研。

1998年1月，国务院总理李鹏召开国家科技领导小组第四次会议，会议正式决定由国家组织有关部门研究，提出建立面向高新技术企业投资的总体方案，同时开展试点。

1998年2月，国家科委请示当时的朱镕基副总理：请国家计委、人民银行、中国证监会等部门派人参加研究工作。朱镕基副总理批示有关部门确定人选。自此，由国家科委牵头，国家计委、财政部、人民银行、中国证监会等组成的部际协调小组成立；以中国社科院金融研究中心为主和以中国银行国际金融研究所为主的两个研究小组正式开展研究工作。

1998年3月，全国政协九届一次会议上，民建中央主席成思危先生提出"关于尽快发展我国风险投资事业的提案"(即"一号"提案)。全国政协提案委员会专门召开提案协商会，邀请国家科学委员会、国家经济贸易委员会、财政部、人民银行、中国证监会参加。

1998年7月，浙江、山西、广东、沈阳等地十几家创业机构联谊座谈会在浙江杭州举行。

1998年9月，科技部副部长邓楠会见香港联交所总裁沈联涛和彭如川，共同商讨创业投资机制和内地高新技术企业赴香港创业板上市问题。

1998年10月，科技部向中国证监会提出解决高新技术企业A股上市指标和制定鼓励高新技术企业境外上市政策的建议。

1998年10月，中国创业投资体系实施方案专家组负责人王奇博士和朱民博士分别向部际协调小组和科技部党组汇报研究成果。

1998年11月，温家宝副总理对李人俊同志关于创业投资的来信作了批示，关于风险投资问题，邓楠同志有个小组在研究。人俊同志的信可转她参考。李岚清副总理也批示：请科技部牵头，商有关部门研究提出意见。

1998年12月，邓楠代表科技部向全国人大教科文委员会、财经委员会汇报创业投资研究工作。

1998年12月，科技部向国务院领导报送一份《关于建立我国科技创业投资机制的报告》的文件。

1999年1月，温家宝副总理指示：请中国证监会研究提出意见。

1999年3月，朱镕基总理对科技部呈送的《报告》和中国证监会意见作出批示：要明确科技创业投资主要支持小型企业。请科技部继续研究，并提出方案报国务院。李岚清副总理同时批示：请朱丽兰同志牵头找有关部门的领导开个会再将报告稿研究一下，共同会签报国务院审批。

1999年3月，科技部朱丽兰部长主持会议，邀国家计划委员会、国家经济贸易委员会、财政部、人民银行、税务总局、中国证监会各有关部门主管领导、研究落实国务院领导批示。

1999年6月，科技部等7部门向国务院报送《关于建立我国科技创业投资机制的请示》。

1999年7月，国务院副秘书长徐荣凯对7部门的《请示》批复为：建立科技创业投资机制的五个方面工作，7部门已达成共识，原则也有了，可以由职能部门据此分别制定办法开展起来。

1999年8月20，中共中央、国务院《关于加强技术创新发展高科技，实现产业化的决定》其中指出：培育有利于高新技术产业发展的资本市场，逐步建立风险投资机制。8月22日，全国技术创新大会召开。

1999年10月，深圳高交会举行，科技部邓楠副部长在高交会论坛作了题为“我国高科技产业发展提供金融支持体系”的报告。

1999年12月，经国务院领导批准，国务院办公厅以国办发[1999]105号文转发科技部等7部门提出的《关于建立我国风险投资机制的若干意见》。

1999年10月，北京创业投资协会召开筹备会；2000年3月，北京创业投资协会正式在北京社团登记办注册成立。其后，上海创业投资企业协会和深圳创业投资同业公会相继成立。

2000年4月17日，中国证监会主席周小川宣布，中国证监会在一段时间的工作后，对于我国设立二板市场已作了充分准备，一旦立法方面和技术准备臻于成熟，二板市场就将尽快出台。

2000年9月20日，深圳证券交易所正式启动创业板券商系统技术准备工作。

2000年10月16日，深交所发表“创业板宣言”，即《创业板市场与深交所使命》；10月19日，深交所发布的《创业板市场规则咨询文件》第一次就创业板市场公开向社会征求意见；10月28日，创业板技术系统全国测试工作首次举行。

2000年11月6日，“宏观经济形势展望与中国创业板市场发展”高层研讨会上透露：深交所创业板交易结算系统已基本准备就绪。

2001年8月，深圳证券交易所召开会议，评审“发行人质量评价体系”，结果表明创业板发行人质量评价体系日渐完善。科学有效的发行人质量评价体系将成为优良的上市公司质量的保障者，是创业板市建设工作中的一项重要内容。从提出设立创业板到今已经两年了，经过两年的准备，我国国内风险投资市场以及创新企业逐渐成熟，符合上市创业板的公司也很多，各种控制风险的制度日趋完善，各市场主体的守法意识也在不断增强，再加上发达国家经济的衰退使全球资本要寻求安全的市场，中国良好的经济状况及加入WTO对全球具有巨大的吸引力，这些对创业板的建立与发展非常有用。

创业板市场的建设与发展

第三章 创业板市场的风险及其防范

创业板是我国市场经济改革资本市场运作中又一个重要的里程碑。作为全新的模式,创业板在为经济发展带来巨大收益的同时,也伴随着巨大的风险。由于其上市对象及上市条件的特殊性,创业板的风险要大于主板市场的风险,这一点在创业板市场的架构与筹备过程中值得关注。也就是说对创业板提出了一个如何进行更全面更严格的风险防范的问题。

一、创业板市场风险分析

与主板市场相比,创业板市场的不确定性和风险要高出许多,主要体现在:

1.中介机构的选择风险

发行股票在创业板市场上市是一项专业性很强的工作,申请企业很难全面了解和掌握相关的专业知识和法律规定,由此企业申请上市离不开中介机构的协助。对创业板市场这样一个新兴市场来说,有些中介机构和从业人员也很难胜任自己的角色,有些还可能存在职业道德方面的问题,因此中介机构选择得不好,会给企业的上市带来很大的风险。

2.投资者的投资偏好风险

投资者的偏好变化比较快,同时创业板市场的波动也比较大,由此造成发行股票上市时机的把握难度很大,这一点从美国 NASDAQ 市场对互联网公司的偏好的变化上可以看出。

3.发行价格确定方面的风险

由于申请在创业板市场上市的企业往往是一些高新技术企业和民营企业,确定发行价格的难度很大,很难套用传统的市盈率等方法。如果确定的价格偏高,则发行可能会失败;如果偏低,则这种融资会变得很不划算。

4.核心股东的套现风险

创业板上市公司采取全额流通原则,核心股东的套现,特别是主要管理人员和核心技术股东的套现将会给其他中小投资人带来较大的风险。具体表现为:如果民营企业在创业板上市,由于创业板上市公司的股份属全流通股,在股份锁定期后,民营企业的自然人股东就可能将其持有的股份全部卖出,既获得巨额收益,又逃避了继续经营企业的风险。由此,将给创业板市场的投资者及创业板的运行带来巨大风险。

5.信息披露方面的风险

中介机构需要与申请上市的企业在招股说明书中对企业未来的发展作出预测,在企业上市以后的后续信息披露中,需要将企业的实际进展情况与招股说明书中所做的预测进行对比,如果两者出现比较大的偏差,则会给中介机构带来负面影响。如果申请上市的企业和上市公司所披露的信息(招股说明书、年报、中报、季度报告、临时公告等)在真实性、准确性和完整性方面出现问题,就会给保荐人、律师事务所、会计师事务所、评估师事务所等中介机构带来一定的风险。

6.人员流失的风险

创业板市场实行保荐人制度以后,保荐人需要有相对固定的人员来参与企业上市的全过程,在企业上市以后,还要与上市公司保持长期的接触。如果这些人员中途离开保荐人,则会增加保荐人的保荐成本和风险。

另外,公司规模偏小,盈利水平偏低,行政的直接干预、政策和法律法规的变化等也会使不确定性有所上升,从而增加创业板市场的风险。

二、境外创业板市场风险监控经验借鉴

创业板市场是一个高风险市场。为此,世界各国和地区的创业板市场采取了一系列的风险控制措施,其成功经验值得借鉴。

1.减少对市场的直接干预

美国、欧洲的证券监管机构不对申请在创业板市场上市的公司作出实质性的审查,也不对公司的投资价值作出判断,公司的上市和交易完全由市场来决定。

2.保荐人制度的建立与完善

香港创业板市场规定,担任创业板市场上市公司保荐人的证券公司,必须具备一定的条件。公司在创业板市场上市以后相当长的一段时间内,保荐人仍需要承担保荐责任。

3.强化上市公司信息披露

境外创业板市场在信息披露方面要求申请上市的公司和上市公司披露所有必要的相关信息,强化保荐人、律师事务所、会计师事务等中介机构的责任。香港创业板市场规定,在招股说明书中,申请上市的公司必须披露已往的业务情况、公司的业务目标等。上市公司还需定期披露季度报告,在上市后的一段时间内,上市公司在年度报告和中期报告中必须将实际进展与上市文件内所载的业务目标进行比较,便于投资者及时了解公司情况。如果发现有关方面没有充分披露信息或者保荐人没有履行应尽的职责,香港创业板市场的监管机构就会要求对有关公司的管理层或保荐人施以严格的制裁。

4.投资者教育与风险提示

为了让投资者了解创业板市场,监管机构和证券交易所通过各种方式帮助投资者。目前,大部分创业板市场都设立了自己的网站,同时专门设置投资者教育专栏,供投资者参考。香港联交所定期举办的创业板市场教育及推广计划,编印及提供一些说明材料,同时举办有关研讨会,帮助投资者了解创业板市场上市公司的风险,并适当提出警示。

同时,还要求投资者在进入创业板市场进行股票卖买前,与证券经纪商签订风险声明书,此外,还要求证券经纪商协助投资者掌握创业板市场投资的基础知识,提示投资者对创业板市场的高风险特性要有清醒的认识。

5.完善公司治理结构和监督机制

证券市场质量的高低来源于上市公司素质的好坏,因此,完善公司治理、促进上市公司规范发展成为创业板市场监管必不可少的手段。在美国等国家创业板市场上市公司的董事会中,独

立董事占有相当的比例。香港创业板要求上市公司至少有2名独立董事，公司独立董事与公司及主要股东之间均应不存在任何利益冲突。就关联交易等可能损害投资者合法权益的事宜,独立董事应征询投资者的意见,并发表自己的意见。并要求上市公司设有足够及有效的内部监控系统，确保公司遵守财务及监管规定。同时,上市公司还必须设立审核及监察委员会。

6.提高市场流动性

美国NASDAQ以及欧洲一些国家的创业板市场通过做市商方式来增加股票的流动性,这一方式活跃了创业板市场的交易，同时起到了稳定市场的作用。在NASDAQ市场上市交易的公司都有专门的做市商,少的2–3家,多的30–40家。

三、我国防范创业板市场风险的战略措施

借鉴境外创业板市场风险监管的成功经验，我国防范创业板市场风险可采取以下战略措施：

1.建立严格的保荐人制度

在创业板市场上,建设严格的保荐人制度是很有必要的。保荐人是防范上市公司风险的重要承担者，保荐人等中介机构需要对企业的规模和盈利能力、行业交易、企业管理层素质、技术水平和研发能力、市场潜力等情况作出较全面的了解和预测,避免出现大的偏差,从而降低和消除由此带来的风险。保荐人要在企业申请上市的过程中进行尽职调查和精心辅导，遴选出优质企业予以推荐上市,从而确保上市公司的整体质量;在公司上市后还要督促上市公司遵守有关法律法规和上市规则，促使上市公司的规范运作和严格遵守信息披露制度。保荐人制度的实施有利于控制和减少创业板市场的风险。

2.设立具有中国特色的独立董事制度

设立独立董事制度是完善上市公司治理结构和内部监督机制的有效途径。由于独立董事与公司及主要股东之间不存在任何利益冲突,就关联交易等可能损害投资者合法权益的事宜,独立董事将征询投资者的意见,并发表自己的意见这样就保证了独立董事在发言时的公正性,有利于保护中小投资者的切身利益。

3.建立严格的公司信息披露制度,把好信息披露关

创业板市场的信息披露比主板市场更严格，对需披露信息的内容根据反映创业板市场及其上市公司的特点,及时、准确、完整的进行披露。目前,由于高科技产业的发展迅猛,瞬息万变,因此必须加大创业板市场信息披露的强度和频率。公司信息披露的内容应包括:财务信息季度披露;公司业务进展情况披露;业务计划及其结果的比较披露;业务开拓过程中的风险披露;公司治理结构及重大人事信息披露等。

4.组建一个良好的合作团体

企业上市是一个复杂的系统工程，涉及保荐人、律师事务所、会计师事务所、评估师事务所和公关公司等诸多中介机构。其他中介机构要在保荐人的统一安排下，积极配合保荐人的工作,团结协作,保持沟通,以降低各自的和共同的风险。此外,要加强对从业人员的要求从业人员不仅需要有多方面的专业知识和较强的创新能力,还需要有一个良好的职业道德。特别是对于创业板市场的保荐人来说,承担的责任重大,同时延续的时间也比较长,由此吸引优秀人才,保持人员稳定就显得尤为重要,这是降低和化解风险的有效手段和重要保证。

5.科学、合理地确定发行价格

股票发行价格的确定是企业上市的重要一环，在价格确定方面，保荐人和申请上市的企业需要对潜在投资者的情况作深入全面的了解,在进行大量市场调研的基础上,科学、合理地确定股票的发行价格,以降低发行风险。

6.建立严格的监管体系、坚持规范运作

在我国创业板市场设立和运行后，证券监督管理部门应当特别重视加强对机构投资者交易行为的监管，避免热炒现象发生。在原则问题上,中介机构应严格按照法律法规的要求开展工作,及时发现和消除可能存在和出现的风险因素,尽量避免留下模糊区域和操控空间,能够整体上市的企业就整体上市,减少关联交易,以消除隐患,降低风险。

7.建立一套高效及时的市场风险监测预警系统

众所周知,创业板市场是一个高风险市场。创业板市场风险主要来源于三个因素,即中小科技公司经营管理、股票价格的剧烈波动和创业板市场运作本身，并集中体现在上市公司经营风险、上市公司道德风险、股价剧烈波动的市场风险和创业板市场运作风险四个方面 。市场对风险并不灵敏,正如2000年纳斯达克市场在上市公司经营风险的持续增加和股价剧烈波动的市场风险相互作用下,不堪重负,屡创新低。因此建立一套完善的符合创业板特征的风险监测预警系统十分必要，这样才能使投资者在风险产生的初期就有所警觉,发现风险加大时便及时退出，最大程度减少损失。

8.设立股票禁售期,实行做市商制度

为防止"圈钱"现象的发现,让企业的初始创办者(往往是高科技的开发者)在规定的期限(如一年)内不得出售其持有的公司股票,不失为一个行之有效的办法。同时可以允许风险投资者适时退出,这不仅有利于风险投资事业的发展,而且对维护公司的稳定,减少公司上市后的风险是有帮助的。

对于任何企业来说,风险都是存在的。创业板市场的上市对象为中小型高新技术企业，这类企业因其没有业绩支撑具有较高的投资风险。对于单一的创业板市场来说,如何分散 风险是其能否健康发展的关键。目前我国证券市场已较为成熟,各种控制风险,防范风范的制度正日趋完善,这使得创业板所具备的条件基本成熟。

第四章 我国创业板市场的框架设计

建立创业板市场，已成为国内证券业人士和拟上市公司共同关注的话题。在第三届中国国际高新技术成果交易会资本市场论坛上，中国证券监督管理委员会(以下简称中国证监会)主席周小川指出，目前市场各方重新对创业板上市的条件、发起人的要求、锁定期要求、法人治理结构的要求等进行了讨论，创业板现在紧张有序地筹备之中。结合我国的国情，下面就我国创业板市场的框架设计问题进行探讨。

一、我国创业板市场的目标定位

我国已加入WTO，国内证券市场与国际证券市场的接轨成为必然趋势，为了适应国际资本一体化的发展需要，并将建立创业板市场作为实现我国证券市场市场化、开放化的第一步，以NASDAQ为代表的创业板市场的成功为我们提供了宝贵经验，我国创业板市场应作如下几方面的目标定位：

1.创业板市场的发展目标定位

(1)从远景目标来看，主要是发展壮大资本市场，提高我国的经济竞争力与综合国力。

现阶段，全球经济一体化趋势日益明显，这一发展趋势要求我们结合本国国情，采用相应战略措施，迎接新的挑战，这将决定我国在新世纪的国际地位和“十五”计划目标的实现。因此，要把握全球经济一体化趋势，坚持扩大对外开放，坚定不移地发展市场经济，以提高我国市场经济的国际竞争力。资本市场作为市场经济的命脉，它的发展关系到市场经济的走势。我国发展社会主义市场经济，资本市场的发展壮大必须先行一步。创业板市场作为资本市场的重要组成部分，它的设立和发展无疑会推动资本市场快速发展壮大，从而对我国市场经济发展产生巨大作用，这一点已从世界各国创业板市场特别是NASDAQ的发展中得到证实。我国设立创业板市场的长远目标定位，应是发展并壮大资本市场，提高我国市场经济的国际竞争力。

(2)从近期趋势看，我国设立创业板市场的目标定位是发展并完善我国证券市场，提高证券市场的对外开放程度。《证券法》的正式颁布实施，为我国的证券市场的建设发展推向规范化、法制化的轨道，为我国证券市场的长期稳定，持续快速发展奠定了良好基础。但是，综观我国证券市场的现状，我们不得不承认我国证券市场还存在诸多问题，如法人股、国有股(国有股减持工作尚在阶段性实施探索中)无法正常流通；机构投资者缺乏；上市公司质量普遍不高；市场容量小等。要解决这些问题，仅仅依靠主板市场进行改革完善远远不够，尤其是难以一时突破体制性限制，弥补市场缺陷。所以设创业板市场作为一种发展趋势，既承担了完善证券市场的任务，又充当了我国证券市场开放化试验基地的角色，通过设立创业板市场，我们可以弥补主板市场的缺陷，为证券市场制度建设开辟新的道路；可以通过创业板市场的多层次市场结构，以提高我国证券市场的操作空间，满足多层次投资和企业的需要，促进我国社会资源的优化配置。

(3)从具体目标来看，我国设立创业板市场主要是为民营、中小高科技企业提供资本支持，充当高科技企业的“孵化器”。目前，我国正处于经济结构调整的关键时期，世界经济发展趋势和竞争态势表明，高科技产业将成为21世纪各国经济竞争的核心力量，而且以美国为代表的高科技产业的兴起正抢滩各国市场，逐步取代传统产业，成为世界经济发展的一大主流，从这种情况下，我国要成为21世纪的经济强国只有抓紧时机，大力发展高科技产业。从这一点出发，我国经济结构调整的主要方面是发展高科技产业，加大高科技产业在我国经济结构中的比重。我国于2001年10月在深圳举办了第三届中国国际高新技术成果交易会，有力地鼓励与支持了我国高科技企业发展与创业板市场的推出。

世界各国高科技产业发展的经验表明，风险投资在高科技产业发展中的作用不可替代。一个高科技企业的培育诞生、发展、扩张都离不开风险投资的鼎力支持，而风险投资作为一种高风险投资，其主要目的是获取高额回报，同时也只有实现这一目标，才能实现风险投资的良性循环，并吸引更多的社会资金加入到风险投资中来，从而支持更多的社会高科技企业发展，培育出庞大的高科技企业队伍，最终形成高科技企业优势。世界经验表明，设立创业板市场，为高科技企业提供了上市途径，使风险投资能通过高科技企业上市后股权转让获利退出，是当今风险投资最终获取高额回报的最佳途径，并且能够加速风险投资运作效率，培育更多的高科技企业。

2.创业板市场资源目标定位

创业板市场的构成离不开两大资源的支持，一是上市公司，二是资金。对于这两个资源群体，创业板市场如何从中选择适合自己的目标，首先必须进行目标定位。

(1)上市公司的目标范围定位。根据设立创业板市场的具体目标和短期需求状况可知，我国设立创业板市场，其短期内的上市公司目标范围应定位于以下几类企业：

第一类是火炬计划项目。截止1998年底，国家与地区两级火炬计划项目的立项点数量已达14756项，其中国家级项目4212项，地方级项目10544项，这些项目大都是高科技项目，具有很好的发展前景，因此这类项企业将是创业板市场的上市资源之一。

第二类是“863”计划项目企业。我国从1986年开始实施“863”计划，选择了对我国今后发展有重大影响的生物技术、航天技术、信息技术、激光技术、自动化技术、新材料技术、新能源技术等7项技术领域,15个主题,84个专题和560多个课题进行研究开发,到1995年就取得了1200项研究成果,其中38%的成果已得了广泛应用,10%的成果正在试点,按照规划,这些研究成果正在加快商品化和产业化步伐,因此,这些项目企业将成为我国创业板市场的又一上市目标资源。

第三类是拥有信息、生物医药、新材料、消费电子或家电等5个领域的高新技术产品的企业。这类企业是政府鼓励发展的产品出口企业,是1999年6月,国家对外经贸委、科技部联合发起的“科技兴贸”战略的主题,因此生产这类产品的企业也是创业板市场的上市资源之一。

第四类是已有风险投资机构介入的民营、中小营高科技企业。建立创业板市场,为风险投资提供退出机制,是建立和完善我国风险投资机制的关键环节。从这一点讲,我国设立创业板市场有为风险服务的政策意图,因此,有风险投资介入的高科技民营、中小企业也是上市首选目标。

除以上四类企业外,其他具有高新技术专利、运行规范且符合上市条件的民营、中小科技企业也是创业板市场资源目标。但总的来说,我国高新技术企业有10多万家,上市资源丰富,目标众多,因此谁的竞争力大,谁将成为最终目标。

(2)市场投资者的目标定位。选择哪些类别的投资者组成创业板市场的投资队伍,无疑是关系到创业板市场的稳定与繁荣发展的一个关键问题。因此投资者的目标定位需结合创业板市场投资风险高的特点考虑,我们认为以下几类投资者将是首选目标:

第一类是广大中小散户投资者。就目前的情况看,中小散户投资者仍将在我国创业板市场中占有很大一部分比例,这类投资者一直在我国证券市场中占重要地位。他们的参与是我国证券市场不可或缺的力量。据2001年第3季度金融统计数据显示,目前我国有居民储蓄已超过7万亿元。为了鼓励居民储蓄进行投资,我国政府出台了许多措施,如降息、征收利息税等,但效果并不明显。而创业板市场的设立在一定程度上讲,有利用创业板市场的高收益吸引这部分资金参与投资的目的。所以,中小散户投资无疑是创业板市场的重要目标。

第二类是证券投资基金。创业板市场是具高风险的市场,为降低创业板市场风险,稳定市场,使其平稳发展,证券投资基金作为市场稳定的机构大户,可以凭借其雄厚的理论研究基础,深远的市场研究能力,以及丰富的投资经验准确把握市场大势,然后凭借其雄厚的实力,以战略家的眼光进行长期投资,稳定大势,从而在一定程度上减少短期炒作行为。因此,从确保创业板市场稳定的角度出发,证券投资基金是创业板市场投资者队伍中不可或缺的一员。

第三类是民营、中小高科技企业,这类企业将被赋予战略投资家的身份,共同参与创业板市场的投资,为其战略发展,以及创业板市场的股权运作打开空间,从而增强创业板市场上市公司之间的竞争力,促使创业板市场、高科技产业快速发展。

第四类是各种民间资本集结而成的投资公司。这类投资者在政府的指导下成立,并根据政策界定参与创业板市场的投资。

第五类是由国有企业主板上市公司、保险资金出资共同组建的风险投资公司,这类投资者的入市,主要是为国有企业、主板市场上市公司提供一条分享创业板市场成长收益的渠道,加速资源的优化配置。

当然,随着证券市场的逐步开放,创业板市场的扩大、发展和成熟,投资者的队伍将会不断扩大,并且由国内扩张到国外。

二、我国创业板市场的上市条件设计

我国已加入WTO,设立创业板市场是为中小高科技企业提供融资服务,推动我国高科技产业化发展,调整我国经济结构,增强国民经竞争实力。基于这一目标定位,我国创业板市场的上市制度设计要较主板市场灵活,更具有市场化特征,上市条件也较主板市场低。从《证券法》、《公司法》的修改充分表明了这一意图。但是,为确保创业板市场的健康稳定发展,提高抗风险能力,控制市场风险,维护市场秩序,有必要制定一定的入市条件:

1.股本规模限制

由于在创业板市场上市的民营、中小科技企业一般规模较小,正处于发展初期,技术资本所占比例大,资金比例相对较小。因此,根据这一客观条件考虑,上市公司的最低资本应为2000万元,无形资产可占一定比例,上市公司的股本规模可以有所降低,发行股本要求为3000万元以上,其中发起人股本规模要达到1000万元以上,持有1000元以上的个人股东人数不少于300人,个人持有的股票面值总额不少于1000万元。

2.经营年限记录要求

主板市场要求上市公司的经营年限在3年以上,香港创业板则要求在1年以上,结合我国民营、中小高科技企业实情考虑,其经营年限应为1年以上,具有最近3年的完整的运营记录,以便使潜在的投资者通过分析公司过往的营运记录,了解公司运作规范程度、管理层的经营能力、以及所开发产品的运作状况与市场前景。信息披露则要实现严格的“一季度披露一次”。

3.财务、盈利要求

主板市场对上市公司有连续盈利的要求,其目的是希望上市公司有一定的营运基础,创业板市场是以那些为发展和扩充而集资的增长公司为目标,它面向的是民营、中小高科技企业,看重的是其增长潜力和未来的盈利前景,而不是现时的财务基础和过去的盈利水平,因此可以不作盈利要求,但是为确保公司上市后运作的规范,应要求公司提供完整的财务资料报告,其报告的内容应为最近2年的财务记录。通过这些记录使投资者了解公司的财务运作状况、财务管理能力及盈利潜力,以防止包装上市及上市后的财务风险。

4.主营业务增长潜力要求

企业的主营业务专注于一个行业，且与过去的经营的业务要有所联系，以便充分发挥市场销售网络、人才管理的竞争优势，构筑优秀的商业模式。其目前经营的主要业务应属于高科技产品或技术，具有快速增长潜力，其投资的项目应为高成长、高效益的高科技项目，且有巨大的市场前景，可以获取高额投资回报，同时企业能为它作出合理的市场定位，找准市场切入点，提出合适的经营战略和具体的经营战略，让投资者相信企业经营目标的实现是有现实基础的，企业才能树立起一定主营业务基础上的高成长、高回报的市场形象，赢得投资者的青睐，并为创业板市场的发展带来巨大活力。

5.公司法人治理结构的要求

公司要成为上市公司，就要进行股份化改造，在内部形成完善的法人治理结构，成立董事会、监事会，股东代表大会三权制度下的总经理管理体制，使公司上市前就成为一个规范的股份有限公司，公司的各项管理制度，激励机制，人力资源的体系应具有先进性、适应性，以确保公司具备长远快速发展的动力源泉，为实现公司上市后的快速增长创造条件。

总之，制定上述上市条件限制，其主要目的是确保创业板市场能真正起到扶持高科技产业化的作用，使真正的高科技企业进入创业板市场，利用创业板市场资金，加快发展，早日实现产业化。

三、创业板市场新股发行定价模式设计

1.创业板中具有代表性的几种新股发行定价模型

创业板市场即将设立，如何为创业板市场上市公司制定合理的股票发行价格，将直接影响到发行人的筹资效果及上市公司股票将来在创业板市场的走势。对创业板市场新股发行定价其实就等同于计算企业的内在价值。在国际上主要有四种定价模型，即现金流贴现模型、相对估价法、经济附加值定价模型、期权定价法。

(1)现金流贴现法。现金流贴现法是国际上评估企业价值的最基本的方法，是指选定恰当的折现率，对公司未来的收益折算到现在的价值之和就是当前的真实价值，从而确定新股的价格。这种方法完全基于未来预测数据，其基本原理是一项资产的价值等于该资产预期在未来所产生的全部现金流的现值总和。现金流贴现法的基本模型是：

公司股票价格=公司整体价值/总股本。用字母表示为：

$$P=\frac{V}{Z}$$

在这里，P 表示股票的发行价格；V 表示公司整体真实价值的估计值；Z 表示公司新股发行后的股本的总数。对于不易确定的公司整体真实价值的估计值(V)值，有以下三种求解可能：

第一，假定拟上市公司在未来年度的现金流保持不变，称为零增长模型。对于不易确定的公司整体价值计算公司为：

$$V=Xo\sum_{t=1}^{n}\frac{1}{(1+R)^{t}}$$

其中，Xo 表示公司发行前一个会计年度的息税前收入，即现金流；R 表示公司的平均资本成本，即贴现率。

第二，假定拟上市公司在未来年度的现金流以一个稳定的增长率增长，称为稳定增长型。对公司整体价值计算公司如下：

$$V=\frac{Xo}{(R-G)}$$

其中，G 表示公司的稳定增长率。

第三，一般来说，公司现金流在所募资金的投资项目没有全部完工，充分发挥作用之前是不稳定的，只有过一段时间后才会逐步稳定。所以，对现金流的预测要分为两个阶段。对公司整体价值的计算为：

$$V=\sum_{t=1}^{t=n}\frac{X_1}{(1+R)^2}+\frac{X_{n+1}}{(1+R)^n+(R-G)}$$

其中，X_1表示前 n 年不稳定增长阶段的净现金流，G 表示近 n 年后的稳定增长率。

从以上几个公式可以看到，要想计算出公司的整体价值，还必须计算出公司平均资本成本即贴现率、现金流及增长率。

贴现率是由债权融资成本和股权融资成本两部分加权所得，即 $R=P_1R_1+P_2R_2$。其中 P_1、P_2分别是债权融资和股权融资的比例；R_1是债权融资成本，通过公司的债券利息或银行贷款利息计算；R_2是股权融资成本，可以通过债务收益率加股权风险溢价以及股利增长模型等方法计算。

对于增长率的预测可以根据各公司自身的特点来估计。对于已经建立起一个稳定的历史增长模式且其行业基本因素没有改变的公司，可以使用历史数据或时间序列模型；对于行业基本因素明朗有大量专业分析人员关注的公司，可运用各专业人员所得出的预测平均值；对于具有自身产品特色的公司，可以从公司的产品线、边际利润、杠杆比率和红利政策等基本因素出发来估计出增长率。

对于一个有正常赢利并能维持正常增长的企业，贴现现金流模型中的 X 可以通过会计上的方法计算出。这个自由现金流量等于税后净利润扣除企业的净营运资金量和净固定资产增量(固定资产投资-折旧)。无论是固定资产投资还是营运资金的增量，都由当年赢利多少决定，是税后净利润的一定比例，所以自由现金流量和 EPS 成线性正相关。假定 Q 为净利润中用于维持未来增长所需的比例，现金流的计算公式为：X=EPS(1-Q)。

只要将 X、R、G 三个值代入两阶段增长型公式中就可计算出 V 值，那么在已知 Z 值的情况下就可以根据公式 P=V/Z 来计算新股的发行价格。

这种新股定价方法可为判断企业内在投资价值提供有益的依据，是较为科学的。但实际上，在创业板上市募集资金的公司，大多处在初创期或成长期，项目投资风险大，未来前景不确定，

所以对现金流量的预计很困难。

(2)相对估价法。相对估价法是通过参考可比资产的价值与某一变量(如每股净利润、帐面价值、销售收入)的比率来确定新股发行的价格。在各国创业板市场新股发行定价的实践中,有四种常用的估价方法,即市盈率定价法、动态市盈率估价法、EBIT倍数定价、价格/销售收入估价法。

①市盈率定价法。市盈率是股票的每股当日收盘价与每股税后利润之比,即P/E。采用市盈率定价法确定新股发行定价首先要根据可比公司的平均市盈率估算发行人的发行市盈率,再乘以每股预期收益就可得出初步的新股发行定价。用公式表示为:

新股发行定价=发行市盈率×每股预期收益

市盈率定价法直观地将每股价格与当期收益联系起来,简便易算,对企业的风险、增长状况、资产盈利水平都有一定程度的反映。但是,这种方法对亏损公司没有意义,而且,创业板市场的周期性波动和每股收益的变动造成市场平均市盈率在不同时期的巨大变动,运用这种方法不能准确反映新股公司的内在价值。

②动态市盈率估价法。这种方法应用的前提是上市公司经营收入持续高速增长,并且增长率要远大于折现率(即每股权资本的要求收益率)。这种方法适用于互联网等高速增长的行业,其定价公式为:

股票发行价格=每股理论收益×动态市盈率

其中,每股理论收益=每股收入×理论收入净利率。而动态市盈率取决于盈利增长率和市盈对比增长率比率,等于二者之积。

③EBIT倍数定价法。在企业会计报表中净利润和净资产值会受公司税率、利息费用和折旧等因素的影响,这时直接使用市盈率会造成最终定价存在一定程度失误,因此应采用EBIT(即息税前利润)倍数对公司进行估值。EBIT倍数的计算公式为:

EBIT倍数=EV(企业价值)/EBIT

其中:企业价值=公司股票总市值+净债务;EBIT=净利润+所得税+利息费用。

与市盈率估价法相比,EBIT倍数更适用于企业的所得税率发生变动后,该方法对企业价值评判更准确。

④价格/销售收入估法。在创业板市场竞争激烈的环境中,公司的市场份额在决定公司生存能力和盈利水平方面的作用越来越大,用每股价格/每股销售额计算出来的市售率是评价上市公司股票价值的一个重要指标。它可以明显反映出创业板上市公司的潜在价值。市售率指标有助于识别那些面临短期营运困难但生命力和适应力很强的公司,可以预测出一些处在成长期盈利很低但销售额增长很快的高科技公司的未来发展前景。

(3)经济附加值(EVA)定价法。经济附加值定价法是一种将EVA反映的公司内在价值作为定价依据有效的方法。用这种方法来给新股定价的公式为:

EVA=税后净营业利润-资本成本=税后净营业利润-加权平均资本成本×资本总额。

这里资本总额是指公司产生利润所占用的全部资金的帐面价值,包括债务资本和股本资本。债务资本是指债权人提供的短期和长期贷款,不包括应付帐款、应付票据等商业信用债;股本资本不仅包括普通股权益,还包括股东权益。另外,在计算资本总额时还应将各项准备金计算在内。资本总额的计算公式为:

资本总额=股本权益合计+少数股东权益+递延税项+坏帐准备金+存货跌价准备金+借款总额。

税后净营业利润等于税后净利润与利息费用以及少数股东权益三者之和。

加权平均资本成本等同于折现现金流模型中的加权平均资本成本(WACC)。计算公式为:

WACC=(B/C×R)+(S/C×Ri)

其中,B表示债务资本总额;R表示单位债务成本,它等于平均债务成本×(1-所得税税率);S表示股本资本总额;Ri表示单位股本资本成本,其是普通股和少数股本权益的机会成本,也是股东要求的最低收益率。C表示债务资本总数与股本总数之和。

经济附加值定价方法能比较准确地反映上市公司在一定时期内股东创造的价值,而且所定股票价格正是公司投资价值的市场表现,是许多著名投资银行进行投资价值分析的重要工具。研究资料表明,EVA可以广泛应用于我国创业板市投资分析领域。创业板上市股票发行定价引入EVA指标可以准确衡量公司实际的盈利能力。

(4)期权估价法。对于近期内不产生现金流却具有为公司创造价值潜力资产如目前尚未使用的产品专利的新股定价,传统的现金流贴现估价法和相对估价法并不适合,期权估价模型对此种类型却很适合。

期权是为持有者提供的一项在期权到期日或之前以一个固定价格(即执行价格)购买或出售一定数量标的资产的权利。期权价格由标的资产和金融市场相关的一些因素决定。根据Black-scholes期权定价模型计算看涨期权的价值公式为:

看涨期权的价值$=SN(d_1-ke^{n}N(d_2))$

其中:

$$d_1=\frac{1n(\frac{S}{K})+(r+\frac{Q^2}{2})}{Q\sqrt{t}},$$

$$d_2=d_1-Q\sqrt{t}$$

S为标的资产的当前价格;K为期权的执行价格;T为距期权到期日时间;R为期权有效期的无风险利率;Q^2为标的资产价格的自然对数的方差。

由于许多拟在创业板上市的企业规模小、固定资产少、没有盈利记录,其主要的资产包括了未来可能给投资者带来超额利润专利技术等无形资产,所以其潜在价值大,评估难度也很大。针对中小企业上市发行时无形资产中的专利权采用期权定价模型进行评估,可以反映技术的竞争上的不确定性,从而使估价更合理。在实际操作中可将公司多项专利进行评估，然后将其加入现金流贴现估价模型计算的价值之中。但是运用这种定价模型确定的新股发行价只是一个理论价格，在最终确定发行价时还需要考虑市场需求状况。由于创业板上市公司的主要融资对象是机构投资者和有实力的个人投资者，在新股发行定价的过程中，对路演推介的重视程度很高。保荐人用新股理论价格作为发行底价或根据新股理论价格确定一个价格区间，然后协助上市公司路演，再利用反馈回来的信息对最初的理论价格进行修正，最后确定新股发行价格，或者通过战略投资者竞价。由保荐人用新股理论价格作为发行底价，战略投资者根据自己的意愿在底价上竞价，最后根据竞价结果确定新股发行价格。

2.创业板中新股发行定价的市场操作程序

上述四种定价模型都是对上市公司进行内在估值，定出一个合理空间，然后结合供需双方的意愿决定最终价格。因此，对上市公司进行内在估值仅为新股定价的前提，在实际定价过程中，主承销商一般会通过尽职调查，获得充分资料，然后参照国际上的新股定价流程与定价方法，结合中国证券市场的具体实践。我国创业板市场新定价市场操作程序主要有以下五个步骤：

第一，选择可比公司。选择可比公司的好坏，直接影响到最终所确定的新股发行价格。严格来说，选择的可比公司要满足几个条件：①与发行人属同一行业；②与发行人存具有竞争关系；③与发行人的流通股本规模相似；④与发行人的市场机遇相近；⑤是新近上市的股票。

在创业板成立初期，符合上面条件的可比公司可能只能从主板市场和海外创业板市场进行选择。在实际操作中，只要主板上市公司行业、流通股本和盈利能力三个指标满足条件就可选择可比公司。

第二，应用新股发行定价模型计算新股理论定价。这一步骤是整个新股定价过程中最关键的、复杂的一环，所选估值指标和计算方法直接影响到最终价格的适用和应用效果。该步骤所确定的新股发行价格是整个新股定价过程的基础。

第三，根据不同公司差异性特征进行适度调整。由于可比公司和发行人之间存在差异性，因此，在所确定的新股发行定价基准值的基础上，还要根据发行人在某些可能造成定价出现较大偏差的显著差异特征进行调整。实施该步骤的效果取决于投资银行人员事前对公司进行尽职调查的质量，而具体对公司发行价格进行调整的幅度，则取决于定价人员的经验与判断，在实践中可以在不同方向调高或降低定价、扩大或缩小定价区间。

第四，考虑一些不可见因素对发行定价产生的影响。不可见因素是不包含在公司基本价值判断指标内的因素，其往往对公司的市场定位产生极大的影响，从而造成最终的市场定价大大偏离内在价值。

第五，最后确定新股发行定价。新股发行价格或价格区间需要通过路演、市场询价等方式，充分了解市场需求和市场评价以后，才能最终确定新股的发行价格。

目前，国内市场对创业板的呼声越来越高，预计创业板市场的设立不会太远，在这之间，应考虑到各方面的前期工作。创业板新股发行定价的确定是其中关键的一环，所以，一定要选择适当的新股发行定价模型，考虑各方面对发行定价的影响因素，设计好每一步操作程序。

四、创业板市场的交易规则设计

对于我国的创业板市场来说，采用什么样的交易制度和规则非常重要，而实现股票交易的公平性则是市场的核心，因此创业板市场必须保持其透明度、流动性和价格的稳定性。但是由于创业板市场的上市企业规模小，可操纵性大，且缺乏相应的监管经验，因此难以保证市场的高透明度、高流动性和稳定性，也就难以实现公平交易。在这种情况下，交易规则的设计要特别注意保持市场的透明度、流动性和维护市场价格的稳定性，主要可以从以下几方面考虑：

1.流动性限制

国有股股东、高持股股东和发起人股东以及管理层股东的售股限制性规定是创业板市场交易规则的重点之一。基于我国现有的所有制特色，国有股减持工作正在阶段性实施探索之中，对国有股的出售需从政策的角度加以考虑，并作出界定，确定哪些上市公司的国有股可以出售，哪些上市公司的国有股不可以出售。被确认可以出售的国有股的出售规则应同高科技股股东、发行人股东、管理层股东一致，其中高技股股东为持股数超过总股本的5%的股东。对于管理层股东、发起人股东、高持股股东及可以出售的国有股股东所有股份的出售都要做出一定的持股时间规定，其可以出售的时间应为上市后1年以上，较香港创业板6个月长，较主板市场3年的时间短，这样一方面可以降低市场风险，维持股价稳定；另一方面，相对主板市场而言，提高了股市的流动性，同时还可以确保创业板市场对内地高科技企业和风险投资的吸引力。

2.涨跌停板限制

创业板市场是否设立涨跌停板限制也是交易规则中的重要问题，涨跌幅限制停牌是抑制股份的过度波动，维护市场稳定，保护中小投资者的有效措施之一。我国沪深主板市场设有10%的涨跌幅限制，超过上一交易收市价的10%的涨跌幅限制的委托价为无效委托，且上市公司股价超过涨跌限制范围立即停止交易，但连续3日涨跌停牌的则不再停牌。同时，规定ST股票

涨跌幅限制为5%。涨跌幅限制作为一种制度来干预市场，不利于股价的市场化调节，但是从我国证券市场的发展现状来看，如果在创业板市场上不设涨跌幅限制，则在一定程度上会加大创业板市场价格波动幅度，刺激投机行为，使投资者风险加大。由此，可以适当提高我国创业板市场的涨跌幅限制幅度，如规定为20%左右涨跌幅限制。

3.上市费用和交易费用

上市费用与交易费用的高低是影响创业板市场竞争力的一个关键因素。从吸引上市公司和投资者的角度出发，创业板市场的上市费用和交易费用应较沪深市场要低，以降低上市公司的上市成本和提高投资者的投资收益，使其与高风险相平衡。由此，创业板市场的上市费用中证券商承销、推介等收费可以自行协商确定，交易所的收费则应在原来基础上调低，交易费用则可以考虑在创业板市场发展初期减免印花税和股息税，并通过创业板市场自身管理效益的提高，管理成本的降低来确保创业板市场的高效运作。

4.交易委托及定价方式

交易委托是交易活动的第一步，也是交易规则的一部分。目前证券市场上的交易委托方式主要有市场委托、限价委托、止损委托定价即时交易委托、定价金额即时交易委托、开市和收市委托等，但根据我国目前的实际情况，我国创业板宜采取限价委托。

客户的委托交给经纪人后，可以通过几种不同的途径进入市场交易。我国目前深沪证券交易所采取的是电子报价和汇总方式，具有经济、快捷的特点，因此创业板市场也可以采取这种方式。

关于交易价格的确定方式有：以场外价格为基准的优化定价方式；可商量的价格交易系统定价；屏幕选择定价；双向竞价定价；集中竞价定价等。从全球发展趋势来看，利用电子系统实行双向竞价来确定交易价格是未来发展方向，在亚洲的14个市场中，有12个采用这种定价方式。我国作为一个新兴市场，创业板市场应采取双向竞价方式，符合主板市场“价格优先、时间优先”的定价方式。

5.结算基本规则与流程

创业板市场的结算方式首先应考虑电子技术的支持和市场效率的提高。结算规则应在坚持主板市场股份集中清算、资金实行法人清算的基础上，提高市场效率。目前我国深沪证券所A股采取T+1结算模式 ，B股采取T+3结算模式。但从国际发展趋势看，应缩短结算周期。所以我国创业板市场可以采取T+0结算模式，实现滚动市结算，以提高市场运行效率，推动创业板市场快速发展，其股票和资金清算主要流程如下：

（1）投资者在交易所开立股票帐户，在券商开立资金帐户，券商在交易所开设资金结算帐户。

（2）会员在法人注册地或交易所所在地选择一家银行（银行的标准由交易所确定）开设资金往来帐户，相应地，交易所在该行系统的当地分行开设资金结算帐户，以方便资金划拨。

（3）每日交易结束后，交易所将会员属下所有证券营业部的当日资金清算数据通过交易系统或远程操作系统传给会员，并借记（贷记）会员在交易所的资金结算帐户。

（4）会员应保证在交易所的资金结算帐户留有足够头寸。如果头寸不足，会员应在T+1日下午3:30前将相应资金划入帐户，会员如果在交易所的资金结算帐户上有多余头寸可通过远程操作平台等方式向交易所发出划款指令，要求该所将头寸划到会员预留的资金往来帐户上。交易所在接到划款指令，并确认有效后，向该所资金结算银行发出付款指令，交易所资金结算银行及时办理汇划手续。

（5）交易所根据投资者的买卖情况，贷记或借记投资者股票帐户，券商与投资者再进行资金结算。

五、创业板市场交易制度的选择

市场流动性是证券市场交易制度的重要目标之一。市场流动性是指在价格保持基本稳定的情况下，达成交易的速度或者说是市场参与者以市场价格成交的可能性。一般地讲，一个流动性很好的市场，如果接受市场价格，买卖双方就可以迅速圆满成交。市场的流动性通常可用市场的广度、深度和弹性进行衡量，分别反映市场变现的速度成本、价格对交易量的反映能力和反映程度以及恢复均衡价位的速度；市场广度是指买、卖双方是否能够迅速成交其所希望的数量，如果交易数量并不受到限制，那么这个市场是有广度的，否则，这个市场就是狭窄的；市场的深度则是指价格对追加的交易数量的反应程度，如果追加很小的交易数量可使股价剧烈波动，那么市场是缺乏深度的市场，反之，这个市场就是有深度的；市场的弹性是指市场恢复均衡价位的速度。

影响证券市场流动性的因素除了上市公司数量、股价总水平、投资人的数量及素质等因素外，交易制度也是其重要影响因素。如报价驱动的市场由多家做市商进行连续报价，增加了市场吸引力成交速度快，但价格变化多，市场深度较浅；而指令驱动的市场则降低了交易速度，价格相对较稳定，市场深度较深。目前，许多市场为增加市场流动性，允许这两种交易模式并存，如老牌的NYSE引入专家制度，而NASDAQ则建立小额委托撮合系统进行限价委托交易。

1.交易制度对流动性的影响

证券市场的流动性可通过做市商提供连续报价的报价驱动制度和以经纪商为中介的指令驱动制度两条途径实现，前者以NASDAQ为代表，后者则以NYSE为代表。

（1）NASDAQ的做市商制度。NASDAQ建立于1971年初，采用竞争性做市商制度，每只股票有至少两名做市商提供报价，以寻求股票市场合理价格。根据SEC定，NASDAQ市场的做市商须承担如下责任与义务：提供所负责证券的连续报价、随时准备以自有资金购买交投不活跃的股票而为交易对象造市、稳定市场价格和保证市场交易的公正有序、督促上市人遵守市场规则、并为上市申请人和市场投资者提供咨询服务、接受NASDAQ的监督与管理以及协助监管当局对市场进行管理等。

在NASDAQ市场中，约有70%的交易是由证券商通过做市商完成的，做市商在委托后，可选择经纪或者自营的方式完成委托，但必须履行最佳交易原则：即在交易比较活跃、做市商报价较为接近的情况下，接受委托的做市商的必须寻求最佳成交价位完成交易，不允许选择自营以赚取差价收益，只能选择经济方式收取完成交易的佣金，而在交易较为清淡或者委托量过大时，做市商有义务成为交易对象，以便使客户完成交易，此时应通过向其它至少3名做市商进行询价来确定公正的市场报价，然后通过加价或减价成交方式收取差价收益。NASDAQ规定了加价或减价原则，规定加价与减价的幅度不得超过股价的5%，并告知投资人同意以及自己担当的角色，否则要承担民事责任，以保障交易的公平性。

NASDAQ的做市商制度对提供市场流动性和稳定性发挥了重要作用，由于做市商有在NASDAQ市场的报价显示牌上及时报告其报价，向投资者提供股票或公司研究报告和市场当局提供有关市场信息的义务，并有责任迅速以最优价撮合成交，从而，大大提高了交易的速度，降低了交易成本，提高了市场效率。同时，做市商制度提供了证券市场价格的发现机制，也为证券的流动性提供了重要保证。

总的来说，在报价驱动市场中，做市商作为市场的核心组织者，对市场流动性的贡献主要是通过提供连续有效的报价和自己愿意承担的交易数量来实现的。有研究表明，在提供流动性方面，报价驱动市场要优于委托驱动市场。然而，做市商制度实践中也存在一些问题，如其报价和报价的最低交易限额惯例被认为是妨碍了公平的价格和侵犯了其他参与者的利益，从则破坏了市场公平、公开和诚信原则。因此NASDAQ正积极采取改革措施，以进一步改善交易的连续性和市场流动性。

(2)NYSE的专家制度。NYSE按其主流交易方式，可归为指令驱动或委托驱动的市场，且保留了传统交易大厅交易方式，但为增强市场流动性，引入了专家交易制度。这里的专家也称“指定自营商”，每一上市股票都有一专家来负责，一般要求由该股票的主承销商担任。在NYSE，专家负责组织每天的开盘，参照市场走势及本身的资金状况，决定合理的开盘价，以便让所有的市价委托均可成交，并有责任对投资人提供连续可行的最佳报价。

在NYSE，专家负有增强市场流动性和稳定性的义务，防止交易中断或市场价格出现剧烈波动。为达到市场交易的连续性和提高市场深度的目的，专家应向投资者提供公正合理的连续报价，并随时准备以自有资金买卖证券，但不能主导市场走势，促使股价随市场供求状况变化。为促进市场流动性，NYSE市场专家还可以担当独立经纪商和自营商的角色，代理其它场内券商执行那些不能立即执行的非市价委托的指令，当市场交易中断或买卖失衡时，专家可用自由资金买卖股票，以创造市场，保障交易的连续性。而当出现负责某股票的专家难以承担的巨额委托量时，可由场内官员指定其它券商担任临时专家，代理执行委托。近年，专家的交易量占总交易量的10%左右，一般以自营身份进行交易的专家要求其买价比客户的买价高，其卖价比客户的卖价低。不得与委托名册中的价格进行竞争，而且严格规定了专家的买卖价差，降低市场价格的波动幅度，减少市场不合理的价格波动，有关市场当局和监管部门会对专家履行义务的绩效进行定期评估，绩效较差或没有尽到义务的专家所负责的股票数量将会受到限制。

与做市商不同，NYSE的专家有保持交易的连续有序性的责任而被要求提供流动性。不过，由于受数量及其实力的限制，在供需严重失衡时，虽然有助理专家和市场官员指定的临时专家协助，专家仍可能无力负担，特别在交易无利可图时，专家就会退出交易，容易造成交易中断，因而，市场流动会受到影响。如果专家被迫提供自己不愿意提供的流动性，必然会要求提供某些特权，以增加其利润预期或降低其获利风险。

由于专家在市场中扮演的角色和地位，被认为享有某些特权并在交易中居于垄断地位，从而限制了市场竞争。这种垄断主要表现价格与信息方面，具有操纵或者左右价格从而把握市场走势的优越条件，并可以利用其信息优势获得垄断利润，同时，专家还可用自有资金影响价格，容易造成市场价格的过度波动。事实上，专家利用其垄断地位向市场提供的资金非常有限，从而为市场提供的流动性也有限，并没有能够弥补NYSE的委托交易流动性较低的问题。因此，NYSE的市场流动性远远低于NASDAQ。而且专家也难以使中小企业股票活跃起来。导致许多NASDAQ的上市公司不愿意转到NYSE上市。

2.创业板市场交易制度的安排

任何一个证券市场的交易制度安排应能促进市场的透明性、流动性、稳定性和有效性等制度目标的实现及其协调配合，同时，也要充分利用现有资源，降低制度设置成本。根据国际类似市场如NASDAQ、EASDAQ、AIM等市场的发展与运作的经验，创业板市场的制度安排应主要在于促进市场流动性。创业板市场的交易制度选择的首选目标是市场的流动性。这是由创业板的特殊性决定的。这种特殊性主要表现在：

(1)市场的高风险性。由于降低了企业的上市条件，市场当局和监管部门不对企业的发展前景和盈利能力进行评估和审查，因而只能依靠投资者自己进行判断和决定，投资首先考虑的是其所投资证券的变现速度与交易成本即证券流动性；

(2)市场服务对象的特殊性。上市交易的企业主要是一些具有发展潜力的中小高科技企业，这些企业的发展前景并不明朗，不适合广大中小投资者的参与，也难以对这些投资者产生吸引力，因此，在该市场参与投资活动的群体主要是风险投资基金、投资银行等具有一定风险承受能力的机构投资者；

(3)市场目的的特殊性。创业板市场建立的主要目的是促进高新技术企业的发展和现代企业制度的建立，这些企业大多是中小型企业，极具增长潜力，增值前景却又不明朗。因此，交易制度的设计必须考虑高新技术的特点，并能满足实现市场目的的需要。

通常，证券市场交易制度应能满足流动性、透明性、稳定性和有效性四大目标的要求，而对创业板市场来讲，流动性要求更为重要。因为,从国际类似市场的经验可以看出,创业板市场是一个以信息披露为主的市场,市场透明性和有效性是其基本要求,市场稳定性则是市场交易制度的微观控制目标,因为市场流动性不足而关闭或没能达到设立目的的类似市场也不乏其例。导致这一状况的因素除了上市公司数量太少就是交易制度的安排未能满足市场的要求。

近年,国际证券市场已发生了很大的变化。交易制度的改革成为证券市场的普遍现象,NASDAQ、NYSE 以及巴黎股票交易所等世界著名市场都在进行交易制度的改革,改革趋势是满足市场对流动性的要求而使交易所的交易制度多元化,充分发挥各种制度的优势。如 NASDAQ 是一个报价驱动即以做市商提供连续报价为价格发现机制的市场,为增强市场流动性和满足一部分愿意承担风险的小额投资者的需要,NASDAQ 于 1984 年建立了小额交易自动委托系统 SOES 以电脑处自动处理,而不须通过做市商完成交易,使小额投资人的交易更有效率。到 1996 年由 SOES 执行的交易量达 15%。而 NYSE 则引入了专家交易制度,在 NYSE 的总交易中,近 10 年来,专家的交易量平均为 10%。可见,证券市场对市场流动性非常重视的。

以上分析表明,我国创业板市场的交易制度设计首先应满足流动性的要求,促进市场功能的充分发挥。一般而言,我国的创业板市场应引入做市商制度,这样既可以保证市场交投的活跃程度,又可以满足小额投资者的投资要求。

六、创业板市场的监管体系设计

创业板市场是新型的资本市场,高风险是其显著的特点,因而其监管较主板市场更为严格,需要有独立的监管体系和监管理念。在创业板监管制度设计与市场运行上,管理层应按照国际惯例在市场进入、规则等各方面实现与国际的对接,严格划分市场与政府的边界,以市场为导向,接受成型市场经济规则的制度。另外,创业板市场的运作,除了受有关公司法和证券交易法规制约外,还受到诸如创业板市场规程与上市规程和市场操作规程的制约。因此,我国创业板市场的监管除了设计和实施有效的市场规则,完善和建立有效的监管制度外,还应建立有效率的市场监管架构,包括市场管理委员会和市场监察专职机构,确保只有符合要求的上市申请人才能进入市场,并对市场异动进行及时的调查和对争议事件进行合理而及时的裁决。具体而言,我国高新技术企业的监管主要抓好以下几个方面:

1.强化创业板市场信息披露监管

创业板市场强调“信息披露为本”与“买者自负”的监管理念,以最大限度地保证投资者在公平、公开、公正的条件下进行交易或投资活动。因此加强信息披露是创业板市场的灵魂。

由于创业板市场对上市申请人的评估能力有限,审查范围仅限于申请人是否符合创业板市场的上市要求,并不强调公司的规模和业绩。监管的重点是上市申请人或上市公司相关信息的详尽、准确和及时地披露,要求公司披露的内容更加全面和完整,因而只对市场施行有限而高效的管理,为达到这一目的,创业板市场必须具备高效的交易和信息传递系统,建立完善的电子化交易市场。并且,创业板市场“信息披露”为本,决定其制度安排的重点在于通过立法和强化监管的方式来加强市场监管,即实行强制性的信息披露制度,以强制证券发行人及时完整地向公众披露有关信息,减少不公平利用信息优势的机会,从而使投资者有足够的信息充分权衡利弊而作出自己的投资判断。

为确保上市公司信息披露的充分性、及时性、真实性和公平性。第一要在创业板市场上市规则里对信息披露的内容、范围、方式、程度等作出明确具体的规定,比如要求上市公司必须设有本公司的网址、发布季度报告、中报和年报必须提前 5 个工作日通知交易所等;第二,中国证监会要借助中介机构加强对拟上市公司信息披露的监管,特别是应当规定上市公司董事、监事在上市前必须接受证券监管部门的聆讯,以加强拟上市公司董事、监事对信息披露的有关规定的认识;第三,交易所依据创业板市场上市规则对上市公司的信息披露进行动态监管,履行监管的职责。其侧重点应放在对临时报告的监管上,对关联交易、资产置换等信息披露,交易所的有关工作人员必须进行仔细审查,确认符合规定后才允许上市公司发出。另外,对股票价格和成交量的异常波动,交易所要对公司进行询问,并决定以何种方式向投资者发布,以风险警告的形式,提高投资者的风险意识。

2.加大对公司治理结构的监管

国外创业板市场的发展经验表明,市场监管当局不对上市公司或上市申请人的经营能力和营业前景与增值潜力进行评估,出于保护投资者利益和降低市场系统风险考虑,要求公司建立完善的治理结构和内控系统以及对公众股东负责的有效运行机制,以确保公司管理层遵守市场规则和有关商业规则。要实行独立董事制度,并与聘请专职合格的会计师及成立监察与审核委员会等行使监管财务及内部监管职能。另外,要求建立有效的公司员工激励和约束机制,建立公司高级管理层和公司核心技术人员的持股或期权计划等激励措施,保持高级管理层和核心技术人员稳定和创新的动力,通常,对发行人有一定的售股期限制,确保管理层的稳定和避免短期行为。特别要对:①年报、中报、及季报的公告;②成立审核委员会及其中独立人士的比例;③股东年会的召开;④独立董事的人数或比例以及独立董事的持股比例;⑤股东大会的决议票数;⑥投票权的构成与分配;⑦成立补偿委员会,其成员主要为独立人士;⑧对关联交易须征求相关人士的意见;⑨敏感交易应报董事会批准;⑩与董事或高级经理有关的交易应提前公告及利益冲突时的评估等作出明确规定。

在市场经济转轨时期建立的我国创业板市场,应特别强调上市申请人的公司治理结构和内控系统,执行比主板市场更为严格的监管制度,这也是保护投资者利益的重要措施。特别是创业板市场是一个以“信息披露为本”的市场,对公司的治理和监管还应加强上市发行人的信息披露制度,制定严格的监督和检查制度,确保有关信息能准确、及时和完整地披露。

3.构建有效的法律法规体系进行多层

次监管

从各国创业板市场的设置情况看，各国创业板市场虽然有不同的组织结构，但都是采取分级管理，以避免监管当局权力的过分集中而带来的消极影响，提高市场监管效率。从这一方面讲，我国创业板市场也应设立类似于香港创业板的市场专责小组的机构和市场内控系统，建立法律法规体系，并实行分层分级管理，以保障市场发展的有序性。主要包括以下几点：

(1)创业板市场的高风险决定其要有比主板更为严格和完善的监管依据，包括有关法律和市场规程，创业板市场要通过制度和立法制约市场参与者特别是证券发行人的行为，以便能够促使其尽可能充分及时地发布信息，并保持市场竞争性、透明性和流动性。因此创业板市场要制定《创业板上市规则》、《公司收购及合并条例》、《证券投资保护法》等法律法规体系。

(2)建立分级监管模式，明确分工，各司其职，保证市场监管公正有效。中国证监会负责根据市场环境的变化对创业板市场规则的科学性和公正性定期进行检查，同时全力督察交易所履行职责；交易所则具体负责市场一线监管，处理市场日常事务，重点是通过监控系统的自动搜索和分析功能实时监视所有交易活动，对异常交易和可能的违规行为进行调查与裁决，监察发行人遵守相关法律法规。

(3)构建多层次监管内容体系，不仅包括信息披露，而且涵盖上市公司治理与管制。建立监管体系，要强化信息披露，尤其要强化事前监管力度。信息披露必须遵守国际信息披露“三原则”，进行多层次地披露，包括上市公司技术转让和发展的披露以及公司技术及产品的环境的披露，以帮助投资者对公司价值作出准确的判断。在内容上不仅要增加季报，以减少内部信息扩散，而且要保证信息披露的及时性、准确性和完整性。在构建多层次监管体系时，不能单纯依靠信息披露，还要注重上市公司治理与管制，公司治理方面要发挥“三公”的法定作用，约束公司内部行为，建立独立董事制度；发挥中介机构作用，对公司行为作约束；监管部门建立公司监管数据库，保证监管的严密性、系统性、连续性。还要引入公司管治概念，将其纳入规则。公司管治包括权力制衡机制、激励约束机制、内部管理机制以及规范运作机制。

4.实行市场保荐人制度

创业板市需要实行市场保荐人制度。由于创业板市场的服务对象是具有增长潜力的民营、中小高科技企业，这些企业起点较低、规模小、基础薄弱，且创业板市场特别强调上市人的信息披露，对其经营能力、市场前景和投资风险不作审查和评估，因而创业板市场的风险性较高。在这种情况下，特殊的保荐人制度是市场稳健运行的重要因素。在主板市场上，须聘请保荐人的规定通常在企业上市后即告完结。而创业板市场，发行人在上市后两年内还须至少保留一名保荐人，这也是控制风险投资保护者利益的重要措施。保荐人的重要职责在于向发行人提供公正的意见，判断企业是否适合上市，确保发行人发布的信息的真实、准确和完整，辅导发行人及其董事以使其理解上市规则，并督促其遵守，及在持续遵守上市规则时向发行人提供建议，同时，保荐人负有对发行人上市审查责任，以防止恶意包装、欺诈上市而侵犯投资者利益。因此，保荐人要具有良好的诚信、专业水平和职业道德，并具有应有的职业谨慎态度，其资格也须得到市场管理部门认可。而且，如果我国创业板市场实行做市商制度，保荐人还要担负造市人的角色，以保障市场交易的活跃性和市场的流动性。而且，经过11年的发展和探索，我国证券市场监管和法律建设已取得了很大成就，积累了相当丰富的经验，一系列法律法规的相继制定并颁布实施，使我国证券市场监管迈上了新的台阶，为我国创业板市场的监管打下了良好的基础，而有效的监管将有力地促进创业板市场的规范化发展。

当前，我国已加入WTO，国内资本市场与国际资本的接轨成为必然趋势。创业板的推出，必须结合我国国情，借鉴国外先进经验，在发展目标、发行定价、上市条件、交易制度、监管体系等方面要进行正确规划与设计，这对发挥创业板市场的战略性作用，推进我国证券市场化、国际化发展，具有重要意义。

第五章 我国创业板市场前景展望

近年来，世界各国纷纷设立了创业板市场。针对高新技术企业和中小成长型企业的创业板市场，不仅为创业企业提供融资支持，为风险投资提供出口，而且对高科技产业的发展、经济结构的调整、资本市场的完善以及国民经济的持续增长都产生了巨大的推动作用。尽管如此，创业板市场在各国取得成功的却并不多，除NASDAQ市场外，一大批创业板市场相继衰落。我国创业板市场正在筹建之中，其发展前景为公众人士所关注。但根据与国外创业板市场的比较研究，可以说，我国创业板市场在上市资源、市场规模、交易机制及市场组织模式等各方面都有良好的基础，一旦设立，将有巨大的发展潜力。

第一，企业板市场将拥有优良的上市公司群体

各国创业板市场发展的经验表明，上市公司的素质是创业板市场能否取得成功的关键。美国NASDAQ市场培育出一大批高科技巨人上市公司(如微软、戴尔、英特尔等)，并以之为依托吸引大量投资者取得了巨大的成功；而一些失败的市场主要原因也在于其上市公司素质不高，效益不佳，缺少对投资者的吸引力。同时，美国雄厚的科研实力、发达的创新体系、自由竞争的商业环境、大量的风险投资以及以“硅谷”为中心的大批高科技园区，为NASDAQ市场培育了具有良好发展前景的高科技企业和中小成长型企业，为其源源不断地提供优质的上市资源；而在欧洲和香港地区，由于缺乏发达的科技创新体系、良好的创业环境，适合到创业板上市的中小型高科技企业较少，上市资源的缺乏降低了上市公司的质量，也限制了创业板市场的规模，从而使其后续发展受到严重制约。

我国经过20多年的改革开放，国民经济已进入全面深入发展的新阶段。尤其是近几年来，我国新经济迅猛发展，高新技术企业、民营企业和中小型成长性企业蓬勃发展，成为推动经济增长的生力军。在科技创新方面，由于我国科教兴国战略的实施，使创新体系有了较快的发展，创业环境已大大改善。据统计，全国已建立100多个高科技企业孵化器、30多个大学科技园、20多个留学生创业园、500多家为中小企业服务的生产力促进中心，各地高新技术开发区的企业共有近2万家，全国科技型中小企业超过7万家。在创业板市场之前，由于体制原因和上市门槛的限制，相当部分有着良好发展前景的高科技企业和民营企业不能进入主板股票市场。这些企业为即将推出的创业板市场积累了丰富的上市资源。2000年中国证券监督管理委员会(以下简称中国证监会)对全国有主承销商资格的券商所做的调查表明，有意向上创业板市场发行股票的创业企业达2000家以上。优良的上市公司资源将保证我国创业板市场的市场规模，保证上市公司的良好质量，从而保证创业板市场的长远健康发展。

第二，创业板市场将具备足够大的市场规模

创业板市场的高风险特征使得投资者的投资策略有所改变，分散风险的组合投资策略将被创业板市场的投资者普遍采用。这就对创业板市场规模提出了要求：只有达到一定的规模，创业板市场才能保证有足够多的公司可供投资者选择。美国NASDAQ市场在其成立之初就有近2500家上市公司，目前已发展到近5000家。足够大的规模使得NASDAQ股票市场吸引了大量投资者，巨额资金来源充足，成为全球最著名的风险股票市场。而那些不成功的创业板市场，很大程度上是因为市场规模太小，融资能力不够，抗风险能力较弱，一旦出现较大的金融风暴，就会被淘汰。如1992年美国证券交易所的“新兴公司市场”和八十年代的欧洲小盘股市场等，每个市场仅有20-30家上市公司，难以吸引投资者，市场交易长期处于低迷状况，市场往往在成立后不久就宣布关闭，或者另有新市场取而代之。反观我国创业板市场，由于上市资源极为丰富，发行机制将完全市场化，股票发行上市效率较高，市场规模将不会成为创业板市场发展的障碍。据专家预计，创业板市场的首批上市企业将在50家以上，达到数百家的市场规模这一目标也不难实现。创业板市场将以巨大的市场容量，容纳大批成长型企业的融资活动。

第三，创业板市场将采用灵活的交易机制

就创业板市场而言，大多数上市公司是中小企业，股票发行数量有限，流动性比不上主板市场。NASDAQ市场为了解决这一问题，采用了做市商制度，这一制度较好地解决了那些交投不太活跃的中小公司股票的流通问题，这也是NASDAQ市场成功的一个重要因素。长

期以来,我国证券市场形成了交投活跃、换手率高的特色。主板股票市场上,投资者更愿意投资于流通盘较小的小盘股,原因就在于小盘股交投活跃,换手率大大高于市场平均水平。创业板市场的投资者与主板市场基本相似,这种交投活跃、换手率高的特点在我国创业板市场上也会形成,如果创业板市场最终引入做市商制度,将更大地激发市场良好的流动性。

第四,创业板市场将组织规范的市场模式

创业板市场包括两种组织模式:附属模式和独立模式。附属模式下的创业板市场实际上是主板市场的后备市场,其主要功能仅仅是为主板市场培育上市公司。这种模式的创业板市场设立成本较低,有主板的成功经验可以借鉴,但缺乏独立性,不能与原有的主板市场形成良性的竞争,同时附属模式的创业板市场往往只余下主板选择后较差的公司,本身即存在缺陷。独立模式型的创业板市场拥有独立的市场地位,市场特色鲜明,竞争力较强,发展成功的机会更大。但设立的成本较高,筹备工作也更复杂。我国创业板市场将设在深圳证券交易所,但又与其现有的主板市场分开独立运作,在适当的时机,可能将深沪两市主板市场统一合并入沪市,深圳证券交易所将专门致力于创业板市场的发展工作。这是一种较为合理的市场组织模式,既借助了深圳证券交易所现有的技术基础和11年运作主板市场的成功经验,又保证了创业板市场的独立性和竞争力。

第五,创业板市场将构建完善的法规体系

我国证券市场在11年发展之后,形成了一整套比较健全的法规制度,建设了一支强有力的监管队伍,培养了20多家专业化、优质的保荐人,发展了一批以证券投资基金为代表的机构投资者,初步建立了比较完善的市场服务体系,这些都将成为我国创业板市场设立与发展的坚实基础。借鉴主板市场成功经验,我国创业板市场已初步设计了一个完善的监管制度体系,包括严格公司信息披露制度、强化公司管治和公司治理结构监管、加强中介机构(如保荐人)的职责、开展全面的投资者教育活动等。创业板市场的高风险性决定了其监管体系必须高度完善。同时,创业板远较主板市场严格的监管体系的架构建设,必将为证券市场的健康运行创造良好条件。

第六,创业板市场将向国际化进程发展

创业板市场的推出,将会出现不同于主板市场的两个特征:规范化和国际化。规范化是创业板市场成败的关键,而国际化则是创业板持续发展的基石。从某种意义上讲,市场的规范化过程也是走向国际化的过程。只有与国际接轨,充分实现创业板的国际化,才能提高市场的流动性和市场效率,降低交易成本,增进监管的有效性,使国内证券市场实现对外开放,与国际互通有无。从国内情况来看,A股市场具有一定的容量,目前不宜向外国投资者开放,B股市场虽已实现对外对内开放,但市场容量太小,风险程度逐渐加大。因此,创业板以其股份全流通、行政干预小的优势,更能吸引投资者的兴趣,而通过创业板市场的国际化进程实现我国证券市场的对外开放就成为市场发展的一个必然趋势。

创业板市场是为了适应新经济的要求和高新技术产业发展的需要,弥补现有市场缺陷而建立的新型资本市场。创业板市场的推出为我国证券市场的发展创造了很好的发展契机,对我国高新技术产业的发展将起到巨大的推动作用。同时,创业板市场作为一个全新的资本市场,从一开始运作就与规范化的国际惯例接轨,因此,它最能代表新经济的发展方向,其发展前景十分光明。

第六章 信息、生物、纳米三大高新技术的发展

21世纪,科学研究将会以前所未有的深度、广度和速度逼近极限和本源,走向复杂和非线性,趋于综合、交叉、融合与统一。影响21世纪技术发展的因素主要有三:一是技术自身的发展;二是科学发展状态对技术发展的巨大影响,科学发展的最新成就必然影响技术发展的方向和速度;三是社会和经济发展的需求将对技术发展的速度、方向和规模产生深远影响。

21世纪将是一个科技新纪元,高新技术发展的趋势将主要表现在信息、生物、纳米技术三大领域的革命性突破。

一、21世纪信息技术将继续得到迅速发展

信息技术产业是构成信息商品化产业的基础产业。随着科学技术的日新月异,形成了一大批高新技术领域,而信息技术就是高新技术领域中佼佼者之一。在21世纪,信息技术是衡量一个国家的综合国力强弱、社会信息化程度高低的重要标志之一。

1.信息技术的内涵

一般来讲,信息技术是产生、存储、传输转移和加工图像、文字、声音及数字信息的现代技术总称。它包含三个层次:一是信息基础技术,即有关元器件的制造技术,它是整个信息技术的基础;二是信息系统技术,即有关信息的获取、传输、处理、控制的设备和系统的技术,主要有计算机技术、通信技术和控制技术,它是信息技术的核心;三是信息应用技术,即信息管理、控制、决策等技术,它是信息技术开发的根本目的所在。信息技术是由上述相互联系的三个领域构成的有机统一整体(如图所示)。

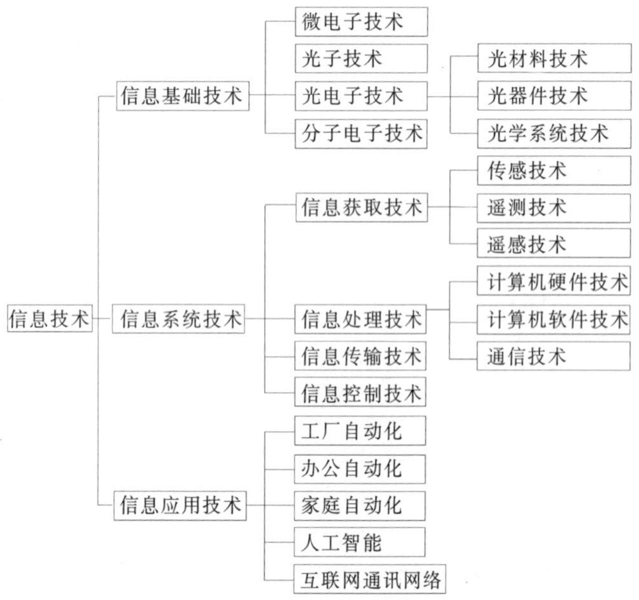

2.信息技术在社会经济发展中的地位和作用

世界各国发展的规律表明:开发和利用信息技术是实现国民经济和社会发展的最主要的手段。信息技术作为高新技术领域的"领头羊",是决定一个国家的工业化社会最终向信息化社会发展的关键因素。信息技术在人类社会发展中的地位和作用表现在以下几个方面:

(1)信息技术是社会经济发展的重要手段和工具。从信息技术的发展过程看,它一直就是推动人类社会和经济发展的重要手段和工具。人类已经进入了新的信息革命的高潮,信息的处理技术、存储技术、复制技术、传递技术都在发生着相应的变革。自电子计算机和通信技术诞生以来,不断建设以信息高速公路为快速通道的信息基础设施,它将吸纳空前巨大的信息流量,传递呈几何级数增长的各种知识和信息,使拥有这些设施的国家和地区能以信息技术支撑和强化经济社会体系,真正进入"信息社会",人们可以充分利用网络中的硬、软件资源,获取自己所需的信息。这大大促进了工业自动化、办公自动化和服务自动化,使得整个人类社会的生产方式、生活方式以及人们的价值观念都发生了根本变化。

(2)信息技术是科技进步的基础与媒介。从科技进步的过程来看,信息技术是一项应用基础技术,在科研和技术开发中,是不可或缺的媒介和传递手段。当今几乎所有重大技术领域都离不开信息技术的支撑。信息技术的快速发展,影响着整个国民经济的发展,正因为如此,各国才围绕信息技术及其产业化投入大量的人力、物力和财力,展开激烈的竞争。此外,从全球范围来看,信息技术在各国中的竞争使其得到了前所未有的发展,并不断引发新的技术革命浪潮,信息技术成为高新技术革命的集中体现。

(3)信息技术是经济增长和技术创新的交叉生长点。从经济学的角度看,信息技术及其产业化过程,为经济增长和技术创新理论补充了新的"血液",成为当代产业经济理论与政策研究的新热点。在进入信息社会的今天,信息技术作为技术创新的典型代表,对于经济增长的贡献是极为重要的,可以说,没有信息技术及其产业的创新发展,经济增长几乎难以实现。

(4)信息技术是社会形态变化加快的杠杆。从历史发展的模式来看,信息技术在一些重大的社会变革中所担任的角色,无论是其重要程度还是主导地位,都已经大大超过了人们的预期和想象。目前,以现代信息方式来塑造和影响社会形态及社会事件,其巨大的力量正越来越明显。同时有目的、有步骤地探索和利用这种方式也会变得越来越吸引人,可以预见到的未来,在各层次相关联的社会决策,将越来越多地产生于社会结构及其信息模式的结合处。由此可见,信息技术已成为社会形态加快的有

力杠杆。

3.以计算机为中心的信息技术革命将持续到21世纪初期

全球“信息高速公路”浪潮的兴起将成为“世纪工程”,它将成为全球的神经中枢,使人类居住的地球就如同一个具有高度智慧的“大脑”。之所以出现这种趋势,是基于以下理由:其一,预计未来20年,半导体芯片集成度每18个月翻一番,被称之为“摩尔定律”的发展趋势还会继续。而与之并行的处理技术使计算能力两年提高一个数量级,估计到2005年计算能力将达到每秒4万亿次级;其二,信息产业已成为经济增长的主要推动力。据统计的资料数字表明,2000年全球电子产品市场规模已达到1.3万亿美元;其三,互联网和电子商务高速增长。全球互联网用户从1996年不足4000万户增长到目前的2.6亿户,预测到2005年超过10亿户。未来10年,全世界国际贸易将有1/3通过电子商务来实现。

二、生物技术将获得空前的发展机遇

生物技术是指综合运用生物学、化学和工程学手段,直接或间接地利用生物本身、生物体某些组成部分或某些特殊功能来生产有用物质的一门新兴技术。它包括基因工程、蛋白质工程、细胞工程、发酵工程和酶工程。其中基因工程(即重组DNA技术)是其核心。近年来,生物技术在基因治疗、生物芯片、人体基因序列测定等方面取得了重大突破。

1.我国目前生物技术的发展状况

(1)基础研究受到高度重视,并取得巨大成就。我国生物科研虽然起步较晚,基础不高,但是一开始就受到了国家有关科研部门的高度重视。早在1978年,遗传工程在全国科技大会上被列为重点带头学科,“六五”期间,基因工程、酶工程、发酵工程被列为国家科攻关技计划,组织全国各有关院校及科研机构开展基础研究。并陆续组建了分别从事基因药物、生物制品和疫苗研究的3个国家级研究开发中心以及30多个国家重点生物工程实验室,在我国实施的“863”高科技发展计划中,基因工程被作为最优先发展的领域之一。总之,20多年来,在我政府的高度重视和大力支持下,生物科技研究工作得以有序、蓬勃展开,为我国生物技术的迅速发展并在国际生物科技研究领域占有一席之地奠定了基础。

目前,我国在生物技术领域的研究取得了举世瞩目的成就。在农业方面,二系法杂交水稻研究取得了突破,培育了一批转基因动植物,并有农业重组微生物投入生产。在医药领域,继1982年5月实现了LEU-脑啡吠的基因人工合成,同年6月,在国际上首次成功地将乙肝病毒表达抗原基因转移到大肠杆菌中进行无性繁殖,近年来在干扰素、疫苗、克隆及转基因动物技术等方面研究工作取得了许多重大成果,如基因工程乙肝疫苗项目获1993年国家科技进步一等奖,前不久基本完成的1%人类基因测定项目也反映了我国在生物科技方面具有较高的研究水平。

(2)产业化水平相对落后。我国生物科技产业化落后的重要表现在:重复投资严重和仿制泛滥。据统计,现阶段我国有200多家具有一定规模的生物制药生产企业,但很大一部分企业投资领域都集中在国外已经比较成熟的16个品种上,真正自己研究、调试、生产的品种比较少。由于重复建设现象比较突出,造成竞争速度,产品利润下降,目前已有50%以上生产EPO、G-CFS的厂家停产或濒临停产。此外,我国生物制药企业大多规模较小,难以承担开发生物药品的巨额费用,而且高校与其它科研机构及企业缺乏合作,导致企业核心竞争力不强,自主开发能力不高。“入世”以后,这一问题将更为突出。

2.生物技术产品市场潜力巨大

生物药品被国家行业主管部门列入“九五”医药行业发展重点,国家对生物药品的开发、生产和销售制订了一系列扶持政策,包括对生物制品企业实行多方面税收优惠、优先安排生物药品进入公费医疗目录、准许企业自主定价、延长产品保护期和提供研发资金支持等。同时,对部分基因药品的项目审批采取了限制性措施。这些政策有利于刺激生物药品的供给和需求,规范市场秩序,促进生物制药行业的发展。目前医药行业是我国增长速度最快的行业之一,1978-1998年间平均增长率达18%,生物药品也保持快速增长。1990年我国生物药品产值为18亿元,1997年则超过了30亿元。近年来,由于生活方式、环境变化及人口老年化等因素,我国肿瘤、心血管和遗传性疾病患者大幅增加,患者人数增长速度超过10%。由于生物药品在治疗上述疾病方面比传统药品效果更显著,使得对生物药品的需求日益增大,专家估计,到2005年我国生物药品市场规模将达到300亿元。可见,我国生物物技术产品市场前景诱人。

3.21世纪,生物技术将得到历史性的巨大发展

众所周知,生物学发展最引人注目的是其不仅在了解生命,而且在改造生命,定向进化成为生物技术的新热点。现在生

物技术研发成果不断涌现,应用速度日益加快,已经兴起的"组织工程学",科学家正在培育人体的各种组织器官,如软骨、血管、皮肤、甚至胎儿的神经组织、肝脏等。这种再造人体器官的前景,充分表明临床医学将发生一系列重大问题,比如人口膨胀、环境污染、粮食匮乏、疾病威胁等紧迫需要发展生物技术加以解决。围绕生物技术的发展,环境保护技术、农业技术等也将得到长足的发展,从而逐步形成新的高新技术产业群,拓广生物技术发展空间。

三、纳米技术将引发新的产业革命

目前,以纳米科技为前沿和核心的新材料科技正广泛应用于光学、医药、半导体、信息通讯等。专家预测,到2010年,纳米技术的市场交易将达到14400亿美元,可见,纳米科技将彻底改变目前的产业结构,并且孕育着巨大商机。21世纪,纳米技术的新时代将会出现。

1.什么是纳米材料和纳米科技

纳米是一种度量单位,1纳米等于10^{-9}米(1毫米等于10^{-3}米,1微米等于10^{-6}米),即百万分之一毫米、十亿分之一米。所谓纳米材料是指微观结构至少在一维方向上受纳米尺度(1nm-100nm)调制的各种固体超细材料。它是一种介于固体和分子间的亚稳中间生物质。正是由于这种特殊的结构,使之能产生四大效应,即小尺寸效应、量子效应、表面效应和界面效应,从而具有传统材料不具备的物理、化学性能,表现出独特的光、电、磁和化学特性。纳米材料按其结构可分为四类:具有原子族和原子束结构的称零纳米材料;具有纤维结构的称为一维纳米材料;具有层状结构称为二维纳米材料;晶粒尺寸至在一个方向在几个纳米范围内的称三维纳米材料。按化学组份,可分为纳米金属、纳米晶体、纳米陶瓷、纳米玻璃、纳米高分子和纳米复合材料。按材料物性,可分为纳米半导体、纳米磁性材料、纳米非线性光学材料、纳米铁电体、纳米超导材料、纳米热电材料。按应用,可分为纳米电子材料、纳米光电子材料、纳米生物医用材料、纳米敏感材料、纳米储能材料等。目前,纳米材料是材料科学研究的一个热点。承担国家重大基础研究项目的单位和纳米材料研究工作开展比较早的单位有:中国科学院、上海硅酸盐研究所、南京大学、中国科学院固体物理研究所、金属研究所、物理研究所、中国科技大学、中国科学院化学研究所、清华大学、吉林大学、东北大学、西安交通大学等。纳米材料是纳米技术应用的基础,其相应发展起来的纳米技术则是21世纪最具有前途的科研领域。纳米科学是指研究纳米尺寸在0.1nm-100nm之内的物质所具有的物理、化学质性和功能的科学,而纳米科技则是一种用单个原子、分子制造物质的科学技术,它以纳米科学为理论基础,进行制造材料、新器件,研究新工艺的方法。

2.我国纳米技术的研究发展情况

纳米材料一问世,我国科学家就开始进行研究。20世纪80年代中期以来,纳米材料的开发列入我国"863"计划和"攻关计划"。20世纪90年代中期,我国纳米材料的研究,获得重大突破。为了加快这些成果的产业化和应用,科技部"火炬计划"给予了鼎力支持。目前,我国有30个单位和约3000位研究工作者正在致力于这一领域的研发工作。

我国纳米技术研究的主要内容包括制备工艺、产品测试、材料性能、应用开发等。而比较有实力的领域是纳米探针和运用纳米管的生产工艺的开发。我国已经装备了一批较先进的设备,一些研究成果也达到了世界先进水平,而且还建成了多条纳米材料生产线。其中金属纳米材料的生产能力达3-5吨/年,SiO_2、TiO_2等生产能力已超过300吨/年,CaCO3纳米材料生产能力则超过1000吨/年。从品种上讲,能够生产铁、镍、锌、银、铜、铝、钴等金属纳米粉和SiO_2、AL_2O_3、Fe_2O_3、CaO氧化物粉末以及SiC等陶瓷粉末共30多种。

我国纳米材料起步晚,发展速度快,应用研究滞后于制粉发展,技术上还存在不完备的问题。现在突出的矛盾是少数低劣产品供大于求,而某些产品仍需进口;另一个方面,国际上纳米材料市场正在形成,因此,我国纳米材料一出现就需要对国内外市场进行拓展,纳米材料能否稳定发展将最终取决于技术创新和产业化进程。

3.纳米材料的应用与前景展望

21世纪纳米科技的新发展,将为纳米材料开辟更加广阔的应用领域。

(1)纳米金属材料。纳米材料具有高强度和高韧性,其显著特征之一是熔点低(约100°C左右),这一优点不但能在低温条

件下将纳米金属烧结成合金产品变成现实，并可将一般不可互溶的金属烧结成合金，制作诸如质量轻韧性高的特种合金。纳米金融材料将广泛应用于制造比如速度快、容量大的原子开关与分子逻辑器件，制造可编程分子机器等高新技术领域。

(2)纳米陶瓷材料。运用纳米技术，在低温、低压下能够生产出质地致密且具有超塑性的纳米陶资。纳米陶瓷以其优良的室温和高湿力学性能、抗高强度、断裂物性，使其在切削工具、轴承、汽车发动机部件等方面具有广泛的应用，并在许多超高温、强腐蚀等环境中起着其他材料不可替代的作用。

(3)纳米磁性材料。纳米磁性材料具有单磁畴结构及矫顽很高的特征，用它做磁记录材料不但音质、图象和信噪比较好，并且记录密度比 r-Fe_2O_3(氧化铁的一种品体形态)高 10 倍。此外，强磁性纳米颗粒还能够制成磁性液体，应用于电声器件、阻心器件、旋转密封、润滑、选矿等领域。

(4)纳米生物和医学材料。纳米粒子与生物体如构成生命要素之一的核糖核酸蛋白质复合体有着十分密切的关系。研究纳米生物学可以了解生物大分子的精细结构及其现功能的关系，获取生命信息，尤其是细胞内的各种信息。此外利用纳米粒子研制成机器人，可注入人体血管内，对人体进行全身健康检查，疏通脑血管中的血栓，消除心脏动脉脂肪沉积物等。

(5)纳米半导体。具有奇特性能的碳纳米管可以应用在大规模集成电路、超导线材料等领域。

(6)纳米微型半导体器件。用硅、有机硅、砷化镓等半导体材料配制而成的纳米材料，具有大量的优异性能，比如纳米半导体中的量子隧道效应可以使某些材料的导电率大为降低，而其电导热系数随颗粒尺寸的减少而下降，甚至出现负值。这些特性可以在大规模、集成电路器件、薄膜晶体管选择性气体传感器、光电器以及其他应用领域发挥巨大的作用。纳米微电子材料能够将集成电路进一步减小，研制出单原子或单分子构成的在室温能够使用的各种器件。

(7)纳米聚合物材料。用金属、铁氧体等纳米颗粒与聚合物形成的 0-3 型复合材料和多层结构的 2-3 型复合材料，能吸收衰减电磁波和声波，减少反射和散射，这一特征在电磁隐形和声隐形方面有着非常主要的应用。同时，聚合物的超细颗粒在润滑剂、高级涂料、人工肾脏、多种传感器及多功能电极材料等方面均有重要作用。此外，如果在氧化铁纳米颗粒外面渡上一层厚为 5-20nm 的聚合物后，可以固定大量蛋白质或酶，以控制生物反应，这在生物技术、酶工程中大有用途。

(8)纳米传感材料。纳米粒子具有高活性，特殊的物理性及超微小性等特征。外界环境的改变会立即引起纳米粒子表面右界面离子价态和电子运输的变化，可见，纳米粒子适合用作传感器材料的最有前途的材料。

(9)纳米催化材料。日前，用纳米粉材料如铂黑、银、氧化铝及氧化铁直接用于高分子聚合物氧化、还原及合成反应的催化剂，这极大地提高了反应速度。如纳米铂黑催化剂可以使乙烯的反应温度从 600°C 降到室温；利用纳米镍粉作为火箭固体燃料反应催化剂，燃烧效率可提高上百倍。

(10)在其他方面的应用。利用纳米技术可以制成各种分子传感器和控测器。利用碳纳米管制作储氢材料，可用作燃料汽车的燃料“储备箱”。此外，利用强红外吸收能力的纳米复合体系来置备红外隐身材料都是很有应用前景的技术开发领域。

总之，由于纳米材料具有特殊的光、电、磁、热、声、力、化学和生物学性能，将更加广泛地应用于宇航、国防工业、磁记录设备、计算机工程、环境保护、化工、医药、生物工程和核工业等领域。它不仅在高科技领域具有不可替代的作用，而且也为传统产业带来了生机与活力。处于 21 世纪高新技术前沿和核心地位的纳米技术所引发的世界性技术革命和产业革命，将比以往的技术革命时代带来的影响更为巨大。纳米技术将掀起新一轮的技术高潮，主导新的工业革命。

附：我国纳米科技成果一览

1993 年，中国科学院真空物理实验室操纵原子成功写出“中国”二字，标志着我国开始在国际纳米科技领域占有一席之地，并居于国际科技前沿。

1998 年，清华大学范守善小组成功地制备出直径为 3-50 纳米、长度达微米量级的氮化镓半导体一维纳米棒，使我国在国际上首次把氮化镓制备成一维纳米晶体。

1998 年，美国《科学》杂志刊登了我国科学家的论文。我国科学家用非水热合成法，制备出金刚石的米粉，被国际刊物誉为“稻草变黄金从四氯化碳制成金刚石。”

近年，中国科学物理研究所解思深研究员率领的科研小组，不仅合成了世界上最长的“超级纤维”碳纳米管，创造了一项“3 毫米的世界之最”，而且合成出世界上最细的碳纳米管。

1999 年上半年，北京大学电子学系教授薛增泉领导的研究组在世界上首次将单壁碳纳米管组装竖立在金属表面，并组装出世界上最细且性能良好的扫描隧道显微镜用探针。

1999 年，中科院金属研究所成会明博士合成出高质量的碳纳米材料，使我国新型储氢材料研究一举跃上世界先进水平。

不久前，中科院金属研究所卢柯博士率领的小组，在世界上首次直接发现纳米金属的“奇异”性能超塑延展性，纳米铜在室温下竟可延伸 50 多倍而“不折不挠”，被誉为“本领域的一次突破”。

VOLUME 8

第八卷 上海证券交易所

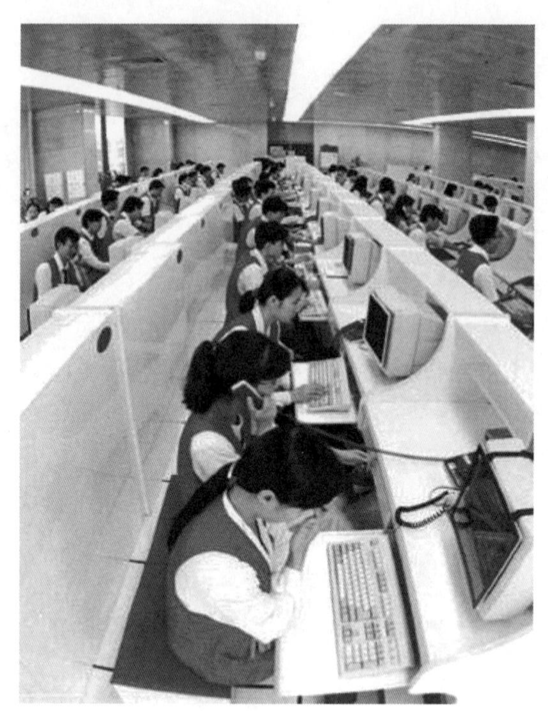

- 上海证券交易所简介
- 上海证券交易所11年发展概述
- 附:上海证券交易所发展大事记
- 沪市2000年度上市公司经济指标总览

第一章　上海证券交易所简介
第二章　上海证券交易所 11 年发展概述
一、上海证券交易所 11 年来的市场发展
二、上海证券交易所 11 年来的市场基础设施建设
三、上海证券交易所 11 年来的市场监管
四、上海证券交易所 11 年来的市场服务
附：上海证券交易所发展大事记
第三章　沪市 2000 年度上市公司经济指标总览

随着2002年新年钟声的敲响，中国证券市场掀开了崭新的一页。在新的一年里，上海证券交易所将按照坚定信心、加强监管、保持稳定、规范发展的思路，在技术、监管、人才、服务等方面多管齐下，为把上海证券交易所建设成规范的、开放的、充满生机和活力的世界一流交易所而努力。

——上海证券交易所理事长耿亮新年寄语

第一章 上海证券交易所简介

创立与发展

上海证券交易所成立于1990年11月26日，同年12月19日正式开业，是不以营利为目的的会员制事业法人，归属中国证券监督管理委员会(以下简称中国证监会)直接管理。按照“法制、监管、自律、规范”的八字方针，致力于创造透明、开放、安全、高效的市场环境，其主要职能包括：提供证券交易的场所和设施；制定证券交易所的业务规则；接受上市申请，安排证券上市；组织、监督证券交易；对会员、上市公司进行监管；管理和公布市场信息。

经过11年的持续发展，上海券市场已成为中国内地首屈一指的市场，上市公司、上市股票数、市价总值、流通市值、证券成交总额、股票成交金额和国债成交总额等各项指标均居首位。到2000年6月底，上海证券交易所拥有2600多万投资者和509家上市公司，股票市价总值逾2.1万亿元，相当于1999年我国国内生产总值的26.40%，上市公司累计筹资逾2100亿元，一大批国民经济支柱企业、重点企业、基础行业和高新技术企业在上海证券交易所上市。

证券上市

上海证券交易所致力于国内企业提供高效、方便的融资渠道，经中国证监会批准，已公开发行股票的公司可申请在上海证券交易所上市。获准上市公司须在挂牌交易日2-3天在指定报刊上刊登“上市公告书”，并与上海证券交易所签订“上市协议书”。公司上市后应履行持续信息披露义务，在规定的时间内向上海证券交易所递交年度及中期报告，经审核后向投资者公告。

为完善证券市场功能，促进投资融资工具的多样化，上海证券交易所还接受国债、企业债券、投资基金等证券的上市申请。

交易运行

上海证券交易所采用无形席位为主，有形席位为辅的交易模式，拥有亚太地区最大的交易大厅，设有1608个交易席位，交易网络连接交易终端5700个 。覆盖全国、连通海外的卫星通信网每天3000个卫星接收站传达即时行情和相关信息。

投资者可在证券商下属营业部进行买卖委托，营业部工作人员通过电话将委托指令报给驻上海证券交易员(俗称“红马甲”)，由其将买卖指令输入交易所电脑主机(如证券交易流程图所示)。投资者也可以在营业部委托电脑终端上直接输入委托指令，通过空中卫星传输网和地面光纤数据传输网将指令输到上海证券交易所的电脑主机。电脑主机在接收到买卖指令后，按照“价格优先，时间优先”的原则自动撮合成交(如电脑交易系统成交撮合演示图所示)。目前交易主机的撮合能力可达每秒5000多笔，每天1000万笔。上海证券交易所市场交易在周一到周五进行，上午9点半至11点半，下午1点至3点。

价格优先原则

买入申报			配对成交情况	卖出申报		
时间	价位	数量		时间	价位	数量
14:00	20.3元	400股	400股 20.3元	14:01	20.2元	500股
14:00	20.2元	100股	200股 20.2元			

时间优先原则

买入申报			配对成交情况	卖出申报		
时间	价位	数量		时间	价位	数量
14:01	20.1元	300股	100股 20.1元	14:00	20.1元	800股
14:02	20.1元	200股	200股 20.1元	14:00	20.1元	400股
			200股 20.1元			

证券交易流程图

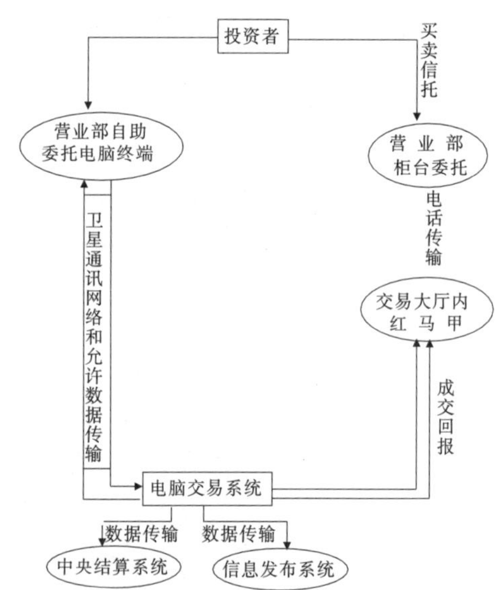

市场监控

上海证券交易所设立完善的市场监管和风险控制系统，通过交易市场进行实时、动态监控，对异常现象和行为进行预警，及时从中发现问题，并对市场违法违规事件进行调查和处理，维持市场公平、透明和高效运行。

上海证券中央登记结算公司建立了安全、高效的中央结算系统,为证券的中央登记、存管和结算提供优质服务。在电脑自动撮合成交制度下,交易系统在每笔交易完成后电脑同步完成股票过户程序,实现即时清算。资金清算方面,中央登记结算公司和证券商在交易次日进行交易资金划拨,再由证券投资者进行资金结算。

组织结构

上海证券交易所的最高权力机构为会员大会,理事会为决策机构。上海证券交易所下设13个部门及2个全资子公司,通过它们的合理分工和协调运作,使上海证券交易所有效地承担起证券市场组织者的角色。其组织结构如下图所示:

上海证券交易所组织结构

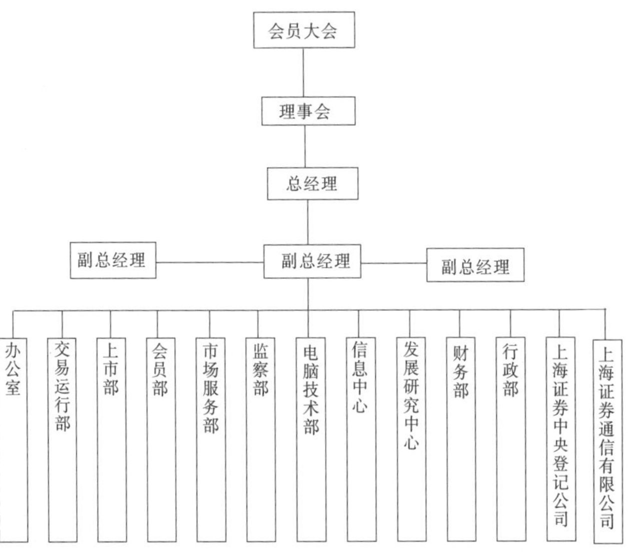

办公室:主要负责内部的组织协调。

党办纪检办:主要负责党务和纪检工作。

人事部:主要负责人事管理、人员培训。

交易运行部:主要负责组织日常市场交易活动,负责电脑交易系统及相关通信系统的正常运行,为会员单位提供相关服务。

上市部:主要负责安排证券上市,对上市公司的中期报告、年度报告和临时性信息披露进行审查,并对上市公司进行日常监管。

会员部:主要负责会籍管理,并对会员进行日常监管。

市场发展部:主要负责市场推介与宣传,研究市场产品的开发与创新。

监察部:主要负责实时监控交易市场,及时发现异常交易行为,并对市场违规事件进行调查和处理。

法律部:主要负责内部的法律事务。

电脑技术部:主要负责电脑交易系统的技术开发,同时向会员单位提供技术支持和服务。

信息中心:主要负责市场统计工作和信息汇总分析,以及信息传播的管理工作。

研究中心:组织实施市场运行发展的课题研究工作,并负责编辑证交所出版物。

财务部:主要负责内部的财务管理。

行政部:主要负责内部的后勤保障工作。

上海证券中央登记结算公司:负责证券的登记存管、证券帐户的开设和管理,办理各类证券交易的结算交收。

上海证券通信有限公司:负责管理证交所卫星通信专用网,为市场业务提供调整的传输通道。

上海证券交易所建立国内最大的卫星证券通讯网络(天网)和DDN专线网络(地网)互为备份,将证券实时行情和各种信息迅速地传递到全国各地,并通过联网的路透社、道.琼斯等国际通讯机构,使世界各地能获得上海证券交易所即时交易信息。投资者可在证券商下属营业部方便、可靠地获取交易行情、股价指数、买卖盘、即时成交回报、上市公司公告等信息。

上海证券交易所还设有传真信箱系统、电子信箱系统、国际互联网等多种信息传输渠道,以确保市场信息传递的效率和透明度。

上海证券交易所还为市场参与者及时提供各种定期、不定期的出版物:

1.上证统计月报

2.上海证券交易所统计年鉴

3.上市公司

4.上市公司行为指南

5.证券市场法规汇编

6.企业改制重组指南

7.上海证券交易所债券市场

8.全面指定交易制度指引

9.“迈向新世纪的证券交易所”丛书

一、上海证券交易所11年来的市场发展

自1990年12月19日正式开业至今，11年间，上海证券交易所从地区性市场迅速拓展为全国性的市场，市场规模不断扩大，市场基础建设不断加强，市场运行质量与规范程度也取得了较大的进步。

1.上市证券和上市品种

1991年底，上海证券交易所只有46只上市证券，此后，上市证券数逐年增加，至1998年底，上市证券已达528只，比1991年增长10倍以上，平均增幅达41.7%。至2001年12月31日，更是高达614只，为1998年度的116.29%。上市品种已发展为股票(A股和B股)、基金、国债(现货和回购)、企业债券、金融债券、可转换债券等多个交易品种。

2.上市公司数量

1991年底，上海证券交易所只有8家上市公司，至2000年底，挂牌的上市公司总数达438家，是1998年的54.75倍，2001年底上市公司数已达572家，为1998年的130.59%。

3.上市公司地域分布

上海证券交易所在开业初期的8家上市公司中，7家为上海本地企业，1家为浙江省企业。之后，上海证券交易所上市公司地域范围迅速从上海扩展到全国，从沿海地区扩展到内地各省市。至2001年底，572家上市公司遍布全国31个省、自治区和直辖市。344家来自上海以外省市，占上海证券交易所上市公司总数的60.14%。

4.股本规模

1991年上市公司累计发行股本数仅2.72亿股，1998年底增长到1280.35亿股，是1991年的470.72倍。截止2001年12月31日，沪市发行股本数增至2032.42亿股，为1998年度的158.74%。

5.市价总值

1991年底，上海证券交易所股票市价总值只有29.43亿元，到1998年底，股票市价总值和流通市值分别达到10625.92亿元和2947.46亿元，股票市价总值年均以131.94%的幅度增长。1991年上海证券交易所股票市价总值与国内生产总值的比率仅为0.13%，而到1998年底，股票市价总值与国内生产总值的比率已扩大为14.2%。2001年12月31日，沪市股票市价总值扩大至26930.86亿元，为1998年度的253.44%。

6.二级市场成交情况

1991年上海证券交易所市场总成交额为45.72亿元，其中债券成交37.65亿元，股票成交8.07亿元。1998年，证券成交总额达34335.79亿元，其中债券成交21266.56亿元，股票成交12386.11亿元，分别是1991年全年的751、564.84、1534.83倍。截止2001年12月31月，上海证券交易所证券成交总额高达49901.47亿元，其中债券成交金额16895.83亿元，股票成交金额为31373.86亿元。1991年，上海证券交易所国债交易金额仅为32.28亿元，而1998年迅速扩大为21235.24亿元。1992年基金品种上市后，当年基金成交12.09亿元，而1998年基金成交额为657.85亿元，截止2001年年底基金成交金额再增至1334.18亿元。

7.投资者队伍

1991年底，上海证券交易所的投资者人数只有11万人，到1998年底，开户投资者人数已经达到1999.41万(其中个人投资者为1993.14万)，是1991年的181.76倍。2001年底，沪市A股投资者开户数达2940.62万户，B股投资者开户数达14.47万户，合计为2955.09万户，是1998年度的147.79%。

8.筹资情况

1992年全年，上市公司通过市场筹资76.72亿元，1996年筹资额为202.22亿元，1997年筹资额为474.60亿元，1998年筹资额为379.77亿元，分别是1991年全年筹资额的2.6倍、6.2倍和4.95倍。截至2001年底沪市筹集资金总额一年即达到914.32亿元，在1998年度的基础上递增240.75%。

二、上海证券交易所11年来的市场基础设施

过去11年里，上海证券交易所通过做大量的工作，多次升级和完善市场交易系统，积极构造主体通信系统，并最终建成了较健全的市场基础设施体系。

1.不断升级和完善市场交易系统

一般而言，只有不断地提升交易处理能力，才能适应市场交易规模迅速扩大的需求。1990年开业之初，上海证券交易所电脑主机每秒只能撮合6笔交易，1992年交易配对的速度提高到每秒300笔，1993年进一步提高到每秒1800笔。经过近几年尤其是1998

年投入巨资对电脑主机系统进行多次升级后，上海证券交易所电脑主机每秒撮合能力已大幅提高到每秒5000笔。目前，上海证券交易所每天的撮合能力可在1000多万笔，在国际上位居前茅。在提高电脑撮合能力的同时，上海证券交易所还努力提高主机全程交易处理"热备份"保障能力。主机和备机的切换时间已经从原先30分钟缩小到近3分钟。

从1994年起，上海证券交易所尝试利用交易系统进行证券的上网发行。除为财政部上网发行150亿元国债和上网发行红利外，还以上网竞价形式发行"哈岁宝"等新股，之后又自仪征化纤开始，以上网定价发行的方式发行新股。经改进，这种发行方式以其高效率、低成本和公正性，成为新股发行的主导方式。

为了适应市场监管工作的需要，上海证券交易所还及时建立了电脑实时预警和报警系统，监控交易过程中的异常行为，防止市场操纵行为。上海证券交易所在做好充分技术准备的基础上，于1998年4月1日起实施《全面指定交易制度试行办法》，并于1998年12月起推广，使得一度影响市场发展的盗卖现象得以杜绝。2001年，上海证券交易所在现有交易品种翻一番的基础上，用历史峰值的交易数据进行全网全程的系统压力测试，进一步完善了电脑交易系统。多年来，上海证券交易所按照国际领先水准，证券市场不断发展的要求，加大技术投入，追踪国际发展趋势，全面提升交易所技术系统，并因此取得了较大的成就。

2.证券通信系统逐渐现代化

发展卫星通讯系统和数字式数据传输网(DDN网)，构造立体通信系统，是实现上海证券市场通讯现代化的重要手段，11年来，上海证券交易所曾写下过我国证券通信的多项第一：第一个与各地证券交易中心实行异地联网，第一个将单向卫星传输网通过全国500个以上城市，联结起3000个以上的小站用户，实现交易网络辐射全国的战略性目标……如今，经过7年的投资建设，其卫星通信网已发展成为国内技术设备最先进、系统功能最齐全、用户规模最大、市场覆盖面最广的卫星通信网络。1997年6月，上海证券交易所正式组建上海证券通信有限公司，由该公司专门负责上海证券交易所卫星通信专用网的建设，向会员提供更为方便、可靠、高速、高效的信息通道。截止2001年12月31日，该公司单向数据广播卫星系统的用户超过3000家。

卫星通讯系统的发展，特别是VSAT双策卫星通信的突飞猛进，为会员通过无形席位开展远程交易创造了有利条件，按照市场发展的要求和趋势，上海证券交易所的交易模式也从有形席位为主转向有形与无形相结合且以无形席位为主，上海证券交易所的场内有形席位从开业之初的1个交易大厅46个席位起步，到1994年达8个交易大厅3726个席位的顶峰。1996年10月无形席位开始引入，1997年以乔迁上海证券大厦为契机，有形席位减少至1个交易大厅1608个席位，而无形席位迅速增加。以无形为主、有形兼存的交易模式，大大促进了市场效率的提高。

3.结算系统高效安全

上海证券交易所在11年历程中，曾为中国证券市场结算体系率先进行了有益的探索：实现无纸化为基础的中央集中存管；全面实现证券交易的无纸化和自动过户；在部分城市中首创证券交易的当日清算等等。

上海证券交易所的全资子公司上海证券中央登记结算公司负责上海证券市场的中央登记、存管与结算，该公司致力于遵循国际规范的存管结算制度，以提高结算效率、降低交收风险为目标，对存管结算体系积极进行改革和完善。1998年4月对中央托管的实施办法进行了改革，之后，经过9个月的努力，建立了上海证券交易所会员法人结算制度，形成了覆盖全部会员和结算代理银行电子清算网络的中央集中交收体系，增强了中央清算体制的风险控制能力，为严格按照银货对讫原则办理清算交收创造了良好的条件。

2000年，上海证券交易所成功推出PROP2000(参与人远程操作平台)系统，将证券电子商务概念正式引入证券登记结算系统，大大便利了投资者。在2001年，上海证券交易所又推出了国内第一个大型数据仓库，可以最大量、最完整存储管理证券历史数据，可以便捷地为监管部门和市场参与的提供各类证券数据、在线查询分析及其它信息、增值服务，同时逐步建立起了一个全面反映会员结算能力及信誉度的监控系统，为控制结算风险提供决策依据。

总之，通过一系列的充分准备和深入细致的工作，上海证券交易所进一步务实了市场基础设施建设，确立了技术优势，并形成了较强的竞争力。

三、上海证券交易所11年来的市场监管

在中国证监会领导下，上海证券交易所认真总结市场发展过程中的经验教训，经过不断的实践和摸索，初步形成了一个以法制化建设为基础，以上市公司监管、会员公司监管和市场实时监控为主要内容的自律监管框架，这对于维护证券市场交易秩序，保护投资者利益、控制及降低市场风险起到了积极作用。其市场监管思路如下：

1.在市场拓展中注重规则先行

自1993年1月发布《证券上市管理规则》以来，上海证券交易所先后制定实施了50余项规章制度，并根据国家颁布的证券法规和市场发展情况，及时进行修订、完善和补充，为实施依法监管提供了有力的制度保障。2001年以来，交易所市场制度建设又取得了大的进展，根据中国证监会的有关指引新制订了《股票上市规则》、《证券投资基金上市规则》、《可转换公司债券上市交易规则》、《全面指定交易制度试行办法》、《会员管理办法》等重要规章。

2.抓住上市公司和会员监管两个重点

上海证券交易所确立了对上市公司信息披露和重大事件进行事前登记和事后审查的原则，制定了标准化、电脑化的审核流程，坚持信息披露的及时性、充分性和真实性。在进一步加强常规性信息审核工作的同时，上海证券交易所在上市公司监管方面自2001年以来又推出了许多新的举措：一是与上市公司签定新的《股票上市协议》，强化其规范运作意识。二是通过召开上市公司

现场交流会等形式,树立样板,以点带面,推广上市公司的好经验、好做法,积极重点跟踪,对一些资产质量差、经营情况恶化或者大股东占用上市公司资产严重的公司予以特别关注。三是制定一系列临时公告的格式指引,对上市公司的信息披露提出更切实的要求。同时加大上市公司信息披露监管力度,提高事后审核工作的效率。此外,还加大了对上市公司违规行为的处罚力度,特别是对信息披露中存在的不准确、不完整、不及时的情况坚决处罚。四是建立有效的会员监管制度,作为会员制的自律监管组织,上海证券交易所目前已建立了月度报告、年度检查、调查探访、违规处罚等一系列较为完善的会员监管制度。会员公司必须每月向上海证券交易所报告资产负债情况、收支情况以及自营、代理业务等情况,每年递交年度工作报告及财务情况说明,并由上海证券交易所实施严格的年度检查。此外,上海证券交易所还对会员进行全面或专题性的抽查和走访,监督会员建立有效的内部风险控制机制。1998年以来,上海证券交易所对会员进行了全面年检,加强了日常监管,妥善处理了广东国投关闭等突发事件可能引发的市场风险,较好解决了各地司法机关冻结会员清算帐户等问题。

3.不断完善一线监管手段

证券市场发展技术起点高,监管手段必须适应其要求,必须把事前防范、实时监察、事后控制有效地结合起来。几年来,上海证券交易所投入了大量的财力、物力和人力,运用迅速发展的信息技术来建立和完善市场实时监控系统。2001年上海证券交易所对监控预警系统进行了较大完善,一是改造了原有市场监控系统,设立了行情预警系统和申报预警系统,实现了异常交易和异常申报的自动报警;二是消除市场监控盲点,最近建立了交易历史数据查询系统,解决了监控瓶颈;三是开发了临时停牌等新的监控程序,以适应市场发展的需要。上海证券交易所随着上海中央结算制度的完善和各地交易中心的清理完成,对市场风险防范的技术能力不断加强。

在日常的市场监管方面,上海证券交易所建立了收集信息、即时监控、异常警告、跟踪分析、重点监控、专案调查、实施处罚的系列工作流程。通过对交易市场进行实时、动态监控,及时发现市场交易中可能存在的市场操纵、内幕交易等不正当交易行为和违规行为,对异常现象和突发性事件进行及时预警,对股价异常波动的股票实施临时停牌,对违规的市场参与者实施处罚。

2001年年底,上海证券交易所新一代监察系统经过1年多的研发正式投入运作,从而为上海证券市场的日常监管提供了强有力的技术保障。新监察系统包括预警系统、跟踪分析系统和历史调查数据分析系统三大部分。预警系统的行情预警、成交预警、申报预警功能,可以根据事先设定,对包括涨跌幅、震幅等在内的指标进行单笔或累计统计并进行预警。新一代监察系统中拥有的跟踪分析功能在部分上市公司或会员公司财务状况发生恶化时发挥作用,从而控制由此可能导致的证券市场的风险。

4.加强员工自律监管,防范“监守自盗”

上海证券交易所制定了许多切实可行的措施,并从技术上给予充分支持。

(1)从技术上严密防范,新一代监察系统是这方面工作的典范。监察系统只有在报警后才能显示与报警相关的监控资料数据;进入监控系统必须采用双人双密码制度;数据不能出门,实行换岗制度;并对监察系统进行查询痕迹跟踪,通过这一系列的监控方法来确保监控资料的安全保密。

(2)从思想上严格规范。上海证券交易所意识到要特别重视法规教育,证券交易所职工作为一线监管者,首先要学法、知法和依法办事。2001年,上海证券交易所进行了全体员工法规考试,成绩计入年终考评。考题内容大致为以下三个方面:一是需向上级机关或按法定程序报批、报备、报告的事项;二是交易所职工的禁止性行为;三是交易所对会员、上市公司必须依法进行监管的义务。

(3)从机制上严格约束。以廉洁公正为中心,狠抓职工队伍思想建设和约束机制建设。制订了《上证所内部纪检稽察工作条例》,成立了内部纪检稽察工作小组,对重大项目、重大购置、信息保密、重要部门进行检查和监督,规定了严格的惩罚措施。修订了财务管理制度,成立了重大项目采购小组,对各种费用严格审批,对所有项目都实行采购招标。改革公务用车制度和移动通信工具的配置。加强安全保卫工作,确保交易所和技术关键部位的安全。针对交易所工作保密性强的特点,上海证券交易所从方方面面采取措施防止市场保密信息的泄露,制定了详细的职工保密操守准则,建立了对重要部门、岗位和人员的内部监控制度。同时还通过公布举报和投诉电话,强化外部的监督和制约机制。

四、上海证券交易所11年来的市场服务

多年来,上海证券交易所通过正确定位,积极履行证券市场组织者和一线监管者的职责,扎扎实实进行市场服务,提高了市场运作效率,并树立了现代证券市场的良好形象。

1.增强服务意识,不断改进服务

为改进服务,上海证券交易所及时采取召开会员座谈会、投资者见面会、上市公司恳谈会等形式,广泛征求意见和建议。这有利于在出台新的市场规则或者监管措施之前,尽可能了解市场呼声,使规章出台后顺利执行。同时,上海证券交易所还不断增强服务意识,主动拓宽服务内容,比如,帮助会员处理增资扩股和收购合并相关事宜,积极给会员提供多方面的信息服务,为会员提供有关交易数据等。此外,上海证券交易所还极力倡导主动上门服务和组织上市公司与国内一流科研院所进一步加强交流与合作。

2.利用先进服务手段,提高服务效率

上海证券交易所在改善对投资者、上市公司和会员服务方面做了大量工作。主要体现在三个方面:其一,改进工作方式,实行一站式服务,市场服务工作由市场服务部统一协调,会员服务由会员部一条龙办理,上市公司由上市部提供全面服务,接待和信访由办公室统一处理。会员、上市公司在上证所办理事务只需对口办公室的负责就可以处理好,大大提高了工作效率。其二,利用现代通讯手段,改善对投资者的服务。上海证券交易所设立有24小时咨询、服务热线,开辟因特网网址外,最近又根据投资者需

要，开通了168新股申购查询热线服务。其三，及时解决疑难和故障，设立24小时电脑技术与故障处理热线，24小时结算查询服务电话、24小时卫星故障报修及咨询电话。

3.积极为上市公司、会员提供多元化培训

自开业以来，上海证券交易所先后举办了11期董事会秘书业务培训，共培训780人次，使他们成为企业与广大投资者进行沟通的桥梁。为保证上市公司定期报告编制的规范化和财务信息的质量，上海证券交易所经常性对上市公司财务主管进行业务培训，截止2001年底，主办了6期财务总监培训，讲授新会计制度和现金流量表等财务报表的编制。为帮助会员提高业务水平和风险防范能力，举办了多期会员管理人员培训班，完成了对全部会员公司主管副总和机构管理部门负责人的业务培训；举办了49期“红马甲”培训班，培训人数超过13500名。此外，还开展了证券托管业务的培训，全国2000多家营业部有近5000人参加了培训。

11年风雨兼程，上海证券交易所伴随着中国资本市场一起发展壮大，并通过不断优化自身结构、规范自身行为与全面提升自身素质，取得了令人瞩目的成绩，有力地促进了国民经济的发展。对她更加辉煌灿烂的明天，我们翘首期盼。

附：上海证券交易所发展大事记

1990年11月26日，上海证券交易所获准成立，这是新中国成立40多年设立的首家证券交易所，也是新中国证券发展史上的重要里程碑。

1990年12月19日，上海证券交易所正式开张营业。

1991年5月21日，上海证券交易所统一实行自由竞价交易，沪市股价全部开放。

1991年11月21日，国务院总李鹏参观上海证券交易所。

1992年1月13日，上海兴业房产股份有限公司人民币股票上市。

1992年1月22日，上海久事公司第一期企业债券上市。

1992年2月13日，上海飞乐音响公司、上海爱使电子设备股份有限公司增资发行的人民币股票上市。两股票收盘价变动所需累计成交量相应调整：小飞乐由原400股调整为1140股；爱使由原85股调整为500股。

1992年2月18日，上海延中实业股份有限公司、上海飞乐股份有限公司股票取消涨停限幅和流量控制，实行自由竞价。

1992年2月21日，上海真空电子器件股份有限公司人民币特种股票上市。

1992年3月27日上海二纺机股份有限公司、上海轻工机械股份有限公司、上海嘉丰股份有限公司、上海联合纺织实业股份有限公司、上海异型钢管股份有限公司人民币股票上市。

1992年3月27日真空电子、凤凰化工、飞乐音响三个股票每日涨跌停幅度由1%调整为5%，同时取消上市股票原3%的流量控制。

1992年5月5日，除已完全放开价格和已调整涨跌停限幅度股票及真空B股，其余上市股票股价每日涨跌停幅统一从1%调整为5%。

1992年5月12日，上海久事公司浦东建设债券上市。上海申能电力开发公司浦东建设债券上市。上海市投资信托公司浦东建设债券上市。

1992年6月1日，1992年五年期国库券上市。

1992年6月8日，上海飞乐股份有限公司认股权证上市。

1992年6月9日，凤凰化工股份有限公司股票由每股100元拆细为每股10元。

1992年6月15日，上海预园商场股份有限公司股票终止上市。

1992年6月23日，1987、1989年国库券终止上市。

1992年6月25日，上海申华实业股份有限公司定向配售股票上市。

1992年7月1日，上海二纺机股份有限公司人民币特种股票上市。新上市股票(包括人民币特种股票)的开盘价采用集合竞价方式产生。

1992年7月8日，上海飞乐股份有限公司认股权证终止上市。

1992年7月21日，上海延中实业股份有限公司定向配售股票上市。

1992年7月22日，上海永生制笔股份有限公司人民币特种股票上市。上海大众出租汽车股份有限公司人民币特种股票上市。

1992年7月23日，上海飞乐股份有限公司增资股票上市。

1992年7月24日，沈阳金杯汽车股份有限公司人民币股票上市。

1992年7月28日，中国纺织机械股份有限公司、中国第一铅笔股份有限公司、上海胶带股份有限公司人民币特种股票上市。

1992年8月5日，中国纺织机械股份有限公司人民币股票上市。

1992年8月7日，上海大众出租汽车股份有限公司人民币股票上市。

1992年8月14日，中国第一铅笔股份有限公司人民币股票上市。

1992年8月20日，上海氯碱化工股份有限公司人民币特种股票上市。上海永生制笔股份有限公司人民币股票上市。

1992年8月28日，上海胶带股份有限公司人民币股票上市。上海轮胎橡胶(集团)股份有限公司人民币特种股票上市。

1992年9月2日，上海预园旅游商城股份有限公司人民币股票上市。

1992年9月10日，上海丰华圆珠笔股份有限公司人民币股票上市。

1992年9月29日上海第一食品商店股份有限公司人民币股票上市。

1992年10月13日，上海联华化纤股份有限公司人民币股票上市。

1992年11月13日，上海氯碱化工股份有限公司人民币股票上市。

1992年11月16日，上海冰箱圾缩机股份限公司人民币股票上市。

1992年11月17日,上海联农股份有限公司人民币股票上市。

1992年11月17日，上海证券交易所综合指数当日曾跌至386.85点,为放开股价后最低点。

1992年12月1日，股票买卖以每100元面额为一个交易单位，实行整数交易。

1992年12月2日,上海金陵股份有限公司人民币股票上市。

1992年12月3日,嘉宝实业股份有限公司人民币股票上市。

1992年12月4日，上海轮胎橡胶股份有限公司人民币股票上市。

1992年12月21日,HP计算机交易新系统正式启用。

1992年12月28日，沈阳金杯汽车股份有限公司认股权证上市。

1992年12月28日,国债期货交易、清算系统运行。

1993年1月2日,由上海证券交易所与新华社上海分社合作主办的上海证券报以周二刊向全国公开发行。

1993年1月21日，吸收无锡市证券公司等45家证券经营机构为会员。

1993年1月27日，上海证券大厦奠基仪式在浦东陆家嘴工地举行,同时举行联建协议签字仪式。吴邦国、黄菊、迟浩田、傅全有等领导应邀出席。

1993年1月29-31日,会员大会第三次会议在上海展览中心友谊会堂举行,通过大会决议并改选副理事长和部分理事。

1993年3月5日,吸收广东证券公司等54家证券经营机构为会员。

1993年4月16日宣布为渣打证券有限公司、怡富证券股份有限公司、霸菱兄弟有限公司三家境外代理商设置B股交易专用席位。

1993年4月26日,卫星数据广播系统正式投入使用。

1993年4月30日，吸收交行深圳分行等50个外省市证券经营机构为会员。

1993年5月7日,宣布扩大B股专用席位,为新鸿基投资服务有限公司等20家境外代理商设置B股交易专用席位。

1993年5月10日,上海证券中央登记结算公司正式运营。

1993年6月18日，吸收上海浦东发展银行等59家证券经营机构为会员。

1993年6月19日,李祥瑞理事长、尉文渊总经理出席在京举行的中港《监管合作备忘录》签约仪式。

1993年7月4日,吸收西藏自治区信托投资公司为会员。

1993年7月30日，与上海证券中央登记结算公司联合组建的上海证券信息中心正式运营。

1993年8月27日，吸收内蒙古自治区证券公司等41家外省市证券经营机构为会员。

1993年9月18日,卫星数据广播系统正式通过“亚洲一号”卫星向全国卫星通讯用户发送市场信息。

1993年10月20日,吸收三峡证券公司等24家外省市证券经营机构为会员。

1993年10月23日,决定设立上市委员会。

1993年10月25日,卫星数据广播系统通过市级鉴定。

1993年10月25日,上海证券交易所向社会公众开放国债期货交易。

1993年11月6日,上市委员会第一次会议。

1993年12月2日,卫星数据广播系统联通西藏高原。

1993年12月16日,吸收工行广州市信托投资公司等34家外省市证券经营机构为会员。

1993年12月17日,上海证券报获准成为上市公司信息披露指定报刊。

1993年12月22日,卫星数据双向通讯系统开通。

1994年1月1日,吸收河北省国际信托投资公司等二十家证券经营机构为会员。

1994年1月10日,上海证券交易所成为日本“指定外国有价证券市场”。

1994年1月11日,上海证券交易所理事会一届十次会议。

1994年1月12-13日,上海证券交易所第四次会员大会。

1994年1月14日，上海证券交易所与广州南方证券交易所中心联网成功。

1994年1月16日，李祥瑞理事长与伦敦证券交易所主席安德鲁·休·克密斯签署两所谅解备忘录。

1994年4月9-10日，上海证券交易所部分经理以上干部聚会南汇东海农场,研讨上海证券交易所未来发展战略。

1994年4月11日,上海证券交易所与青岛、湖南证券交易中心联网成功。

1994年4月25日，吸收中行山西省信托投资公司等26家证券经营机构为会员。

1994年5月18日，上海证券交易所与安徽省证券交易中心联网成功。

1994年6月17日,上市委员会召开第三次会议。

1994年6月28-29日,上海证券交易所与证券交易中心第二次联网工作会议在杭州举行。

1994年7月9日,召开理事会二届二次会议。

1994年7月21日，吸收中国农业银行辽宁省信托投资公司等十四家证券机构为会员。

1994年8月26日,与江苏、浙江、西安证券交易中心联网交易成功,联网中心已达15家。

1994年8月31日,湖北交易通讯站试运行成功。

1994年10月24日,上海证券交易所决定建立上市公司董事监事买卖本公司股票监控制度,对上市公司董事、监事、经理人员买卖本公司股票实行跟踪监管，以防止内幕交易和欺诈行为的发生。

1994年10月24日,实行信息即时披露制度,同时取消现行的每周五信息例会制度。

1994年11月14日,吸收东方电气集团财务公司等九家证券经营机构为上海证券交易所会员。

1994年12月19-21日，上海证券交易所与中国诚信评估有限公司主办,韩国大宇证券株式会社协办的"境外基金进入中国证券市场国际研讨会"在京举行。

1995年1月29日,各地交易中心与上海证券交易所共同发起,建立定期联席会议制度。

1995年2月24日,上海证券交易所召开国债期货经纪商会议。

1995年3月10日,上海证券交易所与上海工业设备安装公司签署证券大厦机电安装委托承包协议。

1995年4月19日,上海证券交易所推出A股自动查询系统。

1995年4月26日,上海证券交易所与中国诚信证券评估有限公司就开展对上海证券交易所会员公司进行信用评级工作达成合作意向。

1995年5月9日,沪深证交所、证管办与中国证监会在北京召开首次稽查工作碰头会。

1995年5月25日,上海证券交易所召开券商座谈会。

1995年6月19日,《上海证券交易所大厅管理细则》公布施行。

1995年7月18日,上海证券交易所在青岛召开全国证券交易市场第二次联席会议。

1995年7月19日,上海证券交易所与美国太平洋股票交易所正式签署友好交易所协议书;上海证券中央登记结算公司确定工商银行上海市分行为结算代理银行和托管银行。

1995年7月25日,上海证券交易所与美国全国证券交易商协会签署谅解备忘录。

1995年9月15日,上海证券交易所理事会二届三次会议同意免去尉文渊本所常务理事、总经理职务,增选龚浩成为常务理事,聘任杨祥海为总经理,参加理事会工作。

1995年10月14日,经上海证券交易所二届四次理事会通过,内蒙古自治区信托投资公司、农行海南信托投资公司、农行新疆维吾尔自治区信托投资公司和中国旅游国际信托投资有限公司等四家成为今年首批接纳的会员。

1995年12月4日,上海证券公布《上海券交易所管理纲则(暂行)》。

1995年12月19日,由总经理杨祥海主持的庆祝本所成立五周年开市仪式在本所第一交易大厅隆重举行,上海市市长徐匡迪举锤亲自敲响了本所第五年第一天的开市铜锣。专程前来参加庆贺仪式的还有中国证监会主席周道炯、上海市副市长华建敏、市府副秘书长韩正、国家财政部国债司司长高坚以及深圳证券交易所总经理庄心一等。当天上午,中共中央政治局常委、国务院副总理朱镕基,在中共中央政治局委员、中共上海市委委书记黄菊陪同下视察了本年,朱副总经理认真听取了总经理杨祥海的工作汇报,对证券市场当前工作和未发展提出了"法制、监管、自律、规范"的八字方针。下午,举行了记者招待会和招待晚会,中国证监会主席周道炯、上海市府副秘书长韩正,分别代表国务院证券委和上海市政府,向本所表示热烈祝贺。本所理事长李祥瑞在招待晚会上致词,总经理杨祥海在记者招待会上讲话并即席回答了记者的提问。

1995年12月31日,上海证券交易所总经理杨祥海、副总经理吴雅伦、刘波出席了在上海证券交易所大厦工地举行的天桥楼起吊仪式。

1996年1月12日,上海证券交易所上市公司年报工作会议在厦门举行。

1996年1月23日,上海证管办、上海证券交易所联合举办的1996年上海B股上市公司工作会议在沪召开。

1996年4月9日,上海证券交易所从今天起调整股票行情发布方式,由原按股票代码顺序发布改为按股票分类方式发布。

1996年4月19日,中国证监会常务副主席李剑阁对上海证券交易所进行工作考察。上海证券交易所二届六次理事会在上海举行,龚浩成常务理事主持了会议。会议决定吸收中煤信托投资有限责任公司等五家金融机构为新会员。至此,上海证券交易所会员总数达588家。

1996年4月20日,上海证券交易所第五次会员大会隆重召开,上海证交所理事长李祥瑞主持大会,总经理杨祥海向大会作工作报告,市府副秘书长、市证管办主任韩正到会作重要讲话。

1996年4月21日,在上海证券交易所第五次会员大会上,上海市副市长华建敏、中国证监会常务副主席李剑阁作重要讲话。大会增选杨祥海和申银证券公司总裁阚治东为本届理事会理事。上海证券交易所召开二届七次理事会,会议增选杨祥海总经理为常务理事。

1996年4月25日,上海证券交易所与日本东京证券交易所、野村综合研究所在上海花园饭店召开"证券市场管理国际研讨会"。

1996年4月29日,上海证管办与上海证券交易所联合发布《关于B股上市公司设立董事会秘书的暂行规定》。

1996年5月1日,《上海证券交易所指定交易制度试行办法》今日起实施,进一步推行可选择性指定交易方式。

1996年5月3日,由上海证管办与上海证券交易所联合举办的上市公司董事会秘书培训班在沪开班。

1996年5月18日,上海证券交易所监察系统正式投入运行。

1996年5月30日,上海证券交易所与日本东京证券交易所、野村综合研究所在上海联合举办"证券市场管理体制国际研讨会"。

1996年6月13日,上证指数首届专家委员会成立,龚浩成任专家委员主任。同时召开首次会议,审议通过"上让指数"样本股选择原则编制方法及样本调整办法等。

1996年7月1日,上证30指数实时发布成功。上海证券交易所1996年度上市公司中期报告工作会议在上海同济大学举行。

1996年7月12日,上海证券交易所二届七次理事会召开。

1996年8月8日,由上海证券交易所和华夏证券有限公司联合举办的"做市商制度研讨会"在上海召开。

1996年9月8日,上证指数专家委员会举行第二次会议。

1996年9月16日,杨祥海总经理赴加拿大出席国际证监会第21届年会。

1996年9月24日,上海证券交易所决定从10月3日起调低股票、基金交易佣金和经手费标准。上海证券交易所决定对证券交易方式作重大调整,即由原来的有形席位交易方式改为有形无形相结合、并以无形为主的交易方式。

1996年10月30日,由上海证券交易所和美国南加州大学联合举办的首期证券高级投资管理人员培训班开班。

1996年12月14日，上海证券交易所实行涨跌停板，并对股票基金交易实行公开信息制度。

1997年1月28日，上证所在1997年记帐式(一期)国债发行期内开设分销专场。

1997年1月31日，上海证券业协会成立大会暨第一次会员大会召开。

1997年2月28日，上证所向各会员单位发出《关于对股票基金交易实行公开信息制度的通知》，公开交易信息的证券品种为每个交易日涨(跌)幅超过7%的各前五种证券；公开交易信息的证券营业部为每个交易日对应上述公布的每种证券交易金额最大的前五家证券营业部。

1997年3月3日，上证所对股票(A股)、基金类证券的交易实施公开信息制度。

1997年3月17日，修订后的《中华人民共和国刑法》出台，决定自1997年10月1日起施行，新刑法增加了证券犯罪条款，证券犯罪将被依法惩处。

1997年3月25日，国务院证券委发布《可转换公司债券管理暂行办法》，宣布现阶段发行可转换债券的企业范围为国家确定的500家重点国有未上市的公司，发行额度为40亿元，上市公司暂不列入试点。

1997年4月1日，上海证券通信有限公司成立。

1997年6月10日，上证所发出《关于重申不得将回购中的国债再回购的通知》。

1997年7月23日，上证所决定对所有会员单位的机构以变更情况进行全面的申报登记。

1997年8月15日，国务院决定将上证所划归中国证监会直接管理，中国证监会任命屠光绍为上证所总经理。

1997年8月10日，上证所举办的“国企改革与证券市场”研讨会在上海举行。

1997年8月23日，中央登记结算公司完成工商银行清算系统的数据转移工作，原在工行清算的券商全部转入登记公司交收系统。

1997年9月8日，上海证券交易所决定在保持现在市盈率基本公式基本不变的前提下，正式调整市盈率计算口径。

1997年11月5日，国家计委、财政部决定1998年起沪市收取的证券交易所监管费标准降低20%。

1997年11月22日，上证所建成全国最大的卫星证券通信网，该通信网单向广播、双向通信卫星地球站逾3000个，遍布全国各大城市。

1997年11月8日，上证所正式迁入位于上海浦东陆家嘴金融贸易区的上海证券大厦新址。

1997年11月19日，上海证券交易所开业七周年，上证所新址开业暨上海证券大厦落成庆典隆重举行。

1998年1月1日，《上海证券交易所股票上市规则》正式生效。

1998年1月6日，上证所颁布《上海证券交易所全面指定交易试行办法》。

1998年3月23日，第一批证券投资基金启动，基金金泰在上证所上网发行。

1998年4月1日，上证所即日起对股票等记名证券的委托买卖实行全面指定交易，《上海证券交易全面指定交易制度试行办法》正式生效。

1998年4月22日，上证所对“财务状况异常”上市公司的股票交易实施特别处理。

1998年6月5日，上证所补充修改上市规则，完善关于股票交易异常波动实时临时停牌的规定。当股票出现交易异常波动时，交易所有权对其实施临时停牌，直至有关当事人作出公告后的当天下午开市时复牌。

1998年6月12日，经国务院批准，国家税务总局决定降低沪深证交所证券(股票)交易印花税，印花税率由5‰降至4‰。

1998年6月14日，上证所发出通知，要求所有会员限期实行法人结算。

1998年7月1日，美国总统克林顿访问上证所。

1998年7月6日，上证所调整15个上证30指数样本股。

1998年7月30日，上证所颁布《上海证券交易所可转换公司债券上市交易规则》。

1998年8月3日，南宁化工可转换公司债券在上海证券交易所上网发行，这是国内首只可转换公司债券。

1998年9月17日，爱尔兰总理埃亨访问上海证券交易所。

1998年9月7日，深圳证券交易所来上海证券交易所访问，这是沪深证交所合作交流迈出的新一步。

1998年10月8日，英国首相布莱尔参观上海证券交易所，上证所与伦敦证券交易所续签谅解备忘录。

1998年11月9日，上证所与168声讯台联合开通全天候运作的新股申购配号及中签号自动声讯查询系统。

1998年11月12日，上证所举办首期上市公司财务培训班。

1998年12月15日，上证所完成全面推行法人结算制度工作。

1999年4月27日，上海证券交易所召开第六次会员大会，中国证监会主席周正庆出席并发表讲话。

1999年6月12日，上证所对棱光实业予以公开谴责。

1999年7月2日，上证所发布《关于股票暂停上市后特别转让事项的通知》，对暂停上市股票在每周五实行“特别转让”。

1999年8月21日，上海证券交易所发出通知，决定加大在交易所上市或联网交易所原有投资基金的信息披露密度和详细程度、保证原有投资基金清理规范工作的顺利进行，切实保障基金持有人权益。

1999年9月15日，中国证监会就东方锅炉集团违反证券法规行为发出处罚决定，对该公司处以警告。

1999年9月23日，上海浦东发展银行4亿A股在上海证券交易所上网发行。这是自《证券法》、《银行法》颁布以来，第一家获准上市的股份制商业银行。

1999年9月26日，江泽民总书记视察上证所并题字。

1999年11月2日，中国嘉陵率先进行国有股配售试点。

1999年11月10日，上海证券市场第一只银行股上海浦东发展银行A股股票上市。

1999年12月6日，申能股份有限公司回购国有法人股方案获证监会批准。

1999年12月18日，上证所卫星通信地球站奠基。

2000年4月18日，上海证券交易所颁布《上海证券中央登记结算公司付金管理办法》，该《办法》将于2000年7月1日起正式实施。

2000年4月25日，经中国证监会批准，上海证券交易所编制基金指数，基金指数以新基金为选样范围、基准日指数定为1000点，5月9日起试发布。

2000年5月21日，上海证券交易所与中国证监会及美国杜克大学全球资本市场中心共同在上海举办了“证券市场规范与发展研讨班”。

2000年5月26日，暂停ST红光特别转让导致部分股票行情排错位，使上海证券交易所部分显示出短暂异常。

2000年6月1日，上海证券交易所总经理朱从玖谈上海证券交易所发展方向，指出要适应市场发展要求，把握国际变革趋势。

2000年6月18日，上海证券交易所将全面推行法人结算制度。

2000年7月26日，上海证券交易所召开三届五次理事会，毛应琛主持会议并提出应多管齐下推动网上交易。

2000年8月1日，中国证监会主席周小川来上海证券交易所视察，他对上海证券交易所下一阶段建设提出了新的要求。

2000年9月22日，上海证券交易所召开1999年会员年检大会，提出要加强会员管理，保护投资者权益。

2000年10月22日，上海证券交易所副总经理刘啸东在“资本市场与西部大开发”研讨会上指出上海证券交易所已开始设计“新一代交易系统”。

2000年11月2日，因上海证券交易所发起主办的“中国上市公司治理国际研讨会”在上海举行，《上交所上市公司治理指引(草案)》问世。

2000年11月9日，上海证券交易所推进PROP2000系统，使该所结算数据通信跨入网络时代。

2001年2月10日，上海证券交易所召开三届七次理事会，确定了2001年的工作重点。

2001年2月23日，为规范境内居民个人投资境内上市外资股开户、交易等业务，维护股市场的正常秩序，保护投资人的合法权益，上海证券交易所就境内居民个人投资B股有关事项发出通知。

2001年2月28日，上海证券交易所发布《关于对会员实施2000年年度检查的通知》，要求会员报送年检材料。

2001年3月16日，“华微电子”股票在上海证券交易所挂牌上市，至此，上海证券交易所上市总数达600家，标志着上海证券交易所的发展跨入了一个崭新的阶段。

2001年3月16日，上海证券交易所与深圳证券交易所在青岛联合举办了第一期会员公司统计报表制度培训班，培训券商统计业务。

2001年4月10日，上海证券交易所向股票发行人、主承销商、上市推荐人通知申请股票发行上市有关问题。

2001年4月24-27日，2001年记帐式(三期)国债在上海证券交易所市场上网发行分销。

2001年5月11日，上海证券交易所发布信息披露考核办法。2001年5月21日，上海证券交易所与对外经济贸易大学在北京联合举办了“上交所证券节”活动。这是上海证券交易所为普及投资者的教育，切实保护投资者利益而开展的一项重要活动。

2001年5月30日，上海证券交易所对四砂股份未按期披露2000年年报进行公开谴责。

2001年5月31日，上海证券交易所和深圳证券交易所分别与香港交易所签订合作协议书，三方互换证券市场及上市公司数据。

2001年6月8日，经中国证监会批准，《上海证券交易所股票上市规则》(2001年修订本)即日起正式发布实施，上海证券交易所原《股票上市规则》同时废止。

2001年7月6日，为贯彻落实中国证监会一系列的改革措施，提高沪市上市公司2001年中期报告披露质量，上海证券交易所举办了新会计制度和中报编制培训班。

2001年7月15日，上海证券所对96家专业证券公司年检评比揭晓，中信证券等31家被评为优秀会员。

2001年7月18日，上海证券所“投资者教育网络”宣告成立。这是全国首家投资者教育网络。

2001年8月31日，经中国证监会批准，沪深交易所联合发布《上海、深圳证券交易所交易规则》，自发布之日起三个月后施行。

2001年9月3日，上海证券交易所对北大科技等9家公司严重违反上市公司规则规定的行为发出公开谴责。

2001年9月14日，财政决定将通过上海证券交易所系统发行2001年记帐式(十期)国债，以现券和回购方式同时上市流通。

2001年9月16日，《上海证券交易所服务大纲》正式出台，上海证券交易所随即正式推出《会员会籍服务指南》。

2001年10月15日，中国证监会主席周小川视察上海证券交易所，宣布了上交所主要领导调整的决定。耿亮出任上海证券交易所理事长、党委书记。耿亮在这天召开了三届十次理事会议。他在会上表示要切实加强一线监管，努力把上海证券交易所建成世界一流交易所。

2001年11月8日，上海证券交易所开通了“投资者教育中心”二级网站。这是为加强推进投资者教育工作采取的又一项重要举措。

2001年12月3日，《深圳、上海证券交易所交易规则》正式实施。B股交易改为T+1，对敲交易维持不变；证券买卖实行单笔申报最大数量限制。

2001年12月19日，上海证券交易所副总经理刘啸东透露将于近期推出统一指数，可以权证方式为国有股定价。

2001年12月19日，上海证券交易所举办成立十一周年座谈会，中国证监会主席周小川出席论证证券市场热点。

二○○○年度上市公司经济指标总览(沪市)

代码	简称	每股收益(元)				每股净资产(元)		每股经营现金流量(元)		净资产收益率(%)		主营收入(万元)		净利润(万元)		总资产(万元)	股东权益(万元)	资本公积(万元)	未分配利润(万元)	最新流通A股(万股)	最新总股本(万股)	分红配股方案	最新市盈率(倍)	年报刊登日期
		2000年	扣除后	1999年	扣除后	2000年	调整后	2000年	1999年	2000年	1999年	2000年	同比(%)	2000年	同比(%)									
600000	浦发银行	0.397	0.397	0.303	0.337	3.089	2.878	0.702	0.404	12.87	11.24	571041.44	15.45	95790.47	31.37	13072243.17	744476.95	389003.73	49653.97	40000.00	241000.00	/	51.21	2001.4.26
600001	邯郸钢铁	0.506	0.402	0.536	0.428	3.95	3.94	0.61	0.364	12.82	15.35	585668.44	15.04	75261.97	2.88	759147.90	586939.39	311351.39	79281.08	49000.00	148655.31	10派2元	16.26	2001.4.18
600002	齐鲁石化	0.223	0.223	0.2	0.2	2.49	2.46	0.39	0.593	8.95	8.75	715551.04	22.95	43482.49	12.33	828910.56	486082.64	221292.53	40680.21	35000.00	195000.00	10派0.9元	27.98	2001.4.20
600003	东北高速	0.1767	0.1171	0.17	0.17	2.3414	2.3408	0.1238	0.01	7.5482	7.54	34436.06	-6.47	21441.64	7.56	414590.85	284064.50	137139.40	13170.03	30000.00	121320.00	10派0.7元	38.60	2001.3.29
600005	武钢股份	0.338	0.34	0.29	0.29	2.178	2.178	0.772	0.532	15.53	13.67	692528.08	17.35	70689.20	16.67	633129.80	455286.24	198122.42	10216.07	32000.00	209048.00	10派2.8元	20.15	2001.4.5
600006	东风汽车	0.3738	0.3709	0.3209	/	2.6948	2.5443	0.4758	0.2225	13.87	12.74	344631.19	11.69	37384.01	16.49	406905.27	269477.81	130545.14	28592.77	30000.00	100000.00	10派2元	25.15	2001.3.6
600007	中国国贸	0.18	0.19	0.23	0.23	2.56	2.54	0.39	0.36	7.13	9.19	54281.40	13.38	14599.80	-20.09	366429.10	204839.90	91890.00	20232.50	16000.00	80000.00	10派1.04元	67.22	2001.3.22
600008	首创股份	0.3938	0.3923	0.4895	0.4895	3.513	3.5086	0.3764	/	11.21	34.62	16632.10	2.96	43321.55	10.62	501249.64	386426.37	267950.94	83.31	16000.00	110000.00	10派3.34元	47.05	2001.4.20
600009	上海机场	0.395	0.394	0.44	0.441	3.154	3.153	0.537	0.473	12.52	15.19	86789.62	16.00	54520.30	-8.29	765011.00	435622.52	167562.59	91294.07	48130.61	138130.61	10派3元	25.77	2001.3.29
600010	钢联股份	0.32	0.33	0.28	/	1.74	1.74	0.14	/	18.47	17.97	589847.31	-0.41	28889.16	14.77	265793.17	156436.41	48461.54	12055.79	35000.00	125000.00	10派1元	20.56	2001.4.11
600016	民生银行	0.25	0.24	0.15	0.14	3.47	3.33	1.05	2.46	7.16	13.55	271010.84	66.84	42916.63	114.34	6805821.51	599573.77	375288.29	36479.14	35000.00	173024.80	10派2元转增3	73.80	2001.3.31
600018	上港集箱	0.603	0.5959	0.5822	0.5988	4.3655	4.3099	1.3223	1.3198	13.8128	31.4541	182527.82	29.57	54402.56	35.00	704427.26	393857.02	266096.78	7718.14	8400.00	90220.00	10派3.5元	40.10	2001.2.15
600019	宝钢股份	0.24	0.24	0.21	0.22	2.02	2.02	0.72	/	11.84	/	3094053.45	9.24	299210.39	31.53	3896670.41	2528153.71	1155245.13	31461.91	139289.19	1251200.00	10派0.5	22.96	2201.3.15
600033	福建高速	0.2787	0.0702	0.1171	0.0863	1.877	1.8767	0.6802	0.348	14.85	7.33	20146.66	6.22	13517.11	137.92	223811.74	91032.51	25717.59	12100.23	20000.00	68500.00	不分配	31.11	2001.3.8
600037	歌华有线	0.57	0.58	0.48	0.48	1.73	1.7	0.66	/	33.23	31.03	23172.62	28.52	10921.54	19.58	60466.35	32863.32	9956.80	250.07	8000.00	27000.00	10派1元	68.60	2001.3.7
600038	哈飞股份	0.2706	0.2677	0.37	0.37	4.25	4.25	0.25	/	6.3635	23.74	23738.18	23.63	4058.89	21.04	77618.83	63783.96	44224.11	2638.28	6000.00	15000.00	不分配	80.56	2001.2.24
600051	宁波联合	0.17	0.14	0.05	0.1	2.64	2.57	0.25	0.011	6.28	2.06	295731.70	47.86	5017.76	213.01	184088.85	79841.91	39454.97	-1126.39	8539.79	30240.00	10派1.1元	82.94	2001.4.6
600052	浙江广厦	0.23	0.2	0.26	0.25	1.94	1.69	-0.39	-0.41	11.67	9.61	163594.94	7.09	9578.81	23.92	238532.04	82044.80	23184.33	8581.63	19656.00	42336.00	10派1元配3	53.00	2001.2.20
600053	江西纸业	0.34	0.23	0.34	0.19	4.16	4.16	0.64	0.23	8.13	10.25	30146.68	11.08	5453.65	17.47	112796.85	67053.52	35586.77	11867.80	7597.35	16107.00	10派1元	40.21	2001.3.9
600054	黄山旅游	0.15	/	0.27	/	2.37	2.21	0.155	0.21	6.3	12.3	28603.02	-0.57	4490.53	-45.78	95845.30	71667.89	25557.06	7655.59	5200.00	30290.00	不分配	100.47	2001.3.17
600055	万东医疗	0.28	0.278	0.275	0.26	3	2.97	0.22	0.33	9.32	9.42	27741.70	34.20	3105.21	1.70	52667.61	33323.84	17721.93	2256.80	3900.00	11100.00	10派2元	74.29	2001.3.20
600056	中技贸易	0.2474	0.2302	0.2636	0.2629	3.9329	3.9193	-1.15	2.8947	6.29	8.5874	140009.55	-4.86	3225.39	1.97	112157.91	51265.26	31907.58	3357.45	3900.00	13035.00	10派1元	87.03	2001.3.20
600057	厦新电子	-0.487	-0.512	0.091	0.013	1.453	1.315	-0.71	0.58	-33.52	4.69	99347.74	-17.85	-17448.19	-634.92	129378.09	52058.70	29355.68	-16687.34	14400.00	35820.00	不分配	/	2001.4.6
600058	龙腾科技	0.4898	0.5173	0.3246	0.355	4.3485	4.274	0.2937	0.9467	11.2641	8.4122	1174969.95	57.70	20772.88	50.90	429360.13	184415.35	98773.98	30593.29	12000.00	42408.87	不分配	45.53	2001.3.10
600059	古越龙山	0.401	0.401	0.401	/	3.73	3.69	0.72	0.086	10.75	11.38	39073.78	-0.79	8252.30	-0.08	144434.09	76735.91	39607.46	10836.25	8190.00	20600.00	10派2元配3(9-13元)(*)	36.08	2001.2.13
600060	海信电器	0.3	0.29	0.29	0.19	3.4	3.34	0.56	0.23	8.9	8.92	430054.40	44.21	12534.16	5.43	272013.32	140909.73	54801.86	29759.33	20384.00	49376.78	10派1.05元	41.83	2001.4.17
600061	中纺投资	0.335	0.285	0.315	0.315	3.383	3.367	0.33	0.4	9.91	11.65	71045.50	45.65	4810.57	15.63	76084.20	48555.25	26249.04	4392.81	4680.00	14350.60	10派0.5元送2转增8(*)	38.03	2001.2.20
600062	双鹤药业	0.4217	0.4123	0.32	0.36	2.5861	2.522	0.5653	0.56	16.31	10.96	116833.91	61.48	12891.47	69.88	148415.63	79055.90	27955.25	13278.07	10980.40	30569.50	10派1元配3(12-14元)(*)	43.51	2001.3.2
600063	皖维高新	0.214	0.205	0.198	0.196	2.445	2.418	0.3	0.136	8.75	9.47	38692.80	34.08	5409.52	16.26	119843.89	61845.83	30147.55	3774.65	9900.00	25290.00	10派1.5元	58.64	2001.3.16
600064	南京高科	0.327	0.327	0.603	/	3.182	3.182	0.612	0.146	10.28	21.13	88101.63	-15.57	11260.40	-45.77	213231.07	109513.03	50602.54	9217.29	15520.51	34414.59	不分配	48.10	2001.4.3
600065	大庆联谊	0.1612	0.153	0.038	0.038	4.945	4.9	0.144	0.055	3.26	0.787	48483.70	48.54	2579.39	323.72	137922.40	79119.65	46157.33	6815.83	5000.00	16000.00	10派0.5元送2(*)	76.86	2001.1.18
600066	宇通客车	0.6368	0.63	0.621	/	6.35	6.24	1.6	0.1965	10.03	11.03	119896.83	71.25	8707.16	23.17	142578.10	86822.48	63921.88	4887.23	9372.31	13672.37	10派6元	28.88	2001.2.27
600067	福州大通	0.22	0.2	0.23	0.219	2.85	2.8	-0.42	0.41	7.76	10.91	38925.35	44.97	2321.64	20.96	54113.39	29914.88	13384.87	3541.95	6792.43	10501.17	10派1元	75.36	2001.4.6
600068	葛洲坝	0.3	0.33	0.37	0.35	4.45	4.38	0.01	0.75	6.76	8.92	215579.57	4.85	21211.95	-6.93	458378.26	313877.35	201751.09	31395.89	34580.00	70580.00	10派1元	29.53	2001.4.10
600069	银鸽投资	0.028	0.024	0.031	0.027	1.73	1.71	0.08	0.08	1.62	1.81	15424.82	9.95	1044.39	-9.03	91335.45	64431.11	13371.67	9971.62	14560.00	37160.00	不分配	344.29	2001.3.20
600070	浙江富润	0.35	0.36	0.3	0.25	3.17	3.15	0.64	-0.08	10.9	10.06	21371.47	11.46	2615.06	13.52	41979.82	23998.56	11020.78	3800.45	3120.00	7573.30	10派2元	55.89	2001.3.6
600071	凤凰光学	0.36	0.34	0.26	0.26	3.47	3.47	0.18	0.49	10.27	8.27	27339.65	11.77	3830.49	35.09	56388.85	37293.46	16751.79	6730.00	4862.00	10745.36	10派0.75元送3转增4(*)	52.78	2001.3.6

代码	简称	每股收益(元)				每股净资产(元)		每股经营现金流量(元)		净资产收益率(%)		主营收入(万元)		净利润(万元)		总资产(万元)	股东权益(万元)	资本公积(万元)	未分配利润(万元)	最新流通A股(万股)	最新总股本(万股)	分红配股方案	最新市盈率(倍)	年报刊登日期
		2000年	扣除后	1999年	扣除后	2000年	调整后	2000年	1999年	2000年	1999年	2000年	同比(%)	2000年	同比(%)									
600072	江南重工	0.072	-0.059	0.202	0.203	3.416	3.403	0.022	-0.335	2.121	6.031	35355.43	-33.02	1988.91	-63.63	107607.07	93788.74	54597.40	6849.39	12480.00	27458.08	不分配	144.44	2001.3.30
600073	上海梅林	0.25	0.07	0.32	-0.09	2.41	2.32	0.11	0.25	10.24	13.34	53724.03	-4.45	7990.30	14.88	133813.96	78034.08	43669.61	-1645.17	12000.00	32400.00	不分配	56.52	2001.2.28
600074	南京中达	0.442	0.426	0.223	0.223	3.716	3.673	1.553	-0.807	11.9	6.61	49578.17	32.22	6389.74	98.08	111006.02	53713.39	29242.72	7698.16	5220.00	14460.00	10派1元配3(13-17元)(*)	35.88	2001.1.19
600075	新疆天业	0.386	0.327	0.278	0.271	4.78	4.58	0.717	-0.239	8.07	6.19	141249.23	94.33	8754.06	38.71	219024.50	108416.89	64816.89	14617.67	9720.00	22680.00	10派1元配3(13-15元)	36.35	2001.3.16
600076	青鸟华光	0.2653	0.2585	0.1674	0.1623	2.813	2.763	0.4241	-0.0507	9.431	6.419	24409.93	28.36	5953.64	58.49	102967.11	63127.66	24264.72	9614.13	9600.00	22441.60	10派0.6元	85.34	2001.2.27
600077	国能集团	0.24	0.24	0.1	0.02	2.97	2.75	-0.53	0.08	8.24	3.7	31308.89	210.77	3094.39	134.51	79481.10	37674.50	21232.13	2167.36	4654.07	12681.91	10派1元	74.17	2001.4.13
600078	澄星股份	0.2	0.23	0.26	0.28	3.54	3.54	-0.23	0.41	5.65	7.54	54139.65	21.69	3604.97	-22.80	81396.94	63779.84	31288.18	7910.55	6612.98	18006.20	10派1元	68.40	2001.3.28
600079	人福科技	0.289	0.233	0.275	0.221	2.28	2.229	0.208	-0.384	12.66	7.03	18849.91	40.48	3637.64	99.34	51811.66	28724.07	10449.21	1558.52	6422.00	12597.00	10派0.5元	64.46	2001.2.8
600080	金花股份	0.35	0.35	0.42	0.42	3.42	3.26	0.41	0.29	10.19	18.05	18382.49	12.40	8051.68	-7.23	103440.22	78873.26	27652.83	23331.94	9984.00	23083.52	不分配	42.31	2001.4.12
600081	东风科技	0.26	0.21	0.3	0.29	2	1.97	0.2	0.02	12.94	16.53	39410.93	100.94	5192.61	44.76	75339.80	40119.88	12588.06	4711.45	5025.00	20100.00	10派1元	123.08	2001.3.21
600082	津百股份	-0.618	-0.618	0.015	0.015	2.71	2.532	0.073	0.22	-22.8	0.464	43385.89	-18.57	-9205.83	-4112.48	117687.78	40376.89	29529.24	-7066.93	7917.78	14898.08	不分配	/	2001.4.26
600083	PT红光	-0.307	-0.253	-0.846	/	0.12	-0.197	-0.087	-0.001	-254.89	-555.33	3730.10	-33.40	-7058.48	63.73	129948.89	2769.17	6327.89	-26558.72	13573.06	23000.00	不分配	/	2001.4/20
600084	新天国际	0.49	0.48	0.29	0.284	3.55	3.46	0.025	0.24	13.7	7.3	68613.94	38.68	8811.11	117.55	158641.83	64296.90	27290.79	15525.78	6864.00	18090.80	10派1元转增3(*)	29.94	2001.2.6
600085	同仁堂	0.611	0.61	0.58	0.581	3.973	3.943	0.699	0.235	15.38	18.36	102439.21	22.64	14664.85	5.29	167570.74	95358.20	46880.91	16292.42	7800.00	25980.00	10派2元转增3	38.12	2001.3.20
600086	多佳股份	0.145	0.146	0.169	0.169	2.323	2.31	-0.177	0.213	6.25	8.74	28573.00	13.57	3195.40	-9.62	77328.67	51154.54	15132.35	10211.28	7992.46	22017.60	10派0.25元送1转增5(*)	95.31	2001.3.9
600087	南京水运	0.484	0.484	0.515	0.515	3.36	3.27	0.82	0.97	14.38	10.11	52298.64	46.35	11576.63	50.43	95748.91	80494.64	39771.25	6253.39	7280.00	23932.31	10派3元配1.875(10-12元)(*)	32.52	2001.2.7
600088	中视股份	0.131	0.127	0.283	0.279	3.92	3.89	0.42	0.367	3.34	7.28	20468.11	12.26	2386.74	-53.74	80727.78	71413.42	46716.62	1482.75	6000.00	18210.00	10派1元转增3	200.08	2001.4.25
600089	特变电工	0.36	0.36	0.608	/	3.1599	3.0797	0.043	0.246	11.36	17.45	99684.72	57.25	9315.09	2.61	181700.56	81995.35	35980.54	15018.89	13041.60	25949.02	10派1元	41.36	2001.3.15
600090	啤酒花	0.41	0.39	0.29	0.28	2.15	2.03	/	/	18.92	/	61574.11	121.57	9357.17	154.25	117141.82	49446.12	11939.67	3775.27	10882.56	22994.79	10派0.375元送1.5转增4.5(*)	35.37	2001.3.6
600091	明天科技	0.38	0.38	0.25	0.205	3.4	3.38	0.29	0.02	11.13	8.82	78591.60	35.02	8563.01	28.27	112931.94	76952.58	39126.58	11005.19	9620.00	22652.60	10派2元	41.92	2001.3.8
600092	精密股份	0.197	0.1926	0.2509	0.2421	2.69	2.69	0.2894	-0.4154	7.32	13.99	12541.61	-27.11	5145.19	-13.66	96293.64	70253.20	25186.13	15048.45	13309.92	26119.62	不分配	62.23	2001.3.20
600093	禾嘉股份	0.17	0.15	0.23	0.18	2.88	1.48	-0.19	0.75	6.03	8.35	17556.66	0.03	2216.54	-24.68	72183.94	36733.70	15019.95	6891.31	5100.00	12750.00	10派0.5元	86.24	2001.3.16
600094	华源股份	0.25	0.21	0.34	0.27	2.9	2.81	0.42	0.27	8.58	11.91	147449.02	49.30	12234.84	27.05	326754.92	142577.95	73787.63	6511.60	11040.00	49175.40	10派1元	46.88	2001.4.10
600095	哈高科	0.078	0.072	0.217	/	2.77	2.65	0.257	/	2.83	7.919	22385.76	-43.34	2047.32	-63.97	164639.08	72438.50	35917.18	6464.60	15106.60	26156.00	不分配	161.28	2001.4.19
600096	云天化	0.4479	0.4479	0.4576	0.4576	2.9921	2.9884	0.6367	0.5024	14.97	17.3	76536.84	-0.30	16490.45	-36.58	155623.57	110164.05	51263.45	9673.82	10000.00	36818.18	不分配	30.36	2001.2.27
600097	ST恒泰	-0.5388	-0.5226	-1.6378	/	0.0938	0.0655	-0.0177	-0.0367	-574	-297.96	2697.88	-54.87	-6220.48	20.92	62000.78	1083.43	23866.38	-25721.74	3500.00	11544.99	不分配	/	2001.4.11
600098	广州控股	0.705	0.625	0.442	0.459	3.4	3.39	1.4	0.954	20.74	18.06	345917.44	41.70	88254.98	66.56	825102.45	425511.18	127346.93	138397.50	23400.00	125280.00	10派1.35元(*)	26.28	2001.3.15
600099	林海股份	0.042	0.041	0.103	0.106	2.71	2.7	0.29	0.03	1.54	3.77	20011.05	-28.64	761.34	-59.42	57836.60	49552.51	23936.56	5023.71	7600.00	18260.00	10派0.5元转增2	304.29	2001.3.30
600100	清华同方	0.616	0.616	0.62	0.62	6.718	6.49	0.479	0.19	9.17	12.23	331884.71	98.92	23597.55	46.71	529057.97	257361.16	170387.82	28867.47	16507.24	38307.46	10派1元转增5	69.06	2001.3.27
600101	明星电力	0.558	0.558	0.568	0.532	4.33	4.27	0.76	0.54	12.89	14.32	24347.05	17.71	8166.01	-1.74	97040.96	63358.80	21838.94	15774.86	7308.00	14644.39	10派2元配3(15-18元)	30.34	2001.2.8
600102	莱钢股份	0.605	0.616	0.432	0.43	3.25	3.25	1.27	0.57	18.62	14.88	452540.76	13.40	52714.82	40.02	513685.99	283096.54	96938.67	67549.29	15600.00	87118.20	10派2.6元(*)	21.26	2001.2.6
600103	青山纸业	0.238	0.233	0.313	0.3115	2.246	2.23	0.188	0.43	10.58	7.69	88577.26	63.30	16781.69	51.92	238961.43	158626.70	36422.15	31317.43	44608.42	70630.00	10配1.5(6-8元)	29.12	2001.3.7
600104	上海汽车	0.53	0.535	0.51	0.517	3.43	3.4	0.394	0.671	15.48	17.57	250680.66	2.98	74226.69	3.91	680796.72	479593.00	202842.21	90017.76	54600.00	182000.00	10送5	25.74	2001.3.6
600105	永鼎光缆	0.248	0.24	0.279	/	2.677	2.624	0.03	0.08	9.27	11.09	74071.58	41.75	6192.55	-11.12	99350.66	66811.58	30607.52	5330.46	7500.00	24961.05	10派1元配3(10.5-13.5元)	63.63	2001.3.20
600106	重庆路桥	0.251	0.251	0.3012	0.187	2.76	2.68	0.41	0.35	9.1	11.56	12279.57	7.45	7781.70	-16.65	129989.58	85534.75	41424.31	6916.96	9000.00	31000.00	10派1元	56.18	2001.2.28
600107	美尔雅	0.188	0.159	0.279	0.228	2.475	2.442	0.385	0.262	7.59	6.48	31190.12	-7.59	6761.98	21.38	126707.11	89101.66	23210.26	17939.49	13320.00	36000.00	10派1元	56.54	2001.3.12
600108	亚盛集团	0.2916	0.2665	0.37	0.298	2.8596	2.83	0.32	0.455	10.2	10.9	69009.12	31.29	11666.44	2.38	163930.56	114424.13	44344.66	21442.68	21294.00	40014.00	10派0.25元送1转增2	35.32	2001.3.28
600109	ST成百	-0.44	-0.336	-0.382	/	0.564	0.051	0.189	0.532	-78.07	-38.07	78374.61	2.80	-3124.60	-15.17	27157.62	4002.16	2383.46	-6301.06	2750.00	7098.27	不分配	/	2001.3.29
600110	长春热缩	0.4004	0.36	0.218	0.218	3.22	3.15	0.6	0.159	12.44	7.48	3963.03	20.43	4631.09	83.38	53103.79	37222.37	17728.59	5134.63	4050.80	11564.80	10派1元配3(12-18元)(*)	60.19	2001.2.17

代码	简称	每股收益(元)				每股净资产(元)		每股经营现金流量(元)		净资产收益率(%)		主营收入(万元)		净利润(万元)		总资产(万元)	股东权益(万元)	资本公积(万元)	未分配利润(万元)	最新流通A股(万股)	最新总股本(万股)	分红配股方案	最新市盈率(倍)	年报刊登日期
		2000年	扣除后	1999年	扣除后	2000年	调整后	2000年	1999年	2000年	1999年	2000年	同比(%)	2000年	同比(%)									
600111	稀土高科	0.243	0.255	0.174	/	2.482	2.355	0.421	0.006	9.79	9.55	39253.49	59.38	9808.11	54.69	122309.08	100180.81	46512.70	7879.78	14560.00	40367.40	10派1.2元	66.13	2001.3.17
600112	长征电器	0.2046	0.1644	0.1608	0.1536	2.83	2.75	0.11	0.15	7.24	6.02	18235.05	21.79	3518.71	27.22	79399.50	48625.72	24718.24	5043.85	5200.00	17200.00	10派0.5元	73.75	2001.2.20
600113	浙江东日	0.13	0.13	0.2	0.2	3.02	3	0.4	0.6525	4.24	6.39	10123.98	53.40	1512.12	-35.15	43574.68	35629.72	21603.84	482.71	4000.00	11800.00	10派2元	126.08	2001.3.13
600115	东方航空	0.00413	-0.0466	0.04	-0.09	1.36	1.2	0.63	0.49	0.304	3.11	1182175.81	10.81	2008.19	-90.35	2698629.81	660654.78	144795.42	5245.91	30000.00	486695.00	10派0.2元	1375.30	2001.4.10
600116	三峡水利	0.22	0.19	0.18	0.07	3.01	2.91	0.64	-0.03	7.2	5.98	22207.57	16.11	3788.72	30.22	113351.60	52613.70	26837.84	5104.02	5799.20	17476.80	不分配	73.41	2001.3.20
600117	西宁特钢	0.14	0.14	0.19	0.19	2.33	2.21	0.09	-0.36	5.88	9.95	131828.21	-1.34	7992.57	-23.68	253645.35	135945.22	55097.45	17747.90	16000.00	58222.00	10派0.6元	60.50	2001.4.18
600118	中国泛旅	0.091	0.1	0.186	0.185	1.479	1.465	0.41	-0.14	6.14	8.4	29392.20	78.42	1719.08	-21.93	36081.02	28019.69	1750.26	4133.07	7200.00	18950.40	不分配	219.23	2001.4.16
600119	长江投资	0.1436	0.0978	0.0871	/	2.38	2.31	-0.0114	0.0442	6.03	3.89	50829.07	22.81	2153.99	64.90	78666.29	35739.70	16949.10	2794.78	4800.00	15000.00	10送1	116.99	2001.3.26
600120	浙江东方	0.63	0.49	0.6	0.53	4.36	4.22	0.012	0.31	14.39	18.14	310798.83	20.52	8845.43	36.36	131815.95	61464.43	28643.44	9502.24	5856.06	14103.61	10送3转增3(*)	38.02	2001.2.12
600121	郑州煤电	0.1455	0.1459	0.3996	/	1.55	1.548	0.052	0.505	9.39	15.53	45883.94	-4.26	11786.35	-34.45	177793.61	125553.04	22176.26	11496.42	21600.00	81000.00	10派0.25元配3(6-12元)	113.54	2001.2.22
600122	宏图高科	0.271	0.258	0.281	0.251	1.999	1.942	-1.254	-0.268	13.58	10.83	118286.42	54.45	8013.39	45.06	186258.11	59017.09	13065.29	12215.20	12000.00	29520.00	不分配	54.80	2001.4.10
600123	兰花科创	0.0223	-0.0037	0.2	0.16	2.229	2.129	0.369	-0.14	1	10.98	30278.58	-20.28	826.76	-88.02	166328.85	82739.60	41885.48	2523.30	14400.00	37125.00	不分配	508.07	2001.4.21
600125	铁龙股份	0.42	0.41	0.28	/	2.66	2.63	0.58	0.57	15.81	11.94	30545.90	10.02	8011.13	47.45	86634.32	50671.79	5619.65	15194.98	5000.00	19077.60	10派1.5元(*)	38.36	2001.2.7
600126	杭钢股份	0.574	0.584	0.356	0.371	2.79	2.75	0.146	0.439	20.62	18.38	392878.51	27.65	37073.66	73.55	293890.67	179829.01	72920.47	29612.97	16575.00	64533.75	10派1.5元	19.76	2001.3.14
600127	金健米业	0.237	0.229	0.218	0.187	2.151	2.048	0.078	0.36	11.029	11.087	70345.61	37.78	6049.97	8.97	97955.26	54852.20	17533.47	8533.16	11500.00	30500.00	10派0.5元送2转增3	94.60	2001.4.26
600128	江苏工艺	0.22	0.18	0.4	0.35	2.79	2.63	0.37	0.46	7.95	10.59	143205.51	18.61	4423.92	-3.39	82525.87	55630.02	22007.28	7465.08	7412.31	19944.75	10派1.5元	68.09	2001.3.15
600129	太极集团	0.232	0.213	0.322	0.188	3.86	3.42	0.14	0.72	6.02	10.53	119736.31	19.13	5865.31	-22.15	197157.79	97497.71	49608.16	12898.09	7500.00	25260.00	不分配	112.11	2001.4.6
600130	波导股份	0.275	0.2	0.4	/	5.04	4.91	-0.96	-0.62	5.46	31.19	93485.68	201.82	4401.21	-8.51	122975.74	80631.20	58410.62	4954.59	4000.00	16000.00	10派1元	100.40	2001.4.3
600131	岷江水电	0.11	0.104	0.159	0.152	1.5	1.5	0.14	0.16	6.92	10.65	10675.35	-16.27	3035.23	-30.18	121847.27	41129.41	3578.39	5950.93	6930.00	27347.88	10派1元	119.27	2001.3.16
600132	重庆啤酒	0.262	0.251	0.244	0.227	3.57	3.55	0.51	0.366	7.35	6.97	33815.55	8.58	4479.36	7.27	125385.93	60976.21	33714.45	3715.80	5200.00	17087.20	10派2元	65.46	2001.3.17
600133	东湖高新	0.1808	0.1545	0.1542	0.1346	2.228	2.161	-0.6946	-0.03	8.12	10.88	34820.44	32.01	4983.26	26.26	151604.62	61401.27	27551.29	1137.08	8320.00	27559.22	10派1元	86.73	2001.3.10
600135	乐凯胶片	0.756	0.74	0.843	0.82	3.395	3.385	1.05	1.356	22.27	19.12	75894.66	22.50	21545.91	34.57	110984.49	96750.32	33245.62	28377.43	10491.30	28500.00	10派3元送2(*)	29.55	2001.3.22
600136	道博股份	0.19	0.11	0.318	0.279	4.03	3.94	0.41	0.031	4.82	10.66	19236.76	33.03	2027.75	-32.90	72478.45	42084.20	24443.27	5060.38	4092.40	10444.40	10派1元	96.74	2001.4.25
600137	长江包装	0.264	-0.53	-0.731	-0.732	2.736	2.489	0.096	-0.05	9.66	-237.4	13263.74	48.90	1604.89	136.14	57103.40	16609.31	12882.85	-3358.79	1740.00	6071.13	不分配	82.92	2001.2.27
600138	青旅控股	0.4504	0.4497	0.4619	0.445	3.806	3.662	0.131	0.139	11.83	17.05	102658.36	21.56	12024.99	8.46	166426.17	101469.26	57860.68	11529.83	11700.00	26700.00	10派1.5元	38.88	2001.3.24
600139	鼎天科技	0.18	0.13	0.21	/	2.24	2.07	0.1	0.1	7.98	9.72	20902.46	99.35	1355.70	-14.92	53028.98	16997.39	4465.50	2676.42	2940.00	7601.02	10派1元	160.50	2001.4.25
600141	兴发集团	0.17	0.16	0.16	0.11	2.47	2.47	0.58	-0.03	6.74	6.85	27344.22	40.15	2662.86	1.14	67130.74	39485.22	17347.90	3716.43	4000.00	16000.00	10派1元	92.65	2001.3.15
600145	四维瓷业	0.26	0.24	0.18	/	2.46	2.44	0.28	0.41	10.66	7.35	19839.77	17.60	3609.02	58.89	60080.69	33843.32	16300.50	2719.72	8910.00	24750.00	10派0.25元送1转增7(*)	50.00	2001.2.15
600146	大元股份	0.03	0.03	0.105	0.007	2.31	2.3	-0.26	0.078	1.5	4.59	133422.41	74.34	689.62	-67.08	100331.39	46287.39	24155.24	1296.77	6000.00	20000.00	不分配	607.33	2001.3.15
600148	离合器	0.085	0.083	0.55	/	1.44	1.36	0.18	-0.04	5.95	21.11	15399.44	-4.29	1150.38	-72.11	32030.31	19342.27	3674.23	1193.57	3600.00	13469.40	10派1元	160.24	2001.4.6
600149	邢台轧辊	0.19	0.19	0.25	0.16	3.08	3.05	-0.04	-0.38	6.16	8.64	38189.02	3.45	3225.28	-24.02	95673.57	52364.35	22277.52	9626.42	4500.00	16980.00	不分配	73.26	2001.3.28
600150	ST重机	-0.193	-0.209	-0.121	0.12	1.91	1.79	0.58	0.11	-10.11	-5.75	72281.18	31.90	-4666.56	-59.86	127335.12	46135.49	29109.75	-7652.39	7700.00	24149.31	不分配	/	2001.4.10
600151	航天机电	0.5	0.45	0.43	0.39	3.95	3.69	0.51	0.27	12.63	15	96471.25	17.59	14601.75	26.43	209523.00	115635.31	72941.27	6452.24	8840.00	29240.00	10派2元转增6(*)	30.64	2001.3.6
600152	维科精华	0.1695	0.152	0.3768	0.19	1.943	1.916	0.206	0.38	8.73	13.27	130331.66	132.17	4976.32	-3.04	86311.09	57021.70	21077.76	4458.71	10350.00	29349.42	不分配	60.35	2001.3.27
600153	厦门建发	0.35	0.39	0.47	0.42	4.66	4.63	0.19	0.83	7.49	15.96	514881.84	51.46	10328.10	-8.38	330502.09	137980.24	88598.14	15056.51	7980.48	29600.00	10派3元	50.77	2001.3.30
600155	宝硕股份	0.301	0.302	0.428	0.408	2.997	2.941	0.535	0.404	10.06	14.39	105241.03	21.74	8289.07	-3.24	179568.23	82422.32	35116.50	15317.68	8000.00	27500.00	10派1元转增5	51.96	2001.4.6
600156	益鑫泰	0.176	0.1637	0.2443	/	2.7	2.7	0.46	0.32	6.51	10.61	83061.30	-7.97	7724.88	-23.59	152036.06	118711.88	60253.38	10817.74	13600.00	43890.00	10派1.5元	63.01	2001.3.29
600157	鲁润股份	0.1923	0.1923	0.85	0.85	1.59	1.56	0.145	0.93	12.1	33.7	41131.54	-30.04	3277.45	-59.33	73750.27	27094.76	602.86	5459.59	6355.84	17044.62	不分配	79.10	2001.4.5
600158	中体产业	0.31	0.28	0.31	0.2	4.12	4.02	0.38	0.0017	7.42	10.55	20514.65	23.70	5972.59	8.57	111324.30	80484.51	52613.56	4123.00	5850.00	19511.40	10派2元送1转增2	73.23	2001.4.6

代码	简称	每股收益(元)				每股净资产(元)		每股经营现金流量(元)		净资产收益率(%)		主营收入(万元)		净利润(万元)		总资产(万元)	股东权益(万元)	资本公积(万元)	未分配利润(万元)	最新流通A股(万股)	最新总股本(万股)	分红配股方案	最新市盈率(倍)	年报刊登日期
		2000年	扣除后	1999年	扣除后	2000年	调整后	2000年	1999年	2000年	1999年	2000年	同比(%)	2000年	同比(%)									
600159	宁城老窖	0.21	0.16	0.295	0.24	3.08	3.07	−0.15	0.35	6.82	10.27	26546.15	−7.46	4372.44	−28.77	75713.34	64132.91	29950.59	7987.86	6400.00	22180.00	10送1.8756转增1.8756	91.81	2001.4.4
600160	巨化股份	0.321	0.339	0.332	0.316	2.87	2.82	0.9	0.96	11.2	11.75	123537.99	10.12	10957.00	−3.10	187060.97	97897.31	44423.38	14649.70	8800.00	34100.00	10派2.5元配3(9.5−11.5元)(*)	42.21	2001.2.7
600161	天坛生物	0.1975	0.1888	0.22	0.22	1.45	1.44	0.25	0.22	13.6	15.46	13757.75	0.06	3791.99	−12.15	44598.40	27872.86	5166.93	1011.59	4800.00	19200.00	10派2元(*)	131.75	2001.3.8
600162	山东临工	0.15	0.15	0.27	0.25	3.39	3.33	0.3	−0.17	4.46	10.18	44301.78	13.04	2656.01	−33.92	121441.39	59587.44	28781.07	8252.40	4900.00	17589.00	不分配	85.07	2001.2.23
600163	福建南纸	0.23	0.22	0.27	0.23	3.57	3.55	0.43	0.41	6.34	9.97	95401.99	108.85	6915.32	−6.06	248107.99	109151.01	61337.22	12144.36	9100.00	30594.66	不分配	57.74	2001.4.19
600165	宁夏恒力	0.219	0.208	0.204	0.2	1.9	1.87	0.58	−0.18	11.53	10.5	33652.65	42.17	5023.59	15.05	77859.27	43586.08	18216.39	−325.32	9360.00	25120.00	10派3元	128.49	2001.4.14
600166	福田股份	0.3236	0.1675	0.4025	0.3437	3.3	3.06	0.02	0.56	9.8	16.72	332194.71	7.06	9075.92	−10.65	265749.96	92626.09	48779.06	7431.43	8000.00	28046.60	10派1.4元	42.34	2001.3.27
600167	ST黎明	−0.1812	−0.1983	−0.1163	−0.1231	2.37	2.23	−0.11	0.11	−7.66	−4.54	28812.14	12.26	−3442.01	−55.80	70464.92	44948.32	33250.42	−7878.41	7000.00	19000.00	不分配	/	2001.4.25
600168	武汉控股	0.3348	0.2916	0.417	0.2659	2.9376	2.9337	0.3358	0.4384	11.4	16.28	23511.01	−2.49	14769.84	−13.19	156843.06	129593.48	76779.68	2045.36	12750.00	44115.00	10派5元	39.64	2001.3.9
600169	太原重工	0.14	0.12	0.202	0.176	2.335	2.299	−0.054	−0.096	6.026	10.244	54378.25	27.76	5237.09	−25.53	148484.98	86902.71	36791.59	10162.44	14400.00	37217.24	10派0.3元	62.43	2001.4.17
600170	上海建工	0.42	0.42	0.38	0.38	3.85	3.83	−0.54	−0.1	10.93	10.66	776728.76	4.10	22627.54	11.06	512623.82	206971.32	103837.48	36056.57	15000.00	53700.00	10派1.25元	31.31	2001.2.26
600171	上海贝岭	0.4	0.39	0.33	0.27	2.77	2.75	0.6	0.21	14.33	12.82	79238.46	94.83	17216.38	21.77	146112.98	120145.98	54795.45	14924.23	15600.00	43443.40	10派1.6元	57.90	2001.3.13
600172	黄河旋风	0.2	0.19	0.302	/	1.79	1.78	0.09	0.22	11.18	17.77	31893.92	36.99	4887.88	−33.74	69203.41	43727.21	13091.00	3230.87	10400.00	26800.00	10派1元	61.50	2001.4.12
600173	牡丹江	0.254	0.252	0.234	0.208	2.74	2.73	0.069	0.014	9.26	8.78	41381.48	4.41	5836.51	8.41	96259.83	62997.00	27214.40	8016.48	8000.00	23000.00	10派1.8元	56.97	2001.3.6
600175	宝华实业	0.177	0.179	1.185	1.157	3.95	3.8	0.22	−0.68	4.48	15.7	7077.94	−47.02	1890.28	−70.09	64832.50	42146.91	22040.98	1803.42	2668.00	10668.00	10派1元	115.54	2001.4.17
600176	中国化建	0.209	0.1365	0.1328	/	2.194	2.003	0.457	−0.379	9.52	6.012	37188.01	0.63	4651.67	66.77	124311.72	48843.87	20536.54	4883.57	7420.00	22260.00	10派1元	60.86	2001.3.22
600177	雅戈尔	0.5116	0.505	0.7524	0.7378	2.8912	2.8845	0.3731	1.2978	17.7	18.32	143773.96	38.12	29065.01	49.69	244570.80	164249.74	61184.45	22062.31	18590.00	56809.51	10派2元(*)	26.27	2001.3.6
600178	东安动力	0.3312	0.3229	0.31	0.3	2.605	2.6006	0.6371	0.61	12.71	12.3	155832.73	25.69	13994.08	6.83	171435.84	110060.13	54246.65	5959.49	10660.00	42250.00	10派2.5元配3(7−10元)(*)	33.54	2001.1.19
600179	黑化股份	0.061	0.021	0.03	0.018	2.4	2.35	−0.71	−0.435	2.54	1.42	107136.80	30.09	2012.70	79.99	173938.13	79340.50	38717.99	6330.63	10000.00	33000.00	10派0.3元	147.54	2001.4.26
600180	九发股份	0.3098	0.3098	0.328	/	3.57	3.51	0.106	0.024	8.68	15.23	35147.65	26.75	6478.99	3.75	93607.58	76730.47	40878.94	12284.42	6656.00	20915.84	10派1元	58.75	2001.3.28
600181	云大科技	0.39	0.37	0.37	0.35	5.3	4.4	/	0.21	7.31	9.61	24515.65	70.08	6753.96	27.89	134799.66	92337.89	60524.40	10829.30	16800.00	34813.62	10转增10(*)	38.67	2001.1.20
600182	桦林轮胎	0.009	−0.012	0.064	0.026	2.356	2.323	−0.082	−0.256	0.397	2.715	71299.34	1.11	318.00	−85.32	200049.36	80089.09	37646.43	3707.92	12000.00	34000.00	不分配	925.56	2001.4.20
600183	生益科技	0.4371	0.432	0.3868	0.4032	1.9215	1.9158	0.2659	−0.6887	22.75	18.12	98869.33	27.77	21449.92	69.48	147579.72	94303.82	21850.68	14245.13	12750.00	49078.13	10派1.5元	39.17	2001.3.1
600185	海星科技	0.1013	0.1067	0.2137	0.1702	2.4873	2.4697	0.1208	−0.4304	4.07	8.74	40511.43	−16.28	2005.56	−52.61	80805.05	49249.03	23909.20	3435.16	6800.00	19800.00	10派0.6元	208.49	2001.4.13
600186	莲花味精	0.2864	0.283	0.2809	0.2109	2.412	2.3878	0.1484	0.27	11.87	13.22	131042.06	4.54	17182.07	1.93	310170.56	144721.39	44437.19	33884.35	28000.00	68000.00	不分配	39.87	2001.3.24
600187	黑龙股份	0.32	0.2317	0.29	/	3.47	3.46	0.09	0.12	9.07	11.08	43754.13	20.23	6874.30	17.19	185648.77	75759.55	40654.14	10341.71	6500.00	21815.00	10派1元转增5	62.97	2001.2.27
600188	兖州煤业	0.29	0.3	0.3	/	2.63	2.56	0.41	0.37	11.19	12.43	478058.09	17.47	76418.20	−2.14	843844.37	682713.81	252622.89	133396.28	11931.06	270000.00	10派0.82元	39.76	2001.4.23
600189	吉林森工	0.34	0.33	0.34	0.33	3.73	3.56	0.23	0.16	9.04	10.96	54358.06	25.34	10457.13	6.72	166067.89	115707.83	65029.70	13875.81	11050.00	31050.00	10派2元	37.32	2001.2.28
600190	锦州港	0.14	0.14	0.23	/	2.15	2.09	0.28	0.29	6.7	11.1	30411.72	−3.79	9082.75	−38.32	228801.80	135785.51	25390.28	30071.84	6000.00	63100.00	10派1元送4转增1	124.14	2001.3.13
600191	华资实业	0.28	0.27	0.23	0.22	3.75	3.71	0.39	−0.61	7.34	9.14	51608.84	80.83	7259.33	31.86	127438.06	98845.62	60059.86	9789.64	9082.39	26355.00	10派1元	51.61	2001.4.18
600192	长城电工	0.1521	0.1478	0.3449	0.2748	3.4145	3.4036	0.0417	0.1346	4.45	11.98	58953.75	−2.25	4874.56	−52.09	188708.38	109433.61	61153.31	12212.53	11050.00	32050.00	不分配	79.75	2001.4.19
600193	创兴科技	0.307	0.295	0.239	0.228	3.05	3.05	0.268	−0.45	10.06	8.4	18826.60	−28.34	2574.30	28.35	54436.54	25592.92	11562.09	4684.65	2300.00	8390.00	10派0.5元送2转增8(*)	45.31	2001.3.20
600195	中牧股份	0.23	0.23	0.22	0.3	2.06	1.98	0.46	−0.42	11.26	11.07	143707.93	70.57	9039.95	3.55	142237.44	80268.08	32141.14	4285.47	12000.00	39000.00	10派2元配3(7−9元)	51.30	2001.2.15
600196	复星实业	0.437	0.417	0.409	0.399	3.9	3.817	0.471	0.169	11.22	15.31	57952.08	18.99	12851.55	38.92	157110.18	114552.45	66723.12	10858.91	11250.00	29376.00	10派1.8元	50.16	2001.3.23
600197	伊力特	0.34	0.34	0.304	0.31	3.16	3.16	−0.067	0.408	10.7	10.05	35339.11	−16.33	7452.23	11.24	95556.55	69678.70	42254.27	2544.16	7500.00	22050.00	10派2元	45.94	2001.4.18
600198	大唐电信	0.406	0.375	0.399	0.38	4.84	4.57	−0.71	−0.68	8.4	10.7	239762.38	120.22	17843.98	42.82	462704.35	212467.03	130104.10	27476.04	16537.38	43898.64	不分配	68.97	2001.3.8
600199	金牛实业	0.25	0.24	0.5	0.47	2.25	2.24	−0.52	0.22	11.24	14.09	63839.54	−7.71	8152.75	−12.17	141352.62	72556.13	26595.41	10427.69	13000.00	34640.00	10派1元	46.20	2001.3.30
600200	江苏吴中	0.359	0.322	0.259	0.231	3.261	3.087	0.59	−0.041	11.01	8.71	41424.41	37.44	4796.18	38.67	69518.11	43569.83	18425.05	3470.00	5360.00	13360.00	10派0.8元送2转增3配3(12−18元)(*)	56.49	2001.2.28
600201	金宇集团	0.267	0.1248	0.314	0.314	3.54	3.44	1.008	−0.32	7.539	9.17	19673.53	18.79	2590.12	−12.14	57109.07	34355.36	20004.56	2295.85	4550.00	10921.33	10派1元	71.54	2001.3.14

代码	简称	每股收益(元)				每股净资产(元)		每股经营现金流量(元)		净资产收益率(%)		主营收入(万元)		净利润(万元)		总资产(万元)	股东权益(万元)	资本公积(万元)	未分配利润(万元)	最新流通A股(万股)	最新总股本(万股)	分红配股方案	最新市盈率(倍)	年报刊登日期
		2000年	扣除后	1999年	扣除后	2000年	调整后	2000年	1999年	2000年	1999年	2000年	同比(%)	2000年	同比(%)									
600202	哈空调	0.5057	0.417	0.2644	/	2.9861	2.9853	0.0083	−0.1848	16.94	9.86	19132.92	44.17	5648.49	91.27	56160.71	33353.35	14515.91	5127.00	3000.00	11169.60	10派2元送3转增7(*)	34.90	2001.3.9
600203	福日股份	0.231	0.137	0.167	0.137	2.27	2.23	0.205	0.09	10.17	7.76	59255.69	−16.25	5912.44	38.09	134623.71	58108.36	28622.16	2449.40	7000.00	25640.00	10派1.2元	59.31	2001.3.16
600205	山东铝业	0.753	0.778	0.277	0.275	2.22	2.2	0.4	−0.45	33.86	14.08	258527.43	53.16	42163.28	171.44	246159.41	124521.64	48430.40	11617.56	16000.00	56000.00	10派5元	19.40	2001.2.21
600206	有研硅股	0.31	0.15	0.34	0.32	4.76	4.74	0.13	−0.19	6.47	7.36	11918.32	53.27	4467.09	−10.39	74717.61	69040.90	51487.10	1163.36	6500.00	14500.00	10派2元	91.16	2001.4.6
600207	安彩高科	1.2002	0.87	0.5018	/	4.843	4.788	1.071	0.027	24.78	12.11	210658.66	118.15	52807.17	139.15	320156.42	213098.30	123198.55	18552.63	18000.00	44000.00	10派5元	19.16	2001.2.28
600208	戴梦得	0.22	0.18	0.26	0.16	2.77	2.64	0.89	0.43	7.85	/	115588.89	72.94	4539.09	−17.31	222602.86	57836.37	26957.27	5382.15	6500.00	20903.36	10派1.5元	74.14	2001.3.28
600209	罗顿发展	0.2615	0.2604	0.3182	0.246	2.2571	2.2502	0.1357	−0.1149	11.59	10.31	34366.59	81.80	6165.70	23.30	91801.14	53210.08	17649.87	9141.64	7500.00	23574.19	10派0.625元(*)	80.31	2001.1.20
600210	紫江企业	0.469	0.458	0.373	0.37	2.995	2.95	0.71	0.39	15.65	13.19	80252.44	35.66	15157.96	25.71	216925.63	96870.58	56744.97	3677.02	8500.00	32340.00	10派3元配3(12−18元)(*)	38.12	2001.2.20
600211	西藏药业	0.29	0.273	0.27	0.254	3.27	3.18	0.168	0.02	8.91	8.49	8312.29	0.19	3572.18	8.00	52836.09	40104.39	23851.22	2969.23	4500.00	12260.00	10派2元	78.90	2001.4.10
600212	江泉实业	0.399	0.314	0.348	0.298	3.91	3.88	−0.18	0.14	10.21	9.37	79930.32	49.70	8746.87	14.83	110565.45	85697.25	28383.26	27232.96	5500.00	21902.40	10派1元配3(11−15元)	38.02	2001.2.7
600213	亚星客车	0.29	0.2	0.311	0.305	3.21	3.16	1.29	−0.02	8.94	10.11	91603.92	−11.97	5452.84	−7.65	116526.71	61019.81	36216.79	2577.00	6000.00	19000.00	10派1.5元	43.76	2001.4.17
600215	长春经开	0.47	0.46	0.56	/	4.85	4.81	−0.6503	−1.51	9.62	10.3	67710.56	18.05	14261.76	0.03	215644.47	148297.56	71135.54	34685.09	9000.00	30600.00	10派1元	36.38	2001.3.14
600216	浙江医药	0.069	0.044	0.144	0.123	2.112	1.98	0.033	−0.225	3.27	5.42	107756.35	−9.45	2070.38	−37.69	143663.44	63375.31	25678.78	5053.96	7540.00	30004.00	10送0.5转增4.5	273.19	2001.4.16
600217	秦岭水泥	0.3	0.3	0.27	0.27	3.21	3.16	0.16	0.14	9.34	9.28	39637.13	59.58	6194.30	9.14	98949.12	66354.30	36444.33	5465.01	7000.00	20650.00	10派0.5元送2转增8	90.43	2001.3.16
600218	全柴动力	0.205	0.208	0.411	0.271	2.482	2.473	−0.084	0.214	8.25	16.94	41838.38	−9.10	5322.32	−50.22	90867.52	64530.65	27565.47	7988.27	7793.63	26000.00	10派1.5元配3(8−11元)	57.32	2001.2.15
600219	南山实业	0.5394	0.5311	0.39	0.37	4.744	4.744	0.6167	0.15	11.37	8.98	92802.24	24.41	13863.73	37.88	160853.72	121931.62	70732.66	16475.84	7500.00	25700.00	10派1.5元配3(11−17元)(*)	30.50	2001.2.17
600220	江苏阳光	0.38	0.38	0.63	0.6	3.75	3.75	0.33	0.55	10.22	10.78	50921.31	−2.42	11969.36	4.12	132018.13	117083.28	65745.23	16020.35	11900.00	31238.17	10派0.5元	39.79	2001.2.9
600221	海南航空	0.224	0.167	0.2	0.17	2.94	2.44	0.31	−0.14	7.62	6.7	229648.43	27.08	16351.58	20.51	1018364.87	214535.76	97680.09	30744.18	22140.00	73025.28	10派0.6元	38.04	2001.4.17
600222	众生制药	0.315	0.28	0.28	0.24	3.01	3	0.01	0.73	10.45	9.57	13992.26	−16.49	4287.40	11.53	57285.66	41040.71	22657.30	3142.59	3500.00	13614.52	10派2.5元配3(17−19元)	61.84	2001.2.16
600223	万杰高科	0.27	0.25	0.33	0.3	2.96	2.95	0.31	0.145	9.25	8.46	76196.30	39.48	14700.13	8.39	217001.71	158857.95	74347.69	17410.90	14300.00	53625.00	10派3元	48.04	2001.4.11
600225	天香集团	0.246	0.2	0.184	0.152	2.998	2.899	0.043	−0.756	8.22	6.58	37027.79	10.76	3300.97	33.67	92630.58	40172.58	22177.97	3344.93	4500.00	13400.00	10派0.5元转增5	100.41	2001.4.21
600226	升华拜克	0.346	0.324	0.312	0.309	2.5	2.5	0.268	0.262	13.84	8.59	20457.89	75.77	6091.11	77.51	55141.02	44010.03	21123.73	3671.10	5600.00	17603.76	10派1元送2(*)	75.69	2001.2.22
600227	赤天化	0.383	0.361	0.328	0.328	4.12	4.12	0.004	0.37	9.3	8.21	60086.76	0.35	6513.33	16.97	84326.48	70060.76	46809.08	3551.35	7000.00	17000.00	10派2.5元(*)	37.08	2001.2.20
600228	昌九股份	0.09	0.09	0.053	0.007	2.5	2.46	−0.05	−0.12	3.48	2.16	23349.41	−5.95	1567.94	63.74	74312.08	45059.22	23252.05	2865.73	6000.00	18000.00	10派0.5元送1转增5	240.00	2001.3.31
600229	青岛碱业	0.22	0.17	0.26	0.2	2.93	2.91	0.44	0.39	7.49	9.66	78792.11	28.49	6475.74	23.66	154297.79	86482.82	37037.20	13511.41	9000.00	29512.62	10派1.8元	53.55	2001.4.10
600230	沧州大化	0.19	0.15	0.38	/	2.56	2.56	0.079	0.213	7.51	23.27	54187.16	−9.83	4993.05	−26.25	85959.58	66459.63	35414.70	2697.78	8000.00	25933.16	10派0.5元	76.63	3001.3.28
600231	凌钢股份	0.46	0.46	0.52	0.52	3.72	3.58	0.2	0.96	12.23	21.11	159419.24	21.27	14107.27	28.75	153757.06	115354.80	65001.84	7688.51	10000.00	31000.00	10派1.5元	26.22	2001.3.28
600232	金鹰股份	0.2888	0.2748	0.3255	/	2.386	2.3227	0.348	0.2249	12.1	27.56	57146.24	23.86	4861.76	21.10	71691.25	40167.35	18539.77	2038.28	4500.00	16834.76	10派1元转增3	77.56	2001.4.5
600233	大连创世	0.27	0.22	0.36	0.35	3.62	3.58	−0.12	1.07	7.45	22.53	28880.05	22.60	2967.40	9.24	53978.13	39840.93	24016.67	139.79	3500.00	11000.00	10派2元	73.63	2001.2.14
600234	天龙集团	0.21	0.18	0.29	0.29	3.27	3.13	0.07	0.41	6.35	12.68	42267.74	−5.76	1949.93	5.07	44930.73	30710.89	18123.99	1568.97	3000.00	9386.00	不分配	90.81	2001.4.24
600235	民丰特纸	0.2507	0.2333	0.3361	0.3291	3.043	3.0153	0.2599	0.4513	8.2392	20.8335	31391.21	12.02	4437.65	5.64	94534.43	53860.50	33531.01	1196.10	5200.00	17700.00	10派1.5元	60.55	2001.3.20
600236	桂冠电力	0.348	0.345	0.396	0.396	3.49	3.48	0.53	0.77	9.99	13.51	64718.36	3.56	23562.65	5.19	294622.50	235819.52	153091.22	530.56	6200.00	67536.30	10派2.51元(老股东10派3.01元)	48.74	2001.3.29
600237	铜峰电子	0.27	0.21	0.39	0.33	4.3	4.28	0.04	0.81	6.34	19.41	17684.58	19.79	2726.48	15.88	65813.10	42995.70	25130.60	4242.83	4000.00	10000.00	10派1元	95.56	2001.3.19
600238	海南椰岛	0.2	0.15	0.15	0.16	2.25	2.24	0.22	−0.6	8.76	7.06	20925.12	81.58	3274.09	32.03	59502.27	37391.42	15203.21	3643.00	5000.00	16600.00	10派0.6元	76.40	2001.4.17
600239	红河光明	0.417	0.32	0.22	/	3.66	3.6	0.41	0.16	11.4	6.6	5644.37	40.57	2106.90	89.14	21480.23	18489.30	8289.20	2781.24	2000.00	5056.60	10派1元送4转增1配3(15−25元)	87.58	2001.1.17
600240	仕奇实业	0.2588	0.2611	0.3488	/	4.27	4.22	0.363	0.325	6.07	24.98	23261.79	15.21	4529.30	29.85	101264.57	74640.20	53784.06	1617.79	7500.00	17500.00	10派1.2元	60.24	2001.3.15
600241	辽宁时代	0.2983	0.2992	0.3883	/	3.273	3.2712	0.5316	0.6506	9.11	24.25	103381.24	13.10	3161.77	7.13	61706.93	34693.63	21092.66	2087.53	3000.00	10600.00	10派1元	76.80	2001.3.28
600242	华龙集团	0.151	0.133	0.24	0.228	3.02	/	0.32	0.3	5.11	16.11	10225.72	12.47	2630.72	−3.93	70773.43	52552.52	26928.00	5756.43	6000.00	17402.98	不分配	103.97	2001.3.26
600243	青海华鼎	0.12	0.11	0.16	0.16	2.52	2.47	−0.45	0.25	4.76	10.81	22172.27	10.00	1882.67	18.52	65627.15	39540.29	22839.20	434.92	5500.00	15660.00	10派0.4元	169.58	2001.4.13

代码	简称	每股收益(元)				每股净资产(元)		每股经营现金流量(元)		净资产收益率(%)		主营收入(万元)		净利润(万元)		总资产(万元)	股东权益(万元)	资本公积(万元)	未分配利润(万元)	最新流通A股(万股)	最新总股本(万股)	分红配股方案	最新市盈率(倍)	年报刊登日期
		2000年	扣除后	1999年	扣除后	2000年	调整后	2000年	1999年	2000年	1999年	2000年	同比(%)	2000年	同比(%)									
600246	先锋股份	0.1964	0.193	0.3145	0.306	3.1805	3.1521	0.1469	0.1872	6.0232	19.5381	18946.98	56.41	1806.76	−7.33	41464.40	29260.67	18482.47	1014.75	3000.00	9200.00	10派0.8元	105.14	2001.3.31
600247	物华股份	0.16	0.16	0.23	0.23	2.92	2.82	0.08	0.01	5.44	11.44	11981.02	44.86	1749.45	1.95	42881.26	32172.60	14944.60	4645.42	3500.00	11000.00	10派0.5元	131.75	2001.2.22
600248	秦丰农业	0.24	0.22	0.36	/	3.85	3.63	0.0007	/	6.27	25.09	16419.68	7.55	3115.02	7.17	59127.45	49655.36	32848.82	2764.94	4800.00	12882.00	10派1元	97.00	2001.3.29
600250	南纺股份	0.49	0.38	0.39	/	2.35	2.11	0.46	−0.32	20.91	16.97	251671.27	37.58	3822.31	25.97	66765.50	18278.73	/	4133.53	5500.00	13266.28	10派2元	36.92	2001.4.18
600252	中恒集团	0.22	0.19	0.38	0.28	2.9	2.88	−0.14	0.64	7.57	21.93	15392.92	11.27	2785.92	−10.16	58426.99	36790.50	18194.66	2961.05	4500.00	12671.76	10派2元	80.82	2001.3.15
600253	天方药业	0.2	0.168	0.2594	/	3.3106	3.304	0.1515	0.0877	6.04	17.22	36697.15	11.25	4199.85	7.95	112071.22	69522.13	45882.66	1568.55	6000.00	21000.00	10派1元	108.00	2001.4.17
600255	鑫科材料	0.293	0.286	0.47	0.47	4.81	4.79	0.2	0.08	6.1	29	71598.76	40.72	2786.27	−8.87	67281.39	45710.07	34712.00	468.33	3000.00	9500.00	10派2元	110.99	2001.3.31
600256	广汇股份	0.418	0.367	0.27	/	1.7	1.678	−0.099	0.569	24.583	24.989	71992.52	386.90	14790.53	331.36	111662.57	60164.85	8963.93	11388.47	10000.00	35378.32	不分配	62.20	2001.2.20
600257	洞庭水殖	0.335	0.288	0.382	0.368	5.551	5.429	0.052	0.246	6.034	23.92	7463.52	107.28	2445.29	94.23	48247.47	40523.32	31245.23	1311.65	4000.00	7300.00	10派1元	72.87	2001.3.6
600258	首旅股份	0.24	0.21	0.32	/	2.94	2.85	0.23	0.4	8.11	19.3	74970.66	81.85	5526.38	8.08	111232.44	68120.61	42455.40	147.67	4400.00	23140.00	10派1.9元	94.50	2001.3.15
600259	兴业聚酯	0.206	0.15	0.273	0.186	2.75	2.66	0.53	0.745	7.51	15.68	61596.50	26.37	4401.30	12.55	134883.84	58621.18	25242.17	9914.42	4863.39	21340.00	10派0.2元	71.99	2001.3.8
600260	凯乐科技	0.39	0.37	0.45	/	4.52	4.51	0.53	0.44	8.54	22.66	30658.08	17.34	6782.43	24.85	104615.04	79465.15	46784.00	11545.43	5500.00	17588.00	10派1元(*)	77.21	2001.2.14
600261	浙江阳光	0.38	0.28	0.27	0.27	3.98	3.9	0.23	0.18	9.52	26.15	30342.83	78.81	4661.76	104.57	66674.44	48984.15	32840.00	1951.34	4000.00	12316.00	10派1元	60.21	2001.2.16
600262	北方股份	0.199	0.18	0.34	0.242	3.289	3.254	−0.846	1.011	6.04	32.57	23464.21	−12.33	3373.88	−13.77	78439.25	55909.80	37063.00	321.72	5500.00	17000.000	10派1.2元	81.01	2001.4.5
600263	路桥建设	0.199	0.182	0.259	/	3.394	3.348	−0.054	0.128	5.85	14.41	158564.08	7.35	8103.12	6.72	274879.02	138536.18	85755.09	7981.16	8600.00	40813.30	10派0.8元	67.79	2001.3.28
600265	景谷林业	0.24	0.19	0.33	0.24	2.94	2.83	0.26	0.21	8.24	21.06	15434.48	−4.50	2548.27	20.57	51488.89	30911.93	18806.63	906.03	4000.00	10500.00	10派1.2元	84.13	2001.3.24
600266	北京城建	0.3682	0.3619	0.3338	0.326	3.5999	3.5364	−0.5165	−0.2098	10.23	8.84	720843.16	22.69	14729.26	10.32	673937.69	143995.65	87108.37	9834.21	10000.00	40000.00	10派5元转增5	56.11	2001.3.24
600267	海正药业	0.3576	0.3428	0.4264	0.4521	4.7688	4.7451	0.357	0.2814	7.5	21.06	51800.40	44.73	5578.16	12.79	120690.79	74392.71	48065.55	7852.59	4000.00	15600.00	10派1元送3转增3	97.87	2001.3.29
600268	国电南自	0.401	0.402	0.284	0.258	3.83	3.73	−0.37	−0.3	10.47	7.83	41916.89	9.86	4735.88	41.13	76550.41	45244.32	30355.51	1592.34	4000.00	11800.00	10派2元	65.71	2001.3.15
600269	赣粤高速	0.499	0.464	0.716	0.716	7.15	7.15	0.28	0.86	6.97	13.93	28316.91	20.35	17607.57	5.54	397943.98	252445.49	210050.46	216.97	9240.00	35300.00	10派0.42元	33.67	2001.3.26
600270	外运发展	0.65	0.62	0.78	0.78	4.99	4.8	0.94	0.79	13.05	48.22	104569.07	33.08	18039.08	11.45	199158.20	138212.28	101485.50	5808.60	7000.00	27716.00	10派1元送1	44.75	2001.3.28
600272	开开实业	0.149	0.149	0.134	0.121	2.203	2.113	0.976	0.156	6.786	6.224	57520.08	47.29	2959.81	11.86	101547.62	43614.92	8711.11	1801.28	4500.00	24300.00	10派0.8元	112.48	2001.4.27
600275	武昌鱼	0.2795	0.2159	0.3283	0.2861	2.983	2.9797	−0.2603	0.1995	9.37	28.57	11230.01	2.69	6835.97	19.26	87809.69	72958.32	42304.82	4626.99	7000.00	24458.09	10派0.6元	57.78	2001.3.29
600276	恒瑞医药	0.491	0.429	0.553	0.553	5.047	5.008	0.148	0.365	9.74	32	48470.72	17.10	6527.14	27.15	98627.33	67043.26	43053.23	6494.50	4000.00	13285.00	10派1元送3转增3(*)	71.69	2001.3.1
600277	亿利科技	0.225	0.218	0.319	0.319	4.468	4.123	−0.14	/	5.04	8	20870.08	14.57	3555.58	11.57	94490.68	70587.57	48850.93	4588.32	5800.00	15800.00	不分配	90.00	2001.2.27
600278	东方创业	0.307	0.299	0.32	0.3	2.92	2.69	0.045	0.57	10.5	18.49	277971.41	32.57	9824.74	28.92	209005.35	93530.42	53584.26	3798.56	4000.00	32000.00	10派1.6元	57.75	2001.3.13
600279	重庆港九	0.209	0.185	0.2248	/	3.107	3.067	0.058	0.172	6.74	19.01	7076.98	33.52	4781.44	49.35	81451.71	70933.31	44237.12	439.12	8600.00	22839.10	10派1元	73.92	2001.4.11
600280	南京中商	0.22	0.21	0.32	0.33	3.45	3.34	0.39	1.79	6.36	13.71	68617.17	−11.93	2659.67	−5.09	79289.95	41840.98	20155.60	3363.30	3500.00	12126.09	10派0.6元	84.00	2001.4.20
600281	太化股份	0.129	0.116	0.151	/	2.729	2.665	−0.179	/	4.72	9.65	78544.82	10.72	4627.84	20.77	177418.12	97956.53	58892.91	1817.92	10500.00	35890.60	10派0.6元	98.06	2001.3.24
600282	南钢股份	0.5	0.48	0.49	0.49	3.59	3.56	/	/	13.86	25.33	338977.55	25.85	20896.07	41.49	259477.82	150773.97	79778.03	21556.70	12000.00	42000.00	10派1元送2	21.60	2001.3.9
600283	钱江水利	0.159	0.1573	0.3078	0.3174	2.9587	2.4155	−0.2195	0.354	5.3735	19.8	14595.28	−5.97	4536.30	−26.43	135181.79	84419.54	50425.38	3855.86	8500.00	28533.00	不分配	85.03	2001.3.12
600285	羚锐股份	0.2574	0.2406	0.36	0.36	4.07	4.05	0.0365	0.0233	6.33	34.93	13073.45	25.73	2583.62	18.71	51479.39	40846.40	28033.57	2214.52	4000.00	10036.00	10派1元	78.63	2001.2.22
600286	国光瓷业	0.3	0.2766	0.2214	0.2187	3.76	3.73	0.49	−0.1256	7.98	6.21	24863.86	36.40	2853.60	35.68	73430.32	35749.81	19044.68	5450.90	3500.00	9500.00	10派1元	67.23	2001.3.6
600287	江苏舜天	0.5939	0.534	0.6278	/	4.3866	3.8676	0.4088	0.4166	13.5382	31.3747	248284.05	32.52	9069.90	28.16	139115.81	66995.05	42034.48	1955.92	4000.00	15272.59	10派3.6元送1(*)	41.25	2001.2.27
600288	大恒科技	0.28	0.24	0.33	0.32	4.58	4.52	0.32	/	6.01	16.32	118836.11	45.20	3852.76	31.46	122285.84	64122.06	42876.65	4648.82	5000.00	14000.00	10派1.4元	112.57	2001.3.23
600289	亿阳信通	0.585	0.549	0.662	/	8.04	8	−1.86	0.13	7.28	46.17	47363.43	90.41	6191.89	41.94	138716.79	85101.89	67698.38	3937.81	4000.00	10589.00	10派2元	80.21	2001.4.14
600290	苏福马	0.19	0.17	0.19	0.17	2.56	2.52	0.27	0.2	7.36	12.83	15861.77	36.45	1566.83	56.11	37492.68	21283.14	12072.64	524.93	3000.00	8300.00	10派2元	113.16	2001.3.10
600291	西水股份	0.2	0.18	0.21	0.18	3.38	3.28	−0.2	−0.05	6.01	13.23	17603.98	20.59	3254.36	55.78	81526.95	54108.12	35758.40	1450.40	6000.00	16000.00	10派1元	76.40	2001.3.21
600292	九龙电力	0.438	0.43	0.645	0.643	4.52	4.52	0.26	1.82	9.68	35.51	27751.81	−8.39	7320.29	5.76	103940.40	75636.79	46169.20	9396.37	6000.00	16725.00	10派2元	57.72	2001.3.27

代码	简称	每股收益(元)				每股净资产(元)		每股经营现金流量(元)		净资产收益率(%)		主营收入(万元)		净利润(万元)		总资产(万元)	股东权益(万元)	资本公积(万元)	未分配利润(万元)	最新流通A股(万股)	最新总股本(万股)	分红配股方案	最新市盈率(倍)	年报刊登日期
		2000年	扣除后	1999年	扣除后	2000年	调整后	2000年	1999年	2000年	1999年	2000年	同比(%)	2000年	同比(%)									
600293	三峡新材	0.2074	0.1905	0.3	0.3	3.4249	3.408	0.1198	0.25	6.06	18.82	40231.42	22.99	4376.66	-6.67	129712.60	72265.82	43568.06	3341.48	5500.00	21100.00	10派0.5元	86.74	2001.3.30
600295	鄂尔多斯	0.47	0.47	0.26	0.25	3.58	3.55	-0.59	1.07	13.21	7.39	182181.82	23.12	20639.92	84.64	340163.19	156244.43	95398.05	4308.82	/	43600.00	10派3.6元(老股东)	47.66	2001.3.2
600296	兰州铝业	0.333	0.281	0.384	0.375	3.863	3.853	0.239	0.448	8.61	25.46	124619.54	21.52	9809.63	38.00	202597.83	113970.40	76135.35	5391.72	5500.00	29500.45	10派0.5元	43.03	2001.3.29
600297	美罗药业	0.25	0.22	0.23	0.23	4.41	4.34	0.53	/	5.71	15.17	56774.25	30.17	2892.41	67.68	83412.62	50685.69	36075.53	2423.60	4000.00	11500.00	10派1元(*)	97.92	2001.2.9
600298	安琪酵母	0.3062	0.2253	0.3576	0.2426	4.014	3.9655	0.2108	0.4789	7.627	31.0692	18465.79	20.42	4154.46	15.36	61866.08	54470.56	36647.34	2665.65	3500.00	13570.00	10派1元	82.72	2001.3.13
600299	星新材料	0.26	0.22	0.38	0.38	3.18	3.16	-1.06	0.46	8.06	26.67	42794.74	1.62	6161.58	0.27	122288.35	76430.06	46546.71	4037.34	8000.00	24000.00	10派0.5元	76.85	2001.3.24
600300	维维股份	0.36	0.34	0.48	0.3	3.82	3.75	0.28	0.22	9.4	44.47	92825.67	1.17	11859.31	8.22	160702.07	126113.67	89510.51	180.42	9200.00	33000.00	10派3元	44.19	2001.4.7
600301	南化股份	0.22	0.21	0.181	/	2.83	2.83	0.191	-0.096	7.7	11.94	46261.01	63.33	4021.50	98.21	67479.68	52229.01	31349.78	1572.87	7244.83	18470.61	10派1元	60.09	2001.3.10
600302	标准股份	0.381	0.353	0.21	0.21	3.69	3.68	0.49	/	10.31	14.72	57483.48	69.52	6072.70	145.54	91486.69	58911.62	39668.75	968.44	4500.00	15950.49	10派2元	72.28	2001.4.6
600303	曙光股份	0.35	0.29	0.35	0.35	4.78	4.73	0.49	0.72	7.35	25.82	35287.17	94.80	3159.88	80.60	80753.35	43000.26	29999.29	2479.95	4000.000	9000.00	10派2元转增8	92.83	2001.3.30
600305	恒顺醋业	0.202	0.203	0.24	/	1.1427	1.1261	0.3154	0.1882	17.68	23.64	14311.20	13.41	1760.21	-16.72	19340.67	9958.21	/	841.03	4000.00	12715.00	10派0.5元	85.35	2001.3.26
600306	商业城	0.19	0.2	0.24	0.24	2.87	2.81	0.51	/	6.73	15.55	83647.60	1.84	2647.43	43.68	69412.97	39320.12	24672.43	321.56	4500.00	13702.99	10派2元	108.84	2001.3.22
600307	酒钢宏兴	0.24	0.23	0.27	0.23	2.68	2.58	0.31	0.14	8.9	17.28	312279.12	6.61	17392.39	22.01	301254.39	195244.14	115206.22	2423.95	20000.00	72800.00	10派1.6元	29.54	2001.3.27
600308	华泰股份	0.46	0.43	0.69	0.67	7.05	7.04	0.2	0.97	6.47	26.08	62617.68	24.01	8782.19	24.73	237137.62	135702.17	97199.62	11187.83	9000.00	19247.33	10派3元	36.78	2001.3.31
600309	烟台万华	0.42	0.44	0.33	0.28	5.01	5.01	0.7	0.68	8.29	20.48	34485.31	63.90	4980.35	89.51	75760.77	60106.99	43801.03	2535.26	4000.00	12000.00	10派1元送2转增8(*)	71.62	2001.3.10
600310	桂东电力	0.4162	0.43	0.4171	0.4171	1.67	1.67	0.29	0.46	24.91	25.99	40013.68	17.98	4651.33	-0.20	29129.73	18673.21	6014.85	42.38	4500.00	15675.00	10派3.5元	45.43	2001.2.23
600312	平高电气	0.38	/	0.29	/	/	/	/	/	23.38	22.85	50046.43	-1.93	4747.77	33.55	57803.37	20302.71	0.14	6237.27	6000.00	18350.00	不分配	54.95	2001.2.16
600313	中农资源	0.0804	0.0647	0.1741	0.1695	2.9738	2.908	-0.4523	/	2.7	11.92	166689.91	21.91	2027.00	-32.38	134492.93	74998.56	48208.40	486.14	8000.00	25220.00	10派0.58元	198.01	2001.4.27
600315	上海家化	0.3	0.3	0.12	0.14	1.6	1.5	0.79	0.35	18.78	13.45	119203.69	10.08	5726.40	61.26	80486.89	30492.38	9750.97	1138.29	8000.00	27000.00	10派0.8598元	55.87	2001.3.10
600316	洪都航空	0.29	0.29	0.38	0.38	7.24	7.23	0.62	/	4.05	24.75	28871.40	7.20	4106.37	36.62	122088.63	101388.44	85714.05	1058.44	6000.00	14000.00	10派1元	78.07	2001.2.28
600318	巢东股份	0.18	0.13	0.35	0.35	2.94	2.94	0.18	/	6.02	22.02	42264.51	-7.15	3540.12	-15.40	100227.08	58807.20	36750.45	1031.27	8000.00	20000.00	10派0.5元	73.44	2001.3.21
600319	亚星化学	0.3	/	0.25	/	1.16	/	/	/	25.75	24.02	50261.68	13.10	7029.79	17.62	71755.49	27300.66	0.00	2091.13	8000.00	31559.40	不分配	61.83	2001.3.21
600320	振华港机	0.27	0.27	0.24	0.24	3.73	3.57	-1.44	-0.07	7.29	10.9	215685.86	58.00	12424.58	37.87	386642.67	170509.97	111649.30	291.71	7040.00	45650.00	10派2.27元(A股股东除外)	55.33	2001.4.18
600323	南海发展	0.19	0.19	0.13	0.04	3.13	3.07	0.35	0.23	6.11	7.81	13167.57	338.27	3979.83	107.30	96796.74	65180.16	38164.93	1874.20	6500.00	20851.42	10派2.5元	86.95	2001.3.21
600326	西藏天路	0.1768	0.25	0.2395	/	1.6105	1.5826	0.8698	-0.2989	10.98	16.71	25508.19	20.08	1060.90	-26.18	26993.68	9663.12	2365.06	901.77	4000.00	10000.00	10派0.5元	134.62	2001.4.17
600328	兰太实业	0.22	0.22	0.28	0.29	3.67	3.63	0.12	-0.25	5.94	18.46	25060.19	7.99	3769.12	17.74	98456.81	63434.25	45334.95	80.19	6000.00	17265.29	10派1.7元	74.86	2001.3.27
600330	天通股份	0.444	0.432	0.269	0.253	1.366	1.35	0.814	0.345	32.54	25.5	25184.49	60.13	5019.77	65.45	38542.04	15428.08	42.23	2785.08	4000.00	15298.00	10派1元	88.47	2001.3.24
600332	广州药业	0.2	0.17	0.18	0.16	1.87	1.74	0.39	0.4	10.65	9.42	426533.38	22.07	14623.42	13.66	306391.48	137310.45	44510.87	101.98	7800.00	81090.00	10派0.3元	75.45	2001.4.23
600333	长春燃气	0.18	0.14	0.18	0.18	2.78	2.64	/	/	6.68	11.66	27880.83	2.07	4356.36	35.73	84214.86	65200.68	37469.77	2705.66	6000.00	23913.60	10派0.5元	89.50	2001.3.13
600335	中发展	0.2045	0.0889	0.28	/	1.64	1.56	0.33	0.44	9.57	14.74	22615.61	-25.41	1670.09	-27.48	54744.22	13364.86	4297.79	52.78	3500.00	11662.86	10派3.5元	95.89	2001.3.30
600336	澳柯玛	0.083	0.0036	0.235	/	3.44	3.43	1.29	-0.3	2.41	13.8	53571.85	-24.31	2824.40	-52.20	220162.07	117244.40	81228.16	602.64	9000.00	34103.60	10派2元	163.61	2001.4.18
600337	美克股份	0.4	0.34	0.57	0.46	6.39	6.36	-0.02	0.2	6.31	48.51	23606.32	33.52	3715.60	26.10	75494.77	58872.02	46924.25	1181.15	4000.00	9208.00	10派2元	75.75	2001.4.10
600338	珠峰摩托	0.21	0.14	0.48	/	3.736	3.696	0.749	-0.981	5.62	25.66	101059.44	0.29	3327.21	-36.37	108849.37	59154.77	39974.82	861.09	5000.00	15833.30	10派0.3元	103.00	2001.4.17
600339	天利高新	0.21	0.21	0.29	0.29	3.58	3.51	0.25	0.47	5.93	18	31176.94	35.14	3608.19	14.81	79418.58	60870.89	40674.14	2047.40	6000.00	17000.00	10派1.5元(*)	118.10	2001.2.27
600345	长江通信	0.56	0.5	0.58	0.46	4.55	4.47	0.37	0.7	12.36	22.82	28936.19	-0.97	9277.63	34.05	108406.37	75070.92	30965.49	18438.39	4500.00	16500.00	10派2元	77.50	2001.3.16
600356	恒丰纸业	0.28	/	0.33	/	/	/	/	/	8.59	20.17	33416.55	12.01	3936.22	20.59	66961.48	45796.26	26844.17	1945.79	/	14000.00	10派1元	94.64	2001.4.14
600358	国旅联合	0.1353	0.0979	0.2255	0.2255	3.0498	3.0059	0.0738	0.3043	4.44	14.89	15402.30	5.68	1894.37	-6.68	62975.15	42697.10	27303.48	804.98	5000.00	14000.00	不分配	128.75	2001.2.21
600359	新农开发	0.303	0.288	0.229	0.214	2.488	1.258	0.407	0.206	12.18	9.38	68566.47	8.39	8905.95	32.44	129641.61	73138.50	32020.00	7595.89	9000.00	29400.00	10派2.5元配3(9-12元)(*)	44.26	2001.2.10
600360	华微电子	0.31	/	0.25	/	/	/	/	/	16.6	16.25	18071.47	13.24	2123.17	22.50	38673.37	12786.93	3400.00	2069.55	5000.00	11800.00	不分配	80.97	2001.3.10

代码	简称	每股收益(元)				每股净资产(元)		每股经营现金流量(元)		净资产收益率(%)		主营收入(万元)		净利润(万元)		总资产(万元)	股东权益(万元)	资本公积(万元)	未分配利润(万元)	最新流通A股(万股)	最新总股本(万股)	分红配股方案	最新市盈率(倍)	年报刊登日期
		2000年	扣除后	1999年	扣除后	2000年	调整后	2000年	1999年	2000年	1999年	2000年	同比(%)	2000年	同比(%)									
600363	联创光电	0.1625	0.1006	0.1942	0.1207	1.7093	/	0.099	/	9.51	11.95	47410.73	46.17	1702.93	-16.35	70130.45	17914.24	5286.63	110.59	/	10480.30	10派0.4元	156.00	2001.4.25
600365	通葡萄酒	0.143	0.1011	0.2278	/	3.8011	3.7846	0.1774	-0.3641	3.76	17.94	13831.47	9.15	2002.48	9.86	67929.70	53215.03	35066.13	3400.59	6000.00	14000.00	不分配	100.98	2001.3.28
600366	宁波韵升	0.2836	0.23	0.4235	/	4.0758	3.9903	0.1364	0.4775	6.96	25.56	28750.87	29.61	3604.85	-7.59	84545.75	51803.78	33205.24	1264.12	3500.00	12710.00	10派1.5元转增5(*)	89.46	2001.2.28
600367	红星发展	0.73	0.79	0.51	0.51	1.8	1.77	0.72	/	40.55	34.4	25230.98	28.05	5110.30	42.92	27926.90	12603.31	3438.67	802.66	3000.00	10000.00	不分配	58.77	2001.4.10
600368	五洲交通	0.19	0.18	0.27	0.22	2.22	2.22	0.11	0.35	8.45	20.93	13503.21	1.39	8296.49	-14.94	140843.79	98129.07	35896.96	6166.90	8000.00	44200.00	10派1元(另向老股东10派1.14元)	68.63	2001.3.21
600369	长运股份	0.161	0.099	0.296	0.247	3.265	3.253	0.448	0.906	4.93	19.23	15554.76	8.86	2773.86	-8.44	83374.62	56257.66	34551.04	756.89	7000.00	17230.00	10派1元	119.81	2001.4.7
600376	天鸿宝业	1.07	0.396	0.51	0.291	3.23	3.23	0.29	-0.84	32.96	17.91	35096.22	122.05	7275.16	107.53	53742.01	22071.45	/	10672.48	4000.00	10825.00	不分配	32.34	2001.3.6
600377	宁沪高速	0.137	0.137	0.124	0.124	2.65	2.65	0.2	0.18	5.18	4.84	138169.62	21.37	69148.65	14.32	1505722.73	1334304.17	748453.90	48615.86	15000.00	503774.75	10派0.9元	64.01	2001.4.12
600378	天科股份	0.21	0.18	0.29	0.29	3.45	3.44	0.02	/	6.03	18.54	13865.31	8.00	2409.78	17.06	49325.83	39974.16	27238.56	492.96	4500.00	11572.39	10派0.8元转增3(另向发起人10派1元)(*)	109.29	2001.3.16
600382	广东明珠	0.21	0.21	0.1	/	1.49	1.46	0.93	0.14	14.18	12.43	34325.65	6.30	2340.75	13.96	41045.40	16510.01	/	3846.24	6000.00	17087.33	10派1.38元	73.10	2001.3.16
600383	金地集团	0.468	0.473	0.282	0.282	2.059	1.929	2.069	-0.356	22.71	14.35	57899.77	95.17	8416.30	65.73	113250.85	37066.09	4620.00	/	/	18000.00	/	56.73	2001.4.6
600386	北京巴士	0.42	0.42	0.4	0.4	1.88	1.82	0.53	0.25	22.54	24.97	53245.99	60.93	7303.04	5.44	86269.25	32404.44	9072.86	1744.29	8000.00	25200.00	10派1元	39.52	2001.3.15
600388	龙净环保	0.117	0.094	0.133	0.114	3.504	3.49	0.157	0.013	3.35	10.63	18515.61	26.63	1958.17	44.48	84809.82	58518.20	40559.45	642.87	6500.00	16700.00	10派0.6元	180.26	2001.2.27
600389	江山股份	0.21	0.198	0.34	0.217	2.69	2.659	0.235	0.153	7.79	31.05	52257.79	14.84	3143.93	-15.86	72557.67	40354.89	22676.73	2042.54	4000.00	15000.00	10派1元(*)	105.29	2001.3.23
600390	金瑞科技	0.31	0.31	0.47	0.47	6.52	6.47	0.11	/	4.76	30.84	22399.17	24.97	3307.74	5.99	91258.16	69558.42	56874.49	1375.52	4000.00	10670.00	10派1元(另向老股东10派1.99元)	128.81	2001.4.6
600393	东华实业	0.523	/	0.483	/	3.85	/	/	/	13.6	14.66	24300.38	39.61	5228.50	4.80	71168.95	38451.68	10407.15	13004.77	2763.19	10000.00	不分配	64.24	2001.3.13
600396	金山股份	0.191	/	0.161	/	1.26	/	/	/	15.43	13.91	9208.11	15.95	1624.59	18.73	26934.16	10662.11	5.54	1169.70	/	8500.00	/	96.39	2001.3.23
600398	凯诺科技	0.35	0.33	0.51	/	5.46	5.46	1.12	0.44	6.39	34.06	26028.47	94.14	3372.45	28.80	78348.41	52787.20	39153.70	2996.70	4500.00	9670.08	10派2元	68.57	2001.3.28
600399	抚顺特钢	0.21	0.16	0.25	0.24	2.65	2.64	0.14	0.04	7.77	14.9	162332.58	1.97	10723.51	8.38	275368.58	137926.39	72459.43	11056.92	12000.00	52000.00	10派0.5元	40.62	2001.4.6
600400	红豆股份	0.27	0.27	0.32	0.32	2.99	2.99	0.4	0.1	9.05	30.04	37882.52	30.05	4861.23	16.34	71690.05	53719.81	30847.00	3291.13	5000.00	17952.30	10派0.5元	61.37	2001.3.20
600422	昆明制药	0.36	0.31	0.38	/	5.21	5.08	0.49	1.04	6.87	22.45	51203.91	12.10	3517.85	59.11	79879.60	51194.93	38751.00	9.16	4000.00	9818.00	10派1.53元(*)	77.78	2001.3.6
600466	迪康药业	/	/	/	/	/	/	/	/	/	/	10534.68	8.08	2610.57	-9.89	20041.12	11683.57	3.81	3227.25	5000.00	12740.00	不分配	/	2001.2.7
600500	中化国际	0.35	0.35	0.32	/	3.86	3.85	-1.69	0.03	9.07	8.4	568275.11	61.75	13060.46	10.91	209122.67	144000.31	91944.21	8666.89	12000.00	37265.00	10派2.5元	46.71	2001.3.10
600518	康美药业	0.47	0.47	0.38	0.38	1.97	1.91	0.19	0.57	23.62	21.56	35240.15	7.18	2455.27	21.69	23122.90	10396.31	/	4136.47	1800.00	7080.00	10派2元	79.83	2001.4.7
600550	天威保变	0.31	0.3	0.26	0.26	1.73	1.73	-0.03	0.01	17.71	15.88	61427.50	5.33	4908.32	17.47	82786.07	27722.24	8325.62	2496.53	6000.00	22000.00	不分配	57.45	2001.2.23
600555	茉织华	0.52	0.51	0.31	0.29	1.85	1.84	0.56	0.54	24	18	139424.23	101.78	18517.13	69.76	181581.39	65308.06	21765.77	408.44	/	35350.00	10派3.8元(老股东)	43.81	2001.2.27
600558	大西洋	0.309	0.33	0.279	0.266	1.77	/	/	/	17.42	18.41	40869.87	9.87	2318.25	10.79	39297.76	13300.23	3518.95	1653.58	4500.00	12000.00	10派1.47元	58.58	2001.2.22
600600	青岛啤酒	0.1058	0.0398	0.0918	0.049	2.48	2.36	0.37	0.34	4.26	3.69	376625.91	54.01	9520.18	15.19	699523.10	223537.86	90733.93	24312.04	19658.36	100000.00	10派1元	93.29	2001.4.19
600601	方正科技	0.67	0.67	0.18	0.2	2.77	2.67	0.03	-0.6	24.13	8.64	269852.73	63.27	12483.14	268.70	130875.09	51742.62	35986.25	-6290.52	18662.40	18662.40	不分配	49.39	2001.4.12
600602	真空电子	0.357	0.366	0.397	0.141	3.4	3.33	0.45	0.81	10.5	11.39	505564.68	15.58	30087.50	-1.13	773991.49	286512.29	138574.28	23286.90	31815.64	84293.43	10派1元	37.90	2001.4.18
600603	兴业房产	0.02	0.02	0.17	0.17	1.94	1.94	-0.98	-1.22	1.07	7.24	22596.99	-31.93	403.56	-85.12	114618.42	37856.88	9695.61	2482.21	19464.19	19464.19	不分配	914.00	2001.4.14
600604	二纺机	0.012	-0.155	0.012	-0.223	1.523	1.391	0.156	0.133	0.8	0.754	46529.56	65.18	691.71	2.45	164148.27	86286.14	31732.37	-17953.34	7118.19	56644.92	不分配	937.50	2001.4.25
600605	轻工机械	0.04	0.04	0.15	0.13	1.53	1.44	0.024	0.13	2.63	10.21	21975.00	-18.96	846.55	-73.50	61592.53	32127.99	3527.31	815.97	2400.00	21019.20	不分配	504.25	2001.2.22
600606	金丰投资	0.268	0.085	0.482	0.435	1.403	1.097	0.127	-0.27	19.1	20.37	24020.55	71.22	4414.77	5.67	109753.06	23118.43	833.02	2302.54	4170.90	16479.47	10派1.2元	64.48	2001.2.14
600607	上实联合	0.4751	0.451	0.4116	0.3974	6.6637	6.44	0.3173	0.7511	7.13	13.91	92143.95	69.58	9708.38	52.83	237379.09	137961.50	92431.98	10963.44	8862.13	20434.16	10派1元转增5	45.04	2001.3.10
600608	上海科技	0.1417	0.1157	0.1119	0.1097	2.01	1.94	0.9387	0.0871	7.04	6.17	18117.33	2.43	2143.84	64.31	46780.70	30450.55	9751.72	1014.88	9320.77	15126.22	不分配	114.11	2001.3.20
600609	一汽金杯	0.2287	0.1178	0.1982	0.2132	2.3432	1.8677	-0.3885	-0.0864	9.76	11.06	82499.24	4.96	24985.05	29.75	547301.03	256028.57	81005.60	17282.81	36400.00	109266.71	不分配	32.62	2001.4.11
600610	ST中纺机	0.01	-0.12	-0.52	-0.58	0.25	0.05	0.1	-0.069	3.69	-219.54	38668.82	39.66	325.47	101.75	83113.03	8815.52	16104.43	-49174.11	2574.00	35709.15	不分配	1315.00	2001.4.25
600611	大众交通	0.35	0.35	0.32	0.28	3.38	3.21	0.64	0.44	10.25	9.73	134982.07	30.16	19604.10	8.41	392246.87	191328.98	68022.27	22426.28	10947.34	56585.16	10派2.5元	42.86	2001.3.10

代码	简称	每股收益(元)				每股净资产(元)		每股经营现金流量(元)		净资产收益率(%)		主营收入(万元)		净利润(万元)		总资产(万元)	股东权益(万元)	资本公积(万元)	未分配利润(万元)	最新流通A股(万股)	最新总股本(万股)	分红配股方案	最新市盈率(倍)	年报刊登日期
		2000年	扣除后	1999年	扣除后	2000年	调整后	2000年	1999年	2000年	1999年	2000年	同比(%)	2000年	同比(%)									
600612	第一铅笔	0.0485	0.0356	0.0546	0.044	1.834	1.5775	0.1015	0.0934	2.6432	3.0593	100076.16	11.11	1220.52	-11.25	145102.46	46176.67	13230.60	-1590.16	2908.79	25177.94	不分配	395.88	2001.4.18
600613	永生股份	0.0453	-0.0185	0.0436	-0.1048	2.2287	2.2074	0.18154	-0.0222	2.034	1.99	5580.77	-46.74	670.46	4.06	53013.12	32963.93	14051.58	-787.97	912.55	14790.50	不分配	579.47	2001.3.29
600614	胶带股份	0.179	-0.297	0.009	/	1.564	0.568	0.372	0.119	11.43	0.66	15096.97	-36.03	2057.80	1820.96	59959.69	18003.06	8561.61	-1572.42	834.90	11513.34	不分配	173.24	2001.4.12
600615	丰华圆珠	0.014	-0.034	0.422	0.142	4.086	4.081	0.855	0.259	0.344	10.24	3506.42	-78.81	205.20	-96.77	82168.53	61462.22	27349.24	12477.96	4650.05	15041.64	10派0.5元	1351.43	2001.4.21
600616	第一食品	0.21	0.21	0.16	0.16	2.54	2.17	0.28	0.27	8.23	10.18	59666.28	28.82	2650.26	47.75	51078.65	32221.95	14635.62	1368.28	4565.40	12693.04	10派1.1元	77.33	2001.3.23
600617	联华合纤	0.037	0.0375	0.0314	0.03	1.7	1.6	0.12	0.19	2.18	1.86	41430.44	48.89	619.22	17.95	53244.37	28364.15	5783.57	2958.17	900.00	16719.48	10派0.26元	650.00	2001.4.20
600618	氯碱化工	0.044	0.038	0.034	0.0023	2.62	2.3	0.37	0.23	1.66	1.19	294236.79	32.27	5067.46	41.72	490245.91	305126.50	153240.88	7146.85	2783.24	116448.31	不分配	419.55	2001.4.17
600619	冰箱压缩	0.176	0.155	0.027	0.019	2.42	2.332	0.82	1.18	7.27	1.22	175677.40	33.84	6694.48	482.59	267764.44	92074.28	35465.24	4006.77	2028.00	38052.00	不分配	96.93	2001.4.19
600620	天宸股份	0.119	0.094	0.139	-0.046	1.413	1.19	0.455	-0.566	8.4	10.333	27464.88	61.04	3165.42	-14.59	99800.70	37700.56	4246.49	1437.95	8046.55	26677.43	10派0.5元	116.13	2001.2.15
600621	上海金陵	0.5011	0.2884	0.27	0.2	2.4	2.26	0.02	0.15	20.9	14.21	86966.64	54.53	20201.80	85.86	182018.01	96677.58	21429.66	23772.62	16150.41	40314.03	10送3配3(7-9元)	35.72	2001.3.22
600622	嘉宝实业	-0.267	-0.275	0.0023	-0.05	1.96	1.937	0.414	0.28	-13.61	0.1	22843.52	4.04	-8905.22	-11751.50	107916.23	65414.21	44123.42	-14038.95	11519.91	33368.83	不分配	/	2001.4.19
600623	轮胎橡胶	-0.484	-0.61	0.015	-0.17	1.7	1.45	0.08	0.59	-28.4	0.68	370434.83	-8.05	-43074.29	-3348.38	671668.47	151649.75	105522.92	-69574.83	2288.00	88946.77	不分配	/	2001.4.20
600624	复华实业	0.1079	0.084	0.0929	-0.2337	1.9216	1.6927	-0.046	/	5.61	3.81	25251.51	12.92	2841.63	50.85	95321.82	50630.41	18288.33	218.32	16172.19	26347.71	10派0.5元	147.17	2001.4.24
600625	PT水仙	-0.62	-0.64	-0.84	/	-0.25	-0.86	-0.04	-0.16	/	-234.81	11044.18	-36.81	-14570.67	26.81	42315.10	-5995.93	22335.48	-55767.16	1754.93	23640.10	不分配	/	2001.4.18
600626	申达股份	0.406	0.414	0.379	0.368	2.93	2.85	0.23	0.65	13.84	13.1	280582.66	16.83	12336.62	18.15	224951.29	89131.50	30243.08	3507.21	14048.16	33821.09	10派0.8989元	26.40	2001.3.8
600627	电器股份	0.2	0.11	0.06	0.02	1.73	1.25	0.2	0.38	11.85	3.87	236501.33	41.97	10618.24	240.52	436796.71	89575.64	32322.43	2723.01	5100.00	51796.54	10派0.3元	69.25	2001.2.10
600628	新世界	0.342	0.273	0.3137	0.3137	3.42	3.37	0.9634	1.3572	10	12.26	199867.04	4.38	7573.10	27.80	204749.15	75765.54	30441.41	16814.63	9678.57	22146.07	10派1元送2	38.30	2001.4.18
600629	ST棱光	-0.264	-0.26	-0.248	/	0.81	0.29	0.01	-0.096	-32.78	-23.14	2840.54	-10.38	-3999.12	-6.70	54284.17	12200.33	2142.26	-6786.37	5776.05	15137.76	不分配	/	2001.3.27
600630	龙头股份	0.405	0.403	0.317	0.317	3.44	2.916	0.412	-0.03	11.762	10.01	194865.88	8.19	15178.87	27.60	397226.51	129051.27	73294.30	6708.10	14700.00	37520.22	10派1.2元	31.04	2001.4.19
600631	第一百货	0.11	0.11	0.22	0.12	3.32	2.62	0.85	0.44	3.34	6.98	426991.89	-14.40	5866.51	-46.31	458524.80	175773.29	96653.31	3897.44	17119.16	52985.94	10转增1	98.55	2001.4.10
600632	华联商厦	0.3	0.14	0.25	0.2	2.77	2.6	0.85	1.13	10.77	9.58	361956.24	-2.34	11481.26	21.09	223629.32	106644.72	41480.65	8453.61	9574.39	38460.20	10派1元	40.27	2001.3.30
600633	PT双鹿	-1.166	-0.5507	-0.303	/	-1.053	-1.168	-0.004	-0.003	/	-243.09	/	/	-17731.19	-284.77	55760.32	-16010.44	22831.24	-57327.36	1320.00	15205.08	不分配	/	2001.4.20
600634	海鸟电子	0.05	0.05	0.07	/	2.12	2.11	-0.05	0.1	2.27	3.55	18135.01	-29.75	418.56	-34.70	27646.01	18453.29	6917.92	811.86	3980.97	8720.73	不分配	378.00	2001.4.16
600635	大众科创	0.2692	0.2001	0.2584	0.208	2.44	2.37	0.1454	0.2633	11.04	10.91	23117.46	-30.95	12816.72	4.17	178980.82	116106.34	41794.68	11259.52	25729.92	47618.17	10派2元	50.19	2001.3.16
600636	三爱富	0.3599	0.3627	0.2021	0.201	2.17	2.14	0.338	0.386	16.56	10.6	48858.61	20.91	4176.88	78.08	49007.68	25223.09	5943.19	3246.67	4492.80	11606.40	10派1元(*)	49.54	2001.2.27
600637	广电股份	0.2824	0.296	0.1918	0.1911	2.0099	1.742	-0.4633	0.4481	14.05	10.38	270361.01	21.59	17378.36	47.24	468414.47	123665.54	32531.91	17234.32	8306.40	74528.41	10派1元	71.10	2001.4.17
600638	新黄浦	0.2372	0.2244	0.1842	0.0887	3.2374	3.2176	0.423	0.5939	7.33	6.14	48067.60	14.77	12295.19	28.78	298627.95	167795.90	75871.09	23714.89	13088.62	51830.73	不分配	73.52	2001.4.14
600639	浦东金桥	0.101	0.099	0.075	0.06	2.43	2.28	-0.215	-0.041	4.14	2.93	56982.27	-9.24	7025.04	48.22	274091.48	169593.05	81235.06	2578.04	11715.00	69784.00	不分配	141.58	2001.3.17
600640	联通国脉	0.17	0.18	0.34	0.34	3.32	3.11	0.21	0.4	5.1	10.43	38576.48	-23.15	6172.58	-50.01	136009.39	120964.02	48376.54	2611.58	5533.56	36488.27	10派1元	138.59	2001.3.15
600641	中远发展	0.765	0.49	0.84	0.84	2.74	2.73	-0.69	-1.752	27.91	27.59	29249.14	-45.11	28140.38	27.45	241074.64	100822.12	7248.98	15339.38	9906.62	36786.60	10派2元	25.10	2001.3.12
600642	申能股份	0.933	0.53	0.508	0.2759	2.93	2.862	0.499	0.409	31.82	19.54	142397.19	24.39	152304.03	83.60	991534.58	478645.51	102080.38	10569.25	25099.20	163308.78	10派4.5元	18.85	2001.2.22
600643	爱建股份	0.294	0.298	0.298	0.299	4.44	4.27	-0.118	0.131	6.62	6.3	56475.13	-13.93	13548.23	8.68	261108.10	204664.92	95015.48	55.40	30835.27	46068.80	10派1.5元	44.56	2001.3.30
600644	乐山电力	0.15	0.13	0.19	0.2	1.91	1.69	0.29	0.25	7.78	6.57	28469.13	7.11	3713.09	27.52	110330.24	47712.67	10462.94	2947.78	12876.16	24933.65	不分配	85.13	2001.3.16
600645	望春花	0.303	0.23	0.127	-0.062	2.676	2.486	0.203	/	11.33	5.34	20093.66	100.52	4739.91	138.25	67835.60	41813.92	18309.01	3990.67	6134.71	15626.75	10派0.1元转增6	78.88	2001.4.26
600646	国嘉实业	0.253	0.254	0.408	0.455	2.16	2.12	-0.027	-1.09	11.73	21.48	21166.87	-45.14	4545.21	-38.02	90011.59	38757.15	3485.75	8366.09	3038.01	17970.99	不分配	88.66	2001.4.27
600647	ST粤海发	-0.1478	-0.1391	0.0569	0.0656	0.1946	0.0945	0.0171	-0.6099	-75.94	34.11	2748.92	11.82	-790.98	-359.79	16677.38	1041.63	1828.59	-6456.88	2100.00	5351.68	不分配	/	2001.3.15
600648	外高桥	0.0351	-0.0019	0.045	-0.0358	2.0855	2.0695	0.0338	-0.0904	1.68	2.16	9249.24	-21.74	2377.81	-22.03	279740.53	141259.25	32218.24	25331.62	4950.00	67732.50	10送1	589.74	2001.4.18
600649	原水股份	0.22	0.22	0.25	0.25	2.39	2.38	0.44	0.29	9.04	9.91	80861.95	-11.49	40649.47	-6.62	705140.44	449873.16	207919.59	17669.97	56085.15	188439.50	10派1.6元	41.59	2001.3.14
600650	新锦江	0.011	0.011	0.00029	0.00033	3.02	2.78	0.113	0.057	0.38	0.01	21760.25	17.39	567.77	3713.80	187772.09	151389.42	93667.57	1615.31	3801.60	50146.37	不分配	1321.82	2001.4.18

代码	简称	每股收益(元)				每股净资产(元)		每股经营现金流量(元)		净资产收益率(%)		主营收入(万元)		净利润(万元)		总资产(万元)	股东权益(万元)	资本公积(万元)	未分配利润(万元)	最新流通A股(万股)	最新总股本(万股)	分红配股方案	最新市盈率(倍)	年报刊登日期
		2000年	扣除后	1999年	扣除后	2000年	调整后	2000年	1999年	2000年	1999年	2000年	同比(%)	2000年	同比(%)									
600651	飞乐音响	0.541	0.328	0.123	0.078	1.67	1.59	0.61	0.067	32.44	10.96	27571.57	30.96	7980.29	339.29	82097.33	24600.61	326.34	6874.31	19192.99	19192.99	10送3	65.62	2001.4.26
600652	爱使股份	0.2244	0.1896	0.1309	0.068	1.97	1.94	-0.1	0.347	11.4	13.02	31735.62	15.01	6722.31	164.52	101506.23	58961.26	26368.04	1514.52	29962.48	29962.48	10派0.7元	60.16	2001.3.15
600653	华晨集团	0.412	0.239	0.514	0.222	1.89	1.77	0.187	0.07	21.86	23.17	551141.75	126.64	22593.81	20.31	353130.16	103357.23	10200.26	17182.32	65697.76	65732.47	10派0.2元送2.3	26.82	2001.3.13
600654	飞乐股份	0.2	0.12	0.2	0.18	1.88	1.55	0.02	0.06	10.87	11.78	55228.85	3.68	7666.68	2.16	164974.39	70559.81	17573.65	9559.54	33301.74	44000.18	不分配	61.25	2001.3.20
600655	豫园商城	0.22	0.21	0.22	0.22	3.64	3.34	0.29	0.22	6.17	6.73	361640.60	1.29	10442.22	8.82	343928.62	169222.65	91951.28	8148.54	14907.95	46533.35	10派1元	50.82	2001.3.24
600656	华源制药	0.148	0.129	0.1	0.036	1.518	1.26	0.27	0.19	9.75	7.33	26444.57	-20.14	1380.18	47.45	40515.88	14150.51	4218.06	-176.21	5096.00	9321.84	不分配	100.00	2001.3.30
600657	青鸟天桥	0.5006	0.5083	0.4	0.33	5.3951	5.1229	-4.37	0.24	9.28	16.49	48921.03	79.08	6895.79	44.61	265045.37	74318.66	47404.40	5383.74	7922.77	13775.22	10派1元	53.94	2001.4.18
600658	兆维科技	0.0331	-0.0611	-0.4091	-0.2534	1.129	1.104	0.3342	-0.002	2.93	-37.33	16784.62	42.34	552.81	108.09	55393.67	18856.07	5593.03	-9508.60	9507.00	16702.31	不分配	547.73	2001.3.31
600659	福建福联	0.2	0.2	0.24	0.07	1.95	1.73	-0.88	/	10.33	13.5	34631.60	61.66	2501.47	-16.20	128535.89	24205.36	3877.43	5433.27	3183.58	12387.27	10派0.3元送3转增1	125.85	2001.2.15
600660	福耀玻璃	0.59	0.61	0.28	0.25	1.9	1.79	0.89	0.55	31.03	17.57	75499.92	24.03	15003.42	112.59	138243.04	48351.41	6027.31	9536.87	13016.94	40756.08	10派2.7元送3.7转增2.3(*)	23.93	2001.2.15
600661	交大南洋	0.21	0.21	0.17	0.08	1.97	1.91	0.26	0.15	10.6	9	41550.81	192.62	3017.72	21.56	51436.03	28457.08	9117.75	1739.64	2545.54	14473.07	10派1.5元	119.52	2001.2.22
600662	上海强生	0.33	0.3	0.32	0.32	3.03	2.92	0.89	0.94	10.83	11.38	60668.13	17.99	9231.10	2.92	138396.54	85255.14	25541.08	16658.10	15033.60	28094.04	10派1元送1	51.76	2001.3.12
600663	陆家嘴	0.187	0.155	0.012	0.012	2.31	2.3	0.15	0.27	8.12	0.527	66331.75	3.35	35001.25	1501.85	738460.17	430798.03	131277.73	26019.71	16052.40	186768.40	10派1元	83.90	2001.4.20
600664	哈药集团	0.51	0.49	0.31	0.33	3.58	3.48	1.2	0.96	14.13	9.63	644445.84	43.63	22806.34	64.43	444940.01	161416.17	59992.84	13255.19	26637.07	45086.04	10派1.5元配3(11-12.5元)	25.78	2001.3.17
600665	沪昌特钢	0.0178	0.0175	0.0154	0.0153	1.86	1.84	0.17	-0.14	0.959	0.836	75243.15	-32.89	1281.57	15.77	158707.02	133704.26	36753.09	8052.92	14700.00	72010.21	不分配	488.76	2001.4.20
600666	西南药业	0.14	0.14	0.12	0.12	1.67	1.53	0.18	0.39	8.15	7.72	29366.04	2.78	2024.91	14.92	40834.94	24851.91	4350.27	1799.54	6319.38	14879.30	10派0.5元	101.36	2001.3.14
600667	太极实业	-0.111	-0.112	0.052	-0.028	2.43	2.28	0.359	0.074	-4.59	2.07	62397.52	2.06	-4105.37	-312.62	209611.43	89455.77	50374.10	-3176.18	18964.00	36881.74	不分配	/	2001.4.14
600668	尖峰集团	0.13	0.13	0.11	0.11	1.72	1.59	0.19	0.29	7.51	7.15	94239.02	45.67	3886.21	13.63	158683.40	51720.79	14859.75	2214.60	14483.80	30045.91	不分配	77.54	2001.4.5
600669	鞍山合成	0.097	-0.0036	0.133	-0.289	1.42	1.2	-0.038	-0.12	6.83	10.05	15477.70	20.11	2244.70	-27.31	99276.33	32877.12	1335.37	5631.56	14864.85	23217.08	10配3(7-10元)	126.49	2001.2.14
600670	ST高斯达	0.213	0.116	0.148	/	1.155	0.922	-0.175	-0.0158	18.41	15.71	3622.08	1064.88	2984.20	43.55	31569.44	16212.99	1779.11	/	8605.21	14033.37	不分配	65.68	2001.4.26
600671	天目药业	0.01	0.01	0.12	0.11	2	1.9	-0.09	0.48	1.1	6.09	9417.55	-31.66	248.50	-82.07	40588.11	22663.28	4999.36	3384.01	6341.54	12177.86	10派0.2元	1421.00	2001.3.20
600672	英豪科教	0.26	0.25	0.88	0.84	1.4	1.39	0.23	0.58	18.85	43.73	63538.86	-8.65	11624.66	-52.03	120710.19	61673.73	1842.65	7942.83	25600.00	44097.70	10派0.6元配3(6-9元)	39.35	2001.3.1
600673	成量股份	0.01	0.01	-0.02	/	1.16	1.03	0.12	0.09	0.98	-1.91	11374.94	22.07	125.56	159.31	33907.71	12841.01	10730.74	-10677.89	4554.00	11079.44	不分配	1349.00	2001.4.13
600674	川投控股	0.51	0.383	0.14	0.1	2.16	2.1	-0.24	0.013	23.58	8.09	59589.80	96.67	12315.29	265.65	95661.58	52221.01	8598.64	9522.91	9671.29	24138.03	10派0.75元送3转增3配3(11-17元)(*)	23.67	2001.1.12
600675	中华企业	0.19	0.02	0.31	0.03	2.08	2	-0.01	-0.02	8.92	10.25	58876.46	75.29	10810.17	-10.35	357834.98	121130.30	43832.07	5003.14	26546.68	58121.26	10派1元	56.42	2001.4.7
600676	交运股份	0.3281	0.3243	0.3419	/	5.381	5.331	0.22	0.12	6.1	19.09	26173.67	22.53	5543.33	36.30	125186.29	90917.02	65490.60	2837.12	7340.00	16896.19	10派2元	43.89	2001.3.22
600677	浙江中汇	0.2823	0.2109	0.2569	0.196	1.613	1.43	0.305	0.418	17.5	14.15	157064.85	13.00	9208.15	41.54	156883.43	52619.63	7262.04	6395.24	17074.57	32617.24	10派0.8元	56.68	2001.2.17
600678	四川金顶	0.075	0.079	0.035	0.044	1.84	1.511	0.0585	0.064	4.05	1.99	21289.37	-8.62	1738.08	112.47	73638.55	42886.12	15246.36	1009.63	9600.00	23266.00	不分配	129.73	2001.4.7
600679	凤凰股份	0.0551	-0.037	0.0117	-0.2148	1.9936	1.9366	-0.2589	0.043	2.7644	0.6158	68995.09	3.04	2558.89	370.41	175317.71	92566.13	58542.63	-18543.76	2640.00	46432.28	不分配	538.66	2001.3.31
600680	上海邮通	0.091	0.089	0.04	0.03	1.773	1.65	0.117	-0.14	5.12	2.32	55554.04	7.81	2767.30	128.09	117745.62	54076.98	13064.15	4216.77	2704.00	30492.53	10派0.3元	226.37	2001.2.8
600681	诚成文化	0.15	0.14	0.025	0.025	1.73	1.66	0.082	0.02	8.61	1.035	23803.62	51.05	3097.42	784.09	67067.38	35987.63	11553.47	1677.53	10852.38	20806.80	10派0.4元	86.87	2001.3.17
600682	南京新百	0.31	0.31	0.29	0.29	3.7	3.51	0.67	0.5	8.43	10.7	134740.28	5.67	7182.59	31.16	140989.41	85210.68	52420.65	626.47	15288.00	23020.82	10派1.5元	33.97	2001.3.16
600683	ST甬华联	0.03	-0.08	-1.41	-1.37	1.17	1.12	0.04	0.11	2.94	-123.69	66053.57	-9.90	683.96	102.44	88418.13	23300.07	34549.55	-33290.14	8989.04	19925.37	不分配	361.67	2001.4.11
600684	珠江实业	-0.55	-0.13	0.11	/	3.08	2.11	-0.21	-0.47	-17.73	3	10330.74	1436.22	-10203.58	-602.86	106004.65	57540.43	35815.85	-7972.54	10003.50	18703.94	不分配	/	2001.4.17
600685	广船国际	-1.4674	-0.0071	0.0022	/	1.2712	1.12	0.0483	0.0381	-115.43	0.0814	222226.99	-2.59	-72586.96	-6030.25	241838.05	62882.46	65197.70	-61902.37	12647.95	49467.76	不分配	/	2001.4.23
600686	厦门汽车	0.24	0.22	0.21	0.155	2.05	1.98	0.53	0.748	11.83	10.82	86314.19	57.59	3674.83	15.74	89586.87	31051.67	7641.98	2976.04	5760.00	15151.76	10派2元	55.00	2001.2.27
600687	新宇软件	0.4	0.4313	0.17	-0.14	2.88	2.88	-0.54	0.77	13.91	6.47	8325.84	1875.78	2537.16	135.26	37894.20	18240.87	2636.37	5497.94	4222.15	11000.00	10派1.5元送6转增1.3422(*)	61.25	2001.1.19
600688	上海石化	0.126	0.13	0.102	/	1.92	1.85	0.41	0.43	6.54	5.69	2046758.30	42.27	90393.20	22.51	2209965.70	1381703.80	285627.80	83214.40	72000.00	720000.00	10派0.6元	40.08	2001.4.17
600689	上海三毛	0.3893	0.0295	0.2719	0.0906	3.1935	3.09	-0.2232	-0.2307	12.192	8.458	66398.46	122.55	6521.28	60.39	103091.02	53488.91	23384.20	9241.67	5712.00	16749.28	10派0.6元送2	42.00	2001.4.12

代码	简称	每股收益(元)				每股净资产(元)		每股经营现金流量(元)		净资产收益率(%)		主营收入(万元)		净利润(万元)		总资产(万元)	股东权益(万元)	资本公积(万元)	未分配利润(万元)	最新流通A股(万股)	最新总股本(万股)	分红配股方案	最新市盈率(倍)	年报刊登日期
		2000年	扣除后	1999年	扣除后	2000年	调整后	2000年	1999年	2000年	1999年	2000年	同比(%)	2000年	同比(%)									
600690	青岛海尔	0.75	0.75	0.66	0.66	5.12	5.12	0.85	-0.14	14.67	12.03	482837.80	21.49	42408.99	36.52	403509.27	289070.16	152954.06	35799.46	37491.42	66470.69	10派2元送2	26.67	2001.3.16
600691	东新电碳	-0.149	-0.149	0.059	/	1.305	0.785	-0.157	-0.007	-11.45	4.08	6278.90	1.35	-1154.91	-351.65	24449.09	10088.04	5928.85	-4883.03	3321.60	7727.45	不分配	/	2001.3.24
600692	亚通股份	0.203	0.155	0.15	0.128	2.68	2.63	0.42	-0.26	7.56	6.22	16978.66	11.32	2563.18	31.56	53685.01	33905.36	12806.05	4978.39	5292.00	12639.92	不分配	80.84	2001.3.22
600693	东百集团	0.057	0.021	0.09	0.09	2.898	2.07	0.277	0.037	1.956	3.076	58559.81	9.03	748.43	-37.34	78187.99	38255.96	17190.31	2544.27	7230.10	13200.87	10派1元	257.89	2001.4.18
600694	大商股份	0.37	0.36	0.24	0.23	3.59	3.46	0.48	0.51	10.35	6.94	135785.77	9.70	8409.36	54.68	129890.04	81265.73	42027.07	9099.42	12013.18	22615.98	10派2.2元配3(7-10元)	27.59	2001.2.24
600695	大江股份	0.012	-0.018	0.01	-0.004	1.437	1.39	0.13	0.33	0.82	0.72	166082.64	-8.15	792.52	14.79	216287.00	97170.28	22649.71	-2276.16	2574.00	67630.57	不分配	1291.67	2001.4.19
600696	福建豪盛	0.0302	-0.1822	-0.3668	-0.3668	1.46	1.46	-0.1645	0.078	2.07	-25.67	6163.82	-39.03	791.76	108.24	72011.34	38224.61	21335.53	-11687.56	8965.22	26197.36	不分配	404.30	2001.2.24
600697	欧亚集团	0.36	0.285	0.273	0.246	3.56	3.49	0.376	0.266	10.12	8.02	60478.45	21.17	4415.02	31.99	67564.27	43638.21	21555.80	6211.81	6491.23	12273.72	10派2元	39.22	2001.4.10
600698	济南轻骑	-0.28	-0.27	0.02	0.014	2.79	2.79	-0.33	0.09	-10.03	0.66	53411.62	-40.76	-27243.30	-1481.15	414681.71	271595.47	107552.56	30526.37	30671.00	97181.74	不分配	/	2001.4.27
600699	辽源得亨	0.293	0.26	0.174	0.0644	1.77	1.59	0.75	-0.11	16.55	9.54	22762.45	49.97	4658.84	102.73	56658.98	28150.43	4392.23	5628.42	7198.96	15891.55	10派0.375元配2.5(10-12元)(＊)	39.93	2001.1.18
600700	数码测绘	0.39	0.39	0.35	0.35	2.76	2.67	-0.34	0.04	13.97	22.89	58697.79	-2.61	5618.59	21.27	105752.78	40214.32	18694.99	3903.35	6167.59	14544.90	10派0.5元送2转增8	84.10	2001.4.21
600701	工大高新	0.193	0.178	0.181	0.181	2.38	2.34	0.23	-0.21	8.1	7.92	55936.50	52.42	6250.12	6.40	158578.01	77192.72	31797.09	7004.14	17469.10	32409.10	10派1元	65.03	2001.4.17
600702	沱牌曲酒	0.316	0.289	0.341	0.33	4.91	4.9	0.32	0.62	6.43	8.71	94090.85	11.20	10649.11	4.79	205912.72	165637.96	79243.26	35121.75	14861.86	33730.00	不分配	42.06	2001.3.19
600703	ST天颐	-0.207	-0.199	-0.98	/	0.85	0.67	0.81	-0.195	-24.3	-92.92	7174.66	-36.93	-2472.78	78.96	30735.53	10177.42	23580.17	-27331.60	5861.55	11951.65	不分配	/	2001.1.20
600704	中大股份	0.25	0.22	0.36	0.29	3.61	3.48	-0.1	-0.42	6.93	12.42	652168.37	57.79	7208.00	-23.14	278493.98	104045.31	60076.75	4230.34	12716.82	28826.90	10派2元	53.16	2001.4.10
600705	北亚集团	0.2	0.191	0.247	0.325	1.6	1.55	0.165	0.04	12.54	11.6	31400.25	-3.49	10083.45	21.82	147300.34	80919.15	6134.90	16815.89	20891.52	50313.74	不分配	66.90	2001.1.19
600706	长安信息	0.125	0.125	-1.153	-1.153	1.37	1.23	0.6	-0.48	9.14	-91.28	37710.85	110.26	1094.16	110.86	72475.83	11973.15	8621.05	-6724.43	3750.00	8733.34	不分配	165.60	2001.4.18
600707	彩虹股份	0.273	0.273	0.454	/	3.677	3.675	0.122	0.263	7.43	17.37	190563.06	86.74	11514.31	-29.57	224549.62	154874.93	63183.75	37233.22	14364.48	42114.88	10派1.2元	42.75	2001.2.23
600708	东海股份	0.0232	0.0184	-0.2565	-0.4434	1.0723	1.0354	0.1236	-0.0788	2.16	-25.62	18055.63	12.22	552.19	109.05	134127.57	25514.33	12667.97	-13608.57	8659.20	23793.48	不分配	594.83	2001.4.7
600709	蓝田股份	0.97	0.97	1.15	1.15	4.88	4.46	1.76	1.15	19.81	29.28	184090.96	-0.57	43162.86	-15.87	283765.19	217841.81	34081.06	100480.11	19975.04	44603.92	10派2元配3(12.5-15.5元)	17.45	2001.3.1
600710	常林股份	0.06	0.025	0.038	0.029	2.79	2.71	0.15	0.103	2.14	1.38	40295.36	3.78	983.25	58.34	78677.78	46017.06	24487.04	3760.01	7440.00	16500.00	不分配	255.67	2001.3.10
600711	雄震集团	0.009	-0.077	0.03	/	1.06	0.87	0.077	-0.05	0.92	3.2	3240.01	72.23	58.83	-71.20	14714.35	6408.40	2706.98	-2823.65	1512.00	6036.00	不分配	2527.78	2001.1.20
600712	南宁百货	0.198	0.198	0.193	0.11	3.05	2.45	0.34	0.94	6.5	6.58	46788.67	20.05	1793.78	2.99	62799.04	27596.71	16130.31	982.19	3954.00	9042.00	10派0.6元	85.35	2001.4.20
600713	南京医药	0.25	0.243	0.381	0.38	2.35	2.32	0.45	0.26	10.63	17.03	132987.64	13.37	4852.67	-34.45	122923.83	45651.30	18923.99	1044.66	8309.74	19426.07	10派1.6元	57.80	2001.4.6
600714	山川股份	0.1931	0.1939	0.1997	0.2017	1.8367	1.7859	-0.062	0.4	10.51	10.29	15693.47	9.93	2081.97	11.22	33257.26	19801.81	7270.41	353.41	2500.00	9375.00	10派0.5元送1.5	104.51	2001.3.22
600715	松辽汽车	0.22	0.016	0.147	/	1.7	1.56	0.04	-0.06	13.03	10	1038.45	441.10	3107.70	49.87	65289.24	23827.71	24125.75	-15247.79	10137.60	22425.60	10转增6(＊)	57.05	2001.1.19
600716	耀华玻璃	0.1	0.1	0.0526	0.0526	1.64	1.51	0.158	0.11	6.11	3.22	31502.95	5.13	3245.78	97.24	86051.00	53093.07	16775.96	638.73	8100.00	32400.00	10派1元	96.20	2001.2.21
600717	天津港	0.52	0.52	0.35	0.35	4.04	3.98	0.91	0.77	12.93	10.36	65616.90	31.81	19164.32	62.21	219120.20	148263.96	80424.13	16065.20	11956.74	36658.54	10派1元转增8(＊)	21.92	2001.2.28
600718	东大阿派	0.58	0.58	0.58	0.55	4.13	4.02	0.23	0.51	14	11	110899.94	50.93	16289.34	29.67	198102.13	116341.56	57879.31	16568.40	11325.83	28145.17	10派5元	54.66	2001.3.2
600719	大连热电	0.3	0.3	0.21	0.21	3.15	3.1	1.38	0.01	9.6	6.5	32045.04	16.23	6114.70	45.34	119962.03	63708.87	30197.40	4286.66	7605.00	20229.98	10派1元	47.60	2001.3.30
600720	祁连山	0.253	0.23	0.33	0.28	2.43	2.27	0.11	0.06	10.43	12.12	27429.30	12.64	5489.42	35.53	80848.55	52610.68	21090.11	7139.74	10197.52	21684.64	10转增6(＊)	34.35	2001.2.27
600721	ST百花村	-0.92	-0.72	-0.42	/	1.34	1.27	-0.0349	-0.0047	-68.74	-18.6	9262.17	-13.48	-8719.41	-118.89	34692.25	12688.04	16796.23	-14195.01	4650.00	9480.08	不分配	/	2001.4.24
600722	沧州化工	0.247	0.25	0.352	0.35	2.42	2.37	0.32	0.09	10.22	18.5	135763.58	102.43	10416.83	-24.58	267952.24	101890.89	29156.55	22953.93	11500.00	42142.00	10派0.75元	47.65	2001.4.10
600723	西单商场	0.17	0.1729	0.2	/	2.51	2.43	0.25	0.32	6.89	8.39	173793.92	6.27	6294.04	-15.47	155411.21	91378.11	43761.96	1609.62	18591.94	40971.80	10派0.889元	57.88	2001.4.11
600724	宁波富达	0.21	0.2	0.26	0.25	1.46	1.39	0.13	-0.01	14.45	10.5	46879.07	39.13	4328.57	60.18	54795.88	29948.59	2963.62	3610.21	6650.92	22773.05	不分配	103.10	2001.3.20
600725	云维股份	0.192	0.191	0.0296	0.0296	3.11	3	0.36	0.117	6.16	1.02	15401.96	6.72	2111.66	547.63	38046.57	34261.44	17155.22	1382.89	3748.48	11000.00	不分配	81.77	2001.2.23
600726	龙电股份	0.32	0.3	0.31	0.31	3.92	3.91	0.27	1.26	8.17	10.92	80749.87	4.11	22470.01	22.03	330576.27	274919.01	135650.82	51511.74	8300.00	70079.06	10派1.2元转增6(＊)	31.22	2001.2.15
600727	鲁北化工	0.52	0.52	0.83	0.83	5.52	5.52	1.03	1	9.4	23.45	83862.58	-12.25	19605.68	-28.66	308992.82	209536.57	96468.18	62154.23	15210.00	37930.00	10派1元	31.85	2001.4.6
600728	新太科技	0.305	0.294	0.249	0.188	3.896	3.89	0.011	0.439	7.824	10.694	72529.19	18.66	6345.32	34.26	117027.51	81101.33	47843.65	6884.44	8112.00	20818.02	10派1元	64.92	2001.4.5

代码	简称	每股收益(元)				每股净资产(元)		每股经营现金流量(元)		净资产收益率(%)		主营收入(万元)		净利润(万元)		总资产(万元)	股东权益(万元)	资本公积(万元)	未分配利润(万元)	最新流通A股(万股)	最新总股本(万股)	分红配股方案	最新市盈率(倍)	年报刊登日期
		2000年	扣除后	1999年	扣除后	2000年	调整后	2000年	1999年	2000年	1999年	2000年	同比(%)	2000年	同比(%)									
600729	重庆百货	0.3474	0.345	0.3574	0.3714	1.91	1.67	0.55	0.1	18.2	19.42	204351.47	18.07	7087.80	-2.79	102272.20	38951.23	7104.28	2390.94	5100.00	20400.00	10派2.7元	49.71	2001.2.28
600730	中国高科	0.17	0.16	0.02	0.01	1.86	1.83	2.63	0.02	9.07	1.7	86561.32	148.85	2939.45	609.99	157907.69	32401.79	14023.93	-2840.69	5460.00	17460.00	不分配	107.82	2001.2.13
600731	湖南海利	0.154	0.148	0.1874	/	1.93	1.89	0.03	0.0212	7.98	8.844	33316.44	11.00	3610.27	36.88	91745.15	45261.46	13492.76	5781.23	7464.31	23392.12	10派0.5元	74.87	2001.3.28
600732	上海港机	0.081	0.045	0.055	0.034	1.64	1.55	-0.41	0.301	4.95	2.59	49504.42	-9.67	2014.47	91.21	119664.99	40718.36	10538.31	2335.31	8294.00	24799.06	不分配	211.85	2001.3.10
600733	前锋股份	0.126	0.1	0.069	-0.141	1.408	1.406	0.244	-0.461	8.95	6.55	13691.06	-11.08	2490.49	82.19	44587.20	27824.19	10511.76	-3309.67	7560.00	19758.60	不分配	201.59	2001.3.20
600734	实达电脑	-0.7171	-0.7226	-0.1519	-0.212	1.5118	1.4608	-0.1882	-0.1519	-47.8	-6.7898	320161.19	45.94	-25211.23	-372.21	177774.49	53148.79	36709.26	-27882.71	13273.21	35155.84	不分配	/	2001.4.26
600735	兰陵陈香	0.172	0.163	0.254	0.159	2.617	2.589	-0.361	0.026	6.6	10.9	22489.10	-0.97	2044.49	-2.45	42505.70	31167.93	10793.30	6429.80	6420.12	11908.69	10送1转增2	138.26	2001.3.20
600736	苏州高新	0.26	0.25	0.35	0.34	2.27	2.25	-0.07	/	11.25	16.18	46074.15	-14.08	10808.22	-27.55	246520.79	96099.20	24253.68	16035.56	11610.00	42264.00	10派1.5元	50.27	2001.4.24
600737	新疆屯河	0.24	0.22	0.515	0.507	2.18	2.16	0.12	0.251	10.98	16.97	45407.55	45.65	9185.79	3.50	191091.78	83629.59	26307.19	11502.66	19346.91	38362.11	不分配	84.50	2001.4.11
600738	兰州民百	0.445	0.02	0.182	0.08	3.17	3.14	0.57	0.39	14.03	6.38	61279.19	4.39	5215.33	144.93	106601.29	37180.33	17834.10	5576.90	6562.80	11719.86	10派1元送3转增7(*)	26.70	2001.3.12
600739	辽宁成大	0.7	0.69	1.06	0.83	2.88	2.74	-0.03	0.4	24.34	23.95	122483.28	-7.23	17389.79	29.67	127692.98	71433.98	10800.81	263.98	9781.20	24757.20	10派2元配3(18-21元)	31.30	2001.2.23
600740	山西焦化	0.2352	0.2453	0.197	0.225	3.12	2.97	0.93	-0.016	7.53	8.3	32564.67	22.75	4771.42	33.13	161410.19	63358.58	30392.38	7470.48	8450.00	20285.00	10派1元	60.80	2001.4.17
600741	巴士股份	0.31	0.32	0.46	0.45	2.55	2.41	0.9	1.6	12.25	15.95	220560.92	32.74	16206.97	17.29	407844.47	132349.86	60483.66	317.13	24000.00	51865.40	10派1.9元	30.39	2001.4.3
600742	一汽四环	0.52	0.5	0.585	0.56	4.57	4.33	0.35	0.44	11.37	22.78	83703.23	6.19	10994.64	2.60	124779.75	96716.40	51793.08	9028.72	10319.40	21152.34	10派1.5元	30.27	2001.3.13
600743	ST幸福	-0.9783	-0.0863	-0.2107	-0.2246	0.4768	0.4695	0.009	-0.016	-205.2	-14.42	29557.79	103.99	-30601.33	-364.53	28627.97	14913.24	17931.17	-37530.32	7820.00	31280.00	不分配	/	2001.2.20
600744	华银电力	0.2751	0.2529	0.3068	0.2882	4.023	3.998	0.47	0.039	6.84	7.92	106771.30	11.20	17749.06	-10.33	457683.73	259563.20	145642.43	11321.20	22176.00	64512.00	10派1元配3(7-10元)	40.93	2001.3.6
600745	ST康赛	-0.75	-0.49	-0.63	-0.64	0.8	0.16	-0.05	0.01	-93.25	-40.59	8172.12	43.40	-9137.87	-19.00	40055.45	9798.81	21199.33	-25992.73	4675.94	12174.49	不分配	/	2001.4.26
600746	江苏索普	0.2197	0.1663	0.1195	0.0851	2.049	1.996	0.3229	0.1026	10.72	8.25	24792.82	21.44	3739.85	99.92	53747.68	34885.57	11950.72	3534.65	4890.38	17023.41	10派0.5元送2转增6	93.22	2001.2.24
600747	大显股份	0.54	0.46	0.47	0.44	3.19	3.15	0.33	0.28	16.92	12.88	63362.91	31.46	13407.61	59.03	138926.23	79236.61	15912.78	28881.80	12806.82	27758.07	10派0.5元	30.87	2001.3.28
600748	浦东不锈	0.025	0.012	0.041	0.028	1.811	1.811	-0.016	-0.065	1.38	2.31	51634.30	56.37	1470.54	-39.32	121234.05	106415.83	42443.56	-951.71	15697.00	58754.16	不分配	326.00	2001.3.31
600749	西藏圣地	0.083	0.055	0.012	/	1.39	1.2	0.008	0.021	6.02	0.92	3818.28	-10.74	667.29	596.79	20409.34	11085.34	2471.60	272.33	2400.00	8000.00	不分配	247.47	2001.4.20
600750	东风药业	0.19	0.19	0.2	/	3.58	3.56	0.83	-0.15	5.28	5.75	36846.01	183.22	2761.60	-5.52	70846.72	52316.76	27476.83	7178.19	6240.00	14611.20	10派1元	83.16	2001.3.19
600751	天津海运	0.1765	0.1758	0.1063	0.1108	1.8369	1.7427	-0.1021	0.2262	9.6107	6.6439	84675.77	67.72	8226.70	66.09	162945.50	85598.97	4667.26	22946.01	7976.10	46600.00	不分配	69.75	2001.4.27
600752	哈慈股份	0.18	0.16	0.23	0.22	2.22	2.16	0.11	0.08	7.92	11.1	39552.29	89.93	5304.65	-22.48	89904.53	66937.01	15635.89	12526.24	12376.04	30133.60	10配3(7-9元)	64.50	2001.2.6
600753	ST冰熊	-0.34	-0.38	-0.22	/	0.75	0.68	-0.08	0.45	-45.46	-0.2	10339.70	6.52	-4369.97	-53.66	39470.80	9613.13	6779.21	-9966.08	3200.00	12800.00	不分配	/	2001.4.21
600754	新亚股份	0.213	0.025	0.213	-0.008	2.21	1.94	0.86	0.11	9.67	10.15	69637.67	3.60	11810.95	0.14	191798.60	122131.11	29036.69	11347.88	9775.07	60324.07	10派1元	60.80	2001.3.28
600755	厦门国贸	0.021	0.18	0.258	0.31	3.296	3.27	0.523	-0.069	0.633	8	227456.60	-2.85	413.35	-91.93	148940.83	65300.09	36813.97	-501.81	12700.00	19812.00	不分配	611.90	2001.4.14
600756	齐鲁软件	0.16	0.15	0.25	0.19	2.14	2.1	0.13	0.27	7.4	12.18	5713.77	-22.01	1747.07	-37.56	29767.43	23618.76	2761.40	7598.64	4580.16	11014.72	10派1元送3转增2(*)	159.56	2001.2.27
600757	华源发展	0.33	0.31	0.34	0.3	3.9	3.85	0.65	0.54	8.51	10.29	208419.68	42.66	10446.25	44.29	288541.33	122804.85	67947.22	10361.00	9360.00	31476.28	10派1.2元送2转增3	59.97	2001.3.20
600758	金帝建设	0.0315	-0.1137	0.069	/	2.23	1.71	0.202	0.01	1.412	3.149	59307.39	8.62	503.85	-54.51	112247.26	35680.13	20170.01	-3455.23	6159.52	15975.52	不分配	364.44	2001.3.27
600759	ST琼华侨	-0.3277	-0.3277	-0.8286	-0.79	-2.292	-2.773	-0.0149	-0.01	/	/	43.41	-87.48	-17280.35	/	25243.57	-47803.24	7781.33	-59614.86	6916.00	20855.20	不分配	/	2001.4.26
600760	山东黑豹	0.094	0.039	0.181	0.181	2.96	2.92	0.02	-0.09	3.18	6.21	29295.68	-21.79	2563.52	-48.10	102626.76	80692.01	24248.93	21613.76	13158.60	27300.00	10派0.5元配3(5-7元)	113.19	2001.4.18
600761	安徽合力	0.29	0.28	0.22	0.22	3.2	3.18	0.49	0.06	8.92	8.01	48507.69	30.22	5832.48	44.12	87562.98	65411.93	34027.91	2498.98	9422.03	20463.63	10派3元	39.97	2001.3.28
600762	金荔科技	0.14	0.14	-0.826	/	1.89	-0.44	0.98	0.131	7.56	/	19437.43	310.40	944.12	117.29	59220.60	12482.69	21660.35	-15781.66	2704.00	6604.00	10转增6(*)	121.36	2001.3.13
600763	北京中燕	-0.149	-0.158	0.103	0.135	1.25	1.18	-0.04	0.13	-11.91	7.4	11.67	-99.86	-2381.32	-243.80	20507.43	20000.27	6817.71	-3033.98	4032.00	16032.00	不分配	/	2001.4.17
600764	三星石化	0.295	0.292	0.162	0.162	2.271	2.268	0.34	-0.0057	12.99	7.43	59543.13	40.13	5401.61	82.34	54442.55	41597.27	13177.85	6283.27	5898.56	18318.17	10派2元	47.32	2001.3.8
600765	力源液压	0.004	0.005	-0.067	-0.064	1.644	1.629	0.066	0.13	0.224	-4.101	4394.82	19.26	40.85	105.48	23799.17	18250.46	7595.07	-865.74	3450.00	11103.20	不分配	3645.00	2001.3.28
600766	烟台发展	0.1327	0.1242	0.1983	0.1531	1.4565	1.2455	-0.0151	0.5875	9.1138	10.0437	30873.19	-26.91	2122.63	0.40	78070.74	23290.24	6113.15	-370.07	5017.77	15990.27	不分配	107.08	2001.4.19
600767	运盛实业	0.01	0.01	0.02	0.014	1.77	1.75	-0.01	0.49	0.4	0.7	26481.78	-22.68	241.84	-42.82	129694.25	60342.75	18180.53	3954.90	9674.46	34101.02	不分配	1052.00	2001.3.23

代码	简称	每股收益(元)				每股净资产(元)		每股经营现金流量(元)		净资产收益率(%)		主营收入(万元)		净利润(万元)		总资产(万元)	股东权益(万元)	资本公积(万元)	未分配利润(万元)	最新流通A股(万股)	最新总股本(万股)	分红配股方案	最新市盈率(倍)	年报刊登日期
		2000年	扣除后	1999年	扣除后	2000年	调整后	2000年	1999年	2000年	1999年	2000年	同比(%)	2000年	同比(%)									
600768	ST甬华通	-0.31	-0.31	-0.24	-0.24	0.88	0.76	0.04	0.05	-35.1	-20.08	13416.53	8.32	-2861.34	-29.36	23424.91	8153.09	2988.29	-4895.81	2678.40	9288.00	不分配	/	2001.4.18
600769	祥龙电业	0.06	0.05	0.16	0.16	2.67	2.67	-0.06	-0.19	2.29	6.18	49947.03	36.12	2132.85	-62.12	120014.27	93270.54	39537.51	14296.65	8736.00	34881.60	不分配	181.17	2001.4.11
600770	综艺股份	0.336	0.135	0.311	0.311	2.09	1.98	0.0799	0.237	16.04	17.27	37521.73	-7.16	9060.37	7.96	97265.54	56495.04	4217.13	14528.57	9900.00	27000.00	10派1元配3(15-20元)	61.55	2001.3.15
600771	东盛科技	0.284	0.291	0.306	0.305	1.564	1.504	0.062	-0.34	18.19	11.97	31103.87	31.13	5315.46	85.71	65955.49	29220.22	2328.64	6022.29	4950.00	18688.70	不分配	61.58	2001.2.20
600772	石油龙昌	0.225	0.2342	0.2781	0.2793	2.12	2.06	0.66	1.41	10.59	14.64	35527.78	11.75	5107.86	-19.08	135826.69	48226.93	8119.99	11208.05	6318.00	22698.00	不分配	72.53	2001.4.6
600773	西藏金珠	0.25	0.22	0.21	0.21	3.32	3.19	0.16	0.15	7.46	8.38	11135.10	2.73	2418.16	31.15	38827.17	32432.76	16228.73	4965.68	3751.80	9758.12	10派1元送2	87.60	2001.4.10
600774	汉商集团	0.315	0.306	0.3	0.3	4.3	4.12	0.58	0.63	7.32	7.65	62437.89	-22.22	2721.56	3.53	67558.52	37163.44	12100.20	11407.76	3461.12	9446.72	10派1元	56.13	2001.3.31
600775	南京熊猫	0.2	0.17	0.08	/	1.22	1.14	-0.26	0.41	16.68	8.18	122443.44	-14.40	13282.34	144.85	245621.49	79616.61	47844.43	-52543.08	5800.00	65501.50	不分配	87.65	2001.3.16
600776	东方通信	0.6	0.61	0.5	0.5	5.68	5.54	1.37	0.69	10.62	14.68	771390.06	11.63	37862.45	31.56	794567.25	356528.31	213261.19	49490.25	9494.00	62800.00	10派3元	43.00	2001.4.5
600777	新潮实业	0.32	0.32	0.309	/	3.54	3.52	0.39	0.153	8.91	11.17	58507.37	50.21	6455.71	12.02	97738.75	72472.76	37465.86	8573.18	5037.09	20486.95	10派1.5元(*)	45.63	2001.2.16
600778	友好集团	0.12	0.12	0.21	0.21	1.77	1.65	0.23	0.36	6.54	11.55	98289.37	7.49	2967.10	-45.20	143572.11	45380.38	17153.35	336.78	13407.62	31149.14	10派0.8元	110.00	2001.3.29
600779	全兴股份	0.439	0.44	0.812	0.804	1.66	1.63	0.34	0.56	26.4	41.09	128055.85	8.42	17896.72	-18.84	168005.41	67796.37	2955.63	15982.12	13366.08	40753.25	10派1元(*)	30.91	2001.1.20
600780	通宝能源	0.25	0.22	0.28	0.19	2.23	2.23	0.62	0.53	10.99	13.34	24065.74	36.58	5286.60	-12.94	77964.91	48105.97	16262.48	6238.82	9356.72	21569.46	10派1.25元	44.08	2001.3.23
600781	民丰实业	0.02	0.01	0.02	0.01	2.48	2.29	0.28	-0.27	0.68	0.67	29492.06	-7.30	198.33	0.84	86013.66	29374.52	15303.20	417.21	3375.00	11839.52	10转增5	1108.50	2001.4.24
600782	新华股份	0.2227	0.1952	0.124	0.1191	2.1633	2.1326	-0.0684	0.299	10.29	6.11	25439.03	53.89	2688.79	79.53	38408.23	26124.93	11426.15	1226.64	3510.00	12076.27	10派0.9元送1转增5(*)	107.68	2001.3.20
600784	鲁银投资	0.1907	0.1929	0.2323	0.234	2.3616	2.3295	-0.1994	0.0257	8.08	9.38	9967.27	-28.11	4305.72	-9.66	124600.65	53309.19	15852.34	9337.99	17182.80	22573.35	10派0.8元配2(8-12元)	67.38	2001.3.22
600785	新华百货	0.395	0.363	0.239	0.195	3.133	3.112	0.051	0.785	12.62	8.38	50636.14	98.52	3478.70	65.45	51065.38	27559.01	11905.31	4983.26	4972.50	8797.50	10派1元配3(10-12元)(*)	44.51	2001.2.16
600786	东方锅炉	-0.559	-0.603	0.0321	/	1.7775	1.1467	0.1978	0.0562	-31.4478	1.376	35876.28	-54.36	-11809.60	-1839.95	125580.98	37553.07	22629.20	-11701.98	5400.00	21127.12	不分配	/	2001.4.3
600787	中储股份	0.153	0.153	0.71	0.244	2.42	2.39	0.318	0.43	6.31	30.61	44389.81	-23.59	4742.53	-64.93	94255.05	75205.90	32216.88	3440.46	12616.38	31033.77	10派0.3元	73.92	2001.2.28
600788	达尔曼	0.416	0.429	0.517	0.412	4.046	3.92	0.23	0.56	10.28	14.29	30656.49	8.68	10761.47	-21.06	165217.74	101839.01	38841.96	26938.48	10471.50	28663.94	10派1元	33.99	2001.3.30
600789	鲁抗医药	0.16	0.16	0.13	0.13	3.1	3.05	0.061	0.096	5.29	4.21	70132.22	18.32	5975.55	29.15	226992.48	113047.42	53591.82	11158.99	15809.79	36475.42	10派0.8元	65.00	2001.3.27
600790	轻纺城	0.374	0.346	0.406	0.398	4.48	4.22	0.282	0.763	8.34	13.91	98467.61	24.97	8695.39	9.36	267811.14	104200.91	66581.64	7905.66	15764.58	23241.29	10派1元送2转增4(*)	27.01	2001.3.9
600791	贵华旅业	-0.47	-0.47	0.158	0.158	1.13	0.85	-0.09	-0.33	-41.79	9.84	11871.01	-40.03	-4688.26	-399.65	25240.00	11219.19	1400.66	-2124.56	3300.00	9900.00	不分配	/	2001.3.29
600792	云南马龙	-0.27	-0.27	0.146	-0.06	1.91	1.81	-0.94	0.22	-14.17	6.63	5956.66	5.42	-1378.67	-284.68	16074.33	9731.19	7124.89	-2680.73	1500.00	5100.00	不分配	/	2001.4.24
600793	宜宾纸业	0.119	0.114	0.053	/	1.616	1.544	0.52	0.38	7.38	-1.28	41276.91	39.78	1255.84	123.40	79320.84	17020.17	1287.68	1362.76	3354.00	10530.00	不分配	139.41	2001.3.30
600794	保税科技	0.192	0.177	0.177	0.177	1.77	1.69	0.022	0.4	10.86	11.17	16188.18	23.83	2067.01	8.17	37366.53	19034.45	2786.02	2889.31	3855.36	10767.36	不分配	78.33	20001.3.23
600795	国电电力	0.615	0.608	0.865	0.865	8.897	8.872	0.768	0.935	6.913	37.66	140725.38	105.40	28184.50	27.97	851349.86	407731.68	309613.16	40306.10	20702.82	82487.81	10派2元转增8(*)	33.14	2001.1.20
600796	钱江生化	0.3674	0.3356	0.3442	0.3095	2.354	2.341	0.395	0.17	15.604	16.106	19860.17	-3.65	3912.97	6.74	41305.07	25076.44	7555.46	3623.85	3249.00	10651.40	10派1.5元配3(17-21元)	57.97	2001.3.17
600797	天然科技	0.28	-0.04	0.25	0.03	2.28	2.22	0.52	-0.57	12.05	11.72	64437.43	255.82	6594.00	14.02	175652.55	56496.56	18789.66	11072.25	13121.88	26976.88	10派0.75元送3	80.96	2001.4.24
600798	宁波海运	0.163	0.164	0.21	0.162	1.48	1.48	0.196	0.18	11	14.53	26215.34	25.79	8338.45	0.86	92748.43	75827.20	13800.90	4329.67	14145.00	51187.50	10派1.25元	63.68	2001.3.27
600799	科利华	0.307	0.307	0.513	0.518	1.832	1.783	0.16	-0.405	16.755	19.437	34382.52	10.28	11963.78	1.55	133985.53	71402.55	18051.67	7971.11	17845.41	38984.40	10派0.3元	47.79	2001.3.15
600800	天津磁卡	0.302	0.302	0.601	/	2.95	2.84	-0.94	-0.4	10.2	14.68	37671.08	10.92	11088.64	-24.80	172464.99	100443.63	43888.54	22418.38	17449.28	36777.28	10派0.25送1转增4	74.50	2001.4.26
600801	华新水泥	0.05	0.047	0.013	0.013	2.18	2.11	0.42	0.36	2.31	0.6	59462.58	30.58	1652.31	290.10	201535.01	71531.39	31334.12	424.73	4800.00	32840.00	10派0.4元	225.80	2001.3.30
600802	福建水泥	0.185	0.0661	0.293	0.077	3.04	2.84	-0.215	0.355	6.1	11.51	54212.38	-8.62	5242.39	-29.21	167825.96	85892.72	36335.26	932.31	13429.94	28281.70	不分配	51.35	2001.4.20
600803	威远生化	0.2	0.19	0.19	0.19	2.75	2.75	-0.22	-0.1	7.11	7.18	23682.60	-7.99	2306.72	2.69	58596.17	32457.14	14147.82	4514.23	6609.60	11822.17	10派1元	72.70	2001.4.6
600804	工益股份	-0.27	-0.27	0.0071	/	1.71	1.62	0.123	0.056	-15.73	0.35	23417.19	-10.47	-3147.35	-3887.91	36889.50	20011.12	8164.09	-3093.42	7195.68	11661.12	不分配	/	2001.4.3
600805	悦达投资	0.246	0.223	0.283	0.05	3.17	3.15	0.92	0.28	7.77	11.94	103709.49	59.63	13442.91	1.99	354502.01	172921.08	83239.11	20683.90	30949.05	54544.52	10派0.4元(*)	38.17	2001.2.10
600806	昆明机床	0.015	0.009	-0.19	/	2.08	2.01	0.05	-0.04	0.7	-9.21	9107.15	96.93	357.63	107.68	66943.47	50933.72	30528.05	-5776.33	6000.00	24500.74	不分配	1093.33	2001.3.9
600807	济南百货	0.0015	0.0015	0.226	0.197	2.126	2.098	-0.365	0.047	0.0692	10.62	15969.69	-15.54	15.88	-99.35	50641.95	22946.51	5007.67	5342.78	6435.00	10792.70	不分配	14660.00	2001.4.5

代码	简称	每股收益(元)				每股净资产(元)		每股经营现金流量(元)		净资产收益率(%)		主营收入(万元)		净利润(万元)		总资产(万元)	股东权益(万元)	资本公积(万元)	未分配利润(万元)	最新流通A股(万股)	最新总股本(万股)	分红配股方案	最新市盈率(倍)	年报刊登日期
		2000年	扣除后	1999年	扣除后	2000年	调整后	2000年	1999年	2000年	1999年	2000年	同比(%)	2000年	同比(%)									
600808	马钢股份	0.027	0.027	0.002	/	1.84	1.78	0.2273	0.1668	1.48	0.11	818568.68	22.75	17603.10	1242.54	1685726.95	1188798.49	849134.45	18789.11	60000.00	645530.00	10派0.2元	147.41	2001.4.19
600809	山西汾酒	0.0294	0.0219	0.0107	0.0039	1.8268	1.7288	-0.01	0.04	1.61	0.6	37247.16	22.81	1272.61	173.84	113863.86	79084.43	29924.20	1428.47	7668.41	43292.41	不分配	366.67	2001.4.10
600810	神马实业	0.215	0.215	0.186	0.186	6.704	6.651	0.108	0.115	3.2	2.86	104044.35	-12.80	11059.48	15.80	396335.72	345119.69	243489.38	33921.26	12870.00	51480.00	10转增1	53.44	2001.4.6
600811	东方集团	0.353	0.324	0.39	/	4.8	4.63	0.64	0.49	7.36	10.83	97691.08	60.33	18439.58	12.09	536786.23	250585.83	139611.00	19741.14	36526.99	52189.70	10派1元转增1	30.14	2001.4.10
600812	华北制药	0.1	0.1	0.09	0.09	2.16	2.06	0.1141	-0.3195	4.4	4.18	166788.95	2.30	11118.24	7.23	597111.58	252773.52	107514.45	6841.80	46926.86	116939.42	10派0.5元	68.50	2001.4.20
600813	ST鞍一工	-0.49	-0.49	-0.1	-0.37	0.06	-0.99	-0.02	-0.21	-858.56	-16.86	13070.49	10.52	-12739.83	-397.31	133009.65	1480.93	23190.65	-49034.95	9960.00	25800.00	不分配	/	2001.4.25
600814	杭州解百	0.139	0.107	0.1627	/	1.72	1.61	0.294	0.44	8.061	6.48	85883.78	15.22	3291.44	27.87	79137.87	40829.29	10900.15	1722.63	10139.76	23737.04	10派0.5元配3(6-8元)	70.14	2001.3.31
600815	厦工股份	0.068	0.046	0.089	0.073	2.62	2.52	0.19	0.3	2.59	3.07	71680.32	29.12	2033.19	-23.71	111044.87	78446.49	42296.13	1890.70	7980.00	29960.91	10派1元	192.79	2001.4.5
600816	鞍山信托	0.2666	0.2709	0.23	/	2.538	1.6829	0.7842	0.16	10.5	9.83	27947.23	19.15	9312.71	15.51	283010.66	88668.25	27053.64	12193.64	20513.44	34931.52	10派0.75元送3配3(10-12元)	47.56	2001.4.18
600817	宏盛科技	0.28	0.28	0.071	0.03	1.38	1.104	-0.56	0.443	20.43	6.45	57866.55	604.99	2333.40	298.23	41295.96	11423.12	3424.35	-1861.70	1124.20	8251.80	不分配	99.29	2001.3.20
600818	ST永久	-0.93	-0.88	-1.32	-1.28	-1.29	-1.29	0.05	0.02	/	/	27972.89	-22.12	-24862.33	29.03	27807.56	-34190.24	21652.13	-86393.61	1495.00	26565.94	不分配	/	2001.4.26
600819	耀皮玻璃	0.317	0.317	0.193	0.193	3.3	3.12	0.53	0.36	9.61	6.03	36687.38	31.69	15462.12	64.17	202273.43	160872.92	57749.20	20613.22	3125.00	48750.00	10派2.2元	47.57	2001.3.14
600820	隧道股份	0.3633	0.3497	0.2515	0.2393	3.45	3.13	-0.4131	-0.3975	10.54	8.01	276147.73	27.52	13661.06	44.43	443155.50	129613.75	69589.46	10502.72	15140.54	37606.94	10派0.55元转增3配3(6-10元)	39.64	2001.3.27
600821	天津劝业	0.12	0.12	0.11	/	2.57	2.38	0.03	-0.05	4.63	4.35	177301.64	-3.32	3475.26	5.98	138548.17	75086.87	27735.11	7477.03	14558.50	29252.10	10派0.95元	92.33	2001.4.12
600822	物贸中心	0.011	-0.067	-0.038	-0.095	1.355	1.138	-0.044	-0.11	0.779	-2.84	126632.03	15.36	266.83	127.61	84170.22	34257.35	7553.63	-1555.96	1331.00	25272.03	不分配	1702.73	2001.4.17
600823	世茂股份	-0.1543	-0.0217	0.3577	0.1531	2.15	2.04	0.2687	-0.1413	-7.19	12.44	22930.19	-17.03	-3648.88	-153.92	165678.38	50755.00	21087.40	556.11	11315.90	23644.48	不分配	/	2001.3.16
600824	益民百货	0.259	0.259	0.228	0.228	2.87	2.79	0.458	0.645	9.02	8.28	60199.61	8.45	4401.77	13.47	101160.22	48780.25	21171.75	1459.93	8973.48	19364.91	10派1.32元	49.81	2001.2.27
600825	华联超市	0.278	0.278	0.12	0.03	2.213	0.627	1.533	0.92	12.56	6.19	170338.11	558.68	2858.35	123.59	118411.34	22765.87	5942.32	3842.66	2571.27	10285.02	10派0.5元送2转增3	100.86	2001.3.7
600826	兰生股份	0.21	0.18	0.27	0.25	2.8	2.62	0.92	-0.33	7.52	10.36	171576.19	9.23	5911.23	-21.73	137703.91	78619.69	25552.31	9493.71	9514.00	28042.82	不分配	65.52	2001.3.10
600827	友谊股份	0.22	0.22	0.18	0.11	2.21	1.16	0.99	0.11	10.01	10	247441.54	329.51	5417.00	32.98	325923.62	54108.67	14828.29	8053.05	3356.41	24429.30	10派1元	73.64	2001.2.13
600828	成商集团	0.142	0.107	0.203	0.156	2.55	2.3	0.14	0.27	5.59	8.1	143951.75	5.16	2412.38	-29.75	99269.75	43135.41	18798.77	/	4257.00	16929.00	10派1元	109.15	2001.3.28
600829	天鹅股份	0.4656	0.244	0.0176	0.0176	3.53	3.36	0.47	0.44	13.2	0.56	51696.96	33.95	6154.31	2549.76	100109.46	46635.54	26180.78	2745.48	3327.50	13216.83	10派1元	33.51	2001.4.10
600830	甬城隍庙	0.233	0.055	0.211	0.089	2.318	2.126	0.104	0.269	10.042	10.132	44265.50	20.32	3678.56	10.18	60143.18	36630.42	8716.91	7442.36	10262.88	17514.68	不分配	64.89	2001.4.10
600831	ST黄河科	-0.221	-0.221	-0.197	-0.197	0.908	0.4636	-0.198	-0.198	-24.33	-0.2018	2829.11	-73.46	-2460.06	-12.19	45630.88	10110.30	33159.04	-34872.44	4634.54	11128.67	不分配	/	2001.4.6
600832	东方明珠	0.309	0.309	0.289	0.259	2.55	2.38	-0.07	0.293	12.13	11.76	71680.53	33.24	19987.47	6.95	381414.27	164784.61	73985.74	240.76	12068.21	64627.16	10派2.2元	86.67	2001.4.19
600833	PT网点	-0.857	-0.725	-1.136	-1.061	-2.515	-2.558	0.013	-0.012	/	/	419.06	138.12	-13653.99	24.60	47913.88	-40076.07	14662.84	-73527.90	4797.93	15934.74	不分配	/	2001.4.19
600834	凌桥股份	0.16	0.16	0.19	/	1.39	1.39	0.35	0.22	11.38	9.44	10794.81	4.30	5423.27	21.23	59354.10	47648.47	7971.12	568.99	6960.00	34307.00	10派1.5元	107.81	2001.3.3
600835	上菱电器	0.615	0.58	0.537	0.355	6.12	5.87	1.51	0.55	10.05	9.13	362828.45	3.57	27586.89	14.64	705981.62	274424.48	194330.71	12168.27	14160.00	44838.11	10派3元转增2	28.83	2001.3.28
600836	界龙实业	0.074	0.076	0.036	0.038	1.87	1.26	0.21	-0.042	3.96	1.99	40812.08	33.96	826.62	107.09	72045.09	20900.37	11214.36	-3218.89	4132.81	11169.38	不分配	207.16	2001.3.21
600837	PT农商社	-1.06	-1.06	-6.17	/	-8.79	-8.93	-0.27	/	/	/	28702.19	-50.25	-6889.76	82.88	56910.62	-57321.35	6262.15	-71479.68	1638.00	6524.49	不分配	/	2001.4.19
600838	上海九百	0.2184	0.1976	0.1169	0.0783	2.13	1.96	0.624	-0.858	10.26	6.13	77615.81	29.02	5173.75	86.74	107918.05	50437.56	15302.42	5990.36	13124.18	26725.47	10送1转增4	65.25	2001.3.28
600839	四川长虹	0.127	0.09	0.236	/	6.087	5.978	1.05	1.411	2.08	3.96	1070721.39	7.97	27423.65	-46.34	1660500.98	1317462.95	406449.29	204707.76	95140.23	216421.14	不分配	88.35	2001.3.27
600840	浙江创业	0.15	0.093	0.064	0.048	1.19	1.07	0.274	0.038	12.54	6.11	11686.87	59.89	2092.97	135.19	32764.63	16691.44	1908.20	-282.69	6442.03	13975.14	不分配	92.67	2001.3.29
600841	上柴股份	0.081	0.061	0.158	0.158	3.45	3.28	0.25	0.41	2.36	4.56	126244.09	9.77	3903.81	-48.59	236493.87	165685.02	75930.87	7639.67	2160.00	48030.93	10派0.5元	193.21	2001.4.12
600842	中西药业	-0.6514	-0.6514	0.1755	0.1755	1.0343	0.8261	0.3189	/	-47.85	10.4	23934.52	-35.47	-14043.19	-471.05	125401.51	22299.74	14217.12	-16781.98	8422.55	21559.46	不分配	/	2001.4.26
600843	上工股份	0.1387	0.1125	0.0227	-0.1152	2.6456	2.4414	-0.0302	1.2304	5.2414	0.9046	55908.46	47.81	3500.85	511.45	132473.54	66792.57	35682.29	3249.45	1560.00	25246.64	不分配	134.61	2001.4.12
600844	英雄股份	0.045	-0.156	0.043	-0.054	2.105	1.98	0.18	-0.046	2.15	2.03	43275.32	-22.44	1376.10	5.97	160533.00	64116.51	18180.08	8833.70	2768.43	30456.45	不分配	424.44	2001.4.20
600845	ST钢管	-0.44	-0.38	-0.7	-0.7	0.81	0.73	0.12	0.07	-54.48	-55.53	23128.69	8.10	-11620.19	36.44	64379.33	21330.49	33305.88	-38810.96	1320.00	26224.41	不分配	/	2001.4.26
600846	同济科技	0.1414	0.1414	0.2288	/	1.4671	1.4056	0.2045	-0.059	9.64	10.03	67591.49	20.05	3455.36	-1.12	105549.01	35842.56	4454.04	318.59	11871.92	24431.15	10派1元(*)	93.92	2001.3.8

代码	简称	每股收益(元)				每股净资产(元)		每股经营现金流量(元)		净资产收益率(%)		主营收入(万元)		净利润(万元)		总资产(万元)	股东权益(万元)	资本公积(万元)	未分配利润(万元)	最新流通A股(万股)	最新总股本(万股)	分红配股方案	最新市盈率(倍)	年报刊登日期
		2000年	扣除后	1999年	扣除后	2000年	调整后	2000年	1999年	2000年	1999年	2000年	同比(%)	2000年	同比(%)									
600847	万里电池	0.1019	-0.0364	0.0658	-0.14	1.11	0.91	0.308	0.01	9.18	6.52	9705.48	13.11	903.76	54.94	19855.21	9847.65	4308.59	-4706.57	3989.70	8866.00	不分配	176.55	2001.4.3
600848	自仪股份	-0.54	-0.54	-0.35	-0.347	0.45	0.25	0.16	0.135	-119.54	-34.92	54196.11	12.74	-21563.33	-53.85	111860.82	18038.42	20880.97	-41638.61	3367.43	39928.69	不分配	/	2001.4.26
600849	上海医药	0.81	0.8	0.41	0.41	3.56	3.34	0.64	0.72	22.62	15.04	460777.48	1.56	18483.75	95.75	353529.26	79404.84	26135.00	12330.97	12539.94	22955.23	10派1元转增2	25.19	2001.2.28
600850	华东电脑	0.154	0.1001	0.2264	/	1.92	1.88	0.37	-0.29	8.02	11.87	139073.81	17.23	1755.90	7.74	52903.45	22462.60	8528.21	932.03	3240.00	11402.10	10派0.5元转增5	162.53	2001.3.24
600851	海欣股份	0.35	0.35	0.34	/	4.84	4.76	-0.05	0.44	7.24	11.68	96491.54	27.24	11731.51	24.09	267002.02	162198.31	107705.85	3177.62	9292.57	33529.17	10派2元转增5	57.37	2001.3.29
600852	中川国际	0.25	0.24	0.11	0.08	1.53	1.41	0.13	0.9	15.98	8.72	28780.13	33.69	4028.70	122.02	109574.13	25213.97	8729.45	-863.47	5630.86	16430.86	不分配	63.04	2001.3.23
600853	北满特钢	-0.3593	-0.43	-0.2663	/	1.48	1.29	0.3205	-0.1113	-24.28	/	114057.37	-0.86	-19128.44	-34.91	221851.41	78770.72	52018.85	-38613.30	16456.00	53240.00	不分配	/	2001.4.7
600854	春兰股份	0.87	0.83	0.865	0.858	5.69	5.67	0.48	0.11	15.3	17.24	182498.10	-6.28	26652.30	0.60	256099.65	174185.36	63001.97	/	7979.40	30630.60	10派2元转增5	28.24	2001.2.17
600856	长百集团	0.13	0.13	0.2	0.13	2	1.71	0.39	0.04	6.61	10.54	33719.14	9.95	2418.33	-34.56	71553.95	36581.41	14332.17	178.78	8591.48	18273.77	10派0.5元配3(10-12元)	92.31	2001.4.7
600857	首创科技	0.17	0.11	0.42	0.17	1.77	1.76	0.13	0.23	9.68	15.8	66141.74	23.12	3295.98	-35.41	45696.65	34046.75	7857.51	4076.70	9150.88	19229.18	10派0.8元	79.41	2001.3.2
600858	渤海集团	-0.1981	-0.1251	0.0403	-0.0418	1.1867	1.1521	-0.0218	0.0187	-16.6946	2.9137	2407.13	-10.71	-2404.01	-591.00	24007.99	14399.90	5627.95	-4148.25	6795.36	12134.67	不分配	/	2001.3.29
600859	王府井	0.078	0.063	0.011	0.017	3.954	3.42	0.47	0.08	1.96	0.26	227235.97	63.27	3050.36	666.45	291661.09	155378.77	95124.76	5629.19	19837.86	39297.30	10派0.5元	118.59	2001.4.21
600860	北人股份	0.129	0.1286	0.122	/	2.44	2.29	0.089	0.169	5.28	4.87	44205.60	-3.87	5142.33	5.27	135707.56	97462.69	39951.13	4677.97	5000.00	40000.00	10派1元	99.38	2001.2.23
600861	北京城乡	0.24	0.21	0.29	/	3.83	3.42	1.39	-0.52	6.2	7.9	106497.75	-11.50	9700.66	-17.65	224598.36	155567.57	69960.16	5450.61	16731.00	40573.89	10派0.8元配3(6-9元)	45.92	2001.4.18
600862	纵横国际	0.45	0.37	0.43	0.4	4.66	4.61	-0.19	0.16	9.49	32.22	40592.18	75.68	9008.25	41.55	159441.80	92573.32	63585.37	4845.57	10197.32	19870.40	10派1.2元转增2	39.69	2001.3.30
600863	内蒙华电	0.322	0.322	0.213	/	3.538	3.501	0.054	-0.326	9.1	6.24	142284.24	15.98	30419.92	50.99	376967.61	334326.74	192767.40	9819.97	15210.00	94498.00	10派1元配3(5-8元)	31.77	2001.2.21
600864	岁宝热电	0.118	0.114	0.172	0.16	2.84	2.79	0.152	0.083	4.15	6.3	23620.52	22.75	1611.16	-27.57	82780.05	38860.85	17590.17	4673.56	4537.50	13659.45	不分配	125.76	2001.3.31
600865	百大集团	0.2	0.2	0.18	0.19	2.43	2.23	0.52	0.13	8.3	7.57	92847.95	12.21	5437.79	10.82	137764.31	65476.93	31826.69	306.82	13533.99	26970.63	10派1.6元	54.50	2001.3.6
600866	星湖科技	0.345	0.343	0.366	0.362	3	2.92	0.373	0.275	11.51	10.04	34887.49	20.26	8649.97	22.51	108292.90	75139.83	33287.49	9387.23	14952.34	25053.01	10派1元送3(*)	37.48	2001.3.10
600867	通化东宝	0.1427	0.1196	0.2083	/	4.36	4.26	0.089	-0.293	3.27	4.93	19908.35	-9.39	4630.90	-31.50	146911.29	141794.09	74112.28	23445.88	15769.73	32449.30	10派1元	83.39	2001.3.28
600868	梅雁股份	0.261	0.258	0.27	0.27	2.353	2.307	0.326	0.285	11.08	12.41	59377.43	9.46	18105.02	-2.46	243989.42	163382.74	46519.81	31454.30	49758.90	69433.77	10派0.5元送2	27.16	20001.4.18
600869	青海三普	0.08	0.08	0.05	0.05	1.89	1.73	0.03	0.01	4.14	2.73	12387.94	9.94	939.84	57.93	37916.97	22724.96	5856.90	1366.17	3000.00	12000.00	不分配	199.38	2001.4.10
600870	厦华电子	-0.79	-0.77	0.17	0.06	3.02	2.99	0.24	-1.39	-26.01	6.51	344791.32	21.27	-29161.40	-637.94	418833.14	112103.38	92287.50	-22929.54	15151.35	37081.87	不分配	/	2001.4.21
600871	仪征化纤	0.21	0.229	0.189	0.235	2.205	2.154	0.528	0.5	9.53	9.05	901447.20	27.40	84022.80	11.33	1136108.80	882107.90	307882.50	45095.20	20000.00	400000.00	10派0.9元	32.43	2001.4.17
600872	中炬高新	0.298	0.224	0.234	0.18	3.016	2.928	0.592	-0.103	9.87	8.53	76047.45	46.35	13394.22	27.35	258710.36	135754.26	52240.24	22454.02	24923.61	45005.60	10派0.3元配3(8-10元)	31.98	2001.3.27
600873	西藏明珠	0.045	0.043	-0.423	-0.22	2.387	2.3	0.125	0.215	1.9	-18.09	5097.38	36.72	490.45	110.70	43884.73	25832.09	17514.44	-4340.33	5213.66	10823.66	不分配	323.33	2001.3.8
600874	创业环保	0.13	0.13	-0.28	-0.28	1.06	1.06	0.79	0.23	11.99	-30.51	350073.80	23.09	16860.40	145.06	141953.40	140665.40	6928.90	626.10	11249.50	133000.00	不分配	91.38	2001.3.19
600875	东方电机	0.0051	-0.0498	0.011	/	2.55	2	0.39	0.025	0.2	0.42	64441.70	-14.89	230.97	-52.35	239727.34	114706.52	60606.49	3741.05	6000.00	45000.00	不分配	1949.02	2001.4.9
600876	洛阳玻璃	0.09	0.09	0.07	0.07	2.22	1.81	0.064	0.13	4.25	3.51	90152.20	9.66	6599.10	26.55	288904.50	155271.60	96998.80	-34107.80	5000.00	70000.00	不分配	117.78	2001.4.18
600877	中国嘉陵	0.05	-0.01	0.11	0.09	3.21	3.08	1.66	0.17	1.55	3.54	271605.45	-16.67	2354.31	-55.52	385413.03	152123.82	30059.73	8612.40	21960.00	47387.08	不分配	158.20	2001.3.6
600878	北大科技	0.114	0.118	0.423	/	1.848	1.833	-0.13	0.045	6.18	24.39	25979.92	-53.46	3248.85	-72.99	82597.91	52566.65	5224.16	9467.29	8863.63	28443.07	不分配	116.75	2001.2.20
600879	火箭股份	0.44	0.35	0.33	0.32	2.32	2.32	0.07	0.99	19.03	11.87	42029.26	57.66	64722.72	98.45	88293.93	33750.22	6636.48	9032.67	9450.00	16147.21	10派0.4512元送1.80492转增2.70738(*)	57.48	2001.2.24
600880	博瑞传播	0.21	0.2	0.19	0.1	1.61	1.38	0.32	0.06	13.08	13.08	22475.80	43.91	2735.38	11.21	39864.75	20913.20	3270.09	1.75	4187.75	13018.01	10派0.7元	142.29	2001.2.20
600881	亚泰集团	0.37	0.27	0.3	0.21	3.63	3.51	0.01	0.26	10.11	10.4	105533.56	35.95	17434.52	42.34	403321.73	172510.90	92855.93	19500.71	27551.56	47510.63	10派0.75元	27.54	2001.2.28
600882	山东农药	0.06	0.06	0.17	0.17	2.85	2.65	0.12	-0.21	2.06	6.15	39014.77	-2.27	1091.00	-65.75	93715.58	52877.86	25929.12	2610.94	9682.96	18584.91	不分配	178.17	2001.3.17
600883	富邦科技	0.102	0.107	0.3007	0.301	1.349	1.336	0.036	0.392	7.53	15.26	6169.91	-15.27	1036.52	-48.02	20117.18	13759.20	1113.14	546.49	2700.00	10200.00	10派0.4元配3(10-16元)	175.59	2001.3.31
600884	杉杉股份	0.504	0.322	0.368	0.298	3.53	3.48	0.239	0.515	14.27	11.78	80704.84	3.15	11994.35	37.09	122918.04	84046.18	27200.57	9521.45	11691.53	23783.09	10派1元配3(10-14元)(*)	28.37	2001.2.8
600885	双虎涂料	-0.117	-0.117	0.01	-0.088	1.02	0.85	0.05	-0.1	-11.45	0.89	10269.59	-16.55	-1517.51	-1256.67	43034.83	13256.77	6090.84	-7558.80	4986.80	12980.71	不分配	/	2001.4.6
600886	湖北兴化	0.021	0.021	-0.213	-0.183	3.385	3.385	0.695	0.191	0.621	-6.33	185907.41	41.48	592.37	109.86	116700.07	95376.01	50592.57	1290.33	10731.70	28174.58	不分配	564.29	2001.3.15

代码	简称	每股收益(元)				每股净资产(元)		每股经营现金流量(元)		净资产收益率(%)		主营收入(万元)		净利润(万元)		总资产(万元)	股东权益(万元)	资本公积(万元)	未分配利润(万元)	最新流通A股(万股)	最新总股本(万股)	分红配股方案	最新市盈率(倍)	年报刊登日期
		2000年	扣除后	1999年	扣除后	2000年	调整后	2000年	1999年	2000年	1999年	2000年	同比(%)	2000年	同比(%)									
600887	伊利股份	0.67	0.68	0.61	/	5.22	5.05	0.62	1.04	12.87	12.35	150503.20	30.78	9847.70	10.31	116115.31	76498.03	42727.24	6475.45	7978.30	14667.11	10派3.5元	36.16	2001.3.29
600888	新疆众和	0.242	0.225	0.029	/	2.14	2.03	0.47	0.42	11.32	1.52	41782.70	31.40	2500.09	741.03	91007.61	21678.25	9978.21	390.43	2925.00	10338.90	10派0.4元	80.58	2001.4.20
600889	南京化纤	0.25	0.24	0.296	0.3	2.82	2.78	-0.04	1.27	8.72	8.66	29151.98	-76.64	3976.30	8.17	61832.29	45610.12	17970.90	6780.91	6681.85	16154.74	10派0.5元配3(8-11元)	46.32	2001.4.5
600890	长春长铃	0.23	0.22	0.21	0.21	2.52	2.47	-0.01	0.25	9.17	8.72	40930.16	12.82	6617.89	10.08	119811.12	72176.67	28820.86	6178.34	12135.83	28689.41	10派1元转增3	87.39	2001.3.13
600891	秋林集团	0.013	-0.012	0.02	0.02	2.52	2.44	0.065	-0.144	0.51	0.727	56740.83	-5.82	313.30	-30.20	107083.34	61333.60	30369.73	1597.27	12941.93	24356.41	不分配	790.77	2001.4.12
600892	石劝业	0.0239	0.0124	-0.3648	-0.3648	1.3896	1.0194	0.2223	0.0648	1.7195	-2625.9315	2178.30	20.54	120.67	106.55	24546.09	7017.70	9497.39	-8388.66	1530.97	5050.00	不分配	950.63	2001.4.10
600893	吉发股份	-0.0476	-0.0646	0.021	-0.037	2.79	2.28	0.28	0.44	-1.7	0.73	103905.78	42.48	-1118.57	-324.27	184028.12	65626.41	44682.92	-6564.51	11531.69	23491.09	不分配	/	2001.4.24
600894	广钢股份	0.148	0.062	0.055	/	2.35	2.33	0.39	0.37	6.28	2.36	250683.49	13.55	10122.68	166.68	343115.19	161112.52	71191.62	2766.99	16169.03	68618.00	10派1元	62.16	2001.4.11
600895	张江高科	0.55	0.55	0.27	0.27	3.64	3.63	-0.36	-0.29	15.07	8.6	18220.36	8.03	12790.16	99.83	143046.09	84848.41	37310.28	17052.09	10800.00	30429.00	10派0.77元送3.065转增2.3(*)	34.96	2001.3.12
600896	中海海盛	0.21	0.23	0.2	0.21	2.45	2.35	0.42	0.27	8.66	8.7	42866.09	24.78	6744.94	4.34	110918.87	77885.07	32091.40	6395.45	15607.80	31728.26	10派1元	49.24	2001.3.13
600897	厦门机场	0.19	0.187	0.189	0.189	4.2	4.19	0.41	0.38	4.54	4.6	18077.96	4.95	5143.49	0.90	129196.60	113292.60	62586.92	15007.62	6750.00	27000.00	10派1元	74.05	2001.3.9
600898	PT郑百文	-0.2381	-0.2338	-4.8435	-4.8429	-6.7557	-8.3802	0.0699	0.4178	/	/	53526.33	-59.07	-4705.09	95.08	96171.42	-133479.83	25032.52	-179499.56	10709.92	19758.21	不分配	/	2001.3.20
600899	信联股份	0.35	0.34	0.21	0.14	2.72	2.7	0.16	0.11	12.7	8.62	15510.73	39.93	6115.77	62.38	80450.53	48288.55	12441.83	11526.56	5430.54	17750.54	10派0.6元	70.83	2001.2.27
900929	国旅B股	0.13	0.13	0.11	0.03	3	2.88	0.31	0.36	4.18	3.92	54106.28	16.74	1663.15	9.29	68662.63	39798.89	17060.93	1501.28	/	13255.63	10派0.5元	/	2001.4.10
900935	金泰B股	0.01	-0.01	0.006	/	1.6	1.57	0.14	0.079	0.63	0.37	15385.04	-4.13	186.74	70.32	43216.03	29584.68	18287.87	-7501.90	/	18530.00	不分配	/	2001.4.18
900939	汇丽B股	0.13	0.13	-0.043	-0.057	1.89	1.67	0.13	0.18	6.89	-2.48	33023.16	45.44	2144.01	398.61	80125.63	31139.33	7246.24	6022.31	/	16500.00	不分配	/	2001.4.16
900948	伊煤B股	0.034	0.039	0.018	0.02	2.14	2.01	0.38	0.13	1.61	0.84	83291.08	20.83	1255.61	92.90	126804.39	78193.52	40210.99	60.67	/	36600.00	10派0.15元	/	2001.4.18
900949	东电B股	0.31	0.38	0.41	0.41	2.56	2.55	0.51	0.75	12.08	16.59	340022.27	4.71	62170.87	-24.49	726957.54	514746.38	186327.21	76173.15	/	201000.00	10派2.18元	/	2001.3.27
900950	五菱B股	-0.22	-0.214	0.018	0.022	1.61	1.31	-0.19	-0.19	-13.64	0.82	67777.16	-21.50	-7293.48	-1549.74	123036.67	53465.99	30316.40	-10041.81	/	33191.40	不分配	/	2001.4.12
900951	大化B股	0.065	0.066	-0.114	/	2.03	2.03	-0.032	-0.122	3.22	-0.06	94453.86	17.04	1796.18	157.08	93812.87	55744.56	22868.72	3956.08	/	27500.00	不分配	/	2001.4.12
900953	凯马B股	0.13	0.11	0.13	0.09	2.11	2.08	0.04	0.08	6.35	6.43	317935.94	12.26	8560.62	5.75	364202.90	134863.12	49880.27	14827.32	/	64000.00	不分配	/	2001.3.1
900956	东贝B股	0.11	0.11	0.132	0.132	1.54	1.5	0.063	0.013	7.04	8.94	17582.69	-5.86	2544.37	-17.83	57168.81	36131.08	8232.88	3283.57	/	23500.00	10派0.5元	/	2001.3.31
600957	凌云B股	0.22	0.22	0.55	/	1.66	1.65	-0.1	-0.22	13.04	41.65	77941.21	-4.18	7549.06	-16.88	146075.43	57907.69	17997.59	2515.46	/	34900.00	10派0.2元	/	2001.4.3

VOLUME 9

第九卷 深圳证券交易所

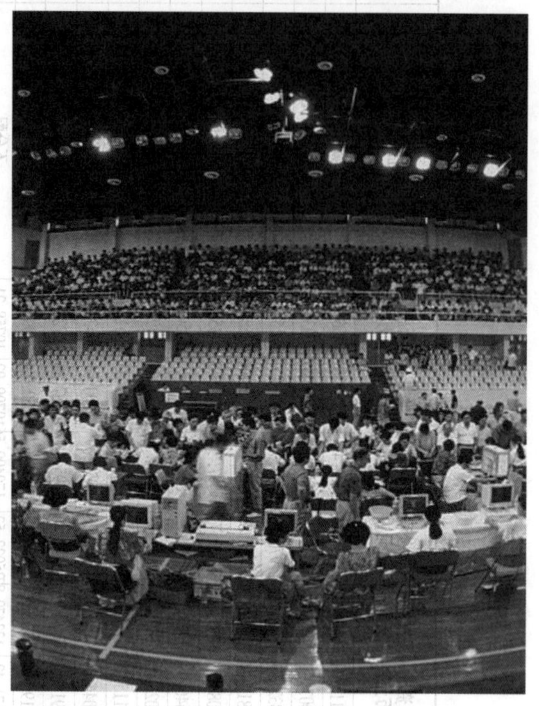

●深圳交易所简介

●深圳证券交易所11年发展概况

●附:深圳证券交易所发展大事记

●深市2000年度上市公司经济指标总览

第一章　深圳证券交易所简介

第二章　深圳证券交易所11年发展概述

一、深圳证券交易所11年发展历程

二、深圳证券交易所11年发展特征

三、深圳证券交易所11年发展成就

附：深圳证券交易所发展大事记

第三章　深市2000年度上市公司经济指标总览

2002年，深交所将在确保市场安全运行的前提下，围绕一线监管和创业板市场筹备两条主线，理顺机制，苦练内功，服务于中国证券市场的规范发展，服务于国民经济发展的需要，继续牢固树立大服务观念。

2002年将是中国证券市场充满变革、创新、机遇和挑战的一年。在新的一年里，深交所将努力适应新的形势和变化，争取为中国证券市场的规范发展作出更大的贡献，在推动国民经济发展中发挥更大的作用。对此，我们充满信心。

——深圳证券交易所理事长陈东征新年寄语

第一章 深圳证券交易所简介

一、深圳证券交易所简介

深圳证券交易所成立于1990年12月1日，是不以营利为目的的会员制事业法人，深圳证券交易所致力于创造公开、公正、公平的市场环境，其主要职能包括：提供证券交易的场所和设施；制定交易所业务规则；接受上市申请、安排证券上市；组织监督证券交易；对会员和上市公司进行监管；设立证券登记清算机构并对其业务进行监管；管理和公布市场信息；中国证券监督管理委员会（以下简称中国证监会）许可的其他职能。

经过11年的建设，深圳证券交易所的规模取得了长足发展。在上市公司数、上市股票数、市价总值、流通市值、证券成交总额、投资者人数等方面的市场份额一直保持在全国50%左右，牢固地确立了全国证券交易中心的地位。截止2001年12月31日，深圳证券交易所共有514家上市公司，股票总市值超过2万亿元，相当于2001全国GDP的23.7%。深圳证券交易所还拥有326家会员和2800多万户开户投资者，2001年的股票、基金成交总额超过3万亿元。

11年间，深圳证券交易所突破了地域的限制和观念的束缚，探索出了一条现代技术条件下建设证券市场的新路，在一个新兴的边陲城市建成了辐射全国的证券交易中心。11年的发展历程，深圳证券交易所累计为国民经济筹资2000多亿元，对建立现代企业制度、推动经济结构调整、优化资源配置、传播市场经济知识，起到十分重要的促进作用。

中国证券市场发展的空间极其广阔，进入新世纪以后，深圳证券交易所将迎来新的发展机遇，在确保主板市场稳定的同时，全力推进创业板市场建设，为高新技术企业提供高效便捷的融资场所。深圳证券交易所将在社会各界的关心和支持下，继续励精图治，开拓创新，进一步完善市场运作体系、监管体系和服务体系，全面提升深圳证券市场的功能和地位，为中国证券市场和国民经济的发展作出新的贡献。

二、市场构成

交易品种

截止2001年12月31日，深圳证券交易所共有上市证券596只，分为股票（A股、B股）、基金、国债（现货、回购）和公司债券四大类。其中A股499只，B股58只，基金18只，国债现货7只，国债回购9只，公司债券与可转换债券5只。上市股票市值21160亿元。

投资者

截止2001年12月31日，投资者开户数达2843万户，个人投资者2828户，占比99.5%，机构投资者15万户，占0.5%。除了来自全国各地的2830.2万户投资者外，还有来自全球108个国家和地区的B股个人投资者12万户，B股机构投资者0.8万户。

会员单位

截止2001年12月31日，深圳证券交易所共有会员326家，其中证券公司95家，其他证券兼营机构231家。另有参与B股市场的境外特许证券经营机构30余家。

上市公司

截止2001年12月31日，深圳证券交易所上市公司达514家，来自全国31个省、市、自治区。占国内上市公司总数的47%。

三、市场规则

发行上市

公司股票经中国证监会批准公开发行后，由公司和上市推荐人向交易所报送上市申请文件，经交易所审核同意，公司股票可在深圳证券交易所挂牌上市，应符合下列基本条件：

1.股票经国务院证券管理部门批准已向社会公开发行；

2.公司股本总额不少于人民币5000万元；

3.开业时间在3年以上，最近3年连续盈利；原国有企业依法改建而设立的，或者本法实施后新组建成立，其主要发起人为国有大中型企业的，可连续计算；

4.持有股票面值达人民币1000元以上的股东不少于1000人，向社会公开发行的股份达公司股份总数的25%以上；公司股本总额超过人民币4亿元的，其向社会公开发行股票的比例为15%以上；

5.公司在最近3年内无重大违法行为，财务会计报告无虚假记载；

6.国务院规定的其他条件。

除股票以外，深圳证券交易所还受理国债、基金、企业债券等证券的上市申请。

交易制度

深圳证券交易所采用先进的电脑化、无纸化交易，由电脑主机对接受的所有有效申报按照价格优先和时间优先的原则进行集中竞价撮合成交。深圳证券交易所对股票、基金交易实行涨跌幅限制，涨跌幅比例为10%，其中ST股票涨跌幅限制比例为5%。对其他证券和首日上市的股票、基金不实行涨跌幅限制。

深圳证券交易所在每周一至周五进行。上午9：15至9：25为集合竞价时间。集合竞价遵从价格优先、同价格下时间优先的原则，对所有有效委托进行集中处理，并按集中竞价规则产生开盘价。集中竞价结束后即进入连续竞价，连续竞价遵从时间优先的原则，由电脑对有效委托进行逐笔处理，上午9:30至11:30，下午13:00至15:00为连续竞价时间。交易费用实行双向收费。单边费率分别为：A股手续费为0.35%，印花税0.2%；B股手续费为0.514%，印花税0.2%；基金手续费为0.25%；可转换债券手续费为0.2%。

登记结算

深圳证券结算有限公司负责所有在深圳证券交易所上市证券的登记与结算，采用无纸化净额交收和法人结算制度，从实时开户、股票托管、资金结算、业务凭证管理全面实现电子化。净额交收指以证券买卖轧差后的净额进行交收，法人结算制度指结算公司与具备法人资格的证券公司进行资金交收，证券公司负责与本公司各营业部的资金交收，营业部负责与投资者的资金交收。

登记结算系统特点是：管理所有投资者明细证券帐户，投资开户实时化；所有投资者和上市公司股份集中登记在登记结算系统，实行电子化净额结算，建立起结算公司-结算银行-证券公司的电子自动划转网络；证券无纸化托管，结算公司和会员单位共同管理投资者名下明细股份；A股、基金采用T+1交收制度，B股采用T+3交收和T+1回转交易相结合制度。

会员与席位

深圳证券交易所是会员制事业法人。经中国证监会批准设立的、注册资本5000万元以上（含5000万元）的、承认深圳证券交易章程、遵守深圳证券交易所业务规则并接受深圳证券交易所监管、符合深圳证券交易所要求的其他条件的证券经营机构，可申请成为本所会员。

会中可以向深圳证券交易所申请交易席位，也可以申请席位的更名、转让终止等。深圳证券交易所交易席位包括：普通席位、国债专用席位、基金专用席位、B股特别席位。

会员可以通过会员大会行使会员权利。同时，必须按照规定向深圳证券交易所报送相关材料，接受深圳证券交易所的监督和检查。

四、技术系统

深圳证券交易所在中国证券市场率先采用了无纸化证券托管和无形化市场交易模式，并开发出了动态、实时的交易监察系统和高效快捷的信息传播系统。先进的技术系统大地降低了市场运作成本，提高了市场运行效率。

深圳证券交易所的技术系统效率高，安全可靠。日处理能力达2000万笔，可以同时支持2000只证券和3500名结算会员的股份、资金结算，曾经受住了日成交450万笔、交易金额426亿峰值的考验。技术系统实行双机并行，当一套系统出现故障或灾难性事件时，另一套系统能保持数据的完整，并在极短的时间内成功切换，确保证券交易、结算、通讯的正常运行。

1.交易结算系统

深圳证券交易所采用无纸化市场模式，不设交易大堂，成交和行情回报通过覆盖全国的卫星通讯网络和地面光纤数据实时传向全国各个证券营业部。无纸化证券和无形化交易代表了国际证券市场的发展方向，适应了20世纪90年代中国证券市场投资大众化高潮的出现，突破了证券市场发展的地理环境限制和空间限制，为深圳证券市场迅速发展成为全国性证券交易中心提供了技术支持。

整个交易结算系统由四大部分组成：一是会员营业部的柜台系统，由全国各地券商根据深圳证券交易所颁布的接口规范开发形成；二是连接柜台与中央撮合主机的通讯网络，由卫星网络和各通讯体系组成；三是中央撮合主机，由多台容错计算机并联组成；四是中央登记结算系统，由实时开户网络系统、股票无纸化托管结算系统、证券资金电子化结算系统、业务凭证电子化管理系统组成。2000年6月30日正式启用了第二交易结算系统，实现双机运行，第一、第二系统互为备份，能确保交易、结算、通讯的正常运行。目前的交易结算系统采用了当前国际上最先进和代表未来发展趋势的设备和技术，可以适应深圳证券市场5至8年的发展需求。

2.市场监察系统

市场监察系统由交易监视报警子系统、委托监视子系统、异常波动停牌报警子系统、股份前端风险控制子系统、资金交收监视子系统、资金前端风险控制子系统、股份结算查询分析子系统和统计分析子系统组成。对发行、交易、存管、结算进行事前、事中和事后监控，具备连续性、动态性、全过程监控功能，能够及时发现异常交易、对异常波动股票实施临时停牌，并能够有效防范大额卖/买空行为，控制结算/交收风险。目前的监察系统对成交和委托同时进行监控时，日最大处理量为：成交1500万笔，委托2000万笔，实时监察指标达数十种，并能够对监察指标进行组合报警。该系统还具有强大的统计分析功能，提供专门的统计算法，辅助分析人员发现异常及操纵市场的交易行为。

3.信息传播系统

深圳证券交易所已经形成了中国证监会指定报刊和互联网站、深圳证券交易所交易网络信息发布系统为主休，以其他传播方式为辅助的多层次全方位信息披露系统，使深圳证券交易所成为透明度较高的市场。深圳证券交易所信息传播系统由行情信息系统、FAX-BBS信息发布系统、互联网系统、语音信箱、办公系统和中心数据库六部分组成，通过行情信息系统向证券营业部发布实时行情、信息公告和通知；通过FAX-BBS信息系统向上市公司、新闻机构、咨询机构等使用传真机及部分电脑用户发布信息公告、通知和统计数据；通过互联站向使用互联网的市场各方参与者提供各类市场信息；通过语音信箱为投资者提供股份余额、新股认购及成交等资料查询。

五、市场监管

为创造“公开、公正、公平”的市场环境，切实保障投资者利益，深圳证券交易所遵循“及时发现、及时制止、及时报告、及时协查”的原则，建立了一套全方位、全过程、高度电子化的监管体系。

上市公司监管方面，由公司管理部按“事先登记、事后审核”

的原则进行管理，确保上市公司信息得到及时、充分、准确的披露。市场监察方面，由市场监察部通过高度自动化的交易监察系统对证券交易进行事前风险防范、实时动态监控和事后统计分析，对证券异常波动和交易异常行为进行预警、报警，及时发现问题，并对涉嫌违法违规事件进行了调查和处理。会员监管方面，由会员管理部通过定期报告制度、重大事项报告制度、约见走访制度、风险监控制度对会员业务、财务情况进行严格监管。

深圳证券交易所不断完善各职能部门之间的协调配合，建立了监管例会制度。市场监察部、公司管理部、会员管理部等以监管例会为纽带，形成了监管信息共享、调查处理联动的高效联合监管机制。

六、市场服务

深圳证券交易所本着“市场至上、服务为本”的服务理念，坚持“优质、方便、快捷、效率”的服务标准，形成了以交易所为主体，各异地服务中心为支点，市场服务小组和技术服务小组为补充的全方位市场服务体系。

深圳证券交易所逐步推行和完善了“第一受理人负责制”、“一个窗口、一条龙服务”等服务制度，从而减少了工作环节，提高了工作效率；深圳证券交易所还向社会公布了8条电话服务热线，并开通了投资者语音信箱自动查询系统，从而打开了交易所与市场经常对话的通道；为了更加贴近市场、了解市场，深圳证券交易所率先在全国各省市举办了22次服务周，服务周活动受到投资者的热烈欢迎；与此同时，深圳证券交易所先后在北京、上海、成都、武汉、西安、广州等城市设立服务中心，使深圳证券交易所的服务工作延伸到各地，从而构筑了一个高效的立体化服务网络。

市场热线话；

交易总部：0755-2083225，2083226，2083333-3037、3042

北京服务中心：010-84273695

上海服务中心：021-64274815

武汉服务中心：027-85560640

成都服务中心：028-52312149

西北服务中心：029-8214138

七、理论研究

深圳证券交易所十分注重理论研究、理论传播和理论导向，积极拓展证券市场思维空间，努力提高交易所的作用层次，建立了综合研究所、博士后工作站、《证券市场导报》等主体的多层次研究体系。

于1997年4月设立的深圳证券交易所综合研究所已成为交易所了解国际动态，开发新产品和进行重大决策前期论证的智囊和参谋，其《研究报告》代表了现今中国证券界的最高水平。深圳证券交易所主办的《证券市场导报》是证券研究的专业刊物，被列为中国经济类核心期刊。深圳证券交易所还率先利用高校和科研机构力量，建立博士后工作站，组织博士后研究人员攻克证券市场重大现实问题。同时，深圳证券交易所十分注重推动证券行业的研究工作，从1998年开始组织会员单位共同开展理论研究，并每年进行一次优秀科研成果评奖，有力地推动了中国证券市场整体研究水平的提高。

国际业务与国际交流

积极开展国际业务进行广泛的国际合作与交流一直是深圳证券交易所工作的重要方面。深圳证券交易所1992年即推出了面向境外者的人民币特种股，即B股。1995年，深南玻成功地在卢森堡发行了美元可转换债券，深招港首次在新加坡进行了海外第二上市试点，深深房还在美国进行发行一级ADR的尝试。经过8年的发展，深圳B股市场已由地方性市场发展到中国证监会统一管理的全国性市场。到2001年底，在深圳证券交易所挂牌的B股58家，总发行股本89亿，市值254亿，约30亿美元。

在过去的十年中，深圳证券交易所与世界多个证券市场的相关组织、机构和业内人士进行了广泛的交流和合作，与主要证券交易所建立了经常性交流和互访关系。并参加各种国际行业组织FIBV、EAOSEF及IOSCO等的交流，提高了深圳证券市场在海外的知名度。

为使即将推出的创业板能够得到广泛的智力支持，深圳证券交易所特别建立了国际专家委员会，聘请海外行业知名专家、学者为今后的发展提供战略咨询。

第二章 深圳证券交易所11年发展概述

深圳证券交易所经过11年的发展，已探索出了一条具有中国特色的资本市场发展壮大的路子，取得了辉煌的成就，成为中国乃至世界经济发展最快与最值得借鉴的市场之一。

一、深圳证券交易所11年发展历程

深圳证券交易所11年的发展历程包括四个阶段，在这四个阶段里，深圳证券交易所实现了从实物证券向无纸证券、从有形交易向无形交易、从区域性市场向全国性市场、从单一市场向多元化市场的逐级发展，探索出了一条具有中国特色的资本市场之路。

1.第一阶段（1990年-1992年）

这一阶段深圳证券交易所实现了从实物证券向无纸证券的飞跃。在这一阶段里，深圳证券交易所从手工交易和结算逐步发展到微机交易和结算网，并于1992年2月实现实物证券向无纸证券转化。同时，该阶段交易所以有形席位为主，交易大厅不断扩大，席位多达600多个，系统处理能力最大为8万笔，这个阶段中，深圳证券交易所发生的一系列重大事件为其最终实现技术上的大飞跃奠定了基础。

2.第二阶段（1993年-1995年）

这一阶段深圳证券交易所实现了从有形交易到无形交易的飞跃。自此，深圳证券交易所全部为无形化交易，全国任何一家证券营业部输单都可以直接进入深圳证券交易所的撮合系统。该阶段深圳证券交易所结算系统实现了无形化、集约化的发展目标，系统的结构和性能有了新的飞跃，形成了覆盖全国的地面通讯网和卫星通讯网，其日处理能力提高到200万笔。

3.第三阶段（1996年-1999年）

这一阶段深圳证券交易所实现了从区域性市场向全国性市场的飞跃。到1996年，深市本地投资者的比例缩小至不到1/5，外地投资者比例突增至80%以上。同时，1996年深圳证券交易所的股票基金成交金额占全国市场的份额也由1995年的26.11%增至58.08%。同时，深圳证券交易所的全国性市场的地位得到确立，系统软硬件进一步升级和完善，证券帐户实现全国统一，全国性的登记清算网络建立，实现了资金结算与资金划拨的电子化、自动化，系统日处理能力提高到1000万笔。

4.第四阶段（2000年至今）

这一阶段里，深圳证券交易所实现了由单一市场到多元化市场的飞跃。在技术上实现了从单机运行向双机并行的跨跃，同时，国家明确了深圳证券交易所的创业板地位。2001年7月1日，第二交易结算系统投入运行，为深圳证券交易所适应新的交易方式的变化和未来创业板的推出打下了基础。

二、深圳证券交易所11年发展特征

短短11年间，深圳证券交易所在市场规模、上市公司和投资者参与等方面都取得了重大成绩。并在建设一个适合中国国情的证券交易所的过程中，经过不断的试验与摸索，积累了宝贵经验，同时也形成了富有特色的自我发展特征。

1.技术水平不断得到提高

深圳证券交易所的发展经历了以技术为界限的4个阶段，在这4个阶段里，深圳证券交易所的技术研发能力不断增强、技术系统不断升级、技术水平不断得到提高。

(1)1990年深圳证券交易所正式开业至1992年是第一阶段，这一阶段深圳证券交易所由手工交易和结算发展为微机交易网和结算网，由白板、电脑辅助的人工竞价系统发展为电脑自动竞价撮合的微机网络系统。在交易上仍以有形席位为主，系统日处理能力逐步提高到8万笔。

(2)1993年至1995年是第二阶段，在此期间深圳证券交易所引入Tandem容错机和IBM AS400中型机作为交易及结算主机，大幅度提高系统的容量、效率和安全性等综合处理能力，因此形成了覆盖全国的地面通讯网和卫星通讯网，深圳证券市场实现由有形交易到无形交易的飞跃。此阶段系统日处理能力提高至200万笔，系统结构性能都有了极大发展。

(3)1996年至2000年6月是第三阶段。这一阶段开发出了逐笔撮合的内存撮合系统，升级和扩容了系统平台，将系统综合处理能力提高3倍。同时，在登记与清算方面，全国统一的实现证券帐户，建立了全国性的登记清算网络，形成了“中央结算与集中登记、二级托管”的体系结构，并完成了交易结算通信系统的统一，实现了资金结算与资金划拨的电了化和自动化，系统处理能力提高至750万笔。

(4)从2000年7月到目前，第二交易结算系统启用，单机运作改为双机并行成为深圳证券交易所进入第四发展阶段的标志，两套系统通过高速网实现信息交换、互为灾难备份，系统的容量、安全性和稳定性进一步提高。同时，通过全面改版技术系统应用软件，建设卫星第二主站，建设全国性的地面网，形成“天上一张网、地下一张网”的通信网络。系统日综合处理能力高达2000万笔。

2.服务内涵不断深化

从1995年12月23日设立专门的市场服务部开始，深圳证券交易所通过一系列的服务措施，不断深化服务内涵，提高服务层次，走规范服务的道路，逐渐形成了“服务为本”的经营管理理念。

(1)开通市场服务专线，为投资者、会员单位及市场各方与深圳证券交易所沟通提供了方便的通道。同时，深圳证券交易所以市场服务部为基础，实行“一个窗口对外、一条龙服务”，并制定“上门服务制”、“第一受理人负责制”、“限时服务制”等服务制度。

(2)建立各地服务中心，作为深圳证券交易所市场服务的窗口。例如1996年上半年刚成立的北京服务中心就使得北京地区投资者增长117%；证券(不含国债)较1995年全年增长347%；北京地区深沪市场交易量比例从1995年的1:9.5缩小到1:1.8。

(3)广泛设立营业网点。开通各地卫星通信双向网小站，深圳市场行情迅速覆盖全国。

(4)举办市场培训讲座，大力开展服务周活动。开辟了提供综合配套上门服务的新途径。在1997年，深圳证券交易所培训内容大幅增加，包括企业改制、上市交易、中报、年报等内容。至2001年上市公司董事会秘书培训班已办了7期。

(5)广泛推出各种服务项目，包括主动上门和会员对帐，建立定期对帐制，以便于解决"对帐难"的老问题；在深圳、北京等地专门为投资者开设了上市公司年报及市场统计陈列室；在证券报开辟"服务之窗"专版，为投资者排疑解难。

(6)基本形成"市场至上，服务为本"的经营理念和以交易所为主体、各地服务中心为支点、市场服务小组为补充的全方位服务体系。2001年深圳证券交易所提出，要充分把握市场服务需求日益多元化、深层次化的特点，全面深化服务内涵，提高服务层次，走规范服务的路子，在各个环节体现出"服务为本"的理念。

3. 市场监管逐步得到强化

至2001年，深圳证券交易所一线监管工作日益完善，监管工作出现三大转变，即：由二级市场监管为主转变为对上市公司、会员单位和市场行为的全方位监管；由专职部门变为各业务职能部门齐抓共管；由事后反映转变为事前防范和事后监察并重。同时，形成了全新监管理念，包括有异动必有反映，有违规必有查处；公司管理部提出的密切关注事态，随时沟通联系；尽早发现问题，及时化解风险等等。

1997年7月，中国证券市场管理体制发生重大变革，上海和深圳证券交易所正式划归中国证券监督管理委员会(以下简称中国证监会)直接管理。此后，深圳证交易所一线监管职能得以进一步强化。期间，深圳证券交易所对上市公司的信息披露从事前审查逐步向事后审查转变。同进，推出了上市公司状况异常期间的特别处理制度，并通过与上市公司签订上市协议书的办法，明确各自的权利和义务，把一线监管和服务有机结合起来。在会员监管方面，深圳证券交易所建立了会员联络人制度。从1998年起实行会员年检制度和定期报送报表制度并借助抽查和走访实现重点监管。

深圳证券交易所的监管手段日趋先进。在市场监察部，其自动化的实时监控系统可以对交易过程中个股股价波动超界报警、单笔成交超量报警、换手率超过百分比报警，并可以随时监察每个席位甚至每个股东帐户的交易情况，交易结束后还能够对各项交易数据进行统计分析、监视股东超比例持股情况等。在公司管理部，深圳证券交易所自行开发设计的中国上市公司信息披露与分析网络系统，发挥了数百份定期报告的自动初审功能。而会员管理部目前已实现了报表无纸化传送和电脑管理，并建立起一套会员财务指标分析系统。

总之，11年发展期间，通过日渐明确的监管思路，逐步完善的监管体系，不断进步的监管手段，深圳证券交易所的市场监管不断得到强化，吸引了更多的的上市公司和投资者的加入。深圳证券交易所正在成为一个更加公开、公平、公正的证券交易市场。

三、深圳证券交易所11年发展成就

1990年12月1日，深圳证券交易所正式成立。发展到今，深圳证券交易所在上市公司数量、市场规模、会员实力和投资者队伍等方面均取得了较大成绩，有力地促进了中国资本市场的发展与壮大。

1.指数走势

自1991年4月3日深圳证券交易中心发布股价指数至2001年12月31日，深圳证券交易所综合指数由100点升至639.22点，年均增幅达60%。1995年1月23日深圳证券交易所发布成份指数，基数为1000，到2001年12月31日，深圳证券交易所成份指数已涨至4829.99点，增幅达383%。此后指数体系与国际惯例进一步接轨。

2.市场发展

(1)上市公司市值。从1991年至2001年12月31日，深圳证券交易所上市公司的总市值和流通值分别由80亿元、38亿元增至21184亿元、7558亿元，占全GDP的百分比分别由0.37%和0.18%上升为25.46%和9.08%。尤为突出的是，1996年深圳证券市场得到了飞速发展，当年上市公司总市值同比增长78.26%，已占当年GDP的6.43%，之后更是以平均每年增加4.79个百分点的速度在增加。

(2)股票、基金成交总额。自1991年至2001年12月31日，深圳证券市场股票、基金成交总额由36亿元增至29195亿元，增长近800倍。在1996年成交总额呈跳跃式的增长，由1995年的1205亿元猛增到1996年的13313亿元。成交额的快速增显示出深圳证券市场的活力。

3.上市公司发展

(1)上市公司数与上市股票数。从1991年至2001年12月底，深圳证券市场的上市公司由6家发展到513家，规模逐渐壮大。

(2)上市公司总股本和流通股本。1991年至2001年12月底的11年间，深圳证券交易所的总股本和流通股本分别由3.57亿股和2.44亿股分别增至1575亿股和578亿股。上市总股本扩张了441

倍， 从1991年到2001年12月31日的近11年间，深圳证券市场的投资者队伍由26万户增加到2789万户，其中1996年绝对增长量最明显，增加了542万户，这一增长对于深圳证券市场由地方性市场向全国性市场的飞跃起了至关重要的作用，2001年投资者队伍继续保持高速增长，仅11个月就增加了589万户。

同时，证券投资基金也得到了长足发展，到2001年12月31日，在深圳证券交易所上市基金铁管理公司共达到了7家，管理着包括全国17只基金，7家基金管理公司注资本总额共达到了5.9亿元，管理的基金总规模达到269亿元。

5.机构发展

在会员数和交易席位数上，深圳证券交易所在1991年只有15个，截止目前分别发展为325个和1671个。其中深圳证券交易所会员数在1996年直线上升，达到了542家，后来由于证券业的合并，会员数有所减少，而席位数逐年增长，反映出会员平均规模在逐步扩大的趋势。

6.市场交易品种结构

经过11年的发展，深圳证券交易所已由1991年的单一A股市场发展到包括A股、B股、基金、国债、回购和债券现货多种品种在内的综合市场，交易品种呈现多样化发展趋势。

7.全国性市场格局

深圳证券交易所经过11年的发展已成为全国性的大市场，其上市公司总数、投资者数、流通股本、流通市值和成交金额等主要指标的份额均占到全国的近一半，在全国证券市场的发展中起到了举足轻重的作用。

附：深圳证券交易所发展大事记

1990年1月4日《关于深圳证券交易所筹建若干问题的意见》由中国人民银行深圳分行发布。

1990年7月2日深圳市证券市场领导小组成立，主要负责领导和推动全市证券市场筹建和发展。

1990年11月26日深圳证券登记公司在3个多月紧张的筹备之后，开始试运作。

1990年12月1日深圳证券交易所正式成立并开始运作。

1991年3月20日，证券交易所自行开发的电脑辅助交易系统投入运行，大大提高了集中交易效率。此后，陆续开通了与各证券商的行情传输网络。

1991年4月3日，深圳发展银行股票开始集中交易；深圳证券交易所开始发布深圳股价指数，以4月3日为基日，基数为100。

1991年4月11日获中国人民银行正式批准成立深圳证券交易所。

1991年5月15日《深圳市股票发行与交易管理暂行办法》由深圳市人民政府正式颁布，于6月15日起正式实施。

1991年7月3日深圳证券交易所举行开业典礼。

1991年7月3日，深圳证券交易所主办的全国第一家证券专业刊物《证券市场导报》创刊号出刊。

1991年7月3日《深圳证券交易所章程》、《深圳证券交易所业务规则》正式颁布实施。

1991年7月26日，深圳证券业电脑网络系统总体合同举行签字仪式。深圳证券业实现全部电脑化。

1991年12月15日，深圳证券交易所为配合电脑自动撮合系统的采用，举办了第一期出市代表电脑操作培训班。

1991年12月18日，深圳市人民币特种股票(B种股票)海外发行承销签字仪式举行。

1992年2月25日，深圳证券交易所电脑自动撮合竞价系统正式启用。实现了由手工竞价作业向电脑自动撮合运作的过渡。

1991年12月28日，深圳证券交易所与深圳证券登记公司联合颁布了《股票集中托管方案实施细则》，并决定即日起至1992年1月8日首办宝安股票集中托管业务。

1992年1月1日，深圳证券交易所开始实行一周五天交易制。

1992年5月14日，中国人民银行深圳经济特区分行批准广东省证券公司等32家外地证券商成为深圳证券交易所首批异地预备会员。

1992年5月26日，深圳同城证券电脑联网系统开通，首批证券意见通过无形席位进行场外报盘交易。

1992年10月4日，深圳证券交易所发布A股分类指数，当日收市深证综合指数报270.2148点，深证A股指数报283.6978点。

1992年10月6日，深圳证券交易所发布B股分类指数，当日收市深证B股分类指数报140.9060点。

1992年10月30日，《关于申请上市推荐人资格的通知》及《关于上市推荐人工作内容和收费标准(试行)问题的通知》颁布，深圳证券交易所开始建立上市推荐人制度，以规范上市工作。

1993年1月3日，深圳证券交易所正式启用新的交易大厅。交易席位由以前的32个增至210个，日撮合能力由原来每日2万笔提高到6万笔。

1993年1月11日，深圳证券交易所和深圳证券登记有限公司对上市证券编码进行了统一修订，并正式启用。

1993年2月16日，特区证券公司上海业务部与深圳证券交易所联网，此后外地股民可以直接买卖深圳上市公司的股票。

1993年4月13日，深圳证券交易所首次借用卫星通讯手段发送股市行情。

1993年5月12日，深圳证券交易所正式启用“重大信息披露系统”，各地证券商可以直接接收到交易所的重大信息。

1993年7月10日，深圳证券交易所公布《深圳市证券经营机构自营业务管理办法》，明确规定所谓“自营业务”的内容。

1993年7月28日深圳市政府任命夏斌为深圳证券交易所总经理，禹国刚、柯伟祥任副总经理。

1993年7月30日，深圳证券交易所电脑交易系统彻底解决了交易中自动撮合系统的瓶颈问题，大大提高了交易效率。全天成交91，790笔，创下了深圳证券交易所开市以来最高纪录。

1993年11月22日，深圳证券交易所推出了T+0回转交易制度。

1993年11月37日，《证券时报》创刊作为证券市场的指定信息披露报刊。

1993年12月19日，深圳证券交易所颁布《深圳证券交易所上市公司信息披露管理暂行规定》。

1994年3月18日，国债现货5个品种上市交易，标志着深圳国债现货市场开端。

1994年4月1日，深圳证券交易所统一的新通讯接口规范上线工作，实现了电脑系统的标准化管理。

1994年8月9日，《深圳证券交易所国债期货业务暂行办法》、《债券回购交易办法》。

1994年8月29日，深圳证券交易所调低A股交易手续费，由异地5‰，本地4‰，统一调至3.5‰。

1994年8月30日，深圳证券卫星通信双向网正式开通，彻底解决了深圳市场异地通信难的问题。

1994年11月1日，撮合系统优化工程完成深圳证券交易所的日撮合能力由50万笔提高到200万笔。

1994年12月1日颁布实施《深圳证券交易所席位管理暂行规则》及其实施细则。

1994年12月16日深圳证券交易所上海服务中心开始运作，实现了异地股份和资金清算一体化。

1995年1月1日，根据国务院第四次会议精神，深圳证券A股及基金交易由T+0交收改为T+1交收。

1995年2月15日，《深圳证券交易所监察委员会规则》颁布实施，进一步保证了市场规范有序运作。

1995年4月3日，根据中国证监会紧急通知，深圳证券交易所对国债期货提高要求。

1995年9月16日，深圳证券登记公司更名为深圳证券结算公司，并入深圳证券交易所，成为深圳证券交易所的全资附属公司，大大减少了市场运作的中间环节。

1995年10月22日，深圳证券交易所调整领导班子，中国证监会任命庄心一为深圳证券交易所总经理，张育军、黄铁军、戴文化为副总经理。

1995年11月2日，高速单向卫星行情、资讯广播网扩容工程完成，传输速率为原来的4倍。

1996年1月6日，财政部利用深圳证券交易所电脑系统首次进行国债招标发行，中国国债发行开始走向市场化。

1996年3月18日，深圳证券交易所编制并公开发布基金指数，编制基日为1999年3月15日，基日指数为1000点，此日收价报992.49点。

1996年4月1日，深圳证券交易所结算通讯系统正式上线，该系统为实行全国股东帐户通用，通过交易系统实现配股和转股、取消异地登记中心等一系列改革奠定了技术基础。

1995年5月13日，深圳证券交易所推出服务新举措，在北京开展首场深圳证券市场服务周活动。全年共在全国22个省市举办了服务周活动，受到了广大投资者的极大欢迎。

1996年4月10日，发布《深圳证券交易所会员买空卖空处理试行办法》、《深圳证券交易所会员买空卖空内部动作程序》。

1996年5月7日，深圳证券交易所颁布《上市公司董事会秘书管理暂行办法》，进一步规范上市公司行为，保护投资者利益。

1996年5月13日，深圳证券交易所推出《深圳证券市场证券商入市服务内部流程与责任》，对券商入市提供标准化服务。

1996年9月4日，深圳证券卫星通信双向网小站伙伴备份系统正式启用。

1996年9月5日，深圳证券交易所第四次大会召开，会上制定了跨世纪发展目标：用15年到20年时间进入国际主要证券市场行列，在证券品种、成交总量、上市公司家数、会员席位数量、投资者数量及技术水平和风险控制能力等方面，达到世界发达市场水平。

1996年9月12日，深圳证券交易所推出争创服务代势、方便会员券商的7项新措施。

1996年9月19日，深圳证券交易所成为中国证监会国际组织附属会员咨询委员会员。

1996年10月20日，深圳证券交易所开始筹建研究所。

1996年10月28日，深圳证券交易所成立稽核审计部。

1996年10月29日，深圳证券交易所成立技术规划小组。

1996年12月2日，深圳证券交易所发出《关于加强交易与开户的通知》，其目的是为了进一步贯彻《关于严禁操纵证券市场行为的通知》的精神，维护深圳证券市场的正常秩序。

1996年12月13日，深圳证券交易所发布《关于对A股和基金和交易实行公开信息制度的通知》及《关于股票和基金交易实行价格涨跌幅限制的通知》，严格监督证券市场行为。

1996年12月14日，深圳证券交易所实行涨跌停板，并对股票基金交易实行公开信息制度。

1997年1月8日，中国证监会向深圳证券交易所派驻督察员。

1997年3月3日深、沪证券交易所对股票（A）、基金的交易实施公开信息制度。

1997年41月15日，深圳证券交易所交易系统扩容，将能容纳1000家上市公司。

1997年4月16日，深圳证券交易所综合研究所成立，主要研究深圳证券市场运行状况、宏观经济、地区与行业以及市场热点等问题。

1997年4月30日，深圳证券交易所完成了对结算系统的改版升级。

1997年5月30日，深圳证券交易所正式完成交易系统扩容工程，日撮合能力达1000万笔。

1997年6月2日，证券经营机构的出市代表“红马甲”正式退场。此举标志着深圳深圳证券交易所A股市场完全实现无纸化交易模式。

1997年8月15日，国务院决定，将证券交易所划归中国证监会直接管理。

1997年9月3日，中国证监会任命桂敏杰同志为深圳证券交易所总经理。

1997年10月31日，高速单向卫星行情、资讯广播网二期主体工程完工，开始在全国试运行，深圳证券交易所买卖盘、行情的广播传输速度提高10倍。

1997年11月5日,国家计委、财政部决定从1998年起深圳证券交易所收取的证券交易监管费标准降低20%。

1998年1月1日,《深圳证券交易所股票上市规则》正式实施。

1998年1月20日,中国证监会调整深圳证券交易所领导班子,新领导班子为:总经理桂敏杰,副总经理胡继之、黄铁军、戴文华、张颖。

1998年3月17日,《深圳证券交易所证券投资基金上市规则》发布实施。

1998年4月22日,深圳证券交易所决定对“财务状况异常”的上市公司实施股票交易特别处理。

1998年6月12日,《深圳证券交易所会员法人结算制度实施方案》推出法人结算制度。

1998年9月7日,深圳证券交易所结算小组成立。

1998年11月28–29日,根据中国证监会安排,深圳证券交易所证券业计算机2000年问题第一次全网测试。

1998年12月23日,《深圳证券交易所上市证券持有人名册管理办法》发布实行。

1999年2月4日,深圳证券交易所举办广东、海南地区证券商电子结算培训会议。至4月28日,共举办5次证券商电子结算培训会,307家会员券商安装完成法人结算电脑终端,开始实行法人结算推广工作圆满结束。

1999年2月10–13日,组织进行中国证券业计算机2000年问题第二次全网测试。

1999年4月12日,深圳证券交易所代表团赴上海证券交易所访问,深沪证交所合作交流迈出了新的一步。

1999年4月28日,深圳证券交易所307家会员券商全面实行法人结算工作。

1999年5月6日,深圳证券交易所“讲学习、讲政治、讲正气”的“三讲”教育全面展开。

1999年6月1日,B股票交易印花税税率由4‰降至3‰。

1999年7月1日,深圳证券交易所被获准成为我证券界首家设立博士后工作站的单位。

1999年7月3日,《上市公司股票暂停上市处理规则》发布实施,同时深圳证券交易所交易结算系统特别转让股票处理程序开发完成并上线。

1999年7月13日,“科龙电器”在深圳证券交易所挂牌交易,至此,沪深两个证交所上市公司总数已达900家。

1999年7月19日,深圳交易所成立灾难备份系统工程工作小组,灾难备份系统工程形式启动。

1999年7月28日,深圳交易所综合研究报告(1998)正式出版。

1999年8月7日,深圳证券交易所对北海银河违反《深圳证券交易所股票上市规则》的信息披露行为给予通报批评。

1999年8月21日,深圳交易所发出通知,决定加大在交易所上市或联网交易的原有投资基金的信息披露密度和详细程度,切实保障基金持有人权益。

1999年9月上旬,《深圳证券交易所数据异地备份管理办法》、《深圳证券交易所对外宣传管理规定》、《深圳证券交易所对外信息发布办法》发布实施。

1999年10月20日,深圳证券交易所正式启动凭证电子化工程。

1999年11月6日,深圳证券交易所发布更换10家成份股和成分股样本行业分布调查公告。这是深圳证券交易所第二次调整成份股指数样本。1999年11月8日,深圳证券交易所进行调整成份股样本,五粮液、东方电子等10家公司成为股票新的成份股样本。

2000年1月6日,深圳证券交易所举办了第二期上市公司99年报培训工作会议。至此,深圳证券交易所上市公司99年报培训工作圆满结束。

2000年2月21日,高新技术企业板工作小组成立,全面筹建创业板市场。

2000年3月27日,深圳证券交易所举办了第二期证券业务国际培训班,标志着深圳证券交易所涉外培训工程正式启动。

2000年5月1日,修订后的《深圳证券交易所上市规则》正式颁布实施。

2000年5月12日,深圳证券交易所在哈尔滨举办高新技术企业创业板上市研讨班。

2000年5月21日,深圳证券交易所博士后工作站正式成立。

2000年6月18日,深圳证券交易所重点研究报告《网上证券交易与监管》正式推出。

2000年7月1日,深圳证券交易所第二交易结算系统正式启用,进入双机并行运行。与现有系统相比,新系统的日综合处理能力达2000万笔,是现有系统的3倍,具有更大的容量、更高的效率、更强的安全性、更好的扩展性和全面兼容性,能够满足未来5至8年市场发展的需要。标志着深圳证券交易所在技术系统上的全新飞跃。

2000年8月17日,深圳证券交易所在上海召开“深圳证券交易所上海地区部分会员通信工作会议”,开始全面改造上海地区证券通信系统。

2000年8月23日,深圳证券交易所在《人民日报》(海外版)、《光明日报》和各主要证券类报刊上同时刊登招聘广告,面向国内外公开招聘50名财会、法律和计算机专业人才。

2000年9月18日,深圳证券交易所创业板市场发展战略委员会、国际专家委员会两个专委员会和发行上市部等八个职能部门设立,至此创业板市场的组织体系基本建立。

2000年9月19日,深圳证券交易所召开《创业板市场行情另板显示技术准备会》,要求各券商在11月1日前务必做创业板行情另板显示的所有准备工作,创业板券商系统技术准备工作开始正式启动。

2000年9月27日,深圳证券交易所受中国证监会的委托召开了“创业板市场法规海外专家座谈会”,首次就创业板法规大范围征求意见。

2000年10月11日,深圳证券交易所举办创业板保荐人培训班,决定建立保荐人联席会议制度,其目的是为了加强创业板相关部门与保荐人的沟通与协调。

2000年10月14日,深圳证券交易所副总经理胡继之在第二届高交会“高新技术论坛”上作了《创业板市场与深交所使命》的演讲，首次系统全面地公开阐述了创业板市场的功能定位，发展思路和深圳证券交易所所肩负的使命，被誉为中国“创业板”宣言。

2000年10月26日深圳证券交易所举办第一期创业板拟上市企业培训班，200家多家拟上市公司参加了培训。

2000年10月28日，深圳证券交易所创业板技术系统全网测试胜利完成。测试包括了2600多家证券营业部。

2000年11月3日，深圳证券交易所举行了以“爱岗敬业、遵纪守法”为主要内容的职业道德教育总结大会。

2000年11月14日，中国证监会党委决定，张育军同志任深圳证券交易所党委书记、总经理。

2000年11月18日，深圳证券交易所博士后工作站召开首届博士后开题报告会，“创业板市场发展的国际比较研究”、“股指期货与股市价格互动关系研究”等10个研究课题的开题报告，均具有基础性、现实性和前瞻性等特点，对中国证券市场的发展具有重要的指导意义。

2000年11月20日，深圳证券交易所博士后工作举行博士后开通报告会。

2000年11月27日，深圳证券交易所发布关于2000年记帐式(十期)国债上市交易的通知。

2001年1月18日，深圳证券交易所召开2000年工作总结大会，确定了2001年的工作思路和工作方针；以创业板建设和市场监管工作为主线，确保主板安全稳定运行，促进创业板顺利启动。

2001年2月23日，为规范境内居民个人投资境内上市外资股开户、交易等业务，维护B股市场的正常秩序，保护投资者的合法权益，深圳证券交易所就境内居民个人投资B股有关事项发出通知。

2001年3月10日，深圳证券交易所发布公开谴责公告，对5家上市公司董事，监事公开谴责。

2001年3月16日，深圳证券交易所与上海证券交易所在青岛联合举办第一期会员公司统计报表制度培训班，培训券商统计业务。

2001年5月11日，深圳证券交易所发布信息披露考核办法，将从信息披露的及时性、准确性、完整性、合法性四方面等级进行考核。

2001年5月31日，深圳证券交易所、上海证券交易所分别与香港交易所签订了合作协议书，三方互换证券市场及上市公司数据。

2001年6月4日，中国证监会副主席高西庆视察了深圳证券交易所。

2001年6月8日，经中国证监会批准，《深圳证券交易所股票上市规则》(2001年修订本)即日起正式发布实施，原《股票上市规则》同时废止。

2001年6月14日，深圳证券交易所综合研究所被中央金融工委、共青团命名为2000年度全国“青年文明号”。

2001年6月27日，深圳证券交易所发布关于编制行业分类指数的公告，规定自7月2日起将编制新的证券行业分类指数，深圳证券交易所上市公司被划分为13个门类。

2001年7月25日，深圳证券交易所发布《深圳证券交易所证券代码、席位代码、股东代码升位方案》的通知，深圳证券交易所三类代码升位。

2001年8月10日，深圳证券交易所与上海证券交易所在北京联合召开2000年度会员年检总结会。

2001年8月13日，为进一步督促各保荐人完善创业板“发行人质量评价体系”，提高创业板上市公司质量，深圳证券交易所举行了“发行人质量评价体系”评审会。

2001年8月31日，经中国证监会批准，沪深交易所联合发布《上海、深圳证券交易所交易规则》，自发布之起3个月后施行。

2001年9月16日，深圳证券交易所拟放开上市公司临进报告的事前审查。

2001年10月28日，新到任的深圳证券交易所理事长、常委书记陈东征召开第三届理事会第10次会议。

2001年11月12日，深圳证券交易所正式启用新交易结算系统，深市证券代码、证券帐户代码(股东代码)和席位代码将一并升位。

2001年12月2日，深圳证券交易所召开会员(证券经营机构)监管信息服务座谈会。

2001年12月3日，《深圳. 上海证券交易所交易规则》正式实施。B股交易改为T+1，对敲交易维持不变；证券交易实行单笔申报最大数量限制。

二〇〇〇年度上市公司经济指标总览(深市)

代码	简称	每股收益(元) 2000年	扣除后	1999年	扣除后	每股净资产(元) 2000年	调整后	每股经营现金流量(元) 2000年	1999年	净资产收益率(%) 2000年	1999年	主营收入(万元) 2000年	同比(%)	净利润(万元) 2000年	同比(%)	总资产(万元)	股东权益(万元)	资本公积(万元)	未分配利润(万元)	最新流通A股(万股)	最新总股本(万股)	分红配股方案	最新市盈率(倍)	年报刊登日期
0001	深发展A	0.26	0.257	0.14	/	2.44	2.27	0.82	2.96	10.68	19.58	278916.27	26.62	50655.18	126.61	6722749.98	473888.37	279306.15	/	139312.48	194582.21	不分配	60.19	2001.4.14
0002	深万科A	0.477	0.431	0.42	0.391	4.61	4.31	0.14	0.08	10.37	10.95	387329.67	32.99	30123.15	31.46	562224.72	290619.87	143541.26	1151.89	39805.94	63097.19	10派1.8元	30.71	2001.3.20
0004	北大高新	0.262	0.054	0.078	0.078	1.059	0.796	0.524	0.631	24.74	9.79	13100.66	4.27	2200.64	236.44	50820.67	8894.23	13235.94	−13406.82	4165.72	8397.67	不分配	110.27	2001.3.2
0005	世纪星源	0.002	−0.02	0.24	−0.01	1.45	1.42	0.04	−0.01	0.13	14.74	14594.75	7.65	105.75	−99.13	202066.70	82458.93	4369.17	6092.03	34388.13	65167.97	10派0.1137元送0.43719转增0.43719	3990.00	2001.4.7
0006	深振业A	0.467	0.48	0.353	0.287	4.43	4.02	0.18	0.579	10.55	8.48	188412.50	0.88	11841.20	32.26	378781.12	112285.14	59518.40	5278.60	15772.99	25359.16	10派2元	30.75	2001.4.10
0007	ST达声	−1.2	−0.71	−0.27	−0.28	0.54	0.1	−0.15	0.2	−222.15	−15.37	5215.13	−65.23	−17214.52	−348.63	95188.92	7748.93	8570.28	−20911.53	7956.10	14359.37	不分配	/	2001.4.18
0009	深宝安A	0.039	0.013	0.032	0.032	1.36	1.25	0.15	−0.035	2.85	2.44	63750.54	−25.75	3720.24	20.50	466422.86	130350.08	70449.35	−100675.24	57942.74	95881.00	不分配	187.18	2001.4.18
0010	深华新	0.14	0.07	−0.37	−0.17	1.05	0.99	−0.19	−0.12	12.94	−40.07	53328.59	28.00	1994.27	137.11	35178.19	15406.58	2068.81	−1812.09	6779.38	14701.74	不分配	108.29	2001.3.31
0011	ST深物业	0.1	0.095	0.079	0.079	0.488	0.04	0.591	0.08	20.33	22.69	65812.03	19.82	5371.28	25.05	266728.87	26424.98	30600.78	−65053.49	9135.50	54179.92	不分配	107.70	2001.4.12
0012	南玻科控	0.24	0.23	−0.25	0.025	2.71	2.59	0.48	0.46	8.97	−9.71	111643.44	14.20	16422.88	196.78	282484.20	183169.47	91846.05	5835.74	10716.60	67697.54	10派1.2元	86.04	2001.4.7
0013	深石化A	0.124	0.121	0.033	0.033	1.87	1.77	0.095	0.03	6.63	1.9	81909.68	31.81	3762.78	272.62	232994.20	56732.99	23338.66	−6126.18	5132.40	30335.50	不分配	108.63	2001.4.4
0014	ST深华源	0.14	−0.36	−0.84	−0.36	0.0021	−0.201	0.12	−0.04	6391.25	639.54	7818.36	10.49	1215.44	116.15	31041.99	19.02	11604.79	−23973.19	4522.04	8964.68	不分配	119.36	2001.4.24
0016	深康佳A	0.3736	0.3751	0.9091	0.9174	6.0049	5.6549	−0.0092	0.7	6.22	14.32	901655.47	−10.97	22488.33	−54.80	1006301.38	361484.07	182129.08	7042.17	22410.72	60198.64	10派1.5元配2.727(9−15元)	33.99	2001.3.24
0017	ST中华A	−0.371	−0.374	−0.347	−0.373	0.095	−1.87	−0.014	0.012	−390	−87	6797.31	0.59	−17795.13	−7.01	245930.64	4558.77	98777.35	−166086.02	7661.70	47943.30	不分配	/	2001.4.11
0018	深中冠A	0.03	0.015	0.06	0.037	1.816	1.8	0.12	0.11	1.65	3.614	16375.82	−40.67	506.32	−53.62	43773.27	30708.48	2972.29	313.27	2012.12	16914.24	不分配	574.00	2001.4.3
0019	深深宝A	0.064	−0.0324	0.174	−0.026	1.737	1.73	0.159	0.108	3.67	10.33	7023.98	6.92	1062.03	−63.46	42611.09	28964.50	4990.21	3487.35	3994.07	18192.31	10派1元	221.72	2001.4.17
0020	深华发A	0.01	0.01	0.035	0.035	1.057	0.855	0.016	0.11	0.98	3.37	11841.16	−28.09	292.84	−70.75	46696.66	29933.06	9846.08	−15968.30	5623.96	28316.12	不分配	2113.00	2001.3.3
0021	深科技A	0.206	0.206	0.427	0.427	3.175	3.15	−0.6	0.677	6.48	14.15	386410.75	18.73	15087.00	−51.82	387486.16	232722.22	52964.22	31568.53	20058.21	73293.21	10派0.5元配3(14−19元)	85.34	2001.3.2
0022	深赤湾A	0.216	0.216	0.19	0.196	2.83	2.784	0.562	0.427	7.65	6.91	43217.07	14.05	8256.12	13.96	225233.85	107959.50	40603.28	34.52	5043.55	38151.70	10派1.29元	62.04	2001.4.12
0023	深天地A	0.1286	0.002	0.1841	0.1249	1.95	1.57	0.1763	0.1242	6.6	9.92	25686.34	−14.72	1784.57	−30.15	82855.45	27054.50	10034.87	0.78	4606.40	13875.62	10派0.506元	145.26	2001.3.29
0024	招商局A	0.439	0.381	0.403	0.395	4.51	4.38	0.474	0.381	9.72	12.22	291723.11	213.52	20891.06	30.72	488882.77	214855.91	115764.97	25654.43	13096.52	47639.60	10派1.3元	31.57	2001.4.14
0025	ST特力A	−0.54	−0.57	−0.53	−0.53	0.42	0.3	0.0008	−0.64	−127.6	−55.02	15261.61	−50.55	−11838.30	−1.89	76647.89	9279.02	16664.70	−34812.69	3428.51	22028.16	不分配	/	2001.4.7
0026	飞亚达A	0.059	0.058	0.124	0.124	2.38	2.26	−0.016	0.151	2.47	5.33	25302.81	−9.71	1466.52	−52.44	78198.25	59322.88	19110.85	2339.05	6034.41	24931.80	不分配	284.75	2001.4.24
0027	深能源A	0.3542	0.399	0.3606	0.3606	2.5526	2.3347	1.2375	0.8678	13.87	19.75	230802.29	45.73	35490.26	8.54	754431.35	255793.89	57698.96	14361.48	40526.35	100207.94	不分配	28.51	2001.4.13
0028	深益力A	−0.006	−0.07	0.129	−0.115	1.12	1.07	0.03	0.143	−0.55	6.34	10789.90	19.64	−178.48	−108.67	49088.66	32299.34	1523.31	−2124.91	5488.56	28814.94	不分配	/	2001.4.4
0029	深深房A	0.0757	0.0756	0.1	−0.0047	1.58	1.5	0.13	0.14	4.78	6.71	85284.09	17.86	7655.20	−27.64	411391.35	160157.22	86144.01	−35560.09	14784.00	101166.00	不分配	127.87	2001.4.27
0030	ST英达A	0.0146	−0.03	0.16	−0.053	0.243	−0.295	−0.102	0.39	6	143.99	73983.86	−27.00	420.31	−90.68	143828.27	7009.37	33286.34	−68599.76	4026.00	28842.00	不分配	997.95	2001.4.17
0031	深宝恒A	0.04	0.04	−0.26	−0.228	1.91	1.86	0.19	0.132	2.3	−13.78	31372.97	25.05	2040.11	117.04	140670.14	88890.51	55279.62	−29516.23	16348.99	46630.24	不分配	234.75	2001.4.6
0032	深桑达A	0.243	0.243	0.237	/	1.87	1.6	−0.09	0.01	12.95	13.68	115260.30	35.34	3175.62	2.43	84529.61	24523.35	7741.35	58.74	3630.00	13081.20	10派1元	77.49	2001.3.3
0033	新都酒店	−0.043	−0.038	−0.01	−0.01	1.466	1.41	0.126	0.06	−2.93	−0.067	10997.30	7.57	−1236.80	−326.70	66170.00	42185.50	22619.90	−10036.30	6722.35	28772.35	不分配	/	2001.4.30
0034	深信泰丰	0.87	0.0298	0.15	−0.028	1.1	0.89	0.52	0.32	79.2	64	41588.71	−24.09	27147.93	495.84	136896.59	34276.54	29471.20	−32882.46	8460.46	31113.94	不分配	19.32	2001.1.17
0035	中科健A	0.39	0.35	−0.09	/	1.84	1.51	2.03	/	21.37	−6.27	86615.16	41.36	4546.42	533.37	84454.61	21279.56	10363.35	−1844.99	4253.05	11588.72	不分配	61.54	2001.4.14
0036	华联控股	0.2635	0.2522	0.3396	0.3278	2.39	2.31	0.84	−0.04	11.02	10.16	243882.90	105.58	9473.85	16.39	262927.95	86005.79	34774.22	8333.77	17717.25	35955.51	10派1元	38.98	2001.4.14
0037	深南电A	0.41	0.28	0.33	0.4	2.01	1.84	0.57	0.59	20.25	19.56	88971.40	48.11	14528.82	23.59	134140.81	71754.16	14502.21	10278.74	4375.80	36976.60	10派0.7132元送2.40963转增2.40963(*)	51.90	2001.3.13
0038	深大通A	0.046	0.0067	−0.406	−0.39	1.173	1.123	−0.004	0.083	3.899	−36.037	5865.54	−44.39	413.96	111.26	18443.97	10617.08	4774.16	−6032.16	1914.00	9048.60	不分配	420.87	2001.3.28
0039	中集集团	1.358	1.015	0.757	0.752	6.15	5.96	0.571	0.845	22.1	15.19	895427.48	72.30	46196.51	79.31	663979.15	209067.26	62149.74	34177.39	4599.13	34020.14	10派2元	20.53	2001.4.6
0040	深鸿基A	0.025	0.025	0.257	0.206	2.574	2.421	0.073	0.315	0.96	10.08	37432.35	−36.56	1166.59	−90.33	236983.62	120853.05	47406.32	6027.75	28527.78	46959.34	不分配	406.00	2001.4.11

代码	简称	每股收益(元)				每股净资产(元)		每股经营现金流量(元)		净资产收益率(%)		主营收入(万元)		净利润(万元)		总资产(万元)	股东权益(万元)	资本公积(万元)	未分配利润(万元)	最新流通A股(万股)	最新总股本(万股)	分红配股方案	最新市盈率(倍)	年报刊登日期
		2000年	扣除后	1999年	扣除后	2000年	调整后	2000年	1999年	2000年	1999年	2000年	同比(%)	2000年	同比(%)									
0042	深长城A	0.467	0.48	0.44	0.417	5.107	4.842	0.629	-0.279	9.14	9.37	144288.66	19.11	11178.88	6.10	344856.49	122304.03	61670.88	6605.64	6912.17	23946.30	10派1.5元	38.89	2001.4.10
0043	深南光A	0.12	0.12	0.14	0.14	3.14	2.31	0.47	0.36	3.77	4.49	87677.89	21.91	1645.69	-15.55	124191.67	43698.41	23814.51	311.10	3800.86	13932.55	10派0.8元	132.50	2001.4.10
0045	深纺织A	0.139	0.139	0.124	0.093	1.7	1.56	0.44	0.251	8.16	7.93	29289.63	41.71	2271.71	12.07	69657.00	27833.97	16788.49	-7153.26	2217.60	16341.00	不分配	120.00	2001.4.10
0046	光彩建设	0.185	0.18	0.661	0.019	2.71	2.626	0.293	-0.241	6.82	25.18	27517.06	166.67	3784.39	-72.05	130462.46	55522.40	10199.84	18380.56	9732.17	20488.78	10派1元	66.11	2001.3.24
0047	ST中侨	-1	-0.89	-1.2	-1.02	0.07	-1.33	0.29	0.07	-1433.33	/	7584.52	-42.72	-12070.69	16.36	137165.30	842.16	11052.50	-26208.99	3292.46	12040.46	不分配	/	2001.4.6
0049	深万山A	0.003	-0.026	-0.036	-0.075	1.48	1.27	-0.019	0.014	0.22	-2.46	2825.74	-7.81	43.72	108.79	46087.97	20299.71	8418.67	-2212.77	4472.36	13682.92	不分配	6133.33	2001.4.21
0050	深天马A	0.28	0.224	0.189	0.131	2.97	2.89	0.08	-0.197	9.4	6.55	31761.38	18.05	3251.80	47.77	60693.36	34581.28	15945.81	2721.23	3344.00	13277.00	10派1.7514元	81.46	2001.4.24
0055	深圳方大	0.23	0.23	0.22	0.22	3.45	3.43	0.107	0.124	6.78	6.72	43149.28	-4.94	6929.99	4.23	128086.85	102251.59	41220.49	22748.36	4200.00	29640.00	10派1.2元	75.48	2001.2.26
0056	深国商A	0.16	0.16	0.14	0.13	1.92	1.65	0.18	0.22	8.51	8.29	46986.29	49.30	3612.30	16.75	110884.69	42466.30	5110.97	5689.85	5522.23	22090.12	不分配	76.25	2001.4.14
0058	深赛格	0.018	-0.005	0.138	0.138	2.316	2.151	-0.069	0.087	0.79	6.33	230649.00	0.00	1320.80	-84.36	410858.30	168162.70	60734.00	9235.80	8627.63	72614.59	不分配	640.56	2001.4.28
0059	辽通化工	0.0035	-0.05	0.16	0.065	2.21	2.08	0.35	0.355	0.16	6.84	112096.86	-19.75	233.50	-97.81	254949.39	146617.31	82007.89	-7384.59	16900.00	66322.52	不分配	2042.86	2001.4.7
0060	中金岭南	0.3	0.32	0.43	0.5	2.52	2.16	-0.07	0.56	11.94	11.94	285078.30	-0.66	13024.71	4.16	457901.17	109060.50	47856.45	4242.00	20520.00	43200.00	10派2元	32.63	2001.3.28
0061	农产品	0.483	0.482	0.542	0.537	5.191	4.69	0.51	0.84	9.3	13.4	127268.46	106.20	8921.96	27.61	224659.69	95960.47	62151.24	1478.03	10059.33	18485.76	10派2元	34.58	2001.4.14
0062	深圳华强	0.3619	0.3588	0.42	0.41	4.23	4.21	0.62	0.35	8.54	10.55	46881.49	-43.78	9784.56	-12.44	126470.66	114508.40	54048.06	24006.98	12802.15	27040.00	10派1元	44.76	2001.3.24
0063	中兴通讯	0.86	0.82	0.61	0.5	4.56	4.5	-0.17	-1.52	18.78	13.82	452342.58	80.80	35415.24	67.47	632100.68	188581.57	64776.83	63848.83	12480.00	41340.00	不分配	44.09	2001.2.20
0065	北方国际	0.19	0.1729	0.206	/	1.84	1.78	-0.37	-0.008	10.3	12.46	32142.03	34.83	1518.41	-7.82	30612.55	14743.53	3523.54	2427.34	2579.82	10152.32	不分配	121.26	2001.2.13
0066	长城电脑	0.3649	0.3664	0.804	0.794	2.63	2.62	-0.1332	0.162	13.86	26.12	225315.88	34.47	16731.29	-27.85	222805.57	120689.77	31835.93	30282.88	18071.94	45849.15	10派1元	47.08	2001.3.31
0068	赛格三星	0.186	0.237	0.007	0.007	1.91	1.81	0.22	0.4	9.74	0.4	112978.02	32.38	14641.25	2456.83	307419.24	150315.72	58899.96	8488.70	22500.00	78597.05	10派0.8元	54.52	2001.3.28
0069	华侨城A	0.23	0.25	0.145	0.145	2.48	2.41	0.136	0.194	9.26	8.32	15079.09	4.18	8571.09	70.90	130283.92	92584.05	42123.49	7758.40	11684.84	37260.00	10转增2	78.30	2001.4.4
0070	特发信息	0.22	/	0.29	/	3.12	2.95	-0.59	-0.23	7.16	20.14	57081.03	16.98	5587.95	6.67	136935.73	78062.06	49415.63	1520.46	7000.00	25000.00	10派2.8元	109.23	2001.3.21
0078	海王生物	0.4	0.48	0.2	0.17	1.54	1.47	-0.17	-0.13	26.11	15.17	19898.12	125.11	6153.35	98.07	87229.72	23571.12	1646.90	4862.96	9654.04	22180.00	10派1.3778元	54.33	2001.3.31
0088	盐田港A	0.161	0.17	0.149	0.149	2.419	2.396	0.175	0.157	6.638	6.213	24783.73	8.20	9393.83	7.81	340424.51	141524.11	75780.40	1.50	12487.10	58500.00	10派1.3元	95.96	2001.3.28
0089	深圳机场	0.633	0.621	0.557	0.543	3.971	3.942	0.43	0.483	15.94	19.55	45390.07	23.64	31649.66	26.34	262358.33	198498.25	100423.38	35380.49	18000.00	49989.00	10派4元	27.91	2001.3.27
0090	深天健	0.435	0.435	0.466	0.454	4.371	4.103	-0.615	-1.086	9.95	11.42	154687.19	14.48	9710.40	-6.75	300767.85	97582.95	45069.02	5266.55	5800.00	22326.16	10派1.5元	46.46	2001.3.26
0096	广聚能源	0.21	0.19	0.19	0.18	2.75	2.67	-0.04	0.39	7.49	11.12	111814.71	39.31	7088.96	54.38	129561.86	90729.72	53541.33	1332.27	8500.00	33000.00	10派1.1元	63.38	2001.3.23
0099	中信海直	0.2615	0.2422	0.3366	0.2904	4.2131	4.1895	0.2954	0.1175	6.21	20.33	29726.40	11.10	5125.75	11.97	109426.64	82577.18	59913.67	1122.81	6000.00	19600.00	10派2元	86.58	2001.3.2
0150	麦科特	0.2211	0.199	0.3291	0.3291	3.7	3.68	-0.096	0.78	5.98	29.15	29285.96	-0.72	3980.63	9.95	76680.37	66606.83	45005.91	1892.49	7000.00	18000.00	10派1元转增8(*)	61.78	2001.2.15
0151	中成股份	0.32	0.3	0.42	0.42	3.81	3.8	0.41	0.28	8.39	25.55	39764.28	29.30	6310.61	18.91	98909.55	75208.38	52723.18	9.78	7000.00	19732.00	10派1.6元	64.53	2001.3.17
0153	新力药业	0.404	0.392	0.216	0.225	8.175	8.106	0.398	0.025	4.94	16.63	11414.65	99.53	2626.92	204.21	63478.62	53142.15	42922.01	2978.20	2500.00	6500.23	不分配	89.43	2001.3.29
0155	川化股份	0.21	0.19	0.3	0.3	2.8	2.8	0.16	0.28	7.4	18.19	104251.10	0.94	9736.42	-3.21	177321.91	131512.74	75502.54	3317.11	13000.00	47000.00	不分配	48.95	2001.2.27
0156	安塑股份	0.23	0.21	0.25	0.24	4.82	4.69	0.02	0.34	4.79	11.48	13387.53	16.80	2226.16	46.71	64125.64	46492.09	31014.39	4034.69	3600.00	9650.00	10派0.5元	95.65	2001.3.20
0157	中联重科	0.3504	0.3395	0.4475	0.4411	5.3978	5.3106	0.0276	-0.0017	6.49	30.96	24485.02	33.05	5255.82	17.44	95043.98	80967.42	61179.62	3454.63	5000.00	15000.00	10派1元	68.64	2001.3.6
0158	常山股份	0.23	0.26	0.27	0.29	2.85	2.83	0.0015	0.94	8.22	17.19	183212.90	11.59	9361.07	13.75	188515.95	113815.27	66331.37	2336.97	10000.00	40000.00	10派1元	51.78	2001.3.8
0159	国际实业	0.1498	0.1057	0.2519	0.0574	3.2921	3.2793	-0.7754	-0.6171	4.55	18.15	34999.41	-12.98	2573.60	0.36	89330.38	56555.38	36621.70	1928.74	7000.00	17179.23	不分配	132.98	2001.4.3
0301	丝绸股份	0.232	0.234	0.2656	/	2.604	2.588	0.523	0.9716	8.9	16.51	132638.42	30.34	10818.78	30.16	178812.98	121518.94	64098.25	7173.88	9960.08	46660.08	10派0.5元	54.44	2001.3.13
0400	许继电气	0.532	0.531	0.83	0.92	3.72	3.707	0.16	0.46	14.29	15.23	97939.48	32.35	20116.46	3.00	207886.40	140755.13	59020.91	31294.63	19440.00	37827.20	10派2元	33.44	2001.3.8
0401	冀东水泥	0.1056	0.1056	0.1295	0.1017	1.7501	1.6523	0.1003	0.2242	6.04	8.06	65485.74	18.94	9315.05	-11.70	223824.39	154320.74	47799.07	259.83	26995.02	88178.56	10派1.4元	66.48	2001.3.21
0402	金融街	0.32	0.32	0.15	0.03	1.6	1.6	-0.25	0.13	19.9	6.97	22055.86	81.85	4013.87	232.04	59974.88	20173.91	3240.92	2323.38	4796.64	12590.64	10派1元	63.41	2001.2.27
0403	三九生化	0.61	0.56	0.61	0.52	2.8	2.79	0.14	-0.18	21.59	17.74	38118.44	8.92	11907.20	48.52	117857.53	55146.52	12928.02	16528.78	9404.52	19668.35	10派1元配2(16-19元)	30.66	2001.2.13

代码	简称	每股收益(元)				每股净资产(元)		每股经营现金流量(元)		净资产收益率(%)		主营收入(万元)		净利润(万元)		总资产(万元)	股东权益(万元)	资本公积(万元)	未分配利润(万元)	最新流通A股(万股)	最新总股本(万股)	分红配股方案	最新市盈率(倍)	年报刊登日期
		2000年	扣除后	1999年	扣除后	2000年	调整后	2000年	1999年	2000年	1999年	2000年	同比(%)	2000年	同比(%)									
0404	华意压缩	0.14	0.054	0.121	0.052	1.97	1.97	-0.04	-0.16	7.17	6.27	19882.02	13.92	3348.73	16.80	69979.59	46720.16	14762.91	3276.22	7341.19	23725.08	10派1元	71.71	2001.4.14
0405	有色鑫光	-0.295	-0.253	0.179	0.114	1.528	1.017	-0.047	0.113	-19.277	9.796	65582.82	23.35	-11219.57	-264.99	104950.96	58200.89	18498.54	-4569.91	11292.37	38092.54	不分配	/	2001.4.3
0406	石油大明	0.91	0.91	0.31	0.26	4.21	3.91	0.93	0.5	21.55	13.2	83780.95	81.54	27506.11	422.92	180406.95	127621.92	66079.35	17329.08	22150.42	30335.63	10派2元	17.46	2001.3.6
0407	胜利股份	0.17	0.18	0.25	0.25	2.41	2.32	-0.06	-0.2	7.21	14.98	95504.25	-11.69	4153.23	-24.77	103438.84	57621.62	20178.82	10119.42	14419.67	23958.88	不分配	62.06	2001.3.27
0408	河北华玉	0.19	0.18	0.33	0.29	2.85	2.74	0.1	0.3	6.7	11.79	44799.25	45.13	1984.20	-42.32	73238.55	29603.42	14321.90	2748.51	3132.00	10382.40	不分配	99.89	2001.4.3
0409	四通高科	0.04	0.035	-0.107	-0.085	1.46	1.13	-0.076	-0.05	2.71	-7.54	9162.94	1468.61	681.14	137.01	32176.97	25097.34	17875.39	-10784.71	7517.37	17137.41	不分配	375.00	2001.4.7
0410	沈阳机床	0.047	0.026	0.032	-0.21	2.745	2.615	0.014	0.09	1.72	1.19	58574.38	67.88	1610.00	46.00	286494.40	93596.18	47764.34	6051.73	13537.28	34091.93	10派0.2元	202.13	2001.4.18
0411	PT凯地	-0.639	-0.452	-0.599	/	0.387	0.279	-0.061	-0.106	-165.22	-58.39	8870.25	9.15	-7366.63	-6.70	29230.40	4458.61	10174.12	-19362.82	3151.29	11525.00	不分配	/	2001.4.18
0412	北方五环	-0.586	-0.579	0.117	-0.039	1.118	1.002	-0.172	-0.101	-52.44	6.67	5732.60	-26.98	-16937.60	-602.69	80375.50	/	/	/	10632.17	28896.17	不分配	/	2001.4.28
0413	宝石A	0.219	0.217	-0.226	-0.169	1.42	1.4	-0.497	-0.035	15.47	-19.93	4491.89	685.02	8396.12	197.10	161689.83	54268.23	53584.16	/	4507.24	38300.00	不分配	55.02	2001.4.20
0415	汇通水利	0.2	0.199	0.298	0.3	1.825	1.782	-0.763	0.056	10.93	18.02	17049.45	2.18	4654.29	-33.12	77444.25	42564.99	9618.45	6131.40	9568.18	23318.00	10派0.3元配3(8-12元)	65.05	2001.2.20
0416	ST国货	-0.21	-0.21	-0.362	-0.278	1.98	1.91	0.166	-0.35	-10.66	-16.55	16481.69	-15.99	-2393.90	41.81	38147.48	22457.80	14330.91	-4337.39	6258.73	11367.90	不分配	/	2001.4.27
0417	合肥百货	0.592	0.386	0.564	0.564	6.76	6.47	0.84	1.19	8.75	10.12	79210.84	9.55	4985.63	17.16	97424.19	56968.37	34648.83	5080.33	3040.78	8424.14	10派1.5元送2	38.24	2001.3.24
0418	小天鹅A	0.5155	0.4868	0.5735	0.5729	5.47	5.37	0.536	0.5905	9.43	10.93	272486.35	2.45	18821.77	-10.11	340714.94	199586.58	110543.19	177.77	7200.00	36510.38	10派3元	29.39	2001.3.20
0419	通程控股	0.2035	0.1816	0.2367	0.2139	3.2265	3.1183	0.5832	0.2637	6.31	11.16	65878.17	1.84	3571.15	-5.51	110985.26	56626.96	28543.08	7655.07	6508.05	17550.82	10派1元	74.74	2001.4.3
0420	吉林化纤	0.13	0.11	0.28	0.27	3.13	3.08	-0.74	1.01	4.08	10.32	86539.72	8.00	4830.83	-48.23	212312.15	118381.26	49364.83	13676.64	19419.79	37825.75	10派1.2元	65.00	2001.2.26
0421	南京中北	0.134	0.157	0.138	0.132	2.09	1.89	0.59	0.08	6.42	6.75	34379.18	18.09	2645.85	-2.83	82467.01	41215.46	14544.90	3613.48	7596.49	19718.30	10派1元	88.43	2001.3.6
0422	湖北宜化	0.211	0.205	0.397	0.396	3.378	3.34	0.504	0.167	6.24	12.52	39376.71	-6.41	3944.20	-46.79	103146.27	63160.38	19900.34	19244.00	8373.11	18696.30	10派1元	59.67	2001.2.22
0423	东阿阿胶	0.403	0.411	0.323	0.249	3.469	3.465	0.839	-0.14	11.615	11.947	42346.24	51.09	8444.50	87.38	87102.33	72704.52	38019.34	9217.07	14729.94	20959.57	10派2元转增3(*)	40.92	2001.3.8
0425	徐工科技	0.213	0.21	0.453	0.443	1.81	1.42	0.15	0.47	11.8	14.8	26164.42	9.85	7515.98	-6.01	151076.78	63706.48	20424.64	3483.69	12137.65	35274.10	10派0.8元送1转增2配3(9-15元)(*)	81.64	2001.3.13
0426	富龙热力	0.343	0.343	0.362	0.216	4	3.79	0.665	0.036	8.58	9.92	17273.29	17.80	6324.26	-5.37	106787.09	73707.69	34530.11	15477.91	5104.08	18448.08	10派0.2733元送1.0932	42.80	2001.3.30
0428	华天酒店	0.23	0.19	0.217	0.196	3.18	3.01	1.035	0.055	7.19	7.37	19280.08	35.07	3629.32	5.12	70443.82	50461.76	20110.69	9803.67	6081.89	17284.00	不分配	63.57	2001.3.13
0429	粤高速A	0.15	0.16	0.39	0.24	4.01	3.89	0.19	0.25	3.78	12.14	25110.09	-2.75	12701.52	-57.07	379108.75	327668.87	195379.92	20705.12	18288.78	83807.85	10派1元转增5	84.93	2001.3.21
0430	ST张家界	-0.557	-0.429	-0.016	0.0091	0.502	0.447	-0.098	-0.1489	-114.519	-1.556	3389.51	-34.67	-10232.05	-3280.90	38993.01	9223.77	1051.20	-12285.68	7435.80	18360.00	不分配	/	2001.4.26
0488	晨鸣纸业	0.5102	0.3902	0.452	0.296	6.3162	6.1841	0.322	-0.597	8.08	12.92	241147.43	40.18	23132.70	33.45	538426.36	286373.07	182884.31	36661.77	7000.00	45339.79	10派3元送1	36.55	2001.3.29
0498	丹东化纤	0.018	0.018	0.092	0.04	1.86	1.84	-0.06	0.02	0.98	5	83942.57	15.60	708.82	-80.23	153282.86	72452.57	14535.70	14007.09	17400.00	39000.00	不分配	553.33	2001.3.30
0501	鄂武商A	0.06	0.06	0.05	0.06	2.3	1.65	0.33	0.33	2.41	2.29	201153.40	21.06	2815.21	7.96	324871.87	116596.13	53026.38	2289.24	20427.31	50724.86	10派0.4元	137.00	2001.4.5
0502	琼能源	0.2327	-0.0478	0.126	/	1.6705	1.4586	0.3139	-0.0199	13.93	8.84	6213.06	2728.05	3622.37	84.62	42884.84	26004.02	26127.59	-19582.32	5715.87	15566.85	不分配	71.29	2001.2.13
0503	海虹控股	0.232	0.2174	0.408	0.2396	1.3073	1.2394	0.6502	-0.1444	17.746	21.7	42288.17	43.17	7941.00	-3.37	96710.36	44748.02	4511.03	3899.19	11865.92	34228.72	10派0.3元	101.08	2001.2.15
0504	赛迪传媒	0.09	0.266	-0.195	/	1.01	0.99	-0.01	-0.006	8.97	-25.71	2204.02	149.74	2826.14	146.43	59704.89	31497.28	27490.86	-29482.24	8675.59	31157.39	不分配	204.56	2001.2.28
0505	珠江控股	0.17	-0.05	0.07	-0.11	1.23	1.17	0.014	0.104	13.53	6.65	3721.76	-7.37	6272.47	128.13	80401.43	46370.52	28315.47	-29509.13	11340.58	37765.08	不分配	66.71	2001.3.30
0506	东泰控股	0.103	0.065	0.097	/	1.11	1.049	0.074	0.036	9.27	9.65	27030.84	174.66	2564.10	6.23	72703.35	27668.77	6368.49	-4363.21	14431.35	24910.17	不分配	129.81	2001.2.10
0507	粤富华	0.147	0.158	0.118	0.087	2.64	2.6	0.24	-0.004	5.55	4.47	20958.92	105.23	5055.11	32.13	113373.13	91118.04	66782.43	-11740.84	19555.80	34499.74	不分配	57.35	2001.4.6
0509	天歌科技	0.1398	0.123	0.1299	0.0986	1.66	1.39	0.26	0.06	8.42	8.02	28832.16	21.39	3008.31	7.66	68673.50	35713.08	9617.43	574.89	11601.96	21518.53	10派1元配3(10-15元)	97.28	2001.2.28
0510	金路集团	0.28	0.283	0.002	-0.026	1.996	1.853	0.242	0.012	14.04	0.09	51100.29	48.42	8207.04	17872.39	100145.35	58450.61	27406.97	-2447.46	19319.50	29287.61	10派6元	77.14	2001.4.12
0511	银基发展	0.262	0.262	0.178	0.138	4.94	4.92	-1.18	-0.039	5.3	13.11	25437.65	281.09	4713.02	103.74	141778.59	88867.53	62600.93	5969.28	11903.05	17988.10	10派1元转增5	60.64	2001.2.24
0513	丽珠集团	0.03	0.03	0.005	/	2.99	2.65	0.13	0.8	1.13	0.18	117855.32	3.95	1037.58	529.81	158829.07	91600.19	42046.13	5079.37	11559.15	30603.55	不分配	430.00	2001.4.26
0514	渝开发A	0.004	-0.03	0.104	0.03	1.54	1.4	-0.02	0.08	0.29	6.75	4561.25	-12.56	52.12	-95.74	49765.92	18159.69	3236.58	754.93	4324.32	11754.29	不分配	4110.00	2001.4.2
0515	PT渝钛白	0.027	-0.02	-1.09	-1.15	1.68	1.57	0.51	0.36	1.61	/	21478.61	30.91	350.93	102.48	71461.33	21783.54	8388.12	-61827.86	5544.00	13000.52	不分配	528.89	2001.2.27

代码	简称	每股收益(元)				每股净资产(元)		每股经营现金流量(元)		净资产收益率(%)		主营收入(万元)		净利润(万元)		总资产(万元)	股东权益(万元)	资本公积(万元)	未分配利润(万元)	最新流通A股(万股)	最新总股本(万股)	分红配股方案	最新市盈率(倍)	年报刊登日期
		2000年	扣除后	1999年	扣除后	2000年	调整后	2000年	1999年	2000年	1999年	2000年	同比(%)	2000年	同比(%)									
0516	陕解放A	0.265	0.265	0.22	0.24	1.92	1.9	0.39	0.18	13.86	12.07	72808.42	7.30	3194.43	19.15	63578.55	23050.63	3792.56	5144.66	4344.65	13037.83	10派1.8元	57.77	2001.3.28
0517	甬成功	0.61	0.6	0.301	0.186	2.82	2.79	0.12	0.133	21.47	13.61	20365.19	325.37	5446.59	101.00	57070.62	25368.35	7614.34	6103.72	2780.18	8989.78	待定	42.66	2001.2.10
0518	四环生物	0.4	0.38	0.29	0.11	1.53	1.44	0.18	0.03	25.88	24.69	18724.68	77.91	5301.61	36.92	27467.24	20483.35	5659.45	979.21	7589.67	13374.24	10派0.375元(*)	43.38	2001.1.10
0519	银河动力	0.2	0.13	0.23	0.23	1.67	1.64	0.2	0.07	11.99	8.8	15532.03	-3.04	2559.51	54.15	39750.48	20069.31	2093.57	1324.72	4974.18	12774.80	10派1元	83.35	2001.3.27
0520	中国凤凰	0.128	0.1243	0.199	/	2.43	2.42	-0.22	0.45	5.28	8.28	80106.41	93.26	6652.22	-35.46	138663.38	125917.61	45517.65	4920.67	29499.09	51916.88	10派1元	57.19	2001.3.20
0521	美菱电器	0.013	0.0127	0.116	0.115	3.33	3.26	0.14	-0.047	0.4	3.46	133902.34	0.92	552.63	-88.45	252668.21	137751.05	57142.95	10754.85	13805.28	41364.29	不分配	708.46	2001.4.14
0522	ST白云山	0.19	0.2	0.15	0.13	0.14	-1.46	0.33	0.18	134.36	-306.43	82252.69	4.16	7176.48	27.60	180111.73	5341.13	25294.36	-598796.89	15654.44	37434.44	不分配	48.00	2001.4.6
0523	广州浪奇	0.01	0.01	0.09	0.09	2.22	2.16	0.05	-0.08	0.48	3.57	44898.63	16.68	243.25	-88.06	64928.98	50826.87	16516.39	194.60	9418.67	22935.06	不分配	1060.00	2001.4.6
0524	东方宾馆	0.08	0.07	0.09	0.09	2.56	2.21	0.17	0.16	2.96	3.14	22434.26	8.77	2042.58	-13.70	80166.88	68951.61	28582.13	1324.21	9890.05	26967.37	10派1元	121.63	2001.4.4
0525	红太阳	0.2408	0.2408	0.373	0.3682	2.67	2.4763	0.4851	0.7067	9.02	23.03	22405.46	2.04	3969.35	-13.60	63438.04	44013.10	21992.25	3147.23	7609.04	16484.64	10派0.5元送1.5转增5.5	80.48	2001.4.10
0526	厦海发	0.173	0.173	0.112	-0.105	1.793	1.792	0.207	-0.204	9.63	6.89	8662.58	1491.85	1369.09	54.81	22744.51	14211.82	7467.47	-1634.91	3277.53	7925.03	不分配	102.08	2001.4.17
0527	粤美的A	0.63	0.55	0.57	0.52	4.07	3.67	0.77	0.13	15.35	15.28	880524.43	52.08	30316.21	9.17	717408.64	197536.21	95677.23	26837.59	29008.30	48488.97	10派3元	20.19	2001.3.27
0528	桂柳工A	0.004	0.004	0.008	0.017	2.13	2.1	0.12	0.01	0.17	0.36	76519.05	5.29	115.43	-53.90	120502.71	69726.08	24492.62	231.53	11963.68	32753.68	不分配	1975.00	2001.3.28
0529	粤美雅A	0.02	0.01	-0.8	-0.8	4.13	4.11	-0.31	/	0.41	-19.38	70406.08	-15.91	678.28	102.14	274605.97	163600.46	124447.67	-4283.67	21605.81	39651.59	不分配	374.00	2001.3.29
0530	大冷股份	0.223	0.223	0.203	0.203	3.15	3.1	0.117	0.072	7.09	6.71	80068.32	11.12	7815.13	9.97	176751.93	110270.36	55552.68	3724.83	9837.02	35001.50	10派1元	46.32	2001.4.17
0531	穗恒运A	0.22	0.24	0.25	0.21	2.097	2	0.55	0.9	10.61	11.86	66801.30	11.06	5928.02	-9.62	144202.43	55890.85	22072.57	2039.25	10782.16	26652.13	10派1.5元	52.59	2001.4.4
0532	粤华电A	-0.71	-0.117	0.01	0.009	1.75	1.68	0.25	0.12	-40.81	0.39	/	/	-15592.08	-6512.48	41038.84	38202.40	50565.39	-35195.96	9353.61	21839.22	不分配	/	2001.3.13
0533	万家乐A	0.04	0.04	0.27	0.23	2.36	2.2	0.24	0.23	1.71	11.69	116706.60	4.86	2318.05	-84.97	369690.83	135837.99	34817.82	19651.66	20364.56	57568.00	不分配	216.50	2001.4.7
0534	汕电力A	0.0717	0.0732	0.0178	0.0178	2.6058	2.5811	0.061	-0.0154	2.7533	0.6775	8640.42	11.35	1494.20	302.05	57101.61	54269.59	28488.51	265.06	8821.00	20826.13	10派1元	161.09	2001.3.15
0535	ST猴王	-2.28	-2.07	-0.31	-0.32	-1.24	-1.38	-0.01	0.004	/	-29.98	4229.60	-45.32	-68973.60	-624.28	47023.60	-37657.20	14176.80	-83864.00	17015.74	30272.32	不分配	/	2001.4.28
0536	ST闽闽东	-0.37	-0.37	-0.42	-0.42	-0.29	-0.41	-0.03	-0.05	-127.48	-562.37	14173.50	-15.19	-4450.70	12.73	37706.16	-3491.20	6513.50	-25076.20	4546.72	12192.72	不分配	/	2001.4.28
0537	南开戈德	0.6	0.54	0.56	0.55	3.79	3.76	-0.06	0.64	15.84	23.86	45427.97	27.47	12829.85	39.03	114816.89	80981.12	36238.19	15333.20	8747.60	21376.24	10派0.5元送2转增7(*)	37.75	2001.3.6
0538	云南白药	0.265	0.253	0.18	0.181	2.1	2.07	0.57	0.23	12.63	8.92	80640.50	234.29	4922.44	46.94	79285.05	38987.58	13297.63	-756.09	5875.05	18581.80	10派1元	65.66	2001.3.30
0539	粤电力A	0.377	0.389	0.648	0.648	1.84	1.78	0.66	1.24	20.49	19.84	428809.21	24.77	97029.22	16.26	1129912.38	473557.45	47332.05	10648.33	30747.60	257540.40	10派1.5元	31.22	2001.3.19
0540	世纪中天	1.19	0.18	0.29	0.29	2.26	2.07	0.06	1.2	52.89	11.91	21416.83	45.03	22947.76	693.48	108250.86	43381.27	2169.67	14884.53	6622.44	19224.20	10派2元送7(*)	16.37	2001.2.27
0541	佛山照明	0.45	0.438	0.574	0.483	5.24	5.21	0.48	0.6	8.59	13.37	68728.04	14.06	16115.35	1.76	217199.75	187682.42	120387.44	6528.60	14684.20	35844.83	10派3.8元	28.00	2001.3.29
0542	TCL通讯	0.14	0.14	-0.956	-0.956	2.326	1.96	-0.05	-0.397	6.01	-41.95	93222.90	214.06	2631.66	114.63	109089.25	43752.73	24293.03	-2654.82	8139.23	18810.88	不分配	115.71	2001.3.21
0543	皖能电力	0.2856	0.2681	0.2359	0.2148	2.96	2.94	0.23	0.22	9.64	8.04	68961.41	7.24	22077.64	21.06	279032.18	229048.61	95561.74	9826.62	14055.09	77300.88	10派2元	33.33	2001.3.30
0544	豫白鸽A	0.02	0.086	-0.3	-0.32	1.04	0.965	0.86	0.17	1.91	-28.34	62498.30	41.11	535.70	106.71	127538.83	28026.00	20616.80	-22087.60	10874.15	26945.98	不分配	443.00	201.4.28
0545	恒和制药	0.036	0.051	-0.73	-0.17	1.2	1.14	0.025	-0.008	2.99	-61.86	14899.69	-9.00	487.22	104.94	34064.21	16306.54	15298.24	-13306.86	6809.58	13563.58	不分配	307.22	2001.3.27
0546	ST吉轻工	-0.784	-0.422	-0.756	0.027	-0.566	-1.012	0.007	-0.004	/	-187.85	5990.40	37.70	-13289.80	-3.77	39602.40	-9600.40	/	/	8502.65	16950.65	不分配	/	2001.4.28
0547	闽福发A	0.31	0.3	0.519	0.519	3.39	3.31	0.57	0.2	9.16	16.35	22528.21	45.37	3794.52	-40.25	99692.79	41444.68	19511.22	7291.56	7356.33	12242.32	10派1元	49.74	2001.4.13
0548	湖南投资	0.196	0.198	0.216	0.216	1.8	1.792	0.253	0.057	10.88	13.48	13095.51	30.10	5692.17	-9.40	80739.70	52318.87	17645.00	3778.84	12620.48	29060.80	不分配	58.67	2001.2.27
0549	湘火炬A	0.331	0.326	0.235	0.235	3.619	3.407	0.055	0.347	9.13	14.9	154338.38	271.29	8595.85	65.15	230809.47	94120.28	56844.53	6738.95	26591.59	41612.74	10派2元送2转增4(*)	60.00	2001.2.10
0550	江铃汽车	0.062	0.04	-0.187	-0.176	1.916	1.24	1.212	1.12	3.22	-10.06	282515.51	15.79	5329.15	133.08	430203.85	165434.64	83202.65	-18719.70	11760.00	86321.40	不分配	136.29	2001.4.5
0551	创元科技	0.19	0.19	0.2	0.02	2.03	1.96	1.02	-0.13	9.17	10.4	33970.42	431.67	4493.95	-7.93	119723.82	49025.27	8760.12	8391.47	11079.43	24172.64	10派1元	62.16	2001.3.10
0552	甘长风A	0.181	0.126	0.14	0.058	1.314	1.312	-0.084	0.27	13.79	12.57	23662.43	12.51	3223.37	29.66	52033.33	23380.47	10614.46	-5619.21	6678.09	17787.00	不分配	78.56	2001.3.1
0553	沙隆达A	0.06	0.03	0.21	0.2	3.39	3.26	0.35	0.04	1.79	6.37	91314.63	-6.08	1800.70	-71.44	189737.75	100813.76	56155.12	8717.39	9719.21	29696.16	不分配	207.17	2001.3.27
0554	泰山石油	0.402	0.209	0.092	/	2.453	2.271	0.523	-0.072	16.4	4.49	106526.85	11.69	12893.25	336.70	119716.91	78628.39	34537.42	9296.32	19652.50	32052.89	10转增5(*)	29.95	2001.2.17

代码	简称	每股收益(元)				每股净资产(元)		每股经营现金流量(元)		净资产收益率(%)		主营收入(万元)		净利润(万元)		总资产(万元)	股东权益(万元)	资本公积(万元)	未分配利润(万元)	最新流通A股(万股)	最新总股本(万股)	分红配股方案	最新市盈率(倍)	年报刊登日期
		2000年	扣除后	1999年	扣除后	2000年	调整后	2000年	1999年	2000年	1999年	2000年	同比(%)	2000年	同比(%)									
0555	太光电信	0.006	-0.039	-0.149	-0.075	1.24	1.01	0.09	0.14	0.49	-12.42	73.42	-80.38	49.39	104.05	11449.80	10125.92	6302.17	-4582.72	2189.33	8182.77	不分配	4118.33	2001.3.21
0557	银广夏A	0.827	0.819	0.51	0.47	2.39	2.15	0.25	-0.02	34.56	13.56	90898.87	136.98	41764.64	226.83	315129.53	120852.81	21469.86	32908.39	28081.95	50526.14	10派3元配1.5(20-30元)	42.41	2001.2.14
0558	辽房天	0.09	0.02	0.09	0.068	1.4	1.33	0.183	0.026	6.33	6.62	5466.85	-35.83	1040.38	-1.35	53181.28	16432.23	13309.80	-9200.84	5050.44	11716.44	不分配	183.89	2001.1.19
0559	万向钱潮	0.518	0.488	0.412	0.404	3.28	3.23	0.86	0.19	15.79	13.9	122999.97	2.30	14650.88	25.79	159273.29	92797.99	36706.07	14176.20	8833.26	28285.98	10派1.8266元送1.8266(*)	25.23	2001.3.2
0560	昆百大A	-0.576	-0.5796	0.0879	0.0156	1.32	0.62	0.18	/	-43.72	4.69	75136.96	-15.36	-7741.69	-755.36	110239.38	17707.73	11907.63	-9896.39	6240.00	13440.00	不分配	/	2001.4.14
0561	陕长岭A	0.034	-0.1423	-0.451	-0.457	2.085	1.862	0.1618	0.042	1.634	-21.05	63677.74	27.65	1352.16	107.55	164860.58	82770.53	51347.61	-15337.34	24197.17	39701.26	不分配	228.82	2001.4.14
0562	宏源证券	0.1576	/	0.0981	/	1.246	1.137	3.624	0.99	12.66	7.84	35545.80	117.27	8177.00	76.63	509241.96	64613.80	1404.10	3407.10	15228.14	51874.52	10派0.5	91.88	2001.4.30
0563	陕国投A	0.156	0.142	0.136	0.132	1.65	1.52	2.99	0.77	9.46	8.6	29939.80	-17.10	4896.07	14.73	361832.29	51755.21	9957.25	2452.13	12629.45	31418.70	10派1元	78.91	2001.4.13
0564	西安民生	0.1693	0.1693	0.063	0.063	2.69	2.66	0.41	0.57	6.29	2.51	82650.60	14.11	3420.45	167.10	99170.40	54352.25	27554.44	3101.86	13664.16	20200.70	不分配	67.93	2001.3.21
0565	渝三峡A	0.016	0.016	0.087	0.087	2.1	2.07	0.07	0.16	0.77	5.5	29468.12	-5.37	279.98	-79.61	48244.59	36445.76	15265.44	487.29	8727.77	17343.69	不分配	1009.38	2001.3.27
0566	轻骑海药	-0.267	-0.267	-0.1	-0.1	1.03	0.926	0.04	0.08	-25.9	-9.38	17548.66	29.15	-5408.21	-166.48	88558.40	20864.33	30688.63	-31737.06	8354.90	20234.90	不分配	/	2001.4.27
0567	琼海德A	-0.27	-0.48	0.15	0.15	1.03	1.01	-0.02	-0.05	-26.41	11.11	943.06	-70.92	-4127.03	-284.69	42514.57	15626.10	10841.04	-8010.72	6048.00	15120.00	不分配	/	2001.4.25
0568	泸州老窖	0.34	0.219	0.262	0.11	2.69	2.66	0.063	0.206	12.68	11.19	97873.11	-3.86	16682.92	30.14	203817.14	131526.04	44277.61	13301.64	12313.41	48893.46	10配3(10-15元)	35.56	2001.2.23
0569	川投长钢	0.096	0.081	0.018	0.007	1.149	1	0.005	-0.056	8.39	1.78	147816.64	6.88	6704.56	424.93	226621.91	79903.44	26712.82	-23059.26	14792.41	69514.22	不分配	74.38	2001.4.7
0570	苏常柴A	0.11	0.07	0.28	0.27	4.53	4.41	-0.47	-0.55	2.34	6.78	230759.20	-28.48	3968.71	-59.90	357454.74	169487.99	85741.71	21281.12	11098.49	37424.96	不分配	111.18	2001.4.11
0571	新大洲A	-0.1897	-0.1588	0.0182	0.0065	1.35	1.22	0.26	0.14	-14.05	1.19	179663.27	-28.82	-13965.36	-1142.05	291171.73	99365.45	19533.69	15669.65	33716.48	73606.40	不分配	/	2001.3.13
0572	琼金盘A	0.004	-0.1	0.005	-0.03	1.129	0.98	0.16	0.07	0.35	0.39	7381.27	-27.91	87.42	-8.12	91325.60	24382.97	15510.36	-13339.45	8678.61	21589.45	不分配	2555.00	2001.4.13
0573	粤宏远A	0.013	0.018	0.022	0.026	3.1234	2.954	0.17	0.04995	0.42	0.7	18670.70	19.18	597.16	-39.27	227021.74	140975.82	70350.01	4225.69	29205.81	45128.39	不分配	591.54	2001.4.14
0576	广东甘化	0.11	0.1	0.07	0.06	3.94	3.73	0.24	0.06	2.73	1.84	76954.26	70.96	2670.62	50.21	166351.29	97668.02	59377.92	3530.46	10310.33	24759.86	10派0.7元	101.00	2001.3.20
0578	数码网络	0.19	0.19	0.16	0.16	1.43	1.4	-0.2	0.08	13.32	6.93	69827.38	297.73	3775.90	116.15	62802.14	28337.49	3669.56	2073.72	6876.38	19815.34	10派0.5元配3(10-15元)	76.68	2001.3.24
0581	威孚高科	0.3	0.31	0.27	0.27	3.72	3.72	0.06	0.68	7.96	9.09	85120.74	10.19	13256.66	24.45	199276.06	162189.00	90891.86	18744.49	19200.00	43636.62	10派2元	41.77	2001.4.13
0582	北海新力	0.083	0.06	0.179	0.202	2.825	2.72	0.035	0.15	2.925	6.378	6211.76	-2.12	1557.47	-53.76	93574.95	53248.64	26302.95	5400.92	5707.09	18847.18	10派0.5元	163.37	2001.4.17
0583	托普软件	0.71596	0.5693	0.6525	0.5169	9.968	9.7161	1.0833	1.8306	7.1827	24.4473	50826.41	85.35	8729.38	55.56	189316.33	121533.76	96904.51	4711.20	6877.86	12192.43	10派5元(*)	52.94	2001.1.17
0584	蜀都A	0.1	0.04	-0.7	-0.69	1.38	1.2	0.05	0.17	7.39	-53.49	13789.45	6.23	2065.76	114.66	67584.65	27961.73	32519.78	-28324.97	5054.19	20223.51	不分配	150.20	2001.4.20
0585	ST东北电	-0.416	-0.4166	-0.191	-0.196	1.29	1.25	-0.047	-0.086	-32.3	-10.76	132004.82	-6.18	-36359.73	-117.94	445489.22	112556.33	60339.37	-45857.83	14360.00	87337.00	不分配	/	2001.4.23
0586	川长江A	-0.2909	-0.295	0.02	0.018	1.6	1.169	-0.089	0.22	-18.14	1.07	40705.31	2.61	-5627.89	-1538.79	50295.09	31026.23	18462.43	-9536.85	6084.00	19344.00	不分配	/	2001.3.31
0587	光明家具	0.286	0.299	0.209	0.197	2.33	2.29	0.1	0.11	12.27	8.79	50725.39	43.91	5305.63	37.02	69710.36	43229.55	15326.37	3180.30	8343.89	18571.16	10配3(10-15元)	43.39	2001.2.22
0588	PT粤金曼	-3.248	-3.23	-1.64	-1.77	-7.91	-7.923	0.04	-0.007	/	/	7994.32	-7.48	-43632.27	-98.03	57081.63	-106241.51	44927.48	-168858.03	6211.57	13432.00	不分配	/	2001.4.20
0589	黔轮胎A	0.06	0.02	0.05	0.05	3.419	3.141	-0.237	-0.299	1.7	1.49	156788.39	52.20	1476.36	24.28	236632.73	86963.00	52105.52	3207.95	12453.62	25432.71	不分配	179.33	2001.3.26
0590	紫光生物	0.149	0.115	0.1	0.11	1.85	1.788	0.04	-0.09	8.08	3.59	28356.14	29.11	3033.00	165.11	63625.55	37529.42	11742.53	2770.38	6355.39	20302.84	不分配	133.89	2001.1.18
0591	桐君阁	0.264	0.239	0.215	0.107	2.49	2.07	0.47	0.168	10.61	13.05	59150.13	33.55	2634.12	34.33	49004.42	24834.93	9743.56	871.00	3480.00	9986.62	10派1.25元	68.52	2001.3.24
0592	ST中福	0.049	-0.1205	-0.45	-0.41	1.047	0.852	0.063	/	4.68	-53.35	14374.01	-19.91	1442.71	110.85	89941.98	30837.20	25395.15	-28823.77	8730.82	29440.47	不分配	222.04	2001.4.20
0593	成都华联	0.24	0.24	0.33	0.23	3.41	3.37	0.36	-0.09	7.11	10.04	31667.91	2.12	2098.49	-25.69	54362.03	29523.11	13242.66	4265.09	2827.77	8650.33	10送2转增8(*)	136.25	2001.3.22
0594	内蒙宏峰	0.19	0.11	0.169	0.127	1.82	1.77	0.02	-0.79	10.48	10.02	28992.64	21.45	7151.57	13.40	91180.19	68261.96	18630.43	7633.22	12968.33	37407.74	10派0.5元送2转增3	83.58	2001.4.7
0595	西北轴承	0.013	-0.037	0.039	0.041	2.44	2.34	-0.017	0.22	0.52	1.64	47412.77	-3.26	222.31	-67.71	111552.16	42607.39	23295.64	894.17	6583.25	17495.99	不分配	1046.15	2001.3.7
0596	古井贡A	0.63	0.63	0.63	0.56	4.75	4.74	0.34	0.31	13.2	14.33	91575.70	2.75	14714.84	-1.30	158801.95	111721.45	52104.29	23916.99	1996.95	23500.00	10派3元(*)	38.56	2001.2.15
0597	东北药	0.095	0.095	0.14	/	2.98	2.7	0.12	/	3.19	5.07	119756.80	18.39	2885.11	-33.49	266919.64	90535.95	58001.33	1109.86	10881.00	30381.00	不分配	106.95	2001.4.19
0598	蓝星清洗	0.42	0.41	0.34	0.34	3.72	3.7	0.37	0.24	11.25	9.89	24680.71	35.96	6415.42	24.35	70956.14	57051.08	25797.40	10859.82	7605.00	15345.00	10派1元配3(13-15元)	35.33	2001.2.20
0599	青岛双星	0.225	0.208	0.366	0.29	3.258	3.143	0.4	0.335	6.92	11.1	55313.44	82.23	2977.35	-38.46	95043.25	43024.27	19110.20	7471.86	5045.36	13205.36	10派2.675元	58.62	2001.3.27

代码	简称	每股收益(元)				每股净资产(元)		每股经营现金流量(元)		净资产收益率(%)		主营收入(万元)		净利润(万元)		总资产(万元)	股东权益(万元)	资本公积(万元)	未分配利润(万元)	最新流通A股(万股)	最新总股本(万股)	分红配股方案	最新市盈率(倍)	年报刊登日期
		2000年	扣除后	1999年	扣除后	2000年	调整后	2000年	1999年	2000年	1999年	2000年	同比(%)	2000年	同比(%)									
0601	韶能股份	0.33	0.28	0.34	0.32	4.4	4.29	0.46	0.83	7.46	9.6	54740.15	-3.50	12817.62	19.69	256756.72	171880.23	103242.88	13098.55	17157.90	39038.05	10派1.5元	38.85	2001.3.13
0603	威达医械	0.019	0.019	0.011	0.011	1.154	1.024	0.014	0.006	1.65	0.93	3586.33	7.24	213.07	77.59	25916.76	12906.86	5295.84	-5013.78	2850.00	11186.25	不分配	841.05	2001.3.17
0605	中联建设	0.013	-0.05	-0.208	/	1.237	1.049	0.04999	-0.007	1.09	-17.02	5408.44	-0.49	111.15	106.47	30093.89	10203.82	3713.25	-2080.47	2062.50	8250.00	不分配	1660.77	2001.4.10
0606	青海明胶	0.24	0.16	0.31	/	3.51	3.39	-0.25	0.47	6.76	11.89	8722.19	11.36	1799.51	-11.94	35618.44	26606.54	15624.33	1636.92	3198.00	7585.10	不分配	114.29	2001.2.20
0607	华立控股	0.3848	0.3514	0.0999	0.1023	1.7	1.65	0.896	-0.1292	22.68	7.668	111249.76	86.87	5879.12	285.31	97877.44	25923.12	9072.77	405.00	4500.00	15278.00	待定	54.55	2001.2.9
0608	阳光股份	0.402	0.39	0.407	0.4	2.218	2.213	-0.135	0.11	18.11	12.85	68173.47	265.06	8377.27	67.55	119058.09	46258.64	7590.92	12208.83	9750.08	20860.02	10派0.5元配3(15-18.5元)	42.51	2001.4.20
0609	燕化高新	0.279	0.261	0.286	0.288	3.18	3.09	0.31	0.58	8.77	9.37	18670.51	4.48	3617.02	-2.47	47076.83	41264.43	16199.32	5369.99	4911.66	12960.67	10派1.5元	66.70	2001.3.2
0610	西安旅游	0.1	0.1	0.1	0.1	2.14	1.89	0.18	0.25	4.62	6.57	10957.89	35.87	1660.06	6.65	44096.90	35914.17	12551.87	4195.03	5304.00	16759.79	10派0.8元	145.80	2001.3.7
0611	民族集团	0.0048	0.0035	-0.04	0.004	1.705	1.63	-0.037	-0.21	0.28	-2.35	22520.82	1.31	83.68	111.96	60741.88	29848.98	11314.71	71.13	7548.15	17504.06	不分配	2608.33	2001.3.29
0612	焦作万方	0.186	0.167	0.378	0.322	2.151	2.068	-0.322	0.927	8.643	16.067	66508.97	-1.30	5012.55	-41.12	158299.96	57994.69	13755.96	10815.06	10154.16	26964.76	10派1元	60.70	2001.3.6
0613	PT东海A	-0.17	-0.08	-0.15	/	0.29	0.29	-0.0004	-0.04	-58.74	-33.04	2212.73	-8.08	-6106.97	-11.99	32580.32	10396.90	4493.65	-30506.76	4510.00	36410.00	不分配	/	2001.4.20
0615	湖北金环	0.242	0.242	0.368	0.368	3.52	3.51	0.167	0.337	6.873	13.94	31377.87	-6.22	3745.93	-26.43	74241.23	54502.73	22252.52	9718.56	7096.11	15490.85	10派0.8元	52.02	2001.3.1
0616	大连渤海	0.318	0.309	0.279	0.107	3.53	3.19	0.28	-0.42	9.02	8.65	10348.93	10.23	2687.06	13.90	52365.96	29794.47	13216.03	5695.90	4392.09	9464.00	10转增5.35714(*)	78.77	2001.3.13
0617	石油济柴	0.05	0.026	0.0068	/	1.711	1.595	0.082	0.108	2.924	0.412	22836.29	-1.73	520.43	631.04	47662.46	17796.94	8572.87	-1361.05	3250.00	10400.00	不分配	334.60	2001.2.16
0618	吉林化工	-0.25	0.0042	0.04	/	1.6	1.5	0.04	0.17	-15.46	2.45	1384672.23	26.11	-87876.62	-691.26	1771070.84	568724.52	229413.89	-86421.37	20000.00	356107.80	不分配	/	2001.3.30
0619	海螺型材	0.651	0.54	0.141	0.136	1.72	1.71	0.36	0.08	37.96	6.38	55212.98	1286.60	9765.58	823.62	71418.47	25726.52	3388.25	4600.62	5100.00	15000.00	不分配	41.63	2001.2.21
0620	圣方科技	0.15	0.12	0.24	0.24	2.54	2.54	-0.21	-0.03	5.73	8.31	13791.19	-73.88	4529.75	-26.88	120898.00	79058.56	23637.98	13476.42	15048.00	31162.70	不分配	98.47	2001.4.25
0621	比特科技	0.226	0.156	0.237	0.147	2.22	2.2	0.03	0.891	10.19	11.89	10784.61	113.18	3384.07	-4.59	41457.23	33218.67	7177.47	7089.68	5567.69	14968.32	不分配	99.51	2001.3.6
0622	岳阳恒立	0.1046	0.097	0.12	0.12	1.53	1.49	0.18	-0.03	6.86	8.52	20667.27	35.02	1483.65	-15.69	50457.19	21615.79	6068.05	165.52	6583.16	14174.20	10派0.3元	133.75	2001.3.27
0623	吉林敖东	0.354	0.338	0.513	0.475	4.6	4.44	0.33	0.56	7.69	15.02	31418.30	-18.51	8261.63	-17.70	143266.78	107474.39	53234.99	19817.04	11037.54	23366.46	10派2元	43.14	2001.3.30
0625	长安汽车	0.1204	0.1237	0.044	0.0357	2.01	1.86	0.72	0.71	6	2.3	681556.95	20.89	14765.45	174.89	757167.42	246063.12	88723.46	9910.91	16797.18	122666.60	10派0.38元	62.87	2001.4.11
0626	如意集团	0.03	0.03	0.09	0.065	1.15	1.03	-0.31	0.56	2.44	5.39	265895.51	337.89	378.12	-52.79	65398.87	15486.70	2338.57	-1414.86	3371.63	13500.00	不分配	553.33	2001.3.6
0627	百科药业	0.12	0.12	0.135	0.11	1.89	1.86	-0.02	0.2	6.49	6.18	32196.34	25.83	3424.34	9.21	88633.05	52773.63	12692.13	7340.01	8310.90	28903.06	10派0.5元送2	175.00	2001.4.10
0628	倍特高新	0.0196	0.0192	0.076	0.005	2.74	2.46	0.0351	-0.84	0.71	2.77	46936.00	8.40	378.95	-74.08	162805.28	53089.09	20014.57	1452.58	8637.12	19356.00	不分配	718.37	2001.3.23
0629	新钢钒	0.45	0.47	0.27	0.27	4.04	3.7	1.73	-0.15	11.16	7.08	758766.77	15.89	46104.93	68.16	707479.15	412993.98	272337.53	17766.94	29980.00	102330.01	10派2元配3(7-8.5元)	18.04	2001.3.27
0630	铜都铜业	0.3	0.3	0.36	0.34	4.11	4.08	0.25	-0.54	7.23	12.38	200803.41	21.31	13846.40	5.37	275881.58	191475.12	119383.28	17488.13	18248.03	46555.60	10派1元(*)	32.53	2001.2.27
0631	兰宝信息	0.3004	0.3032	0.3319	0.3319	4.203	4.029	0.5465	0.142	7.15	11.05	26919.83	57.44	5157.09	7.17	117664.80	72154.90	37131.61	14431.81	8188.68	17169.25	10派1元转增4	61.55	2001.4.26
0632	三木集团	0.194	0.189	0.292	0.181	3.159	3.145	-0.498	0.241	6.13	9.3	104460.36	75.36	3159.96	-33.79	153338.56	51573.25	24175.10	6820.61	5266.45	17551.30	10派1.5元	71.13	2001.4.12
0633	合金投资	0.1497	0.0996	0.5471	0.3152	1.337	1.2743	-0.0698	-0.0892	11.19	30.66	84359.43	63.14	4803.37	-58.97	139784.22	42908.22	1026.04	2219.11	13875.29	32092.20	不分配	204.14	2001.4.17
0635	民族化工	0.252	0.235	0.287	0.287	4.02	4	-0.21	0.06	6.26	8.77	20499.65	14.98	2882.78	-0.10	72794.08	46054.57	23159.30	9497.55	5200.00	11456.20	10派0.4元	61.19	2001.3.20
0636	风华高科	0.69	0.69	0.71	0.7	3.89	3.85	0.41	1.38	17.73	32.98	136945.47	54.80	36556.42	63.17	250366.61	206140.04	107156.78	30908.28	18533.99	53033.09	10派1.5元	30.68	2001.2.26
0637	茂化实华	0.311	0.345	0.462	0.461	3.059	2.972	0.535	0.7	10.16	16.24	140290.66	55.03	5000.43	-32.74	56380.59	49240.10	15509.02	8187.10	5500.00	16099.20	10派1元送2转增3	84.76	2001.4.6
0638	中辽国际	0.007	-0.176	-0.67	-0.67	1.22	1.01	0.06	0.11	0.57	-54.58	27892.31	29.69	102.63	101.00	60861.91	18911.35	12618.23	-11098.31	8826.60	15470.00	不分配	1442.86	2001.4.7
0639	庆云发展	0.0702	0.0618	0.1206	0.071	1.0967	0.9808	0.1517	0.2858	6.3987	11.75	5381.67	40.58	511.32	-41.82	18908.63	7991.01	733.68	/	3280.71	7286.49	不分配	261.11	2001.4.3
0650	九江化纤	0.2	0.2	0.27	0.27	3.11	3.1	-0.33	0.66	6.31	10.6	23612.89	0.04	2178.78	-21.42	65161.42	34532.33	13876.02	8025.20	3650.40	11116.80	10派0.5元送2转增6(*)	70.35	2001.2.13
0651	格力电器	0.71	0.74	0.705	/	4.52	4.5	2.42	1.08	15.75	21.68	634259.18	22.78	25487.01	11.22	578582.49	161852.08	58799.56	/	14196.00	35796.00	10派4元转增5	25.76	2001.3.10
0652	泰达股份	0.529	0.529	0.6306	0.616	2.46	2.45	0.366	0.4623	21.49	30.15	38220.77	75.71	14020.05	-16.15	128440.36	65236.71	4476.35	25808.83	13756.58	30027.96	10派1.6元	32.80	2001.3.8
0655	华光陶瓷	0.19	0.14	0.17	0.1	3.02	2.8	0.02	0.38	6.15	7.25	32476.41	25.08	2339.75	20.74	119180.40	38057.88	11981.36	9426.09	3504.92	12590.78	10派1.5元	80.32	2001.3.7
0657	中钨高新	0.221	0.2267	0.303	0.29	3.02	2.83	-0.534	-0.4037	7.33	10.82	100945.83	25.26	3780.91	-27.05	92748.14	51609.36	25456.48	7076.07	7452.00	17108.13	不分配	66.56	2001.4.11

代码	简称	每股收益(元)				每股净资产(元)		每股经营现金流量(元)		净资产收益率(%)		主营收入(万元)		净利润(万元)		总资产(万元)	股东权益(万元)	资本公积(万元)	未分配利润(万元)	最新流通A股(万股)	最新总股本(万股)	分红配股方案	最新市盈率(倍)	年报刊登日期
		2000年	扣除后	1999年	扣除后	2000年	调整后	2000年	1999年	2000年	1999年	2000年	同比(%)	2000年	同比(%)									
0658	ST海洋	-1.375	-1.05	-0.297	-0.254	0.004	-0.102	0.253	-0.145	/	-26.9	9317.86	816.21	-21595.07	-0.18	36895.84	58.90	11798.29	-28886.81	9971.50	15702.16	不分配	/	2001.4.26
0659	珠海中富	0.236	0.234	0.452	0.367	3.13	3.09	0.37	0.17	7.53	17.92	73123.33	-12.56	8938.26	-41.68	210755.55	118632.67	55926.31	446.23	17130.75	37879.25	10派2元	46.61	2001.3.17
0660	南华西	0.14	0.14	0.21	0.19	2.8	2.64	0.2	0.3	5.1	7.78	23972.28	2.93	1901.38	-30.93	118371.92	37251.38	13725.71	7951.76	3923.23	13291.33	不分配	118.57	2001.3.30
0661	长春高新	0.23	0.21	0.068	0.067	3.64	3.33	1.58	-0.427	6.44	2.03	31405.57	3.03	3079.15	124.30	118592.17	47782.94	22174.11	3026.74	7980.34	13132.66	10派0.5元	67.70	2001.3.27
0662	广西康达	-0.6703	-0.6673	-0.27	-0.267	0.3828	0.1056	0.3744	0.3579	-175.08	-25.64	12416.24	15.30	-7181.16	-148.25	30614.17	4101.71	2842.71	-10436.41	3857.25	10713.75	不分配	/	2001.3.27
0663	永安林业	0.074	0.072	0.293	0.18	2.63	2.48	0.34	0.28	2.83	10.587	55777.35	9.94	1244.27	-74.59	95746.94	43989.79	19494.16	3322.86	5921.28	16723.26	10派2元	196.49	2001.4.5
0665	武汉塑料	0.2	0.19	0.21	0.19	3.07	2.97	0.31	0.49	6.49	10.06	44311.06	41.48	2804.67	0.83	76257.39	43246.03	19226.59	5761.53	5001.38	14096.95	不分配	76.60	2001.3.29
0666	经纬纺机	0.22	0.22	0.21	0.21	3.52	3.46	0.41	-0.02	6.29	10.73	130812.49	125.01	13393.26	51.17	367356.51	212831.48	125215.41	14700.38	20050.00	60380.00	10派0.11元	44.64	2001.4.10
0667	华一投资	0.01	0.03	0.03	0.01	2	1.93	0.12	-0.16	0.6	1.82	11596.86	-11.14	296.03	-66.57	67920.96	49010.10	916.37	5984.87	6358.80	24502.80	不分配	1131.00	2001.3.20
0668	武汉石油	0.32	0.33	0.34	0.28	2.34	1.95	0.56	-0.27	13.72	12.8	116157.72	24.82	4719.24	21.25	89584.10	34401.53	9461.21	4907.11	4165.99	14684.19	10派0.5元	50.28	2001.3.13
0669	中讯科技	0.1374	0.1374	0.6414	0.0652	1.16	1.154	-0.005	0.01	11.87	62.88	4754.11	130.54	847.61	-78.57	13875.57	7137.98	10461.96	-10411.25	2299.00	6167.00	不分配	151.97	2001.1.19
0670	天发股份	0.22	0.22	0.33	0.31	3.33	3.3	1.12	0.44	6.68	10.3	122955.67	12.05	5236.10	-33.31	164030.42	78387.52	21632.33	22081.70	11897.60	23545.60	10派1元	54.86	2001.3.31
0671	石狮新发	0.21	0.21	0.14	0.13	1.89	1.85	-0.036	-0.069	11.12	8.32	7775.49	80.14	2001.28	50.36	27669.42	17995.10	2575.94	4581.07	2910.50	9517.31	10派0.5元配3(12-15元)	87.67	2001.2.21
0672	铜城集团	0.17	0.12	0.22	-0.32	1.84	1.65	-0.24	-0.26	9.15	12.46	9152.61	32.33	1097.54	-13.50	36444.01	11991.75	794.24	3594.29	3378.82	7280.00	10派0.3元送5.5	166.94	2001.3.8
0673	大同水泥	0.1614	0.1621	0.2302	0.1644	1.599	1.462	0.0746	0.0059	10.092	14.9701	20486.47	20.94	2798.11	-29.90	48167.07	27726.64	3733.26	4541.10	5100.00	17340.00	10派1元配3(8-12元)(*)	78.07	2001.2.7
0675	ST银山	-0.52	-0.54	-0.41	/	0.68	0.58	0.22	-0.01	-76.29	-34.17	20991.61	-25.50	-5964.34	-26.67	64515.08	7817.40	3544.80	-8489.44	3302.31	11435.03	不分配	/	2001.2.20
0676	思达高科	0.17	0.17	0.24	0.24	1.37	1.33	0.12	0.18	12.19	10.08	13030.56	28.99	2959.04	37.73	36723.41	24270.78	777.06	3754.97	4988.00	17750.00	不分配	156.59	2001.3.27
0677	山东海龙	0.23	0.23	0.16	/	1.77	1.765	0.006	-0.17	12.95	10.47	56859.74	112.34	3805.39	42.08	66331.29	29380.05	3525.12	5881.07	5054.40	16565.80	10配3(7-12元)	58.74	2001.2.6
0678	襄阳轴承	-0.4	-0.44	0.223	0.243	3.85	3.53	-0.332	-0.203	-10.376	6.067	21091.57	-24.00	-5614.79	-308.63	97178.83	54112.44	30534.81	1756.58	7890.16	14044.00	不分配	/	2001.3.29
0679	大连友谊	0.197	0.187	0.438	0.31	2.42	2.36	0.898	1.48	8.15	9.997	52868.43	16.55	4678.93	-19.10	135761.41	57433.86	19285.66	3987.81	10800.00	23760.00	10派1.25元	53.96	2001.3.9
0680	山推股份	0.0605	0.0602	0.065	0.063	2.001	1.979	0.123	-0.003	3.02	3.33	109627.05	30.88	1710.40	-6.19	131875.78	56579.19	30549.99	-4430.31	18112.10	28272.00	不分配	161.16	2001.4.11
0681	远东股份	0.2202	0.2038	0.2187	/	2.45	2.43	0.1619	0.1069	8.97	13.258	31591.04	23.02	2917.03	33.41	44597.05	32502.38	15769.25	1066.15	3875.00	13250.00	10派1元转增5	91.69	2001.3.13
0682	东方电子	0.52	0.52	0.53	/	1.52	1.51	0.42	0.55	33.9	27.41	137501.78	60.68	47296.57	55.18	184790.69	139522.54	9595.30	22669.23	60211.20	91795.20	10派2元	33.65	2001.4.10
0683	天然碱	0.043	0.043	0.047	/	1.99	1.92	0.052	-0.0578	2.18	2.42	50576.73	15.94	2035.53	-8.02	223469.35	93495.07	40267.88	3398.91	16900.00	46900.00	不分配	210.70	2001.4.10
0685	公用科技	0.1502	0.1486	0.1021	0.0982	2.11	2.1	0.23	-0.06	7.13	2.8	27443.91	-48.61	2051.55	164.64	38800.81	28777.26	11463.00	1271.77	5646.96	13662.00	10派1元	104.53	2001.3.27
0686	锦州六陆	0.22	0.23	0.35	0.35	3.47	3.34	0.1	0.13	6.39	10.28	29495.10	-9.05	2439.67	-36.79	54342.38	38208.69	15942.25	5713.65	5325.08	12536.00	10派1元送2	67.09	2001.3.1
0687	保定天鹅	0.1	0.1	0.298	0.298	3.29	3.01	-0.34	0.559	3.04	8.7	57375.92	-4.58	3210.49	-63.46	132724.35	105444.60	64266.06	5001.31	9750.00	32080.00	10送4.7	107.90	2001.4.3
0688	朝华科技	0.41	0.21	0.215	0.08	2.33	2.24	0.96	0.22	17.7	10.68	21250.59	19.54	8196.21	91.61	147272.26	46309.99	13631.58	9185.66	13056.68	22893.56	10派0.869元送3.473转增1.737	46.83	2001.3.20
0689	ST宏业	-0.692	-0.692	-0.811	-0.628	0.427	0.169	0.0176	-0.414	-161.93	-72.43	/	/	-7698.49	14.65	28957.63	4754.07	12454.74	-20032.19	4888.00	11128.00	不分配	/	2001.3.27
0690	宝丽华	0.23	0.17	0.39	0.39	1.7	1.65	0.18	0.0042	13.53	12.82	22009.04	40.90	4438.23	4.77	49477.98	32813.41	9487.28	1534.53	5835.96	19350.00	10派2元(*)	72.48	2001.3.10
0691	寰岛实业	0.0101	-0.0436	0.1727	0.1021	2.4408	2.4347	0.0003	-0.2281	0.41	7.11	1661.33	-71.33	261.24	-94.14	85792.11	63016.69	21467.56	11106.99	13011.87	25818.00	不分配	1076.24	2001.4.11
0692	惠天热电	0.399	0.411	0.398	0.38	3.52	3.39	0.429	0.009	11.32	11.48	54191.66	16.88	9333.18	2.01	162661.98	82475.10	35244.29	10598.14	8651.00	23420.49	10派0.87元	32.51	2001.3.29
0693	聚友网络	0.25	0.25	0.276	/	2.73	2.66	0.53	0.57	9.04	16.76	16243.83	46.70	3169.77	-3.71	58622.46	35058.61	16270.00	3722.18	3902.16	12846.26	10派3元	94.32	2001.2.23
0695	灯塔油漆	0.143	-0.049	0.158	0.1102	2.33	2.28	0.29	0.42	6.16	9.92	25008.32	-14.02	2450.88	0.09	91681.90	39773.32	16881.51	3518.72	5942.30	17088.27	不分配	146.85	2001.4.7
0696	ST联益	-0.146	-0.147	-0.829	-0.835	0.1629	-0.253	0.047	0.0275	-89.9	-268	966.49	-65.57	-2002.74	82.35	13060.04	2228.15	1828.17	-14977.06	5155.49	13686.40	不分配	/	2001.3.27
0697	咸阳偏转	0.324	0.283	0.37	0.32	3.51	3.51	-0.12	0.65	9.22	11.27	44231.30	-27.29	7049.53	-12.62	122662.18	76425.48	20996.37	19463.42	7741.17	21746.17	10派1元	54.17	2001.3.17
0698	沈阳化工	0.454	0.334	0.272	/	3.54	3.28	0.59	0.22	12.82	8.81	210136.72	109.07	19193.19	67.12	309650.72	149655.26	53765.19	33781.84	18720.00	42240.66	10派0.75元配3(8-10元)	22.42	2001.2.27
0699	佳纸股份	-0.1917	-0.201	0.0631	-0.077	2.3015	1.9243	0.0915	-0.2566	-8.33	2.49	57393.93	-6.24	-4361.18	-403.65	166238.86	52346.92	22754.79	2589.52	9357.74	22744.80	不分配	/	2001.4.6
0700	模塑科技	0.42	0.392	0.264	0.232	3.257	3.253	1.143	-0.116	12.89	8.42	25809.45	18.05	5230.63	59.00	64685.98	40554.21	13739.28	4422.25	3852.88	12452.18	10派3元	41.74	2001.2.28

代码	简称	每股收益(元)				每股净资产(元)		每股经营现金流量(元)		净资产收益率(%)		主营收入(万元)		净利润(万元)		总资产(万元)	股东权益(万元)	资本公积(万元)	未分配利润(万元)	最新流通A股(万股)	最新总股本(万股)	分红配股方案	最新市盈率(倍)	年报刊登日期
		2000年	扣除后	1999年	扣除后	2000年	调整后	2000年	1999年	2000年	1999年	2000年	同比(%)	2000年	同比(%)									
0701	厦门信达	0.041	0.04	0.046	/	2.45	2.38	0.04	−0.18	1.67	1.89	78654.14	50.82	818.35	−10.34	95301.26	48983.30	23971.86	1982.77	11495.10	20000.00	不分配	336.83	2001.4.11
0702	正虹科技	0.5109	0.5123	0.3838	0.3737	5.37	5.29	0.3455	0.84	9.51	8.93	103819.29	52.73	8027.70	60.69	126592.98	84399.64	51901.33	12204.37	11695.79	28280.46	10转增8(*)	38.17	2001.1.19
0703	招商股份	0.223	0.248	0.21	0.154	2.456	2.392	1.023	0.377	9.09	9.11	26352.57	161.12	2380.53	6.10	53425.78	26185.63	/	10217.82	4680.00	10660.00	10派1元配3(11−14元)	72.42	2001.4.4
0705	浙江震元	0.167	0.141	0.217	0.207	3.28	3.21	0.256	0.475	5.09	10.74	50772.15	5.41	2093.55	−3.10	71632.84	41163.56	22892.81	3081.26	8073.09	12532.94	10派1元	86.83	2001.3.14
0707	双环科技	0.31	0.31	0.28	0.28	4.73	4.7	1.15	0.1	6.53	6.104	75347.03	16.59	8188.09	10.64	158593.07	125451.60	65828.52	19541.60	13347.80	26498.22	10派1.3024元送0.868转增4.341	49.29	2001.4.3
0708	大冶特钢	0.03	−0.0932	0.06	0.0493	3.46	3.37	0.095	0.0018	0.88	1.74	108869.98	−25.10	1366.68	−49.07	382405.84	155423.78	95087.30	5064.81	16698.45	44940.85	不分配	223.67	2001.3.24
0709	唐钢股份	0.44	0.44	0.58	0.58	3.96	3.85	0.79	1.1	11.06	9.49	694661.57	21.31	59253.89	20.31	1025570.42	535582.51	310924.38	51722.59	28540.99	135382.98	10派3.5元	19.14	2001.3.28
0710	天兴仪表	0.015	0.024	0.134	0.124	1.884	1.874	−0.076	0.142	0.79	6.65	7973.07	−20.09	160.89	−88.90	33238.82	20351.24	4603.57	3957.20	3150.00	10800.00	10派1.5元送3转增1	1684.00	2001.2.28
0711	龙发股份	0.3253	0.3249	0.1402	0.1259	2.4849	2.4684	0.0385	0.1785	13.09	6.39	9165.13	250.55	3489.86	132.04	40474.15	26654.77	8462.21	5628.32	5109.39	10726.56	10派0.4元(*)	56.87	2001.2.10
0712	金泰发展	0.371	0.0269	0.147	0.123	2.717	2.707	−0.336	0.189	13.66	6.28	16301.17	4.03	5654.07	145.53	57637.52	41387.35	15895.81	7787.01	3806.92	15231.15	不分配	45.18	2001.4.17
0713	丰乐种业	0.3	0.3	0.43	0.43	2.74	2.71	−0.025	0.53	11	9.27	40800.31	42.13	6773.90	25.28	99389.24	61593.22	31752.96	2927.37	10524.15	22500.00	10派2元配3(12−15元)	59.83	2001.4.5
0715	中兴商业	0.003	−0.012	0.1	0.09	2.68	2.61	0.24	0.3	0.11	3.76	59536.51	−29.11	63.57	−97.09	96850.51	57613.56	31512.15	3052.89	5691.64	21462.00	不分配	3966.67	2001.3.16
0716	广西斯壮	0.0437	−0.0601	0.115	0.111	2.59	2.48	−0.39	−0.23	1.69	4.38	13514.37	15.69	599.74	−61.92	74262.28	35502.87	17958.05	2594.08	7796.06	13712.27	不分配	329.29	2001.3.10
0717	韶钢松山	0.5	0.52	0.43	0.43	5.11	5.1	1.25	0.75	9.87	8.86	334643.48	9.80	22529.94	27.03	300061.08	228373.04	152173.96	20156.28	13516.11	44720.00	10派2元	20.20	2001.4.7
0718	吉林纸业	0.19	0.19	0.33	0.25	3.28	3.26	0.09	−0.043	5.71	11.09	111732.32	13.82	7479.89	−35.03	276673.01	130987.46	52483.98	24039.08	18857.16	39973.91	10派0.8元	41.37	2001.4.10
0719	焦作碱业	0.297	0.3	0.2567	/	3.1795	3.0935	1.187	0.84	9.34	11.87	25656.05	17.68	2401.56	28.10	57827.94	25709.19	11232.57	4597.79	3070.37	8085.98	10派0.1元送2转增4	69.16	2001.3.14
0720	鲁能泰山	0.382	0.385	0.35	0.34	3.71	3.69	0.4	0.29	10.3	10.2	145883.29	85.01	12225.96	9.01	252732.84	118734.22	60667.62	16062.43	18471.96	31980.00	10派1元配3(10−14元)	44.48	2001.3.20
0721	西安饮食	0.0288	0.0288	0.0121	/	2.2288	1.7094	0.1498	−0.2425	1.29	0.55	27763.32	34.45	329.14	137.87	48987.84	25501.35	12345.54	809.86	4132.74	11441.51	不分配	518.75	2001.2.27
0722	金果实业	0.26	0.29	0.3	0.22	4.1	4.05	0.09	0.08	6.43	6.5	35389.85	22.75	5149.82	5.75	158651.53	79854.34	48726.94	8830.46	10604.16	19480.00	不分配	51.92	2001.3.16
0723	天宇电气	−0.265	−0.268	0.032	0.03	3.1	2.83	0.015	−0.63	−8.56	0.96	38103.04	−3.87	−3702.55	−918.14	92932.19	43260.09	26608.23	1102.24	6964.83	13959.92	不分配	/	2001.4.10
0725	京东方A	0.201	0.201	0.152	0.148	3.82	3.78	−0.32	−0.18	5.27	6.99	227789.88	207.04	11039.58	48.18	402672.62	209641.79	115527.60	16211.32	6000.00	54955.40	10派1元	102.69	2001.4.21
0726	鲁泰A	0.415	0.41	0.41	/	5.81	5.79	0.42	0.62	7.14	19.22	48592.85	22.05	8651.10	34.27	141855.25	121105.61	95294.52	28.09	5000.00	20830.00	10派4.77元(A股股东10派0.37元)转增3	42.94	2001.3.20
0727	华东科技	0.331	0.27	0.19	0.159	2.62	2.61	0.63	0.38	12.62	6.12	27681.75	−9.06	10372.08	125.94	114765.80	82202.87	27408.06	16187.72	15116.63	31373.86	10派1元	44.68	2001.2.27
0728	北京化二	0.218	0.217	0.017	0.017	3.15	3.09	0.62	0.28	6.93	0.581	114157.20	27.53	7534.61	1169.19	177792.51	108714.70	63276.69	7352.77	10400.00	34521.00	不分配	49.27	2001.4.11
0729	燕京啤酒	0.402	0.4	0.526	0.526	5.16	5.08	0.47	0.33	7.79	12.84	174587.36	15.14	26828.38	−7.96	404362.03	344419.42	219701.90	33103.39	18720.00	66742.45	10派2元	32.86	2001.3.28
0730	环保股份	0.072	0.072	0.738	/	1.51	1.399	−0.26	0.91	4.77	34.41	20105.21	−70.89	4078.72	−85.35	166857.42	85452.78	5491.81	5470.32	19333.31	56598.51	不分配	192.36	2001.4.24
0731	四川美丰	0.275	0.275	0.551	0.551	2.834	2.834	0.218	0.81	9.695	10.35	33830.20	17.29	6110.05	−0.17	77678.78	63019.87	17737.80	7400.60	7777.92	22233.20	10派1元配3(10−13元)(*)	50.18	2001.3.10
0732	福建三农	0.0485	0.0289	0.3009	0.282	3.1215	3.064	0.5078	0.389	1.55	11.236	46500.10	−2.69	740.48	−81.36	106554.28	47655.96	24341.69	5224.55	8869.00	15266.88	不分配	292.58	2001.3.31
0733	振华科技	0.27	0.21	0.23	0.19	3.85	3.77	0.26	0.52	6.95	6.36	66535.10	24.89	8379.34	17.57	186179.61	120511.16	70472.18	13189.59	16093.33	35812.00	10派2元	55.44	2001.3.30
0735	罗牛山	0.156	0.122	0.16	/	1.463	1.38	−0.001	0.06	10.69	7.17	22622.67	11.13	7617.71	78.55	120805.50	71279.33	9888.69	5220.74	22542.00	48725.40	不分配	53.59	2001.2.8
0736	重庆实业	0.26	0.17	0.35	0.36	3.47	3.46	0.145	0.62	7.6	16.8	3316.71	−2.03	1739.15	−17.49	39550.03	22869.80	10059.56	3254.53	2599.74	6600.00	不分配	98.27	2001.2.13
0737	南风化工	0.18	0.19	0.23	0.24	2.87	2.84	0.16	0.26	6.28	10.07	240343.11	15.15	8255.26	−11.53	300811.10	131373.17	72636.26	5845.25	20938.76	45730.00	10派2元	51.94	2001.3.13
0738	南方摩托	−0.41	−0.38	0.068	0.1	2.54	2.25	−0.08	−0.38	−16.06	2.31	51152.63	−48.24	−16223.16	−698.95	195053.83	101018.38	62341.16	−13788.60	13600.00	39780.00	不分配	/	2001.4.17
0739	青岛东方	0.05	0.03	0.05	/	2.15	2.13	0.05	−0.14	2.38	2.49	19647.38	−13.94	747.79	−1.98	54658.34	31372.25	16361.81	−526.78	7358.94	14574.92	不分配	269.20	2001.4.7
0748	湘计算机	0.229	0.225	0.191	0.19	2.757	2.697	0.379	0.274	8.31	7.28	70695.59	14.63	5186.27	19.72	94321.60	62414.65	34870.84	260.77	8976.60	22637.48	10派1元	74.10	2001.3.9
0750	桂林集琦	0.0876	0.0843	0.1448	/	3.1167	2.9792	−0.3058	0.2653	2.81	3.16	22737.17	67.92	1882.75	52.99	109179.46	67026.94	35797.38	3188.55	12220.00	21505.74	不分配	124.20	2001.3.10
0751	锌业股份	0.475	0.475	0.436	/	2.93	2.85	−0.095	0.118	16.22	14.68	293635.59	16.15	41836.55	55.93	405043.80	257932.55	77592.27	61688.45	34642.30	88109.88	不分配	21.75	2001.3.20
0752	拉萨啤酒	0.16	0.11	0.42	0.37	1.85	1.81	−0.07	0.51	8.53	20.74	11010.59	−7.55	2776.38	−40.72	49529.67	32541.96	6884.84	5739.39	7342.60	17583.90	10派0.4元	126.88	2001.4.4
0753	福建双菱	0.18	0.16	0.29	0.21	2.92	2.77	0.4	−0.13	6.09	10.51	14987.14	10.22	3624.02	−38.37	74363.20	59501.31	21005.02	13577.36	7133.72	20405.26	不分配	76.78	2001.3.29

代码	简称	每股收益(元)				每股净资产(元)		每股经营现金流量(元)		净资产收益率(%)		主营收入(万元)		净利润(万元)		总资产(万元)	股东权益(万元)	资本公积(万元)	未分配利润(万元)	最新流通A股(万股)	最新总股本(万股)	分红配股方案	最新市盈率(倍)	年报刊登日期
		2000年	扣除后	1999年	扣除后	2000年	调整后	2000年	1999年	2000年	1999年	2000年	同比(%)	2000年	同比(%)									
0755	山西三维	0.1852	0.1852	0.182	/	3.024	2.948	0.398	-0.089	6.124	7.14	36882.26	22.62	5144.27	12.01	130390.23	84007.27	42555.40	10105.29	10907.15	27771.39	10派1.5元	65.55	2001.3.9
0756	新华制药	0.162	0.162	0.149	0.146	2.166	2.166	0.392	0.12	7.47	7.14	104407.28	9.83	6911.94	8.66	136272.68	92569.62	21840.25	16651.86	4315.33	42731.28	10派0.8元	89.63	2001.3.12
0757	内江峨柴	0.19	0.13	0.18	0.16	3.1	3.02	0.03	-0.18	6.06	6.05	23264.32	-16.11	2867.99	3.73	71380.00	47323.39	21006.12	5640.73	5483.06	15241.71	10派0.8元	80.79	2001.4.3
0758	中色建设	0.04	0.01	0.18	/	2.21	2	0.11	-0.2	1.97	7.8	22391.74	30.51	1563.65	-75.23	136090.54	79346.49	27145.42	11897.05	18220.03	38720.00	10派0.46元	254.25	2001.4.26
0759	武汉中百	0.449	0.363	0.178	0.169	3.07	3	0.935	-0.288	14.61	6.12	108727.75	81.57	7887.76	154.95	128657.88	54006.62	29594.76	2126.08	11282.70	17566.90	10派2元配3(8-10元)(*)	26.95	2001.1.19
0760	湖北车桥	0.288	0.237	0.21	0.11	3.58	3.54	0.419	-0.05	8.04	6.33	15726.07	-21.27	3149.80	46.03	50297.84	39175.42	18513.18	5590.49	5179.36	10932.23	10派1元配3(12-15元)	49.58	2001.4.5
0761	本钢板材	0.3079	0.3079	0.2928	0.2928	3.0269	3.0083	0.47	0.45	10.17	10.1	699359.39	25.37	34980.69	5.15	472885.27	343858.43	140367.07	69471.14	11994.50	113600.00	不分配	25.66	2001.4.24
0762	西藏矿业	0.0309	0.0139	0.14	0.0938	2.4738	2.3901	-0.24	-0.0206	1.25	6.43	13123.61	27.56	619.99	-76.47	75665.92	49603.18	26293.40	1290.35	7700.00	20051.00	10派0.2元	550.16	2001.4.11
0763	锦州石化	0.084	0.107	0.005	-0.009	1.948	1.929	0.546	0.014	4.297	0.269	906353.51	70.61	6592.71	1572.18	228780.39	153423.62	73268.50	416.22	14983.35	78750.00	不分配	80.83	2001.3.23
0765	华信股份	0.115	0.106	0.43	0.4	1.35	1.1	0.05	0.5	7.87	23.54	25334.82	-3.32	1687.03	-60.41	58209.37	19822.34	225.13	1818.91	4404.47	15553.54	不分配	182.00	2001.4.10
0766	通化金马	0.809	0.683	0.271	0.201	3.53	3.38	0.656	-0.269	22.9	7.94	50418.73	76.96	24191.49	197.39	225783.93	105639.88	44909.24	17892.17	18982.34	29934.42	10派7元送3转增2	22.99	2001.3.6
0767	漳泽电力	0.333	0.333	0.514	0.514	3.45	3.45	0.829	0.97	9.66	23.62	93698.92	4.65	14504.12	-18.85	484356.29	150110.01	86119.81	9217.37	12000.00	43500.00	10派1.6元	47.06	2001.3.9
0768	西飞国际	0.18	0.18	0.14	0.14	4.86	4.85	-0.02	0.16	3.62	3.97	79715.95	37.20	6875.99	48.19	269626.15	190185.18	139961.24	4157.30	17700.00	39150.00	10派2元	66.44	2001.2.24
0769	盛道包装	0.0118	0.0118	0.044	-0.026	2.37	1.72	-0.00689	0.106	0.5	1.864	27345.53	-4.38	219.57	-72.94	80372.40	43936.34	18794.33	5611.70	8100.00	18540.00	不分配	1039.83	2001.2.8
0776	延边公路	0.1592	0.1592	0.4434	0.3582	2.18	2.18	0.3861	0.7567	7.3	13.61	12552.37	23.47	2930.76	-46.15	75750.64	40159.12	15738.53	1475.63	9318.40	18411.00	10派1.5元	66.27	2001.3.9
0777	中核科技	0.126	0.126	0.21	0.21	1.7	1.67	0.161	0.058	7.36	9	20015.75	-21.49	2108.17	-16.43	43992.01	28627.30	6079.61	3155.82	6705.89	16800.00	不分配	98.02	2001.3.20
0778	新兴铸管	0.6488	0.6097	0.5315	0.4962	3.8386	3.6411	0.9519	0.7989	16.9021	16.6143	207238.11	8.96	28190.28	22.06	306398.57	166785.24	85654.65	22674.60	12987.16	43450.00	10配3(11-14元)	22.24	2001.3.6
0779	三毛派神	0.307	0.308	0.451	0.392	3.994	3.977	0.114	0.257	7.676	12.146	28747.34	6.33	5615.28	-11.56	86885.08	73158.43	39301.92	13019.66	10179.00	18315.48	10派0.5元	34.79	2001.3.24
0780	草原兴发	0.236	0.236	0.335	0.335	3.32	3.27	-0.045	0.08	7.12	10.54	99433.25	-0.37	6686.50	-29.58	160219.49	93967.09	35697.64	19946.25	10943.80	28327.20	10派1元	52.46	2001.2.24
0782	美达股份	0.08	0.07	0.07	0.05	2.6	2.48	0.35	0.37	3.05	2.56	85391.52	54.46	2716.36	18.50	163929.47	88937.45	37210.64	11918.48	12741.00	34200.00	10派0.5元	113.00	2001.4.5
0783	石炼化	-0.1799	-0.1816	0.0597	0.0559	1.583	1.471	0.077	-0.117	-11.37	3.39	576636.24	101.26	-20773.64	-401.43	311101.06	182725.97	77692.70	-16723.03	23400.00	115444.43	不分配	/	2001.4.6
0785	武汉中商	0.333	0.302	0.316	/	3.02	2.89	0.44	0.1	11.01	11.76	187488.54	-4.57	5966.83	5.20	149656.77	54219.08	13375.10	4846.72	5094.38	17944.41	10送1转增3配3(14-20元)(*)	43.78	2001.2.19
0786	北新建材	0.28	0.28	0.25	0.23	4.08	4.06	0.27	0.17	6.9	8.66	55920.10	19.25	8097.45	26.28	178245.28	117293.27	71177.19	4000.00	11407.50	28757.50	10派1.5元	53.54	2001.3.10
0787	创智科技	0.137	0.168	0.39	0.39	2.225	2.146	0.604	0.18	6.179	9.33	41706.21	-22.16	2745.01	-29.39	66344.25	44426.06	9382.50	10939.47	9099.74	19970.02	不分配	114.53	2001.4.13
0788	合成制药	-0.48	-0.48	-0.26	-0.26	1.91	1.72	-0.18	-0.41	-25.14	-10.82	28084.13	22.33	-9235.58	-85.61	95609.22	36732.12	20577.76	-11302.99	4950.00	19250.00	不分配	/	2001.4.17
0789	江西水泥	0.124	0.124	0.121	0.121	1.902	1.871	0.013	0.393	6.52	8.6	28944.99	-3.99	4223.64	14.42	86162.26	64764.33	24063.14	3970.44	11030.35	34050.00	10派1.25元(*)	92.98	2001.3.9
0790	华神集团	0.31	0.31	0.278	0.278	3.1	3.05	0.2	0.17	10.02	9.95	17916.74	24.78	2461.28	11.98	43869.75	24553.31	3340.14	7282.48	2040.00	7920.00	10配3(18-28元)	94.84	2001.2.13
0791	西北化工	0.148	0.098	0.019	-0.041	1.946	1.943	0.233	-0.059	7.61	1.05	10003.02	7.04	2798.84	687.40	54925.38	36780.41	16352.94	976.82	7912.22	18900.00	不分配	87.50	2001.4.11
0792	盐湖钾肥	0.3115	/	0.287	/	2.87	2.8166	-0.00248	0.4886	10.84	10.13	22912.77	5.41	6880.00	8.51	88206.45	63484.32	33707.20	4304.09	6500.00	22085.00	10派2.7元	53.87	2001.3.14
0793	燃气股份	0.34	0.29	0.18	0.06	3.62	3.54	0.14	-0.79	9.38	7.38	23904.79	60.51	9906.98	115.90	185527.20	105610.82	56167.22	10319.84	16207.21	29141.15	不分配	44.15	2001.3.14
0795	太原刚玉	0.0931	0.0835	0.201	0.174	2.864	2.863	-0.0719	0.073	3.25	9.15	21478.99	-9.80	2577.06	-48.22	114130.62	79273.77	38383.75	10645.33	11432.55	27680.00	不分配	116.86	2001.3.6
0796	宝商集团	0.345	0.343	0.351	0.351	4.714	4.71	-0.758	-0.358	7.31	9.95	82285.07	14.39	4611.01	12.49	103780.52	62996.04	36987.14	9587.62	9386.21	13361.83	10派0.6元送1转增1	42.67	2001.2.16
0797	中国武夷	0.203	0.203	0.31	0.3	3.21	3.18	0.157	0.8	6.31	10.8	84065.53	9.81	7898.04	-29.01	314865.49	125171.16	74687.91	4989.86	12980.94	38945.24	10派2元	53.94	2001.4.11
0798	中水渔业	0.24	0.24	0.34	0.34	3.8	3.77	0.52	0.24	6.41	9.42	32929.36	-18.17	6152.06	-29.16	109438.10	95862.16	46250.06	19112.76	6292.50	25200.00	10派1元	56.54	2001.4.4
0799	湘酒鬼	0.284	0.262	0.483	0.461	4.3	4.25	-0.34	0.09	6.62	11.48	37194.95	-25.46	8616.12	-41.16	182906.48	130171.88	71935.29	11750.67	10725.00	30305.00	10派2元	49.61	2001.4.14
0800	一汽轿车	0.176	0.174	0.318	0.315	3.01	2.73	0.36	0.49	5.85	10.72	315175.62	-23.24	28604.27	-44.81	674070.11	489200.70	241821.30	62097.09	54600.00	162750.00	10派1元	39.83	2001.2.27
0801	四川湖山	0.106	-0.057	0.405	0.233	1.67	1.52	-0.15	0.215	6.35	24.3	7447.99	-38.31	1079.31	-73.33	24565.04	16986.03	80.63	3308.19	3024.00	10156.61	10派1元送3	231.13	2001.4.13
0802	京西旅游	0.298	0.211	0.264	0.279	3.413	3.06	0.224	0.266	8.73	8.28	23999.65	3.05	3464.55	13.01	95309.60	39679.63	21508.54	5014.29	3895.84	11625.00	10派0.8元	67.18	2001.3.28
0803	美亚股份	0.077	-0.12	0.018	0.017	1.88	1.83	0.08	0.32	4.12	1.02	8862.33	38.98	602.56	321.86	27892.57	14636.71	2822.81	866.12	3745.65	7797.00	不分配	320.65	2001.2.17

代码	简称	每股收益(元)				每股净资产(元)		每股经营现金流量(元)		净资产收益率(%)		主营收入(万元)		净利润(万元)		总资产(万元)	股东权益(万元)	资本公积(万元)	未分配利润(万元)	最新流通A股(万股)	最新总股本(万股)	分红配股方案	最新市盈率(倍)	年报刊登日期
		2000年	扣除后	1999年	扣除后	2000年	调整后	2000年	1999年	2000年	1999年	2000年	同比(%)	2000年	同比(%)									
0805	炎黄在线	0.1182	-0.0212	-0.3219	-0.4599	1.2717	1.2708	1.1807	-0.1358	9.29	-28.99	4064.88	3.18	676.15	136.71	18323.17	7276.62	282.13	685.45	1441.72	5721.83	不分配	216.33	2001.3.8
0806	银河科技	0.41	0.4	0.3	0.22	1.76	1.72	0.16	-0.07	23.57	16.09	28384.03	71.84	8758.11	81.26	88273.66	37158.11	4740.61	5799.06	8781.46	21158.28	10派1元	49.20	2001.2.13
0807	云铝股份	0.3147	0.2768	0.2052	0.1948	2.31	2.29	0.64	0.53	13.64	8.57	147027.54	46.60	9756.81	53.40	228743.92	71534.78	38527.97	543.29	7991.90	31000.00	10派2.5元	36.03	2001.2.10
0809	第一纺织	0.21	0.18	0.26	/	2.12	2.09	0.01	0.4	9.67	13.07	39542.44	57.44	2348.91	-22.16	50940.54	25433.86	3130.15	7678.66	3500.00	11457.00	10派1元	73.52	2001.3.1
0810	四川锦华	0.58	0.27	-0.24	-0.24	2.29	2.28	0.03	0.48	25.53	-9.11	24123.45	12.88	4321.82	435.48	33138.21	16929.64	4853.97	2898.06	3638.54	9604.87	10派0.75元送3(*)	36.93	2001.1.20
0811	烟台冰轮	0.23	0.23	0.24	0.24	2.15	2.14	-0.16	0.39	10.44	15.13	28961.78	15.45	2782.92	3.67	59840.06	26647.84	9577.95	690.49	3744.00	12367.31	10派1.5元	69.83	2001.2.27
0812	陕西金叶	0.25	0.23	0.29	0.25	2.41	2.36	0.13	0.15	10.5	10.72	19392.04	-9.97	4005.01	4.58	69247.52	38132.06	10732.25	7977.77	4752.00	15840.00	10派1元	61.24	2001.2.22
0813	天山纺织	0.057	0.057	0.202	0.198	1.91	1.8	-0.12	0.16	2.96	10.87	46335.20	-0.70	1911.95	-72.06	135731.76	64522.77	21055.21	3257.71	10992.93	36345.60	不分配	198.42	2001.4.6
0815	美利纸业	0.3229	0.3211	0.3576	0.29	4.1901	4.1857	0.0567	0.0139	7.71	10.9	28696.00	50.15	4261.69	4.54	107237.14	55308.77	32701.36	7748.25	6500.00	13200.00	10派0.5元	45.99	2001.3.6
0816	江淮动力	0.257	0.262	0.363	0.363	4.032	3.973	-0.235	0.373	6.38	11.25	149144.34	7.48	7878.48	-21.51	192947.78	123443.66	66332.57	20855.97	11427.81	30620.00	10派0.5元	49.38	2001.3.27
0817	辽河油田	0.42	0.42	0.15	0.15	2.14	2.14	0.41	0.75	19.587	7.796	117329.44	35.03	46106.57	179.85	277096.92	235387.36	84408.11	28226.55	20000.00	110000.00	10派2元	22.55	2001.2.20
0818	锦华氯碱	0.081	0.072	0.13	0.09	2.87	2.837	-0.01	0.005	2.826	4.667	74343.79	10.90	2758.03	-37.69	253523.67	97595.01	55520.84	5843.05	9000.00	34000.00	不分配	132.72	2001.4.3
0819	岳阳兴长	0.264	0.264	0.235	0.235	2.125	2.111	0.281	0.355	12.4	12.6	69711.69	78.32	4360.18	12.23	39231.64	35090.41	7967.08	3153.23	5210.32	16513.39	不分配	55.98	2001.2.20
0820	金城股份	0.13	0.102	0.2065	0.1829	2.343	2.247	1.444	-0.0986	5.539	9.59	44465.40	-12.43	2744.10	-37.15	111647.10	49544.40	15092.20	6844.80	5400.00	21141.60	不分配	88.77	2001.4.28
0821	京山轻机	0.29	0.26	0.3	0.29	2.59	2.58	0.23	-0.06	11.18	12.11	53928.67	17.54	8954.86	-4.34	119318.73	80105.87	30515.29	7776.98	8250.00	30882.13	10派2元	47.24	2001.2.15
0822	山东海化	0.37	0.3	0.27	0.2	2.82	2.71	1.06	0.13	13.11	10.11	116818.70	19.82	15508.36	36.44	231271.04	118285.73	55457.41	14272.70	11993.40	42000.00	10派2.3元配3(10-14元)(*)	41.57	2001.2.9
0823	超声电子	0.214	0.212	0.197	0.19	2.445	2.385	0.019	0.414	8.762	10.384	62517.10	29.84	7693.91	19.25	140440.21	87807.85	45823.67	1970.30	13496.93	35920.00	10派1.5元	60.70	2001.3.14
0825	太钢不锈	0.309	0.289	0.301	0.272	2.319	2.266	0.389	0.201	13.34	14.29	493681.87	39.25	29146.39	2.86	474289.68	218495.78	76229.05	35312.49	48732.43	107617.00	10派0.88元	22.69	2001.3.15
0826	国投原宜	-0.221	-0.23	/	/	2.19	2.17	-0.097	0.42	-9.8	/	19408.09	-45.19	-3894.51	-229.28	75191.57	39739.62	16713.89	-1828.94	6499.48	18149.30	不分配	/	2001.4.26
0827	大龙泉	0.225	0.2	0.262	/	2.718	2.537	1.034	-0.308	8.26	10.52	11598.13	59.86	1347.26	-14.38	36954.46	16309.90	1422.77	7110.87	2920.32	6673.92	不分配	121.60	2001.3.31
0828	福地科技	0.1592	0.135	0.486	0.493	2.453	2.427	-0.2997	0.9009	6.49	16.935	290837.50	-8.19	18541.34	-60.69	452053.45	285695.02	101361.02	45971.19	24739.28	116468.35	10配0.65元	74.87	2001.3.21
0829	赣南果业	0.05	/	0.21	0.079	2.056	1.935	0.088	/	2.43	6.13	12038.65	-21.48	786.14	-49.99	43149.82	32376.46	10152.26	4885.11	6204.55	15750.00	10派0.35元	223.80	2001.4.20
0830	鲁西化工	0.223	0.232	0.408	0.428	3.65	3.64	0.35	0.99	6.1	12.16	95912.62	12.77	5553.17	-32.00	187224.38	91025.81	48576.53	14021.70	7500.00	24911.54	不分配	52.83	2001.3.21
0831	关铝股份	0.259	0.26	0.291	/	3.35	3.34	-0.74	0.541	7.726	10.69	69397.21	33.61	6270.91	0.23	163910.05	81167.47	41517.64	12902.02	9750.00	24200.00	10派1元送2转增3(*)	53.32	2001.3.16
0832	龙涤股份	0.286	0.2863	0.3	0.3	3.52	3.51	0.315	0.65	8.13	10.51	117033.52	34.38	10080.97	5.67	149339.43	124024.14	47461.13	33075.14	10200.00	35206.98	不分配	39.41	2001.4.3
0833	贵糖股份	0.15	0.15	0.0088	0.0059	2.46	2.33	0.84	-0.36	6.13	0.39	64717.07	9.11	3801.89	1601.56	117180.57	62048.43	25004.16	7693.79	8000.00	25268.85	不分配	71.13	2001.3.17
0835	隆源实业	0.29	0.29	0.27	0.27	2.82	2.56	0.64	0.023	10.21	10.5	23583.28	49.94	1554.07	4.90	36818.51	15215.02	5125.77	2596.37	1326.00	5400.00	10派0.3元	123.28	2001.3.28
0836	天大天财	0.554	0.245	0.48	0.48	5.08	5.02	0.34	0.18	10.81	10.8	84575.69	65.59	5697.44	14.48	100622.46	52691.31	27861.15	11413.21	3900.00	10275.46	不分配	65.14	2001.1.19
0837	秦川发展	0.3	0.28	0.32	0.32	2.84	2.82	/	0.2424	10.54	10.3	37176.25	108.95	3973.31	10.05	60758.70	37700.40	14859.42	7700.86	10547.33	21267.84	10派1元送3转增3配1.875(8-14元)(*)	35.77	2001.1.20
0838	ST西化机	-0.507	-0.507	-0.135	-0.135	0.412	0.126	-0.048	0.095	-123.1	-12.85	4036.31	-50.99	-3300.72	-261.32	22978.22	2681.43	1221.58	-5811.51	1755.00	6511.99	不分配	/	2001.2.16
0839	中信国安	0.4505	0.3918	0.5004	0.4557	2.4848	2.2991	0.3082	-0.0161	18.13	22.72	52876.51	12.31	26576.95	32.77	239387.82	146602.84	75812.79	1490.39	17837.21	59000.00	10派4.5元	56.98	2001.3.17
0848	承德露露	0.21	0.21	0.44	0.43	2.84	2.84	0.2	0.48	7.26	24.76	82111.15	11.01	5340.22	-47.40	87234.92	73592.74	30442.17	12486.86	9100.00	25925.00	不分配	59.33	2001.2.17
0850	华茂股份	0.62	0.6	0.37	0.35	3.13	3.13	0.48	0.32	19.79	13.51	58970.65	4.19	10524.71	69.13	78303.29	53195.18	21087.40	11916.24	6490.00	18500.00	10派1.8378元转增1.83784(*)	29.81	2001.2.28
0851	中国七砂	-0.08	-0.07	0.02	0.02	1.77	1.7	-0.07	-0.14	-4.6	0.91	15929.34	11.08	-1828.29	-647.79	53735.94	39757.90	13868.41	-1317.49	5850.00	22490.00	不分配	/	2001.3.23
0852	江钻股份	0.373	0.363	0.281	0.251	2.93	2.92	0.361	0.279	12.71	10.97	35628.35	57.66	7451.11	32.74	87454.54	58630.28	25931.08	9521.97	4991.13	20000.00	10转增4	48.18	2001.2.20
0856	唐山陶瓷	0.19	0.2	0.29	0.29	3.02	2.82	-0.2	-0.01	6.28	11.7	46776.70	0.77	3316.30	-27.93	103903.41	52802.49	27821.79	3557.30	6499.09	17500.00	10派1.5元	64.68	2001.3.28
0858	五粮液	1.6	1.6	1.352	1.352	6.643	6.615	2.7	1.872	24.09	26.81	395364.01	19.49	76811.21	18.35	460091.72	318861.15	104201.48	135660.72	14390.14	51120.00	不分配	23.28	2001.1.18
0859	国风塑业	0.21	0.19	0.33	0.3	3.2	3.09	0.08	0.38	6.5	10.85	47682.79	16.30	4950.19	-16.39	114646.55	75403.55	40787.04	9027.34	8990.57	23580.00	10派1元	57.90	2001.4.3
0860	顺鑫农业	0.273	0.275	0.276	0.248	3.036	2.949	0.176	0.29	8.998	9.47	67713.20	6.42	7648.82	-0.92	101981.61	85006.89	44427.11	7878.04	9091.42	30415.00	10派1.3809元	50.88	2001.3.15

代码	简称	每股收益(元)				每股净资产(元)		每股经营现金流量(元)		净资产收益率(%)		主营收入(万元)		净利润(万元)		总资产(万元)	股东权益(万元)	资本公积(万元)	未分配利润(万元)	最新流通A股(万股)	最新总股本(万股)	分红配股方案	最新市盈率(倍)	年报刊登日期
		2000年	扣除后	1999年	扣除后	2000年	调整后	2000年	1999年	2000年	1999年	2000年	同比(%)	2000年	同比(%)									
0861	茂化永业	0.08	0.09	0.25	0.176	3.29	3.22	0.2	0.066	2.31	10.89	15787.98	24.81	562.48	-65.52	47656.09	24399.53	12328.42	3427.77	2112.50	7416.97	10派1元	267.38	2001.3.12
0862	吴忠仪表	0.23	0.2291	0.25	0.2529	3.32	3.28	0.02	0.16	6.93	11.03	19956.70	26.40	5018.30	4.37	96363.04	72412.95	46176.76	2434.88	11698.59	21834.00	10派1.5元	61.13	2001.3.9
0863	和光商务	0.247	0.236	0.251	0.195	1.88	1.83	-0.052	-0.124	13.19	7.56	19855.00	95.68	3355.75	97.16	46222.57	25455.80	5756.67	4227.01	3900.00	13562.03	10派0.3元	84.78	2001.2.14
0866	扬子石化	0.28	0.28	0.21	0.22	2.22	2.17	0.51	0.32	12.51	10.18	1557849.92	66.72	64774.54	33.53	1060223.19	517822.82	215061.43	43714.11	35000.00	233000.00	10派1.2元	21.96	2001.4.13
0868	安凯客车	0.055	0.055	0.144	0.144	3.07	2.89	-0.09	-0.463	1.79	/	37248.51	-21.32	1212.30	-50.33	110674.27	67749.29	41132.62	2932.89	10130.15	22100.00	不分配	170.73	2001.3.10
0869	张裕A	0.49	0.49	0.37	0.37	4.81	4.67	0.68	0.34	10.2	15	87361.80	38.69	12748.03	51.67	161075.81	125012.16	82450.25	10419.25	3200.00	26000.00	10派2元	45.94	2001.3.30
0876	新希望	0.302	0.299	0.398	0.398	4.71	4.66	0.006	/	6.4	11.06	64135.65	21.99	5500.22	-1.19	107604.96	85666.54	51214.92	12936.22	5187.39	18202.60	不分配	55.83	2001.4.20
0877	天山股份	0.4695	0.4491	0.3346	0.31	4.64	4.56	0.5927	0.51	10.13	10	40374.04	31.80	6782.78	56.59	154225.89	66962.12	39832.99	9575.13	6500.00	14446.00	不分配	47.52	2001.3.8
0878	云南铜业	0.214	0.212	0.192	0.192	1.88	1.84	0.36	0.03	11.34	10.54	253747.73	29.61	15622.32	11.15	381014.47	137755.41	52387.07	6124.78	28066.19	79868.88	10派1.4元	42.85	2001.3.20
0880	山东巨力	0.4	0.4	0.79	0.72	3.06	3.06	0.09	0.41	13.06	14.21	169743.05	16.20	6892.26	0.66	102166.76	52765.71	21254.63	9233.94	5750.00	18406.70	10派0.25元送1转增4	41.23	2001.4.4
0881	大连国际	0.3	0.28	0.48	0.41	3.39	3.22	-0.24	0.68	8.91	10.99	77533.36	47.27	5836.61	28.34	130847.77	65515.51	34702.24	4336.47	7350.00	19307.40	10派0.25元送1转增5	141.23	2001.3.20
0882	中商股份	0.06	0.12	0.22	0.21	1.56	1.55	0.08	-0.32	3.82	10.35	30472.61	51.28	1485.59	-61.61	59052.51	38863.76	7901.39	3879.07	6300.00	24920.00	不分配	234.17	2001.3.8
0883	三环股份	0.227	0.218	0.349	0.349	3.22	3.17	0.03	-0.66	7.03	9.38	99116.72	16.19	5348.91	-22.09	111503.76	76052.41	26798.15	14461.30	6600.00	23585.76	10派1元	56.96	2001.4.25
0885	春都A	-0.225	-0.31	0.151	-0.128	3.74	3.72	-0.248	-0.164	-6	3.79	29509.24	-35.26	-3593.13	-249.21	88428.02	59910.81	38972.82	3231.77	6000.00	16000.00	不分配	/	2001.4.4
0886	海南高速	0.073	0.086	0.13	0.135	2.62	2.48	0.106	0.096	2.79	4.99	35255.92	5.67	7232.41	-43.58	530252.57	258891.06	94298.04	28203.76	24781.24	98882.83	10派0.5元	114.79	2001.4.13
0887	飞彩股份	0.1504	0.1414	0.22	0.2074	1.98	1.93	0.1599	0.2375	7.6	11.75	106107.37	6.43	4211.20	-31.63	151313.35	55400.69	18238.19	5945.23	9091.13	30100.00	10派0.5元	81.52	2001.3.16
0888	峨眉山A	0.28	0.25	0.24	0.23	3.51	3.31	0.35	0.23	7.84	7.1	12628.66	15.65	3264.10	16.23	44993.33	41627.55	25228.58	2500.30	4000.00	11866.00	10派1元	64.32	2001.3.21
0889	华联商城	0.252	0.237	0.3	0.3	3.19	3.131	-0.559	0.553	7.787	18.73	44918.75	29.81	5708.01	-3.90	123626.51	72279.29	37896.28	7726.93	12337.11	22656.02	10派0.5元送1转增2	58.21	2001.3.28
0890	法尔胜	0.35	0.25	0.41	0.21	2.95	2.88	0.9	-0.42	11.71	10.79	65379.51	70.75	6976.72	17.96	134650.78	59562.23	31323.33	4334.10	10200.00	22464.00	10派1元送1转增2	61.43	2001.4.10
0892	长丰通信	0.29	0.26	0.23	0.11	2	1.93	0.9947	-0.06	14.46	13.59	26300.88	17.02	7977.17	24.40	115859.63	55168.76	9357.05	12692.06	8000.00	27591.79	不分配	75.97	2001.1.18
0893	广州冷机	-0.416	-0.295	0.064	-0.295	2.06	1.97	-0.162	0.235	-20.17	2.635	13881.31	-45.87	-9229.91	-748.53	102938.22	45754.45	28343.82	-5603.99	5688.40	22200.00	不分配	/	2001.3.14
0895	双汇发展	0.529	0.487	0.517	0.45	2.32	2.29	0.85	0.68	22.8	17.31	310721.22	29.42	15469.83	33.00	154911.01	67839.13	23141.32	10401.02	8433.22	29237.00	10派5元	29.81	2001.2.6
0896	豫能控股	0.193	0.222	0.278	0.278	2.27	2.26	0.44	0.38	8.49	13.39	38817.80	-4.57	8298.13	-30.66	139904.05	97707.07	34263.77	9752.43	7993.00	43000.00	不分配	67.31	2001.3.17
0897	津滨发展	0.2283	0.1364	0.2344	0.1747	2.35	2.28	-0.57	-0.07	9.7	10.06	37835.57	-12.39	6165.35	-2.58	148518.95	63528.96	34450.04	931.65	9100.00	29100.00	10派1元转增6	70.39	2001.3.29
0898	鞍钢新轧	0.168	0.168	0.12	0.12	2.41	2.4	0.31	0.2	6.98	5.36	979315.00	41.46	48974.90	68.15	956511.00	701786.10	310260.60	71421.60	70894.33	291794.33	10派0.9元	27.74	2001.3.21
0899	赣能股份	0.173	0.173	0.258	0.258	2.67	2.66	0.138	0.45	6.49	10.11	49725.03	5.92	9505.39	-25.60	158092.40	146373.14	72317.64	9665.79	17876.56	54803.20	10派1元	60.23	2001.3.23
0900	现代投资	0.37	0.37	0.46	0.39	5.91	5.81	0.04	0.55	6.32	10.39	28681.82	15.64	14907.15	13.41	491472.46	235763.11	156857.89	30112.47	16800.00	39916.59	10派1.5元	32.73	2001.2.27
0901	航天科技	0.203	0.176	0.182	0.144	3.151	3.136	0.117	-0.444	6.45	6.19	10760.49	8.49	2011.71	11.43	42254.90	31191.35	17192.22	2557.16	3000.00	9900.00	不分配	127.93	2001.3.21
0902	中国服装	0.17	0.15	0.15	0.11	2.53	2.5	0.17	/	6.83	6.05	52151.65	79.17	3713.55	15.68	105660.92	54370.52	29490.84	1117.04	6500.00	21500.00	10派1元	80.06	2001.3.15
0903	云内动力	0.44	0.29	0.3	0.28	3.45	3.44	0.1	0.21	12.87	8.86	41000.45	12.58	7995.12	49.42	83891.70	62115.87	35595.73	5357.36	6000.00	18000.00	10派3.5元配3(9-13)	32.45	2001.2.27
0905	厦门路桥	0.106	0.092	0.61	0.29	3.297	3.29	0.326	0.635	3.23	/	23017.56	68.04	3139.04	-82.56	267983.45	97252.90	50101.03	13037.92	9500.00	29500.00	不分配	104.34	2001.2.23
0906	南方建材	0.286	0.225	0.233	0.216	2.89	2.79	0.424	0.189	9.92	8.9	81258.77	13.01	3579.70	22.95	73231.64	36067.87	16530.04	5514.19	3500.00	12500.00	10派0.2元配3(15-18)(*)	74.41	2001.2.17
0908	天一科技	0.165	0.161	0.4057	0.3964	1.753	1.743	-0.089	0.0974	9.42	12.5	18927.21	39.18	4624.94	-18.57	69792.17	49074.57	11551.67	7530.61	8987.80	28000.00	10派0.35元	76.06	2001.3.20
0909	数源科技	0.0178	0.0065	0.25	0.24	2.6913	2.6356	0.2083	-0.19	0.66	9.05	44532.03	-44.51	348.96	-92.89	85151.94	52748.94	31281.46	1078.48	6000.00	19600.00	10派1元	805.62	2001.3.21
0910	大亚股份	0.25	0.219	0.295	0.276	3.4	3.36	0.202	-0.084	7.34	9.06	43054.99	18.71	5776.05	-15.38	101523.36	78660.74	44373.63	7758.41	8000.00	23125.00	10派1元	60.68	2001.3.31
0911	南宁糖业	0.2456	0.2551	0.1923	0.0175	2.41	2.37	0.66	0.38	10.19	8.31	93804.99	3.54	5500.66	27.70	133810.18	54008.43	25379.86	4818.26	5600.00	22400.00	10配3(9-13元)	53.18	2001.2.13
0912	泸天化	0.277	0.211	0.344	0.306	3.228	3.041	0.86	1.418	8.57	11.418	137779.83	-0.60	12449.23	-19.53	358818.17	145249.59	79529.50	15136.07	15000.00	45000.00	10派0.6元	34.26	2001.3.20
0913	钱江摩托	0.53	0.54	0.42	0.41	3.23	3.14	0.93	-0.49	16.53	14.95	374928.49	50.65	13897.85	26.82	156147.63	84092.66	37239.75	17436.86	6500.00	26000.00	10派1.2元配3(10-15元)(*)	31.53	2001.1.18
0915	声乐股份	-0.0333	-0.0648	0.2011	0.1729	2.757	2.692	-1.002	0.5003	-1.21	7.21	4003.29	-60.80	-301.25	-116.58	39954.54	24904.23	10653.10	3564.38	3000.00	9033.60	不分配	/	2001.3.16

代码	简称	每股收益(元)				每股净资产(元)		每股经营现金流量(元)		净资产收益率(%)		主营收入(万元)		净利润(万元)		总资产(万元)	股东权益(万元)	资本公积(万元)	未分配利润(万元)	最新流通A股(万股)	最新总股本(万股)	分红配股方案	最新市盈率(倍)	年报刊登日期
		2000年	扣除后	1999年	扣除后	2000年	调整后	2000年	1999年	2000年	1999年	2000年	同比(%)	2000年	同比(%)									
0916	华北高速	0.2576	0.2091	0.151	0.1479	2.4556	2.4533	0.2776	0.1786	10.49	6.57	35576.72	17.13	28073.81	70.52	329515.88	267660.23	133742.98	9329.21	34000.00	109000.00	10派1元	28.45	2001.3.13
0917	电广传媒	0.56	0.55	0.41	0.39	9.06	8.98	0.42	0.44	6.19	11.37	57874.21	35.20	14490.91	73.75	320966.65	234151.62	187163.61	15502.29	11800.00	25840.00	10派3元	52.46	2001.3.15
0918	亚华种业	0.365	0.353	0.293	0.187	3.92	3.8	0.33	−0.79	9.3	8.12	33828.67	27.40	6196.91	26.80	148152.46	66633.30	38520.43	6994.53	6000.00	17000.20	10派0.5元配3(15−18元)	59.62	2001.3.8
0919	金陵药业	0.424	0.431	0.4023	0.3864	3.7797	3.7729	0.8261	0.142	11.23	11.09	36495.04	3.05	11885.40	5.51	122214.01	105830.20	63592.55	7666.93	8000.00	28000.00	10派2.73元	49.13	2001.3.20
0920	南方汇通	0.39	0.29	0.3	/	3.07	3.07	0.12	0.004	12.7	10.07	40879.97	43.94	7412.34	29.87	91770.39	58382.81	36712.81	702.01	7000.00	19000.00	10派3元(*)	47.77	2001.2.14
0922	阿继电器	0.21	0.2	0.24	/	2.96	2.96	0.38	0.09	7.24	7.86	21622.11	−6.82	3760.19	−9.20	74147.31	51903.20	30803.05	37.36	5500.00	17555.00	10派2.6元	80.33	2001.4.3
0923	河北宣工	0.15	0.15	0.17	0.15	2.37	2.35	−0.37	−0.11	6.47	7.28	31463.83	−7.56	2531.07	−10.98	68303.76	39116.80	19480.69	2329.94	5500.00	16500.00	10派1.5元	84.93	2001.3.10
0925	浙大海纳	0.34	0.27	0.32	0.27	4.03	4	−0.28	0.49	8.42	8.38	23354.22	75.98	3052.74	4.62	54041.88	36245.95	23877.76	2333.42	3000.00	9000.00	10派1.8元	109.88	2001.3.29
0926	福星科技	0.311	0.299	0.28	0.27	2.27	/	0.216	0.245	13.7	10.33	38922.08	32.56	8299.32	44.37	87188.26	60597.61	18834.34	9155.63	7150.00	26669.50	10派1.25元配2.3076(12−16元)	52.35	2001.2.17
0927	天津汽车	0.194	0.201	0.308	0.305	2.541	2.501	0.096	0.055	7.62	13.11	453368.14	−25.20	28084.69	−37.07	722631.99	368485.07	145119.94	60158.22	21800.00	145015.82	不分配	39.07	2001.3.26
0928	吉林炭素	0.15	0.14	0.24	0.17	3.53	3.26	−0.14	−0.55	4.22	6.86	71671.11	15.45	4206.87	−38.68	215396.48	99744.85	55461.73	5007.04	9000.00	28289.90	10派1.6元	68.73	2001.3.1
0929	兰州黄河	0.0279	0.0091	0.179	−0.4673	4.1559	4.0724	−0.0097	−0.7482	0.67	3.61	18591.01	−9.34	329.27	−81.27	92698.40	48973.54	29672.75	6208.74	5400.00	11784.00	不分配	524.73	2001.3.21
0930	丰原生化	0.585	0.572	0.277	0.273	4.028	4.013	0.863	−0.981	14.53	7.11	70518.11	46.03	8602.46	111.67	135192.02	59208.18	36733.08	5622.34	9000.00	17697.88	不分配	45.56	2001.3.16
0931	中关村	0.24	0.24	0.26	0.22	2.51	2.45	−1.91	−0.57	9.39	10.85	157012.45	−29.42	15899.82	−9.86	660411.17	169299.40	87639.66	7467.40	37484.69	67484.69	10派1.5元	86.83	2001.3.27
0932	华菱管线	0.2327	0.2485	0.2485	0.2474	2.16	2.05	0.47	0.06	10.8	9.88	619337.52	27.06	36423.34	17.04	541931.92	337376.31	131575.36	36266.32	25000.00	156537.50	10派0.5元	31.20	2001.2.27
0933	神火股份	0.418	0.3832	0.339	0.289	3.478	3.474	0.424	0.46	12.03	10.06	53885.71	16.55	9564.66	23.43	108981.72	79526.06	46473.58	7284.73	7000.00	22868.00	10派4元配3(13−16元)(*)	36.41	2001.2.28
0935	四川双马	0.3297	0.3431	0.2292	0.2335	2.7795	2.1097	0.6634	0.3207	11.86	8.9199	44565.19	21.92	5850.13	43.82	71691.43	49322.21	25678.18	4381.79	5800.00	17745.00	10派1.2元送2转增6	73.43	2001.3.24
0936	华西村	0.41	0.42	0.39	/	3.45	3.43	0.36	0.15	11.87	12.44	30375.25	23.85	5733.51	4.83	59300.71	48284.57	24675.00	7958.13	3500.00	14000.00	10派1元转增2(*)	51.85	2001.3.10
0937	金牛能源	0.445	0.444	0.388	0.388	3.59	3.59	0.27	0.07	12.38	11.74	89190.98	10.97	18921.28	14.60	213330.44	152785.22	81641.50	23328.87	10000.00	42500.00	10派1.25元配3(10−14元)	34.65	2001.3.8
0938	清华紫光	0.404	0.393	0.433	0.416	3.035	2.974	−0.185	0.123	13.32	9.23	92272.86	104.36	8332.36	49.50	109550.82	62549.60	35645.12	3543.11	6400.00	20608.00	10派3元	100.92	2001.3.20
0939	凯迪电力	0.25	0.12	0.26	/	2.01	1.94	−0.21	0.27	12.62	6.78	20815.54	20.89	5490.52	101.46	63959.93	43503.42	13403.45	6493.68	9450.00	21630.00	10派1元	76.00	2001.2.27
0948	南天信息	0.31	0.26	0.34	0.32	3.31	3.21	0.35	0.22	9.49	10.4	67241.66	4.71	4398.62	−6.39	82232.81	46346.43	29919.34	60.75	4000.00	14000.06	10派2.6元	81.90	2001.4.7
0949	新乡化纤	0.4	0.38	0.36	0.35	3.91	3.89	0.42	0.2	10.27	10.03	63594.96	8.70	9855.88	10.90	121634.83	96012.59	53422.28	9799.18	7500.00	24528.57	10派1元送1转增9	47.58	2001.3.19
0950	民丰农化	0.24	0.242	0.191	/	2.762	2.759	0.574	0.5	8.7	7.23	38674.32	1.06	3723.61	25.67	83211.18	42810.70	22949.07	3024.31	5500.00	15500.00	10派1.5元配3(8−10元)	58.75	2001.3.13
0951	小鸭电器	0.0366	0.0366	0.149	0.118	2.478	2.356	−0.186	0.024	1.48	6.12	66132.48	22.88	929.67	−75.47	141292.92	62929.25	32154.94	4301.44	9000.00	25397.50	不分配	269.40	2001.4.3
0952	广济药业	0.18	0.18	0.18	0.16	2.81	2.79	0.28	0.4	6.36	6.99	13414.51	−24.03	3061.59	−2.57	67621.51	48154.11	20070.11	8431.21	5000.00	17122.60	不分配	86.00	2001.4.7
0953	河池化工	0.21	0.18	0.17	0.16	2.2	2.13	0.59	0.44	9.67	6.9	31782.84	62.80	3787.07	51.33	101325.45	39144.21	14189.82	4455.02	6000.00	17821.78	10派0.5元	79.86	2001.4.7
0955	欣龙无纺	0.075	0.071	0.208	0.1602	2.5189	2.473	−0.0339	0.0244	2.98	8.5	13390.91	−32.79	1538.48	−63.85	78191.41	51636.86	25342.37	3689.85	5500.00	20500.00	不分配	197.20	2001.4.21
0956	中原油气	1.1736	1.2124	0.3869	0.3821	3.7075	3.7075	2.0921	0.7414	31.66	13.82	191233.65	47.35	79805.60	203.37	314478.57	252107.03	94984.48	65151.47	17000.00	68000.00	10派2元	15.19	2001.4.12
0957	中通控股	0.19587	0.1564	0.28	/	1.81	1.7975	−0.2377	−0.13	10.8147	8.98	26129.63	−11.36	4671.63	25.88	65954.09	43196.94	13967.86	3059.55	8100.00	23850.50	10派1元	63.56	2001.3.10
0958	东方热电	0.291	0.286	0.26	0.26	2.982	2.911	0.999	0.58	9.922	9.49	30264.85	34.31	5237.00	12.53	127705.23	52783.27	25592.32	6486.05	4500.00	18000.00	10派0.5元	53.02	2001.3.27
0959	首钢股份	0.33	0.25	0.31	0.24	2.18	2.16	0.44	0.04	15.07	14.73	1191658.38	4.05	75873.34	5.14	963690.46	503538.15	241626.41	8706.58	35000.00	231000.00	10派2.5元	32.18	2001.3.6
0960	锡业股份	0.2718	0.2667	0.2807	0.2577	3.2463	3.2387	0.5076	−0.4172	8.37	9.13	119004.06	7.37	9727.69	−3.16	190937.35	116186.10	71112.97	4336.31	13000.00	35790.40	10派1元	44.48	2001.3.22
0961	大连金牛	0.274	0.26	0.22	0.21	2.73	2.4	0.154	−0.14	10.03	9	117477.11	11.16	7399.14	22.38	213132.14	73753.97	37883.17	7373.40	10000.00	27053.00	10派0.3元配3(6−9.5元)	38.03	2001.3.10
0962	东方钽业	0.512	0.509	0.323	0.298	2.99	2.98	0.32	0.17	17.13	6.89	106374.44	94.79	15194.39	185.41	144322.32	88710.58	44488.60	10822.43	11700.00	29700.00	10派1.25元(*)	80.90	2001.2.14
0963	华东医药	0.24	0.24	0.2	0.2	2.53	2.42	0.1	0.3	9.53	7.99	161773.09	29.85	4591.04	23.77	114342.56	48164.73	25576.07	321.78	5000.00	19000.00	10派1.5元	84.54	2001.4.10
0965	天水股份	0.19	0.12	0.2	0.18	2.67	2.47	−0.15	−0.09	7.22	13.18	32244.29	2.41	4178.30	40.34	101707.44	57848.78	31263.24	3408.04	7000.00	21700.49	不分配	64.89	2001.3.28
0966	长源电力	0.28	0.23	0.28	0.28	2.76	2.73	0.52	0.98	10.16	19.53	67397.13	7.03	8651.75	41.29	213898.90	85148.56	44112.78	7180.96	9000.00	30845.17	10派2元转增2	51.93	2001.4.4
0967	上风高科	0.2752	0.2472	0.3809	0.3809	3.14	3.0572	0.1192	0.8556	8.76	28.54	13912.28	2.61	3764.44	7.67	50184.48	42980.83	24669.54	1553.20	4500.00	13678.61	10派1.2元	74.35	2001.4.18

代码	简称	每股收益(元)				每股净资产(元)		每股经营现金流量(元)		净资产收益率(%)		主营收入(万元)		净利润(万元)		总资产(万元)	股东权益(万元)	资本公积(万元)	未分配利润(万元)	最新流通A股(万股)	最新总股本(万股)	分红配股方案	最新市盈率(倍)	年报刊登日期
		2000年	扣除后	1999年	扣除后	2000年	调整后	2000年	1999年	2000年	1999年	2000年	同比(%)	2000年	同比(%)									
0968	神州股份	0.1358	0.1286	0.2358	0.2404	2.81	2.71	-0.1034	-0.119	4.84	13.7	59444.68	11.84	5368.08	-7.15	170790.23	110921.65	65904.61	2091.17	14019.47	39519.00	10派1元	78.79	2001.2.24
0969	安泰科技	0.4678	0.4547	0.4201	0.4191	6.7582	6.7196	0.1825	0.4147	6.92	31.65	35662.33	64.71	7137.88	83.50	148603.28	103130.09	83345.31	1793.14	4200.00	15260.00	10派2.33元送1转增5(*)	59.34	2001.2.27
0970	中科三环	0.314	0.274	0.486	0.486	3.964	3.87	-0.508	0.251	7.92	29.6	37190.00	69.78	2732.56	8.15	54018.25	34486.41	24005.69	959.48	3500.00	8700.00	10派2元转增8(*)	99.39	2001.3.10
0971	湖北迈亚	0.21	0.16	0.24	/	2.23	2.2	0.23	0.11	9.39	17.2	24274.18	17.08	3913.81	21.07	91301.57	41679.14	19187.61	757.41	5500.00	18700.00	10派1.875元	68.00	2001.3.13
0972	新中基	0.22	0.17	0.32	0.23	3.2	2.84	-1.28	0.42	6.66	14.96	46757.59	19.22	2713.65	6.70	103876.69	39848.40	23934.32	465.28	4500.00	12458.92	10派0.7元	90.36	2001.3.3
0973	佛塑股份	0.2	0.19	0.24	0.21	2.97	2.96	-0.33	-0.16	6.81	12.8	148237.87	17.61	7562.86	14.77	208899.49	111089.54	65011.76	875.54	4900.00	37345.06	10派1.6元	75.15	2001.3.17
0975	乌江电力	0.2	0.2	0.38	0.38	3.76	3.75	0.17	0.61	5.37	24.47	9664.51	4.45	3737.47	-6.61	80404.93	69621.24	48561.55	1289.48	4800.00	18500.00	10派1元	73.35	2001.3.12
0976	春晖股份	0.18	0.1718	0.37	/	2.8	2.79	-0.03	1.95	6.48	10.81	95752.44	23.76	7640.79	24.74	167033.18	117908.55	52897.28	15701.14	6120.00	42114.60	10派1.2元	78.56	2001.3.23
0977	浪潮信息	0.28	0.27	0.28	0.28	3.65	3.62	0.05	0.15	7.68	18.16	81447.03	106.50	6027.62	41.10	116824.85	78492.72	50207.39	4698.26	6500.00	21500.00	10派1元	91.79	2001.3.13
0978	桂林旅游	0.308	0.284	0.421	0.421	3.005	2.956	0.387	0.35	10.24	37.08	13870.56	9.65	3632.45	10.64	42984.49	35461.40	22042.15	19.58	4000.00	11800.00	10派2.6元转增5(*)	60.42	2001.3.15
0979	科苑集团	0.23	0.2	0.4	0.39	4.9	4.86	-0.3	0.65	4.68	34.87	14280.71	47.90	2151.95	-1.27	65146.99	46020.75	34933.86	690.49	4000.00	9400.00	10派1.4元	112.30	2001.2.6
0980	金马股份	0.2545	0.2162	0.416	0.4172	3.3283	3.3209	-0.1629	0.3086	7.65	22.13	23027.01	-16.43	3817.32	-0.26	71904.54	49924.17	29777.79	3509.06	5800.00	15000.00	10派1.25元	55.95	2001.3.8
0981	兰光科技	0.34	0.3	0.46	0.47	4.34	4.33	0.04	-0.31	7.77	23.06	73324.34	1.62	5430.16	5.46	118257.49	69872.04	43089.91	9079.82	5000.00	16100.00	10派4元	73.74	2001.3.29
0982	圣雪绒	0.35	0.25	0.42	0.42	4.62	4.56	-1.93	0.04	7.5	24.95	33864.67	19.94	2561.21	40.21	64350.38	34164.27	22856.54	2849.17	3000.00	7400.00	10派1元	66.46	2001.3.22
0983	西山煤电	0.24	0.235	0.34	0.34	3.46	3.37	0.39	0.1	6.93	22.77	125658.77	25.48	19367.75	9.01	380401.83	279554.65	177315.26	16462.59	11520.00	80800.00	不分配	52.13	2001.3.7
0985	大庆华科	0.324	0.352	0.342	0.342	3.301	3.286	0.47	0.223	9.8	22.03	40019.06	71.98	3720.52	27.82	47539.50	37955.88	25028.20	101.42	3000.00	11500.00	10派2.5元	74.88	2001.3.9
0987	广州友谊	0.1584	0.1567	0.1955	0.1536	2.4414	2.4001	0.4412	0.3402	6.4878	10.5316	94574.33	21.73	3790.44	8.15	99740.89	58424.32	17927.83	2520.37	6000.00	23930.50	10派1元	84.47	2001.4.3
0988	华工科技	0.44	0.39	0.36	0.33	4.9	4.79	0.11	0.15	8.92	21.59	18049.82	93.25	5020.14	64.29	79293.29	56302.18	41466.83	1964.81	3000.00	11500.00	10派3元(*)	118.14	2001.2.28
0989	九芝堂	0.355	0.312	0.355	0.364	3.86	3.82	0.427	0.204	9.22	19.95	45584.21	38.33	4571.94	45.51	81160.11	49606.62	35206.08	525.17	4000.00	12862.00	10派4元	69.46	2001.3.21
0990	诚志股份	0.34	0.3	0.39	0.39	5.31	5.21	-0.05	0.22	6.37	19.9	27462.00	37.13	4043.85	43.54	78621.87	63458.82	45541.48	4531.98	4800.00	11950.00	10派1元送3转增2(*)	68.35	2001.2.20
0993	闽东电力	0.15	0.13	0.17	0.17	4.81	4.72	-0.08	0.43	3.02	10.51	17999.77	4.80	4352.07	31.62	202940.23	144308.82	112130.14	481.66	10000.00	30000.00	10派1元	93.73	2001.3.17
0995	皇台酒业	0.19	0.19	0.26	0.26	3.37	3.33	-0.22	-0.07	5.59	17.85	15841.07	2.60	2641.27	-0.16	66940.99	47244.96	29144.88	1685.00	4000.00	14000.00	不分配	85.68	2001.3.27
0996	捷利股份	0.214	0.21	0.282	0.284	3.551	3.537	-0.33	0.58	6.03	19.14	21905.15	0.26	2463.33	9.02	48251.66	40841.34	25875.35	896.93	3500.00	11500.00	10派1元	94.30	2001.3.29
0997	新大陆	0.34	0.31	0.36	0.32	4.99	4.97	0.2	-0.3	6.89	31.06	41727.75	36.92	3985.92	30.94	73007.22	57869.91	43888.95	488.03	3100.00	11600.00	10派2.5元	99.47	2001.3.17
0998	隆平高科	0.36	0.35	0.26	/	7.41	7.41	1.02	/	4.88	31.29	16254.46	41.83	3795.99	39.47	92641.34	77772.42	66142.69	49.03	5500.00	10500.00	10派3.6元	115.53	2001.3.22
0999	三九医药	0.27	0.27	0.29	/	3.43	3.01	0.35	0.16	7.81	8.3	182817.52	23.82	20157.85	-8.46	588985.16	258248.32	171559.72	5672.85	15300.00	75300.00	10派2.6元	69.44	2001.3.31
2041	深本实B	0.06	0.03	-0.19	/	2.21	2.16	0.08	0.03	2.72	-8.79	1046.00	-26.01	363.50	131.76	26047.70	13349.40	2984.70	109.00	/	6050.00	不分配	/	2001.4.28
2053	深基地B	0.1945	0.1945	0.165	0.165	2.189	2.143	0.319	0.267	8.9	7.7	9667.74	8.81	4485.32	17.76	57377.50	50479.23	21855.82	/	/	23060.00	10派0.1879美元	/	2001.3.24
2054	深建摩B	0.03	-0.04	0.01	-0.02	1.03	0.5	0.22	0.03	2.9	1.07	109376.70	-13.20	1422.20	179.85	184553.40	49108.40	52728.20	-63938.40	/	47750.00	不分配	/	2001.4.2
2057	ST大洋B	-0.145	-0.145	-0.582	-0.036	0.088	-0.183	-0.005	/	-165	-183	/	-100.00	-2863.36	75.14	17402.23	1737.05	7013.76	-16073.62	/	19800.00	不分配	/	2001.4.12
2152	山航B	-0.2328	0.2328	0.3197	/	1.33	1.16	0.39	/	17.46	31.32	104198.16	31.29	9312.89	12.05	138198.44	53334.01	7625.81	4251.98	/	4000.00	10派1元	/	2001.3.8
2160	帝贤B	0.3	0.29	0.55	0.55	1.8	1.63	0.32	0.65	16	35	28401.49	44.11	6516.96	19.13	93090.36	38723.65	15764.68	43.29	/	21500.00	10派1.06元(另向发起人10派3.22元)	/	2001.3.31
2168	雷伊B	0.36	0.36	0.35	0.35	2.06	2.05	0.16	0.4	17	25	59905.92	30.43	6304.73	65.94	68012.35	36433.31	9278.69	5983.68	/	17700.00	10派0.5元	/	2001.4.3
2468	宁通信B	0.016	0.009	0.004	-0.004	2.267	1.96	-0.24	-0.12	0.69	0.16	53934.33	62.92	334.38	322.76	103987.13	48748.97	20718.77	1275.73	/	21500.00	不分配	/	2001.4.12
2512	闽灿坤B	0.41	0.41	0.29	/	1.97	1.94	0.9	0.61	20.76	18.88	252696.73	41.07	18399.04	38.85	246947.31	88648.54	9253.76	13898.38	/	45093.75	不分配	/	2001.4.24
2706	瓦轴B	0.134	0.137	0.131	0.1353	3.07	2.97	0.131	0.08	4.37	4.42	109568.07	-1.96	4429.43	2.11	216295.05	101333.20	51311.55	13104.16	/	33000.00	10派0.5元	/	2001.4.21
2770	武锅B	0.0424	0.0451	0.0076	0.0076	1.6624	1.6108	0.0455	-0.0652	2.55	0.46	25120.97	68.55	1258.49	455.18	97626.23	49373.18	14966.91	3488.56	/	29700.00	10派0.2元	/	2001.4.13
2771	杭汽轮B	0.14	0.14	0.27	0.23	1.99	1.97	0.27	-0.005	6.87	14.01	24919.63	-14.53	3007.10	-48.74	67530.28	43768.86	14781.52	4489.87	/	22000.00	10派0.5元	/	2001.3.24
2986	粤华包B	0.2572	0.1737	0.4089	0.2047	1.7441	1.7166	0.1984	0.1073	14.75	21.12	40523.51	38.17	11304.33	-4.67	131818.25	76652.24	25053.15	4186.71	/	43950.00	10派1.26元	/	2001.3.13

VOLUME 10

第十卷

企业创新

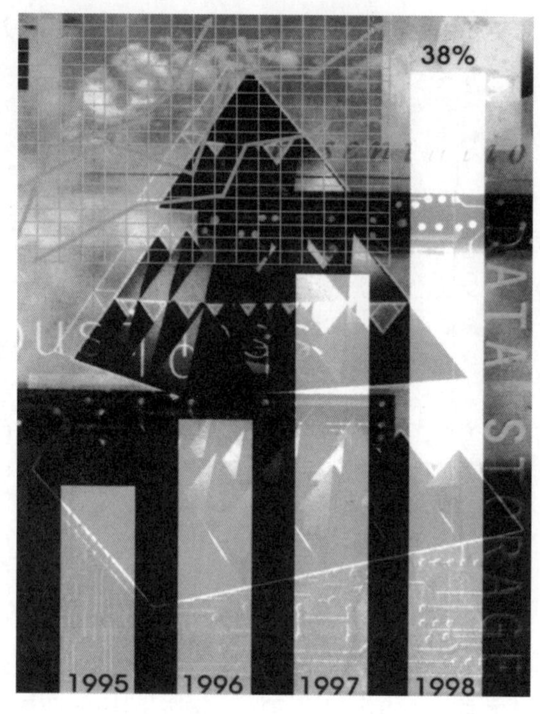

- 企业创新概述
- 企业制度创新
- 企业组织创新
- 企业科技创新
- 企业观念创新
- 新时期我国券商经纪业务的创新发展
- 中国资本市场可持续发展与创新
- 华泰证券网上业务创新

第一章　企业创新概述

一、企业创新的重要意义
二、企业创新行为的特征
三、企业创新的主要内容
四、企业创新机制的有效构筑

第二章　企业制度创新

一、企业制度创新概述
二、激励机制的变革与创新
三、企业资金流运作创新

第三章　企业组织创新

一、企业组织创新的基本原则与要求
二、企业组织创新的层次与方式
三、目前我国企业组织结构的主要形式
四、对我国企业组织结构局限性的分析
五、我国企业组织结构创新的战略措施

第四章　企业科技创新

一、科技创新的内涵与特征
二、科技创新对证券市场的深远影响
三、科技创新对企业发展的战略意义
四、科技创新的政策扶持与上市公司的发展
五、我国企业科技创新的重要举措
六、企业科技创新发展前景预测

第五章　企业观念创新

一、观念创新是企业创新的坚实基础
二、影响观念创新的主要因素
三、新时期企业观念创新能力的培养
四、21世纪企业的七大创新观念

第六章　新时期我国券商经纪业务的创新发展

一、券商经纪业务的本质
二、券商经纪业务面临严峻挑战
三、新时期券商经纪业务创新举措

第七章　中国资本市场可持续发展与创新

第八章　华泰证券网上业务创新

一、华泰证券网技术特点简要介绍
二、网上证券交易的收益与成本
三、华泰证券开展网上证券交易业务的成功实践

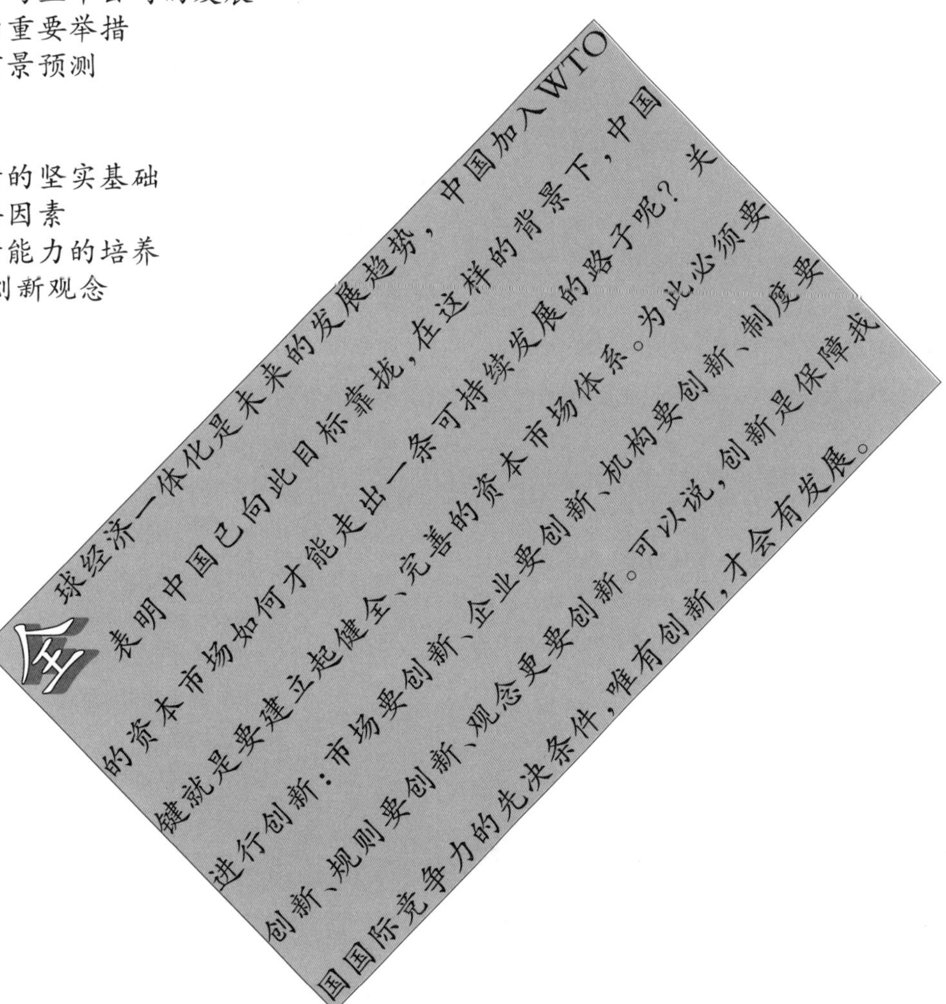

第一章 企业创新概述

企业竞争力是现代国家竞争力的核心组成部分，创新对于一个国家而言有深远意义，对企业也至关重要。可以说，创新是企业生存与发展的生命线，只有持续不断的创新，企业才能长期得到发展。

一、企业创新的重要意义

在信息、知识经济时代，全球经济一体化进程加快，相互竞争日趋激烈，在这种大背景下，企业实行创新具有十分重要的战略意义。

第一，创新是适应市场竞争环境的制胜利器

创新与市场竞争是密不可分、紧密相连的，只要存在竞争，就必然存在创新。它是 不以人们意志为转移的客观实在，人们对此认识程度的差异，掌握和运用创新的态度，并不排斥或否定创新在竞争中所产生的巨大作用。面对残酷的竞争环境和激烈的竞争态势，创新成为企业变压力为机遇、变威胁为挑战的唯一正确选择。

第二，创新是延长企业寿命的长青之术

跟战场上没有常胜的将军，市场上没有永不衰退的产品一样，竞争中也不存在长盛不衰的企业。企业生命周期理论清楚地告诉我们，企业是有寿命的。据统计，国外企业寿命平均是30年，但在我国却只有短短的5年时间。尽管如此，我们还是看到一大批经历几十年甚至上百年的世界级的跨国公司仍是行业的旗帜并成为制约行业发展的控制力量，那么决定企业寿命长短的关键因素是什么？答案只有一个，那就是坚定不移地实施创新活动。分析和研究长寿企业的经验便会发现：决定企业命运的有效管理的关键不是策略或战术，而是创新行为，如果没有持续的创新活动，再好的战略计划也会成为企业衰亡的加速器。

第三，创新是企业实现持续发展的源泉

管理创新在企业持续发展中处于核心地位。一般而言，企业持续发展是不仅需要在制定的条件下实现发展，而且还能在变化的条件下发展；不仅在较短时间内实现发展，而且能在较长时间内实现持续发展。企业能否实现持续发展，关键在于能否不断调整自身行为跟上时代的潮流。要做到这一点，就必须进行持续创新。企业发展离不开创新，而管理创新是为了更好的发展，使企业的经营战略和经营思想与外部环境相吻合。只有不断地推出、实施新的思想、新的管理方式、新的工艺、新的产品、新的市场战略，才能实现创新的经济效益，带来企业的持续发展。

第四，创新是企业提高经济效益的有效途径

企业作为一种经济组织，必须以实现效益最大化为自身的目标，而创新正是实现这一目标的有效途径。企业创新的过程，是企业实现持续发展，并适应社会进步的过程。同时也是企业追求最大效益的过程。一个企业的创新行为是否成功，其检验标准就是看该行为是否使企业获得了明显的收益。一项有效的创新行为，可以为企业在市场销售、产品成本、运行方式等方面起到很好效果，自然带来巨大的经济收益。

第五，创新是着眼于未来管理的基本方法

在如今激烈的市场竞争中，要着眼未来和长远规划。公司经营今天的成功或失败，不是今天决策的结果，而是5年前甚至10年前作出决策的结果，为了公司的明天，我们必须立足于未来做好今天的决策。企业创新的本质特征之一就是立足现实，着眼未来，对关系公司命运的决定性、全局性、长期性的发展方面和目标进行创新性决策。公司高级管理层作为领导公司角逐的统帅，他们应站在面向未来管理的战略高度指挥、调配各种资源，形成强大的经营能力，凝聚核心竞争能力，形成独特的市场竞争优势，为保证公司长期健康发展奠定坚实的基础。

在市场经济条件下，创新行为在企业管理中的地位和作用将愈来愈突出。

二、企业创新行为的特征

从总体上讲，企业的创新行为具有以下特征：

(1)系统性。企业是由多种要素构成的综合体，其企业的创新要涉及到市场调查、预用、决策、研究、开发、设计、安装、生产、市场开拓、市场营销等企业生产经营各个环节，并且受经营思想、管理体制、运行机制和组织结构状况的影响。所以，企业创新是一个系统工程，它涉及企业的方方面面，是一个全方位的创新系统。

(2)市场性。企业是市场竞争的主体，创新行为是在市场经济形势下，满足经济和社会的发展需要。市场既是企业创新的出发点，又是企业创新的归宿点，企业创新的成功与否最终要由市场来检验。企业的一切创新行为都以适应市场的变化，跟上市场前进的步伐，并能创造市场、创造需求为目的，如果离开了市场，企业创新就失去了意义，从这种角度来分析企业创新具有明显的市场性。

(3)创造性。企业创新是由多种复杂的创造性活动组成的综合体系，具有创造性。它是对产品、工艺、组织机构、制度、管理等企业生产经营各环节进行创新，其结果是打破常规、适应规律、开创新路，形成新的设想、新的实验、新的举措等等。

(4) 实用性。创新行为是为了企业发展而并非创造新奇事物，是以适用为基本准则的，我们切忌置企业的发展而不顾，应体现实用性特征。

(5)动态性。企业创新能力的形成和提高,需要组织、制度、管理、信息、资金等方面进行支撑,同时随着企业创新活动的进行,企业的组织、制度和信息等方面也会相应地产生变化并反过来直接影响到创新活动的进行。企业的创新与技术、资金、信息等创新要素在不断发展变化中动态平衡,具有动态性。

(6)协调性。企业的创新是企业内外各要素组合的协调性发展过程。企业创新的有效进行,需要内部战略、组织、资金、文化等要素之间产生协调作用。同时企业的创新需要有效的协调各要素,使它们的协调作用充分发挥。

(7)风险性。一个创新方案的完善和实施,说到底也是一种决策行为。凡是决策,都不可避免的具有一定的风险性。就创新本身而言,都是立足于现实,面对未来的。尽管人们认真的分析已知和未知条件,但人们总不可能准确无误地预测未来,不可能完全准确无误地预测未来客观环境的变化和发展趋势。这样就使得作为决策行为的企业创新具有一定的风险性。诚然,创新是一项高收益与高风险并存的经济活动,其不同内容的创新所需要的资金和时间的投入以及相伴随的风险是不同的。

(8)效益性。企业创新的最终目标体现在促进企业发展,增加企业效益上。它与一般意义上的理论创新有区别。理论创新侧重于新观点、新理论的探索,而企业创新则是侧重于真正实现企业的经济效益。企业的创新行为是一种具有经济和社会目标导向的行为。

(9)连续性。这是指从时间关联性上将企业的创新活动视为一个动态紧密衔接的系列。在人们对未来变动趋势预见性受到制约的情况下,创新活动在时间上呈现出十分明显的阶段性,即创新分阶段实施。

(10)灵活性。企业的创新活动要适应公司内部条件和外部环境的变化适时加以调整、修正和补充。我们知道,创新同时还具有风险性,如果不顾内部条件和外部环境的变化,一味地坚持已被实践证明极不适应环境变化要求的创新行为,固执己见,墨守陈规,机械化地实施,只能在错误的道上越走越远,所以说企业的创新还具有灵活性的特征。

三、企业创新的主要内容

企业的创新活动由于其目的不同,因此创新的内容表现出多样性,包括以下几个方面:

1.技术创新

技术创新是一个广泛的概念,其理论内容是非常丰富的,具体包括技术创新战略、技术创新决策、技术创新动力和环境、技术创新角色、技术创新过程以及技术创新模型等。

相对于西方国家就我国企业技术装备和工艺流程而言,是比较落后的,这是导致企业特别是国有大中型企业步履艰难,效率低下的最重要原因。目前,全球经济一体化的进程逐步加快,企业之间竞争日趋白热化,技术因素在激烈的竞争中发挥的作用愈来愈明显,我们只有建立健全技术创新体系,让国有企业成为技术创新的主体,才能占据市场竞争的制高点,立于不败之地。放眼全球,世界上著名的企业无不是依靠科技的进步,不断进行自我创新,一步一步的发展壮大起来的,现在有些企业不是靠技术力量,而是靠政府、靠银行、靠广告效应、靠短期行为,仅凭这些,显然企业不可能真正办好。

西方发达国家的经济充分表明:企业在全球经济技术竞争中起着主导作用。而目前我国的主要科技力量分布在企业之外的科研院所及大专院校,企业的科技投入只占全国总投入的23%。经费和人才力量不足,从而导致出现大量科技成果与生产经营相脱节,科研成果多,但新产品少;获奖科研成果先进,但企业产品落后的怪异现象。要想改变这种局面,首先企业尤其是国有大中型企业应该建立自己的开发机构,吸收大批的科技人才。因为企业能否在其内部形成永久性、日常制度化、组织化的研究开发实体不仅是科技成果能否转化为生产力的关键,还是企业技术开发和创新能否实现的重要保证。其次,要逐步加大对企业的研究开发投入。企业不仅要从观念上更重要的是从实际行动重视这一问题,实现企业发展的良性循环,加大企业研究开发投资的力度。一是要科学地选择开发项目;二是要科学合理地组织研究开发活动,千方面计缩短研究开发周期,做到既节约费用,又能使新产品较快的占领市场。

企业特别是国有大中型企业,它不仅是技术创新的主要源泉,同时也是活跃科技市场的重要力量和科学技术向生产力转化的主要桥梁,我们既要充分估量新的科技革命带来的严峻挑战,更要珍惜它带来的难得机遇,我们必须抓住机遇,正确把握新科技革命的趋势,全面实施科教兴国战略,大力推动科技进步,加强技术创新,加速科技成果向现实生产力转化,掌握科技发展的主动权,以进一步提升国家经济整体素质和综合竞争力,实现跨越式发展。

2.制度创新

一直以来,国有企业政策是经济政策中的重点和焦点,国有企业进行的机制与市场经济不相适应的状况,出现了一些新情况、新问题,其原因固然是多方面的,但根本的原因在于:国有企业改革更多的侧重于政策调整,却忽视了制度创新。

制度创新是一个不断实践的过程,它包括微观的、中观的和宏观的三个层面。未来制度创新的空间还很大,今后一段时间,我们将面临更加开放的世界经济格局和更为激烈的国际竞争。我们站的角度一定要高、要远,进一步解放思想、更新观念、大胆地推动制度创新,促进我国国民经济健康、稳定、快速地发展。

3.财务管理创新

现代企业需加强成本和利润的核算工作。成本反映企业原

材料动力消耗和劳动生产力指标，利润集中反映了企业的经济效益，它是企业的最终成果。财务管理的性质和职能决定了它是

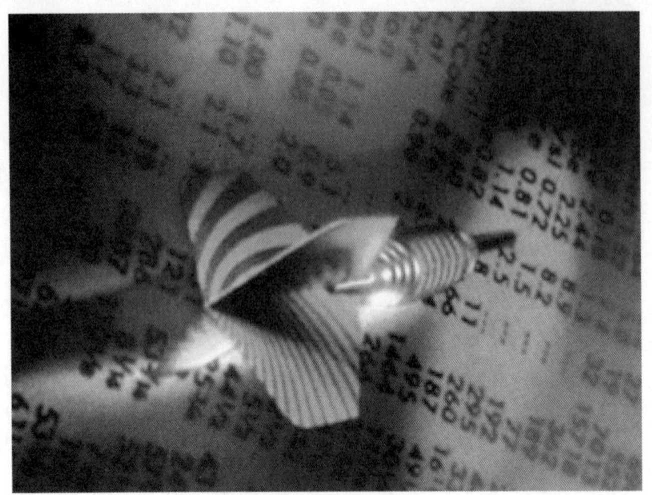

企业的中心任务。在新世纪，企业的创新要以财务管理为中心。

企业特别是国有大中型企业首先要集中精力活化资本，搞好资本经营，最大限度地发挥有限资金的作用，把有限的资金用在刀刃上，盘活存量和资金。尤其要防止由于决策失误而造成资金沉淀。其次是强化成本管理。目前我国工业企业成本费用利润率只有4.9%，能源利用率只有30%，能源、原材料消耗占产品成本的70%以上，远远高于国外先进水平。因此，在企业的生产运行中，强化成本管理，减少不合理消耗，杜绝浪费，提高投入产出水平是十分重要的。在市场经济竞争过程中，形成的价格是既定的，如果高于市场价格，企业及其产品将在市场上无人问津，企业要想生存和发展，就必须以市场认可的价格为前提，减去必要的利润，倒推出企业的生产成本，据此分解指标进行企业内部的成本控制和成本否决。这是我国国有大中型企业在当前形势下，创造成本优势占据国际国内市场竞争制高点的必然选择，也是企业得以生存和发展的支撑点，把企业管理的重点放在形成成本优势上，是企业不可松懈的基本任务。

4.市场管理创新

我国国有大中型企业传统的管理是以生产为中心的单一的封闭式管理，企业与市场相脱离。因为企业没有市场的压力，企业的管理以实物形态为中心，或者说为应付上级部门的检查而抓管理。当我国经济成功转型以后，企业成了自主经营、自负盈亏的市场竞争主体。同时，市场也实现了由“卖方市场”向“买方市场”的转变，市场竞争能力决定了一个企业的命运。形势对企业管理提出了新的要求。

市场的管理创新就是要求国有大中型企业必须以从生产为中心的单一的封闭式生产管理，转变为以市场为中心的复合开放式的战略管理、财务管理和市场营销管理；必须从以实物形态为中心的管理，转变为以价值形态为中心的管理；必须从忽视宏观信息和市场信息，转变为以价值形态为中心，加强收集、分析企业所需的各种信息，并作出明确决策；必须从被动地应付上级部门评比检查而抓管理，转变为以主动地为提高企业的竞争力而抓管理。面对市场经济对传统管理的挑战，国有大中型企业只有不断地进行创新，才能在激烈的市场竞争中立于不败之地。

市场经济必然导致竞争，市场竞争的实质就是管理素质的竞争。对国有大中型企业来说，必须全面提高面向市场的全过程，即在继续搞好生产管理的同时，要向两头延伸，向前延伸到市场调查和新技术、新产品开发，向后延伸到产品销售和售后服务。总之，一切要从市场出发，按市场的需要，实施生产、销售、服务、信息反馈、科研开发再到生产的过程，而市场始终是这一过程的出发点和落脚点。

5.人力资源管理创新

人力资源是企业最宝贵的资源。坚持以人为本，各项工作就会焕发生机与活力。反之，则将导致人心涣散，管理混乱。诚然，先进的技术装备对于生产发展起着十分重要的作用，但是任何现代化的装备都只有在高素质人才的操作下方能发挥出应有的效能。因此，我们只有把“以人为本”的管理思想提高到企业生死存亡和长远发展的高度来认识，在激烈竞争之中，方可有所为有所不为。

其一，牢牢地树立“以人为本”的管理思想。从形式上看，市场竞争反映的是产品的激烈竞争，但归根结底是人才的竞争。没有高素质的人才，就不能开发、生产出领先于时代潮流的高质量的产品，与此同时，也只有充分调动广大劳动者的积积性、主动性和创造性，才会使企业决胜市场，不断通向兴旺发达之路。此外，随着经济的成功转型，企业必须合理地调整内部人才结构，培养一批懂技术、懂市场、懂管理的人才。目前我们已进入信息知识经济时代，今后企业的循环不再像以前那样主要是以物质资本的集中和积累的过程，知识作为一项最主要的因素将会起主导作用。因此，企业需要把培养人才，吸纳人才，合理使用人才摆在管理中突出的位置。

其二，把企业家纳入管理范围。企业家是指有眼光，能看到潜在市场和切身利益，并有能力进行创新的人，它必具备将德、将才、将风，强调企业家综合素质，五德相须，缺一不可。一般而言，没有领导，便没有真正的战略管理，而公司战略领导的核心问题就是企业家，可见他们对企业的兴衰成败起着关键性作用。

把培养企业家纳入管理范围，就是要通过市场竞争从领导岗位中把那些不明经营之道，与市场格格不入的因循守旧者撤换下来，把那些真正具有现代企业经营管理能力的优秀人才选拔出来，彻底打破计划经济体制下国企经营者那种信用机制，唯才是举。同时建立企业家激励机制，从而使国有大中型企业经营者充满积极性和创造性。众所周知，企业家经营管理一个企业既是一种高强度脑力劳动，又是一种风险劳动，这需要确立企业家的责、权、利三者的关系，在这个前提下采取各种行之有效的措

施来提高企业家的地位和待遇，创造出一种有利于企业家成长的外部环境，一方面改革企业干部选拔制度，实行招标竞选，择优聘任，允许合理流动，实现企业家聘任的市场化；另一方面改革工资分配制度，对企业家实行年薪制，进行重奖重罚。所谓重奖，就是根据企业家的贡献和企业的利润情况，给予奖励。所谓重罚则是指除违法违纪须受到法律惩处外，在经营中现出巨大失误的要予以辞退，并承担经济责任。企业家经营管理的成效突出，不一定非要升迁行政官员，必须控制企业家通往政府部门的升迁途经，这样有利于强化企业家的风险意识和职业道德，一心一意从事企业管理。适当延长企业家退休年龄，最大限度地发挥企业家的积极性、主动性和创造性。完善企业家的约束机制，在强化财经监管上多花功夫，促进企业家自身责任和职业道德水准的提升，进行企业创新是现阶段企业特别是国有大中型企业的当务之急。我们必须在公平、稳定和效益的原则基础上，把加强管理视为企业的安身立命之本，努力提高企业的创新水平。另外，还包括观念创新、组织创新、科技创新等。

四、企业创新机制的有效构筑

企业创新机制的有效构筑是一项系统工程，受各种因素和条件的制约。因此，构筑创新机制必须注意以下两点：

第一、创新活动一定要面向市场。在社会主义市场经济条件下，企业作为一个独立的经济实体，必须通过自己的经济行为，向社会提供所需的产品与服务，从而获取利，赢得生存。市场竞争的法则是优胜劣汰，企业的一切经营活动都要由市场来评价，市场是检验企业生存能力的试金石，因此，创新机制的构筑必须服从和服务于市场竞争的需求，使创新成为市场竞争的有力措施。

第二、现代化企业管理制度是建立创新机制的基础。我们说的“产权清晰、权责明确，政企分开，管理科学”的现代企业管理制度，是创新机制建立与健全的基础和保证，这是因为：只有企业拥有法人财产权，承担起自负盈亏的责任，方能最大限度的调动起集体、个人的积级性、创造性和主动性；只有企业所有者、经营者、执行人员和监管人员各自都有明确职责，权力及相互关系与各自的切身利益，才能使企业的各种创新行为规范化、有效率；只有政企分开，才能充分发挥政府作为宏观调控者的作用，保证企业创新行为面向市场，成为市场竞争的强者。

创新机制的建立与健全，是增强企业持续创新能力的有力保障，构筑创新机制的具体做法如下：

1.强化企业科技创新主体意识，重组企业科技开发体系

企业是科技创新的主体，更应该成为创新的先锋。完善企业技术开发体系是实现企业创新的关键环节，其目的是为了从根本上提高企业自身技术创新能力。企业应建立以技术科技为核心的，由决策层、经营层和生产层构成的层次分明的企业技术开发体系；把不同部门的科研技术人员组织在一起，共同开发同一产品和技术，并在研究开发阶段适度地考虑工艺、装备和生产等配套条件；建立多层次的激励制度，并根据激励对象需求的变化，适时地调整激励因素，以充分调动研究开发人员的积极性和创造性。

2.加大政策支持力度，完善与健全全中介服务机构

政府应在产业政策、技术政策、税收政策等方面进一步为企业的创新建设提供有效的政策支持，并通过立法形式维护企业创新的利益，规范企业创新的行为。同时，建立健全各类中介服务机构，并形成网络，以促进技术转移。

3.不断完善信息网络，对信息进行有效管理

信息条件是影响企业科技创新成败的关键因素。因为以创新为根本目标的企业创新体系在其建立和运行过程中，必须要掌握信息的最新动态、发展趋势，并对这些信息进行优化和处理，在此基础上才能作出正确的创新决策。因此，一方面政府要加快信息基础设施建设，推动国民经济信息化进程，为企业创新提供现代化的通讯网络；另一方面企业也应加强技术研究开发人员与生产、销售人员的联系，相互沟通信息，使研究开发人员了解市场情况和科技发展状况，最终使企业科技创新体系健康发展。

4.建设国有企业技术中心

国有大中型企业组建技术中心是促进以企业为中心的国家创新体系形成的重要举措，通过国有企业技术中心的建设，从根本上增强企业技术创新能力，形成具有超前研究、开发研究、产品改进(改型)等多层次的企业技术开发体系，参与国际市场竞争，推动企业迅速发展。目前企业技术中心的建设和发展还很不平衡，尤其与发达国家相比较，存在着显著的差距。因此，全面了解企业技术中心的现状，找出存在的问题，探讨相应的对策，无疑对企业创新机制的建立和发展具有重要的意义。

5.不断改善国有企业技术创新环境

一般来讲，创新需要建立和完善统一、开放和竞争有序的市场经济环境，进一步加大经济体制改革的力度，加快科技体制改革的进程。同时，它一方面需要企业自强不息，开拓进取；另一方面也离不开经济体制、科技体制的改革和政府职能的转变。企业技术创新环境的改善具体包括以下几个方面：

(1)完善市场经济环境。建立一个适应技术创新需要的统

一、开放、有序的市场环境。技术创新的全过程都充满着竞争，其转让和应用更强调法律保护。对于竞争主体的企业来说，需要有一个良好的竞争环境。因此，一个统一、开放、竞争有序的市场环境，对技术创新有极大的促进作用。技术创新活动需要有健全的人才市场、信息市场、技术市场等要素市场作支撑。只有这些要素市场发展起来，技术创新的各项要素才能流动，技术创新的成果才能有效转化，企业的技术创新才可能得以健康、持续、顺利地进行。

市场机制是价值规律自发发生作用的形式，是市场有机体内部各方面在市场上进行相互联系和制约的方式，是价格、利率、税率以及供求、风险、竞争等机制的总和。技术创新机制与市场机制的本质要求是一致的，技术创新机制只有在市场机制的基础上才能充分发挥作用。

(2)加快科技体制改革。从总体上看我国科技体制改革的现状，其仍然不适应整个经济体制改革的继续深化和国民经济持续快速发展的要求，应进一步深化科技体制改革，并使科技进步真正实现。

首先，倡导产学研全面创新。通过进一步改革，形成科研、开发、市场紧密结合的机制，建立以企业为主体、产学研相结合的技术开发体系。为此，必须尽快形成科研、开发、生产、市场紧密相结合的机制，建立以企业为主体、产学研相结合的技术开发体系。我们要通过科技体制的进一步改革，积极推进我国研究开发组织的体系结构调整，优胜劣汰，打破地区、行业研究开发能力条块分割、各成体系的格局，形成功能互补、各有侧重的新结构。在产学研的结合创新中，要把应用技术开发与基础研究结合起来，使创新不仅为当前的经济建设服务，而且为现代科学技术的发展提供动力的源泉。

其次，推动科研机构面向经济建设主战场。进一步解决科研与经济相脱离问题，需要将科研机构推向经济建设主战场，促使研究开发机构直接进入市场，以大力提高各企业的技术创新能力，依靠技术进步推动国有企业的发展。为此，要实行调整机构、分流人才等一系列改革举措。

第三，提高科技成果转化率。加快科技成果的产业化速度，使之从潜在的生产力迅速转化为现实生产力，这既是科技与经济相结合的关键环节，也是转变发展的根本措施。促进科技成果向现实生产力的转化，需要进一步增强转化意识，加快建立和完善适应市场经济自身发展规律的科研、开发生产、市场紧密结合的机制。

第四，确定企业技术创新的主体地位。我国科技改革的核心就是促进科技与经济的有机结合。为此，必须改变我国科技人员、科技经费、科技设施等科技力量的分布格局，为加速企业研究开发机构发展进程，壮大企业科技研究力量，尽快建立适应社会主义市场经济体制和现代企业自身发展规律的技术创新体系和运行机制。

第五，发挥中介组织的作用。我国要实现两个根本性的转变，必须建立与完善社会化的中介服务机构，重视发挥市场中介组织的作用，更好地把我们的研究开发队伍组织起来，把科研人员组织起来，为企业提供咨询诊断，帮助企业引进新技术，开发新的产品，推广新的工艺，培训新型人才，降低技术创新成果开发、生产和推广的成本。

(3)强化政府对企业技术创新的调控与服务职能。提供各种信息、技术和人才培训等服务是政府扶持中小企业技术创新的方式之一。政府制定目标明确的计划以支持中小企业技术创新是一种行之有效的手段。一般情况下，这些计划往往是一项综合性扶持措施，包括了法律规范、组织管理、各种政策措施等内容。

此外，实施一些财政、税收、金融等方面的优惠扶持政策，是政府扶持企业(特别是中小企业)技术进步所采取最主要、最普遍的措施。风险投资是扶持中小企业创新的一项最有效的机制，政府的作用主要是通过制定优惠政策，如减免税等促使资金更多地投向风险企业，以及批准设立针对中小企业或高新技术企业的股票市场。

6. 努力提升企业决策者的素质是创新机制有效运行的保障

企业创新行为能否成功，企业的决策者起着至关重要的作用。一般而言，创新活动要取得圆满成功，企业的决策者除了要具备良好的政治素质、优秀的业务水平、超前的管理技术、卓越的组织领导能力等基本要求外，还须具备较强的民主意识、敬业、进取精神，能够敏锐地捕捉和接受新生事物，善于抓住稍纵即逝的机会，进行不断拼搏，推动企业向前发展。

第二章 企业制度创新

当今世界，科学技术日新月异，以信息技术、生物技术和纳米技术为代表的高新技术及其产业迅猛发展，广泛地影响着各国的政治、经济、军事、文化等方面。在市场经济条件下我国企业面临着新的发展机遇，同时也面临着严峻的挑战。为此，企业必须进行制度创新，通过实施创新战略，从根本上形成有利于科技成果转化的体制和机制，从而实现其现代化、集团化和国际化发展。

一、企业制度创新概述

1.企业制度创新应与时俱进

2001年12月11日，我国正式成为WTO成员国，这意味着中国将开始履行进一步开放市场的诺言，作为涉及中国经济与社会全方位各阶层的大事，加入WTO的影响是深远的。目前，外资已经加快了步伐，融合、渗透到银行、证券、汽车等领域。况且我国大多数上市公司、证券中介机构与西方国家同类公司相比较，缺乏市场意识和创新精神，经营环境不容乐观。即使是目前经营情况尚好的上市公司，也不代表其在法人治理结构、技术储备、产品开发、人才培养等方面不存在任何问题，况且还需面对人才流失、企业商标与专利保护、产品倾销与反倾销等各种新情况，面对严峻的考验，企业要与时俱进，坚定不移地的进行制度创新，建立起现代企业制度，把提高技术创新能力和经营管理水平作为企业走出困境、发展壮大的关键措施。在目前情况下，民营科技企业在制度创新方面走到了国企前面，民营科技企业是外资进行融合、渗透的重点对象。国家要从管理制度上支持发展多种形式的民营科技企业，使其加大技术研究开发和科技成果的转化与应用，切实把提高经济效益转到依靠技术进步和产业升级的轨道上来，增强国际竞争力。

2.现代企业管理理论与创新

所谓现代企业管理是指企业管理者及企业全体员工按照现代社会化大生产的客观规律，对企业的生产经营活动进行决策、计划、组织、指挥、控制、协调、激励与创新，以达到企业预定目标的科学行为过程。它具有强烈的艺术性。企业管理是一门科学。实现企业管理的现代化是企业在市场经济条件下参与竞争、获取良好经济效益的基本前提，也是我国入世后，企业迎接冲击与挑战的基本要求。

(1)现代企业管理的原理。现代企业管理的原理主要包括以下六个方面：

①“人本”原理。所谓“人本”原理，就是指企业管理应以人为中心，充分调动人的积极性，以做好人的工作为根本，这是现代企业管理的最高原则。根据“马斯洛需求层次理论”，““人本管理”突出要求在现代企业管理中必须尊重人性，了解人性，协调组织与个人的目标，使人们能从工作中获取需要的满足，积极鼓励和激励员工，使其潜能得到充分的发挥。

②动态原理。现代化企业是一个受制于外界环境，并连续不断地通过输入、转换到输出的动态系统，在转换过程中，将伴随着“物流”、“人流”、“价值流”和“信息流”等，并不断地同外部环境进行着物质、能量和信息的交换。这就需要通过动态管理，使得企业系统内部各种要素之间、各个环节之间、各个时期之间，以及企业系统与外部环境之间求得动态的平衡。掌握系统动态原理，研究系统的动态规律，可以使我们预见系统的发展趋势，树立超前观念，减少偏差，掌握主动，使得系统向期望的目标顺利发展。

③系统原理。现代企业管理应当把企业作为一个由多要素和多层次组合起来的有机整体，树立系统观念，运用系统工程的理论与方法，从企业全局及其内部各层次、各要素之间的相互联系中研究和解决生产经营活动中的各种问题，达到企业管理的整体优化和企业总体目标的实现，运用系统的观念与方法协调和处理好企业与外部环境的关系，使企业这个系统与环境之间进行物质、能量和信息的交流始终保持在最佳状态，更好地实现企业的目标。

④能级原理。能级原理就是指依据各管理者能量的大小，建立合理的能级，使管理的内容能够动态地处于相应的能级之中，形成有序的运动状态，以获得最佳的管理效率和效益。它要求企业现代管理应做到：根据实际需要将企业内部管理分设为若干层次(即管理的“级”)，形成宝塔形的管理结构；不同管理层次的岗位和人员，应赋予不同职责、权力和享有不同的利益；各类管理人员必须动态地与各类能级相对应，做到人尽其才、各尽所能、各司其职。“能级”的划分与设立，为现代企业管理推行“例外管理”创造了条件，使企业高层领导有可能从繁杂的日常处理事务中解脱出来，从而将注意力主要集中到企业的发展等重大问题上。

⑤控制原理。所谓控制原理，就是指企业管理中，以信息反馈为依据，按照规定的目标，通过自觉地调节，使企业生产经营状态趋于和达到原定的目标。实施现代企业管理控制，首先需要建立起包括对信息的收集、处理、储存和传递反馈在内的企业管理信息系统，为有效控制提供准确完整的资料依据；其次，需要建立各类控制标准，包括各类计划指标、定额、标准、规章制度等，作为控制的参照系；第三需要根据控制对象的不同特点和要

求，选用各种不同的控制类型(包括事前控制、事中控制、事后控制、程序控制、跟踪控制、自适应控制、最佳控制等)，采取不同的控制方式(包括排除干扰方式、补偿干扰方式、平衡偏差调节方式等)，并实行多种控制方式(包括模型控制、统计控制、会计控制、预算控制等)，以保证和提高控制的有效性。

⑥效益原理。效益是现代企业管理的永恒主题，任何企业都把效益问题摆在企业管理目标的首位。企业经济效益的状况，反映了企业生产管理水平的高低，决定着企业的前途和命运。现代管理对经济效益的追求，就是要以市场为导向，搞好资本运营，以实现利润最大化；就是要搞好经营决策，从品种适销对路上求效益；就是要搞好产品更新换代和产品开发，从技术进步中求效益；就是要坚持质量数量的统一，从提高质量上求效益；就是要加强经济核算，降低物资消耗，加速资金周转，节省各项费用，从增收节支中求效益；就是要加强定额定员管理，从降低劳动消耗中求效益；同时还应正确处理好本企业经济效益与全社会经济效益的关系，使两者更好地统一起来。

(2)现代企业管理的一般方法。就现代企业管理方法的内容和对象的影响情况来看，常见的方法有以下几种：

①行政方法。所谓行政方法是指依靠行政组织的权威，运用命令、规定、指示条例等行政手段，按照行政系统的层次，直接指挥下属工作的管理方法。行政管理方法具有权威性、强制性和无偿性特征。在运用行政方法时，必须要按照客观规律办事，讲究科学性，一切从实际出发切忌瞎指挥。

②经济方法。经济方法是指根据客观经济规律，运用各种经济手段，调节各种不同经济效益之间的关系，以获取较高的经济效益与社会效益的管理方法。它具有利益性、关联性、灵活性和平等性的特点。其实质是围绕着物质利益，运用价格、税收、信贷、工资、利润、资金、罚款以及经济合同等经济手段正确处理国家、企业和员工三者之间的经济关系，最大限度地调动各方面的积极性、主动性、创造性和责任感，促进经济的发展与社会的进步。

③法律方法。法律方法是指通过经济立法与经济司法，用经济法规来管理企业的生产经营活动。法律方法具有严肃性、规范性和强制性等特征。在社会主义条件下，法律方法一定要反映广大员工的利益，充分调动和促进各个企业、单位和员工的积极性、创造性，使企业的制度创新工作顺利进行。

④教育方法。教育方法是指运用思想政治工作的方法、业务培训教学等方式来解决员工的思想认识问题和业务素质问题的管理方法，它是现代企业管理的基本方法之一。现代企业管理的人本原理认为，管理活动中人的因素是第一位的，管理最重要的任务是提高人的素质，充分调动人的积极性、创造性，而人的素质是社会实践和思想政治教育、业务学习的过程中逐步提高起来的。因此，通过教育，不断提高人的政治思想素质、文化知识素质、专业水平素质，是管理工作的主要任务。

(3)现代企业管理的特点。现代企业管理与科学管理相比，具有以下鲜明的特征：

①实行“以人为本”的管理思想。在现代企业管理中，一切对事或对物的管理归根到底是对人才的管理与运用，使人性得到最完美的发展，这是现代企业管理的核心所在。

②突出经营决策和经营战略。企业经营战略决策正确与否，将直接关系到企业的生存和发展。因此现代企业管理不仅要重视企业内部的管理，更应该注重企业外部环境和市场的变化及其对企业的影响，突出经营决策；不仅要着眼于企业的“今天”，打好实现短期计划的攻坚战，更应该着眼于企业的“明天”，强调企业未来发展的战略决策，高度重视带有战略性的远景计划；不仅要重视国内市场，也应该要着眼于国际市场，采取积极措施，提高竞争水平。

③广泛应用现代科技新的成果，实行系统管理。在现代企业管理中，成本核算、存储控制、订货管理、编制生产计划等工作非常重要，因此，要把企业视为一项人造的开放系统，运用概率论、线性规划、数学方法、网络技术等为管理中的复杂问题编制数学模型，用计算机进行定量分析，作为制定具体方案的理论依据。

(4)现代企业管理的职能。根据对现代企业管理的基本内容和基本过程的分析，可以将现代企业管理的职能划分为以下几个方面：

①决策职能。决策职能是指企业根据外部环境和内部条件，按照企业总的任务，确定决策目标，拟订实现目标的方案，并作出选择和决定。决策是行动的基础，是决定企业生产经营成败的关键。因而，决策职能是现代企业管理的首要职能。

②计划职能。计划职能是根据决策方案编制计划、安排实施等一系列的管理活动。企业实施计划职能，进行计划管理的过程，也就是实行目标管理的过程。充分发挥现代企业管理计划职能的作用，能使企业各个方面、各个单位以至每个职工都有明确具体的奋斗目标，使企业各部门、各环节的工作很好的衔接和协调起来，建立良好的生产和工作秩序。

③组织职能。组织职能是指企业的管理者使企业的各种有用资源有效地结合起来，保证计划得以彻底、有效的实施，使企业的各项活动正常运转，从而以最佳的效率去实现企业的目标。组织职能是现代化企业管理活动的根本，是其他一切管理活动的保证和依托。

④指挥职能。实施企业管理的指挥职能，必须坚持集中统一的原则，避免多头领导，政出多门。要强调权威和服从，克服软弱涣散，做到令行禁止。同时还应同广泛发扬民主、加强思想政治工作结合起来。

⑤控制职能。控制职能就是指企业在实现经营目标、执行各种计划和进行生产经营过程中，经常地把实际情况同原订的目标、计划、标准和制度等进行对照，以便及时发现偏差，查明原因，采取措施，加以调整，保证原订目标、计划等得以实现的一系

列管理活动。它包括对生产、库存、质量、成本、财务等各方面的控制。

⑥协调职能。协调职能就是协调企业内外部各种关系,使其建立良好的配合关系,以便更有效地实现中长期目标。其中对内协调,是指企业内部所进行的协调活动,它可分为纵向协调和横向协调两个方面。对外协调,是指企业在生产经营活动中,与外部各单位及用户之间的协调。现代企业只有同时搞好对内外两方面的协调,生产经营活动方能顺利进行,企业经营目标方能更好地实现。

⑦激励职能。激励职能就是指通过职工的思想政治教育和物质鼓励等方法激发广大职工的积极性、主动性和创造性。现代企业必须建立合理的奖惩制度,做到有奖有罚,赏罚分明,以培养职工的主人翁荣誉归属感和责任感,为职工提供更为广阔的施展才华的空间。

⑧创新职能。创新职能是指在一定的思想指导下,不断地去进行改变或调整系统取得和组合资源的方式、方向和结果的具体实践。由于科学技术迅猛发展,社会经济活动空前活跃,市场需求瞬息万变,每位管理者每天都会遇到新情况、新问题。如果因循守旧、墨守陈规,就无法应付新形势的挑战,也就无法完成肩负的任务。我国已正式成为世界贸易组织成员,在激烈的竞争中,现代企业只有持续的进行创新,方能变压力为动力,获得长远发展。

应该指出,现代企业管理的上述基本职能是相互联系,相互支撑,又相互交叉渗透的,但创新居于核心地位,把各项工作推向前进。

(5)企业的公司化改革是真正的制度创新。企业的公司制改革并不是简单的更换企业名称,也不是单纯的为了筹集资金,更不是搞什么“翻牌公司”,而是通过有限责任制度为核心的新型财产制度的构建,理顺国家与企业的产权关系,使国有企业真正成为拥有全部法人财产权、享有民事权利、承担民事责任的法人实体。但企业的制度创新并非一蹴而就,它需要一个循序渐进的过程,只有切实解决一切阻碍改革事业发展的深层次矛盾,创造必要的内外部环境条件,我国企业方能真正成长为公司制的现代企业。在条件不具备的情况下,仓促草率地换牌子、更换名称,这决不是真正意义上的改革,更不是企业制度的创新。

二、激励机制的变革与创新

如何激励员工潜在的创造性智能,充分调动员工积极性和敬业奉献精神,是新时期各企业最关心的问题。在这种背景下,激励机制的变革创新就显得非常重要了。

1.强化培训

教育培训在提高自我认识和心理健康水平,培养自信心和进取精神,明确自爱与尊重他人的重要性,了解个人在公司中的价值以及工作的意义,增强合作意识和团队精神,营建一种和谐的人际关系和良好的文化氛围等方面是经济利益手段难以比拟的。这种着眼于人的心理健康的内在自我激励的强化培训,当前的企业比以往任何时候都重视。但是这种激励机制的创新,只有少数企业取得了良好的回报。

2.绩效的自我评价

绩效的自我评价是改变目标责任人心理和态度的有效方法。在目标责任管理条件下,员工根据自己的工作任务和职责,制定自检目标和标准,在一定时间内对自我完成的工作任务以及工作质量进行自我检查和自我评价。工作效绩的自我评价在很大程度上改变了目标责任人地位和心态,由外部控制转变为内部控制,由被动行为转变为主动行为,它在制定个人工作计划以及完成计划的过程中,更加重视人的自我管理和自我激励的作用,使个人对企业战略目标以及个人的自我发展的需要产生深刻的影响,这是传统管理模式的一种创新行为。

3.分权与授权

众所周知,权力是上级约束下属的强有力的保证,但高度集权产生的过严约束达则不到管理效果。相反将工作权力下放给实际指挥者和员工,赋予他们更多的自主权,使他们能在较大范围内和程度上自由地支配自己的工作,承担更多的责任,这会改变他们的工作态度和行为方式,在实现企业目标的同时也满足了他们自身发展的需要。一般而言,无论是分权还是授权,它都是建立在明确的目标管理基础之上的。

4.决策参与式协商式管理

决策参与式与协商式管理是一种积富成效的创新激励方式,它鼓励员工在与其相关事务的决策上积极参与决策,比如具有重要的发言权,为重大决策出谋献计,提供具体实施方案和计划。让员工有机会参与决策管理,员工成为决策制定者和实施者两重角色。一方面,将员工放在较高位置,鼓励员工把创造性力量投向公司战略目标,为满足他们实现自身价值提供重大机会;另一方面决策民主化防止了决策的主观性、片面性和随意性,提高了决策的科学性和可行性,使决策更易于被广大员工理解和接受,减少了决策执行过程中的摩擦与冲突。

5.工作目标设置

为员工设置具体的工作目标,即规定具体的工作量、工作任务、工作指标、工作标准和工作期限，它是激励员工行为最有效的方法之一(见下图)。需经指出的是制定具体目标不是指促进合作和团队精神的群体目标，而是指制定更好地促进个人责任感，更容易评价个人绩效的个人目标。员工参与制定工作目标可以导致设置更高更具体的目标，使其更容易接受和实现，并能够明显促进领导与被领导对各自职责的认识。进行有序竞争可以增强尽最大努力工作的动力，有利于充分发挥员工的潜力，实现个人自我发展需要的满足。工作目标设置是一种简易、直接、高效的激励手段，同时也是其他激励手段创新所依赖的方法。

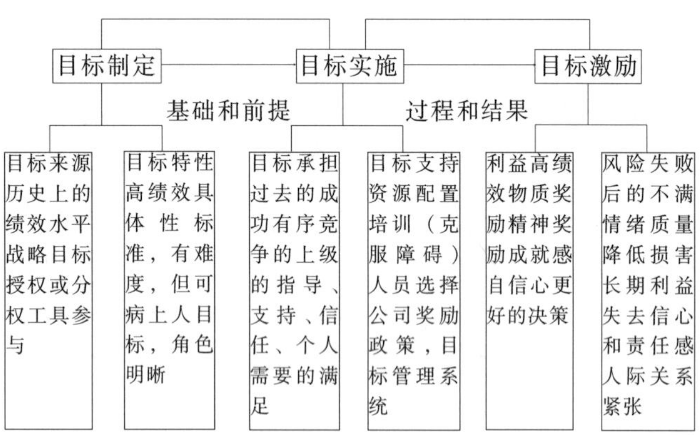

三、企业资金流运作创新

近 20 多年来，我国国内因执行坚定的改革开放政策，使得社会经济生活的方方面面都发生了翻天履地的变化。这种变化在我国加入 WTO 以及在日新月异的技术革新和互联网经济支持下呈日益加速之势。这种企业经营环境变化方面的新动向，要求企业资金流的运作必须规范和创新。

1.强化资金流的安全和增值

在以往的财务制度中，通常把净利润作为企业盈利能力的重要指标，但净利润是以权责发生制为基础确认的，有些企业帐面利润很高，支付能力却严重不足，甚至有少数企业为了某种目的，利用权责发生制的缺陷，虚增利润，以收付实现制为基础的现金流量表提供了衡量企业经营业绩和财务状况的一个全新工具，企业的利润可以通过某些方式做的很漂亮，但现金流量无情地剥去了利润虚增的面纱。分析一下目前企业资金流的这种不安全性和利润虚增现象，主要有以下几个原因：

(1)企业会计处理与信息披露不规范；

(2)关联交易导致应收项目急剧上升；

(3)现金“被套”使企业失去了较好的投资机会，从而使现金的机会成本提高；

(4)企业应收帐款数量过大长期不能收回，使企业的现金支付能力下降，从而使短期偿债能力日益恶化；

(5)企业的坏帐损失可能性增加。

一家企业要想长期经营，经久不衰，就必须采取一些措施强化资金流的安全和增值。

第一，建立有效的具体的控制体系。成本控制体系是结合企业所在地区的特征，选择决定企业成本控制的起点，然后进行事前、事中、事后成本的全过程控制，以促进企业不断提高成本管理水平，以节约求增产、求增效。它是由成本事前、事中、事后的控制环环相扣、循环往复组成的一个不可分割的有机系统，不能将事前、事中、事后的成本控制彼此孤立，简单地割裂开来，否则就达不到资金流的安全和增值的目的。

第二，结合财务状况变动表或现金流量表，研究其营运资金状况，看应收帐款等应计项目是否占很大比例。

2.建立健全约束与监督的现代财务制度

一项好的财务制度应当包括以下内容：①清晰的会计标准；②及时的解释和应用指南；③法定审计；④监管部门的有力监管；⑤强有力的惩处措施。

在我国，特别是在现阶段，强化企业财务制度建设显得十分重要。近年来，在证券市场中出现的许多案例，如琼民源、银广厦等虚构收入，提供虚假的财务报告；红光实业随意调剂利润、虚增资产等都与没有建立健全约束与监督的现代财务制度有关。当前，我国必须在大力加强会计监管工作，严格按照《会计法》以及其他有关法规的规定，建立起有效的监管的现代财务制度，强化会计报表的审计和《会计法》的执法检查，严厉处罚违法违规行为，以真正起到惩戒的作用，确保财务制度的有效执行。

第三章 企业组织创新

一般来讲企业组织就是围绕一个共同目标同心协力工作的群体人系统。企业中的人是有组织的人,是处于组织中不同结构并发挥特定功能的人，企业通过不同职能、不同环节的人的协调工作来实现企业的战略目标并体现其价值和作用,企业组织是实现企业战略目标的重要保证和必要形式。而企业组织创新是指把企业原有的组织形式内容,结构制度进行全面更新。它是企业在新的形势下实施改革的需要,同时也是企业走出困境,适应市场经济发展的需要。

一、企业组织创新的基本原则与要求

众所周知，企业的组织创新必须在一定原则下进行,不然,企业将会陷入无序的混乱状态。一般而言,企业组织创新的原则有以下几条：

1.简单化原则

使企业组织结构简单,是企业提高效率的保证,所以企业创新要尽量减少组织结构的中间层次,以保持决策与管理的有效性,以适应市场变化的需要。如日本明和产业株式会社太原事务所,从所长到管理员只有三个层次。

2.小型化原则

企业组织结构复杂化成为阻碍企业发展的一个重要因素,所以,企业组织结构创新要以组织结构小型化为原则，以保证企业更适应外部环境和市场急剧变化的需要，推进企业技术创新,明确企业各级人员的职责,调动他们的创造性和积极性,最终增强企业活力。

3.弹性化原则

企业组织创新要以企业组织结构弹性化为原则，以增强企业的应变能力,使企业摆脱官僚组织结构,充分发挥组织功能效应。这条原则很重要,运用较广。比如:美国近年来全国最大的100家工业公司就有60%的企业进行组织结构弹性调整，以使企业更适应市场竞争及新的企业经营战略的需要。

根据我国的国情，企业组织在创新的过程中必须考虑到以下几个要求：

1.企业组织机构的责、权一致性

企业在进行组织创新时，要保证企业各组织部门的职责权力相对称,根据不同职责进行合理布局,以达到人尽其才、物尽其用,极大限度地发挥组织效能。

2.企业组织机构的效益性

企业组织机构的设置要满足企业内部管理系统的需要,保证企业组织部门合理的管理幅度和适当的结构层次及企业生产经营获得最佳的经济效益。

3.企业组织机构的方向性

企业组织机构的改革和创新应以信息、战略研究、综合计划、营销服务和员工培训等方面工作的需要为发展方向。

二、企业组织创新的层次与方式

企业按其所涉及创新范围的大小和成员的多寡,组织创新可分为三层次。

第一,制度创新

制度创新是企业创新的重点，包括产权制度创新、组织制度创新、领导制度创新以及管理制度创新等。

第二,产业组织制度创新

产业组织制度创新是从国民经济宏观管理角度对产业结构和组织进行创新。

第三,企业内部组织创新

企业内部组织创新是指企业内部组织结构形式、管理制度、领导制度等创新。

从我国的实践角度来看,企业的组织创新有以下几种方式：

(1)兼并。即压缩原有结构,以实现横向、纵向或全方位的合并。

(2)分割。根据企业的经营目标,将目标不同的成员分开，甚至为了维护整体利益而分离或丢弃不相适应的成员。

(3)创建新组织。企业在新的经营目标指导下建立全新的组织。

三、目前我国企业组织结构的主要形式

现阶段,我国的企业有以下几种具有代表性的组织结构

1.职能型组织结构

这种组织结构按职能分工来设置，它适合于我国中小型企业,特别是产品品种单一、工艺稳定、市场营销好的企业。职能型组织结构如下图所示：

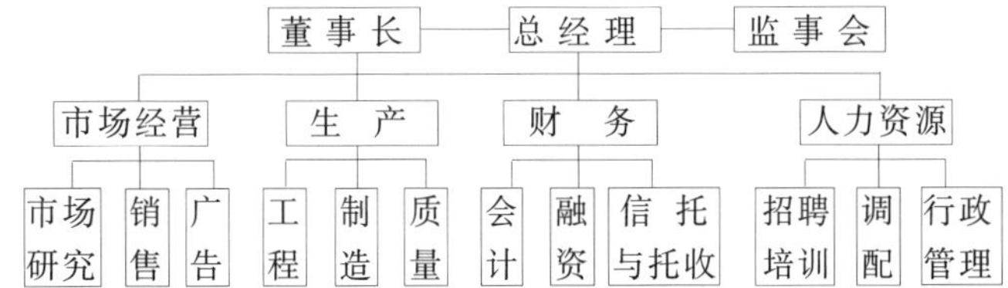

2.产品事业部组织结构

这种组织结构是适合于产品种类及品种较多，市场条件变化快,适应性较强的企业。事业部的组织结构如下图所示：

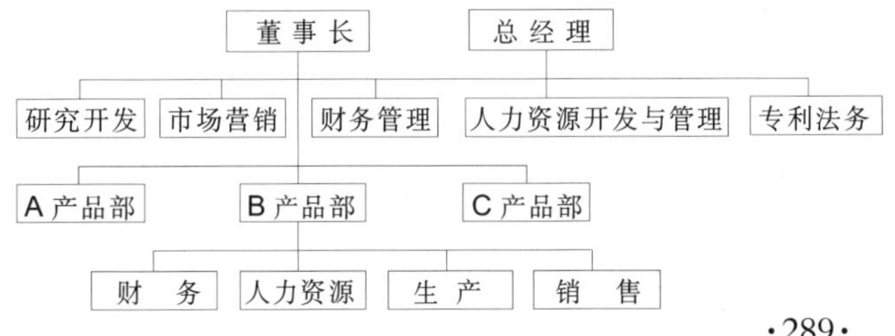

3.跨国公司组织结构

这种组织结构是以设立子公司的形式，将企业的某一部门分离出去，形成具有独立法人资格，自主经营、自主盈亏的合资或控股子公司。这种组织结构适合于集团化、多元化的大型企业。跨国公司(又称母子公司)的组织结构如下图所示：

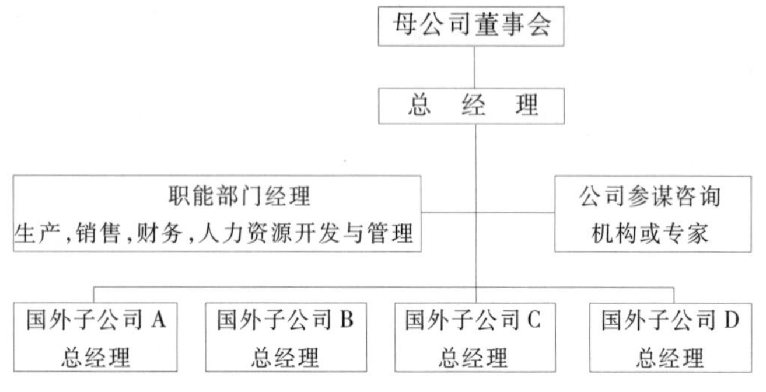

4.混合型组织结构

它是根据企业的实际情况，采取职能型组织结构和事业部组织结构并存的结构形式，如对主要产品采取集权的职能制组织结构；对其它产品的生产及辅助部门采取事业部组织结构。混合型组织结构如下图所示

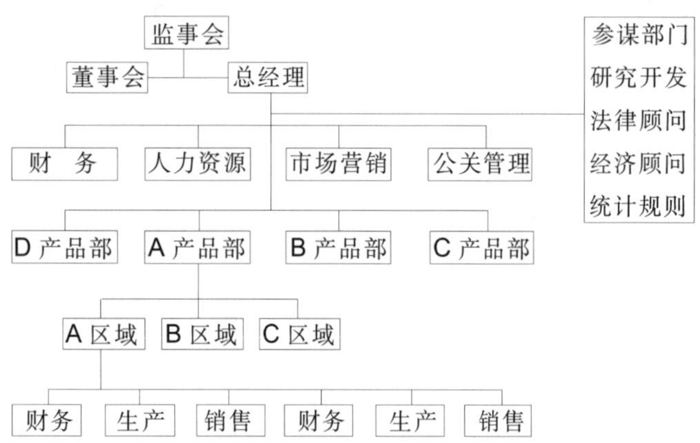

四、对我国企业组织结构局限性分析

近年来我国的企业，尤其是国有大中型企业进行了一系列的组织结构调整，企业的组织结构有了一定的优化和提高。但我们也应该看到，我国企业的组织结构仍存在诸多问题。

1.机构重迭、臃肿

虽然我国的国企改革已经进行多年，股份改革也取得了一定成效，但国企组织的机构仍然重迭、臃肿，企业的决策机构、执行机构，监督机构存在分工不清、职责不明确的突出问题，使得企业的决策、执行、监督等职能未能形成一个互相制约、互相促进的统一体。

2.组织构成复杂

国有企业经过股份制改革以后，并未完全执行股份制。公司组织结构优化只是在原国有企业组织结构的基础上，进行了一些人员调整或者小范围的裁员、分流，原来组织结构复杂的现象没有多大改观，闲职、虚职部门仍然存在，部门过细、功能重复的问题都没有得到有效的解决。

3.模式陈旧、单一

企业进行股份制改革已有多年，但传统的计划经济模式的影响仍然存在，造成目前大部分国企的管理模式陈旧、单一，有的企业的改革甚至只是“换汤不换药”或“改头换面”而已，企业管理模式仍然沿用旧形式。

4.社会功能太多，经济功能不全

国有企业由于尚未完全脱离行政的范围，仍然存在承担各种各样的社会功能的问题，造成企业未能彻底走向市场。国有企业应形成以发展经济为方向的经济实体，不断完善企业的经济功能与行为。

目前，现代企业实施战略管理面临五大核心的问题：其一是综合协调。它是一种协调领导者与职能部门负责人、职能部门之间相互关系的职能。随着公司组织内外因素的变化，其本质要求发生了重大变化。综合协调通过教育培训、激励、奖励机制调动个人的积极性，最大限度地挖掘或激发个人潜力和聪明才智，当个人的需要与企业的战略目标发生矛盾时，解决的办法首先要寻求两者的共同点，然后通过综合协调达到双方利益共同点上的高度吻合，在双方利益共同实现的同时，保障企业组织运作更具活力和效率，为企业战略目标的实现奠定坚实的基础；其二是权力分配。企业组织的权力和权力分配问题相当复杂。在相当一段时间内，决策者个人主宰的集权制一直占据主导地位。如今随着日新月异的高科技的冲击、日益扩大的产品规模和种类、市场范围的扩大及不断游移、所有权与经营权日益分离，精细分工导致职能化管理及由此产生专门化高级管理人才的大量出现等新变化，总裁高高在上的地位受到牵制，个人主宰实际上已经不可能，分权代替集权，专家集体管理代替个人主宰已成为不可阻挡的大趋势；其三是合作。随着公司环境的急剧变化，企业组织的不断扩大使之变得更为复杂，从一个大的整体繁衍出若干个相对独立的个体，从个体中又分裂出大量的子个体，这一个过程一直延续到公司组织的最底层，使公司成为包含大量各司其职的群体组织。各种不同层次的群体组织拥有自己观念和特殊的利益，自觉或不自觉地对其他外来力量产生戒备、敌意排拆、封闭心理，小群体“帮派”势力诱发了企业内部各组织之间的矛盾和冲突，削弱了企业的凝聚力和向心力，使企业的效率大打折扣。怎样有效地消除内部冲突，建立内部合作关系，将是企业面临的必须解决的一大难题；其四是适应性。企业正处于一个急剧变化的社会环境中，经济、科技、教育、政治、国际力量等因素日益密切地相互联系和相互制约，并融为一种巨大的力量从各个方面作用于企业的一切活动。企业唯有利用自己可控资源最大限度地适应外部环境不断变化的要求，建立适应环境变化的组织机构和运行机制，保持良好的灵活性和足够的弹性，方可争取到生存和发展的空间，事实证明：适则兴，不适则衰；适则存，不适则亡；其五是再生更新。企业再生更新是指对自身进行不断的修正、改革、否定、创新、以适应环境变化的能力。企业者想永久地保持自身的活力和竞争力，就一定要具备剖析自己、吸取经验教训，勇于变革创新的强烈意识，并且善于突破自己，有意识地进行自我否定、自我完善、自我进化和自我创新，在破旧立新、新陈代谢的过程中寻求新的更好的发展空间。

鉴于上述情况，企业的组织创新必须打破企业存有的组织结构，并根据环境和条件的变化对企业组织目标加以调整，对企业组织内部成员的责、权、利关系加以重新设置，形成新的结构和人际关系，促进企业组织功能的发展。

五、我国企业组织结构创新的战略措施

我国企业组织结构创新的目标在于：建立科学合理、系统性强，具有完整的职位、职责、职权体系，以及强有力的指挥与管理功能的企业组织结构，为企业整个发展战略奠定坚实的基础。

1.努力纠正错误的企业组织意识

我国的国有企业组织是在计划经济制度下形成的，它带有浓厚的计划经济的色彩，特别是像政企未分这种比较突出的问题给企业的组织产生了深远影响。作为市场经济下的企业，目前有以下几个意识问题在制约它的发展。我们必须及时加以纠正。

(1)授权意识。所谓授权就是上级把权力委任给下级和规定职权的过程。职权包括指挥、命令和处置问题的权限。我国企业的授权都采用行政任命方式，特别是厂长、经理都是上级指派。企业的每个成员，特别是领导者应具备授权的正确观念。不能无限授权，也不能拒绝授权，要认识到企业中授权的必要性。因为只有有效地授权，企业领导者才能够集中精力处理企业最重要的问题，同时给下级人员提供培养和锻炼工作能力的机会，提高企业经营决策的效益，提高下级人员的工作积极性和创造性。

在授权的具体操作中，应当注意以下的几个因素：决策的重要程度、下级人员的能力、企业的规模、授权的范围、企业内外环境的变化。所有这些因素都会影响授权的效果，企业授权要遵循统一指挥、逐级授权、职权明确、职权与职责相对称、例外管理、职权绝对性等原则。

(2)组织间的矛盾与冲突。企业组织间的矛盾和冲突多种多样，但最为突出的是企业组织间横向联系中的矛盾，也就是部门与部门之间的矛盾。如企业营销部门和生产部门在提供产品上的矛盾。营销部门乐于为消费者提供多种不同产品的选择，生产部门因为不愿进行投资反对改进生产线。企业领导者的责任是在组织之间发生矛盾时作协调平衡工作，教育员工加强整体观念以做好群体之间的合作，建立健全企业组织以提高全体员工的合作意识，实现企业目标。

(3)组织意识淡薄。所谓组织意识淡薄，是指企业成员过高地估计意见一致重要性的趋势，进而导致组织缺乏在紧要关头评价和解决问题的能力。企业领导者的责任之一，就是防止或减少组织意识淡薄这种问题的产生。为了避免组织意识淡薄所产生的负面作用，可采取以下对策：一是广泛征求企业员工的意见；二是让企业成员参与考证活动；三是请有关专家参与咨询，并对组织的工作进程及决定作出评价等。

(4)组织建设效率不高。企业组织的建设最常见的就是无效率问题。松驰、无效的企业组织是我国企业目前普遍存在的问题。其产生主要原因包括：第一，企业的人事变动比较频繁，使企业的工作出现过于松驰的现象；第二，资源的减少，导致部门瘫痪，无事可做；第三，激烈竞争导致部分落后，跟不上时代步伐。要克服组织建设中的无效率问题，可以采取的对策有：①提出问题，识别问题；②收集信息，分析问题；③查明问题产生的原因；④提出改进方案，找寻问题的根源。

2.尽早建立一套新型的组织规范

随着社会的发展变化，企业的组织规范也发生变化。在现代经济形势下，企业应尽快建立一套新型的组织规范，新型的组织规范应包括如下一些内容：

①给企业每个职员一个明确稳定的责任，保证其责权平衡；

②保证每个职员接受命令的单一性，杜绝越权、越级发布命令现象；

③职位提升、工资变动和纪律处分都须得到直接主持其事的上级主管部门的批准；

④正确处理职员之间的矛盾和冲突，谨慎妥善解决主管人员同员工间的任何有关职权或责任的争论和分歧。

3.积极朝实体网络组织、股份制集团方向发展

(1)实体公司。实体公司又称“未来的公司”，它是一种由许多独立公司组成的临时性机构，分合迅速，目的是捕捉机遇。其显著特点是：①优势的发挥，争一流，创最佳；②技术先进，借助信息网络进行联系；③彼此依赖，相互信任；④等级观念淡薄，上下级关系不确定。这种公司组织结构是继事业部制之后主要的组织创新。它可以打破传统公司组织结构的层次和界限，把众多的独立公司紧密地联系在一起，增强竞争能力，抓住市场机遇。我国的大型科研机构，大专院校与企业联盟共同对新工艺、新产品的开发就是一种实体公司。

(2)网络组织。网络组织结构是指把原来的大型企业划分成多个小企业、形成相互联结的网络型的组织结构形式。在日本，富士通、东京新陶瓷等高技术产业和西武集团等信息产业都以组织单纯化和单层化为目标，采用了网络组织结构，极大的提高了企业的工作效率。

(3)股份制集团化。这种组织结构就是以控股、参股等方式，采取联合、兼并等形式形成大型企业集团。它是目前我国企业创新普遍采取的一种组织结构形式。

全球经济一体化已是大势所趋，市场竞争日趋激烈，企业只有坚定不移地进行制度创新、组织创新、科技创新和观念创新，才能乘风破浪，驶向前方。

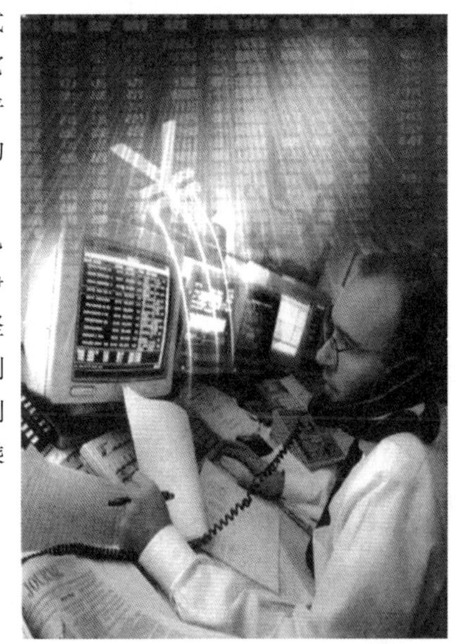

第四章 企业科技创新

所谓科技创新，是指企业应用创新的知识和新技术、新工艺，采用新的生产方式和经营管理模式，提高产品质量，开发生产新的产品，提供新的服务，抢占市场制高点并实现市场价值。它是实现产业化的重要前提。21世纪是科技创新的黄金时期，企业特别是国有大中型企业要把建立健全科技创新的机制作为现代企业制度的重要内容，提升科技创新能力，不断加强高新技术研究和科研成果的转化与应用，把提高经济效益转到依靠科技进步和产业升级的轨道上来。

一、科技创新的内涵与特征

科技创新应以技术突破为基础，以市场的接受为准，一般来讲，在特定的概念下科技创新的内容是十分丰富的，具体包括以下几个方面：

其一，科技创新是企业从构思、设想开始，采用最新的尖端技术，将其转化成新的生产力，满足市场需求，从而获得潜在的超额利润的企业行为。它的主导者、推动者是企业家，主体是企业，考察科技创新首先要从各个企业本身的技术变化的角度出发。科技创新涉及科学、技术、组织、金融和商业的一系列活动。

其二，科技创新是一个涉及多个环节、阶段的复杂过程。科技创新是一个系统工程，而不是某一种单项活动或单一环节，各个环节、阶段相互反馈，但是，科技创新的实现则是一个不可逆转的递进过程。

其三，科技创新是一种机制。企业为了获得潜在的经济效益，赢得更大的利润，在外部市场需求和竞争的刺激下，进行科技创新是企业求得生存与发展的必由之路，因此科技创新是企业发展的一种内在要求。它涉及企业的各种内外因素，它的实现是企业的内外各种因素相互影响、相互作用的结果。

其四，科技创新活动与科技创新产业二者既有联系，又有区别，是辩证统一关系。科技创新产业即科技创新的实现，是一系列科技创新活动的结果。而科技创新活动与科技创新的实现并非是同步的，企业创新的实现是所有活动的产出，它不仅仅是与实现科技创新直接联系活动的产出。

科技创新的理论从经济角度来分析是科技对经济与经济增长的影响，它的提出是对以往科技概念的解释提出了挑战，但增强了人门对创新的内容的理解，使人们认识到科学应用的先决条件有诸多因素。科技创新具有显著的特征，归纳起来有以下几点:

1.具有风险性

在市场上推出一种新的产品之前，其中隐藏着许多不确定因素。一是技术的不确定性，我们不知道是否能按照预定的技术路线取得成功；二是市场的不确定性，即便成功地开发出了一种新产品，但是消费者不认可，无市场容量，就意味着失败。企业家们常说，在十个新产品中，有一个成功就已属幸运，由此可见，科技创新的风险性是很大的。

2.具有很高的回报率和对外部环境的影响力

成功的科技创新意味着创新者可以在一定的时间内享受垄断超额利润，直至出现其它企业的模仿、再创新来参与分享利润为止。与此同时，重大创新除了对本企业有重大的经济推进作用外，对其他企业和其他产业乃至整个社会而言，都有深远的影响。

3.具有动态性

科技创新必须有组织、制度、管理、信息、资金等各方面因素的支持，随着企业经营活动的不断进行，企业的组织结构、组织文化、制度安排和信息渠道都要不断地进行动态调整，以促进科技创新过程中效率的提高。因此科技创新是处在不断地积累和调整过程中，它具有动态性。

4.具有实用性

科技创新是为了使企业取得更大更快的发展，只有真正能够为企业提供广阔发展空间的科技创新才具有现实意义。因此创新并不是越奇越好，而是以实用为准则。

5.合作性

以往的科技创战略着重强调竞争性，以取得竞争优势作为市场取胜的重要标准，因此常常造成为了保持自身的某些优势而阻碍新的知识和创新出现的局面，这严重地限制了知识和创新的流动与扩散。科技创新要构筑一个广阔的联系网，参与者之间的联系是多种多样的，既可以是合作研究开发、人员交流，也可以是专利交叉授权、调备购置等等。联系无所不至，无所不通。通过理论研究、高等院校和产业界之间新知识、新创造的交流、比较、互动和融合，推动知识和创新的传播与扩散，建立起社会各界的广泛联系。因此，科技创新须强调合作性战略，通过共生关系促进各方加大创新的步伐，这有利于整个社会收益的提高。通过合作形成一个良好的知识创造、流动、扩散、应用的联动体系，为科技创新提供更广场的发展空间。

二、科技创新对证券市场的深远影响

信息、网络时代的到来，证券市场的科技创新集中表现在对证券网络市场的开拓和发展上，这一科技创新，对证券市场的影响是重大而深远的。

1.消除了投资时空的制约，大大提高了投资选择的自由度

随着网络技术在证券市场的广泛运用，功能齐全的网上证券市场将会应运而生。因此，广大投资者可以跨地区进行证券投资，而网络技术也将使任何一个区域性的证券市场成为全国性的证券市场，而网上银行不断延伸与发展，使得资金的转帐能在瞬间完成，这为广大投资者在更宽、更广的范围内自由投资提供了巨大空间。可以说，证券网络技术的创新发展彻底改变了原有的场内市场的

含义。

2.使得证券市场从有形向无形转化

科技创新为证券市场电子化建设平铺道路,目前,随着证券市场现代化程度的不断提高,证券市场的具体操作能够通过电话、电脑等电子网络方式进行。投资者和券商在网上确认后,只要通过电子邮件开立证券投资帐户,就能够在家中、办公室或全球任一具备条件的地方进行证券投资活动。

未来的券商不需要象现在这样拘泥于营业交易大厅,并且还一定要通过增设营业部来扩大市场的规模,这无疑是一种新型的市场。相对于传统的有形市场而言,它是一种无形市场。目前,有形市场向无形市场转变进一步趋于明朗化。

3.促使证券市场监管方式发生了重大变化

科技创新赋予了证券市场高度现代化的特征,因此,要求管理者必须利用先进的监管技术手段,改变目前的事后监管,以便对证券市场进行随时监控和预警监控。在网络时代,为有效提高证券监管机构的监管能力和决策能力,管理层必须学会用先进的监管方式和技术武装自己。

4.使得证券商竞争日趋激烈

随着证券市场网络化程度的不断提高,市场变得越来越透明、自由,这样投资者在投资前将对券商进行全面的比较,为此,券商只有努力提高竞争力才能得到广大投资者的认可。同时,券商的竞争形式也发生了很大改变,以前券商实力主要是通过增设营业部来扩大市场占有有份额,而随着证券市场网络化的快速发展,券商的竞争实力不再受制于分支机构的多寡,更多的是通过投资指导,以服务质量取胜。

三、科技创新对企业发展的战略意义

科技创新对企业发展的巨大作用是显而易见的,具体体现在以下几个方面:

第一,科技创新是提高产品市场竞争力的主要举措

在市场经济中,“一劳永逸,不求改进”的产品是不会有长久生命力的。企业要获得充足的发展空间,产品要具有竞争力,就必须不断地进行科技创新。海尔集团是我国家电产业领域中的一颗璀璨的明珠,其科技的持续创新,使其产品在扩大国内市场份额的同时,也迅速抢占了国外市场,使海尔品牌在国内外市场上“卓尔不群”。

第二,科技创新是增加企业活动的重要手段

在市场经济条件下许多企业在经济改革的过程中败下阵来,究其原因主要是科技创新和市场开拓力度不够,缺乏活力。要增强企业的活力,必须把科技进步和科技创新放在最重要的位置,使经济建设真正地转到依靠科技进步和提高劳动者素质的轨道上来,只有通过强化科技创新和产品销售,才能使企业脱颖而出,焕发生机和活力。

第三,科技创新是加速我国科技成果产业化的不竭动力

我国进行经济体制改革已有20余年,但至今仍受计划经济体制的影响,各部门、各地方以及企业之间彼此分割的状况还未从根本上得以消除,使许多科研成果一直都不能转化为生产力,科技与经济脱节现象十分严重。要推进科技成果产业化和商品化,就必须坚持科技创新,解决技术创新与科技成果转化的资金、人才、环境等方面的障碍。西方高新技术开发采取政府引导、企业入股的创新方式,先后建立了创业种子基金、投资服务中心和风险投资公司,并按照市场规律实行商业化运作,为中心企业提供了巨额资金支持,大大促进了科技成果转化。

第四,科技创新是企业可持续发展的源泉

科技创新是企业的生命之源,发展之本。创新在企业可持续发展中处于核心地位,我们知道,没有任何一种产品能保持长久不衰的生命力,也没有任何一个企业永远立于不败之地。企业能否实现持续发展,关键在于能否不断调节自身的行为,跟上时代的步伐,不固步自封,不墨守陈规,要不断地实施新的思想、新的管理方式、新的产品及工艺、新的市场战略,企业才能提升新的经济效益,保持持续不断的发展。

四、科技创新的政策扶持与上市公司的发展

科技创新政策是指政府为了推动科技成果从研究开发机构向产业部的流动,并最终实现其商业价值而采取的一系列公共措施的总称。它有包括两层含议:首先,从狭义上来分析,科技创新政策只是指与科技成果商业化有关的政策措施,而不涉及科技成果供应的数量、质量与来源等。其次,从广义上来分析,科技创新的政策除了包括促进科技成果转化的政策外,还包括推动科技成果供应的规模、速度与方向的政策,例如研究开发活动、国际技术转让活动等。实际上,这两个方面是相辅相成的,因此,从根本上讲,科技创新政策的核心作用在于技术供应与技术应用间形成一种良性循环,从而为国民持续发展奠定坚实的技术基础,并提供充足的发展动力的政策体系。

为推动科技创新而采取的政策具有共同特征,这些特征是:

(1)现实性。科技创新政策的现实性提醒政策制定者应注意到政策的内在局限性。政策不可能解决所有问题,在制定政策时一定要注意给企业留下较大活动空间。政策能起到的主要是引导作用,许多决策还是要由企业决策者去做。

(2)连贯性。由政府在不同时期关注的侧重点不一样,制定的政策可能缺乏连贯性。诚然,这种政策会给企业创新活动带来一定影响。

(3)一致性。科技创新政策的一致性主要体现在与总的宏观经济政策和其他政策之间的协调。这就要求制定科技创新的政策的有关机构之间必须建立起良好的协调关系,避免各自制定的政策发生相互冲突的现象。

(4)灵活性。科技创新政策的灵活性是与一致性相对应的,两者是相辅相成的,这是由于科技创新政策必须能适应社会需求,社会突发事件和机会的不断变化,并通过政策系统的反馈逐

渐改善政策的效能,以适应变化的环境。

(5)互补性。它具有两层涵义:一是各项科技创新政策之间的互补;二是科技创新的政策、金融政策和税收政策等多项政策的配合与互补。这就要求政府在制定有关政策时,不但需要考虑到国家的利益和政府的期望,同时还应了解企业的利益和长期发展战略。

上市公司的发展离不开科技创新政策的大力支持。近期中国证券监督管理委员会(以下简称中国证监会)负责人已明确表示,中国证监会将积极支持高新技术企业发展,尽快在深圳证券交易所建立高新技术企业板块。为支持高新技术企业发行上市,对经科技部和中科院确认的高新技术企业,适当放宽发行上市和配股条件,并在高新技术上市公司中进行认股权制度试点,对少数急需资金实施高科技项目的上市公司,可优先列入增发新股试点范围。此外,在十五届四中全会的《决定》中,中央也已明确提出了要"培育有利于高技术 产业发展的资本市场"、要"逐步建立风险投资机制"等。这一系列措施对于上市公司而言无疑是一个利好信息。

事实证明,政策的支持已经成为证券市场促进高新技术产业发展的重要推动力,正是在证券市场的扶持下,才有了像中兴通讯、上海贝岭、中信国安、深科技等一系列高科技公司的长足发展。

五、我国企业科技创新的重要举措

企业的科技创新,必须以促进科技成果产业化为核心,加快建立科技创新体系的框架,推动建设事业持续发展。为此,必须采取以下措施:

1.以构筑现代企业制度为契机,推动企业科技创新

目前,我国的企业经营机制转换问题并没有根本解决,这难以适应市场经济发展的要求,为此,我们要坚持不懈地建立健全"产权清晰、权责明确、政企分开、管理科学"的现代企业制度。所谓现代企业制度,是适应社会化大生产和市场经济的要求,以规范和完善的企业法人制度为主体,以有限责任制度为核心,以科学的组织管理结构为特征,以公司企业为主要形式的新型的企业制度。它包涵以下几点内容:其一,必须明确企业的地位与作用、出资方式等基本财产关系问题,界定企业与出资人、企业与经营者、企业与企业、企业与市场、企业与政府之间的相互关系,从而确立企业的法人地位和市场主体地位,进一步约束企业的行为方式和营运界限;其二,必须反映社会化大生产的客观要求,是体现生产社会化、资本社会化、风险社会化和经营社会化的有机统一体;其三,必须体现市场经济的本质要求。一家企业只有建立现代企业制度,才能够成为真正的科技投入开发、承担科技创新风险和获取相应利益的市场主体,科技创新也才有不竭的动力。

2.把科技研发机构引入企业,建立企业技术中心

1999 年 7 月 1 日,国家经贸委管理的内贸、机械、资金、石化、轻工、纺织、建材、烟草、有色金属、煤炭等 10 个国家局所属的 242 个科研机构与事业单位全部实现了向企业化转制。截止 2000 年年底,所有应用开发类科研机构(注:含中科院系统的)全部"效仿"这 242 个院所,完成了整建改制,建立起企业技术中心,这种以企业为主体,以市场为导向,全国高等院校、科研机构为依托,科技与经济紧密相结合的新体制有许多优点,具体表现在:第一,大大提高了高新技术企业进入国际市场的能力;第二,妥善解决了科技与经济相脱节的严重问题;第三,能够提高科研成果转化率。由企业搞技术开发,只要选对方向,转化率一般可达到 70%左右;第四,增加了科技开发的投入。财政拨款搞科研,依靠的是国民收入的二次分配,资金有限,企业把科技开发费用计入成本,从销售额中取出,靠的是国民收入的一次分配,资金量要大得多;第五,企业自己掏钱搞开发,就会尽可能用好每一分钱,效果显著。

3.强化相关政策支持,为科技创新提供有利条件

政府的主管部门对企业的科技创新活动负有政策指导责任。在实际操作中,政府对企业科技创新的扶持可以采取直接或间接的方式,直接的扶持方式就是国家通过财政手段、产业政策等直接鼓励、扶持企业的科技创新行为。它的最大特点是见效快,其不利因素是容易增加企业的依赖性,削弱市场调节的能力,并且,政府的支持也难以保证公平性。间接的扶持包括两层含义:第一层含义是指若干政策措施不直接介入企业的科技创新活动,而只是对其进行鼓励和引导;第二层含义是指扶持企业科技创新的计划并不由政府直接操作,而是由非劳利的中介机构(如基金会、投资公司等)来实施。一般而言,间接扶持方式更利于发挥市场在资源配置方面的积极作用,最大限度地降低了由于政府政策失误所造成的损失,但间接扶持方式见效较慢。因此,政府在选择扶持方式时,应权衡利弊,把两者有机结合起来,在具体的优惠政策上,降低企业贷款利率,对科技创新提供专项贷款、贴息贷款等。对新建的高新技术企业给于一定的税收减免。尤其是对新产品、新技术给予更大的税收减免,对企业的科技创新和技术进步予以鼓励。与此同时,切实减轻企业各种不合理的税费承担。

4.建立健全高科技人才和技术引进机制

(1)因地制宜,建立并完善发展高科技人才机制科技创新,人才是关键,正所谓"千金易得,一将难求"。如何培养和引进人才,各地应根据实际情况,因地制宜,制定和实施自己的人才政策,建立并完善高新技术的人才机制。高新区要培养且有超前意识、创业精神、善于开拓、既懂技术又懂经济和市场的复合型高素质创业人才;善于发现和培养了解科技产业化规律、具有国际先进管理知识的高素质管理人才;建立优上劣下的用人机制,大幅度提高管理队伍的素质。高新区要把吸引和造就现代科技企业家作为战略性任务抓好,扶持和培育科技企业家,建立企业家和企业经营人才的市场,逐步形成一支能够在国际市场上一争高下的企业家队伍。我国对发展高新技术产业早就强调:"培养创业人才,造就一支科技企业家队伍是发展高科技、实现产业化的关键"。要制定发现、吸引、培养和保护科技创新人才、高素质

管理人才的政策、措施和规划,鼓励科技人员创业,解决创业人才遇到的各种难题。海外留学人员是我国技术产业发展的重要宝贵资源,是高新技术产业发展的有生力量,对他们应实行鼓励回国、来去自由、多种形式为国服务的方针,制定特殊政策,提供便利条件和优质服务,以多种方式吸引留学人员到高新区创业。

(2)建立自主开发和引进并重的技术引进机制。在技术来源上,实行自主开发和引进并重的方针。当今世界,高科技开发和高新技术产业优势在发展高新技术产业初期,可以通过技术引进,取得后发优势,实现跨跃式发展,迅速跟上。但是,引进技术不可能在世界上领先,只有自己开发,或者第二次开发进行技术创新才可能达到世界最先进水平。因此,抓住了人才、技术这一环,企业这方“池塘”才能流入源源不断的“活水”。

(3)知识产权资本化,以技术入股留住人才。从世界各国科技创新的历程来看,首先是具备科技创新的人才,然后才有对科技创新产品大量资金的注入,资本与知识一起,催生了高新技术产业与高科技企业的发展,一个很重要的因素就是承认和实现知识这一生产要素的价值,技术可以入股,可以参与利润分配。目前,我国已建立起了技术入股制度、科技人员持股经营制度,形成了与国际惯例接轨的符合高新技术企业特点的,以保护知识产权为核心的分配制度和经营管理制度,这种把个人利益与企业利益紧密连在一起的激励机制,吸引并留住了企业的骨干。

5.尽快加强我国的科技立法,规范和鼓励企业的科技创新

在市场经济条件下,法律规范是经济活动的基础,也是企业科技创新行为的大环境。前几年,国家在法律上没有具体的规定,缺少了法律法规的约束和保护,这是高新技术成果转化率较低的一个主要原因。1999年4月,国家科技部、教育部、人事部、财政部、中国人民银行、国家税务总局以及国家工商银行联合颁布了《关于促进科技成果转化的若干规定》,这一规定进一步落实了《中华人民共和国科学技术进步法》和《中华人民共和国促进科技成果转化法》,使以上两部法律更具实际操作性,但这还不够。现阶段,我们应尽快地把一批科技政策通过立法的程序使之上升为法律,制定有前瞻性的发展规划和发展战略及强有力的导向激励机制,建立和完善以保护知识产权为核心的法律法规支撑体系,在良好的法制环境里,这是高新技术产业健康发展的十分重要的前提条件。

6.建立境内外高科技风险基金,扶持高科技企业发展

企业科技创新具有高投入、高风险、高效益的特征,高科技的投入问题和高新技术企业的融资问题,关系到一家企业的科技创新和高新技术产业兴衰成败。以前发展科技产业由政府大包大揽的路子已走不通,仅仅依靠企业和市场的自发作用也不行。目前,许多高新技术特别是广大中小科技企业拥有自主开发的科技项目,因为缺少风险投资基金的扶持,资金来源困难,其科技成果产业化、市场化受到阻碍。

这种“缺血”现象是由于资金的“绝对贫乏”吗?不是,而是缺少合理的科技投资机制。一方面,银行贷给科技企业特别是民营科技企业的资金有限。据北京市的一项统计,北京市从1998年1月到6月的半年中,向银行提出贷款申请的高科技企业有368家,结果只有16家企业如愿以偿,且所获贷款只占申请贷款金额的5.3%;另一方面,中小型高科技企业几乎没有上市的机会,很难从社会上融入资金。可以说,这是导致我国科技成果转化率长期以来处于低水平以及绝大多数高新技术企业规模小、发展慢、市场竞争力弱的直接原因。因此,在市场经济条件下,应改用良好资本市场环境去推动高新技术产业成长壮大,积极筹建境内外高科技风险投资基金,让资本市场机制去催生和扶持高科技企业成长,这对科学成果迅速产业化无疑是至关重要的。

7.优先安排高新技术企业股票上市,充分吸纳各方面的社会资金

实现资源优化配置目前在深沪两地上市的1100多家公司中,高新技术企业数量仍然较少,运用证券市场直接融资的目标尚未完全实现。因此,要加快对高新技术企业进行现代股份制公司改造,对高新技术企业应优先安排上市指标和额度,适当放宽上市条件与扶持政策,以充分吸纳各方面的社会资金。针对我国高校办高新技术产业发展急需资金的状况,特别要加快其办高新技术企业上市的规模和步伐,以实现资源合理配置。

8.加大科技投入,增强重大关键技术攻关

科技投入是科技人员从事研究开发和技术创新必不可少的物质基础,各级建设主管部门都要千方百计地增加科技投入,巩固和加强这个物质基础。科技企业要拓宽思路,开阔眼界,要学会向社会、向市场要投入、要效益。适应市场变化,针对企业技术需求,开展产学研联合,从事技术创新和产品开发,在向企业、向市场提供技术产品的同时,获取相应的经济回报,用于改善和提高技术创新活动的环境质量和科技人员的物质生活待遇。随着社会主义市场经济体制的建立和完善,我们还必须努力学习金融知识,掌握金融理论,了解金融工作特点,学会运用金融手段增加科技投入。重大技术的攻关,一定要坚持“有所为,有所不为”的方针,选择行业发展中遇到的带有普遍性的难点技术,或是有较大的关联度,攻克之后能够产生较大辐射效应的关键技术,集中人力、物力、财力进行攻关,实现重点突破。“十五”期间,我们将在信息化建设、建筑节能、住宅建设、化学建材、建筑用钢和基础设施建设等领域开展科技攻关,对于涉及相关行业、相关学科的重大技术,要积极实行跨行业、跨部门、跨学科的联合,做到优势互补,资源共享,风险共担。

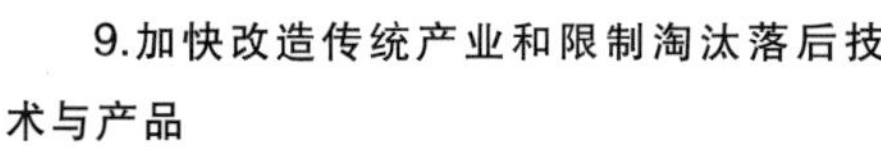

9.加快改造传统产业和限制淘汰落后技术与产品

应用现代科学技术改造提升传统产业，不单是提高传统产业的技术水平，更重要的是同时实现产业结构、产品结构的调整，使传统产业与现代科学技术的进步和社会经济的发展保持协调一致。目前,传统行业普遍存在着技术含量低、生产工艺旧、劳动生产率不高,资源耗费量大等问题。我们要主动适应“科教兴国”、“可持续发展”和“从粗放型向集约型转变”这一发展趋势,制定阶段目标,分步实施,积极推进,增加先进适用技术产品比例,同时适时地限制、淘汰落后的技术与产品,使传统产业在质和量两方面得到稳步提高。

在改造和提升传统产业的过程中，要积极开展广泛的国际科技合作与交流,通过引进先进适用技术,提高我们改造传统产业的技术起点,同时,要积极开展自主创新,掌握更多自主知识产权的新技术。

10.加强科技工作组的组织领导

组织领导的重点是优化配置、有效地开发利用科技资源,为此,地方各级建设主管部门的主要领导要亲自抓,要及时研究解决制约行业科技进步的各类问题，要制订明确的发展目标和计划,要建立以科技管理部门为主,规划、设计、施工、标准定额、政策法规等部门协调配合的科技工作机制。各业务主管部门要突出科技对行业发展的作用,在资质审查、招投标管理以及有关政策法规的制定工作中,要对科技进步提出明确的要求。加强对科技的组织领导,提高工作的系统性和前瞻性,使我们的目标、计划和各项政策措施适应科技工作的规律和特点。

六、企业科技创新发展前景预测

21世纪,将是全球科技创新发展的新时期,随着微电子、光电子、计算机、移动通信、互联网为特征的信息技术的突飞猛进,以纳米科技为前沿和核心的新材料、新能源技术、生物技术、空间技术、海洋技术等领域都将取得革命性突破,产生一系列创新的重大成果。从全球的角度来分析,在21世纪前20年里科技创新将呈现以下发展趋势:

1.科技创新将成为一切文明、进步的源泉,人类为了更好地生存和发展，在现有的知识资源和物质资源基础上,大力推进科技创新已形成世界性潮流。

2.知识的创造和发展大大降低了人类社会对自然资源的依附,传统的生产要素(劳力、土地、资本)已逐渐失去主导地位,知识资源成为科技创新的战略性首要因素。

3. 高新技术群中的前沿科技是世界瞩目的制高点,在当前一代和未来几代之间科技发展链中蕴含着大量的机遇,一批国家和跨国公司正把主攻方向瞄准微电子 - 光电子 - 生物电子、细胞工程 - 基因技术 - 生命科学、核能 - 氢能 - 太阳能、高磁材料 - 超导材料 - 纳米材料 - 空间提纯 - 微重力成形 - 太空基站、海水淡化 - 海洋油气开发 - 深海采掘等前沿领域,攻占这些科技高地的竞争已成为创新的主要焦点。

4.长期以来,P&D(研究与发展)活动被公认为创新,其后的PPriduction(生产)即产业化过程往往被忽视。创新的终端目标是市场回报,若不通过生产环节就无法实现全部创新目标,在未来一段时间内,研究 - 发展 - 生产将成为完整的创新链的必要环节。

(5). 由于创新特征鲜明的计算机，网络就是当代计算机技术、微电子技术和通信技术的集成,因此,尽管当前,科技创新还面临着许多问题,但在很大程度上,能够通过集成现有的技术加以解决。

(6).由于具体规模应用的重大科技创新项目,在开发前期未对技术体制、技术标准和规范进行广泛协调,形成了多种标准、多种规范之间的壁垒,导致了一些国家和企业损失严重,由于缺乏协调使创新开发和成果应用的成本大为增加,因此,技术协调将会成为重大创新的必要前提。

(7). 许多创新成果是以牺牲生态环境和过度消耗自然资源为代价的,随着全球人口的剧增和自然资源的减少,新的创新活动及其他成果应用必须以不损害人类和自然的可持续发展为原则，切实保证地球文明的高度繁荣和人类的可持续发展已成为一切科技创新活动的使命。

(8).众多的创新主体(公司或创新机构)在激烈的竞争中,对人才和技术的争夺特别重视，一些实力强大的公司为了保持和扩展其优势地位，不惜用重金收购相关公司的全部有形资产和无形资产。近几年中,有世界影响的“超级并购”频频发生,可以预测，公司并购已成为在一国范围内或国际范围内重组创新能力的有效途径。

(9).科技创新需要资金投入,这些投入要面对技术风险、经济风险、市场风险等等,特别是大型项目、高难度项目所承受的风险压力更大,但与高风险相对应的是高回报。民间的风险投资和政府的风险基金已获得了良好的发展，它担负着风险投入的重要角色。在当代科技创新活动中,风险资金将成为不可缺少的因素，支撑着创新活动并通过对风险资金的管理和监控手段来改善创新过程。

(10).一个企业、一个地区和一个国家的创新活动及其成果直接反映该企业、该地区和该国家的科技与经济能力及水平。注视全球科技进程,研究制定创新战略、策略及政策是不容忽视的大事,许多国家都在不断制定和完善国家的创新战略,创新战略将作为引导国家发展的重要方针。

企业的科技创新是一个十分广泛的概念,它涉及到经济学、管理学、行政学、社会学等多个学科。科技创新机制包括激励机制、决策机制、运行机制、调节机制和扩散机制等。目前,企业需要结合实际情况,建立起符合科技创新功能要求的组织结构,建立起能够保证科技创新顺畅运行、互相衔接、及时反馈的运行程序及科学的现代管理方式,以迎接国际化竞争的挑战。

第五章 企业观念创新

观念是人们对客观世界的理性认识，它是行为的先导，实践的灵魂。观念创新则是指人们为认识客观世界的发展与变化，科学准确地把握客观世界变化规律和发展趋势，用正确的方式构建新的思维、新的思想，对变化了的客观世界形成正确认识。观念创新作为人类思想一种主观能动性的表现，它可以从客观世界零乱和无序的现象中归纳、升华，找出其规律性和方向性，在客观世界发生变化的同时，能够通过其指导调节自身的行为，避免盲目性，从而做到少受惩罚或不受惩罚。

一、观念创新是企业创新的坚实基础

观念创新的作用是不言而喻的，其实作为企业创新中的管理创新，技术创新和制度创新等都是建立在观念创新的基础之上的，特别是企业的经营理念，它是企业各项创新的前提和先导。企业的发展、企业经营模式的演进，伴随着企业管理观念的更替，这可以从企业的发展史中得到体现与证明。目前的观念主要有以下几种：

(1)生产观念。这是企业只重视生产管理的传统观念，在这种观念的支配下，企业管理的主要内容是扩大生产量、满足需求，降低成本，增加利润。

(2)销售观念。随着人们生活水平提高，企业的供给能力大大增强了，市场出现供大于求的状况，在这种情况下，产生了销售引导企业生产观念，这一变革导致了企业管理中心由过去的生产管理转移到了加强销售机构的建设、销售方式的改进以及提高销售人员的素质等。

(3)营销观念。自营销观念诞生以来，企业的管理手段便花样翻新，同时，企业的管理进入了内部管理与外部营销管理相结合的时代，市场调查、市场预测、新产品开发与决策、营销手段的变更等各种新型管理方式得到广泛应用。

(4)动态均衡观念。随着市场经济的不断发展，营销观念也必须做相应的调整。企业如果在自身优势和消费者之间找到一个结合点，以确定有优势的目标市场，这就是动态均衡观念。动态均衡观念的产生与发展使企业除了要对市场技术发展趋势进行分析预测外，更重要的是根据消费者需求的变化来调整产品结构和管理方式，推出引导消费者需求的新产品，重视关系企业全局的战略管理，以掌握市场竞争的主动权。

(5)社会责任观念。一个不争的事实是：经济发展迅速，社会物质财富不断增加，但同时全球环境、资源、人口等诸多问题也愈来愈突出。面临这种局势，企业要勇于承担起责任，除了高度重视技术、市场趋势预测和战略管理外，还须特别重视协调与消费者和社会利益的关系。

总之，只有在特定客观环境基础上产生的观念，才能形成适应客观环境的价值取向；只有确定了特定的价值取向，才可能努力去争取、去开拓，因此，对企业而言，只有认识到市场经济的规律性，形成适应市场经济的价值取向，才有可能在观念和价值取向的支配下，实现企业的创新活动。

二、影响观念创新的主要因素

影响观念创新的因素有主观因素和客观因素两种：主观因素主要有创新者的意志、兴趣、勇气、独立思考能力、责任感、忧患意识、自信等因素，客观因素主要是创新环境等。

1.创新者的个性因素

(1)意志。意志是创新的先决条件，意志越坚强，就越能充分地调动智力因素，并能充分地发挥智力因素的作用，使观察力敏锐、记忆力持久、想象力丰富、思维活跃，从而爆发出创新思想的火花。此外坚强的意志还有助于树立明确的创新目标，更好地发挥智力因素的效应，使创新主体注意力集中在创新目标上，最大限度的发挥创造性思维与创造性想象，从而提高创新效果。

(2)兴趣。兴趣是认识主体对客体的一种积极的认识倾向，这种倾向使认识的主体总是带有高涨的情绪和美好的愿望。兴趣能够使主体眼界开阔，获得广博的知识和广泛的创造信息，使主体更全面地了解事物。兴趣容易引起主体认识的冲动，促使创新过程的完成。

(3)勇气。勇气是人对客观世界表现出来的一种性格特征，观念创新是要有胆量和勇气的，重大的理论创新就要有更大的勇气。追求真理的勇气能使人敢于怀疑旧的观点，敢于向名人、向权威挑战。追求真理的性格，能激发人的创新意识，使创新者的注意力充分地调动起来。

(4)自信。自信能使创新者的创新动机强化，对创新的结果充满希望，使创新者充满创新的激情。一般来讲，新思想提出之初，往往被人怀疑，创新者必须坚持自信，勇敢地接受内部和外部环境的挑战，振奋精神，鼓起斗志，把目光、思想和智慧凝聚在一起，使创新得到升华。

2.独立思考能力

独立思考是指在坚持观察事物的基础上，充分发挥主体认识作用的过程，它是人的个性的反映，在社会实践中，充分发挥独立思考的能动作用，能够产生反作用于物质发展过程的强大力量。从一定意义上说，创新中的独立精神，不仅仅表现在创新者坚持自己的立场，而且还表现在创新者不断地突破自己过去的局限，不断地改变自己过去的认识，发展自己的思想。独立思考作为人类最为可贵的思维品质和心理活动的最高水平上实现的综合能力，是探索规律、进行观念创新的坚实基础。

3.责任感和历史使命感

责任感是人们对自己在创新过程中对他人、对集体、对社会、对创新所体会到的道德责任情感，它表现为创新者对自己的创新行为充满的情和爱。强烈的历史使命感和事业心是创新者在创新行为中最为主要的心理因素之一，为了追求真理，他们可以排除万难，以昂扬的斗志，为实现创新目标而开拓前进。事实证明，凡是在创新活动中取得卓越贡献的人都是具有强烈的历史使命感和责任感的。

4.忧患意识

所谓忧患意识，是指对前途和命运给予积极的精神诊断和对现实存在进行辩证地否定、批判、怀疑与构建的一种自觉意识。它以危机感为基础，以加快创新进程为主题。忧患意识对于企业而言是非常重要的，有了忧患意识，才能激励企业进行不断的创新，从而在激烈的市场竞争抢先一步，取得主动权，像北大方正、三星、索尼等著名公司一次又一次的成功是与他们强烈的忧患意识分不开的。

5.创新环境

观念创新除了创新主体一定要具备基本素质外，还必须具有良好的社会环境。如果社会具备宽松的气氛与适合的环境，那么这将对创新产生直接的影响。一般而言，良好的社会体制都有一个良性的激励机制，并且这种体制也是开放的，因为越是具有宽松、自由的气氛，越是能够创新，这为社会创造的财富就越多。我们一方面要提倡创新者为科学和真理而献身；另一方面也要使创新者能够得到社会对其应有的尊重，从而激励他们的创新行为。此外，一个良好的社会体制应该形成一种让创新得到优先发展的环境。众所周知，创新是有风险的，而这种创新环境可以使创新集体互相支持、互相协调和配合，使创新个体对集体产生认同，各个成员为了各自的目标发挥创新优势，无疑这有助于集体创新的实现。

目前，我国正处于体制转型的关键时期，然而就是这种转型时期，一些企业特别是一些国有大中型企业却满足于看摊守业，缺乏进取意识，不能进行大胆的思想解放和创新，因此，他们总是走不出困境。这种局面必须得以解决，否则，在新世纪激烈的市场竞争中，只有一种结果：那就是淘汰出局。

三、新时期企业观念创新能力的培养

观念创新是一种思想活动。遵循一定的思想活动规律，掌握一定的思维规律和方法，可以更好地解放思想、开阔视野，更容易地实现创新。

1.创造性思维的培养

思维有三种基本形式：即逻辑思维、形象思维和灵感思维。而创造性思维是各种思维方式的科学组合。要想在观念上有所创新，就必须树立新的科学思维方法。科学的思维方法主要有四种：

(1)发散思维。所谓发散思维就是无拘无束、自由奔放的思考，它是一种从不同角度、不同途径去设想、思考的方法。发散思维要求人们大胆创新，不受现有的知识和传统观念的局限和束缚，从而获得解决问题的方法。如果没有发散思维，就会墨守陈规，不敢创新。

(2)逆向思维。所谓逆向思维是指从对立的、相反的角度去思考问题的思维方法。它要求人们敢于怀疑现有的事物。逆向思维给人提供了一片崭新的思维空间，往往能出奇制胜，给人以意想不到的收获。

(3)联想思维。所谓联想就是把思维中某个或多个事物或过程联系起来考虑，从而产生观念创新的思维方法，它是观念创新的基本方法之一。事实证明：许多伟大的思想发现，都是与发现者善于联想分不开的。同时，联想也需要知识的积累，知识面越广，联想能力就越强；知识面越窄，就越不容易产生联想。因此，为了能够做到观念创新，我们平时就应积累各种知识。

(4)侧向思维。侧向思维要求人们把注意转向外部因素，以此来找到解决问题的办法。

目前，人们的思想中普遍存在着思维定势，不习惯用创新性思维去进行创新，而习惯于行政命令，简单地服从上级，对具有创新性思维的人的新思想、新观念横加指责，抓住其中的某些不足，对其全盘否定。这种思想方法不利于观念创新，我们应彻底摒弃。

2.想像力的培养

在信息、知识经济时代，想象力是科学研究中的实在因素，是创新的主要力量源泉。任何创新的第一步，都是借助想像力提出人假说，然后以科学的方法去证明的过程。由此可见，如果没有想象力，就不会有什么创新。企业员工的想像力是一笔巨大的资产，观念创新必须对员工的想像力进行大力培养与开发。

3.创新灵感的培养

灵感是一种顿悟，是一种不自觉的潜意识活动，具有突发性、随机性，灵感对观念的创新有一种画龙点睛的作用，创新需要灵感。但是，灵感不是凭空来的，它是建立在艰苦努力之上的，只垂青于有准备的人。对于企业而言，应教育广大员工作好持久努力的思想准备，因为有平时的不断积累，灵感才会光顾。

4.善于从平凡中创新

观念创新不是无根之木，也不是每个创新都要完全标新立异。创新在很多情况下都是旧元素的新的组合，产生于看似平常的旧事物中。同样的事物，如果从不同的角度去观察将会有不同的结果，例如下面这些情况也许是你想不到的：

①所有电脑及其数位计算，都是由两个成分 0 和 1 组成的；

②所有的画都是由只有 3 种原色的方式构成的；

③所有的算术表达都是由10种符号构成的；

④所有的音乐都是由不超过12种音调的方式构成的。

从上述例子表明：创新不是可望不可及的事情，如果我们经常换一个角度去思考看似平凡的事物，用心去捉摸，随意选择任何东西，试图把它们联系起来，也许我们就会有意想不到的收获。

5.善于学习

观念的创新需要以知识为基础，在信息、知识经济时代，知识更新的速度更快，今天的知识明天就有可能过时；同时，人们也经常调换工作岗位，需要具备的知识越来越多，因此学习的特征也随之发生了变化，学习的动机不再是要求学习掌握更多的知识量，而是掌握科学的学习方法，即我们常说的善于学习。现阶段，电子技术、国际互联网和全球网为我们提供了许多新的学习途径，而善于利用这些新技术的个人将使自己的学习能力得到提高。对于企业来说，要进行观念创新，上至公司领导，下至普通员工，都必须善于学习新东西。

观念创新能力是人的一项综合素质，除了包括上述的一些因素外，还包括敏锐的观察力、准确的判断力、开放的吸收能力、果断的决策力、过硬的实际操作能力等。观念创新能力的培养，不是一蹴而就的，它要求创新主体不断地涉取各种新知识、新学科，不断开阔视野，以丰富扎实的知识体系作为创新的有力支撑，丰富与完善知识结构，将辩证唯物主义和历史唯物主义融汇贯通，使之真正成为思想和行为的指导原则，这样创新能力才会不断提高。

四、21世纪企业的七大创新观念

在21世纪，随着信息、知识经济的兴起与发展，企业的管理逐步进入了知识管理阶段。这种根本性的变革，会对企业的生存环境造成巨大的冲击，必将引发企业经营管理观念的系列创新，在新时期，企业的新思维、新观念有以下几类：

1.制度化、规范化观念

市场频繁、快捷的变化需要信息的动态反馈和及时、准确处理。企业能否收集到重要的信息，并在第一时间内反馈和准确处理，取决于企业基础工作的完善程度。这就要求企业的组织人事、信息管理、生产规划、经营决策、成本管理等必须标准化、规范化、制度化，使企业的治理结构适应经营活动的特征和要求，让生产有序运行。企业的基础工作，是提高产品质量和使顾客满意从而赢得市场的根本保证。企业要建立与信息时代要求相适应的基础制度，以便从具体的运行上保证企业经营的成功。

2.信息化管理观念

信息化管理是企业增强竞争力、提高经济效益的根本出路。在21世纪，三大高新技术将主导整个社会的发展，其中之一就是以计算机为中心的信息技术革命。因此，企业要不断加大信息化设备的投资，充分应用现代信息技术，开发应用信息资源，实现企业经营管理信息的生产、处理、存储、分配和消费的规模化、工业化。进行信息化管理，一方面在产品设计中要实行信息化管理，即采用计算机辅助设计来缩短产品的研究和试制周期；另一方面在生产过程中也要实行信息化管理，即建立起从原材料采购、生产调度、市场分析，到计划安排、库存处理、成本核算、劳动工资、产品营销全过程都要采用先进技术，特别是信息技术支撑的管理信息系统。在开放、复杂、竞争日益激烈的外部环境中，企业决策者要增强信息化的紧迫感，充分认识到信息化是当今社会发展的趋势，加快推进企业经营管理信息化是企业发展的前提，是判别一个企业竞争能力的重要标志。

3.知识化管理观念

信息、知识经济产生与迅速发展，知识在现代企业经济活动中将占据重要的地位，并且会融入到经济活动全过程，成为经济长期增长的关键因素，对企业的生产经营活动产生着广泛而深远的影响。因此，企业经营管理者应改变某些落后的观念，确立知识化发展的观念。企业要不断增加人力资本投资，即提高教育和培训方面的投资比例，把“以人为本”的立足点与核心放在人的知识、能力的提高和潜在创造力的培养方面。在企业组织中必须建立和完善研究和开发机构，使其结合经营进行知识创新以推动企业的科技创新。企业应充分认识到科学和技术人才，是实现企业知识经济和知识管理的决定性因素，要通过良好的研究开发条件和有利的激励机构的建立，充分调动科技人员的积极性。为实现这一目的，企业可采取加大研究开发投人经费、建立按业绩大小的分配机制、实行多种形式的技术入股、建立个人收入与经济增长有机结合的风险机制、增强重视无形资产的观念、强调对知识产权的保护和利用等措施。

随着信息化的全面推进，企业生产经营管理观念将发生根本性变革，企业确立知识管理的观念成为一种必然。所谓知识管理是在信息管理的基础之上的更高级的管理，它强调把人力资源的不同方面和信息技术、市场分析乃至企业的经营战略等协调统一起来，共同为企业的发展服务，从而产生巨大的经济效果。要实现知识管理，企业必须从以下几方面展开工作：

第一，设置专门的知识管理机构对知识进行有效的收集、分类，建立面向知识的技术基础，并监督知识的流向和作用，让知识管理贯穿市场调查、产品开发和设计、定单分配和定价等过程，以实现对知识的有效管理。

第二，建立档案管理。通过加强知识资源的档案管理，从法律上界定知识的产权界限，杜绝知识资源的随意流动，防止知识资源被不合法的手段利用。搞好档案管理，应借助于先进的技术和手段，对知识进行分类管理、评估和升级。

第三,通过合作实现知识共享。在信息化、知识化管理中,企业要打破传统分工上的官僚等级制度,调整企业人员的组织结构和劳动分配结构,在企业内形成团结一致、共同合作的经营管理氛围,实现知识共享,推动企业健康、稳定、持续发展。

第四,建立知识共享和信息交流的基础设施网络。要使企业内部的知识共享并营造出新的知识,企业就要建立内部网络系统,使企业对内对外能实现快速准确的交流,在科学、工程、产品开发、生产和市场销售之间进行反馈。

第五,建立知识经济新制度。知识是来自于广大员工的学习、发明和创造,而建立一套有效的激励机制将会对经济主体的发明和创造产生主要的影响,因此,只有建立起激发员工努力学习、不断创新的制度和机制,企业才能树立发明创新的新风。

4.网络化的经营观念

信息技术的广泛应用,特别是互联网技术的发展引发了企业经营者信息交流方式和企业管理模式、企业文化乃至组织结构的一系列变革。伴随互联网规模的扩大和技术成熟,企业一定要利用互联网技术构造企业的内联并通过在国际互联网上注册网址,建立新的企业生产管理体制及信息收集与反应机制,对企业内部信息传递和数据资源进行有效管理。实现企业经营革新。因此,企业要相应地确立网络经营观念,充分利用互联网上的信息资源开展网络经营活动,提高生产经营运用效果,充分发挥网络集产品说明、促销广告、顾客调查、服务于一体的功能,利用信息网络建立与市场联系的桥梁,快速、准确地了解市场动向和顾客要求,节省中间环节,降低促销成本,提高生产与消费者的合作水平。总之,在知识经济时代,企业要具有网络化经营观念,努力去建立多功能、资源共享、网络连通、系统兼容的智能化企业网络。

5.以市场为导向,以变应变观念

我们常说:"以静制动","以不变应万变"。其实市场经济的特征之一就是竞争激烈和变化迅速,因此企业必须在充分研究市场的基础上,用开放、超前的眼光把握市场发展变化的方向,不断满足用户需求,在超越竞争品牌的原动力驱动下,快速准确地策划出市场、技术及发展战略,树立以市场为导向,以变应变的观念。这种观念有以下几种:

(1)以市场需求为导向,进行产品创新的观念。市场需求千变万化,要满足消费者的需求,只有不断进行产品创新和市场创新。企业的产品今天是畅销的,明天就有可能难以适应变化的消费需求。因此,企业要从研究市场现实需求和潜在需求出发,把握市场变化的趋势、产品的寿命周期和市场投入时机,在产品创新上树立"人无我有、人有我好,人好我廉、人廉我转"的观念,力争做到"生产一代、改进一代、试制一代、构思一代",牢牢掌握市场中的主动权。通过产品的创新,引导市场需求,引导社会消费。

(2)包装创新,以精取胜的观念。包装是商品质量的外在表现,包装被誉为无声的推销员。尤其在人们对产品不太熟悉时,它是产品的第一印象,精美的包装会使产品身价倍增,对消费者产生巨大吸引力,从而促成或扩大销售。而且还可以减少商品的损耗,保护产品质量,提高企业经济效益。所以,企业在包装决策中,应有不断创新的观念,对包装材料、颜色、形状、尺寸构图等,进行独特的构思、巧妙的搭配,让消费者一见钟情、爱不释手。改变我国产品在市场存在的"一等产品、二等包装、三等价格"的现象,以适应人们生活水平的提高、审美能力的加强以及对产品的外在形象要求提高的需要。

(3)服务创新,满足顾客需要的观念。随着市场竞争的加剧,企业产品的质量都有了很大的提高,同类产品无论在品质、功能、规格和价值等方面都相差无几,在这种情况下对顾客购买企业的产品起特定作用的是企业能否提供更为优质的服务。服务创新要求企业的全体员工首先要有热情、周到的服务意识,在此基础上,不断创造出新的服务模式。企业生产经营的过程就是不断地满足顾客需求的过程,企业要真心实意地为顾客提供优质服务并不断创新服务,才能使顾客对企业产生信赖。

6.以质量为本的观念

质量是企业的生命,随着市场经济的快速发展,企业必须彻底抛弃一味追求数量的老一套观念,树立以质量取胜、以质量求发展的新观念。这种观念体现在:

(1)树立全过程的质量观。也就是说产品质量形成过程中的关注扩大到对产品开发、流通领域、售后服务等方面,改变过去把质量管理的重点放到生产线上控制的观念,认识到产品从开发设计就会受到生产过程变化的考验。实行"零缺陷"、"无废品"的质量要求,做到产品一次性达标,节约返工和保修的费用,把售后服务开支降到最低,使产品的信誉得到有力保障。

(2)树立全方位的质量观。在市场经济条件下,产品的性能、品质包装、服务、可靠性、安全性、经济性满足用户要求。产品自然要接受消费者的全面检查监督,因此企业不断采用新技术来生产消费者满意的新产品,国际标准化组织给质量的定义是:产品或服务规格或潜在需求的特征和特性的总和。由此可见,质量必须全面化,才能满足顾客的需求。

(3)贯彻 ISO9000 质量体系认证。目前企业质量认证所依据的主要标准是 ISO9000 系列标准,这是国际通行的质量管理和质量保证标准,是国际贸易中需方要求供方质量保证的依据。随着市场经济的发展,我国企业有越来越多的机会走向世界,参与国际市场竞争。质量认证正是企业通向国际市场、参与国际竞争的一个有力的"通行证",它表明企业能够向其用户提供他们要求的质量保证、质量认证和专利权、商标权、专营权一样,不仅有很高的实用价值,而且有较快的增值性。我国企业要通过不断提高员工对质量的关心,加强质量管理部门以及整个企业管理水平,按照 ISO9000 系列标准的要求,调整、充实、完善质量体系,积极创造条件争取获得国内和国际认证机构的认证,以实现产品顺利打入国际市场的目标。

7.以顾客为核心的观念

随着市场经济的发展,买方市场开始出现并日益走向成熟、稳定。在买方市场条件下,消费者的选择权利大大提高了。与此同时,国民收入和文化生活水平的提高,其需求开始朝着便利、时尚、多样化的方向发展。时代与环境的巨变,对企业的生存和发展提出了严峻的挑战。目前,企业面临的是不断激烈的市场竞争,在这种优胜劣汰的大环境中,企业上下人人都必须树立"顾客是上帝"这一以顾客为核心的经营观念。一般来讲,以顾客为核心,就是要求企业以顾客至上为目标,想方设法去改善自己的生产经营,为顾客提供更新、更好、更全、更适合的产品和服务,以满足顾客的各种不同的需求。以顾客为核心的观念主要体现在以下几个方面:

(1)明确企业的正确行为。以顾客为核心的观念就是让顾客满意企业的行为,企业应重视追求长远的利益。过去,受生产和产品观念的影响,企业追求的目标一直是眼前利益,忽视长远利益,以至急功近利,影响了企业信誉。建立以顾客为核心的观念,企业追求的利润是建立在满足顾客需求的基础之上的长远利润。消费需求被满足的程度越大,企业在顾客心目中信誉越高,企业的盈利越大;相反,企业的信誉度就会越低,损失越大。因此,企业要明确自己的行为,使自己的行为机制、行为规则和行为模式让顾客产生信任、认同和满意,彼此之间并建立长期友好的合作关系,唯其如此,企业才会焕发活力,健康成长。

(2)明确企业生产经营活动的出发点。以顾客为核心的观念是企业以顾客需求为生产经营活动的出发点。从对产品全过程的研究、设计、品种、规格、质量、销售、售后服务以及事故处理等各方面,都围绕顾客的要求和愿望来进行生产经营。针对消费者的不同个性、文化素质、收入水平、民族习惯,保持企业的生产经营活动与消费者需求在时间上、空间上、数量上的动态平衡。

(3)努力满足顾客对企业外在形象的要求。以顾客为核心的观念还表现在使企业的外在形象满足顾客的需求,也就是说,企业通过统一的标志、标准色、标准字等策划与传播,使企业的形象准确而有效地传达给社会和顾客,并通过良好的形象获得巨大的社会效益和经济效益。

(4)最大限度地为顾客提供满意的配套服务。以顾客为核心的观念必须使企业和各项配套服务最大限度地让顾客满意,即企业通过不断地健全和完善服务体系,提高服务质量,从而最大限度地使顾客对企业的服务质量、保证体系、完善性和方便性感到满意。正如哈佛商业杂志曾发表一项研究报告所指出的那样:再次光临的顾客比初次登门的人,可为公司带来25%至85%的利润,而吸引他们再来的因素中,首先是质量的好坏;其次是产品自身;最后才是产品价格。

我们必须认识到:"入世"以后,对于已经迈入市场经济的我国企业来说,面对激烈竞争的市场,树立顾客至上的观念,是在竞争中一次又一次获胜的根本保证。

第六章 新时期我国券商经纪业务的创新发展

我国已加入WTO,国内券商正处于一个崭新的历史时期,以互联网络为代表的信息技术在证券经纪业的广泛运用,彻底打破了证券交易的时空限制,而银行与证券业务的融合,则动摇了传统营业部存在的基础,导致了证券经纪业的组织形式、服务模式、竞争方式和监管手段的全面变革,面对经纪业务的全面转型,券商应审时度势,进行大胆创新。

一、券商经纪业务的本质

所谓经纪业务,从本质上讲,就是一种中介服务,是一种为投资者提供委托代理和证券投资咨询的服务,作为中介服务的经纪业,其价值在于通过帮助客户成为理财高手,达到客户实现价值增值的目的。一般而言,经纪业务为客户创造的价值等于投资者的投资收益减去投资的自然增值(注:源自大盘的整体上升)和交易成本的余额,但是真正区别一笔投资收益中哪些属于自然增值,哪些属于经纪业创造的价值,则并不是一件轻松的事情。一个比较简单的方法是,投资收益率减去综合指数上涨率的余额就是经纪业务的增值率。此外,经纪业务通过收集、整理和传播各种各样的数据、基本资料和公共信息,大大提高了证券市场的透明度。

一直以来,证券经纪业务都是券商最重要利润来源之一,同时也是最为稳定、风险最小的利润来源。在固定佣金制下,投资者数量的急增(目前,沪深两市开户数已超过6500万)和交易量的放大,就意味着券商收益和利润的增加。随着证券营业部数量的增加,证券经纪业务的服务创新竞争不断升级,从当初的营业部豪华装修到微观服务再到佣金打折,最近的竞争焦点则是交易终端的安全性、快捷性和便利性之争,比如,手机炒股、PDA炒股和网上炒股。但总的来看,这些经纪业务的竞争,基本上都是属于硬件和交易通道层面的竞争。对券商而言,通道层面的努力只不过能维持原有份额,难以成为扩大市场份额的利器。新时期经纪业务的竞争将进入高级阶段:服务之争。从2000年以来的证券市场发展形势分析,迅速提升服务水准已刻不容缓,体现创新的高质量的投资咨询服务将成为券商经纪业进一步发展的必然选择。

二、券商经纪业务面临的严峻挑战

对经纪类券商而言,经纪业务开展的好坏直接影响到券商在行业中的地位和在市场上的影响。目前,由于我国证券业在总体规划及管理上存在一定的问题,使得经纪业务面临着来自行业本身及市场环境的双重挑战,并且银行业的大举进入以及证券投资基金的发展将对券商的经纪业务产生巨大的影响。

1.监管机制不完善

实际上,经纪业务在运作中隐含着不容忽视的金融风险,比如,恶性透支、随意占用客户保证金等问题。经纪业务直接面对广大投资者,稍有不慎,金融风险的暴发就会引起社会问题。而目前管理层对经纪业务的监管尚未形成有效的机制。单凭报送稽核的方式进行监管,这只能对已发生的问题进行处理,并不能防患于未然。另外,就证券经纪人而言,也尚未颁布相应的法律法规进行规范,缺乏有力的监管,而经纪人为实现扩大交易量的目的,盲目炒单,向客户提供假信息,并承诺收益并分担投资风险等。这些不正当行为,扰乱了市场秩序,恶化了市场环境,增加了投资者及券商的风险。

2.行业内部呈现恶性竞争态势

目前,券商经纪业务的竞争在很大程度上还表现为营业部数量的竞争,这种状况使得沿海发达地区营业网点数量激增,市场极度饱和。从行业整体规划的角度来看,许多营业部都是属于重复建设,一方面浪费了大量资金;另一方面,必将引起行业内部的恶性竞争。同行业间不正当的竞争带给券商的风险正逐渐超越市场低迷所造成的风险。

3.券商保证金大量分流

我们知道,在银证业务交叉前投资者资金是由券商集中管理,由券商存放在各商业银行收取同业利息,对投资者则支付活期利息,券商从中获得一定的利差收入。虽然近年来利差收入一降再降,但仍是券商稳定的收入来源之一。银行的"存折炒股"推出后,利用"存折炒股"的投资者的资金不再划转到券商,而是直接存放在银行,券商也就没有了利差收入,由于银行在网点数量方面比券商存在明显优势,投资者可以很方便地进行交易,所以以后的趋势将会出现大批投资者利用"存折炒股"在银行网点进行交易,券商保证金将被大量分流,本来稀少的利差收入将会变得日渐稀薄。

4.手续费收入大量减少

目前大多数银行与券商合作,还仅限于保证金分流,并不牵涉到手续费的分成,只有个别银行与券商达成了手续费分成的协议,从发展趋势看,银行与券商间的手续费分成已是大势所趋,这就意味着券商手续费收入将大量缩减。

5.券商网点价值相对下降

目前监管部门显然已意识到券商在网点数量方面的不足将会在今后与银行的竞争中处于不利地位,因此,自2000年以来,在券商新设营业网点方面已出台了许多宽松的政策,表明今后券商营业网点的供给数量会越来越多,但只要我们考虑到银行网点进入后保证金的分流、手续费分成等因素,可以预言,今后每个营业部的价值和所创造的利润会明显下降,营业网点的利润平均化时代的到来,将成为券商发展的重大挑战。

6.券商的客户将逐步转化为大中户群体

由于银行网点众多，投资者可以便利地选择在银行网点进行交易，造成众多散户投资者的分流不可避免，但由于券商多年来形成的专业优势和人才优势银行又无法替代，因此多数大中户又会选择在券商处，从这一角度来看，今后券商客户群体必然产生分化，服务对象将逐步演变到以大中户投资者为主，这对券商的专业优势和人才优势提出了更高的要求。

7.券商的经纪业务还面临着证券投资基金的压力

证券投资基金一般都是由投资专家进行管理和运作的，拥有雄厚的实力，专业从事证券市场投资，为非专业的投资者提供了一条参与证券市场的便利途径。国外的经验表明：随着证券投资基金的不断发展与成熟，相当一部分投资者会通过投资证券投资基金来参与证券市场，无疑这将导致券商有限客户的分流和交易的减少，从而降低券商经纪业务的收益。

三、新时期券商经纪业务的创新举措

新时期券商经纪业务已受到了巨大的冲击，券商必须审时度势，进行大胆创新，主要可以从以下几个方面进行：

1.开展个性化、专业化的主动服务

经纪业务的传统服务模式属于被动式服务，即投资者必须赶到开户营业部或拨打开户营业部咨询电话才能获得所需的服务。借助先进的电子商务平台，券商可以将投资者所需信息主动"推送"给投资者，这样一来，服务模式由"客户围着券商转"变为"券商围着客户转"。

个性化服务包括两个方面：一是投资者明确提出的所需服务，比如"个股价位警示"；二是借助数据仓库和智能信息检索技术，自动向投资者提供符合其投资风格和投资需求的信息，比如自动搜索投资者"持仓股或自选股"的全部相关资讯，根据投资者的不同类别，自动筛选出符合其风格的投资品种。个性化服务通过及时有效地送达有针对性的信息，极大地节约了投资者的时间和精力，与此同时，也大大提高了投资水准和投资效率，对投资者来说"善莫大焉"。

专业化服务应该立足于基本分析、技术分析和数量化组合管理三种基本分析方法，通过深入的宏观经济形势分析、大盘走势预测、投资价值分析和投资组合构造，配合股票买卖技巧的运用，为投资者最大限度地规避风险、获取收益。但目前，"专家不专"的现象普遍存在，如何提供真正专业化的服务，还需要经纪业组织结构方面的创新。

2.进行经纪业务组织结构创新

证券经纪业务的组织结构创新属于技术应用层面的创新，或者属于组织结构层面的创新，主要包括以下几个方面：

(1)推行符合中国国情的经纪人制度。经纪人制度在稳定客户，降低交易成本风险等方面具有明显的优势。在证券市场十分成熟的国家。一名经纪人通常拥有二、三十名到二、三百名客户，其日常工作包括解答客户疑问、提供投资建议、接受委托下单乃至与客户联络感情等。我们可以借鉴它们先进的做法，试着推行经纪人制度。但值得注意的是，每位客户的投资风格、风险承担能力和投资规模均不相同，经纪人很难做到提供"主动性、个性化和专业化"服务，其存在的价值很大程度上就是代客下单。在网上证券交易兴起后，经纪人代客下单的作用也正在不断地丧失。当然，经纪人不会马上从证券市场消失，就国内证券市场的情形而言，经纪人制比较适用于"大户室"类客户。虽然我国从法律上对经纪人制度尚没有明确的规定，但券商可以从激励机制、风险控制及提高经纪人素质水平等方面探索出一套适合中国国情的经纪人制度。

(2)设立呼叫中心和专家在线。呼叫中心能够提供人工的、交叉式信息服务，较之机械式、单向的信息服务，这是一个巨大的进步。在线专家的专业水平较之传统营业部的咨询人员明显高出一个档次。但两者都还存在一定的缺陷，前者存在的缺陷是：呼叫中心仍然没有解决"专家不专"的问题。呼叫中心的坐台人员要面对各种各样的投资者的五花八门的疑问，其解答的局限性和随意性可想而知。"专家在线"的缺陷在于：第一，无法提供普遍性服务，即在上网咨询的投资者众多而专家人数相对不足的情况下，在线专家只能回答有限的询问，造成新的信息不对称；第二，无法提供持续性服务，即由于咨询响应的随机性，投资者难以获得连续的、完整的咨询服务。

(3)组建网上证券经纪公司。根据国外经验，拓展证券电子商务方式有三种：①传统券商设立一个独立的网上证券经纪公司；②传统券商基于传统营业部提供网上经纪业务，即传统营业部向投资者同时提供柜台交易、电话委托、自助交易和网上交易等多种选择；③纯粹的网上经纪公司，这类公司没有传统证券营业部，交易完全在网上进行，这类公司通常脱胎于IT公司。

在国内，目前由于政策禁止其它行业进入证券经纪业，纯粹的网上经纪公司并不存在。券商设立独立的网上证券经纪公司的方式则略显超前：首先，目前政策上禁止异地开户，"属地原则"极大地限制了网上证券交易超越时空优势的发挥。其次，网上证券经纪公司目前尚不能独立成为经纪业务的主体，任何客户都必须依托于某一传统营业部。在此情形下，存在着网上经纪公司和传统营业部之间成本、收益、责任和绩效考核上的困难。尽管如此，券商设立独立的网上证券经纪公司来经营网上经纪业务却是未来发展的大趋势。可以预测，随着政策的进一步明朗和网上交易量的进一步放开，组建网上证券经纪公司的时机必将成熟。

3.积极地实行弹性化组织设计

越是在当前瞬息万变的环境条件下，企业越是需要建立自己弹性化的组织体系。我国目前的券商可以说是正处于一个超快速发展的证券市场时代，无论是宏观政策面，还是企业微观的运营环境，都像是驶入了当今信息高速路一样，因此，尚处于相对简单和稳定环境下的机械化组织体系则有必要进行弹性化改造。一般说来，券商的弹性化组织设计应紧紧围绕弹性化思想来进行，包括利用信息技术组织趋于扁平化、部门团队化、文化兼容化、职能发展化等，与此同时，还须强调组织对于周围环境的自适应机制。

4.推行标准作业程序，努力建立健全内控体系

目前，我国之所以还没实行混业经营，从本质上讲，是因为我们的金融机构风险意识不强，还没有建立起一套科学的内部风险控制体系，因此，管理者为了暂时减少监管风险才采取了分业经营的模式。随着我国在过渡时期的试点工作，管理者需要提升监管能力和水平，建立一套完善的监管体系，同时金融机构也需要适应新时期的行业发展要求，不断提高企业自律能力，唯有如此，才能得以生存和发展。券商作为金融机构的组成成员也一样，要着手在企业内部推行标准的作业程序，并不断努力建立健全内部控制体系。

5.坚定不移地实行产品服务创新

时下，券商主要把精力放在网点建设和委托交易方式的创新上，却忽视了增值产品服务的提供与创新。盲目追求有限市场的占有额，这显然，形不成自己核心竞争能力，就目前而言，在金融市场还很不发达的情况下，券商的工作重点应放在共同培育中国的金融市场上来，这其中很重要的应培育参与金融市场的主体和客体，主体包括投资者、筹资者和金融中介者，客体指的是金融产品和金融服务。我国已经“入世”，在逐步给予外资金融机构国民待遇，放开国内金融市场的情况下，显然，券商应将着眼点放在挑战国际竞争，发挥自身优势，同银行、保险公司更高层次的进行合作，共同培育国内同业的核心创新能力，而不是各自为政，单纯考虑公司本身在国内金融市场竞争格局中的地位改变上。

6.合纵连横，共创我国金融平台

许多券商在目前都完成了增资扩股，增强企业资本规模阶段，但同国外金融机构比起来，差距仍还比较大，未来的金融趋势是具有国际化、自由化、电子化的特征，国内的券商应该看到当前国际上不断的金融机构购并个案，其中不仅发生在一国内部，还遍及一国与他国的金融机构之间。这就告诉我们，经济的全球化就在眼前，包括券商在内的金融机构应更好地利用资本市场的杠杆作用，追求整体效益，抛除局部利益，尽可能在当前政策规定允许的情况下，合纵连横，广结盟友，共同创建我国的金融平台。

7.同保险、银行机构进行交互式营销工作

在现阶段，管理层倡导三方交互式营销，这是趋向混业经营的必要的步骤，一方面金融机构可以相互熟悉业务，学习成功经验，锻炼储备人才队伍；另一方面，也有利于发现问题，找准控制点，建立完善适应混业经营模式的风险监管和法律体系。

目前形势下，券商怎样同保险、银行机构进行交互式营销工作是一个新课题，需要三方金融机构多方探讨，但可以从以下四个方面着手展开工作：

首先，券商可进行相关保险、银行业务的代理工作。即券商同保险、银行机构结成战略合作伙伴关系，券商既可以代理现行分属保险机构或银行机构的业务，也可以三方联盟共同研究，推陈出新，按照目前分业经营法规确定产品的分属机构后确定进行业务的经营或代理工作。

其次，券商也可以利用目前银行机构广泛的营销网络和保险公司广泛的保险经纪人队伍，让它们进行自己公司的业务代理工作，如提供代理证券买卖委托、券商形象宣传、业务和投资咨询及证券公司的开户交易队伍推广等等。

再次，券商可以共享结盟的保险和银行机构的客户资源，有效地利用好这些无形资源，发现他们新的需求，挖掘自己的潜在投资者队伍，创新自己的服务体系和服务特色。

最后，券商还应有效利用好结盟的保险和银行机构的硬件网络资源。除了可以委托它们进行业务代理外，还可以由公司自己派出专业人员驻扎结盟的保险和银行机构广泛的分支处所开窗设点，迅速低成本拓展市场。

8.做好充分准备，迎接混业经营，不断提高人才的综合素质

混业经营，不仅需要高素质的专业人才，更离不开那些具有各方专业素质、能够运作大型综合金融项目的“高”、“精”、“尖”人才。我国的金融机构同国外金融企业集团的差距不仅存在于资本金规模方面，更重要的还在于我们的金融人才的缺乏，这一方面与我国目前不发达的金融市场相关；另一方面也与我国的金融机构内部管理粗放型、缺少人力资源投入等无不相关。因此国内券商在当前国内金融业探索向混业经营过渡的时期，在业务创新的同时应高度重视机制与人才素质的同步提升，只有这样，才具备能够同外资金融机构相竞争抗衡的关键性的资产，即熟悉中国金融市场运作的高素质的人才队伍。

经纪业务的全面转型是我国资本市场向纵向发展的必然结果。可以肯定，将来经纪业务的服务模式、服务内容和竞争状态等方面，都必将发生深刻的变革。为此，券商不该退缩，应站在历史的高度，审时度势、大胆创新，努力开创一片经纪业务的新天地。

第七章 中国资本市场可持续发展与创新

发达国家成熟资本市场的经验表明：奠基阶段、市场化阶段和国际化阶段是资本市场发展与完善必须经历的三个阶段。中国的资本市场也不例外。我国证券市场经过11年的发展，正由奠基阶段走向市场化阶段。此阶段中需要通过开拓创新，推进我国证券市场的市场化水平。一般说来，这一阶段的创新包括制度创新、工具创新及观念创新。制度创新是发展的坚实基础。工具创新是市场化进程的具体表现形式，并能够进一步推动市场化前进的步伐。工具的创新能够迎合各种投资者不同的风险偏好，并能有效地形成各种投资组合降低风险，最终将会吸引越来越多的投资者和资金加入该市场，而观念创新很重要的一点，就是要对中国资本市场在宏观经济中的地位与作用以及怎样建立未来有效的金融体系，有一个全面的了解，这里观念创新的实现需有制度创新作保障。

从资本市场整个演变的过程看，"市场化阶段"是我国证券市场发展承前启后、继往开来的重要环节。可以预见在这一阶段，我们仍将会面临诸多历史遗留问题、冲突与矛盾。为此只有不断进行创新，才有利于解决各种历史问题，才能充分发挥资本市场配置资源的功能，才能真正与国际资本市场充分接轨，走一条持续发展与创新的路子。

1.建立健全资本市场体系

一个完善而有效的资本市场必须包括主板市场、风险投资制度及创业板市场在内的完整的结构体系。目前我国的资本市场只是一个初具规模的主板市场和不太规范的风险投资制度。虽然，这种市场结构体系还不健全，亟待创新。

从长远发展来看，创业板的建立非常重要，它既为风险投资机制的发展打下了坚实的基础，同时也能极大地促进高新技术企业的发展，从而推动产业的升级代换。但这并不是说，目前在中国资本市场中就能够起到主导作用。可以肯定，在21世纪初期，主板市场仍将会占据主导地位。因此，设立创业板的指导思想应是：不能以损害主板市场的发展为代价。这就需要我们在主板市场与创业板市场之间建立一种均衡的发展机制。这种机制的核心就是在创业板市场上建立一种高风险机制，显然，这种高风险投资制度对于高新技术企业的发展是一个非常重要的现代化的金融制度安排。

2.建立健全上市公司的法人治理结构

目前，我国上市公司法人治理结构的现状不容乐观，其中一个最重要的问题就是权利制衡机制的缺位。这主要表现在：(1)股东大会作用弱化，中小投资者的利益得不到保护。由于中国上市公司特殊的股权结构，可流通的社会公众股只占总股份的1/3左右，无法对公司决策形成有效的影响，社会公众投资者参加股东大会的激励不足。(2)董事会独立性不强，外部董事人数比例少，形同虚设。再加上中国上市公司特殊的高度集中的股权结构，董事会存在较严重的大股东超级控制现象。(3)监事会的作用有限。我国公司采用的是单层董事会制度，与董事会平行的监事会仅有部分监督权。而且监事会成员大多是从原企业内部提拔上来，且缺乏应有的专业素养，这些都使监事会实际上只是一个受董事会控制的议事机构。因此，要规范上市公司的法人治理结构，首要的是要建立起股东大会、董事会和监事会三者之间的权利制衡关系，具体措施包括引入独立董事制度、征集代理权制度、发展所有权与控制权市场等。另外，调整股权结构和实施国有股减持战略也很重要。

3.完善投资者结构，规范发展高质量的机构投资者

证券投资基金从1998年4月份开始运作至今已取得了良好效果，但相对而言，开放式基金具有市场选择性强、流动性好、透明度高、便于投资等优势。鉴于我国证券市场的现状，发展开放型基金具有以下进步意义：一是引入市场化的竞争机制，将基金管理人之间的共谋行为导向对立与竞争行为；二是引入激励与约束机制，这有利于推动基金管理人投资与管理水平的提高，真正维护投资者的利益；二是强化基金管理人投资决策的独立

性，培育成熟的机构投资者队伍，优化投资者结构。社会保障基金是证券市场重要的机构投资者。通过投资于资本市场保值增值是社保基金的内在要求，由于现行《保险法》对保险基金的投资有严格的界定范围，因此社保基金入市初期可以投资于基金，今后应当尽快过渡到直接的证券投资，进一步提高保险基金入市比例并考虑修改《保险法》后保险资金按比例逐步允许直接入市。未来社保基金的入市模式主要有以下三种：①参与发起设立开放式基金，通过开放式基金进入市场；②成立社保基金管理公司；③将社保基金委托给基金管理公司以及银行、保险公司等金融机构投资运营。

高质量的机构投资者一般是指能自立承担风险，责任与权力对称的投资者。如果机构投资者存在严重的道德风险，自已不承担投资后果，那么资本市场可持续发展就不可能步入健康轨道。因此，大力培育高质量的投资者，除了需要加强自律外，更重要的是要加强立法，加大监管力度，抑制机构投资者的道德风险。

4.促进新股发行市场化改革

新股发行方式改革是整个证券市场制度建设的主要组成部分，对不适应市场发展股票的发行制度革新，是推动资本市场市场化进程的一个重要环节。具体来说，运用市场化观念对股票发行方式进行革新，包括以下几个方面：

(1) 推动发行制度由审批制向核准制再向注册制演进。1999年7月1日正式实施的《证券法》明确规定我国股票发行制度将实行核准制。但是，我们必须认识到核准制只是在原有发行制度的最后一个环节上作了一些修改，本质上却没有发生太大的变化。现行制度仍过多强调人为因素，而非市场标准。证券中介机构的作用也未得到实质性的加强。在今后的一段时期内，新股发行方式的改革应继续向注册制方向演进，注册制具有明显的特征：其一，强化市场准入标准的权威性；其二，强化证券中介机构的权力与责任；其三，强化信息披露的公开性、真实性和及时性；其四，进一步转变了中国证券监督管理委员会（以下简称中国证监会）的监管职能，逐步由日常事务向制定标准和规划，促进法规和政策体系的完善，并以此维护一个公平、透明、高效有序的市场。

(2)新股发行定价方式的市场化。目前，定价标准已经在一定程度上与二级市场开始挂钩了，但价格的确定在很大程度上仍取决于发行公司、主承销商及有关部门的标准，市场上广大投资者的影响力还很弱。显然。只有通过市场竞争行为来确定价格，才能真正体现各方参与者的权益，股市实现价值回归。

(3) 强化证券中介机构的责任与权利。监管部门应当积极创造条件，逐步退出发行审批领导域，把各种审批权力交由市场来完成，一方面能够提高效率；另一方面又能够降低企业的上市成本，实现真正市场化的准入机制 。而一旦监管部门开始淡出市场，对市场的组织和监督就将主要依赖于成熟的证券中介机构来完成。因此，证券中介机构在新股发行方式的改革中处于非常重要的地位，要强化他们的权利，加大他们的作用。

(4) 加强对拟上市公司信息披露的监管。对于首次发行上市的公司来说，提高其信息披露质量的一个重要环节就是规划它的盈利预测，使上市公司的盈利预测能真正成为市场各方确定发行价格的参考依据，从而为新股发行定价方式的市场化奠定基础。

5.严格规范证券中介机构

在证券市场中对中介机构进行有效规范，要使中介机构成为维持市场，保证证券市场信息有效性和保持各类投资者合法利益的主要力量，其前提是中介机构保持公正、客观、独立。一般而言，证券市场上的中介机构包括四类：一是作为承销商的投资银行；二是提供财务信息审计服务的会计事务所；三是提供资产价值评估的资产评估事务所；四是保障作各种文件合法性的律师事务所。

(1) 只有公正才能使证券中介机构平衡投资者和上市公司两方面的利益。上市公司和投资者都是市场主体，以追逐利润最大化为目标，上市公司尽可能谋求超过真实价值的价格发行证券，而上市公司在信息占有方面处于绝对优势，从而使这种意图有可能实现。与此同时，投资者作为实际的风险承担者追求购入的证券为他们提供尽可能多的收益补偿，但投资者处于信息劣势，在市场化的发行中投资者倾向于否定上市公司提出的发行价格。中介机构作为信息质量的担保人，以其信誉证明上市公司发布的信息是真实的，在专业化服务中，中介机构为了长期发展，必须保持其公正性，在中介服务中平衡双方的利益。

(2) 客观是证券中介机构开展业务的行为准则。承销商、注册会计师、律师等根据各自行业公认的业务标准和道德规范对上市公司的相关资料及披露的信息进行审慎调查，然后向广大投资者公布自己的意见。在此过程中，证券中介机构必须保持客观，这样才能公布公正的提示信息，保护了上市公司和广大投资者利益的同时，也保护了证券中介机构自身的利益。

(3) 保持独立是证券中介机构达到公正、客观的外部条件。所谓证券中介机构的独立指在财务和人事上的独立。只有从形式上和实质上保持了独立，证券中介机构才能以第三者的身份对上市公司进行客观公正的评价，实现证券中介机构的独立性有赖于外部环境的压力和证券中介机构自身竞争意识的提高。

6.积极促使企业购并

在成熟的资本市场上，收购兼并是司空见惯的市场行为。一般来讲，证券市场上的这种持续不断的大量兼并行为，能促进资本市场长期稳定发展，实现资源合理配置，顺利完成经济结构和产业结构的转型。

众所周知，收购兼并行为往往涉及到上市公司和广大投资者的切身利益，而一方的收购举措也常常引起另一方的反收购，这属于正常的市场行为。但是，有一点须引起大家注意：收购兼并也会使股票的价格陷入混乱状态。此外，在收购兼并行为当中有时候还会发生一些内幕交易、虚假信息披露等违纪违法行为，从而严重损害了投资者的权益。为此，我们一定要构筑起有效的制度框架和多种规章以规范市场上的各种购并行为，维护市场的"三公"原则。而对于政府管制的那些特殊行业，企业购并时必须要通过政府的审批，并购企业应严格履行规定的信息披露义务。与此同时，监管者还需要建立一套完整的法律法规体系，以维护并促进市场上的正当交易。

总之，在信息披露完全、真实的前提下，政府行政主管部门应该通过制度完善来引导和鼓励上市公司之间的并购行为，特别是新兴产业对传统产业的并购。企业是否需要并购以及并购对象的选择与并购行为的实施，完全是企业根据市场需要而决定的。政府特别是地方政府在原则上对企业的这种购并行为不能施加过多的干涉，否则，将会出现黑箱操作、效率低下、滋生腐败等现象。

7.尽快建立起完善的市场退出机制

尽管我国的《公司法》和《证券法》对上市公司的退市作了一定规定，但是由于没有有效的可操作性的细则，在具体的操作中未按法律的要求去严格执行。而市场上存在的PT、ST交易制度，作为一种风险警告制度，ST制度在一定程度上发挥了作用，但PT制还存在诸多问题，原本应依法退市的股票仍旧在市场中交易，从一定意义上讲这是对那些多年亏损的上市公司的一种纵容。PT制度并没有实现奖优罚劣的目的，这种只进不出的机制会造成上市公司整体素质下降，降低资源的配置效率，所以说目前我国还没有真正意义上的市场退出机制。

建立有效的市场化的上市公司退出机制，其目的是加大上市公司的退出风险，给上市公司形成一种市场压力。同时，也是为了让投资者明白证券的投资风险，培育和树立理性的投资理念。证券市场如果没有严格的退出机制，就不会有自我净化的功能，证券市场有效运作的重要意义就在于不断吸纳优质公司上市的同时，也要不断地淘汰劣质公司。通过优化纳新的动态调整过程，为证券市场注入一股新的生机与活力，促进资源从低效率的劣质公司流入高效的优质公司，优化资源配置。诚然，一个高效的证券市场必是双向开放，有进有出的市场。考虑到我国中小散户投资者较多，投资理念还不成熟，为了提高上市公司的整体素质，保护中小投资者的切身利益，中国证监会新颁布了《亏损上市公司暂停上市和终止上市实施办法(修订)》，于2002年1月1日实施，PT制度随即取消，并且今后在新设立的创业板市场中，应建立严格的市场退出机制，再不应保留PT、ST制度。

纵观全球资本市场的发展，都是在创新中推动发展的，资本市场的可持续发展，应从以下三个方面来理解：其一，对资源合理的、有规划的使用；其二，对市场有序化运转的维护；其三，对市场风险的正确认识。从客观上讲资本市场的持续发展，一是宏观经济的持续、稳定，协调发展。只有宏观经济发展了，国民的收入才会得到稳定的增长，从而才能为证券市场输入源源不断的资金。这是中国资本市场可持续发展的很重要的"一驾马车"；二是优质的上市公司，上市公司是证券市场上的资金需求者，只有上市公司经营预期情况的高额回报，才能促进证券市场的稳定发展。这是中国资本市场可持续发展的另"一驾马车"。证券市场必须要有序运行，任何一个市场尚若交易秩序混乱，交易各方利益都将得不到保障，那么该市场的发展将无法持久，中国的证券市场发展也不例外，必须遵循有序、稳定发展的原则，走创新与可持续发展的道路。

第八章 华泰证券网上业务创新

（文/姚文平、黄武祥）

一、华泰证券网技术特点简要介绍

华泰证券网站在设计上十分重视技术先进性、实用性和安全性。在设计上将国际、国内先进网站设计的成功经验和先进技术架构，与公司的业务需要相结合，重点做了以下几方面的工作：

1.规范化组织和处理数据

这里的数据泛指网站上所存贮的以及所使用到的各种信息，从网站的功能需求来看，对数据的存贮和处理要求从平面化方式转变为平面与立体相结合的方式，网站在数据库设计时除严格按照数据库范式理论组织和规范平面存贮结构外，还灵活借鉴了微软提出的"活动目录"这样的信息分级存贮和处理的立体式数据组织和使用方法，从数据基础层面上保证了网站上层应用实现上的简便性和高效性。

2.层次化设计和开发应用软件

网站软件的设计在技术上应着重考虑两个主要方面：一是功能实现及扩展上的简便性；二是网站前台对后台数据库访问的高效性。网站采用了业界领先的三层结构做为软件系统的总体架构：第一层（前台WEB服务器）处理来自客户的请求，并将动态页面请求发送至第二层（也称中间层），中间层一方面提供了高速缓存机制以减轻对后台数据库（第三层）的访问压力；另一方面提供了基本的数据访问单元和与之配套的业务流程定义接口，从而简化了高层应用设计过程中的复杂性。此外，中间层还定义和提供了对数据库的安全访问模型和具体调用方式，从而保证了前台客户对数据库的访问限制。

3.提高网站的访问效率和访问速度

将用户大量访问的内容静态化处理并且利用cache缓存技术使页面的访问效率大大提高，同时也使数据库负载降低。

4.建立统一的信息平台

通过建立信息平台将来自不同渠道的信息处理后统一在一起，通过高效的内容管理模块，为网站，网上交易，手机短信息，wap证券交易等各种证券服务平台提供信息服务。

5.运用服务器集群技术提升网站对大容量访问的支持

网站广泛采用了服务器集群和负载均衡技术，配合软件系统的分层化设计、Cache和静态化处理功能，消除了一般网站常见的性能瓶颈问题，同时为网站的尽一步扩容提供了可行的技术方案。

6.综合实施网站安全策略

针对当前国内网站普遍存在的安全性差的现状，华泰证券网站在设计、开发、安装及运行等各阶段，分别从网络、主机、软件（系统软件和应用软件）和数据等各个侧面入手，实施了严格的安全策略，并聘请了专业安全公司做网站的常年安全顾问，从技术上和体制上保证了网站系统和内容的安全性和可用性。

针对网上证券交易的特点，树立了网上证券交易安全标准和规范，建立了以身份鉴别、数据保密、数据完整和防止否认为出发点的安全服务，实施了以加密机制、数字签名机制、数据完整性机制和鉴别审核机制及认证机制为基础的安全机制。

7.网站的架构

目前的网站包含WEB服务器、委托主站服务器、EMAIL服务器、中间层服务器、数据库服务器、专用C/S服务器、防火墙、IDS服务器、搜索频道服务器、审计服务器及交换机、路由器等20余台设备，全天24小时提供包括实时行情、委托交易、个性化资讯、股评、专家门诊、模拟炒股、投资学园以及网上路演等在内的20多项服务。

采用的架构方案如下：

* 网站总入口/出口为100M全双工带宽，直接接入南京电信的主干网。

* 最前端安装硬件级第一层主防火墙和备份防火墙以提升网站整体的抗攻击能力。

* 在防火墙后端安装四层交换机和备份交换机，并对多台WEB服务器、委托主站和中间层服务器做硬件均衡负载。

* 中间层服务器通过第二层防火墙与3台数据库服务器相连。委托服务器通过第二层防火墙与路由器及公司内部网相连。

* EMAIL服务器和专用C/S服务器等也在第二层防火墙之内。

采用的软件系统如下：

* WEB服务器采用FREEBSD+APACHE，页面用JSP和HTML混合编程。

* 中间层服务器采用JAVA，SERVLET开发，并符合J2EE标准，同时采用JSERVER的动态均衡技术加强中间层的负载均衡。

* 数据库采用WIN2000 ADVANCED SERVER+SQL7构成。

* EMAIL服务器采用WINNT SERVER4+EXCHANGE5.5以及LINUX+QMAIL+MYSQL构成。

* 搜索频道服务器采用LINUX7.2+APACHE构成。

* C/S服务器采用WIN2000 ADVANCED SERVER+IIS5构成。

8.网站的性能

通过综合使用各种相关技术使系统能够承受较高的访问量,经第三方测试,有关数据如下:

＊ 系统能承受的静态页面访问量

能够支持每天2000万的静态页面点击,支持5000人并发访问。

＊ 系统能承受的动态页面访问量

能够支持每天200万的动态页面的点击,支持2000人并发访问,数据库并发连接高峰时小于200。

＊ 系统各功能模块性能分析(以模拟炒股为例)

模拟炒股系统可支持2万人参加比赛,2000人并发操作交易,撮合系统一分钟可撮合成交15000笔。

网站技术上的先进性、安全性及实用性充分保障了华泰证券网的优质、全面的服务,同时也赢得了广大股民和网民的支持。在2000年10月由证券时报主办、全景网络协办的“首届最受股(网)民喜爱的优秀证券网站”的评比中,华泰证券网等10家财经证券类网站获得了“中国十大优秀网站”荣誉称号,其中,华泰证券网名列“十佳”榜首。在2001年9月举行的第二届评选中,华泰证券网蝉联“券商类证券网站”第1名,并获得了“最佳投资顾问网站”第1名。借助华泰证券网的品牌效应,公司的网上交易及其它各项业务也得到了迅速的发展,公司的实力不断增强。

9.网站的发展规划

华泰证券网未来的发展方向将主要以扩大公司影响,推进公司网上证券业务以及加强对股民的服务水平为目标,着重在功能、技术、组织和分布等方面做进一步拓展和深化。在功能上,华泰证券网将保持和优化现有的热点服务功能,同时将大力发展具有鲜明特色的网上证券个性化服务。在技术上,华泰证券网将一方面优化现有网站的技术架构,将业务定义和信息处理流程彻底分离;另一方面,研究和实施客户行为分析技术、数据仓库和挖掘技术,做为投资辅助决策及个性化服务的技术保障。在组织及分布上,为进一步提升公司形象、支持和发展异地客户的网上证券业务,华泰证券网将于近期在全国范围内发展镜像站点或分站点,并在省外设立相应的网上证券业务服务部。

二、网上证券交易的收益与成本

随着管理层对网上证券交易的肯定和投资者对网上证券交易兴趣的提高,网上证券交易成为国内证券界关注的热点,许多券商纷纷开通了网上证券交易,一些财经类网站则通过各种方式开始涉足网上证券交易。如何看待目前这一股网上证券交易热,网上证券交易的客户在哪里,券商应该如何拓展网上证券交易业务,网上证券交易的前景如何,等等,都是市场讨论的热点。

经济学理论告诉我们,对一件事情的判断和分析应该从收益和成本的角度来加以探讨,网上证券交易当然不会例外。下面我们就分别从网上证券交易的用户和券商两个层面就收益与成本问题作一些分析。

1.投资者网上证券交易收益与成本的比较

站在投资者的立场上看,网上证券交易的出现,使投资者可以在原先柜台委托、自助委托、电话委托和磁卡交易等交易方式之外,又有了一个全新的选择,接受这一全新的交易方式,投资者一方面会得到收益;另一方面自然需要付出成本和代价。那么,投资者最终是否采纳这一交易方式,主要视其收益和成本的比较。

我们首先来看一下投资者可以从网上证券交易方面得到的收益,这其实就是我们经常讲的网上证券交易与传统交易方式相比所具有的好处。需要强调的是,不同的投资者从网上证券交易中得到的好处是不同的,同时同一个人使用互联网来做不同的事情时所得到的收益也是不同的,对此我们具体地分析一下。

比如说现在有甲和乙两个人,甲是生活在城市的一位个体企业主,自己公司的对面就有一家证券营业部;乙生活在一个小镇上,在这个小镇没有证券营业部。对于甲来说,他完全可以每天到对面的证券营业部的大户室看行情,做交易,甚至可以把自己的办公室搬到对面去;对于乙来说,每天赶到几十里开外的证券营业部去显然是不现实的,采用电话委托等其他交易方式吧,又存在着这样或那样的不足。

网上证券交易的出现,对于甲和乙来说显然就有着不同的意义。对于甲来说,在目前的情况下,有没有网上证券交易应该说意义不是很大;而对于乙来说,网上证券交易的作用就很明显了,通过上网直接下单交易,还可以查询有关信息,上网向专家提出问题,要求专家指点,可以上网与其他投资者聊聊天,交流心得体会,个中的好处自然是不言而喻。

对于同一个人来说，使用互联网来做不同的事情，所得到的收益也是不一样的。如果是上网看看花边新闻，听听小道消息，则互联网总有一点可有可无的感觉；如果是通过互联网来购物，则目前在中国还只能算是一种体验而已；如果是通过互联网来查询信息、请教专家和交易股票，则对投资者来说，是可以得到实实在在回报的。

在分析投资者从事网上证券交易的收益之后，我们再来分析一下网上证券交易的成本。对于投资者来说，采取网上交易方式来买卖股票，是要付出一定成本和代价的，这些成本主要是上网费用。同时，很多投资者往往觉得网上证券交易的安全性存在问题，因此由于网络安全问题可能带来的损失也成为网上证券交易的成本之一。

那我们怎么来看待这些成本呢？由于多方面的原因，上网费用偏高的问题确实是存在的，但随着电信业逐步打破垄断和引入竞争，上网费用明显呈现出下降的趋势，相信上网费用在不远的将来会有大幅度的降低。至于网上证券交易的安全性问题，其实投资者对这方面成本的估计过高了。从华泰证券公司网上证券交易的实践看，自 1998 年开通网上证券交易以来，公司网上证券交易的成交量已经突破 500 多亿元（截止 2001 年 9 月底），在如此多的网上交易中，至今没有发生一起这方面的纠纷。

最后我们来比较一下投资者从事网上证券交易的收益和成本。应该说，收益是相对于成本而言的，成本又是相对于收益而言的。如果对于投资者来说，网上证券交易可有可无，则投资者就不会采用网上证券交易方式；如果投资者从网上证券交易中得到的收益很高，则投资者就可以忍受一定的成本。对于有的投资者来说，没有网上证券交易，从事证券投资的难度就会很大，则这一类投资者往往愿意付出相当的代价去接受网上证券交易。随着网上资讯信息的日益丰富，个性化服务的逐步完善，投资者从网上交易方式中得到的收益会更大。

2.券商网上证券交易收益与成本的比较

对于拓展网上证券交易的券商来说，当然也存在着收益与成本的问题。通过网上证券交易，券商可以为现有的客户提供一个新的交易手段，同时还可以吸引一些新的客户。在稳住现有客户的同时，还可以挖掘一些新的客户资源，收益是显然的。

成本当然也是客观存在的，网上证券交易需要投入大量的人力、资金、技术等资源。信息支持和实时交流需要研究人员的参与；软件开发、网站维护等需要技术人才和资金投入；网站推介需要大量资金等等。在很多机构看来，这些投入往往是相当巨大的。

现在我们就结合收益与成本来分析券商拓展网上证券交易业务的策略和做法。概括看，券商拓展网上证券交易的策划主要有两种：一是大投入、大手笔，要么不做，要做就是求第一；二是循序渐进，做一步看一步。

很多人认为，在网络经济时代，需要的是大投入、大手笔，需要抢先机，圈地盘。经常可以在报刊、杂志上看到有的文章说，券商拓展网上证券交易，没有上亿元的资金是不可能搞好的。在实际生活中，也会听到有些券商声称公司准备投入几个亿的资金拓展网上交易。

后面一种做法则与第一种有着很大的区别，不急不火，不紧不慢，坚持循序渐进的做法。在很多人看来，这一做法显得十分的保守，进展得往往比较慢。另外，这一类公司往往在推介和宣传方面所投入的资金也比较少。

从总体上看，很难判断孰优孰劣。第一种方式有第一种方式的优点，第二种方式有第二种方式的长处，不同的券商可以有不同的选择。就笔者的体会看，更倾向于第二种方式，这一方式是“中用不中看”。对于券商来说，网上证券交易是一项系统工程，这涉及多方面的环节。从公司内部组织体系看，网上证券交易涉及经纪业务管理部门、电脑工程部、研究所和各个营业部等；从人员看，涉及管理人员、技术人员和研究人员等。因此需要公司部门之间相互协调，需要公司员工的支持和配合。

从部门间的协调看，相关的一个部门不配合，公司的网上证券交易就很难开展起来。公司总部很主动，营业部没有积极性不行；营业部很主动，公司总部不提供支持也不行。

从员工情况看，如果公司员工自身都不熟悉和了解网上交易，则很难让其去发展网上交易客户。另外，网上交易要求员工非常的敬业，不然就会影响网上交易的拓展。

3.券商网上证券交易拓展策略

在网上证券交易的具体拓展策略方面，规模实力不同的券商应该有所差别。具体地说，大券商可以自主开发网上证券交易系统，小券商则可以借助财经类网站的交易平台甚至是大券商的网站来为客户提供网上证券交易方面的服务，当然小券商也可以走合作的道路，与其他小券商共同开发网上证券交易系统。应该说，小券商所作的选择也是不得已而为之。

券商拓展网上交易取得成功的关键在于自身的核心竞争能力。从目前网上证券交易开展得比较好的券商情况看，其之所以能够吸引客户，无非有以下几个“卖点”，即稳定的行情系统、富有特色的个性化服务以及专家门诊即实时交流服务等。对于券商来说，应该力争在某个方面做出特色来，以更好地吸引客户。

在投入方面，资金的投入只是一个方面，仅有资金的投入，网上证券交易不一定能够取得理想的效果。在投入资金的同时，提高管理能力，使员工了解和熟悉网上证券交易，建立激励机制提高员工的积极性，都是网上证券交易取得成功的必要步骤。

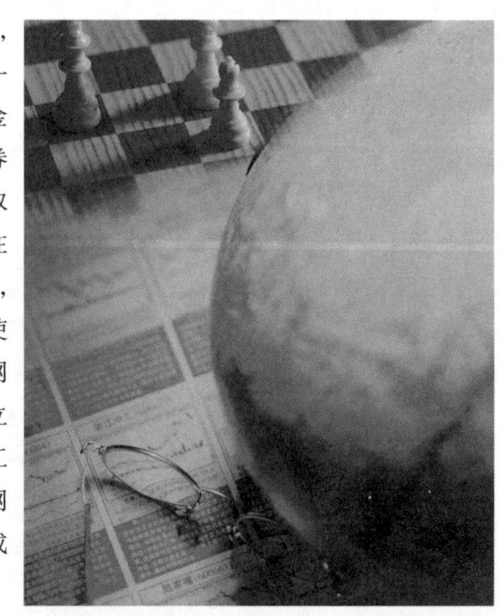

网上证券交易是目前国内最具发展基础和潜力的电子商务,网上证券交易在为券商带来丰厚收益的同时,也将会推进和加快我国互联网产业的发展。

三、华泰证券开展网上证券交易业务的成功实践

1.华泰证券网上交易巨大成就

(1) 华泰证券网上交易业务效益显著。华泰证券早在1997年开始证券网上交易的探索和实践。1998年底,率先大规模试行开通了网上交易业务。1999年华泰证券网上交易取得初步发展,当年网上股票交易量占公司股票总交易量的比例达6.3%。2000年3月,我公司全面开通沪、深B股网上交易,投资者可通过华泰证券网上交易系统进行沪、深B股买卖委托、交易信息咨询、在线交流等。到2000年底,网上交易开户数15万余户,网上交易量达212亿元,占公司总交易量的比例达到12.5%。

2001年,公司网上交易更上一层楼。据统计,该年1-6月份华泰证券实现网上A、B股委托成交金额183亿元,比去年同期增长127%,网上交易额占公司股票代理成交金额比重达21.1%,公司网上交易客户数达22万户,比上午同期增长120%,并呈稳定增长势头。2001年1-7月,华泰证券网上交易再创佳绩,共实现网上交易委托量215亿元,占同期全国证券公司网上交易累计成交金额2262亿元的9.5%。据最新统计,2001年1-11月华泰证券累计实现网上A、B股委托成交金额已突破300亿元。目前,华泰证券网上交易业务在国内居领先水平。据沪深证券交易所2001年7月12日公布的统计数据,截至6月底,华泰证券2001年上半年共实现股票基金交易量达802亿元,在全国众多的证券经营机构中,以1.79%的市场占有率夺得第9名,两项指标较去年的13名和1.37%的市场占有率均有大幅提高。中国证券业协会先后两次在全国券商经纪业务研讨会上对华泰证券的做法和经验进行了介绍,《中国证券报》、《证券时报》和《上海证券报》等国内主要证券报刊均以重要篇幅报道了华泰证券网上交易业务和华泰证券网的有关情况和经验做法。

(2)华泰证券网蝉联全国优秀证券网站"十佳"评选第1名。为了给广大投资者提供专业、便捷、及时的信息服务,本着"让客户在网上也能感受到华泰证券优质、全面的服务"的宗旨,按照"贴近市场办栏目,零起点栏目设置,信息服务专业化,业务宣传恰当和互动反馈通畅"的设计要求,华泰证券于2000年2月全面推出了华泰证券网站。同年10月18日,经过全面改版升级,华泰证券网更显证券专业网站特色,各项技术指标达到了国内同类网站一流水准。按照目前国际流行的网站实用化、信息化、智能工具化、知识化、社区化和互动性的要求,新版华泰证券网一共分为9个一级栏目,35个二级栏目,105个三级栏目以及众多的底层内容栏目和功能操作栏目(目前各类栏目共200多个)。

华泰证券网在证券界和广大投资者中享有较高的声誉和知名度。2000年10月,全国共有上百家证券公司网站和财经网站参加了由证券时报主办、全景网络协办的"首届最受股(网)民喜爱的优秀证券网站"评比,华泰证券网等十家财经证券类网站获得了"中国十大优秀证券网站"荣誉称号,其中,华泰证券网名列"十佳"之首。据2001年9月14日《证券时报》报道,在《证券时报》主办的第二届最受股(网)民喜爱的"中国优秀证券网站"评选活动中,华泰证券网再次得到广大股(网)民的大力支持和充分肯定,获得最多选票,蝉联"券商类证券网站"第一名,并获得了"最佳投资顾问网站"第一名。

华泰证券网在保持版面设计精美,信息量大、更新快等优势的同时,努力创造自己的网站特色,设置了"模拟炒股"、"专家门诊"、"个股追踪"、"股市沙龙"等一批品牌特色栏目。目前,每天有数十万股民通过华泰证券网了解股市信息、交流炒股心得和开展股票交易。华泰证券网自开通以来,在国内同类网站中日点击量一直居领先地位,日总点击数保持在650万次左右。华泰证券网获得2000年全国十大优秀证券网站评比第1名后,各项建设工作再接再厉,网站发展再上新台阶。据统计,华泰证券网的日访问量继2001年6月4日创出新高后,6月13日再创新记录,总点击数突破900万次大关,页面点击数突破84万次。

2. 华泰证券开展网上证券交易业务的成功经验

(1)先进的技术保障。先进的技术将始终是券商网上证券交易发展的有效保障。华泰证券历来十分重视技术创新工作。2000年3月,华泰证券正式推出了"华泰证券网"暨新版网上证券交易系统。2000年下半年,推出了5.00版"华泰e牛网上证券委托系统",功能更加强大,该系统具有行情稳定、安全可靠,批量下单功能和A、B股全国通炒以及在线服务等先进功能,将更好地服务于客户。

华泰证券非常重视网上证券交易的安全性、可靠性和有效性问题。华泰证券的网上委托系统通过了国家级网络安全认证。公司积极与电信部门配合,针对网上交易可能出现的问题进行认真分析研究,开发出安全保障性高的系统。目前,华泰证券网有28个行情和委托源,实现互为自动备份,确保投资者在大行情中完成交易。继华泰证券3.20版网上证券委托系统于2000年10月18日正式启用后,2001年8月华泰证券网上交易系统超值白金版"华泰e牛(5.0版)网上证券委托系统"正式推出。该系统对原系统中的不足之处进行了全面的改进,具有行情稳定、不掉线、批量下单、A、B股通买通卖等特点,同时在安全保障、在线咨询服务、多样化分析工具等方面也有大幅提高,在技术创新和功能开发上具有鲜明的特色。

(2)便捷的资金划转渠道。网上证券交易三大手段是交易手段、市场信息及资金划转。华泰证券十分重视"银证通"业务的发展,有力地推动了网上交易业务的发展。2001年,华泰证券先后与中国银行、中国工商银行推出了"银证通"业务,实现客户银行储蓄帐户与证券公司的保证金帐户自动划转。(3)强大的咨讯服务支持。

华泰证券网充分利用华泰证券丰富的研究资源，及时为客户提供优质的咨讯服务，包括提供丰富的市场、证券财经信息，多层次、多角度的宏观、行业、上市公司及市场分析报告，及时、全面、快捷地提供最新的上市公司和证券市场法规资料。同时，富有特色的互动性栏目"专家门诊"日均回复达1000问以上，由华泰证券专家组为客户全天候在线咨询，为客户提供最新、最快的投资咨询。"个股点评"栏目日访问量达数十万人次，由华泰证券数十位证券分析师长期跟踪沪深两市所有个股，提供个股精评。

此外，公司还充分利用华泰证券网的空中优势，在"网上直播室"多次免费开展直接面对广大网(股)民的网上大型股评报告会，聘请知名专家担任特邀嘉宾，获得股民们的广泛好评，收到了良好的社会效果。如2001年4月举办的模拟炒股大赛优秀选手网上路演，在1小时内共回答了近300个问题。同年5月，华泰证券网与江苏经济台《晚间经济桥》节目联合举办"多媒体股评报告会"，特邀著名股评家孙成钢先生，在短短2小时直播中，网站访问人数高达2万多人次，提出各类问题近1400条。

(4)积极的推介。为了做好网上证券交易的推介工作，公司对员工进行了深入的网上证券交易业务的培训，要求营业部员工不仅要能做好常规性工作，还要熟练掌握最基本的电脑网络知识与公司网上交易业务的操作，并拥有一定的营销能力和投资咨询能力。各营业部还组织专门的网上交易推广小组，利用休息日到相关企业、小区、农村乡镇进行网上证券交易的推广。其次是加强对公司网上交易客户的售前、售中、售后的服务，即售前的宣传与推介、售中的安装及投资者使用系统的辅导、售后遇到问题的及时解决等，受到广大投资者的欢迎。

(5)广泛的业界联系和合作。为扩大公司网站和网上交易的影响力，华泰证券网先后与国内60多家网站建立了良好的合作关系。在全国率先成功地实现了在上海证券交易所网站上链接公司主站点和营业部站点。此外，还先后与央视国际、中华网等国内著名网站建立了良好的合作关系，并成功进行了多次网上路演。2001年4月成为2001中国(江苏)农村发展论坛活动指定网站。

3.五大类品牌栏目独具华泰特色

一是自创信息类栏目，包括"华泰新闻"、"华泰市场专线"、"华泰研究"、"网站导读"等，已成业内知名品牌栏目。

二是在线交流类栏目，包括"专家门诊"、"股市沙龙"、"网上直播室"和"专题论坛"等栏目。

三是个股研究类栏目，包括"个股追踪"、"个股点评"、"个股资料"和"大单跟踪"等。其中，2001年8月推出的新栏目"大单跟踪"得到了市场的广泛认同。"大单跟踪"利用精确的行情分时处理技术，将每日每只股票每笔成交中的大额部分分别提取，并汇总统计，供投资者分析，通过对个股日成交量的细化，帮助投资者发现个股的异常活动，洞察主力出入的真实意图。

四是社区服务类栏目，包括"股海领航"、"市场来风"、"模拟炒股"等栏目。其中，"模拟炒股"是华泰证券网常设的大型模拟炒股品牌专栏，至今已成功开办了四届，每届报名参赛选手均在8000人以上。此外，华泰证券网与上海证券报联合开办的专栏"股民学校"于2001年9月正式推出，在推出后的仅十天内，点击量已突破十万次大关。

五是财经资讯类栏目，包括"财经资讯"、"业内观点"、"证券资讯"、"重要咨讯"等栏目。

VOLUME 11

第十一卷 品牌战略

- 我国上市公司实施品牌战略的必要性
- 上市公司品牌塑造
- 上市公司品牌战略的实施与管理

第一章　我国上市公司实施品牌战略的必要性

第二章　上市公司品牌塑造

一、上市公司必须树立品牌创新思想

二、技术持续创新是品牌塑造的有力保障

三、创造驰名商标是品牌塑造的重要环节

四、品牌塑造必须注意的问题

第三章　上市公司品牌战略的实施与管理

一、规范管理和规模经济是品牌战略实施的基础

二、战略控制是品牌实施与管理的基本手段

三、上市公司品牌管理的十大误区

市场竞争的关键是看你手中有没有王牌，这张王牌就是品牌。

实施品牌战略具有很重要的意义：一方面通过品牌竞争实现优胜劣汰，培育大公司，产生样板效应，带动上市公司稳定、持续、健康发展；另一方面，名牌大公司具有强有力的吸附效应，运用市场整合原理，促进合作与兼并，形成强势品牌。

第一章 我国上市公司实施品牌战略的必要性

目前,我国上市公司品牌建设取得了一定成绩,但竞争力尚无法与国际品牌相比,随着全球经济一体化和我国加入WTO,国内证券市场国际化必然会给我国经济和企业带来巨大的挑战和冲击。因此我国上市公司必须大力实施品牌战略,加强品牌管理,提升品牌价值,走品牌致胜的发展道路。

所谓品牌战略是指通过各种长期规划并实施有效的营销策略活动和组织以及媒体资源的整合,提供优质的产品和服务,逐步提高产品和企业在市场的知名度,树立起产品和企业在公众中与众不同的品牌形象,并利用此品牌所包涵的文化精神、优越感和消费抉择影响力,在竞争中不断赢得更多市场份额和超值利润的一种现代企业的经营理念和模式。它具有经下四种市场效应:

首先是时尚效应。这是指在特定的时间里,由于某种产品知名度与美誉度高,消费者竞相购买,认为这种牌子的产品很新潮,不仅自己乐意购买,而且还会动员亲朋好友前来购买,这将形成一种消费时尚。企业可以利用品牌的这种时尚效应,在一定的时间里,使用各种促销手段,优待老客户,开发潜在用户,增加品牌的时尚观念,以此来提高市场份额,增强市场核心竞争力。

其次是聚合效应。这是指产品品牌在市场上有很高的占有率、知名度与美誉度以后,将促使企业不断壮大,进入多个市场,在进入市场中有许多固有品牌,企业凭借强大的品牌优势,依靠企业的规模,兼并收购已有的品牌形成品牌垄断进行品牌扩张。由于品牌具有这种聚合效应,企业在市场开拓之中应该走集团化发展之路,利用集团化的规模曲线效应,提升企业品牌的竞争能力,随着品牌的发展壮大,企业的规模也必将随之不断扩大将会,适时通过资产整合打造航空母舰。

再次是磁场效应。这是指企业品牌具有很高的知名度与美誉度后,在消费者心中树立起极高的威望,表现出对品牌的极度忠诚。消费者认为:该品牌可靠,质量好,买这种产品是一种享受,此种品牌就如同磁石一样强烈地吸引着广大的消费者,消费者反复的购买该种品牌的产品,形成品牌的良性循环。由于这种磁场效应能够吸引更多的消费者,作为企业就应该努力维护品牌的原有形象,加大品牌的宣传力度,促使更多的潜在消费者对这种品牌产品的认可,逐步培养他们的品牌忠诚度,提高企业品牌在市场中的地位和作用。

最后是扩散效应。这是指企业品牌在广大的消费者心中有着极好的印象,进而消费者对企业产生好感与信任,当企业以原有品牌打出新产品之后,由于消费者对原有品牌及企业整体的好感,顺利地就能够接受企业的新产品。针对品牌的这种扩散效应,企业应走品牌多元化、系列化之路,利用已有的品牌优势,进入新的产品经营领域,利用新产品来开拓新的市场,降低企业的经营风险。

目前品牌以其巨大的市场效应已成为国际市场的"通行证"和"敲门砖",是跨国公司实现全球战略的开路先锋。从这一方面来讲,国际间的贸易竞争,最终将表现在各个国家的企业品牌之间的较量和竞争。对我国的上市公司而言,实施品牌战略时不我待,其重要性主要体现在以下几个方面:

第一,能够有效保护企业及消费者的合法权益

由于品牌通过登记注册后,受到法律的保护,如果有人用这种品牌来生产产品,对正品市场来讲是一个致命的打击,那么企业就可以拿起法律的武器,合法保护自己的权益不受他人侵犯。消费者如果购买到质量无法保障的商品,也可以按照品牌,与企业进行交涉,切实保护自身的合法权益。

第二、能够充分实现货币资本增值

这是指品牌可以作为无形的商品进行买卖,这将会给企业带来了巨大的经济效益,而且随着企业规模的不断扩大,品牌本身的价值也会逐步上升。比如海尔1998年品牌价值为118亿元,位居中国最有价值品牌年度排名第三,到2000年时,品牌价值上升到了330亿元,排名位居第二。由此可见,品牌作为一种无形资产,是企业的"聚宝盆",能够迅速实现货币资本增值。

第三,品牌是企业进军市场的战舰,是企业进入市场的通行证和敲门砖

商场如战场,品牌就是战场上的一面战旗。20世纪80年代初期,日本的家电产品进入我国时,凭借的就是产品的牌子,比如"东芝"、"日立"、"松下",仅仅依靠这几面旗帜,日本迅速打开了我国的大门,占领了我国的市场。20世纪90年代末,我国一批优秀品牌纷纷启动全球化战略,走出国门,打入了国际市场,它们在海外设立研发、生产、营销机构,招募国际型人才,立志打造全球品牌。经过几年的努力,以海尔为代表的一些知名品牌正在国际市场上树立起较高的声誉。

第四,有利于企业市场形象的塑造

品牌代表企业市场形象,在消费者的心里总是把品牌与企业形象联系起来。一般而言,良好的品牌有利于企业形象的塑造,提升企业的知名度与美誉度,为企业多元化发展打下坚实的基础。比如"贵州茅台",由于历史文化悠久,被定为国宴用酒,因此企业在消费者心中的形象为生产高档酒的企业,消费者很少自己消费,一般都作为礼品赠送之用。

第五,品牌战略是企业适应市场竞争环境的制胜利器

品牌战略与市场竞争是密不可分、紧密相连的,只要存在市场竞争,就必然存在品牌战略,它是不以人们意志为转移的客观现实,人们对此认识的程度差异,掌握和运用品牌的态度,并不排斥或否定品牌在竞争中所产生的巨大作用。

任何一家企业,要在激烈的市场竞争中获得成功,就必须要在品牌经营过程中实施品牌战略,这是由以下因素决定的:

①品牌是企业成功的重要标志;

②品牌是一笔巨大的无形资产;

③品牌代表着企业的信誉,是企业赖以生存的基础;

④品牌是对内提高员工尽职度,对外提高顾客忠诚度的主要保证。

第六,品牌战略有利于延长企业生命周期

企业生命周期理论清楚地告诉我们,企业是有寿命的。据统计,国外企业寿命平均是30年,而在我国却只有短短的5年时间。尽管如此,我们还是看到了一大批历经几十年甚至上百年的世界级的跨国公司仍是行业的旗帜并成为制约行业发展的控制力量。那么决定企业寿命长短的关键因素是什么呢?答案或许有多个,但品牌战略肯定是重要因素之一。分析和研究长寿企业的经验便会发现:决定企业命运的有效管理的关键不在于策略或战术,而在于品牌战略的实施与管理。如果品牌战略目标失误,品牌战略能力失效,那么再好的策略管理也只能成为企业衰亡的加速器。

第七,品牌战略管理是着眼于未来管理的基本方法

在如今激烈的市场竞争中,谁能预见到明天,谁就能赢得今天。公司经营今天的成功或失败,不是今天决策的结果,而是5年前甚至10年前作出决策的结果。为了公司的明天,必须立足于未来做好今天的决策。品牌战略管理的本质特征之一就是立足现实,着眼未来,对关系公司命运的决定性、全局性、长期性的发展方向和目标进行创新性决策。公司高级管理层作为领导公司角逐的统帅,应站在面向未来管理的战略高度指挥,优化配置各种资源,形成强大的经营合力,培养核心竞争能力,塑造强势品牌,为保证公司长期健康发展奠定坚实的基础。

第八,实施品牌战略是经济腾飞、国富民强的必由之路

纵观当今世界,经济发达的国家均有自己的品牌产品驰聘天下。据联合国工业计划署不完全统计,现在世界各类名牌商品大约共8.5万多种,其中工业发达的西方发达国家和亚太新兴工业化国家与地区处于垄断地位,拥有90%以上的各种名牌所有权。目前,世界500强企业几乎被美、日、德、法、英、韩、意大利等国家包揽。而我国仅只有7家,且规模较小。现在人们已经意识到了名牌的多寡是衡量一个国家或地区的经济实力的标志。在市场经济条件下,市场竞争的焦点是品牌之争,谁的名牌多、名牌强,谁会就成为竞争的强者,谁就能占据国内、国外市场的制高点,从而立于不败之地。现阶段,我国同发达国家相比差距还很大,要提高我国在国际社会中的地位,充分发挥中国在国际事务中的作用,振兴民族经济,富国强民,就必须实施品牌战略,尽快地创造出我国自己的品牌产品。

通过从不同的角度分析和论证,我们已经知道:上市公司实施品牌战略是社会发展的必然选择,品牌战略之路必将会为我国上市公司闯出一片新天地。

一个著名的上市公司实质上已塑造了一个著名品牌,这是一笔巨大的无形资产。目前,市场上上市股票颇多,但是股民不知道上市公司有什么样的品牌。上市公司如何发挥品牌的作用,指引着人们的消费走向股市投资。国内品牌与国外品牌之间的竞争将愈演愈烈。

在众多的品牌中,我国的企业要"安然无恙",就必须从质量、规模和特色上做好文章,塑造出自己的品牌优势。为此,要尽可能地做到以下几点:①健全和完善我国的公司法、证券法及相关法律法规与质量标准,并与国际接轨,行业主管部门加强对产品质量的监督和对名牌产品的保护;②研究和创造有自己特色的产品,根据中国市场的特点,发展具有自己风格而价格适中的产品,并树立起自己的品牌;③因地制宜,不要盲目发展,要根据市场变化,利用价格杠杆进行调节;④加强各类产品市场的管理和技术人才的培养,重视技术的引进和开发;⑤重视优质产品相关的包装设计行业的发展,改善落后的包装设计,提高优质产品的包装及设计档次,树立产品包装形象;⑥加强宣传,引导消费,调整产品结构,开拓大众消费市场,并根据不同的消费层次,生产出多品种、多规格、多价位的产品,以满足不同层次的需求。

目前,我国企业面临的就是国外著名品牌及高品质的同类产品的竞争,以及可能遭到实力雄厚的国外产品实施非正当竞争的倾销和垄断,对我国企业的是发展一种重大挑战,而我国具有国际竞争力的著名品牌寥若辰星,为了尽快地改变这种不利状况,当务之急应迅速地通过品牌的国际化经营,强化品牌的国际优势,形成一批具有强大竞争能力的国际品牌,组建资本密集型和知识密集型为主的企业集团,振兴我国民族产业。

上市公司的品牌塑造,不仅仅是我国企业自身发展的要求,而且也是关系到民族产业生死存亡的根本大事,我们要坚持上市公司的品牌塑造和创新,提升上市公司质量,确保证券市场发展和社会经济繁荣。

第二章　上市公司品牌塑造

2001年12月11日,我国正式成为世界贸易组织成员。可以预期,我国证券市场将成为国际资本市场最主要的组成部分之一。这在为我国上市公司快速发展创造了无限商机的同时,也将带来严峻的挑战。为此,上市公司的品牌塑造显得非常重要,上市公司应负担起品牌塑造的历史重任。

一、上市公司必须树立品牌创新思想

我国的品牌在目前无论是从数量、质量、规模影响度来看,还是从品牌的成长环境(含法规、管理、规划、战略实施诸方面)来看,抑或是从品牌理论的深入与品牌观念的普及程度与国外品牌比较,我国的品牌事业都还处在初级阶段。要想实现品牌事业健康、快速发展,就必须树立起品牌战略创新思想。

品牌战略有世界性的品牌战略、国家级的品牌战略以及企业级的品牌战略。企业造就一个品牌,要靠多方面的综合性的工作,而品牌创新思想无疑是一个很主要的方面。品牌战略创新思想就是要把品牌战略问题放在国际市场竞争的大背景下,作为总体战略的一个核心部分来经营,以实现市场创新、组织创新、技术创新和机制创新。

二、技术持续创新是品牌塑造的有力保障

技术创新对上市公司持续稳定的发展十分重要,只有依靠技术创新,才能不断地改善产品结构,提高产品的质量,巩固其品牌,同时也才能在激烈的竞争中立于不败之地。纵观国际上著名的公司没有一个不是拥有强大的科研力量,他们源源不断地向市场输送创新产品,以满足消费者不断变化的需求。技术创新是上市公司向现代化、国际化发展的关键所在。

1.技术创新与品牌塑造

技术创新是指人们在某项发明、发现的基础上,利用自己的聪明才智,通过开发的途径产生先进、适用的物质产品,并将实现工业化、商业化生产、直至推广应用的整个过程。这一过程的结果必须体现在上市公司品牌塑造上。因此,可以看出,技术创新与品牌塑造是相辅相成的。上市公司的活力主要表现在其产品的市场竞争上,而产品竞争力的获得靠的是技术创新。

目前,国际经济趋于一体化,竞争日益激烈,没有强大的科研力量作后盾,把握市场变化、推出领先世界潮流的产品,是无法在竞争中取胜的。技术创新是品牌持续发展的推动力,它为上市公司创立品牌产品提供了技术和物质的保证。

2.做好技术创新工作

做好技术创新工作和实施品牌战略,不能急功近利,必须要树立长期经营的思想,从观念、目标、机制、方法、环境和落实等方面下功夫。

(1)需要有一个好思想。这是指要进一步提高对开展技术创新,进行品牌塑造的重要性、必要性和可能性的认识,增强紧迫感、责任感和使命感。同时要把技术创新和品牌塑造看成是一个事物的两个方面,正确认识它们二者之间的关系,切实把技术创新与品牌塑造统一起来。

(2)需要有一个好的机制。要坚持技术为先,质量为主,人才为本。技术为先是指上市公司应建立一个有水平有所为的研究开发机构,尊重知识,尊重人才;质量为主是指品牌塑造注重研究质量的同时,技术创新也要讲质量,使公司提高效益。人才为本是指要注重发挥人的作用。入世以后,公司的竞争从根本上来说就是人才的竞争。

(3)需要一个好的目标。这是指要从实际出发,确定一个在某一期限内经过努力可以实现的指标或指标体系。指标或指标体系难以量化,在实践过程中,应根据变化的情况和认识,朝着目标方向加以调整。

(4)需要有一个好方法。作为一个上市公司,力量毕竟有限,因此需要把眼光盯住社会,依靠科研院所的力量走产学研相结合的路子。目前我国的创新和品牌产品的发展水平比较低,因此注意调整好投资结构,在增量配置、存量重组、寻找新经济增长点上下功夫。做好落实工作,技术创新和品牌塑造一是要做到任务落实、人员落实、职能落实;二是要在管理上落实,为推动技术创新和品牌塑造建立一个独立、严密、高效的管理机构;三是要在有效性上落实;四是公司领导人要亲自过问,及时发现问题、解决问题。现阶段,我国的上市公司正面临着严峻挑战,我们只有进

第三章 上市公司品牌战略的实施与管理

纵观全球各行各业,品牌已成为企业的立足之本。21世纪,品牌竞争将愈演愈烈,品牌战略的实施与管理便成了每家公司发展的永恒主题和决胜境内外市场的重要利器。在新的历史时期,上市公司应该而且必须适应这种变化,加强品牌战略的实施与管理。

一、规范管理和规模经济是品牌战略实施的基础

进行规范管理首要的是坚持信息披露。有关信息披露规定,我国证券法对上市公司的信息披露内容、原则、方法作了严格的规定。对于信息披露内容,我国《证券法》第58条规定,经核准依法发行股票和公司债券的招股说明书、公司债券管理办法、财务会计报告等相关文件必须公开;对于信息披露原由,我国《证券法》第59条和第63条规定:信息公开披露必须真实、准确、完整、不得有虚假记载、误导性陈述或者重大遗漏;对于信息披露的方式我国《证券法》第64条规定:依照法律、行政法规规定作出的公告,应当在国家有关部门规定的报刊上刊登,同时将其置备于公司住所、证券交易所,供社会查阅。上市公司进行规范管理,特别是信息披露和各方面进行规范,不搞内幕操作,这是上市公司塑造良好品牌形象的关键,科学领导形式是公司进行规范管理的重要内容。企业领导班子的组建是至关重要的,企业领导班子根据其体制、规模、技术、所处行业、资源实力以及管理水平的差异性组建一批智囊团为其出谋划策,与专门的咨询组织、科学单位和高等院校建立密切联系,利用各种专家的力量为其决策充当顾问,这是决策科学的重要内容,同时为创造品牌提供了组织保障。严格控制关联交易行为是进行规范化管理,塑造公司品牌的又一个主要内容。目前上市公司在证券市场上的关联交易较为混乱,我们应根据财政部1996年8月颁布实施的《企业兼并有关财务问题规定》和1997年颁布实施《企业会计准则---关联方交易及其披露》,对关联交易进行规范管理:第一,无论是否收取价款,只要关联方之间发生转移资源和义务的事项都属于关联交易,都有义务如实披露信息,受《企业会计准则---关联方交易及其披露》中具体规定的约束;第二,无论关联方之间有无交易行为,都应在会计报表的附注中披露企业所持的股份或权益及其变化等事项;第三,关联交易必须披露众多要素,比如交易的金额或相关比例、未结算项目的金额和相应比例、定价政策等。上市公司认真履行会计披露义务,让广大投资者明白其中主要内容,这是一个具有良好品牌形象的上市公司起码须具备的条件。

规模经济对上市公司品牌塑造有着十分重要的作用。全球经济发展到今天,规模经济成了品牌竞争力的重要标志。在2000年全球100家大公司排列榜上,前十强排名中,其营业收入都超过1000亿美元。在下列图表中,大部分企业都是上市公司,有关情况见下表:

2000年全球100家大公司排行榜(部分)

排名		公司名称	国家/地区	销售收入	
1999	1998			亿美元	比1998年增长%
1	1	通用汽车公司	美国	1765.58	9.4
2	4	沃尔玛公司	美国	1668.09	19.8
3	8	埃克森-美孚公司	美国	1638.81	62.7
4	3	福特汽车公司	美国	1625.58	12.6
5	2	载姆勒克莱斯公司	德国	1599.857	3.5
6	5	三井集团	日本	1185.552	8.4
7	7	三菱集团	日本	1177.656	9.9
8	10	丰田汽车公司	日本	1156.709	16.0
9	9	通用电气公司	美国	1116.30	11.1
10	6	伊藤忠公司	日本	1090.689	0.3

这些著名品牌的资产规模都富可敌国,十分庞大,它们在不同的行业以较高的市场占有率显示自己的竞争实力,往往都有十几个在全球能产生影响的品牌。

我国实行市场经济的时间并不长,企业真正走向市场也只不过是近几年的事情,然而我国部分企业通过技术引进与开发,严抓产品质量,强化市场营销管理,目前正在崛起一批具有一定市场竞争力的知名品牌。随着我国经济实力的不断增强,企业的影响力在全球范围中将会愈来愈大,因为它们也开始具备了世界品牌的规模经济。

此外,我国电视机行业经过10年的激烈竞争,像长虹、TCL、康佳等一批优秀品牌脱颖而出。与此同时,我国的家用电器行业也出现了一些较有规模的企业,其品牌的影响也较大。比如,海尔、春兰、科龙、美的等,它们也已经具备了一定的生产规模和竞争实力,销售收入上百亿元。这些企业是在激烈的市场竞争中通过不断的积累、并购,逐步扩大生产规模,一步步发展起来的,可以说有了规模,才有消费者所熟知的品牌。企业实现了规模经济,其品牌就会有一定的影响力。

二、战略控制是品牌战略实施与管理的基本手段

战略控制是上市公司实施品牌战略计划和方案的保证，是上市公司品牌战略管理的重要职能和最基本的环节。它是一种整体性的综合管理。一方面，战略控制是公司全体员工的整体行为，通过战略控制公司各项工作统一在品牌目标上来，以同一目标来约束全体员工的行为。由于完成战略计划是公司全体员工共同的任务，参与控制是所有员工的责任，因此战略控制覆盖公司的各个方面、各个环节和各个过程；另一方面，战略控制从公司运作整体性和计划实施统一性的角度，对各部门、各项工作进行均衡和协调，使其完成在总目标下各自应承担的任务，这样相对独立的工作被综合成一个整体的行为，能更好地实行集中控制和综合管理。

战略控制是一种动态性的长期管理，它着眼于长期目标，并不断调整短期行为使之符合企业长期发展的要求。而品牌战略正是企业发展长期目标中最重要的一种。一方面战略控制以企业的品牌战略长期目标为准对所有经营管理行为进行监督、衡量和调整，以防止和纠正各种不利于品牌战略目标实现的短期行为，使部门和个人行为在合理的范围内进行；另一方面战略控制也是灵活的，它会随着企业内外部环境因素的改变和品牌战略目标调整而发生变化。战略控制的标准、程序和方法的动态性变化，是品牌战略管理的客观要求，能提高企业战略控制的适应性和有效性。战略控制是上市公司实施品牌战略计划最有力、最基本的手段，主要包括三个步骤：

1.制定控制标准

企业应根据品牌战略计划制定战略控制标准，建立规范的控制标准，这是战略控制的基础。由于战略控制涉及面广、种类多、差异大，因此在确定控制标准时，应考虑以下问题：考核对象、测评内容、责任单位的控制点必须有明确的衡量标准；控制标准应符合上市公司品牌战略目标的要求；控制标准应基于过去的历史资料来制订，以使员工的努力方向与现实有机结合；控制标准也应有一定弹性，能针对不确定因素进行调整，所有标准要公平合理。

2.衡量实施情况

企业应依据控制标准对品牌战略计划的实施进行监督、衡量和检查，并及时进行工作效绩评价，发现工作失误或偏离计划的行为并寻找解决办法，以保证品牌战略计划相一致。衡量实施情况相当重要，它既是实行动态跟踪管理，测定计划实施绩效的手段，又是发现问题，提出警告，防止品牌战略计划与实施发生失误或偏差的重要措施。常用的方法有：现场搜集（现场观察、人员座谈、询问调查等）、资料分析（根据统计信息和数据资料、财务报表等进行分析）、会议讨论、抽样调查、员工建议、专家会诊（由专业人士或专业咨询公司进行诊治）等。

3.采取矫正措施

发现问题固然重要，而解决问题更为重要。要从根本上矫正企业品牌战略实施工作中的偏差，必须抓住“病症”的根源，对症下药。而产生偏差的原因主要有两个：一是企业内部可控因素不合理配置或不完善使得品牌计划在执行过程中产生偏差；二是企业品牌计划本身不符合实际情况或者企业外部环境变化使得该计划在实施中不能实现。对于前者，应调整企业内部资源配置和组织结构、改善管理和营运机制、以适应品牌战略的计划，使之能与企业内外部实际情况相符合，从而以顺利实施。

战略控制是上市公司实施品牌战略管理最主要、最有效的手段，使上市公司品牌战略管理成为一个连续不断的循环过程。战略控制的功能发挥越大，其效果越好；战略控制越科学、系统和有效，品牌战略计划就越容易实施，其品牌战略目标也越容易实现。

三、上市公司品牌管理的十大误区

我国的上市公司对品牌尚未形成“品牌经济力”，在品牌管理的实践中，还不同程度地存在着对品牌管理的误区。归纳起来主要有以下十个方面：

误区之一：品牌就是商标

有许多企业分不清楚品牌与商标之间的关系，认为只要在工商管理部门把一个名字或图案注了册就成为了品牌。实际上，商标和品牌两者不是同一个概念。商标是一个法律概念，是品牌获得工商部门法律保护的工具；而品牌则是一个管理和竞争的概念，是企业为了满足顾客需要，从而占领市场的工具。因此，品牌首先要成为商标后才能获得公平竞争的保障，品牌的内涵也要超过商标。那种把品牌视为商标的观念将导致企业不能充分发挥品牌的地位和作用，更不能把品牌资产的建立作为营销工作的核心。

误区之二:名牌就是品牌

大多数公司常见的认识误区就是把名牌当做品牌。这种认识的症结在于他们把品牌知名度狭隘地理解成了品牌的全部。在他们看来，只要全力以赴地做好广告宣传造势炒作就能够顺理成章地成为强势品牌。于是他们把品牌经营的主要内容放在了广告狂轰滥炸和媒体的炒作上。实际上他们忽略了品牌之所以被认同,其根本原因在于品牌具有良好的美誉度,如果一个品牌没有良好的美誉度作为基础,那么虚张声势只能产生品牌“泡沫”,这样的“泡沫”迟早会破灭的。

误区之三:做品牌就是做好 CIS

毋庸置疑,CIS(企业识别系统)有利于品牌形象的塑造,然而它只是品牌塑造的一种途径。实质上,CIS 是为企业形象服务的,但企业形象并不等同于品牌形象,它仅仅只是品牌的一个方面而已,因此品牌经营仅仅提升企业形象是不够的。

误区之四:做品牌可以一劳永逸

我国的一些品牌只所以只能辉煌一时，其中一个主要的原因就是坐享其成,认为品牌一旦成名便可以一劳永逸。实际上,品牌的塑造是一个长期积累的过程,品牌成名是成功的第一步,要变成强势品牌尚需不断地后续投入,进行品牌创新。像曾名扬一时的康巴斯的石英钟、雪花冰箱等一批品牌就是没有得到持续支持和管理而走向了衰亡。

误区之五:品牌一定要高档

目前,企业里普遍存在着一种观念:要想成为著名品牌,包装一定要精美,而且价位也一定要高。这种观念完全是错误的。一些高档品牌的成功，是因为它们迎合了一部分人的高消费心理,但这并不意味着所有品牌都一定要高档化。其实只要能更好地满足广大消费者的一定需求,经济实惠的“民牌”也同样能成为著名的品牌。

误区之六;品牌核心游离不定

许多企业的品牌管理缺乏长期的、系统的、战略的规划,缺乏一个长期不变的品牌核心价值,这会导致一些品牌随波逐流。从长远看,这样的品牌传播很难塑造成一个强有力的品牌,因为这样的品牌难以在广大消费者心中扎下根来。这并不是说品牌要固步自封,其实为了顺应需求变化而作些调整是很有必要的,但这些调整都必须围绕品牌核心价值来展开,“万变不离其宗”才能建成著名品牌。

误区之七:品牌过度延伸

众所周知,适度的品牌延伸确实能够为企业创造价值,但目前的问题是不少企业为了做大做强，在尚未掌握延伸的规律就将品牌任意延伸,这不仅不利于新产品的推出,而且也会损害原有品牌资产。

误区之八:著名品牌是评出来的

有许多企业对行业评奖乐此不疲,他们认为,广大消费者会把获得某奖项视为有实力的标准。实际上,这种观念是片面的。随着广大消费者观念逐渐理性化和成熟化，获奖已成为影响他们购买决定的一个次要因素。单靠评奖而成为著名品牌,这完全是自欺欺人,因为选票不在政府手中,而在于消费者手中。

误区之九:盲目追求品牌“卖点”多样化

一般而言,任何产品都只能满足一部分人的某种需求。然而有许多企业不甘心把品牌定位于一个卖点，他们认为卖点越多所吸引的顾客就越多。殊不知,“眉毛胡子一把抓”,结果只是竹篮子打水一场空。在商业信息泛滥的今天,“多点”宣传不但浪费了资源，而且还会让广大顾客对品牌的特征感到一头雾水。其实,国际著名的品牌无不在广告、技术规模等方面具有清晰的定位,为此而获得了巨大的成功。

误区之十:品牌管理急功近利

上市公司的品牌塑造是一项长期的系统工程，它需要精心规划和长期不懈的坚持。如果只注意眼前利益，只在乎短期销量,不求质量与长远发展,则不可能塑造著名品牌,只会损害品牌资产。

VOLUME 12

第十二卷 投资理财

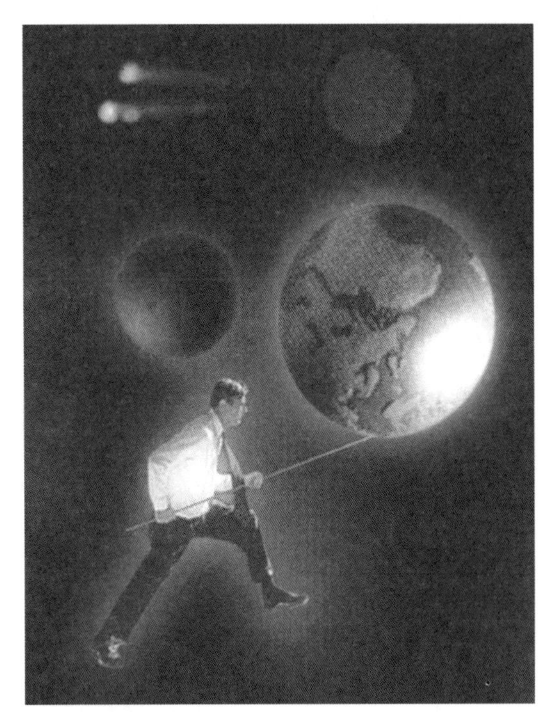

- 公司理财概述
- 上市公司理财实务
- 券商理财实务
- 个人投资理财实务
- 证券投资基金理财实务
- 网上理财

第一章 公司理财概述

一、公司理财目标
二、公司理财内容
三、公司理财方法
四、公司理财职能
五、公司理财环境
六、公司理时原理

第二章 上市公司理财实务

一、上市公司筹资理财
二、上市公司投资理财
三、上市公司投资收益分配

第三章 券商理财实务

一、券商筹资
二、券商投资决策
三、券商资金运用的日常管理
四、券商投资评价
五、券商的投资利润分配

第四章 个人投资理财实务

一、储蓄
二、债券投资
三、股票投资
四、基金投资
五、外汇投资
六、银行贷款

第五章 证券投资基金理财实务

一、基金理财的涵义
二、基金理财的主要内容
三、基金理财的负面影响
四、基金理财负面影响的有效范围

第六章 网上理财

一、网上理财的兴起
二、网上理财的工具选择
三、目前我国网上理财面临的问题
四、对网上理财的前景展望

证券投资理财是一项实用性较强的科学和艺术。21世纪,理财在企业管理中的核心地位和作用愈加突出。在我国已加入WTO的条件下,面对国内外市场的严峻挑战,上市公司、证券商以及基金业需要重新审视企业发展战略,作好投资理财规划与设计;重视筹资、投资的可行性研究以及投资收益的合理分配;重视技术创新和新产品开发;重视市场开拓和提高核心竞争力;重视理财方向的调整与合理理财原则的坚持,扎扎实实做好理财工作,以实现理财的预期目标。

第一章 公司理财概述

一个公司，在从事生产经营活动中，需要购买各种各样的资产，为购买各种各样的资产，公司除动用手头已有的资金外，还需通过借款或出售金融资产获取所需资金。什么是公司理财？公司理财是管理资金的艺术和科学。本文主要对公司理财的目标、内容、方法、职能、原理及公司理财的外部环境等进行介绍分析。

一、公司理财目标

任何管理行为都是有目的的行为，理财也不例外。确定和选用正确的理财目标，是圆满完成理财工作的前提和基础。理财目标一般来说有以下几个方面：

1.作出最佳投资决策

投资决策是理财活动中重要的一环，它是一项系统的市场分析过程，不仅要考虑确定情况下的投资决策，还要考虑风险情况的投资决策。同时，还必须根据客观条件对已定决策进行不断调整，以适应不断变化的时机和环境。所以，作出最佳决策是实现理财目标必不可少的一方面，投资决策水平的高低，关系并决定理财目标的其他几个方面的成败。

2.制定最佳财务计划

财务计划，不仅包括计划的资产负债表、损益表和现金流量表或财务状况变动表，还包括分配计划、销售计划、成本计划、基金计划和收购兼并计划等。财务计划是理财的依据和目标，合理与否，会直接影响到理财主体的价值。一个合理的财务计划要以市场分析为基础。

3.实现利润最大化

从根本上讲，追求利润是微观经济模式中的重要目标，将它作为理财的目标有其科学的成份。因此获取利润是任何一个理财主体生存发展的必要条件，但是，这目标也存在着极大的弊端。首先，它容易导致经营者的“短期行为”，使经营者只片面地注重短期利润，而忽略长远利益。因此，它具有不利于企业和个人长远发展的一面。其次，由于利润最大化一般是指会计利润，没有考虑时间价值，因此对长期经济行为中的某些情况难以区分比较。最后，利润的最大化目标有加剧风险的一面。一般来说，利润与风险是成正比的，利润越大，风险也就越大，但是，利润的最大化目标并没有考虑为此所承担的因素。因此在理财过程中应尽力避免利润最大化目标，尤其是现代理财，应摒弃这种目标。

4.实现财富最大化

财富最大化是指通过采用最优财务决策，制定最佳财务计划，通过合理经营，在考虑时间价值和风险价值的情况下，使财富增加，达到理财主体总价值的最大化。这是现代理财普遍追求的财务目标，是衡量理财效果的最佳量度。实现财富最大化，作为理财目标具有以下优点：

(1) 财富的最大目标克服了理财活动在追求利润时的短期行为；

(2) 财富的最大化目标考虑了取得报酬的时间因素，并用资金时间价值的原理进行科学的计算；

(3) 财富的最大化目标考虑了风险因素，能有效克服理财人员不顾风险的大小，片面追求利润的错误倾向；

(4) 财富的最大化目标有利于社会财富的增加；

(5) 实现最合理的资本结构。资本结构是指企业或个人的负债情况。资本结构合理与否，对企业或个人的影响都至关重要。因而把实现最合理的资本结构作为理财目的十分重要；

(6) 实现社会责任。社会责任是指企业或个人对增进社会福利所应承担的责任。它包括保护消费者权益、防治环境污染、协助解决社会就业、支持社区的公共设施建设等。从某种意义上讲，企业或个人所承担的社会责任与其财富的最大化目标有统一的一面，因为好的环境和条件更有利于财富最大化目标实现。

二、公司理财内容

股东财富最大化是公司经营的基本目标，公司要想实现财富最大化的财务目标，就必须使其股票市场价值最大化。因此，公司理财主要包括三个方面的内容：

1.筹资决策

在市场经济条件下，公司是一个自负盈亏、自我积累、自我发展的商品生产者和经营者，公司完成其生产经营活动，获取收入，取得利润，首先必须筹集一定数量的资金。资金的筹集是公司理财的一项最基本的内容。在公司的资金筹集过程中必须做好以下几项工作：

(1)规划公司资金和来源渠道；

(2)预测公司资金的需求量；

(3)认真分析公司最佳的资金筹资方式；

(4)确定公司的资金成本与最优资本结构。

2.投资决策

一般来讲，公司的投资范围是非常广泛的，有为购买材料、固定资产等内部投资活动，同时也有购买有价证券，向联营、控股公司、附属公司投入资产等外部投资活动。

公司的投资按使用时间的长短，可以分为短期投资和长期投资。所谓短期投资主要是指用于现金、短期有价证券、应收帐款和存款等流动资产上的投资，短期投资具有流动性对于提升公司的变现能力和偿债能力有很好的作用，因此，它能够减少风险，但是短期投资的盈利能力较差，如果把资金过多地投入现金，即使能够保障公司对现金的需求，增加安全性，有利于股票市价的提高，然而由于现金是一种非盈利的或者盈利较小的资产，现金余额过大将导致资金闲置，影响公司的盈利，这会造成股价下跌。在进行短期投资决策时，必须考虑投资对股票市价的影响，从而做出最佳选择。所谓长期投资是指用于固定资产和长期有价证券等资产的投资，其中主要是指固定资产投资。固定资产的投资决策是通过资本预算来进行的，在进行国家资产投资时，也要考虑投资项目对公司股票市场价格的影响，这是由于固定资产投资的未来报酬是不确定的，它总是涉及到风险问题。报酬的增加有利于股票价格的上升，但风险的增加却会使股票价格大跌，因此在进行长期投资决策时，必须要认真分析风险因素。

3.股息分配政策

公司的股息政策是权衡公司与投资者当前利益与长远利益之间的各种利弊，然后再确定股息和留存利润之间的比例关系。公司的股息政策，一般来讲主要有以下几种：

第一，按规定的股息支付率支付股息政策，即每年的股息支付率保持不变，每股股息随着每股利润作增减变动；

第二，按固定额支付的股息政策，即每年的股息分配额保持不变；

第三，稳定微升或梯形上升的股息政策，即股息额低速上升，当利润减少时，股息并不减少。而当利润增加时，也不发放过多；

第四，剩余股票政策，即先考虑公司投资的需要，如有剩余再发放股息，反之则不发。在这种情况下，如果公司业务发展较快，经营状况较好，股东虽然领取股息少，但对公司仍是满意的。

三、公司理财方法

一般地，公司理财的基本方法同经济管理学科体系的其他分支学科有相通之处。主要包括以下几种方法：

1.动态平衡法

在现代市场经济中，与市场之间存在相互交融的辩证关系，使之成为一个开放的、动态的系统。因而要求公司理财正确处理公司内部条件、外部环境和公司目标之间的动态平衡。善于适应外部环境、条件的恶化，及时作出理性的反应，从动态中求平衡，从平衡中求发展，使其稳定地达到预定的最优化经营目标。

2.成本效益分析法

这里所说的成本是指用货币计量的项目建设或生产经营中的投入，而效益则是指用货币计量的项目建设或生产经营的产出。因此，成本效益分析实质上就是货币计量的投入产出分析。进一步看，货币计量的产出，可当作是取得成果的综合表现；而货币计量的投入，可当作是支付代价综合表现，所以，成本效益实际上是代价与成果的对比分析。只有在项目建设和生产经营的每个环节，力求用尽可能小的积累代价取得尽可能大的累积成果，才能促进公司总体财务目标的顺利实现。可见，在现代公司理财中，成本效益分析法的应用是贯穿始终的。

3.量本利分析法

在市场经济体制中，公司作为市场的主体，经营盈利是其存在和发展的必要条件。量本利分析法就是直接为促进公司这一经营目标实现的有效方法。它是将产量、成本、利润这三个方面的变动所形成的消长关系相互联系起来进行分析。其核心是如何确定“盈亏临界点”，并围绕它从动态上掌握有关因素变动对公司盈亏三者的规律性的联系，深入掌握这些因素消长之间的规律性联系，对促进公司根据主、客观条件，有预见地采取相应措施，对实现扭亏增盈具有十分重要的作用。

4.动态数量分析法

公司理财如果要从动态中真正把握公司生产经营的主要方面和主要过程，在预测、决策、计划、控制等各个环节中发挥积极作用，就必须涉及到常数，而且还会涉及到变量。因此，初等数学就完全不够用了，其有关计算须用到高等数学和其他现代数学方法，才能很好的阐释问题。比如，为了对成本产量关系进行深入的分析，分析自变量(产量)的微量变化对成本的影响，进而掌握其最优的边际点，能使公司成本达到最低的产量是多少；对量本利三者之间的关系进行较深入的分析，分析自变量(产量)的微量变化对收入与成本的影响，进而掌握其最优的边际点，能使公司利润达到最大的产量(假定产销一致)是多少，都需要用到高等数学，这是动态数量分析法的一个重要特征。

5.整体优化法

公司理财所研究的是包含多因素的、动态的、复杂的系统问题，因而要求按照系统的整体性原则，从全局出发，综合研究公司同外部经济环境对适应关系及公司内部各子系统之间的协调关系，围绕公司整体的发展目标，来认识和处理管理对象作为一个系统所涉及到的各种问题，使之尽可能地符合整个最优化的要求，这是公司理财方法的一个总的出发点。

6.经济数学模型法

在公司理财中，高等数学和其他现代数学方法的应用，是以广泛地应用经济数学模型为其重要标志的。概括地说，所谓经济数学模型是用数学语言，反映经济数量关系的公式或公式体系，它是对客观事物主要方面的一种定量的描述。经济数学模型有一个重要的特征，就是把各个分散的因素统一到一个公式或公式体系中来，使它能集中地、严密地反映有关因素之间的内在联系和依存关系。

7.货币时间价值法

货币时间价值是商品经济的产物，它表明一定量的货币，在不同的时点上具有不同的经济价值，这意味着货币会随时间的推移而增值。时间因素在现代经济管理中具有重要意义，这就需要把货币价值作为一个重要的经济杠杆来使用，这样，就会对资金的使用者在经济上形成一种经常存在的压力，使他们在生产建设中精打细算，努力提升资金的使用效益。

货币时间价值通常是按复利的方式进行计算的，对项目建设和生产经营中不同时点发生的现金流量，按复利法统一核算为同一时点的数值现值、终值或年值，然后进行分析、对比。

四、公司理财职能

理财的职能是指理财人员在理财实施过程中应履行的职责和发挥的功能，主要包括财务计划职能、财务组织职能、财务指挥协调职能、财务控制职能，各职能既相互独立，依序进行，又互相交叉、互相制约。

1.财务计划职能

财务计划职能主要包括财务预测、财务决策、财务预算等内容，它是指对未来预期的财务活动进行规划和布置。

(1)财务预测。预测是指以已有和现有的资料为依照，对即将发生的事情作科学的预计和推测。财务预测即对财务活动和未来发展趋势，事先作出科学的定性和定量阐述。在财务计划职能中，财务预测是基础，它的准确与否都将对投资决策和财务预算产生直接影响。

(2)确定目标。确定目标是理财计划职能的起点，财务预测指标是建立在财务预测结果基础之上的，包括长远理财发展目标和近期目标，以及为实现目标而必须遵循的财务战略方针和途径等。

(3)财务决策。它是指根据财务预测的结果和财务预测的目标，拟定可以达到理财目标的方案，再运用科学的方法对这些方案可行性进行研究和论证，从中选择和确定实现财务目标的最佳方案的过程。

(4)财务预算。预算是对未来一定时期预计经营活动的数量说明，任何一个组织和个人所掌握的物力、财力资源总有一定的程度。做好预算工作，是利用有限资源产生最大效益的保证，是理财中不可缺少的一个重要环节。

2.财务组织职能

财务组织职能是指为了实现财务预测目标，合理组织理财活动的各个要素、各个方面和各个环节，并对之进行合理的分工与合作的一种功能。

(1)确定合理的组织机构。理财活动要根据其工作任务，确定科学合理的组织机构，从而达到管理高效化。

(2)明确责任。为了更好实现理财目标，必须在理财的过程中明确各级部门的责任和利益，以达到责、权、利相结合。

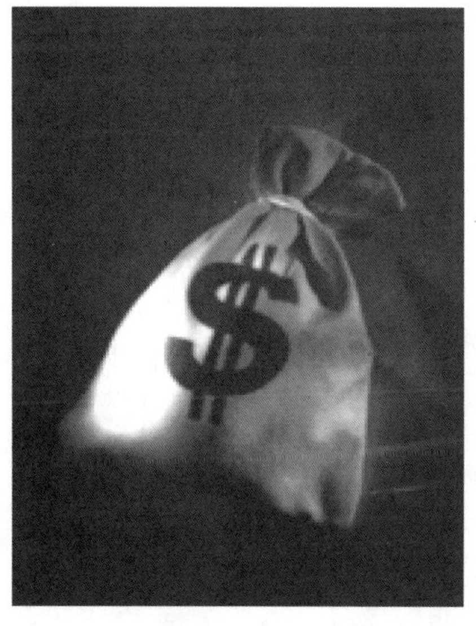

(3)实现信息沟通。信息沟通是财务活动的主要推动力，没有信息沟通的理财活动是无法进行的。信息沟通一般有三种形式：上行沟通、下行沟通和平行沟通。上行沟通是指下级以建议、请示、报告等方式向上级沟通信息；下行沟通是指上级向下级以指令、要求等形式沟通。平行沟通是指不相隶属的单位、部门、个人之间的沟通。

(4)确定理财方式。理财的活动有不同的方式，如统一管理、统一核算管理方式；分级管理、分级核算管理方式。理财方式的确定要根据生产经营规模要求及理财者自身状况来具体问题具体分析。

(5)理财人员配备。理财活动需要专门的理财人员，根据理财工作的具体情况恰当地配备合适的理财人员，是实现理财目标的必要保证。

3.财务指挥协调职能

财务指挥协调职能是指挥理财人员在理财活动中根据财务预测目标和财务决策的要求，运用组织权力和适当手段，指导和监督理财决策的实施，并不断协调多种不和谐因素，促进理财各要素的紧密配合，以确保理财活动按既定目标发展的一种管理职能。

理财指挥协调职能的发挥过程，就是理财人员在一定的组织形式下具体执行计划的过程。要充分发挥这一职能，就要在执行财务计划的各部门和人员的责权已确定的基础之上，使责、权、利紧密结合，以调动理财人员的积极性。同时，由于理财活动各方面是一个有机整体，势必要多方面协调进行，才能保证整个理财活动协调有序地朝总目标发展。因而，协调工作必不可少。

4.财务控制职能

财务控制职能是指根据预测目标和确定的标准对财务活动进行监督、检查，采用财务活动实际结果与财务计划目标相对照的方法，发现差异，找出原因，采取措施并及时纠正财务预算执行中的偏差，以确保财务预测目标实现的一种理财功能。

理财的控制职能包括两个方面：一是将财务预算的实际执行结果与财务预算进行比较，如发现产生偏差的原因是原先制订的财务预算本身不合理，则对原预算作及时修订，使之趋于合理化；二是将财务活动的实际结果与财务预算进行比较，发现偏差，找出原因，并及时采取措施纠正偏差，以保证财务预算如期执行。

五、公司理财环境

理财活动是在一定的环境中进行的，环境的各个方面都将对其产生很大的影响。因此，我们有必要对理财环境进行分析和研究。公司理财环境包括政治环境、经济环境、金融环境、税务环境、法律环境、以及地理环境、资源环境、劳资环境和社会环境。下面主要对公司理财影响最大的经济环境、金融环境以及税务环境作介绍和说明。

1.经济环境

理财的经济环境是指对理财有重要影响的一系列经济因素。经济环境的好坏，对公司筹资、投资和盈余分配都有深远影响。

(1)理财的宏观经济环境。理财的宏观经济环境是指影响公司理财的各项宏观经济因素，如经济周期、技术发展、通货膨胀等。公司经营的好坏，在很大程度上取决于宏观经济状况，在社会经济条件较好时，大多数公司都会兴旺发达，而在社会经济条件较差时，许多公司则会出现经营困难，有的公司可能还要亏损甚至破产。宏观经济环境主要包括以下几方面：

①经济周期。经济的发展不会一帆风顺，而是在波动中前进的。这种波动都将经历萧条、复苏、上升、高涨等几个阶段的循环，然后又进入下一个循环，这种循环叫经济周期。经济的周期性波动对公司理财有重要影响。在萧条阶段因为整个宏观环境的不景气，公司很有可能处于紧缩状态之中，产量和销售量下降，投资剧减，资金紧张，有时还会出现资金闲置。在高涨阶段，市场需求旺盛，销售大幅度上升，公司为了扩大生产，就要增加投资，以增添机器设备、存货和劳动力，这就要求理财人员迅速地筹集所需资金。因此，面对周期性波动，理财人员必须预测经济变化情况，适当调整财务政策。

②技术发展。21世纪，科学技术日新月异，新技术、新设备不断出现，设备更新时间日益缩短。这就要求公司理财人员必须适应这种趋势，筹集足够资金，及时更新所需设备。

③通货膨胀。通货膨胀是经济中最为棘手的问题。价格的不断上涨，对消费者极其不利，对公司财务活动的影响则更为严重。这是由于大规模的通货膨胀会引起资金占用的迅速增加，通货膨胀也会引起利息率的上升，增加公司的筹资成本，通货膨胀时期有价证券价格的不断下降，给筹资带来相当大的困难。通货膨胀还会引起利润虚增，造成公司资金流失。公司理财人员必须对通货膨胀有所预测，从而采取相应的措施，减少损失。

(2)理财的微观经济环境。理财的微观经济环境是指影响公司理财的各项微观经济因素，主要包括：企业所处的市场环境、生产环境、采购环境、人员环境等。

①市场环境。在市场经济条件下，每个公司都面临着不同的市场环境，这都会影响和制约公司的理财行为。构成市场环境的要素主要有两项：一是参加市场交易的生产者及消费者的数量；二是参加市场交易商品的差异程度。一般而言，参加交易的生产者和消费者的数量越多，竞争越大；反之，竞争越小。而参加交易的商品的差异程度越小，竞争程度越大；反之，商品的差异程度越大，竞争程度越小。公司所处的市场主要有完全垄断市场、完全竞争市场、不完全竞争市场和寡头垄断市场。公司处在不同的市场环境，对公司理财有着重要影响。处于完全垄断市场上的公司销售不成问题，价格波动也不会很大，公司的利润稳中有升，因而风险较小，可利用较多的债务来筹集资金；处于完全竞争市场上的公司，销售价格完全由市场来决定，被市场所左右，价格容易出现上下波动，公司利润也会随之波动，因而，不宜过多地采用负债方式去筹集资金；而处于不完全竞争市场和寡头垄断市场上的公司，关键是要使自己的产品超越其他公司的产品，创出特色，创出名牌。这就需要在研究与开发上投入大量资金，研制出新的优质的产品，并做好广告宣传，搞好售后服务，给予优惠的信用条件等。这就要求理财人员筹集足够的资金，用于研究与开发、产品推销和应收账款。

②生产环境。不同的公司具有不同的生产环境，这些生产环境对公司理财有着重要影响。比如，公司的生产如果是高技术型的，那就有比较多的固定资产而只有较少的生产工人。这种公司在固定资产上占用的资金比较多，工薪费用较少，这就要求公司理财人员必须筹集到足够的长期资金以满足固定资产投资；反之，如果公司生产是劳动密集型的，则可较多地利用短期资金。再如，生产轮船、飞机的公司，生产周期长，公司要比较多地利用长期资金；而像生产食品的公司，生产周期很短，可以比较多地利用短期资金。

③采购环境。又称物资来源环境，对公司理财有重要影响，按其标准不同又分为不同的类型。按物资来源是否稳定，可分为稳定的采购环境和波动的采购环境。前者对公司所需资源有比较稳定的来源；后者则不稳定，有时能采购到，有时采购不到。公司如果处于稳定的采购环境中，可少量备存货，减少存货占用的资金；如果处于波动的采购环境，则必须增加存货的储备，以防存货不足影响生产，这就要求理财人员把较多的资金投资于存货的储备。按价格变动情况分为价格上涨的采购环境和价格下降的采购环境，在物价上涨的环境下，公司应尽量提前进货，以防物价进一步上涨而遭受损失，这就要求在存货上投入较多的资金；反之，在物价下降的环境里，应尽量随时采购以便从价格的下降中获得好处，也可在存货上尽量少占用资金。

④人员环境。人员环境对公司理财的影响是相当大的，这里所说的人员环境是指由公司内部或外部利益集团构成的人员组合。因此它不仅是自然人，也指法人，还包括由不同人所构建的社会。

a.业主或股东。业主或股东是公司的所有者，公司对业主承担的基本责任是保护业主的投资。业主的意见对公司的筹资、投资和盈余分配都有重大影响。

b.债权人。债权人是向公司出借资金的人，如债券持有人、贷款的银行等。公司财务对债权人承担的责任是到期偿还债务，如果不能做到，会影响公司信誉，甚至会导致破产。

c.雇员。公司的雇员就是为公司生产产品或提供服务的人员。公司必须以优厚的工资、良好的工作条件来满足雇员的需要。

d. 顾客。公司的产品或服务质量的好坏最终要由顾客来检验。因此，公司的成败，归根到底取决于顾客。为了更好地满足顾客的需要，公司要做好广告宣传，加强售后服务，提供优惠的信用条件等，这就需要在产品销售和应收账款方面进行相当的投入。

e.政府。政府与公司之间也有一定的利害关系，最主要的就是公司必须依法及时、足额地上缴税款。这就要求公司理财人员必须筹集足够的资金以满足纳税需要。

f.社会。公司承担社会责任对公司财务也有重大影响。比如，公司向宗教或教育事业捐款，就会减少公司的资金或盈利；公司的生产造成环境污染，必须进行投资来清除污染，也会引起公司资金需求量的变化。

2.金融环境

了解和熟悉理财活动所处的金融环境，对公司理财有着十分重要的影响，要熟知金融环境须从以下四方面进行。

第一,金融市场。金融市场是指资金供应者和资金需求者双方通过某种形式融通资金达成交易的场所。

(1)金融市场的特点。①金融市场主要是以资金交易为对象的市场。是由资金的供给与需求形成的市场,资金的供求双方,通过这个市场分别达到运用和借入资金的目的。②金融市场是一种抽象的市场。金融市场除资本市场中证券交易所有固定的场所外,其他并无具体的场所,许多交易是通过经纪人的电讯联系达成的。

(2)金融市场的分类。金融市场按不同的标准可分为不同的类型:①按营业性质可分为黄金市场、资金市场、外汇市场三大类;②按时间长短可分为货币市场和资本市场两类。货币市场是指资金的短期(一般指一年以内)市场;资本市场是指资金的长期(一般指一年以上)市场;③按证券发行或交易过程可分为初级市场和二级市场。初级市场也称发行市场,是由新证券第一次发行而形成的市场;二级市场也称交易市场,是由旧有证券买卖需求形成的市场;④按交易区域可分为国际金融市场、国家金融市场和地区金融市场。金融市场的分类见下图:

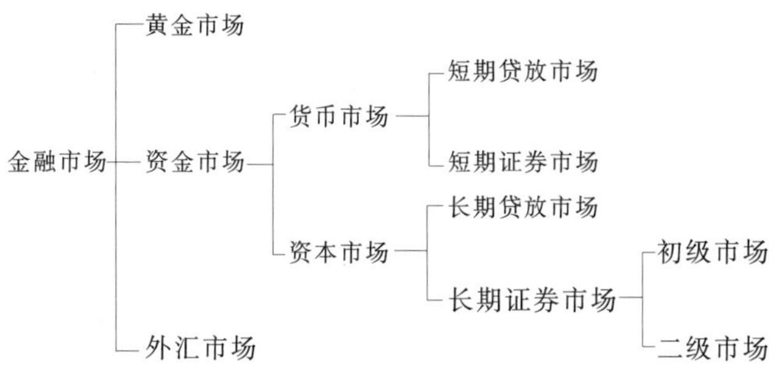

第二,金融机构。资金需求方和资金供应方之间有时进行直接交易,但更多的时候是通过相关的金融机构进行间接交易。其主要有以下三种形式:

①资金需求方与供应方之间进行直接交易。其形式见下图:

资金供应方 ⇄(资 金 / 证 券)⇄ 资金供应方

②资金需求方与供应方之间投资银行进行间接交易。其形式见下图:

资金供应方 ⇄(资金需求方资金 / 证 券)⇄ 投资银行 ⇄(资金需求方资金 / 证 券)⇄ 资金供应方

③资金需求方与供应方之间通过其他金融机构进行间接交易。其形式见下图:

资金供应方 ⇄(金融机构资金 / 证 券)⇄ 金融机构 ⇄(资金需求方 / 证 券)⇄ 资金需求方

资金从供应方转到需求方,大部分是通过金融机构来完成的。理财人员如果想最有效地筹集资金,必须对金融机构有所了解,这些金融机构主要有:

(1)经营证券的金融机构。这一类机构主要指投资银行。投资银行主要是承担证券的推销或包销工作。当一个公司决定发行证券筹集资金时,可由投资银行承销或包销。由于投资银行经常经营证券的发行业务,所以它比发行公司能更有效地发行证券。投资银行在为公司发行证券时要收取报酬,这个报酬取决于发行公司把证券卖给投资银行的价格与投资银行卖给大众的价格之差。此外,投资银行还办理存贷款业务。

(2)经营存贷款业务的金融机构。这类机构主要包括商业银行、储蓄银行和信用合作社。它们的共同特点是通过吸收存款以集聚资金,并把这些资金通过贷款的形式提供给资金需求方。由此把资金供应方和资金使用方联系起来,使资金供应方的资金得以使用,并使资金需求方获得资金。

(3)其他金融机构。其他金融机构主要指一些基金组织,如养老基金、共同基金和保险公司等。它们都为一定的目的而集聚或筹措资金,但不马上使用或使用后还有一部分剩余,它们便可利用这些资金投资于其他公司的股票或证券。

第三,金融体系。金融机构在理财的过程中居于重要地位,它为资金的需求方和供应方提供了有效的中介,并使两者间的交易得以快速便利地进行。金融机构中还包括二级市场,通过建立二级市场,使证券的流动性增加,并使理财机构和人员易于筹集外资和权益资本,增加了金融资产的流动性,同时,金融机构可以为理财提供最新信息,增加资金来源。健全而又完善的金融体系对公司理财有着十分重要的意义,其功能表现在:

(1)健全的金融体系有利于公司迅速地筹集所需资金。在一个健全的金融体系中,资金需求方可利用发行各种证券或贷款方式迅速获得资金,有利于公司迅速地集中资金,保证生产经营需要。

(2)健全的金融体系有利于公司资金得到最合理的运用。一个公司如果金融体系健全,可以将经营过程中暂时闲置的资金投资于金融市场上的短期证券,也可以存放于金融机构中以获取利息。

(3)金融体系的构成将影响公司筹资方式。不同的国家金融体系也不一样,有的国家金融市场比较发达,而有的国家金融机构比较健全。在金融市场发达的国家,公司可更多地利用发行证券(股票、债券等)来筹集资金;在金融机构比较健全的国家,公司可更多地利用借款的方式来筹集资金。

第四,利息率的构成。利息率是指名义利息率,它由实际报酬率或实际利息率K、风险报酬DP和通货膨胀贴水IP三部分构成。名义利率K^1的计算公式为:

$$K^1=K+DP+IP$$

实际报酬率由资金的供给与需求状态决定。资金供给少,需求多,资金供应方就会要求较高的报酬率,资金需求方则要支付较高的利息率,利息率就会上升;反之,则会下降。风险报酬是对不能偿付的风险加以补偿额外报酬。风险越大,这部分报酬越高,资金需要方支付的风险补偿也就越多;反之,风险小,这部分报酬就越小。通货膨胀贴水是由预期的通货膨胀率来决定的。预期的通货膨胀率越高,这部分贴水就越高,资金需求方就要支付较高的利息；预期的通货膨胀率较低，则这部分补偿就比较低。

公司理财人员必须了解利息率的构成情况，以便根据不同的实际报酬率、风险报酬和通货膨胀贴水的多少来预计利息率的高低，做好公司的筹资或投资工作。

3.税务环境

税务问题是理财过程中必须考虑的重要内容。在理财的过程中，既要建立一个高效的运作体系，又要掌握影响决策的法律法规，尤其是税法，而且要将国家税与地方税综合考虑。同时，不同国家和地区的税务往往存在很大的差异，税率有差别，税种不同，征税范围也不同。因此，对理财的影响也不同。这主要是由于税金减少了现金流量，而企业或个人的价值正好取决于税后的现金流量，这就使税务计划成为理财的一项重要内容。在整个经济活动中，税种多种多样，其中对理财影响较大的税种有：

(1)公司所得税。一般来说，公司有两个主要税种：流转税和所得税。流转税是按公司的营业收入额乘以比例税率计算纳税额，流转税主要是增值税和营业税，公司某一特定的经营项目只缴纳增值税或营业税。所得税是公司总收入扣减成本、费用和损失后的纳税所得额计算纳税。我国企业所得税法中规定的税率为33%，同时规定，收入计算可以扣除各项费用、成本和损失。即：

计税所得额 = 营业收入(成本 + 费用 + 损失)- 税法允许的其他扣除 + 营业外收入 - 营业外支出

所得税 = 计税所得额×33%

同时，中央政府和地方政府根据不同情况制定了可以减免的政策。虽然税法中规定的扣除项目是明确的，但各项税务和会计处理都有很大弹性，因此，在理财决策之前应仔细研究。

(2)资本利得与利失。企业的金融资产如股票、债券在税法中被定义为资本资产，如果股票或债券卖出的价格高到买入的价格，那么增加的价值叫资本利得。如果卖出的价格低于买入时的价格，那么减少的价值叫资本利失。对于企业来说，资本利得与资本利失将并入企业利润总额中，计算所得税。对于个人来说则只征收印花税，按每笔交量发生额的比例计算。

(3)红利与收入税。无论是企业或个人，都会有红利或利息收入，如持有一个公司的股票，政府或公司债券，这里的公司指除企业自身外的公司。通常从公司获得的红利或利润收入应纳入公司收入总额，计算纳税。在我国，红利是企业所得税后做多项扣除后，剩余部分用于现金分配的利润，为避免重复纳税，目前暂不缴纳企业所得税。公司持有国库券和国家银行金融债券的利息收入免征所得税。公司债务利息收入记入公司收入总额，计算所得税。

(4)红利支付。公司向股东支付红利有两种情况，一是向个人股东支付红利，根据我国个人所得税法的规定，支付红利的公司是个人所得税的源泉，扣除人为个人股东代缴个人红利所得税，概率为20%；另一种情况是向非个人股东支付红利，可按法律规定程序支付。

(5)利息税。对利息征税一般采取源泉象征收法，即在纳税人取得收入时，由其收入的支付者根据税法规定从收入中扣除应纳税的数额，然后将税后收入支付给收入的应得者，由于各国国民经济综合状况不同，各国征收税时的减免条款也不同。

(6) 个人所得税。个人需要在工资或其他收入中交纳所得税，个人投资者是通过投资取得投资收入同样要交纳个人所得税。支付税金的数额根据个人的应税收入计算。目前，我国采用的是分类所得的个人所得税制，规定个人所得的红利，收入需交纳20%的个人所得税。国库券和企业债券利息所得免征个人所得税，投资于证券的资本利得暂时不征个人所得税，目前只按一定比例征收印花税。

六、公司理财原理

时间价值和风险报酬是理财的两个基本原理。资金筹集、资金投放和盈余分配等都须考虑时间价值和风险报酬问题。下面就时间价值和风险报酬的基本理论和方法进行分析、研究。

1.时间价值原理

公司的理财活动都是在特定的时间下进行的，离开了时间因素，就无法正确地计算资金流入和流出的数量。时间价值原理，正确地揭示了在不同时间点上收入或支出的资金之间的数量关系，是公司理财的一项基本原理。

(1)时间价值的计算。时间价值通常称为货币的时间价值，是指扣除风险报酬和通货膨胀贴水以后的平均资本利润率或平均投资报酬率。有关时间价值的计算，这里着重介绍复利终值和现值、年金终值和现值的计算。

①复利终值与现值。

a.复利终值的计算。复利终值是指若一定量的资金若干期后的按复利法计算时间价值的本利和。这里的复利法，是指计算利息时，把上期的利息并入本金内一并计算利息的方法，即“利滚利”。复利终值的计算公式为：

$$V_n=V_o(i+1)^n$$

式中：Vo 表现现值(或本金)；

V_n表示期后的终值；

n 表示计算期数；

i 表示利率(一般指年利率)。

b.复利现值的计算。复利现值是指以后时间收入或付出资金按复利法计算贴现的现在价值。复利现值的计算公式为：

$$V_o=V_n\times\frac{1}{(1+i)^n}$$

式中:V_o表示现值；

V_n表示 n 期后收到的或付出资金的数额；

n 表示贴现期数；

i 表示贴现率。

上式中,$\frac{1}{(1+i)^n}$又称为"复利现值系数",可用 $DF_{i,n}$表示,通常可以从"复利现值系数表"中直接查得。

②年金终值与现值。年金是指在相同的间隔期收付到一系列等额款项。公司理财活动中,折旧、利息、保险金、养老金等额分期付款通常都采取年金的形式。按照每次收付款的时间不同和延续的时间长短,年金可分为:普通年金、即付年金、递延年金和永续年金。下面逐个介绍各种形式的年金终值和现值的计算方法。

a.普通年金终值的计算。普通年金终值是指一定时期内每期期末等额收付款的复利终值之和。其计算公式如下：

$$V_n=R\sum_{t=0}^{n-1}(1+i)^t$$

上式中,$\sum_{t=0}^{n-1}(1+i)^t$又称为"年金终值系数",可用 ACF_i,n 表示,通常可以"年金终值系数表"中直接查得。

b.普通年金现值的计算。普通年金现值是指一定时期内每期期末等额收付款的复利现值之和。其计算公式如下：

$$V_o=R\sum_{t=1}^{n}\frac{1}{(1+i)^t}$$

上式中,$\sum_{t=1}^{n}\frac{1}{(1+i)^t}$又称为"年金现值系数",可用 ADF_i,n 表示,通常可从"年金现值系数表"中查得。

c.即付年终值的计算。即付年金终值是指一定时期内每期期初等额收付款的复利终值之和。公司理财实际操作过程中,因年金复利终值系数表是按普通年金终值编列，故计算即付年金终值时应调整为普通年金终值的计算。其计算公式为：

$$V_n=[R\sum_{t=0}^{n}(1+i)^t]-R$$

$$=R[\sum_{t=0}^{n}(1+i)^t-1]$$

上式中,$\sum_{t=0}^{n}(1+i)^t$表示(n+1)期普通年金终值。上式公式计算说明,n 期即付年终值等于(n+1)期普通年金终值减去一个 R。

d.即付年金现值的计算。即付年金现值是指一定时期内每期期初等额收付款的复利现值之和。同样道理,计算即付年金现值时应调整为普通年金现值的计算。其计算公式为：

$$V_o'=[R\sum_{t=1}^{n-1}\frac{1}{(1+i)^t}]+R$$

$$=R[\sum_{t=1}^{n-1}\frac{1}{(1+i)^t}+1]$$

上式中,$\sum_{t=1}^{n-1}\frac{1}{(1+i)^t}$表示(n-1)期普通年金现值系数。上式公式计算说明,n 期即付年金现值等于(n-1)期普通年金现值加上一个 R。

e.递延年金终值的计算。递延年金终值是指在前 m 期以后每期等额收付款复利终值之和。递延年金终值的大小与递延期无关,递延年金终值的计算方法与普通年金终值的计算方法相同。

f.递延年金现值的计算。递延年金现值是指在前 m 期以后每期等额收付款的复利现值之和。假设 n 期递延年金现值为 Vo",那么计算公式为：

$$Vo''=R\sum_{t=1}^{m+n}\frac{1}{(1+i)^t}-R\sum_{t=1}^{m}\frac{1}{(1+i)^t}$$

上式公式计算表明,n 期递延年金现值等于(m+n)期普通年金现值减去实际未发生收付款的前 m 期普通年金现值的差。

g.永续年金现值的计算。永续年金现值是指无限期地收付到等额款项,因无终止时间,故没有终值。其计算公式为：

$$Vo=\frac{R}{i}$$

上面介绍了资金时间价值的几种计算方法。随着市场经济的发展,资金时间价值原理在公司理财中将会得到更广泛的运用。

(2)时间价值计算中的几个特殊问题。在计算时间价值时有一些特殊问题需引起我们的注意。这些特殊问题主要包括:不等额现金流量的现值计算、计息期短于 1 年时的现值和终值的计算、贴现率的确定等。

①不等额现金流量的现值。在公司理财实际工作中,更多的情况是每次收入或付出的款项并不相等。因此,需要计算这些不等额现金流入量和流出量的现值之和。假设:Ao 表示第 0 年末的付款;A_1表示第 1 年末的付款;A_2表示第 2 年末的付款;……An 表示第 n 年末的付款。则其现值计算公式为：

$$PVo=\sum_{t=0}^{n}At\frac{1}{(1+K)^t}$$

②短于 1 年的计息期。终值和现值通常是按年来计算,但有些时候,也会遇到计息期短于年的情况。例如,债券利息一般每半年支付一次,股利有时每季支付一次,这就出现了半年、一季度、一个月甚至以天数为期间的计算期。当计息期短于 1 年,而使用的利率又是年利率时,计息期数和利息率均应按下式进行换算：

$$i=\frac{k}{m}$$

$$t=m\times n$$

式中,i 表示期利率;

k 表示年利率;

m 表示每年的计息期数;

n 表示年数;

t 表示换算后的计息期数;

则换算后现值的计算公式如下:

$$PV=FVn\times\left[\frac{1}{(1+\frac{k}{m})}\right]^{mn}$$

③贴现率的确定。在经济管理中,特别在公司理财工作中,往往需要根据已知的计息期数,终值和现值来测贴现率。求贴现率,首先要求出换算系数,求出换算系数以后,便可以从有关的系数表中查出在某年一定条件下的利率。

2.风险报酬原理

公司的理财工作几乎都是在一定的风险和不确定的情况下进行的,离开了风险因素,就无法正确地评价公司报酬的高低风险报酬原理正确地揭示了风险和报酬的关系,同时,它也是理财的一项基本原理。

(1)风险报酬的概念。风险是客观存在的,做理财工作不能不考虑风险问题。根据风险的程度,可把公司理财决策分为三种类型:①确定性决策。决策者对未来的情况是完全确定的或已知的决策,称为确定性政策;②风险性决策。决策者对未来的情况不能完全确定,但它们出现的可能性概率的具体分布是已知的或可以估计的,这种情况下的决策称为风险性决策;③不确定性决策。决策者对未来的情况不仅不能完全确定,而且对其可能出现的概率也不清楚,这种情况下的决策称为不确定性决策。一般而言,投资者可以从风险投资中获得更多的额外报酬风险报酬。所谓风险报酬,又称风险价值或风险价格。风险投资者因冒风险进行投资而要求的超过时间价值的那部分风险报酬。风险报酬通常有绝对数和相对数两种表示方法,但在理财工作中,通常用相对数,即按百分率加以计量。假设不存在通货膨胀因素,投资的报酬率就是时间价值和风险报酬之和。因此,时间价值与风险报酬便成为理财工作中必须遵循的两项基本原理。

(2)风险报酬的计算。为了有效地做好公司理财工作,就必须弄清不同风险条件下的投资报酬率之间的关系,掌握风险报酬的计算方法。风险报酬的计算是一个比较复杂的问题,要弄清楚这个问题须从以下五个方面加以说明:

①确定概率分布。概率是指某一事件可能发生的机会。如果把所有可能的事件或结果都列示出来,且每一事件都给予一些概率,把它们列示在一起,便构成了概率的分布。概率分布必须符合以下两个要求:

a.所有的概率即 P_i都在 0 和 1 之间,即 $0\leq P_i\leq 1$

b.所有结果的概率之和应等于 1,即 $\sum_{i=1}^{n} P_i=1$,这里 n 为可能出现结果的个数。

②计算期望报酬率。期望报酬率是各种可能的报酬率按其概率进行加权平均得到的报酬率,它是反映集中趋势的一种量度。期望报酬率计算公式为:

$$\bar{k}=\sum_{i=1}^{n} K_iP_i$$

式中:$\bar{k}$ 表示期望报酬率;

K_i表示第 i 种可能结果的报酬率;

P_i表示第 i 种可能结果的概率;

n 表示可能结果的个数。

一般来讲,概率分布越集中,实际可能的结果越接近预期报酬率,而实际报酬率低于预期报酬率的可能性越小。因此,概率越集中,股票的风险越低。

③计算标准离差。标准离差是各种可能的报酬率偏离期望报酬率的综合差异,是反映离散程度的一种量度。标准离差计算公式为:

式中:

$$\delta=\sqrt{\sum_{t=1}^{n}(ki-\bar{k}\ )2\cdot P}$$

δ 表示标准离差;

$\bar{k}$ 表示期望报酬率;

K_i 表示第 i 种可能的结果;

P_i 表示第 i 种结果的概率;

n 表示可以结果的数量。

标准离差越小,说明离散程度越小,风险也就越小。

④计算标准离差率。标准离差是反映随机变量离散程度的一个指标。但它是一个绝对值,而不是一个相对量,只能用来比较期望报酬率相同的各项投资的风险程度。要比较期望报酬率不同的各项投资的风险程度,应该用标准离差同期望报酬率的比值,即标准离差率。标准离差率的计算公式为:

$$V=\frac{\delta}{\bar{k}}\times 100\%$$

式中:V 表示标准离差率;δ 表示标准离差;

K 表示期望报酬率。

如果两个公司的期望报酬率相等，可直接根据标准离差来比较风险程度，但如果期望报酬率不等，则必须计算标准离差率才能对比风险程度。

⑤计算风险报酬。标准离差率虽然能正确地评价投资风险程度的大小，但这还不是风险报酬，要计算风险报酬，还必须借助一个系数风险报酬系数。所谓风险报酬系数就是将标准离差率转为风险报酬的一种系数或倍数。风险报酬、风险报酬系数和标准离差率之间的关系可用公式表示如下：

$P_R=bv$

式中：P_R 表示风险报酬；b 表示风险报酬系数；v 表示标准离差率。

则投资的总报酬计算公式为：

$K=R_F+P_R=P_F+bv$

式中：K 表示投资的报酬率；

R_F 表示无风险报酬率。

公司在理财工作中，一般把投资于国库券或政府债券的报酬率视为无风险报酬率。

(3)证券组合的风险报酬。投资者在进行投资时，一般并不把其所有资金投资于一种证券，而是同时持有多种证券。这种同时投资多种证券叫证券的投资组合，简称为证券组合或投资组合。银行、社保基金、保险公司和其他金融机构一般都持有多种有价证券，即使个人投资者，一般也持有有价证券组合，而不是投资于一个公司的股票或债券。所以，必须了解证券组合的风险报酬。

①证券组合的风险。证券组合的风险可以分为两种性质完全不同的风险，即可分散风险和不可分散风险。a.可分散风险。可分散风险又叫非系统性风险，是指某些因素对单个证券造成经济损失的可能性。这种风险，可通过证券持有的多样化来抵消。即多买几家公司的股票，其中某些公司的股票报酬上升，另一些股票的报酬下降，从而将风险抵消，因而，这种风险称为可分散风险。b.不可分散风险。不可分散风险又称系统性风险或市场风险，指的是由于某些因素，给市场上所有的证券都带来经济损失的可能性。如宏观经济状况的变化、国家税法的变化、国家财政政策和货币政策变化、世界能源状况的改变都会使股票报酬发生变动。这些风险影响到所有的证券，它不能通过证券组合分散掉，因此，对投资者来说，这种风险是无法消除的，故称不可分散风险。在西方国家中，对于这种风险大小的程度，通常是通过"贝塔"系数来衡量。

②证券组合的风险报酬。投资者进行证券组合投资与进行单项投资一样，都要求对承担的风险进行补偿，股票的风险越大，要求的报酬率越高。但是，与单项投资不同，证券组合投资要求补偿的风险是不可分散风险，而不要求对可分散风险进行补偿。如果可分散风险的补偿存在，善于科学地进行投资组合的投资者将购买这部分股票，并抬高其价格，其最后的期望报酬是投资者因承担不可分散风险而要求的，超过时间价值的那部分额外报酬。

③风险和报酬的关系。在金融学和财务管理学中，有许多模型论述风险和报酬的关系，其中一个最重要的模型为资本资产订价模型(简写为 CAPM)。这一模型为：

$K_i=K_{RF}+P_i\ (K_m-K_{Rf})$

式中：K_i 表示第 i 种股票或 i 种证券组合的期望报酬率或必要报酬率；

K_{RF} 表示无风险报酬率；

K_m 表示所有股票的平均报酬率。

资本资产定价模型充分体现了投资者必要报酬率与风险的函数关系。从这个函数关系式中可以看出，投资者必要报酬率的高低取决于三个因素：一是无风险报酬率(K_{RF})。它通常是由无通货膨胀的报酬率(或真实报酬率，这是真正的时间价值部分)和通货膨胀贴水(它等于预期的通风货膨胀率)两部分组成；二是市场风险补偿率(K_m-K_{RF})；三是 β 系数。

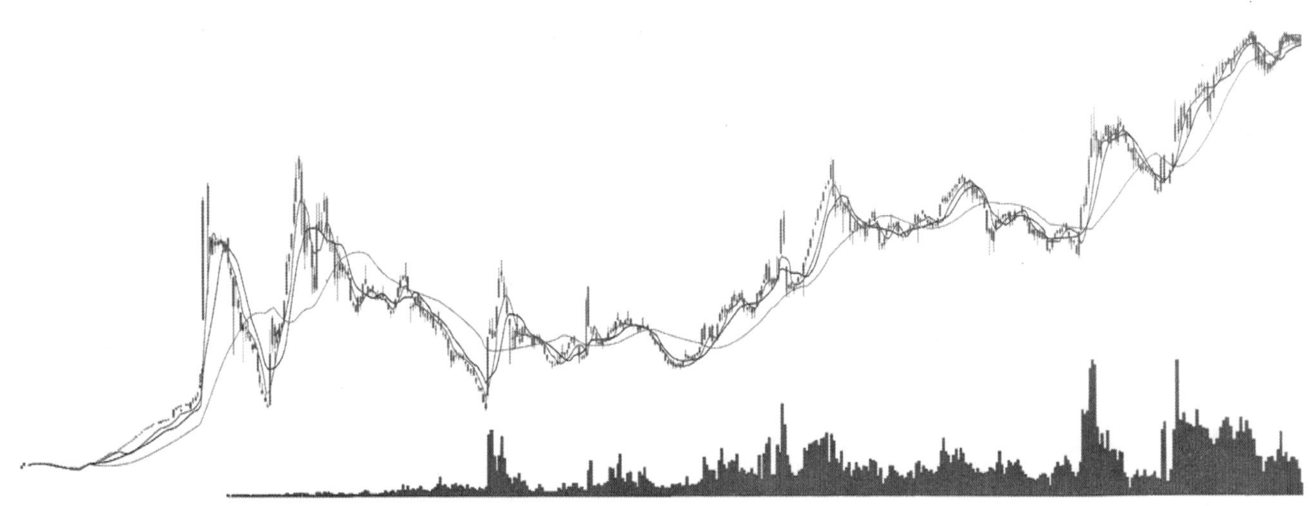

一、上市公司的筹资理财

资金是上市公司经营活动得以持续进行的坚实物质基础，也是上市公司对外开展投资活动和调整资本结构的基本保障。上市公司筹集资金，是指上市公司根据其生产经营、对外投资和调整资本结构的需要，通过筹资渠道和资金市场，运用筹资方式，经济有效地筹措和集中资金。筹资是上市公司理财的重要内容，任何一个上市公司如果不能保证有源源不断的资金来源，不能保证不断以低成本取得资本供给，它就不可能取得迅速发展，甚至其生存也可能受到威胁。所以，筹资是上市公司理财活动的起点，是决定其生存和发展的前提条件。

1.上市公司筹资的动机

维护自身生存和谋求长远发展，是上市公司筹资的根本目的。通常情况下，上市公司筹资活动受特定动机的驱使。例如：为重置设备、引进技术、进行产品技术开发而筹资；为对外投资、兼并而筹资；为偿付债务和调整资本结构而筹资等。在实践中，这些动机有时是单一的，有时是交叉在一起的。归纳起来有三类：扩张动机、偿债动机和混合动机。

(1)扩张筹资动机。扩张筹资是指上市公司为扩大生产经营规模或追求对外投资需要而进行的筹资。一般情况下，具有良好发展前景、有较大发展潜力的成长型上市公司会产生这种筹资动机。

(2)偿债筹资动机。偿债筹资动机是指上市公司为了偿还某些债务而进行的筹资。偿债筹资又分有两种情况：一是调整性偿债筹资，即上市公司虽有足够的能力支付到期债务，但为了调整原有的资本结构，使资本结构更合理而举债；二是恶性化偿债筹资，即上市公司的财务状况恶性化，现有的支付能力已不足以偿付到期债务，而被迫举债还帐。

(3)混合筹资动机。上市公司因同时需要长期资金和现金而形成的筹资动机，即为混合筹资动机。通过混合筹资，上市公司既扩大资产规模，又偿还部分债务，即在此种筹资中混合了两种动机。

2.上市公司筹资的原则

上市公司筹资的基本原则，是要综合分析与评价影响筹资的各种因素，讲求筹资的综合经济效益。具体如下：

第一，确定合理资金需求量，努力提高筹资的效果。确定资金需求量是任何一项筹资活动必须进行的前期工作，同时，资金需求量必须有一个合理的界限，不能盲目筹资，否则将导致资金的需求量与筹集量失衡，从而很可能因筹资过剩或筹资不足给生产经营带来损失，造成经济效益低下。

第二，周密研究投资方向，大力提高投资效益。筹资的目的是为了投资，因而投资是决定筹资与否，筹资多少的重要因素之一。投资收益与资金成本相权衡决定着是否要筹资，而投资数量则决定着筹资的数量。因此，必须确定有利的资金投向，借以促进筹资效益的最大化。

第三，综合考察筹资渠道和方式，求得最优筹资组合。上市公司筹集资金可以采用多种渠道和方式。不同筹资渠道和方式的筹资难易程度、资金或成本的财务风险各不一样，因此，在筹资的过程中必须综合考虑，在准确掌握各种资金来源的基础上，以最优的筹资组合降低综合的资金成本。

第四，适时取得资金来源，保证资金的投放需要。在上市公司的经济活动中，不同时期对资金的需求与否也不同，因而，筹措资金要按照资金的投入使用时间来合理安排，使筹资与用资在时间上相衔接，避免取得资金过早而造成投放前的闲置或取得资金滞后而错过投资的有利时机。

第五，合理安排资本结构，保持适当的偿债能力。上市公司的资本结构一般是由自有资本和借入资本构成的。负债的多少应和自有资本与偿债能力的要求相适应，既要防止负债过多，导致财务风险过大，偿债能力过低，又要有效利用负债经营，提高自有资本收益水平。

第六，遵守国家有关法规，维护各方面合法权益。上市公司的筹资活动，影响着社会上资金的流向和流量，涉及到有关方面的经济权益，为此，必须实行公开、公平、公正的原则，遵守国家有关法律法规，接受国家的宏观调控措施，履行约定的责任，维护有关各方的合法权益。

3.上市公司筹资的渠道与方式

上市公司筹集资金需要一定的渠道和一定的方式，才能更好地实现筹资的目的。

(1)筹资渠道。筹资渠道是指筹措资金的来源的方向与通道，体现着资金的来源和流量总体而言，上市公司筹集资金的渠道有以下五种：①银行信贷资金；②非银行金融机构资金；③民间资金；④上市公司自留资金；⑤外商资金。

(2)筹资方式。筹资方式是指筹措资金所采取的具体形式，体现着资金的属性。认识筹资方式的种类及每种筹资方式的属性，有利于上市公司选择适宜的投资方式和进行筹资组合。上市公司筹集资金的方式一般有下列七种：①吸引直接投资；②发行股票；③银行借款；④商业信用；⑤发行债券；⑥发行股票；⑦租赁筹资。

上市公司的筹资方式与筹资渠道有着密切的关系。一定的筹资方式只能适用于某一特定的筹资渠道，但是同一渠道的资金往往可以采取不同的方式取得，而同一筹资方式又往往通用于不同的渠道。因此，筹集资金时，必须实现两者的合理搭配。

4.上市公司筹资的类型

上市公司筹资因具体的目的、期限、来源、方式的不同,可分为不同的类型。通常被分为权益资金筹集与债务资金筹集、长期筹资与短期筹资、外部筹资与内部筹资、直接筹资与间接筹资等类型。

(1)权益资金筹集与债务资金筹集。上市公司的资金来源,按资金权益性的不同可分为自有资金和债务资金筹集。合理安排自有资金与借入资金的比例关系,是筹资管理的一个核心问题。

①权益资金筹集。权益资金亦称自有资本,是上市公司依法筹集并长期拥有,自主运用的资金来源。根据我国财务制度,上市公司权益资金包括资本金、资本公积金、盈余公积金和未分配利润。按照国际惯例,一般包括实收资本(或股本)和留存收益两部分。自有资金有下列属性:a.权益资金的所有权归属上市公司的所有者,所有者凭其所有权参与上市公司的经营管理和利润分配,并对上市公司的经营状况承担有限责任;b.上市公司对权益资金依法享有经营权,在上市公司存续期内,投资者除依法转让外,不得以任何方式抽回其投入的资金,因而自有资金被视为“永久性资本”;c.上市公司的资金是通过国家财政资金、其他企业资金、民间资金、外商资金等渠道,采用吸收直接投资、发行股票、留用利润等方式筹措形成的。

②债务资金筹集。上市公司的债务资金,亦称借入资金或债务资本,是依法筹措并依法使用、按期偿还的资金来源。借入资金包括各种借款、应付债券、应付票据等。债务资金具有下列属性:a.债务资金体现上市公司与债权人的债权债务关系,它属于上市公司的债务,是债权人的债权;b.上市公司的债权人按期索取本息,但无权参与上市公司的经营管理,对上市公司的经营状况不承担责任;c. 上市公司对债务资金在约定的期限内享有使用权,承担按期付息还本的义务;d.上市公司的债务资金是通过银行、非银行金融机构、民间等渠道,采用银行借款、发行债券、发行融资券、商业信用、财务租赁等方式筹措获得的。债务资金有的可按规定转化为自有资金,即将公司债券转换为股票。

(2)长期筹资与短期筹资。上市公司的资金来源,可以按期限的不同区分为长期资金和短期资金,两者构成上市公司全部资金期限结构。合理安排上市公司资金的期限结构,有利于上市公司资金的最佳筹资组合。

①长期资金,需用期限在1年以上的资金称为长期资金,上市公司要长期、持续、稳定地进行生产经营活动,就需要一定数量的长期资金。广义的长期资金还可分为中期和长期资金。一般划分标准是:需用期在1年以上到5年以内的资金为中期,5年以上的资金为长期资金。上市公司需要长期资金主要是由于需要购建固定资产、取得无形资产、开展长期投资、垫支于长期性流动资产等。长期资金通常采用吸引趋势投资、发行股票长期借款、融资租赁等方式来筹措。

②短期资金。需用期限在一年以内的资金称为短期资金。上市公司由于生产经营过程中资金周转的暂时短缺,往往需要一些短期资金。上市公司的短期资金,一般是通过短期借款、商业信用、发行融资券等方式来融通。

长期资金和短期资金并不是完全对立的,它们有时亦可相互融通。比如,用短期资金来源暂时解决长期资金需要,或者用长期资金来源临时解决短期资金的不足。

(3)内部筹资与外部筹资。上市公司的资金来源可以分别通过内部筹资和外部筹资来形成。上市公司应该在充分利用内部资金来源之后,再考虑外部筹资问题。

①内部筹资。它是指在上市公司内部通过计提折旧而形成现金来源和通过留用利润等而增加资金来源。其中,计提折旧并不增加资金规模,只是资金的形态转化,为上市公司增加来源,数量的多寡由折旧资产规模和折旧政策所决定;留用利润则增加资金总量,其数量由上市公司可分配利润和利润分配政策(或股利政策)决定。

②外部筹资。它是指在上市公司内部筹资不能满足需要时,向上市公司外部筹集形成资金来源。

内部筹资是在上市公司内部“自然地”形成的,因此被称为“自动化的资金来源”,它一般无需花筹资费用。外部资金需花筹资费用,如发行股票、债券需支付发行成本,取得借款需支付的一定手续费等。

(4)直接筹资与间接筹资。上市公司的筹资活动按其是否以金融机构为媒介,可分为直接筹资和间接筹资。

①直接筹资。直接筹资是指上市公司不经过银行等金融机构,用直接与资金供应者协商借贷或发行股票债券等办法筹集资金。在直接筹资过程中,资金双方借助于融资手段直接实现资金的转换,而无需银行等金融机构作为媒介。

②间接筹资。间接筹资是指上市公司通过银行等金融机构而进行的筹资的活动,它是传统的筹资形式。在间接筹资形式下,银行等金融机构发挥中介作用,它预先聚集资金,然后提供给筹资上市公司,间接筹资的基本方式是银行借款,此外还有非银行金融机构借款、融资租赁等具体形式。

直接筹资与间接筹资相比,两者有明显的差别,主要表现为以下几方面:第一,筹资机制不同。直接筹资依赖于资金市场机制,以证券作为载体;而间接筹资则既可运用市场,也可运用计划或行政机制。第二,筹资范围不同。直接筹资具有广阔的领域,可利用的筹资渠道和方式较多;而间接筹资的范围相对比较狭窄,筹资渠道和方式比较单一。第三,筹资效率和费用不同。直接筹资的手续较为复杂,所需文件较多,准备时间较长,故筹资效率较低,筹资费用较高;而间接筹资手续比较简便,过程比较简单,比如银行借款只需通过申请、签订贷款合同和办理借据即可,故筹资效率较高,筹资费用较低。第四,筹资意义不同。直接筹资能使上市公司最大限度地利用社会资金,提高企业的知名度与资信度,改善上市公司的资本结构;而间接筹资则主要是满足上市公司资金周转的需要。

5.跨国公司国际筹资

跨国公司进行生产经营活动,需要有一定数量的资金,为了适应国际竞争和在国外开展业务的需要,还须从国际资本市场筹集资金。国际筹资的方式主要有国际银团贷款、国际股票、国际债券、出口信贷、国际租赁以及国际补偿贸易等。

(1)国际银团贷款。国际银团贷款又称辛迪加贷款,是由多家国际银行联合安排向借款人提供数额较大的一种中长期信贷。它是国际金融市场最有影响的筹资方式之一。

①国际银团贷款程序。跨国公司利用国际银团贷款筹集资金一般要经历以下程序:

a.信贷市场调查;

b.公布意向与招标;

c.确定总经理行;

d.发出委托书;

e.提供信息备忘录;

f.认缴贷款额;

g.签订贷款协议;

h.银团的分工和贷款的执行。

通常整个银团贷款过程需花费2周到3个月不等。具体视借款人、交易的复杂程度、市场行情、总经理行的竞争程度及贷款的规模等因素而定。

②国际银团贷款的期限和结构。银团贷款通常为一种中长期贷款,贷款期限一般为5年至10年,也有超过10年的。贷款期限的长短一方面要看借款人筹资需要;另一方面则取决于银行对借款人偿还贷款的能力和信誉的评估。银团贷款的结构是指提款和还款的时间安排。主要有三种形式:一是定期贷款。借款人在贷款协议生效后的约定期限内提取贷款,并按贷款协议规定的偿还日期偿还贷款;二是循环贷款。贷款银行承诺在一定时间内向借款人提供贷款额度,借款人可在指定的期间内按此额度提款、还款和再提款。如果额度未用完,借款人需支付利息损失;三是混合贷款。在一个商定的承诺期内,贷款银行要向借款人提供循环贷款,待承诺期满时,已提取的贷款转为定期贷款,而未提款的额度则予以注销。

③国际银团贷款的费用。利用国际银团贷款,跨国公司需支付给银团成员的费用包括以下几项:

a.利息。国际银团贷款的利率包含基本利率和加息率。确定基本利率的根据是银团成员事先选定的数家参考行,在确定日期前两天的同行拆放利率报价的平均值;加息率是按照借款人的信用等级确定的。

b.管理费。它一般是对经理集团安排和承销贷款权以及为此可能承担的风险的补偿。管理费通常按贷款总额的一个固定比率(如1%)于签订贷款协议或提款时支付。

c.承诺费。当采取循环贷款或混合贷款形式时,由于银行必须按时准备好资金以备借款人提取,所以借款人为此需按贷款的固定比率支付承诺费。

d.代理费。它是支付给代理银行的费用,借款通常按年度支付一笔固定数额的代理费。。

e.杂费。它是支付给总经理行组织银团安排贷款时的费用,杂费由总经理行向借款人报销。

利用银团贷款能够得到比从一家银行借款更多的贷款数额,同时也比从多个来源筹款效率更高、成本更低。对大型跨国公司来说,银团贷款格外重要,因为它对资金的需求量往往是一家银行所无法独立承担的。

(2)国际股票筹资。国际股票是指在国际股票市场发行的专供境外投资者购买的股票,它包括境外上市的外资股和境内上市的外资股两种类型。对于任何一家准备到国际股票市场筹资的跨国股份公司来说,最主要的是要了解各国股票市场体制的差别。一方面,象欧洲债券市场一样,巨额、高度多元化和流动性的国际投资资金加上不受管制使得国际股票市场日益国际化;另一方面,由于国际股票市场是由分散在各国的对外国发行人开行的交易所汇集而成的,国际股票市场内部体制上势必存在着交易管理、上市要求、交易成本及其他方面的较大差别。

①交易成本。交易成本在各个股票市场的差别很大。美、加、澳、英的股票交易佣金是协商的。因此,在上述国家较大的交易额通常可以比固定比例佣金制节省交易成本。此外,有些国家对股票交易征收印花税。在这方面,美、加是主要股权市场中不收印花税的国家。

②挂牌条件。美国证券交易委员会控制外国机构和公司进入美国证券市场,在所要求的信息披露程序、潜在的合法负债以及强制性的会计准则等方面体现出来的成本非常高。此外,在美国的股票交易所上市还要支付一笔可观的挂牌费。在伦敦,外国公司的挂牌条件相当宽松,披露要求、会计成本和费用与美国相比较适中。东京股票市场也放宽了外国公司的挂牌条件,不过成本和付费仍比较高。

③专家使用。美、日、德、法、加、荷等国要求雇用官方专家,它们认为官方专家的在场可以增强交易的数量和连续性从而增强市场的流动性,但英、澳等国则不须使用官方专家。

④其他方面。各个交易所之间的细微的体制差别相当多,筹资之前应仔细分析,例如,德国的股票交易只允许银行提供经纪服务,结果银行拥有进入交易所的垄断权,新股和原有股的买卖都要通过德国银行处理。相反,直到几年前法国仍不准银行和外国投资者收购股票交易公司。

(3)国际债券筹资。国际债券的种类繁多,按发行方式分为公幕债券和欧洲债券;按可转换性分为直接债券和可转换债券;按利率确定方式分为固定利率债券、浮动利率债券、零息票债券和限度下浮债券;按发行货币分为单一货币债券、双重货币债券和货币选择债券等。国际债券的发行条件主要包括以下几个方面:

其一,发行金额。发行金额的大小除需考虑发行人的需要以外,还受市场行情、发行人资信、发行成本等因素的影响。

其二,发行价格。国际债券发行价格的确定与利率水平有关。国际债券发行价格可分为三种:①按票面价格发行;②按低于票面价格发行;③按高于票面价格发行。通过发行价格的调整,可以平衡票面利率和认购收益率之间的差别。

其三,偿还期限。债务偿还期限一般是与发行人用款或投资计划、外债期限结构和偿还安排相适应的。同时还要结合国际惯例、市场资金供求以及投资者意向等统筹考虑。目前国际债券市场上固定利率债券和浮动利率债券的期限一般为5-8年,可转换债券为10-15年。

其四,偿还方式。债券偿还的基本方式有期满偿还和期中偿还两类。采取期满偿还方式需规定偿还本金的最后日期。期中偿还是指宽限期之后,最后偿还期之前的偿还。期中偿还又分为定期偿还、任意偿还和买入注销三种。

其五,票面利率与付息。债券利率的高低与债券发行人的资信等级密切相关。欧洲债券每年支付一次利息,美国和日本的外国债券则半年支付一次利息。

其六,资信评级。国际债券的评级是由专门的评级机构对债券发行人的偿还能力进行评价,并公开发布债券发行人的信用等级。国际债券发行人的信用等级是债券投资者投资的重要参考依据,对债券的发行条件及销售有重大影响。目前,信用等级按信用高低通常分十等分别为:AAA、AA、A、BBB、BB、B、CCC、CC、C、D,其中以AAA级为最高。资信等级高的债券不仅可以获得较低利率的优惠,而且有利于金额较大、期限较长的债券发行。

一般而言,跨国公司在进入国际债券市场筹资之前,除了要根据投资项目的未来现金流量测算所需借款数额及考虑借款期限和在各类不同的国际债券之间作出选择之外,还须就面值货币、发行方式、发行时机和发行费用等作出认真的选择与权衡。

二、上市公司投资理财

1.上市公司投资原则

公司的投资活动是一项复杂的、多层的经济活动,为了能够协调、正确地统筹投资理财活动,并保证投资项目目标的实现,公司在进行投资时,必须坚持以下原则:

第一,坚持投资项目的可行性分析。当一个公司决定对某些项目进行投资时,必须坚持对这些投资项目的可行性分析。对投资项目的可行性分析是决定投资成败的第一步,为此,公司必须组织有关理财人员认真对投资项目进行可行性分析,以便确定不同项目的优劣程度,并正确处理企业投资需要与可能的关系。

第二,投资组合与筹资组合相适应。投资与筹资虽然是公司理财两个不同的主要环节,但二者存在着相互制约、密切相关的内在联系。一般而言,是先有筹资后才有投资,其实两者关系并不一定是截然可分的先后关系,实际上,公司可以先确定投资,再确定筹资。为了保证资金高效运作,公司在开展筹资工作之前,就需要进行投资决策,确定投资方案及所需要的投资额。公司在进行投资可行性分析时,就需对筹资方式和筹资数额一并考虑。公司在筹集资金时,应该考虑通过不同的筹资渠道和筹资方式取得的资金,在其风险、成本、使用时间及使用方向各方面实现最佳组合,以达到投资与筹资相适应。

第三,投资收益与投资风险均衡。在社会主义市场经济条件下,公司的投资都会面临一定的风险。一般而言,公司取得的投资收益越多,所承担的风险也就越大。而风险的增加将会引起公司价值的下降,不利于公司理财目标的实现。因此,对于一般公司而言,在进行投资时,应尽可能避免或降低风险,使投资收益与投资风险相协调。

2.上市公司投资种类

投资分类的目的,主要在于分清投资性质,以加强投资理财管理,提高投资效益。公司投资大致可作如下分类:

①根据投资的方向,可分为对内投资和对外投资。对内投资是指把资金投放到公司自身的生产经营过程,形成公司的固定资产、流动资产、无形资产等的投资。对外投资是指公司以现金、实物、无形资产或者购买股票、债券等有价证券方式向其他单位的投资。对内投资都是直接投资,对外投资主要是间接投资,但也可以是直接投资。

②根据投资与生产经营的关系,可分为直接投资和间接投资。直接投资是指把资金投放到本公司或本公司外单位的生产、经营性资产以取得收益的投资。间接投资也称证券投资,是指把资金投放到有价证券等金融资产,以取得股利或利息收入的投资。

③根据所投资金占用时间的长短,可分为短期投资和长期投资。短期投资的回收期较短,一般不超过一年或一个营业周期。如对外的有价证券投资,以及对内的流动资产投资等。长期投资回收期较长,一般在一年以上。如对内的固定资产投资、无形资产投资,对外的长期证券投资以及超过一年以上的其他投资等。公司投资种类的划分如下图示。

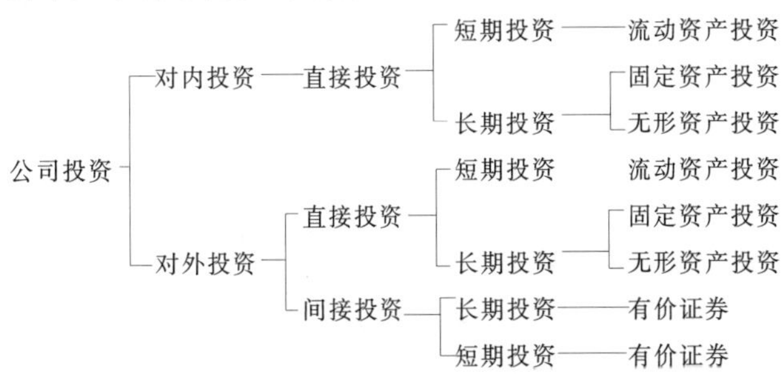

下面就流动资产投资、固定资产投资及无形资产投资作详细介绍。

(1)流动资产投资。流动资产是企业在生产经营过程中短期置存的资产,是企业资产的重要组成部分。流动资产是相对固定资产而言的,是指一年内或超过一年的一个营业周期内变现或者耗用的资产。它包括:货币资金、短期投资、应收帐款、存货等。

①货币资金管理。货币资金是指公司生产经营活动中停留在货币形态的那一部分资金,包括现金和各种存款,加强货币资金管理就是要求有效地保证公司随时有资金可以利用,并从闲置的资金中得到最大的利息收入。

第一,货币资金管理的要求。公司在加强货币资金管理时要求做到以下两点:

首先,严格遵守现金管理的有关规定。按照现行制度,国家有关部门对公司使用现金制定了相关管理规定。这些规定有:

a.现金使用范围。现金的使用只能是用于支付职工工资、各种工资性津贴;个人劳动报酬,包括稿费和讲课费用及其他专门工作报酬;支付给个人的各种奖金,包括根据国家规定颁发给个人的各种科学技术、文化艺术、体育等各种奖金;各种劳保、福利费用,以及国家规定的对个人的其他现金支出;向个人收购农副产品和其他物资支付的价款;出差人员必须随身携带的差旅费;结算起点(1,000元)以下的零星支出;中国人民银行确定需要支付现金的其他支出。

b.库存现金限额。这里的现金,也指人民币现钞。公司库存现钞,由其开户银行根据公司的实际需要核定限额,一般以3天至5天的零星开支额为限。一个独立核算的单位,原则上只核定一个现金库存限额,公司在当地的附属机构和内部各部门必须设置备用金,但应包括在公司限额之内。

c.不得坐支现金。即公司不得从本单位的人民币现钞收入中直接支付交易款。现钞收入应于当日终了时送存开户银行。

d.其他规定。即不准单位之间相互借用现金;不准谎报用途套取现金;不准利用银行帐户代其他单位和个人存入或支取现金;不准将单位收入的现金以个人名义存入银行;不准保留帐外公款;禁止发行变相货币;不准以任何票券代替人民币在市场上流通;不准签发空头支票和远期支票等。

其次,完善公司货币资金收支的内部管理。公司货币资金收支,首要的就是应保证不出差错,财产安全完整。这需要完善货币资金收支的内部管理。主要内容有:

a.建立企业货币资金收支业务处理的会计程序,明确责任分工。这样,除非合伙作弊,任何错误都会自动暴露出来;

b.将掌握货币资金与记录货币资金的工作分开。掌握货币资金的人不能记帐,而记录货币资金事项的人不能掌握货币资金;

c.将有关支付货币资金的业务与有关收入货币资金的业务分开;

d.必须按实际收入数和支出数记帐,将所有现金收入当日送存银行,不准坐支现金;

e.日清月结,现金的帐存数必须与实存数相符,银行存款的帐面余额应与银行对帐单定期核对,经调后核对相符。

一般来讲,货币资金管理方法与策略主要有以下两种:

一是货币资金预算的编制。货币资金预算是公司理财的一个极为重要的工具,它不仅有利于加强货币资金管理,而且有利于对整个财务活动进行有效的组织。货币资金预算是对公司在整个预算期货币资金收入和支出的估计,也是对公司预算期的货币资金收支和支出的估计,也是对公司预算期的货币资金收支结果的预算。公司理财人员根据预算可以预计公司何时需要补充资金来源,何时可能产生剩余的资金,可以从容地去筹措短期资金来源和安排投资机会,并可以按周或按日编制预算。编制货币资金预算的主要依据是公司生产经营的全面预算,它包括:销售预算、生产预算、成本费用预算等等。完整的货币资金预算应包括货币资金收入、货币资金支出、货币资金余缺以及货币资金筹集部分。因此,公司在编制预算时首先要分析未来一定时期的货币资金流入量和流出量。众所周知,货币资金流入量来源于销售收入、投资收益以及其他货币资金收入。其中销售收入是最主要的部分,其金额可以直接从销售预算中得到;投资收益的货币资金收入时间比较固定,数量也容易确定;其他货币资金收入可根据公司以往的资料并考虑预算期的情况分析确定。预算货币资金流入量加期初货币资金余额,构成预算期可动用货币资金数量。而货币资金流出量主要包括购货支出、营业费用支出、利息支出、上缴所得税、利润分配以及其他货币资金支出。其中购货支出可从材料预算中得到;营业费用支出如工资费用、制造费用、销售费用、管理费用等可从费用预算中得到;利息支出所需的资金可从偿债计划中得到;所得税付出以及利润分配支出可根据公司的盈利计划预先估计,支付的时间也比较固定;其他货币资金支出可根据公司以往的资料并考虑预算期的情况分析确定。

通过以上分析即可确定出预算期内货币资金的余缺,从而为预算期内的投资和筹资活动提供分析资料。

二是最佳货币资金持有量的确定。为保证公司日常经营以及临时性意外事件对货币资金的需要,公司必须经常保持一定数量的货币资金。公司持有的货币资金过多,会降低公司的资产报酬率。但货币资金持有量过少,又可能丧失支付能力,增加公司的财务风险,因此,公司必须在收益和风险的权衡下,确定最佳的货币资金持有量。在证券市场比较成熟的条件下,公司可以将货币资金管理与短期有价证券的管理结合起来。当货币资金富余时,就进行有价证券投资,以获得高于银行存款利率的报酬;当货币资金不足时,就出售有价证券,以换取货币资金。所以,公司最佳货币资金持有量取决于公司对货币资金的需求量、有价证券利息率以及货币资金与有价证券之间的转换成本。下面介绍两种确定最佳货币资金持有量的模式。

a.存货模式。这是一种根据存货管理中经济批量模式的原理来确定最佳货币资金持有量的方法。该方法假定公司未来一定时期的货币资金需求总量可以预测,货币资金收入是每隔一段时间发生一次,而支出则是在一段时间内均匀地发生。设TC为持有资金的总成本;D为预测期需用的货币资金总量;Q为每次转换的货币资金最佳数量;F为每次转换交易的固定成本;C为每元货币资金交易的变动成本,R为保持每元货币资金的机会成本;则:$TC=(F\times\frac{D}{Q}+V\times D)+\frac{Q}{2}\times R$

持有成本与货币资金持有量成正比,公司持有货币愈多,持有货币的机会成本就愈高;持有货币资金愈多,需要把有价证券转换成资金的次数愈少,因而转换成本就愈低。两项成本相加即为货币资金持有总成本。当总成本最低时,即为最佳的货币资金持有量用Q表示,则最佳的货币资金持有量Q的计算公式如下:

$$Q=\sqrt{\frac{2FD}{R}}$$

存货模式假定货币资金支出是均匀的,货币资金需求总量是确定的。但实际工作中货币资金支出并非均匀、稳定,一定时期货币资金需求总量也难以准确预测,因此,存货模式的实用性并非很广。尽管如此,存货模式仍为探求货币资金管理的最低成本提供了基础,为判断货币资金余额是否合理提供了一个标准。

b.随机模式。随机模式是根据控制理论来确定公司同货币资金最佳持有量的方法。如果公司货币支出是随机的,货币资金需要量事先无法预知,公司就可以确定一个控制区域,当货币资金余额达到该区域上限时,即将货币资金转换成有价证券;而当货币资金余额下降到该区域下限时,即售出有价证券;如果货币资金余额处于两个极限之间,则不需要买卖有价证券。上下限的确定,与货币资金与有价证券的转换成本及持有货币资金的机会成本有关。控制理论在解决货币资金持有量问题上有许多模式,其中以米勒欧尔模式(Miler-Orr model)使用最广泛,这种模式规定:h为上限,零为下限,用F表示交换有价证券的固定资产资本;δ^2表示每日净货币资金流量的方差;R表示有价证券的利率。则最佳货币资金余额(Z)的计算公式为:$Z=3\sqrt{\frac{3F\delta^2}{4R}}$

随机模式是建立在货币资金支出完全不确定,是随机的基础上,实际工作中,公司货币资金支出一部分是可预知的,也有一部分是不可预知的,因此可根据以往的经验确定一个可控的弹性区间,并根据未来货币资金支出情况予以调整。但在实施调整时应注意到下面两种情况:当预测到近期内有额外的货币支出,即使实际货币余额达到上限,也可不急于购入有价证券;当预测到近期没有货币支出,即使货币余额降到控制下限,也可不急于卖出有价证券。

②短期投资管理。短期投资是指企业购入的各种能随时变现且持有时间不超过一年的有价证券以及不超过一年的其他投资,包括各种股票、债券等。目前,我国证券市场上流通的有价证券主要有以下几种:a.股票。在证券交易所中流通的股票是公司进行短期投资对象之一,但由于股票投资风险较高,故往往不适合作为公司的主要投资对象;b.债券。我国目前发行的金融债券和公司债券中,有些可以在证券交易所流通和转让。由于债券风险小,利率比银行存款利率高,因此是公司进行短期投资的合适对象;c.国库券。国库券是由国家财政部直接发行的有价证券,属于无风险债券。目前,我国国库券市场已开放,允许转让。因此,国库券是公司进行短期投资的较佳选择。

公司进行短期投资的目的是投资有价证券能迅速地转换成货币资金并能获得一定的收益。一般来说,短期投资应考虑以下因素:

第一,违约风险。借款者无力偿还利息和本金的风险。

第二,购买力风险。购买力风险是由于通货膨胀使一定数量的货币购买能力降低的风险。在通货膨胀期内,这种风险对公司或个人投资者都是很重要的。通常在此期内,收益率可望增加的资产比收益率固定的资产风险小,所以人们认为房地产和普通股票比收益固定的政府债券和长期债券保值效果更好。

第三,利率风险。债券的价格是随着利率的变化而变化的,特别是长期债券的价格对利率变化的敏感程度比短期债券更大,它的利率风险也更大。

第四,可流通性风险。资产能在很短的时间内以接近市场的价格出售就被称为具有较高的流动性。如果某公司购买一个不太有名公司的债券200万元,在短期内卖出的价格可能低于其价值,但如果购买200万元国库券或政府发行的债券时,就能以接近市场的价格很快脱手。后者的流动性风险就小。虽然国库券的流动性很大,但如果它们到期的期限还很长,这时利率上升,其价值也会降低。

第五,投资的收益。投资的风险越大,它的预期和要求的收益就越高,公司的理财人员像其他投资者一样,在选择各种有价证券的投资时要权衡其风险和收益。

第六,短期投资的期限。这是指投资有价证券的时间长短。除股票外,其余有价证券均有确定的期限。期限长短通常与报酬率密切相关,一般来说,期限越长,风险越大,报酬也越高。但如果有价证券的转让受到限制,则不宜投资于期限太长的有价证券。

(2)固定资产投资。固定资产是指使用年限在一年以上,单位价值在规定标准以上,并在使用过程中保持原来物质形态的那部分资产。固定资产投资是指将货币资金、实物资金等投资放在固定资产上,以增加公司固定资产净额或保持公司固定资产正常运转的行为或事项。公司为了进行正常的生产经营活动,不仅应进行流动资产的投资,同时还要对固定资产进行投资。

对固定资产投资进行恰当的分类,是进行固定资产投资决策的前提条件,也是避免重复投资及财力分散的有效手段。

①按各固定资产投资项目之间的关系可分为:a.先决投资。这是只有其决策实施后,才能使其后续或同时的其他一个或多个投资项目实现投资收益的投资。先决投资是其他与之相依的投资项目的前提,必须首先周密抉择;b.互不相容投资。这是指在一系列的投资方案中,因选用其中一个,而其他投资的收益将因此而丧失殆尽的投资;c.重置投资。是指能够用更多地或更有效地生产同一产品或发挥同样作用的资产,取代现有的资产投资。一般而言,重置投资,同时也属于独立投资或互不相容投资;d. 独立投资。就是投资成本与投资收益不会因为其他方案的采纳与实施与否而受到影响的固定资产投资。

②按固定资产投资的范围可分为:a.对外固定资产投资,即对本公司以外的其他单位的固定资产投资;b. 对内固定资产投资,即对公司本身的固定资产投资。固定资产投资具有以下几种特征:

第一,投资金额大、回收期长。固定资产是公司进行生产经营活动的重要物质技术基础,并且,公司的固定资产单位价值较大,使用期限较长,所以其投资额一般都较大,一旦实施投资决策,便会在较长时间内影响公司。固定资产对公司今后长期的经济效益,及对公司的整个命运都有着决定性的影响,这就要求公司在进行固定资产投资决策及其实施过程中,要注意投资的回收期。

第二,使用效益的逐年递减性。固定资产使用效益的逐年递减性,不仅取决于固定资产的有形损耗,更取决于日益加重的固定资产的无形损耗。

第三,投资的一次性和收回的分次性。公司为了获取投资收益,在进行固定资产投资时,必须一次性垫支相当数额的资金,而这种垫支的收回则是在该固定资产未来的使用期限内分期逐次实现的。因此,在进行固定资产投资决策时,必须充分考虑和评价投资项目的必要性和可行性。

第四,资金占有数量相对稳定性。固定资产投资一经实现,在资金占用数量上便保持相对稳定,而不像流动资产那样经常波动。

第五,较差的变现性与流动性。固定资产投资的实物形态主要是厂房、机器、设备、器具等固定资产,这些资产不易改变用途,也难于出售,因此,其变现能力及流动性在公司资产中是最差的,公司在进行固定资产投资决策时,应充分考虑这一特点要求。

对固定资产投资的管理应注重以下三方面:

一是固定资产投资程序。一般来说,公司的固定资产投资过程中包括以下几点:a.投资项目提出。公司的各方面人员都可以提出新的投资项目,一般来说,公司最高管理者提出的投资,大多数是大规模的战略性投资,其方案一般由生产、销售、理财等有关方面的专家组成的专门小组写出。中层或基层人员提出的,主要是战术性投资项目,其方案由主管部门组织人员写出。对投资项目提出阶段的管理,应集思广益,发挥集体的智慧,鼓励和支持各级人员提出投资项目,在各种投资环境许可的范围内寻找投资机会。因此,在这一阶段不怕方案多,只怕没有方案,在众多的方案中,才有进行选择的余地。b.投资项目的决策。投资项目的决策是一项极为严肃而且有深远意义的理财活动,决策的正确与否,将会关系公司的兴衰存亡,因此,公司投资项目的决策管理是整个投资管理中的一个相当重要的内容。具体包括:投资项目的评价和投资项目的决策。在整个投资决策过程中,理财部门起着重要的作用,从投资项目的评价至投资的最后决策,都离不开理财人员的参与。因此,部门一定要认真搜集整理各种投资资料,运用科学的决策评价方法,对提出的各项投资从理财的角度提出决策依据,充分发挥其综合管理作用。c.投资项目执行。当投资项目通过最后决策,该项目则进入实质性的实施阶段。为此,理财部门要积极根据决策的要求筹措所需资金。在投资项目的执行过程中,同样要根据决策的要求,对工程进度、质量、成本进行控制,以保证投资按预算规定保质如期完成。

二是建立健全固定资产归口分级管理责任制,实行制度管理。固定资产实行归口分级管理的一般做法是:公司的生产设备归生产部门管理;动力设备由动力部门管理;运输工具归口运输部门;房屋、家具用具归口总务部门;各种科研开发设备归口技术部门。各归口管理部门要对所分管的固定资产负责,保证固定资产的安全完整。公司内部各车间、班组和有关科室是使用固定资产的具体单位,因此,在归口分级管理的基础上,还要层层对口,分级负责,将固定资产分别落实到各级使用单位,由其负责管理。在其管理中,严格执行财产管理制度,保证固定资产完整和合理使用,提高固定资产的使用效率。同时,根据谁使用谁负责管理的原则,进一步落实到基层和个人,与岗位责任制结合起来,便可做到层层负责任,物物有人管,人人有专责。

三是监督固定资产的使用情况,提高固定资产的投资效益。为了提高固定资产投资效益,理财部门必须经常监督由长期投资所形成的各项固定资产的使用情况。这一工作具体包括四个方面:a.合同有关部门,狠抓基层管理工作;b.深入现场守口把关;c.了解固定资产性能,讲究科学管理;d.坚持挖潜、革新、改造方针,监督固定资产的合理使用。

固定产投资涉及到固定资产的折旧、固定资产修理。固定资产折旧是指固定资产因损耗而转移到产品中去的那部分价值。搞好固定资产折旧管理,对保证固定资产顺利更新,充分发挥固定资产的使用效率,具有非常重要的意义。按现行财务制度规定,公司应计提折旧的固定资产包括:房屋和建筑物;在用的机器设备、仪器仪表、运输车辆、工具器具;季节性停用和修理的设备;以经营租赁方式租出的固定资产;以融资租赁方式租入的固定资产。一般说来,固定资产的折旧方法有:平均年限法、工作量法、双倍余额递减法和年数总和法。实际上,公司固定资产计提折旧一般采用平均年限法,而公司专业车队的客、货运汽车,大型设备,可以采用工作量法。在国民经济中具有重要地位,技术进步的电子生产公司、船舶公司、机械公司、飞机制造、汽车制造、化工生产公司和医药生产公司以及其他经财政部批准的特殊行业的公司,其机器设备则可以采用双倍余额递减法或者年数总和法计提折旧。公司为了保证固定资产的正常使用,必须经常对其进行维修与保养。公司发生的固定资产修理支出,计入有关费用。修理费用发生不均衡、数额较大的,可以采用预提或待摊的办法。采用预提办法时实际发生的修理支出冲减预提费用,实际支出大于预提费用的差额,计入有关费用,小于预提费用的差额冲减有关费用。而固定资产更新是指对固定资产的整体补偿。固定资产更新有两种形式:一种是对原固定资产以新换旧;另一种是在先进技术基础上的更新。科学地进行固定资产的更新,具有投资少、见效快、效益好等优点,因此,公司应该及时捕捉科学技术的发展信息,并结合自身的具体情况,全面规划,科学决策,有重点,有步骤地进行固定资产更新,提高公司生产经营能力,取得更大的经济效益。

对固定资产的经常性评价,是对固定资产投资效果的有效监督与考核。经常评价公司在一定时期内长期投资所形成的固定资产的增长、结构和效率的优良程度,对提高公司的各种财务能力以及经济效益均具有十分重要的意义。常用的评价指标有固定资产增长率、固定资产产值率、固定资产负债率和固定资产利润率。

(3)无形资产投资。无形资产是指企业长期使用而没有实物形态的那部分资产,不具有实物形态,但能够为企业提供某种特权或权利,与企业继续经营有关,并完全作用于企业的生产经营活动。无形资产的主要内容有以下几项:

①专利权。专利权是指国家专利机关授予发明人在一定的有效期限内对其发明创造的使用和转让的权利,专利权是允许其持有者独家使用或控制的特权。

②非专利技术。非专利技术是指运用先进的、未公开的、未申请专利、可以带来经济利益的技术及决窍。主要包括:工业专有技术、商业专有技术、管理专有技术等。

③商标权。商标是用来辨认特定的商品或劳务的标记。商标法规定:经过商标管理机构核准注册的商标为注册商标,商标注册人享有商标专用权,受法律保护。商标可以转让,但受让人应当保护使用该商标的产品质量,如果公司购入商标,花费较大时,可以将其资本化,作为无形资产管理。

④商誉。商誉一般是指公司凭借主客观因素创造出优越地位而获得超额权益的能力,这种获利能力形成一种无形价值,它能使公司获得高于一般利润水平的收益,其特点是:商誉与作为整体的公司有关,因而不能单独存在,也不能与公司的可辨认的各种资产分开来出售;对有助于形成商誉的个别因素,不能用任何方法或公式进行单独计价,它们的价值只有把公司作为一个整体来看待时才能按总额加以确定;在公司合并时可确认的商誉的未来利益,可能和建立商誉过程中所发生的成本没有关系。

⑤专营权。专营权是指政府或其他公司授予的经营某项业务的独占权。它包括两种:一种是由政府授权,如公共交通、电力、电讯、自来水等。另一种是一个公司根据合同授予另一个公司使用其商标、商号、专利权、非专利技术等的权利。

⑥土地使用权。土地使用权,是指土地经营者对依法取得的土地在一定期限内进行建筑、生产或其他活动的权利。其主要特征是:在土地使用权存续期内,其他任何人,包括土地的所有人,不得任意收回土地和非法干预使用人的经营活动;使用人在法定范围内有对土地实行占有、使用、收益和处分的权利;土地使用权是一种物权,即有物的请求权,如可能丧失占有时,有返还请求权;正常使用受到侵害时,有除去妨害的请求权;在发生被妨害的危险时,有防止请求权。

无形资产投资包括无形资产投资方向的选择和自创技术性无形资产的资金来源及其更新。

①无形资产投资方向的选择。无形资产投资方向就是公司将某一特定数额的资金投资在哪种无形资产的取得途径上。公司无形资产投资方向的选择是一个极其复杂的决策过程,它直接关系到公司的兴衰存亡。因此,公司在进行无形资产投资方向的决策时,应着重考虑下列因素:

其一,投资成本和效益因素。公司在选择无形资产投资方向时,总的原则是:无形资产的投资效益最大化,投资成本的最小化,且投资效益必须大于投资成本。就无形资产投资成本而言,因投资方向不同而异。一般来说,无形资产投资成本包括:用来进行无形资产投资的资金成本;获取的无形资产本身的代价。就无形资产投资收益而言,主要有以下两方面:

一是优质广销收益。其计算公式为:

$$\text{优质广销收益}=(\text{单位售价})\times\text{因运用无形资产而扩大的销贪售}-\text{因销量扩大而增加的固定费用}$$

二是优质优价收益。其计算公式为:

$$\text{优质优价收益}=(\text{运用无形资产后单价提高额})+\text{运用无形资产后单位变动成本降低额}\times\text{该产品实销售数量}$$

其二,未来收益的风险因素。无形资产投资后能给公司带来多少超额收益存在很大的不确定性,对于无形资产的这种未来收益的风险性,公司应做好更新无形资产的充分准备。

②自创技术性无形资产的资金来源及其更新。在我国,自创技术性无形资产的方式有两种:一是国家安排的,属国内首创的重大科研项目,一般由国家预算解决资金来源,予以实施;另一种由各公司安排的技术革新和新产品开发等项目,一般由公司自行解决其经费来源。公司在设计自创技术性无形资产更新的战略时,要特别考虑以下几个问题:

第一,市场竞争地位与作用。主要包括技术性无形资产所生产的产品在市场上的销售量增长趋势及市场分布状况,其他公司同类产品或替代产品的竞争态势等。一般来说,只有始终处于领导地位的技术性无形资产的未来效益才是安全的。

第二,生命周期。任何一项技术性无形资产都要经过"立项研制正式投产批量生产平稳生产收缩生产消亡"这样一个生命周期,值得强调的是这种生命周期在日趋短暂,而且越是高科技其生命周期越短,也越容易缩短,其更新就越应优先考虑。

第三,更新与被更新之间的良好"衔接"对技术性无形资产进行更新是不可缺少的,关键的问题是在什么时候实施更新计划。一般认为,在被更新者的生命周期运行到"平稳生产"时,实施更新计划是较稳健的。

3.跨国公司国际投资

国际投资亦称"对外投资"或"海外投资",是指一个国家的政府或个人将其资本(包括货币、机器设备、技术秘密、专利、商标等)投放到另一个国家或地区,即向国外进行经营资本的输出,但不包括政府及其所属机构对外的赔偿、赠与及纯属借贷资本输出的各种贷款活动。

(1)国际投资的方式。国际投资的方式分为国际直接投资和国际间接投资两种。①国际直接投资。国际直接投资是投资者在国外举办并经营公司而进行的投资,具体有以下几种方式:a.创办新公司或开设子公司;b.开办合资公司;c.收买、兼并现有公司;d.为取得一定比例的股权而购买外国公司股票;e.参加资本,即只参加少量的投资,不参与经营,必要时可派遣技术人员和顾问担任指导;f.以投资利润进行再投资。国际直接投资要求注重投资环境评析,减少风险;对投资效益进行全面评价,优化投资方案;加强投资项目管理,尽力降低成本。②国际间接投资。国际间接投资是投资者在国际证券市场上购买外国政府或公司发行的中长期债券和外国公司发行的股票所进行的投资。它有两种形式:一是国际股票投资;二是国际债券投资。这种投资方式与直接投资相比,资本运用较为灵活,便于随时调用和转移,当国际形势或对方政局发生变化时,也要较少冒投资被冻结或没收的风险,它是国际投资中常用的方法。

(2)国际投资风险管理。国际投资风险是指对国外输出的经营资本无法达到预期报酬率的可能性。一般而言,国际投资比国内投资面临更大的风险。公司在国外投资必须要求获得高于国内经营的报酬率,因此,更需要注重国际投资风险的分析。国际投资风险主要包括外汇风险、经营风险和政治风险。估量风险常用风险调整法和敏感性分析法或模拟分析法。控制国际投资风险,一般可以采取以下一些措施:①在作出投资决策之前,必须从宏观和微观两个方面对投资环境进行认真评估;②加强对国外市场的调查研究,实行投资和经营多样化;③加强与对方国家政府、公司和个人的合作;④进行海外投资保险。

(3)国际流动资金管理。国际流动资金管理的主要内容有:国际现金管理、应收帐款管理以及存货管理等。跨国公司的流动资金管理必须考虑外汇风险、外汇管制和各国税收差异等因素的影响。

①国际现金管理。现金流动由于渠道多、来源广,受到许多外界变量的影响和约束,故管理起来有很大的难度,较之国内现金的管理也复杂得多。其管理目标:一是迅速有效地控制公司的现金资源;二是将公司的现金余额降低到足以维持公司正常营运的最低水平。国际现金管理策略是:a.现金计划与预算;b.确定公司总体的最优现金结余水平;c.制定加速现金流入和延缓现金流出的方法;d.进行短期投资组合管理。国际现金管理目前通常采用集中式的管理模式,各海外子公司及分支机构平时只保留进行日常活动所需的最低现金余额,其余部分均转至现金管理中心的帐户加以统一调度和运用。这样做的好处是:能够集中信息,便于统筹运用资金,提高经济效益与社会效益。在集中式的管理模式下,一般建立多边净额支付系统和现金报告调试系统,通过现金报告调度,合理安排现金调出调入,达到资源有效配置。

②国际应收帐款管理。跨国公司的应收帐款有两种类型:一种是公司内部的应收帐款;另一种是公司外部的应收帐款。公司的外部应收帐款属于一般情况下的应收帐款,它反映了公司的商业信用政策,其管理目标在于保证公司产品市场竞争能力的前提下,尽可能地降低应收帐款投资的成本。而内部应收帐款作为整个跨国公司的理财体系的一部分,其管理并不反映公司的赊销政策,而是作为调控内部资金的手段,以实现公司整体理财资源的最佳配置与组合。

③跨国公司存货管理。跨国公司的存货包括原材料、在制品、制成品。其一般都有许多先进的存货管理制度,并由电脑加以控制,根据存货控制模型决定"经济订货量"。在通货膨胀,对各国货币预计发生贬值的情况下,可以通过调整进口原料或商品的存货水平,达到保值的目的。这是在外汇严格管制的情况下,一种现实的理财策略。

4.投资理财的评价方法

对备选的投资方案进行评价是投资理财的前提条件,它通常又称为资本预算技术,是在现金流量分析的基础上,通过对相关指标的计算及投资经济效益状况的综合分析和考察,作为理财时的一种判断依据。投资理财的评价方法有动态分析法和静态分析法两种。

(1)动态分析法。动态分析法即现金流量法,是上市公司投资理财的主要评价方法,其特点是考虑了资金的时间价值,计算较为复杂,结果较为科学合理,它包括:

①净现值法。净现值法是利用净现值指标来评价投资方案的一种经济评价方法。其计算公式为:

净现值 = 未来报酬总现值 - 投资额的现值

运用净现值法进行投资理财时,其理财准则是:如果计算所得的净现值为正值,则表明投资的实际报酬率高于期望的投资报酬率,方案可行;反之,方案则不可行。在相同投资的多个方案比较中,净现值越大,说明投资效益越好。净现值法的优点是考虑了投资方案的报酬水平,增加了资金时间价值的分析;缺点是计算出来的净现值是一个绝对数,只能反映投资获得的数量,不能反映投资的获利能力,因此,对于投资总额不同的方案就无从比较。

②获利指数法。获利指数法又称现值指数法,它是在净现值法的基础上,根据投资方案的获利指数来进行投资理财的一种方法,其计算公式为:

$$现值指数=\frac{未来报酬的总现值}{投资额的现值}$$

运用获利指数法进行投资理财时,其理财准则是:如果计算所得的现值指数大于1,则表明 方案的实施除能收回投资外,还能获利,方案可行;反之,则方案不可行。如果对多个不同方案进行比较选择,则现值指数越大,投资效益就越好。现值指数法的优点是增加了资金时间价值分析,能够真实地反映投资方案或项目的盈亏情况,并可以采用相对数指标克服不同方案难于比较的问题,因此,具有广泛的适用性和实用价值;缺点是无法反映投资方案或项目本身的报酬水平,且其本身也难以理解。

③内含报酬率法。内含报酬率法是利用投资方案本身的内含报酬来进行投资理财的一种经济评价方法,内含报酬率是指投资方案未来现金流出量的总现值相等,现值等于零时的贴现率。它是反映投资方案盈利能力的一个常用动态评价指标,其理财准则是:如果计算所得的内含报酬率大于企业期望的投资报酬率或资本成本,则方案可行;反之,方案不可行,对于多个不同方案的选择,内含报酬越高,则投资效益越好。其优点是考虑了资金的时间价值,能够反映投资方案的真实报酬水平。

(2)静态分析。静态分析法又称非贴现的现金流量法,具有计算简便的特点,它没有考虑资金的价值,是一种粗略方案的筛选方法。主要包括:

①投资报酬率法。投资报酬率法是根据方案的投资报酬率的高低来进行投资决策的一种方法,投资报酬率是反映投资获利性的一个相对指标,计算公式为:

$$投资报酬率=\frac{年均现金净收入或净利润}{投资总额}\times100\%$$

其计算所得的投资报酬率如果高于企业期望的投资报酬率,则投资方案可行;反之则不可行。其优点是考虑了投资的获利程度,易于计算,简明易懂;缺点是忽略了现金流量的发生时间,不能准确反映投资的真实效益。

②投资回收期法。投资回收期法是根据回收全部投资所需的时间来评价投资方案是否可行的方法。其计算公式为:

$$投资回收期=\frac{投资总额}{每年的营业现金总额数量}$$

一般而言,投资的回收期越短,投资的经济效益越好。其优点是反映直观,易于理解;缺点是没有考虑资金的时间价值,不能反映投资的获利总量,一般适用于粗略决策。

三、上市公司的投资收益分配

上市公司的利润分配不仅关系到上市公司的生存和发展,而且还直接关系着国家、企业、投资者和上市公司内部员工等各方面的经济利益。因此,利润分配是上市公司理财的核心内容。

1.上市公司利润分配的原则

上市公司利润分配应遵循以下原则:

(1)遵守国家财经法规原则。利润分配是一项十分敏感的工作,它涉及到各种利益关系,因此必须坚持合法性,做到依法纳税,遵守法律的约束,确保国家利益不受侵犯。

(2)盈利确认的原则。利润分配的确认原则,要求进行利润分配的上市公司,当年必须要确认盈余利润,或有历年未分配利润结余及留存收益,凡在年终会计核算中没有确认的帐面盈利,或没有留存收益的上市公司不得分配利润。所以确认盈利是上市公司分配的前提。

(3)资本(金)保全原则。这实际是在盈利确认原则基础上对利润分配的进一步限制。因为所谓利润分配必然是投资者资本增值部分的分配,而不是投资者资本金的返回。利润分配中决不允许在上市公司不盈利或亏损的情况下用资本金向投资者分配。

(4)保护债权人权利的原则。利润分配中要体现对债权人权利的充分保护,上市公司在利润分配之前,必须要偿清所有债权人到期的债务,不能故意拖欠债权人的债务,任意进行利润分配,而对债权人利润产生实际的伤害。同时,上市公司在利润分配以后还应保持偿债能力,不能因为利润分配而财力枯竭,而在日后产生财务危机,损害债权人利益。上市公司在与债权人等签订某些长期债务契约的情况下,其利润分配政策还应征得债权人同意或审核方能执行。

(5)利润分配应兼顾上市公司、投资者、经营者、职工等多方面的利益,要有利于上市公司的发展和充分调动职工的积极性。上市公司税后利润分配的合理与否,直接关系到上市公司、投资者、经营者和职工等各方面的经济利益。所以,在利润分配中既要注意协调与上市公司有关各方面的共同经济利益,又要注意各方面局部利益的调整,对上市公司未来的发展要有积极的长远利益。利润分配要贯彻优先积累的方针,合理确定提取盈作用。既要注意各方面的近期利润,又要充分注意上市公司发展余公积金、公益金和分配给符合投资者利润的比例,使利润分配真正成为促进上市公司发展的有效手段。

2.上市公司利润总额的调整

上市公司利润总额的调整是指按国家规定对企业利润总额的有关项目做增减调整，然后依法计缴所得税，从而避免双重征税，使上市公司经营亏损的弥补落到实处。上市公司利润的调整，按国家税法，主要有以下规定：

(1)所得税前弥补亏损。①政策性亏损。这是指上市公司按政府规定的社会公益目标，生产或经营特定产品，因国家政策的原因而产生的亏损。对于这种亏损，一般应由财政部门审核批准后，由国家预算予以弥补，弥补数应增加上市公司的销售利润，构成上市公司利润总额，从而真实地反映上市公司的财务成果，使各上市公司平等竞争。②经营性亏损。这是指上市公司经营管理不善而导致的亏损。对于这种亏损，原则上应由上市公司自行解决，其具体弥补办法是：上年发生的年度亏损，可以用下一年度的利润弥补；下一年度利润不足弥补的，可以在5年内延续弥补(股份制企业为3年)；5年内不足弥补的，用税后利润弥补。

根据上述办法，经营性亏损的弥补从资金来源来看，可以分所得税前弥补和所得税以后弥补。所得税前弥补包括税前利润以及筹建期间的汇兑净收益等弥补，所得税后弥补包括税后利润和盈余公积金弥补。如果上市公司用税前利润弥补亏损，则当年度的上市公司应纳税所得额(即应税利润)便可相应调减，即弥补亏损的利润免交所得税。

(2) 投资收益中已纳税的项目或按照规定只需补交所得税项目。在实行“先税后分”办法以后，上市公司对外投资分回的利润、股利等投资收益，在分回前是已纳过税的，在上市公司计缴所得税时应予以扣除或抵减，以避免双重征税。但适用税率不一致时，少缴的部分应按规定补缴。

(3)应纳税的损益和扣减项目。应纳税的损益和扣减项目是指上市公司计算利润总额时已经扣除，但按照所得税法规定应当缴纳所得税的项目。如超限额业务招待费、不符合规定多摊销的递延资产和无形资产费用、多计提的折旧费用、非公益救济性捐赠、各种税收的滞纳金及罚款等。

3.上市公司税后利润分配的一般程序

上市公司缴纳所得税后的利润，除国家另有规定者外，一般应按下列顺序分配。

(1) 抵补被没收的财物损失，支付各项税收的滞纳金和罚款。被没收的财物损失是指上市公司因违反国家有关的法律败诉后，被司法机关等依法没收财物产生的损失。各项税收滞纳金和罚款是指上市公司因偷税、逃税、迟交税等违反税法规定而被税务部门依法收缴的各种税收滞纳金和罚款。这些都是因为上市公司触犯法律而遭受的处罚，因此，理应由上市公司税后利润全部承担。

(2)弥补上市公司以前年度亏损。弥补以前年度亏损是指上市公司以前年度发生的亏损，因超过税法规定的税前弥补期限，而完全由税后利润弥补亏损。

(3)提取法定盈余公积金。法定盈余公积金是指上市公司依据国家有关规定，从当年税后利润中提取的公共资本积累金。是国家为了保证上市公司的发展，防止短期行为，从法律角度对利润分配施加的一种限制性措施。按规定：法定盈余公积金已达到注册资本的50%时，可不再提取，该项资金可用于弥补亏损，亦可用于转增资本金，上市公司盈余公积金一般不得低于注册资本的25%。

(4)提取公益金。公益金是指上市公司按照规定从税后利润中提取的职工公共利益资金，是国家为了使上市公司充分考虑职工集体福利设施的不断改善，保障职工的切身利益，而从法律角度所作的一项强制规定，公益金的提取比例通常由上市公司自主决定，主要用于其内部职工集体福利设施支出，如建造职工宿舍、食堂、托幼设施、医疗保健设施等，但不是直接发给职工用于个人消费，公益金是所有者权益的一部分，职工对这些福利设施只能使用，不能拥有，并负有保管之责。

(5)向投资者分配利润。为保障投资者的合法权益和收益，上市公司向投资者分配利润时，首先应根据可分配利润额，按照上市公司的性质和组织形式，或合同章程的规定，经上市公司最高权力机构商定分配方案，并形成决议后方可进行分配，一般不得预分利润。在具体分配时，如果是契约的合伙企业，则按照设立企业的合同章程中规定的分配比例进行分配；如果是有限责任公司，则按投资各方在上市公司注册资本中的出资比例进行分配；如果是股份有限公司，则按下列程序分配。

①支付优先股股利。优先股的股利在分配普通股股利之间优先分配，股利数额按约定股息率计提，其计算公式如下：

每股股利=优先股面值×约定的股息率

②提取任意盈余公积金。任意盈余公积金是指企业出于经营、管理等方面的需要，依照公司章程或股东会议决议自主提取和使用的盈余公积金。其目的是为投资者分配利润施加限制和调节。任意盈余公积金与法定盈余公积金一样，可用于弥补亏损、转增资本金。

③根据公司股利政策，支付普通股股利。上市公司当年无利润，原则上不得向投资者分配。但股份有限公司为了维护公司股票的信誉，避免股票价格的大幅度波动，在用盈余公积金弥补亏损后，经股东大会特别决议，可以按照不超过股票面值6%的比率用盈余公积金分配股利。但分配股利后，上市公司法定盈余公积金占其注册资本的比例不得低于25%。

4.上市公司的股利政策

(1) 股利政策的类型。股利政策的类型大致有以下四种形式：

①剩余股利政策。剩余股利政策是将股利分配看作投资机会的因变量，以便达到降低筹资成本、优化资本结构目的的股利政策。按照这一政策，公司在决定其股利支付比率时，必须按照以下四个步骤进行：a.选取最佳投资方案；b.确定投资方案所需资金，特别是确定按照目标资本结构进行投资所需的权益资本的数额；c.最大可能地利用保留盈余来融通投资方案中所需的权益资本；d.当投资方案所需权益资本已经完全得到满足后，如果还有剩余利润，公司才发放股利。上市公司的股利政策，决定了如何将税后利润合理地分配给现有股东或留存以及再投资，它直接关系到股

东的现金收入和公司的未来发展,具有重要的意义。

②固定股利额政策。固定股利额政策亦称稳定的股利政策,其特点是公司将每年发放的每股股利数额规定在某一特定水平上,然后在一段时期内保持不变,只有当它对未来收益的增加有确定把握,且这种收益增加足以使它能够将股利维持在一个更高水平,公司才会提高股利支付,给予一个稳定的增长。固定的股利额政策是一种应用广泛的政策,其主要优点如下:一是固定的股利额传递给市场一个稳定的信息,有利于保持股价的稳定,增强投资者对上市公司的信心,树立良好的上市形象;二是固定的股利额,有利于投资者有规律地安排股利的收与支,尤其是那些靠股利谋生的投资者更是如此;三是许多机构投资者,如共同基金、保险公司等往往采取较为谨慎的投资策略,把其资金投资于股价不会大起大落的股票,而股利稳定的股票也正表现出这些特点,从而成为这些投资者最热衷的投资对象。当然,这种股利政策也有其缺点,由于股利支付和上市公司盈余状况脱节,盈余下降时也需固定不变的支付股利,由此可能会导致资金短缺、财务状况恶化,损害上市公司的长远发展。

③固定股利支付比率政策。即公司每年发放固定的比例从税后净利支付股利,这一政策能使股利支付与公司盈利很好地配合,但是由于每年股利随盈利频繁变动,传递给股票市场一个公司经营不稳定的信息。因此,实际上只有少数一部分上市公司采用这一政策。

④正常股利加额外股利政策。这是一种介于稳定股利与变动股利之间的政策,其基本特点是:公司一般每年按一固定数额支付较低正常股利,当公司盈利增加较多时,再适时付额外股利。这种股利政策既给予上市公司一定的灵活性,又可使投资者的最低股利收入得到保证,因此是一种较为理想的股利分配政策,特别适用于每股盈利水平不稳定的公司。

(2)股利支付的形式。股利支付的形式目前在我国有以下两种:

其一,现金股利。指公司将股东应得的股利收益以现金的形式支付给股东,这是常见的股利形式。由于投资者一般都希望得到现金股利,而且公司发放股利的多少,直接影响到公司股票的市场价格,并间接影响着公司的筹资能力。因此,即使公司现金投资需要较多,一般也不能将股利支付限制在太低的水平上,而应适度。其二,股票股利。指公司用额外加发的股票来代替现金支付的股利,即支付给股东的是股票,而不是现金。以股票作为股利来发放,一般是按现有股东拥有股份的比例来分配的,且必需同时具备两个条件:①必须有可分配的利润,无利润而向股东增配新股,实际上是一种欺诈行为,法律是明令禁止的;②必须经股东大会决定,并按法律程序报有关部门审批,因为发放股票股利等于直接把公司盈余转化为普通股票,即保留盈余的资本,是一种增资行为,而股份公司增资须由股东大会决定,报经有关部门批准,并修改公司章程。

(3)股利支付的程序。一般地,股利支付是按以下程序进行的。

①宣布日。即公司董事会根据发放股利的周期(每年一次或每季一次)举行董事会会议,决定并宣布分配股利的日期,也即公司登记有关股利负债的日期。

②股权登记日。由于股票可以在股市日自由买卖,因此,公司股东经常变动,具有不确定性。为明确具体的股利发放对象,股份公司在宣布发放股利时,往往规定登记日。只有在此之前公司登记的在册股东,才有权领取股利,而在此日之后才取得股票的股东,则无法领取本期的股利。

③除息日。即除去股利的日期。在除息日当天或以后购买的股票将无权领取最近一次的股利。由于在股票交易中,从股票委托成交到股票交割、过户,中间往往需要一段时间,为了便于公司在登记日编制股东名册,一般规定股权登记之前的第4天(若逢节假日顺延)为除息日。自此日(含此日)起,该公司的股票交易称为除息交易,这种股票称为除息股。

④股利发放日。即将股利正式发放股东的日期,亦称付息日,其通常规定为股权登记日之后的3-4星期内。从这一天开始的几天内,公司应通过各种手段将股利支付给股东,同时冲销股利负债。

(4)影响股利政策的因素。影响股利政策的因素比较多,归纳起来,大致有以下六种:

①公司的经营情况。上市公司的经营状况和经营环境也影响着它的股利政策。例如,扩充中的上市公司一般采用低股利政策,而正在缩减的上市公司,为了吸引投资者投资,往往采用高股利政策;盈利能力强的公司可以采用较高的股利政策,反之则采用较低的股利政策。

②股东投资的目的。上市公司的股利政策最终要由董事会决定并经股东大会审议通过,所以股东投资的目的直接影响着政策的制定。

③投资机会。公司股利政策在很大程度上要受投资机会左右,如果公司有许多良好的投资机会,往往采用低股利,高保留盈余的政策,以充分利用目前的投资机会和企业资金,加速企业发展;反之,如果它的投资机会减少,则可能采用高股利政策。

④资本成本。资本成本高低是上市公司选择筹资渠道的基本依据。利用保留盈余筹资具有比股票、债券筹资成本低、隐蔽性好等优点。因而,从财务管理角度考虑,通过合理的股利政策,充分利用内部融资来筹资,不失为一种理想的筹资方式。即使上市公司具有较强的外部筹资能力,能够随时筹集到所需资金,但一方面大量发放现金股利,而另一方面又向外部筹资,显然也是有悖于财务管理的目的和要求的。因此,股利政策被视为筹资决策的一个重要组成部分。

⑤债约限制因素。上市公司对外负债时,债权人为防止公司以发放股利为名,减少资本的数量,增大债务风险,通常会在债约中对公司支付现金股利施加一定的限制。另外,发行有优先股票的公司,优先股票的发行章程中也常有类似的限制条款,规定在未分配优先股股利之前,通常不得分配普通股股利。

⑥法律因素。为了保护债权人和股东的权益,保证证券交易的正常进行,防止企业股东和管理人员滥用职权,国家法律如各国《公司法》及其他有关法规都对上市公司的股利分配作出相应的规定。

券商理财实务

一、券商筹资

目前券商的筹资渠道主要有同业拆借、债券回购、股票质押贷款和增资扩股四种。同业拆借对于券商是一种无需抵押的信用融资方式，而且相对简单易行，但最长只有7天，融资期限较短，且受额度的严格控制，只能用于一级市场申购新股以解决短期头寸不足的问题。债券回购可根据使用期限的要求筹集短期或中期资金(最长期限为1年)，赋予了融资方一定的可选择性，是当前券商融资的主要手段之一，但要求有100%的债券作抵押，融资方必须拥有足够的国债现货才能使用这种融资工具。而股票质押贷款期限可长可短，数额可大可小，灵活性强，但用于质押的自营证券被长期冻结，不利于券商根据市场的变化及时调整自营策略，影响其自营的获利能力。增资扩股是一种低成本筹资渠道，目前颇受券商的青睐。

券商上市不仅有利于树立良好的品牌效应，更能够直接筹措到大笔资金。单从一次性筹资的角度来看，券商上市与增资扩股本质上是相同的，二者融入的均为自有资金，可供券商长期使用，具有相同的功能，但前者较后者显然更具优势，表现在：

1.拓宽融资渠道，壮大经营规模

证券行业属于典型的资金和知识密集型行业，对资金的需求特别大。而目前我国券商的融资渠道还十分有限，资金短缺成为制约券商发展的一大"瓶颈"。通过券商上市的方式来扩大券商的资金来源，对改善券商的资金结构具有重大作用。一方面，发行股票所募集的资金，直接提高了券商的资本充足率，增强了券商的抗风险能力；另一方面，股本金是资金来源中最稳定的部分，以此为基础，券商进一步开展债务融资就有了广阔的余地。从长远来看，我国券商的融资政策可能会在目前允许增资扩股、股票质押贷款、同业拆借等有限方式的基础上进一步放开，尤其是债务融资，如果券商的股权与负债比例按我国目前所规定的1:10计算，债务融资也有很大的空间，有了雄厚的股本作基础，券商可以通过杠杆式的融资来成倍地扩大经营规模。

2.有利于健全经营机制

相对于一般公司来说，证券公司的股份制发展比较快，但它离现代企业制度的要求还有相当的距离。况且，证券公司作为证券市场这一高收益、高风险行业的参与主体，理应有更高的标准。券商通过发行上市，可以使产权关系进一步明晰，使产权结构更合理。同时，券商上市本身就是一个市场化的过程，在此过程中，券商的市场意识和竞争意识会进一步加强，来自市场的监督也会强化，为了应对激烈的市场竞争，同时也为了维护券商的市场形象，上市券商会有内在的压力和动力促使其按照现代企业制度的要求来规范运作，建立起一套灵活、高效、科学的管理体制和经营机制。

3.强化社会监督，规范券商运作行为

众所周知，券商的资金来源是管理层的重要监管内容，但由于券商没有正当的融资渠道，合理的资金需求得不到满足，因此，尽管管理部门三令五申禁止挪用客户保证金和违规拆借，违规现象却依然禁而不止。券商的融资渠道拓宽之后，券商不再具有违规融资的强烈冲动。而且，管理层通过健全法规和制订相应的发行上市标准来约束券商，将监管力量用在"刀刃"上，监管效果将会大大改观。从这一层次看，允许券商上市也具有引导券商加强自律的作用，一方面，未上市券商为了避免在争取上市的道路上自添障碍，会自觉遵守法律法规，以免留下不良记录。而已上市券商为了维护自己的声誉和品牌，也会加强自我约束和自我管理；另一方面，券商上市之后，增加了公众股东对券商的社会监督这一层次，券商必须按照规定进行信息公开披露，这将有助于券商经营行为的不断规范。

4.提高股权流动性，优化资源配置

证券市场的一个重要功能是提高资源的配置效应，而这一功能实现的一个前提条件是，资源具有较高的流动性。券商上市之后，通过券商股票在二级市场上的自由买卖，券商股权这一重要资源的流动性随之提高。券商股权流动性的提高，不仅有利于自身行业资源效率的提高，还将推进整个社会资源的优化配置。

5.化解不良资产，优化资产结构

券商通过上市，其股票以较高的溢价在市场发行，由此形成的资本金，可以在很大程度上解决不良资产存量问题。此外，从长远的角度看，作为证券市场主体的券商发行上市，券商资产的流通性大大提高之后，资产的分析、剥离及重组就能得到高效率、低成本的实现。这将在一定程度上减少不良资产增量的形成，使资产结构得到优化。

6.提高券商创新能力，扩展业务范围

券商上市后，激励机制将进一步完善，竞争压力也将得以强化，由此将促使券商不断提高业务创新能力，增强自身的竞争优势。与此同时，券商在资本规模壮大之后，就可以在众多的业务领域大展身手。首先，在传统业务领域内，券商的自营能力因资本金的扩张而迅速提高，这将有助于改变目前我国证券市场上散户投资者过多而机构投资者比重小的投资者结构，这与管理部门着力培育机构投资者的思路相吻合。其次对于经纪业务，券商也可以在实力增强之后，实现对市场的细分，对不同的投资主体提供更细致的服务。而在发行业务方面，券商能够更真切地体

会到一般上市公司在上市过程中的内在需要，从而更好地为上市公司提供服务。同时，以发行上市为契机，券商借助于强大的实力和丰富的资本运作经验，就可以开辟出更多的诸如资产重组、公司改造、项目融资、理财顾问等众多现代投资银行新业务。

二、券商投资决策

券商在从事投资业务时，应以国家的方针政策为导向，在法律法规允许的范围内开展业务。在投资方向上，券商应把握住国家当前发展的方向，在宏观上对市场动态及发展趋势有较为明确的认识。这样，才能保证投资决策切实可行，实现良好的理财效果。

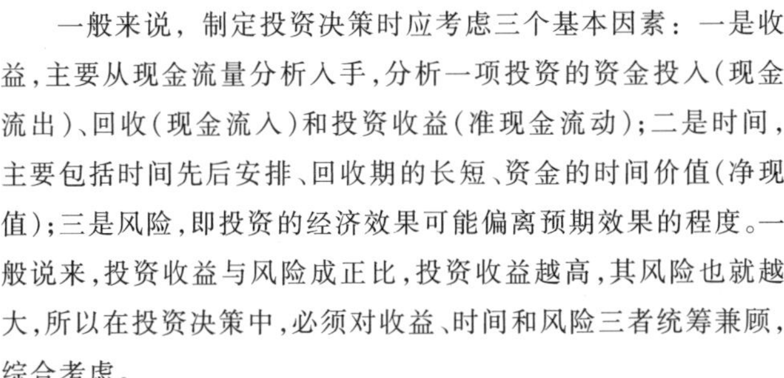

一般来说，制定投资决策时应考虑三个基本因素：一是收益，主要从现金流量分析入手，分析一项投资的资金投入(现金流出)、回收(现金流入)和投资收益(准现金流动)；二是时间，主要包括时间先后安排、回收期的长短、资金的时间价值(净现值)；三是风险，即投资的经济效果可能偏离预期效果的程度。一般说来，投资收益与风险成正比，投资收益越高，其风险也就越大，所以在投资决策中，必须对收益、时间和风险三者统筹兼顾，综合考虑。

1.现金流量

所谓现金流量，在投资决策中是指由项目直接引起的现金支出与现金收入的数量。这里的“现金”是广义的概念，它不仅包括各种货币资金，而且包括投资项目支出与收入的非货币性资源的变现价值。现金流量包括现金流入量、现金流出量和现金净流量三个基本概念。投资项目在整个投资和回收过程中发生的各种现金收入，就是现金流入量；投资项目在整个投资和回收过程中发生的各项现金支出则是现金流出量；而一定时期某投资项目现金流入量与流出量的差额则是现金净流量。现金净流量=现金流入量-现金流出量。如果想正确计算投资方案的现金流量，必须正确判断哪些支出和收入与该项目有关。只有那些由于采纳某个项目引起的现金支出增加额或现金流入增加额，才是该项目的现金流出或现金流入。在投资决策中应重视对现金流量的分析，并以其为基础，使得投资项目的支出与收入的衡量有一个统一的标准，从而较合理的评估投资收益。将现金流量折算成现值并充分考虑货币的时间价值，投资收益的评价将更具有科学性。

2.资金的时间价值

资金的时间价值也称货币时间价值，是指不同点所持有的资金(货币)具有不同的价值。由于不同时间的单位资金价值不相等，因而不宜将不同时间的货币收入(支出)进行直接比较，而应换算到相同的时间基点上，然后方能进行大小的比较和比率的计算。

(1)复利终值。复利终值是指按本金计算的每期利息，在期末加入本金，并在下期转为本金，与原来的本金一起计息。

(2) 现值。是指未来某一时间持有的资金折算为现在的价值，其含义与复利终值的含义正好相反。

(3)年金终值。年金是指等额、定期的系列收支。年金终值是指按复利计息，各年年金的本利和总数。

(4)年金现值。年金现值，是指为在每期期末取得相等金额的款项，现在需投入的金额。

3.投资风险

在特定的环境条件和时期，某一项投资取得的实际结果与预期结果之间往往存在一定的差距，这种偏差程度即投资风险。对于某项财务管理项目来讲，其投资风险是它实现的现金流量偏离其预期现金流量的偏差程度，这种偏差程度越大，则该投资项目的风险也就越大。

券商的投资业务，受未来客观经济环境的影响比较大，如政府宏观经济政策的改变，股市行情的变化等，并且券商的投资额大，长期投资的回收期长，使得其财务决策处于较大的风险之中。在投资决策中，投资风险是客观存在的，只是风险程度不同，应正视风险，敢于承担投资风险。同时也不能过于激进地冒险，应对投资项目的风险程度预先作出估计，在可接受的风险限度下，对投资项目的风险与收益之间进行合理权衡，选择高报酬率的项目进行投资，以抵补可能的风险。

券商为了避免投资风险，必须将其投资分散，组成有效的投资组合。券商同时有几项不同的投资，各项投资各有其个别的风险，这些个别风险组合起来，就构成券商投资组合的整体风险。由于各个投资方案的不同风险可以互相抵补，所以投资组合有助于使整体风险化小。因而，在测算个别投资方案的风险时，还需考虑与分析它对整体风险组合的影响。

4.财务分析

财务决策者在确定是否对某公司进行股票投资或债券投资时,由于该公司的经营状况将直接关系到投资的收益与风险,因此在作出财务决策之前,还应对该公司进行财务分析。(1)偿债能力分析。这是决定投资效益的重要因素。包括短期偿债能力与长期偿债能力的分析。短期偿债能力的强弱,表现为资产变现能力的强弱,即能否按时偿还短期债务。对长期偿债能力主要分析债务与资本的比例,即企业资本结构。若债务的比例越高,说明无力偿还债务的可能性就越大,大部分经营风险将会转移到债权人身上。

(2)盈利能力分析。盈利能力就是企业赚取利润的能力,股息的获得和企业债务的偿还都来自于利润。另外,企业盈利增加还能使股东们获得资本收益,有利于券商投资产生好的收益。

三、券商资金运用的日常管理

1.控制投资规模,合理运用资金

券商的投资按期限长短可分为长期投资与短期投资,长期投资资金回收期长,收益高,而短期投资资金回收期短,收益低。券商的资金来源主要有长期负债与短期负债,长期负债的偿还期长,成本高,而短期负债的偿还期限短,成本也较低。那么,要在偿还期内偿还负债,并且投资收益能抵补筹资成本,就必须使资金的投入与资金的来源在结构上、时间上、数量上相互配比、合理运转,方能取得最大的经济效益。

(1)结构配比。在投资活动中,如果将短期资金来源投入到长期投资中,就会引起债务到期时无力偿还,造成财务风险,影响其信誉,不利于发展。如果以长期资金来源投入到短期投资,则会出现资金成本高、收益低的境况,造成亏损,其结果对财务状况不利。长期投资必须以足够的长期资金来源为基础,而短期资金来源只能安排短期投资,这样的配比才是一种正常的配比关系。

(2)时间配比。即在资金的投放、回收以及筹集来源的时间安排上,必须紧密衔接,及时调度。在需要投放资金时,能及时筹集资金供应。而资金回收取得收入时,能及时安排有利的投资。这样才不会坐失有利的投资机会,避免资金闲置,形成浪费损失。因此,在财务管理上,应十分重视资金组织、投放、回收的及时性。

(3)数额配比。券商是高度负债经营的企业,应合理掌握投资比例,长期与短期投资、投资与放款应有一定的合理适度比例,保证企业清偿债务的能力。对此,某些西方国家对投资企业的长期投资曾作出规定,如投资额不能超过实收资本的50%,企业投资后所余资本不能低于企业法定注册资本的最低限度。

当前,我国券商的贷款规模已纳入到中央银行的控制之中,而且明确规定,贷款投资总额包括担保在内,不得超过资本额的20倍,其贷款规模受到国家信贷计划制约,企业按中央银行下达的信贷计划控制数执行贷款业务。共同基金在从事投资活动时,各地区对投资数量也有限制。如对投资某种股票数量加以限制,投资某一公司的股份总额不得超过该公司已发行股份总数的一定比例。还有对某一种股票投资在基金净资产值中的比例加以限制,即对任何一家公司发行的股票投资额不得超过基金净资产价值的一定比例。

2.监视投资项目效益,保证资金回收

由于投资项目的收益会受到各种内外部因素变动的影响,因此券商将资金投放后,还应密切注视投资项目的效益。若资金投入后放弃管理,就很难保证投资的安全性与收益性,当然也就很难实现既定的目标。

3.规避投资风险,坚持稳健原则

投资业务是券商的主营业务,占资产的比重较大,为规避风险,应按年投资余额提取一定的投资风险准备金,以保证券商资金的安全。在投资风险准备金之外,还可另设投资风险基金,其作用是应付投资风险。券商在投资业务中应充分考虑如何来避免风险,除投资多样化以外,在财务处理时,应提取投资风险准备金,以规避风险,坚持稳健原则。

四、券商投资评价

投资评价涉及投资的全过程,无论投资决策,还是对投资资金的管理控制和投资效益的考评,都要进行投资评价,它为券商有效地进行投资管理和投资决策提供有用信息。在投资评价的方法中,净现值法、现值指数法和内含报酬率法等是考虑时间价值的分析评价方法。而回收期法和平均投资收益率法等则是不考虑时间价值的方法,即把不同时间的收支看成是等效的。

(1)净现值法。净现值是指特定投资方案中未来现金流入折算成的现值数与投资项目现金流出折算的现值数的差额,计算公式如下:

净现值=未来现金流入现值-投入项目现金流出现值

当净现值为正数时,说明未来收益现值大于支出现值,该项目可行,同时也表明投资项目内含报酬率大于贴现率;若净现值为零时,表示未来收益现值刚好只能收回其投资成本,说明项目本身内含的报酬率与贴现率相等;当净现值为负数时,则说明投资项目发生亏损,内含报酬率小于贴现率,该项目一般不可取,除非该投资效益是潜在而长远的。

(2)现值指数法。现值指数是指未来现金流入现值与投资项目现金流出现值的比率,计算公式如下:

现值指数=未来现金流入现值/投资项目现金流出现值

现值指数大于1,该项目可选,现值指数小于1,一般来说该项目不可选。

现值指数法反映的是该方案每元投资额可获多大收益,说

明的是单位投资效益；而净现值法反映的是该项目投资的企业的总收益。所以，净现值法和现值指数法必须结合使用才能较为全面正确评价投资项目。

(3)内含报酬率法。内含报酬率是指使未来现金流入量现值等于未来现金流出量现值的贴现率，即使得投资方案净现值为零的贴现率。若投资项目每年有等额的现金流入，根据公式：

该投资项目每年收入×年金现值系数=原投资额现值

求出年金现值系数，查年金现值表，在该项目的投资年限中找到与上述年金现值系数相邻近的折现率，然后用插入法求得其内含报酬率。这种方法是根据方案本身实际的报酬率来评价方案，与市场的资本成本率和市场投资项目的一般内含报酬率进行比较，若方案内含报酬率较高，则方案可选。

若投资项目每年有不等额的现金流入，需要用“逐步测试法”来计算。首先用估计贴现率来计算方案净现值，若净现值为正，则说明方案内含报酬率超过估计贴现率，再提高贴现率进一步测试；若净现值为负，则说明方案内含报酬率低于估计贴现率，再降低贴现率进一步测试，然后使用插入法求得内含报酬率。

(4)回收期法。投资回收期法就是在不考虑时间价值的情况下以投资额完全回收所需时间的长短来评价投资方案经济效益好坏的一种方法。一般说来，投资的回收期越短，则投资方案的效益越好，风险也越小，投资越有利；反之，投资方案的效益越差，风险越大，投资越不利。若仅以投资回收期评价投资项目，那么就很可能忽略有长远利益的投资而只重眼前利益，因而，投资回收期应与其他评价投资效益的指数结合使用。

(5)平均投资收益率。这是投资期限内各年获取的平均收益额与原始投资总额的比率，它是评价投资效益好坏的一项重要指标，其计算公式如下：

平均投资收益率=年平均净收益额/项目投资总额

平均投资收益率是与资本成本率或一般投资报酬率进行比较，来判断投资项目是否可行，但其缺点是没有考虑时间价值。

由于长期投资评价是一项复杂的系统工程，而上述评价方法各有其侧重点，因此在评价时应配合使用，才能得出较全面正确的结论。再者，市场经济存在各种变化因素，投资者还应结合经验判断来对投资进行评估决策。

五、券商的投资利润分配

利润是券商在一定期间的经营成果。券商的全部经营收入大于全部经营支出，则为利润；支出大于收入时，则为亏损。

1.利润的组成

券商的利润由营业利润、投资收益和营业外收支净额组成。

营业利润是指信托投资企业主营业和其他经营业务所取得的利润。其计算公式为：

营业利润 = 营业收入 - 营业税及附加税 - 成本

投资收益是指券商所投资的项目，按合同协议规定分得的投资利润、长期债券的投资利息收入、股票投资收益等。其计算公式为：

投资收益 = 投资利润 + 长期债券利息 + 股票投资收益

营业外收支净额是指券商在经营业务中发生的与本业无直接关系的收入与支出相抵后的差额。其计算公式为：

营业外收支净额 = 营业外收入 - 营业外支出

利润总额 = 营业利润 + 投资收益 + 营业外收支净额

2.利润分配政策

根据行业财务制度规定，券商的利润分配政策按以下次序分配：

(1)弥补上年度亏损，如利润不足弥补，可在5年内延续弥补，5年内不足弥补的，用税后利润弥补；

(2)交纳所得税和两项基金，形成税后利润；

(3)税后利润分配：①弥补以前年度亏损；②提取法定盈余公积金(按税后利润10%)，法定盈余公积金累计达到注册资本的50%时，可不再提取；③提取公益金(按上级主管部门规定比例)；④提取投资风险基金；⑤向投资者分配利润。

由于资金来源和隶属关系以及管理体制的不同，券商在利润分配上也存在差异。

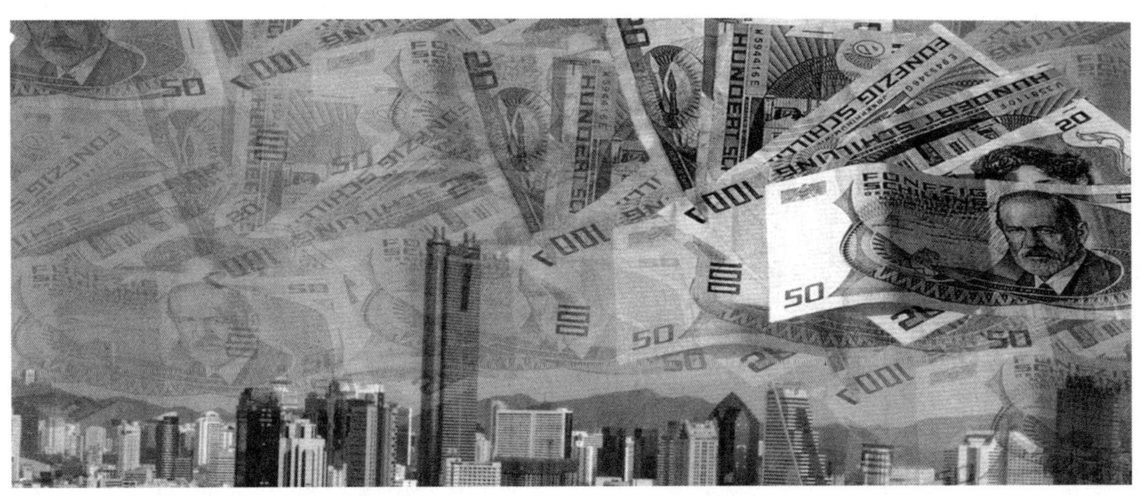

第四章 个人投资理财实务

如今可供投资者选择投资的对象很多，股票、债券、基金(含开放式基金)、房地产等，投资者在选择投资对象时，除了要了解它们各自的特性外，还必须根据自身经济实力，充分考虑投资对象的风险性大小，选择合适的投资对象。其中最保险的一种作法就是：不要将鸡蛋放在同一个篮子里。

改革开放20年来，中国发生了翻天覆地的变化，在邓小平"让一部分先富起来"的理论指引下，老百姓手中的钱增多了，银行的存款额变大了，在这种情况下，如何管好手中的钱，采用更好的理财方式，使其保值、增值，成为每一位投资者所关心的问题。

一、储 蓄

储蓄理财对于广大投资者来说并不陌生，如今大部分人赚了钱都是以存在银行里为主要理财方式，原因是银行存款能保值和增值，不存在风险。当前，银行还开办了外汇存款业务。我国银行对居民个人开设的外币储蓄币种有美元、英镑、日元、加拿大元、德国马克、荷兰盾、瑞士法郎、法国法郎、比利时法郎、港元、欧元等十余种，足以满足个人外币储蓄的需要。

二、债券投资

债券是债务人向债权人开具的到期还本付息的凭证，债券上面必须注明发行日期、票面价值、偿还期限、利率和利息支付办法等。投资债券对于投资者来说是种很好的理财方式。由于债券具有安全、流通性好和收益高的特点，有利于实现理财目标，因而，它是大多数投资者争相追逐的对象。

债券具有安全、流通性好和收益高的特点。这主要有以下几点原因：第一，政府、银行或企业通常是债券的发行人，确保了还款的确定性，所以，投资债券和储蓄一样安全可靠；第二，债券发行人的市场环境好，可以几种债券同时上市流通，而且如果持有期间利率下调，其价格还可能上涨；第三，大多数债券的收益率都高于同期银行定期存款的利率，如果提前兑付，利息也同样高于银行定期存款的利率。

债券投资具有很多优势。首先，债券投资者可以获得稳定而可靠的高利息收益。在国外，各种债券的利率水平差异较大，因为国债的安全性和流通性都好于银行存款，所以利率要较银行利率低，但企业债券则不同，信用度较低的企业往往通过高利率以吸引投资者。在我国，各个银行的信誉度都较高，安全性都很好，大家习惯于把钱存在银行，出于吸引投资者的目的，国内债券要高于同期银行存款利率。其次，债券具有很好的变现能力和可抵押性。所以，在通常情况下，我们只要买进债券，并存过一段时间后，就可以把它看作是"活期存款，定期收益"。同时随时将其变现成现金，而且又可以获得比活期存款更高的收益。第三，债券在市场上有一定的波动性，由于债券的价格是固定在发行价与偿还价之间的，所以风险和收益都小于股票。投资债券和炒股有相同之处，那就是要掌握规律。一般来说，是当其价格上涨较多时将其卖掉，而当其价格下跌时则购入，以从中获利。

我们在购买债券之前，首先必须明确：债券的品种、债券的期限、债券的利率水平、购买债券的时机以及债券投资在个人投资总量中所占份额比例等。其次，要明确投资债券是以获取利息为目的，应长期持有直到兑付，所以应该选择收益率较高的债券。而希望获得差价的，则应选择流通性好、波动较大的债券。再次，在了解券种的发行人、发行日期、起息日期、期限、利率水平、计算办法时，要同其他券种进行比较分析，尽可能实现投资决策的最优化。一般来讲，债券投资应注意以下几个问题：

1.应买新发行的券种

买新发行的券种是一种比较好的选择，这主要是因为新券种一般是根据当时的市场情况确定其发行的各个要素的，所以大部分比较切合实际。像国库券在发行时还可以免交手续费，但是也会有券种因为上市前利率水平定得不合理，出现上市就坐位倒持的现象。对于这种情况，我们事先就要深入了解。

2.应考虑银行利息率因素

对债券价格影响最大的是银行利率。当银行利率上升时，债券的价格下降。而当银行利率下调时，债券的价格就上涨。所以，如果未来一段时期内银行利率下调的可能较大，在短期债券收益率相差不大的情况下，我们应该买入长期债券，这样，可以获得较高的收益。而当未来一段时期内银行利率上涨的可能性增大时，我们就应先抛出长期债券，以免遭价格下跌的风险。如果是在二级市场上购买债券，则还应了解该债券的走势，如果估计价格在上涨之中，那么就应及时买进；如果认为该债券将要下跌，那么也可以等到其下跌趋稳以后再买进。

3.要考虑债券的变现能力

购买债券时还要考虑自己是否有必要保证其有较强的变现能力。有的人在存入定期存款时就采取每隔一定时间存入一部分钱的办法，以保证自己经常有快要到期的存款以备用。实际上这完全可以用购买适当品种债券的方法来代替，因为各种债券的变现能力都是比较强的，如有的国库券就可以提前兑付，并按存入的时间长短计算利息。购买上市流通的国库券也随时可以在市场上卖出，而所得的利息却比银行储蓄要高。

投资债券只是投资一个方面，它收益可靠，风险小，我们可以根据自己的资金和收入情况等，适当确定债券投资在我们总投资中所占的比例。

4.防止债券投资风险

债券投资的风险来自两方面，一是因为市场变化造成的风险；二是因为债券发行人不能还债引起的风险。

市场变化最主要是银行利率的变化，因为银行利率的变动会引起债券的价格随之上下波动。这样当你要买入或卖出债券时就会受到很大的影响，不过如果只是准备将债券持有到兑付时，那么就不存在太大的差别。此外，国家政治稳定情况、经济发展程度、金融货币政策、通货膨胀大小，都会对债券的价格产生影响。如果出现了较高通货膨胀，那么有保值补贴的债券和没有保值补贴的债券就大不相同了。企业债券则又受企业经营状况影响。

要防止债券投资风险，实现财理目标的最优化，最主要是选择好的投资品种，当然最好是选择国债。可靠的金融债券、企业债券由于具有高收益的特点，也可作为投资对象，但其风险也大。在这一过程中，要避免孤注一掷，可适当多选择几个投资品种，以减少某一债券的风险出现带来的损失。在投资期限上，最好采用长短期相结合的办法，这样有互补优势。长期债券收益相对较高，风险也大；短期债券则反之。对于投资时机的选择，要选择在债券价格价位较低时买入，避免在价格已经上涨了很多时买入，这样可能刚刚买入它便下跌。

三、股票投资

股份公司是当前世界上流行的最广泛的公司形式，就是把公司的资产平分为几千万、几亿或十几亿的股份，并借以筹集资金。股票就是投资者持有股份的凭证，它具有无期性、权责性、流通性和风险性的特点。它的收益受所投资公司的效益好坏的直接影响，同时也受股市的波动等因素的制约。投资者投资股市理财，若想获得好的收益，必须从多方面了解股票和股市，掌握可行的分析方法，做出最优的投资决策。

投资者投资股票，应把握时机，这是合理理财的要求，也是规避风险的要诀。买股票时要记住：大势不好不买，股票不涨不买，股价涨高了不买，不是热点不买，看不清不买。买入股票时应记住：股票见底回头可以买，均线向上发散可以买，初次回档可以买，量价俱升可以买，涨停不跌可以买。以下情况应卖出股票：该涨不涨反跌卖出，顶部放量价不增卖出，均线向下发散卖出，上升通道破坏卖出，大势变坏卖出。

在股票投资中，被套的现象时有发生。因而，投资者不要怕被套，其实解决被套的方法并不难，关键看这支股票该不该卖掉，这主要是由其下跌空间的大小所决定的。如果肯定还要跌，那就一定要卖掉，不要考虑买入价位问题。是否应在低位补仓也是同样的道理。在这里，应充分了解和掌握长线和短期的逻辑。在竞争如此激烈的市场经济中，一支股票要想一直保持优良业绩是很难的事情，如果在投资股票时一投到底，可能要冒很大的风险。

四、基金投资

投资基金又称共同基金，它是将小投资人的小额资金募集起来，使小钱变大钱，交给专业投资人去进行投资，收益归原有投资人享有，并使资金在投资中不断积累成长的一种投资方式或投资工具。

1.投资基金的特点

(1)专业理财。基金都实行专业化管理，基金从业人员大都受过高等教育和专业训练，具有较高的素质。在管理上，又分成基金管理公司、基金保管公司、基金承销公司、基金投资人等各个部分，它们直接分工协作，形成一种稳定的相互制约机制，从而保证基金组织的正常运行。而一个基金组织运行的好坏，关键就在于基金的管理人员的水平。专业化管理可以克服个人知识上、时间精力等方面的不足，取得较好的投资效果。

(2)规模经营。基金的特点就是把大大小小的投资者手中的钱汇集起来发挥作用，投资到最能使资本增值的地方。很多很好的项目往往需要大量的投资，而个人投资者手中的钱往往有限，不可能直接参加这种投资项目。如果投资到基金里，就可以用很少的钱参加大的投资项目，从而获得较大的收益。而且运行的规模越大，其管理费用所占的比例越小，经济效益也就越好。

(3)品种多样。西方发达国家，基金品种丰富多样，并各有不同的特色，从而给投资者提供了多种选择机会。同时，不同的基金在运作中也有不同的特点，这样更加有利于投资者不同的需求。

(4)风险分散。投资基金有足够大的规模，有足够多的资金，它可以把资金分散投资到不同的地方，例如投资到股票、债券、期货、房地产等不同领域或是在投资股票时选择不同行业、不同地区不同公司的方法回避风险，这样自然比起个人有强得多的抗风险的能力。

2.投资基金的选择

(1)如何根据风险不同选择。投资基金的投资活动也是有风险的。基金的风险分为市场风险和非市场风险。市场风险来自外在的因素，诸如正常的经济、政策或法令的变更所导致的市场行情波动以及由此产生的投资风险。由于基金是一种间接性的投资工具，因而它的风险主要是间接性风险，是基金所投资的市场风险的反映。因为基金有投资组合减轻风险的压力，因此其风险一般较其他的市场风险要小些。

首先，要划分基金的风险档次，确定投资比例。一般来说，基金的风险分为低风险、中等风险和高风险三个档次。低风险基金就是投资在风险较低的金融商品上的基金，如债券基金、货币基金；中等风险基金主要包括蓝筹股基金、国际债券基金等；高风险基金则包括认股权基金、杠杆基金、期货基金等。对于基金风险的选择可根据自身状况来确定不同的投资组合。

其次，利用β系数选择投资基金。β系数是用来测量市场风险的。根据投资理论的分析，市场本身的系数为1，如果投资组合价值变动大于市场变动时，β值大于1，相对获利要高；反之，则小于1，相对获利就低。β系数可根据下列公式计算：

$$\beta\text{系数}=\frac{\text{基金价格某段时间的涨跌幅度}}{\text{股价加权指数某段时间的涨跌幅度}}$$

其分母"股价加权指数"可选用通行衡量股市趋势的指数。一般来说，β系数较高的投资组合在多头市场时往往出现股市好，获得情况与高出的程度成正比，但碰到空头市场时情况则恰恰相反。

(2)个人不同情况的选择。在进行投资基金投资之前，要把握自己的理财目标，对自己的客观情况做好评估，包括自己的生活状况、自己对投资风险承受能力的高低、自己属何种投资者类型。同时，投资者还要拟定一个投资计划，包括投资目标有多大、有多少钱用于投资、投资组合怎样等。

(3) 基金种类的选择。基金种类的选择包括初选和复选两步。初选是用排除法将那些不合适的基金排除掉，一般来说，主要考虑该基金是否作分散投资，基金的最低投资额是否在你的承受范围、基金的资产规模是否合理、基金是否有过度的销售费用、基金是否是依法成立的。复选是挑选满意的基金的过程，一般来说主要依据以下几方面进行判断：基金的历史绩效，股市下跌年度的绩效，评估基金组合管理，考察基金的资产配置，对资产规模进行判断。对于不满意的基金可酌情处理。

(4)基金管理公司的选择。投资者选择基金管理公司的正确与否，直接关系到投资能否获利。在选择基金管理公司时，一般要考虑以前的经营业绩、考察不同股市态势下的公司业绩，以及公司的结构、资讯网络、公司背景和内外联系、"王牌产品"等其它因素。在选择基金经理人时要考虑其个性、经验阅历、知识面、对未来的看法、独立判断能力、反应敏锐度等。只有多角度、全方位地深入分析考察，才有利于理财活动的预期进行。

五、外汇投资

外汇投资即俗称炒汇，也就是在不同的外汇品种之间进行买卖以获取差价或避免损失的做法。在炒汇的过程中，应该了解并掌握在适当的时候把一种外汇转换成另一种外汇，以达到套利或套汇的目的。套利是指将所持有的利率较低的外币买卖成另一种利率较高的外币，从而增加存款的利息收入，同时又保留了其外汇的性质。套汇是指我们利用外汇汇率的频率变动，来赢得汇差收益。

投资外汇理财时，要掌握恰当的方法和技巧。跟风是外汇市场的第一大原则。在外汇市场上，真正的炒家是一些大型金融机构，因为作为一个国家的货币决不是一两个人就能左右的，个人炒汇应在此原则基础上，从中赚取少量差价以减少损失。此外，要认清形势，分析和了解各国的政治经济发展状况，以及金融货币政策等。通常我们采取顺势而为的做法，即当一种外汇呈下跌之势时，应逢高卖出，反之，则买入。

由于外汇市场周期长，所以投资操作时切忌急躁，要学会看长期效益，对于在操作中出现的错误，我们应及时更改，不可凭个人愿望操作。在操作中，一定要设止损点，如果有短线把握，可以做短线盈利。

六、银行贷款

提起贷款，很多人会不自觉将其纳入消费的范畴，而且会联想到是因为钱不够用了才去贷款，其实贷款并不一定是用于消费，也并不是有钱就储蓄，没钱就贷款。问题在于掌握恰当的理财方法，实现理财目标，所以有人敢于贷款，因为他能用这些钱创造更多的财富和利润，即使他的钱够花也仍会借钱用在有价值的地方。目前我国面向居民个人的贷款项目主要有以下几种：

(1)住房贷款。住房贷款是各种消费信贷中数额最大的一种贷款，它是以贷款为筹资形式，投资于住房，获得住房使用权的一种理财形式。

住房贷款的数额比较大，手续十分复杂，且各地政策也存在差异，因而，在申请住房贷款、办理住房贷款时，要咨询有关专家，并根据个人情况量力而行，从而更好地实现理财目标。

(2)耐用消费品贷款。耐用消费品是指单价在2000元以上，正常使用寿命期在2年以上的家庭耐用商品，如家用电器、电脑、家具、健身器等。一般来说，申请此贷款的人应是具有完全民事行为能力的自然人，有按期偿还贷款本息的能力，能提供银行认可的财产抵押、质押或第三方保证，且能够自筹不少于购物额20%至30%的首期付款。贷款期限一般在半年以内，最长为5年。此贷款按照借款合同规定的用途，通过转帐方式一次或分次直接把钱划入特约用户，借款人在借款期限内分次等额或一次足额归还贷款本息。

(3)汽车贷款。目前，建行、工商行等金融机构都已开办了汽车消费贷款业务，其基本原则是"部分自筹、有效担保、专款专用、按期偿还"，对购买符合国家产业政策的国产汽车自用或租赁经营的借款人提供人民币贷款服务。

汽车贷款一般要求本人有当地户口、有固定住所、有正当职业、稳定的收入来源、持有与贷款人指定的经销商签订的指定品牌汽车的购买协议或合同，能按期偿还贷款本息，有财产抵押、质押或第三方保证，并在贷款人指定银行存有不低于首期付款金额的购车款。

贷款人应自筹购车的20%-40%作为首期付款，其余部分贷款在5年内还清。贷款利率按中国人民银行规定的同期贷款利率执行。(一般为高出储蓄利率1-2个百分点)，贷款本息按月或季偿还，每次归还金额为：

$$\frac{\text{贷款本金}}{\text{还本付息次数}}-(\text{贷款本金}-\text{已归还本金累计额})\times\text{月（季）利率}$$

贷款人应先到银行咨询，递交申请，经银行审查同意后办理担保手续，方可取得贷款。

第五章 证券投资基金理财实务

随着证券市场的发展,基金代理理财功能将进一步得到发挥。在一些发达国家,基金代理理财不仅为投资者提供了较好的投资收益,而且给投资者提供了较宽广的选择空间和投资便利。对我国来说,基金代理理财如能有效防范各种负面影响,提高理财能力,则证券投资基金的发展空间将全面得到拓展。

一、基金理财的涵义

证券投资基金的一个重要特点,是将募集的资金以信托方式交给专业机构进行投资运作。可以说,基金理财是专业理财,其涵义主要体现在以下几个方面:

1.理财的主体是专业机构

基金管理人员是专门从事基金资金管理运作的组织,在证券投资基金中,基金管理人的专业运作主要表现在:①证券市场中的各类证券信息由专业人员进行收集、分析和追踪,各种证券组合方案由专业人员进行研究、模拟和调整;②投资风险及分散风险的措施由专业人员进行计算、测试、模拟和追踪;③投资运作中需要的各种技术(包括操作软件)由专业人员管理、配置、开发和协调;④基金资金调度和运用由专业人员管理和监控,市场操作由专业人员盯盘、下达指令和操盘。在这种专业管理运作中,证券投资的费用明显小于由各个投资者分别投资所形成的总费用,因此,在同等条件下基金专业理财的投资成本较低而投资收益较高。

2.是专业理财并非"专家理财"

"专业"强调某项职业或事业,"专家"强调某方面有深入研究或获得某种成就的个人,基金管理运作是一项集体事业,需要一个团队共同来完成,崇尚协力配合。"专家"在相当多场合可以是一个人完成某项工作。只强调"专家",不利于协调专业人员工作配合,更不利于培养团队精神,因此,要正确认识到基金理财是专业理财并非"专家理财"。

3.投资者决定理财的主要原则

基金理财过程中,理财的主要原则是由投资者确定的。基金证券的发售过程是一个将分散在各个投资者手中的资金集中的过程,把这些资金交给基金管理人进行投资运作,则是一个将集中的资金在所投资的各种证券中重新配置的过程。但是基金管理人在资金配置的过程中不能确定理财的各项主要原则。在证券基金投资过程中,基金管理人的职能集中在理财的专业技术方面,侧重于投资理财的具体运作,而理财的各项主要原则是由投资者根据有关法律法规的规定通过基金章程、信托契约书等文件决定的。比如,在投资者选择股票基金的场合,基金管理人不能将主要资金投入各种非股票的证券组合中;在投资者选择开放式基金的场合,基金管理人不能限制投资者购买或退回基金单位的自由。所以,基金管理人的专业理财不能违反基金持有人共同决定的基金理财原则。

4.理财重视完全竞争市场的客观要求

在现代经济中,基金管理人的专业理财,从市场角度上说是一个在竞争化社会中优化资源配置的过程。基金管理人作为专门从事代理理财的机构,只有在接受基金持有人委托的条件下,才能从事基金资金管理运作。由于可担任基金管理人职能的机构众多,包括各种金融机构、投资公司、咨询机构。目前,一只基金究竟委托哪家机构担任管理人,在完全竞争的市场中,取决于各机构的管理运作能力和信用能力。在基金管理人的管理运作难以令基金持有人满意的条件下,基金持有人有权通过更换基金管理人的决议,这就要求基金管理人的专业水准能达到市场认可的要求。同时,随着专业理财技术发展、证券市场发展及其他条件的变化,基金管理人应能适应基金持有人的新要求,否则,就将会在竞争化市场中被淘汰,因此,基金理财要重视完全竞争市场的客观要求。

二、基金理财的主要内容

基金理财主要内容包含组合投资和分散风险两个方面。

1.组合投资

在基金管理人专业理财的基金运作过程中,基金管理人不但要有组合投资的条件,而且也要有组合投资的必要,这是基金进行组合投资理财的两个要素。

(1)组合投资条件。在证券基金理财中,从组合投资的条件来看,以下三方面的情况非常值得重视:①基金资金规模较大,在投资运作中,简单地集中投入一只或少数几只股票(或债券)中,可能受到这些上市证券的总额限制,发生可投资的资金数量大于可购买的证券市值,因此,较大的资金规模本身决定了可投资的证券只数不可能是一只或少数几只,其中自然存在着证券的某种组合。这也是规避投资风险的需要;②基金持有人提供各项文件限制了基金管理人在运作资金中可选择的证券品种和这些证券品种的特色,比如,股票指数基金说明这一基金资金投资,不仅应主要选择股票为投资对象,而且在股票中应主要选择进入指数计算范畴的股票或者进入模拟指数计算范畴的股票;③基金管理人拥有专门从事证券组合研究分析、模拟试验并通过各种组合来寻求最佳组合的专业人员。专业理财队伍的日常工作内容是专业理财的重要组成部分。

(2)组合投资的必要性。随着证券市场的发展,管理层对机构投资者的政策支持,我国投资者主力正逐步转向机构投资者,而组合投资正是机构投资者的重要投资理念。

从基金理财组合投资的必要性来看,表现在两个方面:第一,各只证券在市价、规模、流动、收益、风险、潜力等方面的特性不完全相同，基金管理人的投资运作在目标结构、证券现金结构、期限结构等方面的要求也不尽相同，因此，如果不重视投资组合，就可能发生所投资的证券在收益与风险、短期与长期、数量与质量等方面的配合失当，这样，不仅给基金持有人带来本来可以避免的收益损失，而且给基金管理人自身的持续运作带来种种困难。第二，代理理财是一个竞争性市场，缺乏基本的投资组合，就可能在给基金持有人带来利益损失的同时，使基金管理人丧失市场信誉，从而面临被淘汰的命运。相反，如果基金管理人在组合投资方面有着良好的业绩，不仅将为基金持有人带来满意的收益，而且将为理财业务发展提供较好的市场支持。

2.分散风险

(1)分散风险的实质。实质上，在基金理财中，基金投资运作所能分散的风险是其组合投资或组合证券的风险，其基本过程是，通过将低风险证券、中风险证券和高风险证券进行组合来降低仅仅投资于高风险证券可能面临的投资损失，或者在预期某种(某些)证券的风险增大，某种(某些)证券的风险降低时及时调整投资的组合格局。如果风险与收益是对称的，那么，基金运作中的分散风险，在大多数场合，是以投资低风险从而低收益的证券品种为机制，也就是说在分散风险的同时放弃了某些可能的收益。因此，分散风险，实质上不是指基金管理人的投资运作能够分散股市本身的风险，而是指基金管理人可以通过组合投资来分散(或降低)其拥有的各类证券的总风险。

(2)分散风险的收益。在证券基金理财中，一般通过分散风险，基金管理人投资运作的长期总收益可能高于大多数单个投资者的投资收益，由此可能给基金持有人带来较满意的投资回报，尤其是带来明显高于银行存款利息的回报。这是证券投资基金理财吸引个人和机构的主要原因，也是证券投资基金得以快速发展的主要原因。需要强调的是，分散风险所带来的收益，一方面指的是长期总收益，不是指每一次投资运行都一定能够获得较高收益，更不是指“基金理财收益总能跑赢股市”；另一方面指的是与银行存款（在某些场合，还可包括公司债券）收益率相比，投资股票的运作收益可能较高，这种收益较高不仅与基金管理人理财运作有关，但更重要的是，在一个规范的证券市场中，股票的收益率通常高于银行存款和公司债券。

（3）分散风险的局限性。分散风险(或规避风险)是投资组合的一个核心问题。在基金理财中，通过投资组合，可以分散一定的风险。但是，由于对任何一个基金管理者来说，引发系统性风险的因素都是不可控制的，这是股市的一个属性之一。因此，组合投资不可能完全分散股市的系统风险。非系统风险如上市公司的破产风险、流动性风险、违约风险、管理风险等等，也是一个客观因素，处于基金管理人的可控范围之外，所以对此风险本身来说，基金管理人也不可能通过努力使其分散或化解。

在证券基金管理中，组合投资与分散风险是基金理财的重要内容，可以说，组合投资和分散风险是同一投资管理运作的两个方面，在这个过程中，需要坚持基金理财的三个要求：

其一、在收益目标已定的条件下努力使投资风险最小，以确保收益目标的实现；

其二、在风险目标已定的条件下努力使投资收益最大，以体现专业理财水平；

其三、在收益目标和风险目标尚末明确的条件下，通过各类的投资组合及其风险组合，寻求投资与风险的最优组合，以保障运作目标的实现。

三、基金理财的负面影响

在我国，证券投资基金理财是一个新生事物，基金理财为广大投资者开辟了新的投资渠道。但由于基金自身发展的不完善以及外部环境的制约，基金理财还面临着一定的负面影响，主要表现在以下几个方面：

1.观念导向不当

为了证明基金理财的重要性和必要性，一些舆论宣传对证券投资基金的积极功能过度扩大，从而产生了一些负面影响。主要表现在：一是，认为证券投资基金是专家理财，其投资于股市的收益水平将高于股市的平均收益水平，即所谓“基金投资能够跑赢大市”。这种宣传给社会各方面人员以误导，使他们认为，既然基金的投资运作是专家理财，那么，理所当然地盈利水平要高于一般的个人投资者和机构投资者。这样，基金持有人自然要按照“跑赢大市”来要求基金管理人对基金资金的运作，这大大增强了基金投资运作的盈利压力。而一些政府部门甚至为了能够保障基金投资运作“跑赢大市”，不惜出台一些扶持基金发展的措施(如新股配售)等。这不仅不利于证券投资基金的健康发展，而且不利于股票市场的规范化；二是，认为证券投资基金具有稳定股市的功能。此观点认为，既然证券投资基金具有稳定股市作用，那么，就可将其作为一种政策力量来“调控”股市，使股市运行符合政策取向和政策目标。事实上，在一个完全竞争的市场中，任何一个市场参与者都只是市场价格的接受者，而不是市场价格的制定者，不具有稳定市场的功能。如果一定要赋予证券投资基金“稳定股市”的功能，股市就必须成为一个垄断市场，即由买方或卖方掌握市场定价。事实上这是不可能的，因此，强调证券投资基金具有稳定股市的功能，既不利于基金理财的规范化运作，也不利于股市的规范化发展。

2.导致内部人控制现象

基金管理公司合理的法人治理结构是基金理财正常化的关键因素，基金管理人接受基金持有人委托运作基金资产，实际控制着基金理财的各方面事务。在基金持有人监督及有关制度约束弱化的条件下，基金管理人可能为谋取自己利益，而偏离甚至违反基金有关法律性文件的规定进行证券投资操作，给基金持有人带来不应有的投资损失，这种理财运作的不规范化与基金管理公司法人治理不完善密切相关，内部人控制现象使基金理财承受了较大的运作风险，是影响基金理财的负面因素之一。

3.具有较强的利益驱动性

证券投资基金是以营利为基本目标的经营性机构，基金理财收益的来源包括证券买卖差价收入、股息、利息等，在基金运作中存在着较强的利益驱动性，这主要是由以下两个方面的因素决定的：

一方面，投资者投资购买基金证券成为基金持有人的基本目的，不在于获得诸如股票的股息、债券的利息收入，而在于获得高于这些收益的投资收益，因此，如果基金运作经常发生实际上分配给基金持有人的投资回报水平等于或低于股息、利息收益，基金持有人就很难满意自己的投资选择。这在客观上形成一种压力，要求基金运作的收益性从而分配给基金持有人的投资回报率应高于股息、利息水平。

另一方面，基金管理人运作基金资金，是接受基金持有人委托而展开的，各个基金管理人在运作基金资金中存在的收益水平，客观上形成一种利益竞争关系。一般来说，基金资金运作收益越好，基金管理人接受委托的基金资金越多，而接受委托的基金资金越多，基金管理人施展其组合投资的能力越强，基金运作收益就可能越高；反之，基金管理人就可能面临业务减少甚至退出基金管理领域的危险，这也是基金理财面临的一大负面影响。

四、基金理财负面影响的有效防范

在实践中，基金理财可以从政策制度内部管理、信息披露、监管等方面来防范基金理财的负面影响。具体而言，主要包括以下几个方面：

1.创造良好的政策制度环境

为基金理财创造政策制度上的良好环境，有三方面的含义：一是把证券投资基金与其他投资者放在平等的市场竞争地位上，而不是将其当作贯彻政策意图或调控股市的特殊力量，这样有利于端正证券基金对社会各方面投资的导向效应；二是完善各种法律法规和政策等规范，使基金管理人在运作基金资金中有比较明确的行为规范可遵循。《证券投资基金法》的出台，将进一步促进基金理财的规范化运作；三是切实执行贯彻相关制度法规，对违反制度要求的行为予以严惩，防止基金理财和违法行为的发生，确保基金持有人的合法权益。

2.加强基金理财的内部管理

加强基金理财的内部管理，是基金管理人在基金理财中防范基金受负面影响的基本举措。它包括三点：一是要做到长期利益与短期利益相结合。由于基金管理人为基金持有人获取收益、维护其权益不是一个短期行为，受此制约，基金管理人在组合投资中，就更要加强分散风险管理，有效地将基金持有人的预期利益与长期利益结合起来；二是要明确理财功能，在理财过程中不应自我担负过度的盈利目标，导致一些不规范的理财行为，从而加大理财风险；三是要加强基金理财专业人员的素质培养，严格从业人员的从业资格制度，注重职业道德建设，形成良好的工作团队与从业精神，以基金理财的专业化服务，实现理财的阶段性目标。

3.强化基金理财的信息披露

基金理财是由专业机构运作的，基金管理人是管理和运作基金资产机构，它的主要职责是进行基金资产的投资运作，负责基金资产的财务管理，促进基金资产的保值及其他与基金资产有关的经营活动。其中要求基金管理人必须严格地进行信息披露，坚持基金理财信息披露“及时、准确、完整”三原则，使有关投资要求定期披露运作信息和基金咨询信息，这是基金理财的必要环节，也是《基金托管契约》中的重要内容之一，基金管理人强化信息披露，是基金理财有效防范负面影响的重要措施，也是提高投资基金理财收益的管理手段。

4.加强基金理财的系统监管

随着证券市场和电子技术的发展，证券基金理财的监管充分利用监控指标和各种电子技术，使用统一标准，进行系统监管。其基本思路：一是发挥证券监管部门核心作用；二是加强证券交易所加强一线监管；三是中介机构如会计师事务所、咨询公司、新闻媒体进行辅助监督；四是发挥基金行业协会行业自律作用；五是加强国际合作，形成国际性证券投资基金监管机制。通过基金的系统监管，为基金投资提供良好的理财环境，进一步促进基金理财的规范化。

总之，基金代理理财的功能发挥得如何，直接制约着证券投资基金的发展。目前我国已经加入WTO，随着证券市场的逐步开放与发展，基金理财也不可避免地逐步迈向国际化，基金理财的前景也将进一步拓展。

第六章 网上理财

目前，随着网络的迅速发展，许许多多的理财网站应运而生，个人理财已从算盘加流水簿的传统时代逐步向e时代的网上理财迈进，网上理财正逐渐成为投资者理财的一个新热点。

一、网上理财的兴起

1997年，招商银行在深圳市率先实行了网上银行业务，随后各大商业银行纷纷触网。现在，更多的网上支付、网上自动转帐和网上缴费等在线项目已开通，网上银行个人服务的业务量也在不断地增长。与此同时，各证券公司、保险公司均纷纷设立了自己的网站，开设了网上证券交易、网上保险等业务，为人们提供了帐户查询、资金划转、网上支付等各种网上理财服务项目。

据不完全统计，在目前已有100多家证券公司提供了网上证券交易服务。网上开户数达25万左右，虽然这与全国6000多万开户总数和全国2000多万的网民相比，比例还比较小，但是网上理财在我国已悄然兴起。

网上理财之所以被人们所熟知，并逐步受到青睐，其原因有以下几点：

首先，随着网民数量不断增加，网络在国内得到了广泛的运用，相应的网络经济也在迅速发展。网上炒股、网上商店、网上教育等对人们而言已不再是很陌生的事情。

其次，网上理财交易费用较低、操作便利、能够更全面的地获得信息，网上投资者还能够通过互联网获得市场咨询、公司信息和有关投资的有用材料，从而大大降低了对投资的不安全感。此外，投资者上网交易不受时空的限制，节省了大量的时间。

再次，随着我国人均收入的增加，个人财富的不断增长，且基于银行的利息逐步呈下降趋势，采用银行存款的理财收益相对较小，时尚的人们便想着怎样投资才能为自己带来更大的价值，在这种情况下，网上理财的概念应运而生。

二、网上理财的工具选择

网上理财有以下几种工具可供选择：

1.e算盘

这种理财工具一般都较为简单，然而它的品种很多，也比较实用。比如，储蓄利息计算器、买楼综合计算器、按揭计算器、助学贷款计算器、资产净值计算器、所得税计算器等，这些理财工具在一般理财网站都有提供，它是科学理财不可或缺的。

2.e帐簿

这一类理财工具较为复杂，但它能为网上投资者提供全面便捷的金融顾问和有关的中介服务。在投资股市方面，可以下载实时股票行情，研究大盘走势，仔细分析K线图，寻找出股市中最大的黑马；在买保险方面，只要在网站上输入个人资料，保险工具便能够自动评估风险，然后再根据你的收入和生活水准，负责制定出保险计划，计算出准确的保额，并自动启动险种搜索引擎，为你检索出最适合、最廉价险种；在贷款方面，网站也会根据你的家庭收入情况计算出贷款计划，使你付出的利息最少。这类工具以软件业巨头Microsoft的网站最为突出，该类网站在国内也有不少，像财智网等就是具有代表意义的网站。

3.e理财顾问

一般来讲，这一类工具是由专业的理财网站的在线理财规划师按照实际情况为客户量身定做的各种个人理财建设、规划方案，提供科学地、理性地投资理财组合方案，包括资产分配建设、各类投资品种的具体投资策略，以及各类理财情报。其特点是针对性和个性化很强，因此对网站的专业性要求比较高，在国外，该类网站有代表性的大都是由注册理财规划师的成员建立的个人网站。

三、目前我国网上理财面临的问题

网上理财在21世纪有着良好的发展机遇。但是在目前情况下，还面临着诸多问题：

1.互联网的基础设施建设滞后，人们对网络的参与程度还不够高，这严重阻碍了有关业务的开展。

2.各金融机构对开展网上业务充满着极大地热情，但基本上都处在各自为政的状态，很难形成一股合力。

3.从传统理财转变为网上理财，人们在观念和习惯上尚需一个适应的过程。另外，据中国互联网络信息中心的一项调查结果显示，在用户不选择网上银行的原因中，有46%的用户担心采取这种交易方式没有安全感，这充分说明了安全性是制约网上理财的最大“瓶颈”。对广大投资者来讲，网络“黑客”的惠顾意味着自己辛辛苦苦挣来的钱将蒙受惨重损失。这也是许多投资者对网上理财持观望态度的原因，网上理财的安全问题让人们顾虑重重。

4.网上信用问题，这是一个非常关键的问题，从国外的经验来看，新兴的网上投资行为存在很大的危险，尤其是网上诈骗活动随着网上投资热而日益频繁。

5.投资工具不够完善。目前人们的网上理财仅限于网上炒股这一项，缺乏指数期货、开放式基金、私募基金、外汇、保险等多种方式的联动，与此同时，相关的理财业务因受政策的限制使得投资者投资理财范围狭小。

6.缺乏真正的理财分析专家队伍。华尔街的理财服务大都有相应的专家提供大量的数据模型等理财工具，但是，由于我国证券市场尚有待规范以及人才的匮乏，大大制约了网上理财的发展。

此外，我国金融行业的壁垒、知识产权保护不力等也是网上理财面临的不可忽视的问题。

四、网上理财的前景展望

理财网站的终极目标是合理充分地利用用户的资金，在现阶段，虽然还面临着诸多问题，但经营者对网上理财的前景持乐观态度。有业内人士指出，未来的网上理财将突出证券投资服务，其中包括行情系统、分析系统、投资系统和投资咨询系统等。而突出此项服务的同时，网上理财的发展将越来越向多元化方向发展，服务的项目将逐渐涵盖保险、期货、外汇、基金等。在市场成熟期，个性化、智能化、定制化将成为用户的普遍选择和服务商的基本服务。为此，在今后一段时期内我国应创建一个专门以帮助个人和家庭为最终目的的专业化站点，把互联网的先进技术和金融产品有机统一起来，为个人和家庭免费提供一系列符合中国国情的、功能新颖独特的定制化、个性化、智能化的投资理财软件和服务。

国际数据公司的统计结果显示：2001 年美国有 2700 万家家庭使用理财软件，有 1150 家银行通过互联网提供金融服务。据推测，到 2003 年，美国网上理财的家庭将增加到 3200 万家，相应地也将有 80%的美国商业银行和信用合作社提供网上金融服务，客户可通过网络进行抵押货款、家庭财务管理以及证券交易与投保活动等。尽管在目前与美国相比，我国网络普及率、电脑普及率和网民的购买力分别只有美国的 1/25、1/55 和 1/15，但这并不意味着我国的网上理财就没有发展空间，实际上，我国的网上理财活动已经进入了快速发展时期。有关专家估计 4–5 年以后，我国的网上金融业务量的比例和美国目前的水平差不多，大约占 10%左右。以网上证券交易为例，截止 2001 年年底，网上交易额达到 6000 亿，占交易量的 4%，预计到 2002 年这一数字将增至 14000 亿元，占总交易量的 8%。由此可见，我国未来的网上理财发展潜力巨大。

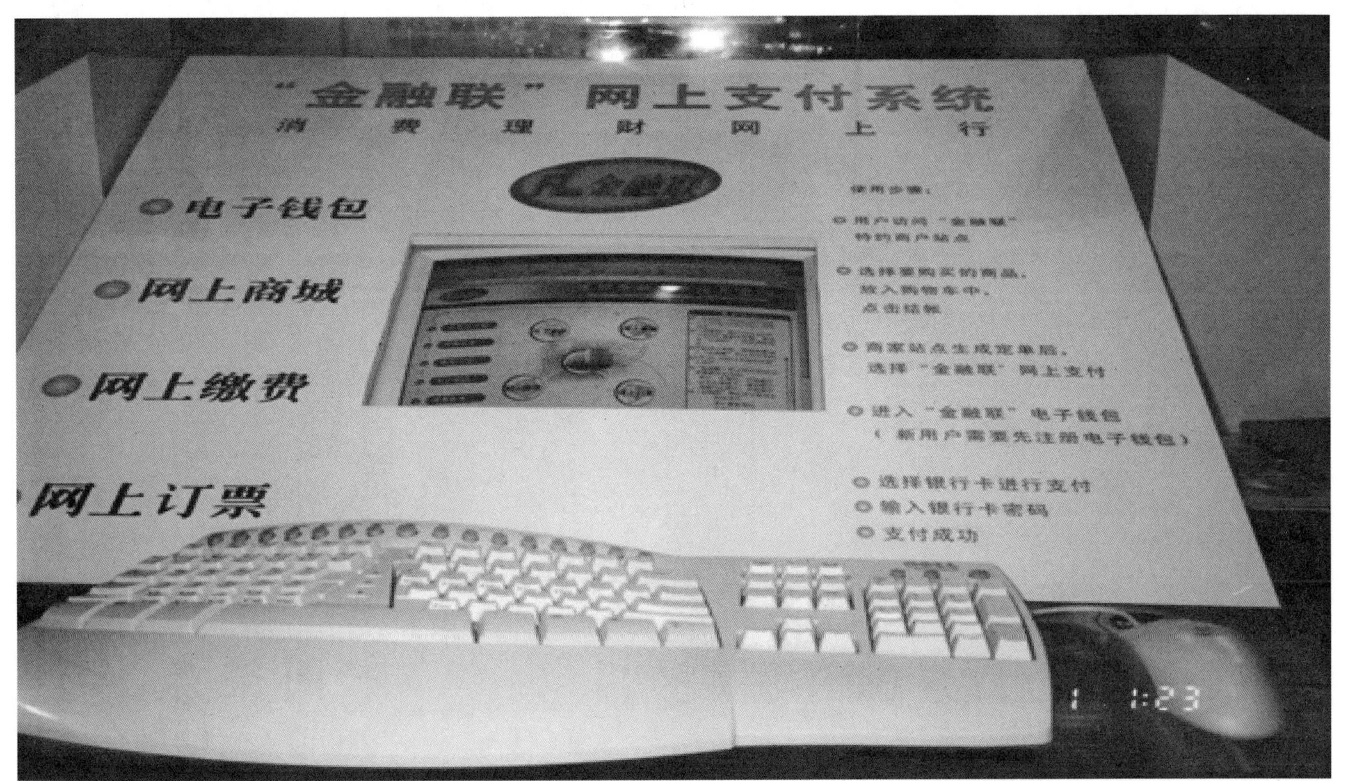

VOLUME 13

第十三卷 证券文化和股票发行

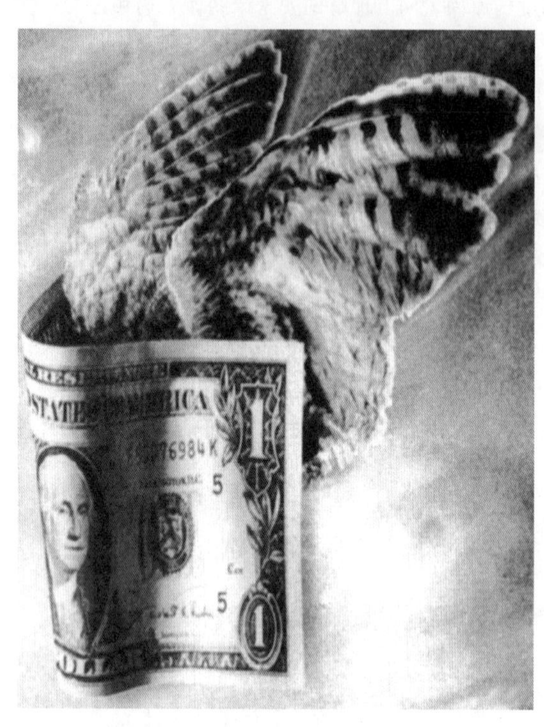

- 我国证券文化的形成与发展
- 我国证券文化的特色与作用
- 我国证券文化的建设与繁荣
- 股票发行市场化研究
- 对我国上市公司增发融资的思考与探索

第一章 我国证券文化的形成与发展

第二章 我国证券文化的特色与作用

第三章 我国证券文化的建设与繁荣

第四章 股票发行市场化研究
一、我国股票发行制度的演变
二、我国股票发行制度的政策效应分析
三、我国股票发行制度由核准制向注册制转变
四、发行定价市场化分析
五、发行市场化对公司及投资者的影响
六、发行制度改革及券商应对措施
七、发行市场化政策建议

第五章 对我国上市公司增发融资的思考与探索
一、增发融资历程与存在的问题
二、提高增发标准规范增发市场
三、市场波动对上市公司增发事件日股价走势的影响
四、增发对券商的影响及其对策
五、增发对上市公司业绩的影响
六、券商在证券市场融资中的作用

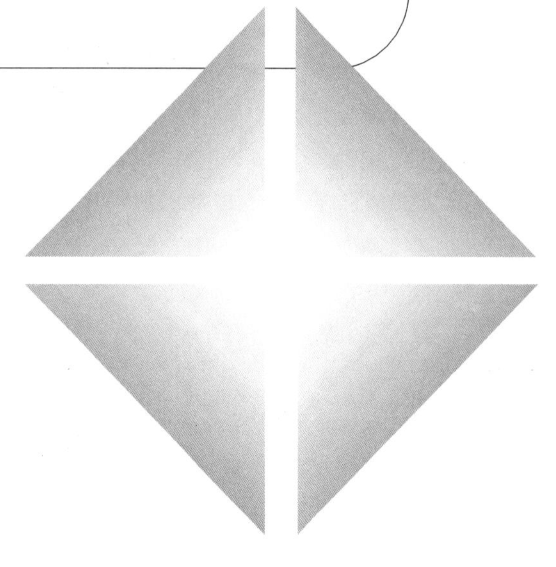

第一章 我国证券文化的形成与发展

文化的萌芽与发展状态主要表现为思想、观念、认识、理念等。并且,文化这一意识性会随着相对应的经济条件的变化而不断得到加强,逐渐形成这一经济范畴内的文化体系。

我国的股份制和证券市场,作为改革开放中出现的新事物,曾引起较多的争议,主要表现在社会主义国家能不能发行股票、股份制姓“资”还是姓“社”等。证券市场创建初期,文化理论界的不同观念、思想和意识,使我国证券市场发展在一段时间内受到影响。此时,证券市场非常需要先进的思想、理论、意识来指导,邓小平同志1992年初视察南方的谈话则解放了思想,他明确指出证券市场与股市需要实践,要大胆吸收和借鉴人类社会创造的一切文明成果。这在当时证券文化理论界树立了一面旗帜,在邓小平理论的指导下,国务院证券委和中国证券监督管理委员会(简称中国证监会)成立,同时将发行股票的试点由上海、深圳等少数地方推行到全国。此后,证券市场在“法制、监管、自律、规范”的八字方针指导下,迅速发展起来。在证券市场的发展过程中,党的十五大报告从理论的高度对市场经济做出了科学论断。江泽民总书记进一步指出,实行社会主义市场经济,必然会有证券市场,要进一步发展与规范证券市场,为改革开放与现代化建设服务。目前,我国已正式成为世界贸易组织成员,在新的历史条件下,证券市场必须坚持“诚信”,这是证券市场发展的客观要求。可以说,我国证券市场自诞生以来,取得了令世界瞩目的成就,特别是1998年12月29日《证券法》的颁布对完善中国证券市场的各项重要制度起了重要作用。其中股票发行审核制度从行政审批制到核准制的转变标志着政府行政干预在逐步减少,国际化、市场化进程正在加快。我们应认识到核准制的基础是证券市场各参与主体的“诚信”原则水平,并且《证券法》规定推行核准制吹响了股票发行审核制度改革的号角。但核准制要真正发挥立法者预期的作用还需要其他因素的配合,而其中最重要的因素就是“诚信”观念的深入人心,而不仅停留在法律形式上。

虽然,我们的传统文化的确缺少商品交易理念上的“诚信”观念,而且我们传统文化中为人的“诚信”理念又受到过无情的鞭挞。但从长远看,核准制的顺利实施必须有“诚信”的文化环境作为坚实的基础。

事实上,我国证券市场经过10余年的发展,证券市场在发展中,各种文化思想、理念、观念,经过碰撞、演变、融合、同化等逐步形成了符合广大人民群众根本利益的主流证券文化思想。其具有文化的进步性,主要表现在两方面:其一,有明确的方向。江泽民同志关于“三个代表”的重要思想,丰富和发展了马列主义毛泽东思想和邓小平理论。不仅对代表中国先进文化的经济文化前进方向作了严格、科学的界定,而且进行了全面系统和深入的分析,指出社会主义文化、经济文化要服务于整个市场经济的发展。作为属于经济文化范畴的证券文化思想,同样将在这一明确的指导下健康发展;其二,有确定的文化思想核心。我国证券文化思想的核心是“规范发展、诚信为本”。规范发展,最基本的要求是证券市场要必须在规范中求发展,并且强调证券市场制度、机制、法律法规等在市场发展中实施与不断完善;诚信是证券市场发展的信用基础,侧重于从职业道德、精神支持、文化素养等方面推动证券市场的发展,它强调文化思想的指导作用。因此,证券文化思想核心的初步确定,使证券市场中广大投资者认识到,证券文化思想的稳定是证券市场发展全局性问题,这有利于投资者摆脱各种错误观念和意识的影响,自觉地维护主流证券文化思想,从而保证证券市场稳定、健康、持续发展。这样,在证券市场发展中,文化的各个基本要素逐步具备,证券文化应运而生。

一般地,证券文化(Culture of securities)的基本定义是:在一定的历史环境下,证券市场及证券市场主体、公共媒体以及专业人士等在证券市场活动中逐渐形成的观念和价值的总和,包括价值观念、行为规范、创新意识、职业道德、精神风貌、文化素质、传统风俗、证券文体娱乐等。证券文化主要由两部分组成,一是证券市场制度、法律法规以及组织体系,它是证券文化的硬件部分;二是证券市场的道德精神的价值体系,它是证券文化的软件部分。基于证券文化形成属于经济文化的范畴,因此两者具有相同之点。此外还存在某些差异,表现为:一是文化的直接对应基础不同,经济文化的基础是社会经济关系、经济体系及经济行为等。也就是说反映的主体主要包括经济政策、经济制度、经济体系以及经济行为(包括生产、分配、交换、消费等)等。而证券文化的基础主要是指证券市场制度、证券法律法规、证券活动(包括证券发行、交易、投资、服务)等。这种文化基础的差异,决定了两种文化有所不同;二是文化范围不同,经济文化产生于一个国家社会经济基础之上,属于一个国家的上层建筑内容,辐射范围包括经济行为中各阶级、阶层、民族、经济团体、利益集体或个人等。我国的经济文化的基础是社会经济制度,但全国人民的根本利益是一致的,所以经济文化是服务于全国人民。证券文化产生的基础是证券市场及证券市场制度以及证券活动，而证券市场是我国市场经济的一部分，从本质上讲我国证券文化属于经济文化范畴。另外，经济文化体现的阶段性比证券文化强，经济文化与政治文化相对应，而证券文化没有明确的对应文化。

通过上述比较，我们可以认识到证券文化是在一定的基础、范围、环境下形成的，它与经济文化紧密相连，并且随着客观环境改变而变化、发展。

如今，我国证券市场已发展到了一个新的历史阶段，在规范发展的总要求下，市场化、国际化已成为不可逆转的趋势，对证券市场要严格监管，坚持诚信原则，强调证券文化中制度与道德的统一，要加强证券市场所有主体的教育，更要加强投资者的教育。过去的投资者教育定位已经不能适应日益发展的证券市场以及证券文化发展的要求。投资者队伍是证券文化发展的一个重要主体之一，进一步加强投资者教育管理，促使其投资行为进一步规范化，提高投资者素质，促使其做先进文化理念的秉持者、违规违法行为的防范者，营造良好的证券文化发展氛围，实现证券文化的良性发展。

总之，我国证券文化已在证券市场的发展壮大中逐步形成，它将在其不断地发展中进一步体现文化的特质与意义。目前，我国已加入WTO，证券市场的逐步开放，必然产生证券市场不同文化意识形态的碰撞与对接，证券文化将展现新的特点，在国内证券市场日益壮大中，我国证券文化将显现更大的作用，并在建设中进一步繁荣发展。

第二章 我国证券文化的特色与作用

我国现阶段的证券文化是伴随着证券市场的发展而发展起来的新型文化，是社会主义先进文化的一部分。它对证券市场的健康、稳定、持续发展有重大作用。

我国证券文化具有鲜明的先进性，它的科学文化属性主要体现在以下几个方面：

1.制度与道德的统一

从广义上来说，文化包括思想道德和法律制度两个方面，思想道德文化和法律制度文化是矛盾的统一体。建立在某一特殊文化上的法律制度只有与思想文化特性相适应才能焕发出勃勃生机。同时，法律制度对思想道德文化的反作用也是巨大的，法律制度的执行可以推动甚至培育一种新的思想道德文化理念。

我国证券文化是制度因素与道德因素的统一。证券市场作为资本市场，具有资本的虚拟性、收益性、风险性等。受这种经济土壤影响的文化，客观上要求文化对经济土壤产生调控作用。由于虚拟性增加制度法规操作的难度，收益性客观上容易滋生自利化倾向，风险性容易造成观念的异化、道德的倾斜、心理的失衡等。这样，文化的反作用性便表现出政策制度的规范与道德精神的约束，即制度与道德的统一性。

2.创新精神的融合

所谓创新，就是对事物发展规律的揭示与对未知世界的探索，是科学态度和科学实践的有机结合。“创新是一个民族进步的灵魂，是一个国家兴旺发达的不竭动力。”江总书记的这一论断，对创新这一时代命题的必要性和必然性作出了科学的注脚。事实也充分证明，我国证券市场制度、法律法规以及组织体系的设计、调整、完善等，都在不断地融合时代创新精神，这也是符合证券市场道德精神价值体系确定与发展要求的。而创新精神的形成，一方面要有制度、机制、体制的支持；另一方面，更需证券市场培育大量的创新主体，促使对外部的优势转化为现实的成果。

3.强调“以人为本”

社会主义先进文化进一步继承和发展了马克思主义关于“人”的学说，即“人既是人的一切活动的出发点也是归宿。”证券文化是社会主义先进文化的一部分，这里的文化就是指通过证券市场个体人格的塑造、群体价值的形成、道德观念的凝聚等，造就代表证券文化及其发展的“市场主体”与“创造主体”。因此，证券文化作为一种特定的文化，强调“以人为本”，这是证券文化的又一大特征。

4.维护广大投资者的根本利益

建设有中国特色的社会主义证券文化，不断提高代表中国先进文化前进方向的水平，就是要紧紧围绕经济建设这个中心，面对新的时代，新的实践，坚持马克思主义的基本原理，加强社会主义思想道德建设，处理好继承与创新的关系，发展先进生产力。不断发展先进生产力和证券文化，归根到底都是为了满足广大投资者日益增长的物质文化生活的需要，不断实现广大投资者的根本利益，为我国经济发展和证券市场进步提供精神动力和智力支持。同时，证券文化作为 种新型文化，不但具有自身鲜明的特征，而且也具有文化的反作用力，它对证券市场的发展有重要的作用。

第一，指导证券市场行为

证券市场行为，它一般由证券发行、证券交易、证券投资、证券服务等构成。不同的证券市场主体由于在对证券经济的立场认识、态度、利益趋向上等存在较大差别，因而体现出的证券市场行为也各不相同。为了加强管理，必须采用相关的市场制度、法律法规，维护证券市场"公平、公开、公正"的原则。对证券市场行为进行统一规范。而这种制度、法律法规的规范，道德精神的约束，正是证券文化的内在体现，并且进一步影响到上市公司、证券商、中介机构等企业文化建设，促使其培育良好企业文化，逐渐激发企业文化的活力，从而达到指导证券市场行为的目的。

第二，创造证券市场价值

文化能够创造价值。企业文化主要是通过三条途径创造价值的。①文化减少了企业内个人的信息处理要求，并能促进工作的专门化，因此大大提高了企业的技术效率；②文化补充了正式的控制制度，减少了企业中监督个人的成本；③文化能促进合作，提供一个减少冲突，形成合作，凝聚共识的契机。企业文化这一特征也反映在证券文化上，有效的证券市场制度、机制、法律法规等，有利于证券市场运作的规范化、专业化，从而提高证券市场运作效率。良好的证券业观念、执业道德、精神风貌等可以减少证券市场的监管成本，并形成有利的证券市场文化氛围与环境，维护证券市场的"三公"原则。这种证券市场价值的创造是无形的，但力量却是强大的。

第三，维护证券市场关系

有效地维护证券市场各要素的关系，是证券市场稳定发展的重要前提。证券文化具有维护证券市场关系的功能。诚信是证券市场关系的基本准则，是上市公司、证券商、证券中介机构以及投资者的道德底线，强调诚信，就是强调证券文化的先进舆论导向，为市场提供精神支持，维护证券市场主体内部、证券市场主体之间以至整个证券市场关系的协调发展。一般来说，稳定的、协调的证券市场关系是以一种合力较强的证券文化作为基础的；反之，动荡的证券市场背后，往往是一种分化性较强的证券文化在起作用，在这里，证券文化起着维护证券市场关系的作用。

第四，形成证券市场合力

企业文化一个突出的特点的表现出一种"文化合力"，基于证券市场的证券文化同样是一种"文化力"，这种"文化力"的汇集便形成对证券市场的合力，合力的成份主要表现为对政策的贯彻力、对制度的执行力、对企业的推动力、对行为的约束力、对道德的维护力、对外开放的竞争力等。特别是随着我国证券市场的开放，证券文化所形成的国内证券合力，将有利于迎接境外资本力量的冲击与挑战。

目前，我国已加入WTO，随着证券市场的进一步开放，证券文化的摩擦与交融是发展的必然趋势，我国证券文化将体现国际化的时代特征，证券文化作用的多元化也将逐步显示出来。

第三章 我国证券文化的建设与繁荣

证券文化对证券市场发展有重大现实意义。新时期,随着证券市场的不断发展,要进一步加强证券文化的建设,推动证券文化的繁荣发展。

我国社会主义文化是一种科学的文化,具有先进性。证券文化要坚持社会主义文化的前进方向,紧紧围绕证券市场这个中心,加强证券文化建设。目前,我国已加入WTO,进一步加强证券市场的法律制度建设与思想道德建设,这是我国证券市场发展与进步的客观要求。建设证券文化要坚持邓小平建设有中国特色的社会主义理论,要坚持江泽民同志关于"三个代表"的思想,坚持先进文化的前进方向。具体而言,证券文化建设可以从以下几个方面着手:

1.遵循证券市场严管干部的原则,改进干部管理的方法,努力推进干部工作的科学化、民主化、制度化

在证券市场中,上市公司、证券商、证券中介机构等,要坚持严管干部的原则,切实加强"掌舵人"的核心作用。这主要从以下两方面开展工作:一要重视和抓好领导干部的配置和驾驭全局能力的提高。上市公司、证券商等领导干部配置是否恰当及其驾驭全局能力发挥得如何,对企业是个至关重要的要素,企业领导干部越是综合素质高,其决策水平就越高,民主作风就越浓,员工干劲就越高,证券市场的基础就越稳固;二是要重视和抓好领导干部队伍综合素质的培养,努力造就德才兼备的领导干部队伍。选拔任用企业高级管理人员,一定要注重政治、思想道德素质,要为人正派、处事公正、廉洁奉公,具有较强的党性观念,政治责任感,勇于创新,善于决策,敢于负责,精于管理,这样才能进一步强化证券文化的先进性与指导性。

2.在证券市场中进一步形成尊重知识与人才的良好风气

第一,要建立科学的人事制度。证券业是一个知识密集型行业,需要为每个证券专业人才寻找合适的岗位,为每个岗位配备合适的人才,做到人尽其才,最大限度地发挥每一个人才的聪明才智,充分发挥人才的主观能动性。

第二,要营造一个成就事业的良好环境。一个人的成长既离不开环境的熏陶,也离不开实践的洗礼。证券行业良好的软、硬件环境,是吸引人才的磁场,证券企业应按照自己的专业尽量对口安置,以利于发挥他们的特长。根据干部标准和岗位需要选好人、用好人。特别是证券市场的管理层与上市公司、证券公司的领导干部要有识才的慧眼,用才的气魄,爱才的感情,聚才的方法,知人善任,广纳群贤。要用崇高的理想、高尚的精神引导和激励证券专业人才为证券行业贡献力量,为国家、为人民建功立业。同时要关心和信任他们,尽力为他们创造良好的工作条件。

第三,从制度上保证各类证券行业人才得到与他们劳动和贡献相适应的报酬。企业能否做到合理分配,这是调动人才积极性的一个非常实际的问题。因为报酬不单是一种利益所得,更是国家和企业对一个人所作贡献的承认、鼓励和奖赏,因此必须制定鼓励性和奖励性的工资奖金制度。只有正确处理好这些利益关系,证券专业人才才能对企业产生依存感和向心力,从而激发人才的创造性与奉献精神,进一步在证券市场形成尊重知识、尊重人才的良好风气和积极的、健康的文化氛围。

3.发挥制度执行体系的文化功能,保持文化繁荣

证券市场中的政策、制度、法律、法规从管理层的制定,到上市公司、证券公司、证券中介机构、投资者的执行以及证券行业自律机构的配合执行等,其中文化功能主要体现在三个方面:一是政策、制度以及法律法规要体现证券市场的主流的思想、观念、意识以及创造性思维等,特别是证券市场的"三公原则";二是认真实施贯彻政策、制度以及法律法规,使文化观念、思想、认识等能在实践中反映出来。并且,在实践的过程中,证券市场主体特别是管理层、证券公司、上市公司、证券中介机构、证券交易所等还要不断加强有关政策、正确理念以及意识的文化宣传与扩散,与专业公共媒体配合形成文化辐射圈;三是行业自律机构要发挥文化培育作用,如证券行业协会、国债协会、基金协会等,要积极进行证券业的人员培训、文化交流活动、投资者教育、业内刊物编辑、网上文化传播等,普及证券知识,促进行业发展。证券市场主体的这种文化功能的发挥,从而保持了文化的传播、扩展、创新与繁荣发展。

4.加强证券业职业道德建设,形成市场"公平、公开、公正、公信"的文化环境

江泽民同志在中央经济工作会议上指出,要在全社会强化信用意识,加强诚实守信的道德教育,以德治国。最近颁发的《国务院关于整顿和规范市场经济秩序的决定》也从依法治国与以德治市的高度,强调了"加强职业道德教育,建立健全社会信用制度的意义"。

职业道德是指企业及企业人员在其生产、管理、经营以及服务等活动中所应遵循的道德规范和行为准则的总和。加强建设上市公司、证券公司、证券中介机构职业道德，其一是要培育“有理想、有道德、有文化、有纪律”的职工队伍；其二倡导“爱岗敬业、锐意进取、服务用户、奉献社会”的精神，积极维护市场的“公开、公平、公正、公信”；其三要树立正确的人生观、世界观、价值观，在社会主义市场经济中，坚决抵制个人主义、享乐主义、拜金主义思潮的侵蚀，创造证券市场健康的文化气氛。

5.加强投资者的教育管理

在整个证券文化的建设中，投资者教育是一项综合性的系统工作，它需要管理者与投资者形成能充分交流学习的平台，能调动投资者主动参与的积极性，加强证券文化知识的传播，推动证券文化的繁荣发展。投资者教育管理途径，可从以下几方面加以选择：

(1)制定一项长期的投资者证券文化教育战略目标。投资者教育是一项任重道远的事业，需要有众多的组织和机构共同参与和合作，需要统筹规划各种资源，制定具有可操作性的战略目标和工作方案，对于投资者教育管理的进行，需要对投资者的状况、心理、学习规律进行深入研究，调动投资者主动参与的意识和积极性。为顺利开展证券文化教育事业，应该制定长期的投资者教育可行性方案，明确各个投资者教育机构的职能、近期目标及远期目标、教育内容和教育方式的选择、人力物力的投入等。制定方案前要进行广泛的调查，还应向社会公布，公开征求社会各界特别是投资者的建议和意见。只有保持教育方案的可行性与科学性，才能使投资者教育工作真正做出成效。

(2)发挥证券监管部门在投资者教育中的重要功能。监管部门开展投资者教育具有很多优势，具体表现在：①证券监部门处于比较超脱的地位，又是制定各种市场规则的部门，具有权威性，开展投资者教育容易取得投资者的信任；②基于其在证券业的权威的地位，监管部门能够协调全国的投资者教育活动，整合各种投资者教育资源；③由于监管部门拥有查处违规违法行为的职权，可以直接处理投资者的举报、投诉，使投资者教育中的权益保护教育更容易落到实处。在投资者教育中应该充分发挥证券监管部门的统一优势，认真做好投资者教育管理工作。

(3)发挥自律机构在投资者教育中的主力作用。证券交易所、证券业协会是证券市场的重要自律机构。充分发挥其在投资者教育中具体执行工作的职能，利用组织培训、媒体传播、网上教学、书籍编写等形式，积极进行投资者教育活动，并有组织地进行阶段性评估与定期全面评估，在信息反馈中检查教育管理的效果，从而有利于不断改进教育管理方式与方法。同时，还应切实采取各种教育措施，推动证券经营机构开展投资者教育管理工作。开展加强投资者教育，是证券经营机构应尽的职责，也是证券市场自律发展的要求。证券经营机构作为证券市场的中介机构，应负起一部分的责任。有必要推动证券机构开展投资者教育，既使他们守法经营，规范动作，又使投资者知道自己的权益，对继续参与更有信心。另外，发挥新闻媒体在投资者教育工作中的重要作用，坚持正确的投资者教育舆论导向。报纸、广播、电视、互联网等都是现代化的传播手段，能够最迅速、最广泛地传播各种信息，直接影响群众的思想和行为。这是投资者教育信息的重要传播渠道。构筑起管理者与投资者沟通交流的渠道，要利用开辟的投资者教育栏目、电视节目和网页，密切监控新闻媒体传播不正确的、对投资者有误导作用的信息，对传播误导信息的行为要加以制止，对不正确的信息要加以澄清，对责任人要依法进行处理。而且关注社会上不断出现的投资者教育工作机构和团体活动，对健康的有益的要加以扶持，对不健康有害的要坚决制止和纠正，进一步推动证券文化的建设与繁荣发展。

总之，我国证券文化是随着证券市场的发展而逐步形成的，它对证券市场的健康、稳定、持续发展有重要作用。我国证券文化建设必须坚持社会主义先进文化的前进方向，坚持繁荣与规范的原则，坚持制度执行体系的文化功能，加强对投资者的证券文化教育，倡导良好职业道德精神，切实保护广大投资者的切身利益，并积极培育科学的新型文化，在开放中不断交流与丰富，进一步推动证券文化的繁荣发展。

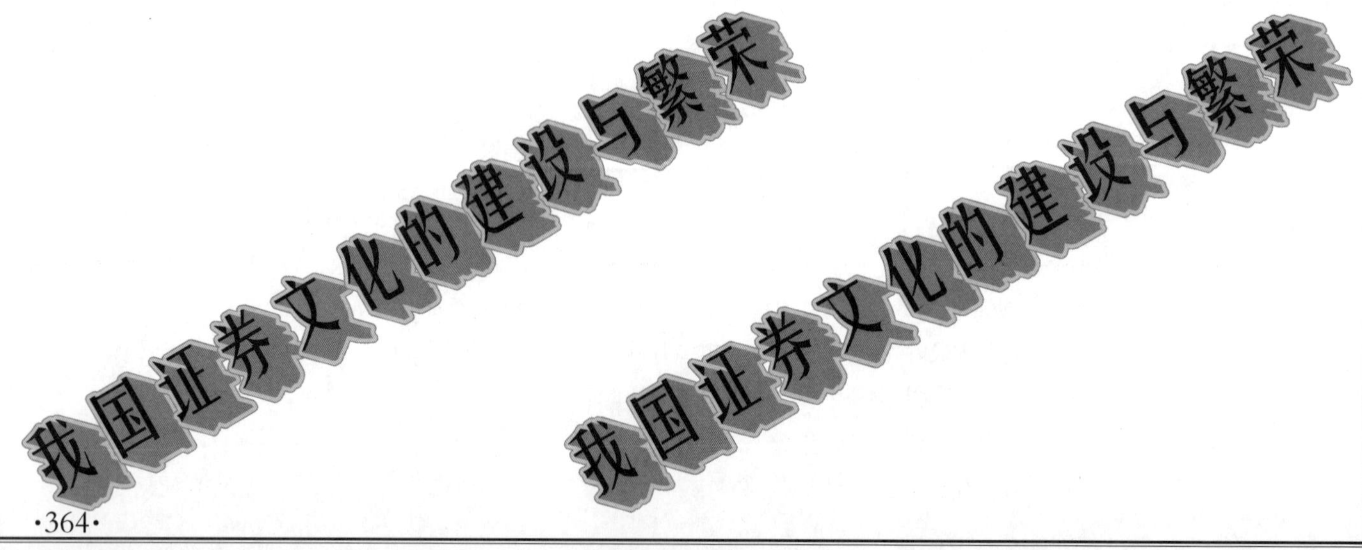

第四章 股票发行市场化研究

一、我国股票发行制度的演变

(文/联合证券研究所　段海虹)

股票发行制度实际就是指发行人在申请发行股票时遵循的一系列程序化的规范。我国于1993年制定颁布了关于公开发行股票的一系列法规的政策,之后根据市场运作情况进行了不断调整和完善,具体表现在发行监管、发行方式、发行定价三个方面。

(一)发行监管制度的演变

发行监管制度的核心内容是股票发行决定权的归属,目前国际上有两种倾向:一种是政府主导型,即核准制,要求发行人在发行证券过程中不仅要公开披露有关信息,而且必须符合一系列实质性的条件,这种制度赋予监管当局决定权;另一种是市场主导型,即注册制,股票发行之前,发行人必须按法定程序向监管部门提交有关信息,申请注册,并对信息的完整性、真实性负责,这种制度强调市场对股票发行的决定权。我国股票发行管理属于政府主导型,政府不仅管理了审核股票发行实质性内容的审核,而且还管理发行过程实际操作,如确定发行方式和发行定价。我国一直在探讨发行监管制度的改革,从审批到审核,再到核准,改革的方向是政府不断放权,加大市场的调节功能。我国股票发行监管制度中一直沿用的有:

1.实行股票发行额度控制

我国到目前一直采用股票发行规模和发行数量双重控制的办法,即每年先由证券主管部门下达公开发行股票的数量总规模,并在此限额内各地方和部委切分额度,再由地方或部委确定预选企业,上报证监会获得批准。1993年、1994年、1996年和1997年四年的发行额度分别是50亿元、55亿元、150亿元和300亿元人民币。《证券法》出台后提出要打破行政推荐家数的办法,因此1998年以后国家就没有确定发行额度了,但四年的发行额度一直持续到目前。

2.实行两级审批体制

我国股票发行需要由发行申请人依照隶属关系向当地人民政府或中央企业主管部门提出公开发行股票的申请,地方政府或中央企业主管部门对发行申请进行初审,初审通过后的发行申请送证监会复审。发行股票公司的申报材料也需要统一经地方政府或中央企业主管部门审核后,报证监会核准。在股票发行监管方面,我国已经进行改革的有以下几点:

第一,提高发行公司质量。1997年额度下放以后,证券监管部门对股票发行审核作了一些改革:一是要求1995年8月5日前未上报发行材料的企业先以发起方式设立股份公司运作一年,待证券监管部门对其改制运行验收合格后,方能申请其股票发行;二是要求股份公司董事、监事及其高级管理人员必须参加证券监管部门统一组织的考试,并对通过率和考试成绩作了具体的规定;三是要求拟公开发行股票公司在向证券监管部门申请股票发行前,必须由国家有关主管部门对其募集资金的投向进行审核;四是要求主承销商对拟发行公司进行前期的发行上市辅导,为期一年。

第二,明确审核责任,完善审核程序。《证券法》出台后,证监会依法成立专门的发行审核委员会,从事股票发行审核工作,其组成人员包括专业人员和外聘的专家,加强对发行公司质量审核力度。我国实行政府严格控制下的核准制度,从短期看有利于:

(1)促进全国经济均衡发展,带动经济欠发达地区。如果按照完全市场化的规律运作股票发行,那么只有业绩优良、有发展前景的企业才能发行股票,获得社会资源,而这类企业往往处于经济发达的地区,这不仅会加剧国家经济地区性结构差异,而且有可能引起社会动荡。额度计划分配使证券市场的规模扩至全国,辐射经济欠发达的地区,企业发行股票获得的不仅仅是资金,还有市场化的发展思路和全球经济信息,这是欠发达地区发展最需要的。

(2)促使大量国有企业迅速转换经营机制。国有企业在我国经济中占主导地位,其经营机制的转变关系到我国未来的经济实力,而发行股票,必须明确产权和转变经营机制,因此我国股票发行政策一直向国有企业倾斜,如在20世纪90年代初期,证券监管部门规定:拟发行企业的主体范围仅限于国有大中型企业。

但从长期看,这种制度存在很多弊端。具体表现为:

①政企不分。发行股票必须改制,但这种"政府层层左右"的发行制度,要求企业发行获得政府批准,而且地方政府负有对企业实质性内容审核责任,这必然造成政府涉足企业经营事务,职责关系模糊。

②效率低下。企业从申请到最终发行股票,程序烦琐累赘,不仅提高了发行费用,而且获得批准成为整个发行工作的重点,质量、市场状况等市场性因素在其次,造成企业发行往往时机不对,加大股票二级市场的震动。

③滋生腐败。政府垄断发行市场,又缺乏必要的权利制衡机制,容易滋生腐败,对企业而言,只要发行获得政府批准,就意味着可以获得大量资金和增加无形资产,因此往往置经营质量不顾,利用非法手段,勾结政府官员,骗取上市资格,这样的例子屡见不鲜。从这个角度说,核准制不可能完全保护好投资者的利益。

④破坏市场经济规律。我国一直在发行市场上庇护公有制企业,特别是国有企业,排挤私有制企业,这不仅不符合市场的"公

平、公正、公开”原则，而且破坏了国有企业改制所需要的竞争环境。一般而言，企业改革的动力往往来自外界的压力，没有压力环境，国有企业就“长不大”，政府的“保育”责任就放不下，这是一个恶性循环。

⑤证券市场供求矛盾难以调节。由政府控制的发行额度难以与需求市场达到平衡，为了证券市场稳定，政府一直保守地维持较慢的发行步伐，这造成高企的股票发行市盈率和巨大的二级市场差价。

可见，政府主导型的发行制度存在重大缺陷，因此我国发行监管制度面临着进一步的改革。

(二)发行方式的演变

我国在股票发行方式方面的改革是最多的，大约可以分为两个阶段：

第一个阶段是证券市场建立以前，从1984年股份制试点到20世纪90年代初期。这个阶段股票发行的特点有：一是面值不统一，有100元的，有200元的，一般按照面值发行；二是发行对象多为内部职工和地方性的公众；三是发行方式多为自办发行，没有承销商，很少有中介机构参加。1984年以后我国进行了一定规模的股份制试点，后来成为“历史遗留问题”，其中90家公司于1993年经当时的国家体改委审查，确认具备上市资格而正式上市。如渤海集团1984年股份制改革，发行面值200元，800万元的股票，1994年2970万股公众股上市。

第二阶段是20世纪90年代初期证券市场建立至今。这个阶段发行方式改革基本上围绕证券市场，目的在于充分利用证券市场的电子交易系统，以求更快捷、更方便、更公平和成本更低(见表1)。

1991~1992年，采取有限量发售认购证方式，该方式存在明显的弊端，极易发生抢购风潮、造成社会动荡，以及出现私自截留申请表等徇私舞弊现象，严重违背了“三公”原则，因深圳8.19事件，这种方式不再采用。

1992年，上海率先采用无限量发售认购证摇号中签方式，1992年12月17日发布的《国务院关于进一步加强证券市场宏观管理的通知》得以确认。这种方式基本避免了有限量发行方式的主要弊端，体现了“三公”原则，但是由于认购量的不确定性，造成社会资源不必要的浪费。此外，认购成本过高、投资风险巨大，对二级市场产生不利的影响。

1993年8月18日国务院证券委颁布《1993年股票发售与认购办法》规定发行方式可以采用：无限量发售申请表、与银行储蓄存款挂钩方式。与储蓄存款挂钩的方式与“无限量发行认购证”相比大大减少了社会资源的浪费，降低了一级市场成本，并且可以吸筹社会闲资，吸引新股民入市，但由此出现高价转售中签表现象，投机性很强。

1994年采用的发行方式有：全额预缴款、比例配售、上网竞价、上网定价。上网竞价发行方式是预先确定发行底价，投资者以不低于发行底价的价格申报，按照时间优先、价格优先的原则成交。由于透明度极差，使得新股认购成为名副其实的博傻，投机性太强。此种发行方式不可控因素过多，使投资者和券商均承担很大风险，因此只在1994年由哈岁宝等3只股票进行试点，之后没有被采用。

1995年10月20日，证监会规定：可以继续采用与储蓄存款挂钩方式，推荐上网定价，经批准可以进行上网竞价试点。全额预缴款、比例配售是储蓄存款挂钩方式的延伸，但更方便，节省时间。它又包括两种方式：全额预缴、比例配售、余款即退(1995年面世)和全额预缴、比例配售、余款转存。前者比后者占用资金时间大为缩短，资金效率提高，并且能培育发行地的原始投资者，吸引大量资金进入二级市场。

1996年12月26日，证监会规定发行方式可用：上网定价、全额预缴款、与储蓄存款挂钩方式。上网定价发行类似于网下的“全额预缴、比例配售、余款即退”发行方式，只是一切工作均利用交易所网络自动进行，与其它曾使用过的发行方式比较，是最为完善的一种，它具有效率高、成本低、安全快捷等优点，避免了资金体外流动，完全消除了一级半市场，1996年以来被普遍采用。由于新股申购几乎稳赚不赔，吸引众多大资金参与其中，造就了一大批新股申购专业户。

1998年8月11日，证监会规定：公开发行量5000万股（含5000万股）以上的新股均可向基金配售，公开发行量在5000万股以下的，不向基金配售。

1999年7月28日，证监会又规定：公司股本总额在4亿元以下的公司，仍采用上网定价、全额预缴款或与储蓄存款挂钩的方式发行股票。公司股本总额在4亿元以上的公司，可采用对一般投资者上网发行和对法人配售相结合的方式发行股票。2000年4月取消4亿元的额度限制，公司发行股票都可以向法人配售。

2000年2月13日证监会颁布《关于向二级市场投资者配售新股有关问题的通知》：在新股发行中试行向二级市场投资者配售新股的办法。该方式是指在新股发行时，将一定比例的新股由上网公开发行改为向二级市场投资者配售，投资者根据其持有上市流通证券的市值和折算的申购限量，自愿申购新股。

上述方式中，有限量发行认购证方式、无限量认购申请表摇号中签方式、全额预缴款方式和与储蓄存款挂钩方式属于网下发行，这些方式都存在发行环节多、认购成本高、社会工作量大、效率低、一级市场投资风险不容易控制的缺点，随着电子交易技术的发展，这类方式逐步被淘汰。上网竞价方式和上网定价方式属于网上发行，这类方式主要的缺点是：吸收增量资金作用不如网下发行明显，大部分申购资金都是存量资金。

为解决股票发行市场的两个问题：大量资金积聚一级市场和提高发行公司质量和定价合理化，证监会于1998年开始尝试向投资基金配售，1999年向法人配售，旨在通过增加新股发行机构资金的比重，以达到避免发行大盘股时二级市场股价的剧烈波动，以及充分发挥机构评估企业内在价值等方面的技术优势，以合理定价。而2000年向二级市场投资者配售的新发行方式，又使一级市场申购更加具有公平性。

虽然这些新方式取得一定效果，但也存在一些问题：①一级市场申购机构操纵行为。由于目前发行公司多数是1亿股以内的中小盘股，机构或法人的中签率较高，尽管有持股6个月和3个月的限制，但资金成本不高；机构往往通过控制二级市场的价格，提高其原始股的收益。这种收益可调而成本相对稳定的状况违背了股票发行的公平原则。②内部交易增加。由于一级市场申购收益是可调控的，因此配售就意味着是分配收益的特权，上市公司和机构、法人之间很容易出现内部交易。③可能导致融资、融券等透资行为。④增加了监管难度。我国证券市场监管的现状是法规制定多、执行不严格，或者执行缺乏必要的技术手段。在这种情况下，采用新的发行方式，如对其中的问题发现晚，或处理不及时，很容易留下隐患。

从以上分析可知，我国股票发行方式需要在公平性、公开性和公正性方面进行进一步的改革。

表1　深沪证券市场历年A股新发采用的方式

年份	上海			深圳		
	发行方式	采用家数	案例	发行方式	采用家数	案例
1991	公开发行	1	兴业房产	私募	1	ST琼能源
	自办发行	1	福耀玻璃	自办发行	2	深宝安A
	认购申请表，抽签	2	大众科创	认领申请表，抽签（等额）认购	6	深深宝A
1992				内部发行	1	海虹控股
	公开发行	4	国嘉实业	自办发行	5	琼民源A
	自办发行	7	青鸟天桥	认领申请表，抽签（等额）认购	6	深华发A
	认购申请表，抽签	41	申能股份	内部发行	1	ST港澳
	上海万国证券代理发行	1	陆家嘴	公开发行	2	珠江控股
1993	公开发行	26	浙江创业	认购申请表，抽签	47	世纪中天
	自办发行	3	国泰股份	公开发行	5	ST白云山
	认购申请表，抽签	3	南京新百	自办发行	2	夏海发
	全额预交、比例配售、余额转存	1	济南轻骑	地区公开发行	2	银广夏A
	地区公开发行	30	青岛啤酒	特种定期储蓄与抽签表抽签	2	泸州老窖
	无券方式和抽签方式	1	欧亚集团			
	无限量办理专项定期定额存单凭单摇号抽签	1	成商集团			
1994	地区公开发行	11	万里电池	认购申请表，抽签	14	轻骑海药
	竞价发行	1	岁宝热电	特种存款与摇号抽签	2	泸州老窖
	无限量办理专项定期定额存单凭存单摇号抽签	3	春兰股份	竞价发行	1	琼金盘A
	全额预交、比例配售、余额转存	2	梅雁股份	全额预交、比例配售、余额转存（或即退）	1	广东甘化
	特种存款与摇号抽签	1	百大集团	上网定价发行	1	粤宏远A
1995	全额预交、比例配售、余额转存	1	西藏明珠	全额预交、比例配售、余额转存（或即退）	1	数码网络
	竞价发行	1	青海三普	认购申请表，抽签	2	深万山A
	上网定价	5	厦华电子	上网定价	2	ST东北电
1996	上网定价发行	60	长春长铃	上网定价	30	
	与储蓄存款挂钩	2	新疆众和	全额预交、比例配售、余额转存（或即退）	59	
	公开发行	1	伊力股份			
	全额预交、比例配售、余额转存（或即退）	20	广钢股份			
	专项定期存单	1	云维股份			
1997	全额预交、比例配售、余额转存（或即退）	23	海信电器	全额预交、比例配售、余额转存（或即退）	37	正虹饲料
	上网定价发行	58	钱江生化	上网定价	66	惠天热电
1998				与储蓄存款挂钩	2	咸阳偏转
	全额预交、比例配售、余额转存（或即退）	1	金健米业	全额预交、比例配售、余额转存（或即退）	4	天山纺织
	上网定价发行	51	黎明股份	上网定价	47	云南铜业
1999	上网定价发行	46	浦发银行	上网定价	45	欣龙无纺
				向法人配售与上网定价发行	2	三九医药
2000	上网定价发行	60	哈飞股份	上网定价发行	15	浪潮信息
	向法人配售与上网定价发行	17	南海发展	向法人配售与上网定价发行	12	丝绸股份
	向二级市场投资者配售和上网定价发行相结合	18	巢东股份	向二级市场投资者配售和上网定价发行相结合	18	桂林旅游
	合计	95			45	
2001			上网定价	发行	22	歌华有限
				网下对基	金 累	计投标询价
	网上	累计	投标询价	1	广 州	药业

（三）发行定价的演变

发行价格决定发行人、承销商和投资者的利益，因此如何定价是公司发行股票中各方最关心的问题。

证券市场建立以前，我国公司发行价格大部分按照面值发行，定价没有制度可循。证券市场建立初期，即20世纪90年代初期，公司在股票发行的数量、发行价格和市盈率方面完全没有决定权，基本上由证监会确定，采用相对固定的市盈率（一般控制在13倍左右）。

从1994年开始，我国进行发行价格改革，曾经一段时间内实行竞价发行（只有4家公司试点，后没有被使用），大部分采用固定价格方式，即在发行前由主承销商和发行人在国家规定的范围内，根据市盈率法来确定新股发行定价，即：新股发行价格=每股税后利润＊发行市盈率，因此我国新股发行价格的变化，主要取决于每股税后利润和发行市盈率两个因素。在每股税后利润计算方面，我国经过四个阶段：

第一阶段：从1995年底到1997年2月底，每股税后利润=发行公司前一年及预测年度平均每股税后利润。这种方法虽然考虑了公司现在和未来的盈利能力，但容易出现调节财务报表的现象。

第二阶段：从1997年3月到1998年2月，每股税后利润=发行公司过去3年平均每股税后利润。这种方法可以在一定程度上减少公司发行过度包装、夸大盈利预测的现象，但忽略了公司的未来发展前景，容易造成高成长公司的定价低估和业绩急速滑坡公司的定价高估。

第三阶段：从1998年2月到1999年3月，每股税后利润=预测利润/发行当年加权平均股本数=发行当年预测利润/[发行前总股本+本次公开发行数＊(12-发行月份)/12]，这种方法既关注未来的业绩，又考虑发行当时的情况，为避免认为操纵预测利润，证监会还规定：若年报利润比盈利预测低20%以上的，除了要作出公开解释和道歉外，证监会根据情况实行事后审查，对有意出具虚假盈利报告的责任人进行处罚。

第四阶段：从1999年3月至今，以《股票发行定价分析报告指引》为界限，发行定价要考虑：行业状况（行业概况、行业发展前景）、公司现状与发展前景分析、二级市场分析（沪市、深市最近15个交易日与最近30个交易日的平均市盈率；本行业上市公司的市场分析），需要详细说明发行价格的测算方法、二级市场的定位、商定的发行价格和市盈率倍数。这种方法充分考虑了公司的现状和未来，并将二级市场同类公司作为参考，具有很强的操作性。我国股票发行市盈率的确定也经过几次调整（见表2）。

1.就平均市盈率而言，20世纪90年代初期，发行市盈率一般由证监会确定，大约在9~13倍左右。1995年开始采用每股税后利润和市盈率的方式定价，平均市盈率有所增大，在14.5~20之间。1999年定价制度改革后，参考二级市场同类公司的市盈率，使发行平均市盈率有很大的提高，上海2000年和2001年的发行平均市盈率分别为29.9倍和31倍，深圳2000年为31.72倍，这说明发行市盈率在经过长期人为确定后，步入市场化，增长很快，但从长期看，市盈率变化不具备这种增长的趋势，近年来状况是我国证券市场短期供求不平衡造成的。

2. 就市盈率的波动而言，上海股票发行市盈率波动小于深圳，而且2000年后波动有增大的趋势。市盈率波动幅度越大，说明市场对发行公司择优的功能越大，好的公司能获得高的发行市盈率，差的公司则低，这也是证券市场合理分配社会资源的功能体现。上海发行市盈率波动幅度最小值出现在20世纪90年代初期，而深圳的最小值出现在1998年，这说明上海证券市场分配资源的功能虽然整体上不如深圳，但有增强的趋势，深圳则有下降的趋势。此外，市盈率的最小值呈提高趋势，但最高值在保持一直稳定后下，2000年有了很大突破，深圳最高达到84倍，上海2000年为59.52倍，2001年为50.84倍，为历史最高，可以预测今后市盈率的波动幅度有继续增大的可能。

表2　发行市盈率波动区间

年份	上海A股					深圳A股				
	平均市盈率	增长率%	市盈率最小值	市盈率最大值	波动幅度	平均市盈率	增长率%	市盈率最小值	市盈率最大值	波动幅度
1991						9.65	—	6.64	14.99	2.25
1992						10.05	4.14	7.04	12.29	1.75
1993	14.6	—	12	19.18	1.59	13.09	30.2	5.9	18.63	3.16
1994	12.71	-12.9	8.11	18.93	2.33	9.94	24.1	6.64	17.6	2.65
1995	9.85	-22.5	8.25	11.29	1.36	19.87	99.89	11.78	27.96	2.37
1996	15.18	54.1	9.7	32.5	3.35	15.63	-21.3	10.24	24.67	2.41
1997	14.7	-3.16	12	18	1.5	14.88	-4.8	10.00	20.15	2.01
1998	14.43	-1.8	8.8	18	2.04	14.5	-2.55	12.4	18.00	1.45
1999	17.00	17.8	12.08	22.7	1.88	16.9	16.55	11.33	22.22	1.96
2000	29.9	75.9	15.52	59.52	3.84	31.72	87.7	18.52	84	4.53
2001	31	3.67	18.5	50.84	2.78					

注：市盈率波动幅度=（市盈率最大值/市盈率最小值）

根据每股税后利润和市盈率的分析，我们可以得到发行价格的变化情况（见表3）：

首先，上海证券市场平均发行价格有三个年度增幅较大：1992年增长63.9%，因为1991年基数比较低；1996年增长33.7%，主要因为实行了发行定价改革，根据每股税后利润和市盈率来确定发行价格；2000年增长30.2%，则主要是1999年定价机制改革，更加趋向市场化。深圳平均发行价格在1993年和1994年增长比较快，这与1992年邓小平“南巡”和政策扶持有关，然后是2000年，增长52%，平均价格超过上海市场。

其次，发行价格高低之间波动幅度呈减少的趋势，一方面由于最低发行价格上升，使基数提高，减少了价格高低之间的差距，另一方面根据公司过去或预测业绩定价，使公司在资产包装、报表调节等方面有趋同的现象，即发行上市部分资产质量差异减少，而控股集团之间差异扩大，使发行价格差异缩小。

第三，深圳证券市场发行高低价波动幅度大于上海市场，因为深圳市场公司发行最高价在很多年份都高于上海市场，而最低发行价格相差不大，这也说明上海市场公司发行价格趋同效应较为明显。

表3　发行价格的波动

年份	上海A股					深圳A股				
	平均发行价格	增长率%	发行价格最小值	发行价格最大值	波动幅度	平均发行价格	增长率%	发行价格最小值	发行价格最大值	波动幅度
1991	3.08	—	1.35	6	4.44	3.48	—	1	12.80	12.8
1992	5.05	63.9	1	43	43.0	3.19	-9	1	10.00	10.0
1993	4.75	-6	1.3	7.38	5.68	4.28	34	1	10.23	10.23
1994	5.22	9.8	3	8	2.67	5.82	35	3.7	10.80	2.91
1995	4.65	-11	2	13.38	6.69	5.42	-7	3.5	8.95	2.55
1996	6.22	33.7	3.6	13.38	3.72	6.06	11	3.5	15.70	4.48
1997	6.23	0	2.45	11.78	4.81	6.19	2	3.15	12.24	3.88
1998	5.66	-9.2	3.37	10.92	3.24	5.75	-8	3.02	14.77	4.89
1999	6.15	8.6	3.05	13.2	4.33	6.22	8	3.72	11.75	3.16
2000	8.01	30.2	3.78	18.24	4.83	9.46	52	4.08	20.80	5.09
2001	9	12.3	5.18	16.4	3.16					

二、我国股票发行制度的政策效应分析

（文/联合证券研究所　段海虹）

通过对这几年来我国发行制度演变过程的回顾，结合股票发行市场的变化，我们可以在一定程度上评价发行制度改革的政策效应，即政策实际运行的效果。发行制度的政策效应主要体现在两个方面：一是发行制度改革，促进了股票发行市场规模的扩大；二是采用严格的政府主导型发行制度，也使发行市场产生一些问题，主要表现在发行公司的质量、发行费用和一级市场申购等方面

（一）发行市场规模不断扩大

证券市场的建立和围绕其进行的股票发行制度改革，使公司发行更加制度化、规范化，极大地促进了发行市场规模的壮大，主要体现在以下三个方面：

1.发行公司家数迅速增加

表1　各年A股发行家数

年份	各地地方性发行的公司						依靠深沪证券市场发行的公司											
	1984	1986	1987	1988	1989	1990		1991	1992	1993	1994	1995	1996	1997	1998	1999	2000	2001
上海*	2	1	3	19	7	4	上海	4	74	65	19	8	84	81	52	46	95	25
深圳*	1	2	6	15	21	9	深圳	12	18	59	19	5	89	105	51	47	45	

注：*为在证券市场建立之前，获得监管机构批准，进行股份制改造并在当地自办发行或地方公开发行股票，在证券市场建立后股票陆续在上海或深圳两市上市的公司。

表1显示，在证券市场建立以前，即1991年以前，获得批准在当地发行股票、证券市场成立之后在沪深上市的公司不多，每年多则如1988年34家，少则只有3家，一方面是由于我国股份制改造刚刚起步，公司发行且达到上市条件的不多；另一方面由于发行没有明确的制度可循，企业发行操作起来也比较困难。

1991年以后，围绕建立的证券市场，国家制定了一系列有关股票发行的政策，1993年形成了全国范围内的股份制改造局面。1994年7月，考虑到市场的承受能力，国务院证券委决定暂停新股发行，1995年初开始恢复，因此1994年和1995年发行股票的公司数量相对不多，从1996年开始，发行家数则一直保持在每年45家以上，上海最多的一年是2000年，为95家，是深圳当年的2倍以上，这主要因为深圳在2000 年下半年几乎停止了A股的新发。深圳最多的一年是1997年，为105家。

2.股票发行量呈递增的趋势

表2　股票发行数量（单位：万股）

年份	上海				深圳			
	发行总数量	增长率%	平均每家发行数量	增长率%	发行总数量	增长率%	平均每家发行数量	增长率%
1991	4159	—	1039	—	32944	—	2745	—
1992	172312	4043	2328	124.1	61362	86.3	3409	24.2
1993	316388	83.6	4867	109.1	233791	281	3962	16.22
1994	56340	-82.2	2965	-39	37576	-83.9	1977	-50.1
1995	46864	-16.8	5858	97.5	9300	-75.3	1860	-5.9
1996	250203	433.9	2978	-49.2	186133	1900	2091	12.4
1997	448960	79.43	5542	86.1	598563	221.6	5700	172.6
1998	380200	-13.7	7454	34.5	349260	-41.6	6848	20.1
1999	428084	10,6	9306	25.0	423742	21.3	9015	31.6
2000	835900	95.3	8798	-5.45	302800	-28.5	6728	-25.4
2001	167100	—	7595	-13.7				

我国股票发行一直实行额度控制，1993年、1994年 、1996年和1997年四年的发行额度合计555亿元，由于股票的面值是1元，因此发行额度相当于555亿股。1993年到2001年3月9日发行总数量合计上海为292.9亿股，深圳为214.18亿股，合计507.08亿股，说明历年制定的发行额度基本上完成了。

从发行总数量看，并非持续增长，1991年到95年波动很大，其中1994年和1995年是股票发行低谷期。1996年开始上海每年基本上维持在25亿股~44亿股之间，2000年由于政府扶持，加上深圳因准备创业板下半年停发新股，所以上海2000年发行股票最多，达到83.59亿股。深圳发行的高峰期在1997年，一年发行59.85亿股。

从平均每家公司的发行数量看，呈持续增长。上海平均每家公司发行量最多是出现在1999年，平均每家发行9306万股；深圳也是在1999年，平均每家发行9015万股。这主要因为：一是1997年投资基金成立，1998年开始向基金配售新股，1999年向法人配

售,为大盘国有企业股票发行创造了条件;二是证券市场经过几年的发展,培育了大量的机构投资者,市场资金更加充裕,使公司发行量增大成为可能。不过到2000年,平均发行数量有下降的趋势。

发行股票量和二级市场大盘升浪周期之间的配合程度越来越高,说明管理层控制发行节奏的能力越来越强(见表3)。1991年7月到1992年6月,大盘(以上海综合指数为例)上升了758%,1992年6月到1993年2月大盘上升164%,但沪深1992年只发行股票233674万股,1993年却发行550179万股,几乎是1992年的两倍,这说明股票发行节奏滞后大盘的升浪。1996年2月到1997年5月,大盘上升132%,但股票发行高峰出现在1997年,沪深发行总量和平均每家发行量都很高,说明发行节奏正赶在二级市场升浪的后期。1999年5月到2001年2月,大盘上升81%,发行的高峰出现在2000年,与二级市场的升浪几乎同步。以上说明我国股票发行节奏越来越与二级市场升浪同步,这也是发行市场化改革的重大成果之一。

表3 股票发行节奏和二级市场大盘升浪周期的配合

年份	出现的时 间	大盘指数最低点	出现的时 间	大盘指数最高点	大盘升幅 %	深沪发行总数量合计/万股	深沪平均每家发行数量/万股
1991	1991.7	143.80Q1				37103	1892
1992	1992.10	507.25Q2	1992.6	1234.71Z1	758	233674	2868
1993			1993.2	1339.88Z2	164	550179	4414
1994						93916	2471
1995						56164	3859
1996	1996.2	552.98Q3				436336	2534
1997			1997.5	1285.18Z3	132	1047523max	5621
1998						729460	7151
1999	1999.5	1120.92Q4				851826	9160max
2000						1138700max	7763
2001			2001.2	2029.2Z4	81		

注:Q1表示第一升浪的起点,Z1标志第一升浪的终点

3.公司从证券市场上募集资金量持续增加

表4 募集资金量(单位:万元)

年份	上海				深圳			
	募集资金合计	增长率%	平均每家募集资金量	增长率%	募集资金合计	增长率%	平均每家募集资金量	增长率%
1991	9404	—	2351	—-	101198	—-	8433	—-
1992	659410	6912	8910	278.96	231102	128.4	12839	52.2
1993	1331757	102	20488	129.94	918916	297.6	15574	21.3
1994	285463	-78.6	15024	26.7	213520	-76.7	11238	-27.8
1995	156262	-45.3	19532	30	51026	-76.1	10205	-9.2
1996	1154768	639	13747	-29.6	1003726	1867	11278	10.5
1997	2672074	131.4	32988	139.96	3890414	287.6	37051	228.5
1998	2100837	-19.75	41192	24.85	1864701	-52.1	36562	-1.3
1999	2499669	16.58	54340	31.79	2459633	31.9	52332	43.1
2000	5831638	133.3	61385	12.96	2836911	15.3	63042	20.5
2001	1352084	-	61458	0				

表4显示,公司发行募集资金量除了1994年和1995年步入低谷,其他年份都稳中有升,特别是1997年开始,募集资金总量和平均每家募集资金量都上了一个台阶,说明国家发展机构投资者、向机构投资者配售新股的制度改革成效很大。另外一个特点是平均每家公司募集资金量持续增长,其中虽然有发行大盘股的原因,但更重要的原因可能是公司发行价格越来越高。

(二)发行市场存在的一些问题

虽然我国对发行制度一直在进行改革,但大部分改革限于发行程序、实际操作等方面,发行制度本身还存在与市场经济不合拍的方面,这导致了发行市场产生一些问题,具体体现在三个方面:

1.发行公司的业绩有下降的趋势

我国发行定价方法前后经过了多次改革,特别是每股税后利润的计算口径,差异比较大,因此从严格意义上说,发行公司每股税后利润整体上缺乏可比性。但无论每股税后利润采用何种计算口径,都是公司业绩的反映,或反映过去三年的业绩,或反映发行前一年和以后年预测的业绩,或反映发行后一年预测的业绩,因此我们将发行价格与市盈率之比称为折合每股收益,以在一定程度上反映发行公司相对业绩。

表5 折合每股收益(单位:元)

年份	上海					深圳				
	最小值	最大值	平均	增长率	波动幅度	最小值	最大值	平均	增长率	波动幅度
1991						0.2402	0.5898	0.3937	—	2.43
1992						0.2208	0.3401	0.2722	-30.8	1.69
1993	0.1825	0.5315	0.3402	—	2.91	0.1325	0.8720	0.3809	39.9	6.58
1994	0.2643	0.7995	0.4554	33.86	3.02	0.2102	1.2414	0.6417	68.4	5.91
1995	0.2699	1.6218	0.6508	42.90	6.01	0.1860	0.7598	0.4729	-26.3	4.08
1996	0.1230	1.1655	0.4341	-33.29	9.48	0.1500	0.8281	0.4034	-14.7	5.52
1997	0.1361	0.9062	0.4277	-1.47	6.65	0.1600	0.9000	0.4205	4.23	5.63
1998	0.2553	0.8531	0.3947	-0.77	3.34	0.2013	1.1362	0.3978	-5.4	5.64
1999	0.1743	0.8502	0.3634	-0.79	4.88	0.1970	0.6999	0.3700	-6.99	3.55
2000	0,.1075	0.5844	0.2708	-25.48	5.44	0.1440	0.8598	0.3084	-16.6	2.14
2001	0.1928	0.7404	0.3031	11.92	3.84					

注:①折合每股收益=发行价格/市盈率

②折合每股收益波动幅度=折合每股收益最大值/折合每股收益最小值

表5显示,深沪发行公司的折合每股收益有下降的趋势,上海市场发行公司平均折合每股收益的增长率从1995年后就持续下降,直到2001年有一定增长;深圳市场则从1995年就开始下滑。这说明20世纪90年代初期发行公司业绩较好,地方政府推荐发行的公司都是当地较好的企业,具有一定发展前景;到1990年代后期,地方政府推荐的公司发生变化,"摔包袱"的现象时有出现,发行公司业绩有下降趋势。但1999年和2000年平均折合每股收

益下降较大的原因,除了业绩方面外,还有发行市盈率确定方法的重大差异。20世纪90年代初,市盈率是由证监会规定的,比较低,而到了1999年,发行市盈率根据二级市场上同类、具有可比性上市公司的市盈率来确定,使公司发行的市盈率提高很多。

折合每股收益高低值的波动幅度在一定程度上反映市场对发行公司业绩的接受程度和发行公司业绩的差异性,幅度越大,说明市场的接受程度高,发行公司业绩差异大。不过这种高幅度不是建立在降低折合每股收益最小值基础上的。

表5还显示,深圳市场发行公司的折合每股收益高低值波动幅度大于上海市场,上海波动幅度最高值出现在1995年,达到9.48,最低值为1993年的2.91;深圳波动幅度最高值出现在1993年,为6.58,最低值为1992年的1.69,都是在20世纪90年代初期和中期股票发行市场不是很成熟的时候,这说明当时市场对公司发行接受程度很高。此外值得注意的是,20世纪90年代初期平均折合每股收益的最低值很多大于20世纪90年代后期,因此波动幅度最小值也出现在20世纪90年代初期。1996年以后,上海波动值时有起伏,而深圳几乎稳定在5.52~5.64,只是1999年以后呈下降的趋势。

2.发行费用呈上升趋势

证监会对股票发行的费用有明确的规定,1996年证监会颁布的《关于股票发行工作若干规定的通知》中规定:发行费用是指发行公司支付给与股票发行相关的中介机构的费用,主要包括承销费用、注册会计师费用(审计、验资、盈利预测审核等费用)、资产评估费用、律师费用等。不包括文件制作、印刷、散发与刊登招股说 明书及广告等费用。

承销费用的收费标准与发行方式挂钩:

上网发行承销商报销的费用标准为:承销金额在2亿元以内的,发行费用为总承销额的1.5%—3%;3亿元以内的收取比例为1.5%—2.5%;4亿元以内的为1.5%—2%;4亿元以上 除特殊情况外,不得超过900万元。

采用"全额预缴款、比例配售"发行方式的,"全额预缴款"方式的发行时间不得超过8天(含法定休息日),每股发行收费不超过0.10元,发行收费总额不得超过500万元。

采用与储蓄存款挂钩发行方式,其存款期不得超过三个月,每股费用成本不得超过0.10元。发行收费总额不得超过500万元。发行时间不超过8天。

以上所列属于显形费用,不包括一些隐性费用,如人情公关费用、其他摊派的费用等。

表6 发行费用和募集资金的比例(单位:万元,%)

年份	上海				深圳			
	平均每家发行费用	费用增长率%	平均每家募集资金	费用比募集资金%	平均每家发行费用	费用增长率%	平均每家募集资金	费用比募集资金%
1991			2351		105.5	—	8433	1.25
1992			8910		207.1	96.2	12839	1.61
1993	627.5	—	20488	3.06	521.8	151.95	15574	3.35
1994	424.1	-32.42	15024	2.82	524.0	0.42	11238	4.66
1995	792	86.74	19532	4.05	457.8	-12.64	10205	4.48
1996	647.9	-18.2	13747	4.71	532.9	16.4	11278	4.72
1997	1017	57.2	32988	3.08	1393	161.39	37051	3.75
1998	1280	25.86	41192	3.10	1176	-15.58	36562	3.21
1999	1409	10.07	54340	2.50	1527	29.84	52332	2.91
2000	1752	24.34	61385	2.85	1708	11.85	63042	2.70
2001	2022	15.41	61458	3.29				

表6显示:

①我国股票发行费用绝对数一直呈上升趋势,当然这与发行量增加有一定关系。

②发行费用实际也呈上升趋势。一般而言,发行量越小,募集资金越少,费用的比重越高,反之则越小,而我国股票发行却不符合这个规律,如1994年上海平均募集资金15024万元,费用比重为2.82%,到2000年平均募集资金达到61385万元,几乎是1994年的4倍,但费用比重为2.85%。整体看来,20世纪90年代初期,发行费用的比重都普遍小于20世纪90年代后期,费用增加高峰期上海出现在1995年,深圳出现在1994年,正是市场发行低谷的时期。但以后几年,虽然发行市场恢复火暴,但费用却未下降,如1996年,费用比重不降反升。上海1997年与2000年相比,平均募集资金还没有翻番,发行费用就已经翻番了,这说明我国股票发行制度内在缺乏成本约束机制,企业只求能发行,不求成本最低。

③一级市场申购资金量大,申购收益率过高我国一级市场上长期聚集了大量申购资金,特别是1996年以后,申购资金增长十分迅速:上海市场1996年平均每家申购资金增长了2128%,以后几年中除了1999年稍有下降外,其他年份均有很大增长;深圳市场则每年都有增长,最低的1999年,仍增长30%(见表7)。一级市场平均申购资金高速增长的原因主要是:第一,社会可投资的渠道很少,除了银行存款,就是股票或债券,随着市场利率和银行利率的不断下降,存款和债券投资收益率下降,而二级市场投资风险很大。第二,发行制度存在不足,如由政府选择企业,使发行成为一种特权,人为增加其无形资产的价值。又如新股定价采用相对固定的方法,使发行价格一方面变动范围有限;另一方面相对高市盈率的二级市场股价,获利空间很大,基本上是凡申购中签就有盈利,因此一级市场申购收益率基本稳定。在投资渠道有限的情况下,申购资金市场收益率的稳定,自然使大量的资金聚集

在一级市场上。但这种资金的聚集带来一些问题：一是减少了二级市场资金量；二是造成融资现象增多，大量银行的资金违规流入股市。

申购资金高低波动幅度在一定程度上可以衡量申购资金对股票的选择和资金流动性，当然申购资金量还与该家公司发行股票数量和股价有关。表7显示，深沪两市申购资金高低波动幅度在1996年和1997年最大，上海达到106.4倍，深圳达到747.8倍，1998年以后稳定在上海稳定在20倍左右，深圳稳定在30倍左右，这说明申购资金很注意对股票的选择，而且流动性很强。

表7　申购资金(单位：亿元)

年份	上海					深圳				
	平均申购资金	增长率%	申购资金最小值	申购资金最大值	波动幅度	平均申购资金	增长率%	申购资金最小值	申购资金最大值	波动幅度
1994	6.0901	—	1.45	10.7	7.4	2.3574	—	1.23	13.7917	11.25
1996	190.528	2128	7.946	845.2	106.4	135.263	5638	1.513	1131.58	747.8
1997	376.642	97.6	15.26	1620	106.2	370.922	174	12.01	2133.75	177.6
1998	1117.22	196	110.78	2600	23.5	708.023	90.8	67.372	1737.65	25.8
1999	950.075	-14.9	279.67	2816.9	10.1	925.807	30.8	186.29	6035.71	32.4
2000	1624.55	71.0	225.80	4490	19.9	1621.99	75.2	157.988	6465.60	40.9
2001	1381.29	—	164.89	3873.7	23.5					

注：①1995年申购资金统计数据缺乏

②申购资金量=(发行数量＊发行价格)/中签率

③申购资金的波动幅度=(申购资金最大值/申购资金最小值)

④申购资金的最大值和最小值为单一股票的申购资金。

二级市场股票的价格与一级市场的发行价格之间的差距，决定了一级市场的申购收益率(见表8、表9)。表8和表9显示：

1. 深沪两市股票首日上市的平均开盘价是其平均发行价格的两倍或以上，这说明只要能够申购中签，中签部分的资金平均就能获得翻番的收益。

2. 平均每只股票的申购收益率在0.4%~1.5%之间，并呈下降趋势，特别是1997年以后申购收益率下降较大。主要原因是1997年开始一级市场向投资基金和法人配售的政策带来申购资金量的增加，而平均发行价格和开盘价之间的价差却较为稳定。

3.申购收益率高低波动幅度呈下降的趋势。上海1997年波动幅度有13.51倍，而2000年为0.642，深圳1997年达到24.08，而1999年只有1.51，相差很大，申购收益率波动幅度高峰值出现在1997年的主要原因是：一是1996年2月开始到1997年5月，二级市场大盘上升了132%，经过一个很大的升浪，较高的二级市场股价也提高了新股的开盘价，使其与发行价的价差扩大；二是一级市场发行了1047523万股的股票，提高了中签率；三是1997年开始向投资基金配售的政策，降低了其他社会资金的中签率，而基金的选择性申购使收益率高低差距拉大。

4.累计收益率为资金滚动使用、每家公司发行都申购时的总体收益率，当然这也是比较理想的状态，一般很难达到，但可以接近。1999年以前，累计申购收益都非常高，上海1997年高达93.15%，几乎翻番；深圳1997年达到110.2%。此外，上海从1999年开始累计申购收益率高于深圳，特别是2000年，这主要是2000年下半年深圳暂停新股发行造成的。

表8　申购资金收益——上海A股

年份	平均开盘价	平均发行价	价差	申购资金平均收益率%	申购最大收益率%	公司	申购最小收益率%	公司	波动幅度	累计收益率%
1994	11.17	5.22	2.1	28.95	89.65	百大集团	13.52	星湖科技	76.13	550
1995	7.51	4.65	1.6	—	—	—	—	—	—	—
1996	11.03	6.22	1.8	0.75	10.01	沧州化工	0	综艺股份	10.01	151.2
1997	14.31	6.23	2.3	1.15	13.51	南京水运	0	云南马龙	13.51	93.15
1998	13.02	5.66	2.3	0.49	2.00	沪东重机	0.091	北京城建	1.909	24.48
1999	12.91	6.15	2.1	0.66	2.769	浦发银行	0.09	中国国贸	2.679	30.36
2000	19.93	8.01	2.5	0.645	1.86	青岛碱业	1.218	恒丰纸业	0.642	61.27
2001	19	9	2.1	0.45	1.45	开开实业	0.14	康美药业	1.31	7.23

年份	平均开盘价	平均发行价	价差	申购资金平均收益率%	申购最大收益率%	公司	申购最小收益率%	公司	波动幅度3	累计收益率%4
1994	10.86	5.82	1.9	13.3	53.15	粤宏远	—	—	—	252.7
1995	7.66	5.42	1.4	1.57	—	—	—	—	—	7.85
1996	11.15	60.06	1.8	0.787	16.85	中讯科技	-0.19	紫光生物	17.04	70.04
1997	13.03	6.19	2.1	1.05	24.08	长城电脑	0	辽通化工	24.08	110.2
1998	12.06	5.75	2.1	0.61	3.98	云南铜业	0.07	春都	3.91	31.1
1999	13.5	6.22	2.2	0.71	1.6	深天健	0.09	大连金牛	1.51	33.37
2000	19.71	9.46	2.1	0.42	2.9	丝绸股份	0.07	鲁泰	2.83	18.9

注：①价并=平均开盘价/平均发行价

②申购资金平均收益率=(平均开盘价-平均发行价)＊平均发行量/平均申购资金

③波动幅度=申购资金收益率最大值-申购资金收益率最小值

④累计收益率为申购该年度全部发行股票的所得

以上分析说明，我国发行制度的演变是计划经济色彩不断淡化的过程，政府在发挥证券市场规模的扩大，但制度中存在的非市场性因素也同样造就了发行市场的缺陷，因此对发行制度进行进一步的市场化改革势在必行。

三、我国股票发行制度由核准制向注册制转变

(文/联合证券研究所　黎洪刚)

随着2001年3月份我国股票发行核准制的正式施行，宣告了主宰我国股票发行市场的审核制的终结，同时也标志着我国股票

发行制度向市场化迈出了关键而重要的一步，为我国证券市场发行制度最终向注册制过度打下坚实的基础。进入2000年后，新股的发行制度的改革力度明显加快。在2000年，新股的发行监管制度主要以计划审核制为主，即行政审批制和核准制的综合制度。进入2001年3月中旬后，新股的发行将采取市场化的核准制。管理层一系列改革举措推动了我国股票发行制度向市场化发展。

证券市场新股的发行监管制度主要有三种：审批制、核准制和注册制。每一种发行制度都对应于一定的市场发展状况，一般情况下，在市场逐渐发育成熟的过程中，发行审核制度也应该逐渐的改变以适应市场发展的需求，其中，审批制是完全计划发行的模式、核准制则是从审批制向注册制过渡的中间形式，注册制则是目前成熟资本市场普遍采用的发行体制。

所谓注册制主要是指发行人申请发行股票时，必须依法将公开的各种资料完全准确地向证券监管机构申报。证券监管机构的职责是对申报文件的全面性、准确性、真实性和及时性作形式审查，而将发行公司股票的良莠留给市场来决定。这种制度市场化程度较高，象商品市场一样，只要将产品信息真实全面地公开，至于产品能否卖出去，以什么价格卖出去，应该完全由市场需求来决定。这种发行审核制度对发行方、券商、投资者的要求都比较高。

而核准制则是指发行人在申请发行股票时，不仅要充分公开企业的真实情况，而且必须符合有关法律和证券监管机构规定的必备条件，证券监管机构有权否决不符合规定条件的股票发行申请。证券监管机构除进行注册制所要求的形式审查外，还对发行人的营业性质、财力、素质、发展前景、发行数量和发行价格等条件进行实质审查，并据此作出发行人是否符合发行条件的价值判断和是否核准申请的决定。

注册制充分体现了市场经济条件下“无形之手”自我调节的本质特性，其不仅对发行人所处的市场经济的完善程度提出了很高的要求，而且要求发行人有较强的行业自律能力。而核准制则更体现了行政权力对股票发行的参与，是“国家之手”干预股票发行的具体体现，这种制度在市场经济发育不太完善的情况下较注册制更能体现对广大投资者利益的保护，更有利于维护证券市场有序运行和健康发展。两种制度各有自己的优势，注册制提高了新股发行的市场化，核准制加强了监管部门的监管。

正因为两种制度存在较大的差别，对市场经济环境的要求不尽一致，因此象美国这样市场经济较为发达的国家多采用注册制，而象我国这样处于市场经济发展初期的国家则多采用核准制。

从注册制的实质及实施注册制的国家的情况看，股票发行注册制的实施，至少需要满足以下条件：一是该国要有较高和较完善的市场化程度；二是要有较完善的法律法规作保障；三是发行人和承销商及其他的中介机构要有较强的行业自律能力；四是投资者要有一个良好的投资理念；五是，管理层的市场化监管手段较完善。

而目前我国正处于计划经济向市场经济过度时期，市场经济发育程度较低，此外，更有其特定的社会背景：

1.经济体制方面的原因

我国还是一个刚刚从计划经济向市场经济转型的国家，处于市场经济的发展初期，最初发展证券市场，是以国有企业改革为主要目的，试图通过发行股票、债券使国有企业获得发展所需的资金，实现国有企业脱困，调整国有企业的股权结构，以实现国有企业的现代企业制度的建立，因而市场手段没有涉足证券的发行，与此相符的便是以行政手段对国有企业优惠、照顾。正是这种特权和非市场化，使上市公司并非真正意义上的股份制企业，从而导致企业业绩的增长赶不上整体经济增长率，缺乏投资价值，进而导致市场投机风日盛。此外，这种特权和非市场化，也使市场的所有制结构过于单一，造成历史遗留包袱过重。随着我国加入WTO的日益临近，管理层一直在朝着市场化方向致力于规范和完善证券市场的发展，并取得了较大成绩。但尽管如此，以上问题要想在较短的时间内得以彻底根除，是不现实的，也是不可能的。这就需要管理层和市场参与各方来共同监督，因而核准制是最为适合的制度。

2.法制环境方面的原因

我国证券市场的立法，经历了一个从无到有的过程，几年来，先后出台了两个《规范意见》、《公司法》和《证券法》，对规范证券市场起到了一定的积极作用。然而不可否认的是，无论是两个《规范意见》，还是《公司法》、《证券法》，都不可避免地存在一些局限性，《公司法》在出台不到十年的时间内就经过了一次修改，而且还将进行第二次修改，《证券法》在立法技术上讲，不但与《公司法》存在一些重复之处，而且缺乏可操作性。我国现行证券市场立法还不尽完善。在这种情况下，国家对股票发行的审核不得不辅以行政法规和行政手段进行。

3.证券市场中介机构方面的原因

在我国，证券市场中介机构与证券市场本身一样，总体上还处于发育初期，证券承销商、注册会计师、注册评估师及律师行业自律的机制并没有完善，中介机构缺乏行业自律的自觉性。另外，对中介机构出具虚假报告的行为也没有较为详细的制裁措施。这样，中介机构往往就被经济利益所驱动，违反证券监管部门的有关规定为发行人出具其股票发行所需的、与实际情况不符的报告，在此前提下，国家不得不对股票发行辅以行政干预严格把关。

4.投资者素质方面的原因

我国大多数证券投资者缺乏应有的专业知识和心理素质，其投资实质上是盲目的，以至于投资者的投资风险大大增强，管理层不得不辅以行政手段加强对投资者尤其是大多数公众投资者利益的保护。

由于上述方面的原因,笔者认为,我国股票发行制度在一段较长时期内,将以中国特色的核准制为主,待条件成熟时,再逐步过度到市场化的核准制。正是鉴于上述情况的考虑,管理层结合我国具体法规的规定,才制定出我国目前即将实施的股票发行核准制,其内涵主要是"改制辅导一年,证券公司推荐,发行审核委员会审核,发行人和主承销商确定发行规模、发行方式、发行价格,证监会核准"等制度组成的股票发行审核制度。尽管其与成熟市场的市场化核准制还有一定差距,但其将成为我国近期股票发行的主要审核制度。

从长远看,由于我国股票发行改革的目标是"大力推进发行机制的市场化,确立市场机制对配置资本市场资源的基础性地位",因此,我国股票发行的审核制度最终将过度到市场化程度较高的核准制和注册制。结合我国的具体情况,借鉴国际成熟市场国家的经验,笔者认为,我国证券市场发行审核制度最终将走向以市场化的核准制和注册制共存的格局。这是由以下几点决定的:

第一,注册制虽然为市场化程度最高的形式,更能体现公开、公平和公正的市场原则,但它却弱化政府的实质管理,不利于对投资者的保护,特别是中小投资者的保护。而核准制既能体现市场经济的公平竞争,又贯彻了政府的实质管理,在当前市场经济国家中运用相当普遍。如德国法律规定,财政部在核准债券发行时还应衡量发行人的还本付息能力;比利时、法国、卢森堡等国法律规定,政府可以劝告有疑问的证券停止发行。

第二,从我国投资者素质和投资者结构看,由于参与市场的投资者在相当长的时期内,将主要以公众投资者为主(从我国台湾股市投资者的结构可以得到结论),而大多公众投资者的金融知识尚不能对证券的投资价值作出准确判断,为了保护广大投资者的利益,核准制将会在我国证券市场中长期存在。

第三,由于我国股份制企业改造任务艰巨,股份制企业数量较多,上市压力较重,特别是民营的中小企业。若都采取核准制发行,势必影响市场的发展。同时,速度过快,也不利于核准的质量。应根据具体情况,对规模较小的企业,筹资额不大的,可采取注册制的形式,最大发挥市场的作用。

第四,从培养国内券商的角度出发,我国股票发行市场也应实施注册制。一方面可以完善和提高国内券商的各项技能,增强其在国际国内市场的竞争力;另一方面又可以增强其对社会的责任感。同时,还可以发挥券商在人才、资金、技术和管理上的优势,培养和发掘出优秀企业。

四、发行定价市场化分析

(文/联合证券研究所 戴立洪 黎洪刚)

在证券市场中,价格是引导资金流向的重要信号。长期以来,我国股票发行定价遵循的政府严格管制下的定价方式,即由监管机构确定发行市盈率。由于政府确定的发行市盈率仅在一个很小的范围内波动,因此没有充分反映股票所具有的风险因素。按照现代金融资产定价理论,即使是预期相同的两只股票,由于风险不同,其定价也会不同。这种近似固定市盈率的定价方式,由于没有充分考虑每只股票的风险/收益特征,因此造成价格信号失真,错误引导资金流向,大大降低了证券市场在资源配置方面的效率。同时也是造成我国股市一、二市场价差过大的根源。随着我国证券市场化改革的进一步深入,证券市场新的发行制度即将实行,我国股票发行将以市场化定价为主。而新股发行的定价是否合理,关键在于定价方法的市场化程度。

(一)市场化定价方法的特征

市场化定价方法是通过和投资者互动的过程寻求企业内在价值和市场价格之间的供需平衡点,而不是机械地采用固定估价理论或方法作为股票发行价,其充分提供买卖双方直接沟通的机会并鼓励不同类型的投资人参与市场,并需要监管方式的改变——通过上市规则维护市场秩序,以达到监管的目的,而不介入商业协议和决策。

采用市场化定价方法有利于:一是降低因定价错误而导致的交易失败或市场参与者蒙受损失的风险,定价的市场化程度越高,越有助于降低风险;二是带动资本市场全面发展,包括估值方法的理论和技术的发展;三是有效避免道德风险日渐积累。股票定价是对主观估值分析的综合过程,最容易造成监管机构的道德风险。如在行政定价方式下,由于投资人、监管者只注重机械性地套用市盈率确定发行价格,这使得在公司财务报表上造假的行为难以避免。同时由于发行数量、发行价格、发行时间都由监管机构控制,股市道德风险日渐累积,市场化的定价能有效发挥市场的监督作用,最大程度上避免道德风险的发生。

市场化定价方法在实际操作中包括两个步骤:一是在主承销商的指导下,发行公司确定自己的内在价值,这是确定最终发行价格最重要的依据;二是发行公司根据现状和发展前景,通过"路演"等宣传方式,获得市场投资者的认可,以达到市场价格超额反映公司的内在价值,获得较高的发行价格和发行溢价。

(二)发行公司内在价值确定的几种方法

发行公司在确定自己内在价值时,可以采用以下几种方法:

1.现金流贴现估值模型

现金流贴现估值模型的基石是现值规律,任何资产的价值等于其预期未来全部现金流的现值总和。资产价值的计算公式为:

$$资产价值=\sum_{t=1}^{\infty}\frac{CF_t}{(1+i)^t}$$

式中:V=资产的价值　　n=资产的寿命

CFt=资产在t时刻产生的现金流

R =预期贴现率

现金流因所估价资产的不同而各异:对股票而言,现金流是红利;对债券而言,现金流是利息和本金;对于一个实际项目而言,现金流是税后净现金流。贴现率将取决于所预测的现金流的风险程度,资产风险越高,贴现率就越高,反之,资产风险越低,贴现率就越低。

根据现金流的来源不同,该模型除了以上之外,还有以下几种:

第一种:红利贴现模型

投资者购买股票通常期望获得两种现金流:持有股票期间的红利和持有股票期末的预期股票价格。由于持有期期末股票的预期价格是由股票未来红利决定的所以股票当前的价值应等于无限期红利的现值。股票价值的计算公式为:

$$股票价值=\sum_{t=1}^{t=\infty} DPS_t/(1+r)^t$$

式中:DPSt:第t期预测红利

r:投资者要求的股权资本收益率

当公司处于稳定状态,公司的红利预计在一段很长的时间内经某一稳定的速度增长时,可以采用Gordon增长模型,即:

$$股票价值=\frac{DPS_1}{r-g}$$

式中:DPS_1:下一年度的预期红利

r:投资者要求的股权资本收益率

g:永续的红利增长率

例如:某一股票,当期每股红利为2.5美元,贴现率为15%,预期增长率为8%,则公司的股票为:

价值=2.5＊(1+8%)/(0.15-0.08)=38.57美元

第二种:股权自由现金流贴现模型

股权自由现金流(FCFE)是指公司在履行了偿还债务、弥补资本性支出、增加营运资本等各种财务上的义务之后所剩的那部分现金流。

(1)股权自由现金流(FCFE)的计算。公司每年不仅需要偿还一定的利息或本金,同时来要为其今后的发展而维护现有的资产、购置新的资产。当我们把这些费用从现金流收入中扣除之后,余下的现金流就是股权自由现金流(FCFE)。FCFE的计算公式为:

FCFE = 净收益+折旧-资本性支出-营运资本增量-债务本金偿还+新发行债务

(2)稳定增长的FCFE估价模型。如果公司一直处于稳定增长阶段,保持一个不变的比率持续增长,那么这个公司就可使用稳定增长的FCFE模型进行估价。

$$股票价值=FCFE_1/r-g$$

稳定增长公司必须具备下面两个特征:一是折旧能够完全弥补资本性支出。二是公司资产具有市场平均风险。股票的股权资本成本与市场全部股票的平均股权资本成本相接近,公司股票的β值与1相差不大。

(3)两阶段FCFE模型。FCFE两阶段估价模型适用于那些预计会在一定时间段内快速增长,然后再进入稳定增长队价段的公司。

股票价值由两部分组成:一是超常增长时期中每年FCFE的现值;二是超常增长时期结束时期末价值的现值。

股票价值=高速增长阶段FCFE的现值+期末价值的现值

$$=\sum_{t=1}^{t=n} FCFE_t/(1+r)^t+P_n/(1+r)^t$$

式中:FCFEt:第t年的股权自由现金流

Pn:高速增长阶段期末的股票价值

r:高速增长阶段内股权投资者要求收益率

公式中,期末价值的计算一般使用永续稳定增长模型,即:

$$Pn=FCFE_n(1+g_n)/r_n-g_n$$

式中:g_n:稳定示长阶段的FCFE增长率

r_n:稳定示长阶段内股权投资者的要求收益率

或者采用倍数法,即按一定比率关系确定一个倍数,使得期末价值的现值占股票价值的一定比例。

(4)三阶段FCFE模型。三阶段FCFE模型适用于要经历三个不同增长阶段的发行公司。三阶段一般是:起初的高增长阶段、增长率下降的过渡阶段和增长率保持不变的稳定增长阶段。

$$股票价值=\sum_{t=1}^{t=n_1} FCFE_t/(1+r)^t+\sum_{t=n_1+1}^{t=n_2} FCFE_t/(1+r)^t+P_n/(1+r)^t$$

式中:FCFEt:第t年的FCFE

P_{n2}:过渡阶段期末股票的价值

r:股权资本成本

n_1:高速增长阶段的结束时间

n_2:过渡阶段的结束时间

第三种:公司自由现金流贴现模型(FCFF)

公司自由现金流是企业所有权利要求者,包括股东、债权人的现金流的总和。有两种方法计算公司自由现金流:

一种方法是:把公司所有权利要求者的现金流加总,其计算公式如下:

FCFF = 股权现金流 + 利息费用×(1-税率)+本金归还-发行的新债

另一种方法是:用息前税前净收益(EBIT)为出发点进行计算:

FCFF = EBIT×(1-税率)+折旧及摊销-资本性支出-追加营运资本

(1)FCFF模型的一般形式。只要可以获得充足的信息来预测公司自由现金流，那么FCFF模型的就可以用来对任何公司进行估价。在FCFF模型一般形式中,公司的价值可以表示为：

$$公司的价值=\sum_{t=1}^{t=\infty}\frac{FCFE_t}{(1+WACC)^t}$$

式中:FCFFt = 第t年的公司自由现金流

WACC=资本加权平均成本

(2)两段FCFF模型。如果公司的n年后达到稳定增长阶段,稳定增长率为gn,则该公司的价值可以表示为：

$$公司的价值=\sum_{t=1}^{t=n}FCFE_t+\frac{FCFFn(1+g_n)/(WACC-g_n)}{(1+WACC)^n}$$

该模型适用于:具有很高的财务杠杆比率或财务杠杆比率正在发生变化的公司尤其适于使用公司自由现金流FCFF方法进行评估。

第四种:资本加权平均成本(WACC)

WACC的含义是加权平均资本成本,其计算公式如下：

$$WACC=K_d\times(1-T)\times\frac{D}{V}+K_e\times\frac{E}{V}$$

式中:D:企业负债的价值

E:企业股东权益的价值

V:企业价值,其V=D+E

T:企业所得税税率

K_d:长期借贷的边际利息率

Ke: 股本成本

上述计算公式中: 股权成本Ke是由Captial Asset Price Model (CAPM)来决定的

$$Ke=Rf+\beta(Rm-Rf)$$

式中: Rf:无风险利率(通常用十年期政府债券利率)

Rm:平均股本资本市场回报率

Rm-Rf: 股本资本市场风险溢价, 这个溢价通常在6% ~9%之间

公式中β值的确定可采用两种方法：

一是比照同类已经上市的公司的β值,其计算 依上市公司有关历史资料。

$$\beta=\sigma_{xy}/\sigma_{y^2}$$

式中:σ_{xy} :是公司股票收益率与市场收益率的协方差

σ_{y^2}:是市场收益率的方差

二是比照其他同类可比非上市公司的β系数。

不过,贴现现金流估价法具有一定的适用性和局限性。在给定的情况下, 现金流能可靠的估计并且又能恰当在确定贴现率时,可用现金流贴现模型。在下列情况下,使用现金流贴现模型进行估价将遇到比较大的困难,需要进行相应的调整:①陷入财务拮据的状态的公司;②收益呈周期性的公司;③拥有未被利用资产的公司;④有专利或产品选择权的公司;⑤正在进行重组的公司;⑥涉及购并事项的公司;⑦非上市公司。

2.比较估价法

在比较估价法中,资产的价值通过参考可比资产的价值与某一变量,如收益、现金流、帐面价值、收入或EBITDA等比率而得到。比较估价法中最常用的比率是行业平均市盈率、EV/EBITDA比率。

比较估价法的前提是行业中其他公司与被估价公司具有可比性,并且市场对这些对比公司的定价是正确的。其中,确定比率数值可以采用以下方法：

(1)利用基本信息。把所选的比率同被估价公司的基本信息联系起来。基本信息包括收益和现金流的增长率、支付的红利在总收益所占比率和风险程度等。这种方法的优点是清晰地表明了所选比率和被估价公司基本信息之间的关系。例如:公司预期增长率变化时市盈率会发生什么变化, 边际利润率的变化对EV/EBITDA比率产生什么影响。

(2)利用可比公司。这种方法的核心是确定可比公司,我们可以根据所有会影响比率数值的变量对可比公司的比率值进行调整,从而适合于被估价公司的比率值。调整方法可以使用如平均数、中位数等,也可以筛选有关变量进行多元回归分析比较估价法简单且易于使用,可以迅速获得被估价资产的价值,尤其适用于有大量可比公司, 并且在市场上这些可以公司定价是正确的。但有其局限性容易被误用和操纵,特别是在确定比率数估值时。

此外,还有两种主要的相对估价法:一是采用市盈率;二是采用EV/EBITDA比率。

3.选择模型的决定因素

(1)现金流贴现模型。采用现金流贴现模型计算公司内在价值取决于:一是收益水平。影响模型选择的最基本因素是公司的盈利还是亏损。而对盈利公司,收益可划分为正常的和不正常的,亏损公司也分为三种不同情况。二是收益的当前增长率。用现金流贴现模型进行公司估价还要受当前收益增长状况的影响。增长分为三类:稳定增长、适度增长和高速增长。三是增长的源泉。公司较高的增长率来源于两个方面:建立品牌或降低生产成本和因进入行业法律障碍或产品专利而获得的特殊优势。四是红利和股权资本自由现金流。股权资本自由现金流与红利能够确切地表示公司产生现金流的能力,提供更合理的估价结果。五是财务的稳定性。对于财务杠杆稳定的公司,股权资本现金流与公司自由现金流模型估价没有区别;对于财务不稳定的公司,公司估价比股权估价简单得多。

(2)比较估价模型。采用比较估价模型计算公司内在价值则取决于:一是公司收益水平。当期收益是否正常、真实等。二是可比公司/资产的数量。寻找一组可比公司,应与被估价公司属于同一行业,有相同的增长率和风险程度等,若被估价公司具有独特性或可比公司较少,可以用截面数据回归估计比率。三是市场估价。市场能正确反映公司的价值。四是行业类型。按行业类型选定不同的比率进行估价,市价/帐面值比率适于生产型公司;市价/销售额适于服务型公司。

(三)市场化定价方法的设计

1.以累计投标为主的市场化定价方法

该定价方法在具体实施时有以下两种形式:

一是采用累计投标法,让机构投资者参与确定发行价格。累计投标法源自美国证券市场,市场化的定价在累计投标法中得到了很好的体现。其一般做法是,投资银行先与发行人商定一个定价区间,在招股说明书和分析报告完成以后,分析员和销售员通过逐个拜访、通讯等方式向其客户(主要是机构,如基金等)介绍发行公司的情况及股价定位,由此逐步积累定单,发现不同价格下的需求量。路演结束后,投资银行就能根据定单确定一个基本反映供需关系的价格区间。如果在价格区间范围内认购量很少,就调低发行价格或推迟发行;如果超额认购非常多,就调高发行价格。价格确定后,投资银行在发行时把新股按确定的价格先配售给已订购的大机构,再留出一定比例向公众发售。

二是运用“回拨机制”,让中小投资者间接参与股票发行价格的确定。如前所述,“回拨机制”最直接的好处是能在机构投资者与一般投资者之间建立一种相互制衡的关系。这种关系除了有利于以市场化机制确定股票在机构投资者和一般投资者之间的分配比例以外,也有利于以市场化机制确定股票发行价格。因为如果机构投资者提出的新股发行价格偏低,一般投资者可以通过踊跃申购的方式提高超额认购倍率,使得在事先制定的“回拨机制”的规则下机构投资者配售的量减小直至为零,这样就可以防止向机构投资者询价的结果过低。另一方面,如果机构投资者提出的股票发行价格偏高,一般投资者申购的超额认购倍率势必降低,此时,机构投资者将不得不以较高价格购买股票,这样就可以避免向机构投资者询价的结果过高。综合以上两种情况,可以得出一个结论,“回拨机制”能有效地约束机构投资者,使其在股票申购阶段给出相对理性的价格。这种方式实际上间接给了一般投资者影响询价结果的权利。

针对我国的实际情况,可对累计投标法加以改进,采用网上网下同时询价的方法。

累计投标法的询价对象主要是机构投资者,询价方式主要是网下询价。根据我国目前的实际情况,累计投标法的询价对象和询价方式都有改进的必要:第一,我国证券市场散户人数众多,比重较大,如果仅对机构投资者询价可能会使询价结果不具有代表性;第二,我国股票市场基础设施建设具有后发优势,采用的是最先进的设备和技术,交易所的交易、登记和清算系统十分完善,运作效率要高于国际成熟市场,这能极大地降低通过网上询价方式向个人投资者询价的难度和成本。所以在我国的证券市场,可对累计投标法加以改进,采用网上网下同时询价的方法,让中小投资者直接参与股票发行价格的确定。

2.议价法的定价方法

这是指由股票发行人与主承销商协商确定发行价格。发行人和主承销商在议定发行价格时,主要考虑二级市场股票价格的高低(通常用平均市盈率等指标来衡量)、市场利率水平、发行公司的未来发展前景、发行公司的风险水平和市场对新股的需求状况等因素。一般有以下两种方式:

一是固定价格方式。该方式由发行人和主承销商在新股公开发行前商定一个固定价格,然后根据这个价格进行公开发售。在我国台湾省,新股发行价格是根据影响新股价格的因素进行加权平均得出的。市场上惯用的计算公式为:

$$P=A\times40\%+B\times20\%+C\times20\%+D\times20\%$$

式中:P=新股发行价格

A=公司每股税后纯收益X类似公司最近3年平均市盈率

B=公司每股股利X类似公司最近3年平均股利率

C=最近期每股净值

D=预计每股股利/1年期定期存款利率

在美国,当采用尽力承销方式销售时,新股发行价格的确定也采用固定价格方式。发行人和投资银行在新股发行前商定一个发行价格和最小及最大发行量,股票销售期开始,投资银行尽力向投资者推销股票。如果在规定的时间(一般为90天)和给定的价格下,股票销售额低于最低发行量,股票发行将终止,已筹集的资金返还给投资者。

二是市场询价方式。这种定价方式在美国普遍使用。当新股销售采用包销方式时,一般采用市场询价方式,这种方式确定新股发行价格一般包括两个步骤:第一,根据新股的价值(一般用现金流量贴现等方法确定),股票发行时的大盘走势、流通盘大小、公司所处行业股票的市场表现等因素确定新股发行的价格区间。第二,主承销商协同上市公司的管理层进行路演,向投资者介绍和推介该股票,并向投资者发送预订邀请文件,征集在各个价位上的需求量,通过对反馈回来的投资者的预订股份单进行统计,主承销商和发行人对最初的发行价格进行修正,最后确定新股发行价格。

3.竞价法定价方法

这是由各股票承销商或者投资者以投标方式相互竞争确定

股票发行价格。在具体实施过程中有三种形式:

第一种:网上竞价。指通过证券交易所电脑交易系统按集中竞价原则确定新股发行价格。新股竞价发行申报时,主承销商作为惟一的"卖方",其卖出数为新股实际发行数,卖出价格为发行公司宣布的发行底价,投资者作为买方,以不低于发行底价的价格进行申报。

第二种:机构投资者(法人)竞价。新股发行时,采取对法人配售和对一般投资者上网发行相结合的方式,通过法人投资者竞价来确定股票发行价格。一般由主承销商确定发行底价,法人投资者根据自己的意愿申报申购价格和申购股数,申购结束后,由发行人和主承销商对法人投资者的有效预约申购数按照申购价格由高到低进行排序,根据事先确定的累计申购数量与申购价格的关系确定新股发行价格。

第三种:券商竞价。在新股发行时,发行人事先通知股票承销商,说明发行新股的计划、发行条件和对新股承销的要求,各股票承销商根据自己的情况拟定各自的标书,以投标方式相互竞争股票承销业务,中标标书中的价格就是股票发行价格。

从市场化发行制度下新股定价的原则来衡量,议价法和竞价法都试图使新股的发行价格反映股票本身的价值和市场的供求关系。在用议价法定价时,新股发行价格是在按股票投资价值确定的基础价格之上进行反复修正后确定的,修正的主要依据是行业平均市盈率或者几家相似公司的市场平均市盈率以及路演时投资者对新股价格的反馈信息。在一个有效的资本市场上,平均市盈率水平基本上反映了市场对该类股票的需求状况,而路演推介则是直接面向市场以征集市场需求量,从这个角度看,议价法可以看成是以股票价值为基础,通过"模拟"市场需求状况来确定新股发行价格,定价的准确性很大程度上取决于主承销商的专业知识和经验。竞价法虽然有各种不同的方式,但都是以股票价值作为发行底价,以此为基础由承销商或者投资者进行竞价,是一种"直接"的市场化定价方式,只是参加定价的市场主体及其范围存在差异。

五、发行市场化对公司及投资者的影响

(文/联合证券研究所 欧阳刚)

股票发行核准制的实施,将对我国证券市场的发展产生深远影响。我国证券市场将随着发行制度的进一步改革出现新的格局。

(一)对发行公司的影响

在规范的证券市场中,应该只有优秀的企业才能发行股票筹资。而在我国,以前一直实行额度制,在额度制下,发行公司主要由地方政府来选择,由于地方政府承担着发展经济和维护社会安定的双重职能,在推荐企业上市时,容易从减轻自身负担出发,有可能推荐一些经营困难的企业上市或者要求申请发行股票的企业兼并包袱重的企业,这样有些具备条件的公司因无额度而无法发行股票,而有些通过"层层攻关"争取到额度的企业则拼命"包装"、甚至"伪装"上市,造成了某些上市公司质地低劣,严重地影响了上市公司在广大投资者中的形象。股票发行核准制结束了股票发行的额度限制和行政审批制度。公开发行股票不再有计划的额度限制和地方政府的行政限制,只要是符合《公司法》、《证券法》要求的公司,都可以申请公开发行股票,但是,真正要做到顺利发行股票,拟发行公司还要通过以下三关:

1.主承销商的认可

核准制取消了由行政部门先审核再向证监会推荐发行公司的制度安排,而改为由主承销商发现、培育和推荐发行公司,再将发行材料报送发行审核委员会通过即可发行股票,可以看出,企业的遴选权已从地方政府转到了主承销商。对于主承销商而言,因为不再受地域、行业、企业所有制形式的限制,选择拟发行公司的余地比以前要大的多,因此,对企业本身质地的要求将更苛刻,主承销商将重点考察企业的是:①行业状况和行业发展前景;②公司在行业中的地位和竞争优势;③公司目前的实际资产状况,这种状况能够保持业绩稳定发展的时间,以及需要进一步发展所需要的条件,如是简单再生产,还是复杂再生产,其投资的关键,是资金还是技术和项目等其他因素;④公司的财务状况,如资本结构,这关系到公司的融资能力;⑤公司后续项目储备,这是公司未来的利润增长点;⑥公司与当地政府的关系和外界的客户等环境条件。可以说,核准制下主承销商关心的不仅仅是公司发行股票时具有的能力,即发行能力,还关心公司未来发展的能力,就本身信誉而言,后者是承销商审查的重点。因此对发行公司的要求不仅是现状,更重要的是未来。

2.发行审核委员会的认可

核准制规定,股票发行要通过发行审核委员会的审核,为了充分发挥发审委的独立审核功能,证监会规定发审委委员绝大部分应为证监会以外的专家、学者及市场专业人员。发审委表决通过的,证监会即发文核准,否则,证监会不予核准。发审委评价公司依据主要是两个方面:国家政策和发展重点,如证监会有关发行的政策、国家产业政策、西部开发战略等。

就国家发展政策而言,如产业政策,我国制定了五种类型的产业政策以推动和实现新时期经济结构调整的目标。从国家的产业政策可以看出,发行公司的行业选择最好集中在倾斜性产业、鼓励性产业和保护性产业中,或者是支持该产业的上游产业,这样获发行审核委员会通过的几率将大大增加。

就国家近期发展重点——西部大开发而言,国务院通知明确

了适用西部开发政策的12个省区市。因此,发行公司的挑选可结合国家有关西部大开发的政策,积极寻找具有本地优势和地方特色的企业。

3.投资者的认可

在发行市场化的情况下,投资者对发行公司的认可是股票顺利发行的重要因素。企业的一些关键要素如明确的主题概念、足够大的市场容量、高进入门槛、持续发展能力、成熟化的主营业务和强劲的增长动力等,将是投资者关注的重点,也是发行公司选择的基本标准。核准制不仅给发行公司带来了压力,而且将影响其自身的操作:一是资本运作思路核准制下,企业进入证券市场的"门槛"相对提高,因为不仅要政府的许可,还需要承销商和投资者的许可。而且二级市场的"退出机制"又使企业上市后面临因经营不善"下市"的危险,这样一来发行、上市以及上市后的运作更加困难。在这种情况下,企业会更加珍惜发行,真正考虑成本和效益,真正考虑自身的需求和长远发展。在资本运作上会更加注重投资的谨慎性和企业发展前后资源的配合;以及加强对资本投资的管理。二是根据自身需求,灵活确定发行规模。核准制下,在企业发行股票的规模上,由企业根据资本运营的需要进行选择,以适应企业按市场规律持续成长的需要。但是,市场化的竞价发行方法确定新股发行价格过程中最大问题是上市公司无法事先确定募集资金的总量,在目前新股发行市场非均衡且供小于求情况下,认购资金规模越大,超额认购倍数越高,定价也就越高,实际募集资金量超过计划募集资金量的幅度也越大,这不利于社会资源的有效配置和企业确定合理的公司治理机构。因此,发行人在采用机构投资者竞价方式时,应根据公司对目标资本结构的要求,确定最佳的资金募集量,然后根据最终的发行定价,来反向确定发行规模,而不必采取固定的发行规模,造成资源的低效配置,假如存在超额募集资金,就应该对超额募集资金的使用事先有一个详细的计划,以保证资金的有效使用。

(二)对投资者的影响

1.对一级市场投资者的影响

核准制实行后,对一级市场投资者最直接的影响体现在两个方面:

第一,核准制下一级市场申购新股的风险增大。

(1)目前的新股申购的风险和收益。从2000年新股申购的年收益率来看,尽管由于申购资金量的增加,单只新股的平均申购收益率由0.63%下降到0.56%,但是,上市首日的平均涨幅却较1999年上升39.21%,再加上2000年新股发行量的大增,而致使申购新股的年收益率不仅没有继续下滑,而是出现回升。另据统计,一级市场购买新股的收益率1996年至1999年分别为60%、50%、40%和20%,呈逐年递减状态。但2000年的年收益率却为21%,有回升之势。

21%的一级市场收益率远远高于同业拆借利率和回购利率,而且2000年至今市场上还没有发生过新发的上市公司股票跌破发行价的情况,因此,目前的新股申购是不存在风险的,与二级市场形成了明显的反差。一级市场的低风险、高收益不仅不利于我国股票发行的改革,也不利于我国证券市场与国际接轨。

(2)核准制下新股申购收益率将下降。新股定价市场化,将导致一级市场新股申购收益率下降。首先,从资金量来看。据最新统计,囤积于一级市场的资金已从1999年底的2500多亿元激增至目前的近6400亿元左右,翻了一倍多,以至于今年2月份的最后一家小盘股的中签率只有0.06%,也就是说需约2000万元才能获配1000股,而去年上网发行身价最高的安朔股份也只需1369万元,一级市场资金供求关系由此可见。从资金供给的变化趋势来看,将来还有新的资金入场,一是保险基金将进一步加盟,目前中国的保险基金还远未到"兑现"的压力期,随着业务的扩大,每年新增大量待投资资产,然而保险资金可供投资的金融产品受到不少限制,今后保险资金除了投资于国债外,还可以作为重要的机构客户参与到一级市场中;二是设立的开放式基金、社会保障资金的入市,将成为一级市场机构投资者队伍的新生力量,进一步拓宽了市场资金来源渠道,尤其是开放式基金的设立,可成为保险基金新的选择品种,届时增量资金就有可能通过开放式基金介入,而开放式基金因其需保持一定数量资金的流通性,也会参与新股申购。那么随着上述这些资金的逐渐增加,客观上今年一级市场潜在的资金仍会增加,从而使申购中签率保持在较低水平。其次,从发行价格变化趋势来看。这两年一级市场首发新股的发行价逐步提高,平均发行价已由1999年的6.29元上升至2000年的8.16元,而今年头两个月的平均发行价已达9.20元。同时,2000年新股的平均加权发行市盈率也由1999年的17倍提高至近27倍。预计采取市场化的发行方式后,发行市盈率有可能继续上升。

申购中签率的低下和发行市盈率的上升,将有可能打破一级市场无风险的局面,短期内一级市场的发行价有可能会增长较快,股票价格往往会一步到位,定得高出实际价值很多,将孕育着巨大风险,事实上,在B股公司增发A股后在A股市场的表现来看,跌破发行价是很平常的事,因此,在新股首发的过程中,由于对市场未来的预期不同,难免造成高价发行的局面,很难保证新发股票在上市后一、二级市场间会有价差存在。这种结果必将导致一级市场申购新股的收益逐渐下降。

第二, 新股的申购可能会因为发行方式和定价的多样化而难度加大。

新股发行定价的放开必然造成发行方式和定价的多样化,因此,新股的申购者已经不单纯是以往简单地定价申购,而有可能会参与到询价的队伍当中,共同决定股票的发行价格,此时,对申购者而言,必须有较强的财务分析能力,同时必须具备投资银行和二级市场操作的知识和经验,才能对新股的市场定价或内在价值进行合理评估。从操作上讲,要求申购者从凡新股均可申购转变为有选择的放弃定价不合理的股票,并根据自己的分析以及对风险的承受能力给出一个合理的申购价格,然后申购定价较低或价位合理的新股。

2.对二级市场投资者的影响

核准制的实施,有利于二级市场投资者降低投资风险和改变投资理念。

(1)上市公司的质量将有明显的提高。审批制下,股票发行制度带有浓厚的行政色彩,而发行额度的存在,又进一步强化了股票发行的条块分割,使股票发行实际上变成了一种行政措施,企业能够上市在很大程度上并不是凭企业本身的实力,而是依靠与地方政府的关系,企业在上市过程中虚假包装、伪装现象十分严重,造成了上市公司质量普遍不高的局面。

核准制推行后,首先,上市公司的遴选范围直接扩大,符合《公司法》的合格企业都有资格申请公开发行股票,优势企业的选择余地大大增加。同时,中介机构,特别是券商在市场需求、发行风险和保荐责任三重约束下,从拓展业务范围、树立良好市场形象、降低承销风险的自身利益出发,也会尽力推荐经营业绩好、发展潜力大的企业上市,先前的一些造假、虚假包装现象有望基本杜绝。其次,在发行审核上,发审委对股票发行的强制性信息披露和实质性审核,实际上更严格地控制了上市公司的质量。另外,监管机构发行监管职能的转变、发行法规的进一步完善,如要求发行人对经营管理方面的信息进行披露,包括公司管理层的激励机制、经理人的额外补偿与企业盈利、销售增长之间的比例关系、管理层因信息披露的遗漏或误导给投资者造成损失以及承担的相应法律责任等等,这些规定都将起到提高发行人质量的作用。

(2)卖壳上市将不再盛行。长期以来,卖壳上市之风在我国证券市场盛行,这主要有以下两方面的原因:首先是审批制下某些优秀企业难以发行股票。为了寻求更进一步的发展,这些企业只有通过买壳上市的方式进入证券市场。其次是额度制造成的上市资源稀缺。额度制下,企业上市的数量是受严格控制,企业上市的难度很大,核准制推出后,企业发行股票不再受额度的制约,只要通过了股票发行审核委员会的批准,就可以与主承销商协商决定上市,企业上市的难度将大大降低,卖壳上市将不再是以前难以上市企业的第一选择。

(3)部分一级市场资金将流入二级市场。审批制时期在一级市场定价方法上,长期采用市盈率方法,虽然曾根据市场情况的不同,对市盈率的计算口径有过不同的调整,但基本保持在10–20倍,而二级市场市盈率则往往高达50–60倍。两个市场的市盈率如此巨大的差别使得一级市场上的申购者不可能存在被套牢的风险,当二级市场的情况不好的时候,资金往往把一级市场作为一个避风港,进入一级市场申购新股,造成了二级市场越是下跌、一级市场越是火爆的局面。

发行定价放开后,一、二级市场巨大的价差将逐渐缩小,风险直接引入一级市场,使得市道低迷的时候,二级市场的资金也不敢轻易进入一级市场,而原先逗留在一级市场追求低风险稳定收益的资金,可能会逐步退出。其中一部分会流入银行系统,但由于目前银行利率较低,多数可能会通过认购基金、委托理财等方式流向二级市场,同时也为即将推出的开放式基金提供了丰富的客户群和资金量,从而为二级市场平稳运行提供资金上的直接保障。

(4)价值投资的理念将趋于流行。在我国证券市场走过的十年中,投机之风较为浓厚,大多数投资者依靠听消息、探内幕来进行二级市场操作。这虽然与新兴市场规模小、投资者素质不高有关,但也与作为证券市场基石的上市公司质量不高有密切关系,投资者不能通过公司的盈利增长来获利,价值投资没有现实基础,因此只能依靠投机炒作来博取暴富的机会。实行核准制后,上市公司的质量将会大幅度的提高,上市公司长远的获利增长能力有望不断提高,整体素质将大大加强,从而为价值投资理念打下一个坚实的基础。与此同时,随着市场规模的不断扩大,以资金来影响股价的能力也会越来越弱。由于券商和上市公司责任的加强,信息披露制度将越来越完善,信息不对称的格局有望改善,这将大大制约市场投机的空间,投资者将不会再到处追逐小道消息,而将集中到对企业基本面的分析上来,价值投资的理念将趋于流行。

六、发行制度改革及券商应对措施

(文/联合证券研究所　欧阳刚)

(一)核准制下券商面临新挑战

发行制度从先前的额度管理走向核准制度后,一方面打破了地方保护主义,在核准制下,地方政府在股票的发行过程中已经没有发言权;另一方面,核准制大大改变了券商在股票发行环节上的地位,使券商在发行市场化进程中的主体地位及市场化功能更加突出,对企业改制辅导的责任更大。能否充分发挥券商作用已成为进一步完善核准制,提高核准效率,确保拟上市公司改制到位、运作规范、顺利上市的关键所在,这种市场化的核准制度将导致券商的投资银行业务发生历史性的变革,给券商带来了发展的新机会,但同时,券商也面临空前的挑战。

第一,责任更大。实行核准制后,券商的权力和责任比以前更大、因为在核准制下,由主承销商培育、选择和推荐企业,而且企业上市后还要对其进行回访,与之相应的就要由主承销商依法承担起对发行人所披露信息真实性、准确性和完整性的检查责任。

券商接触的是企业第一手资料,对公司的设立、公司出资及其质量、公司的独立性及其规范运作、公司的结构与风险、公司的业务及营运、公司的购并与重组、公司发行上市前的规范辅导、公司的证券融资、准上市公司的质量与规范运作等都比较熟悉,甚至是直接参与者、第一责任人,核准制在赋予券商更大选择权时,也加大了对违规操作、违规经营的处罚力度。

第二,风险更大。首先是推荐企业通不过发行审核委员会审核的风险。尽管预选企业由主承销商选择、培育和推荐,但最终要由股票发行审核委员会的有关专家则依照法定条件、按公开程序,以投票方式对股票发行申请进行表决。一旦一些企业的上市申请遭遇否决,就会使得券商在该项目上的先期投入没有任何产出,投行业务风险明显增大。其次是增加了券商股票销售环节的风险。在核准制下,股票的发行价格由发行人与承销的证券公司协商确定,从发行人角度出发,募集的资金越多越好,由于券商之间竞争激烈,发行人选择主承销商的范围很大,券商为了争取项目不得不高抬高股票的发行价格,但假如发行价格在一级市场上得不到投资者的认同,极大地增加券商的包销风险。

第三,对券商的业务能力提出了更高的要求。首先是主承销商推荐什么样的企业到证券市场上融资,关系到股票能否顺利发行。因为核准制不同于注册制,在注册制下,一个企业股票发行是否成功完全由市场决定,即由投资者决定。在我国目前的核准制下,股票发行能否成功与国民经济赋予证券市场的任务相关联,当前证券市场的主要任务是为我国经济发展和国企改革服务。国企改革的重点仍旧是技术进步和产业升级,所以主承销商发现、培育、推荐这类企业就显得十分重要。主承销的业务范围也扩大到帮助企业设计资产重组方案、选择投资项目等投资银行业务。主承销商在承接发行任务时,不但要把握国家的宏观经济政策,而且要把握企业的基本面,才能保证承销任务的完成。其次是,发行方式的多样化和发行定价市场机制引进,要求主承销商提高自身素质,以使用最合适的方式和制定最合理的价格完成股票的发行。企业发行股票的目的是满足企业发展的资金需求,因此,能最大地实现企业这一目的发行方式都是合适的方式,但最终决定发行成功与否的是股票的发行价格。而决定价格的因素很多,如发行人的价值评估、投资者对发行人的认可程度、发行时宏观经济面对股市的影响、一级市场申购的预期回报率等。如何将这些因素综合评估拟定一个合理价格,是检验主承销业务水平高低的试金石。再次是,对投行业务自由创新的要求大大增强。在核准制下,券商的投行人员不仅要考虑发行方的切身利益,同时要兼顾市场投资者的有效需求,能否起到正确引导市场的作用不仅能使发行方和投资者双方都满意,而且也是使得自己在市场上树立长久的良好市场形象的根本。因此,在股票的发行方面,在把好上市公司质量关的同时,发行方案的设计、发行时机的选择都需要创新性的思维。

第四,竞争将在一个更高的层次上进行。可以预料,核准制实施后,券商之间的竞争将更为激烈,券商之间的竞争将在更高、更深层次上展开。那种竞争将是一个比拚“内力”的过程:比观念、思路、方法,比人员素质、业务水平、内部管理、创新能力等,这集中体现在券商面对市场风险的决策与操作能力上。核准制的一个重要特点就是发行人新股发行规模、发行定价、发行方式等将由主承销商与发行人共同研究决定,发行机制趋于市场化,如果券商在以上各环节出现任何一项决策失误,或对市场大势研判不准,或发行时机选择不当,都可能给自己及发行人造成损失,甚至使发行失败。竞争取胜的关键已不是承销数量,而是金融创新能力、开发运用金融工具能力、驾驭市场风险能力等综合因素,这是券商面临的一个严峻挑战。

(二)券商应对措施

面对市场化的股票发行制度改革,如何拓展承销业务范围、提高承销业务水平、规避承销业务风险是每一个券商都亟待解决的问题。而解决这个问题的关键在于首先要改变对投行的传统观念,转换思路,迅速从原发行审批制下的被动性思维向发行核准制下的主动性思维转换。具体可以从下几个方面采取应对措施:

1.做好对拟上市公司的选择和培育

在核准制下对上市公司的质量要求越来越严, 而企业在选择承销商时拥有更多的权力,这就要求有关券商未雨绸缪,从现在开始做好项目的培育工作,立足长远、培养新项目,将成为有眼光的券商的必然选择。在业务对象的选择类型方面,经过连续几年实施向国有大中型企业的股票发行政策后,一批优秀的国有企业将会获得机会上市筹资。同时,可以预料一段时期后,将会有越来越多的民营企业走上资本市场的舞台,这些都是券商要重点关注的对象。尤其对于部分有较强的上市愿望或需要公司提供相关服务的企业,应作为券商的重点潜在客户,可为之提供重组、转制等上市前服务。这不仅有利于目前企业的培养,也为开拓收购、兼并及买壳上市等业务提供了便利。

在拟上市公司的培育方面,券商要充分发挥自身的专业优势保证公司的规范经营。券商的重要的作用之一就是对拟上市公司的辅导,他们可以起到投资银行家、财务、法律顾问的作用。通过上市前辅导,协助拟上市公司的高管人员在正确使用《公司法》、《公司章程》等赋予的权利的同时,真正牢固地树立对股东负责、规范运作的意识和承担起各种义务和责任,使企业高管人员也成为资本运营的行家,使现代企业制度的核心内容和规则深入人心,成为企业规范运作的行为准则,使之成为受投资者欢迎的公司,在另一方面,上市公司的规范经营也将大大降低券商的风险,使其在同行业中保持竞争优势。

2.提高公司的核心竞争能力

券商只有保持和提高自身的核心竞争能力,才能在竞争中发展壮大。随着发行方式从额度制转向核准制,券商的核心竞争能力将主要体现在以下两个方面:

(1)股票发行定价能力。在额度制下,股票的发行定价,基本上是由监管部门依据市场情况,按市盈率的方式确定的,券商在其中起的作用并不大。然而,在额度制改为核准制后,券商已处于股票发行定价的核心地位。投资银行业务的核心竞争能力将体现为对公司的估值能力和发行的定价能力,其中,定价能力不仅直接体现核心能力,而且也是投资银行各方面能力的综合体现。定价能力首先体现的是估值能力,估值是券商对公司价值的判断,是发行定价和收购兼并的基础。这是对公司真正内在价值的计算和评估,涵盖了行业分析、公司财务、发展策略等诸方面因素。一家券商估值能力的强与弱,与它对公司所处行业和财务情况的分析研究,有着相当重要的关系。估值的好坏,直接影响到对客户的争取和发行是否成功。因为如果低估了客户公司的价值,将影响客户的争取或者未来再次服务的机会;高估的话,则将会造成销售不利的风险。因此,相对准确的估值是券商成功与否的关键因素之一。 定价能力还体现在与投资者的沟通能力上。任何一个新股的定价,都不会简单地以估值作为最终结果,必须在估值的基础上,针对当时市场的情况,了解投资者的判断和需求,才能寻找到合适的价格。因此,券商对销售队伍的培养,以及与核心机构投资者的交流就显得很重要了。如果一家投资银行缺乏上述能力,而仅仅以自己的主观判断进行定价,那么所面临的风险是可想而知的。反过来说,机构投资者能够经常聚集在券商的周围,说明其提供的较为准确的估值或者分析,使其能够获取较为稳定的盈利。因此,他们也愿意不断向券商反馈市场的信息,从而形成良性的互动。随着发行市场化的不断推进,券商应大力增强投资银行对于上市股票的定价能力,促进券商和机构投资者互动关系的形成,从而培养出新的核心竞争能力,逐渐摆脱低层次竞争的局面。

(2)股票发行的创新能力。在发行市场化的条件下,券商对股票的定价、发行规模、发行方式等方面,比以前享有更多的选择权,创新的余地很大。随着市场化的进一步发展,发行公司和投资者需求的差异化也越来越大,这对券商的创新能力提出越来越高的要求,如何根据我国现有的金融、法律环境及企业的实际需要开发设计新的金融工具,不断推出创新产品以满足发行公司和投资者的需求,将是新时期真正体现投资银行业务价值与水平的地方。在目前的情况下,券商可以考虑借鉴国外成功的创新方式以满足市场化的需要。

3.券商内部要加强配合

在新的股票发行制度下,发行公司股票发行的成功与否和承销商的业务水平密不可分。而要提高券商的业务水平,就必须加强券商内部投行部门与其他部门,尤其是与研究部门的配合,使证券研究部门成为承销业务部门的坚强后盾,这样才能为股票发行人提供优质高效的服务。

4.要加强对项目的风险控制

推行核准制后,股票发行定价的市场化直接导致投行业风险的加大,股票跌破发行价、发行不出去都有可能。此外,如拟上市公司质地太差,会给券商带来推荐风险,因此,为达到控制风险的目的,对发行业务全过程的监管成为投行内部管理和内部控制的必然要求,这就要求券商建立一套合理有效的业务运作及监管的程序和制度,其目的是有效实现效率与控制风险的统一。

(1)建立健全项目风险评估制度,保证拟发行公司的质地。在投行风险逐渐增大的情况下,要提高重大项目的决策质量,相应的风险评估制度就显得尤为必要。为此,应综合投行、研发等部门力量成立专门的项目风险评估小组,该小组对重大项目进行实地调研,与项目经办人员一道提出客观、审慎的分析报告,为最终的项目决策提供参考。

(2)建立健全项目承销风险评估制度,尽可能地规避承销风险。在核准制下,股票的发行规模、发行价格以及发行时机等都是由发行人与承销商协商确定。在承销风险逐渐增大的情况下,提高承销项目的决策质量,建立健全项目风险评估制度就显得尤为重要。为此,券商应组织力量建立专门的项目风险评估机构,对项目的开发和运作进行分析和研判;设置专门的风险预警与控制系统,化解和防范可能发生的承销风险。

(3)建立健全内部防火墙制度,尽可能规避法律风险。根据新发布的《证券公司从事股票发行主承销业务有关问题的指导意见》,证券公司应建立有效的内部控制制度。遵循内部防火墙原则,使投资银行部门与研究部门、经纪部门、自营部门在信息、人员、办公地点等方面相互隔离,防止内幕交易和操纵市场行为的发生。投行人员对上市公司的了解是最深入的,能在项目实施过程中获得公司的很多不公开信息,假如不实施内部防火墙制度,那些不公开信息有可能透过研究、投资部门反映到市场上,而随着监管力度的加强,这种做法会招致巨大的法律风险。

5.优化内部组织结构,加强人员培训

(1)优化券商内部组织结构和制度建设,实现投行业务的专业化、制度化。为满足新发行制度的要求,迎接更趋激烈的业内竞争,券商就必须为企业提供系统性、综合性、高质量的承销前及承销后服务。这就要求券商的投行部门优化内部组织结构,对承销业务实行精细分工和科学管理,建立与之相对应的企业改制辅导小组、财务顾问小组、上市后后服务小组等团队组织,并建立相应的制度体系,以实现承销业务服务的专业化和制度化。

(2)加强承销从业人员业务素质和职业道德教育,提高从业人员的业务水平。在证券市场上,人力资源因素是券商拓展业务范围、防范和化解业务风险、提高市场竞争力的最重要因素。在核准制股票发行制度下，无论是早期的尽职尽责调查和上市辅导，还是承销过程中的路演、询价和发行方案设计、以及对上市公司的回访等，都需要有一个高素质的人才队伍。这就是要求券商应广泛地吸收和引进证券研究业务和承销业务人才，加强承销从业人员业务素质和职业道德的教育，提高从业人员的承销业务水平。

6.加强营销管理

新的发行制度，在一定程度上增加了股票承销的风险，发行价格的不合理、发行时市场时机把握不好，都可能导致投资者的不认同，从而使券商被迫包销大量的剩余股票，因此，在投行业务中，股票的销售工作已变得越来越重要，券商只有加强投资银行业务的市场营销管理，才能尽最大可能地规避风险。具体有以下几方面的内容：

(1)竞争策略。由于各个券商规模各异，在行业、地区等领域投入的资源不均衡，造成各个券商都有自己独特的优势。随着中国加入WTO，未来的市场竞争将越来越激烈，成功的券商应寻找出一个独特的市场定位以区别于其他竞争者，并由这种差异化策略中获取竞争优势及市场空缺。定位可协助券商发展出集中、高品质和低成本的服务。

(2)销售过程管理。随着机构投资者的发展壮大，面向机构投资者的销售能力，正成为投资银行竞争能力的重要体现，而有效的销售过程管理，将能极大地提高面向投资者的销售能力。 在销售过程管理中，市场调查是重中之重，它是券商最终发行定价和控制风险的出发点。

(3)客户管理。在核准制下，客户资源是券商投行业务取胜关键之所在，目前我国券商在对客户管理方面，存在着很大不足，要调动多种手段加强客户管理。

七、发行市场化政策建议

(文/联合证券研究所　欧阳刚 段海虹)

目前在股票发行方面进行的改革，已经为核准制打下了一个基础，要想使核准制真正充分发挥其作用，还必须具备以下几个条件：一是完善的法律制度体系；二是有大量的以独立、客观、公正为理念并身体力行的中介机构的存在；三是公司必须严格按照标准的公司法运作。而目前这三方面都还有很大欠缺，管理层应采取进一步措施完善法律体系、加强对中介机构和发行公司的监管，为核准制的顺利实施构造一个良好的监管环境。

第一，进一步完善法律体系、加大执法力度

我国证券市场现有法律体系存在着两个重大缺点：一是法律体系不完善。《证券法》是证券市场的基本法，但是《证券法》与现有法律法规如《公司法》、《刑法》、《行政诉讼法》、《期货交易管理暂行条例》之间衔接是不够的，例如《证券法》与《公司法》就有矛盾冲突之处。二是未能充分和有效地体现对投资者合法权益的保护。虽然公司法，证券法等法律规定了上市公司董事及高级管理人员有勤勉尽责义务，对股东及投资公众有如实披露信息的义务。如果不承担或不履行这些义务，将依法采取行政处罚。但这只是对未履行义务的惩戒，而投资者合法权益受到损害却不能得到应有的赔偿。通过民事诉讼追究赔偿责任的，也往往因侵权者收入有限而不能得到应有赔偿。投资者的合法权益实际上仍然不能得到有效保护。与此同时，由于受以前控制风险的监管思路的影响，在监管工作上，过多地用行政的手段调节市场，市场规则根据市场的冷暖随意频繁变动，执法力度也随着市场的状况时强时弱，使市场变成“政策市”、“消息市”，助长了市场的投机行为。

为了保证核准制的顺利实施，管理层应按照市场化的原则，推动对现有法律法规的修订，制定适应证券市场规范化建设的规章和规则，不断增加政策透明度和可预测性，弥补《证券法》与其他法律、法规之间的操作缝隙，减少灰色地带，形成较为完善的法律法规体系。同时，要在有关法规中进一步明确量刑标准和执法监督的范围，实质性引入刑事处罚，硬化对发行责任的法律约束，同时成立专门针对证券犯罪的机构，加大对欺诈、内幕交易和重大隐瞒等违法行为的惩罚力度，消除“法不责众”和侥幸心理，从根本上扭转违规现象普遍存在的状况，逐步营造良性的市场环境。

第二，加强对券商和中介机构的监管，推行保荐人制度

核准制加大了券商和中介机构的责任，有大量的以独立、客观、公正为理念并身体力行的中介机构的存在是核准制得以较好实施的前提条件，但是，目前中介机构自律机制薄弱，缺乏职业标准和职业道德的有效制约。为了追逐自身利益，不惜损害投资者利益的现象还普遍存在，挪用投资者资金、弄虚作假、信息披露不真实和执业不公正等现象屡见不鲜。这样的市场环境严重影响了投资者信心的建立和维护。为了有效控制券商和中介机构的败德行为，管理层陆续出台了多项针对证券公司和中介机构的监管措施和规定，但是，要真正最大限度地消除中介机构的败德风险，目前的监管措施仍显不足，当务之急是要提高中介机构，尤其是处于核准制中心的券商的风险责任，实施保荐人制度就是一种较好的选择。

由保荐人负责发行人的上市推荐和辅导，核实公司发行文件与上市文件中所载资料的真实、准确和完整，协助发行人建立严格的信息披露制度，并承担“风险防范”责任。在公司上市后的规定时限内，保荐人需继续协助公司建立规范的法人治理结构，督促公司遵守上市规定，完成招股计划中提出的目标，并对上市公司的信息披露承担连带责任。

根据国外成熟市场的做法，保荐人对拟发行公司所负有的完全推荐责任，使得保荐人自身面临较大的风险。保荐人必须自己去判断所选择的公司是否符合上市条件，上市能否成功，上市后是否能够产生理想的效果等。由于保荐人制度能够十分有效的防范上市公司质量风险，因此被广泛的采用，NASDAQ、香港创业板，以及许多证交所均实行"保荐人"制度。

核准制下引入这一制度，有利于加强中介机构的责任，有效降低市场风险，提高上市公司质量。并且由于保荐人需要有较高的风险承受能力和专业水平，在我国实行此制度之后，将会促进我国相关中介机构的发展。

第三，发挥交易所一线监管的职能

证券交易所是处于一线的组织者，世界各国的经验表明，任何完善的证券市场都要发挥证券交易所的监管作用，所以股票发行和上市决定权应部分分配给证券交易所。具体宜适用以下改革措施：首先，保证证券交易所的独立运作。其次给予证券交易所部分审核权。证券交易所与政府作为两个不同的利益主体，给予证券交易所部分审核权可以改善上市公司质量，维护证券市场的健康发展，而且一定程序上克服了政府主观行为带来的弊端。再次，股票发行与上市应该分开。长期以来，股票发行与上市的审核合二为一，剥夺了证券交易所的权力，缺乏对上市公司的监督，加大了政府审核的风险。股票发行和上市分开审核不仅是发挥证券交易所监管职能的需要，而且符合国际上的惯例。

第四，启动存量发行 规范股权结构

我国证券市场存在着诸多的不规范，如股权结构。近年来，管理层通过不断规范，一些历史遗留问题得到了有效的解决，但在股权结构问题上，却一直没有较好的解决办法。目前这一问题已成为困扰我国股市的最大难题，随着股市规模的发展，国有股、法人股数量继续扩大，这一问题再得不到彻底解决，将不利于企业的股份制改造，也无法真正体现证券市场的资源配置功能，从而无法实现国有资产的战略性调整，进而影响整体经济的增长。现在新的发行审核制度——核准制的实施，为控制国有股、法人股的存量增加，提供了较好的解决机制。

在市场化的核准制下，有一种存量发行(二级发售)方式，由于存量发行的证券是企业公开发行前老股东的股份，而非新增股份，目的是帮助老股东套现或分散股权，实现老股东间的股权转让，以使公司股权结构趋于合理。而目前我国的上市公司大多为原有国企改制而来，国有股法人股比重过大，股权结构极不合理，若能在今后的新股发行方式上，引进存量发行，采取增量发行和存量发行共用的模式，一方面通过新股增发，为企业筹措发展所需资金；另一方面通过存量发行，能较好地控制国有股法人股规模的扩大。同时也可以规范新股的股权设置，只设发起人股和社会公众股，不再人为设置国有股、法人股，使股权设置向国际接轨，最重要的是解决了新上市公司的国有股和法人股流通转让问题，真正实现同股同权，从而为上市公司现代企业制度的有效建立创造了条件，有利于上市公司经营机制的转变，提高上市公司的质量。

第五，灵活运用超额配售权

超额配售权即赋予主承销商以超额发售权，控制股票发行时的短期价格风险。随着股票发行方式市场化，一级市场的参与主体(包括发行人、承销商和投资者)将面临各自的短期价格风险。为了控制这种风险，应将国际市场上通行的做法引入我国股票发行市场，即赋予主承销商以超额发售权。

超额发售权即绿鞋期权，是发行人在与主承销商订立的初步意向书中明确给予主承销商在股票发行后30天内以发行价从发行人处购买额外不超过原发行数量15%的股票的一项期权。得到这项期权之后，主承销商可以(而且事实上总是)按原定发行量的115%销售股票。当股票十分抢手、发行后股价上扬时，主承销商即以发行价行使绿鞋期权，从发行人购得超额的15%(或小于15%)股票以冲掉自己超额发售的空头，并收取超额发售的费用，此时实际发行数量超过原定发行规模15%(或小于15%)。当股票受到冷落、发行后股价下跌时，主承销商将不行使该期权，而是从市场上购回超额发行的股票以支撑价格并对冲空头，此时实际发行数量与原定数量相等。由于此时市价低于发行价，主承销商这样做也不会受到损失。

根据我国股市波动幅度较大的特点，在新股发行方式中引入超额发售权，有利于股市的平稳发展，抑制过度投机，同时也赋予了承销商稳定市场的责任。

第五章 对我国上市公司增发融资的思考与探索

一、增发融资历程与存在的问题

(文/联合证券研究所 戴立洪)

我国沪深两地股市虽然只有10年的历史，但现在却已发展成为世界第八大股市。截至2001年10月，我国证券市场的总市值已经达到4.3万亿人民币，流通市值为1.4万亿人民币。2000年A、B、H股的年融资额突破了2000亿元，达到2013亿元的历史最高水平。我国股市之所以能在较短时间里发展成为世界上第八大股市，很关键的一点是我国证券市场不断地革新其融资方式，按国际上流行的市场管理手段来管理证券市场，增加市场的融资手段，从而增强市场的融资能力。通常国际上衡量股市成功与否时最关键是看其融资能力如何，融资能力越强，股市越有生命力。从这方面讲，我国证券市场十年来的发展是相当成功的。当然，我国股市在不断地走向市场化过程中，也存在一些问题。今年以来，由于各种原因，证券市场的融资功能有所减弱：统计数据显示，截至9月底，深沪两市筹资额约为895亿元，仅相当于去年全年的60%。特别是二、三季度的融资总额仅为270亿元，大大弱于第一季度。

(一)增发融资的历程

中国证券市场实施增发融资的历史并不算长，但发展步伐很快。1998年以纺织股为主的几家重组公司拉开了增发的帷幕，1999年沪深两市仅有5家上市公司进行增发融资，筹资总量50亿元左右，但到了2000年，增发新股的公司迅速达到了23家，总筹资额近200亿元。截至目前，今年已有17家公司实施了增发，筹资总额169.65亿元，平均每家公司通过增发筹资约10亿元，这一数字与36家新发行上市公司和65家配股公司平均每家筹资6.06亿元和3.67亿元相比，已遥遥领先。尤其是今年3月《上市公司新股发行管理办法》——这一比较市场化的新股发行政策的出台，意味着完全打开了上市公司大规模增发融资的“闸门”，目前有122家上市公司准备增发。

一百多家上市公司争先恐后提出增发方案——这是今年证券市场的一道新景观。本来作为一种正常的融资方式，增发是无可厚非的。但是目前增发规模越来越大，增发价格越来越高，增发后随意变更募资投向，从项目投资改为证券投资以及增发后即告亏损的现状，使投资者对增发的抵触情绪日渐增强，一些实施增发的公司股价也相应地一落千丈。

增发不仅正成为上市公司再融资的主流，而且也成为从证券市场吸取资金的“大户”。由于过于宽松的增发环境，激发了上市公司的欲望，使得增发价格不断攀升。这种无节制的“圈钱”有必要进行遏制。最近中国证监会发布了《关于进一步加强股份有限公司公开募集资管理的通知(征求意见稿)》，通知从资金的使用、管理方法作出了严格的规定，禁止将募集资金用于委托理财、质押或抵押贷款等变相改变募集资金用途的投资。提高的增发条件，控制了增发的规模，从让增发新股这种国际流行的发行方式在中国现有的环境下，更好地为中国证券发展和实现资源的合理配置服务。

(二)增发融资丰富了我国证券市场的融资方式

增发新股是海外证券市场上通行的再融资方式，在1998年引入我国A股市场后，对支持高科技企业发展、夯实重组基础产生了良好效果。自从证券市场推行市场化改革以后，这一最具市场化色彩的再融资方式得到逐渐推广。1998年以前，上市公司在证券市场上融资基本方式是新发和配股，增发融资方式的引入使我国证券市场向市场化方向迈进了一步，市场化的融资方式是我国壮大证券市场，发挥证券市场资源配置功能，培育我国超大型及大型企业的必由之路。

公司再融资方式的市场化进程，使我国资本市场的再融资方式与国际接轨，但由于我国部分上市公司存在融资饥饿症及缺乏信用与自律意识，于是开始钻政策空子，纷纷提出增发预案，由此形成的无节制“滥发”局面以及激起的市场的不满，这恐怕也出乎管理层的意料。

由于我国股票市场是在计划经济体制下建立起来的，必然存在许多与现在市场经济条件下不相应的东西。如存在不同的股票类别、同股不同权的现象。这些在计划经济体制下形成的问题，若在短时间内完全用市场手段解决，必定会对现有市场产生较大的冲击。

(三)目前增发融资存在的问题

增发过热，反映出各市场主体之间缺乏约束与制衡机制，其根源在于上市公司法人治理结构不完善而形成的盲目扩张冲动。许多公司董事会在决定增发时，没有充分考虑募集资金与公司财务结构、资产规模、股本扩张、发展日标、管理能力、项目周期及市场前景等方面的关系，公司内部项目论证、投资决策机制缺乏有效约束，我国目前对上市公司董事会及其成员缺乏有效的监督机制。拟增发公司股价的下跌，表明投资者不信任公司董事会的诚信及其经营决策能力，市场这只无形的手发挥了反向约束作用。

1.增发条件过低，有必要进一步提高门槛

1998年当增发引入我国证券市场时，仅限于重大重组企业、有核心技术的高成长企业、兼有A 、B 、H股 的企业，以及股本结构不达标的企业共四种情形。并且还有主承销商必须在一家增发全部完成后，方得接受第二家增发申请的规定，而完成一家增发一般得半年时间，这一来，有主承销资格的二、三十家券商就成了增发的“瓶颈”。2001年3月《上市公司新股发行管理办法》新办法出来后，上述规定全部被废止，更为市场化的管理办法，使增发大门向所有公司(只要有盈利)敞开，但同时我国相当部分上市公司管理层还存在非市场化经营理念，这就促使有强烈圈钱冲动的上市公司乘机“张开大口”，准备大圈其钱。增发的硬性条件的弱化，诱发了上市公司增发的热情。看来中国上市公司在运用这一国际上流行的增发再融资手段时，有必要增加一些限制性的约束条件。在新发布的《关于进一步加强股份有限公司公开募集资金管理的通知(征求意见稿)》中提高了增发的条件，限制了增发的融资规模，新的增发规定有利于我们改变目前增发条件过低的现状，提高增发的门槛有利让优秀的公司获得增发融资方式的好处，更好发挥证券市场资源配置的功能。

2.居高不下的增发价格加大了主承销商的风险

过高的增发价格减少了投资者对股票的投资兴趣，投资股票的盈利基本上是资本溢价收益，因此过高的增发价格势必减少投资者对增发股票的热情。中国股票市场盈利模式决定了中国股票市场的投资者不会接受高价格的股票。

与配股相比，增发新股由于数量更大、价格更高，融资规模往往翻番，如今年上半年已实施增发的公司平均融资量接近10亿元。券商们普遍担心，一旦在增发新股中包销余额，少则几个亿、多至上十亿元的资金要被套进去，公司资产的流动性将大大降低。如N证券包销哈药集团6830万余股，该证券公司拿出8.5亿吃进。若是规模较小的券商只需一次余额包销就会被拖垮，而大券商也只承受得起两、三次余额包销的冲击。为此，券商必须加强控制增发新股中的风险，监管部门也要监督中介机构按游戏规则行事。同时券商在承销过程中，有必要灵活运用不同的承销方式，多运用代销方式，从而降低承销风险，并体现增发定价的市场化。新发布的《关于进一步加强股份有限公司募集资金管理体制的通知》规定了增发的融资规模，从而在一定程度上减少了券商的风险。

3.增发过程中各方利益的权衡

增发新股涉及到上市公司、投资者和承销商三方利益，其中投资者还可区分老股东和新股东的不同，定价方式显然至关重要。一般而言，增发定价方式不外乎四种模式：①市盈率定价模式。此种模式以上海三毛为代表。龙头股份、上海医药、申达股份、深惠中、太极实业和新钢钒等公司均采用这一模式。这种模式充分考虑到了保护老股东的利益，但是仍然沿用以前新股发行的定价模式，发行价格与二级市场价格偏离较大，不利于上市公司最大限度的筹集资金，近期已很少有采用。②二级市场市盈率折扣模式。上菱电器在1999年7月增发A股时所采用，优点是发行定价与一定时段内的二级市场的价格表现联系在一起，体现了与国际惯例接轨，缺点是透明度较低，客观上便于承销商或发行人在定价期间操纵股价进行黑箱操作。③市价折扣模式。最先由深康佳在增发新股时所采用，这种方式只与二级市场价格相联系，但是，各个公司的折扣率不尽相同，深康佳、江苏悦达折扣率高达20%，而四环生物的折扣率只有0.25%。在折扣率较大的情况下，有损于老股东利益。④集合竞价模式。吉林化工、托普软件和风华高科在增发时，采用了这种定价方法。集合竞价法与前三种模式比较而言，是一种更为市场化的模式。但是实践告诉人们，即使是市场化定价，如果增发公司蓄意圈钱的话，也存在损害投资者利益甚至套住承销商的风险。自1998年引入增发融资机制以来，57家上市公司实施了增发，至今曾跌破发行价的不下1/3。究其原因，主要还是上市公司片面追求融资额度，在价格定位上存在着竞相攀比，越来越高。要有效遏制增发价格过高的问题，有必要对增发价格作一定的限制。

4.随意变更募资投向

上市公司更改募资投向由来已久，近两年则达到高潮，一方面是变更募资投向的上市公司迅速增多；另一方面是变更投向的资金量在迅速上升。上市公司对募集资金投向的随意更改与其高涨的募资积极性和急迫的融资冲动形成了鲜明的对比。说明上市公司投资项目的随意性大，几乎就是“圈钱“。对随意变更募集资金投向的上市公司必须进行约束。据统计，2000年以来，已有220家左右的上市公司变更了募集资金投向，其中近90家上市公司是再融资公司。2001年上半年有122家上市公司变更了募资投向，其中变更新发、配股的公司比例分别为63%、36%。据估算，上市公司平均每家变更募资量为1.09亿元，约占筹资额的20%以上。新发布的《关于进一步加强股份有限公司公开募集资金管理的通知》在资金使用方面规定了上市公司募集资金必须专户存储，并将资金使用情况及时向所在地中国证监会派出机构报告。从而可有效地监督上市公司的使用，防止募集资金挪用。

5.重股权融资、轻债权融资

在股权融资发行发生困难的情况下，一些上市公司纷纷采取了相应对策。随着增发、配股遭受冷遇，上市公司纷纷转向发行可转换债券。统计显示，从2001年9月15日至10月底，先后有15家上市公司提出了发行可转换债券的计划，总筹资额达到129亿元。

在国际市场，债券一般要占到市场份额的一半左右，但在中国证券市场中的债券，特别是企业债比重非常低，企业融资大多选择股票，过于忽视债券。在上市公司重股权融资的背后，隐藏着一个重要的原因，是上市公司缺乏融资成本的概念，认为股权融资是零成本。其实，上市公司的融资渠道无非是两条，一是股权融资；二是债权融资。对于上市公司而言，总是选择融资成本低的融资方式。在目前的低利率水平下， 实际上债权融资成本是较低的，但是上市公司对此并不十分热衷，尽管在增发受阻后，不少公司转而采取发行可转股债券方式融资，但不少公司仍将其视同股权融资。一个重要原因是认为股东的钱不必还，不给股东分红也不会危及到大股东及上市管理层的利益，而债券要还本付息。显然，这不是一种正确的融资理念。

总之，虽然在我国再融资市场中，存在许多不尽人意的地方，但走向市场化的发行机制还是我国证券发行市场的必由之路。但在追求市场化过程的同时，还要充分考虑我国证券市场的现状，对增发融资的条件作出一定的限制。让这一在国外普遍的融资方式，服务于有效益的、有前途的企业。在目前增发形象不佳的情况下，增发的有关参与方均应认真汲取教训，充分考虑因发行人质量而带来的承销风险及其对我国证券市场发展的不利影响。同时，管理部门也将在信誉评级、资格管理方面，甚至采用更为严厉的手段，督促中介机构尽职尽责。确保推荐业绩优良、成长性好、运作规范的企业进行增发。

(四)我国再融资方式的趋势

1.增发新股将成为上市公司再融资的主要方式

从国际市场上市公司增发新股的实践来看，增发新股的程序较为简单，监管当局没有更多附加限制。因此上市公司增加发行的规模不断扩大，甚至超过IPO的市场规模。从具体发行方法来看，以低折扣市价、不除权向所有投资者发行是国际上通行做法，但同等条件下老股东则有优先权。

2.配股方式融资作用将减弱

国际上配股方式融资只占总融资额很小比重，而上市公司实施配股在我国则较为普遍，从趋势上来看，配股融资吸引力将低于增发新股，其融资的比例和作用将逐渐降低。

3.可转换债券在我国应逐步培育，大力发展

我国已逐步引入了发行可转换债券的方式，但基本还处于试点阶段。可转换债券可以保证其部分确定收益，又可提供分享股票市场投资收益的机会，对特定的投资者具有较强的吸引力。对于丰富我国证券市场的证券品种，满足不同融资需求有积极的意义。因此，逐步培育可转换债券市场有利于我国证券市场的发展。

4.债券融资将得到加强

在国际上，债券融资几乎占到50%，而我国证券市场债权融资极少。上市公司普遍热衷于股权融资，但随中国上市公司规模的扩大及法人结构治理的合理化，在中国证券市场一股独大的局面将会打破，实现了所有权与经营发权分离。上市公司管理层将会依照股东利益最大化的原则，来处理融资问题。近期，中国移动和98石油债券分别上市，尤其是中国移动债券的上市，对企业债券市场发展具有重要影响。这是我国企业债券市场的巨无霸，50亿元规模对于增强企业债券的流动性将产生积极的作用。

二、提高增发标准 规范增发市场

(文/联合证券研究所 丁朝宇)

(一)增发是再融资方式市场化的必然选择

增发是国外成熟证券市场上市公司最主要的再融资方式，而运用在我国证券市场始于1998年。2000年以前，由于对增发的限制较多，配股一直是上市公司再融资的主要渠道。配股虽为上市公司再融资做出了重要的贡献，但它是股票发行额度制的产物，不能公平对待不同的投资群体，已不再适应市场化趋势的发展，增发新股必然逐渐取代配股而成 为上市公司再融资的主要渠道。

至1998年6月26日龙头股份成功增发A股以来，历经数年，到目前为止，共有57家公司实施A股增发，募集资金累计546.34亿元(见下表)。2000年增发筹资额占证券市场总筹资额的比例达16%。增发已成为上市公司再融资的主渠道，其所推行的市场化发行机制也逐渐被市场认同。

历年增发A股情况分析

年度	增发家数(家)	总融资额(万元)	平均发行价(元/股)	平均融资规模(万元/家)
1998	7	304630	4.84	43519
1999	6	645300	13.06	107550
2000	27	2386875	16.47	88403
2001至今	17	2126552	16.04	125091
合计	57	5463360		

1998年、1999年增发新股的上市公司增发新股后业绩明显提升。1998年增发新股的上市公司平均每股收益由增发前的0.08元提高到了0.35元，增幅高达338%；而1999年增发新股的上市公司平均每股收益由增发前的0.41元提高到了0.49元，增幅高达20%。当然业绩大幅度与该两年增发新股前约半数的公司已进行了大规模资产重组有关。2000年增发新股的上市公司平均每股收益由发行前的0.34元提高到0.36元，增幅仍达6%。由于募集资金发挥效益需要一个过程，相信2000年增发新股上市公司整体继续向好。就2000年以前增发新股上市公司而言，除太极实业、吉林化工、风华高科、西飞国际、深康佳等5家上市公司出现明显业绩下滑外，绝大多数增发新股的上市公司业绩至今一直保持

稳定增长态势。增发新股有助于上市公司业绩明显提升，这也证明增发新股是我国证券市场上市公司行之有效的再融资方式。增发新股作为再融资金手段，具有以下现实意义：

1.改善绩差上市公司经营效率

作为一项尝试，增发新股的初始目的主要为推动绩差公司走出困境。几年来，已有华联控股（原深惠中）、龙头股份、上海三毛、中关村（原琼民源）、上菱电器、银基发展（原辽物资）、湖南投资（原湘中意）、四环生物（原苏三山）、托普软件（原川长征）等近十余家公司进行了大规模资产重组的因素，引入优质资产，提高盈利能力，迅速走出经营困境，并通过增发新股募集资金，壮大资本实力，稳固绩优公司地位。管理层曾于2000年出台相关政策，通过增发等优惠手段对上市公司重大资产重组给予鼓励。虽然通过退市来提高上市公司经营效率是必要的，但通过重组来改善上市公司经营效率也是必不可少的。

2.缔造上市公司行业龙头地位

增发新股运用于一些市场竞争力本来就强、主导产品技术含量高的公司，更有利于其迅速做大主业、提高市场占有率和盈利水平，以及拓展盈利水平更高、市场前景更广阔的新项目提供了资金保证。东软股份、中兴通讯、青岛海尔、佛山照明等堪称成功的典范。

（二）增发标准及市场影响

基于对完全市场化的再融资方式的推动和市场对增发的广泛认同，管理层 2001年3月发布了《上市公司新股发行管理办法》，对上市公司申请配股和增发分别作了新的规定，该办法的具体规定明确指向了引入市场机制，加大券商责任，督促上市公司加强资金管理、重视股东回报等方面，但同时该办法对配股和增发的标准都有所降低，市场由此担心将发生上市公司再融资（“圈钱”）狂潮，从而使增发成为导致股市大幅下调的主要原因之一。市场为何会出现如此大的反差？以下笔者拟从增发标准的演进过程来进行分析。

增发经历了从尝试到推广的发展过程。1998、1999年增发新股处于尝试阶段，行政色彩浓厚，主要适用于上市公司重大重组的筹资行为。在这两年实施增发计划的13家上市公司，一大半在增发前进行重大资产重组。在这阶段，增发新股适用的政策标准与新股一致。增发价格普遍不高，筹资额度较少，较少引起市场关注。进入2000年，增发开始扩展，管理层对此也予以重视，4月30日《上市公司向社会公开募集股份暂行办法》正式对上市公司增发新股行为加以规范，确定增发的四个限制性范围、事项备案以及相关业绩标准。2000年至今，上市公司实施的44起新股增发都遵从于该暂行办法的有关规定。从实施效果和增发上市公司业绩来分析，该暂行办法确定的有关标准是较为成功的，并得到了市场的认同。2001年3月发布的《上市公司新股发行管理办法》废止了“暂行办法”，确定了新的增发标准，而引起了市场的反应。

《上市公司新股发行管理办法》对上市公司申请配股和增发分别作了新的规定，总的来看对配股和增发的标准都有所降低。上市公司申请增发必须符合下列条件之一：

（1）最近3个会计年度加权平均净资产收益率平均不低于6%，且预测本次发行完成当年加权平均净资产收益率不低于6%；设立不满3个会计年度的，按设立后的会计年度计算。

（2）如公司最近3个会计年度加权平均净资产收益率平均低于6%，则应符合以下规定：

①公司及主承销商应当充分说明公司具有良好的经营能力和发展前景；新股发行时，主承销商应向投资者提供分析报告。

②公司发行完成当年加权平均净资产收益率应不低于发行前一年的水平，并应在招股文件中进行分析论证。

③公司在招股文件中应当认真做好管理层关于公司财务状况和经营成果的讨论与分析。

同时，新规定取消了2000年“暂行办法”对增发的四个限制性范围，不再实行事前备案，公司可对照增发要求，自行决定召开股东大会，使得增发对上市公司来说标准降低了。这样，新规定大大拓展了增发新股的适用范围。由于《办法》维持了配股发行规模在30%的比例限制，而增发规模是没有限制的。增发是以公司项目的实际资金需求量和公司对未来盈利能力的预测来约束发行人的发行规模，即公司股本扩张应当与盈利增长基本保持同步。因此，增发比配股灵活机动且募集资金量大，是更市场化的一种筹资方式。在门槛降低的同时，增发顺其自然成为上市公司再融资的首选方式。

受到增发放宽标准的刺激，上市公司纷纷推出增发方案，导致了增发的泛滥。据不完全统计，2001年5月份以来公布增发方案的上市公司已达122家（包括公布后又取消的），总计划筹资额将近1000亿元。如此庞大的融资量超过了市场接受度，使“增发”股成为市场抛弃的对象。

（三）“低标准”对目前市场不利

《上市公司新股发行管理办法》不但降低增发标准，而且提供给拟增发上市公司更大自主性，上市公司能不能从股东利益最大化角度行使自己的再融资权利也就成为“办法”能否成功的关键。有关研究表明，成熟市场上市公司对再融资较为慎重，一般不肯多增发，且增发时数量少、间隔时间长，而我国上市公司大搞无度无规律的再融资。这是与我国上市公司治理结构不健全是分不开的，我国上市公司拥有控制权的股份一般为非流通股，从权利上与流通股是不对称的，公司治理难以对全体股东利益负责。而且，我国上市公司现金分红比率，股权融资成本极低、且无还款压力，因此，股权融资受到上市公司管理层普遍青睐。在这种上市公司治理背景下，低标准必然导致再融资泛滥，从而对市场长期发展

不利。主要体现在:

1.上市公司轻易通过增发融资,不利于优化资源配置

低标准使大批多年来法人治理结构不全、经营不善、业绩甚差而失去配股资格的上市公司,靠其一年的"努力"使平均净资产收益率达到6%,便获得了增发资格。即使净资产收益率达不到增发标准,新办法也提供变通标准,只要"公司及主承销商应当充分说明公司具有良好的经营能力和发展前景并且在增发完成后净收益不低于增发前一年的水平,即可申请"。"良好前景"只是一个定性概念,没有具体规定,在实际操作中具有很大的弹性。这必然使稀缺的社会资本资源部分流向经营效率不高的上市公司。

2. 增发泛滥会引发大规模的扩容,加大市场压力

据统计,到目前已有近122家公布增发方案(包括公布后又取消的),总计划筹资额将近1000亿元,这对市场无疑是一个巨大的压力。在已经提出增发计划的上市公司中,有不少是20世纪90年代初上市的老公司,多年来很少或基本上没有资格再融资,更有一部分不久前才募集到资金还没有用完的公司又向市场融资,甚至一些今年刚刚上市的公司,也不放弃这样的机会。由于我国上市公司股本结构的特殊性,一些公司股票目前的二级市场价格是扭曲的,以此为基础确定的增发价格还不能说是真正的市场化定价。一般投资者对这种定价的合理性也难以判断,因此这就加剧了二级市场的风险。

3.增发泛滥可能降低募集资金使用效率

我国上市公司普遍存在"重筹资、轻使用"现象,这在近年的增发案例中也屡见不鲜,较为典型的是太极实业和西飞国际。太极实业增发募集资金大量被大股东占用,投资项目多未实施,而公司已重新陷入亏损状态。而西飞国际增进募集资金大量用于委托理财,投资项目进展缓慢,公司业绩也大幅度下降。新办法降低增发标准,并使融资不受规模限制,将导致上市公司在投资项目选择上的随意性,甚至"编造"项目来圈钱,使增发募集资金使用效率令人担忧。

(四)提高增发标准的建议

制度必须弥补市场机制的缺陷才能发挥其功效。市场化建设毕竟需要一个过程,目前增发中存在的种种问题,其根源都在于上市公司治理结构不健全,而上市公司治理结构改善又不是短时间内能实现的,因此,只能通过制度来解决增发中的问题。低标准导致的增发泛滥只有通过提高标准来解决。提高标准包括:(1)增发条件(尤其是业绩标准);(2)继续发扬新办法在完善公司治理结构等方面努力。具体建议如下:

1.资格标准

①应规定增发新股的上市公司的业绩标准。即必须达到连续3年净资产收益率都在6%以上,且预测本次发行完成当年加权平均净资产收益率不低于6%;

②考核期内业绩持续稳定增长,下年度业绩较上年度下降幅度不得超过20%;

③连年现金分红,分红比例不低于净利润的50%。

2.限制条件

①对增发融资额做出限制,例如可要求上市公司募集资金数额不超过其增发资前一年的净资产额;

②过于频繁融资,难以保证融资效率。因此,2次融资间隔时间应在24个月以上;

③禁止将主要募集资金投向与主业无关的项目;

④募集资金投资项目涉及关联交易,董事会和承销商必须对交易公正性予以承诺。

3.惩罚条款

①明令禁止对公司具有实际控制权的个人、法人或其他组织及其关联人占用募集资金。一经发现,3年内禁止再融资资格;

②对变更募集资金的惩罚。若变更募集比例20%以上的上市公司,3年内禁止再融资资格;

③对资金闲置的惩罚。30%以上募集资金闲置在1年以上者,3年内禁止再融资资格。

4.中介责任(尤其是券商)认定需加强

①对目前上市公司存在的包括关联交易、募集资金使用、委托理财等突出问题,券商负有尽职调查的责任。以此来弥补现阶段证券市场作为卖方市场条件下市场约束力不足的缺陷,形成对发行人的市场筛选机制,把融资机会给予真正具有投资价值的公司;

②在增发后的回访报告中,增加会计师事务所对项目投资效果的认定责任,并提供独立的认定报告;

③强化券商风险提示责任。应规定承销不得对公司和投资项目发展前景作承诺,否则承担连带责任。

增发过程暴露的问题,为解决这些问题理清了思路,关键是如何能落到实处。从长期看,中国上市公司的增发新股最终将实现真正意义上的与国际接轨,增发也不会演绎出滥发,但在这中间必定会产生巨大的深层次的变革,根本在于公司治理结构的完善。

三、市场波动对上市公司增发事件日股价走势的影响

(文/联合证券研究所　段海虹)

从1998年上海龙头股份、深圳深惠中等7家上市公司进行增发新股试点以来,增发因较配股具有相对宽松的比较优势而成为上市公司再融资首选手段。越来越多的上市公司增发无疑成为市场的焦点,而市场对上市公司增发的影响包括:大盘波动趋势性、共性影响和个股基本面等特性影响两个方面,本文尝试分析大盘

波动对上市公司增发事件日及以后股价走势的共性影响程度。

(一)大盘波动对增发事件首次公告日及以后股价走势的影响

1998年以来,根据上证指数出现的拐点,大盘每年都有3—4次波动(见表1)。其中上升幅度较大的有:1999年5月14日到1999年7月2日上证指数上升51.8%和2000年1月1日到2000年8月25日上证指数上升52.7%,而下跌幅度比较大的有1999年9月17日到1999年12月30日上证指数下降17%,以及2001年6月8日—2001年10月22日,上证指数下降31.6%。

表1 1998年以来根据上证指数拐点划分的大盘波段

1998年	1997.12.31	1998.6.12	1998.8.28	1998.11.20	1998.12.31
上证指数	1194.1	1383.38	1129.72	1275.37	1146.7
变动幅度	—	15.9%	-18.3%	12.9%	-10.1%
1999年	1998.12.31	1999.5.14	1999.7.2	1999.9.17	1999.12.30
上证指数	1146.7	1063.27	1613.53	1648.55	1366.58
变动幅度	—	-7.3%	51.8%	2.2%	-17.1%
2000年	1999.12.30	2000.8.25	2000.9.29	2000.11.24	2000.12.29
上证指数	1366.58	2086.7	1910.16	2053.37	2073.47
变动幅度	—	52.7%	-8.5%	7.5%	1.0%
2001年	2000.12.29	2001.2.23	2001.6.8	2001.10.22	11.30(注①)
上证指数	2073.47	1936.34	2223.06	1520.66	1747.99
变动幅度	—	-6.6%	14.8%	-31.6%	14.95%

备注:①11.30日非拐点,而是计算截止日

上市公司增发公告日一般距离发行日和上市日相对较长,而且是上市公司首次披露增发的时间,考察公告日及以后股价的变动,可以研究市场对上市公司增发这种突发性事件的反应。

根据增发公告日的分布,可以看出:其一,1998年共有7家上市公司首次公告增发,时间大多数处于上半年,为该年中行情最好的时期,但1998年上市公司增发完全是政府为扶持纺织等传统产业转型、资产重组所给予的优惠政策,增发时间非上市公司选择,而且二级市场股票全部停止交易(停牌),因此无法通过股价波动研究来了解市场的反应;其二,1999年共有12家上市公司首次公告增发,时间大多数处于下半年,行情火暴的上半年只有1家上菱电器,而行情下跌时期有11家公告,这主要因为当时管理层对增发限制和审批都比较严格,增发主动性不大,时滞性比较大;其三,2000年共有26家上市公司首次公告增发,其中大部分公告时间处于上半年,是该年行情最火爆的时期,而且公告家数明显增加,几乎是1998年和1999年两年增发的合计,这主要因为2000年管理层对增发限制有所降低,特别是证监会颁布了《上市公司向社会公开募集股份暂行办法》,增发范围扩大许多,与此同时火爆的大盘行情也激发了不少上市公司增发的需求。

表2 增发公告当日股价变动情况

	时　间	大盘波动幅度%	家 数	公告当日	
				K线阴或阳	振幅
1999年	5.14-7.2	51.8	1	阳	8.99
	7.2-9.17	2.2	5	4阳1阴	2个大于9%
	9.17-12.30	-17.1	6	1阳5阴	4个大于6%
2000年	1.1-8.25	52.7	18	6阳12阴	5个大于6%
	8.25-9.29	-8.5	5	5阴	1.6%-4.5%
	9.29-11.24	7.5	3	3阴,低开低走	3.8%-6%
2001年	1.1-2.23	-6.6	2	1阳1阴	

备注:①1998年增发公告日全部停牌;

表2显示,其一,1999年上半年大盘整体向好的情况下,市场对上市公司增发确认为利好,但下半年随着大盘下滑时,增发明显成为利空,而且这种趋势持续到2000年。表现为上半年7月2日到9月17日只有2.2%升幅波段中,公告当日股价K线收阳多,而下半年9月17日到12月30日大盘下跌17.1%波段中,5家上市公司公告日K线全部收阴。其二,2000年市场将增发确认为利空。表现在2000年早期行情火爆,大盘大涨52.7%的时候,上市公司增发公告当日股价K线收阴的是收阳的2倍,特别是下半年增发公告后大部分股价低开低走,其中深康佳低开5.03%,托普软件低开5.59%,只有实联合高开7.34%,与此同时股价跌幅比较大,其中托普软件下跌4.68%,风华高科下跌6.09%,纵横国际下跌4.88%。其三,2001年这种趋势有所改观,但市场不能明确是利空或利好。

此外,市场对上市公司增发的看法趋向一致,且多为利空。1999年公告日股价振幅非常大,58%的个股振幅大于6%,2000年则下降许多,如2000年1月22日公告的交运股份低开4.84%,股价振幅10.05%,收阴线,全天下跌7%,前后3天的换手率23.84%,说明市场对增发事件提前反应。又如2000年3月25日首次公告的西飞国际低开4.83%,股价振幅11.93%,收阳线。

盘对公告当日的影响程度非常大,说明市场对增发事件的适应程

一般而言,市场对突发性事件的“消化”需要一定时间,因此笔者考察了上市公司增发公告日后1个月和2个月股价的走势情况,从而研究大盘波动对增发公告股价持续性的影响。

表3 大盘波动对上市公司增发首次公告日后1个月和2个月股价走势的影响

	时间	大盘波动幅度%	家数行情区间分布	1个月变化			2个月变化		
				家数	升跌	幅度范围	家数	升跌	幅度范围
1999年	5.14-7.2	51.8	1中	1	升	24.81%	1	升	84%
	7.2-9.17	2.2	1前2中2后	2	升	4.7%-5.65%	1	平	—
				3	跌	7.26%-13.6%	4	跌	3.68-29%
	9.17-12.30	-17.1	4前2后	2	升	1.41%-11.5%	3	升	1.23%-57.6%
				4	跌	1.57%-10.9%	3	跌	11%-16.2%
2000年	1.1-8.25	52.7	10前2中6后	9	升	0.5-13.58%	8	升	0.9%-30.1%
				9	跌	1.1%-14.42%	10	跌	0.9%-16.8%
	8.25-9.29	-8.5	1中4后	1	升	3.7%	2	升	4.34%-12.8%
				4	跌	4.2%-11.5%	3	跌	0.9%-3.8%
	9.29-11.24	7.5	3后	2	升	4.1%-6.5%	2	升	9.4%-15.8%
				1	跌	3%	1	跌	10%
2001年	1.1-2.23	-6.6	1中1后	1	升	3%	1	升	3.99%
				1	跌	6%	1	跌	8.6%

备注:①前:后2个月走势均在该段大盘波段内;

②中:第1个月走势在该段大盘波段内,而第2个月走势越下一大盘波段;

③后:第1个月走势跨越下一大盘波段。

表3显示,当1999年早期市场确认上市公司增发为利好的时候,大盘波动对个股中期股价具有正向推动上涨的效应,表现在1999年早期大盘上升51.8%时,虽然上菱电器公告时间处于该段行情的中期,但其后2个月的股价升幅高达84%,超过了大盘。但在下半年市场确认为增发为利空时,大盘波动对个股股价推动下跌的负面影响也很明显,而且随着时间延长,这种负面效应越大,这种局面持续到年底才有改观。具体表现为1999年7月2日到9月17日大盘盘整波段,公告增发的上市公司股价1个月和2个月跌多升少,跌幅大于升幅,波动幅度超过了大盘,而且2个月的跌幅大于1个月的跌幅。9月17日到12月30日大盘下跌波段中,2个月股价走势中上升逐渐增多,尤其是位于该波段后期增发的托普软件和纵横国际2个月股价分别上升了56.8%和57.6%。以上说明1999年大盘波动对上市公司增发公告日后中线股价的助涨助跌的作用很大。

2000年市场确认增发为利空的倾向较重,但是大盘波动对个股中线走势的推动力明显降低,而且在下半年市场出现了比较大的个股性分歧,表现为上半年市场对增发仍持续1999年下半年以来的恐慌性情绪,1月1日到8月25日大盘上升52.7%波段中,18家公告增发的上市公司1个月股价走势9家上升9家下跌,幅度虽然并不是很大,1个月最大涨幅13.58%,最大跌幅14.42%,但升幅小于大盘。2个月股价变动8家升10家跌,最大升幅30.1%,最大跌幅16.8%,情况有所好转。下半年市场出现个股性分歧,虽然8月25日后大盘盘整,下跌幅度和上涨幅度都不大,分别为下跌8.5%,上涨7.5%,但公告增发的个股股价中线升幅和跌幅都大于大盘,说明市场开始注重上市公司增发基本面的改观等其他因素,而不仅仅是增发这一事件本身。

为了能更加精确地考察大盘波动对上市公司增发公告日及以后中线股价走势的影响,笔者采用上市公司股价与大盘同时点(而非波段)波动率来测算两者的影响权重(或程度),其中:

公告当日股价波动率=(当日收盘价-当日开盘价)/当日收盘价

公告当日大盘波动率=(当日上证收盘指数-当日上证开盘指数)/当日上证收盘指数

公告后1个月或2个月股价波动率=(公告后1个月或2个月截止日收盘价-公告当日收盘价)/公告当日收盘价

公告后1个月或2个月大盘波动率=(公告后1个月或2个月截止日上证收盘指数-公告当日上证收盘指数)/公告当日上证收盘指数

然后建立大盘波动率与上市公司股价波动率的线性关系,即Y=A+BX,其中Y为公告增发的上市公司股价波动率,X为大盘波动率,B代表大盘波动率X对个股波动率Y的影响权重,A为除大盘以外其他因素的影响常量。通过线性回归法,笔者得到表4。

表4 按照年度口径的大盘波动率与上市公司增发公告日及中线股价波动率的关系

	公告当日	后1个月	后2个月
1999年	Y=-1.6%+0.59X	y=-2.05%+0.69x	y=0.29%+1.51x
2000年	Y=-1.02%+1.96x	Y=-0.68%+0.71x	Y=-1.8%+1.31X
2001年	y=-4.07%+5.66x	Y=0.11%+1.25x	Y=-6.72%+1.35X

表4显示,按照年度统计口径,公告增发的个股股价波动与大盘波动成正向关系,即B均为正值,但影响程度各不相同,同一年度纵向来看:其一,1999年大盘波动对公告日后2个月股价波动影响最大,其次是1个月,最小是公告当日,但其他因素导致的负常数A中1个月最大,公告当日其次;其二,2000年大盘波动对公告当日和2个月股价影响程度最大,其他因素一直为负常量;其三,2001年大盘波动对公告当日的影响程度最大。一般而言,市场对突发性事件的消化随着时间的推移逐渐淡化,因此大盘波动对个股股价波动的影响程度应随时间延长而逐步加强,即B值逐步提高。从这个角度看,1999年为正常状态,而2000年和2001年不太正常,体现在大

度在提高,突发性震动在减小。

各个年度横向来看,大盘波动对上市公司增发公告当日和后1个月股价走势的影响程度在逐年加大,而且提高的幅度比较大,如公告当日B值,1999年为0.59,2000年为1.96,2001年为5.66。

为了能更确切地衡量大盘波动对上市公司增发公告日及后股价影响，笔者按照大盘波段对该波段内公告增发的上市公司股价进行了统计，由于公告日后1个月和2个月股价可能超出了公告日所在的大盘波段，因此我们只测算大盘波段对公告日股价走势的影响程度。

表5 按照大盘波段口径的大盘波动率与上市公司增发公告当日股价波动率的关系

	波段	涨跌幅度	家数	公告当日
1999年	5.14-7.2	51.8%	1	
	7.2-9.17	2.2%	5	y=-1.78%+0.6X
	9.17-12.30	-17.1%	6	Y=-1.96%+0.35X
2000年	1.1-8.25	52.7%	18	Y=-0.76%+2.49X
	8.25-9.29	-8.5%	5	Y=-1.54%+1.35X
	9.29-11.24	7.5%	3	Y=-5.00%-6.73X
2001年	1.1-2.23	-6.6%	2	Y=-4.07%+5.66x

表5显示，在同样的年度中，大盘波段不同，对增发公告当日股价的影响程度不同：一是1999年大盘盘整时期对增发公告当日股价的影响程度要大于下跌时期，表现为7月2日到9月17日波段的B值0.6大于9月17日到12月30日波段的B值0.35；二是2000年除了具有与1999年一样大盘上涨时期的影响程度大于下跌时期的特点外，在9月29日到11月24日波段中，大盘波动与个股波动出现了反向关系，即大盘上涨幅度越大，个股下跌幅度越大，而且反向的程度很大，B值为–6.73，说明2000年下半年市场对上市公司增发事件不接受程度加大，并持续到了2001年。

根据以上分析可知：其一，市场对增发公告1999年上半年确认为利好，而下半年开始转变为利空，这种看法一直持续到2001年；其二，市场对增发公告的看法趋向一致，股价振幅越来越小，市场对增发公告的焦点从增发行为本身转向上市公司基本面的变化等因素；其三，大盘波动对个股中线走势具有助涨助跌的作用，但效果因时不同；其四，按照年度口径，大盘波动与公告增发个股股价成正向关系。同一年度纵向来看，1999年因大盘波动影响程度随时间延长而增强为正常状态，2000年和2001年则不太正常。各个年度横向来看，大盘波动对上市公司增发公告当日和后1个月股价走势的影响程度在逐年增强；其四，按照大盘波段口径，大盘上涨时期的影响程度大于下跌时期，同时大盘波动与个股波动存在构成反向关系的机会。

(二)大盘波动对上市公司增发发行日股价走势的影响

由于上市公司增发发行日与上市日之间一般时间距离比较短，因此本文只考察大盘波动对上市公司增发发行当日股价走势的影响，而省略后1个月和2个月的中线影响。

按照增发发行日的分布可知：其一，1998年政策性增发7家；其二，1999年行情比较好的时候，没有增发发行，下半年行情不好的时候，有4家发行，这与当时增发不是上市公司普遍性政策有关；其三，2000年增发发行22家，其中13家集中在行情很好的上半年，占全部家数的59%，随后引行情不好，发行减少，但接近年底时，突然有6家增发发行，说明当时排队增发发行的上市公司很多，即使行情继续下滑，也不得不发；其四，2001年增发发行14家，分布比较平均，说明管理层已经有效控制了增发发行的节奏。

表6 大盘波动对上市公司增发发行当日股价的影响

	时 间	大盘波动幅度%	家数	家数行情区间分布	公告当日	
					阴或阳	振幅%
1999年	7.2-9.17	2.2	1	1前	1阴跌5%	
	9.17-12.30	-17.1	3	1中2后	2阳1阴	
2000年	1.1-8.25	52.7	13	11前2后	5阳8阴	振幅不大
	8.25-9.29	-8.5	1	1后	1阴	
	9.29-11.24	7.5	2	2后	2阴	
	11.2-12.2	1.0	6	6后	2阳4阴	1涨停
2001年	1.1-2.23	-6.6	6	5中1后	4阳2阴	
	2.23-6.8	14.8	3	3前	1阳2阴	1振幅5.67%
	6.8-10.22	-31.6	4	4前	2阳2阴	
	10.22-11.30	14.95	1	1阴		

备注：①前：后2 个月走势均在该段大盘波动时期；

②中：第1个月走势在该段大盘波动时期，而第2个月走势跨越下一大盘波动时期；

③后：第1个月走势跨越下一大盘波动时期。

表6显示，其一，1999年大盘对增发发行当日股价促跌的负面影响不大，虽然大盘下跌17.1%，但上市公司增发发行当日2家上涨，说明市场的焦点多集中在增发发行工作，而不仅是二级市场股价，因此市场反应比较平和；其二，2000年大盘对增发发行当日股价促跌的负面影响加大，虽然大盘大涨52.7%，但发行日股价只有5家收阳，有8家收阴，虽然随后大盘进入盘整，但增发发行日股价阴多阳少，说明投资者对增发的消极情绪在二级市场有所表现；其三，2001年市场对增发促跌的负面反映有所降低，发行日股价K线图阳多阴少。

总体看来，大盘波动对增发发行日股价影响不是很大，但2000年出现一些消极的情绪。

(三)大盘波动对上市公司增发上市日及以后股价走势的影响

上市公司增发新股上市后流通股本扩大许多，加上新老股东对增发后上市公司的看法不同,以及增发中利益获得或损失的不同,因此分歧很大。研究大盘波动对上市公司增发上市日及以后股价走势的影响,将有助于了解市场对上市公司后实质性的看法。

按照增发上市家数分布可知:其一,1998年和1999年几乎当年增发发行的公司全部上市,发行与上市同期完成;其二,2000年增发发行了22家,但上市的只有16家,扣除年底发行的3家,还有1家没有同期上市,说明大盘下滑与上市公司增发上市相互作用,已经出现不利的循环状况;其三,2001年截止11月30日已经上市20家,而且大盘的状况比2000年还差,特别是2001年1月1日到2月23日波段,增发上市的密度很高,有11家上市,说明上市公司增发家数过多。

表7 大盘波动对上市公司增发上市当日股价的影响

	时 间	大盘波动幅度%	家数	增发新股上市当日		
				阴或阳	振幅	换手率
1998年	6.12-8.28	-18.3	5	3阳2阴	5大5%-11.6%	1大(注①)
	8.28-11.20	12.9	2	1阳1阴	大,14%	17%-48%
1999年	7.2-9.17	2.2	1	1阴	10.4%	19.9%
	9.17-12.30	-17.1	3	1阳2阴	不大	不大
2000年	1.1-8.25	52.7	8	5阳3阴	5大5%-16.5%	2大(注②)
	8.25-9.29	-8.5	3	2阳1阴	小	小
	9.29-11.24	7.5	2	1阳1阴	一般	1大(注③)
	11.24-12.29	1.0	3	3阴	不大	不大
2001年	1.1-2.23	-6.6	11	6阳5阴(注④)	不大	不大(注⑤)
	2.23-6.8	14.8	4	3阳1阴	不大	不大
	6.8-10.22	-31.6	4	2阳2阴	不大(注⑥)	不大
	10.22-11.30	14.95	1	1阳	不大	不大

备注:①华联控股上市当日换手率为26.7%;
②招商局上市当日换手率为12.4%,经纬纺机上市当日换手率为18.4%;
③海欣股份上市当日换手率为10.83%;
④大部分低开高走,最大低开6.3%;
⑤海王生物上市当日换手率为13.4%;
⑥全兴股份上市当日振幅8.55%。

表7显示,就市场对增发上市欢迎程度而言,1998年前期好于后期,1999年一般,在大盘下跌17%波段中有1家个股K线收阳,由于1998年和1999年增发上市的个股数量比较少,因此市场反应比较平和,2000年共有16家增发上市,市场反映整体不是太好,大盘上涨52.7%波段中,8家个股3家当日下跌收阴,在之后大盘波段中情况虽然有所改善,但在年底大盘盘升时,3家增发股上市当日全部下跌收阴,说明市场消极情绪比较大,2001年这种局面有所好转,20家增发股上市中,12家当日股价上涨收阳,占全部家数的60%,大部分低开高走,最大低开超过6%,而此时大盘并不是很好。因此,市场对增发上市的接受程度由1998年、1999年较好,到2000年较差,至2001年有转机。

增发上市日有个非常明显的特点是个股成交量普遍突然放大,当日量比大部分在2–4之间。但换手率逐年降低,1998年最高达48%,1999年中期最高约为20%,下半年换手率下降很厉害,说明市场对增发上市的分歧进一步减少,趋向理性。此外,股价振幅也在逐步下降,1998年最大14%,1999年最大10.4%,2000年上半年由于行情好,振幅加大,8家中就有5家振幅在5%到16.5%,但之后下降很多。增发上市当日成交量普遍增大,这是增发公告日和增发发行日所没有的,说明市场在增发上市日观点分歧最大。

表8 大盘波动对上市公司增发上市日后1个月和2个月股价走势的影响

	时 间	大盘波动幅度%	家数行情区间分布	1个月变化			2个月变化		
				家数	升跌	幅度范围	家数	升跌	幅度范围
1998年	6.12-8.28	-18.3	2中3后	2	升	1平-1.8%	3	升	2%-22%
				3	跌	5%-10%	1	跌	0.3%-10%
	8.28-11.20	12.9	1前1中	2	升	0.3%-18.3%	2	升	8.3%-17.9%
1999年	7.2-9.17	2.2	1中	1	跌	8%	1	跌	11%
	9.17--12.30	-17.1	1中2后	3	升	2%-38.9%	3	升	20%-79%
2000年	1.1-8.25	52.7	8前	7	升	2.3%-22.2%	8	升	1.04%-42.1%
				1	跌	2.15%		跌	
	8.25-9.29	-8.5	1中2后	-	升		2	升	3%
				3	跌	6.7%-10%	1	跌	8%
	9.29-11.2	7.5	2后	1	升	5%	1	升	14.6%
				1	跌	5%	1	跌	4.7%
	11.24-12.29	1.0	3后	1	升	0.86%	-	升	
				2	跌	4.2%-11%	3	跌	8.6%-21.6%
2001年	1.1-2.23	-6.6	5中6后	7	升	平-14.9%	9	升	2%-25.7%
				4	跌	3%-13.5%	2	跌	5.55%-7.77%
	2.23-6.8	14.8	3前1中	3	升	1.5%-12.5%	2	升	平
				1	跌	6%	2	跌	1.97-7.7%
	6.8-10.22	-31.6	2前2中	4	跌	4.6%-25.6%	3	跌	14.3%-16.3%(注①)
	10.22-11.30	14.95	1后	-			-		

备注:①全兴股份于10月10日上市,没有2个月的波动数据。

表8显示,第一,1998年大盘对增发上市后股价中线影响不是很大,6月12日到8月28日大盘下跌18.3%波段中,1个月股价走势中5家有2家个股上涨,而且3家下跌个股中最大跌幅小于大盘,2个月3家个股上涨,最大幅度22%超过了大盘;第二,1999年大盘负面影响出现,但程度有限,7月2日到9月17日大盘波段中,2个月股价下跌11%,小于下波段–17.1%的跌幅,但位于1999年末上市的公司,股价中线走势非常好,如1999年12月22日上市的广电电子,其2个月股价上涨79%,大大超过了大盘,说明市场对增发上市从负面反应随着年末大盘的走高而转变为正面;第三,2000年上半年大盘上涨正向影响比较大,增发上市后个股均有不同程度的上升,但下半年出现负面影响加重的趋势,如12月27日上市的清华同方1个月股价下跌10.97%,2个月下跌21.6%,均超过了大盘该波段和下一波段的跌幅。而11月3日上市的海欣股

份2个月上升14 .6%，大大超过大盘1.0%的升幅。大盘处于盘整中，个股的跌幅比较大，最大21.6%，超过了大盘，而升幅有限；第四，2001年上半年大盘对增发上市后中线影响出现个股性分歧，虽然大盘波动不大，大部分处于盘整期，但个股的波动幅度明显增大，大大超过了大盘，1个月升幅最大为14.9%，2个月升幅最大为25.7%。下半年市场对增发上市的观点转向消极，1个月股价下跌幅度超过大盘。总之，大盘波动对增发上市个股股价中线走势影响各年度不同，2001年出现个股性分歧。

为了能更加确切地衡量大盘波动对上市公司增发上市日及以后中线股价走势的影响，笔者采用上市公司股价与大盘同时点(而非波段)波动率来测算两者的影响程度，其中：

增发上市当日股价波动率=(当日收盘价-当日开盘价)/当日收盘价

增发上市当日大盘波动率=(当日上证收盘指数-当日上证开盘指数)/当日上证收盘指数

上市后1个月或2个月股价波动率=(上市后1个月或2个月截止日收盘价-上市当日收盘价)/上市当日收盘价

上市后1个月或2个月大盘波动率=(上市后1个月或2个月截止日上证收盘指数-上市当日上证收盘指数)/上市当日上证收盘指数

然后建立大盘波动率与上市公司股价波动率的线性关系，即Y=A+BX，其中Y为增发上市的上市公司股价波动率，X为大盘波动率，B代表大盘波动率X对个股波动率Y的影响权重，A为除大盘以外因素的影响常量，通过线性回归法得表9。

表9　按照年度口径的大盘波动率与增发上市股价波动率的关系

	上市当日	1个月	2个月
1998年	Y=0.81%+1.32X	Y=9.18%+1.43X	Y=12.85%+1.33X
1999年	Y=-2.11%+1.16X	Y=2.79%+1.82X	Y=10.61%+1.74X
2000年	Y=0.48%+0.67X	Y=3.25%+1.32X	Y=0.64%+1.69X
2001年	Y=0.36%+0.68X	Y=0.58%+1.58X(注①)	Y=0.04+1.35X(注②)

备注：①除四环生物

②除四环生物和全兴股份

表9显示，按照年度口径，大盘波动对增发上市日及中线股价走势的影响成正向关系，即B值都大于0，程度不同，大盘对上市当日股价波动的影响程度最小。同一年度纵向来看：其一，1998年大盘波动对增发新股上升当日、1个月和2个月股价走势的影响权重几乎相当，没有大的区别，其他因素的影响常量差异很大，当日的A值只有0.81%，1个月后增大到9.18%，2个月为12.85%；其二，1999年大盘波动对个股1个月股价走势影响最大，其次是2个月的，但当日和1个月其他影响常量相当；其三，2000年大盘波动影响程度随着时间延长而加深；其四，2001年1个月和2个月大盘影响权重相当，明显高于当日的影响。一般而言，2000年大盘影响权重变化为正常状况，因为随着时间的延长，增发事件对投资者心理冲击性影响在逐步降低，股价跟随大盘而动的程度提高，但研究显示，除2000年以外的其他年度中，大盘影响程度最大的是上市后1个月内股价走势，这说明增发新股上市1个月内大多进入调整期，之后1个月人为操纵痕迹比较明显。

从横向来看，大盘对上市当日的影响程度逐年下降，特别是2000年后下降幅度很大，说明增发上市日股价受大盘以外的因素，如该股上市对投资者的心理冲击等因素影响很大，这种变化与大盘对增发公告日股价影响力逐年加强正好相反。

表10　按照大盘波段口径的大盘波动率与上市公司增发上市日股价波动率的关系

	波段时间	幅度	上市当日
1998年	6.12-8.28	-18.3%	Y=-0.07%-0.60X
	8.28-11.20	12.9%	Y=-13.1%+25.35X
1999年	7.2-9.17	2.2%	只有1只股票
	9.17-12.30	-17.1%	Y=-0.48%+2.07X
2000年	1.1-8.25	52.7%	Y=0.83%+0.20X
	8.25-9.29	-8.5%	Y=1.33%+1.83X
	9.29-11.24	7.5%	Y=0.25%-2.75X
	11.24-12.29	1.0%	Y=-0.41%+0.26X
2001年	1.1-2.23	-6.6%	Y=0.48%+0.35X
	2.23-6.8	14.8%	Y=1.52%=-1.6X
	6.8-10.22	-31.6%	Y=-0.26%+1.01X
	10.22-11.30	14.95%	只有1只股票

表10显示，大盘各波段对增发上市当日股价的影响程度，正向的和反向的影响都有：其一，1998年大盘整体上说，是支持增发上市的，在6月12日到8月28日波段中，大盘下跌18.3%，但对个股股价波动是反向影响的，即反而推动个股股价上涨。而8月28日到11月20日波段中，大盘上涨对个股股价的正向推动程度很大，B值高达25.35；其二，1999年大盘并不支持增发上市，大盘下跌构成促跌的负面影响，程度比较大；其三，2000年大盘对增发上市具有很强的促跌负面影响，表现在年初大涨波段中，大盘推动个股股价上涨的权重只有0.20，很小，而下跌8.5%时，促跌的负面权重则加大到1.83，大盘上涨7.5%波段中，负面权重进一步加大到2.75，说明2000年大盘负面影响逐步加大；其三，2001年大盘这种负面影响态势继续维持，但影响程度年初有所下降，年中有些恢复。

根据以上分析可知：其一，市场对增发上市当日的接受程度各年不同，由1998年、1999年较好，到2000年较差，2001年有转机。此外,增发上市当日成交量普遍增大的独特现象,说明市场在该日较增发公告日和增发发行日观点分歧更大;其二,大盘波动对增发上市中线股价走势的影响程度很大,由1998年影响不大,到1999年开始出现较小的负面影响,到2000年上半年转好,下半年负面加重,到2001年出现个股性分歧;其三,按照年度口径,大盘波动对增发上市日及中线股价走势的影响成正向关系,而且对上市当日影响程度最小。同一年度纵向看,2000年大盘影响权重变化为正常状况,其他年度不太正常,影响上市后1个月内股价走势的程度最大,这说明增发上市后第2个月人为操纵痕迹比较明显。从各年度横向来看,大盘对上市当日的影响程度逐年下降,这种变化与大盘对增发公告日股价影响程度逐年加强正好相反;其四,按照大盘波段口径,对增发上市当日股价正向的和反向的影响都有。

根据上述分析,笔者最后对增发的三个事件日的变动情况作一比较:

1.大盘波动对上市公司增发三个事件日的震动性反应看,增发上市日最强烈,其次是增发公告日,最后是增发发行日,说明市场更关心增发事件所引起二级市场股价的波动。

2.从大盘波动对增发三个事件日的影响来看,大致呈现这样的趋势:1998年市场对上市公司增发确认为利好,这种乐观情绪一直持续到1999年上半年,而从1999年下半年开始确认为利空,2000年状况最差,2001年则有所改观。但对某个事件日及后股价的具体影响程度、范围和时间则各年又不同。

3.按照年度口径,各年度横向来看:就当日而言,大盘波动对增发公告日的影响程度逐年上升,但对增发上市日则逐年下降;就中线而言,大盘波动对增发公告日后1个月股价走势的影响程度逐年上升,但对增发上市日则基本持平。

4. 按照年度口径,同一年度纵向来看:除1999年大盘波动对增发公告日的影响程度小于增发上市日外,其他年份都大于上市日。大盘波动对1个月和2个月股价走势的影响程度,上市日都大于公告日。说明增发公告日后个股人为操作程度较增发上市日后大。

5. 按照大盘波段口径,除了1999年9月17日到12月30日大盘下跌17.1%波段和2000年8月25日到9月29日大盘下跌8.5%波段外,其他波段大盘波动对上市当日的影响程度均小于增发公告日。

6. 按照大盘波段口径统计大盘上涨和下跌对增发事件当日股价走势平均影响权重可知,增发上市当日大盘上涨平均影响权重扣除异动的1998年数据(政策性影响比较大),平均为1.203,而大盘下跌平均影响权重为1.315,说明大盘下跌阶段对上市当日的影响程度大于上涨阶段。增发公告日大盘上涨平均影响权重是3.273,下跌时是2.45,说明大盘上涨阶段对公告当日股价影响大于下跌阶段,而且大盘无论涨跌,对增发公告日股价的平均影响程度要大于上市日,说明公告日市场更加关注大盘的趋势。

7.本研究的结果所能提供的决策参考意义在于:一是虽然按照年度口径,大盘波动对增发事件日及后股价走势呈正向关系,即助涨助跌,但按照大盘波段口径,有可能呈反向关系,即大盘跌时对个股股价可能助涨,这说明如果决策适当,在行情不好的情况下,也有使增发向好的可能;二是大盘涨跌对增发公告日和上市日的影响程度是不同的,根据波段合理事件发生的时间,将有利于增发向好;三是2001年虽然市场对确认增发为利空的看法有所改观,但需要进一步的技术操作层面上的改进,才能顺利增发;四是应积极降低大盘波动对增发公告日的影响程度,至少要阻止其增长趋势,降低增发公告日市场震动。

四、增发对券商的影响及其对策

(文/联合证券研究所　欧阳刚)

(一)增发对券商的影响

增发最初是作为资产重组类公司融资的一种创新方式出现在中国证券市场上的,主要解决该类公司在进行资产置换、收购优质资产时面临的资金短缺问题,但是,这种发行方式并没有在重组类公司的融资中得到普及,反而由于其融资量大的特点被一些业绩优秀的上市公司采用,之后由于牛市造成的资金效应,尤其是增发条件的放宽,许多符合增发条件的上市公司开始趋向利用增发的方式募集更多的资金。据统计,2001年公告拟增发的公司超过120家,拟筹资规模在1000亿元左右。然而市场对上市公司增发并不认同,很多上市公司一登增发公告,当日股价便有5%以上跌幅,增发已经成为导致近期市场快速下跌的重要原因之一。如此多的拟增发公司在给券商的投行业务发展带来巨大机遇的同时,也带来了巨大的风险,尤其在市场环境已发生改变时,增发对券商带来的风险越来越大。具体表现在:

1. 余股包销的显性风险

高价、低折扣、市场不景气,这些因素都是导致券商在新股增发时余额包销的主要原因,清华同方增发时中信证券包销276.8万余股,共占用资金1.3亿,这表明券商承销风险正在加大,尤其增发一般募集资金量很大,象中信证券包销的余额还算少的,假如象某些券商发生大量配股余额包销的情况,则一次增发包销就有可能将券商的所有自有资金全部圈进去,其导致的直接后果就是流动性风险和信用风险大大增加,据有关资料显示,2000年底,我国十大证券公司流动比率比率均低于90%,还有部分券商在60%左右,而摩根斯坦利的这一比率高达98%。当出现包销情况发生和市场不好的情况时,我国券商的资产流动性还会更低,从而可能引发信用风险:如果券商没有足够的资金来满足客户提现或不能及时偿还相应的负债，必然引发信用危机，香港百富勤的倒闭就是信用风险导致的典型案例。

目前业内普遍的看法是，规模较小的券商只需一次余额包销就会被拖垮，而大券商也只承受得起两、三次余额包销的冲击，余额包销给券商带来的风险由此可知。

2.增发的隐形风险

(1) 项目风险。按增发要求，上市公司增发的条件是最近3个会计年度加权平均净资产收益率平均不低于6%，如果不满足6%条件，但公司具有良好的经营与发展前景，且增发完成当年加权平均净资产收益率不低于发行前一年的水平的也可，由此可见，增发条件与以前比大大放宽了，不少一般甚至素质较差的公司也获得了增发资格，券商承销这些公司的风险明显比绩优公司大，而投行人员由于利益关系，可能会和上市公司一起欺骗券商，因此与以前相比，券商增发项目的风险明显增加。

(2) 资产管理风险。很多券商的投行业务一般会得到公司其他部门的支持，包括资金上的支持，比如春兰股份增发6000万股A股中出现了上海振华船运集团有限公司“弃约”的情况，未按规定足额缴付股款，997万股被主承销商“酌情处理”。按发行公告，“余额由主承销商按承销协议包销”。但是，在发行后我们发现，主承销商并没有出现在十大股东名单里，这有可能是主承销商动用了资产管理部门的力量来包销。在当前券商的资产管理业务还不规范的情况下，这样做有可能招致极大的资产管理风险。尤其是券商只能作为包销部分股权的过渡持有者，为了更快脱手，提高券商资产的流动性，有可能会出现操纵市场的行为，如果这样，券商还将面临法律风险。

(3) 后续业务发展风险。如果增发出现余额包销现象，或者增发价格太低导致上市公司和老股东不满，承销商的形象将会受影响，这对券商将来承销新项目带来不利影响。

(二)券商应对措施

1.控制项目风险

首先要对增发项目进行更详尽的调研，以控制项目的潜在风险。增发条件的放宽，对投行业务提出了更高的要求，如何评价一家上市公司的质地，如何识别上市公司在项目中可能的欺骗行为？这些都要求投行人员对项目进行更详尽的调研，要在对国家产业政策、经济结构和各行业的经济技术特点进行充分研究的基础上，选择有发展前景而又能够被市场接受的公司，从而做到保证所选项目的质量，规避潜在风险。

其次要控制好发行价格。增发价格往往是一个项目成败的关键，投行部门要加强对证券定价的研究，要充分依托研究部门相关行业研究力量，在对市场同类上市公司进行研究的基础上，综合考虑市场收益率、价格水平、公司所处行业地位、发展前景等因素，来确定合理的发行价格和发行数量，以有效地控制承销风险。在增发价格折扣方面，应扩大折扣的幅度，并且尽可能在发行时选择一个弹性区间。

2.改进发行承销方式

首先，要把完全的包销改进为代销或有条件包销。在目前的发行市场上，上市公司和券商并不处于对等地位，这是因为在我国证券市场上的再融资是一种稀缺资源，再加上券商之间的投行业务竞争十分激烈，从而导致券商被迫采取余额包销等发行方式来迎合上市公司的需求。但在目前承销业务已蕴含巨大风险的情况下，券商的承销方式必须做出重大改变，即从完全的包销过渡到有条件包销或代销，并制定必要的规则：如余额保销量不超过发行总量的一定比例，如果超过，承销商可以宣布发行失败从而不须履行包销业务。

其次，应允许新股增发分阶段进行，即根据募集资金投入项目的计划进展，在设立一个新股增发的总规模的前提下，分阶段地进行新股增发，这样每次增发的规模都比较小，有利于降低券商的承销风险。同时，上市公司也可以根据市场情况以及利率变化趋势，取消新股增发而采取银行贷款等间接方式，甚至可以根据项目情况选择放弃下一步的新股增发。

再次，要建立合理的分销机制，以分散承销业务可能带来的包销风险。虽然分销方式在我国发行市场上得到普遍应用，但很多分销实际上是名义分销，承销风险实际上还是由主承销商承担。为了降低承销风险，今后应鼓励券商采取实质性分销，应调整实质性分销费率，以鼓励其他券商乐于加入到实质性分销的行列中来。

3.建立多层次的、制度化的风险控制系统

为了防范承销风险，所有的券商都设立了由投行、研究等部门共同参与的内核小组，但这些内核小组主要对券商重大的承销行为进行风险评估和决策，而对日常投行业务难以有效监控。实际上很多风险在项目初期就已存在，随着项目的进展、投入的增加，很多问题由于各种利益关系被隐瞒起来，增加了内核的难度，因此，必须建立多层次的风险控制系统，在项目初期就引入研究部门进行把关，在项目进展中，研究部门和投行其他辅助部门要及时跟踪，内核小组则通过项目的重大问题的审核以及材料的内核进行质量再把关，最后由投资总部对风险实行最终控制。

投行业务的制度化也十分关键。整个投行业务的过程就是风险控制的过程，要将风险控制进行制度化。投行部门要制定和完善《项目管理制度》、《内核小组工作规则》、《内核细则》、《发行人质量评价体系》，要将这些制度同证监会新近颁布的核对表、核对要点、尽职调查必备等结合起来，要求每个投行人员准确理解、熟练掌握，从而降低项目操作风险。

4.加大对股票销售力量和销售网络的建设，提高股票销售能力以前由于股票的稀缺性，新股的销售从来不是一个问题，但随着发行市场化的进展和证券市场的深刻变革，股票的销售已成为一个不容忽视的问题，券商有必要加强股票销售的力量，尽快设立专门的股票销售部门，建立一支专业化的销售队伍，组织专业人士对发行人未来的增长潜力(即卖点)作深度挖掘以便向机构投资者作推介。同时，券商还应充分利用其在采取经营过程中积累的资源，比如分布全国的营业网点、资产管理部门拥有大量的机构投资者、以前有业务关系的投行部门资源、股东资源等，进一步提高股票销售能力。

5.采取增资扩股等其他提高风险承受能力的措施

最近，管理层放宽了券商增资扩股的条件，这表明管理层已认识到尽快化解券商运营风险的紧迫性，券商应该抓住这个有利条件壮大自己的经营实力。这一方面直接提高了券商承受承销风险的能力，同时，资本规模的扩大体现了券商经营实力的提升，从而可以在上市公司中树立良好的形象，以便获取更多的优质项目，从另一方面也降低了承销项目的潜在风险。因此，在当前新股增发风险越来越大的情况下，券商有必要积极采取各种有利于提高风险承受能力的措施。

五、增发对上市公司业绩的影响

(文/联合证券研究所　孙庆瑞)

1998年，龙头股份、深惠中等7家上市公司进行了增发新股的试点。那时，增发新股主要作为支持纺织行业国有企业解困的一种特殊政策，其政策性非常强，而且一般是在上市公司进行了重大资产重组后再实施的，所以不具有普及推广的意义。2000年，在新的《上市公司向社会公开募集股份暂行办法》中，明确了增发的具体条件，在这项政策的指引下，2000年风华高科、托普软件、清华同方等高科技公司实施了增发，同时张裕B、晨鸣B等也进行了A股增发，增发的范围扩大了。

2001年，中国证监会正式出台了新的《上市公司新股发行管理办法》和《关于做好上市公司新股发行工作的通知》，其中对配股和增发的条件作了具体规定。同时，2000年的《暂行办法》作废，增发的四项条件被取消。按新的规定，增发取得了作为上市公司主要再融资手段之一的地位。而且与配股条件相比，增发具有相对宽松的比较优势，在作为主要的再融资限制条件的净资产收益率指标、筹资规模等方面都颇具灵活性。

在这些因素的作用下，大量上市公司纷纷公布增发预案，原先一些准备配股的上市公司甚至改变筹资方式，重新选择了增发。自从1998年我国准许上市公司增发开始，三年中大约有60家上市公司增发了新股。增发正在逐渐成为我国上市公司筹集资金的一种主流方式，取代配股筹资的趋势日趋明显。

(一)增发新股对上市公司业绩的影响

尽管增发新股对上市公司业绩的影响是多方面的，但从已增发的上市公司总体情况看，笔者认为，增发还是有利于增加公司盈利能力的。

1.主营业务收入和净利润都有显著的提升

截至2001年11月30日，在全部A股市场上市公司中有53家上市公司有过增发。而在这53家增发新股的上市公司中，有16家是2001年增发的，因2001年尚未出年报，所以本文以37家2001年以前增发的上市公司为样本进行分析。根据统计，在此37家增发上市公司中，有29家上市公司增发当年的主营业务收入高于增发前一年的主营业务收入，占全部样本的78.4%；仅有4家上市公司增发后当年的主营业务收入低于增发前一年的主营业务收入，占样本的10.8%。同样对于37家2001年以前增发的上市公司，其中有30家上市公司增发当年的净利润高于增发前一年的净利润，占样本的81.1%，仅有3家上市公司增发后当年的净利润低于增发前一年的净利润，占样本的8.1%。

值得注意的是，尽管主营业务收入和净利润出现增加，但由于股本扩大，实行增发的上市公司的每股收益没有明显提高。在37家样本上市公司中，有15家上市公司增发当年的每股收益高于增发前一年的每股收益，占样本的40.5%。有17家上市公司增发当年的每股收益低于增发前一年的每股收益，占到样本上市公司的45.9%。每股收益有所下降的上市公司比例略高于每股收益有所提高的上市公司。

2.公司的每股净资产有明显的提高，但净资产收益率下降

同样，经过对样本统计，有31家上市公司增发当年的每股净资产高于增发前一年的每股净资产数额，占样本总量的83.8%，仅有两家上市公司增发当年的每股净资产低于增发前一年的每股净资产数额，占样本总量的5.4%。尽管每股净资产随着增发而有所增加，但增发上市公司的净资产收益率并没有相应提升。在统计样本中，有12家上市公司增发后的净资产收益率高于增发前一年的净资产收益率，有21家上市公司增发后的净资产收益率低于增发前一年的净资产收益率。总体来看，净资产收益率是下降的。

笔者认为，增发新股之所以在一定程度上能提升上市公司的盈利能力，其原因在于增发新股使得公司有资金、有实力实施一些规模较大、以公司原有资金难以支持的项目。它们可以凭借新增力量引入优质资产，提高盈利能力，使公司迅速走出经营上的困境；对一些市场竞争力本来就强、主导产品技术含量高的公司来说，增发新股为其迅速做大主业、提高市场占有率和盈利水平，以及拓展盈利水平更高、市场前景更广阔的新项目提供了资金保证；对一些具有强大实力母公司背景的上市公司来说，增发新股可以使其有能力买断母公司手中具有较好盈利前景的成熟项目，大大缩短投入期,直接进入投资回报期。因此,增发新股为上市公司提高经营业绩打下了良好基础。但由于增发新股在使得上市公司筹集资金的同时,也扩大了上市公司的股本规模和资产总额,再加上募集到的资金发挥效益也需要一个过程,从而每股收益和净资产收益率并不一定会马上就有所提升,甚至还可能会下降。然而,从长远来看,有较好盈利前景项目的实施,使公司将来的盈利能力得到了保证,公司的盈利能力会随着资金效益的日渐发挥而逐步增强。

(二)由增发提升上市公司业绩的制约因素

通过增发新股筹集资金从而提升上市公司业绩的情况并不是一定能实现,特别是在当前的投资环境下,募集资金的投向起了决定性的作用。从实际情况看,以下几种情况有可能导致增发新股的上市公司业绩出现下降。

1.由于公司判断错误,募集资金投向失败

通过各种途径筹集到的资金,其盈利能力如何很大程度上依赖于投资项目的好坏,如果管理层的预测出现了差错,所投资项目的赢利性、风险和预测相差太远,最后所筹集资金很有可能出现损失,进而影响到公司的盈利水平。

2.外部环境发生了变化

也许公司最初的预测是正确的,但由于突发事件或者公司外部的经济环境出现了较大的变化,而公司已经上马的项目又很难调整,最后导致了投资项目的失败,所筹资金没有发挥应有的作用。

3.公司并没有好的项目或者并不缺钱,但仍通过增发来融资

公司也许并没有好的投资项目,但是仍然要通过增发来筹资,从而出现资金闲置的现象。其实在增发的上市公司中,相当部分的公司其实并不缺钱。比如,有的公司帐上有大量的现金,却也提出了增发计划;也有许多公司一边大把大把的把钱交给别人进行委托理财,一边却在进行增发;还有相当一部分上市公司资产负债率非常低,在完全可以通过手续简单、成本较低的银行贷款解决问题的情况下,也进行增发。

之所以会出现这种状况,笔者认为这与增发的制度安排有一定关系。一方面增发的条件太低,拿钱太容易,既不要还,也不要多少回报,在这种情况下,很难约束那些能圈钱的上市公司不去圈钱。另一方面,从上市公司内部看,内部人控制下的上市公司高管出于自身利益的考虑,也希望尽可能把公司做大。此外,从控股公司角度看,股份不能流通的大股东期望通过增发能够提高非流通股的市场价值。

(三)加强投资者事后监管是对乱增发真正有效的约束

如果增发所筹资金并没有提升上市公司业绩是由于公司管理层判断失误导致的,对于这种情况,除了建议上市公司对项目的评估应该更加详尽、全面以外,就只能建议投资者应认真研究增发项目的好坏,通过“用脚投票”来使那些好的增发项目得以顺利增发、不好的增发项目则有可能增发不出去。当然也有人认为应该加强监管层的监管力度,对于前景不好的项目不予通过。但问题是,一方面这对监管层的技术要求过高;另一方面,从市场发展的角度看,也不符合市场化的原则。

如果是由于外部环境的变化导致了上市公司增发后业绩不佳,除了加强风险预测外,没有其他任何办法。因为,不仅是上市公司,任何公司都存在这样的风险。

对于上市公司盲目圈钱的现象,目前有几种观点,占主流的看法是,要防止上市公司恶意圈钱,应该对增发提高一点"门槛"。而"门槛"主要有这么几道:一是应有一个负债率限制,目的是鼓励大家用好财务杠杆;二是设一个筹资额上限,比如不得超过公司现有的净资产值;三是对频繁变更募集资金投向的,要在增发的时间间隔方面进行限制等等。这样做的理由是,现阶段的市场还太不成熟,市场本身没有应有的约束力。所以,证券监管部门应出一个规定,进行一些必要的限制,这样就比较有权威性。上市公司增发有了方向,投资者也可以放心了。另一种看法是,行政性限制规定的有效性值得怀疑。比如负债率指标,多少才算合理,不同的行业、处于不同发展阶段的企业是完全不同的,强行作出统一规定,不仅不公平,而且会产生不好的导向作用。在西方,企业的负债率(或说财务结构)应怎样确定,被经济、财务理论界称为是一个“谜宫”。虽然近年来这方面的理论已有了很大的发展,但也仅仅被认为才刚刚站在这座“谜宫”的门口。何况,过去配股政策的执行情况就是一个前车之鉴。事实证明,条件越是高,做假的隐忧就越大。所以与其迫使上市公司去做假,还不如给他们一个宽松的环境,让他们充分真实披露信息,然后由投资者自已去选择。其实,即使像配股一样给增发定一个“门槛”,效果也不见得会多好。

那么,究竟应该如何让市场资金流向向那些配置效率较高的上市公司呢?如何使融资的企业也有一个相应的效益提升呢?应该说,这不是光靠设几个门槛就能解决的问题。只有发动全体投资者一起做监管者,一起来关心企业的发展,真正把那些乱融资的企业给剔出来,市场的监管才会有效。当然,让中小投资者花大量的精力去监管上市公司,也有一定困难,他们不可能在只投资很少资金的情况下,花大量精力去监督上市公司。从国外的经验来看,与其不切实际地寄希望于投资者的事前监管,不如健全投资者事后监管的体制。而健全投资者事后的监管体制,说到底就是健全对投资者的赔偿机制。如果有人不负责任地乱向投资者伸手要钱,投资者可以在事后向上市公司及其高管人员索赔。只有让上市公司及其高管人员为其乱筹资的行为付出代价,"圈钱"行为才会真正得到有效的约束。

六、券商在证券市场融资中的作用

(文/联合证券研究所 英定文)

规范与发展是证券市场成长过程中不断相互补充、相互完善的重要方面,也是任何一个证券市场走向成熟必须要经过的阶段。

我国证券市场从成立至今只有十年时间,但市场在规范与发展上取得的成就是令人瞩目的。上市股票从当初只有几只股票,几百万成交量,到如今一千多只,日成交数百亿。投资者从当初几千人参加到现在6000多万人,其发展速度足以让世界上任何一个国家的市场感到望尘莫及。即使从规范化角度看,只有十年历史的市场在制度建设方面能够发展到现在的水平也是值得高兴的。如果抛开国有股这个中国经济中特有问题来看,同很多发展中的证券市场相比,我国证券市场的规范化程度并不算太差,相关法律与法规的建设步骤也是比较快的。这同我国建设社会主义特色的市场经济进程相吻合,也基本满足了我国投资者的要求。

证券商对推动证券市场规范化发展发挥了重要的作用。这一作用除了体现在,作为证券市场融资的中介机构,券商所发挥的交易媒介作用外,还对普及证券投资知识,提高服务水平,强化法制意识,促进监管方面发挥了不可替代的作用。

毋庸讳言,随着证券市场的进一步发展,融资作为市场的基本功能还将发挥其在国有企业改造中的作用,而对于新形势下,证券商如何在帮助上市公司科学而合理的融资中发挥作用,则应该有进一步深入的认识。

(一)融资是实现资源配置的必要手段

证券市场是允许证券发行人和投资者进行集中交易的场所。实现资源的优化配置是建立这一场所的基本目的,而由具有发展潜力的企业不断从市场融资则是达到这一目的的主要手段。无论什么样的经济背景,也无论什么样的社会体制,达不到这一目的,证券市场也就没有其存在的价值。融资从原理上分为股权融资和债权融资两种基本形式(当然也包括具有双重属性的可转债融资)。融资方式的选择则应该由债券发行人根据自身的发展和市场总体的境况决定,中介机构券商有义务将其了解的市场情况告知拟发行人,帮助其选择融资的方式。企业选择不同融资方式需要考虑自身经营阶段和发展前景。从理论上讲,选择股权融资的企业多有以下考虑,①处于发展初期的企业希望通过股权融资的方式引进战略伙伴和经营上的合作伙伴;②投资风险较高,希望通过股权融资和大众投资者共同分担投资风险;③处于高速成长期企业,希望实现自有资本对更大规模资本实现控制,达到迅速扩张目的。反之,对于经营相对较为稳定,收益前景明朗,未来具有明显竞争优势的企业,并不希望使其股权稀释,而希望通过债权融资的方式实现企业规模的扩张。

当前,我国很多企业希望通过股权融资的形式,其原因有以下方面:

第一,很多旧的国有企业希望通过股份制改造,在明确产权关系的基础上,实现治理结构的转变。建立现代股份公司式的企业制度,已经成为我国经济基本单元的发展方向。在这一过程中,单一的国有股控股结构必须向公众持股结构的多元化方向发展,而股权融资是发展的重要步骤。

第二,国有控股企业的实际代理人,在所有权缺位的情况下,希望通过股权融资在实现企业规模扩张的同时又不会影响自身的利益。如果说股权融资损害企业长远利益的话,那么损害的只是国有股股东的利益,而不是经理层的利益,而债权融资给经理层带来的经营压力明显要大很多。经理人员当然会优先考虑股权融资。

第三,很多国有企业明显很高的的负债比制约了其进一步债权融资的可能,结果又驱使其加大股权融资的力度。这是当前我国企业对股权融资积极性较高的主要原因。当然,政府管理层在指导思想上也存在重股权融资而轻债权融资的问题,而对企业债的多头管理明显约束了这方面的发展。随着今后的发展债权融资会越来越受到企业的重视,无论企业采取何种融资方式,证券市场的作用都是明显的,只有充分发挥市场的作用,让企业根据市场投资者的情况决定融资方式已经是大势所趋。

(二)券商信用与市场融资

目前市场中的现实告诉投资者,假的东西的确不少:对于一个连股东大会的选票都是假的,这样的公司还有什么可以相信的呢?对于一个90%以上资产都被大股东掏空的公司,你还能指望其有稳定的经营收益吗?对于一些连自己的钱是怎样赚来的都说不清楚的公司,投资者的怀疑当然是合理的。

在证券市场的信用危机面前,中小投资者是无辜的。他们是欺诈行为的受害者,而一些上市公司、券商和通常称为"庄家"的机构投资者是这些虚假信息和欺诈行为的始作俑者和收益者。面对这种信用危机,中小投资者只能选择"用脚投票"这种基本经济权力。

券商作为市场经济中的中介服务机构,信用是其市场竞争的生命。玩弄信用的券商是在用自己的"生命"做赌注,最后玩弄的还是自己。当前,券商在市场融资中扮演着十分重要的角色。券商一方面面对不愁发行失败的上市公司,最大限度的从市场筹集资金是其发行股票的目的,而券商包销发行方式的普遍采用使其成为市场融资的最大无风险收益人;另一方面面对市场投资者,前几年无风险的一级市场使很多投资者产生一种"新股不败"的神话,正是这一神话,使得新股发行市盈率居高不下。而券商为了能够抢到投行项目,除了清一色采取包销发行外,还需要满足上市公司"过桥贷款"等其它一些要求。对于投资者,券商除了介绍对应的上市公司外还要照顾到公司二级市场股价(尤其是配股和增发的情况),因此,在股票发行上市过程中参与对公司业绩的“包装”也就成了券商帮助上市公司进行运作的重要工作之一。这也是券商参与上市公司做假的主要原因。

券商参与造假的代价是其在市场中的信用受到损害,管理层对券商造假的查处当然是这种损害的一种体现,但是真正经济的损失需要体现在较长时期的市场竞争中,需要体现在券商以后的发行项目会受到投资者“用脚投票”的结果上。这是一个漫长的过程,也是市场发展的必然。

(三)市场化融资体制下券商的作用

当前,管理层担心证券市场无法进一步融资,从而失去其在国有企业改制中的作用。市场投资者则担心股市的加速扩容给指数上升所带来的压力。其实,证券市场作为实现资本资源配置的集中场所,它所具有的融资功能是永远不会消失的,但是,这种功能必须随市场本身走势而进行调整。这种调整既包括上市(增发)速度也包括发行价格和融资量。在市场化的发行制度下,券商在发行中的作用包括以下方面:

第一,帮助上市公司对有关投资项目分段进行评估,制定合理的融资计划。在证券市场形势较好的情况下,很多上市公司和拟上市公司将从证券市场融资作为一条得到资金的最廉价的办法。于是出现了一些公司的融入资金流远快于项目的投入资金流的现象,在这种情况下,一些公司为了提高资金效率就将其以各种方式投入到证券市场中去。根据项目的进度制定合理的融资计划,本来应该是企业项目评估的重要方面,然而由于我国国有企业和证券市场特有的制度结构,使得企业在从证券市场融资过程中忽略了这一基本的技术经济原则。因此券商今后应该加强这方面的作用,在融资中不仅要体现经理人员的利益,同时也要考虑国有企业的长远发展,真正当好国有企业的财务顾问。

第二,根据企业的具体情况在股权融资、债权融资和其它创新融资工具中加以选择。选择不同的融资工具同样也关系到企业的长远利益,是企业发展战略的重要组成部分,而根据不同企业的具体情况确定融资工具也充分体现券商的创新能力。这方面既需要管理层对有关创新加以鼓励,也需要券商树立勇于创新的意识,在创新中树立券商的品牌。

第三,根据证券市场的实际情况通过选择包销或代销等不同承销方式与上市公司和拟上市公司共同承担发行风险。证券市场的风险既体现在二级市场也体现在一级市场,同样也需要体现在作为融资主体的上市公司和拟上市公司身上。有关法律对不同承销方式已经有具体规定,券商应该根据市场的具体情况同上市公司进行协商。对于风险较高的项目则应该坚决放弃。

第四,券商在上市公司和拟上市公司发行前后的规范化运作应该起积极作用。这首先要求券商本身应该具有更加严格的规范化意识,只有这样才能在企业证券市场融资中发挥积极的作用,并推动市场的规范化发展。

随着我国加入WTO,证券业与证券市场同国际接轨已经是大势所趋。面对国际上众多具有严格管理制度和高水平管理人才的大型投资银行,我国的证券公司将面临从没有过的竞争态势。证券市场本来就是一个高风险的领域,成功与失败常常只有一步之遥,而对于本身明显处于劣势的国内券商来说,更应确立忧患意识。但这并不意味悲观,只要坚持取长补短,认认真真地做好现有的业务,坚持以人为本的原则,国内券商也可以在竞争中发挥自己的优势,取得应有的市场份额。

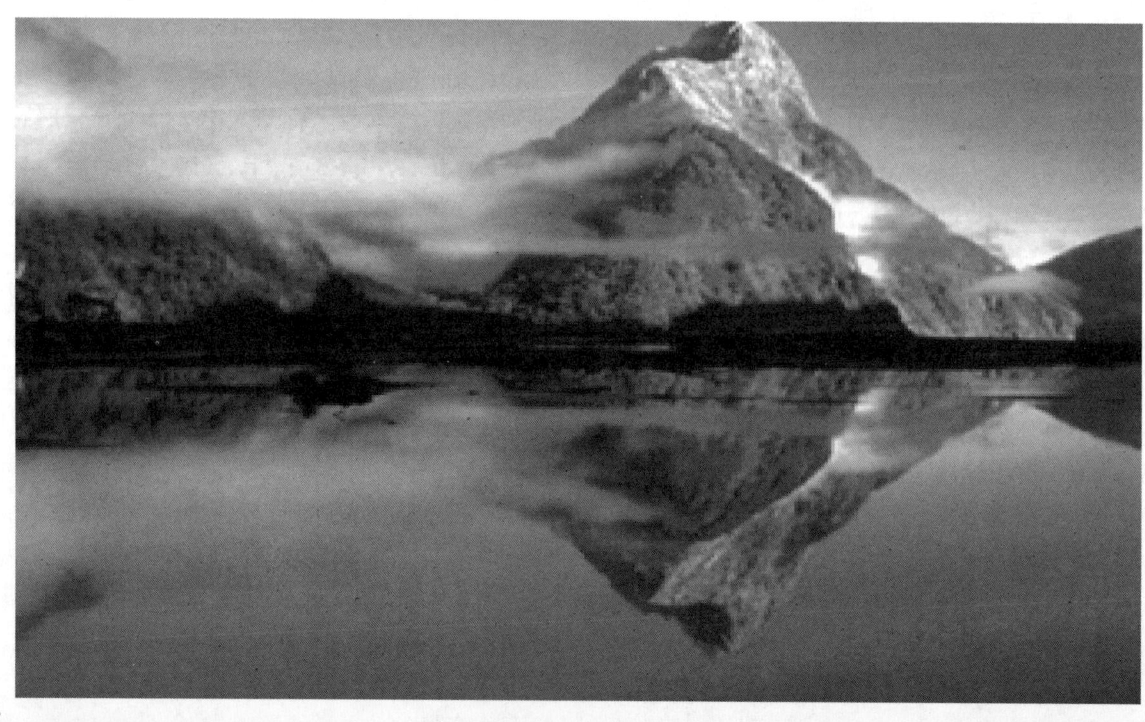

VOLUME 14

第十四卷 证券法律法规汇编

- 中华人民共和国证券法
- 中华人民共和国信托法
- 中华人民共和国中外合资经营企业法
- 证券交易所管理办法
- 上市公司新股发行管理办法
- 上市公司检查办法
- 上市公司董事长谈话制度实施办法
- 关于在上市公司建立独立董事制度的指导意见
- 亏损上市公司暂停上市和终止上市实施办法(修订)
- 上海、深圳证券交易所交易规则
- 上海证券交易所股票上市规则
- ……

A COMPREHENSIVE HANDBOOK OF CHINESE SECURITIES

中国证券大全

·2001·

1、中华人民共和国证券法
2、中华人民共和国信托法
3、中华人民共和国中外合资经营企业法
4、中华人民共和国外资保险公司管理条例
5、中华人民共和国外资金融机构管理条例
6、中国证券监督委员会股票发行审核委员会工作程序执行指导意见
7、中国证监会股票发行审核委员会关于首次公开发行股票审核工作的指导意见
8、中国证监会股票发行审核委员会关于上市公司新股发行审核工作的指导意见
9、股份转让公司信息披露实施细则
10、上市公司新股发行管理办法
11、上市公司检查办法
12、上市公司董事长谈话制度实施办法
13、关于在上市公司建立独立董事制度的指导意见
14、上市公司发行可转换公司债券实施办法
15、全国社会保障基金投资管理暂行办法
16、关于上市公司涉及外商投资有关问题的若干意见
17、亏损上市公司暂停上市和终止上市实施办法(修订)
18、中国上市公司治理准则(征求意见稿)
19、证券投资基金会计核算办法
20、证券投资基金行业公约
21、证券投资基金业从业人员守则
22、金融机构撤销条例
23、发布境外会计师事务所执行金融类上市公司审计业务临时许可证管理办法
24、客户交易结算资金管理办法
25、证券公司代办股份转让服务业务试点办法
26、国有企业境外期货套期保值业务管理办法
27、国有企业境外期货套期保值业务管理制度指导意见
28、关于发布《期货交易所,期货经营机构信息技术管理规范(试行)》的通知
29、金融资产管理公司吸收外资参与资产重组与处置的暂行规定
30、首次公开发行股票辅导工作办法
31、境内上市外资股(B股)公司非上市外资股上市流通的办理程序
32、公开发行证券公司信息披露内容与格式准则第1号
---招股说明书
33、公开发行证券公司信息披露内容与格式准则第2号
---年度报告的内容与格式(2001年修订稿)
34、公开发行证券公司信息披露内容与格式准则第7号
---股票上市公告书
35、公开发行证券公司信息披露内容与格式准则第9号
---首次公开发行股票申请文件
36、公开发行证券公司信息披露内容与格式准则第10号
---要约收购报告
37、公开发行证券公司信息披露内容与格式准则第11号
---要约收购中被收购公司董事公报告
38、公开发行证券公司信息披露内容与格式准则第12号
---上市公司发行可转换公司债券申请文件
39、公开发行证券公司信息披露内容与格式准则第13号
---可转换公司债券募集说明书
40、公开发行证券公司信息披露内容与格式准则第14号
---可转换公司债券上市公告书
41、公开发行证券的公司信息披露内容与格式准则第9号
---上市公司股东持股变动报告
42、公开发行证券的公司信息披露的内容与格式准则第10号
---上市公司新股发行申请文件
43、公开发行证券的公司信息披露的内容与格式准则第11号
---上市公司发行新股招股说明书
44、公开发行证券公司信息披露编报规则第7号
---商业银行
45、公开发行证券公司信息披露编报规则第8号
---证券公司
46、公开发行证券的公司信息披露编报规则第12号
---公开发行证券的法律意见书和律师工作报告
47、公开发行证券的公司信息披露编报规则第13号
---季度报告内容与格式特别规定
48、公开发行证券的公司信息披露编报规则第14号
---非标准无保留审计意见及其涉及事项的处理
49、公开发行证券的公司信息披露编报规则第15号
---财务报告的一般规定
50、公开发行证券的公司信息披露编报规则第16号
---A股公司实行补充审计的暂行规定
51、关于A股公司做好补充审计工作的通知
52、证券公司管理办法
53、证券公司检查办法
54、证券公司内部控制指引
55、超额配售选择权试点意见
56、证券交易委托代理业务指引(1---4号)
57、证券交易所管理办法
58、两交易所发布上市公司信息披露考核办法
59、上海、深圳证券交易所交易规则
60、上海证券交易所股票上市规则
61、深圳证券交易所股票上市规则(2001年修订本)
62、上交所B股交易规则摘要
63、深交所B股交易规则摘要
64、资产评估准则------------无形资产
65、企业会计准则------------存货
66、企业会计准则------------固定资产
67、企业会计准则------------中期财务报告
68、关联方之间出售资产等有关会计处理问题暂行规定
69、证券公司从事股票发行主承销业务有关问题的指导意见
----------首次公开发行股票申请文件主承销商核对要点
----------主承销商关于上市公司新股发行尽职调查报告必备内容
----------主承销商关于上市公司新股发行申请文件

核对表
----------主承销商关于股票发行回访报告必备内容
70、首次公开发行股票公司申报财务表剥离调整指导意见(征求意见稿)
71、新股发行上网竞价方式指导意见(公开征求意见稿)
72、上市公司股东持股变动信息披露管理办法
73、拟发行上市公司改制重组指导意见
74、证券营业部审批规则(征求意见稿)
75、公开发行证券的公司财务报表及财务报表附注的一般规定(征求意见稿)
76、证券投资基金设立申请核准工作程序(征求意见稿)
77、中外合营证券公司审批规则(征求意见稿)
78、金融企业会计制度(征求意见稿)
79、境外机构参股参与发起设立基金管理公司暂行规定(征求意见稿)
80、关于境内居民个人投资境内上市外资股若干问题的通知
81、首次公开发行股票公司招股说明书网上披露有关事宜的通知
82、关于完善基金管理公司董事人选制度的通知
83、关于新股发行公司通过互联网进行公司推介的通知
84、关于规范证券公司受托投资管理业务的通知
85、关于证券公司增资扩股有关问题的通知
86、关于核准基金管理公司重大变更事项有关问题的通知(征求意见稿)
87、关于规范面向公众开展的证券投资咨询业务行为若干问题的通知
88、证监会关于执行《客户交易结算资金管理办法》的若干意见的通知
89、关于拟发行新股的上市公司中期报告有关问题的通知
90、关于上市公司、拟首次发行股票并上市的公司做好与新会计准则和制度相关信息披露工作的通知
91、关于申请设立基金管理公司若干问题的通知
92、关于规范证券投资基金运作中证券交易行为的通知
93、关于做好上市公司2001年年度报告有关工作的通知(上交所)
94、关于做好上市公司2001年年度报告工作的通知(深交所)
95、关于基金管理公司设立及审核程序有关问题的通知
96、关于上市公司重大购买、出售、置换资产若干问题的通知

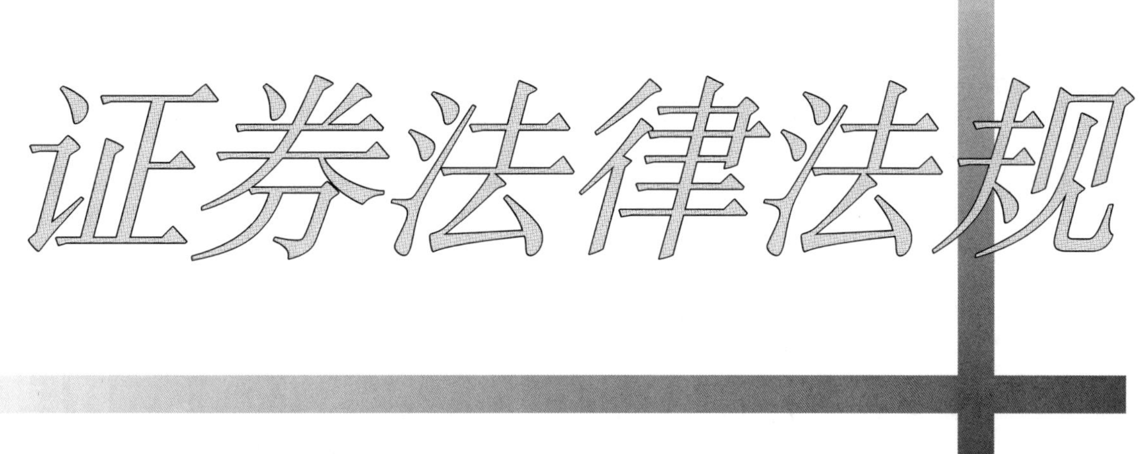

中华人民共和国证券法

第一章 总 则

第一条 为了规范证券发行和交易行为，保护投资者的合法权益，维护社会经济秩序和社会公共利益，促进社会主义市场经济的发展，制定本法。

第二条 在中国境内，股票、公司债券和国务院依法认定的其他证券的发行和交易，适用本法。本法未规定的，适用公司法和其他法律、行政法规的规定。政府债券的发行和交易，由法律、行政法规另行规定。

第三条 证券的发行、交易活动，必须实行公开、公平、公正的原则。

第四条 证券发行、交易活动的当事人具有平等的法律地位，应当遵守自愿、有偿、诚实信用的原则。

第五条 证券发行、交易活动，必须遵守法律、行政法规；禁止欺诈、内幕交易和操纵证券交易市场的行为。

第六条 证券业和银行业、信托业、保险业分业经营、分业管理。证券公司与银行、信托、保险业务机构分别设立。

第七条 国务院证券监督管理机构依法对全国证券市场实行集中统一监督管理。国务院证券监督管理机构根据需要可以设立派出机构，按照授权履行监督管理职责。

第八条 在国家对证券发行、交易活动实行集中统一监督管理的前提下，依法设立证券业协会，实行自律性管理。

第九条 国家审计机关对证券交易所、证券公司、证券登记结算机构、证券监督管理机构，依法进行审计监督。

第二章 证券发行

第十条 公开发行证券，必须符合法律、行政法规规定的条件，并依法报经国务院证券监督管理机构或者国务院授权的部门核准或者审批；未经依法核准或者审批，任何单位和个人不得向社会公开发行证券。

第十一条 公开发行股票，必须依照公司法规定的条件，报经国务院证券监督管理机构核准。发行人必须向国务院证券监督管理机构提交公司法规定的申请文件和国务院证券监督管理机构规定的有关文件。发行公司债券，必须依照公司法规定的条件，报经国务院授权的部门审批。发行人必须向国务院授权的部门提交公司法规定的申请文件和国务院授权的部门规定的有关文件。

第十二条 发行人依法申请公开发行证券所提交的申请文件的格式、报送方式，由依法负责核准或者审批的机构或者部门规定。

第十三条 发行人向国务院证券监督管理机构或者国务院授权的部门提交的证券发行申请文件，必须真实、准确、完整。为证券发行出具有关文件的专业机构和人员，必须严格履行法定职责，保证其所出具文件的真实性、准确性和完整性。

第十四条 国务院证券监督管理机构设发行审核委员会，依法审核股票发行申请。发行审核委员会由国务院证券监督管理机构的专业人员和所聘请的该机构外的有关专家组成，以投票方式对股票发行申请进行表决，提出审核意见。发行审核委员会的具体组成办法、组成人员任期、工作程序由国务院证券监督管理机构制订，报国务院批准。

第十五条 国务院证券监督管理机构依照法定条件负责核准股票发行申请。核准程序应当公开，依法接受监督。参与核准股票发行申请的人员，不得与发行申请单位有利害关系；不得接受发行申请单位的馈赠；不得持有所核准的发行申请的股票；不得私下与发行申请单位进行接触。国务院授权的部门对公司债券发行申请的审批，参照前二款的规定执行。

第十六条 国务院证券监督管理机构或者国务院授权的部门应当自受理证券发行申请文件之日起三个月内作出决定；不予核准或者审批的，应当作出说明。

第十七条 证券发行申请经核准或者经审批，发行人应当依照法律、行政法规的规定，在证券公开发行前，公告公开发行募集文件，并将该文件置备于指定场所供公众查阅。发行证券的信息依法公开前，任何知情人不得公开或者泄露该信息。发行人不得在公告公开发行募集文件之前发行证券。

第十八条 国务院证券监督管理机构或者国务院授权的部门对已作出的核准或者审批证券发行的决定，发现不符合法律、行政法规规定的，应当予以撤销；尚未发行证券的，停止发行；已经发行的，证券持有人可以按照发行价并加算银行同期存款利息，要求发行人返还。

第十九条 股票依法发行后，发行人经营与收益的变化，由发行人自行负责；由此变化引致的投资风险，由投资者自行负责。

第二十条 上市公司发行新股，应当符合公司法有关发行新股的条件，可以向社会公开募集，也可以向原股东配售。上市公司对发行股票所募资金，必须按招股说明书所列资金用途使用。改变招股说明书所列资金用途，必须经股东大会批准。擅自改变用途而未作纠正的，或者未经股东大会认可的，不得发行新股。

第二十一条 证券公司应当依照法律、行政法规的规定承销发行人向社会公开发行的证券。证券承销业务采取代销或者包销方式。证券代销是指证券公司代发行人发售证券，在承销期结束时，将未售出的证券全部退还给发行人的承销方式。证券包销是指证券公司将发行人的证券按照协议全部购入或者在承销期结束时将售后剩余证券全部自行购入的承销方式。

第二十二条 公开发行证券的发行人有权依法自主选择承销的证券公司。证券公司不得以不正当竞争手段招揽证券承销业务。

第二十三条 证券公司承销证券，应当同发行人签订代销或者包销协议，载明下列事项：

（一）当事人的名称、住所及法定代表人姓名；

（二）代销、包销证券的种类、数量、金额及发行价格；

（三）代销、包销的期限及起止日期；

（四）代销、包销的付款方式及日期；

（五）代销、包销的费用和结算办法；

（六）违约责任；

（七）国务院证券监督管理机构规定的其他事项。

第二十四条 证券公司承销证券，应当对公开发行募集文件的真实性、准确性、完整性进行核查；发现含有虚假记载、误导性陈述或者重大遗漏的，不得进行销售活动；已经销售的，必须立即停止销售活动，并采取纠正措施。

第二十五条 向社会公开发行的证券票面总值超过人民币五千万元的，应当由承销团承销。承销团应当由主承销和参与承销的证券公司组成。

第二十六条 证券的代销、包销期最长不得超过九十日。证券公司在代销、包销期内，对所代销、包销的证券应当保证先行出售给认购人，证券公司不得为本公司事先预留所代销的证券和预先购入并留存所包销的证券。

第二十七条 证券公司包销证券的，应当在包销期满后的十五日内，将包销情况报国务院证券监督管理机构备案。证券公司代销证券的，应当在代销期满后的十五日内，与发行人共同将证券代销情况报国务院证券监督管理机构备案。

第二十八条 股票发行采取溢价发行的，其发行价格由发行人与承销的证券公司协商确定，报国务院证券监督管理机构核准。

第二十九条 境内企业直接或者间接到境外发行证券或者将其证券在境外上市交易，必须经国务院证券监督管理机构批准。

第三章　证券交易

第一节　一般规定

第三十条　证券交易当事人依法买卖的证券，必须是依法发行并交付的证券。非依法发行的证券，不得买卖。

第三十一条　依法发行的股票、公司债券及其他证券，法律对其转让期限有限制性规定的，在限定的期限内，不得买卖。

第三十二条　经依法核准的上市交易的股票、公司债券及其他证券，应当在证券交易所挂牌交易。

第三十三条　证券在证券交易所挂牌交易，应当采用公开的集中竞价交易方式。证券交易的集中竞价应当实行价格优先、时间优先的原则。

第三十四条　证券交易当事人买卖的证券可以采用纸面形式或者国务院证券监督管理机构规定的其他形式。

第三十五条　证券交易以现货进行交易。

第三十六条　证券公司不得从事向客户融资或者融券的证券交易活动。

第三十七条　证券交易所、证券公司、证券登记结算机构从业人员、证券监督管理机构工作人员和法律、行政法规禁止参与股票交易的其他人员，在任期或者法定限期内，不得直接或者以化名、借他人名义持有、买卖股票，也不得收受他人赠送的股票。任何人在成为前款所列人员时，其原已持有的股票，必须依法转让。

第三十八条　证券交易所、证券公司、证券登记结算机构必须依法为客户所开立的帐户保密。

第三十九条　为股票发行出具审计报告、资产评估报告或者法律意见书等文件的专业机构和人员，在该股票承销期内和期满后六个月内，不得买卖该种股票。除前款规定外，为上市公司出具审计报告、资产评估报告或者法律意见书等文件的专业机构和人员，自接受上市公司委托之日起至上述文件公开后五日内，不得买卖该种股票。

第四十条　证券交易的收费必须合理，并公开收费项目、收费标准和收费办法。证券交易的收费项目、收费标准和管理办法由国务院有关管理部门统一规定。

第四十一条　持有一个股份有限公司已发行的股份百分之五的股东，应当在其持股数额达到该比例之日起三日内向该公司报告，公司必须在接到报告之日起三日内向国务院证券监督管理机构报告；属于上市公司的，应当同时向证券交易所报告。

第四十二条　前条规定的股东，将其所持有的该公司的股票在买入后六个月内卖出，或者在卖出后六个月内又买入，由此所得收益归该公司所有，公司董事会应当收回该股东所得收益。但是，证券公司因包销购入售后剩余股票而持有百分之五以上股份的，卖出该股票时不受六个月时间限制。公司董事会不按照前款规定执行的，其他股东有权要求董事会执行。公司董事会不按照第一款的规定执行，致使公司遭受损害的，负有责任的董事依法承担连带赔偿责任。

第二节　证券上市

第四十三条　股份有限公司申请其股票上市交易，必须报经国务院证券监督管理机构核准。国务院证券监督管理机构可以授权证券交易所依照法定条　件和法定程序核准股票上市申请。

第四十四条　国家鼓励符合产业政策同时又符合上市条件的公司股票上市交易。

第四十五条　向国务院证券监督管理机构提出股票上市交易申请时，应当提交下列文件：

(一)上市报告书；

(二)申请上市的股东大会决议；

(三)公司章程；

(四)公司营业执照；

(五)经法定验证机构验证的公司最近三年的或者公司成立以来的财务会计报告；

(六)法律意见书和证券公司的推荐书；

(七)最近一次的招股说明书。

第四十六条　股票上市交易申请经国务院证券监督管理机构核准后，其发行人应当向证券交易所提交核准文件和前条规定的有关文件。证券交易所应当自接到该股票发行人提交的前款规定的文件之日起六个月内，安排该股票上市交易。

第四十七条　股票上市交易申请经证券交易所同意后，上市公司应当在上市交易的五日前公告经核准的股票上市的有关文件，并将该文件置备于指定场所供公众查阅。

第四十八条　上市公司除公告前条规定的上市申请文件外，还应当公告下列事项：

(一)股票获准在证券交易所交易的日期；

(二)持有公司股份最多的前十名股东的名单和持股数额；

(三)董事、监事、经理及有关高级管理人员的姓名及其持有本公司股票和债券的情况。

第四十九条　上市公司丧失公司法规定的上市条件的，其股票依法暂停上市或者终止上市。

第五十条　公司申请其发行的公司债券上市交易，必须报经国务院证券监督管理机构核准。国务院证券监督管理机构可以授权证券交易所依照法定条件和法定程序核准公司债券上市申请。

第五十一条　公司申请其公司债券上市交易必须符合下列条件：

(一)公司债券的期限为一年以上；

(二)公司债券实际发行额不少于人民币五千万元；

(三)公司申请其债券上市时仍符合法定的公司债券发行条件。

第五十二条　向国务院证券监督管理机构提出公司债券上市交易申请时，应当提交下列文件：

(一)上市报告书；

(二)申请上市的董事会决议；

(三)公司章程；

(四)公司营业执照；

(五)公司债券募集办法；

(六)公司债券的实际发行数额。

第五十三条　公司债券上市交易申请经国务院证券监督管理机构核准后，其发行人应当向证券交易所提交核准文件和前条规定的有关文件。证券交易所应当自接到该债券发行人提交的前款规定的文件之日起三个月内，安排该债券上市交易。

第五十四条　公司债券上市交易申请经证券交易所同意后，发行人应当在公司债券上市交易的五日前公告公司债券上市报告、核准文件及有关上市申请文件，并将其申请文件置备于指定场所供公众查阅。

第五十五条　公司债券上市交易后，公司有下列情形之一的，由国务院证券监督管理机构决定暂停其公司债券上市交易：

(一)公司有重大违法行为；

(二)公司情况发生重大变化不符合公司债券上市条件；

(三)公司债券所募集资金不按照审批机关批准的用途使用；

(四)未按照公司债券募集办法履行义务；

(五)公司最近二年连续亏损。

第五十六条　公司有前条第(一)项、第(四)项所列情形之一经查实后果严重的，或者有前条第(二)项、第(三)项、第(五)项所列情形之一，在限期内未能消除的，由国务院证券监督管理机构决定终止该公司债券上市。公司解散、依法被责令关闭或者被宣告破产的，由证券交易所终止其公司债券上市，并报国务院证券监督管理机构备案。

第五十七条　国务院证券监督管理机构可以授权证券交易所依法暂停或者终止股票或者公司债券上市。

第三节 持续信息公开

第五十八条 经国务院证券监督管理机构核准依法发行股票，或者经国务院授权的部门批准依法发行公司债券，依照公司法的规定，应当公告招股说明书、公司债券募集办法。依法发行新股或者公司债券的，还应当公告财务会计报告。

第五十九条 公司公告的股票或者公司债券的发行和上市文件，必须真实、准确、完整，不得有虚假记载、误导性陈述或者重大遗漏。

第六十条 股票或者公司债券上市交易的公司，应当在每一会计年度的上半年结束之日起二个月内，向国务院证券监督管理机构和证券交易所提交记载以下内容的中期报告，并予公告：

(一)公司财务会计报告和经营情况；

(二)涉及公司的重大诉讼事项；

(三)已发行的股票、公司债券变动情况；

(四)提交股东大会审议的重要事项；

(五)国务院证券监督管理机构规定的其他事项。

第六十一条 股票或者公司债券上市交易的公司，应当在每一会计年度结束之日起四个月内，向国务院证券监督管理机构和证券交易所提交记载以下内容的年度报告，并予公告：

(一)公司概况；

(二)公司财务会计报告和经营情况；

(三)董事、监事、经理及有关高级管理人员简介及其持股情况；

(四)已发行的股票、公司债券情况，包括持有公司股份最多的前十名股东名单和持股数额；

(五)国务院证券监督管理机构规定的其他事项。

第六十二条 发生可能对上市公司股票交易价格产生较大影响、而投资者尚未得知的重大事件时，上市公司应当立即将有关该重大事件的情况向国务院证券监督管理机构和证券交易所提交临时报告，并予公告，说明事件的实质。下列情况为前款所称重大事件：

(一)公司的经营方针和经营范围的重大变化；

(二)公司的重大投资行为和重大的购置财产的决定；

(三)公司订立重要合同，而该合同可能对公司的资产、负债、权益和经营成果产生重要影响；

(四)公司发生重大债务和未能清偿到期重大债务的违约情况；

(五)公司发生重大亏损或者遭受超过净资产百分之十以上的重大损失；

(六)公司生产经营的外部条件发生的重大变化；

(七)公司的董事长，三分之一以上的董事，或者经理发生变动；

(八)持有公司百分之五以上股份的股东，其持有股份情况发生较大变化；

(九)公司减资、合并、分立、解散及申请破产的决定；

(十)涉及公司的重大诉讼，法院依法撤销股东大会、董事会决议；

(十一)法律、行政法规规定的其他事项。

第六十三条 发行人、承销的证券公司公告招股说明书、公司债券募集办法、财务会计报告、上市报告文件、年度报告、中期报告、临时报告，存在虚假记载、误导性陈述或者有重大遗漏，致使投资者在证券交易中遭受损失的，发行人、承销的证券公司应当承担赔偿责任，发行人、承销的证券公司的负有责任的董事、监事、经理应当承担连带赔偿责任。

第六十四条 依照法律、行政法规规定必须作出的公告，应当在国家有关部门规定的报刊上或者在专项出版的公报上刊登，同时将其置备于公司住所、证券交易所，供社会公众查阅。

第六十五条 国务院证券监督管理机构对上市公司年度报告、中期报告、临时报告以及公告的情况进行监督，对上市公司分派或者配售新股的情况进行监督。证券监督管理机构、证券交易所、承销的证券公司及有关人员，对公司依照法律、行政法规规定必须作出的公告，在公告前不得泄露其内容。

第六十六条 国务院证券监督管理机构对有重大违法行为或者不具备其他上市条件的上市公司取消其上市资格的，应当及时作出公告。证券交易所依照授权作出前款规定的决定时，应当及时作出公告，并报国务院证券监督管理机构备案。

第四节 禁止的交易行为

第六十七条 禁止证券交易内幕信息的知情人员利用内幕信息进行证券交易活动。

第六十八条 下列人员为知悉证券交易内幕信息的知情人员：

(一)发行股票或者公司债券的公司董事、监事、经理、副经理及有关的高级管理人员；

(二)持有公司百分之五以上股份的股东；

(三)发行股票公司的控股公司的高级管理人员；

(四)由于所任公司职务可以获取公司有关证券交易信息的人员；

(五)证券监督管理机构工作人员以及由于法定的职责对证券交易进行管理的其他人员；

(六)由于法定职责而参与证券交易的社会中介机构或者证券登记结算机构、证券交易服务机构的有关人员；

(七)国务院证券监督管理机构规定的其他人员。

第六十九条 证券交易活动中，涉及公司的经营、财务或者对该公司证券的市场价格有重大影响的尚未公开的信息，为内幕信息。下列各项信息皆属内幕信息：

(一)本法第六十二条第二款所列重大事件；

(二)公司分配股利或者增资的计划；

(三)公司股权结构的重大变化；

(四)公司债务担保的重大变更；

(五)公司营业用主要资产的抵押、出售或者报废一次超过该资产的百分之三十；

(六)公司的董事、监事、经理、副经理或者其他高级管理人员的行为可能依法承担重大损害赔偿责任；

(七)上市公司收购的有关方案；

(八)国务院证券监督管理机构认定的对证券交易价格有显著影响的其他重要信息。

第七十条 知悉证券交易内幕信息的知情人员或者非法获取内幕信息的其他人员，不得买入或者卖出所持有的该公司的证券，或者泄露该信息或者建议他人买卖该证券。持有百分之五以上股份的股东收购上市公司的股份，本法另有规定的，适用其规定。

第七十一条 禁止任何人以下列手段获取不正当利益或者转嫁风险：

(一)通过单独或者合谋，集中资金优势、持股优势或者利用信息优势联合或者连续买卖，操纵证券交易价格；

(二)与他人串通，以事先约定的时间、价格和方式相互进行证券交易或者相互买卖并不持有的证券，影响证券交易价格或者证券交易量；

(三)以自己为交易对象，进行不转移所有权的自买自卖，影响证券交易价格或者证券交易量；

(四)以其他方法操纵证券交易价格。

第七十二条 禁止国家工作人员、新闻传播媒介从业人员和有关人员编造并传播虚假信息，严重影响证券交易。禁止证券交易所、证券公司、证券登记结算机构、证券交易服务机构、社会中介机构及其从业人员，证券业协会、证券监督管理机构及其工作人员，在证券交易活动中作出虚假陈述或者信息误导。各种传播媒介传播证券交易信息必须真实、客观，禁止误导。

第七十三条 在证券交易中，禁止证券公司及其从业人员从事下列损害客户利益的欺诈行为：

(一)违背客户的委托为其买卖证券；

(二)不在规定时间内向客户提供交易的书面确认文件;

(三)挪用客户所委托买卖的证券或者客户帐户上的资金;

(四)私自买卖客户帐户上的证券,或者假借客户的名义买卖证券;

(五)为牟取佣金收入,诱使客户进行不必要的证券买卖;

(六)其他违背客户真实意思表示,损害客户利益的行为。

第七十四条 在证券交易中,禁止法人以个人名义开立帐户,买卖证券。

第七十五条 在证券交易中,禁止任何人挪用公款买卖证券。

第七十六条 国有企业和国有资产控股的企业,不得炒作上市交易的股票。

第七十七条 证券交易所、证券公司、证券登记结算机构、证券交易服务机构、社会中介机构及其从业人员对证券交易中发现的禁止的交易行为,应当及时向证券监督管理机构报告。

第四章 上市公司收购

第七十八条 上市公司收购可以采取要约收购或者协议收购的方式。

第七十九条 通过证券交易所的证券交易,投资者持有一个上市公司已发行的股份的百分之五时,应当在该事实发生之日起三日内,向国务院证券监督管理机构、证券交易所作出书面报告,通知该上市公司,并予以公告;在上述规定的期限内,不得再行买卖该上市公司的股票。投资者持有一个上市公司已发行的股份的百分之五后,通过证券交易所的证券交易,其所持该上市公司已发行的股份比例每增加或者减少百分之五,应当依照前款规定进行报告和公告。在报告期限内和作出报告、公告后二日内,不得再行买卖该上市公司的股票。

第八十条 依照前条规定所作的书面报告和公告,应当包括下列内容:

(一)持股人的名称、住所;

(二)所持有的股票的名称、数量;

(三)持股达到法定比例或者持股增减变化达到法定比例的日期。

第八十一条 通过证券交易所的证券交易,投资者持有一个上市公司已发行的股份的百分之三十时,继续进行收购的,应当依法向该上市公司所有股东发出收购要约。但经国务院证券监督管理机构免除发出要约的除外。

第八十二条 依照前条规定发出收购要约,收购人必须事先向国务院证券监督管理机构报送上市公司收购报告书,并载明下列事项:

(一)收购人的名称、住所;

(二)收购人关于收购的决定;

(三)被收购的上市公司名称;

(四)收购目的;

(五)收购股份的详细名称和预定收购的股份数额;

(六)收购的期限、收购的价格;

(七)收购所需资金额及资金保证;

(八)报送上市公司收购报告书时所持有被收购公司股份数占该公司已发行的股份总数的比例。收购人还应当将前款规定的公司收购报告书同时提交证券交易所。

第八十三条 收购人在依照前条规定报送上市公司收购报告书之日起十五日后,公告其收购要约。收购要约的期限不得少于三十日,并不得超过六十日。

第八十四条 在收购要约的有效期限内,收购人不得撤回其收购要约。在收购要约的有效期限内,收购人需要变更收购要约中事项的,必须事先向国务院证券监督管理机构及证券交易所提出报告,经获准后,予以公告。

第八十五条 收购要约中提出的各项收购条件,适用于被收购公司所有的股东。

第八十六条 收购要约的期限届满,收购人持有的被收购公司的股份数达到该公司已发行的股份总数的百分之七十五以上的,该上市公司的股票应当在证券交易所终止上市交易。

第八十七条 收购要约的期限届满,收购人持有的被收购公司的股份数达到该公司已发行的股份总数的百分之九十以上的,其余仍持有被收购公司股票的股东,有权向收购人以收购要约的同等条件出售其股票,收购人应当收购。收购行为完成后,被收购公司不再具有公司法规定的条件的,应当依法变更其企业形式。

第八十八条 采取要约收购方式的,收购人在收购要约期限内,不得采取要约规定以外的形式和超出要约的条件买卖被收购公司的股票。

第八十九条 采取协议收购方式的,收购人可以依照法律、行政法规的规定同被收购公司的股东以协议方式进行股权转让。以协议方式收购上市公司时,达成协议后,收购人必须在三日内将该收购协议向国务院证券监督管理机构及证券交易所作出书面报告,并予公告。在未作出公告前不得履行收购协议。

第九十条 采取协议收购方式的,协议双方可以临时委托证券登记结算机构保管协议转让的股票,并将资金存放于指定的银行。

第九十一条 在上市公司收购中,收购人对所持有的被收购的上市公司的股票,在收购行为完成后的六个月内不得转让。

第九十二条 通过要约收购或者协议收购方式取得被收购公司股票并将该公司撤销的,属于公司合并,被撤销公司的原有股票,由收购人依法更换。

第九十三条 收购上市公司的行为结束后,收购人应当在十五日内将收购情况报告国务院证券监督管理机构和证券交易所,并予公告。

第九十四条 上市公司收购中涉及国家授权投资机构持有的股份,应当按照国务院的规定,经有关主管部门批准。

第五章 证券交易所

第九十五条 证券交易所是提供证券集中竞价交易场所的不以营利为目的的法人。证券交易所的设立和解散,由国务院决定。

第九十六条 设立证券交易所必须制定章程。证券交易所章程的制定和修改,必须经国务院证券监督管理机构批准。

第九十七条 证券交易所必须在其名称中标明证券交易所字样。其他任何单位或者个人不得使用证券交易所或者近似的名称。

第九十八条 证券交易所可以自行支配的各项费用收入,应当首先用于保证其证券交易场所和设施的正常运行并逐步改善。证券交易所的积累归会员所有,其权益由会员共同享有,在其存续期间,不得将其积累分配给会员。

第九十九条 证券交易所设理事会。

第一百条 证券交易所设总经理一人,由国务院证券监督管理机构任免。

第一百零一条 有公司法第五十七条规定的情形或者下列情形之一的,不得担任证券交易所的负责人:

(一)因违法行为或者违纪行为被解除职务的证券交易所、证券登记结算机构的负责人或者证券公司的董事、监事、经理,自被解除职务之日起未逾五年;

(二)因违法行为或者违纪行为被撤销资格的律师、注册会计师或者法定资产评估机构、验证机构的专业人员,自被撤销资格之日起未逾五年。

第一百零二条 因违法行为或者违纪行为被开除的证券交易所、证券登记结算机构、证券公司的从业人员和被开除的国家机关工作人员,不得招聘为证券交易所的从业人员。

第一百零三条 进入证券交易所参与集中竞价交易的,必须是具有证券交易所会员资格的证券公司。

第一百零四条 投资者应当在证券公司开立证券交易帐户，以书面、电话以及其他方式，委托为其开户的证券公司代其买卖证券。投资者通过其开户的证券公司买卖证券的，应当采用市价委托或者限价委托。

第一百零五条 证券公司根据投资者的委托，按照时间优先的规则提出交易申报，参与证券交易所场内的集中竞价交易；证券登记结算机构根据成交结果，按照清算交割规则，进行证券和资金的清算交割，办理证券的登记过户手续。

第一百零六条 证券公司接受委托或者自营，当日买入的证券，不得在当日再行卖出。

第一百零七条 证券交易所应当为组织公平的集中竞价交易提供保障，即时公布证券交易行情，并按交易日制作证券市场行情表，予以公布。

第一百零八条 证券交易所依照法律、行政法规的规定，办理股票、公司债券的暂停上市、恢复上市或者终止上市的事务，其具体办法由国务院证券监督管理机构制定。

第一百零九条 因突发性事件而影响证券交易的正常进行时，证券交易所可以采取技术性停牌的措施；因不可抗力的突发性事件或者为维护证券交易的正常秩序，证券交易所可以决定临时停市。证券交易所采取技术性停牌或者决定临时停市，必须及时报告国务院证券监督管理机构。

第一百一十条 证券交易所对在交易所进行的证券交易实行实时监控，并按照国务院证券监督管理机构的要求，对异常的交易情况提出报告。证券交易所应当对上市公司披露信息进行监督，督促上市公司依法及时、准确地披露信息。

第一百一十一条 证券交易所应当从其收取的交易费用和会员费、席位费中提取一定比例的金额设立风险基金。风险基金由证券交易所理事会管理。风险基金提取的具体比例和使用办法，由国务院证券监督管理机构会同国务院财政部门规定。

第一百一十二条 证券交易所应当将收存的交易保证金、风险基金存入开户银行专门帐户，不得擅自使用。

第一百一十三条 证券交易所依照证券法律、行政法规制定证券集中竞价交易的具体规则，制订证券交易所的会员管理规章和证券交易所从业人员业务规则，并报国务院证券监督管理机构批准。

第一百一十四条 证券交易所的负责人和其他从业人员在执行与证券交易有关的职务时，凡与其本人或者其亲属有利害关系的，应当回避。

第一百一十五条 按照依法制定的交易规则进行的交易，不得改变其交易结果。对交易中违规交易者应负的民事责任不得免除；在违规交易中所获利益，依照有关规定处理。

第一百一十六条 在证券交易所内从事证券交易的人员，违反证券交易所有关交易规则的，由证券交易所给予纪律处分；对情节严重的，撤销其资格，禁止其入场进行证券交易。

第六章 证券公司

第一百一十七条 设立证券公司，必须经国务院证券监督管理机构审查批准。未经国务院证券监督管理机构批准，不得经营证券业务

第一百一十八条 本法所称证券公司是指依照公司法规定和依前条规定批准的从事证券经营业务的有限责任公司或者股份有限公司。

第一百一十九条 国家对证券公司实行分类管理，分为综合类证券公司和经纪类证券公司，并由国务院证券监督管理机构按照其分类颁发业务许可证。

第一百二十条 证券公司必须在其名称中标明证券有限责任公司或者证券股份有限公司字样。经纪类证券公司必须在其名称中标明经纪字样。

第一百二十一条 设立综合类证券公司，必须具备下列条件：

（一）注册资本最低限额为人民币五亿元；

（二）主要管理人员和业务人员必须具有证券从业资格；

（三）有固定的经营场所和合格的交易设施；

（四）有健全的管理制度和规范的自营业务与经纪业务分业管理的体系。

第一百二十二条 经纪类证券公司注册资本最低限额为人民币五千万元；主要管理人员和业务人员必须具有证券从业资格；有固定的经营场所和合格的交易设施；有健全的管理制度。

第一百二十三条 证券公司设立或者撤销分支机构、变更业务范围或者注册资本、变更公司章程、合并、分立、变更公司形式或者解散，必须经国务院证券监督管理机构批准。

第一百二十四条 证券公司的对外负债总额不得超过其净资产额的规定倍数，其流动负债总额不得超过其流动资产总额的一定比例；其具体倍数、比例和管理办法，由国务院证券监督管理机构规定。

第一百二十五条 有公司法第五十七条 规定的情形或者下列情形之一的，不得担任证券公司的董事、监事或者经理：

（一）因违法行为或者违纪行为被解除职务的证券交易所、证券登记结算机构的负责人或者证券公司的董事、监事、经理，自被解除职务之日起未逾五年；

（二）因违法行为或者违纪行为被撤销资格的律师、注册会计师或者法定资产评估机构、验证机构的专业人员，自被撤销资格之日起未逾五年。

第一百二十六条 因违法行为或者违纪行为被开除的证券交易所、证券登记结算机构、证券公司的从业人员和被开除的国家机关工作人员，不得招聘为证券公司的从业人员。

第一百二十七条 国家机关工作人员和法律、行政法规规定的禁止在公司中兼职的其他人员，不得在证券公司中兼任职务。证券公司的董事、监事、经理和业务人员不得在其他证券公司中兼任职务。

第一百二十八条 证券公司从每年的税后利润中提取交易风险准备金，用于弥补证券交易的损失，其提取的具体比例由国务院证券监督管理机构规定。

第一百二十九条 综合类证券公司可以经营下列证券业务：

（一）证券经纪业务；

（二）证券自营业务；

（三）证券承销业务；

（四）经国务院证券监督管理机构核定的其他证券业务。

第一百三十条 经纪类证券公司只允许专门从事证券经纪业务。

第一百三十一条 证券公司应当依照前二条规定的业务，提出业务范围的申请，并经国务院证券监督管理机构核定。证券公司不得超出核定的业务范围经营证券业务和其他业务。

第一百三十二条 综合类证券公司必须将其经纪业务和自营业务分开办理，业务人员、财务帐户均应分开，不得混合操作。客户的交易结算资金必须全额存入指定的商业银行，单独立户管理。严禁挪用客户交易结算资金。

第一百三十三条 禁止银行资金违规流入股市。证券公司的自营业务必须使用自有资金和依法筹集的资金。

第一百三十四条 证券公司自营业务必须以自己的名义进行，不得假借他人名义或者以个人名义进行。证券公司不得将其自营帐户借给他人使用。

第一百三十五条 证券公司依法享有自主经营的权利，其合法经营不受干涉。

第一百三十六条 证券公司注册资本低于本法规定的从事相应业务要求的，由国务院证券监督管理机构撤销对其有关业务范围的核定。

第一百三十七条 在证券交易中，代理客户买卖证券，从事中介业务的证券公司，为具有法人资格的证券经纪人。

第一百三十八条 证券公司办理经纪业务,必须为客户分别开立证券和资金帐户,并对客户交付的证券和资金按户分帐管理,如实进行交易记录,不得作虚假记载。客户开立帐户,必须持有证明中国公民身份或者中国法人资格的合法证件。

第一百三十九条 证券公司办理经纪业务,应当置备统一制定的证券买卖委托书,供委托人使用。采取其他委托方式的,必须作出委托记录。客户的证券买卖委托,不论是否成交,其委托记录应当按规定的期限,保存于证券公司。

第一百四十条 证券公司接受证券买卖的委托,应当根据委托书载明的证券名称、买卖数量、出价方式、价格幅度等,按照交易规则代理买卖证券;买卖成交后,应当按规定制作买卖成交报告单交付客户。证券交易中确认交易行为及其交易结果的对帐单必须真实,并由交易经办人员以外的审核人员逐笔审核,保证帐面证券余额与实际持有的证券相一致。

第一百四十一条 证券公司接受委托卖出证券必须是客户证券帐户上实有的证券,不得为客户融券交易。证券公司接受委托买入证券必须以客户资金帐户上实有的资金支付,不得为客户融资交易。

第一百四十二条 证券公司办理经纪业务,不得接受客户的全权委托而决定证券买卖、选择证券种类、决定买卖数量或者买卖价格。

第一百四十三条 证券公司不得以任何方式对客户证券买卖的收益或者赔偿证券买卖的损失作出承诺。

第一百四十四条 证券公司及其从业人员不得未经过其依法设立的营业场所私下接受客户委托买卖证券。

第一百四十五条 证券公司的从业人员在证券交易活动中,按其所属的证券公司的指令或者利用职务违反交易规则的,由所属的证券公司承担全部责任。

第七章　证券登记结算机构

第一百四十六条 证券登记结算机构为证券交易提供集中的登记、托管与结算服务,是不以营利为目的的法人。设立证券登记结算机构必须经国务院证券监督管理机构批准。

第一百四十七条 设立证券登记结算机构,应当具备下列条件:

(一)自有资金不少于人民币二亿元;

(二)具有证券登记、托管和结算服务所必须的场所和设施;

(三)主要管理人员和业务人员必须具有证券从业资格;

(四)国务院证券监督管理机构规定的其他条件。证券登记结算机构的名称中应当标明证券登记结算字样。

第一百四十八条 证券登记结算机构履行下列职能:

(一)证券帐户、结算帐户的设立;

(二)证券的托管和过户;

(三)证券持有人名册登记;

(四)证券交易所上市证券交易的清算和交收;

(五)受发行人的委托派发证券权益;

(六)办理与上述业务有关的查询;

(七)国务院证券监督管理机构批准的其他业务。

第一百四十九条 证券登记结算采取全国集中统一的运营方式。证券登记结算机构章程、业务规则应当依法制定,并须经国务院证券监督管理机构批准。

第一百五十条 证券持有人所持有的证券上市交易前,应当全部托管在证券登记结算机构。证券登记结算机构不得将客户的证券用于质押或者出借给他人。

第一百五十一条 证券登记结算机构应当向证券发行人提供证券持有人名册及其有关资料。证券登记结算机构应当根据证券登记结算的结果,确认证券持有人持有证券的事实,提供证券持有人登记资料。证券登记结算机构应当保证证券持有人名册和登记过户记录真实、准确、完整,不得伪造、篡改、毁坏。

第一百五十二条 证券登记结算机构应当采取下列措施保证业务的正常进行:

(一)具有必备的服务设备和完善的数据安全保护措施;

(二)建立健全的业务、财务和安全防范等管理制度;

(三)建立完善的风险管理系统。

第一百五十三条 证券登记结算机构应当妥善保存登记、托管和结算的原始凭证。重要的原始凭证的保存期不少于二十年。

第一百五十四条 证券登记结算机构应当设立结算风险基金,并存入指定银行的专门帐户。结算风险基金用于因技术故障、操作失误、不可抗力造成的证券登记结算机构的损失。证券结算风险基金从证券登记结算机构的业务收入和收益中提取,并可以由证券公司按证券交易业务量的一定比例缴纳。证券结算风险基金的筹集、管理办法,由国务院证券监督管理机构会同国务院财政部门规定。

第一百五十五条 证券结算风险基金应当专项管理。证券登记结算机构以风险基金赔偿后,应当向有关责任人追偿。

第一百五十六条 证券登记结算机构申请解散,应当经国务院证券监督管理机构批准。

第八章　证券交易服务机构

第一百五十七条 根据证券投资和证券交易业务的需要,可以设立专业的证券投资咨询机构、资信评估机构。证券投资咨询机构、资信评估机构的设立条件、审批程序和业务规则,由国务院证券监督管理机构规定。

第一百五十八条 专业的证券投资咨询机构、资信评估机构的业务人员,必须具备证券专业知识和从事证券业务二年以上经验。认定其从事证券业务资格的标准和管理办法,由国务院证券监督管理机构制定。

第一百五十九条 证券投资咨询机构的从业人员不得从事下列行为:

(一)代理委托人从事证券投资;

(二)与委托人约定分享证券投资收益或者分担证券投资损失;

(三)买卖本咨询机构提供服务的上市公司股票;

(四)法律、行政法规禁止的其他行为。

第一百六十条 专业的证券投资咨询机构和资信评估机构,应当按照国务院有关管理部门规定的标准或者收费办法收取服务费用。

第一百六十一条 为证券的发行、上市或者证券交易活动出具审计报告、资产评估报告或者法律意见书等文件的专业机构和人员,必须按照执业规则规定的工作程序出具报告,对其所出具报告内容的真实性、准确性和完整性进行核查和验证,并就其负有责任的部分承担连带责任。

第九章　证券业协会

第一百六十二条 证券业协会是证券业的自律性组织,是社会团体法人。证券公司应当加入证券业协会。证券业协会的权力机构为由全体会员组成的会员大会。

第一百六十三条 证券业协会的章程由会员大会制定,并报国务院证券监督管理机构备案。

第一百六十四条 证券业协会履行下列职责:

(一)协助证券监督管理机构教育和组织会员执行证券法律、行政法规;

(二)依法维护会员的合法权益,向证券监督管理机构反映会员的建议和要求;

(三)收集整理证券信息,为会员提供服务;

(四)制定会员应遵守的规则,组织会员单位的从业人员的业务培训,开展会员间的业务交流;

（五）对会员之间、会员与客户之间发生的纠纷进行调解；

（六）组织会员就证券业的发展、运作及有关内容进行研究；

（七）监督、检查会员行为，对违反法律、行政法规或者协会章程的，按照规定给予纪律处分；

（八）国务院证券监督管理机构赋予的其他职责。

第一百六十五条 证券业协会设理事会。理事会成员依章程的规定由选举产生。

第十章 证券监督管理机构

第一百六十六条 国务院证券监督管理机构依法对证券市场实行监督管理，维护证券市场秩序，保障其合法运行。

第一百六十七条 国务院证券监督管理机构在对证券市场实施监督管理中履行下列职责：

（一）依法制定有关证券市场监督管理的规章、规则，并依法行使审批或者核准权；

（二）依法对证券的发行、交易、登记、托管、结算，进行监督管理；

（三）依法对证券发行人、上市公司、证券交易所、证券公司、证券登记结算机构、证券投资基金管理机构、证券投资咨询机构、资信评估机构以及从事证券业务的律师事务所、会计师事务所、资产评估机构的证券业务活动，进行监督管理；

（四）依法制定从事证券业务人员的资格标准和行为准则，并监督实施；

（五）依法监督检查证券发行和交易的信息公开情况；

（六）依法对证券业协会的活动进行指导和监督；

（七）依法对违反证券市场监督管理法律、行政法规的行为进行查处；

（八）法律、行政法规规定的其他职责。

第一百六十八条 国务院证券监督管理机构依法履行职责，有权采取下列措施：

（一）进入违法行为发生场所调查取证；

（二）询问当事人和与被调查事件有关的单位和个人，要求其对与被调查事件有关的事项作出说明；

（三）查阅、复制当事人和与被调查事件有关的单位和个人的证券交易记录、登记过户记录、财务会计资料及其他相关文件和资料；对可能被转移或者隐匿的文件和资料，可以予以封存；

（四）查询当事人和与被调查事件有关的单位和个人的资金帐户、证券帐户，对有证据证明有转移或者隐匿违法资金、证券迹象的，可以申请司法机关予以冻结。

第一百六十九条 国务院证券监督管理机构工作人员依法履行职责，进行监督检查或者调查时，应当出示有关证件，并对知悉的有关单位和个人的商业秘密负有保密的义务。

第一百七十条 国务院证券监督管理机构工作人员必须忠于职守，依法办事，公正廉洁，不得利用自己的职务便利牟取不正当的利益。

第一百七十一条 国务院证券监督管理机构依法履行职责，被检查、调查的单位和个人应当配合，如实提供有关文件和资料，不得拒绝、阻碍和隐瞒。

第一百七十二条 国务院证券监督管理机构依法制定的规章、规则和监督管理工作制度应当公开。国务院证券监督管理机构依据调查结果，对证券违法行为作出的处罚决定，应当公开。

第一百七十三条 国务院证券监督管理机构依法履行职责，发现证券违法行为涉嫌犯罪的，应当将案件移送司法机关处理。

第一百七十四条 国务院证券监督管理机构的工作人员不得在被监管的机构中兼任职务。

第十一章 法律责任

第一百七十五条 未经法定的机关核准或者审批，擅自发行证券的，或者制作虚假的发行文件发行证券的，责令停止发行，退还所募资金和加算银行同期存款利息，并处以非法所募资金金额百分之一以上百分之五以下的罚款。对直接负责的主管人员和其他直接责任人员给予警告，并处以三万元以上三十万元以下的罚款。构成犯罪的，依法追究刑事责任。

第一百七十六条 证券公司承销或者代理买卖未经核准或者审批擅自发行的证券的，由证券监督管理机构予以取缔，没收违法所得，并处以违法所得一倍以上五倍以下的罚款。对直接负责的主管人员和其他直接责任人员给予警告，并处以三万元以上三十万元以下的罚款。构成犯罪的，依法追究刑事责任。

第一百七十七条 依照本法规定，经核准上市交易的证券，其发行人未按照有关规定披露信息，或者所披露的信息有虚假记载、误导性陈述或者有重大遗漏的，由证券监督管理机构责令改正，对发行人处以三十万元以上六十万元以下的罚款。对直接负责的主管人员和其他直接责任人员给予警告，并处以三万元以上三十万元以下的罚款。构成犯罪的，依法追究刑事责任。前款发行人未按期公告其上市文件或者报送有关报告的，由证券监督管理机构责令改正，对发行人处以五万元以上十万元以下的罚款。

第一百七十八条 非法开设证券交易场所的，由证券监督管理机构予以取缔，没收违法所得，并处以违法所得一倍以上五倍以下的罚款。没有违法所得的，处以十万元以上五十万元以下的罚款。对直接负责的主管人员和其他直接责任人员给予警告，并处以三万元以上三十万元以下的罚款。构成犯罪的，依法追究刑事责任。

第一百七十九条 未经批准并领取业务许可证，擅自设立证券公司经营证券业务的，由证券监督管理机构予以取缔，没收违法所得，并处以违法所得一倍以上五倍以下的罚款。没有违法所得的，处以三万元以上十万元以下的罚款。构成犯罪的，依法追究刑事责任。

第一百八十条 法律、行政法规规定禁止参与股票交易的人员，直接或者以化名、借他人名义持有、买卖股票的，责令依法处理非法持有的股票，没收违法所得，并处以所买卖股票等值以下的罚款；属于国家工作人员的，还应当依法给予行政处分。

第一百八十一条 证券交易所、证券公司、证券登记结算机构、证券交易服务机构的从业人员、证券业协会或者证券监督管理机构的工作人员，故意提供虚假资料，伪造、变造或者销毁交易记录，诱骗投资者买卖证券的，取消从业资格，并处以三万元以上五万元以下的罚款；属于国家工作人员的，还应当依法给予行政处分。构成犯罪的，依法追究刑事责任。

第一百八十二条 为股票的发行或者上市出具审计报告、资产评估报告或者法律意见书等文件的专业机构和人员，违反本法第三十九条的规定买卖股票的，责令依法处理非法获得的股票，没收违法所得，并处以所买卖的股票等值以下的罚款。

第一百八十三条 证券交易内幕信息的知情人员或者非法获取证券交易内幕信息的人员，在涉及证券的发行、交易或者其他对证券的价格有重大影响的信息尚未公开前，买入或者卖出该证券，或者泄露该信息或者建议他人买卖该证券的，责令依法处理非法获得的证券，没收违法所得，并处以违法所得一倍以上五倍以下或者非法买卖的证券等值以下的罚款。构成犯罪的，依法追究刑事责任。证券监督管理机构工作人员进行内幕交易的，从重处罚。

第一百八十四条 任何人违反本法第七十一条规定，操纵证券交易价格，或者制造证券交易的虚假价格或者证券交易量，获取不正当利益或者转嫁风险的，没收违法所得，并处以违法所得一倍以上五倍以下的罚款。构成犯罪的，依法追究刑事责任。

第一百八十五条 违反本法规定，挪用公款买卖证券的，没收违法所得，并处以违法所得一倍以上五倍以下的罚款；属于国家工作人员的，还应当依法给予行政处分。构成犯罪的,依法追究刑事责任。

第一百八十六条 证券公司违反本法规定,为客户卖出其帐户上未实有的证券或者为客户融资买入证券的,没收违法所得,并处以非法买卖证券等值的罚款。对直接负责的主管人员和其他直接责任人员给予警告,并处以三万元以上三十万元以下的罚款。构成犯罪的,依法追究刑事责任。

第一百八十七条 证券公司违反本法规定,当日接受客户委托或者自营买入证券又于当日将该证券再行卖出的,没收违法所得,并处以非法买卖证券成交金额百分之五以上百分之二十以下的罚款。

第一百八十八条 编造并且传播影响证券交易的虚假信息,扰乱证券交易市场的,处以三万元以上二十万元以下的罚款。构成犯罪的,依法追究刑事责任。

第一百八十九条 证券交易所、证券公司、证券登记结算机构、证券交易服务机构、社会中介机构及其从业人员,或者证券业协会、证券监督管理机构及其工作人员,在证券交易活动中作出虚假陈述或者信息误导的,责令改正,处以三万元以上二十万元以下的罚款;属于国家工作人员的,还应当依法给予行政处分。构成犯罪的,依法追究刑事责任。

第一百九十条 违反本法规定,法人以个人名义设立帐户买卖证券的,责令改正,没收违法所得,并处以违法所得一倍以上五倍以下的罚款;其直接负责的主管人员和其他直接责任人员属于国家工作人员的,依法给予行政处分。

第一百九十一条 综合类证券公司违反本法规定,假借他人名义或者以个人名义从事自营业务的,责令改正,没收违法所得,并处以违法所得一倍以上五倍以下的罚款;情节严重的,停止其自营业务。

第一百九十二条 证券公司违背客户的委托买卖证券、办理交易事项,以及其他违背客户真实意思表示,办理交易以外的其他事项,给客户造成损失的,依法承担赔偿责任,并处以一万元以上十万元以下的罚款。

第一百九十三条 证券公司、证券登记结算机构及其从业人员,未经客户的委托,买卖、挪用、出借客户帐户上的证券或者将客户的证券用于质押的,或者挪用客户帐户上的资金的,责令改正,没收违法所得,处以违法所得一倍以上五倍以下的罚款,并责令关闭或者吊销责任人员的从业资格证书。构成犯罪的,依法追究刑事责任。

第一百九十四条 证券公司经办经纪业务,接受客户的全权委托买卖证券的,或者对客户买卖证券的收益或者赔偿证券买卖的损失作出承诺的,责令改正,处以五万元以上二十万元以下的罚款。

第一百九十五条 违反上市公司收购的法定程序,利用上市公司收购谋取不正当收益的,责令改正,没收违法所得,并处以违法所得一倍以上五倍以下的罚款。

第一百九十六条 证券公司及其从业人员违反本法规定,私下接受客户委托买卖证券的,没收违法所得,并处以违法所得一倍以上五倍以下的罚款。

第一百九十七条 证券公司违反本法规定,未经批准经营非上市挂牌证券的交易的,责令改正,没收违法所得,并处以违法所得一倍以上五倍以下的罚款。

第一百九十八条 证券公司成立后,无正当理由超过三个月未开始营业的,或者开业后自行停业连续三个月以上的,由公司登记机关吊销其公司营业执照。

第一百九十九条 证券公司违反本法规定,超出业务许可范围经营证券业务的,责令改正,没收违法所得,并处以违法所得一倍以上五倍以下的罚款。情节严重的,责令关闭。

第二百条 证券公司同时经营证券经纪业务和证券自营业务,不依法分开办理,混合操作的,责令改正,没收违法所得,并处以违法所得一倍以上五倍以下的罚款;情节严重的,由证券监督管理机构撤销原核定的证券业务。

第二百零一条 提交虚假证明文件或者采取其他欺诈手段隐瞒重要事实骗取证券业务许可的,或者证券公司在证券交易中有严重违法行为,不再具备经营资格的,由证券监督管理机构取消其证券业务许可,并责令关闭。

第二百零二条 为证券的发行、上市或者证券交易活动出具审计报告、资产评估报告或者法律意见书等文件的专业机构,就其所应负责的内容弄虚作假的,没收违法所得,并处以违法所得一倍以上五倍以下的罚款,并由有关主管部门责令该机构停业,吊销直接责任人员的资格证书。造成损失的,承担连带赔偿责任。构成犯罪的,依法追究刑事责任。

第二百零三条 未经证券监督管理机构批准,擅自设立证券登记结算机构或者证券交易服务机构的,由证券监督管理机构予以取缔,没收违法所得,并处以违法所得一倍以上五倍以下的罚款。证券登记结算机构和证券交易服务机构违反本法规定或者证券监督管理机构统一制定的业务规则的,由证券监督管理机构责令改正,没收违法所得,并处以违法所得一倍以上五倍以下的罚款。情节严重的,责令关闭。

第二百零四条 证券监督管理机构对不符合本法规定的证券发行、上市的申请予以核准,或者对不符合本法规定条件的设立证券公司、证券登记结算机构或者证券交易服务机构的申请予以批准,情节严重的,对直接负责的主管人员和其他直接责任人员,依法给予行政处分。构成犯罪的,依法追究刑事责任。

第二百零五条 证券监督管理机构的工作人员和发行审核委员会的组成人员,不履行本法规定的职责,徇私舞弊、玩忽职守或者故意刁难有关当事人的,依法给予行政处分。构成犯罪的,依法追究刑事责任

第二百零六条 违反本法规定,发行、承销公司债券的,由国务院授权的部门依照本法第一百七十五条、第一百七十六条、第二百零二条的规定予以处罚。

第二百零七条 违反本法规定,应当承担民事赔偿责任和缴纳罚款、罚金,其财产不足以同时支付时,先承担民事赔偿责任。

第二百零八条 以暴力、威胁方法阻碍证券监督管理机构依法行使监督检查职权的,依法追究刑事责任;拒绝、阻碍证券监督管理机构及其工作人员依法行使监督检查职权未使用暴力、威胁方法的,依照治安管理处罚条例的规定进行处罚。

第二百零九条 依照本法对证券发行、交易违法行为没收的违法所得和罚款,全部上缴国库。

第二百一十条 当事人对证券监督管理机构或者国务院授权的部门处罚决定不服的,可以依法申请复议,或者依法直接向人民法院提起诉讼。

第十二章　附　则

第二百一十一条 本法施行前依照行政法规已批准在证券交易所上市交易的证券继续依法进行交易。本法施行前依照行政法规和国务院金融行政管理部门的规定经批准设立的证券经营机构,不完全符合本法规定的,应当在规定的限期内达到本法规定的要求。具体实施办法,由国务院另行规定。

第二百一十二条 本法关于客户交易结算资金的规定的实施步骤,由国务院另行规定。

第二百一十三条 境内公司股票供境外人士、机构以外币认购和交易的,具体办法由国务院另行规定。

第二百一十四条 本法自1999年7月1日起施行。

中华人民共和国信托法

（2001 年 4 月 28 日第九届全国人民代表大会常务委员会第二十一次会议通过）

第一章 总 则

第一条 为了调整信托关系，规范信托行为，保护信托当事人的合法权益，促进信托事业的健康发展，制定本法。

第二条 本法所称信托，是指委托人基于对受托人的信任，将其财产权委托给受托人，由受托人按委托人的意愿以自己的名义，为受益人的利益或者特定目的，进行管理或者处分的行为。

第三条 委托人、受托人、受益人（以下统称信托当事人）在中华人民共和国境内进行民事、营业、公益信托活动，适用本法。

第四条 受托人采取信托机构形式从事信托活动，其组织和管理由国务院制定具体办法。

第五条 信托当事人进行信托活动，必须遵守法律、行政法规，遵循自愿、公平和诚实信用原则，不得损害国家利益和社会公共利益。

第二章 信托的设立

第六条 设立信托，必须有合法的信托目的。

第七条 设立信托，必须有确定的信托财产，并且该信托财产必须是委托人合法所有的财产。

本法所称财产包括合法的财产权利。

第八条 设立信托，应当采取书面形式。

书面形式包括信托合同、遗嘱或者法律、行政法规规定的其他书面文件等。

采取信托合同形式设立信托的，信托合同签订时，信托成立。采取其他书面形式设立信托的，受托人承诺信托时，信托成立。

第九条 设立信托，其书面文件应当载明下列事项：

（一）信托目的；

（二）委托人、受托人的姓名或者名称、住所；

（三）受益人或者受益人范围；

（四）信托财产的范围、种类及状况；

（五）受益人取得信托利益的形式、方法。

除前款所列事项外，可以载明信托期限、信托财产的管理方法、受托人的报酬、新受托人的选任方式、信托终止事由等事项。

第十条 设立信托，对于信托财产，有关法律、行政法规规定应当办理登记手续的，应当依法办理信托登记。

未依照前款规定办理信托登记的，应当补办登记手续；不补办的，该信托不产生效力。

第十一条 有下列情形之一的，信托无效：

（一）信托目的违反法律、行政法规或者损害社会公共利益；

（二）信托财产不能确定；

（三）委托人以非法财产或者本法规定不得设立信托的财产设立信托；

（四）专以诉讼或者讨债为目的设立信托；

（五）受益人或者受益人范围不能确定；

（六）法律、行政法规规定的其他情形。

第十二条 委托人设立信托损害其债权人利益的，债权人有权申请人民法院撤销该信托。

人民法院依照前款规定撤销信托的，不影响善意受益人已经取得的信托利益。

本条第一款规定的申请权，自债权人知道或者应当知道撤销原因之日起一年内不行使的，归于消灭。

第十三条 设立遗嘱信托，应当遵守继承法关于遗嘱的规定。

遗嘱指定的人拒绝或者无能力担任受托人的，由受益人另行选任受托人；受益人为无民事行为能力人或者限制民事行为能力人的，依法由其监护人代行选任。遗嘱对选任受托人另有规定的，从其规定。

第三章 信托财产

第十四条 受托人因承诺信托而取得的财产是信托财产。

受托人因信托财产的管理运用、处分或者其他情形而取得的财产，也归入信托财产。

法律、行政法规禁止流通的财产，不得作为信托财产。

法律、行政法规限制流通的财产，依法经有关主管部门批准后，可以作为信托财产。

第十五条 信托财产与委托人未设立信托的其他财产相区别。设立信托后，委托人死亡或者依法解散、被依法撤销、被宣告破产时，委托人是唯一受益人的，信托终止，信托财产作为其遗产或者清算财产；委托人不是唯一受益人的，信托存续，信托财产不作为其遗产或者清算财产；但作为共同受益人的委托人死亡或者依法解散、被依法撤销、被宣告破产时，其信托受益权作为其遗产或者清算财产。

第十六条 信托财产与属于受托人所有的财产（以下简称固有财产）相区别，不得归入受托人的固有财产或者成为固有财产的一部分。

受托人死亡或者依法解散、被依法撤销、被宣告破产而终止，信托财产不属于其遗产或者清算财产。

第十七条 除因下列情形之一外，对信托财产不得强制执行：

（一）设立信托前债权人已对该信托财产享有优先受偿的权利，并依法行使该权利的；

（二）受托人处理信托事务所产生债务，债权人要求清偿该债务的；

（三）信托财产本身应担负的税款；

（四）法律规定的其他情形。

对于违反前款规定而强制执行信托财产，委托人、受托人或者受益人有权向人民法院提出异议。

第十八条 受托人管理运用、处分信托财产所产生的债权，不得与其固有财产产生的债务相抵销。

受托人管理运用、处分不同委托人的信托财产所产生的债权债务，不得相互抵销。

第四章 信托当事人

第一节 委托人

第十九条 委托人应当是具有完全民事行为能力的自然人、法人或者依法成立的其他组织。

第二十条 委托人有权了解其信托财产的管理运用、处分及收支情况，并有权要求受托人作出说明。

委托人有权查阅、抄录或者复制与其信托财产有关的信托帐目以及处理信托事务的其他文件。

第二十一条 因设立信托时未能预见的特别事由，致使信托财产的管理方法不利于实现信托目的或者不符合受益人的利益时，委托人有权要求受托人调整该信托财产的管理方法。

第二十二条 受托人违反信托目的处分信托财产或者因违背管理职责、处理信托事务不当致使信托财产受到损失的，委托人有权申请人民法院撤销该处分行为，并有权要求受托人恢复信托财产的原状或者予以赔偿；该信托财产的受让人明知是违反信托目的而接受该财产的，应当予以返还或者予以赔偿。

前款规定的申请权,自委托人知道或者应当知道撤销原因之日起一年内不行使的,归于消灭。

第二十三条 受托人违反信托目的处分信托财产或者管理运用、处分信托财产有重大过失的,委托人有权依照信托文件的规定解任受托人,或者申请人民法院解任受托人。

第二节 受托人

第二十四条 受托人应当是具有完全民事行为能力的自然人、法人。

法律、行政法规对受托人的条 件另有规定的,从其规定。

第二十五条 受托人应当遵守信托文件的规定,为受益人的最大利益处理信托事务。

受托人管理信托财产,必须恪尽职守,履行诚实、信用、谨慎、有效管理的义务。

第二十六条 受托人除依照本法规定取得报酬外,不得利用信托财产为自己谋取利益。

受托人违反前款规定,利用信托财产为自己谋取利益的,所得利益归入信托财产。

第二十七条 受托人不得将信托财产转为其固有财产。受托人将信托财产转为其固有财产的,必须恢复该信托财产的原状;造成信托财产损失的,应当承担赔偿责任。

第二十八条 受托人不得将其固有财产与信托财产进行交易或者将不同委托人的信托财产进行相互交易,但信托文件另有规定或者经委托人或者受益人同意,并以公平的市场价格进行交易的除外。

受托人违反前款规定,造成信托财产损失的,应当承担赔偿责任。

第二十九条 受托人必须将信托财产与其固有财产分别管理、分别记帐,并将不同委托人的信托财产分别管理、分别记帐。

第三十条 受托人应当自己处理信托事务,但信托文件另有规定或者有不得已事由的,可以委托他人代为处理。

受托人依法将信托事务委托他人代理的,应当对他人处理信托事务的行为承担责任。

第三十一条 同一信托的受托人有两个以上的,为共同受托人。

共同受托人应当共同处理信托事务,但信托文件规定对某些具体事务由受托人分别处理的,从其规定。

共同受托人共同处理信托事务,意见不一致时,按信托文件规定处理;信托文件未规定的,由委托人、受益人或者其利害关系人决定。

第三十二条 共同受托人处理信托事务对第三人所负债务,应当承担连带清偿责任。第三人对共同受托人之一所作的意思表示,对其他受托人同样有效。

共同受托人之一违反信托目的处分信托财产或者因违背管理职责、处理信托事务不当致使信托财产受到损失的,其他受托人应当承担连带赔偿责任。

第三十三条 受托人必须保存处理信托事务的完整记录。

受托人应当每年定期将信托财产的管理运用、处分及收支情况,报告委托人和受益人。

受托人对委托人、受益人以及处理信托事务的情况和资料负有依法保密的义务。

第三十四条 受托人以信托财产为限向受益人承担支付信托利益的义务。

第三十五条 受托人有权依照信托文件的约定取得报酬。信托文件未作事先约定的,经信托当事人协商同意,可以作出补充约定;未作事先约定和补充约定的,不得收取报酬。

约定的报酬经信托当事人协商同意,可以增减其数额。

第三十六条 受托人违反信托目的处分信托财产或者因违背管理职责、处理信托事务不当致使信托财产受到损失的,在未恢复信托财产的原状或者未予赔偿前,不得请求给付报酬。

第三十七条 受托人因处理信托事务所支出的费用、对第三人所负债务,以信托财产承担。受托人以其固有财产先行支付的,对信托财产享有优先受偿的权利。

受托人违背管理职责或者处理信托事务不当对第三人所负债务或者自己所受到的损失,以其固有财产承担。

第三十八条 设立信托后,经委托人和受益人同意,受托人可以辞任。本法对公益信托的受托人辞任另有规定的,从其规定。

受托人辞任的,在新受托人选出前仍应履行管理信托事务的职责。

第三十九条 受托人有下列情形之一的,其职责终止:

(一)死亡或者被依法宣告死亡;

(二)被依法宣告为无民事行为能力人或者限制民事行为能力人;

(三)被依法撤销或者被宣告破产;

(四)依法解散或者法定资格丧失;

(五)辞任或者被解任;

(六)法律、行政法规规定的其他情形。

受托人职责终止时,其继承人或者遗产管理人、监护人、清算人应当妥善保管信托财产,协助新受托人接管信托事务。

第四十条 受托人职责终止的,依照信托文件规定选任新受托人;信托文件未规定的,由委托人选任;委托人不指定或者无能力指定的,由受益人选任;受益人为无民事行为能力人或者限制民事行为能力人的,依法由其监护人代行选任。

原受托人处理信托事务的权利和义务,由新受托人承继。

第四十一条 受托人有本法第三十九条 第一款第(三)项至第(六)项所列情形之一,职责终止的,应当作出处理信托事务的报告,并向新受托人办理信托财产和信托事务的移交手续。

前款报告经委托人或者受益人认可,原受托人就报告中所列事项解除责任。但原受托人有不正当行为的除外。

第四十二条 共同受托人之一职责终止的,信托财产由其他受托人管理和处分。

第三节 受益人

第四十三条 受益人是在信托中享有信托受益权的人。受益人可以是自然人、法人或者依法成立的其他组织。

委托人可以是受益人,也可以是同一信托的唯一受益人。

受托人可以是受益人,但不得是同一信托的唯一受益人。

第四十四条 受益人自信托生效之日起享有信托受益权。信托文件另有规定的,从其规定。

第四十五条 共同受益人按照信托文件的规定享受信托利益。信托文件对信托利益的分配比例或者分配方法未作规定的,各受益人按照均等的比例享受信托利益。

第四十六条 受益人可以放弃信托受益权。

全体受益人放弃信托受益权的,信托终止。

部分受益人放弃信托受益权的,被放弃的信托受益权按下列顺序确定归属:

(一)信托文件规定的人;

(二)其他受益人;

(三)委托人或者其继承人。

第四十七条 受益人不能清偿到期债务的,其信托受益权可以用于清偿债务,但法律、行政法规以及信托文件有限制性规定的除外。

第四十八条 受益人的信托受益权可以依法转让和继承,但信托文件有限制性规定的除外。

第四十九条 受益人可以行使本法第二十条 至第二十三条 规定的委托人享有的权利。受益人行使上述权利,与委托人意见不一致时,可以申请人民法院作出裁定。

受托人有本法第二十二条 第一款所列行为，共同受益人之一申请人民法院撤销该处分行为的，人民法院所作出的撤销裁定，对全体共同受益人有效。

第五章 信托的变更与终止

第五十条 委托人是唯一受益人的，委托人或者其继承人可以解除信托。信托文件另有规定的，从其规定。

第五十一条 设立信托后，有下列情形之一的，委托人可以变更受益人或者处分受益人的信托受益权：

(一)受益人对委托人有重大侵权行为；

(二)受益人对其他共同受益人有重大侵权行为；

(三)经受益人同意；

(四)信托文件规定的其他情形。

有前款第(一)项、第(三)项、第(四)项所列情形之一的，委托人可以解除信托。

第五十二条 信托不因委托人或者受托人的死亡、丧失民事行为能力、依法解散、被依法撤销或者被宣告破产而终止，也不因受托人的辞任而终止。但本法或者信托文件另有规定的除外。

第五十三条 有下列情形之一的，信托终止：

(一)信托文件规定的终止事由发生；

(二)信托的存续违反信托目的；

(三)信托目的已经实现或者不能实现；

(四)信托当事人协商同意；

(五)信托被撤销；

(六)信托被解除。

第五十四条 信托终止的，信托财产归属于信托文件规定的人；信托文件未规定的，按下列顺序确定归属：

(一)受益人或者其继承人；

(二)委托人或者其继承人。

第五十五条 依照前条 规定，信托财产的归属确定后，在该信托财产转移给权利归属人的过程中，信托视为存续，权利归属人视为受益人。

第五十六条 信托终止后，人民法院依据本法第十七条 的规定对原信托财产进行强制执行的，以权利归属人为被执行人。

第五十七条 信托终止后，受托人依照本法规定行使请求给付报酬、从信托财产中获得补偿的权利时，可以留置信托财产或者对信托财产的权利归属人提出请求。

第五十八条 信托终止的，受托人应当作出处理信托事务的清算报告。受益人或者信托财产的权利归属人对清算报告无异议的，受托人就清算报告所列事项解除责任。但受托人有不正当行为的除外。

第六章 公益信托

第五十九条 公益信托适用本章规定。本章未规定的，适用本法及其他相关法律的规定。

第六十条 为了下列公共利益目的之一而设立的信托，属于公益信托：

(一)救济贫困；

(二)救助灾民；

(三)扶助残疾人；

(四)发展教育、科技、文化、艺术、体育事业；

(五)发展医疗卫生事业；

(六)发展环境保护事业，维护生态环境；

(七)发展其他社会公益事业。

第六十一条 国家鼓励发展公益信托。

第六十二条 公益信托的设立和确定其受托人，应当经有关公益事业的管理机构(以下简称公益事业管理机构)批准。

未经公益事业管理机构的批准，不得以公益信托的名义进行活动。

公益事业管理机构对于公益信托活动应当给予支持。

第六十三条 公益信托的信托财产及其收益，不得用于非公益目的。

第六十四条 公益信托应当设置信托监察人。

信托监察人由信托文件规定。信托文件未规定的，由公益事业管理机构指定。

第六十五条 信托监察人有权以自己的名义，为维护受益人的利益，提起诉讼或者实施其他法律行为。

第六十六条 公益信托的受托人未经公益事业管理机构批准，不得辞任。

第六十七条 公益事业管理机构应当检查受托人处理公益信托事务的情况及财产状况。

受托人应当至少每年一次作出信托事务处理情况及财产状况报告，经信托监察人认可后，报公益事业管理机构核准，并由受托人予以公告。

第六十八条 公益信托的受托人违反信托义务或者无能力履行其职责的，由公益事业管理机构变更受托人。

第六十九条 公益信托成立后，发生设立信托时不能预见的情形，公益事业管理机构可以根据信托目的，变更信托文件中的有关条 款。

第七十条 公益信托终止的，受托人应当于终止事由发生之日起十五日内，将终止事由和终止日期报告公益事业管理机构。

第七十一条 公益信托终止的，受托人作出的处理信托事务的清算报告，应当经信托监察人认可后，报公益事业管理机构核准，并由受托人予以公告。

第七十二条 公益信托终止，没有信托财产权利归属人或者信托财产权利归属人是不特定的社会公众的，经公益事业管理机构批准，受托人应当将信托财产用于与原公益目的相近似的目的，或者将信托财产转移给具有近似目的的公益组织或者其他公益信托。

第七十三条 公益事业管理机构违反本法规定的，委托人、受托人或者受益人有权向人民法院起诉。

第七章 附 则

第七十四条 本法自 2001 年 10 月 1 日起施行。

中华人民共和国中外合资经营企业法

(1979年7月1日第五届全国人民代表大会第二次会议通过),根据1990年4月4日第七届全国人民代表大会第三次会议《关于修改〈中华人民共和国中外合资经营企业法〉的决定》修正

根据2001年3月15日第九届全国人民代表大会第四次会议《关于修改〈中华人民共和国中外合资经营企业法〉的决定》第二次修正)

第一条 中华人民共和国为了扩大国际经济合作和技术交流,允许外国公司、企业和其它经济组织或个人(以下简称外国合营者),按照平等互利的原则,经中国政府批准,在中华人民共和国境内,同中国的公司、企业或其它经济组织(以下简称中国合营者)共同举办合营企业。

第二条 中国政府依法保护外国合营者按照经中国政府批准的协议、合同、章程在合营企业的投资、应分得的利润和其它合法权益。

合营企业的一切活动应遵守中华人民共和国法律、法规的规定。

国家对合营企业不实行国有化和征收;在特殊情况下,根据社会公共利益的需要,对合营企业可以依照法律程序实行征收,并给予相应的补偿。

第三条 合营各方签订的合营协议、合同、章程,应报国家对外经济贸易主管部门(以下称审查批准机关)审查批准。审查批准机关应在三个月内决定批准或不批准。合营企业经批准后,向国家工商行政管理主管部门登记,领取营业执照,开始营业。

第四条 合营企业的形式为有限责任公司。

在合营企业的注册资本中,外国合营者的投资比例一般不低于百分之二十五。

合营各方按注册资本比例分享利润和分担风险及亏损。

合营者的注册资本如果转让必须经合营各方同意。

第五条 合营企业各方可以现金、实物、工业产权等进行投资。

外国合营者作为投资的技术和设备,必须确实是适合我国需要的先进技术和设备。如果有意以落后的技术和设备进行欺骗,造成损失的,应赔偿损失。

中国合营者的投资可包括为合营企业经营期间提供的场地使用权。如果场地使用权未作为中国合营者投资的一部分,合营企业应向中国政府缴纳使用费。

上述各项投资应在合营企业的合同和章程中加以规定,其价格(场地除外)由合营各方评议商定。

第六条 合营企业设董事会,其人数组成由合营各方协商,在合同、章程中确定,并由合营各方委派和撤换。董事长和副董事长由合营各方协商确定或由董事会选举产生。中外合营者的一方担任董事长的,由他方担任副董事长。董事会根据平等互利的原则,决定合营企业的重大问题。

董事会的职权是按合营企业章程规定,讨论决定合营企业的一切重大问题:企业发展规划、生产经营活动方案、收支预算、利润分配、劳动工资计划、停业,以及总经理、副总经理、总工程师、总会计师、审计师的任命或聘请及其职权和待遇等。

正副总经理(或正副厂长)由合营各方分别担任。

合营企业职工的录用、辞退、报酬、福利、劳动保护、劳动保险等事项,应当依法通过订立合同加以规定。

第七条 合营企业的职工依法建立工会组织,开展工会活动,维护职工的合法权益。

合营企业应当为本企业工会提供必要的活动条件。

第八条 合营企业获得的毛利润,按中华人民共和国税法规定缴纳合营企业所得税后,扣除合营企业章程规定的储备基金、职工奖励及福利基金、企业发展基金,净利润根据合营各方注册资本的比例进行分配。

合营企业依照国家有关税收的法律和行政法规的规定,可以享受减税、免税的优惠待遇。

外国合营者将分得的净利润用于在中国境内再投资时,可申请退还已缴纳的部分所得税。

第九条 合营企业应凭营业执照在国家外汇管理机关允许经营外汇业务的银行或其它金融机构开立外汇帐户。

合营企业的有关外汇事宜,应遵照中华人民共和国外汇管理条例办理。

合营企业在其经营活动中,可直接向外国银行筹措资金。

合营企业的各项保险应向中国境内的保险公司投保。

第十条 合营企业在批准的经营范围内所需的原材料、燃料等物资,按照公平、合理的原则,可以在国内市场或者在国际市场购买。

鼓励合营企业向中国境外销售产品。出口产品可由合营企业直接或与其有关的委托机构向国外市场出售,也可通过中国的外贸机构出售。合营企业产品也可在中国市场销售。

合营企业需要时可在中国境外设立分支机构。

第十一条 外国合营者在履行法律和协议、合同规定的义务后分得的净利润,在合营企业期满或者中止时所分得的资金以及其它资金,可按合营企业合同规定的货币,按外汇管理条例汇往国外。

鼓励外国合营者将可汇出的外汇存入中国银行。

第十二条 合营企业的外籍职工的工资收入和其它正当收入,按中华人民共和国税法缴纳个人所得税后,可按外汇管理条例汇往国外。

第十三条 合营企业的合营期限,按不同行业、不同情况,作不同的约定。有的行业的合营企业,应当约定合营期限;有的行业的合营企业,可以约定合营期限,也可以不约定合营期限。约定合营期限的合营企业,合营各方同意延长合营期限的,应在距合营期满六个月前向审查批准机关提出申请。审查批准机关应自接到申请之日起一个月内决定批准或不批准。

第十四条 合营企业如发生严重亏损、一方不履行合同和章程规定的义务、不可抗力等,经合营各方协商同意,报请审查批准机关批准,并向国家工商行政管理主管部门登记,可终止合同。如果因违反合同而造成损失的,应由违反合同的一方承担经济责任。

第十五条 合营各方发生纠纷,董事会不能协商解决时,由中国仲裁机构进行调解或仲裁,也可由合营各方协议在其它仲裁机构仲裁。

合营各方没有在合同中订有仲裁条款的或者事后没有达成书面仲裁协议的,可以向人民法院起诉。

第十六条 本法自公布之日起生效。

中华人民共和国外资保险公司管理条例

第一章 总 则

第一条 为了适应对外开放和经济发展的需要,加强和完善对外资保险公司的监督管理,促进保险业的健康发展,制定本条例。

第二条 本条例所称外资保险公司,是指依照中华人民共和国有关法律、行政法规的规定,经批准在中国境内设立和营业的下列保险公司:

(一)外国保险公司同中国的公司、企业在中国境内合资经营的保险公司(以下简称合资保险公司);

(二)外国保险公司在中国境内投资经营的外国资本保险公司(以下简称独资保险公司);

(三)外国保险公司在中国境内的分公司(以下简称外国保险公司分公司)。

第三条 外资保险公司必须遵守中国法律、法规,不得损害中国的社会公共利益。

外资保险公司的正当业务活动和合法权益受中国法律保护。

第四条 中国保险监督管理委员会(以下简称中国保监会)负责对外资保险公司实施监督管理。中国保监会的派出机构根据中国保监会的授权,对本辖区的外资保险公司进行日常监督管理。

第二章 设立与登记

第五条 设立外资保险公司,应当经中国保监会批准。设立外资保险公司的地区,由中国保监会按照有关规定确定。

第六条 设立经营人身保险业务的外资保险公司和经营财产保险业务的外资保险公司,其设立形式、外资比例由中国保监会按照有关规定确定。

第七条 合资保险公司、独资保险公司的注册资本最低限额为2亿元人民币或者其等值的自由兑换货币;其注册资本最低限额必须为实缴货币资本。外国保险公司的出资,应当为自由兑换货币。

外国保险公司分公司应当由其总公司无偿拨给不少于2亿元人民币等值的自由兑换货币的营运资金。

中国保监会根据外资保险公司业务范围、经营规模,可以提高前两款规定的外资保险公司注册资本或者营运资金的最低限额。

第八条 申请设立外资保险公司的外国保险公司,应当具备下列条件:

(一)经营保险业务30年以上;

(二)在中国境内已经设立代表机构2年以上;

(三)提出设立申请前1年年末总资产不少于50亿美元;

(四)所在国家或者地区有完善的保险监管制度,并且该外国保险公司已经受到所在国家或者地区有关主管当局的有效监管;

(五)符合所在国家或者地区偿付能力标准;

(六)所在国家或者地区有关主管当局同意其申请;

(七)中国保监会规定的其他审慎性条件。

第九条 设立外资保险公司,申请人应当向中国保监会提出书面申请,并提交下列资料:

(一)申请人法定代表人签署的申请书,其中设立合资保险公司的,申请书由合资各方法定代表人共同签署;

(二)外国申请人所在国家或者地区有关主管当局核发的营业执照(副本)、对其符合偿付能力标准的证明及对其申请的意见书;

(三)外国申请人的公司章程、最近3年的年报;

(四)设立合资保险公司的,中国申请人的有关资料;

(五)拟设公司的可行性研究报告及筹建方案;

(六)拟设公司的筹建负责人员名单、简历和任职资格证明;

(七)中国保监会规定提供的其他资料。

第十条 中国保监会应当对设立外资保险公司的申请进行初步审查,自收到完整的申请文件之日起6个月内作出受理或者不受理的决定。决定受理的,发给正式申请表;决定不受理的,应当书面通知申请人并说明理由。

第十一条 申请人应当自接到正式申请表之日起1年内完成筹建工作;在规定的期限内未完成筹建工作,有正当理由的,经中国保监会批准,可以延长3个月。在延长期内仍未完成筹建工作的,中国保监会作出的受理决定自动失效。筹建工作完成后,申请人应当将填写好的申请表连同下列文件报中国保监会审批:

(一)筹建报告;

(二)拟设公司的章程;

(三)拟设公司的出资人及其出资额;

(四)法定验资机构出具的验资证明;

(五)对拟任该公司主要负责人的授权书;

(六)拟设公司的高级管理人员名单、简历和任职资格证明;

(七)拟设公司未来3年的经营规划和分保方案;

(八)拟在中国境内开办保险险种的保险条款、保险费率及责任准备金的计算说明书;

(九)拟设公司的营业场所和与业务有关的其他设施的资料;

(十)设立外国保险公司分公司的,其总公司对该分公司承担税务、债务的责任担保书;

(十一)设立合资保险公司的,其合资经营合同;

(十二)中国保监会规定提供的其他文件。

第十二条 中国保监会应当自收到设立外资保险公司完整的正式申请文件之日起60日内,作出批准或者不批准的决定。决定批准的,颁发经营保险业务许可证;决定不批准的,应当书面通知申请人并说明理由。

经批准设立外资保险公司的,申请人凭经营保险业务许可证向工商行政管理机关办理登记,领取营业执照。

第十三条 外资保险公司成立后,应当按照其注册资本或者营运资金总额的20%提取保证金,存入中国保监会指定的银行;保证金除外资保险公司清算时用于清偿债务外,不得动用。

第十四条 外资保险公司在中国境内设立分支机构,由中国保监会按照有关规定审核批准。

第三章 业务范围

第十五条 外资保险公司按照中国保监会核定的业务范围,可以全部或者部分依法经营下列种类的保险业务:

(一)财产保险业务,包括财产损失保险、责任保险、信用保险等保险业务;

(二)人身保险业务,包括人寿保险、健康保险、意外伤害保险等保险业务。

外资保险公司经中国保监会按照有关规定核定,可以在核定的范围内经营大型商业风险保险业务、统括保单保险业务。

第十六条 同一外资保险公司不得同时兼营财产保险业务和人身保险业务。

第十七条 外资保险公司可以依法经营本条例第十五条规定的保

险业务的下列再保险业务：

(一)分出保险；

(二)分入保险。

第十八条 外资保险公司的具体业务范围、业务地域范围和服务对象范围，由中国保监会按照有关规定核定。

外资保险公司只能在核定的范围内从事保险业务活动。

第四章 监督管理

第十九条 中国保监会有权检查外资保险公司的业务状况、财务状况及资金运用状况，有权要求外资保险公司在规定的期限内提供有关文件、资料和书面报告，有权对违法违规行为依法进行处罚、处理。

外资保险公司应当接受中国保监会依法进行的监督检查，如实提供有关文件、资料和书面报告，不得拒绝、阻碍、隐瞒。

第二十条 除经中国保监会批准外，外资保险公司不得与其关联企业从事下列交易活动：

(一)再保险的分出或者分入业务；

(二)资产买卖或者其他交易。

前款所称关联企业，是指与外资保险公司有下列关系之一的企业：

(一)在股份、出资方面存在控制关系；

(二)在股份、出资方面同为第三人所控制；

(三)在利益上具有其他相关联的关系。

第二十一条 外国保险公司分公司应当于每一会计年度终了后3个月内，将该分公司及其总公司上一年度的财务会计报告报送中国保监会，并予公布。

第二十二条 外国保险公司分公司的总公司有下列情形之一的，该分公司应当自各该情形发生之日起10日内，将有关情况向中国保监会提交书面报告：

(一)变更名称、主要负责人或者注册地；

(二)变更资本金；

(三)变更持有资本总额或者股份总额10%以上的股东；

(四)调整业务范围；

(五)受到所在国家或者地区有关主管当局处罚；

(六)发生重大亏损；

(七)分立、合并、解散、依法被撤销或者被宣告破产；

(八)中国保监会规定的其他情形。

第二十三条 外国保险公司分公司的总公司解散、依法被撤销或者被宣告破产的，中国保监会应当停止该分公司开展新业务。

第二十四条 外资保险公司经营外汇保险业务的，应当遵守国家有关外汇管理的规定。

除经国家外汇管理机关批准外，外资保险公司在中国境内经营保险业务的，应当以人民币计价结算。

第二十五条 本条例规定向中国保监会提交、报送文件、资料和书面报告的，应当提供中文本。

第五章 终止与清算

第二十六条 外资保险公司因分立、合并或者公司章程规定的解散事由出现，经中国保监会批准后解散。外资保险公司解散的，应当依法成立清算组，进行清算。

经营人寿保险业务的外资保险公司，除分立、合并外，不得解散。

第二十七条 外资保险公司违反法律、行政法规，被中国保监会吊销经营保险业务许可证的，依法撤销，由中国保监会依法及时组织成立清算组进行清算。

第二十八条 外资保险公司因解散、依法被撤销而清算的，应当自清算组成立之日起60日内在报纸上至少公告3次。公告内容应当经中国保监会核准。

第二十九条 外资保险公司不能支付到期债务，经中国保监会同意，由人民法院依法宣告破产。外资保险公司被宣告破产的，由人民法院组织中国保监会等有关部门和有关人员成立清算组，进行清算。

第三十条 外资保险公司解散、依法被撤销或者被宣告破产的，未清偿债务前，不得将其财产转移至中国境外。

第六章 法律责任

第三十一条 违反本条例规定，擅自设立外资保险公司或者非法从事保险业务活动的，由中国保监会予以取缔；依照刑法关于擅自设立金融机构罪、非法经营罪或者其他罪的规定，依法追究刑事责任；尚不够刑事处罚的，由中国保监会没收违法所得，并处违法所得1倍以上5倍以下的罚款，没有违法所得或者违法所得不足20万元的，处20万元以上100万元以下的罚款。

第三十二条 外资保险公司违反本条例规定，超出核定的业务范围、业务地域范围或者服务对象范围从事保险业务活动的，依照刑法关于非法经营罪或者其他罪的规定，依法追究刑事责任；尚不够刑事处罚的，由中国保监会责令改正，责令退还收取的保险费，没收违法所得，并处违法所得1倍以上5倍以下的罚款，没有违法所得或者违法所得不足10万元的，处10万元以上50万元以下的罚款；逾期不改正或者造成严重后果的，责令限期停业或者吊销经营保险业务许可证。

第三十三条 外资保险公司违反本条例规定，有下列行为之一的，由中国保监会责令改正，处5万元以上30万元以下的罚款；情节严重的，可以责令停止接受新业务或者吊销经营保险业务许可证：

(一)未按照规定提存保证金或者违反规定动用保证金的；

(二)违反规定与其关联企业从事交易活动的；

(三)未按照规定补足注册资本或者营运资金的。

第三十四条 外资保险公司违反本条例规定，有下列行为之一的，由中国保监会责令限期改正；逾期不改正的，处1万元以上10万元以下的罚款：

(一)未按照规定提交、报送有关文件、资料和书面报告的；

(二)未按照规定公告的。

第三十五条 外资保险公司违反本条例规定，有下列行为之一的，由中国保监会处10万元以上50万元以下的罚款：

(一)提供虚假的文件、资料和书面报告的；

(二)拒绝或者阻碍依法监督检查的。

第三十六条 外资保险公司违反本条例规定，将其财产转移至中国境外的，由中国保监会责令转回转移的财产，处转移财产金额20%以上等值以下的罚款。

第三十七条 外资保险公司违反中国有关法律、行政法规和本条例规定的，中国保监会可以取消该外资保险公司高级管理人员一定期限直至终身在中国的任职资格。

第七章 附则

第三十八条 对外资保险公司的管理，本条例未作规定的，适用《中华人民共和国保险法》和其他有关法律、行政法规和国家其他有关规定。

第三十九条 香港特别行政区、澳门特别行政区和台湾地区的保险公司在内地设立和营业的保险公司，比照适用本条例。

第四十条 本条例自2002年2月1日起施行。

中华人民共和国外资金融机构管理条例

第一章 总 则

第一条 为了适应对外开放和经济发展的需要,加强和完善对外资金融机构的管理,促进银行业的稳健运行,制定本条例。

第二条 本条例所称外资金融机构,是指依照中华人民共和国有关法律、法规的规定,经批准在中国境内设立和营业的下列金融机构:

(一)总行在中国境内的外国资本的银行(以下简称独资银行);

(二)外国银行在中国境内的分行(以下简称外国银行分行);

(三)外国的金融机构同中国的公司、企业在中国境内合资经营的银行(以下简称合资银行);

(四)总公司在中国境内的外国资本的财务公司(以下简称独资财务公司);

(五)外国的金融机构同中国的公司、企业在中国境内合资经营的财务公司(以下简称合资财务公司)。

第三条 外资金融机构必须遵守中华人民共和国法律、法规,不得损害中华人民共和国的社会公共利益。

外资金融机构的正当经营活动和合法权益受中华人民共和国法律保护。

第四条 中国人民银行是管理和监督外资金融机构的主管机关;中国人民银行分支机构对本辖区外资金融机构进行日常监督管理。

第二章 设立与登记

第五条 独资银行、合资银行的注册资本最低限额为3亿元人民币等值的自由兑换货币。独资财务公司、合资财务公司的注册资本最低限额为2亿元人民币等值的自由兑换货币。注册资本应当是实缴资本。

外国银行分行应当由其总行无偿拨给不少于1亿元人民币等值的自由兑换货币的营运资金。

中国人民银行根据外资金融机构的业务范围和审慎监管的需要,可以提高其注册资本或者营运资金的最低限额,并规定其中的人民币份额。

第六条 设立独资银行或者独资财务公司,申请人应当具备下列条件:

(一)申请人为金融机构;

(二)申请人在中国境内已经设立代表机构2年以上;

(三)申请人提出设立申请前1年年末总资产不少于100亿美元;

(四)申请人所在国家或者地区有完善的金融监督管理制度,并且申请人受到所在国家或者地区有关主管当局的有效监管;

(五)申请人所在国家或者地区有关主管当局同意其申请;

(六)中国人民银行规定的其他审慎性条件。

第七条 设立外国银行分行,申请人应当具备下列条件:

(一)申请人在中国境内已经设立代表机构2年以上;

(二)申请人提出设立申请前1年年末总资产不少于200亿美元,并且资本充足率不低于8%;

(三)申请人所在国家或者地区有完善的金融监督管理制度,并且申请人受到所在国家或者地区有关主管当局的有效监管;

(四)申请人所在国家或者地区有关主管当局同意其申请;

(五)中国人民银行规定的其他审慎性条件。

第八条 设立合资银行或者合资财务公司,申请人应当具备下列条件:

(一)外国合资者为金融机构;

(二)外国合资者在中国境内已经设立代表机构;

(三)外国合资者提出设立申请前1年年末总资产不少于100亿美元;

(四)外国合资者所在国家或者地区有完善的金融监督管理制度,并且外国合资者受到所在国家或者地区有关主管当局的有效监管;

(五)外国合资者所在国家或者地区有关主管当局同意其申请;

(六)中国人民银行规定的其他审慎性条件。

第九条 设立独资银行或者独资财务公司,应当由申请人向中国人民银行提出书面申请,并提交下列资料:

(一)设立独资银行或者独资财务公司的申请书,其内容包括:拟设独资银行或者独资财务公司的名称,注册资本额,申请经营的业务种类等;

(二)可行性研究报告;

(三)拟设独资银行或者独资财务公司的章程;

(四)申请人所在国家或者地区有关主管当局核发的营业执照(副本)及对其申请的意见书;

(五)申请人最近3年的年报;

(六)中国人民银行要求提供的其他资料。

第十条 设立外国银行分行,应当由外国银行总行向中国人民银行提出书面申请,并提交下列资料:

(一)法定代表人签署的申请书,其内容包括:拟设外国银行分行的名称,总行无偿拨给的营运资金数额,申请经营的业务种类等;

(二)可行性研究报告;

(三)申请人所在国家或者地区有关主管当局核发的营业执照(副本)及对其申请的意见书;

(四)申请人最近3年的年报;

(五)中国人民银行要求提供的其他资料。

第十一条 设立合资银行或者合资财务公司,应当由合资各方共同向中国人民银行提出书面申请,并提交下列资料:

(一)设立合资银行或者合资财务公司的申请书,其内容包括:拟设合资银行或者合资财务公司的名称,合资各方名称,注册资本额,合资各方出资比例,申请经营的业务种类等;

(二)可行性研究报告;

(三)合资经营合同及拟设合资银行或者合资财务公司的章程;

(四)外国合资者所在国家或者地区有关主管当局核发的营业执照(副本)及对其申请的意见书;

(五)外国合资者最近3年的年报;

(六)中国合资者的有关资料;

(七)中国人民银行要求提供的其他资料。

第十二条 本条例第九条、第十条、第十一条所列资料,除年报外,凡用外文书写的,应当附有中文译本。

第十三条 中国人民银行应当对设立外资金融机构的申请进行初步审查,自收到完整的申请文件之日起6个月内作出受理或者不受理的决定。决定受理的,发给申请人正式申请表;决定不受理的,应当书面通知申请人并说明理由。

特殊情况下,中国人民银行不能在前款规定期限内完成初步审查并作出受理或者不受理决定的,可以适当延长,并告知申请人;但是,延长期限不得超过3个月。

第十四条 申请人应当自接到正式申请表之日起6个月内完成筹建工作;在规定期限内未完成筹建工作,有正当理由的,经中国人民银行批准,可以延长3个月。在延长期内仍未完成筹建工作的,中国人民银行作出的受理决定自动失效。筹建工作完成后,申请人应当将填写好的申请表连同下列文件报中国人民银行审批:

(一)拟设外资金融机构主要负责人名单及简历;

(二)对拟任该外资金融机构主要负责人的授权书;

(三)法定验资机构出具的验资证明;

(四)安全防范措施和与业务有关的其他设施的资料;

(五)设立外国银行分行的,其总行对该分行承担税务、债务的责任担保书;

(六)中国人民银行要求提供的其他文件。

第十五条 中国人民银行应当自收到设立外资金融机构完整的正式申请文件之日起2个月内,作出批准或者不批准的决定。决定批准的,颁发经营金融业务许可证;决定不批准的,应当书面通知申请人并说明理由。

第十六条 经批准设立外资金融机构的,申请人凭经营金融业务许可证向工商行政管理机关办理登记,领取营业执照。

第三章 业务范围

第十七条 独资银行、外国银行分行、合资银行按照中国人民银行批准的业务范围,可以部分或者全部依法经营下列种类的业务:

(一)吸收公众存款;

(二)发放短期、中期和长期贷款;

(三)办理票据承兑与贴现;

(四)买卖政府债券、金融债券,买卖股票以外的其他外币有价证券;

(五)提供信用证服务及担保;

(六)办理国内外结算;

(七)买卖、代理买卖外汇;

(八)从事外币兑换;

(九)从事同业拆借;

(十)从事银行卡业务;

(十一)提供保管箱服务;

(十二)提供资信调查和咨询服务;

(十三)经中国人民银行批准的其他业务。

第十八条 独资财务公司、合资财务公司按照中国人民银行批准的业务范围,可以部分或者全部依法经营下列种类的业务:

(一)吸收每笔不少于100万元人民币或者其等值的自由兑换货币,期限不少于3个月的存款;

(二)发放短期、中期和长期贷款;

(三)办理票据承兑与贴现;

(四)买卖政府债券、金融债券,买卖股票以外的其他外币有价证券;

(五)提供担保;

(六)买卖、代理买卖外汇;

(七)从事同业拆借;

(八)提供资信调查和咨询服务;

(九)提供外汇信托服务;

(十)经中国人民银行批准的其他业务。

第十九条 外资金融机构经营人民币业务的地域范围和服务对象范围,由中国人民银行按照有关规定核定。

第二十条 外资金融机构经营人民币业务,应当具备下列条件:

(一)提出申请前在中国境内开业3年以上;

(二)提出申请前2年连续盈利;

(三)中国人民银行规定的其他审慎性条件。

第二十一条 外资金融机构在中国人民银行批准的业务范围内,开办新的业务品种的,应当在开办之前向中国人民银行提出书面申请。中国人民银行应当自收到书面申请文件之日起60日内作出批准或者不批准的决定。中国人民银行作出不批准决定的,应当书面通知申请人并说明理由。

第四章 监督管理

第二十二条 外资金融机构的存款、贷款利率及各种手续费率,由外资金融机构按照中国人民银行的有关规定确定。

第二十三条 外资金融机构经营存款业务,应当向所在地区的中国人民银行分支机构缴存存款准备金,其比率由中国人民银行制定,并根据需要进行调整。

第二十四条 外国银行分行的营运资金的30%应当以中国人民银行指定的生息资产形式存在,包括在中国人民银行指定的银行的存款等。

第二十五条 独资银行、合资银行、独资财务公司、合资财务公司的资本充足率不得低于8%。

第二十六条 独资银行、合资银行、独资财务公司、合资财务公司对1个企业及其关联企业的授信余额,不得超过其资本的25%,但是经中国人民银行批准的除外。

第二十七条 独资银行、合资银行、独资财务公司、合资财务公司的固定资产不得超过其所有者权益的40%。

第二十八条 独资银行、合资银行、独资财务公司、合资财务公司资本中的人民币份额与其风险资产中的人民币份额的比例不得低于8%。

外国银行分行营运资金加准备金等之和中的人民币份额与其风险资产中的人民币份额的比例不得低于8%。

对前两款规定的比例,中国人民银行应当按照有关规定逐步调整。

第二十九条 外资金融机构应当确保其资产的流动性。流动性资产余额与流动性负债余额的比例不得低于25%。

第三十条 外资金融机构从中国境内吸收的外汇存款不得超过其境内外汇总资产的70%。

对前款规定的比例,中国人民银行应当按照有关规定逐步调整。

第三十一条 外资金融机构应当按照规定计提呆账(坏账)准备金。

第三十二条 外资金融机构应当聘用中国注册会计师,并经所在地区的中国人民银行分行认可。

第三十三条 外资金融机构有下列情况之一的,须经中国人民银行批准,并依法向工商行政管理机关办理有关登记:

(一)设立分支机构;

(二)调整、转让注册资本、追款、减少营运资本;

(三)变更机构名称或者营业场所;

(四)调整业务范围;(五)变更持有资本总额或者股份总额10%以上的股东;

（六）修改章程；

（七）更换高级管理人员；

（八）中国人民银行规定的其他情况。

第三十四条 外资金融机构应当按照规定向中国人民银行及其分支机构报送财务报表和有关资料。

第三十五条 中国人民银行及其分支机构有权定期或者随时检查、稽核外资金融机构的存款、贷款、结算、呆账等情况，有权要求外资金融机构在规定的期限内报送有关文件、资料和书面报告，有权对外资金融机构的违法违规行为依法进行处罚、处理。

第三十六条 中国人民银行及其分支机构有权要求外资金融机构按照规定制定业务规则，建立、健全业务管理、现金管理和安全防范制度。

第三十七条 外资金融机构应当接受中国人民银行及其分支机构依法进行的监督检查，如实报送有关文件、资料和书面报告，不得拒绝、阻碍、隐瞒。

第五章 解散与清算

第三十八条 外资金融机构自行终止业务活动，应当在距终止业务活动30日前以书面形式向中国人民银行提出申请，经中国人民银行审查批准后予以解散并进行清算。

第三十九条 外资金融机构无力清偿到期债务的，中国人民银行可以责令其停业，限期清理。在清理期限内，已恢复偿付能力、需要复业的，必须向中国人民银行提出复业申请；超过清理期限，仍未恢复偿付能力的，应当进行清算。

第四十条 外资金融机构因解散、依法被撤销或者宣告破产而终止的，其清算的具体事宜，参照中国有关法律、法规的规定办理。

第四十一条 外资金融机构清算终结，应当在法定期限内向原登记机关办理注销登记。

第六章 法律责任

第四十二条 未经中国人民银行批准，擅自设立外资金融机构或者非法从事金融业务活动的，由中国人民银行予以取缔；依照刑法关于擅自设立金融机构罪、非法吸收公众存款罪或者其他罪的规定，依法追究刑事责任；尚不够刑事处罚的，由中国人民银行没收违法所得，并处违法所得1倍以上5倍以下的罚款；没有违法所得或者违法所得不足10万元的，处10万元以上50万元以下的罚款。

第四十三条 外资金融机构超出中国人民银行批准的业务范围、业务地域范围或者服务对象范围从事金融业务活动的，依照刑法关于非法经营罪或者其他罪的规定，依法追究刑事责任；尚不够刑事处罚的，由中国人民银行给予警告，没收违法所得，并处违法所得1倍以上5倍以下的罚款；没有违法所得或者违法所得不足10万元的，处10万元以上50万元以下的罚款。

第四十四条 外资金融机构在中国人民银行批准的业务范围内，未经批准开办新的业务品种的，由中国人民银行责令其停止经营未经批准的新的业务品种，没收违法所得，并处违法所得1倍以上3倍以下罚款；没有违法所得或者违法所得不足5万元的，处5万元以上30万元以下的罚款。

第四十五条 外资金融机构违反本条例第四章的有关规定从事经营的，由中国人民银行给予警告，没收违法所得，并处违法所得1倍以上3倍以下的罚款；没有违法所得或者违法所得不足5万元的，处5万元以上30万元以下的罚款。

第四十六条 外资金融机构违反本条例有关规定，拒绝、阻碍依法监督检查或者报送虚假的文件、资料和书面报告的，由中国人民银行给予警告，并处10万元以上50万元以下的罚款。

第四十七条 外资金融机构违反本条例有关规定，未按期报送财务报表和有关文件、资料及书面报告或者未按照规定制定有关业务规则、建立健全有关管理制度的，由中国人民银行给予警告，责令限期改正，并处1万元以上10万元以下的罚款。

第四十八条 外资金融机构违反本条例，除依照本章第四十三条、第四十四条、第四十五条、第四十六条、第四十七条的有关规定给予处罚外，情节严重的，中国人民银行可以责令该外资金融机构停业整顿或者吊销经营金融业务许可证；取消该外资金融机构高级管理人员一定期限直至终身在中国的任职资格。

第四十九条 外资金融机构违反中华人民共和国其他法律、法规的，由有关主管机关依法处理。

第七章 附则

第五十条 香港特别行政区、澳门特别行政区和台湾地区的金融机构在内地设立和营业的金融业务机构，比照适用本条例。

第五十一条 对外国金融机构驻华代表机构的管理办法，由中国人民银行另行制定。

第五十二条 本条例自2002年2月1日起施行。1994年2月25日国务院发布的《中华人民共和国外资金融机构管理条例》同时废止。

中国证券监督管理委员会股票发行审核委员会工作程序执行指导意见

关于发布《中国证券监督管理委员会股票发行审核委员会工作程序执行指导意见》的通知

证监发[2001]54号

为进一步完善发行审核委员会工作制度，更好地在股票发行审核工作中贯彻公开、公平、公正的原则，根据有关法律、法规，我会制定了《中国证券监督管理委员会股票发行审核委员会工作程序执行指导意见》，现予发布，自发布之日起施行。

中国证监会

二〇〇一年四月四日

为进一步规范中国证券监督管理委员会股票发行审核委员会(以下称发审委)的工作,更好地在发审委工作中贯彻公开、公平、公正原则,根据《中国证券监督管理委员会股票发行审核委员会条例》(以下称条例),制定本指导意见。

一、发审会议前的准备工作

(一)中国证券监督管理委员会有关职能部门(以下称"有关职能部门")负责发审委关于首次公开发行股票发行审核工作会议、上市公司发行新股发行审核工作会议(以下称"发审会议")的准备工作,主要包括确定发审会议日期、安排上会审核的发行申请人(以下称"公司")、安排和通知出席会议的发审委委员、向发审委委员送达发行申请材料和初审报告(以下称"审核材料")等。

(二)为保证发审委委员在发审会议上有足够的时间对审核材料进行讨论,每次发审会议最多审核四家公司的发行申请。

(三)当值发审委委员小组参加发审会议的委员达不到法定最低开会人数时,可临时向其他发审委委员小组商请委员,直到参加发审会议的发审委委员人数达到规定人数,但组成的临时发审委委员小组中至少要有法律、会计专家各一名。

(四)如果当值发审委委员小组组长、副组长不能出席会议,有关职能部门将安排其它发审委委员小组出席会议。

(五)对第一次发审会议没有通过的公司进行复审,应安排没有参加第一次审核的委员出席会议,但应推举一至二位委员参加复审的讨论,不参加表决。对上次发审会议暂缓表决的公司进行再审,须安排原参加审核的委员出席会议。若原出席委员人数不能达到5人以上(含5人),则本次发审会议不对该公司申请进行审核。

(六)有关职能部门按上述规定轮流确定发审委委员小组并通知出席发审会议的发审委委员。

(七)有关职能部门至少在召开发审会议前的5个工作日,将审核材料送交参会的发审委委员并请委员或其指定人员签收,外地委员可以采取委员本人认可的材料送达方式。

(八)如已确定出席会议的发审委委员临时不能出席会议,需在会议召开前至少一个工作日通知有关职能部门,并以书面形式说明原因和已完成的审核内容及形成的审核意见。有关职能部门将及时安排其他委员出席会议并将审核材料、不能出席会议委员的书面审核意见送交参会委员。如出席会议的委员不能达到规定的人数,则会议延期。

(九)公司应出具保证不与发审委委员私下接触的承诺函。对未出具承诺函的公司,发审会议将不审核其发行申请。

(十)发审委委员如受到发行申请人的干扰或威胁,有权要求中国证监会对有关公司进行调查并在调查结果未明确之前,不将公司的发行申请提交发审会议审核。

(十一)有关职能部门的工作人员应严格遵守证券监管部门的有关保密规定,不得泄露参加发审会议委员的名单。

二、发审会议的程序

(一)发审委委员及有关职能部门的工作人员必须准时出席会议。发审委委员如因特殊原因在会议召开前决定不出席会议,可能导致有关职能部门没有足够时间安排其他委员出席的,应及时通知有关职能部门,并将不能出席的原因、对审核材料的审核意见和投票意见书面送交发审委委员小组组长,并委托该组长代其发表意见及投票。书面委托书、书面审核意见及书面投票结果交有关职能部门存档。

(二)在会议预定开始时间半小时后,出席会议的发审委委员仍不能达到法定开会人数的,且应到而未到的发审委委员事先未通知有关职能部门,也未提交书面意见并委托组长代为投票的,可取消该次会议。未出席的委员应向有关职能部门书面说明未出席会议的原因。

(三)发审委委员填写本人是否与发行申请单位、与发行有关的中介机构或者有关人员私下接触或接受馈赠的说明,并将说明交有关职能部门存档。

(四)发审委委员到齐后或达到法定人数后,召集人(组长或副组长)宣布会议开始并主持会议。

(五)会议议程如下:

1、召集人宣布会议纪律与程序。

2、有关职能部门初审人员向发审委委员报告审核情况。

3、召集人请发审委委员发表审核意见。

4、发审委委员分别发表审核意见。发审委委员提出的审核意见应当明确、具体,表述准确、清晰。

5、初审人员回答发审委委员提出的问题。发审委委员应对初审人员的回答是否充分明确表态。

6、有关职能部门工作人员记录会议内容,包括委员发表的所有审核意见、工作建议等。

7、在发审委委员对复审公司形成审核意见之前,请公司的有关负责人或其代表(不超过三人)到会向委员陈述公司的情况、回答委员提出的问题。每家公司陈述时间一般不少于十分钟。

8、召集人总结发审委委员的主要审核意见,形成本次发审会议对公司发行申请的审核意见。

9、发审委委员审核会议记录及审核意见记录后,在会议记录及审核意见记录上签名。

10、有关职能部门初审人员在审核意见上签名。

11、发审委委员认为公司存在尚未明确的可能构成发行障碍的问题,经出席会议的半数以上委员同意,可以根据有关规定对公司的发行申请暂缓表决。

12、发审委会议一般应经过充分讨论,形成共识后进行投票表决。小组无法取得共识的,组长可决定或应委员要求采用无记名方式投票表决。在投票之前,应对本次会议所提出的需要关注的问题是否构成公司发行的障碍进行充分讨论。委员投弃权票时原则上应说明原因。

13、工作人员记录会议决议,统计投票结果。14、召集人在全部投票结束后宣布投票表决结果。同意票数达到出席会议发审委委员人数的2/3即为通过;同意票数未能达到出席会议委员人数的2/3,即为不通过。但初次上会审核的,同意票数未能达到出席委员人数的2/3,其余均为弃权票的,可视同为暂缓表决。

15、如有第一次表决未获通过的公司,原审核小组发审委委员选出一至二名代表出席该公司复审的发审会,并确定该委员代表本次发审会向复审发审会陈述的内容,但不参加复审的表决。

16、发审委委员在本次发审会议最终表决结果单上签名。

17、发审会后,委员和有关工作人员不得透露参加发审会议委员的姓名、讨论内容、表决票数以及其他有关情况。

三、附　则

(一)发审会议表决通过的首次公开发行股票的公司,如果在财务会计资料有效期内未能发行股票,公司应当补充新的财务会计资料和其他信息并修订招股说明书,有关职能部门初审后提请发审会议重新审核表决。

(二)发审会议表决通过的公司,如果再出现可能影响发审委委员判断的重大变化,公司应重新提交股票发行申报材料,有关职能部门初审后提请发审会议重新审核表决。

(三)本办法自发布之日起施行。

附:公司保证不与发审委委员接触的承诺函参考格式

本公司　　　　　　　　　　　　　　　　向中国证监会承诺:

一、在发审委委员审核本公司的发行申请材料期间,本公司保证不与发审委委员直接或间接进行接触,也不直接或间接地向发审委委员提供馈赠。

二、本公司保证不以任何形式对发审委委员独立审核本公司的发行申请材料进行干预或影响其作出独立判断。

三、公司向发审会议陈述时,本公司保证不涉及与发行审核无关的

1、前次募集资金实际运用情况与原招股文件所披露的内容逐一对比,包括项目计划投入金额与实际投入额、计划建设周期与实际实施进度、项目变更情况与变更原 因、预期效益水平与实际效益及对公司收入和利润的贡献;

2、前次募集资金尚未使用完毕(如30%以上未投入使用),且公司无合理解释;

3、从公司历次募集资金的使用情况看,存在投资项目转出公司的问题; 公司变更募集资金投向频繁;以前募集资金投入的项目论证不充分,致使项目不能实施而发生重大变更,或项目实施效果不佳,甚至给公司造成重大影响或损失;

4、从前次发行完成后对公司经营成果的影响看,公司出现发行后效益显著下降的问题;如前次发行为增发,公司出现未实现盈利预测的情况,甚至实际利润低于盈利预测的80%;如前次发行为配股,公司出现配股完成当年加权平均净资产收益率低于银行同期存款利率,甚至亏损。

(四)关于上市公司的分配情况,应当关注公司上市以来最近三年历次分红派息情况,特别是现金分红占可分配利润的比例以及董事会对于不分配所陈述的理由。

(五)关于上市公司财务会计政策是否稳健,主要应当考虑以下因素:

1、公司资产减值准备(包括短期投资跌价准备、委托贷款减值准备、坏帐准备、存货跌价准备、长期投资减值准备、固定资产减值准备、在建工程减值准备、无形 资产减值准备等)的提取是否与公司资产质量状况相符,是否存在利用资产减值准备的提取和冲回调节利润的情况;

2、公司固定资产折旧的提取方法与比例是否符合会计制度的规定,是否存在漏提和少提折旧的情况;

3、公司广告费用、研发费用、利息费用等费用的确认与摊销是否符合会计制度、会计准则等的规定,是否存在将收益性支出挂帐作为资本性支出的情况,此外,还 应特别关注开办费的确认与计量;

4、公司收入确认是否符合会计准则规定,是否存在提前确认和虚计收入的情况;

5、公司资产置换收益、资产转让收益等非经常性损益的确认是否符合会计制度和会计准则的规定,相关的法律文件和批准程序是否满足收益确认的要求;

6、或有事项的确认、计量及披露是否符合会计制度和会计准则的规定。

(六)关于上市公司的资金管理,应当关注以下因素:

1、公司最近三年资金闲置的金额;

2、公司用于委托理财的金额、委托理财所涉及的投资内容、是否经过公司内部适当的程序批准、委托理财合同是否受法律保护;

3、资金存放是否安全,公司是否能够有效控制;

4、公司资产负债率过低,通过本次股本融资可能会导致公司财务结构更加不合理,或公司缺乏明确的投资方向,资金可能出现剩余。

(七)关于上市公司的或有风险,应当考虑以下因素:

1、公司或有负债水平,主要是指公司对外担保(包括抵押)情况,担保金额占公司总资产的比重,该项担保对公司正常经营是否必要,被担保方是否具备相关履行义务能力;

2、公司是否存在重大仲裁或诉讼,其可能承担的仲裁或败诉风险对公司 是否影响重大,或裁决结果及执行情况对公司是否影响重大。

(八)关于上市公司内部控制制度是否完整、合理和有效,应当关注注册 会计师在评价报告中陈述的意见,以及公司根据会计师的建议所进行的整改情况。

(九)对于上市公司未来是否具有可持续发展能力,经营是否存在重大不 确定性,应当考虑以下因素:

1、公司所处行业是否具有良好发展前景;

2、公司是否具备竞争优势;

3、公司是否具有良好的成长趋势;

4、本次募集资金投入项目是否经过充分论证,预期效益良好;本次发行 筹资计划与本次募集资金投资项目的资金需要及实施周期是否相匹配,募集资金投入的项目 如涉及跨行业经营,公司是否在管理、技术、人才、市场等方面做好准备,是否具有竞争优 势,具备跨行业经营的能力,公司是否有明确的发展战略和规划及实施办法;

5、公司受政策性限制等因素的影响,经营存在重大不确定性;

6、主承销商就公司发展前景的分析与说明。

(十)关于上市公司履行信息披露义务的情况,应当关注公司最近一年内 是否因违反信息披露规定或未履行报告义务受到中国证监会公开批评或证券交易所公开谴责 。

(十一)关于上市公司董事会是否履行其向全体股东所做出的承诺,应当 关注以往承诺的履行情况以及公司是否又出现类似问题,例如公司是否继续存在控制人占用 公司资金、人员未分开等问题。

(十二)关于中国证监会及派出机构向上市公司发出限期整改通知书,应当关注公司是否进行整改,及在其后的运营中是否出现类似的问题。

(十三)关于上市公司最近三年所聘请的会计师事务所发生变更,应当关注公司是否提出充足的理由,以及前任会计师对解聘原因是否作出不同解释。

(十四)关于进行重大重组的上市公司,应当关注以下因素:

1、其重组工作是否已全部完成,相关的债权、债务关系、产权手 续是否已办理完毕,对价是否已结清,不存在遗留问题;

2、有关重组的信息披露内容、程序是否符合相关规定;

3、重组后的公司与控制人之间是否做到"三分开",且不存在同业竞争问题;

4、公司重组后是否业务方向明确,经营状况已发生实质性好转;

5、公司管理层是否稳定;

6、置换到公司的资产经具有从事证券业务资格的注册会计师审计,财务状况是否良好。

(十五)关于主承销商的信誉,应当关注担任主承销商并负责推荐上市公司新股发行申请的证券公司,在最近一年内是否因在发行承销工作中未履行勤勉尽责义务而受到中国证监会、证券交易所或中国证券业协会的公开批评。

(十六)发审委认为需要关注的其他问题

包括但不限于:

1、中介机构出具的相关文件不符合有关部门和中国证监会的规定;

2、出席会议的发审委委员一致认为影响公司发行的其他因素。

三、根据《条例》,发审委每年至少召开一次全体会议,对本指导意见进 行修改和补充。

股份转让公司信息披露实施细则

(中国证券业协会2001年11月28日发布)

第一章 总则

第一条 为规范股份转让公司的信息披露行为,保护投资者合法权益,根据《公司法》、《证券法》和《证券公司代办股份转让服务业务试点办法》(以下简称《试点办法》)的有关规定,制定本实施细则。

第二条 股份转让公司(以下简称公司)应当依照法律、法规、《试点办法》和本细则的有关规定履行信息披露义务。

本实施细则所称股份转让公司是指,根据《试点办法》的规定,委托具有代办股份转让服务业务资格的证券公司(以下简称主办券商)进行股份转让的非上市股份有限公司。

第三条 公司全体董事必须承诺保证信息披露文件内容和形式的真实、准确、完整和及时,没有虚假记载、误导性陈述或重大遗漏,并就其保证所造成的损害承担连带赔偿责任。公司应当将上述内容作为重要提示在公告中陈述。

第四条 主办券商应当对股份转让公司信息披露行为进行监督,指导、督促股份转让公司依法及时、准确地披露信息。

主办券商对公司公开披露的信息的真实性、准确性、完整性和及时性不承担任何责任,但主办券商有过错的除外。

第五条 中国证券业协会根据法律、法规、《试点办法》及本细则的规定监督股份转让公司的信息披露行为。

中国证券业协会对公司公开披露的信息的真实性、准确性、完整性和及时性不承担任何责任。

第二章 信息披露的基本要求

第六条 公司应当履行下列信息披露的基本义务:

(一)及时披露所有可能对公司股份转让价格产生重大影响的信息;

(二)及时澄清与公司有关的、非正式披露的信息;

(三)保证信息披露内容真实、准确、完整,没有虚假记载、误导性陈述或者重大遗漏。

公司对履行以上基本义务有任何疑问的,应当向主办券商咨询;公司不能确定有关事件是否需及时披露的,应当及时报告主办券商,必要时需经中国证券业协会批准,决定是否需要披露及披露的时间和方式。

第七条 公司及其董事、监事、高级管理人员不得泄露内幕信息,不得进行内幕交易或配合他人操纵股票交易价格。

第八条 公司应当公开披露的信息包括定期报告和临时报告。年度报告、中期报告和季度报告为定期报告,其他报告为临时报告。

第九条 公司公开披露的信息必须第一时间报送主办券商。

第十条 公司公开披露的信息必须按照规定格式编制,公告文稿应为打印件并经董事会全体成员签字或加盖董事会公章,并同时采用书面和电子文件的形式报送主办券商。

公开披露的信息应当用中文表述;转让境内流通外资股股份的公司公开披露信息,如有必要,还应当用英文表述。中英文本不一致的,以中文文本为准。

第十一条 公司公开披露的信息应当在中国证监会指定媒体、中国证券业协会指定网站、主办券商网站及其证券营业网点予以发布。

境内流通外资股股份公司公开披露信息,如有必要,除以上述方式发布外,还应在境外至少一家英文报纸予以发布。

主办券商应当在其营业网点设置电子查询设施。

第十二条 主办券商应当在信息披露后二日内,将已披露的信息以书面和电子文件的形式同时报送中国证券业协会备案。

以上书面和电子文件的内容应当一致。

第十三条 公司在其他公共传媒披露的信息不得先于在中国证监会指定媒体、中国证券业协会指定网站、主办券商网站及其证券营业网点发布的正式公告。公司不得以新闻发布或答记者问等形式代替公司的正式公告。

第十四条 公司董事会全体成员及其他知情人员在公司的信息公开披露前,应当将该信息的知情人控制在最小范围内。

第十五条 公司的信息披露公告存在任何虚假记载、误导性陈述或者重大遗漏及其他技术性错误,公司应当主动或应主办券商的要求及时予以公开更正、说明或补充;公司未按主办券商要求做出修改或补充的,主办券商应对投资者以公告的方式做出风险提示。

第十六条 公司应当将信息披露文件和备查文件在公告的同时备置于公司住所及其他指定场所,供公众查阅。

第十七条 公司根据国家有关法律、法规向有关部门报送涉及未披露信息的文件时,应当以书面形式向其申明该文件涉及未公开的信息并提请对方注意保密。除此以外,公司不得对外提供任何涉及未披露信息的文件。

第十八条 公司有充分理由认为披露某一信息会损害公司的利益,且该信息对其转让价格不会产生重大影响,经主办券商报中国证券业协会批准同意,可以免予披露。

第十九条 公司认为应披露的信息可能导致其违反国家有关法规的,应当向主办券商提出并陈述不宜披露的理由;确有法律依据的,经主办券商报中国证券业协会批准同意,可以免予披露。

第二十条 公司应当配备信息披露所必要的通讯工具和计算机等办公设备,保证计算机可以连接国际互联网和对外咨询电话的畅通。

第三章 董事、监事承诺和备案

第二十一条 董事和监事应当在股份开始转让后两个月内,新任董事、监事应当在股东大会通过其任命后两个月内,签署《董事(监事)声明及承诺书》并送达主办券商备案。董事、监事签署该文件时必须由一名有证券从业资格的律师见证,向董事、监事解释《董事(监事)声明及承诺书》的内容,董事、监事在充分理解后签字。

第二十二条 董事应当履行以下职责并在《董事声明及承诺书》中作出承诺:

(一)遵守法律法规,履行诚信勤勉义务;

(二)遵守公司章程;

(三)遵守本规则,接受主办券商监管;

(四)对主办券商认为应当承诺的其他事项作出承诺。

第二十三条 监事除同样应当履行上条所述职责并在《监事声明及承诺书》中作出承诺外,还应当承诺促使公司董事遵守其承诺。

第二十四条 董事、监事应当在《董事(监事)声明及承诺书》中声明:

(一)本人持有所在公司股票的情况;

(二)有无违反法律法规受查处情况;

(三)参加证券业务培训情况;

(四)其他任职情况;

(五)拥有其他国家或地区的国籍、长期居留权的情况;

(六)主办券商认为应当由其说明的其他情况。

第二十五条 《董事(监事)声明及承诺书》中声明的事项发生变化时,董事、监事应当在该等情况发生变化之日起五个工作日内向主办券商提交有关最新资料披露并备案,并保证该资料的真实与完整。

第四章 董事会秘书

第二十六条 公司必须设立一名董事会秘书。董事会秘书为公司与主办券商之间的指定联络人。

第二十七条 董事会秘书应当遵守公司章程和有关法律法规，对公司负有诚信和勤勉义务，不得利用职权为自己或他人谋取利益。

第二十八条 董事会秘书应当履行下列与信息披露相关的职责：

（一）负责准备和提交主办券商及中国证券业协会要求的有关信息披露的文件；

（二）准备和提交董事会和股东大会的报告和文件；

（三）按照法定程序筹备董事会会议和股东大会会议，列席董事会会议并作记录，保证记录的准确性，并在会议记录上签字；

（四）协调和组织公司信息披露事项，包括建立信息披露的制度，接待来访，回答咨询，联系股东，向投资者提供公司公开披露的资料，促使公司及时、合法、真实和完整地进行信息披露；

（五）负责信息的保密工作，制订保密措施。在发生内幕信息泄露时，及时采取补救措施，报告主办券商并公告；

（六）负责保管公司股东名册、董事名册、股东及董事持股资料，公司董会和股东大会的会议文件和记录；

（七）帮助公司董事、监事、高级管理人员了解法律法规、公司章程等对其信息披露责任的规定；

（八）协助董事会依法行使职权，在董事会作出违反法律法规、公司章程及主办券商有关规定的决议时，及时提醒董事会，如果董事会坚持作出上述决议时，应当把情况记录在会议纪要上，并将会议纪要立即提交公司全体董事和监事。

第二十九条 公司应当向董事会秘书提供信息披露所需要的资料和信息。公司做出重大决定之前，应当从信息披露角度征询董事会秘书的意见；

第三十条 公司应当在代办股份确认登记前或原董事会秘书离职后三个月内聘任董事会秘书。在此之前，公司应当临时指定人选代行董事会秘书的职责。

第三十一条 董事会秘书的任职资格应当具备以下条件：

（一）具有大学专科以上学历，从事秘书、管理、股权事务等工作三年以上；

（二）有一定财务、税收、法律、金融、企业管理、计算机应用等方面知识，具有良好的个人品质和职业道德，严格遵守有关法律、法规和规章，能够忠诚地履行职责；

（三）公司董事可以兼任董事会秘书，但监事不得兼任；

（四）公司聘任的会计师事务所的会计师和律师事务所的律师不得兼任董事会秘书；

（五）有《公司法》第57条规定情形之一的人士不得担任董事会秘书；

（六）中国证券业协会规定的其他条件。

第三十二条 公司聘任董事会秘书，应当向主办券商提交以下文件并报中国证券业协会备案：

（一）董事会出具的聘任书；

（二）董事会秘书的个人简历、学历证明；

（三）董事会秘书的联系方式；

（四）公司法定代表人的联系方式。

第三十三条 公司董事会解聘董事会秘书应当具有充分理由，解聘董事会秘书或董事会秘书辞职时，公司董事会应当向主办券商报告、说明原因并公告。

第三十四条 董事会秘书离任前，公司应当要求董事会秘书承诺在离任后持续履行保密义务，直至有关信息公开披露为止，并在监事会的监督下移交有关档案和文件。

第三十五条 公司董事会在聘任董事会秘书的同时，可以聘任一名董事会证券事务代表，以保证在董事会秘书不能履行职责时代行董事会秘书的职责。

第三十六条 主办券商仅接受董事会秘书或证券事务代表办理公司的信息披露事务。

第五章 首次转让前信息公告

第三十七条 公司董事会通过委托主办券商代办股份转让决议后，应将决议内容及召开股东大会的通知至少在一种中国证监会指定的媒体上予以公告。

第三十八条 公司股东大会通过委托主办券商代办股份转让决议后，应至少在一种中国证监会指定的媒体上予以公告。

第三十九条 公司与主办券商签订委托代办股份转让协议后，应于30个工作日内，就股份帐户开立、股份确认、登记、托管等事项，至少在一种中国证监会指定的媒体上予以公告。受托代办股份转让的主办券商，也应与股份转让公司同时并在同一媒体上刊登代办股份转让公告书，明确股份托管操作等事项。

第四十条 当原流通的股份经重新确认、登记、托管后达到50%以上且符合股份转让的有关规定，公司须与主办券商达成一致后于股份转让开始日前10个工作日，至少在一种中国证监会指定的媒体上刊登股份转让公告书，明确股份开始转让的时间、地点、条件、方式、具体的操作办法等事项。

第四十一条 公司应当按照《试点办法》和本实施细则的规定编制股份转让公告书。

第四十二条 公司在登报公告的同时，还须同时在主办券商的网站和所属营业网点刊登股份转让公告书，股份转让公告书至少应包括如下内容：公司概况、原股份发行与股东结构、原股份在原交易市场交易情况、经具有证券从业资格的会计师事务所审计的最近一期年度报告或中期报告、同业竞争与关联交易、业务发展目标、公司重大事项、董事会股份转让承诺以及董事、监事、高级管理人员及核心技术人员情况、代办股份转让服务业务的主办券商等情况。

转让公告书中“公司概况、经具有证券从业资格的会计师事务所审计的最近一期年度报告或中期报告、同业竞争与关联交易、业务发展目标和公司重大事项以及董事、监事、高级管理人员及核心技术人员情况”等部分内容参照《公开发行证券的公司信息披露内容与格式准则第1号-招股说明书》中相关内容进行编制。

原股份发行与股东结构内容包括(但不限于)：发行价格，发行日期，发行数量，流通日期，转让公告日前股东总数，转让公告日前总股本，转让公告日前国家股数量、法人股数量等。

原股份在原交易市场交易情况包括(但不限于)：原挂牌交易系统，原挂牌系统关闭前流通股本。

董事会股份转让承诺包括(但不限于)：已任董事和新任董事将分别在第三章第二十一条规定时间内签署《董事声明及承诺书》，其他内容可参照第三章第二十二条。

代办股份转让服务业务的主办券商等情况包括(但不限于)：名称、法定代表人、住所、联系电话、传真等。

第六章 定期报告

第四十三条 公司应当在每个会计年度结束之日起四个月内编制完成并披露年度报告。年度报告内容参照《公开发行证券的公司信息披露内容与格式准则第2号-年度报告的内容与格式(1999年修订稿)》正文部分相关内容进行编制。

第四十四条 公司应当在每个会计年度的前六个月结束之日起两个月内编制完成并披露中期报告。中期报告内容参照《公开发行证券的公司信息披露内容与格式准则第3号-中期报告的内容与格式(2000年修订稿)》正文部分相关内容进行编制。

第四十五条 公司应当在每个会计年度的前三个月、九个月结束后的三十日内编制完成并披露季度报告。季度报告是中期报告的一种。季度报告内容参照《公开发行证券的公司信息披露编报规则第13号-季度报告内容与格式特别规定》正文部分相关内容进行编制。

第四十六条 公司年度的财务报告必须经具有证券从业资格的会计师事务所审计；中期的财务报告可以不经会计师事务所审计，但拟在下半年进行利润分配或公积金转增的须经会计师事务所审计；季度报告的财务报告无需经审计，但中国证券业协会或主办券商另有规定的除外。

第四十七条 公司应当在董事会审议通过定期报告之日起两个工作日内向主办券商报送下列文件并公告:。

(一)定期报告全文;

(二)定期报告摘要;

(三)审计报告及财务报告;

(四)董事会决议及其公告文稿;

(五)按主办券商要求载有上述文件的电子文件;

(六)停牌申请;

(七)主办券商要求的其他文件;

第七章 临时报告

第一节 董事会、监事会、股东大会

第四十八条 公司召开董事会会议,应当在会议结束后两个工作日内将董事会决议报送主办券商备案。

第四十九条 公司董事会决议涉及需要经股东大会表决的事项和本章第二、三、四、五、六节的事项的,必须公告;其他事项,主办券商认为有必要的,也应当公告。

第五十条 公司召开监事会会议,应当在会议结束后两个工作日内将监事会决议报送主办券商并公告。

第五十一条 公司应当在股东大会结束后两个工作日内将股东大会决议公告文稿报送主办券商并公告。

第五十二条 股东大会因故延期或取消,应当在原定股东大会召开日的五个工作日之前发布通知，通知中应当说明延期或取消的具体原因。如属延期,应当公布延期后的召开日期。

第五十三条 股东大会对董事会预案做出修改,或对董事会预案以外的事项做出决议，或会议期间因突发事件致使会议不能正常召开的，公司应当向主办券商说明原因并公告。

第五丨四条 股东大会决议公告应当包括下列内容:

(一)出席会议的股东人数、所持股份及占公司有表决权总股本的比例;

(二)每项议案的表决方式及表决统计结果,包括赞成、反对和弃权的股份,占出席会议有表决权股份的比例;

(三)关联交易股东回避表决的情况;

(四)对股东提案做出决议的,应当列明提案股东的名称或姓名、持股比例和提案内容;

(五)发行B股的公司还应当在公告中说明股东会议通知情况、公司A股股东和B股股东出席会议及表决情况;

(六)公司聘请的律师关于股东大会及决议是否合法有效的法律意见。

第二节 收购、出售资产

第五十五条 本节所称收购、出售资产是指公司收购、出售企业所有者权益、实物资产或其他财产权利的行为。

第五十六条 公司拟收购、出售资产达到以下标准之一时,经董事会批准后两个工作日内,向主办券商报告并公告:

(一)按照最近一期经审计的财务报告、评估报告或验资报告,收购、出售资产的资产总额占公司最近一期经审计的总资产值的10%以上;

(二)被收购资产相关的净利润或亏损的绝对值(按上一年度经审计的财务报告）占公司经审计的上一年度净利润或亏损绝对值的10%以上,且绝对金额在50万元以上;被收购资产的净利润或亏损值无法计算的,不适用本款;收购企业所有者权益的,被收购企业的净利润或亏损值以与这部分产权相关的净利润或亏损值计算;

(三) 被出售资产相关的净利润或亏损绝对值或该转让行为所产生的利润或亏损绝对值占公司经审计的上一年度净利润或亏损绝对值的10%以上,且绝对金额在50万元以上;被出售资产的净利润或亏损值无法计算的,不适用本款;出售企业所有者权益的,被出售企业的净利润或亏损值以与这部分产权相关的净利润或亏损值计算;

(四)收购、出售资产的转让金额(承担债务、费用等,应当一并加总计算)占公司最近一期经审计的净资产总额10%以上。

第五十七条 公司在十二个月内连续对同一或相关资产分次进行收购、出售的,以其在此期间转让的累计金额确定是否公告。

第五十八条 公司直接或间接持股比例超过50%的子公司收购、出售资产,视同公司行为,适用本节规定。公司的参股公司(持股50%以下)收购、出售资产,转让标的有关金额指标乘以参股比例后,适用本节规定。

第五十九条 公司必须在收购、出售资产协议生效之日起三个月内向主办券商报告其转让实施情况(包括所有必需的产权变更或登记过户手续完成情况)、相关证明文件并公告。

第六十条 公司披露上述收购、出售资产事项,应当向主办券商提交以下文件备案:

(一)转让公告文稿;

(二)收购、出售资产的协议书;

(三)董事会决议及公告(如有);

(四)被收购、出售资产涉及的政府批文(如有);

(五)被收购、出售资产的财务报告;

(六)主办券商要求提供的其他文件。

第六十一条 公司收购、出售资产的公告应当包括以下内容

(一)转让概述及协议生效时间;

(二)协议有关各方的基本情况,包括企业名称、工商登记类型、注册地点、法定代表人、主营业务等;

(三)被收购、出售资产的基本情况,包括该资产名称、中介机构名称、资产的帐面值及评估值、资产运营情况、资产质押、抵押以及在该资产上设立的其他财产权利的情况、涉及该财产的重大争议的情况。

被收购、出售的资产系企业所有者权益,还应当介绍公司(或企业)的基本情况和最近一期经审计的财务报告中的财务数据，包括资产总额、负债总额、所有者权益、主营收入、净利润等,并附收购、出售基准日资产负债表和损益表（如果基准日不是年底，还需披露上一年度损益表);

(四)公司预计从该项转让中获得的利益及该转让对公司未来经营的影响;

(五)转让金额(包括定价基准)及支付方式(现金、股权、资产置换等,还包括有关分期付款安排的条款);

(六)该转让所涉及的人员安置、土地租赁、债务重组等情况;

(七)出售资产的,应当说明出售所得款项的用途;

(八)需要经股东大会或有权部门批准的事项,应当说明需履行的合法程序和进展情况;

(九)如果收购资产后,可能产生关联交易,应当披露有关情况;

(十)如果收购资产后,可能产生关联人同业竞争,应当披露规避的方法或其他安排(包括有关协议或承诺等);

(十一)收购资产后,上市公司与控股股东在人员、资产、财务上分开的安排计划。

第三节 关联交易

第六十二条 关联交易是指公司及其控股子公司与关联人之间发生的转移资源或义务的事项。包括但不限于下列事项:

(一)购买或销售商品；

(二)购买或销售除商品以外的其他资产；

(三)提供或接受劳务；

(四)代理；

(五)租赁；

(六)提供资金(包括以现金或实物形式)；

(七)担保；

(八)管理方面的合同；

(九)研究与开发项目的转移；

(十)许可协议；

(十一)赠与；

(十二)债务重组；

(十三)非货币性交易；

(十四)关联双方共同投资；

公司关联人包括关联法人和关联自然人。

第六十三条 具有以下情形之一的法人,为公司的关联法人:

(一)直接或间接地控制公司,以及与公司同受某一企业控制的法人(包括但不限于母公司、子公司、与公司受同一母公司控制的子公司);

(二)第六十四条所列的关联自然人直接或间接控制的企业;

第六十四条 公司的关联自然人是指:

(一)持有公司5%以上股份的个人股东;

(二)公司的董事、监事及高级管理人员;

(三)本条第(一)、(二)项所述人士的亲属,包括:

1.父母;

2.配偶;

3.兄弟姐妹;

4.年满18周岁的子女;

5.配偶的父母、子女的配偶、配偶的兄弟姐妹、兄弟姐妹的配偶。

第六十五条 由公司控制或持有50%以上股份的子公司发生的关联交易,按公司关联交易进行披露。

第六十六条 公司的第一大债权人、债务人之间发生的关联交易和重大事项,按公司关联交易进行披露。披露时除了第六十二条提到的"担保"和"债务重组"外,还应包括债权人变更,债务人变更等。

第六十七条 公司关联交易应当遵循以下基本原则:

(一)符合诚实信用的原则;

(二)关联方如享有公司股东大会表决权,除特殊情况外,应当回避行使表决;

(三)与关联方有任何利害关系的董事,在董事会对该事项进行表决时,应当予以回避;

(四)公司董事会应当根据客观标准判断该关联交易是否对公司有利。

第六十八条 公司关联人与公司签署涉及关联交易的协议,应当采取必要的回避措施:

(一)任何个人只能代表一方签署协议;

(二)关联人不得以任何方式干预公司的决定;

(三)公司董事会就关联交易表决时,有利害关系的当事人属以下情形的,不得参与表决:

1、董事个人与公司的关联交易;

2、董事个人在关联企业任职或拥有关联企业的控股权,该关联企业与公司的关联交易;

3、按法律、法规和公司章程规定应当回避的。

(四)公司股东大会就关联交易进行表决时,关联股东不得参加表决。关联股东因特殊情况无法回避时,应由董事会委托律师,与有关各方充分协商,作出决定。如决定关联股东可以参加表决,公司应当在股东大会决议中做出详细说明,同时对非关联方的股东投票情况进行专门统计,并在决议公告中予以披露。

第六十九条 公司与其关联人达成的关联交易总额在100万元以下或低于公司最近经审计净资产值的0.5%的,不适用本节规定。

第七十条 公司与其关联人达成的关联交易总额在100万元至1000万元之间或占公司最近经审计净资产值的0.5%至5%之间的,公司应当在签订协议后两个工作日内按照第七十二条的规定进行公告,并在下次定期报告中披露有关交易的详细资料。

第七十一条 公司披露关联交易,应当比照第六十条规定向主办券商提交文件备案。

第七十二条 公司就关联交易发布的临时报告应当包括以下内容:

(一)转让日期、转让地点;

(二)有关各方的关联关系;

(三)转让及其目的的简要说明;

(四)转让的标的、价格及定价政策;(五)关联人在交易中所占权益的性质及比重;

(六)关联交易涉及收购或出售某一公司权益的,应当说明该公司的实际持有人的详细情况,包括实际持有人的名称及其业务状况;

(七)董事会关于本次关联交易对公司影响的意见;

(八)独立董事(如有)、监事会关于关联交易表决程序及公平性的意见;

(九)若涉及对方或他方向上市公司支付款项的,必须说明付款方近三年或自成立之日起至协议签署期间的财务状况,董事会应当对该等款项收回或成为坏账的可能作出判断和说明;

(十)独立财务顾问意见。

第七十三条 公司拟与其关联人达成的关联交易总额高于1000万元或高于公司最近经审计净资产值的5%的,应当提交股东大会批准并予以披露。任何与该关联交易有利害关系的关联人应当在股东大会上放弃对该议案的投票权。公司应当在有关关联交易的公告中特别载明:"此项交易需经股东大会批准,与该关联交易有利害关系的关联人放弃在股东大会上对该议案的投票权"。

第七十四条 公司与其关联人就同一标的或者公司与同一关联人在连续12个月内达成的关联交易累计金额达到第七十条所述标准的,公司应当按该条的规定予以披露。

第七十五条 公司与其关联人就同一标的或者公司与同一关联人在连续12个月内达成的关联交易累计金额达到第七十三条所述标准的,公司应当按该条的规定予以披露。

第七十六条 公司与其关联人达成的以下关联交易,可以免予按照关联交易的方式表决和披露:

(一)关联人依据股东大会决议领取股息或者红利;

(二)关联人购买公司发行的企业债券;

(三)公司与其控股子公司之间发生的关联交易。

第七十七条 公司必须在重大关联交易实施完毕之日起两个工作日内向主办券商报告并公告。

第四节 其他重大事件

第七十八条 公司会计年度结束时,预计出现亏损的,应当在会计年度结束后的30个工作日内发布首次风险提示公告。

第七十九条 公司尚未披露的诉讼或仲裁事项涉及的金额或12个月内累计金额占公司最近经审计的净资产值10%以上的,公司应当在知悉该事件后及时报告主办券商并披露下列内容:

(一)诉讼或仲裁受理日期,诉讼或仲裁各方当事人、代理人及其所在单位的姓名或名称;

(二)受理法院或仲裁机构的名称及所在地,诉讼或仲裁的原因和依据；

(三)诉讼或仲裁的请求；

(四)判决或裁决的结果和日期；

(五)各方当事人对结果的意见或拟采取的进一步的法律行动等。

第八十条 公司发生重大担保事项，应当及时向主办券商报告并按照以下要求予以公告：

(一)公司不得为本公司的股东、股东的控股子公司、股东的附属企业或者个人债务提供担保。公司为上述公司、个人以外的法人提供担保，涉及的金额或12个月内累计金额占公司最近经审计的净资产值的10%以上的；

(二)根据第(一)项披露的担保事项，被担保人于债务到期后十五个工作日内未履行还款义务的；

(三)根据第(一)项披露的担保事项，公司知悉被担保人出现破产、清算及其他严重影响还款能力的事件；

(四)对担保事项的披露，应当说明担保协议签署及生效日期，债权人名称，担保的方式、期限、金额，担保协议中的其他重要条款，被担保人的基本情况等；

被担保人为法人的，应当包括企业名称、注册地点、法定代表人、经营范围、与公司的关联关系或其他关系；

被担保人为个人的，应当包括姓名、与公司的关联关系或其他关系。

第八十一条 公司出现以下情况所涉及的数额达到最近一期经审计的总资产或净资产或净利润的10%以上的，应当比照本章第二节的规定及时向主办券商报告并公告。

(一)重要合同(借贷、委托经营、受托经营、委托理财、赠与、承包、租赁等)的订立、变更、解除和终止；

(二)大额银行退票；

(三)重大经营性或非经营性亏损；

(四)遭受重大损失；

(五)重大投资行为；

(六)可能依法承担的赔偿责任；

(七)重大行政处罚。

第八十二条 公司出现以下情况，应当自事实发生之日起两个工作日内向主办券商报告并公告：

(一)公司章程、注册资本、注册地址、名称的变更，其中公司章程发生变更的，还应当将新的公司章程在指定网站上刊登；

(二)经营方针和经营范围的重大变化；

(三)涉及金额占公司最近经审计净资产10%以上的重大债务或未清偿到期重大债务；

(四)公司超过净资产10%以上的债权、债务在第三方之间发生移转；

(五)公司的第一大股东发生变更；

(六)公司的董事长、三分之一以上董事或经理发生变动；

(七)生产经营环境发生重大变化，包括全部或主要业务停顿、生产资料采购、产品销售发生重大变化；

(八)减资、合并、分立；

(九)直接或间接持有另一上市公司发行在外的普通股5%以上；

(十)持有公司总股份百分之五以上股份的股东，其持有股份增减变化为总股份的百分之五以上；

(十一)新的法律法规、规章、政策可能对公司的经营产生显著影响；

(十二)更换为公司审计的会计师事务所；

(十三)法院裁定禁止公司有控制权的大股东转让其所持公司股份；

(十四)持有公司百分之五以上股份的股东所持股份被质押；

(十五)公司进入破产清算状态；

(十六)公司预计出现资不抵债；

(十七)获悉主要债务人出现资不抵债或进入破产程序，公司对相应债权未提取足额坏账准备；

(十八)因涉嫌违反法律、法规被有关部门调查或受到行政处罚的；

(十九)主办券商和中国证券业协会认为需要披露的其他事项。

第八十三条 公司在申请公开发行股票及上市过程中，发生以下情况时须即时向主办券商及中国证券业协会报告并公告：

(一)公司董事会通过拟申请公开发行股票并上市的决议；

(二)公司股东大会通过拟申请公开发行股票并上市的议案；

(三)公司与主承销商协商拟订发行方案；

(四)公司与主承销商签订股票承销协议；

(五)中国证监会受理公司公开发行股票的申请；

(六)公司公开发行股票的申请因故撤回或被中国证监会退回；

(七)公司公开发行股票的申请由中国证监会提交发行审核委员会；

(八)中国证监会核准或不予核准公司公开发行股票的申请；

(九)证券交易所批准公司的股票上市；

(十)主办券商和中国证券业协会认定的其他情况。

第五节 特别风险提示

第八十四条 公司出现财务状况或其他状况异常，投资者难以判定公司前景，权益可能受到损害，公司应当即时向主办券商和中国证券业协会报告，并在指定网站和证券营业网点作出特别风险提示的公告。

第八十五条 公司出现以下情况之一的，为财务状况异常：

(一)预计出现资不抵债的情形；

(二)最近两个会计年度审计结果显示的净利润均为负值；

(三)最近一个会计年度审计结果显示其股东权益低于注册资本，即每股净资产低于股份面值；

(四)注册会计师对最近一个会计年度的财务报告出具无法表示意见或否定意见的审计报告；

(五)最近一个会计年度经审计的股东权益扣除注册会计师、有关部门不予确认的部分，低于注册资本；

(六)最近一份经审计的财务报告对上年度利润进行调整，导致连续两个会计年度亏损；

(七)主办券商或中国证券业协会认定的其他情形。

第八十六条 公司出现以下情况之一的，为其他状况异常：

(一)因自然灾害、重大事故等原因导致公司主要经营设施遭受损失，公司生产经营活动基本中止，在三个月以内不能恢复的；

(二)公司涉及负有赔偿责任的诉讼或仲裁案件，依照法院或仲裁机构的判决或裁决的赔偿金额累计超过公司最近经审计的净资产的20%的；

(三)公司主要银行帐号被冻结，影响公司正常经营活动的；

(四)人民法院受理公司破产案件，可能依法宣告公司破产的；

(五)公司董事会无法正常召开会议并形成董事会决议的；

(六)公司的主要债务人被法院宣告进入破产程序，而公司相应债权未能计提足额坏帐准备致使公司将面临重大财务风险的；

(七)公司出现其他异常情况，董事会或监事会认为有必要作出特别风险提示公告的；

(八)主办券商或中国证券业协会认定的其他情形。

第八十七条 自法院受理公司破产案件的公告发布之日起，主办券商对该公司股票实施停牌。

公司应当在收到法院有关法律文书的当日，立即向主办券商报告，经主办券商审核后公告。公告日后第一个交易日公司股票复牌并实施特别关注。

第八十八条 公司进入破产程序后,公司或其他有信息披露义务的主体应当于第一时间向主办券商和中国证券业协会报告债权申报情况、债权人会议情况、和解和整顿等重大情况并公告。公司刊登上述公告当日,其股票停牌一天。

第八十九条 上述第八十五条、第八十六条所列情形已经消除的,公司应当就该情形消除的事实向主办券商和中国证券业协会报告并公告。

第六节 股份转让异常波动

第九十条 公司应当关注本公司股份的转让以及新闻媒介、网站关于本公司的报道。

第九十一条 出现以下情况之一的,公司应当及时向主办券商报告,经中国证券业协会批准后可以要求公司比照第九十四条的规定发布公告:

(一)股份转让发生异常波动;

(二)新闻媒介或网站传播的消息可能对公司的股份转让产生影响;

(三)中国证券业协会认为其他属于异常波动的情况。

第九十二条 股份转让出现以下情况之一的,主办券商根据市场情况,认定是否属股份转让异常波动:

(一)某股份的转让价格连续三个转让日达到涨幅或跌幅限制;

(二)某股份的日均成交金额连续五个转让日逐日增加50%;

(三)某股份转让日的成交量与上月日均成交量相比连续五个转让日放大十倍;

(四)中国证券业协会认为属于异常波动的其他情况。

出现本条所列情形被认定为异常波动的股份,其异常波动的计算从公告之日起重新开始。公司因召开股东大会、公布年报和中报等例行暂停转让,其异常波动的计算从股份恢复转让之日起开始。

第九十三条 公司针对有关传闻发布公告,应当向主办券商和中国证券业协会报送公告文稿以及传闻在新闻媒介传播的证明。

第九十四条 公司针对有关传闻的公告应当包括以下内容:

(一)传闻内容及其来源;

(二)公司的真实情况;

(三)经主办券商同意的其他内容。

第九十五条 公司认为股份转让的异常波动与公司或公司内外部环境的变化无关,应当在公告中做出说明;认为与公司有关,应当披露可能影响其股份价格的信息。

第七节 公司的合并、分立

第九十六条 公司的合并、分立应符合现行法律法规的规定。

第九十七条 涉及公司股份变动的合并、分立方案应当报中国证券业协会批准并报告主办券商。

第九十八条 涉及公司股份变动的合并、分立方案未经中国证券业协会批准的,主办券商对有关公告文稿不予审查,并报告中国证券业协会。

第八章 罚则

第九十九条 公司违反法律、法规、《试点办法》和本实施细则的有关规定,未能及时履行信息披露义务或信息披露文件存在虚假记载、误导性或者重大遗漏的,中国证券业协会可予以公开谴责、限期改正、暂停或终止公司股份转让的处理。情节严重的,中国证券业协会报请中国证监会按照法律、法规的有关规定给予处罚。

第一百条 公司董事违背承诺,在存在虚假记载、误导性陈述或重大遗漏的信息披露文件上签字的,应就其所造成的损害承担连带赔偿责任。中国证券业协会可予以公开谴责。情节严重的,中国证券业协会报请中国证监会按照法律、法规的有关规定给予处罚。

第一百零一条 主办券商未能及时在其网站、营业网点及时登载股份转让公司提供的信息披露文件,中国证券业协会可予以公开谴责、限期改正、暂停或终止股份转让服务业务许可的处理。

第九章 附则

第一百零二条 本实施细则由中国证券业协会负责解释。

第一百零三条 本实施细则自发布之日起施行。

上市公司新股发行管理办法

中国证券监督管理委员会令

第 1 号

现发布《上市公司新股发行管理办法》,自发布之日起施行。

主席:周小川

二〇〇一年二月二十五日

第一章 总 则

第一条 为规范上市公司新股发行活动,保护投资者的合法权益和社会公共利益,根据《公司法》、《证券法》及其它相关法律、行政法规的规定,制定本办法。

第二条 上市公司向社会公开发行新股,适用本办法。

本办法所称上市公司向社会公开发行新股,是指向原股东配售股票(以下简称"配股")和向全体社会公众发售股票(以下简称"增发")。

第三条 上市公司发行前条所述新股,应当以现金认购方式进行,同股同价。

第四条 除金融类上市公司外,上市公司发行新股所募集的资金,不得投资于商业银行、证券公司等金融机构。

第五条 上市公司申请发行新股,应当由具有主承销商资格的证券公司担任发行推荐人和主承销商。

第六条 中国证券监督管理委员会(以下简称"中国证监会")依法对上市公司新股发行活动进行监督管理。

第七条 上市公司申请以其它方式发行新股的具体管理办法另行制定。

第二章 新股发行条件及关注事项

第八条 上市公司申请发行新股,应当符合《公司法》、《证券法》规定的条件。

第九条 上市公司申请发行新股,还应当符合以下具体要求:

(一)具有完善的法人治理结构,与对其具有实际控制权的法人或其

他组织及其他关联企业在人员、资产、财务上分开,保证上市公司的人员、财务独立以及资产完整;

(二)公司章程符合《公司法》和《上市公司章程指引》的规定;

(三)股东大会的通知、召开方式、表决方式和决议内容符合《公司法》及有关规定;

(四)本次新股发行募集资金用途符合国家产业政策的规定;

(五)本次新股发行募集资金数额原则上不超过公司股东大会批准的拟投资项目的资金需要数额;

(六)不存在资金、资产被具有实际控制权的个人、法人或其他组织及其关联人占用的情形或其他损害公司利益的重大关联交易;

(七)公司有重大购买或出售资产行为的,应当符合中国证监会的有关规定;

(八)中国证监会规定的其他要求。

第十条 上市公司有下列情形之一的,中国证监会不予核准其发行申请:

(一)最近3年内有重大违法违规行为;

(二)擅自改变招股文件所列募集资金用途而未作纠正,或者未经股东大会认可;

(三)公司在最近3年内财务会计文件有虚假记载、误导性陈述或重大遗漏;重组中进入公司的有关资产的财务会计资料及重组后的财务会计资料有虚假记载、误导性陈述或重大遗漏;

(四)招股文件存在虚假记载、误导性陈述或重大遗漏;

(五)存在为股东及股东的附属公司或者个人债务提供担保的行为;

(六)中国证监会认定的其他情形。

第十一条 担任主承销商的证券公司应当重点关注下列事项,并在尽职调查报告中予以说明:

(一)存在对公司经营能力和收入有重大影响的关联交易;

(二)与同行业其他公司相比,公司重要财务指标如应收帐款周转率和存货周转率异常,可能存在重大风险;

(三)公司现金流量净增加额为负,且经营性活动所产生的现金流量净额为负,可能出现支付困难;

(四)公司曾发生募集资金的实施进度与原招股文件所作出的承诺不符,募集资金投向变更频繁,使用效果未达到公司披露的水平;

(五)公司本次发行筹资计划与本次募集资金投资项目的资金需要及实施周期相互不匹配,投资项目缺乏充分的论证;

(六)上市公司前次发行完成后,效益显著下降;或利润实现数未达到盈利预测的80%;

(七)公司最近3年未有分红派息,董事会对于不分配的理由未作出合理解释;

(八)公司缺乏稳健的会计政策;

(九)公司资金大量闲置,资金存放缺乏安全和有效的控制,或者大量资金用于委托理财;

(十)公司资产负债率过低,通过股本融资会导致公司财务结构更加不合理,或公司缺乏明确的投资方向,资金可能出现剩余;

(十一)公司或有负债数额巨大,且存在较大风险;

(十二)公司存在重大仲裁或诉讼;

(十三)公司内部控制制度存在较大缺陷;

(十四)公司可能不具备可持续发展的能力,经营存在重大不确定性;

(十五)公司最近1年内因违反信息披露规定及未履行报告义务受到中国证监会公开批评或证券交易所公开谴责;

(十六)公司董事会未履行其向全体股东所作出的承诺;

(十七)公司未按照中国证监会及其派出机构发出的限期整改通知书的要求完成整改。

第三章　发行程序与审核事项

第十二条 上市公司董事会决定聘请主承销商事宜。主承销商进行尽职调查后,应就新股发行方案与董事会取得一致意见,并同意向中国证监会推荐上市公司发行新股。

第十三条 上市公司申请发行新股,应当按照本办法的要求,依法就下列事项作出决议:

(一)董事会应当就本次发行是否符合本办法、具体发行方案、募集资金使用的可行性、前次募集资金的使用情况作出决议,并提请股东大会批准;

(二)股东大会应当就本次发行的数量、定价方式或价格(包括价格区间)、发行对象、募集资金用途及数额、决议的有效期、对董事会办理本次发行具体事宜的授权等事项进行逐项表决。

第十四条 上市公司自提出发行申请至新股发行前,发生《证券法》第62条规定的重大事件,以及本办法第11条规定的重点关注事项,应当及时通知主承销商,并在2个工作日内将上述情形报告中国证监会和证券交易所,同时对发行申请文件予以修改。需要提请股东大会批准的,董事会应当及时召开股东大会。

第十五条 上市公司申请发行新股,应当按照中国证监会的规定编制并提交发行申请文件。

第十六条 上市公司最近3年财务会计报告均由注册会计师出具了标准无保留意见审计报告的,公司应当在申请文件中提供最近3年经审计的财务会计报告;发行申请于下半年提出的,还应当提供申请当年公司公告的中期财务会计报告。

如最近3年财务会计报告被注册会计师出具非标准无保留意见审计报告的,则所涉及的事项应当对公司无重大影响或影响已经消除,违反合法性、公允性和一贯性的事项应当已经纠正;公司应当在申请文件中提供最近3年经审计的财务会计报告及公司申请时由注册会计师就非标准无保留意见审计报告涉及的事项是否已消除或纠正所出具的补充意见;发行申请于下半年提出的,还应当提供申请当年经审计的中期财务会计报告;发行申请于上半年提出,预计发行时间在下半年的,应当在中期报告公布后,补充申请当年经审计的中期财务会计报告。

上市未满3年及重大重组后距本次发行不满1个会计年度的上市公司,应当依据本条第2款规定提供财务会计报告。

第十七条 股票发行审核委员会(以下简称"发审委")依法审核上市公司新股发行申请,中国证监会根据发审委的审核意见依法作出核准或不予核准的决定。

第十八条 发行申请经中国证监会核准后,上市公司应当与证券交易所协商确定新股发行上市的时间及登记等具体事项。

第十九条 上市公司增发的具体操作,应当按照中国证监会的有关规定进行。在确定股票发行价格之前,上市公司可以向投资者发出招股意向书,招股意向书应当载明:"本招股意向书的所有内容均构成招股说明书不可撤销的组成部分,与招股说明书具有同等法律效力"。

主承销商和上市公司根据投资者的认购意向确定发行价格后,编制招股说明书,并同时报中国证监会备案。

第二十条 发行申请未获核准的上市公司,自中国证监会作出不予核准的决定之日起6个月内不得再次提出新股发行申请。

第二十一条 上市公司和主承销商应当在申请文件中出具承诺函,保证在有关本次增发的信息公开前保守秘密,且不向在本次增发中参加配售的机构提供任何财务资助或补偿。

第四章　信息披露

第二十二条 上市公司作出发行新股的决定,应当按照下列要求披露有关信息：

（一）本次发行议案经董事会表决通过后，应当在2个工作日内报告证券交易所，公告召开股东大会的通知；

召开股东大会的通知应当包括董事会决议、提交股东大会表决的具体发行方案、董事会关于前次募集资金使用情况的说明、注册会计师出具的有关前次募集资金使用情况的专项报告，并载明“该项决议尚须经股东大会表决后，报中国证券监督管理委员会核准”字样；

（二）董事会应当在股东大会召开日前至少5个工作日就以下内容以公告形式通知股东：涉及运用募集资金收购资产（包括权益）的，董事会应当公告被收购资产的评估报告；如收购完成后，上市公司对被收购企业具有实际控制权或应将被收购企业合并报表的，董事会还应当公告被收购企业最近1个会计年度及最近一期经审计的财务会计报告，并承诺上述收购不会导致公司缺乏独立性；

对于与本次发行有关的关联交易，公司董事会应当在公告中保证该项交易符合公司的最大利益，不会损害非关联股东的利益及产生同业竞争；

（三）股东大会通过本次发行议案后，公司应当在2个工作日内公布股东大会决议，公告中应当载明“该方案尚须报中国证券监督管理委员会核准”字样；如果股东大会对董事会的发行议案有变更，还应当公告变更后的内容。

第二十三条 上市公司应当自收到中国证监会核准发行通知之日起2个工作日内发出获准发行新股的公告。

发行申请未获核准的上市公司，应当自收到中国证监会通知之日起2个工作日内发出未获准发行新股的公告。

第二十四条 上市公司接到中国证监会核准发行新股的通知后，可以公告配股说明书或招股意向书。

获准配股的上市公司应当在股权登记日前至少5个工作日公告配股说明书。配股说明书公告后至缴款截止日前，上市公司应当就该说明书至少再发布一次提示性公告，注明配股说明书的放置地点及中国证监会指定的互联网网址。

获准增发的上市公司应当在发行价格确定后，公告发行结果，其中注明招股说明书的放置地点及中国证监会指定的互联网网址，供投资者查阅。

第二十五条 上市公司公告的配股说明书、招股意向书应当与报送中国证监会核准的文本内容一致；确有必要修改的，应当在公布前取得中国证监会的同意。

第二十六条 上市公司增发披露盈利前景的，应当审慎地作出盈利预测，并经过具有证券从业资格的注册会计师审核，如存在影响盈利预测的不确定因素，应当就有关不确定因素提供分析与说明。

上市公司增发未作盈利预测的，应当在招股意向书、发行公告和招股说明书的显要位置作出特别风险警示。

第二十七条 上市公司应当在新股发行完成后的三年年报中对本次募集资金投资项目的效益情况作出持续披露。

第五章 法律责任

第二十八条 为上市公司发行新股提供服务的中介机构未按照中国证监会的规定履行勤勉尽责义务的，中国证监会给予公开批评并限期整改；在整改期间，暂缓接受有关中介机构出具的文件。

第二十九条 证券公司未按照《证券公司内部控制指引》建立内部控制，被中国证监会责令限期整改的，在整改期间，中国证监会暂缓受理其对上市公司发行新股的推荐意见。

第三十条 上市公司和承销商在发行信息公开前泄露有关信息的，中国证监会给予公开批评并责令上市公司发布澄清公告。

第三十一条 上市公司和承销商向在增发中参加配售的机构投资者提供财务资助或补偿的，中国证监会给予公开批评，并责令立即改正。

第三十二条 上市公司增发完成后，凡不属于公司管理层事前无法预测且事后无法控制的原因，利润实现数未达到盈利预测的，上市公司董事长、公司聘请的注册会计师、担任主承销商的证券公司法定代表人、业务负责人和项目负责人应当在股东大会及指定报刊上公开作出解释；利润实现数未达到盈利预测80%的，如无合理解释，上述人员应当在指定报刊公开道歉；未达到盈利预测50%的，中国证监会对有关上市公司给予公开批评，自作出公开批评之日起2年内，不再受理该公司发行新股的申请。

第三十三条 上市公司配股完成当年加权平均净资产收益率未达到银行同期存款利率的，上市公司董事长、担任主承销商的证券公司法定代表人、业务负责人和项目负责人应当在股东大会及指定报刊上公开作出解释；如无合理解释，上述人员应当在指定报刊公开道歉，中国证监会对上市公司给予公开批评；上市公司配股当年出现亏损的，中国证监会自作出公开批评之日起2年内，不再受理该公司发行新股的申请。

第三十四条 金融类公司以外的上市公司将募集资金投资于商业银行、证券公司等金融机构的，中国证监会给予公开批评，并责令立即改正。

第六章 附 则

第三十五条 境内上市外资股（B股）公司发行B股原则上按照本办法执行。

第三十六条 本办法自发布之日起施行。《关于上市公司配股工作有关问题的通知》（证监发 [1999]12号）、《关于上市公司配股工作有关问题的补充通知》（证监公司字 [2000]21号）、《上市公司向社会公开募集股份暂行办法》（证监公司字[2000]42号）、《境内上市外资股（B股）公司增资发行B股暂行办法》（证委发[1999]17号）同时废止。

上市公司检查办法

关于发布《上市公司检查办法》的通知

证监发[2001]46号

为加强上市公司监管，促进上市公司规范运作，保护投资者的合法权益，现将《上市公司检查办法》发布施行。1996年12月20日发布的《上市公司检查制度实施办法 》同时废止。自本办法发布之日起，我会将据以对上市公司进行检查。

二〇〇一年三月十九日

第一条 为了加强上市公司(以下简称 "公司")监管,促进公司的规范运作,保护投资者的合法权益,根据国家法律、法 规,制定本办法。

第二条 本办法适用于在上海证券交易所、深圳证券交易所上市的公司。境外公司和其股票在其他交易场所交易的公司的检查办法另行规定。

第三条 中国证监会派出机构(以下称"检查机构")按照中国证监会统一部署组织实施辖区内的公司检查工作。

检查工作可以根据需要聘请具有从事证券、期货相关业务资格的注册会计师、律师予以协助。检查费用由中国证监会承担。

第四条 检查方式分为巡回检查和专项核查。

第五条 巡回检查是例行的合规性检查,检查的主要内容包括:

(一)信息披露的真实性、准确性和完整性;

(二)公司治理结构的规范性;

(三)公司的独立性,主要检查上市公司与控股股东在人员、财务、资产等方面的分开情况;

(四)财务管理和会计核算制度的合规性;

(五)募集资金使用与招股说明书的一致性及变更的程序,资金管理的安全性;

(六)中国证监会认为应予检查的其他事项。

第六条 专项核查是针对公司存在的问题进行的调查核实 。核查的主要内容包括:

(一)募集资金使用情况专项核查;

(二)投资者投诉问题和舆论关注问题的专项核查;

(三)重大资产重组情况的专项核查;

(四)中国证监会认为应予核查的其它事项。

第七条 检查机构进行检查时,可要求被检查公司向检查人 员提供以下文件:

(一)公司的会计报表、相关帐簿和凭证以及其他涉及会计报表的资料;

(二)公司章程及有关公司运作的各项管理制度;

(三)公司的股东大会、董事会、监事会的会议记录,决议文本,公司经理办公会议文件等;

(四)公司与控股股东在人员、财务、资产方面的关系说明;

(五)公司内设部门、分支机构、子公司、参股公司设置情况及图示;

(六)公司债务情况、担保情况的说明;

(七)公司公开发行股票以来在指定报刊上公布的信息;

(八)检查操作规程中涉及的内容及其他应该查阅的文件。

检查中涉及被检查公司主审会计师事务所的,检查人员可要求会计师事务 所提供对公司财务报告发表审计意见的工作底稿。

第八条 检查人员进行检查时,可以对有关情况和资料 进行记录、录音、录像、照像和复制。

第九条 检查人员进行检查时,应当出示工作证及中国证监会的有效证明。

第十条 检查人员应遵守法律、法规及其他有关规定,认真履行职责,廉洁自律,实事求是。检查工作不得干预被检查公司的生产经营活动,检查人员对检查过程中知悉的商业秘密负有保密责任。检查人员在检查过程中的违规违纪行为按照有关法律法规和纪律规定处理。

第十一条 检查结果未公布前,检查人员及被检查公司 、相关中介机构人员不得透露与检查结果有关的任何信息。

第十二条 检查机构于现场检查结束后五个工作日内向被检查公司发出检查通报;对于检查中发现问题的公司,发出限期整改通知书,要求其对存在的问题在限定期限内进行整改。限期整改通知书同时抄送公司股票挂牌交易的证券交易所。

被检查公司对限期整改通知书内容持有异议的,可以在收到限期整改通知书后十个工作日内向中国证监会提出申诉意见。**第十三条** 被检查公司应在收到限期整改通知书一个月内向所在地中国证监会派出机构提交整改报告,整改报告应包括董事会关于整改工作的决议、对照限期整改通知书逐项落实整改措施的情况及效果。

整改报告应同时报送公司股票挂牌交易的证券交易所,并予公开披露,被检查公司对限期整改通知书内容持有异议并在规定期限内向中国证监会提出申诉的,有异议部分在尚未有明确结论之前可以免于披露。

被检查公司向中国证监会、证券交易所提交发行新股、重大购买和出售资产、吸收合并、股份回购、上市公司收购等申报材料时,应同时报送整改报告。

第十四条 被检查公司的整改工作应在检查机构要求的期限内完成。检查机构应跟踪监督被检查公司的整改情况,并对其整改效果出具评价意见。

第十五条 对存在问题较为严重的公司,中国证监会视 情节轻重给予内部批评或公开批评。

对在检查过程中发现涉嫌违反法律、法规及其他有关规定的,中国证监会根据法律、法规及有关规定在职权范围内进行立案查处。涉嫌构成犯罪的,移送司法机关依法追究刑事责任。

第十六条 被检查公司、接受检查的人员及被检查公司的主审会计师事务所不予以协助和配合、不如实反映情况或拒绝检查的,中国证监会根据法律、法规及有关规定予以处罚。

第十七条 中国证监会将根据情况对有关中介机构的相关执业情况进行评价,评价结果将作为对上述中介机构执业资格的考核内容。

第十八条 中国证监会对公司的检查结果并不代表对公司情况的实质性判断,投资者自行判断投资风险。被检查公司及有关责任人存在违法、违规行为的,不得以检查未发现为由免除法律责任。

第十九条 本办法自发布之日起施行,1996 年 12 月 20 日 发布的《上市公司检查制度实施办法》同时废止。

上市公司董事长谈话制度实施办法

关于发布《上市公司董事长谈话制度实施办法》的通知

证监发[2001]47 号

为加强上市公司监管,促进上市公司规范运作,现将《上市公司董事长谈 话制度实施办法》予以发布,自发布之日起施行。

二〇〇一年三月十九日

第一条 为加强上市公司监管,促进上市公司依法规范运作,保护投资者的合法权益,制定本办法。

第二条 本办法适用于股票在上海证券交易所和深圳证券交易所上市交易的股份有限公司。

第三条 中国证监会派出机构具体实施辖区内上市公司董 事长谈话工作。

中国证监会主管业务部门认为必要时可直接约见上市公司董事长谈话。

(中国证监会派出机构和主管业务部门以下统称为"中国证监会"。)

第四条 上市公司存在下列情形之一的,应当约见上市公 司董事长谈话:

(一)严重资不抵债或主要资产被查封、冻结、拍卖导致公司失去 持续经营能力的;

(二)控制权发生重大变动的;

(三)未履行招股说明书承诺事项的;

(四)公司或其董事会成员存在不当行为,但不构成违反国家证券法律、法规及中国证监会有关规定的;

(五)中国证监会认为确有必要的。

第五条 中国证监会约见上市公司董事长,按照下列程序 进行:

(一)中国证监会认为有必要约见上市公司董事长谈话时,应当履行内部审批程序,经批准后方可进行。

(二)中国证监会约见上市公司董事长谈话时,应确定主谈人员和记录人员,谈话使用专门的谈话记录纸(谈话记录格式附后)。谈话结束时应要求谈话对象复核、签字。

(三)中国证监会根据需要决定谈话时间、地点和谈话对象应提供的书面材料,并提前三天以书面形式通知该上市公司的董事会秘书。谈话对象确因特殊情况不能参 加的,应事先报告,经同意后委托相应人员代理。中国证监会认为必要时,可以要求上市公 司其他有关人员、上市公司控股股东的高级管理人员、相关中介机构执业人员参加谈话。谈 话对象不得无故拒绝、推托。

(四)中国证监会在约见谈话时,主谈人员应确认谈话对象的身份,宣布谈话制度、谈话目的,告知谈话对象应当真实、完整地向主谈人员说明有关情况,并对所说 明的情况和作出的保证承担责任。

(五)谈话对象应对有关情况进行说明、解释,并提供相应说明材料,对公司情况说明不清、说明材料欠完备的,应当限期补充,谈话对象不得作出虚假陈述或故意 隐瞒事实真相。

第六条 经中国证监会两次书面通知,谈话对象无正当理由不参加谈话,中国证监会将对其进行公开批评。

第七条 谈话对象对谈话所涉及的重要事项说明不清,提供的材料不完整,在限期内又未能进行充分补充的,中国证监会可以对其进行公开批评。

谈话对象在谈话中虚假陈述或故意隐瞒事实真相的,中国证监会将视其情 节轻重依据有关规定对其进行处理。

第八条 中国证监会的谈话人员,应遵守法律、法规及有关规定,认真履行职责,对在 谈话中知悉的有关单位和个人的商业秘密负有保密义务。未经许可,参加谈话人员不得透露 与谈话结果有关的任何信息。

第九条 谈话对象应当根据谈话结果及时整改,纠正不当行为,中国证监会将对整改情况进行监督检查。

第十条 中国证监会为谈话和整改情况建立专项档案,作为上市公司董事长及其他高管人员是否忠实履行职务的记录。

第十一条 在执行谈话制度中发现上市公司或高级管理人员有违法违规行为的,中国证监会将依法查处。谈话记录将作为进一步调查的证据。

第十二条 本制度自发布之日起施行。

谈话记录

谈话时间:
谈话地点:
谈话人:
记录人:
谈话对象:
上市公司名称:
通讯地址:
邮编:
上市公司董事长:
姓名:
电话:
传真:
谈话事由:
谈话内容:
谈话对象(签名)

关于在上市公司建立独立董事制度的指导意见

各上市公司:

为进一步完善上市公司治理结构,促进上市公司规范运作,我会制定了《关于在上市公司建立独立董事制度的指导意见》,现予发布,请遵照执行。

中国证监会
二〇〇一年八月十六日

为进一步完善上市公司治理结构,促进上市公司规范运作,现就上市公司建立独立的外部董事(以下简称独立董事)制度提出以下指导意见:

一、上市公司应当建立独立董事制度

(一)上市公司独立董事是指不在公司担任除董事外的其他职务,并与其所受聘的上市公司及其主要股东不存在可能妨碍其进行独立客观判断的关系的董事。

(二)独立董事对上市公司及全体股东负有诚信与勤勉义务。独立董事应当按照相关法律法规、本指导意见和公司章程的要求,认真履行职责,维护公司整体利益,尤其要关注中小股东的合法权益不受损害。独立董事应当独立履行职责,不受上市公司主要股东、实际控制人、或者其他与上市公司存在利害关系的单位或个人的影响。独立董事原则上最多在5家上市公司兼任独立董事,并确保有足够的时间和精力有效地履行独立董事的职责。

(三)各境内上市公司应当按照本指导意见的要求修改公司章程,聘任适当人员担任独立董事,其中至少包括一名会计专业人士(会计专业人士是指具有高级职称或注册会计师资格的人士)。在二00二年六月三十日前,董事会成员中应当至少包括 2 名独立董事;在二 00 三年六月三十日前,上市公司董事会成员中应当至少包括三分之一独立董事。

(四)独立董事出现不符合独立性条件或其他不适宜履行独立董事职责的情形,由此造成上市公司独立董事达不到本《指导意见》要求的人数时,上市公司应按规定补足独立董事人数。

(五)独立董事及拟担任独立董事的人士应当按照中国证监会的要求,参加中国证监会及其授权机构所组织的培训。

二、独立董事应当具备与其行使职权相适应的任职条件

担任独立董事应当符合下列基本条件:

(一)根据法律、行政法规及其他有关规定,具备担任上市公司董事的资格;

(二)具有本《指导意见》所要求的独立性;

(三)具备上市公司运作的基本知识,熟悉相关法律、行政法规、规章及规则;

(四)具有五年以上法律、经济或者其他履行独立董事职责所必需的工作经验;

(五)公司章程规定的其他条件。

三、独立董事必须具有独立性

下列人员不得担任独立董事:

(一)在上市公司或者其附属企业任职的人员及其直系亲属、主要社会关系(直系亲属是指配偶、父母、子女等;主要社会关系是指兄弟姐妹、岳父母、儿媳女婿、兄弟姐妹的配偶、配偶的兄弟姐妹等);

(二)直接或间接持有上市公司已发行股份 1%以上或者是上市公司前十名股东中的自然人股东及其直系亲属;

(三)在直接或间接持有上市公司已发行股份 5%以上的股东单位或者在上市公司前五名股东单位任职的人员及其直系亲属;

(四)最近一年内曾经具有前三项所列举情形的人员;

(五)为上市公司或者其附属企业提供财务、法律、咨询等服务的人员;

(六)公司章程规定的其他人员;

(七)中国证监会认定的其他人员。

四、独立董事的提名、选举和更换应当依法、规范地进行

(一)上市公司董事会、监事会、单独或者合并持有上市公司已发行股份 1%以上的股东可以提出独立董事候选人,并经股东大会选举决定。

(二)独立董事的提名人在提名前应当征得被提名人的同意。提名人应当充分了解被提名人职业、学历、职称、详细的工作经历、全部兼职等情况,并对其担任独立董事的资格和独立性发表意见,被提名人应当就其本人与上市公司之间不存在任何影响其独立客观判断的关系发表公开声明。

在选举独立董事的股东大会召开前,上市公司董事会应当按照规定公布上述内容。

(三)在选举独立董事的股东大会召开前,上市公司应将所有被提名人的有关材料同时报送中国证监会、公司所在地中国证监会派出机构和公司股票挂牌交易的证券交易所。上市公司董事会对被提名人的有关情况有异议的,应同时报送董事会的书面意见。

中国证监会在 15 个工作日内对独立董事的任职资格和独立性进行审核。对中国证监会持有异议的被提名人,可作为公司董事候选人,但不作为独立董事候选人。

在召开股东大会选举独立董事时,上市公司董事会应对独立董事候选人是否被中国证监会提出异议的情况进行说明。

对于本《指导意见》发布前已担任上市公司独立董事的人士,上市公司应将前述材料在本《指导意见》发布实施起一个月内报送中国证监会、公司所在地中国证监会派出机构和公司股票挂牌交易的证券交易所。

(四)独立董事每届任期与该上市公司其他董事任期相同,任期届满,连选可以连任,但是连任时间不得超过六年。

(五)独立董事连续 3 次未亲自出席董事会会议的,由董事会提请股东大会予以撤换。

除出现上述情况及《公司法》中规定的不得担任董事的情形外,独立董事任期届满前不得无故被免职。提前免职的,上市公司应将其作为特别披露事项予以披露,被免职的独立董事认为公司的免职理由不当的,可以作出公开的声明。

(六)独立董事在任期届满前可以提出辞职。独立董事辞职应向董事会提交书面辞职报告,对任何与其辞职有关或其认为有必要引起公司股东和债权人注意的情况进行说明。

如因独立董事辞职导致公司董事会中独立董事所占的比例低于本《指导意见》规定的最低要求时,该独立董事的辞职报告应当在下任独立董事填补其缺额后生效。

五、上市公司应当充分发挥独立董事的作用

(一)为了充分发挥独立董事的作用,独立董事除应当具有公司法和其他相关法律、法规赋予董事的职权外,上市公司还应当赋予独立董事以下特别职权:

1、重大关联交易(指上市公司拟与关联人达成的总额高于 300 万元或高于上市公司最近经审计净资产值的 5%的关联交易)应由独立董事认可后,提交董事会讨论;独立董事作出判断前,可以聘请中介机构出具独立财务顾问报告,作为其判断的依据。

2、向董事会提议聘用或解聘会计师事务所;

3、向董事会提请召开临时股东大会;

4、提议召开董事会;

5、独立聘请外部审计机构和咨询机构;

6、可以在股东大会召开前公开向股东征集投票权。

(二)独立董事行使上述职权应当取得全体独立董事的二分之一以上同意。

(三)如上述提议未被采纳或上述职权不能正常行使,上市公司应将有关情况予以披露。

(四)如果上市公司董事会下设薪酬、审计、提名等委员会的,独立董事应当在委员会成员中占有二分之一以上的比例。

六、独立董事应当对上市公司重大事项发表独立意见

(一)独立董事除履行上述职责外,还应当对以下事项向董事会或股东大会发表独立意见:

1、提名、任免董事;

2、聘任或解聘高级管理人员;

3、公司董事、高级管理人员的薪酬;

4、上市公司的股东、实际控制人及其关联企业对上市公司现有或新发生的总额高于 300 万元或高于上市公司最近经审计净资产值的 5%的借款或其他资金往来,以及公司是否采取有效措施回收欠款;

5、独立董事认为可能损害中小股东权益的事项;

6、公司章程规定的其他事项。

(二)独立董事应当就上述事项发表以下几类意见之一:同意;保留意见及其理由;反对意见及其理由;无法发表意见及其障碍。

(三)如有关事项属于需要披露的事项,上市公司应当将独立董事的意见予以公告，独立董事出现意见分歧无法达成一致时，董事会应将各独立董事的意见分别披露。

七、为了保证独立董事有效行使职权，上市公司应当为独立董事提供必要的条件

（一）上市公司应当保证独立董事享有与其他董事同等的知情权。凡须经董事会决策的事项，上市公司必须按法定的时间提前通知独立董事并同时提供足够的资料，独立董事认为资料不充分的，可以要求补充。当2名或2名以上独立董事认为资料不充分或论证不明确时，可联名书面向董事会提出延期召开董事会会议或延期审议该事项，董事会应予以采纳。

上市公司向独立董事提供的资料，上市公司及独立董事本人应当至少保存5年。

（二）上市公司应提供独立董事履行职责所必需的工作条件。上市公司董事会秘书应积极为独立董事履行职责提供协助，如介绍情况、提供材料等。独立董事发表的独立意见、提案及书面说明应当公告的，董事会秘书应及时到证券交易所办理公告事宜。

（三）独立董事行使职权时，上市公司有关人员应当积极配合，不得拒绝、阻碍或隐瞒，不得干预其独立行使职权。

（四）独立董事聘请中介机构的费用及其他行使职权时所需的费用由上市公司承担。

（五）上市公司应当给予独立董事适当的津贴。津贴的标准应当由董事会制订预案，股东大会审议通过，并在公司年报中进行披露。

除上述津贴外，独立董事不应从该上市公司及其主要股东或有利害关系的机构和人员取得额外的、未予披露的其他利益。

（六）上市公司可以建立必要的独立董事责任保险制度，以降低独立董事正常履行职责可能引致的风险。

上市公司发行可转换公司债券实施办法

中国证券监督管理委员会令

第2号

现发布《上市公司发行可转换公司债券实施办法》，自发布之日起施行。

主席：周小川

二〇〇一年四月二十六日

第一章　总则

第一条　为规范上市公司发行可转换公司债券的行为，保护投资者的合法权益，根据《公司法》、《证券法》、《可转换公司债券管理暂行办法》及其他有关法律、法规的规定，制定本办法。

第二条　中国境内的上市公司（以下简称发行人）申请在境内发行以人民币认购的可转换公司债券，并在证券交易所上市交易，适用本办法。

第三条　中国证券监督管理委员会（以下简称中国证监会）依法对上市公司可转换公司债券发行上市等活动进行监督管理。

第二章　发行条件

第四条　发行人发行可转换公司债券，应当符合《可转换公司债券管理暂行办法》规定的条件。

第五条　担任主承销商的证券公司应重点核查发行人的以下事项，并在推荐函和核查意见中予以说明。

（一）在最近三年特别在最近一年是否以现金分红，现金分红占公司可分配利润的比例，以及公司董事会对红利分配情况的解释。

（二）发行人最近三年平均可分配利润是否足以支付可转换公司债券一年的利息。

（三）是否有足够的现金偿还到期债务的计划安排。

（四）主营业务是否突出。是否在所处行业中具有竞争优势，表现出较强的成长性，并在可预见的将来有明确的业务发展目标。

（五）募集资金投向是否具有较好的预期投资回报。前次募集资金的使用是否与原募集计划一致。如果改变前次募集资金用途的，其变更是否符合有关法律、法规的规定。是否投资于商业银行、证券公司等金融机构（金融类上市公司除外）。

（六）发行人法人治理结构是否健全。近三年运作是否规范，公司章程及其修改是否符合《公司法》和中国证监会的有关规定，近三年股东大会、董事会、监事会会议及重大决策是否存在重大不规范行为，发行人管理层最近三年是否稳定。

（七）发行人是否独立运营。在业务、资产、人员、财务及机构等方面是否独立，是否具有面向市场的自主经营能力；属于生产经营类企业的，是否具有独立的生产、供应、销售系统。

（八）是否存在发行人资产被有实际控制权的个人、法人或其他关联方占用的情况，是否存在其他损害公司利益的重大关联交易。

（九）发行人最近一年内是否有重大资产重组、重大增减资本的行为，是否符合中国证监会的有关规定。

（十）发行人近三年信息披露是否符合有关规定，是否存在因虚假记载、误导性陈述或者重大遗漏而受到处罚的情形。

（十一）中国证监会规定的其他内容。

第六条　发行人有下列情形之一的，中国证监会不予核准其发行申请：

（一）最近三年内存在重大违法违规行为的；

（二）最近一次募集资金被擅自改变用途而未按规定加以纠正的

（三）信息披露存在虚假记载、误导性陈述或重大遗漏的；

（四）公司运作不规范并产生严重后果的；

（五）成长性差，存在重大风险隐患的；

（六）中国证监会认定的其他严重损害投资者利益的情形。

第三章　申报及核准程序

第七条　发行人申请发行可转换公司债券，应由股东大会作出决议。股东大会作出的决议至少应包括发行规模、转股价格的确定及调整原则、债券利率、转股期、还本付息的期限和方式、赎回条款及回售条款、向原股东配售的安排、募集资金用途等事项。

第八条　发行人及有关中介机构应按照中国证监会的有关规定制作申请文件。

第九条　主承销商负责向中国证监会推荐，出具推荐意见，并负责报送发行申请文件。

第十条　为发行人发行可转换公司债券提供服务的中介机构应认真履行义务，并承担相应的法律责任。主承销商还应对可转换公司债券发行申请文件进行核查。有关核查的程序和原则应参照股票发行内核工作的有关规定执行。主承销商应向中国证监会申报核查中的主要问题及其结论。

第十一条　在报送申请文件前，主承销商及其他中介机构应参照股票发行的有关规定在尽职调查的基础上出具推荐函。推荐函的内容至少应包括：明确的推荐意见及其理由，对发行人发展前景的评价，有关发行人是否符合可转换公司债券发行上市条件及其他有关规定的说明，发行人主要问题和风险的提示，简介证券公司内部审核程序及内核意见（同时提供有关申请文件的核对表），附参与本次发行的项目组成人员及相关经验等。

第十二条 发行人律师在按照有关规定出具的法律意见书和律师工作报告中，除满足规定的一般要求外，还应针对可转换公司债券发行的特点，对可转换公司债券发行上市的实质条件、发行方案及发行条款、担保和资信情况等情况进行核查验证，明确发表意见。

第十三条 发行人最近三年财务会计报告均由注册会计师出具了标准无保留意见审计报告的，发行人应在申请文件中提供最近三年经审计的财务会计报告；发行申请于下半年提出的，还应提供申请当年公司公告的中期财务会计报告。

如最近三年财务会计报告被注册会计师出具非标准无保留意见审计报告的，则所涉及的事项应对发行人无重大影响或影响已经消除，违反合法性、公允性和一贯性的事项应已纠正；发行人应在申请文件中提供最近三年经审计的财务会计报告，及由注册会计师就非标准无保留意见审计报告涉及的事项是否已消除或纠正所出具的补充意见；发行申请于下半年提出的，还应提供申请当年经审计的中期财务会计报告；发行申请于上半年提出，预计发行时间在下半年的，应在中期报告公布后，补充申请当年经审计的中期财务会计报告。

上市未满三年及重大重组后距本次发行不满一个会计年度的上市公司，应依据前款规定提供财务会计报告。

第十四条 发行可转换公司债券的核准参照中国证监会有关股票发行核准的规定执行。

第四章 发行条款

第十五条 发行人应在申请文件中列明可转换公司债券发行条款及其依据。

第十六条 可转换公司债券的发行规模由发行人根据其投资计划和财务状况确定。

第十七条 可转换公司债券按面值发行，每张面值100元，最小交易单位为面值1000元。

第十八条 可转换公司债券的期限最短为三年，最长为五年，由发行人和主承销商根据发行人具体情况商定。

第十九条 可转换公司债券的转股价格应在募集说明书中约定。价格的确定应以公布募集说明书前三十个交易日公司股票的平均收盘价格为基础，并上浮一定幅度。具体上浮幅度由发行人与主承销商商定。

第二十条 可转换公司债券自发行之日起六个月后方可转换为公司股票。可转换公司债券的具体转股期限应由发行人根据可转换公司债券的存续期及公司财务情况确定。

第二十一条 发行人应明确约定可转换公司债券转股的具体方式及程序。

第二十二条 可转换公司债券的利率及其调整，由发行人根据本次发行的市场情况以及可转换公司债券的发行条款确定。

第二十三条 可转换公司债券计息起始日为可转换公司债券发行首日。

第二十四条 可转换公司债券应每半年或一年付息一次；到期后五个工作日内应偿还未转股债券的本金及最后一期的利息。具体付息时间、计息规则等应由发行人约定。

第二十五条 可转换公司债券转股当年的利息、股利以及转股不足1股金额的处理办法由发行人约定。

第二十六条 发行人设置赎回条款、回售条款、转股价格修正条款的，应明确约定实施这些条款的条件、方式和程序等。上述约定应体现权利与义务对等的原则，不得损害可转换公司债券持有人的利益。

第二十七条 发行可转换公司债券后，因配股、增发、送股、分立及其他原因引起发行人股份变动的，应同时调整转股价格，并予以公告。转股价格调整的原则及方式应事先约定。

第二十八条 转股价格调整日为转股申请日或之后，转换股份登记日之前，该类转股申请应按调整后的转股价格执行。

第二十九条 发行人可约定可转换公司债券的其他发行条款。

第三十条 发行人应依法与担保人签订担保合同。担保应采取全额担保；担保方式可采取保证、抵押和质押，其中以保证方式提供担保的应为连带责任担保；担保范围应包括可转换公司债券的本金及利息、违约金、损害赔偿金和实现债权的费用。

中国证监会对于担保豁免另有规定的，从其规定。

第三十一条 发行人可委托有资格的信用评级机构对本次可转换公司债券的信用、或发行人的信用进行评级，信用评级的结果可以作为确定有关发行条款的依据并予以披露。

第五章 发行与承销

第三十二条 发行人申请发行可转换公司债券，股东大会应决定是否优先向原股东配售；如果优先配售，应明确进行配售的数量和方式以及有关原则。

购买可转换公司债券应以现金认购。

第三十三条 承销期满后，尚未售出的可转换公司债券按照承销协议约定的包销或代销方式分别处理。

第三十四条 采用代销方式时，超过募集说明书规定的截止日期尚未募足一亿元人民币的，发行人应在发行截止日后的三个工作日内将认购金额及按银行同期存款利率计算的利息返还给可转换公司债券认购人。

第三十五条 公开发行可转换公司债券的发行方式参照股票发行方式的有关规定，由发行人与主承销商协商确定。中国证监会另有规定的，从其规定。

第三十六条 可转换公司债券的承销佣金、费用及利息的处理参照股票发行的有关规定执行。

第六章 赎回、回售和转股

第三十七条 发行人每年可按约定条件行使一次赎回权。每年首次满足赎回条件时，发行人可赎回部分或全部未转股的可转换公司债券。但若首次不实施赎回的，当年不应再行使赎回权。

第三十八条 发行人行使赎回权时，应在赎回条件满足后的五个工作日内在中国证监会指定报刊和互联网网站连续发布赎回公告至少三次，赎回公告应载明赎回的程序、价格、付款方法、时间等内容。赎回公告发布后，不得撤销赎回决定。赎回期结束，应公告赎回结果及对发行人的影响。

第三十九条 可转换公司债券的持有人每年可依照约定的条件行使一次回售权。每年首次满足回售条件时，持有人可回售部分或全部未转股的可转换公司债券。首次不实施回售的，当年不应再行使回售权。

第四十条 发行人应当在每年首次满足回售条件后的五个工作日内在中国证监会指定报刊和互联网网站连续发布回售公告至少三次，回售公告应载明回售的程序、价格、付款方法、时间等内容。行使回售权的可转换公司债券持有人应在回售公告期满后的五个工作日内通过证券交易所交易系统进行回售申报，发行人应在回售申报期结束后五个工作日内，按事先确定的价格及支付方式支付相应的款项。回售期结束，应公告回售的结果及对发行人的影响。

第四十一条 可转换公司债券持有人可按约定的条件在规定的转股期内随时转股,并于转股完成后的次日成为发行人的股东。

第四十二条 发行人配股和增发新股时有关股本的确定办法,按中国证监会有关规定执行。

第七章 信息披露

第四十三条 发行人应及时披露任何对投资可转换公司债券有重大影响的任何信息。

第四十四条 发行人全体董事应承诺保证可转换公司债券申请文件及信息披露的内容真实、准确、完整,不存在任何虚假记载、误导性陈述或重大遗漏,并对此承担相应的法律责任。

第四十五条 发行人及主承销商等中介机构应承诺在本次发行募集说明书公告前保守秘密,不利用未公开的信息谋取利益。

第四十六条 可转换公司债券的信息披露文件应包括发行前的董事会和股东大会公告、募集说明书、上市公告书以及持续的信息披露文件(包括定期报告、临时报告等)。

第四十七条 可转换公司债券募集说明书、上市公告书应按中国证监会有关规定编制和披露。

第四十八条 定期报告除应遵守中国证监会有关年度报告、中期报告内容与格式的一般规定外,还应增加以下内容:

(一)转股价格历次调整的情况,经调整后的最新转股价格;

(二)可转换公司债券发行后累计转股的情况;

(三)最大十名可转换公司债券持有人的名单和持有量;

(四)担保人发生重大变化的情况;(五)发行人的负债情况及资信变化情况;

(六)中国证监会规定的其他内容。

第四十九条 临时报告除应遵守中国证监会和证券交易所有关上市公司临时报告的一般规定外,出现下列情形的,发行人应予以公告:

(一)因发行新股、送股及其他原因引起股份变动,需要调整转股价格的;

(二)可转换公司债券转换为股票的数额累计达到公司已发行股份的10%的;

(三)发行人信用状况发生重大变化,可能影响如期偿还本息的;

(四)可转换公司债券担保人发生重大资产变动、重大诉讼、或者涉及合并、分立等情况的;

(五)中国证监会规定的其他情形。

第五十条 通过证券交易所的证券交易,投资者持有发行人已发行的可转换公司债券达到20%时,应在该事实发生之日起三日内,向中国证监会、证券交易所书面报告,通知发行人并予以公告;在上述规定的期限内,不得再行买卖该发行人的可转换公司债券,也不得买卖该发行人的股票。

投资者持有发行人已发行可转换公司债券达到20%后,其所持该发行人已发行的可转换公司债券比例每增加或者减少10%时,应依照前款规定进行书面报告和公告。在报告期限内和作出报告、公告后二日内,不得再行买卖该发行人的可转换公司债券,也不得买卖该发行人的股票。

第五十一条 依照前条规定所作书面报告和公告至少应包括下列内容:

(一)持有人的名称、住所;

(二)所持有的可转换公司债券的名称、数量;

(三)持有的可转换公司债券达到规定比例或者持有的可转换公司债券增减变化达到规定比例的日期。

第五十二条 持有可转换公司债券的投资者,若其持有的可转换公司债券全部转为股本与其持有的该公司的股份的合计数,占公司已发行的股份与全部可转换公司债券转为股本的合计数达5%以上,以后每增加或减少1%,或上述比例达到30%以上,该投资者应按中国证监会的有关规定履行信息披露义务。

第八章 法律责任

第五十三条 为发行可转换公司债券提供服务的中介机构未按规定履行勤勉尽责义务的,中国证监会将对该机构及其主要责任人员给予公开批评并限期整改;在整改期间,暂缓接受该机构出具的文件。

第五十四条 发行人及其中介机构在发行信息公开前泄露有关信息的,中国证监会给予公开批评并责令其发布澄清公告;情节严重的,依照有关法律法规的规定处罚。

第五十五条 发行人和承销商向参加配售的机构投资者提供财务资助或补偿的,中国证监会给予公开批评,并责令限期改正。

第五十六条 除金融类上市公司外,发行人将募集资金投资于商业银行、证券公司等金融机构的,中国证监会给予公开批评,并责令限期改正。

第五十七条 如发行人披露盈利预测,发行后利润实现数未达到盈利预测的,凡不属于发行人管理层事前无法预测且事后无法控制的原因,发行人董事长、发行聘请的注册会计师、主承销商的法定代表人、业务负责人和项目负责人应当在股东大会及指定报刊上公开作出解释;利润实现数未达到盈利预测80%的,如无合理解释,上述人员应当在指定报刊公开道歉;未达到盈利预测50%的,中国证监会对发行人给予公开批评;发行人发行可转换公司债券当年出现亏损的,中国证监会自作出公开批评之日起二年内,不再受理该发行人公开发行证券的申请。

第九章 附则

第五十八条 可转换公司债券的上市、交易、清算、托管、付息、转换股份等行为,根据证券交易所及登记结算公司有关可转换公司债券的规定执行。

第五十九条 本办法自发布之日起施行。

全国社会保障基金投资管理暂行办法

财政部、劳动和社会保障部令 第12号

经国务院批准,现公布《全国社会保障基金投资管理暂行办法》;自公布之日起施行。

部长:项怀诚 张左已

二OO一年十二月十三日

第一章 总则

第一条 为了规范全国社会保障基金投资运作行为,根据国家有关法律法规,制定本办法。

第二条 本办法所称全国社会保障基金(以下简称社保基金)是指全国社会保障基金理事会(以下简称理事会)负责管理的由国有股减持划入资金及股权资产、中央财政拨入资金、经国务院批准以其他方式筹集的资金及其投资收益形成的由中央政府集中的社会保障基金。

第三条 社保基金投资运作的基本原则是,在保证基金资产安全性、流动性的前提下,实现基金资产的增值。

第四条 社保基金资产是独立于理事会、社保基金投资管理人、社保基金托管人的资产。

第五条 财政部会同劳动和社会保障部拟订社保基金管理运作的有关政策,对社保基金的投资运作和托管情况进行监督。

中国证券监督管理委员会(以下简称中国证监会)和中国人民银行按照各自的职权对社保基金投资管理人和托管人的经营活动进行监督。

第二章 理事会

第六条 理事会负责管理社保基金,履行以下职责:

(一)制定社保基金的投资经营策略并组织实施。

(二)选择并委托社保基金投资管理人、托管人对社保基金资产进行投资运作和托管;对投资运作和托管情况进行检查。

(三)负责社保基金的财务管理与会计核算,编制定期财务会计报表,起草财务会计报告。

(四)定期向社会公布社保基金资产、收益、现金流量等财务状况。

第七条 理事会应严格执行本办法。对理事会的违法违规行为按照国家有关法律法规进行处罚。

第三章 社保基金投资管理人

第八条 本办法所称社保基金投资管理人是指依照本办法第十条规定取得社保基金投资管理业务资格、根据合同受托运作和管理社保基金的专业性投资管理机构。

第九条 申请办理社保基金投资管理业务应具备以下条件:

(一)在中国注册,经中国证监会批准具有基金管理业务资格的基金管理公司及国务院规定的其他专业性投资管理机构。

(二)基金管理公司实收资本不少于5000万元人民币,在任何时候都维持不少于5000万元人民币的净资产。其他专业性投资管理机构需具备的最低资本规模另行规定。

(三)具有2年以上的在中国境内从事证券投资管理业务的经验,且管理审慎,信誉较高。具有规范的国际运作经验的机构,其经营时间可不受此款的限制。

(四)最近3年没有重大的违规行为。

(五)具有完善的法人治理结构。

(六)有与从事社保基金投资管理业务相适应的专业投资人员。

(七)具有完整有效的内部风险控制制度,内设独立的监察稽核部门,并配备足够数量的称职的专业人员。

第十条 社保基金投资管理人由理事会确定。申请社保基金投资管理业务,需向理事会提交申请书以及由中国证监会出具的申请人是否满足本办法第九条规定的基本条件的意见。理事会成立包括足够数量的独立人士参加的专家评审委员会,参照公开招标的原则对具备条件的社保基金投资管理业务申请人进行评审。评审委员会经投票提出社保基金投资管理人建议名单,报理事会确定。评审办法由理事会制定。评审办法及评审结果报财政部、劳动和社会保障部、中国证监会备案。

第十一条 社保基金投资管理人履行下列职责:

(一)按照投资管理政策及社保基金委托资产管理合同,管理并运用社保基金资产进行投资。

(二)建立社保基金投资管理风险准备金。

(三)完整保存社保基金委托资产的会计凭证、会计账簿和年度财务会计报告15年以上。

(四)编制社保基金委托资产财务会计报告,出具社保基金委托资产投资运作报告。

(五)保存社保基金投资记录15年以上。

(六)社保基金委托资产管理合同规定的其他职责。

第十二条 有下列情形之一的,社保基金投资管理人应当及时向理事会报告;

(一)社保基金资产市场价值大幅度波动。

(二)社保基金投资管理人减资、合并、分立、解散、依法被撤销、决定申请破产或被申请破产。

(三)社保基金投资管理人涉及重大诉讼或者仲裁。

(四)社保基金投资管理人的董事、监事、经理及其他高级管理人员发生重大变动。

(五)有可能使社保基金委托资产的价值受到重大影响的其他事项。

(六)委托资产管理合同规定的其他报告事项。

第十三条 社保基金投资管理人应适应社保基金管理的要求,建立、健全相关内部管理制度和风险管理制度。

第十四条 有下列情形之一的,社保基金投资管理人必须退任:

(一)社保基金投资管理人解散、依法被撤销、破产或者由接管人接管其资产。

(二)理事会有充分理由认为更换社保基金投资管理人符合社保基金利益。

(三)托管人有充分理由认为更换社保基金投资管理人符合社保基金利益并征得理事会同意。

(四)财政部、劳动和社会保障部或中国证监会有充分理由认为社保基金投资管理人不能继续履行委托资产管理职责。

(五)社保基金委托资产管理合同规定的其他情形。第十五条当社保基金投资管理人更换或退任时,理事会必须尽快委任新投资管理人,并报财政部、劳动和社会保障部、中国证监会备案;新任投资管理人确定并履行职责后,原任投资管理人方可退任。

第十五条 当社保基金投资管理人更换或退任时,理事会必须尽快委任新投资管理人,并报财政部、劳动和社会保障部、中国证监会备案;新任投资管理人确定并履行职责后,原任投资管理人方可退任。

第十六条 禁止社保基金投资管理人从事下列活动:

(一)以社保基金的名义使用不属于社保基金名下的资金从事投资活动,或以他人的名义使用属于社保基金名下的资金从事投资活动。

(二)不公平地对待社保基金账户的资产。

(三)挪用社保基金的委托资产。

(四)从事可能使社保基金委托资产承担无限责任的投资。

(五)用社保基金委托资产从事信用交易。

(六)法律、法规和社保基金委托资产管理合同规定禁止从事的其他活动。

第四章 社保基金托管人

第十七条 本办法所称社保基金托管人是指按照本办法第十九条规定取得社保基金托管业务资格、根据合同安全保管社保基金资产的商业银行。

第十八条 申请办理社保基金托管业务应具备以下条件:(一)设有专门的基金托管部。(二)实收资本不少于80亿元。(三)有足够的熟悉托管业务的专职人员。(四)具备安全保管基金全部资产的条件。(五)具备安全、高效的清算、交割能力。

第十九条 社保基金托管人由理事会确定。申请社保基金托管业务,需向理事会提交申请书以及由中国人民银行批准其从事社保基金托管业务的证明。理事会按照招标原则评选社保基金托管人,评选办法及评选结果报财政部、劳动和社会保障部、中国人民银行备案。理事会应逐步创造条件采用招标方式确定社保基金托管人。

第二十条 社保基金托管人履行下列职责:

(一)尽职保管社保基金的托管资产。

(二)执行社保基金投资管理人的投资指令,并负责办理社会基金名下的资金结算。

（三）监督社保基金投资管理人的投资运作。发现社保基金投资管理人的投资指令违法违规的，向理事会报告。

（四）完整保存社保基金会计账簿、会计凭证和年度财务会计报告15年以上。

（五）社保基金托管合同规定的其他职责。

第二十一条 社保基金托管人应适应社保基金托管的要求，建立、健全相关内部管理制度和风险管理制度。

第二十二条 有下列情形之一的，社保基金托管人必须退任：

（一）社保基金托管人解散、依法被撤销、破产或者由接管人接管其资产。

（二）理事会有充分理由认为社保基金托管人应当退任。

（三）财政部、劳动和社会保障部或中国人民银行有充分理由认为托管不能继续履行社保基金托管职责。

（四）社保基金托管合同规定的其他情形。

第二十三条 当社保基金托管人更换或退任时，理事会必须尽快委任新的托管人，并报财政部、劳动和社会保障部、中国人民银行备案；新任托管人确定并履行职责后，原任托管人方可退任。

第二十四条 禁止社保基金托管人从事下列活动：

（一）将其托管的社保基金资产与托管的其他资产混合管理。

（二）托管的社保基金资产与其自有资产混合管理。

（三）挪用其托管的社保基金资产。

（四）有关法律法规禁止从事的其他活动。

第五章 社保基金的投资

第二十五条 社保基金投资的范围限于银行存款、买卖国债和其他具有良好流动性的金融工具，包括上市流通的证券投资基金、股票、信用等级在投资级以上的企业债、金融债等有价证券。

理事会直接运作的社保基金的投资范围限于银行存款、在一级市场购买国债，其他投资需委托社保基金投资管理人管理和运作并委托社保基金托管人托管。

第二十六条 社保基金投资管理人与社保基金托管人须在人事、财务和资产上相互独立，其高级管理人员不得在对方兼任任何职务。

第二十七条 理事会持有的国债在二级市场的交易，需委托符合本办法第九条规定的专业性投资管理机构办理。

第二十八条 划入社保基金的货币资产的投资，按成本计算，应符合下列规定：

（一）银行存款和国债投资的比例不得低于50%。其中，银行存款的比例不得低于10%。在一家银行的存款不得高于社保基金银行存款总额的50%。

（二）企业债、金融债投资的比例不得高于10%。

（三）证券投资基金、股票投资的比例不得高于40%。

第二十九条 单个投资管理人管理的社保基金资产投资于1家企业所发行的证券或单只证券投资基金，不得超过该企业所发行证券或该基金份额的5%；按成本计算，不得超过其管理的社保基金资产总值的10%。

投资管理人管理的社保基金资产投资于自己管理的基金须经理事会认可。

第三十条 委托单个社保基金投资管理人进行管理的资产，不得超过年度社保基金委托资产总值的20%。

第三十一条 社保基金建立的初始阶段，减持国有股所获资金以外的中央预算拨款仅限投资于银行存款和国债。条件成熟时由财政部会同劳动和社会保障部商理事会报国务院批准后，改按本办法第二十八条所规定比例进行投资。

第三十二条 划入社保基金的股权资产纳入社保基金统一核算，按照国家有关规定进行管理。股权资产变现后的投资比例按本办法第二十八条的规定执行。

第三十三条 根据金融市场的变化和社保基金投资运作的情况，财政部会同劳动和社会保障部商有关部门适时报请国务院对第二十八条所规定的社保基金投资比例进行调整。

第三十四条 经中国人民银行批准，理事会可按照有关规定，与商业银行办理协议存款。

第六章 社保基金委托投资管理合同和托管合同

第三十五条 理事会与社保基金投资管理人必须签订委托资产管理合同，对双方的权利义务、委托资产管理方式、投资范围、收益分配等内容作出规定，并报财政部、劳动和社会保障部、中国证监会备案。

社保基金委托资产管理合同到期或中止时，相关事宜的处理办法另行制定。

第三十六条 理事会与社保基金托管人必须签订社保基金委托资产托管合同，明确双方的权利、义务，并报财政部、劳动和社会保障部、中国证监会、中国人民银行备案。

社保基金委托资产托管合同到期或中止时，相关事宜的处理办法另行制定。

第七章 社保基金投资的收益分配和费用

第三十七条 社保基金净收益全额纳入社保基金，按国家有关规定分配使用和投资。

第三十八条 社保基金投资管理人提取的委托资产管理手续费的年费率不高于社保基金委托资产净值的1.5%。

理事会可在委托资产管理合同中规定对社保基金投资管理人的业绩奖励措施。具体方案由财政部会同劳动和社会保障部批准。

第三十九条 社保基金托管人提取的托管费年费率不高于社保基金托管资产净值的0.25%。

第四十条 社保基金投资管理人按当年收取的社保基金委托资产管理手续费的20%，提取社保基金投资管理风险准备金，专项用于弥补社保基金投资的亏损。社保基金投资管理风险准备金在托管银行专户存储，余额达到社保基金委托管理资产净值的10%时可不再提取。

理事会按社保基金净收益的20%提取一般风险准备金，专项用于弥补社保基金投资发生重大亏损时社保基金投资管理人所提管理风险准备金不足以弥补的亏损。一般风险准备金余额达到社保基金资产净值的20%时可不再提取。

第八章 社保基金投资的账户和财务管理

第四十一条 社保基金投资管理人的社保基金委托资产管理业务必须与该管理人的其他业务在财务、账户上分开，不得混合操作和核算。

第四十二条 社保基金托管人必须为社保基金开设独立的证券账户和资金帐户。

第四十三条 社保基金与理事会单位财务分别建账，分别核算。

第四十四条 社保基金投资管理人和托管人应认真进行日常会计核算，严格按照有关规定编制会计报表，定期就社保基金的会计核算、报表编制等进行核对。

第九章 报告制度

第四十五条 理事会、社保基金投资管理人、社保基金托管人应当按照本办法的要求报告社保基金投资运作的情况，保证报告内容没有虚假、误导性陈述或者重大遗漏，并对所报告内容的真实性、完整性负责。

第四十六条 理事会的信息披露和报告应符合以下要求：

(一)每年一次向社会公布社保基金资产、收益、现金流量等财务状况。

(二)每季度一次向财政部、劳动和社会保障部提交社保基金财务会计报告、投资管理报告。

(三)单个社保基金委托资产管理合同到期后，向财政部、劳动和社会保障部提交经具备证券从业资格的会计师事务所审计的报告，对社保基金委托资产的投资情况作出说明。

(四)社保基金发生重大事件，立即报告财政部、劳动和社会保障部，并编制临时报告书，经核准后予以公告。

第四十七条 社保基金投资管理人应按社保基金委托资产管理合同及理事会的要求定期和不定期向理事会提供社保基金委托资产投资运作报告。

第四十八条 社保基金托管人应按托管合同和理事会要求定期和不定期向理事会提供社保基金托管资产报告，并对第四十七条社保基金投资管理人编制的报告的有关内容复核，向理事会出具书面复核意见。

第十章 罚 则

第四十九条 社保基金投资管理人违反本办法第十二条规定，不及时或者未向理事会报告该条所列情形之一的，责令改正，给予警告，并处5万元以下的罚款。

第五十条 社保基金投资管理人或者托管人有本办法第十六条和第二十四条所列行为之一的应退任，有违法所得的，没收违法所得，处以违法所得1倍以上5倍以下的罚款；没有违法所得的，处50万元以下的罚款。

第五十一条 社保基金投资管理人违反本办法第二十五条规定，超出范围进行投资的应退任，并处以50万元以下的罚款。

第五十二条 社保基金投资管理人和托管人违反本办法第二十六条规定的，责令限期改正，并给予警告，逾期不改的应退任。

第五十三条 社保基金投资管理人违反本办法第二十九条规定，责令限期改正，给予警告，并处10万元以下罚款，逾期不改的应退任。

第五十四条 社保基金投资管理人违反本办法第四十七条规定，托管人违反本办法第四十八条规定，未能按照要求提供报告的，责令限期改正，给予警告，并处5万元以下的罚款，逾期不改的应退任。

第五十五条 社保基金投资管理人或者托管人营私舞弊，违规操作，不履行其委托资产管理或托管职责的，或者严重失职，造成社保基金经营不善或重大损失的，除依法给予处罚外，予以更换或退任。

第五十六条 本办法第四十九条至第五十五条规定的处罚，由财政部会同劳动和社会保障部，或由中国证监会、中国人民银行，按照各自职权作出处罚决定；对违反本办法的同一行为不得给予两次以上的处罚。

第五十七条 本办法自发布之日起施行。

关于上市公司涉及外商投资有关问题的若干意见

(2001年11月8日)

为了推动境内股票市场的健康发展，规范外商投资股份有限公司上市发行股票和外商投资企业进入股票市场的行为，现提出以下意见：

一、关于外商投资股份有限公司设立。

设立外商投资股份有限公司或现有的外商投资有限责任公司申请转为外商投资股份有限公司，须符合《关于设立外商投资股份有限公司若干问题的暂行规定》(外经贸部令1995年第1号）的要求并按规定程序报外经贸部审批。

二、关于外商投资股份有限公司上市发行股票。

(一)外商投资股份有限公司在境内发行股票(A股与B股)必须符合外商投资产业政策及上市发行股票的要求；

(二)首次公开发行股票并上市的外商投资股份有限公司，除符合《公司法》等法律、法规及中国证监会的有关规定外，还应符合下列条件：1、申请上市前三年均已通过外商投资企业联合年检；2、经营范围符合《指导外商投资方向暂行规定》与《外商投资产业指导目录》的要求；3、上市发行股票后，其外资股占总股本的比例不低于10%；4、按规定需由中方控股(包括相对控股)或对中方持股比例有特殊规定的外商投资股份有限公司，上市后应按有关规定的要求继续保持中方控股地位或持股比例；5、符合发行上市股票有关法规要求的其他条件。

(三)外商投资股份有限公司首次公开发行股票并上市，除向中国证监会提交规定的材料外，还应提供通过联合年检的外商投资股份有限公司的批准证书和营业执照；

(四)外商投资股份有限公司首次发行股票后，其增发股票及配股，应符合本条上述第(二)款规定的条件以及增发股票与配股的有关规定；

(五)外商投资股份有限公司首次发行股票及增发或配、送股票完成后，应到外经贸部办理法律文件变更手续。

三、含有B股的外商投资股份有限公司，申请其非上市外资股在B股市场上流通，应在获得外经贸部同意后，向中国证监会报送非上市外资股上市流通的申请方案。

申请非上市外资股上市流通应符合下列条件：

(一)拟上市流通的非上市外资股的持有人持有该非上市外资股的期限超过一年；

(二)非上市外资股转为流通股后，其原持有人继续持有的期限须超过一年；

(三)非上市外资股原持有人依照公司章程、股东协议及其它法律文件对公司的特殊承诺和法律、法规有要求承担特殊义务和责任的，按其承诺或义务执行；

(四)符合上市发行股票有关法规要求的其他条件。

四、外商投资企业(包括外商投资股份有限公司)受让境内上市公司非流通股，应按《外商投资企业境内投资的暂行规定》规定的程序和要求办理有关手续。

暂不允许外商投资性公司受让上市公司非流通股。

五、外商投资股份有限公司境内上市发行股票后外资比例低于总股本25%的，应缴回外商投资企业批准证书，并按规定办理有关变更手续。

外商投资企业受让上市公司的非流通股，导致上市公司(持有外商投资企业批准证书的公司)外资比例低于总股本25%的，该上市公司应缴回外商投资企业批准证书，并按规定办理有关变更手续。

六、符合条件的外商投资企业可以在境外发行股票。

对外贸易经济合作部
中国证券监督管理委员会

亏损上市公司暂停上市和终止上市实施办法(修订)

关于发布《亏损上市公司暂停上市和终止上市实施办法(修订)》的通知

证监发[2001]147号

各上市公司:

为促进证券市场的健康发展,保护投资者的合法权益,我会制定了《亏损上市公司暂停上市和终止上市实施办法(修订)》,自2002年1月1日起施行。

根据本办法规定暂停上市的公司,在暂停上市期间,证券交易所不为其股票提供特别转让服务。

对于在本办法发布前已经暂停上市的公司,其股票恢复上市和终止上市按以下规定执行:

一、自其宽限期结束之日起,证券交易所停止为其股票提供特别转让服务。

二、公司符合下列条件的,在2001年度报告披露后的五个工作日内,并在宽限期结束之前,可以向证券交易所提出恢复上市申请:

(一)在法定期限内披露2001年度报告;

(二)2001年度财务报告显示公司已经盈利。

如果公司2001年度财务报告被注册会计师出具带解释性说明段的无保留意见、保留意见、否定意见或拒绝表示意见的审计报告,证券交易所可以对公司财务报告盈利的真实性进行调查核实。

三、在法定披露期限内未披露2001年度报告的,证券交易所停止为其股票提供特别转让服务,并在法定披露期限结束后十个工作日内做出公司股票终止上市的决定。

宽限期结束日早于2001年度报告法定披露期限的公司,如果未在宽限期结束日之前披露2001年度报告,或者虽然在宽限期结束日之前披露了2001年度报告,但未在宽限期结束日后五个工作日内提出恢复上市申请的,证券交易所应当在公司宽限期结束日后十个工作日内做出公司股票终止上市的决定。

四、证券交易所参照本办法第三、四章的有关规定,做出恢复上市或终止上市的决定。

二OO一年十一月三十日

第一章 总 则

第一条 为促进证券市场的健康发展,保护投资者的合法权益,根据《公司法》、《证券法》有关规定,制定本办法。

第二条 上市公司连续亏损,其股票暂停上市、恢复上市和终止上市,适用本办法。

第三条 证券交易所依法决定上市公司股票的暂停、恢复或者终止上市。

证券交易所应在作出上述决定后二个工作日内,报中国证券监督管理委员会(以下简称"中国证监会")备案。

第四条 中国证监会认为证券交易所作出的暂停、恢复或者终止上市的决定不符合有关法律、法规和本办法的规定,可以要求证券交易所予以纠正,或者直接撤消其决定。

第二章 暂停上市

第五条 公司出现最近三年连续亏损的情形,证券交易所应自公司公布年度报告之日起十个工作日内作出暂停其股票上市的决定。

因国家有关会计政策调整,导致公司追溯调整后出现三年连续亏损的情形,不适用前款规定。

第六条 证券交易所决定公司股票暂停上市的,应在二个工作日内通知公司并公告。

第七条 公司应在接到证券交易所股票暂停上市决定之日后二个工作日内,在中国证监会指定报纸和网站及证券交易所指定网站上登载《股票暂停上市公告》,公告以下内容:

(一)暂停上市股票的种类、简称、证券代码以及暂停上市起始日;

(二)证券交易所股票暂停上市决定的主要内容;

(三)证券交易所要求的其他内容。

第八条 公司在其股票暂停上市期间,每月至少披露一次为恢复上市所采取的具体措施,如公司未采取任何重大措施,也应予以披露。

第九条 公司在其股票暂停上市期间,应当依法继续履行信息披露义务。

第三章 恢复上市

第十条 公司股票暂停上市后,符合下列条件的,可以在第一个半年度报告披露后的五个工作日内向证券交易所提出恢复上市申请:

(一)在法定期限内披露暂停上市后的第一个半年度报告;

(二)半年度财务报告显示公司已经盈利。

如果公司半年度财务报告被注册会计师出具带解释性说明段的无保留意见、保留意见、否定意见或拒绝表示意见的审计报告,证券交易所可以对公司财务报告盈利的真实性进行调查核实,调查核实期间不计算在本办法第十二条规定的核准期限之内。

第十一条 公司申请恢复上市,应聘请具有主承销商资格并符合证券交易所有关规定的上市推荐人进行推荐。

第十二条 证券交易所应在公司提出股票恢复上市申请之日起五个工作日内作出是否受理申请的决定。

证券交易所决定受理后,应在三十个工作日内作出是否予以核准恢复上市的决定。

第十三条 公司在接到证券交易所核准其股票恢复上市的决定后,应在二个工作日内在中国证监会指定报纸和网站及证券交易所指定网站上登载《股票恢复上市公告》,公告以下内容:

(一)恢复上市股票的种类、简称、证券代码;

(二)证券交易所核准恢复上市决定的主要内容;

(三)公司董事会关于恢复上市措施的具体说明;

(四)证券交易所要求的其他内容。

第十四条 公司登载《股票恢复上市公告》五个交易日后,其股票恢复上市交易。

公司在其股票恢复上市交易后至其披露恢复上市后的第一个年度报告期间,证券交易所对其股票交易实行特别处理。

第四章 终止上市

第十五条 公司在法定期限结束后仍未披露暂停上市后第一个半

年度报告的,证券交易所应当在法定披露期限结束后十个工作日内做出公司股票终止上市的决定。

公司在法定期限内披露了暂停上市后的第一个半年度报告,但未在披露后的五个工作日内提出恢复上市申请,或提出申请后证券交易所未予受理的,证券交易所应在披露后十五个工作日内做出终止上市的决定。

第十六条 证券交易所受理公司恢复上市申请后,经审核认为不符合恢复上市条件的,应在受理申请后三十个工作日内做出终止上市的决定。

第十七条 公司股票暂停上市后,股东大会作出终止上市决议的,公司应当在两个工作日内通知证券交易所,证券交易所应在接到通知后的五个工作日内作出公司股票终止上市的决定。

第十八条 公司股票恢复上市后,在法定期限结束后仍未披露恢复上市后的第一个年度报告的,证券交易所应在法定期限结束后的十个工作日内做出公司股票终止上市的决定。

公司股票恢复上市后,在法定期限内披露了恢复上市后的第一个年度报告,但公司出现亏损的,证券交易所应在其披露年度报告后的三十个工作日内做出终止上市的决定。

如果公司年度财务报告被注册会计师出具带解释性说明段的无保留意见、保留意见、否定意见或拒绝表示意见的审计报告,证券交易所可以对公司财务报告盈利的真实性进行调查核实,调查核实期间不计算在前款规定的做出终止上市决定的期限之内。

第十九条 公司应在接到证券交易所终止上市的决定后二个工作日内在中国证监会指定报纸和网站及证券交易所指定网站上登载《股票终止上市公告》,公告以下内容:

(一)终止上市股票的种类、简称、证券代码以及终止上市的日期;

(二)终止上市决定的主要内容;

(三)终止上市后其股票登记、转让、管理事宜;

(四)证券交易所要求的其他内容。

第二十条 公司应在股票终止上市后的一个月内在中国证监会指定报纸和网站及证券交易所指定网站上登载公告,说明公司终止上市的具体原因,公司历年的财务状况、公司高级管理人员重大违法违规情况及目前的重大债权债务、诉讼情况等。

第二十一条 公司未在规定期限内履行前条规定义务的,股东可以依法要求公司履行上述义务。

第二十二条 股票终止上市的公司可以依照有关规定与中国证券业协会批准的证券公司签订协议,委托证券公司办理股份转让。

第五章 附 则

第二十三条 本办法适用于股票在上海、深圳证券交易所上市的公司。

第二十四条 本办法自2002年1月1日起施行。2001年2月22日中国证监会发布的《亏损上市公司暂停上市和终止上市实施办法》(证监发[2001]25号)同时废止。

上市公司治理准则

关于发布《上市公司治理准则》的通知

证监发 [2002]1号

各上市公司:

为推动上市公司建立和完善现代企业制度,规范上市公司运作,促进我国证券市场健康发展,现发布《上市公司治理准则》,请遵照执行。

中国证券监督管理委员会
国家经济贸易委员会
二〇〇二年一月七日

导 言

为推动上市公司建立和完善现代企业制度,规范上市公司运作,促进我国证券市场健康发展,根据《公司法》、《证券法》及其它相关法律、法规确定的基本原则,并参照国外公司治理实践中普遍认同的标准,制订本准则。

本准则阐明了我国上市公司治理的基本原则、投资者权利保护的实现方式,以及上市公司董事、监事、经理等高级管理人员所应当遵循的基本的行为准则和职业道德等内容。

本准则适用于中国境内的上市公司。上市公司改善公司治理,应当贯彻本准则所阐述的精神。上市公司制定或者修改公司章程及治理细则,应当体现本准则所列明的内容。本准则是评判上市公司是否具有良好的公司治理结构的主要衡量标准,对公司治理存在重大问题的上市公司,证券监管机构将责令其按照本准则的要求进行整改。

第一章 股东与股东大会

第一节 股东权利

第一条 股东作为公司的所有者,享有法律、行政法规和公司章程规定的合法权利。上市公司应建立能够确保股东充分行使权利的公司治理结构。

第二条 上市公司的治理结构应确保所有股东,特别是中小股东享有平等地位。股东按其持有的股份享有平等的权利,并承担相应的义务。

第三条 股东对法律、行政法规和公司章程规定的公司重大事项,享有知情权和参与权。上市公司应建立和股东沟通的有效渠道。

第四条 股东有权按照法律、行政法规的规定,通过民事诉讼或其他法律手段保护其合法权利。股东大会、董事会的决议违反法律、行政法规的规定,侵犯股东合法权益,股东有权依法提起要求停止上述违法行为或侵害行为的诉讼。董事、监事、经理执行职务时违反法律、行政法规或者公司章程的规定,给公司造成损害的,应承担赔偿责任。股东有权要求公司依法提起要求赔偿的诉讼。

第二节 股东大会的规范

第五条 上市公司应在公司章程中规定股东大会的召开和表决程序,包括通知、登记、提案的审议、投票、计票、表决结果的宣布、会议决议的形成、会议记录及其签署、公告等。

第六条 董事会应认真审议并安排股东大会审议事项。股东大会应给予每个提案合理的讨论时间。

第七条 上市公司应在公司章程中规定股东大会对董事会的授权原则,授权内容应明确具体。

第八条 上市公司应在保证股东大会合法、有效的前提下,通过各种方式和途径,包括充分运用现代信息技术手段,扩大股东参与股东大会的比例。股东大会时间、地点的选择应有利于让尽可能多的股东参加会议。

第九条 股东既可以亲自到股东大会现场投票,也可以委托代理人代为投票,两者具有同样的法律效力。

第十条 上市公司董事会、独立董事和符合有关条件的股东可向上市公司股东征集其在股东大会上的投票权。投票权征集应采取无偿的方式进行,并应向被征集人充分披露信息。

第十一条 机构投资者应在公司董事选任、经营者激励与监督、重大事项决策等方面发挥作用。

第三节 关联交易

第十二条 上市公司与关联人之间的关联交易应签订书面协议。协议的签订应当遵循平等、自愿、等价、有偿的原则,协议内容应明确、具体。公司应将该协议的订立、变更、终止及履行情况等事项按照有关规定予以披露。

第十三条 上市公司应采取有效措施防止关联人以垄断采购和销售业务渠道等方式干预公司的经营,损害公司利益。关联交易活动应遵循商业原则, 关联交易的价格原则上应不偏离市场独立第三方的价格或收费的标准。公司应对关联交易的定价依据予以充分披露。

第十四条 上市公司的资产属于公司所有。上市公司应采取有效措施防止股东及其关联方以各种形式占用或转移公司的资金、资产及其他资源。上市公司不得为股东及其关联方提供担保。

第二章 控股股东与上市公司

第一节 控股股东行为的规范

第十五条 控股股东对拟上市公司改制重组时应遵循先改制、后上市的原则,并注重建立合理制衡的股权结构。

第十六条 控股股东对拟上市公司改制重组时应分离其社会职能,剥离非经营性资产,非经营性机构、福利性机构及其设施不得进入上市公司。

第十七条 控股股东为上市公司主业服务的存续企业或机构可以按照专业化、市场化的原则改组为专业化公司,并根据商业原则与上市公司签订有关协议。从事其他业务的存续企业应增强其独立发展的能力。无继续经营能力的存续企业,应按有关法律、法规的规定,通过实施破产等途径退出市场。企业重组时具备一定条件的,可以一次性分离其社会职能及分流富余人员,不保留存续企业。

第十八条 控股股东应支持上市公司深化劳动、人事、分配制度改革,转换经营管理机制,建立管理人员竞聘上岗、能上能下,职工择优录用、能进能出,收入分配能增能减、有效激励的各项制度。

第十九条 控股股东对上市公司及其他股东负有诚信义务。控股股东对其所控股的上市公司应严格依法行使出资人的权利,控股股东不得利用资产重组等方式损害上市公司和其他股东的合法权益,不得利用其特殊地位谋取额外的利益。

第二十条 控股股东对上市公司董事、监事候选人的提名,应严格遵循法律、法规和公司章程规定的条件和程序。控股股东提名的董事、监事候选人应当具备相关专业知识和决策、监督能力。控股股东不得对股东大会人事选举决议和董事会人事聘任决议履行任何批准手续;不得越过股东大会、董事会任免上市公司的高级管理人员。

第二十一条 上市公司的重大决策应由股东大会和董事会依法作出。控股股东不得直接或间接干预公司的决策及依法开展的生产经营活动,损害公司及其他股东的权益。

第二节 上市公司的独立性

第二十二条 控股股东与上市公司应实行人员、资产、财务分开,机构、业务独立,各自独立核算、独立承担责任和风险。

第二十三条 上市公司人员应独立于控股股东。上市公司的经理人员、财务负责人、营销负责人和董事会秘书在控股股东单位不得担任除董事以外的其他职务。控股股东高级管理人员兼任上市公司董事的,应保证有足够的时间和精力承担上市公司的工作。

第二十四条 控股股东投入上市公司的资产应独立完整、权属清晰。控股股东以非货币性资产出资的,应办理产权变更手续,明确界定该资产的范围。上市公司应当对该资产独立登记、建帐、核算、管理。控股股东不得占用、支配该资产或干预上市公司对该资产的经营管理。

第二十五条 上市公司应按照有关法律、法规的要求建立健全的财务、会计管理制度,独立核算。控股股东应尊重公司财务的独立性,不得干预公司的财务、会计活动。

第二十六条 上市公司的董事会、监事会及其他内部机构应独立运作。控股股东及其职能部门与上市公司及其职能部门之间没有上下级关系。控股股东及其下属机构不得向上市公司及其下属机构下达任何有关上市公司经营的计划和指令,也不得以其他任何形式影响其经营管理的独立性。

第二十七条 上市公司业务应完全独立于控股股东。控股股东及其下属的其他单位不应从事与上市公司相同或相近的业务。控股股东应采取有效措施避免同业竞争。

第三章 董事与董事会

第一节 董事的选聘程序

第二十八条 上市公司应在公司章程中规定规范、透明的董事选聘程序,保证董事选聘公开、公平、公正、独立。

第二十九条 上市公司应在股东大会召开前披露董事候选人的详细资料,保证股东在投票时对候选人有足够的了解。

第三十条 董事候选人应在股东大会召开之前作出书面承诺,同意接受提名,承诺公开披露的董事候选人的资料真实、完整并保证当选后切实履行董事职责。

第三十一条 在董事的选举过程中,应充分反映中小股东的意见。股东大会在董事选举中应积极推行累积投票制度。控股股东控股比例在30%以上的上市公司,应当采用累积投票制。采用累积投票制度的上市公司应在公司章程里规定该制度的实施细则。

第三十二条 上市公司应和董事签订聘任合同,明确公司和董事之间的权利义务、董事的任期、董事违反法律法规和公司章程的责任以及公司因故提前解除合同的补偿等内容。

第二节 董事的义务

第三十三条 董事应根据公司和全体股东的最大利益,忠实、诚信、勤勉地履行职责。

第三十四条 董事应保证有足够的时间和精力履行其应尽的职责。

第三十五条 董事应以认真负责的态度出席董事会,对所议事项表达明确的意见。董事确实无法亲自出席董事会的,可以书面形式委托其他董事按委托人的意愿代为投票,委托人应独立承担法律责任。

第三十六条 董事应遵守有关法律、法规及公司章程的规定,严格遵守其公开作出的承诺。

第三十七条 董事应积极参加有关培训, 以了解作为董事的权利、义务和责任, 熟悉有关法律法规, 掌握作为董事应具备的相关知识。

第三十八条 董事会决议违反法律、法规和公司章程的规定,致使公司遭受损失的,参与决议的董事对公司承担赔偿责任。但经证明在表决时曾表明异议并记载于会议记录的董事除外。

第三十九条 经股东大会批准,上市公司可以为董事购买责任保险。但董事因违反法律法规和公司章程规定而导致的责任除外。

第三节 董事会的构成和职责

第四十条 董事会的人数及人员构成应符合有关法律、法规的要求确保董事会能够进行富有成效的讨论,作出科学、迅速和谨慎的决策。

第四十一条 董事会应具备合理的专业结构,其成员应具备履行职务所必需的的知识、技能和素质。

第四十二条 董事会向股东大会负责。上市公司治理结构应确保董事会能够按照法律、法规和公司章程的规定行使职权。

第四十三条 董事会应认真履行有关法律、法规和公司章程规定的职责,确保公司遵守法律、法规和公司章程的规定,公平对待所有股东,并关注其他利益相关者的利益。

第四节 董事会议事规则

第四十四条 上市公司应在公司章程中规定规范的董事会议事规

则，确保董事会高效运作和科学决策。

第四十五条 董事会应定期召开会议,并根据需要及时召开临时会议。董事会会议应有事先拟定的议题。

第四十六条 上市公司董事会会议应严格按照规定的程序进行。董事会应按规定的时间事先通知所有董事,并提供足够的资料,包括会议议题的相关背景材料和有助于董事理解公司业务进展的信息和数据。当2名或2名以上独立董事认为资料不充分或论证不明确时,可联名以书面形式向董事会提出延期召开董事会会议或延期审议该事项,董事会应予以采纳。

第四十七条 董事会会议记录应完整、真实。董事会秘书对会议所议事项要认真组织记录和整理。出席会议的董事、董事会秘书和记录人应在会议记录上签名。董事会会议记录应作为公司重要档案妥善保存,以作为日后明确董事责任的重要依据。

第四十八条 董事会授权董事长在董事会闭会期间行使董事会部分职权的,上市公司应在公司章程中明确规定授权原则和授权内容,授权内容应当明确、具体。凡涉及公司重大利益的事项应由董事会集体决策。

第五节 独立董事制度

第四十九条 上市公司应按照有关规定建立独立董事制度。独立董事应独立于所受聘的公司及其主要股东。独立董事不得在上市公司担任除独立董事外的其他任何职务。

第五十条 独立董事对公司及全体股东负有诚信与勤勉义务。独立董事应按照相关法律、法规、公司章程的要求,认真履行职责,维护公司整体利益,尤其要关注中小股东的合法权益不受损害。独立董事应独立履行职责,不受公司主要股东、实际控制人、以及其他与上市公司存在利害关系的单位或个人的影响。

第五十一条 独立董事的任职条件、选举更换程序、职责等,应符合有关规定。

第六节 董事会专门委员会

第五十二条 上市公司董事会可以按照股东大会的有关决议,设立战略、审计、提名、薪酬与考核等专门委员会。专门委员会成员全部由董事组成,其中审计委员会、提名委员会、薪酬与考核委员会中独立董事应占多数并担任召集人,审计委员会中至少应有一名独立董事是会计专业人士。

第五十三条 战略委员会的主要职责是对公司长期发展战略和重大投资决策进行研究并提出建议。

第五十四条 审计委员会的主要职责是:(1) 提议聘请或更换外部审计机构;(2)监督公司的内部审计制度及其实施;(3)负责内部审计与外部审计之间的沟通;(4)审核公司的财务信息及其披露;(5)审查公司的内控制度。

第五十五条 提名委员会的主要职责是:(1)研究董事、经理人员的选择标准和程序并提出建议;(2) 广泛搜寻合格的董事和经理人员的人选;(3)对董事候选人和经理人选进行审查并提出建议。

第五十六条 薪酬与考核委员会的主要职责是:(1) 研究董事与经理人员考核的标准,进行考核并提出建议;(2)研究和审查董事、高级管理人员的薪酬政策与方案。

第五十七条 各专门委员会可以聘请中介机构提供专业意见,有关费用由公司承担。

第五十八条 各专门委员会对董事会负责,各专门委员会的提案应提交董事会审查决定。

第四章 监事与监事会

第一节 监事会的职责

第五十九条 上市公司监事会应向全体股东负责,对公司财务以及公司董事、经理和其他高级管理人员履行职责的合法合规性进行监督,维护公司及股东的合法权益。

第六十条 监事有了解公司经营情况的权利,并承担相应的保密义务。监事会可以独立聘请中介机构提供专业意见。

第六十一条 上市公司应采取措施保障监事的知情权,为监事正常履行职责提供必要的协助,任何人不得干预、阻挠。监事履行职责所需的合理费用应由公司承担。

第六十二条 监事会的监督记录以及进行财务或专项检查的结果应成为对董事、经理和其他高级管理人员绩效评价的重要依据。

第六十三条 监事会发现董事、经理和其他高级管理人员存在违反法律、法规或公司章程的行为,可以向董事会、股东大会反映,也可以直接向证券监管机构及其他有关部门报告。

第二节 监事会的构成和议事规则

第六十四条 监事应具有法律、会计等方面的专业知识或工作经验。监事会的人员和结构应确保监事会能够独立有效地行使对董事、经理和其他高级管理人员及公司财务的监督和检查。

第六十五条 上市公司应在公司章程中规定规范的监事会议事规则。监事会会议应严格按规定程序进行。

第六十六条 监事会应定期召开会议,并根据需要及时召开临时会议。监事会会议因故不能如期召开,应公告说明原因。

第六十七条 监事会可要求公司董事、经理及其他高级管理人员、内部及外部审计人员出席监事会会议,回答所关注的问题。

第六十八条 监事会会议应有记录,出席会议的监事和记录人应当在会议记录上签字。监事有权要求在记录上对其在会议上的发言作出某种说明性记载。监事会会议记录应作为公司重要档案妥善保存。

第五章 绩效评价与激励约束机制

第一节 董事、监事、经理人员的绩效评价

第六十九条 上市公司应建立公正透明的董事、监事和经理人员的绩效评价标准和程序。

第七十条 董事和经理人员的绩效评价由董事会或其下设的薪酬与考核委员会负责组织。独立董事、监事的评价应采取自我评价与相互评价相结合的方式进行。

第七十一条 董事报酬的数额和方式由董事会提出方案报请股东大会决定。在董事会或薪酬与考核委员会对董事个人进行评价或讨论其报酬时,该董事应当回避。

第七十二条 董事会、监事会应当向股东大会报告董事、监事履行职责的情况、绩效评价结果及其薪酬情况,并予以披露。

第二节 经理人员的聘任

第七十三条 上市公司经理人员的聘任,应严格按照有关法律、法规和公司章程的规定进行。任何组织和个人不得干预公司经理人员的正常选聘程序。

第七十四条 上市公司应尽可能采取公开、透明的方式,从境内外人才市场选聘经理人员,并充分发挥中介机构的作用。

第七十五条 上市公司应和经理人员签订聘任合同,明确双方的权利义务关系。

第七十六条 经理的任免应履行法定的程序,并向社会公告。

第三节 经理人员的激励与约束机制

第七十七条 上市公司应建立经理人员的薪酬与公司绩效和个人业绩相联系的激励机制,以吸引人才,保持经理人员的稳定。

第七十八条 上市公司对经理人员的绩效评价应当成为确定经理人员薪酬以及其它激励方式的依据。

第七十九条 经理人员的薪酬分配方案应获得董事会的批准,向股东大会说明,并予以披露。

第八十条 上市公司应在公司章程中明确经理人员的职责。经理人员违反法律、法规和公司章程规定,致使公司遭受损失的,公司董事会应积极采取措施追究其法律责任。

第六章 利益相关者

第八十一条 上市公司应尊重银行及其它债权人、职工、消费者、供

应商、社区等利益相关者的合法权利。

第八十二条 上市公司应与利益相关者积极合作，共同推动公司持续、健康地发展。

第八十三条 上市公司应为维护利益相关者的权益提供必要的条件，当其合法权益受到侵害时，利益相关者应有机会和途径获得赔偿。

第八十四条 上市公司应向银行及其它债权人提供必要的信息，以便其对公司的经营状况和财务状况作出判断和进行决策。

第八十五条 上市公司应鼓励职工通过与董事会、监事会和经理人员的直接沟通和交流，反映职工对公司经营、财务状况以及涉及职工利益的重大决策的意见。

第八十六条 上市公司在保持公司持续发展、实现股东利益最大化的同时，应关注所在社区的福利、环境保护、公益事业等问题，重视公司的社会责任。

第七章 信息披露与透明度

第一节 上市公司的持续信息披露

第八十七条 持续信息披露是上市公司的责任。上市公司应严格按照法律、法规和公司章程的规定，真实、准确、完整、及时地披露信息。

第八十八条 上市公司除按照强制性规定披露信息外，应主动、及时地披露所有可能对股东和其它利益相关者决策产生实质性影响的信息，并保证所有股东有平等的机会获得信息。

第八十九条 上市公司披露的信息应当便于理解。上市公司应保证使用者能够通过经济、便捷的方式（如互联网）获得信息。

第九十条 上市公司董事会秘书负责信息披露事项，包括建立信息披露制度、接待来访、回答咨询、联系股东，向投资者提供公司公开披露的资料等。董事会及经理人员应对董事会秘书的工作予以积极支持。任何机构及个人不得干预董事会秘书的工作。

第二节 公司治理信息的披露

第九十一条 上市公司应按照法律、法规及其他有关规定，披露公司治理的有关信息，包括但不限于：(1)董事会、监事会的人员及构成；(2)董事会、监事会的工作及评价；(3)独立董事工作情况及评价，包括独立董事出席董事会的情况、发表独立意见的情况及对关联交易、董事及高级管理人员的任免等事项的意见；(4) 各专门委员会的组成及工作情况；(5)公司治理的实际状况，及与本准则存在的差异及其原因；(6)改进公司治理的具体计划和措施。

第三节 股东权益的披露

第九十二条 上市公司应按照有关规定，及时披露持有公司股份比例较大的股东以及一致行动时可以实际控制公司的股东或实际控制人的详细资料。

第九十三条 上市公司应及时了解并披露公司股份变动的情况以及其它可能引起股份变动的重要事项。

第九十四条 当上市公司控股股东增持、减持或质押公司股份，或上市公司控制权发生转移时，上市公司及其控股股东应及时、准确地向全体股东披露有关信息。

第八章 附 则

第九十五条 本准则自发布之日起施行。

证券投资基金会计核算办法

（财政部 2001 年 11 月 11 日）

一、总 则

（一）为了规范证券投资基金的会计核算，真实、完整地提供会计信息，根据《中华人民共和国会计法》、《金融企业会计制度》及国家其他有关法律和法规，制定本办法。

（二）本办法适用于基金管理公司管理的证券投资基金（以下简称"基金"）。

（三）基金管理公司对所管理的基金应当以基金为会计核算主体，独立建账、独立核算，保证不同基金之间在名册登记、账户设置、资金划拨、账簿记录等方面相互独立。

（四）基金管理公司应于估值日计算基金净值和基金单位净值，并按国家有关规定予以公告。

（五）本办法统一规定会计科目编号，以便于编制会计凭证，登记账簿，查阅账目，实行会计电算化。基金管理公司不得随意打乱重编。某些会计科目之间留有空号，供增设会计科目之用。

（六）基金管理公司应按本办法的规定设置和使用会计科目。在不影响会计核算要求和会计报表指标汇总，以及对外提供统一的财务会计报告的前提下，可以根据实际情况自行增设、减少或合并某些会计科目。

明细科目的设置，除本办法已有规定者外，在不违反统一会计核算要求的前提下，基金管理公司可以根据需要自行确定。

（七）基金管理公司在填制会计凭证、登记账簿时，应当填制会计科目的名称，或者同时填列会计科目的名称和编号，不应当只填科目编号，不填列科目名称。

（八）基金管理公司应编制和对外提供真实、完整的基金财务会计报告。财务会计报告分为年度、半年度、季度和月度财务会计报告。季度、月度财务会计报告通常仅指会计报表，国家统一的会计制度另有规定的除外。半年度、年度财务会计报告至少应披露会计报表和会计报表附注的内容。

（九）财务会计报告由会计报表和会计报表附注组成。对外提供的会计报表包括：资产负债表、经营业绩表、基金净值变动表及其附表。会计报表附注至少应披露主要会计政策及其变更的影响数、关联方关系及其交易和主要报表项目说明等内容。

关联方关系及其交易应披露基金与基金管理人、基金托管人、基金发起人、基金管理公司的股东等关联方在报告期内存在的关系与交易等。

（十）月度、季度财务会计报告应于月份终了后 6 个工作日内报出；半年度财务会计报告应于年度前 6 个月结束后 60 日内报出；年度财务会计报告应于年度终了后 90 日内报出。

编报的会计报表，以人民币"元"为金额单位，"元"以下填至"分"。

（十一）向外提供的基金会计报表应依次编定页数，加具封面，装订成册，加盖公章。封面应注明：基金管理人和基金托管人名称、基金名称、基金设立年份、报表所属年度、月份、送出日期等，并由单位负责人和主管会计工作的负责人、会计机构负责人（会计主管）签名并盖章；设置总会计师的单位，还须由总会计师签字并盖章。

（十二）本办法由中华人民共和国财政部负责解释。本办法需要变更时，由财政部负责修订。

（十三）本办法自 2002 年 1 月 1 日起施行。

二、证券投资基金会计科目

（一）会计科目名称和编号

顺序号	编号	会计科目名称
一、资产类		
1	101	银行存款
2	102	清算备付金
3	103	交易保证金
4	111	证券清算款
5	112	应收股利
6	113	应收利息
7	114	应收申购款

8	119	其他应收款
9	121	股票投资
10	122	债券投资
11	131	买入返售证券
12	141	配股权证
13	151	待摊费用
14	161	投资估值增值
二、负债类		
15	201	应付赎回款
16	202	应付赎回费
17	211	应付管理人报酬
18	212	应付托管费
19	221	应付佣金
20	223	应付利息
21	225	应付收益
22	227	应交税金
23	229	其他应付款
24	231	卖出回购证券款
25	241	短期借款
26	251	预提费用
三、持有人权益类		
27	301	实收基金
28	311	未实现利得
29	313	损益平准金
30	321	本期收益
31	331	收益分配
四、损益类		
32	401	股票差价收入
33	402	债券差价收入
34	411	债券利息收入
35	412	存款利息收入
36	421	股利收入
37	431	买入返售证券收入
38	439	其他收入
39	441	管理人报酬
40	442	基金托管费
41	451	卖出回购证券支出
42	452	利息支出
43	459	其他费用
44	461	以前年度损益调整

(二)会计科目使用说明

101 银行存款

一、本科目核算存入商业银行的存款。

二、银行存款的账务处理：

(一)将款项存入银行时,借记本科目,贷记有关科目;支付款项时,借记有关科目,贷记本科目。

(二)逐日计提银行存款利息时,借记"应收利息"科目,贷记"存款利息收入"科目;实际结息时,借记本科目,贷记"应收利息"科目。

三、本科目应按开户银行、存款种类等分别设置"银行存款日记账",并根据收、付款凭证,按照业务的发生顺序逐笔登记,每日终了应结出余额。"银行存款日记账"应定期与"银行对账单"核对,至少每月核对一次。月份终了,银行存款账面结余与银行对账单余额之间如有差额,必须逐笔查明原因进行处理,并应按月编制"银行存款余额调节表",调节相符。

四、本科目期末借方余额反映实际存在银行的款项。

102 清算备付金

一、本科目核算为证券交易的资金交割与交收而存入证券登记结算机构的款项。

二、清算备付金的账务处理：

(一)将款项存入证券登记结算机构,借记本科目,贷记"银行存款"科目;从证券登记结算机构收回资金,借记"银行存款"科目,贷记本科目。

(二)通过证券交易所买卖证券,资金交收日应分别以下情况进行账务处理:

1、如果买入证券成交总额大于卖出证券成交总额,按资金交收日实际支付的金额(买入证券与卖出证券成交总额的差额,加相关费用),借记"证券清算款"科目,贷记本科目。

2、如果卖出证券成交总额大于买入证券成交总额,按资金交收日实际收到的金额(买入证券与卖出证券成交总额的差额,减相关费用),借记本科目,贷记"证券清算款"科目。

(三)逐日计提清算备付金的利息,借记"应收利息"科目,贷记"存款利息收入"科目;实际结息时,借记本科目,贷记"应收利息"科目。

三、本科目应按不同证券登记结算机构,如上海证券中央登记结算公司、深圳证券登记结算有限公司等设置明细账,进行明细核算。

四、本科目期末借方余额反映存入证券登记结算机构尚未使用的款项。

103 交易保证金

一、本科目核算向证券交易所交存的交易保证金。

二、交存的交易保证金,借记本科目,贷记"银行存款"等科目;收回交易保证金作相反分录。

三、本科目应按收取交易保证金的单位设置明细账,进行明细核算。

四、本科目期末借方余额反映交存的交易保证金。

111 证券清算款

一、本科目核算因买卖证券、回购证券、申购新股、配售股票等业务而发生的,应与证券登记结算机构办理资金清算的款项。

二、证券清算款的账务处理：

(一)通过证券交易所买卖证券,证券成交日应分别以下情况进行账务处理:

1、如果买入证券成交总额大于卖出证券成交总额,借记有关科目,贷记本科目和有关科目。

2、如果卖出证券成交总额大于买入证券成交总额,借记本科目和有关科目,贷记有关科目。

(二)通过证券交易所买卖证券,资金交收日应分别以下情况进行账务处理:

1、如果买入证券成交总额大于卖出证券成交总额,按资金交收日实际支付金额(买入证券与卖出证券成交总额的差额,加相关费用),借记本科目,贷记"清算备付金"科目。

2、如果卖出证券成交总额大于买入证券成交总额,按资金交收日实际收到的金额(买入证券与卖出证券成交总额的差额,减相关费用),借记"清算备付金"科目,贷记本科目。

三、本科目应按不同证券登记结算机构,如上海证券中央登记结算公司、深圳证券登记结算有限公司等设置明细账,进行明细核算。

四、本科目所属明细科目期末借方余额反映尚未收回的证券清算款,在资产负债表资产方的"应收证券清算款"项目反映;本科目所属明细科目贷方余额反映尚未支付的证券清算款,在资产负债表负债方的"应付证券清算款"项目反映。

112 应收股利

一、本科目核算因股票投资而应收取的现金股利。

二、应收股利的账务处理：

基金持有的股票,应于除息日按上市公司宣告的分红派息比例计算确认股利收入,借记本科目,贷记"股利收入"科目;实际收到现金股利时,借记"清算备付金"科目,贷记本科目。

三、本科目应按债务人设置明细账,进行明细核算。

四、本科目期末借方余额反映尚未收取的现金股利。

113 应收利息

一、本科目核算能够以固定的或可确定的金额收回的各种利息，如银行存款利息、清算备付金利息、债券利息、买入返售证券利息等。

二、应收利息的账务处理：

（一）买入上市债券，借记"债券投资"科目和本科目（债券起息日或上次除息日至购买日止的利息），贷记"证券清算款"科目；债券持有期内按债券票面价值与票面利率逐日计提利息，借记本科目，贷记"债券利息收入"科目；债券除息日，按应收利息，借记"证券清算款"科目，贷记本科目；资金交收日，按实收债券利息，借记"清算备付金"科目，贷记"证券清算款"科目；卖出上市债券，借记"证券清算款"科目，贷记本科目和"债券投资"、"债券差价收入"科目。

（二）买入非上市债券，借记"债券投资"科目和本科目（债券起息日或上次除息日至购买日止的利息），贷记"银行存款"科目；收到债券利息时，借记"银行存款"科目，贷记本科目；债券持有期内按债券票面价值与票面利率逐日计提利息，借记本科目，贷记"债券利息收入"科目；卖出非上市债券，借记"银行存款"科目，贷记本科目和"债券投资"、"债券差价收入"科目。

（三）逐日计提银行存款、清算备付金等各项存款利息时，借记本科目，贷记"存款利息收入"科目；实际结息时，借记"银行存款"、"清算备付金"科目，贷记本科目。

（四）在证券持有期内逐日计提的买入返售证券收入，借记本科目，贷记"买入返售证券收入"科目；到期返售证券时，借记"银行存款"或"证券清算款"科目，贷记本科目和"买入返售证券"科目。

三、本科目应按应收利息种类，如银行存款利息、清算备付金利息、债券利息、买入返售证券利息等设置明细账，进行明细核算。

四、本科目期末借方余额反映尚未收到的各项利息。

114 应收申购款

一、本科目核算应向办理申购业务的机构收取的申购款项（不含申购费）。

二、应收申购款的核算原则：

（一）基金管理公司应当在接受基金投资人有效申请之日起，在规定的工作日内收回申购款项，尚未收回之前作为应收申购款入账。

（二）办理申购业务的机构按规定收取的申购费，如在基金申购时收取的，由办理申购业务的机构直接向投资人收取，不纳入基金会计核算范围；如在基金赎回时收取的，待基金投资人赎回时从赎回款中抵扣。

三、应收申购款的账务处理：

（一）基金申购确认日，按有效申购款，借记本科目，按有效申购款中含有的实收基金，贷记"实收基金"科目，按有效申购款中含有的未实现利得，贷记"未实现利得"科目，按有效申购款中含有的未分配收益，贷记"损益平准金"科目。

（二）收到有效申购款时，借记"银行存款"科目，贷记本科目。

四、本科目应按办理申购业务的机构设置明细账，进行明细核算。

五、本科目期末借方余额反映尚未收回的有效申购款。

119 其他应收款

一、本科目核算除应收股利、应收利息、应收申购款以外的其他各项应收、暂付款项。

二、发生的其他各项应收、暂付款项，借记本科目，贷记有关科目；收回各项款项，借记有关科目，贷记本科目。

三、本科目应按其他应收款类别设置明细账，进行明细核算。

四、本科目期末借方余额反映尚未收回的其他应收款项。

121 股票投资

一、本科目核算股票投资的实际成本。

二、股票投资的核算原则：

（一）买入股票应于成交日确认为股票投资。股票投资按成交日应支付的全部价款（包括成交总额和相关费用）入账；资金交收日，按实际支付的价款与证券登记结算机构进行清算。

（二）卖出股票应于成交日确认股票差价收入。股票差价收入按卖出股票成交总额与其成本和相关费用的差额入账。卖出股票应逐日结转成本，结转的方法采用移动加权平均法。

（三）股票持有期间分派的股票股利，应于除权日根据上市公司股东大会决议公告，按股权登记日持有的股数及送股或转增比例，计算确定增加的股票数量，在"股票投资"账户进行记录。

（四）股票投资应分派的现金股利，在除息日确认为股利收入。

（五）估值日，对股票投资和配股权证进行估值时产生的估值增值或减值，应确认为未实现利得。

三、股票投资的账务处理：

（一）通过证券交易所买卖股票，股票成交日应分别以下情况进行账务处理：

1、买入股票成交日，按股票成交总额加相关费用，借记本科目，按应支付的证券清算款，贷记"证券清算款"科目，按应付券商佣金，贷记"应付佣金"科目；资金交收日，按实际支付的证券清算款，借记"证券清算款"科目，贷记"清算备付金"科目。

2、卖出股票成交日，按应收取的证券清算款，借记"证券清算款"科目，按结转的股票投资成本，贷记本科目，按应付券商佣金，贷记"应付佣金"科目，按其差额，贷记或借记"股票差价收入"科目；资金交收日，按实际支付的证券清算款，借记"清算备付金"科目，贷记"证券清算款"科目。

（二）股票持有期间分派的股票股利（包括送红股和公积金转增股本），应于除权日，根据上市公司股东大会决议公告，按股权登记日持有的股数及送股或转增比例，计算确定增加的股票数量，在本账户"数量"栏进行记录。

（三）因持有股票而享有的配股权，从配股除权日起到配股确认日止，按市价高于配股价的差额逐日进行估值，借记"配股权证"科目，贷记"未实现利得"科目；向证券交易所确认配股时，借记本科目，贷记"证券清算款"科目，同时，将配股权的估值冲减为零，借记"未实现利得"科目，贷记"配股权证"科目；资金交收日，实际支付配股款时，借记"证券清算款"科目，贷记"清算备付金"科目。放弃配股权的，应将配股权的估值冲减为零，借记"未实现利得"科目，贷记"配股权证"科目。

（四）基金持有的股票应分配的现金股利，在除息日按照上市公司宣告的分红派息比例确认股利实现，借记"应收股利"科目，贷记"股利收入"科目；实际收到现金股利时，借记"清算备付金"科目，贷记"应收股利"科目。

（五）申购新股，应按新股的不同发行方式、不同资金结算方式分别进行账务处理：

1、通过交易所网上发行的，按实际交付的申购款，借记"证券清算款"科目，贷记"清算备付金"科目；申购新股中签时，按确认的中签金额，借记本科目，贷记"证券清算款"科目；收到退回余款（未中签部分），借记"清算备付金"科目，贷记"证券清算款"科目。

2、通过网下发行的，按实际预交的申购款，借记"其他应收款"科目，贷记"银行存款"科目。申购新股确认日，如果实际确认的申购新股金额小于已经预交的申购款的，按实际确认的申购新股金额，借记本科目，贷记"其他应收款"科目；收到退回余款，借记"银行存款"科目，贷记"其他应收款"科目。如果实际确认的申购新股金额大于已经预交的申购款的，按实际确认的申购新股金额，借记本科目，贷记"其他应收款"科目；补付申购款时，按支付的余额金额，借记"其他应收款"科目，贷记"银行存款"科目。

四、本科目应按股票的种类设置明细账，进行明细核算。

五、本科目期末借方余额反映持有各类股票的实际成本。

122 债券投资

一、本科目核算债券投资的实际成本。

二、债券投资的核算原则：

（一）买入上市债券应于成交日确认债券投资。债券投资按成交日应支付的全部价款入账，应支付的全部价款中包含债券起息日或上次除息日至购买日止的利息，应作为应收利息单独核算，不构成债券投资成本。资金交收日，按实际支付的价款与证券登记结算机构进行资金交收。

（二）买入非上市债券应于实际支付价款时确认债券投资。债券投资按实际支付的全部价款入账，如果实际支付的价款中包含债券起息日或上次除息日至购买日止的利息,应作为应收利息单独核算,不构成债券投资成本。

(三)卖出上市债券应于成交日确认债券差价收入。债券差价收入按卖出债券应收取的全部价款与其成本、应收利息和相关费用的差额入账。卖出债券的成本应逐日进行结转,结转的方法采用移动加权平均法。

(四)卖出非上市债券应于实际收到全部价款时确认债券差价收入,债券差价收入按实际收到的全部价款与其成本、应收利息的差额入账。卖出债券的成本应逐日进行结转,结转的方法采用移动加权平均法.

(五)估值日,对债券投资进行估值时产生的估值增值或减值,应确认为未实现利得。

三、债券投资的账务处理:

(一)通过证券交易所买卖债券,应分别以下情况进行账务处理:

1、买入上市债券时,按成交日应支付的证券清算款扣除债券起息日或上次除息日至购买日止的利息,借记本科目,按债券起息日或上次除息日至购买日止的利息,借记"应收利息"科目,按应支付的证券清算款,贷记"证券清算款"科目。

2、卖出上市债券时,按成交日应收取的证券清算款,借记"证券清算款"科目,按应收利息,贷记"应收利息"科目,按债券投资成本,贷记本科目,按其差额,贷记或借记"债券差价收入"科目。

(二)通过银行间市场买卖债券,应分别以下情况进行账务处理:

1、买入非上市债券,按实际支付的价款,借记本科目和"应收利息"科目(指债券起息日或上次除息日至购买日止的利息),贷记"银行存款"科目。

2、卖出非上市债券,按实际收到金额,借记"银行存款"科目,按已售债券成本,贷记本科目,按应收利息,贷记"应收利息"科目,按其差额,贷记或借记"债券差价收入"科目。

(三)购入到期还本付息的国债,在持有到期时,按实际收到的本息,借记"银行存款"等科目,贷记本科目和"应收利息"科目。

(四)收到债券持有期间分派的利息,借记"银行存款"、"证券清算款"科目,贷记"应收利息"科目。

(五)购入新发行的国债,根据承购合同规定,按国债面值,借记本科目,贷记"其他应付款"科目;实际付款时,借记"其他应付款"科目,贷记"银行存款"科目。

四、本科目应按债券的种类设置明细账,进行明细核算。

五、本科目期末借方余额反映持有各项债券的实际成本。

131 买入返售证券

一、本科目核算通过国家规定的场所进行融券业务而发生的实际成本。

二、买入返售证券的账务处理:

(一)通过证券交易所进行融券业务,按成交日应付金额,借记本科目和"其他费用"科目,贷记"证券清算款"科目;资金交收日,按实际支付金额,借记"证券清算款"科目,贷记"清算备付金"科目;逐日计提利息,借记"应收利息"科目,贷记"买入返售证券收入"科目;证券到期返售时,按返售证券的应收金额,借记"证券清算款"科目,贷记本科目和"应收利息"科目;资金交收日,按实际收到金额,借记"清算备付金"科目,贷记"证券清算款"科目。

(二)通过银行间市场买入证券,按实际支付的价款,借记本科目,贷记"银行存款"科目;逐日计提利息,借记"应收利息"科目,贷记"买入返售证券收入"科目;证券到期返售时,按实际收到金额,借记"银行存款"科目,贷记本科目和"应收利息"科目。

三、本科目应按买入返售证券的种类设置明细账,进行明细核算。

四、本科目期末借方余额反映已经买入但尚未到期返售证券的实际成本。

141 配股权证

一、本科目核算基金拥有的配股权的估值。

二、配股权证的账务处理:

(一)因持有股票而享有的配股权,从配股除权日起到配股确认日止,按市价高于配股价的差额逐日进行估值,借记本科目,贷记"未实现利得"科目。

(二)在配股期限内向证券交易所确认配股时,借记"股票投资"科目,贷记"证券清算款"科目,同时,将配股权的估值冲减至零,借记"未实现利得"科目,贷记本科目;实际支付配股款时,借记"证券清算款"科目,贷记"清算备付金"科目。

(三)在配股期限内未向证券交易所配股的(即放弃配股),应将配股权的估值冲减至零,借记"未实现利得"科目,贷记本科目。

三、本科目应按配股权种类设置明细账,进行明细核算。

四、本科目期末借方余额反映尚未行使配股权的估值。

151 待摊费用

一、本科目核算已经发生的、影响基金单位净值小数点后第五位,应分摊计入本期和以后各期的费用,如注册登记费、上市年费、信息披露费、审计费用和律师费用等。

二、待费费用的账务处理:发生费用时,借记本科目,贷记"银行存款"等科目;摊销时,借记"其他费用"科目,贷记本科目。

三、本科目期末借方余额反映尚未摊销的费用。

161 投资估值增值

一、本科目核算按照本办法规定的估值原则,以及基金契约和招募说明书载明的估值事项,对资产估值时所估价值与其成本的差额。

二、投资估值原则:

1、任何上市流通的有价证券,以其估值日在证券交易所挂牌的市价(平均价或收盘价)估值;估值日无交易的,以最近交易日的市价估值。

2、未上市的股票应区分以下情况处理:

(1)配股和增发新股,按估值日在证券交易所挂牌的同一股票的市价估值;

(2)首次公开发行的股票,按成本估值。

3、配股权证,从配股除权日起到配股确认日止,按市价高于配股价的差额估值;如果市价低于配股价,按配股价估值。

4、如有确凿证据表明按上述方法进行估值不能客观反映其公允价值,基金管理公司应根据具体情况与基金托管人商定后,按最能反映公允价值的价格估值。

5、如有新增事项,按国家最新规定估值。

三、投资估值的账务处理.

估值日对基金持有的股票、债券估值时,如为估值增值,按所估价值与上一日所估价值的差额,借记本科目,贷记"未实现利得"科目;如为估值减值,按所估价值与上一日所估价值的差额,借记"未实现利得"科目,贷记本科目。

四、本科目应按所估资产的种类设置明细账,进行明细核算。

五、本科目期末借方余额反映未实现资产估值增值,贷方余额反映未实现资产估值减值。

201 应付赎回款

一、本科目核算按照基金契约和招募说明书中载明的相关事项计算的,应付投资人的赎回款。

二、应付赎回款的核算原则:

(一)基金管理公司应当在接受基金投资人有效申请之日起,在规定的工作日内支付赎回款项,尚未支付之前作为应付赎回款入账。

(二)开放式基金按规定收取的赎回费,其中基本手续费部分归办理赎回业务的机构所有,尚未支付之前作为应付赎回费入账;赎回费在扣除基本手续费后的余额归基金所有,作为其他收入入账。

三、应付赎回款的账务处理:

(一)基金赎回确认日,按赎回款中含有的实收基金,借记"实收基金"科目,按赎回款中含有的未分配收益,借记"损益平准金"科目,按赎回款中含有的未实现利得,借记"未实现利得"科目,按应付投资人的赎回款,贷记本科目,按赎回费中属于销售机构所有的部分,贷记"应付赎回费"科目,按赎回费中属于基金所有的部分,贷记"其他收入--赎回费"科目。

(二)支付投资人赎回款时,借记本科目,贷记"银行存款"科目。

四、本科目应按办理赎回业务的销售机构或申请赎回业务的投资人设置明细账,进行明细核算。

五、本科目期末贷方余额反映尚未支付的基金赎回款。

202 应付赎回费

一、本科目核算按照基金契约和招募说明书中载明的相关事项计算的,应付给办理赎回业务的机构的赎回费。

二、应付赎回费的账务处理:

(一)基金赎回确认日,按赎回款中含有的实收基金,借记"实收基金"科目,按赎回款中含有的未分配收益,借记"损益平准金"科目,按赎回款中含有的未实现利得,借记"未实现利得"科目,按应付投资人赎回款,贷记"应付赎回款"科目,按赎回费中属于销售机构所有的部分,贷记本科目,按赎回费中属于基金所有的部分,贷记"其他收入--赎回费"科目。

(二)向办理赎回业务的机构支付赎回费时,借记本科目,贷记"银行存款"科目。

三、本科目应按办理赎回业务的机构设置明细账,进行明细核算。

四、本科目期末贷方余额反映尚未支付的基金赎回费用。

211 应付管理人报酬

一、本科目核算按照基金契约和招募说明书载明的相关事项计提的,应付给基金管理人的报酬,包括基金管理费和业绩报酬。

二、应付管理人报酬的账务处理:

计提基金管理费和业绩报酬时,借记"管理人报酬"科目,贷记本科目;支付时,借记本科目,贷记"银行存款"科目。

三、本科目应分别基金管理费和业绩报酬设置明细账,进行明细核算。

四、本科目期末贷方余额反映尚未支付给基金管理人的基金管理费和业绩报酬。

212 应付托管费

一、本科目核算按基金契约和招募说明书中载明的相关事项计提的,应支付给基金托管人的托管费。

二、应付托管费的账务处理:

逐日计提基金托管费时,借记"基金托管费"科目,贷记本科目;支付基金托管费时,借记本科目,贷记"银行存款"科目。

三、本科目期末贷方余额反映尚未支付给基金托管人的基金托管费。

221 应付佣金

一、本科目核算因证券交易而应支付给券商的佣金。

二、应付佣金的账务处理:

(一)通过证券交易所买入股票成交时,借记"股票投资"科目,贷记本科目和"证券清算款"科目。

(二)通过证券交易所卖出股票成交时,借记"证券清算款"科目,贷记本科目和"股票投资"、"股票差价收入"科目。

(三)实际支付佣金时,借记本科目,贷记"银行存款"科目。

三、本科目应按券商设置明细账,进行明细核算。

四、本科目期末贷方余额反映尚未支付给券商的佣金。

223 应付利息

一、本科目核算在基金运作过程中发生的各种应付利息,如银行借款利息、卖出回购证券利息等。

二、应付利息的账务处理:

(一)在借款期内按借款本金与适用利率逐日计提的银行借款利息,借记"利息支出"科目,贷记本科目。

(二)在卖出回购证券持有期内采用直线法逐日计提的利息,借记"卖出回购证券支出"科目,贷记本科目。

(三)实际支付利息时,借记本科目,贷记"银行存款"等科目。

三、本科目应按利息种类设置明细账,进行明细核算。

四、本科目期末贷方余额反映尚未支付的各项利息。

225 应付收益

一、本科目核算按照基金契约和招募说明书载明的相关事项计算的,应付基金持有人的基金收益。

二、应付收益的账务处理:

除权日,根据基金收益分配方案,借记"收益分配"科目,贷记本科目;实际支付基金持有人收益时,借记本科目,贷记"银行存款"科目。

如果投资人将收益转投资,应按结转金额,借记本科目,贷记"实收基金"、"未实现利得"、"损益平准金"等科目。

三、本科目期末贷方余额反映尚未支付给基金持有人的收益。

227 应交税金

一、本科目核算按规定应交纳的各项税金。

二、应交税金的账务处理:

按规定应交纳的税金,借记有关科目,贷记本科目;实际交纳的税金,借记本科目,贷记"银行存款"科目。

三、本科目应按税金种类设置明细账,进行明细核算。

四、本科目期末贷方余额反映尚未缴付的各项税金。

229 其他应付款

一、本科目核算除上述应付款项之外的其他各项应付款,如后端申购费、红利再投资手续费等。

二、公司发生其他应付款项时,借记有关科目,贷记本科目;支付款项时,借记本科目,贷记"银行存款"等科目。

三、本科目按其他应付款项类别设置明细账,进行明细核算。

四、本科目期末贷方余额反映尚未支付的与业务有关的款项。

231 卖出回购证券款

一、本科目核算通过国家规定的场所进行证券回购业务卖出证券取得的款项。

二、卖出回购证券的账务处理:

(一)通过证券交易所卖出证券成交时,按成交日应收金额,借记"证券清算款"、"其他费用"科目,贷记本科目;资金交收日,按实际收到的价款,借记"清算备付金"科目,贷记"证券清算款"科目。在融资期限内逐日计提融资利息支出,借记"卖出回购证券支出"科目,贷记"应付利息"科目。到期购回该批证券时,借记本科目,按已提未付利息,借记"应付利息"科目,按应付金额,贷记"证券清算款"科目;资金交收日,按实际支付金额,借记"证券清算款"科目,贷记"清算备付金"科目。

(二)通过银行间市场卖出回购证券,按卖出证券实收金额,借记"银行存款"科目,贷记本科目;在融资期限内逐日计提融资利息支出,借记"卖出回购证券支出"科目,贷记"应付利息"科目。到期购回该批证券时,借记本科目,按已提未付利息,借记"应付利息"科目,按实际支付金额,贷记"银行存款"科目。

三、本科目应按证券种类等设置明细账,进行明细核算。

四、本科目期末贷方余额反映卖出尚未回购的证券款。

241 短期借款

一、本科目核算按规定向银行借入的短期借款。

二、短期借款的账务处理:

基金管理公司可以根据开放式基金运营的需要,按照中国人民银行规定的条件,向商业银行申请短期融资。向银行借款时,借记"银行存款"科目,贷记本科目;归还借款时,借记本科目和"应付利息"科目,贷记"银行存款"科目。

三、本科目应按债权人设置明细账,进行明细核算。

四、本科目期末贷方余额反映尚未归还的短期借款的本金。

251 预提费用

一、本科目核算预计将发生的、影响基金单位净值小数点后第五位,应预提计入本期的费用,如注册登记费、上市年费、信息披露费、审计费用和律师费用等。

二、预提费用的账务处理:

预提费用时,借记"其他费用"科目,贷记本科目;实际支付时,借记本科目,贷记"银行存款"等科目。

三、本科目期末贷方余额反映已提取但尚未支付的各项费用。

301 实收基金

一、本科目核算对外发行的基金单位总额。

二、实收基金的核算原则:

(一)封闭式基金事先确定发行总额,在封闭期内基金单位总数不变。基金成立时,实收基金按实际收到的基金单位发行总额入账。基金发行费收入扣除相关费用后的结余,作为其他收入处理。

(二)开放式基金的基金单位总额不固定,基金单位总数随时增减。基金成立时,实收基金按实际收到的基金单位发行总额入账;基金成立后,实收基金应于基金申购、赎回确认日,根据基金契约和招募说明书中载明的有关事项进行确认和计量。

(三)基金管理公司应于收到基金投资人申购申请之日起在规定的工作日内,对该交易的有效性进行确认。确认日,按照实收基金、未实现利得、未分配收益和损益平准金的余额占基金净值的比例,将确认有效的申购款项分割为三部分,分别确认为实收基金、未实现利得、损益平准金的增加。

(四)基金管理公司应于收到基金投资人赎回申请之日起在规定的工作日内,对该交易的有效性进行确认。确认日,按照实收基金、未实现利得、未分配收益和损益平准金的余额占基金净值的比例,将确认有效的赎回款项分割为三部分,分别确认为实收基金、未实现利得、损益平准金的减少。

三、实收基金的账务处理:

(一)封闭式基金

基金募集发行期结束,按照实际收到的金额,借记"银行存款"科目,按基金单位发行总额,贷记本科目,按其差额,贷记"其他收入" 科目。

(二)开放式基金

1、基金认购业务

基金募集发行期结束,按照实际收到的金额,借记"银行存款"科目,贷记本科目。

2、基金申购业务

基金申购确认日,按基金申购款,借记"应收申购款"科目,按基金申购款中含有的实收基金,贷记本科目,按基金申购款中含有的未实现利得,贷记"未实现利得"科目,按基金申购款中含有的未分配收益,贷记"损益平准金"科目。

3、基金赎回业务

基金赎回确认日,按基金赎回款中含有的实收基金,借记本科目,按基金赎回款中含有的未实现利得,借记"未实现利得"科目,按基金赎回款中含有的未分配收益,借记"损益平准金"科目,按应付投资人赎回款,贷记"应付赎回款"科目,按赎回费中基本手续费部分,借记"应付赎回费"科目,按赎回费扣除基本手续费后的余额部分,贷记"其他收入----赎回费"科目。

四、本科目期末贷方余额反映封闭式基金或开放式基金的基金单位总额。

311 未实现利得

一、本科目核算按照本办法规定的估值原则,以及基金契约和招募说明书载明的估值事项,对资产估值时所形成的未实现利得。

基金申购、赎回款中所含的未实现利得也在本科目核算。

二、未实现利得的账务处理:

(一)估值日对基金持有的股票、债券估值时,如为投资估值增值,按所估价值与上一日所估价值的差额,借记"投资估值增值"科目,贷记本科目;如为投资估值减值,按所估价值与上一日所估价值的差额,借记本科目,贷记"投资估值增值"科目。

(二)因持有股票而享有的配股权,从配股除权日起到配股确认日止,按市价高于配股价的差额逐日进行估值,借记"配股权证"科目,贷记本科目;确认配股时,借记"股票投资"科目,贷记"证券清算款"科目;同时,将配股权的估值冲减至零,借记本科目,贷记"配股权证"科目。

(三)在配股缴款期限内未实施配股的(即放弃配股),应将配股权的估值冲减至零,借记本科目,贷记"配股权证"科目。

(四)基金申购确认日,按基金申购款,借记"应收申购款"科目,按基金申购款中含有的实收基金,贷记"实收基金"科目,按基金申购款中含有的未实现利得,贷记本科目,按基金申购款中含有的未分配收益,贷记"损益平准金"科目。

(五)基金赎回确认日,按基金赎回款中含有的实收基金,借记"实收基金"科目,按基金赎回款中含有的未实现利得,借记本科目,按基金赎回款中含有的未分配收益,借记"损益平准金"科目,按应付投资人赎回款,贷记"应付赎回款"科目,按赎回费中基本手续费部分,借记"应付赎回费"科目,按赎回费扣除基本手续费后的余额部分,贷记"其他收入----赎回费"科目。

三、本科目应分别"投资估值增值"、"未实现利得平准金"设置明细账,进行明细核算。

四、本科目期末余额反映未实现利得。

313 损益平准金

一、本科目核算非收益转化而形成的损益平准金,如申购、赎回款中所含的未分配收益。

二、损益平准金的账务处理:

(一)基金申购确认日,按基金申购款,借记"应收申购款"科目,按基金申购款中含有的实收基金,贷记"实收基金"科目,按基金申购款中含有的未实现利得,贷记"未实现利得"科目,按基金申购款中含有的未分配收益,贷记本科目。

(二)基金赎回确认,按基金赎回款含有的实收基金,借记"实收基金"科目,按赎回款中含有的未分配收益,借记本科目,按赎回款中含有的未实现利得,借记"未实现利得"科目,按应付投资人赎回款,贷记"应付赎回款"科目,按赎回费中基本手续费部分,借记"应付赎回费"科目,按赎回费扣除基本手续费后的余额部分,贷记"其他收入----赎回费"科目。

三、本科目应按损益平准金的种类设置明细账,进行明细核算。

四、期末,应将本科目余额全部转入"收益分配--未分配收益"科目,结转后本科目应无余额。

321 本期收益

一、本科目核算本期实现的基金净收益(或基金净亏损)。

二、期末,结转基金收益时,将"股票差价收入"、"债券差价收入"、"股利收入"、"债券利息收入"、"存款利息收入"、"买入返售证券收入"、"其他收入"等科目的余额转入本科目;将"管理人报酬"、"基金托管费"、"卖出回购证券支出"、"利息支出"、"其他费用"科目的余额转入本科目。

三、期末,将本期收入和支出相抵后结出的本期实现的净收益转入"收益分配"科目,借记本科目,贷记"收益分配--未分配收益"科目;如为净亏损,作相反分录,结转后本科目应无余额。

331 收益分配

一、本科目核算按规定分配给基金持有人的净收益以及历年分配后(或弥补亏损后)的结存余额。

二、收益分配的账务处理:

(一)除权日,根据基金收益分配方案,借记本科目(应付收益),贷记"应付收益"科目。

(二)基金持有人用分配的红利再投资时,借记"应付收益"科目,贷记"实收基金"、"损益平准金"、"未实现利得"等科目。

三、期末,应将本期实现的净收益,自"本期收益"科目转入本科目,借记"本期收益"科目,贷记本科目(未分配收益),如为净损失,作相反会计分录;将"损益平准金"科目的余额转入本科目,借记"损益平准金"科目,贷记本科目(未分配收益);同时,将本科目"应付收益"明细科目的余额转入"未分配收益"明细科目,借记本科目(未分配收益),贷记本科目(应付收益)。

四、本科目应分别应付收益、未分配收益设置明细账,进行明细核算。

五、本科目期末贷方余额反映基金历年积存的未分配收益,借方余额反映未弥补亏损。

401 股票差价收入

一、本科目核算买卖股票实现的差价收入。

二、股票差价收入的核算原则:

股票差价收入应于卖出股票成交日确认,并按卖出股票成交总额与其成本和相关费用的差额入账。

三、股票差价收入的账务处理:

卖出股票成交日,按应收取的证券清算款,借记"证券清算款"科目,按结转的股票投资成本,贷记"股票投资"科目,按应付券商佣金,贷记"应付佣金"科目,按其差额,贷记或借记本科目。

四、本科目应按股票种类设置明细账,进行明细核算。

五、期末,应将本科目的余额全部转入"本期收益"科目,结转后本科目应无余额。

402 债券差价收入

一、本科目核算买卖债券现券实现的差价收入。

二、债券差价收入的核算原则:

(一)卖出上市债券,应于成交日确认债券差价收入,并按应收取的全部价款与其成本、应收利息和相关费用的差额入账。

(二)卖出非上市债券,应于实际收到价款时确认债券差价收入,并按应收取的全部价款与其成本、应收利息的差额入账。

三、债券差价收入的账务处理:

(一)卖出上市债券时,按成交日应收取的证券清算款,借记"证券清算款"科目,按已计利息,贷记"应收利息"科目,按结转的债券投资成本,贷记"债券投资"科目,按其差额,贷记或借记本科目。

(二)卖出非上市债券,按实际收到的金额,借记"银行存款"科目,按结转的债券投资成本,贷记"债券投资"科目,按已计利息,贷记"应收利息"科目,按其差额,贷记或借记本科目。

四、本科目应分别债券种类,如国债、企业债、转换债等设置明细账,进行明细核算。

五、期末,应将本科目的余额全部转入"本期收益"科目,结转后本科目应无余额。

411 债券利息收入

一、本科目核算因债券投资而实现的利息收入。

二、债券利息收入的核算原则:

债券利息收入应在债券实际持有期内逐日计提,并按债券票面价值与票面利率计提的金额入账。

三、债券利息收入的账务处理:

逐日计提持有期债券利息时,借记"应收利息"科目,贷记本科目。

四、本科目应按债券种类等设置明细账,进行明细核算。

五、期末,应将本科目的贷方余额全部转入"本期收益"科目,结转后本科目应无余额。

412 存款利息收入

一、本科目核算因存款而实现的利息收入。

二、存款利息收入的核算原则:

存款利息收入应逐日计提, 并按本金与适用的利率计提的金额入账。

三、存款利息收入的账务处理:

逐日计提银行存款、清算备付金存款等各项存款利息时,借记"应收利息"科目,贷记本科目。

四、本科目应分别银行存款、清算备付金存款等设置明细账,进行明细核算。

五、期末,应将本科目贷方余额全部转入"本期收益"科目,结转后本科目应无余额。

421 股利收入

一、本科目核算因上市公司分红派息而确认的股利收入。

二、股利收入的核算原则:

股利收入应于除息日确认,并按上市公司宣告的分红派息比例计算的金额入账。

三、股利收入的账务处理:

基金持有的股票,应于除息日按上市公司宣告的分红派息比例计算确认的股利收入,借记"应收股利"科目,贷记本科目。

四、本科目应按股票种类设置明细账,进行明细核算。

五、期末,应将本科目的贷方余额全部转入"本期收益"科目,结转后本科目应无余额。

431 买入返售证券收入

一、本科目核算在国家规定的场所进行融券业务而取得的收入。

二、买入返售证券收入的核算原则:

买入返售证券收入应在证券持有期内采用直线法逐日计提,并按计提的金额入账。

三、买入返售证券的账务处理:

买入返售证券在融券期限内逐日计提的利息,借记"应收利息"科目,贷记本科目。

四、本科目应按证券种类等设置明细账,进行明细核算。

五、期末,应将本科目贷方余额全部转入"本期收益"科目,结转后本科目应无余额。

439 其他收入

一、本科目核算除上述收入以外的其他各项收入,如赎回费扣除基本手续费后的余额、配股手续费返还等。

二、其他收入的账务处理:

发生的其他收入,借记有关科目,贷记本科目。

三、本科目应按其他收入种类设置明细账,进行明细核算。

四、期末,应将本科目的贷方余额全部转入"本期收益"科目,结转后本科目应无余额。

441 管理人报酬

一、本科目核算按基金契约和招募说明书的规定计提的基金管理人报酬,包括管理费和业绩报酬。

二、管理人报酬的核算原则:

管理人报酬应按照基金契约和招募说明书规定的方法和标准计提,并按计提的金额入账。

三、管理人报酬的账务处理:

计提基金管理费和业绩报酬时,借记本科目,贷记"应付管理人报酬"科目;支付基金管理人报酬时,借记"应付管理人报酬"科目,贷记"银行存款"科目。

四、本科目应分别管理费和业绩报酬设置明细账,进行明细核算。

五、期末,应将本科目的借方余额全部转入"本期收益"科目,结转后本科目应无余额。

442 基金托管费

一、本科目核算按基金契约和招募说明书的规定计提的基金托管费。

二、基金托管费的核算原则:

基金托管费应按照基金契约和招募说明书规定的方法和标准计提,并按计提的金额入账。

三、基金托管费的账务处理:

计提基金托管费时,借记本科目,贷记"应付托管费"科目;支付基金托管费时,借记"应付托管费"科目,贷记"银行存款"科目。

四、期末,应将本科目的借方余额全部转入"本期收益"科目,结转后本科目应无余额。

451 卖出回购证券支出

一、本科目核算发生的卖出回购证券支出。

二、卖出回购证券支出的核算原则:

卖出回购证券支出应在该证券持有期内采用直线法逐日计提,并按计提的金额入账。

三、卖出回购证券支出的账务处理:

卖出回购证券在融资期限内逐日计提的利息支出,借记本科目,贷记"应付利息"科目。

四、本科目应按卖出回购证券的种类等设置明细账,进行明细核算。

五、期末,应将本科目的借方余额全部转入"本期收益"科目,结转后本科目应无余额。

452 利息支出

一、本科目核算基金运作过程中发生的利息支出,如银行借款利息支出。

二、利息支出的核算原则:

利息支出应在借款期内逐日计提,并按借款本金与适用的利率计提的金额入账。

三、利息支出的账务处理:

计提利息支出时,借记本科目,贷记"应付利息"科目。

四、本科目应按利息支出的种类设置明细账,进行明细核算。

五、期末,应将本科目的借方余额全部转入"本期收益"科目,结转后本科目应无余额。

459 其他费用

一、本科目核算基金运作过程中发生的除上述费用支出以外的其他各项费用,如注册登记费、上市年费、信息披露费用、持有人大会费用、审计费用、律师费用等。

二、其他费用的核算原则:

发生的其他费用如果影响基金单位净值小数点后第五位的,即发生的其他费用大于基金净值十万分之一,应采用待摊或预提的方法,待摊或预提计入基金损益。发生的其他费用如果不影响基金单位净值小数点后第五位的,即发生的其他费用小于基金净值十万分之一,应于发生时直接计入基金损益。

三、其他费用的账务处理:

(一)发生的其他费用,如不影响估值日基金单位净值小数点后第五位,发生时直接记入基金损益,借记本科目,贷记"银行存款"等科目。

(二)已经发生的其他费用,如影响估值日基金单位净值小数点后第五位,采用待摊方法的,发生时,借记"待摊费用"科目,贷记"银行存款"科目;摊销时,借记本科目,贷记"待摊费用"科目;采用预提方法的,预提时,借记本科目,贷记"预提费用"科目;实际支付费用时,借记"预提费用"科目,贷记"银行存款"科目。

四、本科目应按费用种类设置明细账,进行明细核算。

五、期末,应将本科目的借方余额全部转入"本期收益"科目,结转后本科目应无余额。

461 以前年度损益调整

一、本科目核算本年度发生的调整以前年度损益的事项。本年度资产负债表日至财务会计报告批准报出日之间发生的需要调整报告年度损益的事项也在本科目中核算。

二、以前年度损益的账务处理:

调整增加的以前年度收益和调整减少的以前年度亏损,借记有关科目,贷记本科目;调整减少的以前年度收益或调整增加的以前年度亏损,借记本科目,贷记有关科目。

经上述调整后,应同时将本科目的余额转入"收益分配----未分配收益"科目;如为贷方余额,借记本科目,贷记"收益分配----未分配收益"科目;如为借方余额,作相反会计分录。结转后本科目应无余额。

三、本年度发生的调整以前年度的事项,应当调整本年度会计报表相关项目的年初数或上年实际数;在年度资产负债表日至财务报告批准报出日之间发生的调整报告年度损益的事项,应当调整报告年度会计报表相关项目的数字。

三、证券投资基金会计报表

(一)会计报表格式

编号	会计报表名称	编报期
会证基01表	资产负债表	月报、季度、半年报、年报
会证基02表	经营业绩表	月报、季度、半年报、年报
会证基02表附表1	基金收益分配表	半年报、年报
会证基03表	基金净值变动表	半年报、年报

资产负债表

会证基01表

年 月 日　　　　单位:元

资产	行次	负债与持有人权益	行次	年初数	期末数
资产:		负债:			
银行存款	1	应付证券清算款	31		
清算备付金	2	应付赎回款	32		
交易保证金	4	应付赎回费	33		
应收证券清算款	6	应付管理人报酬	35		
应收股利	7	应付托管费	36		
应收利息	8	应付佣金	37		
应收申购款	9	应付利息	38		
其他应收款	12	应付收益	39		
股票投资市值	13	未交税金	41		
其中:股票投资成本	14	其他应付款	44		
债券投资市值	15	卖出回购证券款	45		
其中:债券投资成本	16	短期借款	47		
配股权证	19	预提费用	48		
买入返售证券	22	其他负债	51		
待摊费用	23	负债合计	52		
其他资产	29	持有人权益:			
实收基金	53				
未实现利得	55				
未分配收益	58				
持有人权益合计	59				
资产总计	30	负债及持有人权益总计	60		

附注:基金单位净值元。

经营业绩表

会证基02表

年 月　　　　单位:元

项目	行次	本月数	本年累计数
一、收入	1		
1、股票差价收入	2		
2、债券差价收入	3		
3、债券利息收入	4		
4、存款利息收入	5		
5、股利收入	7		
6、买入返售证券收入	8		
7、其他收入	11		
二、费用	12		
1、基金管理人报酬	13		
2、基金托管费	14		
3、卖出回购证券支出	16		
4、利息支出	17		
5、其他费用	20		
其中:上市年费	21		
信息披露费	22		
审计费用	23		

三、基金净收益	24		
加:未实现利得	27		
四、基金经营业绩	30		

基金净值变动表

会证基03表

年 月 单位:元

项目	行次	金额
一、期初基金净值	1	
二、本期经营活动:		
基金净收益	2	
未实现利得	3	
经营活动产生的基金净值变动数	6	
三、本期基金单位交易:		
基金申购款	7	
基金赎回款	8	
基金单位交易产生的基金净值变动数	11	
四、本期向持有人分配收益:		
向基金持有人分配收益产生的基金净值变动数	12	
五、期末基金净值	15	

基金收益分配表

会证基02表附表1

年 月 单位:元

项 目	行次	本 期 数	本年累计数
本期基金净收益	1		
加:期初基金净收益	2		
加:本期损益平准金	5		
可供分配基金净收益	6		
减:本期已分配基金净收益	9		
期末基金净收益	12		

(二)会计报表编制说明

资产负债表编制说明

1、本表反映一定时期资产、负债和持有人权益的情况。表中资产等于负债加持有人权益。

2、本表"年初数"栏内各项目数字,应根据上年末资产负债表"期末数"栏内所列数字填列。如果本年度资产负债表规定的各个项目的名称和内容同上年度不一致,应对上年年末资产负债表各项目的名称和数字按照本年度的规定进行调整,填入本表"年初数"栏内。

3、本表"期末数"各项目的内容及填列方法:

(1)"银行存款"项目,反映期末存在商业银行的各种款项。本项目应根据"银行存款"科目的期末余额填列。

(2)"清算备付金"项目,反映期末存在证券登记结算机构的款项。本项目应根据"清算备付金"科目的期末余额填列。

(3)"交易保证金"项目,反映交存的交易保证金期末数。本项目应根据"交易保证金"科目期末余额填列。

(4)"应收证券清算款"项目,反映期末尚未收回的证券清算款。本项目应根据"证券清算款"科目所属明细科目期末借方余额填列。

(5)"应收股利"项目,反映期末尚未收取的现金股利。本项目应根据"应收股利"科目期末余额填列。

(6)"应收利息"项目,反映期末尚未收回的各项利息。本项目应根据"应收利息"科目期末余额填列。

(7)"应收申购款"项目,反映期末应收取的有效申购款。本项目应根据"应收申购款"科目期末余额填列。

(8)"其他应收款"项目,反映期末尚未收回的其他应收款。本项目应根据"其他应收款"科目的期末余额填列。

(9)"股票投资市值"项目,反映期末基金持有的股票投资的市值。本项目应根据"股票投资"、"投资估值增值"科目的期末余额分析计算填列。"其中:股票投资成本"项目,应根据"股票投资"科目期末余额填列。

(10)"债券投资市值"项目,反映期末基金持有的债券投资的市值。本项目应根据"债券投资"、"投资估值增值"科目的期末余额分析计算填列。"其中:债券投资成本"项目,应根据"债券投资"科目期末余额填列。

(11)"配股权证"项目,反映期末尚未行使配股权的估值。本项目应根据"配股权证"科目期末余额填列。

(12)"买入返售证券"项目,反映已经买入但尚未到期返售证券的实际成本。本项目应根据"买入返售证券"科目期末余额填列。

(13)"待摊费用"项目,反映已经发生但应由本期和以后各期分期摊销的各种费用。本项目应根据"待费费用"科目期末余额填列。

(14)"其他资产"项目,反映除上述资产以外的其他资产。本项目应根据有关科目的期末余额填列。如其他资产价值较大的,应在会计报表附注中披露其内容和金额。

(15)"应付证券清算款"项目,反映期末应付未付的证券款。本项目应根据"证券清算款"科目所属明细科目期末贷方余额填列。

(16)"应付赎回款"项目,反映期末尚未支付的基金赎回款。本项目应根据"应付赎回款"科目期末余额填列。

(17)"应付赎回费"项目,反映期末尚未支付的基金赎回费。本项目应根据"应付赎回费"科目的期末余额填列。

(18)"应付管理人报酬"项目,反映期末尚未支付给基金管理公司的报酬。本项目应根据"应付管理人报酬"科目期末余额填列。

(19)"应付托管费"项目,反映期末尚未付给基金托管人的基金托管费。本项目应根据"应付托管费"科目期末余额填列。

(20)"应付佣金"项目,反映尚未支付给券商的佣金。本项目应根据"应付佣金"科目的期末余额填列。

(21)"应付利息"项目,反映期末尚未支付的各项利息。本项目应根据"应付利息"科目期末余额填列。

(22)"应付收益"项目,反映期末尚未支付给投资人的收益,本项目应根据"应付收益"科目的期末余额填列。

(23)"未交税金"项目,反映期末未交的税金。本项目应根据"应交税金"科目的期末余额填列。

(24)"其他应付款"项目,反映除上述应付项目之外的其他应付款项。本项目应根据"其他应付款"科目的期末余额填列。

(25)"卖出回购证券款"项目,反映已经卖出但尚未到期回购的证券款。本项目应根据"卖出回购证券款"科目的期末余额填列。

(26)"短期借款"项目,反映期末尚未归还的短期借入资金的本金。本项目应根据"短期借款"科目期末余额填列。

(27)"预提费用"项目,反映已经预提但尚未支付的各项费用。本项目应根据"预提费用"科目期末余额填列。

(28)"其他负债"项目,反映除上述负债以外的其他负债。本项目应根据有关科目期末余额填列。其他负债数额较大的,应在会计报表附注中披露其内容和金额。

(29)"实收基金"项目,反映全部基金单位总额。本项目应根据"实收基金"科目期末余额填列。

(30)"未实现利得"项目,反映期末未实现利得。本项目应根据"未实现利得"科目期末贷方余额填列(如为借方余额在本项目内用"-"号填列)。

(31)"未分配收益"项目,反映期末尚未分配的基金净收益,年末余额反映历年积累的未分配收益(或未弥补亏损)。本项目应根据"本期收益"和"收益分配"科目的期末余额分析计算填列。未弥补的亏损在本项目内用"-"号填列。

经营业绩表编制说明

1、本表反映一定期间内基金经营业绩情况。

2、本表"本月数"栏反映各项目的本月实际发生数。在编报年度报表时,"本月数"栏改为"上年数",填列上年全年累计实际发生数。如果上年度本表与本年本表的项目名称和内容不相一致,应对上年度报表项目的名称和数字按本年度的规定进行调整,填入本表"上年数"栏。

本表"本年累计数"栏反映各项目自年初起到本月末止的累计实际发生数。根据上月本表本栏数字与本月本表"本月数"栏数字合计数填列。

3、本表"本月数"栏各项目的内容及其填列方法:

(1)"股票差价收入"项目,反映股票投资实现的差价收入。本项目应根据"股票差价收入"科目期末结转"本期收益"科目的数额填列。

(2)"债券差价收入"项目,反映债券投资实现的差价收入。本项目应根据"债券差价收入"科目期末结转"本期收益"科目的数额填列。

(3)"债券利息收入"项目,反映因债券投资而实现的利息收入。本项目应根据"债券利息收入"科目期末结转"本期收益"科目的数额填列。

(4)"存款利息收入"项目,反映因存款而实现的利息收入。本项目应根据"存款利息收入"科目期末结转"本期收益"科目的数额填列。

(5)"股利收入"项目,反映基金持有的股票因上市公司分红派息而确认的股利收入。本项目应根据"股利收入"科目期末结转"本期收益"科目的数额填列。

(6)"买入返售证券收入"项目,反映通过国家规定的场所进行融券业务而实现的收入。本项目应根据"买入返售证券收入"科目期末结转"本期收益"科目的数额填列。

(7)"其他收入"项目,反映除上述收入以外的其他各项收入。本项目应根据"其他收入"科目期末结转"本期收益"科目的数额填列。

(8)"基金管理人报酬"项目,反映按照基金契约和招募说明书的规定计提的基金管理人报酬。本项目应根据"管理人报酬"科目期末结转"本期收益"科目的数额填列。

(9)"基金托管费"项目,反映按照基金契约和招募说明书的规定计提的基金托管费。本项目应根据"基金托管费"科目期末结转"本期收益"科目的数额填列。

(10)"卖出回购证券支出"项目,反映发生的卖出回购证券支出。本项目应根据"卖出回购证券款"科目期末结转"本期收益"科目的数额填列。

(11)"利息支出"项目,反映基金运作过程中发生的各项利息支出。本项目应根据"利息支出"科目期末结转"本期收益"科目的数额填列。

(12)"其他费用"项目,反映在基金运作过程中发生的除上述费用支出之外的其他各项费用。本项目应根据"其他费用"科目期末结转"本期收益"科目的数额填列。其中:"上市年费"、"信息披露费"、"审计费用"项目应分别列示。

(13)"基金净收益"项目,反映基金已实现的净收益,如为净亏损以"-"号填列。本项目应根据"收入"与"费用"项目的差额填列。

(14)"未实现利得"项目,反映本期因投资估值增值或减值而产生的未实现利得。本项目应根据"未实现利得"科目所属"投资估值增值"明细科目借贷方发生额分析计算填列。

(15)"基金经营业绩"项目,反映本期基金经营业绩,包括已实现基金净收益和未实现利得两部分。本项目应根据"基金净收益"与"未实现利得"项目之和填列。

基金净值变动表编制说明

1、本表反映一定时期基金净值的变动情况。

2、本表各项目的填列内容和方法:

(1)"期初基金净值"项目,反映期初基金持有人权益。本项目应根据上期本表"期末基金净值"项目所列金额填列。

(2)"基金净收益"项目,反映本期因已实现基金净收益而产生的基金净值的增加。本项目应根据经营业绩表"基金净收益"项目"本年累计数"栏所列金额填列。

(3)"未实现利得"项目,反映本期因估值增值或减值而产生的基金净值的变动。本项目应根据"未实现利得"科目本期借、贷方发生额分析计算填列。

(4)"经营活动产生的基金净值变动数"项目,根据"基金净收益"与"未实现利得"项目之和填列。

(5)"基金申购款"项目,反映本期因基金申购而产生的基金净值的增加。本项目应根据"实收基金"、"未实现利得"、"损益平准金"科目本期发生额分析计算填列。

(6)"基金赎回款"项目,反映本期因基金赎回而产生的基金净值的减少。本项目应根据"实收基金"、"未实现利得"、"损益平准金"科目本期发生额以负数填列。

(7)"基金单位交易产生的基金净值变动数"项目,根据"基金申购款"与"基金赎回款"项目的数字计算填列。

(8)"向基金持有人分配收益产生的基金净值变动数"项目,反映本期因向基金持有人分配基金净收益而产生的基金净值的减少。本项目应根据"收益分配"科目本期发生额以负数填列。

基金收益分配表编制说明

1、本表反映基金收益分配情况和期末未分配收益结余情况。

2、本表"本期数"栏各项目,根据"本期收益"科目和"收益分配"科目及所属明细科目的记录分析填列。

本表"本年累计数"栏反映各项目自年初起到本期末止的累计实际发生数。根据上期本表本栏数字与本期本表"本期数"栏数字合计数填列。

3、本表各项目的填列方法:

(1)"本期基金净收益"项目,反映基金已实现的净收益;如为净亏损以负数填列。本项目数字应与"经营业绩表""本年累计数"栏的"基金净收益"项目一致。

(2)"期初基金净收益"项目,反映上期末未分配的基金净收益,如为未弥补的亏损以负数填列。本项目数字应与上期本表"本期数"栏的"期末基金净收益"项目一致。

(3)"本期损益平准金"项目,反映本期基金申购、赎回款中包含的损益平准金净额。本项目应根据"损益平准金"科目本期借贷方发生额计算填列。

(4)"本期已分配基金净收益"项目,反映本期应付给基金持有人的收益。本项目应根据"收益分配"科目本期发生额填列。

(5)"期末基金净收益"项目,反映期末未分配的基金净收益。

证券投资基金行业公约

(2001-10-11)

为加强证券投资基金(以下简称"基金")行业自律,规范基金运作,树立基金业的良好形象,提高行业技术水平和服务质量,保证行业有序竞争,实现行业发展目标,中国证券业协会基金公会特制定本公约,供全体会员互相监督,共同遵守。

第一条 以基金投资人利益为出发点,以取信于基金投资人、取信于市场、取信于社会为宗旨,坚持诚实信用、"公平、公正、公开"的原则,自觉维护证券市场健康、稳定发展。

第二条 严格遵守国家法律法规,以及监管部门的有关规章。

第三条 严格遵守基金契约和托管协议等法律文件的规定。

第四条 严格自律管理,规范经营行为,建立完善的内部管理制度、合规控制制度和员工行为规范。

第五条 与监管部门积极配合、通力合作,保证基金监管工作的顺利开展。

第六条 以规范的运作、专业的管理、稳健的经营,树立基金业的良好形象,维护公众对基金的信心。

第七条 确保公开披露的信息真实、准确、完整和及时。

第八条 关注公众对基金投资行为的评议并接受其监督,及时根据证券交易制度的调整修正基金运作过程中的投资交易行为。

第九条 加强从业人员培训和管理，提高从业人员业务素质和职业道德水平。

第十条 致力于基金的宣传及投资者教育，共同培育基金市场。

第十一条 倡导成员间以多种形式进行经验交流，团结协作，互相促进，共同发展。

第十二条 提倡公平竞争，维护行业声誉，禁止下列行为：

1.违反证券交易制度和规则，扰乱市场秩序；

2.贬损同行，以抬高自己；

3.从业人员为自己或与本人有利害关系的他人买卖股票；

4.以不正当手段谋求业务发展；

5.有损基金业形象的行为；

6.其它法律、法规和中国证监会禁止的行为。

证券投资基金业从业人员执业守则

(2001－10－11)

为提高证券投资基金(以下简称“基金”)从业人员的职业道德和自律意识，维护基金投资人的合法权益，树立基金业的良好形象，促进基金业健康、稳定发展，特制定基金业从业人员执业操守及行为准则，供从业人员严格自律，自觉遵守。

基金业从业人员执业操守

遵纪守法　诚实信用　勤勉尽责　自律自强

基金业从业人员行为准则

1.遵守国家有关法律法规、监管部门规定、基金契约，以及行业公认的职业道德和行为规范。

2.坚持“公平、公正、公开”原则，公平对待基金和基金投资人，依法保障基金投资人的合法权益。

3.以基金资产的保值增值为目标，以取信于基金投资人、取信于市场、取信于社会为宗旨，规范管理、忠于职守，自觉维护证券市场的正常秩序。

4.诚实对待基金投资人，确保向基金投资人提供的信息真实、准确、完整和及时。

5.勤勉、谨慎、尽责地履行职责。

6.严格遵守基金投资规程，有效控制投资风险，以专业经营方式管理和保管基金资产。

7.遵守工作纪律，只就具备资格和能力处理的事项提供意见。

8.保守基金、基金投资人及本人所在公司的商业秘密。

9.热爱本职工作，努力钻研业务，不断提高专业技能。

10.团结同事，协调合作，优质高效地完成本职工作。

11.珍惜基金业的职业荣誉，自觉维护本行业及所在公司的声誉。

12.禁止下列行为：

(1)违反证券交易制度和规则，扰乱市场秩序；

(2)故意损害基金投资人及其它同业机构、人员的合法权益；

(3)违反基金契约、托管协议等有关法律文件；

(4)信息披露不真实，有误导、欺诈成分；

(5)泄露在任职期间知悉的有关公司、基金的商业秘密；

(6)为自己或与本人有利害关系的他人买卖股票；

(7)玩忽职守，滥用职权；

(8)越权或违规经营；

(9)以不正当手段谋求业务发展；

(10)其它法律、法规和中国证监会禁止的行为。

金融机构撤销条例

(2001－12－5)

第一章　总　则

第一条 为了加强对金融活动的监督管理，维护金融秩序，保护国家利益和社会公众利益，制定本条例。

第二条 中国人民银行撤销金融机构，依照本条例执行。

本条例所称撤销，是指中国人民银行对经其批准设立的具有法人资格的金融机构依法采取行政强制措施，终止其经营活动，并予以解散。

第三条 中国人民银行及其工作人员以及其他有关人员依照本条例履行职责，应当依法为被撤销的金融机构保守秘密。

第四条 被撤销的金融机构所在地的地方人民政府应当组织有关部门，做好与撤销有关的工作。

第二章　撤销决定

第五条 金融机构有违法违规经营、经营管理不善等情形，不予撤销将严重危害金融秩序、损害社会公众利益的，应当依法撤销。

第六条 中国人民银行决定撤销金融机构，应当制作撤销决定书。

撤销决定自中国人民银行宣布之日起生效。

撤销决定应当在报纸上公告，并在被撤销的金融机构的营业场所张贴。

第七条 自撤销决定生效之日起，被撤销的金融机构必须立即停止经营活动，交回金融机构法人许可证及其分支机构营业许可证，其高级管理人员、董事会和股东大会必须立即停止行使职权。

第三章　撤销清算

第八条 商业银行依法被撤销的，由中国人民银行组织成立清算组；非银行金融机构依法被撤销的，由中国人民银行或者中国人民银行委托的有关地方人民政府组织成立清算组。清算自撤销决定生效之日起开始。清算组向中国人民银行负责并报告工作。

清算组由中国人民银行、财政、审计等有关部门、地方人民政府的代表和被撤销的金融机构股东的代表及有关专业人员组成。清算组组长及成员，由中国人民银行指定或者经中国人民银行同意。

清算期间，清算组行使被撤销的金融机构的管理职权，清算组组长行使被撤销的金融机构的法定代表人职权。

第九条 清算组成立后，被撤销的金融机构的法定代表人及有关负责人应当将被撤销的金融机构的全部印章、账簿、单证、票据、文件、资料等移交清算组，并协助清算组进行清算。

第十条 清算期间，被撤销的金融机构的法定代表人、董事会和监事会成员、部门负责人以上高级管理人员、财务人员及其他有关人员，应当按照清算组的要求进行工作，不得擅离职守，不得自行出境。

第十一条 清算期间，清算组履行下列职责：

(一)保管、清理被撤销的金融机构财产，编制资产负债表和财产清单；

(二)通知、公告存款人及其他债权人，确认债权；

(三)处理与清算被撤销的金融机构有关的未了结业务；

(四)清理债权、债务，催收债权，处置资产；

(五)制作清算方案，按照经批准的清算方案清偿债务；

(六)清缴所欠税款；

(七)处理被撤销的金融机构清偿债务后的剩余财产；

(八)代表被撤销的金融机构参加诉讼、仲裁活动；

(九)提请有关部门追究对金融机构被撤销负有直接责任的高级管理人员和其他有关人员的法律责任；

(十)办理其他清算事务。

第十二条 清算期间，清算组可以将清算事务委托中国人民银行指定的金融机构(以下简称托管机构)办理。

托管机构不承担被撤销的金融机构债务，不垫付资金，不负责被撤销的金融机构人员安置。托管费用列入被撤销的金融机构清算费用。

第十三条 被撤销的金融机构所在地的地方人民政府应当成立撤销工作领导小组，组长由地方人民政府负责人担任。

撤销工作领导小组应当支持、配合清算组催收债权和办理其他清算事务，并组织有关部门依法维护社会治安秩序，处理突发事件，查处违法行为，依法追究有关责任人员的法律责任。

第十四条 清算组应当自成立之日起10日内，书面通知债权人申报债权，并于60日内在报纸上至少公告3次。

债权人应当自接到通知书之日起30日内，未接到通知书的债权人应当自第一次公告之日起90日内，向清算组申报债权。

清算组可以决定小额储蓄存款人可以不申报债权，由清算组根据被撤销的金融机构会计账册和有关凭证，对储蓄存款予以确认和登记。

第十五条 债权人申报债权，应当说明债权性质、数额和发生时间，并提供有关证明材料。清算组应当审查申报债权的证明材料，确认债权有无财产担保及数额，对有财产担保的债权和无财产担保的债权分别登记。

第十六条 债权人未在规定期限内申报债权的，按照下列规定处理：

(一)已知债权人的债权，应当列入清算范围；

(二)未知债权人的债权，在被撤销的金融机构的清算财产分配结束前，可以请求清偿；被撤销的金融机构的清算财产已经分配结束的，不再予以清偿。

第十七条 自撤销决定生效之日起，被撤销的金融机构债务停止计算利息。

第十八条 被撤销的金融机构下列财产，作为清偿债务的清算财产：

(一)清算开始之日起被撤销的金融机构全部财产，包括其股东的出资及其他权益、其全资子公司的财产和其投资入股的股份；

(二)清算期间被撤销的金融机构依法取得的财产；

(三)被撤销的金融机构的其他财产。

撤销决定生效之日前，被撤销的金融机构恶意转移或者变相转移财产的行为无效；由此转移和变相转移的财产由清算组负责追回，并入清算财产。

第十九条 清算组清理被撤销的金融机构财产时，应当依法评估其财产的实际价值；财产有损失的，应当核实损失数额。

第二十条 清算组可以依法变卖被撤销的金融机构的有效资产；拍卖被撤销的金融机构有效资产的，应当按照具有资产评估业务资格的中介机构出具的评估结果确定拍卖底价。

前款所称有效资产，是指被撤销的金融机构经清理、核实后具有实际价值的财产。

第二十一条 被撤销的金融机构财产的清理和处置，免交税收和行政性收费。

第二十二条 被撤销的金融机构财产经清理、核实后，清算组应当制作清算方案。

清算方案应当包括债权人情况、债权数额、清算财产数额、支付个人储蓄存款的本金和合法利息的数额、清偿其他债务的数额等内容，并附资产负债表、财产清单、资产评估报告等材料。

清算方案由清算组与债权人协商后，报中国人民银行确认。

第四章 债务清偿

第二十三条 被撤销的金融机构清算财产，应当先支付个人储蓄存款的本金和合法利息。

第二十四条 被撤销的金融机构的清算财产支付个人储蓄存款的本金和合法利息后的剩余财产，应当清偿法人和其他组织的债务。

第二十五条 被撤销的金融机构的清算财产清偿债务后的剩余财产，经清算应当按照股东的出资比例或者持有的股份比例分配。

第五章 注销登记

第二十六条 清算结束后，清算组应当制作清算报告、清算期内收支报表和各种财务账册，报中国人民银行确认。

第二十七条 清算结束后，清算组应当向工商行政管理机关办理注销登记手续，被撤销的金融机构股东的资格终止，被撤销的金融机构即行解散，由中国人民银行予以公告。

第二十八条 被撤销的金融机构的各种会计凭证、会计账册、会计报表等资料以及有关营业、清算的重要文件，应当在注销登记后由中国人民银行指定的机构负责保管。

第二十九条 审计机关应当对被撤销的金融机构负责人进行审计。

第六章 法律责任

第三十条 被撤销的金融机构的高级管理人员和其他有关人员，利用职务上的便利收受他人财物、违法发放贷款、非法出具金融票证、徇私舞弊造成该金融机构被撤销的，依照刑法关于受贿罪、违法发放贷款罪、非法出具金融票证罪、徇私舞弊造成破产、亏损罪或者其他罪的规定，依法追究刑事责任；尚不够刑事处罚的，给予撤职直至开除的纪律处分，并终身不得在任何金融机构担任高级管理职务或者与原职务相当的职务。

第三十一条 中国人民银行的工作人员违法审批金融机构，对金融机构不依法实施监督管理、不依法查处违法行为，情节严重、导致金融机构被撤销的，依照刑法关于滥用职权罪、玩忽职守罪或者其他罪的规定，依法追究刑事责任；尚不够刑事处罚的，给予记大过、降级或者撤职的行政处分。

第三十二条 任何国家机关工作人员非法干预金融机构的正常经营活动，对该金融机构被撤销负有直接责任的，依照刑法关于滥用职权罪或者其他罪的规定，依法追究刑事责任；尚不够刑事处罚的，给予记大过、降级或者撤职的行政处分。

第三十三条 在撤销清算过程中，被撤销的金融机构工作人员有下列行为之一的，依照刑法关于妨害公务罪、妨害清算罪或者其他罪的规定，依法追究刑事责任；尚不够刑事处罚的，给予撤职直至开除的纪律处分：

(一)阻挠清算组依法履行职责的；

(二)拒绝提供情况或者提供虚假情况的；

(三)抽逃资金、隐匿财产，逃避债务的；

(四)恶意转移或者变相转移被撤销的金融机构财产的。

第三十四条 被撤销的金融机构在撤销决定生效后非法从事经营活动的，由中国人民银行依照《非法金融机构和非法金融业务活动取缔办法》予以取缔；依照刑法关于非法吸收公众存款罪或者其他罪的规定，依法追究刑事责任；尚不够刑事处罚的，依法给予行政处罚。

第三十五条 清算组的工作人员在清算过程中滥用职权、玩忽职守、徇私舞弊,造成财产损失,损害债权人利益的,依照刑法关于滥用职权罪、玩忽职守罪或者其他罪的规定,依法追究刑事责任;尚不够刑事处罚的,给予降级直至开除的行政处分或者纪律处分。

第三十六条 中国人民银行工作人员及其他有关人员在依照本条例履行职责中,泄露国家秘密或者所知悉的商业秘密的,依照刑法关于泄露国家秘密罪、侵犯商业秘密罪或者其他罪的规定,依法追究刑事责任;尚不够刑事处罚的,给予降级直至开除的行政处分或者纪律处分。

第三十七条 托管机构不履行托管职责,造成被撤销的金融机构财产损失的,应当依法承担民事责任,并对其负有责任的主管人员和其他直接责任人员依法给予纪律处分。

第七章 附 则

第三十八条 本条例自2001年12月15日起施行。

境外会计师事务所执行金融类上市公司审计业务临时许可证管理办法

关于发布《境外会计师事务所执行金融类上市公司审计业务临时许可证管理办法》的通知

各有关会计师事务所:

为了充分借鉴国际标准,提高银行证券保险行业上市公司审计结果的公平性和可靠性,确保公开披露信息的质量,保护投资者的合法权益,并为加强此类公司上市后的监督提供充分可靠的依据,中国证券监督管理委员会和财政部共同制定了《境外会计师事务所执行金融类上市公司审计业务临时许可证管理办法》,现予发布,请遵照执行。

中国证券监督管理委员会
中华人民共和国财政部
2001年1月12日

第一条 为了充分借鉴国际标准，提高银行证券保险行业上市公司审计结果的公平性和可靠性,确保公开披露信息的质量,保护投资者的合法权益,并为加强此类公司上市后的监督提供充分可靠的依据,根据《证券法》、《中国注册会计师法》和中国证券监督管理委员会(以下简称“中国证监会”)《公开发行证券公司信息披露编报规则》第1、3、5号,制订本办法。

第二条 银行证券保险行业上市公司应同时聘请中外各一家会计师事务所分别提供会计报表审计服务。中国证监会和财政部对在境外注册的会计师事务所(以下简称“境外事务所”)执行银行证券保险行业上市公司审计业务实行临时许可证管理。境外事务所申请临时许可证,应向中国证监会和财政部申报,经中国证监会、财政部批准后,方可执行业务。

第三条 银行证券保险业务临时许可证有效期为一年。

第四条 境外事务所在接洽业务之前应将有关材料上报中国证监会和财政部。经审查符合条件的,中国证监会和财政部将发给其临时许可证。经审查不符合条件的,将通知其停止接洽业务。

第五条 申请银行证券保险业务临时许可证,应当具备下列条件:

1、有相关行业的审计经验(指在国外);
2、国际会计师事务所;
3、熟悉中国相关行业情况。

第六条 境外事务所申请临时许可证,应当报送下列材料:

1、银行证券保险业务临时许可证申请报告;
2、相关业务的情况介绍;
3、境外事务所的基本情况;
4、与来华执行相关业务有关的合伙人和高级经理简介;
5、中国证监会和财政部要求报送的其它材料。

以上材料均用中文书写。

第七条 中国证监会和财政部有权对申请临时许可证的境外事务所在中国境内的业务质量进行抽查。对于业务质量不符合中国证监会要求的,终止其业务,并不再受理其临时许可证申请。

第八条 境外事务所未取得临时许可证,擅自执行银行证券保险等金融类上市公司相关业务的，中国证监会和财政部将责令其停止开展业务，并没收所得，不予受理其临时许可证申请。

第九条 境外事务所以欺骗或者其它不正当手段获得临时许可证的,收回其临时许可证,没收违法所得,停止其业务,不再受理其临时许可证申请,并予以公告。

第十条 境外事务所在执行银行证券保险行业上市公司相关业务的过程中违反中国法律的,应根据中国的法律追究其责任。

第十一条 本办法由中国证监会和财政部负责解释。

第十二条 本办法自发布之日起执行。

客户交易结算资金管理办法

中国证券监督管理委员会令

第3号

现发布《客户交易结算资金管理办法》，自2002年1月1日起施行。

主 席 周小川

二〇〇一年五月十六日

第一章 总 则

第一条 为规范证券交易结算资金的管理，保护投资者利益，根据《中华人民共和国证券法》(以下简称《证券法》)，制定本办法。

第二条 客户交易结算资金必须全额存入具有从事证券交易结算资金存管业务资格的商业银行，单独立户管理。严禁挪用客户交易结算资金。

第三条 从事证券交易结算资金存管业务的商业银行、证券登记结算公司(以下简称结算公司)依照本办法对客户交易结算资金、清算备付金的定向划转实行监督。

第四条 中国证券监督管理委员会(以下简称证监会)依照本办法对证券公司、结算公司和商业银行的证券交易结算资金存管业务活动进行监督管理。

第二章 账户管理

第五条 证券公司及其证券营业部必须将客户交易结算资金全额存放于客户交易结算资金专用存款账户和清算备付金账户。

结算公司必须将证券公司存入的清算备付金全额存入清算备付金专用存款账户。

第六条 证券公司根据业务需要可在多家存管银行存放客户交易结算资金，但必须确定一家存管银行为主办存管银行。

第七条 证券公司应当在存管银行开立客户交易结算资金专用存款账户，在主办存管银行开立自有资金专用存款账户。

证券公司下属证券营业部应当在证券公司所确定的存管银行设在当地的分支机构开立客户交易结算资金专用存款账户。

结算公司应当在结算银行开立清算备付金专用存款账户、自有资金专用存款账户、验资专户。

第八条 证券公司在同一家存管银行只能开立一个客户交易结算资金专用存款账户，在主办存管银行只能开立一个自有资金专用存款账户。

一个证券营业部只能在同一家存管银行设在当地的分支机构开立一个客户交易结算资金专用存款账户。

结算公司在同一家结算银行只能开立一个清算备付金专用存款账户和一个自有资金专用存款账户，一个验资专户。

第九条 证券公司及其证券营业部开立的客户交易结算资金专用存款账户，证券公司开立的自有资金专用存款账户，结算公司开立的清算备付金专用存款账户、自有资金专用存款账户、验资专户，应在开立后三个工作日内向证监会报备，在获得账户备案回执之前，不得使用。

第十条 证券公司获得证监会的账户备案回执后，应当通知其存管银行及结算公司。

结算公司在获得证监会账户备案回执后，应当通知结算银行及证券公司。

第十一条 证券公司不再使用的客户交易结算资金专用存款账户，应当在向证监会报备后注销，并同时通知有关存管银行、结算公司。

结算公司不再使用的清算备付金专用存款账户、验资专户，应当在向证监会报备后注销，并同时通知有关证券公司、存管银行。

证券公司、结算公司不再使用的自有资金专用存款账户，应当在向证监会报备后注销。其中证券公司注销自有资金专用存款账户的，应通知结算公司；结算公司注销自有资金专用存款账户的，应通知结算银行。

第十二条 证券公司、证券营业部出现迁址、终止营业等情形，应当及时注销不再使用的客户交易结算资金专用存款账户、自有资金专用存款账户。

第十三条 客户交易结算资金专用存款账户、清算备付金专用存款账户、自有资金专用存款账户发生变更的，视同注销旧户，开设新户。

第三章 资金划拨与监督

第十四条 综合类证券公司必须将客户交易结算资金和其证券自营资金分开办理，其业务人员、财务账户均应分开，不得混合操作。

第十五条 存管银行、结算公司在确认证券公司申请划款的账户已经在证监会备案，自有资金专用存款账户的使用符合本办法要求后，方可将资金划入该账户。

结算银行在确认结算公司申请划款的账户已经在证监会备案、自有资金专用存款账户的使用符合本法规定后，方可将资金划入该账户。

第十六条 客户交易结算资金只能在客户交易结算资金专用存款账户和清算备付金账户之间划转，但客户提款、证券公司将收取客户的费用转入自有资金专用存款账户等业务除外。

第十七条 综合类证券公司向客户收取佣金等费用、以自有资金补充清算备付金，应当集中通过清算备付金账户和自有资金专用存款账户划拨。

经纪类证券公司向客户收取佣金等费用，应当从一个固定的客户交易结算资金专用存款账户集中向证券公司自有资金账户划拨。

结算公司向证券公司收取手续费等费用，应当从清算备付金专用存款账户向结算公司自有资金专用存款账户划拨。

第十八条 通过证券交易所发行有价证券时，验资专户里的申购资金必须通过清算备付金账户进行划拨。

证券公司承销非上市证券从客户处所筹集的资金，应当通过证券公司在主办存管银行的客户交易结算资金专用存款账户划拨给发行人。

第十九条 证券公司自营证券账户应当向证监会和结算公司备案，结算公司应当根据证券公司备案的自营证券账户、经纪证券账户的净交收额及资金存取变动情况，定期计算每个交易日清算备付金账户中每家证券公司自营资金、经纪资金的余额，并保留有关记录。

结算公司如果发现证券公司有大量挪用客户交易结算资金情况，要及时向证监会报告。

第二十条 证券公司应当按月向证监会报告客户交易结算资金账面余额。同时，抄送结算公司。

结算公司应当按月向证监会报告各证券公司清算备付金中的经纪资金、自营资金及所收到证券公司清算备付金以及验资专户申购资金的账面余额。

存管银行应当按月向证监会报告所辖客户交易结算资金专用存款账户余额。

结算银行应当按月向证监会报告所辖清算备付金专用存款账户、验资专户余额。

证监会根据监管需要，可以调整上述报告周期。

第二十一条 证券公司、结算公司、存管银行、结算银行根据证监会要求或遇到客户交易结算资金专用存款账户、清算备付金专用存款账户、验资专户出现重大异常情况时,应当及时向证监会报告。

第二十二条 证券公司应当对客户交易结算资金集中统一管理。

证券公司下属证券营业部收到的客户交易结算资金,除留足日常备付的部分外,应当交由证券公司管理。

第二十三条 客户交易结算资金只能用于客户的证券交易结算和客户提款。

证券公司和结算公司不得以客户交易结算资金、清算备付金为他人提供担保。

第二十四条 存管银行、结算银行、结算公司及其工作人员应当对证券交易结算资金的情况保密。

存管银行、结算银行和结算公司有权拒绝任何单位或个人的查询,但法律、法规另有规定以及证监会、开户证券公司和结算公司根据预定的程序所作的查询除外。

第四章 从事客户交易结算资金存管业务的商业银行

第二十五条 从事客户交易结算资金存管业务的商业银行应当符合下列条件:

(一)经中国人民银行认定具有足够的抗风险能力和良好的经营业绩的商业银行;

(二)具有及时、安全、高效的资金汇划系统,能够保证本行系统内证券交易结算资金汇划在两小时内到账;

(三)有健全的证券交易结算资金存管业务操作办法和规程,有相应的业务部门和人员;

(四)能够按证监会规定的格式和时间报送证券交易结算资金账户的有关资料;

(五)符合证监会认定的其他条件。

第二十六条 符合前款规定的商业银行,可以向证监会申请从事客户交易结算资金存管业务资格,经证监会核准后,领取《从事证券交易结算资金存管业务资格证书》,并报中国人民银行备案。

第二十七条 从事客户交易结算资金存管业务的商业银行,按业务对象分为存管银行和结算银行。

第二十八条 证券公司与其确定的存管银行、主办存管银行,结算公司与其确定的结算银行应当签定有关资金存管及代理结算业务的合同,明确双方的权利和义务,并报证监会备案。

第二十九条 存管银行、结算银行应当为证券交易结算资金清算提供快捷、安全、准确的结算服务。

第五章 罚 则

第三十条 证券公司、证券营业部有下列行为之一的,责令限期改正,给予通报批评、公开批评,单处或者并处警告、三万元以下罚款:

(一)未按本办法制定客户交易结算资金操作办法和规程;

(二)违规开立客户交易结算资金专用存款账户、自有资金专用存款账户;

(三)未在规定时间内向证监会报备存管银行、客户交易结算资金专用存款账户、自有资金专用存款账户;

(四)未及时注销不再使用的客户交易结算资金专用存款账户、自有资金专用存款账户;

(五)未按期向证监会报告客户交易结算资金账面余额;

(六)其他违反本办法的行为。

对有前款规定行为的有关责任人员,给予通报批评、公开批评,单处或者并处警告、三万元以下罚款。

第三十一条 证券公司、证券营业部有下列行为之一的,责令限期改正,给予通报批评、公开批评,单处或者并处警告、三万元以下罚款,情节严重的,按照《证券法》第一百九十三条处罚:

(一)以伪造、变造证监会账户备案回执等欺骗手段,取得存管银行或者结算公司资金划拨许可;

(二)违反本办法,在客户交易结算资金专用存款账户、清算备付金账户之外存放客户交易结算资金;

(三)以客户交易结算资金为他人提供担保;

(四)其他违反本办法的行为。

对有前款规定行为的有关责任人员,给予通报批评、公开批评,单处或者并处警告、三万元以下罚款,情节严重的,按照《证券法》第一百九十三条处罚。

第三十二条 结算公司有下列行为之一的,责令限期改正,给予通报批评、公开批评,单处或者并处警告、三万元以下罚款:

(一)违反本办法,未能对客户交易结算资金划拨进行有效监督;

(二)违规开立清算备付金专用存款账户或者自有资金专用存款账户;

(三)未在规定时间内向证监会报备结算银行、清算备付金专用存款账户、自有资金专用存款账户、验资专户;

(四)未及时注销不再使用的清算专户、自有资金专用存款账户;

(五)未按期向证监会报告有关清算备付金账户及验资专户的账面余额;

(六)其他违反本办法的行为。

对有前款规定行为的有关责任人员,给予通报批评、公开批评,单处或者并处警告、三万元以下罚款。

第三十三条 结算公司有下列行为之一的,责令限期改正,给予通报批评、公开批评,单处或者并处警告、三万元以下罚款,情节严重的,按照《证券法》第一百九十三条处罚:

(一)违反本办法,在清算备付金专用存款账户外存放清算备付金;

(二)以清算备付金为他人提供担保;

(三)违反本办法第十八条第一款的规定;

(四)其他违反本办法的行为。

对有前款规定行为的有关责任人员,给予通报批评、公开批评,单处或者并处警告、三万元以下罚款,情节严重的,按照《证券法》第一百九十三条处罚。

第三十四条 存管银行或其分支机构、结算银行有下列行为之一的,责令限期改正,给予通报批评、公开批评,单处或者并处警告、三万元以下罚款,情节严重的,取消从事证券交易结算资金存管业务资格。

(一)违反本办法,未能对客户交易结算资金划拨进行有效监督;

(二)未按照本办法规定,向证监会报送客户交易结算资金专用存款账户、清算备付金专用存款账户和验资专户的有关资料;

(三)其他违反本办法的行为。

对有前款规定行为的有关责任人员,给予通报批评、公开批评,单处或者并处警告、三万元以下罚款。

第三十五条 证券公司、结算公司、存管银行、结算银行违反本办法第二十一条规定,不向证监会及时报告的,予以通报批评、公开批评,单处或者并处警告、三万元以下罚款。

第三十六条 存管银行、结算公司工作人员泄露证券交易结算资金秘密的,按有关法律、法规、规章进行处罚。

第六章 附 则

第三十七条 释义:

(一)证券交易结算资金,是客户交易结算资金、证券公司自营资金、其他用于证券交易资金的统称。

(二)客户交易结算资金,包括客户为保证足额交收而存入的资金,出售有价证券所得到的所有款项(减去经纪佣金和其他正当费用),持有证券所获得的股息、现金股利、债券利息,上述资金获得的利息,以及证监会认定的其他资金。

(三)从事客户交易结算资金存管业务的商业银行,指符合本办法规定并经证监会批准,办理证券交易结算资金存取、划转并履行监督职能的商业银行。

(四)存管银行,指证券公司在具有证券交易结算资金存管业务资格的商业银行中确定的,存放其客户交易结算资金的商业银行。

(五)主办存管银行,指证券公司在存管银行范围内确定的,通过其办理证券交易法人结算业务的商业银行。

(六)结算银行,指结算公司在具有证券交易结算资金存管业务资格的商业银行中确定的,办理证券交易结算资金结算业务的商业银行。

(七)客户交易结算资金专用存款账户,指证券公司及其证券营业部在存管银行开立的,用于存放客户交易结算资金及办理结算划款的专用账户。

(八)清算备付金专用存款账户,指结算公司在结算银行开立的,用于存放证券公司清算备付金的账户。

(九)证券公司的自有资金专用存款账户,指证券公司开立的,按照本办法规定划拨其自有资金或者接受从客户交易结算资金专用存款账户所收取款项的账户。

(十)结算公司的自有资金专用存款账户,指结算公司开立的,按照本办法规定划拨其自有资金或者接受从清算备付金专用存款账户所收取款项的账户。

(十一)验资专户,指结算公司设立的用于新股发行时申购资金验资的专用存款帐户。

第三十八条　证券公司应当按照本办法制定客户交易结算 资金操作办法和规程,报证监会备案。

第三十九条　证券公司开展资产管理业务接受客户存入的 委托资金,在本办法中视同客户交易结算资金进行管理。

第四十条　信托投资公司证券业务客户交易结算资金的管 理参照本办法执行。

第四十一条　境内上市外资股客户交易结算资金管理办法 ,另行制定。

第四十二条　本办法自2002年1月1日起施行。

证券公司代办股份转让服务业务试点办法

(2001年6月12日中国证券业协会发布)

第一章　总　则

第一条　为解决原STAQ、NET系统挂牌公司的股份流通问题,规范证券公司代办股份转让服务业务活动,根据《公司法》、《证券法》的有关规定,制定本试点办法。

第二条　本试点办法所称代办股份转让服务业务, 是指证券公司以其自有或租用的业务设施,为非上市公司提供的股份转让服务业务。

第三条　中国证券业协会依法履行自律性管理职责,对证券公司代办股份转让服务业务进行监督管理。

第四条　证券公司代办股份转让服务业务,应当遵循公开、公平、公正的原则,不得损害投资者的合法权益。

第五条　投资者参与股份转让,应当自行承担投资风险。

第二章　业务许可

第六条　证券公司从事代办股份转让服务业务,应当报经中国证券业协会批准, 并报中国证券监督管理委员会 (以下简称中国证监会)备案。

未经中国证券业协会批准,任何证券公司不得从事代办股份转让服务业务。

第七条　证券公司申请从事代办股份转让服务业务,应当符合下列条件:

(一)有20家以上营业部,并且布局合理;

(二)有从事网上委托业务的资格;

(三)最近2年内在证券市场没有重大违法违规行为;

(四)有健全的内部控制制度和风险防范机制;

(五)有相应的从事代办股份转让服务业务的设施;

(六)中国证券业协会规定的其他条件。

第八条　证券公司申请从事代办股份转让服务业务,应当向中国证券业协会提交以下文件:

(一)从事代办股份转让服务业务的申请书;

(二)公司证券业务资格有关文件;

(三)营业部的家数和布局的说明;(四)公司内部控制制度和风险防范机制的有关说明;

(五)中国证券业协会要求的其他文件。

第九条　中国证券业协会自受理申请文件起30个工作日内根据本试点办法对申请文件进行审核,做出是否予以批准的决定。

第三章　委托代办转让

第十条　股份转让公司委托代办转让应具备以下条件:

(一)为合法存续的股份有限公司;

(二)有健全的公司组织结构;

(三)登记托管的股份比例不低于可代办转让股份的50%;

(四)中国证券业协会要求的其他条件。

第十一条　股份转让公司应当且只能委托一家证券公司办理股份转让,并与证券公司签订委托协议。

第十二条　股份转让公司委托证券公司办理股份转让,应当向证券公司提交以下文件:

(一)注册地省级人民政府同意或确认的文件;

(二)股东大会关于委托代办股份转让的决议;

(三)企业法人营业执照(副本)及章程;

(四) 经具有证券业从业资格的会计师事务所审计的最近一个年度的报告;

(五)经确认的合法有效的股东名册。股东名册应当包括以下内容:股份总额、股东姓名或名称、持股数量、居民身份证号码或工商营业执照号码;

(六)证券公司与股份转让公司商定的其他文件。

第十三条　代办转让的股份仅限于股份转让公司在原交易场所挂牌交易的流通股份。

第四章　股份的登记与托管

第一节 股份账户的开立

第十四条 投资者参与股份转让，必须开立非上市公司股份转让账户(以下简称股份账户)。

第十五条 登记结算机构负责股份账户号码的编制、股份账户卡的印制及其管理工作。

第十六条 登记结算机构委托证券公司为参与股份转让的投资者开设股份账户。

第十七条 证券公司申请办理股份账户开户代理业务，应向登记结算机构提交下列材料：

(一) 中国证券业协会有关代办非上市公司股份转让登记业务许可的批复；

(二)与股份转让公司签订的委托协议；

(三)开办开户代理业务的申请；

(四)企业法人营业执照(副本)；

(五)法定代表人身份证明书；

(六)经办人的授权委托书；

(七)经办人身份证。

第十八条 投资者在证券公司营业部开立股份账户需提交以下资料：

(一)个人投资者：居民身份证。个人投资者委托他人代办的，还须代办人本人身份证；

(二)法人投资者：法人营业执照或注册登记证书(副本)、法定代表人身份证明书、法定代表人授权委托书和经办人身份证。

第十九条 证券公司营业部对投资者开户申请资料审核无误后，实时为投资者开立股份账户。

第二十条 开户费用：个人每户人民币30元，机构法人每户人民币100元。

第二节 股份的确认与登记

第二十一条 股份转让公司的股份必须按照有关规定重新确认、登记和托管后方可进行股份转让。

第二十二条 股份重新确认、登记和托管工作由股份转让公司负责办理。

第二十三条 股份转让公司应根据与证券公司订立的委托协议确定的时间，至少在一种中国证监会指定的报刊上刊登股份重新确认、登记和托管的公告，通知投资者办理股份的确认登记手续。

第二十四条 股份转让公司股份持有者办理股份重新登记和托管应向办理机构提交下列材料：

(一)个人投资者

1、本人身份证；

2、原挂牌交易场所的股票账户卡；

3、股份账户卡；

4、《非上市公司股份转让股票登记托管申请表》。

委托他人代办的，还须提供代办人本人的身份证。

(二)机构投资者

1、法人营业执照或注册登记证书(副本)；

2、原挂牌交易场所的股票账户卡；

3、股份账户卡；

4、法定代表人身份证明书、法定代表人授权委托书；

5、法定代表人和经办人身份证；

6、《非上市公司股份转让股票登记托管申请表》。

第二十五条 有下列情形之一的，还须提交以下相关材料或办理相关手续：

(一)企业因已注销、被吊销营业执照或歇业，而无法提供企业法人营业执照的，需出具以下材料：

1、工商行政管理机关出具的关于法人机构已破产或注销的证明；

2、原持有人的股东与现持有人签署的转让协议；

3、法院裁决书、破产清算小组或上级主管单位文件、证明。

(二)原企业法人已变更名称、合并、分立、兼并、重组的，须提供工商行政管理机关出具的关于企业法人变更名称的证明，和变更名称后的法人承诺承担原法人债权债务的证明文件。

(三)实际出资的投资者无法提供股份持有人的身份证明原件、原挂牌交易场所股票账户卡原件等，需提供以下证明材料之一即可办理登记确认手续：

1、原挂牌交易场所的托管券商出具出资证明，证明其为实际出资人，并承诺承担由此而引起的任何法律责任；

2、股份持有人与实际出资人之间签订的股权转让协议，股份持有人需声明该股份属实际出资人，并承诺承担因转让引起的任何法律责任。该协议书需经公证处公证；

3、法院裁决书；

4、股份转让公司要求提供的其它材料。

第二十六条 在重新确认股份后，股份转让公司应向股份持有人出具股份确认书。经重新确认登记的股份达到可代办转让股份总额的50%以上后，股份转让公司可向登记结算机构提交托管申请。

第三节 股份的托管

第二十七条 股份转让公司已确认的可进行股份转让的股份应当托管在登记结算机构。

第二十八条 股份转让公司办理股份托管要向登记结算机构提交下列材料：

(一)与证券公司签订的委托代办股份转让的协议；

(二)符合登记结算标准的已重新登记确认的股东名册(书面材料和电子数据各一份)；

(三)登记结算机构要求的其他材料。

第二十九条 未经确认的股份，由股份转让公司按登记结算机构的有关规定，继续进行确认登记工作。经确认登记的股份可以由股份转让公司向登记结算机构托管后开始转让。

第四节 股份账户的挂失

第三十条 个人投资者申请挂失的，应当提供居民身份证，或户口本和户口所在地公安机关出具的贴有本人照片并压盖派出所公章的身份证遗失证明。

第三十一条 法人投资者申请挂失的，应当提供企业法人营业执照或注册登记证书、法定代表人证明书与法定代表人授权委托书、经办人身份证。

第三十二条 证券公司营业部接受投资者挂失补办申请，并为投资者开立新的股份账户后，应当将挂失账户中记载的股份转入投资者新账户中。原股份账户卡自新股份账户卡生效之日起自动作废。

第五节 查询与冻结

第三十三条 司法机关及其他有权机关要求查询、冻结投资者股份账户及资金的，由证券公司营业部按有关法律法规查验证件、法律文书无误后予以办理。

第六节 非转让过户

第三十四条 有下列情形之一的，可通过证券公司营业部办理非转让过户：

(一)继承、赠与及其它形式的财产分割与转移;

(二)挂失;

(三)司法裁决和仲裁裁定。

第三十五条 申请办理上述过户,应按规定持过户双方(或挂失申请人)本人身份证、股份账户卡、相关证明资料或法律文书,由证券公司营业部办理相关手续。

第五章 股份转让

第一节 一般规定

第三十六条 投资者参与股份转让,应当委托证券公司营业部办理。

第三十七条 证券公司接受投资者委托办理股份转让业务,投资者委托指令以集合竞价方式配对成交。

证券公司不得自营所代办公司的股份。

第三十八条 股份转让的转让日为每周星期一、星期三、星期五,转让委托申报时间为上午9:30至11:30,下午1:00至3:00;之后进行集中配对成交。

转让期间遇法定假日或其它特殊情况,暂停转让服务业务。

第二节 资金账户的开立

第三十九条 投资者进行股份转让,应先到证券公司或其所属营业部阅读《风险揭示书》,证券公司应向投资者充分揭示股份转让的各类风险,投资者应在充分了解投资风险的基础上签署《风险揭示书》,并签订委托协议。证券公司应当为投资者开立资金账户。

第四十条 委托协议应列明投资者接受并遵守本试点办法。

第三节 转让单位与报价单位

第四十一条 股份转让以"手"为单位,一手等于100股。申报买入股份,数量应当为一手的整数倍。不足一手的股份,只能一次性申报卖出。

第四十二条 转让股份"每股价格"的最小变动单位为人民币0.01元。

第四十三条 股份转让价格实行涨跌幅限制,涨跌幅比例限制为前一转让日转让价格的5%。

第四节 委托转让

第四十四条 投资者委托证券公司营业部进行股份转让可采用柜台委托、电话委托、互联网委托等委托方式。

第四十五条 投资者应根据上一转让日的股份价格,在涨跌幅限制范围内进行申报委托。

第四十六条 证券公司在代办转让业务中可以接受投资者的限价委托,但不得接受全权委托。

限价委托是指投资者限定价格,要求证券公司营业部以限价或低于限价买入股份、以限价或高于限价卖出股份的委托。

第四十七条 投资者委托卖出的股份必须是其股份账户上实有的股份,不得进行融券委托。

第四十八条 投资者委托买入股份必须以其资金账户上实有的资金支付,不得进行融资委托。

第四十九条 证券公司应妥善保管投资者的委托记录和凭证,保存期不少于20年。

第五节 成 交

第五十条 转让日申报时间内接受的所有转让申报采用一次性集中竞价方式配对成交。

第五十一条 集合竞价确定转让价格的原则依次是:

(一)在有效竞价范围内能实现最大成交量的价位;

(二)如果有两个以上价位满足前项条件,则选取符合下列条件之一的价位:

1、高于该价位的买入申报与低于该价位的卖出申报全部成交;

2、与该价位相同的买方或卖方的申报全部成交。

(三)如果有两个以上价位满足前项条件,则选取离上一个转让日成交价最近的价位作为转让价。

第五十二条 经集中配对后,转让即告成交。

第五十三条 集合竞价结束后,通过通信系统将转让数据即时发送至所属营业部,内容包括:证券公司专用席位号、合同序号、投资者股份账户卡号、股份编码、转让数量、转让价格等。

第六节 权益分派

第五十四条 股份转让公司派发红利的,应委托证券公司办理;派发红股或公积金转增股本的,应委托登记结算机构办理。

第五十五条 股份转让公司在申请办理上述业务时,应提交股东大会决议、分配方案公告及其他所需资料。

第七节 股份转让的信息发布

第五十六条 股份转让的价格信息通过通信系统传送至证券公司营业部,证券公司营业部必须在营业场所单独发布。

股份转让不设指数。

第五十七条 转让日当天的价格信息发布内容为:股份编码和名称,上一转让日转让价格和数量,当日转让价格和数量。

第五十八条 证券公司负责编制、管理和发布本系统转让信息的各类日报表、周报表、月报表,并在证券公司网站、所属营业场所内予以公告。

第八节 转让费用

第五十九条 投资者委托股份转让和非转让过户(挂失除外),应当按规定交纳印花税和手续费。

第六章 清算与交收

第六十条 证券公司根据成交回报数据进行对帐,计算投资者当日的应收、应付股份与资金。

第六十一条 证券公司将投资者账户内股份变动及余额的明细数据发送到登记结算机构确认与登记,并根据转让清算数据及股份变动明细,完成投资者当日受让、转出股份的转让过户手续。

第六十二条 证券公司根据投资者当日清算数据中的应收应付金额进行资金交收,将投资者应收净额计入其资金账户,应付净额从资金账户中予以扣除。

第六十三条 投资者在转让结束后应及时办理交割手续,并核对账户资金余额和股份余额情况。

第七章 信息披露

第六十四条 股份转让公司应按照以下规定在证券公司网站和营业场所进行信息披露:

(一)在上半年度结束后的二个月内,公布中期报告;

(二)在年度结束后的四个月内,公布经具有证券业从业资格的会计师事务所审计的年度报告。

第六十五条 股份转让公司在发生可能影响股份正常转让的重大事件时，须在事件发生或做出决定后的24小时内以书面形式通报证券公司，证券公司应立即在其公司网站和营业场所披露该信息。

第六十六条 上述应予披露的信息，股份转让公司应当在三日内，以书面和电子方式报送中国证券业协会备案。

第六十七条 股份转让公司信息披露不够及时、充分、完整或可能误导投资者的，证券公司可以要求股份转让公司做出修改或做出澄清公告。

股份转让公司未按证券公司要求做出修改的，证券公司应对投资者以公告的方式做出风险提示。

第六十八条 股份转让公司必须及时、充分披露信息，保证其信息披露内容的真实性、准确性、完整性，确保没有虚假记载、误导性陈述或重大遗漏，并就其保证承担法律责任。

第八章 暂停转让和终止转让

第一节 暂停转让

第六十九条 股份转让公司可以向证券公司申请暂停转让。

第七十条 出现以下情况之一的，股份转让公司董事会应当向证券公司申请暂停转让：

(一)公司于转让日公布中期报告或年度报告，当日暂停转让，下一个转让日恢复转让；

(二)公司召开股东大会，会议期间为转让日的，自股东大会召开当日起暂停转让，直至股东大会决议公告后的第一个转让日恢复转让；

(三)公司于转让日公布董事会关于权益分派、公积金转增等决议，当日暂停转让，下一个转让日恢复转让；

(四)公司于转让日公布其他涉及股本变化的公告，当日暂停转让，下一个转让日恢复转让。

第七十一条 在公共传播媒介中出现股份转让公司尚未披露的消息，可能对股份转让产生较大影响的，证券公司报经中国证券业协会批准后，可以实施暂停转让，直至股份转让公司对该消息做出澄清公告后的第一个转让日恢复转让。

第七十二条 股份转让价格出现异常波动的，证券公司报经中国证券业协会批准后，可以对其暂停转让，直至有披露义务的当事人做出澄清公告后的第一个转让日恢复转让。

第七十三条 股份转让公司于转让日公布临时报告的，应当向证券公司申请暂停转让，证券公司根据具体情况决定暂停转让与恢复转让时间。

第七十四条 股份转让公司监事会按公司法第126条规定的职权所做出的可能对股份的转让产生较大影响的决议于股份转让日公告，转让股份当日暂停转让，下一个转让日恢复转让；如决议对股份的转让可能产生重大影响的，证券公司可以根据具体情况决定暂停转让与恢复转让时间。

第七十五条 股份转让公司出现以下情形之一的，中国证券业协会，或证券公司报经中国证券业协会批准后，可以对其股份暂停转让，直至导致暂停转让的原因消除后恢复转让：

(一)股份转让公司违反委托代办协议；

(二)有关管理部门依法做出暂停转让的决定；

(三)公司有重大违法行为；

(四)公司发生影响股份转让的其他重大事件。

第二节 终止转让

第七十六条 出现下列情形之一的，股份转让公司或证券公司应当公告并终止股份转让：

(一)股份转让公司获准上市或被收购；

(二)股份转让公司或证券公司解散、依法被撤销、破产；

(三)由于技术、管理上的原因，股份转让公司或证券公司不能实际履行其职责。

第九章 罚 则

第七十七条 未经中国证券业协会批准，擅自从事代办股份转让服务业务的证券公司，中国证券业协会将建议中国证监会予以处理。

第七十八条 证券公司违反本试点办法的规定进行代办股份转让业务，中国证券业协会可予以公开谴责、限期改正、暂停或取消代办股份转让服务业务许可。

第七十九条 证券公司在股份转让活动中，有违反法律法规规定的行为，中国证券业协会将建议中国证监会或其他主管机关依法查处，构成犯罪的，依法追究刑事责任。

第十章 附 则

第八十条 其他经批准可进行股份转让的股份有限公司的股份转让服务业务活动，参照本试点办法执行。

第八十一条 本试点办法由中国证券业协会负责解释。

第八十二条 本试点办法经中国证监会批准后发布实施。

国有企业境外期货套期保值业务管理办法

关于发布《国有企业境外期货套期保值业务管理办法》的通知

2001年5月24日　　证监发[2001]81号

各有关企业：

为了加强对国有企业(包括国有资产占控股地位或主导地位的企业)从事境外期货套期保值业务的监督管理,根据《期货交易管理暂行条例》的规定,中国证券监督管理委员会,国家经济贸易合作部、国家工商行政管理总局和国家外汇管理局制定了《国有企业境外期货套期保值业务管理办法》,现于发布,自发布之日起施行。

第一章　总　则

第一条　为了加强对境外期货业务的管理,根据《期货交易管理暂行条例》的规定,制定本办法。

第二条　本办法适用于在中华人民共和国境内注册的国有企业(包括国有资产占控股地位或主导地位的企业)。

第三条　本办法所称境外期货业务是指境内企业从事境外期货交易所上市标准化合约交易的经营活动。

第四条　中国证监会依照本办法对境外期货业务实行监督管理。

第二章　境外期货业务资格的取得

第五条　中国证监会对从事境外期货业务的企业实行许可证制度。企业从事境外期货业务必须经国务院批准,并取得中国证监会颁发的境外期货业务许可证。

未取得境外期货业务许可证的企业,不得从事境外期货业务。

第六条　申请从事境外期货业务的企业,应具备下列条件：

(一)符合国家有关期货交易的法律、法规及政策；

(二)有进出口权；

(三)进出口的商品或其他在境外现货市场上买卖的商品确有在境外期货市场上套期保值的需要；

(四)有健全的境外期货业务管理制度；

(五)有符合要求的交易、通讯及信息服务设施；

(六)至少有3名从事境外期货业务1年以上并取得中国证监会或境外期货监管机构颁发的期货从业人员资格证书的从业人员,其中应包括专职的期货风险管理人员;至少有1名高级管理人员了解境外期货业务并符合中国证监会的其他规定；

(七)中国证监会规定的其他条件。

第七条　企业申请从事境外期货业务应当向审核部门提交下列材料：

(一)境外期货业务申请报告；

(二)境外期货业务申请表；

(三)境外期货业务管理制度；

(四)企业法人营业执照；

(五)进出口企业资格证书；

(六)从业人员从事境外期货业务的经历及从业人员资格证书；

(七)审核部门规定的其他材料。

第八条　中国证监会会同国务院有关部门对申请从事境外期货业务的企业进行审核,报经国务院批准后,向申请企业签发批复通知。

通过审核的企业凭批复通知到工商行政管理部门办理相应的经营范围变更登记,更换营业执照。

企业凭变更后的营业执照到中国证监会领取境外期货业务许可证。

企业凭境外期货业务许可证和变更后的营业执照,向国家外汇局申请开立境外期货项下保证金帐户和境内期货外汇专户。

第三章　境外期货业务基本规则

第九条　获得境外期货业务许可证的企业(以下简称持证企业)在境外期货市场只能从事套期保值交易,不得进行投机交易。

前款所称套期保值是为冲抵现货价格风险而买卖期货合约的行为。

第十条　持证企业从事套期保值交易,应当遵循下列规定：

(一)进行期货交易的品种限于企业生产经营的产品或所需的原材料；

(二)期货持仓量不得超出企业正常的交收能力,不得超出进出口配额、许可证规定的数量；

(三)期货持仓时间应与现货保值所需的计价期相匹配；

(四)中国证监会的其他规定。

第十一条　套期保值头寸持有时间一般不超过12个月,但经中国证监会核准的除外。

签订现货合同后,相应的套期保值头寸持有时间不得超出现货合同规定的时间或该合同实际执行的时间。

第十二条　境外期货头寸实行额度管理。套期保值额度是持证企业在特定时间内所持期货头寸的最大数量限制。

第十三条　持证企业对国家限制进出口的商品确定套期保值额度时,还应当向中国证监会提供国家有关部门的批准文件。

第十四条　持证企业根据生产、经营计划制定本企业的套期保值计划,并报中国证监会备案。

第十五条　套期保值计划应列明拟保值的现货品种及其数量、期货品种及其数量等。

第十六条　持证企业的套期保值计划每年核定一次。连续12个月份的套期保值头寸总量不得超过相应时期的套期保值额度。

当持证企业的期货头寸超出规定的套期保值额度时,应在2个工作日内报告中国证监会并说明理由。

第十七条　持证企业应按保值商品的需要分布期货头寸。

第十八条　持证企业选择的境外期货经纪机构应当是境外期货交易所或境外期货清算机构资信良好的清算会员。

第十九条　持证企业在境外期货经纪机构应当以本企业的名义开设交易帐户,并以本企业的名义通过境外期货经纪机构从事期货业务。

第二十条　持证企业所选择的境外期货交易所应当管理规范、交易活跃,交易的期货品种在同类期货交易所中具有代表性。

第二十一条　持证企业选择的期货交易品种应当经国家经贸委或外经贸部等部门核准,并报中国证监会备案。

第二十二条　持证企业选择境外经纪机构及境外期货交易所应当经中国证监会核准。

第二十三条　持证企业应当建立严格有效的内部管理和风险控制制

度，要明确规定境外期货交易的决策人员、交易指令执行人员、资金管理人员或风险管理人员的职责范围，不得交叉或越权行使这些职责。

第二十四条 持证企业对交易指令执行人员的授权应当经境外期货经纪机构确认后报中国证监会备案。

第四章 外汇管理

第二十五条 中国证监会负责监管持证企业套期保值交易的真实性及年度风险敞口。年度风险敞口是指允许持证企业境外期货保证金帐户上年底保留的余额、年度内累计追加的保证金额和期货赔付款的最高限额。

第二十六条 每年年初，持证企业提出有数据支持的风险敞口，经中国证监会核准后，到国家外汇局办理登记手续。国家外汇局予以开出企业期货业务年度风险额度登记确认函，抄送开户银行，以备汇出资金时由银行进行核对。

第二十七条 国家外汇局负责监控持证企业境外期货业务保证金帐户和境内期货外汇专户。

境外帐户的户数由国家外汇局根据企业业务需要商中国证监会掌握；境内专户只限开立一个。

第二十八条 持证企业开展境外期货业务所汇出和汇入的资金，应当通过期货专户办理。

期货专户的收入仅限用于汇出期货保证金或期货赔付款的自有外汇资金、境外期货交易项下的盈利收入。支出仅限于汇出期货保证金或期货赔付款、支付期货经纪机构手续费、期货项下银行手续费。

第二十九条 开户银行负责持证企业汇出和汇入资金凭证真实性的审核。企业因期货交易需要汇出资金或购汇时，开户银行凭境外期货经纪机构发出的缴付期货开户保证金通知书、追加保证金或缴付期货赔付款通知书，经核对国家外汇局开出的期货业务年度风险额度登记确认函，设台帐进行逐笔登记后，方可在国家外汇局确认函核准登记的额度内办理资金汇出手续。

第三十条 持证企业用于期货保证金或期货赔付款的资金，应当首先使用自有外汇资金，不足部分方可购汇。自有资金来源于经国家外汇局批准的其他现汇帐户，企业可向国家外汇局申请增加现汇帐户使用范围，即在期货项下可将该现汇帐户资金划入期货专户。经批准的帐户之间资金的划转到帐最迟在次日汇出境外；购汇资金应于当日经期货专户汇出境外。

第三十一条 持证企业期货交易项下的盈利应当及时调回境内期货专户，并于当日全部办理结汇，银行设立台帐进行逐笔登记。调回的盈利作为企业下年度申请风险敞口的重要依据。

第三十二条 对于套期保值中的现货进出口，持证企业按照一般贸易进行进出口收付汇核销。

第三十三条 期货专户开户银行每月前10个工作日内将持证企业上月资金汇出、汇入、划转、购汇情况报国家外汇局。

企业每月前10个工作日内将上月期货项下自有外汇资金和购汇汇出情况、期货经纪机构的现金、头寸报表即对帐单报国家外汇局。每年7月和1月的前10个工作日内将上半年境外机构授予的期货项下授信额度及其使用情况、期货盈亏情况及与其相对应的现货盈亏情况报国家外汇局，国家外汇局与中国证监会每半年再进行一次双线核对。

第五章 监督管理

第三十四条 持证企业应在每月前10个工作日内向中国证监会报告上月境外期货业务情况，月报内容包括下列事项：

(一)期货交易信用额度及授信机构；

(二)已占用的期货交易保证金金额；

(三)持仓期货合约品种、月份、数量、持仓方向、浮动盈亏金额；

(四)期货交易平仓合约品种、月份、数量、买卖方向、价位、平仓盈亏金额；

(五)交割现货的品种、数量、交割地；

(六)期货交易相对应的现货交易情况；

(七)期货外汇帐户购汇金额、汇往地点及机构名称；

(八)期货外汇帐户汇入金额、汇入来源；

(九)中国证监会规定的其他事项。

第三十五条 持证企业发生下列行为，应当在10个工作日内报中国证监会备案：

(一)进出口权发生变化；

(二)境外期货业务的负责人、风险管理人员和交易指令执行人员等从业人员发生变化；

(三)分立、合并或联合经营；

(四)变更经营范围；

(五)中国证监会规定的其他事项。

第三十六条 持证企业有下列行为时，应当自营业执照变更之日起10个工作日内，办理许可证变更：

(一)变更法定代表人；

(二)变更名称、住所；

(三)变更注册资本；

(四)中国证监会规定的其他事项。

第三十七条 中国证监会可以对持证企业的下列事项进行日常检查：

(一)设立或变更事项的审批、核准和备案手续是否完备；

(二)申报材料的各项内容与实际情况是否相符；

(三)是否超范围从事境外期货业务；

(四)是否进行投机交易；

(五)是否违反国家外汇管理规定；

(六)是否按规定报送有关材料；

(七)管理制度的制定和执行情况；

(八)中国证监会认为需要检查的其他事项。

第三十八条 持证企业应聘请期货交易所在地资信良好的会计师事务所每2个月检查境外期货交易的内部控制、风险管理和头寸分布等情况，并将检查情况报中国证监会。

第三十九条 持证企业应在下列情况发生或知晓后的3个工作日内报告中国证监会：

(一)境外期货头寸被强制平仓；

(二)与境外期货经纪机构发生法律纠纷；

(三)所选择的境外期货经纪机构或交易所发生重大财务亏损及法律纠纷；

(四)其他影响持证企业期货利益的重大事件。

第四十条 持证企业交易结算单、交易月结单等业务记录应保存3年。

第四十一条 境外期货业务许可证由中国证监会统一设计和印制。

禁止伪造、涂改、出借、转让、买卖境外期货业务许可证。

第四十二条 境外期货业务许可证遗失或有严重破损，应当自发现之日起10个工作日内向中国证监会报告并重新申领。

第四十三条 境外期货业务许可证与营业执照的相关内容应当一致。

第四十四条 中国证监会对持证企业实行年度检查制度，确认其从事境外期货业务的资格。

年检报告书格式、年检标识样式和年检戳记样式由中国证监会统一制定。

第四十五条 年检的主要内容包括：

(一)持证企业的经营和财务状况；

(二)境外期货业务许可证变更情况;

(三)境外期货业务经营和财务情况;

(四)管理制度的制定和执行情况;

(五)套期保值的操作情况;

(六)外汇管理规定执行情况;

(七)期货管理和从业人员的从业资格;

(八)中国证监会规定的其他事项。

第四十六条 持证企业年检合格,由中国证监会在其境外期货业务许可证上加贴年检标识并加盖年检戳记。

第四十七条 本办法所涉及的管理部门应当对持证企业的境外期货交易和资金情况保密。

第六章 罚则

第四十八条 对持证企业和开户银行在境外期货业务中违反外汇管理法规的行为,由国家外汇局依据《中华人民共和国外汇管理条 例》进行处罚,构成犯罪的,依法追究有关机构和责任人刑事责任。

第四十九条 对严重违法或涉嫌严重违法正在被司法机关或监管机构立案查处的持证企业,或未通过年检的持证企业,中国证监会可视情节责令其暂停境外期货业务或注销其境外期货业务许可证。

第五十条 持证企业违反本办法规定,有下列行为之一的,由中国证监会责令改正,给予警告等处罚,情节严重的,暂停境外期货业务资格或者吊销境外期货业务许可证:

(一)申报材料有虚假记载、重大遗漏或误导性陈述的;

(二)未按规定履行报告或备案义务的;

(三)未按本办法第八条规定获准而从事境外期货交易的;

(四)未按规定向中国证监会报送有关材料、文件的;

(五)伪造、涂改或者不按规定保存期货交易、结算、交割资料的;

(六)伪造、涂改、出借、转让、买卖境外期货业务许可证的;

(七)拒绝或者妨碍中国证监会履行监督管理职责的;

(八)有违反中国证监会规定的其他行为的。

第五十一条 对违反规定从事境外期货业务的直接责任人员依法给予行政处罚;构成犯罪的,依法追究刑事责任。

第七章 附则

第五十二条 本办法由发文单位对各自所涉及的内容负责解释。

第五十三条 本办法自发布之日起施行。

国有企业境外期货套期保值业务管理制度指导意见

关于印发《国有企业境外期货套期保值业务管理制度指导意见》的通知

2001年10月11号 证监期货字[2001]29号

各有关企业:

为了规范国有企业的境外期货套期保值业务,有效防范和化解境外期货风险,现将《国有企业境外套期保值业务管理制度指导意见》印发给你们,请遵照执行。

第一章 总则

第一条 为规范国有企业境外期货套期保值业务,有效防范和化解风险,按照《国有企业境外期货套期保值业务管理办法》,特制定本指导意见。

第二条 获得境外期货业务许可证的企业在境外期货市场只能从事套期保值交易,不得进行投机交易。

第三条 企业应该按照本指导意见,结合本企业的实际情况,制定规范有效的境外期货套期保值业务管理制度,严格遵守执行。

第四条 企业最高决策机构应对境外期货套期保值业务负责,包括制定和执行企业有关内部管理制度,确保其持续有交,确保相关人员遵守有关制度。

第五条 企业应定期对管理制度进行审查,确保制度能够适应实际运作和新的风险控制需要。

第六条 企业的管理制度应传达到每位相关人员,每位相关员应理解并贯彻执行管理制度。

第二章 组织机构

第七条 企业的境外期货业务组织机构及岗位设置应体现管理的垂直性、业务的相互制约性以及职责的分离性。

第八条 企业应由一位副总经理或相当级别的高级管理人员主管境外期货业务。

第九条 企业可专设境外期货交易部门,也可在原相关部门设置相应岗位。

第十条 企业应设置交易、结算、资金调拨、会计核算、风险管理、合规、档案管理等岗位。各岗位应职责明确,体现相互制约、相互监督的关系。除结算和资金调拨,其它各岗位不得相互兼任。交易、结算、会计核算和风险控制的报告路线应分开。

第三章 授权制度

第十一条 与境外代理机构订立的开户合同应按公司风险管理政策规定的程序审核后由企业最高决策机构批准,并由企业法定代表人或经法定代表人面授权的人员签署,报中国证监会备案。

第十二条 期货业务操作应实行授权管理。期货业务权包括交易授权、交易合同签约授权和交易资金调拨授权。应保持交易授权、交易合同签约授权和交易资金调拨授权相互独立。交易权必须与签约权、资金调拨权分离。

第十三条 交易授权书应列明有权交易的人员名单、可从事交易的具体种类和交易限额;交易合同签约授权书应列明有权签约的人员名单、可签约交易种类和限制;交易资金调拨授权书应列明有权资金调拨的人员名单和资金限额。

第十四条 期货业务授权书应由企业法定代表人或经法定代表人书面授权的人员签署。法定代表人签约及授权的时限为其任期时间;经法定代表人书面授权的人员签约及授权的时限视法定代表人书面授权中的规定而定。

第十五条 授权书签发后，应及时通知被授权人和相关各方，并报中国证监会备案。被授权人只有在取得书面授权后方可进行授权范围内的操作。

第十六条 如因各种原因造成授权人签约或授权权力失效，应立即由企业法定代表人或经法定代表人书面授权的人员通知业务相关各方，并报中国证监会备案。原授权人自其签约或授权权力失效之时起，不再享有签发授权书的权力。

第十七条 如因各种原因造成被授权人的变动，应立即由授权人通知业务相关各方，并报中国证监会备案。被授权人自通知之时起，不再享有被授权的一切权利。

第十八条 企业应书面授权其境外代理机构每月向中国证监会报告其交易、资金情况，并随时接受中国证监会对本企业交易、资金及其他相关情况的检查，提供相关资料。

第四章 套期保值计划

第十九条 套期保值计划的制定应以本企业现货实际需求为依据，以规避现货交易价格风险为目的；应列明拟选择的交易所及境外代理机构，拟保值的现货品种、计划数量，拟选择的期货品种、计划数量；期货持仓量不得超出同期现货交易总量，期货持仓时间应与现货交易时间相匹配，连续12个月份的套期保值头寸总量不得超出相应时期的套期保值额度

第二十条 套期保值计划所含时间长度为十二个月，滚动制定，每根据情况修改一次，经最高决策机构批准后实行，并在企业期货业务主管领导、企业总部现货部门、风险管理人员处存档，同时报中国证监会备案。

第二十一条 企业的实际套期保值操作超出所报套期保值计划范围的，应经企业最高决策机构审核批准，并立即报中国证监会备案。

第二十二条 企业应根据上一年度的实际保值量、实际使用外汇额、下一年度的保值计划等对下一年度的外汇风险敞口进行预测，并报中国证监会。

第五章 业务流程

第二十三条 现货部门（包括企业总部现货部门和下属企业，下同）根据现货交易具体情况，制定每阶段的具体保值方案，吸收风险管理人员的意见后，报企业期货业务主管领导批准后执行。

第二十四条 批准后的具体保值方案，在企业期货业务主管领导、相关现货部门、期货交易人员、风险管理人员处分别存档。

第二十五条 结算人员根据各现货部门的风险和保证金情况，确定其头寸限额，并通知交易人员。

第二十六条 现货部门以企业认可的方式给交易人员下达明确的交易指令，交易人员审查指令是否符合具体保值方案，如果符合，交易人员选择合适的市场时机执行交易指令。

第二十七条 交易人员与境外代理机构通过双方认可的通讯方式初步确认成交。采用电话下达交易指令和确认成交的，必须有电话录音。

第二十八条 成交确认后，交易人员应立即填写交易明细表，包括交易时间、交易品种、交易价位、交易量、交割期等具体内容。同时将交易明细表送相关现货部门、结算人员和风险管理人员。

第二十九条 结算人员核查交易明细表与境外代理机构发来的成效确认是否一致，核查无误后，结算人员向境外代理机构、相关现货部门、风险管理人员发送经被授权人签字的交易确认。风险管理人员核查交易是否符合套期保值计划和具体保值方案。

第三十条 结算人员将经确认的成交情况通知资金调拨人员和会计核算人员，资金调拨人员依据企业的财务制度进行相应的资金收付，会计核算人员进行账务处理，并把结算结果通知相关现货部门。

第三十一条 利用实物交割了结期货头寸时，企业应提前对相关现货部门、交易人员及资金调拨人员等有关各方进行妥善协调，以确保交割完成。

第六章 风险管理制度

第三十二条 企业在开展期货套期保值业务时，应该建立严格有效的风险管理制度，利用事前、事中及事后的风险控制措施，预防、发现和化解信用风险、市场风险、操作风险和法律风险。

第三十三条 企业应设置专职风险管理人员，不得与境外期货业务其他岗位交叉，直接对企业期货业务主管领导负责。风险管理人员应具备期货经纪公司高级管理人员资格。

第三十四条 风险管理人员的主要职责应包括：

（一）制定境外期货业务有关的风险管理政策及风险管理工作程序；

（二）监督境外期货业务有关人员执行风险管理政策及风险管理工作程序；

（三）审查境外期货业务代理机构的信用情况，审查现货部门的套期保值资格；

（四）审核现货部门的具体保值方案；

（五）核查交易人员的交易行为是否符合套期保值计划和具体交易方案；

（六）对期货头寸的风险状况进行监控和评估，保证套期保值过程的正常进行；

（七）发现、报告、并按照程序处理风险事故。

（八）评估、防范和化解企业境外期货业务的法律风险；

第三十五条 企业内部应该制定完善的境外代理机构开户程序以及现货部门开户程序并严格执行。

第三十六条 企业应该对境外代理机构、结算机构进行资信审查。资信审查可以采用信用评级咨询、同行业咨询、客户群体咨询等方式进行，并根据境外代理机构的信用等情况，规定其每年的交易限额。

第三十七条 企业在允许现货部门开户前应该核查其套期保值资格，并执行严格的保证金制度。

第三十八条 企业境外期货套期保值 交易的品种、交易所及境外代理机构必须在有关部门 的范围内。

第三十九条 企业应严格按照套期保值计划的规定，控制期货头寸仓总量及持有时间。

第四十条 在已经确认对实物合同进行套期保值的情况下，期货头寸的建立、平仓应该与所保值的实物合同在数量上及时间上相匹配。

第四十一条 企业应建立有效的风险测算系统及相应的风险预警系统。

第四十二条 企业应建立有效的风险报告制度和风险处理程序。

第四十三条 企业应建立交易错单处理程序。

第四十四条 企业应妥善选择交易市场、交易品种及交割期，避免市场流动性风险；密切注意不同交割期之间的基差变化，防范基差风险；合理安排信用额度与保证金，保证套期保值过程正常进行。

第四十五条 企业应严格按照有关规定安排和使用期货从业人员、高级管理人员及风险管理人员，加强人员的职业道德教育及业务陪训，提高人员的综合素质。

第四十六条 企业应设立符合要求的交易、通讯及信息服务设施，并具备稳定可靠的维护能力，保证交易系统正常运行。

第四十七条 企业涉及司法诉讼时，应该评估对正在进行的期货交易及对信用状况产生的负面影响，并采取相应措施防范法律风险。

第七章 报告制度

第四十八条 期货交易人员应每日其部门负责人报告新建头寸状况、开口头寸状况、计划建仓及平仓状况，市场信息等基本内容。

第四十九条 结算人员、资金调拨人员应每日向本部门负责人报告结算盈亏状况、开口头寸风险状况、信用额度及保证金使用状况等,同时应通报交易部门负责人及风险管理人员,并由风险管理人员报企业期货业务主管领导。

第五十条 企业应建立期货交易部门负责人和结算部门负责人每周逐级报告制度,报告基本内容包括头寸状况、开口头寸风险状况。信用及保证金使用状况、累计结算盈亏、信用额度及保证金使用状况等。

第五十一条 风险管理人员应向企业期货业务主管领导每周书面报告开口头寸风险状况、信用及保证金使用状况、累计结算盈亏、套期保值计划执行情况等。企业期货业务主管领导须签阅报告并返还风险管理人员。

第五十二条 企业应建立合规经理季度和年度报告制度。合规经理应每和每年度向企业期货业务主管领导和总经理提交报告,报告基本内容包括境外期货业务相关人员对境内外相关法律法规政策执行情况、对企业内部相关规章制度的执行情况等。

第八章 档案管理制度

第五十三条 企业应对套期保值计划、交易原始资料。结算资料等业务档案保存到少3年。

第五十四条 境外期货业务有关开户文件。授权文件等档案应保存至少15年。

第九章 保密制度

第五十五条 境外期货业务相关人员应遵守本企业的保密制度,并与企业签订保密协议书。

第五十六条 境外期货业务相关人员未经允许不得泄露本企业的套期保值计划、交易情况、结算情况、资金状况等。

第五十七条 企业应根据业务需要,对境外期货业务的计算机系统应实行分级授权管理制度。如计算机管理人员因岗位变动或调离,应及时更改计算机密码。

第十章 合规检查制度

第五十八条 企业应设置合规经理一名,合规经理应具备期货经纪公司高级管理人员资格。合规经理的任免应报中国证监会备案。

第五十九条 合规经理应独立于与境外期货业务相关的部门,直接对企业总经理或期货业务主管领导负责。

第六十条 合规经理应通过合检查工作,协助企业总经理或期货主管领导监督期货业务人员严格执行境内外有关期货的法律法规和企业内部期货业务管理制度。

第六十一条 合规经理的主要职责应该包括:

(一)监督企业执行境内外有关期货的法律、法规及政策;

(二)监督企业执行其内部的境外期货业务管理制度;

(三)指出境外期货业务管理中存在的不足并提出改进意见;

(四)根据监管政策的变化,对企业的境外期货业务管理制度提出相应的修改意见。

第六十二条 合规经理应该在每年初制定季度和年度合规检查计划。每年度结束二十日内完成季度合规检查,将合规检查报告上报企业期货业务主管领导和总经理。每年度结束三十日内完成年度合规检查,将合规检查报告上报企业期货业务主管领导和总经理。

期货交易所、期货经营机构信息技术管理规范(试行)

关于发布《期货交易所、期货经营机构信息技术管理规范(试行)》的通知

2000年12月26日　　证监期货字[2000]38号

各证券监管办公室、办事处、特派员办事处,上海期货交易所、郑州商品交易所、大连商品交易所:

为加强期货市场信息技术管理,防范和化解风险,提高运行效率,降低交易费用,促进信息系统技术进步,我会制定了《期货交易所、期货经营机构信息技术管理规范(试行)》,现予发布,自2001年1月1日起实施。

第一章 总 则

第一条 为加强期货交易所、期货经营机构信息技术管理,有效地保护和利用信息技术资源,最大程度地防范技术风险,保护期货交易所、期货经营机构和期货投资者的合法权益,保障期货市场的健康发展,根据《中华人民共和国计算机信息系统安全保护条例》及国家有关法律、法规和政策,结合期货交易所、期货经营机构的实际情况,制定本规范。

第二条 本规范所称的信息技术,是指所有与期货交易所、期货经营机构业务相关的信息和技术的集合。

第三条 本规范所称的期货经营机构,是指所有在期货交易所、期货交易厅进行期货交易活动的会员和其营业部以及与期货交易所联网的期货交易厅。

第四条 期货交易所、期货经营机构及其相关工作人员,均须遵守本规范。

第二章 管理体系

第一节 组织结构

第五条 期货交易所、期货经营机构的信息技术工作必须实行统一归口管理,建立、健全组织机构。期货交易所、期货经营机构总部应设立信息技术管理部门,作为信息技术系统规划、建设、运行、管理与维护的主管部门;期货营业部至少应设1名信息技术管理人员。

第六条 信息技术管理部门的主要职责:

1.负责制定与信息技术相关的规章制度;

2.负责信息技术建设的总体规划并组织实施;

3.根据业务目标与计划制定信息技术工作计划并组织实施;

4.负责信息技术人员的培训与考核;

5.负责计算机硬件、网络设备和软件的选型;

6.审核计算机硬件设备及网络设备的购置、报损、报废;

7.负责计算机软件的开发与购买;

8.保障信息技术系统安全运行,提供技术支持;

9.负责交易业务数据及其它重要数据的备份管理;

10.负责技术资料的管理；

11.负责对信息技术系统进行定期或不定期的专项检查；

12.指导和监督信息技术工作；

13.跟踪研究信息技术的发展；

14.期货交易所或期货经营机构总部授权的其它管理职能。

第七条 信息技术管理部门的日常工作：

1.负责信息技术系统的安全运行，交易开市之前做好系统的运行准备工作，开市期间实时监控系统的运行状况，收市以后配合结算人员完成结算等盘后工作；

2.及时处理涉及信息技术系统运行的数据与文件；

3.负责对业务人员进行计算机操作指导，协助业务人员进行技术培训；

4.完整、准确地记录信息技术系统的运行日志、详细记载发生异常时的现象、时间、处理方式和处理结果等内容并妥善保存有关原始资料，及时报告技术事故；

5.负责计算机硬件设备及网络设备的管理和维护，保持系统处于良好的运行状态；

6.负责交易业务数据及其它重要数据的备份；

7.根据业务发展的要求。提交软件需求报告及硬件采购计划；

8.编制计算机设备的维修、报损和报废计划；

9.建立动态、静态信息库，为资料查询提供服务；

10.处进经核准的其它事务。

第二节 人员管理

第八条 为保障信息技术系统的开发与运行管理的质量，期货交易所的信息技术人员编制应不少于总人数的百分之二十，期货经营机构的信息技术人员编制应不少于总人数的百分之十。

第九条 信息技术人员应具备大专以上学历，具有计算机基础理论知识和专业信息技术经验，较强的业务工作能力和再学习能力，良好的职业道德和服务意识，富有敬业精神和团队合作精神。

第十条 禁止录用有劣迹、违法犯罪记录人员及期货行业规定的市场禁入者从事信息技术工作。

第十一条 关键信息技术岗位的人员必须经过严格考核，合格后方可上岗。

第十二条 期货交易所、期货经营机构人事部门应当会同信息管理部门定期对信息技术人员进行考核，对信息技术人员定期或不定期轮岗。

第十三条 对信息技术人员应当定期进行业务培训和技术培训，不合格或未参加培训者严禁上岗。

第十四条 离岗人员必须严格办理离岗手续，明确其离岗后的保密义务，退还全部技术资料，信息技术系统的口令必须立即更换。

第三节 安全管理

第十五条 计算机信息技术安全管理的主要内容包括安全防范设施和安全保障机制，以有效降低系统风险和操作风险，并预防计算机犯罪。

第十六条 期货交易所、期货经营机构应当建立计算机信息技术安全管理组织，负责计算机信息技术安全管理。由总经理主管计算机信息技术安全工作，计算机信息技术管理部门负责人为计算机安全工作责任人。期货营业部至少应设1名信息技术安全管理人员。

第十七条 计算机信息技术安全管理组织的主要任务是：制定计算机信息技术安全管理制度，广泛开展计算机信息技术安全教育，定期或不定期进行计算机信息技术安全检查，保证计算机系统安全运行。

第十八条 期货交易所、期货经营机构应当建立计算机机房安全管理制度：

1.建立完整的计算机运行日志、操作记录及其它与安全有关的资料；

2.交易时间内机房必须有值班人员；

3.定期检查安全保障设备，确保其处于正常工作状态；

4.建立并严格执行机房进出管理制度，无关人员未经安全责任人批准严禁进出机房；

5. 严禁易燃易爆和强磁物品及其它与机房工作无关的物品进入机房；

6.没有设立计算机机房的期货经营机构，应参照本条第1款至第5款，制定相应的、适合计算机安全运行的管理制度。

第十九条 期货交易所、期货经营机构应当建立操作安全管理制度：

1.应采取严密的安全措施，防止无关用户进入系统；

2.数据库管理系统的口令必须由专人掌管，并定期更换。禁止同一人掌管操作系统口令和数据库管理系统口令；

3.操作人员应有互不相同的用户名操作权限，定期更换操作口令。操作人员认真做好操作记录，严禁泄露自己的操作口令；

4.必须启用系统软件提供的安全审计留痕功能；

5.各岗位操作权限要严格按岗位职责设置。应定期检查操作员的权限；

6.重要岗位的登录过程应增加必要的限制措施；

7.必须建立系统开发、维护与使用分离的安全操作原则，计算机信息技术人员不得担任清算员从事结算记帐工作；

8.建立和完善技术监管系统，定期进行系统的安全性、稳定性、可靠性和异常操作等方面的监管，定期进行独立的对帐，核对交易数据、清算数据、保证金数据及会计数据的一致性和连续性；

9.业务部门的计算机应定人管理，禁止非本部门人员操作或从事与本部门业务工作无关的工作。

第二十条 期货交易所、期货经营机构应当建立计算机病毒防范制度：

1.指定专人负责计算机病毒防范工作。定期进行病毒检测，发现病毒立即处理并报告；

2.新系统安装前应进行病毒例行检测；3.经远程通信传送的程序或数据，必须经过检测确认无病毒后方可使用；

4.禁止运行未经审核批准的软件；

5.应采用国家许可的正版防病毒软件并及时更新软件版本。

第四节 技术资料管理

第二十一条 期货交易所、期货经营机构应当制定技术资料的管理制度，明确执行管理制度的责任人。

第二十二条 技术资料是指与信息技术有关的技术文件、图表、程序和数据，包括信息技术系统建设规划、网络设计方案、软件设计方案、安全设计方案、源代码、系统配置参数、技术数据及相关技术资料。

第二十三条 借阅、复制技术资料应履行必要的手续。

第二十四条 重要技术资料应有副本并异地存放。

第二十五条 技术资料应实施密期管理办法。

第二十六条 报废的技术资料应有严格的销毁和监销制度。

第三章 硬件设施

第一节 计算机机房

第二十七条 期货交易所、期货经营机构计算机机房建设应符合国标GB288789《计算机场地技术条件》和GB9361-88《计算站场地安全要求》,并根据情况及时修改和完善。

第二十八条 没有设立计算机机房的期货经营机构,应参照第三十七条,建立相应的、适合计算机安全运行的环境。

第二十九条 机房应有单独的配电柜,计算机系统要设有独立于一般照明电的专用的供配电线路,其容量应有一定的余量,建议采用双路供电。

第三十条 机房应配备不间断电源设备,其容量应保证机房设备和关键交易设备在断电情况下维持到后备电源供电。无备用发电机时,不间断电源设备应能够持续供电2小时以上。

第三十一条 如果供电系统无双路供电且无备用发电机时,不间断电源设备应能够持续供电4小时以上。

第三十二条 机房的接地与防雷系统应达到如下要求:

1.机房应采用独立的直流地、交流工作地和防雷保护地。直流地和防雷保护地之间的距离应大于10米;

2.直流地的接地电阻应小于2欧姆,交流工作地的接地电阻应小于4欧姆,防雷保护地的接地电阻应小于10欧姆;

3.各类通信线路和设备宜增加相应的防雷设施;

4.没有设立计算机机房的期货经营机构,应做好计算机等设备的接地工作。

第三十三条 机房应具备如下环境:

1.机房的使用面积(不包括不间断电源放置面积)不得小于30平方米;

2. 机房的操作间与设备间应作分隔,布局应有良好的人机工作环境,保障工作人员的安全与健康;

3.机房宜安装独立空调设备;

4.机房应有防火、防潮、防尘、防盗、防磁、防鼠等设施;

5.机房应配置备用应急照明装置;

6.没有设立计算机机房的期货经营机构,应参照本条中有关要求,建立相应的、适合计算机安全运行的环境。

第二节 远程通信

第三十四条 期货交易所与期货经营机构之间必须建立安全、可靠的通信线路。

第三十五条 重要通信线路必须建立备份线路并定期检修。

第三十六条 通信线路接口部分应采取防止非法进入的安全措施。

第三十七条 通信设备应具有防干扰、防截取能力,具有加密传输功能。

第三十八条 通信设备应建立设备备份。

第三节 计算机设备

第三十九条 期货交易所、期货经营机构计算机服务器应当达到如下要求:

(1)服务器应具有较好的可靠性和充足的容量;

(2)服务器应具有一定的容错特性,宜采用镜像、阵列、双机、群集等容错技术;

(3)服务器应有一定量的备品备件。

第四十条 期货交易所、期货经营机构计算机工作站应当达到如下要求;

(1)工作站应具有良好的性能及可靠性;

(2)除计算机机房及确定有需要的业务部门外,一律使用无软驱或光驱等可卸存储装置的网络工作站;

(3)重要工作站应有冗余备份。

第四十一条 期货交易所、期货经营机构数据存储设备应当达到如下要求;

(1)应配备安全可靠的数据备份设备;

(2)至少应有两种不同存储介质的数据存储设备;

(3)交易业务数据的存储应采用只读式数据记录设备。

第四节 局域网络

第四十二条 期货交易所、期货经营机构布线系统设计可参照CECS89-97《建筑与建筑群综合布线系统工程设计规范》。在现行技术条件下,不宜继续使用同轴细缆。

第四十三条 网络结构应合理可靠。

第四十四条 网络设备应兼具技术先进性和产品成熟性,具有防攻击等功能。

第四十五条 网络设备应有一定的冗余备份。

第四十六条 通信速率应保证满足正常业务开展的需要。

第五节 电子交易设备

第四十七条 期货交易所、期货经营机构配备的电子交易系统必须达到一定的安全级别。

第四十八条 操作电子交易设备应有严格的身份识别机制。

第四十九条 期货交易所、期货经营机构应采取适当措施,保证设备完好率不低于百分之九十。

第五十条 各种形式的远程交易系统必须采取严格的安全措施。

第五十一条 期货交易所、期货经营机构交易场所应配备行情揭示设备,完整、准确、及时地显示行情信息。

第六节 设备管理

第五十二条 期货交易所、期货经营机构计算机信息技术管理部门应当负责统一管理计算机设备。

第五十三条 计算机设备的选型、购置、登记、保养、维修及报废等必须严格按规定手续办理,重大设备应建立维护档案。

第五十四条 选用的计算机设备必须经过技术论证,符合国家有关标准的规定,满足可靠性与兼容性要求。

第五十五条 新购置的设备应经过测试,测试合格后方能投入使用。

第五十六条 期货交易所、期货经营机构必须定期对计算机设备进行专业维护保养。

第五十七条 未经许可,不得擅自开拆设备或调换设备配件。

第四章 软件环境

第一节 系统软件

第五十八条 期货交易所、期货经营机构使用的系统软件主要包括操作系统软件和数据库管理软件。系统软件的选用应充分考虑软件的安全性、可靠性、稳定性和健壮性。

第五十九条 期货交易所、期货经营机构应使用正版软件。

第六十条 系统软件应具备如下功能:

(1)身份验证功能,防止非法用户随意进入系统;

(2)访问控制功能,防止系统中出现越权访问;

(3)故障恢复功能,能够自动或在人工干预下从故障状态恢复到正常状态而不致造成系统混乱和数据丢失;

(4)安全保护功能,对信息技术的交换、传输、存储提供安全保护;

(5)安全审计功能,便于应用系统建立访问用户资源的审计记录;

(6)分权制约功能,支持对操作员和管理员的权限分离与相互制约;

(7)安全预警功能,对来自外部的恶意代码和违规规操作进行识别、跟踪、记录、和报警。

第六十一条 期货交易所、期货经营机构必须启用系统软件提供的安全审计留痕功能。

第六十二条 数据库管理软件除上述功能要求外,还应具有数据库的安全性、完整性、一致性及可恢复性等保障机制。

第六十三条 系统软件应达到C2级以上(含C2级)安全级别。

第二节 应用软件

第六十四条 期货交易所、期货经营机构应用软件包括交易业务处理系统、信息揭示与分析系统及其它业务处理系统等。

第六十五条 交易业务处理系统必须具有如下特性:

(1)自动记录全部操作过程;

(2)关键数据不得以明码存放;

(3)无法绕过应用界面直接查看或操作数据库;

(4)系统管理与业务操作权限严格分开;

(5)防止异常中断后非法进入系统;

(6)提供超时键盘销定功能;

(7)交易业务数据在通信网络上以加密方式传输;

(8)应存储一年以上完整的系统运行记录与交易清算记录;

(9)提供系统运行状态监控模块;

(10)提供数据接口,满足稽核、审计及技术监控的要求;

(11)其它有助于控制业务操作风险的功能特性。

第六十六条 信息揭示与分析系统及其它业务处理系统必须保证信息揭示的完整、准确和及时。

第三节 软件管理

第六十七条 期货交易所、期货经营机构应用软件在开发或购买之前应正式立项,成立由技术人员、业务人员和管理人员共同组成的项目小组并建立软件质量保证体系。

第六十八条 期货交易所、期货经营机构应当根据应用系统对安全的要求,对应用软件同步进行安全保密设计。

第六十九条 软件开发过程应符合GB8566-88《计算机软件开发规范》。

第七十条 开发维护人员与操作人员必须实行岗位分离,开发环境和现场必须与运行环境和现场隔离。软件设计方案、数据结构、加密算法、源代码等技术资料严禁散失和外泄。

第七十一条 应用软件在正式投入使用前必须经过内部评审,确认系统功能、测试结果和试运行结果均满足设计要求,技术文档齐全,并经批准。

第七十二条 期货交易所、期货经营机构应规定软件的使用范围和使用权限。

第七十三条 软件使用人员应经过适当的操作培训和安全教育。

第七十四条 建立应用软件的文档管理制度、版本管理制度及软件分发制度,防止软件的盗用、误用、流失及越权使用。

第七十五条 期货交易所、期货经营机构使用的系统软件和应用软件应具有统一性。

第七十六条 信息技术人员不得擅自进行软件维护和系统参数调整。

第七十七条 期货交易所、期货经营机构应采取有效措施,防止对应用软件的非法修改。对软件的正常升级、修改,必须进行严格地全面测试无误后方可投入使用。

第五章 数据管理

第一节 交易业务数据

第七十八条 期货交易所、期货经营机构应建立交易业务数据管理制度,对交易业务数据实施严格的安全保密管理。

第七十九条 交易业务数据主要包括交易数据、清算数据及其它相关数据。

第八十条 期货交易所、期货经营机构应当设置数据库管理员岗位,对交易业务数据实行专人管理。信息技术人员未经许可不得拥有数据库管理员操作口令。

第八十一条 期货交易所、期货经营机构信息系统内应至少保存一年以上的交易业务数据。

第八十二条 期货交易所、期货经营机构应建立交易业务数据映象并定期和不定期与交易业务数据进行核对,防止使用过程中产生误操作或被非法篡改。

第八十三条 期货交易所、期货经营机构应按如下要求进行数据备份:

(1)每个工作日结束后必须制作数据的备份,数据应至少备份在两种不同的介质上并异地存放,保证系统发生故障时能够快速恢复;

(2)交易业务数据必须定期、完整、真实、确准地转储到不可更改的介质上,并要求集中

和异地保存。保存期限为期货交易所至少保存20年,期货经营机构至少保存2年,但对有关期货交易有争议的,应保存至该争议消除时为止;

(3)备份的数据必须指定专人负责保管,由计算机信息技术人员按规定的方法同数据保管员进行数据的交接。交接后的备份数据应在指定的数据保管室或指定的场所保管;

(4)数据保管员必须对备份数据进行规范的登记管理;

(5)备份数据不得更改;

(6)备份数据保管地点应有防火、防热、防潮、防尘、防磁、防盗设施。

第八十四条 期货交易所、期货经营机构应按如下要求做好数据保密工作:

(1)数据不得泄露,禁止外借;

(2)数据应仅用于明确规定的目的,未经批准不得它用;

(3)无正当理由和有关批准手续,不得查阅客户资料。经正式批件查阅数据时必须登记,并由查阅人签字;

(4)保密数据不得以明码形式存储和传输;

(5)根据数据的保密规定和用途,确定数据使用人员的存取权限、存取方式和审批手续。

第八十五条 交易业务数据不得随意更改。

第二节 系统数据

第八十六条 期货交易所、期货经营机构应制定系统数据管理制度,对系统数据实施严格的安全与保密管理,并定期对系统数据进行备份,防止系统数据的非法生成、变更、泄漏、丢失与破坏。

第八十七条 系统数据主要包括数据字典、权限设置、存贮分配、网络地址、硬件配置及其它系统配置参数。

第八十八条 期货交易所、期货经营机构设置系统管理员岗位,对系统数据实行专人管理。

第八十九条 系统数据不得泄露。

第九十条 期货交易所、期货经营机构应保存系统数据,并定期进行核对。

第六章 技术事故的防范与处理

第一节 技术事故及其防范

第九十一条 技术事故是指由于硬件故障、软件故障和操作失误等原因引起系统无法运行,经启动备用系统仍未恢复正常,导致交易中断并造成经济损失的事件。

第九十二条 技术事故的防范和处理原则是:预防为主,处理及时,力争把事故的损失降低到最小程度。

第九十三条 期货交易所、期货经营机构应当建立健全技术事故的防范对策,严格按本规范要求建设、管理信息技术系统的硬件设施和软件环境,定期进行事故防范演习,针对薄弱环节不断改进完善。

第九十四条 期货交易所、期货经营机构应制定技术事故发生时的应急计划:

(1)应急计划必须形成文字;

(2)应急计划应针对可能发生的故障制定紧急处理程序;

(3)紧急处理程序应张贴在规定的地方;

(4)对执行应急计划的全体人员进行专项培训,定期进行演习;

(5)根据演习结果不断完善应急计划。

第二节 技术事故的处理

第九十五条 下列情况期货交易所、期货经营机构免责:

(1)因不可抗力引发的技术事故;

(2)因软硬件故障导致的技术事故,经技术专家论证,确认信息技术管理符合本规范要求,确属小概率或偶发性事件;

(3)其它经技术专家认定的免责事故。

第九十六条 因通信线路故障导致的技术事故,期货交易所、期货经营机构应会同通信部门共同调查解决。

第九十七条 因期货交易所、期货经营机构操作失误导致的技术事故,经调查核实后,期货交易所、期货经营机构负相关责任。

第九十八条 技术事故的事后处理:

(1)期货交易所、期货经营机构安全管理组织应立即进行事故调查,提出书面调查报告,必要时可组织有关专家鉴定,确定事故的原因和责任;

(2)对调查中发现的技术薄弱环节,应限期整改。

第七章 附则

第九十九条 本规范自2001年1月1日起实施。

金融资产管理公司吸收外资参与资产重组与处置的暂行规定

金融资产管理公司吸收外资参与资产重组与处置的暂行规定

对外贸经济合作部、财政部、中国人民银行令二〇〇一年第6号

现发布《金融资产管理公司吸收外资参与资产重组与处置的暂行规定》,自发布之日起施行。

部长 石广生
部长 项怀诚
行长 戴相龙
二〇〇一年十月二十六日

第一条 为了规范吸收外资参与金融资产管理公司(以下称"资产管理公司")的资产重组与处置,保护中外投资者的合法权益,根据我国外商投资的法律、《金融资产管理公司条例》及有关法规,制定本规定。

第二条 资产管理公司可以通过吸收外资对其所拥有的资产进行重组与处置。

第三条 吸收外资参与资产重组与处置应从国民经济战略调整的高度出发,通过吸收外资盘活不良资产,引进先进管理经验、资金和技术,对企业进行技术改造,促进国有企业改革和现代化企业制度的建立。要防止以炒作资产为唯一目的的短期交易及企业逃废债务。

第四条 资产管理公司吸收外资进行资产重组与处置,应符合国家指导外商投资的产业政策。文化、金融、保险以及《外商投资产业指导目录》中禁止外商投资类领域,不列入吸收外资参与资产重组与处置的范围。《外商投资产业指导目录》中规定须中方控股的项目,外资参与重组后原则上应继续保持中方控股。

第五条 重组与处置的资产范围

(一)资产管理公司拥有的企业股权,包括:资产管理公司对企业实施债转股后取 得的股权,资产管理公司对欠债企业进行重组后拥有的股权,资产管理公司以其他方式拥有的股权;

(二)资产管理公司有支配处置权的企业实物资产;

(三)资产管理公司拥有的企业债权。

第六条 重组与处置资产的方式

(一)资产管理公司对其拥有的非上市公司的股权、债权进行重组后向外商出售或转让;

(二)资产管理公司直接向外商出售、转让其拥有的非上市公司的股权和债权;

(三)资产管理公司通过协议转让、招标、拍卖等方式向外商出让其拥有的实物资产;(四)资产管理公司以其拥有的企业股权、实物资产作价出资,在原企业基础上与外商组建外商投资企业。

第七条 资产管理公司重组与处置资产时,应与企业其他投资者协商,在同等条件下,其他投资者有优先购买权。

第八条 重组与处置资产的评估与交易价格

资产管理公司重组与处置的资产出售、转让前须由有资格的资产评估机构进行评估。资产评估时应充分考虑重组与处置资产的各种因素。资产评估应符合国际惯例,采用国际上普遍接受的方法。

资产管理公司应综合考虑资产评估净值、资产增值潜力、资产现状等因素,根据财政部《金融资产管理公司资产处置办法》的有关规定,自主确定重组与处置的资产交易价格。

第九条 重组与处置资产的程序

(一)资产管理公司根据财政部《金融资产管理公司资产处置管理办法》的有关规定由资产处置专门审核机构审批资产重组与处置方案。若重组与处置的资产属《外商投资产业指导目录》中限制类范围,资产管理公司在批准重组与处置方案前,应征得主管部门的同意。

(二)资产管理公司根据审批同意后的资产重组和处置方案与外商签订有关法律文件。

(三)资产管理公司依法向外经贸部申请办理外商投资企业设立的有关手续,并领取批准证书。

第十条 香港、澳门、台湾投资者参与重组与处置资产管理公司资产,参照本规定执行。

首次公开发行股票辅导工作办法

关于发布《首次公开发行股票辅导工作办法》的通知

证监发[2001]125号

各具有主承销商资格的证券经营机构，各具有从事证券期货业务资格的律师事务所、会计师事务所，各拟首次公开发行股票的公司，中国证监会各派出机构，证券交易所：为保障股票发行核准制的实施，现发布《首次公开发行股票辅导工作办法》，自颁布之日起施行。拟申请首次公开发行股票的公司，应执行此办法。但中国证监会另有规定的除外。

对已进行辅导的公司，应按本办法要求完成辅导工作。中国证监会下发的《股票发行上市辅导工作暂行办法》（证监发[2000]17号）、《关于公司公告拟公开发行股票并上市有关事宜的通知》（证监发行字[2000]141号）同时废止。

二〇〇一年十月十六日

第一章 总则

第一条 为保障股票发行核准制的顺利实施，提高首次公开发行股票公司的素质及规范运作的水平，保证从事辅导工作的证券经营机构（以下称“辅导机构”）在首次公开发行股票过程中依法履行职责，特制定本办法。

第二条 凡拟在中华人民共和国境内首次公开发行股票的股份有限公司（以下称“辅导对象”），在提出首次公开发行股票申请前，应按本办法的规定聘请辅导机构进行辅导。但中国证监会另有规定的除外.

第三条 辅导工作的总体目标是促进辅导对象建立良好的公司治理；形成独立运营和持续发展的能力；督促公司的董事、监事、高级管理人员全面理解发行上市有关法律法规、证券市场规范运作和信息披露的要求；树立进入证券市场的诚信意识、法制意识；具备进入证券市场的基本条件。同时促进辅导机构及参与辅导工作的其他中介机构履行勤勉尽责义务。

第四条 辅导期限至少为一年。辅导期自辅导机构向辅导对象所在地的中国证监会派出机构（以下简称“派出机构”）报送备案材料后，派出机构进行备案登记之日开始计算，至派出机构出具监管报告之日结束。

第五条 辅导工作应当遵循以下原则：

（一）勤勉尽责。辅导机构应按照有关法律、法规和规则的要求，履行职责，做好辅导工作。

（二）诚实信用。辅导机构和辅导对象均应客观、真实地反映辅导过程中的问题，健全有关记录，保证所有辅导资料的真实、准确和完整。

（三）突出重点，鼓励创新。辅导机构应根据辅导对象的具体情况，有针对性地进行重点辅导，鼓励结合具体情况有所创新。

（四）责任明确，风险自担。辅导工作只是准备发行上市的一个法定程序，辅导机构与辅导对象应自行承担相关风险。

第二章 辅导机构和辅导人员

第六条 辅导对象聘请的辅导机构应是具有主承销商资格的证券机构以及其他经有关部门认定的机构。

第七条 辅导机构应当针对每一个辅导对象组成专门的辅导工作小组。辅导工作小组应明确固定的组长，组长应具有综合协调能力。

第八条 辅导对象拟或已聘用的会计师事务所、律师事务所的执业人员应在辅导机构的协调下参与辅导工作，辅导机构也可根据需要另行聘请执业会计师、律师等参与辅导。

第九条 辅导机构至少应有三名固定人员参与辅导工作小组。其中至少有一人具有担任过首次公开发行股票主承销工作项目负责人的经验。同一人员不得同时担任四家以上企业的辅导工作。

辅导人员应具备有关法律、会计等必备的专业知识和技能，有较强的敬业精神。

第十条 辅导机构应制定对辅导工作和辅导人员考核的内部管理办法，中国证监会及其派出机构可以进行抽查。

第十一条 辅导人员应调动辅导机构及参与的有关中介机构的系统资源和条件，确保达到辅导效果。

第十二条 辅导工作应具有连续性，如辅导人员发生变更，应办妥交接手续，并应于变更之后五个工作日内向派出机构书面备案，说明变更原因。

第十三条 辅导人员及辅导机构的其他有关人员应当依法履行保密义务，在相关信息披露前，保守辅导对象的商业秘密。

第十四条 辅导对象依法自主选择辅导机构，中国证监会及派出机构、其他任何部门不得代替辅导对象选择或干预其选择。

第十五条 辅导机构可以是辅导对象提出发行上市申请的推荐人或保荐人。

如推荐人或保荐人未参与辅导，应对原辅导机构及其工作进行复核，并在推荐函中明确发表意见。

第三章 辅导协议

第十六条 辅导机构和辅导对象应本着自愿、平等的原则签订辅导协议。辅导机构与辅导对象还可以订立专门的保密协议。

第十七条 辅导协议至少应包括以下内容：

（一）双方的权利、义务和责任；

（二）辅导人员的构成；

（三）辅导对象接受辅导的人员；

（四）辅导内容、计划及实施方案；

（五）辅导方式；

（六）辅导期间及各阶段的工作重点；

（七）辅导所要达到的效果；

（八）辅导费用及其确定的原则和付款方式；

（九）辅导协议的变更与终止；

（十）违约责任；

（十一）协议的解释等。

第十八条 辅导协议应当明确规定在辅导期间辅导机构以何种方式跟踪了解辅导对象的规范运作情况。如辅导机构应以何种方式知悉有关股东大会、董事会议及其他有关会议的情况，以何种方式取得辅导对象有关文件资料等内容。

第十九条 辅导协议应当明确约定最低的现场辅导时间和授课次数，其中集中授课时间应不少于20个小时，集中授课次数应不少于6次。

第二十条 辅导协议应当明确在辅导期间辅导对象与辅导人员之

间的信息沟通和交流方式。

第二十一条 辅导协议应规定辅导双方均不得以保证公司股票发行上市为前提条件。

第二十二条 辅导协议一经签定，原则上不得解除。如有特殊原因确需在辅导期间解除辅导协议的，辅导机构和辅导对象均有义务及时向派出机构说明理由。

第二十三条 辅导对象对辅导机构未履行勤勉尽责义务的，可以提出解除辅导协议，同时应向辅导机构明确提出意见，并向派出机构书面说明情况。辅导机构也应向派出机构说明情况。

第二十四条 辅导机构在辅导过程中发现辅导对象存在重大法律障碍或风险隐患的，可以提出解除辅导协议，同时应向辅导对象明确提出意见，并向派出机构书面说明情况。辅导对象也应向派出机构说明情况。

第二十五条 原辅导机构退出、辅导对象聘请新的辅导机构的，应重新签订辅导协议，制定继续辅导的计划。

继任的辅导机构和辅导对象应自新的协议签订后五个工作日内重新履行向派出机构备案的手续。

第二十六条 辅导机构变更后，新的辅导机构向派出机构明确表示认可前任的辅导工作，承担前任的辅导责任，并承诺按本办法规定的义务在派出机构监管下完成辅导工作的，辅导期可以连续计算。

但继任的辅导机构须自前任辅导机构退出辅导之日且新的辅导协议订立之日起至少再辅导半年，其中集中授课时间应不少于 10 个小时，集中授课次数应不少于 3 次。

第二十七条 有下列情形之一的，不得连续计算辅导时间：

(一)辅导人员中途退出辅导，辅导机构未履行有关手续的；

(二)原辅导机构指明辅导对象存在重大法律障碍或风险隐患而退出辅导的；

(三)不符合前条关于连续计算辅导期条件的规定的；

(四)未按要求履行公告义务的；

(五)辅导期内中止辅导工作达一个月的；

(六)其他中国证监会认定的情形。

第四章 辅导内容和实施方案

第二十八条 辅导机构应根据本办法的规定，结合有关法律、法规和规则，以及上市公司的必备知识，针对辅导对象的具体情况和实际需求，确定辅导的具体内容，制定辅导计划及实施方案，以确信辅导对象具备进入证券市场的基本条件。

第二十九条 辅导机构应督促公司的董事(包括独立董事)、监事、高级管理人员及持有 5%以上(含 5%)股份的股东(或其法定代表人)进行全面的法规知识学习或培训，聘请机构内部或外部的专业人员进行必要的授课，确信其理解发行上市有关法律、法规和规则，理解作为公众公司规范运作、信息披露和履行承诺等方面的责任和义务。

第三十条 辅导机构应通过辅导督促辅导对象按照有关规定初步建立符合现代企业制度要求的公司治理基础，促进辅导对象的董事、监事和高级管理人员以及持有 5%以上(含 5%)股份的股东(或其法定代表人)增强法制观念和诚信意识。

第三十一条 辅导机构应核查辅导对象在公司设立、改制重组、股权设置和转让、增资扩股、资产评估、资本验证等方面是否合法、有效，产权关系是否明晰，股权结构是否符合有关规定。

第三十二条 辅导机构应督促辅导对象实现独立运营，做到业务、资产、人员、财务、机构独立完整，主营业务突出，形成核心竞争力。

第三十三条 辅导机构应核查辅导对象是否按规定妥善处置了商标、专利、土地、房屋等的法律权属问题。

第三十四条 辅导机构应督促规范辅导对象与控股股东及其他关联方的关系。

第三十五条 辅导机构应督促辅导对象建立和完善规范的内部决策和控制制度，形成有效的财务、投资以及内部约束和激励制度。

第三十六条 辅导机构应督促辅导对象建立健全公司财务会计管理体系，杜绝会计虚假。

第三十七条 辅导机构应督促辅导对象形成明确的业务发展目标和未来发展计划，并制定可行的募股资金投向及其他投资项目的规划。

第三十八条 辅导机构应针对辅导对象的具体情况确定书面考试的内容，并接受中国证监会及其派出机构的监督。

第三十九条 辅导机构对辅导对象是否达到发行上市条件进行综合评估，协助辅导对象开展首次公开发行股票的准备工作。

第四十条 辅导机构可组织辅导对象协商确定不同阶段的辅导重点及实施手段。辅导前期重点可以是摸底调查，全面形成具体的辅导方案并开始实施。辅导中期重点在于集中学习和培训，诊断问题并加以解决。辅导后期重点在于完成辅导计划，进行考核评估，做好首次公开发行股票申请文件的准备工作。

第四十一条 辅导机构可采取灵活有效的辅导方式，可包括组织自学、进行集中授课与考试、问题诊断与专业咨询、中介机构协调会、经验交流会、案例分析等。

第四十二条 辅导机构进行辅导工作应有配合辅导内容和形式的必要辅导教程。

第四十三条 辅导机构在辅导过程中应将有关资料及重要情况汇总，建立“辅导工作底稿”，存档备查。辅导工作底稿的存档时间不少于五年。

第四十四条 辅导工作底稿的内容应至少包括：

(一)备案登记材料和所有辅导工作备案报告；

(二)辅导计划及实施方案；

(三)辅导协议；

(四)辅导人员变更及交接手续；

(五)辅导对象存在的重大问题及解决情况；

(六)监管机构反馈意见及落实情况；

(七)历次考试及评估的资料；

(八)曾提出的整改建议及对辅导对象进行问题诊断、督促检查的详细记录及有关表格；

(九)其他有关辅导工作记录。

第五章 辅导程序

第四丨五条 辅导机构在签订辅导协议前可参与企业改制重组、前期考察工作，确信双方具有合作和互信的基础。

第四十六条 辅导对象全体董事、监事、经理、副经理、财务负责人、董事会秘书及其他高级管理人员必须参与整个辅导过程，并积极配合辅导工作。

第四十七条 辅导对象有义务提供辅导工作所需要的有关情况和资料，并对所提供资料的真实性、准确性、完整性负责。

第四十八条 辅导协议签署后五个工作日内，辅导机构应向派出机构进行辅导备案登记。备案登记材料应包括：

(一)辅导备案申请报告。内容包括辅导备案的请求，介绍辅导对象的设立及历史沿革、发起人或前五名股东的情况、公司主营业务，附公司设立的批文和营业执照；

(二)辅导人员名单及其简历；

(三)辅导机构及辅导人员的资格证明文件(复印件)；

(四)辅导对象全体董事、监事、经理、副经理、财务负责人、董事会秘书及其他高级管理人员名单及其简历；

(五)辅导协议；

(六)辅导计划及实施方案；

(七)辅导对象基本情况备案表(参见附件一)；

(八)辅导人员对同期担任辅导工作的公司家数的说明。

第四十九条 派出机构应于 10 个工作日内按照前条规定的内容对辅导机构提交的备案材料的齐备性进行审查。如无异议，备案申请报送日即为备案登记日。如有异议，应给予书面反馈意见，明确提出再次申请备案的要求。

第五十条 从辅导开始之日起，辅导机构每三个月向派出机构报送一次辅导工作备案报告。最后一次(第四次或以后)报送的备案报告,可与辅导工作总结报告合一。

第五十一条 辅导机构报送的备案登记材料、“辅导工作备案报告”、“辅导工作总结报告”以及其他文件,应由辅导人员签名,并经辅导机构负责人签名并加盖公章。

辅导机构应结合辅导工作的实际进展,针对通过各种渠道了解的问题,提出整改建议,会同辅导对象认真研究整改方案,并主动调整和完善辅导方案和计划,跟踪督促完成整改。对未能妥善解决的问题,应在备案报告中说明。

第五十二条 整改建议至少应包括:

(一)整改所要达到的目标;

(二)解决问题的措施;

(三)解决问题时间期限;

(四)解决问题的责任人。

第五十三条 辅导对象应在辅导期满六个月之后十天内,就接受辅导、准备发行股票的事宜在当地至少两种主要报纸连续公告二次以上,公告信息中应包括派出机构的举报电话及通信地址。

第五十四条 辅导机构应于辅导期内对接受辅导的人员进行至少一次书面考试,并接受监管部门的监督和抽查。全体应试人员最终考试应成绩合格,历次考试的内容和结果应在“辅导工作总结报告”中说明。

第五十五条 辅导机构认为达到辅导计划目标后可向派出机构报送“辅导工作总结报告”,提出辅导评估申请,派出机构应按规定出具“辅导监管报告”。

第五十六条 辅导机构结束辅导工作、派出机构出具“辅导监管报告”后,主承销商或推荐人可结合辅导总结报告、尽职调查情况、内部核查结论向中国证监会进行首次公开发行股票的推荐。

第五十七条 在辅导工作结束至主承销商推荐之间,辅导机构仍应持续关注辅导对象的重大变化,对发生与“辅导总结工作报告”不一致的重大事项,应向派出机构报告。

第五十八条 辅导对象发行上市后,主承销商应在履行回访或保荐义务过程中持续关注信息披露和与辅导工作总结报告有关的事项。

第五十九条 辅导机构和辅导对象认为在协议期内未达到辅导目标的,可申请适当延长辅导时间,并向派出机构书面说明。

第六十条 辅导工作结束后,辅导对象如发生下列情况之一的,应重新进行辅导:

(一)辅导工作结束至主承销商推荐期间发生控股股东变更;

(二)辅导工作结束至主承销商推荐期间发生主营业务变更;

(三)辅导工作结束至主承销商推荐期间发生三分之一以上董事、监事、高级管理人员变更;

(四)辅导工作结束后三年内未有主承销商向中国证监会推荐首次公开发行股票的;

(五)中国证监会认定应重新进行辅导的其他情形。

第六十一条 辅导对象报送首次公开发行股票的申请未予核准的,除非中国证监会在不予核准通知书中另有其他要求,应针对存在的问题重新辅导半年以上。

第六章 辅导工作的监管

第六十二条 中国证监会对首次公开发行股票前的辅导工作进行监督和指导,派出机构负责辖区内辅导工作的监督管理。

派出机构的监管主要采取登记备案监管的形式,重点监管辅导机构履行勤勉尽责义务的情况,定期分析辅导备案材料,核查辅导内容是否完整,辅导计划和实施方案是否得到有效实施,辅导程序是否符合要求。

第六十三条 派出机构应及时掌握辖区内辅导工作开展的情况,对辅导过程保持跟踪监管。

派出机构应于每月初五个工作日内向中国证监会报送一次“辅导监管简报”,报告截止上月末所有辅导对象和法定代表人及联系电话,辅导机构和辅导人员及联系电话,辅导监管中发现的主要问题。

第六十四条 派出机构应建立健全辅导工作备案管理制度,应归档管理辅导机构每三个月备案的“辅导工作备案报告”及辅导期满后的“辅导工作总结报告”,档案管理期不少于五年。

第六十五条 派出机构可针对实际情况,要求辅导机构提供与辅导工作备案报告、总结报告有关的补充材料,说明其履行勤勉尽责的情况,也可进行必要的现场调查。

第六十六条 对辅导工作存在突出问题的,派出机构可要求辅导机构和辅导对象限期进行整改。

第六十七条 派出机构应保持对辅导工作公告情况的监管。

派出机构对举报信进行核查后,可以适当的方式向辅导机构和辅导对象告知核查的有关结果和内容,并要求其加以重视和进行必要的整改。“辅导监管报告”应说明举报信及处理的情况。

第六十八条 派出机构在辅导期满,辅导机构报送了“辅导工作总结报告”,并提出辅导调查评估申请后二十个工作日内完成对辅导工作的评估调查,并向中国证监会出具“辅导监管报告”。

第六十九条 派出机构主要应在日常监管的基础上,对辅导机构“辅导工作备案报告”和“辅导工作总结报告”进行综合评估后出具“辅导监管报告”,对辅导效果明确发表评估意见。

第七十条 因不按期报送辅导工作备案报告,辅导机构不认真履行职责、辅导对象不积极配合而使辅导未达到计划目标,派出机构可酌情要求延长不超过六个月的辅导时间。

第七十一条 派出机构报送“辅导监管报告”后,应关注与“辅导工作总结报告”及“辅导监管报告”有关的重大变化事项。发现影响发行上市的重大问题时,应及时向中国证监会报告。

第七十二条 派出机构的“辅导监管报告”不负责对辅导对象是否符合发行上市条件、生产经营决策是否违法违规、拟投资项目的优劣及风险进行实质性判断。但派出机构可指出中国证监会应关注的问题。

第七十三条 中国证监会将在收到发行上市申请后,对派出机构的“辅导监管报告”以及主承销商报送的“辅导工作总结报告”、主承销商的推荐函及内核意见、整套发行申请文件进行综合审核,对辅导工作是否合格进行事后判断。

第七十四条 有下列情形之一的,中国证监会可认定辅导工作不合格:

(一)发行人存在重大法律障碍或风险隐患而未在“辅导工作总结报告”中指明的;

(二)“辅导工作总结报告”存在虚假记载、误导性陈述或重大遗漏的;

(三)中国证监会认定的其他情况。

第七十五条 中国证监会对辅导工作认定不合格的,可不受理辅导对象的申请;受理辅导对象的申请文件后发现辅导不合格的,可中止或终止审核。

第七十六条 中国证监会将辅导工作情况作为考评主承销商的一项重要内容。

经认定辅导工作不合格的,中国证监会可视情况对辅导机构及其有关责任人予以单处或并处通报批评、警告、暂停直至取消辅导业务资格、暂停直至取消从业资格的处罚。

第七章 附 则

第七十七条 本办法由中国证监会负责解释。

第七十八条 本办法自公布之日起执行。中国证监会下发的《股票发行上市辅导工作暂行办法》(证监发[2000]17号)、《关于公司公告拟公开发行股票并上市有关事宜的通知》(证监发行字[2000]141号)同时废止。

附件一

辅导对象基本情况备案表

辅导机构：

辅导小组成员：

参与的执业律师、会计师事务所：

填表人： 填表日期：

概况	辅导对象名称		注册日期		注册地点	
	公司设立方式		主发起人	1、	2、	
	主营业务					
股本结构	项目		股数		占总股本(%)	
	国有股					
	国有法人股					
	外资股					
	其他法人股					
	原内部职工股					
	自然人股					
	其他(应注册具体类别)					
	合计					
主要财务指标(最近两年)	营业收入 主营业务收入 净利润 主营业务利润 扣除非经常性损益的利润 所得税率 拖欠税金	总资产 净资产 资产负债率 流动比率 应收帐款占流动资产比例(%) 账龄三年以上应收帐款占应收帐款的比例(%)		现金流量经营活动现金流量 融资活动现金流量 投资活动现金流量	每股收益 净资产收益率	
	备注					

附件二

“辅导工作备案报告”必备内容

辅导机构可采取列表或文字描述等适当形式报告以下内容：

序言

一、报告期内所做的主要辅导工作

(一)报告期辅导经过描述

(二)承担本期辅导工作的辅导机构及辅导工作小组的组成及辅导人员情况

(三)接受辅导的人员

(四)辅导的主要内容、辅导方式及辅导计划的执行情况

(五)辅导协议履行情况

(六)辅导对象按规定和辅导协议参与、配合辅导机构工作的情况。

二、辅导对象的有关情况

(一)辅导对象主要经营及财务状况

主要包括资产状况、收入及利润状况、现金流状况、缴税情况、长期借款和短期借款还本付息情况、每股收益和净资产收益率。应注明上述数据的时限，说明与备案资料、上次备案报告数据的衔接。

(二)辅导对象的其他情况

主要包括：业务、资产、人员、财务、机构独立完整的情况；股东大会、董事会、监事会依法召开规范运作的情况；股东大会决议、董事会决议执行的情况；董事、监事、高级管理人员勤勉尽责的情况；重大决策制度的制定和变更是否符合法定程序；关联交易及其决策的情况；内部控制制度和约束机制的有效性评价；内部审计制度是否健全；是否发现存在财务虚假情况；有无重大诉讼和纠纷。

对辅导对象的整改方案内容及落实情况。

三、辅导对象目前仍存在的主要问题及解决措施

(一)上一阶段问题的解决情况

(二)目前尚存在的主要问题

(三)辅导对象的配合情况

四、对辅导人员勤勉尽责及辅导效果的自我评估结论

附：辅导对象对辅导机构辅导工作的评价及意见、签署日期

附件三

“辅导工作总结报告”必备内容

序言

一、辅导过程

(一)报告期辅导经过描述

(二)辅导机构辅导工作小组的组成及辅导人员情况

(三)接受辅导的人员

(四)辅导协议履行情况

(五)历次辅导备案情况

二、辅导的主要内容及其效果

(一)辅导的主要内容及辅导计划、辅导实施方案的落实和执行情况、辅导效果评价

(二)辅导对象按规定和辅导参与、配合辅导工作的评价

(三)辅导过程中提出的主要问题、建议及处理情况

(四)对接受辅导的人员进行书面考试的内容和结果

(五)派出机构提出的主要问题及处理情况

三、辅导对象尚存在的问题及是否适合发行上市的评价意见

四、辅导机构勤勉尽责的自我评估

附：辅导对象对辅导工作的评价及意见、签署日期

附件四

拟首次公开发行股票的公司接受辅导公告参考内容与格式

XXX股份有限公司拟首次公开发行上市股票，现已接受XXX(辅导机构)的辅导超过六个月。

根据中国证券监督管理委员会的有关要求，为提高股票发行上市透明度，防范化解证券市场风险，保护投资者合法权益，本公司愿接受社会各界和公众的舆论监督。现将有关联系方式和举报电话公告如下：

XXX股份有限公司主要发起人为XXX、公司住所XX、法定代表人XX、公司联系电话：XX、电子信箱：XX、传真：XX。中国证券监督管理委员会XX证券监管办公室(办事处、特派员办事处)的举报电话为：XX，通讯地址为：XX。

特此公告。

XX股份有限公司

年 月 日

附件五

中国证监会派出机构出具“辅导监管报告”的必备内容

序言

一、辅导工作概况

1、辅导过程及辅导期限起止日

2、概要介绍辅导备案情况

3、过程监管的情况

4、受理辅导调查和出具“辅导监管报告”的情况

二、辅导机构对辅导工作勤勉尽责的情况

1、辅导机构履行勤勉尽责的基本情况。核实辅导机构是否制定了明确的辅导内容、辅导计划及其实施方案；辅导机构是否按规定设立了符合要求的辅导工作小组，辅导人员是否符合要求，是否履行了规定的辅

导责任;辅导机构是否建立健全了辅导工作底稿;辅导机构是否按规定的内容进行了辅导,指出了辅导对象的主要问题。

2、说明辅导机构或人员变更的情况(如有)。原辅导机构或人员变更的原因及其提出的主要问题;继任的辅导机构是否承诺完全同意接受前辅导机构的工作并对问题进行了整改;变更工作是否按要求履行了备案登记、移交了工作底稿等手续;连续计算辅导期是否不存在疑问等情况。

3、对辅导机构是否做到勤勉尽责发表总体评价意见。

4、说明辅导对象是否按规定和协议配合完成辅导工作。

三、辅导过程存在的主要问题及解决情况

1、说明派出机构是否在辅导期间对辅导对象进行过现场抽查、反馈过何种意见;

2、派出机构提出的主要问题及整改情况;

3、举报信及其处理,如收到有关举报信,应说明派出机构进行核查的情况。举报信及核查意见应做为"辅导监管报告"的附件;

四、需要说明的其他有关情况和问题

五、辅导工作及辅导效果的总体监管意见和建议

评估人员

签章、时间

境内上市外资股(B股)公司非上市外资股上市流通的办理程序

关于印发《境内上市外资股(B股)公司非上市外资股上市流通的办理程序》的通知

2001年2月22日 证监发[2001]24号

各B股公司:

我会于2000年9月1日发布了《关于境内上市外资股(B股)公司非上市外资股上市流通 问题的通知》(证监公司字[2000]140号,以下简称《通知》,对B股公司非上市外资股上市流通 问题做了原则性规定。

为便于外资股股东了解该《通知》的内容及相关工作程序,现将《境内上市外资股(B股)公司非上市外资股上市流通的办理程序》印发给你们,请遵照执行。

B股办理公司(以下简称公司)非上市外资股股东申请将所持非上市外资股在B股市场上市流通,应当按以下程序办理:

一、非上市外资股股东向公司提出将其所持非上市外资股在B股市场上市流通的申请,并委托公司代为办理申请流通事宜;

二、公司接受前述申请和委托,并由董事长授权一名代表负责办理具体事宜;

三、发行上市前为中外合资企业的B股公司,应就此取得原中外合资企业审批部门的书面意见;

四、律师就该部分非上市外资股的上市流通是否存在法律障碍出具法律意见书;

五、公司向中国证监会申请该部分非上市外资股上市流通,并提交以下文件:

1、公司关于非上市外资股上市流通的申请;

2、非上市外资股股东向公司提出的股份流通申请和委托书;

3、原中外合资企业审批部门的书面意见;

4、律师的法律意见书;

5、公司董事长的授权委托书;

6、公司关于该部分非上市外资股在B股市场上市流通的公告草稿;

7、公司章程关于股本结构的内容节选;

8、中国证监会要求提供的其他文件。

六、公司在获得中国证监会批复后,发布关于非上市外资股在B股市场上市流通的公告,并按照交易所的要求办理相关手续。

公开发行证券的公司信息披露内容与格式准则第1号—招股说明书

关于发布《公开发行证券的公司信息披露内容与格式准则第1号—招股说明书》的通知

证监发[2001]41号

各具有主承销商资格的证券公司、金融资产管理公司,拟首次公开发行股票的公司:

为适应股票发行核准制的要求,现发布《公开发行证券的公司信息披露内容与格式准则第1号–招股说明书》,自本准则发布之日起施行。所有尚未获股票发行审核委员会审核通过的拟首次公开发行股票的公司,均应按本准则的要求编制和披露招股说明书及期摘要。中国证券监督管理委员会1997年1月6日《关于发布公开发行股票公司信息披露的内容与格式准则第一号<招股说明书的内容与格式>的通知》(证监[1997]2号)同时废止。

中国证券监督管理委员会

二OO一年三月十五日

第一章　总　则

第一条　为规范首次公开发行股票的信息披露行为,保护投资者合法权益,根据《中华人民共和国公司法》(以下简称"《公司法》")、《中华人民共和国证券法》(以下简称"《证券法》")等法律、法规及中国证券监督管理委员会(以下简称"中国证监会")的有关规定,制定本准则。

第二条　申请在中华人民共和国境内首次公开发行股票并上市的公司(以下简称"发行人")应按本准则编制招股说明书,并按本准则第三章的要求编制招股说明书摘要,作为向中国证监会申请首次公开发行股票的必备法律文件,经中国证监会核准后按规定披露。

拟发行境内上市外资股的公司参照本准则执行。

第三条　本准则的规定是对招股说明书信息披露的最低要求。不论本准则是否有明确规定，凡对投资者做出投资决策有重大影响的信息，均应披露。

第四条　本准则某些具体要求对发行人确实不适用的,发行人可针对根据实际情况,在不影响披露内容完整性的前提下做适当修改,但应在申报时作书面说明。

第五条　由于商业秘密(如核心技术的保密资料、商业合同的具体内容等)等特殊原因,本准则规定某些信息确实不便披露的,发行人可向中国证监会申请豁免。

第六条　在不影响信息披露的完整性和不致引起阅读不便的前提下,发行人可采用相互引征的方法,对各相关部分的内容进行适当的技术处理,以避免重复和保持文字简洁。

第七条　发行人在招股说明书及其摘要披露的所有信息应真实、准确、完整、公平、及时,尤其要确保所披露的财务会计资料有充分的依据。所引用的财务报告、盈利预测报告(如有)应由具有证券期货相关业务资格的会计师事务所审计或审核,并由二名以上具有证券期货相关业务资格的注册会计师签署。

第八条　招股说明书引用的经审计的最近一期财务会计资料在财务报告截止日后六个月内有效；特别情况下可由发行人申请适当延长，但至多不超过一个月。

第九条　招股说明书的有效期为三个月，自中国证监会下发核准通知之日起计算。发行人在招股说明书有效期内未能发行股票的,应重新修订招股说明书。在符合本准则第八条要求的前提下,发行人可在特别情况下申请适当延长招股说明书的有效期限,但至多不超过一个月。

第十条　发行人申请文件经核准后,在招股说明书披露前发生与申报稿不一致或应予补充披露的事项,如发生股东或董事、经理(含总裁等相当的职务)变动,出现财政税收政策、业务方向和范围的重大变动,取得或失去新的重大专利或特许权，以及进行新的重大投资或融资行为等,发行人应视情况及时修改招股说明书并提供补充说明材料,必要时应重新经过中国证监会核准。

经中国证监会核准后,如发行人认为还有必要对招股说明书进行修改的,应书面说明情况,并经中国证监会同意后相应修改招股说明书及其摘要。

在招股说明书披露后至股票上市公告书刊登前发生上述事项的,发行人也应及时履行信息披露义务。

第十一条　发行人应针对实际情况在招股说明书首页做"特别风险提示",并在"风险因素"一节详细披露。

第十二条　招股说明书还应满足如下一般要求：

(一)引用的数据应提供资料来源,事实应有充分、客观、公正的依据；

(二)引用的数字应采用阿拉伯数字,货币金额除特别说明外,应指人民币金额,并以元、千元或万元为单位；

(三）发行人可根据有关规定或其他需求，编制招股说明书外文译本,但应保证中、外文文本的一致性,并在外文文本上注明:"本招股说明书分别以中、英(或日、法等)文编制,在对中外文本的理解上发生歧义时,以中文文本为准"；

(四）招股说明书全文文本应采用质地良好的纸张印刷，幅面为209×295毫米(相当于标准的A4纸规格)；

(五)不得刊载任何有祝贺性、广告性和恭维性的词句。

第十三条　招股说明书全文及其摘要应按本准则有关章节的要求编制。文字应简洁、通俗、平实和明确,格式应符合本准则的要求。在指定报刊刊登的招股说明书摘要最小字号为标准6号字,最小行距为0.02。

第十四条　发行人应在发行前二至五个工作日内将招股说明书摘要刊登于至少一种中国证监会指定的报刊,同时将招股说明书全文刊登于中国证监会指定的网站,并将招股说明书全文文本及备查文件置备于发行人住所、拟上市证券交易所、主承销商和其他承销机构的住所,以备查阅。

第十五条　发行人可将招股说明书全文及摘要刊登于其他网站和报刊,但不得早于在中国证监会指定网站和报刊的披露。

第十六条　在招股说明书及其摘要披露前,任何当事人不得泄露与招股说明书及其摘要有关的信息,或利用这些信息谋取利益。发行人、任何中介机构或人士利用与招股说明书及其摘要有关的信息进行推介宣传的,应遵守中国证监会的相关规定。

第十七条　发行人应在招股说明书及其摘要披露后十日内,将正式印刷的招股说明书全文文本一式五份,分别报送中国证监会及其在发行人注册地的派出机构、拟上市的证券交易所。

第十八条　发行人董事会及全体董事应保证招股说明书及其摘要内容的真实性、准确性、完整性,承诺其中不存在虚假记载、误导性陈述或重大遗漏,并就其保证承担个别和连带的法律责任。

第十九条　主承销商应受发行人委托配合发行人编制招股说明书,并对招股说明书的内容进行核查,确认招股说明书及其摘要不存在虚假记载、误导性陈述或重大遗漏,并承担相应的责任。

第二十条　发行人律师可受发行人委托参与编制招股说明书,并应对招股说明书进行审阅,确认招股说明书及其摘要不致因法律意见书和律师工作报告的内容出现虚假记载、误导性陈述或重大遗漏引致的法律风险,并承担相应的责任。

第二十一条　发行人律师、注册会计师、注册评估师、验资人员及其所在的中介机构等应书面同意发行人在招股说明书及其摘要中引用由其出具的专业报告或意见的内容。

第二十二条　特殊行业的发行人,除执行本准则的规定外,还应执行中国证监会就该行业信息披露制定的特别规定。

第二章　招股说明书

第一节　封面、书脊、扉页、目录、释义

第二十三条　招股说明书全文文本封面至少应标有"XXX股份有限公司首次公开发行股票招股说明书"字样,并应载明发行人及主承销商的名称和住所。

第二十四条　招股说明书全文文本书脊应标明"XXX股份有限公司首次公开发行股票招股说明书"字样。

第二十五条　招股说明书全文文本扉页应刊登如下内容：

(一)发行股票类型；

(二)发行股数；

(三)每股面值;

(四)每股发行价格;

(五)预计发行日期;

(六)申请上市证券交易所;

(七)主承销商;

(八)正式申报的招股说明书签署日期。

第二十六条 招股说明书扉页应刊登发行人董事会的如下声明:

“发行人董事会已批准本招股说明书及其摘要,全体董事承诺其中不存在虚假记载、误导性陈述或重大遗漏,并对其真实性、准确性、完整性承担个别和连带的法律责任。”

“中国证监会、其他政府机关对本次发行所做的任何决定或意见,均不表明其对本发行人股票的价值或投资者收益的实质性判断或保证。任何与之相反的声明均属虚假不实陈述。”

“根据《证券法》等的规定,股票依法发行后,发行人经营与收益的变化,由发行人自行负责,由此变化引致的投资风险,由投资者自行负责。”

第二十七条 发行人聘请的会计师事务所对其财务报告出具了带说明段的无保留意见的审计报告的,发行人还应作如下提示:

“XXX 会计师事务所对本发行人财务报告出具了有说明段的无保留意见的审计报告,请投资者注意阅读该审计报告全文及相关财务报表附注。发行人董事会、监事会对相关事项已作详细说明,也请投资者注意阅读。”

第二十八条 招股说明书及其摘要的目录应标明各章、节的标题及相应的页码,内容编排也应符合通行的中文惯例。

第二十九条 发行人应对可能对投资者理解有障碍及有特定含意的术语作出释义。招股说明书及其摘要的释义应在目录次页排印。

第二节 概 览

第三十条 发行人应设置招股说明书概览并在本部分起首声明:"本概览仅对招股说明书全文做扼要提示。投资者作出投资决策前,应认真阅读招股说明书全文。"

第三十一条 发行人应在概览中简介发行人及其主要发起人或股东,发行人的主要财务数据,本次发行情况及募股资金主要用途等。

第三节 本次发行概况

第三十二条 发行人应披露本次发行的基本情况,主要包括:

(一)股票种类;

(二)每股面值;

(三)发行股数、占发行后总股本的比例;

(四)每股发行价;

(五)标明计量基础和口径的市盈率;

(六)预测盈利总额及发行后每股盈利(如有);

(七)发行前和发行后每股净资产;

(八)发行方式与发行对象;

(九)承销方式;

(十)本次发行预计实收募股资金;

(十一)发行费用概算(主要包括承销费用、审计费用、评估费用、律师费用、发行手续费用、审核费等)。

第三十三条 发行人应披露下列机构的名称、法定代表人、住所、联系电话、传真,同时应披露有关经办人员的姓名:

(一)发行人;

(二)主承销商及其他承销机构;

(三)推荐人;

(四)发行人聘请的律师事务所;

(五)会计师事务所;

(六)资产评估机构(若有);

(七)股票登记机构;

(八)收款银行;

(九)其他与本次发行有关的机构。

第三十四条 应披露发行人与本次发行有关的中介机构及其负责人、高级管理人员及经办人员之间存在的直接或间接的股权关系或其他权益关系。

第三十五条 发行人应针对不同的发行方式,披露至上市前的有关重要日期,主要包括:

(一) 发行公告刊登的日期;

(二) 预计发行日期;

(三) 申购期;

(四) 资金冻结日期;

(五) 预计上市日期。

第四节 风险因素

第三十六条 本准则所指的风险因素是与发行人相关的所有重大不确定性因素,特别是发行人在业务、市场营销、技术、财务、募股资金投向及发展前景等方面存在的困难、障碍、或有损失。发行人应主动披露上述因素及其在最近一个完整会计年度内受其影响的情况及程度。

第三十七条 发行人应针对实际情况,对本准则规定的风险因素有选择地进行增减,但对减少的应说明理由。在披露风险因素的顺序上应遵循重要性原则。

第三十八条 对所披露的风险因素应尽可能做定量分析;无法进行定量分析的,应有针对性地作出定性描述。

第三十九条 所披露的风险因素应充分、准确、具体,发行人应集中描述自身特有的风险因素及其时效。

第四十条 凡已在“特别风险提示”栏目披露的风险因素,应详尽披露该风险及其形成的原因,并披露过去特别是最近一个会计年度曾经因该风险因素遭受的损失及将来遭受损失的可能程度。

第四十一条 发行人可视实际情况在紧接所披露的风险因素之后介绍已采取或准备采取的风险对策或措施,但这些对策或措施应是有针对性的、具体的和可操作的。

第四十二条 关于市场风险,应重点说明发行人存在市场开发不足或存在销售障碍的风险,披露受商业周期或产品生命周期负面影响的风险,存在的市场饱和或市场分割的风险,以及过度依赖单一市场的风险等。

发行人产品缺乏确定的市场,或市场占有率存在持续下降趋势的,应做“特别风险提示”。

第四十三条 关于业务经营风险,应说明过度依赖某一重要原材料、产品或服务、自然资源或供货渠道以及客户的风险,主营业务变更的风险,经营场所过度集中或分散的风险,以及所从事行业不景气的风险等。

发行人业务存在境外经营的,应专门披露有关境外经营的风险。

发行人业务发生重大变化而新业务在管理、技术和市场等方面存在不确定性因素,以及存在其他重大障碍或不确定性的,应做“特别风险提示”。

第四十四条 关于财务风险,应说明偿还债务的风险,对外投资收益不确定的风险,资产流动性风险,担保等或有负债的风险,债务结构不合理的风险,应收款项发生坏帐的风险,难以持续融资的风险等,以及财务内部控制及对外投资的财务失控的风险等。

发行人主要的财务指标出现重大异常,存在金额异常重大的应收帐项或存货、金额重大的非经常性损益项目、重大或有负债、发行前资产负债率接近70%等情况的,应做“特别风险提示”。

第四十五条 关于管理风险,应说明组织模式和管理制度不完善的风险,与控股股东及其他重要关联方存在同业竞争及重大关联交易的风险,发行后主要股东可能变更或通过二级市场减持股份等因素引起管理层、管理制度、管理政策不稳定的风险,以及公司内部激励机制和约束机制不健全的风险等。

对发行人存在大股东控制、非常复杂的关联关系、非常重大的关联交易、核心管理层不稳定的,应做“特别风险提示”。

第四十六条 关于技术风险,应重点说明发行人技术不成熟的风险,在技术市场化、产业化和经营规模化方面的风险,过度依赖核心技术人员的风险,过度依赖某一特定的知识产权、非专利技术的风险,核心技术依赖他人和核心技术保护期短或容易失秘的风险,产品或技术存在被淘汰的风险,以及在新产品开发、试制方面的风险等。

发行人不拥有核心技术的所有权,或依赖他人提供重要的生产经营核心技术的,应做“特别风险提示”。

第四十七条 关于募股资金投向风险,应说明投资项目因市场、技术、环保、财务等因素引致的风险,特定收购兼并项目的风险,股权投资及与他人合作的风险,以及项目管理和组织实施的风险等。

募股资金投向导致发行人主要产品或业务发生重大变化,导致发行人净资产收益率大幅下降,以及存在其他财务指标恶化现象等的,应做“特别风险提示”。

第四十八条 关于政策性风险,应说明国家政策、法规变化引致的风险,包括由于财政和税收政策、产业政策、行业管理政策、环保政策的限制或变化等可能引致的风险等。

发行人过去的业绩严重依赖优惠政策等的,应做“特别风险提示”。

第四十九条 关于其他风险,应说明存在法律诉讼和仲裁的风险,因安全隐患和自然灾害引起的风险,以及外汇风险等。对我国加入世界贸易组织后受影响较大的行业,还应说明我国加入世界贸易组织对发行人造成的风险等。

第五十条 发行人股东可对如何承担所披露的风险因素可能引致的损失做出适当的承诺。

第五节 发行人基本情况

第五十一条 发行人应披露其基本情况,主要包括:

(一)注册中、英文名称及缩写;

(二)法定代表人;

(三)设立(工商注册)日期;

(四)住所及其邮政编码;

(五)电话、传真号码;

(六)互联网网址;

(七)电子信箱。

第五十二条 应披露发行人的历史沿革及经历的改制重组情况,主要包括:

(一)发行人设立方式;

(二)发起人;

(三)历次股本形成及股权变化情况;

(四)发行前最大10名股东名称及其持股数量和比例。

第五十三条 发行人应充分披露设立以来股本结构变化、重大资产重组的行为,披露这些行为的具体内容及所履行的法定程序,以及这些行为对发行人业务、控制权及管理层、以及经营业绩的影响。

第五十四条 发行人应简要披露有关发起人或股东出资及股本变化的验资情况,所进行的历次资产评估,以及进行审计的情况。

第五十五条 应披露与发行人业务及生产经营有关的资产权属变更的情况。对发行人业务及生产经营所必须的商标、土地使用权、专利与非专利技术、重要特许权利等,应明确披露这些权利的使用及权属情况。

第五十六条 发行人应简介员工及其社会保障情况,主要包括:

(一)员工人数及变化情况;

(二)员工专业结构;

(三)员工受教育程度;

(四)员工年龄分布;

(五)发行人执行社会保障制度、住房制度改革、医疗制度改革等。

第五十七条 发行人应披露是否在业务、资产、人员、机构、财务等方面与发起人或股东做到分开,发行人是否具有独立完整的业务及面向市场自主经营的能力。属于生产经营型的发行人,应披露是否具有完整的供应、生产和销售系统。

第五十八条 发行人应披露有关股本的情况,主要包括:

(一)发行人股本结构的历次变动情况;

(二)外资股份(若有)持有人的有关情况;(三)持股量列最大10名的自然人及其在发行人单位任职;

(四)股东中的风险投资者或战略投资者持股及其简况;

(五)本次拟发行的股份及本次发行后公司股本结构;

(六)本次发行前持有发行人5%以上股权的股东名单及其简要情况。如果股东总数超过10名,但持股5%以上的股东不足10名时,则应按持股比例,列最大10名股东的名单及简要情况。

第五十九条 发行人如发行过内部职工股,或出现原工会持股或职工持股会持股进行转让的,应主要披露以下情况:

(一)内部职工股的审批及发行情况,包括审批机关、审批日期、发行数量、发行方式、发行范围、发行缴款及验资情况;

(二)内部职工股发生过转移或交易的情况;

(三)首次托管及历次托管的情况,包括发行时最大10名持有人的情况、以及发行前托管的最大10名持有人的情况,托管单位变化的情况及原因,托管与被托管单位的名称、持股数量及比例、应托管股票数额及实际托管数额的差额、托管完成时间,未托管股票的数额及原因,对未托管股票的处理办法,本次股票发行前托管的股份占总股份的比例;

(四)发生过的违法违规情况,包括超范围和超比例发行的情况,通过增发、配股、国家股和法人股转配等形式变相增加内部职工股的情况,内部职工股转让和交易中的违法违规情况,法人股个人化的情况,这些违法违规行为的纠正情况;

(五)对尚存在内部职工股潜在问题和风险隐患的,应披露有关责任的承担主体等;

(六)对发行人存在原工会持股或职工持股会持股进行转让的,应详细披露有关持股和转让的情况,说明是否存在潜在问题和风险隐患,以及有关责任的承担主体等。

第六十条 发行人应披露发行人主要股东的持股比例及其相互之间的关联关系。

第六十一条 发行人应披露其发起人(应追溯至实际控制人)的基本情况,主要包括:

(一)股东或实际控制人名称及其股权的构成情况;

(二)所持有的发行人股票被质押或其他有争议的情况;

(三)如发起人或股东为企业法人,则应披露其主要业务、注册资本、总资产、净资产、净利润,并标明这些数据是否经过审计及审计机构的名称。

第六十二条 发行人应披露主要股东以及作为股东的董事、监事、高级管理人员作出的重要承诺及其履行情况,如自愿锁定所持股份的承诺等。

第六十三条 发行人应采用方框图或其他有效形式,全面披露其组织结构,包括发起人或股东及其分公司、子公司和参股公司(或联营公司),发起人或股东的实际控制人,发行人对外投资形成的子公司、参股公司及其他合营企业,以及有重要影响的关联方等。发行人还应标明组织结构的具体组织联系。

第六十四条 发行人应披露前条所述主体的主要业务、基本财务状况(应注明是否经过审计及审计机构的名称)、主要管理层以及其控股和参股单位等情况。

第六十五条 发行人应披露其内部组织机构设置及运行情况,包括各主要职能部门、业务或事业部、各分公司或生产车间的情况。

第六十六条 发行人若从事控股或投资管理的,除披露上述情况外,还应披露对外投资及其风险管理的主要制度。

第六节 业务和技术

第六十七条 发行人应披露所处行业国内外基本情况,主要包括行业管理体制、行业竞争状况、市场容量、投入与产出、技术水平以及以上因素的发展趋势。

第六十八条 发行人应披露影响本行业发展的有利和不利因素,如产业政策、产品特性、技术替代、消费趋向、购买力与国际市场冲击等因素,指出进入本行业的主要障碍。

第六十九条 发行人应披露面临的主要竞争状况,包括自身的竞争优势及劣势,市场份额变动的情况及趋势,同行业竞争的情况。

第七十条 发行人应简介其业务范围及主营业务。

第七十一条 发行人应视实际情况,根据重要性原则披露主营业务的情况,主要包括:

(一)发行人主要业务的构成;

(二)前三年的主要产品(或服务)及其生产能力;

(三)每种主要产品或服务的主要用途;

(四)主要产品的工艺流程或服务的流程图;

(五)主要产品(或服务)所需的主要生产设备,关键设备的重置成本、先进性,还能安全运行的时间等;

(六)每种主要产品的主要原材料和能源供应及成本构成;

(七)存在高危险、重污染情况的,应披露公司对人身、财产、环境所采取的安全措施;

(八)每种主要产品的销售情况和产销率,产品或服务的主要消费群体,产品或服务的平均价格及定价策略,主要销售市场、国内市场的占有率、销售额等。

第七十二条 发行人应披露与其业务相关的主要固定资产及无形资产,主要包括:

(一)发行人近三年主要固定资产的情况,如主要固定资产的成新度(指出财务折旧程度)、技术先进程度、报废或更新的可能;

(二)发行人的主要无形资产的情况,如近三年无形资产的规模,对发行人业务具有重要意义的知识产权、非专利技术等。对于以无形资产折股的,或因各种原因对无形资产进行评估并调帐的,应简要披露评估方法及其依据;

(三)土地使用权(包括水面养殖权等)、探矿权、采矿权及主要经营性房产取得和占有的情况。

第七十三条 发行人应披露拥有的特许经营权的情况,主要包括特许经营权的取得(如属租用,应指明)的情况,特许经营权的期限、费用标准,对发行人持续生产经营的影响。

第七十四条 发行人应披露合营、联营合同或类似业务安排。

第七十五条 发行人若在中华人民共和国境外进行经营,应对有关业务活动进行地域性分析。若发行人在境外拥有资产,应详细披露该资产规模、所在地、经营管理、盈利情况等。

第七十六条 发行人应披露主要产品和服务的质量控制情况,主要包括质量控制标准、质量控制措施、产品质量纠纷等。

第七十七条 发行人应披露主要客户及供应商的资料,主要包括:

(一)向前5名供应商合计的采购额占年度采购总额的百分比;

(二)对前5名客户的销售额占年度营业额或销售总额的百分比;

(三)如向单个供应商的采购比例或对单个客户的销售比例超过总额的50%,则应披露其名称及采购或销售的比例。

第七十八条 发行人应披露董事、监事、高级管理人员和核心技术人员,主要关联方或持有发行人5%以上股份的股东在上述供应商或客户中所占的权益。若无,亦应说明。

第七十九条 发行人若在发行前进行过重大业务和资产重组,应详细披露重组的经过、内容及对发行人业务连续性、管理层稳定、财务状况和经营成果的影响。

第八十条 发行人应披露核心技术的来源和方式,说明是否拥有核心技术的所有权。说明所拥有的核心技术在国内外同行业的先进性。

第八十一条 发行人应披露主导产品或业务及拟投资项目的技术水平,或所采取的先进生产工艺或技术诀窍、运用的新材料及新的生产手段、节能技术、新的生产组织方式等。

第八十二条 发行人应披露对其有重大影响的知识产权、非专利技术情况,主要包括:

(一)发行人所有或使用的知识产权、非专利技术的名称、用途、价值;

(二)发行人所有或使用的知识产权的保护状况,如发明、实用新型、外观设计是否已申请专利;

(三)发行人所有或使用的知识产权的剩余保护年限。

第八十三条 发行人允许他人使用自己所有的知识产权、非专利技术,或作为被许可方使用他人的知识产权、非专利技术的,应简介许可合同的主要内容,主要包括许可人、被许可人、许可方式、许可年限、许可使用费等。

发行人所有或使用的知识产权、非专利技术存在纠纷或潜在纠纷的,应明确提示。

第八十四条 发行人应披露产品生产技术所处的阶段,即处于基础研究、中试、少批量生产或大批量生产的具体阶段。

第八十五条 发行人应披露研究开发情况,主要包括研究开发机构的设置,研究人员的构成,正在从事的项目及进展的情况、拟达成的目标,研发费用占主营业务收入的比重等。与其他单位共同进行研究的,还需说明合作协议的主要内容、研究成果的分配方案及采取的保密措施等。

第八十六条 发行人应披露保持技术不断创新的机制和进一步开发的能力,包括技术储备及创新的安排、企业文化建设等。

第八十七条 发行人名称冠有"高科技"或"科技"字样的,应说明冠以此名的依据。

第七节 同业竞争与关联交易

第八十八条 发行人应披露是否与实际控制人及其控制的法人(以下简称"竞争方")从事相同、相似业务的情况。

第八十九条 对存在上述相同、相似业务的,发行人应对是否存在同业竞争做出解释。这种解释应基于业务的性质、业务之间的客户对象、业务的市场差别以及对发行人的客观影响等方面而进行的客观判断。

第九十条 对于已存在或可能存在的同业竞争,发行人应披露解决同业竞争的具体措施,发行人可视实际需要披露可能采取的措施,例如:

(一)针对存在的同业竞争,通过收购、委托经营等方式,将相竞争的业务纳入到发行人的措施;

(二)竞争方将业务转让给无关联的第三方的措施;

(三)发行人放弃与竞争方存在同业竞争业务的措施;

(四)竞争方就解决同业竞争,以及今后不再进行同业竞争做出的有法律约束力的书面承诺。

对已承诺解决的但尚未解决的同业竞争可能损害发行人及其中小股东利益的,发行人还应做"特别风险提示"。

第九十一条 应披露发行人在股东协议、公司章程等方面作出的避免同业竞争的规定。

第九十二条 如发行人运用募股资金收购有实际控制权的个人或法人资产以避免同业竞争,应予以披露。

第九十三条 发行人应披露律师、主承销商对发行人是否存在同业竞争和避免同业竞争有关措施的有效性所发表的意见。

第九十四条 发行人所披露的关联方、关联关系和关联交易,除应遵循有关企业会计制度规定外,还应遵循从严原则。

第九十五条 发行人应披露的关联方,主要包括:

(一)控股股东;

(二)其他股东;

(三)控股股东及其股东的控制或参股的企业;

(四)对控股股东及主要股东的有实质影响的法人或自然人;

(五)发行人参与的合营企业;

(六)发行人参与的联营企业;

(七)主要投资者个人、关键管理人员、核心技术人员、或与上述关系密切的人士控制的其他企业;

(八)其他对发行人有实质影响的法人或自然人。

第九十六条 应披露的关联关系主要是指在财务和经营决策中,有能力对发行人直接或间接控制或施加重大影响的方式或途径,主要包括关联方与发行人之间存在的股权关系、人事关系、管理关系及商业利益关系。

发行人应披露上述关联关系的实质,发行人董事会应对关联关系的实质进行判断,而不仅仅是基于与关联方的法律联系形式,应指出关联方对发行人进行控制或影响的具体方式、途径及程度。

第九十七条 应披露董事、监事、高级管理人员及核心技术人员是否在关联方单位任职,或由关联方单位直接或间接委派。

第九十八条 发行人应披露的关联交易主要包括:

(一)购销商品;

(二)买卖有形或无形资产;

(三)兼并或合并法人;

(四)出让与受让股权;

(五)提供或接受劳务;

(六)代理;

(七)租赁;

(八)各种采取合同或非合同形式进行的委托经营等;

(九)提供资金或资源;

(十)协议或非协议许可;

(十一)担保;

(十二)合作研究与开发或技术项目的转移;

(十三)向关联方人士支付报酬;

(十四)合作投资设立企业;

(十五)合作开发项目;

(十六)其他对发行人有影响的重大交易。

第九十九条 发行人应披露近三年关联交易对其财务状况和经营成果的影响,包括在营业收入或营业成本中所占的比例,对上述比例的披露应说明比较的口径。

第一百条 发行人披露的关联交易应包括向关联方累计年度购买量占其同类业务采购量5%以上的交易,或对关联方年度销售收入占其同类业务销售收入5%以上的交易。

第一百零一条 对披露的关联交易,发行人应详细披露该关联交易的内容、数量、单价、总金额、占同类业务的比例、定价政策及其决策依据。

对于需要由独立董事、监事会等发表意见的关联交易,是否由其签名表达对关联交易公允性的意见。

第一百零二条 应披露进行关联交易是否遵循市场公正、公平、公开的原则,如交易是否通过招标,价格是否公允,与市场独立第三方价格有无差异。无市场价格可资比较或订价受到限制的重大关联交易,是否通过合同明确有关成本和利润的标准。

第一百零三条 发行人应披露是否在章程中对关联交易决策权力与程序作出规定。公司章程是否规定关联股东或利益冲突的董事在关联交易表决中的回避制度或做必要的的公允声明。

第一百零四条 发行人应披露减少关联交易的措施,主要包括:

(一)发起人或股东是否通过保留采购、销售机构,垄断业务渠道等方式干预发行人的业务经营;

(二)从事生产经营的,发行人是否拥有独立的产、供、销系统,主要原材料和产品销售是否依赖股东单位及其下属企业;

(三)专为或主要为发行人服务的实体或辅助设施,是否纳入发行人,或转由市场第三方进行经营;

(四)对既为发行人服务,也为股东等关联方服务的实体或设施,如供水、供电、供汽、供暖等设施,是否确保发行人与其交易和定价的公平。

(五)其他任何有利于减少或规范关联交易的措施。

第一百零五条 发行人应披露与各关联方签订的目前仍然有效的协议或合同,并说明对这类协议或合同是否还会续签作出说明。

第一百零六条 发行人募股资金投向与关联方合资的项目,或募股资金运用后与关联方发生交易的,应披露关联方、合资项目及关联交易的有关情况。

第一百零七条 发行人应披露律师、主承销商对所披露的关联方、关联关系、关联交易是否存在损害发行人及中小股东利益、决策程序是否合法有效所发表的意见。

第八节 董事、监事、高级管理人员与核心技术人员

第一百零八条 发行人应披露董事、监事、高级管理人员、技术负责人及核心技术人员的情况，主要包括：

(一)姓名及国籍；

(二)性别；

(三)年龄；

(四)学历；

(五)职称；

(六) 主要业务简历(可披露其主要的业绩记录)；

(七) 曾经担任的重要职务及任期；

(八) 在发行人担任的现任职务；

(九) 兼任其他单位的职务。

对核心技术人员还应披露其主要成果及获得的奖项。

第一百零九条 发行人应披露与上述人员所签定的协议，如借款、担保协议等，以及为稳定上述人员已采取及拟采取的措施。

第一百一十条 发行人应按如下类别披露上述人员在发行前持有发行人股份的情况：

(一)个人持股，即以上述人员的名义，或由其授权或指示他人代其持有的股份；

(二) 家属持股，即上述人员的配偶或未满十八岁的子女持有的股份；

(三)法人持股，即上述人员通过其近亲属能够直接或间接控制的法人持有的股份。

第一百一十一条 发行人对上述持股情况，应具体列出持有人姓名，发行前三年股份增减变动情况，发行前三年年末持股数量及比例，本次发行后所占比例，以及所持股份的质押或冻结情况。

第一百一十二条 发行人应披露上述人员在发行前持有发行人关联企业股份的情况，包括持股数量，持股比例，以及有关承诺和协议。

第一百一十三条 发行人应披露上述人员在最近一个完整会计年度从发行人及其关联企业，以及同上述人员职位相关的其他单位领取收入的情况，包括领取的工薪(月薪或年薪)、奖金及津贴，所享受的其他待遇，退休金计划，所享有的认股权情况等。

第一百一十四条 发行人应披露上述人员在股东单位或股东单位控制的单位、在发行人所控制的法人单位、同行业其他法人单位担任职务的情况。不在上述单位兼职的，应予以声明。

第一百一十五条 发行人应披露上述人员相互之间存在的配偶关系、三代以内直系和旁系亲属关系。

第一百一十六条 发行人应披露执行董事和独立董事(如有)的酬金及其他报酬、福利政策。发行人若按规定设置有认股权，应披露认股权计划的主要内容、执行情况，已发放认股权的行权情况等。

第一百一十七条 发行人应披露董事、监事、高级管理人员和核心技术人员所持股份锁定的情况及契约性安排，以及上述人员自愿锁定所持股份声明的主要内容。

第九节 公司治理结构

第一百一十八条 发行人应披露设立独立董事(如有)的情况，包括独立董事的人数，独立董事发挥作用的制度安排以及实际发挥作用的情况等。

第一百一十九条 发行人应披露公司章程中有关股东权利、义务，股东大会的职责及议事规则，保护中小股东权益的规定及其实际执行情况。

第一百二十条 发行人应披露公司章程中有关董事会、监事会的构成和议事规则。

第一百二十一条 发行人应披露重大生产经营决策程序与规则，包括对外投资等重大投资决策的程序和规则，重要财务决策的程序与规则，对高级管理人员的选择、考评、激励和约束机制，利用外部决策咨询力量的情况。

第一百二十二条 发行人应披露公司管理层对内部控制制度完整性、合理性及有效性的自我评估意见。注册会计师指出以上“三性”存在重大缺陷的，应予披露并说明改进措施。

第一百二十三条 发行人董事长、经理、财务负责人、技术负责人在近三年内曾发生变动的，应披露变动的经过及原因。

第一百二十四条 发行人应披露对董事、监事、高级管理人员和核心技术人员履行诚信义务的限制性规定，包括股份锁定办法、责任保险制度(如有)等。

第十节 财务会计信息

第一百二十五条 发行人应披露不少于最近三年的简要利润表、不少于最近三年末的简要资产负债表、不少于最近一年的简要现金流量表。对有关数据的口径，在遵循有关规定的前提下，应明示是股份公司母公司报表口径，还是合并报表口径。非整体改制重组设立且运行不足三年的发行人，在有关简要资产负债表的披露方面，只需披露改组设立股份有限公司后各年年末的简要资产负债表。

第一百二十六条 财务报告被出具带说明段的无保留审计意见的，应全文披露审计报告及经审计的利润表，并披露相关说明事项的财务报表附注，以及公司董事会、监事会对上述说明事项的详细说明。

第一百二十七条 发行人应披露财务报表的编制基准、合并报表范围及变化情况，特别应说明发行人计算经营业绩特别是连续计算不同主体经营业绩的充分财务资料来源。

第一百二十八条 发行人应扼要披露报告期利润形成的有关情况，包括销售收入总额和利润总额的变动趋势及原因，业务收入的主要构成，重大投资收益和非经常性损益的变动趋势及原因，适用的所得税税率及享受的主要财政税收优惠政策等。

第一百二十九条 发行人应扼要披露最近一期末财务报表中主要固定资产类别、折旧年限、原价、净值、净额及折旧方法；主要对外投资的投资期限、初始投资额、期末投资额、股权投资占净资产的比例、股权投资占被投资方的股权比例及会计核算方法；有形资产净值，有形资产净值为总资产扣减无形资产、待摊费用及长期待摊费用后的余额。

第一百三十条 发行人应扼要披露最近一期末的财务报表中主要无形资产的取得方式、初始金额、摊销年限及确定依据、最近一年末的摊余价值及剩余摊销年限。

对于单项价值在100万元以上的的无形资产，若该资产原始价值是以评估值作为入帐依据的，应披露评估机构、评估方法。

第一百三十一条 发行人应扼要披露经审计的最近一期资产负债表截止日的主要债项，包括主要的银行借款，对内部人员和关联方的负债，主要合同承诺的债务、或有债项的金额、期限、成本，票据贴现、抵押及担保等形成的或有负债情况。有逾期未偿还债项的，应说明其金额、利率、贷款资金用途、未按期偿还的原因、预计还款期等。

第一百三十二条 发行人应扼要披露报告期各会计期末的股东权益的情况，包括股本、资本公积、盈余公积、法定公益金及未分配利润的情况。

第一百三十三条 发行人应扼要披露报告期经营活动产生的现金流量、投资活动产生的现金流量、筹资活动产生的现金流量的基本情况及不涉及现金收支的重大投资和筹资活动及其影响。经营活动产生的现金流量净额为负数或发生重大异常变化的，应披露原因。

第一百三十四条 发行人应扼要披露或提醒投资者关注财务报表附注中的期后事项、重大关联交易、或有事项及其他重要事项。

第一百三十五条 发行人在报告期内发生重大资产置换、重大购销价格变化等情况的,发行人应披露备考的财务会计信息。

第一百三十六条 如果发行人认为提供盈利预测报告将有助于投资者对发行人及投资于发行人的股票作出正确判断,且发行人确信有能力对最近的未来期间的盈利情况作出比较切合实际的预测,发行人可以披露盈利预测报告。凡有控股子公司并需要编制合并财务报表的,应分别编制母公司盈利预测表和合并盈利预测表。

发行人披露的盈利预测报告包括盈利预测表及其说明,盈利预测表的格式应与利润表一致,并应分项披露上年经审计的实现数和本年预测数,本年预测数应分栏列示经审计的实现数、未经审计实现数、预测数和会计数。

发行人应扼要披露盈利预测的说明,包括编制基准、所依据的基本假设及其合理性、与盈利预测数据相关的背景及分析资料等。存在可能对盈利预测产生重大不确定因素的,存在特定的财政税收优惠政策或非经常性收支项目的,应加以分析说明。

盈利预测报告被注册会计师出具带说明段的审核意见时,发行人应全文完整披露该审核报告的内容及发行人董事会、监事会对上述事项的说明。

如果发行人披露盈利预测报告,在盈利预测报告中应载明:"本公司盈利预测报告的编制遵循了谨慎性原则,但盈利预测所依据的各种假设具有不确定性,投资者进行投资决策时不应过分依赖该项资料。"

第一百三十七条 发行境内上市外资股、在香港和境外上市外资股的发行人,因在境内外披露的财务会计资料所采用的会计准则不同,导致境内外披露的报告期末净资产及报告期净利润存在差异的,发行人应披露财务报表差异调节表。

对与经境外审计机构审计的数据进行差异比较的,应注明该境外机构的名称。

第一百三十八条 发行人在设立时以及在报告期内进行资产评估并据以进行帐务调整的,发行人应扼要披露上述资产评估所履行的程序和采用的评估方法,资产评估前的帐面值、评估值及增减情况,对增减变化超过30%的,应说明原因。

第一百三十九条 发行人应扼要披露历次验资报告,简要说明每次资本变动与资金到位情况。

第一百四十条 发行人应披露经审计财务报告期间的下列各项财务指标:

(一)流动比率 = 流动资产/流动负债

(二)速动比率 = 速动资产/流动负债

(三)应收帐款周转率 = 主营业务收入/应收帐款平均余额

(四)存货周转率 = 主营业务成本/存货平均余额

(五)无形资产(土地使用权除外)占总(净)资产的比例 = 无形资产(土地使用权除外)/总(净)资产

(六)资产负债率 = 总负债/总资产

(七)每股净资产 = 期末净资产/ 期末股本总额

(八) 研究与开发费用占主营业务收入比例 = 研究发展费用/主营业务收入

以上财务指标中,资产负债率以母公司财务报告的财务数据为基础计算,其余指标视具体情况以合并财务报告数据为基础计算。

发行人还应披露每股经营活动的现金流量,发行前后的每股收益和净资产收益率,这些指标的计算及其披露应严格执行中国证监会的有关规定。

第一百四十一条 发行人应披露公司管理层做出的与本次招股说明书财务会计资料的时间和范围口径大体一致的公司财务分析的简明结论性意见,主要说明发行人资产质量状况,资产负债结构、股权结构的合理性,现金流量、偿债能力的强弱;说明近三年业务的进展及盈利能力,描述收入和盈利能力等的连续性、稳定性;简要陈述未来业务目标及盈利前景;指出发行人的主要财务优势;提示各种已知或不确定性因素已对发行人产生的重大困难及将产生的主要困难。

第一百四十二条 发行人对可能对投资者理解公司资产负债状况、经营业绩和现金流动情况有障碍的,应加以必要的说明,有关财务困难、障碍、或有损失,应在"财务风险"栏目中加以具体披露。所有财务会计信息的披露尤其应采用简洁、通俗、平实和明确的文字表述。

第十一节 业务发展目标

第一百四十三条 发行人应披露发行当年及未来两年内的发展计划,主要包括:

(一)发行人的发展战略;

(二)整体经营目标及主要业务的经营目标;

(三)产品开发计划;

(四)人员扩充计划;

(五)技术开发与创新计划;

(六)市场开发与营销网络建设计划;

(七)再融资计划;

(八)收购兼并及对外扩充计划;

(九)深化改革和组织结构调整的规划;

(十)国际化经营的规划等。

第一百四十四条 发行人应说明拟定上述计划所依据的假设条件,实施上述计划将面临的主要困难。

第一百四十五条 发行人应披露实现上述业务目标的主要经营理念或模式。

第一百四十六条 发行人应披露上述业务发展计划与现有业务的关系。实现上述计划涉及与他人合作的,应对合作方及合作条件予以说明。

第一百四十七条 发行人应说明本次募股资金运用对实现上述业务目标的作用。

第一百四十八条 发行人可对其产品、服务或者业务进行发展趋势预测,但应采取审慎态度,并披露有关的假设基准等。

第十二节 募股资金运用

第一百四十九条 发行人应披露:

(一)预计通过本次发行募股资金的总量及其依据;

(二)董事会或股东大会对本次募股资金投向项目的主要意见;

(三)募股资金运用对主要财务状况及经营成果的影响,包括对净资产、每股净资产、净资产收益率、资产负债率、盈利能力、资本结构等的影响。未披露盈利预测的,应详细披露募股资金运用的影响。

第一百五十条 发行人应充分考虑实际募股资金量不足或超过所申报资金需求量的可能。所筹资金尚不能满足规划中项目资金需求的,应详细说明其缺口部分的来源及落实情况;所筹资金超过了规划中项目资金需求的,应披露多募资金的大体安排及资金管理措施,并披露其对财务状况和经营成果的影响。未披露盈利预测的,应详细披露上述情况的影响。

第一百五十一条 如属直接投资于固定资产项目的,发行人可视实际情况并根据重要性原则披露以下内容:

(一)各投资项目的轻重缓急及立项审批情况(如需要);

(二)投资概算情况,预计投资规模,募股资金的具体用项及其依据,包括用于购置设备、土地、技术以及补充流动资金等方面的具体支出;

(三)所投资项目的技术含量,包括产品的质量标准和技术水平,生产方法、工艺流程和生产技术选择,主要设备选择,主要技术人员要求,研究与开发措施,核心技术及其取得方式;

(四)主要原材料、辅助材料及燃料等的供应情况;

(五)投资项目的产出和营销情况,包括产品现有和潜在生产能力,

投资项目的产量、价格及产销率,替代产品,产品出口或进口替代,产品销售方式及营销措施;

(六)投资项目可能存在的环保问题及采取的措施;

(七)闲置资金(若存在)的利用计划,或资金缺口(若存在)的补充来源;

(八)投资项目的选址,拟占用土地的面积、取得及处置方式;

(九)投资项目的效益分析,包括现金流、内部收益率、达产期、回收期和项目的市场生命周期等。未披露盈利预测的,应详细披露上述指标;

(十)项目的组织方式,项目的实施进展情况。

第一百五十二条 发行人募股资金拟用于对外投资、与他人合资进行固定资产项目投资的,除相应披露上述具体内容外,还应主要披露:

(一)合资方的基本情况,包括名称、法定代表人、住所、注册资本、主要股东、主要业务,与发行人是否存在关联关系等;

(二)投资规模及各方投资比例;

(三)合资方的投资方式和资金来源;

(四)合资协议中有关可能给发行人造成损失及损失处理的条款,如合资方不能按时投资,可能给发行人造成的损失以及损失的补偿方式等。

第一百五十三条 发行人募股资金拟用于对外股权投资组建企业法人或其他法人的,应主要披露:

(一)拟组建企业法人或其他法人的基本情况,包括设立、注册资本、主要业务等;

(二)投资规模及各方投资比例;

(三)法人的组织及管理情况;

(四)合作方的基本情况及与发行人是否存在关联关系。

第一百五十四条 发行人募股资金拟用于收购在建工程的,则应主要披露:

(一)在建工程的已投资情况;

(二)投资来源;

(三)还需投资的金额;

(四)负债情况;

(五)建设进度;

(六)计划完成时间;

(七)收购价格的确定方式。

第一百五十五条 发行人募股资金拟用于收购兼并其他法人股份或资产的,应主要披露:

(一)被收购企业的基本情况及最近一个完整会计年度及最近一期的主要财务会计数据;

(二)收购的股份或资产;

(三)所收购股份或资产的评估、定价等情况;

(四)收购兼并后参股、控股的比例及其控制情况。

第一百五十六条 发行人募股资金拟投入其他用途的,应披露具体的用途,以及对发行人经营和财务的影响,包括对发行人财务结构、盈利预测、净资产收益率、股东利益等的影响。

第一百五十七条 上述应披露的各类募股资金用途,如涉及关联关系及关联交易的,应披露董事会或股东大会的决策依据。

第十三节 发行定价及股利分配政策

第一百五十八条 发行人应披露确定本次股票发行价格考虑的主要因素、股票估值的方法、定价过程、定价方法与最终商定的发行价格,以及本次股票发行后的摊薄情况。

第一百五十九条 发行人应披露历年股利分配政策及发行后的股利分配政策,说明有无变化。

第一百六十条 发行人应披露最近三年历次实际股利分配情况,说明是否符合有关规定。

第一百六十一条 发行人应披露本次发行完成前滚存利润或损失的分配或负担政策。

发行人应披露本次股票发行后第一个盈利年度派发股利计划,包括次数、时间或不准备派发股利的原因。

第一百六十二条 发行人已发行境内或境外上市外资股的,应披露股利分配的上限为按中国会计准则和制度与上市地会计准则确定的未分配利润数字中较低者。

第十四节 其他重要事项

第一百六十三条 发行人应披露建立严格信息披露的制度及为投资者服务的详细计划,发行人信息披露和投资者关系的负责部门、负责人、电话号码等。

第一百六十四条 发行人应披露交易金额在500万元以上或虽未达到500万元但对生产经营活动、未来发展或财务状况具有重要影响的合同内容,主要包括:

(一)当事人的名称或者姓名和住所;

(二)标的;

(三)数量;

(四)质量;

(五)价款或者报酬;

(六)履行期限;

(七)地点和方式;

(八)违约责任;

(九)解决争议的方法;

(十)对发行人经营有重大影响的附带条款和限制条件。

规模较大(总资产规模为10亿元以上)的发行人,可视实际情况决定应披露的交易金额,但应在申报时说明。

若存在其他重大合同(如担保等),发行人也应当披露其主要内容及履行情况。

第一百六十五条 发行人应披露对财务状况、经营成果、声誉、业务活动、未来前景等可能产生较大影响的诉讼或仲裁事项,主要包括:

(一)受理该诉讼或仲裁的法院或仲裁机构的名称;

(二)提起诉讼或仲裁的日期;

(三)诉讼或仲裁的当事人和代理人;

(四)提起诉讼或仲裁的原因;

(五)诉讼或仲裁请求;

(六)可能出现的处理结果或已生效法律文书的执行情况。

第一百六十六条 发行人应披露持有发行人20%以上股份的股东、控股子公司,发行人董事、监事、高级管理人员和核心技术人员作为一方当事人的重大诉讼或仲裁事项。

第一百六十七条 发行人应披露董事、监事、高级管理人员和核心技术人员受到刑事诉讼的情况。

第十五节 董事及有关中介机构声明

第一百六十八条 发行人全体董事应在招股说明书正文的尾页声明:

"本公司全体董事承诺本招股说明书及其摘要不存在虚假记载、误导性陈述或重大遗漏,并对其真实性、准确性、完整性承担个别和连带的法律责任。"

声明应由全体董事签名,并由发行人加盖公章。

第一百六十九条 主承销商应在上述声明后声明:

"本公司已对招股说明书及其摘要进行了核查,确认不存在虚假记载、误导性陈述或重大遗漏,并对其真实性、准确性和完整性承担相应的法律责任。"

声明应由承销项目负责人、公司法定代表人或其授权代表签名,并由公司加盖公章。

第一百七十条 发行人律师应在上述声明后声明：

"本所及经办律师保证由本所同意发行人在招股说明书及其摘要中引用的法律意见书和律师工作报告的内容已经本所审阅，确认招股说明书不致因上述内容出现虚假记载、误导性陈述及重大遗漏引致的法律风险，并对其真实性、准确性和完整性承担相应的法律责任。"

声明应由经办律师、所在律师事务所负责人签名，并由律师事务所加盖公章。

第一百七十一条 承担审计业务的会计师事务所应在上述声明后声明：

"本所及经办会计师保证由本所同意发行人在招股说明书及其摘要中引用的财务报告已经本所审计，盈利预测已经本所审核（如有），确认招股说明书不致因上述内容而出现虚假记载、误导性陈述及重大遗漏，并对其真实性、准确性和完整性承担相应的法律责任。"

声明应由经办注册会计师及所在会计事务所负责人签名，并由会计师事务所加盖公章。

第一百七十二条 承担评估业务的资产评估机构应在上述声明后声明：

"本机构保证由本机构同意发行人在招股说明书及其摘要中引用的资产评估数据已经本机构审阅，确认招股说明书不致因上述内容而出现虚假记载、误导性陈述或重大遗漏，并对其真实性、准确性和完整性承担相应的法律责任"。

声明应由经办资产评估师及单位负责人签名，并由资产评估机构加盖公章。

第一百七十三条 承担验资业务的机构应在上述声明后声明：

"本机构保证由本机构同意发行人在招股说明书及其摘要中引用的验资报告及有关数据已经本机构审阅，确认招股说明书不致因上述内容而出现虚假记载、误导性陈述或重大遗漏，并对其真实性、准确性和完整性承担相应的法律责任"。

声明应由经办验资人员及单位负责人签名，并由验资机构加盖公章。

第十六节 附录和备查文件

第一百七十四条 招股说明书的附录是招股说明书不可分割的有机组成部分，主要包括：

（一）审计报告及财务报告全文；

（二）发行人编制的盈利预测报告及注册会计师的盈利预测审核报告（如有）。

发行人应将整套发行申请文件及发行人认为相关的其他文件作为备查文件，列示其目录，并告知投资者查阅的时间、地点、电话和联系人。备查文件上网的，应披露网址。

第三章 招股说明书摘要

第一百七十五条 发行人应在招股说明书摘要的显要位置声明：

"本招股说明书的目的仅为向公众提供有关本次发行的简要情况。招股说明书全文同时刊载于XXX。投资者在作出认购决定之前，应仔细阅读招股说明书全文，并以其作为投资决定的依据。"

第一百七十六条 发行人可针对实际情况编制招股说明书摘要，但应包括招股说明书全文各部分的重要内容，不得出现在内容上不一致，或因遗漏重要信息而误导投资者的情况。

招股说明书摘要篇幅原则应不超过中国证监会指定信息披露报刊的一个版面。

第一百七十七条 招股说明书摘要的内容，应主要包括：

（一）目录；

（二）释义；

（三）本次发行概况；

（四）主要风险因素及对策；

（五）发行人的基本资料；

（六）发行人股本；

（七）主要发起人与股东的基本情况；

（八）内部职工股有关情况；

（九）发行人的组织结构及组织机构概况；

（十）发行人业务和技术概况；

（十一）关联方、关联关系与关联交易；

（十二）董事、监事、高级管理人员与核心技术人员；

（十三）发行人的公司治理结构；

（十四）主要财务会计资料，应披露主要财务数据、主要财务指标、盈利预测数据（如有）以及发行人管理层的财务分析意见。

（十五）业务发展目标；

（十六）募股资金运用；

（十七）发行定价及股利分配政策；

（十八）附录及备查文件。

第四章 附 则

第一百七十八条 本准则由中国证监会负责解释。

第一百七十九条 本准则自发布之日起施行。

公开发行证券公司信息披露的内容与格式准则 第2号—年度报告的内容与格式(2001年修订稿)

关于印发《公开发行证券公司信息披露的内容与格式准则 第2号—〈年度报告的内容与格式〉》(2001年修订稿)的通知

证监发[2001]153号

各上市公司：

现将修订后的《公开发行证券公司信息披露的内容与格式准则第2号〈年度报告的内容与格式〉》印发给你们，请遵照执行。

二OO一年十二月十日

第一章 总 则

第一条 为规范上市公司年度报告的编制及信息披露行为，保护投资者合法权益，根据《中华人民共和国公司法》(以下简称“《公司法》”)、《中华人民共和国证券法》(以下简称“《证券法》”)等法律、法规及中国证券监督管理委员会(以下简称“中国证监会”)的有关规定，制订本准则。

第二条 凡根据《公司法》、《证券法》在中华人民共和国境内公开发行股票并在证券交易所上市的股份有限公司(以下简称“公司”)应当按照本准则的要求编制和披露年度报告。

第三条 本准则的规定是对公司年度报告信息披露的最低要求。凡对投资者投资决策有重大影响的信息，不论本准则是否有明确规定，公司均应披露。

第四条 本准则某些具体要求对公司确实不适用的，经证券交易所批准后，公司可根据实际情况在不影响披露内容完整性的前提下做出适当修改。

第五条 由于商业秘密等特殊原因导致本准则规定的某些信息确实不便披露的，公司可向证券交易所申请豁免，经证券交易所批准后，可以不予披露。

第六条 在不影响信息披露完整性和不致引起阅读不便的前提下，公司可采取相互引征的方法，对相关部分进行适当的技术处理，以避免不必要的重复和保持文字简洁。

第七条 公司年度报告的全文应按本准则第二章的要求编制，年度报告摘要按本准则第三章要求编制。

第八条 同时在境内和境外证券市场上市的公司，若境外证券市场对年度报告的编制和披露要求与本准则不同，应遵循报告内容从多不从少，报告要求从严不从宽的原则，并应当在同一日公布年度报告。

已发行境内上市外资股及其衍生证券并在证券交易所上市的公司，应当同时编制年度报告的外文译本。

第九条 公司年度报告中的财务会计报告必须经具有证券期货相关业务资格的会计师事务所审计，审计报告须由该所至少两名具有证券期货相关业务资格的注册会计师签字。已发行境内上市外资股及其衍生证券并在证券交易所上市的公司，还应进行境外审计(指会计师依据国际审计准则或境外主要募集行为发生地审计准则，对公司按照国际会计准则或境外主要募集行为发生地会计准则调整的财务会计报告进行审计)。

第十条 公司在编制年度报告时还应遵循如下一般要求：

(一)年度报告中引用的数字应当采用阿拉伯数字，有关货币金额除特别说明外，指人民币金额，并以元、千元、或百万元为单位。登载于网站的年度报告财务数据应精确到人民币元。

(二)公司可根据有关规定或其他需求，编制年度报告外文译本，但应努力保证中外文文本的一致性，并在外文文本上注明：“本报告分别以中、英(或日、法等)文编制，在对中外文本的理解上发行歧义时，以中文文本为准。”

(三)年度报告印刷文本应采用质地良好的纸张印刷，幅面为209X295毫米(相当于标准的A4纸规格)。年度报告封面应载明公司的名称、“年度报告”的字样、报告期年份，也可以载有公司的外文名称、徽章或其他标记、图案等。年度报告的目录应编排在显著位置。

(四)年度报告可以刊载宣传本公司的照片和图表，但不得刊登任何祝贺性、恭维性或推荐性的词句或题字，不得含有欺诈和误导的行为。

第十一条 公司应当在每个会计年度结束之日起四个月内将年度报告刊登在中国证监会指定的网站上，将年度报告摘要刊登在至少一种中国证监会指定报纸上。在指定报纸上刊登的年度报告摘要最小字号为标准6号字，最小行距为0.02。

公司可以将年度报告刊登在其他网站和报刊上，但不得早于在中国证监会指定的网站和报刊上披露的时间。

第十二条 在年度报告披露前，任何当事人不得泄露与其有关的信息，或利用这些信息谋取不正当利益。

第十三条 公司应当在年度报告公布后，将年度报告原件或有法律效力的复印件备置于公司办公地点、证券交易所，以供股东和投资者查阅。

第十四条 公司应在年度报告公布后，会计年度结束之日起四个月内，将年度报告各两份分别报送公司所在地的证券监管派出机构和证券交易所。并应在会计年度结束之日起六个月内，将年度报告印刷文本两份报送中国证监会。

第十五条 公司董事会及其董事应当保证年度报告内容的真实性、准确性、完整性，承诺其中不存在虚假记载、误导性陈述或重大遗漏，并就其保证承担个别和连带的法律责任。如个别董事对年度报告内容的真实性、准确性、完整性无法保证或存在异议的，应当单独陈述理由和发表意见。未参会董事应当单独列示其姓名。

第十六条 特殊行业公司，除执行本准则规定外，还应执行中国证监会就该行业信息披露制定的特别规定。

第二章 年度报告正文

第一节 重要提示及目录

第十七条 公司应在年度报告文本扉页刊登如下(不限于)重要提示：

公司董事会及其董事保证本报告所载资料不存在任何虚假记载、误导性陈述或者重大遗漏，并对其内容的真实性、准确性和完整性承担个别及连带责任。

如个别董事对年度报告内容的真实性、准确性、完整性无法保证或存在异议的，应当声明：××董事无法保证本报告内容的真实性、准确性和完整性，理由是：……，请投资者特别关注。如有董事未出席董事会，应当单独列示其姓名。

如果执行审计的会计师事务所对公司出具了有解释性说明、保留意见、拒绝表示意见或否定意见的审计报告，重要提示中应增加以下陈述：

××会计师事务所为本公司出具了有解释性说明(或保留意见、拒绝表示意见、否定意见)的审计报告，本公司董事会、监事会对相关事项亦有详细说明，请投资者注意阅读。

第十八条 年度报告目录应标明各章、节的标题及其对应的页码。

第二节 公司基本情况简介

第十九条 公司应披露如下内容：

(一)公司的法定中、英文名称及缩写。

(二)公司法定代表人。

(三)公司董事会秘书及其证券事务代表的姓名、联系地址、电话、传真、电子信箱。

(四)公司注册地址，公司办公地址及其邮政编码，公司国际互联网网址、电子信箱。

(五)公司选定的信息披露报纸名称，登载年度报告的中国证监会指定网站的网址，公司年度报告备置地点。

(六)公司股票上市交易所、股票简称和股票代码。

(七)其他有关资料：

公司首次注册或变更注册登记日期、地点；

企业法人营业执照注册号；

税务登记号码；

公司聘请的会计师事务所名称、办公地址。

第三节 会计数据和业务数据摘要

第二十条 公司应披露本年度实现的利润总额、净利润、扣除非经常性损益后的净利润、主营业务利润、其他业务利润、营业利润、投资收益、补贴收入、营业外收支净额、经营活动产生的现金流量净额、现金及现金等价物净增减额。

已发行人民币普通股（指A股），又发行境内上市外资股或境外上市外资股的公司，应披露按不同会计准则、制度计算的净利润并说明其差异。

公司在披露“扣除非经常性损益后的净利润”时，还应同时说明扣除的项目、涉及金额。

第二十一条 公司应采用数据列表方式(可以附有图形表)，提供截至报告期末公司前三年的主要会计数据和财务指标，包括以下各项：主营业务收入、净利润、总资产、股东权益(不含少数股东权益)、每股收益、每股净资产、调整后的每股净资产、每股经营活动产生的现金流量净额、净资产收益率等。计算公式(不须披露)如下：

每股收益=净利润/年度末普通股股份总数

每股净资产=年度末股东权益/年度末普通股股份总数

调整后的每股净资产=(年度末股东权益-三年以上的应收款项净额-待摊费用-长期待摊费用)/年度末普通股股份总数

每股经营活动产生的现金流量净额=经营活动产生的现金流量净额/年度末普通股股份总数

净资产收益率=净利润/年度末股东权益×100%

上述公式中的应收款项包括应收帐款、其他应收款、预付帐款、应收股利、应收利息、应收补贴款。

第二十二条 公司主要会计数据和财务指标的计算和披露应遵循如下要求：

(一)因会计政策及会计差错更正追溯调整以前年度会计数据的，应同时披露调整前后的数据。

(二)应按照《公开发行证券的公司信息披露规范问答第1号-非经常性损益》的要求，确定和计算非经常性损益。

(三)除按照第二十一条所列公式披露净资产收益率指标外，还应同时披露以报告期扣除非经常性损益后净利润为基础计算的加权平均净资产收益率。该指标的计算方法参照《公开发行证券的公司信息披露编报规则第九号》的规定。

(四)报告期末至报告披露日，公司股本发生变化的，还应披露按新股本计算的每股收益。

(五)编制合并财务报表的公司应以合并财务报表数据填列或计算以上数据和指标。

(六)如公司成立未满三年，应披露公司成立后完整会计年度的上述会计数据和财务指标。

(七)公司也可以采用数据列表方式或图形表方式，提供与上述会计数据相同期间的其它业务数据和指标，例如，产品销售量、市场份额(需注明资料来源)等。

(八)数据的排列应该从左到右，左边起是报告期的数据。

第二十三条 公司应按下表列示报告期内股东权益变动情况，并逐项说明变化原因。

项目	股本	资本公积	盈余公积	法定公益金	未分配利润	股东权益	合计
期初数							
本期增加							
本期减少							
期末数							
变动原因							

第四节 股本变动及股东情况

第二十四条 公司应按以下要求披露股本变动情况：

(一)股份变动情况表(依照附件一的格式进行披露)

(二)股票发行与上市情况

1、介绍到报告期末为止的前三年历次股票发行情况，包括股票及衍生证券的种类、发行日期、发行价格、发行数量、上市日期、获准上市交易数量、交易终止日期等。

2、对报告期内因送股、转增股本、配股、增发新股、吸收合并、可转换公司债券转股、减资、内部职工股或公司职工股上市或其他原因引起公司股份总数及结构的变动，应予以说明。

3、介绍现存的内部职工股的发行日期、发行价格、发行数量等。

第二十五条 公司按以下要求披露股东情况：

(一)报告期末股东总数。

(二)持有本公司5%以上(含5%)股份的股东的名称、年度内股份增减变动的情况、年末持股数量、所持股份类别及所持股份质押或冻结的情况。若持股5%以上(含5%)的股东少于10人，则应列出至少前10名股东的持股情况。如所持股份中包括已上市流通股份和未上市流通股份，应分别披露其数额。

如前10名股东之间存在关联关系，应予以说明。

如果有战略投资者或一般法人因配售新股成为前10名股东的，应予以注明，并披露约定持股期间的起止日期。

以上列出的股东情况中应注明代表国家持有股份的单位，外资股东。

(三)对公司控股股东(包括公司第一大股东，或者按照股权比例、公司章程或经营协议或其他法律安排能够控制公司董事会组成、左右公司重大决策的股东)，若控股股东为法人的，应介绍股东单位的法定代表人、成立日期、主要业务和产品、注册资本、股权结构等；若控股股东为自然人的，应介绍其姓名、性别、年龄、主要经历及现任职务。如报告期内控股股东发生变更，应列明披露相关信息的指定报纸及日期。公司还应比照上述内容，披露该股东的控股股东或实际控制人的情况。

(四)其他持股在10%以上(含10%)的法人股东，应介绍其法定代表人、成立日期、主要业务和产品、注册资本等情况。

第五节 董事、监事、高级管理人员和员工情况

第二十六条 公司应披露董事、监事和高级管理人员的情况，包括：

(一)基本情况

现任董事、监事、高级管理人员的姓名、性别、年龄、任期起止日期、年初和年末持股数量、年度内股份增减变动量及增减变动的原因。如为独立董事，需单独注明。董事、监事如在股东单位任职，应说明职务及任职期间。

(二)年度报酬情况

董事、监事和高级管理人员报酬的决策程序、报酬确定依据。现任董事、监事和高级管理人员的年度报酬总额(包括基本工资、各项奖金、福利、补贴、住房津贴及其他津贴等)，金额最高的前三名董事的报酬总额、金额最高的前三名高级管理人员的报酬总额。独立董事的津贴及其他待遇应分别单独披露。

公司应按自己的实际情况划分年度报酬数额区间，披露董事、监事、高级管理人员在每个报酬区间的人数。

公司应列明不在公司领取报酬、津贴的董事、监事的姓名，并注明其是否在股东单位或其他关联单位领取报酬、津贴。

(三)在报告期内离任的董事、监事、高级管理人员姓名及离任原因。

聘任或解聘公司经理、副经理、财务负责人、董事会秘书等高级管理人员的情况。

第二十七条 公司应披露员工情况，包括在职员工的数量、专业构成(如生产人员、销售人员、技术人员、财务人员、行政人员)、教育程度及公司需承担费用的离退休职工人数。

第六节 公司治理结构

第二十八条 公司应对照中国证监会发布的有关上市公司治理的规范性文件，说明公司治理的实际状况与该文件要求是否存在差异，如有差异，应明确说明。

第二十九条 公司应介绍独立董事履行职责情况。

第三十条 公司应说明其与控股股东在业务、人员、资产、机构、财

务等方面是否做到分开，并说明公司是否具有独立完整的业务及自主经营能力。如做到分开，应明确说明；如不能完全独立于控股股东，应具体说明这种状况对公司产生的影响，并提出改进措施。

第三十一条 公司应披露报告期内对高级管理人员的考评及激励机制、相关奖励制度（如有）的建立、实施情况。

第七节 股东大会情况简介

第三十二条 公司应介绍报告期内召开的年度股东大会和临时股东大会的有关情况，包括：

（一）股东大会的通知、召集、召开情况。

（二）股东大会通过或否决的决议，决议刊登的信息披露报纸及披露日期。

（三）选举、更换公司董事、监事情况。

第八节 董事会报告

第三十三条 公司董事会应介绍报告期内的经营情况，包括：

（一）主营业务的范围及其经营状况。

1、分别按行业、产品、地区说明报告期内公司主营业务收入、主营业务利润的构成情况。

2、介绍生产经营的主要产品或提供服务及其市场占有率情况。应说明占公司主营业务收入或主营业务利润10%以上的业务经营活动及其所属行业。对占主营业务收入或主营业务利润总额10%以上的主要产品，应分项列示其产品销售收入、产品销售成本、毛利率。

3、如报告期内主营业务或其结构较前一报告期发生较大变化的应予以说明。报告期内产品或服务发生变化，应介绍已推出或宣布推出的新产品及服务，并说明对公司经营及业绩的影响。

（二）主要控股公司及参股公司的经营情况及业绩。应详细介绍主要控股子公司的业务性质、主要产品或服务、注册资本、资产规模、净利润。如来源于单个参股公司的投资收益对公司净利润影响达到10%以上，还应介绍该公司业务性质、主要产品或服务和净利润等情况。

（三）主要供应商、客户情况：介绍公司向前五名供应商合计的采购金额占年度采购总额的比例，前五名客户销售额合计占公司销售总额的比例。

（四）在经营中出现的问题与困难及解决方案

（五）若公司曾公开披露过本年度盈利预测，且实际利润实现数较盈利预测数低10%以上或较利润预测数高20%以上，应详细说明造成差异的原因；若公司曾公开披露过本年度经营计划（如收入、成本费用计划等），且实际发生额较已披露的计划数低10%以上或高20%以上，应说明变动原因。若公司对该计划进行了调整，应说明履行了何种内部决策程序，有关决议刊登的信息披露报纸及日期。

第三十四条 公司董事会应介绍报告期内的投资情况，分析报告期内公司投资额比上年的增减变动数及增减幅度，被投资的公司名称、主要经营活动、占被投资公司权益的比例等。

（一）在报告期内募集资金或报告期之前募集资金的使用延续到报告期内的，公司应就如下几方面对资金的运用和结果加以说明：

1、列表说明募集资金时承诺投资项目、项目进度与实际投资项目、进度的异同（尚未使用的募集资金，应说明资金用途及去向）。

2、实际投资项目没有变更，公司应介绍项目资金的投入情况、项目的进度及预计收益；若项目已产生收益，应说明收益情况；未达到计划进度和收益的，应当解释原因。

3、实际投资项目如有变更，公司应介绍项目变更原因、变更程序及其披露情况，项目资金的投入情况，项目的进度及预计收益；若项目已产生收益，应说明收益情况；未达到计划进度和收益的，应说明原因。同时还需说明原项目的预计收益情况。

（二）对报告期内非募集资金投资的重大项目、项目进度及收益情况进行说明。

第三十五条 公司董事会应分析报告期内的财务状况、经营成果，包括（但不限于）报告期内总资产、长期负债、股东权益、主营业务利润、净利润比上年增减变动的主要原因。如利润构成发生变动，应分析变动原因。

第三十六条 如果生产经营环境以及宏观政策、法规发生了重大变化，已经、正在或将要对公司的财务状况和经营成果产生重要影响，公司董事会须明确说明。

第三十七条 对会计师事务所出具的有解释性说明、保留意见、拒绝表示意见或否定意见的审计报告的，公司董事会应就所涉及事项做出说明。

第三十八条 公司董事会应披露新年度的经营计划，包括（但不限于）收入、费用成本计划，及新年度的经营目标，如销售额的提升、市场份额的扩大、成本升降、研发计划等，为达到上述经营目标拟采取的策略和行动。

公司可以编制新年度的盈利预测，凡公司在年度报告中披露新一年度盈利预测的，该盈利预测必须经过具有从事证券相关业务资格的注册会计师审核并发表意见。

第三十九条 公司应披露董事会日常工作情况，包括：

（一）报告期内董事会的会议情况及决议内容。

（二）董事会对股东大会决议的执行情况（包括董事会对股东大会授权事项的执行情况，报告期内公司利润分配方案、公积金转增股本方案执行情况，报告期内配股、增发新股等方案的实施情况）。

第四十条 公司应披露本次利润分配预案或资本公积金转增股本预案。

第四十一条 公司还应披露其他需要披露的事项，如选定信息披露报纸的变更等。

第九节 监事会报告

第四十二条 公司应披露报告期内监事会的工作情况，包括召开会议的次数，各次会议的议题等。监事会应对下列事项发表独立意见；

（一）公司依法运作情况。公司决策程序是否合法，是否建立完善的内部控制制度，公司董事、经理执行公司职务时有无违反法律、法规、公司章程或损害公司利益的行为。

（二）检查公司财务的情况。监事会应对会计师事务所出具的审计意见及所涉及事项作出评价，明确说明财务报告是否真实反映公司的财务状况和经营成果。

（三）公司最近一次募集资金实际投入项目是否和承诺投入项目一致，实际投资项目如有变更，变更程序是否合法。

（四）公司收购、出售资产交易价格是否合理，有无发现内幕交易，有无损害部分股东的权益或造成公司资产流失。

（五）关联交易是否公平，有无损害上市公司利益。

（六）如果会计师事务所出具了有解释性说明、保留意见、拒绝表示意见或否定意见的审计报告的，或者公司报告期利润实现数较利润预测数低10%以上或较利润预测数高20%以上的，监事会应就董事会对上述事项的说明明确表示意见。

第十节 重要事项

第四十三条 公司应披露重大诉讼、仲裁事项。包括发生在编制本年度中期报告之后的涉及公司的重大诉讼、仲裁事项，应陈述该事项基本情况、涉及金额。已在本年度中期报告中披露，但尚未结案的重大诉讼、仲裁事项，应陈述其进展情况或审理结果及影响。对已经结案的重大诉讼、仲裁事项，还应说明其执行情况。

如报告期内公司无重大诉讼、仲裁事项，应明确陈述“本年度公司无重大诉讼、仲裁事项”。

第四十四条 公司应披露报告期内收购及出售资产、吸收合并事项的简要情况及进程,说明上述事项对公司业务连续性、管理层稳定性的影响,对财务状况和经营成果的影响,说明所涉及的金额及其占利润总额的比例。

第四十五条 公司应披露报告期内发生的重大关联交易事项。若对于某一关联方,报告期内累计关联交易总额高于3000万元或占上市公司最近一期经审计净资产值5%以上或占本年度净利润的10%以上的,须披露详细情况。如果发生的交易属不同类型,应按以下要求分别披露:

(一)购销商品、提供劳务发生的关联交易,至少应披露以下内容:关联交易方、交易内容、定价原则、交易价格、交易金额、占同类交易金额的比例、结算方式及关联交易事项对公司利润的影响。可以获得同类交易市场价格的,应披露市场参考价格,实际交易价格与市场参考价格差异较大的,应说明原因。大额销货退回需披露详细情况。公司还应对关联交易的必要性和持续性作出说明。

(二)资产、股权转让发生的关联交易,至少应披露以下内容:关联交易方、交易内容、定价原则、资产的帐面价值、评估价值、转让价格、结算方式及获得的转让收益,转让价格与帐面价值或评估价值差异较大的,应说明原因。

(三)公司与关联方(包括未纳入合并范围的子公司)存在债权、债务往来、担保等事项的,应披露形成的原因及其对公司的影响。

(四)其他重大关联交易。

第四十六条 公司应披露重大合同及其履行情况。包括(但不限于):

(一)托管、承包、租赁其他公司资产或其他公司托管、承包、租赁上市公司资产的事项,且该事项为上市公司带来的利润达到上市公司当年利润总额的10%以上(含10%)时,应详细披露有关合同的主要内容,如有关资产的情况、涉及的金额和期限、收益及其确定依据等。同时还应披露该收益对上市公司的影响。

(二)重大担保。披露报告期内履行的及尚未履行完毕的担保合同,包括担保金额、担保对象、担保类型(一般担保或连带责任担保)、担保的决策程序等。对于未到期担保合同,如有明显迹象表明有可能承担连带清偿责任,应明确说明。

(二)在报告期内或报告期继续发生委托他人进行现金资产管理事项,公司应披露委托事项的具体情况,包括:受托人名称、委托金额、委托期限、约定收益,以及当年度实际收益或损失和实际收回情况等;公司还应说明该项委托是否经过法定程序,未来是否还有委托理财计划;公司若就该项委托计提投资减值准备的,应披露当年度计提金额。若公司有委托贷款事项,也应比照上述委托行为予以披露。

(四)其他重大合同。

第四十七条 公司或持股5%以上股东如在报告期内或持续到报告期内有承诺事项,公司董事会应说明该承诺事项在报告期内的履行情况。

第四十八条 公司应披露聘任、解聘会计师事务所情况。并披露报告年度支付给聘任会计师事务所的报酬情况。

第四十九条 公司、公司董事会及董事如在报告期内有受中国证监会稽查、中国证监会行政处罚、通报批评、证券交易所公开谴责的情形,应当说明接受稽查及处罚的次数、原因及处罚结论。如中国证 监会及其派出机构对公司检查后提出整改意见的,应简单说明整改情况,披露整改报告书的信息披露报纸及日期。

第五十条 公司还应披露其它在报告期内发生的《证券法》第六十二条、《公开发行股票公司信息披露实施细则》(试行)第十七条所列的重大事件,以及公司董事会判断为重大事件的事项。

如前款所涉重要事项已作为临时报告在指定报纸披露,只须说明信息披露报纸及披露日期。

第十一节 财务报告

第五十一条 公司应披露审计意见全文、经审计财务报表及其附注。

第五十二条 会计报表包括公司报告期末及其前一个年度末的比较式资产负债表、该两年度的比较式利润表及利润分配表、该年度的现金流量表。

编制合并会计报表的公司,除提供合并会计报表之外,还应提供母公司已审计的会计报表以及未予合并的特殊行业子公司的已审计的会计报表。被合并企业的会计报表必须经有从事证券相关业务资格的注册会计师审计。

第五十三条 会计报表附注是财务报告中不可缺少的一个组成部分,它应对比较式报表的两个日期或期间的数据均作出说明。会计报表附注应当按照《企业会计准则》、《企业会计制度》和中国证监会发布的相关规定。

第十二节 备查文件目录

第五十四条 公司应当披露备查文件的目录,包括:

(一)载有法定代表人、主管会计工作负责人(如设置总会计师,须为总会计师)、会计机构负责人(会计主管人员)签名并盖章的会计报表。

(二)载有会计师事务所盖章、注册会计师签名并盖章的审计报告原件。

(三)报告期内在中国证监会指定报纸上公开披露过的所有公司文件的正本及公告的原稿。

(四)在其它证券市场公布的年度报告。

公司应当在办公场所备置上述文件的原件。当中国证监会、证券交易所要求提供时,或股东依据法规或公司章程要求查阅时,公司应及时提供。

第三章 年度报告摘要

第一节 重要提示

第五十五条 公司应在年度报告摘要显要位置刊登如下(不限于)重要提示:

本公司董事会及其董事保证本报告所载资料不存在任何虚假记载、误导性陈述或者重大遗漏,并对其内容的真实性、准确性和完整性负个别及连带责任。本年度报告摘要摘自年度报告全文,投资者欲了解详细内容,应阅读年度报告全文。

如个别董事对年度报告内容的真实性、准确性、完整性无法保证或存在异议的,应当声明:××董事无法保证本报告内容的真实性、准确性和完整性,理由是:……,请投资者特别关注。如有董事未出席董事会,应当单独列示其姓名。

如果执行审计的会计师事务所对公司出具了有解释性说明、保留意见、拒绝表示意见或否定意见的审计报告,重要提示中应增加以下陈述:

××会计师事务所为本公司出具了有解释性说明(或保留意见、拒绝表示意见、否定意见)的审计报告,本公司董事会、监事会对相关事项亦有详细说明,请投资者注意阅读。

第二节 公司基本情况简介

第五十六条 公司应披露如下内容:

(一)公司的法定中、英文名称及缩写。

(二)公司法定代表人。

(三)公司董事会秘书及其证券事务代表的姓名、联系地址、电话、传真、电子信箱。

(四)公司注册地址,公司办公地址及其邮政编码,公司国际互联网网址、电子信箱。

（五）公司选定的信息披露报纸名称，登载年度报告的中国证监会指定网站的网址，公司年度报告备置地点。

（六）公司股票上市交易所、股票简称和股票代码。

第三节 会计数据和业务数据摘要

第五十七条 公司应披露本年度实现的利润总额、净利润、扣除非经常性损益的净利润、主营业务利润、其他业务利润、营业利润、投资收益、补贴收入、营业外收支净额、经营活动产生的现金流量净额、现金及现金等价物净增加额。

已发行人民币普通股（指A股），又发行境内上市外资股或境外上市外资股的公司，应披露按不同会计准则、制度计算的净利润并说明其差异。

第五十八条 公司应采用列表方式，提供截至报告期末公司前三年的主要会计数据和财务指标，包括以下各项：主营业务收入、净利润、总资产、股东权益（不含少数股东权益）、每股收益、每股净资产、调整后的每股净资产、每股经营活动产生的现金流量净额、净资产收益率等。计算公式同第二十一条所列公式。

第五十九条 公司主要会计数据和财务指标的计算和披露应遵循如下要求：

（一）因会计政策及会计差错更正追溯调整以前年度会计数据的，应同时披露调整前后的数据。

（二）应按照《公开发行证券的公司信息披露规范问答第1号-非经常性损益》的要求，确定和计算非经常性损益。

（三）除按照第二十一条披露指标外，还应同时披露以报告期扣除非经常性损益后净利润为基础计算的加权平均净资产收益率。该指标计算方法参照《公开发行证券的公司信息披露编报规则第九号》的规定。

（四）报告期末至报告披露日，公司股本发生变化的，还应披露按新股本计算的每股收益。

（五）编制合并财务报表的公司应以合并财务报表数填列或计算以上数据和指标。

（六）如公司成立未满三年，应披露公司成立后完整会计年度的上述会计数据和财务指标。

（七）数据和指标的排列应该从左到右，左边起是报告期的数据。

第四节 股本变动及股东情况

第六十条 公司应披露股份变动情况表（依照附件一的格式进行披露）

第六十一条 公司应披露股东情况。应按照第二十五条（一）（二）（三）所列内容披露。

第五节 董事、监事和高级管理人员

第六十二条 公司应按照第二十六条所列内容披露。

第六节 公司治理结构

第六十三条 公司应对照中国证监会发布的有关上市公司治理的规范性文件，说明公司治理的实际状况与该文件要求是否存在差异，如有差异，应明确说明。

第六十四条 公司应介绍独立董事履行职责情况。

第七节 股东大会情况简介

第六十五条 公司应介绍报告期内召开的年度股东大会和临时股东大会的召开时间，通过或否决的重要决议刊登的信息披露报纸及披露日期。

第八节 董事会报告

第六十六条 公司董事会应介绍报告期内经营情况，包括：

（一）主营业务的范围及其经营状况。

应当说明占公司主营业务收入或主营业务利润10%以上的业务经营活动及其所属行业。对占主营业务收入或主营业务利润总额10%以上的主要产品，应分项列示其产品销售收入、产品销售成本、毛利率。

如报告期内主营业务及其结构较前一报告期发生较大变化的，应予以说明。报告期内产品或服务发生变化，应介绍已推出或宣布推出的新产品及服务，并说明对公司经营及业绩的影响。

（二）如来源于单个参股公司的投资收益对公司净利润影响达到10%以上，应介绍该公司业务性质、主要产品或服务和净利润等情况。

（三）主要供应商、客户情况：介绍公司向前五名供应商合计的采购金额占年度采购总额的比例，前五名客户销售额合计占公司销售总额的比例。

（四）若公司曾公开披露过本年度盈利预测，且实际利润实现数较盈利预测数低10%以上或较利润预测数高20%以上，应详细说明造成差异的原因；若公司曾公开披露过本年度经营计划（如收入、成本费用计划等），且实际发生额较已披露的计划数低10%以上或高20%以上，应说明变动原因。若公司对该计划进行了调整，应说明履行了何种内部决策程序，有关决议刊登的信息披露报纸及日期。

第六十七条 公司董事会应介绍报告期内投资情况。

应按照第三十四条所列内容披露。

第六十八条 公司董事会应分析报告期内的财务状况、经营成果，包括（但不限于）报告期内总资产、长期负债、股东权益、主营业务利润、净利润比上年增减变动的主要原因。如利润构成发生变动，应分析变动原因。

第六十九条 如果生产经营环境以及宏观政策、法规发生了重大变化，已经、正在或将要对公司的财务状况和经营成果产生重要影响，公司董事会须明确说明。

第七十条 对会计师事务所出具的有解释性说明、保留意见、拒绝表示意见或否定意见的审计报告的，公司董事会应就所涉及事项做出说明。

第七十一条 公司董事会应披露新年度的经营计划，包括（但不限于）收入、费用成本计划，及新年度的经营目标，如销售额的提升、市场份额的扩大、成本升降、研发计划等，为达到上述经营目标拟采取的策略和行动。

公司可以编制新年度的盈利预测，凡公司在年度报告中披露新一年度盈利预测的，该盈利预测必须经过具有从事证券相关业务资格的注册本预案。

第九节 监事会报告

第七十三条 公司应披露报告期内监事会的工作情况，包括召开会议的次数，各次会议的议题等。监事会应对下列事项发表独立意见：

（一）公司依法运作情况。公司决策程序是否合法，是否建立完善的内部控制制度，公司董事、经理执行公司职务时有无违反法律、法规、公司章程或损害公司利益的行为。（如果监事会认为公司决策程序合法，建立完善的内部控制制度，公司董事、经理执行公司职务时无违反法律、法规、公司章程或损害公司利益的行为，本条可免于披露。）

（二）检查公司财务的情况。监事会应对会计师事务所出具的审计意见及所涉及事项作出评价，明确说明财务报告是否真实反映公司的财务状况和经营成果。（如果监事会认为财务报告真实反映公司的财务状况和经营成果，本条可免于披露。）

（三）公司最近一次募集资金实际投入项目是否和承诺投入项目一致，实际投资项目如有变更，变更程序是否合法。（如果监事会认为公司最近一次募集资金实际投入项目和承诺投入项目一致，以及实际投资项目有变更时，变更程序合法，本条可免于披露。）

(四)公司收购、出售资产交易价格是否合理,有无发现内幕交易,有无损害部分股东的权益或造成公司资产流失。(如果监事会认为公司收购、出售资产交易价格合理,未发现内幕交易,未损害部分股东的权益或造成公司资产流失,本条可免于披露。)

(五)关联交易是否公平,有无损害上市公司利益。(如果监事会认为关联交易公平,未损害上市公司利益,本条可免于披露。)

(六)如果会计师事务所出具了有解释性说明、保留意见、拒绝表示意见或否定意见的审计报告的,或者公司报告期利润实现数较利润预测数低10%以上或较利润预测数高20%以上的,监事会应就董事会对上述事项的说明明确表示意见。

第十节 重要事项

第七十四条 公司应按照第四十三、四十四、四十五、四十六、四十七、四十八、四十九条所列内容披露。

第十一节 财务报告

第七十五条 公司至少应披露合并及母公司的资产负债表、利润表和现金流量表。

第七十六条 会计报表附注至少应包括以下内容:

(一)如果与最近一期年度报告相比,会计政策、会计估计和核算方法发生了变化,应予以说明。

(二)如果与最近一期年度报告相比,合并范围发生了变化,应予以说明。

第七十七条 如果上市公司被出具了拒绝表示意见或否定意见的审计报告,则在披露年度报告摘要时须公布完整审计报告、财务报表及附注全文。如果上市公司被出具了有解释性说明或保留意见的审计报告,应当披露完整审计报告、财务报表及解释性说明或保留意见涉及事项的有关附注。

第四章 附 则

第七十八条 本准则由中国证监会负责解释

第七十九条 本准则自发布之日起施行,中国证监会此前发布的《公开发行股票公司信息披露的内容与格式准则第二号〈年度报告的内容与格式〉(1999年修订稿)》同时废止。

附件一:

公司股份变动情况表

数量单位:股

	本次变动前	本次变动增减(+,-)						本次变动后
		配股	送股	公积金转股	增发	其他	小计	
一、未上市流通股份								
1、发起人股份								
其中:								
国家持有股份								
境内法人持有股份								
境外法人持有股份								
其他								
2、募集法人股份								
3、内部职工股								
4、优先股或其他								
未上市流通股份合计								
二、已上市流通股份								
1、人民币普通股								
2、境内上市的外资股								
1、境外上市的外资股								
2、其他								
已上市流通股份合计								
三、股份总数								

注:公司如有基金配售股份、柜台交易公司内部职工股份、战略投资者配售股份、一般法人配售股份,应分别披露其股份数额。

公开发行证券的公司信息披露内容与格式准则第7号—股票上市公告书

关于发布《公开发行证券的公司信息披露内容与格式准则第7号—股票上市公告书》的通知

证监发[2001]42号

上海、深圳证券交易所,各具有主承销商资格或上市推荐资格的证券公司,拟上市公司:

为适应股票发行核准制的要求,现发布《公开发行证券的公司信息披露内容与格式准则第7号—股票上市公告书》,自本准则发布之日起施行。中国证券监督管理委员会1997年1月6日《关于发布公开发行股票公司信息披露的内容与格式准则第七号<上市公告书的内容与格式(试行)>的通知》(证监[1997]1号)同时废止。

中国证券监督管理委员会

二OO一年三月十五日

第一章 总 则

第一条 为规范首次公开发行股票公司上市的信息披露行为,保护投资者合法权益,根据《中华人民共和国公司法》(以下简称"《公司法》")、《中华人民共和国证券法》(以下简称"《证券法》")等法律、法规和中国证券监督管理委员会(以下简称"中国证监会")的有关规定,制定本准则。

第二条 在中华人民共和国境内首次公开发行股票并申请在经国务院批准设立的证券交易所上市的公司(以下简称 "发行人"),应按本准则编制上市公告书。

发行境内上市外资股的公司参照本准则执行。

第三条 本准则的规定是对发行人上市公告书信息披露的最低要

求。不论本准则是否有明确规定，凡在招股说明书披露日至本上市公告书刊登日期间所发生的对投资者投资决策有重大影响的信息，均应披露。

本准则某些具体要求对发行人确实不适用的，发行人可针对实际情况，在不影响披露内容完整性的前提下作出适当修改，并予以书面说明。发行人未披露本准则规定内容的，应以书面形式报告证券交易所同意，并报中国证监会备案。

第四条 由于商业秘密等特殊原因致使某些信息确实不便披露的，发行人可向中国证监会申请豁免。

第五条 发行人应在上市公告书有关部分简要披露发行人及其所属行业在业务、市场竞争和盈利等方面的现状及前景，并向投资者简述相关的风险。

第六条 发行人在招股说明书及其摘要中披露的所有信息应真实、准确、完整、公平、及时，尤其要确保所披露的财务会计资料有充分的依据。所引用的财务报告、盈利预测报告(如有)应由具有证券期货相关业务资格的会计师事务所审计或审核。

第七条 在不影响信息披露的完整性和不致引起阅读不便的前提下，发行人可采用相互引征的方法，对各相关部分的内容进行适当技术处理，以避免重复和保持文字简洁。

第八条 自招股说明书核准日至股票上市首日不超过三个月，且招股说明书及其引用的财务资料尚未失效的，可适当简化刊登有关财务会计资料，但应作必要的附注说明。招股说明书已经失效，或其引用的财务资料已失效的，应补充披露最近一期经审计的财务报告。特别情况下可申请适当延长，但至多不超过一个月。

第九条 在编制上市公告书时还应遵循如下一般要求：

(一)引用的数据应提供资料来源，事实应有充分、客观、公正的依据。

(二)引用的数字应采用阿拉伯数字，货币金额除特别说明外，应指人民币金额，并以元、千元或万元为单位。

(三)发行人可根据有关规定或其他需求，编制上市公告书外文译本，但应保证中、外文文本的一致性，并在外文文本上注明："本上市公告书分别以中、英(或日、法等)文编制，在对中外文本的理解上发生歧义时，以中文文本为准。"

(四)上市公告书应采用质地良好的纸张印刷，幅面为209×295毫米(相当于标准的A4纸规格)。

(五)上市公告书封面应载明发行人的名称、"上市公告书"的字样、公告日期等，可载有发行人的外文名称、徽章或其他标记、图案等。

(六)上市公告书不得刊登任何有祝贺性、恭维性或广告性的词句。

第十条 发行人应在其股票上市五日前，将上市公告书全文刊登在至少一种由中国证监会指定的报刊及中国证监会指定的网站上，并将上市公告书文本备置于发行人住所、拟上市的证券交易所住所、有关证券经营机构住所及其营业网点，以供公众查阅。

第十一条 发行人可将上市公告书刊载于其他报刊和网站，但其披露时间不得早于在中国证监会指定报刊和网站的披露时间。

第十二条 上市公告书在披露前，任何当事人不得泄露有关的信息，或利用这些信息谋取利益。

第十三条 发行人应在披露上市公告书后十日内，将上市公告书文本一式五份分别报送中国证监会及发行人所在地的派出机构、上市的证券交易所。

第十四条 发行人董事会应保证上市公告书的真实性、准确性、完整性，承诺其中不存在虚假记载、误导性陈述或重大遗漏，并承担个别和连带的法律责任。

第二章 上市公告书

第一节 重要声明与提示

第十五条 发行人董事会应在上市公告书显要位置作如下重要声明与提示：

"本公司董事会保证上市公告书的真实性、准确性、完整性，全体董事承诺上市公告书不存在虚假记载、误导性陈述或重大遗漏，并承担个别和连带的法律责任。"

"根据《公司法》、《证券法》等有关法律、法规的规定，本公司董事、高级管理人员已依法履行诚信和勤勉尽责的义务和责任。"

"证券交易所、中国证监会、其他政府机关对本公司股票上市及有关事项的意见，均不表明对本公司的任何保证。"

"本公司提醒广大投资者注意，凡本上市公告书未涉及的有关内容，请投资者查阅XX年XX月XX日刊载于XX(报刊)的本公司招股说明书摘要，及刊载于XX网站的本公司招股说明书全文。"

第十六条 会计师事务所对发行人财务报告出具了带说明段的无保留意见的审计报告的，发行人应作如下重要提示：

"XX会计师事务所对本公司财务报告出具了有说明段的无保留意见的审计报告，请投资者注意阅读该审计报告及相关财务报表附注。本公司董事会、监事会对相关事项已作详细说明，请投资者注意阅读。"

第二节 概览

第十七条 发行人应在上市公告书设一概览，提示性地说明本上市公告书的关键内容，以使投资者尽快了解上市公告书的主要内容。概览部分的内容主要包括:

(一)股票简称；

(二)股票代码；

(三)总股本；

(四)可流通股本；

(五)本次上市流通股本；

(六)对首次公开发行股票前股东所持股份的流通限制及期限；

(七)首次公开发行股票前股东对所持股份自愿锁定的承诺；

(八)上市地点；

(九)上市时间；

(十)股票登记机构；

(十一)上市推荐人。

第三节 绪言

第十八条 发行人应在绪言部分披露：

(一)编制上市公告书依据的法律、法规名称；

(二)股票发行核准的部门和文号、发行数量和价格等；

(三)股票上市的批准单位和文号、上市地点、股票简称和代码等；

(四) 本上市公告书与招股说明书所刊载内容的关系。

第四节 发行人概况

第十九条 发行人应披露：

(一)发行人的基本情况，包括发行人中英文名称、注册资本、法定代表人、住所、经营范围、主营业务、所属行业、电话、传真、电子邮箱、董事会秘书；

(二)发行人的历史沿革，应说明发行人的设立及发展主要历程，历次股权变动情况等；

(三)发行人的主要经营情况，主要包括发行人在产品、技术、人才等方面的优势和劣势，主要财务指标，拥有的主要知识产权、政府特许经营权和非专利技术，享有的财政税收优惠政策等。

第五节 股票发行与股本结构

第二十条 发行人应披露本次股票上市前首次公开发行股票的情况，主要包括：

(一)发行数量;

(二)发行价格;

(三)募股资金总额;

(四)发行方式;

(五)配售比例(如有);

(六)配售主要对象(如有);

(七)发行费用总额及项目;

(八)每股发行费用。

第二十一条 发行人应披露本次股票上市前首次公开发行股票的承销情况,包括社会公众认购股票后由承销商包销股票的数量、主承销商及承销团成员分销比例及数量等。

第二十二条 发行人应披露注册会计师对本次上市前首次公开发行股票所募股资金的验资报告,以及募股资金入帐情况,包括入帐时间、入帐金额、入帐帐号与开户银行。

第二十三条 发行人应披露上市前股权结构及各类股东的持股情况,主要包括:

(一)按发起人股、社会公众股等披露股权结构;

(二)披露最大十名股东的名称、持股数、持股比例等。

第六节　董事、监事、高级管理人员及核心技术人员

第二十四条 发行人应简要披露董事、监事、高级管理人员及核心技术人员的情况,包括姓名、年龄、性别、国籍或在境外的永久居留权、学历、职 称、在发行人的职务等。以上人员在招股说明书披露日至上市公告书刊登日期间有变动的,应特别注明。

第二十五条 发行人应按招股说明书准则的有关规定,分别按个人持股、家属持股、法人持股等类别,披露董事、监事、高级管理人员及核心技术人员持有发行人股份的简况。

第二十六条 发行人如按规定设置有认股权,应披露认股权计划的主要内容、执行情况,已发放认股权的行权情况等。

第二十七条 发行人应披露董事、监事、高级管理人员及核心技术人员所持股份锁定的情况及契约性安排,以及上述人员自愿锁定所持股份声明的主要内容。

第七节　同业竞争与关联交易

第二十八条 发行人应按招股说明书准则的有关规定,简要披露有关同业竞争的情况,发行人关联方、关联关系以及发生的重大关联交易的情况。

第八节　财务会计资料

第二十九条 发行人应按本准则的有关要求简要披露在招股说明书中披露的财务会计资料及首次公开发行后的重大财务变化(如有)。

第三十条 会计师事务所对发行人财务报告出具标准无保留意见的审计报告的,发行人应在上市公告书中说明;出具带说明段的无保留意见的审计报告的,发行人应披露审计报告的全文及相关的财务报表附注,发行人董事会及监事会对该审计意见涉及事项的说明。

第三十一条 发行人应转载在招股说明书已披露过的主要财务指标。

发行人补充最近一期未经审计的财务会计资料的,应补充披露该期上述财务指标。

第三十二条 发行人应简要披露在招股说明书中披露的盈利预测数据。

第九节　其他重要事项

第三十三条 发行人应披露股票首次公开发行后至上市公告书公告前已发生的可能对发行人有较大影响的其他重要事项,主要包括:

(一)主要业务发展目标的进展;

(二)所处行业或市场重大变化;

(三)主要投入、产出物供求及价格的重大变化;

(四)重大投资;

(五)重大资产(股权)收购、出售;

(六)发行人住所的变更;

(七)重大诉讼、仲裁案件;

(八)重大会计政策的变动;

(九)会计师事务所的变动;

(十)发生新的重大负债或重大债项发生变化;

(十一)其他应披露的重大事项。

第十节　董事会上市承诺

第三十四条 发行人应列示自上市之日起董事会作出的承诺。董事会应承诺严格遵守《公司法》、《证券法》等法律、法规和中国证监会的有关规定,并自股票上市之日起作到:

(一)承诺真实、准确、完整、公允和及时地公布定期报告,披露所有对投资者有重大影响的信息,并接受中国证监会、证券交易所的监督管理;

(二)承诺发行人在知悉可能对股票价格产生误导性影响的任何公共传播媒介中出现的消息后,将及时予以公开澄清;

(三)发行人董事、监事、高级管理人员和核心技术人员将认真听取社会公众的意见和批评,不利用已获得的内幕消息和其他不正当手段直接或间接从事发行人股票的买卖活动;

(四)发行人没有无记录的负债。

第十一节　上市推荐人及其意见

第三十五条 发行人应披露推荐人的有关情况,包括名称、法定代表人、住所、联系电话、传真、联系人等。

第三十六条 发行人应披露推荐人的推荐意见。

第三章　附则

第三十七条 本准则由中国证监会负责解释。

第三十八条 本准则自发布之日起施行。

公开发行证券公司信息披露内容与格式准则第9号—首次公开发行股票申请文件

关于发布《公开发行证券公司信息披露内容与格式准则第9号–首次公开发行股票申请文件》的通知

证监发[2001]36号

各具有主承销商资格的证券公司、金融资产管理公司，拟首次公开发行股票的公司：

为适应股票发行核准制的要求，现发布《公开发行证券公司信息披露内容与格式准则第9号–首次公开发行股票申请文件》，自发布之日起施行。所有申请首次公开发行股票的公司（包括所有有指标的企业、2000年3月17日以前经国家科委、中国科学院论证确认的高新技术企业）应按本准则的规定报送申请文件。中国证券监督管理委员会1998年4月1日《关于发布公开发行股票公司信息披露的内容与格式第8号–验证笔录的内容与格式（试行）的通知》（证监发字[1998]41号）、1999年3月18日《关于印发〈申请公开发行股票公司报送材料标准格式〉的通知》（证监发字[1999]14号）同时废止。

中国证券监督管理委员会

二OO一年三月六日

第一条 为进一步规范首次公开发行股票报送申请文件的行为，根据《中华人民共和国公司法》（以下简称"《公司法》"）、《中华人民共和国证券法》（以下简称"《证券法》"）等有关法律、法规的规定，制定本准则。

第二条 申请首次公开发行股票的公司（以下简称"发行人"）应按本准则的要求制作申请文件。

第三条 申请文件是发行人为首次公开发行股票向中国证券监督管理委员会（以下简称"中国证监会"）报送的必备文件。

第四条 发行人报送的申请文件应包括公开披露的文件和一切相关的资料。整套申请文件应包括两个部分，即要求在指定报刊及网站披露的文件，不要求在指定报刊及网站披露的文件。发行人应备有整套申请文件，发行申请经中国证监会核准并且第一部分文件披露后，整套文件可供投资者查阅。

第五条 本准则规定的目录是发行申请文件的最低要求，发行人可视实际情况增加。有的目录对发行人确实不适用的，可不必提供，但应向中国证监会作出书面说明。中国证监会可视审核实际需要要求发行人提供有关的补充文件。

第六条 发行申报是发行核准的法定程序，一经申报，非经中国证监会同意，不得随意增加、撤回或更换材料。

第七条 发行人及主承销商、负责出具专业意见的律师、注册会计师以及注册资产评估师等应审慎对待所申报的材料及所出具的意见。发行人全体董事及有关中介机构应按要求在所提供的有关文件上发表声明，确保申请文件的真实性、准确性和完整性。

第八条 主承销商应按有关规定履行对申请文件的核查及对申请文件进行质量控制的义务，出具核查意见。

第九条 发行人、主承销商及其他有关中介机构应结合中国证监会对发行申请文件的审核反馈意见提供补充材料，发行人全体董事应对补充内容出具正式回复意见。有关中介机构应履行对相关问题进行尽职调查或补充出具专业意见的义务。

第十条 申请文件应为原件，如不能提供原件的，应由发行人律师提供鉴证意见，或由出文单位盖章，以保证与原件一致。如原出文单位不再存续，可由承继其职权的单位或作出撤销决定的单位出文证明文件的真实性。

第十一条 申请文件的纸张应采用幅面为209×295毫米规格的纸张（相当于标准A4纸张规格），双面印刷（需提供原件的历史文件除外）。

第十二条 申请文件的封面和侧面应标有"XXX公司首次公开发行股票申请文件"字样。

第十三条 申请文件的扉页应附发行人的法定代表人、董事会秘书，有关中介机构项目负责人、投资银行部或相关业务部门负责人、公司主管领导或法定代表人姓名、电话、传真及其他方便的联系方式。

第十四条 申请文件章与章之间、章与节之间应有明显的分隔标识。

第十五条 申请文件中的页码应与目录中的页码相符。例如，第四章4–1的页码标注为4–1–1，4–1–2，4–1–3，......4–1–n。

第十六条 申请文件首次报送书面文件五份，其中一份按规定提供原件，其余四份可为原件的复印件。

第十七条 发行人应提供与主承销商签定的承销协议，在首次申报时可提供经签字的包括尚待确定事项的承销协议，在中国证监会核准前报送对尚未确定的事项加以明确的补充协议。

第十八条 股票发行审核委员会审核之前，发行人应根据中国证监会要求的份数提供书面申请文件。

第十九条 中国证监会核准前，发行人应按要求补充提供有关文件的原件及其复印件。

第二十条 发行人在每次报送书面文件（包括招股说明书、法律意见、有关专项说明或报告等）的同时，应报送一份相应的标准电子文件（标准.doc或.rtf格式文件）。

第二十一条 对未按准则的要求制作和报送申请文件的，中国证监会可不予受理或要求重新制作或报送。

第二十二条 本准则由中国证监会负责解释。

第二十三条 本准则自发布之日起施行。

附1 首次公开发行股票申请文件目录

附2 发行人基本情况表

附1

首次公开发行股票申请文件目录

第一部分 要求在指定报刊及网站披露的文件

第一章 招股说明书及发行公告

1–1 招股说明书（申报稿）

1–1–1 附录一审计报告及财务报告全文

1–1–2 附录二发行人编制的盈利预测报告及注册会计师的盈利预测审核报告（如有）

1–2 招股说明书摘要（申报稿）

1-3 发行公告(发行审核委员会审核前提供)

第二部分　不要求在指定报刊及网站披露的文件

第二章 主承销商推荐文件

2-1 主承销商出具的"关于XXX股份有限公司首次申请公开发行股票的推荐函"(推荐函后附《发行人基本情况表》)

2-2 主承销商出具的"关于XXX股份有限公司首次申请公开发行股票申请文件的核查意见"

2-3 报中国证监会派出机构备案的主承销商"股票发行上市辅导汇总报告"(有指标的企业、2000年3月17日以前经国家科委、中国科学院论证确认的高新技术企业可不提供)

第三章　发行人律师的意见

3-1 法律意见书

3-2 律师工作报告

第四章 发行申请及授权文件

4-1 发行人出具的"关于XXX股份有限公司拟首次公开发行股票的申请报告"

4-2 发行人股东大会同意本次发行的决议及授权董事会处理有关事宜的决议

4-3 在申报时和核准前,发行人全体董事和主承销商、发行人律师、注册会计师对发行申请文件真实性、准确性和完整性的承诺书

4-4 发行人律师、注册会计师以及从事资产评估、验资等专业中介机构同意对纳入招股说明书的由其出具的专业报告或意见无异议的同意书

4-5 特殊行业(或企业)主管部门出具的监管意见书

第五章 募集资金运用的有关文件

5-1 本次募集资金运用方案及股东大会的决议

5-2 有权部门对固定资产投资项目建议书的批准文件(如需要立项批文)

5-3 发行人全体董事签字的募集资金运用项目的可行性研究报告(如有个别董事不同意或弃权,应说明原因并加盖公司印章)

第六章 股份有限公司的设立文件及章程

6-1 批准股份有限公司设立的文件

6-2 公司设立时发起人协议、历次增加股本的协议

6-3 发行人设立时及历次变更后的企业法人营业执照

6-4 发起人或主要股东的营业执照或其他身份证明文件

6-5 由有限责任公司变更或其他形式的企业整体改制设立的,应提供变更或改制的法律证明文件

6-6 公司章程草案及股东大会批准修改公司章程的决议

第七章 发行方案及发行定价分析报告(发行审核委员会审核前提供)

7-1 发行方案

7-2 股票发行定价分析报告

第八章 其他相关文件

8-1 发行人关于改制和重组方案的说明

8-1-1 发行人关于重大资产变化情况的说明

8-1-2 发行人关于设立时股权设置及历次股权变更情况的说明

8-1-3 发行人关于在业务、资产、人员、财务、机构方面的独立情况的说明

8-1-4 主要商标、土地使用权证书

8-1-5 发行人与股东在非经营性资产、离退休人员剥离方面的协议

8-1-6 其他服务协议

8-2 发行人关于近三年及最近的主要决策有效性的相关文件

8-2-1 发行人创立大会会议记录

8-2-2 历次股东大会决议

8-2-3 发行人成立以来有关股本发行与增减、投资项目决策、股利分配、收购兼并等重大事项的董事会决议等文件

8-3 发行人关于同业竞争情况的说明

8-3-1 发行人关于消除或避免同业竞争的有关协议或承诺

8-4 发行人关于近三年及最近一期的重大关联交易的说明

8-4-1 发行人内部关联交易的决策制度

8-4-2 关联交易决策的记录

8-4-3 有关重大关联交易的合同

8-5 发行人关于其业务及募股资金拟投资项目符合环境保护要求的说明

8-5-1 污染比较重的企业应附省级环保部门的确认文件

8-6 发行人关于技术含量及技术创新能力的依据

8-6-1 发行人所拥有的专利及其他知识产权证书或相关许可协议

8-6-2 发行人有关获奖证书、专家评审意见

8-7 发行人关于近三年及最近一期的纳税情况的说明

8-7-1 发行人各年度纳税申报表及完税证明

8-7-2 有关发行人税收、财政补贴优惠政策的证明文件

8-8 发行人的土地使用权、房屋产权权属证书或相关租赁协议

8-9 涉及政府特许经营的发行人,提供的政府特许经营证书

8-10 发行人的重大商务合同

8-11 设立不满三年的股份有限公司(包括整体改制设立、有限责

8-11-1 最近三年原企业或股份公司的原始财务报告

8-11-2 原始财务报告与申报财务报告的差异比较表

8-11-3 申报注册会计师对差异情况出具的意见

8-12 设立已满三年的股份有限公司(含定向募集公司)需报送的财务资料

8-12-1 最近三年原始财务报告

8-12-2 原始财务报告与申报财务报告的差异比较表

8-12-3 申报注册会计师对差异情况出具的意见

8-13 发行人的历次资产评估报告(含土地评估报告)

8-14 发行人的历次验资报告

8-15 主承销商和发行人签定的承销协议及补充协议

8-14 主承销商、其他承销团成员,签字律师、会计师、评估师及其所在机构的证券从业资格证书复印件,该复印件需由该机构盖章确认并说明用途(其中签字律师及其所在机构还需提供通过年检的执业证书复印件,该复印件需由所属司法局盖章确认并说明用途)

第九章 定向募集公司还应提供的文件

9-1 发行人关于最近一次募股资金使用情况的说明

9-2 发行人关于内部职工股发行和演变情况的说明

9-2-1 有关历次发行内部职工股批准文件

9-2-2 有关内部职工股发行、过户登记的证明文件

9-2-3 托管机构出具的历次托管证明

9-2-4 有关违规清理情况的文件

9-2-5 律师对上述文件的鉴证意见

9-3 省级人民政府或国务院有关部门关于发行人内部职工股批准、发行、托管、清理以及是否存在潜在隐患等情况的确认文件

9-4 中介机构的意见

9-4-1 发行人律师关于发行人内部职工股发行及演变情况的核查意见

9-4-2 主承销商关于发行人内部职工股发行及演变情况的核查意见

附 2

发行人基本情况表

填表单位： 填表日期：

<table>
<tr><td rowspan="3">概况</td><td>发行人名称</td><td></td><td>注册日期</td><td></td><td>注册地点</td><td></td></tr>
<tr><td>公司设立方式</td><td></td><td>主发起人</td><td>1、</td><td colspan="2">2、</td></tr>
<tr><td>主营业务</td><td colspan="5"></td></tr>
<tr><td rowspan="9">股本结构</td><td>项目</td><td>发行前(股)</td><td>占总股本(%)</td><td>发行后(股)</td><td colspan="2">占总股本(%)</td></tr>
<tr><td>国家股</td><td></td><td></td><td></td><td colspan="2"></td></tr>
<tr><td>国有法人股</td><td></td><td></td><td></td><td colspan="2"></td></tr>
<tr><td>外资股</td><td></td><td></td><td></td><td colspan="2"></td></tr>
<tr><td>其他法人股</td><td></td><td></td><td></td><td colspan="2"></td></tr>
<tr><td>原内部职工股</td><td></td><td></td><td></td><td colspan="2"></td></tr>
<tr><td>拟发社会公众股</td><td></td><td></td><td></td><td colspan="2"></td></tr>
<tr><td>其他(应注明具体类别)</td><td></td><td></td><td></td><td colspan="2"></td></tr>
<tr><td>合 计</td><td></td><td></td><td></td><td colspan="2"></td></tr>
<tr><td rowspan="7">基本数据</td><td colspan="4">发行前一年末资产与业绩</td><td colspan="2">本次行发基本情况(可选择性填写)</td></tr>
<tr><td rowspan="2">净资产万元</td><td rowspan="2"></td><td rowspan="2">资产负债率(%)</td><td rowspan="2"></td><td>拟发行方式</td><td></td></tr>
<tr><td>拟承销方式</td><td></td></tr>
<tr><td>税后利润(万元)</td><td></td><td>净资产收益率(%)</td><td></td><td>发行价格区间(元/股)</td><td></td></tr>
<tr><td>每股利润(元)</td><td colspan="2"></td><td colspan="2">全国摊薄市盈率</td><td></td></tr>
<tr><td>无形资产/净资产(%)</td><td colspan="2"></td><td colspan="2">发行总市值(万元)</td><td></td></tr>
<tr><td colspan="6"></td></tr>
<tr><td rowspan="5">中介机构</td><td>主承销商</td><td></td><td>联系人</td><td></td><td>联系电话</td><td></td></tr>
<tr><td>发行人律师</td><td></td><td>联系人</td><td></td><td>联系电话</td><td></td></tr>
<tr><td>财务审计机构</td><td></td><td>联系人</td><td></td><td>联系电话</td><td></td></tr>
<tr><td>资产评估机构</td><td></td><td>联系人</td><td></td><td>联系电话</td><td></td></tr>
<tr><td>其 他</td><td></td><td>联系人</td><td></td><td>联系电话</td><td></td></tr>
</table>

发行人核查人签名： 主承销商授权代表签名：

公开发行证券公司信息披露内容与格式准则第 10 号—要约收购报告

第一章 总 则

第一条 为规范要约收购活动中的信息披露行为，保护投资者合法权益，维护证券市场秩序，根据《证券法》、《上市公司股份变动信息披露管理办法》(以下简称《办法》)及其他相关法律、法规的规定，制订本准则。

第二条 要约人应当按照本准则的要求编制要约收购报告。

第三条 要约人是一致行动人的，参与一致行动的全体成员可以推选其中一名成员以一致行动人名义统一编制并提交要约收购报告，披露各一致行动人按照《收购办法》应当披露的所有信息，并且一致行动人及各自的法定代表人(或者主要负责人)均应在报告上签字、盖章。

第四条 报告人持有一个上市公司已发行的可转换债券的，应当比照本准则关于股份的规定进行信息披露。

第五条 本准则的规定是对要约收购报告信息披露的最低要求。不论本准则是否有明确规定，凡对上市公司或者投资者做出投资决策有重大影响的信息，均应披露。

第六条 本准则某些具体要求对要约人确实不适用的，要约人可针对实际情况，在不影响披露内容完整性的前提下做适当修改，但应在报送时作书面说明。要约人认为无本准则要求披露的情况，必须明确注明无此类情形的字样。

第七条 由于商业秘密(如核心技术的保密资料、商业合同的具体内容等)等特殊原因，本准则规定某些信息确实不便披露的，要约人可向中国证监会申请豁免，并在要约收购报告中予以说明。

第八条 在不影响信息披露的完整性和不致引起阅读不便的前提下，要约人可采用相互引征的方法，对各相关部分的内容进行适当的技术处理，以避免重复和保持文字简洁。

第九条 要约收购报告还应满足如下一般要求：

(一)引用的数据应提供资料来源，事实应有充分、客观、公正的依据；

(二)引用的数字应采用阿拉伯数字，货币金额除特别说明外，应指人民币金额，并以元、千元或万元为单位；

(三)要约人可根据有关规定或其他需求，编制要约收购报告外文译本，但应保证中、外文本的一致性，并在外文文本上注明："本要约收购报告分别以中、英(或日、法等)文编制，在对中外文本的理解上发生歧义时，以中文文本为准"；(四)要约收购报告全文文本应采用质地良好的纸张印刷，幅面为 209*295 毫米(相当于标准的 A4 纸规格)；

(五)不得刊载任何有祝贺性、广告性和恭维性的词句。

第十条 要约收购报告全文应按本准则有关章节的要求编制。文字应简洁、通俗、平实和明确，格式应符合本准则的要求。在指定报刊刊登的要约收购报告最小字号为标准 6 号字，最小行距为 0.02。

第十一条 要约人应在办法规定的期限内将要约收购报告刊登于至少一种报刊，同时将要约收购报告全文刊登于中国证监会指定的网站，并将要约收购报告全文文本及备查文件置备于要约人住所、证券交易所，以备查阅。

第十二条 要约人可将要约收购报告刊登于其他网站和报刊,但不得早于在中国证监会指定网站的披露。

第十三条 在要约收购报告披露前,任何当事人不得泄露与要约收购报告有关的信息,或利用这些信息谋取利益。

第十四条 要约人董事会及全体董事(或者主要负责人)应保证要约收购报告内容的真实性、准确性、完整性,并承诺其中不存在虚假记载、误导性陈述或重大遗漏,并就其保证承担个别和连带的法律责任。

第十五条 财务顾问应受要约人委托配合要约人编制要约收购报告,并对要约收购报告的内容进行核查,确认要约收购报告不存在虚假记载、误导性陈述或重大遗漏,并承担相应的责任。

第十六条 要约人律师可受要约人委托参与编制要约收购报告,并应对要约收购报告进行审阅,确认要约收购报告不致因法律意见书和律师工作报告的内容出现虚假记载、误导性陈述或重大遗漏引致的法律风险,并承担相应的责任。

第十七条 要约人律师、注册会计师、财务顾问及其所在的中介机构等应书面同意要约人在要约收购报告中引用由其出具的专业报告或意见的内容。

第二章 要约收购报告

第一节 封面、书脊、扉页、目录、释义

第十八条 要约收购报告全文文本封面至少应标有“×××上市公司要约收购报告”字样,并应载明要约人的名称和住所。

第十九条 要约收购报告全文文本书脊应标明“×××上市公司要约收购报告”字样。

第二十条 要约收购报告全文文本扉页应当刊登如下内容:

(一)被收购公司的名称、股票上市地点、股票简称、股票代码;

(二)要约收购的股份种类、数量、要约价格、占被收购公司已发行股份的比例、要约所需资金总额;

(三)要约人的姓名或者名称、住所、通讯地址;

(四)要约收购的有效期限;

(五)要约人聘请的财务顾问及律师事务所的名称;

(六)正式报送的要约收购报告签署日期。

第二十一条 要约收购报告扉页应当刊登要约人如下声明:

(一)编写本报告所依据的法规;

(二)要约人及董事会全体成员(或者主要负责人)承诺本报告不存在任何虚假陈述、重大遗漏或者误导性陈述,并对其内容的真实性、准确性、完整性和充分性负个别的和连带的责任;

(三)要约人签署本报告已获得必要的授权和批准,其履行亦不违反要约人章程或者内部规则中的任何条款,或与之相冲突;

(四)本次要约是根据本报告所载明的资料进行的。除本要约人和所聘请的财务顾问外,没有委托或者授权任何其他人提供未在本报告中列载的信息和对本报告做出任何解释或者说明。

第二十二条 扉页还应当刊登财务顾问如下声明:

本公司(本事务所)仔细阅读了本报告全文,对报告内容的真实性、准确性、完整性和充分性进行了尽职核查,未发现虚假陈述、重大遗漏或者误导性陈述,本公司(本事务所)对此承担相应的法律责任。

第二十三条 要约收购报告目录应当标明各章、节的标题及相应的页码,内容编排也应符合通行的中文惯例。

第二十四条 报告人应对可能对投资者理解有障碍及有特定含意的术语作出释义。要约收购报告的释义应在目录次页排印。

第二节 概览

第二十五条 要约人应设置要约收购报告概览并在本部分起首声明:“本概览仅对要约收购报告全文做扼要提示。投资者作出决策前,应认真阅读要约收购报告全文。”

第二十六条 要约人应在概览中简介要约人,本次要约收购的情况及收购的目的和计划等。

第三节 被收购公司简况

第二十七条 要约人应当披露被收购公司的名称、主营业务、主营业务所在地、股本结构以及股票简称、股票代码和股票上市地点。

第四节 要约人介绍

第二十八条 要约人是法人或者其他组织的,应当披露如下基本情况:

(一)名称、注册地、工商行政管理部门或者其他机构核发的注册号码及代码、税务登记证号码、联络方式;

(二)主要办公地点;

(三)主营业务及主营业务所在地,最近三年主营业务发展状况;

(四)与本次持股相关的公司章程条款;

(五)控股股东和关联人,以方框图或者其它有效形式描述的控股关系和关联关系,以及控股股东、关联人是否参与一致行动的说明;

(六)直接持有人、间接持有人、权益拥有人的实际控制人及其各层控制关系结构图,以及他们是否参与一致行动的说明;

(七)最近五年内受到过行政处罚(与证券市场明显无关的除外)、刑事处罚或者涉及与经济纠纷有关的重大民事诉讼或者仲裁的,应当披露:处罚机关或者受理机构的名称,所受处罚的种类,诉讼或者仲裁的结果,以及日期、原因和执行情况;

(八)董事、监事、高级管理人员(或者主要负责人)的姓名,国籍,长期居住地,是否取得其他国家或者地区的居留权,前述人员在最近五年内受过行政处罚(与证券市场明显无关的除外)、刑事处罚或者涉及与经济纠纷有关的重大民事诉讼或者仲裁的,应当按照本款第(七)项的要求披露处罚的具体情况。

第二十九条 要约人是自然人的,应当披露:

(一)姓名、国籍、身份证号码、住所、通讯地址、联络方式、是否取得其他国家或者地区的居留权,其中,报告人身份证号码可以不在媒体公告;

(二)过去五年内的重要职业、职位、职务,应当注明每份职业的起止日期以及所任职的单位的名称、主营业务及住所以及与该单位的股权关系等;

(三)最近五年之内受过行政处罚(与证券市场明显无关的除外)、刑事处罚或者涉及与经济纠纷有关的重大民事诉讼或者仲裁的,应当披露:处罚机关或者受理机构的名称,所受处罚的种类,诉讼或者仲裁的结果,以及日期、原因和执行情况。

第三十条 要约人应当如实说明一致行动人之间是否存在产权关系、合同关系或者其他关系。

第五节 要约收购方案

第三十一条 要约人应当详细披露要约收购的方案,包括:

(一)拟收购股份的种类、该种股份的总数;

(二)拟收购股份数量及其占被收购公司已发行股份的比例、要约人每个成员预定收购股份的数量以及占被收购公司已发行股份的比例;

(三)要约价格;

(四)被收购公司挂牌交易股票在收购要约公开前一日收盘价、最近六个月内每个月的最高及最低成交价;

(五)要约收购期限以及受要约人有权在要约有效期间内撤回其预受要约的声明;

(六)要约失败条件;

(七)要约人关于是否会因市场变化等因素可能在要约期间变更要约条件的声明;如果要约人变更要约条件,应当声明在要约首次发出时所预期的变更因素是否已经发生,并声明所做变更是否诚实、审慎,以及要约人是否已经严肃地履行了相应的法定程序;

(八)受要约人预受要约的方式;

(九)受要约人撤回预受要约的方式;

(十)要约收购成功和失败时的处置方法和程序。

第三十二条 第三十一条第(六)项中所述的要约失败条件,包括如下情形:

(一)要约人拟取得的最低的股票数量得不到满足;

(二)发生不可抗力;

(三)要约人突然发生财务危机,该财务危机在发出要约前没有任何征兆,要约人无法预见。如果要约人将该条款作为失败条件,应当聘请具有证券从业资格的中介机构提供担保;

(四)中国证监会认可的其他情形。

第六节 收购目的与计划

第三十三条 要约人应当如实披露要约收购的目的与计划,包括:

(一)是否拟对被收购公司进行重组、清盘或者其他重大公司行为;

(二)是否拟改变被收购公司当前管理层或者董事会的组成,如果更换董事或者总经理,应当披露拟推荐的董事或者经理的简单情况;

(三)是否拟对因要约收购而失去职位或者遭受其他损失的被收购公司董事给予补偿及其具体内容;

(四)是否拟对被收购公司现有员工雇佣计划作重大变动及其具体内容;

(五)是否与被收购公司董事或者任何其他人之间存在任何与要约有关的交易及其具体内容;

(六)是否拟对被收购公司业务或者组织结构作重大变动及其具体内容;

(七)是否拟修改被收购公司章程及其具体内容;

(八)其他对被收购公司有重大影响的计划。

第七节 收购资金来源

第三十四条 要约人应当披露购买预定要约数额股份所需的资金总额、要约收购的资金来源和支付方式,并就下列事项做出说明:

(一)收购资金是否直接或者间接来源于被收购公司或者其附属公司;

(二)如果收购资金或者其他对价直接或者间接来源于借贷,应当简要说明以下事项:借贷协议的主要内容,包括当事人的身份、借贷数额、利息、借贷期限、担保、签订时间、生效时间及条件、其他重要条款;偿付本息的计划,如无此计划,也须说明。

(三)采用现金支付方式的,应当声明收购所需资金已存放于证券登记结算机构指定的商业银行的专项帐户,并注明存放比例、该银行的名称。同时,将下列文字载入要约收购报告:

"要约人已将XXX元(相当于要约资金总额的XX%)存入 XXX银行XXX帐户作为履约保证金。本要约人将会诚实地履行要约。一旦要约失败,本要约人将聘请一家具有证券从业资格的中介机构出具意见,并承诺在中介机构的意见公告二十天后方取回该笔资金"。

第八节 要约人持股情况

第三十五条 要约人应当如实披露一致行动人及其附属公司在报告日的如下持股情况:

(一)一致行动人以及各自的附属公司共同持有被收购公司股份的种类、数量和占被收购公司已发行股份的比例;

(二)一致行动人以及各自的附属公司单独持有被收购公司股份的种类、数量和占被收购公司已发行股份的比例。

第三十六条 要约人应当如实披露一致行动人及其附属公司的董事、监事、高级管理人员(或者主要负责人)在报告日各自持有被收购公司股份的种类、数量和占被收购公司已发行股份的比例。

第三十七条 要约人是自然人的,还应当披露其父母、配偶和年满十八周岁具有民事行为能力的子女的持股情况。

第三十八条 要约人根据本准则第三十五条至第三十七条的规定披露持股情况,应当包括委托和质押股份的情况。

第九节 前六个月的股份交易

第三十九条 一致行动人及其附属公司在提交报告之日前六个月内有买卖被收购公司股份行为的,应当披露:

(一)姓名或名称;

(二)交易的日期;

(三)交易股份的数量;

(四)股份的买入或卖出价格,盈亏状况;

(五)交易发生地点和形式。

第四十条 一致行动人及其附属公司的董事、监事、高级管理人员(或者主要负责人)在提交报告之日前六个月内有买卖被收购公司股份行为的,应按照第二十三条的规定披露具体的交易情况。

第四十一条 要约人应当如实披露其与被收购公司股份有关的全部交易。

如果一致行动人之间,或者一致行动人与其他人之间,就被收购公司股份的转让、质押、表决权委托或者撤消等方面有合同、默契或者其他安排,应当予以披露。

第四十二条 要约人在指定媒体公告要约收购报告时,如果交易情况过于复杂,可以不公告具体交易记录,但应将该记录存放在指定地点供公众查阅,并在公告时予以说明。

第十节 与被收购公司发生的重大交易

第四十三条 要约人应当披露各成员及其附属公司以及各自的董事、监事、高级管理人员(或者主要负责人)在报告日前二十四个月内,与下列当事人发生的以下交易:

(一)与被收购公司、被收购公司的附属公司、被收购公司的关联法人进行的合计金额超过被收购公司最近财务报告所披露的合并净资产5%以上的交易的具体情况(前述交易按累计数额计算);

(二)与被收购公司的董事、监事、高级管理人员进行的合计金额超过人民币5万元以上的交易;

(三)对被收购公司股东是否接受要约的决定有重大影响的其他正在签署或谈判的的合同、默契或者安排。

第十一节 中介机构报告

第四十四条 要约人应当披露:

(一)所有中介机构名称;

(二)中介机构与要约人、被收购公司以及本次要约收购行为之间是否存在关联关系及其具体情况;

(三)财务顾问报告书、法律意见书等专业报告的主要内容。

第十二节 财务资料

第四十五条 要约人是法人或者其他组织的,应当按如下要求披露其最近两个会计年度的主要财务资料:

(一)按重要性原则披露最近两个会计年度财务报告的主要内容,以及最近一个会计年度财务报告主要科目的注释;

(二)注明财务报告是否经过审计,并披露审计意见;

(三)所采用的会计制度及主要会计政策。

如果该法人或其他组织是专为本次上市公司收购而设立的,则应当比照上款披露该公司的实际控制人或者控股公司的财务资料。

第十三节 其他

第四十六条 要约人应当详细说明其关联人、间接持有人、权益拥有人或者实际控制人是否已经采取或者拟采取对本次要约存在重大影响的行动,或者存在对本次要约产生重大影响的事实。

第四十七条 除上述规定应当披露的有关内容外,要约人还应当披露:

(一)为避免对本报告内容产生误解而必须披露的其他信息;

(二)任何其他对被收购公司股东做出是否接受要约的决定有重大

影响的信息；

(三)中国证监会或者证券交易所依法要求提供的其他信息。

第四十八条 一致行动人的法定代表人(或者主要负责人)在本报告末尾签字、盖章并签注日期前,必须载明:“本人(以及本人所代表的机构)已经采取了审慎合理的措施,对本报告所涉及内容均已进行了详细审查,报告内容真实、准确、完整、充分”。

第四十九条 财务顾问及其法定代表人在本报告末尾签字、盖章并签注日期前,必须载明:“本人及本人所代表的机构已履行了勤勉尽责义务,对本报告的内容进行了尽职核查,未发现虚假陈述、重大遗漏或误导性陈述”。

第十四节 备查文件

第五十条 要约人应当按照规定将备查文件的原件或者具有法律效力的复印件报送中国证监会,并备置于其住所或办公场所以及证券交易所等方便公众查阅的地点。备查文件包括:

(一)载有要约人法定代表人(或者主要负责人)及财务顾问法定代表人签字盖章的要约收购报告；

(二)要约人关于收购的决定；

(三)要约人最近两个会计年度的财务报告及审计报告(如有)；

(四)要约人聘请的中介机构出具的专业报告；

(五)要约人全体成员有关提交报告书的书面协议；

(六)一致行动人的法人营业执照；

(七)资金存入指定商业银行的存单；

(八)中介机构聘请合同；

(九)任何所提及的合同、协议、默契和其他安排的文件；

(十)中国证监会或者证券交易所依法要求的其他备查文件。

第五十一条 报告人应将上述备查文件,列示其目录,并告知投资者查阅的时间、地点、电话和联系人。备查文件上网的,应披露网址。

第三章 附 则

第五十二条 本准则由中国证监会负责解释。

第五十三条 本准则自发布之日起施行。

公开发行证券公司信息披露内容与格式准则第11号—要约收购中被收购公司董事会报告

第一章 总 则

第一条 为规范要约收购活动中的信息披露行为,保护投资者合法权益,维护证券市场秩序,根据《证券法》、《上市公司股份变动信息披露管理办法》(以下简称《办法》)及其他相关法律、法规的规定,制订本准则。

第二条 被收购公司董事会(以下简称董事会)应当按照本准则的要求编制要约收购中被收购公司董事会报告(以下简称董事会报告)。

第三条 本准则的规定是对要约收购中董事会报告信息披露的最低要求。不论本准则是否有明确规定,凡对投资者做出投资决策有重大影响的信息,均应披露。

第四条 本准则某些具体要求对董事会确实不适用的,董事会可针对实际情况,在不影响披露内容完整性的前提下做适当修改,但应在报送时作书面说明。

董事会认为无本准则要求披露的情况的,必须明确注明无此类情形的字样。

第五条 由于商业秘密(如核心技术的保密资料、商业合同的具体内容等)等特殊原因,本准则规定某些信息确实不便披露的,董事会可向中国证监会申请豁免,并在报告中予以说明。

第六条 在不影响信息披露的完整性和不致引起阅读不便的前提下,董事会可采用相互引征的方法,对各相关部分的内容进行适当的技术处理,以避免重复和保持文字简洁。

第七条 董事会在董事会报告披露的所有信息应当真实、准确、完整、公平、及时,尤其要确保所披露的财务会计资料有充分的依据。

第八条 董事会报告还应满足如下一般要求:

(一)引用的数据应提供资料来源,事实应有充分、客观、公正的依据；

(二)引用的数字应采用阿拉伯数字,货币金额除特别说明外,应指人民币金额,并以元、千元或万元为单位;

(三)董事会可根据有关规定或其他需求,编制董事会报告外文译本,但应保证中、外文本的一致性,并在外文文本上注明:“本董事会报告分别以中、英(或日、法等)文编制,在对中外文本的理解上发生歧义时,以中文文本为准”;

(四) 董事会报告全文文本应采用质地良好的纸张印刷, 幅面为209*295毫米(相当于标准的A4纸规格);

(五)不得刊载任何有祝贺性、广告性和恭维性的词句。

第九条 董事会报告全文应按本准则有关章节的要求编制。文字应简洁、通俗、平实和明确,格式应符合本准则的要求。在指定报刊刊登的董事会报告最小字号为标准6号字,最小行距为0.02。

第十条 董事会应在办法规定的期限内将董事会报告刊登于至少一种中国证监会指定的报刊,同时将董事会报告全文刊登于中国证监会指定的网站, 并将董事会报告全文文本及备查文件置备于董事会住所、证券交易所,以备查阅。

第十一条 董事会可将董事会报告刊登于其他网站和报刊,但不得早于在中国证监会指定网站和报刊的披露。

第十二条 在董事会报告披露前,任何当事人不得泄露与董事会报告有关的信息,或利用这些信息谋取利益。

第十三条 董事会及全体董事(或者主要负责人)应保证董事会报告内容的真实性、准确性、完整性,并承诺其中不存在虚假记载、误导性陈述或重大遗漏,并就其保证承担个别和连带的法律责任。

第十四条 董事会律师、注册会计师、注册评估师及其所在的中介机构等应书面同意董事会在董事会报告中引用由其出具的专业报告或意见的内容。

第二章 要约收购报告

第一节 封面、书脊、扉页、目录、释义

第十五条 董事会报告封面至少应标有“要约收购中被收购×××公司董事会报告”字样,并应载明该上市公司的名称和住所。

第十六条 董事会报告全文文本书脊应标明“要约收购中被收购×××公司董事会报告”字样。

第十七条 董事会报告扉页应当刊登如下内容:

(一)被收购公司的名称;

(二)要约人的姓名或名称;

(三)被收购公司聘请的财务顾问的名称;

(四)正式报送的董事会报告签署日期。

第十八条 董事会报告扉页应当刊登董事会如下声明:

(一)本公司全体董事确信本报告不存在任何虚假陈述、重大遗漏或

者误导性陈述,并对其内容的真实性、准确性、完整性和充分性负个别的和连带的责任;

(二)已尽勤勉尽责义务,对股东提出的建议是从公司和股东的整体利益角度考虑,客观、审慎做出的;

(三)董事没有任何与要约相关的利益冲突,如有利益冲突,相关的董事已经进行了回避。

第十九条 董事会报告目录应当标明各章、节的标题及相应的页码,内容编排也应符合通行的中文惯例。

第二十条 报告人应对可能对投资者理解有障碍及有特定含意的术语作出释义。董事会报告的释义应在目录次页排印。

第二节 要约双方基本情况

第二十一条 董事会应当披露收购要约的如下基本情况:

(一)要约人的名称或者姓名;

(二)被收购公司的名称和主要办公地点。

第二十二条 董事会应当披露被收购公司已发行股本总额、要约人公告要约收购报告之日的前十名股东名单及其持股数量。

第二十三条 董事会应当披露被收购公司及其董事、监事、高级管理人员持股情况,包括:

(一)被收购公司董事、监事、高级管理人员持有被收购公司股份数;

(二)被收购公司持有要约人股份数;

(三)被收购公司董事、监事、高级管理人员持有要约人股份数;

(四)被收购公司及其董事、监事、高级管理人员在要约收购报告公告之日前六个月内有无买卖要约人的股份,如有,则应披露交易细节及相关情况,包括交易日期、数额及交易价格;

第二十四条 如果前条第(四)项所要求披露的交易情况过于复杂,董事会在指定媒体公告本报告时,无须公告具体交易记录,但应当将详细资料存放在指定地点供公众查阅,并在公告时予以说明。

第三节 董事建议或声明

第二十五条 董事应当按照下列要求就要约情况提出建议或者发表声明:

(一)说明被收购公司董事会的构成及每个成员是否与要约人或者本次要约存在关联关系,如果任何董事有与要约相关的利益冲突,应当披露该利益冲突的重要细节;

(二)每位非关联董事应当分别提出建议或者声明,董事意见一致的,可以联合做出建议或者声明。如果被收购公司董事会没有非关联董事,应当由董事会做出决议,对股东提出明确的建议或者声明;

(三)被收购公司董事的建议或者声明可以是下列四种情形之一:建议股东接受要约、建议股东拒绝要约、董事声明保持中立、董事声明无法表示意见;

(四)做出上述建议或者声明的理由。

第四节 财务顾问意见

第二十六条 董事会应当披露独立财务顾问对本次要约收购的意见:

(一)独立中介机构的名称和地址;

(二)该中介机构与本次要约收购无关联关系的说明;

(三)独立意见。

第五节 重大合同和交易事项

第二十七条 董事会应当披露被收购公司及其附属公司在要约发出日前24个月内所订立的可能对要约收购产生影响的重大合同,并对被收购公司正在进行的、可能对要约收购产生影响的下列交易予以披露:

(一)资产重组或者其他重大公司行为;

(二)第三方拟对被收购公司股份以要约或者其他方式进行收购,或者由被收购公司对其他公司股份进行收购;

(三)其他谈判。

第二十八条 董事会应当对下列情形予以详细披露:

(一)被收购公司的董事将因该项要约而获得利益,以补偿其失去职位或者其他有关损失的;

(二)被收购公司的董事与其他任何人之间的合同或者安排,取决于要约结果的;

(三)被收购公司的董事在要约人订立的重大合同中拥有重大私人利益的;

(四)被收购公司董事及其附属公司与要约人及其附属公司、要约人及其附属公司的董事、监事、高级管理人员(或者主要负责人)之间有重要的合同、安排以及利益冲突的。

第六节 其他

第二十九条 除上述规定要求披露的有关内容外,董事会还应披露以下信息:

(一)为避免对被收购公司董事会报告内容产生误解必须披露的其他信息;

(二)任何对被收购公司股东是否接受要约的决定有重大影响的信息;

(三)中国证监会或者证券交易所依法要求披露的其他信息。

第三十条 董事会全体成员在本报告末尾签字、盖章并签注日期前,必须载明:"本人已经采取了审慎合理的措施,对本报告书所涉及内容均已进行了详细审查,报告书内容真实、准确、完整和充分"。

第三十一条 董事会全体非关联董事在报告末尾签字、盖章并签注日期前,必须载明:"本人没有任何与要约相关的利益冲突,本人已履行了诚信和勤勉义务,对股东做出的建议是从全体股东的利益角度考虑的,该建议是客观、审慎的"。

第三十二条 财务顾问及其法定代表人在本报告末尾签字、盖章并签注日期前,必须载明:"本人及本人所代表的机构已履行了勤勉尽责义务,所提出的建议是从全体股东的利益角度考虑的,该建议是客观、审慎的"。

第七节 备查文件

第三十三条 董事会应当按照规定将备查文件的原件或有法律效力的复印件报送中国证监会,并备置于其住所或办公场所以及证券交易所等方便公众查阅的地点。备查文件包括:

(一)载有董事会全体成员及财务顾问法定代表人签名的报告;

(二)载有法定代表人签字并盖章的独立财务顾问报告;

(三)被收购公司的公司章程;

(四)报告中所涉及的所有合同及其它书面文件;

(五)中国证监会或者证券交易所依法要求的其他备查文件。

第三十四条 报告人应将上述备查文件,列示其目录,并告知投资者查阅的时间、地点、电话和联系人。备查文件上网的,应披露网址。

第三章 附则

第三十五条 本准则由中国证监会负责解释

第三十六条 本准则自发布之日起施行。

公开发行证券的公司信息披露内容与格式准则第12号—上市公司发行可转换公司债券申请文件

关于发布《公开发行证券的公司信息披露内容与格式准则第12号—上市公司发行可转换公司债券申请文件》的通知

证监发[2001]64号

各具有主承销资格的证券公司、金融资产管理公司,申请发行可转换债券的上市公司:

为规范申请发行可转换公司债券的上市公司报送申请文件的行为,保持投资者合法权益,现发布《公开发行证券的公司信息披露内容与格式准则第12号—上市公司发行可转换公司债券的上市公司,均应参照《公开发行证券的公司信息披露内容与格式准则第9号—首次公开发行股票申请文件》(证监发[2001]36号文件)的有要求并按照本准则内容和格式制作和报送申请文件。

中国证券监督管理委员会

二OO一年四月二十六日

第一部分　要求在指定报刊及网站披露的文件

第一章　可转换公司债券募集说明书及发行公告

1-1 可转换公司债券募集说明书(申报稿)

1-1-1 附录一:发行人编制的盈利预测报告及注册会计师的盈利预测审核报告(如有)

1-1-2 附录二:发行人董事会、监事会关于报告期内被出具非标准无保留意见审计报告涉及事项处理情况的说明(如有)

1-1-3 附录三:注册会计师关于报告期内非标准无保留意见审计报告的补充意见(如有)

1-2 可转换公司债券募集说明书摘要(申报稿)

1-3 发行公告(发行审核委员会审核前提供)

第二部分　不要求在指定报刊及网站披露的文件

第二章　主承销商推荐文件

2-1 主承销商出具的"关于XXX股份有限公司申请发行可转换公司债券的推荐函"(推荐函后附《发行人基本情况表》)

2-2 主承销商出具的"关于XXX股份有限公司申请发行可转换公司债券申请文件的核查意见"

第三章　发行人律师的意见

3-1 法律意见书

3-2 律师工作报告

第四章　发行申请及授权文件

4-1 发行人出具的"关于XXX股份有限公司发行可转换公司债券的申请报告"

4-2 发行人股东大会同意发行可转换公司债券的决议及授权董事会处理有关事宜的决议

4-3 在申报时和核准前,发行人全体董事和主承销商、发行人律师、注册会计师对发行申请文件真实性、准确性和完整性的承诺书

4-4 发行人律师、注册会计师、注册评估师、验资人员及其所在的中介机构等同意可转换公司债券募集说明书及其摘要中引用的由其出具的专业报告或意见的内容无异议的函

第五章　募集资金运用的有关文件

5-1 本次募集资金运用方案及股东大会的决议

5-2 有权部门对固定资产投资项目建议书的批准文件(如需要立项批文)

5-3 发行人全体董事签名的募集资金运用项目的可行性研究报告(如有个别董事不同意或弃权,应说明原因并加盖公司印章)

5-4 发行人全体董事签名的关于前次募集资金使用情况的说明

5-5 拟收购资产和权益的资产评估报告(或审计报告)

第六章　发行条款及发行方案

6-1 发行人和主承销商签署的关于可转换公司债券条款设置及其依据的说明

6-2 发行方案

第七章　其他与本次发行有关的文件

7-1 发行人最近三年及最近一期的审计报告及财务报告全文

7-2 发行人关于可转换公司债券偿债措施的专项说明及主承销商的意见

7-3 发行人资信情况

7-3-1 发行人(全体董事签名)关于公司资信情况的说明及发行人律师对公司资信情况的意见

7-3-2 资信评估机构为可转换公司债券出具的资信评级分析报告(如有)

7-4 可转换公司债券的担保合同

7-5 关于公司治理结构的情况

7-5-1 发行人关于在业务、资产、人员、财务、机构方面的独立情况的说明

7-5-2 发行人关于是否存在同业竞争和重大关联交易的说明

7-5-3 发行人关于最近一次股本增减、对外投资、股利分配、收购兼并等重大事项的董事会决议或股东大会决议

7-5-4 发行人公司章程

7-6 发行人关于最近三年信息披露合规性情况的说明

7-7 主承销商对发行人股票近三年运行及走势的分析报告

7-8 主承销商关于发行人投资价值的分析报告

7-9 主承销商和发行人签订的承销协议及补充协议

7-10 主承销商、其他承销团成员，签名律师、注册会计师、注册评估师、验资人员及其所在机构的证券从业资格证书复印件，该复印件需由该机构盖章确认并说明用途(其中签名律师及其所在机构还需提供通过年检的执业证书复印件，该复印件需由所属司法局盖章确认并说明用途)

发行人基本情况表

填表单位： 填表日期：

概况	发行人名称		注册日期		注册地点
	公司设立方式		主发起人1、		2、
		主营业务			
股本结构	项目	股份数量（万股）	占总股本（%）		
	国有法人股				
	外资股				
	其他法人股				
	原内部职工股				
	拟发社会公众股				
	其他（应注明具体类别）				
	合计				
	发行前一年末资产与业绩			本次发行基本	
基本数据	净资产（万元）		资产负债率（%）		拟发行方式
					转股价格
	税后利润（万元）		净资产收益率（%）		期限
					票面利率
	发行每股利润（%）				担保人
					资信评级机构
	发行前后债券余额占净资产（%）				
中介机构	主承销商		联系人		联系电话
	发行人律师		联系人		联系电话
	财务审计机构		联系人		联系电话
	资产评估机构		联系人		联系电话
	其他		联系人		联系电话

发行人核查人签名： 主承销商授权代表签名：

公开发行证券的公司信息披露的内容与格式准则
第13号—可转换公司债券募集说明书

关于发布《公开发行证券的公司信息披露的内容与格式准则第13号—可转换公司债券募集说明书》的通知

证监发[2001]65号

各具有主承销商资格的证券公司、金融资产管理公司，申请发行可转换公司债券的上市公司：

为了规范申请发行可转换公司债券的上市公司的信息披露行为，保护投资者合法权益，现发布《公开发行证券的公司信息披露内容与格式准则第13号—可转换公司债券募集说明书》，自本准则发布之日施行。所有申请发行可转换公司债券的上市公司，均应按照本准则的要求制作和披露募集说明书。

中国证券监督管理委员会

二OO一年四月二十六日

第一章 总 则

第一条 为规范上市公司发行可转换公司债券的信息披露行为，保护投资者合法权益，根据《中华人民共和国公司法》(以下简称“《公司法》”)、《中华人民共和国证券法》(以下简称“《证券法》”)、《可转换公司债券管理暂行办法》(以下简称“《暂行办法》”)等法律、法规以及中国证券监督管理委员会(以下简称“中国证监会”)的有关规定，制定本准则。

第二条 申请发行可转换公司债券的上市公司(以下简称“发行人”)，应按本准则的要求编制可转换公司债券募集说明书(以下简称“募集说明书”)，并按本准则第三章的要求编制募集说明书摘要，作为向中国证监会申请发行可转换公司债券的必备法律文件，经中国证监会核准后按规定披露。

第三条 本准则的规定是对募集说明书信息披露的最低要求。不论本准则是否有明确规定，凡对投资者做出投资决策有重大影响的信息，均应披露。

第四条 本准则某些具体要求对发行人确实不适用的，发行人可根据实际情况，在不影响披露内容完整性的前提下做适当修改，但应在申报时作书面说明。

第五条 由于商业秘密(如核心技术的保密资料、商业合同的具体内容等)等特殊原因，本准则规定的某些信息确实不便披露的，发行人可向中国证监会申请豁免。

第六条 在不影响信息披露的完整性和不致引起阅读不便的前提下，发行人可采用相互引征的方法，对各相关部分的内容进行适当的技术处理，以避免重复和保持文字简洁。

第七条 发行人在募集说明书及其摘要披露所有信息应真实、准确、完整、公平、及时，尤其要确保所披露的财务会计资料有充分的依据。所引用的财务报告、盈利预测报告(如有)应由具有证券期货相关业务资

格的会计师事务所审计或审核，并由二名以上具有证券期货相关业务资格的注册会计师签署。

第八条 募集说明书的有效期为三个月，自中国证监会下发核准通知之日起计算。发行人在募集说明书有效期内未能发行可转换公司债券的，应重新修订募集说明书。发行人可在特别情况下申请适当延长募集说明书的有效期限，但至多不超过一个月。

第九条 发行人申请文件核准后，在募集说明书披露前发生与申报稿不一致或应予补充披露的事项，如发生股东或董事、经理（含总裁等相当的职务）变动，出现财政税收政策、业务方向和范围的重大变动，取得或失去重大专利或特许权，以及进行新的重大投资或融资行为等，发行人应视情况在履行上市公司持续信息披露义务的前提下，及时修改募集说明书并提供补充说明材料，必要时应重新经过中国证监会核准。

经中国证监会核准后，如发行人认为还有必要对募集说明书进行修改的，应书面说明情况，并经中国证监会同意后相应修改募集说明书及其摘要。

第十条 发行人应针对实际情况在募集说明书首页做“特别风险提示”，并在“风险因素”一节详细披露。

第十一条 募集说明书还应满足如下一般要求：

（一）引用的数据应提供资料来源，事实应有充分、客观、公正的依据；

（二）引用的数字应采用阿拉伯数字，货币金额除特别说明外，应指人民币金额，并以元、千元或万元为单位；

（三）发行人可根据有关规定或其他需求，编制募集说明书外文译本，但应保证中、外文文本的一致性，并在外文文本上注明：“本募集说明书分别以中、英（或日、法等）文编制，在对中外文本的理解上发生歧义时，以中文文本为准”；

（四）募集说明书全文文本应采用质地良好的纸张印刷，幅面为209×295毫米（相当于标准的A4纸规格）；

（五）不得刊载任何有祝贺性、广告性和恭维性的词句。

第十二条 募集说明书全文及其摘要应按本准则有关章节的要求编制。文字应简洁、通俗、平实和明确，格式应符合本准则的要求。在指定报刊刊登的募集说明书摘要最小字号为标准6号字，最小行距为0.02。

第十三条 发行人应在发行前二至五个工作日内将募集说明书摘要刊登于至少一种中国证监会指定的报刊，同时将募集说明书全文刊登于中国证监会指定的网站，并将募集说明书全文文本及备查文件置备于发行人住所、拟上市证券交易所、主承销商和其他承销机构的住所，以备查阅。

第十四条 发行人可将募集说明书全文及摘要刊登于其他网站和报刊，但不得早于在中国证监会指定网站和报刊的披露。

第十五条 在募集说明书及其摘要披露前，任何当事人不得违反规定披露与募集说明书及其摘要有关的信息，或利用这些信息谋取利益。发行人、任何中介机构或人士利用与募集说明书及其摘要有关的信息进行推介宣传的，应遵守中国证监会的相关规定。

第十六条 发行人应在募集说明书及其摘要披露后十日内，将正式印刷的募集说明书全文文本一式五份，分别报送中国证监会及其在发行人注册地的派出机构、拟上市的证券交易所。

第十七条 发行人董事会及全体董事应保证募集说明书及其摘要内容的真实性、准确性、完整性，承诺其中不存在虚假记载、误导性陈述或重大遗漏，并承担相应的责任。

第十八条 主承销商应受发行人委托配合发行人编制募集说明书，并对募集说明书的内容进行核查，确认募集说明书及其摘要不存在虚假记载、误导性陈述或重大遗漏，并承担相应的责任。

第十九条 发行人律师可受发行人委托参与编制募集说明书，并应对募集说明书进行审阅，确认募集说明书及其摘要不致因法律意见书和律师工作报告的内容出现虚假记载、误导性陈述或重大遗漏引致的法律风险，并承担相应的责任。

第二十条 发行人律师、注册会计师、注册评估师、验资人员及其所在的中介机构等应书面同意发行人在募集说明书及其摘要中引用由其出具的专业报告或意见的内容。

第二章　可转换公司债券募集说明书

第一节　封面、书脊、扉页、目录、释义

第二十一条 募集说明书全文文本封面至少应标有“XXX股份有限公司发行可转换公司债券募集说明书”字样，并应载明发行人及主承销商的名称和住所。

第二十二条 募集说明书书脊应标明（如可能）“XXX股份有限公司发行可转换公司债券募集说明书”字样。

第二十三条 募集说明书全文文本扉页应刊登如下内容：

（一）发行总额；

（二）票面金额；

（三）期限；

（四）利率和付息日期；

（五）转股价格；

（六）转换期，应列示投资者从何时起至何时止可申请转股；

（七）赎回条款和回售条款的提示性说明（如有）；

（八）发行方式及发行期；

（九）拟申请上市证券交易所；

（十）主承销商；

（十一）正式申报的募集说明书签署日期。

第二十四条 募集说明书扉页应刊登发行人董事会的如下声明：

“发行人董事会已批准本募集说明书及其摘要，全体董事承诺其中不存在虚假记载、误导性陈述或重大遗漏，并对其真实性、准确性、完整性承担个别和连带的法律责任。”

“中国证监会、其他政府机关对本次发行所做的任何决定或意见，均不表明其对本发行人可转换公司债券的价值或投资者收益的实质性判断或者保证。任何与之相反的声明均属虚假不实陈述。”

“根据《证券法》等的规定，可转换公司债券依法发行后，发行人经营与收益的变化，由发行人自行负责，由此变化引致的投资风险，由投资者自行负责。”

第二十五条 发行人聘请的会计师事务所对其财务报告出具了非标准无保留意见的审计报告的，发行人还应作如下提示：

“XXX会计师事务所对本发行人XX年度的财务报告出具了有说明段的无保留意见（或保留意见等）的审计报告，请投资者注意阅读该审计报告全文及相关财务报表附注。注册会计师已针对该事项出具了补充意见，发行人董事会、监事会对相关事项已作详细说明，也请投资者注意阅读。”

第二十六条 募集说明书及其摘要的目录应标明各章、节的标题及相应的页码，内容编排也应符合通行的中文惯例。

第二十七条 发行人应对可能对投资者理解有障碍及有特定含义的术语作出释义，募集说明书及其摘要的释义应在目录次页排印。

第二节　概　览

第二十八条 发行人应设置募集说明书概览，简介发行人的主要财务数据、本次发行情况及募集资金用途。在概览起首应声明“本概览仅对募集说明书全文做概要提示。投资者作出投资决策前，应认真阅读募集说明书全文。”

第三节　本次发行概况

第二十九条 发行人应披露本次发行的基本情况，主要包括：

（一）可转换公司债券的发行总额；

（二）票面金额；

（三）可转换公司债券期限；

(四)利率和付息日期(说明转换年度有关利息的归属);

(五)转股价格;

(六)转股起止时期;

(七)可转换公司债券的担保人;

(八)可转换公司债券的信用级别及资信评估的机构(如有);

(九)发行方式与发行对象;

(十)承销方式;

(十一)本次发行预计实收募集资金;

(十二)发行费用概算(主要包括承销费用、律师费用、发行手续费用、审核费等)。

第三十条 发行人应说明本次发行中的停牌、复牌及可转换公司债券上市的时间安排。

第三十一条 发行人应披露下列机构的名称、法定代表人、住所、联系电话、传真,同时应披露有关经办人员的姓名:

(一)发行人;

(二)主承销商及其他承销机构;

(三)上市推荐人;

(四)发行人聘请的律师事务所;

(五)会计师事务所;

(六)可转换公司债券的担保人;

(七)资信评估机构(如有);

(八)收款银行;

(九)可转换公司债券登记机构;

(十)其他与发售可转换公司债券有密切联系的机构。

第三十二条 应披露发行人与本次发行有关的中介机构及其负责人、高级管理人员及经办人员之间存在的直接或间接的股权关系或其他权益关系。

第三十三条 发行人应针对不同的发行方式,披露至上市前的有关重要日期,主要包括:

(一)发行公告刊登的日期;

(二)预计发行日期;

(三)申购期;

(四)资金冻结日期;

(五)预计上市日期。

第四节 风险因素

第三十四条 发行人除应参照《公开发行证券的公司信息披露内容与格式准则第 1 号-招股说明书》(证监发[2001]41 号文件)的有关要求披露本次发行的风险因素与对策外,还需补充披露以下风险:

(一)可转换公司债券到期不能转股的风险;

(二)转股后每股收益、净资产收益率摊薄的风险;

(三)可转换公司债券市场自身特有的风险(如可转换公司债券价格与股票价格的联动及异动关系,提醒投资人对可转换公司债券价格波动应有充分了解)。

第五节 发行条款

第三十五条 发行人应披露本次可转换公司债券的发行总额及其确定依据。

第三十六条 发行人应说明可转换公司债券的票面金额、期限、利率和付息日期(说明转换年度有关利息的归属、股利分配方式)及其确定依据。

第三十七条 发行人应说明可转换公司债券转股的有关约定,包括:

(一)转股的起止日期;

(二)转股价格的确定依据及计算公式;

(三)在发行人分红、派息、发行新股、配股、合并或分立等时转股价格的调整方法及计算公式;

(四)转股价格修正条款(如有);

(五)转股时不足一股金额的处理方法;

(六)转换年度有关股利的归属;

(七)其他有关约定。

第三十八条 发行人应说明转股的具体程序,主要包括:

(一)转股申请的声明事项及转股申请的手续;

(二)转股申请时间;

(三)可转换公司债券的冻结及注销;

(四)股份登记事项及因转股而配发的股份所享有的权益;

(五)转股过程中有关税费事项。

第三十九条 发行人应说明所设置的赎回条款的具体内容,主要包括:

(一)赎回的条件;

(二)程序;

(三)价格;

(四)付款方法;

(五)时间。

第四十条 发行人应说明所设置的回售条款的具体内容,主要包括:

(一)回售的条件;

(二)程序;

(三)价格;

(四)付款方法;

(五)时间。

第六节 担保事项

第四十一条 发行人应说明可转换公司债券担保人的基本情况,主要包括:

(一)担保人简况;

(二)担保人的资产负债率、净资产收益率、流动比率、速动比率等主要财务指标;

(三)担保人的资信情况;

(四)担保人的其他担保行为。

发行人还应披露担保合同的主要内容。

第七节 发行人的资信

第四十二条 发行人应披露公司的资信情况,主要说明:

(一) 公司近三年的主要贷款银行及各主要贷款银行对公司资信的评价(如有);

(二)说明公司近三年与公司主要客户发生业务往来时,是否有严重违约现象;

(三)说明公司近三年发行的公司债券以及偿还情况;

(四)发行人应披露资信评估机构对公司的资信评级情况(若有);

(五)发行人应计算并披露其前三年的速动比率、利息倍数[(利润总额+实际利息支出)/应付利息支出]、贷款偿还率(实际贷款偿还额/应偿还贷款额)、利息偿付率(实际利息支出/应付利息支出)等财务指标。

第八节 偿债措施

第四十三条 发行人应披露可转换公司债券的偿债措施,说明可转换公司债券到期不能转股时公司拟采取的具体偿债措施。

第九节 发行人基本情况

第四十四条 发行人应参照证监发[2001]41 号文件有关章节的要求简要披露其基本情况。

第四十五条 发行人应说明近三年内所披露的信息是否符合有关规定,是否发生过虚假记载、误导性陈述或者重大遗漏的情况。

第十节 业务和技术

第四十六条 发行人应参照证监发[2001]41号文件有关章节的要求披露其业务和技术情况。

第十一节 同业竞争与关联交易

第四十七条 发行人应参照证监发[2001]41号文件有关章节的要求简要披露同业竞争与关联交易情况。

第十二节 董事、监事、高级管理人员及核心技术人员

第四十八条 发行人应参照证监发[2001]41号文件有关章节的要求简要披露董事、监事、高级管理人员及核心技术人员的情况。

第十三节 公司治理结构

第四十九条 发行人应参照证监发[2001]41号文件有关章节的要求简要披露其公司治理结构的情况。

第十四节 财务会计信息

第五十条 发行人应参照证监发[2001]41号文件有关章节的要求简要披露财务会计信息,主要包括:

(一)不少于最近三年的简要利润表、不少于最近三年末的简要资产负债表及不少于最近一年的简要现金流量表;

(二)盈利预测数据(如有);

(三)不少于最近三年经审计的主要财务指标;

(四)公司管理层作出的与本条(一)中时间一致的公司财务分析的简明结论性意见,主要说明发行人资产质量状况,资产负债结构、股权结构的合理性,现金流量、偿债能力的强弱;说明近三年业务的进展及盈利能力,描述收入和盈利能力等的连续性、稳定性;简要陈述未来业务目标及盈利前景;指出发行人的主要财务优势;提示各种已知或不确定性因素已对发行人产生的重大困难及将产生的主要困难。

第五十一条 发行人应重点说明本次发行可转换公司债券后公司资产负债结构的变化。

第五十二条 会计师事务所曾对发行人近三年财务报告出具非标准无保留意见审计报告的,发行人应披露注册会计师就该事项是否已消除或纠正出具的补充意见,以及董事会、监事会就该事项处理情况作出的详细说明。

第五十三条 发行人对可能影响投资者理解公司资产负债状况、经营业绩和现金流动情况的信息,应加以必要的说明,有关财务困难、障碍、或有损失,应在"财务风险"栏目中加以具体披露。所有财务会计信息的披露尤其应采用简洁、通俗、平实和明确的文字表述。

第十五节 业务发展目标

第五十四条 发行人应参照证监发[2001]41号文件有关章节的要求简要披露其业务发展目标。

第十六节 募集资金的运用

第五十五条 发行人应参照证监发[2001]41号文件有关章节的要求简要披露其本次募集资金的运用。

第五十六条 发行人应按照中国证监会有关规定,披露前次募集资金的运用情况。

第十七节 其他重要事项

第五十七条 发行人应参照证监发[2001]41号文件有关章节的要求简要披露其他重要事项。

第十八节 董事及有关中介机构声明

第五十八条 发行人和有关中介机构应参照证监发[2001]41号文件有关章节的要求披露董事及有关中介机构声明。

第三章 附录和备查文件

第五十九条 募集说明书的附录是募集说明书不可分割的有机组成部分,主要包括:

(一)发行人编制的盈利预测报告及注册会计师出具的盈利预测审核报告(如有);

(二)发行人董事会、监事会关于报告期内被出具非标准无保留意见审计报告涉及事项处理情况的说明(如有);

(三)注册会计师关于报告期内非标准无保留意见审计报告的补充意见(如有)。

第六十条 发行人应将整套发行申请文件及发行人认为相关的其他文件作为备查文件,列示其目录,并告知投资者查阅的时间、地点、电话和联系人。备查文件上网的,应披露网址。

第四章 可转换公司债券募集说明书摘要

第六十一条 发行人应在募集说明书摘要的显要位置声明:

"本募集说明书摘要的目的仅为向公众提供有关本次发行的简要情况。募集说明书全文同时刊载于XXX。投资人在作出认购决定之前,应仔细阅读募集说明书全文,并以其作为投资决定的依据。"

第六十二条 发行人可针对实际情况编制募集说明书摘要,但应包括募集说明书全文各部分的重要内容,不得出现在内容上不一致,或因遗漏重要信息而误导投资者的情况。

募集说明书摘要篇幅原则应不超过中国证监会指定信息披露报刊的一个版面。

第六十三条 募集说明书摘要的内容,应主要包括:

(一)目录;

(二)释义;

(三)本次发行概况;

(四)风险因素;

(五)可转换公司债券的主要条款;

(六)担保事项;

(七)发行人的资信;

(八)偿债措施;

(九)发行人的基本资料;

(十)发行人业务和技术概况;

(十一)同业竞争与关联方、关联关系及关联交易;

(十二)董事、监事、高级管理人员及核心技术人员;

(十三)公司治理结构;

(十四)财务会计信息;

(十五)业务发展目标;

(十六)募集资金运用;

(十七)其他重要事项;

(十八)附录及备查文件。

第四章 附则

第六十四条 本准则由中国证监会负责解释。

第六十五条 本准则自发布之日起施行。

公开发行证券的公司信息披露内容与格式准则 第14号—可转换公司债券上市公告书

关于发布《公开发行证券的公司信息披露内容与格式准则 第14号-可转换公司债券上市公告书》的通知

证监发[2001]66号

上海、深圳证券交易所，各具有主承销商资格或上市推荐资格的证券公司，申请发行可转换公司债券的上市公司：

为规范发行可转换公司债券的上市公司的信息披露行为，保护投资者合法权益，现发布《公开发行证券的公司信息披露内容与格式准则第14号-可转换公司债券上市公告书》，自本准则发布之日起施行。所有申请发行可转换公司债券的上市公司，均应按照本准则的要求制作和披露上市公告书。

中国证券监督管理委员会

二○○一年四月二十六日

第一章 总则

第一条 为规范上市公司发行可转换公司债券的信息披露行为，保护投资者合法权益，根据《中华人民共和国公司法》(以下简称"《公司法》")、《中华人民共和国证券法》(以下简称"《证券法》")、《可转换公司债券管理暂行办法》(以下简称"《暂行办法》")和中国证券监督管理委员会(以下简称"中国证监会")的有关规定，制定本准则。

第二条 发行可转换公司债券的上市公司(以下简称"发行人")在可转换公司债券上市前，应按本准则编制可转换公司债券上市公告书(以下简称"上市公告书")。

第三条 本准则的规定是对发行人上市公告书信息披露的最低要求。不论本准则是否有明确规定，凡在可转换公司债券募集说明书(以下简称"募集说明书")披露日至本上市公告书刊登日期间所发生的对投资者投资决策有重大影响的信息，均应披露。

本准则某些具体要求对发行人确实不适用的，发行人可针对实际情况，在不影响披露内容完整性的前提下作出适当修改，并予以书面说明。发行人未披露本准则规定内容的，应以书面形式报告证券交易所同意，并报中国证监会备案。

第四条 由于商业秘密等特殊原因致使某些信息确实不便披露的，发行人可向中国证监会申请豁免。

第五条 发行人应在上市公告书有关部分简要披露发行人及其所属行业在业务、市场竞争和盈利等方面的现状及前景，并向投资者简述相关的风险。

第六条 发行人披露所有信息应真实、准确、完整、公平、及时，尤其要确保所披露的财务会计资料有充分的依据。所引用的财务报告、盈利预测报告(如有)应由具有证券期货相关业务资格的会计师事务所审计或审核。

第七条 在不影响信息披露的完整性和不致引起阅读不便的前提下，发行人可采用相互引征的方法，对各相关部分的内容进行适当技术处理，以避免重复和保持文字简洁。

第八条 自募集说明书核准日至可转换公司债券上市首日不超过三个月的，可适当简化刊登有关财务会计资料，但应作必要的附注说明。募集说明书已经失效的，发行人应按规定补充披露最近一期的财务报告。特别情况下可申请适当延长，但至多不超过一个月。

第九条 在编制上市公告书时还应遵循如下一般要求：

(一)引用的数据应提供资料来源，事实应有充分、客观、公正的依据；

(二)引用的数字应采用阿拉伯数字，货币金额除特别说明外，应指人民币金额，并以元、千元或万元为单位；

(三)发行人可根据有关规定或其他需求，编制上市公告书外文译本，但应保证中、外文文本的一致性，并在外文文本上注明："本上市公告书分别以中、英(或日、法等)文编制，在对中外文本的理解上发生歧义时，以中文文本为准"；

(四)上市公告书应采用质地良好的纸张印刷，幅面为209x295毫米(相当于标准的A4纸规格)；

(五)上市公告书封面应载明发行人的名称、"上市公告书"的字样、公告日期等，可载有发行人的外文名称、徽章或其他标记、图案等；

(六)上市公告书不得刊载任何有祝贺性、广告性和恭维性的词句。

第十条 发行人应在其可转换公司债券上市前五个工作日内，将上市公告书全文刊登在至少一种由中国证监会指定的报刊及中国证监会指定的网站上，并将上市公告书文本备置于发行人住所、拟上市的证券交易所住所、有关证券经营机构住所及其营业网点，以供公众查阅。

第十一条 发行人可将上市公告书刊载于其他报刊和网站，但其披露时间不得早于在中国证监会指定报刊和网站的披露时间。

第十二条 上市公告书在披露前，任何当事人不得违反规定泄露有关的信息，或利用这些信息谋取利益。

第十三条 发行人应在披露上市公告书后十日内，将上市公告书文本一式五份分别报送中国证监会及其在发行人所在地的派出机构、上市的证券交易所。

第十四条 发行人董事会应保证上市公告书的真实性、准确性、完整性，承诺其中不存在虚假记载、误导性陈述或重大遗漏，并承担个别和连带的法律责任。

第二章 可转换公司债券上市公告书

第一节 重要声明与提示

第十五条 发行人董事会应在上市公告书显要位置作如下重要声明与提示：

"本公司董事会保证上市公告书的真实性、准确性、完整性，全体董事承诺上市公告书不存在虚假记载、误导性陈述或重大遗漏，并承担个别和连带的法律责任"。

"根据《公司法》、《证券法》等有关法律、法规的规定，本公司董事、高级管理人员已依法履行诚信和勤勉尽责的义务和责任。"

"证券交易所、中国证监会、其他政府机关对本公司可转换公司债券上市及有关事项的意见,均不表明对本公司的任何保证。"

"本公司提醒广大投资者注意,凡本上市公告书未涉及的有关内容,请投资者查阅XX年XX月XX日刊载于XX(报刊)的本公司募集说明书摘要,及刊载于XX网站的本公司募集说明书全文。"

第十六条 会计师事务所对发行人财务报告出具了非标准无保留意见的审计报告的,发行人应作如下重要提示:

"XXX会计师事务所对本公司XX年度的财务报告出具了有说明段的无保留意见(或保留意见等)的审计报告,请投资者注意阅读该审计报告及相关财务报表附注。注册会计师和本公司董事会、监事会对相关事项已出具补充意见或作出详细说明,请投资者注意阅读募集说明书中的相关内容。"

第二节 概览

第十七条 发行人应在上市公告书设一概览,提示性地说明本上市公告书的关键内容,以使投资者尽快了解上市公告书的主要内容。概览部分的内容主要包括:

(一)可转换公司债券简称;

(二)可转换公司债券代码;

(三)可转换公司债券发行量;

(四)可转换公司债券上市量;

(五)可转换公司债券上市地点;

(六)可转换公司债券上市时间;

(七)可转换公司债券上市的起止日期;

(八)可转换公司债券登记机构;

(九)上市推荐人;

(十)可转换公司债券的担保人;

(十一)可转换公司债券的信用级别及资信评估的机构(如有)。

第三节 绪言

第十八条 发行人应在绪言部分披露:

(一)编制上市公告书依据的法律、法规名称;

(二)可转换公司债券发行核准的部门及文号、发行数量、价格和方式等;

(三)可转换公司债券上市的批准单位和文号、上市地点、可转换公司债券简称和代码等;

(四)本上市公告书与募集说明书所刊载内容的关系。

第四节 发行人概况

第十九条 发行人应披露:

(一)发行人的基本情况,包括发行人中英文名称、注册资本、法定代表人、住所、经营范围、主营业务、所属行业、电话、传真、电子邮箱、董事会秘书;

(二)发行人的历史沿革,应说明发行人的设立及发展主要历程,历次股权变动情况等;

(三)发行人的主要经营情况,主要包括发行人在产品、技术、人才等方面的优势和劣势,主要财务指标,拥有的主要知识产权、政府特许经营权和非专利技术,享有的财政税收优惠政策等;

(四)发行前股本结构及大股东持股情况。

第五节 发行与承销

第二十条 发行人应披露可转换公司债券的如下发行情况:

(一)发行数量;

(二)向原股东发行的数量;

(三)发行价格;

(四)可转换公司债券的面值;

(五)募集资金总额;

(六)发行方式;

(七)配售比例(如有);

(八)配售户数(如有);

(九)最大10名可转换公司债券持有人名称、持有量;

(十)发行费用总额及项目。

第二十一条 发行人应披露本次可转换公司债券上市前可转换公司债券发行的承销情况,包括:

(一)原股东及社会公众认购可转换公司债券后,由承销商包销可转换公司债券的数量;

(二)主承销商及承销团成员分销比例及数量等。

第二十二条 发行人应披露注册会计师对本次上市前发行可转换公司债券募集资金的验资报告,以及募集资金入帐情况,包括入帐时间、入帐金额、入帐帐号与开户银行等。

第六节 发行条款

第二十三条 发行人应披露可转换公司债券发行条款的主要内容:

(一)发行规模及上市规模,可转换公司债券的期限,票面金额,利率和付息日期,转换年度有关利息的归属,股利分配办法;

(二)转股价格及其确定、调整方法,转股的起止时期,转股价格修正条款(如有);

(三)可转换公司债券转换为发行人股份的具体程序;

(四)赎回条款和回售条款(如有)的具体内容;

(五)转股时不足一股金额的处理方法,转换年度有关股利的归属;

(六)其他条款或事项(如有)。

第七节 担保事项

第二十四条 发行人应说明可转换公司债券担保人的基本情况,说明担保合同的主要内容及担保人的其他担保行为。

第八节 发行人的资信

第二十五条 发行人应披露公司近三年的主要贷款银行及各主要贷款银行对公司资信的评价;说明公司近三年与公司主要客户发生业务往来时,是否有严重违约现象;说明公司近三年发行的公司债券以及偿还情况(如有);说明资信评估机构对公司的资信进行评级的情况(如有)。

第九节 偿债措施

第二十六条 发行人应披露可转换公司债券到期不能转股时的偿还办法,公司拟采取的具体偿债措施。

第十节 财务会计资料

第二十七条 发行人应按本准则的要求简要披露在募集说明书中披露的财务会计资料及可转换公司债券发行后发行人财务状况和经营成果方面的重大变化(如有)。

第二十八条 会计师事务所对发行人财务报告出具标准无保留意见的审计报告的,发行人应在上市公告书中说明;出具非标准无保留意见的审计报告的,发行人应披露审计意见及相关的财务报表附注、注册会计师就该事项是否已消除或纠正出具的补充意见以及发行人董事会、监事会对该事项处理情况的详细说明。

第二十九条 发行人应转载在募集说明书已披露过的主要财务指标。

第三十条 发行人应提示投资者阅读公司年度报告或中期报告,以及列明刊登公司前三年财务报告的报刊、网站名称及刊登日期,并应重点说明本次发行可转换公司债券后、转股期结束后公司资产负债和股东权益的变化。

第十一节 其他重要事项

第三十一条 发行人应披露可转换公司债券发行后至上市公告书

公告前已发生的可能对发行人有较大影响的其他重要事项，主要包括：

（一）主要业务发展目标的进展；

（二）所处行业或市场发生重大变化；

（三）主要投入、产出物供求及价格的重大变化；

（四）重大投资；

（五）重大资产（股权）收购、出售；

（六）发行人住所的变更；

（七）重大诉讼、仲裁案件；

（八）重大会计政策的变动；

（九）会计师事务所的变动；

（十）发生新的重大负债或重大债项的变化；

（十一）发行人资信情况的变化；

（十二）可转换公司债券担保人资信的重大变化；

（十三）其他应披露的重大事项。

第十二节 董事会上市承诺

第三十二条 发行人应列示自上市之日起董事会作出的承诺。董事会应严格遵守《公司法》、《证券法》、《暂行办法》等法律、法规和中国证监会的有关规定，并自可转换公司债券上市之日起做到：

（一）承诺真实、准确、完整、公平和及时地公布定期报告、披露所有对投资者有重大影响的信息，并接受中国证监会、证券交易所的监督管理；

（二）承诺发行人在知悉可能对可转换公司债券价格产生误导性影响的任何公共传播媒体出现的消息后，将及时予以公开澄清；

（三）发行人董事、监事、高级管理人员和核心技术人员将认真听取社会公众的意见和批评，不利用已获得的内幕消息和其他不正当手段直接或间接从事发行人可转换公司债券的买卖活动；

（四）发行人没有无记录的负债。

第十三节 上市推荐人及其意见

第三十三条 发行人应披露上市推荐人的有关情况，包括名称、法定代表人、住所、联系电话、传真、联系人等。

第三十四条 发行人应披露上市推荐人的推荐意见。

第三章 附则

第三十五条 本准则由中国证监会负责解释。

第三十六条 本准则自公布之日起实施。

公开发行证券公司信息披露内容与格式准则第9号—上市公司股东持股变动报告

第一章 总则

第一条 为规范上市公司股东持股变动活动中的信息披露行为，保护投资者合法权益，维护证券市场的正常秩序，根据《证券法》、《上市公司股东持股变动信息披露管理办法》(以下简称“办法”)及其他相关法律、法规的有关规定，制订本准则。

第二条 凡根据《办法》的规定，应当制作简式股东持股变动报告或者详式股东持股变动报告的信息披露义务人(以下简称“报告人”)，应按本准则编制简式或者详式股东持股变动报告。

第三条 报告人是一致行动人的，参与一致行动的全体成员可以推选其中一名成员以一致行动人名义统一制作并提交股东持股变动报告，公告各一致行动人按照《办法》规定应当披露的所有信息，并且所有一致行动人及各自的法定代表人（或者主要负责人）均应在股东持股变动报告上签字、盖章。

如果股份持有人和权益拥有人是多个人，可以推选其中一人以共同名义统一制作并提交股东持股变动报告，公告股份持有人和权益拥有人依照《办法》及本准则应当披露的所有信息，并且股份持有人和权益拥有人以及各自的法定代表人（或者主要负责人）均应在股东持股变动报告上签字、盖章。

第四条 报告人持有一个上市公司已发行的可转换债券的，应当比照本准则关于股份变动的规定进行信息披露。

第五条 本准则的规定是对上市公司股东持股变动报告信息披露的最低要求。不论本准则是否有明确规定，凡对上市公司或者投资者做出投资决策有重大影响的信息，均应予以披露。

第六条 本准则某些具体要求对报告人确实不适用的，报告人可针对实际情况，在不影响披露内容完整性的前提下做适当修改，但应在报送时作书面说明。

第七条 由于商业秘密(如核心技术的保密资料、商业合同的具体内容等)等特殊原因，本准则规定某些信息确实不便披露的，报告人可以向中国证监会申请豁免。

第八条 在不影响信息披露的完整性和不致引起阅读不便的前提下，报告人可采用相互引证的方法，对各相关部分的内容进行适当的技术处理，以避免重复和保持文字简洁。

第九条 股东持股变动报告应当符合以下基本要求：

（一）引用的数据应当提供资料来源，事实应有充分、客观、公正的依据；

（二）引用的数字应当采用阿拉伯数字，货币金额除特别说明外，应指人民币金额，并以元、千元或万元为单位；

（三)）报告人可根据有关规定或其他需求，编制股东持股变动报告外文译本，但应当保证中、外文本的一致性，并在外文文本上注明：“本股东持股变动报告分别以中、英(或日、法等)文编制，在对中外文本的理解上发生歧义时，以中文文本为准”；

（四）股东持股变动报告全文文本应当采用质地良好的纸张印刷，幅面为209×295毫米(相当于标准的A4纸规格)；

（五)）不得刊载任何有祝贺性、广告性和恭维性的词句。

第十条 股东持股变动报告全文应当按本准则有关章节的要求编制。文字应简洁、通俗、平实和明确，格式应符合本准则的要求。在报刊刊登的股东持股变动报告最小字号为标准6号字，最小行距为0.02。

第十一条 报告人应当在《办法》规定的期限内将股东持股变动报告刊登于至少一种报刊，同时将股东持股变动报告全文刊登于证券交易所指定网站，并将股东持股变动报告全文文本及备查文件置备于报告人住所、证券交易所，以备查阅。

第十二条 报告人可将股东持股变动报告刊登于其他网站和报刊，但不得早于在指定网站的披露。

第十三条 在股东持股变动报告披露前，任何当事人不得泄露与股东持股变动报告有关的信息，或利用此信息谋取利益。

第十四条 报告人董事会及全体董事(或者主要负责人)应保证股东持股变动报告内容的真实性、准确性、完整性，并承诺其中不存在虚假记载、误导性陈述或重大遗漏，并就其保证承担个别和连带的法律责任。

第十五条 报告人律师、注册会计师、财务顾问及其他相关的中介机构等应书面同意报告人在股东持股变动报告中引用由其出具的专业报告或意见的内容。

第二章 详式股东持股变动报告

第一节 封面、书脊、扉页、目录、释义

第十六条 详式股东持股变动报告全文文本封面至少应标有“XX上市公司详式股东持股变动报告”字样，并应载明报告人的名称和住所。

第十七条 详式股东持股变动报告全文文本书脊应标明“XX上市公司详式股东持股变动报告”字样。

第十八条 详式股东持股变动报告全文文本扉页应当刊登如下内容：

(一)上市公司的名称、股票上市地点、股票简称、股票代码；

(二)报告人的姓名或名称、住所、通讯地址；

(三)正式申报的详式股东持股变动报告签署日期。

第十九条 详式股东持股变动报告扉页应当刊登报告人如下声明：

(一)编写本报告所依据的法规；

(二)报告人及董事会全体成员(或者主要负责人)承诺本报告及其摘要不存在任何虚假陈述、重大遗漏或误导性陈述，并对其真实性、准确性、完整性负个别的和连带的法律责任；

(三)报告人签署本报告已获得必要的授权和批准，其履行亦不违反报告人章程或内部规则中的任何条款，或与之相冲突；

(四)本次股东持股变动是根据本报告所载明的资料进行的。除本报告人和所聘请的具有证券从业资格的中介机构外，没有委托或者授权任何其他人提供未在本报告中列载的信息和对本报告做出任何解释或者说明。

按照《办法》应当制作详式股东持股变动报告，但在三日内无法制作且经证券交易所同意可先制作简式股东持股变动报告的报告人，可以不做以上声明，但应当说明：“报告人基于XXXX原因，在三个工作日内未能制作详式股东持股变动报告，经向证券交易所说明并征得同意，现先制作简式股东持股变动报告，做出报告、通知并公告。报告人将自收购事实发生之日起十个工作日内制作详式股东持股变动报告，并将于XXXX年XX月XX日在XX媒体上披露”。

第二十条 详式股东持股变动报告的扉页还应当刊登具有证券从业资格的中介机构如下声明：

“本公司(本事务所)仔细阅读了本报告全文，对报告内容的真实性、准确性、完整性和充分性进行了核查，未发现虚假陈述、重大遗漏或者误导性陈述，本公司(本事务所)对此承担相应的法律责任”。

第二十一条 详式股东持股变动报告目录应当标明各章、节的标题及相应的页码，内容编排也应符合通行的中文惯例。

第二十二条 报告人应就投资者理解可能有障碍及有特定含意的术语作出释义。详式股东持股变动报告的释义应在目录次页排印。

第二节 上市公司简况

第二十三条 报告人应当披露上市公司的名称、主营业务、主营业务所在地、股本结构以及股票简称、股票代码和股票上市地点。

第三节 报告人介绍

第二十四条 报告人是法人或者其他组织的，应当披露如下基本情况：

(一)名称、注册地、工商行政管理部门或者其他机构核发的注册号码及代码、税务登记证号码、联络方式；

(二)主要办公地点；

(三)主营业务、主营业务所在地；

(四)最近三年主营业务发展状况；

(五)以方框图或者其他有效形式，全面披露其相关的产权及控制关系，包括直接持有人、间接持有人、权益拥有人、及各层之间的股权关系结构图，直至披露到出现自然人或国有资产管理部门为止；并以文字简要介绍报告人的主要股东及其他关联人的基本情况，以及其他控制关系(包括人员控制)。

(六)最近五年之内受过行政处罚(与证券市场明显无关的除外)、刑事处罚、或者涉及与经济纠纷有关的重大民事诉讼或者仲裁：处罚机关或者受理机构的名称，处罚种类，诉讼或者仲裁结果，以及日期、原因和执行情况；

(七)报告人董事、监事、高级管理人员(或者主要负责人)的姓名，身份证号码、国籍，长期居住地，是否取得其他国家或者地区的居留权，前述人员在最近五年之内受过行政处罚(与证券市场明显无关的除外)、刑事处罚或者涉及与经济纠纷有关的重大民事诉讼或者仲裁的，应当按照本款第(五)项的要求披露处罚的具体情况。

第二十五条 报告人是自然人的，应当披露以下基本情况：

(一)姓名、国籍、身份证号码、住所、通讯地址、联络方式以及是否取得其他国家或者地区的居留权等，其中，报告人身份证号码可以不在媒体公告；

(二)过去五年内的重要职业、职位、职务，应注明每份职业的起止日期以及所任职单位的名称、主营业务及住所以及与该单位的股权关系等；

(三)最近五年之内受过行政处罚(与证券市场明显无关的除外)、刑事处罚或者涉及与经济纠纷有关的重大民事诉讼或仲裁的，应披露：处罚机关或者受理机构的名称，所受处罚的种类，诉讼或者仲裁的结果，以及日期、原因和执行情况。

第二十六条 报告人应当以方框图或者其他有效形式披露一致行动人之间的产权关系、合同关系或者其他关联关系。

第四节 报告人持股变动情况

第二十七条 报告人应当披露持有上市公司股票的名称、种类、数量，股东持股变动达到法定比例或者股东持股变动增减变化达到法定比例的日期及方式，并说明是否实际控制上市公司。

第二十八条 报告人应当如实披露各一致行动人及其附属公司在报告日的如下持股变动情况：

(一)一致行动人及各自的附属公司共同持有上市公司股份的种类、数量和占上市公司已发行股份的比例；

(二)一致行动人及各自的附属公司单独持有上市公司股份的种类、数量和占上市公司已发行股份的比例。

第二十九条 报告人应当如实披露一致行动人及其附属公司的董事、监事、高级管理人员(或者主要负责人)在报告日各自持有上市公司股份的种类、数量和占上市公司已发行股份的比例。

第三十条 报告人是自然人的，还应当披露其父母、配偶和子女在报告日的持股变动情况。

第三十一条 报告人根据本准则第二十七条至第三十条的规定披露股东持股变动情况，应当包括托管、质押股份等情况。

第五节 前六个月的股份交易

第三十二条 一致行动人及其附属公司在提交报告之日前六个月内有买卖上市公司股份行为的，应当披露：

(一)姓名或者名称；

(二)交易的日期；

(三)交易股份的数量；

(四)股份的买入或者卖出价格，盈亏情况；

(五)交易发生地点和形式，包括协议转让和集中竞价交易等形式。

第三十三条 一致行动人及其附属公司的董事、监事、高级管理人员(或者主要负责人)在提交报告之日前六个月内有买卖上市公司股份行为的，应当按照第三十二条的规定披露其具体的交易情况。

第三十四条 报告人应当如实披露其与上市公司股份有关的全部交易。

如果一致行动人之间，或者一致行动人与其他人之间，就上市公司股份的转让、质押、表决权委托或者撤消等方面签订合同、达成默契或者做出其他安排，应当予以披露。

第三十五条 报告人在指定媒体公告持股变动报告时，如果交易情况过于复杂，在报刊刊登时可以不公告具体交易记录，但应当将该记录在中国证监会指定的网站刊登，存放在指定地点供公众查阅，并在报刊公告时予以说明。

第六节 资金来源及股东持股变动计划

第三十六条 报告人应当披露其持有上市公司股份所投入的资金总额、资金来源及支付方式，并就下列事项做出说明：

（一）如果收购资金或者其他对价直接或者间接来源于借贷，应简要说明以下事项：借贷协议的主要内容，包括当事人的身份、借贷数额、利息、借贷期限、担保、签订时间、生效时间及条件、其他重要条款；偿付本息的计划，如无此计划，也须说明；

（二）报告人应当声明其收购资金是否直接或间接来源于上市公司或者其附属公司，例如通过与上市公司进行资产置换或者其他交易取得资金；

（三）持有上述股份的支付方式（一次或分次支付的安排）。

第三十七条 报告人应当披露其持有上市公司股份的目的和计划，包括：

（一）是否计划继续购买上市公司股份，或者处置已持有的股份；

（二）是否拟对上市公司进行重组或者清盘，或者采取其他类似的重大决策；

（三）是否拟改变上市公司现存管理层或者董事会的组成；如果更换董事或者总经理，应当披露拟推荐的董事或者总经理的简况；

（四）是否拟对上市公司业务或者组织结构做出重大调整；

（五）是否拟修改上市公司章程；

（六）其他对上市公司有重大影响的计划。

上市公司控股股东或者其他实际控制人作为报告人在出让其控制股份时，应当披露其对受让人的主体资格、背景、资信情况及受让意图进行的合理调查资料。

第七节 与上市公司之间的重大交易

第三十八条 报告人应当披露各成员及其附属公司以及各自的董事、监事、高级管理人员（或者主要负责人）在报告日前二十四个月内，与下列当事人发生的以下交易：

（一）与上市公司、上市公司的附属公司、上市公司的关联法人进行资产交易的合计金额超过上市公司最近经审计的合并财务报表净资产5%以上的交易的具体情况（前述交易按累计数额计算）；

（二）与上市公司的董事、监事、高级管理人员进行的合计金额超过人民币5万元以上的交易；

（三）对上市公司股东是否接受要约的决定有重大影响的其他正在签署或者谈判的合同、默契或者安排。

第八节 协议转让情况

第三十九条 报告人作为协议转让的受让方，应当披露转让协议的基本内容，包括转让股份当事人双方的身份、转让股份的数量和比例、转让价款、支付对价（包括现金、资产、抵偿债项、股权或其他）、协议签订时间、生效时间及条件、特别条款等。

第四十条 报告人应当披露在每一笔协议转让中出让方与受让方是否存在关联关系。

第四十一条 报告人应当披露在每一笔协议转让中出让方与受让方是否存在如下的合同或者默契：

（一）是否就转让股份存在任何合同或者默契；

（二）是否就上市公司其他股份存在任何合同或者默契；

（三）是否就上市公司的资产、负债或者业务存在任何合同或者默契；

（四）是否就上市公司董事、监事、高级管理人员的任免问题存在任何合同或者默契；

（五）其他与上市公司相关的合同或者默契。

第四十二条 报告人应当披露在每一笔协议转让中，是否存在法院判决、仲裁机构裁决、拍卖、合同、协议或者其他文件涉及禁止或者限制股份转让的条款。

因司法裁决、拍卖、继承、赠与等方式取得公司股份的，报告人应当披露取得股份的相关程序、相关参与各方的情况等。

第四十三条 报告人应当披露在每一笔协议转让中，报告人及其每个成员增减所持上市公司股份所应履行及已经履行的法定程序。

第九节 财务资料

第四十四条 报告人是法人或者其他组织的，应当披露其注册资本，并按照重要性原则披露最近一会计年度财务报告的主要内容，以及最近一个会计年度财务报告主要科目注释，注明这些数据是否经过审计及审计机构的名称。

如果该法人或其他组织是专为本次上市公司收购而设立的，则应当比照上款规定披露该公司的实际控制人或者控股公司的财务资料。

第十节 其他重大事项

第四十五条 报告人还应当披露为避免对报告内容产生误解而必须披露的其他信息，以及中国证监会或者证券交易所依法要求报告人提供的其他信息。

第四十六条 一致行动人的法定代表人（或者主要负责人）在股东持股变动报告签字、盖章并签注日期前，必须载明：“本人（以及本人所代表的机构）承诺本报告及其摘要不存在虚假记载、误导性陈述或重大遗漏，并对其真实性、准确性、完整性承担个别和连带的法律责任”。

第四十七条 具有证券从业资格的财务顾问及其法定代表人、具体负责人员在详式股东持股变动报告签字、盖章并签注日期前，必须载明：“本人及本人所代表的机构已履行了勤勉尽责义务，对本报告的内容进行了尽职核查，未发现虚假陈述、重大遗漏或误导性陈述”。

第四十八条 具有证券从业资格的律师及其律师事务所在详式股东持股变动报告签字、盖章并签注日期前，必须载明：“本人及本人所代表的机构已履行了勤勉尽责义务，对本报告的内容进行了尽职调查，确认本次股权变动合法有效。”

第十一节 备查文件

第四十九条 报告人应当按照规定将备查文件的原件或有法律效力的复印件报送中国证监会，并备置于其住所或者办公场所以及证券交易所等方便公众查阅的地点。备查文件包括：

（一）载有报告人法定代表人（或者主要负责人）及具有证券从业资格的中介机构法定代表人签字盖章的持股变动报告；

（二）本报告书所提及的所有合同、协议以及其他相关的文件；

（三）一致行动人的法人营业执照；

（四）报告人最近两个会计年度的财务报告及审计报告。

（五）中国证监会或证券交易所依法要求的其他备查文件。

报告人应将上述备查文件，列示其目录，并告知投资者查阅的时间、地点、电话和联系人。备查文件上网的，应披露网址。

第三章 简式股东持股变动报告

第一节 封面、书脊、扉页、目录、释义

第五十条 简式股东持股变动报告全文文本封面至少应标有“×××上市公司简式股东持股变动报告”字样，并应载明报告人的名称和住所。

第五十一条 简式股东持股变动报告全文文本书脊应标明“×××上市公司简式股东持股变动报告”字样。

第五十二条 简式股东持股变动报告全文文本扉页应当刊登的内容参照本准则第十八条规定执行。

第五十三条 简式股东持股变动报告扉页应当刊登报告人如下声明：

（一）编写本报告所依据的法规；

（二）报告人及董事会全体成员（或者主要负责人）承诺本报告不存在任何虚假陈述、重大遗漏或误导性陈述，并对其真实性、准确性、完整性负个别的和连带的法律责任；

（三）报告人签署本报告已获得必要的授权和批准，其履行亦不违反

报告人章程或内部规则中的任何条款,或与之相冲突;

(四)报告人购买或持有XX公司的股份,并不是出于改变或影响该公司控制权的目的,同时,也没有出于上述目的与他人一致行动购买或持有该公司的股份。

第五十四条 简式股东持股变动报告目录应当标明各章、节的标题及相应的页码,内容编排也应符合通行的中文惯例。

第五十五条 报告人应就投资者理解可能有障碍及有特定含意的术语作出释义。简式股东持股变动报告的释义应在目录次页排印。

第二节 报告人介绍

第五十六条 报告人是法人或者其他组织的,应当披露本准则第二十四条第(一)至第(三)款的内容。

第五十七条 报告人是自然人的,应当披露其姓名、国籍、身份证号码、住所、通讯地址、联络方式以及是否取得其他国家或者地区的居留权等基本情况。

在媒体公告股东持股变动报告时,可以不公告身份证号码。

第五十八条 报告人应当如实说明报告人成员之间是否存在产权关系或者其他关系。

第三节 报告人持股变动情况

第五十九条 报告人应当按照本准则第二十七条至第三十一条的规定披露持股变动情况。

第四节 前六个月的股份交易

第六十条 报告人应当按照本准则第三十二条至第三十五条的要求披露其前六个月股份交易情况。

第五节 协议转让情况

第六十一条 报告人应当按照本准则第三十九条的要求披露协议转让情况。

第六节 其他重大事项

第六十二条 报告人应当按照本准则第四十五条的要求披露其他信息。

第六十三条 报告人应当按照本准则第四十六条的要求披露各成员的法定代表人(或者主要负责人)在股东持股变动报告末尾的签字、盖章及声明。

第七节 备查文件

第六十四条 报告人在履行相关信息披露义务后,应将下列备查文件备置于其住所或办公地点等方便股东查阅的地点:

(一)载有报告人法定代表人(或者主要负责人)签字盖章的持股变动报告;

(二)本报告书所提及的所有合同、协议以及其他相关的文件;

(三)一致行动人的法人营业执照。

第四章 附 则

第六十五条 本准则由中国证监会负责解释。

第六十六条 本准则自发布之日起施行。

公开发行证券公司信息披露内容与格式准则 第10号—上市公司新股发行申请文件

关于发布《公开发行证券公司信息披露内容与格式准则第10号—上市公司新股发行申请文件》的通知

证监发[2001]52号

各具有主承销商资格的证券公司、金融资产管理公司,申请发行新股的上市公司:

为适应股票发行核准制的要求,现发布《公开发行证券的公司信息披露内容与格式准则第10号—上市公司新股发行申请文件》,自发布之日起施行。中国证监会2000年4月30日《关于印发〈上市公司申请向社会公开募集股份报送材料标准格式(试行)〉的通知》(证监公司字[2000]43)号同时废止。

附件:上市公司新股发行申请文件目录

二〇〇一年四月二日

第一条 为进一步规范上市公司新股发行(包括配股和增发)申请文件的报送行为,根据《中华人民共和国公司法》(以下简称“《公司法》”)、《中华人民共和国证券法》(以下简称“《证券法》”)等有关法律、法规的规定,制定本准则。

第二条 根据《上市公司新股发行管理办法》申请发行新股的上市公司(以下简称“发行人”),应当按照本准则的要求制作申请文件。

第三条 申请文件是上市公司为发行新股,向中国证券监督管理委员会(以下简称“中国证监会”)报送的必备文件。

第四条 发行人报送的申请文件应包括要求在指定报刊或网站披露的文件,以及不要求在指定报刊或网站披露的文件两个部分。发行申请经中国证监会核准且发行人按要求在指定报刊或网站披露有关文件后,发行人的整套申请文件均可供投资者查阅。中国证监会鼓励发行人通过网站披露不要求公开披露的其他文件。

第五条 本准则规定须报送的申报材料是对发行申请文件的最低要求,发行人可视实际情况增加。申请文件目录(见附件)要求提供的某些材料对发行人确实不适用的,可不必提供,但应向中国证监会作出书面说明。中国证监会视审核需要,可以要求发行人提供有关补充材料。

第六条 发行申请文件一经申报,未经中国证监会同意不得随意增加、撤回或更换。

第七条 发行人、主承销商及负责出具专业意见的律师、注册会计师以及注册资产评估师等应审慎对待所申报的材料和所出具的意见。发行人全体董事及有关中介机构应按要求在所提供的有关文件上发表声明或签字,确保申请文件的真实性、准确性和完整性。发行人律师、注册会计师以及其他有关中介机构对其出具的专业报告或意见纳入招股文件,应提供同意函。

第八条 发行人主承销商应履行其对发行申请文件的质量控制的义务,按有关规定对申请文件进行核查并出具内核意见。

第九条 发行人应根据中国证监会对发行申请文件的审核反馈意见提供补充材料，发行人全体董事应对补充内容出具正式回复意见。有关中介机构应履行其对相关问题进行尽职调查或补充出具专业意见的义务。

第十条 发行人报送发行申请文件，初次报送三份，其中一份按规定报送原件；在提交股票发行审核委员会审核之前，根据中国证监会要求的书面文件份数补交申请文件。

第十一条 纳入发行申请文件原件的文件，均应为原始文本。发行人不能提供有关文件的原始文本的，应由发行人律师提供鉴证意见，或由出文单位盖章，以保证与原始文体一致。如原出文单位不再存续，由承继其职权的单位或作出撤销决定的单位出文证明文件的真实性。

第十二条 发行申请文件的纸张应采用幅面为209×295毫米规格的纸张(相当于标准A4纸张规格)，双面印刷(需提供原件的历史文件除外)。

第十三条 发行申请文件的封面应标有“XXX股份有限公司配股(或增发)申请文件”字样。侧面应标注“XXX股份有限公司配股(或增发)申请文件原件(或复印件)”字样。发行申请文件的扉页应附发行人董事会秘书及有关中介机构项目负责人的姓名、电话、传真及其他有效的联系方式。

第十四条 发行申请文件章与章之间、章与节之间应有明显的分隔标识。

第十五条 申请文件中的页码必须与目录中的页码相符。页码标注的举例如，第四章4-1的页码标注为：4-1-1，4-1-2，4-1-3，……4-1-n。

第十六条 中国证监会核准前，发行人应按要求补充提供有关文件的原件及其复印件。

第十七条 在每次报送书面文件(包括配股说明书/招股意向书、法律意见书、有关专项说明或报告等)的同时，发行人应报一份相应的电子文件(应为标准.doc或.rtf文件)。

第十八条 对未按本准则的要求制作和报送发行申请文件的，中国证监会可不予受理或要求重新制作或报送。

第十九条 本准则由中国证监会负责解释。

第二十条 本准则自发布之日起施行。

附录：

上市公司新股发行申请文件目录

第一部分 要求在指定报刊或网站披露的文件

第一章 本次配股/增发的招股文件

1-1 招股说明书(配股或增发)

1-1-1 招股说明书(配股或增发)(申报稿)

1-1-2 附录一：盈利预测报告及盈利预测报告审核报告全文(如有)

1-1-3 附录二：重大资产重组的发行人提供的模拟财务报告及其审计报告、重组进入发行人相关资产经审计的财务报表及附注

1-1-4 附录三：发行人董事会、监事会关于非标准无保留意见审计报告涉及事项处理情况的说明(如有)

1-1-5 附录四：注册会计师关于非标准无保留意见审计报告的补充意见(如有)

1-2 发行公告(适用于增发)

第二部分 不要求在指定报刊或网站披露的文件

第二章 主承销商关于本次配股/增发的文件

2-1 主承销商推荐函

2-2 主承销商尽职调查报告

2-3 本次配股/增发申请文件的核对表

第三章 发行人律师关于本次配股/增发的文件

3-1 法律意见书

3-2 律师工作报告

第四章 发行人关于本次配股/增发的申请与授权文件

4-1 发行人关于本次配股/增发申请报告

4-2 发行人董事会决议

4-3 董事会决议及召开股东大会通知的公告(复印件)

4-4 发行人股东大会决议

4-5 股东大会决议的公告(复印件)

第五章 关于本次配股/增发募集资金运用的文件

5-1 本次配股/增发募集资金运用的可行性分析报告

5-2 政府有关部门同意投资项目立项(包括固定资产投资、技改项目等)的批文(参考文件)

5-3 发行人拟收购资产(包括权益)的财务报告(如有)、资产评估报告和/或审计报告(涉及发行人收购资产)

第六章 其他文件

6-1 发行人最近三年及最近一期的财务报告及其审计报告

6-2 重大资产重组的发行人购入资产的原始财务报告及其审计报告

6-3 注册会计师关于发行人内部控制制度的评价报告

6-4 检查中发现问题的发行人的整改报告

6-5 会计师事务所关于前次募集资金使用情况的专项报告

6-6 发行人董事会关于前次募集资金使用情况的说明

6-7 主承销商关于发行人投资价值的分析报告(适用于增发)

6-8 主承销商承诺函(适用于增发)

6-9 发行人承诺函(适用于增发)

6-10 发行人最近一次股份变动公告(复印件)

6-11 发行人营业执照(复印件)

6-12 与本次发行有关的中介机构及签字人员从事证券业务的资格证书(由机构盖章确认并说明用途的复印件，其中签字律师及其所在机构还需提供通过年检的执业证书复印件，该复印件需由所属司法局盖章确认并说明用途。)

公开发行证券的公司信息披露内容与格式准则 第11号—上市公司发行新股招股说明书

关于发布《公开发行证券的公司信息披露内容与格式准则第11号—上市公司发行新股招股说明书》的通知

证监发[2001]56号

各具有主承销商资格的证券公司、金融资产管理公司,各上市公司:

为规范上市公司发行新股的信息披露行为,现发布《公开发行证券的公司信息披露内容与格式准则第11号——上市公司发行新股招股说明书》,自发布之日起施行。中国证券监督管理委员会《关于印发公开发行股票公司信息披露的内容与格式准则第四号< 配股说明书的内容与格式 >的通知》(证监[1999]13号)、《关于发布< 上市公司向社会公开募集股份招股意向书的内容与格式(试行) >的通知》(证监公司字[2000]44号)同时废止。

二〇〇一年四月十日

第一章　总 则

第一条　为规范上市公司发行股票的信息披露行为,保护投资者的合法权益,根据《中华人民共和国公司法》(以下简称《公司法》)、《中华人民共和国证券法》(以下简称《证券法》)、《上市公司新股发行管理办法》及其它相关法律、行政法规的规定,制定本准则。

第二条　申请在中华人民共和国境内发行新股的上市公司(以下称"发行人"),应按照本准则编制招股说明书并公开披露。本准则所称招股说明书包括配股说明书、增发招股意向书及增发招股说明书。发行人向原股东配售股票(以下简称"配股")应编制配股说明书,发行人向社会公众发售股票(以下简称"增发")应编制增发招股意向书及增发招股说明书。

第三条　招股说明书是发行人向中国证券监督管理委员会(以下简称"中国证监会")申请发行新股的必备法律文件。发行人公开披露的招股说明书须经中国证监会核准。

第四条　本准则的规定是招股说明书披露信息的最低要求。凡对投资者投资决策有重大影响的信息,不论本准则有无规定,均应披露。若本准则某些具体要求对发行人不适用,发行人可根据实际情况在不影响披露内容完整性的前提下做适当修改,同时在申报时作书面说明。

第五条　发行人因商业秘密或其它原因致使某些信息确实无法披露,可向中国证监会申请豁免。

第六条　在不影响信息披露的完整并保证阅读方便的前提下,发行人可采用相互引征的方法,对各相关部分的内容进行适当的技术处理,以免重复。

第七条　经核准的招股说明书披露之前,发生与申报文件不一致或应予补充披露的事项,发行人应及时向中国证监会书面说明情况,并修订招股说明书,必要时须重新报经中国证监会核准。

招股说明书披露后至本次发行的新股上市前,发生上述情况的,发行人应及时履行信息披露义务。

第八条　招股说明书的编制还应遵循以下要求:

(一)引用的数据应注明资料来源,事实应有充分、客观、公正的依据;

(二)引用的数字应采用阿拉伯数字,有关金额的资料除特别说明之外,应指人民币金额,并以元、千元或万元为单位;

(三)发行人可编制招股说明书外文译本,但应保证中外文文本的一致性,并在外文文本上注明:"本招股说明书分别以中、英(或日、法等)文编制,在对中外文本的理解上发生歧义时,以中文文本为准。";

(四)招股说明书文本应采用幅面为209x295毫米(相当于标准的A4纸规格)的纸张印刷;

(五)不得有祝贺性、广告性和恭维性的内容。

第九条　发行人配股,应在承销开始前五个工作日将配股说明书刊登在中国证监会指定的至少一种报刊及互联网网站上,并将正式印制的配股说明书文本置备于发行人住所、证券交易所、承销团成员住所,以备公众查阅。

第十条　增发招股意向书除发行数量、发行价格及筹资金额等内容可不确定外,其内容和格式应与增发招股说明书一致。

发行人应将增发招股意向书刊登在中国证监会指定的至少一种报刊及互联网网站上,并应载明:"本招股意向书的所有内容均构成招股说明书不可撤销的组成部分,与招股说明书具有同等法律效力"。

发行价格确定后,发行人应编制增发招股说明书,报中国证监会备案。招股说明书应刊登在中国证监会指定的互联网网站上,并置备于发行人住所、拟上市证券交易所及承销团成员住所,以备公众查阅。

第十一条　招股说明书的文字应简洁、通俗和准确。在指定报刊刊登的招股说明书最小字号为标准6号字,最小行距为0.02。

第十二条　发行人可将招股说明书刊登在其他报刊和网站上,但不得早于在中国证监会指定报刊和网站上披露的时间。

第十三条　发行人应在披露配股说明书或增发招股说明书后十天内将正式印制的文本一式五份分别报送中国证监会、证券交易所及发行人所在地的中国证监会派出机构。

第十四条　发行人董事会及全体董事应保证招股说明书内容的真实性、准确性、完整性,承诺其中不存在虚假记载、误导性陈述或重大遗漏,并承担相应的责任。

第十五条　主承销商应受发行人委托参与编制招股说明书,并对招股说明书的内容进行核查,确认招股说明书不存在虚假记载、误导性陈述或重大遗漏,并承担相应的法律责任。

第十六条　发行人律师可受发行人委托参与编制招股说明书,并应对招股说明书进行审阅,确认招股说明书不存在虚假记载、误导性陈述或重大遗漏的法律风险,并承担相应的法律责任。

第十七条　发行人律师、注册会计师、注册资产评估师、验资人员及其所在的中介结构等应书面同意发行人在招股说明书中引用由其出具的专业报告或意见的内容。

第十八条　特殊行业的发行人编制招股说明书,还应遵循该行业信息披露的特别规定。

第二章 招股说明书

第一节 封面、书脊、扉页、目录、释义

第十九条 招股说明书文本封面应标明“×××公司增发招股说明书(或配股说明书)”字样,并应载明已在境内上市股票简称和代码(若有)、发行人注册地、主承销商和副主承销商名称、招股说明书公告时间。

第二十条 招股说明书文本书脊应标明“×××公司增发招股说明书(或配股说明书)”字样。

第二十一条 招股说明书文本扉页应刊登如下内容:发行人中英文名称及注册地、境内上市股票简称和代码(如有)、本次发行股票类型、发行股票数量、每股面值、发行价格、预计募集资金量、发行方式与发行对象、发行日期、申请上市证券交易所、承销团成员、发行人聘请的律师事务所和会计师事务所、签署日期等。

第二十二条 扉页应当刊登发行人董事会的如下声明:

“本公司董事会已批准本招股说明书,全体董事承诺其中不存在任何虚假、误导性陈述或重大遗漏,并对其真实性、准确性、完整性承担个别和连带的法律责任。”

“证券监督管理机构及其他政府部门对本次发行所作的任何决定,均不表明其对发行人所发行股票的价值或者投资人的收益作出实质性判断或者保证。任何与之相反的声明均属虚假不实陈述。”

“根据《证券法》的规定,股票依法发行后,发行人经营与收益的变化,由发行人自行负责,由此变化引致的投资风险,由投资者自行负责。”

第二十三条 发行人应在扉页中作“特别风险提示”,提醒投资人关注发行人面临的突出风险。

第二十四条 发行人增发未作盈利预测的,应在“特别风险提示”中披露原因,并特别提醒投资者注意投资风险。

第二十五条 发行人近三年及最近一期的财务报告被出具非标准无保留审计意见,发行人应在“特别风险提示”中作如下提示:

“××会计师事务所对本发行人××年度的财务报告出具了有解释性说明性的无保留意见(或保留意见等)审计报告,请投资者注意阅读该审计意见全文及相关附注。注册会计师已对该事项出具补充意见,发行人董事会、监事会已对相关事项作详细说明,也请投资者注意阅读。”

第二十六条 招股说明书目录应标明各章、节的标题及其对应的页码。

第二十七条 招股说明书释义应在目录次页排印。

第二节 概览

第二十八条 发行人应在本部分起首声明,概览仅为招股说明书全文的扼要提示,投资者作出投资决策前,应认真阅读招股说明书全文。

第二十九条 发行人应在本节简介发行人基本情况、最近三年及最近一期的主要财务数据、盈利预测数据、本次发行概况及募集资金主要用途等。

第三节 本次发行概况

第三十条 招股说明书应载明编写所依据的法规,发行人内部批准本次发行的程序,核准本次发行的部门。

第三十一条 发行人应至少披露下列机构的名称、法定代表人、办公地址、联系电话、传真,同时应披露相关经办人员的姓名:

(一) 发行人;

(二) 承销团成员;

(三) 发行人律师事务所;

(四) 审计机构;

(五) 资产评估机构(如有);

(六) 独立财务顾问(如有);

(七) 股份登记机构;

(八) 收款银行;

(九) 申请上市的证券交易所;

(十) 其他。

第三十二条 招股说明书应披露本次发行方案的基本情况,主要包括:

(一) 发行股票的种类、每股面值、股份数量;

(二) 定价方式或发行价格;

(三) 发行方式与发行对象:发行人若对投资者进行分类,应披露分类标准;分类中若有战略投资者,应披露其基本情况、与发行人的关系及配售的数量;

(四) 预计募集资金总额(含发行费用);

(五) 股权登记日和除权日;

(六) 承销期间的停牌、复牌及新股上市的时间安排(不能确定具体时间的,可以某一时间为基准点计算);

(七) 本次发行股份的上市流通,包括各类投资者持有期的限制或承诺。

第三十三条 招股说明书应当至少披露与本次承销和发行有关的下列事项:

(一)承销方式(包销或代销);

(二)承销期的起止时间(注明如何计算起止时间,可不确定具体日期);

(三)全部承销机构的名称及其承销量;

(四)发行费用,包括承销费用、审计费用、验资费用、评估费用、律师费用、发行手续费用、审核费用及其他费用。其中,其他费用应当列出主要的明细项目。

第三十四条 招股说明书应根据不同的发行方式,披露新股上市前的重要日期,包括:招股说明书公布日、发行公告刊登日、申购期、资金冻结日期、预计上市日期等。

第四节 风险因素

第三十五条 参照《公开发行证券的公司信息披露内容与格式准则第1号—招股说明书》的有关章节披露。

第五节 发行人基本情况

第三十六条 发行人基本情况应披露注册中、英文名称及缩写,股票上市地,股票简称及代码,法定代表人,注册时间,注册地址、办公地址及其邮政编码,电话、传真号码,互联网网址,电子信箱等。

第三十七条 发行人应简单介绍公司成立及历次公开发行股票的情况。

第三十八条 发行人应以方框图或其它形式披露发行人的组织结构和对其他企业的权益投资情况。

第三十九条 发行人应披露对其有实际控制权的股东以及其他主要股东的基本情况。若涉及自然人股东,应披露该自然人的姓名、简要背景及其所持有的发行人股票被质押的情况等。若涉及法人股东,应披露该法人的名称及其股权的构成情况,成立日期、主要业务、注册资本、所持有的发行人股票被质押的情况等。

第四十条 发行人应披露其直接或间接控股企业的主要业务、注册资本、发行人持有的权益比例、最近一年基本财务状况(应注明是否经过审计及审计机构名称)等情况。

第四十一条 发行人若主要从事对外投资,应披露对外投资及其风险管理的主要制度。

第四十二条 发行人应当披露本次发行后公司股本结构的变化情况。

第六节 业务和技术

第四十三条 发行人应参照《公开发行证券的公司信息披露内容格式准则第1号—招股说明书》的有关章节披露。

第七节 同业竞争与关联交易

第四十四条 发行人应披露对其具有实际控制权的法人及其所控制的关联企业是否存在与发行人从事相同、相似业务的情况,并对是否存在同业竞争作出解释。

第四十五条 发行人对同业竞争的解释应包括相同、相似业务的客户、市场差别以及对发行人的客观影响等方面。

第四十六条 对于已存在或可能存在的同业竞争,发行人应披露解决同业竞争的措施。对可能损害发行人及其他股东利益的同业竞争,发行人应在"特别风险提示"中充分披露。

第四十七条 发行人应披露在股东协议、公司章程等方面作出的避免同业竞争的规定。

第四十八条 发行人应披露律师、主承销商对发行人是否存在同业竞争和避免同业竞争措施的有效性所发表的意见。

第四十九条 发行人所披露的关联方关系和关联交易应遵循企业会计准则及会计制度的规定。

第五十条 发行人应披露最近一个会计年度内发生的重大关联交易事项。对于某一关联方,若报告期内累计交易总额高于3000万元或占上市公司最近一期经审计净资产值5%以上或占本期净利润的10%以上的关联交易,发行人应予披露。

第五十一条 关联交易可以按不同的交易类型分别披露:

(一)购销商品、提供劳务发生的关联交易,至少应披露以下内容:关联交易方、交易内容、定价原则、交易价格、交易金额、占同类交易金额的比例、结算方式及关联交易事项对公司利润的影响。可以获得同类交易市场价格的,应披露市场参考价格,实际交易价格与市场参考价格差异较大的,应说明原因。大额销货退回需披露详细情况。公司还应对上述关联交易的必要性和持续性作出说明。

(二)资产、股权转让发生的关联交易,至少应披露以下内容:关联交易方、交易内容、定价原则、资产的帐面价值、评估价值、转让价格、结算方式及获得的转让收益,转让价格与帐面价值或评估价值差异较大的,应说明原因。

(三)公司与关联方(包括未纳入合并范围的子公司)存在债权、债务往来、担保等事项的,应披露形成的原因及其对公司的影响。

第五十二条 发行人应披露最近三年关联交易对其财务状况和经营成果的影响,包括在营业收入和营业成本中所占的比例,对上述比例的披露应说明比较口径。

第八节 董事、监事、高级管理人员

第五十三条 发行人应披露董事、监事、高级管理人员的下列情况:

(一)姓名;

(二)性别;

(三)年龄;

(四)学历;

(五)职称;

(六)曾经担任的重要职务及任期;

(七)主要从业简历及在发行人的现任职务和兼任其他单位的职务。

第五十四条 发行人应披露董事、监事、高级管理人员的持股情况,包括本次发行前持有发行人股份的数量及比例,所持股份的锁定、质押或冻结情况。

第五十五条 发行人应披露董事、监事、高级管理人员最近一个完整会计年度从发行人及其关联企业领取报酬的情况,包括领取的工薪(月薪或年薪)金额,奖金金额及取得的津贴,所享受的其他物资待遇,退休金计划,所享有的认股权情况等。

第九节 公司治理结构

第五十六条 发行人应披露其在业务、资产、人员、机构、财务等方面与对其具有实际控制权的股东分开的情况,并说明公司是否具有独立完整的生产经营能力。若发行人不能完全独立于具有实际控制权的股东,应具体说明这种状况对发行人产生的影响,并披露相应的改进措施。

第五十七条 发行人应披露设立独立董事(如有)的情况,包括独立董事的人数,独立董事发挥作用的制度安排以及实际发挥作用的情况等。

第五十八条 发行人应披露重大经营决策程序与规则,包括重大投资决策、重要财务决策的程序与规则,对高级管理人员的选择、考评、激励和约束机制,利用外部决策咨询资源的情况。

第五十九条 发行人应披露管理层对内部控制制度的完整性、合理性及有效性的自我评价意见,同时应披露注册会计师关于发行人内部控制制度评价报告的结论性意见。如注册会计师指出以上"三性"存在重大缺陷,发现人对相关内容应予详尽披露,并说明改进措施。

第十节 财务会计信息

第六十条 发行人披露的财务信息,如未作特别说明,应摘自经有证券业务资格的会计师事务所审计的财务报告。若财务报告被出具非标准无保留审计意见,还应披露审计报告全文、相关事项的财务报表附注以及董事会、监事会对此的详细解释,并说明该事项是否对公司有重大影响或影响是否已消除,同时应披露会计师关于该事项对发行人是否有重大影响或影响是否已消除所发表的意见。

第六十一条 发行人应披露最近三个会计年度及最近一期的比较合并资产负债表、利润表及现金流量表,以及最近一期的合并财务报表附注。

第六十二条 发行人在此期间若有重大资产重组行为,应遵循前条要求,披露模拟财务报表,并特别说明模拟的基础及假设,同时应披露发行人重组前经审计的财务报表作为参考资料。

第六十三条 发行境内上市外资股和境外上市外资股的公司,由于在境内外披露的财务会计资料所采用的会计准则不同,导致发行前一年末净资产及前一年净利润存在差异的,发行人应披露合并财务报表差异调节表。

第六十四条 发行人应以合并财务报表的数据为基础,披露最近三年的下列财务指标的计算公式和数据:流动比率、速动比率、资产负债率(以母公司的报表为基础)、应收帐款周转率、存货周转率、净资产收益率、每股净利润、每股经营活动的现金流量、每股净现金流量。

净资产收益率、每股收益的计算及其披露应执行信息披露编报规则的有关规定。

第十一节 管理层讨论与分析

第六十五条 发行人应披露管理层对公司财务状况和经营成果的讨论与分析。发行人应使用逐年比较或其他便于理解的形式对最近三个会计年度及最近一期的财务状况、经营成果进行分析。

第六十六条 发行人不能仅以描述方式重复财务报告的内容,任何导致对发行人过去及未来财务状况、经营成果有重大影响的事项(不限于财务方面)均应予以深入的讨论与分析。

第六十七条 发行人应围绕未来的业务目标和盈利预测,分析发行人存在的主要财务优势及困难,分析经营和盈利能力的连续性和稳定性。如果分析表明某种实质性的趋势或变化可能对发行人产生不利的影响,发行人应披露已经采取或计划采取的具体补救措施。

第六十八条 管理层讨论与分析应着重于管理层已知的、从一般性财务报告分析难以取得且对公司今后有影响的重大事项,包括将会对未来经营有影响但过去尚未发生的重大事项,对最近会计年度财务经营状况有影响但预期不会再次发生的重大事项。

第六十九条 管理层讨论与分析应涉及公司财务经营状况、现金流量、重大投融资及资本支出计划、表外事项等重要方面,包括但不限于以下项目:

(一)主营业务收入,若行业收入占主营收入10%以上,应按行业进行分析,其中季节性收入、主要业务市场变化情况、新业务开展情况应予以特别披露;营业毛利;期间费用;投资收益;所得税;非主营业务对公司利润的影响。

(二)以营运资金为基础的公司短期财务状况,重点为流动比率、速动比率、应收帐款周转率、存货周转率等;资产负债及股东权益情况;资产质量及资产结构。

(三)经营活动、投资活动和筹资活动产生的现金流量。重点为经营活动产生的现金流量,应着重于对销售商品、提供劳务收到的现金,购买商品、接受劳务收到的现金,收到的其他与经营活动有关的现金,支付的其他与经营活动有关的现金分析。

(四)重大投资、收益,收购兼并情况;债务到期及偿还,包括实际发生情况及计划;银行授信额度及使用情况;重大资本支出情况及计划。

(五)资产出售、抵押、置换、委托经营情况;重大担保、诉讼、或有事项;期后事项。

第十二节　盈利预测

第七十条　发行人在招股说明书中可披露盈利预测报告,盈利预测报告中应载明:"本公司盈利预测报告的编制遵循了谨慎性原则,但盈利预测所依据的各种假设具有不确定性,投资者进行投资决策时应谨慎使用"。

第七十一条　盈利预测报告包括盈利预测表及其说明,盈利预测表的格式应与利润表一致,其中预测数应分栏列示已审实现数、未审实现数、预测数和合计数。凡有控股子公司并需要编制合并财务报表的,应分别编制母公司盈利预测表和合并盈利预测表。盈利预测说明包括编制基准、所依据的基本假设及其合理性、与盈利预测数据相关的背景及分析资料等。盈利预测数据包含了特定的财政税收优惠政策或非经常性收支项目的,应特别说明。

第十三节　业务发展目标

第七十二条　发行人应参照《公开发行证券的公司信息披露内容与格式准则第 1 号—招股说明书》的有关章节披露。

第十四节　本次募集资金运用

第七十三条　发行人应参照《公开发行证券的公司信息披露内容与格式准则第 1 号—招股说明书》的有关章节披露。

第十五节　前次募集资金运用

第七十四条　发行人应披露资金管理的主要内部制度。

第七十五条　发行人应披露前次募集资金的方式、募集资金的到位时间、募集资金数额、验资机构名称。

第七十六条　发行人应披露前次募集资金时承诺的资金用途与实际运用情况的比较说明。含项目名称、项目计划投资总额及建设期、计划以募集资金投入金额、至最近一期审计报告截止日项目计划投资金额与实际投资金额的比较、项目的计划进度与实际进展情况、项目预计效益与实际效益情况等。募集资金若投入多个项目,应分项目逐一说明。

第七十七条　若募集资金的运用和项目未达到计划进度和效益,董事会应进行解释;若募集资金的运用发生变更,说明变更原因、变更程序及其公开披露的报刊及日期、变更后的投资及效益情况。

第七十八条　若募集资金尚未全部投入计划项目,应披露具体运用情况。募集资金若存放在金融机构,应披露金融机构的名称。

第七十九条　发行人应披露为公司出具审计报告的注册会计师对前次募集资金运用所出具的专项报告结论。

第十六节　股利分配政策

第八十条　发行人应披露税后利润分配政策。发行人若已发行境内或境外上市外资股,应明确说明以按国内、国际会计准则审计的可分配利润数较低者作为利润分配标准。

第八十一条　发行人应披露近三年的股利分配政策和实际分配情况。

第八十二条　发行人应披露本次发行前形成的未分配利润的分配政策。

第八十三条　发行人应披露本次股票发行当年的分配股利计划。若不准备分配股利,应披露原因。

第十七节　其他重要事项

第八十四条　发行人应参照《公开发行证券的公司信息披露内容与格式准则第 1 号——招股说明书》的有关章节披露。

第十八节　董事及有关中介机构声明

第八十五条　发行人应参照《公开发行证券的公司信息披露内容与格式准则第 1 号——招股说明书》的有关章节披露。

第十九节　附录和备查文件

第八十六条　附录是招股说明书不可分割的部分,在指定报刊上刊载的配股说明书和增发招股意向书可不披露附录的具体内容,但应列明附录和备查文件的目录。附录应在指定网站上披露,主要包括:

(一)盈利预测报告及盈利预测报告审核报告全文(如有);

(二)重大资产重组的发行人模拟财务报表及其审计报告、重组进入发行人相关资产经审计的财务报表及附注(如有);

(三)发行人董事会、监事会关于非标准无保留意见审计报告涉及事项处理情况的说明(如有);

(四)注册会计师关于非标准无保留意见审计报告的补充意见(如有)。

第八十七条　发行人应将整套发行申请文件及发行人认为相关的其他文件作为备查文件,并告知投资人查阅的时间、地点、电话和联系人,备查文件在互联网上披露的,应披露互联网网址。

发行人可列示备查文件目录,至少包括:

(一)公司章程正本;

(二)中国证监会核准本次发行的文件;

(三)与本次发行有关的重大合同;

(四)承销协议;

(五)最近三年及最近一期的财务报告及审计报告原件;

(六)盈利预测报告及其审核报告的原件(如有);

(七)不同会计准则财务报表差异调节表(如适用);

(八)注册会计师关于前次募集资金使用情况的专项报告;

(九)检查中发现问题的发行人的整改报告;

(十)资产评估报告及有关确认文件(如有);

(十一)注册会计师关于发行人内部控制制度的评价报告;

(十二)发行人律师为本次股票发行出具的法律文件;

(十三)有关资产重组的法律文件(如有);

(十四)其他与本次发行有关的重要文件。

第三章　附　则

第八十八条　本准则自发布之日起施行。

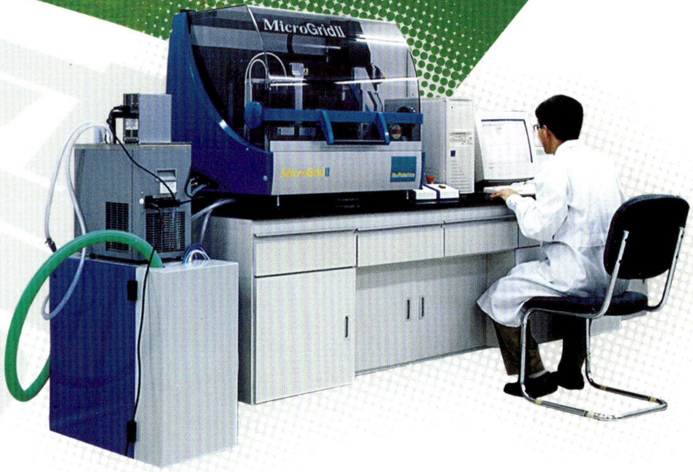

哈高科药业集团

股票简称：哈高科　股票代码：600095

哈尔滨高科技(集团)股份有限公司位于哈尔滨市高新技术产业开发区迎宾路集中区5号街区。公司成立于1993年12月28日，1997年7月8日在上海证券交易所上市交易。公司目前下设7家子公司、4家分公司。公司自成立以来，始终保持健康发展的态势，截止2001年上半年总资产达到16.7亿元。

公司以生命健康产业为主要发展方向，经过数年的发展形成了以生物制药和大豆保健食品为主导产业的基本框架。

药业方面，公司拥有3家制药企业和2家省级研发机构，共有药号400余个。白天鹅药业公司的“白天鹅气雾剂”为国家一类新药，被列入国家2000年火炬计划。为了实现资源共享，公司于近期决定组建药业集团，并争取使其成为生命健康产业的支柱。

公司拥有2家粮豆深加工企业，其中投资2.3亿元的哈高科大豆食品有限公司自投产以来，已有组织蛋白、分离蛋白等多个项目投产。陆续研发了大豆低聚糖片、大豆卵磷脂片、大豆膳食纤维片、大豆异黄酮片、大豆肽片等新型健康保健食品。目前，分离蛋白已出口到十多个国家和地区。

公司投资组建了哈尔滨基太生物芯片有限公司，开展基因芯片的开发、生产和基因研究工作。与科研院所联合研究的生物基因技术已获得国内专家的论证。

2000年公司投资控股绥棱二塑有限公司。该企业的主要生产设备均从意大利进口，拥有亚洲最大、国内唯一的生产线，近期下线投产的宽幅复合防水材料填补了国内空白。

2001年是跨入21世纪的第一年，也是公司发展史上具有重要意义的一年。公司立足主业，开拓思路、改革创新，凭借中国“入世”的契机，抓住难得的市场机遇，争取把“哈高科”尽快作大作强，回报广大投资者对公司多年的厚爱。

三级膜分离装置

地址：哈尔滨高新技术产业开发区迎宾路集中区5号街区
电话：0451-4348054　4348064
传真：0451-4348057
邮政编码：150078
网址：http://www.hbhtg.com(国际)
http://www.hbhtg.com.cn(国内)
电子信箱：project@hbgtg.com

哈尔滨高科技(集团)股份有限公司

HARBIN HIGH-TECH (GROUP) LIMITED COMPANY

邯郸钢铁股份有限公司位于河北省邯郸市。

邯郸钢铁是邯郸钢铁集团有限责任公司以优质资产（8个生产厂）独家发起设立的股份公司，1997年12月19日，在上海证券交易所发行A种股票3.5亿股，募集资金25.8亿元，并于1998年1月22日挂牌交易。

通过股份制改造，公司实现了投资主体多元化，并以此为契机建立了较为完善的现代企业制度。利用募集资金先后建成了一台400M^2烧结机、两座6米45孔焦炉、一座2000M^3高炉，从而使公司的总体装备达到国内先进水平，初步实现了装备大型化、现代工艺化、产品结构优化的目标，为参与国际市场竞争打下了坚实的基础。

"邯郸钢铁"自上市以来，始终保持了较好的盈利能力，连续三年每股收益保持在0.5元以上，净资产收益率在10%以上。1998年每股收益0.603元，1999年在股本扩张10%的情况下，每股收益达到了0.536元，2000年经过增资配股后，每股收益达到0.506元。利润总额较上市初增长43.88%，总资产增长29.83%及净资产增长48.57%的幅度，保持了大盘绩优股的形象，为公司的持续融资创造了条件。2000年6月，公司通过增资配股，再次募集资金5.6亿元，所募资金全部投入到国家"九五"重点建设项目——年产100万吨热轧卷板的板材公司，从而使邯钢集团成为拥有从特厚板到厚板、中板、薄板等各种规格产品的全国重要板材生产基地，在全国率先实现了产业结构升级和产品更新换代。

在搞好产品经营的基础上，充分利用上市公司优势，积极开展资本运营。1999年，公司投资2.1亿元参股招商银行，迈出了产业资本和金融资本融合的第一步；2000年至2001年，先后参股了南方证券、华鑫证券等证券公司，与证券公司建立了长期稳定的合作关系；此外，根据国家产业政策导向，积极寻找收益好、有发展前景的项目和投资渠道，开展多元化经营，为公司创出更多更好的收益。

现在，一个现代化、花园式的邯钢已初步建成，"邯郸钢铁"将依托集团公司的优势，借助上市公司运作的机制，在二十一世纪的国际竞争中，为民族工业的发展续写新的辉煌。

有限公司
EEL CO.,LTD
股票简称：邯郸钢铁
股票代码：600001
股票上市地：上海证券交易所
地址：河北省邯郸市复兴路232号
电话：0310-6074191
传真：0310-6074190
邮政编码：056015
网址：http://www.hdgt.com.cn
电子邮箱：hdgt@public.hdptt.he.cn

董事长：刘汉章 先生

股票简称：　上海汽车
股票代码：　600104
股票上市地：上海证券交易所

目前公司拥有汽车齿轮总厂、中国弹簧厂二个母体企业。先后投资中外合资上海通用汽车有限公司、上海易初通用机器有限公司、上海纳铁福传动轴有限公司、上海小糸车灯有限公司、上海采埃孚转向机有限公司、上海汽车制动系统有限公司、上海汽车信息产业投资有限公司、上海巨龙三禾科技股份有限公司、上海汽车集团财务有限责任公司、南方证券股份有限公司、上海汇众汽车有限公司等二十余家企业。

公司致力于汽车、零部件及相关延伸产品的开发和科技含量的提高，不断提高产品市场份额，加大整车投资力度，做好做大主营业务。开展多元经营，做好公司资产重组和资本运作。强化公司内部管理，全面推进用户满意工程，使基础管理与科学管理并举，并以规范的运作，良好的业绩来回报社会。

车间 2.8 万平方米齿轮车间生产现场

董事长：刘郁文 先生

总经理：蒋征球 先生

湖南华升益鑫泰股

股票上市地：上海证券交易所
股票简称：益鑫泰
股票代码：600156

华升大厦

河南莲花味精

董事长与温家宝副总理

董事长与陈奎元副省长

公司简介

河南莲花味精股份有限公司成立于1998年7月，主要从事生物工程的科研与开发；味精和调味品的生产及销售；热力、电力的生产及销售；谷朊粉、等级面粉、麦芽糖的生产与销售；环保产品、氨基酸、饲料的生产及销售。1998年8月在上海证券交易所挂牌上市。2001年1月5日增发8000万股，募集资金73，000万元，募集资金主要用于技术改造、市场建设以及利用胚胎移植技术快速繁殖奶牛、肉牛等项目。目前，公司是我国最大的味精生产基地，年味精生产能力为28万吨，单厂味精产量居世界第一位。产品在全国同行业中首获ISO9002国际质量认证。2001年9月莲花味精被中国名牌战略推进委员会认定为“中国名牌产品”。

公司目前正在积极实施生态农业产业化发展战略，利用先进的味精生产技术，以原料替代为新的起点，大幅降低生产成本，增强粮食转化增值能力，带动区域种植业结构调整。采用环保新技术，实现了清洁生产和资源的综合利用，使环保成为新兴的效益型产业。利用生物工程技术，建立良种肉牛、奶牛示范基地，推动当地牛种改良，从而带动当地农民增收和养殖业的大发展。

面对WTO，公司已经做好充分的准备，大出口战略已经初步显现，随着主导产品成本的降低，公司产品的竞争力会日益强大。

股票简称：莲花味精　股票代码：600186

地址：河南省项城市莲花大道18号
电话：0394－4298966
传真：0394－4298899
邮编：466200
公司网址：http://www.lianhua.com.cn
电子信箱：hlwjjt@public2.zz.ha.cn

董事长：李怀清先生

总经理：申志勇先生

股份有限公司

HENAN LIANHUA GOURMET POWDER CO. LTD

公司主要产品

莲花牌味精。是公司的主导产品，也是国内味精市场的主导品牌。公司利用当地资源优势，以高新技术为手段，以小麦为原料生产味精，这在国际上尚属首创。它采用目前国际先进的生物工程技术，通过淀粉→制糖→发酵→提取→中和→脱色→结晶→分离→烘干→筛分→包装等先进科学的生产工艺，在全国同行业首家通过ISO9002国际质量体系认证。"莲花"商标被国家工商局认定为"中国驰名商标"，莲花味精被中国名牌战略推进委员会认定为"中国名牌产品"。

"莲花"鸡精（烹大师）。是中日合资莲花味之素公司，以优质鸡骨肉、猪骨肉精炼提取而成的新一代调味佳品。产品有鸡精、烹大师、肉鲜调味品三大类。富含蛋白质、核苷酸、维生素、铁、磷、钙等人体必需的元素。具有味道鲜美、健脾健胃、增进食欲等特点，适用于炒、拌、蒸、煮及各种汤类，深受广大消费者喜爱。1997荣获中国国际食品博览会特别奖。

谷朊粉。"莲花"谷阮粉是公司跨世纪技术改造的主要成果之一，也是公司生态农业产业化战略中提升粮食转化层次的重要项目。"莲花"新建的两个谷朊粉厂，年产规模4万吨，居全国同行业第一位。"莲花"谷阮粉以优质小麦为原料，运用芬兰成套的工艺设备，对小麦面粉进行水面混合、匀质，然后进行纤维、戊聚糖、谷朊粉三项分离而提取出来的高蛋白聚合物。其蛋白含量75%，蛋白质含量是猪肉的7.9倍、牛肉的12.2倍。其脂肪含量仅是猪肉的2.1%、牛肉的12.2%。吸水后的面筋可保持原有的自然活性及天然物理状态，具有粘性、弹性、延伸性、薄膜成型性及吸脂乳性，营养价值极为丰富，是市场上不可缺少纯天然绿色食品添加剂。谷朊粉还广泛应用于高等级面粉和优质饲料的生产中，市场前景十分广阔。

江泽民总书记在听取兖矿集团董事长赵经彻汇报后，与赵董事长亲切握手。

投身第三次创业，为党分忧、为国争光。

设计生产能力500万吨的特大型矿井——济三煤矿生产系统

兖矿集团有限公司是1996年3月由原兖州矿务局整体改制组建的一家国有独资企业。以兖矿集团有限公司为核心构建的兖矿集团是全国百户现代企业制度试点企业和全国120家大型企业集团试点单位。公司地处中国经济发达、煤炭消费旺盛的华东地区，是中国重要的煤炭生产和出口基地。兖矿集团瞄准参与国内外市场竞争的目标，本着“高起点、大联合”的原则，内强管理，外拓市场，积极探索产业运作与资本运营相结合的实现途径，推进经营体制转换，加速公司体制与运作机制和国际惯例的接轨，企业经济效益和综合实力大幅度提高。1996-2000年连续5年销售收入、利税总额、利润、综采单产名列全行业第一。“九五”期间，累计实现社会贡献额126.49亿元，上缴财政总额38.94亿元，社会贡献率17.64%。2000年煤炭生产产量3040.2万吨，利税总额13.2亿元，实现利润3.52亿元，企业总资产达206亿元。

兖矿集团始终坚持技术创新的路子，以大型化、集中化、系统化为生产发展方向，其综采放顶煤核心技术达到了国际领先水平。公司全员效率（14.787吨/工）是全国煤炭行业平均水平的5倍以上，超过德国、英国、波兰等发达产煤国家水平。

兖矿集团在发展煤炭生产的同时，积极发展非煤产业。目前，非煤产业已建成16个年销售收入500万元以上的产业项目或产品，电力、煤化工等产业形成了构建战略支柱产业的基本框架。2000年，非煤产业销售收入37.99亿元，占到了集团销售总收入的43.2%，比1995年的11.65亿元增长26.34 亿元，年均增长29.57%。兖矿集团现已发展成为以煤炭生产为主，融建井、建筑、安装、煤化工、机械制造、运输、电力、服装、贸易为一体的大型国有企业。

兖矿集团的控股子公司兖州煤业股份有限公司是亚洲金融危机中唯一到境外发行股票并在纽约、香港、上海三地成功上市的中国煤炭企业。2001年1月、5月又分别实现了A股、H股的成功增发。至此，集团公司已完成4次股票发行，共募集资金40.01亿元，占煤炭行业在证券市场融资总额的47%。“兖州煤业”被《欧洲周刊》评为1998年度“亚洲最佳新上市公司”、1999和2000年又被权威机构评为香港“十大优质国企红筹股”、中国最佳管理公司第四名和中国上市公司50强第十名。

多年来，企业相继荣获“国家科技进步特等奖”、“全国优秀企业（金马奖）”、“全国首批转换经营机制典型企业”、“全国质量效益型先进企业特别奖”、“国家科技进步一等奖”、“何梁何利基金科技进步奖”、“中国企业管理杰出贡献奖”等荣誉称号；企业资信被大公国际资信评估公司评定为“AAA”级；兖矿集团公司为全行业唯一整体通过ISO9002质量体系认证，其所属5个矿还相继通过ISO14000环境保护体系认证。1997年，兖矿作为“十佳国企”受到中组部、中宣部的重点推介宣传；1998年，作为全国14家先进企事业单位，受到国务院的表彰；1999年6月25——26日，在华东七省市国企改革座谈会上，兖矿集团作为山东省唯一的国企代表，向江泽民总书记汇报工作，受到江总书记的高度肯定和赞扬。

世纪更替，千年开篇，兖矿集团吹响了“第三次创业”的号角。兖矿集团将以“为党分忧、为国争光”的新思想、新境界，充分利用两种资源、两个市场，在今后8~10年，把兖矿集团建设成为我国最大的煤炭生产和出口基地、世界一流的洁净煤和煤化工生产基地，构筑具有强大国际竞争力的企业集团；以构建煤路港航、煤化工、煤电铝三大产业链为主线，实现跨行业、跨所有制、跨国经营的联合重组；大力推进金融资本与产业资本的结合，以金融资本推动结构调整和产业升级；并以信息化和现代科技、现代管理整合改造战略支柱产业，实现兖矿跨越式发展，步入世界强手之林，谱写世纪的新篇章。

地址：山东省邹城市凫山路40号 电话：0537-5382923 邮编：273500

河南安彩高科股份

HENAN ANCAI HI-TEC

ACHT

董事长：李留恩 先生

河南安彩高科股份有限公司于1998年9月成立，其A种股票于1999年7月在上海证券交易所挂牌交易，是国家重点高新技术企业，主要从事生产和销售彩色显像管玻壳、彩色显示器玻壳、研究、开发电子特种玻璃新产品及新型显示技术等业务，属于电子行业基础元器件制造企业。目前可年产玻壳1500万套，拥有全国唯一的显示器件玻璃及模具技术研究中心，是中国最大的彩色玻壳生产企业，产品供应全国各大彩管制造厂，并远销韩国、马来西亚、印度、越南、巴西、西班牙、英国等国际市场。

安彩高科的主体原是安玻公司的一期工程，是国家"七五"重点工程项目，项目建成后先后承担了众多国家级及省级科技攻关项目，共取得科技成果1260项，其中46项填补了国内空白，是同行业中首家通过ISO9002国际质量体系认证的企业，盈利水平连续八年在国内玻壳行业中排名第一，其他各项主要经济技术指标均名列同行业前茅。

企业精神

艰苦创业 为国争光
开拓创新 礼节谦让
无私奉献 团结奋进
光明正大 言行一致
实事求是 顽强拼搏

有限公司

H CO,LTD

加快彩玻基地建设
为民族工业争光
江泽民
一九九六年六月一日于安玻公司

公司董事长李留恩先生是中共十五大代表，曾荣获全国“五一劳动奖章”、国家企协优秀企业家“金球奖”等荣誉，1999年又荣获“全国十大杰出专业技术人才”称号，受到朱镕基总理等党和国家领导人的接见和勉励。2001年，又作为全国先进基层党组织的代表参加了纪念中国共产党成立八十周年庆祝大会，受到了表彰。

安彩高科从股票发行上市以来，经营业绩较为突出，特别是2000年，当年实现主营业务收入210659万元，实现利润64913万元，每股净收益1.2002元，名列沪深两市第三名；2001年上半年实现主营业务收入88,946万元，其中出口收入3,232万美元，比上年同期增长了454%；实现净利润20,174万元，每股收益达到0.46元。此外，公司通过技术攻关和科技创新，在较短的时间内成功地开发出21''纯平、29''纯平和34''彩玻，已提交用户批量认证，使本公司在新产品和模具开发上又上一个新台阶。公司在稳定主业的同时，积极拓展其他高科技领域业务，公司下属的子公司，正在积极运作，北京安彩科技风险投资有限公司拟投资新型环保节能材料；北京安彩星通科技有限公司计划在辽宁、河南、广东、四川等省市构建营运网络，均有望年内取得一定的收益。

由于安彩高科取得的辉煌业绩，以及在民族工业中的重要地位，其发展得到了党和国家领导人的高度重视，江泽民总书记、胡锦涛副主席、前国务院总理李鹏、副总理邹家华和吴邦国副总理等党和国家领导人都曾到过安彩高科视察，其中江泽民总书记两次亲自视察安彩高科，并为公司题词“加速彩玻基地建设，为民族工业争光”。

今后，安彩高科将继续按照《公司法》、《证券法》的要求，不断完善法人治理结构；在抓住机遇、强化管理、加速发展的基础上，认真分析国内、国际市场形势，不断加大创新力度，向管理要效益，向市场要效益；继续解放思想，转变观念，以生产经营平台为基础，以资本运作平台为手段，以科技创新平台增强企业的生命力，抓住机遇，加速发展。公司将根据市场环境情况，适时调整产品结构，增加21英寸彩玻及其以下产品的生产，并根据彩管厂的需求，将已开发出的21英寸纯平、29英寸纯平和34英寸彩玻，迅速大规模投放市场，增加经济效益。为迎接加入WTO的到来，积极参与国际竞争，加大产品出口力度，扩大国际市场份额。

股票代码：600207
股票简称：安彩高科

地址：河南省安阳市中州路南段
电话：0372-3932916
传真：0372-3938035
E-mail：acht@public.aypt.ha.cn

董事长：傅国定 先生
发展与展望
利用资本市场优势，通过兼并、收购、重组等方式进行低成本扩张、跨地域发展；引入高新技术或使主营产品进一步得到深化加工的优势项目，并通过东锭西移、北麻南移等西部开发的产业化战略调整，以求实现产业资本和金融资本相融合的发展之路，不断为金鹰培育新的利润增长点，以优良业绩回报社会和股东。
浙江金鹰股份有限公司
ZHEJIANG GOLDEN EAGLE CO.,LTD.
地址：浙江舟山定海
E-mail：gecl@mail.zsptt.zj.cn
电话：0580-8021228
传真：0580-8020228
邮政编码：316051
CO.,LTD.ZHEJIANG GOLDEN EAGLE CO.,LTD.ZHEJIANG GOLD

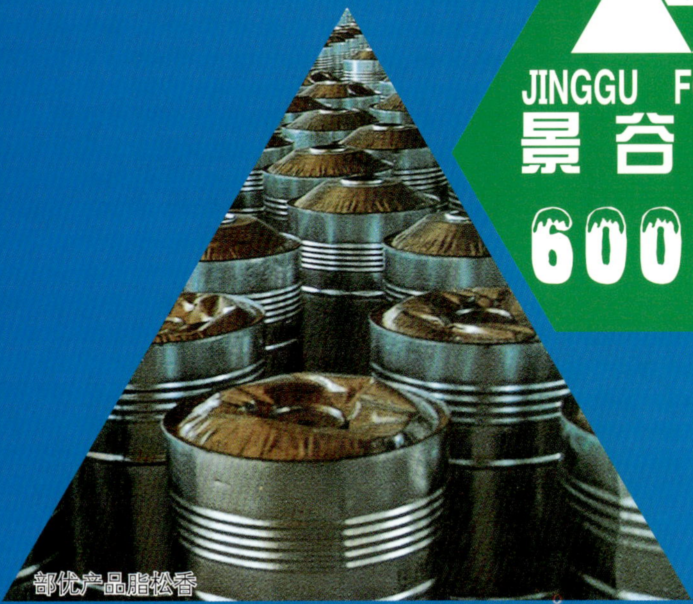

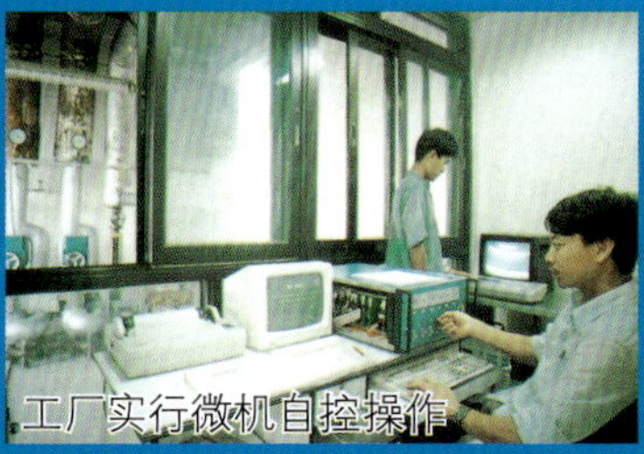

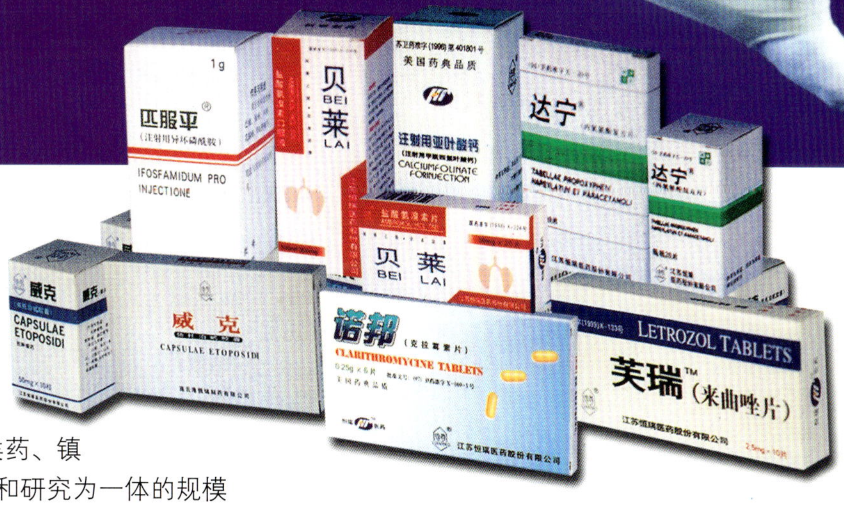

恒瑞医药

国内最大的抗肿瘤药镇痛药生产基地

公司董事长孙飘扬先生

江苏恒瑞医药股份有限公司位于亚欧大陆桥东桥头堡。

公司是由连云港制药厂改制成立的，始建于七十年代初，具有几十年生产抗肿瘤药、心血管类药、镇痛类药和抗生素类药的历史，是国内集合成、制造和研究为一体的规模型制药企业，在追求更高的制药境界过程中，始终坚持走“高层次、高科技、高效益”道路，广纳精英贤才，与院校、科研单位加强合作，联手开发新产品，抓住机遇、锐意改革、创新品、打名牌，大力开发国内、国际市场，实现了令人惊叹的业绩，迅速使企业步入了良性循环、快速发展的轨道。

“恒瑞”人信守“不断提高药品品质，致力人类健康幸福”的宗旨，严格按照GMP组织生产，靠优秀的品质立足于社会，以优良的信誉服务于人类。自94年以来，每年主要经济指标平均以28%的速度递增。95年为江苏省技术进步先进企业，省高新技术企业，96年被省医药局列入省制药行业骨干企业。目前为国内最大的抗肿瘤药、镇痛药生产基地。

股票代码：600276

股票简称：恒瑞医药

地址：江苏省连云港市新浦区人民东路145号　邮编：222002　电话：0518-5457194　传真：0518-5452340

网址：http://www.hengruipharm.com　电子信箱：hr@hengruipharm.com

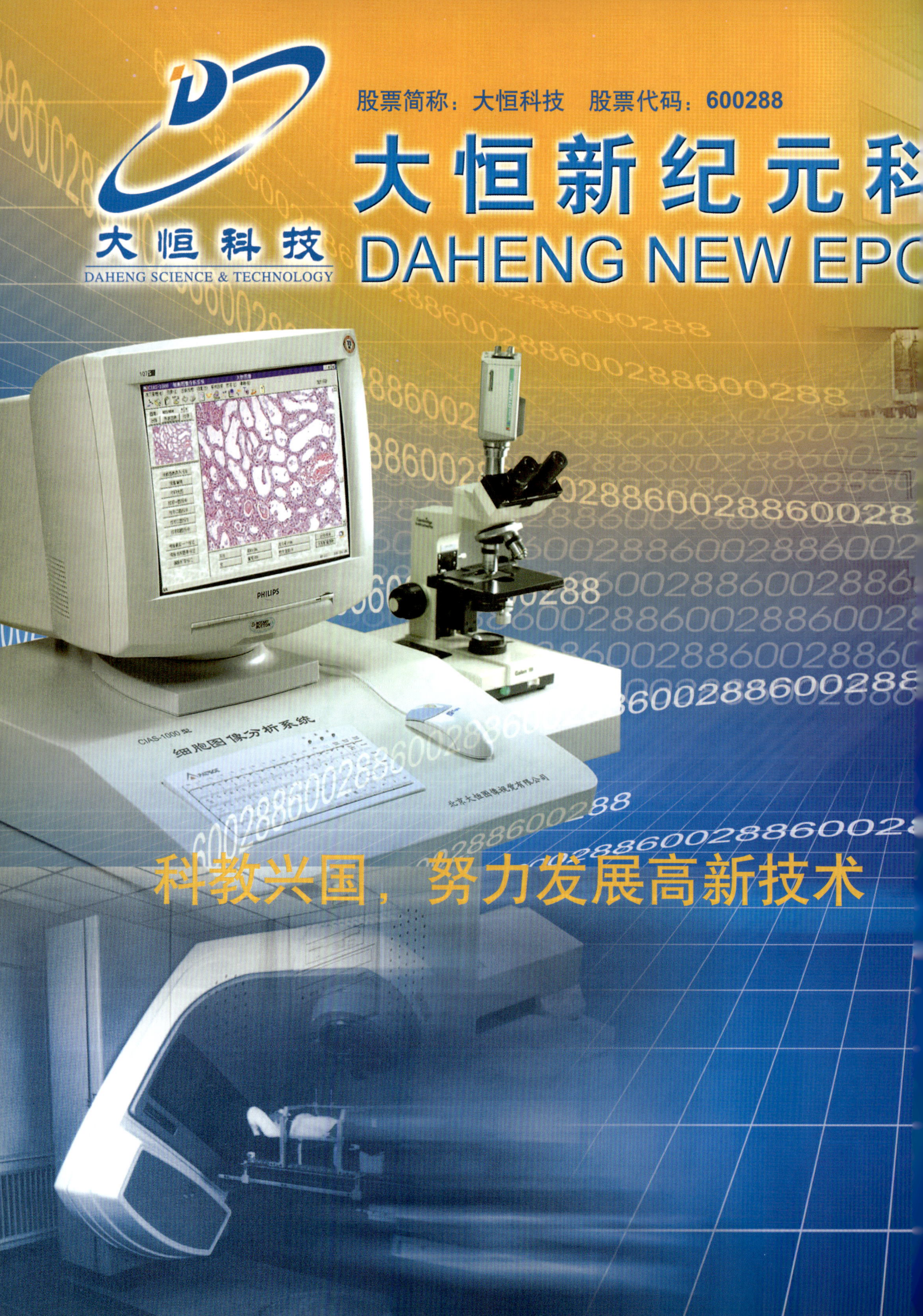

大恒科技
DAHENG SCIENCE & TECHNOLOGY
股票简称：大恒科技　股票代码：600288
大恒新纪元科
DAHENG NEW EPO
CIAS-1000型
细胞图像分析系统
PHILIPS
科教兴国，努力发展高新技术

大恒新纪元科技股份有限公司（以下简称公司）于2000年11月3日在上交所成功发行人民币普通股5000万股，发行后总股本14000万股。公司1998年12月18日通过北京市新技术产业开发试验区高新技术企业认定。

截止2001年12月31日，公司总资产人民币13亿元，净资产人民币6.9亿元。2001年公司实现销售收入人民币17.2亿元，实现利润总额7500万元（未经审计）。

公司通过受让股权、增资等形式，已持有中国大恒（集团）有限公司72.7%的股权。由于该公司的加盟，改善了本公司的收入结构和利润结构，进一步实现资本与技术的结合，为公司发展高新技术产品的开发和生产经营业务提供了良好的基础。

公司通过技术项目的实施，建成光机电一体化产品研发生产基地和大恒新纪元信息技术研发创新中心。形成主营光机电一体化和信息技术的高新技术产品的开发、生产和销售，及市场设施建设的投资、经营的业务格局。

公司自行研制、生产、销售，且有较大市场份额的主要产品包括激光加工成套设备、X辐射立体定向放射外科治疗设备、全息光学组件、卫星定位移动物体集群管理系统等。

2001年公司扩展光学薄膜中心生产规模，投资激光、全息防伪包装技术等项目，并研制出国内技术领先的医用高能加速器，为公司今后高速成长，打好了基础。

公司员工知识结构合理，业务水平高，61%以上的员工具有大学以上学历，50%以上具有中高级技术职称。公司凭借雄厚的人力资源，高效、高素质的员工队伍，围绕“科教兴国，努力发展高新技术”这一主题，以国家相关产业政策为依据、以市场为导向、以提高经济效益为中心，坚持科学管理，不断提高现有产品的技术含量和企业的经营水平，为发展我国高新技术产业做出贡献。

地址：北京市海淀区中关村大街22号中科大厦十一层
邮政编码：100080
电话：010-62628443
传真：010-62628384
http://www.dhxjy.com.cn

苏福马股份有限

股票代码：600290 股票简称：苏福马 上市地点：上海证券交易所

苏福马股份有限公司是由苏州林业机械厂主要发起、经国家经贸委批准设立、国家工商行政管理局核准登记注册的股份制上市公司。公司拥有苏州林业机械厂的全部工业产权和生产经营性资产，是国家重点高新技术企业。各类专业技术人员占公司员工总数的36%。

多年来，公司根据国家产业政策，和市场经济的发展要求，始终致力于木材资源高效利用、竹材和农业剩余物开发利用和人造板深加工增值利用等方面所需技术装备的研制和生产，并在电子绝缘材料、新型建材、轻工包装材料等专用成套设备方面积累了比较丰富的设计和制造经验。多项产品的技术水平和市场占有率名列国内同行业前列，并出口亚、非、拉美及日本、美国等10多个国家和地区。

本公司十分注重科技进步，企业有20多项产品获得国家、部、省科技进步奖和优质产品奖，有20 项产品被列为国家级重点新产品。多项产品通过ISO9000系列质量体系认证。我们承诺“产品优质可靠，服务热情周到，满足用户需要。”

地址：江苏省苏州市西大营门758号
电话：0512-7534811 传真：0512-7534072 邮编：215003

全国劳动模范
公司董事长兼总经理 **温昌伟 先生**

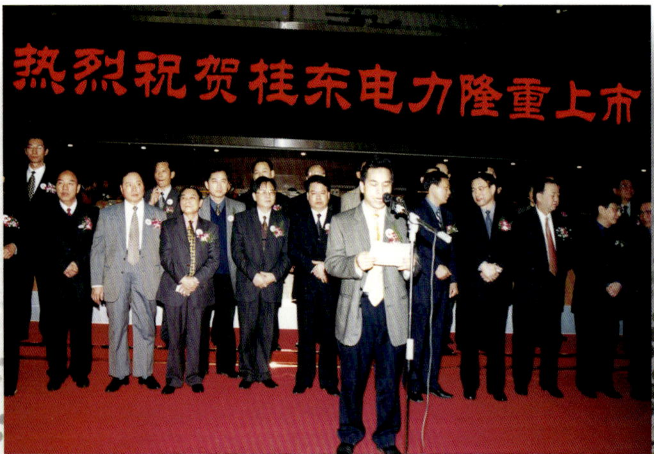

2001年2月28日桂东电力4500万A股在上海证券交易所挂牌上市，图为地区领导和公司领导出席挂牌仪式。

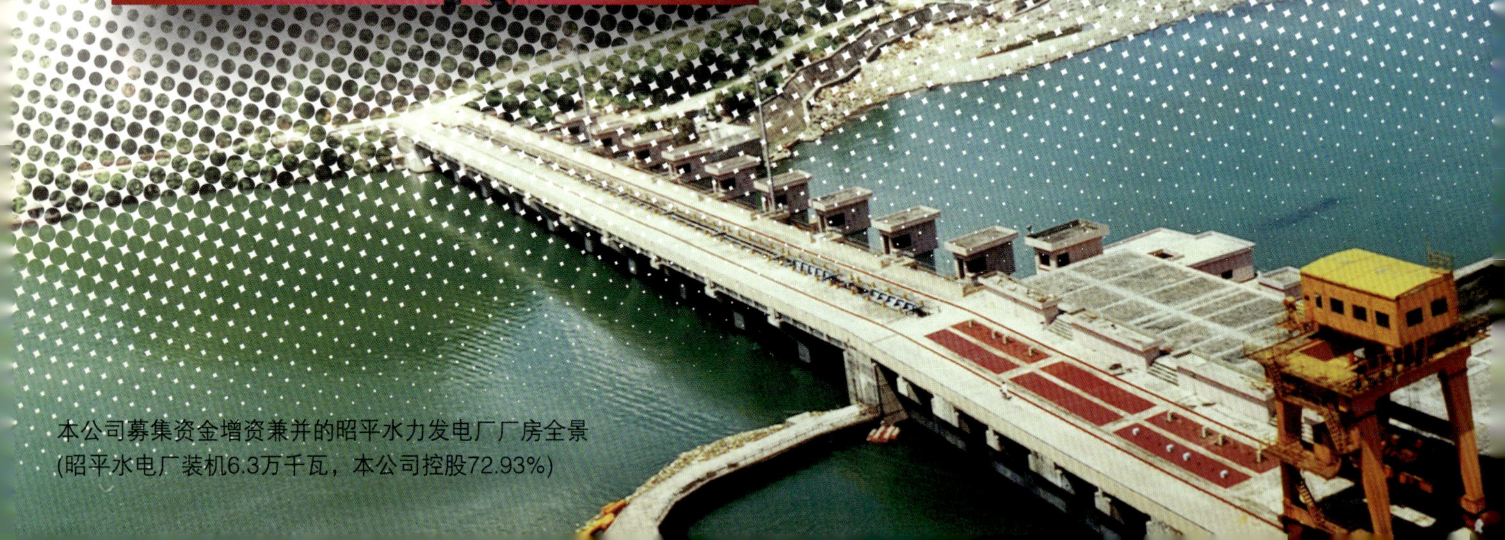

本公司募集资金增资兼并的昭平水力发电厂厂房全景
(昭平水电厂装机6.3万千瓦，本公司控股72.93%)

限公司

c Power Co., Ltd.

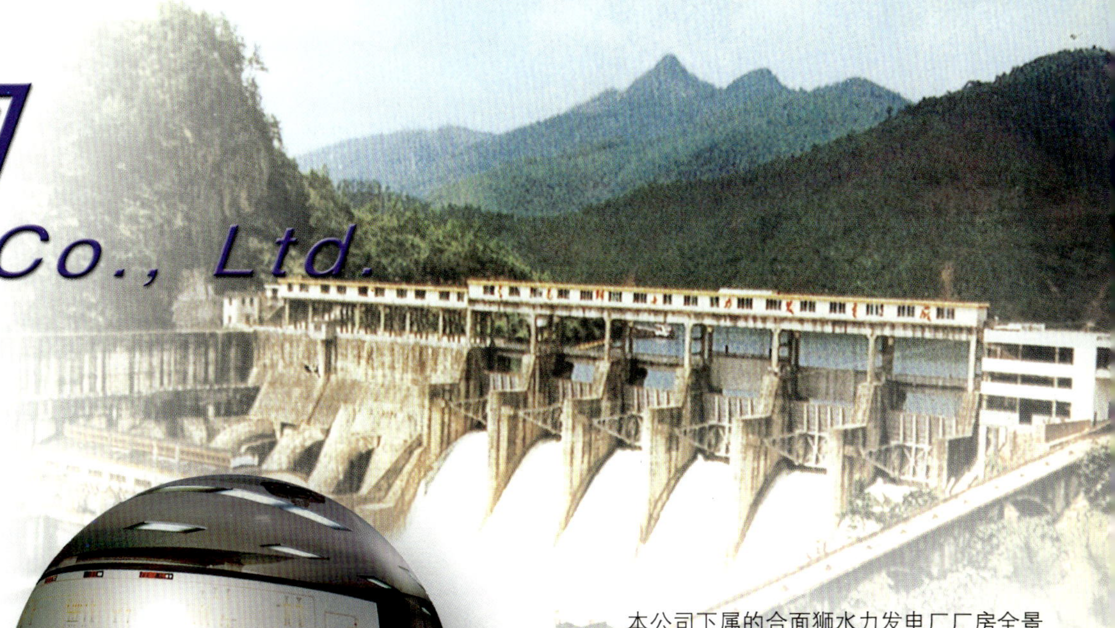

本公司下属的合面狮水力发电厂厂房全景
(装机4x2万千瓦)

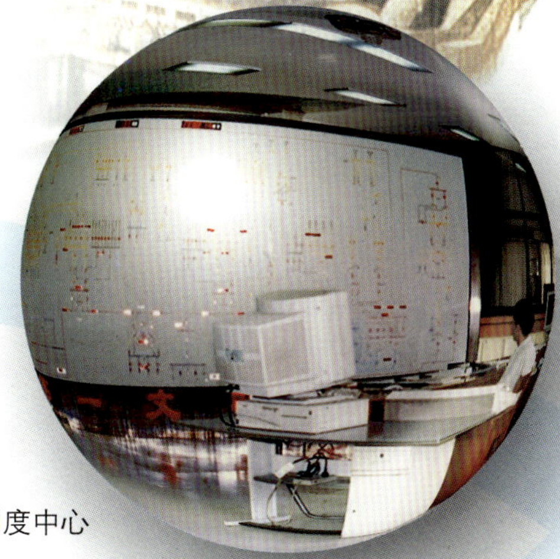

电力调度中心

广西桂东电力股份有限公司成立于1998年12月4日，由广西贺州地区电业公司、广西那板水力发电厂和贺州地区属下县市四家电力公司共同发起设立，主要发起人为贺州地区电业公司。2001年1月12日，**桂东电力（股票代码600310）**4500万A股股票获得中国证监会批准上网发行，2月28日在上海证券交易所挂牌上市交易，共募集资金3.96亿元。

桂东电力公司是全国水利系统唯一厂网合一和以110KV输电线路环网运行、网架覆盖面最宽最完整、整体实力最强的地方电力企业，电网内发供电相互配套，形成完整统一的发供电体系，使公司电力经营具有独特优势。公司主营业务为电力能源等基础产业，注册资本（总股本）15675万元，下属电厂总装机容量14.3万千瓦（公司电网内装机容量43.72万千瓦），其中合面狮水电厂8万千瓦、昭平水电厂6.3万千瓦，下属供电公司拥有110KV变电站5座，变电总容量约40万千伏安，35KV和110KV输电线路755公里。公司现有职工1200人，总资产7.46亿元，净资产6.02亿元，供电范围为桂东区域6县3市2矿和广东郁南县、罗定市。2000年，公司实现供电量14.46亿千瓦时，销售收入4.01亿元，利润总额5635万元。

桂东电力公司位于广西东部，地处湘粤桂三省区结合部，境内山川纵横，雨量充沛，水力资源十分丰富，开发清洁环保能源独具优势，水电已成为当地一大经济支柱，目前境内还有50万千瓦可开发的水力资源有待开发。1995年，该区域率先建成全国第一个农村初级电气化达标地区，建成了被水利部领导赞誉为“梧州模式”的地方电网并向全国地方电力企业推广经验。近年来，公司紧紧抓住国家实施西部大开发的有利时机，积极实施西电东送，已建成两条110KV输电线路分别向广东郁南县和罗定市供电，成为了广西西电东送的主要通道之一，受到了广西自治区政府和贺州地区的高度重视和重点扶持。

桂东电力成功发行A股后，将上市募集的资金用于增资兼并桂能电力公司，建设合面狮水电厂调峰机组以及新建信都、西湾两座110KV变电站等基础产业项目，从而凭借多年形成的电网经营优势，优化配置发供电资源，为公司的进一步发展创造了广阔的空间。同时，广西自治区电网在贺州市投资1.5亿元建设的220KV输变电工程已建成投产，大大增强了公司电力外送能力和电网安全可靠性，为进一步扩大向广东邻近县市供电提供了坚实的后盾。目前，公司凭借良好的融资条件，正积极寻找新的电源点，力争尽快开发建设调峰调枯能力更好的优质水电站，进一步把公司做大做强。

桂东电力作为全国地方电力的优秀企业和广西地方电力的龙头企业，随着西部大开发和西电东送工程实施，将越来越引起人们的广泛关注。

地址：广西贺州市平安西路12号 邮编：542800
电话：0774-5297796 5297881 传真：0774-5283343 5285255
E-mail: 600310@gdep.com.cn
Http: //www.gdep.com.cn

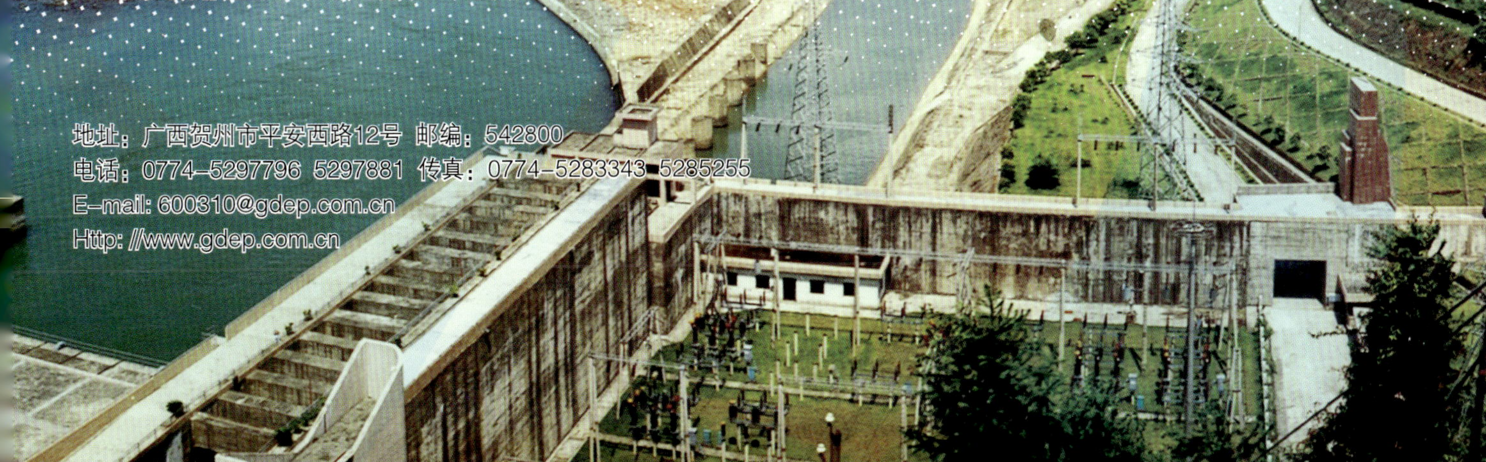

董事长：王 刚 先生

总经理：侯 瑛 先生

内蒙古
INNER MO

股票代码：600328
股票简称：兰太实业

公司是经内蒙古自治区人民政府内政股批[1998]22号文批准，由内蒙古吉兰泰盐化集团公司为主发起人，联合阿拉善盟吉兰泰达康公司、内蒙古自治区盐业公司、宁夏回族自治区盐业公司、山西省盐业公司以发起方式组建的股份有限公司。主发起人以经评估确认的经营性净资产15,731.21万元出资，按65%的比例折为10,225.2899万股，界定为国有法人股；其他发起人分别以现金1,300万元、200万元、50万元、50万元投入公司，均按65%的比例折为845万股、130万股、32.5万股、32.5万股，股权设置为社会法人股。发起设立时公司总股本112,652,899股。公司于1998年12月31日在内蒙古自治区工商银行行政管理局登记注册，注册资本11,265万元，员工2,402人。

公司主发起人内蒙古吉兰泰盐化集团公司成立于1994年6月24日。其前身吉兰泰盐场是全国520户、内蒙古自治区32户重点企业之一。

公司于2000年11月30日采取上网定价的方式发行人民币普通股6000万股，每股面值1元，发行价7.88元/股，全面摊薄的发行市盈率为37.52倍。形成总股本17265.2899万股。其中国有法人股占59.22%，社会法人股占6.03%，社会公众股占34.75%。本次发行共募集资金45290.6万元。

发行前公司总股本为11265.2899万股，每股净资产为1.76元，发行后公司总股本为17265.2899万股，每股净资产为3.63元。

公司于2000年12月22日在上海证券交易所上市。主承销商为长城证券有限责任公司。

公司主要从事加碘食用盐、化工原料盐、农牧渔业盐等产品和金属钠、液氯等盐化工产品以及天然胡萝卜素、盐藻粉等盐湖生物系列产品的生产和销售。

金属钠产品

兰太实业股份有限公司

GOLIA LANTAI INDUSTRIAL CO.,LTD

公司有丰富的湖盐资源，盐的总储量近2亿吨，年生产成品盐150多万吨，行销全国十几个省、市、自治区，并跻身国际市场，是国家绿色食品发展研究中心认定的盐行业唯一的“绿色食品”。并率先在同行业通过ISO9002质量体系认证。

公司年产金属钠8000吨，液氯12500吨，以及盐酸、氯乙酸等多种化工产品，金属钠纯度稳定在99.9%以上，是目前亚洲最大、世界第三的金属钠生产企业，国内市场占有率在38%以上。并大量出口东南亚、欧美等国家和地区。

公司拥有国内第一家运用现代生物技术从盐藻中提取天然胡萝卜素的高新技术企业，有较强的科研实力和完善的生产基地。

随着公司股票的成功上市，企业将以雄厚的资金，加快产品结构调整的步伐，大力发展盐化工和盐湖生物产业，使企业进一步发展壮大，再创新的辉煌。

地址：内蒙古自治区阿拉善左旗吉兰泰镇
电话：（0483）8838609
传真：（0483）8838735
邮编：750333

再生盐生产

原生盐生产

站台机械化堆坨

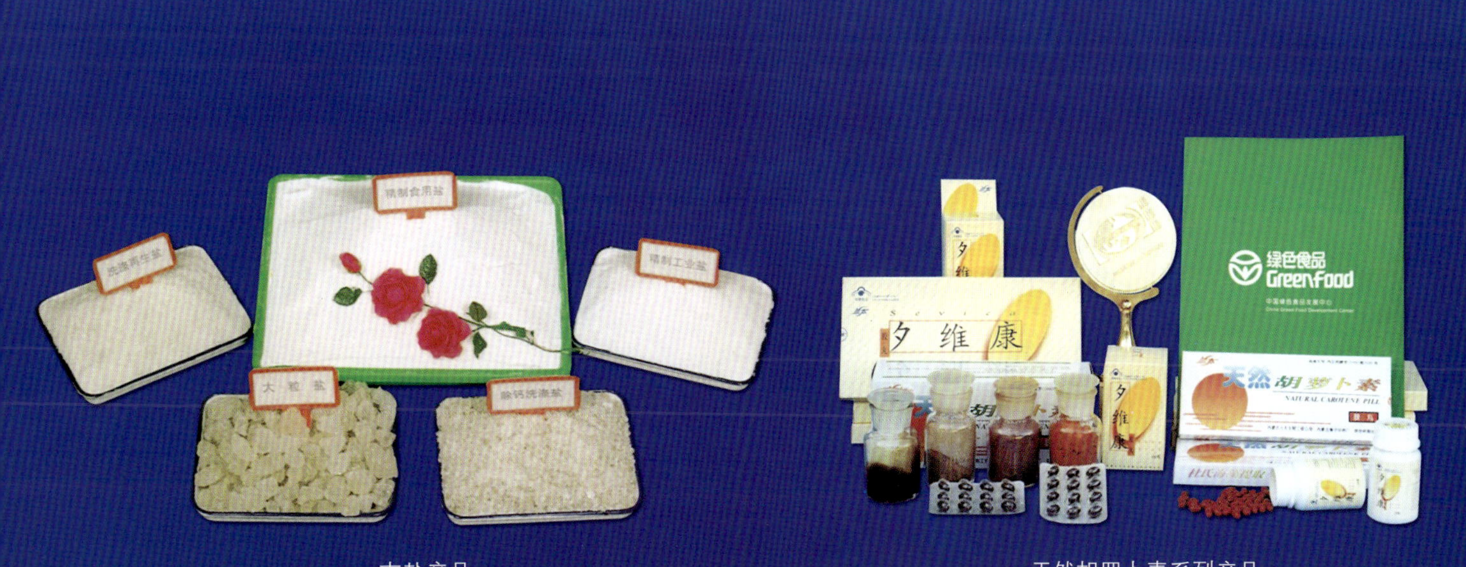

吉盐产品

天然胡萝卜素系列产品

西藏天路交通股份有限公司

TIBET TIANLU COMMUNICATIONS CO., LTD.

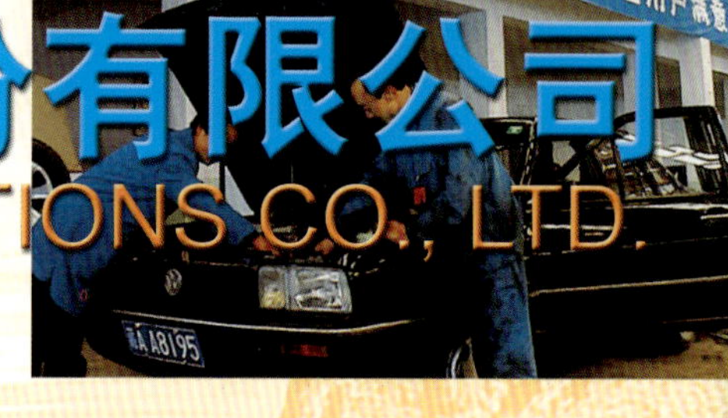

西藏天路交通股份有限公司成立于一九九九年三月二十九日，公司股票于二00一年一月十六日在上海证券交易所上市（股票简称：西藏天路　代码：600326）。总股本10000万股，资产总额为50,501.71万元，净资产总额为36,565.09万元。

公司经营范围：公路、桥梁的建设（壹级）；与公路建设相关的建筑材料（含水泥制品）生产、销售；汽车贸易（含小轿车）及汽车筑路机械零配件的经营；汽车维修；塑料制品；货物运输、长短途客运；制氧业务等。

以下经营范围已经有关部门批准，公司正在办理工商登记注册。

1、对外经济技术合作业务，其对外经营范围为：（1）承包境外公路工程和境内国际招标工程；（2）上述境外工程所需的设备、材料出口；（3）对外派遣实施上述境外工程所需的劳务人员；

2、工业与民用建筑施工二级、装饰二级；

3、承担大（二）型及以下水利水电建筑工程施工、基础处理施工，中型及以下水利水电工程机电设备安装、金属结构制作安装；电压等级为110KV及以下输变电工程施工与安装（水利水电工程施工二级资质）。

公司的经营宗旨：以市场需求为导向，走集约化经营的道路，通过资本市场筹集必要的发展资金，依靠现代科学技术，调整产业结构，扩大企业规模，增强企业整体实力和竞争能力，发展企业、服务社会、贡献西藏。

公司为主要从事公路工程施工的基础设施建设企业，主要参与西藏自治区内的公路、桥梁的建设。公路及桥梁施工能力、工程施工质量、公路建设市场占有率、高等级公路施工市场占有率、工程机械设备的先进程度及拥有量在西藏自治区内一直处于领先地位。公司的公路工程施工业务，占有西藏公路工程建设市场20%的份额，其中在高等级公路建设中占有50%以上的市场份额，公司经营管理规范，经济效益显著。

地址：西藏拉萨市夺底路14号
电话：(0891) 6328624　6322208
传真：(0891)6333071
邮政编码：850000
电子邮箱：xztlgf@163.net

广州药业股份有限公司

GUANGZHOU PHARMACEUTICAL COMPANY LIMITED

股票代码：600332
股票简称：广州药业
A股上市交易所：上海证券交易所
股票代码：0874
股票简称：广州药业
H股上市交易所：香港联合交易所有限公司

广州药业高层领导

中国最大的中成药制造商
国内三大医药贸易企业之一

广州药业股份有限公司（“广州药业”）于1997年9月1日资产重组而成，是香港H股上市公司和国内A股上市公司，旗下拥有七家中成药制造企业和三家医药贸易企业。广州药业成功地于1997年10月30日在香港联交所挂牌上市发行H股，于2001年1月10日在上交所发行A股。

作为国内最大的中成药制造商，广州药业主要从事(i)中成药的制造与销售；(ii)西药、中药和医疗器械的批发、零售和进出口。

广州药业在中成药制造方面有着悠久的历史和众多驰名品牌，目前生产九剂、片剂、胶囊剂、泡腾片、软胶囊等二十三种剂型共计400多个品种，其中包括40种国家二级中药保护品种，20种产品属广州药业独家生产品种。四家司属制造企业获得澳大利亚药品管理局的GMP认证，陈李济药厂、中药一厂、敬修堂、奇星公司更是以严格的管理和高水准的生产水平通过国内GMP认证，广州药业已成为国内最大的现代化中成药生产基地。

在贸易业方面，广州药业亦是中国三大医药贸易商之一，现经营4000多种西药、中药和医疗器械产品，其中独家代理的国外名牌医药产品30多种。公司拥有广州地区最大的医药零售网络，其中包括127家采芝林药业连锁店和92家健民医药连锁店，该系列连锁药店以与上乘的服务和先进的经营理念通过了国家GSP认证。

以中药现代化为突破口，不断加快新产品研制开发及重点产品的二次开发进程是广州药业近年来研发工作的重中之重。广州药业拥有完备的技术创新体系，以广州拜迪生物医药有限公司及广州汉方现代中药研究开发有限公司为核心的研发力量，辅以“产学研”一体的科研体系，正积极开发及培育科技含量高、市场潜力大的拳头产品，为企业科技创新提供有力支撑。

广州药业庞大的产品阵容、先进的生产体系、强大的营销网络及具前瞻性的研发力量，成为广州药业持续发展的源源动力。二零零零年，在国内实施医药体制改革、药品分类管理制度及医药产品价格政策的影响下，面对激烈竞争的市场环境，广州药业仍然取得骄人成绩。二零零零年营业额为4,222,857千元，比去年同比增长22.24%，除税前盈利为219,936千元，同比增长22.21%，是年营业额和除税前盈利均达到本公司成立以来的最好水平。

广州药业稳健良好的业绩、高透明度的管理和国际化的投资运作，为境内外资本市场及业界所瞩目，一九九九年广州药业被香港《资本杂志》评选为十八家非蓝筹股最具潜力的上市公司之一，得到国际投资机构及证券分析员的普遍关注与好评。

展望未来，广州药业将以市场为导向，以科技创新为动力，以中药现代化为突破口，积极扩大产品市场和销售网络，不断巩固和扩展本公司的核心竞争能力，在近年内将本公司建设成为一个以天然药物的开发和生产为主体，科工贸一体化，具有国际竞争能力的大型医药集团！

先进的现代化生产设备

庞大的连锁药店

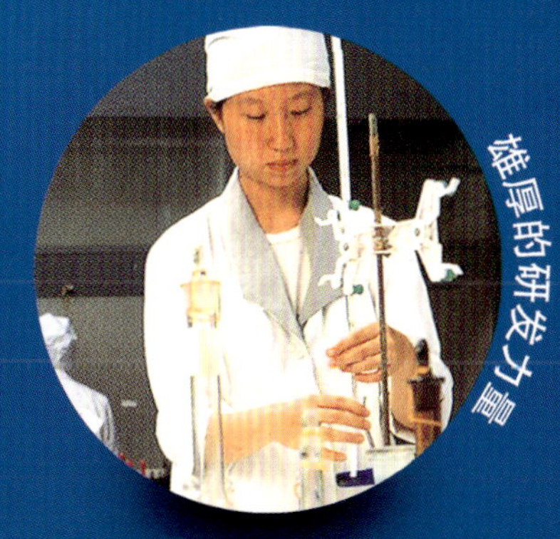
雄厚的研发力量

地址：中国广东省广州市沙面北街45号 邮编：510130 电话：(8620)81218103 传真：(8620)81876408 网址：http://www.gzphar.com 电子邮箱：sec@gpc.com.cn

博采高新技术 捷足先登
忠诚市场伙伴 联手双赢
股票简称：华微电子
股票代码：600360
质量体系认证证书
QUALITY SYSTEM CERTIFICATE

我们全力追求**超越！**

董事长：夏增文 先生

吉林华微电子股份有限公司是由吉林华星电子集团有限公司作为主要发起人，以与半导体功率器件业务相关的净资产出资，联合厦门永红电子有限公司等四个公司共同发起设立的股份制企业，是通过中国科学院和国家科技部认定的高新技术企业。公司目前主要从事功率半导体器件的设计、开发、芯片加工及封装业务，拥有国内领先、与国际水平接近的工艺设备及净化厂房，芯片加工能力为年投三英寸硅片三十六万片，封装能力为年封装功率晶体管两亿只左右，是目前国内最大的，实力最强的功率晶体管开发和制造商之一。主导产品硅 NPN 高反压大功率晶体管系列，产销量及市场占有率连续多年在同行业名列前茅。

公司具有较强的自主开发能力，拥有一整套具有自主知识产权的高反压大功率晶体管的专有生产技术，并通过合作开发及自主创新，先后研制成功传输保护二极管、肖特基管、快恢复二极管、高频大功率晶体管、达林顿晶体管、静电感应晶体管、稳压集成电路等一系列新产品，基本形成了“生产一代、储备一代、开发一代”的技术创新格局，为公司的持续发展奠定了良好的基础。

吉林华微电子股份有限公司将以经济效益为中心，以市场需求为导向，以技术创新为动力，以人力资本为依托，以科学化管理为基础，以资本运营为手段，力争用3-5年的时间，将公司建成具有相当经济规模和一定国际竞争实力的国内一流的微电子企业。到2005年，本公司产品品种将扩充至15个系列左右，应用范围扩展至消费类电子产品、计算机、通信及网络产品、办公电子设备、汽车电子、工业自动控制、节能照明等广泛领域，计划形成年投3英寸、4英寸、5英寸、6英寸硅片30万片以上及年封装30亿只功率半导体器件的生产能力，年销售额计划达到12亿，净利润达到1.5亿，出口比重在40%以上，成为我国功率半导体器件领域的主导厂商。到2010年，公司年销售额计划达到50亿元，净利润达到6亿元，出口比重达到80%以上，成为具有国际竞争实力的功率半导体器件开发和制造商。

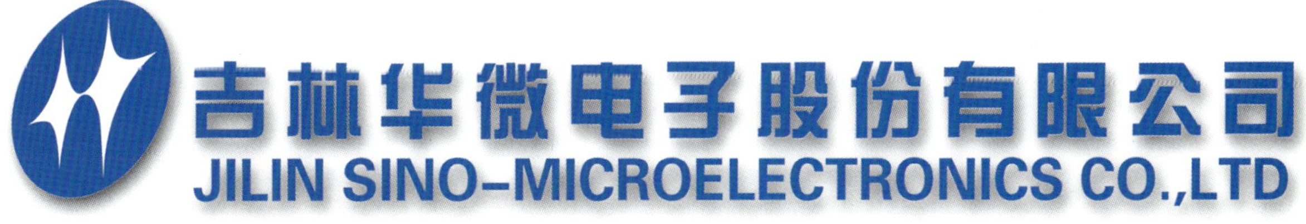

地址：吉林省吉林市深圳街99号　邮编：132013　电话：0432-4678411　传真：0432-4665812

CHINA TONGHUA
since 1937
霞多丽干白葡萄酒
Chardonnay
Dry White Wine
通化
1999
通化葡萄酒股份有限公司

酒王
通化葡萄酒
通化葡萄酒股份有限公司
TONG HUA GRAPE WINE CO. LTD.

酒股份有限公司

TONGHUA GRAPE WINE CO.,LTD.

江泽民总书记于1991年1月10日视察通化葡萄酒股份有限公司

董事长：于永利 先生

具有国际先进水平的自动化生产线

江苏宁沪高速
JIANGSU EXPRES

董事长：沈长全先生

江苏宁沪高速公路股份有限公司成立于1992年8月，是国家基本建设项目社会募集方式股份制试点企业，主营高速公路建设、收费管理并经营开发高速公路沿线服务区加油、餐饮、汽修、广告业务。目前直接经营管理沪宁高速公路江苏段、宁沪二级公路江苏段。沪宁高速公路江苏段1997年11月通过国家竣工验收，工程管理和质量居当时已建高速公路之首，国家竣工验收委员会总体评价：整体工程质量国内领先，水网、软土地基工程质量达到国际先进水平，标志着我国高速公路设计、建设、管理迈上了一个新的台阶。上海至南京高速公路江苏段工程技术和建设管理被评为1997年度江苏省科技进步特等奖，1998年，沪宁高速公路江苏段先后荣获国家建筑工程最高奖"鲁班奖"和江苏省建筑工程"扬子杯"奖，1999年荣获"国家科技进步一等奖"和"国家土木工程詹天佑大奖"。

江苏宁沪高速公路股份有限公司作为江苏交通基础设施建设的融资窗口，于1997年6月27日成功向全球配售12.2亿股H股，并在香港联交所挂牌，一次从国际资本市场上融资40.7亿元人民币，成功收购宁沪二级公路江苏段，投资建设江阴大桥南北接线锡澄、广靖高速公路，为公司发展开拓了广阔的空间，也有力地支持了江苏交通建设。2001年1月16日公司1.5亿A股在上海交易所上市，公司成为香港和国内同时上市的企业，具有了在境内外两个资本市场运作的优势，为公司进一步发展提供了有力的支撑。目前公司注册资本为503774.75万元，股份总额为503774.75万股。

按照现代企业制度产权清晰、权责明确、政企分开、管理科学的要求，公司实行董事会领导下的总经理负责制，机构设置董事会秘书室、办公室、人力资源部、财务会计部、投资证券部、收费稽核部、工程技术部、资产管理部等，组建了实行模拟法人运作的江苏宁沪二级公路管理处、江苏宁沪高速公路经营发展公司和江苏现

A股简称：宁沪高速
A股代码：600377
H股简称：江苏宁沪
H股代码：0177

公路股份有限公司

WAY COMPANY LIMITED

代路桥工程有限责任公司。公司现有员工1500多人，平均年龄31岁，24%具有大专以上文化程度，中、高级职称人员占6.5%。

作为江苏省唯一一家基建上市公司，公司凭借雄厚的实力，发挥在江苏省境内交通基础设施投资与收购具有优先权的优势，抓住机遇，积极开展资本运作，现拥有江苏广靖锡澄高速公路有限责任公司85%的股权，宁沪二级公路江苏段15年100%经营权，宁连公路南京段30年100%收费经营权，江苏快鹿汽车运输股份有限公司33.2%的股权，江苏扬子大桥股份有限公司26.6%的股权，宜兴宜漕公路有限公司49%的股权。公司规模不断壮大，目前净资产133.43亿元，总资产已达到150.57亿元，实现了国有资产的保值增值。公司经济效益连年攀升，1998年实现收入11.10亿元，1999年完成营收12.97亿元，2000年完成营业总收入16.19亿元，2001年中期实现收入净额8.26亿元，较2000年同期增长14.4%。

公司始终坚持"两手抓、两手都要硬"的方针，以精神文明建设活动为中心开展企业文化建设，促进企业经济效益和社会效益的提高，取得丰硕成果。公司积极开展争创"青年文明号"，争当"青年岗位能手"等活动，公司所辖收费站及服务区全部被评为江苏省交通系统文明收费站和文明服务区。公司1998年和2001年两度被交通部和人事部联合命名为"全国交通系统先进单位"。1999年，公司南京收费站被全国创建"青年文明号"活动组委会命名为"全国青年文明号"。

随着中国经济的迅速发展，国家宏观政策继续大力发展公路基建，公司发展迎来了新的机遇，公司将以积极的姿态抓住机遇，迎接挑战，充分发挥已有优势，保持公司利润的稳步增长，继续深入开展群众性创建文明活动，不断提高文明优质服务水平，为改革开放和经济建设作出积极的贡献。

总经理：陈祥辉先生

地址：中国江苏省南京市石鼓路69号江苏交通大厦　邮编：210004
电话：(8625) 4469332　传真：(8625) 4466643
网址：http://www.jsexpressway.com
电子信箱：bgs@jsexpressway.com

青海白唇鹿股份有限公司前身是青海第一毛纺厂，始建于1944年，是国内首家研制、开发和生产牦牛绒产品的企业，也是青海省建厂最早、效益最好的毛纺骨干企业。

几十年来，经过公司几代人的团结拼搏、艰苦创业，企业由小到大、由弱到强，发展成为青海纺织行业的支柱企业。近十年来，公司利用青藏高原独有的牦牛绒资源和目前国内外先进的生产设备，并与东部沿海发达地区的科技优势相结合，研制、开发和生产了牛绒衫、牛绒面料、服装、T恤、毛线等五

自然奔放 流畅动感

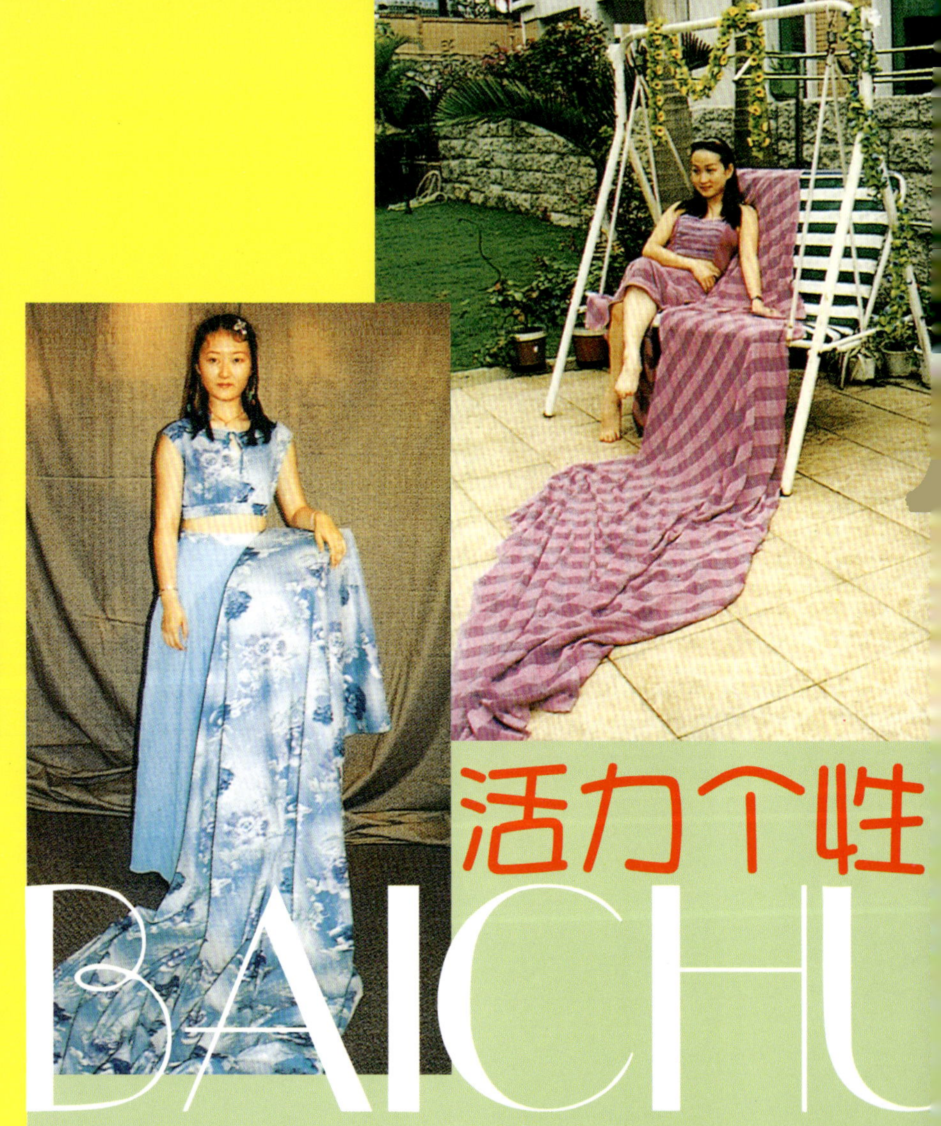

时尚品味

活力个性

BAICHU

地址：青海省西宁市小桥大街36号
电话：(0971) 5130792
传真：(0971) 5130189
邮编：810003

江山股份上市时，董事长蔡建国与上海证券交易所领导交换礼品。

南通江山農藥化

南通江山农药化工股份有限公司是由国家大型企业南通农药厂为主体设立的股份制公司，为上海证券交易所A股上市公司，**股票代码：600389，股票简称：江山股份。**

江山股份是国家火炬计划重点高新技术企业、国家农药重点生产企业，是中国化工100强企业及行业50家最佳经济效益工业企业。先后荣获全国综合利用先进企业、全国设备管理先进企业、全国化工清洁文明工厂、江苏省重合同守信用企业等称号。江山股份与世界最大农药企业瑞典诺华公司和英国捷利康公司建立了合作关系，组建了中国最大的农用化学品合资项目先正达南通作物保护有限公司。

风景优美的生产区一角

至2000年年底，公司有总资产7.26亿元，占地面积22万平方米，下属3家控股公司。江山股份建有自备电厂、长江自备码头及日处理12000吨的废水处理装置。公司具有进出口自营权，已通过ISO9002质量体系认证和长江流域水污染物、固体废物达标排放验收。

公司具有较强的科研实力，建有省级技术中心，先后承担多项国家科技攻关项目、江苏省火炬项目的研制工作，江山股份是国内率先将微机处理自动控制技术应用在农药生产上的厂家，是我国首家向国外输出农药生产成套设备和技术的企业。

公司产品质量深受国内外客户信赖，畅销国内30个省市自治区，部分产品外销亚欧美非等洲的近40个国家和地区。公司产品先后被评为国家优质银牌产品、国家技术监督抽查合格产品和省部优质产品。"江山"牌农药是江苏省重点保护的名牌产品，公司注册使用的"江山"商标是江苏省著名商标。

"十五"期间，公司将以发展高效、低毒、低残留、对环境友好的现代农药为立足点，以实现产品多元化为目标，以建立完善的现代企业制度为方向，致力于发展中国农药工业，为中国农药走向世界，为创制农药的民族品牌发挥应有的作用。

公司主要产品有：精喹禾灵（国家级新产品）、草甘膦、种衣剂、毒死蜱、丁草胺、乙草胺、甲草胺、敌百虫、敌敌畏、咪鲜胺（保鲜剂）、拌种双、拌种灵、喹禾灵、久效磷等农药以及甲醛、多聚甲醛、氯甲烷、氯碱等基础化工原料及三甲酯、双乙烯酮等农药、医药中间体。

工股份有限公司

董事长、总经理：蔡建国

电话：0513-3513131（总机）

地址：江苏南通市姚港路35号

传真：0513-3510690、3527883（外贸）

销售热线：3517630、3516234、3531195（外贸）

邮编：226006

电挂：0553

E-mail:jspc @ public.nt.js.cn

网址：www.jsac.com.cn

引进瑞典先进的甲醛生产装置

公司办公大楼

新疆天宏纸业股份有限公司是经新疆维吾尔自治区人民政府新政函［1999］191号文批准，由新疆石河子造纸厂为主要发起人，以其与造纸相关的生产经营性资产入股，新疆教育出版社、新疆出版印刷集团公司、新疆生产建设兵团印刷厂、新疆石河子白杨酒厂四家法人单位以货币资金入股，采用发起方式设立的股份有限公司。公司于1999年12月30日在新疆维吾尔自治区工商行政管理局登记设立，注册资本5016万元。2001年6月6日，经中国证监会证监发行字［2001］34号文核准，同意公司利用上海证券交易所交易系统，采用上网定价发行方式向社会公众发行3000万股每股面值1.00元的人民币普通股，6月15日上网发行，发行价格5.80元，总股本8016万股，可流通股3000万股，注册资本变更为8016万元。6月28日在上海证券交易所上市交易。股票简称“新疆天宏”，股票代码“600419”。

公司经营范围：造纸、纸制品及纸料的加工，销售，化工产品（有毒除外）、印刷物资的销售，机械加工，物业管理，造纸原料的开发。

股份有限公司
agermaking Co.,Ltd

公司主发起人新疆石河子造纸厂，始建于1958年，经历40多年的艰苦创业，造就了一个团结、拚搏、务实、创新的企业领导班子和一支积极进取、勇于奉献的企业职工队伍，靠科学管理和科技进步，使企业不断发展壮大，年生产机制纸3.2万吨，共有32个品种，其中三个品种获轻工部优质产品称号，五个产品获自治区优质产品称号，“博雪牌”系列文化用纸是新疆造纸行业的名牌产品。企业先后获得了国家技术进步金龙腾飞奖，国家环保先进单位，全国资源综合利用先进企业，自治区先进集体，自治区重合同守信用单位，自治区精神文明先进单位，兵团合理化建议和技术革新集体等荣誉称号，1995年至2000年，在新疆造纸业中利税总额排名第一。

新疆天宏在发挥主发起人新疆石河子造纸厂的各项优势的基础上，通过公开发行股票并成功上市，融资1.74亿元，公司今后的发展方向：以新疆丰富的棉短绒、芨芨草等资源为依托，以产品结构调整为重点，开展技术创新，充分利用国内外的先进技术、设备和管理经验，将资源优势转化为产业优势，逐步形成了具有市场竞争力的知名品牌和特色产业，带动全地区产品结构的调整和布局的变化。

公司运行一年多来，经济实力和整体素质全面提高，2000年通过了中国轻工质量认证中心ISO9002质量体系认证。根据公司2001年中期报告显示：公司总资产3.86亿元，净资产2.78亿元，实现主营业务收入8459.40万元，净利润632.85万元。

获奖产品

生产车间

芨芨草原料基地

航天晨光

南京晨光航天应用技术股份有限公司是由南京晨光集团有限责任公司作为主发起人于1999年发起设立的股份有限公司，经中国证监会证监发行字（2001）31号文核准于2001年5月24日，采取上网定价发行方式向社会公开发行人民币普通股股票4000万股，并经上海证券交易所上证上字（2001）85号文批准于2001年6月15日起在上海证券交易所交易市场上市交易。公司简称“**航天晨光**”，股票代码“**600501**”。

公司注册资本为12300万元，员工1400余名，工程技术人员400余名，中高级技术人员220余名。

公司已被认定为《高新技术企业》，一、二、三类压力容器设计、制造单位；1993年取得美国《ASME》的“U”、“U_2”类证书；2000年通过ISO9001质量体系认证。

公司经营范围经2001年第一次临时股东大会审议通过扩增为：航天及地面设备、交通运输设备、管类产品及配件、自动化控制系统及设备、电子信息产品、仪器仪表、非金属制品、金属艺术制品、压力容器、普通机械及配件制造、销售；科技开发；咨询服务；实业投资；自营产品进出口服务；国内贸易和设备安装（国家有专项规定的办理手续后经营）。

公司的主发起人——南京晨光集团有限责任公司，前身为清朝洋务运动中于1865年创建的金陵机器制造局，是中国民族工业的发源地之一，新中国成立后，组建南京晨光机器厂，1991年被命名为国家一级企业，1994年通过ISO9001质量体系认证，1995年被列为全国100家现代企业制度试点单位，1996年改制为国有独资公司——南京晨光集团有限责任公司，现为中国航天科工集团公司（原中国航天机电集团公司）直属大型综合性机械制造企业和中国航天科工集团公司航天伺服技术研究中心。

公司经营理念：“全心全意服务用户”
公 司 精 神：“诚信、敬业、创新、高效”
公 司 作 风：“一丝不苟、雷厉风行”

地址：江苏南京正学路一号
邮编：210006
电话：86-25-2413078
传真：86-25-2410226
网址：www.aeroshiny.com
E-mail：htcg@jlonline.com

挤压式垃圾车
该车主要用于收集、清运城镇居民生活垃圾及其它可压缩性垃圾，采用电液控制。垃圾箱容积5.5m^3，装填周期为12s，倾卸周期为40s。

飞机加油车
（中国航空油料总公司唯一指定替代进口的生产厂家）

南京晨光航天应用

NANJING CHENGUANG AEROSPAC

亚洲规模最大的金属软管和波纹补偿器研究生产基地

公司以航天应用技术研究与开发的核心产品——专用车辆、波纹管类产品、压力容器产品为主业，下辖7个分公司、2个中外合资控股子公司——航空航天特种车辆分公司、专用车辆分公司、压力容器分公司、泵阀管件分公司、金属软管分公司、上海分公司、销售分公司、南京晨光东螺波纹管有限公司和南京晨光森田环保科技有限公司。

公司生产的专用汽车类产品有25个种类、100多个品种，是我国最大的专用汽车研究生产基地之一；公司生产的金属软管和波纹管补偿器产品在1996年被国务院发展研究中心授予“中华之最”称号，是亚洲规模最大的金属软管和波纹补偿器研究生产基地。

公司建有研究开发中心和覆盖全国的营销网络，具有强有力的产品开发、研究设计、生产、销售和用户服务体系。

公司贯彻“以开发新品为先导、以创名牌为目标”的科技发展战略，依托航天技术和质量优势，通过创新、赶超、跨越发展，逐步建成为一个生产规模化、管理精细化、产品多元化、市场国际化、国内一流、世界知名的现代化大型股份制公司。

CGJ9370XGC型
半挂改性沥青混炼设备工程车

CGJ9460GDY型
低温液体运输半挂车

技术股份有限公司

APPLYING TECHNOLOGY CO., LTD.

上海大屯能源股份有限公司
SHANGHAI DATUN ENERGY RESOURSES CO.,LTD.

公司于1999年12月29日在上海成立，中纪委委员濮洪九（左三）、上海市副市长周禹鹏（左四）、中煤进出口集团公司董事长经天亮（左二）参加揭牌仪式

公司11000万股A股股票于2001年8月29日在上海证券交易所隆重上市

股票简称：上海能源　股票代码：600508

上海大屯能源股份有限公司，是由大屯煤电（集团）有限责任公司作为主发起人，联合中国煤炭进出口公司、宝钢集团国际经济贸易总公司、上海煤气制气物资贸易有限公司和煤炭科学研究总院四家单位以发起方式设立的股份有限公司。公司成立于1999年12月29日，2001年8月公开发行11000万股A股股票。公司注册资本40151万元，本部在上海市浦东新区桃林路18号。

公司主要从事煤炭开采、洗选加工、煤炭销售，铁路运输（限管辖内的煤矿专用铁路），实业投资，国内贸易（除专项审批项目）等业务。拥有姚桥、孔庄、徐庄、龙东四对生产矿井以及大屯选煤厂和徐沛铁路管理处，设计原煤生产能力585万吨/年，煤炭入洗能力405万吨/年，铁路运输能力600万吨/年。

公司主要煤种为1/3焦煤和气煤、气肥煤，主要产品为五级精煤、六级精煤、九级精煤、洗混中块、混末煤和动力精煤。其中精煤产品获得煤炭行业产品质量最高奖—国家银质奖和部优产品。

公司设备装备达国内行业先进水平，管理水平争创行业一流，取得了良好的经营业绩。煤炭产品形成了“大屯煤”品牌，主要销往华东地区和部分出口，产销率每年均在98％以上，获得中国质量检验协会颁发的“争创中国名牌先进单位”称号，信用等级AAA，一次通过ISO9002国际质量体系认证。

公司自营铁路和港口运输

公司以现有的能源产业为基础，充分发挥煤运一体化经营优势，采用先进科技，组织专业化大生产，增强企业的技术创新能力，实现经营机制和经济增长方式的根本转变；以市场和国家产业政策为导向，以高新技术产业为发展方向，充分利用上海的诸多优势，发展高新技术产业和从事资本运营，努力构建煤炭产业与高新技术产业协调发展的格局，积极创建高效率、高效益、跨地区、跨行业的世界一流企业。

公司姚桥煤矿为江苏省境内最大的特大型煤矿，年产原煤300万吨

公司采煤生产采用现代化的综合机械化采煤设备

公司采用先进的轻型放顶煤技术和综掘技术，大大提高了劳动效率

花园式工厂——公司选煤厂

地址：上海市浦东新区桃林路18号
电话：021-58513035
传真：021-58513101

中国铁路建设第一股

中铁二局股份有限公司是经国家经贸委批准，由中铁二局集团有限公司作为主发起人，联合宝鸡桥梁厂、成都铁路局、铁道部第二勘测设计院和西南交通大学，于1999年9月24日发起设立。公司已通过ISO9001质量体系认证，是四川省科委认定的高新技术企业。经中国证监会核准，2001年5月8日在上海证券交易所上网定价发行1.1亿股社会公众股，发行价每股9.5元，实际募集资金101727.75万元。2001年5月28日在上海证券交易所挂牌交易。

公司具有承担各类型工业、能源、交通、民用等工程项目施工的总承包一级资质。主营业务包括：铁路、公路、桥梁、机场、港口码头、水利电力、市政工程等建设项目的施工总承包和机械租赁，主要产品为铁路、公路等工程，年产值超过40亿元。

公司现有员工4450人，其中各类专业技术人员2851人，从事科技开发、运用、管理的人员1250人，分别占员工总数的64.07%和28.09%,具有中、高级职称的专业技术人员有786人，占员工总数的17.7%。

公司拥有总资产30.6亿元，净资产18.5亿元，固定资产原值6.06亿元、固定资产净值4.1 亿元。拥有各类机械设备2800余台(套)，技术装备率人均60269元，动力装备率人均40.28千瓦，企业实力居全国铁路建筑施工企业前列。

公司实施“科技兴业”战略，大力推进技术创新，应用高新技术改造和提升传统产业，通过与科研院校及其他企业的合作，在高速铁路、高速公路、城市地铁、深水基础、大跨度桥梁、长大隧道、大断面导流洞、大面积软土、膨胀土和控制爆破等重点技术领域的高、难、新技术专题展开研究和攻关，多项科技成果荣获国家和省部级科技进步奖。

公司坚持“科技先导、质量为本、重誉守约、用户至上”的质量方针，严格运行ISO9001质量体系，确保了工程质量合格率100%，优良率达95.7%以上。施工的成渝高速公路缙云山隧道、京九铁路平湖南编组站工程荣获鲁班金像奖；丰都长江大桥荣获国优工程银质奖和部优一等奖；厦门仙岳山隧道获中国市政工程金杯奖；徐连线新浦车站站房和中运河特大桥、京九铁路工程荣获部优一等奖。此外还有大量工程获地方优质样板工程称号。公司先后被评为“全国优秀施工企业”、“全国工程质量管理先进企业”和“全国用户满意施工企业”，跻身全国55家优秀施工企业行列。

股票公开发行是公司发展的新里程碑，作为中国铁路建设第一股，公司将抓住机遇，努力开创改革发展的新局面。

法定代表人：翁景庆

住所：成都市通锦路16号

电话：028-7684612

传真：028-7683980

电子信箱：ztejbgs@mail.sc.cninfo.net

中铁二局股份

⑥

⑤

④

CHINA RAIL

中国建筑行业的『金字招牌』

① 2001 年 5 月 28 日，中铁二局股票在上海证券交易所隆重上市，成为中国铁路建设行业第一股。

② 徐(州)连(云港)铁路中运河特大桥跨越京杭大运河主河道，主桥 1502 米，东引桥 546 米，获得国家优质工程银奖。

③ 获深圳市政工程最高荣誉“金牛奖”的深圳彩虹大桥。

④ 获海南省公路建设最高荣誉“金光大道”奖的海南环岛高速公路路段

⑤获四川省“天府杯”金奖的广州地铁农讲所站

⑥ 秦（皇岛）沈（阳）客运专线最长桥——长 10.263 公里的月牙河特大桥

有限公司

AY ERJU CO.,LTD.

RONGTAI

广东榕泰实业股份有限公司

股票代码：600589

广东榕泰实业股份有限公司是1997年12月经广东省人民政府办公厅和广东省体改委批准，由广东榕泰高级瓷具有限公司和揭阳市兴盛化工原料有限公司作为主要发起人，联合其它三家公司共同发起设立，于1997年12月25日注册登记成立的股份有限公司，公司于2001年6月12日在上海证券交易所挂牌交易，股票代码600589，股票简称广东榕泰，公司总股本16000万股，其中流通股4000万股。

公司是国家重点高新技术企业。公司主要从事ML复合新材料及其制品、甲醛及其辅产品的生产和销售；高分子材料的研究。公司成立后，确立高分子新材料的开发生产作为企业发展的主攻方向，通过建立完善的技术开发机构，建设高素质的科研队伍，营造良好的技术创新环境，加大科研开发投入而成功开发的出具有自主知识产权的新一代树脂基功能复合材料，现已形成年产ML复合新材料2.3万吨的实际生产能力。2000年，ML复合新材料获广东省科技进步一等奖；2000年，ML复合新材料被国家科技部、国家税务总局、中国对外贸易经济合作部、国家质量技术监督局和国家环保总局评定为“国家重点新产品”；公司投资建设的年产6万吨ML复合新材料项目被国家科技部列为2000年国家级重点火炬计划项目；2000年，公司被广东省委、省人民政府联合授予“广东省先进集体”荣誉称号。

总经理：李林楷 先生

董事长：杨启昭 先生

展望未来，公司将坚持以化工新材料特别是高分子新材料的开发、生产和销售为主导方向，跟随国际高分子新材料的前沿领域，在功能复合材料和工程塑料、环保型产品等方面的开发上，争取有部分产品达到世界先进水平，并形成产业化，力争发展成为具有国际竞争力的国内知名的化工新材料生产企业。

地址：广东省揭阳市榕城区新兴东二路1号
电话：0663-8676616　8686120
传真：0663-8676899
电子信箱：rongtai@rongtai.com.cn
网址：Http:www.rongtai.com.cn

董事长：古松 先生

四川金顶(集团)股份

SICHUAN GOLDEN SUMMIT (G

Haier海尔®

股票代码：600690　股票简称：青岛海尔

青岛海尔股份有限公司原名青岛琴岛海尔股份有限公司，成立于1989年4月28日。青岛琴岛海尔股份有限公司是在对原青岛电冰箱总厂改组的基础上，以定向募集方式设立的股份公司，1993年7月1日更名为青岛海尔电冰箱股份有限公司，1993年10月12日公开发行5000万元社会公众A股，公司股票于1993年11月19日在上海证券交易所挂牌交易。2001年5月，根据公司股东大会决议，公司名称变更为青岛海尔股份有限公司。

公司上市前，生产用资金主要靠企业自身积累及银行贷款，但随着公司的快速发展，其所能提供的资金已不能满足公司正常发展的需要。公司抓住93年国家大力发展证券市场之机，通过公开发行股票募集资金3.69亿元，分别投资于出口冰箱技术改造与配套设施改造项目、无氟冰箱技术引进项目、精密冲裁中试基地项目、精密注塑中试基地项目、冲压基地项目、模具中试基地项目、洁厨具及风直冷蒸发器等项目。这些项目的实施使公司生产能力有了大幅提高，为以后冰箱生产上规模奠定了基础。

公司在保持高速增长的同时，狠抓产品质量，继在全国家电行业中率先通过ISO9001认证后，又先后通过了ISO14001环保认证、美国UL、加拿大CSA、德国VDE和GS、欧盟CE等多项认证，这使海尔冰箱不出厂就可获得国际认证，是真正的世界级产品供应商。

与此同时，改制上市也使公司从根本上转变了经营机制，企业的产权关系也更加明晰。股票上市后，公司严格按照有关要求，建立、健全了法人治理结构，理顺了股东大会、董事会、监事会与经理层的关系，并在公司内部形成了股东、员工、用户互动的价值链，使公司的发展目标与对股东的投资回报有效结合起来。

股票上市后，公司充分发挥在证券市场的融资功能，先后进行了三次配股和一次增发新股。96年公司配股募集资金主要用于无氟冷柜项目的生产，该项目投产后使海尔冷柜的生产能力大大增强，为海尔进一步拓展世界冷柜市场和提高公司竞争力奠定了基础。

97年公司配股募集资金用于青岛海尔电冰箱有限公司二期工程、青岛海尔电冰箱(国际)有限公司二期工程以及小家电项目。这些项目的投入生产，使青岛海尔在不断扩大销售额，占据冰箱行业领先地位的同时，形成小家电这一新的利润增长点。

99年公司配股募集资金将主要投向出口大型冰箱、出口洗碗机、出口燃气灶、建立国际物流中心、收购章丘电机厂、电脑板等项目。这些项目的投产有力的推动了公司的国际化进程，产生了良好的社会效应和经济效应。

2001年初公司实施了增发1亿股A股的方案，募集资金用于收购青岛海尔空调器有限总公司74.45%股权，通过本次收购，在向上市公司注入成熟的高盈利性业务，增强国际竞争力的同时，还有助于实现产品多元化战略，进一步完善白色家电概念，增强了公司的行业地位，降低经营风险。

公司自上市以来，取得了突飞猛进的发展，2000年公司实现主营业务收入48亿元，是93年的7倍，实现净利润4.2亿元，是93年的6倍，同时，每股收益在股本不断扩张的情况下，由93年的0.41元逐年上升到2000年的0.75元。2001年前三季度，公司保持了良好的增长态势，累计实现主营业务收入100亿元，净利润5.8亿元，均创历史最好水平。公司优良的经营业绩也渐为投资者所认同，公司挂牌证券“青岛海尔”连续入围上证30指数和道中88指数，是证券市场绩优股的典型代表。

青岛海尔股份有限公司

地址：青岛市重庆南路99号　邮政编码：266032
电话：0532-8938138　传真：0532-8938313
电子信箱：ref@haier.com

沧州化学工业股份有限公司
CANGZHOU CHEMICAL INDUSTRIA CO.,LTD
董事长：周振德 先生
沧州化学工业股份有限公司是河北沧化实业集团有限公司最大的控股子公司，是经冀体改（94）20号文批准，由原沧州市化工厂独家发起组建的股份制企业。96年6月4日至17日首次公开向社会公众发行2312万股A股，每股面值1元，每股发行价格9.18元，并于当年6月26日连同内部职工股188万股在上交所挂牌上市，股票简称沧州化工，股票代码600722，该次发行股票扣除发行费用后共募集资金20624万元。96年9月20日利用资本公积按10:10的比例向全体股东转增股本，注册资本变更为19620万元。99年经股东大会审议通过99年中期分配方案，以99年6月30日的股本为基数，每10股送红股5股并以公积金转增5股，注册资本变更为39240万元。2000年经证监会司字[2000]59号文件批准，以1999年末的股本为基数按10:1.5的比例向全体股东配售2902万股，其中向社会公众股股东配售1500万股，向国家股股东配售1402万股，配股价为每股7元，共募集资金10254万元。公司股本总额变更为42142万股，其中国家股30642万股，社会流通股11500万股。经河北省科学技术委员会冀科工字[1999]020号文件批准，本公司被认定为高新技术企业，认定证书编号为21-99J0018。公司主要生产经营化工原料（不含化学危险品）、塑料制品、建筑材料等。
公司主要产品及生产能力：烧碱8万吨/年，其中离子膜烧碱4万吨/年，PVC树脂29万吨/年，其中掺混树脂1万吨/年，EPVC4000吨/年。AC发泡剂4000吨/年，液氯20000吨/年，氯化氢33000吨/年。
沧州化学工业股份有限公司下设四个子公司：沧州沧井化工有限公司（持股75%）、北京华夏新达科技发展有限公司（持股66.67%）、广州中科信投资有限公司（持股34%）和广东沧化实业有限公司（持股25.4%），分别负责树脂产品的生产、软件开发、投资及公司树脂产品的销售。
沧化股份公司生产工艺先进，技术装备雄厚，主要生产工艺已实现微机自控，部分工艺已达世界先进水平，第一套国产化离子膜烧碱装置就是由我公司自行设计完成并荣获化工部科技进步二等奖。目前我公司已发展成为河北省规模最大的氯碱工业和精细化工产品基地，已连续十几年保持省利税超千万元和沧州市第一利税大户的荣誉，被列入全国500家重点联系企业，跻身于全国最大的化工企业和全国工业百强企业行列，是国家化工行业氯碱工业骨干企业之一，河北省二十四家大型支柱企业之一。经过近几年的积极运作，沧州化学工业股份有限公司已发展成为全国最大的PVC树脂生产基地之一，并成为国内经营稳健、业绩优良的优秀上市公司之一。
近年来，我公司在经营管理上下了较大的力气，企业管理以财务管理为中心，实现了全过程成本控制法，成立了一个专门成本攻关班子抓实质成效。同时，在全厂推行全面质量管理、目标管理、厂内银行、网络技术系统工程等一系列现代化管理办法，完善计算机管理中心和高度指挥系统，现代化的管理具备了一定的规模，使企业管理达到了国内国际同行业先进水平。
企业的发展得力于一支高素质的职工队伍和一个有凝聚力的领导班子，全公司1443人中，高级职称人员8人，中级职称人员54人，专业技术人员698人，为公司的发展起到了积极的带头作用。厂级领导层4人，年龄最大的55岁，最小39岁，平均年龄45岁左右，具有较高的知识结构和专业管理水平。
我公司是化工行业的重点企业，多次被省化工厅授予"化工系统优秀企业"。企业实行以销定产，计划经营的原则，产品行销全国各地。
地址：河北省沧州市南环中路18号 电话：0317-3030719 传真：0317-3042321 邮编：061000

股票代码：600726(A股)　　900937(B股)
股票简称：龙电股份(A股)　龙电B股(B股)
股票上市地：上海证券交易所

地址：哈尔滨市南岗区大成街209号　邮编：150001
电话：(0451) 2525778　传真：(0451) 2525878
电子信箱：dlgf@public.hr.hl.cn
互联网址：www.londian.com

黑龙江电力股份有限公司

HEILONGJIANG ELECTRIC POWER COMPANY LIMITED

董事长：郑宝森　先生

总经理：孙 光　先生

黑龙江电力股份有限公司是1992年10月20日经黑龙江省经济体制改革委员会批准，由黑龙江省电力开发公司、黑龙江省电力有限公司、中国建设银行黑龙江省信托投资公司和黑龙江省华能发电公司等四家公司共同发起，以定向募集方式设立而成的股份有限公司，是黑龙江省和原电力工业部的股份制试点企业。公司于1993年2月2日经工商登记正式成立。

公司的主营业务是火力发电，还涉及电厂建设及检修等业务。公司机组装机容量从公司成立之初的84MW增至目前的1156MW，增长率达1276%。

截止2001年6月30日，公司总股本为112126.5万股，其中流通A股16800万股，流通B股为43200万股；因B股超过总股本的25%,被国家对外经贸部批准为中外股份制企业。

公司成立之初注册资本为1800万元，到2000年末公司净资产达到27.5亿元。公司在资本规模迅速扩张的同时，保持了经营业绩连年递升，公司2000年度净利润达2.25亿元。公司以良好的成长性和规范运作吸引了国内外的广大投资者。1998年11月亚洲货币（《Asia Money》）杂志对亚太地区公司最佳管理和发展策略评选中，龙电股份位居中国组第六名。

公司在发展实践中确立了“规范、创新、效率、发展”的指导思想，强调资本运营与生产经营管理并重，通过资本运营实现产业规模的快速扩张，通过加强管理使资产创造出良好的效益。

在公司领导的积极倡导下，形成了全员参与企业文化建设、并对已形成的价值观共同信守的良好氛围。公司确立了“以人为本，追求卓越”的企业精神和“创造佳绩，报效祖国”企业宗旨。公司赋予员工“生存权、保障权、发展权”，并与员工形成了“事业、情感、物质”三种纽带关系。公司企业文化建设贯穿于企业管理的全过程，实现了有形资产和无形资产的同步增长。

公司未来的发展战略目标是在未来三年内，发电装机容量达到2500–3000MW，占黑龙江省发电市场25%的份额，成为在黑龙江省发电市场占主导地位的竞争主体。同时，公司将围绕发电主业，进行产业链的横向扩展和纵向延伸，积极发展电力自动化及电能仪表等电力高科技产业，以及垃圾发电、风能发电等环保新能源产业，并拟在时机成熟时参股设立风险投资公司，公司将充分发挥公司优势，创造佳绩，回报股东和社会。

牡丹江第二发电厂

新疆天富热电股份有限公司于一九九九年三月二十日，经新疆维吾尔自治区人民政府批准设立。公司由新疆石河子电力工业公司、新疆石河子造纸厂、农七师电力工业公司、新疆石河子一四八团场、新疆石河子市水泥制品厂共同发起设立。公司总股本10908.5万股，其中：新疆石河子电力工业公司10671.5万股，占总股本总数的97.84%；农七师电力工业公司134万股，占总股本的1.23%；其余各占34万股，分别各占总股本的0.31%。公司下设红山嘴水电厂、热电厂、供电分公司、电力调度中心等生产单位。主要从事电力、热力的生产供应，同时也承担电力设计和电力安装等其它业务，对新疆石河子地区电力生产的发、供、调工作实行统一管理、统一规划建设，成为新疆兵团唯一的水、火电并举；发、供、调一体化的地方电力企业。

公司现有职工人数2029人，总装机容量11万千瓦。其中：水电机组5.75万KW、热电机组5.1万KW，年发电量5.61亿KWH，年供电量7.93亿KWH；现有变电站23座，变电总容量33.89万KVA；110KV、35KV输电线路602.8公里，供电半径达165公里；年供热392万吉焦，供热半径5公里，供热面积129万平方米。

目前，公司已建立了由股东大会、董事会、监事会和经理层构成的规范化的法人治理结构，实现了人员、资产、财务三方面的独立，已成为一家规范运作的股份公司。

天富热电主营业务逐年增长，经济效益日益显著，在新疆及石河子垦区范围内享有较高的声誉。同时，公司实施重视科技开发运用和积极吸引人才等战略，使公司在多元化发展方向上极具潜力，相继成立了房地产发展公司、旅游公司、信息技术开发公司、水利电力工程公司、企业技术中心，具备较强的股本扩张能力和市场竞争力，有着十分广阔的发展前景。

董事长：成 锋 先生

⑥

⑧

①热电厂全景
②热电厂车间
③电力调度中心
④热电厂升压站
⑤红山嘴水电厂三级电站
⑥红山嘴水电厂二级电站
⑦110KV新城东变电所
⑧110KV输电线路

总经理：牛玉法 先生

热电股份有限公司

J THERMOELECTRIC CO., LTD.

公司地址：新疆石河子市红星路54号
联系电话：0993 – 2901108
传　真：0993 – 2901121
网　址：www.tfrd.com.cn
电子邮件：tfrd.600509@163.com
邮政编码：832000

2001

A COMPREHENSIVE HANDBOOK OF

中国证券大全

CHINESE SECURITIES

2

总编辑：陈乃进 朱从玖 张育军

主　编：施光耀 陈京华

协办单位

上海证券交易所／深圳证券交易所

中国证券大全编辑委员会

中国经济出版社

许继电气股份有限公司
股票代码：000400 股票简称：许继电气
董事长：王纪年 先生
地址：河南省许昌市建设路178号
电话：0374-3212348
传真：0374-3363549
邮编：461000

无锡威孚集团有限公司

无锡威孚集团有限公司是以国有资产为投资主体的大型多元化的企业集团，拥有10个分公司，6个全资子公司，4个控股子公司，并对多家中外合资企业和国内企业参股。主要生产为汽车、农机配套的A型泵、PW泵、VE分配泵、I号泵、IW泵、喷油器及三对偶件等柴油喷射系统产品，以及汽车尾气净化（消声）器、汽车空调、纳米新材料、各类弹簧，还从事各类物资进出口贸易、汽配经营、房地产开发等第三产业。现集团各企业资产总量为34亿元，员工8500名。核心企业——无锡威孚高科技股份有限公司已成为国内业绩优良的A、B股（A股简称：威孚高科，股票代码：000581，B股简称：苏威孚B，股票代码：200581）上市公司。

从1958年生产第1付国产油嘴到2000年研制120Mpa高压共轨系统，威孚集团历经半个世纪的创业发展，已成为中国燃油喷射系统的最大生产厂商和国内外融资的现代企业集团。公司名优产品XI牌油泵油嘴为国内100多家主机厂配套、对1300多家汽配、农机公司供应配件，还向美洲、东南亚、中东等地区出口。在中国，50%以上的柴油机装有威孚产品并与汽车相联结。公司五大类400多个品种规格的产品，正日日夜夜在全国各地证实着自己的可靠性和安全性。

生产现场

地址：无锡市人民西路107号
电话：0510-2708345
邮编：214031

董事长、总经理、党委书记：许良飞

国家“863”产业化基地揭牌仪式

为用户提供高性能的产品和优质的服务，是公司一贯追求的宗旨。国家级企业技术中心的创建和博士后科研工作站的成立，把企业技术创新工程推入一个新的历史发展阶段。自成功地开发出符合“欧I”排放要求的IW泵、PW泵，2000年公司又被授予国家“863”成果产业化基地，目前公司新一代高科技产品燃油电控系统、高压共轨系统也取得了阶段性的成果

公司大门

芜湖海螺型材科技股份有限公司

海螺型材 CONCH

Wuhu Conch Profiles and Science Co., Ltd

芜湖海螺型材科技股份有限公司，隶属中国安徽海螺集团，1997年，安徽海螺集团被国务院列为全国120家大型企业集团之一，享有国有资产经营权，集团所属的海螺水泥H股已在香港联交所挂牌上市。

芜湖海螺型材科技股份有限公司于1995年投产，2000年5月在深圳证券交易所买壳上市，简称“海螺型材”（代码为000619），公司分别在芜湖、宁波设立生产基地，总投资15多亿元人民币，全套引进德国、奥地利九十年代最新设备，采用计算机控制作业，拥有国际上同类设备最大的混料机组，当今国际最先进的三履带牵引机，同时拥有国内最先进的高速挤出机和一模双腔主型材双头模具，现年产型材15万吨，2002年底产能将达30万吨，规模位居世界前列。企业效益稳步提高，2000年实现净利润9765万元，2001年中期实现净利润7200多万元，2000年和2001年中期每股收益在沪深1000多家上市公司都名列前10位。

海螺型材主要产品有50系列、60系列、73系列、77系列、80系列、85系列、88系列、95系列塑料门窗异型材，引进的200多套模具可生产各种高级异型材，彩色涂膜异型材和双色共挤型材。可制作固定、内外平开、推拉、百页、异型门窗及各式隔断，适用各种建筑风格结构、不同客户对门窗的需求。新推出的百页窗，采用页片可旋转设计，实现通风、密封多功能，外型美观，填补了国内空白；85系列上下提拉窗可带纱设计，汲取了美式窗的精华，出材率可达139m2/吨，88系列推拉窗出材率达115m^2/吨。

海螺型材的断面设计，均为多腔结构，有独立的排水腔、增强型钢腔、保温腔，使雨水无法进入增强型钢腔体，避免型钢生锈，提高门窗的使用寿命，排水腔能保证框扇的积水有效、及时地排出，保证门窗的水密性，合理的断面设计，充分代表着中国塑料门窗的发展趋势，也是欧式塑料门窗在中国的典型代表，在行业中被广泛称之为“海螺系列”。

海螺型材以先进的设备、独特的配方、精细的工艺、严格的质量保证体系，获得广大用户的一致好评：

一九九六年九月，荣获建设部授予的全国建筑节能新技术、新产品科技成果重点推广项目证书；

一九九七年六月，荣获中国建筑业协会化学建材用户委员会颁发的一九九七——二OOO年“用户信得过产品证书”；

一九九八年三月，被国家科学技术委员会授予国家级火炬计划项目；

一九九八年四月和一九九九年四月连续两次被评为全国型材、塑钢门窗定点企业；

一九九九年十一月荣获“全国化学建材工作先进集体”荣誉称号；

二OOO年七月，通过ISO9002质量体系认证证书；

二OOO年七月，荣获科技部火炬计划重点高新技术企业称号，并荣获安徽省高新技术产业优秀火炬计划项目一等奖；

二OOO年九月，被评为中国塑料加工工业协会异型材及门窗制品“定点生产企业”；

二00一年八月，获上海绿色建材研究中心颁发的“绿色环保产品”称号；

一九九七年十二月，海螺型材公司率先在中国人民保险公司对产品质量投保。

公司一贯坚持“团结、创新、敬业、奉献”的企业精神，始终奉行“至高品质、至诚服务”的承诺，充分满足最广泛的用户，目前在全国各大中城市和沿江、沿海开发开放城市建立销售网络和中转库，覆盖了除青海、西藏的所有区域，构筑了海螺强大的售后服务体系。产品销往全国各地，已被上海等地有影响的示范小区和工程使用，如：上海的“德阳花园”、“锦都花园”等，产品出口到英国、新加坡等欧洲和东南亚国家，受到用户和同行业的一致好评。

党和国家领导人李鹏、杨尚昆、李贵鲜、吴仪、任建新等都先后亲临我公司视察，并给予高度评价，李鹏委员长为我公司题词“发挥海螺集团优势，促进石化建材工业”。

为保护森林资源，维持生态平衡，满足当代社会的高档追求，海螺型材诚愿为广大用户创造未来的生活空间。

股票简称：海螺型材　股票代码：000619

地址：安徽省芜湖市经济技术开发区

邮编：241009

电话：0553-5840158/5840151

传真：0553-5840118　5840111

公司信箱：conch_xc@mail.ahwhptt.net.cn

成都倍特发展集团股份有限公司

CHENGDU BRILLIANT DEVELOPMENT GROUP,INC.

成都倍特发展集团股份有限公司(**股票简称"倍特高新",股票代码 000628**)是于1992年7月经成都市体制改革委员会成体改(1992)112号文和成体改(1992)176号文批准,由成都高新技术产业开发区管理委员会、中国科学院成都生物研究所制药厂、成都钢铁厂、西藏自治区石油公司四家单位共同发起,以定向募集方式设立的股份制集团公司。1996年11月18日本公司股票在深圳证券交易所挂牌交易。

本公司成立伊始,就被国家科委、国家体改委批准为国家级高新技术产业开发区首家股份制试点企业,1993年被成都市政府认定为"高新技术企业"。1994年、1995年连续两年被中国高新技术企业发展评价中心评定为"全国百强高新技术企业"。目前,本公司是全国百强高新技术企业,四川省、成都市重点支柱企业和成都高新区骨干企业。

本公司依法建立健全了法人治理结构,形成了分权制衡的企业组织制度和运行机制。股东大会、董事会、经营班子和监事会各方依法行使职权,既独立动作,又相互制约,共同推进本公司的健康运行。本公司已构筑起控股型公司组织结构,拥有子公司12家,分公司4家,分、子公司均按行业分布。本公司凭借对子公司的股权资本投资,建立起了对子公司的稳定控制关系,各分(子)公司都针对本分(子)公司的行业特点制定了既符合本公司基本管理思想又能满足自身发展需要的管理制度,使母子公司成为一个整体,以整体优势参与市场竞争。对维护本公司的整体利益起到了积极作用。

经过9年的发展,本公司现已发展成为包括房地产及基础设施建设业、金融投资业、高科技实业(倍特厨柜、倍特药业、倍特电子、倍特电动自行车)、餐饮贸易业等产业的跨行业、跨地区、多元化经营的综合性上市公司。本公司的房地产业97－99年度连续三年被评为"四川省房地产开发企业综合实力10强,最佳效益10强和市场占有份额20强企业",同时也是"2000年度四川省100家最大(佳)房地产开发企业";本公司生产的倍特厨柜是国家建设部首批"21世纪小康住宅推荐产品";本公司生产的倍特巴沙是国家卫生部批准的新一代广谱抗菌类药品。截至二00一年中期,本公司拥有总资产16.1亿元,净资产5.35亿元。九年来,共实现主营业务收入24.6亿元,利润4亿多元,为成都市和成都高新技术产业开发区的发展作出了突出贡献。

董事长兼总经理:曾绍清 先生

地址:中国四川省成都市高新技术产业开发区

电子信箱:best@mail.sc.cninfo.net

电话:028-5199519

传真:028-5184099

邮政编码:610041

中国振华(集团)科技股份有限公司

股票简称：振华科技　股票代码：000733

中国振华（集团）科技股份有限公司（以下简称振华科技公司）是国家科技部认定的高新技术企业和国家高技术研究发展计划（863计划）成果产业化基地。现有4个分公司和16个控股子公司，2000年末拥有总资产186179.62万元，净资产120511万元，资产负债率30%，主营业收入66535万元，利润总额9051万元，上交税金4003万元。

近年来，振华科技公司严格按照现代企业制度和《证券法》要求，不断深化改革，积极推进科技进步和市场开拓，健全和完善法人治理结构，严格各项管理，规范市场运作，科学民主决策，经营业绩优良，连续四年保持利税在亿元以上。

在实施西部大开发中，振华科技公司按照“抢抓机遇，发挥优势，调整结构，求实求效”的发展思路，以“数字化技术、规模化经济、专业化生产、科学化管理”为目标，集中人力、物力、财力做大龙头产品，做强基础产品。在抓紧建设新型电子元器件基地的同时，不失时机地与日本京瓷株式会社联姻，合资合作研发生产和销售CDMA手机，参与国际竞争。

公司董事长：陈清洁　先生

总经理：史汉兴　先生

国家高技术研究发展计划成果产业化基地

中华人民共和国科学技术部
二零零一年九月

通讯地址：贵州省贵阳国家高新技术产业开发区新天大道150号
深圳市福田区华富路1046号
电话：0851-6302675 0851-6300908 0755-3366515
传真：0851-6302674 邮编：550018
网址：www.zhhkj.com
E-mail: info@zhhkj.com

2001年9月22日，中国振华（集团）科技股份有限公司与世界500强企业之一的日本京瓷株式会社在北京人民大会堂签署了共同研制、生产CDMA手机的合资合同。该合资公司主要从事CDMA手机的研发、制造和销售工作，首期目标年产CDMA手机158万部，达产后可实现年销售收入24亿人民币，利税2.7亿人民币。该项目是日本企业在中国西部信息产业领域的最大投资项目之一，也是贵州省引进最大的外商投资项目之一。

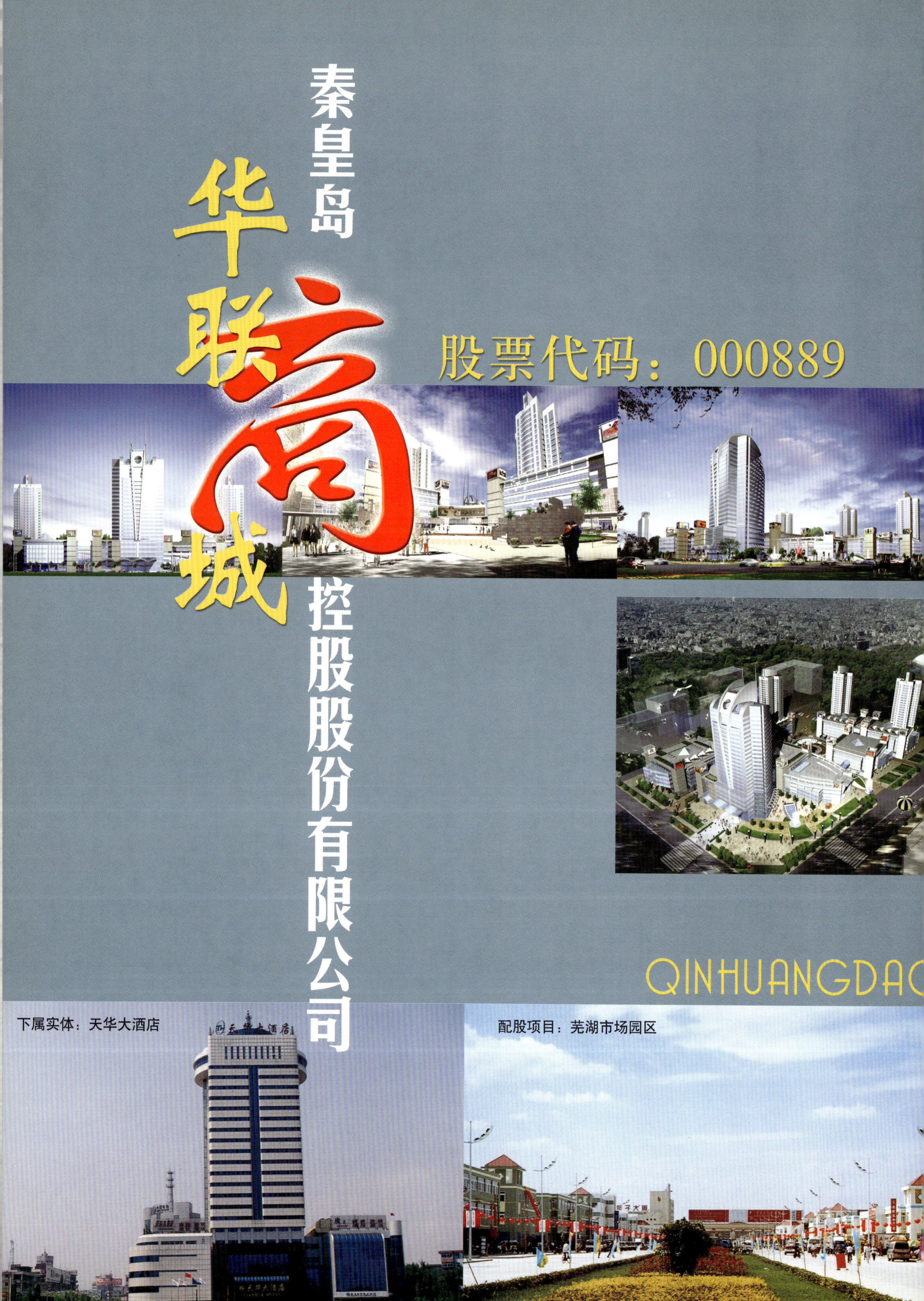
秦皇岛
华联商城
控股股份有限公司
股票代码：000889
QINHUANGDAO
下属实体：天华大酒店
配股项目：芜湖市场园区

秦皇岛华联商城控股股份有限公司是河北省首家商业企业上市公司，自 1997 年 12 月在深交所挂牌上市以来，连续几年各项经济指标均居河北省前列，先后荣获国家级、省级、市级“十城百店无假货优胜单位”、“股份制改革先进单位”等荣誉称号。现有总资产 13 亿元，员工近 2600 人，拥有华联商场、商城商场、天华大酒店、物业管理中心、品牌批发公司。其控股子公司为新长江网络经济发展有限公司、商业服务楼、金原房地产有限责任公司、进出口分公司、亚飞汽车连锁分公司、金原超市有限公司、金原物业发展公司、金原经营服务公司、主要从事房地产、市场建设、物业管理、电子商务、信息咨询、网络服务、国内商业零售、批发、酒店业、旅游业、进出口、汽车业务的经营。

2000 年以来公司加大改革力度，针对宏观经济环境及市场的变化，调整了资产结构，逐步加大对房地产的投资力度，为公司主业逐渐向房地产、市场建设等方向发展奠定基础。

新世纪里，秦皇岛华联商城控股股份有限公司将继续按照“市场导向、稳中求进、务实创新、顾客至上、功效至上、股东至上”的经营理念和“制度管人、依法办事、数据说话、按效分配”的管理方针进行运作，充分发挥地域、人才等资源优势，创造更好的经济效益，回报社会，回报股东。

法定代表人、董事长：魏超

党委书记、总经理：刘宏

UALIAN BUSINESS BUILDING HOLDING CO.,LTD.

芜湖米市

地址：秦皇岛市海港区河北大街 152 号
邮编：066000
电话：86-335-3049100　86-335-3023349
传真：86-335-3045671
网址：//www.acec.com.cn
电子信箱：qhdhlsc@public.qhptt.he.cn

广西贵糖(集团)股份有限公司

GUANGXI GUITANG (GROUP) CO.,LTD

中國貴糖

法人代表：杨和荣董事长

广西贵糖（集团）股份有限公司由广西贵港甘蔗化工厂独家发起定向募集改组创立。其前身为广西贵县糖厂，于1956年建成投产，是国家“一五”期间的重点建设项目之一。1994年，贵糖完成了股份制改造，组建成定向募集的广西贵糖（集团）股份有限公司。1998年11月11日贵糖股票在深圳证券交易所成功上市（**股票代码：000833　股票简称：贵糖股份**）。

经过四十五年的建设，特别是“九五”期间的发展，贵糖拥有日榨万吨甘蔗的制糖厂，大型的造纸厂和酒精厂、轻质碳酸钙厂，拥有国家认定的企业技术中心和博士后科研工作站，1998年，贵糖“桂花”牌白砂糖通过了ISO9001国际质量体系认证。主要产品生产能力：年产白砂糖13万吨、加工原糖30万吨、机制纸10万吨、甘蔗渣制浆9万吨、酒精1万吨、轻质碳酸钙2.5万吨、回收烧碱2万吨。

贵糖股份第二造纸厂
（年产四万吨高级文化用纸技改项目）

贵糖股份日榨万吨的压榨车间

2001年7月18日，国务院副总理温家宝在自治区党委书记曹伯纯的陪同下，视察贵糖股份第二造纸厂。

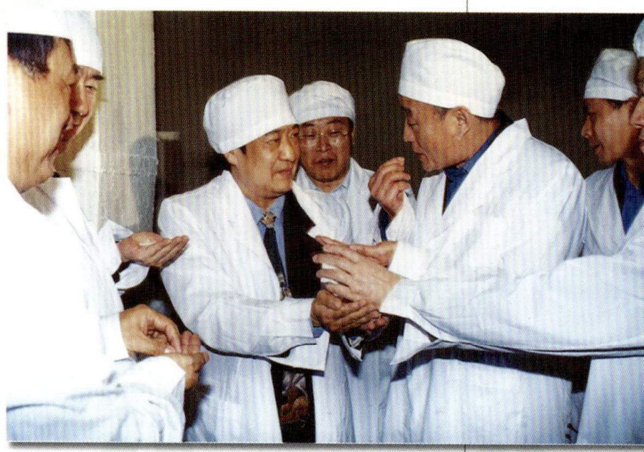

2001年4月13日，国务院副总理吴邦国视察贵糖股份制糖厂装包间。

贵糖是全国100家现代企业制度试点单位和512家重点扶持企业之一，是全国120家企业集团试点之一的广西贵糖企业集团的核心企业曾荣获“全国资源综合利用先进企业”、“全国环保先进企业”、“全国思想政治工作先进企业”、“全国企业管理优秀奖（金马奖）”、“全国企业管理杰出贡献奖”等荣誉。

贵糖股份公司总股本25268.85万股。2000年贵糖固定资产原值6.25亿元，比1997年的3.38亿元增84.70%；固定资产净值4.31亿元，比1997年的1.82亿元增136.52%。

贵糖通过股票上市募集到资金3.16亿元，按计划有效投入年产四万吨高级文化用纸技改等六个项目的建设。这些项目都已陆续完工并发挥效益。募集资金投资项目的成功，更引起广大投资者及证券机构的高度关注，2000年11月贵糖股份被国家列入农业产业化国家重点龙头企业

地址：广西贵港市幸福路100号
电话：0775-4262888
传真：4260088
邮政编码：537102

贵糖股份25万亩甘蔗

贵糖股份年产四万吨高级文化用纸工程厂房外景

鞍钢新轧

A股000898
H股0347

董事长：刘 玠 先生

ANGANG NEW STEEL COMPANY LIMITED

地址：中国辽宁鞍山市南中华路396号
电话：(86)412-6334292 6334293
传真：(86)412-6727772
邮编：114003
电子信箱：info@ansc.com.cn
网址：http://www.ansc.com.cn

鞍钢新轧钢股份有限公司成立于1997年5月8日。1997年7月22日在香港发行8.9亿股H股，并于1997年7月24日在香港联合交易所挂牌交易，1997年11月17日在国内发行3亿股A股，并于同年12月25日在深圳证券交易所挂牌交易。2000年3月15日，公司又在国内成功发行了15亿元人民币可转换公司债券，并于2000年4月17日在深圳证券交易所挂牌交易，截止2000年12月31日，公司拥有总资产95.65亿元，净资产70.17亿元，总股本29.17亿股。

鞍钢新轧钢股份有限公司作为国家大型钢材生产基地，是由中国特大型钢铁联合企业鞍钢集团公司原骨干生产厂冷轧厂、厚板厂、线材厂、大型厂和炼钢厂组成的股份有限公司。本公司设备精良，技术工艺先进，劳动生产率高，能够生产高质量、高附加值、高需求的产品。

公司作为生产销售冷轧薄板、线材、厚板、重轨、大型材和管坯六大类产品的主要厂家，产品一直畅销于国内外。公司六大类产品全部通过国际ISO9002质量体系认证。1998年～2000年，本公司钢材生产总量分别为233.67万吨、293.2万吨和356.1万吨，钢材产销率分别为99.5%、100%和98.7%。这些都充分显示了公司的产品实力。

公司拥有先进的生产设备，在国内拥有很高的市场占有率，有广阔的发展前景。

本公司成立以来在生产经营、资本运作等诸多方面都取得了很大的成绩，公司业绩稳步增长、各项经济指标逐年攀升。

展望新世纪公司将充分利用自身优势，抓住国家西部大开发以及促进内需等机遇，通过推进技术改造，提高装备水平，将高科技手段应用于钢铁生产经营领域，增强本公司的附加值产品的竞争力。同时，本公司将充分利用进入国内外资本市场的有利条件，积极实施资本经营，开拓新的经济增长点，形成以钢铁为主业、多元化经营的格局，使本公司发展成为国内最具竞争力的钢铁企业和业绩优良的上市公司。

新世纪本公司将继续以经济效益为中心，以产品质量为生命，致力于生产销售具有高附加值的钢材品种，实施资本运作，不断提高公司实力，逐步使本公司发展成为钢铁行业的龙头企业。

鞍钢新轧钢股份有限公司

目　录

序言·中国资本市场前景广阔 …………………… 周小川

第一卷　证 券 监 管

第一章、证券市场监管概览 …………………… 3
一、我国证券监管体制发展历程 …………………… 3
二、证券市场监管目标与对象 …………………… 4
三、证券市场监管手段与原则 …………………… 5
四、加强信息不对称监管的必要性 …………………… 7
第二章、证券发行监管 …………………… 8
一、证券发行管理制度 …………………… 8
二、证券发行程序规范 …………………… 8
三、证券发行信息监管 …………………… 9
四、证券发行承销监管 …………………… 10
五、证券发行主体责任 …………………… 11
第三章、证券交易监管 …………………… 11
一、证券交易监管制度 …………………… 11
二、证券交易基本原则 …………………… 12
三、证券上市程序监管 …………………… 13
四、证券信息披露监管 …………………… 14
五、证券交易行为监管 …………………… 14
六、网上证券交易的发展与监管 …………………… 15
第四章、上市公司监管` …………………… 16
一、对上市公司投资证券行为的监管 …………………… 17
二、对上市公司增发、配股的监管 …………………… 17
三、对上市公司兼并、收购的监管 …………………… 18
四、对上市公司持续信息公开的监管 …………………… 20
第五章、证券公司监管 …………………… 21
一、券商监管与指导的目标与原则 …………………… 21
二、券商监管与指导的重要性和必要性 …………………… 21
三、券商治理结构的监管 …………………… 22
四、券商投资合营及财务的监管 …………………… 22
五、证券从业人员的监管 …………………… 23
六、券商结算资金的监管 …………………… 24
七、进一步加强对券商的监管与指导 …………………… 25
第六章、证券交易所监管 …………………… 27
一、证券交易所的章程 …………………… 27
二、证券交易所的交易规则 …………………… 27
三、证券交易所对会员的监督管理 …………………… 28
四、证券交易所自律职责的履行 …………………… 28
第七章、企业分拆上市与监管 …………………… 30
一、什么是企业分拆及企业分拆上市 …………………… 30
二、我国企业分拆的实现形式 …………………… 30
三、企业分拆对公司的市场影响 …………………… 30
四、我国对企业分拆的监管 …………………… 31
第八章、中国证券市场监管新格局及其影响 …………………… 32
一、监管格局发展的两大发展取向 …………………… 32
二、中国证券市场监管格局新特点 …………………… 33
三、监管新格局对证券市场的影响 …………………… 33
第九章、完善退市制度，加快证券市场法制建设进程 … 36
一、目前我国上市规则存在的缺陷 …………………… 36
二、我国现有法律法规对退市的规定 …………………… 36
三、退市制度对上市公司的深远影响 …………………… 37
四、建立和完善退市制度的重要意义 …………………… 38
第十章、“入世”与中国证券监管 …………………… 40
一、WTO对开放证券市场的要求 …………………… 40
二、我国目前证券监管的发展状况 …………………… 40
三、加入WTO后我国证券监管面临的挑战 …………………… 41
四、国外证券监管的经验借鉴 …………………… 41
五、我国证券监管国际化发展对策 …………………… 41

第二卷　证 券 自 律

第一章、证券机构自律概况 …………………… 45
一、证券自律的涵义与内容 …………………… 45
二、自律管理机构 …………………… 45
三、自律机构监管制度 …………………… 47
第二章、证券业协会自律与管理 …………………… 48
一、证券业协会组织的自律特征 …………………… 48
二、证券业协会对会员的自律管理 …………………… 48
三、证券业协会自律管理职责的履行 …………………… 49
第三章、机构投资者自律与管理 …………………… 50
一、机构投资者自律的重要性 …………………… 50
二、机构投资者自律途径选择 …………………… 50
三、机构投资者投资策略的自律调整 …………………… 51
四、机构投资者自我教育管理 …………………… 51
第四章、证券投资基金业自律与管理 …………………… 53
一、证券投资基金业自律的必要性 …………………… 53
二、证券基金业的内部管理 …………………… 53
三、证券投资基金的行业公约与守则 …………………… 54
第五章、证券咨询业的自律与管理 …………………… 55
一、证券咨询业自律与管理的必要性 …………………… 55
二、证券咨询行业的自律应遵循的原则 …………………… 56
三、证券咨询机构与从业人员自身管理 …………………… 57

第三卷　证 券 规 范

第一章、上市公司的规范与运作 …………………… 60
一、上市公司经营管理行为的规范 …………………… 60
二、上市公司财务报表编制的规范 …………………… 61
三、上市公司新股发行的规范 …………………… 62
四、上市公司信息披露的规范 …………………… 63
五、上市公司重大购买或出售资产行为的规范 …………………… 64
六、上市公司建立独立董事制度的规范 …………………… 64

第二章、证券公司的规范与运作 …… 66
一、证券公司的设立、组织结构、筹建与开业、变更与终止的规范 …… 66
二、证券公司编制年报的规范 …… 70
三、我国对主承销商承销业务的规范与管理 …… 70
四、证券公司自营业务及其风险控制 …… 71
五、证券公司对上市公司的辅导 …… 72
六、证券公司日常行为规范 …… 72
第三章、证券交易所的规范与运作 …… 74
一、证券交易所设立与解散的规范 …… 74
二、证券交易所职能的规定 …… 74
三、证券交易所组织结构的规范 …… 74
四、证券交易所经营行为的规范管理 …… 75
五、证券交易所风险基金的规范管理 …… 79
六、证券交易所日常行为管理 …… 80
第四章、基金管理公司的规范与运作 …… 81
一、设立基金管理公司申报材料的内容与格式 …… 81
二、基金从业人员任职的资格要求 …… 81
三、基金管理公司信息披露的规范 …… 82
四、基金管理公司审核专家评议制度 …… 83
五、基金投资运作的监督管理 …… 83
第五章、证券服务公司的规范与运作 …… 85
一、证券登记结算机构的规范与运作 …… 85
二、证券投资咨询公司的规范与运作 …… 85
三、证券会计、审计机构的规范与运作 …… 86
四、证券律师事务所的规范与运作 …… 87
五、证券资产评估机构的规范与运作 …… 89
第六章、证券从业人员任职资格与规范管理 …… 91
一、现阶段我国证券从业人员的现状 …… 91
二、证券从业人员任职资格管理的特征 …… 91
三、我国证券从业人员任职资格管理存在的问题 …… 92
四、加强证券从业人员培训与任职资格管理的政策建议 …… 92
五、国外证券从业人员培训与任职资格管理的经验借鉴 …… 94
第七章、法人股流通规范管理的战略措施 …… 95
一、什么是法人股 …… 95
二、法人股流通的历史回顾与前景展望 …… 95
三、目前法人股流通存在的问题 …… 96
四、法人股流通的规范化措施 …… 97
附:法人股流通的有关政策 …… 97
第八章、建设有中国特色的独立董事制度 …… 99
一、我国建立独立董事制度原因分析 …… 99
二、独立董事制度在我国的成功实践 …… 99
三、我国目前建立和实施独立董事制度应注意的问题 …… 100
四、建立健全我国独立董事制度的战略措施 …… 101
第九章、完善中的证券民事赔偿制度 …… 102
一、我国证券法中民事赔偿机制的基本结构 …… 102
二、完善证券民事赔偿机制的必要性 …… 103
三、完善我国证券民事赔偿机制的政策建议 …… 104
四、境外股东代表诉讼制度设计的经验借鉴 …… 104
五、建立我国股东代表诉讼制度需要解决的问题 …… 106

第四卷 证 券 新 知 识

第一章、证券法律制度新知识 …… 110
一、核准制 …… 110
二、新会计制度 …… 111
三、董事长谈话制度 …… 113
四、股东代表诉讼制度 …… 114
第二章、证券市场新知识 …… 115
一、投资者教育 …… 115
二、上市公司治理 …… 116
三、券商法人治理结构 …… 118
四、开放式基金 …… 119
五、投资者关系管理 …… 120
六、股份回购 …… 121
七、证券交易佣金制度 …… 123
八、股票期权制 …… 124
第三章、证券交易新知识 …… 126
一、网上证券交易 …… 126
二、股指现货交易 …… 126

第五卷 股 市 投 资

第一章、股市投资心理学 …… 130
一、心理学的基本内容 …… 130
二、股市投资者心理分析 …… 131
第二章、股市投资的基本分析 …… 133
一、宏观经济因素分析 …… 133
二、股市基本要素分析 …… 134
三、上市公司基本分析 …… 135
第三章、股市投资理论分析与指标应用 …… 140
一、股市投资技术理论分析 …… 140
二、股市投资指标运用 …… 146
第四章、股市投资机会与风险控制 …… 151
一、美国股市重大投资机会的借鉴 …… 151
二、我国股市的潜在投资机遇 …… 153
三、对国内股市风险的认识 …… 153
四、国内股市风险的有效控制 …… 154
第五章、股市投资策略 …… 155
一、我国股市涨跌趋势分析 …… 155
二、理性的选股策略 …… 156
三、股市投资的具体操作方法 …… 157

第六卷 投 资 基 金

第一章、证券投资基金的规范化发展 …… 161
一、发展证券投资基金的作用 …… 161
二、我国证券投资基金业的发展现状 …… 161
三、当前发展证券投资基金面临的问题 …… 162
四、证券投资基金规范化发展的对策 …… 163
第二章、开放式基金的投资及其风险防范 …… 164
一、全球开放式基金的发展趋势 …… 164
二、发展开放式基金对我国证券市场的战略意义 …… 164
三、开放式基金投资的风险分析 …… 165
四、开放式基金投资风险的有效防范 …… 165

第三章、规范发展私募基金的政策建议 …… 167
一、私募基金的内涵 …… 167
二、我国私募基金发展状况 …… 167
三、规范发展私募基金的作用 …… 167
四、现阶段私募基金发展面临的法律问题 …… 168
五、规范发展私募基金的措施 …… 168
第四章、社保基金运作机制与入市模式选择 …… 169
一、我国社保基金入市的状况分析 …… 169
二、社保基金入市对证券市场的影响及意义 …… 170
三、社保基金入市模式的选择分析 …… 170
四、社保基金进入证券市场的途径 …… 171
五、社保基金入市的交易方式 …… 171
六、社保基金入市运作机制的设计 …… 171
第五章、上市证券投资基金简介 …… 174
500001 金泰证券投资基金 …… 174
500002 泰和证券投资基金 …… 174
500003 安信证券投资基金 …… 175
500006 裕阳证券投资基金 …… 175
500007 景阳证券投资基金 …… 175
500008 兴华证券投资基金 …… 176
500009 安顺证券投资基金 …… 176
500010 金元证券投资基金 …… 177
500011 金鑫证券投资基金 …… 177
500013 安瑞证券投资基金 …… 178
500015 汉兴证券投资基金 …… 178
500016 裕元证券投资基金 …… 179
500017 景业证券投资基金 …… 179
500018 兴和证券投资基金 …… 180
500019 普润证券投资基金 …… 180
500021 金鼎证券投资基金 …… 181
500025 汉鼎证券投资基金 …… 181
500028 兴业证券投资基金 …… 182
500029 科讯证券投资基金 …… 183
500035 汉博证券投资基金 …… 183
500038 通乾证券投资基金 …… 184
500039 同德证券投资基金 …… 184
184688 开元证券投资基金 …… 185
184689 普惠证券投资基金 …… 186
184690 同益证券投资基金 …… 186
184691 景宏证券投资基金 …… 186
184692 裕隆证券投资基金 …… 187
184693 普丰证券投资基金 …… 187
184695 景博证券投资基金 …… 188
184698 天元证券投资基金 …… 188
184699 同盛证券投资基金 …… 189
184700 鸿飞证券投资基金 …… 189
184701 景福证券投资基金 …… 190
184702 同智证券投资基金 …… 190
184703 金盛证券投资基金 …… 191
184705 裕泽证券投资基金 …… 191
184706 天华证券投资基金 …… 192
184708 兴科证券投资基金 …… 193
184710 隆元证券投资基金 …… 193
184711 普华证券投资基金 …… 194
184713 科翔证券投资基金 …… 194
184718 兴安证券投资基金 …… 195
184738 通宝证券投资基金 …… 195

第七卷 创业板市场

第一章、创业板市场概述 …… 199
一、创业板市场的内涵与特征 …… 199
二、我国设立创业板市场的现实意义 …… 199
三、影响企业在创业板上市的关键因素 …… 201
四、我国设立创业板市场的可行性 …… 202
五、创业板市场信息披露制度 …… 203
第二章、创业板市场的建设与发展 …… 205
第三章、创业板市场的风险及其防范 …… 209
一、创业板市场风险分析 …… 209
二、境外创业板市场风险监控经验借鉴 …… 209
三、我国防范创业板市场风险的战略措施 …… 210
第四章、我国创业板市场的框架设计 …… 211
一、我国创业板市场的目标定位 …… 211
二、我国创业板市场的上市条件设计 …… 212
三、创业板市场新股发行定价模式设计 …… 213
四、创业板市场的交易规则设计 …… 215
五、创业板市场交易制度的选择 …… 216
六、创业板市场的监管体系设计 …… 218
第五章、我国创业板市场前景展望 …… 220
第六章、信息、生物、纳米三大高新技术的发展 …… 222
一、21世纪信息技术将继续得到迅速发展 …… 222
二、生物技术将获得空前的发展机遇 …… 223
三、纳米技术将引发新的产业革命 …… 224

第八卷 上海证券交易所

第一章、上海证券交易所简介 …… 228
第二章、上海证券交易所11年发展概述 …… 230
一、上海证券交易所11年来的市场发展 …… 230
二、上海证券交易所11年来的市场基础设施建设 …… 230
三、上海证券交易所11年来的市场监管 …… 231
四、上海证券交易所11年来的市场服务 …… 232
附:上海证券交易所发展大事记 …… 233
第三章、沪市2000年度上市公司经济指标总览 …… 238

第九卷 深圳证券交易所

第一章、深圳证券交易所简介 …… 256
第二章、深圳证券交易所11年发展概述 …… 259
一、深圳证券交易所11年发展历程 …… 259
二、深圳证券交易所11年发展特征 …… 259
三、深圳证券交易所11年发展成就 …… 260
附:深圳证券交易所发展大事记 …… 261

第三章、深市2000年度上市公司经济指标总览 …… 265

第十卷　企业创新

第一章、企业创新概述 …… 280
一、企业创新的重要意义 …… 280
二、企业创新行为的特征 …… 280
三、企业创新的主要内容 …… 281
四、企业创新机制的有效构筑 …… 283
第二章、企业制度创新 …… 285
一、企业制度创新概述 …… 285
二、激励机制的变革与创新 …… 287
三、企业资金流运作创新 …… 288
第三章、企业组织创新 …… 289
一、企业组织创新的基本原则与要求 …… 289
二、企业组织创新的层次与方式 …… 289
三、目前我国企业组织结构的主要形式 …… 289
四、对我国企业组织结构局限性的分析 …… 290
五、我国企业组织结构创新的战略措施 …… 291
第四章、企业科技创新 …… 292
一、科技创新的内涵与特征 …… 292
二、科技创新对证券市场的深远影响 …… 292
三、科技创新对企业发展的战略意义 …… 293
四、科技创新的政策扶持与上市公司的发展 …… 293
五、我国企业科技创新的重要举措 …… 294
六、企业科技创新发展前景预测 …… 296
第五章、企业观念创新 …… 297
一、观念创新是企业创新的坚实基础 …… 297
二、影响观念创新的主要因素 …… 297
三、新时期企业观念创新能力的培养 …… 298
四、21世纪企业的七大创新观念 …… 299
第六章、新时期我国券商经纪业务的创新发展 …… 302
一、券商经纪业务的本质 …… 302
二、券商经纪业务面临严峻挑战 …… 302
三、新时期券商经纪业务创新举措 …… 303
第七章、中国资本市场可持续发展与创新 …… 305
第八章、华泰证券网上业务创新 …… 308
一、华泰证券网技术特点简要介绍 …… 308
二、网上证券交易收益与成本 …… 309
三、华泰证券开展网上证券交易业务的成功实践 …… 311

第十一卷　品牌战略

第一章、我国上市公司实施品牌战略的必要性 …… 315
第二章、上市公司品牌塑造 …… 317
一、上市公司必须树立品牌创新思想 …… 317
二、技术持续创新是品牌塑造的有力保障 …… 317
三、创造驰名商标是品牌塑造的主要环节 …… 318
四、品牌塑造必须注意的问题 …… 319
第三章、上市公司品牌战略的实施与管理 …… 320
一、规范管理和规模经济是品牌战略实施的基础 …… 320
二、战略控制是品牌实施与管理的基本手段 …… 321
三、上市公司品牌管理的十大误区 …… 321

第十二卷　投资理财

第一章、公司理财概述 …… 325
一、公司理财目标 …… 325
二、公司理财内容 …… 325
三、公司理财方法 …… 326
四、公司理财职能 …… 327
五、公司理财环境 …… 327
六、公司理财原理 …… 330
第二章、上市公司理财实务 …… 334
一、上市公司筹资理财 …… 334
二、上市公司投资理财 …… 337
三、上市公司投资收益分配 …… 343
第三章、券商理财实务 …… 346
一、券商筹资 …… 346
二、券商投资决策 …… 347
三、券商资金运用的日常管理 …… 348
四、券商投资评价 …… 348
五、券商的投资利润分配 …… 349
第四章、个人投资理财实务 …… 350
一、储蓄 …… 350
二、债券投资 …… 350
三、股票投资 …… 351
四、基金投资 …… 351
五、外汇投资 …… 352
六、银行贷款 …… 352
第五章、证券投资基金理财实务 …… 353
一、基金理财的涵义 …… 353
二、基金理财的主要内容 …… 353
三、基金理财的负面影响 …… 354
四、基金理财负面影响的有效防范 …… 355
第六章、网上理财 …… 356
一、网上理财的兴起 …… 356
二、网上理财的工具选择 …… 356
三、目前我国网上理财面临的问题 …… 356
四、网上理财的前景展望 …… 357

第十三卷　证券文化和股票发行

第一章、我国证券文化的形成与发展 …… 360
第二章、我国证券文化的特色与作用 …… 361
第三章、我国证券文化的建设与繁荣 …… 363
第四章、股票发行市场化研究 …… 365
一、我国股票发行制度的演变 …… 365
二、我国股票发行制度的政策效应分析 …… 369
三、我国股票发行制度由核准制向注册制转变 …… 372
四、发行定价市场化分析 …… 374
五、发行市场化对公司及投资者的影响 …… 378
六、发行制度改革及券商应对措施 …… 380
七、发行市场化政策建议 …… 383

第五章、对我国上市公司增发融资的思考与探索 ··· 385
一、增发融资历程与存在的问题 ······ 385
二、提高增发标准规范增发市场 ······ 387
三、市场波动对上市公司增发事件日股价走势的影响 ··· 389
四、增发对券商的影响及其对策 ······ 395
五、增发对上市公司业绩的影响 ······ 397
六、券商在证券市场融资中的作用 ······ 399

第十四卷　证券法律法规汇编

1、中华人民共和国证券法 ······ 404
2、中华人民共和国信托法 ······ 412
3、中华人民共和国中外合资经营企业法 ······ 415
4、中华人民共和国外资保险公司管理条例 ······ 416
5、中华人民共和国外资金融机构管理条例 ······ 418
6、中国证券监督委员会股票发行审核委员会工作程序执行指导意见 ······ 420
7、中国证监会股票发行审核委员会关于首次公开发行股票审核工作的指导意见 ······ 422
8、中国证监会股票发行审核委员会关于上市公司新股发行审核工作的指导意见 ······ 423
9、股份转让公司信息披露实施细则 ······ 425
10、上市公司新股发行管理办法 ······ 430
11、上市公司检查办法 ······ 432
12、上市公司董事长谈话制度实施办法 ······ 433
13、关于在上市公司建立独立董事制度的指导意见 ······ 434
14、上市公司发行可转换公司债券实施办法 ······ 436
15、全国社会保障基金投资管理暂行办法 ······ 438
16、关于上市公司涉及外商投资有关问题的若干意见 ······ 441
17、亏损上市公司暂停上市和终止上市实施办法(修订) ··· 442
18、上市公司治理准则 ······ 443
19、证券投资基金会计核算办法 ······ 446
20、证券投资基金行业公约 ······ 455
21、证券投资基金业从业人员执业守则 ······ 456
22、金融机构撤销条例 ······ 456
23、境外会计师事务所执行金融类上市公司审计业务临时许可证管理办法 ······ 458
24、客户交易结算资金管理办法 ······ 459
25、证券公司代办股份转让服务业务试点办法 ······ 461
26、国有企业境外期货套期保值业务管理办法 ······ 465
27、国有企业境外期货套期保值业务管理制度指导意见 ··· 467
28、期货交易所、期货经营机构信息技术管理规范(试行) ··· 469
29、金融资产管理公司吸收外资参与资产重组与处置的暂行规定 ······ 473
30、首次公开发行股票辅导工作办法 ······ 474
31、境内上市外资股(B股)公司非上市外资股上市流通的办理程序 ······ 478
32、公开发行证券的公司信息披露内容与格式准则第1号—招股说明书 ······ 478
33、公开发行证券公司信息披露的内容与格式准则第2号—年度报告的内容与格式(2001年修订稿) ······ 487
34、公开发行证券的公司信息披露内容与格式准则第7号—股票上市公告书 ······ 493
35、公开发行证券的公司信息披露内容与格式准则第9号—首次公开发行股票申请文件 ······ 496
36、公开发行证券公司信息披露内容与格式准则第10号—要约收购报告 ······ 498
37、公开发行证券公司信息披露内容与格式准则第11号—要约收购中被收购公司董事公报告 ······ 501
38、公开发行证券的公司信息披露内容与格式准则第12号—上市公司发行可转换公司债券申请文件 ······ 503
39、公开发行证券的公司信息披露的内容与格式准则第13号—可转换公司债券募集说明书 ······ 504
40、公开发行证券的公司信息披露内容与格式准则第14号—可转换公司债券上市公告书 ······ 508
41、公开发行证券公司信息披露内容与格式准则第9号—上市公司股东持股变动报告 ······ 510
42、公开发行证券的公司信息披露内容与格式准则第10号—上市公司新股发行申请文件 ······ 513
43、公开发行证券的公司信息披露内容与格式准则第11号—上市公司发行新股招股说明书 ······ 515
44、公开发行证券公司信息披露编报规则第7号—商业银行年度报告内容与格式特别规定 ······ 519
45、公开发行证券公司信息披露编报规则第8号—证券公司年度报告内容与格式特别规定 ······ 520
46、公开发行证券的公司信息披露的编报规则第12号—公开发行证券的法律意见书和律师工作报告 ······ 521
47、公开发行证券的公司信息披露编报规则第13号—季度报告内容与格式特别规定 ······ 524
48、公开发行证券的公司信息披露编报规则第14号—非标准无保留审计意见及其涉及事项的处理 ······ 525
49、公开发行证券的公司信息披露编报规则第15号—财务报告的一般规定 ······ 526
50、公开发行证券的公司信息披露编报规则第16号—A股公司实行补充审计的暂行规定 ······ 531
51、关于A股公司做好补充审计工作的通知 ······ 531
52、证券公司管理办法 ······ 532
53、证券公司检查办法 ······ 534
54、证券公司内部控制指引 ······ 534
55、超额配售选择权试点意见 ······ 537
56、证券交易委托代理业务指引(1—4号) ······ 538
57、证券交易所管理办法 ······ 541
58、两交易所发布上市公司信息披露考核办法 ······ 546
59、上海、深圳证券交易所交易规则 ······ 547
60、上海证券交易所股票上市规则(2001年修订本) ······ 552
61、深圳证券交易所股票上市规则(2001年修订本) ······ 564
62、上交所B股交易规则摘要 ······ 577
63、深交所B股交易规则摘要 ······ 578
64、资产评估准则——无形资产 ······ 578
65、企业会计准则——存货 ······ 579
66、企业会计准则　固定资产 ······ 581
67、企业会计准则——中期财务报告 ······ 582
68、关联方之间出售资产等有关会计处理问题暂行规定 ······ 584

69、证券公司从事股票发行主承销业务有关问题的指导意见 …… 586
—附件一：首次公开发行股票申请文件主承销商核对要点 …… 586
—附件二：主承销商关于上市公司新股发行尽职调查报告必备内容 …… 595
—附件三：主承销商关于上市公司新股发行申请文件核对表 …… 597
—附件四：主承销商关于股票发行回访报告必备内容 …… 601
70、首次公开发行股票公司申报财务报表剥离调整指导意见(征求意见稿) …… 602
71、新股发行上网竞价方式指导意见(公开征求意见稿) …… 604
72、上市公司股东持股变动信息披露管理办法(征求意见稿) …… 606
73、拟发行上市公司改制重组指导意见(征求意见稿) …… 609
74、证券营业部审批规则(征求意见稿) …… 611
75、公开发行证券的公司财务报表及财务报表附注的一般规定(征求意见稿) …… 613
76、证券投资基金设立申请核准工作程序(征求意见稿) …… 618
77、中外合营证券公司审批规则(征求意见稿) …… 618
78、金融企业会计制度(征求意见稿) …… 620
79、境外机构参股、参与发起设立基金管理公司暂行规定(征求意见稿) …… 633
80、关于境内居民个人投资境内上市外资股若干问题的通知 …… 634
81、关于首次公开发行股票公司招股说明书网上披露有关事宜的通知 …… 635
82、关于完善基金管理公司董事人选制度的通知 …… 635
83、关于新股发行公司通过互联网进行公司推介的通知 …… 636
84、关于规范证券公司受托投资管理业务的通知 …… 636
85、关于证券公司增资扩股有关问题的通知 …… 638
86、关于核准基金管理公司重大变更事项有关问题的通知(征求意见稿) …… 638
87、关于规范面向公众开展的证券投资咨询业务行为若干问题的通知 …… 639
88、关于执行《客户交易结算资金管理办法》若干意见的通知 …… 640
89、关于拟发行新股的上市公司中期报告有关问题的通知 …… 642
90、关于上市公司、拟首次发行股票并上市的公司做好与新会计准则和制度相关信息披露工作的通知 …… 642
91、关于申请设立基金管理公司若干问题的通知 …… 643
92、关于规范证券投资基金运作中证券交易行为的通知 …… 643
93、关于做好上市公司2001年年度报告有关工作的通知(上交所) …… 644
94、关于做好上市公司2001年年度有关报告工作的通知(深交所) …… 644
95、关于基金管理公司设立及审核程序有关问题的通知(征求意见稿) …… 646
96、关于上市公司重大购买、出售、置换资产若干问题的通知 …… 648

第十五卷　上海证券交易所上市公司信息汇集

600000 上海浦东发展银行股份有限公司 …… 651
600001 邯郸钢铁股份有限公司 …… 651
600002 齐鲁石油化工股份有限公司 …… 655
600003 东北高速公路股份有限公司 …… 655
600005 武汉钢铁股份有限公司 …… 656
600006 东风汽车股份有限公司 …… 656
600007 中国国际贸易中心股份有限公司 …… 657
600008 北京首创股份有限公司 …… 657
600009 上海国际机场股份有限公司 …… 658
600010 内蒙古包钢钢联股份有限公司 …… 658
600011 华能国际电力股份有限公司 …… 659
600016 中国民生银行股份有限公司 …… 660
600018 上海港集装箱股份有限公司 …… 660
600019 宝山钢铁股份有限公司 …… 661
600033 福建发展高速公路股份有限公司 …… 661
600037 北京歌华有限电视网络股份有限公司 …… 662
600038 哈飞航空工业股份有限公司 …… 662
600051 宁波联合集团股份有限公司 …… 663
600052 浙江广厦建筑集团股份有限公司 …… 663
600053 江西纸业股份有限公司 …… 664
600054 黄山旅游发展股份有限公司 …… 664
600055 北京万东医疗装备股份有限公司 …… 665
600056 中技贸易股份有限公司 …… 665
600057 厦门厦新电子股份有限公司 …… 666
600058 五矿龙腾科技股份有限公司 …… 666
600059 浙江古越龙山绍兴酒股份有限公司 …… 667
600060 青岛海信电器股份有限公司 …… 667
600061 中纺投资发展股份有限公司 …… 668
600062 北京双鹤药业股份有限公司 …… 668
600063 安徽皖维高新材料股份有限公司 …… 669
600064 南京新港高科技股份有限公司 …… 669
600065 大庆联谊石化股份有限公司 …… 670
600066 郑州宇通客车股份有限公司 …… 670
600067 福州大通机电股份有限公司 …… 671
600068 葛州坝股份有限公司 …… 671
600069 河南银鸽实业投资股份有限公司 …… 672
600070 浙江富润股份有限公司 …… 672
600071 凤凰光学股份有限公司 …… 673
600072 江南重工股份有限公司 …… 673
600073 上海梅林正广和股份有限公司 …… 674
600074 南京中达制膜(集团)股份有限公司 …… 674
600075 新疆天业股份有限公司 …… 675
600076 潍坊北大青鸟华光科技股份有限公司 …… 675
600077 辽宁国能集团股份有限公司 …… 676
600078 江苏澄星磷化工股份有限公司 …… 676
600079 武汉人福高科技产业股份有限公司 …… 677
600080 金花企业(集团)股份有限公司 …… 677
600081 东风电子科技股份有限公司 …… 678

600082 天津百货大楼股份有限公司 …… 678
600083 成都福地科技股份有限公司 …… 679
600084 新天国际经贸股份有限公司 …… 679
600085 北京同仁堂股份有限公司 …… 680
600086 湖北多佳股份有限公司 …… 680
600087 南京水运实业股份有限公司 …… 681
600088 无锡中视影视基地股份有限公司 …… 681
600089 新疆特变电工股份有限公司 …… 682
600090 新疆啤酒花股份有限公司 …… 682
600091 包头明天科技股份有限公司 …… 683
600092 陕西精密合金股份有限公司 …… 683
600093 四川禾嘉股份有限公司 …… 684
600094 上海华源股份有限公司 …… 684
600095 哈尔滨高科技(集团)股份有限公司 …… 685
600096 云南云天化股份有限公司 …… 689
600097 海南恒泰芒果产业股份有限公司 …… 689
600098 广州发展实业控股集团股份有限公司 …… 687
600099 林海股份有限公司 …… 687
600100 清华同方股份有限公司 …… 691
600101 四川明星电力股份有限公司 …… 691
600102 莱芜钢铁股份有限公司 …… 692
600103 福建省青山纸业股份有限公司 …… 696
600104 上海汽车股份有限公司 …… 696
600105 江苏永鼎股份有限公司 …… 697
600106 重庆路桥股份有限公司 …… 701
600107 湖北美尔雅股份有限公司 …… 701
600108 甘肃亚盛实业(集团)股份有限公司 …… 702
600109 成都百货(集团)股份有限公司 …… 707
600110 长春热缩材料股份有限公司 …… 707
600111 内蒙古包钢稀土高科技股份有限公司 …… 708
600112 贵州长征电器股份有限公司 …… 708
600113 浙江东日股份有限公司 …… 709
600115 中国东方航空股份有限公司 …… 709
600116 重庆三峡水利电力(集团)股份有限公司 …… 710
600117 西宁特殊钢股份有限公司 …… 710
600118 中国泛旅实业发展股份有限公司 …… 711
600119 长发集团长江投资实业股份有限公司 …… 711
600120 浙江东方集团股份有限公司 …… 712
600121 郑州煤电股份有限公司 …… 712
600122 江苏宏图高科技股份有限公司 …… 713
600123 山西兰花科技创业股份有限公司 …… 713
600125 大连铁龙实业股份有限公司 …… 714
600126 杭州钢铁股份有限公司 …… 714
600127 湖南金健米业股份有限公司 …… 715
600128 江苏弘业股份有限公司 …… 715
600129 重庆太极实业(集团)股份有限公司 …… 716
600130 宁波波导股份有限公司 …… 721
600131 四川岷江水利电力股份有限公司 …… 721
600132 重庆啤酒股份有限公司 …… 702
600133 武汉东湖高新集团股份有限公司 …… 702
600135 乐凯胶片股份有限公司 …… 723
600136 武汉道博股份有限公司 …… 723
600137 四川长江包装纸业股份有限公司 …… 724
600138 中青旅控股股份有限公司 …… 724
600139 鼎天科技股份有限公司 …… 725
600141 湖北兴发化工集团股份有限公司 …… 725
600145 重庆四维瓷业股份有限公司 …… 726
600146 宁夏大元化工股份有限公司 …… 726
600148 长春一东离合器股份有限公司 …… 727
600149 邢台轧辊股份有限公司 …… 727
600150 沪东重机股份有限公司 …… 728
600151 上海航天汽车机电股份有限公司 …… 728
600152 宁波维科精华集团股份有限公司 …… 729
600153 厦门建发股份有限公司 …… 729
600155 河北宝硕股份有限公司 …… 730
600156 湖南华升益鑫泰股份有限公司 …… 731
600157 泰安鲁润股份有限公司 …… 730
600158 中体产业股份有限公司 …… 739
600159 内蒙古宁城老窖股份有限公司 …… 739
600160 浙江巨化股份有限公司 …… 740
600161 北京天坛生物制品股份有限公司 …… 740
600162 山东临沂工程机械股份有限公司 …… 741
600163 福建省南纸股份有限公司 …… 741
600165 宁夏恒力钢丝绳股份有限公司 …… 742
600166 北汽福田车辆股份有限公司 …… 742
600167 沈阳黎明服装股份有限公司 …… 743
600168 武汉三镇实业控股股份有限公司 …… 743
600169 太原重工股份有限公司 …… 744
600170 上海建工股份有限公司 …… 744
600171 上海贝岭股份有限公司 …… 745
600172 河南黄河旋风股份有限公司 …… 745
600173 牡丹江水泥股份有限公司 …… 746
600175 海南宝华实业股份有限公司 …… 746
600176 中国化学建材股份有限公司 …… 747
600177 雅戈尔集团股份有限公司 …… 747
600178 哈尔滨东安汽车动力股份有限公司 …… 748
600179 黑龙江黑化股份有限公司 …… 748
600180 山东九发食用菌股份有限公司 …… 749
600181 昆明云大科技产业股份有限公司 …… 749
600182 桦林轮胎股份有限公司 …… 750
600183 广东生益科技股份有限公司 …… 750
600185 西安海星现代科技股份有限公司 …… 751
600186 河南莲花味精股份有限公司 …… 752
600187 黑龙江黑龙股份有限公司 …… 751
600188 兖州煤业股份有限公司 …… 757
600189 吉林森林工业股份有限公司 …… 761
600190 锦州港务(集团)股份有限公司 …… 762
600191 包头华资实业股份有限公司 …… 761
600192 兰州长城电工股份有限公司 …… 766
600193 厦门创兴科技股份有限公司 …… 766
600195 中牧实业股份有限公司 …… 767
600196 上海复星实业股份有限公司 …… 767
600197 新疆伊力特实业股份有限公司 …… 768
600198 大唐电信科技股份有限公司 …… 768

600199 安徽金牛实业股份有限公司 …………………… 769
600200 江苏吴中实业股份有限公司 …………………… 769
600201 内蒙古金宇集团股份有限公司 ………………… 770
600202 哈尔滨空调股份有限公司 ……………………… 770
600203 福建福日电子股份有限公司 …………………… 771
600205 山东铝业股份有限公司 ………………………… 771
600206 有研半导体材料股份有限公司 ………………… 772
600207 河南安彩高科股份有限公司 …………………… 773
600208 中宝戴梦得投资股份有限公司 ………………… 772
600209 海南罗顿发展股份有限公司 …………………… 780
600210 上海紫江企业集团股份有限公司 ……………… 780
600211 西藏诺迪康药业股份有限公司 ………………… 781
600212 山东江泉实业股份有限公司 …………………… 781
600213 杨州亚星客车股份有限公司 …………………… 782
600215 长春经济技术开发区开发建设(集团)股份有限公司 …………………… 782
600216 浙江医药股份有限公司 ………………………… 783
600217 陕西秦岭水泥股份有限公司 …………………… 783
600218 安徽全柴动力股份有限公司 …………………… 784
600219 山东南山实业股份有限公司 …………………… 784
600220 江苏阳光股份有限公司 ………………………… 785
600221 海南航空股份有限公司 ………………………… 785
600222 河南竹林众生制药股份有限公司 ……………… 786
600223 山东万杰高科技股份有限公司 ………………… 786
600225 福建天香集团股份有限公司 …………………… 787
600226 浙江升华拜克生物股份有限公司 ……………… 787
600227 贵州赤天化股份有限公司 ……………………… 788
600228 江西昌九化工股份有限公司 …………………… 788
600229 青岛碱业股份有限公司 ………………………… 789
600230 河北沧州大化股份有限公司 …………………… 789
600231 凌源钢铁股份有限公司 ………………………… 790
600232 浙江金鹰股份有限公司 ………………………… 791
600233 大连大杨创世股份有限公司 …………………… 790
600234 太原天龙集团股份有限公司 …………………… 797
600235 民丰特种纸股份有限公司 ……………………… 797
600236 广西桂冠电力股份有限公司 …………………… 799
600237 安徽铜峰电子股份有限公司 …………………… 802
600238 海南椰岛股份有限公司 ………………………… 802
600239 云南红河光明股份有限公司 …………………… 803
600240 内蒙古仕奇实业股份有限公司 ………………… 803
600241 辽宁时代服装进出口股份有限公司 …………… 804
600242 广东华龙集团股份有限公司 …………………… 804
600243 青海华鼎实业股份有限公司 …………………… 805
600246 北京先锋粮农实业股份有限公司 ……………… 805
600247 吉林物华(集团)股份有限公司 ………………… 806
600248 杨凌秦丰农业科技股份有限公司 ……………… 806
600250 南京纺织品进出口股份有限公司 ……………… 807
600252 广西梧州中恒集团股份有限公司 ……………… 807
600253 河南天方药业股份有限公司 …………………… 808
600255 安徽鑫科新材料股份有限公司 ………………… 808
600256 新疆广汇石材股份有限公司 …………………… 809
600257 湖南洞庭水殖股份有限公司 …………………… 809
600258 北京首都旅游股份有限公司 …………………… 810
600259 海南兴业聚酯股份有限公司 …………………… 810
600260 湖北凯乐新材料科技股份有限公司 …………… 811
600261 浙江阳光集团股份有限公司 …………………… 811
600262 内蒙古北方重型汽车股份有限公司 …………… 812
600263 路桥集团国际建设股份有限公司 ……………… 812
600265 云南景谷林业股份有限公司 …………………… 813
600266 北京城建股份有限公司 ………………………… 818
600267 浙江海正药业股份有限公司 …………………… 818
600268 国电南京自动化股份有限公司 ………………… 819
600269 江西赣粤高速公路股份有限公司 ……………… 819
600270 中外运空运发展股份有限公司 ………………… 820
600272 上海开开实业股份有限公司 …………………… 820
600275 湖北武昌鱼股份有限公司 ……………………… 821
600276 江苏恒瑞医药股份有限公司 …………………… 822
600277 内蒙古亿利科技实业股份有限公司 …………… 821
600278 东方国际创业股份有限公司 …………………… 827
600279 重庆港九股份有限公司 ………………………… 827
600280 南京中央商场股份有限公司 …………………… 828
600281 太原化工股份有限公司 ………………………… 828
600282 南京钢铁股份有限公司 ………………………… 829
600283 钱江水利开发股份有限公司 …………………… 829
600285 河南羚锐制药股份有限公司 …………………… 830
600286 湖南国光瓷业集团股份有限公司 ……………… 830
600287 江苏舜天国际集团服装进出口股份有限公司 … 831
600288 大恒新纪元科技股份有限公司 ………………… 832
600289 哈尔滨亿阳信通股份有限公司 ………………… 831
600290 苏福马股份有限公司 …………………………… 837
600291 内蒙古西卓子山草原水泥股份有限公司 ……… 840
600292 重庆九龙电力股份有限公司 …………………… 840
600293 湖北三峡新型建材股份有限公司 ……………… 841
600296 兰州铝业股份有限公司 ………………………… 841
600297 大连美罗药业股份有限公司 …………………… 842
600298 湖北安琪酵母股份有限公司 …………………… 842
600299 星辰化工新材料股份有限公司 ………………… 843
600300 徐州维维食品饮料股份有限公司 ……………… 844
600301 南宁化工股份有限公司 ………………………… 843
600302 西安标准工业股份有限公司 …………………… 849
600303 丹东曙光车桥股份有限公司 …………………… 849
600305 江苏恒顺醋业股份有限公司 …………………… 850
600306 沈阳商业城股份有限公司 ……………………… 850
600307 甘肃酒钢集团宏兴钢铁股份有限公司 ………… 851
600308 山东华泰纸业股份有限公司 …………………… 851
600309 烟台万华聚氨酯股份有限公司 ………………… 852
600310 广西桂东电力股份有限公司 …………………… 853
600311 甘肃荣华实业(集团)股份有限公司 …………… 854
600312 河南平高电气股份有限公司 …………………… 869
600313 中垦农业资源开发股份有限公司 ……………… 852
600315 上海家化联合股份有限公司 …………………… 870
600316 江西洪都航空工业股份有限公司 ……………… 871
600318 安徽巢东水泥股份有限公司 …………………… 871
600319 潍坊亚星化学股份有限公司 …………………… 872

600320 上海振华港口机械(集团)股份有限公司 …… 873
600321 四川国栋建设股份有限公司 …… 874
600322 天津市房地产发展(集团)股份有限公司 …… 875
600323 南海发展股份有限公司 …… 873
600326 西藏天路交通股份有限公司 …… 876
600328 内蒙古兰太实业股份有限公司 …… 883
600329 天津中新药业集团股份有限公司 …… 887
600330 浙江天通电子股份有限公司 …… 888
600332 广州药业股份有限公司 …… 889
600333 长春燃气股份有限公司 …… 888
600335 中外建发展股份有限公司 …… 895
600336 青岛澳柯玛股份有限公司 …… 895
600337 美克国际家具股份有限公司 …… 896
600338 西藏珠峰工业股份有限公司 …… 896
600339 新疆独山子天利高新技术股份有限公司 …… 897
600345 武汉长江通信产业集团股份有限公司 …… 897
600346 大连冰山橡塑股份有限公司 …… 898
600356 牡丹江恒丰纸业股份有限公司 …… 899
600359 新疆塔里木农业综合开发股份有限公司 …… 900
600360 吉林华微电子股份有限公司 …… 903
600361 北京华联商厦股份有限公司 …… 921
600363 江西联创光电科技股份有限公司 …… 922
600365 通化葡萄酒股份有限公司 …… 923
600366 宁波韵升(集团)股份有限公司 …… 922
600367 贵州红星发展股份有限公司 …… 926
600368 广西五洲交通股份有限公司 …… 926
600369 重庆长江水运股份有限公司 …… 927
600372 江西昌河汽车股份有限公司 …… 934
600376 北京天鸿宝业房地产股份有限公司 …… 935
600377 江苏宁沪高速公路股份有限公司 …… 936
600378 四川天一科技股份有限公司 …… 941
600379 陕西宝光真空电器股份有限公司 …… 942
600380 深圳太太药业股份有限公司 …… 943
600381 青海白唇鹿股份有限公司 …… 944
600382 广东明珠球阀集团股份有限公司 …… 941
600383 金地(集团)股份有限公司 …… 963
600385 山东金泰集团股份有限公司 …… 964
600386 北京巴士股份有限公司 …… 965
600388 福建龙净环保股份有限公司 …… 965
600389 南通江山农药化工股份有限公司 …… 966
600390 金瑞新材料科技股份有限公司 …… 970
600391 四川成发航空科技股份有限公司 …… 971
600393 广州东华实业股份有限公司 …… 972
600395 贵州盘江精煤股份有限公司 …… 973
600396 沈阳金山热电股份有限公司 …… 974
600398 凯诺科技股份有限公司 …… 970
600399 抚顺特殊钢股份有限公司 …… 975
600400 江苏红豆实业股份有限公司 …… 975
600418 安徽江淮汽车底盘股份有限公司 …… 976
600419 新疆天宏纸业股份有限公司 …… 977
600422 昆明制药股份有限公司 …… 990
600448 华纺股份有限公司 …… 991
600466 四川迪康科技药业股份有限公司 …… 992
600468 天津特精液压股份有限公司 …… 993
600488 天津天药药业股份有限公司 …… 994
600498 烽火通信科技股份有限公司 …… 995
600500 中化国际贸易股份有限公司 …… 990
600501 南京晨光航天应用技术股份有限公司 …… 996
600506 新疆库尔勒香梨股份有限公司 …… 1007
600508 上海大屯能源股份有限公司 …… 1008
600518 广东康美药业股份有限公司 …… 1014
600519 贵州茅台酒股份有限公司 …… 1015
600520 铜陵三佳模具股份有限公司 …… 1016
600523 贵州贵航汽车零部件股份有限公司 …… 1017
600528 中铁二局股份有限公司 …… 1018
600530 上海交大昂立股份有限公司 …… 1030
600539 太原狮头水泥股份有限公司 …… 1031
600550 保定天威保变电气股份有限公司 …… 1032
600556 广西北生药业股份有限公司 …… 1033
600566 湖北洪城通用机械股份有限公司 …… 1034
600568 湖北潜江制药股份有限公司 …… 1035
600569 安阳钢铁股份有限公司 …… 1036
600588 北京用友软件股份有限公司 …… 1037
600589 广东榕泰实业股份有限公司 …… 1038
600596 浙江新安化工集团股份有限公司 …… 1049
600600 青岛啤酒股份有限公司 …… 1014
600601 上海方正延中科技集团股份有限公司 …… 1050
600602 上海广电电子股份有限公司 …… 1050
600603 上海兴业房地产股份有限公司 …… 1051
600604 上海二纺机股份有限公司 …… 1051
600605 上海轻工机械股份有限公司 …… 1052
600606 上海金丰投资股份有限公司 …… 1052
600607 上海实业联合集团股份有限公司 …… 1053
600608 上海宽频科技股份有限公司 …… 1053
600609 一汽金杯汽车股份有限公司 …… 1054
600610 中国纺织机械股份有限公司 …… 1054
600611 大众交通(集团)股份有限公司 …… 1055
600612 中国第一铅笔股份有限公司 …… 1055
600613 上海永生股份有限公司 …… 1056
600614 上海胶带股份有限公司 …… 1056
600615 上海丰华圆珠笔股份有限公司 …… 1057
600616 上海市第一食品商店股份有限公司 …… 1057
600617 上海联华合纤股份有限公司 …… 1058
600618 上海氯碱化工股份有限公司 …… 1058
600619 上海海立(集团)股份有限公司 …… 1059
600620 上海市天宸股份有限公司 …… 1059
600621 上海金陵股份有限公司 …… 1060
600622 上海嘉宝实业(集团)股份有限公司 …… 1060
600623 上海轮胎橡胶(集团)股份有限公司 …… 1061
600624 上海复华实业股份有限公司 …… 1061
600625 上海水仙电大股份有限公司 …… 1062
600626 上海申达股份有限公司 …… 1062
600627 上海电器股份有限公司 …… 1063
600628 上海新世界股份有限公司 …… 1063

600629 上海棱光实业股份有限公司 …… 1064
600630 上海龙头股份有限公司 …… 1064
600631 上海市第一百货商店股份有限公司 …… 1065
600632 上海华联商厦股份有限公司 …… 1065
600633 上海白猫股份有限公司 …… 1066
600634 上海海鸟电子股份有限公司 …… 1066
600635 上海大众科技创业(集团)股份有限公司 …… 1067
600636 上海三爱富新材料股份有限公司 …… 1067
600637 上海广电信息产业股份有限公司 …… 1068
600638 上海新黄浦置业股份有限公司 …… 1068
600639 上海金桥出口加工区开发股份有限公司 …… 1069
600640 上海国脉通信股份有限公司 …… 1069
600641 中远发展股份有限公司 …… 1070
600642 申能股份有限公司 …… 1070
600643 上海爱建股份有限公司 …… 1071
600644 乐山电力股份有限公司 …… 1071
600645 上海望春花(集团)股份有限公司 …… 1072
600646 上海国嘉实业股份有限公司 …… 1072
600647 上海同达创业投资股份有限公司 …… 1073
600648 上海外高桥保税区开发股份有限公司 …… 1073
600649 上海市原水股份有限公司 …… 1074
600650 上海新锦江股份有限公司 …… 1074
600651 上海飞乐音响股份有限公司 …… 1075
600652 上海爱使股份有限公司 …… 1075
600653 上海华晨集团股份有限公司 …… 1076
600654 上海飞乐股份有限公司 …… 1076
600655 上海豫园旅游商城股份有限公司 …… 1077
600656 上海华源制药股份有限公司 …… 1077
600657 北京天桥北大青鸟科技股份有限公司 …… 1078
600658 北京兆维科技股份有限公司 …… 1078
600659 福建省福联股份有限公司 …… 1079
600660 福耀玻璃工业集团股份有限公司 …… 1079
600661 上海交大南洋股份有限公司 …… 1080
600662 上海强生出租汽车股份有限公司 …… 1080
600663 上海陆家嘴金融贸易区开发股份有限公司 …… 1081
600664 哈药集团股份有限公司 …… 1081
600665 上海沪昌特殊钢股份有限公司 …… 1082
600666 西南药业股份有限公司 …… 1082
600667 无锡市太极实业股份有限公司 …… 1083
600668 浙江尖峰集团股份有限公司 …… 1083
600669 鞍山合成(集团)股份有限公司 …… 1084
600670 长春高斯达生物科技集团股份有限公司 …… 1084
600671 杭州天目山药业股份有限公司 …… 1085
600672 四川英豪科技教育投资股份有限公司 …… 1085
600673 成都量具刃具股份有限公司 …… 1086
600674 四川川投控股股份有限公司 …… 1086
600675 中华企业股份有限公司 …… 1087
600676 上海交运股份有限公司 …… 1087
600677 浙江中汇(集团)股份有限公司 …… 1088
600678 四川金顶(集团)股份有限公司 …… 1089
600679 凤凰股份有限公司 …… 1088
600680 上海邮电通信设备股份有限公司 …… 1093
600681 武汉诚成文化投资集团股份有限公司 …… 1093
600682 南京新街口百货商店股份有限公司 …… 1094
600683 宁波华联集团股份有限公司 …… 1094
600684 广州珠江实业开发股份有限公司 …… 1095
600685 广州广船国际股份有限公司 …… 1095
600686 厦门汽车股份有限公司 …… 1096
600687 厦门新宇软件股份有限公司 …… 1096
600688 上海石油化工股份有限公司 …… 1097
600689 上海三毛纺织股份有限公司 …… 1097
600690 青岛海尔电冰箱股份有限公司 …… 1098
600691 东新电碳股份有限公司 …… 1103
600692 上海亚通股份有限公司 …… 1103
600693 福建东百集团股份有限公司 …… 1104
600694 大连商场股份有限公司 …… 1104
600695 上海大江(集团)股份有限公司 …… 1105
600696 利嘉(福建)股份有限公司 …… 1105
600697 长春欧亚集团股份有限公司 …… 1106
600698 济南轻骑摩托车股份有限公司 …… 1106
600699 辽源得亨股份有限公司 …… 1107
600700 陕西煤航数码测绘(集团)股份有限公司 …… 1107
600701 哈尔滨工大高新技术产业开发股份有限公司 …… 1108
600702 四川沱牌曲酒股份有限公司 …… 1108
600703 湖北天颐科技股份有限公司 …… 1109
600704 浙江中大集团股份有限公司 …… 1109
600705 北亚实业(集团)股份有限公司 …… 1110
600706 长安信息产业(集团)股份有限公司 …… 1110
600707 彩虹显示器件股份有限公司 …… 1111
600708 上海东海股份有限公司 …… 1111
600709 湖北江湖生态农业股份有限公司 …… 1112
600710 常林股份有限公司 …… 1112
600711 厦门雄震集团股份有限公司 …… 1113
600712 南宁百货大楼股份有限公司 …… 1113
600713 南京医药股份有限公司 …… 1114
600714 青海山川铁合金股份有限公司 …… 1114
600715 松辽汽车股份有限公司 …… 1115
600716 秦皇岛耀华玻璃股份有限公司 …… 1115
600717 天津港(集团)股份有限公司 …… 1116
600718 沈阳东大阿尔派软件股份有限公司 …… 1116
600719 大连热电股份有限公司 …… 1117
600720 甘肃祁连山水泥股份有限公司 …… 1117
600721 新疆百花村股份有限公司 …… 1118
600722 沧州化学工业股份有限公司 …… 1119
600723 北京市西单商场股份有限公司 …… 1118
600724 宁波富达电器股份有限公司 …… 1122
600725 云南云维股份有限公司 …… 1122
600726 黑龙江电力股份有限公司 …… 1123
600727 山东鲁北化工股份有限公司 …… 1128
600728 辽宁新太科技股份有限公司 …… 1129
600729 重庆百货大楼股份有限公司 …… 1128
600730 中国高科集团股份有限公司 …… 1135
600731 湖南海利化工股份有限公司 …… 1135
600732 上海港机股份有限公司 …… 1136

600733 成都前锋电子股份有限公司 …… 1136
600734 福建实达电脑集团股份有限公司 …… 1137
600735 山东兰陵陈香酒业股份有限公司 …… 1137
600736 苏州新区高新技术产业股份有限公司 …… 1138
600737 新疆屯河股份有限公司 …… 1138
600738 兰州民百(集团)股份有限公司 …… 1139
600739 辽宁成大股份有限公司 …… 1139
600740 山西焦化股份有限公司 …… 1140
600741 上海巴士实业(集团)股份有限公司 …… 1140
600742 长春一汽四环汽车股份有限公司 …… 1141
600743 湖北幸福实业股份有限公司 …… 1141
600744 湖南华银电力股份有限公司 …… 1142
600745 黄石康赛股份有限公司 …… 1142
600746 江苏索普化工股份有限公司 …… 1143
600747 大连大显股份有限公司 …… 1144
600748 上海浦东不锈薄板股份有限公司 …… 1143
600749 西藏圣地股份有限公司 …… 1147
600750 江西东风药业股份有限公司 …… 1147
600751 天津市海运股份有限公司 …… 1148
600752 哈慈股份有限公司 …… 1148
600753 河南冰熊保鲜设备股份有限公司 …… 1149
600754 上海新亚(集团)股份有限公司 …… 1149
600755 厦门国贸集团股份有限公司 …… 1150
600756 山东浪潮齐鲁软件产业股份有限公司 …… 1150
600757 上海华源企业发展股份有限公司 …… 1151
600758 辽宁金帝建设集团股份有限公司 …… 1151
600759 海南华侨投资股份有限公司 …… 1152
600760 山东黑豹股份有限公司 …… 1152
600761 安徽合力股份有限公司 …… 1153
600762 衡阳市金荔科技农业股份有限公司 …… 1153
600763 北京中燕探戈羽绒制品股份有限公司 …… 1154
600764 甘肃三星石化(集团)股份有限公司 …… 1154
600765 贵州力源液压股份有限公司 …… 1155
600766 烟台华联发展集团股份有限公司 …… 1155
600767 运盛(福建)实业股份有限公司 …… 1156
600768 宁波华通集团股份有限公司 …… 1156
600769 武汉祥龙电业股份有限公司 …… 1157
600770 江苏综艺股份有限公司 …… 1157
600771 东盛科技股份有限公司 …… 1158
600772 中油龙昌(集团)股份有限公司 …… 1158
600773 西藏金珠股份有限公司 …… 1159
600774 武汉市汉商集团股份有限公司 …… 1159
600775 南京熊猫电子股份有限公司 …… 1160
600776 东方通信股份有限公司 …… 1160
600777 烟台新潮实业股份有限公司 …… 1161
600778 新疆友好(集团)股份有限公司 …… 1161
600779 四川全兴股份有限公司 …… 1162
600780 山西通宝能源股份有限公司 …… 1162
600781 上海民丰实业股份有限公司 …… 1163
600782 新华金属制品股份有限公司 …… 1163
600784 鲁银投资集团股份有限公司 …… 1164
600785 银川新华百货商店股份有限公司 …… 1164
600786 东方锅炉(集团)股份有限公司 …… 1165
600787 中储发展股份有限公司 …… 1165
600788 西安达尔曼实业股份有限公司 …… 1166
600789 山东鲁抗医药股份有限公司 …… 1166
600790 浙江中国轻纺城集团股份有限公司 …… 1167
600791 贵州华联旅业(集团)股份有限公司 …… 1167
600792 云南马龙化建股份有限公司 …… 1168
600793 宜宾纸业股份有限公司 …… 1168
600794 云南新概念保税科技股份有限公司 …… 1169
600795 国电电力发展股份有限公司 …… 1169
600796 浙江钱江生物化学股份有限公司 …… 1170
600797 浙江浙大网新科技股份有限公司 …… 1170
600798 宁波海运股份有限公司 …… 1171
600799 黑龙江省科利华网络股份有限公司 …… 1171
600800 天津环球磁卡股份有限公司 …… 1172
600801 华新水泥股份有限公司 …… 1172
600802 福建水泥股份有限公司 …… 1173
600803 河北威远生物化工股份有限公司 …… 1173
600804 成都工益冶金股份有限公司 …… 1174
600805 江苏悦达股份有限公司 …… 1174
600806 昆明机床股份有限公司 …… 1175
600807 山东济南百货大楼(集团)股份有限公司 …… 1175
600808 马鞍山钢铁股份有限公司 …… 1176
600809 山西杏花村汾酒厂股份有限公司 …… 1177
600810 神马实业股份有限公司 …… 1176
600811 东方集团股份有限公司 …… 1184
600812 华北制药股份有限公司 …… 1184
600813 鞍山第一工程机械股份有限公司 …… 1185
600814 杭州解百集团股份有限公司 …… 1182
600815 厦门工程机械股份有限公司 …… 1186
600816 鞍山市信托投资股份有限公司 …… 1186
600817 上海宏盛科技发展股份有限公司 …… 1187
600818 上海永久股份有限公司 …… 1187
600819 上海耀华皮尔金顿玻璃股份有限公司 …… 1188
600820 上海隧道工程股份有限公司 …… 1188
600821 天津劝业场(集团)股份有限公司 …… 1189
600822 上海物资贸易中心股份有限公司 …… 1189
600823 上海世茂股份有限公司 …… 1190
600824 上海益民百货股份有限公司 …… 1190
600825 华联超市股份有限公司 …… 1191
600826 上海兰生股份有限公司 …… 1191
600827 上海友谊股份有限公司 …… 1192
600828 成都人民商场(集团)股份有限公司 …… 1192
600829 哈尔滨天鹅实业股份有限公司 …… 1193
600830 宁波城隍庙实业股份有限公司 …… 1193
600831 黄河机电股份有限公司 …… 1194
600832 上海东方明珠股份有限公司 …… 1194
600833 上海商业网点发展实业股份有限公司 …… 1195
600834 上海申通地铁股份有限公司 …… 1195
600835 上海上菱电器股份有限公司 …… 1196
600836 上海界龙实业股份有限公司 …… 1196
600837 上海市都市农商社股份有限公司 …… 1197

600838 上海九百股份有限公司 …… 1197
600839 四川长虹电器股份有限公司 …… 1198
600840 浙江安平创业投资股份有限公司 …… 1198
600841 上海柴油机股份有限公司 …… 1199
600842 上海中西药业股份有限公司 …… 1199
600843 上工股份有限公司 …… 1200
600844 英雄(集团)股份有限公司 …… 1200
600845 上海宝信软件股份有限公司 …… 1201
600846 上海同济科技实业股份有限公司 …… 1201
600847 重庆万里蓄电池股份有限公司 …… 1202
600848 上海自动化仪表股份有限公司 …… 1202
600849 上海市医药股份有限公司 …… 1203
600850 上海华东电脑股份有限公司 …… 1203
600851 上海海欣集团股份有限公司 …… 1204
600852 中国四川国际合作股份有限公司 …… 1204
600853 北满特殊钢股份有限公司 …… 1205
600854 江苏春兰制冷设备股份有限公司 …… 1205
600855 北京航天长峰股份有限公司 …… 1206
600856 长春百货大楼集团股份有限公司 …… 1206
600857 哈工大首创科技股份有限公司 …… 1207
600858 渤海集团股份有限公司 …… 1207
600859 北京王府井百货(集团)股份有限公司 …… 1208
600860 北人印刷机械股份有限公司 …… 1208
600861 北京城乡贸易中心股份有限公司 …… 1209
600862 南通纵横国际股份有限公司 …… 1209
600863 内蒙古蒙电华能热电股份有限公司 …… 1210
600864 哈尔滨岁宝热电股份有限公司 …… 1210
600865 百大集团股份有限公司 …… 1211
600866 广东肇庆星湖生物科技股份有限公司 …… 1211
600867 通化东宝药业股份有限公司 …… 1212
600868 广东梅雁企业(集团)股份有限公司 …… 1212
600869 青海三普药业股份有限公司 …… 1213
600870 厦门华侨电子股份有限公司 …… 1213
600871 仪征化纤股份有限公司 …… 1214
600872 中山火炬高新技术实业股份有限公司 …… 1214
600873 西藏明珠股份有限公司 …… 1215
600874 天津创业环保股份有限公司 …… 1215
600875 东方电机股份有限公司 …… 1216
600876 洛阳玻璃股份有限公司 …… 1216
600877 中国嘉陵工业股份有限公司 …… 1217
600878 大连北大科技(集团)股份有限公司 …… 1217
600879 长征火箭技术股份有限公司 …… 1218
600880 成都博瑞传播股份有限公司 …… 1218
600881 吉林亚泰(集团)股份有限公司 …… 1219
600882 山东大成农药股份有限公司 …… 1219
600883 云南富邦科技实业股份有限公司 …… 1220
600884 宁波杉杉股份有限公司 …… 1220
600885 武汉力诺工业股份有限公司 …… 1221
600886 湖北兴化股份有限公司 …… 1221
600887 内蒙古伊利实业集团股份有限公司 …… 1222
600888 新疆众和股份有限公司 …… 1226
600889 南京化纤股份有限公司 …… 1226
600890 长春长铃实业股份有限公司 …… 1227
600891 哈尔滨秋林集团股份有限公司 …… 1227
600892 河北湖大科技教育发展股份有限公司 …… 1228
600893 吉林省吉发农业开发集团股份有限公司 …… 1228
600894 广州钢铁股份有限公司 …… 1229
600895 上海张江高科技园区开发股份有限公司 …… 1229
600896 中海(海南)海盛船务股份有限公司 …… 1230
600897 厦门机场发展股份有限公司 …… 1230
600898 郑州百文股份有限公司(集团) …… 1231
600899 浙江信联股份有限公司 …… 1231
900929 上海中国国际旅行社股份有限公司 …… 1232
900935 上海金泰股份有限公司 …… 1232
900939 上海汇丽建材股份有限公司 …… 1233
900948 内蒙古伊泰煤炭股份有限公司 …… 1233
900949 浙江东南发电股份有限公司 …… 1234
900950 江苏新城房产股份有限公司 …… 1234
900951 大化集团大连化工股份有限公司 …… 1235
900953 华源凯马机械股份有限公司 …… 1235
900955 上海茉织华股份有限公司 …… 1236
900956 黄石东贝电器股份有限公司 …… 1236

第十六卷　深圳证券交易所上市公司信息汇集

000001 深圳发展银行股份有限公司 …… 1238
000002 万科企业股份有限公司 …… 1238
000003 金田实业(集团)股份有限公司 …… 1239
000004 深圳市北大高科技股份有限公司 …… 1239
000005 深圳世纪星源股份有限公司 …… 1240
000006 深圳市振业(集团)股份有限公司 …… 1240
000007 深圳市赛格达声股份有限公司 …… 1241
000008 广东亿安科技股份有限公司 …… 1241
000009 中国宝安集团股份有限公司 …… 1242
000010 深圳市华新股份有限公司 …… 1242
000011 深圳市物业发展(集团)股份有限公司 …… 1243
000012 中国南玻科技控股(集团)股份有限公司 …… 1243
000013 深圳石化工业集团股份有限公司 …… 1244
000014 华源实业(集团)股份有限公司 …… 1244
000015 深圳中浩(集团)股份有限公司 …… 1245
000016 康佳集团股份有限公司 …… 1245
000017 深圳中华自行车(集团)股份有限公司 …… 1246
000018 深圳中冠纺织印染股份有限公司 …… 1246
000019 深圳市深宝实业股份有限公司 …… 1247
000020 深圳华发电子股份有限公司 …… 1247
000021 深圳开发科技股份有限公司 …… 1248
000022 深圳赤湾港航股份有限公司 …… 1248
000023 深圳市天地(集团)股份有限公司 …… 1249
000024 招商局蛇口控股股份有限公司 …… 1249
000025 深圳市特力(集团)股份有限公司 …… 1250
000026 深圳市飞亚达(集团)股份有限公司 …… 1250
000027 深圳能源投资股份有限公司 …… 1251

000028 深圳一致药业股份有限公司 …… 1251
000029 深圳经济特区房地产(集团)股份有限公司 …… 1252
000030 深圳市莱英达集团股份有限公司 …… 1252
000031 深圳市宝恒(集团)股份有限公司 …… 1253
000032 深圳市桑达实业股份有限公司 …… 1253
000033 深圳市新都酒店股份有限公司 …… 1254
000034 深圳市深信泰丰(集团)股份有限公司 …… 1254
000035 中国科健股份有限公司 …… 1255
000036 深圳市华联控股股份有限公司 …… 1255
000037 深圳南山热电股份有限公司 …… 1256
000038 深圳大通实业股份有限公司 …… 1256
000039 中国国际海运集装箱(集团)股份有限公司 …… 1257
000040 深圳市鸿基(集团)股份有限公司 …… 1257
000042 深圳市长城地产(集团)股份有限公司 …… 1258
000043 深圳市南光(集团)股份有限公司 …… 1258
000045 深圳市纺织(集团)股份有限公司 …… 1259
000046 光彩建设股份有限公司 …… 1259
000047 深圳市中侨发展股份有限公司 …… 1260
000048 深圳市康尔达(集团)股份有限公司 …… 1260
000049 深圳市万山实业股份有限公司 …… 1261
000050 深圳天马微电子股份有限公司 …… 1261
000055 方大集团股份有限公司 …… 1262
000056 深圳市国际企业股份有限公司 …… 1262
000058 深圳赛格股份有限公司 …… 1263
000059 深圳辽河通达化工股份有限公司 …… 1263
000060 深圳市中金岭南有色金属股份有限公司 …… 1264
000061 深圳市农产品股份有限公司 …… 1264
000062 深圳华强实业股份有限公司 …… 1265
000063 深圳市中兴通讯股份有限公司 …… 1265
000065 北方国际合作股份有限公司 …… 1266
000066 中国长城计算机深圳股份有限公司 …… 1266
000068 深圳市赛格三星股份有限公司 …… 1267
000069 深圳华侨城控股股份有限公司 …… 1267
000070 深圳市特发信息股份有限公司 …… 1268
000078 深圳市海王生物工程股份有限公司 …… 1268
000088 深圳市盐田港股份有限公司 …… 1269
000089 深圳市机场股份有限公司 …… 1269
000090 深圳市天健(集团)股份有限公司 …… 1270
000096 深圳市广聚能源股份有限公司 …… 1270
000099 中信海洋直升机股份有限公司 …… 1271
000150 麦科特光电股份有限公司 …… 1271
000151 中成进出口股份有限公司 …… 1272
000153 安徽新力药业股份有限公司 …… 1272
000155 川化股份有限公司 …… 1273
000156 湖南安塑股份有限公司 …… 1273
000157 长沙中联重工科技发展股份有限公司 …… 1274
000158 石家庄常山纺织股份有限公司 …… 1274
000159 新疆国际实业股份有限公司 …… 1275
000301 吴江丝绸股份有限公司 …… 1275
000400 许继电气股份有限公司 …… 1276
000401 唐山冀东水泥股份有限公司 …… 1276
000402 金融街控股股份有限公司 …… 1277
000403 三九宜工生化股份有限公司 …… 1277
000404 华意压缩机股份有限公司 …… 1278
000405 珠海鑫光集团股份有限公司 …… 1278
000406 胜利油田大明集团股份有限公司 …… 1279
000407 山东胜利股份有限公司 …… 1279
000408 河北华玉股份有限公司 …… 1280
000409 四通集团高科技股份有限公司 …… 1280
000410 沈阳机床股份有限公司 …… 1281
000411 深圳凯地丝绸股份有限公司 …… 1281
000412 长春北方五环实业股份有限公司 …… 1282
000413 石家庄宝石电子玻璃股份有限公司 …… 1282
000415 新疆汇通(集团)股份有限公司 …… 1283
000416 青岛健特生物投资股份有限公司 …… 1283
000417 合肥百货大楼股份有限公司 …… 1284
000418 无锡小天鹅股份有限公司 …… 1284
000419 长沙通程控股股份有限公司 …… 1285
000420 吉林化纤股份有限公司 …… 1285
000421 南京中北(集团)股份有限公司 …… 1286
000422 湖北宜化化工股份有限公司 …… 1286
000423 山东东阿阿胶股份有限公司 …… 1287
000425 徐州工程机械科技股份有限公司 …… 1287
000426 赤峰富龙热力股份有限公司 …… 1288
000428 湖南华天大酒店股份有限公司 …… 1288
000429 广东省高速公路发展股份有限公司 …… 1289
000430 张家界旅游开发股份有限公司 …… 1289
000488 山东晨鸣纸业集团股份有限公司 …… 1290
000498 丹东化学纤维股份有限公司 …… 1290
000501 武汉武商集团股份有限公司 …… 1291
000502 海南新能源股份有限公司 …… 1291
000503 海南海虹企业(控股)股份有限公司 …… 1292
000504 北京赛迪传媒投资股份有限公司 …… 1292
000505 海南珠江控股股份有限公司 …… 1293
000506 四川东泰产业(控股)股份有限公司 …… 1293
000507 珠海经济特区富华集团股份有限公司 …… 1294
000509 四川天歌科技集团股份有限公司 …… 1294
000510 四川金路集团股份有限公司 …… 1295
000511 沈阳银基发展股份有限公司 …… 1295
000513 丽珠医药集团股份有限公司 …… 1296
000514 重庆渝开发股份有限公司 …… 1296
000515 重庆渝港钛白粉股份有限公司 …… 1297
000516 西安解放集团股份有限公司 …… 1297
000517 宁波成功信息产业股份有限公司 …… 1298
000518 江苏四环生物股份有限公司 …… 1298
000519 成都银河动力股份有限公司 …… 1299
000520 武汉凤凰股份有限公司 …… 1299
000521 合肥美菱股份有限公司 …… 1300
000522 广州白云山制药股份有限公司 …… 1300
000523 广州市浪奇实业股份有限公司 …… 1301
000524 广州市东方宾馆股份有限公司 …… 1301
000525 南京红太阳股份有限公司 …… 1302
000526 厦门旭飞实业股份有限公司 …… 1302
000527 广东美的集团股份有限公司 …… 1303

000528 广西柳工机械股份有限公司 …… 1303
000529 广东美雅集团股份有限公司 …… 1304
000530 大连冷冻机股份有限公司 …… 1304
000531 广州恒运企业集团股份有限公司 …… 1305
000532 珠海华电股份有限公司 …… 1305
000533 广东万家乐股份有限公司 …… 1306
000534 汕头电力发展股份有限公司 …… 1306
000535 猴王股份有限公司 …… 1307
000536 闽东电机(集团)股份有限公司 …… 1307
000537 天津南开戈德股份有限公司 …… 1308
000538 云南白药集团股份有限公司 …… 1308
000539 广东电力发展股份有限公司 …… 1309
000540 世纪中天投资股份有限公司 …… 1309
000541 佛山电器照明股份有限公司 …… 1310
000542 TCL通讯设备股份有限公司 …… 1310
000543 皖能股份有限公司 …… 1311
000544 白鸽(集团)股份有限公司 …… 1311
000545 吉林恒和制药股份有限公司 …… 1312
000546 吉林轻工集团股份有限公司 …… 1312
000547 福建省福发股份有限公司 …… 1313
000548 湖南投资集团股份有限公司 …… 1313
000549 湘火炬汽车零部件股份有限公司 …… 1314
000550 江铃汽车股份有限公司 …… 1323
000551 创元科技股份有限公司 …… 1323
000552 甘肃长风宝安实业股份有限公司 …… 1324
000553 湖北沙隆达股份有限公司 …… 1324
000554 山东泰山石化股份有限公司 …… 1325
000555 深圳市太光电信股份有限公司 …… 1325
000556 南洋航运集团股份有限公司 …… 1326
000557 广夏(银川)实业股份有限公司 …… 1326
000558 沈阳房天股份有限公司 …… 1327
000559 万向钱潮股份有限公司 …… 1327
000560 昆明百货大楼(集团)股份有限公司 …… 1328
000561 长岭(集团)股份有限公司 …… 1328
000562 宏源证券股份有限公司 …… 1329
000563 陕西省国际信托投资股份有限公司 …… 1329
000564 西安民生集团股份有限公司 …… 1330
000565 重庆三峡油漆股份有限公司 …… 1330
000566 海南轻骑海药股份有限公司 …… 1331
000567 海南海德纺织实业股份有限公司 …… 1331
000568 泸州老窖股份有限公司 …… 1332
000569 四川川投长城特殊钢股份有限公司 …… 1332
000570 常柴股份有限公司 …… 1333
000571 海南新大洲摩托车股份有限公司 …… 1333
000572 海南金盘实业股份有限公司 …… 1334
000573 东莞宏远工业区股份有限公司 …… 1334
000576 江门甘蔗化工厂(集团)股份有限公司 …… 1335
000578 青海数码网络投资股份有限公司 …… 1335
000581 无锡威孚高科技股份有限公司 …… 1336
000582 北海新力实业股份有限公司 …… 1340
000583 四川托普长征软件股份有限公司 …… 1340
000584 成都蜀都大厦股份有限公司 …… 1341
000585 东北输变电机械制造股份有限公司 …… 1341
000586 四川省长江企业(集团)股份有限公司 …… 1342
000587 光明集团家具股份有限公司 …… 1342
000588 广东金曼集团股份有限公司 …… 1343
000589 贵州轮胎股份有限公司 …… 1343
000590 清华紫光古汉生物制药股份有限公司 …… 1344
000591 重庆桐君阁股份有限公司 …… 1344
000592 福建省中福实业股份有限公司 …… 1345
000593 成都华联商厦股份有限公司 …… 1345
000594 内蒙古宏峰实业股份有限公司 …… 1346
000595 西北轴承股份有限公司 …… 1346
000596 安徽古井贡酒股份有限公司 …… 1347
000597 东北制药集团股份有限公司 …… 1347
000598 蓝星清洗剂股份有限公司 …… 1348
000599 青岛双星鞋业股份有限公司 …… 1348
000600 石家庄国际大厦(集团)股份有限公司 …… 1349
000601 广东韶能集团股份有限公司 …… 1349
000602 广东金马旅游集团股份有限公司 …… 1350
000603 威达医用科技股份有限公司 …… 1350
000605 四环药业股份有限公司 …… 1351
000606 青海明胶股份有限公司 …… 1351
000607 重庆华立控股股份有限公司 …… 1352
000608 广西阳光股份有限公司 …… 1352
000609 北京燕化高新技术股份有限公司 …… 1353
000610 西安旅游(集团)股份有限公司 …… 1353
000611 内蒙古民族实业集团股份有限公司 …… 1354
000612 焦作万方铝业股份有限公司 …… 1354
000613 海南大东海旅游中心股份有限公司 …… 1355
000615 湖北金环股份有限公司 …… 1355
000616 大连渤海饭店(集团)股份有限公司 …… 1356
000617 济南柴油机股份有限公司 …… 1356
000618 吉林化学工业股份有限公司 …… 1357
000619 芜湖海螺型材科技股份有限公司 …… 1358
000620 黑龙江圣方科技股份有限公司 …… 1357
000621 比特科技控股股份有限公司 …… 1365
000622 岳阳恒立冷气设备股份有限公司 …… 1366
000623 吉林敖东药业集团股份有限公司 …… 1365
000625 重庆长安汽车股份有限公司 …… 1372
000626 连云港如意集团股份有限公司 …… 1372
000627 湖北百科药业股份有限公司 …… 1373
000628 成都倍特发展集团股份有限公司 …… 1374
000629 攀枝花新钢钒股份有限公司 …… 1373
000630 安徽铜都铜业股份有限公司 …… 1379
000631 兰宝科技信息股份有限公司 …… 1379
000632 福建三木集团股份有限公司 …… 1380
000633 沈阳合金投资股份有限公司 …… 1380
000635 宁夏宁河民族化工股份有限公司 …… 1381
000636 广东风华高新科技股份有限公司 …… 1381
000637 茂名石化实华股份有限公司 …… 1382
000638 中国辽宁国际合作(集团)股份有限公司 …… 1382
000639 株洲庆云发展股份有限公司 …… 1383
000650 九江化纤股份有限公司 …… 1383

000651 珠海格力电器股份有限公司 …… 1384
000652 天津泰达股份有限公司 …… 1384
000653 福建九州集团股份有限公司 …… 1385
000655 山东淄博华光陶瓷股份有限公司 …… 1385
000656 重庆东源钢业股份有限公司 …… 1386
000657 中钨高新材料股份有限公司 …… 1386
000658 厦门海洋实业(集团)股份有限公司 …… 1387
000659 珠海中富实业股份有限公司 …… 1387
000660 广州南华西实业股份有限公司 …… 1388
000661 长春高新技术产业(集团)股份有限公司 …… 1388
000662 广西康达(集团)股份有限公司 …… 1389
000663 福建省永安林业(集团)股份有限公司 …… 1389
000665 武汉塑料工业集团股份有限公司 …… 1390
000666 经纬纺织机械股份有限公司 …… 1390
000667 云南华一投资集团股份有限公司 …… 1391
000668 武汉石油集团股份有限公司 …… 1391
000669 吉林中讯科技发展股份有限公司 …… 1392
000670 湖北天发股份有限公司 …… 1392
000671 福建省石狮新发股份有限公司 …… 1393
000672 白银铜城商厦(集团)股份有限公司 …… 1393
000673 大同水泥股份有限公司 …… 1394
000675 四川银山化工(集团)股份有限公司 …… 1394
000676 河南思达高科技股份有限公司 …… 1395
000677 山东潍坊海龙股份有限公司 …… 1395
000678 襄阳汽车轴承股份有限公司 …… 1396
000679 大连友谊(集团)股份有限公司 …… 1396
000680 山东山推工程机械股份有限公司 …… 1397
000681 远东实业股份有限公司 …… 1397
000682 烟台东方电子信息产业股份有限公司 …… 1398
000683 内蒙古远兴天然碱股份有限公司 …… 1398
000685 中山公用科技股份有限公司 …… 1399
000686 锦州经济技术开发区六陆实业股份有限公司 …… 1399
000687 保定天鹅股份有限公司 …… 1400
000688 朝华科技(集团)股份有限公司 …… 1400
000689 汕头宏业(集团)股份有限公司 …… 1401
000690 广东宝丽华实业股份有限公司 …… 1401
000691 海南寰岛实业股份有限公司 …… 1402
000692 沈阳惠天热电股份有限公司 …… 1402
000693 成都聚友泰康网络股份有限公司 …… 1403
000695 天津灯塔涂料股份有限公司 …… 1403
000696 成都联益实业股份有限公司 …… 1404
000697 咸阳偏转股份有限公司 …… 1404
000698 沈阳化工股份有限公司 …… 1405
000699 佳木斯造纸股份有限公司 …… 1405
000700 江南模塑科技股份有限公司 …… 1406
000701 厦门信达股份有限公司 …… 1406
000702 湖南正虹饲料股份有限公司 …… 1407
000703 世纪光华科技股份有限公司 …… 1407
000705 浙江震元股份有限公司 …… 1408
000707 湖北双环科技股份有限公司 …… 1408
000708 大冶特殊钢股份有限公司 …… 1409
000709 唐山钢铁股份有限公司 …… 1409
000710 成都天兴仪表股份有限公司 …… 1410
000711 黑龙江龙发股份有限公司 …… 1410
000712 广东锦龙发展股份有限公司 …… 1411
000713 合肥丰乐种业股份有限公司 …… 1411
000715 中兴-沈阳商业大厦(集团)股份有限公司 …… 1412
000716 广西斯壮股份有限公司 …… 1412
000717 广东韶钢松山股份有限公司 …… 1413
000718 吉林纸业股份有限公司 …… 1413
000719 焦作市碱业股份有限公司 …… 1414
000720 山东鲁能泰山电缆股份有限公司 …… 1414
000721 西安饮食服务(集团)股份有限公司 …… 1415
000722 衡阳市金果农工商实业股份有限公司 …… 1415
000723 福州天宇电气股份有限公司 …… 1416
000725 京东方科技集团股份有限公司 …… 1416
000726 鲁泰纺织股份有限公司 …… 1417
000727 南京华东电子信息科技股份有限公司 …… 1423
000728 北京化二股份有限公司 …… 1423
000729 北京燕京啤酒股份有限公司 …… 1424
000730 沈阳特种环保设备制造股份有限公司 …… 1424
000731 四川美丰化工股份有限公司 …… 1425
000732 福建三农集团股份有限公司 …… 1425
000733 中国振华(集团)科技股份有限公司 …… 1426
000735 海口农工贸(罗牛山)股份有限公司 …… 1434
000736 重庆国际实业投资股份有限公司 …… 1434
000737 南风化工集团股份有限公司 …… 1435
000738 南方摩托车股份有限公司 …… 1435
000739 青岛东方集团股份有限公司 …… 1436
000748 湖南计算机股份有限公司 …… 1436
000750 桂林集琦药业股份有限公司 …… 1437
000751 葫芦岛锌业股份有限公司 …… 1437
000752 西藏拉萨啤酒股份有限公司 …… 1438
000753 福建双菱集团股份有限公司 …… 1438
000755 山西三维集团股份有限公司 …… 1439
000756 山东新华制药股份有限公司 …… 1439
000757 四川峨眉柴油机股份有限公司 …… 1440
000758 中国有色金属建设股份有限公司 …… 1440
000759 武汉中百集团股份有限公司 …… 1441
000760 湖北车桥股份有限公司 …… 1441
000761 本钢板材股份有限公司 …… 1442
000762 西藏矿业发展股份有限公司 …… 1448
000763 锦州石化股份有限公司 …… 1448
000765 武汉华信高新技术股份有限公司 …… 1449
000766 通化金马药业股份有限公司 …… 1449
000767 山西漳泽电力股份有限公司 …… 1450
000768 西安飞机国际航空制造股份有限公司 …… 1450
000769 大连盛道集团股份有限公司 …… 1451
000776 延边公路建设股份有限公司 …… 1451
000777 中核苏阀科技实业股份有限公司 …… 1452
000778 新兴铸管股份有限公司 …… 1452
000779 兰州三毛实业股份有限公司 …… 1453
000780 内蒙古草原兴发股份有限公司 …… 1453
000782 广东新会美达锦纶股份有限公司 …… 1454

000783 石家庄炼油化工股份有限公司 …… 1454
000785 武汉中商集团股份有限公司 …… 1455
000786 北新集团建材股份有限公司 …… 1455
000787 湖南创智信息科技股份有限公司 …… 1456
000788 西南合成制药股份有限公司 …… 1456
000789 江西万年青水泥股份有限公司 …… 1457
000790 成都华神集团股份有限公司 …… 1457
000791 西北永新化工股份有限公司 …… 1458
000792 青海盐湖钾肥股份有限公司 …… 1458
000793 海南民生燃气(集团)股份有限公司 …… 1459
000795 太原双塔刚玉股份有限公司 …… 1459
000796 宝鸡商场(集团)股份有限公司 …… 1460
000797 中国武夷实业股份有限公司 …… 1460
000798 中水集团远洋股份有限公司 …… 1461
000799 湖南酒鬼酒股份有限公司 …… 1462
000800 一汽轿车股份有限公司 …… 1461
000801 四川湖山电子股份有限公司 …… 1468
000802 北京京西风光旅游开发股份有限公司 …… 1468
000803 四川美亚丝绸(集团)股份有限公司 …… 1469
000805 江苏炎黄在线股份有限公司 …… 1469
000806 北海银河高科技产业股份有限公司 …… 1470
000807 云南铝业股份有限公司 …… 1470
000810 四川锦华股份有限公司 …… 1471
000811 烟台冰轮股份有限公司 …… 1471
000812 陕西省金叶印务股份有限公司 …… 1472
000813 新疆天山毛纺织股份有限公司 …… 1472
000815 宁夏美利纸业股份有限公司 …… 1473
000816 江苏江淮动力股份有限公司 …… 1473
000817 辽河金马油田股份有限公司 …… 1474
000818 锦化化工集团氯碱股份有限公司 …… 1480
000819 岳阳兴长石化股份有限公司 …… 1480
000820 金城造纸股份有限公司 …… 1481
000821 湖北京山轻工机械股份有限公司 …… 1481
000822 山东海化股份有限公司 …… 1482
000823 广东汕头超声电子股份有限公司 …… 1482
000825 山西太钢不锈钢股份有限公司 …… 1483
000826 国投原宜实业股份有限公司 …… 1488
000827 大连龙泉股份有限公司 …… 1488
000828 广东福地彩色显像管股份有限公司 …… 1489
000829 江西赣南果业股份有限公司 …… 1489
000830 山东鲁西化工股份有限公司 …… 1490
000831 山西关铝股份有限公司 …… 1490
000832 黑龙江龙涤股份有限公司 …… 1491
000833 广西贵糖(集团)股份有限公司 …… 1492
000835 北京隆源实业股份有限公司 …… 1491
000836 天津天大天财股份有限公司 …… 1496
000837 陕西秦川机械发展股份有限公司 …… 1496
000838 西南化机股份有限公司 …… 1497
000839 中信国安信息产业股份有限公司 …… 1497
000848 河北承德露露股份有限公司 …… 1498
000850 安徽华茂纺织股份有限公司 …… 1498
000851 贵州中国第七砂轮股份有限公司 …… 1499
000852 江汉石油钻头股份有限公司 …… 1499
000856 唐山陶瓷股份有限公司 …… 1500
000858 宜宾五粮液股份有限公司 …… 1500
000859 安徽国风塑业股份有限公司 …… 1501
000860 北京顺鑫农业股份有限公司 …… 1501
000861 茂名永业(集团)股份有限公司 …… 1502
000862 吴忠仪表股份有限公司 …… 1502
000863 沈阳北方商用技术设备股份有限公司 …… 1503
000866 扬子石油化工股份有限公司 …… 1503
000868 安徽安凯汽车股份有限公司 …… 1504
000869 烟台张裕葡萄酿酒股份有限公司 …… 1504
000876 四川新希望农业股份有限公司 …… 1505
000877 新疆天山水泥股份有限公司 …… 1505
000878 云南铜业股份有限公司 …… 1506
000880 山东巨力股份有限公司 …… 1506
000881 中国大连国际合作(集团)股份有限公司 …… 1507
000882 中商股份有限公司 …… 1507
000883 湖北三环股份有限公司 …… 1508
000885 洛阳春都食品股份有限公司 …… 1508
000886 海南高速公路股份有限公司 …… 1509
000887 安徽飞彩车辆股份有限公司 …… 1509
000888 峨眉山旅游股份有限公司 …… 1510
000889 秦皇岛华联商城股份有限公司 …… 1511
000890 江苏法尔胜股份有限公司 …… 1510
000892 重庆长丰通信股份有限公司 …… 1516
000893 广州冷机股份有限公司 …… 1516
000895 河南双汇投资发展股份有限公司 …… 1517
000896 河南豫能控股股份有限公司 …… 1517
000897 天津津滨发展股份有限公司 …… 1518
000898 鞍钢新轧钢股份有限公司 …… 1519
000899 江西赣能股份有限公司 …… 1518
000900 现代投资股份有限公司 …… 1526
000901 哈尔滨航天风华科技股份有限公司 …… 1526
000902 中国服装股份有限公司 …… 1527
000903 昆明云内动力股份有限公司 …… 1527
000905 厦门路桥股份有限公司 …… 1528
000906 南方建材股份有限公司 …… 1528
000908 湖南天一科技股份有限公司 …… 1529
000909 数源科技股份有限公司 …… 1536
000910 江苏大亚新型包装材料股份有限公司 …… 1536
000911 南宁糖业股份有限公司 …… 1537
000912 四川泸天化股份有限公司 …… 1537
000913 浙江钱江摩托股份有限公司 …… 1538
000915 山东山大华特科技股份有限公司 …… 1538
000916 华北高速公路股份有限公司 …… 1539
000917 湖南电广传媒股份有限公司 …… 1539
000918 湖南亚华种业股份有限公司 …… 1540
000919 金陵药业股份有限公司 …… 1540
000920 南方汇通股份有限公司 …… 1541
000921 广东科龙电器股份有限公司 …… 1541
000922 阿城继电器股份有限公司 …… 1542
000923 河北宣化工程机械股份有限公司 …… 1542

000925 浙江浙大海纳科技股份有限公司 …… 1543
000926 湖北福星科技股份有限公司 …… 1543
000927 天津汽车夏利股份有限公司 …… 1544
000928 吉林炭素股份有限公司 …… 1544
000929 兰州黄河企业股份有限公司 …… 1545
000930 安徽丰原生物化学股份有限公司 …… 1545
000931 北京中关村科技发展控股股份有限公司 …… 1546
000932 湖南华菱管线股份有限公司 …… 1546
000933 河南神火煤电股份有限公司 …… 1547
000935 四川双马水泥股份有限公司 …… 1547
000936 江苏华西村股份有限公司 …… 1548
000937 河北金牛能源股份有限公司 …… 1548
000938、清华紫光股份有限公司 …… 1549
000939 武汉凯迪电力股份有限公司 …… 1550
000948 云南南天电子信息产业股份有限公司 …… 1549
000949 新乡化纤股份有限公司 …… 1554
000950 重庆民丰农化股份有限公司 …… 1554
000951 山东小鸭电器股份有限公司 …… 1555
000952 湖北广济药业股份有限公司 …… 1559
000953 广西河池化工股份有限公司 …… 1559
000955 海南欣龙无纺股份有限公司 …… 1560
000956 中国石化中原油气高新股份有限公司 …… 1560
000957 中通客车控股股份有限公司 …… 1561
000958 石家庄东方热电股份有限公司 …… 1561
000959 北京首钢股份有限公司 …… 1562
000960 云南锡业股份有限公司 …… 1569
000961 大连金牛股份有限公司 …… 1569
000962 宁夏东方钽业股份有限公司 …… 1570
000963 华东医药股份有限公司 …… 1577
000965 天津水泥股份有限公司 …… 1577
000966 湖北长源电力发展股份有限公司 …… 1578
000967 浙江上风实业股份有限公司 …… 1578
000968 山西神州煤电焦化股份有限公司 …… 1579
000969 安泰科技股份有限公司 …… 1580
000970 北京中科三环高技术股份有限公司 …… 1579
000971 湖北迈亚股份有限公司 …… 1586
000972 新疆中基实业股份有限公司 …… 1586
000973 佛山塑料集团股份有限公司 …… 1587
000975 重庆乌江电力股份有限公司 …… 1587
000976 广东开平春晖股份有限公司 …… 1588
000977 浪潮电子信息产业股份有限公司 …… 1588
000978 桂林旅游股份有限公司 …… 1589
000979 安徽省科苑应用技术开发(集团)股份有限公司 … 1593
000980 黄山金马股份有限公司 …… 1593
000981 甘肃兰光科技股份有限公司 …… 1594
000982 宁夏圣雪绒股份有限公司 …… 1594
000983 山西西山煤电股份有限公司 …… 1595
000985 大庆华科(集团)股份有限公司 …… 1595
000987 广州友谊商店股份有限公司 …… 1596
000988 华工科技产业股份有限公司 …… 1596
000989 湖南九芝堂股份有限公司 …… 1597
000990 诚志股份有限公司 …… 1597
000993 福建闽东电力股份有限公司 …… 1598
000995 甘肃皇台酒业股份有限公司 …… 1598
000996 哈尔滨捷利实业股份有限公司 …… 1599
000997 福建新大陆电脑股份有限公司 …… 1599
000998 袁隆平农业高科技股份有限公司 …… 1600
000999 三九医药股份有限公司 …… 1600
200041 深圳本鲁克斯实业股份有限公司 …… 1601
200053 深圳赤湾石油基地股份有限公司 …… 1601
200054 深圳北方建设摩托车股份有限公司 …… 1602
200057 深圳大洋海运股份有限公司 …… 1602
200152 山东航空股份有限公司 …… 1603
200160 承德帝贤针纺股份有限公司 …… 1603
200168 广东雷伊股份有限公司 …… 1604
200468 南京普天通信股份有限公司 …… 1604
200512 厦门灿坤实业股份有限公司 …… 1605
200706 瓦房店轴承股份有限公司 …… 1605
200770 武汉锅炉股份有限公司 …… 1606
200771 杭州汽轮机股份有限公司 …… 1606
200986 佛山华新包装股份有限公司 …… 1607
200992 山东省中鲁远洋渔业股份有限公司 …… 1607

附 卷

- 中国证券市场大事记(2001.01-2001.12) …… 1608
- 上市公司2000年度经营业绩(沪市) …… 1625
- 上市公司2000年度经营业绩(深市) …… 1640
- 上市公司2001年中期基本情况简报表 …… 1653
- 广东金兰德房地产评估咨询有限公司 …… 1682
- 辽宁天健会计师事务所有限公司 …… 1682
- 中国证券大全编委会特邀编委介绍 …… 1684
- 编后语 …… 1703

彩 页 索 引

[第一册目录前]

600102 莱芜钢铁股份有限公司
600887 内蒙古伊利实业集团股份有限公司
000978 桂林旅游股份有限公司
深圳市星亚辉广告有限公司

[第一册158页后]

富国基金管理有限公司
南方基金管理有限公司
宝盈基金管理有限公司
中国建设银行基金托管部
交通银行证券投资基金托管部

[第一册518页后]
600095　哈尔滨高科技(集团)股份有限公司
600001　邯郸钢铁股份有限公司
600104　上海汽车股份有限公司
600108　甘肃亚盛实业(集团)股份有限公司
600129　重庆太极实业(集团)股份有限公司
600156　湖南华升益鑫泰股份有限公司
600186　河南莲花味精股份有限公司
　　兖矿集团有限公司
600207　河南安彩高科技股份有限公司
600232　浙江金鹰股份有限公司
600265　云南景谷林业股份有限公司
600276　江苏恒瑞医药股份有限公司
600288　大恒新纪元科技股份有限公司
600290　苏福马股份有限公司
600310　广西桂东电力股份有限公司
600311　甘肃荣华实业(集团)股份有限公司
600328　内蒙古兰太实业股份有限公司
600326　西藏天路交通股份有限公司
600332　广州药业股份有限公司
600360　吉林华微电子股份有限公司
600365　通化葡萄酒股份有限公司
600377　江苏宁沪高速公路股份有限公司
600381　青海白唇鹿股份有限公司
600389　南通江山农药化工股份有限公司
600419　新疆天宏纸业股份有限公司
600501　南京晨光航天应用技术股份有限公司
600508　上海大屯能源股份有限公司
600528　中铁二局股份有限公司
600589　广东榕泰实业股份有限公司
600678　四川金顶(集团)股份有限公司
600690　青岛海尔股份有限公司
600722　沧州化学工业股份有限公司
600726　黑龙江电力股份有限公司
600728　广州新太科技股份有限公司
600747　大连大显股份有限公司
600809　山西杏花村汾酒厂股份有限公司

[第二册目录前]
000400　许继电气股份有限公司
000581　无锡威孚集团有限公司
000619　芜湖海螺型材科技股份有限公司
000628　成都倍特发展集团股份有限公司
000726　鲁泰纺织股份有限公司
000733　中国振华(集团)科技股份有限公司
000799　湖南酒鬼酒股份有限公司
000817　辽河金马油田股份有限公司
000825　山西太钢不锈钢股份有限公司
000889　秦皇岛华联商城控股股份有限公司
000833　广西贵糖(集团)股份有限公司
000898　鞍钢新轧钢股份有限公司
　　深圳市星亚辉广告有限公司

[第二册1118页后]
000908　湖南天一科技股份有限公司
000939　武汉凯迪电力股份有限公司
000951　山东小鸭电器股份有限公司
000961　大连金牛股份有限公司
000969　安泰科技股份有限公司
　　济南钢铁股份有限公司
　　云南楚雄矿冶股份有限公司
　　武汉开元科技创业投资有限公司
　　深圳市卓海科技文化实业有限公司
　　广州科技风险投资有限公司
　　上海证券通信有限责任公司
　　深圳证券通信有限公司
　　华泰证券有限责任公司
　　华泰证券网
　　天同证券有限责任公司
　　天同在线理财网

[第三册目录前]
南方证券有限公司
南方证券中国搜股网
湘财证券有限责任公司
西南证券有限责任公司
国元证券有限责任公司
汉唐证券有限责任公司
华龙证券有限责任公司
武汉证券有限责任公司
大同证券经纪有限责任公司
广东民安证券经纪有限责任公司
四川省天风证券经纪有限责任公司
天元证券经纪有限公司
天津一德证券经纪有限责任公司
和兴证券经纪有限责任公司
中国银河证券有限责任公司合肥金城营业部

[第三册1682页后]
重庆天健会计师事务所有限责任公司
大连华连会计师事务所
山东乾聚有限责任会计师事务所
江苏武晋会计师事务所
湖北大信会计师事务所
北京京都会计师事务所有限责任公司
天职孜信会计师事务所
青海竞帆律师事务所

关于发布《公开发行证券公司信息披露编报规则》第7号、第8号的通知

2000年12月21日　　证券发[2000]80号

各上市商业银行、证监公司及有关会计师事务所：

为进一步提高公开发行股票商业银行、证券公司年度报告的编制与披露质量，保护投资者的合法权益，我们制定了《公开发行证券公司信息披露编报规则第7号-商业银行年度报告内容与格式特别规定》和《公开发行证券公司信息披露编报规则第8号-证券公司年度报告内容与格式特别规定》，现予发布，请遵照执行。

公开发行证券公司信息披露编报规则第7号—商业银行年度报告内容与格式特别规定

第一条　为规范公开发行股票商业银行(以下简称商业银行)的信息披露行为，保护投资者的合法权益，依据《中华人民共和国公司法》、《中华人民共和国证券法》等法律法规，制度本规定。

第二条　商业银行编制年度报告时，除应遵循中国证券监督管理委员会(以下简称中国证监会)有关年度报告内容与格式的一般规定外，还应遵循本规定的要求。其中的财务报表附注部分还应遵循《公开发行证券公司信息披露编报规则第2号[CD2]商业银行财报表附注特别规定》的要求。

第三条　商业银行应披露截至报告期末前三年年末如下财务数据：总负债、存款总额、长期存款及同业拆入总额、贷款总额、各类贷款余额。

商业银行应披露截至报告期末前三年年末及按月平均计算的下述年均财务指标：资本充足率、贷款质量比例、存贷款比例、短期资产流动性比例、拆借资金比例、中长期贷款比例、国际商业借款比例、利息回收率。

上述有关财务数据、财务指标1999年以前(含1999年)的可按对贷款执行“一逾两呆”分类方法计算，2000年的应按对贷款执行“五级”分类方法计算。商业银行应说明对有关财务数据、财务指标前后期所采用的不同计算口径。

第四条　商业银行董事会应在其报告中披露如下事项：

(一)所属分行各自的名称、地点职员数和资产规模以及支行、储蓄所数量及地区分布等基本情况；

(二)年末贷款的“五级”分类情况，各级贷款呆帐准备金的计提比例；

(三)年末列前十名的客户贷款额占贷款总额的比例；

(四)年末占贷款总额比例超过20%(含20%)的贴息贷款的金额及其重要构成；

(五)重组贷款的年末余额及其中逾期部分金额；

(六)本年主要贷款类别按月度计算的年均余额及年均贷款利率；

(七)年末所持金额重大的政府债券的有关情况，包括面值、利率、到期日；

(八)本年应收利息与其他应收款坏帐准备的提取情况；

(九)本年主要存款类别按月度计算的年均余额及年均存款利率；

(十)不良资产的年末余额，本年为解决不良资产已采取及拟采取的措施；

(十一)年末存在逾期未偿付债务的，对其金额、利率、存款人或拆入人、未按期偿付原因以及预计还款期等所作的说明；

(十二)可能对其财务状况与经营成果造成重大影响的表外项目的年末余额及其重要情况；

(十三)前一报告期末所披露风险因素本年内给商业银行造成的损失，以及本年末所存在的可能对其造成重大影响的各种风险因素及相应对策。这些风险因素包括信贷风险、流动性风险、汇率风险、市场利率风险、技术风险、政策风险等。对风险因素能够作出定量分析的，应进行定量分析；不能作出定量分析的，应进行定性描述。

以上各项以及呆帐、坏帐核销政策及程序与前一报告期相比发生重大变化的，商业银行董事会应予以说明，并解释其原因。

第五条　商业银行应聘请有商业银行审计经验的、具有执行证券期货相关业务资格的会计师事务所，按中国独立审计准则对其依据中国会计和信息披露准则和制度编制的法定财务报告进行审计。此外，应增加审计内容，聘请获中国证监会和财政部特别许可的国际会计师事务所，按国际通行的审计准则，对其按国际通行的会计和信息披露准则编制的补充财务报告进行审计。

增加审计时需关注的内容包括：损失准备的提取及不良资产的处置情况；重大表外项目及其对财务状况和经营成果的影响；不同经营业务及经营区域的资产质量、获利能力和经营风险；法定财务报告与补充财务报告之间的主要差异。

年度报告正文中的财务资料应与法定财务报告一致，补充财务报告应作为年度报告的附录披露。

第六条　商业银行应对内部控制制度的完整性、合理性与有效性作出说明。

商业银行还应委托所聘请的会计师事务所对其内部控制制度，尤其是风险管理系统的完整性、合理性与有效性进行评价，提出改进建议，并出具评价报告。评价报告随年度报告一并报送中国证监会和证券交易所。

所聘请的会计师事务所指出以上三性存在严重缺陷的，商业银行董事会应对此予以说明，监事会应就董事会所作的说明明确表示意见，并分别予以披露。

第七条　商业银行编制年度报告摘要时，应包括上述第三条-第五条的主要内容。对其中的财务指标，可不必列出计算公式。法定财务报告与补充财务报告之间存在重大差异的，应在摘要中予以说明。

第八条　本规定由中国证监会负责解释。

第九条　本规定自发布之日起施行。

公开发行证券公司信息披露编报规则 第8号—证券公司年度报告内容与格式特别规定

第一条 为规范公开发行股票证券公司(以下简称证券公司)的信息披露行为,保护投资者的合法权益,依据《中华人民共和国公司法》、《中华人民共和国证券法》等法律法规,制定本规定。

第二条 证券公司编制年度报告时,除应遵循中国证券监督管理委员会(以下简称中国证监会)有关年度报告内容与格式的一般规定外,还应遵循本规定的要求。其中的财务报表附注部分还应遵循《公开发行证券公司信息披露编报规则第6号–证券公司财务报表附注特别规定》的要求。

第三条 证券公司应披露截至报告期末前三年年末或年度如下财务数据与财务指标:流动资产、代买卖证券款、受托资金、流动负债、净资本、营业收入、手续费收入、自营证券差价收入、证券发行收入、营业支出、净资产负债率等。

第四条 证券公司董事会应在其报告中披露如下事项:

(一)证券经纪业务情况,包括:

1.按证券种类(如股票、基金、国债、企业债券和其他证券等)和交易场所披露代理买卖证券的金额、市场份额。

2.按债券的种类(如国债、企业债券等)披露报告期内代理的已兑付债券金额。

3.披露报告期内代理保管证券的增减变动情况,并注明有无将代保管证券抵押、回购或卖空情况。

(二)按全额承购包销、余额承购包销和代销等承销方式分别披露报告期内承销的次数、承销金额和相应的承销收入。

(三)按自营证券种类披露本期与上期按月计算的自营证券年均余额、自营证券差价收入和自营证券收益率。

(四)披露本期与上期有关资产管理业务的平均受托管理资金、受托资金总体损益和平均受托资产管理收益率。

(五)其他业务利润较大的,分别按业务类别披露本期与上期的收入和支出情况。

(六)前一报告期末所披露风险因素本年内给证券公司造成的损失,以及本年末所存在的可能对其造成重大影响的各种风险因素及相应对策。这些风险因素包括营运风险、管理风险、市场风险、财务风险、电子技术风险、法律法规风险等。对风险因素能够作出定量分析的,应进行定量分析;不能作出定量分析的,应进行定性描述。

(七)资产负债表日后的非调整事项,包括所投资金融品种或金融工具等价格的异常波动、对一项金融资产的大额投资、公司股票和债券的发行、外汇汇率的较大变动、自然灾害、重大证券交易等等。应详细披露这些非调整事项的内容以及其对财务状况和经营成果的影响;

如无法作出估计,应说明原因。

第五条 证券公司应聘请具有证券公司审计经验的、具有执行证券期货相关业务资格的会计师事务所,按中国独立审计准则对其依据中国会计和信息披露准则和制度编制的法定财务报告进行审计。此外,应增加审计内容,聘请获中国证监会和财政部特别许可的国际会计师事务所,按国际通行的审计准则,对其按国际通行的会计和信息披露准则编制的补充财务报告进行审计。

增加审计时需关注的内容包括:损失准备的提取及不良资产的处置情况;重大表外项目及其对财务状况和经营成果的影响;不同经营业务及经营区域的资产质量、获利能力和经营风险;法定财务报告与补充财务报告之间的主要差异。

年度报告正文中的财务资料应与法定财务报告一致,补充财务报告应作为年度报告的附录披露。

第六条 证券公司应对内部控制制度的完整性、合理性和有效性作出说明。

证券公司还应委托所聘请的会计师事务所对其内部控制制度,尤其是风险管理系统的完整性、合理性和有效性进行评价,提出改进建议,并出具评价报告。评价报告随年度报告一并报送中国证监会和证券交易所。

所聘请的会计师事务所指出以上三性存在缺陷的,证券公司董事会应对此予以说明,监事会应就董事会所作的说明明确示意见,并分别予以公开披露。

第七条 证券公司编制年度报告摘要时,应包括上述第三条至第六条的主要内容。对其中的财务指标,可不必列出计算公式。法定财务报告与补充财务报告之间存在重大差异的,应在摘要中予以说明。

第八条 本规定由中国证监会负责解释。

第九条 本规定自发布之日起施行。

公开发行证券公司信息披露的编报规则
第12号—公开发行证券的法律意见书和律师工作报告

关于发布《公开发行证券公司信息披露的编报规则第12号—公开发行证券的法律意见书和律师工作报告》的通知

证监发[2001]37号

各拟首次公开发行股票公司、已上市公司，各具有执行证券期货相关业务资格的律师事务所，各具有主承销资格的证券公司、金融资产管理公司：

为适应推行证券发行核准制的要求，保护投资者的合法权益，我会在总结实践经验的基础上，制定了《公开发行证券公司信息披露的编报规则第12号-公开发行证券的法律意见书和律师工作报告》，现予发布，自发布之日起施行。1999年6月15日发布的《公开发行股票公司信息披露的内容与格式准则第六号-法律意见书的内容与格式(修订)》(证监法律字[1999]2号)同时废止。

中国证券监督管理委员会

二〇〇一年三月一日

第一章　法律意见书和律师工作报告的基本要求

第一条　根据《中华人民共和国证券法》(以下简称《证券法》)、《中华人民共和国公司法》(以下简称《公司法》)等法律、法规的规定，制定本规则。

第二条　拟首次公开发行股票公司和已上市公司增发股份、配股，以及已上市公司发行可转换公司债券等，拟首次公开发行股票公司或已上市公司(以下简称"发行人")所聘请的律师事务所及其委派的律师(以下"律师"均指签名律师及其所任职的律师事务所)应按本规则的要求出具法律意见书、律师工作报告并制作工作底稿。本规则的部分内容不适用于增发股份、配股、发行可转换公司债券等的，发行人律师应结合实际情况，根据有关规定进行调整，并提供适当的补充法律意见。

第三条　法律意见书和律师工作报告是发行人向中国证券监督管理委员会(以下简称"中国证监会")申请公开发行证券的必备文件。

第四条　律师在法律意见书中应对本规则规定的事项及其他任何与本次发行有关的法律问题明确发表结论性意见。

第五条　律师在律师工作报告中应详尽、完整地阐述所履行尽职调查的情况，在法律意见书中所发表意见或结论的依据、进行有关核查验证的过程、所涉及的必要资料或文件。

第六条　法律意见书和律师工作报告的内容应符合本规则的规定。本规则的某些具体规定确实对发行人不适用的，律师可根据实际情况作适当变更，但应向中国证监会书面说明变更的原因。本规则未明确要求，但对发行人发行上市有重大影响的法律问题，律师应发表法律意见。

第七条　律师签署的法律意见书和律师工作报告报送后，不得进行修改。如律师认为需补充或更正，应另行出具补充法律意见书和律师工作报告。

第八条　律师出具法律意见书和律师工作报告所用的语词应简洁明晰，不得使用"基本符合条件"或"除XXX以外，基本符合条件"一类的措辞。对不符合有关法律、法规和中国证监会有关规定的事项，或已勤勉尽责仍不能对其法律性质或其合法性作出准确判断的事项，律师应发表保留意见，并说明相应的理由。

第九条　提交中国证监会的法律意见书和律师工作报告应是经二名以上具有执行证券期货相关业务资格的经办律师和其所在律师事务所的负责人签名，并经该律师事务所加盖公章、签署日期的正式文本。

第十条　发行人申请文件报送后，律师应关注申请文件的任何修改和中国证监会的反馈意见，发行人和主承销商也有义务及时通知律师。上述变动和意见如对法律意见书和律师工作报告有影响的，律师应出具补充法律意见书。

第十一条　发行人向中国证监会报送申请文件前，或在报送申请文件后且证券尚未发行前更换为本次发行证券所聘请的律师或律师事务所的，更换后的律师或律师事务所及发行人应向中国证监会分别说明。

更换后的律师或律师事务所应对原法律意见书和律师工作报告的真实性和合法性发表意见。如有保留意见，应明确说明。在此基础上更换后的律师或律师事务所应出具新的法律意见书和律师工作报告。

第十二条　律师应在法律意见书和律师工作报告中承诺对发行人的行为以及本次申请的合法、合规进行了充分的核查验证，并对招股说明书及其摘要进行审慎审阅，并在招股说明书及其概要中发表声明："本所及经办律师保证由本所同意发行人在招股说明书及其摘要中引用的法律意见书和律师工作报告的内容已经本所审阅，确认招股说明书及其摘要不致因上述内容出现虚假记载、误导性陈述及重大遗漏引致的法律风险，并对其真实性、准确性和完整性承担相应的法律责任"。

第十三条　律师在制作法律意见书和律师工作报告的同时，应制作工作底稿。

前款所称工作底稿是指律师在为证券发行人制作法律意见书和律师工作报告过程中形成的工作记录及在工作中获取的所有文件、会议纪要、谈话记录等资料。

第十四条　律师应及时、准确、真实地制作工作底稿，工作底稿的质量是判断律师是否勤勉尽责的重要依据。

第十五条　工作底稿的正式文本应由两名以上律师签名，其所在的律师事务所加盖公章，其内容应真实、完整、记录清晰，并标明索引编号及顺序号码。

第十六条　工作底稿应包括(但不限于)以下内容：

(一)律师承担项目的基本情况，包括委托单位名称、项目名称、制作项目的时间或期间、工作量统计。

(二)为制作法律意见书和律师工作报告制定的工作计划及其操作程序的记录。

(三)与发行人(包括发起人)设立及历史沿革有关的资料，如设立批准证书、营业执照、合同、章程等文件或变更文件的复印件。

(四)重大合同、协议及其他重要文件和会议记录的摘要或副本。

(五)与发行人及相关人员相互沟通情况的记录，对发行人提供资料的检查、调查访问记录、往来函件、现场勘察记录、查阅文件清单等相关的资料及详细说明。

(六)发行人及相关人员的书面保证或声明书的复印件。

(七)对保留意见及疑难问题所作的说明。

(八)其他与出具法律意见书和律师工作报告相关的重要资料。

上述资料应注明来源。凡涉及律师向有关当事人调查所作的记录,应由当事人和律师本人签名。

第十七条 工作底稿由制作人所在的律师事务所保存,保存期限至少7年。中国证监会根据需要可随时调阅、检查工作底稿。

第二章 法律意见书的必备内容

第十八条 法律意见书开头部分应载明,律师是否根据《证券法》、《公司法》等有关法律、法规和中国证监会的有关规定,按照律师行业公认的业务标准、道德规范和勤勉尽责精神,出具法律意见书。

第一节 律师应声明的事项

第十九条 律师应承诺已依据本规则的规定及本法律意见书出具日以前已发生或存在的事实和我国现行法律、法规和中国证监会的有关规定发表法律意见。

第二十条 律师应承诺已严格履行法定职责,遵循了勤勉尽责和诚实信用原则,对发行人的行为以及本次申请的合法、合规、真实、有效进行了充分的核查验证,保证法律意见书和律师工作报告不存在虚假记载、误导性陈述及重大遗漏。

第二十一条 律师应承诺同意将法律意见书和律师工作报告作为发行人申请公开发行股票所必备的法律文件,随同其他材料一同上报,并愿意承担相应的法律责任。

第二十二条 律师应承诺同意发行人部分或全部在招股说明书中自行引用或按中国证监会审核要求引用法律意见书或律师工作报告的内容,但发行人作上述引用时,不得因引用而导致法律上的歧义或曲解,律师应对有关招股说明书的内容进行再次审阅并确认。

第二十三条 律师可作出其他适当声明,但不得做出违反律师行业公认的业务标准、道德规范和勤勉尽责精神的免责声明。

第二节 法律意见书正文

第二十四条 律师应在进行充分核查验证的基础上,对本次股票发行上市的下列(包括但不限于)事项明确发表结论性意见。所发表的结论性意见应包括是否合法合规、是否真实有效,是否存在纠纷或潜在风险。

(一)本次发行上市的批准和授权

(二)发行人本次发行上市的主体资格

(三) 本次发行上市的实质条件

(四)发行人的设立

(五)发行人的独立性

(六)发起人或股东(实际控制人)

(七)发行人的股本及其演变

(八)发行人的业务

(九)关联交易及同业竞争

(十)发行人的主要财产

(十一)发行人的重大债权债务

(十二)发行人的重大资产变化及收购兼并

(十三)发行人公司章程的制定与修改

(十四)发行人股东大会、董事会、监事会议事规则及规范运作

(十五)发行人董事、监事和高级管理人员及其变化

(十六)发行人的税务

(十七)发行人的环境保护和产品质量、技术等标准

(十八)发行人募集资金的运用

(十九)发行人业务发展目标

(二十)诉讼、仲裁或行政处罚

(二十一)原定向募集公司增资发行的有关问题(如有)

(二十二)发行人招股说明书法律风险的评价

(二十三)律师认为需要说明的其他问题

第三节 本次发行上市的总体结论性意见

第二十五条 律师应对发行人是否符合股票发行上市条件、发行人行为是否存在违法违规、以及招股说明书及其摘要引用的法律意见书和律师工作报告的内容是否适当,明确发表总体结论性意见。

第二十六条 律师已勤勉尽责仍不能发表肯定性意见的,应发表保留意见,并说明相应的理由及其对本次发行上市的影响程度。

第三章 律师工作报告的必备内容

第二十七条 律师工作报告开头部分应载明,律师是否根据《证券法》、《公司法》等有关法律、法规和中国证监会的有关规定,按照律师行业公认的业务标准、道德规范和勤勉尽责精神,出具律师工作报告。

第一节 律师工作报告引言

第二十八条 简介律师及律师事务所,包括(但不限于)注册地及时间、业务范围、证券执业律师人数、本次签名律师的证券业务执业记录及其主要经历、联系方式等。

第二十九条 说明律师制作法律意见书的工作过程,包括(但不限于)与发行人相互沟通的情况,对发行人提供材料的查验、走访、谈话记录、现场勘查记录、查阅文件的情况,以及工作时间等。

第二节 律师工作报告正文

第三十条 本次发行上市的批准和授权

(一)股东大会是否已依法定程序作出批准发行上市的决议。

(二)根据有关法律、法规、规范性文件以及公司章程等规定,上述决议的内容是否合法有效。

(三) 如股东大会授权董事会办理有关发行上市事宜,上述授权范围、程序是否合法有效。

第三十一条 发行人发行股票的主体资格

(一)发行人是否具有发行上市的主体资格。

(二)发行人是否依法有效存续,即根据法律、法规、规范性文件及公司章程,发行人是否有终止的情形出现。

第三十二条 本次发行上市的实质条件

分别就不同类别或特征的发行人,对照《证券法》、《公司法》等法律、法规和规范性文件的规定,逐条核查发行人是否符合发行上市条件。

第三十三条 发行人的设立

(一)发行人设立的程序、资格、条件、方式等是否符合当时法律、法规和规范性文件的规定,并得到有权部门的批准。

(二)发行人设立过程中所签定的改制重组合同是否符合有关法律、法规和规范性文件的规定,是否因此引致发行人设立行为存在潜在纠纷。

(三) 发行人设立过程中有关资产评估、验资等是否履行了必要程序,是否符合当时法律、法规和规范性文件的规定。

(四)发行人创立大会的程序及所议事项是否符合法律、法规和规范性文件的规定。

第三十四条 发行人的独立性

(一)发行人业务是否独立于股东单位及其他关联方。

(二)发行人的资产是否独立完整。

(三)如发行人属于生产经营企业,是否具有独立完整的供应、生产、销售系统。

(四)发行人的人员是否独立。

(五)发行人的机构是否独立。

(六)发行人的财务是否独立。

(七)概括说明发行人是否具有面向市场自主经营的能力。

第三十五条 发起人和股东(追溯至发行人的实际控制人)

(一)发起人或股东是否依法存续,是否具有法律、法规和规范性文件规定担任发起人或进行出资的资格。

(二)发行人的发起人或股东人数、住所、出资比例是否符合有关法律、法规和规范性文件的规定。

(三)发起人已投入发行人的资产的产权关系是否清晰,将上述资产投入发行人是否存在法律障碍。

(四)若发起人将其全资附属企业或其他企业先注销再以其资产折价入股,应说明发起人是否已通过履行必要的法律程序取得了上述资产的所有权,是否已征得相关债权人同意,对其原有债务的处置是否合法、合规、真实、有效。

(五)若发起人以在其他企业中的权益折价入股,是否已征得该企业其他出资人的同意,并已履行了相应的法律程序。

(六)发起人投入发行人的资产或权利的权属证书是否已由发起人转移给发行人,是否存在法律障碍或风险。

第三十六条 发行人的股本及演变

(一)发行人设立时的股权设置、股本结构是否合法有效,产权界定和确认是否存在纠纷及风险。

(二)发行人历次股权变动是否合法、合规、真实、有效。

(三)发起人所持股份是否存在质押,如存在,说明质押的合法性及可能引致的风险。

第三十七条 发行人的业务

(一)发行人的经营范围和经营方式是否符合有关法律、法规和规范性文件的规定。

(二)发行人是否在中国大陆以外经营,如存在,应说明其经营的合法、合规、真实、有效。

(三)发行人的业务是否变更过,如变更过,应说明具体情况及其可能存在的法律问题。

(四)发行人主营业务是否突出。

(五)发行人是否存在持续经营的法律障碍。

第三十八条 关联交易及同业竞争

(一)发行人是否存在持有发行人股份5%以上的关联方,如存在,说明发行人与关联方之间存在何种关联关系。

(二)发行人与关联方之间是否存在重大关联交易,如存在,应说明关联交易的内容、数量、金额,以及关联交易的相对比重。

(三)上述关联交易是否公允,是否存在损害发行人及其他股东利益的情况。

(四)若上述关联交易的一方是发行人股东,还需说明是否已采取必要措施对其他股东的利益进行保护。

(五)发行人是否在章程及其他内部规定中明确了关联交易公允决策的程序。

(六)发行人与关联方之间是否存在同业竞争。如存在,说明同业竞争的性质。

(七)有关方面是否已采取有效措施或承诺采取有效措施避免同业竞争。

(八)发行人是否对有关关联交易和解决同业竞争的承诺或措施进行了充分披露,以及有无重大遗漏或重大隐瞒,如存在,说明对本次发行上市的影响。

第三十九条 发行人的主要财产

(一)发行人拥有房产的情况。

(二)发行人拥有土地使用权、商标、专利、特许经营权等无形资产的情况。

(三)发行人拥有主要生产经营设备的情况。

(四)上述财产是否存在产权纠纷或潜在纠纷,如有,应说明对本次发行上市的影响。

(五)发行人以何种方式取得上述财产的所有权或使用权,是否已取得完备的权属证书,若未取得,还需说明取得这些权属证书是否存在法律障碍。

(六)发行人对其主要财产的所有权或使用权的行使有无限制,是否存在担保或其他权利受到限制的情况。

(七)发行人有无租赁房屋、土地使用权等情况,如有,应说明租赁是否合法有效。

第四十条 发行人的重大债权债务

(一)发行人将要履行、正在履行以及虽已履行完毕但可能存在潜在纠纷的重大合同的合法性、有效性,是否存在潜在风险,如有风险和纠纷,应说明对本次发行上市的影响。

(二)上述合同的主体是否变更为发行人,合同履行是否存在法律障碍。

(三)发行人是否有因环境保护、知识产权、产品质量、劳动安全、人身权等原因产生的侵权之债,如有,应说明对本次发行上市的影响。

(四)发行人与关联方之间是否存在重大债权债务关系及相互提供担保的情况。

(五)发行人金额较大的其他应收、应付款是否因正常的生产经营活动发生,是否合法有效。

第四十一条 发行人重大资产变化及收购兼并

(一)发行人设立至今有无合并、分立、增资扩股、减少注册资本、收购或出售资产等行为,如有,应说明是否符合当时法律、法规和规范性文件的规定,是否已履行必要的法律手续。

(二)发行人是否拟进行资产置换、资产剥离、资产出售或收购等行为,如拟进行,应说明其方式和法律依据,以及是否履行了必要的法律手续,是否对发行人发行上市的实质条件及本规定的有关内容产生实质性影响。

第四十二条 发行人章程的制定与修改

(一)发行人章程或章程草案的制定及近三年的修改是否已履行法定程序。

(二)发行人的章程或章程草案的内容是否符合现行法律、法规和规范性文件的规定。

(三)发行人的章程或章程草案是否按有关制定上市公司章程的规定起草或修订。如无法执行有关规定的,应说明理由。发行人已在香港或境外上市的,应说明是否符合到境外上市公司章程的有关规定。

第四十三条 发行人股东大会、董事会、监事会议事规则及规范运作。

(一)发行人是否具有健全的组织机构。

(二)发行人是否具有健全的股东大会、董事会、监事会议事规则,该议事规则是否符合相关法律、法规和规范性文件的规定。

(三)发行人历次股东大会、董事会、监事会的召开、决议内容及签署是否合法、合规、真实、有效。

(四)股东大会或董事会历次授权或重大决策等行为是否合法、合规、真实、有效。

第四十四条 发行人董事、监事和高级管理人员及其变化

(一)发行人的董事、监事和高级管理人员的任职是否符合法律、法规和规范性文件以及公司章程的规定。

(二)上述人员在近三年尤其是企业发行上市前一年是否发生过变化,若存在,应说明这种变化是否符合有关规定,履行了必要的法律程序。

(三)发行人是否设立独立董事,其任职资格是否符合有关规定,其职权范围是否违反有关法律、法规和规范性文件的规定。

第四十五条 发行人的税务

(一)发行人及其控股子公司执行的税种、税率是否符合现行法律、法规和规范性文件的要求。若发行人享受优惠政策、财政补贴等政策,该政策是否合法、合规、真实、有效。

(二)发行人近三年是否依法纳税,是否存在被税务部门处罚的情形。

第四十六条 发行人的环境保护和产品质量、技术等标准

(一)发行人的生产经营活动和拟投资项目是否符合有关环境保护的要求,有权部门是否出具意见。

(二)近三年是否因违反环境保护方面的法律、法规和规范性文件而被处罚。

(三)发行人的产品是否符合有关产品质量和技术监督标准。近三年是否因违反有关产品质量和技术监督方面的法律法规而受到处罚。

第四十七条 发行人募股资金的运用

(一)发行人募股资金用于哪些项目,是否需要得到有权部门的批准或授权。如需要,应说明是否已经得到批准或授权。

(二)若上述项目涉及与他人进行合作的,应说明是否已依法订立相关的合同,这些项目是否会导致同业竞争。

(三)如发行人是增资发行的,应说明前次募集资金的使用是否与原募集计划一致。如发行人改变前次募集资金的用途,应说明该改变是否依法定程序获得批准。

第四十八条 发行人业务发展目标

(一)发行人业务发展目标与主营业务是否一致。

(二)发行人业务发展目标是否符合国家法律、法规和规范性文件的规定,是否存在潜在的法律风险。

第四十九条 诉讼、仲裁或行政处罚

(一)发行人、持有发行人5%以上(含5%)的主要股东(追溯至实际控制人)、发行人的控股公司是否存在尚未了结的或可预见的重大诉讼、仲裁及行政处罚案件。如存在,应说明对本次发行、上市的影响。

(二)发行人董事长、总经理是否存在尚未了结的或可预见的重大诉讼、仲裁及行政处罚案件。如存在,应说明对发行人生产经营的影响。

(三)如上述案件存在,还应对案件的简要情况作出说明(包括但不限于受理该案件的法院名称、提起诉讼的日期、诉讼的当事人和代理人、案由、诉讼请求、可能出现的处理结果或已生效法律文书的主要内容等)。

第五十条 原定向募集公司增资发行的有关问题

(一)公司设立及内部职工股的设置是否得到合法批准。

(二)内部职工股是否按批准的比例、范围及方式发行。

(三)内部职工股首次及历次托管是否合法、合规、真实、有效。

(四)内部职工股的演变是否合法、合规、真实、有效。

(五)如内部职工股涉及违法违规行为,是否该行为已得到清理,批准内部职工股的部门是否出具对有关情况及对有关责任和潜在风险承担责任进行确认的文件。

第五十一条 发行人招股说明书法律风险的评价

是否参与招股说明书的编制及讨论,是否已审阅招股说明书,特别对发行人引用法律意见书和律师工作报告相关内容是否已审阅,对发行人招股说明书及其摘要是否存在虚假记载、误导性陈述或重大遗漏引致的法律风险进行评价。

第五十二条 律师认为需要说明的其他问题

本规则未明确要求,但对发行上市有重大影响的法律问题,律师应当发表法律意见。

第四章 附 则

第五十三条 本规则由中国证监会负责解释。

第五十四条 本规则自公布之日起施行。1999年6月15日发布的《公开发行股票公司信息披露的内容与格式准则第六号–法律意见书的内容与格式(修订)》(证监法律字[1999]2号)同时废止。

公开发行证券的公司信息披露编报规则 第13号—季度报告内容与格式特别规定

关于发布《公开发行证券的公司信息披露编报规则第13号—季度报告内容与格式特别规定》的通知

证监发[2001]55号

各上市公司:

为强化上市公司信息披露的及时性和真实性,进一步提高上市公司信息披露水平,我会制定了《公开发行证券的公司信息披露编报规则第13号–季度报告内容与格式特别规定》,现予发布。

2001年第一季度结束后,股票交易实行特别处理的上市公司应尽量编制并披露季度报告,鼓励其他上市公司编制并披露季度报告;2001年第三季度结束后,股票交易实行特别处理的上市公司必须编制并披露季度报告,其他上市公司尽量编制并披露季度报告;2002年第一季度起,所有上市公司必须编制并披露季度报告。

中国证券监督管理委员会

二〇〇一年四月六日

第一条 为规范在中华人民共和国境内公开发行股票并在证券交易所上市的股份有限公司(以下简称公司)的信息披露行为,保护投资者的合法权益,依据《中华人民共和国公司法》、《中华人民共和国证券法》等法律法规,制定本规定。

第二条 季度报告是中期报告的一种。

本规定根据季度报告的特点,对中国证券监督管理委员会(以下简称中国证监会)有关中期报告内容与格式准则所作的要求予以简化与修改。公司应遵循该准则及本规定,编制季度报告。

第三条 季度报告注重披露公司新发生的重大事项,一般不重复已披露过的信息。对已在前一定期报告或临时报告中披露过的重大事项,只需注明该报告刊载的报刊、互联网网站的名称与刊载日期。

第四条 公司应在会计年度前三个月、九个月结束后的三十日内编制季度报告,并将季度报告正文刊载于中国证监会指定的报纸上,将季度报告全文(包括正文及附录)刊载于中国证监会指定的互联网网站上。其中的财务数据应以人民币千元或万元为单位。

季度报告的披露期限不得延长。第一季度季度报告的披露时间不得早于上一年度年度报告。

第五条 公司应在披露季度报告后十日内,将季度报告文本一式两份及备查文件分别报送股票挂牌交易的证券交易所和公司所在地的证券监管派出机构。

第六条 公司季度报告中的财务资料无需经审计,但中国证监会或证券交易所另有规定的除外。

第七条 公司编制季度报告中的财务资料部分时,应遵循如下规定:

(一)无需披露财务数据与指标。

(二)无需披露完整的财务报表,但应披露简要的合并利润表与合并

资产负债表。

简要合并利润表应包括下列项目:主营业务收入、主营业务利润、其他业务利润、期间费用、投资收益、营业外收支净额、所得税与净利润。上述数据应按报告期、年初至报告期期末数分别披露,上年同期数无需披露。

简要合并资产负债表应包括下列项目:流动资产、长期投资、固定资产净值、无形资产及其他资产、资产总计、流动负债、长期负债、少数股东权益与股东权益。上述数据应按年初、报告期期末数分别披露。

(三)在财务报表附注部分,只需披露如下内容:

1、与前一定期报告相比,会计政策、会计估计以及财务报表合并范围的重大变化及影响数。

2、季度财务报告采用的会计政策(主要指对不均匀发生费用的确认、计量等)与年度财务报告的重大差异及影响数。

3、应纳入财务报表合并范围而未予合并的子公司名称及未合并原因。

第八条 公司管理层编制季度报告中的经营情况阐述与分析部分时,应遵循如下规定:

(一)概述报告期内公司经营情况、所涉及主要行业的重大变化。

(二)概述报告期内公司主要投资项目的实际进度与已披露计划进度的重大差异及原因。

(三)简要分析、阐述公司报告期经营成果以及期末财务状况,包括:

1、经营成果方面,包括:主营业务收入、主营业务利润、净利润与上年同期相比的重大变化及原因;主营业务利润、其他业务利润、期间费用、投资收益、补贴收入与营业外收支净额在利润总额中所占比例与前一报告期相比的重大变动及原因;重大季节性收入及支出;重大非经常性损益等。

2、财务状况方面,包括:应收款项、存货等主要资产项目的金额、在总资产中所占比例与年初数相比的重大变化及原因;重大委托理财、资金借贷行为的受托单位及借贷单位、金额与期限;重大逾期债务的金额、逾期时间、逾期原因与预计还款期。

3、或有事项与期后事项,包括:重大诉讼、仲裁事项的进展情况;重大对外担保的金额与期限;重大资产负债表日后事项等。

4、其他,包括:生产经营环境、政策法规的变化已经或即将对公司财务状况和经营成果产生的重大影响;重大资产收购及出售、企业购并行为的进展情况等。

上述各项所称"重大"的界定标准是本报告期数额(或所涉及数额)与前一报告期或上年同期相比变动幅度达20%以上,且占报告期净利润的10%或报告期期末资产总额的5%以上。

(四)除上述内容外,公司无需披露《中期报告的内容与格式准则》中其他有关经营情况回顾与展望以及重要事项部分所要求披露的内容。

第九条 公司无需编制季度报告摘要。

第十条 公司应编制季度报告的附录部分。该部分包括利润表与资产负债表(不包括财务报表附注)。

第十一条 季度报告备查文件中的财务报表只需包括利润表与资产负债表。

第十二条 本规定由中国证监会负责解释。

公开发行证券的公司信息披露编报规则
第14号—非标准无保留审计意见及其涉及事项的处理

关于发布《公开发行证券的公司信息披露编报规则第13号—非标准无保留审计意见及其涉及事项的处理》的通知

证监发[2001]157号

各上市公司、相关会计师事务所:

近年来,上市公司的财务报告被注册会计师出具非标准无保留审计意见(指带解释性说明的无保留意见、保留意见、无法表示意见和否定意见,下同)的情况逐渐增多。为进一步提高上市公司信息披露质量,规范非标准无保留审计意见及其涉及事项的处理,保护投资者合法权益,我会制定了《公开发行证券的公司信息披露编报规则第14号-非标准无保留审计意见及其涉及事项的处理》,现予发布,请遵照执行。

中国证券监督管理委员会
二〇〇一年十二月二十二日

第一条 为进一步提高上市公司信息披露质量,规范同上市公司非标准无保留审计意见及涉及事项有关的信息披露行为,保护投资者合法权益,根据《中华人民共和国公司法》、《中华人民共和国证券法》,制定本规定。

第二条 本规定所称非标准无保留审计意见是指注册会计师出具的除标准无保留审计意见外的其他类型审计意见,包括带解释性说明的无保留意见、保留意见(含带解释性说明的保留意见)、无法表示意见和否定意见。

第三条 具有执行证券、期货相关业务资格的会计师事务所应当建立健全完善的内部质量控制机制,以保证注册会计师出具恰当的审计意见。

第四条 具有执行证券、期货相关业务资格的注册会计师应当恪守专业标准,保持必要的执业谨慎,结合审计业务的具体情况,出具恰当的审计意见。

第五条 注册会计师不得以解释性说明代替保留意见,或者以保留意见代替否定意见。凡注册会计师对上市公司的财务报告出具非标准无保留审计意见的,应当根据中国注册会计师独立审计准则的要求,在其审计报告中清楚地说明出具该意见的原因及依据,并对该意见涉及事项对上市公司财务报告的影响做出估计,无法估计的应当说明原因。

第六条 上市公司应当严格执行会计准则、制度及相关信息披露规范性的规定。凡上市公司的财务报告因明显违反上述规定,将导致注册会计师出具非标准无保留审计意见的,注册会计师应当指出并要求公司就相关事项做出必要的调整。

第七条 如上市公司拒绝就明显违反会计准则、制度及相关信息披露规范规定的事项做出调整,或者调整后注册会计师认为其仍然明显违反会计准则、制度及相关信息披露规范规定,进而出具了非标准无保留审计意见的,证券交易所应当在上市公司定期报告披露后,立即对其股票实行停牌处理,并要求上市公司限期纠正。

第八条 由于本规定第七条的原因导致上市公司股票停牌的,停牌期间中国证券监督管理委员会将对有关事项进行调查,并依法做出处理。股票停牌期间上市公司应当继续履行法定的信息披露义务。

第九条 如上市公司的财务报告被注册会计师出具非标准无保留审计意见,其涉及事项不属于明显违反会计准则、制度及相关信息披露规范规定的,上市公司董事会应当在相应的定期报告中针对该审计意见涉及的事项做出详细说明,包括(但不限于):

(一)非标准无保留审计意见涉及事项的基本情况;

(二)注册会计师对该事项的基本意见;

(三)公司董事会、监事会和管理层等对该事项的意见;

(四)该事项对上市公司的影响程度;

(五)消除该事项及其影响的可能性;

(六)消除该事项及其影响的具体措施。

第十条 如保留意见或否定意见涉及事项对上市公司利润产生影响,注册会计师估计了该事项对利润影响数的,上市公司应当在制定利润分配方案时扣除上述审计意见的影响数,待该审计意见涉及事项及其对利润的影响消除后再行分配;如果注册会计师出具了无法表示意见的审计报告,上市公司当年不得进行利润分配。

第十一条 本规定自发布之日起施行。

公开发行证券的公司信息披露编报规则
第15号—财务报告的一般规定

关于发布《公开发行证券的公司信息披露编报规则第15号—财务报告的一般规定》的通知

证监发[2001]160号

各有关拟公开发行证券的公司、已上市公司及会计师事务所:

为提高拟公开发行A股的公司以及已上市A股公司财务信息披露的质量,保护投资者的合法权益,我们制定了《公开发行证券的公司信息披露编报规则第15号———财务报告的一般规定》,现予发布,请遵照执行。

中国证券监督管理委员会
二〇〇一年十二月三十日

第一章 总 则

第一条 为规范公开发行证券的公司财务信息披露行为,保护投资者的合法权益,依据《中华人民共和国公司法》、《中华人民共和国证券法》等法律、法规及中国证券监督管理委员会(以下简称"中国证监会")的有关规定,制定本规定。

第二条 凡在中华人民共和国境内首次公开发行股票和已经公开发行股票并在证券交易所上市的股份有限公司(以下简称"公司"),按照有关准则需要披露完整财务报告时应遵循本规定。其他情况下需参照本规定的,从其特别规定。

第三条 本规定中所称的"母公司"是指上市公司本身。

第四条 本规定是对财务报告披露的最低要求。不论本规定是否有明确规定,凡对使用者作出决策有重大影响的财务信息,公司均应予以充分披露。本规定某些具体要求对公司确实不适用的,公司可根据实际情况,在不影响披露内容完整性的前提下做出适当修改,但应在财务报表附注中作出说明。

第五条 由于商业秘密等原因导致本规定某些信息确实不便披露的,首次公开发行股票公司可向中国证监会申请豁免,已经公开发行股票并在证券交易所上市的股份有限公司可向证券交易所申请豁免,经批准后,可以不予披露,并报中国证监会备案。

第六条 公司不得编制和对外提供虚假的或者隐瞒重要事实的财务报告。公司董事会及其董事必须保证提供的财务报告的真实性、完整性,并就其保证承担个别和连带的法律责任。

第七条 凡根据有关规定,需对公司财务报告进行审计的,应由具有证券期货相关业务资格的会计师事务所审计,并由上述会计师事务所盖章及由两名或两名以上具有证券期货相关业务资格的注册会计师签名盖章。合伙会计师事务所出具的审计报告,应当由一名对审计项目负最终复核责任的合伙人和一名负责该项目的注册会计师签名盖章;有限责任会计师事务所出具的审计报告,应当由会计师事务所主任会计师或其授权的副主任会计师和一名负责该项目的注册会计师签名盖章。

编制合并财务报表的公司,纳入合并范围的子公司以及未纳入合并范围但对公司财务报告有重大影响的控股子公司以及不属于合并报表范围但对公司财务报告有重大影响的联营企业的财务报告,也应由具有证券期货相关业务资格的会计师事务所审计。财务报告审计的会计师事务所和签字注册会计师对所出具的审计报告负责。

第八条 特殊行业公司财务报告的披露除需遵守本规定外,还需遵守中国证监会颁布的就该行业有关财务报告的特别规定。

第二章 财务报表

第九条 公司编制及披露的财务报表应符合财政部、中国证监会颁布的相关会计和披露准则、制度的规定。

第十条 本规定要求披露的财务报表包括资产负债表、利润及利润分配表(含利润表的补充资料)、现金流量表。

(一)首次发行股票公司按本规定提供的财务报表应为不少于最近三个会计年度的利润及利润分配表、不少于最近三年年末的资产负债表以及不少于最近一个会计年度的现金流量表。非整体改制重组设立且运行不足三年的首次发行股票公司,在有关资产负债表的披露方面,只需披露改组设立股份有限公司后各年年末的资产负债表。首次发行股票公司为股份有限公司运行不足三年的,可以不提供设立日前的利润分配表。

(二)发行新股的上市公司按本规定提供的财务报表执行上市公司新股发行招股说明书的有关规定。

(三)披露定期报告的上市公司按本规定提供的财务报表应为报告期末以及前一个年度末的比较式资产负债表、该期和去年同期的比较式利润及利润分配表、该期的现金流量表。

第十一条 编制合并财务报表的公司，除提供合并财务报表外，还应提供母公司财务报表。

第十二条 公司编制的财务报表之间、财务报表各项目之间、财务报表中本期与上期的有关数字之间，应当相互勾稽。

第十三条 公司提供的财务报表中会计数据的排列应自左至右，最左侧为最近一期数据；表内各主要报表项目应标有附注编号，并与财务报表附注编号相一致；财务报告摘要部分中引用编号应与原财务报表附注的编号相一致；财务报表以及财务报表附注披露的金额单位可以为人民币元、千元或百万元。

第十四条 公司披露的财务报表编制应加盖公司公章，由公司会计机构负责人(会计主管人员)、主管会计工作的公司负责人、公司法定代表人签名并盖章。若公司设置总会计师的，总会计师应签名并盖章。

第三章 财务报表附注

第十五条 公司应按照有关企业会计准则、会计制度和本规定的要求，编制和披露财务报表附注。

第十六条 财务报表附注应当对财务报表中需要说明的交易和事项作出真实、完整、明晰的说明。

第一节 公司的基本情况

第十七条 首次发行股票公司应简述公司历史沿革、改制情况、行业性质、经营范围、主要产品或提供的劳务，公司的基本组织架构等公司的有关资料。公司在报告期间内因收购、出售资产或吸收合并等引起公司重大资产或主营业务发生变更的，应予以说明。

设立股份有限公司运行不足三年的首次发行股票公司，应说明编制股份公司设立以前报告期内各年份财务报表会计主体及其确定方法。

第十八条 已上市公司再筹资和披露定期报告时至少应简述公司历史沿革、所处行业、经营范围、主要产品或提供的劳务等。公司在报告期间内因收购、出售资产或吸收合并等引起公司主营业务发生变更的，应予以说明。

第二节 会计政策、会计估计和合并财务报表的编制方法

第十九条 公司应按照如下要求披露报告期内采用的主要会计政策、会计估计和合并财务报表的编制方法：

(一)公司目前执行的会计准则和会计制度。首次发行股票公司为股份有限公司运行不足三年的，应说明公司原来执行的会计准则和会计制度，并说明按本规定要求提供的公司设立前的财务报表是如何按目前执行的会计准则和会计制度进行调整的。

(二)会计年度。

(三)记账本位币。

(四)记账基础和计价原则。

(五)发生外币业务时采用的折算汇率、期末对外币账户的外币余额进行折算所采用的汇率，以及汇兑损益的处理方法。

(六)各主要财务报表项目的折算汇率，以及外币报表折算差额的处理方法。

(七)编制现金流量表时现金等价物的确定标准。

(八)短期投资计价及其收益确认方法，短期投资跌价准备的确认标准、计提方法。

(九)应收款项坏账的确认标准，坏账损失的核算方法以及坏账准备的确认标准，计提方法和计提比例。

(十)存货分类，取得和发出的计价方法，存货的盘存制度以及低值易耗品和包装物的摊销方法，存货跌价准备的确认标准、计提方法。

(十一)长期股权投资计价及收益确认方法，股权投资差额的摊销方法和期限；长期债权投资计价及收益确认方法，债券投资溢价或折价的摊销方法；长期投资减值准备的确认标准、计提方法。

(十二)委托贷款计价，利息确认方法以及委托贷款减值准备的确认标准、计提方法。

(十三)固定资产的标准、分类、计价方法和折旧方法；融资租入固定资产的计价方法；固定资产减值准备的确认标准、计提方法。

(十四)在建工程结转为固定资产的时点；在建工程减值准备的确认标准、计提方法。

(十五)借款费用资本化的确认原则、资本化期间以及借款费用资本化金额的计算方法。

(十六)无形资产的计价方法、摊销方法、摊销年限；无形资产减值准备的确认标准、计提方法。

(十七)长期待摊费用的摊销方法、摊销年限。

(十八)应付债券的计价及债券溢价或折价的摊销方法。

(十九)销售商品、提供劳务及让渡资产使用权等日常活动取得的收入所采用的确认方法。

(二十)所得税的会计处理方法。

(二十一)会计政策、会计估计变更的内容、理由和对公司财务状况、经营成果的影响数。

(二十二)重大会计差错的内容和更正金额、原因及其影响。

(二十三)编制合并财务报表时合并范围的确定原则，合并所采用的会计方法。

第三节 税项

第二十条 公司应披露主要税种和税率，如增值税、所得税等；若有税负减免的，应说明批准机关、文号、减免幅度及有效期限。第四节控股子公司及合营企业。

第四节 控股子公司及合营企业

第二十一条 公司应披露其所控制的境内外所有子公司及合营企业的全称、业务性质、注册资本、经营范围以及本公司对其实际投资额和所占权益比例等。未纳入合并财务报表范围的子公司，应说明原因及对公司财务状况、经营成果的影响。

第二十二条 对纳入合并范围但母公司持股比例未达到50%以上的子公司，应说明纳入合并范围的原因。

第二十三条 公司报告期内合并报表范围如发生变更的，应当披露变更内容、原因。若发生购买、转让股权而增加控股子公司、合营企业的情况，应说明每个新增或转让股权的购买日及其确定方法。

第二十四条 按照比例合并方法进行合并的公司，应特别说明。

第五节 财务报表项目附注的要求

第二十五条 编制合并财务报表的公司，应按照本准则对合并会计报表项目进行注释，还应对母公司财务报表的主要项目进行注释。

第二十六条 对资产负债表中的资产、负债项目，注释最近期间的期末、期初比较数据，股东权益项目、利润表及利润分配表项目应按照比较财务报表逐期列示并说明各期数据变动情况。

第二十七条 对资产负债表中的外币账项，应列示其原币、折算汇率、折算的记账本位币金额。

第二十八条 具体的报表项目应按以下要求进行注释：

(一)按现金、银行存款、其他货币资金分别

列示货币资金情况。有抵押、冻结等对变现有限制或存放在境外、或有潜在回收风险的款项应单独说明。

(二)按股权投资、债券投资、其他投资分别列项说明短期投资情况,其中股权投资中的股票投资、债券投资中的国债投资和其他债券投资应单独列示。能够列明期末市价的股票投资和债券投资,应列明报表日市价及资料来源(若报表日是法定公休日,应披露报表日最近一个交易日市价,下同);其他投资项下对某一投资对象的投资额占短期投资总额10%(含10%)以上的,还应分别披露资金投入时间和所得收益等。对流动性差的证券投资市价来源也需特别说明。

说明短期投资跌价准备的增减变动情况,计提短期投资跌价准备所选用的证券期末市价的资料来源。

说明投资变现的重大限制。若不存在上述情况,也应予以说明。

应单独说明本项目中公司1年内到期的委托贷款的本金、利息、受托人名称及计提的减值准备金额。

(三)列示应收票据的种类、金额。已用于质押的商业承兑汇票,应单独列示出票单位、出票日期、到期日、金额等重要事项。

(四)分项列示应收股利的金额,对其中金额较大的,应说明其性质或内容。

(五)分项列示应收利息的金额,对其中金额较大的,应说明其性质或内容。

(六)应按不同账龄段(如1年以内、1-2年、2-3年、3年以上)分别列示应收款项(含应收账款和其他应收款)金额、占应收款项总额的比例、坏账准备计提比例和坏账准备金。对应收款项应说明如下事项:

1、本年度全额计提坏账准备,或计提坏账准备的比例较大的(如计提比例超过40%及以上的,下同)应收款项,应单独说明其计提的比例及其理由;

2、以前年度已全额计提坏账准备,或计提坏账准备的比例较大,但在本年度又全额或部分收回的,或通过重组等其他方式收回的应收款项,应说明其原因,原估计计提比例的理由,以及原估计计提比例的合理性;

3、对某些金额较大或账龄较长的应收款项不计提坏账准备,或计提坏账准备比例较低(一般为5%或低于5%)的理由;

4、本年度实际冲销的应收款项性质、理由及其金额。若实际冲销的款项涉及关联交易产生的,还应单独披露;

5、应收款项中如有持公司5%(含5%)以上表决权股份的股东单位欠款,应予以说明,并单独列示;如无此类欠款,也应予以说明;

6、金额较大的其他应收款,应说明其性质或内容;

7、列示应收账款、其他应收款项目前五名金额合计,及占应收账款、其他应收款总额的比例。

(七)应按不同账龄段列示预付账款余额、及各账龄段余额占预付账款总额的比例。账龄超过1年的预付账款,应说明未收回的原因。

预付账款中如有预付持公司5%(含5%)以上表决权股份的股东单位的款项,应单独列示。

(八)分项列示应收补贴款的金额、性质或内容。

(九)按在途物资、原材料、包装物、低值易耗品、库存商品、委托加工物资、委托代销商品、受托代销商品、分期收款发出商品等分项列示存货情况。

分项列示计提的存货跌价准备及其增减变动情况,并说明存货可变现净值的确定依据。

(十)应按费用类别披露待摊费用年末结存余额的原因和各项费用的期初数、期末数。

(十一)按种类列示一年内到期的长期债券投资的面值、年利率、初始投资成本、到期日、本期利息、累计应收或已收利息、期末余额。

按投资种类列示一年内到期的其他债权投资初始投资成本、年利率、到期日、本期利息、累计应收或已收利息、期末余额。

(十二)列示其他流动资产的情况,金额较大的应列示其内容和金额。

(十三)按子公司投资、对合营企业投资、对联营企业投资和其他股权投资分项列示长期股权投资情况。

对长期股票投资,还应按被投资单位列示股份类别、股票数量、占被投资公司注册资本的比例、初始投资成本,计提的长期投资减值准备金额、增减变动情况以及计提的原因。若股票有市价的,应列示股票期末市价。

对其他股权投资,应按被投资公司名称、投资期限、占被投资单位注册资本比例、投资金额分项列示。若实际投资比例与注册资本比例不一致,应予以披露并说明原因。分项列示计提的长期投资减值准备金额、增减变动情况以及计提的原因。

若股权投资采用权益法核算,应列示初始投资额、追加投资额、被投资单位权益增减额、分得的现金红利额和累计增减额,被投资单位与公司会计政策的重大差异,投资变现及投资收益汇回的重大限制等。

对股权投资差额应按被投资单位列示初始金额及形成原因、摊销期限、本期摊销额、摊余价值。

(十四)应按种类列示长期债权投资的面值、年利率、初始投资成本、到期日、本期利息、累计应收或已收利息、期末余额,计提的长期投资减值准备金额、增减变动情况以及计提的原因。

对其他债权投资,应按投资单位列示初始投资成本、年利率、到期日、应计利息、累计应收或已收利息、期末余额,计提的长期投资减值准备金额、增减变动情况以及计提的原因。

(十五)应按类别分项列示固定资产期初余额、本期增加额、本期减少额及期末余额。固定资产中如有在建工程转入、出售、置换、抵押或担保等情况,应予以说明。

通过融资租赁租入的固定资产应披露每类租入资产的账面原值、累计折旧、账面净值。

通过经营租赁租出的固定资产应披露每类租出资产的账面价值。

应按类别分项列示累计折旧期初余额、本期计提额、本期减少额及期末余额。

分项列示计提的固定资产减值准备金额、增减变动情况以及计提的原因。

(十六)分项列示各类工程物资的期初、期末余额。

(十七)分项列示在建工程的名称、预算数、期初余额、本期增加额、本期转入固定资产额、其他减少额、期末余额、资金来源、工程投入占预算的比例。

分项列示期初余额、本期增加额、本期转入固定资产、其他减少额、期末余额中所包含的借款费用资本化金额。

用于确定利息资本化金额的资本化率应单独披露。

工程项目资金来源应区分募股资金、金融机构贷款和其他来源等。

分项列示计提在建工程减值准备金额、增减变动情况以及计提的原因。

(十八)分项列示公司转入清理但尚未清理完毕的固定资产清理账面价值及转入清理的原因。

(十九)分项列示无形资产的取得方式、原值、期初余额、本期增加额、本期转出额、本期摊销额、累计摊销额、期末余额、剩余摊销年限。

对于在报告期内发生的单项价值在100万元以上的无形资产,若该

资产原始价值是以评估值作为入账依据的，还应披露评估机构名称、评估方法。

分项列示计提无形资产减值准备金额、增减变动情况以及计提的原因。

(二十)分项列示长期待摊费用的原始发生额、期初余额、本期增加额、本期摊销额、累计摊销额、期末余额、剩余摊销年限。

(二十一)应分项列示公司除以上长期资产项目外的其他长期资产的金额。金额较大的其他长期资产,还应列示其内容。

(二十二)应列示公司尚未转回的时间性差异影响所得税的递延税款借项金额、发生原因。

(二十三)按借款条件(信用借款、抵押借款、保证借款、质押借款等)分项列示短期借款金额。

对已到期未偿还的短期借款,应单独列示贷款单位、贷款金额、贷款利率、贷款资金用途、未按期偿还的原因及预计还款期,并在期后事项中反映报表日后是否已偿还。

(二十四)按应付票据的种类分项列示其金额,并说明本会计年度内将到期的金额。

(二十五)对于应付款项,包括应付账款、预收账款和其他应付款等,说明有无欠持有本公司5%(含5%)以上表决权股份的股东单位的款项;如无此类欠款,也应说明。

账龄超过3年的大额应付账款及其他应付款，应说明未偿还的原因,并在期后事项中反映报表日后是否偿还。金额较大的其他应付款,也应说明其性质或内容。

账龄超过1年的预收账款,应说明未结转的原因。

(二十六)披露应付工资中属于拖欠性质或工效挂钩的部分。

(二十七)按主要投资者列示欠付的应付股利金额并说明原因。

(二十八)按税种分项列示应交税金金额,并说明报告期执行的法定税率,对于超过法定纳税期限的,应列示主管税务机关的批准文件。

如果各分公司、分厂异地独立缴纳所得税,应说明所执行的所得税税率。

(二十九)分项列示其他应交款的期末余额、性质及计缴标准。

(三十)应按费用类别披露预提费用年末结存余额的原因和各项费用的期初数、期末数。

(三十一)按对外提供担保、商业承兑票据贴现、未决诉讼、产品质量保证等项目分别列示公司计提的各项预计负债。

(三十二)按一年内到期的长期借款、应付债券、长期应付款分项列示一年内到期的长期负债,其附注要求同“长期借款”、“应付债券”、“长期应付款”。对已到期未偿还的借款,应说明原因,并在期后事项中反映报表日后是否已偿还。

(三十三)列示金额较大的其他流动负债的内容和金额。

(三十四)按币种、借款条件(信用借款、抵押借款、保证借款、质押借款等)分项列示长期借款金额。

(三十五)分项列示应付债券的种类、期限、发行日期、面值总额、溢价(折价)额、应计利息总额、期末余额。

对可转换公司债券应说明转股条件等情况。

(三十六)分项列示长期应付款种类、期限、初始金额、应计利息、期末余额等。

(三十七)按公司接受国家拨入的具有专门用途的拨款和其他来源取得的款项分项说明专项应付款的内容。

(三十八)列示除以上长期负债项目外,金额较大的其他长期负债的内容和金额。

(三十九)应按公司尚未转回的时间性差异影响所得税的金额和接受捐赠非现金资产未来应交所得税的金额分别列示递延税款贷项的情况。

(四十)说明报告期股本的变动情况。如果报告期内有出资或增资行为的,应披露执行验资的会计师事务所名称和验资报告文号。

运行不足三年的股份有限公司,设立前的年份只需说明净资产情况。

有限责任公司整体变更为股份公司应说明公司设立时的验资情况。

(四十一)分项列示报告期资本公积的变动情况及其原因、依据。若用资本公积转增股本、弥补亏损的,应说明其履行的法律程序及有关决议。

(四十二)分项列示报告期盈余公积的变动情况。用盈余公积转增股本、弥补亏损、分派股利的,应说明有关决议。

(四十三)列示报告期利润分配比例以及未分配利润的增减变动情况。若有对以前年度损益调整致使期初未分配利润变动的情况,应对变动内容、变动原因、依据和影响作出说明。

对于首次发行股票公司和发行新股的上市公司,如果发行前的滚存利润经股东大会决议由新老股东共同享有,应明确予以说明;如果发行前的滚存利润经股东大会决议在发行前进行分配并由老股东享有,公司应明确披露老股东享有的经审计的利润数,并调至应付股利项目。

(四十四)按主营业务性质分项列示报告期主营业务收入、主营业务成本金额。如经营业务涉及不同行业和不同地区的,应按业务分部和地区分布分别列示比较财务报表各期间主营业务收入、主营业务成本情况,可以参考以下格式:

地区分部(或业务分部)报表

项目	××年	××年	××年
主营业务收入(或主营业务成本)			
××地区			
××地区			
××地区			
小计			
公司内各业务分部间相互抵销			
合计			

具体按有关企业会计准则和会计制度编制。

应披露公司前五名客户销售的收入总额,以及占公司全部销售收入的比例。

(四十五)分项列示报告期主营业务税金及附加的计缴标准及金额。

(四十六)其他业务利润如占报告期利润总额10%(含10%)以上的,应按业务种类分项列示报告期其他业务收入数和成本数,并说明情况。

(四十七)按费用种类分项列示报告期财务费用的金额。

(四十八)应分股票投资收益、债权投资收益(其中包括债券收益、委托贷款收益、其他债权投资收益)、联营或合营公司分配来的利润、期末调整的被投资公司所有者权益净增减的金额、股权投资差额摊销、股权投资转让收益等项目列示投资收益,若某项业务活动所获得的投资收益占报告当期利润总额的10%(含10%)以上的,应对该项业务内容、相关成本、交易金额等作出说明。

应说明投资收益汇回的重大限制。若不存在重大限制,也应作出说明。

(四十九)分项列示报告期补贴收入的金额,并说明取得补贴收入的来源和依据、相关批准文件、批准机关和文件时效。

(五十)如营业外收入或支出总额占报告期利润总额10%(含10%)以上的,应披露主要项目类别、内容和金额。

(五十一)支付或收到的其他与经营活动、筹资活动、投资活动有关的现金,对于其中价值较大的应分项单独列示。

第六节 母公司财务报表有关项目附注

第二十九条 母公司财务报表有关项目包括应收账款、其他应收款、长期投资、主营业务收入和主营业务成本、投资收益等项目。主营业务收入、主营业务成本应按主营业务种类分别披露,其他项目应参照上述相应项目的要求加以注释。

第七节 子公司与母公司会计政策不一致对合并会计报表的影响

第三十条 子公司与母公司会计政策不一致,在编制合并财务报表时又未按母公司会计政策进行调整的,应说明子公司应采用的特殊会计政策,未调整的原因及其对合并财务报表中净资产和净利润的影响。

第八节 关联方关系及其交易

第三十一条 凡涉及关联方关系及其交易,应按财政部关联方关系及其交易的披露准则及其有关规定披露。

第九节 或有事项

第三十二条 或有负债应按已贴现商业承兑汇票形成的或有负债、未决诉讼或仲裁形成的或有负债、为其他单位提供债务担保形成的或有负债、其他或有负债(不包括极小可能导致经济利益流出企业的或有负债)分项披露该事项形成的原因、预计产生的财务影响(如无法预计,应说明理由)、获得补偿的可能性。

第三十三条 如果或有资产很可能会给企业带来经济利益时,则应说明其形成的原因及其产生的财务影响。

第三十四条 如果公司没有需要在财务报表附注中说明的或有事项,也应予以说明。

第十节 承诺事项

第三十五条 对于资产负债表日存在的重大承诺事项,应在财务报表附注中按已签订的尚未履行或尚未完全履行的对外投资合同及有关财务支出、已签订的正在或准备履行的大额发包合同、已签订的正在或准备履行的租赁合同及财务影响、其他重大财务承诺等分项说明其存在的原因和金额。如果公司没有需要说明的承诺事项,也应予以说明。

第十一节 资产负债表日后事项

第三十六条 公司应按有关资产负债表日后事项准则的规定,说明资产负债表日后股票和债券的发行、对一个企业的巨额投资、自然灾害导致的资产损失以及外汇汇率发生较大变动等非调整事项的内容,估计对财务状况、经营成果的影响;如无法作出估计,应说明其原因。

第十二节 其他重要事项

第三十七条 非货币性交易、债务重组应按有关非货币性交易及债务重组的规定进行披露。

第三十八条 报告期内发生资产置换、转让及出售行为的公司,应专项披露资产置换的详细情况,包括资产帐面价值、转让金额、转让原因以及对公司财务状况、经营成果的影响等。

第三十九条 其他对投资者决策有影响的重要事项,应分项说明。

第四章 补充资料

第四十条 发行境内上市外资股、香港和境外上市外资股、金融类等实行国内、国际补充审计的公司,由于国内、国际审计披露的财务会计资料所采用的会计准则不同,导致净资产、净利润存在差异的,应按以下格式编制差异调节表(以国际会计准则为例),说明按境内外会计准则计算的报告期净资产和报告期净利润的差异原因。

	净资产	净利润
按国际会计准则		
1、		
2、		
……		
按《企业会计制度》		

对与经境外审计机构审计的数据进行差异比较的,应注明该境外机构的名称。

第四十一条 按照证监会有关信息披露规则的要求,分别列示全面摊薄和加权平均计算的净资产收益率及每股收益。

第四十二条 资产减值准备明细表按企业会计制度规定的格式列示。

第四十三条 非经常报表项目、名称反映不出其性质或内容的报表项目、金额异常或年度间变动异常的报表项目(如两个期间的数据变动幅度达30%以上,或占公司报表日资产总额5%或报告期利润总额10%以上的),应说明该项目的具体情况及变动原因。

第五章 附 则

第四十四条 本规定由中国证券监督管理委员会负责解释。

第四十五条 本规定自发布之日起施行。

公开发行证券的公司信息披露编报规则第16号—A股公司实行补充审计的暂行规定

关于发布《公开发行证券的公司信息披露编报规则第16号—A股公司实行补充审计的暂行规定》的通知

证监发[2001]161号

各有关拟公开发行证券的公司、已上市公司及会计师事务所:

为提高拟公开发行A股的公司以及已上市A股公司财务信息披露的质量,保护投资者的合法权益,我们制定了《公开发行证券的公司信息披露编报规则第16号—A股公司实行补充审计的暂行规定》,现予发布,请遵照执行。

中国证券监督管理委员会
二〇〇一年十二月三十日

第一条 为了提高已上市和拟发行上市A股公司(以下简称"公司")财务信息披露质量,保护投资者的合法权益,依据《中华人民共和国证券法》等法律法规制订本规定。

第二条 公司在首次公开发行股票并上市,或上市后在证券市场再筹资时,应聘请具有执行证券期货相关业务资格的国内会计师事务所,按中国独立审计准则对其依据中国会计准则、会计制度和信息披露规范编制的法定财务报告进行审计。此外,应聘请获中国证券监督管理委员会(以下简称"中国证监会")和财政部特别许可的国际会计师事务所,按国际通行的审计准则,对其按国际通行的会计和信息披露准则编制的补充财务报告进行审计(以下简称"补充审计")。

第三条 本规定所指的国际通行会计准则是指国际会计准则委员会颁布的国际会计准则。如果需要,公司在编制财务报告时在个别方面依据美国、香港等发达国家和地区会计准则的,应特别注明。

第四条 公司披露的招股说明书、上市公告书等文件正文中的财务资料均应摘自按中国会计准则、会计制度和信息披露准则编制的法定财务报告。按国际通行的会计和信息披露准则编制的补充财务报告作为以上文件的附录披露,供投资者判断公司财务状况和投资风险时参考。

第五条 已上市公司董事会决定再筹资并予披露后应依法聘请国际会计师事务所承担补充审计业务,并予披露。

国内、国际会计师事务所出具经审计或审阅的财务报告后,公司应以临时报告的形式予以披露,并说明差异及其原因。如果一期财务报告会计截止日为季度末或半年度末,应随定期报告一起披露,并说明差异及其原因。

第六条 法定和补充财务报告发生差异时,公司应当在招股说明书、上市公告书等文件中履行如下披露义务:

(一)在招股说明书、上市公告书等文件全文及摘要中,将经国内、国际会计师事务所审计或审阅后的重要财务数据与指标并行列示,以提示投资者。

(二)公司应以法定财务报告为基准,以其中列示的净利润与净资产为调节对象,编制与补充财务报告的差异调节表,并作为法定财务报告的补充资料予以披露。该差异调节表应反映重要的差异及其影响金额,表后应逐项说明差异的性质、原因等。除非受到有关的会计准则或专业惯例不同等特殊因素的限制,同一管理层对同一会计期间内的同一事项不应采用不同的备选会计政策。

第七条 对法定财务报告进行审计或审阅的注册会计师,应充分关注两份财务报告之间的差异调节表以及有关信息披露的真实性与完整性。

第八条 在特殊的情况下,为确保不泄露国家秘密,公司可以向中国证监会申请豁免编制补充财务报告。

第九条 本规定由中国证监会负责解释。

第十条 本规定自2002年1月1日起施行。

关于A股公司做好补充审计工作的通知

证监发[2001]162号

各拟首次公开发行股票并上市的公司、拟上市后在证券市场再筹资的上市公司:

为了提高已上市和拟发行上市公司财务信息披露质量,保护投资者的合法权益,中国证监会颁布了《公开发行证券的公司信息披露编报规则第16号—A股公司实行补充审计的暂行规定》,要求从2002年1月1日起执行。为了做好相关的工作,现将有关事项通知如下:

一、2002年4月1日起向我会报送材料,申请首次公开发行股票并上市的A股公司,申报材料中最近一个完整会计年度及一期财务报告应进行补充审计。

2002年1月1日至3月31日向我会报送材料,申请首次公开发行股票并上市的A股公司不需进行补充审计。

二、2002年1月1日起向我会报送材料,申请在证券市场再筹资的A股公司,其最近一个完整会计年度的财务报告应进行补充审计,最近一期的财务报告应分别经国内、国际会计师事务所审阅。按中国证监会的有关规定,中期法定财务报告需经国内会计师事务所审计的公司,也需要提供经国际会计师事务所审计的同期补充财务报告。

三、2002年1月1日前已向我会报送材料,申请首次公开发行股票并上市,或在证券市场再筹资的A股公司,不需进行补充审计。

四、本通知自发布之日起施行。

二〇〇一年十二月三十日

证券公司管理办法

中国证券监督管理委员会令

(第5号)

现公布《证券公司管理办法》,自2002年3月1日起施行。

主 席 周小川

二〇〇一年十二月二十八日

第一章 总 则

第一条 为加强对证券公司的监督管理,规范证券公司行为,根据证券法和公司法的有关规定,制定本办法。

第二条 本办法适用于在中国境内注册的证券公司。

第三条 中国证券监督管理委员会(以下简称中国证监会)统一负责证券公司设立、变更、终止事项的审批,依法履行对证券公司的监督管理职责。

第二章 证券公司的设立、变更和终止

第四条 经纪类证券公司可以从事下列业务:

(一)证券的代理买卖;

(二)代理证券的还本付息、分红派息;

(三)证券代保管、鉴证;

(四)代理登记开户。

第五条 综合类证券公司除可以从事第四条所列各项业务外,还可以从事下列业务:

(一)证券的自营买卖;

(二)证券的承销;

(三)证券投资咨询(含财务顾问);

(四)受托投资管理;

(五)中国证监会批准的其他业务。

证券公司不得从事B股的自营买卖,中国证监会另有规定的除外。

第六条 设立经纪类证券公司,除应当具备证券法规定的条件外,还应当符合以下要求:

(一)具备证券从业资格的从业人员不少于十五人,并有相应的会计、法律、计算机专业人员;

(二)有符合中国证监会规定的计算机信息系统、业务资料报送系统;

(三)中国证监会规定的其他条件。

第七条 设立专门从事网上证券经纪业务的证券公司,除应当具备第六条规定的条件外,还应当符合以下要求:

(一)证券公司或经营规范、信誉良好的信息技术公司出资不得低于拟设立的网上证券经纪公司注册资本的百分之二十;

(二)有符合中国证监会要求的网络交易硬件设备和软件系统;

(三)有十名以上计算机专业技术人员并能确保硬件设备和软件系统安全、稳定运行;

(四)高级管理人员中至少有一名计算机专业技术人员。

第八条 设立综合类证券公司除应当具备证券法规定的条件外,还应当符合以下要求:

(一)有规范的业务分开管理制度,确保各类业务在人员、机构、信息和帐户等方面有效隔离;

(二)具备相应证券从业资格的从业人员不少于五十人,并有相应的会计、法律、计算机专业人员;

(三)有符合中国证监会规定的计算机信息系统、业务资料报送系统;

(四)中国证监会规定的其他条件。

第九条 证券公司的股东资格应当符合法律法规和中国证监会规定的条件。直接或间接持有证券公司5%及以上股份的股东,其持股资格应当经中国证监会认定。有下列情形之一的,不得成为证券公司持股5%及以上的股东:

(一)申请前三年内因重大违法、违规经营而受到处罚的;

(二)累计亏损达到注册资本百分之五十的;

(三)资不抵债或不能清偿到期债务的;

(四)或有负债总额达到净资产百分之五十的;

(五)中国证监会规定的其他情形。

第十条 经纪类证券公司达到第八条规定条件的,可向中国证监会申请变更为综合类证券公司。

第十一条 证券公司可以根据公司法、证券法和中国证监会的有关规定申请设立分公司、证券营业部、证券服务部等分支机构。

第十二条 综合类证券公司需要设立专门从事某一证券业务的子公司的,应当在中国证监会核定的业务范围内提出申请。

设立子公司必须符合公司法及有关法律法规的规定,并经中国证监会批准。

综合类证券公司持有子公司股份不得低于百分之五十一,不得从事与控股子公司相同的业务,中国证监会另有规定的除外。

第十三条 设立受托投资管理业务的子公司必须具备下列条件:

(一)注册资本不少于人民币五亿元;

(二)具备相应类别证券从业资格的从业人员不少于十人;

(三)符合综合类证券公司的相关条件。

第十四条 设立从事证券承销、上市推荐、财务顾问等业务的投资银行类子公司必须具备下列条件:

(一)注册资本不少于人民币五亿元;

(二)具备投资银行类证券从业资格的从业人员不少于十人;

(三)符合综合类证券公司的相关条件。

第十五条 境内证券公司申请设立或参股、收购境外证券公司,应当经中国证监会批准。

第十六条 境外机构可以在中国境内设立中外合营证券公司。

中外合营证券公司的业务范围以及外方股东的持股比例应当符合中国有关法律法规和中国证监会的规定。

第十七条 证券公司变更下列事项,应当经中国证监会批准:

(一)撤销或转让分支机构;

(二)变更业务范围;

(三)增加或者减少注册资本;

(四)证券营业部异地迁址;

(五)修改公司章程;

(六)合并、分立、变更公司形式以及解散或向人民法院申请破产;

(七)中国证监会认定的其他事项。

第十八条 证券公司变更下列事项,应当在五个工作日内向中国证监会备案:

(一)变更公司名称

(二)变更总公司、分公司的住所;

(三)证券营业部和证券服务部的同城迁址;

(四)中国证监会认定的其他事项。

第十九条 证券公司债权人依法向法院申请证券公司破产的,证券公司必须在得知该事实之日起一个工作日内报告中国证监会。

第三章 证券从业人员管理

第二十条 证券公司从业人员从事证券业务必须取得相应的证券从业资格。

中国证监会按照规定对证券公司高级管理人员实行任职资格管理。

第二十一条 申请证券从业资格应当具备下列条件:

(一)年满18周岁且具有完全的民事行为能力;

(二)品行良好、正直诚实,具有良好的职业道德,无不良行为记录;

(三)具有大学专科以上学历,或高中毕业并有二年以上工作经历;

(四)通过中国证监会或其认可机构组织的资格考试;(五)法律、法

规和中国证监会规定的其他条件。

第二十二条 有下列情形之一的，不能取得证券从业资格：

(一)有公司法第五十七条和证券法第一百二十六条规定的情形；

(二)在申请证券从业资格前一年受过与金融业务有关的行政处罚的；

(三)被中国证监会认定为证券市场禁入者，尚在禁入期内的；

(四)中国证监会认定的不适合从事证券业务的其他情形。

第二十三条 证券公司高级管理人员任职应当具备以下条件：

(一)取得一种证券从业资格，并从事证券工作3年以上。

未取得证券从业资格证书的，应从事证券或证券相关工作5年、或金融工作8年或经济工作10年以上；

(二)遵守法律法规和中国证监会的有关规定，诚实信用，勤勉尽责，具有良好的职业道德，无不良行为记录；

(三)熟悉有关证券法律、法规，具有履行高级管理人员职责所必备的经营管理知识和组织协调能力；

(四)法律、法规和中国证监会规定的其他条件。

第二十四条 有下列情形之一的，不得担任证券公司的高级管理人员；

(一)公司法第五十七条和证券法第一百二十五条规定的情形；

(二) 因从事非法经营活动受到行政处罚未逾3年的；

(三) 因涉嫌违法、违规行为处于接受调查期间的；

(四) 个人或家庭负有较大的债务且到期未清偿的；

(五) 对被证监会认定为证券市场禁入者，尚在禁入期内的；

(六) 中国证监会规定的不宜担任高级管理人员的其他情形。

第二十五条 中国证监会或其授权机构负责对证券公司从业人员进行注册及日常监督管理。

第四章 内部控制与风险管理

第二十六条 证券公司应当按照现代企业制度的要求，建立并健全符合公司法规定的治理结构。

第二十七条 证券公司应当建立独立董事制度。证券公司有下列情况之一时，独立董事人数不得少于董事人数的四分之一：

(一)董事长和总经理由同一人担任时；

(二)内部董事占董事人数五分之一以上时；

(三)证券公司主管部门、股东(大)会或中国证监会认为必要时。

前款所称独立董事是指不在公司担任除董事外的其他职务，并与公司及公司主要股东不存在可能妨碍其独立性关系的董事。

第二十八条 证券公司应当加强内部管理，按照中国证监会的要求，建立严格的内部控制制度。

第二十九条 证券公司应当建立有关隔离制度，做到投资银行业务、经纪业务、自营业务、受托投资管理业务、证券研究和证券投资咨询业务等在人员、信息、账户上严格分开管理，以防止利益冲突。

第三十条 综合类证券公司应当设立独立于业务部门的合规审查机构，证券经纪公司应当设立合规审查岗位，负责对公司经营的合法合规性进行检查监督。主要合规审查人员应当在中国证监会备案。

第三十一条 证券公司应当要求内部稽核部门对公司内部控制进行定期评审并聘请会计师事务所对公司内部控制进行年度评审，及时发现和改进存在的问题，防范和化解风险。

第三十二条 证券公司不得兴办实业，不得购置非自用不动产。

本办法颁布之前证券公司已有的非证券类资产应当依照有关法律法规和中国证监会的规定进行清理。

第三十三条 证券公司必须遵守下列财务风险监管指标：

(一)综合类证券公司的净资本不得低于两亿元。经纪类证券公司的净资本不得低于两千万元。

净资本是指证券公司净资产中具有高流动性的部分，有关净资本的计算规则由中国证监会另行制定。

(二)证券公司净资本不得低于其对外负债的百分之八。

(三)证券公司流动资产余额不得低于流动负债余额(不包括客户存放的交易结算资金和受托投资管理的资金)。

(四)综合类证券公司的对外负债(不包括客户存放的交易结算资金和受托投资管理的资金)不得超过其净资产额的九倍。

(五) 经纪类证券公司的对外负债（不包括客户存放的交易结算资金)不得超过其净资产额的三倍。

第三十四条 证券公司出现下列情况，必须在三个工作日内报告中国证监会，并说明原因和对策：

(一)净资本低于中国证监会规定金额的百分之一百二十，或者比上月下降百分之二十的；

(二)净资本低于证券公司对外负债的百分之十的；

(三) 综合类证券公司流动资产余额低于流动负债余额的百分之一百二十的；

(四)综合类证券公司对外负债超过净资产八倍的；

(五)经纪类证券公司对外负债超过净资产二倍的。

第三十五条 证券公司因突发事件无法达到第三十三条规定的要求时，应在一个工作日内报告中国证监会，并说明原因和对策。中国证监会可以根据不同情况，暂停其部分证券业务直至责令其停业整顿。

第三十六条 证券公司应按有关规定提取一般风险准备金，用于弥补证券交易等损失。

第五章 日常监管

第三十七条 证券公司及其分公司、证券营业部应当将《经营证券业务许可证》或者《证券经营机构营业许可证》正本放置在公司住所或者营业场所的显著位置，并妥善保管许可证副本。

证券公司及其分公司、证券营业部不得伪造、变造、出租、出借、转让许可证。

除中国证监会依照本规定注销许可证外，任何单位不得扣押或者收缴许可证。

第三十八条 证券公司应当每年至少一次在公众媒体上公布其合法分支机构名称、地址、电话及主要负责人的姓名。

第三十九条 证券公司从事证券业务应当遵循公平竞争的原则，其收费标准不得违反国家有关部门的规定。

第四十条 证券公司必须依照法律、法规和国家财政主管部门制定的财务、会计制度，建立健全的财务、会计管理办法，不得在法定会计账册外设立账册。

第四十一条 证券公司必须按照中国证监会的规定，聘请具有证券相关业务资格的会计师事务所对其财务报告进行审计。

证券公司必须将所聘请的具有证券相关业务资格的会计师事务所名单报中国证监会备案；证券公司更换聘请的具有证券相关业务资格的会计师事务所，必须在更换后的三个工作日内向中国证监会报告并说明原因。

中国证监会可以要求证券公司更换会计师事务所。

第四十二条 证券公司应当按照中国证监会的要求报送财务报表、业务报表和年度报告。

第四十三条 中国证监会对证券公司高级管理人员实行谈话提醒制度。中国证监会对证券公司在经营管理中出现的问题，可以质询证券公司的高级管理人员，并责令其限期纠正。

第四十四条 中国证监会可以对证券公司进行检查和调查，并可以要求证券公司提供、复制或者封存有关文件、帐册、报表、凭证和其他资料。

证券公司及有关人员对中国证监会的检查和调查，不得以任何理由拒绝或者拖延提供有关资料，或者提供不真实、不准确、不完整的资料。

第四十五条 证券公司必须按照中国证监会的规定，制定安全保密措施，妥善保存客户开户记录、交易记录等资料，防止资料与数据丢失、泄密或者被篡改。

第四十六条 中国证监会可要求证券公司聘请具有证券相关业务资格的会计师事务所，对证券公司进行专项审计或稽核，有关费用由证券公司支付；中国证监会也可以聘请具有证券相关业务资格的会计师事务所，对证券公司进行专项审计或稽核，有关费用由中国证监会支付。

第六章 附 则

第四十七条 本办法自2002年3月1日起施行。

证券公司检查办法

关于发布《证券公司检查办法》的通知

证 2000 年 12 月 12 日　　证监机构字[2000]281 号

各证券监管办公室、办事处、特派员办事处、专员办事处,上海、深圳证券交易所:

为加强对证券公司的监管,保护投资者的利益,我会制定了《证券公司检查办法》,现予以发布。我会将按照《证券公司检查办法》,对证券公司进行检查。对信托投资公司证券营业部的检查比照《证券公司检查办法》执行。

第一条 为加强对证券公司的监管,规范证券公司运作,维护投资者利益,防范金融风险,根据国家法律、法规,制定本办法。

第二条 本办法适用于经中国证券监督管理委员会(以下简称"中国证监会")批准设立的证券公司及其证券营业部、证券服务部(以下简称"公司")。

第三条 本办法由中国证监会负责组织实施。

第四条 对公司检查的主要内容包括:

(一) 公司经营的合规性。主要检查公司贯彻执行国家金融证券法规、制度以及中国证监会各项规定的情况;重点是公司设立、撤销以及有关事项变更的合法性、合规性,各项业务操作的合法性、合规性和公司高级管理人员、从业人员从业资格及业务行为的合规性以及公司内部控制制度的健全性和有效性等。

(二)公司经营的正常性。主要对公司日常经营情况进行统计,了解公司业务开展情况和经营收支情况,分析其经营情况是否正常,针对公司的经营风险、资产负债、净资本情况和损失情况进行分析、对公司的内部风险控制能力进行评价,有针对性的采取措施,防范和化解风险。

(三)公司经营的安全性。主要是对公司的内控制度、信息系统进行考评,督促其加强安全管理,制定风险处置预案,防止安全事故的发生。

第五条 检查方式分为现场检查与非现场检查两种。

现场检查指检查人员亲临检查现场,通过听取汇报、查验有关资料等方式进行实地检查。非现场检查主要是通过手工或计算机系统对公司上报的业务报表、财务报表等有关资料进行

定期和不定期的统计分析,通过设置风险预警指标及时发现公司存在的问题。

第六条 中国证监会及其派出机构应当督促公司建立健全内部检查制度,设立内部检查机构,定期进行自查并向中国证监会及其派出机构、上海、深圳证券交易所报送内部风险自查情况。

第七条 中国证监会负责检查工作的总体部署和组织实施并根据工作需要随时进行检查,中国证监会派出机构负责辖区内的检查工作并根据中国证监会的部署和工作需要进行检查。

第八条 中国证监会根据需要委托具有从事证券业务资格的会计师事务所、律师事务所有关人员组成检查小组,对公司进行检查。

第九条 中国证监会及其派出机构进行检查时,可要求被检查的公司向检查人员提供以下文件:

(一)公司的会计报表、相关帐簿和凭证以及其他涉及会计报表的资料;

(二)公司的自营、代理、资产管理等业务开展的交易记录、电脑数据、合同文本、公司有关管理制度文件等。

(三)公司的股东大全、董事会、监事会的会议记录,决议文本,公司经理办公会议文件等。

(四)现场检查操作规程中涉及的内容及其他应该查阅的文件。

检查中涉及被检查公司主审会计师事务所的,检查人员可要求会计师事务所提供对公司财务报告发表审计意见的工作底稿。

第十条 检查人员对被检查对象进行现场检查时,接受检查的人员不予以协助和配合,不如实反映情况,拒绝检查,隐瞒情况的,被检查对象的主审会计师事务所拒绝检查、隐瞒情况的,中国证监会根据法律、法规及有关规定予以处罚。

第十一条 检查人员进行检查时, 可以对有关情况和资料进行记录、录音、录像、照像和复制。

第十二条 检查人员进行检查时,应出示工作证和中国证监会的有效证明。

第十三条 检查人员应遵守法律、法规及有关规定,认真履行职责。检查结果未公布前,检查人员及被检查公司不得透露与检查结果有关的任何信息。检查人员对检查过程中知悉的商业秘密负有保密责任。检查人员在检查过程中的违规违纪行为按照有关法律法规和纪律规定处理。

第十四条 中国证监会对检查中未发现问题、检查结果良好,运作规范的公司进行通报表扬。对检查中发现问题的公司出具整改意见书,限期整改,对整改不力的公司通报批评,并将检查结果作为出具公司年度检查意见的依据之一。

对在检查过程中发现的违反法律,法规及有关规定的公司及有关责任人,中国证监会根据法律、法规及有关规定在职权范围内给予处罚。构成犯罪的,移送司法机关依法追究刑事责任。

第十五条 本办法由中国证监会负责解释。

第十六条 本办法自发布之日起执行。

证券公司内部控制指引

关于印发《证券公司内部控制指引》的通知

2001 年 1 月 31 日　　证监发[2001]15

各证券公司:

为了促进证券公司规范发展,有效防范和化解金融风险,维护证券市场的安全与稳 定,现将《证券公司内部控制指引》印发给你们,请遵照执行。有证券业务的信托投资公司比照此指 引执行。

第一章　总　则

第一条 为了促进证券公司(以下简称"公司")的规范发展 ,有效防范和化解金融风险,维 护证券市场的安全与稳定,依据《中华人民共和国证券法》等法律法规,特制定本指引。

第二条 公司内部控制包括内部控制机制和内部控制制度两个方面。内部控制机制是指公司的内部组织结构及其相互之间的运行制约关系;内部控制制度是指公司为防范金融风险,保护资产的安全与完整,促进各项经营活动的有效实施而制定的各种业务操作程序、管理方法与控制措施的总称。

第三条 健全内部控制机制和完善内部控制制度是规范公司经营

行为、有效防范金融风险的主要措施，也是衡量公司经营管理水平高低的重要标志。公司应当按照本指引的要求，建立运行高效、控制严密的内部控制机制，制定科学合理、切实有效的内部控制制度。

第二章　内部控制的目标和原则

第四条　公司内部控制的总体目标是要建立一个决策科学、运营规范、管理高效和持续、稳定、健康发展的证券经营实体。具体来说，必须达到以下目标：

(一)严格遵守国家有关法律法规和行业监管规章，自觉形成守法经营、规范运作的经营思想和经营风格。

(二)健全符合现代企业制度要求的法人治理结构，形成科学合理的决策机制、执行机制和监督机制。

(三)建立行之有效的风险控制系统，确保各项经营管理活动的健康运行与公司财产的安全完整。

(四)不断提高经营管理的效率和效益，努力实现公司价值的最大化，圆满完成公司的经营目标和发展战略。

第五条　公司完善内部控制机制必须遵循以下原则：

(一)健全性原则。内部控制机制必须覆盖公司的各项业务、各个部门和各级人员，并渗透到决策、执行、监督、反馈等各个经营环节。

(二)独立性原则。公司必须在精简的基础上设立能充分满足公司经营运作需要的机构、部门和岗位，各机构、部门和岗位职能上保持相对独立性。

(三)相互制约原则。内部部门和岗位的设置必须权责分明、相互牵制，并通过切实可行的相互制衡措施来消除内部控制中的盲点。

(四)防火墙原则。公司投资银行、自营、经纪、资产管理、研究咨询等相关部门，应当在物理上和制度上适当隔离。对因业务需要知悉内幕信息的人员，应制定严格的批准程序和监督 处罚措施。

(五)成本效益原则。公司应当充分发挥各机构、各部门及广大职员的工作积极性，尽量降低经营运作成本，保证以合理的控制成本达到最佳的内部控制效果。

第六条　公司制订内部控制制度必须遵循以下原则：

(一)全面性原则。内部控制制度必须涵盖公司经营管理的各个环节，并普遍适用于公司每一位职员，不得留有制度上的空白或漏洞。

(二)审慎性原则。公司内部控制的核心是风险控制，内部控制制度的制订要以审慎经营、防 范和化解风险为出发点。

(三)有效性原则。内部控制制度必须符合国家有关法律法规的规定，公司全体职员必须竭力维护内部控制制度的有效执行，任何职员不得拥有超越制度约束的权力。

(四)适时性原则。内部控制制度的制订应当具有前瞻性，并且必须随着公司经营战略、经营方针、经营理念等内部环境的变化和国家法律法规、政策制度等外部环境的改变及时进行相 应的修改或完善。

第三章　内部控制的基本要求

第七条　公司必须按核定的业务经营范围和自身的经营管理特点，建立架构清晰、控制有效的内部控制机制，制定全面系统、切实可行的内部控制制度。

第八条　公司必须依据自身经营特点设立顺序递进、权责统一、严密有效的三道监控防线：

(一)建立一线岗位双人、双职、双责为基础的第一道监控防线。直接与客户、电脑、资金、有价证券、重要空白凭证、业务用章等接触的岗位，必须实行双人负责的制度。属于单人单岗处理的业务，必须有相应的后续监督机制。

(二)建立相关部门、相关岗位之间相互监督制衡的第二道监控防线。公司必须在相关部门和 相关岗位之间建立重要业务处理凭据顺畅传递的渠道，各部门和岗位分别在自己的授权范围内承担各自职责。

(三)建立以内部稽核部门对各岗位、各部门、各机构、各项业务全面实放监督反馈的第三道监控防线。内部稽核部门独立于其他部门和业务活动，并对内部控制制度的执行情况实行严格的检查和反馈。

第九条　公司必须建立科学的授权批准制度和岗位分离制度。各业务部门和分支机构必须在 适当的授权基础上实行恰当的责任分离制度，直接的操作部门或经办人员和直接的管理部门或控制人员必须相互独立、相互牵制。

第十条　公司必须建立完善的岗位责任制度和规范的岗位管理措施。在明确不同岗位的工作任务基础上，赋予各岗位相应的责任和职权，建立相互配合、相互制约、相互促进的工作关系。通过制定规范的岗位责任制度、严格的操作程序和合理的工作标准，大力推行各岗位、各部门、各机构的目标管理。

第十一条　公司必须在保证资产安全性的前提下追求利润的最大化，严格控制公司的财务风 险。公司必须真实、全面地记载每一笔业务，充分发挥会计的核算和监督职能，健全会计、统计、业务等各种信息资料及时、准确报送制度，确保各种信息资料的真实与完整。

第十二条　公司必须建立严密有效的风险管理系统，包括主要业务的风险评估和监测办法、分支机构和重要部门的风险考核指标体系以及管理人员的道德风险防范系统等。通过严密的风险管理，及时发现内部控制的弱点，以便堵塞漏洞、消除隐患。

第十三条　公司必须制订切实有效的应急应变措施，设定具体的应急应变步骤。尤其是证券营业部等重要部位遇到断电、失火、水灾、抢劫等非常情况时，应急应变措施要及时到位，并按预定功能发挥作用，以确保公司的正常经营不会受到不必要的影响。

第四章　内部控制的主要内容

第十四条　公司内部控制的主要内容包括：环境控制、业务控制、资金管理 控制、会计系统 控制、电子信息系统控制、内部稽核控制等。环境控制包括治理结构控制、管理思想控制、员工素质控制、授权控制等。业务控制包括经纪业务控制、投资银行业务控制、自营业务控制、资产管理业务控制、金融创新业务控制等。

第一节　环境控制

第十五条　科学的公司治理结构包括民主、透明的决策程序和管理议事规则，高效、严谨的 业务执行系统，以及健全、有效的内部监督和反馈系统。公司必须严格按照现代企业制度的 要求，健全符合公司发展需要的组织结构和运行机制，充分发挥独立董事和监事会的监督职能，坚决避免内部人控制现象的发生。

第十六条　公司管理层必须牢固树立内控优先思想，自觉形成风险管理观念；同时制定有效 的信息资料流转通报制度，保证全体员工及时了解重要的法律法规和管理层的经营思想。公司全体职工必须忠于职守，勤勉尽责，严格遵守国家法律法规和公司各项规章制度。

第十七条　公司必须建立科学的聘用、培训、轮岗、考评、晋升、淘汰等人事管理制度，严格制定单位业绩和个人工作表现挂钩的薪酬制度，确保公司职员具备和保持正直、诚实、公正、廉洁的品质与应有的专业胜任能力。对重要岗位(如证券营业部负责人、财务主管和电 脑主管等)必须在回避的基础上实行委派制和定期轮换制。

第十八条　公司授权控制主要内容包括：

(一)股东大会、董事会、监事会必须充分履行各自的职权，健全公司逐级授权制度，确保公司各项规章制度的贯彻执行。

(二)公司实行法人负责制，公司各业务部门、各级分支机构在其规定的业务、财务、人事等授权范围内行使相应的经营管理职能。

(三)各项经济业务和管理程序必须遵从管理层制定的操作规程，经办人员的每一项工作必须是其业务授权范围内进行的。

(四)公司授权要适当，以已获授权的部门和人员应建立有效的评价和反馈机制，对已不适用的授权应及时修改或取消授权。

第二节　业务控制

第十九条　公司必须自觉遵守国家有关法律法规，严格制定各项业务包括经纪业务、投资银行业务、自营业务、资产管理业务、金融创新业务等的管理规章、操作流程和岗位手册，并针对各个风险点设置必要的控制程序。

第二十条　经纪业务控制主要内容包括：

(一)对证券营业部的整体布局、规模发展和技术更新等进行统一规划，对新设营业部的选址、投人与产出进行严密的可行性论证。

(二)统一制定证券营业部的标准化服务规程，不断提高证券营业部的服务质量和避免差错事故的发生。

(三)制定统一的股东帐户和资金帐户管理制度，妥善保管客户的开户资料，严格客户资金的存取程序和授权审批制度。

(四)严格遵守保密原则，如实记录证券交易情况，并妥善保存委托记录。无书面委托记录的，应当事先明确双方的权利与义务，坚决防止新的电子交易方式的各种风险。(五))实行证券交易法人集中清算制度，严格资金的及时清算和股份的交割登记，及时有效地 防止结算风险和法律纠纷。

（六）对客户托管的国债及其他上市流通的有价证券实行定期盘点制度，并按有关规定进行表外登记，不得将代保管的证券进行抵押、回购或卖空等。

第二十一条 投资银行业务控制主要内容包括：

（一）建立严格的项目风险评估体系和项目责任管理制度，根据各项投资银行业务和证券品种的不同特点制定各自不同的操作流程、作业标准和风险防范措施。

（二）建立科学的发行人质量评价体系，在认真核查发行人文件的真实性、准确性和完整性基础上，确保推荐优质企业发行上市。

（三）强化投资银行业务的风险责任制，尽量降低投资银行业务风险。在实施风险权限管理的基础上，明确各当事人在事前、事中、事后各自不同的风险控制责任。

（四）建立严密的内核工作规则与程序，不断提高发行申报材料的编制质量，确保证券发行文件不存在严重误导、重在遗漏、虚假和欺诈。

第二十二条 自营业务控制主要内容包括：

（一）充分发挥集体智慧的决策能力，坚决避免由一个部门或主管全权决定证券投资策略或投资品种。

（二）建立恰当的责任分离制度。自营交易管理部门、操作部门、资金结算部门与会计核算部门相互分离、相互监督。

（三）严格控制自营业务的股东帐户和专用席位。自营股东帐户应由自营部门以外的部门统一管理，不得假借他人名义或席位从事自营业务。

（四）自营业务必须使用自有资金和依法筹集的资金，自营交易的资金必须履行严格的资金调度审批手续。

（五）严格自营业务的风险评估和控制制度，直接操作人员的业务活动必须严格限制在规定的风险权限额度之内，为防范和化解市场风险管理层必须及时采取恰当的止损措施。

（六）公司全体职工必须严格执行公司各项保密制度，不得利用职位便利为自己及他人买卖证券或提供咨询意见。

第二十三条 资产管理业务控制主要内容包括：

（一）资产管理业务由公司统一受理，并指定专业部门和人员统一管理。资产管理业务和自营、经纪、承销等其他业务，以及资产管理业务各操作岗位之间应建立严格的"防火墙"制度。

（二）每一笔资产管理业务都要按业务授权进行审核批准，受托资金的投资策略、投资品种等要严格按授权和合同规定办理。

（三）受托资金专户独立核算，不得与自有资金混同使用，也不得将不同客户的委托资金混同使用。

（四）随时评估和监控每笔受托资金的管理效益，有效避免各项受托资金的重大损失，坚决防止资产管理业务的不道德行为。

第二十四条 公司应在审慎经营和合法规范的基础上力求金融创新。在充分论证的前提下周密考虑金融创新品种或业务的法律性质、操作程序、经济后果等，严格控制金融新品种、新业务的法律风险和运行风险。

第三节 资金管理控制

第二十五条 资金管理控制主要内容包括：

（一）坚持资金营运安全性、流动性和效益性相统一的经营原则，强化资金的集中统一管理制度，各分支机构不得自行从事资金的拆借、借贷、抵押、担保等融资活动。

（二）严格资金业务的授权批准制度，强化重大资金投向的集体决策制度。凡对外开放的每一笔资金业务都要按业务授权进行审核批准，对特别授权的资金业务要经过特别批准。

（三）健全资金业务的风险评估和监测制度，严格控制资金流动性风险。日常头寸调度外的每笔资金业务在使用前需进行严格的风险收益评估，各项资金比例严格控制在公司可承受风险范围之内。

（四）建立科学的资金管理绩效评价制度，严格考核各责任单位资金循环的成本与效益，坚决奖勤罚懒和奖罚分明。

第四节 会计系统控制

第二十六条 会计系统控制主要内容包括：

（一）公司必须依据会计法、会计准则、财务通则、会计基础工作规范、证券公司会计制度和财务制度等制订公司会计制度、财务制度、会计工作操作流程和会计岗位工作手册，并针对各个风险控制点建立严密的会计控制系统。

（二）建立公司内各级机构会计部门的垂直领导和主管会计委派制度，在岗位分工的基础上明确各会计岗位职责，严禁需要相互监督的岗位由一人独自操作全过程。

（三）坚持正确的会计核算，建立严格的成本控制和业绩考核制度，强化会计的事前、事中和事后监督，加强对重大表外项目(如担保、抵押、未决诉讼、赔偿责任等)的风险管理。

（四）严格制定财务收支审批制度和费用报销管理办法，自觉遵守国家财税制度和财经纪律，坚决避免重大财务支出由一个部门、一个主管、一支笔全权决定。

（五）制定完善的会计档案保管和财务交接制度。财会部门必须妥善保管密押、业务用章、空白支票等重要凭据和会计档案，严格会计资料的调阅手续，防止会计数据的毁损、散失和泄密。

（六）强化财产登记保管和实物资产盘点制度。对自营证券、代保管证券、固定资产等重要资产必须进行定期或不定期盘点，及时处理盘盈盘亏并分析总结原因。

第五节 电子信息系统控制

第二十七条 电子信息系统控制主要内容包括：

（一）根据国家法律法规的要求，遵循安全性、实用性、可操作性原则，严格制定电子信息系统的管理规章、操作流程、岗位手册和风险控制制度。

（二）对电子信息系统的项目立项、设计、开发、测试、运行和维护整个过程实施明确的责任管理，严格划分软件设计、业务操作和技术维护等方面的职责。

（三）强化电子信息系统的相互牵制制度，系统设计、软件开发等技术人员与实际业务操作人员必须相互独立，计算机系统的日常维护和管理人员必须独立于会计、交易等部门，禁止同一人同时掌管操作系统口令和数据库管理系统口令。

（四）严格制定电子信息系统的安全和保密标准，保证电子信息数据的安全、真实和完善，并能及时、准确地传递到会计等各职能部门。

（五）严格计算机交易数据的授权修改程序，建立电子信息数据的即时保存和备份制度，并坚持电子信息数据的定期查验制度。

（六）电子信息管理部门应指定专人负责计算机病毒防范工作，定期进行病毒检测。

第六节 内部稽核控制

第二十八条 内部稽核控制主要内容包括：

（一）内部稽核审计部门独立于公司各业务部门和各分支机构以外，就内部控制制度的执行情况独立地履行检查、评价、报告、建议职能，并对董事会负责。

（二）强化内部稽核检查制度，通过定期不定期检查内部控制制度的执行情况，确保公司各项经营管理活动的有效运行。

（三）全面推行稽核工作的责任管理制度，明确内部稽核部门各岗位的具体职责，严格内部稽核的组织纪律。

（四）严格内部稽核人员的专业任职条件，充分发挥内部稽核部门和人员的权威性，不断提高内部稽核工作的质量和效率。

（五）健全内部稽核处罚制度，任何部门和人员不得拒绝、阻挠、破坏内部稽核工作，对打击、报复、陷害稽核工作人员的行为必须制定严厉的处罚制度。

（六）严格稽核人员奖惩制度，对滥用职权、徇私舞弊、玩忽职守的，应追究有关部门和人员的责任；对在稽核工作中表现突出的，应予以适当的表彰与奖励。

第五章 附 则

第二十九条 公司应当根据本指引，结合自身实际情况制定具体的内部控制制度，并报中国证券监督管理委员会和当地派出机构备案。

第三十条 本指引自发布之日起实施。

超额配售选择权试点意见

关于发布《超额配售选择权试点意见》的通知

证监发[2001]112号

各证券公司：

为规范各证券公司在拟上市公司及上市公司向全体社会公众发售股票中行使超额配售选择权的行为，我会制定了《超额配售选择权试点意见》，现予以发布，请遵照执行。

二○○一年九月三日

为促进股票发行制度的市场化，控制股票发行风险，规范主承销商在上市公司向全体社会公众发售股票(以下简称"增发")中行使超额配售选择权的行为，根据有关法律、法规的规定，制定本试点意见。

一、本试点意见所称超额配售选择权，是指发行人授予主承销商的一项选择权，获此授权的主承销商按同一发行价格超额发售不超过包销数额15%的股份，即主承销商按不超过包销数额115%的股份向投资者发售。在本次增发包销部分的股票上市之日起30日内，主承销商有权根据市场情况选择从集中竞价交易市场购买发行人股票，或者要求发行人增发股票，分配给对此超额发售部分提出认购申请的投资者。

二、中国证券监督管理委员会(以下简称"中国证监会") 依法对主承销商行使超额配售选择权进行监督管理。

证券交易所对超额配售选择权的行使过程进行实时监控。

三、发行人计划在增发中实施超额配售选择权的，应当提请股东大会批准，因行使超额配售选择权所发行的新股为本次增发的一部分。

发行人应当披露因行使超额配售选择权而可能增发股票所募集资金的用途，并提请股东大会批准。

四、拟在增发中实施超额配售选择权的主承销商，应当向中国证监会提供充分依据，说明公司已建立完善的内部控制，遵循内部防火墙原则，并由专人负责内部监察工作。

中国证监会认为必要时，可以对主承销商进行实地检查。

五、主承销商与发行人签订的承销协议中，应当明确发行人对主承销商行使超额配售选择权的授权，以及主承销商包销和行使超额配售选择权的责任。

有关超额配售选择权的实施方案应当在增发招股说明书(包括招股意向书和招股说明书)中予以披露。

六、在实施增发前，主承销商应当向证券登记结算机构申请开立专门用于行使超额配售选择权的帐户，并向证券交易所和证券登记结算机构提交授权委托书及授权代表的有效签字样本。

主承销商行使超额配售选择权所涉及的开户、清算、交收等事项，应当按照证券交易所和证券登记结算机构的相关规则办理。

七、主承销商在决定行使超额配售选择权时，应当保证仅对参与本次发行申购且与本次发行无特殊利益关系的机构投资者做出延期交付股份的安排。

在前款所述投资者预先付款并同意推迟股份交收的情况下，主承销商可以在征集认购意向时，与其达成预售拟行使超额配售选择权所对应股份的协议，并将该协议报证券登记结算机构备案。

八、在超额配售选择权行使期内，如果发行人股票的市场交易价格低于发行价格，主承销商用超额发售股票获得的资金，按不高于发行价的价格从集中竞价交易市场购买发行人的股票，分配给提出认购申请的投资者；如果发行人股票的市场交易价格高于发行价格，主承销商可以根据授权要求发行人增发股票，分配给提出认购申请的投资者，发行人获得发行此部分新股所募集的资金。

超额配售选择权的行使限额，即主承销商从集中竞价交易市场购买的发行人股票与要求发行人增发的股票之和，应当不超过本次增发包销数额的15%。

九、在超额配售选择权行使期内，由主承销商指定的授权代表负责行使超额配售选择权及股票的配售。

主承销商行使超额配售选择权，可以根据市场情况一次或分次进行，从集中竞价交易市场购买发行人股票所发生的费用由主承销商承担。

十、主承销商应当将预售股份取得的资金存入其在商业银行开设的独立帐户。除包销以外，主承销商在发行承销期间，不得运用该帐户资金外的其他资金或通过他人买卖发行人上市流通的股票。

证券登记结算机构有权对该帐户资金的使用情况进行监察。

十一、超额配售选择权行使期届满或累计行使数额达到超额配售选择权行使限额时，主承销商应当在两个工作日内向证券交易所和证券登记结算机构提出申请并提供相关材料，将超额配售选择权帐户上的所有股份配售给接受延期交付安排的投资者。

十二、超额配售选择权行使完成后，本次发行的新股按以下公式计算：

本次发行的新股数量 = 发行包销股份数量 + 超额配售选择权累计行使数量 — 主承销商从集中竞价交易市场购买发行人股票的数量

十三、主承销商应当在超额配售选择权行使完成后的五个工作日内，通知相关银行将应付给发行人的资金(如有)支付给发行人，应付资金按以下公式计算：

发行人因行使超额配售选择权的筹资额 = 发行价X (超额配售选择权累计行使数量 — 主承销商从集中竞价交易市场购买发行人股票的数量)— 因行使超额配售选择权而发行新股的承销费用

十四、发行人在包销数额内的新股发行完成后，应当发布股份变动公告；在实施超额配售选择权所涉及的股票发行验资工作完成后的三个工作日内，应当再次发布股份变动公告；在全部发行工作完成后，发行人还应当按照有关规定办理相关的工商变更登记手续。

十五、在超额配售选择权行使完成的三个工作日内，主承销商应当在中国证监会指定报刊披露以下有关超额配售选择权的行使情况：

(一)因行使超额配售选择权而发行的新股数量；如未行使，应当说明原因；

(二) 从集中竞价交易商场购买发行人股票的数量及所支付的总金额，平均价格、最高与最低价格；

(三)发行人本次增发股份总量；

(四)发行人本次筹资总金额。

十六、主承销商应当保留行使超额配售选择权的完整记录。在全部发行工作完成后15个工作日内，主承销商应当将超额配售选择权的行使情况及其内部监察报告报中国证监会和证券交易备案。

十七、首次公开发行股票公司试行超额选择权的，参照本试点意见执行。

十八、本试点意见自发布之日起施行。

证券交易委托代理业务指引(1-4号)

关于发布《证券交易委托代理业务指引》(第1-4号)的通知

中证协字[2001]113号

各会员单位:

为了规范各证券经营机构和投资者在证券交易委托代理业务中发生权利义务关系,促进证券经纪业务的健康发展,我会主持制定了《证券交易委托代理业务指引》第1-4号(以下称"指引"),分别为"风险提示书"、"证券交易委托代理协议书"、"授权委托书"、"网上委托协议书。

本指引是证券经营机构和投资者签署相关法律文件的范本,也可以作为签约使用文本。各会员单位在本指引颁布实施之前 自行制定的条款,凡与本指引内容不一致的,以本指引为准。本指引未作规范的内容,各会员单位可以依据有关规定,本着自愿、平等的原则自行制定相关条款。

本指引由中国证券业协会秘书处负责解释。

现将《证券交易委托代理业务指引》第1-4号发给你们,请遵照并自2002年1月1日起执行。指引电子版可以协会网站"自律规则"栏下载,网址:www.s-a-c.org.cn

联系人:王 冲 电话:010-88061093

中国证券业协会秘书处

二OO一年十一月五日

证券交易委托代理业务指引第1号 风险揭示书

尊敬的证券投资者:

在进行证券交易时,可能会获得较高的投资收益,但同时也存在着较大的证券投资风险。为了使您更好地了解其中的风险,根据有关证券交易法律法规和证券交易所业务规则,特提供本风险提示书,请认真详细阅读。投资者从事证券投资存在如下风险:

1、宏观经济风险:由于我国宏观经济形势的变化以及周边国家、地区宏观经济环境和周边证券市场的变化,可能会引起国内证券市场的波动,使您存在亏损的可能,您将不得不承担由此造成的损失。

2、政策风险:有关证券市场的法律、法规及相关政策、规则发生变化,可能引起证券市场价格波动,使您存在亏损的可能,您将不得不承担由此造成的损失。

3、上市公司经营风险:由于上市公司所处行业整体经营形势的变化;上市公司经营管理等方面的因素,如经营决策重大失误、高级管理人员变更、重大诉讼等都可能引起该公司证券价格的波动;由于上市公司经营不善甚至于会导致该公司被停牌、摘牌,这些都使您存在亏损的可能。

4、技术风险:由于交易撮合及行情揭示是通过电子通讯技术和电脑技术来实现的,这些技术存在着被网络黑客和计算机病毒攻击的可能,由此可能给您带来损失。

5、不可抗力因素导致的风险:诸如地震、火灾、水灾、战争等不可抗力因素可能导致证券交易系统的瘫痪;证券营业部无法控制和不可预测的系统故障、设备故障、通讯故障、电力故障等也可能导致证券交易系统非正常运行甚至瘫痪,这些都会使您的交易委托无法成交或者无法全部成交,您将不得不承担由此导致的损失。

6、其他风险:由于您密码失密、操作不当、投资决策失误等原因可能会使您发生亏损,该损失将由您自行承担;在您进行证券交易中他人给予您的保证获利或不会发生亏损的任何承诺都是没有根据的,类似的承诺不会减少您发生亏损的可能。

特别提示:本公司敬告投资者,应当根据自身的经济实力和心理承受能力认真制定证券投资策略,尤其是当您决定购买ST、PT类股票时,尤其应当清醒地认识到该类股票比其他股票蕴涵更大的风险。

由上述可见,证券市场是一个风险无时不在的市场。您在进行证券交易时存在赢利的可能,也存在亏损的风险。本风险提示书并不能揭示从事证券交易的全部风险及证券市场的全部情形。您务必对此有清醒的认识,认真考虑是否进行证券交易。

市场有风险,入市需谨慎!

证券交易委托代理业务指引第2号 证券交易委托代理协议书

甲方(投资者):______________________________

乙方:______________________________证券营业部

依据《中华人民共和国证券法》、《中华人民共和国合同法》和其他有关法律、法规、规章以及证券交易所交易规则的规定,甲乙双方就甲方委托乙方代理证券交易及其他相关事宜达成如下协议,供双方共同遵守。

第一章 双方声明

第一条 甲方向乙方作如下声明:

1、甲方具有相应合法的证券投资资格,不存在法律、法规、规章和证券交易所交易规则禁止或限制其投资证券市场的情形。

2、甲方保证在其与乙方委托代理关系存续期内向乙方提供的所有证件、资料均真实、有效、合法,甲方保证其资金来源合法。

3、甲方已阅读并充分理解乙方向其提供的《风险提示书》,清楚认识并愿意承担证券市场投资风险。

4、甲方同意遵守有关证券市场的法律、法规、规章及证券交易所交易规则。

5、甲方已详细阅读本协议所有条款,并准确理解其含义,特别是其中有关乙方的免责条款。

第二条 乙方向甲方作如下声明:

1、乙方是依法设立的证券经营机构,具有相应的证券经纪业务资格。

2、乙方具有开展证券经纪业务的必要条件,能够为甲方的证券交易提供相应的服务。

3、乙方确认其向甲方提供的委托方式以双方约定的委托方式为准。

4、乙方遵守有关证券市场的法律、法规、规章及证券交易所交易规则。

第二章 开设资金帐户

第三条 甲方开设资金帐户应提交本人身份证或其他证明本人身份的有效证件、同名证券帐户卡,并按乙方要求填写开户资料。

由于甲方提供的前款所述资料引起的法律后果和法律责任由甲方承担。

第四条 甲方的证券交易结算资金存入其资金帐户。

第五条 甲方开设资金帐户时,应同时自行设置交易密码和资金密码(以下统称密码)。

甲方在正常的交易时间内可以随时修改密码。

第三章 交易代理

第六条 甲方可以通过第二条第三项约定的委托方式下达委托。

第七条 乙方为甲方提供以下服务:

1、接受并忠实执行甲方下达的委托;

2、代理甲方进行资金、证券的清算、交收;

3、代理保管甲方买入或存入的有价证券;

4、代理甲方领取红利股息;

5、接受甲方对其委托、成交及帐户资金和证券变化情况的查询,并应甲方的要求提供相应的清单;

6、双方依法约定的其他事项。

7、证券监督管理机关规定提供的其他服务。

第八条 甲方进行柜台委托时,必须提供委托人(指甲方本人或其授权代理人,下同)身份证、甲方证券帐户卡和资金帐户卡。

甲方进行自助委托,必须输入正确的密码。

第九条 当甲方委托未成交或未全部成交时,甲方可以变更其未成交的委托。

第十条 甲方应在委托下达后三个交易日内向乙方查询该委托结果,当甲方对该结果有异议时,须在查询当日以书面形式向乙方质询。

甲方逾期未办理查询或未对有异议的查询结果以书面方式向乙方办理质询的,视同甲方已确认该结果。

第十一条 当甲方需选择乙方作为其在上海证券交易所挂牌交易证券的指定交易代理机构时,双方需另行签定有关协议。

第四章 资金存取

第十二条 甲方依法享有资金存取自由。

甲方从乙方提取资金时,除非甲乙双方另有约定或甲方另有指令,乙方必须及时办理。

第十三条 甲方可以通过乙方柜台存取资金。

甲方也可以通过其他方式存取资金,但应按照乙方的要求办理有关手续。

其他方式由乙方依法提供,其含义由乙方负责解释。

第十四条 通过乙方柜台提取资金的,应提供取款人身份证、证券帐户卡、资金帐户卡,并输入正确的资金密码。

乙方按照中国人民银行和国务院证券监管机关的有关规定为甲方办理取款手续。但当甲方资金帐户出现大额异常变动时,乙方有义务予以关注并及时向证券监督管理机关报告。

第十五条 甲方提取资金每笔数额、每天存取次数参照国家有关规定执行。

第十六条 当第十三条第二款所指的其他资金存取方式无法进行时,甲方应在乙方柜台办理资金存取手续。

第五章 变更和撤销

第十七条 当甲方重要资料变更时,应及时书面通知乙方,并按乙方要求签署相关文件。

第十八条 甲方撤销指定交易,需另行签署有关文件。

第十九条 除非甲方有未履行交易交收义务等违约情形,甲方可随时撤销其在乙方的资金帐户。

第二十条 有下列情形之一的,乙方可要求甲方限期纠正,甲方不能按期纠正或拒不纠正的,乙方可撤销其与甲方的委托代理关系:

1、乙方发现甲方向其提供的资料、证件严重失实;

2、乙方发现甲方的资金来源不合法;

3、甲方有严重损害乙方合法权益、影响其正常经营秩序的行为。

第二十一条 乙方撤销其与甲方的委托代理关系,需通知甲方,并说明理由。

第二十二条 甲方在收到乙方撤销委托代理关系通知后应到乙方办理销户手续。

在甲方收到乙方撤消委托代理关系通知至甲方销户手续期间,乙方不接受甲方的买入委托指令。

第六章 甲方授权代理人委托

第二十三条 甲方开设资金帐户后,可以授权代理人代为办理证券交易委托及相关事项。

第二十四条 甲方授权他人代为办理前条所述事项时,应当签署有关授权委托书,并向乙方提交代理人的有效证件。

授权委托书至少应载明下列内容:代理人姓名及身份证号码、授权权限、有关代理人合法的证券市场投资资格及乙方要求明示的其他事项。

第二十五条 甲方授权委托书的签署地应当在乙方,但经国家公证机关公证或我国驻外使领馆认证的授权委托书可除外。

甲方签署的授权委托书应当交乙方备案。

第二十六条 甲方在授权委托有效期内变更授权事项或中止授权时,应当及时书面通知乙方,并到乙方办理有关手续。

乙方在收到甲方书面通知前,仍执行原授权委托书。

第二十七条 乙方明知或应知甲方代理人超越授权权限而受理其代理行为的,对因此给甲方造成的损失,乙方与甲方代理人承担连带赔偿责任。

第七章 甲乙双方的责任及免责条款

第二十八条 乙方郑重提醒甲方注意密码的保密。

任何使用甲方密码进行的委托均视为有效的甲方委托。

甲方自行承担由于其密码失密给其造成的损失。

第二十九条 乙方对甲方的开户资料、委托事项、交易记录等资料负有保密义务,非经法定有权机关或甲方指示,不得向第三人透露。

乙方承担因其擅自泄露甲方资料给甲方造成的损失。

第三十条 甲方应妥善保管其证券帐户卡、资金帐户卡,因他人伪造、变造资金帐户卡给甲方造成损失,乙方有过错的,应由乙方先予承担,再依法追偿相关损失。

第三十一条 当甲方遗失证券帐户卡、身份证、资金帐户卡时,应及时向乙方办理挂失,在挂失生效前已经发生的损失由甲方承担。

第三十二条 因地震、台风、水灾、火灾、战争及其他不可抗力因素导致的甲方损失,乙方不承担任何赔偿责任。

第三十三条 因乙方不可预测或无法控制的系统故障、设备故障、通讯故障、停电等突发事故,给甲方造成的损失,乙方不承担任何赔偿责任。

第三十四条 第三十二、三十三条所述事件发生后,乙方应当及时采取措施防止甲方损失可能的进一步扩大。

第三十五条 乙方应本着勤勉尽责的精神忠实地向甲方提供信息、资料。乙方向甲方提供的各种信息及资料,仅作为投资参考,甲方应自行承担据此进行投资所产生的风险。

第八章 争议的解决

第三十六条 当双方出现争议时，可选择如下方式解决：

(1)协商；

(2)提请中国证券业协会调解；

(3)向证券监督管理机关投诉；

(4)向有管辖权的法院起诉；

(5)其他合法的方式。

第九章 机构户甲方

第三十七条 当甲方是机构户时，开设资金帐户，按如下程序办理：

1、依法指定合法的代理人，并由法定代表人签署授权委托书；

2、提交甲方法人身份证明文件副本及其复印件，或加盖发证机关确认章的复印件、证券帐户卡、代理人身份证、法定代表人证明书。

3、预留印鉴和密码。

第三十八条 甲方以现金存入的，必须以现金方式支取。

甲方以支票存入的，必须以支票方式支取。

甲方帐户不能与任何自然人帐户相互划转资金。

甲方不能通过乙方柜台存取现金，也不能以自助方式存取资金。

第十章 附 则

第三十九条 乙方按照有关法律法规及证券交易所的交易规则的规定收取佣金、代扣代缴甲方有关税费。

第四十条 甲方的委托凭证是指其柜台委托所填写的单据、非柜台委托所形成的乙方电脑记录资料。

第四十一条 乙方必须根据法律法规规定的方式和期限保存甲方的委托凭证等资料。

第四十二条 本协议签署后，若有关法律法规、规章制度及行业规章修订，相关内容及条款按新修订的法律法规、规章制度及行业规章办理。但本协议其他内容及条款继续有效。

第四十三条 本协议根据法律法规和交易所、登记公司的规定如需修改或增补，修改或增补的内容将由乙方在其营业场所以公告形式通知甲方，若甲方在七日内不提出异议，则公告内容即成为本协议组成部分。

第四十四条 本协议所指的通知方式除上述条款中已有约定外，可以是书面送达通知或公告通知。

公告通知自公告在指定报刊和乙方经营场所发布之日起两个月即视为送达。

第四十五条 本协议有效期自双方签署至第十九、二十条所指情形发生。

第四十六条 本协议一式两份，双方各执一份。

证券交易委托代理业务指引第3号 授权委托书

编号：________________

证券营业部：________________

本人(授权人)兹委托________________(被授权人，身份证件复印件附后)代理本人在贵营业部就证券交易有关业务活动，处理以下事项：

( )证券交易委托(含新股申购、配股、交割)

( )资金存取

( )查询

( )转托管

( )指定或撤销指定交易

( )销户

( )其他(请详细明示)：________________

本委托书有效期限：

( )自本委托书签订之日起至本人向贵营业部书面撤销本委托书之日止。

( )____年____月____日至____年____月____日

本人郑重承诺：

1、被授权人具有合法的证券市场投资资格；

2、被授权人在上述授权范围及委托书生效期内所进行的操作，均视为本人操作行为，其后果由本人承担；

3、本人郑重承诺本委托书内容真实、有效。

被授权人身份证号：

被授权人预留签名：

授权人(签名)：____

资金帐户：____

深圳股票帐户：____

上海证券帐户：____

联系电话：____

联系地址：____

签署地点：____ 证券营业部

签署日期：____年____月____日

注：1、请在选择项前的( )填写"是"或"否"；

2、此委托书如需变更或撤销，需委托人前来营业部办理；

3、本授权委托书一式三份，授权人、被授权人、证券营业部各持一份。

证券交易委托代理业务指引第4号 网上委托协议书

甲方：

姓名	身份证号码
上海证券帐号	资金帐号
深圳股票帐号	电子信箱
联系电话	邮编
地址	

乙方：________________证券营业部

甲乙双方根据国家有关法律、法规、规章、证券交易所交易规则以及双方签署的《证券交易委托代理协议书》，经友好协商，就网上委托的有关事项达成如下协议：

第一章 网上委托风险揭示书

第一条 甲方已详细阅读本章，认识到由于互联网是开放性的公众网络，网上委托除具有其他委托方式所有的风险外，还充分了解和认识到其具有以下风险：

1、由于互联网数据传输等原因，交易指令可能会出现中断、停顿、延迟、数据错误等情况；

2、投资者密码泄露或投资者身份可能被仿冒；

3、由于互联网上存在黑客恶意攻击的可能性，互联网服务器可能会出现故障及其他不可预测的因素，行情信息及其他证券信息可能会出现错误或延迟；

4、投资者的电脑设备及软件系统与所提供的网上交易系统不相匹配，无法下达委托或委托失败；

5、如投资者不具备一定网上交易经验，可能因操作不当造成委托失败或委托失误；

上述风险可能会导致投资者(甲方)发生损失。

第二章 网上委托

第二条 本协议所表述"网上委托"是指乙方通过互联网，向甲方提供用于下达证券交易指令、获取成交结果的一种服务方式。

第三条 甲方为在证券交易合法场所开户的投资者,乙方为经证券监督管理机关核准开展网上委托业务的证券公司之所属营业部。

第四条 甲方可以通过网上委托获得乙方提供的其他委托方式所能够获得的相应服务。

第五条 甲方为进行网上委托所使用的软件必须是乙方提供的或乙方指定站点下载的。甲方使用其他途径获得的软件,由此产生的后果由甲方自行承担。

第六条 甲方应持本人身份证、股东帐户卡原件及其复印件以书面方式向乙方提出开通网上委托的申请,乙方应于受理当日或次日为甲方开通网上委托。

第七条 甲方开户以及互联网交易功能确认后,乙方为其发放网上交易证书。

第八条 凡使用甲方的网上交易证书、资金帐号、交易密码进行的网上委托均视为甲方亲自办理,由此所产生的一切后果由甲方承担。

第九条 乙方建议甲方办理网上委托前,开通柜台委托、电话委托、自助委托等其他委托方式,当网络中断、高峰拥挤或网上委托被冻结时,甲方可采用上述委托手段下达委托。

第十条 乙方不向甲方提供直接通过互联网进行的资金转帐服务,也不向甲方提供网上证券转托管服务。

第十一条 甲方通过网上委托的单笔委托及单个交易日最大成交金额按证券监督管理机关的有关规定执行。

第十二条 甲方确认在使用网上委托系统时,如果连续五次输错密码,乙方有权暂时冻结甲方的网上委托交易方式。连续输错密码的次数以乙方的电脑记录为准。甲方的网上委托被冻结后,甲方应以书面方式向乙方申请解冻。

第十三条 甲方不得扩散通过乙方网上委托系统获得的乙方提供的相关证券信息参考资料。

第十四条 甲方应单独使用网上委托系统,不得与他人共享。甲方不得利用该网上委托系统从事证券代理买卖业务,并从中收取任何费用。

第十五条 当甲方有违反本协议第十三、十四条约定的情形时,乙方有权采取适当的形式追究甲方的法律责任。

第十六条 当本协议第一条列举的网上委托系统所蕴涵的风险所指的事项发生时,由此导致的甲方损失,乙方不承担任何赔偿责任。

第十七条 本协议自甲乙双方签署之日起生效。发生下列情形之一,本协议终止:

1、甲乙双方的证券交易委托代理关系终止;

2、一方违反本协议,另一方要求终止;

3、甲乙双方协商同意终止。

第十八条 本协议一式两份,双方各执一份。

证券交易所管理办法

中国证券监督管理委员会令

第 4 号

现发布《证券交易所管理办法》,自发布之日起施行。

主席 周小川

二〇〇一年十月十二日

第一章 总 则

第一条 为加强对证券交易所的管理,明确证券交易所的职权和责任,维护证券市场的正常秩序,制定本办法。

第二条 本办法适用于在中华人民共和国境内设立的证券交易所。

第三条 本办法所称证券交易所是指依本办法规定条件设立的,不以营利为目的,为证券的集中和有组织的交易提供场所、设施,履行国家有关法律、法规、规章、政策规定的职责,实行自律性管理的会员制事业法人。

第四条 证券交易所由中国证券监督管理委员会(以下简称“证监会”)监督管理。

证券交易所设立的证券登记结算机构,应当接受证监会的监督管理。

第五条 证券交易所的名称,应当标明“证券交易所”字样。其他任何单位和个人不得使用“证券交易所”的名称。

第二章 证券交易所的设立和解散

第六条 设立证券交易所,由国务院证券委员会(以下简称“证券委”)审批,报国务院批准。

第七条 申请设立证券交易所,应当向证券委提交下列文件:

(一)申请书;

(二)章程和主要业务规则草案;

(三)拟加入会员名单;

(四)理事会候选人名单及简历;

(五)场地、设备及资金情况说明;

(六)拟任用管理人员的情况说明;

(七)证券委要求提交的其他文件。

第八条 证券交易所章程应当包括下列事项:

(一)设立目的;

(二)名称;

(三)主要办公及交易场所和设施所在地;

(四)职能范围;

(五)会员的资格和加入、退出程序;

(六)会员的权利和义务;

(七)对会员的纪律处分;

(八)组织机构及其职权;

(九)高级管理人员的产生、任免及其职责;

(十)资本和财务事项;

(十一)解散的条件和程序;

(十二)其他需要在章程中规定的事项。

第九条 解散证券交易所,经证券委审核同意后,报国务院批准。

第三章 证券交易所的职能

第十条 证券交易所应当创造公开、公平、公正的市场环境,保证证券市场的正常运行。

第十一条 证券交易所的职能包括:

(一)提供证券交易的场所和设施;

(二)制定证券交易所的业务规则;

(三)接受上市申请、安排证券上市;

(四)组织、监督证券交易;

(五)对会员进行监管;

(六)对上市公司进行监管;

(七)设立证券登记结算机构;

(八)管理和公布市场信息;

(九)证券委许可的其他职能。

第十二条 证券交易所不得直接或者间接从事:

(一)以营利为目的的业务;

(二)新闻出版业;

(三)发布对证券价格进行预测的文字和资料;

(四)为他人提供担保;

(五)未经证券委批准的其他业务。

第十三条 证券交易所上市新的证券交易品种,应当报证监会批准。

第十四条 证券交易所以联网等方式为非本所上市的证券交易品种提供证券交易服务,应当报证监会批准。

第十五条 证券交易所应当在其职能范围内制定和修改业务规则。证券交易所制定和修改业务规则,由证券交易所理事会通过,报证监会批准。

证券交易所的业务规则包括上市规则、交易规则、会员管理规则及其他与证券交易活动有关的规则。

第四章 证券交易所的组织

第十六条 证券交易所设会员大会、理事会和专门委员会。

第十七条 会员大会为证券交易所的最高权力机构。会员大会有以下职权:

(一)制定和修改证券交易所章程;

(二)选举和罢免会员理事;

(三)审议和通过理事会、总经理的工作报告;

(四)审议和通过证券交易所的财务预算、决算报告;

(五)决定证券交易所的其他重大事项。

章程的制定和修改经会员大会通过后,报证券委批准。

第十八条 会员大会由理事会召集,每年召开一次。有下列情形之一的,应当召开临时会员大会:

(一)理事人数不足本办法规定的最低人数;

(二)占会员总数三分之一以上的会员请求;

(三)理事会认为必要。

第十九条 会员大会须有三分之二以上会员出席,其决议须经出席会议的过半数以上会员表决通过后方为有效。

会员大会结束后十日内,证券交易所应当将大会全部文件及有关情况报证监会备案。

第二十条 理事会是证券交易所的决策机构,每届任期三年。

理事会的职责是:

(一)执行会员大会的决议;

(二)制定、修改证券交易所的业务规则;

(三)审定总经理提出的工作计划;

(四)审定总经理提出的财务预算、决算方案;

(五)审定对会员的接纳;

(六)审定对会员的处分;

(七)根据需要决定专门委员会的设置;

(八)会员大会授予的其他职责。

第二十一条 证券交易所理事会由七至十三人组成,其中非会员理事人数不少于理事会成员总数的三分之一,不超过理事会成员总数的二分之一。

会员理事由会员大会选举产生。非会员理事由证监会委派。

理事连续任职不得超过两届。

理事会会议至少每季度召开一次。会议须有三分之二以上理事出席,其决议应当经出席会议的三分之二以上理事表决同意方为有效。理事会决议应当在会议结束后两个工作日内报证监会备案。

第二十二条 理事会设理事长一人,副理事长一至二人。理事长、副理事长由证监会提名,理事会选举产生。总经理应当是理事会成员。

第二十三条 理事长负责召集和主持理事会会议。理事长因故临时不能履行职责时,由理事长指定的副理事长代其履行职责。

理事长担任会员大会期间的会议主席。

理事长不得兼任证券交易所总经理。

第二十四条 证券交易所设总经理一人,副总经理一至三人。总经理、副总经理由证监会任免。‘这经理、副总经理不得由国家公务员兼任。

总经理、副总经理任期三年。总经理连续任职不得超过两届。总经理在理事会领导下负责证券交易所的日常管理工作,为证券交易所的法定代表人。总经理因故临时不能履行职责时,由总经理指定的副总经理代其履行职责。

第二十五条 证券交易所中层干部的任免报证监会备案,财务、人事部门负责人的任免报证监会批准。

第二十六条 理事会设监察委员会,每届任期三年。监察委员会主席由理事长兼任。监察委员会对理事会负责,行使下列职权:

(一)监察证券交易所高级管理人员和其他工作人员遵守国家有关法律、法规、规章、政策和证券交易所章程、业务规则的情况;

(二)监察高级管理人员执行会员大会、理事会决议的情况;

(三)监察证券交易所的财务情况;

(四)证券交易所章程规定的其他职权。

第二十七条 根据需要,理事会可以下设其他专门委员会。各专门委员会的职责、任期和人员组成等事项,应当在证券交易所章程中作出具体规定。

各专门委员会的经费应当纳入证券交易所的预算。

第二十八条 有下列情形之一的,不得招聘为证券交易所从业人员,不得担任证券交易所高级管理人员:

(一)犯有贪污、贿赂、侵占财产、挪用财产罪或者破坏社会经济秩序罪,或者因犯罪被剥夺政治权利;

(二)因违法、违纪行为被解除职务的证券经营机构或者其他金融机构的从业人员,自被解除职务之日起未逾五年;

(三)因违法行为被撤销资格的律师、注册会计师、或者法定资产评估机构、验资机构的专业人员,自被撤消资格之日起未逾五年;

(四)担任因违法行为被吊销营业执照的公司、企业的法定代表人、并对该公司、企业被吊销营业执照负有个人责任的,自被吊销营业执照之日起未逾五年;

(五)担任因经营管理不善而破产的公司、企业的董事、厂长或者经理、并对该公司、企业的破产负有个人责任的,自破产之日起未逾五年;

(六)被开除的国家机关工作人员,自被开除之日起未逾五年;

(七)国家有关法律、法规、规章、政策规定的其他情况。

第二十九条 证券交易所高级管理人员的产生、聘任有不正当情况,或者前述人员在任期内有违反国家有关法律、法规、规章、政策和券交易所章程、业务规则的行为,或者由于其他原因,不适宜继续担任其所担任的职务时,证监会有权解除有关人员的职务,并任命新的人选。

第五章 证券交易所对证券交易活动的监管

第三十条 证券交易所应当制定具体的交易规则。其内容包括:

(一)交易证券的种类和期限;

(二)证券交易方式和操作程序;

(三)证券交易中的禁止行为;

(四)清算交割事项;

(五)交易纠纷的解决;

(六)上市证券的暂停、恢复与取消交易;

(七)证券交易所的开市、收市、休市及异常情况的处理;

(八)交易手续费及其他有关费用的收取方式和标准;

(九)对违反交易规则行为的处理规定;

(十)证券交易所证券交易信息的提供和管理;

(十一)股价指数的编制方法和公布方式;

(十二)其他需要在交易规则中规定的事项。

第三十一条 证券交易所应当公布即时行情,并按日制作证券行情表,记载下列事项,以适当方式公布:

(一)上市证券的名称;

(二)开市、最高、最低及收市价格;

(三)与前一交易日收市价比较后的涨跌情况;

(四)成交量、值的分计及合计;

(五)股价指数及其涨跌情况;

(六)证监会要求公开的其他事项。

第三十二条 证券交易所应当就其市场内的成交情况编制日报表、周报表、月报表和年报表,并及时向社会公布。

第三十三条 证券交易所应当在业务规则中对证券交易合同的生效和废止条件作出详细规定,并维护在本证券交易所达成的证券交易合同的有效性。

第三十四条 证券交易所应当保证投资者有平等机会获取证券市场的交易行情和其他公开披露的信息,并有平等的交易机会。

第三十五条 证券交易所有权依照有关规定,暂停或者恢复上市证券的交易。暂停交易的时间超过一个交易日时,应当报证监会备案;暂停交易的时间超过五个交易日时,应当事先报证监会批准。证监会有权要求证券交易所暂停或者恢复上市证券的交易。

第三十六条 证券交易所应当建立市场准人制度,并根据证券法规的规定或者证监会的要求,限制或者禁止特定证券投资者的证券交易行为。

除上述情况外,证券交易所不得限制或者禁止证券投资者的证券买卖行为。

第三十七条 证券交易所及其会员应当妥善保存证券交易中产生的委托资料、交易记录、清算文件等,并制定相应的查询和保密管理措施。

证券交易所应当根据需要制定上述文件的保存期,并报证监会批准。重要文件的保存期应当不少于二十年。

第三十八条 证券交易所应当保证其业务规则得到切实执行,对违反业务规则的行为要及时处理。

对国家有关法律、法规、规章、政策中规定的有关证券交易的违法、违规行为,证券交易所负有发现、制止和上报的责任,并有权在职责范围内予以查处。

第三十九条 证券交易所应当建立符合证券市场监督管理和实时监控要求的计算机系统,并设立负责证券市场监管工作的专门机构。

证监会可以要求证券交易所之间建立以市场监管为目的的信息交换制度和联合监管制度,共同监管跨市场的不正当交易行为,控制市场风险。

第六章 证券交易所对会员的监管

第四十条 证券交易所应当制定具体的会员管理规则。其内容包括:

(一)取得会员资格的条件和程序;

(二)席位管理办法;

(三)与证券交易和清算业务有关的会员内部监督、风险控制、电脑系统的标准及维护等方面的要求;

(四)会员的业务报告制度;

(五)会员所派出市代表在交易场所内的行为规范;

(六)会员及其出市代表违法、违规行为的处罚;

(七)其他需要在会员管理规则中规定的事项。

第四十一条 证券交易所接纳的会员应当是有权部门批准设立并具有法人地位的境内证券经营机构。

境外证券经营机构设立的驻华代表处,经申请可以成为证券交易所的特点会员。特别会员的资格及权利、义务由证券交易所章程规定。

第四十二条 证券交易所决定接纳或者开除会员应当在决定后的五个工作日内向证监会备案;决定接纳或者开除正式会员以外的其他会员应当在履行有关手续五个工作日之前报证监会备案。

第四十三条 证券交易所必须限定交易席位的数量。证券交易所设立普通席位以外的席位应当报证监会批准。证券交易所调整普通席位和普通席位以外的其他席位的数量,应当事先报证监会批准。

第四十四条 证券交易所应当对会员取得的交易席位实施严格管理。会员转让席位必须按照证券交易所的有关管理规定由交易所审批。严禁会员将席位全部或者部分以出租或者承包等形式交由其他机构和个人使用。

第四十五条 证券交易所应当根据国家关于证券经营机构证券自营业务管理的规定和证券交易所业务规则,对会员的证券自营业务实施下列监管:

(一)要求会员的自营买卖业务必须使用专门的股票帐户和资金帐户,并采取技术手段严格管理;

(二)检查开设自营帐户的会员是否具备规定的自营资格;

(三)要求会员按月编制库存证券报表,并于次月5日前报送证券交易所;

(四)对自营业务规定具体的风险控制措施,并报证监会备案;

(五)每年6月30日和12月31日过后的30日内向证监会报送各家会员截止该日的证券自营业务情况;

(六)其他监管事项。

第四十六条 证券交易所应当在业务规则中对会员代理客户买卖证券业务做出详细规定,并实施下列监管:

(一)制定会员与客户所应签订的代理协议的格式并检查其内容的合法性;

(二)规定接受客户委托的程序和责任,并定期抽查执行客户委托的情况;

(三)要求会员每月过后5日内就其交易业务和客户投诉等情况提交报告,报告格式和内容由证券交易所报证监会批准后颁布。

第四十七条 证券交易所每年应当对会员的财务状况、内部风险控制制度以及遵守国家有关法规和证券交易所业务规则等情况进行抽样或者全面检查,并将检查结果上报证监会。

第四十八条 证券交易所有权要求会员提供有关业务的报表、账册、交易记录及其他文件、资料。

第四十九条 证券交易所会员应当接受证券交易所的监督管理,并主动报告有关问题。

第五十条 证券交易所可以根据证券交易所章程和业务规则对会员的违规行为进行制裁。

第七章 证券交易所对上市公司的监管

第五十一条 证券交易所应当根据有关法律、行政法规的规定制定具体的上市规则。其内容包括:

(一)证券上市的条件、申请和批准程序以及上市协议的内容及格式;

(二)上市公告书的内容及格式;

(三)上市推荐人的资格、责任、义务;

(四)上市费用及其他有关费用的收取方式和标准;

(五)对违反上市规则行为的处理规定;

(六)其他需要在上市规则中规定的事项。

第五十二条 证券交易所应当与上市公司订立上市协议,确定相互间的权利义务关系。上市协议的内容与格式应当符合国家有关法律、法规、规章、政策的规定,并报证监会备案。

交易所与任何上市公司所签上市协议的内容与格式均应一致;确需与某些上市公司签署特殊条款时,报证监会批准。

上市协议应当包括下列内容:

(一)上市费用的项目和数额;

(二)证券交易所为公司证券发行、上市所提供的技术服务;

(三)要求公司指定专人负责证券事务;

(四)上市公司定期报告、临时报告的报告程序及回复交易所质询的具体规定;

(五)股票停牌事宜;

(六)协议双方违反上市协议的处理;

(七)仲裁条款;

(八)证券交易所认为需要在上市协议中明确的其他内容。

第五十三条 证券交易所应当建立上市推荐人制度,保证上市公司符合上市要求,并在上市后由上市推荐人指导上市公司履行相关义务。

证券交易所应当监督上市推荐人切实履行业务规则中规定的相关职责。上市推荐人不按规定履行职责的,证券交易所有权根据业务规则的规定对上市推荐人予以处分。

第五十四条 证券交易所应当根据证监会统一制定的格式和证券交易所的有关业务规则,复核上市公司的配股说明书、上市公告书等与募集资金及证券上市直接相关的公开说明文件,并监督上市公司按时公布。证券交易所可以要求上市公司或者上市推荐人就上述文件做出补充说明并予以公布。

第五十五条 证券交易所应当督促上市公司按照规定的报告期限和证监会统一制定的格式,编制并公布年度报告、中期报告,并在其公布后进行检查,发现问题应当根据有关规定及时处理。证券交易所应当在报告期结束后二十个工作日内,将检查情况报告证监会。

第五十六条 证券交易所应当审核上市公司编制的临时报告。临时报告的内容涉及《公司法》、国家证券法规以及公司章程中规定需要履行审批程序的事项,或者涉及应当报证券委、证监会批准的事项,证券交易所应当在确认其已履行规定的审批手续后,方可准予其公布。

第五十七条 出现以下情况之一的,证券交易所应当暂停上市公司的股票交易,并要求上市公司立即公布有关信息:

(一)该公司股票交易发生异常波动;

(二)有投资者发出收购该公司股票的公开要约;

(三)上市公司依据上市协议提出停牌申请;

(四)证监会依法作出暂停股票交易的决定时;

(五)证券交易所认为必要时。

第五十八条 证券交易所应当设立上市公司股东持股情况的档案资料,并根据国家有关法律、法规、规章、政策对股东持股数量及其买卖行为的限制规定,对上市公司股东在交易过程中的持股变动情况进行即时统计和监督。上市公司股东因持股数量变动而产生信息披露义务的,证券交易所应当在其履行信息披露之前,限制其继续交易该股票,督促其及时履行信息披露义务,并立即向证监会报告。

第五十九条 证券交易所应当采取必要的技术措施,将上市公司尚未上市流通股份与其已上市流通股份区别开来。未经证券委批准,不得准许尚未上市流通股份进入交易系统。

第六十条 证券交易所应当采取必要的措施,保证上市公司董事、监事、经理不得卖出本人持有的本公司股票。

第六十一条 上市公司应当建立上市公司信息统计系统,并按照交易所的要求及时报送、公布有关统计资料。

第六十二条 证券交易所对上市公司未按规定履行信息披露义务的行为,可以按照上市协议的规定予以处理,并可以就其违反证券法规的行为提出处罚意见,报证监会予以处罚。

第六十三条 证券交易所应当比照本章的有关规定,对其他上市证券的发行人进行监管。

第八章 证券登记结算机构

第六十四条 证券交易所应当设立一个证券登记结算机构,为证券的发行和在证券交易所的证券交易活动提供集中的登记、存管、结算与交收服务。

第六十五条 证券登记结算机构的注册资本应当不低于一亿元人民币。

第六十六条 证券登记结算机构应当为证券市场提供安全、公平、高效的服务,并接受证券交易所对其业务活动的监督。

第六十七条 证券登记结算机构的业务范围和职能包括:

(一)股权登记;

(二)证券持有人名册登记和证券帐户的设立;

(三)记名证券的存管和过户;

(四)证券交易所的所有上市品种交易后的结算与交收;

(五)代理证券的还本付息或者权益分派及其他代理人服务;

(六)实物证券的保管;

(七)与上述业务有关的咨询、培训等服务;

(八)证监会批准的其他业务。

第六十八条 证券登记结算机构应当在其职能范围内制定和修改章程和业务规则,报证监会批准后生效。

证券登记结算机构的总经理、副总经理的任免须报证监会批准。

第六十九条 证券登记结算机构应当建立为证券交易所的上市证券的交易提供集中的登记、存管、结算和交收服务的系统(以下简称结算 系统),有必备的电脑、通讯设备,有完整的数据安全保护和数据备份 措施,确保证券登记、存管、结算交收资料和电脑、通讯系统的安全。

第七十条 证券登记结算机构可以通过签订协议的方式委托其他证券登记结算机构代理上市证券的部分登记、存管、结算和交收服务。

第七十一条 证券登记结算机构应当与证券交易所签订业务协议,并报证监会备案。

第七十二条 证券交易所的会员为参加证券交易所交易市场的交易而缴存的清算头寸、清算交割准备金,应当由证券登记结算机构专项存储。证券登记结算机构应当在业务规则申明确上述资金的用途及收取标准,并对上述资金严格管理,严禁透支,不得挪作他用。

证券登记结算机构应当设立结算系统风险保证基金,并建立一套完整的风险管理系统,保证证券交易与结算交收的连续性和安全性。结算系统风险保证金的构成和使用原则应当在证券登记结算机构的业务规则中做出明确规定。

第七十三条 证券登记结算机构应当依据与证券发行人签订的服务合同,定期或者不定期地向证券发行人提供证券待有人名册及其他有关资料。在无纸化发行和交易的条件下,证券登记结算机构提供的证券持有人名册是证明证券持有人权益的有效凭证。证券登记结算机构应当确保证券持有人名册的合法性、真实性和完整性。任何机构和个人不得伪造、篡改、损毁证券持有人名册及其他相关资料。

第七十四条 证券登记结算机构有权拒绝任何单位或者个人查询证券持有人名册及其相关资料,但下列情况除外:

(一)证券持有人本人或者委托经公证的受托人查询;

(二)依本办法第七十三条向证券发行人提供证券待有人名册及其他有关资料;

(三)证监会及其授权部门、人民法院、人民检察院及其他国家机关依照法律、法规的规定和程序进行的查询和取证。

第七十五条 证券登记结算机构应当按照证监会的规定,建立和健全本机构的业务、财务和安全防范等内部管理制度和工作程序,并报证监会备案。

证券登记结算机构应当妥善保存证券登记、存管、结算和交收业务中形成的原始凭证,根据需要制定保存期,并报证监会批准。重要文件的保存期应当不少于二十年。会计凭证和报表按财政部门的规定办理。

第七十六条 证券登记结算机构管理人员及工作人员的任职条件比照本办法第二十八条的规定执行。

第七十七条 证券登记结算机构申请歇业、解散,在根据法定程序办理手续的同时,应当报证监会备案。

第九章 管理与监督

第七十八条 证券交易所不得以任何方式转让其依照本办法取得的设立及业务许可。

第七十九条 证券交易所、证券登记结算机构的高级管理人员对其任职机构负有诚实信用的义务。

证券交易所、证券登记结算机构的总经理离任时,交易所理事会应当聘请地方审计局或者具有从事证券相关业务资格的会计师事务所进行总经理离任审计。交易所聘请的审计机构应当报证监会认可。

第八十条 证券交易所、证券登记结算机构的总经理、副总经理不得在任何营利性组织、团体和机构中兼职。证券交易所的非会员理事及其他工作人员不得以任何形式在证券交易所会员公司兼职。

第八十一条 证券交易所、证券登记结算机构的高级管理人员及其他工作人员不得以任何方式泄漏或者利用内幕信息,不得以任何方式从证券交易所的会员、上市公司获取利益。

第八十二条 证券交易所、证券登记结算机构的高级管理人员及其他工作人员在履行职责时,遇到与本人或者其亲属等有利害关系情形的,应当回避。具体回避事项由其章程、业务规则规定。

第八十三条 证券交易所、证券登记结算机构收取的各种资金和费用应当严格按照规定用途使用,并制定专项管理规则进行管理,不得挪作他用。

证券交易所的收支结余不得分配给会员。

上述各种费用的收取标准及收取方式应当报收费主管部门备案。

第八十四条 证券交易所、证券登记结算机构应当履行下列报告义务:

(一)每一财政年度终了后三个月内向证监会提交经具有证券从业资格的会计师事务所审计的财务报告。

(二)每一季度结束后十五日内、每一年度结束后三十日内,就业务情况、国家有关法律、法规、规章、政策的执行情况等向证监会提交季度、年度工作报告。年度工作报告抄报证券交易所所在地人民政府。

(三)国家其他有关法律、法规、规章、政策及本办法其他条款中规定的报告事项。

(四)证监会要求的其他报告事项。

第八十五条 遇有重大事项,证券交易所应当随时向证监会报告。

前款所称重大事项包括:

(一)发现证券登记结算机构、证券交易所会员、上市公司、证券投资者和证券交易所工作人员存在或者可能存在严重违反国家有关法律、法规、规章、政策的行为;

(二)发现证券市场中存在产生严重违反国家有关法律、法规、规章、政策行为的潜在风险;

(三)证券市场中出现国家有关法律、法规、规章、政策未作明确规定,但会对证券市场产生重大影响的事项;

(四)执行国家有关法律、法规、规章、政策过程中,需由证券交易所做出重大决策的事项;

(五)证券交易所认为需要报告的其他事项;

(六)证监会规定的其他事项。

第八十六条 遇有以下事项,证券交易所应当随时向证监会报告,同时抄报交易所所在地人民政府,并采取适当方式告知交易所会员和证券投资者:

(一)发生影响证券交易所安全运转的情况;

(二)证券交易所因不可抗力导致停市,或者为维护证券交易正常秩序采取技术性停市措施。

第八十七条 证券交易所、证券登记结算机构应当根据证监会的要求,向证监会提供证券市场信息、业务文件和其他有关的数据、资料。

第八十八条 证监会有权要求证券交易所提供会员和上市公司的有关资料。

第八十九条 证监会有权要求证券交易所和证券登记结算机构对其章程和业务规则进行修改。

第九十条 证监会有权派员监督检查证券交易所和证券登记结算机构的业务、财务状况,或者调查其他有关事项。

上述检查人员在执行检查任务时应当出示合法证明文件。

第九十一条 证券交易所、证券登记结算机构涉及诉讼,上述机构的高级管理人员因履行职责涉及诉讼或者依照国家有关法律、法规、规章应当受到解除职务的处分时,证券交易所应当及时向证监会报告。

第十章 罚则

第九十二条 证券交易所违反本办法第十二条的规定,从事与其职能无关的业务的,由证监会限期改正;构成犯罪的,由司法机关依法追究刑事责任。

第九十三条 证券交易所违反本办法第十三条和第十四条规定的,由证监会责令停止该交易品种的交易,并对交易所有关负责人给予纪律处分。

第九十四条 证券交易所违反本办法规定,在监管工作中不履行职责,或者不履行本办法规定的有关报告义务,由证监会责令限期改正,并给予通报批评。

后果严重,影响证券交易活动正常开展的,证监会有权责令证券交易所限期停业整顿,并报证券委备案。

第九十五条 证券登记结算机构违反本办法规定,证监会可以责令证券交易所按证券交易所与证券登记结算机构签订的业务协议对证券登记结算机构进行处罚,或者由证监会按照国家有关规定进行处罚。

第九十六条 证券交易所存在下列情况时,由证监会对有关高级管理人员视情节轻重分别给予警告、记过、记大过、撤职等行政处分,并责令证券交易所对有关的业务部门负责人给予纪律处分;造成严重后果的,由证监会按本办法第二十九条的规定处理;构成犯罪的,由司法机关依法追究有关责任人员的刑事责任:

(一)对国家有关法律、法规、规章、政策和证券委、证监会颁布的制度、办法、规定不传达、不执行;

(二)对工作不负责任,管理混乱,致使有关业务制度和操作规程不健全、不落实;

(三)对证监会的监督检查工作不接受、不配合;对工作中发现的重大隐患、漏洞不重视、不报告、不及时解决;

(四)对在证券交易所内发生的违规行为未能及时采取有效措施予以制止或者查处不力。

第九十七条 证券交易所的任何工作人员有责任拒绝执行任何人员向其下达的违反国家有关法律、法规、规章、政策和证券交易所有关规定的工作任务,并有责任向其更高一级领导和证监会报告具体情况。没有拒绝执行上述工作任务,或者虽拒绝执行但没有报告的,要承担相应责任。

第九十八条 证券交易所会员、上市公司违反国家有关法律、法规、规章、政策和证券交易所章程、业务规则的规定,并且证券交易所没有履行规定的监督管理责任的,证监会有权按照本办法的有关规定,追究证券交易所和证券交易所有关高级管理人员和直接责任人的责任。

第九十九条 证券交易所应当在其职责范围内,及时向证监会报告其会员、上市公司及其他人员违反国家有关法律、法规、规章、政策的情况;国家有关法律、法规、规章授权由证券交易所处罚,或者按照证券交易所章程、业务规则、上市协议等证券交易所可以处罚的,证券交易所有权按照有关规定予以处罚,并报证监会备案;国家有关法律、法规、规章规定由证监会处罚的,证券交易所可以向证监会提出处罚建议。

证监会可以要求证券交易所对其会员、上市公司进行处罚。

第一百条 证券交易所、证券交易所会员、上市公司违反本办法规定,直接责任人和与直接责任人有直接利益关系者因此而形成的非法获利或者避损,由证监会予以没收并处以相当于非法获利或者避损金额一至三倍的罚款。

第十一章 附则

第一百零一条 本办法下列用语的含义:

(一)"上市"是指证券发行人经批准后将其证券在证券交易所挂牌交易。

(二)"上市公告书"是指上市公司按照国家有关法律、法规、规章、政策和证券交易所业务规则的要求,于其证券上市前,就其公司及证券上市的有关事宜,通过指定的报刊向社会公众公布的信息披露文件。

(三)"上市费用"是指上市证券的发行人按照证券交易所的业务规则,就其证券上市向证券交易所交纳的费用。

(四)"上市推荐人"是指由证券交易所认可的、协助证券发行人申请其证券上市的证券交易所正式会员。

(五)"席位费"是指证券交易所会员按照证券交易所章程、业务规则向证券交易所交纳的交易席位使用费。

(六)"证券交易所高级管理人员"是指证券交易所的理事、总经理、副总经理和各专门委员会委员。

(七)"证券登记结算机构"是指由证券交易所设立的,不以营利为目的,为证券的发行和在证券交易所的证券交易活动提供集中的登记、存管、结算与交收服务的证券中介服务机构。

本办法未作定义的用语的含义,依照国家其他有关法律、法规、规章、政策中的定义确定。

第一百零二条 本办法由证券委负责解释。

第一百零三条 本办法自发布之日起施行,一九九六年八月二十一

两交易所发布上市公司信息披露考核办法

沪深交易所11日分别发布《上海证券交易所上市公司信息披露工作核查办法》和《深圳证券交易所上市公司信息披露考核办法》,加强对上市公司信息披露的监管,提高上市公司信息披露质量,全面核查上市公司及董事会秘书信息披露工作,促进上市公司规范运作。

上交所将以每半个年度为一个核查期,以核查期内上市公司信息披露行为为依据,对截至核查期末上市已满半年的上市公司信息披露工作进行核查;深交所对上市满六个月的公司董事会和董事会秘书的信息披露工作按年度进行考核,考核以公司每一次信息披露行为为依据。考核将从信息披露的及时性、准确性、完整性、合法性四方面分等级进行。核查结果将作为交易所评价上市公司及董秘信息披露工作的依据。

《办法》自发布之日起施行。沪深交易所还制定之相配套的实施细则。

深圳证券交易所上市公司信息披露工作考核办法

第一条 为了加强对上市公司信息披露监管,提高上市公司信息披露质量,全面考核上市公司董事会及董事会秘书信息披露工作,根据《深圳证券交易所股票上市规则》,特制定本办法。

第二条 深圳证券交易所(以下简称"本所")以一个年度为一个考核期间,对当年上市满六个月的上市公司信息披露工作进行考核。

第三条 本所对上市公司信息披露工作考核以上市公司该年度每一次信息披露行为为依据,从及时性、准确性、完整性、合法性四方面分等级对上市公司及董事会秘书的信息披露工作进行考核。

同时本所关注该年度上市公司及董事会秘书与本所的工作配合情况和受到的奖惩情况。

第四条 本所对上市公司信息披露及时性的考核主要关注以下方面:

1、是否按本所安排的时间编制和披露定期报告;

2、是否在法定时间内编制和披露定期报告;

3、是否按照国家有关法律、法规和《深圳证券交易所股票上市规则》规定的临时报告信息披露时限及时向本所报告;

4、是否按照国家有关法律、法规和《深圳证券交易所股票上市规则》规定的临时报告信息披露时限及时公告。

第五条 本所对上市公司信息披露准确性的考核主要关注以下方面:

1、公告文稿是否出现关键文字或数字(包括电子文件)错误,错误的影响程度;

2、公告文稿是否简洁、清晰、明了。

3、公告文稿是否存在歧义、误导或虚假陈述。

第六条 本所对上市公司信息披露完整性的考核主要关注以下方面:

1、提供文件是否齐备;

2、公告格式是否符合要求;

3、公告内容是否完整,是否存在重大遗漏。

第七条 本所对上市公司信息披露合法合规性的考核主要关注以下方面:

1、公告内容是否符合法律、法规和《深圳证券交易所股票上市规则》的规定;

2、公告内容涉及的程序是否符合法律、法规和《深圳证券交易所股票上市规则》的规定。

第八条 对上市公司及董事会秘书与本所工作配合情况的考核主要关注如下情形:

1、董事会是否在规定时间回复本所监管函及其他问询事项;

2、董事会成员及董事会秘书是否及时出席本所的约见安排;

3、董事会秘书是否按本所要求促使公司董事会及时履行信息披露义务;

4、董事会秘书是否与本所保持联络,联系电话、传真号码发生变化时是否及时通知本所;

5、公司发生异常情况时,董事会秘书是否主动与本所沟通;

6、董事会秘书是否按本所要求参加有关培训;

7、公司董事会或董事会秘书是否在规定时间完成本所要求的其他事项。

第九条 本所还关注上市公司及董事会秘书受到的奖惩情况:

1、受到证券监管部门奖励的次数;

2、受到中国证监会处罚的次数;

3、受到本所公开谴责的次数;

4、受到本所内部批评的次数；

5、受到本所公司管理部发出监管函的次数；

6、受到本所公司管理部口头警告的次数。

第十条 每一年度结束后一个月内，本所将该年度对上市公司及董事会秘书的考核结果通知上市公司董事会，并作为本所对上市公司及董事会秘书进行处罚的依据。

第十一条 本办法由本所负责解释。

第十二条 本办法自发布之日起实施。

深圳证券交易所

二〇〇一年五月十日

上海证券交易所上市公司信息披露工作核查办法

第一条 为了加强对上市公司信息披露监管，提高上市公司信息披露质量，全面核查上市公司及董事会秘书信息披露工作，根据《上海证券交易所股票上市规则》，特制定本办法。

第二条 上海证券交易所(以下简称"本所")以每半个年度为一个核查期，对截止核查期末上市已满半年的上市公司信息披露工作进行核查。

第三条 本所对上市公司信息披露工作核查以上市公司核查期内信息披露行为为依据，以真实披露、及时披露、公平披露为原则，从及时性、准确性、完整性、合规性四方面分等级对上市公司及董事会秘书的信息披露工作进行核查。同时本所关注核查期内上市公司及董事会秘书与本所的工作配合情况和受到的奖惩情况，以及投资者投诉情况。

第四条 本所对上市公司信息披露及时性的核查主要关注以下方面：

1、是否在法定时间内编制和披露定期报告；

2、是否按预先约定的时间编制和披露定期报告；

3、是否按照国家有关法律、法规和《上海证券交易所股票上市规则》规定的临时报告信息披露时限及时公告；

4、是否按照国家有关法律、法规和《上海证券交易所股票上市规则》规定的临时报告信息披露时限及时向本所报告；

5、是否按照规定及时报送并在指定网站披露有关文件。

第五条 本所对上市公司信息披露准确性的核查主要关注以下方面：

1、公告文稿是否出现关键文字或数字(包括电子文件)错误，错误的影响程度；

2、公告文稿是否简洁、清晰、明了；3、公告文稿是否存在歧义、误导或虚假陈述；

3、电子文件是否与文稿一致。

第六条 本所对上市公司信息披露完整性的核查主要关注以下方面：

1、提供文件是否齐备；

2、公告格式是否符合要求；

3、公告内容是否完整，是否存在重大遗漏。

第七条 本所对上市公司信息披露合规性的核查主要关注以下方面：

1、公告内容是否符合法律、法规和《上海证券交易所股票上市规则》的规定；

2、公告内容涉及的程序是否符合法律、法规和《上海证券交易所股票上市规则》的规定。

第八条 对上市公司董事、监事及董事会秘书与信息披露监管工作配合情况的核查主要关注如下情形：

1、董事会是否在规定时间回复本所监管函及其他问询事项；

2、董事会成员及董事会秘书是否及时出席本所的约见安排；

3、董事会秘书是否按本所要求促使公司董事会及时履行信息披露义务；

4、董事会秘书是否与本所保持联络，联系电话、传真号码发生变化时是否及时通知本所；

5、公司发生异常情况时，董事会秘书是否主动与本所沟通；

6、董事会秘书是否按本所要求参加有关培训；

7、公司董事会或董事会秘书是否在规定时间完成本所要求的其他事项；

8、投资者联系电话是否畅通；

9、是否配备必需的上网设备。

第九条 本所还关注上市公司及董事会秘书受到奖惩情况：

1、受到证券监管部门奖励的次数；

2、受到中国证监会处罚的次数；

3、受到本所公开谴责的次数；

4、受到本所内部批评的次数；

5、受到本所上市部发出监管函的次数；

6、受到本所上市部口头警告的次数。

第十条 每个核查期结束后一个月内，本所将该核查期对上市公司及董事会秘书的核查结果通知上市公司董事会，抄告有关主管部门，并作为本所评价上市公司及董事会秘书信息披露工作的依据。

第十一条 本办法由本所负责解释和修订。

第十二条 本办法自发布之日起施行。

上海证券交易所

二〇〇一年五月八日

上海、深圳证券交易所交易规则

关于发布《上海、深圳证券交易所交易规则》的通知

各会员单位：

《上海、深圳证券交易所交易规则》已经中国证监会批准，现予以发布之日起三个月后施行。

上海证券交易所　深圳证券交易所

二〇〇一年八月三十一日

第一章　总　则

第一条 为规范证券市场交易行为，维护证券市场秩序，保护投资者合法权益，根据《中华人民共和国证券法》、《证券交易所管理办法》及其他法律、法规和规章的规定，制定本规则。

第二条 上海证券交易所和深圳证券交易所(以下统称"交易所")上市证券的交易，适用本规则。

本规则未作规定的，适用交易所其他有关规定。

第三条 证券交易遵循公开、公平、公正的原则。

第四条 证券交易采用无纸化的电脑集中竞价等交易方式。

第二章 交易市场

第一节 交易场所

第五条 交易所设置交易场所。交易场所由交易主机、交易大厅、交易席位、报盘系统及相关的通信系统等组成。

第六条 交易主机通过报盘系统接受申报指令，撮合成交，并将交易结果发送给交易所会员。

第七条 申报指令由会员以有形席位报盘或无形席位报盘方式进入交易主机。

有形席位报盘申报指令由会员通过设在交易大厅内的交易席位输入交易主机；无形席位报盘申报指令由会员经其柜台系统处理后，通过无形席位报盘系统自动输送至交易主机。

设置交易大厅的，会员通过其派驻在交易大厅内的交易员进行有形席位报盘。

进入交易大厅的，限于下列人员：

(一)登记注册的会员交易员；

(二)场内监管人员；

(三)特许入场的人员。

第二节 交易会员

第八条 具有中国证券监督管理委员会(以下简称“证监会”)认可的证券经营资格的机构，经交易所审核批准后可成为会员。

第九条 根据证监会批准的业务许可，交易所核定会员的交易业务范围。

第十条 会员在交易所办理席位开通手续后，才能进行证券交易。

第十一条 投资者参与证券买卖，应当委托会员进行。

会员接受投资者委托并申报后，必须承担由此产生的交易、交收责任。

第三节 交易席位

第十二条 会员应当在交易所开设一个或一个以上的交易席位(以下简称“席位”)。

第十三条 席位的交易权限由交易所规定。

交易所可以根据市场需要设置专用席位。专用席位持有人应当承担会员的相关义务。

第十四条 交易所可以限制和调整席位数量。

第十五条 会员应当保证每个席位具备至少一种通信备份手段。

第十六条 经交易所同意，席位可以在会员之间转让。未经交易所许可，会员不得将席位以出租或承包等形式交由他人使用。

第四节 交易品种

第十七条 下列证券可以在交易所市场挂牌交易：

(一)普通股股票(A股和B股)；

(二)基金；

(三)债券(含企业债券、公司债券、可转换公司债券、金融债券及政府债券等)；

(四)债券回购；

(五)经证监会批准的其他交易品种。

第五节 交易时间

第十八条 交易日为每周一至周五。每个交易日9:15至9:25为集合竞价时间，9:30至11:30、13:00至15:00为连续竞价时间。

国家法定假日和交易所公告的休市日，交易所市场休市。

交易所认为必要时，经证监会批准，可以变更交易时间。

第十九条 交易时间内因故停市，交易时间不作顺延。

第六节 交易信息

第二十条 交易所每个交易日发布证券交易即时行情、股价指数等交易信息。

第二十一条 即时行情内容包括：证券代码、证券简称、前收盘价、最新成交价、当日最高价、当日最低价、当日累计成交数量、当日累计成交金额、实时最高三个价位买入申报价和数量、实时最低三个价位卖出申报价和数量等。

第二十二条 即时行情通过通信系统传输至各会员，会员必须将其在营业场所予以公布。

第二十三条 根据市场需要，经证监会批准，交易所可以调整即时行情发布的方法和内容。

第二十四条 交易所编制反映市场成交情况的各类日报表、周报表、月报表和年报表，并及时向社会公布。

第二十五条 交易所编制综合指数、成份指数和分类指数等，以反映股市总体价格或某类证券价格的变动和走势，随即时行情发布。

第二十六条 指数采用派许加权综合价格指数公式计算。计算公式为：报告期样本股总市值(流通市值)

$$\text{报告期指数}=\frac{\text{报告期样本股总市值(流通市值)}}{\text{基期样本股总市值(流通市值)}}\times\text{基期指数}$$

第二十七条 根据需要，交易所可以调整指数设置和编制方法。具体办法由交易所另行规定。

第二十八条 交易所对A股和基金每日涨跌幅比例超过7%(含7%)的前5只证券，公布其成交金额最大的5家会员营业部或席位的名称及成交金额；涨幅或跌幅相同的，依次按成交金额和成交量选取证券。

会员应当将前款规定的交易信息在营业场所予以公布。

第二十九条 交易所市场产生的证券交易信息归交易所所有。未经许可，任何机构和个人不得擅自使用和传播。

第三章 证券经纪业务与自营业务

第一节 证券经纪业务

第三十条 投资者买卖证券，应当按交易所指定的登记结算机构的规定，以实名方式在会员处开立证券帐户和资金帐户，并与会员签订证券委托买卖协议。协议一经签订，投资者即成为该会员经纪业务的客户。

第三十一条 证券委托买卖协议应当包括但不限于下列内容：

(一)会员与客户遵守本规则及其他有关业务规则的承诺；

(二)会员已向客户揭示证券买卖的各类风险，包括不同委托方式的风险；

(三)客户表明会员已向其说明证券买卖的各类风险；

(四)会员受托业务范围和权限；

(五)指定交易或转托管有关事项；

(六)客户开户所需证件及其有效性的确认方式和程序；

(七)委托、交割的方式、时间、内容和要求；

(八)交易结算资金及证券管理的有关事项；

(九)交易费用及其他收费说明；

(十)会员对客户委托事项的保密责任；

(十一)客户应当履行的交收责任；

(十二)违约责任及免责条款；

(十三)争议解决办法。

第三十二条 会员可通过柜台委托或电话、自助终端、互联网等自助委托方式受理并执行客户的委托买卖指令。

柜台委托应当填写委托单。

电话、自助终端、互联网等自助委托应当按交易所及会员规定的程序操作。

第三十三条 客户的委托指令应当包括下列内容：

(一)证券帐户号码；

(二)证券代码；

(三)买卖方向；

(四)委托数量；

(五)委托价格；

(六)交易所及会员要求说明的其他内容。在经纪业务中，会员不得接受全权委托。

第三十四条 会员提供自助委托的，应当与客户签订自助委托协议。

第三十五条 会员应当按有关规定妥善保管委托、申报记录。

第三十六条 会员可以接受客户的限价委托或市价委托。

限价委托指客户要求按其限定的价格买卖证券，会员必须按限价或低于限价买入证券；按限价或高于限价卖出证券。

市价委托指客户要求会员按市场价格买卖证券。

第三十七条 委托当日有效，会员与客户另有约定的除外。

第三十八条 客户可以撤销委托的未成交部分。

第三十九条 被撤销和失效的委托，会员应当在确认后及时向客户返还相应的资金或证券。

第四十条 会员接受委托卖出证券必须是客户证券帐户上实有的证券，不得为客户融券交易。

第四十一条 会员接受委托买入证券必须以客户资金帐户上实有的资金支付，不得为客户融资交易。

第四十二条 会员接受客户委托，当日买入的证券，不得在当日再行卖出。债券交易除外。

第四十三条 会员不得私自或者假借客户名义买卖客户帐户上的证券，或者为牟取佣金收入诱使客户进行不必要的证券买卖。

第四十四条 会员对客户的资金和证券应有详实的记录和凭证，按户分帐管理，不得挪用。

第二节　证券自营业务

第四十五条 取得自营业务资格的会员，可以在交易所市场从事证券自营业务。

第四十六条 会员必须以自已的名义在交易所指定的登记结算机构开立自营证券帐户，并只能通过该帐户从事自营业务。

第四十七条 会员应当开设独立的自营资金帐户，并与客户的资金帐户分帐管理。

第四十八条 会员不得将自营帐户借给他人使用。

第四十九条 会员应当设专门管理人员和专用交易终端从事自营业务，不得因自营业务影响经纪业务。

第四章　证券买卖

第一节　申　报

第五十条 交易所只接受会员的限价申报。

第五十一条 会员应当按照接受客户委托的先后顺序向交易主机申报。

第五十二条 申报指令应当包括证券帐号、证券代码、买卖方向、数量、价格等内容，并按交易所规定的格式传送。

交易所认为必要时可以调整申报内容及方式。

第五十三条 买入股票或基金，申报数量应当为100股(份)或其整数倍。

第五十四条 债券以人民币1000元面额为1手。债券回购以1000元标准券或综合券为1手。

债券和债券回购以1手或其整数倍进行申报，其中，上交所债券回购以100手或其整数倍进行申报。

第五十五条 股票(基金)单笔申报最大数量应当低于100万股(份)，债券单笔申报最大数量应当低于1万手(含1万手)。交易所可以根据需要调整不同种类或流通量的单笔申报最大数量。

第五十六条 不同的证券交易采用不同的计价单位。股票为“每股价格”，基金为“每份基金价格”，债券为“每百元面值的价格”，债券回购为“每百元资金到期年收益”。

第五十七条 A股、基金和债券的申报价格最小变动单位为0.01元人民币；B股上交所为0.001美元、深交所为0.01港元；债券回购上交所为0.005、深交所为0.01。

交易所认为必要时，可以对前款规定进行调整。

第五十八条 交易所可以规定并调整各类证券每笔买卖申报数量和申报价格的最小可变动单位。

第五十九条 买卖有价格涨跌幅限制的证券，在价格涨跌幅限制以内的申报为有效申报。超过涨跌幅限制的申报为无效申报。

第六十条 买卖上交所无价格涨跌幅限制的证券，集合竞价时，申报价格无限制；连续竞价时，符合下列条件的申报为有效申报：

(一)买入(卖出)申报价格不高(低)于即时揭示的最低(高)卖出(买入)申报价格的规定幅度；

(二)无卖出(买入)申报的，买入(卖出)申报价格不高(低)于即时揭示的最高(低)买入(卖出)价格的规定幅度；

(三)既无卖出又无买入的，买入(卖出)申报价格不高于最新成交价格的规定幅度；当日无最新成交价格的，按前收盘价计算申报限价幅度。

上交所认为必要时，可以对上述幅度进行调整并予以公告。

第六十一条 买卖深交所无价格涨跌幅限制的证券，超过有效竞价范围的申报不能即时参加竞价，暂存于交易主机；当成交价格波动使其进入有效竞价范围时，交易主机自动取出申报，参加竞价。

第六十二条 交易所对股票、基金交易实行价格涨跌幅限制，涨跌幅比例为10%，其中ST股票价格涨跌幅比例为5%。

涨跌幅价格的计算公式为：涨跌幅价格=前收盘价×(1±涨跌幅比例)。

计算结果四舍五入至价格最小变动单位。

股票、基金上市首日不受涨跌幅限制。

交易所认为必要时，经证监会批准，可以调整涨跌幅比例和适用范围。

第六十三条 申报当日有效。每笔申报不能一次全部成交时，未成交部分继续参加当日竞价，也可以撤销。

第二节　竞价与成交

第六十四条 证券交易一般采用电脑集合竞价和连续竞价两种方式。

集合竞价是指对一段时间内接受的买卖申报一次性集中撮合的竞价方式。

连续竞价是指对买卖申报逐笔连续撮合的竞价方式。

交易所认为必要时，经证监会批准，可以采用其他交易方式。

第六十五条 证券交易按价格优先、时间优先的原则竞价撮合成交。

成交时价格优先的原则为：较高价格买进申报优先于较低价格买进申报，较低价格卖出申报优先于较高价格卖出申报。

成交时时间优先的原则为：买卖方向、价格相同的，先申报者优先于后申报者。先后顺序按交易主机接受申报的时间确定。

第六十六条 集合竞价时，成交价格的确定原则为：

(一)成交量最大的价位；

(二)高于成交价格的买进申报与低于成交价格的卖出申报全部成交；

(三)与成交价格相同的买方或卖方至少有一方全部成交。

两个以上价位符合上述条 件的，上交所取其中间价为成交价，深交所取距前收盘价最近的价位为成交价。

集合竞价的所有交易以同一价格成交。

第六十七条 连续竞价时，成交价格的确定原则为：

(一)最高买入申报与最低卖出申报价格相同，以该价格为成交价；

(二)买入申报价格高于即时揭示的最低卖出申报价格时，以即时揭示的最低卖出申报价格为成交价；

(三)卖出申报价格低于即时揭示的最高买入申报价格时，以即时揭示的最高买入申报价格为成交价。

第六十八条 集合竞价未成交的买卖申报，自动进入连续竞价。

第六十九条 深交所有涨跌幅限制的证券有效竞价范围与涨跌幅申报范围一致。

第七十条 深交所无涨跌幅限制证券的交易按下列方法确定有效竞价范围：

(一)上市首日集合竞价的有效竞价范围为发行价的上下150元，连续竞价的有效竞价范围为最近成交价的上下15元；

(二)非上市首日集合竞价的有效竞价范围为前收盘价的上下5元，连续竞价的有效竞价范围为最近成交价的上下5元。

深交所认为必要时，可以调整有效竞价范围并公告。

第七十一条 深交所无价格涨跌幅限制的证券在集合竞价期间没有产生成交的，按下列方式调整有效竞价范围：

(一)有效竞价范围内的最高买入申报价高于发行价的，以最高买入申报价为基准调整有效竞价范围；

(二)有效竞价范围内的最低卖出申报价低于发行价的，以最低卖出申报价为基准调整有效竞价范围。

第七十二条 买卖申报经交易主机撮合成交后，交易即告成立。符合本规则各项规定达成的交易于成立时生效，买卖双方必须承认交易结果，履行清算交收义务。

因不可抗力、非法侵入交易系统等原因造成严重后果的交易，交易所可以认定无效。

违反本规则，严重破坏证券市场正常运行的交易，交易所有权宣布取消交易。由此造成的损失由违规交易者承担。

第七十三条 依照本规则达成的交易，其成交结果以交易所指定的登记结算机构发送的结算数据为准。

第七十四条 会员应当在成交后的第一个交易日(T+1)开市前为客户完成清算交收手续，并在营业时间内为客户提供查询服务。B股的交收期由结算规则另行规定。

第七十五条 会员不得以投资者违约为由，不履行清算交收义务。

第七十六条 会员间的清算交收业务由交易所指定的登记结算机构负责办理。

第七十七条 清算交收的具体规则，依照登记结算机构的规定执行。

第五章 其他交易事项

第一节 指定交易与转托管

第七十八条 上交所实行全面指定交易制度。从事B股交易的境外投资者除外。

第七十九条 全面指定交易指投资者在上交所买卖证券，必须通过事先指定的一家会员进行委托申报，并由该会员履行清算交收义务。

第八十条 投资者应当与指定的会员签订《指定交易协议书》。会员根据投资者申请向交易主机申报办理指定交易手续。

第八十一条 上交所在开市期间接受指定交易申报指令，该指令被交易主机接受后即刻生效。

第八十二条 投资者可以变更指定交易。

第八十三条 投资者变更指定交易时，应当向会员提出撤销申请，由该会员申报撤销指令。指定交易撤销后即可重新申办指定交易.

第八十四条 深交所投资者可以以同一证券帐户在多个证券营业部买入证券，但必须在原买入证券的营业部委托卖出该证券。

投资者买入证券后可以向原买入证券的营业部发出转托管指令。转托管完成后，投资者才可以在转入营业部卖出其证券。

第二节 开盘价与收盘价

第八十五条 证券的开盘价为当日该证券的第一笔成交价。

第八十六条 证券的收盘价为当日该证券最后一笔交易前一分钟所有交易的成交量加权平均价(含最后一笔交易)。

当日无成交的，以前收盘价为当日收盘价。

第八十七条 证券的开盘价通过集合竞价方式产生，不能产生开盘价的，以连续竞价方式产生。

第八十八条 按集合竞价产生开盘价后，未成交的买卖申报仍然有效，并按原申报顺序自动进入连续竞价。

第三节 挂牌、摘牌、停牌与复牌

第八十九条 交易所对上市证券实施挂牌交易。上市首日证券行情显示的前收盘价为其发行价。

第九十条 证券上市期届满或依法不再具备上市条件的，交易所终止其上市交易，予以摘牌。

第九十一条 对于连续三天以上(含三天)达到涨跌幅限制的证券，交易所对其实施停牌(暂停交易)半天，并予以公告。根据证监会和交易所业务规则的规定，交易所可以对其他上市证券实施停牌或复牌(恢复交易)。

第九十二条 证券停牌时，交易所发布的行情中包括该证券的信息；证券摘牌后，行情信息中无该证券的信息。

第九十三条 上交所开市期间停牌的，停牌前的申报参加当日该证券复牌后的交易；停牌期间，不接受申报，但停牌前的申报可以撤销。

深交所开市期间停牌的，停牌前的申报参加当日该证券复牌后的交易；停牌期间，可以申报，申报也可以撤销；复牌时对已接受的申报实行集合竞价。

第九十四条 证券的挂牌、摘牌、停牌与复牌，交易所予以公告。

第四节 除权与除息

第九十五条 上市证券发生权益分派、公积金转增股本、配股等情况，交易所在股权(债权)登记日(B股为最后交易日)次一交易日对该证券作除权除息处理。

第九十六条 除权(息)价的计算公式为：除权(息)报价=[(前收盘价-现金红利)+配(新)股价格×流通股份变动比例]÷(1+流通股份变动比例)

证券发行人认为调整上述计算公式有利于保护投资者合法权益的，可向交易所提出调整申请并说明理由。交易所认为必要时，可调整除权(息)价计算公式，并予以公布。

除权(息)日该证券的前收盘价改为除权(息)日除权(息)价。

第九十七条 除权(息)日证券买卖，按除权(息)价作为计算涨跌幅度的基准，交易所另有规定的除外。

第五节 大宗交易

第九十八条 证券单笔买卖申报达到一定数额的，交易所可以采用大宗交易方式进行交易。

交易所可以根据市场情况调整大宗交易的最低限额。

第九十九条 大宗交易的成交价格，由买卖双方在当日已成交的最高和最低成交价格之间确定。该证券当日无成交的，以前收盘价为成本价。

第一百条 大宗交易由买卖双方达成一致,并由交易所确认后方可成交。

第一百零一条 大宗交易不纳入指数计算,成交量则在收盘后计入该证券成交总量。该证券每笔大宗交易的成交量、成交价及买卖双方于收盘后单独公布。

第六章 债券交易的特别规定

第一节 回转交易

第一百零二条 债券可以进行回转交易。

第一百零三条 投资者买入的债券经交易主机确认成交后,可以在当日全部或部分卖出。

第二节 回购交易

第一百零四条 债券回购交易,指债券持有人在卖出一笔债券的同时,与买方约定,经过一定期限后,以一定价格再行买回该笔债券的交易。

第一百零五条 债券持有人可卖出债券的数量,根据其在交易所指定的登记结算机构库存债券数量以交易所公布的标准券(综合券)折算率计算出的标准券(综合券)量为限。

第一百零六条 交易所按季公布各债券品种的标准券(综合券)折算率,并按该比率计算各会员的标准券(综合券)库存。

交易所可以根据市场情况调整标准券(综合券)折算率的公布时间。

第一百零七条 债券回购交易的期限按日历时间计算。若到期日为非交易日,顺延至下一个交易日结算。

第一百零八条 会员将债券用于回购业务的,必须在该债券托管的席位上进行申报。

第一百零九条 卖出债券后一定期限再行买回该笔债券的交易方,其申报为"买入",对应方申报为"卖出"。

第七章 交易异常情况处理

第一百一十条 发生下列交易异常情况之一,导致部分或全部交易不能进行的,交易所可以决定临时停市或技术性停牌:

(一)不可抗力;

(二)意外事故;

(三)技术故障;

(四)非交易所能够控制的其他异常情况。

第一百一十一条 出现无法申报的交易席位数量超过交易所已开通席位总数的10%以上的,或者行情传输中断的营业部数量超过营业部总数的10%以上的交易异常情况,交易所实行临时停市。

第一百一十二条 交易所认为可能发生第一百一十条、第一百一十一条规定的交易异常情况,并严重影响交易正常进行的,可以决定临时停市或停牌。

技术性停牌和临时停市处理办法由交易所另行制定发布。

第一百一十三条 交易所对技术性停牌或临时停市决定予以公告,并报证监会备案。

第一百一十四条 技术性停牌或临时停市原因消除后,交易所可以决定恢复交易。

第一百一十五条 除交易所认定的特殊情况之外,技术性停牌或临时停市前交易主机已经接受的申报有效。深交所技术性停牌或临时停市期间继续接受申报,在恢复交易时对已接受的申报实行集合竞价。

第一百一十六条 因交易异常情况及交易所采取的相应措施造成的损失,交易所不承担责任。

第八章 交易纠纷

第一百一十七条 会员之间、会员与客户之间发生交易纠纷,相关会员应当记录有关情况,以备交易所查阅。交易纠纷影响正常交易的,会员应当及时向交易所报告。

第一百一十八条 会员之间、会员与客户之间发生交易纠纷,交易所可以按有关规定,提供必要的交易数据。

第一百一十九条 投资者对交易有疑义的,会员有义务协调处理。

第九章 交易费用

第一百二十条 会员受托买卖证券成交的,应当按规定向客户收取佣金。

第一百二十一条 投资者买卖证券成交的,应当按规定交纳佣金,买卖股票成交的,还应当依法纳税。

第一百二十二条 会员应当按规定向交易所交纳席位费、会员费、交易经手费及其他费用。

第一百二十三条 证券交易的收费项目、收费标准和管理办法由国务院有关管理部门统一规定。

第十章 罚 则

第一百二十四条 会员违反本规则的,交易所责令其改正,并视情节轻重单处或并处:

(一)罚款;

(二)会员范围内通报批评;

(三)在证监会指定报刊上公开批评;

(四)警告;

(五)限制交易;(六)暂停自营业务或经纪业务;

(七)取消会籍。

第一百二十五条 会员对前条(四)、(五)、(六)、(七)项处罚有异议的,可以自接到处罚通知之日起15日内向交易所理事会申请复议,复议期间该处罚继续执行。

第十一章 附 则

第一百二十六条 本规则下列用语具有如下含义:

(一)市场,指交易所设立的证券集中交易市场。

(二)证券,指依据国家有关法律、法规发行,并在交易所上市的各类证券。

(三)上市,指证券在交易所挂牌交易。

(四)委托,指投资者向会员进行具体授权买卖证券的行为。

(五)申报,指会员向交易所交易主机发送证券买卖指令的行为。

(六)标准券,指在上交所指定的登记结算机构托管而用于回购交易并按交易所规定的折算率计算出的回购抵押券。

综合券,指深交所各类可用于回购交易的债券按一定的比率折算的用于回购交易的虚拟债券品种。

(七)回转交易:指当日(T日)买入的证券,依照本规则的规定,在交收日之前卖出的交易。

(八)交易所公告:指交易所以正式公告或其他形式在证监会指定的信息披露媒体上发布的,或通过交易所行情传输系统发布的可能影响市场交易的相关信息。

第一百二十七条 本规则经交易所理事会通过,报证监会批准后生效。修改时亦同。

第一百二十八条 本规则由交易所负责解释。

第一百二十九条 本规则自发布之日起三个月后施行。本规则施行前实行的规定与本规则相抵触的,以本规则为准。

上海证券交易所股票上市规则(2001年修订本)

关于发布《上海证券交易所股票上市规则(2001年修订本)》的通知

各上市公司：

《上海证券交易所股票上市规则(2001年修订本)》已经中国证监会批准，现予发布，自发布之日起施行，请遵照执行。2000年5月1日实施的《上海证券交易所股票上市规则》(2000年修订本)同时废止。

上海证券交易所

二OO一年六月八日

第一章 总则

1.1 为规范股票上市行为和上市公司及其他相关义务人的信息披露行为，维护证券市场秩序，保护投资者和股票发行人的合法权益，根据《中华人民共和国公司法》(以下简称《公司法》)、《中华人民共和国证券法》(以下简称《证券法》)、《股票发行与交易管理暂行条例》(以下简称《股票条例》)、《证券交易所管理办法》等国家有关法律、法规、规章及《上海证券交易所章程》，制定本规则。

1.2 股票及其衍生品种在上海证券交易所(以下简称本所)上市，适用本规则的规定。

1.3 公司申请经中国证券监督管理委员会（以下简称中国证监会）核准公开发行的股票在本所上市，由本所审查同意后安排上市。

1.4 本所依据法律、法规和本规则及中国证监会的授权对上市公司及其董事、监事、高级管理人员、有信息披露义务的投资人及上市推荐人进行监管。

第二章 股票上市协议 董事、监事承诺和备案 上市推荐人

第一节 股票上市协议

2.1.1 发行人在股票首次上市前应当向本所申请并签订股票上市协议。

2.1.2 股票上市协议主要包括以下内容：

(一)双方的权利与义务；

(二) 上市公司章程的内容及其制定与修订程序符合法律法规和中国证监会的有关规定；

(三)上市费用及其交纳方式；

(四)董事会秘书和董事会证券事务代表；

(五)定期报告、临时报告的报告程序及上市公司回复本所质询的规定；

(六)股票及其衍生品种的停牌与复牌事宜；

(七)违约责任；

(八)仲裁条款；

(九)本所认为需要规定的其他内容。

2.1.3 上市公司逾期缴纳上市费用，本所按日欠费金额的0.03%收取滞纳金。

第二节 董事、监事承诺和备案

2.2.1 上市公司的董事、监事应当在股票上市后两个月内，新任董事、监事应当在股东大会通过其任命后两个月内，签署《董事(监事)声明及承诺书》并送达本所备案。董事、监事签署该文件时必须由一名有证券从业资格的律师见证，向董事、监事解释《董事(监事)声明及承诺书》的内容，董事、监事在充分理解后签字。

2.2.2 董事应当履行以下职责并在《董事声明及承诺书》中作出承诺：

(一)遵守法律法规，履行诚信勤勉义务；

(二)遵守公司章程；

(三)遵守本规则，接受本所监管；

(四)对本所认为应当承诺的其他事项作出承诺。

监事除同样应当履行上述职责并在《监事声明及承诺书》中作出承诺外，还应当承诺促使上市公司董事遵守其承诺。

董事、监事应当在《董事(监事)声明及承诺书》中声明：

(一)本人持有所在公司股票的情况；

(二)有无违反法律法规受查处情况；

(三)参加证券业务培训的情况；

(四)其他任职情况；

(五)拥有其他国家或地区的国籍、长期居留权的情况；

(六)本所认为应当由其说明的其他情况。

2.2.3《董事(监事)声明及承诺书》中声明的事项发生变化时，董事、监事应当在该等情况发生变化之日起两个月内向本所提交有关最新资料备案，并保证该资料的真实与完整。

第三节 上市推荐人

2.3.1 本所实行股票上市推荐人制度。公司在本所申请股票上市，必须由一至二个本所认可的机构推荐。

2.3.2 上市推荐人应当符合下列条件:

(一)具有本所会员资格；

(二) 从事股票承销工作或具有本所认可的其他资格一年以上且信誉良好；

(三)最近一年内无重大违法违规行为；

(四)责推荐工作的主要业务人员熟悉本所有关上市的业务规则。

2.3.3 符合2.3.2条的会员应当每年向本所提出资格申请，经本所审查确认后，取得上市推荐人资格。会员受到中国证监会暂停或取消股票承销业务的处分的，本所相应暂停或取消其上市推荐人资格。

2.3.4 会员向本所申请上市推荐人资格时，应当提交以下文件：

(一)申请书；

(二))会员资格证书；

(三)承销资格证书或本所认可的其他资格证书；

(四)主要业务人员简历；

(五)最近一年上市推荐业务的情况；

(六)上市推荐协议书，须附向中国证监会提交的发行人情况调查表；

(七)本所要求提供的其他文件。

2.3.5 上市推荐人应当与发行人签订股票上市推荐协议，明确双方在申请上市期间及上市后一年内的权利和义务。股票上市推荐协议应当符合本规则和股票上市协议的有关规定。

2.3.6 上市推荐人应当履行下列义务：

(一)确认发行人符合上市条件；

(二)确保发行人的董事了解法律、法规、本规则及股票上市协议规定的董事的义务与责任；

(三)协助发行人申请股票上市并办理与股票上市相关的事宜；

(四)提交股票上市推荐书；

(五)对股票上市文件所载的资料进行核实，保证股票上市文件内容真实、准确、完整，符合规定要求；

(六)协助发行人健全法人治理结构；

(七)协助发行人制定严格的信息披露制度和保密制度;

(八)本所规定的上市推荐人的其他义务。

2.3.7 上市推荐书应当包括以下内容:

(一)发行人的概况;

(二)申请上市股票的发行情况;

(三)发行人与上市推荐人是否存在关联关系及存在何种关联关系;

(四)公司章程符合《公司法》等法律、法规和中国证监会的规定以及发行人符合上市条件的说明;

(五)上市推荐人认为发行人需要说明的重要事项和存在的问题;

(六)上市推荐人需要说明的其他内容。

2.3.8 上市推荐人应当保证发行人的上市申请文件、上市公告书没有虚假、严重误导性陈述或者重大遗漏,并保证对其承担连带责任。

2.3.9 上市推荐人不得利用其在股票发行上市过程中获得的内幕信息进行内幕交易,为自己或他人谋取利益。

第三章 股票上市的申请、审查与信息披露

第一节 首次公开发行的股票上市

3.1.1 经中国证监会核准后,发行人方可向本所申请其股票上市。

3.1.2 发行人申请其首次公开发行的股票上市,应当按照中国证监会《公开发行股票公司信息披露的内容与格式准则》第七号《上市公告书的内容与格式》编制上市公告书。

3.1.3 发行人提出上市申请时,应当向本所提交以下文件:

(一)上市申请书;

(二)中国证监会核准其股票发行的文件及经中国证监会核准的发行、上市申报材料;

(三)上市推荐人出具的股票上市推荐书;

(四)具有从事证券业务资格的会计师事务所出具的关于发行人全部资本的验资报告(包括实物资产所有权已转移至上市公司的证明文件);

(五)股票发行后按规定新增的财务资料;

(六)历次股东大会决议;

(七)股票发行后公司设立或变更的营业执照复印件;

(八)上市公告书;

(九)发行人拟聘任或已聘任为公司董事会秘书人选的资料;

(十)公司董事、监事和高级管理人员持股情况的报告;

(十一)确定公司股票挂牌简称的函;

(十二)公司全部股票已托管的证明文件;

(十三)本所要求的其他文件。

3.1.4 发行人应当保证向本所提交的文件没有虚假记载、误导性陈述或者重大遗漏。

3.1.5 发行人向本所提出上市申请时,其第一大股东应当承诺:自发行人股票上市之日起12个月内,不转让其持有的发行人股份,也不由上市公司回购其持有的股份。本条所指股份不包括在此期间新增的股份。

发行人应当在上市公告书中公告上述承诺。

3.1.6 发行人在本所批准其上市申请后,应当于其股票挂牌交易日的五日之前在至少一种中国证监会指定的上市公司信息披露报纸(以下简称"指定报纸")和中国证监会指定的互联网网站(以下简称"指定网站")上刊登上市公告书,并在指定网站上刊登公司章程。上市公告书应当备置于指定场所,供公众查阅。

发行人在提出上市申请期间,未经本所同意,不得擅自披露有关信息。

第二节 配股或增发新股上市

3.2.1 上市公司配股或增发新股完成后,可申请配股或增发新股的可流通股份上市。

3.2.2 上市公司申请其配股或增发新股的可流通股份上市,应当向本所提交以下申请文件:

(一)上市申请书;

(二)中国证监会的核准文件;

(三)经中国证监会审核的配股或增发新股的全部申报材料;

(四)配股或增发新股完成后经具有从事证券业务资格的会计师事务所出具的验资报告;有实物资产配股或增发新股的,提供资产所有权已转移至上市公司的证明文件;

(五)董事、监事和高级管理人员持股情况变动的报告;

(六)股份变动报告或上市公告书;

(七)股份登记机构对新增股份登记托管的书面确认文件;

(八)本所要求的其他文件。

3.2.3 本所对上市公司配股或增发新股的可流通股份的上市申请文件审查后,安排其符合条件的股份上市。公司应当在配股或增发新股的可流通股份上市前三个工作日内在指定报纸刊登股份变动报告或上市公告书,并公布配股或增发新股的可流通股份上市日。

3.2.4 其他股份经核准需上市流通的,参照3.2.2条和3.2.3条的规定执行。

第三节 派发股份股利与公积金转增股本的股份上市

3.3.1 上市公司在派发股份股利、公积金转增股本前,应当向本所提供以下文件:

(一)股东大会关于派发股份股利、公积金转增股本的决议;

(二)公司实施派发股份股利、公积金转增股本公告;

(三)本所要求的其他文件。

3.3.2 经本所审查后,上市公司应当于派发股份股利、公积金转增股本股权登记日前三至五个工作日在指定报纸上刊登派发股份股利、公积金转增股本公告。

3.3.3 派发股份股利、公积金转增股本公告应当符合中国证监会的有关规定,并且包括以下内容:

(一)通过派发股份股利、公积金转增股本方案的股东大会的届次和日期;

(二)派发股份股利、公积金转增股本的比例(以每10股表述)、股本基数(按实施前实际股本计算)、是否含税以及扣税情况等;

(三)股权登记日、除权日、新增可流通股份上市日;

(四)实施办法;

(五)股本变动结构表(按变动前总股本、本次派发红股数、本次转增股本数、变动后总股本、占总股本比例等项目列示);

(六)派发股份股利、公积金转增股本后,按新股本摊薄计算的上年度每股净收益或本年度中期每股净收益;

(七)有关咨询办法。

第四节 公司职工股或内部职工股上市

3.4.1 上市公司申请其公司职工股或内部职工股上市,应当向本所提交以下文件:

(一)上市申请书;

(二)中国证监会关于其公司职工股或内部职工股上市时间的批文;

(三)有关公司职工股或内部职工股的持股情况说明及托管证明;

(四)有关公司董事、监事、高级管理人员持股情况说明;

(五)公司职工股或内部职工股上市提示公告;

(六)本所要求的其他文件。

3.4.2 经本所审查同意后,上市公司应当在公司职工股或内部职工股上市前三个工作日内在指定报纸刊登上市提示公告。

3.4.3 上市提示公告应当包括以下内容:

(一)上市日期、上市股份数量、冻结数量;

(二)发行价格;

(三)历次送配情况;

(四)持股人数。

第五节 董事、监事、高级管理人员所持股份上市

3.5.1 上市公司董事、监事、高级管理人员在任期内应当按照规定向本所申报持股变动情况,但不得转让其所持有的本公司股份,包括因公司派发股份股利、公积金转增股本、配股、购入(受让)等新增股份。

3.5.2 上市公司的董事、监事、高级管理人员离职半年后,可以申请其所持本公司股份上市流通。

3.5.3 上市公司原董事、监事、高级管理人员申请所持本公司股份上市流通,应当向本所提交以下文件:

(一)上市申请书;

(二)关于免去相关董事、监事、高级管理人员的决议或董事、监事、高级管理人员的辞职书及董事会出具的离职证明。

第六节 向证券投资基金、法人、战略投资者配售的股份上市

3.6.1 上市公司申请其向证券投资基金、法人、战略投资者配售的股份上市,应当向本所提交以下文件:

(一)上市申请书;

(二)配售结果的公告;

(三)配售股份的托管证明;

(四)有关向基金、法人、战略投资者配售的股份说明;

(五)上市提示公告;

(六)本所要求的其他文件。

3.6.2 经本所批准后,上市公司应当在配售的股份上市前三个工作日内在指定报纸刊登上市提示公告。

3.6.3 上市提示公告应当包括以下内容:

(一)上市时间;

(二)上市股份数量;

(三)发行价格;

(四)历次送配情况。

第四章 信息披露的基本原则

4.1 上市公司应当履行以下信息披露的基本义务:

(一)及时披露所有对上市公司股票价格可能产生重大影响的信息;

(二)确保信息披露的内容真实、准确、完整而没有虚假、严重误导性陈述或重大遗漏。

上市公司对履行以上基本义务以及本规则规定的具体要求有疑问的,应当向本所咨询。上市公司不能确定有关事件是否必须及时披露的,应当报告本所,由本所审核后决定披露的时间和方式。

4.2 上市公司董事会全体成员必须保证信息披露内容真实、准确、完整,没有虚假、严重误导性陈述或重大遗漏,并就其保证承担连带赔偿责任。

公司在公告中应当作出以下重要提示:本公司及董事会全体成员保证公告内容的真实、准确和完整,对公告的虚假记载、误导性陈述或者重大遗漏负连带责任。

4.3 上市公司及其董事、监事、高级管理人员不得泄漏内幕信息,不得进行内幕交易或配合他人操纵证券交易价格。

4.4 上市公司应当公开披露的信息包括定期报告和临时报告。年度报告和中期报告为定期报告,其他报告为临时报告。

4.5 上市公司公开披露的信息必须在第一时间报送本所。

4.6 本所根据有关法律、法规、规章对上市公司公开披露的信息进行形式审核,对其内容的真实性不承担责任。

本所对定期报告实行事前登记、事后审核;对临时报告实行事前审核;对本所同意免于临时报告事前审核的上市公司的临时报告实行事前登记、事后审核。

上市公司在信息披露前,应当按照本所要求将有关公告和相关备查文件提交本所。

4.7 上市公司公告出现错误、遗漏或误导的,本所可以要求公司作出说明并公告,公司应当按照要求办理。

4.8 上市公司应当将公司承诺事项和股东承诺事项单独摘出送本所备案,并在定期报告中专项披露上述承诺事项的履行情况。

上市公司未履行承诺的,董事会应及时详细披露原因以及董事会应承担的法律责任;股东未履行承诺的,上市公司董事会应及时详细披露具体情况,并说明董事会所采取的措施。

4.9 上市公司存在或正在筹划第七章第二、三、四节所述的重大事件,应当遵循分阶段披露的原则,履行信息披露义务:

(一)在该事件尚未披露前,董事和有关当事人应当确保有关信息绝对保密;如果该信息难以保密,或者已经泄露,或者公司股票价格已明显发生异常波动时,上市公司应当立即予以披露。

(二)市公司就上述重大事件与有关当事人一旦签署意向书或协议,无论意向书或协议是否附加条件或附加期限,上市公司应当立即予以披露。

上述协议发生重大变更、中止或者解除、终止的,上市公司应当及时予以披露,说明协议变更、中止或者解除、终止的情况和原因。

(三)上述重大事件获得有关部门批准的,或者已披露的重大事件被有关部门否决的,公司应当及时予以披露。

4.10 上市公司董事会全体成员及其他知情人员在公司的信息公开披露前,应当将信息的知情者控制在最小范围内。

4.11 上市公司公开披露的信息应当在至少一种指定报纸上公告,按照规定应当上网披露的,还应当在指定网站披露。在其他公共传媒披露的信息不得先于指定报纸和指定网站。上市公司不得以新闻发布或答记者问等形式代替公司的正式公告。

4.12 上市公司出现下列情形,认为无法按照本规则规定披露信息的,可以向本所提出申请,经本所同意,可以免予按照本规则规定披露:

(一)上市公司有充分理由认为披露某一信息会损害公司的利益,且该信息对其股票价格不会产生重大影响;

(二)上市公司认为拟披露的信息可能导致其违反法律法规的;

(三)交易所认定的其它情况。

4.13 上市公司发生得事项没有达到本规则披露要求的,可以免予公告,但必须报本所备案。本所认为有必要披露的,上市公司应当比照本规则的规定披露。

4.14 上市公司应当配备信息披露所必要的通讯设备和计算机等办公设备,保证计算机可以连接国际互联网和对外咨询电话的畅通。

第五章 董事会秘书、股权管理与信息披露事务

第一节 董事会秘书

5.1.1 上市公司应当设立一名董事会秘书。董事会秘书为上市公司的高级管理人员,对董事会负责。

5.1.2 董事会秘书的任职资格:

(一)具有大学专科以上学历,从事秘书、管理、股权事务等工作三年以上;

(二)有一定财务、税收、法律、金融、企业管理、计算机应用等方面知识,具有良好的个人品质和职业道德,严格遵守有关法律、法规和规章,能够忠诚地履行职责;

(三)上市公司董事可以兼任董事会秘书,但监事不得兼任;

(四)有《公司法》第57条规定情形之一的人士不得担任董事会秘书;

(五)上市公司聘任的会计师事务所的会计师和律师事务所的律师不得兼任董事会秘书。

5.1.3 董事会秘书应当遵守公司章程，承担高级管理人员的有关法律责任,对公司负有诚信和勤勉义务,不得利用职权为自己或他人谋取利益。

董事会秘书应当保证本所可以随时与其联系。

5.1.4 董事会秘书的职责：

(一)董事会秘书为公司与本所的指定联络人,负责准备和提交本所要求的文件,组织完成监管机构布置的任务；

(二)准备和提交董事会和股东大会的报告和文件；

(三)按照法定程序筹备董事会会议和股东大会,列席董事会会议并作记录,保证记录的准确性,并在会议记录上签字；

(四)协调和组织上市公司信息披露事项，包括建立信息披露的制度、接待来访、回答咨询、联系股东,向投资者提供公司公开披露的资料,促使上市公司及时、合法、真实和完整地进行信息披露；

(五)列席涉及信息披露的有关会议。上市公司有关部门应当向董事会秘书提供信息披露所需要的资料和信息。公司在作出重大决定之前,应当从信息披露角度征询董事会秘书的意见；

(六)负责信息的保密工作,制订保密措施。内幕信息泄露时,及时采取补救措施加以解释和澄清,并报告本所和中国证监会；

(七)负责保管上市公司股东名册资料、董事和董事会秘书名册、大股东及董事持股资料以及董事会印章,保管上市公司董事会和股东大会会议文件和记录；

(八)帮助上市公司董事、监事、高级管理人员了解法律法规、公司章程、本规则及股票上市协议对其设定的责任；

(九)协助董事会依法行使职权,在董事会作出违反法律法规、公司章程及本所有关规定的决议时,及时提醒董事会,如果董事会坚持作出上述决议的,应当把情况记录在会议纪要上,并将会议纪要立即提交上市公司全体董事和监事；

(十)为上市公司重大决策提供咨询和建议；

(十一)本所要求履行的其他职责。

5.1.5 董事会秘书须经过本所组织的专业培训和资格考核并取得合格证书,由董事会聘任,报本所备案并公告;对于没有合格证书的,经本所认可后由董事会聘任。

5.1.6 公司应当在股票上市后三个月内或原任董事会秘书离职后三个月内正式聘任董事会秘书。在此之前,公司应当临时指定人选代行董事会秘书的职责。

5.1.7 公司董事会聘任董事会秘书应当向本所提交以下文件：

(一)董事会推荐书,内容包括被推荐人的职务、工作表现及个人品德等；

(二)被推荐人的个人简历、学历证明(复印件)；

(三)被推荐人取得的董事会秘书资格考试合格证书；

(四)董事会的聘任书；

(五)董事会秘书的通讯方式,包括办公电话、住宅电话、移动电话、传真、通信地址及专用电子邮件信箱地址等；

(六)公司法定代表人的通讯方式,包括办公电话、住宅电话、移动电话、传真及通信地址等。

5.1.8 董事会秘书有以下情形之一的，本所可以建议上市公司董事会终止对其的聘任:

(一)在执行职务时出现重大错误或疏漏,给上市公司或投资者造成重大损失；

(二)违反国家法律法规、公司章程和本所有关规定,给上市公司或投资者造成重大损失；

(三)本所认为不宜继续担任董事会秘书的其他情形。

5.1.9 上市公司董事会解聘董事会秘书应当具有充分理由，解聘董事会秘书或董事会秘书辞职时,公司董事会应当向本所报告、说明原因并公告。

5.1.10 董事会秘书离任前,应当接受董事会、监事会的离任审查,将有关档案文件、正在办理及其他待办理事项,在公司监事会的监督下移交。公司在聘任董事会秘书时应当与其签订保密协议,要求其承诺一旦在离任后持续履行保密义务直至有关信息公开披露为止。

5.1.11 上市公司董事会在聘任董事会秘书的同时,应当另外委任一名董事会证券事务代表,在董事会秘书不能履行职责时,代行董事会秘书的职责。证券事务代表应当具有董事会秘书的任职资格,经过本所的专业培训和资格考核并取得合格证书。

第二节　股权管理与信息披露事务

5.2.1 本所接受董事会秘书或证券事务代表办理上市公司的股权管理与信息披露事务。

5.2.2 上市公司应当在信息披露前将公告文稿及相关材料报送本所。所报文稿及材料应为中文打印件并签字盖章,文稿上应当写明拟公告的日期及报纸。经本所同意后,上市公司自行联系公告事项。不能按预定日期公告的,应当及时报告本所。

5.2.3 上市公司应当将信息披露文件在公告的同时备置于指定场所,供公众查阅。

5.2.4 上市公司应当至少选定一家信息披露的指定报纸；在选定或变更指定报纸后,在两个工作日内报告本所。

第六章　定期报告

6.1 上市公司应当在每个会计年度结束之日起四个月内编制完成年度报告,在指定报纸披露年度报告摘要,同时在指定网站上披露其全文。

本所在规定的期限内安排各上市公司披露的时间顺序。

6.2 上市公司应当按照中国证监会《公开发行股票公司信息披露的内容与格式准则第二号<年度报告的内容与格式>》的规定编制年度报告及年度报告摘要。

本所在上述规定基础上对年度报告的编制和披露有进一步要求的,公司还应当按本所要求办理。

6.3 上市公司应当在年度报告经董事会批准后的两个工作日内本所报送年度报告,经本所登记后,在至少一种指定报纸上刊登年度报告摘要并在指定网站上披露年度报告全文。

6.4 上市公司向本所办理年度报告登记手续时,应向本所报送以下文件：

(一)审计报告原件；

(二)年度报告正本及其摘要；

(三)董事会决议及其公告文稿；

(四)上述文件的电子文件；

(五)停牌申请；

(六)本所要求的其他文件。

6.5 上市公司出现本规则 9.2.1 条所述财务状况异常的情形时,应当在收到年度审计报告后两个工作日内报送本所。

6.6 本所对上市公司年度报告的事后审核是对年度报告摘要、正本在形式上的审查。上市公司应当认真、及时地答复本所的问询,并按本所要求对年度报告有关内容作出解释说明、刊登补充公告。

6.7 上市公司应当于每个会计年度的上半年结束之日起二个月内编制完成中期报告并在指定报纸披露。

6.8 上市公司应当按照中国证监会《公开发行股票公司信息披露内容与格式准则第三号<中期报告的内容与格式>》以及有关通知的规定编制中期报告。

本所在上述规定基础上对中期报告的披露提出进一步要求的,公司还应按本所要求办理。

6.9 上市公司的中期财务报告可以不经会计师事务所审计,但有下列情形之一的，必须经会计师事务所审计（中国证监会另有规定的除外)：

(一)拟在下半年进行利润分配或公积金转增股本的;

(二)中国证监会或本所认为应当进行审计的其他情形。

6.10 中期报告的报送、公告和审核按照年度报告的有关规定执行。

第七章 临时报告

第一节 董事会、监事会、股东大会决议

7.1.1 上市公司召开董事会会议，应当在会议结束后两个工作日内将董事会决议和会议纪要报送本所备案。

本所要求公司提供董事会、监事会、股东大会会议记录的,公司应按照本所要求在规定时间内提供该等会议记录。

7.1.2 上市公司董事会决议涉及须经股东大会表决的事项和本章第二、三、四节有关事项的,必须公告;其他事项,本所认为有必要的,也应当公告。

7.1.3 上市公司召开监事会会议，应当在会议结束后两个工作日内将监事会决议和会议纪要报送本所备案,经本所审核后,在指定报纸上公布。

7.1.4 上市公司应当在股东大会结束后两个工作日内将股东大会决议公告文稿、会议记录和全套会议文件报送本所,经本所审查后在指定报纸上刊登决议公告。

7.1.5 股东大会因故延期或取消，应当在原定股东大会召开日的五个工作日之前发布通知,通知中应当延期或取消的具体原因。属延期的,通知中应当公布延期后的召开日期。

7.1.6 股东大会对董事会预案作出修改，或对董事会预案以外的事项作出决议,或会议期间发生突发事件导致会议不能正常召开的,上市公司应当向本所说明原因并公告。

7.1.7 股东大会决议公告应当写明出席会议的股东人数、所持股份及占上市公司有表决权总股本的比例,以及每项议案的表决方式和表决统计结果。对股东提案作出决议的,应当列明提案股东的名称或姓名、持股比例和提案内容。

发行B股的上市公司还应当在公告中说明股东会议通知情况、上市公司A股股东和B股股东出席会议及表决情况。

7.1.8 股东大会以会议文件等形式向股东通报的重要内容，如未公开披露过的,应当在股东大会决议公告中披露。

第二节 收购、出售资产

7.2.1 本节所称收购、出售资产是指上市公司收购、出售企业所有者权益、实物资产或其他财产权利的行为。

7.2.2 上市公司拟收购、出售资产达到以下标准之一时,经董事会批准后,应在两个工作日内向本所报告并公告:

(一)按照最近一期经审计的财务报告、评估报告或验资报告,收购、出售资产的资产总额占上市公司最近一期经审计的总资产值的10%以上;

(二)被收购资产相关的净利润或亏损的绝对值(按上一年度经审计的财务报告)占上市公司经审计的上一年度净利润或亏损绝对值的10%以上,且绝对金额在100万元以上;

被收购资产的净利润或亏损值无法计算的,不适用本款;收购企业所有者权益的,被收购企业的净利润或亏损值以与这部分产权相关的净利润或亏损值计算;

(三) 被出售资产相关的净利润或亏损绝对值或该交易行为所产生的利润或亏损绝对额占上市公司经审计的上一年度净利润或亏损绝对值的10%以上,且绝对金额在100万元以上;被出售资产的净利润或亏损值无法计算的,不适用本款;出售企业所有者权益的,被出售企业的净利润或亏损值以与这部分产权相关的净利润或亏损值计算;

(四)收购、出售资产的交易金额(承担债务、费用等应当一并计算)占上市公司最近一期经审计的净资产总额10%以上。

7.2.3 上市公司拟收购、出售资产按7.2.2条第(一)、(四)项所述标准计算所得的相对数字占50%以上的;或按7.2.2条第(二)、(三)项所述标准计算所得的相对数字占50%以上,且收购、出售资产相关的净利润或亏损绝对金额在500万元以上的,除须经董事会批准,报告本所并公告外,必须经上市公司股东大会批准。

上市公司还应当聘请有证券从业资格的会计师事务所或资产评估机构对拟收购、出售的资产进行审计或评估,审计或评估基准日距协议生效日不得超过6个月。若因特殊情况不能审计或评估,必须在股东大会上说明原因。

中国证监会对收购、出售资产另有规定的,上市公司还应当按照相应规定办理。

7.2.4 上市公司在12个月内连续对同一或相关资产分次进行收购、出售的,以其在此期间交易的累计额确定是否公告。

7.2.5 上市公司直接或间接持股比例超过50%的子公司收购、出售资产,视同上市公司行为,适用本节规定。上市公司的参股公司(持股50%以下)收购、出售资产,交易标的有关金额指标乘以参股比例后,适用本节规定。

7.2.6 上市公司因收购、出售其他上市公司的股份,需履行股东披露义务或要约义务的,应当同时按照法律法规、中国证监会和本所的有关规定执行。

7.2.7 上市公司应当在收购、出售资产协议生效之日起三个月内公告交易实施情况(包括所有必需的产权变更或登记过户手续完成情况),同时提供相关证明文件。

7.2.8 上市公司披露上述收购、出售资产事项,应当向本所提交以下文件:

(一)交易公告文稿;

(二)收购、出售资产的协议书;

(三)董事会决议及公告(如有);

(四)被收购、出售资产涉及的政府批文(如有);

(五)被收购、出售资产的财务报表;

(六)中介机构对被收购、出售资产的意见书(评估报告或审计报告);

(七) 本所要求的其他文件。

7.2.9 上市公司收购、出售资产的公告应当包括但不限于以下内容:

(一)交易概述及协议生效时间;

(二)协议有关各方的基本情况,包括企业名称、工商登记类型、注册地点、法定代表人、主营业务等;

(三)被收购、出售资产的基本情况,包括该资产的名称、中介机构名称、资产帐面值及评估值、资产运营情况、资产质押、抵押以及在该资产上设立的其他财产权利的情况、涉及该财产的重大争议的情况;

被收购、出售的资产系企业所有者权益的,还应当介绍公司(或企业)的基本情况和最近一期经审计的财务报告中的财务数据,包括资产总额、负债总额、所有者权益、主营收入、净利润等，并附收购、出售基准日资产负债表和损益表(如果基准日不是年底,还需披露上一年度损益表);

收购、出售资产达到7.2.3条所规定标准的,除披露上述内容外,还应当披露该等资产的历史情况;被收购出售的资产系企业所有者权益,且占被收购企业所有者权益的50%以上,另应当披露该企业近三年的资产负债表、损益表及现金流量表或公司成立之日起至收购、出售资产合同签署日期间的资产负债表、损益表及现金流量表。

(四)上市公司预计从该交易获得的利益及该交易对上市公司未来经营的影响;

(五)交易金额(包括定价基准)及支付方式(现金、股权、资产置换等,还包括有关分期付款安排的条款);

(六)该交易涉及的人员安置、土地租赁、债务重组等情况;

(七)出售资产的,应当说明出售所得款项的用途;

(八)收购资产的,应当说明是否与招股说明书、配股说明书或其他

募集资金说明书中列示的项目相关,并说明该项交易的资金来源;

(九)须经股东大会或有权部门批准的事项,应当明确说明需履行的合法程序和进展情况;

(十)如果收购资产后,可能产生关联交易,应披露有关情况;

(十一)如果收购资产后,可能与关联人产生同业竞争的,应披露规避的方法或其他安排(包括有关协议或承诺等);

(十二)收购资产后,上市公司与控股股东在人员、资产、财务上分开的安排计划;

(十三)本所要求的其他内容。

第三节 关联交易

7.3.1 上市公司关联交易是指上市公司及其控股子公司与关联人发生的转移资源或义务的事项,包括但不限于下列事项:

(一)购买或销售商品;

(二)购买或销售除商品以外的其他资产;

(三)提供或接受劳务;

(四)代理;

(五)租赁;

(六)提供资金(包括以现金或实物形式);

(七)担保;

(八)管理方面的合同;

(九)研究与开发项目的转移;

(十)许可协议;

(十一)赠与;

(十二)债务重组;

(十三)非货币性交易;

(十四)关联双方共同投资;

(十五)本所认为应当属于关联交易的其他事项。

上市公司关联人包括关联法人、关联自然人和潜在关联人。

7.3.2 具有以下情形之一的法人,为上市公司的关联法人:

(一)直接或间接地控制上市公司,以及与上市公司同受某一企业控制的法人(包括但不限于母公司、子公司、与上市公司受同一母公司控制的子公司);

(二)7.3.3条所列的关联自然人直接或间接控制的企业。

7.3.3 上市公司的关联自然人是指:

(一)持有上市公司5%以上股份的个人股东;

(二)上市公司的董事、监事及高级管理人员;

(三)本条第(一)、(二)项所述人士的亲属,包括:

1. 父母;

2. 配偶;

3. 兄弟姐妹;

4. 年满18周岁的子女;

5. 配偶的父母、子女的配偶、配偶的兄弟姐妹、兄弟姐妹的配偶。

7.3.4 因与上市公司关联法人签署协议或作出安排,在协议生效后符合7.3.2条和7.3.3条规定的,为上市公司潜在关联人。

7.3.5 由上市公司控制或持有50%以上股份的子公司发生的关联交易,视同上市公司行为,其披露适用7.3.7、7.3.8、7.3.9、7.3.11、7.3.12、7.3.13、7.3.14条规定;上市公司的参股公司发生的关联交易,以其交易标的乘以参股比例或协议分红比例后的数额,适用7.3.7、7.3.8、7.3.9、7.3.11、7.3.12、7.3.13、7.3.14条规定。

7.3.6 上市公司关联交易应当遵循以下基本原则:

(一)符合诚实信用的原则;

(二)关联方如享有上市公司股东大会表决权,除特殊情况外,应当回避表决;

(三)与关联方有任何利害关系的董事,在董事会就该事项进行表决时,应当回避;

(四)上市公司董事会应当根据客观标准判断该关联交易是否对上市公司有利。必要时应当聘请专业评估师或独立财务顾问。

7.3.7 上市公司关联人与上市公司签署涉及关联交易的协议,应当采取必要的回避措施:

(一)任何个人只能代表一方签署协议;

(二)关联人不得以任何方式干预上市公司的决定;

(三)上市公司董事会就关联交易表决时,有利害关系的当事人属下列情形的,不得参与表决:

(1)与董事个人利益有关的关联交易;

(2)董事个人在关联企业任职或拥有关联企业的控股权或控制权的,该等企业与上市公司的关联交易;

(3)按照法律法规和公司章程规定应当回避的。

(四)上市公司股东大会就关联交易进行表决时,关联股东不得参加表决。关联股东有特殊情况无法回避时,在上市公司征得有权部门同意后,可以参加表决。公司应当在股东大会决议中对此作出详细说明,同时对非关联方的股东投票情况进行专门统计,并在决议公告中披露。

7.3.8 上市公司与其关联人达成的关联交易总额低于300万元,且低于上市公司最近经审计净资产值的0.5%的,不适用本节规定。

7.3.9 上市公司与其关联人达成的关联交易总额在300万元至3000万元之间或占上市公司最近经审计净资产值的0.5%至5%之间的,上市公司应当在签定协议后两个工作日内按照7.3.11条的规定进行公告,并在下次定期报告中披露有关交易的详细资料。

7.3.10 上市公司披露关联交易,应当按照7.2.8条的规定向本所提交文件。

7.3.11 上市公司就关联交易发布的临时报告应当包括以下内容:

(一)交易日期、交易地点;

(二)有关各方的关联关系;

(三)交易及其目的的简要说明;

(四)交易的标的、价格及定价政策;

(五)关联人在交易中所占权益的性质及比重;

(六)关联交易涉及收购或者出售某一公司权益的,应当说明该公司的实际持有人的详细情况,包括实际持有人的名称及其业务状况;

(七)董事会关于本次关联交易对上市公司是否有利得意见;

(八)若涉及对方或他方向上市公司支付款项的,必须说明付款方近三年或自成立之日起至协议签署期间的财务状况,董事会应当对该等款项收回或成为坏帐的可能作出判断和说明;

(九)独立财务顾问意见;

(十)本所和中国证监会要求的其他内容。

关联交易涉及收购、出售资产的,还应参照7.2.9条的要求披露。

7.3.12 上市公司拟与关联人达成的关联交易总额高于3000万元或高于上市公司最近经审计净资产值的5%以上的,公司董事会必须在作出决议后二个工作日内报送本所并公告。公告的内容须符合7.3.11条的规定。关联交易在公司股东大会批准后方可实施,任何与该关联交易有利害关系的关联人在股东大会上应当放弃对该议案的投票权。公司应当在关联交易的公告中特别载明:"此项交易需经股东大会批准,与该关联交易有利害关系的关联人放弃在股东大会上对该议案的投票权"。

对于此类关联交易,上市公司董事会应当对该交易是否对公司有利发表意见,同时上市公司应当聘请独立财务顾问就该关联交易对全体股东是否公平、合理发表意见,并说明理由、主要假设及考虑因素。上市公司应当在下次定期报告中披露有关交易的详细资料。

7.3.13 上市公司与关联人就同一标的或者上市公司与同一关联人在连续12个月内达成的关联交易累计金额达到本规则7.3.9条所述标准的,上市公司应当按7.3.9条的规定披露。

7.3.14 上市公司与关联人就同一标的或者上市公司与同一关联人在连续12个月内达成的关联交易累计金额达到7.3.12条所述条件的,

上市公司须按 7.3.12 条的规定披露。

7.3.15 上市公司与关联人之间签署的涉及关联交易的协议，包括产品供销协议、服务协议、土地租赁协议等在招股说明书、上市公告书或前一个定期报告中已经披露，协议主要内容（如价格、数量及付款方式等）在下一个定期报告之前未发生显著变化的，上市公司可豁免执行本节上述条款，但是应当在定期报告及其相应的财务报告附注中就报告期内协议的执行情况作出必要说明。

7.3.16 上市公司与关联人达成以下的交易，可免予按照关联交易的方式表决和披露：

（一）关联人按照上市公司的招股说明书、配股说明书或增发新股说明书以缴纳现金方式认购应当认购的股份；

（二）关联人依据股东大会决议领取股息或者红利；

（三）关联人购买上市公司发行的企业债券；

（四）上市公司与其控股子公司发生的关联交易；

（五）本所认定的其他情况。

7.3.17 公司必须在重大关联交易实施完毕之日起二个工作日内向本所报告并公告。

第四节 其他重大事件

7.4.1 上市公司在会计年度结束时预计出现亏损的，应当在会计年度结束后的 30 个工作日内发布首次风险提示公告。

7.4.2 上市公司发生重大诉讼、仲裁事项，按以下要求进行披露：

（一）诉讼、仲裁事项涉及的金额或 12 个月内累计金额占公司最近经审计的净资产值 10%以上的，上市公司应当在知悉该事件后及时报告并公告；

（二）上市公司根据第（一）项规定披露信息前，应当向本所报送有关法律文书的复印件；

（三）对诉讼、仲裁事件的披露，应当说明诉讼、仲裁受理日期，诉讼、仲裁各方当事人、代理人及其所在单位的姓名或名称，受理法院或仲裁机构的名称和所在地，诉讼或仲裁的原因、依据及诉讼、仲裁的请求，判决或仲裁的日期、结果以及各方当事人对结果的意见等。

7.4.3. 上市公司发生重大担保事项，除应当采取有效措施向债务人追偿，将追偿情况及时披露外，还应当遵循以下要求：

（一）上市公司不得为本公司的股东、股东的控股子公司、股东的附属企业或者个人债务提供担保。上市公司为上述公司、个人以外的法人提供担保，涉及的金额或连续 12 个月累计额占上市公司最近经审计的净资产值的 10%以上的，应当及时报告并公告；

（二）上市公司根据第（一）项规定披露信息前，应当向本所报送相关协议的复印件；

（三）对担保事项的披露，应当说明担保协议签署及生效日期，债权人名称，担保的方式、期限、金额，担保协议中的其他重要条款，被担保人基本情况等：

被担保人为法人的，应当包括企业名称、注册地点、法定代表人、经营范围、与上市公司的关联关系或其他关系；

被担保人为个人的，应当包括姓名、与上市公司的关联关系或其他关系；

（四）根据第（一）项披露的担保事项，被担保人于债务到期后十五个工作日内未履行还款义务的，上市公司应当及时报告并公告；

（五）根据第（一）项应当披露的担保事项，被担保人出现破产、清算及其他可能严重影响其还款能力的事件，上市公司知悉后应当及时报告并公告。

7.4.4 上市公司出现以下情况且所涉及的数额达到 7.2.2 所规定标准的，比照本章第二节的规定披露：

（一）重要合同（借贷、委托经营、受托经营、委托理财、赠与、承包、租赁等）的订立、变更和终止；

（二）大额银行退票；

（三）重大经营性或非经营性亏损；

（四）遭受重大损失；

（五）重大投资行为；

（六）可能依法承担的赔偿责任；

（七）重大行政处罚（若不涉及具体数额，应当披露被查处的具体内容）；

（八）本所认为需披露的其他事项。

7.4.5 上市公司出现以下情况，应当自事实发生之日起两个工作日内向本所报告并公告：

（一）公司章程、注册资本、注册地址、名称的变更，其中公司章程发生变更的，还应当将新的公司章程在指定网站上披露；

（二）经营方针和经营范围的重大变化；

（三）订立 7.4.4 条第（一）项以外的重要合同，可能对上市公司的资产、负债、权益和经营成果产生重大影响；

（四）发生重大债务或未清偿到期重大债务；（五）变更募集资金投资项目；

（六）直接或间接持有另一上市公司发行在外的普通股 5%以上；

（七）持有上市公司 5%以上股份的股东，其持有股份增减变化达 5%以上；

（八）上市公司第一大股东发生变更；

（九）上市公司董事长、三分之一以上董事或经理发生变动；

（十）生产经营环境发生重要变化，包括全部或主要业务停顿、生产资料采购、产品销售方式或渠道发生重大变化；

（十一）减资、合并、分立、解散或申请破产的决定；

（十二）新的法律、法规、规章、政策可能对公司的经营产生显著影响；

（十三）更换为上市公司审计的会计师事务所；

（十四）股东大会、董事会的决议被法院依法撤销；

（十五）法院裁定禁止对上市公司有控制权的股东转让其所持上市公司的股份；

（十六）持有上市公司 5%以上股份的股东所持股份被质押；

（十七）上市公司进入破产、清算状态；

（十八）上市公司预计出现资不抵债；

（十九）获悉主要债务人出现资不抵债或进入破产程序，上市公司对相应债权未提取足额坏帐准备的；

（二十）因涉嫌违反证券法规被中国证监会调查或正受到中国证监会处罚的（公司就违规事项公告时，应当事先报告中国证监会）；

（二十一）本所认为需要披露的其他事项。

7.4.6 上市公司出现 7.4.5 条第（五）项所述情形，应当向本所提交以下文件：

（一）董事会决议；

（二）监事会对变更募集资金投资项目的意见；

（三）新项目的可行性报告；

（四）新项目的有关立项批文（如有）；

（五）新项目的合作意向书或协议（如有）；

（六）新项目涉及收购资产或企业所有者权益的，应提供有关的评估报告或审计报告；

（七）原项目的终止协议及说明（如有）；

（八）董事会关于变更募集资金投资项目的公告文稿；

（九）本所要求的其他文件。

7.4.7 上市公司出现 7.4.5 条第（五）项所述情形，应当披露以下内容：

（一）董事会关于变更募集资金投资项目的原因说明；

（二）董事会关于新项目的发展前景、盈利能力、有关的风险和对策等情况的说明；

(三)新项目涉及收购资产或企业所有者权益的,还应当比照本章第二节的规定进行披露;

(四)新项目涉及关联交易的,还应当比照本章第三节的规定进行公告;

(五)本所要求的其他内容。

7.4.8 董事会预计上市公司业绩与其披露过的盈利预测有重大差异,而且导致该差异的因素尚未披露的,应当及时公告,说明有关因素及其对业绩的影响。

上市公司董事会在向本所提交公告文稿时,应当提交以下文件:

(一)预计的业绩变化和造成变化的原因;

(二)董事会确认预计的依据及过程是适当和审慎的函件;

上市公司聘有独立财务顾问的,应当提交独立财务顾问确认上市公司董事会作出该预计的依据及过程是适当和审慎的函件。

7.4.9 上市公司直接或间接持股比例超过50%的子公司出现本节所述情形的,视同上市公司的行为,适用本节规定。

第五节 股票交易异常波动

7.5.1 上市公司应当关注本公司股票的交易以及公共传播媒介、网站对本公司的报道。

7.5.2 出现下列情况之一的,上市公司应当及时报告并公告:

(一)股票交易发生异常波动;

(二)公共传播媒介或网站传播的消息可能对公司的股票交易产生影响。

7.5.3 股票出现以下情况之一时,本所将根据市场情形,认定其是否属股票交易异常波动:

(一)某只股票的价格连续三个交易日达到涨幅限制或跌幅限制;

(二)某只股票连续五个交易日列入"股票、基金公开信息";

(三)某只股票价格的振幅连续三个交易日达到15%;

(四)某只股票的日均成交金额连续五个交易日逐日增加50%;

(五)本所或中国证监会认为属于异常波动的其他情况。

出现上述第(一)至(四)项情形被认定为异常波动的股票,其异常波动的计算从公告之日起重新开始。

7.5.4 上市公司针对有关传闻发布公告,应当向本所报送公告文稿及传闻在公共传播媒介中传播的证据。

7.5.5 上市公司出现7.5.2条所述的情况时,本所可以要求上市公司比照7.5.7条的规定发布公告。

7.5.6 上市公司对有关传闻的公告应当包括以下内容:

(一)传闻内容及其来源;

(二)公司的真实情况;

(三)经本所同意的其他内容。

7.5.7 上市公司认为股票交易的异常波动与上市公司或上市公司内外部环境的变化无关,应当在公告中作出说明;若与本公司有关,则应当披露可能影响其股票价格的信息

第六节 公司的合并、分立

7.6.1 上市公司的合并、分立应当符合《公司法》等现行法律法规的规定。

7.6.2 涉及上市公司股份变动的合并、分立方案应当报中国证监会批准并抄报本所。

7.6.3 涉及上市公司股份变动的合并、分立方案未经中国证监会批准的,本所对有关的公告文稿不予审查,并报告中国证监会。

7.6.4 上市公司合并、分立方案实施过程中涉及上市公司信息披露和股份变更登记等事项,按中国证监会和本所的规定办理。

第八章 停牌、复牌

8.1 上市公司可以以本所认为合理的理由向本所申请停牌与复牌。

8.2 本所可根据实际情况或中国证监会的要求,决定公司股票及其衍生品种的停牌与复牌。

8.3 出现以下情况之一的,上市公司董事会应当向本所申请对其股票及其衍生品种例行停牌与复牌:

(一)市公司于交易日公布中期报告或年度报告,当日上午停牌,下午开市时复牌;

(二)上市公司召开股东大会,会议期间为本所开市时间的,自股东大会召开当日起停牌,直至公告股东大会决议当日上午开市时复牌;如果股东大会决议公告的内容涉及增加、变更或否决议案的,直至公告股东大会决议当日下午开市时复牌;公告日为非交易日,则公告后第一个交易日复牌;

(三)上市公司于交易日公布董事会关于权益分派、配股、公积金转增股本等决议,当日上午停牌,下午开市时复牌。

8.4 上市公司出现以下情况之一,本所对其股票及其衍生品种予以停牌与复牌:

(一)在公共传播媒介中出现上市公司尚未披露的消息,可能对公司股票及其衍生品种的交易产生较大影响,本所对该股票及其衍生品种实施停牌,直至上市公司对该消息作出公告的当日下午开市时复牌;

(二)股票交易出现异常波动,本所可以对其停牌,直至有披露义务的当事人作出公告的当日下午开市时复牌。

8.5 上市公司于交易日公布临时报告的,应当向本所申请停牌,本所根据情况决定停牌与复牌时间。

8.6 临时报告披露不够充分、完整或可能误导公众,上市公司拒不按照本所要求作出修改的,本所可以对该公司股票及其衍生品种停牌,直至上市公司作出补充或更正公告的当日下午开市时复牌。

8.7 本所审核上市公司定期报告时,要求上市公司就有关内容进行解释说明或补充公告,公司不按本所要求办理的,本所可以视具体情况对其股票及其衍生品种实施停牌,直至公司作出解释说明或补充公告的当日下午开市时复牌。

8.8 上市公司未在《证券法》规定的法定期限内公布定期报告的,本所对其股票及其衍生品种停牌,直至其定期报告披露的当日下午开市时复牌;公告日为非交易日,则公告后第一个交易日复牌。

8.9 上市公司在公司运作和信息披露方面涉嫌违反法律、法规、规章及本所业务规则,情节严重的,在被有关部门调查期间,经中国证监会批准,本所对公司股票及其衍生品种停牌,待有关处理决定公告后另行决定复牌时间。

8.10 上市公司监事会按《公司法》第一百二十六条规定职权所作出的可能对股票的交易产生较大影响的决议于交易日公告,其股票及其衍生品种当日上午停牌,下午开市时复牌;情况特殊的,根据具体情况决定停牌与复牌时间。

8.11 上市公司严重违反本规则且在规定期限内仍不予改正的,本所对其股票停牌,直至改正后复牌。

8.12 上市公司因某种原因使本所失去有效信息来源时,本所可以对该公司的股票及其衍生品种停牌,直至本所恢复有效信息来源后复牌。

8.13 上市公司出现以下情况之一的,本所对其股票及其衍生品种停牌,直至导致停牌的原因消除后复牌:

(一)投资者发出收购该上市公司股票的公开要约;

(二)中国证监会依法作出暂停股票交易的决定;

(三)本所认为必要时。

8.14 上市公司出现异常状况,本所对其股票交易实行特别处理的,该公司股票及其衍生品种按本规则第九章的规定停牌。

8.15 上市公司出现10.1.1条规定的情况之一或发生重大事件而影响公司上市资格的,本所按第十章的规定对该公司的股票及其衍生品种停牌。

8.16 上市公司在重大收购、出售资产或股权、债务重组过程中，股价出现异常波动或董事会预计将会导致股价出现异常波动的，如果出现下列情形且无法按照4.9条规定进行分阶段披露的，董事会应当向本所提出停牌申请：

(一)重大收购、出售资产或股权、债务重组行为不能确定结果；

(二)相关信息在市场上已有传播但仍需报请政府批准；

(三)董事会预计相关信息无法保密的。

8.17 公司申请的停牌期限不超过30天的，本所根据公司的股票交易情况作出决定；超过30天(包括30天)的，由本所提出处理意见报中国证监会批准。公司应当在停牌申请获准后的次一个工作日公告停牌的信息。

8.18 在停牌期间，公司应当至少每两周披露一次重大收购、出售、债务重组事项的进展情况。

停牌期间，相关事项的不确定性已经消除的，公司应在二个工作日内向本所申请复牌并公告；停牌期满，该等事项的不确定性没有消除的，公司应在期满时提前二个工作日向本所申请延长停牌时间，经本所同意或报经证监会批准后，公司应及时予以公告。

8.19 公司就同一不确定事项累计停牌已达到90天，公司未向本所申请复牌的，自累计停牌满三个月之日起，本所对其股票强制复牌，并对其股票采取以下交易方式:

(一)投资者在本所另行规定的开市时间内申报交易委托；

(二)申报价格不得超过上一次收市价格的5%，不设下限；

(三)在本条第(一)项规定时间收市后对有效申报按集合竞价方法进行撮合成交。

在此期间，相关事项的不确定性已经消除的，公司应在二个工作日内向本所申请恢复停牌前的交易方式并公告。

第九章 特别处理

第一节 基本原则

9.1.1 上市公司出现财务状况或其他状况异常，导致投资者难于判断公司前景，权益可能受到损害的，本所将对公司股票交易实行特别处理。

9.1.2 本章所称特别处理包括以下措施：

(一)在公司股票简称前冠以“ST”字样，以区别于其他股东；

(二)股票报价的日涨跌幅限制为5%。

9.1.3 本规则所规定的特别处理不属于对上市公司的处罚，上市公司在特别处理期间的权利和义务不变。

第二节 财务状况异常的特别处理

9.2.1 上市公司出现以下情形之一的，为财务状况异常：

(一)最近两个会计年度的审计结果显示的净利润均为负值；

(二) 最近一个会计年度的审计结果显示其股东权益低于注册资本，即每股净资产低于股票面值；

(三)注册会计师对最近一个会计年度的财务报告出具无法表示意见或否定意见的审计报告；

(四)最近一个会计年度经审计的股东权益扣除注册会计师、有关部门不予确认的部分，低于注册资本；

(五)最近一份经审计的财务报告对上年度利润进行调整，导致连续两个会计年度亏损；

(六)经本所或中国证监会认定为财务状况异常的。

9.2.2 上市公司出现9.2.1条所列情形之一的，应当在收到审计报告之日起两个工作日内向本所报告，并提交上市公司董事会书面意见。

9.2.3 本所收到上市公司上述报告后五个工作日内，或者在报请中国证监会认可的期限内，决定是否对该公司股票实行特别处理。

上市公司应当按照本所的要求在其股票交易实行特别处理之前一交易日作出公告，其股票在公告日停牌一天，公告后第一个交易日复牌并实行特别处理。

9.2.4 上市公司最近年度财务状况恢复正常、审计结果表明9.2.1条所列情形已消除，并且满足以下条件的，公司应当自收到最近年度审计报告之日起两个工作日内向本所报告并提交年度报告，同时可以向本所申请撤销特别处理：

(一)主营业务正常运营；

(二)扣除非经常性损益后的净利润为正值。

9.2.5 本所自接到撤销特别处理申请之日起两个工作日内，根据该公司的实际，决定是否撤销特别处理。在撤消特别处理前，上市公司应当按照本所要求于交易日作出公告。公告日其股票停牌一天，公告后第一个交易日复牌并撤销特别处理。

未撤销特别处理的，上市公司在下一会计年度结束后方可参照9.2.4的规定向本所申请撤销特别处理。

第三节 其他状况异常的特别处理

9.3.1 上市公司出现以下异常状况之一的，本所对其股票交易实行特别处理：

(一)由于自然灾害、重大事故等导致上市公司主要经营设施遭受损失，公司生产经营活动基本中止，在三个月以内不能恢复的；

(二)公司涉及负有赔偿责任的诉讼或仲裁案件，按照法院或仲裁机构的法律文书，赔偿金额累计超过上市公司最近经审计的净资产值的50%的；

(三)公司主要银行帐号被冻结，影响上市公司正常经营活动的；

(四)公司出现其他异常情况，董事会认为有必要对股票交易实行特别处理的；

(五)人民法院受理公司破产案件，可能依法宣告上市公司破产的；

(六)公司董事会无法正常召开会议并形成董事会决议的；

(七) 公司的主要债务人被法院宣告进入破产程序，而公司相应债权未能计提足额坏帐准备，公司面临重大财务风险的；

(八)中国证监会或本所认定为状况异常的其他情形。

9.3.2 上市公司出现9.3.1条第(一)至(四)项和(六)至(七)项情形的，应当在二个工作日内向本所提交报告。本所收到上述报告后，参照9.2.3条处理。

9.3.3 上市公司认为前条所列的异常状况已经消除，可以向本所申请撤销股票交易特别处理，本所比照9.2.5的规定，决定是否撤销特别处理。

9.3.4 上市公司出现9.3.1条第(五)项所列情形即进入破产程序而被实施特别处理的，公司股票在每个交易日上午交易。

9.3.5 自法院受理上市公司破产案件的公告发布当日起，本所对该公司股票实施停牌。

公司应当在收到法院有关法律文书的当日，立即向本所报告，经本所审核后公告。公告日后第一个交易日公司股票复牌并实施特别处理。

9.3.6 上市公司进入破产程序后，公司或其他有信息披露义务的主体应当于第一时间向本所报告债权申报情况、债权人会议情况、和解和整顿等重大情况并公告。

公司刊登上述公告当日，其股票停牌一天。

9.3.7 上市公司与债权人会议达成和解协议，并且能够按照和解协议清偿债务，经法院裁定终结破产程序的，本所自法院发布公告的当日起对公司股票实施停牌。

上市公司应当在收到有关法律文书后立即向本所报告，经本所审核后公告，公告日后的第一个交易日公司股票复牌。

9.3.8 法院依法宣告上市公司破产的，自法院发布公告日起，本所对该公司股票停牌。

上市公司应当在收到有关法律文书后立即向本所报告，经本所审核后公告。

第十章　暂停上市、终止上市

第一节　暂停上市

10.1.1 根据《公司法》第一百五十七条的规定，本节所称的暂停上市包括以下四种情形：

(一)上市公司股本总额、股权分布等发生变化不再具备上市条件；

(二)上市公司不按规定公开其财务状况，或者对财务会计报告作虚假记载；

(三)上市公司有重大违法行为；

(四)上市公司最近三年连续亏损。

10.1.2 上市公司出现 10.1.1 条第(一)、(二)、(三)项所列情形之一的，本所根据中国证监会的决定暂停其股票上市。

10.1.3 上市公司出现 10.1.1 条第(四)项所列情形，由本所决定暂停其股票上市。

10.1.4 上市公司最近两年连续亏损后，董事会预计第三年度将继续亏损的，应当在第三个会计年度结束后的 30 个工作日内作出风险提示公告，并在披露年报前至少再发布两次风险提示公告。

10.1.5 上市公司董事会应当在收到其连续第三年亏损的年度审计报告后两个工作日内向本所和中国证监会报告并披露年度报告。

10.1.6 连续三年亏损的上市公司已披露年度报告的，自上市公司公布年度报告之日起，本所对其股票实施停牌，并在停牌后五个工作日内就其股票暂停上市作出决定。

10.1.7 连续两年亏损的上市公司，未能在《证券法》规定的法定期限内公布第三年年度报告的，自年度报告披露的法定期限到期之日起，本所对其股票实施停牌，并在停牌后五个工作日内就其股票暂停上市作出决定。

10.1.8 本所作出暂停上市决定的，将通知该公司并公告，同时报中国证监会备案。自公告当日起，本所停止其股票逐日持续交易。

10.1.9 上市公司应当在接到本所暂停其股票上市决定之日起二个工作日内，在指定的报纸和网站刊登《暂停股票上市公告》。

《暂停股票上市公告》应当包括以下内容：

(一)暂停上市股票的种类、简称、证券代码以及暂停上市起始日；

(二)有关股票暂停上市决定的主要内容；

(三)司董事会关于是否可以争取恢复股票上市的意见及争取恢复上市的具体措施，并说明董事会的出席和表决情况；

(四)中国证监会和本所要求的其他内容。

10.1.10 上市公司在暂停上市期间的其他权利义务不变。

10.1.11 在公司暂停上市期间，本所为该公司股票提供特别转让服务，股票特别转让依照本所《上市公司股票特别转让处理规则》的规定办理。

10.1.12 自股票暂停上市之日起四十五天内，公司可以向本所提出 12 个月的宽限期的申请，以延长暂停上市的时间。该申请在提交本所并被受理的同时应当公告，宽限期自暂停上市日起计算。

公司向本所提出申请宽限期时，须提交以下材料：

(一)宽限期申请书；

(二)董事会关于申请宽限期的决议及审议宽限期重整计划的决议；

(三)宽限期重整计划；

(四)董事会关于是否能在宽限期内改善公司现状以争取公司股票恢复上市的意见；

(五) 本所要求的其他文件。

10.1.13 本所审核暂停上市公司的宽限期申请，重点关注以下事项：

(一)公司申请宽限期之前，正在实施重大资产重组，该资产重组的实施将可能使公司在宽限期内第一个会计年度有盈利；

(二)公司拟在宽限期实施的《宽限期重整计划》可能使公司在宽限期内在宽限期内第一个会计年度有盈利。

(三)因非经营性因素导致亏损并暂停上市的，在宽限期内非经营性因素有望消除，使公司在宽限期内第一个会计年度有望盈利。

10.1.14 本所接到公司申请后三个工作日内作出是否给予公司宽限期的决定，通知公司并公告。公司应自接到本所决定之日起两个工作日内公告该决定的主要内容。本所未给予宽限期的，公司还应当发布可能被终止上市的风险提示公告。

10.1.15 因 10.1.1 条第(一) 、(二) 、(三)项的情形股票被暂停上市的公司重新具备上市条件后，可以向本所提出恢复上市申请。

本所自收到申请后三个工作日内提出意见，报中国证监会批准后恢复该公司股票上市。

10.1.16 因 10.1.1 条第(四)项的情形股票被暂停上市的公司，在宽限期内第一个会计年度有盈利的，可以在年度报告公布后，向中国证监会提出恢复上市的申请并公告。本所在中国证监会对公司恢复上市申请核准期间，相应延长其宽限期。

在恢复上市申请核准期间，公司股票停止特别转让。

10.1.17 上市公司应当在接到中国证监会核准公司股票恢复上市的决定后两个工作日内，刊登《恢复股票上市公告》。

自《股票恢复上市公告》刊登后第一个交易日，公司股票恢复上市交易。

《股票恢复上市公告》应当包括以下内容：

(一)恢复上市股票的种类、简称、证券代码；

(二)中国证监会有关恢复股票上市决定的主要内容；

(三)公司董事会对公司经营状况的分析和预测；

(四)中国证监会和本所要求的其他内容。

第二节　终止上市

10.2.1 本章所称的终止上市是指上市公司出现《公司法》第一百五十八条所列情况，中国证监会决定终止其上市。

10.2.2 上市公司在限期内未能消除 10.1.1 条第(一)项所列情形而不具备上市条件的，本所根据中国证监会终止其上市的决定，终止该公司股票上市。

10.2.3 上市公司因 10.1.1 条第(二)、(三)项所列情形，经查实后果严重的，本所根据中国证监会终止其上市的决定，终止该公司股票上市。

10.2.4 因 10.1.1 条第(四)项所列情形而暂停上市的公司董事会预计出现下列情形之一的，应当在其年度报告披露日前至少发布三次风险提示公告，提醒投资者注意公司可能被终止上市：

(一)不能在宽限期截止日之前披露宽限期内第一个年度报告的；

(二)在宽限期内第一个会计年度继续亏损的。

10.2.5 因 10.1.1 条第(四)项所列情形而暂停上市的公司不能在宽限期截止日公布其宽限期内第一个年度报告的，本所自宽限期截止日后两个工作日内报告中国证监会并公告，由中国证监会决定公司股票终止上市。

10.2.6 因 10.1.1 条第(四)项所列情形而暂停上市的公司在宽限期内第一个会计年度继续亏损的，本所在其披露年度报告之日后两个工作日内报告中国证监会并公告，由中国证监会决定公司股票终止上市。

10.2.7 因 10.1.1 条第(四)项所列情形而暂停上市的公司出现下列情形之一的，本所自事实发生之日起二个工作日内报告中国证监会并公告，由中国证监会决定公司股票终止上市：

(一)公司决定不提出宽限期申请的；

(二)公司自暂停上市之日起 45 日内未提出宽限期申请的；

(三)申请宽限期未获本所批准的。

10.2.8　因 10.1.1 条第(四)项所列情形而暂停上市的公司，在本所在收到中国证监会终止上市的决定后，终止其股票上市并公告。

10.2.9 上市公司决议解散的，公司董事会应当在股东大会作出决议后立即向本所和中国证监会报告，本所在收到报告后三个工作日内提出意见，报中国证监会批准后终止该公司股票上市。

10.2.10 行政主管部门依法责令上市公司关闭或者法院宣告上市公

司破产的，本所在收到公司的报告之日起三个工作日内提出意见，报中国证监会批准后终止该公司股票上市。

10.2.11 上市公司应当在接到中国证监会终止上市的决定后两个工作日内，在指定报纸和网站发布《股票终止上市公告》。《股票终止上市公告》应当包括以下内容：

(一)终止上市股票的种类、简称、证券代码以及终止上市的日期；

(二)中国证监会关于终止上市决定的主要内容；

(三)终止上市后其股票登记、转让、管理事宜；

(四)中国证监会和本所要求的其他内容。

10.2.12 本所协助终止上市的公司(或清算组)处理有关股份事务。

第十一章 境内外上市事务的协调

11.1 在本所上市的公司同时有证券在其他证券交易所上市的，其他证券交易所要求公开披露的信息，上市公司必须同时向本所报告，经本所审核后同时公告。

11.2 上市公司就同一事件向其他交易所提供的报告和公告应当与向本所提供的报告和公告内容一致，出现重大差异时，上市公司必须向本所说明，并按照本所要求补充公告。

11.3 本章未尽事宜，适用法律法规、本所其他有关业务规则以及本所与其他证券交易所签署的监管合作备忘录的规定。

第十二章 违反本规则的处理

12.1 上市公司违反本规则规定，本所视情节轻重给予以下处分：

(一)责令改正；

(二)内部通报批评；

(三)在指定报纸和网站上公开谴责；

(四)要求上市公司有关责任人支付3万元以上30万元以下的惩罚性违约金。

以上处分可以单处或并处。情节严重的，本所依法报中国证监会查处。

12.2 上市公司董事、监事违反本规则规定和董事、监事承诺的，本所视情节轻重给予以下处分：

(一)责令改正；

(二)内部通报批评；

(三)在指定报纸和网站上公开谴责；

(四)要求该等董事、监事支付3万元以上30万元以下的惩罚性违约金；

(五)公开认定其不适合担任上市公司董事、监事。

以上处分可以单处或并处。

情节严重的，本所依法报中国证监会查处。

12.3 上市推荐人违反本规则规定，本所视情节轻重给予以下处分：

(一)责令改正；

(二)内部通报批评；

(三)在指定报纸和网站上公开谴责；

(四)取消上市推荐人资格。

情节严重的，本所依法报中国证监会查处。

12.4 上市公司董事会秘书违反本规则规定，本所视情节轻重给予以下处分：

(一)责令改正；

(二)内部通报批评；

(三)在指定报纸和网站上公开谴责；

(四)建议上市公司更换董事会秘书。

第十三章 释 义

13.1 释义：

上市：指股票及其衍生品种经审核同意在本所挂牌交易。

股票：包括人民币普通股(简称A股)和境内上市外资股(简称B股)。

衍生品种：指B股配股权证及其他股票衍生产品。

公司职工股：指采取募集方式设立的股份有限公司内部职工按不超过社会公众股百分之十的比例认购的股票。

内部职工股：指原定向募集股份有限公司的内部职工认购的股票。

高级管理人员：指公司经理、副经理、董事会秘书、财务负责人及公司认定的其他人员。

财务顾问：指有证券从业资格的会计师事务所、证券咨询机构、综合类证券公司。

第一大股东：指合计持有上市公司股份数量处于第一位或者对上市公司有实际控制权的股东。

上市公司控股子公司：指上市公司为其第一大股东，或者按照股权比例、公司章程或经营协议，上市公司能够控制其董事会组成的公司。公司承诺：指上市公司及其董事会在招股说明书、招股意向书、配股说明书、定期报告和临时报告及整改报告中就重要事项向公众所作的保证，包括但不限于以下重大事项：

(一)募集资金使用；

(二)分配计划；

(三)关联交易方案；

(四)对公司有较大影响的收购与出售资产或投资等重要事项向公众作出的保证；

(五)其他对公司发展或对公司股价有较大影响的重大事件。

股东承诺：是指上市公司主要股东在招股说明书、招股意向书、配股说明书、定期报告和临时报告及整改报告中就重要事项向上市公司作出的保证。

13.2 本规则未定义的用语的含义，依照国家有关法律、法规、规章及本所有关业务规则确定。

13.3 本规则所称"以上"、"以内"、"以前"都含本数，"少于"不含本数。

第十四章 附 则

14.1 本规则经本所理事会通过并报中国证监会批准后生效，修改时亦同。

14.2 本规则由本所解释。

14.3 本规则自发布之日起执行。

附件：1、董事声明及承诺书
2、监事声明及承诺书

附件1：

董事声明及承诺书

第一部分 声 明

一、基本情况

1.上市公司名称：

2.公司股票简称： 股票代码：

3.本人姓名： 职务：

4.别名

5.曾用名

6.出生日期

7.住址

8.国籍

9.拥有哪些国家或地区的长期居留权(如有)

10.专业资格(如有)

11. 身份证号码

12. 护照号码(如有)

13.配偶及近亲属的姓名、身份证号码：

配偶：

父母：

年满18岁具有民事行为能力的子女

兄弟姐妹：

二、是否有配偶、父母、年满18周岁具有民事行为能力的子女及其配偶、兄弟姐妹及其配偶担任本公司董事、监事、高级管理人员。

是□ 否□ 如是，请详细说明。

三、是否在其他公司任职？

是□ 否□ 如是，请填报各公司的名称、注册资本、经营范围、以及您在该公司任职的情况。

四、是否负有数额较大的到期未清偿债务，或者未偿还经法院裁定应当偿付的债务，或者被法院采取强制措施，或者受到仍然有效的法院判决、裁定所限制？

是□ 否□ 如是，请详细说明。

五、是否曾担任因经营不善破产清算、关停并转或曾有类似情况的公司、企业的董事、监事或者厂长、经理？

是□ 否□

六、是否曾担任因违法而被吊销营业执照的公司、企业的法定代表人？

是□ 否□

七、是否曾因违反刑法，尤其是犯有贪污贿赂罪、侵犯财产罪或者破坏社会主义经济秩序罪等而受到刑事处罚？

是□ 否□

八、是否曾因违反《证券法》、《禁止证券欺诈行为暂行办法》和《证券市场禁入暂行规定》受到行政处罚？

是□ 否□ 如是，请详细说明。

九、除第七、八条以外，您是否曾违反其他法律、法规被判处刑罚或受到行政处罚？

是□ 否□ 如是，请详细说明。

十、是否因涉嫌违反法律、法规的规定正受到中国证监会的调查或涉及有关诉讼、仲裁？

是□ 否□ 如是，请详细说明。

十一、本人及配偶、父母、子女及子女的配偶是否持有本人所在上市公司股票及其衍生品种？

是□ 否□ 如是，请详细说明。

十二、请说明在上市公司或附属公司业务中，过去或现在是否拥有除前条以外的任何利益？

是□ 否□ 如是，请详细说明。

十三、是否参加过中国证监会和上海证券交易所组织或认可的证券业务的培训？

是□ 否□ 如是，请详细说明。

十四、除上述问题所涉及的信息外，您是否知悉任何其他事项，而不声明该等事项可能影响您对上述问题回答的真实性、完整性或准确性？

是□ 否□ 如是，请详细说明。

本人__________(正楷体)郑重声明，上述回答是真实、完整和准确的，保证不存在任何虚假陈述、遗漏或误导成份，本人完全明白作出虚假声明可能导致的后果，而且上海证券交易所可依据上述回答所提供的资料，评估本人是否适宜担任上市公司的董事。

声明人(签名)：

日　期：

此项声明于　　　年　　　月　　　日在_________(地点)作出。

见证律师：

日　期：

第二部分　承　诺

本人______________(正楷体)向上海证券交易所承诺：

一、本人在履行上市公司董事的职责时，将遵守法律、法规、规章等有关规定，履行诚实信用、勤勉尽责的义务；

二、本人在履行上市公司董事的职责时，将遵守中国证监会发布的规章、规定和通知的要求，并尽力促使上市公司遵守；

三、本人在履行上市公司董事的职责时，将遵守《上海证券交易所股票上市规则》等上海证券交易所发布的规章、规定、通知的要求，并促使上市公司及本人的授权人遵守；

四、本人在履行上市公司董事的职责时，将遵守《公司章程》；

五、本人接受上海证券交易所的监管，包括及时、坦白地答复上海证券交易所向本人提出的任何问题，及时提供《股票上市规则》规定应当报送的资料及其他要求提供的文件的正本或副本，并出席本人被要求出席的任何会议。

六、本人授权上海证券交易所将本人提供的承诺与声明的资料向中国证监会报告。

七、本人如违反上述义务，愿意承担由此引起的一切法律责任。

八、本人在执行职务过程中，如果与上海证券交易所发生争议提起诉讼时，由上海证券交易所住所地法院管辖。

承诺人(签名)：

日　期：

此项承诺于　　　年　　月　　　日在　　　　(地点)的作出。

见证律师：　　　　　　　日　期：

附件2:

监事声明及承诺书

第一部分　声　明

一、基本情况

1.上市公司名称

2.公司股票简称　　　　　　　股票代码

3.姓名

4.别名

5.曾用名

6.出生日期

7.住址

8.国籍

9.哪些国家或地区的长期居留权(如有)

10.专业资格(如有)

11.身份证号码

12.护照号码(如有)

13.配偶及近亲属的姓名、身份证号码：

配偶：

父母：

年满18岁具有民事行为能力的子女：

兄弟姐妹：

二、是否有配偶、父母、年满18周岁具有民事行为能力的子女及其配偶、兄弟姐妹及其配偶担任本公司董事、监事、高级管理人员。

是□ 否□ 如是，请详细说明。

三、是否在其他公司任职？

是□ 否□ 如是，请填报各公司的名称、注册资本、经营范围、以及您在该公司任职的情况。

四、是否负有数额较大的到期未清偿债务，或者未偿还经法院裁定应当偿付的债务，或者被法院采取强制措施，或者受到仍然有效的法院判决、裁定所限制？

是□ 否□ 如是，请详细说明。

五、是否曾担任因经营不善破产清算、关停并转或曾有类似情况的公司、企业的董事、监事或者厂长、经理？

是□ 否□

六、是否曾担任因违法而被吊销营业执照的公司、企业的法定代表人?

是□ 否□

七、是否曾因违反刑法,尤其是犯有贪污贿赂罪、侵犯财产罪或者破坏社会主义经济秩序罪等而受到刑事处罚?

是□ 否□

八、是否曾因违反《证券法》、《禁止证券欺诈行为暂行办法》和《证券市场禁人暂行规定》受到行政处罚?

是□ 否□ 如是,请详细说明。

九、除第七、八条以外,您是否曾违反其他法律、法规被判处刑罚或受到行政处罚?

是□ 否□ 如是,请详细说明。

十、是否因涉嫌违反法律、法规的规定正受到中国证监会的调查或涉及有关诉讼、仲裁?

是□ 否□ 如是,请详细说明。

十一、本人及配偶、父母、子女及子女的配偶是否持有本人所在上市公司股票及其衍生品种?

是□ 否□ 如是,请详细说明。

十二、请说明在上市公司或附属公司业务中,过去或现在是否拥有除前条以外的任何利益?

是□ 否□ 如是,请详细说明。

十三、是否参加过中国证监会和上海证券交易所组织或认可的证券业务的培训?

是□ 否□ 如是,请详细说明。

十四、除上述问题所涉及的信息外,您是否知悉任何其他事项,而不声明该等事项可能影响您对上述问题回答的真实性、完整性或准确性?

是□ 否□ 如是,请详细说明。

本人_________(正楷体)郑重声明,上述回答是真实、完整和准确的,保证不存在任何虚假陈述、遗漏或误导成份,本人完全明白作出虚假声明可能导致的后果,而且上海证券交易所可依据上述回答所提供的资料,评估本人是否适宜担任上市公司的监事。

声明人(签名):

日 期:

此项声明于 年 月 日在___________(地点)作出。

见证律师:

日 期:

第二部分 承 诺

本人______________________(正楷体)向上海证券交易所承诺:

一、本人在履行上市公司监事的职责时,将遵守国家有关法律、法规、规章等有关规定,履行诚信、勤勉义务;

二、本人在履行上市公司监事的职责时,将遵守中国证监会发布的规章、规定和通知的要求,并促使上市公司及其董事遵守;

三、本人在履行上市公司监事的职责时,将遵守《上海证券交易所股票上市规则》等上海证券交易所发布的规章、规定、通知的要求,并促使上市公司及其董事遵守;

四、本人在履行上市公司监事的职责时,将遵守《公司章程》,并促使上市公司及其董事遵守;

五、本人接受上海证券交易所的监管,包括及时、坦白地答复上海证券交易所向本人提出的任何问题,并促使上市公司董事及时提供《股票上市规则》规定应当报送的资料及其他要求提供的文件的正本或副本,并出席本人被要求出席的任何会议。

六、本人授权上海证券交易所将本人提供的承诺与声明的资料向中国证监会报告。

七、本人如违反上述义务,愿意承担由此引起的一切法律责任。

八、本人在执行职务过程中,如与上海证券交易所发生争议提起诉讼时,由上海证券交易所住所地法院管辖。

承诺人(签名):

日 期:

此项承诺于 年 月 日在 (地点)的作出。

见证律师: 日 期:

说明:

1、按照《上海证券交易所股票上市规则》的规定应当向本所呈报董事、监事声明及承诺书的人士,均必须填写第一部分声明和第二部分承诺。

2、请回答所有的问题,若回答问题的空格不够填写,请另附纸填写,并装订在后。

3、若没有真实、完整、准确、及时填写声明部分,或没有填写承诺部分,或没有遵守承诺,则属违反《上海证券交易所股票上市规则》,本所根据《上海证券交易所股票上市规则》予以处理。

4、若对填写事项有疑问,请咨询律师。

深圳证券交易所股票上市规则(2001年修订本)

关于印发《深圳证券交易所股票上市规则(二○○一年修订本)》的通知

各上市公司:

《深圳证券交易所股票上市规则(二○○一年修订本)》已经中国证监会证监公司字[2001]52号批准,自2001年6月8日开始施行,现印发给你们,请认真学习并遵照执行。2000年5月1日施行的《深圳证券交易所股票上市规则(二○○○年修订本)》同时废止。

特此通知。

深圳证券交易所

二○○一年六月七日

第一章 总 则

1.1 为规范股票上市行为和上市公司及其相关义务人的信息披露行为,维护证券市场秩序,保护投资者和股票发行人的合法权益,根据《中华人民共和国公司法》(以下简称"《公司法》")、《中华人民共和国证券法》(以下简称"《证券法》")、《股票发行与交易管理暂行条例》(以下简称"《股票条例》")、《证券交易所管理办法》等法律、法规、规章及《深圳证券交易所章程》,制定本规则。

1.2 股票及其衍生品种在深圳证券交易所(以下简称"本所")上市,适用本规则的规定。

1.3 公司申请经中国证券监督管理委员会(以下简称"中国证监会")核准发行的股票在本所上市,由本所审查同意后安排上市。

1.4 本所依据法律、法规和本规则及中国证监会的授权对上市公司及其董事、监事、高级管理人员、有信息披露义务的投资人及上市推荐人进行监管。

第二章 股票上市协议、董事、监事承诺和董事、监事备案、上市推荐人

第一节 股票上市协议

2.1.1 公司在股票首次上市之前应当向本所申请并签署股票上市协议。

2.1.2 股票上市协议应当包括以下内容:

(一)双方的权利与义务;

(二)上市费用以及交纳方式;

(三)董事会秘书和董事会证券事务代表;

(四)定期报告、临时报告的报告程序及上市公司回复本所质询的规定;

(五)股票及衍生品种的停、复牌事项;

(六)违约责任;

(七)仲裁条款;

(八)本所认为需要规定的其他内容。

第二节 董事、监事承诺和董事、监事备案

2.2.1 上市公司的全体董事、监事应当在股票上市后两个月内,新任董事、监事应当在股东大会通过其任命后两个月内,签署《董事(监事)声明及承诺书》并送达本所备案。董事、监事签署该文件时必须由一名有证券从业资格的律师向董事、监事解释《董事(监事)声明及承诺书》的内容,董事、监事在充分理解后签字。

2.2.2 董事应当履行以下职责并在《董事声明及承诺书》中做出承诺:

(一)遵守国家有关法律法规,履行诚信勤勉义务;

(二)遵守公司章程;

(三)遵守本规则,接受本所监管;

(四)本所认为应当承诺的其他事项。

监事除同样应当履行上述职责并在《监事声明及承诺书》中做出承诺外还应当承诺促使上市公司董事遵守其承诺。

董事、监事应当在《董事(监事)声明及承诺书》中声明:

(一)本人持有所在公司股票的情况;

(二)有无违反法律法规受查处情况;

(三)参加证券业务培训的情况;

(四)其他任职情况;

(五)拥有其他国家或地区的国籍、长期居留权的情况;

(六)本所认为应当说明的其他情况。

2.2.3 《董事(监事)声明及承诺书》中声明的事项发生变化时,董事、监事应当在该情况发生之日起两个月内向本所提交有关最新资料备案,并保证该资料的准确与完整。

第三节 上市推荐人

2.3.1 本所实行股票上市推荐人制度。公司在本所申请股票上市,必须由一至二个本所认可的机构推荐。

2.3.2 上市推荐人应当符合以下条件:

(一)具有本所会员资格;

(二)从事股票承销工作或具有本所认可的其他资格一年以上且信誉良好;

(三)最近一年内无重大违法违规行为;

(四)负责推荐工作的主要业务人员熟悉本所有关上市的业务规则。

2.3.3 符合2.3.2条的会员应当每年向本所提出资格申请,经本所审查确认后,取得上市推荐人资格。会员受到中国证监会暂停或取消其发行上市业务资格的处分的,本所相应暂停或取消其上市推荐人资格。

2.3.4 会员申请上市推荐人资格应当提交以下文件:

(一)申请书;

(二)会员证书;

(三)承销资格证书或本所认可的其他资格证书;

(四)主要业务人员简历;

(五)最近一年上市推荐业务的情况;

(六)上市推荐协议书,须附有向中国证监会提交的发行人情况调查表;

(七)本所要求提供的其他文件。

2.3.5 上市推荐人应当与发行人签订股票上市推荐协议,对双方在发行人申请上市期间及上市后一年内的权利义务进行规定,股票上市推荐协议应当符合本规则和股票上市协议的有关规定。

2.3.6 上市推荐人应当履行以下义务:

(一)确认发行人符合上市条件;

(二)确保发行人的董事了解法律、法规、本规则及股票上市协议规定的责任;

(三)协助发行人申请股票上市;

(四)提交股票上市推荐书;

(五)对股票上市文件所载的资料进行核实,保证文件真实、准确、完整,符合规定要求;

(六)协助发行人健全法人治理结构;

(七)协助发行人制定严格的信息披露和保密制度;

(八)本所规定上市推荐人的其他义务。

2.3.7 上市推荐书应当包括以下内容:

(一)发行人的概况;

(二)申请上市股票的发行情况;

(三)发行人与上市推荐人是否存在关联关系及存在何种关联关系;

(四)公司章程符合《公司法》等法律法规和中国证监会规定以及发行人符合上市条件的说明;

(五)上市推荐人认为发行人需要说明的重要事项和存在的问题;

(六)上市推荐人需要说明的其他事项。

2.3.8 上市推荐人应当保证发行人的上市申请文件、上市公告书没有虚假、严重误导性陈述或者重大遗漏,并保证对其承担连带责任。

2.3.9 上市推荐人不得利用其在股票发行上市过程中获得的内幕信息为自己或他人谋取利益。

第三章 股票上市的申请、审查与信息披露

第一节 首次公开发行的股票上市

3.1.1 发行人必须经中国证监会核准后,方可向本所申请其股票上市。

3.1.2 发行人申请其首次公开发行的股票上市,应当按照中国证监会《公开发行股票公司信息披露的内容与格式准则》第七号《上市公告书的内容与格式》编制上市公告书。

3.1.3 发行人提出上市申请时应当向本所提交以下文件:

(一)上市申请书;

(二)中国证监会核准其股票发行的文件及经中国证监会核准的发行、上市申报文件;

(三)上市推荐人出具的上市推荐书;

(四)具有从事证券业务资格的会计师事务所出具的关于发行人全部资本的验资报告(包括实物资产所有权已转移至上市公司的证明文件);

(五)股票发行后按照规定新增的财务资料;

(六)历次股东大会决议;

(七)股票发行后公司设立或变更的营业执照复印件;

(八)上市公告书;

(九)发行人拟聘任或已聘任的公司董事会秘书人选的资料;

(十)公司董事、监事和高级管理人员持股情况的报告;

(十一)确定公司股票挂牌简称的函;

(十二)公司全部股票已托管的证明文件;

(十三)本所要求的其他文件。

3.1.4 发行人应当保证向本所提交的文件没有虚假性陈述或重大遗漏。

3.1.5 发行人向本所提出上市申请时，其第一大股东应当承诺：自发行人股票上市之日起12个月内，不转让其持有的发行人股份，也不由上市公司回购其持有的股份。发行人应当在《上市公告书》中予以公告。本条所指股份不包括在此期间新增的股份。

3.1.6 发行人应当自本所批准其股票上市交易申请后、距其股票正式挂牌交易日的五日之前在至少一种中国证监会指定的上市公司信息披露报纸(以下简称"指定报纸")和中国证监会指定的互联网网站(以下简称"指定网站")上刊登上市公告书，并在指定网站上刊登《公司章程》。上市公告书应当备置于指定场所，供公众查阅。

发行人在提出上市申请期间，未经本所同意，不得擅自披露有关信息。

第二节 配股或增发新股上市

3.2.1 上市公司配股或增发新股完成后，可以申请配股或增发新股的可流通股份上市。

3.2.2 上市公司申请其配股或增发新股的可流通股份上市，应当向本所提交以下文件：

(一)上市申请书；

(二)中国证监会的核准文件；

(三)经中国证监会审核的全部配股或增发新股的申请文件；

(四)配股或增发新股完成后经具有从事证券业务资格的会计师事务所出具的验资报告；有实物资产配股或增发新股的，提供资产所有权已转移至上市公司的证明文件；

(五)董事、监事和高级管理人员持股情况变动的报告；

(六)股份变动公告或上市公告书；

(七)股份登记机构对新增股份登记托管的书面证明；

(八)本所要求的其他文件。

3.2.3 本所对上市公司配股或增发新股的可流通股份的上市申请审查后，安排符合条件的股份上市流通。公司应当在配股或增发新股的可流通股份上市前三个工作日内在指定报纸刊登股份变动公告或上市公告书，并公布配股或增发新股的可流通股份上市日。

3.2.4 其他股份经核准上市流通，比照3.2.2条和3.2.3条的规定执行。

第三节 派发股份股利与公积金转增股本

3.3.1 上市公司在派发股份股利、公积金转增股本前，应当向本所提供以下文件：

(一)股东大会关于派发股份股利、公积金转增股本的决议；

(二)公司实施派发股份股利、公积金转增股本公告书；

(三)本所要求的其他文件。

3.3.2 经本所审查后，上市公司应当于派发股份股利、公积金转增股本的股权登记日前三至五个工作日在指定报纸刊登派发股份股利、公积金转增股本公告书。

3.3.3 派发股份股利、公积金转增股本公告书应当符合中国证监会的有关规定，并且包括以下内容：

(一)通过派发股份股利、公积金转增股本方案的股东大会的届次和日期；

(二)派发股份股利、公积金转增股本的比例(以每10股表述)、股本基数(按实施前实际股本计算)、是否含税以及扣税情况等；

(三)股权登记日、除权日、新增可流通股份上市日；

(四)实施办法；

(五)股本变动结构表(按变动前总股本、本次送红股数、本次转增股本数、变动后总股本、占总股本比例等项目列示)；

(六)派发股份股利、公积金转增股本后，按新股本摊薄计算的上年度每股净收益或本年度中期每股净收益；

(七)有关咨询办法。

第四节 公司职工股或内部职工股上市

3.4.1 上市公司申请其公司职工股或内部职工股上市，应当向本所提交以下文件：

(一)上市申请书；

(二)中国证监会关于其公司职工股或内部职工股上市时间的批文

(三)有关公司职工股或内部职工股的持股情况说明及托管证明；

(四)有关公司董事、监事、高级管理人员持股情况说明；

(五)公司职工股或内部职工股上市提示公告；

(六)本所要求的其他文件。

3.4.2 经本所审查同意后，上市公司应当在公司职工股或内部职工股上市前三个工作日内在指定报纸刊登上市提示公告。

3.4.3 上市提示公告应当包括以下内容：

(一)上市日期、上市股份数量、冻结数量；(二)发行价格；

(三)历次送配情况；

(四)持股人数。

第五节 董事、监事、高级管理人员所持股份上市

3.5.1 上市公司董事、监事、高级管理人员在任期内应当按照规定向本所申报持股变动情况，不得转让其所持有的本公司股份，包括因公司派发股份股利、公积金转增股本、配股、购入(受让)新增的股份。

3.5.2 上市公司的董事、监事、高级管理人员离职半年后，可以申请其所持股份上市流通。

3.5.3 上市公司原董事、监事、高级管理人员申请所持股份上市流通，应当向本所提交以下文件：

(一)上市申请书；

(二)关于免去董事、监事、高级管理人员的决议或董事、监事、高级管理人员的辞职书以及董事会出具的离职证明。

第六节 向证券投资基金、法人、战略投资者配售的股份上市

3.6.1 上市公司申请其向证券投资基金、法人、战略投资者配售的股份上市，应当向本所提交以下文件：

(一)上市申请书；

(二)配售结果的公告；

(三)配售股份的托管证明；

(四)有关向基金、法人、战略投资者配售的股份说明；

(五)上市提示公告；

(六)本所要求的其他文件。

3.6.2 经本所批准后，上市公司应当在配售的股份上市前三个工作日内在指定报纸上刊登上市提示公告。

3.6.3 上市提示公告应当包括以下内容：

(一)上市时间；

(二)上市股份数量；

(三)发行价格；

(四)历次送配情况。

第四章 信息披露的基本原则

4.1 上市公司应当履行以下信息披露的基本义务：

(一)及时披露所有对上市公司股票价格可能产生重大影响的信息。

(二)确保信息披露内容真实、准确、完整而没有虚假、严重误导性陈述或重大遗漏。

上市公司对履行以上基本义务以及本规则规定的具体要求有任何疑问的，应当向本所咨询。

4.2 上市公司董事会全体成员必须保证信息披露内容真实、准确、完整,没有虚假、严重误导性陈述或重大遗漏,并就其保证承担连带赔偿责任。上市公司应当将以上内容作为重要提示在公告中陈述。

4.3 上市公司及其董事、监事、高级管理人员不得泄露内幕消息,不得进行内幕交易或配合他人操纵证券交易价格。

4.4 上市公司应当公开披露的信息包括定期报告和临时报告。年度报告和中期报告为定期报告,其他报告为临时报告。

4.5 上市公司公开披露的信息必须在第一时间报送本所。

4.6 本所根据有关法律、法规、规章对上市公司公开披露的信息进行形式审核,对其内容的真实性不承担责任。

本所对定期报告实行事前登记、事后审核;对临时报告实行事前审核;对本所同意免于临时报告事前审核上市公司的临时报告实行事前登记、事后审核。

上市公司进行信息披露前,公司应当按本所的要求将有关公告文稿和相关备查文件报送本所。

4.7 上市公司公告出现任何错误、遗漏或误导,本所可以要求上市公司做出说明并补充公告。

4.8 上市公司应当将公司承诺事项和股东承诺事项单独摘出送本所备案,并在定期报告中专项披露上述承诺事项的履行情况。

上市公司未履行承诺的,董事会应当及时详细披露原因以及董事会应承担的法律责任;股东未履行承诺的,上市公司董事会应当及时详细披露具体情况,并说明董事会所采取的措施。

4.9 上市公司存在或正在筹划第七章第二、三、四节所述的重大事件,应当遵循分阶段披露的原则,履行以下信息披露义务:

(一)在该事件尚未披露前,董事和有关当事人应当确保有关信息绝对保密;如果该信息难以保密,或者已经泄露,或者公司股票价格已明显发生异常波动时,上市公司应当立即予以披露。

(二)上市公司就上述重大事件与有关当事人一旦签署意向书或协议,无论意向书或协议是否有附加条件或附加期限,上市公司应当立即予以披露。

上述协议发生重大变更、中止或者解除、终止,上市公司应当及时予以披露,说明协议变更、中止或者解除、终止的情况和原因。

(三)上述重大事件获得有关部门批准的,或者已披露的重大事件被有关部门否决的,公司应当及时予以披露。

4.10 上市公司董事会及董事在公司的信息公开披露前应当将该信息的知情者控制在最小范围内。

4.11 上市公司公开披露的信息应当在至少一种指定报纸(定期报告还应当指定网站)上公告,在其他公共传媒披露信息不得先于指定报纸和指定网站。上市公司不得以新闻发布或答记者问等形式代替公司的正式公告。

4.12 上市公司出现下列情形,认为无法按照本规则规定披露信息的,可以向本所提出申请,经本所同意,可以免予按照本规则规定披露:

(一)上市公司有充分理由认为披露某一信息会损害公司的利益,且该信息对其股票价格不会产生重大影响;

(二)上市公司认为拟披露的信息可能导致其违反国家有关法律法规的;

(三)本所认可的其它情况。

4.13 上市公司发生的事项达不到本规则披露要求的,可以免予披露。

本所认为必要的,上市公司应当比照本规则的规定披露。

4.14 上市公司应当配备信息披露所必要的通讯设备和计算机等办公设备,保证计算机可以连接国际互联网、对外咨询电话畅通。

第五章 董事会秘书、股权管理与信息披露事务

第一节 董事会秘书

5.1.1 上市公司必须设立一名董事会秘书。董事会秘书为上市公司的高级管理人员,对董事会负责。

5.1.2 董事会秘书的任职资格:

(一)具有大学专科以上学历,从事秘书、管理、股权事务等工作三年以上;

(二)有一定财务、税收、法律、金融、企业管理、计算机应用等方面知识,具有良好的个人品质和职业道德,严格遵守有关法律、法规和规章,能够忠诚地履行职责;

(三)上市公司董事可以兼任董事会秘书,但是监事不得兼任;

(四)有《公司法》第五十七条规定情形之一的人士不得担任董事会秘书;

(五)上市公司聘任的会计师事务所的会计师和律师事务所的律师不得兼任董事会秘书。

5.1.3 董事会秘书应当遵守公司章程,承担公司高级管理人员的有关法律责任,对公司负有诚信和勤勉义务,不得利用职权为自己或他人谋取利益。

5.1.4 董事会秘书的职责:

(一)董事会秘书为公司与本所的指定联络人,负责准备和提交本所要求的文件,组织完成监管机构布置的任务;

(二)准备和提交董事会和股东大会的报告和文件;

(三)按照法定程序筹备董事会会议和股东大会,列席董事会会议并作记录,并应当在会议纪要上签字,保证其准确性;

(四)协调和组织上市公司信息披露事项,包括建立信息披露的制度、接待来访、回答咨询、联系股东,向投资者提供公司公开披露的资料,促使上市公司及时、合法、真实和完整地进行信息披露;

(五)列席涉及信息披露的有关会议,上市公司有关部门应当向董事会秘书提供信息披露所需要的资料和信息。公司做出重大决定之前,应当从信息披露角度征询董事会秘书的意见;

(六)负责信息的保密工作,制订保密措施。内幕信息泄露时,及时采取补救措施加以解释和澄清,并报告本所和中国证监会;

(七)负责保管上市公司股东名册资料、董事名册、大股东及董事持股资料和董事会印章,保管上市公司董事会和股东大会的会议文件和记录;

(八)帮助公司董事、监事、高级管理人员了解法律法规、公司章程、本规则及股票上市协议对其设定的责任;

(九)协助董事会依法行使职权,在董事会违反法律法规、公司章程及本所有关规定做出决议时,及时提出异议,如董事会坚持做出上述决议,应当把情况记载在会议纪要上,并将该会议纪要马上提交上市公司全体董事和监事;

(十)为上市公司重大决策提供咨询和建议;

(十一)本所要求履行的其他职责。

5.1.5 董事会秘书必须经过本所的专业培训和资格考核并取得合格证书,由董事会聘任,报本所备案并公告;对于没有合格证书的,经本所认可后由董事会聘任。

5.1.6 公司应当在股票上市后三个月内或原任董事会秘书离职后三个月内正式聘任董事会秘书。在此之前,公司应当临时指定人选以代行董事会秘书的职责。

5.1.7 公司董事会聘任董事会秘书应当向本所提交以下文件:

(一)董事会推荐书,包括被推荐人的职务、工作表现及个人品德等内容;

(二)被推荐人的个人简历、学历证明(复印件);

(三)被推荐人的董事会秘书资格考试合格证书;

(四)董事会的聘任书;

(五)董事会秘书的通讯方式,包括办公电话、住宅电话、移动电话、传真、通信地址及专用电子邮件信箱地址等。董事会秘书应当保证本所可以随时与其联系。

(六)公司法定代表人的通讯方式,包括办公电话、住宅电话、移动电

话、传真及通信地址等。

5.1.8 董事会秘书出现以下情形之一的,本所可以建议上市公司董事会终止对其的聘任:

(一)在执行职务时出现重大错误或疏漏,给上市公司或投资者造成重损失;

(二)有违反国家法律法规、公司章程、本所有关规定的行为,给上市公司或投资者造成重大损失;

(三)本所认为不应当继续担任董事会秘书的其他情形。

5.1.9 上市公司董事会解聘董事会秘书应当具有充足理由,解聘董事会秘书或董事会秘书辞职时,公司董事会应当向本所报告,说明原因并公告。

5.1.10 董事会秘书离任前,应当接受董事会、监事会的离任审查,将有关档案文件、正在办理或待办理事项,在公司监事会的监督下移交。公司应当在聘任董事会秘书时与其签订保密协议,要求其承诺一旦在离任后持续履行保密义务直至有关信息公开披露为止。

5.1.11 上市公司董事会在聘任董事会秘书的同时,应当另外委任一名董事会证券事务代表,在董事会秘书不能履行职责时,代行董事会秘书的职责。证券事务代表应当具有董事会秘书的任职资格,经过本所的专业培训和资格考核并取得合格证书。

第二节 股权管理与信息披露事务

5.2.1 本所接受董事会秘书或证券事务代表办理上市公司的股权管理与信息披露事务;

5.2.2 上市公司应当在信息披露前将公告文稿及相关材料报送本所。文稿为中文打印件并签字盖章,文稿上应当写明拟公告的日期及报纸。经本所同意后,上市公司自行联系公告事项。不能按预定日期公告的,应当及时报告本所。

5.2.3 上市公司应当将信息披露文件在公告的同时备置于指定场所,供公众查阅。

5.2.4 上市公司应当在选定或变更指定报纸后,在两个工作日内报告本所。

第六章 定期报告

6.1 上市公司应当在每个会计年度结束之日起四个月内编制完成年度报告并在指定报纸披露年度报告摘要,同时,应当在指定网站上披露其年度报告全文。

本所在规定的期限内安排各上市公司披露年度报告的时间顺序。

6.2 上市公司应当按照中国证监会《公开发行股票公司信息披露的内容与格式准则第二号〈年度报告的内容与格式〉》的规定编制年度报告及年度报告摘要。

本所可以在上述规定的基础上对年度报告的编制和披露做出进一步的要求。

6.3 上市公司应当在年度报告经董事会批准后两个工作日内向本所报送年度报告,经本所登记后,在至少一种指定报纸刊登年度报告摘要,同时,在指定网站上披露年度报告。

6.4 上市公司向本所报送年度报告的同时,还应当报送以下文件:

(一)审计报告原件;

(二)年度报告摘要;

(三)董事会决议及其公告文稿;

(四)载有年度报告及财务数据的电子文件;

(五)停牌申请;

(六)本所要求的其他文件。

6.5 上市公司出现 9.2.1 所述情形时,应当在收到年度审计报告后两个工作日内报送本所。

6.6 本所进行事后审核时可以要求上市公司对年度报告有关内容进行解释说明。

上市公司应当认真、及时答复本所的问询,并按照本所的要求刊登补充公告。

6.7 上市公司应当于每个会计年度的上半年结束之日起两个月内编制完成中期报告并公告。

6.8 上市公司应当按照中国证监会《公开发行股票公司信息披露内容与格式准则第三号〈中期报告的内容与格式〉》以及有关通知的规定编制中期报告。

本所可以在上述规定的基础上对中期报告的编制和披露做出进一步的要求。

6.9 上市公司的中期财务报告可以不经会计师事务所审计,但有下列情形之一的,必须经会计师事务所审计(中国证监会另有规定的除外):

(一)拟在下半年进行利润分配或公积金转增的;

(二)中国证监会或本所认为应当进行审计的其他情形。

6.10 年度报告的有关报送、公告和审核的规定适用于中期报告。

第七章 临时报告

第一节 董事会、监事会、股东大会决议

7.1.1 上市公司召开董事会会议,应当在会议结束后两个工作日内将董事会决议和会议纪要报送本所备案。

本所要求上市公司提供董事会、监事会、股东大会决议记录的,上市公司应当按本所的要求在规定时间内提供该等会议记录。

7.1.2 上市公司董事会决议涉及需要经股东大会表决的事项和本章第二、三、四节的事项的,必须公告;其他事项,本所认为有必要的,也应当公告。

7.1.3 上市公司召开监事会会议,应当在会议结束后两个工作日内将监事会决议和会议纪要报送本所备案,经本所审核后,在指定报纸上公布。

7.1.4 上市公司应当在股东大会结束后当日将股东大会决议公告文稿、会议记录和全套会议文件报送本所,经本所审核后在指定报纸刊登决议公告。

7.1.5 股东大会因故延期或取消,应当在原定股东大会召开日的五个工作日之前发布通知,通知中应当说明延期或取消的具体原因。如属延期,应当公布延期后的召开日期。

7.1.6 股东大会对董事会预案做出修改,或对董事会预案以外的事项做出决议,或会议期间因突发事件致使会议不能正常召开的,上市公司应当向本所说明原因并公告。

7.1.7 股东大会决议公告应当写明出席会议的股东人数、所持股份及占上市公司有表决权总股本的比例,以及每项议案的表决方式及表决统计结果。对股东提案做出决议的,应当列明提案股东的名称或姓名、持股比例和提案内容。发行 B 股的上市公司还应当在公告中说明股东会议通知情况、上市公司 A 股股东和 B 股股东出席会议及表决情况。

7.1.8 股东大会以会议文件等形式向股东通报的重要内容,如未公开披露的,应当在股东大会决议公告中披露。

第二节 收购、出售资产

7.2.1 本节所称收购、出售资产是指上市公司收购、出售企业所有者权益、实物资产或其他财产权利的行为。

7.2.2 上市公司拟收购、出售资产达到以下标准之一时,经董事会批准后两个工作日内,向本所报告并公告:

(一)按照最近一期经审计的财务报告、评估报告或验资报告,收购、出售资产的资产总额占上市公司最近一期经审计的总资产值的 10%以上;

(二)被收购资产相关的净利润或亏损的绝对值(按上一年度经审计的财务报告)占上市公司经审计的上一年度净利润或亏损绝对值的 10%以上,且绝对金额在 100 万元以上;被收购资产的净利润或亏损值无法

计算的,不适用本款;收购企业所有者权益的,被收购企业的净利润或亏损值以与这部分产权相关的净利润或亏损值计算;

(三)被出售资产相关的净利润或亏损绝对值或该交易行为所产生的利润或亏损绝对值占上市公司经审计的上一年度净利润或亏损绝对值的10%以上,且绝对金额在100万元以上;被出售资产的净利润或亏损值无法计算的,不适用本款;出售企业所有者权益的,被出售企业的净利润或亏损值以与这部分产权相关的净利润或亏损值计算;

(四)收购、出售资产的交易金额(承担债务、费用等,应当一并加总计算)占上市公司最近一期经审计的净资产总额10%以上。

7.2.3 上市公司收购、出售资产按照7.2.2条第(一)款、第(三)款所述标准计算所得的任一相对数字达50% 以上的,或按照7.2.2条第(二)款所述标准计算所得的相对数字达到50%以上,且收购、出售资产的相关净利润或亏损绝对金额在500万元以上的,除须经董事会批准,并报告本所及公告外,应当经上市公司股东大会批准。

上市公司还应当聘请有证券从业资格的会计师事务所或资产评估机构对拟收购、出售的资产进行审计或评估,审计或评估基准日距协议生效日不得超过6个月。如因特殊原因无法实施审计或评估的,必须在股东大会上说明原因。

7.2.4 上市公司在十二个月内连续对同一或相关资产分次进行收购、出售的,以其在此期间交易的累计金额确定是否公告。

7.2.5 上市公司直接或间接持股比例超过50%的子公司收购、出售资产,视同上市公司行为,适用本节规定。上市公司的参股公司(持股50%以下)收购、出售资产,交易标的有关金额指标乘以参股比例后,适用本节规定。

7.2.6 上市公司因收购、出售其他上市公司的股份,需要履行股东披露义务或要约义务的,应当同时按照法律、法规、中国证监会和本所的有关规定执行。

7.2.7 上市公司必须在收购、出售资产协议生效之日起三个月内公告交易实施情况(包括所有必需的产权变更或登记过户手续完成情况),同时提供相关证明文件。

7.2.8 上市公司披露上述收购、出售资产事项,应当向本所提交以下文件:

(一)交易公告文稿;

(二)收购、出售资产的协议书;

(三)董事会决议及公告(如有);

(四)被收购、出售资产涉及的政府批文(如有);

(五)被收购、出售资产的财务报告;

(六)中介机构关于被收购、出售资产的意见书(评估报告或审计报告);

(七)本所要求的其他文件。

7.2.9 上市公司收购、出售资产的公告应当包括以下内容:

(一)交易概述及协议生效时间;

(二)协议有关各方的基本情况,包括企业名称、工商登记类型、注册地点、法定代表人、主营业务等;

(三)被收购、出售资产的基本情况,包括该资产名称、中介机构名称、资产的帐面值及评估值、资产运营情况、资产质押、抵押以及在该资产上设立的其他财产权利的情况、涉及该财产的重大争议的情况。

被收购、出售的资产系企业所有者权益,还应当介绍公司(或企业)的基本情况和最近一期经审计的财务报告中的财务数据,包括资产总额、负债总额、所有者权益、主营收入、净利润等,并附收购、出售基准日资产负债表和损益表(如果基准日不是年底,还需披露上一年度损益表);收购、出售资产达到7.2.3条所规定标准的,除披露上述内容外,还应当披露该等资产的历史情况;被收购出售的资产系企业所有者权益,且占被收购企业所有者权益的50%以上,还应当披露该企业近三年的资产负债表、损益表及现金流量表或公司成立之日起至收购、出售资产合同签署日期间的资产负债表和损益表及现金流量表;

(四)上市公司预计从该项交易中获得的利益及该交易对上市公司未来经营的影响;

(五)交易金额(包括定价基准)及支付方式(现金、股权、资产置换等,还包括有关分期付款安排的条款);

(六)该交易所涉及的人员安置、土地租赁、债务重组等情况;

(七)出售资产的,应当说明出售所得款项的用途;

(八)收购资产的,应当说明是否与招股说明书、配股说明书或其他募集资金说明书中列示的项目相关,并说明该项交易的资金来源;

(九)需要经股东大会或有权部门批准的事项,应当说明需履行的合法程序和进展情况;

(十)如果收购资产后,可能产生关联交易,应当披露有关情况;

(十一)如果收购资产后,可能产生关联人同业竞争,应当披露规避的方法或其他安排(包括有关协议或承诺等);(十二)收购资产后,上市公司与控股股东在人员、资产、财务上分开的安排计划;

(十三)本所要求的其他内容。

第三节 关联交易

7.3.1 上市公司关联交易是指上市公司及其控股子公司与关联人之间发生的转移资源或义务的事项。包括但不限于下列事项:

(一)购买或销售商品;

(二)购买或销售除商品以外的其他资产;

(三)提供或接受劳务;

(四)代理;

(五)租赁;

(六)提供资金(包括以现金或实物形式);

(七)担保;

(八)管理方面的合同;

(九)研究与开发项目的转移;

(十)许可协议;

(十一)赠与;

(十二)债务重组;

(十三)非货币性交易;

(十四)关联双方共同投资;

(十五)本所认为应当属于关联交易的其他事项。

上市公司关联人包括关联法人、关联自然人和潜在关联人。

7.3.2 具有以下情形之一的法人,为上市公司的关联法人:

(一)直接或间接地控制上市公司,以及与上市公司同受某一企业控制的法人(包括但不限于母公司、子公司、与上市公司受同一母公司控制的子公司);

(二) 7.3.3条所列的关联自然人直接或间接控制的企业;

7.3.3 上市公司的关联自然人是指:

(一)持有上市公司5%以上股份的个人股东;

(二)上市公司的董事、监事及高级管理人员;

(三)本条第(一)、(二)项所述人士的亲属,包括:

1. 父母;

2. 配偶;

3. 兄弟姐妹;

4. 年满18周岁的子女;

5 配偶的父母、子女的配偶、配偶的兄弟姐妹、兄弟姐妹的配偶。

7.3.4 因与上市公司关联法人签署协议或做出安排,在协议生效后符合7.3.2条和7.3.3条规定的,为上市公司潜在关联人。

7.3.5 由上市公司控制或持有50%以上股份的子公司发生的关联交易,视同上市公司行为,其披露标准适用7.3.8、7.3.9、7.3.12、7.3.13、7.3.14条规定;上市公司的参股公司发生的关联交易,以其交易标的乘以参股比例或协议分红比例后的数额,适用7.3.8、7.3.9、7.3.12、7.3.13、

7.3.14 条规定。

7.3.6 上市公司关联交易应当遵循以下基本原则：

(一)符合诚实信用的原则；

(二)关联方如享有上市公司股东大会表决权，除特殊情况外，应当回避行使表决；

(三)与关联方有任何利害关系的董事，在董事会对该事项进行表决时，应当予以回避。

(四)上市公司董事会应当根据客观标准判断该关联交易是否对上市公司有利。必要时应当聘请独立财务顾问或专业评估师。

7.3.7 上市公司关联人与上市公司签署涉及关联交易的协议，应当采取必要的回避措施：

(一)任何个人只能代表一方签署协议；

(二)关联人不得以任何方式干预上市公司的决定；

(三)上市公司董事会就关联交易表决时，有利害关系的当事人属以下情形的，不得参与表决：

1)董事个人与上市公司的关联交易；

2)董事个人在关联企业任职或拥有关联企业的控股权，该关联企业与上市公司的关联交易；

3)按法律、法规和公司章程规定应当回避的。

(四)上市公司股东大会就关联交易进行表决时，关联股东不得参加表决。关联股东因特殊情况无法回避时，在上市公司征得有权部门同意后，可以参加表决。公司应当在股东大会决议中做出详细说明，同时对非关联方的股东投票情况进行专门统计，并在决议公告中予以披露。

7.3.8 上市公司与其关联人达成的关联交易总额低于 300 万元且低于上市公司最近经审计净资产值的 0.5%的，不适用本节规定。

7.3.9 上市公司与其关联人达成的关联交易总额在 300 万元至 3000 万元之间或占上市公司最近经审计净资产值的 0.5%至 5%之间的，上市公司应当在签定协议后两个工作日内按照 7.3.11 条的规定进行公告，并在下次定期报告中披露有关交易的详细资料。

7.3.10 上市公司披露关联交易，应当比照 7.2.8 条规定向本所提交文件。

7.3.11 上市公司就关联交易发布的临时报告应当包括以下内容：

(一)交易日期、交易地点；

(二)有关各方的关联关系；

(三)交易及其目的的简要说明；

(四)交易的标的、价格及定价政策；

(五)关联人在交易中所占权益的性质及比重；

(六)关联交易涉及收购或出售某一公司权益的，应当说明该公司的实际持有人的详细情况，包括实际持有人的名称及其业务状况；

(七)董事会关于本次关联交易对上市公司影响的意见；

(八)若涉及对方或他方向上市公司支付款项的，必须说明付款方近三年或自成立之日起至协议签署期间的财务状况，董事会应当对该等款项收回或成为坏帐的可能做出判断和说明。

关联交易涉及收购、出售资产的，还应当参照 7.2.9 条的要求披露。

(九)独立财务顾问意见；

(十)本所和中国证监会要求的其他内容。

7.3.12 上市公司拟与其关联人达成的关联交易总额高于 3000 万元或高于上市公司最近经审计净资产值的 5%的，公司董事会必须在做出决议后两个工作日内报送本所并公告。公告的内容应当符合 7.3.11 条的规定。关联交易在获得公司股东大会批准后实施，任何与该关联交易有利害关系的关联人应当在股东大会上放弃对该议案的投票权。公司应当在有关关联交易的公告中特别载明："此项交易需经股东大会批准，与该关联交易有利害关系的关联人放弃在股东大会上对该议案的投票权"。

对于此类关联交易，上市公司董事会应当对该交易是否对上市公司有利发表意见，同时上市公司应当聘请独立的财务顾问就该关联交易对全体股东是否公平、合理发表意见，并说明理由、主要假设及考虑因素。上市公司应当在下次定期报告中披露有关交易的详细资料。

7.3.13 上市公司与关联人就同一标的或者上市公司与同一关联人在连续 12 个月内达成的关联交易累计金额达到 7.3.9 条所述标准的，上市公司应当按 7.3.9 条的规定予以披露。

7.3.14 上市公司与关联人就同一标的或者上市公司与同一关联人在连续 12 个月内达成的关联交易累计金额达到 7.3.12 条所述标准的，上市公司应当按 7.3.12 条的规定予以披露。

7.3.15 上市公司与关联人之间签署的涉及关联交易的协议，包括产品供销协议、服务协议、土地租赁协议等已经在招股说明书、上市公告书或上一次定期报告中披露，协议主要内容(如价格、数量及付款方式等)在下一次定期报告之前未发生显著变化的，上市公司可以豁免执行本节上述条款的规定，但是应当在定期报告及其相应的财务报告附注中就年度内协议的执行情况做出必要说明。

7.3.16 上市公司与关联人达成的以下关联交易，可以免予按照关联交易的方式表决和披露：

(一)关联人按照上市公司的招股说明书、配股说明书或增发新股说明书以现金方式缴纳应当认购的股份；

(二)关联人依据股东大会决议领取股息或者红利；

(三)关联人购买上市公司发行的企业债券；

(四)上市公司与其控股子公司之间发生的关联交易。

(五)本所认定的其他情况。

7.3.17 公司必须在重大关联交易实施完毕之日起两个工作日内向本所报告并公告。

第四节 其他重大事件

7.4.1 上市公司会计年度结束时，预计出现亏损的，应当在会计年度结束后的 30 个工作日内发布首次风险提示公告。

7.4.2 上市公司发生重大诉讼、仲裁事项，按照以下要求予以披露：

(一)诉讼或仲裁事项涉及的金额或 12 个月内累计金额占公司最近经审计的净资产值 10%以上的，上市公司应当在知悉该事件后及时报告和公告；

(二)上市公司根据第(一)项规定披露信息前，应当向本所报送有关法律文书的复印件；

(三)对诉讼或仲裁事件的披露，应当说明诉讼或仲裁受理日期，诉讼或仲裁各方当事人、代理人及其所在单位的姓名或名称，受理法院或仲裁机构的名称及所在地，诉讼或仲裁的原因、依据和诉讼、仲裁的请求，判决、裁决的日期，判决、裁决的结果以及各方当事人对结果的意见等。

7.4.3 上市公司发生重大担保事项，应当按照以下要求予以披露：

(一)上市公司不得为本公司的股东、股东的控股子公司、股东的附属企业或者个人债务提供担保。上市公司为上述公司、个人以外的法人提供担保，涉及的金额或 12 个月内累计金额占上市公司最近经审计的净资产值的 10%以上的，应当及时报告和公告；

(二)上市公司根据第(一)项规定披露信息前，应当向本所报送相关协议的复印件；

(三)对担保事项的披露，应当说明担保协议签署及生效日期，债权人名称，担保的方式、期限、金额，担保协议中的其他重要条款，被担保人的基本情况等；

被担保人为法人的，应当包括企业名称、注册地点、法定代表人、经营范围、与上市公司的关联关系或其他关系；

被担保人为个人的，应当包括姓名、与上市公司的关联关系或其他关系；

(四)根据第(一)项披露的担保事项，被担保人于债务到期后十五个工作日内未履行还款义务的，上市公司应当及时报告和公告；

(五)根据第(一)项披露的担保事项,被担保人出现破产、清算及其他严重影响还款能力的事件,上市公司知悉后应当及时报告和公告。

7.4.4 上市公司出现以下情况所涉及的数额达到7.2.2条所述标准的,比照本章第二节的规定予以披露:

(一)重要合同(借贷、委托经营、受托经营、委托理财、赠与、承包、租赁等)的订立、变更、解除和终止;

(二)大额银行退票;

(三)重大经营性或非经营性亏损;

(四)遭受重大损失;

(五)重大投资行为;

(六)可能依法承担的赔偿责任;

(七)重大行政处罚;

(八)本所认为需披露的其他事项。

7.4.5 上市公司出现以下情况,应当自事实发生之日起两个工作日内向本所报告并公告:

(一)上市公司章程、注册资本、注册地址、名称的变更,其中公司章程发生变更的,还应当将新的公司章程在指定网站上刊登;

(二)经营方针和经营范围的重大变化;

(三)订立7.4.4条第(一)项之外的重要合同,可能对上市公司的资产、负债、权益和经营成果产生重大影响;

(四)发生重大债务或未清偿到期重大债务;

(五)变更募集资金投资项目;

(六)直接或间接持有另一上市公司发行在外的普通股百分之五以上;

(七)持有上市公司百分之五以上股份的股东,其持有股份增减变化为百分之五以上;

(八)上市公司的第一大股东发生变更;

(九)上市公司的董事长、三分之一以上董事或经理发生变动;

(十)生产经营环境发生重大变化,包括全部或主要业务停顿、生产资料采购、产品销售发生重大变化;

(十一)减资、合并、分立、解散或申请破产的决定;

(十二)新的法律法规、规章、政策可能对公司的经营产生显著影响;

(十三)更换为上市公司审计的会计师事务所;

(十四)股东大会、董事会的决议被法院依法撤销;

(十五)法院裁定禁止上市公司有控制权的大股东转让其所持上市公司股份;

(十六)持有上市公司百分之五以上股份的股东所持股份被质押;

(十七)进入破产、清算状态;

(十八)预计出现资不抵债的情形;

(十九)获悉主要债务人进入破产程序,而上市公司对相应债权未能提取足额坏帐准备的;

(二十)因涉嫌违反证券法规被中国证监会调查或正受到中国证监会处罚的(公司就违规事项公告时,应当事先报告中国证监会);

(二十一)本所认为需要披露的其他事项。

7.4.6 上市公司出现7.4.5条第(五)项所述情形,应当向本所提交以下文件:

(一)董事会决议;

(二)监事会对变更募集资金投资项目的意见;

(三)新项目的可行性报告;

(四)新项目的有关立项批文(如有);

(五)新项目的合作意向书或协议(如有);

(六)新项目涉及收购资产或企业所有者权益的,应当提供有关的评估报告或审计报告;

(七)原项目的终止协议及说明(如有);

(八)董事会关于变更募集资金投资项目的公告文稿;

(九)本所要求的其他文件;

7.4.7 上市公司出现7.4.5条第(五)项所述情形,应当披露以下内容:

(一)董事会关于变更募集资金投资项目的原因说明;

(二)董事会关于新项目的发展前景、盈利能力、有关的风险与对策等情况的说明;

(三)新项目涉及收购资产或企业所有者权益的,还应当比照本章第二节的规定予以披露;(四)新项目涉及关联交易的,还应当比照本章第三节的规定予以披露。

(五)本所要求的其他内容。

7.4.8 董事会预计上市公司业绩与已经披露的盈利预测有重大差异,而且导致该差异的因素尚未向市场披露的,应当及时予以公告,说明有关因素及其对业绩的影响。

上市公司董事会在向本所提交公告文稿时应当提交以下文件:

(一)预计的业绩变化及造成变化的原因说明;

(二)董事会确认预计的依据及过程是适当和审慎的函件;

上市公司聘有财务顾问的,应当提交财务顾问确认上市公司董事会做出该预计的依据及过程是适当和审慎的函件。

7.4.9 上市公司直接或间接持股比例超过50%比例的子公司出现本节所述情形的,视同上市公司行为,适用本节规定。

第五节 股票交易异常波动

7.5.1 上市公司应当关注本公司股票的交易以及新闻媒介、网站关于本公司的报道。

7.5.2 出现以下情况之一的,上市公司应当及时报告并公告:

(一)股票交易发生异常波动;

(二)新闻媒介或网站传播的消息可能对公司的股票交易产生影响。

7.5.3 股票交易出现以下情况之一时,本所根据市场情况,认定是否属股票交易异常波动:

(一)某只股票的价格连续三个交易日达到涨幅或跌幅限制;

(二)某只股票连续五个交易日列入“股票、基金公开信息”;

(三)某只股票价格的振幅连续三个交易日达到15%;

(四)某只股票的日均成交金额连续五个交易日逐日增加50%;

(五)本所或中国证监会认为属于异常波动的其他情况。

出现(一)至(四)项的情形被认定为异常波动的股票,其异常波动的计算从公告之日起重新开始。

7.5.4 上市公司针对有关传闻发布公告,应当向本所报送公告文稿以及传闻在新闻媒介传播的证明。

7.5.5 上市公司出现7.5.2条所述的情况时,本所可以要求上市公司比照7.5.6条的规定发布公告。

7.5.6 上市公司针对有关传闻的公告应当包括以下内容:

(一)传闻内容及其来源;

(二)公司的真实情况;

(三)经本所同意的其他内容。

7.5.7 上市公司认为股票交易的异常波动与上市公司或上市公司内外部环境的变化无关,应当在公告中做出说明;认为与公司有关,应当披露可能影响其股票价格的信息。

第六节 公司的合并、分立

7.6.1 上市公司的合并、分立必须符合《中华人民共和国公司法》等相关法律法规的规定。

7.6.2 涉及上市公司股份变动的合并、分立方案应当报中国证监会批准并抄报本所。

7.6.3 涉及上市公司股份变动的合并、分立方案未经中国证监会批准的,本所不受理有关的公告文稿,并报告中国证监会。

7.6.4 上市公司合并、分立方案实施过程中涉及的信息披露和股份变更登记等事项，按照中国证监会和本所的规定办理。

第八章 停牌、复牌

8.1 上市公司可以以本所认为合理的理由向本所申请停牌与复牌。

8.2 本所可以根据实际情况或中国证监会的要求，决定股票及其衍生品种的停牌与复牌。

8.3 出现以下情况之一的，上市公司董事会应当向本所申请对其股票及其衍生品种例行停牌与复牌：

(一)上市公司于交易日公布中期报告或年度报告，当日上午停牌，下午开市时复牌；

(二)上市公司召开股东大会，会议期间为本所交易时间的，自股东大会召开当日起停牌，直至公告股东大会决议当日上午开市时复牌；如果股东大会决议公告的内容涉及增加、变更或否决议案的，直至股东大会决议公告当日下午开市时复牌；公告日为非交易日，则公告后第一个交易日复牌；

(三)上市公司于交易日公布董事会关于权益分派、配股、公积金转增股本等决议，当日上午停牌，下午开市时复牌；

8.4 上市公司出现以下情况之一的，本所对其股票及其衍生品种停牌与复牌：

(一)在新闻媒介中出现上市公司尚未披露的信息，可能对公司股票及其衍生品种的交易产生较大影响，本所对该股票及其衍生品种停牌，直至上市公司对该消息做出公告的当日下午开市时复牌；

(二)股票交易出现异常波动，本所可以对其停牌，直至有披露义务的当事人做出公告的当日下午开市时复牌。

8.5 上市公司于交易日公布临时报告的，应当向本所申请停牌，本所根据情况决定停牌与复牌时间。

8.6 临时报告披露不充分、不完整或可能误导公众，上市公司拒不按照本所要求做出修改的，本所可以对该公司股票及其衍生品种停牌，直至上市公司做出补充或更正公告的当日下午开市时复牌。

8.7 本所审核上市公司定期报告时，可以要求上市公司就有关内容解释说明或补充公告，公司不按照本所要求办理的，本所可以根据情况对其股票及其衍生品种停牌，直至公司做出解释说明或补充公告的当日下午开市时复牌。

8.8 上市公司未在《证券法》规定的法定期限内公布定期报告的，本所对其股票及其衍生品种停牌，直至定期报告公告的当日下午开市时复牌；公告日为非交易日，则公告后第一个交易日复牌。

8.9 上市公司在公司运作和信息披露方面涉嫌违反法律法规、规章及本所业务规则，情节严重的，在被有关部门调查期间，经中国证监会批准，本所对公司的股票及其衍生品种停牌，待有关处理决定公告后另行决定复牌时间。

8.10 上市公司监事会按照《公司法》第一百二十六条规定做出的可能对股票交易产生较大影响的决议于交易日公布的，其股票及其衍生品种当日上午停牌，下午开市时复牌；情节严重的，根据情况决定停牌与复牌时间。

8.11 上市公司因某种原因使本所失去有效信息来源时，本所可以对该公司的股票及其衍生品种停牌，直至本所恢复有效信息来源后复牌。

8.12 上市公司严重违反本规则且在规定期限内仍不予改正的，本所对其股票停牌，直至改正后复牌。

8.13 上市公司出现以下情况之一的，本所对其股票及其衍生品种停牌，直至导致停牌的因素消除后复牌：

(一)投资者发出收购该上市公司股票的公开要约；

(二)中国证监会依法做出暂停股票交易的决定；

(三)本所认为必要的。

8.14 上市公司出现异常状况，本所对其股票交易实行特别处理的，该公司股票及其衍生品种按本规则第九章的规定停牌。

8.15 上市公司出现10.1.1条所列的情况之一或者发生重大事件而影响公司上市条件的，本所按照本规则第十章的规定对该公司的股票及其衍生品种停牌。

8.16 上市公司在重大收购、出售资产或股权、债务重组过程中，股价出现异常波动或董事会预计将会导致股价出现异常波动的，如果出现下列情形且无法按照4.8条规定进行多阶段披露的，董事会应当向本所提出停牌申请：

(一)重大收购、出售资产或股权、债务重组行为不能确定结果；

(二)相关信息在市场上已有传播但仍需报请政府批准；

(三)董事会预计相关信息无法保密的。

8.17 公司申请的停牌期限不超过30天的，本所根据公司的股票交易情况做出决定；超过30天(包括30天)的，由本所提出处理意见报中国证监会批准。公司应当在停牌申请获准后的次一个工作日公告停牌的信息。

8.18 在停牌期间，公司应当至少每两周披露一次重大收购、出售、债务重组事项的进展情况。

停牌期间，相关事项的不确定性已经消除的，公司应当在二个工作日内向本所申请复牌并公告；停牌期满，该等事项的不确定性没有消除的，公司应当提前二个工作日向本所申请延长停牌时间，经本所同意或报经证监会批准后，公司应当及时予以公告。

8.19 公司就同一不确定事项累计停牌已达到90天，公司未向本所申请复牌的，自累计停牌满三个月之日起，本所对其股票强制复牌，并对其股票采取以下交易方式:

(一)投资者在本所另行规定的开市时间内申报交易委托；

(二)申报价格不得超过上一次收市价格的5%，不设下限；

(三)在(一)款规定时间收市后对有效申报按集合竞价方法进行撮合成交。在此期间，相关事项的不确定性已经消除的，公司应当在二个工作日内向本所申请恢复停牌前的交易方式并公告。

第九章 特别处理

第一节 基本原则

9.1.1 上市公司出现财务状况或其他状况异常，投资者难以判定公司前景，权益可能受到损害，本所对公司股票交易实行特别处理。

9.1.2 本章所称特别处理包括以下措施：

(一)在公司股票简称前冠以“ST”字样，以区别于其他股票；

(二)股票报价的日涨跌幅限制为5%。

9.1.3 本规则所规定的特别处理不属于对上市公司的处罚，上市公司在特别处理期间的权利和义务不变。

第二节 财务状况异常的特别处理

9.2.1 上市公司出现以下情况之一的，为财务状况异常：

(一)最近两个会计年度审计结果显示的净利润均为负值；

(二)最近一个会计年度审计结果显示其股东权益低于注册资本，即每股净资产低于股票面值；

(三)注册会计师对最近一个会计年度的财务报告出具无法表示意见或否定意见的审计报告；

(四)最近一个会计年度经审计的股东权益扣除注册会计师、有关部门不予确认的部分，低于注册资本；

(五)最近一份经审计的财务报告对上年度利润进行调整，导致连续两个会计年度亏损；

(六)经本所或中国证监会认定为财务状况异常的。

9.2.2 上市公司出现9.2.1条所列情形之一的，应当在收到审计报告之日起两个工作日内向本所报告，并提交上市公司董事会书面意见。

9.2.3 本所收到上市公司上述报告后五个工作日内，或者在报请中国证监会认可的期限内,决定是否对该公司股票交易实行特别处理。

上市公司应当按照本所的要求在股票交易实行特别处理之前一交易日做出公告,公告日其股票及衍生品种停牌一天,自复牌之日起公司股票实行特别处理。

9.2.4 上市公司最近年度财务状况恢复正常、审计结果表明9.2.1条所列情形已消除,并且满足以下条件的,公司应当自收到最近年度审计报告之日起两个工作日内向本所报告并提交年度报告,同时可以向本所申请撤销特别处理:

(一)主营业务正常运营;

(二)扣除非经常性损益后的净利润为正值。

9.2.5 本所根据公司的实际情况,决定是否撤销特别处理。上市公司应当按照本所要求在撤销特别处理前一交易日做出公告,公告日其股票及衍生品种停牌一天,自复牌之日起撤销特别处理。未撤消特别处理的,上市公司在下一会计年度结束后方可参照9.2.4条的规定向本所申请撤消特别处理。

第三节 其他状况异常的特别处理

9.3.1 上市公司出现以下异常状况之一的,本所对其股票交易实行特别处理:

(一)因自然灾害、重大事故等原因导致公司主要经营设施遭受损失,公司生产经营活动基本中止,在三个月以内不能恢复的;

(二)公司涉及负有赔偿责任的诉讼或仲裁案件,依照法院或仲裁机构的判决或裁决的赔偿金额累计超过公司最近经审计的净资产的50%的;

(三)公司主要银行帐号被冻结,影响公司正常经营活动的;

(四)人民法院受理公司破产案件,可能依法宣告公司破产的;

(五)公司董事会无法正常召开董事会会议并形成董事会决议的;

(六)公司的主要债务人被法院宣告进入破产程序,而公司相应债权未能计提足额坏帐准备致使公司将面临重大财务风险的;

(七)公司出现其他异常情况,董事会认为需要对其股票交易实行特别处理的;

(八)中国证监会或本所认定为状况异常的其他情形。

9.3.2 上市公司出现9.3.1条第(一)至(三)项、第(五)至(七)项情形的,应当在两个工作日内向本所报告,本所比照9.2.3条规定处理。

9.3.3 上市公司认为前条所列的异常状况已经消除,可以向本所申请撤销股票交易特别处理,本所比照9.2.5条的规定,决定是否撤销特别处理。

9.3.4 因上市公司破产案件实行特别处理的,公司股票于每个交易日上午交易。

9.3.5 自法院发布受理上市公司破产案件的公告当日起,本所对进入破产程序公司的股票停牌。

公司应当在收到法院有关法律文书的当日,立即向本所报告,经本所审核后公告。

公司公告次日公司股票复牌,并实行特别处理。

9.3.6 上市公司进入破产程序后,公司或其他有信息披露义务的主体应当于第一时间向本所报告债权申报情况、债权人会议情况、和解和整顿等重大情况并公告。

公司刊登上述公告当日,其股票停牌一天。

9.3.7 上市公司与债权人会议达成和解协议,并且能够按照和解协议清偿债务,经法院裁定终结破产程序的,本所自法院发布公告的当日起对公司股票停牌。

公司应当在收到有关法律文书后立即向本所报告,经本所审核后公告。公告次日公司股票复牌。

9.3.8 法院依法宣告上市公司破产,自法院发布公告之日起,本所对公司股票停牌。

公司应当在收到有关法律文书后立即向本所报告,经本所审核后公告。

第十章 暂停上市、终止上市

第一节 暂停上市

10.1.1 根据《公司法》第一百五十七条的规定,本节所称的暂停上市包括以下四种情形:

(一)上市公司股本总额、股权分布等发生变化不再具备上市条件;

(二)上市公司不按规定公开其财务状况,或者对财务会计报告作虚假记载;

(三)上市公司有重大违法行为;

(四)上市公司最近三年连续亏损。

10.1.2 上市公司出现10.1.1条第(一)、(二)、(三)项所列情形之一的,本所根据中国证监会的决定暂停其股票上市。

10.1.3 上市公司出现10.1.1条第(四)项所列情形,由本所决定暂停其股票上市。

10.1.4 上市公司最近两年连续亏损后,董事会预计第三年度将继续亏损的,应当在第三个会计年度结束后的30个工作日内做出风险提示公告,并在披露年报前至少再发布二次风险提示公告。

10.1.5 上市公司董事会应当在收到其连续第三年亏损的年度审计报告后两个工作日内向本所和中国证监会报告并披露年度报告。

10.1.6 连续三年亏损的上市公司已披露年度报告的,自上市公司公布年度报告之日起,本所对其股票实施停牌,并在停牌后五个工作日内就其股票暂停上市做出决定。

10.1.7 连续两年亏损的上市公司,未能在《证券法》规定的法定期限内公布第三年年度报告的,自年度报告披露的法定期限到期之日起,本所对其股票实施停牌,并在停牌后五个工作日内就其股票暂停上市做出决定。

10.1.8 本所做出暂停上市决定后通知公司并公告,同时报中国证监会备案。自本所公告当日起,本所停止其股票逐日持续交易。

10.1.9 上市公司应当在接到本所暂停其股票上市的决定之日起两个工作日内,在指定报纸和网站刊登《暂停股票上市公告》。

《暂停股票上市公告》应当包括以下内容:

(一)暂停上市股票的种类、简称、证券代码以及暂停上市起始日;

(二)有关股票暂停上市决定的主要内容;

(三)公司董事会关于是否可以争取恢复股票上市的意见及争取恢复上市的具体措施,并说明董事会的出席和表决情况;

(四)中国证监会和本所要求的其他内容。

10.1.10 上市公司在其股票暂停上市期间,仍然应当依法履行上市公司的有关义务。

10.1.11 上市公司暂停上市期间,本所为该公司股票提供特别转让服务,股票特别转让依照本所《上市公司股票特别转让处理规则》的规定处理。

10.1.12 自股票暂停上市之日起四十五天内,公司可以向本所提出12个月的宽限期的申请以延长暂停上市的时间。该申请在提交本所的同时应当公告,宽限期自暂停上市日起计算。

公司向本所提出宽限期申请时,须提交以下材料:

(一)宽限期申请书;

(二)董事会关于申请宽限期的决议及审议宽限期重整计划的决议;

(三)宽限期重整计划;

(四)董事会关于是否能在宽限期内改善公司现状以争取公司股票恢复上市的意见;

(五)本所要求的其他文件。

10.1.13 本所审核暂停上市公司的宽限期申请,将重点关注以下事项：

(一)公司申请宽限期之前,正在实施重大资产重组,该资产重组的实施将会使公司在宽限期内第一个会计年度有盈利；

(二)公司拟在宽限期实施的《宽限期重整计划》会使公司在宽限期内第一个会计年度有盈利。

(三)因非经营性因素导致亏损并暂停上市的,在宽限期内非经营性因素有望消除,使公司在宽限期内第一个会计年度有望盈利；

10.1.14 本所接到公司申请后三个工作日内做出是否给予公司宽限期的决定,通知公司并公告。公司应当自接到本所决定之日起二个工作日内公告该决定的主要内容。本所未给予宽限期的,公司还应当发布公司有可能被终止上市的风险提示公告。

10.1.15 因10.1.1条第(一)、(二)、(三)项股票被暂停上市的公司重新具备上市条件后,可以向本所提出恢复上市的申请。

本所自收到申请后三个工作日内提出意见,报中国证监会批准后恢复该公司股票上市。

10.1.16 因10.1.1条第(四)项股票被暂停上市的公司,在宽限期内第一个会计年度有盈利的,可以在年度报告公布后,向中国证监会提出恢复上市的申请并公告。

本所在中国证监会对公司恢复上市申请核准期间,相应延长其宽限期。

10.1.17 上市公司应当在接到中国证监会核准公司股票恢复上市的决定后两个工作日内,刊登《股票恢复上市公告》。

自《股票恢复上市公告》刊登后第一个交易日,公司股票恢复上市。

《股票恢复上市公告》应当包括以下内容：

(一)恢复上市股票的种类、简称、证券代码；

(二)中国证监会有关恢复股票上市决定的主要内容；

(三)中国证监会和本所要求的其他内容。

第二节 终止上市

10.2.1 本章所称的终止上市是指上市公司出现《公司法》第一百五十八条所列情况,中国证监会决定终止其上市。

10.2.2 上市公司在限期内未能消除10.1.1条第(一)项所列情形而不具备上市条件的,本所收到中国证监会终止其上市的决定后,终止该公司股票上市。

10.2.3 上市公司因10.1.1条第(二)、(三)项所列情形,经查实后果严重的,本所根据中国证监会终止其上市的决定,终止该公司股票上市。

10.2.4 因10.1.1条第(四)项所列情形而暂停上市的公司董事会预计出现下列情形之一的,应当在其年度报告披露日前至少发布三次风险提示公告,提醒投资者注意公司可能被终止上市：

(一)不能在宽限期截止日之前披露宽限期内第一个年度报告的；

(二)在宽限期内第一个会计年度继续亏损的；

10.2.5 因10.1.1条第(四)项所列情形而暂停上市的公司不能在宽限期截止日公布其宽限期内第一个年度报告的,本所自宽限期截止日后两个工作日内报告中国证监会并公告,由中国证监会决定公司股票终止上市。

10.2.6 因10.1.1条第(四)项所列情形而暂停上市的公司在宽限期内第一个会计年度继续亏损的,本所在公司披露年度报告之日起两个工作日内报告中国证监会,由中国证监会决定公司股票终止上市。

10.2.7 因10.1.1条第(四)项所列情形而暂停上市的公司出现下列情形之一的,本所自事实发生之日起两个工作日内报告中国证监会并公告,由中国证监会决定公司股票终止上市：

(一)公司决定不提出宽限期申请的；

(二)公司在自暂停上市之日起45日内未提出宽限期申请的；

(三)申请宽限期未获本所批准的；

10.2.8 因10.1.1条第(四)项所列情形而暂停上市的公司, 在本所收到中国证监会终止上市的决定后,终止其股票上市并公告。

10.2.9 上市公司决议解散的, 公司董事会应当在股东大会做出决议后立即向本所和中国证监会报告,本所收到报告后三个工作日内提出意见,报中国证监会批准后终止该公司股票上市。

10.2.10 行政主管部门依法责令上市公司关闭或者法院宣告上市公司破产的, 本所在收到公司的报告之日起三个工作日内提出意见,报中国证监会批准后终止该公司股票上市。

10.2.11 上市公司应当在接到中国证监会终止上市的决定后两个工作日内,在指定报纸和网站发布《股票终止上市公告》。《股票终止上市公告》应当包括以下内容：

(一)终止上市股票的种类、简称、证券代码以及终止上市的日期；

(二)中国证监会终止上市决定的主要内容；

(三)终止上市后其股票登记、转让、管理事宜；

(四)中国证监会和本所要求的其他内容。

10.2.12 本所协助终止上市的公司(或清算组)处理有关股份事务。

第十一章 境内外上市事务的协调

11.1 在本所上市的公司同时有证券在其他证券交易所上市的,其他证券交易所要求公开披露的信息, 上市公司必须同时向本所报告,经本所审核后同时公告。

11.2 上市公司就同一事件向其他交易所提供的报告和公告应当与向本所提供的报告和公告内容一致,出现重大差异时,上市公司必须向本所说明并按照本所要求补充公告。

11.3 本章未尽事项,适用国家法律法规、本所其他有关业务规则以及本所与其他证券交易所签署的监管合作备忘录的规定。

第十二章 罚 则

12.1 上市公司违反本规则规定,本所视情节轻重给予以下处分：

(一)责令改正；

(二)内部通报批评；

(三)在指定报纸和网站上公开谴责；

(四)要求上市公司有关责任人支付3万元以上30万元以下的惩罚性违约金；

(五)报中国证监会查处。

(六)上市公司逾期交纳上市费用,本所除给予以上处分外,还可以每日按欠费金额的0.03%收取滞纳金。

以上处分可以单处或并处。

12.2 上市公司董事、监事违反本规则规定和董事、监事承诺的,本所视情节轻重给予以下处分：

(一)责令改正；

(二)内部通报批评；

(三)在指定报纸和网站上公开谴责；

(四)要求上市公司董事、监事支付3万元以上30万元以下的惩罚性违约金；

(五)公开认定其不适合担任上市公司董事、监事；

(六)报中国证监会查处。

以上处分可以单处或并处。

12.3 上市推荐人违反本规则规定,本所视情节给予以下处分：

(一)责令改正；

(二)内部通报批评；

(三)在指定报纸上公开谴责；

(四)取消上市推荐人资格；

(五)报中国证监会查处。

12.4 上市公司董事会秘书违反本规则规定,本所视情节给予以下处分:

(一)责令改正;

(二)内部通报批评;

(三)在指定报纸和网站上公开谴责;

(四)建议上市公司更换董事会秘书。

第十三章 释义

13.1 释义:

上市:指股票及其衍生品种经审核同意在本所挂牌交易。

股票:包括人民币普通股(本规则中简称 A 股)和境内上市外资股(本规则中简称 B 股)。

衍生品种:指 B 股配股权证或其他股票衍生产品。

公司职工股:指采取募集方式设立的股份有限公司内部职工以不超过社会公众股 10%的比例认购的股票。

内部职工股:指原定向募集股份有限公司的内部职工认购的股票。

高级管理人员:指公司经理、副经理、董事会秘书、财务负责人及公司认定的其他人员。

财务顾问:指有证券从业资格的会计师事务所、证券咨询机构、综合类证券公司。

上市公司控股子公司:指上市公司为其第一大股东,或者按照股权比例、公司章程或经营协议,上市公司能够控制其董事会组成的公司。

公司承诺:是指上市公司及其董事会在招股说明书、招股意向书、配股说明书、定期报告和临时报告及整改报告中就重要事项向公众所作的保证,包括但不限于以下重大事项:

(一)募集资金使用;

(二)分配计划;

(三)关联交易方案;

(四)对公司有较大影响的收购与出售资产或投资等重要事项向公众做出的保证;

(五)其他对公司发展或对公司股价有较大影响的重大事件。

股东承诺:是指上市公司主要股东在招股说明书、招股意向书、配股说明书、定期报告和临时报告及整改报告中就重要事项向上市公司做出的保证。

13.2 本规则未定义的用语的含义,依照法律、法规、规章及本所有关业务规则确定。

13.3 本规则所称"以上"、"以内"、"以前"都含本数,"少于"不含本数。

第十四章 附则

14.1 本规则经本所理事会通过并报中国证监会批准后生效,修改时亦同。

14.2 本规则由本所解释。

14.3 本规则自发布之日起执行。

附件:1、董事声明及承诺书;

2、监事声明及承诺书。

附件 1:

董事声明及承诺书

第一部分 声明

一、基本情况

1.上市公司全称:

2.上市公司股票简称: 股票代码:

3.本人姓名:

4.别名:

5.曾用名:

6.出生日期:

7.住址:

8.国籍:

9.拥有哪些国家或地区的长期居留权(如有):

10.专业资格(如有):

11.身份证号码:

12.护照号码(如有):

13.近亲属的姓名、身份证号码:

配偶:

父母:

年满 18 岁具有民事行为能力的子女:

兄弟姐妹:

二、是否有配偶、父母、年满 18 岁具有民事行为能力的子女及配偶、兄弟姐妹及配偶同时任此上市公司董事?

是□ 否□ 如是,请详细说明。

三、是否在其他公司任职?

是□ 否□ 如是,请填报各公司的名称、注册资本、经营范围、以及您在该公司任职的情况。

四、是否负有数额较大的到期未清偿债务,或者未偿还经法院裁定应当偿付的债务,或者被法院采取强制执行措施?

是□ 否□ 如是,请详细说明。

五、是否曾担任因经营不善破产清算、关停并转或曾有类似情况的公司、企业的董事、监事或者厂长、经理?

是□ 否□

六、是否曾担任因违法而被吊销营业执照的公司、企业的法定代表人?

是□ 否□

七、是否曾因违反刑法,尤其是犯有贪污贿赂罪、侵犯财产罪或者破坏社会主义经济秩序罪等而受到刑事处罚?

是□ 否□

八、是否曾因违反《证券法》、《禁止证券欺诈行为暂行办法》和《证券市场禁入暂行规定》受到行政处罚?

是□ 否□ 如是,请详细说明。

九、除第六、七条以外,您是否曾违反其他法律、法规而受到行政处罚?

是□ 否□ 如是,请详细说明。

十、是否因涉嫌违反法律、法规的规定正受到中国证监会的调查或者涉及诉讼、仲裁事项?

是□ 否□ 如是,请详细说明。

十一、本人及配偶、父母、子女是否持有本人所在上市公司股票及其衍生品种?

是□ 否□ 如是,请详细说明。

十二、请说明在上市公司或附属公司业务中,过去或现在是否拥有除前条以外的任何利益?

是□ 否□ 如是,请详细说明。

十三、是否参加过中国证监会和深圳证券交易所组织或者认可的证券业务的培训?

是□ 否□ 如是,请详细说明。

十四、除上述披露的信息外,是否知悉其他不披露可能影响上述信息的真实性、完整性或准确性的事项?

是□ 否□ 如是,请详细说明。

本人_______(正楷体)郑重声明,上述回答是真实、完整和准确的,保证不存在任何遗漏、虚假陈述或误导成份。本人完全明白做出虚假声明可能导致的后果。深圳证券交易所可依据上述回答所提供的资料，评估本人是否适宜担任上市公司的董事。

声明人： （签署）

日 期：

此项声明于 年 月 日在________（地点）做出。

见证律师：

日 期：

第二部分 承 诺

本人_______（正楷体）向深圳证券交易所承诺：

一、本人在履行董事的职责时，将遵守国家有关法律、法规、规章等有关规定，履行诚实信用、勤勉尽责的义务。

二、本人在履行上市公司董事的职责时，将遵守中国证监会发布的规章、规定、通知的要求，并尽力促使上市公司遵守。

三、本人在履行上市公司董事的职责时，将遵守《深圳证券交易所股票上市规则》等深圳证券交易所发布的规章、规定、通知的要求，并促使上市公司及本人的授权人遵守。

四、本人在履行上市公司董事的职责时，将遵守《公司章程》。

五、本人接受深圳证券交易所的监管，包括及时、坦白地回答深圳证券交易所向本人提出的任何问题，及时提供《上市规则》规定应当报送的资料和其他要求提供的文件的正本或副本，并出席本人被要求出席的任何会议。

六、本人授权深圳证券交易所将本人提供的承诺与声明等资料向中国证监会报告。

七、本人如果违反上述义务，愿意承担由此引起的一切法律责任。

八、本人在执行职务过程中，如果与深圳证券交易所发生争议提起诉讼时，由深圳证券交易所住所地人民法院管辖。

承诺人： （签署）

日 期：

此项承诺于 年 月 日在________（地点）做出。

见证律师：

日 期：

附件2：

监事声明及承诺书

第一部分 声 明

一、基本情况

1.上市公司名称：

2.上市公司股票简称： 股票代码：

3.姓名：

4.别名：

5.曾用名：

6.出生日期：

7.住址：

8.国籍：

9.拥有哪些国家或地区的长期居留权（如有）：

10.专业资格（如有）：

11.身份证号码：

12.护照号码（如有）：

13.近亲属的姓名、身份证号码：

配偶：

父母：

年满18岁具有民事行为能力的子女：

兄弟姐妹：

二、是否有配偶、父母、年满18岁具有民事行为能力的子女及配偶、兄弟姐妹及配偶同时任此上市公司董事？

是□ 否□ 如是，请详细说明。

三、是否在其他公司任职？

是□ 否□ 如是，请填报各公司的名称、注册资本、经营范围、以及您在该公司任职的情况。

四、是否负有数额较大的到期未清偿债务，或者未偿还经法院裁定应当偿付的债务，或者被法院采取强制执行措施？

是□ 否□ 如是，请详细说明。

五、是否曾担任因经营不善破产清算、关停并转或曾有类似情况的公司、企业的董事、监事或者厂长、经理？

是□ 否□

六、是否曾担任因违法而被吊销营业执照的公司、企业的法定代表人？

是□ 否□

七、是否曾因违反刑法，尤其是犯有贪污贿赂罪、侵犯财产罪或者破坏社会主义经济秩序罪等而受到刑事处罚？

是□ 否□

八、是否曾因违反《证券法》、《禁止证券欺诈行为暂行办法》和《证券市场禁入暂行规定》受到行政处罚？

是□ 否□ 如是，请详细说明。

九、除第六、七条以外，您是否曾违反其他法律、法规而受到行政处罚？

是□ 否□ 如是，请详细说明。

十、是否因涉嫌违反法律、法规的规定正受到中国证监会的调查或者涉及诉讼、仲裁事项？

是□ 否□ 如是，请详细说明。

十一、本人及配偶、父母、子女是否持有本人所在上市公司股票及其衍生品种？

是□ 否□ 如是，请详细说明。

十二、请说明在上市公司或附属公司业务中，过去或现在是否拥有除前条以外的任何利益？

是□ 否□ 如是，请详细说明。

十三、是否参加过中国证监会和深圳证券交易所组织或者认可的证券业务的培训？

是□ 否□ 如是，请详细说明。

十四、除上述披露的信息外，是否知悉其他不披露可能影响上述信息的真实性、完整性或准确性的事项？

是□ 否□ 如是，请详细说明。

本人________（正楷体）郑重声明，上述回答是真实、完整和准确的，保证不存在任何遗漏、虚假陈述或误导成份。本人完全明白做出虚假声明可能导致的后果。深圳证券交易所可依据上述回答所提供的资料，评估本人是否适宜担任上市公司的董事。

声明人： （签署）

日 期：

此项声明于 年 月 日在_________（地点）做出。

见证律师：

日 期：

第二部分 承诺

本人______（正楷体）向深圳证券交易所承诺：

一、本人在履行监事的职责时，将遵守国家有关法律、法规、规章等有关规定，履行诚实信用、勤勉尽责的义务。

二、本人在履行上市公司监事的职责时，将遵守中国证监会发布的规章、规定、通知的要求，并尽力促使上市公司及其董事遵守。

三、本人在履行上市公司监事的职责时，将遵守《深圳证券交易所股票上市规则》等深圳证券交易所发布的规章、规定、通知的要求，并促使上市公司及其董事遵守。

四、本人在履行上市公司监事的职责时，将遵守《公司章程》，并促使上市公司及其董事遵守。

五、本人接受深圳证券交易所的监管，包括及时、坦白地回答深圳证券交易所向本人提出的任何问题，并促使上市公司董事及时提供《上市规则》规定应当报送的资料和其他要求提供的文件的正本或副本，并出席本人被要求出席的任何会议。

六、本人授权深圳证券交易所将本人提供的承诺与声明等资料向中国证监会报告。

七、本人如果违反上述义务，愿意承担由此引起的一切法律责任。

八、本人在执行职务过程中，如果与深圳证券交易所发生争议提起诉讼时，由深圳证券交易所住所地人民法院管辖。

承诺人：　　　(签署)

日　期：

此项承诺于　　年　　月　　日在________(地点)做出。

见证律师：

日　期：

说明：

1.按《深圳证券交易所股票上市规则》的规定必须向本所呈报董事(监事)声明与承诺的人士，均必须填写第一和第二部分。

2.请回答所有的问题，若回答问题的空格不够填写，请另附纸填写，并装订在后。

3.若没有真实、完整、准确、及时填写声明部分，或没有填写承诺部分，或没有遵守承诺，则属违反《深圳证券交易所股票上市规则》，本所有权根据《深圳证券交易所股票上市规则》予以处理。

4.若对填写事项有疑问，请咨询律师。

上交所B股交易规则摘要

■境内居民个人在上海证券交易所进行B股交易，必须办理指定交易。B股股票帐户开立的同时，该帐户即被指定在开户会员处。B股股票帐户的指定于T+1日生效。B股指定交易可以撤销和重新指定，撤销和重新指定应由境内居民个人向会员提出申请，会员将其申请通过操作平台传送至登记公司。由登记公司审核后于次日通知会员该申请是否生效。

境内居民个人只能在境内会员处进行指定和交易，不得在境外B股证券经营机构处办理指定交易。

■上海B股的交易时间与上海A股的交易时间完全相同，每周一到五的上午 9:30–11:30，下午 1:00—3:00，周六、周日和公众假期除外。

■上交所进行B股交易的程序是：投资者开设B股帐户后即可委托券商代理 其进行B股交易。证券商受理委托后，由其场内交易员将委托指令输入交易所电脑交易主机系统，经系统撮合配对后，将成交数据传回券商，在T+3日交收。

■上海B股委托方式分当面委托和电话委托。

投资者本人或其指定代理人到证券商B股交易柜台，亲自填写委托单，即为当面委托。目前居住在境内的B股投资者或在境内有其指定代理人的投资者较多采用这种 方式。

投资者本人或其指定代理人通过电话、传真、电传等通讯方式向证券商下达买卖指令，一般称为电话委托。大多数B股投资者(包括个人、机构和各类基金)居住海外，进行B股交易时，较多采用长途通讯方式，将委托指令下达给境内券商，或通过B股海外代理商进行买卖。这些海外代理商一般也是通过电话、传真等方式传达交易指令。这类委托均属电话委托。

电话委托是B股委托常用的方式。因此、电话录音(或传真件)保存至关重要，一般要求保留较长时期。

■上海B股买卖申报价格的最小升降单位是0.001美元，申报数量以“股 ”为单位(买入申报必须是1000股的整数倍)，每股面额为1元人民币，B股面值及发行价格以人民币计，其发行价在发行时，折算成美元，在此以后挂牌、交易与结算均用美元进行。

B股交易实行价格涨跌幅限制，除上市首日的证券无涨跌幅限制外，每只券的交易价格相对于上一交易日收市价的涨跌幅度不得超过10%，即每只证券涨跌限价为 (1±10%)×上一交易日收市价。

同时，为防止交易员输单出错或人为造价引起股价剧烈波动，上海证券交易所对申报价格升降幅度进行限制，具体规定如下：

(1)任何高于市价的卖出委托均可自由申报

(2)任何低于市价的买入委托均可自由申报

(3)高于市价的买入委托的递增幅度不得大于电脑即时揭示价位的10%

(4)低于市价的卖出委托的递减幅度不得小于电脑即时揭示价位的10%

高于市价的卖出和低于市价的买入委托均难有机会成交，因此可以放开不加限制；而高于市价的买入和低于市价的卖出几乎具有100%的成交机会，因此，对其限制可以防止人为造价和交易员操作出错。

可进行零股交易，即指不足一交易单位的委托买卖，因此不足1000股的委 托买卖即为零股交易。买入不能有零股申报，而卖出可以申报零股卖出。

■上交所B股交易采用集合竞价方式产生开盘价，每个交易日9:15–9:2 5为集合竞价交易时间；9:30–11:30，13:00–15:00为连续竞价交易时间。

■上海B股的法定名册登记机构是上海证券中央登记结算公司(简称清算公司)，在业务运作上实行结算会员制，即以结算会员作为投资帐户登记和投资者的结算交 收代理人参加B股的中央登记、结算交收、存管。所有的投资者均通过各自选择的结算会员来获取清算公司提供的服务。

清算公司按照“银货两讫”、“职期交收”和“实行T+3交收”的原则组织B股的中央结算和交收。

■投资者在向结算会员申请开立B股股票帐户时，要填写清算公司统一制作的投资者开户登记表，由清算会员盖章后与投资者的有效证件复印件送至清算公司，清算公司将开户登记资料输入股东数据库，并通过结算会员以“开户确认书”形式向每一个投资者提供一个股票帐户代码。

对于投资者因B股上市公司发行新股、派红股等认购和获得的B股，清算公司将根据承销商编制、提交的认购清单和经核准的上市公司分配决议办理股权登记，对交易市场B股买卖引起的股权变更，由清算公司根据结算会员的交收指令办理股权登记。

■上海B股的交易费用是：1)佣金按成交金额的0.43%计收；2)印花税 按成交金额的0.3%计收；3) 交易经手费和证管费分别按成交金额的0.0255%和0.0045 %计收；4)清算费按成交金额的0.05%计收。

深交所B股交易规则摘要

■深圳B股的开市时间为每周一至周五上午9:30-11:30，下午1:00-3:00。逢每周六、日及国内和香港公众假期休市。

■深圳B股的交易以港币计价，委托买卖及清算的价格以一股为准，买卖数额以一手即100股或其整数倍为单位，但不足100股的零股，可在集中交易市场交易时间内 卖出，但不可买进。

■B股交易方式分为集中交易和对敲交易，分别在交易所的集中交易和对 敲系统中完成。

(1)集中交易是指在B股交易时间内通过深交所的集中市场交易系统达成的交易。

(2)对敲交易是指B股证券商在开市后至闭市前5分钟将其接受的同一种B 股买入委托和卖出委托配对后输入，经交易所的对敲交易系统确认后达成的交易。对敲交易仅限于股份托管在同一证券商处且不同投资者之间的股份协议转让。每笔交易数量须达到50000股以上。申报内容包括证券代码，买卖方股东代码，买卖方合同序号，对敲价格，对敲手数，对敲交易经对敲交易系统接受后，不可撤消。对敲交易的价格幅度为"前一交易日收盘价加二十个价位与当日价中取一个最高价为上限"，"前一营业日收盘价减二十个价位与当日最低价取一个最低价为下限"。例如：某只B股前一交易日的收盘价为HK$5.80加二十个价位(0.20)为6.00，当日最高价为6.10，则当日对敲交易价格上限为HK$6.10，反之，减二十个价位(-0.20)为HK$5.60，当日最低价为HK$5.70，则价格下限为HK$5.60。

■B股交易的竞价原则：B股交易的升降单位为港币一仙（港币0.01），每笔有效委托的接受范围在上一笔成交价的500个价位（5.00)之内。新股上市当日的有效 委托接受范围在上一笔成交价的1500个价位(15.00)之内，开盘时上一笔成交价取发行公司的发行价。

1996年12月16日起，B股交易实行价格涨跌幅限制，除上市首日的证券外 ，每只证券的交易价格相对于上一交易日收市价的涨跌幅度不得超过10%，每只证券涨跌限 价的计算公式为(1±10%)'上一交易日收市价。计算结果四舍五入至0.01港元。每天公 布的每只证券收市价的计算方式为：该只证券当日有成交的最后一分钟内所有成交价的成交量加权的平均价，如该只证券无成交，其收市价为上一交易日的收市价。

■境内居民个人与非居民之间不得进行B股协议转让。境内居民个人所购B 股不得向境外转托管。

■深圳B股的交收期为T+3日，即在某一个交易日成交的股票将在第四个 交易日完成股份的过户及资金的收付。在交易所买进并确认成交的股票可于当天全部或部分卖出，但股份及资金净额的最终交收亦需在T+3日完成。

结算公司根据交易所成交资料及结算会员指令进行股份及资金的结算交收 。

结算公司根据交易所交收指令的对盘与配对的成功来保证交易所发生的每笔交易如期交收，并实现"货银对付"。

(1)指令及报送方式

用于完成同一投资者在不同结算会员之间进行股份转移的指令为二类指令(目前仅适用于境外B股经纪及托管银行)。

证券商及托管银行通过B-COM(结算公司客户终端服务系统)或传真在B 股中央结算系统规定时限内向结算公司发送各类交收指令。

(2)结算交收程序

① 在交易所达成的所有B股交易记录在当日收市后传送至结算公司的B股中央结算系统。在T+1日结算系统根据成交资料生成交收指令。

②T+2日中午12:00前，使用二类指令的结算会员需将该指令发送至B股中央结 算系统，系统将于T+2日下午完成二类指令的配对，不配对指令的修正需在T+2下午完成。 二类指令配对完成后，进行试交收，打出试交收报告及各参予结算会员。

③T+3日中午12:00前，应付款结算会员须将应付资金划至结算公司指定帐户。 T+3下午4:00前，结算公司进行股份及资金的最终交收，打出应交收确认书通知各参予结 算会员。

■股份托管于境内证券商处的客户办理转托管时需填写转托管申请表，填 写转托管资料，包括：股东代码、股东姓名、证券代码、证券名称、转出股数、转出/转入 券商名称、代码。申请表需交由转出及转入证券商签章确认，如于工作日12:00前传与结算 公司，该笔转托管将第二天到账。结算公司向转入券商处委托卖出，转托管费确认书或不确 认书，获确认的转托管股份，投资者即可在转入券商处委托卖出。转托管费为每次每户100 元港币。

■深圳B股的交易费用是：1）经纪佣金为成交金额的0.43%；2)印花税 为成交金额的0.3%；3)交易规费为成交金额的0.0341%。

资产评估准则—无形资产

引 言

1.本准则规范无形资产的评估和相关信息的披露。

2.本准则不涉及土地使用权的评估。

定 义

3.本准则所称无形资产，是指特定主体所控制的，不具有实物形态，对生产经营长期发挥作用且能带来经济利益的资源。

无形资产分为可辨认无形资产和不可辨认无形资产。可辨认无形资产包括专利权、专有技术、商标权、著作权、土地使用权、特许权等；不可辨认无形资产是指商誉。

基本要求

4.注册资产评估师应当经过专门教育和培训，具有专业技能和经验，能够胜任无形资产的评估工作。

5.注册资产评估师应当恪守独立、客观、公正的原则，保持应有的职业谨慎，不得求证客户授意的评估价值。

6.注册资产评估师应当谨慎区分可辨认无形资产与不可辨认无形资产。

7.注册资产评估师应当独立获取评估所依据的信息，并确信信息来源是可靠和适当的。

8.注册资产评估师使用的假设应当合理，不得使用没有依据的假设。

9.注册资产评估师可以利用专家协助工作，但应当对专家工作的结果负责。

评估要求

10.当出现无形资产转让和投资、企业整体或部分资产收购和处置等经济活动时，注册资产评估师可以接受委托，执行无形资产评估业务。

11.注册资产评估师在执行无形资产评估业务前，应当确定下列事项：

(1)无形资产的性质和权属;

(2)评估目的;

(3)评估基准日;

(4)评估范围。

12.注册资产评估师在进行无形资产评估时,应当考虑下列事项:

(1)有关无形资产权利的法律文件或其他证明资料;

(2)无形资产的性质、目前和历史状况;

(3)无形资产的剩余经济寿命和法定寿命;

(4)无形资产的使用范围和获利能力;

(5)无形资产以往的评估及交易情况;

(6)无形资产转让的可行性;

(7)类似的无形资产的市场价格信息;

(8)卖方承诺的保证、赔偿及其他附加条件;

(9)可能影响无形资产价值的宏观经济前景;

(10)可能影响无形资产价值的行业状况及前景;

(11)可能影响无形资产价值的企业状况及前景;

(12)对不可比信息的调整;

(13)其他相关信息。

13.无形资产的评估方法主要包括成本法、收益法和市场法,注册资产评估师应当根据无形资产的有关情况进行恰当选择。

14.注册资产评估师使用成本法时应当注意下列事项:

(1)无形资产的重置成本应当包括开发者或持有者的合理收益;

(2)功能性贬值和经济性贬值。

15.注册资产评估师使用收益法时应当注意下列事项:

(1)合理确定无形资产带来的预期收益,分析与之有关的预期变动、受益期限,与收益有关的成本费用、配套资产、现金流量、风险因素及货币时间价值;

(2)确信分配到包括无形资产在内的单项资产的收益之和不超过企业资产总和带来的收益;

(3)预期收益口径与折现率口径保持一致;

(4)折现期限一般选择经济寿命和法定寿命的较短者;

(5)当预测趋势与现实情况明显不符时,分析产生差异的原因。

16.注册资产评估师使用市场法时应当注意下列事项:

(1)确定具有合理比较基础的类似的无形资产;

(2)收集类似的无形资产交易的市场信息和被评估无形资产以往的交易信息;

(3)依据的价格信息具有代表性,且在评估基准日是有效的;

(4)根据宏观经济、行业和无形资产情况的变化,考虑时间因素,对被评估无形资产以往交易信息进行必要调整。

17.当对同一无形资产使用多种评估方法时,注册资产评估师应当对取得的各种价值结论进行比较,分析可能存在的问题并作相应调整,确定最终的评估价值。

披露要求

18.注册资产评估师应当在评估报告中声明下列内容:

(1)评估报告陈述的事项是真实和准确的;

(2)对评估所依据的信息来源进行了验证,并确信其是可靠和适当的;

(3)评估报告的分析和结论是在恪守独立、客观和公正原则基础上形成的,仅在假设和限定条件下成立;

(4)与被评估无形资产及有关当事人没有任何利害关系;

(5)利用了专家的工作,并对专家工作的结果负责(如果没有利用专家工作,则不用声明);

(6)评估报告只能用于载明的评估目的,因使用不当造成的后果与签字注册资产评估师及其所在评估机构无关。

19.注册资产评估师应当在评估报告中明确说明有关评估项目的下列内容:

(1)无形资产的性质;

(2)评估目的;

(3)评估基准日;

(4)评估范围;

(5)重要的前提、假设、限定条件及其对评估价值的影响;

(6)评估报告日期。

20.注册资产评估师应当在评估报告中明确说明有关无形资产的下列内容:

(1)无形资产的权属;

(2)使用的信息来源;

(3)宏观经济和行业的前景;

(4)无形资产的历史状况;

(5)无形资产的竞争状况;

(6)无形资产的前景;

(7)无形资产以往的交易情况。

21.注册资产评估师应当在评估报告中明确说明有关评估方法的下列内容:

(1)使用的评估方法及其理由;

(2)评估方法中的运算和逻辑推理方式;

(3)折现率等重要参数的来源;

(4)各种价值结论调整为最终评估价值的逻辑推理方式。

施行日期

22.本准则自2001年9月1日起施行。

企业会计准则—存货

引 言

1.本准则规范存货的会计核算和相关信息的披露。

2.本准则不涉及:

(1)因建造合同而形成的在建工程;

(2)农业企业收获的农产品和采掘企业开采的矿产品;

(3)牲畜等与农业活动有关的生物资产;

(4)企业合并中取得的存货的初始计量。

定 义

3.本准则使用的下列术语,其定义为:

(1)存货，指企业在正常生产经营过程中持有以备出售的产成品或商品，或者为了出售仍然处在生产过程中的在产品，或者将在生产过程或提供劳务过程中耗用的材料、物料等。

(2)可变现净值，指在正常生产经营过程中，以存货的估计售价减去至完工估计将要发生的成本、估计的销售费用以及相关税金后的金额。

(3)制造费用，指企业为生产产品和提供劳务而发生的各项间接费用。

确 认

4.存货在同时满足以下两个条件时，才能加以确认：

(1)该存货包含的经济利益很可能流入企业；

(2)该存货的成本能够可靠地计量。

初始计量

5.存货应当以其成本入账。存货成本包括采购成本、加工成本和其他成本。

采购成本

6.存货的采购成本一般包括采购价格、进口关税和其他税金、运输费、装卸费、保险费以及其他可直接归属于存货采购的费用。

商品流通企业存货的采购成本包括采购价格、进口关税和其他税金等。

加工成本

7. 存货的加工成本包括直接人工以及按照一定方法分配的制造费用。

8.企业应当根据制造费用的性质，合理选择分配方法。可选用的分配方法通常有按生产工人工资、按生产工人工时、按机器工时、按耗用原材料的数量或成本、按直接成本(原材料、燃料、动力、生产工人工资及福利费之和)、按产成品产量等。

9.在同一生产过程中，如果同时生产两种或两种以上的产品，如联产品、主产品和副产品，并且每种产品的加工成本不能直接区分，则这些加工成本应当按照合理的方法在各种产品之间进行分配。联产品的加工成本可选用的分配方法通常有售价法、实物数量法等。在分配主产品和副产品的加工成本时，通常先确定副产品的加工成本，将其差额确定为主产品的加工成本。

其他成本

10.其他成本是指除采购成本、加工成本以外的，使存货达到目前场所和状态所发生的其他支出，如为特定客户设计产品所发生的设计费用等。

11.下列费用不应当包括在存货成本中，而应当在其发生时确认为当期费用：

(1)非正常消耗的直接材料、直接人工及制造费用；

(2)仓储费用(不包括在生产过程中为达到下一个生产阶段所必需的仓储费用)；

(3)商品流通企业在采购过程中发生的运输费、装卸费、保险费、包装费、仓储费等费用。

其他方式取得的存货的成本

12.通过非货币性交易换入的存货的成本，应当按照《企业会计准则—非货币性交易》的规定确定。

13.投资者投入的存货的成本，应当按照投资各方确认的价值确定。

14.通过债务重组取得的存货的成本，应当按照《企业会计准则—债务重组》的规定确定。

15.接受捐赠的存货的成本，应当分别以下情况确定：

(1)捐赠方提供了有关凭据的，按凭据上标明的金额加上应支付的相关税费确定；

(2)捐赠方没有提供有关凭据的，应当参照同类或类似存货的市场价格估计的金额，加上应支付的相关税费确定。

16.盘盈的存货的成本，应当按照同类或类似存货的市场价格确定。

发出存货成本的确定

17.企业应当根据各类存货的实际情况，确定发出存货的实际成本，可以采用的方法有个别计价法、先进先出法、加权平均法、移动平均法和后进先出法等。对于不能替代使用的存货，以及为特定项目专门购入或制造的存货，一般应当采用个别计价法确定发出存货的成本。

期末计量

18.存货在会计期末应当按照成本与可变现净值孰低计量。

19.企业在确定存货的可变现净值时，应当以取得的可靠证据为基础，并且考虑持有存货的目的、资产负债表日后事项的影响等因素。

20.用于生产而持有的材料等，如果用其生产的产成品的可变现净值高于成本，则该材料仍然应当按成本计量；如果材料价格的下降表明产成品的可变现净值低于成本，则应当将该材料按可变现净值计量。

21.为执行销售合同或者劳务合同而持有的存货，通常应当以合同价格作为其可变现净值的计量基础；如果企业持有存货的数量多于销售合同订购数量，超出部分的存货可变现净值应当以一般销售价格为计量基础。用于出售的材料等，应当以市场价格作为其可变现净值的计量基础。

22.存货跌价准备应当按单个存货项目计提；在某些情况下，比如，与具有类似目的或最终用途并在同一地区生产和销售的产品系列相关，且难以将其与该产品系列的其他项目区别开来进行估价的存货，可以合并计提；对于数量繁多、单价较低的存货，也可以按存货类别计提。

23.企业每期都应当重新确定存货的可变现净值。如果以前减记存货价值的影响因素已经消失，则减记的金额应当予以恢复，并在原已计提的存货跌价准备的金额内转回，转回的金额应当减少计提的存货跌价准备。

存货成本的结转

24. 已售存货的账面价值应当在确认其相关收入的当期确认为费用。

25.将存货减记至可变现净值而形成的减记金额，应当在减记的当期确认为费用。

26. 企业应当采用系统合理的方法对低值易耗品和包装物进行摊销，计入成本费用。可选用的方法有一次转销法、五五摊销法等。

27.盘亏或毁损的存货所造成的损失，应当在发生的当期计入损益。

披 露

28.企业应当披露下列与存货有关的信息：

(1)材料、在产品、产成品等类存货的当期期初和期末账面价值及总额；

(2)当期计提的存货跌价准备和当期转回的存货跌价准备；

(3)存货取得的方式以及低值易耗品和包装物的摊销方法；

(4)存货跌价准备的计提方法；

(5)确定存货可变现净值的依据；

(6)确定发出存货的成本所采用的方法；

(7)用于债务担保的存货的账面价值；

(8)采用后进先出法确定的发出存货的成本与采用先进先出法、加权平均法或移动平均法确定的发出存货的成本的差异；

(9)当期确认为费用的存货成本，如主营业务成本等。

衔接办法

29.对于本准则施行之日以前取得的存货，除跌价准备的提取应当追溯调整外，其余不作追溯调整。

附 则

30.本准则自2002年1月1日起施行。

企业会计准则—固定资产

引 言

1.本准则规范固定资产的会计核算和相关信息的披露。

2.本准则不涉及下列内容：

(1)企业合并中取得的固定资产的初始计量；

(2)经济林木和产役畜等与农业活动有关的生物资产。

定 义

3.本准则使用的下列术语，其定义为：

(1)固定资产，指同时具有以下特征的有形资产：

①为生产商品、提供劳务、出租或经营管理而持有的；

②使用年限超过一年；

③单位价值较高。

(2)使用寿命，指固定资产预期使用的期限。有些固定资产的使用寿命也可以用该资产所能生产的产品或提供的服务的数量来表示。

(3)折旧，指在固定资产的使用寿命内，按照确定的方法对应计折旧额进行的系统分摊。其中，应计折旧额，指应当计提折旧的固定资产的原价扣除其预计净残值后的余额，如果已对固定资产计提减值准备，还应当扣除已计提的固定资产减值准备累计金额。

固定资产的确认

4.固定资产在同时满足以下两个条件时，才能加以确认：

(1)该固定资产包含的经济利益很可能流入企业；

(2)该固定资产的成本能够可靠地计量。

5.企业在对固定资产进行确认时，应当按照固定资产定义和确认条件，考虑企业的具体情形加以判断。

企业的环保设备和安全设备等资产，虽然不能直接为企业带来经济利益，却有助于企业从相关资产获得经济利益，也应当确认为固定资产，但这类资产与相关资产的账面价值之和不能超过这两类资产可收回金额总额。

6.固定资产的各组成部分，如果各自具有不同的使用寿命或者以不同的方式为企业提供经济利益，从而适用不同的折旧率或折旧方法的，应当单独确认为固定资产。

固定资产的初始计量

7.固定资产应当按其成本入账。

8.外购的固定资产的成本包括买价、增值税、进口关税等相关税费，以及为使固定资产达到预定可使用状态前所发生的可直接归属于该资产的其他支出，如场地整理费、运输费、装卸费、安装费和专业人员服务费等。

如果以一笔款项购入多项没有单独标价的固定资产，按各项固定资产公允价值的比例对总成本进行分配，分别确定各项固定资产的入账价值。

9.自行建造的固定资产，按建造该项资产达到预定可使用状态前所发生的必要支出，作为入账价值。

10.投资者投入的固定资产，按投资各方确认的价值，作为入账价值。

11.融资租入的固定资产，其入账价值按《企业会计准则——租赁》的规定确定。

12.债务重组中取得的固定资产，其入账价值按《企业会计准则--债务重组》的规定确定。

13. 非货币性交易中取得的固定资产，其入账价值按《企业会计准则--非货币性交易》的规定确定。

14.盘盈的固定资产，按以下规定确定其入账价值：

(1)同类或类似固定资产存在活跃市场的，按同类或类似固定资产的市场价格，减去按该项资产的新旧程度估计的价值损耗后的余额，作为入账价值。

(2)同类或类似固定资产不存在活跃市场的，按该项固定资产的预计未来现金流量现值，作为入账价值。

15.接受捐赠的固定资产，按以下规定确定其入账价值：

(1)捐赠方提供了有关凭据的，按凭据上标明的金额加上应当支付的相关税费，作为入账价值；

(2)捐赠方没有提供有关凭据的，按以下顺序确定其入账价值：

①同类或类似固定资产存在活跃市场的，按同类或类似固定资产的市场价格估计的金额，加上应当支付的相关税费，作为入账价值；

②同类或类似固定资产不存在活跃市场的，按接受捐赠的固定资产的预计未来现金流量现值，作为入账价值。

如接受捐赠的系旧的固定资产，按依据上述方法确定的新固定资产价值，减去按该项资产的新旧程度估计的价值损耗后的余额，作为入账价值。

16.应当计入固定资产成本的借款费用，按《企业会计准则--借款费用》的规定处理。

固定资产的折旧

17.除以下情况外，企业应对所有固定资产计提折旧：

(1)已提足折旧仍继续使用的固定资产；

(2)按照规定单独估价作为固定资产入账的土地。

18.企业应当根据固定资产的性质和使用情况，合理确定固定资产的使用寿命和预计净残值。除本准则第22条所列情况外，固定资产的使用寿命、预计净残值一经选定，不得随意调整。

19.企业在确定固定资产的使用寿命时，主要应当考虑下列因素：

(1)该资产的预计生产能力或实物产量；

(2)该资产的有形损耗，如设备使用中发生磨损、房屋建筑物受到自然侵蚀等；

(3)该资产的无形损耗，如因新技术的出现而使现有的资产技术水平相对陈旧、市场需求变化使产品过时等；

(4)有关资产使用的法律或者类似的限制。

20.企业应当根据固定资产所含经济利益预期实现方式选择折旧方法,可选用的折旧方法包括年限平均法、工作量法、双倍余额递减法或者年数总和法。除本准则第23条所列情况外,折旧方法一经选定,不得随意调整。

21.固定资产应当按月计提折旧,并根据用途分别计入相关资产的成本或当期费用。

企业在实际计提固定资产折旧时,当月增加的固定资产,当月不提折旧,从下月起计提折旧;当月减少的固定资产,当月仍提折旧,从下月起停止计提折旧。

22.企业应当定期对固定资产的使用寿命进行复核。如果固定资产使用寿命的预期数与原先的估计数有重大差异,则应当相应调整固定资产折旧年限。

23.企业应当定期对固定资产的折旧方法进行复核。如果固定资产包含的经济利益的预期实现方式有重大改变,则应当相应改变固定资产折旧方法。

固定资产的后续支出

24.与固定资产有关的后续支出,如果使可能流入企业的经济利益超过了原先的估计,如延长了固定资产的使用寿命,或者使产品质量实质性提高,或者使产品成本实质性降低,则应当计入固定资产账面价值,其增计金额不应超过该固定资产的可收回金额。

25. 根据本准则第24条规定应计入固定资产账面价值以外的后续支出,应当确认为费用。

固定资产的减值

26.固定资产的减值是指,固定资产的可收回金额低于其账面价值。

本准则所称可收回金额,是指资产的销售净价与预期从该资产的持续使用和使用寿命结束时的处置中形成的现金流量的现值两者之中的较高者。其中,销售净价是指资产的销售价格减去处置资产所发生的相关税费后的余额。

27.企业应当于期末对固定资产进行检查,如发现存在下列情况,应当计算固定资产的可收回金额,以确定资产是否已经发生减值:

(1)固定资产市价大幅度下跌,其跌幅大大高于因时间推移或正常使用而预计的下跌,并且预计在近期内不可能恢复;

(2)企业所处经营环境,如技术、市场、经济或法律环境,或者产品营销市场在当期发生或在近期发生重大变化,并对企业产生负面影响;

(3)同期市场利率等大幅度提高,进而很可能影响企业计算固定资产可收回金额的折现率,并导致固定资产可收回金额大幅度降低;

(4)固定资产陈旧过时或发生实体损坏等;

(5)固定资产预计使用方式发生重大不利变化,如企业计划终止或重组该资产所属的经营业务、提前处置资产等情形,从而对企业产生负面影响;

(6)其他有可能表明资产已发生减值的情况。

28.如果固定资产的可收回金额低于其账面价值,企业应当按可收回金额低于账面价值的差额计提固定资产减值准备,并计入当期损益。

29.已计提减值准备的固定资产,应当按照该固定资产的账面价值以及尚可使用寿命重新计算确定折旧率和折旧额;如果已计提减值准备的固定资产价值又得以恢复,应当按照固定资产价值恢复后的账面价值,以及尚可使用寿命重新计算确定折旧率和折旧额。因固定资产减值准备而调整固定资产折旧额时,对此前已计提的累计折旧不作调整。

30.如果有迹象表明以前期间据以计提固定资产减值的各种因素发生变化,使得固定资产的可收回金额大于其账面价值,则以前期间已计提的减值损失应当转回,但转回的金额不应超过原已计提的固定资产减值准备。

固定资产的处置

31.企业发生固定资产出售、转让、报废或毁损时,应当将处置收入扣除其账面价值和相关税费后的差额计入当期损益。

32.售后租回固定资产,按《企业会计准则——租赁》的规定进行会计处理。

披 露

33.企业应当披露下列与固定资产有关的信息:

(1)固定资产的标准、分类、计价方法和折旧方法;

(2)各类固定资产的使用寿命、预计净残值和折旧率;

(3)固定资产增减变动情况,包括期末和期初各类固定资产账面总金额及累计折旧总额,以及各类扩建、处置及其他调节项目的金额;

(4)当期确认的固定资产减值损失及当期转回的固定资产减值损失;

(5)在建工程的期初、期末数额及增减变动情况;

(6)对固定资产所有权的限制及其金额;

(7)已承诺将为购买固定资产支付的金额;

(8)暂时闲置的固定资产账面价值;

(9)已提足折旧仍继续使用的固定资产账面价值;

(10)已退废和准备处置的固定资产账面价值。

衔接办法

34.对于本准则施行之日以前取得的固定资产,除减值准备的提取应当追溯调整外,其余不作追溯调整。

附 则

35.本准则自2002年1月1日起施行。

企业会计准则——中期财务报告

引 言

1.本准则规范中期财务报告的内容和编制中期财务报告应当遵循的确认与计量原则。

定 义

2.本准则使用的下列术语,其定义为:

(1)中期,指短于一个完整的会计年度的报告期间。

(2)中期财务报告,指以中期为基础编制的财务报告。

重要性

3.企业在确认、计量和披露在中期财务报告中列报的各会计报表项目时,应当遵循重要性原则。在判断项目的重要性程度时,应当以中期财务数据为基础,不应以预计的年度财务数据为基础;而且,与年度财务数据相比,中期会计计量可在更大程度上依赖于估计。企业应当保证所提供的中期财务报告包括了与理解企业中期期末财务状况和中期经营成果及其现金流量相关的信息。

中期财务报告的内容

4.中期财务报告至少应当包括以下组成部分：

(1)资产负债表；

(2)利润表；

(3)现金流量表；

(4)会计报表附注。

5. 在中期财务报告中根据本准则第4条的要求所提供的资产负债表、利润表和现金流量表应当是完整的会计报表，其格式和内容应当与上年度会计报表相一致。如果法律、行政法规或者规章(如当年新施行的会计准则)对当年度会计报表的格式和内容进行了修改，则中期会计报表应当按照修改后的报表格式和内容编制，与此同时，根据本准则第7条的要求在中期财务报告中提供的上年度比较会计报表的格式和内容也应当作相应调整。

6.如果企业在上年度财务报告中编制的是合并会计报表，则企业在中期期末也应当编制合并会计报表；如果企业在上年度财务报告中还包括母公司会计报表，则企业在中期财务报告中也应当提供母公司会计报表。如果企业上年度财务报告中既包括了合并会计报表，也包括了母公司会计报表，但是在报告中期内，企业处置了所有纳入上年度合并会计报表编制范围的子公司，则企业在中期财务报告中只需要提供母公司会计报表，但是根据本准则第7条要求提供的上年度比较会计报表应当包括合并会计报表，除非上年度可比中期的财务报告没有提供合并会计报表。

7.在中期财务报告中，企业应当提供以下比较会计报表：

(1)本中期末的资产负债表和上年度末的资产负债表；

(2)本中期的利润表、年初至本中期末的利润表以及上年度可比期间的利润表(其中上年度可比期间的利润表是指上年度可比本中期的利润表和上年度年初至可比本中期末的利润表)；

(3)年初至本中期末的现金流量表和上年度年初至可比本中期末的现金流量表。

企业如果在中期对会计报表项目进行了调整或者修订，那么在中期财务报告中所提供的上年度比较会计报表项目的有关金额就应当按照本年度中期会计报表的要求予以重新分类，并在会计报表附注中说明会计报表项目金额重新分类的原因及其内容。如果企业无法对比较会计报表中的有关金额进行重新分类，企业应当在中期会计报表附注中说明不能进行重新分类的原因。

8.中期会计报表附注应当以“年初至本中期末”为基础编制，重点披露自上年度资产负债表日之后发生的，有助于理解企业财务状况、经营成果和现金流量变化情况的重要事项或者交易。同时，对于理解本中期财务状况、经营成果和现金流量有关的重要事项或者交易，也应当在中期会计报表附注中予以披露。中期会计报表附注至少应当包括下列信息：

(1)中期会计报表所采用的会计政策与上年度会计报表相一致的说明。如果发生了会计政策的变更，应当说明会计政策变更的内容、理由及其影响数；如果会计政策变更的累积影响数不能合理确定，应当说明理由；

(2)会计估计变更的内容、理由及其影响数；如果影响数不能确定，应当说明理由；

(3)重大会计差错的内容及其更正金额；

(4)企业经营的季节性或者周期性特征；

(5)存在控制关系的关联企业发生变化的情况；关联方之间发生交易的，应当披露关联方关系的性质、交易的类型和交易要素；

(6)合并会计报表的合并范围发生变化的情况；

(7)对性质特别或者金额异常的会计报表项目的说明；

(8)债务性证券和权益性证券的发行、回购和偿还情况；

(9)向企业所有者分配利润的情况(包括在中期内实施的利润分配和已提出或者已批准但尚未实施的利润分配情况)，包括向所有者分配的利润总额和每股股利；

(10)业务分部和地区分部的分部收入与分部利润(亏损)；

(11) 中期资产负债表日至中期财务报告批准报出日之间发生的非调整事项；

(12) 上年度资产负债表日以后所发生的或有负债和或有资产的变化情况；

(13)企业结构变化情况的说明，比如企业合并和重组，对被投资单位具有重大影响、共同控制关系或者控制关系的长期股权投资的购买或者处置，终止营业等；

(14) 其他重大交易或者事项，如重大的长期资产转让及其出售情况、重大的固定资产和无形资产取得情况、重大的研究和开发支出、重大的非货币性交易事项、重大的债务重组事项、重大的资产减值损失及其减值损失的转回情况等。

当企业在提供本条(5)、(10)项有关关联方交易以及分部收入与分部利润(亏损)信息时，应当同时提供本中期(或者本中期末)和本年度年初至本中期末的数据，以及上年度可比本中期(或者可比期末)和可比年初至本中期末的比较数据。

在年度会计报表中的披露

9.在同一会计年度内，如果以前中期财务报告中所披露的会计估计在最后一个中期发生了重大变更，而企业又不单独披露该最后中期的财务报告，则企业应当在其年度会计报表附注中披露该项会计估计变更的内容、理由及其影响金额。

确认和计量

采用与年度会计报表相一致的会计政策

10.企业应当在中期会计报表中采用与年度会计报表相一致的会计政策。如果在上年度资产负债表日之后发生了会计政策变更，且该变更了的会计政策将在本年度会计报表中采用，则中期会计报表应当采用该变更了的会计政策，并应当按照本准则第15条的规定进行处理。

11.企业财务报告的频率不应当影响其年度结果的计量，因此，中期会计计量应当以年初至本中期末为基础。如果会计年度内以前中期的会计报表项目在以后中期发生了会计估计变更，则在以后中期会计报表中应当反映这种会计估计变更的金额，但对以前中期财务报告中已经反映的金额不再作调整，同时，企业还应当按照本准则第8条(2)项或者第9条的要求予以披露。

季节性、周期性或者偶然性取得的收入

12.对于季节性、周期性或者偶然性取得的收入，除了在会计年度末允许预计或者递延的之外，企业都应当在发生时予以确认和计量，不应当在中期会计报表中预计或者递延。

会计年度中不均匀发生的费用

13.对于会计年度中不均匀发生的费用，除了在会计年度末允许预提或者待摊的之外，企业都应当在发生时予以确认和计量，不应当在中期会计报表中预提或者待摊。

会计估计的应用

14.企业在中期进行会计计量时，应当保证所提供的会计信息是可靠的，而且与理解企业财务状况、经营成果和现金流量相关的所有重要财务信息都能够得到恰当的披露。同时，在中期财务报告中的计量和年度财务报告一样，都应当基于合理的估计，但是，在编制中期财务报告时，一般需要比年度财务报告应用更多的会计估计。

中期会计政策变更的处理

15.企业在中期如果发生了会计政策的变更,应当按照《企业会计准则——会计政策、会计估计变更和会计差错更正》的规定处理,并按照本准则第8条(1)项的规定在会计报表附注中作相应披露。其中,在会计政策变更的累积影响数能够合理确定的情况下,除非国家规定了相关的会计处理方法,企业应当对根据本准则第7条要求提供的以前年度比较会计报表最早期间的期初留存收益和这些会计报表其他相关项目的数字进行追溯调整;同时,涉及到本会计年度内会计政策变更以前中期会计报表相关项目数字的,也应当予以追溯调整,视同该会计政策在整个会计年度和可比会计报表期间一贯采用。

衔接办法

16.对于首次按照本准则编制中期财务报告的企业,如果该企业在以前年度没有编制可比中期(包括可比本中期和可比年初至本中期末)的会计报表,则在该企业首次采用本准则的年度所提供的中期财务报告中,可以不提供上年度可比中期的会计报表;如果该企业在以前年度编制了可比中期的会计报表,则在该企业首次采用本准则的年度所提供的中期财务报告中,应当提供上年度可比中期的会计报表,而且如果上年度可比中期会计报表所采用的会计政策与本准则不相符的,还应当作追溯调整。从按照本准则编制中期财务报告的第二年起,应当提供本准则规定的所有可比中期的会计报表。在企业根据本准则编制中期财务报告时,披露的其他信息涉及到需要提供上年度比较数字的,亦按照上述原则处理。

附 则

17.本准则自2002年1月1日起施行。

关联方之间出售资产等有关会计处理问题暂行规定

关于发布《关联方之间出售资产等有关会计处理问题暂行规定》的通知

财会[2001]64号

各省、自治区、直辖市、计划单列市财政厅(局),新疆生产建设兵团财务局,财政部驻各省、自治区、直辖市、计划单列市财政监察专员办事处,中央有关部门,国务院各部委:

为了规范上市公司与关联方之间出售资产等会计处理,真实反映上市公司的财务状况、经营成果,我部制定了《关联方之间出售资产等有关会计处理问题暂行规定》,现印发给你们,请遵照执行。执行中有何问题,请及时反馈我部。

二〇〇一年十二月二十一日

近几年,某些上市公司利用与关联方之间显失公允的交易操纵利润,违背会计核算基本原则,严重违反了资本市场的“三公”原则。为了真实反映上市公司与关联方之间交易的经济实质,向有关各方提供有用的会计信息,现就上市公司与关联方之间有关交易的会计处理规定如下:

一、上市公司与关联方之间的交易,如果没有确凿证据表明交易价格是公允的,应按本规定进行处理,对显失公允的交易价格部分,一律不得确认为当期利润,应当作为资本公积处理,在“资本公积”科目下单独设置“关联交易差价”明细科目进行核算,这部分差价不得用于转增资本或弥补亏损。

二、上市公司出售资产交易的会计处理

上市公司出售资产或将债权转移(含出售债权,下同)给关联方,如果实际交易价格低于或等于所出售资产或转移债权账面价值的,仍按有关企业会计制度和准则的规定进行处理;如果实际交易价格超过相关资产账面价值的,除市场上存在更客观、明确、公允的价格外,应按以下规定进行处理:

(一)正常商品销售(含提供劳务,下同)

上市公司对关联方进行正常商品销售 的,在符合收入确认条件的前提下,按以下规定确认收入:

1.当期对非关联方的销售量占该商品总销售量的较大比例的(通常为20%及以上),应按对非关联方销售的加权平均价格作为对关联方之间同类交易的计量基础,并将按此价格确定的金额确认为收入。关联方之间实际交易价格超过确认为收入的部分,计入资本公积(关联交易差价)。

在确定非关联方之间同类交易价格时,必须有确凿证据表明其交易价格的公允性,并提供有关证据。

2.商品的销售仅限于上市公司与关联方之间,或者与非关联方之间的商品销售未达到商品总销售量的较大比例的(通常为20%以下),应按以下规定进行处理:

(1)实际交易价格不超过商品账面价值120%的,按实际交易价格确认为收入;

(2)实际交易价格超过商品账面价值120%的,将商品账面价值的120%确认为收入,实际交易价格超过确认为收入的部分,计入资本公积(关联交易差价)。

如果有确凿证据(如历史资料、同行业同类商品销售资料等)表明销售该商品的成本利润率高于20%的,应按合理的方法计算,例如,按商品账面价值加上按最近2年历史资料等确定的加权平均成本利润率与账面价值的乘积计算的金额确认为收入,实际交易价格超过确认为收入的部分,计入资本公积(关联交易差价)。

本规定所称的成本利润率,是指按商品销售毛利与商品销售成本计算的比率。

(二)非正常商品销售及其他销售

非正常商品销售及其他销售,是指除正常商品销售以外的商品销售、转移应收债权、出售其他资产等。

1.非正常商品销售

上市公司对关联方进行非正常商品销售的，如果没有确凿证据表明交易价格是公允的，在符合收入确认条件的前提下，应按出售商品的账面价值确认为收入，实际交易价格超过出售商品账面价值的差额，计入资本公积(关联交易差价)。

2.转移应收债权

上市公司将其应收债权转移给关联方，应按实际交易价格超过应收债权账面价值的差额，计入资本公积(关联交易差价)。

3.出售其他资产

上市公司向关联方出售固定资产、无形资产和其他资产的，应将实际交易价格超过相关资产账面价值的部分，计入资本公积(关联交易差价)。

上市公司同时出售资产、转移负债的，实际交易价格超过出售相关资产、负债账面价值的部分，计入资本公积(关联交易差价)。

(三)上述各项资产在出售前，应按相关企业会计制度和准则的规定估计其可收回金额，并计提相应的减值准备；资产出售时，已计提的资产减值准备应一并结转。

三、关联方之间承担债务的会计处理

关联方之间一方为另一方承担债务的(非债务重组)，承担方应按所承担的债务，计入营业外支出(承担关联方债务)；被承担方应按承担方实际为其承担的债务，计入资本公积(关联交易差价)。

债权人对债务人豁免的债务，仍按相关企业会计制度和准则中有关债务重组的规定处理。

四、由关联方承担费用的会计处理

关联方之间一方为另一方承担费用的（如母公司为其子公司承担广告费用等)，如这些费用是被承担方生产经营活动所必需的支出，应当反映在被承担方的成本费用中。被承担方收到承担方支付的款项，计入资本公积(关联交易差价)；如果承担方直接将承担的费用支付给其他单位的，被承担方应按承担方实际支付的金额，计入资本公积(关联交易差价)。承担方应按实际承担的费用，计入营业外支出(承担关联方费用)。

五、委托及受托经营的会计处理

对于委托及受托经营，应当确认受托方是否为受托经营资产或受托经营企业提供经营管理服务，如果受托方实质上并未对受托经营资产或受托经营企业提供经营管理服务，则委托方或受托方取得的委托经营收益，全部计入资本公积(关联交易差价)；如果受托方实质上对受托经营资产或受托经营企业提供了经营管理服务，则取得的受托经营收益在符合收入确认条件的前提下，按以下规定处理：

(一)受托经营资产

受托方接受委托，对关联方提供的资产进行经营并收取固定费用，或按合同规定视具体情况收取受托经营费用的，受托方应于取得受托经营收益时，确认为其他业务收入；如果取得的受托经营收益超过按受托资产账面价值总额与1年期银行存款利率110%的乘积计算的金额，则应按受托资产账面价值总额与1年期银行存款利率110%的乘积计算的金额(即，受托资产账面价值总额×1年期银行存款利率×110%)，确认为其他业务收入，超过确认为收入的部分计入资本公积(关联交易差价)。如果受托经营资产所发生的相关费用由受托方承担的，受托方应于相关费用发生时直接计入当期其他业务支出。

(二)受托经营企业

受托方接受委托，对关联方委托经营的企业进行经营，并按照受托经营企业实现利润的一定比例收取受托经营费，或者受托经营企业实现的利润或发生的亏损均由受托方享有或承担，或者以其他方式收取受托经营收益的，受托方应按以下三者孰低的金额，确认为其他业务收入，取得的受托经营收益超过确认为收入的部分，计入资本公积(关联交易差价)：

1.受托经营协议确定的收益；

2.受托经营企业实现的净利润；

3.受托经营企业净资产收益率超过10%的，按净资产的10%计算的金额。

受托经营企业发生的净亏损，应由受托方承担的部分，直接计入当期管理费用(承担托管损失)；如果按照受托协议规定，受托经营企业发生净亏损，仍能获得委托方支付的托管经营费用的，受托方应于取得委托经营收益时，扣除由其承担的净亏损后的余额，计入资本公积(关联交易差价)。

委托方支付的委托经营费用，计入当期管理费用(托管费用)。

(三)上市公司将部分资产或被投资单位委托其关联方经营，按委托协议规定收取固定收益，或按实现净利润的一定比例等收取委托经营收益，按上述同一原则处理。

六、上市公司与关联方之间占用资金的会计处理

上市公司的关联方以支付资金使用费的形式占用上市公司的资金，在符合收入确认条件的前提下，应于取得资金使用费时，冲减当期财务费用；如果取得的资金使用费超过按1年期银行存款利率计算的金额，应将相当于按1年期银行存款利率计算的部分，冲减当期财务费用，超过按1年期银行存款利率计算的部分，计入资本公积(关联交易差价)。

七、本规定所称的关联方按照相关企业会计制度和《企业会计准则-关联方关系及其交易的披露》规定的存在关联方关系的各种情况加以确定。上市公司应在会计报表附注中按照相关企业会计制度和准则的规定，对关联方关系及其交易作充分的披露，对关联交易价格的公允性作出特别说明，并分别说明资本公积期末余额中有关关联交易差价的性质、形成原因及金额。

八、本规定自发布之日起执行。

证券公司从事股票发行主承销业务有关问题的指导意见

关于发布《证券公司从事股票发行主承销业务有关问题的指导意见》的通知

证监发[2001]48号

各具有主承销商资格的证券公司：

为规范证券公司从事股票发行主承销业务活动，现将《证券公司从事股票发行主承销业务有关问题的指导意见》印发给你们，请遵照执行。

各证券公司应按照本指导意见的要求，对在2000年度主承销的首次公开发行、配股、增发的上市公司进行回访。其中，对于2000年上半年完成发行的上市公司，在2000年年报公布后一个月内完成回访；对于2000年下半年以后完成发行的上市公司，待2001年中报公布后一个月内完成回访。回访报告应当在上市公司年报或中报截止日后的一个月内报送中国证监会，并抄送上市公司所在地中国证监会派出机构。

本通知自发布之日起施行。1999年12月2日《中国证券监督管理委员会关于成立证券发行内核小组的通知》(证监发行字[1999]150号)、1999年12月6日《中国证券监督管理委员会关于建立证券发行申请材料主承销商核对制度的通知》(证监发行字[1999]153号)同时废止。

二〇〇一年三月十七日

一、证券公司从事股票发行主承销业务包括主承销首次公开发行股票、上市公司向原股东配售股票(以下简称"配股")和向全体社会公众发售股票(以下简称"增发")。

二、担任股票发行主承销商的证券公司(以下简称"证券公司")，应当遵循勤勉尽责、诚实信用的原则，认真履行尽职调查义务，负责向中国证券监督管理委员会(以下简称"中国证监会")推荐发行人，并对所出具的推荐函、尽职调查报告承担相应的责任。

对于需要辅导的发行人首次公开发行股票，证券公司应在推荐函中说明内核情况并填报核对表(见附件一)；对于主承销上市公司配股、增发，应出具推荐函、尽职调查报告(见附件二)，并填报核对表(见附件三)。

三、证券公司应指导发行人建立规范健全的法人治理结构，确保发行人全体董事充分了解其应遵守的法律、法规及所承担的相关责任，为发行人的股票发行提供切实可行的专业意见及良好的顾问服务。

对于主承销首次公开发行股票及进行重大重组的上市公司增发或配股的，证券公司还应当按照有关规定履行其对发行人的发行上市辅导义务。

四、证券公司推荐发行人发行股票，应建立发行人质量评价体系，明确推荐标准，在充分尽职调查的基础上，保证推荐内部管理良好、运作规范、未来有发展潜力的发行人发行股票。

五、证券公司在与发行人签署保密协议的情况下，可以向发行人调阅与本次股票发行有关的未公开的法律文件和财务会计资料。

六、证券公司应成立内核小组，并根据实际情况，对内核小组的职责、人员构成、工作规则等进行适当调整，形成适应核准制要求的规范、有效的内核制度，并将内核小组的工作规则、成员名单和个人简历报中国证监会职能部门备案。

证券公司内核小组应当恪尽职守，保持独立判断。

七、证券公司应当在内核程序结束后作出是否推荐发行的决定。决定推荐发行的，应出具推荐函。

推荐函应当至少包括以下内容：明确的推荐意见及其理由、对发行人发展前景的评价、有关发行人是否符合发行上市条件及其他有关规定的说明、发行人主要问题和风险的提示、证券公司内部审核程序简介及内核意见、参与本次发行的项目组成人员及相关经验等。

推荐函应当由证券公司法定代表人或授权代表签名并加盖公章，注明签署日期。

八、对于发行人的不规范行为，证券公司应当要求其整改，并将整改情况在尽职调查报告或核查意见中予以说明。因发行人不配合，使尽职调查范围受限制，导致证券公司无法做出判断的，证券公司不得为发行人的发行申请出具推荐函。

九、证券公司应建立发行承销工作档案，工作档案至少应包括推荐函、核对表、尽职调查报告(适用于配股和增发)、内核小组工作记录、发行申请文件、对中国证监会审核反馈意见的回复。中国证监会和证券交易所可随时调阅工作档案。工作档案保留时间应符合中国证监会的有关规定。

十、受发行人委托，证券公司配合发行人按照有关规定制作股票发行申请文件，编制招股说明书，对申请文件及招股说明书的内容进行核查，负责报送股票发行申请文件，并与中国证监会和证券交易所进行沟通。

十一、证券公司应严格遵守有关信息披露的规定。在申请文件报送中国证监会后，进入静默期，除已公开的信息外，不得向外界透露有关本次发行的任何信息。承销团成员的分析员作出的有关发行人的研究报告不得对外发出，直至有关本次股票发行的募集文件公开后，方可进行相关的宣传和推介活动。

十二、证券公司应建立有效的内部控制制度。遵循内部防火墙原则，使投资银行部门与研究部门、经纪部门、自营部门在信息、人员、办公地点等方面相互隔离，防止内幕交易和操纵市场行为的发生。

十三、证券公司应建立股票承销工作的协调机构，并指定内部独立部门负责发行期间的监控和综合协调。

十四、股票发行申请经中国证监会核准后，证券公司应当组织发行人做好市场推介活动，在不超越公开募集文件内容的范围内向投资者介绍发行人的情况。

十五、在发行完成后的15个工作日内，证券公司应当向中国证监会报送承销总结报告。承销总结报告至少应包括推介、定价、申购、该股票二级市场表现(如已上市交易)及发行组织工作等内容。

十六、证券公司应当在发行完成当年及其后的一个会计年度发行人年度报告公布后的一个月内，对发行人进行回访，就其募集资金的使用情况、盈利预测实现情况、是否严格履行公开披露文件中所作出的承诺、以及经营状况等方面是否与推荐函相符等进行核查，出具回访报告(见附件四)，报送中国证监会、发行人所在地中国证监会的派出机构及发行人股票上市的证券交易所备案，并在发行人股东大会召开5个工作日之前将回访报告在指定报刊和网站公告。

十七、本指导意见自发布之日起施行。证券公司推荐发行人发行可转换公司债券等，参照本指导意见执行。

附件一、首次公开发行股票申请文件主承销商核对要点

附件二、主承销商关于上市公司新股发行尽职调查报告必备内容

附件三、主承销商关于上市公司新股发行申请文件核对表

附件四、主承销商关于股票发行回访报告必备内容

附件一：

首次公开发行股票申请文件主承销商核对要点

第一部分 关于本次发行上市的主要事项

一、发行上市的实质条件

1. 发行人的设立方式为：

2. 发行人是否设立三年以上？

3. 发行人最近三年是否连续盈利并可向股东支付股利？如发行人设立不足三年，原企业是否盈利？

4. 发行人最近三年内是否无重大违法行为？

5. 发行人最近三年内财务会计文件是否无虚假记载？

6. 发行新股后发行人预期利润率是否可达到同期银行存款利率？如有盈利预测，发行当年净资产收益率为： %。

7. 前一次发行的股份是否已募足，且间隔一年以上？

8. 发行人本次发行前的总股本为 万元，发行后股本总额是否不低于5000万元？为 万元。

9. 发行人本次申请发行新股后社会公众股占总股本的比例是否不低于25 %？为 %。

10. 发起人认购的股份总额是否不低于发行人拟发行股份总额的35%？为 %。

11. 股本总额超过4亿元的，发行人本次发行后的社会公众股占总股本的比例是否不低于15%？为 %。

12. 发行新股后持有面值达人民币1000元以上的股东人数是否不少于1000 人？

13. 发行人的生产经营是否符合国家产业政策？

14. 发行人发行前一年末净资产占总资产比例是否不低于30%？为 % 。

15. 发行人发行前一年末无形资产(不含土地使用权)占净资产的比例是否不高于20%？为 %。

16. 发起人以工业产权和非专利技术作价出资的，其出资金额是否未超过注册资本的20%？比例为 %。

二、本次发行上市的授权

17. 股东大会是否已按法定程序作出批准本次发行上市的决议？

18. 股东大会决议的内容是否符合法律、法规、中国证监会的有关规定以 及公司章程的要求，是否合法有效？

19. 如股东大会授权董事会办理有关发行上市事宜，授权的范围、程序是否合法有效？

三、发行人的设立及主体资格

20. 发行人是否为合法存续的股份有限公司？

21. 发行人设立是否不存在违法违规或重大不规范行为？

22. 发行人是否依法取得了有权部门的设立批准？批准的部门是：

23. 发行人设立时是否进行了资产评估(如需要)？评估机构是否有证券从业资格？为：

24. 发行人设立时是否进行了验资？验资机构是否有证券从业资格？为:

25. 发行人是否依法召开了创立大会？

26. 发行人是否依法办理了工商登记，取得法人营业执照？

27. 在发行人设立过程中，从验资日至注册登记日期间是否发生有关资产、负债、损益的变化？如有，是否明确了有关利益关系？

28. 如属定向募集公司，其设立行为是否符合当时法律、法规及其他有关文件的规定？是否按《公司法》进行了规范？

29. 由原外商投资企业改组为股份有限公司的，是否已对原合同、章程进行修改并经有关部门批准？批准的部门是:

30. 如属有限责任公司变更为股份有限公司，是否符合《公司法》等有关法律、法规和中国证监会的有关规定？

31. 发行人发行的股份是否同股同权？

32. 是否存在发起人出资不实及重大出资财产争议的情况？

33. 设立时对原企业债务的处理是否已征得大额债权人的同意，是否不存在金额较大的潜在债务纠纷？

34. 发行人在设立及运作过程中是否不存在侵害股东和债权人利益的情况 ？

35. 发行人的设立和出资是否不存在纠纷或潜在纠纷？如有，主要是：

36. 发行人向其他公司累计投资额占净资产的比例是否不超过50% ？上述比例，

发行前按母公司报表计算为 %；按合并报表为 %。

发行后预计按母公司报表计算为 %；按合并报表为 %。

四、发起人(股东)及发行人的组织结构

37. 发起人或股东目前是否依法存续？

38. 发起人或股东是否具有法律、法规规定担任发起人或进行出资的资格？

39. 是否存在工会和职工持股会直接或间接持股的情况？

40. 如原存在但已进行了转让，是否确信已履行完有关法定程序，是否不存在纠纷或潜在纠纷？

41. 发起人或股东人数、住所、出资比例是否符合法律、法规和中国证监会的有关规定？

42. 发起人已投入发行人的资产的产权关系是否清晰，将上述资产投入发行人是否不存在法律障碍？如有，主要是：

43. 如发起人将其全资附属企业或其他企业先注销再以其资产折价入股，发起人是否已通过履行必要的法律程序取得了上述资产的所有权？对其原有债务的处置是否合法、合规、真实、有效，是否已征得相关债权人同意？

44. 发起人以其在其他企业的权益折价入股的，是否已征得该企业其他出资人的同意？是否已履行了相应的法律程序？投入的权益是：

45. 若存在以无形资产出资或折股的，是否详细披露了无形资产的内容、出资或折股的方式和比例、评估的具体情况等？投入的无形资产是：

46. 发行人是否拥有主营业务的商标所有权？

47. 发行人是否办妥专利技术、非专利技术及其他特许经营权等资产权属证书的取得或变更登记手续？

48. 发行人有关房产、土地使用权(包括水面养殖权)、探矿权、采矿权的取得方式是否符合有关规定？取得方式为 ：

49. 发起人投入发行人的实物资产或权利的权属证书是否已有发起人转移给发行人？是否存在法律障碍或风险？

50. 是否披露了发行人控股股东与其他主要股东或有实质控制权股东的基本情况？实质控制人是：

51. 是否披露了发行人所有直接或间接投资的、境内或境外的子公司、参股公司及其下属单位？

五、发行人的股本及其演变

52. 发行人设立时股权设置、股本结构是否合法有效？

53. 出资的产权界定和确认是否存在纠纷及风险？如有，主要纠纷及风险 是：

54. 发行人对外投资的产权界定和确认是否存在纠纷及风险？如有，主要纠纷及风险是：

55. 发行人设立以来是否发生过股权变动？如发生了变动，简述变动情况及对发行人的影响。

56. 历次股权变动是否合法、合规、真实、有效？

57. 发行人的股份是否存在任何因被质押、诉讼等引致的纠纷或潜在纠纷？如存在，说明具体情况。

六、发行人的业务和技术

58. 发行人的经营范围和经营方式是否符合法律、法规的有关规定？

59. 发行人是否在中国大陆以外经营？如存在，主要境外经营情况是：

60. 境外经营是否合法、合规、真实、有效？

61. 发行人主营业务是否突出？主营业务是：

62. 发行人的主营业务在最近三年(不足三年的，应追溯原企业)是否变 更过？如变更过，应说明具体情况。

63. 发行人持续经营是否存在法律、技术、市场等障碍？

64. 发行人最近三年主营业务是否有实质性进展？公司的产品或服务的科技含量：无、一般、较高。

65. 是否充分披露了发行人所处行业国内外的基本情况及发展趋势？

66. 是否充分披露了对发行人所处行业发展有利和不利的因素？主要不利因素是：

67. 是否披露了发行人面临的主要竞争状况？

68. 是否披露了发行人最近三年的业务盈亏、研究开发、曾经历过的重大挫折及未来发展前景等？主要重大挫折是：

69. 是否披露了发行人拥有的特许经营权的有关情况及其对发行人持续生 产经营的影响？特许经营权是：

70. 是否披露了发行人前5名客户和供应商与发行人之间的供销比例？

71. 如向单个客户的销售比例或向单个供应商的采购比例超过总额的50%，其名称及供销比例是：

72. 是否披露了发行人发行前进行过的重大业务和资产重组情况？主要重大业务和资产重组是：

73. 发行人是否拥有主营业务的核心技术？是否拥有所有权？

74. 发行人是否拥有与主营业务密切相关的专利技术的所有权？

75. 发行人是否拥有技术不断创新的机制和进一步开发的能力？

76. 发行人是否存在与技术相关的重大纠纷？

七、同业竞争与关联交易

77. 发行人与控股股东及其子公司等是否不存在同业竞争？如存在，同业竞争是：

78. 如存在，发行人是否采取了有效措施避免同业竞争？主要措施是：

79. 是否充分披露了关联方及其与发行人之间的关联关系？

80. 发行人与关联方之间是否不存在重大的关联交易？如存在，应说明关联交易的内容、数量、金额，以及关联交易占同类业务的比重。

81. 发行人的关联交易是否履行了法定批准程序？

82. 对发生的关联交易，如需股东大会批准，关联股东是否在作出股东大会决议时回避？

83. 对发生的关联交易，独立董事是否没有不同意见？如有，主要是：

84. 发生的关联交易是否公允，是否存在损害发行人及其他股东利益的情况？交易价格为：　　。如该交易与第三方进行，交易价格为：

85. 发行人是否没有为控股股东及其他关联股东提供担保？如有，主要是 ：

86. 发行人是否在公司章程及其他内部规定中制定了关联交易的公允决策程序？

87. 如发行人募股资金投向与关联方合资的项目，或募股资金投入后与关联方发生交易的，是否披露了关联方、合资项目及关联交易的有关情况？

88. 发行人是否对有关关联交易和解决同业竞争的承诺或措施进行了充分的披露？是否存在重大的遗漏或重大隐瞒 ？

八、发行人的主要财产

89. 发行人是否充分披露了拥有的房产及土地使用权、商标、专利技术、特许经营权等无形资产的情况？

90. 如发行人有租赁房屋、土地使用权等情况，租赁是否合法有效？

91. 发行人是否充分披露了主要生产设备的情况？

92. 发行人生产经营的主要生产设备是否存在报废等重大风险？

93. 发行人是否披露了存在的产权纠纷或潜在纠纷？94. 发行人对其主要财产的所有权或使用权的行使有无限制，是否不存在主要财产被担保或者其他权利受限制的情况？

九、发行人的重大债权债务

95. 发行人将要履行、正在履行以及虽已履行完毕但可能存在潜在纠纷的重大合同是否合法、有效？是否存在潜在的风险和纠纷？如存在风险和纠纷，应说明对本次发行上市的影响。

96. 上述合同的主体是否变更为发行人，若未履行变更程序，是否已获得合同他方的同意？合同履行是否存在法律障碍？

97. 发行人是否有因环境保护、知识产权、产品质量、劳动安全、人身权等原因产生的侵权之债？如有，应说明对本次发行上市的影响。

98. 发行人与关联方之间是否存在重大债权债务关系及相互提供担保的情况？

99. 发行人金额较大的其他应收、应付款是否因正常的生产经营活动发生，是否合法有效？

100. 发行人目前是否没有重大诉讼或仲裁事项？

101. 发行人是否不存在由于担保、诉讼等事项引起的或有负债？

十、发行人的重大资产变化及收购兼并

102. 发行人设立至今是否有合并、分立、增资扩股、减少注册资本、收购或出售资产等行为？如有，简要情况：

103. 如有，是否符合当时法律、法规和中国证监会的有关规定，是否已履行必要的法律手续？

104. 如有，是否导致主营业务、核心管理层、股权比例的变化？

十一、发行人的税务

105. 发行人及其控股子公司所执行的税种、税率是否符合现行法律、法规的要求？

106. 发行人是否享受财政补贴、税收优惠等政策？如有，该政策是否合法、合规、真实、有效？主要财政补贴、税收优惠政策是：

107. 发行人最近三年是否依法纳税？是否存在被税务部门处罚的情形？

108. 发行人是否不存在拖欠税金的行为？

十二、发行人的环境保护和产品质量、技术等标准

109. 发行人的生产经营活动和拟投资项目是否符合有关环境保护的要求？如需要，有权部门是否出具意见？

110. 发行人生产经营是否符合相关的产品质量标准和技术监督标准？

111. 发行人最近三年是否有因违反有关环境保护、产品质量和技术监督方面的法律法规而被处罚的情况？

十三、发行人的主要风险因素

112. 发行人披露的风险因素是否依据重要性原则进行排序？

113. 是否针对实际情况充分、具体地披露了须予披露的风险因素？

114. 风险因素是否尽可能进行了定量分析？

115.发行人是否有针对性地披露了发行人的市场风险、经营风险、财务风险、管理 风险、技术风险、募集资金投向风险、政策性风险以及其他风险等？

116. 除上述风险，其他补充披露的风险因素主要是：

117. 发行人是否紧接所披露的风险因素介绍了已采取或准备采取的对策或措施？未披露对策的风险因素是：

118. 发行人是否做了特别风险提示？特别风险是：

119. 是否已详细披露特别风险的成因，最近一个会计年度遭受的损失及将来遭受损失的程度？

120. 是否披露了股东承担风险损失的承诺？如有，主要是：

十四、发行人的章程及内控制度

121. 发行人章程及草案的制定和修改是否履行了法定程序?

122. 发行人章程或草案的内容是否存在与现行法律、法规和中国证监会的有关规定相抵触的地方?

123. 发行人章程或草案是否按有关上市公司章程的规定起草或修订?发行人已在香港或境外上市的,发行人章程是否符合到境外上市的有关规定?

124. 发行人章程草案是否不存在歧视或限制中小股东权利的条款?

125. 发行人是否建立了一套科学、有效的关于人事任免、财务和对外投资等的决策制度?

十五、发行人的规范运作

126. 发行人是否已按有关规定建立和健全了组织机构?

127. 发行人是否具有健全的股东大会、董事会、监事会议事规则?该议事规则是否符合法律、法规和中国证监会的有关规定?

128. 发行人历次股东大会、董事会、监事会的召开,形成的决议内容及签署是否合法、合规、真实、有效?

129. 股东大会或董事会历次授权或重大决策等行为是否合法、合规、真实、有效?

130. 发行人的子公司的设立是否符合《公司法》的要求?

131. 发行人的业务是否独立于股东单位及其他关联方?

132. 发行人的资产是否独立完整?

133. 发行人是否具有独立完整的供应、生产、销售系统?

134. 如供应、生产、销售环节以及商标权等在短期内难以独立,发行人与控股股东是否以合同形式明确双方的权利义务关系,价格是否公允?

135. 是否不存在控股股东违规占用(包括无偿占用和有偿使用)发行人的资金、资产及其他资源的情况?

136. 发行人的人员是否独立?

137. 发行人的机构是否独立?

138. 是否不存在"两块牌子、一套人马",混合经营、合署办公的情况?

139. 发行人董事长是否不由主要股东或控股股东法定代表人兼任?

140. 发行人经理、副经理、财务负责人、营销负责人、董事会秘书等高级管理人员是否在本单位领取薪酬?是否不在股东单位兼职?

141. 控股股东和政府部门推荐董事和经理人选是否通过合法程序进行,是否不存在干预发行人董事会、股东大会已经作出的人事任免决定?

142. 发行人是否设立了独立的财务会计部门,是否建立了独立的会计核算体系和财务管理制度(包括对子公司、分公司的财务管理制度)?

143. 发行人是否独立在银行开户,是否不存在与控股股东共用银行帐户的情况?

144. 发行人是否不存在将资金存入控股股东的财务公司或结算中心帐户的情况?

145. 发行人是否依法独立纳税?

146. 发行人是否能够独立作出财务决策,是否不存在控股股东干预发行人资金使用的情况?

十六、发行人的董事、监事和高级管理人员及其变化

147. 发行人的董事、监事和高级管理人员的任职资格是否符合法律、法规和中国证监会的有关规定以及公司章程的要求?

148. 上述人员在最近三年尤其是企业发行上市前一年是否发生过变化?如存在,应说明这种变化是否符合有关规定并履行了必要的法律程序?

149. 发行人是否设置认股权?如设置,需说明其合法性。

150. 董事、经理是否自营或为他人经营与发行人同类的业务?

151. 董事、经理是否从事损害发行人利益的活动?

152. 发行人是否设立独立董事,其任职资格是否符合有关规定,其职权范围是否违反法律、法规和中国证监会的有关规定?

153. 董事会共有董事　　名,其中独立董事(如有)　　名。

154. 是否披露了发行人董事、监事、高级管理人员和核心技术人员直接或间接持有发行人股份(包括个人持股、家属持股和公司持股)的情况及其在最近三年内的变动情况?

十七、定向募集公司

155. 公司设立及内部职工股的设置是否得到合法批准?

156. 内部职工股是否按批准的比例、范围及方式发行?

157. 内部职工股首次及历次托管是否合法、合规、真实、有效?

158. 内部职工股的发行和演变是否合法、合规、真实、有效?

159. 如内部职工股涉及违法违规行为,该行为是否已得到清理?批准发行内部职工股的部门是否出具了对有关责任和潜在风险承担责任的确认文件?

160. 发行人前次募股资金是否按募集计划使用?是否提供了发行人最近一次募股资金使用情况的说明?

161. 如发行人改变前次募股资金的用途,是否履行了法定程序?

162. 是否提供了有全体董事签名及公司盖章的发行人关于内部职工股发行和演变情况的说明及有关法律文件?

163. 是否提供了发行人律师和主承销商关于发行人内部职工股发行及演变情况的核查意见?

十八、募股资金运用

164. 发行人是否确定了合理的募股资金需要量?

165. 是否有明确的募股资金投向?

166. 发行人是否结合股票发行规模、股票发行价格审慎考虑了募股资金的运用?是否披露了募股资金运用对主要财务状况、经营成果的影响?

167. 发行人是否披露了摊薄后的净资产收益率?是否会影响再融资?

168. 发行人募股资金投向的项目决策是否履行了规范的程序?如需要,资金投入项目是否有符合要求的立项批文?

169. 发行人募股资金投资项目是否存在重大限制性因素(如合作方资金不到位、环保问题、存在重大市场和资源约束等)?

170. 如募股资金投资项目涉及与他人进行合作的,应说明是否已依法订立相关的合同?这些项目是否会导致同业竞争?

171. 募股资金投向是否与发行人主营业务及长期的发展目标相一致?

172. 如存在实际募股资金不足或超过所申报资金需求量的可能,发行人是否披露了相应的对策及安排?

十九、发行人的业务发展目标

173. 发行人业务发展目标是否与主营业务一致?

174. 发行人业务发展目标是否合法合规,是否存在潜在的重大风险?

175. 是否披露了发行人发行当年及未来两年内的发展计划以及实施该计划的主要经营理念或模式、假设条件及将面临的主要困难?是否披露了上述发展计划与现有业务的关系?

176. 是否披露了本次募股资金投入对实现该计划的作用?

177. 公司发展潜力及持续发展能力:较差、一般、较强。

二十、诉讼、仲裁及行政处罚情况

178. 发行人、持有发行人5%以上股份的主要股东(追溯至实际控制人)、发行人的控股子公司是否存在尚未了结的或者可预见的重大诉讼、仲裁及行政处罚案件?如存在,说明对本次发行、上市的影响。

179. 发行人董事长、经理是否存在尚未了结的或者可预见的重大诉讼、仲裁及行政处罚案件?如存在,说明对发行人生产经营的影响。

第二部分　关于发行人的财务会计资料

二十一、关于审计报告

180. 标题是否为"审计报告"?

181. 收件人是否为XX股份有限公司全体股东?

182. 范围段中审计范围的表述是否与独立审计准则的要求一致?

183. 范围段中会计责任与审计责任的表述是否与独立审计准则的要求一致?

184. 范围段中审计依据的表述是否为"中国注册会计师独立审计准则"?

185. 范围段中已实施的主要审计程序的表述是否与独立审计准则的要求一致?

186. 审计意见是否为无保留意见?

187. 若为无保留意见的审计报告,是否不含说明段?

188. 在意见段中是否明确表示会计报表符合《企业会计准则》和《企业会计制度》?

189. 在意见段中是否明确表示会计报表在所有重大方面符合公允性原则?

190. 在意见段中是否明确表示会计处理方法的选用符合一贯性原则?

191. 是否已经两名或两名以上注册会计师签名并盖章?

192. 是否已经会计师事务所盖章?

193. 是否注明了会计师事务所地址?

194. 是否签署了报告日期?

二十二、关于会计报表

195. 是否已经提供母公司会计报表?

196. 是否已经提供合并会计报表?

197. 是否提供了不少于最近三个会计年度的利润表及利润分配表、不少于最近三个会计年度末的资产负债表以及不少于最近一个会计年度的现金流量表?

非整体改制重组设立且运行不足三年的股份有限公司,在提供资产负债表时,是否只提供改制设立股份有限公司后各年年末的资产负债表?

198. 报表名称是否符合《企业会计制度》的规定?

199. 报表编制单位是否盖章?

200. 报表是否有会计机构负责人(会计主管人员)、主管会计工作的负责人、公司负责人签名并盖章?

若公司设置总会计师,总会计师是否已签名并盖章?

201. 报表金额单位是否为元或千元?

202. 资产负债表是否为帐户式?

203. 利润表是否为多步式?

204. 报表项目是否与《企业会计制度》的规定一致?

205. 报表重要项目是否均有附注标号?

206. 报表附注标号是否与报表附注一致?

207. 会计报表数据是否按从左到右、最左侧为最近一期数据的顺序排列?

208. 资产总计、负债合计、所有者权益合计是否正确?

209. 资产负债表项目之间的勾稽关系是否正确?

210. 利润表项目之间的勾稽关系是否正确?

211. 利润分配表项目之间的勾稽关系及与利润表、资产负债表、现金流量表之间的勾稽关系是否正确?

212. 现金流量表项目之间的勾稽关系及与资产负债表、利润表、利润分配表之间的勾稽关系是否正确?

二十三、关于会计报表附注

213. 是否已按规定披露公司的基本情况?

214. 在编制基准中,对运行不足三年的股份有限公司,是否已说明编制设立以前年份会计报表的会计主体是以改制方案确定的公司架构为前提,按报告期各年实际存在的该公司架构各构成实体进行编制?

215. 在编制基准中,对运行不足三年的股份有限公司,如果在报告期内发生新设合并的,是否已说明设立以前年份会计报表是按合并后公司架构进行编制的?

216. 在编制基准中,对运行不足三年的股份有限公司,如果在报告期内发生吸收合并的,是否已说明设立以前年份会计报表在合并基准日前按原公司架构编制、在合并基准日后按合并后公司架构进行编制的?

217. 在编制基准中,对编制合并会计报表的公司,是否已说明报告期纳入合并范围的子公司名称、业务性质、注册资本、实际投资额、母公司所持有的各种股权的比例及合并期间?

218. 在编制基准中,对编制合并会计报表的公司,报告期纳入合并范围的子公司有增减变动的,是否已说明增减变动的情况以及合并范围变动的基准日?

219. 在编制基准中,对纳入合并范围但母公司持股未达到50%以上的子公司,是否已说明纳入合并范围的原因?对不纳入合并范围但母公司持股达到50%以上的子公司,是否已说明不纳入合并范围的原因?

220. 在编制基准中,对运行不足三年的股份有限公司,是否已经披露改制过程中资产、负债、收入、费用、利润项目的剥离情况,并披露了上述会计要素的差异?

申报会计师是否已对上述情况出具鉴证意见,并明确说明遵循了配比原则?

221. 在编制基准中,是否已经说明发行人计算经营业绩特别是连续计算不同主体经营业绩的财务资料来源?

222. 以下主要会计政策是否已经充分披露?

公司执行的会计制度

会计年度

记帐本位币

记帐基础及计价原则

外币业务的折算

外币会计报表的折算

现金等价物的确定标准

合并会计报表编制方法

短期投资的计价方法

短期投资跌价准备的核算方法

坏帐准备的核算方法

存货计价方法

存货跌价准备的核算方法

长期股权投资的核算方法

长期债权投资的核算方法

长期投资减值准备的核算方法

固定资产计价与折旧政策

无形资产计价及摊销政策

长期待摊费用摊销政策

借款费用的核算方法

应付债券的核算方法

收入确认的方法

所得税的核算方法

报告期公司选用的会计政策、会计估计是否变更,并已详细披露变更的内容、理由及影响数。

223. 资产负债表的资产、负债项目是否注释最近一期数据?股东权益项目是否注释报告期各年度数据和变动情况?

224. 货币资金是否已按现金、银行存款、其他货币资金分别列示?

225. 短期投资是否已按股票投资、债券投资、其他短期投资分别列示?是否已列示短期投资的期末市价?

226. 短期投资是否已分项列示计提的短期投资跌价准备金额及其

增减变动情况？是否已披露计提短期投资跌价准备所选用的证券期末市价的资料来源？

227. 应收票据是否已列示应收票据的种类、金额，用于抵押的应收票据是否已作说明？

228. 应收股利是否已分别列示各项目的金额，对其中金额较大的，是否已说明其内容？

229. 应收利息是否已分别列示各项目的金额，对其中金额较大的，是否已说明其内容？

230. 应收补贴款是否已分别列示各项目的金额，对其中金额较大的，是否已说明其内容及依据？

231. 应收帐款是否已作帐龄百分比分析，是否已单独列示持5%以上股份的股东欠款，帐龄超过三年的大额应收帐款是否已说明未收回的原因？

232.其他应收款是否已作帐龄百分比分析，是否已单独列示持5%以上股份的股东欠款，帐龄超过三年的大额款项是否已说明未收回的原因，金额较大的其他应收款，是否已说明其性质或内容？

233.坏帐准备是否已列示根据应收帐款和其他应收款分别提取的金额？

234. 本年度全额计提坏帐准备，或计提坏帐准备的比例较大的(计提比例一般超过40%及以上的)，是否已说明计提的比例以及理由？

235. 以前年度已全额计提坏帐准备，或计提坏帐准备的比例较大的，但在本年度又全额或部分收回的，或通过重组等其他方式收回的，是否已说明其原因、原估计计提比例的理由、以及原估计计提比例的合理性？

236. 对某些金额较大的应收款项不计提，或计提比例较低(一般为5%或低于5%)时，是否已说明理由？

237. 是否已披露本年度实际冲销的应收款项及其理由，对实际冲销的关联交易产生的应收款项是否已单独披露？

238. 预付帐款是否已单独列示预付持5%以上股份的股东款项？

239. 存货是否已分项列示期末余额？

240. 存货跌价准备是否已分项列示计提的存货跌价准备金额及其增减变动情况？是否已披露各类存货可变现净值的确定方法？

241. 待摊费用是否已分项列示待摊费用的期初数、本期发生数、本期摊销数、期末数？

242. 长期股权投资中的股票投资，是否已按被投资公司列示股份类别、投资金额；

若股票有市价的，是否已列示股票的期末市价；

若股票投资采用权益法核算，是否已列示期初余额、期末调整的占被投资公司所有者权益净增减额中的份额、期末余额？

243.长期股权投资中的其他股权投资，是否已按被投资公司名称、投资期限、占被投资公司注册资本的比例、投资金额进行列示？

若实际投资比例与注册资本比例不一致，是否已披露并说明原因？

若其他股权投资采用权益法核算，是否已列示初始投资额、期初余额、期末调整的占被投资公司所有者权益净增减额中的份额、期末余额？

244. 股权投资差额是否已按被投资单位列示初始金额、期初余额、摊销期限、本期摊销额、摊余价值、形成原因？

245. 长期债权投资中的长期债券投资，是否已按债券类别列示到期日、面值、年利率、购入成本、期初余额、本期摊销的溢(折)价额、应计利息、期末余额？

246. 长期债权投资中的其他债权投资，是否已按投资类别列示到期日、购入成本、年利率、应计利息、期末余额？

247.长期投资减值准备是否已分项列示计提的长期投资减值准备金额及增减变动情况？

248. 短期投资和长期投资之和占净资产的比例是否已经列示？、

249. 采用权益法核算时，投资企业与被投资单位会计政策的重大差异是否已经披露？

250. 是否已经披露投资变现及投资收益汇回的重大限制？

若不存在重大限制，是否也已经作出披露？

251. 固定资产及累计折旧是否已按类别分别列示其期初余额、本期增加额、本期减少额及期末余额？

252.在固定资产注释中是否已对融资租入固定资产及固定资产用于抵押、担保的情况进行了说明？

固定资产减值准备是否已分项列示计提的减值准备金额及增减变动情况？

253. 工程物资注释中是否已分项列示各类工程物资的期末余额？

254. 在建工程是否已按工程名称、预算数、期初余额(其中借款费用资本化金额)、本期增加额(其中借款费用资本化金额)、本期转入固定资产额、其他减少额、期末余额、完工进度、资金来源进行列示？

借款费用资本化金额是否已单独披露？

从2001年起，用于确定资本化金额的资本化率是否已经披露？

在建工程减值准备是否已分项列示计提的减值准备金额及增减变动情况？

255. 无形资产是否已按项目、取得方式、原值、本期摊销额、累计摊销额、期末余额、剩余摊销年限进行列示？

256. 自行开发并依法申请取得的无形资产，其入帐价值是否按依法取得时发生的注册费、律师费等费用确定？

257. 自行开发并依法申请取得的无形资产，依法申请取得前发生的研究与开发费用，是否于发生时确认为当期费用？

258. 对于单项价值在100万元以上的无形资产，若该资产原始价值是以评估值作为入帐依据的，是否已经披露评估机构、评估方法？

无形资产减值准备是否已经单独披露？

259. 长期待摊费用是否已按原始发生额、期初余额、本期摊销额、累计摊销额、期末余额、剩余摊销年限进行列示？

260. 短期借款是否已按币种、借款条件、金额进行列示？

对已到期未偿还的借款，是否已单独列示贷款单位、贷款金额、贷款利率、贷款资金用途、未按期偿还的原因及预计还款期？

261. 应付票据是否已按应付票据的种类分项列示其金额，并已说明年内将到期的金额？

262. 应付帐款是否已作帐龄百分比分析，是否已单独列示应付持5%以上股份的股东欠款，帐龄超过三年的大额应付帐款是否已说明未支付的原因？

263. 预收帐款是否已单独列示预收持5%以上股份的股东款项，帐龄超过一年的大额预收帐款是否已说明原因？

264. 应付股利是否已列示欠付的股利金额并说明了原因？

265. 应交税金是否已按项目及金额分别进行了列示？

是否已对税收的减免、缓缴等情况披露了有关依据？

266. 其他应交款是否已分项列示性质、计缴标准、期末余额？

267. 其他应付款是否已作帐龄百分比分析？

是否已单独列示应付持5%以上股份的股东款项？

帐龄超过三年的大额款项是否已说明未支付的原因？

金额较大的其他应付款，是否已说明其性质和内容？

268. 预提费用是否已分项列示预提费用的期末余额？

269. 一年内到期的长期负债是否已按币种、借款条件、金额进行列示？

对已到期未偿还的一年内到期的长期负债，是否已分项说明原因？

270. 长期借款是否已按借款条件分项列示借款金额？

271. 应付债券是否已按债券的种类、期限、发行日期、面值总额、溢(折)价额、应计利息总额、期末余额进行列示？

272. 长期应付款是否已按借款单位、金额、期限、利率、借款条件进行列示？

273. 股本(净资产)是否已说明报告期变动情况以及执行验资的会

计事务所名称和验资报告文号？

运行不足三年的股份有限公司或有限责任公司，设立前的年份是否披露了净资产情况？

274. 资本公积是否已分项列示报告期资本公积的变动情况？

若法定财产评估增值有增减变动的，是否已说明原因及依据？

275. 盈余公积是否已分项列示报告期盈余公积的变动情况？

用盈余公积转增股本、弥补亏损、分配股利的，是否已说明其依据？

276. 法定公积金、法定公益金、任意公积金、股利分配的会计处理是否依据公司股东大会决议或董事会分配预案？

277. 未分配利润中是否已说明报告期利润分配比例以及未分配利润的增减变动情况？

278. 会计报表审计截至日的滚存利润是否经股东大会作出分配决议？

如果根据分配决议是由老股东享有的利润，是否已经审计，并列作未付股利？

279. 利润表项目是否注释了报告期各年度数据？

280. 主营业务收入是否已按主营业务性质分项列示主营业务收入金额？

经营业务涉及不同行业和不同地区的，是否已按行业和地区分类列示？

281. 主营业务税金及附加是否已分项列示？

282. 其他业务利润是否已分项列示？

283. 财务费用是否已分项列示？

284. 投资收益是否已按短期投资、长期投资分项列示？对股权性的投资收益是否按成本法和权益法分项列示？

285. 补贴收入是否已分项列示，并已披露其内容及依据？

是否已经披露补贴收入采用的会计核算方法及占同期净利润的比重？

286. 营业外收入是否已分项列示？

287. 营业外支出是否已分项列示？

288. 所得税是否已说明报告期所得税率和所得税额，并披露所得税返还、减免的有关依据？

289. 公司发行上市前如果享受有关税收优惠政策，发行上市后不再享受有关优惠政 策的，是否已披露按发行上市后的税收政策调整计算的发行上市前各年度的利润？

290. 对编制合并会计报表的公司，是否已对母公司会计报表中的以下 项目按规定进行了注释？

长期股权投资(同合并会计报表注释)

固定资产(同合并会计报表注释)

主营业务收入(同合并会计报表注释)

投资收益(同合并会计报表注释)

所得税(同合并会计报表注释)

是否已说明异地独立缴纳所得税的各分公司、分厂执行的所得税率？

291. 子公司与母公司会计政策不一致，在编制合并会计报表时又未按母公司会计政 策进行调整的，是否已说明未调整的金额及其对合并会计报表中净资产和净利润的影响？

292. 对股权比例在50%以上或具有实际控制权但未纳入合并会计报表范围的子公司，是否按下列项目列表列示了子公司情况：公司名称、持股比例、固定资产、资产总额、净资产、主营业务收入、净利润？

293. 关联方关系及其交易的披露是否符合《企业会计准则-关联方关系及其交易的披露》的要？

294. 或有事项的披露是否符合《企业会计准则-或有事项》的要求？

是否已按性质、金额及对报告期及报告期后公司财务状况的影响进行了披露？

如果公司没有应在会计报表附注中说明的或有事项，是否已对该种事实进行了披露？

295. 对于资产负债表日存在的重大承诺事项，是否已在会计报表附注中说明其存在和金额？

如果公司没有需要说明的承诺事项，是否也已对该种事实进行了披露？

296. 资产负债表日后事项是否已按《企业会计准则-资产负债表日后事项》的规定进行了披露？

297. 非货币性交易的披露是否已按《企业会计准则-非货币性交易》的规定进行了披露？

前三年发生资产置换行为的公司，是否在会计报表附注中专项披露了股份公司资产置换的详细情况以及对股份公司财务状况的影响？

前三年发生资产置换行为的公司，是否披露了相应的备考会计报表，该备考会计报表假定置换进入股份公司资产的现时架构在审计报告期初已经存在，且在报告期内未发生重大变动？

298. 对已发行境内上市外资股、香港或境外上市外资股的公司，在其他重要事项中是否已编制会计报表差异调节表，分项列示按境内外的会计准则计算的发行报告期末净资产和报告期净利润的差异及原因？

对与经境外审计机构审计的数据进行差异比较的，是否已经注明该境外机构的名称？

299. 发行人为运行不足三年的股份有限公司，如设立时进行资产评估并调帐的，在其他重要事项中是否已提供调帐前后的比较资产负债表及必要的说明？

300. 发行人为运行不足三年的股份有限公司，若存在原来无偿使用的财产或权利，在公司设立后需要有偿使用的，在其他重要事项中是否已说明如果设立前年份有偿使用对报告期各年利润的影响？

301. 在其他重要事项中，对定向募集公司及其他存续期满三年的股份公司，是否已经披露发行前三年公司原始会计报表与申报会计报表的差异及有关情况的说明？

申报会计师是否已对上述情况出具鉴证意见？

302. 在其他重要事项中，公司是否披露了评估基准日至公司设立日之间利润的分配情况？

如果已经分配给发起人，公司是否披露了存货、固定资产、无形资产等资产依据评估价值还是帐面价值进行成本结转或分期推销？

如果已经分配给发起人，是否已明确说明对资本保全的影响？

是否有如果产生出资不实由发起人承担责任的承诺？

303. 对改制设立运行不足三年的公司，在其他重要事项中，是否已经明确披露报告期内改制前原企业的连续盈利情况？

304. 如果公司没有需要说明的其他重要事项，是否已对该事实进行了披露？

二十四、关于盈利预测审核报告

305. 标题是否为"盈利预测审核报告"？

306. 收件人是否为XX股份有限公司全体股东？

307.范围段中审核范围的表述是否与《独立审计实务公告第4号-盈利预测审核》的要求一致？

308. 范围段中被审核单位对盈利预测的责任和注册会计师的审核责任的表述是否与《独立审计实务公告第4号-盈利预测审核》的要求一致？

309. 范围段中审核依据的表述是否与《独立审计实务公告第4号-盈利预测审核》的要求一致？

310. 范围段中已实施的主要审核程序的表述是否与《独立审计实务公告第4号-盈利预测审核》的要求一致？

311.意见段中是否已明确表示公司盈利预测所依据的基本假设已充分披露，并且没有证据表明这些假设是不合理的？

司实际采用的相关会计政策一致？

313. 意见段中是否已明确表示盈利预测按照确定的基础编制？

314. 意见段是否不含说明段?

315. 是否已经两名或两名以上注册会计师签名及盖章?

316. 是否已经会计师事务所盖章?

317. 是否注明会计师事务所地址?

318. 是否签署报告日期?

319. 公司如果选择不披露盈利预测资料,发行人、主承销商、发行人律师是否对公司预期利润率可达同期银行存款利率发表了意见? 是否已提供和披露了有关依据?

二十五、关于盈利预测报告

320. 是否已充分披露盈利预测编制基准?

321. 是否已充分披露盈利预测的各项假设?

322. 盈利预测表项目是否与利润表项目一致?

323. 是否已编制了合并盈利预测表?

324. 是否已编制了母公司盈利预测表?

325. 盈利预测期间是否符合规定?

326. 盈利预测表中是否列示了已审实现数、未审实现数、预测数、合计数?

327. 所得税返还是否已披露有关依据?

328. 公司法定税率和实际税负不一致时,是否已作双重披露?

329. 是否编制了盈利预测说明? 对变动幅度较大的预测项目,是否进行了详细解释?

330. 在盈利预测编制说明中,是否已披露与同行业上市公司的比较分析资料?

331. 在盈利预测编制说明中,如果发行人的销售价格与毛利率高于行业的平均水平,主承销商是否已对发行人盈利预测的可靠性作出了说明?

332. 盈利预测中是否包含了募集资金投资项目的新增利润? 如果有,是否详细披露了有关依据?

333. 盈利预测报告中是否有重大事项说明?

334. 公司如果选择披露盈利预测资料,则全体董事是否已经作出了在正常生产经营条件下确保完成的承诺?

二十六、关于资产评估

335. 增资发行的股份有限公司,是否提供了历次法定资产评估时国有资产管理部门同意评估立项的文件?

336. 增资发行的股份有限公司,是否提供了历次法定资产评估时的评估报告?

337. 增资发行的股份有限公司,是否提供了历次法定资产评估时国有资产管理部门关于评估结果确认的文件及相关折股文件?

338.资产评估范围是否与投入股份公司的资产、负债的范围一致?

339. 2000 年 9 月 22 日以后设立的股份有限公司,其设立时如需要资产评估,是否经有证券从业资格的资产评估机构评估?

340. 2000 年 9 月 22 日以前设立的股份有限公司,其设立时如资产评估机构没有证券从业资格的,是否经有证券从业资格的资产评估机构进行复核?

341. 资产评估报告中是否有重大事项说明?

二十七、关于验资报告

342. 是否已提供设立及历次股本变动时的验资报告?

343. 96 年 1 月 1 日后的验资报告标题是否为"验资报告"?

344. 96 年 1 月 1 日后的验资报告收件人是否符合《中国注册会计师执业规范指南第 3 号[CD2]验资》的有关规定?

345. 96 年 1 月 1 日后的验资报告中验资范围的表述是否符合《中国注册会计师执业规范指南第 3 号[CD2]验资》的有关规定?

346. 96 年 1 月 1 日后的验资报告中被审验单位责任与验资责任的表述是否符合《中国注册会计师执业规范指南第 3 号[CD2]验资》的有关规定?

347. 96 年 1 月 1 日后的验资报告中验资依据的表述是否符合《中国注册会计师执业规范指南第 3 号[CD2]验资》的有关规定?

348. 96 年 1 月 1 日后的验资报告中已实施的主要验资程序的表述是否符合《中国注册会计师执业规范指南第 3 号[CD2]验资》的有关规定?

349. 意见段是否明确说明注册会计师的验资意见?

350. 注册会计师是否在意见段后增列说明段?

351. 是否经具有证券从业资格的注册会计师签名及盖章?

352. 是否经具有证券从业资格的会计师事务所盖章?

353. 是否签署报告日期?

354. 96 年 1 月 1 日后的验资报告若为设立验资报告,其附件是否已包含"投入股本明细表"、"验资事项说明"以及注册会计师认为必要的其他附件?

355. 96 年 1 月 1 日后的验资报告若为变更验资报告,其附件是否已包含"变更前后注册资本、投入资本对照表"、"变更前后资产、负债和所有者权益项目对照表"、"验资事 项说明"以及注册会计师认为必要的其他附件?

356. 2000 年 9 月 22 日以后设立的股份有限公司,其设立时的验资机构是否有证券从业资格?

357. 验资报告中是否有重大事项说明?

第三部分 关于发行申请文件及有关程序性问题

二十八、关于发行申请文件的基本要求

358. 本次公开发行股票的申请文件是否根据《公司法》、《证券法》及证监发[2001]36 号文的要求制作?

359. 是否确信发行人申请文件不存在虚假记载、误导性陈述或重大遗漏?

360. 是否提供了一套按要求签署的发行申请文件原件? 如不能提供原件的(包括企业法人营业执照与土地使用权证),是否提供了发行人律师的鉴证意见或出文单位盖章确认的副本复印件? 如原出文单位不再存续,是否提供了承继其职权的单位或作出撤销决定的单位出具的证明文件?

361. 是否提供了按要求制作的完整、标准的申请文件电子文本(.doc 或.rtf 格式文件)?

362. 发行人全体董事是否审查、签署了整套申请文件,并在招股说明书及其摘要、募股资金运用等文件上发表声明或承诺?

363. 是否有发行人董事对申请文件表述不同意或有保留意见? 如有,主要意见是:

364. 是否有发行人董事对招股说明书及其摘要表述不同意或有保留意见? 如有,主要意见是:

365. 是否有发行人董事对募股资金运用的可行性分析报告表述不同意或有保留意见? 如有,主要意见是:

366. 是否发行人针对实际情况对证监发[2001]36 号文要求的申请文件有所增减? 如有,主要增减是:

367. 与本次发行有关的发行人律师、注册会计师、注册资产评估师、验资人员等是否按勤勉尽责、诚实信用、审慎等原则明确出具了专业意见? 如没有,主要情况是:

368.上述机构出具的专业意见是否带有保留意见或其他不符合有关规定的地方? 如有,主要是:

369. 上述机构是否按要求在所提供的有关文件上发表声明和签名盖章 ?

370. 主承销商是否按有关规定对申请文件的真实性、准确性和完整性进行充分核查并履行对申请文件进行质量控制的义务?

如有保留意见或其他认为需提请中国证监会关注的问题,主要是:

371. 主承销商、承销团其他成员、发行人律师、注册会计师、注册资产评估师及其所在机构是否具有证券从业资格？是否提供了上述机构及有关人员的证券从业资格的有效证明？

372. 上述机构最近三年是否没有受到处罚的违法违规行为？

373. 是否提供了主承销商对发行人的辅导汇总报告？辅导结论是:

374. 是否按规定的内容出具了主承销商推荐函？推荐函所反映的发行人主要问题是:

375. 主承销商和副主承销商与发行人之间是否不存在持有对方7%以上股权或为前五名大股东等重大关联关系？

376. 发行人与主承销商之间是否存在融资、担保等事项？如有，主要情况是：

二十九、关于招股说明书及其摘要

377. 是否确信招股说明书及其摘要按证监发[2001]41号文的要求制作？

378. 是否确信招股说明书及其摘要符合证监发[2001]41号文关于信息披露的真实性、准确性、完整性、公平性、及时性的要求？

379. 是否确信充分披露了所有对投资者做出投资决策有重大影响的信息？如有未明确规定但对投资者做出投资决策有重大影响的信息，主要是：

380. 有关规定对发行人确实不适用的，发行人是否针对实际情况在不影响披露内容完整性的前提下做出适当修改并予以说明？如有，主要是：

381. 是否至少披露了发行人不少于最近三年的简要利润表、不少于最近三年末的简 要资产负债表、不少于最近一年的简要现金流量表？所引用的财务报告、盈利预测报告(如有)是否由具有证券期货相关业务资格的会计师事务所审计或审核，并由二名以上具有证券 期货相关业务资格的注册会计师签署？

382. 所引用的经审计的最近一期财务会计资料是否按要求在有效期内？财务报告截止日为：年　月　日。

383. 引用的数据是否提供资料来源，事实是否有充分、客观、公正的依据？

384. 是否不存在任何有祝贺性、广告性和恭维性的词句？

385. 招股说明书摘要是否按规定的内容和格式制作？

386. 招股说明书摘要是否不存在与招股说明书在内容上不一致，或因遗漏重要信息而误导投资者的情况？

387. 发行人全体董事是否仔细阅读并讨论通过了招股说明书及其摘要并按要求签署了意见？是否就保证招股说明书及其摘要内容的真实、准确、完整发表声明？

388. 招股说明书引用的法律意见、财务报表及其附注、审计报告、资产评估报告、盈利预测审核报告等是否经发行人律师、注册会计师、注册评估师、验资人员及其所在中介机构的书面同意？

389. 招股说明书中是否有其他应提请中国证监会关注的问题？如有，主要是：

三十、关于发行人律师出具的法律意见书和律师工作报告

390. 发行人律师出具的法律意见书和律师工作报告是否按证监发[2001]37号文的要求制作？

391. 是否确信律师已严格履行法定职责、遵循勤勉尽责和诚实信用的原则，对发行人的行为以及本次申请的合法、合规、真实、有效进行了充分的核查验证，律师是否声明确认法律意见书和律师工作报告不存在虚假记载、误导性陈述及重大遗漏？

392. 是否确信律师在法律意见书中对规定事项及其他任何与本次发行有关的法律问题明确发表结论性意见？如有保留意见，主要是：

393. 是否确信律师在律师工作报告中详尽、完整地阐述所履行尽职调查的情况，对在法律意见书中所发表意见或结论的依据、进行核查验证的过程、涉及的必要资料或文件明确发表意见？

394. 律师是否按要求建立健全了工作底稿？

395. 律师是否对未明确要求，但对发行人发行上市有重大影响的法律问题均明确发表了法律意见？如有，主要是：

396. 是否确信律师已对法律意见书和律师工作报告所依据的事实、文件、谈话记录及适用的法律、法规、规章、规范性文件等进行了认真核查验证？

397. 经签署的法律意见书和律师工作报告报送后，是否认为还需律师补充或更正某些事项或需要律师出具补充法律意见？如有，主要是：

398. 律师所发表的意见是否附加了不恰当的免责声明或附加条件？如有，主要是：

399. 经办律师及其所任职的律师事务所是否具有证券期货从业资格？

400. 是否存在经办律师调离、更换律师或律师事务所，或律师、律师事务所丧失资格的情况？

401. 是否确信更换后律师或律师事务所对原法律意见书和律师工作报告的真实性、合法性发表意见？是否出具了新的法律意见书和律师工作报告？

402. 是否确信律师出具的法律意见符合律师行业公认的业务标准、道德规范、勤勉尽责、诚信审慎原则和尽职调查义务？

403. 发行人律师出具的法律意见中是否有其他应提请中国证监会关注的问题？如有，主要是：

三十一、关于发行上市辅导

404. 是否按证监发[2000]17号文及其他有关规定与发行人签定了辅导协议？

405. 辅导期从　　年　　月　　日起，至　　年　　月　　日止。

派出机构是：　；备案登记日为　　年　　月　　日。

406. 是否存在中途介入辅导的情况？如存在，应专项说明。

407. 是否指定了三名以上符合要求的辅导人员对公司进行辅导？三名人员是：

408. 在辅导期间是否更换过辅导人员？如有，原辅导人员是：　。接替的辅导人员是：

409. 是否按规定的内容对发行人进行了全面的辅导？

410. 是否建立了"辅导工作底稿"？

411. 是否按要求向中国证监会派出机构报送辅导备案材料，出具了《股票发行上市辅导报告》和《发行上市辅导汇总报告》？

412. 辅导期内向发行人提出的主要意见和建议是：

413. 上述问题是否已解决？如未解决，主要是：

414. 是否确信发行人达到了辅导要求？

415. 发行人是否仍存在影响发行上市的主要问题？如有，主要是：

三十二、关于发行申请文件的内核工作

416. 主承销商是否建立健全了股票发行申请文件的质量控制体系？

417. 主承销商是否建立健全了投资银行业务内控制度，建立起投资银行业务部门与其他业务部门之间的"防火墙"制度？

418. 主承销商是否建立了科学的项目决策体系？项目决策是否遵循集体决策原则？

419. 主承销商是否建立了项目承销人员与内核人员、项目决策人员适当分开并相互制衡的机制？

420. 主承销商是否建立了对发行辅导、申请文件制作、内核、发行上市申报以及承销工作的内部协调和沟通的制度？

421. 是否建立健全项目承销人员尽职调查工作流程，明确调查要点，做好调查的时间安排，建立健全调查汇报制度？

422. 是否对项目承销人员和发行人律师、注册会计师等中介机构所进行的尽职调查进行适当的协调？

423. 主承销商负责人是否与发行人管理层进行沟通对话，做到对发行人董事、监事及高管人员的诚信度及素质有一个基本判断？

424. 是否对与本次发行上市所有有关的当事人进行了履行诚信尽责义务的培训或道义劝导？

425. 是否对发行人律师和注册会计师等履行勤勉尽责义务和出具的专业意见进行适当的核查?

426. 是否确信发行人的设立及存续合法、合规、真实、有效,不存在重大风险和隐患,符合发行上市的基本条件及相关要求?

427. 是否对发行人募股资金运用及其经营目标和发展前景有基本的了解?

428. 是否对招股说明书及其摘要的内容进行了充分核查,确信不存在虚假记载、误导性陈述或重大遗漏?

429. 对申请文件核查提出的主要疑议是:

430. 申报时疑议是否已解除? 如未解除,主要是:

431. 对发行人董事履行诚信义务的状况的评价:较好、一般、差。

432. 是否建立适应核准制要求的规范、有效的内核制度?是否将内核小组的工作规则、成员名单和个人简历报中国证监会备案?

433. 主承销商主要领导是否参与本次推荐重大问题的讨论并同意本次推荐?

434. 本次发行推荐的项目工作人员是否向内核会议提供了可供充分讨论的资料和问题?

435. 内核工作会议对本次推荐集中讨论的最重要的三个问题是:

436. 内核工作会议是否对《核对表》的填列进行了充分的讨论,并形成决议?

437. 是否建立健全内核工作底稿制度?

438. 内核工作会议是否有完整的会议记录并存档?

439. 主承销商同参与本次股票发行的其他中介机构及发行人是否保持有效的沟通和协调?

第四部分 其他还需提请中国证监会关注的问题

首次公开发行股票申请文件主承销商核对表(参考样表)

发 行 人:

主承销商:

填 表 人: 填表时间 :

序号	核对事项	核对意见	证监会复核
	第一部分 关于本次发行上市的主要事项		
	一、发行上市的实质条件		
001	发行人或其主要发起人开业时间是否在三年以上?	是/否	
		...	
012	无形资产(不含土地使用权)占净资产的比例是否不高于20%? 为 %。	是/否; %	
		...	
	第二部分 关于发行人的财务会计资料		
	第三部分:关于发行申请文件及有关程序性问题		
	第四部分 其他还需提请中国证监会关注的问题		
		...	

主承销商法定代表人或授权代表签名/时间:

主承销商印章

填表注意事项:

1、应本着诚实信用、勤勉尽责的精神,针对发行人的实际情况,在充分履行尽职调查和内核职责的基础上,对《首次公开发行股票申请文件主承销商核对要点》规 定的事项进行核对,逐项填列。

2、填列意见视具体事项,可包括发行人行为是否合法、合规、真实、有效;核对事项是否存在问题,如存在,是否已经解决或能够解决;对核对事项,是否按要求进行了真实、准确、完整、公平、及时的披露;是否指出了有关当事人的责任。对在表中难以表达的事项,可加附注或附页。

3、对增加核对的内容,或对《首次公开发行股票申请文件主承销商核对要点》中不适用于发行人的内容,应注明。

4、《核对表》应由证券公司项目承销人员初步填制,经公司内核会议讨论后,填报正式文本。

附件二:

主承销商关于上市公司新股发行尽职调查报告必备内容

尽职调查报告是上市公司新股发行申请文件的组成部分,报告至少应当包括以下内容:

一、上市公司的基本情况

介绍上市公司设立及发行上市的简要情况、经营范围、主营业务以及最近的股权结构。

二、对上市公司本次新股发行的调查重点

(一)上市公司的独立性调查,包括上市公司与具有实际控制权的法人或其他组织及其他关联企业(以下简称控制人)在人员、资产、财务上的分开情况。

具体内容:

1、上市公司的人员独立,包括:

(1)上市公司的生产经营和行政管理(包括劳动、人事及工资管理等)是否完全独立于控制人;办公机构和生产经营场所是否与控制人分开,是否存在"两块牌子,一套人马",混合经营、合署办公的情况;

(2)上市公司的经理、副经理、财务负责人、营销负责人、董事会秘书等高级管理人员是否专职在上市公司工作,是否在上市公司领取薪酬,是否在控制人处兼任任何职务;

(3)控制人推荐董事和经理人选是否通过合法程序进行,是否存在干预公司董事会和股东大会已经作出的人事任免决定的情况。

2、上市公司的资产完整,包括:

(1)上市公司与控制人产权关系是否明确;控制人注入上市公司的资产和业务是否独立完整;控制人出资是否全部足额到位,是否完成相关的产权变更手续;

(2)上市公司是否拥有独立于控制人的生产系统、辅助生产系统和配套设施、土地使用权、工业产权、非专利技术等资产;

(3)上市公司是否拥有独立的采购和销售系统,主要原材料和产品的采购和销售是否通过控制人进行;如采购、销售、生产环节以及商标权等在短期内难以独立,上市公司与控制人是否以合同形式明确双方的权利义务关系,价格是否公允,是否已作为重大事项公告,并详细说明上述安排对上市公司经营的影响,是否在本次发行招股文件中予以简要披露;董事会是否确定逐年减少关联交易,直至完全面向市场独立经营的时间表,并作为承诺事项予以公告;

(4)是否存在控制人违规占用上市公司的资金、资产及其他资源的情况,包括无偿占用和有偿使用。

3、上市公司的财务独立,包括:

(1)上市公司是否设立独立的财务会计部门,是否建立独立的会计核算体系和财务管理制度(包括对子公司、分公司的财务管理制度);

(2)上市公司是否独立在银行开户,不存在与控制人共用银行帐户的情况;是否存在将资金存入控制人的财务公司或结算中心帐户的情况;

(3)上市公司是否依法独立纳税;

(4)上市公司是否能够独立作出财务决策,是否存在控制人干预上市公司资金使用的情况。

4、关联交易对上市公司的影响:

(1)除前述关联交易外,上市公司与控制人之间的其他关联交易是否履行法定批准程序,交易价格是否公允,披露是否充分、及时、准确,对上市公司是否存在 负面影响;

(2)上市公司是否存在控制人通过关联交易损害公司及其他股东权益的问题:

A、向控制人转移资产或垫付资金;

B、为控制人支付管理费用、退休费用、医疗费用、养老费用及其他费用 ；

C、为股东或公司个人债务提供担保；

D、以上市公司的名义向银行借款供控制人使用。

根据上述调查，对上市公司是否具备必要的独立性发表明确意见。

(二)上市公司规范运作的调查(除独立性之外)

1、上市公司章程是否合法、合规。

2、上市公司董事会、监事会是否建立完善的工作制度，相关制度是否得到有效执行，是否有三分之一以上的董事、监事通过监管机构的培训。

3、股东大会是否合法规范。

4、上市公司最近1年是否存在因违反证券法规受到处罚、或中国证监会公开批评或证券交易所公开谴责的情况(如有，应注明时间、事由)。

5、上市公司最近3年内是否有重大违法违规行为(如有，应注明时间、事由及所受处罚)。

6、上市公司最近3年财务会计文件是否有虚假记载、重大遗漏或误导性内容。

7、上市公司最近3年是否存在资金闲置问题（每年闲置资金的金额)，是否存在大量资金用于委托理财(金额、投资的内容、所获得的收益)、合同是否受法律保护，上市公司资金存放是否安全、是否能够有效控制(说明上市公司内部批准程序)。

8、注册会计师就上市公司内部控制制度的完整性、合理性和有效性所出具的评价报告，是否表明上市公司内控制度存在较大缺陷；上市公司是否根据注册会计师的意见进行了整改。

9、上市公司与控制人之间是否存在同业竞争问题。

10、上市公司是否履行向全体股东所作出的承诺(例如是否存在控制人继续占用上市公司资金、人员未分开、产权过户手续未办理完毕等问题)，上述承诺事项对本次发行是否具有实质性影响。

11、对于重大购买或出售资产的上市公司，是否已严格按照有关重大重组的规定进行辅导和规范，是否存在以下问题：

(1)重组工作尚未全部完成，相关的债权、债务关系、产权过户手续未办理完毕，对价未结清，存在遗留问题；

(2)有关重组情况的信息披露内容、程序不符合相关规定；

(3)上市公司重组后与控制人之间未做到"三分开"；

(4)上市公司重组后业务方向不够明确，经营状况尚未发生实质性好转 ；

(5)上市公司管理层不稳定；

(6) 置换到上市公司的资产经具有证券从业资格的注册会计师审计，财务状况不佳；

(7)上市公司重组后距本次发行申请的时间间隔未达到有关重大重组规定的一般性要求(注明上市公司重组后运营的时间)。

12、上市公司是否按照中国证监会及派出机构发出的限期整改通知书进行整改，在其后的经营中是否出现类似的问题。

根据上述调查，对上市公司是否能够按照法律、法规以及监管机构的要求规范运作发表明确意见。

(三)上市公司募集资金使用情况的调查

1、上市公司前次募集资金的情况，包括是否按承诺使用(包括项目计划投入金额与实际投入金额、计划建设周期与实际实施进度)，变更募集资金投向及变更理由是否充分披露并经股东大会批准，实际使用情况和使用效果是否与披露情况相符，是否增加了公司的收入和利润。

2、前次募集资金是否尚未使用完毕(注明未投入使用的金额占筹资额的比例)。

3、从上市公司历次募集资金的使用情况看，是否存在将募集资金投入的项目转出上市公司的情况；公司变更募集资金投向是否频繁；是否存在以前募集资金投入的项目论证不充分，致使项目不能实施而发生重大变更，或项目实施效果不佳，甚至给公司造成重大影响或损失的情况。

4、从前次发行完成后对上市公司经营成果的影响看，是否完成其预期的业务目标。如前次发行为增发，上市公司是否完成盈利预测，如未实现盈利预测，上市公司是否披露并解释原因；如盈利实现数低于盈利预测的80%，上市公司董事长是否公开道歉，并详细说明原因，理由是否成立。如前次发行为配股，是否出现发行后效益显著下降的问题，董事会是否详细说明原因，理由是否成立。

根据上述调查，对上市公司募集资金是否按承诺使用、信息披露及使用效果发表明确意见。

(四)上市公司财务和经营风险的调查

1、上市公司与关联人之间是否存在大量的关联交易（包括购销商品、提供劳务、因资产或股权转让发生的关联交易等)，上市公司是否对关联方严重依赖，来自关 联交易的收入是否占上市公司主营业务收入和利润总额的比例较高(注明比例)。

2、上市公司所获得的非经常性损益是否占上市公司利润总额的比例较高(注明比例)。

3、与同行业其他公司相比，上市公司应收帐款周转率和存货周转率是否较低；应收帐款的金额是否较大、帐龄较长，增幅是否明显高于主营业务收入的增长；其他应收帐款的金额是否较大、帐龄较长；存货量是否较大、产成品所占比重较高；上市公司的现金总流量增加额是否为负，经营性活动所产生的现金流量净额是否为负，资金支付是否发生困难。

4、上市公司是否具有偿债能力，流动比率、速动比率是否合理。

5、注册会计师对上市公司财务报告是否出具了标准无保留意见的审计报告。如为非标准无保留意见，所涉及的事项对上市公司影响是否重大或影响是否已经消除，违反合法性、公允性和一贯性的事宜是否已予以纠正；上市公司最近一期财务会计报告是否由注册会计师出具了标准无保留意见的审计报告。

根据上述调查，对所推荐的上市公司是否具备可持续经营能力发表明确意见。

(五)上市公司所执行的会计政策稳健性的调查

1、资产损失准备(包括坏帐准备、存货损失准备、长短期投资损失准备等)的提取比例是否低于平均水平，与上市公司资产质量状况是否相符，是否存在利用资产损失准备的提取和冲回来调节利润的情况；

2、固定资产折旧的提取方法与比例是否符合财务会计制度的规定，是否存在漏提和少提折旧的情况；

3、广告费用、研发费用、利息费用等费用的确认与摊销是否符合会计制度、会计准则等的规定，是否存在收益性支出挂帐作为资本性支出的情况；

4、收入确认是否符合会计准则规定，是否存在提前确认和虚计收入的情况；

5、资产置换收益、资产转让收益等非经常性损益的确认是否符合会计制度和会计准则的规定，相关的法律文件和批准程序是否满足收益确认的要求。

根据上述调查，对所推荐的上市公司会计政策是否稳健发表明确意见。

(六)上市公司未来可持续发展能力的调查

1、上市公司所处行业是否具有良好发展前景；

2、上市公司是否具备竞争优势(行业地位、市场份额、技术、管理、人才等)；

3、上市公司是否具有良好的成长趋势；

4、本次募集资金投入项目是否经过充分论证，是否符合国家产业政策的规定并取得相关批准文件，预期效益良好；本次发行筹资计划与本次募集资金投资项目的资金需要及实施周期是否相匹配；募集资金投入的项目如涉及跨行业经营，上市公司是否在管理、技术、人才、市场销售等方面做好准备，上市公司是否具有竞争优势、具备跨行业经营的能力，上市公司是否有明确的发展战略和规划以及实施办法；

5、本次发行对上市公司经营和财务状况是否有重大影响(分正面与负面、短期与长期分析)。

预期上市公司发行完成当年的净资产收益率是否不低于同期银行存款利率水平。涉及增发的上市公司,根据其盈利预测,有关效益指标是否符合中国证监会的规定。

根据上述调查,对上市公司未来是否具有可持续发展的能力,公司发行后是否会出现效益滑坡或未来发展是否存在重大不确定性问题发表明确意见。

(七)上市公司最近三年来分配与筹资情况的调查

详细列明上市公司最近三年来历次分配情况(包括现金红利、送红股、转增股本)与历次筹资情况(包括筹资时间、筹资净额、变更使用情况);现金分红占可分配利润的比例;上市公司是否存在通过分配过快扩张股本的情况;董事会对不分配的理由是否做出合理说明。

根据上述调查,对上市公司是否关注对股东的回报发表明确意见。

(八)上市公司或有风险的调查(包括但不限于)

1、上市公司是否有重大对外担保(包括抵押),担保金额占上市公司总资产的比重是否较高(列明比例),该项担保对上市公司正常经营是否必要,被担保方是否具备相关履行义务能力;

2、上市公司是否存在重大诉讼或仲裁,其可能承担的败诉风险对上市公司的影响是否重大,或裁决结果及裁决执行情况对上市公司的影响是否重大。

根据上述调查,对上述或有风险对上市公司未来经营是否带来重大不确定性发表明确意见。

(九)其他需要关注的问题(包括但不限于)

1、上市公司本次发行申报材料是否真实、准确、完整,是否发现有虚假记载、误导性陈述或重大遗漏。

2、上市公司最近三年所聘请的会计师事务所是否发生变更,如变更,理由是否充足。

3、上市公司是否符合新股发行规定的效益指标要求。

4、上市公司本次配股距前次发行的时间间隔是否达到一个会计年度以上;或上市公司本次增发距前次发行的时间间隔是否达到12个月以上(注明时间点)。

5、上市公司本次配股的规模是否不超过前次发行后股份总数的30%;如有超过,上市公司控股股东是否全额认购所配股份(注明新比例)。

6、对于上市公司增发的发行方案,须就方案设计的理由作出说明。

7、上市公司的生产经营活动是否符合国家有关环境保护的要求。

三、证券公司对上市公司申请新股发行的结论性意见。

项目负责人签名

证券公司法定代表人或授权代表签名

证券公司公章

签署日期

附件三:

主承销商关于上市公司新股发行申请文件核对表

(第一部分:基础资料)

主承销商:

法定代表人:

内核小组联系人及电话:

项目小组联系人及电话:

发行人(中文全称):

法定代表人:

注册地址:

股票代码:

联系人及电话:

发行人聘请的律师事务所:

签字律师:

联系电话:

发行人聘请的会计师事务所:

签字会计师:

联系电话:

发行人聘请的财务顾问(如有):

项目负责人:

联系电话:

填报时间:

一、上市公司发行新股的条件与要求

1.1 本次发行属于　　　　类公开发行股票

A、向原股东配售股票(以下简称"配股")

B、向全体社会公众发售股票(以下简称"增发")

1.2 上市公司符合《公司法》、《证券法》有关发行新股的规定是/否

1.3 上市公司具有完善的法人治理结构,对其具有实际控制权的法人或其他组织及其他关联企业在人员、资产、财务上分开,保证上市公司的人员、财务独立以及资产完整

A、人员独立　是/否

B、财务独立　是/否

C、资产完整　是/否

若圈示"否",填报人员应另附相关说明资料

1.4 公司章程符合《公司法》和《上市公司章程指引》的规定　是/否

1.5 股东大会的通知、召开方式、表决方式和决议内容符合《公司法》及有关规定　是/否

1.6 本次发行新股募集资金用途符合国家产业政策的规定　是/否

1.7 发行方案中是否已对本次募集资金额原则上不超过股东大会批准的拟投资项目资金需要额作出充分考虑　是/否

1.8 公司不存在资金、资产被具有实质控制权的个人、法人或其他组织及其关联人占用的情形或其他损害公司利益的重大关联交易　是/否

1.9 公司如有重大购买或出售资产行为的,符合中国证监会的有关规定　是/否

二、发行申请不予核准的情况

2.1 公司是否存在下列情形之一

A、最近3年内有重大违法违规行为　是/否

B、擅自改变招股文件所列募集资金用途而未作纠正或者未经股东大会认可　是/否

C、公司最近3年内财务会计文件有虚假记载、误导性陈述或重大遗漏　是/否

D、重组进入公司的有关资产的财务会计资料及重组后的财务会计资料有虚假记载、误导性陈述或重大遗漏　是/否

E、招股文件存在虚假记载、误导性陈述或重大遗漏　是/否

F、公司存在为股东及股东的附属公司或者个人债务提供担保的行为　是/否

三、主承销商重点关注事项

3.1 公司是否存在以下事项　是/否

A、对公司经营能力和收入有重大影响的关联交易　是/否

B、与同行业其他公司相比,公司重要财务指标如应收帐款周转率和存货周转率异常,可能存在重大风险　是/否

最近一个会计年度应收帐款周转率=

最近一个会计年度存货周转率=

C、公司上一年度现金流量净增加额为负数,且经营活动产生的现金流量净额为负数　是/否

上一年度现金流量净增加额=　万元

经营活动产生的现金流量净额=　万元

D、公司可能出现支付困难 是/否

E、公司曾发生募集资金的实施进度与原招股文件所做出的承诺不符,募集资金投向变更频繁,使用效果未达到公司曾披露的水平 是/否

F、本次发行筹资计划与本次募集资金投资项目的资金需要及实施周期不匹配,投资项目缺乏充分论证 是/否

G、前次发行完成后,效益显著下降;或利润实现数未达到盈利预测的80% 是/否

前次发行前一年净利润= 万元,前次发行完成后当年净利润= 万元;

前次发行前一年加权平均净资产收益率= %,前次发行完成后 当年加权平均净资产收益率= %;

年度预测净利润= 万元, 实际完成净利润= 万元。

H、公司最近三年未有分红派息,董事会对于不分配的理由未作出合理解释 是/否

最近第一年(T年)现金红利= 、送红股= 、转增股本=

最近第二年(T-1年)现金红利= 、送红股= 、转增股本=

最近第三年(T-2年)现金红利= 、送红股= 、转增股本=

I、公司资金大量闲置 是/否

J、公司资金存放缺乏安全和有效的控制 是/否

K、公司有大量资金用于委托理财 是/否

L、公司最近一年及/或一期末资产负债率过低,通过股本融资会导致财务结构更不合理 是/否

公司最近一年末资产负债率= %

公司最近一期末资产负债率= %

M、公司或有负债数额巨大,且存在较大风险 是/否

N、公司存在重大仲裁或诉讼 是/否

O、公司内部控制制度存在较大缺陷 是/否

P、公司可能不具备可持续发展能力,经营存在重大不确定性 是/否

Q、公司最近一年内因违反信息披露规定或未履行报告义务受到中国证监会公开批评或交易所公开谴责 是/否

R、公司董事会未履行其向全体股东所做出的承诺 是/否

S、公司未按照中国证监会及其派出机构发出的限期整改通知书的要求完成整改 是/否

若圈示"是",填报人员应提供有关证据

3.2 主承销商是否就以上事项在尽职调查报告中予以充分说明 是/否

四、发行程序与审核事项

4.1 主承销商是否与上市公司董事会就新股发行方案取得一致意见,并同意向中国证监会推荐其发行新股 是/否

4.2 公司董事会已就本次发行的以下事项做出决议

A、本次发行符合中国证监会关于上市公司新股发行的规定是/否B、具体发行方案 是/否

C、本次募集资金使用的可行性 是/否

D、前次募集资金的使用情况 是/否

4.3 股东大会对以下事项进行了逐项表决

A、本次发行数量 是/否

B、定价方式或价格(包括价格区间) 是/否

C、发行对象 是/否

D、募集资金用途及数额 是/否

E、股东大会决议有效期 是/否

F、对董事会办理本次发行具体事宜的授权 是/否

4.4 公司最近3年财务会计报告如被出具非标准无保留意见

A、所涉及事项对公司无重大影响或影响已消除 是/否

B、违反合法性、公允性和一贯性的事项已纠正 是/否

C、公司申请时注册会计师已就有关事项出具补充意见 是/否

4.5 上市公司和主承销商已出具承诺函,保证在有关信息公开前保守秘密、不向参加配售的机构提供任何财务资助或补偿 是/否

五、信息披露义务

5.1 董事会就有关本次发行的议案表决通过后

A、已在2个工作日内报告证券交易所并公告召开股东大会的通知 是/否

议案表决通过日= 年 月 日

通知发布日= 年 月 日

B、召开股东大会的通知内容包括

◇ 董事会决议 是/否

◇ 提交股东大会表决的具体发行方案 是/否

◇ 前次募集资金使用情况的说明 是/否

◇ 注册会计师出具的前次募集资金使用情况的专项报告 是/否

◇ 载明"该项决议尚须经股东大会表决后,报中国证券监督管理委员会核准"字样 是/否

5.2 如公司准备运用募集资金收购资产(包括权益)

A、董事会至少在股东大会召开日前5个工作日公告被收购资产的评估报告 是/否

董事会公告日= 年 月 日

股东大会召开日= 年 月 日

B、收购完成后,如上市公司对被收购企业具有实际控制权 是/否

◇ 已公告被收购企业经审计的有关财务会计报告 是/否

最近1个完整会计年度截止日= 年 月 日

最近1个会计期间截止日= 年 月 日

◇ 已承诺该收购不会导致上市公司缺乏独立性 是/否

5.3 与本次发行有关的关联交易,董事会已在公告中保证该交易符合上市公司的最大利益,不会损害非关联股东的利益及产生同业竞争 是/否

5.4 股东大会已通过本次发行议案 是/否

A、董事会已在2个工作日内公布股东大会决议 是/否

股东大会表决通过日= 年 月 日

股东大会决议公布日= 年 月 日

B、公告中已载明"该方案尚须报中国证券监督管理委员会核准"字样 是/否

C、若股东大会对董事会的发行议案有变更,已公告变更后的内容 是/否

5.5 申请增发的上市公司已审慎地作出盈利预测 是/否

A、已经具有证券从业资格的注册会计师审核 是/否

B、对不确定性因素已提供分析和说明 是/否

C、如未做盈利预测,已在招股意向书的显要位置作出特别风险警示 是/否

六、上市公司申请配股的特别要求

6.1 公司设立后最近3年有关加权平均净资产收益率平均不低于6% 是/否

年扣除非经常损益后加权平均净资产收益率= %

当年扣除前加权平均净资产收益率= %

年扣除非经常损益后加权平均净资产收益率= %

当年扣除前加权平均净资产收益率= %

年扣除非经常损益后加权平均净资产收益率= %

当年扣除前加权平均净资产收益率= %

扣除前后各年加权平均净资产收益率较低者的简单平均= %

6.2 本次配股发行股份总数= 万股

本次配售比例= %

前次发行并募足股份后股份总数（扣除最近12个月内因送转增加的股份)= 万股

公司具有实质控制权的股东是否全额认购所配售股份 是/否

该股东实际认购股份= 万股

=其应认购股份的 %

6.3 本次配股距前次股票发行的时间间隔不少于1个会计年度 是/否

前次募集资金到位日= 年 月 日

七、上市公司申请增发的特别要求

7.1 最近3年的下列第D及E项指标不低于6% 是/否

A、年扣除非经常损益后加权平均净资产收益率= [CD# 2] %

当年扣除前加权平均净资产收益率= %

B、年扣除非经常损益后加权平均净资产收益率= %

当年扣除前加权平均净资产收益率= %

C、年扣除非经常损益后加权平均净资产收益率= %

当年扣除前加权平均净资产收益率= %

D、扣除前后各年加权平均净资产收益率较低者的简单平均= %

E、发行完成当年预测扣除非经常性损益后加权平均净资产收益率= %

7.2 上述7.1第D项指标低于6% 是/否

A、公司及主承销商已充分说明上市公司具有良好经营能力和发展前景 是/否

B、上述7.1第E项指标不低于发行前一年的水平 是/否

发行完成当年预测扣除非经常性损益后加权平均净资产收益率= %

发行前一年扣除非经常性损益后加权平均净资产收益率= %

C、公司在招股文件中已做好管理层对财务状况和经营成果的讨论及分析 是/否

八、其他情况

8.1 申请文件在报中国证监会审核的同时，已将2份复印件报派出机构审核 是/否

8.2 主承销商对律师、注册会计师出具的文件是否进行核查 是/否

主承销商投资银行部负责人签名及时间：

主承销商内核小组负责人签名及时间：

主承销商内核小组其他成员：

公司签章：

主承销商关于上市公司新股发行申请文件核对表

（第二部分 法律意见书和律师工作报告）

填报时间： 填报人：

序号	核对要点	核查意见		备注
		是	否	
1	经办律师及所在事务所是否具有从事证券业务的资格			
2	是否已对每一法律意见所依据的事实及适用的法律进行认真核查验证，并在律师工作报告中说明得出每一法律意见的充足理由			
3	法律意见书和律师工作报告的内容与格式，是否符合《公开发行证券的公司信息披露编报规则第12号公开发行证券的法律意见书和律师工作报告》的规定			
4	是否已对出具法律意见书和律师工作报告的依据作出说明			
5	是否已对发表法律意见的依据作出声明			
6	是否已对与出具法律意见书和律师工作报告有关的所有文件资料及证言进行审查判断，并据此出具法律意见			
7	是否承诺按照《公开发行证券的公司信息披露编报规则第12号公开发行证券的法律意见书和律师工作报告》的要求发表法律意见，并对法律意见书和律师工作报告的真实性、准确性、完整性承担相应的法律责任			
8	是否已对法律意见书和律师工作报告的使用范围作出声明			
9	是否同意将法律意见书和律师工作报告作为法定文件随其他申报材料一起上报，并承诺依法对其出具的法律意见承担责任			
10	引言的结束段是否符合法律意见书和律师工作报告的要求			
	一、本次发行、上市的授权和批准			
11	是否已对发行人股东大会召开的程序进行核查验证，并对股东大会召开的合法性发表法律意见			
12	是否已对股东大会决议的内容进行核查验证，并对股东大会决议的合法性、有效性及是否已对与发行上市有关的所有问题作出决议发表法律意见			
13	如果股东大会授权董事会办理有关发行上市的事宜，是否已对上述授权的合法性、有效性进行核查验证并发表法律意见			
	二、发行人的主体资格			
14	是否就发行人为其股票已经依法在国务院证券管理部门批准的证券交易所交易的股份有限公司发表法律意见			
15	是否已对发行人存续的合法性、有效性进行核查验证并发表法律意见			
16	若发行人最近三年进行过重大资产重组，是否已对发行人重组行为的合法性、规范性进行核查验证、并发表法律意见			
17	是否已对发行人最近三年内有无合并、分立、增资扩股、减少注册资本、收购兼并等行为进行检查验证，并就上述行为的合法性、规范性及是否已履行正当法律程序发表法律 意见			
18	是否已对发行人本次发行上市的主体资格发表法律意见			
	三、本次发行上市的实质条 件			
19	是否已依据《证券法》、《公司法》、《股票条例》、《上市公司新股发行管理办法》及其他规范性文件对发行人本次发行、上市的实质条件进行检查验证并发表法律意见			
	四、发行人的独立性			
20	是否已对发行人与对其具有实际控制权的法 人或其他组织及其他关联企业在人员、资产、财务上分开的情况进行核查验证并发表法律意见			
	五、发行人的业务			
21	是否对发行人经营范围和经营方式的合法、合规性进行核查验证并发表法律意见			
22	若发行人在中国大陆以外的地区营业，是否对其合法性进行核查验证并发表法律意见			
23	是否已对发行人是否存在持续经营的法律障碍进行核查验证并发表法律意见			
	六、关联交易及同业竞争			
24	是否已对发行人有哪些关联企业(包括但不限于发行人的母公司、子公司以及其他具有20%以上股权关系的企业、发行人董事、高级管理人员在其中任主要职务的企业等)及发行人与关联企业间的关联关系进行核查验证并发表法律意见			
25	是否已对发行人与关联企业间的关联交易进行核查验证并发表法律意见			
26	是否已对关联交易的内容进行核查验证并对关联交易是否存在损害发行人及其股东利益问题发表法律意见			
27	若关联交易的一方是公司大股东，是否已对关联交易决策过程进行核查验证并对是 否已采取必要措施对小股东的利益进行保护发表法律意见			
28	是否已对发行人与关联企业间的同业竞争问题进行检查验证并发表法律意见			
29	若存在同业竞争，是否已对解决同业竞争的措施进行核实验证并发表法律意见			
30	是否已对关联交易和同业竞争的披露问题进行核查验证并发表法律意见			
	七、发行人的主要财产			
31	是否已对发行人拥有的房产、土地使用权、知识产权及其他无形资产的数量、价值及上述财产的产权问题进行核查验证并发表			

	法律意见			
32	是否已对发行取得上述财产的方式及权属证书的取得情况进行核查验证并发表法律意见			
33	是否已对发行人主要财产上存在的抵押、其他担保物权、债务关系或其他对所有权或使用权行使的限制问题进行核查验证并发表法律意见			
	八、发行人的重大债权、债务关系			
34	是否已对发行人将要履行、正在属行以及虽已履行完毕但可能存在潜在纠纷的重大合同的主要内容进行核查验证并发表法律意见			
35	是否已对上述合同的合法性、有效性及是否存在潜在纠纷问题进行核查验证并发表法律意见			
36	是否已对上述合同主体的变更问题进行核查验证并发表法律意见			
37	是否已对发行人有无因环境保护、知识产权、产品质量、劳动安全、人身权等原因产生的侵权之债进行核查验证并发表法律意见			
38	是否已对发行人与关联方之间的重大债权债务关系及相互提供担保问题进行核查验证并发表法律意见			
39	是否已对发行人金额较大的其他应收款、其他应付款产生的原因进行核查验证并发表法律意见			
	九、发行人收购与兼并情况			
40	是否已对发行人的收购兼并、资产重组情况进行核查验证并发表法律意见			
41	若进行收购兼并或资产重组，是否已对其方式、法律依据及履行必要法律手续的有关情况进行核查验证并发表法律意见			
	十、发行人章程的制度与修改			
42	是否已对发行人章程及其近三年的修改履行法律程序的情况进行核查验证并发表法律意见			
43	是否已对发行人章程或章程草案内容的合法性进行核查验证并发表法律意见			
44	是否已依据《上市公司章程指引》对公司章程草案进行审查			
45	是否发现公司章程草案中存在与《上市公司章程指引》不一致等条款			
46	发行人已在香港或境外上市的，是否已依据《到境外上市公司章程必备条款》的有关规定对公司章程或章程草案进行审查并发表法律意见			
	十一、发行人规范运作情况			
47	是否已对发行人的组织机构是否健全及相关机构的议事规则是否符合法律、法规和规范性文件的规定进行核查验证并发表法律意见			
48	是否已对发行人历次股东大会、董事会、监事会的召开、决议内容及签署的合法性和有效性进行核查验证并发表法律意见			
49	是否已对发行人股东大会或董事会历次授权或重大决策等行为的合法性、有效性进行核查验证并发表法律意见			
	十二、董事、监事及高级管理人员			
50	是否已对发行人董事、监事、高级管理人员的任职资格进行核查验证并发表法律意见			
51	是否已对发行人设立独立董事以及独立董事的任职资格、职权范围进行核查验证并发表法律意见			
	十三、发行人的税务问题			
52	是否已对发行人执行的税种、税率的合法性进行检查验证并发表法律意见			
53	如发行人享受财政补贴、优惠政策，是否已对其合法性、有效性进行核查验证并发表法律意见			
54	是否已对发行人近三年的纳税情况及是否存在被税务部门处罚的可能性进行核查验证并发表法律意见			
	十四、发行人的环境保护和产品质量标准			
55	是否已对发行人近三年来及拟投资项目的环境保护问题进行核查验证并发表法律意见			
56	是否已对发行人近三年来的产品质量和技术标准问题进行核查验证并发表法律意见			
	十五、发行人募股资金的运用			
57	是否已对发行人募股资金的使用项目进行核查验证并发表法律意见			
58	若上述项目涉及与他人进行合作的，是否已对合作方式、合作合同及有关部门的批准情况若需要批准)进行核查验证并发表法律意见			
59	是否已对前次募集资金使用情况进行核查验证并发表法律意见			
	十六、发行人业务发展目标			
60	是否已对发行人的业务发展目标的合法性、合规性及是否存在潜在的法律风险进行核查验证并发表法律意见			
	十七、诉讼、仲裁或行政处罚			
61	是否已对发行人及其主要股东，发行人的董事长、总经理的涉讼情况进行核查验证并发表法律意见			
62	如上述案件存在，是否已对案件有关情况进行核查验证并就上述案件对本次发行、上市的影响发表法律意见			
	十八、发行人的招股意向书或配股说明书			
63	是否已审阅招股意向书或配股说明书，是否已对发行人招股意向书或配股说明书可能存在的虚假、误导性陈述以及重大隐瞒引致的法律风险进行评价			
	十九、律师认为需要说明的其他问题			
64	若存在其他对发行上市有重大影响的法律问题，是否已进行核查验证并发表法律意见			
	二十、结论意见			
65	是否已概括说明对本次股票发行、上市的结论性意见			
66	律师及律师事务所是否已签署法律意见书、律师工作报告并注明签署日期			
67	是否已注明法律意见书、律师工作报告的正、副本份数			

(注：本表由经办律师在每页签确认)

律师事务所(签章)：

签字律师(签名)：

填报人(签名)：

主承销商关于上市公司新股发行申请文件核对表

(第三部分：财务会计资料)

填表人： 填表日期：

序号	核对内容	核查意见		备注
		是	否	
	一、关于审计报告			
1	最近3年审计意见类型是否为标准无保留意见			
2	最近3年若有非标准无保留意见的审计报告，所涉及事项是否对公司无重大影 响或影响已消除			
	二、关于会计报表			
3	报表名称、编制单位盖章、责任人签字是否符合有关规定			
4	报表重要项目是否均有附注标号			
	三、关于会计报表附注			
5	如发行人为进行重大资产重组的上市公司，编制报表的范围、方法、基准是否合理			
6	是否已说明纳入合并范围的子公司名称、业务性质、注册资本、实际投资额、母公司所持有的股权比例以及增减变动情况			
7	公司是否存在特殊或异常的会计政策			
8	是否披露会计政策、会计估计变更对历年净利润的影响金额			
9	货币资金中是否包含数额较大的外币资金、其他货币资金及现金等价物			
10	是否已计提短期投资跌价准备			
11	应收票据是否已列示应收票据的种类、金额，用于抵押的应收票据是否已作说明			
12	应收帐款是否已作帐龄分析，是否已单独列示前五名大额客户及关联方欠款，帐龄超过3年的大额应收帐款是否已说明未收回的原因			
13	预付帐款是否有预付期限长、预付数额大等异常情况			
14	其他应收款是否已作帐龄分析，是否已单独列示前五名大额应收款单位及关联方欠款并说明其性质或内容，帐龄超过3年的大额款项是否已说明未收回的原因			

15	是否已充分估计并计提坏帐准备			
16	是否有变动较大的、异常的存货项目			
17	是否已充分估计并计提存货跌价损失准备			
18	长期投资是否分项列示			
	长期股权投资中的股票投资,是否已按被投资公司列示股份类别、投资金额			
	若股票有市价的,是否已列示股票的期末市价			
	长期股权投资中的其他股权投资,是否已按被投资公司名称、投资期限、占被投资公司注册资本的比例、投资金额进行列示			
	若实际投资比例与注册资本比例不一致,是否已披露并说明原因			
	若采用权益法核算,是否已列示期初余额、初始投资额、期末调整的占被投资公司所有者权益净增减额中的份额、期末余额			
19	股权投资差额是否已按被投资单位列示初始金额、期初余额、摊销期限、本期摊销额、摊余价值、形成原因			
20	是否已分项列示计提的长期投资减值准备金额以及计提的原因			
21	固定资产及累计折旧是否已按类别分别列示其初余额,本期增加额、本期减少额及期末余额			
	是否已对融资租入固定资产及固定资产用于抵押、担保的情况进行了说明			
	是否已计提固定资产减值准备			
22	在建工程是否已按工程名称、期初余额、本期增加额、本期转入固定资产额、本期减少额、期末余额、资金来源进行列示			
23	无形资产是否已按项目、取得方式、原值、本期摊销额、累计摊销额、其末余额、剩余摊销年限进行列示			
24	资产损失准备是否发生转回			
25	短期借款是否已按币种、借款条件、金额进行列示 对到期未偿还的借款,是否已说明原因,对策及可能的影响			
26	是否有应付持5%以上股份的股东欠款及帐龄超过三年的大额应付帐款,是否已说明未支付的原因			
27	是否有预收持5%以上股份的股东款项,帐龄超过一年的大额预收帐款是否已说明原因			
28	应交税金是否已按税项及金额分别列示			
	是否已披露税收减免,返还等的政策依据			
29	金额较大的其他应付款,是否已说明其性质和内容			
30	对已到期未偿还的借款,是否已说明原因			
31	长期借款是否已按借款条件分项列示			
32	是否已说明报告期内股本的变动情况及原因			
33	是否已分项列示报告期内资本公积的变动情况并说明变动原因			
34	是否已列示报告期盈余公积的变动情况并说明变动原因			
35	主营业务收入是否已按行业、地区、主营业务性质等分别列示			
36	其他业务利润是否已分项列示			
37	财务费是否已分项列示			
	是否有收取资金占用费的情况			
38	投资收益是否已按短期投资、长期投资分项列示			
39	补贴收入是否已分项列示,并已披露有关依据			
40	营业外收支是否已分项列示			
41	是否已说明报告期内所得税率和应缴所得税额			
42	关联方关系及其交易的披露是否符合《企业会计准则--关联方关系及其交易的披露》及年报准则的要求			
43	是否已按性质、金额及对报告期及报告期后公司财务状况的影响等方面情况对或有事项进行披露			
44	对于资产负债表日存在的重大承诺事项,是否已在会计报表附注中说明其存在和金额			
45	资产负债表日后事项的处理是否符合《企业会计准则--资产负债表日后事项》的要求			
	四、关于盈利预测审核报告(若有)			
46	盈利预测审核报告是否符合《独立审计实务公告--盈利预测审核》的要求			
47	是否已充分披露盈利预测编制基准			
48	是否已充分披露盈利预测的各项假设			
49	盈利预测表中是否提供了已审实现数、未审实现数、预测数、合计数			
50	如盈利预测结果同最近一期经审计的结果有较大变动,是否说明原因			

注:本表由执业注册会计师(签字确认)
会计师事务所(签章):
签字会计师(签名):
填表人(签名):

公司最近3年加权平均净资产收益率计算表

(本表须经执业注会计师核验)

填表人: 填表日期:

项 目	金额(万元)		
	年	年	年
年末净资产			
年度加权平均净资产			
年度净利润			
年度加权平均净资产收益率(%)			
年度非经常性损益:			
扣除非经常性损益后年度净利润			
扣除非经常性损益后年度加权平均净资产收益率(%)			
扣除前后年度加权平均净资产收益率较低者的简单平均(%)			

非经常性损益明细表

明细项目	金额(万元)		
	年	年	年
……			
合 计			

注册会计师签名盖章:
签名日期:

附件四:

主承销商关于股票发行回访报告必备内容

担任股票发行主承销商的证券公司应当对照推荐函 的内容,对发行人发行 完成后的经营状况进行核查,对推荐工作的质量进行自我评价,回访报告至少应包括以下内容:

1、发行人募集资金使用情况

列明截止回访之日,发行人已投入使用的资金额与尚未使用的资金额,及其各自占本次发行募集资金总额的百分比。

按募集资金投向逐一列明每个项目的资金使用情况、进度和效益,说明实际情况是否与招股文件的承诺相符,是否有变更,变更是否得到相应的批准,所产生的效益(或达到的业务目标)是否与预期相符;如存在差异,应说明原因。

实际募集资金量超过项目计划所需资金的,发行人是否已对这部分资金的使用按法定程序作出了安排。

2、发行人资金管理情况

发行人资金存放是否分散,是否得到安全有效的控制,内部是否规定了明确的使用批准程序;发行人是否有资金用于委托理财,具体金额,委托给哪些机构进行理财,相关合同是否受法律保护;是否存在发行人资金被控股股东占用的情况。

3、发行人盈利预测实现情况

对照公开募集文件所披露的盈利预测,说明发行人发行完成后是否出现效益下滑的情况,盈利实现数与盈利预测之间的差异及原因;盈利实现数未达到盈利预测80%的,应对发行人的现状及发展前景做出详细分析,对照推荐函,对发行人经营结果与推荐函出现重大差异做出详细解释;并根据发行人发行完成后的经营状况,说明其是否如推荐函所述具有良好的发展前景。

4、发行人业务发展目标实现情况

针对发行人在公开募集文件中所披露的业务发展目标，了解其实现情况，特别是通过发行股票实现行业转型或产品升级的，应当说明是否已实现上述业务目标，以及发行人所从事的业务是否明确，是否具备持续发展的能力；发行人实际情况与推荐函及公开募集文件存在较大差异的，应当详细说明原因。

5、发行人新股上市以来的二级市场走势

分析发行人新股上市以来的二级市场走势，对照推荐函，说明所确定的发行价格是否合理，股票的市场适销性分析与实际情况是否相符；如不相符，应当说明原因。

6、证券公司内部控制的执行情况

说明公司是否已按照《证券公司内部控制指引》的要求，建立了与发行业务有关的业务控制，遵循内部防火墙原则，使投资银行部门与研究部门、经纪部门、自营部门在信息、人员、办公地点等方面隔离，内部独立部门是否实施了有效的监察，发行前后是否有内幕交易和操纵市场的行为发生。

7、有关承诺的履行情况

应当说明公开募集文件所披露有关发行人或其他单位的承诺是否得到切实履行，相关产权变更手续是否已办理完毕。

在承销过程中是否给发行人提供过"过桥贷款"或融资担保，以及该贷款的归还情况和担保的责任履行情况。

8、其他需要说明的问题

9、公司内核小组对回访情况的总体评价

回访报告应当经证券公司内核小组确认，由证券公司法定代表人或授权代表签名，加盖公司章。

首次公开发行股票公司申报财务报表剥离调整指导意见

为广泛征求社会各方面的意见和建议，现发布《公开发行证券的公司信息披露编报规则第XX号—首次公开发行股票公司申报财务报表剥离调整指导意见(征求意见稿)》，对本征求意见稿有意见和建议的人士请将意见或建议于2001年5月11日之前邮至北京市西城区金融街16号中国证监会发行监管部（邮编100032），或发电子邮件至：csrcfxb@csrc.gov.cn

第一章 总 则

第一条 为了规范首次公开发行股票的股份有限公司在申报财务报表编制过程中的剥离调整行为，提高财务会计数据的真实性，保护投资者的合法权益，根据公开发行证券的公司信息披露准则及有关财务会计法规的规定，制定本指导意见。

第二条 本指导意见所称的剥离调整是指股份有限公司将其设立前未按照设立时的公司架构和现时采用的会计政策独立记录和反映的财务会计资料，从设立前原企业的财务会计记录中分离出来，形成其独立的申报财务报表的调整行为。

本指导意见所称的股份有限公司是指发起设立运行不满三年的股份有限公司，包括整体改制、部分改制和不同发起人分别以经营性资产出资发起设立的股份有限公司。

第三条 股份有限公司申请公开发行股票时，申报财务报表的报告期应根据《公开发行证券的公司信息披露内容与格式准则第1号——招股说明书》确定，编制和披露报告期内公司设立前各会计期间的财务报表时应遵循本指导意见的要求。

第四条 股份有限公司为剥离调整的申报财务报表的编制人，股份有限公司董事会对经剥离调整编制的申报财务报表的真实性、合法性和完整性负责。

第二章 一般原则

第五条 股份有限公司通过剥离调整编制的其设立前各会计期间的申报财务报表，必须符合《企业会计准则》、《企业会计制度》和其他相关财务会计法规的规定，会计政策的选用必须遵循一致性原则。

第六条 股份有限公司通过剥离调整编制其设立前各会计期间的申报财务报表时，应对改制前原企业会计核算中存在的会计差错作出恰当的会计调整。因会计差错调整影响企业所得税及其他税费的，应遵守相关税务法规的规定。

第七条 股份有限公司通过剥离调整编制其设立前各会计期间的申报财务报表时，所选用的会计政策应与最近一期财务报表采用的会计政策保持一致，如存在不一致的应予以调整。如果以前各会计期间原企业实际执行的会计政策与最近一期财务报表采用的会计政策一致，不得为调节利润而对会计政策进行变更调整。

第八条 股份有限公司通过剥离调整编制其设立前各会计期间的申报财务报表时，应以实际发生的交易或事项为依据，以历史成本计价原则和收入与相关成本、费用配比原则为主要的编制基础。

剥离调整应以改制方案确定的公司架构为前提，按报告期各会计期间实际存在的公司架构的各构成实体进行编制。如果在报告期内发生新设合并的，报告期的财务报表应按合并后公司架构编制；如果在报告期内发生吸收合并或控股合并的，报告期财务报表应分段编制，在合并基准日前各会计期间应按原公司架构编制财务报表，在合并基准日后各会计期间应按合并后公司架构编制财务报表；如果在报告期内发生分立的，报告期财务报表应按分立后公司架构编制；如果在报告期内发生资产置换的，报告期财务报表应分段编制，在资产置换基准日前各会计期间应按原公司架构编制财务报表，在资产置换基准日后各会计期间应按置换后公司架构编制财务报表。合并、分立基准日和资产置换基准日根据有关财务会计法规确定。

第九条 股份有限公司通过剥离调整编制其设立前各会计期间的申报财务报表时，应以改制方案为依据，对股份公司设立前原企业的资产、负债和收入、成本与费用进行划分，确定纳入股份有限公司申报财务报表的资产、负债和收入、成本与费用。

在对股份公司设立前原企业的资产、负债和收入、成本与费用项目进行划分时，应根据各具体帐项的性质和重要程度确定其剥离调整方法，同一帐项在报告期内的各会计期间或时点采用的剥离调整方法应保持一致。

第十条 一个或多个发起人以两个或两个以上经营实体发起设立股份有限公司的，应对各个经营实体的原企业财务会计记录分别进行剥离调整，并编制各自剥离调整的财务报表，在此基础上遵循以下原则确定纳入股份有限公司申报财务报表的资产、负债和收入、成本与费用：

(一) 各经营实体对同一帐项所采用的会计政策和剥离调整方法应保持一致；

(二)各经营实体之间的交易或事项必须予以抵消。

第三章 剥离调整的方法与要求

第十一条 股份有限公司应依据改制方案中确定的划归股份有限公司的各项资产和各项负债编制设立日的资产负债表。划归股份有限公司的各项资产和各项负债，必须实际投入并具有合法的权属凭证或债务转移合同。

第十二条 股份有限公司应依据改制方案确定的公司业务范围,将原企业的收入及与之配比的成本、费用按业务范围进行划分,确定列入股份有限公司设立前各会计期间申报利润表的收入及成本、费用。

第十三条 划分主营业务收入时,对报告期原企业主营业务收入中属于划归股份有限公司业务范围内的主营业务收入,应列入股份有限公司申报利润表。

第十四条 划分主营业务成本时,对报告期原企业主营业务成本中与列入报告期股份有限公司申报利润表的主营业务收入相配比的主营业务成本,相应列入报告期股份有限公司申报利润表。

第十五条 划分主营业务税金及附加时,应按报告期列入股份有限公司申报利润表的主营业务收入及相应期间的增值税、营业税、消费税、城市维护建设税、教育费附加等税费的法定计征率,计算确定报告期应列入股份有限公司申报利润表的主营业务税金及附加数。

对报告期因享受与股份有限公司主营业务相关的税收优惠政策,在报告期各会计期间原企业实际已收到退、免的上述各种税金可按相应比例冲减列入股份有限公司申报利润表相应各会计期间的主营业务税金及附加数。

第十六条 划分其他业务利润时,对报告期原企业发生的与股份有限公司主营业务相关的,且在股份有限公司设立后仍将发生的其他业务利润,应列入报告期股份有限公司申报利润表。对报告期原企业发生的与股份公司主营业务无关的,且股份公司设立后不再发生的其他业务利润,不得列入报告期股份公司申报利润表。

对于划归股份有限公司的特定资产在报告期所创造的其他经营业务收入及相关的成本、费用,应列入报告期股份有限公司申报利润表。

第十七条 划分营业费用时,对报告期原企业发生的能辨明为销售股份有限公司业务范围内的产品所发生的营业费用,如广告费、运杂费等,应列入报告期股份有限公司申报利润表。对报告期原企业发生的不能辨明归属的营业费用,如专设销售机构的职工工资、福利费等,应按报告期各会计期间列入股份有限公司申报利润表的主营业务收入占原企业各相应期间主营业务收入总额的比例划分。

第十八条 划分管理费用时,对报告期原企业发生的能辨明为组织和管理股份有限公司业务范围内的生产经营活动所发生的管理费用,如车船使用税、无形资产摊销、技术转让费等,应列入股份有限公司申报利润表;对报告期原企业发生的能辨明不属于为组织和管理股份有限公司业务范围内的生产经营活动发生的管理费用,如离退休人员的工资、福利费等,不应列入股份有限公司申报利润表;对报告期原企业发生的不能分清归属的管理费用,如交际应酬费、办公费、差旅费、行政管理部门职工工资和福利费等,应按报告期各会计期间列入股份有限公司申报利润表的主营业务收入占原企业各相应期间主营业务收入总额的比例划分。

第十九条 划分财务费用时,应按报告期各会计期间列入股份有限公司申报利润表的主营业务收入占原企业各相应期间主营业务收入总额的比例划分。但对整体进入股份有限公司并注销法人资格的子公司的财务费用,应全额列入股份有限公司申报利润表。

对设立股份公司时债权人承诺放弃债权或进行债转股的,划分财务费用时,不应追溯调整股份有限公司设立以前年度已入帐的相关财务费用。

第二十条 划分投资收益时,对原企业划归股份有限公司的长期投资在报告期取得的投资收益应列入股份有限公司申报利润表。但对在股份有限公司设立时原企业已经收回的长期投资在报告期公司设立前的会计期间所取得的投资收益以及原企业报告期的短期投资收益不得列入股份有限公司申报利润表。

第二十一条 划分补贴收入时,对报告期原企业发生的因划归股份有限公司的主营业务取得的且股份公司设立后仍能享受的补贴收入,应列入报告期股份有限公司申报利润表。对报告期原企业发生的与股份有限公司主营业务无关,或股份有限公司设立后不能再享受的补贴收入,不得列入报告期股份有限公司申报利润表。

第二十二条 划分营业外收支时,对报告期原企业发生的因划归股份有限公司的主营业务取得的且股份公司设立后仍将发生的营业外收支,应列入报告期股份有限公司申报利润表。对报告期原企业发生的与股份有限公司主营业务无关,或股份有限公司设立后不再发生的营业外收支,不得列入报告期股份有限公司申报利润表。

第二十三条 划分所得税时,应根据报告期各会计期间股份有限公司申报利润表中的利润总额,计算出相应期间的应纳税所得额,再按各会计期间法定税率计算确定申报利润表中各会计期间的所得税项目金额。

对原企业报告期享受地方政府给予的所得税返还等优惠政策的,各会计期间实际收到的已返还的所得税应列入申报利润表相应会计期间专项反映。

第二十四条 为了真实反映报告期股份有限公司的经营成本和盈利能力,对有些实际发生但未反映和记录在原企业财务会计记录中的费用,应调整列入报告期股份有限公司的申报利润表。如报告期发生的与划归股份有限公司主营业务直接相关的广告费用、研究开发费、财务费用、土地使用费等费用由原企业的关联企业承担的,未在原企业会计记录中反映,在编制股份有限公司剥离调整的申报财务报表时,应采用合理的估计或分摊方法,计算出应纳入股份有限公司申报利润表的相关费用。

第二十五条 对列入报告期股份有限公司申报利润表的收入、成本与费用中,由内部产品或劳务转移所形成的部分,原企业会计核算中采用内部结算价格计量的,应以报告期实际内部结算价格为基础,按上述剥离调整方法进行划分,不得以市场价格为基础调整后再进行划分。

第二十六条 股份有限公司申报财务报表中某些项目因其特殊性,上述剥离调整方法与要求确实不适用的,公司可根据实际情况另行选择适当的剥离标准,但应对另行选择标准的依据和具体的划分方法作出明确说明。

第四章　附　则

第二十七条 如果股份有限公司在报告期内发生了重大资产置换、重大购销价格变动等情况,影响了投资者使用按照本指导意见编制的申报财务报表,股份有限公司需编制和披露备考财务信息。备考财务信息的编制和披露办法另行规定。

第二十八条 本指导意见由中国证券监督管理委员会负责解释。

第二十九条 本指导意见自发布之日起施行。

新股发行上网竞价方式指导意见(公开征求意见稿)

为广泛征求社会各方面的意见和建议,现发布《新股发行上网竞价方式指导意见》(公开征求意见稿)和《新股发行上网竞价方式指导意见》的起草说明,对本征求意见稿有意见或建议的人士请将意见或建议于2001年6月18日之前邮至北京西城区金融街16号中国证监会(邮编100032),或发电子邮件至:csrcfxb@csrc.gov.cn

附件一:《新股发行上网竞价方式指导意见》(公开征求意见稿)

附件二:竞价过程中最终发行价格的确定办法举例

附件三:《新股发行上网竞价方式指导意见》的起草说明

附件一:

新股发行上网竞价方式指导意见

(公开征求意见稿)

为进一步促进新股发行方式市场化,充分发挥股票市场的价格发现功能,现对首次公开发行股票公司(以下简称"发行人")新股发行上网竞价方式的有关内容作如下指引:

一、上网竞价方式的基本要求

(一)上网竞价发行股票必须遵循公开、公平、公正的原则,坚决制止少数机构、个人利用资金优势或合谋操纵发行价格。

(二)上网竞价方式是可选用的新股发行方式之一,具体发行方式的选用,由发行人和主承销商协商确定,报中国证券监督管理委员会(以下简称"中国证监会")核准。

(三)发行量在1亿股以下/8000万股以下/5000万股以下/其他的发行人,在目前市场条件下,建议不使用该发行方式。

(四)经核准选用上网竞价方式的发行人,应在招股说明书和发行公告中充分披露信息。

二、上网竞价发行方式的基本规则

(一)上网竞价发行是指发行人和主承销商利用证券交易所的交易系统,由主承销商作为新股的唯一卖方,以发行人宣布的发行底价为最低价格,以新股实际发行量为总的卖出数,由投资者在指定的时间内竞价委托申购,发行人和主承销商以价格优先的原则确定发行价格并发行股票。

(二)竞价发行底价由发行人与主承销商协商确定。

(三)申报认购价格以每0.10元为一个价格价位。低于竞价底价的申购为无效申购。

(四)每个股票申购帐户的申购量不得低于1000股,不得高于公开发行量的千分之一。超过1000股的须为1000股的整数倍。

(五)每个股票帐户只能以一个价格申购委托一次,一经申购委托即不得撤消。

(六)每个股票帐户须按照所申报的价格和认购数量预先足额交纳认购款。

(七)当有效申购量等于发行量时,按发行底价发行。

(八)当有效申购量少于发行量时,按发行底价发行,余额部分由承销团包销。

(九)发行人和主承销商在申购后的第三个工作日公告发行价格。

(十)申购、清算、交割等程序与现行上网定价发行方式相同。

(十一)当主承销商与发行人预测上网竞价发行新股募集资金量超过或不足所申报资金需求量时,所筹资金超过了规划中项目资金需求的,或尚不能满足规划中项目资金需求的,应在发行方案中详细说明其多募资金使用的备选项目及资金管理措施,或缺口部分的来源及筹资方案落实情况,并披露其对财务状况和经营成果的影响。未披露盈利预测的,应详细披露上述情况的影响。将发行方案报经发审委核准后,方可实施。

三、上网竞价过程中最终发行价格的确定办法

在上网竞价过程中,由主承销商和发行人根据市场情况,自主选择以下办法之一或其他符合要求的办法确定最终发行价格:

(一)申购倍率改进法

在申购结束后,证券交易所根据发行人和主承销商事先确定并公告的、不低于10%的扣除比例,按申购价格从高到低对申购量累计统计,当累计达到上述确定的扣除比例之后,该比例所在的临界申购价格(下称"扣除临界申购价格")之上的(不含临界价格)所有申购视为无效申购。

在作完上述处理之后,证券交易所根据发行人和主承销商事先选定并公告的超额认购倍率,对投资者高于底价的预约申购按报价由高到低排序。当某一申购价位上的累计申购数量达到超额申购倍率所对应的股票发行数量时,此价位即为新股发行价格。位于该价位以上(含该临界价位)与扣除临界申购价格之间的所有申购均视为有效申购。主承销商对所有有效申购按相同比例配售新股或采用摇号抽签的方式配售新股。

若按扣除比例扣除后,底价以上累计申购量达不到发行总量时,上述扣除一定比例申购总量的行为自动失效,所有申购者按发行底价参与抽签或比例配售。

(二)基准价格法:

在申购结束后,根据发行人和主承销商事先确定并公告的方法确定基准价格,以基准价格为中心、以0.10元为一个价格变动单位向基准价格上下移动扩大价格区间,直至累计申购量满足拟发行总量为止,在上下两个临界价位(含临界价位)以内的所有申购均为有效申购,最终发行价格确定为低于基准价格的临界价格(下临界价格)。

1、当临界价格以内申购量等于拟发行量时,所有有效申购按其实际申购数量配售新股;

2、当临界价格以内申购量大于拟发行量时,主承销商可以采用比例配售或者抽签的方式确定每个有效申购实际应配售新股的数量;

3、当基准价格上的申购量大于或等于拟发行量时,发行价格即为基准价格,主承销商可以采用比例配售或者抽签的方式确定每个有效申购实际应配售新股的数量;

4、当所有申购量累计小于或等于拟发行量时,确定发行底价为发行价,所有申购均按其实际申购数量配售新股,余额部分由承销团包销。

基准价格的确定可选用以下方法的其中之一:

(1)、中位价格法

根据统计学中位数原理,以中位价格为基准价格。当中位价位为两个时,以二者算术平均价确定为基准价格。

(2)、算术平均价格法

即以算术平均价格确定为基准价格。具体公式是:算术平均价格 = Σ每笔申购价格/总申购笔数

(3)加权平均价格法

即加权平均申购价格所在价位确定为基准价格。具体公式是:Σ每笔申购价格×每笔申购数量加权平均申购价格 = Σ每笔申购数量

(三)完全竞价法

在申购结束后,主承销商对投资者的全部预约申购按报价由高到低排序,当某一申购价位上的累计申购数量达到股票发行数量时,此时的价格即为最终发行价格。该价位之上的投资者按实际申购数量和最终发行价认购新股。

当最终发行价价位上的投资者为一人以上、且该价位上的申购量大于可售量时,主承销商可采用摇号或同比例配售的办法分配新股。

附件二:

竞价过程中最终发行价格的确定办法举例

假设:

一、某发行人(公司):

1、拟发行A股5000万股;

2、主承销商与发行人协商发行底价为10元/股;

3、事先确定并公告的扣除比例为10%;

4、事先确定并公告的申购倍率为90倍。

二、实际申购统计数据如下:

1、申购总金额1000亿元;

2、申购价格区间为10—20元/股;

3、自最高申购价20元向下累计至100亿元申购量(占申购总量的10%)时的价位为18元/股;

4、中位价为15元;

5、算术平均价为16元;

6、加权平均价为14元;

7、自最高申购价20元向下累计至刚好满足5000万股发行量时 的申购价格为19元/股。

8、申购价格分布图如下:

低 14 15 16 17 18 19 20 高

因此,实际发行价格与新股配售情况如下:

1、申购倍率改进法:在扣除10%高价申购之后,经过统计在12-18元之间(含临界价格)的实际申购量总额为45亿股,达到确定的申购倍率90倍。则,报价在12-18元之间的所有申购者均按1/90≈1.11%的相同比例配售新股,发行价格为12元/股;

2、基准价格法——中位价格法:按照前述规则,以中位价格15元为中心、以0.10元为单位向上下对称移动扩大价格区。当价格区间达到14.20-15.80元(含临界价格)时,刚好满足5000万股发行量。则,发行价格确定为14.20元/股,申购价格在14.20-15.80元之间的所有申购者均按其实际申购数量配售新股;

3、基准价格法——算术平均价格法:按照前述规则,以算术平均价格16元为中心、以0.10元为单位向上下对称移动扩大价格区。当价格区间达到15.10-16.90元(含临界价格)时,刚好满足5000万股发行量。则,发行价格确定为15.10元/股,申购价格在15.10-16.90元之间的所有申购者均按其实际申购数量配售新股;

4、基准价格法——加权平均价格法:按照前述规则,以中位价格14元为中心、以0.10元为单位向上下对称移动扩大价格区。当价格区间达到13.30-14.70元(含临界价格)时,刚好满足5000万股发行量。则,发行价格确定为13.30元/股,申购价格在13.30-14.70元之间的所有申购者均按其实际申购数量配售新股;

5、完全竞价法:发行价格最后确定为19元/股,所有申购价格在19元以上的(含临界价格)申购者均按其实际申购数量配售新股。发行人实际募集资金超出资金需求3.5亿元,超出58.33%,须公告这部分资金的投向。

附件三

《新股发行上网竞价方式指导意见》的起草说明

一、起草背景和目的

新股定价市场化和发行方式多样化都是核准制的主要特征。本着推进核准制的原则,根据市场人士的要求,我们和部分业内机构共同研究起草了《新股发行上网竞价方式指导意见》。

首先,上网竞价发行可以充分发挥证券市场的价格发现功能。上网竞价过程是个广泛询价的过程,每个投资者都可以充分表达其申购愿望和价格取向,在此基础上,形成发行价格。因此,这种定价方式体现了市场化原则。

其次,上网竞价方式是新股发行的必要补充。在核准制下,新股发行方式应是丰富多彩的。发行人和主承销商可以根据自身的情况和市场的状况选择发行方式,也可以在维护"三公"原则和保护投资者利益的前提下,创造新的发行方式。上网竞价方式的推出,为发行人和主承销商增加了一个选择机会,也为发行方式的不断完善开了一个头。

二、起草过程

根据会领导指示,我们对上网竞价发行方式的有关内容进行了研究,草拟了《新股发行上网竞价方式的指导意见》(以下简称《指导意见》)。在研究和草拟过程中,我们收集整理了上网竞价方式的有关资料,在充分讨论的基础上,提出了初稿,并征求了两个证券交易所的意见。其后,又组织8家证券公司、4家基金管理公司及两个证券交易所对该《指导意见》进行讨论。最后根据大家的意见和建议,对《指导意见》作了进一步补充和修改,形成了这份《指导意见》的征求意见稿。

三、对主要内容的说明

早在1994年6月至1995年1月,曾有哈岁宝、青海三普、厦华电子和琼金盘等4家公司试点了上网竞价发行方式。由于当时竞价时只设底价而不设价格上限,加上市场环境欠佳,试点结果不理想。哈岁宝、青海三普、厦华电子虽然以高出底价38%、167%和141%的价格售出了全部股票,但上市首日均跌破了发行价;琼金盘只发出47.3%的股票,其余52.3%由主承销商包销。同时,也产生了发行募集资金大大超过了其预计资金投向等问题。因此,1995年2月以后新股发行未再采用该方式。

为此,在《指导意见》方案设计中,吸取了过去试点的经验教训,进行了必要的技术安排:

1、要求采用竞价发行方式的发行人提出备选项目以及募集资金不足时的处理办法,并充分披露信息。一方面可以促使发行人谨慎选用竞价发行方式,另一方面也为募集资金的超出与不足做了必要的安排,以保护投资者利益;

2、在申购倍率改进法中,剔除了部分最高申购价位的申购,可以在一定程度上抑制过度投机和盲目报价,进而引导投资者理性投资;

3、在基准价格法中,让每一个申购者均参与定价,进而使得发行价格充分体现所有投机者的集体意愿,同时,也可以有效遏制一些投资者操纵新股发行价格的行为;

4、完全竞价法与其他两种方法相比,虽有使得发行价格过高、上市后跌破发行价的可能性,但其作为完全市场化的典型方式有其不可替代的作用。

此外,在讨论过程中,一些市场人士提出,在目前的市场条件下,发行量较小的发行人不宜采用上网竞价方式,但对发行量的最低要求尚无统一意见。为此,本《指导意见》"基本要求"部分第三款列示了最低发行量的几种选择,即"1亿股以下"、"8000万股以下、"5000万股以下"及"其他",供大家提出意见。

上市公司股东持股变动信息披露管理办法

《上市公司股东持股变动信息披露管理办法》征求意见稿

为广泛征求意见,集思广益,现将《上市公司股东持股变动信息披露管理办法》征求意见稿公布。因受篇幅所限,该《管理办法》及其附件《上市公司股东持股变动报告》、《要约收购报告》、《要约收购中被收购公司董事会报告》全文刊载于中国证监会网站(www.csrc.gov.cn)及上海证券交易所网站(www.sse.com.cn)和深圳证券交易所网站(www.cninfo.com.cn),欢迎社会各届有识之士提出建设性意见或建议,并将意见或建议于 2001 年 12 月 20 日之前按以下通讯地址反馈给我们。

地址:北京市西城区金融街 16 号金阳大厦
联系人:潘春生、雷勇
传真:(010)88061167/88061504
电子信箱:pancs@csrc.gov.cn、leiyong@csrc.gov.cn
邮编:100032

中国证券监督管理委员会上市公司监管部
二 OO 一年十二月六日

第一章 总 则

第一条 为规范上市公司股东持股变动的信息披露行为,保护投资者的合法权益,维护证券市场的正常秩序,根据《证券法》等法律、法规的有关规定,制定本办法。

第二条 本办法所称上市公司股东持股变动,是指有关当事人通过集中竞价交易、协议转让、要约收购、赠与、继承以及其他经中国证券监督管理委员会(以下简称中国证监会)认可的方式发生所持上市公司股份变动的情形。

第三条 上市公司股东持股变动达到法定持股变动报告比例的,任何负有信息披露义务的自然人、法人或者其他组织(以下简称信息披露义务人)应当依照本办法要求履行信息披露义务。

任何人在依法履行信息披露义务之前,不得泄露与股东持股变动相关的信息。

第四条 信息披露义务人应当就其所披露信息的真实性、准确性和完整性做出公开承诺,保证没有虚假记载、误导性陈述或者重大遗漏。**第五条** 上市公司收购中,被收购公司的董事、监事、高级管理人员对该上市公司及其全体股东负有诚信义务,不得基于自身利益而做出损害该上市公司及其全体股东的整体利益的决策或行动。

第六条 为上市公司股东持股变动出具专业文件的具有证券从业资格的中介机构及其从业人员,必须按照本行业公认的执业规则规定的工作程序履行勤勉尽责义务,出具报告,对其所出具报告内容的真实性、准确性和完整性进行核查和验证,并就其负有责任的部分承担连带责任。

第七条 禁止任何人利用上市公司股东持股变动损害该上市公司的整体利益和股东的合法权益。

禁止任何人利用上市公司股东持股变动进行欺诈、内幕交易和操纵证券交易市场的行为。

第八条 中国证监会依法对上市公司股东持股变动的信息披露行为实行监督管理。

第九条 证券交易所应当根据中国证监会的授权,对上市公司股东持股变动的信息披露行为实行监督管理。

第二章 信息披露的基本要求

第十条 任何人通过证券交易所的集中竞价交易、协议转让、要约收购或者其它方式直接或者间接持有的一个上市公司股份,应当合并计算。

持有一个上市公司已发行的可转换债券的,在有权行使转换权期间,应将其所持股份与可转换债券有权转换的股份一并计算。

第十一条 上市公司股份的直接持有人和间接持有人应当共同遵守本办法的规定履行信息披露义务。

有关当事人可以约定由其中一人负责统一制作上市公司股东持股变动报告,其他人应当在上市公司股东持股变动报告上签字盖章,同时予以公开说明。

第十二条 上市公司股份的名义持有人和权益拥有人应当共同依照本办法履行信息披露义务。

名义持有人负有督促权益拥有人及时履行信息披露义务的责任。

名义持有人和权益拥有人可以约定由其中一人负责履行其共同的信息披露义务,但是应当做出公开说明。

依法办理证券登记托管业务的机构作为股份的名义持有人的,可以免予履行信息披露义务。

第十三条 一致行动人应当合并计算各自持有或者控制的上市公司的股份。

一致行动人应当共同遵守有关信息披露的规定,可以约定由其中一人负责履行其共同的信息披露义务,但是应当做出公开说明。

第十四条 在上市公司收购的相关报告公布之前,如果相关信息已经在媒体上传播,或者被收购公司的股价发生异动,收购人应当立即在中国证监会指定媒体上披露有关信息并做出说明。

第十五条 信息披露义务人应当依照中国证监会规定或者认可的方式披露信息。

信息披露文件的有关文本、摘要及备查文件应当备置于上市公司的住所及证券交易所,或者以中国证监会认可的其它方式进行备置,供社会公众查阅。

信息披露义务人应当在中国证监会指定媒体中自行选择至少 1 家披露信息,信息披露人除在中国证监会指定媒体披露信息外,还可以根据需要在其他媒体披露信息,但必须保证在指定媒体披露的时间不晚于非指定媒体信息披露的时间,且在不同媒体上相关信息披露的内容一致。

第三章 通过集中竞价持有股份的信息披露

第十六条 通过证券交易所的集中竞价交易,任何人持有一个上市公司已发行股份的百分之五时,应当自该股东持股变动事实发生之日起三个工作日内,制作上市公司股东持股变动报告,向中国证监会及证券交易所做出书面报告,抄报该上市公司所在地的中国证监会派出机构,通知上市公司,并予以公告;在上述规定的期限内,不得再行以任何方式增持或者减持该上市公司的股票。

股东持股变动事实发生日是指证券交易所做出成交确认的日期。任何人合并持有的股份可以达到前款所述持股比例，但是不得超过该比例。

任何人持有一个上市公司已发行的股份的百分之五后，通过证券交易所的集中竞价交易，其所持该上市公司已发行的股份比例每增加或者减少百分之五，应当依照前款规定制作上市公司股东持股变动报告，进行报告、抄报、通知和公告。在报告期限内和作出报告、抄报、通知和公告后二日内，不得再行以任何方式增持或者减持该上市公司的股票。

第十七条 已经公布的上市公司股东持股变动报告的基本内容发生下列变更的，相关信息披露义务人应当自该事实发生之日起一个工作日内，就所变更事项进行报告、抄报、通知和公告，但无需制作上市公司股东持股变动报告书，中国证监会和证券交易所规定的情形除外。报告期间，可继续增持或者减持该上市公司的股份。

(一)通过证券交易所的交易，所持有该公司已发行股份的比例每增加或者减少百分之一。

(二) 一致行动人的组成及成员之间持有上市公司已发行的股份的比例发生实质变动。

(三)中国证监会或者证券交易所规定的其他情形。

第十八条 股份持有人持股比例因一个上市公司减少股份出现本办法第十六条、第十七条所述情形的，可以免予履行规定的义务；但是有关上市公司应当自事实发生之日起二日内就由于上述原因发生的股东持股比例变化情况，在公司股权变动报告中做出说明。

第十九条 上市公司股东持股变动报告，包括简式上市公司股东持股变动报告(以下简称简式报告)和详式上市公司股东持股变动报告(以下详式报告)。股东持股变动报告的内容与格式另行规定。

有下列情形之一的，应当制作详式报告：

(一)持股比例达到一个上市公司已发行股份的百分之二十；

(二)持股比例尚未达到一个上市公司已发行股份的百分之二十，但已经实际控制该上市公司，或者有实际控制意图的；

(三)中国证监会认定的其它情形。

除前款规定的情形外，任何负有制作上市公司股东持股变动报告的信息披露义务的人应当制作简式报告。

第二十条 信息披露义务人制作详式报告时，应当聘请具有证券从业资格的中介机构，对详式报告内容的真实性、准确性、完整性、合法性进行查验，出具查验意见，并在报告上签字、盖章。

第二十一条 信息披露义务人在制作上市公司股东持股变动报告后的六个月内，因持股比例变化应当再次制作上市公司股东持股变动报告的，可以仅就本次报告内容与前次报告内容之间发生变化的部分做出报告、抄报、通知和公告；但信息披露人前次以简式报告披露信息，本次应当制作详式报告的除外。

在履行前款报告和抄报义务时，信息披露人应当同时报送前次上市公司股东持股变动报告及备查文件；履行前款通知和公告义务时，应当明确提示前次上市公司股东持股变动报告刊载的媒体名称、时间以及其它可供查询的方式。

第二十二条 有关当事人因故在三个工作日内未能制作详式报告的，经证券交易所同意，可以先行制作简式报告，做出报告、抄报、通知和公告，并自有关事实发生之日起十个工作日内，完成详式报告并做出报告、抄报、通知和公告。

有关当事人应当在简式报告中的显著位置，提示将要刊载详式报告的媒体名称和时间。

第四章 协议转让的信息披露

第二十三条 通过协议转让等方式，任何人持有一个上市公司已发行股份将达到或者超过百分之五时，应当在该股东持股变动事实发生之日起三个工作日内，制作上市公司股东持股变动报告，向中国证监会及证券交易所做出书面报告，抄报该上市公司所在地的中国证监会派出机构，通知上市公司，并予以公告；在上述规定的期限内，不得再行通过证券交易所的集中竞价交易增持或者减持该上市公司的股票。

股东持股变动事实发生日是指股份转让协议订立或者其他股东持股变动安排实际发生的日期。有关当事人持有的股份可以超过前款所述持股比例。

任何人持有一个上市公司已发行的股份的百分之五后，通过协议转让等方式，其所持有该上市公司已发行的股份的比例每增加或者减少百分之五以上的，应当依照前款规定制作上市公司股东持股变动报告，进行报告、抄报、通知和公告。在报告期限内和作出报告、公告后二日内，不得再行通过证券交易所的集中竞价交易增持或者减持该上市公司的股票。

第二十四条 本办法第十六条至第十八条有关股东持股变动报告基本内容发生变更和上市公司减少股份的规定，适用于本章。

第二十五条 本办法第十九条至第二十二条有关简式报告和详式报告的规定，适用于本章规定的上市公司股东持股变动报告。

第二十六条 通过协议转让等方式持有股份的，应当自股份过户登记之日起二个工作日内，就该项事实进行报告、抄报、通知和公告。

任何人按照第二十三条规定进行公告后三十日内尚未办理完毕股份过户登记手续的，应当自公告之日起每三十日就该股份未过户事实进行报告、抄报、通知和公告，并说明理由，直至股份过户登记手续办理完毕。

第二十七条 任何人因认购上市公司公开发行或向特定人发行的股票而达到法定持股变动报告比例的，应当依照本章规定履行相应的信息披露义务。

第二十八条 因赠与、继承或者其它方式取得上市公司股份而达到法定持股变动报告比例的，应当依照本章规定履行相应的信息披露义务。

第二十九条 任何人通过合同、协议或者其它形式做出与上市公司股权相关的安排，导致其实际控制上市公司股份表决权达到法定持股变动报告比例的，应当依照本章规定履行相应的信息披露义务。

第三十条 控股股东和其他实际控制人未清偿上市公司债务或者或有负债的，其转让控制权之前，应当就清偿有关债务提出切实可行的解决办法，并向公司作出报告。

上市公司董事会应当对控股股东和其他实际控制人所提出的清偿债务解决办法是否切实可行发表明确意见，并予以公告。

第五章 要约收购的信息披露

第三十一条 收购人以要约收购方式购买股份，应当事先向中国证监会和证券交易所报送要约收购报告。收购人应当在要约收购报告公告之前通知被收购公司。

要约收购报告的内容与格式另行制定。

第三十二条 收购人在要约收购报告中应当至少就以下内容做出承诺：

(一)收购人遵循公平和诚实信用原则发出收购要约。

(二)公平对待被收购公司的所有股东。收购人提出的收购要约条件和做出的相关改变，应当适用于被收购公司有权接受要约的所有股东。持有被收购公司同一种股份的股东，应当得到同等待遇。

(三)预受要约的数量超过收购人要约收购的数量时，收购人按照同等比例收购预受要约的股份。

(四)收购人以现金方式支付的，应当保证不少于百分之二十的履约保证金已存放在银行，其余部分已获得担保；收购人以依法可以流通转让的证券支付的，应当保证用以支付的全部证券已经过中国证监会或者国务院授权部门的核准或审批，并已托管和冻结； 采用其它支付方式的，收购人应当保证已获得中国证监会的同意。

(五)发出要约收购报告之日起至收购要约期满后的三十日内，收购人不以要约收购以外的其它方式买卖被收购公司的股票。

(六)收购人在报送要约收购报告之日至公告期间内,不买入或者卖出所持有的该公司的股票,或者泄露该信息或者建议他人买卖该股票。

第三十三条 收购人向中国证监会报送要约收购报告之日起十五日后,公告其要约收购报告。

中国证监会对要约人在依照前款规定报送要约收购报告之日起十五日内未提出异议的,要约人可以在中国证监会指定媒体上公告要约收购报告。中国证监会对要约收购报告提出异议并要求要约人进行修改或者补充的,或要约人变更要约收购报告主要内容的,该期限重新计算。

第三十四条 在收购要约的有效期内,要约人变更收购要约中事项的,应当事先向中国证监会及证券交易所提出报告,通知被收购公司。中国证监会在三个工作日内未提出异议的,要约人可以发出变更公告。

第三十五条 除变更要约收购条件以外,要约收购报告所披露的基本事实发生其它重大变化的,收购人应当在该事实发生之日起二个工作日内,就变更事项向中国证监会及证券交易所做出报告,通知被收购公司,并予以公告。

第三十六条 自收购人公告要约收购报告之日起十五日内,被收购公司董事会应当制作被收购公司董事会报告。董事会应当在该报告中向股东提出接受要约、拒绝要约或者其它建议。

被收购公司董事会应当在前款所述期限内,向中国证监会及证券交易所报送董事会报告,并予以公告。

第三十七条 被收购公司的董事会,应当以被收购公司的名义聘请具有证券从业资格的中介机构,就被收购公司的财务状况进行公正、客观的分析,对收购要约提出的条件是否公平合理等事宜提出专业意见,并说明理由。上述中介机构提出的意见和理由应当与董事会的建议一并公告。

被收购公司的独立董事应当就本次要约收购发表独立意见,并予以公告。

第三十八条 收购人应当在收购要约期满后二个工作日内,就要约收购过程和经前条所述中介机构确认的收购结果,向中国证监会及证券交易所做出报告,通知被收购公司,并予以公告。

收购要约有效期内,达到收购人在要约收购报告中宣布的预定持股比例的,为要约成功;未达到的,为要约失败。要约收购成功的,收购人应当立即通知证券登记结算机构和银行办理结算和过户手续,并做出报告、通知及公告。 要约收购失败的,收购人应当立即通知证券登记结算机构解除对全部预受要约股份的冻结,并做出报告、通知及公告。收购人存放在银行的履约保证金,自上述公告之日起三十日后方可解除冻结。

第三十九条 收购人在要约收购报告中预期收购成功后,被收购公司的股权分布将不符合法定上市条件的,被收购公司应当在收购人公告要约收购报告同时,就被收购公司可能因该次收购而丧失上市条件事宜,报告中国证监会及证券交易所,并予以公告。

第四十条 收购人进行自愿要约收购,其预期持有及收购完成时所实际持有的被收购公司股份,不应低于该公司已发行股份的百分之五。收购要约期满时,收购人实际持有的股份没有达到上述最低限额的,为收购失败。收购人应当根据收购活动的具体结果,按照本办法第三十八条的规定办理有关手续,做出报送、通知和公告。

第四十一条 收购人在连续三十日内,向同一被收购公司的二十五名以上股东征求购买股份,并且所征求购买股份的总和达到被收购公司已发行股份百分之五以上的,属于要约收购行为,应当依照本章的规定履行相关义务。

第六章 法律责任

第四十二条 中国证监会发现上市公司股东持股变动的信息披露活动有不当行为的,可以责令暂停相关的股份变动,并对有关当事人予以通报批评。受到通报批评的该当事人在暂停期间不得以任何形式取得有关股份。

中国证监会发现上市公司股份变动的信息披露活动有严重违法行为的,可以责令停止该变动活动,并对相关当事人予以警告。受到警告的该当事人在六个月内不得再行买卖同一公司的股份。

第四十三条 依赠与、继承或者其他中国证监会认可的方式取得上市公司股份的受让人,违反本办法关于上市公司股东持股变动信息披露的规定的,证券交易所有权采取措施进行纠正;拒不改正的,证券登记结算公司不予办理股份过户手续,并报中国证监会依法追究相关法律责任。

第四十四条 上市公司股东持股变动的信息披露义务人就所公告的上市公司持股变动报告书、要约收购报告书、被收购公司董事会报告书和相关的信息存在虚假记载、误导性陈述或者有重大遗漏,致使投资者在证券交易中遭受损失的,信息披露义务人应当承担赔偿责任,其负有责任的董事、监事、经理或者主要负责人应当承担连带赔偿责任。

第七章 附 则

第四十五条 本办法下列用语的含义:

(一)持有,包括直接持有和间接持有。直接持有是指任何人以公司股东名册上登记的股东的身份持有一个上市公司股份的行为;间接持有是指任何人通过产权关系、合同等方式实际控制上市公司股份的直接持有人,从而间接控制上市公司股东表决权的行为。

任何人持有的一个上市公司股份的数量,是指其直接持有和间接持有被收购公司股份的总和。

(二)名义持有人是指股份登记在其名下,但并不能够自主行使股东权利的人。

(三)权益拥有人是指直接或者间接通过信托、代理和其他类似合同、安排享有股东表决权或者处分权的人。

(四)预受是指受要约人同意接受要约的初步意思表示,在要约期满前不构成承诺。

(五)公告是指将本办法规定应当予以披露的文件刊载在中国证监会指定媒体上,或者按照中国证监会指定的其它方式进行披露的行为。

(六)一致行动人,是指在上市公司股东持股变动中,通过合同、合伙关系或者默契采取一致行动持有股份,行使表决权或处分权的两个或者两个以上的行为人。

(七)实际控制人是指取得上市公司实际控制权的有关当事人,包括具有下列情形之一的自然人、法人或者其他组织:

1、在行使表决权时,可以控制该公司的董事会半数以上的成员或者主要负责人当选的;

2、能够行使或者控制的该公司的表决权数量,超过该公司控股股东或者最大出资人在名义上能够行使的有表决权数量的;

3、以其它方式在事实上对该公司进行控制的。

第四十六条 本办法自发布之日起施行。

拟发行上市公司改制重组指导意见

(公开征求意见稿)

拟发行上市公司改制重组指导意见咨询文件

为广泛征求社会各方面的意见和建议,现发布《拟发行上市公司改制重组指导意见咨询文件》,对本咨询文件有意见的人士将意见于2001年5月10日之前邮至北京西城区金融街16号中国证监会(邮编100032),或发电子邮件至:csrcipo@163bj.com

附件:拟发行上市公司改制重组指导意见

第一章 总体要求

第一条 为规范拟发行上市公司改制重组,保护投资者特别是中小投资者的合法权益,根据《中华人民共和国证券法》、《中华人民共和国公司法》等法律、法规和中国证监会的有关规定,制定本指导意见。

第二条 本指导意见适用于按照《公司法》组建,并拟在中华人民共和国境内首次公开发行股票的股份有限公司(以下简称"拟发行上市公司")。

第三条 拟发行上市公司的改制重组应遵循以下原则:

(一)直接面向市场,自主经营,独立承担责任和风险;

(二)建立、健全公司治理结构,促进股东大会、董事会、监事会以及经理层的规范运作;

(三)有效避免同业竞争,减少和规范关联交易;

(四)突出公司主营业务,形成核心竞争力和持续发展的能力。

第四条 拟发行上市公司的发起人应符合《公司法》等有关法律、法规规定的条件,且发起人或股东投入或变更进入拟发行上市公司的业务和资产应独立完整,人员、机构、财务等方面应与原企业分开。

在保证拟发行上市公司业务和资产独立完整的前提下,对不相关联的经营性或非经营性资产进行剥离,应遵循人员、业务、资产、负债、收入、成本费用等因素配比的原则。

第五条 由持续经营企业变更形成拟发行上市公司的,应采取整体重组的方式,不得进行任何资产和业务的剥离。

第六条 发起人或股东以非货币性资产出资,应将业务所必需的固定资产、在建工程、无形资产以及其他资产完整投入拟发行上市公司。

第七条 拟发行上市公司主营业务应突出,应有稳定的收入来源,形成业务核心竞争力。

第八条 两个以上的发起人以经营性的业务和资产出资组建拟发行上市公司,业务和资产应完整投入拟发行上市公司。并且,所投入的业务应相同,或者存在生产经营的上下游纵向联系或横向联系。

第九条 未经特别批准,拟发行上市公司不应是主要以股权或债权出资组建的投资公司或控股公司。

投资公司或控股公司申请发行上市,还应符合《公司法》及中国证监会的有关规定。

第十条 发起人或股东以其持有的股权出资设立拟发行上市公司的,股权应不存在争议及潜在纠纷,发起人或股东能够控制且作为出资的股权所对应企业的业务应与所组建拟发行上市公司的业务基本一致。

第十一条 发起人以经营性业务有关的资产出资,应同时投入与该经营性业务密切关联的商标、特许经营权、专利技术等无形资产,不得单独以除土地使用权以外的商标权、特许经营权等无形资产出资折股。

第十二条 拟发行上市公司在改制重组工作中,应妥善处理下列问题:

(一)按国家有关规定处理人员分流及安置,妥善安置学校、医院、公安、消防、公共服务、社会保障等社会职能机构。

(二)对剥离后的社会职能以及非经营性资产,要制定完备的协议,其中非经营性资产不得由拟发行上市公司租赁经营或授权代管。

(三)剥离后的业务和资产,不得对拟发行上市公司产生经营和费用的依赖。

第二章 规范改制重组的具体要求

第十三条 符合《公司法》要求的国有企业、国有控股企业应以规范改制和完整重组的原则改建为股份有限公司。以完整经营性资产出资发起设立拟发行上市公司的,在符合规范改制和完整重组要求的前提下,可连续计算原企业所投入业务和资产对应的经营业绩。

若追溯计算原企业经营业绩仍难以达到三年连续盈利的,不得追溯至上一层法人单位。

对追溯计算原企业经营业绩,而原企业亏损的,除执行本指导意见外,还应符合中国证监会其他有关规定。

第十四条 企业化管理并取得执照的国有或国有控股的事业单位完整改制重组设立股份有限公司,或事业单位以经营性资产或专利技术等无形资产出资设立股份有限公司,申请发行上市的,除原单位或原经营性业务和资产盈利外,应依法界定股权、做到产权明晰,新组建的股份有限公司应按规定的时间独立运行。

第十五条 有限责任公司整体变更设立股份有限公司申请发行上市的,原公司业务、资产、债权、债务应整体进入拟发行上市公司,不得对原公司进行业务和资产的剥离,并符合下列条件:

(一)以经审计的净资产额作为折股基础。如变更前进行资产评估并以评估值调整帐务的,不得连续计算原企业的业绩。

(二)在首次公开发行前 年增加股本或股东的,其新出资的溢价倍数应有合理的依据,并应考虑前次股本(股东)增加至本次股本(股东)增加期间公司业务和资产的变化;最近一年内股本(股东)增加的,还应考虑拟发行上市公司首次公开发行股票的价格。

第十六条 未经特别批准,同一企业集团内不得组建业务相同或相关联的二家以上上市公司。

(一)企业(集团)及公司不应将整体业务的一个环节或一个部分组建拟发行上市公司。

(二)同一企业(集团)已有上市公司的,不得再组建与上市公司业务相同或相关联的拟发行上市公司。

(三)同一企业(集团)内已有上市公司,再组建的拟发行上市公司的业务和资产应自成体系,业务与已上市公司、集团及其下属其他并行子公司完全不同,并避免供应、销售等方面的关联交易。

第十七条 其他企业组建拟发行上市公司的,应遵循《公司法》的有关规定,并按规范改制和完整重组的要求组建股份有限公司、或者采取整体变更设立股份有限公司。

第十八条 拟发行上市公司最近三年(不足三年的应包括原企业)发生的重大资产(含股权)置换、收购(包括合并)或出售、增减资本,特别是这些行为导致拟发行上市公司控股股东变更,或1/3以上管理层发生变化的,应自变化之日起至少独立运行一个完整会计年度,方可提出发行上市申请。

第十九条 上条"重大资产(含股权)置换、收购(包括合并)或出售、增减资本"是指达到下列情形之一:

（一）置换，收购或出售资产的总额占拟发行上市公司最近经审计后总资产的30%以上，但不超过70%的；

（二）支付或收取置换，收购或出售资产的价款占拟发行上市公司最近经审计后总资产的30%以上，但不超过70%的；

（三）置换，收购或出售资产相关的利润占公司最近经审计后净利润的30%以上，但不超过70%的。

（四）公司注册资本增加或减少超过30%，但不超过70%。依照规定由公积金转增股本或以未分配利润送股，或进行等比例缩股的除外。增资的溢价倍数应执行本指导意见第十五条的有关规定。

第二十条 拟发行上市公司发生资产（股权）置换、收购或出售、增减资本的幅度（按上述口径）超过70%，并且改变主营业务的，公司应自上述变化之日起至少独立运行三个完整的会计年度，方可提出发行上市申请。

第二十一条 股份有限公司或有限责任公司先分立，再组建拟发行上市公司的，除应符合《公司法》等有关规定外，还应遵循完整重组的规定，坚持配比的原则。

第二十二条 在申请发行上市前拟发行上市公司控股合并其他公司的，除应符合《公司法》等的有关规定外，被合并公司的业务应与拟发行上市公司相同或相近，或存在纵向或横向的联系；被合并的公司应整体进入拟发行上市公司，符合整体重组的有关规定。

第二十三条 拟发行上市公司发生重大资产（股权）置换、收购或出售、增减资本的，应聘请有证券期货从业资格的中介机构承担验资、资产评估、审计等业务。若聘请没有证券从业资格许可证的中介机构承担上述业务，在申请发行上市前须另聘有证券期货从业资格的中介机构复核并出具专业报告。

第三章 避免同业竞争，减少并规范关联交易

第二十四条 拟发行上市公司在提出发行上市申请前，应避免其主要业务与实际控制人及其控制的法人（以下简称"竞争方"）从事相同、相似业务的情况，避免同业竞争。

拟发行上市公司非主营业务存在同业竞争的，应制定具体解决的措施。

第二十五条 对是否存在同业竞争，发行人董事应从业务的性质、业务的客户对象、产品或劳务的可替代性、市场差别等方面判断，并充分考虑对拟发行上市公司及其股东的客观影响。

第二十六条 对存在同业竞争的，拟发行上市公司在提出发行上市申请前应采取以下措施（但不限于）加以解决：

（一）针对存在的同业竞争，通过收购、委托经营等方式，将相竞争的业务集中到拟发行上市公司。

（二）竞争方将有关业务转让给无关联的第三方。

（三）拟发行上市公司放弃与竞争方存在同业竞争的业务。

（四）竞争方就解决同业竞争，以及今后不再进行同业竞争做出书面承诺。

第二十七条 拟发行上市公司在提出发行上市前，应在有关股东协议、公司章程等文件中规定避免同业竞争的措施，或取得有关方面的有效承诺。

第二十八条 未经特别批准，拟发行上市公司不得制定运用募集资金收购有实际控制权的个人或法人资产的方案。

第二十九条 拟发行上市公司在提出发行上市申请前，存在数量较大的关联交易，应制定有针对性的减少关联交易的实施方案，并注意下列问题：

（一）发起人或股东不得通过保留采购、销售机构，垄断业务渠道等方式干预拟发行上市公司的业务经营。

（二）从事生产经营的拟发行上市公司应拥有独立的产、供、销系统，主要原材料和产品销售不得依赖股东及其下属企业。

（三）专为拟发行上市公司生产经营提供服务的机构，应重组进入拟发行上市公司。

（四）主要为拟发行上市公司进行的专业化服务，应由关联方纳入（通过出资投入或出售）拟发行上市公司，或转由无关联的第三方经营。具有自然垄断性的供水、供电、供汽、供暖等服务，应确保公平、公开定价。

第三十条 判断和掌握拟发行上市公司的关联方、关联关系和关联交易，除按有关企业会计准则规定外，应坚持从严原则。

关联方主要是包括：（一）控股股东；（二）其他股东；（三）控股股东及其股东的控制或参股的企业；（四）对控股股东及主要股东的有实质影响的法人或自然人；（五）发行人参与的合营企业；（六）发行人参与的联营企业；（七）主要投资者个人、关键管理人员、核心技术人员、或与上述关系密切的人士控制的其他企业；（八）其他对发行人有实质影响的法人或自然人。

关联关系主要是指在财务和经营决策中，有能力对发行人直接或间接控制或施加重大影响的方式或途径，主要包括关联方与发行人之间存在的股权关系、人事关系、管理关系及商业利益关系。发行人董事会应对上述关联关系的实质进行判断，而不仅仅是基于与关联方的法律联系形式，应指出关联方对发行人进行控制或影响的具体方式、途径及程度。

关联交易主要包括：（一）购销商品；（二）买卖有形或无形资产；（三）兼并或合并法人；（四）出让与受让股权；（五）提供或接受劳务；（六）代理；（七）租赁；（八）各种采取合同或非合同形式进行的委托经营等；（九）提供资金或资源；（十）协议或非协议许可；（十一）担保；（十二）合作研究与开发或技术项目的转移；（十三）向关联方人士支付报酬；（十四）合作投资设立企业；（十五）合作开发项目；（十六）其他对发行人有影响的重大交易。

第三十一条 无法避免的交联交易应遵循市场公正、公平、公开的原则，关联交易的价格或取费原则上应不偏离市场独立第三方的标准。对于难以比较市场价格或订价受到限制的关联交易，应通过合同明确有关成本和利润的标准。

第三十二条 拟发行上市公司应在章程中对关联交易决策权力与程序作出规定。股东大会对有关关联交易进行表决时，应严格执行公司章程规定的回避制度。对于需要由独立董事、财务顾问、监事会成员发表意见的关联交易，应由其签字表达对关联交易公允性意见后方能生效。需要董事会、股东大会讨论的关联交易，关联股东或有关联关系的董事应予以回避或做必要的公允声明。

第四章 独立经营，规范运作

第三十三条 拟发行上市公司应在改制重组和持续经营过程中，确保公司在组织形式、公司治理结构、公司决策与运作等方面的规范运作。

第三十四条 拟发行上市公司的资产应做到独立完整。

（一）发起人或股东与拟发行上市公司的资产产权要明确界定和划清。发起人或股东投入公司的资产应足额到位，并办理相关资产、股权等权属变更手续。

（二）发起人或股东将经营业务纳入拟发行上市公司的，该经营业务所必需的商标应进入公司。对于由拟发行上市公司拥有的商标使用权，需要许可其他关联方或第三方使用的，应签定公平合理的合同。

（三）与主要产品生产或劳务提供相关的专利技术和非专利技术应进入拟发行上市公司，并办妥相关转让手续。

（四）拟发行上市公司应有独立于主发起人或控股股东的生产经营场所。拟发行上市公司原则上应以出让方式取得土地使用权，以租赁方式从主发起人或控股股东取得合法土地使用权的，应保证有较长的租赁期限和确定的取费方式。

第三十五条 拟发行上市公司的人员应做到独立。

（一）存在同业竞争、或重大关联交易的拟发行上市公司，其董事长

不得由股东单位的法定代表人兼任。该股东单位的法定代表人是指拥有拟发行上市公司5%以上股权的股东单位的法定代表人。

(二)拟发行上市公司的总经理(含总裁等相当称谓)、副总经理、财务负责人、营销负责人、董事会秘书等高级管理人员应专职在公司工作并领取薪酬,不得在持有拟发行上市公司5%以上股权的股东单位及其下属企业担任除董事、监事以外的任何职务,也不得在与上述人员所任职拟发行上市公司业务相同或相近的其他企业任职。

(三)控股股东、其他任何部门和单位或人士推荐前款所述人员人选应通过合法程序,不得超越拟发行上市公司董事会和股东大会作出的人事任免决定。

(四)拟发行上市公司应拥有独立于股东单位或其他关联方的员工,并在有关社会保障、工薪报酬、房改费用等方面分帐独立管理。

第三十六条 拟发行上市公司的机构应做到独立。

(一)拟发行上市公司的生产经营和办公机构与控股股东完全分开,不得出现混合经营、合署办公的情形。

(二)控股股东及其他任何单位或个人不得干预拟发行上市公司的机构设置。

(三)控股股东及其职能部门与拟发行上市公司及其职能部门之间不存在上下级关系,任何企业不得以任何形式干预拟发行上市公司生产经营活动。

第三十七条 拟发行上市公司应做到财务独立。

(一)拟发行上市公司应设立其自身的财务会计部门,建立独立的会计核算体系和财务管理制度,并符合有关会计制度的要求,独立进行财务决策。

(二)拟发行上市公司应拥有其自身的银行帐户,不得与其股东单位或其他任何单位或人士共用银行帐户。

(三)股东单位或其他关联方不得以任何形式占用拟发行上市公司的货币资金或其他资产。

(四)拟发行上市公司应依法独立进行纳税申报和履行缴纳义务。

(五)拟发行上市公司应独立对外签定合同。

(六)拟发行上市公司不得为控股股东及其下属单位、其他关联企业提供担保,或将以拟发行上市公司名义的借款转借给股东单位使用。

第五章 附则

第三十八条 本指导意见由中国证监会负责解释。

第三十九条 本指导意见自发布之日起施行,证监发字[1998]8号、[1998]259号、[1999]4号文件同时废止。

证券营业部审批规则(征求意见稿)

关于征求《证券营业部审批规则》(征求意见稿)修改意见的通知

中国证监会各派出机构、上海、深圳证券交易所、各证券公司:

为规范证券公司分支机构的设立、变更与终止行为,提高监管效率,保护投资者的合法权利,中国证监会制定了《证券营业部审批规则》(征求意见稿)。

《证券营业部审批规则》(征求意见稿)依照市场化原则,规定了证券营业部、证券服务部、技术服务站点的设立、变更、终止的条件,细化了证券营业部审核程序及报告制度,减少了审核工作中的行政性因素,加强了中介机构在审核工作中的社会监督作用。今后,在证券营业部的监管上,中国证监回工作重点将转移到制定和修改管理办法、建立监督制约机制和加强对证券从业人员的管理上来。

现将《证券营业部审批规则》(征求意见稿)登报征求意见,请你们组织有关人员对该规则进行认真研究,并于本月15日前将修改意见反馈中国证监会机构监管部。同时,为广泛吸收对证券营业部审批及监管的意见,欢迎投资者和社会各界积极参与。

联系电话:010-88061496、88061009

传真:010-88061014

电子邮件:liujian@csrc.gov.cn

中国证监会

二○○一年十月八日

第一章 总则

第一条 为了规范证券公司证券营业部的设立、变更与终止行为,加强对证券营业部的监督管理,保护投资者的合法权益,根据《中华人民共和国证券法》(以下简称《证券法》),制定本规则。

第二条 本规则适用于中华人民共和国境内证券公司依法设立的证券营业部。

第三条 本规则所称证券营业部指证券公司依法设立的从事证券经纪业务的机构,证券公司对其所属证券营业部的经营活动承担民事责任。

第四条 中国证券监督管理委员会(以下简称"中国证监会")负责证券营业部的设立、变更、终止事项的审批,依法履行对证券营业部的监督管理职责。

第二章 设立

第五条 设立证券营业部,由证券公司向中国证监会提出申请。

第六条 申请设立证券营业部的证券公司应当具备下列条件:(一)没有挪用客户交易结算资金,且已依照《客户交易结算资金管理办法》的要求管理客户交易结算资金;(二)证券经纪业务和其他业务分开办理,管理人员、业务人员、财务帐户均已分开,没有混合操作;(三)申请设立前一月末的净资本指标符合中国证监会规定;(四)无违法违规融资;(五)内部管理规范,建立了健全的法人治理结构和有效的内部控制制度,能对所属证券营业部的资金、交易、客户情况进行及时有效的统一监控;(六)没有擅自设立证券营业网点;(七)近一年未受到中国证监会的行政处罚,未因涉嫌重大违法违规事项正受到立案调查;(八)中国证监会规定的其他条件。

第七条 设立证券营业部应具备下列条件:(一)信息系统技术标准符合中国证监会的规定,并可支持内部控制机制有效运行;(二)拟任正、副经理通过中国证监会规定的任职资格审查,具备证券从业资格的业务人员不少于十人;(三)有合格的经营场所、交易设施和防火、防盗等安全设施;(四)有健全的风险管理制度;(五)中国证监会规定的其他条件。

第八条 证券公司申请设立证券营业部,应向中国证监会提交下列材料,并报拟设立证券营业部所在地中国证监会派出机构备案:(一)证券营业部申请表;(二)具有证券业务资格的会计师事务所对本规则第六条第(一)、(二)、(四)项规定的事项出具的报告书;(三)证券公司对所属证券营业部开户、交易、清算等经纪业务进行统一监管的技术系统设计报告;(四)中国证监会要求提交的其他材料。

第九条 证券公司申请证券营业部开业验收,应向证券营业部所在地中国证监会派出机构提交下列材料:(一)申请报告;(二)证券营业部营业场所及设备、信息系统的说明材料,证券公司对证券营业部统一监管技术系统的建设报告;(三)证券营业部业务管理制度;(四)证券营业部拟任正、副经理任职资格申请材料;(五)证券营业部业务人员、电脑技术人员的名单、简历及资格证书;(六)有关部门出具的证券营业部营业场所消防、安全合格的证明文件;(七)中国证监会要求提交的其他材料。

第十条 证券营业部筹建期为六个月。遇到特殊情况需要延长期限的,证券公司应当书面报告拟设证券营业部所在地中国证监会派出机构批准,延长期限不得超过三个月。

第十一条 证券公司经批准设立的证券营业部未能按期开业前,中国证监会不再受理其新设证券营业部的申请。

第十二条 证券营业部可以经营下列业务:(一)证券的代理买卖;(二)代理还本付息、分红派息;(三)证券代保管、鉴证;(四)代理上海、深圳证券交易所股东账户的登记开户;(五)中国证监会批准的其他业务。

第十三条 证券营业部的名称应规范为"××证券公司××地区××路(街)证券营业部"。

第三章 变 更

第十四条 证券营业部可以依法转让。转让证券营业部,由受让的证券公司向证券营业部所在地的中国证监会派出机构提出申请。

第十五条 证券公司受让证券营业部应当具备本办法第六条规定的条件。

第十六条 证券公司受让证券营业部应向证券营业部所在地中国证监会派出机构提交下列材料:(一)本办法第八条第(一)至(三)项规定的材料;(二)转让协议;(三)受让证券公司注册地中国证监会派出机构出具的收购资格确认函;(四)证券营业部拟任正、副经理任职资格申请材料。

第十七条 证券营业部可以同城迁址,在省、自治区、直辖市、计划单列市内异地迁址,跨省、自治区、直辖市、计划单列市迁址。申请证券营业部同城或省、自治区、直辖市、计划单列市内异地迁址,由证券公司向该证券营业部所在地中国证监会派出机构提出申请。证券营业部跨省、自治区、直辖市、计划单列市迁址,由证券公司向拟迁入地中国证监会派出机构提出申请。

第十八条 证券营业部迁址前,原有客户应得到妥善转移;证券营业部新址开业前,原址必须停止营业。

第十九条 证券营业部申请迁址,应当提交下列材料:(一)证券营业部申请表;(二)原客户的转移方案及公司法人代表签署的承诺函。跨省、自治区、直辖市、计划单列市迁址的,还应提交原址所在地中国证监会派出机构出具的证券营业部迁出同意函。

第二十条 证券营业部迁址后,证券公司申请证券营业部新址开业验收,应提交本办法第九条规定的材料;跨省、自治区、直辖市、计划单列市迁址后开业,还应提交证券营业部原址所在地中国证监会派出机构出具的原址停止营业的证明材料。

第二十一条 证券营业部可以异地互换。异地互换证券营业部,由换入方证券公司分别向拟换入的证券营业部所在地中国证监会派出机构提出申请。

第二十二条 证券公司申请换入证券营业部,应提交下列材料:(一)证券营业部申请表;(二)证券营业部异地互换协议书;(三)本公司拟换出证券营业部所在地中国证监会派出机构出具的证券营业部异地互换同意函;(四)证券营业部《证券经营机构营业许可证》副本复印件。

第二十三条 证券公司申请聘任或变更证券营业部的正、副经理,应向该证券营业部所在地中国证监会派出机构提交下列材料:(一)申请报告;(二)证券营业部经理任职资格申请表;(三)身份证复印件;(四)《证券业从业人员资格证书》、学历证明及专业技术职务资格证书;(五)证券营业部《证券经营机构营业许可证》副本复印件;(六)中国证监会要求报送的其他材料。

第四章 终 止

第二十四条 证券公司根据需要,可以向证券营业部所在地中国证监会派出机构申请撤销证券营业部,经中国证监会派出机构批准后三个月内撤销。遇到特殊情况需要延长期限的,应当书面报告证券营业部所在地中国证监会派出机构批准,延长期限不得超过一个月。证券营业部撤销前,应妥善转移客户。

第二十五条 证券公司申请撤销证券营业部,应当提交下列材料:(一)证券营业部申请表;(二)客户转移方案及公司法定代表人签署的妥善转移客户的承诺函;(三)证券营业部下属证券服务部的处置方案;(四)中国证监会要求提交的其他材料。

第二十六条 证券营业部丧失本办法第七条规定的条件或因违法违规经营形成的重大风险已危及社会公共利益的,中国证监会可吊销其《证券经营机构营业许可证》,并责令证券公司在转移原有客户后将其关闭。

第二十七条 证券公司撤销证券营业部,其下属证券服务部应当同时撤销或经批准转让给就近的证券营业部。

第五章 证券服务部

第二十八条 证券服务部是指证券公司在证券营业部主要营业场所外设立的为投资者提供证券交易服务的营业网点。证券服务部应与其所归属的证券营业部在同一省、自治区、直辖市、计划单列市内。

第二十九条 申请设立证券服务部的证券公司应具备本办法第六条规定的条件。申请设立证券服务部的证券营业部须开业一年以上,近一年未受到中国证监会的行政处罚或因涉嫌重大违法违规事项正在接受调查。

第三十条 设立证券服务部应具备下列条件:(一)本办法第七条第(一)、(三)、(四)项规定的条件;(二)拟任证券服务部负责人通过中国证监会规定的任职资格审查,具有证券从业资格的业务人员不少于三人;(三)资金存取采取证券公司与商业银行间客户交易结算资金银证转帐方式进行。

第三十一条 证券公司申请设立证券服务部,应向拟设立证券服务部所在地中国证监会派出机构提交下列材料:(一)证券服务部申请表;(二)具有证券业务资格的会计师事务所对本办法第六条第(一)、(二)(四)项规定的事项出具的报告书;(三)证券服务部拟任负责人申请表及申请材料;

第三十二条 证券公司申请证券服务部开业验收,应向证券服务部所在地中国证监会派出机构提交下列备案材料,申请领取《证券经营机构营业许可证》:(一)证券服务部业务管理制度;(二)证券服务部负责人任职资格申请材料;(三)有关部门出具的证券服务部营业场所消防、安全合格的证明文件;(四)证券营业部对证券服务部及时有效的统一监管技术系统说明材料。

第三十三条 证券服务部筹建期为三个月。遇到特殊情况需要延长期限的,证券公司应当书面报告拟设证券服务部所在地中国证监会派出机构批准,延长期限不得超过一个月。

第三十四条 证券服务部可以经营除客户交易结算资金存取以外的证券营业部所有业务。

第三十五条 证券公司申请聘任或变更证券服务部负责人,应向证券服务部所在地中国证监会派出机构提交本办法第二十三条第(一)至(四)项规定的材料。

第三十六条 证券公司申请证券服务部同城迁址,应向证券服务部所在地中国证监会派出机构提交下列材料:(一)证券服务部申请表;(二)原客户的转移方案及公司法定代表签署的承诺函。

第三十七条 证券服务部应随证券营业部一同转让或互换。证券服务部不得异地迁址或互换。

第三十八条 证券公司申请撤销证券服务部,应向证券服务部所在地中国证监会派出机构提交下列材料:(一)证券服务部申请表;(二)客户转移方案及公司法定代表人签署的妥善转移客户的承诺函;(三)中国证监会要求提供的其他材料。

第六章 技术服务站点

第三十九条 技术服务站点是证券公司对客户从事网上证券交易提供技术培训及相关服务的分支机构。

第四十条 申请设立技术服务站点的证券公司应取得网上委托业务资格。

第四十一条 设立技术服务站点应具备下列条件：(一)有固定的场所；(二)工作人员不得少于3人，其中，负责人应具有证券从业资格，至少有1人具有相关技术服务经验；(三)建立了完善的内部控制制度和技术管理规范。

第四十二条 证券公司申请设立技术服务站点，应向拟设立技术服务站点所在地中国证监会派出机构提交下列材料，申请《证券经营机构营业许可证》：(一)申请报告；(二)网上证券委托业务资格批复文件；(三)场地使用证明；(四)技术服务站点人员简历；(五)技术服务站点管理制度。

第四十三条 技术服务站点经批准设立后，应在一个月内办理工商登记并开业。

第四十四条 技术服务站点可以经营下列业务：(一)提供网上证券交易业务咨询、技术指导；(二)办理资金帐户开户、指定交易、撤销指定交易、转托管、销户；(三)中国证监会批准的其他业务。

第四十五条 证券公司可以自主决定技术服务站点的同城迁址或撤销，并应在变更或注销工商登记后5个工作日内向所在地中国证监会派出机构报备。

第七章 审核程序

第四十六条 中国证监会依据法律、法规和本办法规定对证券营业部的筹建申请进行审核，并在收到符合要求的申请材料之日起30个工作日内做出是否批准的决定。审核未通过的，中国证监会在书面通知中说明理由。

第四十七条 中国证监会派出机构依据法律、法规和本办法规定对辖区内证券营业部的开业、变更、终止，证券服务部的设立、开业、变更、终止，技术服务站点的设立申请进行审核。

第四十八条 中国证监会派出机构在收到完整申请材料之日起30个工作日内做出是否批准的决定。对符合法律、法规及本办法规定条件的，予以批准，并将批准文件，证券营业部、证券服务部、技术服务站点负责人及主要业务人员的材料(附软盘)报中国证监会备案；对不符合法律、法规和本办法规定条件的，不予批准，并书面通知申请人。

第四十九条 证券公司对中国证监会派出机构的审核意见持有异议的，可在审核意见下达之日起30个工作日内向中国证监会申请复议。**第五十条** 中国证监会对各地派出机构证券营业部、证券服务部、技术服务站点的审批工作进行检查，并根据需要组织各派出机构进行相互检查。

第八章 监管管理

第五十一条 中国证监会负责《证券经营机构营业许可证》的统一印制、空白证书的统一保管及废旧证书的回收登记和销毁工作。

中国证监会派出机构负责办理《证券经营机构营业许可证》的打印与发放。

第五十二条 中国证监会派出机构应建立《证券经营机构营业许可证》的管理制度，安排专人负责证书管理，作好证书领取、发放和废旧证书的处置工作。对打印有误或有损的证书，各派出机构要加盖《证书作废》印，定期清点统一上缴中国证监会，不得自行销毁。

第五十三条 中国证监会派出机构在批准证券营业部、证券服务部、技术服务站点开业的同时，向其颁发《证券经营机构营业许可证》。证券公司因证券营业部、证券服务部、技术服务站点迁址、互换、受让或其他因素变更证券营业部营业地址、主要负责人，经批准后，应到所在地中国证监会派出机构换领《证券经营机构营业许可证》。

第五十四条 证券营业部、证券服务部、技术服务站点应当将加盖证券公司公章的《证券经营机构营业许可证》正本复印件放置在营业场所的显著位置，并妥善保管许可证副本。任何机构和个人不得伪造、变造、出租、出借、抵押、转让《证券经营机构营业许可证》。

第五十五条 证券营业部、证券服务部、技术服务站点是证券公司全资附属的非法人机构，不得以合资、合作方式设立；不得以承包、出租方式经营。

第五十六条 证券营业部、证券服务部、技术服务站点设立、变更、终止事项获得批准后10个工作日内，由中国证监会派出机构在中国证监会指定报纸上进行公告，所需费用由被公告的证券公司承担。

第五十七条 中国证监会及其派出机构不得干预证券营业部、证券服务部、技术服务站点的选址。

第五十八条 证券公司违反本规则有关规定或者在证券营业部、证券服务部、技术服务站点设立、变更、终止申请材料中作虚假陈述，隐瞒或遗漏重要事项的，中国证监会将视情节轻重，暂停受理该证券公司证券营业部、证券服务部、技术服务站点的设立与变更申请。

第九章 附 则

第五十九条 本规则发布之前实施的有关证券营业部、证券服务部、技术服务站点管理规定，凡与本办法相抵触的，以本办法为准。

第六十条 本规则由中国证监会负责解释。

第六十一条 本规则自发布之日起实施。

公开发行证券的公司财务报表及财务报表附注的一般规定(征求意见稿)

(2001年11月27日)

第一章 总 则

第一条 为规范公开发行证券的财务会计信息披露行为，保护投资者的合法权益，依据《中华人民共和国公司法》、《中华人民共和国证券法》等法律、法规及中国证券监督管理委员会(以下简称“中国证监会”)的有关规定，制定本准则。

第二条 凡在中华人民共和国公司境内首次公开发行股票和已经公开发行股票并在证券交易所上市的股份有限公司(以下简称“公司”)，应当按照本准则编制财务报表附注。

第三条 本准则的规定是对财务报表附注的最低要求。不论本准则是否有明确规定，凡对投资者作出投资决策有重大影响的财务会计信息，公司均应予以充分披露。本准则某些具体要求对公司确实不适用的，公司可根据实际情况，在不影响披露内容完整性的前提下做出适当修改，但应作出书面说明。

第四条 公司不得编制和对外提供虚假的或者隐瞒重要事实的财务报表附注。公司的法定代表人对按本准则编制和提供的财务报表附注的真实性、完整性负责。

公司的全体董事必须保证提供的财务报表附注的真实、合法、完整，并就其保证承担个别和连带的法律责任。

第五条 承担公司财务报表审计的会计师事务所和签字注册会计师，应当依照有关法律、行政法规以及注册会计师执业规则的规定进行，并对所出具的审计报告负责。

第二章 财务报表

第六条 公司编制的财务报表应符合《企业会计准则》、《企业会计制度》、《合并会计报表暂行规定》及财政部、证监会颁布的其他有关准则、制度的规定。

第七条 公司的财务报表包括资产负债表、利润表、现金流量表及相关附表。

首次发行股票公司按本准则提供的财务报表应为不少于最近三个会计年度的利润表及利润分配表、不少于最近三年年末的资产负债表以及不少于最近一个会计年度的现金流量表。

非整体改制重组设立且运行不足三年的首次发行股票公司,在有关资产负债表的披露方面,只需披露改组设立股份有限公司后各年年末的资产负债表。

如果首次发行股票公司为股份有限公司运行不足三年的,可以不提供设立日前的利润分配表。

第八条 编制合并会计报表的公司,除提供合并会计报表外,还应提供母公司财务报表。

第九条 公司编制的财务报表之间、财务报表各项目之间,凡有对应关系的数字,应当相互一致;财务报表中本期与上期的有关数字应当相互衔接。

第十条 公司提供的财务报表中会计数据的排列应自左至右,最左侧为最近一期数据;表内各主要报表项目应标有附注编号,并与财务报表附注编号相一致;财务报表的金额单位应为人民币元或千元。

第十一条 财务报表的编报单位应为XX股份有限公司,并由XX股份有限公司盖章,由会计机构负责人(会计主管人员)、主管会计工作的负责人、公司法定代表人签名并盖章。若公司设置总会计师,总会计师应签名并盖章。

第十二条 公司提供的财务报表应由具有证券期货相关业务资格的会计师事务所审计,并由上述会计师事务所中两名或两名以上具有证券期货相关业务资格的注册会计师签署意见。

编制合并会计报表的公司,纳入合并范围的子公司以及未纳入合并范围的控股子公司的财务报表,也应由具有证券期货相关业务资格的会计师事务所审计。

第三章 财务报表附注

第十三条 财务报表附注应当按照本准则,对财务报表中需要说明的事项作出真实、完整、清楚的说明。

第十四条 公司应按照《企业会计制度》和本准则的要求,编制和披露财务报表附注。

第十五条 公司财务报表附注应包括以下内容:

(一)公司的基本情况

至少应简述公司历史沿革、改制情况、行业性质、经营范围、主要产品或提供的劳务,生产经营概况以及公司的基本法律架构。若公司在报告年度内因收购、出售资产或吸收合并等引起公司主营业务发生变更,应予以说明。

(二)财务报表编制的基准

说明财务报表中不符合会计核算前提的事项。

设立股份有限公司运行不足三年的首次发行股票公司,应说明编制股份公司设立以前年份财务报表的会计主体及其确定方法,并简要说明按该会计主体编制财务报表的情况。

对编制合并会计报表的公司,应说明纳入合并范围的子公司名称、业务性质、注册地、注册资本、实际投资额、母公司所持有的权益性资本的比例及合并期间。报告期纳入合并范围的子公司有增减变动的,还应说明增减变动的情况以及合并范围变动的基准日。对纳入合并范围但母公司持股未达到50%以上的子公司,应说明纳入合并范围的原因。

首次发行股票公司应说明计算经营业绩特别是连续计算不同主体经营业绩的财务资料来源。

(三)公司采用的主要会计政策、会计估计和合并会计报表的编制方法

1、会计制度。说明公司执行的会计制度为《企业会计制度》。首次发行股票公司为股份有限公司运行不足三年的,应说明公司原来执行的会计制度,并说明按本规定要求提供的公司设立前的财务报表已按《企业会计制度》进行了调整;

2、会计年度;

3、记账本位币;

4、记账基础和计价原则;

5、外币业务折算方法。说明发生外币业务时所采用的折算汇率、期末对外币账户的外币余额进行折算所采用的汇率,以及汇兑损益的处理方法;

6、外币财务报表的折算方法。说明各主要财务报表项目的折算汇率,以及外币报表折算差额的处理方法;

7、现金等价物的确定标准。说明公司编制现金流量表时现金等价物的确定标准;

8、合并会计报表编制方法。说明合并范围的确定原则,并简要说明合并所采用的会计方法。子公司与母公司会计政策不一致且未进行调整的,应说明子公司所采用的特殊会计政策;

9、短期投资核算方法。说明短期投资计价及其收益确认方法,短期投资跌价准备的确认标准、计提方法;

10、坏账核算方法。说明坏账的确认标准、坏账损失的核算方法以及坏账准备的确认标准、计提方法和计提比例;

11、存货核算方法。说明存货分类、取得和发出的计价方法、存货的盘存制度以及低值易耗品和包装物的摊销方法、存货跌价准备的确认标准、计提方法;

12、长期投资核算方法。对于长期股权投资,应说明其计价及收益确认方法,股权投资差额的摊销方法;对于长期债权投资,应说明其计价及收益确认方法,债券投资溢价或折价的摊销方法;长期投资减值准备的确认标准、计提方法;

13、固定资产计价和折旧方法。说明固定资产的标准、分类、计价方法和折旧方法,各类固定资产的估计经济使用年限、预计净残值率和折旧率;固定资产减值准备的确认标准、计提方法;

14、在建工程核算方法,包括利息资本化的计算方法和在建工程结转为固定资产的时点;在建工程减值准备的确认标准、计提方法;

15、委托贷款计价以及委托贷款减值准备的确认标准、计提方法;

16、无形资产计价及摊销政策。说明各种无形资产的计价方法、摊销方法、摊销年限;无形资产减值准备的确认标准、计提方法;

17、长期待摊费用摊销政策。说明长期待摊费用的摊销方法、摊销年限;

18、借款费用的会计处理方法。说明借款费用会计处理的具体方法和利息费用资本化的原则;

19、应付债券的核算方法。说明应付债券的计价及债券溢价或折价的摊销方法;

20、收入确认的方法。说明公司销售商品、提供劳务及他人使用本公司资产等取得的收入所采用的确认方法;

21、所得税的会计处理方法。说明所得税的会计处理是采用应付税款法,还是纳税影响会计法。如果采用纳税影响会计法,还应说明是采用递延法,还是债务法;

22、主要会计政策、会计估计变更的说明以及重大会计差错更正的说明。如发生会计政策、会计估计变更,公司应当披露变更的内容、理由和变更对公司财务状况、经营成果的影响数,累计影响数如果不能合理确定或不易确定,应说明理由;说明公司重大会计差错的内容和更正金额、原因及其影响。

(四)税项

应披露主要税种和税率,如增值税、所得税等;若有税负减免的,应说明批准机关、文号、减免幅度及有效期限。

(五)控股子公司及合营企业

1、公司应披露其所控制的境内外所有子公司及合营企业的全称、注册资本、经营范围以及本公司对其投资额和所占权益比例等。未纳入合并会计报表范围的子公司,应明确说明原因及对财务状况的影响。

2、合并报表范围如发生变更，应当披露变更内容、原因。按照比例合并方法进行合并的公司，应特别说明。

3、公司报告期内若发生购买股权而增加控股子公司、合营企业的情况，应说明每个新增企业的购买日及其确定方法。

(六)财务报表项目附注的要求及格式

编制合并会计报表的公司，应按照本准则对合并会计报表项目进行注释，还应对母公司会计报表的主要项目进行注释。

对资产负债表中的资产、负债项目注释最近一期比较数据，股东权益项目、利润表及利润分配表项目应按照比较财务报表逐年列示并说明历年数据变动情况。

对资产负债表中的外币账项，应列示其原币、折算汇率、折算的记账本位币金额。

不常见的报表项目、名称反映不出其性质或内容的报表项目、金额异常或年度间变动异常的报表项目(如两个期间的数据变动幅度达30%以上，且占公司报表日资产总额5%或报告期利润总额10%以上的)，应说明该项目的具体情况。

具体的报表项目应按以下格式进行注释：

(1)货币资金

按现金、银行存款、其他货币资金分别列示。

(2)短期投资

按股权投资、债券投资、其他投资分别列项说明，其中股权投资中的股票投资、债券投资中的国债投资和其他债券投资应单独列示。能够列明期末市价的股票投资和债券投资，应列明报表日市价及资料来源(若报表日是法定公休日，应披露报表日最近一个交易日市价，下同)；其他投资项下对某一投资对象的投资额占短期投资总额10%(含10%)以上的，还应分别披露资金投入时间和所得收益等。

说明短期投资跌价准备的增减变动情况，计提短期投资跌价准备所选用的证券期末市价的资料来源。

说明投资变现的重大限制。若不存在上述情况，也应予以说明。

应单独说明本项目中公司1年内到期的委托贷款的本金、利息、受托人名称及计提的减值准备金额。

(3)应收票据

列示应收票据的种类、金额。已用于贴现、抵押的商业承兑汇票，应单独列示出票单位、出票日期、到期日、金额等重要事项。

(4)应收股利

分项列示各项目的金额，对其中金额较大的，应说明其性质或内容。

(5)应收利息

分项列示各项目的金额，对其中金额较大的，应说明其性质或内容。

(6)应收款项(含应收账款和其他应收款)

应按账龄列示不同账龄段(1年以内、1-2年、2-3年、3年以上)的应收款项金额、占应收款项总额的比例、坏账准备计提比例和坏账准备金。

对应收款项应说明如下事项：

①本年度全额计提坏账准备，或计提坏账准备的比例较大的(计提比例一般超过40%及以上的，下同)，应单独说明计提的比例及其理由；

②以前年度已全额计提坏账准备，或计提坏账准备的比例较大的，但在本年度又全额或部分收回的，或通过重组等其他方式收回的，应说明其原因，原估计计提比例的理由，以及原估计计提比例的合理性；

③对某些金额较大的应收款项不计提坏账准备，或计提坏账准备比例较低(一般为5%或低于5%)的理由；

④本年度实际冲销的应收款项性质、理由及其金额。若实际冲销的款项涉及关联交易产生的，还应单独披露；

⑤账龄超过3年的大额应收款项，应说明未收回的原因；

⑥应收款项中如有持公司5%(含5%)以上表决权股份的股东单位欠款，应予以说明，并单独列示；如无此类欠款，也应予以说明；

⑦金额较大的其他应收款，应说明其性质或内容。

(7)预付账款

应按账龄列示不同账龄段的预付账款余额、占预付账款总额的比例。账龄超过1年的预付账款，应说明未收回的原因。

预付账款中如有预付持公司5%(含5%)以上表决权股份的股东单位的款项，应单独列示。

(8)应收补贴款

分项列示各该项目的金额及有关批准文件，对其中金额较大的，应说明其性质或内容。

(9)存货

按在途物资、原材料、包装物、低值易耗品、库存商品、委托加工物资、委托代销商品、受托代销商品、分期收款发出商品等分项列示。

分项列示计提的存货跌价准备及其增减变动情况，并说明存货可变现净值的确定依据。

(10)待摊费用

分项列示待摊费用的期初数、本期发生数、本期摊销数、期末数。

(11)一年内到期的长期债权投资

对一年内到期的长期债券投资，应按种类列示其面值、年利率、初始投资成本、到期日、本期利息、累计应收或已收利息、期末余额。

一年内到期的其他债权投资，应按投资种类列示初始投资成本、年利率、到期日、本期利息、累计应收或已收利息、期末余额。

(12)其他流动资产

金额较大的其他流动资产，应列示其内容和金额。

(13)长期股权投资

长期股权投资应按子公司投资、对合营企业投资、对联营企业投资和其他股权投资分项列示。

其中，对长期股票投资，还应按被投资单位列示股份类别、股票数量、占被投资公司注册资本的比例、初始投资成本。若股票有市价的，应列示股票期末市价。

若股权投资采用权益法核算，应列示初始投资额、期初余额、期末调整的占被投资公司所有者权益净增减额中的份额、期末余额。若与被投资单位会计政策存在重大差异，应予以说明。

对其他股权投资，应按被投资公司名称、投资期限、占被投资单位注册资本比例、投资金额分项列示。若实际投资比例与注册资本比例不一致，应予以披露并说明原因。若其他投资采用权益法核算，应列示初始投资额、期初余额、期末调整的占被投资公司所有者权益净增减额中的份额、期末余额。

应说明投资变现的重大限制。若不存在上述情况，也应予以说明。

对股权投资差额应按被投资单位列示初始金额及形成原因、摊销期限、摊销方法、本期摊销额、摊余价值。

(14)长期债权投资

对长期债券投资，应按种类列示其面值、年利率、初始投资成本、到期日、期初余额、本期摊销的溢(折)价额、应计利息、累计应收或已收利息、期末余额。

对其他债权投资，应按投资种类列示初始投资成本、年利率、到期日、应计利息、累计应收或已收利息、期末余额。

(15)长期投资减值准备

分项列示计提的长期投资减值准备金额、增减变动情况以及计提的原因。

(16)固定资产

对固定资产应按类别分项列示其期初余额、本期增加额、本期减少额及期末余额。固定资产中如有在建工程转入、出售、置换、抵押或担保等情况，应予以说明。

融资租入固定资产原价应单独反映。

对累计折旧应按类别分项列示其期初余额、本期增加额、本期减少额及期末余额。

分项列示计提的固定资产减值准备金额、增减变动情况以及计提的原因。

(17)工程物资

分项列示各类工程物资的期初、期末余额。

(18)在建工程

分项列示在建工程的名称、预算数、期初余额(其中借款费用利息资本化金额)、本期增加额(其中借款费用利息资本化金额)、本期转入固定资产额(其中借款费用利息资本化金额)、其他减少额(其中借款费用利息资本化金额)、期末余额(其中借款费用利息资本化金额)、资金来源、完工进度。

用于确定资本化金额的资本化率应单独披露。

资金来源应区分募股资金、金融机构贷款和其他来源等。

分项列示计提在建工程减值准备金额、增减变动情况以及计提的原因。

(19)固定资产清理

分项列示企业转入清理但尚未清理完毕的固定资产账面价值及转入清理的原因。

(20)无形资产

分项列示无形资产的取得方式、原值、期初余额、本期增加额、本期转出额、本期摊销额、累计摊销额、期末余额、剩余摊销年限。

对于单项价值在100万元以上的无形资产,若该资产原始价值是以评估值作为入账依据的,还应披露评估机构、评估方法。分项列示计提无形资产减值准备金额、增减变动情况以及计提的原因。

(21)长期待摊费用

分项列示长期待摊费用的原始发生额、期初余额、本期增加额、本期摊销额、累计摊销额、期末余额、剩余摊销年限。

(22)其他长期资产

应分项列示公司除以上长期资产项目外的其他长期资产的金额。金额较大的其他长期资产,应列示其内容和金额。

(23)递延税款借项

应按企业尚未转回的时间性差异影响所得税的金额和接受捐赠非现金资产未来应交所得税的金额分别列示。

(24)短期借款

按币种、借款条件(信用借款、抵押借款、担保借款等)分项列示借款金额,并说明本会计年度内将到期的金额。

对已到期未偿还的借款,应单独列示贷款单位、贷款金额、贷款利率、贷款资金用途、未按期偿还的原因及预计还款期,并在期后事项中反映报表日后是否已偿还。

(25)应付票据

按应付票据的种类分项列示其金额,并说明本会计年度内将到期的金额。

(26)应付账款

按账龄列示不同账龄段(1年以内、1-2年、2-3年、3年以上)的应付账款余额。账龄超过3年的大额应付账款,应说明未偿还的原因,并在期后事项中反映报表日后是否偿还。

应付账款中如有欠持有本公司5%(含5%)以上表决权股份的股东单位的款项,应予以说明;如无此类欠款,也应说明。

(27)预收账款

按账龄列示不同账龄段的预收账款余额、占预收账款总额的比例。账龄超过1年的预收账款,应说明未支付的原因。

预收账款如有预收持5%(含5%)以上表决权股份的股东单位款项,应单独列示。

(28)应付工资

应付工资中属于拖欠性质的,应单独披露。

(29)应付股利

按主要投资者列示欠付的股利金额并说明原因。

(30)应交税金

按税种分项列示欠交的税额,并说明报告期执行的法定税率,如有税收减免的,应说明减免依据(如批准机关、文号)、减免幅度、减免期限。对于欠税超过规定期限的,应列示主管税务机关的同意文件。

如果各分公司、分厂异地独立缴纳所得税,应说明所执行的所得税税率。

(31)其他应交款

分项列示其他应交款的期末余额、性质及计缴标准。

(32)其他应付款

账龄超过3年的大额其他应付款,应说明未偿还的原因,并在期后事项中反映报表日后是否偿还。

其他应付款中如有欠持有本公司5%(含5%)以上表决权股份的股东单位的款项,应予以说明;如无此类欠款,也应说明。

金额较大的其他应付款,应说明其性质或内容。

(33)预提费用

应按费用类别披露年末结存余额的原因和各项费用的期初数、期末数。

(34)预计负债

按对外提供担保、商业承兑票据贴现、未决诉讼、产品质量保证等项目分别列示企业计提的各项预计负债。

(35)一年内到期的长期负债

应按一年内到期的长期借款、应付债券、长期应付款分项列示,其附注要求同"(37)长期借款"、"(38)应付债券"、"(39)长期应付款"。

(36)其他流动负债

金额较大的其他流动负债,应列示其内容和金额。

(37)长期借款

按币种、借款条件(信用借款、抵押借款、担保借款等)分项列示借款金额及其借款期限。对已到期未偿还的借款,应说明原因,并在期后事项中反映报表日后是否已偿还。

(38)应付债券

分项列示债券的种类、期限、发行日期、面值总额、溢价(折价)额、应计利息总额、期末余额。

对可转换公司债券应说明转股条件等情况。

(39)长期应付款

分项列示长期应付款种类、期限、初始金额、应计利息、期末余额、借款条件等。

(40)专项应付款

按企业接受国家拨入的具有专门用途的拨款和其他来源取得的款项分项说明。

(41)其他长期负债

除以上长期负债项目外的金额较大的其他长期负债,应列示其内容和金额。

(42)递延税款贷项

应按企业尚未转回的时间性差异影响所得税的金额和接受捐赠非现金资产未来应交所得税的金额分别列示。

(43)股本(净资产)

说明报告期股本的变动情况以及执行验资的会计师事务所名称和验资报告文号。

运行不足三年的股份有限公司,设立前的年份只需说明净资产情况。

有限责任公司整体变更为股份公司应说明公司设立时的验资情况。

(44)资本公积

分项列示报告期资本公积的变动情况及其原因、依据。若用资本公积转增股本、弥补亏损的,应说明其履行的法律程序及有关决议。资本公积中不能转增股本、弥补亏损的项目,应单独列示。

(45)盈余公积

分项列示报告期盈余公积的变动情况。用盈余公积转增股本、弥补亏损、分派股利的,应说明有关决议。

(46)未分配利润

列示报告期利润分配比例以及未分配利润的增减变动情况。若有对以前年度损益调整致使期初未分配利润变动的情况,应对变动内容、变动原因、依据和影响作出说明。

如果公司发行前的滚存利润经股东大会决议由新老股东共同享有,应明确予以说明。

如果公司发行前的滚存利润经股东大会决议在发行前进行分配并由老股东享有,公司应明确披露老股东享有的经审计的利润数,并调至应付股利项目。

(47)主营业务收入

按主营业务性质分项列示报告期主营业务收入金额。如经营业务涉及不同行业和不同地区的,应按以下格式列示主营业务收入情况:

项目	××业务分部年	××业务分部	××业务分部
地区:			
……			
……			
小计			
公司内各业务分部间相互抵销			
合 计			

表中“业务分部”按国家统计行业分类标准划分;“地区”按境内、境外划分,境内地区按省划分,境外地区按国别或特别行政区划分。应披露公司向前五名销售商销售总额,以及占公司全部销售收入的比例。

(48)主营业务税金及附加

分项列示报告期主营业务税金及附加的计缴标准及金额。

(49)其他业务利润

如占报告期利润总额10%(含10%)以上的,应按业务种类分项列示报告期其他业务收入树和成本数,年度之间变动异常的,应说明原因。

(50)财务费用

按费用种类分项列示报告期财务费用的金额。

(51)投资收益

应分股权投资收益、债权投资收益、联营或合营公司分配来的利润、年末调整的被投资公司所有者权益净增减的金额等项目进行列示,若某项业务活动所获得的收益占报告当期利润总额的10%(含10%)以上的,应对该项业务内容、相关成本、交易金额等作出说明。

应说明投资收益汇回的重大限制。若不存在重大限制,也应作出说明。

(52)补贴收入

分项列示报告期补贴收入的金额,并说明取得补贴收入的来源和依据。

(53)营业外收入、营业外支出

如营业外收入或支出总额占报告期利润总额10%(含10%)以上的,应披露主要项目类别、内容和金额。

(54)支付的其他与经营活动、筹资活动、投资活动有关的现金,对于其中价值较大的应分项单独列示。

(七)母公司财务报表主要项目附注

母公司财务报表主要项目包括应收账款、长期投资、主营业务收入和主营业务成本、投资收益、所得税等项目,应参照上述相应项目的要求加以注释。

(八)子公司与母公司会计政策不一致对合并会计报表的影响(如有)

子公司与母公司会计政策不一致,在编制合并会计报表时又未按母公司会计政策进行调整的,应说明未调整的原因及其对合并会计报表中净资产和净利润的影响。

(九)对股权比例在50%以上或具有实际控制权但未纳入合并会计报表范围的子公司,应说明未予合并的原因,并按以下格式逐年列示子公司情况:

公司名称	持股比例	固定资产	资产总额	净资产	主营业务收入	净利润
合计						

(十)重要资产转让及其出售的说明

应说明重要资产转让及其出售时的账面价值、转让金额、转让原因。

(十一)关联方关系及其交易

按《企业会计准则--关联方关系及其交易的披露》的规定,分年说明关联方关系及关联方交易的详细情况。

1.在存在控制关系的情况下,关联方如为企业时,不论他们之间有无交易,都应说明如下事项:

(1)企业经济性质或类型、名称、法定代表人、注册地、注册资本及其变化;

(2)企业的主营业务;

(3)所持股份或权益及其变化。

2.在公司与关联方发生交易的情况下,公司应说明关联方关系的性质、交易类型及其交易要素,这些要素一般包括:

(1)交易的金额或相应比例;

(2)未结算项目的金额或相应比例;

(3)定价政策(包括没有金额或只有象征性金额的交易)。

3.关联方交易应分别按关联方以及交易类型予以说明,类型相同的关联方交易,在不影响财务报表使用者正确理解的情况下可以合并说明。

4.对于关联方交易价格的确定如果高于或低于一般交易价格的,应说明其价格的公允性。

(十二)或有事项

或有负债应按已贴现商业承兑汇票形成的或有负债、未决诉讼或仲裁形成的或有负债、为其他单位提供债务担保形成的或有负债、其他或有负债(不包括极小可能导致经济利益流出企业的或有负债)分项披露该事项形成的原因、预计产生的财务影响(如无法预计,应说明理由)、获得补偿的可能性。

如果或有资产很可能会给企业带来经济利益时,则应说明其形成的原因及其产生的财务影响。

如果公司没有需要在财务报表附注中说明的或有事项,也应予以说明。

(十三)承诺事项

对于资产负债表日存在的重大承诺事项,应在财务报表附注中说明其存在和金额。如果公司没有需要说明的承诺事项,也应予以说明。

(十四)资产负债表日后事项

按《企业会计准则----资产负债表日后事项》的规定,应说明资产负债表日后股票和债券的发行、对一个企业的巨额投资、自然灾害导致的资产损失以及外汇汇率发生较大变动等非调整事项的内容,估计对财务状况、经营成果的影响;如无法作出估计,应说明其原因。

(十五)非货币性交易

非货币性交易应按《企业会计准则-非货币性交易》的规定进行披露。

前三年发生资产置换行为的公司,应专项披露资产置换的详细情况以及对公司财务状况的影响。

(十六)其他重要事项

1、财务报表差异调节表

发行境内上市外资股、香港和境外上市外资股的公司,由于在境内外披露的财务会计资料所采用的会计准则不同,导致净资产、净利润存在差异的,应按以下格式编制差异调节表(以国际会计准则为例),说明按境内外会计准则计算的报告期净资产和报告期净利润的差异原因。

	净资产	净利润
按国际会计准则		
1、		
2、		
……		

按《企业会计制度》对与境外审计机构审计的数据进行差异比较的,应注明该境外机构的名称。

2、其他对投资者决策有影响的重要事项,应分项说明。

第四章 附 则

第十六条 行业公司财务报表附注的披露除需遵守本规定外,还需遵守中国证监会颁布的就该行业有关财务报表附注的特别规定。

第十七条 准则由中国证券监督管理委员会负责解释。

第十八条 准则自发布之日起施行。

证券投资基金设立申请核准工作程序(征求意见稿)

(2001 年 12 月 4 日)

为进一步提高证券投资基金(以下简称“基金”)设立核准工作的质量和透明度,根据《证券投资基金管理暂行办法》(以下简称《暂行办法》)的有关规定,制订本核准程序。

一、申报申请文件

拟申请设立基金的基金管理公司(以下简称申请人),应根据《关于申请设立证券投资基金有关问题的通知》制作申请文件,报送中国证监会。

在收到申请人的申请文件后 3 个工作日内,中国证监会组织申请人办公地及注册地的中国证监会派出机构对申请人的规范运作情况提出日常监管评价意见;组织上海、深圳证券交易所对申请人在基金运作中涉及的证券交易行为做出日常监管评价意见。

申请人公司管理、内控制度和技术系统等方面需要现场评审的,由中国证监会组织基金专业咨询委员会进行现场评审。

现场评审意见依据以下程序作出:

(一)基金专业咨询委员会对申请人的公司管理、内控制度、技术方案及发行有关事宜进行现场评审,申请人应派技术及相关业务负责人到场答辩。

(二)基金专业咨询委员会进行充分讨论后,以书面方式提出评审意见。

二、受理申请文件

中国证监会在收到派出机构、证券交易所和基金专业咨询委员会的评价意见后,在 10 个工作日内作出是否受理申请的决定。未按规定要求制作申请文件及不符合申请设立基金条件要求的,不予受理。

三、初审

中国证监会受理申请文件后,对申请文件的合规性进行初审,在 25 个工作日内将初审意见函告申请人。

中国证监会对按照初审意见修改完善的申请文件进一步审核,并根据日常监管情况,汇总对申请人的监管评价意见和资格监管评价意见,最后形成初审报告。

四、征求意见

中国证监会基金监管部门将申请文件和初审报告征求中国证监会相关职能部门的意见,在 7 个工作日内未表示意见的,视作无异议处理。

中国证监会基金监管部门根据初审报告和有关职能部门的意见汇总形成审核报告。

五、专业咨询委员会审议

中国证监会将审核报告和正式申请文件提交基金专业咨询委员会。

基金专业咨询委员会按照规定程序进行审议,并以书面形式提出咨询意见,中国证监会据此反馈申请人。

六、核准设立

依据申请人基本情况及基金专业咨询委员会的意见,中国证监会对申请人的申请作出核准或不予核准的决定。予以核准的,出具同意基金设立的文件。不予核准的,出具书面意见说明理由。

七、复议

申请未被核准的申请人,可在接到中国证监会书面决定之日起 60 日内,提出复议申请。中国证监会在收到复议申请后 60 日内,对复议申请作出决定。

经复议仍未被核准的公司,自收到中国证监会书面决定起,半年内不得再次提出申请。

中外合营证券公司审批规则(征求意见稿)

关于公开征求对《中外合营证券公司审批规则(征求意见稿)》意见的通知

各证券监管办公室、办事处、特派员办事处:

为适应我国证券业对外开放的需要,明确中外合营证券公司的审批条件和程序,我会起草了《中外合营证券公司审批规则》。现将《中外合营证券公司审批规则(征求意见稿)》登报并上网,征求社会各界的修改意见。请你们组织辖区内的证券公司提出修改意见,于十二月二十五日前报我会机构监管部。其他机构和个人如有修改意见,可以电子邮件或传真方式向我会机构监管部提出。

机构监管部联系人:史彬 E-mail:shibin@csrc.gov.cn

传真:(010)88061014

中国证券监督管理委员会

二〇〇一年十二月十二日

第一条 为了明确中外合营证券公司的审批条件和程序,依据公司法、证券法及相关法律、行政法规,制定本规则。

第二条 申请在中国境内设立中外合营证券公司(以下简称合营公司),适用本规则。前款所称合营公司,是指符合本规则规定的中国合营者和外国合营者,经中国证券监督管理委员会(以下简称“中国证监会”)批准,共同出资设立的证券公司。

第三条 合营公司的经营范围包括:

(一)股票(包括人民币普通股、外资股)和债券(包括政府债券、公司债券)的承销业务;

(二)外资股、债券(包括政府债券、公司债券)的经纪业务;

(三)外资股、债券(包括政府债券、公司债券)的自营业务;

(四)中国证监会批准的其它业务。

设立合营公司,申请人应当按照前款规定的经营范围,向中国证监会提出业务资格申请。属于中国证监会规定实行专项审批的业务资格，应当按照规定的条件和程序提出专项申请。

第四条 合营公司可以由中外合营者以新设方式组成，也可以对中国境内的证券公司(以下简称证券公司)进行变更的方式组成。

第五条 外国合营者可以收购证券公司的股权，也可以出资参股证券公司。

有前款规定的情形的，有关证券公司应当依法变更为合营公司。

证券公司变更为合营公司后，应当具备本规则第七条规定的条件。

第六条 收购证券公司的股权或者参股证券公司的外国合营者应当具备本规则第七条规定的条件，其收购股权的比例或出资比例应当符合本规则第十一条的规定。

第七条 合营公司应当具备下列条件：

(一)注册资本不低于人民币五亿元；(二)中外合营者及其出资比例、出资方式符合本规则的规定；

(三)具有证券公司证券从业资格的从业人员不少于五十人，并有必要的会计、法律和计算机专业人员；

(四)有健全的内部管理、风险控制和规范的对承销、经纪、自营等业务在人员、财务、信息等方面分开管理的制度，有适当的内部控制技术系统；

(五)有符合要求的营业场所和合格的交易设施；

(六)中国证监会规定的其它条件。

第八条 合营公司的外国合营者，应当具备下列条件：

(一)所在国家具有完善的证券法律和监管制度，其证券监管机构已与中国证监会签定证券监管合作谅解备忘录，并保持着有效的监管合作关系；

(二)在所在国家具有合法的证券经营资格，经营金融业务十年以上，近三年未受到过证券监管机构和司法机关的重大处罚；

(三)近三年各项风险监控指标符合所在国家法律的规定和证券监管机构的要求；

(四)具有完善的内部控制制度；

(五)在国际证券市场上有良好的声誉和经营业绩。

第九条 合营公司的中国合营者，应当具备中国证监会规定的证券公司股东资格条件，其中至少有一名应当是依照证券法设立或规范的证券公司，并在近三年无重大违法违规行为。

第十条 中外合营者可以现金或合营公司经营所需的实物出资。

第十一条 外国合营者的出资比例或在合营公司中拥有的权益比例，不得低于四分之一，不得超过三分之一。

符合本规则第九条规定条件的中国合营者的出资比例或在合营公司中拥有的权益比例，不得低于三分之一。

第十二条 合营公司以其实际收到的资本为注册资本。

第十三条 申请设立合营公司，应当由合营各方共同指定的代表或委托的代理人，向中国证监会提交下列文件：

(一)合营各方的法定代表人或授权代表签署的申请表；

(二)合营合同及合营公司章程草案；

(三)合营公司董事长、总经理、副总经理人选的任职资格申请表；

(四)合营各方的营业执照或注册证书和证券业务资格证书复印件；

(五)申请前一年合营各方经审计的会计报表；

(六)外国合营者所在国家证券监管机构出具的关于该外国合营者是否具备本规则第七条第(二)、(三)项规定的条件的说明函；

(七)中国证监会要求提交的其它文件。

第十四条 中国证监会依照有关法律、行政法规和本规则对设立合营公司的申请文件进行审查，自接到符合要求的申请文件之日起四十五个工作日内，做出是否批准的决定，并书面通知申请人；不予批准的，书面说明理由。

第十五条 合营各方应自中国证监会的批准文件签发之日起三个月内足额缴付出资或提供约定的合作条件，选举董事会、聘任高级管理人员，并向工商行政管理机关申请设立登记，领取营业执照。

第十六条 合营公司的董事长或授权代表应自营业执照签发之日起三十个工作日内，向中国证监会提交下列文件，申请《经营证券业务许可证》：

(一)营业执照副本复印件；

(二)公司章程；

(三)由中国境内具有证券相关业务资格的会计师事务所出具的验资报告；

(四)董事、监事、高级管理人员的名单、简历，主要业务人员的名单、证券从业资格证书复印件；

(五)内部控制制度文本；

(六)中国证监会要求提交的其它文件。

第十七条 中国证监会依照有关法律、行政法规和本规则对前条规定的申请文件进行审查，并自接到完整的申请文件之日起三十个工作日内作出决定。对符合规定条件的，颁发《经营证券业务许可证》；对不符合规定条件的，不予颁发，并书面说明理由。

第十八条 未取得中国证监会颁发的《经营证券业务许可证》，合营公司不得开业，不得经营证券业务。

第十九条 证券公司申请变更为合营公司，应当向中国证监会提交下列文件：

(一)法定代表人签署的申请表；

(二)股东会关于变更为合营公司的决议；

(三)公司章程修改草案；

(四)股权转让协议或出资协议(股份认购协议)；

(五)拟在有关证券公司任职的外国合营者委派人员的名单、简历；

(六)外国合营者的营业执照或注册证书和证券业务资格证书复印件；

(七)申请前一年外国合营者经审计的会计报表；

(八)外国合营者所在国家证券监管机构出具的关于该投资者是否具备本规则第七条第(二)、(三)项规定条件的说明函；

(九)依法不能由合营公司经营的业务的清理方案。

第二十条 中国证监会依照有关法律、行政法规和本规则对前条规定的申请文件进行审查，并自接到符合要求的申请文件之日起三十个工作日内，做出是否批准的决定。予以批准的，书面通知申请人；不予批准的，书面说明理由。

第二十一条 获准变更的证券公司，应当自接到中国证监会的批准文件之日起六个月内，办理股权转让或者增资手续，清理依法不能由合营公司经营的业务，申请换发《经营证券业务许可证》。

第二十二条 申请换发《经营证券业务许可证》，应当向中国证监会提交下列文件：

(一)合营公司章程；

(二)公司现行有效的经营证券业务许可证及其副本；

(三)由中国境内具有证券从业资格的会计师事务所出具的验资报告；

(四)依法不能由合营公司经营的业务的清理工作报告；

(五)具有证券相关业务资格的律师事务所和会计师事务所对前项清理工作出具的法律意见书和验证报告。

第二十三条 中国证监会依照有关法律、行政法规和本规则对申请文件进行审查，并自接到完整的申请文件之日起三十个工作日内做出决定。对符合规定条件的，予以换发《经营证券业务许可证》；对不符合规定条件的，不予换发，并书面说明理由。

第二十四条 获准变更的证券公司应当自中国证监会换发《经营证券业务许可证》之日起十五个工作日内，向工商行政管理机关申请变更登记，并自变更登记完成之日起五日内，报中国证监会备案。

第二十五条 两个或者两个以上的合营公司合并，或者合营公司与其他证券公司合并后新设或者存续的合营公司，必须符合本规则规定的合营公司设立条件，其业务范围及外国合营者所占的权益比例，应当符合本规则的规定。

第二十六条 合营公司分立后新设或者存续的证券公司,属于合营公司的,其业务范围、外国合营者所占的权益比例,应当符合本规则的规定。

第二十七条 按照本规则规定提交中国证监会的申请文件及报送中国证监会的相关资料,应当使用中文。外国合营者提交的其所在国家证券监管机构出具的文件、资料使用外文的,应当附有经中国公证机关公证或者中国驻外使领馆认证的、与原文内容及含义一致的中文译本。

第二十八条 香港、澳门特别行政区和台湾地区的居民和机构在内地省份、自治区、直辖市参与合营证券公司的,参照执行本规则关于外国合营者的规定。

第二十九条 合营公司的设立、变更、终止、业务活动及监督管理事项,法律、行政法规及本规则未做规定的,适用中国证监会的其它有关规定。

第三十条 本规则自发布之日起施行。

金融企业会计制度(征求意见稿)

第一章 总 则

第一条 为了规范金融企业的会计核算,真实、完整地提供会计信息,根据《中华人民共和国会计法》及国家其他有关法律和法规,制定本制度。

第二条 本制度适用于中华人民共和国境内依法成立的金融企业(简称企业,下同),包括银行(含信用社,下同)、保险公司、证券公司、信托投资公司、金融资产管理公司、租赁公司、财务公司及所属分支机构等。

第三条 企业应当根据有关会计法律、行政法规和本制度的规定,在不违反本制度的前提下,结合本企业的具体情况,制定适合于本企业的会计核算办法。

第四条 企业填制会计凭证、登记会计账簿、管理会计档案等要求,按照《中华人民共和国会计法》、《会计基础工作规范》和《会计档案管理办法》的规定执行。

第五条 会计核算应当以企业发生的各项交易或事项为对象,记录和反映企业本身的各项经营活动。

第六条 会计核算应当以企业持续、正常的经营活动为前提。

第七条 会计核算应当划分会计期间,分期结算账目和编制财务会计报告。会计期间分为年度、半年度、季度和月度。年度、半年度、季度和月度均按公历起讫日期确定。半年度、季度和月度均称为会计中期。

本制度所称的期末,是指月末、季末、半年末和年末。

第八条 企业的会计核算以人民币为记账本位币。

业务收支以人民币以外的货币为主的企业,可以选定其中一种货币作为记账本位币,但是编报的财务会计报告应当折算为人民币。

在境外设立的中国企业向国内报送的财务会计报告,应当折算为人民币。

第九条 企业的会计记账采用借贷记账法。

第十条 会计记录的文字应当使用中文。在民族自治地方,会计记录可以同时使用当地通用的一种民族文字。在中华人民共和国境内的外商投资企业、外国企业和其他外国组织的会计记录可以同时使用一种外国文字。

第十一条 企业在会计核算时,应当遵循以下基本原则:

(一)会计核算应当以实际发生的交易或事项为依据,如实反映企业的财务状况、经营成果和现金流量。

(二)企业应当按照交易或事项的实质和经济现实进行会计核算,而不应当仅仅按照它们的法律形式作为会计核算的依据。

(三)企业提供的会计信息应当能够反映企业的财务状况、经营成果和现金流量,以满足会计信息使用者的需要。

(四)企业的会计核算方法前后各期应当保持一致,不得随意变更。如有必要变更,应当将变更的内容和理由、变更的累积影响数,以及累积影响数不能合理确定的理由等,在会计报表附注中予以说明。

(五)企业的会计核算应当按照规定的会计处理方法进行,会计指标应当口径一致、相互可比。

(六)企业的会计核算应当及时进行,不得提前或延后。

(七)企业的会计核算和编制的财务会计报告应当清晰明了,便于理解和利用。

(八)除特别规定的项目外,企业的会计核算应当以权责发生制为基础。凡是当期已经实现的收入和已经发生或应当负担的费用,不论款项是否收付,都应当作为当期的收入和费用;凡是不属于当期的收入和费用,即使款项已在当期收付,也不应当作为当期的收入和费用。

(九)企业在会计核算时,收入与其成本、费用应当相互配比,同一会计期间内的各项收入和与其相关联的成本、费用,应当在该会计期间内确认。

(十)企业的各项财产在取得时应当按照实际成本计量。其后,各项财产如果发生减值,应当按照本制度规定计提相应的减值准备。除法律、行政法规和国家统一的会计制度另有规定者外,企业一律不得自行调整其账面价值。

(十一)企业的会计核算应当合理划分收益性支出与资本性支出的界限。凡支出的效益仅及于本年度(或一个营业周期)的,应当作为收益性支出;凡支出的效益及于几个会计年度(或几个营业周期)的,应当作为资本性支出。

(十二)企业在会计核算时,应当遵循谨慎性原则的要求,不得多计资产或收益、少计负债或费用,但不得计提秘密准备。

(十三)企业的会计核算应当遵循重要性原则的要求,在会计核算过程中对交易或事项应当区别其重要程度,采用不同的核算方式。对资产、负债、损益等有较大影响,并进而影响财务会计报告使用者据以做出合理判断的重要会计事项,必须按照规定的会计方法和程序进行处理,并在财务会计报告中予以充分、准确的披露;对于次要的会计事项,在不影响会计信息真实性和不至于误导会计信息使用者作出正确判断的前提下,可适当简化处理。

第十二条 保险公司应根据《中华人民共和国保险法》关于保险公司实行分业管理的要求,分别财产险、人身险和再保险进行核算和报告。

保险公司应对保险业务按险种进行分类核算。

1.财产保险公司的业务分为:火灾保险、汽车保险、船舶保险、货运保险、航空航天保险、农业保险、长期工程保险和其他财产保险等。

2.人寿保险公司的业务分为:团体人寿保险、个人人寿保险、团体年金保险、个人年金保险、简易人寿保险、意外伤害保险和健康保险等。

3.再保险公司的业务分为:分入保险业务和分出保险业务。

第十三条 证券公司应根据《中华人民共和国证券法》关于证券公司实行分类管理的要求,分别经纪类证券公司和综合类证券进行核算和报告。

(一)综合类证券公司的证券业务分为证券经纪业务、证券自营业务、证券承销业务和经国务院证券监督管理机构核定的其他证券业务四种。

(二)经纪类证券公司只允许专门从事证券经纪业务,即只能专门从事代理客户买卖股票、债券、基金、可转换企业债券、认股权证等。

第十四条 信托投资公司应按照《中华人民共和国信托法》的有关规定,将信托财产与其自有财产分开管理,分别进行核算和报告。

第二章 资 产

第十五条 资产,是指过去的交易、事项形成并由企业拥有或者控制的资源,该资源预期会给企业带来经济利益。

第十六条 企业的资产应按流动性将其分为流动资产、长期投资、固定资产、无形资产和其他资产。

第一节 流动资产

第十七条 流动资产,是指在1年内(含1年)变现或耗用的资产。

第十八条 银行的流动资产,主要包括现金、各种短期贷款、短期投资、其他应收款、待摊费用等。

(一)存放中央银行款项,是指银行在中央银行开户而存入的用于支付清算、提取及缴存现金以及按吸收存款的一定比例缴存于中央银行的款项和其他需要缴存的款项。存放中央银行的各种款项应分别性质进行明细核算。

(二)存放境内同业款项、存放境外同业款项和存放系统内款项,是指银行之间由于日常资金往来而发生的存入境内外其他银行或非银行金融机构及本系统内其他银行机构的往来款项。存放境内同业款项、存放境外同业款项和存放系统内款项,应按实际存放的金额入账。银行应分别存放境内同业款项、存放境外同业款项进行核算。(三)资金拆放是银行因资金周转需要而在金融机构之间借出的资金头寸。资金拆放应按实际拆出的金额入账,银行的资金拆放业务应单独核算并在会计报表中单列项目反映。

(四)贴现,是指银行向持有未到期商业汇票的客户办理贴现的款项。银行为客户办理贴现时,应按汇票金额入账。

(五)短期贷款,是银行根据有关规定发放的、期限在1年以下(含1年)的各种贷款。

贷款业务应按发放贷款的期限划分为短期贷款、中期贷款和长期贷款。短期贷款是指期限在1年以下(含1年)的各种贷款;中期贷款是指期限在1年以上3年以下(含3年)的各种贷款;长期贷款是指期限在3年(不含3年)以上的各种贷款。

贷款本金按实际发生额入账,并按规定的利率和计息期限计算应收利息。抵押贷款应按实际支付给借款人的金额入账

(六)代理贷款和衍生金融工具交易等,作为表外业务进行核算。

第十九条 保险公司的流动资产,主要包括现金、银行存款、短期投资、拆出资金、保户质押贷款、应收利息、应收保费、分保业务往来、预付赔款、存出分保准备金、存出保证金、其他应收款、物料用品、低值易耗品、待摊费用。

(一)保户质押贷款,是指人寿保险公司按规定对保户提供的质押贷款。保户质押贷款按实际发放的款项入账,并按照借款人设置明细账,进行明细核算。

保户质押贷款应于期末按照本金与确定的利率计算的金额,增加其账面价值,并确认为利息收入。

保户质押贷款期末不计提贷款呆账准备。

(二)应收保费,是指保险公司应向投保人收取但尚未收到的保费。期末,应收保费应当计提坏账准备。

(三)分保业务往来,是指保险公司之间开展分保业务发生的各种往来款项。分保业务往来应于收到分保业务账单时,按照分保业务账单标明的金额入账,并按往来单位设置明细账,进行明细核算。

(四)预付赔款,是指保险公司在处理各种赔案过程中按保险合同约定预先支付的赔款。

(五)存出分保准备金,是指保险公司的再保险业务按合同约定,由分保分出人扣存分保接受人部分分保费以应付未了责任的准备金。存出分保准备金应于收到分保业务账单时,按照分保业务账单标明的金额入账,并按分保分出人设置明细账,进行明细核算。

(六)存出保证金,是指保险公司开展直接承保业务按合同约定存出的保证金,包括存出理赔保证金、存出共同海损保证金和存出其他保证金。存出理赔保证金,是指根据理赔代理人的需要存出的保证金。存出共同海损保证金,是指发生共同海损赔案需支付现金担保时的保证金。存出保证金应按实际发生额入账,并按存出保证金种类设置明细账,进行明细核算。

第二十条 证券公司的流动资产,主要包括现金、银行存款、清算备付金、交易保证金、自营证券、应收股利、应收利息、应收款项、待摊费用等。

(一)清算备付金,是指证券公司为证券交易的资金清算与交收而存入指定清算代理机构的款项。清算备付金应设置"公司"和"客户"两个科目进行明细核算。

(二)交易保证金,是指证券公司向证券交易所交存的保证金。交易保证金应按收取单位,进行明细核算。

(三)自营证券,是指证券公司为了获取证券买卖差价收入而买入的、能随时变现的股票、债券和基金等。自营证券应当按照清算日买入时的实际成本入账。实际成本包括买入时成交的价款和交纳的各项税费。

公司卖出的证券,在计算卖出证券的成本时,可以采用先进先出法、加权平均法、移动平均法等方法计算确定。方法一经确定,不得随意变更,如需变更,应在会计报表附注中予以说明。

证券公司应当在期末时对自营证券按成本与市价孰低计量,对市价低于成本核算的差额,应当计提自营证券跌价准备。

第二十一条 信托投资公司的流动资产,主要包括现金、银行存款、应收账款、其他应收款、应收利息、拆出资金、短期贷款、短期投资等。

(一)拆出资金,是指信托投资公司拆借给商业银行和其他非银行金融机构的资金。拆出资金应按实际发生额入账。

(二)短期贷款,是指信托投资公司用自有资金发放的1年期以内的贷款。贷款本金按实际发生额入账,并按规定的利率和计息期限计算应收利息。

(三)信托投资公司应当根据提取呆账准备的贷款的风险大小,确定呆账准备的计提比例。呆账准备必须根据贷款的风险程度足额提取。呆账准备提取不足的,不得进行税后利润分配。

信托投资公司应当按期检查各项贷款的可收回性,并根据贷款的可收回性,计提呆账准备。呆账准备应根据贷款对象的财务及经营管理情况等,以及贷款的逾期期限等因素,分析其风险程度和回收的可能性,合理计提。具体计提方法和比例由信托投资公司根据情况自行确定。

提取的呆账准备计入当期损益,发生呆账损失,冲减已计提的呆账准备。已冲销的贷款呆账损失,以后又收回的,其核销的呆账准备予以转回,同时冲减贷款本金。

(四)信托投资公司应当根据信托资产的风险程度,按照规定合理计提信托资产风险准备。提取的信托资产风险准备计入当期损益,发生信托资产损失,冲减已计提的风险准备。已冲销的信托资产损失,以后又收回的,其核销的风险准备予以转回。

(五)信托贷款、信托投资、受托财产和信托租赁财产等,作为表外业务进行核算。

第二十二条 企业应当设置现金和银行存款日记账。按照业务发生顺序逐日逐笔登记。银行存款应按银行和其他金融机构的名称和账户进行明细核算。

有外币现金和存款业务的企业,还应当分别按人民币和外币进行明细核算。

现金的账面余额必须与库存数相符;银行存款的账面余额应当与银行对账单定期核对,并按月编制银行存款余额调节表调节相符。

本制度所称的账面余额,是指某科目的账面实际余额,不扣除作为该科目备抵的项目(如累计折旧、相关资产的减值准备等)。

第二十三条 短期投资,是指能够随时变现并且持有时间不准备超过1年(含1年)的债券等。企业进行短期投资,应当遵循国家有关法律、法规的规定。短期投资应当按照以下原则核算:

(一)短期投资在取得时应当按照投资成本计量。短期投资取得时的投资成本按以下方法确定:

1.以现金购入的短期投资,按实际支付的全部价款,包括税金、手续费等相关费用作为短期投资成本。实际支付的价款中包含的已到付息期但尚未领取的债券利息,应当单独核算,不构成短期投资成本。

2.投资者投入的短期投资,按投资各方确认的价值作为短期投资成本。

(二)短期投资的现金股利或利息，应当于实际收到时，冲减投资的账面余额，但已记入"应收股利"或"应收利息"科目的现金股利或利息除外。

(三)企业应当在期末时对短期投资按成本与市价孰低计量。

(四)处置短期投资时，应当将短期投资的账面余额与实际取得收入的差额，作为当期投资损益。

第二十四条 应收款项，是指企业在日常经营过程中发生的各项债权，包括应收账款、应收股利等。

应收款项应当按照实际发生额记账，并按照往来户名等设置明细账，进行明细核算。企业应于期末时对应收款项计提坏账准备。

第二十五条 待摊费用，是指企业已经支出，但应当由本期和以后各期分别负担的、分摊期在1年以内(含1年)的各项费用，如低值易耗品摊销、预付保险费、一次性购买印花税票和一次性购买印花税税额较大需分摊的数额等。

待摊费用应按其受益期限在1年内分期平均摊销，计入成本、费用。如果某项待摊费用已经不能使企业受益时，应当将其摊余价值一次全部转入当期成本、费用，不得再留待以后期间摊销。

待摊费用应按费用种类设置明细账，进行明细核算。

第二节 长期投资

第二十六条 长期投资，是指除短期投资以外的投资，包括持有时间准备超过1年(不含1年)的各种股权性质的投资、不能变现或不准备随时变现的债券、其他债权投资和其他长期投资。

企业进行长期投资，应当遵循国家有关法律、法规的规定。

长期投资应当单独进行核算，并在资产负债表中单列项目反映。

第二十七条 长期股权投资应当按照以下原则核算：

(一)长期股权投资在取得时应当按照初始投资成本入账。初始投资成本按以下方法确定：

1.以现金购入的长期股权投资，按实际支付的全部价款(包括支付的税金、手续费等相关费用)作为初始投资成本；实际支付的价款中含有已宣告但尚未领取的现金股利，按实际支付的价款减去已宣告但尚未领取的现金股利后的差额，作为初始投资成本。

2. 通过行政划拨方式取得的长期股权投资，按划出单位的账面价值，作为初始投资成本。

(二)长期股权投资，应当根据不同情况，分别采用成本法或权益法核算。企业对被投资单位无控制、无共同控制且无重大影响的，长期股权投资应当采用成本法核算；企业对被投资单位具有控制、共同控制或重大影响的，长期股权投资应当采用权益法核算。通常情况下，企业对其他单位的投资占该单位有表决权资本总额20%或20%以上，或虽投资不足20%但有重大影响的，应当采用权益法核算。企业对其他单位的投资占该单位有表决权资本总额20%以下，或对其他单位的投资虽占该单位有表决权资本总额20%或20%以上，但不具有重大影响的，应当采用成本法核算。

(三)采用成本法核算时，除追加投资、将应分得的现金股利或利润转为投资或收回投资外，长期股权投资的账面价值一般应当保持不变。被投资单位宣告分派的利润或现金股利，作为当期投资收益。企业确认的投资收益，仅限于所获得的被投资单位在接受投资后产生的累积净利润的分配额，所获得的被投资单位宣告分派的利润或现金股利超过上述数额的部分，作为初始投资成本的收回，冲减投资的账面价值。

(四)采用权益法核算时，投资最初以初始投资成本计量，投资企业的初始投资成本与应享有被投资单位所有者权益份额之间的差额，作为股权投资差额处理，按一定期限平均摊销，计入损益。

股权投资差额的摊销期限，合同规定了投资期限的，按投资期限摊销。合同没有规定投资期限的，初始投资成本超过应享有被投资单位所有者权益份额之间的差额，按不超过10年的期限摊销；初始投资成本低于应享有被投资单位所有者权益份额之间的差额，按不低于10年的期限摊销。

采用权益法核算时，应当在取得股权投资后，按应享有或应分担的被投资单位当年实现的净利润或发生的净亏损的份额(法律、法规或公司章程规定不属于投资企业的净利润除外，如承包经营企业支付的承包利润、外商投资企业按规定按照净利润的一定比例计提作为负债的职工奖励及福利基金等)，调整投资的账面价值，并作为当期投资损益。企业按被投资单位宣告分派的利润或现金股利计算应分得的部分，减少投资的账面价值。企业在确认被投资单位发生的净亏损时，应以投资账面价值减记至零为限；如果被投资单位以后各期实现净利润，投资企业应在计算的收益分享额超过未确认的亏损分担额以后，按超过未确认的亏损分担额的金额，恢复投资的账面价值。

企业按被投资单位净损益计算调整投资的账面价值和确认投资损益时，应当以取得被投资单位股权后发生的净损益为基础。

对被投资单位除净损益以外的所有者权益的其他变动，也应当根据具体情况调整投资的账面价值。

(五)企业因追加投资等原因对长期股权投资的核算从成本法改为权益法，应当自实际取得对被投资单位控制、共同控制或对被投资单位实施重大影响时，按经追溯调整后股权投资的账面价值加上追加投资成本作为初始投资成本，初始投资成本与应享有被投资单位所有者权益份额的差额，作为股权投资差额，并按本制度的规定摊销，计入损益。

企业因减少投资等原因对被投资单位不再具有控制、共同控制或重大影响时，应当中止采用权益法核算，改按成本法核算，并按投资的账面价值作为新的投资成本。其后，被投资单位宣告分派利润或现金股利时，属于已记入投资账面价值的部分，作为新的投资成本的收回，冲减投资成本。

(六)企业改变投资目的，将短期投资划转为长期投资，应按短期投资的成本与市价孰低结转，并按此确定的价值作为长期投资新的投资成本。拟处置的长期投资不调整至短期投资，待处置时按处置长期投资进行会计处理。

(七)处置股权投资时，应将投资的账面价值与实际取得价款的差额，作为当期投资损益。

第二十八条 长期债权投资应当按照以下原则核算：

(一)长期债权投资在取得时，应按取得时的实际成本，作为初始投资成本。初始投资成本按以下方法确定：

以现金购入的长期债券投资，按实际支付的全部价款(包括税金、手续费等相关费用)减去已到期但尚未领取的债券利息，作为初始投资成本。如果所支付的税金、手续费等相关费用金额较小，可以直接计入当期投资收益，不计入初始投资成本。

(二)长期债权投资应当按照票面价值与票面利率按期计算、确认利息收入。

长期债券投资的初始投资成本减去已到付息期但尚未领取的债券利息、未到期债券利息和计入初始投资成本的相关税费，与债券面值之间的差额，作为债券溢价或折价；债券的溢价或折价在债券存续期间内于确认相关债券利息收入时摊销。摊销方法可以采用直线法，也可以采用实际利率法。

(三)持有可转换公司债券的企业，可转换公司债券在购买以及转换为股份之前，应按一般债券投资进行处理。当企业行使转换权利，将其持有的债券投资转换为股份时，应按其账面价值减去收到的现金后的余额，作为股权投资的初始投资成本。

(四)处置长期债权投资时，按所收到的处置收入与长期债权投资账面价值的差额，作为当期投资损益。

第二十九条 企业的长期投资应当在期末时按照其账面价值与可收回金额孰低计量，对可收回金额低于账面价值的差额，应当计提长期投资减值准备。

第三节 固定资产

第三十条 固定资产，是指企业使用期限超过1年的房屋、建筑物、机器、机械、运输工具以及其他与经营有关的设备、器具、工具等。不属于经营主要设备的物品，单位价值在2000元以上，并且使用年限超过2年的，也应当作为固定资产。

第三十一条 企业应当根据固定资产定义，结合本企业的具体情况,制定适合于本企业的固定资产目录、分类方法、每类或每项固定资产的折旧年限、折旧方法,作为进行固定资产核算的依据。

企业制定的固定资产目录、分类方法、每类或每项固定资产的预计使用年限、预计净残值、折旧方法等,应当编制成册,并按照管理权限,经股东大会或董事会,或行长(经理)会议或类似机构批准,按照法律、行政法规的规定报送有关各方备案,同时备置于企业所在地,以供投资者等有关各方查阅。企业已经确定并对外报送,或备置于企业所在地的有关固定资产目录、分类方法、预计净残值、预计使用年限、折旧方法等,一经确定不得随意变更,如需变更,仍然应当按照上述程序,经批准后报送有关各方备案,并在会计报表附注中予以说明。

未作为固定资产管理的工具、器具等,作为低值易耗品核算。

第三十二条 固定资产在取得时,应按取得时的成本入账。取得时的成本包括买价、进口关税、运输和保险等相关费用,以及为使固定资产达到预定可使用状态前所必要的支出。固定资产取得时的成本应当根据具体情况分别确定:

(一)购置的不需要经过建造过程即可使用的固定资产,按实际支付的买价、包装费、运输费、安装成本、交纳的有关税金等作为入账价值。

(二)自行建造的固定资产,按建造过程该项资产达到预定可使用状态前所发生的全部支出,作为入账价值。(三)投资者投入的固定资产,按投资各方确认的价值,作为入账价值。

(四)融资租入的固定资产,按租赁开始日租赁资产的原账面价值与最低租赁付款额的现值两者中较低者,作为入账价值。

本制度所称的最低租赁付款额,是指在租赁期内,企业(承租人)应支付或可能被要求支付的各种款项(不包括或有租金和履约成本),加上由企业(承租人)或与其有关的第三方担保的资产余值。但是,如果企业(承租人)有购买租赁资产的选择权,所订立的购价预计将远低于行使选择权时租赁资产的公允价值,因而在租赁开始日就可以合理确定企业(承租人)将会行使这种选择权,则购买价格也应包括在内。

资产余值是指租赁开始日估计的租赁期届满时租赁资产的公允价值。

企业(承租人)在计算最低租赁付款额的现值时,如果知悉出租人的租赁内含利率,应采用出租人的内含利率作为折现率;否则,应采用租赁合同规定的利率作为折现率。如果出租人的租赁内含利率和租赁合同规定的利率均无法知悉,应当采用同期银行贷款利率作为折现率。

如果租赁资产占企业资产总额比例等于或低于50%的,在租赁开始日,企业也可按最低租赁付款额,作为固定资产的入账价值。

(五)在原有固定资产的基础上进行改建、扩建的,按原固定资产的价值,加上由于改建、扩建而使该项资产达到预定可使用状态前发生的支出,减去改建、扩建过程中发生的变价收入,作为入账价值。

(六) 企业接受的债务人以非现金资产抵偿债务方式取得的固定资产,按应收债权的账面价值加上应支付的相关税费,作为入账价值。如涉及补价的,按以下规定确定受让的固定资产的入账价值:

1.收到补价的,按应收债权的账面价值减去补价,加上应支付的相关税费,作为入账价值;

2.支付补价的,按应收债权的账面价值加上支付的补价和应支付的相关税费,作为入账价值。

(七)接受捐赠的固定资产,应按以下规定确定其入账价值:

1.捐赠方提供了有关凭据的,按凭据上标明的金额加上应支付的相关税费,作为入账价值。

2.捐赠方没有提供有关凭据的,按如下顺序确定其入账价值:

(1)同类或类似固定资产存在活跃市场的,按同类或类似固定资产的市场价格估计的金额,加上应支付的相关税费,作为入账价值;

(2)同类或类似固定资产不存在活跃市场的,按该接受捐赠的固定资产的预计未来现金流量现值,作为入账价值。

3.如受赠的系旧的固定资产,按照上述方法确认的价值,减去按该项资产的新旧程度估计的价值损耗后的余额,作为入账价值。

(八)盘盈的固定资产,按相同或同类固定资产的市场价格,减去按该项资产的新旧程度估计的价值损耗后的余额,作为入账价值。

(九)经批准无偿调入的固定资产,按调出单位的账面价值加上发生的运输费、安装费等相关费用,作为入账价值。

固定资产的入账价值中,还应当包括企业为取得固定资产而交纳的契税、耕地占用税、车辆购置税等相关税费。

第三十三条 下列固定资产应当计提折旧:

(一)房屋和建筑物;

(二)在用的各类设备;

(三)大修理停用的固定资产;

(四)融资租入和以经营租赁方式租出的固定资产。

达到预定可使用状态应当计提折旧的固定资产,在年度内办理竣工决算手续的,按照实际成本调整原来的暂估价值,并调整已计提的折旧额,作为调整当月的成本、费用处理。如果在年度内尚未办理竣工决算的,应当按照估计价值暂估入账,并计提折旧;待办理了竣工决算手续后,再按照实际成本调整原来的暂估价值,调整原已计提的折旧额,同时调整年初留存收益各项目。

第三十四条 下列固定资产不计提折旧:

(一)房屋、建筑物以外的未使用、不需用固定资产;

(二)以经营租赁方式租入的固定资产;

(三)已提足折旧继续使用的固定资产;

(四)按规定单独估价作为固定资产入账的土地。

第三十五条 企业应当根据固定资产的性质和消耗方式,合理地确定固定资产的预计使用年限和预计净残值,并根据科技发展、环境及其他因素,选择合理的固定资产折旧方法,按照管理权限,经股东大会或董事会,或行长(经理)会议或类似机构批准,作为计提折旧的依据。同时,按照法律、行政法规的规定报送有关各方备案,同时备置于企业所在地,以供股东等有关各方查阅。企业已经确定并对外报送,或备置于企业所在地的有关固定资产预计使用年限和预计净残值、折旧方法等,一经确定不得随意变更,如需变更,仍然应当按照上述程序,经批准后报送有关各方备案,并在会计报表附注中予以说明。

固定资产折旧方法可以采用年限平均法、工作量法、年数总和法、双倍余额递减法等。折旧方法一经确定,不得随意变更。如需变更,应当在会计报表附注中予以说明。

企业因更新改造等原因而调整固定资产价值的,应当根据调整后价值,预计尚可使用年限和净残值,按选定的折旧方法计提折旧。

对于接受捐赠旧的固定资产,企业应当按照规定的固定资产入账价值、预计尚可使用年限、预计净残值,以及企业所选用的折旧方法,计提折旧。

融资租入的固定资产,应当采用与自有应计折旧资产相一致的折旧政策。能够合理确定租赁期届满时将会取得租赁资产所有权的,应当在租赁资产尚可使用年限内计提折旧;无法合理确定租赁期届满时能够取得租赁资产所有权的,应当在租赁期与租赁资产尚可使用年限两者中较短的期间内计提折旧。

第三十六条 企业一般应按月提取折旧,当月增加的固定资产,当月不提折旧,从下月起计提折旧;当月减少的固定资产,当月照提折旧,从下月起不提折旧。

固定资产提足折旧后,不论能否继续使用,均不再提取折旧;提前报废的固定资产,也不再补提折旧。所谓提足折旧,是指已经提足该项固定资产应提的折旧总额。应提的折旧总额为固定资产原价减去预计残值加上预计清理费用。

第三十七条 企业应当定期对固定资产进行大修理,大修理费用可以采用预提或待摊的方式核算。大修理费用采用预提方式的,应当在两次大修理间隔期内各期均衡地预提预计发生的大修理费用,并计入当期损益;大修理费用采用待摊方式的,应当将发生的大修理费用在下一次大修理前平均摊销,计入当期损益。

固定资产日常修理费用,直接计入当期损益。

第三十八条 由于出售、报废或者毁损等原因而发生的固定资产清理净损益,计入当期营业外收支。

第三十九条 企业对固定资产应当定期或者至少每年实地盘点一

次。对盘盈、盘亏、毁损的固定资产，应当查明原因，写出书面报告，并根据企业的管理权限，经股东大会或董事会，或行长（经理）会议或类似机构批准后，在期末结账前处理完毕。盘盈的固定资产，计入当期营业外收入；盘亏或毁损的固定资产，在减去过失人或者保险公司等赔款和残料价值之后，计入当期营业外支出。

如盘盈、盘亏或毁损的固定资产，在期末结账前尚未经批准的，在对外提供财务会计报告时应按上述规定进行处理，并在会计报表附注中作出说明；如果其后批准处理的金额与已处理的金额不一致，应按其差额调整会计报表相关项目的年初数。

第四十条 企业对固定资产的购建、出售、清理、报废和内部转移等，都应当办理会计手续，并应当设置固定资产明细账（或者固定资产卡片）进行明细核算。

第四十一条 企业的固定资产应当在期末时按照账面价值与可收回金额孰低计量，可收回金额低于账面价值的差额，应当计提固定资产减值准备。

在资产负债表上，固定资产减值准备应当作为固定资产净值的减项反映。

第四节 无形资产和其他资产

第四十二条 无形资产，是指企业为生产商品或者提供劳务、出租给他人、或为管理目的而持有的、没有实物形态的非货币性长期资产。无形资产分为可辨认无形资产和不可辨认无形资产。可辨认无形资产包括专利权、非专利技术、商标权、著作权、土地使用权等；不可辨认无形资产是指商誉。

企业自创的商誉，不能作为无形资产。

第四十三条 企业的无形资产在取得时，应按实际成本计量。取得时的实际成本应按以下方法确定：

（一）购入的无形资产，按实际支付的价款作为实际成本。

（二）投资者投入的无形资产，按投资各方确认的价值作为实际成本。但是，为首次发行股票而接受投资者投入的无形资产，应按该无形资产在投资方的账面价值作为实际成本。

（三）接受捐赠的无形资产，应按以下规定确定其实际成本：

1.捐赠方提供了有关凭据的，按凭据上标明的金额加上应支付的相关税费，作为实际成本。

2.捐赠方没有提供有关凭据的，按如下顺序确定其实际成本：

(1)同类或类似无形资产存在活跃市场的，按同类或类似无形资产的市场价格估计的金额，加上应支付的相关税费，作为实际成本；

(2)同类或类似无形资产不存在活跃市场的，按该接受捐赠的无形资产的预计未来现金流量现值，作为实际成本。

第四十四条 自行开发并按法律程序申请取得的无形资产，按依法取得时发生的注册费、聘请律师费等费用，作为无形资产的实际成本。在研究与开发过程中发生的材料费用、直接参与开发人员的工资及福利费、开发过程中发生的租金、借款费用等，直接计入当期损益。

已经计入各期费用的研究与开发费用，在该项无形资产获得成功并依法申请取得权利时，不得再将原已计入费用的研究与开发费用资本化。

第四十五条 无形资产应当自取得当月起在预计使用年限内分期平均摊销，计入损益。如预计使用年限超过了相关合同规定的受益年限或法律规定的有效年限，该无形资产的摊销年限按如下原则确定：

（一）合同规定受益年限但法律没有规定有效年限的，摊销期不应超过合同规定的受益年限；

（二）合同没有规定受益年限但法律规定有效年限的，摊销期不应超过法律规定的有效年限摊销；

（三）合同规定了受益年限，法律也规定了有效年限的，摊销期不应超过受益年限和有效年限两者之中较短者；

如果合同没有规定受益年限，法律也没有规定有效年限的，摊销期不应超过10年。

第四十六条 企业购入或以支付土地出让金方式取得的土地使用权，在尚未开发或建造自用项目前，作为无形资产核算，并按本制度规定的期限分期摊销。

第四十七条 企业出售无形资产，应将所得价款与该项无形资产的账面价值之间的差额，计入当期损益。

企业出租的无形资产，应当按照本制度有关收入确认原则确认所取得的租金收入；同时，确认出租无形资产的相关费用。

第四十八条 无形资产应当按照账面价值与可收回金额孰低计量，可收回金额低于账面价值的差额，计提无形资产减值准备。

第四十九条 其他资产，是指除上述资产以外的其他资产，如长期待摊费用。

（一）长期待摊费用，是指企业已经支出，但摊销期限在1年以上（不含1年）的各项费用，包括固定资产大修理支出、租入固定资产的改良支出等。应当由本期负担的借款利息、租金等，不得作为长期待摊费用处理。

长期待摊费用应当单独核算，在费用项目的受益期限内分期平均摊销。大修理费用采用待摊方式的，应当将发生的大修理费用在下一次大修理前平均摊销；租入固定资产改良支出应当在租赁期限与租赁资产尚可使用年限两者孰短的期限内平均摊销；其他长期待摊费用应当在受益期内平均摊销。

股份有限公司委托其他单位发行股票支付的手续费或佣金等相关费用，减去股票发行冻结期间的利息收入后的余额，从发行股票的溢价中不够抵销的，或者无溢价的，若金额较小的，直接计入当期损益；若金额较大的，可作为长期待摊费用，在不超过2年的期限内平均摊销，计入损益。

除购建固定资产以外，所有筹建期间所发生的费用，先在长期待摊费用中归集，待企业开始经营当月一次计入开始经营当月的损益。

如果长期待摊的费用项目不能使以后会计期间受益的，应当将尚未摊销的该项目的摊余价值全部转入当期损益。

（二）存出资本保证金，是指保险公司按规定比例缴存的、用于清算时清偿债务的保证金。存出资本保证金应于保险公司成立后按注册资本的20%提取，在实际发生时，按实际发生额入账。

第五节 资产减值

第五十条 企业应当定期或者至少于每年年度终了对各项资产进行全面检查，并根据谨慎性原则的要求，合理地预计各项资产可能发生的损失，对可能发生的各项资产损失计提资产减值准备。

企业应当合理地计提各项资产减值准备，但不得设置秘密准备。如有确凿证据表明企业不恰当地运用了谨慎性原则计提秘密准备的，应当作为重大会计差错予以更正，并在会计报表附注中说明事项的性质、调整金额，以及对企业财务状况、经营成果的影响。

第五十一条 企业应当在期末对各项短期投资进行全面检查。短期投资应按成本与市价孰低计量，市价低于成本的部分，应当计提短期投资跌价准备。

企业在采用短期投资成本与市价孰低计价时，可以根据其具体情况，分别采用按投资总体、投资类别或单项投资计提跌价准备，如果某项短期投资比较重大（如占整个短期投资10%及以上），应按单项投资为基础计算并确定计提的减值准备。

证券公司应当在期末对各项自营证券进行全面检查。自营证券所持有的各项股票、债券、基金等交易应按成本与市价孰低计量，市价低于成本的部分，应当计提自营证券跌价准备。

证券公司在采用自营证券成本与市价孰低计价时，可以根据其具体情况，采用按自营证券类别计提跌价准备。

第五十二条 企业应当在期末分析各项贷款（不包括保户质押贷款和委托贷款，下同）的可收回性，并预计可能产生的呆账损失。对预计可能产生的呆账损失，计提呆账准备。贷款呆账准备应根据贷款对象的财务及经营管理情况，以及贷款的逾期期限等因素，分析其风险程度和回收的可能性，合理计提。

提取的呆账准备计入当期损益，发生贷款呆账损失，冲减已计提的呆账准备。已冲销的贷款呆账损失，以后又收回的，其核销的呆账准备予以转回。

银行应当在期末对各项贷款进行全面检查,并按规定提取呆账准备。计提呆账准备的资产,是指银行承担风险和损失的下列资产,具体包括贷款(含抵押、质押、担保等贷款)、银行卡透支、贴现、银行承兑汇票垫款、担保垫款、进出口押汇、拆出资金等。

对由银行转贷并承担对外还款责任的国外贷款,包括国际金融组织贷款、外国买方信贷、外国政府贷款、日本国际协力银行不附条件贷款和外国政府混合贷款等资产,也要计提呆账准备。

银行不承担风险和还款责任的委托贷款和代理贷款等资产,不计提呆账准备。

银行应当根据提取呆账准备的资产的风险大小,确定呆账准备的计提比例。呆账准备必须根据资产的风险程度足额提取。呆账准备提取不足的,不得进行税后利润分配。

银行应当按期检查各项贷款的可收回性,并根据贷款的可收回性,计提呆账准备。呆账准备应根据贷款对象的财务及经营管理情况等,以及贷款的逾期期限等因素,分析其风险程度和回收的可能性,合理计提。具体计提方法和比例由银行根据情况自行确定。

提取的呆账准备计入当期损益,发生呆账损失,冲减已计提的呆账准备。已冲销的贷款呆账损失,以后又收回的,其核销的呆账准备予以转回。

第五十三条 企业应当在期末分析各项应收款项(不包括贷款的应收利息)或应收保费的可收回性,并预计可能产生的坏账损失。对预计可能发生的坏账损失,计提坏账准备。企业计提坏账准备的方法由企业自行确定。企业应当制定计提坏账准备的政策,明确计提坏账准备的范围、提取方法、账龄的划分和提取比例,按照法律、行政法规的规定报有关各方备案,并备置于企业所在地。坏账准备提取方法一经确定,不得随意变更。如需变更,应当在会计报表附注中予以说明。

在确定坏账准备的计提比例时,应当根据以往的经验、债务单位的实际财务状况和现金流量等相关信息予以合理估计。除有确凿证据表明该项应收款项不能够收回或收回的可能性不大外(如债务单位已撤销、破产、资不抵债、现金流量严重不足、发生严重的自然灾害等导致停产而在短时间内无法偿付债务等,以及3年以上的应收款项),下列各种情况不能全额提取坏账准备:

(一)当年发生的应收款项;

(二)计划对应收款项进行重组;

(三)与关联方发生的应收款项;

(四)其他已逾期,但无确凿证据表明不能收回的应收款项。

第五十四条 企业应当在期末对长期投资、固定资产、无形资产逐项进行检查,如果由于市价持续下跌、被投资单位经营状况恶化,或技术陈旧、损坏、长期闲置等原因,导致其可收回金额低于其账面价值的,应当计提长期投资、固定资产、无形资产减值准备。

长期投资、固定资产和无形资产减值准备,应按单项项目计提。

第五十五条 对有市价的长期投资可以下列迹象作为判断应当计提减值准备的依据:

(一)市价持续2年低于账面价值;

(二)该项投资暂停交易1年或1年以上;

(三)被投资单位当年发生严重亏损;

(四)被投资单位持续2年发生亏损;

(五)被投资单位进行清理整顿、清算或出现其他不能持续经营的迹象。

第五十六条 对无市价的长期投资可以下列迹象作为判断应当计提减值准备的依据:

(一)影响被投资单位经营的政治或法律环境的变化,如税收、贸易等法规的颁布或修订,可能导致被投资单位出现巨额亏损;

(二)被投资单位所供应的商品或提供的劳务因产品过时或消费者偏好改变而使市场的需求发生变化,从而导致被投资单位财务状况发生严重恶化;

(三)被投资单位所在行业的生产技术等发生重大变化,被投资单位已失去竞争能力,从而导致财务状况发生严重恶化,如进行清理整顿、清算等;

(四)有证据表明该项投资实质上已经不能再给企业带来经济利益的其他情形。

第五十七条 如果企业的固定资产实质上已经发生了减值,应当计提减值准备。对存在下列情况之一的固定资产,应当全额计提减值准备:

(一)长期闲置不用,在可预见的未来不会再使用,且已无转让价值的固定资产;

(二)由于技术进步等原因,已不可使用的固定资产;

(三)已遭毁损,以至于不再具有使用价值的固定资产;

(四)其他实质上已经不能再给企业带来经济利益的固定资产。

已全额计提减值准备的固定资产,不再计提折旧。

第五十八条 当存在下列一项或若干项情况时,应当将该项无形资产的账面价值全部转入当期损益:

(一)某项无形资产已被其他新技术等所替代,并且该项无形资产已无使用价值和转让价值;

(二)某项无形资产已超过法律保护期限,并且已不能为企业带来经济利益;

(三)其他足以证明某项无形资产已经丧失了使用价值和转让价值的情形。

第五十九条 当存在下列一项或若干项情况时,应当计提无形资产的减值准备:

(一)某项无形资产已被其他新技术等所替代,使其为企业创造经济利益的能力受到重大不利影响;

(二)某项无形资产的市场价值逐年下跌,并在剩余摊销年限内无回升的希望;

(三)某项无形资产已超过法律保护期限,但仍然具有部分使用价值;

(四)其他足以证明某项无形资产实质上已经发生了减值的情形。

第六十条 企业计算的当期应计提的资产减值准备金额如果高于已提资产减值准备的账面余额,应按其差额补提减值准备;如果低于已提资产减值准备的账面余额,应按其差额冲回多提的资产减值准备,但冲减的资产减值准备,仅限于已计提的资产减值准备的账面余额。实际发生的资产损失,冲减已提的减值准备。

已确认并转销的资产损失,如果以后又收回,应当相应当调整已计提的资产减值准备。

如果企业滥用会计估计,应当作为重大会计差错,按照重大会计差错更正的方法进行会计处理,即企业因滥用会计估计而多提的资产减值准备,在转回的当期,应当遵循原渠道冲回的原则(如原追溯调整的,当期转回时仍然追溯调整至以前各期;原从上期利润中计提的,当期转回时仍然调整上期利润),不得作为增加当期的利润处理。

第六十一条 处置已经计提减值准备的各项资产,应当同时结转已计提的减值准备。

第六十二条 企业对于不能收回的应收款项、贷款、长期投资等应当查明原因,追究责任。对有确凿证据表明确实无法收回的应收款项、贷款、长期投资等,如债务单位或被投资单位已撤销、破产、资不抵债、现金流量严重不足等,根据企业的管理权限,经股东大会或董事会,或行长(经理)会议或类似机构批准作为资产损失,冲销已提取的相关资产减值准备。

第三章 负 债

第六十三条 负债,是指过去的交易、事项形成的现时义务,履行该义务预期会导致经济利益流出企业。

第六十四条 企业的负债应按其流动性,分为流动负债和长期负债。

第一节 流动负债

第六十五条 流动负债，是指将在1年(含1年)内偿还的债务。

第六十六条 银行的流动负债，主要包括一年以下的各项存款、各项借入资金、金融机构往来资金、各种应付预收款项以及发行短期债券和其他短期负债等。

(一)单位活期存款，是指银行吸收存款单位而存入的活期存款。单位活期存款应按实际发生额入账，并按存款单位及存款种类设置明细账。

(二)储蓄活期存款，是指银行吸收的居民个人储蓄活期款项。储蓄活期存款应按实际发生额入账，并按居民个人设置明细账。

(三)基金存款，银行作为基金托管人托管的基金存款。基金存款应按实际发生额入账，并按基金委托人进行明细核算。

(四)银行卡存款，是指银行办理银行卡业务时，持卡人存入本行的备付金存款。银行卡存款应按实际发生额入账，并按持卡人进行明细核算。

(五)向中央银行借款，是指银行向中央银行借入的日拆性借款、临时周转借款、季节性借款、年度性借款以及因特殊需要经批准向中央银行借入的特种借款。向中央银行借款应按实际发生额入账，并按借款性质进行明细核算。

(六)贴现融资，是指银行以客户贴入的未到期商业票据向中央银行办理再贴现和向其他商业银行办理转贴现而获得的资金。贴现融资应按实际取得的资金入账，并按再贴现或转贴现银行进行明细核算。

(七)境内同业存款，是指其他银行因与本行发生的日常结算往来而存入本行的清算款项。银行同业存款应按实际发生额入账，并按存款银行进行明细核算。

(八)非银行同业存款，是指非银行同业存入本行的各种存款。非银行同业存款应按实际发生额入账，并按存款机构进行明细核算。

(九)境外同业存款，是指银行吸收的境外金融机构的存款。境外同业存款应按实际发生额入账，并按存款机构进行明细核算。

(十)同业拆入，是指银行从境内外金融机构拆入的款项。同业拆入应按实际发生额入账，并按拆入资金的金融机构进行明细核算。

(十一)系统内存款，是指银行系统内其他行存入本行的各类资金。系统内存款应按实际发生额入账，并按存款行进行明细核算。

(十二)证券公司转存款，是指证券公司按规定转存银行的股民存款。证券公司转存款应按实际发生额入账，并按转存机构进行明细核算。

(十三)系统内借款，是指银行从系统内其他行借入的资金。系统内借款应按实际发生额入账，并按借出行进行明细核算。

(十四)银团贷款资金，是指银行作为银团贷款牵头行所集中其他参与行拨来的银团贷款资金。银团贷款拨来来资金应按实际发生额入账，并按银团贷款参与行进行明细核算。

(十五)转贷款资金，是指银行根据协议发放转贷款而融入的款项，如转贷外国政府贷款资金、转贷国际金融组织贷款资金等。转贷款资金应按实际发生额入账，并按转贷款种类进行明细核算。

(十六)回购证券款，是指银行按回购协议卖出证券的款项。回购证券款应按交易对象和券种进行明细核算。

(十七)汇出汇款，是指银行为申请人办理的委托本系统其他行或系统外其他银行解付的汇款。汇出汇款应按汇票申请人进行明细核算。

(十八)开出本票，是指银行为申请人签发银行本票所收取的款项。开出本票应按银行本票的申请人进行明细核算。

(十九)应解汇款及临时存款，是指银行收到的其他行委托本行解付或支付给未在本行开户的单位及个人的汇款或其他临时性款项。应解汇款及临时存款应按收款人等进行明细核算。

(二十)1年内到期的长期债务，是指银行在本年度内到期应归还的长期负债。1年内到期的长期债务应按债务人进行明细核算。

第六十七条 银行应对存款根据存款金额及其存续期限和规定的利率，按期计提应付利息。

第六十八条 保险公司的流动负债，主要包括短期借款、拆入资金、应付佣金、应付手续费、预收保费、预收分保赔款、存入分保准备金、存入保证金、应付工资、应付福利费、应付保户利差、应付利润、应交税金、其他应付款、预提费用、未决赔款准备金、未到期责任准备金等。

(一)应付佣金，是指保险公司向寿险经纪人支付的保险代理费。

(二)应付手续费，是指保险公司向受其委托并在其授权范围内代为办理保险业务的保险代理人支付的代理费。

(三)预收保费，是指保险公司在保险责任生效前向投保人预收的保险费。

(四)预收分保赔款，是指保险公司分出分保业务按保险合同约定预收的分保赔款。预收分保赔款应于收到分保账单时，按照分保业务账单标明的金额入账，并按分保接受人设置明细账，进行明细核算。

(五)应付保户利差，是指保险公司人寿保险业务按保险合同约定发生的应付给保户的利差支出。应付保户利差，应于期末根据保险精算部门提供的精算结果入账，并按保户设置明细账，进行明细核算。

(六)存入保证金，是指保险公司按保险合同约定接受存入的保证金，包括存入理赔保险金、存入信用险保证金。存入理赔保证金，是指保险公司收取的被代理人存入的理赔保证金。存入信用险保证金，是指保险公司收取的保户按规定交付的保费保证金。存入保证金应按实际收到的金额入账，并按存入保证金种类设置明细账，进行明细核算。

(七)未决赔款准备金，是指公司由于已经发生保险事故并已提出保险赔款以及已经发生保险事故但尚未提出保险赔款而按规定对未决赔款提存的准备金。未决赔款准备金，应于期末按估计保险赔款额入账，并按险种设置明细账，进行明细核算。估计方法可以采用分组法、个案法等。

(八)未到期责任准备金，是指公司对一年期以内(含一年)的财产险、意外伤害险和健康险业务在会计期末，按规定从本期尚未到期责任保费收入中提存的、以备将来发生赔款的准备金。未到期责任准备金，应于期末按保险精算结果入账，并按险种设置明细账，进行明细核算。

(九)存入分保准备金，是指公司的再保险业务按合同约定，由分保分出人扣存分保接受人部分分保费以应付未了责任的准备金。存入分保准备金应于收到分保业务账单时，按照分保业务账单标明的金额入账，并按分保接受人设置明细账，进行明细核算。

第六十九条 证券公司的流动负债，主要包括质押借款、代买卖证券款、代发行证券款、代兑付债券款、应付款项、应付工资、应付福利费、应付股利、应交税金、预提费用和一年内到期的长期借款等。

(一)质押借款，是指证券公司用自营证券向金融机构质押而借入的各种短期借款本金。质押借款应按借款金融机构进行明细核算。

(二)代买卖证券款，是指证券公司接受客户委托，代客户买卖有价证券由客户交存的款项。代买卖证券款应按客户进行明细核算。

(三)代发行证券款，是指证券公司接受委托，采用余额承购包销方式或代销方式代发行证券所形成的应付证券资金。代发行证券款应按委托单位和证券种类进行明细核算。

(四)代兑付债券款，是指证券公司接受委托代理兑付债券业务而收到委托单位预付的兑付资金。代兑付债券款应按委托单位和债券种类进行明细核算。

第七十条 信托投资公司的流动负债，主要包括拆入资金、应付账款、代发行债券款、代兑付债券款、应付工资、应付福利费、应交税金、预提费用等。

(一)拆入资金，是指信托投资公司向银行或其他金融机构借入的资金。拆入资金应按实际借入的金额入账。

(二)代发行债券款，是指信托投资公司接受委托，采用余额承购包销方式或代销方式代发行债券所形成的应付债券资金。代发行债券款应按委托单位和债券种类进行明细核算。

(三)代兑付债券款，是指信托投资公司接受委托代理兑付债券业务而收到委托单位预付的兑付资金。代兑付债券款应按委托单位和债券种类进行明细核算。

(四)资金信托、财产信托、财产权信托和公益信托等,作为表外业务进行核算。

第七十一条 各种短期存款、借款、带息应付票据、短期应付债券等应当按照借款本金或债券面值,按照确定的利率按期计提利息,计入损益。

第七十二条 各项流动负债,应按实际发生额入账。

第二节 长期负债

第七十三条 长期负债,是指偿还期在1年以上(不含1年)的负债,包括长期借款、应付债券、长期应付款等。

各项长期负债应当分别进行核算,并在资产负债表中分列项目反映。证券公司将于一年内到期偿还的长期负债,在资产负债表中应当作为一项流动负债,单独反映。

第七十四条 银行的长期负债,主要包括1年以上(不含1年)的单位定期存款、储蓄定期存款、长期借款、发行的长期债券等。

(一)定期存款,是指银行吸收存款单位定期存入的存款。定期存款应按实际发生额入账,并按存款单位及存款种类设置明细账。

(二)定期储蓄存款,是指银行吸收的居民个人定期储蓄款项。定期储蓄存款应按实际发生额入账,并按居民个人存款种类设置明细账。

第七十五条 保险公司的长期负债,主要包括保户储金、长期责任准备金、寿险责任准备金、长期健康险责任准备金、保险保障基金、长期借款、长期应付款。

(一)保户储金,是指保险公司以储金利息作为保费的保险业务,收到保户缴存的储金。保户储金按实际收到的金额入账,并按保户设置明细账,进行明细核算。

(二)长期责任准备金,是指保险公司对长期工程险、再保险等,为承担未来保险责任而按规定提取的准备金。

(三)寿险责任准备金,是指保险公司对人寿保险业务为承担未来保险责任而按规定提存的准备金。

(四)长期健康险责任准备金,是指保险公司对长期性健康保险业务为承担未来保险责任而按规定提存的准备金。

长期责任准备金、寿险责任准备金和长期健康责任准备金,应于期末按保险精算结果入账,并按险种设置明细账,进行明细核算。

(五)保险保障基金,是指保险公司按《中华人民共和国保险法》规定提取的保险保障基金。保险保障基金,应于年末按当年自留保费收入的1%提取,达到总资产的6%时停止计提。

第七十六条 证券公司的长期负债,主要包括长期借款、应付债券、长期应付款等。

第七十七条 信托投资公司的长期负债,主要包括应付债券、长期应付款等。

第七十八条 长期负债应当以实际发生额入账。

长期负债应当按照负债本金或债券面值,按照确定的利率按期计提利息,并按《企业会计准则–借款费用》(以下简称借款费用准则)的规定处理。

按照纳税影响会计法核算所得税的企业,因时间性差异所产生的应纳税或可抵减性时间差异的所得税影响,应单独核算,作为对当期所得税费用的调整。

第七十九条 发行债券的企业,应当按照实际的发行价格总额,作负债处理;债券发行价格总额与债券面值总额的差额,作为债券溢价或折价,在债券的存续期间内按实际利率法或直线法于计提利息时摊销,并按借款费用准则规定的处理。

第八十条 企业所发生的借款费用,是指因借款而发生的利息、折价或溢价的摊销和辅助费用,以及因外币借款而发生的汇兑差额。因借款而发生的辅助费用包括手续费等。

除为购建固定资产的专门借款所发生的借款费用外,其他借款费用均应于发生当期确认为费用。

本制度所称的专门借款,是指为购建固定资产而专门借入的款项。

为购建固定资产的专门借款所发生的借款费用,应按借款费用准则的规定处理。

第四章 所有者权益

第八十一条 所有者权益,是指所有者在企业资产中享有的经济利益,其金额为资产减去负债后的余额。

企业的所有者权益,主要包括实收资本(或股本)、资本公积、盈余公积和未分配利润等。

保险公司的总准备金,证券公司的一般风险准备,以及信托投资公司的信托赔偿准备也是所有者权益的组成部分。

总准备金,是指保险公司按规定从净利润中提取,用于巨灾补偿的风险准备金。

一般风险准备,是指证券公司按规定从净利润中提取,用于弥补亏损的风险准备。

信托赔偿准备,是指信托投资公司按规定从净利润中提取,用于赔偿信托业务损失的风险准备。

第八十二条 企业的实收资本是指投资者按照企业章程,或合同、协议的约定,实际投入企业的资本。

(一)一般企业实收资本应按以下规定核算:

1.投资者以现金投入的资本,应当以实际收到或者存入企业开户银行的金额作为实收资本入账。实际收到或者存入企业开户银行的金额超过其在该企业注册资本中所占份额的部分,计入资本公积。

2.投资者以非现金资产投入的资本,应按投资各方确认的价值作为实收资本入账。为首次发行股票而接受投资者投入的无形资产,应按该项无形资产在投资方的账面价值入账。

3.投资者投入的外币,合同没有约定汇率的,按收到出资额当日的汇率折合;合同约定汇率的,按合同约定的汇率折合,因汇率不同产生的折合差额,作为资本公积处理。

(二)股份有限公司的股本,应按以下规定核算:

1. 股份有限公司的股本应当在核定的股本总额及核定的股份总额的范围内发行股票取得。公司发行的股票,应按其面值作为股本,超过面值发行取得的收入,其超过面值的部分,作为股本溢价,计入资本公积。

2.境外上市公司以及在境内发行外资股的上市公司,按确定的人民币股票面值和核定的股份总额的乘积计算的金额,作为股本入账,按收到股款当日的汇率折合的人民币金额与按人民币计算的股票面值总额的差额,作为资本公积处理。

第八十三条 企业资本(或股本)除下列情况外,不得随意变动:

(一)符合增资条件,并经有关部门批准增资的,在实际取得股东的出资时,登记入账。

(二)企业按法定程序报经批准减少注册资本的,在实际发还投资时登记入账。采用收购本企业股票方式减资的,在实际购入本企业股票时,登记入账。

企业应当将因减资而注销股份、发还股款,以及因减资需更新股票的变动情况,在股本账户的明细账及有关备查簿中详细记录。

股东按规定转让其出资的,企业应当于有关的转让手续办理完毕时,将出让方所转让的出资额,在资本(或股本)账户的有关明细账户及各备查登记簿中转为受让方。

第八十四条 资本公积包括资本(或股本)溢价、接受捐赠资产、拨款转入、外币资本折算差额等。资本公积项目主要包括:

(一)资本(或股本)溢价,是指企业投资者投入的资金超过其在注册资本中所占份额的部分。

(二)接受非现金资产捐赠准备,是指企业因接受非现金资产捐赠而增加的资本公积。

(三)接受现金捐赠,是指企业因接受现金资产捐赠而增加的资本公积。债权人豁免的债务,也在本项目核算。

(四)股权投资准备,是指企业对被投资单位的长期股权投资采用权益法核算时,因被投资单位接受捐赠等原因增加的资本公积,企业按其持股比例计算而增加的资本公积。

(五)外币资本折算差额,是指企业接受外币投资因所采用的汇率不同而产生的资本折算差额。

(六)其他资本公积,是指除上述各项资本公积以外所形成的资本公积,以及从资本公积各准备项目转入的金额。

资本公积各准备项目不能转增资本(或股本)。

第八十五条 盈余公积分别包括以下内容:

(一)法定盈余公积,是指企业按照规定的比例从净利润中提取的盈余公积。

(二)任意盈余公积,是指企业经股东大会或类似机构批准按照规定的比例从净利润中提取的盈余公积。

(三)法定公益金,是指企业按照规定的比例从净利润中提取的用于职工集体福利设施的公益金。法定公益金用于职工集体福利时,应当将其转入任意盈余公积。

企业的盈余公积可以用于弥补亏损、转增资本(或股本)。符合规定条件的企业,也可以用盈余公积分派现金股利。

第五章 收 入

第八十六条 收入,是指企业在销售商品、提供劳务及让渡资产使用权等日常活动中所形成的经济利益的总流入,包括利息收入、金融企业往来收入、手续费收入、贴现利息收入、保费收入、证券发行收入、证券自营收入、买入返售证券证券收入、佣金收入、担保收入、汇兑收益和其他业务收入。收入不包括为第三方或者客户代收的款项。

企业应当根据收入的性质,按照收入实现的原则,合理地确认和计量各项收入。

第八十七条 利息收入、金融企业往来收入、手续费收入、贴现利息收入、佣金收入、担保收入等,应当在以下条件均能满足时予以确认:

1.与交易相关的经济利益能够流入企业;

2.收入的金额能够可靠地计量。

第八十八条 企业发放的贷款,应按期计提利息并确认收入。发放贷款到期(含展期,下同)90天及以上尚未收回的,其应计利息停止计入当期利息收入,纳入表外核算;已计提的贷款应收利息,在贷款到期90天后仍未收回的,或在应收利息逾期90天后仍未收到的,冲减原已计入损益的利息收入,转作表外核算。

上述停止计提或冲减的应计利息,应在实际收到该款项时确认为当期利息收入。

第八十九条 手续费收入,应当在向客户提供相关服务时确认收入,按以下条件具体确认:

银行办理委托贷款所收取的手续费,应在收到手续费时确认收入。

证券公司代理客户买卖证券的手续费收入,应当在与客户办理买卖证券款项清算时确认收入。

银行和证券公司代兑付证券的手续费收入,应于代兑付证券业务基本完成,与委托方结算时确认收入。

银行和证券公司代保管业务的手续费收入,应于代保管服务完成时确认收入;一次性收取的手续费,作为预收账款处理,待后续代保管业务完成时再确认收入。

证券公司代发行证券的手续费收入,应于发行期结束后,与发行人结算发行价款时确认收入。

第九十条 证券公司自营卖出的证券,应在与证券交易所清算时按成交价扣除相关税费后的净额确认收入。

第九十一条 利息收入、金融企业往来收入、手续费收入等,应按下列方法分别予以计量:

利息收入和金融企业往来收入,应按让渡现金使用权的时间和适用利率计算确定。

第九十二条 保险公司的收入,是指保险公司在销售保险产品、提供与之相关的代理服务以及运用保险资金等日常活动形成的经济利益总流入,包括销售保险产品取得的保费收入和分保费收入,提供保险代理、代理勘查等服务取得的手续费、代勘查收入等劳务收入,运用保险资金取得的利息收入、投资收益等。

保费、分保费收入应在下列条件均能满足时予以确认:

(1)保险合同成立并承担相应保险责任;

(2)与保险合同相关的经济利益能够流入公司;

(3)与保险合同相关的收入和成本能够可靠地计量。

第九十三条 企业应当按照本制度的规定,对各项收入和支出分类分别进行核算;公司的手续费收入与其支出应当分别核算,不得将手续费收入与支出直接抵销。

第六章 成本和费用

第九十四条 费用是指企业为销售商品、提供劳务等日常活动所发生的经济利益的流出;成本是指企业为提供劳务而发生的各种耗费。

企业应当合理划分期间费用和成本的界限。期间费用应当直接计入当期损益;成本应当计入所提供劳务的成本。

第九十五条 银行业务的成本,是指银行在业务经营过程中发生的与业务经营有关的支出,包括利息支出、金融企业往来支出、手续费支出以及各种准备金。

第九十六条 保险业务成本,是指保险公司在日常活动中发生的与保险业务有关的支出。财产保险业务的成本包括赔款支出、手续费支出、未决赔款准备金提转差、未到期责任准备金提转差、长期责任准备金提转差以及营业税金及附加;人身保险业务的成本包括死伤医疗给付、满期给付、年金给付、退保金、赔款支出、手续费支出、佣金支出、未决赔款准备金提转差、未到期责任准备金提转差、长期责任准备金提转差以及营业税金及附加;再保险业务的成本包括分保赔款支出、分出保费、分保费用支出、未决赔款准备金提转差、长期责任准备金提转差以及营业税金及附加。此外,保险业务成本还包括提取保险保障基金。

第九十七条 证券业务的成本,是指证券公司在业务经营过程中发生的与业务经营有关的支出,包括手续费支出、利息支出、金融企业往来支出、卖出回购证券支出以及各种准备金等。

第九十八条 企业的期间费用包括营业费用。期间费用应当直接计入当期损益,并在利润表上分别项目列示。

第九十九条 营业费用,是指企业在业务经营及管理工作中发生的各项费用,包括:固定资产折旧、业务宣传费、业务招待费、防预费、电子设备运转费、安全防卫费、坏账损失、企业财产保险费、邮电费、劳动保护费、外事费、印刷费、公杂费、低值易耗品摊销、理赔勘查费、职工工资、差旅费、水电费、租赁费(不包括融资租赁费)、修理费、职工福利费、职工教育经费、工会经费、税金、会议费、诉讼费、公证费、咨询费、无形资产摊销、长期待摊费用摊销、待业保险费、劳动保险费、取暖费、审计费、技术转让费、研究开发费、绿化费、董事会费、上交管理费、银行结算费等。

第一百条 企业应支付职工的工资,应当根据规定的工资标准等资料,计算职工工资,计入成本费用。企业按规定给予职工的各种工资性质的补贴,也应计入各工资项目。

支付的职工各项福利费用,如医药费等,直接计入当期损益。

第一百零一条 企业在经营过程中所发生的其他各项费用,应当以实际发生数计入成本费用。凡应当由本期负担而尚未支出的费用,作为预提费用计入本期成本费用;凡已支出,应当由本期和以后各期负担的费用,应当作为待摊费用,分期摊入成本、费用。

第一百零二条 企业必须分清本期成本、费用和下期成本、费用的界限,不得任意预提和摊销费用。

第一百零三条 企业的成本核算,以月、年为计算期。同一计算期内的成本与收入核算的起讫日期、计算范围和口径必须一致。

第七章　利润及利润分配

第一百零四条　利润是指企业在一定会计期间的经营成果,包括营业利润、利润总额和净利润。

(一)营业利润,是指营业收入减去营业成本和营业税金及附加,加上其他业务利润,减去营业费用后的净额。

保险公司的营业利润还应加上投资收益。

(二)利润总额,是指营业利润加上投资收益(保险公司不含)、补贴收入、营业外收入,减去营业外支出后的金额。

投资收益,是指企业对外投资所取得的收益,减去发生的投资损失和计提的投资减值准备后的净额。营业外收入和营业外支出,是指企业发生的与其经营业务活动无直接关系的各项收入和各项支出。营业外收入包括固定资产盘盈、处置固定资产净收益、处置无形资产净收益、罚款净收入等。营业外支出包括固定资产盘亏、处置固定资产净损失、处置无形资产净损失、债务重组损失、计提的无形资产减值准备、计提的固定资产减值准备、计提的在建工程减值准备、罚款支出、捐赠支出、非常损失等。

营业外收入和营业外支出应当分别核算,并在利润表中分列项目反映。营业外收入和营业外支出还应当按照具体收入和支出设置明细项目,进行明细核算。

(三)所得税,是指企业应计入当期损益的所得税费用。

(四)净利润,是指利润总额减去所得税后的金额。

第一百零五条　企业的所得税费用应当按照以下原则核算:

(一)企业应当根据具体情况,选择采用应付税款法或者纳税影响会计法进行所得税的核算。

1.应付税款法,是指企业不确认时间性差异对所得税的影响金额,按照当期计算的应交所得税确认为当期所得税费用的方法。在这种方法下,当期所得税费用等于当期应交的所得税。

2. 纳税影响会计法,是指企业确认时间性差异对所得税的影响金额,按照当期应交所得税和时间性差异对所得税影响金额的合计,确认为当期所得税费用的方法。在这种方法下,时间性差异对所得税的影响金额,递延和分配到以后各期。采用纳税影响会计法的企业,采用债务法进行核算。在采用债务法核算时,在税率变动或开征新税时,应当对原已确认的时间性差异的所得税影响金额进行调整,在转回时间性差异的所得税影响金额时,应当按照现行所得税率计算转回。

(二)在采用纳税影响会计法下,企业应当合理划分时间性差异和永久性差异的界线:

1.时间性差异,是指税法与会计制度在确认收益、费用或损失时的时间不同而产生的税前会计利润与应纳税所得额的差异。时间性差异发生于某一会计期间,但在以后一期或若干期内能够转回。时间性差异主要有以下几种类型:

(1)企业获得的某项收益,按照会计制度规定应当确认为当期收益,但按照税法规定需待以后期间确认为应纳税所得额,从而形成应纳税时间性差异。这里的应纳税时间性差异是指未来应增加应纳税所得额的时间性差异。

(2)企业发生的某项费用或损失,按照会计制度规定应当确认为当期费用或损失,但按照税法规定待以后期间从应纳税所得额中扣减,从而形成可抵减时间性差异。这里的可抵减时间性差异是指未来可以从应纳税所得额中扣除的时间性差异。

(3)企业获得的某项收益,按照会计制度规定应当于以后期间确认收益,但按照税法规定需计入当期应纳税所得额,从而形成可抵减时间性差异。

(4)企业发生的某项费用或损失,按照会计制度规定应当于以后期间确认为费用或损失,但按照税法规定可以从当期应纳税所得额中扣减,从而形成应纳税时间性差异。

2.永久性差异,是指某一会计期间,由于会计制度和税法在计算收益、费用或损失时的口径不同,所产生的税前会计利润与应纳税所得额之间的差异。这种差异在本期发生,不会在以后各期转回。永久性差异有以下几种类型:

(1)按会计制度规定核算时作为收益计入会计报表,在计算应纳税所得额时不确认为收益。

(2)按会计制度规定核算时不作为收益计入会计报表,在计算应纳税所得额时作为收益,需要交纳所得税。

(3)按会计制度规定核算时确认为费用或损失计入会计报表,在计算应纳税所得额时则不允许扣减。

(4)按会计制度规定核算时不确认为费用或损失,在计算应纳税所得额时则允许扣减。

(三)采用债务法时,一定时期的所得税费用包括:

(1)本期应交所得税;

(2)本期发生或转回的时间性差异所产生的递延所得税负债或递延所得税资产;

(3)由于税率变更或开征新税,对以前各期确认的递延所得税负债或递延所得税资产账面余额的调整数。

(四)采用纳税影响会计法时,在时间性差异所产生的递延税款借方金额的情况下,为了慎重起见,如在以后转回时间性差异的时期内(一般为三年),有足够的应纳税所得额予以转回的,才能确认时间性差异的所得税影响金额,并作为递延税款的借方反映,否则,应于发生当期视同永久性差异处理。

第一百零六条　企业一般应按月计算利润,按月计算利润有困难的企业,可以按季或者按年计算利润。

第一百零七条　企业董事会或类似机构决议提请股东大会或类似机构批准的年度利润分配方案(除股票股利分配方案外),在股东大会或类似机构召开会议前,应当将其列入报告年度的利润分配表。股东大会或类似机构批准的利润分配方案,与董事会或类似机构提请批准的报告年度利润分配方案不一致时,其差额应当调整报告年度会计报表有关项目的年初数。

第一百零八条　企业当期实现的净利润,加上年初未分配利润(或减去年初未弥补亏损)和其他转入后的余额,为可供分配的利润。可供分配的利润,按下列顺序分配:

(一)提取法定盈余公积;

(二)提取法定公益金。

保险公司按本年实现净利润的一定比例提取总准备金,用于巨灾风险的补偿,不得用于分红、转增资本。

证券公司按本年实现净利润的一定比例提取一般风险准备,用于弥补亏损,不得用于分红、转增资本。

信托投资公司按本年实现净利润的一定比例提取信托赔偿准备,用于弥补亏损,不得用于分红、转增资本。

外商投资企业应当按照法律、行政法规的规定,按净利润提取储备基金、企业发展基金、职工奖励及福利基金等。

第一百零九条　可供分配的利润减去提取的法定盈余公积、法定公益金等后,按下列顺序分配:

(一)应付优先股股利,是指企业按照利润分配方案分配给优先股股东的现金股利。

(二)提取任意盈余公积,是指企业按规定提取的任意盈余公积。

(三)应付普通股股利,是指企业按照利润分配方案分配给普通股股东的现金股利。企业分配给投资者的利润,也在本项日核算。

(四)转作资本(或股本)的普通股股利,是指企业按照利润分配方案以分派股票股利的形式转作的资本(或股本)。企业以利润转增的资本,也在本项目核算。

可供投资者分配的利润,经过上述分配后,为未分配利润(或未弥补亏损)。未分配利润可留待以后年度进行分配。企业如发生亏损,可以按规定由以后年度利润进行弥补。

企业未分配的利润(或未弥补的亏损)应当在资产负债表的所有者权益项目中单独反映。

第一百一十条 企业实现的利润和利润分配应当分别核算,利润构成及利润分配各项目应当设置明细账,进行明细核算。企业提取的法定盈余公积、法定公益金、分配的优先股股利、提取的任意盈余公积、分配的普通股股利、转作资本(或股本)的普通股股利,以及年初未分配利润(或未弥补亏损)、期末未分配利润(或未弥补亏损)等,均应当在利润分配表中分别列项予以反映。

第八章 外币业务

第一百一十一条 外币业务,是指以记账本位币以外的货币进行的款项收付、往来结算等业务。

第一百一十二条 有外币业务的企业,应当按照本制度规定采用外币统账制或外币分账制进行核算。

采用外币统账制核算的企业,应分别人民币和各种外币设置"银行存款日记账"进行明细核算。企业发生外币业务时,应当将有关外币金额折合为人民币记账。除另有规定外,所有与外币业务有关的账户,应采用业务发生时的汇率,也可以采用业务发生当期期初的汇率折合。

期末,各种外币账户的外币余额,应当按照期末汇率折合为人民币。按照期末汇率折合的人民币金额与原账面人民币金额之间的差额,作为汇兑损益。属于筹建期间的,计入长期待摊费用;属于与购建固定资产有关的借款产生的汇兑损益,按照借款费用准则的规定处理。

采用外币分账制核算的企业,应当设置"货币兑换"科目。各种货币之间的兑换及账务间的联系均通过"货币兑换"科目。期末,企业应将记账本位币以外的其他货币的余额按期末汇率折算为记账本位币,折算的金额与记账本位币的"货币兑换"科目账面余额的差额作为汇兑损益。"货币兑换"科目应采用多栏式账簿,同时记录外币金额、汇率、折合的人民币金额等。

第一百一十三条 采用外币统账制的企业,发生外币业务时,应当将有关外币金额折合为记账本位币金额记账。除另有规定外,所有与外币业务有关的账户,应当采用业务发生时的汇率,也可以采用业务发生当期期初的汇率折合。

企业发生外币业务时,如无法直接采用中国人民银行公布的人民币对美元、日元、港币等的基准汇率作为折算汇率时,应当按照下列方法进行折算:

美元、日元、港币等以外的其他货币对人民币的汇率,根据美元对人民币的基准汇率和国家外汇管理局提供的纽约外汇市场美元对其他主要外币的汇率进行套算,按照套算后的汇率作为折算汇率。美元对人民币以外的其他货币的汇率,直接采用国家外汇管理局提供的纽约外汇市场美元对其他主要货币的汇率。

美元、人民币以外的其他货币之间的汇率,按国家外汇管理局提供的纽约外汇市场美元对其他主要外币的汇率进行套算,按套算后的汇率作为折算汇率。

第九章 会计调整

第一百一十四条 会计调整,是指企业因按照国家法律、行政法规和会计制度等的要求,或者因特定情况下按照会计制度规定对企业原采用的会计政策、会计估计,以及发现的会计差错、发生的资产负债表日后事项等所作的调整。

会计政策,是指企业在会计核算时所遵循的具体原则以及企业所采纳的具体会计处理方法。具体原则,是指企业按照国家统一的会计核算制度所制定的、适合于本企业的会计制度中所采用的会计原则;具体会计处理方法,是指企业在会计核算中对于诸多可选择的会计处理方法中所选择的、适合于本企业的会计处理方法。例如,长期投资的具体会计处理方法、坏账损失的核算方法等。

会计估计,是指企业对其结果不能确定的交易或事项以最近可利用的信息为基础所作的判断。例如,固定资产预计使用年限与预计净残值、预计无形资产的受益期等。

会计差错,是指在会计核算时,在计量、确认、记录等方面出现的错误。

资产负债表日后事项,是指自年度资产负债表日至财务会计报告批准报出日之间发生的需要调整或说明的事项,包括调整事项和非调整事项两类。

第一节 会计政策变更

第一百一十五条 会计政策的变更,必须符合下列条件之一:

(一)法律或会计制度等行政法规、规章的要求;

(二)这种变更能够提供有关企业财务状况、经营成果和现金流量等更可靠、更相关的会计信息。

第一百一十六条 下列各项不属于会计政策变更:

(一)本期发生的交易或事项与以前相比具有本质差别而采用新的会计政策;

(二)对初次发生的或不重要的交易或事项采用新的会计政策。

第一百一十七条 企业按照法律或会计制度等行政法规、规章要求变更会计政策时,应按国家发布的相关会计处理规定执行,如果没有相关的会计处理规定,应当采用追溯调整法进行处理。企业为了能够提供更可靠、更相关的会计信息而变更会计政策时,应当采用追溯调整法进行处理。

追溯调整法,是指对某项交易或事项变更会计政策时,如同该交易或事项初次发生就开始采用新的会计政策,并以此对相关项目进行调整的方法。在采用追溯调整法时,应当将会计政策变更的累积影响数调整期初留存收益,会计报表其他相关项目的期初数也一并调整,但不需要重编以前年度的会计报表。

第一百一十八条 会计政策变更的累积影响数,是指按变更后的会计政策对以前各项追溯计算的变更年度期初留存收益应有的金额与现有的金额之间的差额。会计政策变更的累积影响数,是假设与会计政策变更相关的交易或事项在初次发生时即采用新的会计政策,而得出的变更年度期初留存收益应有的金额,与现有的金额之间的差额。本制度所称的会计政策变更的累积影响数,是变更会计政策所导致的对净损益的累积影响,以及由此导致的对利润分配及未分配利润的累积影响金额,不包括分配的利润或股利。留存收益包括法定盈余公积、法定公益金、任意盈余公积及未分配利润(外商投资企业包括储备基金、企业发展基金)。累积影响数通常可以通过以下各步计算获得:

第一步,根据新的会计政策重新计算受影响的前期交易或事项;

第二步,计算两种会计政策下的差异;

第三步,计算差异的所得税影响金额(如果需要调整所得税影响金额的);

第四步,确定前期中的每一期的税后差异;

第五步,计算会计政策变更的累积影响数。

如果累积影响数不能合理确定,会计政策变更应当采用未来适用法。未来适用法,是指对某项交易或事项变更会计政策时,新的会计政策适用于变更当期及未来期间发生的交易或事项。采用未来适用法时,不需要计算会计政策变更产生的累积影响数,也无须重编以前年度的会计报表。企业会计账簿记录及会计报表上反映的金额,变更之日仍然保留原有金额,不因会计政策变更而改变以前年度的既定结果,企业应当在现有金额的基础上按新的会计政策进行核算。

第一百一十九条 在编制比较会计报表时,对于比较会计报表期间的会计政策变更,应当调整各该期间的净损益和其他相关项目,视同该政策在比较会计报表期间一直采用。对于比较会计报表可比期间以前的会计政策变更的累积影响数,应当调整比较会计报表最早期间的期初留存收益,会计报表其他相关项目的数字也应当一并调整。

第一百二十条 企业应当在会计报表附注中披露会计政策变更的

内容和理由、会计政策变更的影响数,以及累积影响数不能合理确定的理由。

第二节 会计估计变更

第一百二十一条 由于企业经营活动中内在不确定因素的影响,某些会计报表项目不能精确地计量,而只能加以估计。如果赖以进行估计的基础发生了变化,或者由于取得新的信息、积累更多的经验以及后来的发展变化,可能需要对会计估计进行修订。

第一百二十二条 会计估计变更时,不需要计算变更产生的累积影响数,也不需要重编以前年度会计报表,但应当对变更当期和未来期间发生的交易或事项采用新的会计估计进行处理。

第一百二十三条 会计估计的变更,如果仅影响变更当期,会计估计变更的影响数应计入变更当期与前期相同的相关项目中;如果既影响变更当期又影响未来期间,会计估计变更的影响数应计入变更当期和未来期间与前期相同的相关项目中。

第一百二十四条 会计政策变更和会计估计变更很难区分时,应当按照会计估计变更的处理方法进行处理。

第一百二十五条 企业应当在会计报表附注中披露会计估计变更的内容和理由、会计估计变更的影响数,以及会计估计变更的影响数不能确定的理由。

第三节 会计差错更正

第一百二十六条 本期发现的会计差错,应按以下原则处理:

(一)本期发现的与本期相关的会计差错,应当调整本期相关项目。

(二)本期发现的与前期相关的非重大会计差错,如影响损益,应当直接计入本期净损益,其他相关项目也应当作为本期数一并调整;如不影响损益,应当调整本期相关项目。

重大会计差错,是指企业发现的使公布的会计报表不再具有可靠性的会计差错。

(三)本期发现的与前期相关的重大会计差错,如影响损益,应当将其对损益的影响数调整发现当期的期初留存收益,会计报表其他相关项目的期初数也应当一并调整;如不影响损益,应当调整会计报表相关项目的期初数。

(四)年度资产负债表日至财务会计报告批准报出日之间发现的报告年度的会计差错及以前年度的非重大会计差错,应当按照资产负债表日后事项中的调整事项进行处理。

年度资产负债表日至财务会计报告批准报出日之间发现的以前年度的重大会计差错,应当调整以前年度的相关项目。

第一百二十七条 在编制比较会计报表时,对于比较会计报表期间的重大会计差错,应当调整各该期间的净损益和其他相关项目;对于比较会计报表期间以前的重大会计差错,应当调整比较会计报表最早期间的期初留存收益,会计报表其他相关项目的数字也应当一并调整。

第一百二十八条 企业应当在会计报表附注中披露重大会计差错的内容和重大会计差错的更正金额。

第一百二十九条 企业滥用会计政策、会计估计及其变更的,应当作为重大会计差错予以更正。

第四节 资产负债表日后事项

第一百三十条 资产负债表日后获得新的或进一步的证据,有助于对资产负债表日存在状况的有关金额作出重新估计,应当作为调整事项,据此对资产负债表日所反映的收入、费用、资产、负债以及所有者权益进行调整。以下是调整事项的例子:

(一)已证实资产发生了减损;

(二)销售退回;

(三)已确定获得或支付的赔偿。

资产负债表日后董事会或者行长(经理)会议,或者类似机构制订的利润分配方案中与财务会计报告所属期间有关的利润分配,也应当作为调整事项,但利润分配方案中的股票股利(或以利润转增资本)应当作为非调整事项处理。

第一百三十一条 资产负债表日后发生的调整事项,应当如同资产负债表所属期间发生的事项一样,作出相关账务处理,并对资产负债表日已编制的会计报表作相应的调整。这里的会计报表包括资产负债表、利润表及其相关附表和现金流量表的补充资料内容,但不包括现金流量表正表。资产负债表日后发生的调整事项,应当分别以下情况进行账务处理:

(一)涉及损益的事项,通过"以前年度损益调整"科目核算。调整增加以前年度收益或调整减少以前年度亏损的事项,及其调整减少的所得税,记入"以前年度损益调整"科目的贷方;调整减少以前年度收益或调整增加以前年度亏损的事项,以及调整增加的所得税,记入"以前年度损益调整"科目的借方。"以前年度损益调整"科目的贷方或借方余额,转入"利润分配--未分配利润"科目。

(二)涉及利润分配调整的事项,直接通过"利润分配--未分配利润"科目核算。

(三)不涉及损益以及利润分配的事项,调整相关科目。

(四)通过上述账务处理后,还应同时调整会计报表相关项目的数字,包括:

1.资产负债表日编制的会计报表相关项目的数字;

2.当期编制的会计报表相关项目的年初数;

3.提供比较会计报表时,还应调整相关会计报表的上年数;

4.经过上述调整后,如果涉及会计报表附注内容的,还应当调整会计报表附注相关项目的数字。

第一百三十二条 资产负债表日以后才发生或存在的事项,不影响资产负债表日存在状况,但如不加以说明,将会影响财务会计报告使用者作出正确估计和决策,这类事项应当作为非调整事项,在会计报表附注中予以披露。以下是非调整事项的例子:

(一)股票和债券的发行;

(二)对一个企业的巨额投资;

(三)自然灾害导致的资产损失;

(四)外汇汇率发生较大变动。

非调整事项,应当在会计报表附注中说明其内容、估计对财务状况、经营成果的影响;如无法作出估计,应当说明其原因。

第十章 或有事项

第一百三十三条 或有事项,是指过去的交易或事项形成的一种状况,其结果须通过未来不确定事项的发生或不发生予以证实。

或有负债,是指过去的交易或事项形成的潜在义务,其存在须通过未来不确定事项的发生或不发生予以证实;或过去的交易或事项形成的现时义务,履行该义务不是很可能导致经济利益流出企业或该义务的金额不能可靠地计量。

或有资产,是指过去的交易或事项形成的潜在资产,其存在须通过未来不确定事项的发生或不发生予以证实。

第一百三十四条 如果与或有事项相关的义务同时符合以下条件,企业应当将其作为负债:

(一)该义务是企业承担的现时义务;

(二)该义务的履行很可能导致经济利益流出企业;

(三)该义务的金额能够可靠地计量。

符合上述确认条件的负债,应当在资产负债表单列项目反映。

第一百三十五条 符合上述确认条件的负债,其金额应当是清偿该负债所需支出的最佳估计数。如果所需支出存在一个金额范围,则最佳估计数应按该范围的上、下限金额的平均数确定;如果所需支出不存在一个金额范围,则最佳估计数应按如下方法确定:

(一)或有事项涉及单个项目时,最佳估计数按最可能发生的金额确定；

(二)或有事项涉及多个项目时,最佳估计数按各种可能发生额及其发生概率计算确定。

第一百三十六条 如果按规定确认的预计负债所需支出全部或部分预期由第三方或其他方补偿，则补偿金额只能在基本确定能收到时，作为资产单独确认,但确认的补偿金额不应当超过所确认负债的账面价值。

符合上述确认条件的资产,应当在资产负债表单列项目反映。

第一百三十七条 企业不应当确认或有负债和或有资产。

第一百三十八条 企业应当在会计报表附注中披露如下事项形成的原因,预计产生的财务影响(如无法预计,应当说明理由),以及获得补偿的可能性:(一)已承兑或再贴现融资、转贴现融资的商业承兑汇票形成的或有负债；

(二)未决诉讼、仲裁形成的或有负债；

(三)为其他单位提供债务担保形成的或有负债；

(四)其他或有负债(不包括极小可能导致经济利益流出企业的或有负债)。

第一百三十九条 或有资产很可能会给企业带来经济利益时,应当在会计报表附注中披露其形成的原因；如果能够预计其产生的财务影响,还应当作相应披露。

在涉及未决诉讼、仲裁的情况下,按本章规定如果披露全部或部分信息预期会对企业造成重大不利影响,则企业无需披露这些信息,但应披露未决诉讼、仲裁的原因。

第十一章 关联方关系及其交易

第一百四十条 在企业财务和经营决策中,如果一方有能力直接或间接控制、共同控制另一方或对另一方施加重大影响,则他们之间存在关联方关系;如果两方或多方同受一方控制,则他们之间也存在关联方关系。关联方关系主要存在于:

(一)直接或间接地控制其他企业或受其他企业控制,以及同受某一企业控制的两个或多个企业(例如,母公司、子公司、受同一母公司控制的子公司之间)。

母公司是指能直接或间接控制其他企业的企业;子公司是指被母公司控制的企业。

(二)合营企业,是指按合同规定经济活动由投资双方或若干方共同控制的企业。

(三)联营企业,是指投资者对其具有重大影响,但不是投资者的子公司或合营企业的企业。

(四)主要投资者个人、关键管理人员或与其关系密切的家庭成员。

主要投资者个人,是指直接或间接地控制一个企业10%或以上表决权资本的个人投资者;关键管理人员,是指有权力并负责进行计划、指挥和控制企业活动的人员;关系密切的家庭成员,是指在处理与企业的交易时有可能影响某人或受其影响的家庭成员。

(五)受主要投资者个人、关键管理人员或与其关系密切的家庭成员直接控制的其他企业。

国家控制的企业间不应当仅仅因为彼此同受国家控制而成为关联方,但企业间存有上述(一)至(三)的关系,或根据上述(五)受同一关键管理人员或与其关系密切的家庭成员直接控制时，彼此应当视为关联方。

第一百四十一条 在存在控制关系的情况下，关联方如为企业时，不论他们之间有无交易,都应当在会计报表附注中披露企业类型、名称、法定代表人、注册地、注册资本及其变化、企业的主营业务、所持股份或权益及其变化。

第一百四十二条 在企业与关联方发生交易的情况下,企业应当在会计报表附注中披露关联方关系的性质、交易类型及其交易要素。这些要素一般包括:交易的金额或相应比例、未结算项目的金额或相应比例、定价政策(包括没有金额或只有象征性金额的交易)。

关联方交易应当分别关联方以及交易类型予以披露,类型相同的关联方交易,在不影响会计报表使用者正确理解的情况下可以合并披露。

第一百四十三条 下列关联方交易不需要披露:

(一) 在合并会计报表中披露包括在合并会计报表中的企业集团成员之间的交易；

(二) 在与合并会计报表一同提供的母公司会计报表中披露关联方交易。

第十二章 财务会计报告

第一百四十四条 企业应当按照《企业财务会计报告条例》的规定,编制和对外提供真实、完整的财务会计报告。

第一百四十五条 企业的财务会计报告分为年度、半年度、季度和月度财务会计报告。月度、季度财务会计报告是指月度和季度终了提供的财务会计报告;半年度财务会计报告是指在每个会计年度的前六个月结束后对外提供的财务会计报告;年度财务会计报告是指年度终了对外提供的财务会计报告。

本制度将半年度、季度和月度财务会计报告统称为中期财务会计报告。

第一百四十六条 企业的财务会计报告由会计报表、会计报表附注和财务情况说明书组成（不要求编制和提供财务情况说明书的企业除外)。企业对外提供的财务会计报告的内容、会计报表种类和格式、会计报表附注的主要内容等,由本制度规定;企业内部管理需要的会计报表由企业自行规定。

季度、月度中期财务会计报告通常仅指会计报表,国家统一的会计制度另有规定的除外。

半年度中期财务会计报告中的会计报表附注至少应当披露所有重大的事项,如转让子公司等。半年度中期财务会计报告报出前发生的资产负债表日后事项、或有事项等,除特别重大事项外,可不作调整或披露。

第一百四十七条 企业向外提供的会计报表包括:

1.资产负债表；

2.利润表；

3.现金流量表；

4.利润分配表；

5.资本及各项准备情况表；

6.分部报表；

7.资本充足率计算表；

8.其他有关附表。

第一百四十八条 会计报表附注至少应当包括下列内容:

(一)不符合会计核算基本前提的说明；

(二)重要会计政策和会计估计的说明；

1.说明贷款的种类和范围；

2.说明计提呆账准备的范围和方法。根据余额一定比率计提的一般准备,应说明该比率是如何确定的;根据个别款项的实际情况认定的准备,应说明认定的依据,如根据对借款人还款能力、财务状况、抵押担保充分性等的评价；

3.说明回售证券的计价方法、收益确认方法；

4.对于外汇交易合约、利率期货、远期汇率合约、货币和利率套期、货币和利率期权等衍生金融工具,应说明其计价方法。

(三)重要会计政策和会计估计变更的说明；

(四)或有事项和资产负债表日后事项的说明；

(五)关联方关系及其交易的披露；

(六)重要资产转让及其出售的说明；

(七)企业合并、分立的说明；

(八)会计报表中重要项目的明细资料;

1.按性质分类列示存放中央银行款项,披露计算依据;

2.按存放境内、境外同业披露存放同业款项;

3.按拆放境内、境外同业披露拆放同业款项;

4.按贷款性质(如信用、保证、抵押、质押等)披露短期贷款;

5.按性质(如国债、金融债券回购)披露回购证券;

6.按信用贷款、保证贷款、抵押贷款、质押贷款分别披露不同期限的中长期贷款;

7.按信用贷款、保证贷款、抵押贷款、质押贷款分别披露逾期贷款的期初数期末数;

8.按信用贷款、保证贷款、抵押贷款、质押贷款分别披露呆滞贷款的期初数期末数;

9.按信用贷款、保证贷款、抵押贷款、质押贷款分别披露呆账贷款的期初数期末数;

10.披露呆账准备的期初、本期计提、本期转回、本期核销、期末数;

11.按境内、境外披露同业拆入期初数期末数;

12.披露存入承兑汇票保证金、信用证开证保证金、外汇买卖交易保证金等短期保证金期初数期末数;

13.披露发行的短期债券名称、面值、发行日期、到期日、发行金额;

14.披露银行承兑汇票、融资保函、非融资保函、贷款承诺、开出即期信用证、开出远期信用证、外汇合约等表外项目,包括它们的年末余额及其他具体情况。

(九)有助于理解和分析会计报表需要说明的其他事项。

第一百四十九条 财务情况说明书至少应当对下列情况作出说明:

(一)企业经营的基本情况;

(二)利润实现和分配情况;

(三)资金增减和周转情况;

(四)对企业财务状况、经营成果和现金流量有重大影响的其他事项。

第一百五十条 月度中期财务会计报告应当于月度终了后6天内(节假日顺延,下同)对外提供;季度中期财务会计报告应当于季度终了后15天内对外提供;半年度中期财务会计报告应当于年度中期结束后60天内(相当于两个连续的月度)对外提供;年度财务会计报告应当于年度终了后4个月内对外提供。

会计报表的填列,以人民币"元"为金额单位,"元"以下填至"分"。

第一百五十一条 企业对其他单位投资如占该单位资本总额50%以上(不含50%),或虽然占该单位注册资本总额不足50%但具有实质控制权的,应当编制合并会计报表。合并会计报表的编制原则和方法,按照国家统一的会计制度中有关合并会计报表的规定执行。

企业在编制合并会计报表时,应当将合营企业合并在内,并按照比例合并方法对合营企业的资产、负债、收入、费用、利润等予以合并。

第一百五十二条 企业对外提供的会计报表应当依次编定页数,加具封面,装订成册,加盖公章。封面上应当注明:企业名称、企业统一代码、组织形式、地址、报表所属年度或者月份、报出日期,并由企业负责人和主管会计工作的负责人、会计机构负责人(会计主管人员)签名并盖章;设置总会计师的企业,还应当由总会计师签名并盖章。

第十三章　附　则

第一百五十三条 本制度自2002年1月1日起施行。

境外机构参股、参与发起设立基金管理公司暂行规定(征求意见稿)

关于公开征求对《境外机构参股、参与发起设立基金管理公司暂行规定(征求意见稿)》意见的通知

为适应我国证券市场对外开放的需要,规范境外机构参股、参与发起设立基金管理公司的行为,我会起草了《境外机构参股、参与发起设立基金管理公司暂行规定(征求意见稿)》,现上网征求意见。为便于各界了解我会基金管理公司设立及股东变更等重大变更事项审批制度的内容,同时将我会起草的《关于基金管理公司设立审核程序有关问题的通知》和《关于基金管理公司重大变更事项有关问题的通知》(待报批稿)一并上网(上述两通知已上网征求过意见,目前正在进一步讨论修改)。

各有关机构和个人如有修改意见,请于二零零一年十二月三十一日前以电子邮件或传真方式向我会基金监管部提出。

指定报刊的转载事宜,请根据上网内容自行处理。

基金监管部联系人:刘建平

E-mail:liujp@csrc.gov.cn

传真:(010)88061446

中国证券监督管理委员会
二〇〇一年十二月二十日

第一条 为适应证券市场规范发展和对外开放的需要,规范境外机构参股、参与发起设立基金管理公司的行为,依据《证券投资基金管理暂行办法》(以下简称《暂行办法》)和其他有关法律和行政法规,制定本规定。

第二条 境外机构参股基金管理公司,是指符合本规定条件的境外机构受让境内基金管理公司原有股东的出资或者认购境内基金管理公司的股权成为新股东的行为。

第三条 境外机构参与发起设立基金管理公司,是指符合本规定条件的境外机构与符合条件的境内机构共同发起设立基金管理公司的行为。

第四条 参股或参与发起设立基金管理公司的境外机构应当是《暂行办法》规定的实收资本不少于三亿元人民币的法人,并须符合以下条件:

(一)依其所在国家或地区法律设立,并合法存续;

(二)近三年内无重大违法行为;

(三)境外机构的业务性质相当于境内证券公司或信托投资公司的,在其注册地或主要经营活动所在地具有从事证券投资或证券资产管理等业务的资格许可。核准资格许可的境外相关监管机构已经与中国金融、证券监管机构建立了合作监管关系。

第五条 基金管理公司的境内股东或者准备申请发起设立基金管理公司的境内主发起人,以及被选择为合作方的境外机构,在建立合作关系时,应当充分考虑各方的资信状况及其对基金管理公司可能产生的影响。

第六条 基金管理公司境外股东的出资比例应当符合我国有关外商投资企业的法律法规和我国对外签署的国际协议的规定或单方承诺。

第七条 境外机构参股、参与发起设立基金管理公司,由中国证券监督管理委员会(以下简称"中国证监会")按照国际公认的审慎监管原则,依据中国证监会关于基金管理公司重大变更事项和基金管理公司设立的有关规定审批。

第八条 境外机构参股、参与发起设立基金管理公司,有关当事人除应当按照中国证监会关于基金管理公司重大变更事项和基金管理公

司设立的有关规定报送申报材料外,还应当提交境外机构的以下材料:

(一)境外机构的基本情况,主要包括:公司名称、注册资本、成立时间、组织形式、经营范围、公司主要负责人、董事会成员或主要合伙人名单及其简历。

(二)境外机构注册地或主要经营活动所在地监管机构核发的公司成立注册证明或营业执照(经公证的复印件)。

(三)境外机构注册地或主要经营活动所在地公证机关出具的关于该境外机构近3年内是否有重大违法行为的证明文件。

(四)境外机构最近3年的年报或经过审计的资产负债表、损益表、现金流量表。

(五)境外机构的业务性质相当于境内证券公司或信托投资公司的,应提供其注册地或主要经营活动所在地监管机构颁发的可从事相关业务的证明文件。

如境外机构从事证券资产管理业务,还应提供其开始从事证券资产管理的时间、提出申请前三年的证券资产管理总额和所管理公募基金的业绩表现,以及该境外机构关于中国基金市场发展的研究报告。

(六)境外机构及其关联方如在申请前已参与境内B股市场投资和交易活动的,且该投资和交易活动仍在持续进行的,该境外机构应当本着诚实信用的原则提交报告,说明该投资和交易活动对拟参股、参与发起设立的基金管理公司的运作可能产生的影响。

(七)境外机构及其关联方如在申请前已在中国境内设有分支机构、独资或合资企业,直接或间接开展银行、保险及其他证券业务活动的,应当提交书面报告和相关资料,说明有关情况。

(八)境外机构应向中国证监会出具承诺书,承诺在行使基金管理公司的股东权利、履行基金管理公司的股东义务时,遵守中国的法律法规,确保基金管理公司独立运作。

第九条 境外机构参与发起设立的基金管理公司,在已取得筹建批文但未正式开业的情况下,如境外机构的基本情况发生重大变化,或因违规受到有关国家、地区的监管机构处罚或重点监控的,该境外机构应及时提请召开基金管理公司发起人会议,说明有关情况。如境外机构不再符合本规定的条件,发起人会议应提出处理意见,由公司筹备组及时报告中国证监会,办理相关事宜。

第十条 参股、参与发起设立基金管理公司的境外机构,其注册地或主要经营活动所在地的监管机构对机构海外投资有备案要求的,该境外机构在依法取得基金管理公司的股东资格后,如向其注册地或主要经营活动所在地的监管机构提交有关备案材料,应当同时将副本报送中国证监会。

第十一条 境外机构依法取得基金管理公司的股东资格后,有关当事人应当按照国家有关规定,向工商行政管理机关办理公司变更或者设立登记手续并报对外贸易经济合作部备案。

第十二条 基金管理公司的境内股东和境外股东,享受同等的法定权利、承担同等的法定义务。

有境外股东的基金管理公司的业务活动、从业人员的资格管理、公司重大变更事宜等,涉及由中国证监会及其派出机构、证券交易所核准或实施监管的,与无境外股东的基金管理公司按照相同的程序和规定办理。

第十三条 境外机构依法成为基金管理公司股东的,有关当事人应当遵守国家外汇管理制度,按照国家外汇管理的有关规定办理相关审批事项。

第十四条 有境外股东的基金管理公司运作监督管理的其他事宜,适用《暂行办法》及中国证监会依据《暂行办法》和本规定所制定的其他规定。

第十五条 香港、澳门特别行政区以及台湾地区的机构,比照适用本规定。

第十六条 本规定由中国证监会负责解释。

第十七条 本规定自公布之日起施行。

关于境内居民个人投资境内上市外资股若干问题的通知

2001年2月21日　　证监会[2001]22号

各证券监管办公室、办事处、特派员办事处;国家外汇管理局各分局、北京、重庆外汇管理部;上海、深圳证券交易所;各有关商业银行 、证券公司、信托投资公司:

为了促进境内上市外资股(以下简称"B"股)市场的健康发展,维护B股市场和外汇市 场 的正常秩序,保护投资人的合法权益,规范市场参与者的行为,现就有关问题通知如下:

一、根据1995年《国务院关于股份有限公司境内上市外资股的规定》(国务院第189号令)第 四条的规定和中国证券监督管理委员会(以下简称"中国证监会")2001年2月19日发布的境 内居民可投资B股市场的决定,境内居民个人可以按照本通知从事B股投资。

二、境内居民个人从事B股交易,在2001年6月1日前,只允许使用在2001年2月19日(含2月19 日,下同)前已经存入境内商业银行的现汇存款和外币现钞存款,不得使用外币现钞和其它 外汇资金;境内居民个人2001年2月19日前已经存入境内商业银行,2001年2月19日前已经存 入境内商业银行,2001年2月19日后到期并转存的,可以作为从事B股交易的资金。2001年6 月1日后,允许境内居民个人使用2001年2月19日后存入境内商业银行的现汇存款和外币现钞 存款以及从境外汇入的外汇资金从事B股交易,但仍不允许使用外币现钞。

三、经中国证监会批准经营B股业务和经国家外汇管理局批准经营外汇业务的证券公司和信 托投资公司可以凭中国证监会核发的从事B股业务资格证书和国家外汇管理局核发的经营外 汇业务许可证到所在地同一城市所有经批准经营外汇存款、汇款业务的境内商业银行或其分支机构开立B股保证金帐户;上述公司的分支机构可以凭加盖分支机构印章的总公司资格证 书复印件和许可证复印件办理开户手续。证券公司和信托投资公司或其分支机构(以下简称 "证券经营机构")在一个境内商业银行只能开立一个B股保证金帐户, 不得在同一境内商业 银行开立一个以上的B股保证金帐户。证券经营机构应当在开户后三个工作日内将开户银行 名称报所在地国家外汇管理局或其分支局 (以下简称"外汇局")备案,并通过所在地新闻媒 体对外公布其开户情况。

四、境内居民个人开立B股资金帐户和股票帐户,应当按照下列程序办理:(一) 凭本人有效的身份证明文件到其原外汇存款银行将其现汇存款和外币现钞存款划入证券 经营机构在同城、同行的B股保证金帐户,暂时不允许跨行或异地划转外汇资金。境内商业 银行应当向境内居民个人出具进帐凭证,并向证券经营机构出具对帐单。

(二)凭本人有效身份证明和本人进帐凭证到证券经营机构开立B股资金帐户,开立B股资金帐 户的最低金额为等值1000美元。

(三) 凭B股资金帐户开户证明到该证券经营机构开立B股股票帐户。

五、境内商业银行在为境内居民个人办理外汇划转手续时,必须严格按照本通知的规定审核 存款日期和划转资金;2001年6月1日前,从境内居民个人定期存款帐户划转资金时,帐户存 款日期不得晚于2001年2月19日;从境内居民个人活期存款帐户划转资金时,划转资金金额 不得超过2001年2月19日前的帐户存款余额;在办理外汇划转时,应当将划出资金币种转为 与证券经营机构B股保证金帐户相同的币种。

六、境内居民个人的B股资金帐户的收入范围为从现汇存款帐户或外币现钞存款帐户划入的 外汇以及从事B股交易所获得的外汇,支出范围为从事B股交易需支付的外汇以及划回境内 商 业银行存储,不得用于向境外支付。境内居民个人从B股资金帐户划回境内商业银行存储的 从事B股交易的所有外汇,按照《境内居民个人外汇管理暂行办法》中有关现钞管理的规定 以及其它现钞管理规定进行管理。境内居民个人不得从B股资金帐户提取外币现钞。

七、非居民的B股资金帐户的收入范围为从境外汇入的外汇资金、境内商业银行的合法现汇存款以及从事B股交易所获得的外汇,支出范围为汇出境外、存入其在境内开立的合法外汇 帐户以及从事B股交易需支付的外汇。非居民不得从B股资金帐户提取外币现钞。

八、境内居民个人与非居民之间不得进行B股协议转让。境内居民个人所购B股不得向境外转托管。

九、所有为证券经营机构开立B股保证金帐户的境内商业银行,均可以办理B股交易项下证券 经营机构与证券登记结算公司之间以及证券经营机构总分支机构之间外汇资金的收付业务。

十、证券经营机构、境内商业银行、境内居民个人、非居民应当严格按照本通知规定以及中 国证监会和外汇局的其它相关规定办理B股交易项下的相关业务,防止逃汇、非法套汇等违 法行为的发生,对违反规定的,由中国证监会或外汇局根据有关规定进行处罚。

十一、本通知自发布之日起开始施行。自本通知施行之日起,证券经营机构可以向境内商业 银行申请办理开立B股保证金帐户事宜,但境内居民个人办理资金划转和开立B股资金帐户事 宜应于2001年2月26日起开始。中国证监会《关于严格管理B股开户问题的通知》(证监发字 [1996]75号)和《关于清理B股帐户的通知》(证监交字[1996]1号)同时废止。

关于首次公开发行股票公司招股说明书网上披露有关事宜的通知

2001年1月20日　　证监发行字[2001]13号

各证券公司、拟上市公司:

为确保首次公开发行股票公司发行前招股说明书的及时有效披露,保护投资者合法权益,提高证券市场效率,促进证券市场的健康发展,现就招股说明书网上信息披露的有关事宜通知如下:

一、发行人及其主承销商除须按规定将招股说明书的书面文本备置在发行人公司住所、主承销商公司住所和拟上市证券交易所外,同时还应按照拟上市交易所的有关规定在其指定网站上披露,以供公众查阅。

二、股票发行前,主承销商须在刊登招股说明书概要的当日上午10:00之前(但不得早于招股说明书概要刊登日之前,将招股说明书正文及部分附录和必备附件审计报告、法律意见书、拟投资项目的可行性研究报告、盈利预测报告如有、如公司成立不满两年的还包括资产评估报告在拟上市交易所指定的网站上公布。

三、网上披露的招股说明书应当与中国证监会核准的招股说明书版本一致,出现差错的,中国证监会将对有关责任人和责任人所在单位进行公开批评。因主承销商工作失误给投资者造成损失的,主承销商应承担全部责任,并及时采取措施补救。

四、主承销商应指定专人负责办理新股招股说明书的网上披露工作。

五、招股说明书网上披露的具体实施办法和工作流程须按照上海证券交易所、深圳证券交易所的有关规定执行。

本通知自2001年3月1日起执行。

关于完善基金管理公司董事人选制度的通知

2001年1月16日　　证监基金字[2001]1号

各基金管理公司:

为适应证券市场改革开放的需要,进一步完善基金管理公司的公司治理结构,促进基金管理公司规范、独立运作,保护全体股东利益,维护基金投资人的合法权益,现通知如下:

一、基金管理公司董事会中应当至少有3名以上的董事符合下列条件:

(一)《公司法》规定的董事资格条件;

(二)不是基金管理公司股东单位的任职人员;

(三)不是基金管理公司当前或以前(三年以内)的任职人员;

(四)与基金管理公司的其他董事、监事、高级管理人员、督察员、基金

经理、财务负责人等没有利益关系;

(五)不在与基金管理公司存在业务联系或利益关系的机构任职;

(六)具有5年以上金融、法律或财务工作的经验,并有足够的时间和精力履行董事职责;

(七)中国证监会根据市场规范和实践的需要规定的其他条件。

二、基金管理公司董事会审议下列事项时,须经三分之二以上符合本通知第一条规定的董事同意方可生效:

(一)基金管理公司和基金的审计事务;

(二)基金管理公司的关联交易;

(三)基金管理公司高级管理人员、督察员和基金经理的任免;

(四)基金管理公司董事、高级管理人员的薪酬及其他形式的报酬;

(五)基金管理公司租用基金专用交易席位;

(六)聘用销售代理、托管或注册登记机构及相关费率;

(七)基金管理公司聘请或更换会计师事务所;

(八)基金管理公司公司章程规定的其他事项;

(九)中国证监会根据市场规范和实践的需要规定的其他事项。

三、基金管理公司董事会中符合本通知第一条规定的董事的人数应多于公司最大股东委派的董事人数,且占董事会的比例不得低于三分之一。

四、符合本通知第一条规定的董事候选人拟被多家基金管理公司聘任的,其应聘任职基金管理公司的数量不应多于3个。

五、基金管理公司应在公司章程中对符合本通知第一条规定的董事的选举与任免程序、工作方式等作出具体规定。

六、基金管理公司可以给予符合本通知第一条规定的董事一定的津贴,津贴的标准由董事会制定预案,报股东大会审议通过。津贴水平应适当,不能因此影响符合本通知第一条规定的董事的独立性。

七、基金管理公司应提供充分的信息和必要的工作条件,保证符合本通知第一条规定的董事依法履行职责。其行使职责时,公司有关人员应积极配合,不得拒绝、阻碍和隐瞒,不得干预其独立性。

八、基金管理公司的全体董事应遵守《公司法》、《证券法》等有关法律法规的规定,本着勤勉、忠实的原则,以公认的审慎和能力标准,保证董事会独立判断公司事务、决策公司经营,督促基金管理公司稳定、规范、独立运作,保护基金投资人权益。不在公司担任具体管理职务的董事,因履行职责到达公司现场的时间每年应当不少于10个工作日。

九、已经设立的基金管理公司应在本通知发布之日起6个月内完成完善公司治理结构、整改公司章程等工作。

基金管理公司不能有效执行本通知有关规定的,中国证监会将视情况依法予以处理。

十、本通知从发布之日起实施。

关于新股发行公司通过互联网进行公司推介的通知

2001年1月10日 证监发行字[2001]12号

各证券公司、拟上市公司:

根据《证券法》关于股票发行实行"公开、公平、公正"的原则,为进一步强化新股发行公司的信息披露,提高新股发行的透明度,发挥社会公众舆论的监督作用,促进新股发行公司高级管理人员提高规范运作意识,建立投资者与新股发行公司的直接沟通渠道,现就新股发行公司通过互联网进行公司推介有关事宜通知如下:

一、新股发行公司在新股发行前,必须通过互联网采用网上直播(至少包括图象直播和文字直播)方式向投资者进行公司推介,也可辅以现场推介。

二、新股发行公司的董事长、总经理、财务负责人、董事会秘书(其他高级管理人员不限和主承销商的项目负责人必须出席公司推介活动;参加推介活动的上述人员在推介活动前应进行认真充分的准备,并向中国证监会书面承诺其向投资者发布的信息不存在虚假、误导性陈述或有重大遗漏。

三、新股发行公司关于进行网上直播推介活动的公告应与其招股说明书概要(或招股意向书)同日同报刊登,并在拟上市证券交易所指定网站同天发布。

四、网上直播推介活动的公告内容至少应包括:网站名称、推介活动的出席人员名单、时间(推介活动不少于四个小时等。

五、所选择的直播网站应尽可能保证投资者上网通畅。

六、直播内容应以电子方式报备中国证监会和拟上市证券交易所。

七、主承销商应积极协助新股发行公司做好网上推介活动。

本通知自2001年3月1日起执行。

关于规范证券公司受托投资管理业务的通知

证监机构字[2001]265号

各证券公司:

为规范证券公司受托投资管理业务,保护受托投资管理业务当事人的合法权益,根据相关法律、法规,现就有关问题通知如下:

一、关于受托投资管理业务的界定

受托投资管理业务,是指证券公司作为受托投资管理人(以下简称"受托人"),依据有关法律、法规和投资委托人(以下简称"委托人")的投资意愿,与委托人签订受托投资管理合同,把委托人委托的资产在证券市场上从事股票、债券等金融工具的组合投资,以实现委托资产收益最优化的行为。

二、关于受托投资管理业务资格

(一)证券公司从事受托投资管理业务应当获取中国证券监督管理委员会(以下简称"中国证监会")批准的受托投资管理业务资格。

没有获取资格的证券公司不得从事受托投资管理业务。

证券公司申请从事受托投资管理业务,必须具备下列条件:

1、经中国证监会批准为综合类证券公司;

2、具有不低于人民币2亿元的净资本;

3、受托投资管理业务人员已经获得《证券业从业人员资格证书》,具有3年以上自营或经纪或承销或基金或相关业务从业经历,且无不良记录;

4、经营行为规范,近1年内没有受到行政处罚;

5、有健全的内部风险控制制度;

6、中国证监会规定的其他条件。

(二)符合上述条件的证券公司申请从事受托投资管理业务资格,应当向中国证监会报送下列材料:

1、经营受托投资管理业务申请;

2、内部控制制度执行情况的说明;

3、根据经审计的财务报表出具的净资本计算表；

4、受托投资管理业务专业人员的名单、简历、学历和资格证书,无不良记录的证明；

5、开展受托投资管理业务的可行性研究报告和操作方案；

6、内部风险评估报告；

7、中国证监会规定的其他材料。

三、关于受托人和委托人的权利和义务

依照本通知规定取得受托投资管理业务资格的综合类证券公司为受托人。

非银行企业法人、社团法人及自然人可以作为委托人,但国家法律、法规另有规定的除外。

(一)受托人享有下列权利：

1、收取受托投资管理佣金；

2、合同规定的其他权利。

(二)受托人必须履行下列义务：

1、受托人在从事受托投资管理业务过程中应当遵循诚实信用的原则,以专业技能管理受托投资,保护委托人的利益,不从事任何有损委托人利益的活动；

2、受托人应确保向委托人提供的信息客观、公正；

3、对委托人的财产状况、风险承受能力及投资偏好等进行调查；

4、按照合同规定和授权范围经营和管理受托投资；

5、在合同终止时及时清算并返还受托投资资产；

6、每季至少1次向委托人提供准确、完整的受托投资管理情况、证券交易记录及资产组合评估报告。资产组合评估报告至少应包括以下信息:(1)编制报告的日期,(2)委托人的投资组合在该日期的成分和价值,(3)委托人投资组合价值变动情况；

7、受托投资管理业务会计账册按照国家规定的保存年限进行保存,交易记录等资料至少保存7年；

8、及时妥善处理委托人的查询；

9、按月编制受托投资管理业务报告,并向中国证监会及公司注册所在地中国证监会派出机构报告；

10、合同规定的其他义务。

(三)委托人享有下列权利：

1、获得委托投资的投资收益；

2、监督委托投资的经营状况,获取委托投资的经营状况和财务状况资料；

3、合同规定的其他权利。

(四)委托人必须履行下列义务：

1、向受托人如实提供财务状况及投资意愿的基本情况和有关文件资料；

2、按照合同规定向受托人交付委托投资资产、承担证券买卖的交易费用(包括标准交易佣金、印花税等)及向受托人支付受托投资管理佣金；

3、承担委托投资的投资损失；

4、确保未利用银行信贷资金进行委托投资,并对委托投资资产来源及用途的合法性作出承诺；

5、合同规定的其他义务。

四、关于业务运作与监督管理

(一)受托人应向委托人充分披露其受托投资管理能力和业绩等资质情况,并根据委托人的性质、受托投资的规模、委托期限、收益预期、风险承受能力及其他特殊因素,为委托人提供不同的受托投资组合。

(二)受托人必须与委托人签订受托投资管理合同,以委托人的名义设置股票帐户和资金帐户,并通过委托人的帐户进行受托投资管理。经中国证监会批准,受托人可设置专门帐户对委托人的资产进行管理。

(三)受托人从事受托投资管理业务应当设置专门的受托投资管理部门,具有专门办公场所及受托投资管理业务专业人员。

(四)受托人应当建立健全内部风险控制、稽核与监察、财务与人事管理制度,确保受托投资资产的安全。受托人应在自营业务、经纪业务与受托投资管理业务之间设立防火墙,在人员、财务、帐户上应当严格分开,不得在同一办公室内操作,不得互通交易信息,不得将受托投资管理业务与自营业务和经纪业务等其他业务混合操作。

(五)受托人要保证受托投资资产和其自有资产及不同委托人的资产相互独立,对不同的受托投资资产分别设立帐户、独立核算、分帐管理,确保不同委托人之间在名册登记、帐户设置、资金划拨、帐册记录等方面相互独立。

(六)受托人可以选择有证券投资基金托管业务资格的商业银行托管其受托投资管理的证券经营资产,并报中国证监会和中国人民银行备案。

(七)受托投资管理合同至少包括以下内容：

1、受托人与委托人的权利、义务；

2、受托投资的资产种类和评估办法；

3、受托资产总额；

4、帐户管理方式；

5、受托投资管理期限、受托方式与权限；

6、委托人的风险承受能力及相应的投资策略和风险说明；

7、在出现重大转变时受托人及时通知委托人的承诺；

8、业绩评价办法和管理佣金计算与支付方式；

9、受托投资资产返还方式；

10、明确受托投资管理合同的让渡需要征得合同双方当事人的同意；

11、资产清算事宜；

12、出现争议的处理办法及其他事项。

(八)委托人委托管理的资产必须是货币资金或者在合法的证券托管登记系统中的证券(包括股票、债券和其他有价证券)。

(九)受托人应将货币资金形式的受托投资按照客户交易结算资金存管方式进行管理。

(十)受托投资只能投资于在证券交易所上市交易的证券及其衍生品种。

(十一)受托投资管理合同中应列明具体的委托事项,受托人应根据在与委托人签订的受托投资管理合同中约定的方式为委托人管理受托投资,但不得向委托人承诺收益或者分担损失。

(十二) 受托人管理的全部受托投资持有一家公司发行的证券,不得超过该证券(总股本)的10%。

(十三) 当委托人持有一家上市公司已发行的总股份接近5%时,受托人应当提前通知委托人,并督促其履行国家有关法律、法规规定的义务。如果委托人拒不履行有关义务,受托人应当向证券交易所报告。

(十四)合同终止时,受托投资期末资产在扣除管理佣金及相关交易费用后,余额全部返还委托人。

(十五)受托人的管理佣金提取方式和提取比例由受托投资管理业务当事人双方协商确定,但是不得采取简单的利润分成方式。

(十六)有下列情形之一的,受托人与委托人之间的委托关系应当终止：

1、受托投资管理合同期限已满,未能续期的;受托投资管理合同期限未满,但双方协议终止的；

2、因财务状况恶化,财务指标达不到规定的标准,或因重大违法、违规行为,受托人被中国证监会责令暂停或取消受托投资管理业务资格的；

3、委托人因涉及重大债务纠纷,导致受托投资资产遭到冻结的。

(十七)因受托人的违法、违规及违反合同的行为损害委托人利益的,受托人应当依法承担赔偿责任;委托人对受托人造成相应损害的,也应当依法承担赔偿责任。

(十八)受托人不得从事下列行为：

1、挪用受托投资管理资产；

2、未经批准,将不同委托人的受托投资资产混合管理；

3、接受银行信贷资金为受托投资；

4、将受托投资管理资产投资于与受托人在股权、债权和人员等方面有重大关联关系的公司发行的证券；

5、自营业务抢先交易于所管理的受托投资并故意损害委托人利益的行为；

6、从事受托投资管理业务的人员或其有利益关系的交易主体抢先交易于受托投资的行为；

7、在管理受托投资资产过程中内幕交易、操纵市场；

8、以获取佣金或其他利益为目的进行不必要的证券买卖；

9、将受托投资在不同受托投资帐户之间或与受托人自营帐户间进行相互买卖，转移受托投资帐户利润或亏损，损害委托人利益；

10、中国证监会认定的其他行为。

（十九）中国证监会对证券公司从事受托投资管理业务情况进行定期和不定期检查，督促证券公司受托投资管理业务合法、规范和稳健地开展，防止和纠正违规行为，并可要求证券公司报送其受托投资管理业务及相关业务资料。中国证监会对检查中发现问题的证券公司出具整改意见书，限期整改，对整改不力的证券公司按有关法律、法规进行处理。

（二十）证券公司从事受托投资管理业务，违反《证券法》、《禁止证券欺诈行为暂行办法》以及国家其他法律、法规的，按照相关法律、法规规定予以处罚。

本《通知》发布前已开展受托投资管理业务的证券公司，要按照本《通知》的规定进行清理与规范。综合类证券公司，以及经中国证监会批准暂不确定所属类型、给予两年过渡期且在过渡期内业务范围比照综合类证券公司执行的证券公司，可向中国证监会提出经营受托投资管理业务资格申请，经中国证监会审核批准后，可以从事受托投资管理业务。在过渡期内，比照综合类证券公司业务范围执行的证券公司，在过渡期结束后，未被核准为综合类证券公司的，不得再从事受托投资管理业务。从二OO二年一月一日起，未获得经营受托投资管理业务资格的证券公司不得再接受新的委托；从二OO二年七月一日起，未获得经营受托投资管理业务资格的证券公司一律不得再从事受托投资管理业务。

二OO一年十一月二十八日

关于证券公司增资扩股有关问题的通知

证监发 (2001)146 号

各证券监管办公室、办事处、特派员办事处，各证券公司：

为增强证券公司的资本实力，提高证券公司的抗风险能力，促进证券市场的稳定发展，经研究，决定调整证券公司增资扩股的现行政策。现就有关问题通知如下：

一、关于增资扩股的条件

证券公司增资扩股属于企业行为。凡依法设立的证券公司均可自主决定是否增资扩股,中国证监会不再对证券公司增资扩股设置先决条件。

二、关于增资扩股的申报文件

证券公司申请增资扩股，须向中国证监会提交下列文件：

（一）申请报告；

（二）股东会或股东大会决议；

（三）增资扩股方案；

（四）新股东名册、工商营业执照副本复印件及其拟出资额、出资方式、背景材料及近一年经具备证券相关业务资格的会计师事务所审计的财务报表；

（五）增资扩股后股权比例；

（六）非证券资产剥离情况报告；

（七）由具备证券相关业务资格的会计师事务所出具的内控评审报告；

（八）成本控制计划；

（九）资本充实计划，包括不良资产处置方案。

在特殊情况下，为及时化解风险，中国证监会可要求证券公司增资扩股。在这种情况下，被要求增资扩股的证券公司可先行提交（一）至（六）项要求的文件，并在中国证监会规定的时间内再行提交上列（七）至（九）项要求的文件。

证券公司须聘请具备证券相关业务资格的律师事务所就以上文件的真实性、合法性、完整性和可能存在的法律纠纷出具法律意见书。

三、关于增资扩股的审核程序

中国证监会依据现行法律、法规和政策对证券公司增资扩股申请文件进行审查。自收到符合要求的申请文件之日起30个工作日内作出是否批准的决定，并书面通知证券公司。不予批准的，书面说明理由。

申请增资扩股的证券公司应自中国证监会批准文件签发之日起三个月内完成增资扩股工作，并向工商行政管理机构申请变更登记，领取工商营业执照。

证券公司董事长或授权代表应自工商营业执照签发之日起30个工作日内，向中国证监会申请换发《经营证券业务许可证》，并提交以下备案文件：

（一）增资扩股完成情况报告；

（二）具备证券相关业务资格的会计师事务所出具的验资报告；

（三）工商营业执照副本复印件；

（四）公司章程；

（五）原《经营证券业务许可证》及副本。

四、关于增资扩股募集资金的监督使用

证券公司增资扩股募集资金应优先用于归还被挪用的客户交易结算资金和处理不良资产。

自本《通知》下发之日起，尚未完成增资扩股方案落实工作的证券公司应按本通知要求重新上报增资扩股申报材料。《关于进一步加强证券公司监管的若干意见》（证监机构字 [1999]14 号） 与本通知规定不一致的，依照本通知执行。

中国证券监督管理委员会
二〇〇一年十一月二十三日

关于核准基金管理公司重大变更事项有关问题的通知（征求意见稿）

各基金管理公司：

为规范基金管理公司重大变更行为，根据《中华人民共和国公司法》（以下简称《公司法》）和《证券投资基金管理暂行办法》（以下简称《暂行办法》）的有关规定，现就核准基金管理公司重大变更事项的有关问题通知如下：

一、本通知所称的基金管理公司重大变更事项包括：

（一）变更注册资本；

（二）变更股东出资比例；

（三）变更股东；

（四）变更股东人数；

（五）变更公司名称；

（六）修改公司章程；

（七）更换法定代表人及主要负责人；

（八）变更注册地或主要经营场所所在地；

（九）在中国境内设立或撤销分支机构；

（十）中国证监会依据有关法律法规和监管实践认定的其他公司重大变更事项。

基金管理公司办理重大变更事项，应当符合《公司法》等有关法律、法规的规定。

二、基金管理公司增加或减少注册资本，涉及新增股东的，须报中国证监会核准；不涉及新增股东，并且注册资本变更未导致第一大股东变更的，须报中国证监会备案，导致第一大股东变更的须报中国证监会核准。

三、基金管理公司股东间转让出资未导致第一大股东变更的，报中国证监会备案，否则须中国证监会核准；基金管理公司股东对外转让出资的，须报中国证监会核准。

四、基金管理公司根据股东会的授权办理公司变更注册资本、变更股东出资比例、更换股东或增减股东人数等具体事宜。

五、基金管理公司更换股东和增加股东人数后的新股东应当符合

《暂行办法》第二十四条规定的条件;变更后的第一大股东应当符合《暂行办法》第二十四条规定的主要发起人条件。

六、基金管理公司增加注册资本时,股东须采用现金方式缴付出资,出资须经法定验资机构验资并出具证明。基金管理公司股东向其他股东或者向现有股东以外的其他人转让出资份额,应当符合《公司法》第三十五条的规定和公司章程的规定。

七、基金管理公司办理第一条第(五)款至第(八)款规定的重大变更事项,须报中国证监会核准。

八、基金管理公司在中国境内设立或撤销分支机构,执行《关于基金管理公司在境内设立分支机构有关问题的通知》(证监基金字[2000]66号)的有关规定。

九、基金管理公司办理除第八条规定以外的重大变更事项,应当履行以下程序:

(一)根据《公司法》第三十八条的有关规定召开股东会,就有关变更事项作出决议,有关当事人应当签署协议或备忘录,并对公司章程进行相应修改;

(二)基金管理公司减少注册资本的,须按《公司法》第一百八十六条的有关规定履行公告等有关义务;

(三)基金管理公司办理只须向中国证监会备案的变更事项的,应根据《公司法》的有关规定依法向公司登记机关办理变更登记,并在上述事项完成后30日内向中国证监会报送相关变更事项的备案材料,包括:

1、股东会决议;

2、有关当事人签署的协议;

3、修改前和修改后的公司章程副本;

4、公司董事会就有关变更事项是否符合公司章程、是否对公司的合法权益和基金持有人等利益相关人的合法权益构成实质性影响所出具的书面意见;

5、公司营业执照副本复印件。

(四)基金管理公司应根据以下规定办理须报中国证监会核准的重大变更事项,并根据股东会的授权向中国证监会报送有关申请文件:

1、申请报告;

2、股东会对基金管理公司办理有关具体事项的授权书;

3、股东会决议。涉及变更注册资本、变更股东出资比例、变更股东或变更股东人数的,还须报有关当事人的协议;

4、公司章程;

5、重大变更事项涉及基金管理公司第一大股东变更、董事提名人数最多股东变更或者新增股东的,须报送第一大股东、董事提名人数最多股东或新增股东落实《关于申请设立基金管理公司若干问题的通知》(证监基金字[2001]10号)和《关于落实证监基金字[2001]10号文有关问题的通知》(基金部[2001]33号)等有关规定的情况。

6、基金管理公司的发起人,自公司成立起一年内不应当转让其股权或投票权,因执行法院判决或法律、法规另有规定的除外;因其他特殊情形必须在一年内转让的,有关当事人应当就相关法律依据另行提交书面说明。公司有关重大变更后的新股东,适用本条规定。

7、公司董事会就有关变更事项是否符合公司章程、是否对公司的合法权益和基金持有人等利益相关人的合法权益构成实质性影响所出具的书面意见。

8、发生有关重大变更后公司全体股东对改善公司治理结构、加强内部合规控制、执行纪律程序、完善员工行为规范所提出的书面意见,以及董事会根据相关股东会决议所拟定的相关实施方案。

9、公司聘请的有证券从业资格的律师出具的法律意见书。

(五)对符合上述第(四)款规定的重大变更申请,中国证监会应当自正式受理起30日内(扣除有关当事人修改、补充申报材料的时间)作出是否核准的决定,并书面通知基金管理公司。对涉及新增股东的重大变更申请,中国证监会比照公司筹建审核程序受理申请并予以审核。未获核准的,基金管理公司可以在收到书面通知后10个工作日内申请复议,中国证监会在收到公司复议申请后10个工作日内召开行政复议会,听取有关当事人的陈述,并在会议后20个工作日内作出最后决定并出具书面通知。如上述申请最终未获核准,自该书面通知印发之日起,12个月内不受理有关当事人就同一事项再次提交的申请。

(六)基金管理公司根据中国证监会的核准通知办理有关变更事项,并依法向公司登记机关办理变更登记。

(七)基金管理公司重大变更事项涉及基金管理公司法人许可证变更事项的,还应根据《关于〈基金管理公司法人许可证〉管理有关事项的通知》(证监基金字[1999]21号)的规定向中国证监会申请办理基金管理公司法人许可证变更事宜。

(八)基金管理公司应在上述事项完成后30日内在中国证监会指定信息披露报刊上向社会公告有关重大变更事宜。

十、违反本通知规定的,由中国证监会责令改正,并可视情节给予警告、罚款、暂停或撤销相关业务资格等处罚。

十一、本通知适用于采用有限责任公司组织形式的基金管理公司,采用股份有限公司组织形式的基金管理公司的相关事宜另行规定。

十二、本通知自发布之日起实施。中国证监会将按照国际资本市场公认的审慎监管原则,根据审核工作的实践,就本通知涉及的具体操作事宜随时给予书面补充说明并予以公布;涉及本通知内容重大修改的,将在公开征求市场各方参与者意见的基础上,予以修订或补充。

中国证券监督管理委员会
二〇〇一年十一月二十七日

关于规范面向公众开展的证券投资咨询业务行为若干问题的通知

证监机构字[2001]207号

各证券监管办公室、办事处、特派员办事处,各证券投资咨询机构:

为了防止证券投资咨询机构及其执业人员在业务活动中因利益冲突而可能导致的欺诈客户、操纵市场、误导投资者等违法行为的发生,更好地保护投资者的合法权益,现根据《中华人民共和国证券法》和《证券、期货投资咨询管理暂行办法》的有关规定,针对面向社会公众开展的证券投资咨询业务活动通知如下:

一、任何机构或个人从事就证券市场、证券品种的走势,投资证券的可行性,以口头、书面、电脑网络或者中国证券监督管理委员会(以下简称中国证监会)认定的其他形式向公众提供分析、预测或建议的业务,必须先行取得中国证监会授予的证券投资咨询业务资格证书或者证券投资咨询人员执业证书。

二、证券投资咨询机构及其执业人员从事证券投资咨询活动必须客观公正、诚实信用,不得以虚假信息、内幕信息或者市场传言为依据向客户或投资者提供分析、预测或建议;预测证券市场、证券品种的走势或者就投资证券的可行性进行建议时需有充分的理由和依据,不得主观臆断;证券投资分析报告、投资分析文章等形式的咨询服务产品不得有建议投资者在具体证券品种上进行具体价位买卖等方面的内容。

证券投资咨询机构及其执业人员不得参加媒体等机构举办的荐股"擂台赛"、模拟证券投资大赛或类似的栏目或节目;证券投资咨询机构及其执业人员有权拒绝媒体对其所提供的稿件进行断章取义、做有损原意的删节和修改,并自提供之日起将其稿件以书面形式保存三年。

证券投资咨询执业人员向公众提供证券投资分析报告、投资分析文章等形式的咨询服务时,须先行取得所在机构的同意或认可。

三、证券投资咨询机构及其执业人员在与自身有利害冲突的下列情况下应当进行执业回避:

(一)经中国证监会核准的公开发行证券的企业的承销商或上市推荐人及其所属的证券投资咨询机构和证券投资咨询执业人员(包括自有关

证券公开发行之日起十八个月内调离的证券投资咨询执业人员)，不得在公众传播媒体上刊登或发布其为客户撰写的投资价值分析报告，也不得以假借其他机构和个人名义等方式变相从事前述业务；

(二)证券公司的自营、受托投资管理、财务顾问和投资银行等业务部门的专业人员在离开原岗位后的六个月内不得从事面向社会公众开展的证券投资咨询业务；

(三)证券投资咨询机构或其执业人员在知悉本机构、本人以及财产上的利害关系人与有关证券有利害关系时，不得就该证券的走势或投资的可行性提出评价或建议。

(四)中国证监会根据合理理由认定的其他可能存在利益冲突的情形。

四、证券投资咨询机构或其执业人员在预测证券品种的走势或对投资证券的可行性提出建议时应当按以下要求进行相应的信息披露：

(一)证券投资咨询机构或其执业人员在预测证券品种的走势或对投资证券的可行性提出建议时，应明确表示在自己所知情的范围内本机构、本人以及财产上的利害关系人与所评价或推荐的证券是否有利害关系。

(二)证券投资咨询机构需在每逢单月的前三个工作日内，将本机构及其执业人员前两个月所推荐的证券在推荐时和推荐后一个月所涉及的下列各项情况，向注册地的中国证监会派出机构提供书面备案材料：

1、证券投资咨询机构前五名股东或实际控制证券投资咨询机构的机构及个人、前五名股东所绝对控股和相对控股的企业持有相关证券的情况；

2、证券投资咨询机构在所知悉的范围内其“理财工作室”客户和其他主要客户持有相关证券的情况；

3、证券投资咨询执业人员在财产上有利害关系的企业或自然人持有相关证券的情况；

4、证券投资咨询机构或其执业人员是否与持有相关证券流通部分的前五位股东有财产上的利害关系；

5、证券投资咨询执业人员所在的机构，在过去18个月内从事涉及其推荐证券所属企业的财务顾问、投资银行业务等可能产生利益冲突的业务的情况；

6、证券投资咨询机构及其同一执业人员是否就同一证券在同一时间，向不同类型的客户做方向不一致的投资分析、预测或建议；

7、证券投资咨询机构及其执业人员在从事面向社会公众开展的证券投资咨询业务活动时是否向所依托的媒体支付任何形式的费用或其他利益；

8、中国证监会根据合理理由认定的其他可能存在利益冲突的情形。

(三)证券投资咨询机构需在每逢单月的前三个工作日内，将本机构及其执业人员前两个月向其特定客户提供的买卖具体证券建议的情况和向公众提供的买卖具体证券建议的情况向注册地的中国证监会派出机构提供书面备案材料。

五、证券公司应当建立起研究咨询业务与自营、受托投资管理、财务顾问和投资银行等业务之间的“防火墙”和相应的管理制度，从事面向社会公众开展的证券投资咨询业务的人员必须专职在研究咨询部门工作，并由所在机构将其名单向中国证监会和机构注册地的中国证监会派出机构备案。

专业证券投资咨询机构应当建立起研究咨询业务与财务顾问等证券类业务之间的“防火墙”和相应的管理制度，应当在业务、财务、人员、营业场所等方面与其关联企业分离。从事面向社会公众开展的证券投资咨询业务的人员必须专职在研究咨询部门工作，并由所在机构将其名单向中国证监会和机构注册地的中国证监会派出机构备案。

六、各类传播证券信息的媒体应当遵守《关于加强证券期货信息传播管理的若干规定》，不得刊发或播发未取得中国证监会授予证券投资咨询业务资格证书或者证券投资咨询人员执业证书的机构或个人的关于证券市场、证券品种的走势，投资证券的可行性的任何形式的分析、预测或建议类的信息。

七、中国证监会将通过其国际互联网站对违反本通知的任何机构和个人予以曝光或谴责，并根据违规事实依法暂停或撤销相关机构和个人的证券投资咨询业务资格；还将证券投资咨询机构及其执业人员遵守本《通知》的情况作为年度检查的依据之一。

对于违反本通知规定的媒体、机构或组织，中国证监会除视情况予以谴责或曝光外，还将视情节轻重移送其主管部门直至司法机关处理。

投资者或者客户因证券投资咨询机构、证券投资咨询执业人员的执业活动违法或者犯罪而遭受损失的，可依法提起民事诉讼，请求损害赔偿。

八、任何机构和个人有权对违反有关证券投资咨询的法律、法规、规章和本通知的行为进行监督，并可向中国证监会或其派出机构投诉或举报。

九、本通知自发布之日起实施。

中国证监会

二〇〇一年十月十一日

关于执行《客户交易结算资金管理办法》若干意见的通知

证监发[2001]121号

各证券监管办公室、办事处、特派员办事处，中国登记结算公司，上海、深圳证券交易所，各证券公司，各商业银行：

为切实执行《客户交易结算资金管理办法》(以下简称《管理办法》)，现就有关问题通知如下，请遵照执行：

一、商业银行客户交易结算资金存管业务资格

(一)客户交易结算资金存管银行类别

《管理办法》中的“存管银行”按业务对象进一步分为证券公司营业部存管银行、证券公司法人存管银行、结算银行和证券公司主办存管银行。

证券公司营业部存管银行是指证券公司的营业分支机构存放其客户交易结算资金的存管银行。

证券公司法人存管银行是指证券公司法人可以在其存放客户交易结算资金的存管银行。

结算银行是指结算公司通过其办理证券交易资金结算划拨业务的存管银行。

证券公司主办存管银行是指证券公司在其开立自有资金专用存款账户的存管银行。

(二)各类存管银行的条件：

1、证券公司营业部存管银行应符合《管理办法》第二十五条有关条款的要求。

2、商业银行向证监会申请证券公司法人存管银行业务资格时，除符合《管理办法》第二十五条有关条款的要求，还应达到下列条件：

(1)净资产在10亿元人民币以上，总资产在150亿元人民币以上，分支机构个数在50以上；

(2)具有全国范围内实时汇划系统，或与具有全国范围内实时汇划系统的商业银行签定了代理资金汇划协议，能保证证券公司法人和其分支机构之间的资金划转达到《管理办法》第二十五条第二款的要求。

证券公司法人存管银行当然获得营业部存管银行的业务资格。

3、商业银行向证监会申请结算银行业务资格时，除符合《管理办法》第二十五条有关条款的要求，还应达到下列条件：

(1)净资产在30亿元人民币以上，总资产在600亿元人民币以上，

分支机构个数在100以上;

(2)具有全国范围内实时汇划系统,或与具有全国范围内实时汇划系统的商业银行签定了代理资金汇划协议,能保证证券公司法人和其分支机构之间的资金划转达到《管理办法》第二十五条第二款的要求。

(3)在北京、上海、深圳三个城市中均各有一家可以办理资金结算业务的分支机构;

(4)能达到结算业务需要的其它条件。

结算银行当然获得法人存管银行的业务资格。

4、取得结算银行资格的商业银行,可以向证监会申报证券公司主办存管银行资格。

(三)存管银行业务资格的申报和审批程序

1、商业银行按照《管理办法》及本通知向证监会申请证券交易结算资金存管业务资格,应报送以下文件:

(1)商业银行客户交易结算资金存管业务资格申请表(申请表附后)。

(2)支持本业务的资金汇划系统和专户数据报备系统的基本情况,主要包括系统运行状况、时效性、集中度和安全性程度。

(3)与具有全国范围内实时汇划系统的商业银行签定的代理资金汇划协议(在申请银行无全国范围内资金实时汇划系统的情况下)。

(4)证券交易结算资金存管业务管理办法和操作规程。

(5)有关业务部门的设置和人员情况。

(6)上一年度经审计年报。

(7)证监会要求的其它文件。

2、证监会收到商业银行申请文件后,对文件内容进行审核,并对专户数据报备系统进行验收。证监会对商业银行的申请文件进行审核的工作时间原则上不超过20个工作日。作出批复后向社会公布获得各类存管业务资格的存管银行名单。

存管银行向中国人民银行备案后,即可开办相应的证券交易结算资金存管业务。

3、存管银行因违反《管理办法》以及本通知的有关规定,或经中国人民银行认定不再具有足够的抗风险能力和良好的经营业绩,或不再符合营业部存管银行、法人存管银行、结算银行、主办存管银行的相应条件的,证监会可依法取消其相应的业务资格,并向社会公布;前述银行在被调查期间,不得再增加新的存管及结算业务。

二、专用存款账户的报备与管理

(一)证券公司法人应通过证券公司法人存管银行的营业分支机构,向证监会提出客户交易结算资金专用存款账户的报备申请;同时,通过证券公司主办存管银行的营业分支机构,向证监会提出自有资金专用存款账户的报备申请。

证券公司报备的客户交易结算资金专用存款账户和自有资金专用存款账户可以是现有银行账户,也可以是新开立的银行账户。

(二)证券公司营业分支机构开立客户交易结算资金专用存款账户,应在经证券公司法人同意后,通过存管银行的营业分支机构,向证监会提出客户交易结算资金专用存款账户的报备申请。

(三)存管银行总行汇总其分支机构受理的证券公司及其营业分支机构专用存款账户报备申请后,应及时向证监会报备,并将报备结果通知证券公司。在证监会未接受备案前,该账户不得启用。

通过存管银行向证监会报备后,证券公司无需按《管理办法》第九条的规定再向证监会报备。

(四)证券公司应在存管银行资格认定后一个月内将客户交易结算资金转入已报备的客户交易结算资金专用存款账户。转账完毕后,原有的非报备银行账户,不得再用于存放客户交易结算资金,但可用于存放公司的其它资金。

(五)证券公司变更或撤消报备专用账户,应向原开户的存管银行营业分支机构提出申请,存管银行应及时向证监会报备。

通过存管银行向证监会报备后,证券公司无需按《管理办法》第十一条第一款、第三款规定再向证监会报备。

(六)证券公司开立的客户交易结算资金专用存款账户、自有资金专用存款账户,如果作为法人结算指定收款账户,应依照结算公司的业务规定办理相关手续。

证券公司应将在证监会报备的自有资金专用存款账户作为预留在结算公司的自有资金指定收款账户。

(七)结算公司在结算银行开立、变更或注销自有资金专用存款账户、清算备付金专用存款账户和验资专户,应通过结算银行向证监会报备。在证监会未接受备案前,该账户不得启用或擅自注销。

通过结算银行向证监会报备后,结算公司无需按《管理办法》第十条第二款以及第十一条第二款、第三款规定再向证监会报备。(八)证券公司、结算公司因业务需要在商业银行开立的非专用自有资金账户不需要报备。

(九)证券公司的自有资金与客户交易结算资金之间的往来结算事项,只能通过证券公司在结算公司开立的清算备付金账户进行中转和处理。

严禁证券公司在公司自有资金账户和客户交易结算资金专用存款账户之间直接划转资金。

(十)证券公司营业分支机构开立的客户交易结算资金专用存款账户可用于客户的转账和提现;证券公司法人开立的客户交易结算资金专用存款账户可用于客户的转账,但不可用于客户的提现。其转账和提现办法应遵守中国人民银行的有关规定。

证券公司的营业分支机构按客户要求向银行发出客户交易结算资金转账指令,应向银行提供该划款确为按客户要求办理的文件。

(十一)证券公司根据《管理办法》第六条和第八条规定确定主办存管银行并开立自有资金专用存款账户,并只能通过该账户完成与清算备付金账户之间的自有资金划拨事项。

(十二)证券公司可按照《管理办法》第六条规定的原则,选择多家证券公司法人存管银行用于存放证券公司法人的客户交易结算资金。

(十三)证券公司可依据结算公司的业务规定,选择结算银行完成与证券交易资金结算有关的资金划拨业务。

(十四)证券公司变更其主办存管银行,应提前一个月向证监会提出书面报告,说明变更原因。证监会表示无异议后,由其新选择的主办存管银行向证监会提出自有资金专用存款账户报备申请。经证监会确认后,原主办存管银行应配合证券公司将其自有资金转入新报备的自有资金专用存款账户。

(十五)存管银行和结算银行应于每月5日前(逢节假日顺延)向证监会报告专用存款账户的上月末资金余额,证券公司应在每月5日(逢节假日顺延)前报送上月末的代买卖证券款、受托资金、受托资产余额。

(十六)结算公司应将证券交易结算资金分别按证券公司自有资金和客户资金进行统计。

(十七)结算公司应统计每日各证券公司清算备付金中的证券公司自有资金和客户资金的账面余额、各证券公司清算备付金账面余额和结算公司验资专户账面余额,并在每月5日前(逢节假日顺延)向证监会报送上月末资金余额统计结果。

(十八)证监会可根据监管需要随时要求存管银行、结算银行、结算公司和证券公司报送上述有关数据。

(十九)证券公司、结算公司因业务需要在商业银行开立的非专用自有资金账户不需要报备。

(二十)证券公司办理证券经纪业务如果与银行合作,委托银行办理客户资金的冻结或转账,可以在存管银行开立过渡性账户,用于存放客户当日买卖证券的资金。该账户的资金限于在证券公司内部账户之间划拨或与结算公司直接划拨,不得用于客户提现,不必向证监会报备,但清算资金在资金交收日应清零。

三、结算公司、证券公司和结算银行的业务约定

(一)证券公司按本通知规定向结算公司划入清算备付金时,必须注明该笔资金性质,未注明的视为客户资金。若划入的是自营资金,汇款账户必须是其自有资金专用存款账户,结算银行必须将该信息报送结算公司用于统计。证券公司划出清算备付金时,结算公司根据证券公司在结算公司预留的银行收款账号性质进行统计。

(二)结算公司对于可统计到证券账户的清算资金,按照备案证券账户性质分别计入证券公司的自有资金和客户资金。

(三)结算公司依照备案证券账户性质分别统计证券公司自有资金和客户资金的业务包括:买卖差、经手费、证券监管费用、过户费、印花税、权证认购、派息、国债发行、新股发行、可转债回售赎回等。

(四)结算公司将以下资金往来全部作为证券公司自有资金统计:风险基金、开户费、席位年费、通讯费、证券监管费用、登记费、权证认购手续费、印花税返款(证券公司退税)、数据服务费、转托管费、买空罚款(交收透支罚款)、卖空冻结、卖空冻结利息、卖空罚款等。

(五)结算公司对于实物债券、国债回购业务的清算资金,按照成交记录中证券账户的性质分别计入证券公司的自有资金和客户资金,未列示证券账户的,计入客户资金。

(六)证券公司向客户收取佣金、受托投资管理收入等费用,或归还所挪用的客户交易结算资金、计付利息可以随时进行账务处理,但应于每月5日(逢节假日顺延)向结算公司报送上月此类业务的数额,结算公司按此数额调整证券公司清算备付金中的自有资金和客户资金。

证券公司应保证在前款规定的资金性质变更后,其清算备付金账户中的客户资金余额大于零。

(七)《管理办法》实施当日,结算公司将证券公司清算备付金中的自有资金视为零,并以此作为自有资金统计的期初余额。

四、证券公司挪用客户交易结算资金的判断公式

(一)证券公司挪用客户交易结算资金的判断公式是:

挪用金额=(代买卖证券款+受托资金)-(客户资金银行存款+客户清算备付金存款+交易保证金+受托资产)

公式中所指客户包括经纪业务客户和受托投资管理客户。

当公式计算值≤0时,表明证券公司未挪用客户交易结算资金。

当公式计算值>0时,表明证券公司已挪用客户交易结算资金,其挪用金额为公式的计算值。

(二)证券公司所属分支机构挪用客户交易结算资金的判断公式是:

挪用金额=(分支机构代买卖证券款+受托资金+公司其他部门存入的客户资金)-(客户资金银行存款+受托资产+上存公司总部的客户资金)

公式中所指客户包括经纪业务客户和受托投资管理客户。

当公司计算值≤0时,表明证券公司所属分支机构未挪用客户交易结算资金。

当公式计算值>0时,表明证券公司所属分支机构已挪用客户交易结算资金,其挪用金额为公式的计算值。

五、其它事宜

(一)证券公司应在《管理办法》实施前一个月向证监会和结算公司备案用于自营业务的证券账户。

(二)证券公司新增、注销或变更用于自营业务的证券账户,应及时向证监会和结算公司备案。

(三)存管银行应在每年1月末前向证监会报送其上一年度的存管业务报告,在6月末前报送其上一年度经审计的年度报告。

(四)证券公司及其分支机构在存管银行存入客户交易结算资金前,可向该存管银行的当地人民银行监管行提出了解其抗风险能力和经营业绩的请求。

(五)证监会将逐步加大对客户交易结算资金账户的监管力度,适时推出更为严格的监管措施。

附件:1、存管银行资格申请表

2、客户交易结算资金监控系统数据接口规范

(附件内容请到证监会网站 http://www.csrc.gov.cn 查询)

中国证监会

二〇〇一年十月八日

关于拟发行新股的上市公司中期报告有关问题的通知

证监会司字[2001]69号

目前,上市公司中期报告披露工作已经开始,根据《中国证券监督管理委员会令》第1号—《上市公司新股发行管理办法》第十六条的规定,对拟发行新股的上市公司中期报告有关问题通知如下:

一、最近3年审计意见均为标准无保留意见的,其申请材料提交发审委审议的时间不受中报披露时间的影响,但应在刊登招股文件前提供已公告的半年度财务会计报告。

二、最近3年审计意见存在非标准无保留意见的,若发行申请于6月30日前提出但发行时间在6月30日以后,按如下情况处理:

(一)申请材料在6月30日前提交发审委审议通过的,应在刊登招股文件前提供已公告并经审计的半年度财务会计报告;

(二)最近3年审计意见存在带解释性说明段的无保留意见、保留意见、拒绝表示意见或否定意见的,或申请材料在6月30日前提交发审委审议但未获通过的,应在申请材料提交发审委审议前提供已公告并经审计的半年度财务会计报告。

三、最近3年审计意见存在非标准无保留意见且发行申请于6月30日后提出的,应在申请材料提交发审委审议前提供已公告并经审计的半年度财务会计报告。

四、上市未满3年及重大重组后距本次发行不满1个会计年度的,应参照本通知第二、三条的规定执行。

五、申请材料在中期报告法定披露期限后提交发审委审议的,均应提供已公告的半年度财务会计报告。

六、中国证监会可以在必要时要求发行人提供相关的财务会计资料。

中国证监会

二〇〇一年七月九日

关于上市公司、拟首次发行股票并上市的公司做好与新会计准则和制度相关信息披露工作的通知

证监会计字[2001]14号

各上市公司、拟首次发行股票并上市的公司:

2000年年末及2001年初,财政部相继发布了《关于印发〈企业会计准则—无形资产〉等8项准则的通知》(财会[2001]7号)、《关于印发〈企业会计制度〉的通知》(财会[2000]25号)和《关于印发贯彻实施〈企业会计制度〉有关政策衔接问题的规定的通知》(财会[2001]17号)。为了做好上市公司、拟首次发行股票并上市的公司与新会计准则和制度相关的财务信息披露工作,现将有关事项通知如下:

一、各上市公司、拟首次发行股票并上市的公司应认真学习财政部

发布的新会计准则和制度。

二、上市公司应按如下原则做好2001年中期报告的信息披露工作。

(一)按照新会计准则和制度及其补充规定,编制2001年中期报告中的比较财务报表;在比较财务报表中增加一栏,按照新会计准则和制度及其补充规定披露2000年年度利润表数据;披露按照新会计准则和制度及其补充规定计算的2000年度相关财务报表数据和指标;在财务报表附注说明新会计准则和制度及其补充规定对公司2000年度财务状况和经营成果的影响。

(二)应确保2001年中期报告中比较财务报表及相关数据和指标的准确性。如果2001年年度报告中经注册会计师审计的比较财务数据和2001年中期报告相应数据不同,公司董事会应在2001年年报中对差异的原因及其影响作出解释,并承担相应的责任。

(三)在对固定资产、在建工程、无形资产及委托贷款计提减值准备时,应参照《关于上市公司做好各项资产减值准备等有关事宜的通知》(证监公司字[1999]138号)和《关于提高上市公司财务信息披露质量的通知》(证监会计字[1999]17号),履行必要的程序。

(四)因本次会计政策变更,导致2000年末未分配利润为红字的,公司董事会应在履行必要的程序后提出切实可行的解决方案。

三、拟首次发行股票并上市的公司应按如下原则做好与新会计准则和制度相关的信息披露工作。

(一)已公开发行股票、但尚未上市的公司应在上市公告书的显著位置披露新会计准则和制度对公司财务状况、经营成果、财务指标、以及其他有关内容的具体影响。

(二)2001年6月30日前已经获发审委审核通过的公司,应在招股说明书显著位置补充披露新会计准则和制度对公司财务状况、经营成果、财务指标以及其他有关内容的具体影响。

(三)2001年6月30日前未能够获发审委审核通过的公司,其申报材料中三年又一期财务报告及相关数据和指标应按新会计准则和制度编制。

(四)公司招股说明书和上市公告书编制的盈利预测应按新会计准则和制度编制。

(五)因本次会计政策变更导致以前年度利润超分配的,公司应采取有效措施进行弥补,以避免损及新股东的利益,并在招股说明书中对此予以披露。

中国证券监督管理委员会

二〇〇一年六月二十六日

关于申请设立基金管理公司若干问题的通知

证监基金字【2001】10号

各证券监管办公室、办事处、特派员办事处,上海、深圳证券交易所,各有关机构:

为进一步规范基金管理公司的设立行为,促进基金管理公司发起人依法运作、严格自律,根据《证券投资基金管理暂行办法》(以下简称《暂行办法》)第二十四条第(七)项的规定,现就申请设立基金管理公司若干问题通知如下:

一、基金管理公司的主要发起人应当是依法设立的证券公司或信托投资公司,其他市场信誉较好、运作规范的机构也可以作为发起人参与基金管理公司的设立。

二、基金管理公司可以采取有限责任公司也可以采取股份有限公司的组织形式;基金管理公司采用股份有限公司方式的,应当以发起方式设立。

三、符合《暂行办法》第二十四条规定条件的机构(以下简称"申请人")申请设立基金管理公司,除需按有关规定提交申请材料外,还应当按照本通知的要求,做好以下准备工作:

(一)规范证券投资行为

申请人已在证券交易所开户并从事权益类证券投资活动的,应当参照中国证监会《关于规范证券投资基金运作中证券交易行为的通知》(证监发【2001】29号)的要求,向证券交易所提交自律承诺书,承诺严格规范其证券投资活动。

(二)自觉接受监管

已提交自律承诺书的申请人应当向其注册地的中国证监会派出机构提交下列材料:

1、申请人基本情况,内容至少应当包括:(1)申请人名称与从事业务性质;(2)资金帐户与股东帐户(自有与委托管理帐户及其关联帐户);(3)对证券交易行为负领导和直接责任人员的详细情况;(4)证券投资管理制度;(5)最近3年从业遵规守法情况;(6)机构法人与其股东及参股公司之间的关系等;

2、向证券交易所提交的自律承诺书;

3、中国证监会依据法律法规要求其补充的其他材料。

申请人基本情况发生重大变化的,应及时将变更后的有关材料提交注册地的中国证监会派出机构。

(三)开展准备工作

已提交自律承诺书和相关备案材料的申请人在申请筹建基金管理公司期间,可参照中国证监会有关基金管理公司规范运作的规定,就完善拟设立的基金管理公司治理结构,加强内部控制和风险防范机制,制定员工行为规范和纪律程序,开展对外交流活动等做好先期准备工作,并应在其申报材料中予以说明。

四、中国证监会派出机构应对辖区内申请人遵守自律承诺书的情况进行监督;证券交易所应对申请人证券投资与交易行为进行监控。

五、申请人提交自律承诺书的日期到其提出基金管理公司设立申请之日的时间间隔原则上应不少于12个月。在本通知印发以前经中国证监会确认已正式提交设立申请的除外。

六、受理基金管理公司的设立申请前,中国证监会将向证券交易所、相关派出机构了解申请人提交、遵守自律承诺书的情况以及最近1年内证券投资行为是否符合规范要求的情况;经了解发现申请人有不遵守其自律承诺的行为的,中国证监会将不受理其作为基金管理公司发起人的申请,涉嫌违反法律法规的,另行调查处理。

七、承担原有投资基金清理规范工作的基金管理公司筹备组原则上比照以上要求办理相关事项,确有特殊情况的,视具体情况个别另行处理。

八、申请设立基金管理公司申报材料的制作和上报事宜另行通知。

中国证券监督管理委员会

二〇〇一年五月二十五日

关于规范证券投资基金运作中证券交易行为的通知

2001年2月26日　证监发[2001]29号

各基金管理公司,各托管人,上海、深圳证券交易所:

为进一步加强证券投资基金(以下简称"基金")监管,规范基金运作,维护基金投资人的合法权益,根据《证券投资基金管理暂行办法》及有关规定,现就规范基金运作中证券交易行为的有关问题通知如下:

一、各基金管理公司及基金从业人员应当提高认识,转变观念,明确自身的法律主体性质;竭诚为基金投资人服务,在证券投资交易活动中应当与其他社会投资人履行相同的义务。

二、各基金管理公司应当以取信于市场、取信于社会投资公众为宗旨,按照诚实信用原则,更新投资理念,调整和规范现有的投资决策制度。

三、各基金管理公司应当调整和完善内控制度和各项决策程序,明确各个岗位对保证规范交易行为的责任;要对公司职员强化职业操守规范,对基金经理等主要投资管理人员,加强法 律意识、行业规范,品行操守等方面的监督和约束,并通过完善的制度确保其守法合规,严格自律。

基金经理必须对其管理的基金运作中涉及的交易行为负责,并向证券交易所提交自律承诺书,对偶然发生的异常交易行为要做出合理的解释。

督察员应恪尽职守,强化内部监察稽核和风险监控,及时、准确地发现公司管理制度中的缺陷和不足,对发生的异常交易行为要及时报告,并提出有效的改进措施。

四、各基金管理公司应当关注并接受社会公众对基金证券投资交易行为的合理评论和监督,及时根据证券交易制度的修订调整和修正基金的证券投资和交易行为。

五、证券交易所在日常交易监控中,应当将一个基金视为单一的投资人,将一个基金管理公司视为持有不同帐户的单一投资人,比照同一投资人进行监控。当单一基金或基金管理公司管理的不同基金出现异常交易行为时,证券交易所应根据不同情况进行以下处理:

1、电话提示,要求基金管理公司或有关基金经理做出解释;

2、书面警告;

3、公开谴责;

4、对异常交易程度和性质的认定有争议的,书面报告中国证监会。

六、各基金托管人应当加强监督意识,强化监控手段,增加对基金证券投资交易监督的人员和技术系统配备。当所托管基金出现异常交易行为时,各基金托管人应当针对不同情况进行 以下方式的处理:

1、电话提示。对媒体和舆论反映集中的问题,电话提示有关基金管理公司;

2、书面警示。对所托管基金投资比例接近超标、资金头寸不足等问题,以书面方式对有关基金管理公司进行提示;

3、书面报告。对所托管基金投资比例超标、清算资金透支以及其他涉嫌违规交易等行为,书面提示有关基金管理公司并报中国证监会。

七、中国证监会将建立基金运作中证券交易行为的定期分析制度,对有争议的问题,向社会各界广泛征求意见,对证据确凿的违法违规行为,严肃查处。

关于做好上市公司2001年年度报告有关工作的通知

各上市公司:

为做好上市公司2001年年度报告披露工作,根据《公开发行证券公司的信息披露内容与格式准则第2号〈年度报告的内容与格式〉》(2001年修订稿)的有关规定,现将有关事项通知如下:

一、上市公司有关人员应认真学习新年报准则和本所相关文件,严格按照年报准则和本所规定的时间编制、报送和披露经公司董事会审议通过的2001年年度报告。

二、上市公司年度报告编制期间,公司董事、监事、高级管理人员及其他涉密人员负有保密义务,在年度报告公布前,任何人不得以任何形式向外界泄漏年度报告内容。

三、若上市公司所得税优惠政策自2002年1月1日起终止将对公司未来业绩构成重大影响,公司应在2001年年度报告"重要事项"中予以披露。

四、公司应对照外经贸部公布的中国加入世界贸易组织法律文件的有关内容,在2001年年度报告"重要事项"中明确披露相关条款对公司未来经营活动的影响。

五、上市公司2001年年度报告正式披露之前,如果其年度业绩已经提前泄漏,上市公司应当立即公布公司2001年未经审计的财务数据,包括主营业务收入、主营业务利润、利润总额、净利润、净资产等。在注册会计师审计的过程中,如发现经审计的财务数据与已公布的财务数据出现重大差异(一般指差异在10%以上),公司应立即刊登公告,解释差异内容及其原因。

六、预计2001年度将亏损或者业绩水平大幅下降的上市公司,应在2001年结束后的30个工作日内发布业绩预警公告。获得宽限期的暂停上市公司刊登预亏公告方面的要求另从本所有关规定。业绩水平大幅下降一般指本年利润总额与上年相比下降50%以上(含50%)。经公司申请和本所批准,比较基数较小的公司(一般指上年每股税前收益绝对值在0.05元以下的公司)可以豁免披露业绩预警公告。

预计2001年度业绩水平将大幅上升(一般指本年利润总额与上年相比上升50%以上)的公司,也应在2001年结束后的30个工作日内刊登相关提示性公告。经公司申请和本所批准,比较基数较小的公司可以豁免披露相关提示性公告。

七、凡在2001年12月31日之前上市的公司,应于2002年4月30日前完成年度报告的编制、报送及披露工作。其中,年度报告全文登载于中国证监会指定的本所网站(www.sse.com.cn)上,年报摘要同时刊登在指定报纸上。本所鼓励上市公司在自己的网站或网页上披露年度报告,但披露时间不得早于指定网站。在2002年1月1日至4月30日期间新上市的公司,如在上市公告书中未披露2001年度业绩的,公司应于2002年4月30日前按要求披露2001年年度报告全文和摘要。

八、为避免上市公司年度报告过于集中披露,根据均衡披露原则,本所每日最多安排35家上市公司公布年度报告。上市公司应按照本所确定的时间,安排2001年年度报告编制工作,并于预约日期披露年度报告。如确系特殊原因,公司需提前或推迟披露年度报告,则必须提前五个工作日向本所提出书面申请,陈述理由并明确变更后的拟披露日期,经本所批准后公告。本所原则上只接受一次变更申请。

九、在审议通过2001年年度报告的董事会会议上,董事会应对以下事项作出决议并公告:

1. 本年度利润分配方案。若2001年度实际实施的利润分配政策与2000年年度报告预计的分配政策存在差异,公司应说明差异的情况及原因。

2.预计公司下一年度利润分配政策。包括公司分配利润的次数;公司下一年度实现净利润用于股利分配的比例,公司本年度未分配利润用于下一年度股利分配的比例;分配主要是采用派发现金还是送红股的形式,并明确现金股息占全部股利的比例。

3.预计公司下一年度资本公积金转增股本的次数和比例。

十、若公司因追溯调整而出现连续三年亏损,签字注册会计师应在审计报告完成后五日内,分别向中国证监会、证券交易所作出书面报告,说明追溯调整的原因、过程及影响。同时,公司也应在与年度报告同时披露的董事会公告中详细说明追溯调整的情况,如因会计差错追溯调整而出现连续三年亏损,公司还应在公告中提醒投资者注意退市风险。

十一、公司应在审计报告出具后两个工作日内完成年度报告编制工作,并且在董事会依法履行年度报告审议程序后两个工作日内由专人向本所报送以下文件:

1、2001年年度报告正本及摘要打印稿各一份;

2、审计报告原件一份;

3、包括用作网上披露的年报全文(pdf格式)、年报全文的word文件、财务报表的excel文件(制作要求见附件一)在内的磁盘一式两份;

4、董事会审议通过年度报告的决议和监事会审议通过年度报告中监事会报告的决议各一份;

5、2001年年度报告披露申请表、年报登记表、拟披露的公告及相关的公告披露申请表各一份;

6、本所要求的其他文件。

公司应另行准备足够数量的年度报告摘要文本及磁盘,以供指定报刊排版之用,刊登的年报摘要字号应不小于六号字。

十二、上市公司应在公布年度报告前一个交易日下午3:30之前将第十一条所述文件送达本所。在本所办理登记并获得书面确认后,公司方可自行与选定的指定报刊联系年度报告摘要刊登事宜。

十三、上市公司在2002年4月30日前确有困难,无法完成2001年年度报告的,公司应在2002年4月15日前向本所提交说明报告,并同时在报刊上公布延期披露2001年年度报告的原因及最后期限。本所将自5月1日起对其股票实施停牌,直至其公布年度报告的交易日下午复牌,同时本所将对公司及相关人员予以公开谴责。

十四、若公司被会计师事务所出具了非标准无保留意见的审计报告,会计师事务所和公司应在审计报告完成十日内,分别向中国证监会、证券交易所就有关情况作出书面报告,说明审计意见涉及事项对报告期内公司财务状况和经营成果的影响及公司拟采取的解决方案。

十五、若公司被会计师事务所出具了拒绝表示意见或否定意见的审计报告,公司应自披露2001年年度报告之日起,至所涉及事项解决或2002年中期报告披露之日止,每半个月披露一次风险提示性公告。公告中应明确说明公司近期经营状况及所涉及事项的解决情况。

十六、已发行境内上市外资股的公司应当同时在境外刊登年度报告英文版,在境外刊登的年度报告中,其财务报告应当按照国际会计准则进行调整。在境内外刊登的年度报告中均应披露按两种不同会计制度计算的净利润并说明差异。公司在年度报告披露后还应将刊登年度报告的境外报纸报送本所备案。

十七、公司披露2001年年度报告的时间不得迟于2002年第一季度报告的披露时间。

上海证券交易所

二〇〇一年十二月二十日

附件一:2001年年度报告电子文件制作要求

一、2001年年报电子文件暂停使用报盘系统,由上市公司自行使用Microsoft office的word和excel办公软件编辑、生成。报送文件必须包括用作网上披露的年报全文(PDF格式)、年报全文的word文件、财务报表的excel文件。以上三种文件的具体制作要求和方法分别为:

1、PDF文件:是证监会指定的上市公司披露信息网上披露的文件格式,文件内容必须是按照2001年年报披露规则制作的正本。以往该文件由报盘系统生成,由于2001年年报不采用报盘系统,上市公司必须购买相应的word→pdf的专用转换软件,该软件由美国adobe公司开发,享有知识产权,请上市公司购买相应的正版软件。目前普遍使用的软件名称为:adobe acrobat 5.0 中文版,购买地点及技术支持详见:上交所网站"上市公司联络-定期报告栏"。

文件名:股票代码+2001+nb.pdf (样式:6006002001nb.pdf)

2、Word文件制作要求:Word中文文档以中文简体字体存储;页面的纸张大小设为"A4",方向设为"纵向";报告正文字体设为"宋体",字号设为"小四号",表格内容字体不小于"小五号"字体;正文行间距设为单倍行距。(请特别注意控制财务报表嵌入word文件时的文件宽度,建议将三大报表拆分嵌入)。

文件名:股票代码+2001+nb.doc (样式:6006002001nb.doc)

3、为便于数据采集,年报的三大财务报表以excel存放,资产负债表、利润表、现金流量表存放在一个excel文件的对应名称的三个不同表中,报表格式按照财政部有关股份公司会计报表编制要求,报表科目呈纵向排列。

文件名:股票代码+2001+bb.xls (样式:6006002001bb.xls)

二、 上市公司必须将以上年报电子文件分别拷贝在两个不同的磁盘中报送到上市部,磁盘报送前必须进行必要的查毒杀毒工作。有关在指定报刊上刊登的年报摘要电子文件由各上市公司自行安排。

三、 给证监会报送和交易所审核所需年报数据由交易所另行聘请专业公司加工整理

四、2001年年报电子文件制作咨询方法:

1、各上市公司分管人员(即上市部联系人)

2、专用电子信箱:list@sse.com.cn

3、专用咨询电话:021-68812036

4、专用咨询传真:021-68811782

关于做好上市公司2001年年度报告工作的通知

各上市公司:

为做好上市公司2001年年度报告披露工作,根据《公开发行证券的公司信息披露内容与格式准则第2号〈年度报告的内容与格式〉》(2001年修订稿)和《深圳证券交易所股票上市规则》的有关规定,现将上市公司2001年年度报告的有关事项通知如下:

一、上市公司董事会应当组织相关人员认真学习中国证监会和本所关于2001年年度报告的有关文件,严格按照中国证监会和本所的要求编制和披露2001年年度报告。

二、凡股票在2001年12月31日前上市的公司,应当在2002年4月30日前完成2001年年度报告的编制、报送及披露工作,且不得晚于公司2002年第一季度季度报告的披露时间。

上市公司预计不能在2002年4月30日前公布年度报告的,公司应当在2002年4月15日前向本所提交书面说明,并在报刊上公布延期披露2001年年度报告的原因及最后期限。本所自2002年5月1日起对其股票实施停牌,直至其公布年度报告的当日下午开市时复牌,同时本所将对公司及相关人员予以公开谴责。

三、为了避免上市公司2001年年度报告的披露过于集中,根据均衡披露的原则,上市公司应当在本所确定的披露期限前公布年度报告。如遇特殊情况,不能在确定的期限前披露的,应当至少提前五个工作日向本所提出申请并说明原因。本所按每日最多安排25家公司公布年度报告的原则,视具体情况进行调整。

四、已发行境内上市外资股的公司应当同时在境外刊登年度报告英文版,在境外刊登的年度报告中,其财务报告应当按照国际会计准则进行调整。在境内外刊登的年度报告中均应披露按两种不同会计制度计算的净利润并说明其差异。

发行境内上市外资股的上市公司应当在年度报告披露后将两份刊登年度报告摘要的境外报纸报送本所备案,同时上市公司应当将年度报告送达主要境外股东。

五、在2001年会计年度结束后,如果上市公司预计可能发生亏损或者盈利水平较上年出现大幅变动的(利润总额增减50%或以上),上市公司应当在年度结束后30个工作日内及时刊登预亏公告或业绩预警公告。比较基数较小的公司(一般指上年每股收益的绝对值在0.05元以下的公司)可以豁免披露业绩预警公告。

如果预计出现最近三年连续亏损,上市公司还应当在披露2001年年度报告前至少再发布两次预亏公告。

六、上市公司在审议通过年度报告的董事会会议上,董事会应对以下事项作出决议并公告:

(一)2001年度利润分配方案。如果公司本年度盈利,且作出不分配的方案,应当说明不分配的原因及资金使用安排。

若本年度利润分配方案与董事会在审议2000年度报告时预计的2001年度利润分配政策不一致的,董事会应当说明原因并公告。

(二)预计公司下一年度利润分配政策。包括公司分配利润的次数;公司下一年度实现净利润用于股利分配的比例,公司本年度未分配利润用于下一年度股利分配的比例;分配主要是采用派发现金还是送红股的形式,并明确现金股息占股利分配的比例。

(三)预计公司下一年度资本公积金转增股本的次数和比例。

七、上市公司董事会应当在审议通过年度报告后两个工作日内派专人向本所报送下列文件：

1.2001 年年度报告正文；

2.2001 年年度报告摘要；

3.2001 年审计报告原件；

4.有关董事会决议；

5. 载有 2001 年年度报告 PDF 文件、WORD 文件、财务数据的软盘(上市公司应当使用"深交所上市公司信息披露上报系统 7.0 版"生成报送盘)；

6.2001 年年度报告信息公告(格式见附件一)；

7.董事会关于 2001 年年度报告的刊登时间、报刊名称及申请股票停牌的书面文件；

8.董事会关于保证上报的电子文件与书面文件内容一致的承诺函；

9.会计师事务所出具的有关说明(如适用)；

10.本所要求的其他文件。

上市公司应当在提交上述文件并经本所登记确认后，自行在指定报刊公布年度报告摘要，同时在中国证监会指定的国际互联网站(网址为：http://www.cninfo.com.cn)公布 PDF 格式的年度报告正文。

公司应当于公布年度报告前一个交易日下午 3:30 以前将上述文件报送本所。如于交易日公布年度报告，当日上午公司股票停牌半天。

八、上市公司除在中国证监会指定的网站上披露年度报告正文外，还可以在上市公司自己的网站上披露，但披露时间不得早于指定网站。

九、如果上市公司所得税优惠政策自 2002 年 1 月 1 日起发生变化，且对公司未来业绩产生重大影响的，公司应当在年度报告的"重要事项"披露。

十、上市公司应当对照外经贸部公布的中国加入世界贸易组织法律文件的有关内容，在重要事项中明确披露相关条款对公司未来经营活动的影响。

十一、如果会计师事务所出具的审计报告为有解释性说明、保留意见、无法表示意见或否定意见的审计报告，上市公司应当在收到审计报告后两个工作日内向本所报告并书面说明有关情况，同时还应当向本所提交会计师事务所对审计意见的有关说明，包括审计意见对报告期内公司财务状况和经营成果的影响金额；涉及盈亏变化的，应当明确说明。

如果会计师事务所出具的审计报告为无法表示意见和否定意见的审计报告，上市公司董事会在 2001 年年度报告披露完成后每半个月发布一次公告，披露其经营状况及审计意见涉及事项的解决情况，直至所涉及事项已解决。

十二、如果因追溯调整导致公司出现最近三年连续亏损的，上市公司应当要求会计师事务所向本所提交追溯调整原因的书面说明，包括因国家有关会计政策调整导致追溯调整各年度财务状况和经营成果的影响金额，因会计差错追溯调整各年度财务状况和经营成果的影响金额；涉及盈亏变化的，应当分别说明。

如果因会计差错追溯调整而出现最近三年连续亏损的，公司还应当在董事会决议公告中详细说明原因并提示风险。

十三、在上市公司 2001 年年度报告正式披露之前，如果其年度业绩已经提前泄露，上市公司应当立即发布公司 2001 年未经审计的财务数据，包括主营业务收入、主营业务利润、利润总额、净利润、净资产等。

在注册会计师审计的过程中，如发现经审计的财务数据与已公布的财务数据出现重大差异(即差异在 10%以上)时，公司应当立即刊登公告，解释差异内容及其原因。

十四、上市公司应当召开监事会，审议年度报告中的"监事会报告"，对其中的相关议案形成决议，并与年度报告摘要同时公布。

十五、本所对上市公司年度报告进行事后审查，上市公司应当在收到本所的审查意见后两个工作日内就相关问题作出书面解释说明。如果上市公司年度报告中存在有错误、虚假陈述、误导或重大遗漏等情况，公司应当在收到本所审查意见的两个工作日内在相同指定报刊及网站上刊登补充公告。

十六、本次年度报告工作情况将作为本所对上市公司董事会秘书进行考核的一项重要内容。

特此通知。

深圳证券交易所

二〇〇一年十二月十九日

附件一：

"(股票简称，如有 B 股亦注明)______"(股票代码______)

公布 2001 年年度报告及董事会决议公告

______股份有限公司将于 2002 年____月____日公布 2001 年年度报告及董事会决议公告，(股票简称，如有 B 股亦注明)"" 将于 2002 年____月____日上午 9 点 30 分起停牌半天，2002 年月____日下午 1 点整起恢复交易。

一、主要财务指标：

	2001 年	2000 年	2001 年比 2000 年增减
净利润(万元)			%
每股收益(元)			%
每股净资产(元)			%
净资产收益率(%)			%

二、2001 年利润分配、公积金转增股本、再融资预案及年度股东大会召开时间

1、2001 年利润分配及公积金转增股本预案：

2、本次董事会审议的 2002 年再融资预案：

3、年度股东大会召开时间：2002 年____月____日____时

股份有限公司

董事会(盖章)

关于基金管理公司设立审核程序有关问题的通知(征求意见稿)

关于征求对《关于基金管理公司设立审核程序有关问题的通知》(征求意见稿)修改意见的通知

各有关机构：

为积极探讨、推进基金管理公司设立审核制度的市场化改革，进一步规范基金管理公司的设立行为，现将《关于基金管理公司设立审核程序有关问题的通知》(征求意见稿)上网征求意见，请你们于本月 21 日前将修改意见与建议反馈中国证监会基金部。

同时，为广泛吸收对基金管理公司设立审核制度的意见，欢迎投资者和社会各界积极参与。

联系电话：010-88061420　　传真：010-88061446

电子邮箱：miaojw@csrc.gov.cn

中国证监会

二零零一年八月十五日

各证券监管办公室、办事处、特派员办事处，上海、深圳证券交易所，各有关机构：

为推进基金管理公司设立审核制度的市场化改革，规范基金管理公司的设立行为，根据《证券投资基金管理暂行办法》(以下简称《暂行办法》)和《关于申请设立基金管理公司若干问题的通知》(以下简称《通知》)，现就基金管理公司设立的有关问题通知如下：

一、符合《暂行办法》和《通知》规定条件、拟作为基金管理公司发起人的机构(以下称"申请人")，由主要发起人负责，向中国证券监督管理委员会(以下简称"中国证监会")申请设立基金管理公司。

二、申请人应当授权基金管理公司筹备组具体承办基金管理公司设立申请事宜。

筹备组由基金管理公司的拟任董事长、高级管理人员或基金经理等人员组成。

三、申请人应当保证所提交的基金管理公司设立申报材料真实、完整、准确、合规。一旦发现有虚假、隐瞒或重大遗漏的,中国证监会将在1年内不再受理其基金管理公司设立申请。

四、设立基金管理公司应经过筹建和开业两个阶段,基金管理公司的筹建和开业须经中国证监会批准。

五、筹建申请的审核与批准

(一)申请人向中国证监会申请筹建基金管理公司,应提交符合本通知附件规定的筹建申请材料。

(二)中国证监会正式受理筹建申请后,组织对筹建申请材料进行初审,审核重点包括申请人资格、发起人协议、可行性报告、基金管理公司治理结构与内控机制、基金产品设计方案等。同时,按照基金从业人员资格的有关规定对筹备组成员进行考核。

(三)中国证监会在筹建审核工作中试行专家评议会制度(见附件二)。专家评议会委员由中国证监会的专业人员、会外的有关专家和社会知名人士担任。

(四)中国证监会自正式受理筹建申请之日起90个工作日内作出是否批准的决定,并书面通知申请人。未获批准的,原申请人于6个月内不得再次提出筹建申请。

(五)获准筹建的基金管理公司筹建期限为6个月,申请人在此期间应完成从业人员、注册资本、名称预核、办公场所及信息系统等有关准备工作。

如遇特殊情况,经中国证监会同意,筹建期限可适当延长,但最长不得超过1年。筹建期内不得开展基金管理和其它业务活动。

六、开业申请的审核与批准

(一)基金管理公司筹建就绪,由申请人向中国证监会提出开业申请,并提交符合本通知附件规定的开业申请材料。

(二)中国证监会自正式受理开业申请之日起60个工作日内作出是否批准的决定,并以书面形式通知申请人。

中国证监会派出机构负责对拟在辖区内注册的基金管理公司的注册资本、名称预核及办公场所等事项进行现场检查,并出具审核意见;证券交易所负责对拟设立基金管理公司的信息系统进行现场检查,并出具审核意见。

七、经批准开业的基金管理公司,应持中国证监会的批准文件到工商行政管理部门办理设立登记手续,并凭工商行政管理部门核发的《企业法人营业执照》和中国证监会的批准文件领取中国证监会颁发的《基金管理公司法人许可证》。

八、基金管理公司自成立之日起6个月内必须开业。逾期未开业者,原批准文件自动失效,由中国证监会收回《基金管理公司法人许可证》。但确因不可抗力的原因经中国证监会同意延期开业的,不受此限。

九、经批准设立的基金管理公司,需在中国证监会指定的报纸上向社会公告。

十、本通知自发布之日起实施,《关于申请设立基金管理公司有关问题的通知》(证监基字[1997]1号)同时废止。

附件:一、基金管理公司设立申报材料的内容与格式

二、基金管理公司筹建审核专家评议会制度

中国证券监督管理委员会

附件一:

基金管理公司设立申报材料的内容与格式

一、申报材料的纸张、封面及份数

(一)纸张

应采用幅面为209×295毫米规格的纸张(相当于A4纸张规格)。

(二)封面

1、筹建申报材料封面应标有"设立基金管理公司——筹建申请材料"字样、申请设立的基金管理公司名称、申请人名称;

2、开业申报材料封面标有"设立基金管理公司——开业申请材料"字样、申请设立的基金管理公司名称、申请人名称。

(三)份数

申报材料一式3份,其中至少1份为原件。

二、筹建申报材料目录

(一)申请报告

主要内容包括拟设立基金管理公司的名称、目的、设立方案、发起人资格条件等,应由各发起人签字、盖章。

(二)可行性报告

主要内容为设立基金管理公司的必要性与可行性。

(三)发起人情况

1、基本情况

主要内容包括公司名称、法定代表人、注册资本、住所、成立时间、批准机关、组织形式、经营范围及主要股东等;

2、法人资格及业务资格证明文件

包括《企业法人营业执照(副本)》(复印件)、证券经营机构的《经营证券业务许可证(副本)》(复印件)或金融机构的《金融机构法人许可证(副本)》(复印件);

3、实收资本及财务状况

(1)主要发起人经具有从事证券相关业务资格的会计师事务所审计的最近三年的财务报表及审计报告;

(2)其他发起人由具有从事证券相关业务资格的会计师事务所出具的实收资本验资证明。

4、自律情况说明

主要内容包括:各发起人自律备案时间、自律承诺内容、备案期间遵守自律承诺情况等。

(四)发起人协议

主要内容包括各发起人的出资金额与比例、发起人的权利与义务、发起人对基金管理公司筹备组的授权等。

(五)筹备组人员情况

主要内容包括筹备组成员名单、简历、拟任职务及最近三年内的遵规守法情况,还应提交至少2名筹备组成员过去3年内所从事股票投资管理的相关资料。

(六)基金管理公司设立先期准备工作情况说明

主要内容包括:相关法律法规的学习,对外交流与合作活动及效果,拟设立基金管理公司治理结构与内部风险控制制度准备,吸引海外人才与人员培训,基金产品设计等。

(七)公司章程(草稿)

(八)内部机构设置及职能

(九)内部管理制度

主要包括内部风险控制、监察、稽核、员工行为规范、投资管理、人事管理和财务管理制度等。

(十)基金产品设计方案

主要内容包括基金的投资理念、投资策略、投资目标和风险/收益特征等;开放式基金还应包括登记过户、认购与申购赎回、销售与市场推广管理、客户服务以及投资管理设计方案等。

(十一)具有从事证券法律业务资格的律师事务所及其律师对发起人协议、公司章程(草案)等出具的法律意见。

(十二)中国证监会要求提交的其他材料

三、开业申报材料目录

(一)筹建情况说明

主要说明从业人员、注册资本、名称预核、办公场所及信息系统等有关筹建工作的完成情况。

(二)现场检查审核意见

主要包括:注册地中国证监会派出机构出具的有关注册资本、名称预核、办公场所等的现场检查审核意见,证券交易所出具的信息系统现

场检查审核意见。

(三)任职申请与拟任从业人员情况

主要包括:拟任董事长、独立董事、高级管理人员、督察员的任职申请,拟任董事长、董事、监事、高级管理人员、督察员、基金经理的简历、学历证书,并详细说明上述人员取得基金从业资格及最近三年内的遵规守法情况。

(四)拟任独立董事承诺书

拟任独立董事按照《关于完善基金管理公司董事人选制度的通知》的规定,对其资格、独立履行职责等作出承诺。

(五)筹建与开业申报材料的电子文档(存放于磁盘上,2份)

(六)中国证监会要求提交的其他材料

附件二:

基金管理公司筹建审核专家评议会制度(试行)

第一章 总 则

第一条 为保证基金管理公司(以下简称“公司”)设立审核工作的公开、公平、公正,推进公司设立审核制度的市场化改革,制定本制度。

第二条 公司筹建审核实行专家评议会制度。专家评议会委员由中国证监会的专业人士、中国证监会以外的有关专家和社会知名人士担任。专家评议会对公司筹建申请以书面方式提出评议意见。

中国证监会参照专家评议会的意见,依照法律、法规及有关规定作出是否批准公司筹建的决定。

第三条 中国证监会基金监管部门负责召集专家评议会议、送达有关申报材料、起草会议纪要、保管档案等具体工作。

第二章 专家评议会委员的职责、权利与义务

第四条 专家评议会委员的职责是,根据有关法律法规并参照国际资本市场基金运作实践,对公司筹建申请进行评议,就公司的发起人资格、可行性报告、发起人协议、筹备组成员、治理结构与内控机制、基金产品设计方案等提出评议意见。

第五条 专家评议会委员依法履行职责时,享有下列权利:

(一)以个人身份参加评议会,独立发表意见,不受任何单位和个人的干涉。

(二)通过中国证监会及其授权机构调阅履行职责所必需的公司筹建申请有关材料。

第六条 专家评议会委员在履行职责时,应当遵守下列规定:

(一)认真审阅公司筹建申请材料,按时参加评议会,客观、公正地发表专业性意见;

(二)不得利用所得到的非公开信息为本人或者他人直接或间接谋取利益;

(三)不得以评议会委员身份从事商业活动;

(四)保守申请人的商业秘密;

(五)不得对外透露专家评议会议程、出席会议人员、讨论内容、审核意见及其他有关情况。

第七条 专家评议会委员在下列情况下,应当回避:

(一)委员或其亲属担任申请人或相关中介机构的董事、监事、高级管理人员的;

(二)有其他利害关系,可能影响其公正履行职责的。

前款第(一)项所称亲属,是指配偶、直系血亲、三代以内旁系血亲以及近姻亲。

第八条 专家评议会委员应当接受中国证监会的监督。

第三章 工作程序

第九条 每次参加专家评议会的委员的法定人数为5人,由中国证监会基金监管部门按照专业结构适当的原则选定。

申请人对委员的公正性有异议的,可提出要求相关委员回避的申请。中国证监会基金监管部门依据申请人提供的书面证据作出是否批准申请、更换委员的决定。

第十条 专家评议会采用“分别审阅、集中讨论”和“集中审阅、集中讨论”两种方式。

采用“分别审阅、集中讨论”方式时,中国证监会基金监管部门应当在会议召开的5个工作日前,将会议通知及有关材料送达与会委员。

采用“集中审阅、集中讨论”方式时,与会委员到指定地点集中审阅材料。

集中讨论由中国证监会基金监管部门的负责人召集,但其不参与投票表决事宜。

第十一条 专家评议会对筹建申请进行集中讨论时,拟任基金管理公司董事长、总经理等应当到会作现场陈述和答辩,有关的境外合作方代表和律师等可随同到会,但出席总人数不得多于5人。

第十二条 专家评议会应当在集中讨论结束后,向中国证监会提交书面评议意见。对有争议的重大事项,由出席会议的委员以投票方式进行表决,以3人以上的共同意见确定争议结果。有争议的重大事项的内容,由召集人确定。

第十三条 按照专家评议会的评议意见,属中国证监会依法不应当继续进行筹建审核工作情形的,申请人可以根据评议意见补充、修改申请材料或者作出书面解释,向中国证监会申请再次评议。中国证监会将另行选定5名专家召开评议会。

第十四条 按照再次进行的专家评议会的评议意见,仍属中国证监会依法不应当继续进行筹建审核工作情形的,中国证监会应当出具不予批准的正式文件。

第十五条 对中国证监会出具不予批准文件的情形,申请人可以按照有关规定提请行政复议。

关于上市公司重大购买、出售、置换资产若干问题的通知

证监公司字[2001]105号

各证券监管办公室、办事处、特派员办事处,上海、深圳证券交易所,各上市公司:

为进一步规范上市公司重大购买、出售、置换资产行为,维护证券市场秩序,保护投资者合法权益,现就有关问题通知如下:

一、本通知所称“上市公司重大购买、出售、置换资产的行为”,是指上市公司购买、出售、置换资产达到下列标准之一的情形:

(一)购买、出售、置换入的资产总额占上市公司最近一个会计年度经审计的合并报表总资产的比例达50%以上;

(二)购买、出售、置换入的资产净额(资产扣除所承担的负债)占上市公司最近一个会计年度经审计的合并报表净资产的比例达50%以上;

(三)购买、出售、置换入的资产在最近一个会计年度所产生的主营业务收入占上市公司最近一个会计年度经审计的合并报表主营业务收入的比例达50%以上。

上市公司在12个月内连续对同一或相关资产分次购买、出售、置换的,以其累计数计算购买、出售、置换的数额。

二、上市公司已在招股说明书或配股说明书中披露的以募集资金购买资产的行为按照中国证监会的相关规定执行。

三、上市公司实施重大购买、出售、置换资产行为,应当遵循有利于上市公司可持续发展和全体股东利益的原则,与实际控制人及其关联人之间不存在同业竞争,保证上市公司与实际控制人及其关联人之间人员独立、资产完整、财务独立;上市公司具有独立经营能力,在采购、生产、销售、知识产权等方面能够保持独立。

四、上市公司实施重大购买、出售、置换资产,应当符合以下要求:

(一)实施本次交易后,公司具备股票上市条件;

(二)实施本次交易后,公司具有持续经营能力;

(三)本次交易涉及的资产产权清晰,不存在债权债务纠纷的情况;

(四)不存在明显损害上市公司和全体股东利益的其他情形。

五、上市公司董事会对重大购买、出售、置换资产做出决议,应当履行下列程序:

(一)在就本次交易达成初步意向后,董事会立即与交易对方签署保密协议,约定交易进程、步骤、双方责任等。

(二)董事会就本次交易形成初步意见后,聘请具有证券从业资格的会计师事务所、律师事务所、财务顾问(由具有主承销商资格的证券公司或中国证监会认可的其他机构担任)、资产评估机构(限于本次交易以资产评估值作为交易定价基础的情况)等中介机构为本次交易出具意见,同时与各中介机构签署保密协议。

(三)各中介机构出具意见后,董事会就有关事宜进行审议并形成决议。

独立董事应当就本次资产交易是否有利于上市公司和全体股东的利益发表独立意见,并就上市公司重组后是否会产生关联交易、形成同业竞争等问题做出特别提示。

全体董事应当履行诚信义务,做好信息保密工作。如有关信息在董事会做出决议前已被市场知悉,董事会应当立即就有关计划或方案及时予以公告。

六、董事会在形成决议后2个工作日内,应当向中国证监会及上市公司所在地的中国证监会派出机构报送决议文本和《重大购买、出售、置换资产报告书(草案)》及其附件等相关文件(相关文件的内容与格式要求见本通知附件),同时向证券交易所报告并公告。独立董事的意见应当与董事会决议一并公告。

七、中国证监会收到上市公司报送的全部材料后,审核工作时间不超过20个工作日。

上市公司报送的材料不完整,或者未达到信息披露要求,或者报送的资产交易方案与现行法律、会计、评估要求或行业政策不符,或者上市公司实施该项交易不符合本通知第四条的规定,公司应当根据中国证监会的要求补充或修改报送材料。

中国证监会在审核期内要求公司对报送材料予以补充或修改的,审核期限自收到公司的补充或修改意见后重新计算。

中国证监会对报送的材料不提出补充或修改意见,并不表明其对上市公司报送和公告材料的真实性、准确性和完整性做出实质性判断和保证。

八、上市公司下列重大购买、出售、置换资产交易行为应当提请中国证监会股票发行审核委员会(以下简称发审委)审核:

(一)同时既有重大购买资产行为,又有重大出售资产行为,且购买和出售的资产总额同时达到或超过上市公司最近一个会计年度经审计的总资产70%的交易行为;

(二)置换入上市公司的资产总额达到或超过上市公司最近一个会计年度经审计的合并报表总资产70%的交易行为;

(三)上市公司出售或置换出全部资产和负债,同时收购或置换入其他资产的交易行为;

(四)中国证监会审核中认为存在重大问题的其他重大购买、出售、置换资产的交易行为。

属于上述规定的交易行为,公司董事会应当按照《上市规则》的有关规定,向证券交易所申请停牌,停牌期限自董事会决议公告之日起至发审委提出审核意见止。

发审委审核后,提出上市公司在本次交易完成后不符合本通知规定的审核意见,上市公司董事会应当决议修改或终止该项交易。

发审委审核程序参照《股票发行审核委员会条例》执行。已提交发审委审议的交易行为的审核时限不受前条所述20个工作日的限制。

九、中国证监会审核未提出异议的,公司董事会可以发布召开股东大会的通知;提出异议的,董事会应当及时报送补充或修改的内容;经审核,中国证监会不再提出异议后,董事会可以发布召开股东大会的通知。

经中国证监会审核,对公司董事会披露的相关信息内容提出意见的,董事会应当在公告召开股东大会通知的同时,全文披露修改后的《重大购买、出售、置换资产报告书》,有关补充披露或修改的内容应当作出特别提示。

十、上市公司股东大会就重大收购、出售、置换资产事宜进行审议并形成决议。有关交易涉及关联交易的,关联股东应当回避表决。如交易对方已与上市公司控股股东就直接或间接受让上市公司股权事宜或因向上市公司推荐董事达成默契,可能导致公司实际控制权发生变化的,则上市公司实施的该项购买、出售、置换资产的交易属于关联交易,应执行有关法律、法规或者规则中关于关联交易的规定;交易对方在与上市公司达成购买、出售、置换资产的协议时,应当同时向中国证监会和证券交易所报告其拟受让股权的情况并公告。

十一、股东大会批准进行上述交易事项的,上市公司应当及时实施有关购买、出售、置换资产方案,聘请具有证券从业资格的律师事务所对实施结果出具法律意见,并将该法律意见与实施情况一并公告。

上市公司在股东大会作出有关购买、出售、置换资产决议90日后,仍未完成有关产权过户手续的,应当立即将实施情况报告证券交易所并公告;此后每30日应当公告一次,直至完成有关购买、出售、置换资产过户手续。

十二、上市公司在重大购买、出售、置换资产行为完成后六个月内,应当按照中国证监会《关于对拟发行上市企业改制情况进行调查的通知》(证监发[1999]4号)的有关要求,向上市公司所在地的中国证监会派出机构报送规范运作情况的报告。

十三、上市公司实施重大购买、出售、置换资产后申请发行新股或可转换债券,距本次交易完成的时间间隔应当不少于一个完整会计年度。但上市公司同时满足下列条件的情形除外:

(一)本次交易前上市公司符合新股发行条件;

(二)注册会计师为公司本次交易完成后的中期财务报告和年度财务报告出具标准无保留意见的审计报告;

(三)依据本通知第一条计算的相关指标介于50%至70%之间。

十四、上市公司实施本通知第八条所述交易行为后,申请发行新股或可转换债券的,如满足下列条件,本次交易完成前的业绩在考核时可以模拟计算:

(一)通过购买或置换进入上市公司的资产是一个完整经营实体,该经营实体在进入上市公司前已在同一管理层之下持续经营3年以上;

(二)上市公司购买或置换资产完成后经营稳定,效益良好,且购买或置换资产的盈利水平不低于本次交易实施前的盈利水平;

(三)上市公司已聘请具有主承销商资格的证券公司进行辅导,并已经中国证监会派出机构检查验收。

十五、上市公司重大购买、出售、置换资产交易完成后,利润实现数未达到盈利预测水平的,按照《上市公司新股发行管理办法》的有关规定执行。

十六、上市公司实施重大购买、出售、置换资产的行为,除应当遵守本通知的规定外,还应当遵守其他法律、法规或证券交易所上市规则的相关规定。

十七、上市公司接受他人赠与资产的,如该项资产的金额占上市公司最近一个会计年度经审计的合并报表总资产的比例达50%以上,或该项资产在最近一个会计年度所产生的主营业务收入占上市公司最近一个会计年度经审计的合并报表主营业务收入的比例达50%以上,应当参照本通知有关规定履行信息披露和报告义务。

十八、上市公司及有关各方在重大购买、出售、置换资产交易中有重大违法违规行为的,中国证监会将依法予以处罚。

十九、上市公司实施本通知规定之外的其他购买、出售、置换资产的交易行为,应当按照证券交易所的有关规定执行。

二十、本通知自2002年1月1日起施行,原《关于规范上市公司重大购买或出售资产行为的通知》(证监公司字[2000]75号)自本通知生效之日起废止。在本通知生效前已按证监公司字[2000]75号文有关规定办理报送和披露事宜的公司,按该文件规定办理后续事宜。

中国证券监督管理委员会

二〇〇一年十二月十日

VOLUME 15

第十五卷

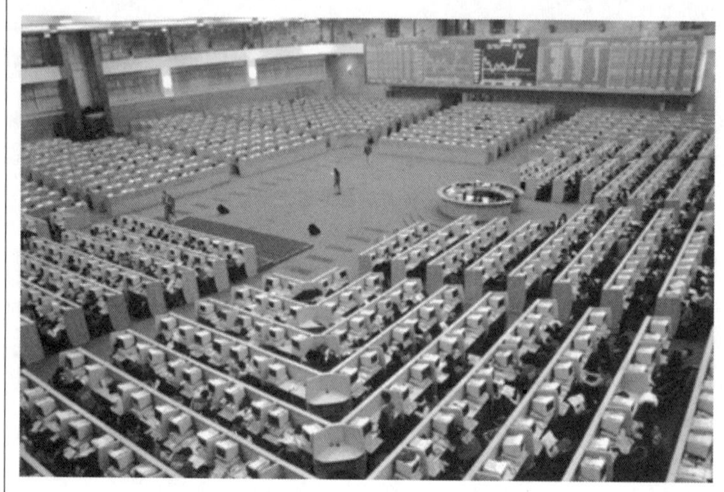

上海证券交易所上市公司信息汇集

上海浦东发展银行股份有限公司

二○○○年年度报告摘选

一、公司简介

(一)法定中文名称:上海浦东发展银行股份有限公司
(简称:上海浦东发展银行,下称"本公司")
法定英文名称:SHANGHAI PUDONG DEVELOPMENT BANK CO.,LTD.
(缩写:SPDB)
(二)法定代表人:张广生先生
(三)董事会秘书:沈思先生
董事会证券事务代表:杨国平先生、王景斌先生
联系地址:中国上海市中山东一路12号
上海浦东发展银行股份有限公司董事会办公室
联　系　电　话:021-63611226　　021-63296188转董事会办公室
传　　　　　真:021-63230249
电　子　信　箱:shens@hz.spdb.com.cn
yanggp@spdb.com.cn
wangjb@spdb.com.cn
(四)注册地址及办公地址:
注　册　地　址:中国上海市浦东新区浦东南路500号
办　公　地　址:中国上海市中山东一路12号
邮　政　编　码:200002
国际互联网网址:http://www.spdb.com.cn
电　子　邮　箱:bdo@spdb.com.cn
(五)选定的信息披露报纸:《上海证券报》、《证券时报》
刊登本公司年度报告的中国证监会指定国际互联网网址:http://www.sse.com.cn
年度报告备置地点:本公司董事会办公室
(六)股票上市地:上海证券交易所
股　票　简　称:浦发银行
股　票　代　码:600000

二、会计数据和业务数据摘要

(一)本年度主要利润指标情况　　(单位:人民币千元)

	境内审计数	境外审计数
利润总额	1,231,227	888,488
净利润	957,905	728,270
扣除非经常性损益的净利润	957,540	727,905
主营业务利润	1,229,463	886,081
营业利润	1,229,463	886,081
投资收益	1,136,285	944,692
营业外收支净额	1,764	-
经营活动产生的现金流量净额	1,692,157	9,442,785
现金及现金等价物净增加额	4,860,521	4,860,521

(二)截止报告期末公司前三年主要会计数据和财务指标:

项　目	2000年境内审计数	2000年境外审计数	1999年(调整后)境内审计数	1999年(调整前)境内审计数	1998年(调整后)境内审计数	1998年(调整前)境内审计数
主营业务收入(千元)	5,710,414	5,552,260	4,946,045	5,028,467	5,261,891	5,512,406
净利润(千元)	957,905	728,270	729,142	926,692	615,557	780,602
总资产(千元)	130,722,432	128,869,851	101,642,815	103,209,678	83,585,102	84,926,166
股东权益(不含少数股东权益)(千元)	7,444,769	6,653,710	6,486,865	7,776,053	2,163,856	3,255,495
每股收益(元)(全面摊薄)	0.397	0.30	0.303	0.385	0.306	0.388
每股收益(月加权平均)(元)	0.397	0.30	0.346	0.439	0.306	0.388
扣除非经常性损益后的每股收益(元)(全面摊薄)	0.397	0.30	0.337	0.379	0.306	0.388
每股净资产(元)	3.089	2.761	2.692	3.227	1.077	1.620
调整后的每股净资产(元)	2.878	2.761	2.532	3.067	0.989	1.532
每股经营活动产生的现金流量净额(元)	0.702	3.918	0.404	0.404	0.508	0.508
净资产收益率(%)	12.87%	10.95%	11.24%	11.92%	28.45%	23.98%

三、股本变动及股东情况

(一)股本变动情况
1、公司股份变动情况表　　单位:千股

	本次变动前	本次变动增减(+、-) 配股	送股	公积金转股	增发	其他	小计	本次变动后
一、未上市流通股份								
1、发起人股份	988,000						-	988,000
其中:								
国家持有股份	199,000						-	199,000
境内法人持有股份	789,000						-	789,000
境外法人持有股份							-	-
其他							-	-
2、募集法人股份	1,022,000						-	1,022,000
其中:								
国家持有股份	59,740						-	59,740
境内法人股份	962,260						-	962,260
3、内部职工股							-	-
4、优先股或其他	80,000					-80,000	-80,000	-
其中:基金配售	80,000					-80,000	-80,000	-
未上市流通股份合计	2,090,000					-80,000	-80,000	2,010,000
二、已上市流通股份							-	-
1、人民币普通股	320,000					80,000	80,000	400,000
2、境内上市外资股							-	-
3、境外上市外资股							-	-
4、其他							-	-
已上市流通股份合计	320,000					80,000	80,000	400,000
三、股份总数	2,410,000						-	2,410,000

邯郸钢铁股份有限公司

二○○○年年度报告摘要

一、公司简介

1、公司法定名称:邯郸钢铁股份有限公司
公司英文名称:HANDAN IRON & STEEL CO.,LTD
公司英文名称缩写:HDIS
2、公司法定代表人:刘汉章
3、公司董事会秘书:李卜海
董事会证券事务代表:陈占军
电话:0310-6074191
传真:0310-6074190
4、公司注册地址:河北省邯郸市复兴路232号
公司办公地址:河北省邯郸市复兴路232号
邮政编码:056015
公司国际互联网网址:http://www.hdgt.com.cn
电子邮箱:hdgt@public.hdptt.he.cn
5、公司选定的信息披露报纸名称:《中国证券报》、《上海证券报》、《证券时报》
刊登公司年报的中国证监会指定国际互联网网址:http://www.sse.com.cn
公司年报备置地点:公司证券部
6、公司股票上市地点:上海证券交易所
股票简称:邯郸钢铁
股票代码:600001

二、会计数据和业务数据摘要

1、本年度主要利润指标情况(人民币:元)

利润总额	882,101,278.28
净利润	752,619,708.00
扣除非经常性损益后的净利润	597,299,091.41
主营业务利润	992,921,797.01
其他业务利润	457,574.65
营业利润	864,844,036.75
投资收益	17,314,509.27
补贴收入	-
营业外收支净额	-57,267.74
经营活动产生的现金流量净额	906,361,027.57
现金及现金等价物净增加额	239,354,701.21
[注]:扣除的非经常性损益项目和涉及金额	
营业外收入	118,291.26
营业外支出	175,559.00
财政厅返还款	155,377,884.33

2、截止报告年度末公司前三年主要会计数据和财务指标

项 目	2000 年度	1999 年度	1998 年度	
			调整后	调整前
主营业务收入(元)	5,856,684,361.09	5,091,105,388.82	4,858,957,001.62	4,858,957,001.62
净利润(元)	752,619,708.00	731,556,957.67	703,146,332.31	750,409,983.70
总资产(元)	7,591,479,037.70	6,176,020,854.91	6,797,961,687.02	6,845,225,338.41
股东权益(元)(不含少数股东权益)	5,869,393,899.18	4,765,773,204.84	4,034,216,247.17	4,081,479,898.56
全面摊薄每股收益(元)	0.506	0.536	0.566	0.605
加权平均每股收益(元)	0.528	0.536	0.566	0.605
加权平均每股收益(元)(扣除非经常性损益)	0.419	0.428	0.436	0.474
每股净资产(元)	3.95	3.49	3.25	3.29
调整后的每股净资产(元)	3.94	3.48	3.24	3.28
每股经营活动产生的现金流量净额	0.61	0.364	0.09	0.09
全面摊薄净资产收益率(%)	12.82	15.35	17.43	18.39
加权平均净资产收益率(%)	13.77	16.63	17.61	18.68

注:按照中国证监会《公开发行证券公司信息披露编报规则(第 9 号)》要求计算净资产收益率和每股收益。

项目	净资产收益率%				每股收益(元/股)			
	全面摊薄		加权平均		全面摊薄		加权平均	
	2000 年	1999 年	2000 年	1999 年	2000 年	1999 年	2000 年	1999 年
主营业务利润	16.92	17.30	18.16	18.74	0.668	0.604	0.696	0.604
营业利润	14.73	16.94	15.82	18.35	0.582	0.591	0.606	0.591
净利润	12.82	15.35	13.77	16.63	0.506	0.536	0.528	0.536
扣除非经常性损益后的净利润	10.18	12.26	10.93	13.28	0.402	0.428	0.419	0.428

3、报告期内股东权益变动情况

项 目	股本	资本公积	盈余公积	法定公益金	未分配利润	股东权益合计
期初数	1,365,508,100.00	2,586,247,314.86	288,361,189.27	71,735,164.50	525,656,600.71	4,765,773,204.84
本期增加	121,045,000.00	527,266,606.34	188,154,927.00	37,630,985.40	267,154,161.00	1,103,620,694.34
本期减少	—	—	—	—	—	—
期末数	1,486,553,100.00	3,113,513,921.20	476,516,116.27	109,366,149.90	792,810,761.71	5,869,393,899.18

变动原因:股本和资本公积金增加是因为公司实施 1999 年度配股所致;盈余公积和法定公益金变动是由于本年度按比例提取任意公积金、法定公积金、法定公益金所致;未分配利润增加是由于本年度实现利润未完全分配。

三、股本变动及股东情况

股东情况介绍:

(1)截止 2000 年末,公司股东总户数 253,746 户,其中:未流通股股东 15 户,包括国家股 1 户、锁定董事、监事及高级管理人员股东 14 户,流通股股东 253,731 户。

(2)公司前 10 名股东持股情况如下:

股东名称	持股数量(股)	持股比例(%)
1、邯郸钢铁集团有限责任公司(国家股)	996,553,100	67.04
2、天安数码	876,746	0.059
3、邱郎葆	850,023	0.057
4、兴和基金	839,598	0.056
5、朱新民	799,336	0.054
6、孔庆梅	670,018	0.045
7、施汉钦	655,000	0.044
8、南方证券	647,127	0.044
9、汪美君	643,946	0.043
10、南方证券	586,802	0.039

注:公司前 10 名股东中第 2 至第 10 位为流通股股东,本公司不知其之间的关联关系。

(3)邯郸钢铁集团有限责任公司持有国家股 996,553,100 股,占公司总股本的 67.04%;本报告期内所持股份无质押或冻结。公司法定代表人:刘汉章;公司生产经营范围:黑色金属冶炼,钢坯、钢材轧制;尿素、焦炭及副产品制造等。

(4)本报告期内控股股东无变更。

四、股东大会简介

2000 年 6 月 23 日在公司会议中心召开了 1999 年度股东大会。

本次股东大会决议公告已于 2000 年 6 月 24 日刊登于《中国证券报》、《上海证券报》、《证券时报》等报刊上。

五、董事会报告

1、公司经营情况

(1)公司所处的行业及公司在本行业中的地位

公司属冶金行业。利润总额一直保持全国先进水平。

(2)公司主营业务的范围及其经营情况

公司经营范围:黑色金属冶炼、钢坯、钢材轧制;烧结矿冶炼;焦炭及副产品制造、销售;冶金机械配件的加工、维修。

(3)公司生产经营完成情况

2000 年是我们肩负生产经营和技术改造两副重担,负重前进,克难制胜,生产经营、技术改造、资本运营等各方面工作都取得较好成绩的一年。

一年来,面对钢材限产、能源价格上涨、市场波动较大的新形势,公司广泛发动和依靠职工,认真贯彻国家"控制总量、调整结构、提高效益"的方针,深入开展"对标挖潜"和"我为红旗添光彩"活动,将工作重点放在老系统挖潜增效、新项目达产达效上。通过优化生产组织,落实挖潜增效措施,促进了各项技术指标的改善和经济效益的提高,多项指标在全国处于先进水平:其中炼铁入炉焦比降至 400kg/吨,同比降低 17.8 kg/吨,喷煤粉达到 136.5kg/吨,同比增长 7.3kg/吨,钢铁料消耗降到 1089kg/吨,综合成材率达到 95%;吨钢综合能耗和可比能耗分别降至 840kg 标煤和 735kg 标煤;在分工序、同炉机可比的 48 项指标中,有 35 项比上年度有不同程度的进步,尤其是 2000M3 高炉、5#、6#焦炉、400M2 烧结机等大型化、现代化装备的建成,使公司设备工艺达到了国内外九十年代先进水平,主要技术经济指标都进入了国内先进行列。

公司加大科技开发力度,全年共开发出 Q235D、16 锰汽车大梁板、石油、天然气输送管线钢等 20 多个新品种,增加了 10MM 螺纹盘条等多个产品规格,碳结中板被评为河北省重点名牌产品,严格的质量管理塑造了过硬的产品质量,为公司赢得了"全国降废减损先进企业"和"全国质量管理先进企业"等荣誉。公司抓住市场机遇,及时调整营销策略,加大低合金板等高附加值产品的促销力度,增加直供直销比例,做好以产顶进工作,取得了良好的社会效益和经济效益.公司全年实现主营业务收入 585,668.44 万元,利润总额 88,210.13 万元,继续保持全国冶金行业先进水平,企业规模和经济效益同步增长,主营业务保持了持续增长的发展态势。

在生产经营稳步发展的基础上,公司继续加大资本运营力度,先后投资 1.1 亿元参股南方证券,投资 5,000 万元收购西安证券,在期货和保险业也进行了积极有益的探索。上述投资不仅可以为公司带来较好的回报,而且为公司规避市场风险,开展多元化经营,充分分享中国证券市场蓬勃发展的成果,与证券公司进行战略性合作打下了良好的基础,实现了公司由单一的产品经营向产品经营和资本运营并举的重大转变。

公司的快速发展,也受到了国家领导人的关注,2000 年 11 月,李岚清副总理继 1998 年之后再次到邯钢视察,充分肯定了公司近年来的发展变化,给了我们极大的鼓舞和鞭策。通过一年的努力,公司的产品结构进一步优化,市场竞争力继续加强,一个充满活力、装备先进、管理严格、环境优美的邯钢正昂首跨入新世纪。

2、公司财务状况

截止 2000 年末,公司总资产为 759,147.90 万元,比上年同期增长 22.92%,主要原因是公司利润增加及股东注入资本;长期负债 37,025.10 万元,比上年同期增长 33.74%;股东权益 586,939.39 万元,比上年同期增加 23.16%,主要原因是公司增利及实施配股;实现主营业务利润 99,292.18 万元,比上年同期增长 20.43%,主要原因是公司抓住市场机遇,强化营销;实现营业利润 86,484.40 万元,比上年同期增长 7.14%;实现利润总额 88,210.13 万元,比去年增加 2,796.29 万元;实现净利润 75,261.97 万元,比上年同期增加 2,106.28 万元。

3、公司投资情况

一、募集资金使用情况

本报告期内共投入首次募集资金 26,907 万元,投入配股募集资金 56,062 万元。全部投入《招股说明书》和《配股说明书》承诺项目,资金使用效果良好。

(1)炼铁系统改造项目

* 4×24M2 烧结机易地大修项目:

截止本报告期末,该项目已完成投资 74,589 万元。建成的一台 400M2 烧结机现已进入投试生产阶段,2000 年共生产烧结矿 236.5 万吨,达产后年产烧结矿 400 万吨。

* 1#、2#焦炉改造项目:

截止本报告期末,该项目已投入资金 64,524 万元。建设两座 6 米 45 孔大焦炉,2000 年产焦炭 65.5 万吨,全部达产后年产焦炭 90 万吨,日产煤气 100 万立方米。

* 1260M3 高炉改造项目:

截止本报告期末,该项目已完成投资 123,296 万元。建成的一座 2000M3 高炉现已处于试生产阶段,全年共产生铁 54.1 万吨,达产后年产生铁 140 万吨。

(2)3M 四辊中板轧机配套改造项目:

截止本报告期末,该项目已完成投资 16,697 万元。对主传动系统、在线无损探伤、后部精整等设施进行了改造,提高了产品质量和档次,增强了市场竞争力。

(3)舞钢情况:

截止本报告期末已完成投资 18,824 万元,舞钢生产经营正步入良性循环轨道,2000 年产钢 55.08 万吨,钢板 57.86 万吨,实现利润 3,900 万元。

(4)板材公司投资情况

截止本报告期末,公司以配股募集资金 56,062 万元全部投入与邯钢集团公司共同发起设立的邯郸市邯钢集团板材有限责任公司,该公司已投试生产,2000 年共生产薄板坯 78 万吨。

非募集资金投资情况:

(1)本报告期内,经公司第一届董事会第十次会议审议通过,公司投资 11,000 万元参股南方证券股份有限公司,占其股份总额的 2.9%;经第一届董事会第十一次会议审议通过,公司投资 5,000 万元收购西安证券有限责任公司 40%的股权。

(2)高线打捆改造项目:本报告期内,公司投资 86 万元进行高线打捆改造,提高了产品包装质量。

4、生产经营环境和宏观政策的变化对公司经营状况的影响

(1) 钢铁行业宏观调控政策对公司的影响:

报告期内,在钢铁行业"控制总量、调整结构、提高效益"的政策引导下,公司加快技术改造步伐,特别是引进具有国际先进水平的高新技术装备,公司产品结构调整实现了重大突破,正在实现由规模效益型企业向结构效益型企业的转变。同时,规范有序的行业环境,有利于公司平等的参与市场竞争,有利于提高经济效益。

(2) 钢材价格回升对公司的影响:

报告期内,受多种因素影响,国内钢材价格出现恢复性上升。4 月份以后,公司主要产品的市场售价均有一定幅度增长,对公司生产经营产生了有利影响。

5、新年度业务发展规划

2001 年,公司将以经济效益为中心,以规范运作为重点,以产品结构调整为主线,大力推进科技进步,加强科学管理,努力实现全年各项生产经营和资本运营目标。

在生产经营上,继续深化完善企业经营机制,不断开发适销对路产品,在公司生产工艺和装备水平有很大提高的情况下,充分发挥新设备新工艺的优势,尽快实现达产达效目标。

在资本运营方面:按照公司以钢铁为主业,多元化经营的战略方针,充分利用资本市场的功能和国家的各项政策,利用上市公司的优势,不断培育新的利润增长点,努力探索资本运营的新思路、新方法,保持公司可持续发展,继续树立公司绩优蓝筹股的形象。

6、董事会日常工作情况

(一)报告期内董事会会议情况及决议内容

本报告期公司董事会共召开五次会议。

2000 年 3 月 3 日,召开第一届董事会第七次会议,九名董事全体到会,五名监事列席会议,会议由董事长刘汉章先生主持,审议并一致通过:

(1) 公司 1999 年度董事会工作报告;

(2) 公司 1999 年度总经理工作报告;

(3) 公司 1999 年年度报告及年度报告摘要;

(4) 公司 1999 年度财务决算报告;

(5) 公司内部控制制度及执行情况的决议;

(6) 公司 1999 年度利润分配预案;

(7) 聘任河北华安会计师事务所有限公司为公司 2000 年审计机构的决议。

本次会议决议公告于 2000 年 3 月 7 日刊登在《中国证券报》、《上海证券报》、《证券时 报》上。

2000 年 3 月 29 日,召开第一届董事会第八次会议,九名董事到会,七名监事列席会议,会议由董事长刘汉章先生主持,审议并一致通过:

(1) 刘汉章先生辞去总经理职务、李华甫先生辞去副总经理职务、赵绍林先生辞去副总经理兼董事会秘书职务的决议;

(2) 聘任赵绍林先生为公司总经理的决议;

(3) 聘任李卜海先生为董事会秘书的决议。

本次会议决议公告于 2000 年 3 月 31 日刊登在《中国证券报》、《上海证券报》、《证券时报》上。

2000 年 8 月 16 日召开第一届董事会第九次会议,九名董事全体到会,监事五人列席会议,会议由董事长刘汉章先生主持,审议并一致通过下列决议:公司 2000 年度中期报告及摘要。

本次会议决议公告于 2000 年 8 月 18 日刊登在《中国证券报》、《上海证券报》、《证券时报》上。

2000 年 11 月 9 日召开第一届董事会第十次会议,九名董事全体到会,监事六人列席会议,会议由董事长刘汉章先生主持,审议并一致通过了《关于投资南方证券股份有限公司(筹)的议案》。

本次会议决议公告于 2000 年 11 月 11 日刊登在《中国证券报》、《上海证券报》、《证券时报》上。

2000 年 12 月 8 日召开第一届董事会第十一次会议,九名董事全体到会,监事六人列席会议,会议由董事长刘汉章先生主持,审议并一致通过了下列决议:

(1) 中国证监会石家庄特派办对我公司巡查中发现问题制定出的整改方案及修订的公司内部管理制度;

(2) "2001 年邯郸钢铁股份有限公司生产经营计划";

(3) 公司收购"西安证券有限责任公司"部分股权的决议;

(4) 公司投资建设"热轧板酸洗镀锌"项目的预案;

(5) 提请股东大会授权董事会重大投资及对外担保权限的预案。

本次会议决议公告于 2000 年 12 月 9 日刊登在《中国证券报》、《上海证券报》、《证券时报》上。

(二)董事会对股东大会决议的执行情况

本报告期内公司董事会按照股东大会决议及授权,组织实施了 1999 年度利润分配方案,足额提取了 10%法定公积金、5%法定公益金和 10%任意公积金;配股方案经中国证监会核准后已实施完毕,所募集货币资金已全部投入《配股说明书》承诺项目——邯郸市邯钢集团板材有限责任公司;对公司《章程》进行了修改并及时变更了工商登记手续。

7、公司董事、监事、高级管理人员情况

姓名	性别	年龄	职务	任期起止日	年初持股数(股)	年末持股数(股)	增减变动量
刘汉章	男	65	董事长、	1998.1－2001.1	5500	7000	+1500
李华甫	男	70	副董事长、	1998.1－2001.1	2200	2800	+600

赵绍林	男	46	董事、总经理	1998.1－2001.1	5500	7000	+1500
杨秀生	男	56	董事	1998.1－2001.1	5500	7000	+1500
白志刚	男	53	董事	1998.1－2001.1	5500	7000	+1500
吴诗桅	男	55	董事	1998.1－2001.1	5500	7000	+1500
康胜利	男	56	董事	1998.1－2001.1	5500	7000	+1500
陆汉涛	男	55	董事	1998.1－2001.1	3300	4200	+900
张绍信	男	57	董事	1998.1－2001.1	2200	2800	+600
秦　海	男	60	监事会主席	1998.1－2001.1	3300	4200	+900
张　杰	男	61	监事会副主席	1999.6－2001.1	0	0	0
郭庚林	男	62	监事	1998.1－2001.1	5500	7000	+1500
谭华杰	男	56	监事	1998.1－2001.1	2200	2800	+600
李树生	男	51	监事	1998.1－2001.1	3300	4200	+900
黄绪风	男	56	监事	1998.1－2001.1	4400	5600	+1200
石忠民	男	52	监事	1999.3－2001.1	0	0	0
李卜海	男	36	董事会秘书	2000.3—2001.1	0	0	0

本公司董事、监事及高级管理人员共持股75600股,合计占公司总股本的0.005%。在本年度内上述人员所持股份变动的原因是:公司向全体股东按每10股配售2.7272股的比例实施配股,其持有股份按有关规定办理。

上述人员年度报酬总额为911,468元,其中5万元以上8人,3－5万元9人。

本报告期内,刘汉章先生辞去总经理职务、李华甫先生辞去副总经理职务、赵绍林先生辞去副总经理兼董事会秘书职务;董事会聘任赵绍林先生为公司总经理,聘任李卜海先生为董事会秘书。公司其他董事、监事、高级管理人员无离任事项。

8、本次利润分配预案

(1)本年度利润分配方案

经河北华安会计师事务所有限公司审计,本年度实现净利润752,619,708.00元,提取10%法定公积金75,261,970.80元,提取5%法定公益金37,630,985.40元,提取10%任意公积金75,261,970.80元,加上年初未分配利润525,656,600.71元,本期可供股东分配的利润为1,090,121,381.71元。经公司董事会研究决定,2000年利润分配方案为:每10股派现金2.00元(含税)。

(2)预计公司下一年度的利润分配政策

2001年度结束后分配利润一次;2001年度实现的净利润用于股利分配的比例为30%以上;2000年未分配利润暂不分配,用于公司的发展;分配主要采用派发现金形式,现金股息占股利分配的50%以上。

本预案需经股东大会审议批准。

9、公司选定的信息披露报纸为《中国证券报》、《上海证券报》、《证券时报》,本报告期内无变更。

六、监事会报告

2000年公司监事会按照《公司法》、《证券法》及公司《章程》赋予的职责,围绕贯彻股东大会决议,在维护股东权益等方面开展了广泛的监督。

1、监事会会议情况

本报告期内公司监事会共召开两次会议。

2000年3月3日,召开第一届监事会第六次会议,五名监事到会,会议由监事会副主席张杰主持。审议并一致通过公司1999年度监事会工作报告;公司1999年年度报告及年度报告摘要;公司1999年度财务决算报告;公司内部控制制度及执行情况的议案。

本次会议决议公告于2000年3月7日刊登在《中国证券报》、《上海证券报》、《证券时报》上。

2000年8月16日,召开第一届监事会第七次会议,五名监事到会,会议由监事会副主席张杰主持。议并一致通过:公司2000年中期报告及摘要。

本次会议决议公告于2000年8月18日刊登在《中国证券报》、《上海证券报》、《证券时报》上。

2、监事会工作报告

2000年,公司以申报配股为契机,以规范运作、提高公司整体素质为目标,不断加强制度建设,努力提高董事、监事及高管人员的素质。按要求与上海证券交易所签署了董事、监事个人承诺函及声明,制定了董事会工作条例、监事会工作条例、总经理工作细则、公司信息披露办法、公司对外投资、对外担保的规定等一系列规章制度并认真执行。规范运作水平不断提高。

2000年,公司接受了中国证监会石家庄特派办例行巡检,对其提出的问题进行认真整改。公司监事会经过审慎考察,认为公司在2000年经营活动中严格遵守国家法律、法规,依法开展经营活动,并按《上市规则》要求及时、准确、完整地进行了定期报告、临时报告及各种信息的披露,公司董事及高级管理人员在执行公司职务时能认真履行职责,决策程序合法,无违反法律、法规、公司《章程》或损害公司利益的行为;河北华安会计师事务所有限公司出具的无保留意见的审计报告真实、客观、准确地反映了公司的财务状况;募集资金使用按《招股说明书》和《配股说明书》承诺的项目进行投入;公司在本年度内无收购、出售资产情况发生,无内幕交易现象发生;公司的关联交易严格按双方签定的协议进行,公平合理,无损害上市公司利益的情况。

七、重要事项

1、本年度公司无重大诉讼、仲裁事项。

2、本年度公司、公司董事及高级管理人员无受监管部门处罚情况。

3、本年度公司无控股股东变更、公司董事会换届、改选或半数以上成员变更,公司总经理变更,解聘、新聘董事会秘书情况详见董事会报告"日常工作情况"。

4、本年度公司无收购及出售资产、吸收合并等事项。

5、重大关联交易事项

关联方关系及其交易

(一)关联方关系

1、存在控制关系的关联方

企业名称	注册地址	主营业务	与本企业的关系	经济性质	法定代表人	注册资本
邯郸钢铁集团有限责任公司	河北邯郸市	黑色金属冶炼钢材钢坯轧制、铁路公路货运	母公司	国有独资	刘汉章	25亿元

2、存在控制关系的关联方的注册资本年度内无变化。

3、存在控制关系的关联方所持股份及其变化。

企业名称	年初数		本年增加数		本年减少数		年末数	
	金额	比例	金额	比例	金额	比例	金额	比例
邯郸钢铁集团有限责任公司	980,508,100.00	71.81%	16,045,000.00	—	—	—	996,553,100.00	67.04%

(二)关联交易

1、本公司成立后与集团公司及其下属公司在房屋建筑物、土地使用权、生产经营等方面存在关联交易,因此双方签定了《房屋租赁合同》、《国有土地使用权租赁合同》、《生产经营综合服务合同》、《关于邯郸钢铁集团为股份公司提供职工生活服务的合同》等一系列合同与协议。

2、交易额明细如下:

(1)与关联公司交易中,本公司报告期内无任何高于或低于正常售价及购价的情况。

(2)销售货物	2000年	1999年
企业名称	金额	金额
邯郸钢铁集团有限责任公司	1,537,361,648.20	1,325,215,617.00
邯郸富江钢铁有限公司	—	147,404,160.00
邯郸富川炼铁有限公司	—	176,499,840.00
合计	1,537,361,648.20	1,649,119,617.00

注:邯郸富江钢铁有限公司和邯郸富川炼铁有限公司由于控股股东的变化和本公司不再发生关联往来。

(3)采购货物	2000年	1999年
企业名称	金额	金额
邯郸钢铁集团有限责任公司	527,501,578.57	540,663,394.79

(4)支付生产经营服务等费用	2000年	1999年
企业名称	金额	金额
邯郸钢铁集团有限责任公司	966,600.00	966,600.00

(5)支付房屋及土地租赁费	2000年	1999年
企业名称	金额	金额
邯郸钢铁集团有限责任公司	2,794,400.00	2,794,400.00

(6)关联方应收应付款项

项目	期初金额	期末余额
其他应收款		
邯郸钢铁集团有限责任公司	148,068,736.86	125,939,599.63

6、公司与控股股东在人员、资产、财务上已经实现"三分开",具体情况如下:公司劳动、人事、工资管理等方面已经独立;所有董事、监事及高管人员均在公司领取薪金;高管人员未在股东单位担任重要职务。

公司拥有完整独立的生产系统,辅助和配套系统提供的风、水、电、汽等商品按照公司与控股股东签署的协议执行;工业产权、商标、非专利技术等无形资产由集团公司拥有,授权公司无偿使用;公司拥有完整独立的采购和销售系统。

财务方面,公司设立独立的财务部门,建立了独立的会计核算体系和财务管理制度,在银行拥有单独帐户。

7、本公司无托管、承包、租赁其它公司资产或其它公司托管、承包、租赁本公司资产,且该事项为本公司带来的利润达到本公司当年利润总额的10%以上的事项发生。

8、本年度公司继续聘任河北华安会计师事务所有限公司负责公司审计工作。

9、本年度公司无更改名称和股票简称情况。

10、期后事项:2001年2月21日凌晨,由于大雾闪络造成外部电网对公司电力供应中断,使炼铁、炼钢、轧钢三大系统及辅助系统全面停产,由于停电影响,炼铁厂全部高炉断水、断电、断气,不同程度发生灌渣、烧坏冷却设备等事故;炼钢系统导致铁水、钢水落地、部分铁包、钢包损坏;轧钢系统造成部分设备损坏。本次停电事故,给公司生产带来严重影响,初步估计直接经济损失达数千万元。此重大事项公司已于2001年2月23日在指定报刊公告。

2001年3月26日公司第一届董事会第十二次会议通过了以自有资金投资15,040万元人民币参与发起设立华鑫证券有限公司,占该公司20%的股份的决议。

八、财务会计报告

(一)审计报告

公司财务报告经河北华安会计师事务所有限公司注册会计师王飞、李钰审计,出具了无保留意见审计报告[冀华会审字(2001)1077号]。

(二)会计报表(附后)

九、公司的其他有关资料

1、公司变更注册日:2000年7月12日

注册地点:河北省工商行政管理局

2、企业法人营业执照注册号:1300001000744 1/1

3、税务登记号:国税冀字13040470064725－1

4、公司未流通股票的托管机构名称:上海证券中央登记结算公司

5、公司聘请的会计师事务所名称:河北华安会计师事务所有限公司

办公地点:河北省石家庄市裕华西路158号

十、备查文件

1、载有董事长亲笔签署的年度报告正本。

2、载有法定代表人、财务负责人、会计经办人员签名并盖章的会计报表。

3、载有会计师事务所盖章、注册会计师签名并盖章的审计报告原件。

4、报告期内在中国证监会指定报纸上公开披露过的所有公司文件的正本及公告的原稿。

邯郸钢铁股份有限公司董事会

二○○一年四月十八日

利润及利润分配表

编制单位:邯郸钢铁股份有限公司　　2000年度　　单位:人民币元

项　　目	行次	注释	上年同期数	本年累计数
一、主营业务收入	1		5091105388.82	5856684361.09
减:折扣与折让	2			
主营业务收入净额	3		5091105388.82	5856684361.09
减:主营业务成本	4		4236661297.07	4829093501.77
主营业务税金及附加	5		29945309.66	34669062.31
二、主营业务利润	10		824498782.09	992921797.01
加:其他业务利润	11	24	25542980.60	457574.65
减:存货跌价损失	12		428856.42	－1576300.50
营业费用	13	25	1679775.03	46630171.06
管理费用	14	26	20252849.00	45903296.96
财务费用	15	27	20469662.07	37578167.39
三、营业利润	18		807210620.17	864844036.75
加:投资收益	19	28	46886200.01	17314509.27
补贴收入	22			
营业外收入	23		41552.33	118291.26
减:营业外支出	25			175559.00
四、利润总额	27		854138372.51	882101278.28
减:所得税	28		122581414.84	129481570.28
五、净利润(亏损以"－"号填列)	30		731556957.67	752619708.00
加:年初未分配利润	31		－23011117.54	525656600.71
盈余公积转入数	32			
六、可供分配利润(亏损以"－"号填列)	33		708545840.13	1278276308.71
减:提取法定公积金	34		73155695.77	75261970.80
提取法定公益金	35		36577847.88	37630985.40
七、可供股东分配的利润(亏损以"－"号填列)	36		598812296.48	1165383352.51
减:应付优先股股利	37			
提取任意盈余公积	38		73155695.77	75261970.80
应付普通股股利	39			297310620.00
转为股本的普通股股利	40			
八、未分配利润(亏损以"－"号填列)	41		525656600.71	792810761.71

资 产 负 债 表

2000 年 12 月 31 日

编制单位：邯郸钢铁股份有限公司　　　　单位：人民币元

资　产	行次	注释	年初数	期末数
流动资产				
货币资金	1	1	275583024.52	514937725.73
短期投资	2			
减：短期投资跌价准备	3			
短期投资净额	4			
应收票据	5		146662300.00	256362362.01
应收股利	6			
应收利息	7			
应收帐款	8	2	444246316.86	417111663.90
其他应收款	9	3	319653903.41	302431946.83
减：坏帐准备	10	4	54139089.41	56655339.44
应收款项净额	21		709761130.86	662888271.29
预付帐款	24	5	42657507.80	78092626.25
应收补贴款	25			
存货	30	6	603214547.35	635156264.14
减：存货跌价准备	31	6	3081821.70	1505521.20
存货净额	32		600132725.65	633650742.94
待摊费用	33	7	4882382.22	1190049.05
待处理流动资产净损失	34			
一年内到期的长期债权投资	35			
其他流动资产	36			
流动资产合计	39		1779679071.05	2147121777.27
长期投资				
长期股权投资	40	8	413244767.39	973868357.99
长期债权投资	41			
长期投资合计	42	8	413244767.39	973868357.99
减：长期投资减值准备	43	8		
长期投资净额	44		413244767.39	973868357.99
固定资产				
固定资产原价	45	9	2836046428.57	4093561915.92
减：累计折旧	46	9	975580879.49	1226353887.76
固定资产净值	47	9	1860465549.08	2867208028.16
工程物资	48		8965179.17	7898888.85
工建工程	49	10	2113734205.82	1595381985.43
固定资产清理	50		－67917.60	
待处理固定资产净损失	51			
固定资产合计	53		3983097016.47	4470488902.44
无形资产及其他资产				
无形资产	54			
开办费	55			
长期待摊费用	56			
其他长期资产	57			
无形资产及其他资产合计	58			
递延税项				
递延税款借项	59			
资产总计	60		6176020854.91	7591479037.70
负债和股东权益	行次	注释	年初数	期末数
流动负债				
短期借款	61	11	504000000.00	233000000.00
应付票据	62	12	225619300.00	201645029.78
应付帐款	63	13	202737586.18	278203348.09
预收帐款	64	14	115612905.75	294443429.96
代销商品款	65			
应付工资	66			
应付福利费	67		2731722.67	1949820.60
应付股利	68	15		297310620.00
应交税金	69	16	－1913762.98	15667410.36
其他应交款	70		33174182.22	4730536.33
其他应付款	71	17	48128289.71	12687672.21
预提费用	72	18	3316429.25	12196273.92
一年内到期的长期负债	73			
其他流动负债	74			
流动负债合计	80		1133406652.80	1351834141.25
长期负债：				
长期借款	81	19	160000000.00	297010000.00
应付债券	82			
长期应付款	83		116840997.27	16840997.27
住房周转金	84			
其他长期负债	85			56400000.00
长期负债合计	90		276840997.27	370250997.27
递延税项				
递延税款贷项	91			
负债合计	92		1410247650.07	1722085138.52
	93			
股东权益：				
股本	94	20	1365508100.00	1486553100.00
资本公积	95	21	2586247314.86	3113513921.20
盈余公积	96	22	288361189.27	476516116.27
其中：公益金	97	22	71735164.50	109366149.90
未分配利润	98	23	525656600.71	792810761.71
股东权益合计	99		4765773204.84	5869393899.18
负债和股东权益总计	100		6176020854.91	7591479037.70

现 金 流 量 表

2000 年 1－12 月

编制单位：邯郸钢铁股份有限公司　　　　单位：人民币元

项　目	行次	注释	金额
一、经营活动产生的现金流量：			
销售商品、提供劳务收到的现金	1		5382204384.12
收取的租金	2		
收到的税费的返还	3		155818584.17
收到的其他与经营活动有关的现金	8		11147151.42
现金流入小计	9		5549170119.71
购买商品、接受劳务支付的现金	10		3715212781.09
经营租赁所支付的现金	11		
支付给职工以及为职工支付的现金	12		177006557.34
实际交纳的增值税款	13		296870980.21
支付的所得税款	14		300000000.00
支付的除增值税、所得税以外的其他税款	15		63701555.51
支付的其他与经营活动有关的资金	20	29	90017217.99
现金流出小计	21		4642809092.14
经营活动产生的现金流量净额	22		906361027.57
二、投资活动产生的现金流量			
收回投资所收到的现金	23		100000000.00
分得股利或利润所收到的现金	24		4659509.27
取得债券利息收入所收到的现金	25		12655000.00
处置固定资产、无形资产和其他长期资产而收到的现金净额	26		21200.00
收到的其他与投资活动有关的现金	30		13600000.00
现金流入小计	31		130935709.27
购建固定资产、无形资产和其他长期资产所支付的现金	32		461710724.38
权益性投资所支付的现金	33		560623590.60
债权性投资所支付的现金	34		100000000.00
支付的其他与投资活动有关的资金	40	30	110000000.00
现金流出小计	41		1232334314.98
投资活动产生的现金流量净额	42		-1101398605.71
三、筹资活动产生的现金流量净额			
吸收权益性投资所收到的现金	43		560623590.60
发行债券所收到的现金	44		
借款所收到的现金	45		730010000.00
收到的其他与筹资活动有关的现金	50		56400000.00
现金流入小计	51		1347033590.60
偿还债务所支付的现金	52		864000000.00
发生筹资费用所支付的现金	53		
分配股利或利润所支付的现金	54		
偿付信息所支付的现金	55		48641311.25
融资租赁所支付的现金	56		
减少注册资本所支付的现金	57		
支付的其他与筹资活动有关的现金	62		
现金流出小计	63		912641311.25
筹资活动产生的现金流量净额	64		434392279.35
四、汇率变动对现金的影响	65		
五、现金及现金等价物净增加额	66		239354701.21
附注：			
1.不涉及现金收支的投资和筹资活动：			
以固定资产偿还债务	67		
以投资偿还债务	68		
以固定资产进行长期投资	69		
以存货偿还债务	70		669895000.00
融资租赁固定资产	71		
2.将净利润调节为经营活动的现金流量：			
净利润	72		752619708.00
加：计提的坏帐准备或转销的坏帐	73		2516250.03
固定资产折旧	74		158719763.00
无形资产摊销	75		
待摊费用减少(减：增加)	76		3692333.17
预提费用增加(减：减少)	77		8879844.67
处置固定资产、无形资产和其他长期资产的损失(减收益)	78		107034.40
固定资产报废损失	79		
财务费用	80		37578167.39
投资损失(减收益)	81		－17314509.27
递延税款贷项(减借项)	82		
存货的减少(减增加)	83		－33518017.29
经营性应收项目的减少(减增加)	84		10884891.56
经营性应付项目的增加(减减少)	85		－17804438.09
其他	86		
经营活动产生的现金流量净额	87		906361027.57
3、现金及现金等价物净增加情况	88		
货币资金的期末余额	89		514937725.73
减：货币资金的期初余额	90		275583024.52
现金等价物的期末余额	91		
减：现金待价物的期初余额	92		
现金及现金等价物净增加额	93		239354701.21

齐鲁石油化工股份有限公司

二〇〇〇年年度报告摘选

一、公司简介

1、公司法定中文名称:齐鲁石油化工股份有限公司
公司法定英文名称:QILU PETROCHEMICAL COMPANY Ltd.
2、公司法定代表人:王延康
3、公司董事会秘书:郑建生
联系地址:山东省淄博高新技术产业开发区
电　　话:0533－3583728
传　　真:0533－3583718
公司网址:http://www.qilu.com.cn
电子信箱:WWW.QLDMSH@163.NET
4、公司注册地址:山东省淄博高新技术产业开发区
公司办公地址:山东省淄博高新技术产业开发区
邮 政 编 码:255086
5、公司信息披露报纸:《中国证券报》、《上海证券报》、《证券时报》。
年报披露指定网址:http://www.sse.com.cn
年度报告备置地点:公司董事会秘书室
6、公司股票上市地:上海证券交易所
股票简称:齐鲁石化
股票代码:600002

二、会计数据和业务数据摘要

1、公司本年度实现的利润总额及其构成(单位:元):

利润总额	538,840,843.26
净利润	434,824,925.60
扣除非经常性损益后的净利润	434,824,925.60
主营业务利润	936,191,769.64
其他业务利润	95,062,606.23
营业利润	523,134,715.43
投资收益	15,500,000.00
补贴收入	0
营业外收支净额	206,127.83
经营活动产生的现金流量净额	760,332,293.11
现金及现金等价物净增加额	－71,650,003.23

2、截止报告期末前三年的主要会计数据和财务指标:

主要财务指标	2000年度	1999年度调整后	1999年度调整前	1998年度
主营业务收入(万元)	715,551.04	582,002.62	582,002.62	393,283.57
净利润(万元)	43,482.49	38,711.11	47,560.01	47,077.09
总资产(万元)	828,910.56	876,722.33	884,904.45	916,433.87
股东权益(万元)	486,082.64	442,303.40	468,695.53	420,612.79
每股收益(摊薄)(元)	0.223	0.20	0.244	0.241
扣除非经常性损益后的每股收益(摊薄)(元)	0.223	0.20	0.244	0.241
每股收益(加权)(元)	0.223	0.20	0.244	0.249
扣除非经常性损益后的每股收益(加权)(元)	0.223	0.20	0.244	0.249
每股净资产(元)	2.49	2.27	2.40	2.16
调整后的每股净资产(元)	2.46	2.25	2.38	2.13
每股经营活动产生的现金流量净额(元)	0.39	0.593	0.593	
净资产收益率(摊薄)(%)	8.95	8.75	10.15	11.19
净资产收益率(加权)(%)	8.95	8.75	10.15	11.56

按照中国证监会《公开发行证券公司信息披露编报规则》(第9号)要求计算的净资产收益率和每股收益如下:

报告期利润	净资产收益率(%)		每股收益(元)	
	全面摊薄	加权平均	全面摊薄	加权平均
主营业务利润	19.26	20.11	0.48	0.48
营业利润	10.76	11.24	0.27	0.27
净利润	8.95	9.34	0.22	0.22
扣除非经常性损益后的净利润	8.94	9.33	0.22	0.22

注:根据中国石化股份公司《关于下发〈中国石油化工股份有限公司会计政策和会计估计〉的通知》要求,公司董事会临时会议决定对公司的坏帐准备提取比例作出调整,致使1999年度相应财务指标发生变更,详情刊登在2001年2月27日的《中国证券报》、《上海证券报》、《证券时报》上。

三、股本变动及股东情况

股东情况介绍

(1)、截止到2000年12月31日,公司股东总户数192550户,其中末流通法人股股东1户,流通股股东192549户。

(2)、持有本公司5%以上股份的股东只有本公司的法人股东中国石油化工股份有限公司,该公司持有本公司股份16亿股,是在报告期内由齐鲁石油化工公司全部划转所致,其所持法人股份总数没有变动,也无质押或冻结等情况。公司前10名股东之间不存在关联关系,下面披露的其他前9名股东均为流通A股股东。

公司前10名股东持股情况如下:

	持股数(股)	股本比例(%)
中国石油化工股份有限公司	1600000000	82.05
兴和基金	1107675	0.07
道里投资	1000000	0.07
付云霞	995406	0.06
哈里实业	949950	0.06
严转运	900500	0.06
王庆徽	882127	0.05
唐小强	871305	0.05
张正明	859383	0.05
财政证券	850000	0.05

东北高速公路股份有限公司

二〇〇〇年年度报告摘选

一、公司简介

(一)公司的法定中文名称:东北高速公路股份有限公司
公司的法定英文名称:Northeast Expressway Company Ltd.
(二)公司法定代表人:张晓光
(三)公司董事会秘书:徐鹏
联系地址:吉林省长春市解放大路84号
联系电话:0431－5679038　　5673111－91810
传　　真:0431－5679038　　5679058
电子信箱:dongbgs@sina.com
(四)公司注册地址:吉林省长春市人民大街122号
公司办公地址:吉林省长春市解放大路84号
邮政编码:130021
公司网址:http://www.northeast－expressway.com
电子信箱:dongbgs@sina.com
(五)公司选定的信息披露报纸:《中国证券报》、《上海证券报》
登载公司年度报告的中国证监会指定国际互联网网址:http://www.sse.com.cn
公司年度报告备置地点:长春市解放大路84号交通大厦18层公司董事会秘书处
(六)公司股票上市交易所:上海证券交易所
股票简称:东北高速　　　　股票代码:600003

二、会计数据和业务数据摘要

(一)本年度主要利润指标情况	(单位:人民币元)
1.利润总额	310,482,172.67
2.净利润	214,416,378.34
3.扣除非经营性损益的净利润	142,033,869.09
4.主营业务利润	244,258,801.58
5.其他业务利润	－5,334,436.70
6.营业利润	221,936,345.31
7.投资收益	53,085,945.14
8.补贴收入	35,434,097.22
9.营业外收支净额	25,785.00
10.经营活动产生的现金流量净额	150,238,989.83
11.现金及现金等价物净增加额	－302,567,255.09

备注:扣除非经营性损益项目及金额(元):

调增项目:合并价差摊销	2,826,402.07
调减项目:股票投资收益	38,574,814.10
国债投资收益	1,200,000.00
补贴收入	35,434,097.22

(二)近三年主要会计数据及财务指标:　　(单位:人民币元)

项目	2000年	1999年	1998年
主营业务收入	344,360,640.88	368,196,414.05	326,046,985.58
净利润	214,416,378.34	199,350,653.65	143,223,071.39
总资产	4,145,908,496.67	4,347,189,479.36	2,961,857,695.18
股东权益	2,840,644,988.18	2,711,152,609.84	1,894,291,850.17
每股收益(摊薄)(元/股)	0.1767	0.17	0.16
每股收益(加权)(元/股)	0.1767	0.20	0.16
每股收益(扣除非经营性损益)	0.1171	0.17	0.16
每股净资产(摊薄)(元/股)	2.3414	2.24	2.07
调整后每股净资产(元/股)	2.3408	2.24	2.07
每股经营活动产生的现金流量净额(元/股)	0.1238	0.01	－－
净资产收益率(摊薄)(%)	7.5482	7.54	7.56

按照中国证监会《公开发行证券公司信息披露编报规则(第9号)》要求计算2000年度的净资产收益率和每股收益。

	净资产收益率(%)		每股收益(元)	
	全面摊薄	加权平均	全面摊薄	加权平均
主营业务利润	8.60	8.67	0.201	0.201
营业利润	7.81	7.87	0.183	0.183
净利润	7.55	7.61	0.177	0.177
扣除非经营性损益后的净利润	5.00	5.04	0.117	0.117

(三)报告期内股东权益变化情况　　　　单位:人民币元

项目	股本	资本公积	盈余公积	其中:法定公益金	未分配利润	股本权益合计
期初数	1,213,200,000	1,371,393,956.19	92,188,285.50	10,243,142.83	34,370,368.15	2,711,152,609.84
本期增加			32,162,456.75	10,720,818.92	214,416,378.34	246,578,835.09
本期减少					117,086,456.75	117,086,456.75
期末数	1,213,200,000	1,371,393,956.19	124,350,742.25	20,963,961.75	131,700,289.74	2,840,644,988.18

三、股本变动及股东情况

(一)报告期末股东总数

截止2000年12月31日,持有本公司股票的股东总人数为177,158户,持股1,213,200,000股,其中国家股股东2户,国有法人股股东1户,持有913,200,000股;社会公众股股东177,155户,持股300,000,000股。

(二)主要股东持股情况(前十名和持股5%以上股东)

股东名称	持股数	占总股本比例
黑龙江省高速公路公司	366,100,000	30.176%
吉林省高速公路公司	303,270,000	24.998%
华建交通经济开发中心	243,830,000	20.098%
泰和基金	8,372,208	0.690%
益民信息	1,658,770	0.137%
中关通信	844,600	0.070%
兴和基金	629,500	0.052%
许栩敏	420,000	0.035%
世纪英才	398,900	0.033%
顺德真美	392,000	0.032%

说明:1、上述股东之间无关联关系。

2、黑龙江省高速公路公司、吉林省高速公路公司均为国家股股东,华建交通经济开发中心为国有法人股股东。

武汉钢铁股份有限公司

二○○○年年度报告摘选

一、公司简介

1、公司法定中、英文名称及缩写
公司法定中文名称:武汉钢铁股份有限公司
公司法定英文名称:Wuhan Steel Processing Co., Ltd.
英文名称缩写:WSPC
2、公司法定代表人:刘本仁先生
3、公司董事会秘书:施军先生
授权代表:刘国富先生
联系地址:武汉市青山区沿港路3号
武汉钢铁股份有限公司董事会秘书室
电话:027-86306023　027-86807873　传真:027-86807873
4、公司注册地址:武汉市青山区沿港路3号
公司办公地址:武汉市青山区沿港路3号
邮政编码:430080
公司互联网网址:http://www.wisco.com.cn
公司电子信箱:stock@wspc.com.cn
5、公司信息披露报纸名称:《中国证券报》、《上海证券报》、《证券时报》
登载公司年度报告的国际互联网网址:http://www.sse.com.cn
公司年度报告备置地点:公司董事会秘书室
6、公司股票上市交易所:上海证券交易所
股票简称:武钢股份　股票代码:600005

二、会计数据和业务数据摘要

1、公司本年度利润总额及其构成　(单位:人民币元)

利润总额	838,297,463.16
净利润	706,892,004.25
扣除非经常性损益后的净利润	711,372,546.45
主营业务利润	953,269,520.54
其他业务利润	354,755.78
营业利润	840,320,528.89
投资收益	2,507,007.19
补贴收入	-
营业外收支净额	-4,530,072.92
经营活动产生的现金流量净额	1,613,057,181.03
现金及现金等价物净增加额	-243,021,906.13

注:扣除的非经常性损益项目和涉及金额:
资产处置损益:　-4,480,542.20

2、截至报告年度末公司前三年的主要会计数据和财务指标

指标项目	单位	2000年	1999年	1998年	
				调整前	调整后
主营业务收入	(元)	6,925,280,769.77	5,901,221,239.19	5,027,971,429.05	5,027,971,429.05
净利润	(元)	706,892,004.25	605,906,637.90	557,322,771.32	533,438,457.92
总资产	(元)	6,331,297,981.90	7,424,784,776.98	5,765,104,439.59	5,734,671,737.51
股东权益	(元)	4,552,862,369.15	4,431,304,764.90	3,031,789,099.97	3,000,118,489.19
每股收益	(元/股)	0.338	0.290	0.315	0.301
每股收益(加权)	(元/股)	0.338	0.318	0.315	0.301
扣除非经常性损益后的每股收益	(元/股)	0.340	0.290	0.322	0.309
扣除非经常性损益后的每股收益(加权)	(元/股)	0.340	0.318	0.322	0.309
每股净资产	(元/股)	2.178	2.120	1.712	1.695
调整后的每股净资产	(元/股)	2.178	2.120	1.707	1.689
每股经营活动产生的现金流量净额	(元/股)	0.772	0.532	0.266	0.267
净资产收益率	(%)	15.53	13.67	18.38	17.78
净资产收益率(加权)	(%)	14.77	15.68	17.34	16.70

3、利润分配表附表:

报告期利润	净资产收益率(%)		每股收益(元)	
	全面摊薄	加权平均	全面摊薄	加权平均
主营业务利润	20.94	19.92	0.456	0.456
营业利润	18.46	17.56	0.402	0.402
净利润	15.53	14.77	0.338	0.338
扣除非经常性损益后的净利润	15.62	14.87	0.340	0.340

三、股本变动及股东情况

1、股东情况介绍
(1) 报告期末股东总数为184135户。
(2)报告期末公司主要股东持股情况:

股东名称	期末持股数(股)	占总股本比例(%)
①武汉钢铁(集团)公司	1,770,480,000	84.69
②李从恺	640,000	0.03
③叶梅芳	629,647	0.03
④严建定	524,498	0.03
⑤王世才	518,535	0.02
⑥余登学	507,694	0.02
⑦周奎森	501,151	0.02
⑧莫江华	440,000	0.02
⑨秀枫房产	423,928	0.02
⑩周富珍	350,000	0.02

注:①武汉钢铁(集团)公司为公司国有法人股股东。其持有的本公司股权无质押及冻结情况。

②前10名股东之间公司未知有何关联关系。

东风汽车股份有限公司

二○○○年年度报告摘选

一、公司简介

1、公司法定中文名称:东风汽车股份有限公司
公司法定英文名称:Dongfeng Automobile Co., LTD　缩写:DFAC
2、公司法定代表人:苗圩
3、公司董事会秘书:卢锋
联系地址:湖北省襄樊市车城大道1号
电话:0710-3392155　传真:0710-3392156
电子信箱:dfaclf@public.xf.hb.cn　证券事务代表:张新峰
电 话:0710-3392958　传 真:0710-3392221
电子信箱:dfaczxf@public.xf.hb.cn
4、公司注册地址:湖北省襄樊市高新技术产业开发区春园西路4号
公司办公地址:湖北省襄樊市车城大道1号　邮政编码:441004
公司国际互联网网址:http://www.dfac.com
E-mail:dfac@dfac.com
5、公司选定的信息披露报纸名称:《上海证券报》、《中国证券报》、《证券时报》。
登载公司年度报告的中国证监会指定国际互联网网址:http://www.sse.com.cn
公司年度报告备置地点:公司证券部
6、公司股票上市交易所:上海证券交易所
股票简称:东风汽车　股票代码:600006

二、会计数据和业务数据摘要

1、2000年度利润实现情况(单位:人民币元)

利润总额:	440,092,549.90
净利润:	373,840,148.57
扣除非经常性损益后的净利润:	370,892,880.17
主营业务利润:	628,689,676.22
其他业务利润:	6,322,502.79
营业利润:	435,462,562.69
投资收益:	1,682,718.81
补贴收入:	0
营业外收支净额:	2,947,268.40
经营活动产生的现金流量净额:	475,755,367.55
现金及现金等价物净增加额:	-47,195,443.90

注:"扣除非经常性损益后的净利润"是指从净利润中扣除公司报告期内正常经营损益之外的、一次偶发性损益,扣除数2,947,268.40元的构成为:发行股票冻结资金利息收入摊销数3,169,235.42元,无法支付款项950,230.00元,固定资产清理76,581.01元,其他1,200,572.5元,营业外支出2,449,350.53元。

2、主要会计数据和财务指标

单位:人民币元

指标	2000年	1999年		1998年
		调整后	调整前	
主营业务收入	3,446,311,855.83	3,085,534,804.43	3,085,534,804.43	3,456,933,740.00
净利润	373,840,148.57	320,917,942.63	323,560,192.63	243,539,188.85
总资产	4,069,052,708.37	3,615,911,446.86	3,615,911,446.86	2,095,778,544.53
股东权益(不含少数股东权益)	2,694,778,082.39	2,519,298,449.96	2,519,298,449.96	674,712,022.99
每股收益(摊薄)	0.3738	0.3209	0.3236	0.3479
每股收益(加权)	0.3738	0.3890	0.3922	0.3479
每股净资产	2.6948	2.5193	2.5193	0.9639
调整后每股净资产	2.5443	2.3621	2.3621	0.7333
每股经营活动 产生的现金流量净额	0.4758	0.2225	0.2225	
净资产收益率(摊薄)	13.87%	12.74%	12.84%	36.10%
净资产收益率(加权)	13.81%	21.24%	21.40%	36.10%
扣除非经营损益后的净资产收益率(加权)	13.71%	20.75%	20.73%	36.20%

注:根据财政部颁发的《企业会计准则——债务重组》有关规定,对于1999年产生债务重组收入2,642,250.00元,追溯调整了上年度会计报表,调增资本公积2,642,250.00元,相应调减法定盈余公积金264,225.00元,公益金132,112.50元,年初未分配利润2,245,912.50元。

3、利润分配表附表

报告期利润	净资产收益率(%)		每股收益(元/股)	
	全面摊薄	加权平均	全面摊薄	加权平均
主营业务利润	23.33%	23.23%	0.6287	0.6287
营业利润	16.16%	16.09%	0.4355	0.4355
净利润	13.87%	13.81%	0.3738	0.3738
扣除非经常性损益后的净利润	13.76%	13.71%	0.3709	0.3709

三、股本变动及股东情况

1、报告期末股东总数为120128户。
2、报告期末公司主要股东持股情况

股东名称	期末持股数	占总股本比例(%)
① 东风汽车	700000000	70.00
②银河证券	38923947	3.89
③同盛基金	6143302	0.61
④铁四实业	2667764	0.27
⑤津华策	1039331	0.10
⑥樊纲	966310	0.10
⑦兴和基金	564795	0.06
⑧哈里实业	554593	0.06
⑨侯纪禄	538100	0.05
⑩张静	510000	0.05

注:

东风汽车公司为公司国有法人股股东,所持有的本公司股权未有质押和冻结的情况。

前10名股东之间公司未知其有何关联关系。

中国国际贸易中心股份有限公司

二〇〇〇年年度报告摘选

一、公司简介

1、公司名称(中文):中国国际贸易中心股份有限公司
公司英文名称:China World Trade Center Company Ltd.
英文缩写:CWTC
2、公司法定代表人:杨文生
3、公司董事会秘书:焦营
联系地址:北京建国门外大街一号
电　　话:(010)65052288
传　　真:(010)65051002
电子信箱:dongmi@cwtc.com
4、公司注册地址:北京建国门外大街一号
公司办公地址:北京建国门外大街一号
邮政编码:100004
公司国际互联网网址:http://www.cwtc.com.cn
5、公司选定的信息披露报纸:《中国证券报》、《上海证券报》
登载公司年报的国际互联网网址:http://www.sse.com.cn
公司年度报告备置地点:北京建国门外大街一号公司董事会秘书处
6、公司股票上市交易地点:上海证券交易所
股票简称:中国国贸
股票代码:600007

二、会计数据和业务数据摘要

1、本年度主要利润指标(单位:人民币千元)

项目	
利润总额:	216,567
净利润:	145,998
扣除非经营性损益后的净利润:	152,245
主营业务利润:	246,586
其他业务利润:	0
营业利润:	193,666
投资收益:	29,148
补贴收入:	0
营业外收支净额:	-6,247
经营活动产生的现金流量净额:	314,440
现金及现金等价物增加额:	-109,009

注:扣除的非经常性损益项目为:处置运输设备净收入人民币16.3万元,处置商场部分固定资产和流动资产净损失人民币641万元。

2、公司前三年主要会计数据和财务指标(单位:人民币千元)

项目	2000年	1999年	1998年
主营业务收入	542,814	478,763	737,033
净利润	145,998	182,700	257,209
总资产	3,664,291	3,624,018	2,762,635
股东权益	2,048,399	1,987,616	1,133,740
每股收益(元/股)(全面摊薄)	0.18	0.23	0.40
扣除非经常性损益后的每股收益(元/股)	0.19	0.23	0.40
每股净资产(元/股)	2.56	2.48	1.77
调整后的每股净资产(元/股)	2.54	2.58	1.76
每股经营活动产生的现金流量净额(元/股)	0.39	0.36	0.28
净资产收益率(%)	7.13	9.19	22.69

3、根据中国证监会关于发布《公开发行证券公司信息披露编报规则》第9号通知精神,公司2000年按全面摊薄法和加权平均法计算的净资产收益率及每股收益:

	净资产收益率%		每股收益	
	全面摊薄	加权平均	全面摊薄	加权平均
主营业务利润	12.04	11.97	0.31	0.31
营业利润	9.45	9.40	0.24	0.24
净利润	7.13	7.09	0.18	0.18
扣除非经常性损益后净利润	7.43	7.39	0.19	0.19

注:扣除非经常性损益后净利润是指扣除营业外收入、补贴收入加营业外支出的净利润。

4、报告期内股东权益变动情况(单位:人民币千元)

	股本	资本公积	盈余公积	其中:法定公益金	未分配利润	货币换算差额	股东权益合计
期初数	800,000	920,662	99,316	49,658	168,727	-1,089	1,987,616
本期增加	0	0	29,200	14,600	145,998	0	175,198
本期减少	0	1,762	0	0	112,400	253	114,415
期末数	800,000	918,900	128,516	64,258	202,325	-1,342	2,048,399

报告期内资本公积变化的主要原因是调整投资于北京国鑫出租汽车有限公司的车辆的原评估增值额;盈余公积和公益金的增加为按净利润各提取10%的金额所致;本期未分配利润的增加是由于本期净利润转入;本期未分配利润的减少为按净利润10%的金额各提取盈余公积和公益金以及拟向股东分配本年度利润人民币8,320万元所致。

三、股东情况介绍

1、截止至2000年12月31日,股东总数为91101人。
2、持有本公司5%以上(含5%)股份的股东及前10名股东持股情况
公司前十名股东持股(截止至2000年12月31日)

股东名称	持股数(股)	占总股本比例(%)
1 中国国际贸易中心有限公司	640000000	80.00%
2 同益基金	7342000	0.92%
3 同盛基金	6142050	0.77%
4 张绍庆	729803	0.09%
5 兴和基金	455791	0.06%
6 傅宝双	423350	0.05%
7 闽侨信托	402237	0.05%
8 黄健康	400000	0.05%
9 黄威志	400000	0.05%
10 张　健	350000	0.04%

注(1)中国国际贸易中心有限公司在年初持有本公司法人股64000万股,占公司股份的80%,年度内所持股份没有增减变动;其所持股份在报告期内无质押或冻结情况。

注(2)上述10名股东中,中国国际贸易中心有限公司与其他股东之间不存在关联关系;同益基金和同盛基金的管理人同为长盛基金管理公司,除此以外,前10名股东中第2—10名股东之间是否存在其他关联关系,本公司无法确定。

北京首创股份有限公司

二〇〇〇年年度报告摘选

一、公司简介

(一)公司的法定中、英文名称
1.中文名称:北京首创股份有限公司
2.英文名称:BEIJING CAPITAL CO.,LTD
(二)公司法定代表人:刘晓光
(三)公司董事会秘书及证券事务代表的姓名、联系地址、电话、传真、电子信箱
1.公司董事会秘书:张扬
2.公司董事会证券事务代表:顾公
3.联系地址:北京市朝阳区北三环东路8号静安中心七层
4.电　　话:010-64689035
5.传　　真:010-64689030
6.电子信箱:office@beijingcapital.com.cn
(四)公司注册地址、办公地址、邮政编码、国际互联网网址、电子信箱
1.注册地址:北京市海淀区双榆树知春路76号翠宫饭店写字楼15层
2.办公地址:北京市朝阳区北三环东路8号静安中心七层
3.邮政编码:100028
4.国际互联网网址:http://www.beijingcapital.com.cn
5.电子信箱:office@beijingcapital.com.cn
(五)公司选定的信息披露报纸名称、年度报告备置地点,登载公司年度报告的中国证监会指定国际互联网网址
1.公司选定的信息披露报纸:中国证券报,上海证券报
2.公司年度报告备置地点:公司证券部
3.中国证监会指定国际互联网网址:http://www.sse.com.cn
(六)公司股票上市交易所、股票简称和股票代码
1.公司股票上市交易所:上海证券交易所
2.股票简称:首创股份
3.股票代码:600008

二、会计数据和业务数据摘要

(一)本年度利润总额及构成(单位:人民币元)

项目	2000年度
利润总额	447,549,074.08
其中:主营业务利润	116,235,808.03
其它业务利润	0.00
营业利润	68,355,582.45
投资收益	17,451,790.00
补贴收入	360,000,000.00
营业外收支净额	1,741,701.63
净利润	433,215,450.90
扣除非经常性收益后的净利润	431,550,435.86
经营活动产生的现金流量净额	414,082,568.38
现金及现金等价物净增加额	1,539,458,401.65

注:扣除非经常性收益后的净利润指扣除无效申购利息收入本年摊销额1,665,015.04元后的净利润。

(二)截止报告年度末公司前三年的主要会计数据及财务指标

项目	单位	2000年度	1999年度	1998年度
主营业务收入	(元)	166,320,964.00	161,538,129.11	171,424,749.17
净利润	(元)	433,215,450.99	391,628,587.37	400,134,184.52
总资产	(元)	5,012,496,372.50	1,697,982,800.65	1,422,893,281.40
股东权益(不含少数股东权益)	(元)	3,864,263,699.25	1,131,356,215.04	947,845,416.82
每股经营活动产生的现金流量净额	(元/股)	0.3764		
每股收益(全面摊薄)	(元/股)	0.3938	0.4895	0.5002
每股收益(加权平均)	(元/股)	0.4332	0.4895	0.5002
每股收益(扣除非经常性收益后)	(元/股)	0.3923	0.4895	0.5002
每股净资产	(元/股)	3.5130	1.4142	1.1848
调整后的每股净资产	(元/股)	3.5086	1.4089	1.1847
净资产收益率	(%)	11.21%	34.62%	42.22%

(三)利润分配表附表

报告期利润	净资产收益率(%)		每股收益(元/股)	
	全面摊薄	加权平均	全面摊薄	加权平均
主营业务利润	3.01	3.72	0.1057	0.1162
营业利润	1.77	2.19	0.0621	0.0684
净利润	11.21	13.85	0.3938	0.4332
扣除非经常性损益后的净利润	11.17	13.80	0.3923	0.4316

三、股东情况介绍

(一)报告期末,本公司的股东总数为74,159户。
(二)本公司主要股东及其持股情况

股东名称	持股数量(万股)	持股比例(%)	备注	所持股份上市时间
北京首都创业集团	79,856.42	72.595	国有法人股	
中国经济技术投资担保公司	1,000.00	0.909	战略投资者	2001年10月11日
中信国安信息产业股份有限公司	1,000.00	0.909	战略投资者	2001年10月11日
北京浩鸿房地产开发有限公司	1,000.00	0.909	战略投资者	2001年10月11日
中国航天机电集团公司	500.00	0.455	战略投资者	2001年10月11日
中国兵工物资总公司	500.00	0.455	战略投资者	2001年10月11日
中国纺织物资(集团)总公司	500.00	0.455	战略投资者	2001年10月11日
上海汽车股份有限公司	500.00	0.455	战略投资者	2001年10月11日
中国铁路工程总公司	500.00	0.455	战略投资者	2002年04月11日
中国石油天然气管道局	500.00	0.455	战略投资者	2002年04月11日

注1:北京王府井百货(集团)股份有限公司等16家战略投资者也分别持有本公司500万股股份,详情请见本公司已刊登的《招股说明书》和《上市公告书》。

注2:本报告期内持有本公司5%以上股份的股东所持股份未发生变动,也未发生质押、冻结等情况。

注3:本报告期内本公司前10名股东之间不存在关联关系。

3.本报告期内持有本公司10%以上股份的股东为北京首都创业集团。林豹先生为北京首都创业集团的法定代表人。北京首都创业集团的经营范围为:购销金属材料、木材、建筑材料、机电设备、电子产品、汽车配件、通讯设备(不含无线电发射设备);销售汽车(不含小轿车);房地产开发、商品房销售等。

上海国际机场股份有限公司

二〇〇〇年年度报告摘选

一、公司简介

1、公司法定名称:
中　　文:上海国际机场股份有限公司
英　　文:Shanghai International Airport Co., Ltd.
英文缩写:SIA
2、公司法定代表人:杜春才
3、公司董事会秘书:贾锐军
联系地址:上海国际机场股份有限公司董事会秘书室
联系电话:(021)62688899-44169
传　　真:(021)62681737
4、公司注册地址:上海市浦东新区启航路900号
邮政编码:201202
公司办公地址:上海市虹桥路2550号
邮政编码:200335
5、公司选定的信息披露报纸名称:《上海证券报》、《中国证券报》、《证券时报》
登载公司年度报告的中国证监会指定国际互联网网址:http://www.sse.com.cn
年度报告备置地点:公司董事会秘书室
6、公司股票上市交易所:上海证券交易所
股票简称:上海机场
股票代码:600009

二、会计数据和业务数据摘要

1、公司本年度主要会计数据(单位:元)

利润总额	641,722,439.02
净利润	545,203,047.25
扣除非经常性损益的净利润	544,598,500.26
主营业务利润	511,312,031.68
其他业务利润	146,123,795.64
营业利润	561,177,854.30
投资收益	82,024,532.09
补贴收入	604,546.99
营业外收支净额	-2,084,494.36
经营活动产生的现金流量净额	741,455,000.83
现金及现金等价物净增加额	1,109,919,685.98

注:扣除非经常性损益的净利润系扣除国产品出口退税(消费税及增值税)604,546.99元后的净利润。

2、公司前三年主要会计数据和财务指标(单位:人民币元)

项 目	2000年	1999年	1998年	
主营业务收入	867,896,150.88	748,214,448.02	635,449,007.31	
			含新股申购冻结资金利息	扣除新股申购冻结资金利息
净利润	545,203,047.25	594,475,982.05	549,659,249.24	535,005,695.63
总资产	7,650,110,041.19	4,142,425,301.08		3,512,883,981.94
股东权益	4,356,225,199.77	3,912,352,982.52		3,317,877,000.47
每股收益(元/股)	0.395	0.440	0.407	0.396
加权平均每股收益(元/股)	0.402	0.440		0.419
扣除非经常性损益后的每股收益(元/股)	0.394	0.441		0.394
每股净资产(元/股)	3.154	2.898		2.458
调整后的每股净资产(元/股)	3.153	2.894		2.456
每股经营活动产生的现金流量净额(元/股)	0.537	0.473		0.463
净资产收益率(%)	12.52	15.19		16.57

3、利润表附表:

报告期利润	净资产收益率(%)		每股收益(元)	
	全面摊薄	加权平均	全面摊薄	加权平均
主营业务利润	11.74	12.20	0.370	0.377
营 业 利 润	12.88	13.39	0.406	0.414
净 利 润	12.52	13.01	0.395	0.402
扣除非经常性损益后的净利润	12.50	13.00	0.394	0.402

注:上述利润数据按照中国证监会《公开发行证券公司信息披露编报规则(第9号)》方法计算。

三、股东情况介绍

1、报告期末股东总数为283107户。
2、报告期末公司前十名股东持股情况

序号	股东名称	持股数(股)	所占比例(%)
1	上海机场(集团)有限公司	900000000	65.16
2	华信实业	2725909	0.20
3	吴江钢丝	2642500	0.19
4	陈 盛	2024586	0.15
5	王坤泉	1965900	0.14
6	南京新淮	1526187	0.11
7	陈巧珍	1434450	0.10
8	内蒙信托	1380050	0.10
9	飞龙工程	1290000	0.09
10	北京财政	1000000	0.07

注:上海机场(集团)有限公司为代表国家持有股份的单位,为本公司的独家发起人,其所持股份无质押和冻结。

内蒙古包钢钢联股份有限公司

二〇〇〇年年度报告摘选

一、公司简介

1、公司名称(中文):内蒙古包钢钢联股份有限公司
公司英文名称:Inner Mongolian BaoTou Steel Union Co., Ltd
2、公司法定代表人:林东鲁
3、公司董事会秘书:郭景龙
联系地址:内蒙古自治区包头市昆区河西工业区
电　　话:(0472)2105037,5144403
传　　真:(0472)2105006,5144403
4、公司注册地址:内蒙古自治区包头市昆区河西工业区
公司办公地址:内蒙古自治区包头市昆区河西工业区
邮政编码:014010
5、公司选定的信息披露报纸名称:《中国证券报》和《上海证券报》
登载公司年度报告的国际互联网网址:www.sse.com.cn
公司年度报告备置地点:公司证券融资部
6、公司股票上市交易所:上海证券交易所
股票简称:钢联股份
股票代码:600010

二、会计数据和业务数据摘要

1、利润情况:(单位:人民币元)

利润总额:	440,586,929.00
净利润:	288,891,610.43
扣除非经常性损益后的净利润:	295,502,530.21
主营业务利润:	626,969,546.16
其他业务利润:	1,356,982.08
营业利润:	453,974,431.02
投资收益:	--
补贴收入:	--
营业外收支净额:	13,387,502.02
经营活动产生的现金流量净额:	128,652,844.25
现金及现金等价物净增加额:	41,176,049.70

注:2000年扣除非经常性损益后的净利润295,502,530.21元,扣除的非经常性损益为:
(1) 处理固定资产收入　-24,971.00
(2) 处理固定资产损失　6,635,890.78

2、截至报告期末公司前三年的主要会计数据和财务指标:(单位:元)

项目	2000年	1999年	1998年
主营业务收入	5,898,473,064.86	5,922,537,525.68	5,899,978,520.86
净利润	288,891,610.43	251,711,645.88	241,622,024.14
总资产	2,657,931,681.09	2,477,352,389.09	1,769,837,858.99
股东权益(不含少数股东权益)	1,564,364,133.39	1,400,472,522.96	912,570,000.00
每股收益(摊薄)	0.32	0.28	
每股收益(加权)	0.32		
每股净资产	1.74	1.56	
调整后的每股净资产	1.74	1.55	
每股经营活动产生的现金流量净额	0.14		
净资产收益率%	18.47%	17.97%	26.48%
净资产收益率(加权平均)	18.70%	24.24%	23.38%

注4、报告期末至摘要披露日,公司股本发行变化的,还应披露变化后的每股收益。
变化后的每股收益:每股收益　0.23
变化后的股份总数:12.5亿股

3、根据按照中国证监会《公开发行证券公司信息披露编报规则(第9号)》要求计算的利润数据:

报告期利润	净资产收益率		每股收益	
	全面摊薄	加权平均	全面摊薄	加权平均
主营业务利润	40.08%	40.58%	0.70	0.70
营业利润	29.02%	29.39%	0.50	0.50
净利润	18.47%	18.70%	0.32	0.32
扣除非经常性损益后的净利润	18.89%	19.13%	0.33	0.33

4、报告期内股东权益变动情况:

项目	股本	资本公积	盈余公积	法定公益金	未分配利润	股东权益合计
期初数	900,000,000.00	484,615,384.30	15,857,138.66	5,285,712.88		1,400,472,522.96
本期增加			43,333,741.56	14,444,580.52	120,557,868.87	163,891,610.43
本期减少						
期末数	900,000,000.00	484,615,384.30	59,190,880.22	19,730,293.40	120,557,868.87	1,564,364,133.39

变动原因:(1)根据本公司2000年度利润分配方案,法定盈余公积金、公益金分别按税后利润的10%、5%提取,金额分别为28,889,161.04元、14,444,580.52元。
(2)未分配利润增加原因;2000年度实现利润形成。

三、股本变动及股东情况

1、报告期内公司股本未变动,为900,000,000股。
2、股东情况:
(1)报告期末股东总数:5户。
(2)本报告期内股权结构无变动。
(3)股东持股情况:

股东名称	金　额	比　例
包头钢铁(集团)有限责任公司	887,780,000.00	98.64%
西山煤电(集团)有限责任公司	6,500,000.00	0.72%
中国第一重型机械集团公司	1,950,000.00	0.22%
中国钢铁炉料华北公司	1,950,000.00	0.22%
包头市鑫垣机械制造有限责任公司	1,820,000.00	0.20%
合计	900000000.00	100.00%

(4)持股10%以上的法人股东为包头钢铁(集团)有限责任公司,所持股份报告期内无增减变动,无质押或冻结的情况。法定代表人:林东鲁。经营范围:钢铁制品,稀土产品,焦碳及副产品,压力容器普通机械制造与加工,冶金机械设备及检修,安装,货物运输,餐饮,住宿;冶金、房地产开发、建筑业、旅游业等行业的投资,销售本集团开发的商品房屋。

华能国际电力股份有限公司

上市公告书(部分)摘录

一、概览

股票简称:华能国际
股票代码:600011 股本
股本总额:6,000,000,000 股
可流通 A 股股本:250,000,000 股
本次上市流通股本:146,605,000 股
上市地点:上海证券交易所
上市日期:2001 年 12 月 6 日
股份登记机构:中国证券登记结算有限责任公司上海分公司
上市推荐人:国泰君安证券股份有限公司
　　　　　　中信证券股份有限公司

二、发行人概况

(一)发行人基本情况
1、法定名称:华能国际电力股份有限公司
英文名称:HUANENG POWER INTERNATIONAL, INC.
2、注册资本金:6,000,000,000 元
3、法定代表人:李小鹏
4、住所:北京市西城区复兴门南大街丙 2 号(天银大厦 C 段西区)
成立日期:1994 年 6 月 30 日
5、经营范围:投资、建设、经营管理电厂;开发、投资、经营以出口为主的其它相关企业
6、所属行业:电力
7、股票已上市地及股票代码:香港联交所(0902)
　　　　　　美国纽约证券交易所(HNP)
8、电话:010－66491851、010－66491857
传真:010－66491860
电子邮箱:zqb@hpi.com.cn
9、董事会秘书:黄龙

三、董事、监事及高级管理人员

(一)董事、监事及高级管理人员简介
1、董事

李小鹏　男　42 岁,李先生现任本公司董事长,华能国电董事长、总经理,中国华能集团公司(以下简称"华能集团")董事、总经理。从 1994 年 6 月至 2000 年 1 月,李先生曾先后担任过本公司副总经理、总经理、副董事长,华能国电副总经理、副董事长。在加入本公司之前,曾任电力科学研究院电力系统研究所工程师、计划经营处副处长和电力技术经济研究所所长。李先生是高级工程师,毕业于华北电力学院发电厂及电力系统专业。

王晓松　男,55 岁。王先生现任本公司副董事长,华能国电董事、副总经理,华能集团董事、副总经理。1994 年 6 月至 2000 年 1 月,王先生曾分别担任本公司证券融资部经理、本公司副总经理,华能国电副总经理。加入本公司以前,曾任抚顺发电厂副厂长、元宝山发电厂厂长及东北电管局劳动工资处处长。王先生是教授级高级工程师,毕业于北京电力学院热能动力专业。

叶大戟　男,56 岁,现任本公司董事、总经理,华能集团董事。叶先生加入本公司后曾任华能上海分公司副经理、华能上海石洞口第二电厂厂长,1995 年 12 月至 2000 年 1 月曾任本公司副总经理、华能国电副总经理。加入本公司以前,叶先生曾任上海石洞口电厂副总工程师。叶先生是教授级高级工程师,毕业于上海交通大学机械工程专业。

冯大为　男,51 岁,现任本公司董事、副总经理。冯先生 1996 年加入本公司,曾任本公司广东分公司经理、华能汕头电厂厂长、本公司工程部经理、生产部经理。1998 年任华能国电北京分公司经理、华能国电北京热电厂厂长。加入本公司以前,冯先生曾任哈尔滨第三发电厂副厂长、厂长。冯先生是高级工程师,毕业于合肥工业大学管理工程系,获工学硕士学位。

陈宝良　男,47 岁,现任本公司董事、副总经理。陈先生 1996 年加入本公司,曾任本公司大连分公司经理,本公司大连电厂厂长。加入本公司以前,陈先生曾任辽宁清河发电厂副总工程师、铁岭发电厂筹建处副主任、工程建设处副处长及元宝山发电厂厂长。陈先生是教授级高级工程师,毕业于华北电力大学热动专业,获工学硕士学位。

黄龙　男,48 岁,现任本公司董事、副总经理,兼任董事会秘书。黄先生加入本公司后曾任本公司国际合作部副经理、经理。黄先生是高级工程师,毕业于美国北卡罗莱纳州立大学通讯自控专业,获科学硕士学位。

胡建民　男,47 岁,现任本公司董事、副总经理。1998 年 4 月至 2001 年 1 月,胡先生任山东电力总工程师。在加入本公司前,曾任山东日照发电有限公司董事长、山东聊城发电厂厂长、石横发电厂厂长和邹县发电厂厂长。胡先生是高级工程师,毕业于山东工学院继电保护专业。

汗德方　男,77 岁,现任本公司董事。1996 年 2 月前,汪先生曾任本公司董事长。曾任华能国电总经理、副董事长、董事长。加入本公司以前,汪先生曾任华东电管局副局长、前电力部计划司司长、国家能源委员会副主任及水电部电力规划设计院院长。汪先生毕业于山东大学。

李忠恕　女,63 岁,现任本公司董事、高级咨询。李女士曾任本公司福州分公司经理、本公司福州电厂副厂长、厂长。加入本公司以前,李女士曾任福建省福州电厂厂长及福建省火电工程承包公司副经理。李女士是教授级高级工程师,毕业于清华大学热能专业。

鲍乾元　男,61 岁。鲍先生现任本公司董事、本公司南通分公司经理。加入本公司以前,鲍先生曾任南通市建筑安装总公司第一分公司经理及南通市政建设工程局局长。鲍先生是教授级高级工程师,毕业于苏州建工学校工业及民用建筑专业。

单群英　男,48 岁,现任本公司董事、河北省建设投资公司副总经理。单先生曾任河北省建设投资公司处长。单先生是高级工程师,毕业于原北京钢铁学院自动化系。

杨盛明　男,58 岁。杨先生现任本公司董事、福建国际信托投资公司副总裁及福建国际租赁公司董事长。杨先生是高级经济师,毕业于北京轻工学院。

徐祖坚　男,47 岁。徐先生现任本公司董事、江苏省国际信托投资公司副总经理,兼任江苏省投资管理有限责任公司总经理。徐先生曾任江苏省计划经济委员会基建处科长、副处长。徐先生是高级经济师,毕业于辽宁财经学院基建财务系。

刘树元　男,52 岁,现任本公司董事、辽宁能源总公司和辽宁创业集团公司总经理。刘先生曾任辽宁省铁岭钢厂厂长、铁岭市建委主任、市长助理。刘先生是高级经济师,经济管理专业研究生毕业。

柏长年　男,51 岁。柏先生现任本公司董事、大连市建设投资公司总经理,1994 年 5 月任大连市计划委员会副主任。柏先生是高级经济师,毕业于辽宁大学经济系。

缪凯　男,39 岁。缪先生现任本公司董事、南通市投资管理中心主任。缪先生曾任南通市建设投资公司副总经理和南通市计划委员会科长。缪先生是高级经济师,毕业于浙江大学,获经济学硕士学位。

林建新　男,46 岁。林先生现任本公司董事、广东省汕头市电力开发公司总经理。林先生曾任汕头陶瓷(集团)公司总经理。林先生是高级经济师,毕业于吉林大学研究生院,获经济学硕士学位。

高宗泽　男,62 岁。高先生现任本公司独立董事、中国法律律师事务所首席律师、中国国际经济贸易仲裁委员会仲裁员及中国海事仲裁委员会认可仲裁员、中国全国律师协会会长。高先生毕业于大连海运学院及中国社会科学院研究生院法律系,获法学硕士学位。

郑健超　男,62 岁。郑先生现任本公司独立董事、中国电力科学研究院名誉院长及该院学术委员会主席。1995 年获选为中国工程院院士,并成为该院能源及矿业工程学部副主任,同时任国际大电网会议学术委员会委员,中国电机工程学会副理事长和《中国电机工程学报》总编。郑先生毕业于清华大学电机工程系,并在该校研究生部毕业。

2、监事

鞠章华　男,52 岁。鞠先生现任本公司监事会主席、华能国电董事会秘书、华能集团总经理助理和总经理部经理。鞠先生曾任本公司董事会秘书、证券融资部经理。鞠先生是高级工程师,毕业于清华大学发电厂及电力系统专业。

潘建民　男,46 岁,现任本公司监事、华能集团财务部经理。潘先生曾任华能集团财务部副处长、监察审计部副经理、北京华能产业开发公司副总经理。潘先生是高级会计师,毕业于辽宁财经学院基建财务与信用专业。

赵喜生　男,58 岁,现任本公司监事。赵先生曾任本公司财务部副经理、本公司经理部经理及监察审计部经理。加入本公司以前曾任北京石景山电厂科长、副总会计师和副厂长。赵先生是高级会计师,毕业于中国人民大学工业经济专业。

(二)公司董事、监事及高级管理人员持股情况截止到本上市公告书签署之日,本公司董事、监事及高级管理人员均未持有本公司股票,也没有由其授权或指示他人(包括法人)代其持有,其配偶或已满十八岁的子女均不持有本公司股份。

四、股票发行与股本结构

1、本公司本次上市前的股本结构

股份类别	股份数量(万股)	占总股本的比例(%)
1、尚未流通股份:	425,000	70.83
国有法人股	423,100	70.51
法人股	1,900	0.32
2、可流通股份:	175,000	29.17
(1)境内上市人民币普通股	25,000	4.17
其中:本次公开发行股份	25,000	4.17
(2)境外上市外资股	150,000	25.00
3、总股本:	600,000	100.00

2、本次上市前,本公司前十名股东持股数及比例

序号	股东名称	持股数量(股)	占总股本的比例(%)
1	华能国际电力开发公司	2,554,840,000	42.58
2	河北省建设投资公司	452,250,000	7.54
3	福建国际信托投资公司	334,850,000	5.58
4	江苏省国际信托投资公司	312,375,000	5.21
5	辽宁能源总公司	229,685,000	3.83
6	大连市建设投资公司	226,125,000	3.77
7	NewtonInvestment Management, Ltd.	83,769,600	1.40
8	南通市投资管理中心	67,875,000	1.13
9	山东省国际信托投资公司	50,000,000	0.83
10	汕头市电力开发公司	46,500,000	0.78

(注:本上市公告书因版面原因为上市公告书部分摘录,需要阅读全文请向相关公司董事会秘书查询。)

中国民生银行股份有限公司

二〇〇〇年年度报告摘选

一、公司简介

(一)法定中文名称:中国民生银行股份有限公司
(简称:中国民生银行,下称"本行")
法定英文名称:CHINA MINSHENG BANKING CORP.,LTD.　(缩写:"CMBC")
(二)公司法定代表人:经叔平
(三)董事会秘书:高峰
证券事务代表:陈崇龙　联系地址:北京市东城区正义路4号
联系电话:010-65269592　传 真:010-65229104
电子信箱:cmbc@public.bta.net.cn
(四)公司注册地址及办公地址:北京市东城区正义路4号　邮政编码:100006
公司国际互联网网址:www.cmbc.com.cn
电子信箱:cmbc@public.bta.net.cn
(五)公司选定的信息披露报纸:《中国证券报》、《上海证券报》
登载本年度报告的中国证监会指定国际互联网网址:www.sse.com.cn
本年度报告备置地点:本行董事会、监事会办公室
(六)股票上市地:上海证券交易所
股票简称:民生银行　股票代码:600016

二、会计数据和业务数据

(一)2000年度会计数据(单位:人民币元)

利润总额:	559,194,674
净利润:	429,166,337
扣除非经常性损益后的净利润:	408,587,370
主营业务利润:	528,479,798
营业利润:	528,479,798
投资收益:	501,612,643
补贴收入:	0
营业外收支净额:	30,714,876
经营活动产生的现金流量净额:	1,820,046,411
现金及现金等价物净增加额:	3,716,257,716

注:扣除的非经常性损益的项目及金额:报告期发行人民币普通股申购冻结资金利息收入32,777,362元;处理固定资产损失及其他支出等与处理固定资产盘盈收益等净损失2,062,486元。

(二)截止报告期末本行前三年的主要会计数据和财务指标(单位:人民币元)

项目	2000年	1999年		1998年	
		调整后	调整前	调整后	调整前
主营业务收入	2710108392	1624422145	1675917350	1446285668	1469046239
利润总额	559194674	245312585	296807790	218829135	241589706
净利润	429166337	200223151	234724938	182877347	198126930
总资产	68058215134	36308237297	36596251512	25321806216	25352145663
总负债	62062477483	34830330880	35063515878	23722224827	23732236845
存款总额	52714809492	29062031019	29062031019	18548229137	18548229137
长期存款及同业拆入总额	6372134015	1884895574	1884895574	1298592899	1298592899
贷款总额	34909178900	16785449021	16785449021	11141574960	11141574960
股东权益(不含少数股东权益)	5995737651	1477906417	1532735634	1599581388	1619908818
每股净资产	3.47	1.07	1.11	1.16	1.17
调整后每股净资产	3.33	0.93	0.97	1.05	1.07
每股经营活动产生的现金流量净额	1.05	2.46	2.46	-	-
每股收益摊薄	0.25	0.15	0.17	0.13	0.14
加权	0.31	0.15	0.17	0.13	0.14
扣除非经常性损益后每股收益 摊薄	0.24	0.14	0.17	0.13	0.14
加权	0.30	0.14	0.17	0.13	0.14
净资产收益率摊薄	7.16%	13.55%	15.31%	11.43%	12.23%
加权	25.36%	11.78%	13.51%	11.12%	11.96%

(三)根据中国证监会《公开发行证券公司信息披露编报规则第9号:净资产收益率和每股收益的计算及披露》,本行2000年净资产收益率与每股收益指标如下(单位:人民币元):

项 目	报告期利润	净资产收益率		每股收益	
		全面摊薄	加权平均	全面摊薄	加权平均
主营业务利润	528479798	8.81%	31.22%	0.31	0.38
营业利润	528479798	8.81%	31.22%	0.31	0.38
净利润	429166337	7.16%	25.36%	0.25	0.31
扣除非经常性损益后的净利润	408587370	6.81%	24.14%	0.24	0.30

三、股本变动及股东情况

(一)股本变动情况
1.股份变动情况表(单位:股)

	本次变动前	送股	配股	其他	小计	本次变动后
一、未上市流通股份						
1.发起人股份	1,380,248,376					1,380,248,376
其中:国家拥有股份						
境内法人持有股份	1,380,248,376					1,380,248,376
境外法人持有股份						
其他						
2.募集法人股						
3.内部职工股						
4.优先股或其他						
未上市流通股份合计:	1,380,248,376					1,380,248,376
二、已上市流通股份						
1.人民币普通股						350,000,000
2.境内上市的外资股						
3.境外上市的外资股						
4.其他						
已上市流通股份合计:						350,000,000
三、股份总数:	1,380,248,376					1,730,248,376

上海港集装箱股份有限公司

二〇〇〇年年度报告摘选

一、公司简介

1、公司法定名称:
中文:上海港集装箱股份有限公司
英文:Shanghai Port Container Co.,Ltd.
英文缩写:SPCCO
2、公司法定代表人:陈戌源
3、公司董事会秘书:顾强生
联系地址:上海市军工路4049号(吉发大厦15楼)
电话:(021)56443578
传真:(021)56441469
电子信箱:lwg@spcco.com
4、公司注册地址:浦东新区港华路1299号
邮政编码:200137
公司办公地址:上海市军工路4049号
邮政编码:200432
公司国际互联网网址:http://www.spcco.com.cn
公司电子信箱:oa@spcco.com
5、公司选定的信息披露报纸名称:《上海证券报》、《中国证券报》
登载年度报告的证监会指定国际互联网网址:http://www.sse.com.cn
公司年度报告备置地点:公司证券部
6、公司股票上市地:上海证券交易所
股票简称:上港集箱
股票代码:600018

二、会计数据和业务数据摘要

1、公司本年度利润实现情况　(单位:人民币元)

利润总额	1,138,651,985.07
净利润	544,025,589.48
扣除非经常性损益后的净利润	537,602,113.41
主营业务利润	1,253,000,384.89
其他业务利润	294,872.87
营业利润	1,110,214,815.86
投资收益	24,936,167.33
补贴收入营业外收支净额	3,501,001.88
经营活动产生的现金流量净额	1,193,002,906.07
现金及现金等价物增加额	640,679,035.27

注:"扣除非经常性损益后的净利润"是指从净利润中扣除公司报告期内正常经营损益之外的、一次性或偶然性损益。非经常性损益的构成涉及营业外收支净额3501001.88元;股权投资差额摊销-2922474.19元。

2、主要财务数据和指标　(单位:人民币元)

项目	2000年	1999年	1998年
主营业务收入	1,825,278,175.40	1,408,719,604.46	988,715,238.93
净利润	544,025,589.48	402,994,319.17	299,123,017.97
总资产	7,044,272,592.33	3,670,168,478.63	3,168,502,598.33
股东权益(不含少数股东权益)	3,938,570,162.30	1,281,211,921.12	1,112,168,478.52
全面摊薄每股收益	0.6030	0.5822	0.4321
扣除非经常性损益后的每股收益(全面摊薄)	0.5959	0.5988	0.4397
加权平均每股收益	0.6977	0.5822	0.4321
每股净资产	4.3655	1.8509	1.6067
调整后的每股净资产	4.3099	1.8345	1.5919
每股经营活动产生的现金流量净额	1.3223	1.3198	
净资产收益率(%)(全面摊薄)	13.8128	31.4541	26.8955

3、净资产收益率和每股收益

报告期利润	净资产收益率(%)		每股收益(人民币元)	
	全面摊薄	加权平均	全面摊薄	加权平均
主营业务利润	31.8136	48.5193	1.3888	1.6070
营业利润	28.1883	42.9903	1.2306	1.4239
净利润	13.8128	21.0660	0.6030	0.6977
扣除非经常性损益后的净利润	13.6497	20.8173	0.5959	0.6895

注:2000年末总股本为90220万股;1999年末总股本为69220万股;1998年末总股本为69220万股。以上每股指标均按当期实现数除以当期总股本所得。

公司2000年1月-6月总股本为69220万股;7月-12月总股本为90220万股。上述月份相关数据作为加权平均的计算基数。

三、股东情况介绍

1、截止报告期末本公司股东总户数为73149户。
2、报告期内前十名股东持股情况:

股东名称	持股数(万股)	所占比例(%)	备注
上海港务局	67840	75.19	发起人股
基金裕隆	1528	1.69	2001年7月11日起上市交易
基金同盛	1421	1.58	其中1222万股2001年7月11日起上市交易
基金安顺	1222	1.35	2001年7月11日起上市交易
基金同益	1086	1.20	其中1009万股2001年7月11日起上市交易
基金开元	979	1.09	2001年7月11日起上市交易
东方国际	979	1.09	2001年7月11日起上市交易
基金安信	917	1.02	2001年7月11日起上市交易
基金天元	917	1.02	2001年7月11日起上市交易
基金普丰	734	0.81	2001年7月11日起上市交易

公司与上述股东间(除第一大股东外)无关联关系。
注:
(1)上海港务局年末所持67840万股全部为非流通国家股,报告期内股份无变动。
(2)代表国家持有股份的单位是上海港务局。
(3)持有本公司股份5%以上的股东,上海港务局所持股份无质押及冻结情况。
(4)本公司前十大股东中,基金裕隆、基金同盛、基金安顺、基金同益、基金开元、东方国际、基金安信、基金天元、基金普丰为本公司配售股份的战略投资者,配售股份约定持股时间为2000年7月11日至2001年7月10日。

宝山钢铁股份有限公司

二〇〇〇年年度报告摘选

一、公司简介

中文名称:宝山钢铁股份有限公司
英文名称:Baoshan Iron & Steel Co., Ltd.
法定代表人:谢企华
董事会秘书:周竹平
联系地址:上海市宝山区富锦路果园
联系电话:26647000
传　　真:26646999
电子信箱:ir@ baosteel. com
注册地址:上海市宝山区富锦路果园
办公地址:上海市宝山区富锦路果园
邮政编码:201900
国际互联网址:http://www. baosteel. com
信息披露报纸:《中国证券报》、《上海证券报》、《证券时报》
刊载年报的指定国际互联网址:http://www. sse. com. cn
公司年报备置地点:上海市宝山区富锦路果园宝钢股份董秘室
公司股票上市交易所:上海证券交易所
股票名称:宝钢股份
股票代码:600019

二、会计数据和业务数据摘要

1.公司本年度主要会计数据(单位:人民币元)

项目	金额
利润总额	4,378,138,887.87
净利润	2,992,103,910.00
扣除非经常性损益后的净利润(注)	3,003,785,630.75
主营业务利润	6,734,364,396.43
其他业务利润	18,684,657.03
营业利润	4,396,517,762.13
投资收益	-2,028,041.00
补贴收入	10,515,000.00
营业外收支净额	-26,865,833.26
经营活动产生的现金流量净额	8,995,328,806.01
现金及现金等价物净增加额	4,025,929,255.09

注:扣除的非经常性损益共-11,681,720.75元,包括:

(1)营业外收入2,858,555.80元;

(2)营业外支出29,724,389.06元;

(3)补贴收入10,515,000.00元,为收到的列入上海市经委《上海市新产品试产计划》和市经委《上海市新产品试制鉴定计划(试制分册)》的产品所享受的25 %增值税返还;

(4)2000年新成立的被投资企业东方钢铁电子商务公司发生亏损,本公司应占亏损2,028,041.00元。

(5)2000年11月发行股票时发生的新股申购冻结资金利息6,697,153.51元。

2.公司近三年的主要会计数据和财务指标(单位:人民币元)

会计数据和财务指标名称	2000年	1999年	1998年
主营业务收入	30,940,534,474.40	28,324,650,206.42	27,766,411,957.97
净利润	2,992,103,910.00	2,274,926,309.41	1,237,832,928.89
总资产	38,966,704,071.31	35,900,699,408.15	37,308,781,189.68
股东权益 (不含少数股东权益)	25,281,537,075.58	14,301,284,606.36	14,945,689,987.83
每股收益	0.24	0.21	0.12
按月加权平均后的每股收益	0.30	0.21	0.12
扣除非正常损益后的每股收益	0.24	0.22	0.12
每股净资产	2.02	1.34	1.41
调整后的每股净资产	2.02		
每股经营活动产生的现金流量净额	0.72		

报告期利润	净资产收益率		每股收益	
	全面摊薄	加权平均	全面摊薄	加权平均
主营业务利润	26.64%	38.44%	0.54	0.68
营业利润	17.26%	24.90%	0.35	0.44
净利润	11.84%	17.08%	0.24	0.30
扣除非经营性损益后的净利润	11.88%	17.14%	0.24	0.30

注:上述财务指标的计算公式完全按照证监会《公开《公开发行股票公司信息披露的内容与格式准则第二号〈年度报告的内容与格式〉》(1999年修订稿)和《公开发行证券公司信息披露编报规则第9号》的规定计算填列。

三、股东情况介绍

1.报告期股东总数

报告期末股东总数为241,185户

2.公司前10名股东持股情况

股东名称	持股数量(股)	持股比例
1.上海宝钢集团公司(国家股)	10,635,000,000	85.00%
2.中煤公司	60,000,000	0.48%
3.同盛基金	52,581,680	0.42%
4.同益基金	52,581,680	0.42%
5.石油集团	50,000,000	0.40%
6.四川长虹	50,000,000	0.40%
7.钢研院	50,000,000	0.40%
8.久事公司	50,000,000	0.40%
9.首钢公司	50,000,000	0.40%
10.兵工物资	50,000,000	0.40%

公司前十名股东中,同盛基金和同益基金同属长盛基金管理有限公司的下属基金,其他股东之间未知有关联关系。上海宝钢集团公司所持股份为国家股,暂不流通;中煤公司、石油集团、四川长虹、钢研院、久事公司、首钢公司、兵工物资均为战略投资者,所配售的股份于股权登记之日起六个月后上市流通;同盛基金、同益基金为一般法人投资者,所配售的股份于股权登记之日起三个月后上市流通。

福建发展高速公路股份有限公司

二〇〇〇年年度报告摘选

一、公司简介

(一)、公司的法定中文名称:福建发展高速公路股份有限公司
公司的法定英文名称:FUJIAN EXPRESSWAY DEVELOMENT CO., LTD
(二)、公司法定代表人:唐建辉
(三)、公司董事会秘书:蒋建新
证券事务代表:林凯
联系地址:福州市杨桥东路118号宏杨新城2号楼19层
联系电话:0591-7612847
传　　真:0591-7601476
电子信箱:fjgsgf@pub6. fz. fj. cn
(四)、公司注册地址:福州市杨桥东路118号宏杨新城2号楼19层
邮政编码:350001
公司办公地址:福州市杨桥东路118号宏杨新城2号楼19层
电子信箱:fjgsgf@pub6. fz. fj. cn
(五)、公司选定的信息披露报纸:《中国证券报》
登载公司年度报告的中国证监会指定国际互联网网址:http://www. sse. com. cn
公司年度报告备置地点:公司证券投资部
(六)、公司股票上市交易所:上海证券交易所
股票简称:福建高速
股票代码:600033

二、会计数据和业务数据摘要

(一)、本年度实现利润情况

利润总额	204,615,799.77
净利润	135,171,108.35
扣除非经营性损益后的净利润	34,031,667.17
主营业务利润	137,246,216.55
其他业务利润	0
投资收益	0
补贴收入	150,000,000.00
营业外收支净额	954,389.82
经营活动产生现金流量净额	329,884,433.72
现金及现金等价物增加净额	140,441,229.89

注:扣除的非经常性损益项目及涉及金额

1、营业外收支净额	954,389.82
2、补贴收入	150,000,000.00

扣除非经常性损益的净利润=(利润总额-补贴收入-营业外收支净额)*(1-33%)-(所得税-利润总额*33%)

▲"所得税-利润总额*33%"系指会计利润依照税法调整计算的应纳所得税额与会计利润计算的应纳所得税额之间的差额。

(二)、报告期末前三年的主要会计数据和财务指标

项目	2000年	1999年	1998年
主营业务收入(元)	201,466,612.07	189,669,692.02	146,105,544.86
净利润(元)	135,171,108.35	56,814,352.73	36,823,407.73
总资产(元)	2,238,117,352.62	2,152,350,351.02	2,087,830,171.01
股东权益(元)	910,325,149.66	775,154,041.31	777,317,422.52
每股收益(元/股)(全面摊薄)	0.2787	0.1171	0.0474
每股收益(元/股)(加权平均)	0.2787	0.1171	0.0474
每股收益(元/股) (扣除非经常性损益)	0.0702	0.0863	0.0469
每股净资产(元/股)	1.8770	1.5983	1.00
调整后的每股净资产(元)	1.8767	1.5976	1.00
净资产收益率%(全面摊薄)	14.85	7.33	4.73
净资产收益率%(加权平均)	16.04	7.05	4.85
每股经营活动产生的现金流量净额	0.6802	0.3480	0.2397

注:2000年与1999年总股本按485,000,000.00元,1998年总股本按777,317,422.52元。

(三)、期内股东权益变动情况

项目	股本	资本公积	盈余公积	法定公积金	未分配利润	股东权益合计
期初数	485000000	257175931.33	6595622.00	3297811.00	26382487.98	775154041.31
本期增加			40551332.52	13517110.84	94619775.83	135171108.35
本期减少						
期末数	485000000	257175931.33	47146954.52	16814921.84	121002263.81	910325149.66

(四)、净资产收益率和每股收益

报告期利润	净资产收益率(%)		每股收益	
	全面摊薄	加权平均	全面摊薄	加权平均
主营业务利润	15.08	16.29	0.2830	0.2830
营业利润	5.89	6.37	0.1106	0.1106
净利润	14.85	16.04	0.2787	0.2787
扣除非经常性损益后的净利润	3.74	4.04	0.0702	0.0702

注:计算公式参照"《公开发行证券公司信息披露编报规则》第九号的通知

三、股本变动和股东情况介绍

(一)、本报告期末,公司共有股东6家。

(二)、公司股东持股情况

股东名称	持股数(股)	持股比例(%)
福建省高速公路有限公司	325230154	67.0578
华建交通经济开发中心	158136136	32.6054
福建省汽车运输总公司	653,484	0.1347
福建省公路物资公司	326,742	0.0674
福建省畅达交通经济技术开发公司	326,742	0.0674
福建福通对外经济合作公司	326,742	0.0674

注:1、公司6家股东之间不存在关联关系。报告期内上述股东所持股票没有发生质押、冻结情况。

2、福建省高速公路有限公司和华建交通经济开发中心持有的股份均为国家股。福建省汽车运输总公司、福建省公路物资公司、福建省畅达交通经济技术开发公司、福建福通对外经济合作公司持有股份均为国有法人股。

北京歌华有线电视网络股份有限公司

二○○○年年度报告摘选

一、公司简介

1、公司法定中文名称:北京歌华有线电视网络股份有限公司
公司法定英文名称:Beijing Gehua Cable TV Network Co.,LTD
英文名称缩写:BGCTVN
2、公司法定代表人:高峰倩
3、公司董事会秘书:廖莹
联系地址:北京市海淀区皂君庙甲2号
联系电话:010-68498186
传　　真:010-68498376
4、公司注册地址:北京市海淀区皂君庙甲2号
董事会办公地址:北京市海淀区皂君庙甲2号
公司邮政编码:100086
公司国际互联网址:http://www.bgctvn.com.cn
公司电子信箱:bgctv@bctvn.com.cn
5、公司指定信息披露报纸:《中国证券报》、《上海证券报》
登载公司年度报告的国际互联网址:www.sse.com.cn
年度报告备置地点:公司证券投资部
6、公司股票上市地点:上海证券交易所
股票简称:歌华有线
股票代码:600037

二、会计数据和业务数据摘要

1、公司本年度利润总额及构成:(单位:人民币元)

利润总额:	119,163,901.56
净利润:	109,215,401.66
扣除非经营性损益后的净利润:	109,315,401.66
主营业务利润:	134,462,877.88
其他业务利润:	837,433.05
营业利润:	119,245,204.04
投资收益:	-81,302.48
补贴收入:	---
营业外收支净额:	---
经营活动产生的现金流量净额:	125,256,243.47
现金及现金等价物净增加额:	17,890,116.43

注:扣除的非经常性损益项目为长期投资减值准备,金额为100,000.00元。

2、近三年主要会计数据和财务指标(单位:人民币元)

项目	2000年	1999年	1998年
主营业务收入	231,726,197.86	180,307,447.85	129,237,760.70
净利润	109,215,401.66	91,330,794.26	56,729,744.42
总资产	604,663,476.25	492,321,824.74	361,815,573.10
股东权益	328,633,228.65	294,340,961.88	233,683,157.03
每股收益(全面摊薄)	0.57	0.48	
每股收益(加权平均)	0.57	0.48	
扣除非经营性损益后每股收益	0.58	0.48	
每股净资产(全面摊薄)	1.73	1.55	
每股净资产(加权平均)	1.73	1.55	
调整后的每股净资产	1.70	1.54	
每股经营活动产生的现金流量净额	0.66		
净资产收益率(全面摊薄)	33.23%	31.03%	
净资产收益率(加权平均)	33.61%	32.69%	
扣除非经常损益后的加权净资产收益率	33.64%	32.69%	

报告期利润	净资产收益率(%)		每股收益(元)	
	全面摊薄	加权平均	全面摊薄	加权平均
主营业务利润	40.92	41.37	0.71	0.71
营业利润	36.29	36.69	0.63	0.63
净利润	33.23	33.61	0.57	0.58
扣除非经常损益后的净利润	33.23	33.64	0.57	0.58

三、股东情况

1、截止到2000年12月31日,本公司股东总数为5户。
2、本报告期内股权结构未变动
3、股东持股情况

股东名称	持股数(万股)	占总股本比例(%)
1、北京歌华文化发展集团	17,950.16	94.47
2、北京青年报业总公司	328.07	1.73
3、北京有线全天电视购物有限责任公司	262.46	1.38
4、北京广播发展总公司	262.46	1.38
5、北京出版社	196.85	1.04
合　计	19,000.00	100.00

4、持5%以上的法人股股东为:北京歌华文化发展集团,持有本公司股份17,950.16万股,占总股本94.47%,本报告期内股份无增减变动,无质押或冻结的情况。

哈飞航空工业股份有限公司

二○○○年年度报告摘选

一、公司简介

1、公司中文名称:哈飞航空工业股份有限公司
公司英文名称:HAFEI AVIATION INDUSTRY Co.,Ltd
公司英文名称缩写:HAI
2、法定代表人:崔学文
3、公司董事会秘书:赵安立
联系地址:哈尔滨市平房区友协大街15号
电　　话:(0451)6502272　　传　　真:(0451)6528350
4、公司注册地址:哈尔滨市高新技术开发区集中开发区34号楼
邮　　编:150090
公司经营地址:哈尔滨市平房区友协大街15号
邮　　编:150066
电子信箱:HAI@hafei.com
5、公司选定的信息披露报刊为《上海证券报》、《中国证券报》
登载公司年度报告的中国证监会指定的国际互联网网址为http://www.sse.com.cn
公司年度报告备置地点:公司董事会秘书处
6、公司股票上市地:上海证券交易所
股票简称:哈飞股份　　股票代码:600038

二、会计资料和业务数据摘要

1、本年度主要会计数据　(单位:人民币元)

项　目	金　额
利润总额:	40,588,887.85
净利润:	40,588,887.85
扣除非经常性损益后的净利润:	40,150,869.49
主营业务利润:	57,646,014.17
其他业务利润:	2,649,159.27
营业利润:	37,354,934.92
投资收益:	
补贴收入:	2,817,128.21
营业外收支净额:	416,824.72
经营活动产生的现金流量净额:	37,266,608.60
现金及现金等价物净增加额:	347,559,792.42

注:扣除的非经常性损益项目和涉及金额:
新股申购冻结资金利息:　438,018.36

2、截止报告期末公司前三年主要会计数据和财务指标
单位:人民币元

项目	2000年	1999年	1998年	
			调整前	调整后
主营业务收入	237,381,822.36	192,003,988.71	195,827,336.55	195,827,336.55
净利润	40,588,887.85	33,532,148.97	21,016,971.31	20,692,620.01
总资产	776,188,316.76	359,298,465.26	224,897,842.66	224,573,491.36
股东权益	637,839,576.06	141,250,688.21	74,273,375.86	73,949,024.56
每股收益(全面摊薄)	0.2706	0.37	0.23	0.23
每股收益(加权平均)	0.4273	0.37	0.23	0.23
扣除非经常性损益后每股收益	0.2677	0.37	0.23	0.23
每股净资产	4.25	1.57	0.83	0.82
调整后每股净资产	4.25	1.57	0.83	0.82
每股经营活动产生的现金流量	0.25	0.00	0.00	0.00
净资产收益率%(全面摊薄)	6.3635	23.74	28.30	27.98
净资产收益率%(加权平均)	20.3407	23.74	28.30	27.98

三、股本变动及股东情况

1、股票发行与上市情况

本公司于2000年11月22日首次向社会公开发行了6000万股人民币普通股,每股发行价为7.85元,全部通过上海证券交易所采用上网发行方式发行,并于2000年12月18日在上海证券交易所挂牌上市。

2、股东情况介绍

(1)根据上海证券登记有限公司提供的数据,截止2000年12月31日,本公司股东总数为48114户。

(2)持本公司5%以上股份的股东名称:哈尔滨飞机工业集团有限责任公司

(3)截止2000年12月31日公司前10名股东持股情况

	股东名称或姓名	年末持股数(股)	持股比例(%)
①	哈尔滨飞机工业(集团)有限公司	89450000	59.63
②	南方证券有限公司	3950476	2.63
③	金鑫基金	2083515	1.39
④	刘学良	464163	0.31
⑤	李光第	429000	0.29
⑥	同智基金	310000	0.21
⑦	申创投资	285180	0.19
⑧	兴业证券	239667	0.16
⑨	泰达科技	200000	0.13
⑩	江孝光	189000	0.126

注:(1)报告期内哈尔滨飞机工业集团有限责任公司持有的法人股无变动。
(2)公司前10名股东中的第2-10位为流通股股东,本公司未知其之间的关联关系。
(3)持有5%以上的法人股股东简介

哈尔滨飞机工业集团有限责任公司是本公司第一大股东,持有本公司59.63%的股份,法定代表人:崔学文先生

公司经营范围:航空产品制造;汽车用液化气钢瓶(不含液化气)制造、销售。微型汽车、医药包装机械、纺织机械、通用零部件、食品加工机械、烟草加工机械、体育器材、厨房设备、环保设备、制牌设备、煤气罐及炉具、铝型材制品、工业气体、工业管道阀门;风机、冶炼设备、金属轧制设备、专用胶片、橡胶零件、塑料制品。销售用松花江微型汽车串换的汽车(不含小轿车);按外经贸部核定的范围从事进出口业务;经营本企业的进料加工和"三来一补"业务。

(4)截止2000年12月31日,本公司控股股东无变化。

(5)公司信息披露的报纸为2001年2月24日的《上海证券报》、《中国证券报》。

宁波联合集团股份有限公司

二〇〇〇年年度报告摘选

一、公司简介

(一)公司法定中文名称:宁波联合集团股份有限公司
公司英文名称:NINGBO UNITED GROUP CO., LTD.
公司英文名称缩写:NUG
(二)公司法定代表人:周孝成
(三)公司董事会秘书:何筱禄
联系地址:宁波开发区东海路1号联合大厦八楼
电　　话:0574－6221609
传　　真:0574－6221320
电子信箱:hxl@nug.com.cn
董事会证券事务代表:朱德昌
联系地址:宁波开发区东海路1号联合大厦八楼
电　　话:0574－6222320
传　　真:0574－6221320
电子信箱:zdc@nug.com.cn
(四)公司注册地址(办公地址):宁波开发区东海路1号联合大厦
邮政编码:315803
公司网址:http://www.nug.com.cn
电子信箱:info@nug.com.cn
(五)公司选定的信息披露报纸:《上海证券报》、《中国证券报》
登载公司年度报告的中国证监会指定的国际互联网网址:http://www.sse.com.cn
公司年度报告备置地点:宁波开发区东海路1号联合大厦八楼
(六)公司股票上市交易所:上海证券交易所
股票简称:宁波联合　　股票代码:600051

二、会计数据和业务数据摘要

(一)公司本年度利润总额及构成:(单位:元　　合并报表)

项目	金额
1、利润总额	69,121,434.47
2、净利润	50,177,607.87
3、扣除非经常性损益后的净利润	42,639,174.00
4、主营业务利润	209,865,075.56
5、其它业务利润	3,813,747.92
6、营业利润	49,367,722.08
7、投资收益	12,143,100.51
8、补贴收入	5,653,894.38
9、营业外收支净额	1,956,717.50
10、经营活动产生的现金流量净额	74,308,928.18
11、现金及现金等价物净增加额	152,243,888.54

注:扣除的非经常性损益项目和涉及金额

项　目	金　额
1、营业外收支净额	1,956,717.50
2、补贴收入	5,653,894.38
3、股权投资差额摊销	－72,178.01
小计	7,538,433.87

(二)截止报告期末公司前三年的主要会计数据和财务指标(单位:元)

指标项目	2000年	1999年		1998年	
		调整前	调整后	调整前	调整后
1、主营业务收入	2,957,317,046.97	2,000,086,981.09	2,000,086,981.09	1,292,038,963.99	1,293,204,545.77
2、净利润	50,177,607.87	36,027,640.83	16,030,840.28	47,263,714.90	41,254,888.05
3、总资产	1,840,888,485.20	1,660,376,735.98	1,640,793,483.77	1,602,174,339.73	1,548,596,273.87
4、股东权益(不含少数股东权益)	798,419,103.05	801,772,580.19	778,008,241.91	822,695,286.33	760,404,996.22
5、每股收益	0.17	0.12	0.05	0.16	0.14
6、每股收益(加权)	0.17	0.12	0.05	0.18	0.16
7、每股收益(扣除非经常性损益后)	0.14	0.11	0.10	0.17	0.15
8、每股净资产	2.64	2.65	2.57	2.72	2.51
9、调整后的每股净资产	2.57	2.57	2.49	2.64	2.43
10、每股经营活动产生的现金流量净额	0.25	0.011	0.011	0.68	0.68
11、净资产收益率(%)	6.28	4.49	2.06	5.74	5.43
12、加权净资产收益率(%)	6.22	4.54	2.08	5.91	5.58

三、股东情况介绍

1、截止2000年12月31日,公司股东总数为28475户。
2、主要股东持股情况(前10名股东):

股东名称	年内股份增减变动情况(股)	年末持股数(股)已上市流通股份	未上市流通股份	占总股本比例(%)
(1) 宁波经济技术开发区控股公司	+7,730,400		116,231,470	38.44
其中:国家股	0		108,501,070	35.88
法人股	+7,730,400		7,730,400	2.56
(2)中国五金矿产进出口总公司	－3,530,400		74,590,371	24.67
(3)中国机械进出口(集团)有限公司	－4,200,000		26,180,299	8.66
(4)京华凯仕		1,454,344		0.481
(5)郭惠		654,800		0.217
(6)京天洁源		607,000		0.201
(7)温莉		600,000		0.198
(8)王焕臣		600,000		0.198
(9)融合信达		593,000		0.196
(10)高伦电子		581,000		0.192

持股5%以上的法人股东所持股份不存在质押、冻结等情况。
宁波经济技术开发区控股公司为代表国家持有股份的单位。

浙江广厦建筑集团股份有限公司

二〇〇〇年年度报告摘选

一、公司简介

(一)公司法定中文名称:浙江广厦建筑集团股份有限公司
公司简称:浙江广厦
公司法定英文名称:Zhejiang Guangsha Building Group Co., Ltd.
英文简称:GSBG
(二)公司法定代表人:楼忠福
(三)公司董事会秘书:梁阳
电子信箱:longyanger@sina.com
联系地址:浙江省杭州市玉古路123号广厦大厦
邮政编码:310013
电　　话:0571－7969988－1221
传　　真:0571－7963858
(四)公司注册地址:浙江省东阳市吴宁西路21号
公司办公地址:浙江省东阳市振兴路1号
邮政编码:322100
公司电子信箱:zjgs@china.com
公司国际互联网网址:http://www.chinaguangsha.com
(五)选定的信息披露报纸:《中国证券报》、《上海证券报》
中报登载互联网网址:http://www.sse.com.cn
公司中报备置地址:杭州市玉古路123号浙江广厦董事会办公室
(六)公司股票上市地:上海证券交易所
股票简称:浙江广厦
股票代码:600052

二、会计数据和业务数据摘要

(一)公司本年度主要会计数据和业务数据

主要会计数据	金额(万元)
利润总额	11311.81
净利润	9578.81
扣除非经常性损益后的净利润	8671.91
主营业务利润	13192.76
其他业务利润	338.81
营业利润	5102.40
投资收益	6306.20
补贴收入	0
营业外收支净额	－96.80
经营活动产生的现金流量净额	－16306.52
现金及现金等价物净增加额	－10462.27

扣除的非经常性损益项目有上海国通电信有限公司股权转让收入1069万元以及合并价差摊入－162.71万元,上述项目合计906.90万元。

(二)公司前三年的主要会计数据和业务数据

1、主要财务数据

主要会计数据	2000年度	1999年度	1998年度	
			调整前	调整后
主营业务收入(万元)	163594.94	152767.85	129571.08	129571.08
净利润(万元)	9578.81	7314.79	8068.43	7766.61
总资产(万元)	238532.04	147236.62	105323.28	100957.26
股东权益(万元)	82044.80	76106.51	52175.32	48372.24
每股收益(元/股)	0.23	0.26	0.32	0.31
加权平均每股收益(元/股)	0.23	0.28		
扣除非正常性损益后的每股收益(元/股)	0.20	0.25		
每股净资产(元/股)	1.94	2.70	2.07	1.74
调整后每股净资产(元/股)	1.69	2.65	2.01	
每股经营活动产生的现金流量净额(元/股)	－0.39	－0.41	0.21	
净资产收益率(%)	11.67	9.61	15.46	16.06

2、利润分配表附表

报告期利润	净资产收益率(%)		每股收益(元/股)	
	全面摊薄	加权平均	全面摊薄	加权平均
主营业务利润	16.08	16.23	0.31	0.31
营业利润	6.22	6.28	0.12	0.12
净利润	11.67	11.78	0.23	0.23
扣除非经常性损益后的净利润	10.57	10.67	0.20	0.20

(三)公司本年度股东权益变动情况(单位:万元)

项目	股本	资本公积	盈余公积	法定公益金	未分配利润	股东权益合计
期初数	28224.00	28651.38	6117.27	2839.57	13529.20	76521.84
本期增加	14112.00	177.74	1825.58	912.79	9578.81	25694.13
本期减少	0	5644.80	0	0	14526.38	15937.58
期末数	42336.00	23184.33	7942.84	3752.36	8581.63	86278.40

三、股东情况介绍

(一)股东总数
截止2000年12月31日,本公司股东总户数为60358户。
(二)股东情况
报告期末,持有本公司5%以上股份及前10名股东的持股情况:

序号	股东名称	期末持股数量(万股)	持股比例(%)
1	广厦建设集团有限责任公司	8514.7241	20.11
2	上海邦联投资有限公司	3424.0451	8.09
3	浙江万福建材有限公司	1875.2900	4.43
4	杭州市股权管理中心	1573.0355	3.72
5	金华信托投资股份有限公司	534.3543	1.26
6	浙江广厦自应压力管厂	437.3926	1.03
7	浙江广厦装璜材料公司	425.2500	1.00
8	浙江广厦白云建筑工程公司	421.2000	0.99
9	浙江广厦第一建材厂	411.0750	0.97
10	东阳市综合房地产开发有限公司	389.8363	0.92

江西纸业股份有限公司

二〇〇〇年年度报告摘选

一、公司简介

(一)公司名称
中文名称:江西纸业股份有限公司
中文缩写:江西纸业
英文名称:JIANGXI PAPER INDUSTRTY CO.,LTD
英文缩写:JPINC
(二)公司法定代表人:姜和平
(三)公司总经理:吴三罗
(四)公司董事会秘书:黄倬桢
董事会证券事务代表:蓝日明
公司咨询服务及联系机构:本公司证券部
电　话:(0791)8632392
传　真:(0791)8632392
(五)公司注册地址和办公地址:江西省南昌市董家窑 112 号
邮政编码:330006
电子信箱:jxpaper@bentium.net
公司国际互联网址:http://www.JiangXipaper.com.cn
(六)信息披露报纸名称:《上海证券报》
指定披露的网址:http://www.sse.com.cn
公司年度报告备置地点:本公司证券部
(七)公司股票上市地:上海证券交易所
股票简称:江西纸业
股票代码:600053

二、会计数据和业务数据摘要

(一)利润情况　　单位:人民币元

序号	项目	金额
1、	利润总额	72,967,008.76
2、	净利润	54,536,474.08
3、	扣除非经营性损益后的净利润	35,902,274.41
4、	主营业务利润	86,336,743.19
5、	其他业务利润	746.06
6、	营业利润	54,996,036.07
7、	投资收益	0
8、	补贴收入	10,053,018.92
9、	营业外收支净额	7,917,953.77
10、	经营活动产生的现金流量净额	103,333,590.56
11、	现金及现金等价物净增加额	233,973,774.63

注:扣除非经营性损益项目和涉及金额:财政补贴 10,053,018.92 元,应扣除的营业外收支净额 8,581,180.75 元。

(二)报告期末公司前三年的主要会计数据和财务指标

序号 项目	2000 年度		1999 年度 调整前	1999 年度 调整后	1998 年度 调整前	1998 年度 调整后
1、主营业务收入	301,466,805.25		271,392,532.69	271,392,532.69	227,510,040.08	227,510,040.08
2、净利润	54,536,474.08		47,212,084.73	46,427,300.29	43,158,525.21	42,479,366.81
3、总资产	1,127,968,522.00		875,279,870.79	890,137,775.86	761,841,470.39	761,841,470.39
4、股东权益	670,535,207.43		454,378,304.11	453,042,887.46	407,166,219.28	407,117,907.37
5、每股收益	摊薄	加权	摊薄	加权	摊薄	加权
	0.34	0.36	0.34	0.34	0.31	0.31
6、扣除非经常性损益后的每股收益	0.23	0.24	0.19	0.19	0.05	0.05
7、每股净资产	4.16		3.32		2.98	
8、调整后的每股净资产	4.16		3.32		2.95	
9、每股经营活动产生的现金流量净额	0.64		0.23		-0.39	
10、净资产收益率(%)	8.13	9.48	10.25	10.79	10.43	11.01

(三)报告期利润表附表

报告期利润	净资产收益率(%) 全面摊薄	净资产收益率(%) 加权平均	每股收益 全面摊薄	每股收益 加权平均
主营业务利润	12.87	15.01	0.54	0.57
营业利润	8.20	9.56	0.34	0.36
净利润	8.13	9.48	0.34	0.36
扣除非经常性损益后的净利润	5.35	6.24	0.23	0.24

三 、股本变动和主要股东持股情况

(一)股本变动情况
1 、股份变动情况表
数量单位:股

	本次变动前	本次变动增减(+,-) 配股	送股	公积金转股	增发	其他	小计	本次变动后
1 、尚未流通股份								
发起人股份								
其中:国有法人股	78,000,000	7,020,000					7,020,000	85,020,000
尚未流通股份合计	78,000,000	7,020,000					7,020,000	85,020,000
2 、已流通股份								
境内上市的人民币普通股	58,500,000	17,550,000					17,550,000	76,050,000
已流通股份合计	58,500,000	17,550,000					17,550,000	76,050,000
3 、股份总数	136,500,000	24,570,000					24,570,000	161,070,000

注:董事、监事及高级管理人员所持的 76,505 股已按规定冻结。

黄山旅游发展股份有限公司

二〇〇〇年年度报告摘选

一、公司简介

1、公司法定中、英文名称及缩写:
公司法定中文名称:黄山旅游发展股份有限公司
公司中文名称缩写:黄山旅游
公司法定英文名称:Huangshan Tourism Development Co.,Ltd.
公司英文名称缩写:HSTD
2、公司注册及办公地址:安徽省黄山市黄山风景区温泉
邮政编码:242709
公司国际互联网网址:http://www.huangshan.cc
电子信箱:klygfhs@mail.ahwhptt.net.cn
3、公司法定代表人:胡学凡
4、董事会秘书:何 杰
电子信箱:khejihsf@mail.ahwhptt.net.cn
董事会证券事务代表:黄慧敏
电子信箱:hshhm@21cn.com
电　话:86-559-5561756
传　真:86-559-5561110
联系地址:安徽省黄山市黄山风景区温泉
5、公司选定的中国证监会指定信息披露报纸:《上海证券报》、《证券时报》及《香港商报》。
登载公司年度报告的中国证监会指定国际互联网网址:http://www.sse.com.cn
公司年度报告备置地点:公司董事会秘书室
6、公司股票上市交易所:上海证券交易所
股票简称:黄山旅游(A 股)、黄山 B 股(B 股)
股票代码:600054(A 股)、900942(B 股)

二、会计数据和业务数据摘要

1、公司本年度主要利润指标:　　(单位:人民币元)

项目	金额
利润总额	60,676,983
净利润	44,905,319
扣除非经常性损益后的净利润	45,502,991
主营业务利润	129,446,947
其他业务利润	609,132
营业利润	58,701,971
投资收益:	2,572,684
营业外收支净额	-597,672
经营活动产生的现金流量净额	46,798,273
现金及现金等价物净增加额	38,872,913

公司按国内会计准则审计,净利润为 44,905,319 元人民币。按国际会计准则计算,实现税后利润 14,414,362 元,国内国际会计准则审计税后利润差异的原因是:

项目	金额
固定资产清理报废	-3,624,979
冲销没有未来经济效益的费用	1,011,004
A 股申购冻结资金利息摊销	-1,720,000
冲销住房周转金	-20,290,987
合并价差	-404,965
冲销 1999 年度子公司计提的退税	-4,691,049
其他	-769,981

2、主要会计数据和业务数据
单位:人民币元

指标项目	2000 年	1999 年 (调整后)	1999 年 (调整后)	1998 年 (调整后)	1998 年 (调整后前)
主营业务收入	286,030,222	287,659,143	287,659,143	239,587,399	239,587,399
净利润	44,905,319	82,814,850	86,152,837	66,996,881	76,017,465
总资产	958,453,023	808,664,872	823,215,149	785,740,267	785,740,267
股东权益	716,678,943	671,773,624	685,636,628	634,686,616	643,707,191
每股收益(元/股)(摊薄)	0.15	0.27	0.284	0.29	0.33
每股收益(元/股)(加权)	0.15	0.31	0.36	0.29	0.33
每股净资产(元/股)	2.37	2.22	2.26	2.72	2.76
调整后的每股净资产(元/股)	2.21	2.14	2.21	2.66	2.66
每股经营活动产生的现金流量净额(元/股)	0.155	0.21	0.21	0.23	0.23
净资产收益率(%)(摊薄)	6.3	12.3	12.6	10.6	11.9
净资产收益率(%)(加权)	6.5	12.3		10.6	
扣除非经常性损益后的净资产收益率(%)(摊薄)	6.3	11.7		9.2	
扣除非经常性损益后的净资产收益率(%)(加权)	6.6	11.7		9.2	
股东权益比率(%)	74.8	83.1		80.8	

注、1999 年与 1998 年主要会计数据及财务指标与以往年度披露不一致是由于本年度根据财政部财会[2000]3 号文规定-财政退税的会计处理改变,会计政策变更更采用追溯调整法所致。

三、股东情况介绍

(1)报告期末股东总数
截止 2000 年 12 月 31 日,在上海证券中央登记结算公司登记的公司 A、B 股股东共为 53193 个,其中 A 股股东 49080 个,B 股股东 4113 个。
(2)公司前 10 名股东持股情况:

序号	股东	股票性质	持股数量	占股份总数份额(%)
1	黄山旅游集团有限公司	A 股	146900000	48.50
2	华安证券有限责任公司	B 股	4821015	1.59
3	HKSBCSB A/C STATE STREET BANK AND TRUST S/A THE CHINA FUND	B 股	3673800	1.59
4	HKSBCSB S/A HSBC(NOM)S/A ABN AMRO BANK NV	B 股	2370000	0.78
5	NAITO SECURITIES CO.,LTD.	B 股	2074850	0.68
6	白　薇	B 股	1900000	0.63
7	MSCI S/A EVEREST CAPITAL FRONTIER FUND L.P.	B 股	1870000	0.617
8	SCBHK A/C BANK OF NEW YORK S/A CMG CH CHINA INVESTMENTS LIMITED	B 股	1500000	0.495
9	BTFE S/A BTSL-CMG FS REGIONAL CHINA FUND	B 股	1489200	0.492
10	上海国泰证券公司	B 股	1478100	0.49

北京万东医疗装备股份有限公司

二〇〇〇年年度报告摘选

一、公司简介

公司名称:北京万东医疗装备股份有限公司
英文名称:Beijing Wandong Medical Equipment Co.,LTD.
缩写:(WDM)
法定代表人:许家驹
董事会秘书:张丹石
授权代表:何一中
联系地址:北京市朝阳区建国门外郎家园6号
邮政编码:100022
电　　话:(010)65682598
传　　真:(010)65682598
董秘电子信箱:info@wandong.com.cn
公司注册地址:北京市朝阳区酒仙桥路5号
邮政编码:100015
公司办公地址:北京市朝阳区建国门外郎家园6号
邮政编码:100022
公司网址:www.wandong.com.cn
公司电子信箱:wdmed@public.bta.net.cn
选定信息披露的报纸:《中国证券报》《上海证券报》
中国证监会指定网址:www.sse.com.cn
公司年度报告备置地点:证券办公室
公司股票上市交易所:上海证券交易所
股票简称:万东医疗
股票代码:600055

二、会计数据和业务数据摘要

1、本年度主要利润指标情况　　单位:元

项目	金额
利润总额	43,609,188.86
净利润	31,052,092.73
扣除非经常性损益的净利润	30,908,329.81
主营业务利润	99,163,148.74
其它业务利润	132,245.08
营业利润	35,710,760.91
投资收益	2,121,855.28
补贴收入	5,632,809.75
营业外收支净额	143,762.92
经营活动产生的现金流量净额	24,822,006.74
现金及现金等价物增加额	15,745,452.74

说明:扣除的非经常性损益的项目及金额:营业外收支净额143,762.92元。

2、主要会计数据及财务指标　　单位:元

	2000年	1999年	1998年
主营业务收入	277,416,967.46	206,723,671.59	166,615,814.66
净利润	31,052,092.73	30,533,687.24	30,311,487.49
总资产	526,676,072.33	451,884,767.67	292,782,153.54
股东权益	333,238,385.90	323,969,914.69	207,753,124.00
每股收益(摊薄)	0.280	0.275	0.303
每股收益(加权)	0.280	0.303	0.303
扣除非经常性损益后的每股收益	0.278	0.260	0.303
每股净资产	3.00	2.92	2.08
调整后的每股净资产	2.97	2.89	2.06
每股经营活动产生的现金流量净额	0.22	0.33	0.15
净资产收益率(摊薄)	9.32	9.42	14.59
净资产收益率(加权)	9.15	13.22	14.60

3、按照中国证监会《公开发行证券公司信息披露编报规则(第9号)》要求计算的利润数据:

	净资产收益率		每股收益	
	全面摊薄	加权平均	全面摊薄	加权平均
主营业务利润	29.76	29.21	0.893	0.893
营业利润	10.72	10.52	0.322	0.322
净利润	9.32	9.15	0.280	0.280
扣除非经常性损益后的净利润	9.28	9.10	0.278	0.278

三、股东情况介绍

1、截止2000年12月31日,本公司股东总数5575户,其中国有法人股股东1户,社会公众股股东5574户。

2、公司前十名股东持股情况

股东名称	持股数量(股)	持股比例(%)
1、北京万东医疗装备公司	72000000	64.86
2、长空世纪	802880	0.72
3、长空租赁	766803	0.69
4、蓝光电子	700530	0.63
5、点石装饰	602140	0.54
6、十方科贸	564076	0.51
7、南沙三丰	465451	0.42
8、二丰电子	461186	0.42
9、捷城房产	366788	0.33
10、商网通	364378	0.33

说明:
①未掌握以上股东之间有关联关系的资料。
②北京万东医疗装备公司为国有法人股东,报告期内所持股份无质押、冻结及变动情况。
③北京万东医疗装备公司法定代表人许家驹先生,经营范围为:医疗器械制造。
④报告期内控股股东无变更情况。

中技贸易股份有限公司

二〇〇〇年年度报告摘选

一、公司简介

1.公司法定中文名称:中技贸易股份有限公司
公司法定英文名称:CNTIC TRADING CO.,LTD.
2.公司法定代表人:马志武先生
3.公司董事会秘书:齐建西先生
证券事务代表:张洪雁女士
联系地址:北京市海淀区西三环北路21号久凌大厦公寓楼
电　　话:(010)68404720
传　　真:(010)68404766
电子邮箱:dsh@cntic－trading.com.cn
4.公司注册地址:北京市海淀区西三环北路21号久凌大厦公寓楼
公司办公地址:北京市海淀区西三环北路21号久凌大厦公寓楼三层
邮政编码:100089
公司国际互联网网址:http://www.cntic－trading.com.cn
公司电子邮箱:dsh@cntic－trading.com.cn
5. 公司选定的信息披露报纸为《中国证券报》和《上海证券报》
刊载公司年度报告的中国证监会指定国际互联网网址:http://www.sse.com.cn
公司年度报告备置地点:北京市海淀区西三环北路21号久凌大厦公寓楼311房间
6.公司股票上市交易所:上海证券交易所
股票简称:中技贸易
股票代码:600056

二、会计数据和业务数据摘要

1.本年度公司经营业绩(单位:人民币元)

项目	金额
利润总额	37,702,593.31
净利润	32,253,889.39
扣除非经常性损益后的净利润	30,010,929.39
主营业务利润	31,514,552.88
其他业务利润	2,242,960.00
营业利润	11,585,163.79
补贴收入	8,050,045.24
营业外收支净额	0.00
投资收益	18,067,384.28
经营活动产生的现金流量净额	－150,007,299.70
现金及现金等价物净增加额	87,532,912.80

注:公司本年度非经常性损益项目及涉及金额(单位:人民币元)
1)其他业务利润(咨询服务收入)　　2,242,960.00
2)营业外收支净额(对外索赔收入)　　0.00

2.截止报告期末公司前三年的主要会计数据和财务指标

指标项目	单位	2000年度	1999年度	1998年度	
				调整后	调整前
主营业务收入	千元	1,400,095.46	1,471,643.48	1,744,174.59	1,744,174.59
净利润	千元	32,253.89	31,631.61	44,645.06	43,877.34
总资产	千元	1,121,579.10	907,274.69	750,764.08	772,114.17
股东权益	千元	512,652.58	368,348.70	360,717.09	382,067.19
每股收益(加权)	元	0.2669	0.2636	0.3720	0.3656
每股收益(摊薄)	元	0.2474	0.2636	0.3720	0.3656
扣除非经常性损益后的每股收益(加权)	元	0.2483	0.2629	0.3720	0.3656
扣除非经常性损益后的每股收益(摊薄)	元	0.2302	0.2629	0.3720	0.3656
每股净资产(加权)	元	3.2673	3.0696	3.0060	
每股净资产(摊薄)	元	3.9329	3.0696	3.0060	3.1839
调整后的每股净资产(加权)	元	3.2673	3.0541	2.8720	3.0499
调整后的每股净资产(摊薄)		3.9193			
每股经营活动产生的现金流量净额	元	－1.15	2.8947	－0.7988	－0.7988
净资产收益率(加权)	%	8.17	8.5874	12.3768	
净资产收益率(摊薄)	%	6.29	8.5874	12.3768	11.484

3.利润表附表(单位:人民币元)

项目	报告期利润(元)	净资产收益率(%)		每股收益(元)	
		全面摊薄	加权平均	全面摊薄	加权平均
主营业务利润	31,514,552.88	6.15	8.37	0.2418	0.2607
营业利润	11,684,527.91	2.26	3.08	0.0889	0.0959
净利润	32,253,889.39	6.29	8.57	0.2474	0.2669
扣除非经常性损益后的净利润	30,347,373.39	5.85	7.97	0.2302	0.2483

三、股东情况介绍

(1)本公司本报告期末股东总数24364户,其中国有法人股股东1户,社会公众股股东24363户。

(2)公司前十名股东持股情况:

股东名称	年末持股数(股)	占股本比例(%)
1. 中国技术进出口总公司	91,350,000	70.081
2. 陈新惠	312,000	0.239
3. 黄华	227,228	0.174
4. 赵艳红	211,000	0.162
5. 俞文浩	208,650	0.160
6. 刘玉云	200,200	0.154
7. 董子昌	162,500	0.125
8. 徐德辉	155,570	0.119
9. 国信证券	149,614	0.115
10. 叶逢春	148,330	0.114

注:中国技术进出口总公司系本公司的母公司,持有本公司70.08%的股份,该公司为持有本公司股份的国有法人股股东。

(3)中国技术进出口总公司持有本公司70.08%的股份,为本公司控股股东。中国技术进出口总公司成立于1952年,系大型国有企业。该公司为本公司国有法人股股东。

厦门厦新电子股份有限公司

二○○○年年度报告摘选

一、公司简介

1、公司中文名称：厦门厦新电子股份有限公司
公司英文名称：Amoisonic Electronics Co. LTD
2、公司法定代表人：师金泉
3、公司董事会秘书：吕东
联系地址：厦门市体育路 45 号
厦新电子股份有限公司证券部
联系电话：0592－5058123－3500
电子信箱：stock@amoisonic.com.cn
4、公司注册地址：厦门市体育路 45 号
联系电话：0592－5058123
传　　真：0592－5051631
网　　址：http://www.amoisonic.com.cn
邮政编码：361012
5、公司选定的信息披露报纸：《上海证券报》、《中国证券报》
登载公司年度报告的中国证监会指定国际互联网网址：http://www.sse.com.cn
6、公司年度报告备置地点：公司证券部
7、公司股票上市地：上海证券交易所
股票简称：厦新电子　　股票代码：600057

二、会计数据和业务数据摘要

（一）本年度主要会计数据：（单位：人民币元）

1. 利润总额	－176,472,280.97
2. 净利润：	－174,481,880.87
3. 扣除非经常性损益后的净利润：	－183,267,948.56
4. 主营业务利润：	52,124,288.50
5. 其他业务利润：	－417,383.75
6. 营业利润：	－178,241,341.56
7. 补贴收入：	2,081,800.00
8. 营业外收支净额：	－312,739.41
9. 经营活动产生的现金流量净额：	－254,116,783.41
10. 现金及现金等价物净增加额：	－85,802,281.49

注：扣除非经常性损益的项目和涉及金额：

①补贴收入：	2,081,800.00
②贴息：	5,026,607.00
③营业外收支净额：	－312,739.41
④以前年度所得税返还：	1,990,400.10

（二）截止报告期末公司三年的主要会计数据和财务指标：

（单位：人民币元）

项目	2000 年度	1999 年度		1998 年度	
		调整前	调整后	调整前	调整后
1 主营业务收入	993,477,404.62	1,209,293,117.51	1,209,293,117.51	1,512,006,686.11	1,512,006,686.11
2 净利润	－174,481,880.87	38,694,606.38	32,618,064.70	190,803,924.56	164,488,536.63
3 总资产	1,293,780,907.33	1,314,996,719.66	1,314,996,719.66	987,854,860.71	956,174,403.43
4 股东权益（不含少数股东权益）	520,586,952.58	701,145,375.13	695,068,833.45	503,591,531.18	471,911,073.89
5 每股收益（摊薄）	－0.487	0.108	0.091	1.02	0.88
6 每股收益（加权平均）	－0.487	0.118	0.093	1.02	0.88
7 扣除非经常性损益后的每股收益（摊薄）	－0.512	0.030	0.013	－	－
8 每股净资产（摊薄）	1.453	1.957	1.940	2.693	2.524
9 调整后的每股净资产（摊薄）	1.315	1.746	1.729	2.157	1.988
10 每股经营活动产生的现金流量净额	－0.71	0.58	0.58	0.98	0.98
11 净资产收益率%（摊薄）	－33.52	5.52	4.69	37.89	34.86

（三）公司 2000 年按全面摊薄法和加权平均法计算的净资产收益率及每股收益：

报告期利润	净资产收益率%		每股收益	
	全面摊薄	加权平均	全面摊薄	加权平均
主营业务利润	10.01	8.58	0.146	0.146
营业利润	－34.24	－29.32	－0.498	－0.498
净利润	－33.52	－28.71	－0.487	－0.487
扣除非经常性损益后的净利润	－35.20	－30.15	－0.512	－0.512

三、股本变动及股东情况

（一）股东情况介绍

1、截至 2000 年 12 月 31 日，公司股东总数为 122118 户。

2、公司前十名股东情况：

股东名称	持股数	占总股本比例
1、厦新电子有限公司	201960000 股	56.38%
2、中国电子信息产业集团	4284000 股	1.20%
3、厦门电子仪器厂	3479220 股	0.97%
4、厦门电子器材公司	3167100 股	0.88%
5、广播电视设备（集团）公司	697680 股	0.19%
6、中国电子国际经济贸易公司	612000 股	0.17%
7、王志杰	545453 股	0.15%
8、浙江遂昌凯恩	414000 股	0.12%
9、晏福庆	397295 股	0.11%
10、余惠爱	300007 股	0.08%

3、持股 10%以上法人股东情况：

厦新电子有限公司为本公司的控股股东，现持有公司股份 20,196 万股，法人代表：师金泉。该公司经营范围目前以注塑生产、宾馆、物业管理、投资发展等实业经营为主，其注塑分厂为本公司 VCD、超级 VCD、家庭影院、无绳电话等整机产品塑料结构件的主要供应方。

4、报告期内本公司控股股东未发生变更。

五矿龙腾科技股份有限公司

二○○○年年度报告摘选

一、公司简介

一、公司法定中文名称：五矿龙腾科技股份有限公司
公司法定英文名称：MINMETALS TOWNLORD TECHNOLOGY CO.，LTD.
公司中文名称缩写：龙腾科技
公司英文名称缩写："MINLIST"
二、公司法定代表人：苗耕书
三、公司董事会秘书：高勇
联系地址：北京市海淀区三里河路 5 号 B 座
电　　话：010－68494208　　传　　真：010－68494207
电子信箱：gaoy@minmetals.com.cn
公司董事会证券事务代表：崔青莲
联系地址：北京市海淀区三里河路 5 号 B 座
电　　话：010－68494206　　传　　真：010－68494207
电子信箱：cuiql@minmetals.com.cn
四、公司注册地址：北京市海淀区三里河路 5 号 B 座
公司办公地址：北京市海淀区三里河路 5 号 B 座　　邮政编码：100044
公司国际互联网址：http://www.minlist.com.cn.
公司电子信箱号码：minlist @ minmetals.com.cn.
五、公司选定的信息披露报纸名称：《中国证券报》、《上海证券报》。
登载公司年报的中国证监会指定的国际互联网网址：http://www.sse.com.cn.
公司年度报告备置地点：公司总经理办公室
六、公司股票上市交易所：上海证券交易所
股票简称：龙腾科技　　股票代码：600058

二、会计数据和业务数据摘要

一、公司本年度利润总额及构成　　（单位：人民币元）

项目	2000 年度合并报表
利润总额	321,342,936.32
净利润	207,728,847.69
扣除非经常性损益后的净利润	219,362,070.23
主营业务利润	663,951,194.27
其他业务利润	9,699,600.97
营业利润	196,949,538.85
投资收益	116,462,486.70
补贴收入	4,027,088.12
营业外收支净额	3,903,822.65
经营活动产生的现金流量净额	124,559,443.14
现金及现金等价物净增加额	163,919,913.13

二、公司前三年主要会计数据及财务指标（单位：人民币元）

（一）主要财务数据

指标项目	2000 年	1999 年	1998 年	
			调整前	调整后
主营业务收入	11,749,699,508.15	7,450,896,444.70	6,378,506,035.04	6,378,506,035.04
净利润	207,728,847.69	137,659,994.96	165,747,536.32	145,713,637.26
总资产	4,293,601,268.97	3,539,193,765.26	3,026,868,950.51	2,988,912,495.32
股东权益（不含少数股东权益）	1,844,153,524.66	1,636,424,676.97	1,630,514,163.61	1,591,961,857.73
每股收益	0.4898	0.3246	0.3908	0.3436
加权平均每股收益	0.4898	0.3246	0.4159	0.3656
扣除非经常性损益后的每股收益	0.5173	0.3550	0.4245	0.3772
每股净资产	4.3485	3.8586	3.8447	3.7538
调整后每股净资产	4.2740	3.7461	3.8000	3.7059
每股经营活动产生的现金流量净额	0.2937	0.9467		1.7689
净资产收益率	11.2641	8.4122		9.1531

（二）利润表附表

报告期利润	净资产收益率（%）		每股收益（元/股）	
	全面摊薄	加权平均	全面摊薄	加权平均
主营业务利润	36.0030	38.1518	1.5656	1.5656
营业利润	10.6797	11.3171	0.4644	0.4644
净利润	11.2642	11.9365	0.4898	0.4898
扣除非经常性损益后的净利润	11.8950	12.6049	0.5173	0.5173

三、股本变动及股东情况

一、公司股本变动情况表：　　（单位：股）

	期初数	本次变动增减（＋、－）					期末数
		配股	送股	公积金转股	其他	小计	
（一）尚未流通股份							
1、发起人股份	304,088,710						304,088,710
其中：							
国家拥有股份							
境内法人持有股份	304,088,710						304,088,710
外资法人持有股份							
其他							
2、募集法人股							
3、内部职工股							
4、优先股或其他							
尚未流通股份合计	304,088,710						304,088,710
（二）已流通股份							
境内上市的人民币普通股	120,000,000						120,000,000
境内上市的外资股							
境外上市的外资股							
其他							
已流通股份合计	120,000,000						120,000,000
（三）股份总数	424,088,710						424,088,710

浙江古越龙山绍兴酒股份有限公司

二〇〇〇年年度报告摘选

一、公司简介

(一)公司法定名称:浙江古越龙山绍兴酒股份有限公司
公司英文名称:ZheJiang GuYueLongShan ShaoXing Wine Co. LTD
英文缩写:GYLS
(二)公司法定代表人:邱仁甫
(三)公司董事会秘书:周娟英
联系地址:浙江省绍兴市北海桥
联系电话:0575-5158435
传　　真:0575-5166884
电子信箱:gylszjy@163.com
(四)公司注册地址:浙江省绍兴市北海桥
公司办公地址:浙江省绍兴市北海桥
邮政编码:312000
公司国际互联网网址:http://www.shaoxingwine.com.cn
公司电子信箱:hjjt@shaoxingwine.com.cn
(五)公司选定的信息披露报纸名称:中国证券报、上海证券报
登载公司年度报告的中国证监会指定国际互联网网址:http://www.sse.com.cn
公司年度报告备置地点:公司董事会秘书办公室
(六)公司股票上市交易所:上海证券交易所
股票简称:古越龙山
股票代码:600059

二、会计数据和业务数据摘要

(一)本年度主要利润指标情况(单位:人民币元)

利润总额:	98,620,440.85
净利润:	82,522,977.74
扣除非经常性损益后的净利润:	82,623,237.41
主营业务利润:	158,618,790.41
其他业务利润:	859,891.51
营业利润:	88,974,859.04
投资收益:	9,745,841.50
补贴收入:	66,595.00
营业外收支净额:	-166,854.69
经营活动产生的现金流量净额:	148,539,794.49
现金及现金等价物净增加额:	97,627,170.49

注:"扣除非经常性损益后的净利润"指标的扣除项目和涉及金额

资产处理损益:	-163,084.72
补贴收入(出口商品贴息):	66,595.00
其他:	-3,769.95
合计:	-100,259.67

(二)截至报告期末公司前三年主要会计数据和财务指标

单位:人民币元

会计数据和财务指标	2000年调整后	1999年调整后	1998年	
			调整前	调整后
主营业务收入	390,737,799.15	393,834,621.10	388,393,146.51	388,393,146.51
净利润	82,522,977.74	82,592,345.22	70,368,124.93	69,333,784.61
总资产	1,444,340,915.17	1,157,422,936.45	985,482,761.29	977,976,217.17
股东权益(不含少数股东权益)	767,359,070.48	726,039,527.19	488,488,630.16	480,944,538.05
每股收益	0.401	0.401	0.391	0.385
每股净资产	3.73	3.52	2.71	2.67
调整后的每股净资产	3.69	3.50	2.68	2.64
每股经营活动产生的现金流量净额	0.72	0.086	-0.444	——
净资产收益率	10.75%	11.38%	14.40%	14.42%

三、股东情况介绍

(一)报告期末公司股东总数为52916户
(二)报告期末公司主要股东持股情况

名次	股东名称	持股数(股)	占总股本比例(%)
①	中国绍兴黄酒集团公司	124,100,000	60.24
②	展华经贸	390,000	0.189
③	上国投	200,000	0.097
④	李宁	199,000	0.097
⑤	方雪云	194,400	0.094
⑥	喻会芳	184,000	0.089
⑦	浙江轻纺	175,257	0.085
⑧	黄虎	165,500	0.080
⑨	严祥生	152,000	0.074
⑩	尹炳钊	147,755	0.072

注:①中国绍兴黄酒集团公司为国有法人股股东。
②报告期内中国绍兴黄酒集团公司所持股份未发生增减情况,也未有质押或冻结情况。
③公司前十名股东中的第2位至第10位为流通股股东,本公司未知其之间是否存在关联关系。

青岛海信电器股份有限公司

二〇〇〇年年度报告摘选

一、公司简介

1、公司中文法定名称:青岛海信电器股份有限公司
公司英文名称:HISENSE ELECTRIC CO., LTD.
公司名称缩写:HXDQ
2、公司法定代表人:于淑珉
3、公司董事会秘书:盛 强
联系地址:青岛市江西路11号
电　　话:(0532)3863463
传　　真:(0532)3888515
邮　　编:266071
4、公司注册地址及办公地址:青岛市江西路11号
邮政编码:266071
公司国际互联网网址:http://www.hisense.com.cn
5、公司选定的信息披露报纸:《上海证券报》、《证券时报》《中国证券报》
登载公司年度报告的中国证监会指定国际互联网网址:http://www.sse.com.cn
公司年度报告备置地点:公司证券部
6、公司股票上市交易所:上海证券交易所
证券简称:海信电器
证券代码:600060

二、会计数据和业务数据摘要

1、本年度主要会计数据(单位:人民币元)

利润总额:	139,620,897.58
净利润:	125,341,626.10
扣除非经常损益后的净利润:	119,093,811.15
主营业务利润:	410,710,386.20
其他业务利润:	17,407,645.65
营业利润:	134,009,311.37
投资收益:	-636,228.74
补贴收入:	5,011,614.80
营业外收支净额:	1,236,200.15
经营活动产生的现金流量净额:	232,689,971.84
现金及现金等价物净增加额:	-14,146,445.96

注:非经常性损益是指营业外收支净额和补贴收入,涉及金额为6,247,814.95元。

2 截止报告期末公司前三年主要会计数据和财务指标(单位:人民币元)

指标项目	2000年度	1999年度	1998年度	
			调整前	调整后
主营业务收入	4,300,544,015.19	2,982,074,124.76	2,402,513,920.70	2,402,513,920.70
净利润	125,341,626.10	118,887,838.32	140,928,706.12	124,775,805.30
总资产	2,720,133,229.97	2,457,069,280.13	2,329,195,018.10	2,292,931,054.39
股东权益	1,409,097,333.95	1,332,850,551.66	1,245,745,280.02	1,211,524,102.87
每股收益(摊薄)	0.30	0.29	0.48	0.42
每股收益(加权)	0.30	0.34	0.50	0.49
每股收益(扣除非经常性损益)	0.29	0.19	0.36	0.31
每股净资产	3.40	3.22	4.21	4.09
调整后的每股净资产	3.34	3.20	4.17	4.05
每股经营活动产生的现金流量净额	0.56	0.23	-0.53	-0.53
净资产收益率(摊薄)%	8.90	8.92	11.31	10.30
净资产收益率(加权)%	8.74	8.93		

3、2000年度利润分配表附表:

根据中国证监会《公开发行证券公司信息披露编报规则(第9号)》要求编制的2000年度利润分配附表如下:

报告期利润	净资产收益率(%)		每股收益(元/股)	
	全面摊薄	加权平均	全面摊薄	加权平均
主营业务利润	29.15	28.65	0.99	0.99
营业利润	9.51	9.35	0.32	0.32
净利润	8.90	8.74	0.30	0.30
扣除非经常性损益后的净利润	8.45	8.31	0.29	0.29

三、股本变动及股东介绍

1、股本变动情况
(1)股份变动情况表

数量单位:股

	本次变动前	本年变动增减(+/-)						本次变后
		转增	送股	配股	增发	其他	小计	
一、未上市流通股份								
1、发起人股份:	287,091,472	0	0	0	0	0	0	287,091,472
其中:								
国家拥有股份								
境内法人持有股份	287,091,472	0	0	0	0	0	0	287,091,472
外资法人持有股份								
其他								
2、募集法人股								
3、内部职工股								
4、优先股或其他								
其中:转配股								
未上市流通股份合计	287,091,472	0	0	0	0	0	0	287,091,472
二、已上市流通股份								
1、人民币普通股	287,091,472	0	0	0	0	0	0	287,091,472
2、境内上市的外资股								
3、境外上市的外资股								
4、其他								
已上市流通股份合计	127,400,000	0	0	0	0	0	0	127,400,000
三、股份总数	414,491,472							414,491,472

中纺投资发展股份有限公司

二○○○年年度报告摘选

一、公司简介

1、公司法定中文名称:中纺投资发展股份有限公司
公司中文名称缩写:中纺投资
公司法定英文名称:Sinotex Investment & Development Co.,Ltd.
公司英文名称缩写:STIC
2、公司法定代表人:常俊传
3、公司董事会秘书:鲍勤飞
联系地址:北京朝阳区安苑路15号
邮　　编:100029
电　　话:010-64958201
传　　真:010-64958201
董事会证券事务代表:胡金良
联系地址:上海市浦东商城路738号1804室
邮　　编:200120
电　　话:021-58312768
传　　真:021-58316338
4、公司注册、办公地址:上海市浦东商城路738号1804室
邮政编码:200120
公司电子信箱:zhongf@online.sh.cn
5、公司选定的信息披露报纸:《中国证券报》
登载公司年度报告的中国证监会指定国际互联网网址:http://www.sse.com.cn
公司年度报告备置地点:上海市浦东商城路738号1804室
6、公司股票上市交易所:上海证券交易所
股票简称:中纺投资
股票代码:600061

二、会计数据和业务数据摘要

1、公司2000年度主要业务数据

项目	金额(单位:元)
利润总额	57,694,978.99
净利润	48,105,681.72
扣除非经常性损益后的净利润	39,824,988.04
主营业务利润	87,348,989.81
其他业务利润	3,298,138.76
营业利润	49,414,285.31
投资收益	6,857,494.69
补贴收入	1,697,570.87
营业外收支净额	-274,371.88
经营活动产生的现金流量净额	47,320,231.08
现金及现金等价物净增加额	79,571,910.24

2、公司前三年主要会计数据和财务指标(合并报表)

项　目	2000.12.31	1999.12.31	1998.12.31 调整前	1998.12.31 调整后
主营业务收入(元)	710,454,985.03	487,796,850.16	392,060,967.40	392,060,967.40
净利润(元)	48,105,681.72	41,603,111.77	30,481,727.04	28,087,031.16
总资产(元)	760,841,984.98	618,775,504.71	672,414,532.83	662,753,391.38
股东权益(不含少数股东权益,元)	485,552,488.57	356,961,963.38	336,876,050.23	328,564,017.12
每股收益(摊薄,元)	0.335	0.315	0.231	0.213
每股收益(加权,元)	0.357	0.315	0.231	0.213
扣除非经常性损益后的每股收益(摊薄,元)	0.285	0.315	0.231	0.213
每股净资产(元)	3.383	2.70	2.552	2.498
调整后的每股净资产(元)	3.367	2.67	2.526	2.454
每股经营活动产生的现金流量净额	0.330	0.40	0.39	
净资产收益率(摊薄,%)	9.91	11.65	9.05	8.55
净资产收益率(加权,%)	10.85	11.65	9.05	8.55

按照中国证监会《公开发行证券公司信息披露编报规则(第9号)》要求计算2000年报告期利润的净资产收益率和每股收益:

项　目	报告期利润	净资产收益率(%)		每股收益(元)	
		全面摊薄	加权平均	全面摊薄	加权平均
主营业务利润	87,348,989.81	17.99%	19.70%	0.609	0.648
营业利润	49,414,285.31	10.18%	11.15%	0.344	0.366
净利润	48,105,681.72	9.91%	10.85%	0.335	0.357
扣除非经常性损益后的净利润	39,824,988.04	8.20%	8.98%	0.278	0.295

三、股东情况介绍

1、报告期末股东总数:7058户
2、公司前十名股东持股情况

名次	股东名称	年末持股数(股)	占总股本(%)
1	中国纺织物资(集团)总公司	47,768,800	33.29
2	中国丝绸物资进出口公司	15,498,000	10.80
3	锡山市东绛合成纤维实验厂	15,498,000	10.80
4	澳大利亚CTRC股份有限公司(外资股东)	15,498,000	10.80
5	陕西省纺织工业供销公司	2,443,200	1.70
6	林云荪	623,754	0.43
7	王世召	546,998	0.38
8	赵金堂	522,502	0.36
9	党如华	495,673	0.35
10	东方证券	490,000	0.34

持有本公司5%以上股份的股东有中国纺织物资(集团)总公司、中国丝绸物资进出口公司、锡山市东绛合成纤维实验厂和澳大利亚CTRC股份有限公司。其中中国纺织物资(集团)总公司所持股份增加了70.6万股,增加的原因是参与了公司配股。其他股东在报告期内所持股份数量不变。其中锡山市东绛合成纤维实验厂是中国纺织物资(集团)总公司投资的企业,澳大利亚CTRC股份有限公司是中国纺织物资(集团)总公司的控股子公司。

持有本公司5%以上股份的股东中,中国纺织物资(集团)总公司、锡山市东绛合成纤维实验厂和澳大利亚CTRC股份有限公司所持股份无质押和冻结。中国丝绸物资进出口公司因涉讼,其所持中纺投资9.21%的股份,计1216.1万股法人股被北京市第二中级人民法院冻结。

北京双鹤药业股份有限公司

二○○○年年度报告摘选

一、公司简介

1、公司法定中文名称:北京双鹤药业股份有限公司
公司英文名称:BEIJING DOUBLE-CRANE PHARMACEUTICAL CO.,LTD.
公司英文名称缩写:DCPC
2、公司法定代表人:乔俊峰
3、公司董事会秘书:倪军
公司董秘授权代表:白丽萍
联系地址:北京市朝阳区光华路九号董事会秘书室
联系电话:(010)65853578
传　　真:(010)65853578
4、公司注册地址:北京市朝阳区酒仙桥路4号院内24号楼一层
公司办公地址:北京市朝阳区光华路九号
邮政编码:100020
公司国际互联网网址:www.dcpc.com.cn
公司电子信箱:dcpcmss@public.east.cn.net
5、公司选定的信息披露报纸名称:《中国证券报》、《上海证券报》
登载公司年度报告的中国证监会指定国际互联网网址:www.sse.com.cn
公司年度报告备置地点:公司董事会秘书室
6、公司股票上市交易所:上海证券交易所
股票简称:双鹤药业
股票代码:600062

二、会计数据和业务数据摘要

1、公司本年度经营业绩(单位:人民币元)

利润总额	179,432,707
净利润	128,914,739
扣除非经常性损益后的净利润	126,023,305
主营业务利润	523,140,072
其他业务利润	6,996,797
营业利润	170,423,987
投资收益	4,670,717
补贴收入	1,525,590
营业外收支净额	2,812,413
经营活动产生的现金流量净额	172,805,379
现金及现金等价物净增加额	-114,281,626

注:本年度公司非经常性损益构成如下(单位:人民币元):

项　目	金　额
处置固定资产净收益	-296,579
无法支付款项	2,259,737
临时性补贴收入	1,525,590
摊销股权投资差额	-597,314
合计	2,891,434

2、利润表附表(单位:人民币元)

报告期利润	净资产收益率		每股收益	
	全面摊薄	加权平均	全面摊薄	加权平均
主营业务利润	66.17%	69.14%	1.7113	1.7113
营业利润	21.56%	22.52%	0.5575	0.5575
净利润	16.31%	17.04%	0.4217	0.4217
扣除非经常性损益后的净利润	15.94%	16.65%	0.4123	0.4123

3、截至报告期末公司前三年的主要会计数据和财务指标:
(1)主要会计数据和财务指标(单位:人民币元):

项　目	2000年	1999年	1998年	
			调整后	调整前
主营业务收入	1,168,339,074	723,522,187	350,665,652	350,665,652
净利润	128,914,739	75,885,353	58,867,848	60,877,848
总资产	1,484,156,306	1,184,830,570	727,608,203	741,017,676
股东权益(不含少数股东权益)	790,559,028	692,213,789	521,823,430	533,997,391
每股收益(元/股)	0.4217	0.32	0.40	0.414
每股收益(按月平均加权法计算)	0.4217	0.36	0.40	0.414
每股收益(扣除非经常性损益)	0.4123	0.36	0.40	0.414
每股净资产(元/股)	2.5861	2.94	3.549	3.63
调整后的每股净资产(元/股)	2.5220	2.89	3.4894	3.51
每股经营活动产生的现金流量净额	0.5653	0.56	-0.09	-0.09
净资产收益率(%)	16.31	10.96	11.28	11.4

4、报告期内股东权益变动情况(单位:人民币元):

项　目	股　本	资本公积	盈余公积	其中:公益金	未分配利润	股东权益合计
期初数	235150000	350097453	35092845	17546422	71873491	692213789
本期增加	70545000		37438064	18719032	128914739	236897803
本期减少		70545000			68007564	138552564
期末数	305695000	279552453	72530909	36265454	132780666	790559028
变动原因	资本公积转增股本	资本公积转增股本	本年度利润提取数		本年度产生净利润,提取盈余公积和分配现金股利形成	

三、股东情况介绍

1、报告期末股东总数为17926户。
2、报告期末公司前10名股东持股情况:

股东名称	持有股数(万股)	持股比例(%)	股份性质
北京万辉药业集团	17524	57.33	国有法人股
北京永好科技发展有限责任公司	975	3.19	发起人法人股
北京医药集团有限责任公司	585	1.91	发起人法人股
北京市国有资产经营公司	234	0.77	发起人法人股
北京科梦嘉生物技术开发有限公司开发有限责任公司	136.5	0.45	发起人法人股
民丰投资	122.9041	0.40	流通股
南方证券有限公司	117	0.38	发起人法人股
唐祥坤	103.1581	0.34	流通股
张东海	102.4777	0.34	流通股
田　锋	93.1168	0.30	流通股

安徽皖维高新材料股份有限公司

二○○○年年度报告摘选

一、公司简介

1、公司名称:
中 文:安徽皖维高新材料股份有限公司
英 文:ANHUI WANWEI UPDATED HIGH－TECH MATERIAL INDUSTRY COMPANY LIMITED
2、公司法定代表人:陈信生
3、公司董事会秘书:汤华章
联系地址:安徽省巢湖市巢维路56号皖维股份公司
电　　话:0565－2317280　2317294
传　　真:0565－2317447
4、公司注册地址:安徽省巢湖市巢维路56号
公司办公地址:安徽省巢湖市巢维路56号
邮政编码:238002
公司网址:http://www.wwgf.com.cn
电子信箱:wwjszx@mail.hf.ah.cn
5、公司选定的信息披露报纸:《上海证券报》
登载公司年度报告的网址:http://www.sse.com.cn
公司年度报告备置地点:本公司董秘办公室
6、公司股票上市交易所:上海证券交易所
股票简称:皖维高新
股票代码:600063

二、会计数据和业务数据摘要

1、公司本年度利润总额及构成情况(合并报表)

利润总额	65,887,013.40 元
其中:净利润	54,095,218.64 元
扣除非经常性损益后的净利润	51,966,389.29 元
主营业务利润	101,133,917.35 元
其他业务利润	443,699.45 元
营业利润	55,375,593.18 元
投资收益	9,862,413.46 元
补贴收入	51,000.00 元
营业外收支净额	598,006.76 元
经营活动产生的现金流量净额	75,921,364.37 元
现金及现金等价物净增加额	97,826,760.05 元

注:扣除非经常性损益系增值税返还款51,000.00元和江苏久吾高科技股份有限公司股权转让收益(税后)2,077,829.35元,合计2,128,829.35元。

2、公司前三年主要会计数据和财务指标

项　目	2000年	1999年	1998年	
			调整后	调整前
主营业务收入(元)	386,927,950.66	288,589,567.78	277,982,965.99	277,982,965.99
净利润(元)	54,095,218.64	46,530,055.69	44,691,599.51	45,105,222.59
总资产(元)	1,198,438,917.40	781,015,341.28	611,156,321.57	612,100,185.77
股东权益(元)	618,458,326.25	491,148,107.61	466,676,852.27	467,620,716.47
每股收益(元/股)(摊薄)	0.214	0.198	0.228	0.230
(加权)	0.222	0.234	0.299	0.302
每股净资产(元/股)	2.445	2.088	2.381	2.386
调整后每股净资产(元/股)	2.418	2.058	2.345	2.350
每股经营活动产生的现金流量净额	0.300	0.136	0.159	0.159
净资产收益率(%)(摊薄)	8.75	9.47	9.58	9.65
(加权)	9.43	9.50	9.53	9.62
扣除非经常性损益后的每股收益(元)	0.205	0.196	0.225	0.227

3、利润表附表

报告期利润	净资产收益率(%)		每股收益(元/股)	
	全面摊薄	加权平均	全面摊薄	加权平均
主营业务利润	16.35	17.63	0.400	0.414
营业利润	8.95	9.65	0.219	0.227
净利润	8.75	9.43	0.214	0.222
扣除非经常性损益后的净利润	8.40	9.06	0.205	0.213

三、股本变动及股东情况

(1)截止2000年12月31日,本公司股东总数为67179户,除高管股股东外,没有别的职工股股东。

(2)前十名股东情况(截止2000年12月31日)

股东名称	年末持股数量(股)	持股比例(%)
1、安徽省维尼纶厂	153,900,000	60.8541
2、景福基金	670,917	0.2652
3、舟山信托	200,000	0.0791
4、邱永华	161,383	0.0638
5、蔡银龙	143,800	0.0568
6、兴和基金	142,873	0.0564
7、常亚武	138,005	0.0545
8、王献臣	129,757	0.0513
9、胡仁报	125,000	0.0494
10、李涛	109,300	0.0432

第一名股东为法人股东安徽省维尼纶厂,年初持股151200万股,本年度增加270万股,系实施1999年度配股方案增加股本所致,年末持股15390万股,持股比例由64.29%下降为60.85%,该股东于2000年10月9日将所持本公司15390万股国有法人股中的5500万股质押给安徽省工商银行巢湖分行,用于贷款质押。

第二名至第十名股东均为社会公众股股东,其持股量在本年度的增减变化,完全系在二级市场买卖所致,与本公司不存在关联关系。

南京新港高科技股份有限公司

二○○○年年度报告摘选

一、公司简介

1、公司法定中文名称:南京新港高科技股份有限公司
公司法定英文名称:NANJING XINGANG HIGH－TECH CO.,LTD.
英文缩写:NXHT
2、公司法定代表人:梁学忠
3、公司信息披露机构:证券管理部
董事会秘书:郭昭
董秘授权代表:李波
联系地址:南京经济技术开发区新港大道100号
电　　话:025－5800942
传　　真:025－5800941
电子信箱:leeb@elong.com
4、公司注册地址:南京经济技术开发区内
公司办公地址:南京经济技术开发区新港大道100号5楼
邮政编码:210038
公司电子信箱:xingang@xggk.com
5、公司选定信息披露报纸:《中国证券报》、《上海证券报》、《证券时报》
中国证监会年报登载指定国际互联网网址:www.sse.com.cn
公司年度报告备置地点:公司证券管理部
6、公司股票上市交易所:上海证券交易所
股票简称:南京高科
股票代码:600064

二、会计数据和业务数据摘要

(一)公司本年度会计数据(单位:人民币元)

利润总额	131,875,892.15
净利润	112,603,959.96
扣除非经常性损益后净利润	112,603,959.96
主营业务利润	211,824,207.06
其他业务利润	1,589,570.55
营业利润	123,344,910.59
投资收益	13,636,928.85
补贴收入	0
营业外收支净额	－5,105,947.29
经营活动产生的现金流量净额	210,781,814.66
现金及现金等价物净增加额	－154,636,877.84

(二)公司近三年主要财务指标(单位:人民币元)

项 目	2000.12.31	1999.12.31	1998.12.31
主营业务收入	881,016,310.12	1,043,440,679.40	908,553,434.96
净利润	112,603,959.96	207,636,515.65	217,476,112.53
总资产	2,132,310,720.11	2,127,313,764.28	1,903,526,258.36
股东权益(不含少数股东权益)	1,095,130,312.69	982,526,352.73	1,050,206,547.48
每股收益	0.327	0.603	0.758
每股净资产	3.182	2.855	3.66
调整后的每股净资产	3.182	2.845	3.64
每股经营活动产生的现金流量净额	0.612	0.146	－0.73
净资产收益率(%)	10.28	21.13	20.71

(三)报告期按全面摊薄法和加权平均法计算的净资产收益率和每股收益

(单位:人民币元)

报告期利润	净资产收益率(%)		每股收益(元)	
	全面摊薄	加权平均	全面摊薄	加权平均
主营业务利润	19.34	20.39	0.616	0.616
营业利润	11.26	11.87	0.358	0.358
净利润	10.28	10.84	0.327	0.327
扣除非经常性损益后的净利润	10.28	10.84	0.327	0.327

三、股东情况简介

(1)报告期末股东总数为104943户。
(2)报告期末公司前十名股东持股情况

序号	股东名称	持股数(股)	占总股本比例(%)
1	南京新港开发总公司(国有法人股)	160,670,520	46.69
2	南京港口经济发展总公司	26,951,184	7.83
3	天发投资	3,692,145	1.07
4	南京新淮	1,894,382	0.55
5	南京宏艺	1,093,600	0.32
6	金陵石化华隆工业公司	1,036,584	0.30
7	南方证券	976,772	0.28
8	胡良玉	892,380	0.26
9	上海大发	654,103	0.19
10	郭肇鹏	554,000	0.16

注:前十名股东中未发现存在关联关系。
(3)持有本公司10%以上(含10%)股份的股东情况

持有本公司10%以上股份的股东为南京新港开发总公司,共持有本公司16067.052万股,占总股本的46.69%。南京新港开发总公司于1992年4月成立,系国有独资企业,位于南京经济技术开发区内,法定代表人为梁学忠先生,注册资本为52174.21万元。其主要经营范围为:投资兴办企业,物资供应,国内贸易,项目开发等。南京新港开发总公司所持有本公司股票无质押、冻结情况。

大庆联谊石化股份有限公司

二〇〇〇年年度报告摘选

一、公司简介

1、公司法定中文名称：大庆联谊石化股份有限公司
公司英文名称：DAQING LIANYI PETRO－CHEMICAL CO.,LTD.
2、公司法定代表人：于登祥
3、公司董事会秘书：柴 铭
联系地址：黑龙江省大庆市大同区林源南街5号
大庆联谊石化股份有限公司投资部
联系电话：0459－6717944
联系传真：0459－6717944
电子信箱：dqlysby@public.dq.hl.cn
4、公司注册地址：黑龙江省大庆市大同区林源南街5号
公司办公地址：黑龙江省大庆市大同区林源南街5号
公司邮政编码：163852
公司电子信箱：dqlysby@public.dq.hl.cn
5、公司选定的信息披露报纸名称：《上海证券报》
登载公司年度报告的中国证监会指定国际互联网网址：
http://www.sse.com.cn
公司年度报告备置地点：公司投资部
6、公司股票上市交易所：上海证券交易所
公司股票简称：大庆联谊
公司股票代码：600065

二、会计数据和业务数据摘要

1、公司本年度主要利润指标：

(单位：人民币元)

项目	金额
利润总额：	31,044,751.98
净利润：	25,793,861.33
扣除非经常性损益后的净利润：	24,497,635.66
主营业务利润：	55,782,392.37
其他业务利润：	2,042,577.59
营业利润：	29,748,526.31
投资收益：	1,315,423.00
补贴收入：	0.00
营业外收支净额：	－19,197.33
经营活动产生的现金流量净额：	23,045,831.62
现金及现金等价物净增加额：	20,439,436.96

注：扣除非经常性损益项目和涉及金额：投资收益1,315,423.00元，处理固定资产净收益93,202.67元，收蒸汽管线使用费10,000元，学校赞助费23,500元，捐赠10,000元，其它损失88,900元。

2、截止报告期末公司前三年主要会计数据和财务指标

指标项目	2000年	1999年度	1998年度	
			追溯调整后	追溯调整前
主营业务收入(元)	484,836,963.72	326,408,680.66	513,684,538.01	513,684,538.01
净利润(元)	25,793,861.33	6,087,480.01	12,690,889.24	13,938,102.21
总资产(元)	1,379,223,988.93	1,234,697,248.37	1,368,844,773.25	1,361,488,057.92
股东权益(元)	791,196,481.76	773,402,620.43	767,315,140.42	769,382,353.64
每股收益(元/股)	0.1612	0.038	0.087	0.087
按月平均加权每股收益(元/股)	0.1612	0.038	0.087	0.087
扣除非经常性损益后的每股收益(元/股)	0.153	0.038	0.087	0.087
每股净资产(元/股)	4.945	4.83	4.81	4.81
调整后的每股净资产(元/股)	4.90	4.83	4.79	4.81
净资产收益率(%)	3.26	0.787	1.812	1.812
每股经营活动产生的现金流量净额(元)	0.144	0.055	－0.107	－0.107

三、股东情况介绍

1、报告期末公司股东总数为32,628户。
2、持有本公司5%以上股份及前10名股东持股情况：

股东名称	持股数量(股)	占总股本比例(%)
(1)黑龙江省大庆联谊石油化工总厂	80,660,00	50.41
(2)大庆市油脂化工厂	18,340.000	11.46
(3)大庆市大同区林源建材公司	4,000.000	2.50
(4)大庆高新技术产业开发区白油厂	3,500.000	2.19
(5)大庆市联谊石油化工厂劳服公司	2,000.000	1.25
(6)大庆市联谊石化宾馆	1,500.000	0.94
(7)崔淇汉	552,360	0.345
(8)江锦德	364,000	0.228
(9)冯耀荣	316,496	0.198
(10)周耀华	188,200	0.118

第2－6名股东是黑龙江省大庆联谊石油化工总厂下属企业，第7－10名股东为流通股股东。

注：①持有本公司5%以上(含5%)股份的股东黑龙江省大庆联谊石油化工总厂，本年度内持有股份未发生变动，其所持股份质押情况如下：

黑龙江省大庆联谊石油化工总厂将其持有的部分法人股2900万股(占公司总股本的18.125%，占黑龙江省大庆联谊石油化工总厂所持法人股的35.95%)质押给交通银行大庆分行；将所持2000万股(占有公司总股本的12.5%，占黑龙江省大庆联谊石油化工总厂所持法人股的24.80%)质押给中国农业银行大庆市分行铁西支行；将所持500万股(占公司总股本的3.125%，占黑龙江省大庆联谊石油化工总厂所持法人股的6.20%)质押给大庆市市区农村信用合作社联合社。

②持有本公司5%以上(含5%)股份的股东大庆市油脂化工厂，本年度内持有股份未发生变动，其所持股份无质押和冻结情况。

郑州宇通客车股份有限公司

二〇〇〇年年度报告摘选

一、公司简介

1、公司法定中、英文名称及缩写
中文名称：郑州宇通客车股份有限公司
中文缩写：宇通客车
英文名称：ZHENGZHOU YUTONG Coach Manufacturing Co. Ltd.
英文缩写：YTCO
2、公司法定代表人：路法尧先生
3、公司董事会秘书：齐建钢 先生
电　话：0371—6339748 6806388
传　真：0371—6316894 6806000
电子信箱：SBD@YUTONG.COM
联系地址：郑州市凤凰路7号
4、公司注册地址：郑州市凤凰路7号
公司办公地址：郑州市南郊十八里河
邮政编码：450061
国际互联网网址：http//WWW.YUTONG.COM
电子信箱：info@YUTONG.COM
5、公司选定的信息披露报纸名称：《上海证券报》
登载公司年报的中国证监会指定国际互联网网址：http//www.sse.com.cn
公司年度报告备置地点：本公司证券处
地址：郑州市凤凰路7号
电话：0371—6339744
联系人：于莉女士
6、公司股票上市交易所：上海证券交易所
股票简称：宇通客车
股票代码：600066

二、会计数据和业务数据摘要

(一)本年度主要会计数据(万元)

项目	金额
利润总额：	105,447,855.62
净利润：	87,071,643.30
扣除非经常性损益后的净利润：	86,726,829.53
主营业务利润：	237,230,044.96
其它业务利润：	2,041,512.12
营业利润：	104,976,657.66
投资收益：	
补贴收入：	
营业外收支净额：	471,198.00
经营活动产生的现金流量净额：	219,082,456.01
现金及现金等价物净增加额：	344,403,918.81

注：扣除非经常性损益后的净利润，扣除的项目为按年度平均计入的新股申购冻结资金利息，涉及金额34.48万元。

(二)公司前三年主要会计数据和财务指标

序号	名称	单位	2000年度	1999年度	1998年度	
					调整前	调整后
1	主营业务收入	万元	119,896.83	70,010.93	56,541.62	
2	净利润	万元	8,707.16	7,069.06	5,901.84	5,274.81
3	总资产	万元	142,578.10	98,833.84	95,191.41	94,610.03
4	股东权益	万元	86,822.48	64,095.34	57,889.26	57,026.28
5	每股收益	元	0.6368	0.621	0.5185	0.4634
6	每股净资产	元	6.35	5.631	5.0860	5.01
7	调整后每股净资产	元	6.24	5.602	5.0792	5.003
8	每股经营活动产生的现金流量净额	元	1.60	0.1965	0.1530	
9	净资产收益率	%	10.03	11.03	10.1951	9.25

报告期利润	净资产收益率		每股收益	
	全面摊薄	加权平均	全面摊薄	加权平均
主营业务利润	27.32	34.08	1.74	2.05
营业利润	12.09	15.08	0.77	0.91
净利润	10.03	12.51	0.64	0.75
扣除非经常性损益后的净利润	9.99	12.46	0.63	0.75

三、股本变动及股东情况

(1)报告期末本公司股东总数为29,907个。
(2)报告期末本公司前10名股东持股情况及持股5%以上的股东持股变化情况

单位：万股

股东名称	持股数	占总股本比例(%)
郑州宇通集团有限责任公司(国家股)	2,350.0000	17.19
郑州第一钢厂	1,430.0520	10.46
中国公路车辆机械总公司	520.0000	3.80
海通证券	501.8190	3.67
许继电器	183.8100	1.34
鸿飞曲轴	161.6235	1.18
海通天津	69.9200	0.51
张东和	53.4500	0.39
高宗群	51.7419	0.38
章泽敏	46.6900	0.34

说明：持本公司5%以上股份的股东中，郑州宇通集团有限责任公司持股增加系2000年配股所致；郑州第一钢厂持股数量无增减变化，均无股份质押或冻结情况。前10名股东之间无相互关联关系。

福州大通机电股份有限公司

二〇〇〇年年度报告摘选

一、公司简介

1、公司法定中英文名称:
中文名称:福州大通机电股份有限公司
英文名称:FUZHOU DARTONG M&E CO.,LTD
英文缩写:FDT
2、公司法定代表人:陈道彤
3、公司董事会秘书:林镇南
联系地址:福建省福州市福马路 81 号
电　　话:(0591)3660701　　　传　　真:(0591)3660592
电子信箱:fdt@pub2.fz.fj.cn
4、公司注册地址及办公地址:福建省福州市福马路 81 号
公司国际互联网址:www.dartong.net
电子信箱:fdt@pub2.fz.fj.cn
5、公司指定信息披露报纸:上海证券报
证监会指定披露信息互联网址:www.sse.com.cn
公司年度报告备查地点:公司办公室
6、公司股票上市交易所:上海证券交易所
股票简称:福州大通　　　股票代码:600067

二、会计数据和业务数据摘要

1、公司本年度会计数据和业务数据摘要　　单位:元

项目	金额
利润总额	28,027,246.81
净利润	23,216,350.61
扣除非经常性损益后的净利润	20,900,115.61
主营业务利润	70,209,121.22
其它业务利润	1,723,062.92
营业利润	23,790,638.96
投资收益	2,303,121.07
补贴收入	2,316,235.00
营业外收支净额	-382,748.22
经营活动产生的现金流量净额	-44,364,820.47
现金及现金等价物净增加额	16,941,833.43

注:扣除的非经常性损益项目及金额:补贴收入 2,316,235.00 元,补贴主要来源为:外贸出口专项奖金 14,501.00 元,出口贴息补拨款 4,834.00 元,新产品拨款 250,000 元,三项费用拨款 300,000 元,新产品增值税返还 1,591,900 元,财政扶持基金 155,000 元。

2、公司前三年主要会计数据和财务指标

(1)主要财务数据　　单 位:元

项目	2000 年度	1999 年度		1998 年度	
		调整后	调整前	调整后	调整前
主营业务收入	389,253,479.49	268,510,258.42	268,510,258.42	244,781,696.11	244,781,696.11
净利润	23,216,350.61	19,193,940.69	21,294,645.68	20,468,827.97	20,925,911.55
总资产	541,133,880.21	399,855,157.37	403,003,415.63	332,856,860.96	337,242,227.57
股东权益	299,148,813.42	175,965,502.11	178,066,207.10	156,771,561.42	161,156,928.13
每股收益(元/股)(摊簿)	0.22	0.23	0.257	0.247	0.252
每股收益(元/股)(加权)	0.25	0.23	0.257	0.247	0.252
每股收益(元/股)(摊簿)(扣除非经常性损益)	0.20	0.219	0.244	0.247	0.252
(加权)	0.23	0.219	0.244	0.247	0.252
每股净资产(元/股)	2.85	2.12	2.15	1.89	1.94
调整后的每股净资产(元/股)	2.80	2.10	2.14	1.88	1.92
每股经营活动产生的现金流量净额(元/股)	-0.42	0.41	0.41	0.33	0.33
净资产收益率(%)(摊簿)	7.76	10.91	11.96	13.06	12.98
净资产收益率(%)(加权平均)	9.94	10.91		13.06	12.98

(2)按照中国证监会(公开发行证券公司信息披露编报规则(第 9 号)要求计算 2000 年报告期利润的净资产收益率和每股收益:

报告期利润	净资产收益率(%)		每股收益(元/股)	
	全面摊薄	加权平均(ROE)	全面摊薄	加权平均(EPS)
主营业务利润	23.47	30.06	0.67	0.76
营业利润	7.95	10.18	0.23	0.26
净利润	7.76	9.94	0.22	0.25
扣除非经常性损益后的净利润	6.99	8.95	0.20	0.23

三、股东情况

(1)报告期末股东总数
截止 2000 年 12 月 31 日,公司股东总数 33573 户,其中社会公众股股东 33563 户。
(2)前 10 名股东情况
截止 2000 年 12 月 31 日,持有本公司股份超过 5%以上的股东只有福州市国资局。前 10 名股东如下表所示:

股东名称	持股数(股)	比率(%)
福州市国有资产管理局 *	27,596,190	26.28
福州市定诚经济发展有限公司	2,112,000	2.01
福州市信托投资公司	1,792,000	1.71
福州建银贸易公司	1,600,000	1.52
中国建设银行福建省分行直属支行	1,568,000	1.49
福保贸易	1,056,000	1.00
福州一化	736,000	0.70
蒋信成	486,491(公众股)	0.46
金祖明	380,403(公众股)	0.36
林小红	353,908(公众股)	0.33

葛洲坝股份有限公司

二〇〇〇年年度报告摘选

一、公司简介

1.公司法定中文名称:葛洲坝股份有限公司
公司法定英文名称:GEZHOUBA CO.,LTD
缩写:G.C.L
2.公司法定代表人:孙玉才
3.公司董事会秘书:吴汉明
联系地址:湖北省宜昌市石子岭路 3 号
电　　话:0717-6746439
传　　真:0717-6746470
电子信箱:cplolw@yc.hb.cninfo.net
董事会秘书授权代表:彭立权
电　　话:0717-6718809
传　　真:0717-6746470
电子信箱:cplolw@yc.hb.cninfo.net
4.公司注册地址:湖北省宜昌市樵湖路 8 号
公司办公地址:湖北省宜昌市石子岭路 3 号
邮政编码:443002
电子信箱:cplolw@yc.hb.cninfo.net
5.公司选定的信息披露报纸名称:《上海证券报》、《中国证券报》、《证券时报》
登载公司年度报告的中国证监会指定国际互联网网址:http://www.sse.com.cn
公司年度报告备置地点:公司董事会秘书室
6.公司股票上市交易所:上海证券交易所
股票简称:葛洲坝
股票代码:600068

二、会计数据和业务数据摘要

(一)年度主要利润指标情况(单位:人民币元)

项目	金额
利润总额:	308,823,866.71
净利润:	212,119,505.37
扣除非经营性损益后的净利润:	230,100,771.98
主营业务利润:	429,554,048.92
其他业务利润:	3,245,489.62
营业利润:	314,254,928.91
投资收益:	12,550,204.41
补贴收入:	3,200,000.00
营业外收支净额:	-21,181,266.61
经营活动产生的现金流量净额:	9,939,436.02
现金及现金等价物净增加额:	105,227,382.21

注:扣除的非经营性损益项目和涉及的金额:

项目	金额
1.营业外收支净额项目:	
(1)新股申购冻结资金利息本期转入数	2,770,105.94
(2)其他收入	6,902,318.37
(3)处理固定资产净损失	29,964,291.64
(4)非常损失、罚款支出等	889,399.28
2.补贴收入	
(1)公司水泥厂免交的增值税	3,200,000.00
3.以上项目涉及的金额	17,981,266.61

(二)截止报告期末公司前三年主要会计数据和财务指标:　　单位:人民币元

项目	2000 年	1999 年		1998 年	
		调整前	调整后	调整前	调整后
主营业务收入	2,155,795,724.72	2,056,078,714.68	2,056,078,714.68	1,918,819,462.82	1,918,819,462.82
净利润	212,119,505.37	287,841,211.26	227,915,814.23	256,041,468.60	75,972,688.60
总资产	4,583,782,616.85	4,115,282,950.84	3,839,153,810.51	4,212,620,381.26	3,991,253,169.48
股东权益	3,138,773,475.46	2,836,862,135.66	2,555,569,526.85	2,549,020,924.40	2,327,653,712.62
每股收益(摊薄)	0.30	0.46	0.37	0.41	0.12
每股收益(按月平均加权)	0.33	0.46	0.37	0.46	0.14
扣除非经营性损益后的每股收益(摊薄)	0.33	0.44	0.35	0.41	0.12
每股净资产	4.45	4.55	4.10	4.09	3.74
调整后的每股净资产	4.38	4.54	4.09	4.08	3.73
每股经营活动产生现金流量净额	0.01	0.75	0.75	-0.31	-0.31
净资产收益率%	6.76	10.15	8.92	10.04	3.26

(三)利润表附表

报告期利润	净资产收益率(%)		每股收益(元)	
	全面摊薄	加权平均	全面摊薄	加权平均
主营业务利润	13.69	15.69	0.61	0.68
营业利润	10.01	11.48	0.45	0.49
净利润	6.76	7.75	0.30	0.33
扣除非经营损益后的净利润	7.33	8.4	0.33	0.36

三、股东情况介绍

(一)报告期末公司股东总数为 240,318 户。
(二)报告期末主要股东持股情况(前 10 名股东)

序号	股 东 名 称	持 股 数	占总股本比例(%)
1	中国葛洲坝集团公司	360,000,000	51.01%
2	国信证券	6,402,745	0.91%
3	苏州投资	1,302,990	0.18%
4	邱朗葆	738,800	0.10%
5	于宁军	560,000	0.08%
6	于胜永	546,463	0.08%
7	杨常喜	435,912	0.06%
8	吴必胜	430,000	0.06%
9	吴少燕	430,000	0.06%
10	兴和基金	412,392	0.06%

河南银鸽实业投资股份有限公司

二○○○年年度报告摘选

一、公司简介

1 、公司法定中文名称:河南银鸽实业投资股份有限公司
公司中文名称缩写:银鸽投资
公司英文名称:Henan Yinge Industrial Investment Holding Co. ,Ltd.
公司英文名称缩写:Yinge
2 、公司法定代表人:韩国忠
3 、公司董事会秘书:薛永福
联系地址:郑州市金水路 24 号润华商务花园 A 座 7 层
电　话:(0371)3859931
传　真:(0371)3859926
4 、公司注册地址:河南省漯河市人民东路 95 号
公司办公地址:河南省漯河市人民东路 95 号
邮政编码:462000
公司电子信箱:lhyg@public2. zz. ha. cn
5 、公司选定的信息披露报纸:《上海证券报》
登载公司年度报告的中国证监会指定国际互联网网址:http://www. sse. com. cn
公司年度报告备置地点:
公司所在地:河南省漯河市人民东路 95 号
董事会秘书处:郑州市金水路 24 号润华商务花园 A 座 7 层
6 、股票上市交易所:上海证券交易所
股票简称:银鸽投资
股票代码:600069

二、会计数据和业务数据摘要

1 、本年度利润总额及构成　　单位:人民币元

项目	金额
(1)利润总额	10,770,652.46
(2)净利润	10,443,894.94
(3)扣除非经常性损益后的净利润	8,835,687.42
(4)主营业务利润	21,342,803.84
(5)其他业务利润	268,485.98
(6)营业利润	1,423,735.34
(7)投资收益	7,778,896.57
(8)补贴收入	- -
(9)营业外收支净额	1,568,020.55
(10)经营活动产生的现金流量净额	28,741,582.64
(11)现金及现金等价物净增加额	8,016,834.81

非经常性损益:2,400,309.73 元为上市冻结资金利息。

2 、报告期末公司前三年主要会计数据和财务指标:　　单位:人民币元

项 目	2000 年度	1999 年度		1998 年度	
		调整前	调整后	调整前	调整后
主营业务收入	154,248,157.24	140,283,166.86	140,283,166.86	112,001,971.08	112,001,971.08
净利润	10,443,894.94	17,157,298.78	11,480,966.74	67,365,302.27	55,911,638.89
总资产	913,354,533.14	829,870,497.01	822,591,300.75	841,483,901.20	822,636,978.82
股东权益(不含少数股东权益)	644,311,116.18	641,259,302.11	633,867,221.24	642,148,925.71	624,102,003.33
每股收益	0.028	0.05	0.031	0.36	0.30
加权平均的每股收益	0.028	0.09	0.048	0.41	0.34
扣除非经常性损益的每股收益	0.024	0.03	0.027	0.02	-0.04
每股净资产	1.73	1.73	1.71	3.46	3.36
调整后的每股净资产	1.71	1.71	1.69	3.44	3.34
每股经营活动产生的现金流量净额	0.08	0.08	0.08	0.18	0.18
净资产收益率(%)	1.62	2.68	1.81	10.49	8.96
全面摊薄净资产收益率	1.62	2.68	1.81	10.49	8.96

附表:

报告期利润	净资产收益率		每股收益	
	全面摊薄	加权平均	全面摊薄	加权平均
主营业务利润	0.0331	0.0334	0.057	0.057
营业利润	0.0022	0.0022	0.004	0.004
净利润	0.0162	0.0163	0.028	0.028
扣除非经常性损益的净利润	0.0137	0.0138	0.024	0.024

注(1):1998 年末普通股股份总数为 18580 万股,1999 年末普通股股份总数为 37160 万股,2000 年末普通股股份总数为 37160 万股。

三、股本变动和主要股东持股情况

1 、截止到 2000 年 12 月 29 日,公司股东总数为 94700 户,其中国家股股东 1 户、法人股股东 1 户、社会公众股股东 94798 户。

2 、截止到 2000 年 12 月 29 日前十名股东名称、持股情况:

名次	股东名称	持股数量(万股)	占总股本比例(%)
1	漯河市国有资产管理局	14588.80	39.26
2	河南开祥电力实业投资股份有限公司	8011.20	21.56
3	袁赛男	77.43	0.21
4	朱秀银	64.64	0.17
5	浙恒投资	30.00	0.08
6	张永庄	29.29	0.08
7	薛桂芝	26.57	0.07
8	郑如鑫	22.52	0.06
9	张军	21.81	0.06
10	兴和基金	20.99	0.06

注:漯河市国有资产管理局在本报告期末持有公司国家股 14588.80 万股,占总股本的 39.26%,较上年末持股无变化,所持股份无质押或冻结的情况。河南开祥电力实业投资股份有限公司(原名河南开祥电力实业股份有限公司,于 2000 年 6 月 20 日更名为河南开祥电力实业投资股份有限公司)在本报告期末持有公司法人股 8011.20 万股,占总股本的 21.56%,较上年末持股无变化,所持股份无质押或冻结的情况。前 2 名股东之间不存在关联关系。第 3 - 10 位为流通股股东。

3 、本年度公司控股股东无变化。

浙江富润股份有限公司

二○○○年年度报告摘选

一、公司简介

1、公司名称:浙江富润股份有限公司
英文名称:ZHEJIANG FURUN CO. ,LTD
英文缩写:FURUN
2、公司法定代表人:赵林中
3、公司董事会秘书:陈黎伟
联系地址:浙江省诸暨市安平路 42 号
电　话:0575 - - 7222043　7223532　传　真:0575 - - 7223018
授权代表人:王　坚
4、公司注册地址:浙江省诸暨市安平路 42 号
邮政编码:311800
电子信箱:furun@mail. sxptt. zj. cn
公司信息披露指定报刊:《中国证券报》、《上海证券报》
登载公司年度报告的中国证监会指定国际互联网网址:http://www. ssc. com. cn
公司年度报告备置地点:浙江省诸暨市安平路 42 号公司证券部
5、公司股票上市地:上海证券交易所
股票简称:浙江富润　　股票代码:600070

二、会计数据和业务数据摘要

(一)、公司本年度实现利润情况

项　目	金额(人民币元)
1、利润总额	30,816,844.82
2、净利润	26,150,551.56
3、扣除非经常性损益后的净利润	26,939,262.94
4、主营业务利润	35,169,807.25
5、其他业务利润	4,517,166.80
6、营业利润	30,164,914.50
7、投资收益	1,246,500.00
8、补贴收入	-
9、营业外收支净额	-594,569.68
10、经营活动产生的现金流量净额	48,151,561.80
11、现金及现金等价物净增加额	-25,915,204.02
注:非经常性损益项目	
1、固定资产清理净收益	46,889.33
2、处理固定资净损失	835,600.71
合　计	-788,711.38

(二)、截至报告期末公司前三年的主要会计数据和财务指标

指标项目	单位	2000 年度	1999 年度	1998 年度
主营业务收入	元	213,714,709.22	191,741,088.87	176,252,572.88
净利润	元	26,150,551.56	23,035,062.79	13,452,012.70
总资产	元	419,798,167.84	344,196,175.01	242,855,773.92
股东权益	元	239,985,570.34	228,981,618.78	139,745,945.21
每股收益	元/股	0.35	0.30	0.20
按月平均加权法计算的每股收益	元/股	0.35	0.34	0.20
扣除非经常性损益后的每股收益	元/股	0.36	0.25	0.18
每股净资产	元/股	3.17	3.02	2.08
调整后的每股净资产	元/股	3.15	3.00	2.06
每股经营活动产生的现金流量净额	元/股	0.64	-0.08	0.09
净资产收益率(摊薄)	%	10.90	10.06	9.63

注:按年报准则规定的公式计算各项指标

根据中国证监会发布《公开发行证券公司信息披露编报规则》第 9 号通知精神,公司 2000 年按全面摊薄法和加权平均法计算的净资产收率及每股收益:

报告期利润	净资产收益率%		每股收益(元)	
	全面摊薄	加权平均	全面摊薄	加权平均
主营业务利润	14.65	14.53	0.46	0.46
营业利润	12.57	12.46	0.40	0.40
净利润	10.90	10.80	0.35	0.35
扣除非经常性损益后的净利润	11.23	11.13	0.36	0.36

(三)报告期内股东权益变动情况

项　目	股　本	资本公积	盈余公积	法定公益金	末分配利润	股东权益合计
期初数	75733000.00	110207793.89	8078482.50	4039241.24	30923101.15	228981618.78
本期增加			2615055.16	1307527.58	26150551.56	30073134.30
本期减少					15146600.00	15146600.00
期末数	75733000.00	110207793.89	10693537.66	5346768.82	38004469.97	239985570.34
变动原因			按本年净利润计提	按本年净利润计提	本年新增利润利润分配	

三、股本变动及股东情况

1、截止 2000 年 12 月 31 日,本公司股东总数为 13775 户。

2、截止 2000 年 12 月 31 日,本公司前 10 名股东(包括持有本公司 5%以上股份的股东)的持股情况(单位:股)

股东名称	期初数	本年度内股份增减(+,-)	期末数	持股比例(%)
富润集团有限公司	29561800		29561800	39.03
诸暨绢纺研究所	2673600		2673600	3.53
诸暨电力实业公司	2400000		2400000	3.17
诸暨毛纺织工业公司	2400000		2400000	3.17
诸暨地毯工业公司	2157600		2157600	2.85
诸暨鹰龙制衣公司	1700000		1700000	2.24
诸暨黄金公司	1260000		1260000	1.66
杭州青春服装厂	700000		700000	0.92
上海林奇建筑公司	0	360000	360000	0.48
郝成梅	0	319236	319236	0.42

凤凰光学股份有限公司

二〇〇〇年年度报告摘选

一、公司简介

1、公司法定中文名称:凤凰光学股份有限公司
公司简称:凤凰光学
公司英文名称:PHENIX OPTICAL COMPANY LIMITED
2、公司法定代表人:任捷
3、公司董事会秘书:邹建伟
联系地址:凤凰光学股份有限公司证券部
电　　话:0793－8259547
传　　真:0793－8259547
4、公司注册地址:江西省上饶市光学路1号
公司办公地址:江西省上饶市光学路1号
邮政编码:334000
公司电子信箱:srfhgf@public1.srptt.jx.cn
公司国际互联网网址:http://www.phenixoptics.com
5、公司选定的信息披露报纸:《上海证券报》、《中国证券报》
登载公司年度报告的国际互联网网址:http://www.sse.com.cn
公司年度报告备置地点:公司证券部
6、公司股票上市地:上海证券交易所
股票简称:凤凰光学
股票代码:600071

二、会计数据和业务数据摘要

1、本年度业务数据指标情况:

利润总额:	45,303,935.66元
净利润:	38,304,883.68元
扣除非经常性损益后的净利润:	36,077,282.10元
主营业务利润:	68,912,745.01元
其他业务利润:	94,789.45元
营业利润:	35,632,186.44元
投资收益:	9,111,026.88元
补贴收入:	444,600.00元
营业外收支净额:	116,122.34元
经营活动产生的现金流量净额:	19,626,172.71元
现金及现金等价物净增加额:	－32,682,449.06元

注:报告期内涉及的非经常性损益项目及金额:9703国债投资收益:1,849,691.58元;补贴收入:444,600.00元。

2、截至报告期末公司前三年的主要会计数据和财务指标(单位:元):

项目	2000年	1999年	1998年	
			调整后	调整前
主营业务收入	273,396,537.84	244,602,826.01	186,379,391.73	186,379,391.73
净利润	38,304,883.68	28,355,573.74	22,938,646.06	24,578,262.64
总资产	563,888,466.95	465,469,669.95	280,023,083.34	286,198,657.56
股东权益	372,934,587.39	342,762,452.72	214,388,698.10	220,500,235.23
每股收益	0.36	0.26	0.24	0.26
每股收益(加权)	0.36	0.29	0.24	0.26
每股收益(扣除非经常性损益后)	0.34	0.26	0.24	0.26
每股净资产	3.47	3.19	2.27	2.33
调整后每股净资产	3.47	3.17	2.26	2.32
每股经营活动产生的现金流量净额	0.18	0.49	0.07	0.07
净资产收益率%	10.27	8.27	10.71	11.15

3、利润表附表

报告期利润	净资产收益率(%)		每股收益(元)	
	全面摊薄	加权平均	全面摊薄	加权平均
主营业务利润	18.48	18.48	0.64	0.64
营业利润	9.56	9.56	0.33	0.33
净利润	10.27	10.27	0.36	0.36
扣除非经营性损益后的净利润	9.67	9.67	0.34	0.34

三、股东情况介绍

1、截止2000年12月31日,公司股东总数为8385户。
2、前十名股东持股情况:

股　东	期末持有量(股)	持有比例(%)
①江西光学仪器总厂	58833600	54.75
②普丰基金	3022060	2.81
③普惠基金	1581726	1.47
④卜发付	249025	0.23
⑤周海斌	231800	0.21
⑥包蓉	214490	0.19
⑦钱咸有	206613	0.19
⑧张作兰	181402	0.16
⑨王英	175667	0.16
⑩张玉见	170300	0.15

注:①持有本公司股份5%以上的股东只有江西光学仪器总厂,年末持股5883.36万股,年度内持股没有变化,其持有本公司的股份未发生质押或冻结等情况。
②江西光学仪器总厂为代表国家持有股份的单位。

江南重工股份有限公司

二〇〇〇年年度报告摘选

一、公司简介

1、公司法定中文名称:江南重工股份有限公司
公司法定英文名称:JIANGNAN HEAVY INDUSTRY CO.,LTD
(缩写:JNHI)
2、公司注册地址:上海市东方路1369号
邮　　编:200127
公司办公地址:上海市高雄路18号
邮　　编:200011
公司国际互联网网址:http://www.jnshipyard.com.cn
公司电子信箱:JNHIC@online.sh.cn
3、公司法定代表人:孙鉴政
4、公司董事会秘书:施卫东
联系地址:上海市高雄路18号3楼304室江南重工董事会办公室
电　　话:(021)63151818－4554
传　　真:(021)63141103
电子信箱:swd2008@eastday.com
5、公司选定的信息披露报纸名称:《上海证券报》、《中国证券报》
登载公司年度报告的中国证监会指定国际互联网网址:http://www.sse.com.cn
公司年度报告备置地点:上海市高雄路18号3楼304室江南重工董事会办公室
6、公司股票上市交易所:上海证券交易所
股票简称:江南重工
股票代码:600072

二、会计数据和业务数据摘要

1、本年度主要财务指标(单位:人民币元)

利润总额	24,343,573.45
净利润	19,889,109.86
扣除非经营性损益后的净利润	19,889,109.86
主营业务利润	10,211,003.41
其他业务利润	220,479.23
营业利润	－12,013,357.20
投资收益	36,356,930.65
经营活动产生的现金流量净额	6,021,016.16
现金及现金等价物净增加额	50,163,907.45

2、近三年主要会计数据及财务指标

单位:人民币元

序号	项　目	2000年度	1999年度	1998年度
(1)	主营业务收入(元)	353,554,251.77	527,860,656.23	448,396,832.82
(2)	净利润(元)	19,889,109.86	55,404,526.88	74,870,899.43
(3)	总资产(元)	1,076,070,687.26	1,069,187,371.65	631,082,667.68
(4)	股东权益(元)	937,887,404.11	918,717,266.38	539,765,927.76
(5)	每股收益元/股	0.072	0.202	0.567
	(加权)	0.072	0.353	0.567
(6)	扣除非经营性损益后每股收益元/股	0.072	0.203	0.515
(7)	每股净资产元/股	3.416	3.346	4.089
(8)	调整后每股净资产元/股	3.403	3.328	4.070
(9)	每股经营活动产生的现金流量净额元/股	0.022	－0.335	0.181
(10)	净资产收益率(%)	2.121	6.031	13.871
	(加权)	2.121	7.894	14.90

3、根据中国证监会关于发布《公开发行证券公司信息披露编报规则》第9号通知精神,公司2000年度按照全面摊薄法和加权平均法计算的净资产收益率和每股收益:

项　目	净资产收益率(%)		每股收益(元/股)	
	全面摊薄	加权平均	全面摊薄	加权平均
主营业务利润	1.089	1.100	0.037	0.037
营业利润	－1.281	－1.295	－0.044	－0.044
净利润	2.121	2.143	0.072	0.072
扣除非经营性率损益后的净利润	2.121	2.143	0.072	0.072

三、股东情况介绍

1、报告期末股东总数为84838户。
2、持有本公司5%以上(含5%)股份的股东情况:江南造船(集团)有限责任公司持有本公司14978.08万股国有法人股,占总股本54.55%。
江南造船(集团)有限责任公司所持有的本公司54.55%的国有法人股未作任何质押或冻结,亦未有其他法律争议。
前十名股东持股情况:

股东名称	年末持股数量(万股)	占总股本比例
①江南造船(集团)有限责任公司(国有法人股)	14978.08	54.55%
②海通证券	39.01	0.14%
③徐留胜	38.6179	0.14%
④肖亮	28.56	0.1%
⑤翟金刚	20.0598	0.07%
⑥兴和基金	15.5082	0.06%
⑦左宜群	15	0.05%
⑧张政	15	0.05%
⑨杨培华	15	0.05%
⑩吴跃美	15	0.05%

说明:前十名股东之间不存在关联关系。

上海梅林正广和股份有限公司

二〇〇〇年年度报告摘选

一、公司简介

1、公司法定中文名称:上海梅林正广和股份有限公司
公司英文名称:SHANGHAI MALING AQUARIUS CO.,LTD
英文名称缩写:SMAC
2、公司法定代表人:吕永杰
3、公司董事会秘书:钟耀
联系地址:上海市通北路400号
联系电话:021—65419725
传　　真:021—65123609
4、公司注册地址:上海市浦东新区川桥路1501号
邮政编码:201206
公司办公地址:上海市通北路400号
邮政编码:200082
5、公司选定的信息披露报纸:《上海证券报》、《中国证券报》
登载公司年度报告的国际互联网网址:http://www.sse.com.cn
公司年度报告备置地点:上海市通北路400号
6、公司股票上市交易所:上海证券交易所
股票简称:上海梅林
股票代码:600073

二、会计数据和业务数据摘要

1、本年度利润总额及构成(单位:元)

利润总额	108,434,728.24
净利润	79,902,976.19
扣除非经常性损益后的净利润	21,701,310.15
主营业务利润	183,071,642.24
其他业务利润	1,932,499.61
营业利润	19,487,025.28
投资收益	89,489,412.23
补贴收入	4,273,900.61
营业外收支净额	-4,815,609.88
经营活动产生的现金流量净额	34,976,182.77
现金及现金等价物净增加额	148,494,370.38

注:在扣除非经营性损益后的净利润中,扣除了处置资产收益57,713,487.08元;补贴收入4,273,900.61元;营业外收支净额-4,815,609.88元;合并价差摊入1,029,888.23元。

2、主要会计数据和财务指标(合并报表)(单位:元)

项　目	2000年	1999年	1998年	
			调整前	调整后
主营业务收入	537240254.03	562267876.42	577679067.10	598033557.26
净利润	79902976.19	102145300.79*	54602255.92	46264629.33
总资产	1338139640.92	1392823137.32	1155938501.11	1148520079.26
股东权益	780340784.99	765833900.30*	801522324.74	785115576.84
摊薄每股收益	0.25	0.32	0.17	0.14
加权平均每股收益	0.25	0.32	0.17	0.14
扣除非经常性损益每股收益	0.07	-0.09		
每股净资产	2.41	2.36	2.47	2.42
调整后的每股净资产	2.32	2.28	2.35	2.30
每股经营活动产生的现金流量净额	0.11	0.25	0.03	0.03
摊薄净资产收益率(%)	10.24	13.34	6.81	5.89

*因本会计年度会计政策变更,根据财政部财会(2001)7号文中债务重组准则,公司1999年度净利润调整为69552842.62元,股东权益调整为700833900.30元。

3.利润表附表:

报告期利润	净资产收益率		每股收益	
	全面摊薄	加权平均	全面摊薄	加权平均
主营业务利润	23.46	24.71	0.57	0.57
营业利润	2.50	2.63	0.06	0.06
净利润	10.24	10.79	0.25	0.25
扣除非经常性损益后的净利润	2.78	2.93	0.07	0.07

4.股东权益变动情况(单位:元)

项　目	股　本	资本公积	盈余公积	未分配利润	股东权益合计
期初数	324000000	436434848.04	26986540.51	-86587488.25	700833900.30
本期增加	0	261272.18	9460323.60	80253494.51	89975090.29
本期减少	0	0	350518.32	10117687.28	10468205.60
期末数	324000000	436696120.22	36096345.79	-16451681.02	780340784.99

变动原因:

(1)资本公积本期增加系子公司正林房产公司从其注册的上海青浦工业园区再就业创业中心收到的奖励形成。

(2)盈余公积本期增加系母公司和合并子公司本年净利润计提形成。本期减少系退出合并的子公司以前年度提取的盈余公积中属母公司份额转回。

(3)未分配利润期初数与1999年年报所披露的年末未分配利润数额不符,系本期会计政策变更,对以前年度确认的债务重组收益追溯调整所致。未分配利润本期增加系本年利润增加和盈余公积转入形成,本期减少系计提"四金"形成。

三、股本变动及股东情况

1、股本变动情况

(1)股份变动情况表

数量单位:股

	本次变动前	本次变动增减额(+,-	本次变动后
一、未上市流通股份			
境内法人持有股份	204000000	0	204000000
未上市流通股份合计	204000000	0	204000000
二、已上市流通股份			
人民币普通股	120000000	0	120000000
已上市流通股份合计	120000000	0	120000000
三、股份总数	324000000	0	324000000

南京中达制膜(集团)股份有限公司

二〇〇〇年年度报告摘选

一、公司简介

1、公司法定中文名称:南京中达制膜(集团)股份有限公司
公司英文名称:NanJing Zhongda Film (Group)Co.,Ltd.
公司英文名称缩写:NZ
2、公司法定代表人:张国平
3、公司董事会秘书:何祖元
电　　话:025-4711201
证券事务代表:郑晓贤
电　　话:025-4718467　　025-4718462转650
传　　真:025-4718465
联系地址:南京市汉中路89号金鹰国际商城20层C座
4、公司注册地址:南京经济技术开发区高新技术工业园
公司办公地址:南京市汉中路89号金鹰国际商城20层C座
邮　　编:210029
电子信箱:njzdzm@publicl.ptt.js.cn
5、公司信息披露指定报刊:《上海证券报》、《中国证券报》
公司刊登年报国际互连网网址:http://www.sse.com.cn
公司年度报告备置地点:公司证券部
6、股票上市地:上海证券交易所
股票简称:南京中达
股票代码:600074

二、会计数据和业务数据摘要

1、本年度主要利润指标情况(单位:元)

利润总额	76,114,631.19
净利润	63,897,412.30
扣除非经常性损益后的净利润	61,645,062.56
主营业务利润	128,891,994.85
其他业务利润	6,834,068.85
营业利润	73,880,812.35
投资收益	-18,530.90
补贴收入	
营业外收支净额	2,252,349.74
经营活动产生的现金流量净额	224,522,386.94
现金及现金等价物净增加额	-6,296,240.90
注:扣除的非经常性损益项目和涉及金额:	
(1)转让固定资产净损益	3,400,809.94
(2)材料赔款收入	519,709.38
(3)扶贫支出	160,000.00
(4)防洪保安基金支出	757,530.00
(5)交通事故损失	287,692.28

2、公司前三年主要会计数据和财务指标(单位:元)

项　目	2000年	1999年调整后	1998年调整后	1998年调整前
主营业务收入	495,781,724.02	374,970,442.46	282,149,986.23	282,149,986.23
净利润	63,897,412.30	32,258,651.55	38,554,338.46	40,982,003.58
总资产	1,110,060,153.23	1,076,926,817.799	769,782,707.91	773,977,214.16
股东权益(不含少数股东权益)	537,133,864.32	487,696,452.02	340,253,899.32	344,448,405.57
每股收益	0.442	0.223	0.357	0.379
扣除非经常性损益后每股收益	0.426	0.223	0.357	0.379
加权每股收益	0.442	0.266	0.415	0.441
每股净资产	3.716	3.373	3.15	3.19
调整后每股净资产	3.673	3.344	3.13	3.15
每股经营活动产生的现金流量净额	1.553	-0.807	-0.21	-0.21
净资产收益率%	11.9	6.61	11.33	12.11

3、股东权益变动情况(单位:元)

项　目	股　本	资本公积	盈余公积	法定公益金	未分配利润	股东权益合计
期初数	144,600,000	292,427,231.29	13,540,383.12	4,513,461.14	37,128,837.61	487,696,452.02
本期增加	0	9,584,611.85	3,194,870.62	39,852,800.45	49,437,412.3	
本期减少	0					
期末数	144,600,000	292,427,231.29	23,124,994.97	7,708,331.76	76,981,638.06	537,133,864.32
变动原因			注1	注2	注3	注4

注1:本报告期内,盈余公积增加系根据当期净利润15%计提所致。
注2:本报告期内,法定公益金增加系根据当期净利润5%计提所致。
注3:本报告期内,当年新增未分配利润。
注4:本报告期内,当年增加净利润。

三、股东情况

(一)、本公司报告期末股东总数为19153户。
(二)、主要股东持股情况(前十名股东)

名次	股东名称	年末持股数(股)	占总股本(%)	增减情况	备　注
①	申达集团公司	42,256,400	29.22	1,568,000	社会法人股
②	南京塑料包装材料总厂	28,688,400	19.84		国有法人股(冻结、质押)
③	无锡市国联发展(集团)有限公司	21,120,400	14.60	21,120,400	国有法人股
④	石桂元	328,400	0.227		社会公众股
⑤	古井房产	212,352	0.146		社会公众股
⑥	荣毅	194,392	0.134		社会公众股
⑦	杨艳玲	189,900	0.131		社会公众股
⑧	赵易文	187,700	0.130		社会公众股
⑨	钟真浩	180,150	0.125		社会公众股
⑩	张丽	180,000	0.124		社会公众股

上述股东之间不存在关联关系。

新疆天业股份有限公司

二○○○年年度报告摘选

一、公司简介

1、公司法定中英文名称及缩写
公司法定中文名称:新疆天业股份有限公司
公司中文名称缩写:新疆天业
公司英文名称:XINJIANG TIANYE CO.,LTD.
公司英文名称缩写:X JTY
2、公司法定代表人:郭庆人
3、公司董事会秘书:沈明
证券事务代表:张红杰
联系地址:新疆石河子市北一路94号
电　　话:0993-2866164
传　　真:0993-2864515
董秘办E-mail:stock@163.net
4、公司注册地址:新疆石河子市北一路94号
公司办公地址:新疆石河子市北一路94号公司办公楼
邮政编码:832000
公司国际互联网网址:http://www.xj-tianye.com
公司E-mail:xj.tianye@bj.col.com.cn
5、公司选定的信息披露报纸:《中国证券报》、《上海证券报》
登载公司年度报告的中国证监会指定国际互联网网址:http://www.sse.com.cn
公司年度报告备置地点:董事会秘书办公室
6、公司股票上市地:上海证券交易所
股票简称:新疆天业
股票代码:600075

二、会计数据与业务数据摘要

1、本年度利润总额及构成(单位:人民币元):

项　目	2000年度合并报表
利润总额	97,463,711.05
净利润	87,540,588.57
扣除非经常性损益后的净利润	74,075,967.97
主营业务利润	233,021,656.19
其他业务利润	10,659,311.14
营业利润	66,057,440.13
投资收益	17,941,650.32
补贴收入	15,009,458.46
营业外收支净额	-1,544,837.86
经营活动产生的现金流量净额	162,663,974.57
现金及现金等价物净增加额	327,681,170.51
注:扣除的非经营性损益项目和涉及金额:	13,464,620.60
补贴收入	15,009,458.46
营业外收支净额项目	-1,544,837.86
①处理固定资产净收益	-3,347,317.74
②其他净收入	1,802,479.88

报告期利润	净资产收益率(%)		每股收益(元)	
	全面摊薄	加权平均	全面摊薄	加权平均
主营业务利润	21.49%	21.94%	1.033	1.027
营业利润	6.09%	6.22%	0.291	0.291
净利润	8.07%	8.24%	0.386	0.386
扣除非经常性损益后的净利润	6.83%	6.97%	0.327	0.327

2、截止2000年末,公司前三年主要会计数据及财务指标(单位:元):

栏　目	2000年度	1999年度	1998年度	
			追溯调整前	追溯调整后
主营业务收入	1,412,492,325.26	726,863,556.64	197,257,736.15	197,257,736.15
净利润	87,540,588.57	63,111,830.23	102,062,610.07	100,738,936.34
总资产	2,190,244,952.24	1,608,442,453.05	572,329,667.28	545,948,416.64
股东权益(不含少数股东权益)	1,084,168,891.55	1,018,848,669.13	354,668,250.08	328,286,999.44
每股收益				
全面摊薄	0.386	0.278	0.563	0.555
加权平均	0.386	0.312	0.900	0.888
扣除非经常性损益后每股收益	0.327	0.271	0.875	0.863
每股净资产	4.78	4.49	3.13	2.895
调整后的每股净资产	4.58	4.31	3.07	2.750
每股经营活动产生的现金流量净额	0.717	(0.239)	0.033	0.033
净资产收益率(摊薄)	8.07%	6.19%	28.78	30.686
净资产收益率(加权)	8.24%	6.84%		

三、股本变动及股东情况介绍

1.股东情况介绍
(1)报告期末股东总数为39943户。
(2)公司前十名股东持股情况
至2000年年末,本公司前10名股东情况如下:

名　称	股　数	比　例
新疆石河子天业塑化总厂	129600000	57.14%
泰和基金	1781661	0.79%
君安证券深圳宝安区营业部	995397	0.44%
景阳基金	984142	0.43%
君安证券深圳人民南路营业部	805915	0.36%
君安证券天津和平区新兴路营业部	747662	0.33%
国泰君安上海浦东新区商志路营业部	698000	0.31%
望春花	600000	0.26%
国泰君安上海浦东新区商城路营业部	558300	0.25%
深新中泰	447993	0.20%

潍坊北大青鸟华光科技股份有限公司

二○○○年年度报告摘选

一、公司简介

(一)公司法定中文名称:潍坊北大青鸟华光科技股份有限公司
英文名称:WEIFANG BEIDA JADE BIRD HUAGUANG TECHNOLOGY CO.,LTD
英文缩写:JBHG
(二)公司法定代表人:许振东
(三)公司董事会秘书及证券事务代表情况:
董事会秘书:任松国
证券事务代表:刘世祯
联系地址:山东省潍坊市奎文区东风东街272号
联系电话:(0536)8222888-8265
传　　真:(0536)8264859
(四)公司注册及办公地址:山东省潍坊市奎文区东风东街272号
邮政编码:261041
国际互联网网址:http://www.hg.com.cn
电子信箱:info@hg.com.cn
(五)公司选定的信息披露报刊:《中国证券报》、《上海证券报》、《证券时报》
登载公司年度报告的中国证监会指定国际互联网网址:http://www.sse.com.cn
公司年度报告备置地点:本公司证券部
(六)公司股票上市交易所:上海证券交易所
股票简称:青鸟华光
股票代码:600076

二、会计数据和业务数据摘要

(一)本年度利润总额及其构成:

利润总额:	71,298,776.38
净利润:	59,536,431.59
扣除非经常性损益后的净利润:	58,017,718.50
主营业务利润:	167,747,538.12
其他业务利润:	1,517,091.36
营业利润:	71,496,523.66
投资收益:	-1,626,770.28
补贴收入:	
营业外收支净额:	1,429,023.00
经营活动产生的现金流量净额:	95,185,896.94
现金及现金等价物净增加额:	8,110,056.37

注:"扣除非经常性损益后的净利润"指扣除了新股申购冻结资金利息114.9万元,出售青岛办事处临时用房37万元。

(二)前三年主要会计数据和财务指标

项　目	2000年	1999年	1998年	
			调整前	调整后
1.主营业务收入(万元)	24409.93	19016.15	34247.59	34247.59
2.净利润(万元)	5953.64	3756.42	6551.72	6482.19
3.总资产(万元)	102967.11	74446.39	74658.65	73766.98
4.股东权益(万元)(不含少数股东权益)	63127.66	58520.51	55655.75	54764.09
5.每股收益(元)(摊薄)	0.2653	0.1674	0.29	0.2888
(加权)	0.2653	0.1674	0.29	0.2888
6.扣除非经常性损益后的每股收益(元)	0.2585	0.1623	0.2868	0.2837
7.每股净资产(元)	2.8130	2.6077	2.48	2.4403
8.净资产收益率(%)(摊薄)	9.431	6.419	11.77	11.8365
(加权)	9.7882	6.6318	11.77	11.8365
9.调整后的每股净资产(元)	2.7630	2.5721	2.4468	2.4047
10.每股经营活动产生的现金流量净额(元)	0.4241	-0.0507	0.0985	0.0985

(三)利润表附表

报告期利润	净资产收益率		每股收益	
	全面摊薄	加权平均	全面摊薄	加权平均
主营业务利润	26.57	27.58	0.7475	0.7475
营业利润	11.33	11.75	0.3186	0.3186
净利润	9.431	9.788	0.2653	0.2653
扣除非经常性损益后的净利润	9.191	9.538	0.2585	0.2585

(四)本年度股东权益变动情况及原因

项目	股　本	资本公积	盈余公积	法定公益金	未分利润	股东权益
期初数	224416000	242647227.42	56164816.88	28082408.44	61977067.49	585205111.79
本期增加			11907286.32	953643.16	47629145.27	59536431.59
本期减少					13464960.00	13464960.00
期末数	224416000	242647227.42	68072103.20	34036051.60	96141252.76	631276583.38
变动原因			本年提取	本年提取	本年实现及发放红利	

三、股本变动及股东情况

(一)股东情况介绍
1、报告期末,公司股东总数为24792户。
2、持有本公司5%以上(含5%)股份的股东情况及前十名股东
(1)持有本公司5%以上(含5%)股份的股东情况

股东名称	年初持股数(万股)	年初占总股本比例	年末持股数(万股)	年末占总股本比例
北京天桥北大青鸟科技股份有限公司	0	0	4488.32	20%
北京北大青鸟有限责任公司	0	0	1953.28	8.7%

上述两股东所持股份没有质押或冻结。
(2)前十名股东所持股数及比例:

股东名称	期末持股数(万股)	占总股本(%)
①北京天桥北大青鸟科技股份有限公司	4488.32	20
②北京北大青鸟有限责任公司	1953.28	8.7
③金泰基金	782.6319	3.49
④海南省海口市万志贸易有限公司	782.256	3.49
⑤中国信息信托投资公司	456.128	2.03
⑥北京环太平洋经贸公司	321.6	1.43
⑦深圳宝安集团股份有限公司	320	1.43
⑧潍坊广发工贸公司	296	1.32
⑨潍坊鸢都电子商场	280	1.25
⑩潍坊协和贸易公司	272	1.21

辽宁国能集团股份有限公司

二〇〇〇年年度报告摘选

一、公司简介

1、公司法定中文名称:辽宁国能集团股份有限公司
公司法定英文名称:LIAONING GUONENG GROUP JOINT－STOCK CO.,LTD
公司英文名称缩写:GNG
2、公司法定代表人:刘顺兴
3、公司董事会秘书及授权代表:卢勇敏　陈　迈
联系地址:沈阳市沈河区青年大街108号
电　　话:024－22718191
传　　真:024－22704217
邮政编码:110014
电子信箱:gng@gng.com.cn
4、公司注册地址:沈阳市和平区三好街84号
公司办公地址:沈阳市沈河区青年大街108号
邮政编码:110014
公司国际互联网网址:http://www.gng.com.cn
电子信箱:gng@gng.com.cn
5、公司选定的信息披露报纸:《中国证券报》
登载公司年度报告的中国证监会指定国际互联网网址:http://www.sse.com.cn
公司年度报告置备地点:沈阳市沈河区青年大街108号公司董事会秘书处
6、公司股票上市交易所:上海证券交易所
股票简称:国能集团　　股票代码:600077

二、会计数据和业务数据摘要

(一)、本年度业务指标情况:　　(单位:人民币元)

项目名称	2000年度
利润总额	45,929,480.65
净利润	30,943,862.53
扣除非经常性损益后的净利润	30,943,862.53
主营业务利润	124,278,004.06
其它业务利润	10,305,911.92
营业利润	49,658,229.11
投资收益	－5,322,575.95
补贴收入	1,340,200.24
营业外收支净额	253,627.25
经营活动产生的现金流量净额	－66,847,027.89
现金及现金等价物净增加额	－32,640,505.03

(二)、近三年主要会计数据及财务指标:

项　目	2000年	1999年	1998年	
			调整前	调整后
主营业务收入(元)	313,088,858.02	100,746,419.87	89,605,856.52	90,528,933.44
净利润(元)	30,943,862.53	13,194,981.54	16,987,747.34	8,518,754.04
总资产(元)	794,811,011.13	636,069,391.96	250,842,924.55	230,355,409.11
股东权益(元)	376,745,014.85	357,702,070.11	152,834,756.56	133,211,426.92
每股收益(元/股)(摊薄)	0.24	0.10	0.21	0.11
每股收益(元/股)(加权)	0.24	0.11	0.21	0.11
扣除非经常性损益后每股收益(元/股)(摊薄)	0.24	0.02	0.21	0.11
(元/股)(加权)	0.24	0.02	0.21	0.11
每股净资产(元/股)	2.97	2.82	1.91	1.66
调整后每股净资产(元/股)	2.75	2.75	1.82	1.53
每股经营活动产生的现金流量净额(元/股)	－0.53	0.08	－0.13	－0.13
净资产收益率(%)(摊薄)	8.24	3.7	12.31	11.12
净资产收益率(%)(加权)	8.29	8.1	15.67	11.78
扣除非经常性损益净资产收益率(%)(摊薄)	8.24	0.6	12.31	11.12
(加权)	8.29	1.3	15.67	11.78

(三)报告期利润指标说明(合并报表)

项目	净资产收益率(%)		每股收益(元/股)	
	摊薄	加权	摊薄	加权
主营业务利润	31.9	32.7	0.98	0.98
营业利润	12.8	13.1	0.39	0.39
净利润	8.24	8.29	0.24	0.24
扣除非经常性损益的净利润	8.24	8.29	0.24	0.24

三、股本变动及股东情况

1.股本变动情况表　　数量单位:股

	期初数	本期变动				期末数
		报告期送、转股	报告期配股	报告期职工股上市	小计	
一.尚未流通股份						
1.发起人股份						
(1)国家拥有股份	6592000					6592000
(2)境内法人持有股份	2080000					2080000
小　计	8672000					8672000
2.非发起人股份						
(1)国有法人持有股份	49184000					49184000
(2)境内法人持有股份	22422400					22422400
(3)内部职工股	10188800			－10188800	－10188800	0
小　计	81795200			－10188800	－10188800	71606400
合　计	90467200			－10188800	－10188800	80278400
二.已流通股份						
境内上市人民币普通股	36351942			＋10188800	＋10188800	46540742
三.股份总额	126819142					126819142

江苏澄星磷化工股份有限公司

二〇〇〇年年度报告摘选

一、公司简介

1、公司法定中文名称:江苏澄星磷化工股份有限公司
公司的英文名称:Jiangsu ChengXing Phosph－Chemicals Co.,Ltd
英文缩写:CXPC
2、公司法定代表人:李兴
3、公司董事会秘书:陈永勤
联系电话:0510－6281316－431、432
联系地址:江苏省江阴市花山路208号
邮政编码:214432
传　　真:0510－6281884
4、公司注册地址:江苏省江阴市花山路208号
公司办公地址:江苏省江阴市花山路208号
邮政编码:214432
电子信箱:cx@Public1.wx.js.cn
5、公司年度报告备置地点:江苏省江阴市花山路208号公司证券部
公司选定的信息披露报纸名称:上海证券报
公司登载年度报告的中国证监会指定国际互联网网址:http://www.sse.com.cn
6、公司股票上市交易所:上海证券交易所
股票简称:澄星股份
股票代码:600078

二、会计数据和业务数据摘要

(一)公司本年度的主要会计数据及业务数据摘要(单位:元)

项目	金额
利润总额:	52,163,180.91
净利润:	36,049,740.21
扣除非经常性损益后的净利润:	41,943,286.96
主营业务利润:	82,021,346.49
其他业务利润:	5,303,389.45
营业利润:	63,433,268.90
投资收益:	－5,067,967.08
补贴收入:	12,522.00
营业外收支净额:	－6,214,642.91
经营活动产生的现金流量净额:	－40,774,510.64
现金及现金等价物净增加额:	－49,256,691.66
注:扣除的非经常性损益项目包括:	
资产处置损益:	－4,512,273.23
合并价差摊入:	－1,381,273.52

(二)近三年主要会计数据及财务指标(单位:元)

项　目	2000年	1999年	1998年
主营业务收入	541396549.64	444910612.54	503348876.28
净利润	36049740.21	46696278.44	36173784.41
总资产	813969353.74	766461013.60	534358854.64
股东权益(不含少数股东权益)	637798393.43	619754850.02	383173257.95
每股收益	0.20	0.26	0.28
按月平均加权法计算的每股收益	0.20	0.30	0.28
扣除非经常性损益后的每股收益	0.23	0.28	0.25
每股净资产	3.54	3.44	2.96
调整后每股净资产	3.54	3.43	2.95
每股经营活动产生的现金流量净额	－0.23	0.41	0.34
净资产收益率(%)	5.65	7.54	9.44
加权平均净资产收益率(%)	5.65	11.06	9.91

(三)本年度按全面摊薄法和加权平均法计算的净资产收益率及每股收益

报告期利润	净资产收益率(%)		每股收益	
	全面摊薄	加权平均	全面摊薄	加权平均
主营业务利润	12.86	12.86	0.46	0.46
营业利润	9.95	9.95	0.35	0.35
净利润	5.65	5.65	0.20	0.20
扣除非经常性损益后的净利润	6.38	6.58	0.23	0.23

三、股东情况介绍

(一)截止2000年12月31日公司共有33172名股东,其中未上市流通法人股东4名,已上市流通股股东33168名。

(二)持本公司5%以上股份的股东情况　　(单位:股)

股东名称	期初数	期内增减变动	期末数	占总股本比例(%)
(1)江苏澄星磷化工集团公司	57750000		57750000	32.07
(2)江苏红柳床单集团公司	0	＋35875248	35875248	19.92
(3)江苏省丝绸进出口集团股份有限公司	17280000		17280000	9.6

本报告期内上述公司持有本公司的股份未有质押或冻结的情况。

(三)本公司前10名股东持股情况　　(单位:股)

股东名称	期末持股数	占总股本比例(%)
(1)江苏澄星磷化工集团公司	57750000	32.07
(2)江苏红柳床单集团公司	35875248	19.92
(3)江苏省丝绸进出口集团股份有限公司	17280000	9.60
(4)宜兴市绢丝针织炼整厂	2880000	1.60
(5)大地房产	268900	0.15
(6)李自强	231879	0.13
(7)俞顾瞻	204000	0.11
(8)孙双喜	201900	0.11
(9)常小欣	184000	0.10
(10)徐洪琴	183150	0.10

(四)、本报告期内控股股东未发生变更。

武汉人福高科技产业股份有限公司

二〇〇〇年年度报告摘选

一、公司简介

1.公司法定名称:
中文:武汉人福高科技产业股份有限公司
中文缩写:人福科技
英文:Wuhan Humanwell Hi－tech Industry Company Limited
英文缩写:HWHT
2.公司法定代表人:艾路明
3.公司董事会秘书:杜晓玲
董事会证券事务代表:谭力、沈洁
联系地址:武汉市洪山区关山街鲁磨路369号
联系电话:(027)87484718－8019
传　　真:(027)87484393
电子信箱:rf22@public.wh.hb.cn
4.公司注册地址:武汉市洪山区关山街鲁磨路369号
公司办公地址:武汉市洪山区关山街鲁磨路369号
邮政编码:430074
公司国际互联网网址:http://www.RENFU.com.cn
公司电子信箱:rf22@public.wh.hb.cn
5.公司选定的信息披露报纸:《中国证券报》
登载公司年度报告的国际互联网网址:http://www.sse.com.cn
公司年度报告备置地点:武汉市洪山区关山街鲁磨路369号公司董事会秘书处
6.公司股票上市交易所:上海证券交易所
股票简称:人福科技
股票代码:600079

二、会计数据和业务数据摘要

1.公司本年度主要会计数据和业务数据(合并报表):

项目	金额
利润总额:	51,261,768.92元
净利润:	36,376,367.62元
扣除非经常性损益后的净利润:	29,392,367.62元
主营业务利润:	80,350,585.25元
其他业务利润:	8,167,017.30元
营业利润:	40,819,656.98元
投资收益:	3,651,610.29元
补贴收入:	7,001,000.00元
营业外收支净额:	－210,498.35元
经营活动产生的现金流量净额:	26,203,782.64元
现金及现金等价物净增加额	－9,545,028.81元

扣除非经常性损益的项目及金额:

(1)湖北省葛店高新技术产业开发区管理委员会财政补贴款691.6万元;

(2)公司持有80%控股权的武汉新洪农工商有限责任公司收到水利设施基建项目财政拨款85,000元,按控股比例计算的临时性补贴收入68,000元。

2.截止本报告期末公司前三年的主要会计数据和财务指标

(单位:人民币元)

项　目	2000年	1999年		1998年	
		调整前	调整后	调整前	调整后
主营业务收入	188,499,098.47	134,184,110.22	134,184,110.22	137,018,790.00	137,018,790.00
净利润	36,376,367.62	18,929,907.81	18,248,805.42	19,804,984.70	18,850,349.89
总资产	518,116,603.74	471,408,053.63	471,267,722.80	359,981,093.62	356,057,537.67
股东权益(不含少数股东权益)	287,240,699.26	260,206,434.03	259,525,331.64	178,863,412.58	176,042,388.16
每股收益(摊薄)	0.289	0.286	0.275	0.344	0.328
(加权)	0.422	0.321	0.309	0.344	0.328
每股净资产	2.280	3.925	3.914	3.11	3.062
调整后的每股净资产	2.229	3.893	3.883	3.048	2.999
每股经营活动产生的现金流量净额	0.208	－0.384	－0.384	0.048	0.048
净资产收益率(%)	12.66	7.27	7.03	11.07	10.71
扣除非经常性损益后的每股收益(摊薄)	0.233	0.231	0.221	0.280	0.267
(加权)	0.341	0.260	0.249	0.280	0.267

注:(1)主要财务指标的计算方法

①加权每股收益＝净利润/[(利润分配及资本公积转增前普通股股份总数×8＋利润分配及资本公积转增后普通股股份总数×4)/12]

②扣除非经营性损益后的加权每股收益＝(净利润－非经常性损益)/[(利润分配及资本公积转增前普通股股份总数×8＋利润分配及资本公积转增后普通股股份总数×4)/12]

(2)对1999年报表进行追溯调整主要原因:下属控股子公司武汉人福药业有限责任公司于1999年7月被武汉东湖新技术开发区认定为高新技术企业,经税务局核准,2000年元月起开始享受免征两年所得税的优惠政策,1999年所得税税率则由15%追溯调整至33%。

三、股东情况介绍

1、截止本报告期末,公司共计有股东10152户,其中法人股东4户。

2、本公司前10名股东的持股情况(截止至2000年12月29日交易结束)

股东名称	年末持股数量(股)	年度内股份增减变动情况(股(＋、－)	占总股本比例(%)
武汉市当代科技发展总公司	37,487,000	＋17,757,000	29.76
武汉东湖新技术开发区发展总公司	14,820,000	＋5,450,000	11.76
武汉市仁军投资咨询有限责任公司	5,263,000	＋4,063,000	4.18
北京中能源房地产开发公司	4,180,000	＋1,980,000	3.32
李俊峰	490,000		0.39
吴凤荣	409,830		0.33
鲍　肖	399,100		0.32
程贵证	389,880		0.30
宋思源	387,600		0.31
国脉广告	382,190		0.30

金花企业(集团)股份有限公司

二〇〇〇年年度报告摘选

一、公司简介

(一)、公司中文名称:金花企业(集团)股份有限公司
公司英文名称:GINWA ENTERPRISE (GROUP) INC.
公司英文缩写:GINWA
(二)、公司法定代表人:吴一坚
(三)、公司董事会秘书:秦　川
联系地址:西安市振兴路1号
电　　话:029－8404118
传　　真:029－8404468
(四)、公司注册地址:西安高新技术产业开发西区高新3路
邮政编码:710075
公司办公地址:西安市振兴路1号
邮政编码:710068
公司互联网址:http://www.ginwa.com
公司电子信箱:ginwa@pub.xaonline.com　　ginwa@public.xa.sn.cn
(五)、选定的信息披露报纸:《中国证券报》、《上海证券报》
登载公司年度报告的证监会指定互联网网址:http://www.sse.com.cn
公司年度报告备置地点:董事会秘书处
(六)、公司股票上市交易所:上海证券交易所
股票简称:金花股份
股票代码:600080

二、会计数据和业务数据摘要

(一)公司本年度会计数据

(单位:元)

项目	金额
利润总额:	95,705,173.21
净利润:	80,516,753.65
扣除非经常性损益后的净利润:	80,516,753.65
主营业务利润:	131,708,598.82
其他业务利润:	8,256,597.57
营业利润:	95,645,922.30
投资收益:	277,849.88
补贴收入:	0
营业外收支净额:	－218,598.97
经营活动产生的现金流量净额:	95,640,927.14
现金及现金等价物净增加额:	4,255,092.63

(二)公司近三年主要财务指标

项目	2000年	1999年	1998年	
			调整后	调整前
主营业务收入	183,824,915.76	163,552,463.93	146,810,849.28	146,810,849.28
净利润	80,516,753.65	86,795,072.07	79,186,566.82	83,006,220.14
总资产	1,034,402,180.55	656,906,511.30	466,126,096.21	470,590,319.35
股东权益	788,732,574.99	480,883,021.34	394,087,949.27	400,531,020.51
每股收益	0.35	0.42	0.39	0.41
每股平均加权收益	0.38	0.42	0.44	0.46
扣除非经常性损益后的每股收益	0.35	0.42	0.39	0.41
每股净资产	3.42	2.35	1.92	1.96
调整后每股净资产	3.26	2.17	1.90	1.92
每股经营活动产生的现金流量净额	0.41	0.29	0.25	0.25
净资产收益率(%)	10.19	18.05	20.09	21.00
平均加权净资产收益率(%)	13.49	19.84	19.39	20.23

(三)、利润表附表:

报告期利润	净资产收益率(%)		每股收益(元)	
	全面摊薄	加权平均	全面摊薄	加权平均
主营业务利润	16.70	22.06	0.5706	0.6170
营业利润	12.13	16.02	0.4143	0.4480
净利润	10.21	13.49	0.3488	0.3772
扣除非经营性损益后的净利润	10.24	13.53	0.3498	0.3782

三、股东情况介绍

(一)股东情况介绍:

1.本报告期末股东总数为86305户。

2.本公司前10名大股东持股情况:

序号	股东名称	持股数	占总股本比例(%)
1	陕西金花实业发展有限责任公司	102,835,200	44.55
2	北京市粮油食品进出口公司	10,600,000	4.59
3	陕西建银实业总公司	6,400,000	2.77
4	西安唐都医药生物工程研究所	5,120,000	2.22
5	陕西金润物业发展公司	3,840,000	1.66
6	北京市财政证券事务所宣武区分所	1,642,173	0.71
7	中华巾帼实业开发总公司	557,827	0.24
8	李奋	325,000	0.14
9	汪勇	244,955	0.106
10	花国荣	198,159	0.086

说明:

①公司原第二大股东中华巾帼实业开发总公司,因经济纠纷案败诉,10,600,000股法人股股权被法院裁决执行拍卖给北京市粮油食品进出口公司。

②前十名股东之间,陕西金润物业发展有限责任公司为第　大股东陕西金花实业发展有限责任公司之控股公司。除此之外,其它法人股股东之间不存在关联关系。

3.持股10%以上的法人股股东情况

陕西金花实业发展有限责任公司持有本公司股份10283.52万股,占公司总股本的44.55%。

公司法定代表人:吴一坚

公司经营范围:房地产开发、房屋销售、服务;五金建材、水暖器材的批发零售、代购、代销。

4.报告期内控股股东未发生变化。

东风电子科技股份有限公司

二〇〇〇年年度报告摘选

一、公司简介

1、公司法定中文名称:东风电子科技股份有限公司

公司英文名称:DONGFENG ELECTRONIC (TECHNOLOGY CO.,LTD.

公司英文名称缩写:DETC

2、公司法定代表人:欧阳洁

3、董事会授权代表:天涯

联系电话:021-62033003-21

传　　真:021-62032133

联系地址:上海市中山北路2000号中期大厦22层

4、公司注册地址:上海市浦东新区新金桥路828号

公司注册英文地址:No828,New Jinqiao Road,Shanghai,China

公司办公地址:上海市中山北路2000号中期大厦22层

公司邮政编码:200063

公司国际互连网网址:www.dfemi.com

公司电子信箱:DFAEICO@PUBLICI.STA.NET.CN

5、公司选定的信息披露报纸:《上海证券报》、《中国证券报》

登载公司年度报告的中国证监会指定的国际互连网网址:http://www.sse.com.cn

公司年度报告备置地点:上海市中山北路2000号中期大厦22层证券部

6、公司股票上市地:上海证券交易所

股票简称:东风科技

股票代码:600081

二、会计数据和业务数据摘要

1、本年度利润总额及构成　　(单位:人民币元)

项目	金额
利润总额	59,291,640.40
主营业务利润	78,241,459.37
其他业务利润	7,588,408.32
投资收益	26,998,179.34
补贴收入	0
营业外收支净额	1,807,221.49
净利润	51,926,135.27
扣除非经营性损益后的净利润	42,517,798.29
经营活动产生的现金流量净额	41,130,915.48
现金及现金等价物净增加额	15,591,701.43

2、截止报告年度末公司前三年的主要会计数据及财务指标(单位:人民币元)

序号	栏　目	2000年度	1999年度	1998年度	
				调整后	调整前
1、	主营业务收入	394,109,256.38	196,135,087.59	151,018,492.19	151,018,492.19
2、	净利润	51,926,135.27	35,870,134.94	25,855,118.14	27,221,165.69
3、	总资产	753,397,981.72	410,062,416.31	340,201,766.85	343,864,029.63
4、	股东权益	401,198,773.27	217,060,060.28	185,439,925.34	189,031,636.88
5、	每股经营活动产生的现金流量净额	0.20	0.02	0.47	0.47
6、	每股收益(摊薄)	0.26	0.30	0.30	0.32
7、	每股收益(加权)	0.26	0.30	0.30	0.32
8、	扣除非经营性损益后的每股收益	0.21	0.29	0.30	0.32
9、	每股净资产	2.00	1.82	2.18	2.22
10、	调整后的每股净资产	1.97	1.78	2.10	2.14
11、	净资产收益率	12.94%	16.53%	13.94%	14.41%

说明:(1)98年度调整后主要数据和财务指标指因会计政策、会计估计变更、以及会计差错更正追溯调整以前年度计算所得。(2)非经常性损益包括:1)转让上海宏源咭卡网络有限公司20%股权,转让收益为6,802,089.77元。2)营业外收支净额1,807,221.49元。

3、利润分配表附表

报告期利润	净资产收益率		每股收益	
	全面摊薄	加权平均	全面摊薄	加权平均
主营业务利润	19.50%	20.12%	0.39	0.39
营业利润	7.60%	7.84%	0.15	0.15
净利润	12.94%	13.36%	0.26	0.26
扣除非经常性损益后的净利润	10.60%	10.94%	0.21	0.21

三、股东情况介绍

1、截止本报告期末股东总数为2324户。

2、报告期末公司主要股东持股情况

名次	股东名称	年末持股数(股)	占总股本比例(%)
(1)	东风汽车公司(国家股)	150,750,000	75
(2)	浙江兴宇	1,012,445	0.50
(3)	黄岳生	918,511	0.46
(4)	天台药研	592,050	0.29
(5)	浙江同伴	572,115	0.28
(6)	余爱女	568,500	0.28
(7)	郑水珍	550,680	0.27
(8)	董阿二	525,371	0.26
(9)	刘水兰	502,155	0.25
(10)	周天秀	422,339	0.21

注:持有公司5%股份以上的股东为东风汽车公司,持有股份性质为国家股,报告期内所持股份共增加6150万股,其中配股增加1125万股,资本公积金转增股本增加5025万股。报告期内所持股份无质押或冻结,公司未知前10名股东之间存在何关联关系。

天津百货大楼股份有限公司

二〇〇〇年年度报告摘选

一、公司简介

1、公司法定中文名称:天津百货大楼股份有限公司

公司法定英文名称:TIANJIN GRAND DEPARTMENT STORE CO.,LTD.

2、公司法定代表人:史建华

3、公司董事会秘书:王松

其授权代表:买卖土逊

联系地址:天津市和平区和平路172号

联系电话:(022)27304716

传　　真:(022)27237882

4、公司注册地址.办公地址:天津市和平区和平路172号

邮政编码:300020

电子信箱:E-mail:tsmile@public.tpt.tj.cn

网址:http://www.tj-store.com

5、公司选定的信息披露报纸:《上海证券报》

登载公司年度报告的中国证监会指定国际互联网网址:http://www.sse.com.cn

公司年度报告备置地点:天津百货大楼新厦七楼董事会办公室

6、公司股票上市交易所:上海证券交易所

股票简称:津百股份

股票代码:600082

二、会计数据和业务数据摘要

(一)、公司本年度会计数据　　单位:人民币元

项目	金额
利润总额:	-91,779,285.52
净利润:	-92,058,280.71
扣除非经常性损益后的净利润:	-92,058,280.71
扣除的项目,涉及金额:	/
主营业务利润:	32,413,534.08
其他业务利润:	8,594,568.61
营业利润:	-93,798,740.11
投资收益:	2,975,184.64
补贴收入:	/
营业外收支净额:	-955,730.05
经营活动产生的现金流量净额:	10,805,074.30
现金及现金等价物净增加额:	32,449,681.95

(二)、公司近三年主要会计数据与财务指标

项　目	2000年	1999年	1998年	
			调整前	调整后
主营业务收入(元)	433858916.89	532823734.41	760268674.56	760076752.97
净利润(元)	-92058280.71	2294318.67	20687870.39	11917862.09
总资产(元)	1176877774.42	1059349351.42	880509132.42	871739124.12
股东权益(元)(不含少数股东权益)	403768913.50	494494218.05	500464964.31	491694956.01
每股收益(元/股)(摊薄)	-0.618	0.015	0.139	0.08
(加权平均)	-0.618	0.015	0.157	0.09
扣除非经常性损益后的每股收益	-0.618	0.015	0.139	0.08
每股净资产(元/股)	2.710	3.319	3.36	3.3
调整后的每股净资产(元/股)	2.532	3.298	3.34	2.94
每股经营活动产生的现金流量净额(元/股)	0.073	0.22	-0.06	
净资产收益率(%)(摊薄)	-22.800	0.464	4.13	4.21
(加权平均)	-20.52	0.465	4.22	4.26

(三)、根据中国证监会《公开发行证券公司信息披露编报规则第9号》计算的净资产收益率和每股收益

报告期利润	净资产收益率		每股收益	
	全面摊薄	加权平均	全面摊薄	加权平均
主营业务利润	8.03%	7.22%	0.22	0.22
营业利润	-23.23%	-20.91%	-0.63	-0.63
净利润	-22.80%	-20.52%	-0.62	-0.62
扣除非经常性损益后的净利润	-22.80%	-20.52%	-0.62	-0.62

三、股东情况介绍

1、本公司报告期末股东总数为40732户。

2、主要股东持股情况

股东名称	期初持股数(万股)	期末持股数(万股)	占总股本比例(%)
(1)天津益商集团总公司(国家股)	3328	3328	22.34
(2)上海申银万国证券股份有限公司(法人股)	130	130	0.88
(3)国信证券(流通股)		69.1525	0.46
(4)上海浦东新区银益劳动服务部(法人股)	65	65	0.44
(5)上海华晨实业公司(法人股)	65	65	0.44
(6)中国金融教育发展基金会(法人股)	65	65	0.44
(7)江西证券公司上海业务部(法人股)	65	65	0.44
(8)浙江省湖州市供销贸易有限公司(法人股)	65	65	0.44
(9)江苏证券公司(法人股)	65	65	0.44
(10)济南信托投资公司(法人股)	65	65	0.44
(11)工行云南省信托投资公司(法人股)	65	65	0.44

成都红光实业股份有限公司

二〇〇〇年年度报告摘选

一、公司简介

1、公司法定中文名称:成都红光实业股份有限公司
公司法定英文名称:CHENGDU HONGGUANG INDUSTRIAL CO.,LTD.
英文名称缩写:HGIC
2、公司法定代表人:周伟
3、公司董事会秘书:陈里
联系地址:成都市建设南支路4号
联系电话:(028)4106700
传　真:(028)4117569
4、公司注册地址:成都市建设南支路4号
办公地址:成都市建设南支路4号
邮政编码:610051
5、公司选定的信息披露报纸为:《上海证券报》
中国证监会指定的国际互联网网址:http://www.see.com
公司年度报告备置在公司董事会办公室
6、公司股票上市地:上海证券交易所
股票简称:PT红光
股票代码:600083

二、会计数据和业务数据摘要

(一)本年度主要利润指标情况(合并报表,单位:人民币元)

1、利润总额	-70,584,825.59
2、净利润	-70,584,825.59
3、主营业务利润	-10,243,141.89
4、其他业务利润	4,439,249.58
5、投资收益	461,400.00
6、营业外收支净额	-12,296,829.54
7、经营活动产生的现金流量净额	-20,102,124.51
8、现金及现金等价物净增加额	-20,476,939.32

(二)主要会计数据和财务指标(合并报表,单位:人民币元)

指标项目	2000年	1999年		1998年	
		调整前	调整后	调整前	调整后
1、主营业务收入(元)	37,301,019.85	56,004,864.86	56,004,864.86	157,854,453.16	157,544,366.80
2、净利润(元)	-70,584,825.59	-195,244,594.52	-194,604,389.15	-331,645,527.96	-332,629,529.17
3、总资产(元)	1,299,488,870.50	1,361,825,844.66	1,361,825,844.66	1,544,397,096.20	1,510,466,680.68
4、股东权益(元)	27,691,733.34	43,021,875.88	35,043,140.08	279,863,736.51	238,266,470.40
5、每股收益(元/股)	-0.307	-0.849	-0.846	-1.442	-1.446
6、每股净资产(元/股)	0.12	0.187	0.152	1.217	1.036
7、调整后的每股净资产(元/股)	-0.197	0.095	0.001	1.024	0.778
8、每股经营活动产生的现金流量净额(元/股)	-0.087	-0.001	-0.001	0.017	
9、净资产收益率(%)	-254.89	-453.83	-555.33	-118.50	-139.60

注:上述财务指标计算方法如下:

每股收益=净利润/年度末普通股股份总数

每股净资产=年度末股东权益/年度末普通股股份总数

调整后的每股净资产=[年度末股东权益-三年以上的应收帐款净额-待摊费用-待处理(流动、固定)资产净损失-开办费-长期待摊费用-住房周转金余额]/年度末普通股股份总额

每股经营活动产生的现金流量净额=经营活动产生的现金流量净额/年度末普通股股份总数

净资产收益率=净利润/年度末股东权益×100%

(三)报告期内股东权益的变动情况

项　目	股　本	资本公积	盈余公积	法定公益金	未分配利润	合　计
期初数	230,000,000	580,328,362.53			-775,285,222.45	35,043,140.08
本期增加数		63,233,418.85			580,282,877.50	643,516,296.35
本期减少数		580,282,877.50			70,584,825.59	650,867,703.09
期末数	230,000,000	63,278,903.88			-265,587,170.54	27,691,733.34

变动说明:1、资本公积本年增加系土地评估增值;
2、资本公积本年减少系据董事会决议用资本公积弥补亏损;
3、未分配利润本年增加系资本公积弥补亏损所致。

三、股本变动和股东情况

(一)股本变动情况表

1、股本结构情况

	本次变动前	本次变动增减(+,-)						本次变动后
		配股	送股	公积金转股	增发	其他	小计	
一、未上市流通股份								
1、发起人股份								
其中:								
国家持有股份	79,618,194							79,618,194
境内法人持有股份	2,400,000							2,400,000
境外法人持有股份								
其他								
2、募集法人股份	12,251,206							12,251,206
3、内部职工股	65,730,600					-65,730,600	-65,730,600	0
4、优先股或其他								
其中:转配股								
未上市流通股份合计	160,000,000							94,269,400
二、已上市流通股份								
1、人民币普通股	70,000,000					65,730,600	65,730,600	135,730,600
2、境内上市的外资股								
3、境外上市的外资股								
4、其他								
已上市流通股份合计	70,000,000							135,735,600
三、股份总数	230,000,000					0	0	230,000,000

注:公司内部职工股已于2000年7月14日上市流通。

新天国际经贸股份有限公司

二〇〇〇年年度报告摘选

一、公司简介

1.公司名称
公司法定中文名称:新天国际经贸股份有限公司
公司简称:新天国际
公司英文名称:Suntime International Economic-Trading Co.,ltd
缩写:Suntime
2.注册地址:新疆维吾尔自治区乌鲁木齐市红山路40号
办公地址:新疆维吾尔自治区乌鲁木齐市红山路40号
电子信箱:sun-time@mail.xj.cninfo.net　　邮　编:830002
3.法定代表人:岳志荣
4.公司董事会秘书:高新山
电　话:0991-2312439;传　真:0991-2312439
电子信箱:600084dmb@21cn.com
董事会证券事务代表:赵海涛
电　话:0991-2312439;传　真:0991-2312439
电子信箱:600084dmb@21cn.com
联系地址:新疆维吾尔自治区乌鲁木齐市红山路40号新天国际董事会秘书办公室
5.信息披露指定报刊:《中国证券报》、《上海证券报》、《新疆经济报》
指定国际互联网网址:http//www.sse.com.cn
公司中期报告备置地点:公司办公所在地
6.公司股票上市地:上海证券交易所
股票简称:新天国际　　股票代码:600084

二、会计数据和业务数据摘要

(一)、本年度实现利润情况

利润总额:	96,146,714.76元
净利润:	88,111,086.90元
扣除非经常性损益后的净利润:	86,593,144.09元
主营业务利润:	143,537,359.14元
其他业务利润:	4,398,875.68元
投资收益:	20,211,186.64元
补贴收入:	1,049,786.89元
营业外收支净额:	468,155.92元
经营活动产生的现金流量净额:	4,443,142.53元
现金及现金等价物净增加额:	9,895,395.82元
注:扣除的非经营性损益项目及涉及金额	
(1)、营业外收入	938,878.73元
(2)、营业外支出	466,722.81元
(3)、免征增值税	812,450.55元
(4)、棉花补贴收入	237,336.34元

(二)、报告期末前三年的主要会计数据和财务指标

项　目	2000年	1999年	1998年	
			调整后	调整前
主营业务收入(元)	686,139,377.78	494,756,402.26	608,799,134.76	608,799,134.76
净利润(元)	88,111,086.90	40,501,220.79	51,089,987.07	51,264,889.54
总资产(元)	1,586,418,256.67	1,037,872,097.68	686,260,130.35	690,271,526.10
股东权益(元)	642,968,964.61	554,857,877.71	387,065,616.82	391,077,012.57
每股收益(元/股)	0.49	0.29	0.594	0.60
每股收益(元/股)(加权)	0.49	0.367	0.60	0.60
每股收益(元/股)(扣除非经常损益)	0.48	0.284		
每股净资产(元/股)	3.55	3.99	4.50	4.55
调整后的每股净资产(元)	3.46	3.89	4.36	4.41
净资产收益率%	13.70	7.3	13.20	13.11
每股经营活动产生的现金流量净额	0.025	0.240	0.219	

(三)、股东权益变动情况

项　目	股　本	资本公积	盈余公积	法定公益金	未分配利润	股东权益合计
期初数	139160000	314655915.40	18687847.98	6229282.67	82354114.33	554857877.71
本期增加	41748000		15207444.38	5069148.13	88111086.90	87361168.11
本期减少		41748000			15207444.38	
期末数	180908000	272907915.40	33895292.36	11298430.79	155257756.85	644209827.15
变动原因	本年度公司实施每10转增3股方案所致	本年度公司实施每10转增3股方案所致	主要系本年度提取10%法定公积金及5%公益金所致	主要系本年度提取5%公益金所致	主要系新增利润并提取盈余公积所致	主要系新增利润并未实施分配所致

三、股本变动及股东情况

(一)、股本变动情况
股本变动情况表

新天国际经贸股份有限公司二〇〇〇年股份变动情况表

数量单位:万股

股份类型	期初数	本次变动增减(+、-)					期末数
		配股	送股	公积金转股	其他	小计	
一尚未流通股份							
1.发起人股份	8636			2590.8		2590.8	11226.8
其中:国家拥有股份	7000			2100		2100	9100
境内法人执有股份	1636			490.8		490.8	2126.8
外资法人执有股份							
其他							
2.募集法人股份							
3.内部职工股							
4.优先股或其他							
尚未流通股份合计	8636			2590.8		2590.8	11226.8
二、已流通股份							
1.境内上市的人民币普通股	5280			1584		1584	6864
2.境内上市的外资股							
3.境外上市的外资股							
4.其他							
已流通股份合计	5280			1584		1584	6864
三、股份总数	13916			4174.8		4174.8	18090.8

北京同仁堂股份有限公司

二○○○年年度报告摘选

一、公司简介

1、公司法定中文名称:北京同仁堂股份有限公司
公司简称:同仁堂
公司英文名称:BEIJING TONGRENTANG CO.,LTD
英文简称:TRT
2、公司法定代表人:殷顺海
3、公司董事会秘书:李连英
联系地址:北京市崇文区东兴隆街 52 号
联系电话:010-67020018
传　　真:010-67020018
电子信箱:liliying@163bj.com
4、公司注册地址:北京市崇文区东兴隆街 52 号
公司办公地址:北京市崇文区东兴隆街 52 号
邮政编码:100062
国际互联网网址:http://www.tongrentang.com
电子信箱:webmaster@tongrentang.com
5、公司信息披露报纸:《中国证券报》、《上海证券报》
登载公司年度报告的中国证监会指定国际互联网网址:http://www.sse.com.cn
公司年度报告备置地点:公司证券部
6、公司股票上市交易所:上海证券交易所
股票简称:同仁堂
股票代码:600085

二、会计数据和业务数据摘要

1、本年度利润总额及构成(单位:人民币元)

项目	金额
利润总额	207,174,736.66
净利润	146,648,474.92
扣除非经常性损益后的净利润	146,451,625.37
主营业务利润	464,078,596.26
其他业务利润	739,652.91
营业利润	206,715,575.14
投资收益	262,311.97
营业外收支净额	196,849.55
经营活动产生的现金流量净额	167,791,144.22
现金及现金等价物净增加额	274,920,955.08
注:扣除的非经常性损益项目和涉及金额:	
a) 处置固定资产收益	-600,406.87
b) 赔款收入	27,777.84
c) 处置往来款	46,110.27
d) 捐款支出	31,438.00
e)其他净收入	847,026.85
以上项目涉及金额合计	196,849.55

2、报告期末公司前三年主要会计数据及财务指标(单位:人民币元)

项　目	2000 年	1999 年	1998 年	
			调整后	调整前
主营业务收入	1,024,392,082.05	835,273,747.37	711,100,049.42	711,100,049.42
净利润	146,648,474.92	139,279,514.37	124,130,113.44	122,687,552.80
总资产	1,675,707,367.50	1,193,041,261.90	1,092,060,758.51	1,102,096,488.11
股东权益	953,581,981.79	758,760,675.99	667,481,161.62	677,516,891.22
每股收益	0.611	0.580	0.621	0.613
月平均加权每股收益	0.611	0.624	0.621	0.613
扣除非经常性损益后的每股收益	0.610	0.581	0.624	0.616
每股净资产	3.973	3.162	3.337	3.388
调整后的每股净资产	3.943	3.129	3.297	3.347
每股经营活动产生的现金流量净额	0.699	0.235	0.725	0.725
净资产收益率%	15.38	18.36	18.60	18.11

3、利润表附表(单位:人民币元)

项　目	报告期利润	净资产收益率		每股收益	
		摊薄	加权	摊薄	加权
主营业务利润	464,078,596.26	48.67	55.28	1.934	1.934
营业利润	206,715,575.14	21.68	24.62	0.861	0.861
净利润	146,648,474.92	15.38	17.47	0.611	0.611
扣除非经常性损益后的净利润	146,451,625.37	15.36	17.45	0.610	0.610

三、股东情况介绍

1、报告期末股东总数为 33186 户。
2、主要股东持股情况

名次	股东名称	年末持股数(股)	占总股本比例%	持股性质
1	中国北京同仁堂集团公司	180,000,000	75.00	国有法人股
2	兴华基金	5,428,600	2.26	社会公众股
3	程瑞兰	1,103,740	0.46	社会公众股
4	中慧良	868,980	0.36	社会公众股
5	天润化工	861,310	0.36	社会公众股
6	中经信托	642,090	0.27	社会公众股
7	徐晓香	557,400	0.23	社会公众股
8	众富服装	468,800	0.20	社会公众股
9	中国经济	459,900	0.19	社会公众股
10	王茜	455,847	0.19	社会公众股

报告期内持有本公司 5%以上股份股东所持股份无质押或冻结情况。

湖北多佳股份有限公司

二○○○年年度报告摘选

一、公司简介

(一)公司法定中英文名称及缩写
1、中文名称:湖北多佳股份有限公司
2、英文名称:HUBEI DUOJIA COMPANY LIMITIED
3、英文名称缩写:DUOJIA
(二)公司法定代表人:杨立康先生
(三)公司董事会秘书姓名、联系地址、电话、传真、电子信箱。
1、董事会秘书:陈瑞锋先生
2、联系地址:湖北省鄂州市凤凰北路 71 号
3、联系电话:0711-3853001
4、传　　真:0711-3853712
5、电子信箱:djrfchen@163.net
(四)公司注册地址、办公地址、邮政编码、互联网网址及电子信箱。
1、公司注册地址:湖北省鄂州市武昌大道 298 号
2、公司办公地址:湖北省鄂州市凤凰北路 71 号
3、邮政编码:436000
4、公司国际互联网网址:http://www.duojia.com
5、电子信箱:duojia@public.ez.hb.cn
(五)公司选定的信息披露报纸名称,登载公司年度报告的中国证监会指定国际互联网网址,公司年度报告备置地点:
1、信息披露报纸名称:《中国证券报》、《上海证券报》
2、证监会指定的国际互联网网址:http://www.sse.com.cn
3、年度报告备置地点:公司证券部
(六)公司股票上市交易所、股票简称和股票代码
1、上市交易所:上海证券交易所
2、股票简称:多佳股份　　　股票代码:600086

二、会计数据和业务数据

(一)利润情况　　(单位:元)

项目	2000 年度
1. 利润总额	39,692,391.63
2. 净利润	31,954,032.95
3. 扣除非经常性损益后的净利润	32,265,862.80
4. 主营业务利润	67,526,300.75
5. 其他业务利润	1,100,362.86
6. 营业利润	34,008,480.96
7. 投资收益	5,995,740.52
8. 营业外收支净额	-311,829.85
9. 经营活动产生的现金流量净额	-38,879,381.76
10. 现金及现金等价物净增加额	14,655,739.80

注:非经常性损益项目和涉及金额:311,829.85 元。其中:
1. 营业外收入 85,488.49 元;
2. 营业外支出 397,318.34 元.

(二)主要会计数据和财务指标　　(单位:元)

序号	项目	2000.12.31	1999.12.31	1998.12.31	
				调整前	调整后
1.	主营业务收入	285,729,977.35	251,580,182.34	284,017,288	284,017,288
2.	净利润	31,954,032.95	35,356,634.74	70,700,583.26	65,814,681.23
3.	总资产	773,286,708.70	552,560,279.46	544,972,664.78	531,858,577.12
4.	股东权益(不含少数股东权益)	511,545,384.00	404,718,115.57	377,103,859.08	369,361,480.83
5.	每股收益(摊薄)	0.145	0.169	0.6096	0.568
6.	每股收益(加权)	0.147	0.169	0.6096	0.568
7.	扣除非经常性损益后的每股收益(摊薄)	0.146	0.169	0.5778	0.560
8.	扣除非经常性损益后的每股收益(加权)	0.148	0.169	0.5778	0.560
9.	每股净资产	2.323	1.939	3.252	3.185
10.	调整后的每股净资产	2.310	1.922	3.206	3.153
11.	每股经营活动产生的现金流量净额	-0.177	0.213	0.1299	0.130
12.	净资产收益率(%)(摊薄)	6.25	8.74	18.75	17.82
13.	净资产收益率(%)(加权)	6.65	9.03	19.22	18.10

(三)利润分配表附表

报告期利润	净资产收益率		每股收益	
	全面摊薄	加权平均	全面摊薄	加权平均
主营业务利润	13.20%	13.54%	0.307	0.311
营业利润	6.65%	7.06%	0.154	0.156
净利润	6.25%	6.65%	0.145	0.147
扣除非经常性损益后的利润	6.31%	6.71%	0.146	0.148

三、股本变动及股东情况

(一)股本变动情况

数量单位:股

	本次变动前	本次变动增减(+、-)						本次变动后
		配股	送股	公积金转股	增发	其他	小计	
一、尚未流通股份								
1、发起人股份	140,038,470							140,038,470
境内法人持有股份	140,038,470							140,038,470
2、内部职工股	14,689,350	2,448,225				-17,137,575		0
尚未流通股份合计	154,727,820	2,448,225				-17,137,575		140,038,470
二、已流通股份								
1、人民币普通股	54,000,000	9,000,000				17,137,575	26,137,575	80,137,575
已流通股份合计	54,000,000	9,000,000				17,137,575	26,137,575	80,137,575
三、股份总数	208,727,820	11,448,225				0	11,448,225	220,176,045

南京水运实业股份有限公司

二〇〇〇年年度报告摘选

一、公司简介

1、公司法定名称:

中文:南京水运实业股份有限公司

英文:NANJING WATER TRANSPORT INDUSTRY CO.,LTD.

英文缩写:NWTI

2、公司法定代表人:李宗琦先生

3、公司董事会秘书:曾善柱先生

联系地址:南京市中山北路241号江苏华侨大厦十楼

联系电话:025-3720378

联系传真:025-3709524

电子信箱:zengshanzhu@990.net

4、公司注册地址:南京经济技术开发区

公司办公地址:南京市中山北路241号江苏华侨大厦十楼

邮政编码:210009

公司电子信箱:nwti@public1.ptt.js.cn

5、公司选定的信息披露报纸:《中国证券报》、《上海证券报》

登载公司年度报告的中国证监会指定国际互联网网址:

http://www.sse.com.cn

公司年度报告备置地点:公司证券部

6、公司股票上市交易所:上海证券交易所

股票简称:南京水运

股票代码:600087

二、会计数据和业务数据摘要

1、本年度主要利润指标情况(单位:元)

利润总额	136,134,392.93
净利润	115,766,260.44
扣除非经常性损益后的净利润	115,770,113.71
主营业务利润	140,247,091.12
其他业务利润	1,266,817.43
营业利润	118,428,356.39
投资收益	18,143,913.80
营业外收支净额	-437,877.26
经营活动产生的现金流量净额	196,292,402.74
现金及现金等价物净增加额	2,230,520.94
注:扣除的非经常性损益项目和涉及金额:	
处理固定资产损失	4,533.26

2、近三年主要会计数据和财务指标(单位:元)

序号	指标项目	2000年	1999年	1998年	
				调整后	调整前
1	主营业务收入	522,986,400.95	357,344,875.83	304,616,935.58	304,616,935.58
2	净利润	115,766,260.44	76,958,752.72	55,900,790.81	56,527,757.72
3	总资产	957,489,128.95	861,587,345.43	653,589,253.51	655,525,544.46
4	股东权益	804,946,432.79	760,977,093.95	550,589,435.23	552,525,726.18
5	每股收益	0.484	0.515	0.448	0.453
6	每股收益(加权)	0.484	0.622	0.448	0.453
7	扣除非经常性损益后的每股收益	0.484	0.515	0.448	0.453
8	每股净资产	3.36	5.09	4.41	4.43
9	调整后的每股净资产	3.27	4.94	4.35	4.36
10	每股经营活动产生的现金流量净额	0.82	0.97	1.04	1.04
11	净资产收益率(%)	14.38	10.11	10.15	10.23

三、股东情况介绍

1、报告期末股东总数15976户。

2、前10名股东持股情况

股东名称	年末持股数(股)	占总股本比例(%)
(1)南京长江油运公司	99,083,712	41.40
(2)中国工商银行重庆市分行	5,760,000	2.41
(3)中国石化集团长岭炼油化工有限责任公司	5,120,000	2.14
(4)中国石化集团九江石油化工总厂	5,120,000	2.14
(5)中国石化集团安庆石油化工总厂	5,120,000	2.14
(6)中国石化集团武汉石油化工厂	4,160,000	1.74
(7)二坏公司	3,676,339	1.54
(8)中国石化集团荆门石油化工总厂	3,200,000	1.34
(9)中国石化集团金陵石化有限责任公司	3,200,000	1.34
(10)中国石化销售中南公司	3,200,000	1.34

本公司前10名股东中,第7名所持股份为上市流通股份,其余为未上市流通股份。第3至第6名、第8至第10名股东均隶属于中国石油化工集团公司。

南京长江油运公司系唯一持股5%以上的法人股东,其所持本公司的股份本年度因资本公积金转增股本增加3715.6392万股,未发生质押或冻结情况。

无锡中视影视基地股份有限公司

二〇〇〇年年度报告摘选

一、公司简介

1、公司法定中文全称:无锡中视影视基地股份有限公司
公司英文名称:WUXI CCTV Film & Television Productions Co.,Ltd.
公司英文名称缩写:WUXI CCTV
2、公司法定代表人:吴达审
3、公司董事会秘书:卢芳
公司董事会秘书授权代表:刘锋
联系地址:江苏省无锡市漆塘1号中视股份公司
电　　话:0510-5555168
传　　真:0510-5555168
电子信箱:wuxicctv@public1.wx.js.cn
4、公司注册地址及办公地址:江苏省无锡市漆塘1号
邮　　编:214081
国际互联网网址:http://www.cctvbase.com
电子信箱:cctvbase@public1.wx.js.cn
5、公司指定的信息披露报纸:《中国证券报》和《上海证券报》
登载公司年度报告的中国证监会指定国际互联网网址:http://www.sse.com.cn
公司年度报告备置地点:董事会秘书处
6、股票上市交易所:上海证券交易所
股票简称:中视股份
股票代码:600088

二、会计数据及业务数据摘要

1、本年度主要利润指标情况(单位:人民币元)

利润总额:	30,219,265.21
净利润:	23,867,424.90
扣除非经常性损益后的净利润:	23,139,812.62
主营业务利润:	56,166,618.12
其它业务利润:	3,804,651.62
营业利润:	25,605,207.18
投资收益:	5,539,289.98
补贴收入:	----
营业外收支净额:	-925,231.95
经营活动产生的现金流量净额:	76,549,625.92
现金及现金等价物净增加额:	-87,777,543.85
注:扣除的非经常性损益项目和涉及金额(税后收益)是指:	
(1)投资收益	9,646,071.67
(2)短期投资减值准备	-8,918,459.39

2、截止报告期末公司前三年主要会计数据和财务指标:

(1)主要会计数据及主要主财务指标

单位金额:人民币元

序号	项　目	2000年度	1999年度	1998年度
1	主营业务收入	204,681,114.81	182,332,933.72	169,695,128
2	净利润	23,867,424.90	51,595,676.65	65,355,140
3	总资产	807,277,801.97	815,737,086.11	651,291,198
4	股东权益	714,134,171.61	708,476,746.71	626,805,070
5	每股收益	0.131	0.283	0.389
6	每股收益(加权)	0.131	0.301	0.389
7	扣除非经常性损益后的每股收益	0.127	0.279	0.387
8	每股净资产	3.92	3.89	3.73
9	调整后的每股净资产	3.89	3.84	3.64
10	每股经营活动产生的现金流量净额	0.42	0.367	0.428
11	净资产收益率	3.34%	7.28%	10.43%
12	净资产收益率(加权)	3.36%	8.06%	11%

(2)利润表附表

报告期利润	净资产收益率(%)		每股收益(元/股)	
	全面摊薄	加权平均(ROE)	全面摊薄	加权平均(EPS)
主营业务利润	7.86	7.80	0.308	0.308
营业利润	3.59	3.55	0.141	0.141
净利润	3.34	3.31	0.131	0.131
扣除非经营性损益后的净利润	3.24	3.21	0.127	0.127

3、报告期内股东权益变动情况

单位金额:人民币元

项目	股本	资本公积	盈余公积	其中法定公益金	未分配利润	股东权益合计
期初数	182,100,000	467,166,209.48	44,073,634.32	17,629,453.73	15,136,902.91	708,476,746.71
本期增加	0	0	5,966,856.22	2,386,742.49	23,867,424.90	29,834,281.12
本期减少	0	0	0	0	24,176,856.22	24,176,856.22
期末数	182,100,000	467,166,209.48	50,040,490.54	20,016,196.22	14,827,471.59	714,134,171.61
变动原因			按本期利润提取	按本期利润提取	本期实现净利润及提取盈余公积金、公益金、派发现金红利	本期实现的净利润及提取盈余公积金、公益金、派发现金红利

三、股东情况介绍

1、报告期末股东总数为8501户。

2、持有本公司5%以上(含5%)股份的股东情况:无锡太湖影视城持有本公司116100000股,占总股本63.76%。报告期内其股权未作任何质押或冻结。

3、公司前10名股东持股情况:

序号	股东名称	年末持股数(股)	占总股本比例(%)
1	无锡太湖影视城	116100000	63.76
2	中国国际电视总公司	1800000	0.99
3	北京中电高科技电视发展公司	1800000	0.99
4	北京未来广告公司	1800000	0.99
5	武汉控股	827856	0.45
6	开元基金	702500	0.39
7	吴海生	629500	0.35
8	北京荧屏出租汽车公司	600000	0.33
9	海南远翔	579804	0.32
10	龚在林	572631	0.31

新疆特变电工股份有限公司

二〇〇〇年年度报告摘选

一、公司简介

1、公司法定中文名称:新疆特变电工股份有限公司
公司法定英文名称:XINJIANG TEBIAN ELECTRIC APPARATUS STOCK CO. LTD
英文缩写:TBEA
2、公司法定代表人:张新
3、公司董事会秘书:郭俊香
联系地址:新疆昌吉市延安南路 52 号
电　　话:0994-2724766　　0994-2723231 转 3140
传　　真:0994-2724766
电子信箱:guojunxiang@tbea.com
4、公司注册地址:新疆昌吉市延安南路 52 号
公司办公地址:新疆昌吉市延安南路 52 号
邮　　编:831100
公司国际互联网网址:http://www.tbea.com.cn
公司电子信箱:tbea—cj@mail.xj.cninfo.net
5、公司选定的信息披露报纸:上海证券报、中国证券报
中国证监会指定国际互联网网址:http://www.sse.com.cn
公司年度报告备置地点:本公司证券部
6、公司股票上市交易所:上海证券交易所
股票简称:特变电工　　股票代码:600089

二、会计数据和业务数据摘要

1、公司二〇〇〇年度财务数据

利润总额:	102,244,936.75 元
净利润:	93,150,864.48 元
扣除非经常性损益后的净利润:	93,356,906.27 元
主营业务利润:	182,967,868.25 元
其他业务利润:	5,918,960.75 元
营业利润:	82,496,373.75 元
投资收益:	18,591,048.43 元
补贴收入:	0.00 元
营业外收支净额:	768,317.04 元
经营活动产生的现金流量净额:	11,258,251.90 元
现金及现金等价物净增加额:	137,439,269.78 元
扣除非经常性收益涉及的项目、金额如下所示:	
(1)处理固定资产收益:	122,166.04 元
(2)处理固定资产损失:	329,102.68 元
(3)长期股权投资差额摊销:	894.85 元

2、截至报告期末公司前三年的主要会计数据和财务指标　　(单位:元)

	2000 年	1999 年	1998 年(调整后)
主营业务收入	996,847,243.42	633,943,344.50	457,977,145.65
净利润	93,150,864.48	90,788,970.59	46,712,886.87
总资产	1,817,005,607.52	1,267,584,822.32	894,069,685.78
股东权益	819,953,523.37	520,101,037.94	429,322,067.35
每股收益(摊薄)	0.36	0.608	0.3129
每股收益(加权)	0.3738	0.608	0.5234
每股净资产	3.1599	3.4833	2.875
调整后的每股净资产	3.0797	3.41	2.76
每股经营活动产生的现金流量净额	0.043	0.246	-0.17
净资产收益率%	11.36	17.45	10.88

3、根据中国证监会《公开发行证券公司信息披露编报规则第 9 号》计算的净资产收益率的每股收益:

报告期利润	净资产收益率		每股收益	
	全面摊薄	加权平均	全面摊薄	加权平均
主营业务利润	22.31	26.60	0.71	0.73
营业利润	10.06	12.00	0.32	0.33
净利润	11.36	13.54	0.36	0.37
扣除非经营性损益后的净利润	11.39	13.57	0.36	0.37

计算公式如下:
(1)全面摊薄净资产收益率=报告利润/期末净资产
(2)全面摊薄每股收益=报告期利润/期末股份总数
(3)加权平均净资产收益率(ROE)的计算公式:
ROE=报告期利润/{期初净资产+报告期净利润/2+报告期发行新股或债转股等新增净资产×新增净资产下一月份起至报告期期末的月份数/报告期月份数-报告期回购或现金分红等减少净资产×减少股份下一月份起至报告期期末的月份数/报告期月份数}
(4)加权平均每股收益(ESP)的计算公式:
EPS=报告期利润/{期初股份总数+报告期因公积金转增股本或股票股利分配等增加股份数+报告期因发行新股或债转股等增加股份数×增加股份下一月份起至报告期期末的月份数/报告期月份数-报告期回购或缩股等减少股份数×减少股份下一月份起至报告期期末的月份数/报告期月份数}

三、股东情况

1、报告期末股东总数:公司股东总数为 96612 户。
2、公司前十名股东持股情况　　(单位:股)

股东名称	年初持股数	送股	转增	配股	其他	年末持股数
1 昌吉市特种变压器厂	38640000	6848000	13696000	0	-4400000	54784000
2 昌吉电力实业总公司	10592000	2118400	4236800	0		16947200
3 自治区技改投资公司	9225760	1845152	3690304	0		14761216
4 上海邦联创业投资有限公司	8000000	1600000	3200000	0		12800000
5 中信国安工贸集团	4000000	800000	1600000	0		6400000
6 自治区投资公司	3186400	1517280	3034560	0	+4400000	12138240
7 西安电力机械制造公司	2579200	515840	1031680	0		4126720
8 巴州自力工贸有限公司	1600000	320000	640000	0		2560000
9 独山子石化天利集团公司	1600000	320000	640000	0	-1280000	1280000
10 独山子天利高新股份有限公司	0	0	0	0	+1280000	1280000

新疆啤酒花股份有限公司

二〇〇〇年年度报告摘选

一、公司简介

1、公司的法定中、英文名称及缩写。
中文全称:新疆啤酒花股份有限公司
英文全称:XIN JIANG HOPS Co.,Ltd
2、公司法定代表人:艾克拉木·艾沙由夫
3、公司董事会秘书:舒群
董事会证券事务代表:谷国栋
联系地址:新疆乌鲁木齐市解放北路 17 号
电　　话:(0991)2825373
传　　真:(0991)2833517
电子信箱:sq-yl@sohu.com
4、公司注册地址:乌鲁木齐市解放北路 17 号酒花大厦
公司办公地址:乌鲁木齐市解放北路 17 号酒花大厦
邮　　编:830002
公司国际互联网网址:http://www.hops.com.cn
电子信箱:hopscom@mail.wl.xj.cn
5、公司选定的信息披露报纸:《中国证券报》、《上海证券报》
登载公司年度报告的中国证监会指事实上国际互联网网址:http://www.sse.com.cn
公司年度报告备置地点:公司董事会秘书处
6、公司股票上市交易所:上海证券交易所
股票简称:啤酒花　　股票代码:600090

二、会计数据和业务数据摘要

1、公司本年度主要会计数据(单位:人民币元)

利润总额	99,349,324.34
净利润	93,571,714.07
扣除非经常性损益后的净利利润	90,181,270.93
主营业务利润	134,186,814.49
其他业务利润	12,562,559.49
营业利润	95,933,931.20
投资收益	24,950.00
补贴收入	540,465.88
营业外收支净额	2,849,977.26
经营活动产生的现金流量净额	56,376,148.31
现金及现金等价物净增加额	165,517,762.54

注:扣除的非经常性损益后的净利润指扣除补贴收入 540,465.88 元和营业外收支净额 2,849,977.26 元后的净利润。

2、报告期末前三年的主要会计数据和财务指标:(合并报表)

指标项目	2000 年度	1999 年度	1998 年度	
			调整前	调整后
主营业务收入	615,741,108.35	277,900,761.46	196,527,870.65	196,527,870.65
净利润	93,571,714.07	36,802,379.83	27,847,322.34	23,117,668.74
总资产	1,171,418,159.78	618,514,649.38	523,985,880.24	519,256,226.64
股东权益(不含少数股东权益)	494,461,193.23	283,838,316.53	264,206,516.36	259,476,862.76
每股收益(摊薄)	0.41	0.29	0.22	0.18
加权平均每股收益	0.41	0.29	0.22	0.18
扣除非经常性损益的每股收益(摊薄)	0.39	0.28	0.21	0.17
扣除非经常性损益的每股收益(加权)	0.40			
每股净资产	2.15	2.26	2.06	2.03
调整后的每股净资产	2.03	2.14	2.00	1.94
每股经营活动产生的现金流量净额				
净资产收益率(摊薄)	18.92%			
净资产收益率(加权)	21.84%			

报告期利润	净资产收益率		每股收益	
	全面摊薄	加权平均	全面摊薄	加权平均
主营业务利润	27.14%	31.32%	0.58	0.59
营业利润	19.40%	22.39%	0.42	0.42
净利润	18.92%	21.84%	0.41	0.41
扣除非经常性损益后的净利润	18.24%	21.05%	0.39	0.40

3、报告期内股东权益变动情况。　　单位:人民币元

项目	股本	资本公积	盈余公积	法定公益金	未分配利润	股东权益合计
期初数	128000000	66240769.11	56197527.79	15707757.70	31081579.82	281519876.72
本期增加	101947904	117828769.14	56719902.02	15877243.02	93571714.07	370068289.23
本期减少	0	64672848	5553560.30	5553560.30	86900564.42	157126972.72
期末数	229947904	119396690.25	107363869.51	26031440.42	37752729.47	494461193.23
变动原因	送、转、配股	配股致增、转增致减	计提致增、福利补贴致减	计提致增、福利补贴致减	实现利润致增、计提、分配致减	

三、股东情况介绍

(1)报告期末股东总数 9668 户。
(2)前 10 名股东执股情况:

单位名称	期初数(万股)	本年变动增减(+、-)	期末数(万股)	比例(%)
新疆恒源投资有限责任公司	3824.00	2294.40	6118.40	26.61
新疆轻工业供销总公司	2800.00	1680	4480.00	19.48
深圳市卢堡工贸有限公司	320.24	192.144	512.384	2.23
深圳祥源印刷包装有限公司	242.88	145.728	388.608	1.69
云庆公司	0	276.8486	276.8486	1.20
方坤商贸	0	274.1178	274.1178	1.19
新疆证券登记公司	161.52	7.7216	169.2416	0.74
宋红柳	0	58.408	58.408	0.25
和硕清水河农场供销公司	36.48	21.888	58.368	0.25
顾逸臻	0	43.38	43.38	0.18

包头明天科技股份有限公司

二〇〇〇年年度报告摘选

一、公司简介

1. 公司法定名称:
中文名称:包头明天科技股份有限公司
英文名称:BAOTOU TOMORROW TECHNOLOGY CO.,LTD
英文缩写:BTTT
2. 公司法定代表人:肖建华
3. 公司董事会秘书:关明
授权代表:王宇锋
联系地址:包头明天科技股份有限公司证券部
电　话:0472-5980192
传　真:0472-5980275
电子信箱:zjb2@tomotech.com
4. 公司注册地址:包头稀土高新技术产业开发区新建区稀土南路
办公地址:包头火车站南二公里包头明天科技股份有限公司办公楼
邮　编:014013
国际互联网网址:www.tomotech.com
电子信箱:maser@tomotech.com
5. 公司选定的信息披露报刊为:《中国证券报》、《上海证券报》
刊登公司年度报告的中国证监会指定国际互联网网址:www.sse.com.cn
公司年度报告备置地点:包头明天科技股份有限公司证券部
6. 公司股票上市交易所:上海证券交易所
股票简称:明天科技
股票代码:600091

二、会计数据和业务数据摘要

1、会计数据和业务数据

公司本年度实现利润总额97956202.01元,净利润85630063.61元,扣除非经常性损益后的净利润85630063.61元,主营业务利润144513509.00元,其他业务利润8072285.58元,营业利润101218766.75元,投资收益-2053851.51元,补贴收入0元,营业外收支净额-1208713.23元,经营活动产生的现金流量净额68921923.52元,现金及现金等价物净增加额-276598058.34元。

2、公司前三年主要会计数据和财务指标

序号	项目	2000年	1999年	1998年	
				调整前	调整后
1	主营业务收入(万元)	78591.60	58208.45	25189.75	25189.75
2	净利润(万元)	8563.01	6675.98	5170.39	5258.21
3	总资产(万元)	112931.94	115166.16	71805.66	70398.52
4	股东权益(万元)	76952.58	75658.31	37017.74	35668.83
5	每股收益(摊薄)(元/股)	0.38	0.25	0.255	0.26
	每股收益(加权)(元/股)	0.38	0.33	0.279	0.283
	扣除非经常损益后的每股收益(元/股)	0.38	0.205	0.191	0.195
6	每股净资产(摊薄)(元/股)	3.40	3.34	1.83	1.76
	每股净资产(加权)(元/股)	3.40	3.34	1.83	1.76
7	调整后每股净资产(元/股)	3.38	3.33	1.82	1.76
8	每股经营活动产生的理金流量净额(元/股)	0.29	0.02	0.25	0.25
9	净资产收益率(摊薄)(%)	11.13	8.82	13.97	14.74

3.按照中国证监会《公开发行证券公司信息披露编报规则(第9号)》要求计算2000年报告期利润的净资产收益率和每股收益如下:

报告期利润	净资产收益率(%)		每股收益(元)	
	全面摊薄	加权平均	全面摊薄	加权平均
主营业务利润	18.78	18.08	0.64	0.64
营业利润	13.15	12.66	0.45	0.45
净利润	11.13	10.71	0.38	0.38

4、报告期内股东权益变动情况　单位:万元

项目	股本	资本公积	盈余公积	其中:法定公益金	未分配利润	股东权益合计
期初数	22652.6	39126.58	2081.87	693.96	11797.26	75658.31
本期增加			2086.34	695.44	8563.01	10649.35
本期减少					9355.08	9355.08
期末数	22652.6	39126.58	4168.21	1389.40	11005.19	76952.58

变动原因:

1.盈余公积增加2086.34万元是2000年净利润按10%比例提取法定盈余公积金,按5%的比例提取法定公益金。

2.未分配利润增加8563.01万元是由于本年度净利润增加,减少未分配利润9355.08万元,主要是:

(1)本年度提取盈余公积金2086.34万元;

(2)根据财政部财企(2000)295号文件规定,用期初未分配利润处理住房周转金余额2738.22万元;

(3)根据本公司董事会利润分配预案:按每10股派发现金2.00元(含税),金额4530.52万元。

三、股东情况介绍

1、本年度末本公司股东总数为66891户。

2、本公司前10名大股东持股情况

名次	名称	持股数(股)	持股比例
1	包头北大明天资源科技有限公司	130326000	57.53%
2	甘肃泰兴	559400	0.25%
3	王书军	249692	0.11%
4	蔡汉虎	209520	0.09%
5	何兴元	182270	0.08%
6	张娴茹	177224	0.08%
7	刘书兰	169470	0.07%
8	吴微芬	168673	0.07%
9	梅国红	151421	0.06%
10	钱荣光	150660	0.06%

陕西精密合金股份有限公司

二〇〇〇年年度报告摘选

一、公司简介

(一)公司法定中文名称:陕西精密合金股份有限公司
公司法定英文名称:SHAANXI PRECISION ALLOY CO,LTD
公司英文名称缩写:PREC
(二)公司法定代表人:宫著铭
(三)公司董事会秘书:葛熙富
联系地址:西安市莲湖区枣园东路2号
联系电话:(029)4610536
联系传真:(029)4620414
(四)公司注册地址:西安高新技术产业开发区高新一路19号
公司办公地址:西安市莲湖区枣园东路2号
邮政编码:710077
公司国际互联网网址:http://www.jmgf.com.cn
公司电子信箱:E-mail:jmgf@sein.sxgb.com.cn
(五)公司选定的信息披露报纸:《中国证券报》、《上海证券报》
公司年度报告备置地点:西安市莲湖区枣园东路2号陕西精密合金股份有 限公司证券事务管理部
证监会指定的公司刊登年度报告的国际互联网网址:http://www.sse.com.cn;
(六)公司股票上市交易所:上海证券交易所
股票简称:精密股份
股票代码:600092

二、会计数据和业务数据摘要

(一)本年度实现利润指标及主要现金流量指标

项目	金额(单位:元)
利润总额	60,240,055.90
净利润	51,451,925.83
扣除非经常性损益后的净利润	50,300,250.43
主营业务利润	57,408,606.61
其他业务利润	303,808.66
营业利润	45,623,183.75
投资收益	14,616,992.27
补贴收入	
营业外收支净额	-120.12
经营活动中产生的现金流量净额	75,577,503.34
现金及现金等价物净增加额	328,137,882.92

注:"扣除非经常性损益后的净利润"一栏中扣除的项目为:转让所持北京恒德方科技发展有限公司股权收益,涉及金额1,151,675.40元。

(二)前三年主要会计数据和财务指标(单位:元)

项目	2000年	1999年	1998年	
			调整前	调整后
主营业务收入(元)	125,416,081.19	172068273.78	165571581.62	165571581.62
净利润(元)	51,451,925.83	59589386.19	63368150.15	61622272.57
总资产(元)	962,936,379.45	657041245.83	574004093.75	568020943.08
股东权益(元)(不含少数股东权益)	702,532,038.13	425955352.30	372236735.14	366365966.11
每股收益(元/股)(摊薄)	0.1970	0.2509	0.4002	0.3892
加权平均每股收益(元/股)	0.1985	0.2509	0.4002	0.3892
扣除非经营性损益后的每股收益(元/股)	0.1926	0.2421	0.4002	0.3892
每股净资产(元/股)	2.69	1.79	2.35	2.31
调整后的每股净资产(元/股)	2.69	1.79	2.35	2.31
每股经营活动中产生的现金流量净额(元/股)	0.2894	-0.4154	-0.1020	-0.1020
净资产收益率(%)	7.32	13.99	17.02	16.82
加权平均净资产收益率(%)	8.09	13.99	17.02	16.82

新增财务计算指标:

报告期利润	净资产收益率(%)		每股收益(元)	
	全面摊薄	加权平均	全面摊薄	加权平均
主营业务利润	8.10	8.68	0.2198	0.2215
营业利润	6.55	6.96	0.1747	0.1760
净利润	7.32	8.09	0.1970	0.1985
扣除非经常性损益后的净利润	7.17	7.65	0.1926	0.1940

(三)报告期内股东权益变动情况

(单位:万元)

项　目	股　本	资本公积	法定盈余公积	法定公益金	未分配利润	合　计
期初数	23751	5,042.27	2,080.25	1,046.98	10,675.04	42,595.54
本期增加	2368.62	20,143.86	514.51	257.26	4,373.41	27,657.66
本期减少						
期末数	26119.62	25,186.13	2,594.76	1,304.24	15,048.45	70,253.20

三、股东情况介绍

1、报告期末股东总数:98607户

2、前十名股东持股情况

序号	股东名称	年末持股数(股)	占总股本比例%
1、	深圳市天华电力投资有限公司	76653000	29.34
2、	上海涌金实业有限公司	5350000	2.07
3、	新疆乌鲁木齐将军制锁厂	4503449	1.72
4、	华星企业	3060000	1.17
5、	西安国际信托投资公司证券部	2700000	1.03
6、	深业集团(深圳)物业管理公司	2700000	1.03
7、	西北信托	1800000	0.69
8、	深圳市市政工程公司	1800000	0.69
9、	南通市通银经贸公司	1800000	0.69
10、	河北中兴科技开发总公司	1800000	0.69

四川禾嘉股份有限公司

二〇〇〇年年度报告摘选

一、公司简介

(一)公司法定中、英文名称

1、中文名称:四川禾嘉股份有限公司

2、英文名称:SICHUAN HEJIA CO., LTD.

(二)、公司法定代表人:夏朝嘉

(三)、公司董事会秘书、联系地址、电话、传真

1、董事会秘书:樊平

2、联系地址:四川省成都市高新技术开发区高朋东路 14 号

3、电　　话:(028)5155498

4、传　　真:(028)5155498

(四)、公司注册地址、办公地址、邮政编码、国际互联网址及电子信箱

1、公司注册地址:四川省成都市高新技术开发区

2、公司办公地址:四呼省成都市高新技术开发区高朋东路 14 号

3、邮政编码:610041

4、公司国际互联网址:http://www.hejia.com

5、公司电子信箱:E－mail:hjego@mail.sc.cninfo.net

E－mail:hejia@hejia.com

(五)、公司选定的信息披露报纸名称,登载公司年度报告的中国证监会指定国际互联网网址

1、信息披露报纸名称:《上海证券报》、《中国证券报》

2、证监会指定的国际互联网网址:http://www.sse.com.cn

(六)、公司股票上市地、股票简称和股票代码

1、公司股票上市地:上海证券交易所

2、股票简称:禾嘉股份

3、股票代码:600093

二、会计数据和业务数据

(一)本年度的效益情况:

项目	金额
1、利润总额	24,551,640.29
2、净利润	22,165,355.01
3、扣除非经常性损益后的净利润	18,576,550.43
4、主营业务利润	60,099,377.60
5、营业利润	16,905,074.03
6、投资收益	4,057,761.68
7、补贴收入	2,270,000.00
8、营业外收支净额	1,318,804.58
10 经营活动产生的现金流量净额	－23,875,748.77
11 现金及现金等价物净增加额	－852,394.96

(二)前三年主要会计数据和财务指标(单位:元)

序号	项目	2000 年	1999 年	1998 年 调整后	1998 年 调整前
1	主营业务收入	175566642.06	193989546.94	159811388.67	159811388.67
2	净利润	22165355.01	29320372.85	42098371.02	47400874.82
3	总资产	721839352.47	681471612.77	399023605.91	388429058.97
4	股东权益	367336984.18	351064677.80	332229463.68	321744304.95
5	每股收益	0.17	0.23	0.33	0.37
6	每股收益(加权平均)	0.17	0.23		
7	每股收益(扣除非经常性损益)	0.15	0.18		
8	每股净资产	2.88	2.75	2.61	2.52
9	调整后的每股净资产	1.48	1.25	2.53	2.52
10	每股经营活动产生的现金流量净额	－0.19	0.75	0.18	
11	净资产收益率(%)	6.03	8.35	12.67	14.70

注:按照中国证监会《公开发行证券公司信息披露编报规则(第 9 号)》要求计算的利润数据:

报告期利润	净资产收益率 全面摊薄	净资产收益率 加权平均	每股收益 全面摊薄	每股收益 加权平均
主营业务利润	16.36%	16.57%	0.471	0.471
营业利润	4.60%	4.66%	0.133	0.133
净利润	6.03%	6.11%	0.174	0.174
扣除非经常性损益后的净利润	5.06%	5.12%	0.146	0.146

三、股东情况

(一)本公司报告期末股东总数为 33489 户,其中法人股股东 5 户。

(二)前 10 名股东持股情况表(单位:万股)

序号	持股者单位或姓名	期初持股数	期末持股数	占总股本比重(%)	持股性质
1	四川禾嘉实业集团有限公司	6640.2	6640.2	52.08	法人股
2	成都市武侯区百花洲水上世界	336.6	336.6	2.64	法人股
3	四川禾嘉房地产开发公司	336.6	336.6	2.64	法人股
4	北海海利实业公司	168.3	168.3	1.32	法人股
5	四川星火食品研究院	168.3	168.3	1.32	法人股
6	基金泰和		100	0.784	流通股
7	刘正华		39.1	0.31	流通股
8	长城证券		24.9	0.2	流通股
9	鑫达钢材		24	0.19	流通股
10	叶强		23.5	0.18	流通股

在以上股东中,四川禾嘉实业集团有限公司是本公司第一大股东,持有股份 6640.2 股,占公司总股本的比例 52.08%,其中有 3500 万股用于质押贷款并已经公告。

上海华源股份有限公司

二〇〇〇年年度报告摘选

一、公司简介

1.公司法定中文名称:上海华源股份有限公司
公司法定英文名称:SHANGHAI WORLDBEST CO., LTD
2.公司法定代表人:吴云生
3.公司董事会秘书:张乐生
联系地址:上海浦东陆家嘴东路 161 号招商局大厦 31 楼
电　　话:021－58793938(总机)021－55823020(直线)
传　　真:021－58825887
电子信箱:swc07@soim.net
4.公司注册地址:上海市浦东陆家嘴路 66 号招商局大厦 31 楼
公司办公地址:上海市浦东陆家嘴东路 161 号招商局大厦 31 楼
邮政编码:200120
公司国际互联网址:http://www.worldbest.sh.cn
电子信箱:shhygf@online.sh.cn
5.公司选定的信息披露报纸名称:《上海证券报》、《中国证券报》、《香港文汇报》
登载公司年度报告的中国证监会指定国际互联网网址:http://www.sse.com.cn
公司年度报告备置地点:公司总经理办公室
6.公司股票上市交易所:上海证券交易所
股票简称和股票代码:
华源股份 600094　　华源 B 股 900940

二、会计数据和业务数据摘要

1.公司本年度实现利润情况　(单位:元)

项目	金额
(1)利润总额:	185,133,462.70
(2)净利润:	122,348,377.39
(3)扣除非经常性损益后的净利润:	101,384,077.39
(4)主营业务利润:	278,353,812.26
(5)其他业务利润:	19,029,831.51
(6)营业利润:	128,686,037.31
(7)投资收益:	30,269,113.10
(8)补贴收入:	25,749,974.68
(9)营业外收支净额:	428,337.61
(10)经营活动产生的现金流量净额:	204,511,094.64
(11)现金及现金等价物净增加额:	－43,065,796.60

注:扣除的非经常性损益项目和涉及金额为:获得政府补贴收入所得净利润 20,145,000.00 元,获得财政补贴收入所得净利润 819,300.00 元。

实现净利润按中国会计师准则审计为 12,234.8 万元,按国际会计准则审计为 8550.5 万元,具体差异如下:

	净利润(人民币千元)
根据中国会计准则列报:	122,348
国际会计准则调整:	
1.存货跌价准备差异	(2,849)
2.固定资产折旧差异	(2,872)
3.职工奖励及福利基金	(7,566)
4.政府补贴的会计处理差异	(23,700)
5.其他	144
按国际会计准则列报:	85,505

2.公司前三年主要会计数据和财务指标　(单位:元)

指标项目	2000 年	1999 年	1998 年 调整前	1998 年 调整后
主营业务收入	1,474,490,235.42	987,622,833.29	483,511,231.01	483,511,231.01
净利润	122,348,377.39	96,302,192.19	58,766,378.90	46,139,291.34
总资产	3,267,549,246.49	2,408,227,268.30	1,651,016,500.83	1,618,488,046.04
股东权益(不含少数股东权益)	1,425,779,452.79	808,764,021.61	776,536,567.28	744,532,340.72
每股收益 全面摊薄	0.25	0.34	0.21	0.16
每股收益 加权平均	0.27	0.34	0.21	0.16
扣除非经常损益后的每股收益	0.21	0.27	/	/
每股净资产(元/股)	2.90	2.83	2.71	2.60
调整后每股净资产(元/股)	2.81	2.76	2.69	2.58
每股经营活动产生的现金流量净额	0.42	0.27	0.26	0.26
净资产收益率(%)				
全面摊薄	8.58	11.91	7.57	6.20
加权平均	12.14	12.40	7.71	6.27

按公开发行证券公司信息披露编报规则第九号计算的净资产收益率和每股收益:

报告期利润	净资产收益(%) 全面摊薄	净资产收益(%) 加权平均	每股收益(元) 全面摊薄	每股收益(元) 加权平均
主营业务利润	19.52	27.62	0.57	0.63
营业利润	9.03	12.77	0.26	0.29
净利润	8.58	12.14	0.25	0.27
扣除非经常性损益后的净利润	7.11	10.06	0.21	0.23

注:2000 年指标按总股本 49175.4 万股计算,99 年、98 年指标按 28623.6 万股计算。

三、股东情况介绍

1.报告期末股东总数为 66790 户,其中境内上市外资股股东 8032 户,境内上市人民币普通股股东 58938 户。

2.前十名股东持股情况

股东名称	年初持股数(万股)	年末持股数(万股)	占总股本(%)	持股类别	质押或冻结
1 常州华源化学纤维有限公司	5324.4	7986.6	16.24	法人股	
2 中国华源集团有限公司	1941.6	7506.6	15.26	法人股	
3 锡山市长苑丝织厂	676.8	1015.2	2.06	法人股	质押
4 江苏秋艳(集团)公司	618	927	1.89	法人股	
5 SCBHK A/C BANK OF NEW YORK S/A CMG CH CHINA INVESTMENTS LIMTED		250.18	0.51	B股	
6 HSBC(NOMS)LTD A/C MR KUP PHEK LONG		208.035	0.42	B股	
7 智明企业有限公司		200.00	0.41	B股	
8 HKIT S/A 006－113039－431		196.30	0.40	B股	
9 NAITO SECURITIES CO., LTD		193.105	0.39	B股	
10 姜照柏		181.981	0.37	B股	

哈尔滨高科技(集团)股份有限公司

二〇〇〇年年度报告摘要

一、公司简介

(一)公司名称

中文:哈尔滨高科技(集团)股份有限公司

简称:哈高科

英文:HARBIN HIGH- - TECH (GROUP) LIMITED COMPANY

(二)法定代表人:张　勤

(三)公司信息披露事务人员

董事会秘书:刘海涛

电子信箱:haitao9647@sina.com

联系地址:哈尔滨高新技术产业开发区 26 号楼

联系电话:0451 - 2308164

传 真:0451 - 2301029　　2322839

授权代表:杜 冰

电子信箱:stock@hbhtg.com

联系地址:哈尔滨高新技术产业开发区 26 号楼

联系电话:0451 - 2301029

传 真:0451 - 2301029　　2322839

(四)公司注册地址及办公地址:哈尔滨高新技术产业开发区 26 号楼

邮政编码:150090

网址:http://www.hbhtg.com(国际)

http://www.hbhtg.com.cn(国内)

电子信箱:project@hbhtg.com

(五)公司年报披露指定报刊:上海证券报

公司年报登载的互联网网址:http://www.sse.com.cn

公司年报备置地点:公司董事会秘书处

(六)公司股票上市地:上海证券交易所

股票简称:哈高科

股票代码:600095

二、会计数据和业务数据摘要

(一)公司本年度主要利润情况(单位:人民币元)

利润总额:	29,420,941.53
净利润:	20,473,177.36
扣除非经常性损益后的净利润:	18,843,339.76
主营业务利润:	70,014,530.48
其他业务利润:	9,417,623.50
营业利润:	25,288,966.16
投资收益:	2,502,137.77
补贴收入:	
营业外收支净额:	1,629,837.60
经营活动产生的现金流量净额:	67,228,972.25
现金及现金等价物净增加额:	-15,887,987.47

注:非经常性损益项目

收　入		支　出	
冻结资金利息:	1395220.80	固定资产清理损失:	404413.77
固定资产清理收入:	280021.14	捐款:	78000.00
无法支付款项:	372788.56	滞纳金:	36001.13
其他:	102222.00	其他:	2000.00
合计:	2150252.50	合计:	520414.90

(二)主要会计数据和财务指标(单位:人民币元)

指标项目	2000 年	1999 年	1998 年	1998 年(调整前)
主营业务收入	223,857,560.32	395,069,914.62	295768896.59	306,949,185.70
净利润	20,473,177.36	56,820,279.87	33849564.12	56,426,391.06
总资产	1,646,390,838.45	1,236,650,786.50	810030500.29	928,099,983.64
股东权益(不含少数股东权益)	724,384,978.34	718,691,809.15	469813329.28	506,372,435.79
每股收益	0.078	0.217	0.26	0.43
每股收益(加权平均)	0.078	0.319		
每股净资产	2.77	2.748	3.6	3.895
调整后的每股净资产	2.65	2.52	3.46	
净资产收益率	2.83%	7.919%	7.2%	11.14%
净资产收益率(加权)	2.79%	10.43%	7.48	11.82%

每股经营活动产生的现金流量净额:0.257

净资产收益率和每股收益指标:

	净资产收益率(%)		每股收益(元)	
	全面摊薄	加权平均	全面摊薄	加权平均
主营业务利润	9.67	9.53	0.268	0.268
营业利润	3.49	3.44	0.097	0.097
净利润	2.83	2.79	0.078	0.078
扣除非经常性损益后的净利润	2.60	2.56	0.072	0.072

(三)报告期内股东权益变动情况(单位:人民币元)

项　目	股　本	资本公积	盈余公积	其中:法定公益金	未分配利润	股东权益合计
期初数	261,560,000	359,171,779.02	34,564,823.24	11,089,307.71	63,395,206.89	718,691,809.15
本期增加			4,442,348.36	1,480,782.78	1,250,820.83	5,693,169.19
本期减少						
期末数	261,560,000	359,171,779.02	39,007,171.60	12,570,090.49	64,646,027.72	724,384,978.34

变动原因:

注:1 、盈余公积金增加系公司盈利计提。

2 、法定公益金增加系提取公益金所至。

3 、未分配利润增加系当年实现的利润提取公积金、公益金后转入未分配利润。

4、股东权益增加系公积金,未分配利润增加所至。

三、股东情况介绍

1 、报告期末股东总数为 129815 户

2 、报告期末前十名股东持股情况

股东名称	持有股数(股)	占总股本(%)
哈尔滨高新技术产业开发区房屋建设开发总公司	70569406	26.98
哈尔滨火炬高新技术开发总公司	27507293	10.52
哈尔滨高新技术产业开发区对外贸易公司	12417294	4.75
哈增义	409443	0.16
华夏上证	362476	0.14
刘元珍	290520	0.11
周建中	176400	0.07
兴和基金	148686	0.06
罗容熙	135669	0.05
杨京京	133000	0.05

3 、持股 10%(含 10%)以上法人股东情况

(1)哈尔滨高新技术产业开发区房屋建设开发总公司

法定代表人:刘勇棋

主营业务:承担二十公顷以下的土地开发任务;建筑面积二十万平方米以下的住宅小区开发建设,以及与其能力相当的工业、商业建设项目的开发建设(不得承担技术特别复杂的建设项目);销售本公司开发的商品房;承担市政工程、建筑工程的勘察、设计、施工和配套工程的承包、发包、招标业务。所持的"哈高科"股份未对外质押。

(2)哈尔滨火炬高新技术开发总公司

法定代表人:张勤

主营业务:从事高新技术及产品的开发、生产、销售和技术服务、技术咨询、技术转让、技术中介、技术工程 承包;销售石化产品、机电产品、建材。所持"哈高科"股份未对外质押。

四、报告期内控股股东及所持股份未发生变化。

四、股东大会简介

(一)本年度召开股东大会情况

本报告期内公司召开了三次股东大会,即 1999 年度股东大会、2000 年第一次临时股东大会、2000 年第二次临时股东大会。

1 、公司 1999 年度股东大会情况

公司于 2000 年 5 月 27 日在《上海证券报》刊登关于召开本次股东大会的公告,并于 2000 年 6 月 28 日成功召开会议,决议内容刊登在 6 月 29 日上海证券报上。

2 、公司 2000 年第一次临时股东大会情况

公司于 2000 年 7 月 22 日在《上海证券报》刊登关于召开本次股东大会的公告,并于 2000 年 8 月 24 日成功召开会议,决议内容刊登在 8 月 25 日上海证券报上。

3 、2000 年第二次临时股东大会情况

公司于 2000 年 10 月 24 日在《上海证券报》刊登关于召开本次股东大会的公告,并于 2000 年 11 月 24 日成功召开会议,决议内容刊登在 11 月 25 日上海证券报上。

五、董事会报告

(一)公司经营情况

1 、公司所处行业及其地位

公司作为高科技企业,致力于发展大豆深加工和制药两大主导产业。在大豆深加工领域,公司在生产了大豆分离蛋白、组织蛋白、低聚糖的同时,还开发了大豆食用纤维、乳清蛋白和大豆肽等产品,造就了公司的工艺技术、产品种类、技术人才、综合利用、社会效益、生产科研一体化的多项领先优势,哈高科大豆食品公司被国家大豆行动计划领导小组评定为全国示范企业,并被省黑龙江省人民政府列入黑龙江大豆深加工的龙头企业。在制药领域,公司以生物药、中药为主,拥有国家一类、二类、三类等多种新药,在同业中享有一定知名度,哈高科医药产业已成为黑龙江省北药开发计划重要组成部分。

2 、公司主营业务及经营情况回顾

2000 年公司在董事会的正确领导下,在监事会的有效监督下,在经营班子的精心组织下,全体员工经过不懈努力,排除了各种不利因素的干扰,确保了公司的正常经营。

(1)公司根据国家和地方产业政策的要求,从企业战略发展出发,确立了以大豆和药业为

代表的生命健康产业,以此作为主导产业和重点投资的领域。

按项目建设的总体部署和时间安排,大豆项目在完成了各生产车间的主体设备安装和调试后,相继组织了组织蛋白、分离蛋白、食用纤维、低聚糖、脱脂豆粉、纯净水等产品的试生产,并陆续投放市场。

白天鹅药业、天健药业在完成了新厂房的建设后,边搬迁、边调试、边生产,全面完成了工业总产值7000万元的目标,固体制剂、液体制剂都创下了目前公司的历史最高记录。

(2)切实加强市场营销工作,逐步开展企业品牌形象宣传

在市场营销工作方面,公司要求各企业树立以市场为导向的经营理念,加强市场研究和市场策划工作,为此,相继成立了市场策划部,负责市场研究和产品宣传工作,从组织上落实了市场开发工作。

(3)坚持科技先导的方针,把技术创新作为企业发展的关键

为抢占21世纪生命科学前沿,公司投资1000万元组建了哈尔滨基太生物芯片公司。2000年基本完成了实验室改造和国外先进设备引进工作,与科研院所联合开发的生物基因技术已获得国内知名专家的论证,得到了国内同行和社会的认可。

大豆食品公司大力组织科研力量,陆续研制、开发了大豆低聚糖片、大豆卵磷脂片、大豆膳食纤维片、大豆异黄酮片、大豆肽片等新型健康保健食品,顺利完成了市科技攻关项目《大豆分离蛋白的技术软件引进、消化、吸收》的阶段性工作。大豆异黄酮项目已申报国家2001年火炬计划。

药业公司充分利用自身的人才、技术、研发优势,在已形成了抗肿瘤、抗烧伤、抗心脑血管三大系列药物的基础上,研制、开发了国家级二类新药"蚓激酶原料及片剂"和国家级四类新药"注射用低分子量肝素钙料及散剂"、"盐酸丁咯地尔口服液"、"诺氟沙星散剂"。"益气活血颗粒"已申报国家级中药三类新药。

(4)实施资本运营战略,不断拓宽融资渠道

2000年公司投资1455万元控股了绥棱二塑。该企业以其专利产品生产和独特的管理模式,企业产品市场占有率比较稳定,1999年净资产收益率达到37.3%。企业进行的二期工程项目建设,主要设备从意大利进口,将建成亚洲最大、国内唯一的一条生产线。

(5)公司董事会、监事会和经营班子顺利完成了换届工作

公司严格按照《公司法》规定的程序和权限产生新一届领导班子,经营班子是面向全国公开选聘,按照公开、平等、竞争、择优的原则,使一批德才兼备、年富力强的同志走上了公司领导岗位,优化和改善了领导班子结构。这将对公司的长远发展产生积极的作用。

3、公司主营业收入构成

2000年公司实现主营业收入223,857,560.32元,主营业务成本149,966,245.48元,利润总额29,420,941.53元,公司主营业利润中大豆产业占8.38%,制药产品占41.5%,房地产及基础设施开发占23.54%。

公司主要全资附属机构和控股企业的经营业绩:

大豆产业	实现收入:7276	万元
	实现利润:172	万元
白天鹅药业公司	实现收入:3816	万元
	实现利润:813	万元
哈高科佳木斯中药公司	实现收入:1575	万元
	实现利润:55	万元
天健药业公司	实现收入:609	万元
	实现利润:147	万元
房屋开发分公司	实现收入:5009	万元
	实现利润:727	万元
经贸分公司	实现收入:849	万元
	实现利润:1.23	万元
哈高科绥棱二塑有限公司	实现收入:3063	万元
	实现利润:567	万元

4、本报告期内,公司主营业务收入和利润下降原因分析

(1)作为公司主导产业的大豆高功能蛋白产业,产业规模已形成,产品已陆续打入国内、国际市场。1999、2000年是产品的市场导入期,在2000年国内市场低迷、市场竞争激烈、市场容量增长缓慢的情况下,产品销售受到影响。针对这种情况,公司及时调整战略,加大新品种的科研开发,加速产品的转型换代,同时,加大市场营销力度,建立市场营销网络,因此,公司费用增加幅度较大,造成利润总额下降。

(2)药业产业中,生物药产业销售收入较1999年有较大幅度增长,中药的销售收入较1999年有所下降。但药业的利润总额下降幅度较大,主要原因是国家在2000年几次调整药品价格及对处方药进行限制,药品采购招标等政策出台,使药业市场营销竞争加剧,因此,公司采取建立医药营销网络及加大医药科研开发投入等策略,费用增加,使利润总额下降。

(3)地产开发及基础设施配套建设,效益下降严重,主要原因是基础设施配套建设利润尚未回收,房地产开发方面,在1999年已回收了大部分利润,2000年销售了剩余房产,新开楼盘尚未产生利润。

5、解决方案及措施

以市场为导向提高经营管理水平,增加市场营销网络建设的投入,培植企业的主导产品,实施名牌战略;提高企业研发能力,建立研发中心,促进产品改型换代;加强企业内部管理,完善法人制理结构,在机制创新、管理创新、技术创新上有所突破。

(二)公司财务状况

1、期末公司的总资产为1,646,390,838.45元,是去年同期的133%,主要是本期长期借款及盈利使股东权益增加所致;

2、公司长期负债为483,231,000.00元,是去年同期的272%,主要是因为新增国家开发行贷款所致;

3、股东权益为724,384,978.34元,是去年同期的100.79%,主要是因为本期盈利、公积金、公益金及未分配利润增加所致;

4、主营业务利润为70,014,530.48元,是去年同期的69%,主要是因本期房地产开发及基础设施配套建设收入减少所致;

5、净利润为20,473,177.36元,是去年的36%,较全年下降幅度较大,是因为主营业务收入减少,费用上升所致。

(三)公司投资情况

1、1997年募集资金延续至本年度的使用情况公司

1997年7月公开发行股票募集了2.8亿元资金,该募集资金的使用延续至本报告期。根据市场情况的变化和公司产业结构调整的需要,公司对部分募集资金的投向作出了变更,并根据国家有关法律、法规的规定,履行了申报、审批程序和信息披露义务,并在1998年、1999年度报告中作了详细的披露和说明。

(1)大豆分离蛋白系列产品项目变更后,计划投资1.74亿元,截止到2000年底,公司完成投资1.95亿元,已基本完成全部投资。该系列产品项目已全部投产,部分产品已达产。

本报告期内该项目实现收入7276万元,利润172万元。

(2)生白灵冻干粉针项目和溶血栓酶片项目,计划投资6000万元,截止到2000年底,该项目已基本完成全部的固定资产投资5108万元,根据该项目可行性报告和招股说明书,剩余892万元用于该项目铺底流动资金,该项目已全部投产。

本报告期内该项目实现销售收入320万元,利润34万元。

2、1999年实施配股,配股新增募集资金1.94亿元,延至本报告期的资金使用情况

(1)枯草芽孢杆菌活菌制剂,该项目计划投资8000万元,其中用配股资金投入6500万元,截止到2000年底已完成固定资产投资4300万元,铺底流动资金1000万元,其中I期工程建设已基本完成,并已投产。根据国家医药管理部门有关要求和批示,II期工程计划固定资产投资2000万元,2002年3月完成。

本报告期该项目实现销售收入1000万元,实现利润107万元。

(2)血栓康颗粒剂项目,计划投资3000万元,截止到2000年底已完成固定资产投资1131万元,铺底流动资金650万元,主要生产车间已投产竣工。按国家医药行业建设标准"GMP"要求,剩余1219万元将用于配套工程和前处理等生产环节的建设,根据有关行业主管部门规划,计划2002年9月完成全部建设。

本报告期内该项目实现销售收入400万元,实现利润12万元。

(3)清开灵泡腾片项目,计划投资3000万元,截止2000年底,已完成固定资产投资2500万元,铺底流动资金226万元,固定资产投资已基本全部完成,建设资金剩余资金274万元用于补充项目所需的流动资金。

该项目已于2000年10月正式投产,本报告期内实现销售收入90万元,实现利润15万元。

(4)元元食品新厂建设项目,计划投资3000万元,由于受到国家学生豆奶计划和乳奶计划的影响,该项目拟开发的绿豆奶市场急剧下滑,全国各厂家的市场已萎缩近五成。根据这一个产品市场前景,公司考虑如继续建厂将增加投资风险,因此,截止2000年底该募集资金尚未投入。

(5)开发区基础设施建设项目,计划投资5000万元,截止2000年底已完成投资4000万元。公司募集资金中尚未使用部分,存在银行帐户中。

3、非募集资金投资项目

(1)公司于2000年度投资1459.4万元,组建成立了以从事新型建筑材料为主业的哈高科绥棱二塑有限责任公司,所持有的股份占总股本的51%,达到控股地位,进而提高了公司高科技产业的获利能力,拓宽了公司的产业结构。

本报告期内该项目实现销售收入3063万元,实现利润567万元。

(2)公司于2000年9月投资925万元,组建成立了以从事基因芯片生产开发为主业的哈尔滨基太生物技术开发有限责任公司,所持有的股份占总股本的92.5%,达到控股地位。基太公司将以国内外一流基因芯片技术为自己的发展方向,不断提高科技创新能力,为公司高科技产业发展提供技术支撑。

(四)公司2001年业务发展计划

2001年是跨入新世纪的一年,也是公司发展史上具有重要意义的一年。公司要在董事会的领导下,坚持以市场为导向,以发展为主线,以效益为中心,以科技创新、机制创新和市场开拓为动力,紧紧围绕"提高一个能力,处理好一个关系,开发好三个资源"的方针,把扩大、巩固主导产业作为全面推进各项工作的突破口。

2000年公司的总体经营目标是:稳定传统产业,突出主导产业;建立公司新的管理体制和运行机制;推进市场营销网络和科研信息网络建设;搞好资本运作,发挥公司直接融资能力,通过资产低成本扩张方式壮大主导产业;稳步开展产权重组,加速推进股本多元化;大力实施人才战略,塑造企业文化;加强企业内部管理。为此,要重点做好以下几个方面的工作:

1、加速发展生命健康主导产业,不断巩固传统产业

大豆产业要在增强市场开拓能力和强化科学管理的基础上,积极采取资本运营手段,实现规模经济,提高盈利水平。

药业要在培育名牌产品、壮大拳头产品的同时,做好有发展前景的新药品种的文章,形成4-5个年产值上千万元的品种。

要紧紧抓住经济环境改善、投资升温、集中区开发、城市改造、住宅小区建设等有利契机,更多的开发新的建设项目,要早规划、早开工、早建成。

2、优化公司组织结构,建立适应公司发展的内部运行机制

一是组建药业集团,试行集团内的事业部制;二是推进产权制度改革;三是完善和推行投资回报、绩效挂钩的考核、控制体系,建立有效的激励机制和约束机制;四是加强内部审计机构的建设,加强审计、监察工作。

3、深化营销体制改革,完善市场营销网络,抓好营销队伍建设

要面向市场制定营销战略,不断强化研究市场、开拓市场的功能,建立、健全市场营销网络。

4、实现技术创新体系的新突破,重点推进科研信息网络建设

要从高技术含量、高附加值、高利润产品着手,加快产品结构调整。要加强与重点院校、科研机构的交流与合作,努力提高吸收先进技术与自主研制开发能力。

5、加大人力资源开发力度,继续深化用人制度及分配制度改革

要运用市场机制配置人力资源和人才资源,实现资源的优化配置。在用人制度上,继续推行全员竞聘上岗,通过社会公开招聘、公司上下相互交流等方式,广泛吸纳人才。在分配制度上,实行全员绩效挂钩,使每个人的收入不仅列入成本,而且延伸到利润分享上。

6、通过资本运营,进一步优化产业结构

要坚持以资本市场引导产业发展,以产业发展支撑资本运作的方针。通过参股、购并等方式,扩大公司规模,优化产业结构,进一步强化公司的核心竞争力和综合优势。

7、加强企业内部管理,重点搞好成本管理、资金管理、质量管理

要实行目标成本管理,推行比质比价采购;要按照药业GMP认证和ISO9001质量体系的要求规范运作;要加强财会制度建设,监督、稽核企业财务状况。

8、继续规范"三会"运作,完善运行、决策、监督机制

严格依照国家有关法律、法规和证券监督管理部门对上市公司的要求,切实发挥股东大会、董事会在企业经营管理中的决策作用和监事会的监督作用。要进一步做好信息披露工作,自觉接受投资者的监督。

(五)董事会日常工作情况

1.会议情况及决议内容:

(1)公司第二届十七次董事会于2000年4月11日召开,决议内容刊登在4月12日上海证券报上。

(2)公司第二届十八次董事会于2000年5月26日召开,决议内容刊登在5月27日上海证券报上。

(3)公司第二届十九次董事会于2000年6月26日召开,决议内容刊登在6月27日上海证券报上。其中第六项决议内容:公司对黑龙江省龙江大豆食品股份有限公司增资扩股的议案,公司董事会通过该议案后,在实际运作过程中,合作方虽然本着互利互惠、精诚合作的原则,但由于股本多元化带来许多具体实施上的困难,致使增资扩股工作没有如期进行。

(4)公司第二届二十次董事会于 2000 年 7 月 21 日召开,决议内容刊登在 7 月 22 日上海证券报上。

(5)公司第二届二十一次董事会于 2000 年 7 月 25 日召开,决议内容刊登在 7 月 26 日上海证券报上。

(6)公司第二届二十二次董事会于 2000 年 10 月 23 日召开,决议内容刊登在 10 月 24 日上海证券报上。

2 、公司在 2000 年度,不分配,也不进行公积金转增股本。

(六)公司管理层及员工情况

1 、董事、监事和高级管理人员

姓名	职务	性别	年龄	任期	年初持股数(股)	年末持股数(股)	年度报酬情况(元)
张勤	董事长	男	59 岁	2000 年 11 月 - 2003 年 11 月	0	0	未在公司领取
郭秋杰	副董事长 总经理	男	46 岁	2000 年 11 月 - 2003 年 11 月	0	0	11250
廉国栋	董事	男	58 岁	2000 年 11 月 - 2003 年 11 月	0	0	未在公司领取
刘勇棋	董事	男	47 岁	2000 年 11 月 - 2003 年 11 月	0	0	未在公司领取
王超	董事	男	49 岁	2000 年 11 月 - 2003 年 11 月	0	0	未在公司领取
刘广耀	董事 总会计师	男	33 岁	2000 年 11 月 - 2003 年 11 月	0	0	8750
彭国军	监事会 主席	男	52 岁	2000 年 11 月 - 2003 年 11 月	0	0	21000
罗殷波	监事	男	39 岁	2000 年 11 月 - 2003 年 11 月	0	0	19548
石晓莹	监事	女	47 岁	2000 年 11 月 - 2003 年 11 月	0	0	19548
范林业	常务 副总经理	男	44 岁	2000 年 11 月 - 2003 年 11 月	0	0	8750
韩俊	副总经理	男	37 岁	2000 年 11 月 - 2003 年 11 月	0	0	22140
刘海涛	董事会秘书	男	42 岁	2000 年 11 月 - 2003 年 11 月	0	0	21290
刘洪飞	总经理助理	男	55 岁	2000 年 11 月 - 2003 年 11 月	0	0	36,000

公司董事、监事、高级管理人员年度报酬,2 - 3 万元之间的 2 人,1 - 2 万元之间的 3 人。公司董事长张勤,董事廉国栋、刘勇祺、王超不在公司领取报酬。

由于报告期内公司董事会、监事会及经营班子正常换届,原董事长李明先生,董事、总经理栾贵书先生,董事、副总经理、董事会秘书王辉先生,董事李秀敏女士,监事会召集人申华楠先生,监事施正威、黄宝育先生,副总经理彭国军、许文冀先生均已离任。

(七)本次利润分配预案或资本公积转增股本预案

本公司 2000 年度实现净利润 20,473,177.36 元,根据公司章程的规定,提取法定盈余公积金 2,961,565.58 元,提取法定公益金 1,480,782.78 元,加上年初未分配利润 48,615,198.72 元,本期可供股东分配的利润为 64,646,027.72 元。公司拟决定本次不进行股利分配,也不实施资本公积金转增股本。以上利润分配预案需提交公司股东大会审议通过。

(八)2001 年度利润分配政策:

根据中国证监会的有关规定和公司的发展战略,本公司 2001 年利润分配政策如下:

1 、公司利润分配和资本公积金转增股本实施原则:公司利润分配的形式采用现金分配或送股或者两者结合的方式,且公司总股本的扩张要与经营业绩保持同步增长。

2 、公司预计在 2001 年度进行一次利润分配,其中 2001 年实现的净利润用于股利分配的比例不低于 50%,以派现为主,派现比例不低于 80%。

3 、公司董事会将保留根据公司发展和经营情况对其做出相应调整的权利。

六、监事会报告

(一)2000 年公司监事会召开了 5 次会议

1 、公司 2000 年第一次监事会于 2000 年 4 月 11 日召开,会议审议通过了公司计提四项减值准备的内部控制制度,审议通过了公司 1999 年度报告。

2 、公司 2000 年第二次监事会于 2000 年 7 月 21 日召开,会议审议通过了关于监事会延期换届的议案。

3 、公司 2000 年第三次监事会于 2000 年 7 月 25 日召开,会议审议通过了公司 2000 年中期报告及摘要。

4 、公司 2000 年第四次监事会于 2000 年 10 月 23 日召开,会议审议通过了关于公司监事会换届的议案。根据公司章程的有关规定,决定公司第三届监事会候选人为彭国军、石晓莹、罗殷波。

5 、公司第三届一次监事会于 2000 年 11 月 24 日召开,会议选举彭国军为第三届监事会主席。

(二)监事会列席了公司历次董事会和总裁办公会,审议监督了公司所通过的各项议案,认为公司的决策程序有效、合法,尚未发现董事和高级管理人员在执行公务时有违反法律、法规、公司章程及股东大会决议的行为。

(三)利安达信隆会计师事务所出具了无保留意见的审计报告,审计报告真实、客观、准确地反映了公司的财务状况。

七、重要事项

(一)报告期内公司无重大诉讼、仲裁事项。

(二)报告期内公司董事和高级管理人员未受监管部门处罚。

(三)2000 年 11 月 24 日公司 2000 年第二次临时股东大会和公司第三届一次董事会分别审议通过:

1 、张勤、郭秋杰、廉国栋、刘勇棋、王超、刘广耀为第三届董事会成员。

2 、张勤为董事长,郭秋杰为副董事长;

3 、聘任郭秋杰为公司总经理,范林业、韩俊为公司副总经理,刘洪飞为总经理助理;

4 、聘任刘广耀为公司总会计师;

5 、聘任刘海涛为公司董事会秘书。

(四)报告期内公司有关联交易事项。公司通过关联企业,哈尔滨高新技术产业开发区对外贸易公司采购货物,采购金额 5,083,246.04 元,定价政策采取市场定价原则。

(五)公司与控股股东在人员、资产和财务上实行了"三分开",实现了人员独立、资产完整、财务独立。

(六)报告期内由于哈尔滨祥源会计师事务所的基本情况发生变化,公司决定予以解聘,聘用利安达信隆会计师事务所从事公司 2000 年度的财务审计工作。

(七)报告期内公司无其他重大合同,也未向外提供担保。

(八)报告期内公司未更改名称或股票简称。

(九)1999 年哈尔滨高科技(集团)股份有限公司房屋建设开发分公司(原告)起诉哈尔滨福克开发技术有限公司(被告),拖欠房款、电费。经黑龙江省哈尔滨市中级人民法院审判,于 1999 年 12 月 5 日下达《(1999)哈民二初字第 29 号》民事判决书,判决如下:被告给付原告购房款 7,800,000 元及违约金,所欠电费 120,800.23 元及利息。在判决书生效后,一个月内付清。

被告不服判决,上诉到省高级人民法院。经黑龙江省高级人民法院民事裁定书《(2000)黑立民终字第 60 号》报告期内裁定:由于上诉人逾期未交上诉案件受理费,按自动撤回上诉处理。本裁定为终审裁定。

八、财务会计报告

1. 审计报告

本年度公司的会计报表经利安达信隆会计师事务所注册会计师田楠、刘立刚的审计,并出具了无保留意见的审计报告(利安达审字[2001]第 65 号)。

2、本年度合并报表 范围发生如下变更:

(1)原"哈尔滨高新技术开发有限公司"增资扩股成立"哈尔滨基太生物芯片开发有限责任公司"。哈尔滨基太生物芯片开发有限责任公司在注册资本 1000 万元,本公司投资 925 万元,占注册资本 92.5%,参加会计报表合并。

(2)2000 年 6 月 26 日经公司第二届董事会十九次会议决议通过与"绥棱第二塑料有限公司"共同组建"哈高科绥棱二塑有限公司"。"哈高科绥棱二塑有限公司"注册资本 2853 万元,其中"哈尔滨高科技集团有限公司"出资 1455 万元,占注册资本 51%,"绥棱第二塑料有限公司"出资 1398 万元,占注册资本 49%,参加会计报表合并。

"哈高科大豆食品有限责任公司"原为"哈尔滨高科技(集团)股份有限公司的大豆工程指挥部"变更为由本公司投资 7000 万元,占注册资本 87.50%的控股子公司,参加会计报表合并。

3、会计报表见附表。

哈尔滨高科技(集团)股份有限公司董事会

2001 年 4 月 17 日

利润及利润分配表

2000 年度

编制单位:哈尔滨高科技(集团)股份有限公司　　　　单位:人民币元

项　目	附注	本年累计数		上年同期数		项　目	附注	本年累计数		上年同期数	
		母公司	合并	母公司	合并			母公司	合并	母公司	合并
一、主营业务收入	七.3	133,223,821.01	223,857,560.32	347,294,441.04	395,069,914.62	四、利润总额		22,747,315.13	29,420,941.53	65,963,250.41	71,144,795.11
减:折扣与折让						减:所得税		2,274,137.77	4,895,937.00	9,142,970.54	10,488,081.16
主营业务收入净额		133,223,821.01	223,857,560.32	347,294,441.04	395,069,914.62	减:少数股东损益			4,051,827.17		3,836,434.08
减:主营业务成本	七.4	107,386,947.69	149,966,245.38	262,218,408.92	283,639,520.60	五、净利润		20,473,177.36	20,473,177.36	56,820,279.87	56,820,279.87
主营业务税金及附加		2,989,259.78	3,876,784.46	9,105,541.57	9,565,865.80	加:年初未分配利润		50,847,751.51	48,615,198.72	45,903,161.79	45,541,937.82
二、主营业务利润		22,847,613.54	70,014,530.48	75,970,490.55	101,864,528.22	盈余公积转入					
加:其他业务利润		9,328,091.96	9,417,623.50	175,786.44	118,836.93	六、可供分配的利润		71,320,928.87	69,088,376.08	102,723,441.66	102,362,217.69
减:存货跌价损失		-306,556.00	-238,925.42	468,607.30	1,214,598.70	减:提取法定盈余公积		2,047,317.74	2,961,565.58	5,682,027.99	6,929,580.55
营业费用		3,552,014.22	18,731,134.57	4,804,478.06	10,290,528.84	提取法定公益金		1,023,658.86	1,480,782.78	2,841,013.99	3,464,790.25
管理费用		15,677,422.51	31,932,952.95	16,179,479.43	19,648,036.92	职工奖福基金					
财务费用	六.27	3,795,125.03	3,718,025.72	6,488,463.48	6,365,079.10	七、可供股东分配的利润		68,249,952.27	64,646,027.72	94,200,399.68	91,967,846.89
三、营业利润		9,487,699.74	25,288,966.16	48,205,248.72	64,465,121.59	减:应付优先股股利					
加:投资收益	七.5	11,550,506.78	2,502,137.77	14,826,776.18	2,361,254,601	提取任意公积					
补贴收入				1,792,964.39	3,138,075.01	应付普通股股利					
营业外收入		2,019,095.48	2,150,252.50	1,404,053.26	1,796,916.08	转作股本的普通股股利				28,572,640.00	28,572,640.00
减:营业外支出		309,986.87	520,414.90	265,792.14	606,568.17	八、未分配利润		68,249,952.27	64,646,027.72	65,627,759.68	63,395,206.89

资 产 负 债 表

2000年12月31日

编制单位:哈尔滨高科技(集团)股份有限公司　　单位:人民币元

资　产	附注	期初数		期末数	
		母公司	合并	母公司	合并
流动资产:					
货币资金	六.1	163,087,154.45	170,580,122.85	101,813,641.89	154,692,135.38
短期投资	六.2	10,300,000.00	10,300,000.00		
减:短期投资跌价准备					
短期投资净额		10,300,000.00	10,300,000.00		
应收票据					
应收利息					
应收股利					
应收账款	六.3,七.1	99,241,822.52	118,128,155.42	113,911,177.95	136,842,693.79
其他应收款	六.4	247,320,609.00	210,339,406.99	409,018,446.16	179,179,386.86
减:坏帐准备	六.3,4	9,606,748.37	10,406,009.79	9,976,292.19	11,740,681.98
应收款项净额		336,955,683.15	318,061,552.62	512,953,351.92	304,281,398.67
预付账款	六.5	250,589,219.57	252,336,628.01	505,859,414.80	601,190,141.04
应收补贴款	六.6	729,785.56	1,262,393.98		532,608.42
存货	六.7	138,646,408.00	163,348,109.19	149,466,019.49	189,588,536.41
减:存货跌价准备	六.7	9,175,413.68	12,074,968.78	8,868,857.68	11,836,043.36
存货净额		129,470,994.32	151,273,140.41	140,597,161.81	177,752,493.05
待摊费用	六.8	333,926.30	543,630.19	265,680.62	825,649.77
待处理流动资产净损失					
一年内到期的长期债权投资					
其他流动资产					
流动资产合计		891,466,763.35	904,357,468.06	1,261,489,251.04	1,239,274,426.33
长期投资:					
长期股权投资	七.2,六.9	59,227,867.26	11,933,725.90	157,595,538.14	6,476,111.66
长期债权投资					
长期投资合计		59,227,867.26	11,933,725.90	157,595,538.14	6,476,111.66
减:长期投资减值准备					
长期投资净额		59,227,867.26	11,933,725.90	157,595,538.14	6,476,111.66
其中:合并价差	六.9		2,379,293.48		2,076,111.66
固定资产:					
固定资产原价	六.10	49,738,863.42	81,351,603.86	49,242,810.33	291,999,007.69
减:累计折旧	六.10	5,067,038.37	7,338,861.53	7,030,361.34	19,461,300.73
固定资产净值		44,671,825.05	74,012,742.33	42,212,448.99	272,537,706.96
工程物资					167,729.91
在建工程	六.11	158,724,688.21	208,302,071.53	391,198.07	52,243,086.68
固定资产清理					
待处理固定资产净损失					
固定资产合计		203,396,513.26	282,314,813.86	42,603,647.06	324,948,523.55
无形资产及其他资产:					
无形资产	六.12	34,496,717.79	35,711,162.34	17,030,419.67	70,456,947.87
开办费	六.13	1,857,111.18	1,881,134.69	238,698.62	4,096,449.27
长期待摊费用	六.14	452,481.65	453,481.65	549,699.77	1,138,379.77
其他长期资产					
无形资产及其他资产合计		36,806,310.62	38,044,778.68	17,818,818.06	75,691,776.91
递延税项:					
递延税款借项					
资产总计		1,190,897,454.49	1,236,650,786.50	1,497,507,254.30	1,646,390,838.45
负债及股东权益					
流动负债:					
短期借款	六.15	25,890,000.00	25,890,000.00	6,500,000.00	44,035,000.00
应付票据					
应付账款	六.16	73,931,604.79	85,840,420.16	45,501,008.15	62,707,859.05
预收账款	六.16	46,235,221.77	48,132,482.09	86,791,565.51	101,119,817.32
代销商品款					
应付工资			260,099.41		996,387.13
应付福利费		-706,015.20	-338,396.84	-841,165.25	251,481.69
应付股利	六.17	570,294.40	570,294.40	567,164.40	567,164.40
应交税金	六.18	42,766,851.81	43,739,734.17	3,778,414.21	3,361,053.56
其他应交款		770,329.77	846,141.47	168,032.13	291,432.12
其他应付款	六.16	99,933,230.45	102,105,653.34	116,159,533.71	117,113,657.71
预提费用		12,482,216.47	12,482,216.47	36,597,723.10	38,300,846.51
一年内到期的长期负债	六.19	400,000.00	400,000.00	18,500,000.00	18,500,000.00
其他流动负债					
流动负债合计		302,273,734.26	319,878,644.67	313,722,275.96	387,244,699.49
长期负债:					
长期借款	六.20	161,400,000.00	169,331,000.00	441,400,000.00	475,231,000.00
应付债券	六.21	16,900,000.00	16,900,000.00		
长期应付款	六.22				8,000,000.00
住房周转金		-8,368,088.92	-8,368,088.92		
其他长期负债					
长期负债合计		169,931,911.08	177,862,911.08	441,400,000.00	483,231,000.00
递延税项:					
递延税款贷项					
负债合计		472,205,645.34	497,741,555.75	755,122,275.96	870,475,699.49
少数股东权益			20,217,421.60		51,530,160.62
股东权益:					
股本	六.23	261,560,000.00	261,560,000.00	261,560,000.00	261,560,000.00
资本公积	六.24	359,171,779.02	359,171,779.02	359,171,779.02	359,171,779.02
盈余公积	六.25	32,332,270.45	34,564,823.24	35,403,247.05	39,007,171.60
其中:公益金		10,345,123.46	12,320,569.17	11,368,782.32	12,570,090.49
职工奖福基金					
未分配利润	六.26	65,627,759.68	63,395,206.89	68,249,952.27	64,646,027.22
外币报表折算差额					
股东权益合计		718,691,809.15	718,691,809.15	724,384,978.34	724,384,978.34
负债及股东权益合计		1,190,897,454.49	1,236,650,786.50	1,479,507,254.30	1,646,390,838.45

现 金 流 量 表

编制单位:哈尔滨高科技(集团)有限公司　　2000年度　　单位:人民币元

项　目	附注	母公司	合并数
一、经营活动产生的现金流量:			
销售商品、提供劳务收到的现金		188,261,756.72	285,195,592.72
收取的租金		1,493,253.52	1,493,253.52
收到的税费返还		729,785.56	5,961,128.56
收到的其它与经营活动有关的现金		116,028,297.57	121,577,075.87
现金流入小计		306,513,093.37	414,227,050.67
购买商品、接受劳务支付的现金		148,046,732.51	214,115,893.04
经营租赁所支付的现金		790,100.00	2,193,796.00
支付给职工以及为职工支付的现金		6,160,108.87	16,185,086.39
支付的增值税款		1,937,250.34	10,949,445.09
支付的所得税款		14,984,798.20	17,609,712.57
支付的除增值税、所得税以外的其它税费		31,270,146.52	33,057,525.45
支付的其它与经营活动有关的现金	六.28	24,041,655.89	52,886,619.88
现金流出小计		227,230,792.33	346,998,078.42
经营活动产生的现金流量净额		79,282,301.04	67,228,972.25
二、投资活动产生的现金流量:			
收回投资所产生的现金		13,097,231.02	13,347,231.02
分得股利或利润所收到的现金			
取得债券利润收入所收到的现金			
处置固定资产、无形资产和其它长期资产而收回的现金净额		538,514.28	664,214.28
收到的其它与投资活动有关的现金		241,867.50	23,976,462.70
现金流入小计		13,877,612.80	37,987,908.00
购建固定资产、无形资产和其它长期资产所支付的现金		387,496,348.13	438,585,256.94
权益性投资所支付的现金		21,550,000.00	
债权性投资所支付的现金			
支付的其它与投资活动有关的现金		2,578,572.92	
现金流出小计		411,624,921.05	438,585,256.94
投资活动产生的现金流量净额		-397,747,308.25	-400,597,348.94
三、筹资活动产生的现金流量:			
吸收权益性投资所收到的现金			2,000,000.00
发行债券所收到的现金			
借款所收到的现金		300,000,000.00	363,140,000.00
收到的其它与筹资活动有关的现金		31,554.02	3,394,913.14
现金流入小计		300,013,554.02	368,534,913.14
偿还债务所支付的现金		39,390,000.00	39,587,000.00
发生筹资费用所支付的现金			
分配股利或利润所支付的现金		3,130.00	6,543,512.78
偿还利息所支付的现金		3,445,101.57	4,922,183.34
融资租赁所支付的现金(内抵)			
减少注册资本所支付的现金			
支付的与其它筹资活动有关的现金		1,827.80	1,827.80
现金流出小计		42,840,059.37	51,054,523.92
筹资活动产生的现金流量净额		257,191,494.65	317,480,389.22
四、汇率变动对现金的影响			
五、现金及现金等价物净增加额		-61,273,512.56	-15,887,987.47
现金流量表			
1.不涉及现金收支的投资和筹资活动			
以固定资产偿还债务		130,000.00	130,000.00
以投资偿还债务			
以固定资产进行长期投资			
以存货偿还债务			
融资租赁固定资产			
2.将净利润调节为经营活动的现金流量			
净利润		20,473,177.36	20,473,177.36
加:少数股东损益			4,051,827.17
计提的坏帐准备或转销的坏帐		390,214.79	1,400,453.07
固定资产折旧		2,178,731.70	5,149,173.19
无形资产摊销		884,208.16	1,089,457.00
待摊费用的减少(减:增加)		68,245.68	744,315.83
预提费用的增加(减:减少)		23,473,647.40	24,815,232.78
处置固定资产、无形资产和其它长期资产的损失(减)		-197,494.28	-262,193.79
固定资产报废损失		151,423.11	151,423.11
财务费用		4,545,101.57	4,394,084.38
投资损失(减:收益)		-11,550,506.78	-2,502,137.77
递延税项贷项(减借项)		95,967.60	95,967.60
		-12,991,744.77	-18,852,660.83
经营性应收项目的减少(减增加)		26,646,162.30	-23,738,919.39
经营性应付项目的增加(减减少)		25,115,167.20	50,219,772.54
增值税增加净额(减减少)			
其它(核销待处理流动资产净损失)			
经营活动产生的现金流量净额		79,282,301.04	67,228,972.25
3.现金及现金等价物净增加情况:			
货币资金的期末余额		101,813,641.89	154,692,135.38
减:货币资金的期初余额		163,087,154.45	170,580,122.85
现金等价物的期初余额			
现金及现金等价物净增加额		-61,273,512.56	-15,887,987.47

云南云天化股份有限公司

二〇〇〇年年度报告摘选

一、公司简介

(一)公司法定名称
中　　文:云南云天化股份有限公司
英　　文:YUNNAN YUNTIANHUA CO., LTD
缩　　写:YYTH
(二)公司法定代表人:董事长李新华
(三)公司董事会秘书:刘　岗
证券事务代表:冯　驰
联系地址:云南省水富县云南云天化股份有限公司总经理办公室
联系电话:(0870)8664324
传　　真:(0870)8664319
电子信箱:lg@yth.com.cn
(四)公司注册及办公地址:云南省水富县云富镇
邮政编码:657800
国际互联网网址:http://www.yyth.com
电子信箱:sfll@public.km.yn.cn
(五)公司信息披露报纸:
《中国证券报》、《上海证券报》、《证券时报》
登载公司年度报告的国际互联网网址:http://www.sse.com.cn
年度报告备置地点:公司总经理办公室
(六)公司股票上市交易所:上海证券交易所
股票简称:云天化
股票代码:600096

二、会计数据和业务数据摘要

(一)本报告期内实现利润及主要现金流量指标

利润总额	202,104,865.75 元
净利润	164,904,543.25 元
扣除非经常性损益后的净利润	164,904,543.25 元
主营业务利润	265,929,580.88 元
其他业务利润	4,807,030.93 元
营业利润	202,319,629.25 元
投资收益	182,462.91 元
补贴收入	0 元
营业外收支净额	-397,226.41 元
经营活动中产生的现金流量净额	234,430,461.97 元
现金及现金等价物净增加额	-227,513,077.10 元

(二)前三年主要会计数据和财务指标

项目/时间	2000 年	1999 年	1998 年	
			调整后	调整前
主营业务收入(元)	765,368,352.28	767,662,880.38	630,709,843.34	630,709,843.34
净利润(元)	164,904,543.25	260,000,198.43	259,891,055.38	265,616,362.75
总资产(元)	1,556,235,699.60	1,734,984,978.66	1,443,863,670.21	1,451,023,232.68
股东权益(元)	1,101,640,507.45	1,502,735,964.20	1,356,372,125.77	1,141,940,786.24
每股收益(元)	0.4479	0.4576	0.4574	0.468
加权每股收益(元)	0.2990	0.4576	0.4574	0.468
扣除非经常性损益后的每股收益(元)	0.2990	0.4576	0.4582	0.4683
每股净资产(元)	2.9921	2.6448	2.3872	2.01
调整后的每股净资产(元)	2.9884	2.6433	2.3870	1.95
每股经营活动产生的现金流量净额	0.6367	0.5024	0.2587	0.2587
净资产收益率(%)	14.97	17.30	19.16	23.26
加权净资产收益率(%)	10.72	17.83	21.17	21.58

注:按照中国证监会《公开发行证券公司信息披露编报规则(第 9 号)》要求计算的利润数据:

三、股东情况介绍

(一)本报告期末,公司股东总数为 53626 户。
(二)主要股东持股情况:

名次	股东名称	期末持股数(股)	占总股本%
(1)	云天化集团	268,181,800	72.84
(2)	万方公司	2,200,000	0.60
(3)	国信证券	981,947	0.27
(4)	云南国投	659,100	0.18
(5)	国投大理	600,000	0.16
(6)	华超公司	567,200	0.15
(7)	陈爱琴	453,600	0.12
(8)	华坤贸易	433,335	0.12
(9)	何朝阳	350,587	0.10
(10)	沈　燕	321,094	0.09

(三)持股 10%以上法人股股东情况

云天化集团有限责任公司(以下简称云天化集团)是公司的控股公司,其所持股份为未上市流通股份,其持股数量在本报告期内因公司实施股份回购而减少 20,000 万股,由原 46,818.18 万股变更为 26,818.18 万股,持股比例由原 82.4%变更为 72.84%。云天化集团所持股份没有用于质押或被冻结的情况。

海南恒泰芒果产业股份有限公司

二〇〇〇年年度报告摘选

一、公司简介

1、公司法定中文名称:海南恒泰芒果产业股份有限公司
公司英文名称:Hainan Heng Tai Mango Industries Co., Ltd.
2、公司法定代表:李长盛
3、董事会秘书:马三光
联系地址:海南省海口市海秀路 59 号陈学忠教育基金楼
电　　话:0898-6736569
传　　真:0898-6736563
4、公司注册地址:海南省海口市国贸大道 45 号
公司办公地址:海南省海口市文龙路 28 号
邮政编码:570102
电子信箱:htmg2001@163.com
5、公司信息披露报纸名称:《上海证券报》
中国证监会指定国际互联网网址:http://www.sse.com.cn
公司年报备置地点:海南省海口市海秀路 59 号陈学忠教育基金楼
6、公司股票上市交易所:上海证券交易所
股票简称:ST 恒泰
股票代码:600097

二、会计数据和业务数据摘要

1、2000 年度利润实现情况　(单位:人民币元)

利润总额	-95,811,167.74
净利润	-62,204,785.39
扣除非经常性损益后的净利润	-60,334,118.69
主营业务利润	-5,556,744.20
其他业务利润	168,179.18
营业利润	-93,940,501.04
投资收益	-445,791.67
补贴收入	302,919.41
营业外收支净额	-1,727,794.44
经营活动产生的现金流动量净额	-2,044,729.14
现金及现金等价物净增加额	-1,234,170.07

注:扣除非经常性损益项目包括:

a.投资收益	-445,791.67 元
b.补贴收入	302,919.41 元
c.营业外收入	406,966.16 元
d.营业外支出	2,134,760.60 元

2、公司前三年的会计数据和财务指标　(单位:人民币万元)

指标项目	2000 年度	1999 年度	1998 年度	
			调整前	调整后
主营业务收入	2697.87	5978.15	195777	19577
净利润	-6220.48	-18918.56	1062	1353
总资产	62000.78	66588.01	79218	76984
股东权益	1083.43	6349.34	38293	36100
每股收益(元)	-0.5388	-1.6378	0.092	0.12
每股净资产(元)	0.0938	-0.5499	3.32	3.13
调整后每股净资产(元)	0.0655	-0.5371	2.74	2.55
每股经营活动产生的现金流量净额(元)	-0.0177	-0.0367	-0.68	-0.68
净资产收益率	-574%	-297.96%	2.77%	4%
净利润的加权每股收益(元)	-0.5388	-1.6387		
净利润的加权净资产收益率	-167.38%	-89.43%		
扣除非经常损失后的净利润的加权净资产收益率	-162.35%	-88.86%		

3、报告期内股东权益变动情况　单位:人民币元

项　目	期初数	本期增加	本期减少	期末数	变动原因
股本	115,449,889	-	-	115,449,889	
资本公积	199,247,157.27	39,416,686.23	-	238,663,843.50	股东捐赠
法定盈余公积	10,814,973.28	-	-	10,814,973.28	
其中:公益金	3,604,991.09	-	-	3,604,991.09	
减:未确认投资损失准备	-67,006,025.34	29,871,055.37	-	-96,877,080.71	亏损
未分配利润	-195,,012,587.54		62,204,785.39	-257,217,372.93	亏损
股东权益合计	63,493,406.67	-	52,659,154.53	10,834,252.14	亏损

三、股东情况介绍

1、截至 2000 年 12 月 31 日,公司股东总数为 19075 户。
2、前 10 名股东持股情况

股东名称	持股数量	持股比例(%)
①华立集团有限公司	33000000	28.58
②海南恒泰集团有限公司	22510423	19.50
③海南昌银投资开发有限公司	17409356	15.08
④海南银泰建设投资开发公司	3411075	2.95
⑤海南富华房地产开发公司长沙公司	2413497	2.09
⑥海南国信实业发展有限公司	1705538	1.48
⑦顾官顺	299400	0.26
⑧张华	170000	0.15
⑨许冬梅	165000	0.14
⑩宋海燕	145600	0.13

注:1)公司前 10 名股东之间未发现有关联关系

2)持有公司 5%以上(含 5%)股份的股东为华立集团有限公司、海南恒泰集团有限公司和海南昌银投资开发有限公司。海南恒泰集团有限公司原持有公司股份 55,510,423 股,其中 33,000,000 股(占总股本的 28.58%)于 2000 年 9 月 5 日协议转让给华立集团有限公司。海南昌银投资开发有限公司持有公司股份的数量未发生变化。截止 2000 年 12 月 31 日,依据海南省高级人民法院 2000 琼高法执第 12-3 号和第 12-5 号民事裁定书,上海证券交易所对华立集团有限公司持有的 33,000,000 公司法人股予以锁定;海南恒泰集团有限公司持有的 22,510,423 公司法人股因为本公司流动资金贷款提供了质押担保,质押股票仍在上海证券交易所按质押合同规定锁定。

广州发展实业控股集团股份有限公司

二○○○年年度报告摘选

一、公司简介

公司法定名称:广州发展实业控股集团股份有限公司
公司英文名称:Guangzhou Development Industry (Holdings) Co., Ltd.("GZDIH")
公司法定代表人:杨丹地
公司董事会秘书:李红梅
联系地址:广州市麓景路3号18楼
联系电话:(020)83573188-1617
传真:(020)83502960
电子信箱:dshms@gzholdings.com
董事会证券事务代表:马洪伟
联系地址:广州市麓景路3号18楼
联系电话:(020)83573188-1417
传真:(020)83502960
电子信箱:sqdb@gzholdings.com
公司注册地址:广州市麓景路3号17-19楼
公司办公地址:广州市麓景路3号17-19楼
邮政编码:510091
公司国际互联网网址:http://www.gzholdings.com
公司电子信箱:gzkg163@pub.guangzhou.gd.cn
选定的信息披露报纸名称:中国证券报、上海证券报、证券时报
年度报告指定披露网址:http://www.sse.com.cn
公司年度报告备置地点:本公司证券部
股票上市地点:上海证券交易所
股票简称:广州控股
股票代码:600098

二、会计数据和业务数据摘要

(一)本年度主要业务数据

项　目	金额(人民币元)
利润总额	1,209,472,780.76
净利润	882,549,759.29
扣除非经常性损益后的净利润	783,377,479.81
主营业务利润	1,459,586,690.99
其他业务利润	8,971,018.53
营业利润	1,108,152,094.28
投资收益	-24,407,481.43
补贴收入	126,024,806.30
营业外收支净额	-296,638.39
经营活动产生的现金流量净额	1,750,438,773.65
现金及现金等价物净增加额	1,094,436,497.78
注:所扣除的非经常性损益的项目、涉及金额如下:	
补贴收入	126,024,806.30元
营业外收支净额	-296,638.39元
长期股权投资差额摊销	-26,555,888.43元

(二)近三年主要会计数据和财务指标

项　目	2000年	1999年	1998年	
			调整后	调整前
主营业务收入(元)	3,459,174,406.70	2,441,243,998.16	2,658,077,755.93	2,658,077,755.93
净利润(元)	882,549,759.29	529,869,694.97	524,943,737.40	523,926,252.51
总资产(元)	8,251,024,485.46	7,355,019,030.43	7,484,257,950.76	7,488,330,944.67
股东权益(元)(不含少数股东权益)	4,255,111,782.39	2,933,740,603.79	2,522,550,908.82	2,530,988,536.44
每股收益(元)(摊薄)	0.705	0.442	0.438	0.437
(加权)	0.736	0.442	0.438	0.437
扣除非经常性损益后的每股收益(摊薄)	0.625	0.459	0.392	0.392
(元)　(加权)	0.654	0.459	0.392	0.392
每股净资产(元)	3.40	2.45	2.10	2.11
调整后的每股净资产(元)	3.39	2.36	2.01	2.02
每股经营活动产生的现金流量净额(元)	1.40	0.954	1.14	1.14
净资产收益率(摊薄)	20.74	18.06	20.81	20.70
(%)　(加权)	26.15	19.01	23.21	23.09

利润表附表如下:

报告期利润	净资产收益率(%)		每股收益(元/股)	
	全面摊薄	加权平均	全面摊薄	加权平均
主营业务利润	34.30	43.25	1.165	1.218
营业利润	26.04	32.83	0.885	0.924
净利润	20.74	26.15	0.705	0.736
扣除非经常性损益后的净利润	18.41	23.21	0.625	0.654

三、股东情况介绍

(一)报告期末股东总数

截止2000年12月31日,本公司股东人数87172人。

(二)前十名股东持股情况

名　称	年末持股数(股)	占总股本比例(%)	备　注
广州发展集团有限公司	1,018,800,000	81.322	国有法人股
国信证券	4,630,389	0.370	
普惠基金	3,906,154	0.312	
舟山信托	2,303,231	0.184	
裕阳基金	2,018,357	0.161	
建总信托	1,324,000	0.106	
百业源	1,110,540	0.089	
华宝信托	1,073,931	0.086	
兴和基金	910,954	0.073	
汉鼎基金	780,066	0.062	

林　海　股　份　有　限　公　司

二○○○年年度报告摘选

一、公司简介

(一)、公司法定中文名称:林海股份有限公司
公司英文名称:LINHAI CO., LTD.
公司英文名称缩写:LH
(二)、公司法定代表人:陆海民
(三)、公司董事会秘书:栾月明
联系地址:江苏省泰州市泰九路14号
电　　话:0523-6551888
传　　真:0523-6551403
电子信箱:LHDLTZ@PUB.TZ.JSINFO.NET
(四)、公司注册地址:江苏省泰州市泰九路14号
公司办公地址:江苏省泰州市泰九路14号
邮政编码:225300
公司电子信箱:LH.TZ@PUBLIC.TZ.JS.CN
(五)、公司选定的信息披露报纸:上海证券报
登载公司定期报告的中国证监会指定国际互联网网址:
http://www.sse.com.cn
公司年度报告备置地点:本公司证券办
(六)、股票上市地:上海证券交易所
股票简称:林海股份
股票代码:600099

二、会计数据与业务数据摘要

(一)本年度主要会计数据:　(单位:人民币元)

项目	金额
利润总额:	7,935,538.09
净利润:	7,613,392.15
扣除非经营性损益后的净利润:	7,575,057.45
主营业务利润:	1,505,661.86
其他业务利润:	2,309,173.46
营业利润:	6,849,954.36
投资收益:	1,354,033.24
补贴收入:	
营业外收支净额:	-268,449.51
经营活动产生的现金流量净额:	53,536,187.25
现金及现金等价物净增加额:	15,850,481.74

注:非经营性损益包括:1、营业外收入84514.7元;2、处理固定资产净损失27298.78元。

(二)近三年主要会计数据和财务指标:(单位:人民币元)

序号	项目	2000年度	1999年度(调整后)	1998年度(调整后)
1、	主营业务收入	200,110,462.72	280,437,957.64	427,335,971.73
2、	净利润	7,613,392.15	18,761,615.75	44,605,568.14
3、	总资产	578,366,044.01	572,346,935.12	475,055,047.35
4、	股东权益	495,525,066.18	497,041,674.03	403,472,283.02
5、	每股收益(元/股)	0.042	0.103	0.263
6、	每股收益(元/股)(加权)	0.042	0.109	0.324
7、	扣除非经营性损益后的每股收益(元/股)	0.041	0.106	0.268
8、	每股净资产(元/股)	2.71	2.72	2.38
9、	调整后每股净资产(元/股)	2.70	2.71	2.37
10、	每股经营活动产生的现金净流量	0.29	0.03	0.01
11、	净资产收益率(%)	1.54	3.77	11.06

(三)按照中国证监会《公开发行证券公司信息披露编报规则(第9条)》要求计算的利润依据:

报告期利润	净资产收益率		每股收益(元)	
	全面摊薄	加权平均	全面摊薄	加权平均
主营业务利润	0.30%	0.30%	0.008	0.008
营业利润	1.38%	1.37%	0.038	0.038
净利润	1.54%	1.52%	0.042	0.042
扣除非经营性损益后的净利润	1.52%	1.51%	0.041	0.041

三、股东情况介绍

1、截止2000年末,公司股东总数为25299户,其中发起人股股东1户,社会公众股股东25298户。

2、前十名股东持股情况(截止2000年12月31日)

名次	股东名称	年末持股数(股)	占总股本(%)
(1)	中国福马林业机械集团有限公司	106600000	58.38%
(2)	三电工会	1530000	0.84%
(3)	付亚华	980000	0.54%
(4)	华泰证券	939860	0.51%
(5)	万新机械	900000	0.49%
(6)	继保电气	785500	0.43%
(7)	索普热力	770000	0.42%
(8)	华泰证券	716327	0.39%
(9)	靳玉财	653410	0.36%
(10)	华泰证券	600000	0.33%

注:(1)前10名股东中,除华泰证券未发现其他股东之间存在任何关联交易。
(2)中国福马林业机械集团有限公司系本公司控股公司
法人代表:蒋祖辉
注册地址:北京市东城区和平里七区25楼
经营范围:林机设备、营林机械、木材采集机械等

清华同方股份有限公司

二〇〇〇年年度报告摘选

一、公司简介

1. 公司名称
中文:清华同方股份有限公司
英文:TSINGHUA TONGFANG CO.,LTD
英文简称:THTF CO.,LTD
2. 公司法定代表人:梁尤能先生
3. 公司董事会秘书:孙岷先生
联系地址:北京清华大学同方大厦清华同方股份有限公司
联系电话:010-62789888、010-86251188
联系传真:010-62789765
E-Mail:sunm@thtf.com.cn
4. 公司注册地址:北京海淀区清华大学13区28号楼
公司办公地址:北京清华大学同方大厦
邮政编码:100084
公司国际互联网网址:http://www.thtf.com.cn
公司E-Mail:thtf@thtf.com.cn
5. 公司信息披露的报刊:《中国证券报》和《上海证券报》
登载公司年度报告的中国证监会指定国际互联网网址:http://www.sse.com.cn
公司年度报告置备地点:北京清华大学同方大厦A座二层办公室
6. 公司股票上市地:上海证券交易所
股票简称:清华同方
股票代码:600100

二、会计数据和业务数据摘要

1. 本年度利润总额及构成(合并报表)

利润总额	333,849,338.60元
其中:主营业务利润	589,613,991.03元
其它业务利润	22,155,362.12元
投资收益	-135,823.66元
营业外收支净额	4,845,937.43元
补贴收入	11,878,206.84元
净利润	235,975,548.82元
扣除非经常性损益后的净利润	235,975,548.82元
经营活动产生的现金流量净额:	183,597,435.07元
现金及现金等价物净增加额:	1,235,414,994.17元

2. 会计数据及财务指标(合并报表)

项目	2000年度	增长率	1999年度	1998年度	
				调整后	调整前
(1)主营业务收入(千元)	3,318,847.06	98.92%	1,668,432.95	806,212.27	806,212.27
(2)净利润(千元)	235,975.55	46.71%	160,848.36	92,166.07	104,764.03
(3)总资产(千元)	5,290,579.68	106.38%	2,563,531.44	1,363,838.81	1,376,436.76
(4)股东权益(千元)	2,573,611.62	95.66%	1,315,370.63	623,590.22	635,741.39
(5)每股收益(元/股)					
每股收益(摊薄)	0.616	-0.65%	0.620	0.555	0.631
每股收益(加权)	0.650	-18.34%	0.796	0.555	0.631
(6)每股收益(元/股)(扣除非经常性损益)					
每股收益(摊薄)	0.616	-0.65%	0.620	0.554	0.630
每股收益(加权)	0.650	-22.46%	0.796	0.554	0.630
(7)每股净资产(元/股)	6.718	32.50%	5.07	3.76	3.83
(8)调整后的每股净资产(元/股)	6.490	37.21%	4.73	3.39	3.46
(9)净资产收益率(%)(摊薄)	9.17	-25.02%	12.23	14.78	16.47
(10)每股经营活动产生的现金流量(元/股)	0.479	152.11%	0.19	0.25	0.25

3. 报告期利润指标说明(合并报表)

项目	净资产收益率(%)		每股收益(元/股)	
	(摊薄)	(加权)	(摊薄)	(加权)
主营业务利润	22.91	39.76	1.539	1.843
营业利润	12.33	21.39	0.828	0.992
净利润	9.17	15.91	0.616	0.738
扣除非经常性损益的净利润	9.17	15.91	0.616	0.738

三、股本变动及股东情况介绍

1、本报告期末,公司股东总数120,676户,持股383,074,634股。
2. 公司主要股东持股情况(前十名股东)

股东名称	持股数(股)	占总股本数(%)
北京清华大学企业集团	193,083,275	50.40%
中信证券	4,591,026	1.20%
裕隆基金	4,317,102	1.13%
江西清华科技集团有限公司	3,985,506	1.04%
裕阳基金	3,338,665	0.87%
泰和基金	2,891,348	0.75%
安顺基金	2,384,237	0.62%
汉兴基金	2,126,062	0.56%
普丰基金	1,694,400	0.44%
中证公司	1,543,895	0.40%

3、北京清华大学企业集团持有国有法人股股份,为本公司最大股东,持股总额为193,083,275股,占公司总股本383,074,634股的50.40%,未将其持有的股份进行质押。

四川明星电力股份有限公司

二〇〇〇年年度报告摘选

一、公司简介

1、公司法定中文名称:四川明星电力股份有限公司
英文名称:SICHUAN MINGXING ELECTRIC POWER CO.,LTD,
(缩写:MXEP)
2、公司注册地址及办公地址:四川省遂宁市大东街18号
邮政编码:629000
电子信箱:mxep@sn-public.sc.cninfo.net
3、公司法定代表人:张廷安
4、公司董事会秘书:蒋青
联系地址:四川省遂宁市大东街18号
联系电话:(0825)2227626　　传　　真:(0825)2210017
电子信箱:q-jiang@sn-public.sc.cninfo.net.
5、公司指定信息披露报刊:《中国证券报》、《上海证券报》
登载年度报告的国际互联网网址为:http://www.sse.com.cn
公司年度报告备置地:四川明星电力股份有限公司证券部
6、公司股票上市地:上海证券交易所
股票简称:明星电力　　股票代码:600101

二、会计数据和业务数据摘要

1、公司本年利润及构成(单位:元)

项目	2000年度
利润总额	95923853.12
净利润	81660078.17
扣除非经常性损益后的净利润	81660078.17
主营业务利润	114387928.72
其他业务利润	8839613.56
营业利润	95359634.03
投资收益	752720.11
补贴收入	-
营业外收支净额	-188501.02
经营活动产生的现金流量净额	110681505.32
现金及现金等价物净增加	-29305858.86

注:报告期内本公司没有涉及需扣除的非经常性损益项目和金额。
2、公司前三年主要会计数据和财务指标(单位:元)

项目	2000年	1999年	1998年	
			追溯调整后	追溯调整前
主营业务收入	243470530.64	206839626.65	194970860.77	194970860.77
净利润	81660078.17	83108647.04	78155231.41	79250337.65
总资产	970409569.92	663013921.04	340227204.62	345032221.17
股东权益	633588005.38	580535198.47	292309895.27	297114911.82
每股收益	0.558	0.568	0.602	0.610
每股收益(加权)	0.558	0.602	0.722	0.666
扣除非经常性损益后的每股收益	0.558	0.532	0.527	0.535
每股净资产	4.33	3.96	2.25	2.29
调整后的每股净资	4.27	3.92	2.22	2.25
每股经营活动产生的现金流量净额	0.76	0.54	0.49	0.49
净资产收益率(%)	12.89	14.32	26.74	26.67
净资产收益率加权(%)	13.45	18.62	29.96	30.38

注:(1)按照中国证监会《公开发行证券公司信息披露编报规则(第9号)》要求计算的利润数据:

报告期利润		净资产收益率		每股收益	
		全面摊薄	加权平均	全面摊薄	加权平均
主营业务利润	114387928.72	18.05	18.41	0.781	0.781
营业利润	95359634.03	15.05	15.34	0.651	0.651
净利润	81660078.17	12.89	13.14	0.558	0.558
扣除非经常性损益后的净利润	81660078.17	12.89	13.14	0.558	0.558

(2)2000年年末、1999年年末的普通股总数为14644.386万股,1998年年末的普通股总数为12982.872万股。
3、股东权益变动情况:

项目	股本	资本公积	盈余公积	法定公益金	未分配利润	股东权益合计
期初数	146443860	218389389.86	40812105.89	29604971.70	137359837.25	580535198.47
本期增加	-	-	8166007.82	8166007.82	20388775.63	53052806.91
本期减少						
期末数	146443860	218389389.86	48978113.71	37770979.52	157748612.88	633588005.38

变动原因:(1)盈余公积金、法定公益金增加是按净利润的10%分别提取所致。
(2)未分配利润增加是本年度净利润提取两金后,任意盈余公积金和分配2000年度股利后的的余额。

三、股东情况介绍

1、股本情况介绍:截止2000年12月31日,公司股东总计41034户,其中:国有股股东1名,法人股股东2名,社会公众股股东41031名。
2、前十名股东持股情况(单位:股)

名次	股东名称	持股数	股份性质	占总股本比例(%)
1	遂宁市国有资产管理局	47916900	国家股	32.720
2	遂宁金源科技发展公司	13446960	法人股	9.182
3	遂宁市电力物资公司	12000000	法人股	8.194
4	南证财务	851810	公众股	0.582
5	李珍	490359	公众股	0.335
6	刘炳添	370000	公众股	0.253
7	傅素珍	301891	公众股	0.206
8	张炎芬	300000	公众股	0.205
9	魏建福	293800	公众股	0.201
10	海螺水泥	271702	公众股	0.186

莱 芜 钢 铁 股 份 有 限 公 司

二○○○年年度报告摘要

一、公司简介

1、公司名称:莱芜钢铁股份有限公司
英文名称:LAIWU STEEL CORPORATION
英文缩写:LS Co.
2、公司法定代表人:李名岷
3、公司董事会秘书:丁志刚
电话:(0634)6820601、6821189
传真:(0634) 6821094
4、公司注册和办公地址: 山东省莱芜市钢城区
邮政编码:271104
公司电子信箱: mishuke@mail. laigang. com
公司国际互联网网址:http://www. laigang. com
5、公司选定的信息披露报纸:《中国证券报》、《上海证券报》、《证券时报》
登载年报的国际互联网网址:http://www. sse. com. cn
公司年度报告备置地点:公司办公大楼董事会秘书室
6、公司股票上市地:上海证券交易所
股票简称:莱钢股份
股票代码:600102

二、会计数据和业务数据摘要

(一)本年度利润完成情况

利润总额	62,289.03 万元;
净利润	52,714.82 万元;
扣除非经常性损益后的净利润	53,698.18 万元;
主营业务利润	84,217.78 万元;
其他业务利润	522.96 万元;
营业利润	63265.90 万元;
投资收益	6.49 万元;
补贴收入	0 万元;
营业外收支净额	-983.36 万元;
经营活动产生的现金流量净额	111,007.52 万元;
现金及现金等价物净增加额	-10,531.32 万元。

注:非经营性损益总额为-983.36 万元:
(1)处理固定资产净损失 1014.60 万元;
(2)债务重组净收益 386.32 万元;
(3)其他净损失 355.08 万元。
(二)前三年主要会计数据和财务指标

项　　目	2000 年度	1999 年度		1998 年度		本年度比上年度增减(+,-)%
		追溯调整后	追溯调整前	追溯调整后	追溯调整前	
主营业务收入(万元)	452,540.76	399,079.69		408,762.49	408,762.49	13.40
净利润(万元)	52,714.82	37,648.17		36,775.34	36,780.44	40.02
总资产(万元)	513,685.99	436,056.06		350,700.60	350,726.10	17.80
股东权益(万元)	283,096.54	253,032.45		168,561.56	168,587.05	11.88
每股收益(元)	0.605	0.432		0.463	0.463	40.05
每股收益(元,加权平均)	0.605	0.46		0.46	0.46	31.52
每股收益(元,扣除非经常性损益)	0.616	0.43		0.46	0.46	42.59
每股净资产(元)	3.25	2.90		2.12	2.12	12.07
调整后的每股净资产(元)	3.25	2.90		2.12	2.12	12.07
每股经营活动产生的现金流量净额(元)	1.27	0.57		0.59	0.59	122.81
净资产收益率(%)	18.62	14.88		21.82	21.82	25.13

三、股东情况介绍

1、报告期末,公司股东总数为 7767 人,其中国有法人股股东 1 人,社会公众股股东为 7766 人。

2、报告期末,公司前十名股东持股情况:

序号	股东名称	持股数量	持股性质	比例(%)
1	莱芜钢铁集团有限公司	71518.20 万股	国有法人股	82.09
2	李玉杰	88.77 万股	社会公众股	0.102
3	新网投资	83.29 万股	社会公众股	0.096
4	毛玉昆	80.01 万股	社会公众股	0.092
5	陈月怡	78.80 万股	社会公众股	0.090
6	林敏	78.69 万股	社会公众股	0.090
7	赵永寅	78.00 万股	社会公众股	0.090
8	张有敏	78.00 万股	社会公众股	0.090
9	沈东钢	77.00 万股	社会公众股	0.088
10	尹丽敏	76.31 万股	社会公众股	0.088

3、莱芜钢铁集团有限公司为公司控股股东,报告期内持有公司已发行的 71518. 20 万股国有法人股,占公司总股本的 82.09%;截止报告期末,其所持公司股份无质押或冻结情况。

四、股东大会简介

(一)1999 年度股东大会

1、公司于 2000 年 3 月 23 日分别在《中国证券报》、《上海证券报》和《证券时报》上刊登召开 1999 年度股东大会公告。2000 年 4 月 25 日,会议在莱钢新兴大厦如期召开。山东省莱芜市公证处高级公证员左辉平先生、四级公证员李鹭红女士对本次股东大会进行了现场公证并出具了公证书。

2、大会以记名投票方式表决通过了以下事项:
(1)1999 年度董事会工作报告;
(2)1999 年度监事会工作报告;
(3)1999 年度财务决算和 2000 年度财务预算的报告;
(4)1999 年度利润分配方案的报告;
(5)关于修订《公司章程》的报告;
(6)关于调整公司董事、监事提案的报告;
(7)关于部分变更 1999 年配股募集资金投向的报告。
本次股东大会决议公告,已于 2000 年 4 月 26 日分别在《中国证券报》、《上海证券报》和《证券时报》上刊登。

3、本次股东大会同意姜开文、李庆、陈玲棠先生不再担任公司董事职务,崔宪池先生不再担任公司监事职务;选举于昌忠、张文德、王爱军先生为公司董事,荆延芳先生为公司监事。

(二)2000 年度临时股东大会

1、公司于 2000 年 11 月 29 日分别在《中国证券报》、《上海证券报》和《证券时报》上刊登召开 2000 年度临时股东大会公告。2000 年 12 月 30 日,会议在莱钢新兴大厦如期召开。山东平正大律师事务所刘英新律师出席了本次临时股东大会,并出具法律意见书。

2、大会以记名投票方式表决通过了以下事项:
(1)第一届董事会工作报告;
(2)第一届监事会工作报告;
(3)关于董事会换届选举议案的报告;
(4)关于监事会换届选举议案的报告;
(5)关于收购莱芜钢铁集团有限公司中小型轧钢车间议案的报告。
本次临时股东大会决议公告,已于 2001 年 1 月 3 日分别在《中国证券报》、《上海证券报》和《证券时报》上刊登。

3、经公司控股股东莱芜钢铁集团有限公司提名,大会选举(按姓氏笔画排序)王爱军、田克宁、李名岷、宋兰祥、张胜生、赵焕栋、赵雁彬、崔宪池、魏兴文为公司第二届董事会董事。经公司控股股东莱芜钢铁集团有限公司提名,大会选举赵茂祥、宋振训、荆延芳为公司第二届监事会监事。经公司职工代表大会选举,李丽芳女士、魏广显先生当选为公司第二届监事会职工代表监事。

五、董事会报告

(一)公司经营情况

1、公司所处行业及公司在本行业中的地位

公司所处钢铁行业是我国传统基础产业,是冶金业的重要组成部分,也是我国国民经济的一项支柱产业。在我国国民经济持续、稳定、健康发展的形势下,在国家实施西部大开发等扩大内需政策的拉动下,钢铁行业在"控制总量、调整结构、提高效益"中获得了相应的发展。公司控股股东莱芜钢铁集团有限公司是国家重点扶持的 512 家企业之一,公司为其最大子公司。据《冶金快报》统计,2000 年,莱钢在全国列入统计的 75 家大中型企业中,按钢产量排序列第 15 位。

2、公司主营业务范围及经营状况

公司主营业务为钢铁产品和焦化产品的生产和销售。

报告期内,公司按照"控制总量、调整结构、提高效益"的行业调控要求,抓住钢铁产品价格回升的有利时机,坚持"以经济效益为中心,以市场需求为导向",强化经营管理,推进技术进步,大力开拓市场,取得了良好的经营业绩。截止报告期末,公司共生产钢 211.62 万吨、生铁 170.83 万吨、钢材 189.56 万吨,同比分别增长 8.43%、4.45%和 14.50%,均创历史最高水平。公司主要产品有特殊钢热轧圆钢、热轧带钢、冷轧带钢、螺纹钢、H 型钢等中小型材,钢材实物产销率达到 100.49%。公司产品全年出口 30 万吨,完成"以产顶进"钢材 15 万吨。全年实现主营业务收入 452540.76 万元,主营业务利润 84217.78 万元,净利润 52714.82 万元,同比分别增长 13.40%、42.65%和 40.02%。占公司主营业务收入 10 %以上的产品为钢材,其所占比例为 87.64%。

3、经营中出现的问题与困难及解决方案

报告期内公司在经营中出现的问题与困难:一是结构调整和营销工作需要进一步适应市场要求;二是部分经济技术指标的潜力还没有充分挖掘出来。

针对上述困难和问题,公司采取了以下对策:一是根据市场需求,调整产品结构。成功地开发出美标 7#、8#螺纹钢,转炉优碳 Φ35-Φ60 圆钢,294× 200 、350×175、346×174 和 298×201 系列的 H 型钢,20a 槽钢,YJZ84Cr15 轴承钢, S45C 转炉钢,Q235(DG)热带,60SiNi 工具钢等新产品,提高了公司产品的市场竞争力。二是全面落实"严、细、实"管理,大力进行技术攻关。通过强化管理和技术攻关,深入开展对标挖潜,降成本,上水平,增效益。炼铁、炼钢、轧材等指标中有 20 项进入全行业前 10 名,其中有 3 项为全行业第 1 名;可比产品总成本比上年降低 3.556 亿元,降低率为 11.08%。三是加强生产的总体组织协调和平衡, 理顺维修管理体制,积极探索设备定修模型,在热线生产系统全面实行设备点检定修,为高效生产提供了有力保证。四是强化市场营销,大力开拓国内外市场,尤其是把开拓 H 型钢市场作为营销工作的重点。加大对 H 型钢的宣传和推介力度,集中人力、物力展开对 H 型钢市场的考察与研究,发展直接用户近 50 家。公司通过建设和运作 H 型钢经销网络,相继和一些销售能力强的经营公司建立了稳定的供求业务关系。

(二)公司财务状况

报告期内, 公司财务状况良好, 各项财务指标创出较高水平。总资产达到 513685.99 万元,负债总额为 229132.62 万元,长期负债为 127821.96 万元, 股东权益为 283096.54 万元, 主营业务利润为 84217.78 万元,净利润为 52714.82 万元,分别比上年增长 77629.93 万元、46109.01 万元、23362.59 万元、30064. 09 万元、25180.64 万元和 15066.65 万元,增长幅度分别是 17.80%、25.19%、22.37%、11 .88%、42.65%和 40.02%。公司少数股东权益为 1456.83 万元,系与控股

子公司合并会计报表所致。公司总资产和股东权益增加的主要原因是本年度实现净利润 52714.82 万元。公司负债总额增加的主要原因是应付帐款及预收帐款增加 19406.26 万元,应付股利增加 22650.73 万元;公司长期负债增加的主要原因是长期借款增加。公司主营业务利润和净利润的增长主要得益于公司装备水平现代化程度较高,产品品种、质量适应市场需求,特别是公司上下全面落实"严、细、实"管理,深入开展对标挖潜工作,明显降低了成本与费用。

山东乾聚有限责任会计师事务所出具了无保留意见的审计报告。

(三)公司投资情况

1、公司投资情况

报告期内公司对外投资额为 4540 万元,比上年增长 1540 万元,增长幅度为 51 .33%,系对山东证券有限责任公司追加投资 3000 万元及对山东天泰新材料股份有限公司投资 1540 万元所致。2000 年 4 月 18 日,公司与其他 4 家企业就共同设立山东天泰新材料股份有限公司签署了有关协议。公司出资 150 万元,占有该公司 51.33 %的股份。该公司已于 2000 年 7 月 17 日在山东省工商局登记注册。详细情况见 2000 年 4 月 19 日和 2000 年 7 月 19 日《中国证券报》、《上海证券报》和《证券时报》。2000 年 4 月 25 日,公司决定对山东证券有限责任公司增加资本金投入 3000 万元。公司目前共持有山证股份 7140 万股,占其增资扩股后总股本的 3.97%。详细情况见 2000 年 4 月 26 日《中国证券报》、《上海证券报》和《证券时报》。

报告期内公司对内投资额为 34209.09 万元,比上年减少 50392.60 万元,减少幅度为 59.56%。年初在建工程余额 36948.31 万元,本年度投入 34209.09 万元(其中配股项目 19571.40 万元,其他技改技措项目 14637.69 万元),全年投资形成固定资产 20853.89 万元,期末在建工程余额 50303.51 万元。

2、前次募集资金使用变更情况

公司通过实施 1999 年配股募集货币资金 2.15 亿元,后来根据市场形势的变化调整了部分配股募集资金投向。2000 年 4 月 25 日,公司 1999 年度股东大会逐项审议通过了一届十二次董事会提交的《关于部分变更 1999 年配股募集资金投向的报告》。一届十二次董事会决议公告、1999 年度股东大会决议公告及部分变更 1999 年配股募集资金投向公告已分别于 2000 年 3 月 23 日和 4 月 26 刊登在《中国证券报》、《上海证券报》和《证券时报》上。公司已按有关法律、法规的规定,履行了部分变更募集资金投向的程序,并进行了相应的信息披露。

3、前次募集资金投入项目及收益情况

按照变更后配股募集资金使用计划,所建工程项目进展顺利,截止报告期末,除 R4 级海洋系泊链用钢技术改造项目将近完工外,其余项目均已建成,有些已开始发挥效益。

投入项目进度及收益情况表

单位:万元

进度及收益 投入项目	计划 投资额	期末累计 投资额	完成 进度	预计 年收益	报告期内 收益情况
原计划投资项目					
1、R4 级海洋系泊链用钢技术开发项目	4,960	5528.84	90%	1758.48	尚在建设,将近完工
2、带钢连铸机节能项目(已变更)	4,986	- - - - - - - - -		1112.00	- - - -
3、热送辊道节能项目(已变更)	4,970	- - - - - - - - -		1364.00	- - - -
4、焦炉煤气洗涤回收工程(已变更)	4,976	- - - - - - - - -		888.35	- - - -
5、焦炉煤气脱硫工程(已变更)	4,961	- - - - - - - - -		1272.53	- - - -
6、合金钢连铸机节能项目(已变更)	4,941	- - - - - - - - -		860.28	- - - -
合 计	29,794	5528.84	- - -	7255.64	- - - -
实际投资项目					
1、2#球团竖炉工程	3,200	3,427.74	95%	750	考核验收,尚未转资
2、2×750m3 高炉喷吹煤粉工程	2,170	2,081.73	100%	686	171.50
3、2×105m2 烧结机小球烧结强化制粒工程	1,100	853.60	95%	1320	考核验收,尚未转资
4、特钢厂加热炉煤气代油项目	1,456	1620.64	95%	1400	考核验收,尚未转资
5、2#连铸机高效化改造项目	1,250	1546.19	95%	400	考核验收,尚未转资
6、热电厂 5#75 吨锅炉改造工程	2,785	2196.32	95%	425	考核验收,部分转资 70.83
7、热电厂高炉风机改造工程	4,709	4266.41	95%	890	考核验收,部分转资 74.17
8、R4 级海洋系泊链用钢技术开发项目	4,960	5528.84	90%	1758.48	尚在建设,将近完工
合 计	21,630	21,521.47	- -	7629.48	316.50

注:配股募集资金项目变更后,期初投入由 22.15 万元变为 1950.07 万元。

R4 级海洋系泊链用钢技术改造项目主要还剩轧钢部分的精整车间没有完成。该项目比原计划有所延期的主要原因是有些设备制造周期较长,有的还需要引进。截止报告期末,该项目共完成投资 5528.84 万元(在建工程设备款已付),比原投资计划 4960 万元略有超出。该项目预计 2001 年上半年全部建成,预计收益情况没有重大变化。

(四)生产经营环境等变化对公司影响

1、钢铁行业宏观调控政策对公司影响

报告期内,钢铁行业继续实行"控制总量、调整结构、提高效益"的宏观调控政策,规范有序的行业环境,有利于公司公平地参与市场竞争。公司产品有相当一部分用于出口和"以产顶进",产量增加部分符合国家有关政策。公司主体技术装备如中型型钢生产线、中小型材生产线等已达到当今国际水平,便于调整产品结构,提高经济效益。

2、钢材价格回升对公司影响

报告期内,国家出台的一系列宏观调控政策已见成效,同时受国际市场钢材价格变动和我国扩大内需的影响,国内钢材价格出现了恢复性上升,特别是进入四月份以来,公司主要产品螺纹钢、带钢等品种的市场销售价格均有一定幅度的增长,对公司的生产经营产生了有利影响。

(五)新年度业务发展计划

1、认真贯彻"调控总量,调整结构,加强管理,提高竞争力"的行业指导方针,以提高经济效益为中心,以结构调整为重点,以技术进步和深化改革为动力,以科学管理为基础,提高规范运作水平,在搞好生产经营的基础上,加大资本运营力度,以钢铁业为依托,向高科技新材料领域扩展,开辟新的利润增长点,实现可持续发展。

2、全年生产钢 227 万吨,生铁 173 万吨,钢材 209 万吨;出口钢材 25 万吨,生产"以产顶进"钢材 20 万吨。

3、主要技术经济指标进入全行业先进水平。

4、继续开发螺纹钢系列、型钢系列、带钢系列、易切削钢系列、齿轮钢系列和弹簧钢系列新产品。

5、控股子公司天泰股份经营业绩迈上一个新台阶。

6、全年重大人身伤亡事故、重大设备事故、重大火灾事故和重大环境污染事故为零。

7、在建项目的预期进度:R4 级海洋系泊链用钢技术开发项目 2001 年上半年全部完成。

(六)董事会日常工作情况

1、报告期内董事会的会议情况及重要决议

(1) 2000 年 3 月 21 日,公司召开了一届十二次董事会,审议通过了以下议案和事项:

A、关于 1999 年度财务决算和 2000 年度财务预算的议案;

B、1999 年度利润分配预案及 2000 年度利润分配政策;

C、关于 2000 年生产经营和重大投资计划的议案;

D、关于修订《公司章程》的议案;

E、1999 年年度报告及其摘要;

F、关于调整公司董事的议案;

会议同意姜开文、李庆、陈玲棠先生不再担任公司董事,同时提名于昌忠、张文德、王爱军先生为公司董事候选人,并提请公司 1999 年度股东大会审议。

G、关于聘任公司总经理及高级管理人员的议案;

会议同意陈玲棠先生不再担任总经理职务,聘任于昌忠先生为公司总经理。根据总经理提名,聘任谢振清先生为公司总经济师(兼),不再兼任公司财务主管;魏佑山先生为公司副总经理兼总工程师;李玮先生为公司副总经理兼总会计师。

H、决定于 2000 年 4 月 25 日召开 1999 年度股东大会;

I、关于公司财务管理制度的议案;

J、关于核销处理坏帐损失的议案;

K、关于部分变更 1999 年配股募集资金投向的议案。

本次董事会决议公告已于 2000 年 3 月 23 日在《中国证券报》、《上海证券报》和《证券时报》上刊登。

(2) 2000 年 4 月 25 日,公司召开了一届十三次董事会,审议通过了以下议案和事项:

A、选举李名岷先生为公司董事会董事长;

B、选举宋兰祥先生为公司董事会副董事长;

C、关于增加对山东证券有限责任公司资本金投入的提案。

本次董事会决议公告已于 2000 年 4 月 26 日在《中国证券报》、《上海证券报》和《证券时报》上刊登。

(3) 2000 年 7 月 23 日,公司召开了一届十四次董事会,审议通过了以下议案和事项:

A、2000 年度中期报告;

B、决定撤消设备维修厂;

C、决定设立接待服务部和汽车货运总队。

本次董事会决议公告已于 2000 年 7 月 25 日在《中国证券报》、《上海证券报》和《证券时报》上刊登。

(4) 2000 年 9 月 30 日,公司召开了一届十五次董事会,审议通过了以下议案和事项:

A、聘任赵雁彬先生为公司总经理;

B、于昌忠先生不再担任总经理职务。

本次董事会决议公告已于 2000 年 10 月 10 日在《中国证券报》、《上海证券报》和《证券时报》上刊登。

(5) 2000 年 11 月 27 日,公司召开了一届十六次董事会,审议通过了以下议案和事项:

A、关于董事会换届选举的议案;

经公司控股股东莱芜钢铁集团有限公司提名,公司第二届董事会候选人为(按姓氏笔画排序)王爱军、田克宁、李名岷、宋兰祥、张胜生、赵焕栋、赵雁彬、崔宪池、魏兴文。

B、关于调整高级管理人员的议案;

经总经理提名,聘任张胜生先生为公司副总经理;于德政先生为公司财务主管。魏佑山先生不再担任公司副总经理兼总工程师职务;李玮先生不再担任公司副总经理兼总会计师职务;谢振清先生不再担任公司副总经理兼总经济师职务;薛克治先生为公司调研员,不再担任公司副总经理职务。经董事长提名,聘任丁志刚先生为公司董事会秘书;杨峰先生不再担任公司董事会秘书职务。

C、关于收购莱芜钢铁集团有限公司中小型轧钢车间的议案;

D、关于召开 2000 年度临时股东大会的议案。

本次董事会决议公告已于 2000 年 11 月 29 日在《中国证券报》、《上海证券报》和《证券时报》上刊登。

(6)2000 年 12 月 30 日,公司召开了二届一次董事会,审议通过了以下议案和事项:

A、选举李名岷先生为公司第二届董事会董事长;

B、选举宋兰祥先生为公司第二届董事会副董事长;

C、经董事长提名,续聘赵雁彬先生为公司总经理,丁志刚先生为公司董事会秘书。经总经理提名,续聘张胜生先生为公司副总经理;于德政先生为公司财务主管。

本次董事会决议公告已于 2001 年 1 月 3 日在《中国证券报》、《上海证券报》和《证券时报》上刊登。

2、报告期内董事会对股东大会决议的执行情况

(1)经山东省工商局核准,已修改公司章程;

(2)部分变更 1999 年配股募集资金投向已完成,变更项目已如期建成;

(3)公司收购莱芜钢铁集团有限公司中小型轧钢车间的方案已经实施完成。

(七)公司董事、监事和高级管理人员

1、董事、监事和高级管理人员简况

姓名	性别	职务	年龄	任期	期初持股	期末持股	变动原因	年度报酬
李名岷	男	董事长	54	2000.12.30-2003.12.30	3510	3510		42906
宋兰祥	男	副董事长	50	2000.12.30-2003.12.30	1170	1170		35291
田克宁	男	董事	44	2000.12.30-2003.12.30	1120	1120		33010
赵雁彬	男	董事、总经理	47	2000.12.30-2003.12.30	1320	1320		33168
崔宪池	男	董事	54	2000.12.30-2003.12.30	0	0		28772
魏兴文	男	董事	48	2000.12.30-2003.12.30	0	0		28826
张胜生	男	董事、副总经理	42	2000.12.30-2003.12.30	0	0		33023
王爱军	男	董事	51	2000.12.30-2003.12.30	100	100		29111
赵焕栋	男	董事	51	2000.12.30-2003.12.30	0	0		28773
赵茂祥	男	监事会主席	51	2000.12.30-2003.12.30	1950	1950		35279
宋振训	男	监事	56	2000.12.30-2003.12.30	1170	1170		28972
荆延芳	男	监事	45	2000.12.30-2003.12.30	58	58		28917
李丽芳	女	监事	46	2000.12.30-2003.12.30	2260	2260		28466
魏广显	男	监事	29	2000.12.30-2003.12.30	390	390		21107
于德政	男	财务主管	38	2000.12.30-2003.12.30	300	300		28523
丁志刚	男	董事会秘书	49	2000.12.30-2003.12.30	0	0		28012

上述董事、监事和高级管理人员均从公司领取报酬,年度报酬总额为 492156 元,其数额的分布区间(万元)为:

区间:	2.0-2.5	2.5-3.0	3.0-3.5	3.5-4.0	4.0-4.5
人数:	1	9	3	2	1

2、报告期内公司董事、监事、高级管理人员离任等变动情况

见本报告股东大会简介、董事会会议情况及决议内容、监事会工作情况。

(八)2000 年度利润分配预案及预计 2001 年度利润分配政策

1、2000 年度利润分配预案

经山东乾聚有限责任会计师事务所审计,公司本年度实现净利润 527,148,229 .68 元,提取 10%法定公积金和 10%公益金共计 105,429,645.94 元后,加年初未分配利润 480,281,622.42 元,年末可供分配的利润累计为 902,000,206.16 元。公司拟以 2000 年末总股本 87,118.20 万股为基数,向全体股东每股派发现金 0.26 元(含税),共送出现金 226,507,320.00 元,剩余利润 675,492,886.16 元转入下年度。本次派送现金红利方案在公司 2000 年度股东大会通过后适当时间实施。

2、预计 2001 年度利润分配政策

(1)公司拟在 2001 年度分配利润一次。

(2)公司 2001 年度实现净利润用于股利分配的比例在 10%以上;公司 2000 年度末分配利润结转 2001 年度,不分配。

(3)分配采用现金形式,现金股息占股利分配的比例为100%。

(九)其他报告事项

公司选定《中国证券报》、《上海证券报》及《证券时报》为信息披露报刊。

六、监事会报告

报告期内公司监事会会议的重要决议、刊登的信息披露报纸及披露日期:

1、2000年3月21日,公司召开了一届六次监事会,审议通过了如下议案和事项:

(1)1999年度监事会工作报告;

(2)关于调整公司监事的提案;

同意崔宪池先生不再担任公司监事,提名荆延芳先生为公司监事候选人,并提请公司1999年度股东大会审议。

(3)审议讨论了第一届董事会第十二次会议有关议案和决议。

本次监事会决议公告已于2000年3月23日在《中国证券报》、《上海证券报》和《证券时报》上刊登。

2、2000年7月23日,公司召开了一届七次监事会,审议讨论了公司一届十四次董事会通过的《2000年度中期报告》。

本次监事会决议公告已于2000年7月25日在《中国证券报》、《上海证券报》和《证券时报》上刊登。

3、2000年11月27日,公司召开了一届八次监事会,审议通过了如下议案和事项:

(1)关于监事会换届选举的议案;

经公司控股股东莱芜钢铁集团有限公司提名,推荐赵茂祥、宋振训、荆延芳为公司第二届监事会候选人。经公司职工代表大会选举,李丽芳女士、魏广显先生当选为公司第二届监事会职工代表监事。

(2)审议讨论了第一届董事会第十六次会议通过的有关议案和决议。

本次监事会决议公告已于2000年11月29日在《中国证券报》、《上海证券报》和《证券时报》上刊登。

4、2000年12月30日,公司召开了二届一次监事会,选举赵茂祥先生为公司第二届监事会主席。

本次监事会决议公告已于2001年1月3日在《中国证券报》、《上海证券报》和《证券时报》上刊登。

七、重要事项

(一)重大诉讼、仲裁事项:

报告期内公司无重大诉讼、仲裁事项。

(二)报告期内公司、公司董事及高级管理人员未受监管部门处罚。

(三)公司控股股东、董事、监事和高级管理人员变动情况:

报告期内,公司控股股东未发生变更。公司董事、监事和高级管理人员变动情况见本报告股东大会简介、董事会报告和监事会报告三部分中相关内容。

(四)报告期内公司收购及出售资产、吸收合并等事项:

报告期内,公司收购了莱芜钢铁集团有限公司中小型轧钢车间。详细情况见2000年11月29日和2001年1月3日的《中国证券报》、《上海证券报》和《证券时报》。

(五)重大关联交易事项:

莱芜钢铁集团有限公司为公司控股股东。

公司收购莱芜钢铁集团有限公司中小型轧钢车间属于重大关联交易,详细情况见2000年11月29日和2001年1月3日的《中国证券报》、《上海证券报》和《证券时报》。

公司与莱芜钢铁集团有限公司之间的其他重大关联交易包括采购货物、销售货物、提供服务等,其中采购货物73508.31万元,销售货物67905.87万元,提供服务3958.50万元。上述关联交易,双方依据已经签定的有关合同进行。

公司1999年实施配股后,原莱芜钢铁集团有限公司销售处部分资产已配入本公司,其人员、业务亦相应进入公司。为了业务的连续性,2000年公司从莱芜钢铁集团有限公司销售处转入应收帐款27654.11万元、预收帐款12037.57万元、坏帐准备138.30万元、其他应收款144.02万元、其他应付款8.55万元。2000年末莱芜钢铁集团有限公司加强清欠力度,统一协调清欠事宜,故公司将原从莱芜钢铁集团有限公司转入的尚未收回的应收帐款8920.49万元转到莱芜钢铁集团有限公司。

公司为加强财务管理,进一步理顺货款支付程序,将2000年度应付帐款30002 .03万元转入莱芜钢铁集团有限公司。

公司及股东的利益没有因上述关联交易而受损害。

(六)上市公司与控股股东在人员、资产、财务上的"三分开"情况:

公司与控股股东莱芜钢铁集团有限公司之间已实现资产完整、财务独立、人员独立。具体情况如下:

1、人员方面:公司在劳动、人事及工资管理等方面实行独立。经理、副经理等高级管理人员均在公司领取薪酬,未在股东单位担任重要职务。

2、资产方面:公司拥有独立的生产系统,部分辅助生产系统和配套设施归莱芜钢铁集团有限公司所有,双方依据已经签定的有关合同进行关联交易。公司拥有工业产权、非专利技术等无形资产,公司目前使用的商标归莱芜钢铁集团有限公司所有,由公司无偿使用。公司拥有独立的采购和销售系统。

3、财务方面:公司设有独立的财务部门,建立了独立的会计核算体系和财务管理制度,并在银行独立开户。

(七)报告期内公司未发生托管、承包、租赁其他公司资产或其他公司托管、承包、租赁本公司资产的情况。

(八)报告期内公司续聘山东乾聚有限责任会计师事务所。

(九)报告期内公司无其他重大合同(含担保等)。

(十)报告期内公司未更改名称也未更改股票简称。

(十一)报告期内公司或持股5%以上股东未在指定报纸和网站上披露承诺事项。

(十二)其他重大事项:

报告期内公司无任何重大担保、抵押、质押事项。

八、财务会计报告

审 计 报 告

乾聚审字[2001]7号

莱芜钢铁股份有限公司全体股东:

我们接受委托,审计了贵公司2000年12月31日的资产负债表与合并资产负债表、2000年度利润表与合并利润表、2000年度利润分配表与合并利润分配表、2000年度现金流量表与合并现金流量表。这些会计报表由贵公司负责,我们的责任是对这些会计报表发表审计意见。我们的审计是依据《中国注册会计师独立审计准则》进行的。在审计过程中,我们结合贵公司的实际情况,实施了包括抽查会计记录等我们认为必要的审计程序。

我们认为,上述会计报表符合《企业会计准则》和《股份有限公司会计制度》的有关规定,在所有重大方面公允地反映了贵公司2000年12月31日的财务状况及2000年度的经营成果和2000年度的现金流量情况,会计处理方法的选用遵循了一贯性原则。

山东乾聚有限责任会计师事务所　　　　中国注册会计师　刘学伟

中国·烟台　　　　　　　　　　　　　　中国注册会计师　刘光玺

二00一年一月十六日

公司主要会计政策、会计估计和合并会计报表的编制方法

1.会计制度:

公司执行《股份有限公司会计制度》。

2.会计年度:

自公历1月1日起至12月31日止为一个会计年度。

3.记帐本位币:

记帐本位币为人民币。

4.记帐原则和计价基础:

公司以权责发生制为记帐基础,以历史成本为计价原则。

5.现金等价物的确定标准:

凡同时具备期限短(从购买日起,三个月内到期)、流动性强、易于转换为已知金额现金、价值变动风险很小等四个条件的投资确定为现金等价物。

6.坏帐核算方法:

坏帐损失采用备抵法核算,按照帐龄分析法计提,根据债务单位的财务状况、现金流量等情况,规定的提取比例为:

(1)应收集团公司所属单位及子公司的应收款项,1年以内(含1年)不计提坏帐准备;1年以上、2年以下(含2年)计提比例5‰;2年以上、3年以下(含3年)计提比例5%;3年以上提比例10%。

(2)应收集团公司以外单位的应收款项,1年以内(含1年)计提比例1%;1年以上、2年以下(含2年)计提比例3%;2年以上、3年以下(含3年)计提比例5%;3年以上提比例10%。

坏帐按以下原则进行确认:

(1)因债务人破产,依照法律程序清偿后,确实无法收回的应收款项;

(2)因债务人死亡,既无遗产可清偿,又无义务承担人,确实无法收回的应收款项;

(3)因债务人逾期三年未履行偿债义务且有明显特征表明无法收回的应收款项,经公司董事会批准,可以列作坏帐的应收款项。

7.存货核算方法:

(1)存货包括:物资采购、原材料、产成品、自制半成品、低值易耗品等;

(2)物资采购按取得时的实际成本计价,原材料按计划成本核算,月末按照发出各种原材料的计划成本计算结转差异;

(3)产成品及在产品按实际成本计价,产成品发出时按加权平均法计价;

(4)低值易耗品采用一次摊销法核算。

期末存货成本按成本与可变现净值孰低计价。

8.长期投资核算方法:

(1)长期股权投资包括股票投资和其他股权投资。长期股权投资按投资时支付的全部价款入帐;

(2)投资企业对被投资单位无控制、无共同控制且无重大影响的,长期股权投资采用成本法核算;投资企业对被投资单位具有控制、共同控制或重大影响的,长期股权投资采用权益法核算;对持有50%(不含50%)以上被投资单位权益性资本,以及虽不持有50%以上的权益性资本,但对被投资单位具有实质性控制权的,采用权益法核算并合并会计报表;

(3)对外长期股权投资取得成本与其在被投资单位所有者权益中所占份额之间的差额计入长期股权投资差额,合同规定了投资期限的按投资期限摊销,没有规定投资期限的按10年摊销;

(4)长期债权投资的核算方法:按实际成本法核算,并按权责发生制原则计算应计利息。

(5)对被投资单位由于市价持续下跌或经营状况恶化等原因导致长期投资可收回金额低于其帐面价值的,并且这种降低的价值在可预计的未来期间内不可能恢复时,按可收回金额低于长期投资帐面价值的差额,计提长期投资减值准备。

9.固定资产计价和折旧方法:

公司的固定资产是指使用期限超过一年的房屋、建筑物、机器、机械、运输工具以及其他与生产、经营有关的设备、器具、工具等。不属于生产经营主要设备的物品,单位价值在2000元以上,并且使用期限超过2年的,也作为固定资产。评估入帐的固定资产按重置成本计价,其他固定资产按历史成本入帐,采用直线法计提折旧,并预计3—5%的残值,固定资产分类折旧率如下

类　别	使用年限(年)	预计残值率(%)	年折旧率(%)
房屋建筑物	20—30	5	3.17—4.75
通用设备	15	5	6.33
专用设备	8—10	3	9.70—12.13
运输工具	7	3	13.86
其 他	5-8	3	12.13—19.40

10.在建工程核算方法:

在建工程在工程完工交付使用后确认为固定资产,在建工程在交付使用前发生的利息计入工程成本。

11.收入实现的确认原则:

在同时符合下列条件时确认销售商品收入:

(1)已将商品所有权上的主要风险和报酬转移给购货方;

(2)既没有保留通常与所有权相联系的继续管理权,也没有对已售出的商品实施控制;

(3)与交易相关的经济利益能够流入企业;

(4)相关的收入和成本能够可靠地计量。

12.所得税的会计处理方法:

所得税的会计处理方法采用应付税款法。

13.利润分配方法

根据公司法和公司章程的规定,按当年度税后利润的10%提取法定公积金,按5%—10%提取法定公益金。

九、公司的其他有关资料

(一)公司首次注册登记日期、地点:1997年8月22日;山东省济南市;

(二)企业法人营业执照注册号:26717943-3-1;

(三)税务登记号码:371200267179433;

(四)公司未流通股票托管机构:上海证券中央登记结算公司;

(五)公司聘请的会计师事务所:山东乾聚有限责任会计师事务所;办公地点:山东省烟台市。

十、备查文件

(一)载有法定代表人、主管会计工作负责人、会计机构负责人签名并盖章的会计报表;

(二)载有会计师事务所盖章、注册会计师签名并盖章的审计报告正本;

(三)报告期内在中国证监会指定报纸上公开披露过的所有公司文件的正本及公告的原稿。

莱芜钢铁股份有限公司董事会

二〇〇一年二月四日

利 润 分 配 表

编制单位:莱芜钢铁股份有限公司 单位:人民币元

项目	附注	合并数	母公司数	
		2000年度	2000年度	1999年度
一、净利润		527,148,229.68	527,148,229.68	376,481,702.03
加:年初未分配利润		480,281,622.42	480,281,622.42	179,096,260.79
盈余公积转入数				
二、可分配的利润		1,007,429,852.10	1,007,429,852.10	555,577,962.82
减:提取法定公积金		52,714,822.97	52,714,822.97	37,648,170.22
提取法定公益金		52,714,822.97	52,714,822.97	37,648,170.20
三、可供股东分配的利润		902,000,206.16	902,000,206.16	480,281,622.42
减:已分配优先股股利				
提取任意盈余公积				
应付普通股股利		226,507,320.00	226,507,320.00	
转作股本的普通股股利				
四、未分配利润		675,492,886.16	675,492,886.16	480,281,622.42

资 产 负 债 表

编制单位:莱芜钢铁股份有限公司 单位:人民币元

资产	附注	合并数	母公司数	
		2000年12月31日	2000年12月31日	1999年12月31日
流动资产:				
货币资金	1	24,882,754.71	19,509,891.80	130,195,928.94
短期投资				
短期投资净额				
应收票据				
应收股利				
应收利息				
应收帐款	2	169,265,769.17	169,153,037.72	166,237,142.84
其他应收款	3	100,070,503.62	99,099,510.26	67,177,345.30
减:坏帐准备		3,431,764.26	3,377,578.02	992,046.35
应收款项净额		265,904,508.53	264,874,969.96	232,422,441.79
预付帐款	4	38,170,806.79	36,451,520.31	12,020,600.34
应收补贴款				
存货	5	605,615,432.85	603,474,083.21	733,515,628.85
减:存货跌价准备		6,890,600.49	6,785,336.89	3,400,000.00
存货净额		598,724,832.36	596,688,746.32	730,115,628.85
待摊费用				
待处理流动资产净损失	6	-6,538.33		
一年内到期的长期债权投资				
其他流动资产				
流动资产合计		927,676,364.06	917,525,128.39	1,104,754,599.92
长期投资:				
长期股权投资	7	59,289,992.70	74,650,440.33	30,000,000.00
其中:合并价差		-714,007.30		
长期债权投资				
长期投资合计		59,289,992.70	74,650,440.33	30,000,000.00
减:长期投资减值准备				
长期投资净额		59,289,992.70	74,650,440.33	30,000,000.00
固定资产:				
固定资产原价	8	4,929,371,763.13	4,917,316,279.71	3,853,293,852.58
减:累计折旧	8	1,286,802,391.96	1,286,020,477.19	996,970,995.09
固定资产净值		3,642,569,371.17	3,631,295,802.52	2,856,322,857.49
工程物资	9	2,433,567.82	2,433,567.82	
在建工程	10	503,035,099.08	494,944,817.19	369,483,126.85
固定资产清理				
待处理固定资产净损失				
固定资产合计		4,148,532,754.07	4,128,674,187.53	3,225,805,984.34
无形资产及其他资产:				
无形资产	11	312,136.61		
开办费	12	1,048,611.23		
长期待摊费用				
其他长期资产				
无形资产及其他资产合计		1,360,747.84		
递延税项:				
递延税款借项				
资产总计		5,136,859,858.67	5,120,849,756.25	4,360,560,584.26
负债及股东权益				
流动负债:				
短期借款	13	130,000,000.00	130,000,000.00	332,000,000.00
应付票据	14	3,073,347.00	3,073,347.00	62,968,059.69
应付帐款	15	258,735,612.11	258,565,701.00	153,163,014.50
预收帐款	16	100,881,876.39	100,857,256.17	12,391,893.30
代销商品款				
应付工资		28,217,919.11	28,092,557.92	22,580,866.04
应付福利费		60,200,038.29	60,107,122.30	45,547,628.78
应付股利	17	226,507,320.00	226,507.320.00	
应交税金	18	23,708,264.70	23,139,422.30	-30,846,627.51
其他应交款		7,217,376.96	7,201,937.91	1,537,016.59
其他应付款	19	145,566,536.27	145,128,556.05	160,004,111.09
预提费用		6,794.06		
一年内到期的长期负债	20	28,991,592.00	28,991,592.00	26,296,452.00
其他流动负债				
流动负债合计		1,013,106,676.89	1,011,664,812.65	785,642,414.48
长期负债				
长期借款	21	1,220,490,397.38	1,220,490,397.38	990,574,362.06
应付债券	22	57,729,158.00	57,729,158.00	54,019,166.00
长期应付款				
住房周转金				
其他长期负债				163.34
长期负债合计		1,278,219,555.38	1,278,219,555.38	1,044,593,691.40
递延税项:				
递延税款贷项				
负债合计		2,291,326,232.27	2,289,884,368.03	1,830,236,105.72
少数股东权益:		14,568,238.18		
股东权益:				
股本	23	871,182,000.00	871,182,000.00	871,182,000.00
资本公积	24	969,386,700.52	969,386,700.52	969,386,700.52
盈余公积	25	314,903,801.54	314,903,801.54	209,474,155.60
其中:公益金		157,451,900.77	157,451,900.77	104,737,077.80
未分配利润	26	675,492,886.16	675,492,886.16	480,281,622.42
股东权益合计		2,830,965,388.22	2,830,965,388.22	2,530,324,478.54
负债及股东权益总计		5,136,859,858.67	5,120,849,756.25	4,360,560,584.26

利 润 表

编制单位:莱芜钢铁股份有限公司 单位:人民币元

项目	附注	合并数	母公司数	
		2000年度	2000年度	1999年度
一、主营业务收入		4,525,407,567.87	4,525,089,979.92	3,990,796,866.28
减:折扣与折让				
主营业务收入净额		4,525,407,567.87	4,525,089,979.92	3,990,796,866.28
减:主营业务成本		3,664,349,824.50	3,663,957,685.01	3,391,862,322.83
主营业务税金及附加		18,879,970.69	18,879,970.69	8,563,114.10
二、主营业务利润		842,177,772.68	842,252,324.22	590,371,429.35
加:其他业务利润	27	5,229,560.38	5,251,896.09	1,016,552.99
减:存货跌价损失		3,490,600.49	3,385,336.89	3,400,000.00
营业费用		24,468,344.06	24,186,577.86	14,026,861.00
管理费用		144,867,772.99	143,833,892.76	114,405,476.55
财务费用	28	41,921,625.75	41,852,681.25	12,168,451.96
三、营业利润		632,658,989.77	634,245,731.55	447,387,192.38
加:投资收益		64,909.75	-749,559.67	
补贴收入				
营业外收入	29	4,880,498.99	4,880,488.99	3,255,937.62
减:营业外支出	30	14,714,133.19	14,714,133.19	5,617,116.47
四、利润总额		622,890,265.32	623,662,527.68	445,026,013.98
减:所得税(33%)	31	212,331,455.63	212,331,455.63	150,797,486.29
加:所得税返还(18%)	31	115,817,157.63	115,817,157.63	82,253,174.34
少数股东本期收益		-772,262.36		
五、净利润		527,148,229.68	527,148,229.68	376,481,702.03

现 金 流 量 表

编制单位:莱芜钢铁股份有限公司 单位:人民币元

项目	行次	合并数	母公司数
销售商品、提供劳务收到的现金	1	5,381,441,691.69	5,380,852,174.73
收取的租金	2	100,227.23	
收到的税费返还	3	69,039,000.00	69,039,000.00
收到的其他与经营活动有关的现金	4	11,157,965.46	11,157,965.46
现金流入小计	5	5,461,738,884.38	5,461,049,140.19
购买商品、接受劳务支付的现金	6	3,542,376,185.39	3,539,867,359.61
经营租赁所支付的现金	7		
支付给职工以及为职工支付的现金	8	294,032,651.44	293,500,181.33
实际交纳的增值税款	9	179,328,270.00	179,201,042.96
支付的所得税款	10	206,108,022.70	206,108,022.70
支付的除增值税、所得税以外的其他税费	11	12,982,581.52	12,982,581.52
支付的其他与经营活动有关的现金	12	116,835,985.10	115,139,730.06
现金流出小计	13	4,351,663,696.15	4,346,798,918.18
经营活动资产的现金流量净额	14	1,110,075,188.23	1,114,250,222.01
二、投资活动产生的现金流量:			
收回投资所收到的现金流量	15		
分得股利或利润所收到的现金	16		
取得债券利息收入所收到的现金	17		
处置固定资产、无形资产和其他长期资产而收回的现金净额	18	21,596.02	21,596.02
收到的其他与投资活动有关的现金	19		
现金流入小计	20	21,596.02	21,596.02
购建固定资产、无形资产和其他长期资产所支付的现金	21	1,162,861,689.24	1,156,119,634.24
权益性投资所支付的现金	22	30,004,000.00	45,400,000.00
债权性投资所支付的现金	23		
支付的其他与投资活动有关的现金	24	730,000.00	
现金流出小计	25	1,193,595,689.24	1,201,519,634.24
投资活动产生的现金流量净额	26	-1,193,574,093.22	-1,201,498,038.22
三、筹资活动产生的现金流量:			
吸收权益性投资所收到的现金	27	5,600,000.00	
发行债券所收到的现金	28		
借款所收到的现金	29	62.600,000.00	57,000,000.00
收到的其他与筹资活动有关的现金	30	57,082.00	
现金流入小计	31	68,257,082.00	57,000,000.00
偿还债务所支付的现金	32	35,892,928.49	26,388,824.68
发生筹资费用所支付的现金	33		
分配股利或利润所支付的现金	34		
偿付利息所支付的现金	35	54,178,422.75	54,049,396.25
融资租赁所支付的现金	36		
减少注册资本所支付的现金	37		
支付的其他与筹资活动有关的现金	38		
现金流出小计	39	90,071,351.24	80,438,220.93
筹资活动产生的现金流量净额	40	-21,814,269.24	-23,438,220.93
四、汇率变动对现金的影响	41		
五、现金及现金等价物净增加额	42	-105,313,174.23	-110,686,037.14
附注			
补充资料			
1、不涉及现金收支的投资和筹资活动:			
以固定资产偿还债务	43		
以投资偿还债务	44		
以固定资产进行长期投资	45		
以存货偿还债务	46		
融资租赁固定资产	47		
2、将净利润调节为经营活动的现金流量:			
净利润	48	527,148,229.68	527,148,229.68
加:计提的坏帐准备或转销的坏帐	49	5,737,933.41	5,737,933.41
固定资产折旧	50	261,183,043.00	260,699,083.72
无形资产摊销	51	16,000.00	
长期待摊费用摊销	52		
待摊费用摊销	53		
预提费用	54		
处置固定资产、无形资产和其他长期资产的损失(减:收益)	55	-21,596.02	-21,596.02
固定资产报废损失	56	11,214,815.84	11,214,815.84
财务费用	57	35,429,777.75	35,357,833.25
投资损失(减:收益)	58	-64,909.75	749,559.67
递延税款贷项(减:借项)	59		
存货的减少(减:增加)	60	127,900,196.00	130,041,545.64
经营性应收项目的减少(减:增加)	61	-62,071,991.10	-59,268,979.81
经营性应付项目的增加(减:减少)	62	199,856,589.43	198,421,519.25
其他	63	3,747,099.99	4,170,277.38
	64		
经营活动产生的现金流量净额	65	1,110,075,188.23	1,114,250,222.01
3.现金及现金等价物净增加情况:			
货币资金的期末余额	66	24,882,754.71	19,509,891.80
减:货币资金的期初余额	67	130,195,928.94	130,195,928.94
现金等价物的期末余额	68		
减:现金等价物的期初余额	69		
现金及现金等价物净增加额	70	-105,313,174.23	-110,686,037.14

福建省青山纸业股份有限公司

二〇〇〇年年度报告摘选

一、公司简介

(一) 中文名称:福建省青山纸业股份有限公司
英文名称:Fujian Qingshan Paper Industry Co.,Ltd.
缩　　写:青山纸业
(二) 法定代表人:黄国英
(三)董事会秘书:陈炳生
证券事务代表:林建平
联系方式:
1. 地　　址:福州市六一北路216号晋安花园三喜阁青山投资部
　电　　话:0591－7588133　　传　　真:0591－7588745
　邮　　编:350013
　Email: qszy@pub1.fz.fj.cn
2. 地　　址:福建省青山纸业股份有限公司投资部
　电　　话:0598－5655167　　传　　真:0598－5655168
　邮　　编:365506
(四)注册地址:福州市马尾经济技术开发区君竹路
办公地址:福建省沙县青州镇　　邮　　编:365506
(五)公司选定的信息披露报纸:《中国证券报》、《上海证券报》
登载公司年度报告的中国证监会指定国际互联网网址:www.see.com.cn
公司年度报告备置地点:公司投资部
(六)股票上市交易所:上海证券交易所
股票简称:青山纸业　　股票代码:600103

二、主要财务数据和指标

(一) 本年度实现利润总额及构成情况　　(单位:人民币元)

项目	金额
利润总额	190064225.27
净利润	167816924.03
扣除非经营性损益后的净利润	164397925.92
主营业务利润	196629564.11
其他业务利润	15259634.64
营业利润	155874242.55
投资收益	32256842.48
补贴收入	1268340.52
营业外收支净额	664799.72
经营活动产生的现金流量净额	132792052.61
现金及现金等价物增加额	－64490963.32
注:扣除的非经常性损益项目和涉及金额	
1. 处置报废固定资产净损失	424384.16
2. 违约金收入	－1439290.00
3. 股权差额(合并价差)	－1920905.24
4. 补贴收入	－1268340.52
5. 缴纳税检滞纳金及罚款	405625.68

注:"一"号表示非经常性项目下的收益.

(二)近三年主要会计数据和财务指标　　(单位:人民币元)

项 目	2000年	1999年	1998年调整后	1998年调整前
主营业务收入	885772571.94	542429655.75	532171827.13	532171827.13
净利润	167816924.03	110460702.76	135469485.12	145787955.85
总资产	2389614258.85	2058651799.42	1656124274.88	1674620942.17
股东权益(不含少数股东权益)	1586266997.05	1436107573.02	1104061868.66	1120911549.31
每股收益(全面摊薄)	0.238	0.313	0.468	0.504
每股收益(加权平均元/股)	0.238	0.356	0.468	0.504
扣除非经营性损益后的每股收益	0.233	0.3115	0.4707	0.506
每股净资产(元/股)	2.246	4.067	3.815	3.87
调整后的每股净资产(元/股)	2.23	4.055	3.8	3.85
每股经营活动产生的现金流量净额(元/股)	0.188	0.43	0.46	0.46
净资产收益率(%)	10.58	7.69	12.27	13.01

(三)利润表附表

报告期利润	净资产收益率		每股收益	
	全面摊薄	加权平均	全面摊薄	加权平均
主营业务利润	12.40	12.99	0.278	0.278
营业利润	9.83	10.29	0.221	0.221
净利润	10.58	11.08	0.238	0.238
扣除非经营性损益后的净利润	10.36	10.86	0.233	0.233

三、股本变动和主要股东持股情况

(一)截止2000年12月31日,公司股东总数为285044户,其中高管股东8户。
(二)股本变动情况

股份变动情况表

单位:万股

	本次变动前	本次变动增减(+、-) 配股	送 股	公积金转股	增发	其他	小计	本次变动后
(1)尚未流通股份								
① 发起人股份								
其中:国有法人股	12791		2558.2	10232.8				25582
境内法人持有股份								
其他								
② 募集法人股	203		40.6	162.4				406
③ 内部职工股	16.791		3.3582	13.4328				33.582
④ 优先股或其他								
尚未流通股份合计	13010.791		2602.1582	10408.6328				26021.582
(2)已流通股份	22304.209		4460.8418	17843.3672				44608.418
境内上市的人民币普通股								
已流通股份合计	22304.209		4460.8418	17843.3672				44608.418
(3)股份总数	35,315		7063	28252				70630

江苏永鼎股份有限公司

二〇〇〇年年度报告摘选

一、公司简介

1、公司中文名称:江苏永鼎股份有限公司
公司英文名称:JiangSu YongDing Company Limited
2、公司法定代表人:顾云奎
3、公司董事会秘书:朱其珍
授权代表人:彭美娥
联系地址:江苏省吴江市芦墟镇汾湖经济技术开发区
电　　话:0512－3254395
传　　真:0512－3251866
4、注册地址:江苏省吴江市芦墟镇
办公地址:江苏省吴江市芦墟镇汾湖经济技术开发区
邮政编码:215211
E－Mail地址:yongding@chinayongding.cn
公司网站地址:www.chinayongding.com
5、公司选定的信息披露报纸:中国证券报　　上海证券报
中国证监会指定的登载公司年度报告的国际互联网网址:www.sse.com.cn
公司年报备置地点:永鼎证券部二楼
6、公司股票上市地点:上海证券交易所
股票简称:永鼎光缆
股票代码:600105

二、会计数据和业务数据摘要

(一)本年度主要利润指标及现金流量情况:　　单位:元

项 目	金 额
利润总额	75698678.76
净利润	61925534.71
扣除非经常性损益后的净利润	61007748.60
主营业务利润	143874617.72
其它业务利润	1108460.17
营业利润	73302898.03
投资收益	1477994.62
补贴收入	
营业外收支净额	917786.11
经营活动产生的现金流量净额	7774436.32
现金及现金等价物净增加额	423073.05

注:非经常性损益＝营业外收入—营业外支出＝917786.11元
(二)公司前三年主要会计数据及财务指标

项 目	2000年	1999年(调整后)	1998年(调整前)	1998年(调整后)
主营业务收入	740715788.03	5522540774.99	458334817.02	458334817.02
净利润	61925534.71	69676634.82	70056399.32	42624255.90
总资产	993506562.48	891964206.52	627887303.88	584235206.36
股东权益(不含少数股东权益)	668115774.24	628334828.30	448922087.69	405269990.17
每股收益(全面摊薄)	0.248	0.279	0.519	0.316
每股收益(加权)	0.248	0.425	0.519	0.316
每股净资产	2.677	2.517	3.325	3.002
调整后的每股净资产	2.624	2.489	3.321	3.166
每股经营活动产生的现金流量净额	0.03	0.08	－0.202	－0.202
净资产收益率(%)	9.27	11.09	15.61	10.52
净资产收益率(加权)%	9.40	15.38	16.40	10.66

利润表附表:

报告期利润	净资产收益率(%)		每股收益	
	全面摊薄	加权平均	全面摊薄	加权平均
主营业务利润	21.54	21.83	0.58	0.58
营业利润	10.98	11.12	0.29	0.29
净利润	9.27	9.40	0.25	0.25
扣除非经常性损益后的净利润	9.14	9.26	0.24	0.24

三、股东情况介绍

1、报告期末股东总数
截止2000年12月31日,公司股东总户数为50072户。
2、公司前10名大股东持股情况:

股东名称	期末持股数(股)	期内增减	占总股本比例(%)
1 永鼎集团有限公司	124460462		49.86
2 吴江市芦墟镇集体资产经营公司	7432060		2.98
3 苏州鼎欣房地产有限责任公司	5600000	＋5600000	2.24
4 天津市电话器材公司	4649500		1.86
5 北京信界天鸿商贸中心	4420000		1.77
6 北京畅捷通讯有限公司	4000000	－2800000	1.60
7 北京红帆通信总公司	4000000	－2800000	1.60
8 上海市电话发展总公司	3400000		1.36
9 上海贝尔电话设备制造有限公司	3400000		1.36
10 上海矽钢有限公司	3400000		1.36

3、公司前十名大股东所持股份均为未上市流通股份。永鼎集团有限公司持有公司的法人股,为本公司最大股东,持股总额为124460462股,占公司总股本249610462股的49.86%。其法定代表人是顾云奎先生。

4、本报告期内持有5%以上股份的股东所持股份无质押或冻结情况。

5、报告期内公司股份总数及结构未发生变动。

上海汽车股份有限公司

二○○○年年度报告摘要

一、公司简介

1、公司法定中文名称:上海汽车股份有限公司
公司英文名称:SHANGHAI AUTOMOTIVE CO.,LTD.
公司英文名称缩写:SA
2、公司法定代表人:陈祥麟
3、公司信息披露机构:证券部
董事会秘书:张锦根
董事会授权代表:李小彬
联系电话:021－64158999 转证券部
传真:021－64730567
联系地址:上海市淮海中路 755 号东楼 18 层(新华联大厦)
4、公司注册地址:上海市淮海中路 755 号
公司办公地址:上海市淮海中路 755 号东楼 18 层(新华联大厦)
公司邮政编码:200020
公司国际互联网网址:http://www.china－sa.com
公司电子信箱:stoc@china－sa.com
5、公司信息披露的报刊为《上海证券报》、《中国证券报》、《证券时报》。
登载公司年度报告的中国证监会指定的国际互联网网址:http://www.sse.com.cn
公司年度报告备置地点:上海市淮海中路 755 号东楼 18 层(公司办公地)
6、公司股票上市地:上海证券交易所
股票简称:上海汽车
股票代码:600104

二、会计数据和业务数据摘要

1、本年度利润总额及构成　　(单位:元　合并报表)

项目	金额
利润总额	849,099,821.14
其中:主营业务利润	932,155,413.93
其他业务利润	15,273,574.11
投资收益	366,640,274.77
补贴收入	28,048,000.00
营业外收支净额	4,014,576.92
净利润	742,266,939.56
扣除非经常性损益后的净利润	749,136,421.02
经营活动产生的现金流量净额	551,649,098.00
现金及现金等价物净增加额	－108,415,616.69

注:扣除非经常性损益后的净利润指扣除新股申购无效资金的利息摊销数 4,109,650.66 元和股权投资差额摊销数－10,979,132.12 元后的净利润。

2、截止报告年度末公司前三年的主要会计数据及财务指标

序号	栏 目	单 位	2000 年度	1999 年度	1998 年度	
					调整后	调整前
1	主营业务收入	(元)	2,493,430,027.23	2,434,192,696.91	1,936,552,145.01	1,936,552,145.01
2	净利润	(元)	742,266,939.56	714,352,883.75	681,091,086.67	702,339,721.98
3	总资产	(元)	6,807,967,212.40	6,055,843,580.60	4,802,755,889.29	4,834,736,367.52
4	股东权益	(元)	4,795,929,992.34	4,065,770,433.11	3,947,451,186.95	4,007,005,851.71
5	每股经营活动产生的现金净流量	(元/股)	0.394	0.671	0.593	0.593
6	每股收益(摊薄)	(元/股)	0.53	0.510	0.486	0.502
7	每股收益(扣除非经常性损益后)	(元/股)	0.535	0.517	0.492	-
8	每股净资产	(元/股)	3.43	2.904	2.820	2.862
9	调整后的每股净资产	(元/股)	3.40	2.876	2.812	2.854
10	净资产收益率	(%)	15.48	17.57	17.25	17.53

根据中国证监会《公开发行证券公司信息披露规则(第 9 号)》要求计算 2000 年报告期利润的净资产收益率和每股收益:

报告期利润	净资产收益率		每股收益	
	全面摊薄	加权平均	全面摊薄	加权平均
主营业务利润	19.44%	21.01%	0.666	0.666
营业利润	9.39%	10.15%	0.322	0.322
净利润	15.48%	16.73%	0.530	0.530
扣除非经常性损益后的净利润	15.62%	16.88%	0.535	0.535

三、股东情况介绍

1、截止本报告期末股东总数为 163,551 户。
2、报告期内控股股东仍为上海汽车工业(集团)总公司,持有本公司股份 980,000,000 股,占公司总股本 70%。
3、前十名股东情况

名次	股东名称	年末持股数(股)	占总股本百分比
(1)	上海汽车工业(集团)总公司(国家股)	980,000,000	70%
(2)	金鑫基金	7,305,340	0.522%
(3)	安顺基金	5,619,531	0.401%
(4)	天发投资	3,946,975	0.282%
(5)	上海天投	2,561,780	0.183%
(6)	安信基金	2,432,999	0.174%
(7)	轻质材料	2,430,979	0.174%
(8)	天安数码	2,352,235	0.168%
(9)	金色假日	2,224,073	0.159%
(10)	金泰基金	1,662,585	0.119%

注:(Ⅰ)我公司前十名股东中第一名股东为国有股股东,2000 年未发生股份变动;其余为社会公众股股东,其所持股份的增减变化系二级市场买卖所至。

上海汽车工业(集团)总公司持有国有法人股 980,000,000 股,占本公司总股本 70%。

该总公司法人代表:陈祥麟

该总公司生产经营范围:轿车、摩托车、载重车、拖拉机、大客车等整车及其配套零部件。

(Ⅱ)公司与第(2)至(10)名股东之间不存在关联交易,与第一大股东的关联交易详见财务报告。

四、股东大会简介

1、公司于 2000 年 5 月 9 日在《上海证券报》、《中国证券报》和《证券时报》上刊登召开第五次股东大会暨 1999 年度股东年会的公告,并于 2000 年 6 月 26 日在上海市翔殷路 700 号(上海第二军医大学礼堂)召开,参加人数为 685 人,代表股权数 1,011,252,387 股,占公司总股本的 72.23%。会议通过的决议内容:《1999 年度董事会工作报告》;《1999 年度监事会工作报告》;《1999 年度总经理业务报告》;《1999 年度财务决算报告》;《1999 年度利润分配报告》;《增补公司董事的议案》;《前次募集资金使用情况说明》、《关于控股股东参与配股的说明》、《2000 年度增资配股的方案》、《配股募集资金投向的可行性报告》、《关于续聘大华会计师事务所有限公司的报告》。

公司第五次股东大会暨 1999 年度股东大会决议刊登在 2000 年 6 月 27 日的《上海证券报》、《中国证券报》和《证券时报》上。

2、公司第六次股东大会暨 2000 年临时股东大会 2000 年 10 月 24 日在上海市富民路 291 号上海沪警会堂召开,参加人数 204 人,代表股份 996,367,263 股,会议审议通过《关于投资南方证券股份有限公司的议案》,会议公告刊登在 10 月 24 日的《上海证券报》、《中国证券报》和《证券时报》上。

五、董事会工作报告

(一)公司经营情况

1、公司所处行业

本公司所处行业是汽车行业。公司 2000 年通过了上海高新技术企业的评审;获上海市工商局免检企业证书;获上海市 A 类纳税人证书;通过上海远东资信评估有限公司 AAA 级资信等级评估;还被评为 1999 年度全国上市公司 50 强之一,1999 年各项经济指标综合名列上海上市公司第三名。公司母体汽车齿轮总厂 2000 年被评为全国质量管理先进集体。

2、公司主营业务的范围及经营情况

公司主营业务为投资参股整车企业(上海通用),生产、经营汽车变速器、RC30 系列传动箱、拖拉机变速器、转向器等零部件及汽车悬架弹簧等。

2000 年,随着中国即将加入 WTO,国际上所有知名品牌的轿车制造商几乎都蓄势竞争这一潜在的大市场,从而导致国内轿车市场的激烈竞争进一步加剧,在公司母体企业上海汽车齿轮总厂正处于产品结构调整过程中、在内配套量和配套价格有所调整的情况下,公司以迎接加入 WTO 的挑战为契机,一方面以加强管理为基础,以开拓市场为关键,以降低成本为核心,以开发新品为重点,重点抓了三个创新和两个整合。"三个创新"就是开展技术创新、管理创新和机制创新。

技术创新,公司以技术创新为立足点,积极推进新材料、新技术、新工艺的运用和开发,加强进行国际技术合作,成功开发与 SGM 家轿配套项目。通过加大技术创新力度,提高技术创新能力,增强企业核心竞争力,2000 年公司通过了上海市高新技术企业评审,被授予高新技术企业证书;从而使公司产品的市场占有率稳步攀升,全部新产品产值率为 77%,重点新产品产值率为 70.9%。

管理创新,质量管理是拓展市场的支撑点,建立以市场质量管理为重心的质量保证体系,加强质量管理的深度和力度,加强内部 VDA6.3 培训,努力使产品质量达到"零缺陷"和"100%顾客满意率"。通过各项质量工作的有效开展,2000 年汽齿总厂被评为全国质量管理先进集体。在采购管理方面完善采购工作的管理体系,对采购工作进行全面把关,完成年初提出的采购成本下降 8% 的目标。财务管理方面加强了企业的预算管理,使资金最大限度实现增值,同时通过了 AAA 级资信等级的评估。营销管理方面积极拓展业务范围,建立销售人员的收入和销售额、应收款进行挂钩的奖励约束机制,应收帐款有较大下降;出口创汇比去年同期增长 75%。

机制创新,根据建立现代企业制度的有关要求,公司进一步完善了法人治理结构,初步尝试任用干部的竞聘上岗机制,为企业发展增强了后劲。

其次是对内、对外进行资产整合。在对内进行资产整合方面,通过对企业内部产品结构调整,带动企业的内部资产整合,发挥资产的配置优势,逐步淘汰陈旧过时的设备资产,并形成设备资产的梯度转移,使优质资产生产出优质产品,接近淘汰的设备也能发挥其最后的作用。在对外进行资产整合方面公司开展了战略投资者项目,并参股了上汽财务公司、上海巨龙三禾信息产业股份有限公司,与上汽集团联合组建上海汽车信息产业投资有限公司,参股南方证券股份有限公司,同时公司的首次配股项目获得了国家证监会的审核通过,目前已正在实施。

本着对广大投资者负责,以取得投资收益最大化为目标,加强资金运作,提高自有资金增值率,在深入分析的基础上,谨慎决策,从而成为多家上市公司的战略投资者,由此继续保持公司良好的经营业绩和财务状况,全员劳动生产率进一步提高,全面完成了公司全年预期的各项经济指标。

3、在经营中出现的问题与困难及解决方案

由于国内轿车市场的激烈竞争进一步加剧,各项配套价格的调整,造成母公司主营业务收入及主营利润有所下降。

针对上述问题和困难,公司采取以下对策,一是根据市场需求,调整产品结构,拓展国内外市场。汽齿总厂成功开发出沈阳金杯面包车、厦门金龙、海南马自达、南京依维科等国内轻型客车系列变速箱,并形成年产 4～5 万辆的配套生产能力。重点选择国外有实力贸易公司建立长期合作关系,加大产品开发力度,形成 UO125、T－4D 等系列共 12 大类新产品,通过加强成本管理,提高劳动效率,使该等出口产品有了盈利,并积累向国际性产品挑战的经验。二是全面落实管理创新和技术创新两大目标,通过强化管理和技术攻关,深入开展降本挖潜,从精益生产向精益经营转化,提高质量能力,提高企业运作效率,增加企业效益。可比产品成本下降 5%。三是加快市场营销机制的建设,增强市场营销人员的力量,建立激励机制,建成较为完善的售后服务体系。

(二)公司财务状况

根据 2000 年合并会计报表,公司主营业务净收入 249,343.00 万元,比上年增长 2.43%;实现利润总额 84,909.98 万元,比上年增长 3.1%;其中主营业务利润 93,215.54 万元,净利润为 74,226.69 万元。

公司 2000 年末总资产为 680,796.72 万元,比年初增长 12.42%;股东权益为 479,593.00 万元,比上年增长 17.96%。

以上数据较好地显示了公司的经营业绩和财务状况,这是公司生产经营与资本经营成功结合的结果。

(三)公司投资情况

1、报告期内募集资金的使用情况

根据公司1997年招股说明书承诺,所募集资金20.82亿元已全部按原项目投入,无节余资金,详细情况已在1999年度报告中披露。

2、报告期内非募集资金的投资情况

(1)出资7,102.38万元受让上海汽车工业(集团)总公司持有的上海通用汽车有限公司1%股权。

(2)出资4,000万元与上海汽车工业(集团)总公司共同组建上海汽车信息产业投资有限公司,并拥有该公司40%股权。(该项目属本公司2000年配股项目,先行垫支。)

(3)出资500万元投资上海巨龙三禾信息科技股份有限公司,我公司占该公司总股本12.56%。

(4)出资5.2亿元投资上海汽车集团财务有限责任公司,占其40%股权。(该项目属本公司2000年配股项目,先行垫支。)

(5)出资3.96亿元参股南方证券股份有限公司,占其总股本10.41%。

(6)出资近0.9亿元,成为首创股份、丝绸股份、佛塑股份、乌江电力、首旅股份等5家上市公司的战略投资者。

(四)生产经营环境等变化对公司影响

中国面临加入WTO的机遇和挑战,众多国外汽车生产商纷纷打入这个潜在的大市场,加之国内各汽车生产厂家也纷纷推出新经济车型,使竞争更加激烈。公司通过适时调整产品结构,提高科技含量,加快新产品开发,以新产品拓展市场,不断提高企业核心竞争能力。

(五)新年度的业务发展计划

2001年是我国第十个五年计划的第一年,也是我国轿车工业面临挑战与机遇并存,困难与希望同在的关键一年。在2001年度公司将完成增资配股,从而使公司的资本规模,经营范围又上升到一个新的阶段。2001年公司将以加快新产品开发,加速结构调整,提高企业核心竞争力为重点,全面开展"四大工程",增强"四个工作力度"。

●用户满意工程。即深入贯彻"质量是企业的生命"的理念,树立市场质量的危机意识,加强多品种全方位的质量管理,全面落实"用户满意"工程,使用户抱怨率下降20%;并形成质量快速反馈机制,不断努力实现"零缺陷产品、零缺陷服务"的目标。

●全面创新工程。即坚持以技术创新为基础,从高技术含量、高附加值、高利润产品着手,加快产品结构调整,增加开拓市场力度;深入开展管理创新,持续增加降本增效力度,可比产品成本再下降5个百分点;加大资产经营的力度,做好配股募集资金的投向项目的建设工作,对完成项目争取及早产生效益,成为企业利润新增长点;创新经营手段,积极寻求新的投资项目,做好汽车主营业务的延伸,不断提高企业经济效益。

●全球经营工程。根据全球经济一体化的发展趋势,在巩固国内市场的同时,必须时刻掌握国际市场的动向,在产品开发、工艺水平、价格、产品质量性能等方面实行与国际接轨,不失时机进入国际市场。2001年出口创汇力争比2000年增长30%。

●人本管理工程。即深化现代企业制度改革,完善法人治理机构,加大人力资源的开发和利用,加强企业员工凝聚力,选拔优秀技术人员和管理人员,完善激励机制,培养一岗多能人才,为公司发展不断注入新的力量。

●增强开拓市场的力度。保持已有的业内、业外市场,拓展新的业外市场。

●增强降本增效力度。加强成本控制,可比产品成本再下降5%。

●增强优质服务力度。加强售后服务,降低用户抱怨,提高用户满意度。

●增强前瞻性研究力度。结合企业实际,充分合理地利用政策资源。

(六)董事会日常工作情况

1、董事会会议情况及决议内容

(1)一届十四次董事会会议于2000年1月24日召开,审议通过1999年度《董事会工作报告》、《总经理工作报告》、《财务决算报告》、《利润分配预案》、《1999年度报告及摘要》、《召开1999年度股东大会议案》《续聘大华会计师事务所有限公司的报告》《公司[资产减值准备计提与核销的规定]的报告》《设立独立董事报告》等。

(2)一届十五次董事会会议于2000年4月10日召开,审议通过《受让上海汽车工业(集团)总公司持有的上海通用汽车有限公司1%股权的议案》。

(3)一届十六次董事会会议于2000年4月19日召开,审议通过《出资4000万元与上海汽车工业(集团)总公司共同组建上海汽车信息产业有限公司的报告》。

(4)一届十七次董事会于2000年5月8日召开,审议通过《关于公司增设监察室的预案》、《关于增补公司董事的预案》、《关于前次募集资金使用情况的报告》、《2000年度增资配股的预案》、《2000年募集资金投向的可行性报告》等。

(5)一届十八次董事会于2000年8月1日召开,审议通过《2000年度中期报告》、并选举胡茂元先生为公司副董事长。

(6)一届十九次董事会于2000年9月15日召开,审议通过《公司参股南方证券股份有限公司的报告》。

(七)现任董事、监事、高级管理人员情况

1、现任董事、监事、高级管理人员

职 务	姓名	性别	年龄	任期起止日期	持股数	
					年初数(股)	年末数(股)
董事长	陈祥麟	男	57岁	1999.04~2000.11	10,080	10,080
副董事长	胡茂元	男	50岁	2000.05~2000.11	10,000	10,000
董事	陈因达	男	55岁	1997.11~2000.11	21,000	21,000
董事兼总经理	尤石梁	男	55岁	1997.11~2000.11	21,000	21,000
董事	胡安生	男	57岁	1997.11~2000.11	14,000	14,000
董事	齐鸿浩	男	53岁	1997.11~2000.11	14,000	14,000
董事	华杏生	男	41岁	1997.11~2000.11	14,000	14,000
监事会主席	陈忠德	男	58岁	1999.04~2000.11	10,500	10,500
监事	沈如镜	男	60岁	1997.11~2000.11	14,000	14,000
监事	王德兴	男	58岁	1997.11~2000.11	14,000	14,000
副总经理	邹定伟	男	44岁	1999.06~2000.11	10,080	10,080
副总经理	杨春保	男	51岁	1999.06~2000.11	4,000	4,000
财务总监	李 丹	女	55岁	1999.06~2000.11	6,020	6,020
董事会秘书	张锦根	男	54岁	1999.06~2000.11	6,615	6,615

2、公司董事、监事及高级管理人员年度报酬情况:

(1)报告期内有7名董事、监事和高级管理人员在公司领取报酬,年度报酬总额为76.88万元,其中在9万元以下1人,为王德兴;在11.5万元以下5人,为沈如镜、邹定伟,杨春保、李丹、张锦根;12.5万元以下1人,为尤石梁,其余董事、监事不在本公司领取报酬。

(2)报告期内无董事、监事及高级管理人员离任或解聘情况。

3、截止2000年12月31日,公司正式员工总数4,254人,其中大专以上学历员工占职工总数20%。员工构成为从事生产的人员3,369人,销售人员39人,技术人员431人,财务人员56人,行政人员359人。

(八)本次利润分配预案

经大华会计师事务所有限公司审计,本公司2000年年末累计可供股东分配的未分配利润余额为900,177,606.21元,经董事会一届二十次会议讨论决定,本次利润分配方案为:以公司2000年年末总股本1,400,000,000股为基准,每10股送红股5股,剩余200,177,606.21元结转下一年度。以上分配预案尚需股东大会审议通过。

预计2001年度利润分配一次;公司2001年度实现净利润和公司节余未分配利润中的10%~40%用于2001年度股利分配;具体分配办法董事会将根据公司盈利情况和发展状况提出具体或修正分配预案,提交股东大会审议通过。

(九)其他报告事项

1、报告期内本公司信息披露报刊是《上海证券报》、《中国证券报》和《证券时报》。

2、本年度无其他报告事项。

六、监事会报告

监事会会议召开情况:

2000年监事会共召开2次会议。一届七次监事会会议于2000年1月24日召开,会议主要审议1999年监事会工作报告及1999年度报告及摘要。一届八次监事会会议于2000年8月1日召开,主要审议2000年中报及摘要。此外,监事会成员列席了董事会所有会议,并在会上行使监督权力,独立发表意见,起到了应有的监督作用。

1、报告期内,公司监事会依照国家有关法律、法规和《公司章程》的规定,对公司股东大会、董事会的召开程序、决议事项,董事会对股东大会决议的执行情况,公司高级管理人员的工作情况及公司管理制度等进行了监督,认为公司决策程序合法,公司内部建立了较完善的内控制度。公司董事会贯彻股东大会决议态度认真积极,使股东大会通过的各项决议都得到贯彻。公司董事、监事及高级管理人员在执行董事会决议中是严肃认真的,工作是勤勉的,没有违反法律、法规及《公司章程》的行为,没有损害公司利益的行为。

2、监事会对公司的财务管理制度和财务部门的岗位责任制进行了检查,并通过对公司2000年度财务报告的核查,认为公司的资产负债表、现金流量表、利润及利润分配表等会计报表是真实合法的。

3、报告期内公司无新募集资金情况,1997年发行上市时募集资金使用情况说明已刊登在2000年5月8日公司一届十七次董事会会议公告中并经公司1999年度股东大会审议通过。

4、报告期内,公司收购资产交易价格合理,无内幕交易及损害股东权益或造成公司资产流失的情况。

5、公司的关联交易,主要是产品的供销关系。经检查,供销均有合同,价格由合同双方协商,交易是公平的,没有损害公司的利益。

6、大华会计师事务所有限公司对公司2000年度财务报告出具了无保留意见的审计报告。公司监事会认为:该审计报告客观公正真实地反映了公司的生产经营情况。

七、重大事项

1、本报告期内公司无重大诉讼、仲裁事项。

2、报告期内公司、公司董事及高级管理人员无受监督部门处罚的情况。

3、报告期内无公司控股东变更、公司总经理变更情况。

报告期内经公司一届董事会十七次会议决议并经1999年年度股东大会通过选举胡茂元先生为公司董事,经一届董事会十八次会议选举胡茂元先生为公司副董事长。

4、报告期内公司收购和吸收兼并事项;详见董事会报告中公司投资情况。

5、重大关联交易事项

(一)关联方交易

(1)、采购货物

本企业2000年1~12月向关联方采购货物的有关明细资料如下 (单位:元):

企 业 名 称	本期发生额
上海汽车齿轮二厂	79,471,607.93
上海汽车齿轮四厂	52,668,443.66
上海中星汽车悬架件有限公司	40,172,652.60
上海汽车进出口公司	163,286,448.82
上海大众汽车有限公司	32,187,540.52
上海乾通汽车附件有限公司	178,733,155.00
上海汽车锻造总厂	42,093,888.43

本企业向关联方采购货物的价格按协议价,定价依公平、公正原则。2000年1~12月本企业向关联方采购货物的协议价格与非关联方的交易价格相一致。

(2)、销售货物

本企业2000年1~12月向关联方销售货物有关明细资料如下(单位:元):

企 业 名 称	本期发生额
上海汽车齿轮二厂	45,046,571.55
上海通用汽车有限公司	44,984,447.50
上海汇众汽车制造有限公司	233,125,245.90
上海大众汽车有限公司	2,003,108,149.50
上海拖拉机内燃机公司	44,063,092.65

本企业销售给关联企业的产品价格按协议价,定价依公平、公正原则。2000年1~12月本公司销售给关联企业产品的协议价格无高于或低于本公司正常售价的情况。

(二)本企业与关联方应收和应付款项余额

(单位:元)

项 目	期末余额	
	2000年12月31日余额	1999年12月31日余额
应收帐款		
上海汽车进出口公司	16,007,510.40	1,900,906.75
上海大众汽车有限公司	9,505,975.64	37,479,410.68
预收帐款		
上海大众汽车有限公司	33,414,497.43	
应付股利		
上海汽车工业(集团)总公司	429,550,457.52	429,550,457.52

(三)本企业与关联方其他应收款和其他应付款余额

本公司其他应付款为应付上海汽车工业(集团)总公司购买上海通用1%股权余款35,939,979.91元。

(四)其他应披露的关联事项

(1)本公司2000年12月通过上海汽车工业(集团)财务有限责任公司存款和借款,存款和借款利率均按中国人民银行规定的金融机构存贷款利率计算。明细项目列示如下:

	2000年12月31日余额
银行存款	1,138,539,235.49
短期借款	513,600,000.00

	本期发生额	
	金额	月利率
利息收入	5,150,559.43	活期0.825‰~1.425‰,定期1.65‰~1.875‰
利息支出	32,229,787.23	4.185‰-4.41‰

(2)本公司2000年11月通过上海汽车工业(集团)财务有限责任公司委托贷款人民币23,000,000.00元,月利率3.5‰,截止2000年12月31日的余额为22,946,681.88元。

(3)本公司根据与上海汽车工业(集团)总公司1999年12月签订的股权转让协议,并经上海外资委以"沪外资委协字(2000)第385号"文批准,以71,023,800.00元受让上海通用汽车1%的股权,本期已支付金额37,023,800.00元。

(4)本公司根据合同于2000年支付了上海汽车工业(集团)总公司土地租赁费8,853,598.38元,商标使用费1,420,000.00元。

(5)本公司2000年委托南方证券有限责任公司资产管理,本金800,000,000.00元,至2000年12月31日已全部收回,所得收益50,000,000.00元。

6、上市公司与控股股东之间"三分开"情况:我公司已做到了人员独立、资产完整、财务独立,实行了与控股股东的"三分开"。

(1)人员方面:公司设立人事部,管理公司的劳动人事及薪酬工作,并制订一系列规章制度对员工进行考核和奖惩。公司董事长陈祥麟、副董事长胡茂元及董事陈因达、胡安生、齐鸿浩、华杏生、监事会主席陈忠德不在公司领取报酬,其余董事、监事及高级管理人员在公司领取报酬,但未在公司股东单位任职。

(2)资产方面:公司拥有独立的生产系统、辅助生产和配套设施;公司自主开发的技术、商标等无形资产归公司所有。不存在不正当关联交易,股东大会对有关关联交易进行表决时,严格执行公司制度规定的回避原则。

(3)财务方面:设有独立的财务部门,并建立独立的财务会计核算体系,独立在银行开户,独立按章纳税,具有规范独立的财务会计制度和对分公司、控股子公司的财务管理制度。

7、公司无托管、承包、租赁其他公司资产及其他公司托管、承包、租赁上市公司资产的事项。

8、聘任、解聘会计师事务所情况

报告期内,经公司1999年度股东大会审议通过,公司续聘上海大华会计师事务所有限公司为公司做财务审计工作。有关信息披露于2000年6月27日的《上海证券报》、《中国证券报》和《证券时报》。

9、其他重大合同及其履行情况:本公司有担保合同,详见财务报告的或有事项。

10、公司报告期内无更改名称及股票简称的情况。

八、财务会计报告

(一)审计报告

大华会计师事务所有限公司注册会计师朱蕾蕾、杨晓梅出具了无保留意见的华业字(2001)第148号审计报告。

(二)会计报表(附后)

(三)会计报表附注

本公司除以下二条会计政策与会计估计变更外,本年度与上年度的会计政策与会计估计未发生变化。

(1)为了更好执行会计稳健性原则,公司本年度始对应收帐款按帐龄分析法计提坏帐准备的具体比例作如下变动:

帐龄	调整前计提比例	调整后计提比例
一年以下(含一年)	0.5%	0.5%
一～二年(含二年)	0.5%	5%
二～三年(含三年)	0.5%	20%
三年以上	30%	50%

由于该会计估计变更影响,2000年度合并报表净利润减少4,399,864.13元。

(2)子公司上海汽车制动系统有限公司对固定资产中的ABS、后分泵、制动钳流水线改变折旧方法:由平均年限法(10年)改为双倍余额递减法(5年),由于该会计政策、会计估计变更影响,2000年度合并报表净利润减少12,769,635.47元。

上海汽车股份有限公司

二〇〇一年三月六日

股份有限公司二〇〇〇年度会计报表

资 产 负 债 表

编制单位:上海汽车股份有限公司　　2000年12月31日　　金额单位:人民币元

资　产	行次	年初数		年末数	
		母公司	合 并	母公司	合 并
流动资产:					
货币资金	1	1,407,088,984.47	1,632,022,356.10	1,216,717,227.07	1,505,330,339.41
短期投资	2	410,177,550.00	410,177,550.00	25,585,255.72	22,992,551.88
减:短期投资跌价准备	3	100,000.00	100,000.00		
短期投资净额	4	410,077,550.00	410,077,550.00	25,585,255.72	22,992,551.88
应收票据	5	20,828,096.75	37,468,996.74	66,909,860.53	82,926,404.86
应收股利	6	24,376,750.64	3,028,415.17	42,173,203.44	20,843,135.26
应收利息	7				
应收帐款	8	74,619,818.15	142,402,020.26	61,200,126.64	119,518,168.37
其他应收款	9	8,840,460.42	20,028,972.40	109,113,920.39	114,936,489.08
减:坏帐准备	10	2,483,452.60	3,227,924.43	7,530,714.07	9,974,248.55
应收款项净额	11	80,976,825.97	159,203,068.23	162,783,332.96	224,480,408.90
预付帐款	21	9,207,502.66	31,830,673.15	40,552,196.40	52,433,636.22
应收补贴款	24				
期货保证金	25				
应收席位费	26				
存货	30	153,959,477.88	257,044,910.70	160,811,483.93	279,359,156.96
其中:工程施工	30－1				
减:存货跌价准备(含工程亏损准备)	31	13,318,547.74	15,311,912.30	26,422,636.17	33,298,535.73
存货净额	32	140,640,930.14	241,732,998.40	134,388,847.76	246,060,621.23
待摊费用	33	1,599,838.87	4,090,763.88	674,695.37	2,231,607.11
待处理流动资产净损失	34	1,029,019.81	1,029,019.81		
一年内到期的长期债权投资	35	34,000.00	34,200.00	34,000.00	34,200.00
其他流动资产	36				
流动资产合计	39	2,095,859,499.31	2,520,518,041.48	1,689,818,619.25	2,157,332,904.87
长期投资:					
长期股权投资	40	2,342,988,426.04	1,742,147,080.14	3,616,539,118.73	2,971,956,752.93
长期债权投资	41	68,000.00	68,400.00	34,000.00	34,200.00
长期投资合计	42	2,343,056,426.04	1,742,215,480.14	3,616,573,118.73	2,971,990,952.93
减:长期投资减值准备	43				
长期投资净额	44	2,343,056,426.04	1,742,215,480.14	3,616,573,118.73	2,971,990,952.93
其中:合并价差(贷差以"－"号表示合并报表填列)	44－1		60,095,977.60		53,402,940.82
其中:股权投资差额(贷差以"－"号表示合并报表填列)	44－2		60,095,977.60		53,402,940.82
固定资产:					
固定资产原价	45	2,041,080,729.26	2,633,549,575.66	1,942,153,870.56	2,599,136,522.55
减:累计折旧	46	767,797,295.62	953,732,359.56	891,323,992.43	1,149,216,293.96
固定资产净值	47	1,273,283,433.64	1,679,817,216.10	1,050,829,878.13	1,449,920,228.59
工程物资	48	9,422,377.35	9,442,377.35	15,326,886.48	15,326,886.48
在建工程	49	17,003,024.05	43,351,767.40	119,407,085.22	160,693,504.86
固定资产清理	50	558,455.73	991,326.92	548,158.82	548,158.82
待处理固定资产净损失	51	312,265.55	312,265.55		
固定资产合计	53	1,300,579,556.32	1,733,894,953.32	1,186,112,088.65	1,626,488,778.75
无形资产及其他资产:					
无形资产	54	7,673,843.63	31,577,623.85		21,908,278.16
开办费	55		2,333,671.36		651,135.86
长期待摊费用	56		25,303,810.45		29,595,161.83
其他长期资产	57				
其中:临时设施净值	57－1				
无形资产及其他资产合计	58	7,673,843.63	59,215,105.66		52,154,575.85
递延税项:					
递延税款借项	59				
资产合计	60	5,747,169,325.30	6,055,843,580.60	6,492,503,746.63	6,807,967,212.40
负债和股东权益					
流动负债:					
短期借款	61	200,000,000.00	246,550,000.00	600,000,000.00	615,000,000.00
应付票据	62	9,351,914.13	17,958,551.88	821,091.39	7,841,952.12
应付帐款	63	114,506,342.33	211,761,383.60	55,980,543.24	148,275,817.62
预收帐款	64	6,993,105.23	6,993,105.23	40,854,362.66	41,394,925.35
代销商品款	65				
应付工资	66	145,873,399.69	151,077,767.70	145,873,399.69	151,250,580.48
应付福利费	67	16,815,074.48	24,378,513.27	18,202,382.13	29,158,239.70
应付股利	68	1,017,550,457.52	1,017,550,457.52	429,550,457.52	429,550,457.52
应交税金	69	31,796,017.33	53,290,290.32	7,678,451.73	29,796,471.89
其他应交款	70	754,759.05	2,367,255.82	107,227.53	1,513,724.04
其他应付款	71	95,049,462.57	122,675,526.62	119,159,800.85	154,990,043.64
预提费用	72		31,658,229.19		40,830,893.52
一年内到期的长期负债	73		21,783,000.00		32,209,113.89
其他流动负债	74				
其中:预计负债	75				
流动负债合计	80	1,638,690,532.33	1,908,044,081.15	1,418,227,716.74	1,681,812,219.77
长期负债:					
长期借款	81		27,250,000.00	242,800,000.00	283,315,000.00
应付债券	82				
长期应付款	83	12,277,171.90	12,277,171.90	8,167,521.24	8,167,521.24
其他长期负债	84				
长期负债合计	90	12,277,171.90	39,527,171.90	250,967,521.24	291,482,521.24
递延税项:					
递延税款贷项	91	30,436,322.71	30,436,322.71	26,656,845.57	26,656,845.57
负债合计	92	1,681,404,026.94	1,978,007,575.76	1,695,852,083.55	1,999,951,586.58
少数股东权益(合并报表填列)	92－1		12,065,571.73		12,085,633.48
股东权益:					
股本	93	1,400,000,000.00	1,400,000,000.00	1,400,000,000.00	1,400,000,000.00
资本公积	94	2,028,280,057.14	2,028,280,057.14	2,028,422,081.94	2,028,422,081.94
盈余公积	95	295,946,812.04	305,590,508.83	442,095,680.02	467,330,304.19
其中:公益金	96	128,797,755.68	128,855,204.39	201,872,189.67	201,939,264.51
减:未确认的投资损失	96－1				
未分配利润(未弥补亏损以"－"表示)	97	341,538,429.18	331,899,867.14	926,133,901.12	900,177,606.21
外币报表折算差额(合并报表填列)	98				
股东权益合计	99	4,065,765,298.36	4,065,770,433.11	4,796,651,663.08	4,795,929,992.34
负债及股东权益总计	100	5,747,169,325.30	6,055,843,580.60	6,492,503,746.63	6,807,967,212.40

股份有限公司二○○○年度会计报表
利润及利润分配表

编制单位:上海汽车股份有限公司　　2000 年度　　金额单位:人民币元

项　目	行次	本年实际数		上年实际数	
		母公司	合 并	母公司	合 并
一、主营业务收入	1	1,635,496,817.31	2,506,806,649.81	1,925,306,657.50	2,434,192,696.91
减:销售折让	2	5,000,000.00	13,376,622.58		
主营业务收入净额	3	1,630,496,817.31	2,493,430,027.23	1,925,306,657.50	2,434,192,696.91
减:主营业务成本	4	959,226,348.21	1,550,221,000.68	1,095,887,011.63	1,421,670,181.23
主营业务税金及附加	5	10,889,358.98	11,053,612.62	13,089,881.37	13,345,734.28
二、主营业务利润(亏损以"-"号填列)	10	660,381,110.12	932,155,413.93	816,329,764.50	999,176,781.40
加:其他业务利润(亏损以"-"号填列)	11	9,479,887.65	15,273,574.11	15,314,323.63	21,720,113.57
非货币性交易收益	12				
减:存货跌价损失	13	13,104,088.43	17,753,527.70	79,875.58	1,350,065.45
营业费用	14	22,425,232.79	43,229,841.14	17,835,794.46	29,198,284.84
管理费用	15	288,563,112.00	402,997,635.01	276,085,145.69	358,659,708.30
财务费用	16	34,238,163.84	33,051,014.74	-20,542,361.63	-16,381,136.41
三、营业利润(亏损以"-"号填列)	18	311,530,400.71	450,396,969.45	558,185,634.03	648,069,972.79
加:投资收益(损失以"-"号填列)	19	466,695,659.44	366,640,274.77	225,348,900.38	160,569,727.64
期货收益(损失以"-"号填列)	20				
补贴收入	22	28,048,000.00	28,048,000.00	11,400,000.00	11,400,000.00
营业外收入	23	5,945,891.16	6,629,489.61	5,011,675.22	5,354,384.26
减:营业外支出	25	1,292,887.47	2,614,912.69	440,925.51	1,423,286.79
四、利润总额(亏损总额以"-"填列)	27	810,927,063.84	849,099,821.14	799,505,284.12	823,970,797.90
减:所得税	28	80,182,723.92	106,812,819.83	93,166,105.48	109,559,586.46
减:少数股东损益(合并报表填列、亏损以"-"填列)	29		20,061.75		58,327.69
加:未确认的投资损失(合并报表填列)	30				

项　目	行次	本年实际数		上年实际数	
		母公司	合 并	母公司	合 并
五、净利润(净损失"-"号填列)	32	730,744,339.92	742,266,939.56	706,339,178.64	714,352,883.75
加:年初未分配利益(未弥补亏损以"-"填列)	33	341,538,429.18	331,899,867.14	364,467,086.28	364,416,835.02
减:减少注册资本减少的未分配利润	34				
加:盈余公积转入	35				
六、可供分配的利润(亏损以"-"号填列)	36	1,072,282,769.10	1,074,166,806.70	1,070,806,264.92	1,078,769,718.77
减:提取法定盈余公积	37	73,074,433.99	73,093,686.25	70,633,917.87	70,697,099.67
提取法定公益金	38	73,074,433.99	73,084,060.12	70,633,917.87	70,665,508.78
职工奖福基金(合并报表填列、子公司为外商企业项目)	39		12,249,405.13		8,035,892.48
七、可供股东分配的利润(亏损以"-"填列)	40	926,133,901.12	915,739,655.20	929,538,429.18	929,371,217.84
减:应付优先股股利	41				
提取任意盈余公积	42		15,562,048.99		9,471,350.70
应付普通股股利	43			588,000,000.00	588,000,000.00
转作股本的普通股股利	44				
八、未分配利润(未弥补亏损以"-"号填列)	45	926,133,901.12	900,177,606.21	341,538,429.18	331,899,867.14
附注:非常项目:					
1.出售、处置部门或被投资单位	46				
2.自然灾害发生的损失	47				
3.会计政策变更	48				
4.其他	49				

股份有限公司二○○○年度会计报表
现　金　流　量　表

编制单位:上海汽车股份有限公司　　2000 年度　　金额单位:人民币元

项　目	行次	金 额	
		母公司	合 并
一、经营活动产生的现金流量:			
销售商品、提供劳务收到的现金	1	1,937,649,016.94	2,972,049,192.66
收到的租金	2	2,043,845.67	417,847.62
收到的税费返还	3	22,228,000.00	22,830,439.94
收到的其他与经营活动有关的现金	8	16,545,207.46	21,279,289.85
现金流入小计	9	1,978,466,070.07	3,016,576,770.07
购买商品、接受劳务支付的现金	10	1,075,373,539.75	1,680,296,341.40
经营租赁支付的现金	11	13,121,348.83	15,327,431.80
支付给职工以及为职工支付的现金	12	200,940,744.52	299,736,553.54
支付的增值税款	13	161,924,050.10	231,430,161.10
支付的所得税款	14	88,091,791.29	114,066,816.32
支付的除增值税、所得税以外的其他税费	15	23,261,033.61	27,340,069.89
支付的其他与经营活动有关的现金	20	60,901,515.13	96,730,298.02
现金流出小计	21	1,623,614,023.23	2,464,927,672.07
经营活动产生的现金流量净额	22	354,852,046.84	551,649,098.00
二、投资活动产生的现金流量:			
收回投资所收到现金	23	2,255,096,732.08	2,255,389,800.80
分得股利或利润所收到的现金	24	119,855,566.40	63,230,065.63
取得债券利息收入所收到的现金	25	149,245,361.65	149,245,361.65
处置固定资产、无形资产和其他长期资产而收回的现金净额	26	61,178,824.90	48,910,972.53
收到的其他与投资活动有关的现金	30	9,316,962.19	9,307,838.79
现金流入小计	31	2,594,693,447.22	2,526,084,039.40
购建固定资产、无形资产和其他长期资产所支付的现金	32	124,609,470.65	183,088,864.82
权益性投资所支付的现金	33	1,186,201,966.66	1,186,201,966.66
债权性投资所支付的现金	34	1,807,812,420.00	1,807,812,420.00
支付的其他与投资活动有关的现金	40	25,906,577.43	23,306,577.43
现金流出小计	41	3,144,530,434.74	3,200,409,828.91
投资活动产生的现金流量净额	42	-549,836,987.52	-674,325,789.51
三、筹资活动产生的现金流量:			
吸收权益性投资所收到的现金	43		
其中:子公司吸收少数股东权益性投资所收到的现金	43-1		
发行债券所收到的现金	44		
借款所收到的现金	45	2,632,800,000.00	2,716,865,000.00
收到的其他与筹资活动有关的现金	50	15,015,259.37	18,667,759.37
现金流入小计	51	2,647,815,259.37	2,735,532,759.37
偿还债务所支付的现金	52	1,990,000,000.00	2,081,925,000.00
发生筹资费用所支付的现金	53		
分配股利或利润所支付的股利	54	588,000,000.00	588,000,000.00
其中:子公司支付少数股东的股利	54-1		
偿付利息所支付的现金	55	46,413,632.69	49,791,136.76
融资租赁所支付的现金	56		
减少注册资本所支付的现金	57		
其中:子公司依法减资支付给少数股东的现金	57-1		
支付的其他与筹资活动有关的现金	62	512,043.40	512,043.40
现金流出小计	63	2,624,925,676.09	2,720,228,180.16
筹资活动产生的现金流量净额	64	22,889,583.28	15,304,579.21
四、汇率变动对现金的影响额	65		-1,403,504.39
五、现金及现金等价物净增加额	66	-172,095,357.40	-108,415,616.69

附注	行次	金 额	
		母公司	合 并
1.不涉及现金收支的投资和筹资活动:			
以固定资产偿还债务	67		
以投资偿还债务	68		
以固定资产进行投资	69		
以存货偿还债务	70		
融资租赁固定资产	71		
2.将净利润调节为经营活动的现金流量:			
净利润(亏损以"-"号填列)	72	730,744,339.92	742,266,939.56
加:少数股东损益(亏损以"-"号填列)	72-1		20,061.75
减:未确认的投资损失	72-2		
加:计提的坏帐准备或转销的坏帐	73	5,415,616.84	7,204,361.22
固定资产折旧	74	171,633,776.55	242,988,647.61
无形资产、长期待摊费用摊销	75	269,154.96	18,015,973.30
待摊费用的减少(减:增加)	76	925,143.50	782,376.80
预提费用的增加(减:减少)	77		9,419,000.83
处置固定资产、无形资产和其他长期资产的损失(减:收益)	78	-752,537.14	-230,292.08
固定资产盘亏、报废损失	79	312,265.55	312,265.55
财务费用	80	44,184,058.33	49,005,554.03
投资损失(减:收益)	81	-466,695,659.44	-366,640,274.77
递延税款贷项(减:借项)	82	-3,804,540.34	-3,804,540.34
存货的减少(减:增加)	83	6,252,082.38	-5,568,796.99
经营性应收项目的减少(减:增加)	84	-117,770,956.24	-115,105,736.81
经营性应付项目的增加(减:减少)	85	-13,665,407.34	-24,821,150.97
其他	86	-2,195,290.69	-2,195,290.69
经营活动产生的现金流量净额	87	354,852,046.84	551,649,098.00
3.现金及现金等价物净增加情况:			
货币资金的期末余额	88	1,216,717,227.07	1,505,330,339.41
减:货币资金的期初余额	89	1,407,088,984.47	1,632,022,356.10
现金等价物的期末余额	90	18,276,400.00	18,276,400.00
减:现金等价物的期初余额	91		
现金及现金等价物净增加额	92	-172,095,357.40	-108,415,616.69

重庆路桥股份有限公司

二〇〇〇年年度报告摘选

一、公司简介

一.公司法定中文名称:重庆路桥股份有限公司
公司法定英文名称:Chongqing road & bridge co., ltd
公司法定英文缩写:R&B
二.公司法定代表人:方纪中
三.公司董事会秘书:张漫
联系地址:重庆市南坪经济技术开发区丹龙路1号
联系电话:023-62803632
传　真:023-62909387
电子信箱:zm@cqrb.com.cn
四.公司注册地址:重庆市渝中区上清寺路112号9楼
公司办公地址:重庆市南坪经济技术开发区丹龙路1号
邮政编码:400060
公司互联网网址:http://www.cqrb.com.cn
公司电子信箱:zq@cqrb.com.cn
注:公司已于2001年2月27日迁入上述办公地址。
五.公司法定的信息披露报刊:《中国证券报》、《上海证券报》
中国证监会指定国际互联网网址:http://www.sse.com.cn
公司年度报告备置地点:公司证券部
六.公司股票上市交易所:上海证券交易所
股票简称:重庆路桥
股票代码:600106

二、会计数据和业务数据摘要

一.本年度主要利润指标

单位:元

项　目	金　额
利润总额	90,919,794.35
净利润	77,816,968.40
扣除非经常性损益后的净利润	77,816,968.40
主营业务利润	72,810,176.49
其它业务利润	612,256.96
营业利润	59,537,952.34
投资收益	31,619,028.45
补贴收入	
营业外收支净额	-237,186.44
经营活动产生的现金流量净额	128,299,532.79
现金及现金等价物净增加额	91,262,308.50

注:报告期内本公司没有涉及需扣除的非经常性损益项目和金额

二.截止报告期末公司前三年主要会计数据和财务指标

单位:元

项目	2000年	1999年		1998年	
		调整前	调整后	调整前	调整后
主营业务收入	122,795,703.00	114,284,347.66	114,284,347.66	112,257,886.10	112,257,886.10
净利润	77,816,968.40	96,889,869.61	93,359,578.57	91,031,506.51	89,938,811.76
总资产	1,299,895,755.60	1,053,663,429.39	1,049,040,443.60	980,352,218.54	979,259,523.79
股东权益(不含少数股东权益)	855,347,502.88	812,211,055.41	807,588,069.62	777,321,185.80	776,228,491.05
每股收益(摊薄)	0.2510	0.3125	0.3012	0.2937	0.2901
每股收益(加权)	0.2510	0.3125	0.3012	0.2937	0.2901
扣除非经常性损益的每股收益	0.2510	0.191	0.187	0.1935	0.1900
每股净资产	2.76	2.62	2.61	2.51	2.50
调整后的每股净资产	2.68	2.59	2.58	2.51	2.50
每股经营活动产生的现金流量净额	0.41	0.35	0.35	0.33	0.33
净资产收益率(摊薄)	9.10%	11.93%	11.56%	11.98%	11.59%
净资产收益率(加权)	9.19%	11.73%	11.35%	11.56%	11.50%

注:①按照中国证监会《公开发行证券公司信息披露编报规则(第9号)》要求计算的利润数据:

报告期利润	金额	净资产收益率		每股收益	
		全面摊薄	加权平均	全面摊薄	加权平均
主营业务利润	72,810,176.49	8.51%	8.63%	0.2349	0.2349
营业利润	59,537,852.34	6.96%	7.11%	0.1921	0.1921
净利润	77,816,968.40	9.10%	9.19%	0.2510	0.2510
扣除非经常性损益后的净利润	77,816,968.40	9.10%	9.19%	0.2510	0.2510

三、股东情况介绍

一.本公司报告期末股东总数为47,868户。

二.公司前十名股东持股情况

序号	股东名称	报告期末持股数	占总股本比例
1	重庆国际信托投资公司	220,000,000	70.97%
2	熊　焕	600,195	0.19%
3	解书芝	552,748	0.17%
4	刘玲利	512,000	0.16%
5	蒋延会	407,271	0.13%
6	靳东海	395,666	0.12%
7	袁　辉	380,200	0.12%
8	梁家剑	362,300	0.11%
9	龚　明	350,000	0.11%
10	任继福	340,000	0.10%

三.公司前10名股东之间不存在关联关系。

四.本公司控股股东为重庆国际信托投资公司,所持股权性质为国家股,其中2,000万股被重庆高级人民法院"(1998)渝高法经一初字第18号"民事裁定书裁定冻结。本公司已于2000年6月3日在《中国证券报》、《上海证券报》上进行披露。报告期内控股股东无变更。

湖北美尔雅股份有限公司

二〇〇〇年年度报告摘选

一、公司简介

1、公司法定中文名称:湖北美尔雅股份有限公司
公司英文名称:HUBEI MAILYARD SHARE CO.,LTD
2、公司法定代表人:罗日炎先生
3、公司董事会秘书:胡钢先生
联系地址:湖北省黄石市团城山开发区美尔雅工业园
联系电话:0714-6360298
传　真:0714-6360219
4、公司注册地址:湖北省黄石市消防路29号
办公地址:湖北省黄石市团城山开发区美尔雅工业园
邮政编码:435003
互联网址:HTTP://WWW.MAILYARD.COM
公司年度报告备置地点:公司证券部
5、股票上市地:上海证券交易所
股票简称:美尔雅
股票代码:600107

二、会计数据和业务数据摘要

1、本年度利润总额及构成(单位:人民币元)

项　目	2000年
利润总额	85,934,518.59
净利润	67,619,798.55
扣除非经常性损益后的净利润	57,186,207.91
主营业务利润	82,417,312.04
其他业务利润	10,758,363.75
营业利润	75,500,929.95
投资收益	——
补贴收入	2,680,743.77
营业外收支净额	7,752,846.87
经营活动产生的现金流量净额	138,756,306.77
现金及现金等价物净增加额	24,918,129.65
注:非经常性损益项目及涉及金额	
(1)增值税返还	2,680,743.77
(2)所得税返还	
(3)冻结利息收入	2,903,243.98
(4)处置固定资产净收益	-270,423.99
(5)其他	5,120,026.88
以上项目涉及金额合计	10,433,590.64

2、报告期末公司前三年的主要会计数据及财务指标

项目	2000年	1999年	
		追溯调整后	追溯调整前
主营业务收入	311,901,243.73	337,523,377.67	343,361,969.96
净利润	67,619,798.55	55,710,902.34	58,505,003.42
总资产	1,267,071,121,59	1,170,283,879.38	1,173,571,057.12
股东权益(不含少数股东权益)	891,016,620.54	859,356,582.57	866,258,676.29
每股收益(摊薄)	0.188	0.279	0.293
每股收益(加权)	0.188	0.279	0.293
扣除非经常损益后的每股收益(摊薄)	0.159	0.228	0.242
扣除非经常损益后的每股收益(加权)	0.159	0.228	0.242
每股净资产	2.475	4.297	4.331
调整后每股净资产	2.442	4.230	4.264
每股经营活动产生的现金流量净额	0.385	0.262	0.262
净资产收益率(摊薄)	7.59%	6.48%	6.75%
净资产收益率(加权)	7.57%	6.12%	6.42%

项目	1998年	
	追溯调整前	追溯调整后
主营业务收入	430,918,329.42	422,334,211.16
净利润	91,210,181.16	61,890,894.06
总资产	1,245,951,013.25	1,157,481,153.45
股东权益(不含少数股东权益)	886,625,433.14	803,245,481.23
每股收益(摊薄)	0.456	0.309
每股收益(加权)	0.456	0.309
扣除非经常损益后的每股收益(摊薄)	0.357	0.210
扣除非经常损益后的每股收益(加权)	0.357	0.210
每股净资产	4.43	4.02
调整后每股净资产	4.43	4.02
每股经营活动产生的现金流量净额	-0.188	-0.188
净资产收益率(摊薄)	10.29%	7.71%
净资产收益率(加权)	10.35%	7.62%

三、股本变动及股东情况

(1)报告期末本公司股东数量74685户。

(2)公司前十名股东的持股情况:

股东名称	持股数量(股)	比例%
①湖北美尔雅纺织服装实业(集团)公司	87728738(国家股) 54000000(法人股)	39.37
②武汉中银物业发展公司	23625000	6.56
③黄石市南天经贸有限公司	20250000	5.62
④武汉聚鑫科技投资有限公司	14647500	4.07
⑤黄石电力实业有限公司	7200000	2
⑥湖北中兴实业有限公司	6840000	1.9
⑦武汉诚成文化投资集团股份有限公司	5062500	1.4
⑧湖北纺织实业发展公司	4500000	1.25
⑨武汉市汉阳商业股份有限公司	1687500	0.47
⑩黄石美崎电子技术有限公司	928125	0.258

甘肃亚盛实业(集团)股份有限公司

二○○○年年度报告摘要

一、公 司 简 介

1、公司中文名称:甘肃亚盛实业(集团)股份有限公司

英文名称:GANSU YASHENG INDUSTRIAL(GROUP)CO. LTD

2、公司法定代表人:周长生

3、公司董事会秘书及其授权代表的姓名:周文萍　　孙小琴

联系电话:(0931)8471961

传　　真:(0931)8483195

联系地址:甘肃省兰州市张掖路219号基隆大厦20层

4、公司注册地址:甘肃省兰州市张掖路219号基隆大厦20楼

公司办公地址:甘肃省兰州市张掖路219号基隆大厦20楼

邮政编码:730030

5、公司信息披露报纸名称:《中国证券报》、《上海证券报》

登载年度报告的国际互联网网址:http://www.sse.com.cn

公司年度报告备置地点:甘肃省兰州市张掖路219号基隆大厦21楼

6、公司股票上市交易所:上海证券交易所

股票简称:亚盛集团

股票代码:600108

二、会计数据和业务数据摘要

(一)本年度主要利润指标情况:(单位:元)

项目	金额
1、利润总额	118,442,462.78
2、净利润	116,664,402.20
3、扣除非经常性损益后的净利润	106,640,464.55
4、主营业务利润	155,212,440.07
5、其他业务利润	12,819,601.03
6、营业利润	108,372,342.96
7、投资收益	3,369,878.23
8、补贴收入	966,149.86
9、营业外收支净额	5,734,091.73
10、经营活动产生的现金流量净额	128,961,223.39
11、现金及现金等价物净增加额	−146,363,031.74

注:扣除非经常性损益项目及金额:股权处置收益3,261,898.73元,出口退税966,149.86元,营业外收入5,795,889.06元。

(二)公司截止报告期末前三年的主要会计数据和财务指标:(单位:人民币元)

指标项目	2000年度	99年度		98年度	
		调整前	调整后	调整前	调整后
1、主营业务收入	690,091,204.30	614,406,131.63	525,628,506.19	233,969,472.54	233,969,472.54
2、净利润	116,664,402.20	113,955,306.77	113,955,306.77	73,261,927.74	61,691,748.23
3、总资产	1,639,305,635.21	1,669,329,392.84	1,532,023,615.80	1,082,893,372.27	1,072,555,195.21
4、股东权益	1,144,241,287.67	1,045,275,385.47	1,045,275,385.47	670,715,755.76	656,807,578.70
5、每股收益(摊薄)	0.2916	0.37	0.37	0.271	0.228
每股收益(加权)	0.3446	0.417	0.417	0.366	0.308
扣除非经常性损益后的每股收益(摊薄)	0.2665	0.298	0.298	0.271	0.229
扣除非经常性损益后的每股收益(加权)	0.315	0.335	0.34	0.366	0.308
6、每股净资产(摊薄)	2.8596	3.40	3.40	2.484	2.433
7、调整后的每股净资产	2.83	3.39	3.396	2.483	2.432
8、每股经营活动产生的现金流量净额	0.32	0.457	0.455	0.25	0.03
9、净资产收益率(摊薄:%)	10.20	10.90	10.90	10.92	9.39
净资产收益率(加权:%)	10.69	13.39	13.39	11.55	9.86

(三)利润表附表:

报告期利润	净资产收益率(%)		每股收益(元)	
	全面摊薄	加权平均	全面摊薄	加权平均
主营业务利润	13.56	14.23	0.3879	0.4584
营业利润	9.47	9.93	0.2708	0.3201
净利润	10.20	10.69	0.2916	0.3446
扣除非经常性损益后的净利润	9.32	9.77	0.2665	0.315

全面摊薄净资产收益率=报告期利润/期末净资产

全面摊薄每股收益=报告期利润/期末股份总数

$$加权平均净资产收益率(ROE)=\frac{P}{E_0+NP\div2+E_i\times M_i\div M_0-E_j\times M_j\div M_0}$$

其中:P为报告期利润;NP为报告期净利润;Eo为期初净资产;Ei为报告期发行新股或债转股等新增净资产;Ej为报告期回购或现金分红等减少净资产;Mo为报告期月份数;Mi为新增净资产下一月份起至报告期期末的月份数;Mj为减少净资产下一月份起至报告期期末的月份数。

$$加权平均每股收益(EPS)=\frac{P}{S_0+S1+S_i\times M_i\div M_0-S_j\times M_j\div M_0}$$

其中:P为报告期利润;So为期初股份总数;S1为报告期因公积金转增股本或股票股利分配等增加股份数;Si为报告期因发行新股或债转股等增加股份数;Sj为报告期因回购或缩股等减少股份数;Mo为报告期月份数;Mi为增加股份下一月份起至报告期期末的月份数;Mj为减少股份下一月份起至报告期期末的月份数。

三、股东情况介绍

(1)截止2000年12月31日股东总数为116,377户。

(2)前十名股东持股情况(截止2000年12月31日):

单位:股

名次	股东名称	年初持股数	本年送转增数	年末持股数	占总股本(%)
1	甘肃亚盛盐化工业集团有限责任公司	83,268,000	24,980,400	108,248,400	27.05
2	甘肃金塔恒盛农业发展公司	30,708,000	9,212,400	39,920,400	9.98
3	甘肃金盛实业有限公司	15,876,000	4,762,800	20,638,800	5.16
4	甘肃省国营高台农场	8,136,000	2,440,800	10,576,800	2.64
5	甘肃省国营生地湾双丰化工厂	6,012,000	1,803,600	7,815,600	1.95
6	邹小勇			665.900	0.17
7	秦小华			611,703	0.15
8	谢全平			575,328	0.14
9	曲连琴			558,610	0.14
10	徐莉			522,071	0.13

以上列出的股东情况中代表国家持有股份的单位是甘肃亚盛盐化工业集团有限责任公司。

四、股东大会简介

1.报告期内召开的股东大会情况

报告期内召开了1999年年度股东大会和一次临时股东大会。

2000年6月30日召开1999年年度股东大会,会议决议于2000年7月1日在《上海证券报》、《中国证券报》公开披露。

2000年10月13日召开2000年度第一次临时股东大会,会议决议于2000年10月14日在《上海证券报》、《中国证券报》公开披露。

五、董事会报告

1.公司经营情况

(1)公司以建设"农业高科技产业化"为主,兼营无机化工、国际贸易、网络投资、酿酒、生物基因等5个行业。

(2)公司主营业务的范围及其经营状况:

公司经营范围是高科技农业新技术、新产品开发、加工;农副产品的种植,无机盐及其副产品的生产;自营和代理国家组织统一联合经营的16种出口商品和国家实行核定公司经营的14种进口商品以外的其它商品及技术进出口业务;经营进料加工和"三来一补"业务;经营对销贸易。

截止2000年12月31日,公司主营业务收入690,091,204.30元,主营业务利润155,212,440.07元,净利润116,664,402.20元,较上年同期分别增长了31.29%、27.19%、2.38%。

主营业务收入、主营业务利润构成情况:(单位:人民币元)

行业	主营业务收入	主营业务成本	营业毛利	所占比例%
农业	535,136,113.44	406,578,544.94	128,557,568.50	78.40
工业	141,230,123.96	109,594,988.10	31,635,135.86	19.29
贸易	95,773,595.86	91,985,708.04	3,787,887.82	2.31
合计	690,091,204.30	526,110,612.12	163,980,592.18	100

占公司主营业务收入或主营业务利润10%以上的业务是农业、工业,所属行业为农业、化工业。

(3)在经营中出现的问题与困难及解决方案

本年度公司贯彻"以人为本,重在项目,开拓高科技发展之路"的方针,全体员工、各级管理人员齐心协力,在人才、项目建设、技术改造、资产重组、内部新的经济指标体系及各项制度的建设等方面,做了许多工作。

公司有计划地、系统地、分层次地对员工进行培训,把全员系统培训工程与外聘高层次科技人员工程相结合,给公司持续发展规范了渠道、奠定了基础。

公司20000亩滴水灌溉工程、1000公斤盐藻天然胡萝卜素项目的完成,年产12000万米精准农业滴灌管生产线项目、高a酸啤酒花基地及啤酒花加工厂项目的建设,大大提高了公司的科技含量。

本年度公司与中科院联合组建了绿色转基因研究中心,建立了自己的生物工程研究所、高科技农业开发中心,并经省和国家认定为高新技术企业。这些项目的建设,使公司向"产、科、研、学"相结合的道路发展,为公司产业发展占领科技制高点做好了准备。

与高科技研究院的联合,高科技研究机构的建立健全及高科技项目的连续建设,增强了公司持续发展后劲,减轻了WTO带来的各类风险,提高了市场竞争力。

2.公司财务状况(单位:人民币元):

项目	2000年	1999年	比上年增长(%)
总资产	1,639,305,635.21	1,532,023,615.80	7
长期负债	3,000,000	0	
股东权益	1,144,241,287.67	1,045,275,385.47	9.47
主营业务利润	155,212,440.07	122,031,673.23	27.19
净利润	116,664,402.20	113,955,306.77	2.38

变动原因:总资产增加系固定资产增加所致;长期负债增加系一年以上流动资金借款增加所

致;股东权益增加系净利润增加所致;主营业务利润增加系销售扩大、收益率提高及资产组合所致。

3.公司投资情况

(1)报告期内公司投资情况:报告期内公司长期投资额为107,660,000元,比上年增加投资额15,479,478.83元,增长幅度为16.79%。报告期内公司投资情况如下:

北京世纪飞虎信息技术有限公司:生产经营范围为:开发、生产计算机软、硬件;网络系统技术开发;自产产品的技术咨询、技术服务;网络信息及咨询服务;销售自产产品。占被投资公司权益的比例为40%,现正在筹建。

西南证券有限责任公司:经营范围:证券的代理买卖;代理还本付息、分红派息;证券代保管、鉴证;代理登记开户;证券的自营买卖;证券的承销和上市推荐;证券投资咨询;资产管理;发起设立证券投资基金和基金管理公司;经中国证监会批准的其它业务。占被投资公司权益的比例为5.32%。

甘肃亚盛耐特现代高科技农业有限公司:经营范围:滴灌设备及其配套部件的生产、组装、销售;滴灌系统的开发研制。占被投资公司权益的比例为51%。

(2)本报告期之前募集资金的使用投向未有变更,延续到报告期内的项目情况:

A.年产1000公斤盐藻天然胡萝卜素项目:承诺投资3384万元,2000年投资7,595,187.33元,累计完成投资48,647,213.17元,该项目已竣工决算。

B.年产2000吨高密度白炭黑项目:承诺投资3800万元,累计完成投资1300万元。由于生产制造技术的更新换代,将原设计进行了重要修改,因此,影响了项目进度。

C.年产20000吨硫酸钾工程:承诺投资3980万元,2000年投资13,162,976.39元,累计完成投资37,472,575.25元,为计划投资的94.15%,预计2001年上半年建成。

(3)报告期内配股募集资金使用情况:

公司于1999年12月实施了1999年配股方案,本次配股实际募集货币资金为27451.25万元,承诺投资项目与实际投资项目相同,没有变更。

A.年产12000万米精准农业滴灌管生产线项目,公司出资24310.5万元,2000年实际投入81,245,127.56元,为计划投资的33.42%。

B.日光温室花卉栽培基地项目,投资总额2500万元,2000年实际投入13,490,000元,为计划投资的53.96%。

C.高α酸啤酒花基地及啤酒花加工厂项目,投资总额3225万元,2000年实际投入23,238,104.39元,为计划投资的72.06%。

D.总投资2500万元用于5000亩良种基地建设项目,2000年实际投入25,751,187.58元,为计划投资的103%,该项目已完工。

4.新年度的业务发展计划

新年度公司总结过去和现在的经验、教训,抓住国家西部大开发战略的机遇,以高科技发展为动力,以技术革新改造提高、充实传统产业,以高科技项目拓展新兴领域,追求优质低价和市场、利润、资本三个最大化,促进公司的现代化与国际化发展。

具体措施如下:

(1)以市场为导向,以科技为依托,大力发展主业,积极拓展高科技产业,优化产业结构,提高产品的科技含量。

(2)加快精准农业滴灌管生产线项目和高α酸啤酒花基地及啤酒花加工厂项目的实施进度,增强公司竞争力。组织强有力的工程技术骨干力量,加快引进生产设备的安装调试工作,争取配股募集资金投入项目早日完工。

(3)持之以恒抓质量,严格执行ISO9002质量体系要求,并进一步强化销售网络。

5.董事会日常工作情况

(1)报告期内董事会的会议情况及决议内容

2000年4月18日召开的董事会审议通过了《1999年度报告及摘要》、《1999年年度利润分配预案》、《关于修改公司章程的预案》、《关于董事会换届选举的提案》、《关于四项准备计提及核试销办法(试行)的议案》、《决定召开1999年度股东大会》,会议决议于2000年4月21日在《上海证券报》、《中国证券报》公开披露。

2000年6月30日召开二届一次董事会,会议选举产生了董事长、副董事长、聘任了总经理、副总经理、董事会秘书、财务总监,会议决议于2000年7月1日在《上海证券报》、《中国证券报》公开披露。

2000年7月30日召开二届二次董事会,会议审议通过了公司《2000年度中期报告正文及摘要》,会议决议于2000年8月1日在《上海证券报》、《中国证券报》公开披露。

2000年8月11日召开了二届三次董事会,会议审议通过了《本公司与甘肃亚盛盐化工业集团有限责任公司股权置换协议事项》,会议决议于2000年8月12日在《上海证券报》、《中国证券报》公开披露。

2000年9月6日召开了二届四次董事会,会议审议通过了《关于甘肃亚盛实业(集团)股份有限公司吸收合并山东龙喜股份有限公司的预案》、《股票认股权计划方案》,会议决议于2000年9月8日在《上海证券报》、《中国证券报》公开披露。

2000年9月7日召开了二届五次董事会,会议审议通过了《关于元明粉厂整体资产转让及对甘肃力维氯碱化工有限公司、甘肃爽佳棉针织有限公司长期投资的协议》、《收购西南证券股权的协议》、《同意召开2000年度第一次临时股东大会,委托北京首证投资顾问有限公司担任资产重组的独立财务顾问,并出具独立财务顾问报告,于2000年9月12日在《上海证券报》、《中国证券报》公开披露。

(2)报告期内公司利润分配方案、公积金转增股本方案执行情况

公司于2000年8月8日刊登了1999年年度利润分配及资本公积金转增股本公告,2000年8月11日实施了1999年度利润分配及资本公积金转增股本方案,即以每10股送1股转增2股,共计送转增9234万股,使总股本由30780万股增至40014万股。除权除息及送转股份上市交易日为2000年8月11日。

7.公司管理层及员工情况

(1)董事、监事、高级管理人员情况

序号	姓名	职务	性别	年龄	任期	年初持股数	年末持股数
1	周长生	董事长	男	59岁	2000-2003	23400	30420
2	王登福	副董事长	男	46岁	2000 2003	4914	6388
3	曹孝忠	副董事长	男	57岁	2000-2003	7254	9430
4	许汉春	董事	男	50岁	2000-2003	0	0
5	朱新华	董事	男	47岁	2000-2003	400	520
6	杨占荣	董事	男	39岁	2000-2003	11934	15514
7	张兴龙(隆)	董事	男	49岁	2000-2003	0	0
8	郝录荣	董事	男	54岁	2000-2003	2340	3042
9	段德仁	董事	男	31岁	2000-2003	0	0
10	焦永强	董事	男	36岁	2000-2003	2430	3042
11	李兴祥	董事	男	55岁	2000-2003	2340	3042
12	李吉玉	董事	男	52岁	2000-2003	2340	3042
13	伊万福	董事	男	51岁	2000-2003	3510	4563
14	曹林	监事	男	41岁	2000-2003	4914	6388
15	曹香芝	监事	女	38岁	2000-2003	0	0
16	王红英	监事	女	32岁	2000-2003	300	390
17	魏国福	监事	男	47岁	2000-2003	0	0
18	刘文学	监事	男	36岁	2000-2003	7254	9430
19	赵祖英	总经理	男	60岁	2000-2003	0	0
20	任都成	财务总监	男	43岁	2000-2003	0	0
21	罗生泾	副总经理	男	62岁	2000-2003	0	0
22	李家懋	副总经理	男	57岁	2000-2003	0	0
23	周文萍	董秘	女	31岁	2000-2003	0	0

以上人员中领取报酬的区间及人数分别是:20000元及以上1人,20000元以下21人,张兴龙(隆)未在公司领取报酬。

年度内股份增减变动原因是实施了1999年度利润分配及资本公积金转增股本方案即每10股送1股转增2股。

报告期内,公司董事、监事及高管人员变动情况:

2000年6月30日公司召开了1999年年度股东大会,选举产生了第二届董事会,由周长生、王登福、曹孝忠、焦永强、伊万福、朱新华、郝录荣、李积玉、李兴祥、许汉春、杨占荣、段德仁、张兴龙(隆)13人组成。选举产生了第二届监事会,由曹林、曹香芝、魏国福三人和职工代表刘文学、王红英5人组成。2000年6月30日召开了第二届第一次董、监事会,选举周长生为董事长、曹林为监事会召集人,聘任赵祖英为总经理、罗生泾、李加懋为副总经理,任都成为财务总监,周文萍为董事会秘书。

8.本次利润分配预案及资本公积金转增股本预案

经五联联合会计师事务所有限公司(原名甘肃五联会计师事务所有限责任公司)审计,公司2000年度共实现净利润116,664,402.20元,提取法定盈余公积11,718,452.68元,提取法定公益金5,859,226.34元,加年初未分配利润163,198,084.45元,可供股东分配的利润为262,284,807.62元。以2000年末股本40014万股为基数,每10股送1股派0.25元(含税)。

公司2000年末资本公积金为443,446,620.99元,以2000年末总股本40014万股为基数,向全体股东按每10股转增2股的比例实施转增股本,共计88,689,324.198元,转增后资本公积金余额为354,757,296.792元。上述预案尚需提交股东大会审议。

六、监事会报告

1、报告期内工作情况

2000年,公司监事会共召开了4次会议,会议情况如下:

2000年4月18日召开监事会会议,会议决议刊登在2000年4月21日的《上海证券报》、《中国证券报》上。

2000年6月30日召开二届一次监事会会议,会议决议刊登在2000年7月1日的《上海证券报》、《中国证券报》上。

2000年7月30日召开二届二次监事会会议,会议决议刊登在2000年8月1日的《上海证券报》、《中国证券报》上。

2000年8月11日召开二届三次监事会会议,会议决议刊登在2000年8月12日的《上海证券报》、《中国证券报》上。

七、重要事项

1.本年度公司无重大诉讼、仲裁事项。

2.报告期内公司、公司董事及高级管理人员无受监管部门处罚的情况。

3.报告期内公司控股股东没有变更。报告期内1999年年度股东大会选举产生了第二届董事会,由周长生、王登福、曹孝忠、焦永强、伊万福、朱新华、郝录荣、李积玉、李兴祥、许汉春、杨占荣、段德仁、张兴龙(隆)13人组成,选举产生了第二届监事会,由曹林、曹香芝、魏国福、刘文学、王红英5人组成。二届董事会一次会议聘任赵祖英为总经理、罗生泾、李加懋为副总经理,任都成为财务总监,周文萍为董事会秘书。

4.报告期内公司收购及出售资产、吸收合并事项的简要情况及进程:报告期内公司收购及出售资产、吸收合并事项情况如下:公司于2000年10月13日召开的2000年第一次临时股东大会决定:

(1)将控股子公司甘肃亚兰化工有限责任公司75.93%的股权以4500万元的价格转让给甘肃亚盛盐化工业集团有限责任公司。以3000万元的价格收购甘肃亚盛盐化工业集团有限责任公司持有的北京世纪飞虎信息技术有限公司40%的股权。

(2)将下属分公司-元明粉厂整体以评估后的净资产5,541,749.41元、对甘肃力维氯碱化工有限公司2500万元和对甘肃爽佳棉针织有限公司1096万元的长期投资以帐面价转让给甘肃金盛实业有限公司。

(3)以6600万元的价格收购甘肃亚盛盐化工业集团有限责任公司持有的西南证券有限责任公司5.32%的股权。

(4)通过了关于吸收合并山东龙喜股份有限公司的方案。经会计师事务所审计,其2000年主营业务收入221,461,497.96元,净利润31,375,786.15元。目前已将材料上报中国证监会,待批准后实施。

5.重大关联交易事项。

2000年度公司进行了以下资产重组事宜:将控股子公司甘肃亚兰化工有限责任公司75.93%的股权以4500万元的价格转让给甘肃亚盛盐化工业集团有限责任公司。以3000万元的价格收购甘肃亚盛盐化工业集团有限责任公司持有的北京世纪飞虎信息技术有限公司40%的股权。将下属分公司-元明粉厂整体以评估后的净资产5,541,749.41元。对甘肃力维氯碱化工有限公司2500万元和对甘肃爽佳棉针织有限公司1096万元的长期投资以帐面价转让给甘肃金盛实业有限公司。以6600万元的价格收购甘肃亚盛盐化工业集团有限责任公司持有的西南证券有限责任公司5.32%的股权。

本次资产重组属关联交易,并经北京首证投资顾问有限公司出具了独立财务顾问报告,于2000年9月12日分别在《中国证券报》、《上海证券报》予以披露。

关联方关系及其交易

1.存在控制关系的关联方的性质:

企业名称	经济性质	与本公司关系	法人代表	注册地	主营业务
甘肃亚盛盐化工业	全民	母公司	周长生	兰州	盐业化工

集团有限责任公司

2.存在控制关系的关联方的注册资本及其变化:(单位:万元)

企业名称	期初数	本期增加	本期减少	期末数
甘肃亚盛盐化工业集团有限责任公司	12000万元	-	-	12000万元

3.存在控制关系的关联方所持股份或权益及其变化:(单位:万元)

企业名称	期初数		本期增加		本期减少		期初数	
	金额	百分比%	金额	百分比	金额	百分比%	金额	百分比%
甘肃亚盛盐化工业集团有限责任公司	8326.8	27.05	2498.04	27.05	-	-	10824.84	27.05

4.不存在控制关系的关联方:

企业名称	与本公司关系
甘肃金塔恒盛农业发展公司	发起人
甘肃金盛实业有限公司	发起人
甘肃省国营高台农场	发起人
甘肃省国营生地湾双丰化工厂	发起人
甘肃条山农工商(集团)有限责任公司	受同一公司控制
兰州维尼纶(集团)有限责任公司	受同一公司控制
甘肃国营下河清实业有限责任公司	受同一公司控制
甘肃盐锅峡化工总厂	受同一公司控制

5.关联方交易:

(1)公司与关联企业之间的业务往来按市场经营规则进行,与其他业务往来企业同等对待,本公司与集团公司之间不可避免的关 联交易,遵照公平、公正的市场原则进行,在本年度无任何高于或低于正常售价的情况。

(2)销售商品

关联公司名称	1999年度金额	2000年度金额	交易内容
甘肃亚盛盐化工业集团有有限责任公司	194,565,151.74	113,755,618.39	农副产品
甘肃金盛实业有限公司	12,718,206.56	5,673,680.80	供汽
甘肃金盛实业有限公司		1,121,057.05	编织袋
甘肃金盛实业有限公司		8,471,352.39	风化硝
甘肃国营下河清实业有限责任公司	18,400,760.36	95,949,058.08	农副产品

(3)采购货物

关联公司名称	1999年度金额	2000年度金额	交易内容
甘肃金盛实业有限公司	1,527,703.36	16,326,276.97	材料
甘肃国营下河清实业有限公司	1,023,090.13	0.00	农资材料
甘肃亚盛盐化工业集团有限公司	109,359,688.09	6,169,267.90	原材料

(4)本公司给关联方出售股权交易

关联公司名称	被转让股权单位名称	交易金额	实现投资损益
甘肃亚盛盐化工业集团有限责任公司	甘肃亚兰化工有限公司	45,000,000.00	3,379,478.83
甘肃金盛实业有限公司	甘肃力维氯碱化工有限公司	25,000,000.00	-
甘肃金盛实业有限公司	甘肃爽佳棉针织品有限公司	10,960,000.00	-
甘肃金塔恒盛农业发展公司	兰州华陇家禽育种公司	2,990,000.00	-9,600.60

(5) 本公司由关联方收购股权交易

关联方名称	收购股权单位名称	交易金额
甘肃亚盛盐化工业集团有限责任公司	西南证券有限责任公司	66,000,000.00
甘肃亚盛盐化工业集团有限责任公司	北京世纪飞虎信息技术有限公司	30,000,000.00

(6)提供资金

关联公司名称	1999年度	2000年度	备注
甘肃亚盛盐化工业集团有限责任公司	61,329,187.33	45,502,322.79	集团占用本公司
甘肃金盛实业有限公司	15,201,466.90	-	
兰州维尼纶(集团)有限责任公司	5,094,357.62	-	
甘肃盐锅峡化工总厂	5,000,000.00	-	
甘肃条山农工商(集团)有限责任公司		73,680,000.00	占用集团资金

(7)其他关联交易

本公司本期将所属分公司甘肃亚盛双丰元明粉厂整体转让给关联方甘肃金盛实业有限公司,实现转让收益5,541,749.41元。

(8)关键管理人员的报酬为268,000.00元。

6.关联方往来:

关联公司名称	会计科目	1999年度	2000年度	款项内容
甘肃亚盛盐化工业集团有限责任公司	应收帐款	11,161,403.91	15,681,287.05	农产品销售
甘肃条山农工商(集团)有限责任公司	应收帐款	14,985,644.80	638,344.40	往来款
甘肃国营下河清实业有限责任公司	应收帐款	2,799,928.43	30,225,355.34	农产品销售
合计		33,971,754.36	46,544,986.79	
甘肃亚盛盐化工业集团有限责任公司	应付票据	5,000,000.00		购材料
合计		5,000,000.00		
兰州维尼纶(集团)有限责任公司	应付帐款	56,567,917.69		采购原料
甘肃亚盛盐化工业集团有限责任公司	应付帐款		1,746,441.24	往来
甘肃条山农工商(集团)有限责任公司	应付帐款	58,541,154.67	608,711.88	往来
合计		115,109,072.36	2,355,153.12	
甘肃亚盛盐化工业集团有限责任公司	其他应收款	1,385,720.44	3,665,879.69	往来
兰州维尼纶(集团)有限责任公司	其他应收款	14,529,568.00		往来
甘肃条山农工商(集团)有限责任公司	其他应收款	16,448,527.27	8,477,939.30	往来
甘肃国营下河清实业有限责任公司	其他应收款	8,277,643.22	150,000.00	往来
甘肃金盛实业有限公司	其他应收款		34,723,516.70	往来
甘肃高台农场农业开发公司	其他应收款		1,437,119.21	往来
合计		40,641,458.93	48,454,454.90	
甘肃亚盛盐化工业集团有限责任公司	预付帐款		172,000.00	往来
合计			172,000.00	
甘肃亚盛盐化工业集团有限责任公司	其他应付款	2,802,315.83	696,476.79	往来
甘肃金盛实业有限公司	其他应付款	532,858.01		往来
兰州维尼纶(集团)有限责任公司	其他应付款	56,981,099.64		往来
甘肃盐锅峡化工总厂	其他应付款	21,597,245.50		往来
甘肃条山农工商(集团)有限责任公司	其他应付款	90,657,443.76	8,924,932.90	往来
甘肃国营下河清实业有限责任公司	其他应付款	8,517,241.40	21,329539.95	往来
合计		181,088,204.14	30,950,949.64	

6.公司与控股股东"三分开"情况:

在人员方面:公司在劳动、人事及工资管理等方面是独立的,经理、副经理等高级管理人员都在公司领取薪酬,在股东单位无担任重要职务。

在资产方面:公司拥有独立的生产系统、辅助生产系统和配套设施,公司的采购和销售系统由公司独立拥有。公司使用母公司的商标注册证,均按与母公司签订的《注册商标使用许可合同》办理。

财务方面:公司设立独立的财会部门,并建立了独立的会计核算体系和财务管理制度,独立在银行开户。

7.报告期内无托管、承包、租赁其它公司资产或其它公司托管、承包、租赁本公司资产的事项。

8.本年度公司聘任的会计师事务所为五联联合会计师事务所有限公司(原名甘肃五联会计师事务所有限责任公司),无改聘、解聘情况。

9.公司无其它重大合同(含担保等)情况。

10.公司报告期内未更改名称和股票简称。

八、财务报告

五联联合会计师事务所有限公司审计报告

五联审字[2000]第1061号

甘肃亚盛实业(集团)股份有限公司全体股东:

我们接受委托,审计了贵公司2000年12月31日的合并及母公司资产负债表和2000年度合并及母公司利润及利润分配表和合并及母公司现金流量表。这些会计报表由贵公司负责,我们的责任是对这些会计报表发表审计意见。我们的审计是依据《中国注册会计师独立审计准则》进行的。在审计过程中,我们结合贵公司的实际情况,实施了包括抽查会计记录等我们认为必要的审计程序。

我们认为,上述会计报表符合《企业会计准则》和《股份有限公司会计制度》的有关规定,在所有重大方面公允地反映了贵公司2000年12月31日财务状况及2000年度的经营成果和现金流量情况,会计处理方法的选用遵循了一贯性原则。

五联联合会计师事务所有限公司　　中国注册会计师:刘志文

中国·兰州　　中国注册会计师:刘晓龙

甘录省兰州市移动通讯大厦写字楼五层　　2001年3月23日

合并利润及利润分配表

2000年度

编制单位:甘肃亚盛实业(集团)股份有限公司(模拟)　单位:人民币元

项　目		亚盛股份公司	龙喜股份公司	合并数
一、主营业务收入	1	690,091,204.30	221,461,497.98	911,552,702.28
减:折扣与折让	2			
主营业务收入净额	3	690,091,204.30	221,461,497.98	911,552,702.28
减:主营业务成本	4	526,110,612.12	164,070,975.51	690,181,587.63
主营业务税金及附加	5	8,768,152.11	1,308,537.63	10,076,689.74
二、主营业务利润	6	155,212,440.07	56,081,984.84	211,294,424.91
加:其他业务利润	7	12,819,601.03		12,819,601.03
减:存货跌价损失	8	210,928.63	11,403.82	222,332.45
营业费用	9	17,128,090.23	5,394,378.49	22,522,468.72
管理费用	10	33,964,427.82	3,594,754.59	37,559,182.41
财务费用	11	8,356,251.46	-476,251.73	7,879,999.73
三、营业利润	12	108,372,342.96	47,557,699.67	155,930,042.63
加:投资收益	13	3,369,878.23		3,369,878.23
补贴收入	14	966,149.86		966,149.86
营业外收入	15	5,795,889.06	4,047.48	5,799,936.54
减:营业外支出	16	61,797.33		61,797.33
四、利润总额	17	118,442,462.78	47,561,747.15	166,004,209.93
减:所得税	18	1,767,445.79	16,185,961.00	17,953,406.79
少数股东本期损益	19	10,614.79		10,614.79
五、净利润	20	116,664,402.20	31,375,786.15	148,040,188.35
加:年初未分配利润	21	163,818,605.62	70,820,715.36	234,639,320.98
盈余公积转入	22			
六、可供分配利润	23	280,483,007.82	102,196,501.51	382,679,509.33
减:提取法定盈余公积	24	11,718,452.68	3,137,578.62	14,856,031.30
提取法定公益金	25	5,859,226.34	1,568,789.31	7,428,015.65
七、可供股东分配利润	26	262,905,328.80	97,490,133.58	360,395,462.38
减:应付优先股股利	27			
提取任意盈余公积	28			
应付普通股股利	29	17,698,500.00		17,698,500.00
转作股本的普通股股利	30	30,780,000.00		30,780,000.00
八、未分配利润	31	214,426,828.80	97,490,133.58	311,916,962.38

合并利润及利润分配表

2000年度

编制单位:甘肃亚盛实业(集团)股份有限公司　单位:人民币元

项　目	附注	母公司数		合并数	
		上年数	本年数	上年数	本年数
一、主营业务收入	27	511,891,283.31	668,412,479.08	525,628,506.19	690,091,204.30
减:折扣与折让					
主营业务收入净额		511,891,283.31	668,412,479.08	525,628,506.19	690,091,204.30
减:主营业务成本		384,934,405.07	508,219,774.72	396,682,738.61	526,110,612.12
主营业务税金及附加		6,909,877.00	8,767,060.81	6,914,095.21	8,768,152.11
二、主营业务利润		120,047,001.24	151,425,643.55	122,031,673.23	155,212,440.07
加:其他业务利润	28	13,852,541.73	12,803,618.97	13,852,541.73	12,819,601.03
减:存货跌价损失		500,843.00	210,928.63	500,843.00	210,928.63
营业费用		18,710,967.15	14,452,587.54	20,022,064.05	17,128,090.23
管理费用		15,982,958.44	33,579,177.16	16,268,963.93	33,964,427.82
财务费用	29	2,148,553.71	8,230,220.89	2,271,883.33	8,356,251.46
三、营业利润		96,556,220.67	107,756,348.30	96,820,460.65	108,372,342.96
加:投资收益	30	9,885,404.85	3,890,002.86	9,665,292.95	3,369,878.23
补贴收入	31	21,112,396.38	848,126.86	21,112,396.38	966,149.86
营业外收入	32	1,767,452.16	5,795,889.06	1,767,452.16	5,795,889.06
减:营业外支出	33	125,574.84	61,797.33	125,574.84	61,797.33
四、利润总额		129,195,899.22	118,228,569.75	129,240,027.30	118,442,462.78
减:所得税		15,240,592.45	1,564,167.55	15,280,228.45	1,767,445.79
少数股东本期损益				4,492.08	10,614.79
五、净利润		113,955,306.77	116,664,402.20	113,955,306.77	116,664,402.20
加:年初未分配利润		66,989,611.65	163,851,622.40	66,989,611.65	163,818,605.62
盈余公积转入					
六、可供分配利润		180,944,918.42	280,516,024.60	180,944,918.42	280,483,007.82
减:提取法定盈余公积		11,395,530.68	11,666,440.22	11,417,541.87	11,718,452.68
提取法定公益金		5,697,765.34	5,833,220.11	5,708,770.93	5,859,226.34
七、可供股东分配利润		163,851,622.40	263,016,364.27	163,818,605.62	262,905,328.80
减:应付优先股股利					
提取任意盈余公积					
应付普通股股利			17,698,500.00		17,698,500.00
转作股本的普通股股利			30,780,000.00		30,780,000.00
八、未分配利润		163,851,622.40	214,537,864.27	163,818,605.62	214,426,828.80

合并资产负债表

截止日:2000 年 12 月 31 日

编制单位:甘肃亚盛实业(集团)股份有限公司(模拟) 单位:人民币元

流动资产:		亚盛股份公司	龙喜股份公司	合并数
货币资金	1	270,124,494.70	53,832,173.05	323,956,667.75
短期投资	2			
减:短期投资跌价准备	3			
短期投资净额	4			
应收票据	5			
应收股利	6	450,000.00		450,000.00
应收利息	7			
应收帐款	8	181,031,450.71	28,358,263.98	209,389,714.69
应他应收款	9	134,839,937.30	21,025,130.80	155,865,068.10
减:坏帐准备	10	11,650,131.64	1,880,061.59	13,530,193.23
应收款项净额	11	304,221,256.37	47,503,333.19	351,724,589.56
预付帐款	12	82,477,120.20	29,884,652.48	112,361,772.68
应收补贴款	13			
存货	14	113,181,458.41	19,098,170.44	132,279,628.85
减:存货跌价准备	15	3,909,094.75	30,264.79	3,939,359.54
存货净额	16	109,272,363.66	19,067,905.65	128,340,269.31
待摊费用	17	221,677.03	26,280.00	247,957.03
待处理流动资产净损失	18	1,087,636.09		1,087,636.09
一年内到期的长期债权投资	19			
其他流动资产	20			
流动资产合计	21	767,854,548.05	150,314,344.37	918,168,892.42
长期投资:	22			
长期股权投资	23	107,660,000.00		107,660,000.00
长期债权投资	24			
长期投资合计	25	107,660,000.00		107,660,000.00
减:长期投资减值准备	26			
长期投资净额	27	107,660,000.00		107,660,000.00
固定资产:	28			
固定资产原价	29	488,500,530.67	195,494,287.91	683,994,818.58
减:累计折旧	30	76,274,847.96	80,637,660.60	156,912,508.56
固定资产净值	31	412,225,682.71	114,856,627.31	527,082,310.02
工程物资	32	9,296,317.03		9,296,317.03
在建工程	33	210,964,165.34	10,533,036.75	221,497,202.09
固定资产清理	34			
待处理固定资产净损失	35			
固定资产合计	36	632,486,165.08	125,389,664.06	757,875,829.14
无形资产及其他资产:	37			
无形资产	38	83,673,142.60	24,225,575.04	107,898,717.64
开办费	39	4,422,456.08		4,422,456.08
长期待摊费用	40	669,573.43		669,573.43
其他长期资产	41	42,539,750.00		42,539,750.00
无形资产及其他资产合计	42	131,304,922.11	24,225,575.04	155,530,497.15
递延税项:	43			
递延税款借项	44			
资产总计	45	1,639,305,635.24	299,929,583.47	1,939,235,218.71
负债及股东权益	附注	亚盛股份公司	龙喜股份公司	合并数
流动负债:	1			
短期借款	2	138,775,448.10		138,775,448.10
应付票据	3			
应付帐款	4	126,461,762.37	14,052,822.22	140,514,584.59
预收帐款	5	10,082,407.48	2,859,817.90	12,942,225.38
应付工资	6	5,552,012.56	1,018,809.59	6,570,822.15
应付福利费	7	2,107,232.23	2,521,071.04	4,628,303.27
应付股利	8	10,016,340.84		10,016,340.84
应交税金	9	51,812,774.34	29,493,872.30	81,306,646.64
其他未交款	10	1,344,202.87	1,060,082.09	2,404,284.96
其他应付款	11	113,211,975.13	7,110,052.06	120,322,027.19
预提费用	12	7,161,351.48	16,094,63	7,177,446.11
一年内到期的长期负债	13			
其他流动负债	14			
流动负债合计	15	466,525,507.40	58,132,621.83	524,658,129.23
长期负债:	16			
长期借款	17	3,000,000.00		3,000,000.00
应付债券	18			
长期应付款	19			
住房周转金	20			
其他长期负债	21			
长期负债合计	22	3,000,000.00		3,000,000.00
递延税项:	23			
递延税款贷项	24			
负债合计	25	469,525,507.40	58,132,621.83	527,658,129.23
少数股东权益	26	25,538,840.17		25,538,840.17
股东权益:	27			
股本	28	400,140,000.00	100,830,000.00	480,804,000.00
资本公积	29	443,446,620.99	12,844,202.02	463,612,620.99
盈余公积	30	86,227,837.88	30,632,626.04	116,860,463.92
其中:公益金	31	20,713,478.81	12,720,918.98	33,434,397.79
未分配利润	32	214,426,828.80	97,490,133.58	311,916,962.38
股东权益合计	33	1,144,241,287.67	241,796,961.64	1,386,038,249.31
负债及股东权益合计	34	1,639,305,635.24	299,929,583.47	1,939,235,218.71

合并资产负债表

截止日:2000 年 12 月 31 日

编制单位:甘肃亚盛实业(集团)股份有限公司 单位:人民币元

资　产	附注	母公司数		合并数	
		期初数	期末数	期初数	期末数
流动资产:					
货币资金	1	414,535,091.83	240,977,467.31	416,487,526.44	270,124,494.70
短期投资					
减:短期投资跌价准备					
短期投资净额					
应收票据					
应收股利	2	4,153,381.76	892,105.94	3,966,286.65	450,000.00
应收利息					
应收帐款	3	135,403,885.01	177,113,307.45	182,178,448.44	181,031,450.71
其他应收款	3	164,319,336.89	143,076,508.08	154,007,301.99	134,839,937.30
减:坏帐准备	3	9,630,599.61	11,648,615.64	9,630,599.61	11,650,131.64
应收款项净额		290,092,622.29	308,541,199.89	326,555,150.82	304,221,256.37
预付帐款	4	27,894,119.40	69,659,068.87	36,066,761.54	82,477,120.20
应收补贴款					
存货	5	66,238,600.42	110,949,709.41	66,238,600.42	113,181,458.41
减:存货跌价准备		3,698,166.12	3,909,094.75	3,698,166.12	3,909,094.75
存货净额		62,540,434.30	107,040,614.66	62,540,434.30	109,272,363.66
待摊费用	6	281,971.77	221,677.03	281,971.77	221,677.03
待处理流动资产净损失			1,087,636.09		1,087,636.09
一年内到期的长期债权投资					
其他流动资产					
流动资产合计		799,497,621.35	728,419,769.79	845,898,131.52	767,854,548.05
长期投资:					
长期股权投资	7	141,133,537.96	219,194,297.85	92,180,521.17	107,660,000.00
长期债权投资					
长期投资合计		141,133,537.96	219,194,297.85	92,180,521.17	107,660,000.00
减:长期投资减值准备					
长期投资净额		141,133,537.96	219,194,297.85	92,180,521.17	107,660,000.00
固定资产:					
固定资产原价	8	440,672,674.97	481,952,780.10	445,232,674.97	488,500,530.67
减:累计折旧		57,114,293.33	76,058,247.96	57,222,593.38	76,274,847.96
固定资产净值		383,558,381.59	405,894,532.14	388,010,081.59	412,225,682.71
工程物资	9	1,681,150.00	9,296,317.03	1,681,150.00	9,296,317.03
在建工程	10	98,363,450.42	129,719,037.78	98,363,450.42	210,964,165.34
固定资产清理					
待处理固定资产净损失					
固定资产合计		483,602,982.01	544,909,886.95	488,054,682.01	632,486,165.08
无形资产及其他资产:					
无形资产	11	62,906,230.20	59,136,568.46	62,906,230.20	83,673,142.60
开办费	12	62,696.58	30,178.20	62,696.58	4,422,456.08
长期待摊费用	13	381,604.32	669,573.43	381,604.32	669,573.43
其他长期资产	14	42,539,750.00	42,539,750.00	42,539,750.00	42,539,750.00
无形资产及其他资产合计		105,890,281.10	102,376,070.09	105,890,281.10	131,304,922.11
递延税项:					
递延税款借项					
资产总计		1,530,124,422.42	1,594,900,024.68	1,532,023,615.80	1,639,305,635.24
负债及股东权益	附注	母公司数		合并数	
		期初数	期末数	期初数	期末数
流动负债:					
短期借款	15	213,604,967.68	137,775,448.10	216,242,967.68	138,775,448.10
应付票据		5,000,000.00		5,000,000.00	
应付帐款	16	32,969,310.10	94,673,624.99	32,969,310.10	126,461,762.37
预收帐款	17	1,907,429.31	7,536,804.19	1,907,429.31	10,082,407.48
应付工资		5,359,700.88	5,552,012.56	5,359,700.88	5,552,012.56
应付福利费		2,276,121.06	2,107,232.23	2,276,121.06	2,107,232.23
应付股利			10,003,500.00	3,818.27	10,016,340.84
应交税金	18	53,315,350.91	53,058,679.14	51,806,598.20	51,812,774.34
其他未交款	19	960,694.68	1,344,000.19	960,809.70	1,344,202.87
其他未付款	20	158,302,509.73	128,446,084.13	153,195,466.42	113,211,975.13
预提费用	21	11,152,952.60	7,161,351.48	16,025,334.90	7,161,351.48
一年内到期的长期负债					
其他流动负债					
流动负债合计		484,849,036.95	447,658,737.01	485,747,556.52	466,525,507.40
长期负债:					
长期借款	22		3,000,000.00		3,000,000.0
应付债券					
长期应付款					
住房周转金					
其他长期负债					
长期负债合计			3,000,000.00		3,000,000.00
递延税项:					
递延税款货项					
负债合计		484,849,036.95	450,658,737.01	485,747,556.52	469,525,507.40
少数股东权益				1,000,673.81	25,538,840.17
股东权益:					
股本	23	307,800,000.00	400,140,000.00	307,800,000.00	400,140,000.00
资本公积	24	505,006,620.99	443,446,620.99	505,006,620.99	443,446,620.99
盈余公积	25	68,617,142.08	86,116,802.41	68,650,158.86	86,227,837.88
其中:公益金		14,843,246.87	20,676,466.98	14,854,252.47	20,713,478.81
未分配利润	26	163,851,622.40	214,537,864.27	163,818,605.62	214,426,828.80
股东权益合计		1,045,275,385.47	1,144,241,287.67	1,045,275,385.47	1,144,241,287.67
负债及股东权益合计		1,530,124,422.42	1,594,900,024.68	1,532,023,615.80	1,639,305,635.24

合 并 现 金 流 量 表

2000 年

编制单位:甘肃亚盛实业(集团)股份有限公司(模拟) 单位:人民币元

项 目	行次	亚盛股份公司	龙喜股份公司	合并数
一、经营活动产生的现金流量	1			
销售商品、提供劳务收到的现金	2	607,788,147.74	170,276,242.24	778,064,689.98
收到的租金	3	306,700.00		306,700.00
收到的税收返还	4	966,149,86	35,809,485.04	36,775,634.90
收到的其他与经营活动有关的现金	5	18,071,011.98	476,251.73	18,547,263.71
现金流入小计	6	627,132,309.58	206,561,979.01	833,694,288.59
购买商品、接受劳务支付的现金	7	452,251,650.43	158,235,932.87	610,487,583.30
经营租赁所支付的现金	8	180,000.00		180,000.00
支付给职工以及为职工支付的现金	9	28,017,400.64	3,880,113.00	31,897,513.64
支付的增值税款	10	14,717,007.24	13,900,000.00	28,617,007.24
支付的所得税	11	4,004,898.00		4,004,898.00
支付的除增值税、所得税以外的其他税费	12	5,545,784.29	1,707,690.00	7,253,474.29
支付的其他与经营活动有关的现金	13	26,455,695.81	4,502,536.56	30,958,232.37
现金流出小计	14	531,172,436.41	182,226,272.43	713,398,708.84
经营活动产生的现金流量净额	15	95,959,873.17	24,335,706.58	120,295,579.75
二、投资活动产生的现金流量	16			
收回投资所收到的现金	17	83,950,000.00		83,950,000.00
分得股利或利润所收到的现金	18	3,516,286.65		3,516,286.65
取得债券利息收入所收到的现金	19			
处置固定资产、无形资产和其他长期资产而收回的现金净额	20	5,572,264.66		5,572,264.66
收到的其他与投资活动有关的现金	21			
现金流入小计	22	93,038,551.31		93,038,551.31
购建固定资产、无形资产和其他长期资产所支付的现金	23	103,205,610.44	10,528,677.78	113,734,288.22
权益性投资所支付的现金	24	188,563,262.37		188,563,262.37
债权性投资所支付的现金	25			
支付的其它与投资活动有关的现金	26			
现金流出小计	27	291,768,872.81	10,528,677.78	302,297,550.59
投资活动产生的现金流量净额	28	-198,730,321.50	-10,528,677.78	-209,258,999.28
三、筹资活动产生的现金流量净额	29			
吸收权益性投资所收到的现金	30			
发行债券所收到的现金	31			
借款所收到的现金	32	204,832,970.41		204,832,970.41
收到的其他与筹资活动有关的现金	33		476,251.73	476,251.73
现金流入小计	34	204,832,970.41	476,251.73	205,309,222.14
偿还债务所支付的现金	35	236,469,302.36		236,469,302.36
发生筹资费用所支付的现金	36			
分配股利和利润所支付的现金	37	3,600,000.00		3,600,000.00
偿付利息所支付的现金	38	8,356,251.46		8,356,251.46
融资租赁所支付的现金	39			
减少注册资本所支付的现金	40			
支付的其他与筹资活动有关的现金	41			
现金流出小计	42	248,425,553.82		248,425,553.82
筹资活动产生的现金流量净额	43	-43,592,583.41	476,251.73	-43,116,331.68
四、汇率变动对现金的影响	44			
五、现金及现金等价物净增加额	45	-146,363,031.74	14,283,280.53	-132,079,751.21

项目	亚盛股份公司	龙喜股份公司	合并数
1.不涉及现金收支的投资和筹资活动			
以固定资产偿还债务			
以投资偿还债务			
以固定资产进行长期投资			
以存货偿还债务			
融资租赁固定资产			
2.将净利润调节为经营活动的现金流量			
净利润	116,664,402.20	31,375,786.15	148,040,188.35
加:计提的坏帐准备或转销的坏帐	2,019,532.03	1,561,361.70	3,580,893.73
固定资产折旧	26,051,461.82	12,324,027.96	38,375,489.78
开办费、长期待摊费用摊销	291,797.01		291,797.01
存货跌价损失	210,928.63	11,403.82	222,332.45
无形资产摊销	1,316,992.36	662,424.96	1,979,417.32
处置固定资产、无形资产和其他长期资产的损失(减收益)	-5,572,264.66		-5,572,264.66
固定资产报废损失			
财务费用	8,356,251.46		8,356,251.46
投资损失(减收益)	-3,369,878.23		-3,369,878.23
递延税款货项(减借项)			
存货的减少(减增加)	-46,942,857.99	-137,836.97	-47,080,694.96
经营性应收项目的减少(减增加)	-69,953,769.41	-23,821,957.77	-93,775,727.18
经营性应付项目的增加(减减少)	70,761,546.23	4,164,088.07	74,925,634.30
增值税增加净额(减减少)	-3,874,268.28	-1,803,591.34	-5,677,859.62
经营活动产生的现金流量净额	95,959,873.17	24,335,706.58	120,295,579.75
3.现金及现金等价物净增加情况			
货币资金的期末余额	270,124,494.70	53,832,173.05	323,956,667.75
减:货币资金的期初余额	416,487,526.44	39,548,892.52	456,036,418.96
现金等价物的期末余额			
减:现金等价物的期初余额			
现金及现金等价物净增加额	-146,363,031.74	14,283,280.53	132,079,751.21

合 并 现 金 流 量 表

2000 年

编制单位:甘肃亚盛实业(集团)股份有限公司 单位:人民币元

项 目	行次	母公司	合并数
一、经营活动产生的现金流量	1		
销售商品、提供劳务收到的现金	2	584,284,682.72	607,788,447.74
收到的租金	3	306,700.00	306,700.00
收到的税收返还	4	848,126.86	966,149.86
收到的其他与经营活动有关的现金	5	18,071,011.98	18,071,011.98
现金流入小计	6	603,510,521.56	627,132,309.58
购买商品、接受劳务支付的现金	7	437,693,496.56	452,251,650.43
经营租赁所支付的现金	8	180,000.00	180,000.00
支付给职工以及为职工支付的现金	9	27,910,400.64	28,017,400.64
支付的增值税款	10	14,714,884.55	14,717,007.24
支付的所得税	11	11,4,004,898.00	4,004,898.00
支付的除增值税、所得税以外的其他税费	12	5,545,784.29	5,545,784.29
支付的其他与经营活动有关的现金	13	23,503,458.46	26,455,695.81
现金流出小计	14	513,552,922.50	531,172,436.41
经营活动产生的现金流量净额	15	89,957,600.06	95,959,873.17
二、投资活动产生的现金流量	16		
收回投资所收到的现金	17	83,950,000.00	83,950,000.00
分得股利或利润所收到的现金	18	3,516,286.65	3,516,286.65
取得债券利息收入所收到的现金	19		
处置固定资产、无形资产和其他长期资产而收回的现金净额	20	5,572,264.66	5,572,264.66
收到的其他与投资活动有关的现金	21		
现金流入小计	22	93,038,551.31	93,038,551.31
购建固定资产、无形资产和其他长期资产所支付的现金	23	93,205,610.44	103,205,610.44
权益性投资所支付的现金	24	188,563,262.37	188,563,262.37
债权性投资所支付的现金	25		
支付的其它与投资活动有关的现金	26	33,001,350.24	
现金流出小计	27	314,770,223.05	291,768,872.81
投资活动产生的现金流量净额	28	-221,731,671.74	-198,730,321.50
三、筹资活动产生的现金流量净额	29		
吸收权益性投资所收到的现金	30		
发行债券所收到的现金	31		
借款所收到的现金	32	191,258,492.89	204,832,970.41
收到的其他与筹资活动有关的现金	33		
现金流入小计	34	191,258,492.89	204,832,970.41
偿还债务所支付的现金	35	221,211,824.84	236,469,302.36
发生筹资费用所支付的现金	36		
分配股利和利润所支付的现金	37	3,600,000.00	3,600,000.00
偿付利息所支付的现金	38	8,230,220.89	8,356,251.46
融资租赁所支付的现金	39		
减少注册资本所支付的现金	40		
支付的其他与筹资活动有关的现金	41		
现金流出小计	42	233,042,045.73	248,425,553.82
筹资活动产生的现金流量净额	43	-41,783,552.84	-43,592,583.41
四、汇率变动对现金的影响	44		
五、现金及现金等价物净增加额	45	-173,557,624.52	-146,363,031.74

项 目	母公司	合并数
1.不涉及现金收支的投资和筹资活动		
以固定资产偿还债务		
以投资偿还债务		
以固定资产进行长期投资		
以存货偿还债务		
融资租赁固定资产		
2.将净利润调节为经营活动的现金流量		
净利润	116,664,402.20	116,664,402.20
加:计提的坏帐准备或转销的坏帐	2,018,016.03	2,019,532.03
固定资产折旧	25,943,161.82	26,051,461.82
开办费、长期待摊费用摊销	291,797.01	291,797.01
存货跌价损失	210,928.63	210,928.63
无形资产摊销	1,316,992.36	1,316,992.36
处置固定资产、无形资产和其他长期资产的损失(减收益)	-5,572,264.66	-5,572,264.66
固定资产报废损失		
财务费用	8,230,220.89	8,356,251.46
投资损失(减收益)	-3,890,002.86	-3,369,878.23
递延税款货项(减借项)		
存货的减少(减增加)	-44,711,108.99	-46,942,857.99
经营性应收项目的减少(减增加)	-80,699,914.33	-69,953,769.41
经营性应付项目的增加(减减少)	74,099,343.19	70,761,546.23
增值税增加净额(减减少)	-3,943,971.23	-3,874,268.28
经营活动产生的现金流量净额	89,957,600.06	95,959,873.17
3.现金及现金等价物净增加情况		
货币资金的期末余额	240,977,467.31	270,124,494.70
减:货币资金的期初余额	414,535,091.83	416,487,526.44
现金等价物的期末余额		
减:现金等价物的期初余额		
现金及现金等价物净增加额	-173,557,624.52	-146,363,031.74

成都百货(集团)股份有限公司

二○○○年年度报告摘选

一、公司简介

(一)、公司法定中文名称:成都百货(集团)股份有限公司
公司英文名称:CHENGDU COMMODITIES CO.,LTD(GROUP)
公司英文名称缩写:C.C
(二)、公司法定代表人:赵路
(三)、公司董事会秘书:李勇
联系地址:四川省成都市大慈寺路83号
邮政编码:610016
电　　话:(028)6652215　　　(028)6664151
传　　真:(028)6666775
电子信箱:CC600109@mail.sc.cninfo.net
(四)、公司注册地址、办公地址:四川省成都市大慈寺路83号
邮政编码:610016
公司电子信箱:CC600109@mail.sc.cninfo.net
电　　话:(028)6664151
传　　真:(028)6666775
(五)、公司选定的信息披露报纸:《上海证券报》
登载公司年度报告的中国证监会指定的国际互联网网址:http://www.sse.com.cn
公司年度报告备案地点:公司证券部
(六)、股票上市地:上海证券交易所
股票简称:成百集团
股票代码:600109

二、会计数据和业务数据摘要

(一)、本年度实现利润总额-3,123.38万元,净利润-3,124.60万元,扣除非经常性损益后的净利润-2,384.60万元,其中主营业务利润2,543.09万元,其它业务利润439.67万元,营业利润-2,039.84万元,投资收益-117.58万元,营业外收支支出净额965.96万元,经营活动产生的现金流量净额1,340.94万元,现金及现金等价物净增加额443.96万元。

(二)、截止本报告年度末公司前三年主要会计数据和财务指标:

单 位:人民币元

指标项目	2000年	1999年		1998年	
		调整前	调整后	调整前	调整后
1、主营业务收入	783,746,072.30	762,391,297.07	762,391,297.07	881,487,402.61	881,487,402.61
2、净利润	-31,246,046.56	-26,531,761.91	-27,130,474.90	11,234,559.38	10,830,774.19
3、总资产	271,576,205.46	294,543,648.07	293,541,149.89	332,891,359.43	332,487,574.24
4、股东权益	40,021,561.40	72,270,106.14	71,267,607.96	98,801,868.05	98,398,082.86
5、每股收益(摊薄)	-0.44	-0.374	-0.382	0.158	0.153
6、每股收益(加权)	-0.44	-0.374	-0.382	0.158	0.153
7、每股净资产	0.564	1.018	1.004	1.392	1.386
8、调整后的每股净资产	0.051	0.608	0.594	0.969	0.964
9、净资产收益率(摊薄)%	-78.07	-36.71	-38.07	11.37	11.01
10、净资产收益率(加权)%	-56.15	-31.02	-31.98	12.06	11.66
11、每股经营活动产生的现金流量净额	0.189	0.532	0.532	0.37	0.37

按照中国证监会《公开发行证券公司信息披露编报规则(第九号)》的要求,计算2000年度的净资产收益率和每股收益如下:

报告期利润	净资产收益率(%)		每股收益	
	全面摊薄	加权平均	全面摊薄	加权平均
主营业务利润	63.54	45.70	0.358	0.358
营业利润	-50.97	-36.66	-0.287	-0.287
净利润	-78.07	-56.15	-0.44	-0.44
扣除非经常性损益后的净利润	-59.58	-42.85	-0.336	-0.336

(三)报告期内股东权益变动情况(单位:元)

项　目	股　本	资本公积	盈余公积	法定公益金	未分配利润	合　计
期初数	70,982,696.43	23,834,560.94	6,296,563.32	1,918,359.81	-31,764,572.54	71,267,607.96
本期增加					-31,246,046.56	31,246,046.56
本期减少						
期末数	70,982,696,43	23,834,560.94	6,296,563.32	1,918,359.81	-63,010,691.10	40,021,561.40

说明:

1、资本公积、盈余公积、法定公益金本期无变动。

2、未分配利润增加-31,246,046.56元,系本年度亏损净额转入。

三、股东情况介绍

1、截止2000年12月31日,本公司股东人数7993户。

2、前十名股东持股情况(截止2000年12月31日)

名次	股东名称	持股数	持股比例(%)	股票类别
1	成都市国有资产管理局	3348.27万股	47.14	国有股
2	成都市国有资产投资经营公司	250万股	3.52	法人股
3	中国光大银行国际信托投资公司	160万股	2.25	法人股
4	四川省闽南实业投资有限公司	110万股	1.55	法人股
5	四川电器股份有限公司	70万股	0.99	法人股
6	宋继永	642000股	0.90	上市流通股
7	罗歌颂	458060股	0.65	上市流通股
8	蜀都大厦股份有限公司	40万股	0.56	法人股
9	蓝风实业股份有限公司	40万股	0.56	法人股
10	成都彩虹电器(集团)股份有限公司	40万股	0.56	法人股

长春热缩材料股份有限公司

二○○○年年度报告摘选

一、公司简介

(一)公司法定中、英文名称
1、法定中文名称:长春热缩材料股份有限公司
2、法定英文名称:Chamgchun Heat-Shrinkable Materials Co.,Ltd.
(二)公司法定代表人:王利祥
(三)公司董事会秘书姓名及联系地址、电话、传真、电子信箱
1、董事会秘书:才宏
2、联系地址:吉林省长春市人民大街159号长春热缩证券部
3、电　　话:0431-5694024
4、传　　真:0431-5689715
5、电子信箱:ccrs@public.cc.jl.cn
(四)公司注册地址、办公地址、邮政编码及网址
1、公司注册及办公地址:吉林省长春市人民大街159号
2、邮政编码:130022
3、公司网址:www.ciac-china.com
(五)公司选定的信息披露报纸名称、登载公司年报的互联网网址及年报备置地点
1、公司选定的信息披露报纸名称:上海证券报
2、登载公司年报的国际互联网网址:http//www.sse.com.cn
3、公司年度报告备置地点:公司证券部
(六)公司股票上市交易所、股票简称及股票代码
1、公司股票上市交易所:上海证券交易所
2、股票简称:长春热缩
3、股票代码:600110

二、会计数据和业务数据摘要

1、本年度主要数据指标情况(单位:人民币元)

利润总额:	54519226.24
净利润:	46310927.18
扣除非经常性损益后的净利润:	41686521.86
主营业务利润:	53383213.15
其他业务利润:	6811513.68
营业利润:	45595316.99
投资收益:	3680043.19
营业外收支净额:	4813866.06
经营活动产生的现金流量净额:	69375745.50
现金及现金等价物净增加额:	39467943.98

注:扣除的非经常性损益包括:无法支付的应付帐款1791525.57元,无法支付的其他应付款2832879.75元。

2、前三年主要会计数据和财务指标(单位:人民币元)

序号	项目	2000年度	1999年度	1998年度	
				调整后	调整前
1	主营业务收入	89630264.99	74425384.79	74634055.89	74634055.89
2	净利润	46310927.18	25254517.24	35057050.43	38589371.30
3	总资产	531037946.67	443620493.56	342757709.04	385114513.42
4	股东权益	372223680.29	337477553.11	312013891.84	354370696.22
5	每股收益	0.4004	0.218	0.394	0.434
6	每股收益(加权)	0.4004	0.242	0.394	0.434
7	每股收益(扣除非经常性损益)	0.36	0.218	0.394	0.434
8	每股净资产	3.22	2.92	3.51	3.98
9	调整后的每股净资产	3.15	2.91	3.48	3.89
10	每股经营活动产生的现金流量净额	0.60	0.159	0.37	0.37
11	净资产收益率(%)	12.44	7.48	11.24	10.89

按照中国证券监督管理委员会《公开发行证券公司信息披露编报规则(第9号)》要求计算的利润数据:(单位:人民币元)

报告期利润	净资产收益率		每股收益	
	全面摊薄	加权平均	全面摊薄	加权平均
主营业务利润	0.1434	0.1571	0.4616	0.4616
营业利润	0.1225	0.1342	0.3943	0.3943
净利润	0.1244	0.1362	0.4004	0.4004
扣除非经常性损益后的净利润	0.1120	0.1227	0.3605	0.3605

三、股东情况

1、截止报告期末,本公司在册股东总数为7959户。

2、公司前10名股东持股情况:

名次	股东名称	年初持股数(股)	年末持股数(股)	持股比例(%)
(1)	中国科学院长春应用化学科技总公司	42640000	42640000	36.87
(2)	杉杉集团有限公司	0	32500000	28.10
(3)	甘叶华	-	989095	0.86
(4)	杨业沁	-	945157	0.82
(5)	天旭实业	-	872059	0.75
(6)	杨　靖	-	867400	0.75
(7)	赵为民	-	847099	0.73
(8)	陈　荣	-	725251	0.63
(9)	李春兰	-	718800	0.62
(10)	王永红	-	640300	0.55

代表国家持有股份的单位是:中国科学院长春应用化学科技总公司。

中国科学院长春应用化学科技总公司及杉杉集团有限公司所持股份为未上市流通股份,其它股东所持股份为已上市流通股份。

2000年9月28日,本公司原法人股股东长春高新技术产业(集团)股份有限公司将其持有的本公司全部股份以现金方式转让给杉杉集团有限公司持有。

3、国有法人股及法人股股东所持股份质押和冻结情况

中国科学院长春应用化学科技总公司所持股份无质押和冻结情况

报告期内,杉杉集团有限公司将其持有的本公司全部股份暂时质押给长春高新。

内蒙古包钢稀土高科技股份有限公司

二〇〇〇年年度报告摘选

一、公司简介

(一)公司的法定中、英文名称及缩写
1、中　　文:内蒙古包钢稀土高科技股份有限公司
2、英　　文:INNER MONGOLIA BAOTOU STEEL RARE－EARTH HI－TECH CO.,LTD.
3、英文缩写:IMBREHT
(二)公司法定代表人:乔木
(三)公司董事会秘书姓名、联系地址、电话、传真、电子信箱
1、董事会秘书:赵占斌
2、联系地址:内蒙古包头稀土高新技术产业开发区稀土高科公司
3、联系电话:(0472)5139097、5139079
4、传　　真:(0472)5139079
5、电子信箱:E－mail:SECURITY@REHT.COM
(四)公司注册地址、办公地址、邮政编码、国际互联网网址及电子信箱
1、公司注册地址:内蒙古包头稀土高新技术产业开发区,邮政编码:014030
2、公司办公地址:内蒙古自治区包头市昆区张家营子西,邮政编码:014010
3、公司国际互联网网址:http://www.reht.com
4、电子信箱:E－mail:RAREARTH@public.hh.nm.cn
(五)公司选定的信息披露报纸名称、登载公司年度报告的中国证监会指定的国际互联网网址,公司年度报告备置地点
1、信息披露报纸名称:中国证券报、上海证券报
2、登载公司年度报告的中国证监会指定国际互联网网址:http://www.sse.com.cn
3、公司年度报告备置地点:公司证券部
(六)公司股票上市交易所、股票简称和股票代码
1、公司股票上市交易所:上海证券交易所
2、股票简称:稀土高科
3、股票代码:600111

二、会计数据和业务数据摘要

(一)本年度主要利润指标情况(单位:人民币元)

项目	2000年度
1、利润总额:	100,457,237.25
2、净利润:	98,081,073.43
3、扣除非经常性损益后的净利润:	102,993,303.19
4、主营业务利润:	130,446,475.35
5、其他业务利润:	239,708.88
6、营业利润:	99,951,646.96
7、投资收益:	299,980.80
8、补贴收入:	5,336,787.00
9、营业外收支净额:	－5,131,177.51
10、经营活动产生的现金流量净额:	170,122,072.73
11、现金及现金等价物净增加额:	384,932,213.58

注:扣除非经常性损益后总额4,912,229.76元,其项目、涉及金额为:
(1)处置固定资产净损失1,424,308.93元;
(2)职工房改补助3,487,920.83元。
(二)报告期末公司前三年主要会计数据及财务指标(单位:人民币元)

序号	项目	2000年	1999年	1998年
1	主营业务收入	392,534,885.68	246,295,563.42	227,821,228.54
2	净利润	98,081,073.43	63,406,773.73	75,636,315.59
3	总资产	1,223,090,824.89	773,412,268.16	702,923,472.78
4	股东权益(不含少数股东权益)	1,001,808,062.95	663,964,570.53	600,557,796.80
5	每股收益(摊薄)	0.243	0.174	0.208
6	每股收益(加权)	0.249	0.174	0.229
7	每股净资产	2.482	1.822	1.648
8	调整后每股净资产	2.355	1.695	1.576
9	每股经营活动产生的现金流量净额	0.421	0.006	－0.118
10	净资产收益率(摊薄)%	9.79	9.55	12.59
11	净资产收益率(加权)%	10.56	10.03	12.01

利润附表(单位:人民币元)

		净资产收益率%		每股收益	
	报告期利润	全面摊薄	加权平均	全面摊薄	加权平均
主营业务利润	130,446,475.35	13.02	14.04	0.323	0.331
营业利润	99,951,646.96	9.98	10.76	0.248	0.254
净利润	98,081,073.43	9.79	10.56	0.243	0.249
扣除非经常性损益后的净利润	102,993,303.19	10.28	11.08	0.255	0.261

(三)股东权益变动情况(单位:人民币元)

项目	股本	资本公积	盈余公积	法定公益金	未分配利润	股东权益合计
期初数	364,490,000	216,107,708.56	17,296,516.20	17,296,516.20	48,773,829.57	663,964,570.53
本期增加	39,184,000	249,019,298.99	9,808,107.34	9,808,107.34	30,023,978.75	337,843,492.42
本期减少						
期末数	403,674,000	465,127,007.55	27,104,623.54	27,104,623.54	78,797,808.32	1,001,808,062.95

三、股东情况介绍

(一)报告期末股东总数
本报告期末股东总数85845户,其中包括法人股东3户,社会公众股东85842户。
(二)股东情况介绍
1、前10名股东持股情况

序号	股东名称	持股数量(万股)	占总股本比例(%)	股份性质
1)	包头钢铁(集团)有限责任公司	19170.574	47.49	国有法人股
2)	嘉鑫有限公司(香港)	4900.00	12.14	外资法人股
3)	包钢综合企业(集团)公司	1736.826	4.30	法人股
4)	泰和基金	125.584	0.31	公众股
5)	君安深一	95.23	0.24	公众股
6)	曹建军	88.98	0.22	公众股
7)	刘伯佳	59.51	0.15	公众股
8)	陈玉才	54.66	0.14	公众股
9)	沈水兔	41.30	0.10	公众股
10)	蒋跃文	38.78	0.10	公众股

贵州长征电器股份有限公司

二〇〇〇年年度报告摘选

一、公司简介

1、公司法定中文名称:贵州长征电器股份有限公司
公司法定英文名称:GUIZHOU CHANGZHENG ELECTRICAL APPARATUS CO.,LTD.
英文缩写:C·Z·E
2、公司法定代表人:唐勇
3、公司董事会秘书:邢雁雁
联系地址:贵州省遵义市上海路100号
电　　话:0852－8622952
传　　真:0852－8626701
电子信箱:yxxsh21cn.com
4、公司注册地址:贵州省遵义市上海路100号
公司办公地址:贵州省遵义市上海路100号
邮政编码:563002
国际互联网地址:http://www.czdq.com.cn
电子信箱:czdqjt@public.gz.cn
5、公司选定信息披露报纸:上海证券报
刊登年报选定国际互联网网址:http//www.sse.com.cn
公司年度报告备置地点:本公司办公室
6、公司股票上市交易所:上海证券交易所
股票简称:长征电器
股票代码:600112

二、会计数据和业务数据摘要

(一)本年度利润总额及其构成(单位:人民币元)

项目	金额
利润总额	39,416,382.20
净利润	35,187,122.26
扣除非经常性损益后的净利润	28,273,172.52
主营业务利润	60,783,424.42
其他业务利润	2,670,373.49
营业利润	16,785,066.50
投资收益	15,717,365.96
补贴收入	5,369,176.66
营业外收支净额	1,544,773.08
经营活动产生的现金流量净额	19,190,558.54
现金及现金等价物净增加额	31,265,186.46

注:
扣除非经营性损益项目及涉及金额:
① 补贴收入项目:　5,369,176.66
② 营业外收支净额:　1,544,773.08
(二)、主要会计数据及财务指标(单位:元)

序号	项目	2000年	1999年	1998年	
			调整后	调整前	调整后
1	主营业务收入	182,350,529.00	149,721,075.10	149,721,075.10	222,960,537.01
2	净利润	35,187,122.26	27,658,989.50	28,863,263.82	39,358,444.45
3	总资产	793,995,028.71	627,846,526.92	627,846,526.92	583,796,781.17
4	股东权益	486,257,205.95	459,670,083.69	460,874,358.01	380,520,696.10
5	每股收益	0.2046	0.1608	0.1678	0.2750
6	每股净资产	2.83	2.67	2.68	2.49
7	调整后的每股净资产	2.75	2.60	2.62	2.29
8	每股经营活动产生的现金流量净额	0.11	0.15	0.15	0.01
9	净资产收益率	7.24	6.02	6.26	10.34

2000年报告期利润	净资产收益率(%)		每股收益	
	全面摊薄	加权平均	全面摊薄	加权平均
主营业务利润	12.50	12.74	0.3534	0.3534
营业利润	3.45	3.52	0.0976	0.0976
净利润	7.24	7.37	0.2046	0.2046
扣除非经营性损益后的净利润	5.81	5.92	0.1644	0.1644

1999年报告期利润	净资产收益率		每股收益	
	全面摊薄	加权平均	全面摊薄	加权平均
主营业务利	13.63	14.99	0.3642	0.3797
营业利润	5.36	5.89	0.1431	0.1492
净利润	6.02	6.62	0.1608	0.1676
扣除非经营性损益后的净利润	5.75	6.32	0.1536	0.1601

三、股东情况介绍

1、报告期末股东总数
截止2000年12月29日止,公司股东总数为20563户。
2、公司前10名股东持股情况(2000年12月29日):

姓名	年末持股数(股)	占总股本比例(%)
长征电器集团有限责任公司	120,000,000	69.77
长江证券	5,931,519	3.449
泰和基金	338,300	0.197
高小丽	210,000	0.122
陈淑林	200,000	0.116
黎慧秀	191,000	0.111
崔克宁	175,300	0.102
马锦耀	171,546	0.0997
干满琴	168,440	0.0979
王　磊	166,790	0.0969

注:
① 控股股东所持本公司股份无质押、冻结情况;
② 前10名股东之间不存在关联关系。
3、报告期内控股股东介绍:
报告期内控股股东为贵州长征电器集团有限责任公司。
法定代表人:唐勇先生;经营范围:高低压电器、房地产、运输、物资供应。
4、报告期内控股股东无变更情况。

浙江东日股份有限公司

二○○○年年度报告摘选

一、公司简介

1、公司的法定中英文名称及缩写
中文:浙江东日股份有限公司(简称:浙江东日)
英文:ZHE JIANG DONG RI LIMITED COMPANY(英文缩写:ZJDR)
2、公司法定代表人:滕增寿先生
3、公司董事会秘书:张乘东先生
联系地址:浙江省温州市矮凳桥 92 号
联系电话:0577 -8835216
传　　真:0577 -8842287
4、公司注册地址及办公地址:浙江省温州市矮凳桥 92 号
邮政编码:325003
http://www.dongri.com.
E—mail:zjdongri@mail.wzptt.zj.cn
5、本公司选定的信息披露报纸名称:《中国证券报》、《上海证券报》
6、公司年度报告备置地点:浙江省温州市矮凳桥 92 号公司证券部
7、登载本公司年度报告网址:
http://www.sse.com.cn
8、公司股票上市交易所:上海证券交易所
股票简称:浙江东日　　　股票代码:600113

二、会计数据和业务数据摘要

1、本年度主要会计数据(单位:人民币元)

项目	金额
(1) 利润总额	18,069,125.20
(2) 净利润	15,121,159.24
(3) 扣除非经常性损益后的净利润	15,121,159.24
(4) 主营业务利润	26,437,623.79
(5) 其他业务利润	5,686,324.69
(6) 营业利润	18,113,426.50
(7) 营业外收支净额	—44,301.30
(8) 经营活动产生的现金流量净额	46,607,399.45
(9) 现金及现金等价物净增加额	—25,405,389.24

2、近三年的主要会计数据和财务指标　　单位:人民币元

序号	指标项目	单位	2000 年度	99 年度	98 年度	
					调整前	调整后
1	主营业务收入	元	101,239,816.08	65,997,272.11	108,059,999.62	108,059,999.62
2	净利润	元	15,121,159.24	23,316,529.83	41,487,287.95	37,791,495.90
3	总资产	元	435,746,844.71	378,010,256.51	401,725,652.51	393,319,925.81
4	股东权益	元	356,297,244.82	364,776,085.58	349,865,282.45	341,459,555.75
5	每股收益(摊薄)	元/股	0.13	0.20	0.35	0.32
6	每股收益(加权)	元/股	0.13	0.20	0.35	0.32
7	每股收益(扣除非经常性损益)	元/股	0.13	0.20	0.35	0.32
8	每股净资产	元/股	3.02	3.09	2.96	2.89
9	调整后每股净资产	元/股	3.00	3.08	2.95	2.88
10	每股经营活动产生的现金流量净额	元	0.40	0.6525		0.090
11	净资产收益率(摊薄)	%	4.24	6.39	11.86	11.07
12	净资产收益率(加权)	元/股	4.19	6.60	11.86	10.94

3、按照《公开发行证券公司信息披露编报规则(第 9 号)》要求计算的利润数据:

报告期利润	净资产收益率		每股收益	
	全面摊薄	加收平均	全面摊薄	加收平均
主营业务利润	7.42%	7.1%	0.22	0.22
营业利润	5.08%	4.86%	0.15	0.15
净利润	4.24%	4.06%	0.13	0.13
扣除后非经常性损益	4.24%	4.06%	0.13	0.13

4、股东权益变动情况:

项目	股本	资本公积	法定盈余公积	法定公益金	未分配利润	合计
期初数	118,000,000	216,038,422.86	7,203,766.26	7,203,766.26	16,330,130.20	364,776,085.58
本期增加	—	—	1,512,115.92	1,512,115.92	12,096,927.40	15,121,159.24
本期减少	—	—	—	—	23,600,000.00	23,600,000.00
期末数	118,000,000	216,038,422.86	8,715,882.18	8,715,882.18	4,827,057.60	356,297,244.82

三、股本变动及股东情况介绍

1、公司股份变动情况表:

	期初数	本期变动增减(十,一)						期末数
		配股	送股	公积金	转股	其他	小计	
一、尚未流通股份								
1、发起人股份	78,000,000							78,000,000
其中:								
国家拥有股份								
境内法人持有股份	78,000,000							78,000,000
外资法人持有股份								
其他								
2、募集法人股								
3、内部职工股								
4、优先股或其他								
尚未流通股份合计	78,000,000							78,000,000
二、已流通股份								
1、境内上市的人民币普通股	40,000,000							40,000,000
2、境内上市的外资股								
3、境外上市的外资股								
4、其他								
已流通股份合计	40,000,000							40,000,000
三、股份总数	118,000,000							118,000,000

中国东方航空股份有限公司

二○○○年年度报告摘选

一、公司简介

1.公司法定中文名称:中国东方航空股份有限公司
公司中文简称:东方航空
公司英文名称:China Eastern Airlines Corporation Limited
公司英文缩写:CEA
2.公司法定代表人:李仲明
3.董事会秘书:罗祝平
联系地址:上海市虹桥路 2550 号
　　　　中国东方航空股份有限公司董事会秘书室
电　　话:021-62686268
传　　真:021-62686116
电子信箱:ir@ce-air.com
4.公司注册地址、办公地址:上海市虹桥路 2550 号
邮政编码:200335
公司网址:www.ce-air.com
电子信箱:ir@ce-air.com
5.公司选定的信息披露报纸名称:《上海证券报》
登载公司年度报告的中国证监会指定国际互联网网址:www.sse.com.cn
年度报告备置地点:上海市虹桥路 2550 号
　　　　中国东方航空股份有限公司董事会秘书室
6.公司股票上市地:上海市证券交易所
股票简称:东方航空
股票代码:600115

二、会计数据和业务数据摘要

1.本年度利润总额及构成(按中华人民共和国会计准则编制)　　单位:元

项目	金额
利润总额	103,231,899.74
净利润	20,081,911.13
扣除非经常性损益的净利润	-226,633,153.33
主营业务利润	2,062,889,718.08
其他业务利润	357,018,221.61
营业利润	-212,187,845.04
投资收益	53,839,446.05
补贴收入	1,069,600.00
营业外收入净额	281,258,809.38
营业外支出净额	20,748,110.65
经营活动产生的现金流量净额	3,077,964,000.92
现金及现金等价物净增加额	-240,056,124.58
注:非经营性损益为:	
补贴收入	1,069,600.00
处置固定资产收益	262,810,393.21
处置固定资产损失	-14,062,243.76
合并价差摊入	-3,102,684.99

2.主要会计数据和财务指标(按中华人民共和国会计准则编制)　　单位:百万元

	2000 年	1999 年	1998 年
1.主营业务收入	11,821.76	10,668.64	8,645.07
2.净利润	20.08	208.10	-653.96
3.总资产	26,986.30	26,959.75	27,325.40
4.股东权益	6,606.55	6,682.55	6,471.97
5.每股收益(人民币元)	0.00413	0.04	-0.13
6.扣除非经常性损益每股收益(人民币元)	-0.0466	-0.09	-0.13
7.每股净资产(人民币元)	1.36	1.37	1.33
8.净资产收益率(%)	0.3040	3.11	-10.10
9.调整后每股净资产(人民币元)	1.20	1.27	1.26
10.每股经营活动产生的现金流量净额(人民币元)	0.63	0.49	0.57

注:
1、主要财务指标计算方法如下:
每股收益 =净利润/年度末普通股股份总数
每股净资产 =年度末股东权益/年度末普通股股份总数
调整后的每股净资产 =(年度末股东权益 -三年以上应收款项净额 -待摊费用 -待处理(流动、固定)资产净 损失 -开办费 -长期待摊费用-住房周转金负数余额)/年度末普通股股份总数
每股经营活动产生的现金流量净额=经营活动产生的现金流量净额/年度末普通股股份总数
净资产收益率 =净利润/年度末股东权益 * 100%
2、股东权益变动情况(按中华人民共和国会计准则编制)

项目	股本(万股)	资本公积	盈余公积	法定公益金	未分配利润	股东权益合计
期初数	486,695	1,446,697,719.27	217,100,879.44	87,575,509.92	151,799,852.68	6,682,548,451.39
本期增加	-	44,237,693.05	22,083,665.40	11,041,832.70	20,081,911.13	86,403,269.58
本期减少	-	42,981,224.09	-	-	119,422,665.40	162,403,889.49
期末数	486,695	1,447,954,188.23	239,184,544.84	98,617,342.62	52,459,098.41	6,606,547,831.48

变动情况说明:
1、盈余公积及法定公益金的增加主要为本年纳入公司合并报表的中国货运航空公司的税后利润计提所致。
2、未分配利润的增加系本年度盈利所致,减少为本年分配现金股利。

三、股本变动及股东情况

1.股本变动情况表

公司股本变动情况表

	期初数(万股)	本期增加(万股)	期末数(万股)
一、尚未流通股份			
国有法人股	300,000	0	300,000
二、已流通股份			
1.H股	156,695	0	156,695
2.A股	30,000	0	30,000
三、股份总数	486,695	0	486,695

重庆三峡水利电力(集团)股份有限公司

二〇〇〇年年度报告摘选

一、公司简介

(一)公司法定中文名称:重庆三峡水利电力(集团)股份有限公司
公司法定英文名称:Chongqing Three Gorges Water Conservancy and Electric Power Co., Ltd.
(二)公司法定代表人:邹小剑
(三)公司董事会秘书:陈丽娟
联系地址:重庆市万州区鸽子沟72号
联系电话:023—58234759
联系传真:023—58251153
电子信箱:sxslzqb@public.cta.cq.cn
(四)注册地址:重庆市万州区鸽子沟72号
办公地址:重庆市万州区鸽子沟72号　　邮政编码:404000
电子信箱:sxslzqb@public.cta.cq.cn
(五)公司信息披露报纸:《中国证券报》、《上海证券报》
中国证监会指定的年报登载网址:http://www.sse.com.cn
公司年度报告备置地点:公司证券部
(六)公司股票上市地:上海证券交易所
股票简称:三峡水利
股票代码:600116

二、会计数据和业务数据摘要

(一)本年度实现利润情况　　单位:元

项目	2000年
利润总额	46,325,181.83
净利润	37,887,155.25
扣除非经常性损益后的净利润	32,338,524.96
主营业务利润	110,850,659.67
其他业务利润	4,906,891.92
营业利润	43,580,216.67
投资收益	-1,172,131.05
补贴收入	10,220,000.00
营业外收支净额	-6,302,903.79
经营活动产生的现金流量净额	111,602,269.53
现金及现金等价物净增加额	32,822,790.94

注:本年扣除的非经常性损益项目金额如下:
1、补贴收入(火电亏损补贴10,220,000.00元);
2、资产损失1,959,922.31元;
3、新股申购冻结资金利息1,288,552.60元;
4、预计或有负债4,000,000.00元。

(二)公司前三年主要会计数据和财务指标

项目	2000年度	99年度		98年度	
		调整前	调整后	调整前	调整后
主营业务收入(万元)	22208	25032	19127	21753	17770
净利润(万元)	3789	3536	2910	5091	3316
总资产(万元)	113352	110213	100431	102888	96084
股东权益(不含少数股东权益)(万元)	52614	49998	48668	52227	46523
每股收益(元/股)	0.22	0.22	0.18	0.32	0.21
每股收益(按月加权)(元/股)	0.23	0.22	0.18	0.32	0.21
扣除非经常性损益后的每股收益(元/股)	0.19	0.11	0.07	0.26	0.16
每股净资产(元/股)	3.01	3.46	3.06	3.29	2.93
调整后的每股净资产(元/股)	2.91	3.44	3.03	3.26	2.90
每股经营活动产生的现金流量净额(元/股)	0.64	-0.03	-0.03	0.11	0.11
净资产收益率(摊薄%)	7.20	6.43	5.98	9.75	7.13
净资产收益率(加权%)	7.49	6.55	6.06	10.25	7.39

(三)、利润分配表附表

	净资产收益率		每股收益	
	全面摊薄	加权平均	全面摊薄	加权平均
主营业务利润	21.07%	21.91%	0.63	0.63
营业利润	8.28%	8.61%	0.25	0.25
净利润	7.20%	7.49%	0.22	0.22
扣除非经常性损益后的净利润	6.15%	6.39%	0.19	0.19

三、股本变动及股东情况

(一)、股本变动情况
1、报告期末公司上市流通股东总数为23466户。
2、公司前十名股东持股情况(截止2000年12月29日):

股东	持股数(万股)	股份增减(万股)	持股比例
重庆市水利电力产业(集团)有限责任公司(国家股)	3698.2	+336.2	21.16%
水利部经济管理局(国家股)	3273.6	+297.6	18.73%
长江水利水电开发总公司	1100	+100	6.29%
重庆三峡水利电力(集团)股份有限公司职工持股会	996.16	+90.56	5.70%
北京恒丰兆业投资有限公司	770	+70	4.41%
中国灌排技术开发公司	369.6	+33.6	2.11%
长春永顺经贸有限公司	354.09	+32.19	2.03%
大庆厦华	208.9828		1.20%
创业投资	182.14		1.04%
万县市水电建筑勘察设计研究院	176	+16	1.01%

西宁特殊钢股份有限公司

二〇〇〇年年度报告摘选

一、公司简介

一、公司中文名称:西宁特殊钢股份有限公司
缩写:西宁特钢股份公司
公司英文名称:XINING SPECIAL STEEL CO., LTD
缩写:XSS
二、公司法定代表人:张昭云(董事长)
三、公司董事会秘书:杨凯
联系地址:青海省西宁市柴达木西路52号,邮编810005
电话:0971-5299089　　5218389(传真)
电子信箱:xntg@public.xn.qh.cn
四、公司注册地址:青海省西宁市,邮编810005
公司办公地址:青海省西宁市柴达木西路52号,邮编810005
邮政编码:810005
公司电子信箱:xntg@public.xn.qh.cn
五、《年度报告》置备地点:公司董事会
地址:青海省西宁市柴达木西路52号
信息披露报纸名称:《中国证券报》、《证券时报》
年报登载指定网址:http://www.sse.com.cn
六、公司股票上市交易所:上海证券交易所
公司股票简称:西宁特钢
公司股票代码:600117

二、会计数据和业务数据

一、本年度主要会计数据

序号	指标名称	单位	2000年度
1	利润总额	元	112,604,258.90
2	净利润	元	79,925,659.09
3	扣除非经营性损益后的净利润	元	79,925,659.09
4	主营业务利润	元	140,256,411.36
5	其他业务利润	元	6,314,176.68
6	营业利润	元	92,177,988.09
7	投资收益	元	0
8	补贴收入	元	19,805,212.00
9	营业外收支净额	元	621,058.81
10	每股收益(摊薄)	元	0.1372
11	每股收益(加权)	元	0.1419
12	净资产利润率(摊薄)	%	5.88
13	净资产利润率(加权)	%	6.53
14	扣除后加权净资产利润率	%	6.53
15	经营性活动产生的现金流量净额	元	51,634,129.22
16	现金及现金等价物净增加额	元	66,718,002.35

注:公司报告期内无非经常性损益。

二、前三年主要会计数据及财务指标

序号	指标名称	单位	2000年	1999年	1998年	
					调整后	调整前
1	主营业务收入	元	1318282113.99	1336245786.11	1380977105.52	1380977105.52
2	净利润	元	79925659.09	104719475.33	97067580.19	102347767.31
3	总资产	元	2536453512.82	2077583203.97	1970033105.73	1983448936.56
4	股东权益	元	1359452155.45	1052599806.74	947880331.41	961296162.24
5	每股收益(摊薄)	元	0.14	0.19	0.30	0.32
6	每股收益(加权平均)	元	0.14	0.19	0.30	0.32
7	每股收益(扣除非经营性损益)	元	0.14	0.19	0.30	0.32
8	每股净资产	元	2.33	1.93	2.96	3.00
9	调整后的每股净资产	元	2.21	1.79	2.58	2.62
10	每股经营活动产生的现金流量净额	元	0.09	-0.36	-0.61	0.12
11	净资产收益率(摊薄)	%	5.88	9.95	10.24	10.65
12	净资产收益率(加权)	%	6.53	10.47	10.24	10.65

注:1、上述财务指标的计算公式完全按照中国证监会"年报准则"和"信息披露编报规则第9号"的规定计算和填列。

2、根据中国证监会《公开发行证券公司信息披露编报规则(第9号)》的要求计算的净资产收益率、每股收益如下:

项 目	净资产收益率(%)				每股收益(元/股)			
	2000年		1999年		2000年		1999年	
	全面摊薄	加权平均	全面摊薄	加权平均	全面摊薄	加权平均	全面摊薄	加权平均
主营业务利润	10.32	11.46	16.67	17.54	0.24	0.25	0.32	0.32
营业利润	6.78	7.53	11.57	12.17	0.16	0.16	0.22	0.22
净利润	5.88	6.53	9.95	10.47	0.14	0.14	0.19	0.19
扣除非经常性损益后的净利润	本公司报告期内未发生非经营性损益							

三、股本变动及股东情况

一、报告期末股东总数

截止2000年12月31日,本公司共有股东108432名,其中国有法人股股东1名,法人股股东6名,社会公众股股东108425名。

二、前10名股东情况

2000年12月29日

序号	股东姓名或名称	持股数量(股)	持股比例	股份性质	质押、冻结
1	西宁特钢集团公司	408,320,000	70.13%	国有股	无
2	青海创业集团公司	5,100,000	0.8760%	法人股	无
3	吉林合金股份公司	2,000,000	0.3435%	法人股	无
4	青海铝业集团公司	1,700,000	0.2920%	法人股	无
5	吉林碳素股份公司	1,700,000	0.2920%	法人股	无
6	兰州碳素有限公司	1,700,000	0.2920%	法人股	无
7	包头钢铁设计院	1,700,000	0.2920%	法人股	无
8	任 勇	370,200	0.0636%	流通股	无
9	李 萍	284,469	0.0489%	流通股	无
10	崔长生	254,500	0.0437%	流通股	无

中国泛旅实业发展股份有限公司

二○○○年年度报告摘选

一、公司简介

1.公司名称:中国泛旅实业发展股份有限公司
英文名称:CHINA PAN-TOURISM INDUSTRYDEVELOPMENT CO.,LTD
英文缩写:CPTIDC
2.公司法定代表人:傅卓洋
3.董事会秘书:张伯昊　　证券事务代表:蒋 洪
联系电话:(010)64668846　　传真:(010)64677859
联系地址:北京市东三环北路一号公司证券管理部
4.公司注册地址及办公地址:北京市东三环北路1号　　邮政编码:100027
公司电子信箱:cptidc@pulic.bta.net.cn
5.公司选定的信息披露报纸:上海证券报
登载公司年度报告的中国证监会指定国际互联网网址:http://www.sse.com.cn
公司年度报告备置地点:公司证券管理部
6.公司股票上市地:上海证券交易所
股票简称:中国泛旅　　股票代码:600118

二、会计数据和业务数据摘要

一、公司本年度主要会计数据:单位:元

项目	金额
1.利润总额	25,856,233.07
2.净利润	17,190,824.82
3.扣除非经营性损益后的净利润	19,043,562.72
4.主营业务利润	25,818,674.81
5.其他业务利润	17,564,081.06
6.营业利润	17,633,123.41
7.投资收益	8,459,237.26
8.补贴收入	
9.营业外收支净额	236,127.60
10.经营活动产生的现金流量净额	77,495,409.89
11.现金及现金等价物净增加额	7,458,365.46

注:扣除非经常性损益的项目、涉及金额

项目	金额(元)
营业外收入	44,705.19
营业外支出	280,832.79
处理流动资产损失	1,966,230.88
股权投资差额摊销	562,921.97
合计	2,765,280.45
减:所得税	912,542.55
非经常性收益净额	1,852,737.90

二、公司前三年的主要会计数据和财务指标:

项目	2000年度	1999年度	1998年度	
			调整后	调整前
1.主营业务收入(元)	293,921,950.78	164,738,258.30	157,215,597.63	157,215,597.63
2.净利润(元)	17,190,824.82	22,019,658.86	29,847,194.99	29,324,791.79
3.总资产(元)	360,810,249.70	328,742,111.54	261,439,922.74	264,735,447.22
4.股东权益(元)(不含少数股东权益)	280,196,905.34	262,227,526.98	240,207,868.12	243,503,392.60
5.每股收益(摊薄.元)	0.091	0.186	0.252	0.248
6.每股收益(加权.元)	0.091	0.186	0.252	0.248
7.扣除非经常性损益后的每股收益(元)	0.100	0.185	0.252	0.248
8.每股净资产(元)	1.479	2.21	2.03	2.06
9.调整后的每股净资产(元)	1.465	2.20	2.01	2.03
10.每股经营活动产生的现金流量净额(元)	0.41	-0.14	0.09	0.09
11.净资产收益率(%)	6.14	8.40	12.43	12.04
12.加权净资产收益率(%)	6.35	8.77	13.25	12.81

三、利润表附表:

报告期利润	金额(元)	净资产收益率(%)		每股收益(元)	
		全面摊薄	加权平均	全面摊薄	加权平均
主营业务利润	25,818,674.81	9.21	9.53	0.136	0.136
营业利润	17,633,123.41	6.29	6.51	0.093	0.093
净利润	17,190,824.82	6.14	6.35	0.091	0.091
扣除非经常性损益后的净利润	19,043,562.72	6.80	7.03	0.100	0.100

四、报告期内股东权益变动情况(单位:元)

项目	股本	资本公积	盈余公积	其中:公益金	未分配利润	股东权益合计
期初数	118,440,000.00	87,788,067.94	26,756,568.10	13,378,284.05	29,242,890.94	262,227,526.98
本期增加	71,064,000.00		5,103,025.58	2,497,613.03	12,087,799.24	17,190,824.82
本期减少		70,285,446.46				70,285,446.46
期末数	189,504,000.00	17,502,621.48	31,859,593.68	15,875,897.08	41,330,690.18	280,196,905.34

三、股东变动及股东情况

1.报告期末股东总数10408户。
2.年末主要股东持股情况:

股东名称	已上市流通	未上市流通	持股比例(%)
中国旅游商贸服务总公司		102,240,000	53.95
北京波菲特旅游礼品有限责任公司		5,760,000	3.04
港旅建筑装饰工程有限公司		4,320,000	2.28
北京力通达储运公司		2,880,000	1.52
黄山昱鑫旅游实业公司		2,304,000	1.22
程运新	1,286,593		0.68
陈莉华	774,100		0.41
缪文梅	745,680		0.39
刘翠玲	612,043		0.32
侯起贵	603,982		0.32

长发集团长江投资实业股份有限公司

二○○○年年度报告摘选

一、公司简介

1、公司法定中文名称:长发集团长江投资实业股份有限公司
公司英文全称:Y.U.D Yangtze River Investment Industry Co.,Ltd.
公司名称英文缩写:Y.I.C.
2、公司法定代表人:汤期庆
3、公司董事会秘书:朱 联
董事会证券事务代表:韩家红
联系地址:上海市浦东新区世纪大道1500号东方大厦9楼
电子信箱:zhulian01@mail2.online.sh.cn
联系电话:021-68407007
传　　真:021-68407010
4、公司注册及办公地址:上海市浦东新区世纪大道1500号
邮政编码:200122
公司电子信箱:changtou@public2.sta.net.cn
5、公司选定的信息披露报纸:《上海证券报》
登载公司年度报告的中国证监会指定国际互联网网址:http://www.sse.com.cn
公司年度报告备置地点:公司董事会秘书室
6、公司股票上市交易所:上海证券交易所
股票简称:长江投资
股票代码:600119

二、会计数据和业务数据摘要

1、本年度主要利润指标情况(单位:元)

项目	金额
利润总额:	29,898,134.08
净利润:	21,539,857.90
扣除非经常性损益后的净利润:	14,674,683.18
主营业务利润:	83,924,264.94
其他业务利润:	7,177,755.93
营业利润:	14,348,708.16
投资收益:	7,313,392.37
补贴收入:	853,792.11
营业外收支净额:	7,382,241.44
经营活动产生的现金流量净额:	-1,710,950.78
现金及现金等价物净增加额:	9,644,958.20

2、截止报告期末公司前三年的主要会计数据和财务指标:　　(单位:元)

项目	2000年	1999年	1998年(调整前)	1998年(调整后)
主营业务收入	508,290,747.22	413,868,775.82	249,195,662.16	249,195,662.16
净利润	21,539,857.90	13,062,168.52	16,355,515.32	18,537,683.44
总资产	786,662,945.39	694,029,737.80	648,489,318.94	644,902,841.81
股东权益	357,396,959.16	335,529,590.59	325,675,389.02	321,939,204.26
每股收益	0.1436	0.0871	0.1308	0.1483
每股收益(月加权)	0.1436	0.0794	0.1308	0.1483
每股净资产	2.38	2.24	2.61	2.58
调整后的每股净资产	2.31	2.26	2.57	2.54
每股经营活动产生的现金流量净额	-0.0114	0.0442	-0.2448	-0.2448
净资产收益率(%)	6.03	3.89	5.02	5.76

3、按中国证监会《公开发行证券公司信息披露编报规则》要求计算的净资产收益率和每股收益:

报告期利润	净资产收益率		每股收益	
	全面摊薄	加权平均	全面摊薄	加权平均
主营业务利润	23.48%	24.22%	0.5595元/股	0.5595元/股
营业利润	4.01%	4.14%	0.0957元/股	0.0957元/股
净利润	6.03%	6.22%	0.1436元/股	0.1436元/股
扣除非经常性损益后净利润	4.11%	4.24%	0.0978元/股	0.0978元/股

4、报告期内股东权益变化情况:(单位:元)

项目	股本	资本公积	盈余公积	法定公益金	未分配利润	股东权益合计
期初数	150,000,000.00	169,163,472.98	3,363,848.48	1,701,457.22	11,300,811.91	335,529,590.59
本期增加	0	327,510.67	3,261,885.51	1,630,942.75	16,647,029.64	21,867,368.57
本期减少	0	0	0			
期末数	150,000,000.00	169,490,983.65	6,625,733.99	3,332,399.97	27,947,.841.55	357,396,959.16

变动原因:资本公积系被投资企业所得税退税所致、盈余公积和法定公益金增加系从本年度实现利润中提取;未分配利润增加系本年度实现利润。

三、股本变动及股东情况介绍

(一)股东情况介绍:
1、截止本报告期末股东总数为28438户。
2、报告期末公司前十名股东持股情况:

股东名称	持股数(股)	持股比例(%)
长江经济联合发展(集团)股份有限公司	82810320	55.21
长江发展宁波商城有限公司	10039680	6.69
长发集团南京公司	8383560	5.59
武汉长发物业有限公司	510960	0.34
景福基金	493600	0.33
宋继永	312000	0.21
长发集团重庆公司	255480	0.17
海螺水泥	231434	0.15
洪冬青	190000	0.13
袁宝祥	176210	0.12

2、上述主要股东中持有本公司5%以上(含5%)股份的股东情况:
上述持有本公司5%以上股份的股东年度内股份无变动、无质押。
3、上述主要股东中有关联关系的股东:
长发集团南京公司、长江发展宁波商城有限公司均属长江经济联合发展(集团)股份有限公司控股的公司。

浙江东方集团股份有限公司

二○○○年年度报告摘选

一、公司简介

(一)公司名称:浙江东方集团股份有限公司
英文名称:ZHEJIANG ORIENT HOLDINGS CO., LTD.
英文缩写:ZJOHCO
(二)公司注册地址及办公地址:浙江省杭州市庆春路199号
邮政编码:310006
电子信箱:Orient@mail.hz.zj.cn
网址:www.chinaorient.com.
(三)公司法定代表人:刘宁生
(四)董事会秘书:饶民杰
联系地址:杭州市庆春路199号
电话:0571－7215009　7215678转　传真:0571－7215000
电子信箱:Orient@mail.hz.zj.cn
公司咨询服务部门:证券部
公司董事会秘书授权代表:尹巍
联系地址:杭州市庆春路199号
电话:0571－7213357　7215678转
传真:0571－7215011
(五)公司选定的信息披露报纸:《上海证券报》、《中国证券报》
刊载公司年度报告的中国证监会指定网址:http://www.sse.com.cn
公司年度报告备置地点:浙江省杭州市庆春路199号
(六)公司上市的交易所:上海证券交易所
股票简称:浙江东方　股票代码:600120

二、会计数据和业务数据摘要

一、公司本年度利润总额及构成:(单位:元　合并报表)

1、利润总额:	127,599,146.97
2、净利润:	88,454,280.62
3、扣除非经常性损益后的净利润:	69,328,243.43
4、主营业务利润:	252,792,847.47
5、其他业务利润:	－171,181.34
6、营业利润:	94,142,431.06
7、投资收益:	16,186,145.28
8、补贴收入:	18,194,713.61
9、营业外收支净额:	－924,142.98
10、经常活动产生的现金流量净额:	1,673,668.54
11、现金及现金等价物净增加额:	174,625,429.63
注:扣除的非经常性损益项目和涉及金额:	
(1)补贴收入:	18,194,713.61
(2)新股申购冻结资金利息:	931,323.58
(3)合计:	19,126,037.19

二、截止报告期末公司前三年主要会计数据和财务指标:(单位:人民币元)

项目	2000年	1999年	1998年 调整前	1998年 调整后
1 主营业务收入	3,107,988,274.74	2,578,882,312.15	1,813,710,704.04	1,813,710,704.04
2 净利润	88,454,280.62	64,867,952.06	51,207,729.26	46,913,017.49
3 总资产	1,318,159,493.35	818,359,821.23	673,990,182.66	658,440,609.04
4 股东权益(不含少数股东权益)	614,644,286.06	357,685,650.63	325,480,236.82	310,807,131.69
5 每股收益	0.63	0.60	1.02	0.94
6 每股收益(加权)	0.67	0.73		
7 每股收益(扣除非经常性损益)	0.49	0.53	1.01	0.92
8 每股净资产	4.36	3.31	6.51	6.22
9 调整后的每股净资产	4.22	3.25	6.30	6.01
10 每股经营活动产生的现金流量净额	0.012	0.31	0.65	0.65
11 净资产收益率(%)	14.39	18.14	15.73	15.09
12 净资产收益率加权(%)	19.92	19.41	17.08	16.33

利润分配表附表

报告期利润	净资产收益率 全面摊薄	净资产收益率 加权平均	每股收益 全面摊薄	每股收益 加权平均
主营业务利润	41.13%	56.93%	1.7924	1.9085
营业利润	15.32%	21.20%	0.6675	0.7107
净利润	14.39%	19.92%	0.6272	0.6678
扣除非经常性损益后的利润	11.28%	15.61%	0.4916	0.5234

三、股东情况介绍

(一)报告期末股东总数为2,403人
(二)公司前10大股东　单位:股

股东名称	持股数量	持股比例%
浙江东方集团控股有限公司	61,109,370	43.33
浙江天业投资有限公司	14,400,000	10.21
浙江中大集团控股有限公司	6,430,608	4.56
中证公司	1,562,574	1.10
景宏基金	1,142,193	0.81
东大科技	1,000,000	0.71
苏经控股	916,158	0.65
恒发经发	790,712	0.56
陈葆勤	751,680	0.53
章桂香	751,680	0.53

3、持股5%以上股东情况

1)浙江东方集团控股有限公司是本公司的控股股东,主要经营授权范围内国有资产的经营管理和实业投资开发等。法定代表人:刘宁生,注册号:3300001001176。其持有的浙江东方集团股份有限公司股份无质押;

2)浙江天业投资有限公司是由本公司工会和自然人出资设立的公司,主要经营实业投资、资本运作、企业管理咨询及财务咨询等。法定代表人:刘宁生,注册号3300001007072。其持有的本公司股票无质押。

郑州煤电股份有限公司

二○○○年年度报告摘选

一、公司简介

中文名称:郑州煤电股份有限公司
英文名称及缩写:ZHENGZHOU COAL INDUSTRY & ELECTRIC POWER CO., LTD.(ZCE)
法定代表人:李国安
董事会秘书:付胜龙
联系地址:郑州市二七区大学路30号
电话:(0371)6950227或13603982629　传真:(0371)6982668
电子信箱E－mail:ZZCE@public2.zz.ha.cn
证券事务代表:张玉东
联系地址:郑州市二七区大学路30号
电话(0371)9782652　传呼:198－37122859
电子信箱:E－mail:ZZCE@public2.zz.ha.cn
注册地址:郑州市二七区大学路30号
办公地址:郑州市二七区大学路30号
邮政编码:450052
互联网址:http://www.zzce.com.cn
信息披露报纸:《上海证券报》、《中国证券报》。
登载年报的中国证监会指国际互联网网址:http:/www.sse.com.cn
年度报告置备地点:郑州市大学路30号公司董事会办公室
股票上市交易所:上海证券交易所
股票简称:郑州煤电　股票代码:600121

二、会计数据和业务数据摘要

1. 本年度利润情况　(单位:元)

利润总额	117863451.03
净利润	117863451.03
扣除非经常性损益后的净利润	118189913.87
主营业务利润	181915796.30
其它业务利润	2519700.14
营业利润	118229913.87
营业外收支净额	－326462.84
经营活动产生的现金流量净额	41934531.76
现金及现金等价物净增加额	－90674271.94
投资收益	－40000
注:扣除的非经常性项目和涉及金额	
①、营业外收入	1495529.52
②、营业外支出	1821992.36

2. 公司前三年主要会计数据及财务指标

项　目	2000年	1999年	1998年
主营业务收入(万元)	45883.94	47927.88	41100.53
净利润(万元)	11786.35	17981.05	14997.89
总资产(万元)	177793.61	159778.29	132766.61
股东权益(万元)	125553.04	115791.69	97810.64
每股收益(摊薄、元)	0.1455	0.3996	0.499
(加权、元)	0.1455	0.464	
每股净资产(元)	1.55	2.57	3.26
调整后的每股净资产(元)	1.548	2.53	3.23
每股经营活动产生的现金流量净额(元)	0.052	0.505	0.417
净资产收益率(%)	9.39	15.53	15.33
加权平均净资产收益率(%)	9.69		
扣除非经常性损益后的净资产收益率(%)	9.71		

报告期利润	净资产收益率 全面摊薄	净资产收益率 加权平均	每股收益 全面摊薄	每股收益 加权平均
主营业务利润	14.49%	14.95%	0.2246	0.2246
营业利润	9.42%	9.71%	0.1460	0.1460
净利润	9.39%	9.69%	0.1455	0.1455
扣除非经常性损益后净利润	9.41%	9.71%	0.1459	0.1459

三、股东情况介绍

1. 报告期末股东总数

截止2000年12月31日,公司股东总数为6495户。

2. 持有本公司5%(含5%)以上股份的股东是郑州煤炭工业(集团)有限责任公司,期初持股数量为33000万股,年末持股数量为59400万股,所持股份全部为国有法人股。报告期内无质押或冻结的情况。

公司前10名股东持股情况

股东名称	持股数量(股)	股份性质	比例(%)
郑煤集团公司	594000000	国有法人股	73.33%
宋春玲	3871501	社会公众股	0.478%
张静	1705868	社会公众股	0.21%
李博华	1686204	社会公众股	0.208%
宋巍	1591621	社会公众股	0.196%
姚斌	1545944	社会公众股	0.19%
吕庄	1411900	社会公众股	0.174%
刘文	1371353	社会公众股	0.169%
叶进	1358251	社会公众股	0.168%
赵明	1349501	社会公众股	0.167%

注:a公司前10名股东之间不存在关联交易
b无战略投资者或一般法人因配售新股成为前十名股东的情况。

3. 持有10%(含10%)以上的法人股东

年末持股10%(含10%)以上的法人股东为本公司的发起人郑州煤炭工业(集团)有限责任公司,该公司的法定代表人为李国安先生,公司注册资本为10亿元人民币,为国家大型一类企业,国家二级企业。其经营范围是:煤炭生产、矿井建设、铁路运输、发电及输变电、冶炼、水泥及耐火材料、机械制造、设备安装、普通机械。

4. 报告期内公司的控股股东没有发生变化。

江苏宏图高科技股份有限公司

二〇〇〇年年度报告摘选

一、公司简介

(一)公司法定中文名称:江苏宏图高科技股份有限公司
公司简称:宏图高科
公司法定英文名称:Jiangsu Hongtu High Technology Co.,Ltd.
公司英文名称缩写:Hiteker
(二)公司法定代表人:刘小峰
(三)公司董事会秘书:张伟
电子信箱:Zhangw@hiteker.com
董事会证券事务代表:徐清
电子信箱:Xuqing@hiteker.com
联系电话:(025)3300922
传真:(025)3300230
联系地址:南京市湖北路83号
(四)公司注册地址:南京浦口高新区03栋2楼
办公地址:南京市湖北路83号
邮政编码:210009
国际互联网网址:http://www.hiteker.com
公司电子信箱:Hiteker@Hiteker.com
(五)公司指定信息披露报纸:《中国证券报》、《上海证券报》
公司年报指定披露网址:htt://www.sse.com.cn
公司年度报告备置地点:公司证券部
(六)公司股票上市交易所:上海证券交易所
股票简称:宏图高科
股票代码:600122

二、会计数据和业务数据摘要

(一)公司本年度实现:

项目	2000年度(元)
利润总额	92,045,657.59
净利润	80,133,930.63
扣除非经常性损益后的净利润	76,215,152.99
主营业务利润	166,421,333.05
其他业务利润	2,255,977.60
营业利润	61,748,408.36
投资收益	26,378,471.59
补贴收入	0
营业外收支净额	3,918,777.64
经营活动产生的现金流量净额	-370,255,674.82
现金及现金等价物净增加额	-191,580,528.01

注:非经常性损益指:补贴收入加营业外收支净额,计3,918,777.64元。

(二)前三年主要会计数据和财务指标:(单位:元)

项目	2000年	1999年	1998年	
			调整前	调整后
主营业务收入	1,182,864,234.20	765,870,061.01	395,836,418.55	395,836,418.55
净利润	80,133,930.63	55,242,328.82	49,499,845.92	48,139,052.20
总资产	1,862,581,145.43	1,235,688,465.27	865,066,964.74	859,716,718.54
股东权益	590,170,947.21	510,037,016.58	479,794,965.49	474,474,687.76
每股收益	0.271	0.281	0.402	0.391
每股收益(加权)	0.271	0.281	0.470	0.467
扣除非经常性损益后的每股收益	0.258	0.251	0.359	0.348
每股净资产	1.999	2.592	3.900	3.858
调整后的每股净资产	1.942	2.510	3.814	3.763
每股经营活动产生的现金流量净额	-1.254	-0.268	-1.000	-0.989
净资产收益率(%)	13.58	10.83	10.32	10.15

期后事项说明:2001年3月20日公司因配股股本增加至31920万股,股本变化后的每股收益为0.251元。

(三)按照中国证监会《公司发行证券公司信息披露编报规则(第9号)》要求计算的相关指标:

项目	净资产收益率(%)		每股收益(元/股)	
	全面摊薄	加权平均	全面摊薄	加权平均
主营业务利润	28.20	30.25	0.564	0.564
营业利润	10.46	11.22	0.209	0.209
净利润	13.58	14.57	0.271	0.271
扣除非经常性损益后的净利润	12.91	13.85	0.258	0.258

三、股东情况介绍

(一)截止2000年12月31日,本公司股东总数为30911户。
(二)公司前十名股东情况:

序号	股东名称	持股数量(万股)	持股比例(%)
1)	江苏宏图电子信息集团有限公司	7587.0701	25.701
2)	南京有线电厂	5965.4333	20.208
3)	镇江江奎集团公司	3864.8861	13.092
4)	安顺基金	202.9810	0.688
5)	兴科基金	119.9680	0.406
6)	孙利	66.8000	0.226
7)	邓国华	58.6000	0.199
8)	黄雪梅	55.1280	0.187
9)	李桂英	54.2800	0.184
10)	苏电开发	51.3053	0.174

(三)持有本公司5%以上股份的股东为:江苏宏图电子信息集团有限公司、南京有线电厂、镇江江奎集团公司。报告期内股份变动是由于公司2000年中期实施资本公积金转增股本所致。持股5%以上股东所持股份报告期内无质押或冻结情况。

第1)、2)、3)、10)股东为本公司发起人,未知其他股东间的关联关系。

山西兰花科技创业股份有限公司

二〇〇〇年年度报告摘选

一、公司简介

1、公司法定中文名称:山西兰花科技创业股份有限公司
公司法定英文名称:SHANXI LANHUA SCI-TECH VENTURE CO.LTD
英文名称缩写:SLSVC
2、公司法定代表人:贺贵元
3、公司董事会秘书:王立印
联系地址:山西省晋城市泽州路181号
电 话:(0356)2040123 传 真:(0356)2033799
电子信箱:Wangliyin@chinalanhua.com
4、公司注册地址:山西省晋城市泽州路181号
办公地址:山西省晋城市泽州路181号 邮政编码:048000
互联网网址:Http://www.chinalanhua.com
电子信箱:-Lanhua@China-lanhua.com
5、公司选定的信息披露报纸:上海证券报
登载公司年度报告的中国证监会指定国际互联网网址:http://www.sse.com.cn
公司年度报告备置地点:公司证券部
6、公司股票上市交易所:上海证券交易所
股票简称:兰花科创 股票代码:600123

二、会计数据及业务数据摘要

(一)本年度主要会计数据 (单位:人民币元)

项目	金额
利润总额	13,776,321.54
净利润	8,267,622.39
扣除非经营性损益后的净利润	-1,388,712.94
主营业务利润	39,791,130.90
其他业务利润	7,484,873.62
营业利润	-16,863,583.05
投资收益	-719,403.30
补贴收入	32,026,064.86
营业外收支净额	-666,756.97
经营活动中产生的现金流量净额	136,955,777.48
现金及现金等价物净增加额	213,243,531.41

注:扣除非经营性损益涉及金额共计9,656,335.33元。其中:临时补贴收入9,850,000.00元,固定资产处置损益6,700.00元,股权差额-200,364.67。

(二)本报告期末公司近三年主要会计数据和财务指标 (单位:人民币元)

项 目	2000年	1999年	1998年	
			调整前	调整后
主营业务收入	302,785,842.74	379,832,085.14	314,997,286.71	314,997,286.71
净利润	8,267,622.39	69,000,031.78	55,585,288.02	52,705,834.37
总资产	1,663,288,510.43	1,212,174,674.34	981,124,516.15	972,464,731.38
股东权益	827,396,006.80	628,135,286.40	567,795,039.39	559,135,254.62
每股收益(摊薄)	0.0223	0.20	0.24	0.23
每股收益(加权)	0.0238	0.27	0.35	0.34
扣除非经营性损益后每股收益	-0.0037	0.16	0.23	0.21
每股净资产(摊薄)	2.229	1.82	2.47	2.43
(加权)	2.383	2.43	3.62	3.57
调整后每股净资产(摊薄)	2.129	1.77	2.47	2.38
(加权)	2.277	2.36	3.56	3.50
每股经营活动产生的现金流量净额	0.369	-0.14	0.29	0.29
净资产收益率(%)(摊薄)	1.00%	10.98%	9.79%	9.43%
(加权)	1.27%			

(三)、按照中国证监会《公开发行证券公司信息披露编报规则(第9号)》要求计算的利润数据:

利润表及利润分配表附表

报告期利润	净资产收益率		每股收益	
	全面摊薄	加权平均	全面摊薄	加权平均
主营业务利润	4.81%	6.09%	0.1072	0.1146
营业利润	-2.04%	-2.58%	-0.0454	-0.0486
净利润	1.00%	1.27%	0.0223	0.0238
扣除非经常性损益后的净利润	-0.17%	-0.21%	-0.0037	-0.0040

三、股本变动及股东情况

(一)股本变动情况:
1、股份变动情况表 数量单位:股

	本次变动前	本次变动增减(+、-)					本次变动后
		转股	送股配股	公积金	其他	小计	
一、未上市流通股份							
1、发起人股份	225000000		2250000				227250000
其中:							
国家拥有股份							
境内法人持股	225000000		2250000				227250000
境外法人持股							
其他							
2、募集法人股份							
3、内部职工股							
4、优先股或其他							
其中:转配股							
未上市流通股份合计	227250000						227250000
二、已上市流通股份							
1、人民币普通股	120000000		24000000				144000000
境内上市的外资股							
2、境外上市的外资股							
3、其他							
已上市流通股份合计	120000000		24000000				144000000
三、股份总数	345000000		26250000				371250000

大连铁龙实业股份有限公司

二〇〇〇年年度报告摘选

一、公司简介

1、公司法定名称:大连铁龙实业股份有限公司

公司英文名称:DALIAN TIELONG INDUSTRY COMPANY LIMITED

公司英文简称:DALIAN TIELONG INDUSTRY CO.,LTD

2、公司法定代表人:苏兰鑫

3、公司董事会秘书:畅晓东

联系地址:大连市中山区新安街1号

联系电话:0411-2810881

传　　真:0411-2816639

电子信箱:tlzqb@21cn.com

4、公司注册地址:大连高新技术产业园区七贤岭产业化基地凌科大厦3层1-10号

公司办公地址:大连市中山区新安街1号

邮政编码:116001

5、公司选定的信息披露报纸:《中国证券报》和《上海证券报》

年度报告披露网址:www.sse.com.cn

公司年度报告备置地点:大连市中山区新安街1号

6、公司股票上市地点:上海证券交易所

股票简称:铁龙股份　　股票代码:600125

二、会计数据和业务数据摘要

1、本年度主要利润指标情况:　　单位:元

项目	金额
利润总额	102,160,346.41
净利润	80,111,254.73
扣除非经常性损益后的净利润	78,850,056.71
主营业务利润	153,492,202.64
其他业务利润	0.00
营业利润	96,096,875.00
投资收益	3,612,146.64
补贴收入	0.00
营业外收支净额	2,451,324.77
经营活动产生的现金流量净额	110,518,492.59
现金及现金等价物净增加额	-8,714,363.37

注:扣除非经常性损益项目和涉及金额

1、按权益法计算的投资收益(合并价差摊入)

2、新股申购冻结资金利息　　1,261,198.02

2、主要会计数据和财务指标　　单位:元

项　目	2000年度	1999年度	1998年度
主营业务收入	305,458,998.55	277,644,930.02	162,517,452.60
净利润	80,111,254.73	54,332,517.37	38,195,762.48
总资产	866,343,237.25	894,569,642.28	689,970,960.39
股东权益	506,717,907.09	455,223,052.36	400,890,534.99
每股收益(摊薄)	0.42	0.28	0.20
每股收益(加权)	0.42	0.28	0.22
每股净资产(摊薄)	2.66	2.39	2.10
调整后的每股净资产(摊薄)	2.63	2.32	2.07
每股经营活动产生的现金流量净额	-0.05	0.57	
净资产收益率(%)	15.81%	11.94%	9.53%
净资产收益率(%)(加权)	16.66%	12.69%	12.73%
不计冻结资金利息的净利润(元)	78,850,056.71	49,287,725.29	34,412,168.42
不计冻结资金利息的每股收益(元)	0.41	0.26	0.18

3、报告期内股东权益变动情况

项目	股本	资本公积	盈余公积	法定公益金	未分配利润	股东权益
期初数	190,776,000.00	56,196,508.32	93,002,713.32	13,149,666.51	115,247,830.72	455,223,052.36
本期增加	0	0	14,792,851.33	4,930,950.45	36,702,003.40	34,474,719.50
本期减少	0	0	0	0	0	0
期末数	190,776,000.00	56,196,508.32	107,795,564.65	18,080,616.96	151,949,834.12	506,717,907.09
变动原因			本年度提取	本年度提取	本年完成利润	本年完成利润

三、股本变动及股东情况

1、股东情况介绍

(1)报告期末股东总数为48668个。

(2)持有本公司5%以上(含5%)股份的股东及前10名股东持股情况说明:

序号	股东名称	股份类别	年末持股数量(股)	比例%
1	大连铁路经济技术开发总公司	国有法人股	67419000	35.34%
2	大连铁道有限责任公司	国有法人股	31381000	16.45%
3	连铁周车	法人股	340000	0.18%
4	连铁机服	法人股	320000	0.17%
5	于建军	社会公众股	287500	0.15%
6	高培芝	社会公众股	280041	0.15%
7	赵素艳	社会公众股	220000	0.12%
8	连东运服	法人股	200000	0.10%
9	邹军利	社会公众股	173450	0.09%
10	朱铁山	社会公众股	160000	0.08%

注:持有本公司5%以上(含5%)股份的股东所持股份本年度内没有发生质押或冻结的情况,也没有发生增减变动。第一大股东大连铁路经济技术开发总公司是第二大股东大连铁道有限责任公司的全资子公司,第三大股东连铁周车、第四大股东连铁机服、第八大股东连东运服与第二大股东之间存在关联关系。

杭州钢铁股份有限公司

二〇〇〇年年度报告摘选

一、公司简介

1、公司的法定中文名称:杭州钢铁股份有限公司

公司的英文名称:Hang Zhou Iron & Steel Co., Ltd.

公司英文名称缩写:HZIS

2、公司法定代表人:童云芳

3、公司董事会秘书:韩晓通

授权代表:刘 宏

联系地址:浙江省杭州市半山路132号

联系电话:(0571)8132917,8144301-2235

传　　真:(0571)8132919

电子信箱:hggf@mail.hz.zj.cn

4、公司注册及办公地址:浙江省杭州市拱墅区半山镇

邮政编码:310022

公司电子信箱:hggf@mail.hz.zj.cn

5、公司选定的信息披露报纸:中国证券报、上海证券报

登载公司年度报告的中国证监会指定国际互联网网址:

http://www.sse.com.cn

公司年度报告备置地点:杭州钢铁股份有限公司证券部

6、公司股票上市交易所:上海证券交易所

股票简称:杭钢股份

股票代码:600126

二、会计数据和业务数据摘要

1、公司本年度主要利润指标情况(金额单位:人民币元)

项目	金额
利润总额:	496,113,041.89
净 利 润:	370,736,639.87
扣除非经常性损益后的净利润:	377,146,382.55
主营业务利润:	656,341,230.01
其他业务利润:	3,743,073.15
营业利润:	504,341,325.75
投资收益:	1,026,651.17
营业外收支净额	-9,254,935.03
经营活动产生现金流量净额	93,917,429.19
现金及现金等价物净增加额:	26,394,898.87

"扣除非经常性损益后的净利润"中扣除的非经常性损益为:

合并价差摊入:-884,888.88元。

固定资产报废:-5,524,853.80元。

2、公司前三年主要会计数据和财务指标

金额单位:人民币元

指标名称	2000年度	1999年度	1998年度	
			调整前	调整后
主营业务收入	3928785088.12	3077894297.72	2668875617.15	2668875617.15
净利润	370736639.87	213618072.52	159363529.79	152193853.14
总资产	2938906727.23	2506608242.35	2927322197.06	2910341613.95
股东权益	1798290112.81	1162331255.26	1171882859.39	1164713182.74
每股收益(摊薄)	0.574	0.356	0.266	0.254
每股收益(加权)	0.614	0.356	0.380	0.363
扣除非经常性损益后的每股收益	0.584	0.371	0.257	0.245
每股净资产	2.79	1.94	1.95	1.94
调整后每股净资产	2.75	1.91	1.88	1.87
每股经营活动产生的现金流量净额	0.146	0.439	0.601	0.601
净资产收益率	20.62%	18.38%	13.60%	13.07%

注1:按照中国证监会《公开发行证券公司信息披露编报规则》(第9号)计算的每股收益和净资产收益率如下:

报告期利润	每股收益(元)		净资产收益率(%)	
	全面摊薄	加权平均	全面摊薄	加权平均
主营业务利润	1.017	1.087	36.50	47.55
营业利润	0.782	0.835	28.05	36.54
净利润	0.574	0.614	20.62	26.86
扣除非经常性损益后的净利润	0.584	0.625	20.97	27.32

三、股东情况介绍

1、截止2000年12月31日,公司股东共有81643户。

2、公司前十名股东持股情况:

序号	股东名称	持股数(股)	持股比例(%)	股份性质
1、	杭钢集团公司	479587500	74.32	国有法人股
2、	国信证券	710860	0.11	上市流通股
3、	吴立辉	400070	0.06	上市流通股
4、	张应权	390000	0.06	上市流通股
5、	唐民	361210	0.06	上市流通股
6、	兴和基金	341396	0.05	上市流通股
7、	杨志勇	313270	0.05	上市流通股
8、	裘鸣笙	299000	0.05	上市流通股
9、	唐兵	279800	0.04	上市流通股
10、	杨明	279616	0.04	上市流通股

3、公司前十名股东不存在关联关系。持有本公司股份5%(含5%)以上法人股股东只有杭州钢铁集团公司1户,本年度内其所持股份因增资配股由47250万股增加到47958.75万股。杭州钢铁集团公司为国有法人股持股单位,该公司所持股份无质押或冻结情况。

湖南金健米业股份有限公司

二〇〇〇年年度报告摘选

一、公司简介

1.公司法定中文名称:湖南金健米业股份有限公司
公司法定英文名称:HUNAN JINJIAN CEREALS INDUSTRY CO.,LTD.
2.公司法定代表人:郑治文
3.公司董事会秘书:刘丛友
联系地址:湖南省常德市武陵大道37号
电　　话:0736-7258043
传　　真:0736-7251888
4.注册地址:常德市武陵大道37号
办公地址:常德市武陵大道37号
邮政编码:415000
公司网址:http://www.gaeagem.com
电子信箱:jinjian@gaeagem.com
5.信息披露报纸名称:《中国证券报》、《上海证券报》和《南方财经导报》
登载年报的国际互联网网址:http://www.sse.com.cn
公司年度报告备置地点:董事会秘书处
电话:0736-7258015
6.股票上市交易所:上海证券交易所
股票简称:金健米业
股票代码:600127

二、会计数据和业务数据摘要

1、本年度实现的利润构成(单位:人民币元)

项目	金额	备注
利润总额	83,962,187.28	说明:
净利润	60,499,721.98	
扣除非经营性损益后的净利润	58,400,120.62	扣除非经常性损益的项目
主营业务利润	136,368,044.36	金额为:98年新
其他业务利润	4,199,691.09	股申购冻结资
营业利润	73,082,383.62	金利息:2,099,601.36元.
投资收益	10,700,000.00	
补贴收入	0.00	
营业外收支净额	179,803.66	
经营活动产生的现金流量净额	19,884,348.57	
现金及现金等价物净增加额	62,203,138.02	

2、截止报告期末公司前三年主要会计数据和财务指标(单位:人民币元)

项目	2000年	1999年	1998年	
			调整后	调整前
主营业务收入	703,456,084.78	510,579,398.57	529,890,22.54	529,890,022.54
净利润	60,499,721.98	55,518,276.02	48,116,971.11	48,291,711.76
总资产	979,552,634.94	700,640,457.32	592,801,388.32	609,573,512.48
股东权益	548,522,033.27	500,772,311.29	452,754,035.27	469,526,159.43
每股收益(元/股)	0.237	0.218	0.321	0.322
加权每股收益(元/股)	0.237	0.333	0.361	0.362
扣除非经营性损益后的每股收益	0.229	0.187	0.309	0.307
每股经营活动产生的现金流量净额	0.078	0.360	0.206	0.206
每股净资产	2.151	1.964	3.018	3.13
调整后的每股净资产	2.048	1.929	2.972	3.074
净资产收益率(%)	11.029	11.087	10.628	10.29
加权净资产收益率(%)	11.394	11.703	13.806	13.37

3、根据中国证监会发布的《公开发行证券公司信息披露编报规则》第9号通知精神,公司2000年按全面摊薄法和加权平均法计算的净资产收益率及每股收益:

报告期利润	净资产收益率(%)		每股收益	
	全面摊薄	加权平均	全面摊薄	加权平均
主营业务利润	24.86	25.68	0.53	0.53
营业利润	13.32	13.76	0.29	0.29
净利润	11.03	11.39	0.237	0.237
扣除非经常性损益后净利润	10.65	11.00	0.229	0.229

4、股东权益变化及其原因:

项目	年初数	本年增加	本年减少	期末数	变动原因
股本	255,000,000.00	0	0	255,000,000.00	
资本公积	175,334,720.10	0	0	175,334,720.1	
盈余公积	20,551,571.99	12,304,154.96	0	16,951,863.36	净利润提取
其中:法定公益金	9,751,786.11	6,152,077.48		15,903,863.59	净利润提取
未分配利润	49,886,019.2	60,499,721.98	25,054,154.96	85,331,586.22	增加:本年度净利润转入.减少:分配股利
合计	500,772,311.29	72,803,876.94	25,054,154.96	548,522,033.27	

三、股东情况介绍

1.报告期末公司股东总数:截止2000年12月31日,公司股东总数为24,175户。
2.截止2000年12月31日,公司前十名股东持股情况

股东名称	持股数(股)	所占比例
1.常德粮油	170,000,000	66.67%
2.张忠豪	351,893	0.14%
3.杨思学	299,100	0.12%
4.田国翠	255,206	0.10%
5.余晒月	244,500	0.10%
6.张景根	223,382	0.09%
7.辜亮辉	223,257	0.09%
8.张建军	223,000	0.09%
9.谢利彬	215,900	0.08%
10.袁永玲	215,900	0.08%

江苏省工艺品进出口集团股份有限公司

二〇〇〇年年度报告摘选

一、公司简介

(一)公司法定中文名称:江苏省工艺品进出口集团股份有限公司
公司法定英文名称:JIANGSU ARTS & CRAFTS IMP./EXP. GROUP CORPORATION
公司法定英文名称缩写:JSAC
(二)公司法定代表人:刘绥芝
(三)公司董事会秘书:姜琳
联系地址:江苏省南京市中华路50号弘业大厦
联系电话:(025)2308738,2301288-7908
传　　真:(025)2307117
电子信箱:jianglin@artall.coms.cn
(四)公司注册地址及办公地址为:江苏省南京市中华路50号
邮政编码:210001
公司国际互联网网址:http://www.jsac.com
电子信箱:jsacgrp@public1.ptt.js.cn
　　　　jsacgrp@Artall.com
(五)公司信息披露的报纸为:《中国证券报》、《上海证券报》
登载公司年报的国际互联网网址:http://www.sse.com.cn
公司年报备置地点:公司证券部
(六)公司股票上市交易所:上海证券交易所
股票简称:江苏工艺
股票代码:600128

二、会计数据和业务数据摘要

(一)公司本年度实现的利润总额及构成(单位:元)

项目	金额
利润总额	63,959,537.06
净利润	44,239,155.74
扣除非经常性损益后的净利润	41,515,212.92
主营业务利润	133,314,725.05
其他业务利润	9,086,014.04
营业利润	46,001,803.04
投资收益	8,927,453.46
补贴收入	6,834,596.08
营业外收支净额	2,195,684,06
经营活动产生的现金流量净额	75,191,825.64
现金及现金等价物净增加额	56,123,559.82

注:本年度公司非经常性损益构成如下:(单位:元)

项　目	金　额
营业外收入	3,249,922.52
其中申购:冻结资金利息收入	3,087,014.15
减:营业外支出中(捐赠支出)	45,294.05
合计	(3,249,922.52-45,294.05)×0.85=2,723,934.20

(二)主要会计数据和财务指标:

项　目	2000年	1999年	1998年
1、主营业务收入(万元)	143,205.51	122,175.11	107,861.84
2、净利润(万元)	4,423.92	4,597.96	4,207.41
3、总资产(万元)	82,525.87	70,088.66	71,342.36
4、股东权益(万元)	55,630.20	43,421.34	41,852.06
5、每股收益(元)	0.22	0.40	0.36
(加权)	0.23	0.40	0.36
(扣除非经常性损益后)	0.21	0.35	0.33
6、每股净资产(元)	2.79	3.73	3.59
7、调整后每股净资产(元)	2.63	3.50	3.56
8、每股经营活动产生的现金流量净额(元)	0.37	0.46	0.02
9、净资产收益率%	7.95	10.59	10.05
(加权)	8.99	10.59	10.05
(扣除非经常性损益后)	7.46	9.29	9.18

(三)根据《公开发行证券公司信息披露编报规则》第9号,公司2000年度净资产收益率和每股收益具体如下:

报告期利润	净资产收益率(%)		每股收益(元)	
	全面摊薄	加权平均	全面摊薄	加权平均
主营业务利润	23.96	27.09	0.66	0.70
营业利润	8.27	9.35	0.23	0.24
净利润	7.95	8.99	0.22	0.23
扣除非经常性损益后的净利润	7.46	8.44	0.21	0.22

三、股本变动及股东情况

(一)股本变动情况
1、股本结构(截止1999年12月31日,单位:股)

	期初数	本次变动增减(+,-)				期末数
		配股	公积金转股	其他	小计	
(1)尚未流通股份						
A、发起人股份	65,212,500	1,956,400	36,236,365		38,192,765	103,405,265
其中:						
国家拥有股份	65,212,500	1,956,400	36,236,365		38,192,765	103,405,265
B、募集法人股份	14,238,000	0	7,681,135		7,681,135	21,919,135
C、内部职工股份	2,037,000	611,100		-2,648,100	-2,037,000	0
未上市流通股份合计	81,487,500	2,567,500	43,917,500	-2,648,100	43,836,900	125,324,400
(2)已上市流通股份合计						
1、人民币普通股	35,000,000	10,500,000	25,975,000	2,648,100	39,123,100	74,123,100
已上市流通股份合计	35,000,000	10,500,000	25,975,000	2,648,100	39,123,100	74,123,100
(3)股份总数	116,487,500	13,067,500	69,892,500		82,960,000	199,447,500

注:其他为内部职工股上市

重庆太极实业(集团)股份有限公司

二○○○年年度报告摘要

一、公司简介

(一)公司法定中文名称:重庆太极实业(集团)股份有限公司
公司法定英文名称:CHONGQING TAIJI INDUSTRY (GROUP)CO.,LTD
(二)公司注册地址:重庆市涪陵区建设路 68 号
公司办公地址:重庆市涪陵区建设路 68 号
邮政编码:408000
公司国际互联网网址:http://www.taiji.com
公司电子信箱:taijia@public.cta.cq.cn
(三)公司法定代表人:白礼西
(四)公司董事会秘书:夏雪
联系地址:重庆市涪陵区建设路 68 号
电话:023-72800072
传真:023-72800072
电子信箱:taijib@public.cta.cq.cn
(五)公司指定信息披露报纸名称:《中国证券报》、《上海证券报》
登载公司年度报告的中国证监会指定国际互联网网址:
http://www.sse.com.cn
公司年度报告备置地点:公司证券部
(六)公司股票上市交易所:上海证券交易所
股票简称:太极集团
股票代码:600129

二、会计数据和业务数据摘要

(一)公司本年度主要会计数据(单位:人民币元)

项目	金额
利润总额	83,735,078.10
净利润	58,653,124.97
扣除非经常性损益后的净利润	53,707,749.56
主营业务利润	539,919,700.06
其他业务利润	6,564,333.42
营业利润	78,110,411.38
投资收益	679,291.31
补贴收入营业外收支净额	4,945,375.41
经营活动产生的现金流量净额	35,148,854.78
现金及现金等价物净增加额	-93,995,221.28

注:扣除的非经常性损益项目和涉及金额(单位:人民币元)

项目	涉及金额
补贴收入营业外收入	5,634,721.56
其中:无效申购资金利息	1,341,677.47
营业外支出	689,346.15
扣除的非经常性益损的净利润	4,945,375.41

(二)报告期末公司前三年主要会计数据和财务指标;

项目	2000 年度	1999 年度	1998 年度	
			调整前	调整后
主营业务收入(万元)	119,736.31	100,511.76	97,441.93	97,430.60
净利润(万元)	5,865.31	7,533.87	11,885.78	9,069.50
总资产(万元)	197,157.79	181,277.65	160,621.04	155,248.12
股东权益(万元)	97,497.71	71,574.21	72,205.88	67,783.10
全面摊薄每股收益(元/股)	0.232	0.322	0.508	0.388
加权平均每股收益(元/股)	0.237	0.322	0.322	0.388
扣除非经常性损益后的每股收益(元/股)	0.213	0.188	0.422	0.302
每股净资产(元/股)	3.86	3.06	3.09	2.90
调整后的每股净资产(元/股)	3.42	2.77	2.99	
每股经营活动产生的现金流量净额(元/股)	0.14	0.72	0.98	
摊薄净资产收益率(%)	6.02	10.53	16.46	13.38
加权净资产收益率(%)	6.67	10.89	16.77	13.67
扣除非经常性损益后加权净资产收益率%	6.12	6.34	13.39	10.64

根据中国证监会《公开发行证券公司信息披露编报规则第 9 号》的要求计算的净资产收益率和每股收益如下:

报告期利润	2000 年度				1999 年度			
	净资产收益率(%)		每股收益(元)		净资产收益率(%)		每股收益(元)	
	全面摊薄	加权平均	全面摊薄	加权平均	全面摊薄	加权平均	全面摊薄	加权平均
主营业务利润	55.38	61.36	2.137	2.178	57.36	59.32	1.755	1.755
营业利润	8.01	8.88	0.309	0.315	12.14	12.55	0.371	0.371
净利润	6.02	6.67	0.232	0.237	10.53	10.89	0.322	0.322
扣除非经常性损益后的净利润	5.51	6.12	0.213	0.217	8.67	6.34	0.188	0.188

三、股本变动及股东情况介绍

(一)、股东情况介绍;
1、报告期末股东总数:截止 2000 年 12 月 31 日,公司股东共 7,329 户。
2、报告期末本公司前 10 名股东持股情况:

股东名称	年末持股数量(股)	占总股本比例(%)
⑴太极集团有限公司	147,789,600	58.51
⑵希兰生物	16,555,080	6.55
⑶通济公司	12,847,320	5.09
⑷汉盛基金	3,000,186	1.19
⑸同益基金	1,263,075	0.50
⑹赵西杰	1,078,052	0.43
⑺邓仲芬	879,158	0.35
⑻何多学	863,079	0.34
⑼泰和基金	649,570	0.26
⑽汉博基金	600,077	0.24

注:汉盛基金、汉博基金同属一个管理公司

3、持有公司 5%以上股份的股东情况:

(1)太极集团有限公司持有本公司的国有法人股,年初持有 144,189,600 股,占公司总股本的 61.62%,公司在实施了 1999 年度配股方案以后,向太极集团有限公司配售了 3,600,000 股,从而使其股本增加为 147,789,600 股,占公司总股本的 58.51%。该公司法定代表人:白礼西;经营范围:中西药的生产销售。该公司所持股份没有质押、冻结情况。

(2)重庆市涪陵区希兰生物科技有限公司持有法人股 16,555,080 股,占公司总股本的 6.55%,年初未持有公司股份,2000 年 6 月该公司与公司第二大股东四川省信托投资公司涪陵办事处签订了《重庆太极实业(集团)股份有限公司法人股转让协议》,受让四川省信托投资公司涪陵办事处持有本公司的全部法人股 16,555,080 股,转让后四川省信托投资公司涪陵办事处不再持有本公司股份,重庆市涪陵区希兰生物科技有限公司成为公司第二大股东。该公司法定代表人:钟国跃;经营范围:生物制药产品开发、研究、生产及销售。该公司所持有股份没有质押、冻结情况。

(3)涪陵通济实业有限公司持有公司法人股 12,847,320 股,占公司总股本的 5.09%。本年度内持有股份数没有变动。该公司经营范围:批发、零售、建筑材料、五金、交电、化工(不含化学危险品等)。该公司所持股份没有质押、冻结情况。

四、股东大会简介

报告期内,本年度公司召开一九九九年度股东大会。

(一)、1999 年年度股东大会的通知、召集、召开情况

1、本公司关于召开 1999 年年度股东大会的通知刊登于 2000 年 4 月 13 日的《中国证券报》和《上海证券报》;

2、1999 年年度股东大会于 2000 年 5 月 19 日在重庆市渝海大厦 25 楼公司会议室召开,出席本次会议的股东及股东代表 17 人,代表股份数 14,799.83 万股,占公司总股本的 58.59%。

(二)、1999 年年度股东大会通过的决议、决议刊登的信息披露报纸及披露日期

1、1999 年年度股东大会审议并通过了如下决议:
(1)、审议并通过了公司 1999 年年度报告和 1999 年年度报告摘要。
(2)、审议并通过了公司 1999 年年度董事会工作报告。
(3)、审议并通过了 1999 年年度监事会工作报告。
(4)、审议并通过了公司 1999 年度财务决算报告。
(5)、审议并通过了公司 1999 年度利润分配方案。
(6)、审议并通过了修改《公司章程》的议案。
(7)、审议并通过了公司计提四项资产,减值准备和损失处理内部控制制度的议案。
(8)、审议并通过了公司换届选举第三届董事会议案。
选举公司第三届董事会成员为:白礼西、李志超、艾尔为、朱明希、艾国、杨炬、朱志颖、丁学军、雷励、陈建国。
(9)、审议并通过了公司换届选举第三届监事会的议案。
选举公司第三届监事会成员为:方廷荣、孔祥裕、卢军、徐卫国、谭礼文。
(10)、审议并通过了公司 2000 年度续聘重庆华源会计师事务所作为公司审议单位的议案。
(11)、审议并通过了公司股东大会议事规则、董事会议事规则、监事会议事规则的议案。
2、本次股东大会决议公告于 2000 年 5 月 20 日刊登在《中国证券报》和《上海证券报》。

五、董事会报告

(一)公司经营情况:

1、公司所处的行业及地位:

公司所处行业为医药行业,公司主要从事中成药的开发、生产和销售等业务。公司"急支糖浆"是国内销量最大的糖浆剂产品,"曲美"是目前国内减肥领域的第一品牌。公司的"太极"品牌和公司控股子公司的"桐君阁"品牌享誉全国。公司目前是国内最大的中成药工业企业之一。

2、公司主要业务范围及主要产品:

公司主要从事中、西成药的生产销售。主要产品有急支糖浆、通天口服液、产泰、补肾防喘片、儿康宁、藿香正气口服液、补肾益寿胶囊、曲美、紫杉醇、盐酸格拉斯琼、风湿马钱片等。

经重庆天健会计师事务所审计,本年度公司主营业务收入 1,197,363,127.14 元,主营业务利润 539,919,700.06 元,利润总额 83,735,078.10 元,实现净利润 58,653,124.97 元。报告期内,公司主要品种销售情况:急支糖浆销售额为 29,717.42 万元,占主营业务收入的 24.82%;太极通天口服液销售额为 13,641.00 万元,占主营业务收入的 11.39%;藿香正气液销售额为 5,901.48 万元,占主营业务收入的 4.93%;鼻窦炎口服液销售额为 5,147.4 万元,占主营业务收入的 4.30%;儿康宁销售额为 4,414.66 万元,占主营业务收入的 3.69%;曲美销售额为 3981.76 万元,占主营业务收入的 3.33%。

3、公司的主要经营情况:

(1)、公司控股子公司及子公司经营情况及业绩

公司控股子公司四川太极制药有限公司 2000 年度实现主营业务收入 17,591.55 万元,净利润 21.49 万元。

公司控股子公司重庆桐君阁股份有限公司 2000 年度实现主营业务收入 58,921.63 万元,净利润 2,634.12 万元。

公司控股子公司四川绵阳制药有限公司 2000 年度实现主营业务收入 3,822.03 万元,净利润 603,23 万元。

(2)、公司经营情况

公司是重庆"高新技术产品"和"高新技术企业"。1998年11月经国家人事部全国博士后管委会办公室批准成立了"太极集团博士后工作站"，并与全国十三家大专院所共同建立了"博士后工作分站"。并于1999年经国家有关部门批准成立了"国家级企业技术中心"。2000年度公司完成了20多个项目的调研、审评工作，目前正在研制的新药项目有17个，其中二类新药有3个，三类新药有5个，四类新药有9个。

2000年对公司的营销来说，也是一个承上启下，续往开来的一年。为了减少公司产品的季节差异，确定了"百日攻坚战"的总体战略目标，销售系统从上到下，通过分片包干，现场办公，齐心协力做到为营销一线服务，实现公司产品淡季不淡的战略目标。

为了把减肥新药"曲美"塑造成减肥领域的第一品牌，促进曲美在全国销售终端的快速上柜，坚定全国医药经销单位对"曲美"代理的信心。公司成功对"曲美"向全国进行经销权的公开拍卖。此次"曲美"经销权拍卖会创造全国医药商业第一次为一个产品代理而会聚竞标，医药界第一次面向全国进行医药经销权拍卖，全国率先实行规范的药品代理制，全国医药界最快的产品上市进度，全国新闻媒体为一个新产品上市而做了最大量的新闻报道。本次拍卖会不仅充分调动了经销单位快速推广"曲美"的积极性，同时也展示了公司高效率的营销运作，良好的行业信誉，完善的营销网络，以及对药品营销的创新探索。

公司数年来对营销模式的不断探索和创新，建立起了符合现代企业管理和适应市场变化的先进营销模式－－全面系统的销售管理。2000年度"全面系统的销售管理"荣获国家经贸委第三届"全国企业管理现代化创新成果"一等奖，是2000年西部地区唯一一个国家级管理成果奖。

2000年度公司人事管理工作又踏上了新的台阶，完善了人事、劳资、职教的基础工作，加快了人事工作制度化、规范化。本年公司荣获"珍惜人才奖"，并被国家教委作为重点单位推荐给全国各大专院校。

(二)公司财务状况：

单位：万元

项目	2000年	1999年	变动幅度(%)
总资产	197,157.79	181,277.65	8.76
固定资产	77,614.40	67,929.26	14.26
长期负债	17,173.38	29,308.98	-41.41
股东权益	94,497.71	71,574.21	32.03
主营业务利润	53,991.97	41,058.02	31.50
净利润	5,865.31	7,533.87	-22.15

变动原因：

(1)总资产增长8.76%，主要原因是配股增加；

(2)固定资产增长14.26%，主要原因是购入固定资产和建设项目转固增加；

(3)长期负债下降41.41%，主要原因是公司归还长期借款；

(4)股东权益增长32.03%，主要原因是公司及控股子公司配股增加，本期利润增加；

(5)主营业务利润增长31.50%，主要原因是公司主营业务收入增加和主营业务成本下降；

(6)净利润下降22.15%，主要原因是公司进行产品结构调整，加大了高科技含量、高附加值产品的市场开发，以及为了确保公司抗癌药物"紫杉醇"、"盐酸格拉斯琼"和减肥药物"曲美"的全面上市而增加了市场的前期投入。

(三)公司投资情况：

1、报告期内公司对外投资情况：

公司2000年度长期投资年初数为3,404.68万元，期末数为2,055.25万元，减少1,349.43万元。

减少的原因：(1)本年度公司控股子公司桐君阁实施了1999年度配股方案，从而增加了公司的权益，产生股权投资的贷方差2,396.28万元；(2)本年度公司实施了1999年度配股方案，绵阳制药有限公司配股进入公司，产生长期股权投资的借方差点948.77万元。以上两项股权投资差品叠后影响长期投资减少1,349.43万元。

2、报告期内募集资金情况：

公司2000年实施了1999年度增资配股方案。此次配股方案经中国证券监督管理委员会证监公司字[2000]8号文核准。根据重庆华源会计师事务所出具的《验资报告》华源验字(2000)第6号文，本次配股扣除发行费用外，共募集资金200,581,868.61元，其中：货币资金160,981,868.61元，股权投资27,705,400.00元，土地使用权11,894,600.00元。公司本次募集资金使用计划为项目投资资金144,840,000元，补充企业生产经营用流动资金16,141,868.61元。本年度公司在募集资金投资过程中，为了适应我国近两年来医药行业的巨大变化，对企业的发展战略作了认真分析和充分论证，于2000年12月1日召开了第三届第三次董事会，对原配股募集资金投向作出变更决议。拟变更的投资项目为：①扩建滩子口仓库项目；②扩建儿康宁生产线项目；③扩建华容颗粒生产线项目；④绵阳制药厂固体制剂改造项目。该四个项目计划投资总额为11,784万元。配股募集资金投向变更为：①糖浆制剂生产线技术改造项目；②投资组建北京桐君阁大药房连锁有限公司；③收购四川省自贡市医药有限公司；④收购四川天诚大药房连锁有限责任公司。(该次董事会决议于2000年12月2日刊登在《中国证券报》和《上海证券报》)关于此次配股募集资金投向变更的决议于2001年1月5日的2001年度第一次临时股东大会审议通过(该决议于2001年1月6日刊登在《中国证券报》和《上海证券报》)。

公司配股募集资金16,098.19万元，截止2000年12月31日，已投入募集资金9,877.47万元，占配股募集资金的61.36%，其中：补肾益寿胶囊生产线投入341.47万元，预付天诚大药房收购款5,016万元，预付收购自贡医药收购款660万元，预付组建北京桐君阁大药房投资款2,260万元，补充流动资金1,600万元。

截止2000年12月31日，募集资金余额为6,220.72万元，占配股募集资金的38.64%，全部存入银行，延续至2001年度使用。

募集资金承诺项目与实际投资项目情况：

单位：万元

承诺与实际投资　项目名称	计划投资金额	其中流动资金	实际投资	备注
一、补肾益寿胶囊	2,700	840	341.47	
二、扩建滩子口仓库项目	2,980	150		变更取消
三、扩建儿康宁生产线项目	2,908	950		变更取消
四、扩建华容颗粒生产线项目	2,949	880		变更取消
五、绵阳制药厂固体制剂技术改造项目	2,947	876.2		变更取消
六、糖浆制剂生产线技术改造项目	2,980		0	变更增加
七、组建北京桐君阁大药房有限公司	3,200		2,260.00	变更增加
八、收购四川天诚大药房连锁有限责任公司	5,016		5,016.00	变更增加
九、收购四川省自贡医药有限公司	660		660.00	变更增加
十、补充流动资金			1,600.00	
合计			9,877.47	

3、本年度非募集资金投资情况：

本年度非募集资金投资总额为7,620,50万元，具体项目投资情况如下：

(1)太极工业园区：为了建立中国最大的中成药工业园－－太极工业园区，公司本年度投入该项目建设资金7,426.43万元，报告期末项目累计投资15,500.52万元。(2)驻外机构工程：为了完善公司的营销网络体系，建立公司驻外机构，公司本年度投入该项目建设资金194.07万元，报告期末项目累计投资2,034.29万元。

(四)公司经营中存在的主要问题

1、随着我国医疗保险体制改革，处方用药将大幅度减少，非处方用药将迅速增长。这将对整个医药行业特别是医药工业的传统营销模式带来深刻的影响，营销重心必将从医院销售转向零售药店销售，行业竞争将加剧。因此，发展药品零售连锁经营模式和建立消费者网络体系是医药行业的首要任务。

我国加入WTO，融入全球经济一体化，我国医药市场的环境将发生前所未有的变化。西方发达国家把中国视为世界上潜力最大的市场，国际知名跨国制药公司将纷纷进入中国，使中国医药市场增加一大批具有强大优势竞争力的竞争对手，从而加剧我国医药市场的竞争。另一方面，加入WTO，中成药行业将显示出其特有的不可比拟的优势，将促进中成药迈出国门，走向世界，实现与国际药品市场的全面对接和融通。因此，加入WTO对公司来说既是挑战，同时也带来难得的发展机遇。

2、提高管理水平，有利于促进公司建立科学合理的管理模式，推动企业快速发展。

(五)公司二OO一年工作思路：

公司将承受来自WTO和医疗改革的巨大压力和同行业的激烈竞争。这对企业的科技开发能力和管理水平提出了更高的要求。公司提出了从2001年起今后三年实现"制度化、程序化、微机化"的三大目标，从狠抓管理入手，推动科研、营销、生产等各个环节的不断创新，促进公司的产业结构调整和产品结构调整，最大限度地发挥公司的核心竞争优势和发展公司的核心竞争能力。

二OO一年公司着重抓好的大事：

1、树立三个创新观念：技术创新观念、管理创新观念和营销创新观念，作为公司今后的首要工作。

2、树立两个中心观念：一切以利润为中心观念，以市场为中心的观念；

3、加快消费者网络建设，建立公司与消费者健康、保健方面的直接沟通。

4、全面加强管理意识，按"1+3"的要求对管理人员的管理能力进行培训，即管理系统：管理能力+创新能力；生产系统：管理能力+质控能力；销售系统：管理能力+策划能力。

5、全面推行年度经济责任制和任期经济责任制。

6、全面加强环境建设，营造良好的内外环境。树立管理工作首先是环境建设的观念，包括建设良好的企业外部环境和为员工发展提供良好的内部环境。软环境重于硬环境，内环境重于外环境。

7、抓好原料基地、商品基地、人才基地、环境基地的建设。

8、加强发展战略研究、发展轨道建设，硬化约束机制，即坚定不移地执行七年目标：使太极成为中国最大最有竞争力的制药集团；坚持实施中医药发展战略，提升品牌价值，增大品牌的扩张力、辐射力；轨道建设要齐抓共管，建成科学、简洁的良性轨道；大力发展股东监督、民主监管、例行监管和法制监管；全面推行"双保"(保质量、保廉洁)措施。

(六)董事会日常工作情况

1、2000年度董事会会议及决议情况：

2000年度公司董事会共召开了3次会议，具体情况如下；

第一次：公司第二届董事会第十二次会议(董事会决议公告于2000年4月13日刊登在《中国证券报》和《上海证券报》)于2000年4月11日在公司会议室召开，审议并通过了如下决议：

(1)审议并通过了《公司1999年度报告》和《公司1999年度报告摘要》；

(2)审议并通过了公司1999年度董事会工作报告；

(3)审议并通过了《公司1999年度财务决算报告》；

(4)审议并通过了公司1999年度利润分配预案；

(5)审议并通过了关于修改《公司章程》的议案；

(6)审议并通过了关于公司计提四项资产，减值准备和损失处理内部控制制度的议案；

(7)审议并通过了关于公司换届选举第三届董事会的议案；

(8)审议并通过了关于续聘重庆华源会计师事务所的议案；

(9)审议并通过了公司董事会、监事会和股东大会议事规则的议案；

(10)审议并通过了公司召开1999年年度股东大会的议案；

第二次：公司第三届第一次董事会会议(董事会决议刊登于2000年5月20日的《中国证券报》和《上海证券报》)于2000年5月19日在公司会议室召开，会议审议并通过了如下决议：

(1)选举白礼西先生为公司第三届董事会董事长；

(2)由董事长提名，董事会聘任李志超先生为公司总经理；

(3)由公司总经理提名，董事会聘任朱志颖女士，丁学军先生为公司副总经理，朱明希先生为公司副总经理兼财务负责人，聘任李阳春先生为公司总经济师，聘任杨灿琳女士、林世元先生为公司副总经济师，聘任冯天炯先生为公司总工程师，聘任罗诗遂先生为公司副总工程师，聘任王世忠先生为公司总会计师，聘任董其虎先生为公司财务总监；

(4)由公司董事长提名，公司董事会聘任艾尔为先生为公司董事会秘书。

第三次：公司第三届董事会第二次会议(董事会决议公告刊登于2000年8月7日的《中国证券报》和《上海证券报》)于2000年5月19日公司会议室召开，会议审议并一致通过了如下事项：

审议并通过了2000年中期报告和2000年中期报告摘要。

第四次：公司第三届董事会第三次会议(董事会决议公告刊登在2000年12月2日的《中国证券报》和《上海证券报》)于2000年12月1日在公司会议室召开，会议审议并一致通过了如下决议：

(1)审议并通过了变更募集资金投资项目：A、华容颗粒生产线项目；B、扩建儿康宁生产线项目；C、扩建滩子口仓库项目；D、四川省绵阳制药厂固体制剂技术改造项目。

(2)配股募集资金投资项目变更投资为如下项目：

A、糖浆制剂改造项目：

为了提升公司设备、装备水平，对糖浆制剂生产线进行GMP技术改造，该项目总投资2,980万元，建设期1年，项目建成后实现销售收入9,600万元，利税1,600万元，此项目经重庆市经济委员会(渝经技发[2000]143号文)批准。

B、投资组建北京桐君阁大药房有限公司：

该公司由公司与重庆桐君阁股份有限公司共同投资组建。该公司注册资本4,000万元，公司以现金方式出资3,200万元，占注册资本的80%。

C、收购四川天诚大药房连锁有限责任公司：

公司以现金方式收购绵阳药业集团公司持有的四川天诚大药房连锁有限责任公司的全部股权165万股，收购价格为7.60元/股，收购价款为1,254万元；以现金方式收购四川天诚大药房职工持有的四川天诚大药房连锁有限责任公司的全部股权495万股，收购价格为7.60元/股，收购价款为3,762万元。收购完成后成为公司的全资公司。

D、收购四川省自贡市医药有限公司：

四川省自贡市医药有限公司总股本为300万股，全部由该公司职工持有，本次收购该公司职工持有的165万股，占该公司总股本的55%，收购价格为4元/股，收购价款为660万元，收购完成后成为公司的控股子公司。

(3)由于工作变动原因，审议并通过了同意艾尔为辞去公司董事会秘书职务，由董事长提名，董事会聘任夏雪先生为公司董事会秘书；

(4)因工作需要，审议并通过了同意朱明希先生、朱志颖女士、丁学军先生辞去公司副总经理职务，杨灿琳女士辞去公司副总经济师职务，罗诗遂先生辞去公司副总工程师职务。根据公司总经理李志超先生提名，聘任李阳春先生、罗诗遂先生、易崇勤女士为公司副总经理，聘任林世元先生为公司总经济师；

(5)通过了关于召开本公司2001年第一次临时股东大会的议案；

(七)董事会对股东大会决议的执行情况：

1、1999年度利润分配执行情况

公司按1999年度利润分配预案进行了分配，股权登记日为2000年7月14日，除息日为2000年7月17日，公司已委托上海证券登记中心结算公司将现金红利派发完毕。该利润分配公告于2000年7月11日刊登在《中国证券报》和《上海证券报》。

2、1999年度配股方案执行情况

2000年度公司1999年度配股方案已经中国证券监督管理委员会(证监公司字[2000]8号文)核准，本次配股以1999年度末总股本23,400万股为基数，每10股配2.5股，配股价格为11.00元，配股说明书已于2000年2月15日刊登在《中国证券报》和《上海证券报》，本次配股共募集资金20,460万元，扣除发行费用后实际募集资金16,098万元，股权投资2,771万元，土地使用权1,189万元，截止2000年3月22日，募集资金已全部到位，配股可流动部分已于2000年4月4日上市交易。

3、按《公司法》要求修改了公司章程，并严格按照公司章程规范公司行为。

(八)公司董事、监事、高级管理人员情况

1、公司董事、监事、高级管理人员情况任期、年初持股情况、年末持股情况

单位:股

姓名	任期	职务	年初持股数	年末持股数
白礼西	2000.5.19-2003.5.19	董事长	2,971	3,713
李志超	2000.5.19-2003.5.19	董事兼总经理	2,400	3,000
朱明希	2000.5.19-2003.5.19	董事	2,400	3,000
艾尔为	2000.5.19-2003.5.19	董事	2,400	2,400
朱志颖	2000.5.19-2003.5.19	董事	2,400	3,000
丁学军	2000.5.19-2003.5.19	董事	1,200	1,500
陈建国	2000.5.19-2003.5.19	董事	1,200	1,500
雷　励	2000.5.19-2003.5.19	董事	1,200	1,500
艾　国	2000.5.19-2003.5.19	董事		
杨　炬	2000.5.19-2001.5.19	董事	2,400	3,000
方廷荣	2000.5.19-2001.5.19	监事会主席	2,400	3,000
孔祥裕	2000.5.19-2003.5.19	监事	2,400	3,000
卢　军	2000.5.19-2003.5.19	监事	2,400	3,000
谭礼文	2000.5.19-2003.5.19	监事	1,200	1,500
徐卫国	2000.5.19-2003.5.19	监事	2,400	3,060
李阳春	2000.12.1-2003.12.1	副总经理		
罗诗遂	2000.12.1-2003.12.1	副总经理		
易崇勤	2000.12.1-2003.12.1	副总经理		
林世元	2000.12.1-2003.12.1	总经济师		
冯天炯	2000.5.19-2003.5.19	总工程师	1,200	1,500
王世忠	2000.5.19-2003.5.19	总会计师		
董其虎	2000.5.19-2003.5.19	财务总监		
夏　雪	2000.12.1-2003.12.1	董事会秘书		

2、现任本公司董事、监事及高级管理人员年度报酬情况:

本年度公司董、监事及高级管理人员23人,年度报酬情况:3-6万元的16人,6-10万元的7人。

3、2000年度高级管理人员任职及离任情况:

2000年度公司第二届董事会和监事会选举公司董事会成员为:白礼西、李志超、朱明希、艾尔为、朱志颖、艾国、雷励、杨炬、陈建国。选举白礼西先生为公司董事长。选举公司监事会成员为:方廷荣、孔祥裕、卢军、谭礼文、徐卫国。选举了方廷荣先生为公司监事会主席。聘任其他高级管理人员为:聘任李志超先生为公司总经理,聘任李阳春先生、罗诗遂先生、易崇勤女士为公司副总经理,聘任冯天炯先生为公司总工程师,聘任林世元先生为公司总经济师,聘任王世忠先生为公司总会计师,聘任董其虎先生为公司财务总监,聘任夏雪先生为董事会秘书。

因工作需要,朱明希先生、朱志颖女士、丁学军先生不再担任公司副总经理,因工作变动原因,艾尔为先生不再担任公司董事会秘书职务,杨灿琳女士不再担任副总经济师职务,罗诗遂先生不再担任副总工程师职务。

(九)本年度利润分配预案及明年分配政策

(1)2000年度利润分配预案

根据重庆天健会计师事务所出具的审计报告,2000年度实现净利润58,653,124.97元,提取法定盈余公积金7,926,176.87元,提取法定公益金5,761,940.37元,加上年初未分配利润84,015,900.25元,可供股东分配的利润为128,980,907.98元。

2000年度利润分配预案为:为了保证公司长期、稳定的发展,公司正在进行产业结构和产品结构的调整,公司董事会决定2000年度不进行利润分配,也不进行资本公积金转增股本。

以上预案需经2000年度股东大会审计通过。

(2)2001年度预计利润分配政策

①公司2001年度至少分配股利一次,分配时间在2001年度结束后。

②公司2001年度实现净利润加上2000年度结转未分配利润合并用于股利分配,分配比例不低于20%。

③股利分配拟采用派发现金或送红股的形式,其中现金股息占股利分配的比例不低于30%。

六、监事会报告

(一)监事会会议及决议情况:

2000年度公司监事会共召开4次会议,具体情况如下:

第一次:公司第二届监事会第十二次会议(监事会决议公告刊登于2000年4月13日的《中国证券报》和《上海证券报》)于2000年4月11日在涪陵制药厂3楼会议室召开,会议审议并通过了如下决议:

1、审议并通过了《公司1999年年度报告》和《公司1999年年度报告摘要》;

2、审议并通过了公司1999年度监事会工作报告;

3、审议并通过了公司1999年度财务决算报告;

4、审议并通过了公司1999年度利润分配方预案;

5、审议并通过了关于修改《公司章程》的议案;

6、审议并通过了关于公司计提四项资产,减值准备和损失处理内部控制制度的议案;

7、审议并通过了关于公司换届选举第三届监事会的议案:监事会提出第三届监事会候选人名单如下:方廷荣、孔祥裕、卢军、徐卫国、谭礼文。

8、审议并通过了关于续聘重庆华源会计师事务所的议案;

9、审议并通过了公司董、监事会和股东大会议事规则的议案;

10、审议并通过了召开1999年度股东大会的议案;

11、审议并通过了公司监事会1999年度独立意见的议案。

第二次:公司第三届监事会第一次会议(监事会决议公告刊登于2000年5月20日的《中国证券报》和《上海证券报》)于2000年5月19日在公司会议室召开,会议审议并通过了如下决议:选举了方廷荣先生为公司监事会主席。

第三次:公司第三届监事会第二次会议(监事会决议公告刊登于2000年8月7日的《中国证券报》和《上海证券报》)于2000年8月3日在公司会议室召开,会议审议并通过了如下决议:2000年度中期报告和2000年度中期报告摘要。

第四次:公司第三届监事会第三次会议于2000年12月1日在公司会议室召开,会议审议并通过了如下决议:

1、审议并通过了变更募集资金投向的议案;

(1)变更原配股募集资金投资项目:①扩建滩子口仓库项目;②、扩建儿康宁生产线项目;③、扩建华容颗粒生产线项目;④、绵阳制药厂固体制剂技术改造项目。

(2)将配股募集资金投资项目变更为:①糖浆制剂改造项目;②组建北京桐君阁大药房有限公司;③收购四川天诚大药房连锁有限责任公司;④收购四川省自贡市医药有限公司。

2、审议并通过了关于召开公司2001年度第一次临时股东大会的议案。

(二)本公司监事会对以下事项发表独立意见:

1、监事会审议并通过了董事会的各项议案,公司在日常经营活动中严格按照国家有关的法律、法规以及《公司章程》的规定进行运作,决策程序合法;公司建立了完善的内部控制制度,按国家有关规定的要求计提了四项资产减值准备,计提比例合理。

2、2000年度监事会对公司第三届任职的董事和监事以及对董事长提名的总经理和总经理提名的其他高级管理人员进行了全面考察,认为其能按照《公司法》及《公司章程》的规定,认真履行其职责。

3、公司董事、总经理及其他高级管理人员在执行公司职务时谨慎、认真、勤勉、尽职,无违反法律、法规、公司章程和损害公司利益的行为。

4、监事会对公司配股募集资金到位进行了监督,截止2000年3月22日止,公司配股募集资金已全部到位,扣除发行费用后,共募集资金20,058万元。

5、报告期内,公司募集资金实际投入项目与承诺投入的项目基本保持一致。2000年度变更部分配股募集资金投向项目程序合法、依据充分、变更投资的项目可行,无损害全体股东利益的行为。变更的投资项目将提高募集资金的使用效率,加快投资项目的回报,有利于公司的产业结构调整,有利于公司的长远发展。

6、2000年度,重庆天健会计师事务所(原重庆华源会计师事务所)出具了无保留意见的审计报告真实、客观地反映了公司的财务状况和经营成果。

7、公司在并购时,本着公平、优势互补、长期持续发展的原则,确定定价原则,交易价格合理;未发现有内幕交易及损害部分股东利益和造成公司资产流失的现象发生。

8、公司在进行关联交易时,严格遵循有关规定履行关联交易操作程序,交易过程中充分体现公平、公正的原则,未发现有损害上市公司利益的情况。

七、重要事项

(一)重大诉讼、仲裁事项:

2000年3月经太极集团有限公司与绍龙震龙(集团)国有资本投资公司和绍兴市国有资产经营有限公司友好协商,决定对浙江震元东方制药有限公司进行改制改造,由太极集团有限公司和绍兴震元(集团)国有资本投资有限公司共同投资,将浙江东方制药有限公司改组为太极集团。浙江东方制药有限公司,注册资本为2,000万元,太极集团有限公司出资1,400万元,占注册资本的70%,绿兴震元(集团)国有资本投资有限公司出资600万元,占注册资本的30%,该公司已登记成立,原涉及公司状告浙江省绍兴中药厂、浙江东方制药有限公司侵权生产急支糖浆一案协商解决。

本年度公司无重大诉讼、仲裁事项。

(二)报告期内公司、公司董事及高级管理人员没有受到监管部门的任何处罚。

(三)报告期内公司控股股东没有变更。

报告期内公司董事、监事会换届情况:

1、因公司第二届董事会任期届满,2000年4月11日,董事会根据《公司法》和《公司章程》的有关规定,董事会提出董事会候选名单如下:白礼西、李志超、艾尔为、朱明希、艾国、杨炬、朱志颖、丁学军、雷励、陈建国。此次董事会决议已于2000年5月19日的1999年年度股东大会通过。

2、因公司第二届监事会任期届满,2000年4月11日,公司监事会根据《公司法》和《公司章程》的有关规定,监事会提出监事会候选名单:方廷荣、孔祥裕、卢军、徐卫国、谭礼文。此次监事会决议已于2000年5月19日的1999年年度股东大会通过。

报告期内,公司董事会选举白礼西先生为公司第三届董事会董事长。

报告期内,公司董事会聘任李志超先生为公司总经理。

报告期内,公司改聘董事会秘书,同意艾尔为先生辞去公司董事会秘书,聘任夏雪先生为公司董事会秘书。

报告期内公司高级管理人员任职情况:因工作需要,同意朱明希先生、朱志颖女士、丁学军先生辞去公司副总经理职务,聘任李阳春先生、罗诗遂先生、易崇勤女士为公司副总经理,同意杨灿琳女士辞去副总经济师职务,聘任林世元先生为公司总经济师,聘任冯天炯先生为公司总工程师,聘任董其虎先生为公司财务总监。

(四)重大关联交易事项

详见审计报告

本公司与各关联方的交易均本着公平交易的原则,以市场价作为交易的基础,以合同的方式明确各自的权利和义务。

各项关联交易未对公司的经营活动产生重大影响。

(五)公司与控股股东在人员、资产、财务上的"三分开"情况:

公司在经营过程中,与控股股东在人员、资产、财务方面严格按照证监会提出的"三分开"原则,与大股东做到了严格分离。

在人员方面,公司有独立的经营领导班子,公司总经理、副总经理、财务经理、董事会秘书均未在股东单位兼职。公司有独立的人事、劳动、工资管理制度。

在资产方面,公司各项资产独立于大股东太极集团有限公司,公司拥有独立的生产系统、辅助生产系统和配套设施;除部分注册商标由控股股东拥有、本公司无偿使用外,其他的工业产权、非专利技术等无形资产由本公司独立拥有;公司拥有独立的采购和销售系统。

在财务方面,公司设有独立的财务部门,有独立的会计核算体系和会计制度,公司独立开设银行帐户,独立纳税。

(六)报告期内,公司未发生托管、承担、租赁其他公司资产或其他公司托管、承包、租赁本公司资产的事项。

(七)公司聘任会计师事务所情况:

续聘重庆天健会计师事务所(原重庆华源会计师事务所)为我公司2000年度财务审计单位。

(八)公司对外担保事项

报告期内,公司未有对外担保事项。

(九)其他重大事项

1、经中国证监会证监公司字[2000]8号文核准,公司本期向法人股股东配售360万股,向社会公众股股东配售1500万股。截止2000年3月22日本次配股资金200,581,868.61元已全部到位,业经重庆华源会计师事务所(现更名为重庆天健会计师事务所)验证并出具华源验字[2000]第006号验资报告。

2、经中国证监会证监公司字[1999]131号文核准,公司控股子公司重庆桐君阁股份有限公司(上市公司)本期向法人股股东配售260万股,向社会公众股股东配售600万股。截止2000年1月13日本次配股资金8,414万元已全部到位,业经重庆华源会计师事务所(现更名为重庆天健会计师事务所)验证并出具华源验字[2000]第002号验资报告。

(十)报告期内公司无更改名称或股票简称情况。

(十一)本报告期内,公司或持有5%以上的股东未在指定报纸和网站上披露过承诺事项。

(十二)重大转借款事项

根据公司1998年1月8日与重庆市国有资产管理局(现重庆市国有资产管理局已合并入重庆市财政局)签订的《重庆桐君阁股份有限公司国家股股权转让协议》第十条,经双方协商,签订了《重庆桐君阁股份有限公司国家股股权转让补充协议》,重庆市国有资产管理局同意在收到公司的转让金10,259.2045万元后,将其80%,即8,207.3635万元于当月借给公司,用于转借给重庆桐君阁股份有限公司,作为该公司技术改造和生产发展资金。借款期限为10年,借款本金从第4年开始偿还,平均分7年还清,从2002年开始偿还,平均每年偿还1,172.4805万元。借款利息按人民银行公布的同期贷款利率的50%计付,每年年末结算一次。

八、财务会计报告

(一)审计报告(重天健审字[2001]第138号)

本年度财务报告经重庆天健会计师事务所的注册会计师龙文虎、刘云审计,并出具了无保留意见的审计报告。

(二)会计报表(见附表)

(三)会计报表附注

1、主要会计政策、会计估计和合并会计报表编制方法

(1)、坏账核算方法

本公司根据债务单位的财务状况、现金流量等情况确定的坏账准备计提比例如下:

应收款项账龄	计提比例
1年以内	5%

1-2年	10%
2-3年	30%
3-5年	50%
5年以上	100%

本公司的并表子公司四川太极制药有限公司根据《外商投资企业会计制度》的有关规定按应收账款期末余额的3‰计提坏账准备。其余并表子公司重庆桐君阁股份有限公司及太极集团四川绵阳制药有限公司均采用账龄分析法计提。

(2)、开办费、长期待摊费用的摊销方法

开办费按5年平均摊销;长期待摊费用能确定受益期限的按受益期限摊销,不能确定受益期限的,按不超过5年的期限摊销。

(3)、利润分配:公司税后利润按下列顺序分配

①弥补以前年度亏损;

②按10%提取法定盈余公积金;

③按5%提取公益金;

④提取任意盈余公积金;

⑤分配普通股股利。

所属控股子公司四川太极制药有限公司的税后利润在提取10%的企业发展基金、提取5%的储备基金及15%的职工奖励及福利基金后,其余根据中外双方的投资比例进行分配。

所属控股子公司重庆桐君阁股份有限公司除按10%提取公益金外,其余分配政策与母公司一致。

(4)、所得税

公司执行15%的所得税率;

公司所属控股子公司太极集团四川绵阳制药有限公司适用16.5%的所得税税率;

公司所属控股子公司重庆桐君阁股份有限公司适用15%的所得税税率;

公司所属控股子公司四川太极制药有限公司为中外合资生产经营性企业,经营期限为11年,从99年度起,该公司适用33%的所得税税率。

2、控股子公司及合营企业

(1)、控股子公司及合营企业名单

公司名称	公司性质	注册资本(人民币)	公司占份额	经营范围	是否纳入合并范围
四川太极制药有限公司	中外合资	217万元	74.65%	中西成药生产及销售	纳入
重庆桐君阁股份有限公司	股份公司	9986.6192万元	65.15%	中西成药生产及销售	纳入
太极集团四川绵阳制药有限公司	有限责任公司	2000万元	69.88%	中西成药生产及销售	纳入

(2)、合并范围

公司本年度合并会计报表范围增加了太极集团四川绵阳制药有限公司。太极集团四川绵阳制药有限公司原系太极集团有限公司的控股子公司,本年公司配股时太极集团有限公司以其持有四川绵阳制药有限公司的股权认购配股。公司以四川绵阳制药有限公司经审计后的2000年3月31日的报表确定股权投资差额,由于投资比例超过50%故本期将其纳入合并范围。

3、关联方关系及其交易

(1)存在控制关系的关联方

公司名称	注册地址	主营业务	与本公司关系	经济性质	法定代表人
四川太极制药有限公司	重庆市涪陵区涪南路8号	中成药、西药制造、销售	子公司	国有控股公司	白礼西
太极集团有限公司	重庆市涪陵区建设路68号	中成药、西药制造、销售	母公司	国有控股公司	白礼西
重庆桐君阁股份有限公司	重庆市解放西路120号	中成药、西药制造、销售	子公司	股份制企业(上市公司)	谬志扬
太极集团四川绵阳制药有限公司	绵阳市剑南路278号	中成药、西药制造、销售	子公司	有限责任公司	林祥培

(2)存在控制关系的关联方的注册资本及其变化(单位:元)

公司名称	期初数	本期增加	本期减少	期末数
太极集团有限公司	456,717,251.00	-	-	456,717,251.00
重庆桐君阁股份有限公司	91,266,192.00	8,600,000.00	-	99,866,192.00
四川太极制药有限公司	2,170,000.00	-	-	2,170,000.00
太极集团四川绵阳制药有限公司	20,000,000.00	-	-	20,000,000.00

(3)存在控制关系的关联方所持股份或权益及变化(单位:股)

公司名称	期初数		本期增加		本期减少		期末数	
	股份数(万)	比例	股份数(万)	比例	股份数(万)	比例	股份数(万)	比例
太极集团有限公司	14,418.96	61.62%	360				14,778.96	58.51%
重庆桐君阁股份有限公司	6,246.62	68.44%	260				6,506.62	65.15%
四川太极制药有限公司	162.00	74.65%					162.00	74.65%
太极集团四川绵阳制药有限公司			1,397.60	69.88%			1,397.60	69.88%

(4)不存在控制关系的关联方关系的性质

单位名称	与本公司的关系
重庆太极印务有限公司	同受太极集团有限公司控制
太极集团重庆销售有限责任公司	同一母公司
涪陵国光榨菜罐头食品厂	同一母公司
重庆衡酒工业有限责任公司	同一母公司
四川衡生制药有限公司	同一母公司
四川南充制药有限公司	同一母公司
涪陵德胜服务中心	同一母公司
涪陵星鑫有限公司	非控股股东

(5)关联方交易

①、应收账款中关联方余额:

单位名称	款项性质	期初金额	期末金额
四川衡生制药有限公司	销货款	-	524,242.68
四川南充制药有限公司	销货款	1,050,020.13	490,514.54

②、其他应收款中关联方余额:

单位名称	款项性质	期初金额	期末金额
太极集团有限公司	资金往来	99,775,906.09	7,923,532.15
太极集团重庆销售有限责任公司	资金往来	24,152,115.77	52,022,202.60
涪陵德胜服务中心	代垫款项	7,628,183.97	4,226,974.13
涪陵国光榨菜罐头食品厂	资金往来	54,412.44	1,529,874.45
涪陵星鑫有限公司	资金往来	244,665.58	1,880,597.28
四川衡生制药有限公司	资金往来	-	1,156,464.16

③、期末应付账款中关联方余额:

单位名称	款项性质	期初金额	期末金额
重庆太极印务有限公司	购包装物	2,725,475.45	1,585,735.04
太极集团有限公司	购货款	-	1,070,121.78

④、期末其他应付款中关联方余额

单位名称	款项性质	期初金额	期末金额
涪陵国光榨菜罐头食品厂	往来款	-	1,341,726.52
重庆衡酒工业有限责任公司	往来款	-	3,033,948.09
涪陵德胜服务中心	往来款	-	1,341,726.52

⑤、本公司2000年1-12月向关联方采购货物有关明细资料如下:

企业名称	1999年1-12月		2000年1-12月		定价政策
	种类	金额	种类	金额	
太极集团重庆销售有限责任公司	中成药	2,912,886.00	-	-	市场价格
重庆太极印务有限公司	包装物	22,690,999.26	包装物	16,277,523.35	市场价格

⑥、本公司2000年1-12月向关联方销售货物有关明细资料如下:

企业名称	1999年1-12月		2000年1-12月		定价政策
	种类	金额	种类	金额	
四川衡生制药有限公司	原材料	6,114,937.68	原辅料、包装物	5,330,728.24	按成本价加计4%的管理费
南充制药厂	-	-	原辅料、包装物	3,832,969.18	按成本价加计4%的管理费

⑦、其他关联交易事项

公司向中国农业银行涪陵分行借款1200万元、向中国银行涪陵分行借款6000万、向建设银行涪陵支行借款1000万元、向光大银行重庆分行借款5700万元、向工行红光分理处借款3685万元、向农行涪陵分行借款200万元,均由太极集团有限公司提供担保。

4、或有事项

(1)、母公司现有固定资产中,有原值为3776万元、评估值为8871万元的房屋及建筑物已用作银行的抵押借款;公司的控股子公司桐君阁股份有限公司的固定资产中有原值为5502.77元、评估值为14458.40万元的房屋及建筑物、机器设备已作为银行借款抵押。

(2)、公司以对西南证券投资有限公司的股权投资2000万元作为质押,向交通银行借款2000万元。

除上述事项之外,公司不存在需披露的其他或有事项。

5、承诺事项

本报告期内,公司无对正常生产经营活动有重大影响需特别披露的承诺事项。

6、资产负债表日后非调整事项

(1)、公司与重庆桐君阁股份有限公司共同投资组建北京桐君阁大药房有限公司,北京桐君阁大药房有限公司拟注册资本4000万元人民币,本公司拟出资80%。截止2001年3月23日该公司的组建工作尚未完成。

(2)、公司收购了四川天诚大药房连锁有限责任公司和四川自贡市医药有限公司。截止2001年3月23日公司的上述收购手续正在进一步的办理之中。

(3)、根据财政部财会(2001)5号文《企业住房制度改革中有关会计处理问题的规定》,公司2000年12月31日住房周转金余额为-8,171,517.43元,将在2001年调整年初未分配利润。

除上述事项外,截至2001年3月23日止公司无其他需披露的资产负债表日后非调整事项。

7、债务重组事项

本报告期内,公司不存在需要披露的重大债务重组事项。

8、其他事项

(1)、经中国证监会证监公司字[2000]8号文核准,公司本期向法人股股东配售360万股,向社会公众股股东配售1500万股。截止2000年3月22日本次配股资金200,581,868.61元已全部到位,业经重庆华源会计师事务所(现更名为重庆天健会计师事务所)验证并出具华源验字[2000]第006号验资报告。

(2)、经中国证监会证监公司字[1999]131号文核准,公司控股子公司重庆桐君阁股份有限公司(上市公司)本期向法人股股东配售260万股,向社会公众股股东配售600万股。截止2000年1月13日本次配股资金8,414万元已全部到位,业经重庆华源会计师事务所(现更名为重庆天健会计师事务所)验证并出具华源验字[2000]第002号验资报告。

(3)、公司第三届董事会第四次会决议:公司2000年度不进行利润分配,也不进行资本公积金转增股本。

九、公司的其他有关资料

1、公司首次注册日期为1993年12月28日,在重庆市涪陵区工商行政管理局注册登记。

2、企业法人营业执照注册号为:20850541-1。

3、公司未流动股票的托管机构名称:上海证券中央登记结算公司。

4、公司报告期内证券主承销商机构名称:

本年度内公司申请配股主承销商为国通证券有限责任公司。

5、公司聘请的会计师事务所名称:

重庆天健会计师事务所(原重庆华源会计师事务所)。

办公地址:重庆市渝中区人和街74号12楼。

十、备查文件目录

1、载有法定代表人、财务负责人、会计经办人员签名并盖章的公司会计报表。

2、载有会计师事务所盖章、注册会计师签名并盖章的审计报告正本。

3、报告期内在中国证监会指定报纸公开披露过的所有公司文件的正本及公告的原稿。

4、载有公司董事长亲笔签署的年度报告正本。

重庆太极实业(集团)股份有限公司

董 事 会

二〇〇一年四月四日

利润及利润分配表

编制单位:重庆太极实业(集团)股份有限公司　　2000年度　　单位:元

项　目	本年累计		上年累计数	
	母公司	合并数	母公司	合并数
一、主营业务收入	516,566,689.71	1,197,363,127.14	484,938,892.22	1,005,117,641.41
减:折扣与折让		2,285,031.33	8,585.68	2,445,360.43
主营业务收入净额	516,566,689.71	1,195,078,095.81	484,930,306.54	1,002,672,280.98
减:主营业务成本	179,020,611.77	646,517,844.32	228,128,182.58	582,153,344.35
主营业务税金及附加	6,119,558.90	8,640,551.43	8,403,787.20	9,938,727.50
二、主营业务利润(亏损以"-"填列)	331,426,519.04	539,919,700.06	248,398,336.76	410,580,209.13
加:其他业务利润(亏损以"-"填列)	4,282,153.76	6,564,333.42	3,989,600.37	4,959,719.36
减:存货跌价损失	217,497.45	-881,998.56	82,797.52	1,144,863.16
营业费用	193,874,732.45	300,881,076.01	103,612,776.12	194,935,299.39
管理费用	82,778,540.00	140,067,863.75	61,736,013.00	108,450,824.95
财务费用	15,605,415.57	28,306,680.90	12,025,480.77	24,120,116.61
三、营业利润(亏损以"-"填列)	43,232,487.33	78,110,411.38	74,930,869.72	86,888,824.38
加:投资收益(亏损以"-"填列)	22,164,770.08	679,291.31	13,796,998.57	212,443.48
期货收益(损失以"-"填列)				
补贴收入			17,400,000.00	18,200,000.00
营业外收入	1,710,527.20	5,634,721.56	1,926,976.70	15,588,648.44
减:营业外支出	343,790.68	689,346.15	777,124.51	2,332,122.02
四、利润总额(亏损总额以"-"填列)	66,763,993.93	83,735,078.10	107,277,720.48	118,557,794.28
减:所得税	9,088,921.86	14,031,529.19	31,939,049.88	36,562,982.42
少数股东损益		11,050,423.94		6,656,141.26
五、净利润(净亏损以"-"号填列)	57,675,072.07	58,653,124.97	75,338,670.60	75,338,670.60
加:年初未分配利润	110,699,650.20	84,015,900.25	84,101,780.20	60,213,337.76
盈余公积转入				
六、可供分配的利润	168,374,722.27	142,669,025.22	159,440,450.80	135,552,008.36
减:提取法定盈余公积	5,767,507.20	7,926,176.87	7,533,867.06	9,017,572.36
提取法定公益金	2,883,753.60	3,761,940.37	3,766,933.54	5,078,535.75
七、可供股东分配的利润	159,723,461.47	128,980,907.98	148,139,650.20	121,455,900.25
减:应付优先股股利				
提取任意盈余公积				
应付普通股股利			37,440,000.00	37,440,000.00
转作股本的普通股股利				
八、未分配利润	159,723,461.47	128,980,907.98	110,699,650.20	84,015,900.25

资 产 负 债 表

编制单位:重庆太极实业(集团)有股份有限公司　　单位:元

资　产	行次	期初数 母公司	期初数 合并数	期末数 母公司	期末数 合并数
流动资产:					
货币资金	1	251,433,602.22	290,374,770.02	131,735,394.74	196,379,548.74
短期投资	2				
减:短期跌价准备	3				
短期投资净额	4				
应收票据	5	2,871,600.00	2,871,600.00	2,554,677.15	2,554,677.15
应收股利	6	4,139,925.78		8,140,287.02	
应收利息	7				
应收帐款	8	148,597,320.48	177,835,861.67	165,748,509.78	211,649,785.08
其他应收款	9	277,274,625.39	294,469,790.85	240,946,784.10	258,927,835.00
减:坏帐准备	10	20,753,436.85	38,642,511.68	21,331,443.15	37,959,530.79
应收款项净额	11	405,118,509.02	433,663,140.84	385,363,850.73	432,618,089.29
预付帐款	12	32,325,007.13	34,848,869.81	101,480,470.57	105,481,445.23
应收补贴款	13				
期货保证金	14				
应收席位费	15				
存货	16	67,496,375.22	258,951,558.68	110,024,815.05	318,036,662.25
其中:工程施工	17				
减:存货跌价准备(含工程亏损准备)	18	144,788.43	14,928,338.00	363,633.27	13,455,005.98
存货净额	19	67,351,586.79	244,023,220.68	109,661,181.78	304,581,656.27
待摊费用	20	1,388,513.25	3,300,470.29	1,340,875.30	2,231,589.33
待处理流动资产净损失	21	39,210.28	39,210.28	56,053.30	-102,584.87
一年内到期的长期债权投资	22				
其他流动资产	23		84,104.04		
流动资产合计	24	764,667,954.47	1,009,205,385.96	740,332,790.59	1,043,744,421.14
长期投资:					
长期股权投资	26	135,014,826.91	33,830,220.28	204,686,720.70	20,542,436.48
长期债权投资	27		216,565.44		10,025.10
长期投资合计	28	135,014,826.91	34,046,785.68	204,686,720.70	20,552,461.58
减:长期投资减值准备	29		200,000.00		
长期投资净额	30	135,014,826.91	33,846,785.68	204,686,720.70	20,552,461.58
其中:合并价差(贷差以"-"填列)	31		8,001,670.84		-5,077,339.09
股权投资差额(贷差以"-"填列)	32	8,001,670.84		-5,077,339.09	
固定资产:					
固定资产原价	33	441,730,567.56	620,571,991.94	450,306,093.81	702,749,404.77
减:累计折旧	34	32,237,253.06	76,069,976.99	45,986,369.04	106,553,313.08
固定资产净值	35	409,493,314.50	544,502,014.95	404,319,724.77	596,196,091.69
工程物资	36				
在建工程	37	104,818,354.45	134,790,821.34	178,762,788.42	179,954,679.00
固定资产清理	38	-200.00	-200.00	41,034.21	52,867.71
待处理固定资产净损失	39				-59,662.96
固定资产合计	40	514,311,468.95	679,292,636.29	583,123,547.40	776,143,975.44
无形资产及其他资产:					
无形资产	41	47,849,596.41	59,776,778.79	65,064,676.44	81,750,830.27
开办费	42				
长期待摊费用	43	22,517,689.02	30,654,959.70	39,252,372.16	49,386,188.89
其他长期资产	44				
其中:临时设施净值	45				
无形资产及其他资产合计	46	70,367,285.43	90,431,738.49	104,317,048.60	131,137,019.16
递延税项:					
递延税款借项	47				
资产总计	48	1,484,361,535.76	1,812,776,546.42	1,632,460,107.29	1,971,577,877.32
负债及股东权益	行次	母公司	合并数	母公司	合并数
流动负债					
短期借款	49	144,000,000.00	306,780,000.00	195,850,000.00	308,070,000.00
应付票据	50	24,172,162.27	24,172,162.27	150,000.00	150,000.00
应付帐款	51	40,718,230.76	90,787,925.56	44,467,621.78	102,033,938.60
预收帐款	52	35,538,727.81	41,836,542.05	12,333.273.40	18,324,516.56
代销商品款	53				
应付工资	54	2,803,414.74	6,796,724.51	2,596,114.99	7,108,545.51
应付福利费	55	3,278,061.20	6,446,952.58	4,840,677.25	9,270,342.92
应付股利	56	43,402,080.00	49,884,527.72	10,389,579.54	21,411,935.49
应交税金	57	73,619,170.32	88,109,999.52	93,637,170.40	117,366,741.78
其他应交款	58	7,422,430.56	8,474,589.34	265,733.05	1,897,011.53
其他应付款	59	70,678,782.94	94,202,652.31	83,766,349.23	82,600,058.54
预提费用	60	258,290.00	267,654.70	446,782.45	446,782.45
一年内到期的长期负债	61	34,017,200.00	37,117,200.00	52,900,000.00	57,900,000.00
其他流动负债	62				
流动负债合计	70	479,908,550.60	754,876,930.56	501,643,302.09	726,579,873.38
长期负债:					
长期借款	71	278,000,000.00	284,541,784.54	143,000,000.00	165,251,184.54
应付债券	72				
长期应付款	73	10,941,520.64	11,449,775.57	14,048,400.00	14,654,094.93
住房周转金	74		-2,901,754.19		-8,171,517.43
其他长期负债	75				
长期负债合计	80	288,941,520.64	293,089,805.92	157,048,400.00	171,733,762.04
递延税项:					
递延税项贷项	81				
负债合计	82	768,850,071.24	1,047,966,736.48	658,691,702.09	898,313,635.42
少数股东权益:	83		49,067,694.52		98,287,132.90
股东权益					
股本	84	234,000,000.00	234,000,000.00	252,600,000.00	252,600,000.00
资本公积	85	314,099,689.54	314,099,689.54	496,081,558.15	496,081,558.15
盈余公积	86	56,712,124.78	83,626,525.63	65,363,385.58	97,314,642.87
其中:公益金	87	17,246,264.07	21,707,865.88	20,130,017.67	27,469,806.25
未分配利润	88	110,699,650.20	84,015,900.25	159,723,461.47	128,980,907.98
外币报表折算差额	89				
股东权益合计	90	715,511,464.52	715,742,115.42	973,768,405.20	974,977,109.00
负债及股东权益合计	91	1,484,361,535.76	1,812,776,546.42	1,632,460,107.29	1,971,577,877.32

现 金 流 量 表

编制单位:重庆太极实业(集团)股份公司　　2000 年度　　单位:元

项　目	行次	母公司	合并数
一、经营活动产生的现金流量:			
销售商品、提供劳务收到的现金	1	591,835,396.76	1,378,120,480.62
收到的租金	2	98,040.00	4,582,403.33
收到税费用返还	3	0.00	0.00
收到的其他与经营活动有关的现金	4	35,600,999.85	29,750,097.82
现金流入小计	6	627,534,436.61	1,412,452,981.77
购买商品、接受劳务支付的现金	7	253,737,059.68	799,174,,525.75
经营租赁支付的现金	8	316,047.60	3,421,151.85
支付给职工以及为职工支付的现金	9	35,943,071.70	84,792,620.20
实际交纳的增值税款	10	48,322,260.47	81,954,848.72
支付的所得税款	11	3,723,391.08	10,133,331.10
支付的除增值税、所得税以外的其他税费	12	15,143,509.13	18,955,128.68
支付的其他与经营活动有关的现金	13	268,527,741.09	378,872,520.69
现金流出小计	14	625,713,080.75	1,377,304,126.99
经营活动产生的现金流量净额	15	1,821,355.86	35,148,854.78
二、投资活动产生的现金流量:		0.00	0.00
收回投资所收到的现金	16	0.00	100,000.00
分得股利或利润所收到的现金	17	5,337,634.38	55,374.37
取得债券利息收入所收到的现金	18	0.00	71,990.00
处置固定资产、无形资产及其他长期资产而收回的现金净额	19	17,500.00	170,167.86
收到的其他与投资活动有关的现金	20	0.00	0.00
现金流入小计	21	5,355,134.38	397,532.23
购建固定资产、无形资产和其他长期资产所支付的现金	22	82,609,271.56	91,465,499.98
权益性投资所支付的现金	23	26,000,000.00	0.00
债权性投资所支付的现金	24	0.00	0.00
支付的其他与投资活动有关的现金	25	79,380,000.00	79,380,000.00
现金流出小计	26	187,989,271.56	170,845,499.98
投资活动产生的现金流量净额	27	-182,634,137.18	-170,447,967.75
三、筹资活动产生的现金流量:		0.00	0.00
吸收权益性投资所收到的现金	28	160,981,868.61	219,214,857.51
其中:子公司吸收少数股东权益性投资收到的现金	29	0.00	58,232,988.90
发行债券所收到的现金	30	0.00	0.00
借款所收到的现金	31	390,611,600.00	427,222,351.96
收到的其他与筹资活动有关的现金	32	0.00	0.00
现金流入小计	33	551,593,468.61	646,437,209.47
偿还债务所支付的现金	34	454,887,200.00	558,306,214.65
发生筹资费用所支付的现金	35	0.00	0.00
分配股利或利润所支付的现金	36	8,849,997.52	9,064,667.46
其中:子公司支付少数股东的股利	37	0.00	214,669.94
偿付利息所支付的现金	38	24,511,047.88	35,329,899.61
融资租赁所支付的现金	39	0.00	0.00
减少注册资本所支付的现金	40	0.00	0.00
其中:子公司依法减资支付给少数股东的现金	41	0.00	0.00
支付的其他与筹资活动有关的现金	42	2,239,049.37	2,440,936.06
现金流出小计	43	490,487,294.77	605,141,717.78
筹资活动产生的现金流量净额	44	61,106,173.84	41,295,491.69
四、汇率变动对现金的影响	45	8,400.00	8,400.00
五、现金及现金等价物净增加额	46	-119,698,207.48	-93,995,221.28
现金流量表附注	行次	母公司	合并数
1.不涉及现金收支的投资和筹资活动			
以固定资产偿还债务	71		
以投资偿还债务	72		
以固定资产进行长期投资	73		
以存货偿还债务	74		
融资租赁固定资产	75		
2.将净利润调节为经营活动的现金流量:			
净利润	76	57,675,072.07	58,653,124.97
加:少数股东损益	77	0.00	11,050,423.94
计提的坏帐准备或转销的坏帐	78	578,006.30	-682,980.89
固定资产折旧	79	15,560,706.64	29,589,584.45
无形资产及其他资产摊销	80	48,760,966.49	49,635,564.04
待摊费用的减少(减:增加)	81	35,032.91	5,771,739.99
预提费用的增加(减:减少)	82	188,492.45	179,127.75
处置固定资产、无形资产和其他长期资产的损失(减:收益)	83	-182,828.31	322,868.51
固定资产报废损失	84	109,248.70	124,017.97
财务费用	85	15,605,415.57	28,306,680.90
投资损失(减收益)	86	-22,164,770.08	-679,291.31
递延税款贷项(减借项)	87	0.00	0.00
存货的减少(减增加)	88	-42,307,776.75	-52,613,623.50
经营性应付项目的减少(减增加)	89	27,991,545.09	12,100,414.41
经营性应收项目的增加(减减少)	90	-100,027,755.22	-106,608.796,45
其他	91	0.00	0.00
经营活动产生的现金流量净额	92	1,821,355.86	35,148,854.78
3.现金及现金等价物的净增加情况		0.00	0.00
货币资金的期末余额	93	131,735,394.74	196,379,548.74
减:货币资金的期初余额	94	251,433,602.22	290,374,770.02
现金等价物的期末余额	95	0.00	0.00
减:现金等价物的期初余额	96	0.00	0.00
现金及现金等价物净增加额		-119,698,207.48	-93,995,221.28

宁波波导股份有限公司

二〇〇〇年年度报告摘选

一、公司简介

1、公司法定中文名称:宁波波导股份有限公司
公司法定英文名称:NINGBO BIRD Co.,Ltd.
2、公司注册地址:浙江省奉化市城山路99号
公司办公地址:浙江省奉化市城山路99号　　邮政编码:315500
公司国际互联网网址:http://www.chinabird.com
公司 Email:cbird@public.cnptt.zj.cn
3、公司法定代表人:余红艺
4、公司董事会秘书:马思甜
公司董事会证券事务代表:赵勤攻
联系地址:浙江省奉化市城山路99号
电　　话:0574－8918855　　传　　真:0574－8929054
Email:birdzq@sina.com
5、公司选定的信息披露报纸:《中国证券报》、《上海证券报》
中国证监会指定国际互联网网址:http://www.sse.com.cn
公司年期报告备置地点:公司证券部
6、公司股票上市交易所:上海证券交易所
股票简称:波导股份　　股票代码:600130

二、会计数据和业务数据摘要

1、本年度主要利润指标情况(单位:人民币元)

项目	2000年
利润总额	60,164,998.19
净利润	44,012,096.80
扣除非经常性损益后的净利润	31,823,380.72
主营业务利润	296,583,126.24
其他业务利润	306,154.98
营业利润	44,382,733.11
投资收益	8,147,901.60
补贴收入	8,307,000.00
经营活动产生的现金流量净额	－152,948,826.80
现金及现金等价物净增加额	225,916,576.18
注:扣除的非经营性损益项目和涉及金额:	
(1)营业外收入:	1,824,383.07元
(2)营业外支出:	2,497,019.59元
(3)补贴收入:	8,307,000.00元
(4)委托理财收益:	6,100,000.00元
(5)长期股权投资差额摊销:	－130,494.34元
(6)被投资公司股权转让收益:	－1,415,153.06元
以上项目涉及金额合计:	12,188,716.08元

2、公司近三年财务指标:

指标项目	2000年	1999年		1998年
		调整前	调整后	
主营业务收入	934,856,754.02	429339436.36	309,744,243.86	207,922,426.06
净利润	44,012,096.80	48109295.08	48,106,158.57	45,699,255.99
总资产	1,229,757,396.99	496798961.07	459,852,060.70	360,085,580.47
股东权益(不含少数股东权益)	806,311,954.65	154222797.09	154,219,660.58	111,113,502.01
每股收益(摊薄)	0.275	0.40	0.40	1.26
每股净资产(摊薄)	5.04	1.285	1.285	3.06
调整后的每股净资产(摊薄)	4.91	1.19	1.19	2.98
每股经营活动产生的现金流量净额	－0.96	－0.38	－0.62	1.43
净资产收益率(%)	5.46	31.19	31.19	41.13

按中国证监会[公开发行证券公司信息披露编报规则(第9号)]要求计算的净资产收益率及每股收益:

报告期利润	净资产收益率(%)		每股收益(元/股)	
	全面摊薄	加权平均	全面摊薄	加权平均
主营业务利润	36.78	58.33	1.85	2.12
营业利润	5.5	9.09	0.28	0.32
净利润	5.46	9.01	0.275	0.31
扣除非经常性损益后的利润	3.95	6.6	0.20	0.23

三、股本变动及股东情况介绍

1、股本变动情况(截止到2000年12月31日)

因报告期内,本公司向社会公众发行了人民币普通股4000万股,故总股本总量增加了4000万股。

股份类别	期初数	本次变动增减(+,－)						期末数
		配股	送股	公积金转股	新股发行	其他	小计	
(一)未上市流通股份								
1、发起人股份								
其中:境内法人持有股份	120,000,000							120,000,000
境外法人持有股份								
其他								
2、法人配售股					6,500,000		6,500,000	6,500,000
3、募集法人股份								
4、内部职工股								
5、优先股及其他								
尚未流通股份合计	120,000,000				6,500,000		6,500,000	126,500,000
(二)已流通股份								
1、人民币普通股					33,500,000		33,500,000	33,500,000
2、境内上市的外资股								
3、境外上市的外资股								
4、其他								
已流通股份合计					33,500,000		33,500,000	33,500,000
(三)股份合计	120,000,000				40,000,000		40,000,000	160,000,000

四川岷江水利电力股份有限公司

二〇〇〇年年度报告摘选

一、公司简介

1、公司名称:四川岷江水利电力股份有限公司
英文名称:Sichuan Minjiang Hydropower Co.,Ltd.
2、公司法定代表人:龙功才
3、公司董事会秘书:蒲和翔
董事会证券事务代表:龙嘉玲
联系地址:成都市温哥华广场15楼H座
联系电话:028—7731485
传　　真:028—7764010
4、公司注册地址:四川省汶川县下索桥
公司办公地址:四川省汶川县下索桥
邮政编码:623007
5、信息披露报纸:《中国证券报》、《上海证券报》
中国证监会指定的国际互联网网址:http://www.sse.com.cn
年报备置地点:成都市温哥华广场15楼H座公司证券部
6、股票上市交易所:上海证券交易所
股票简称:岷江水电　　股票代码:600131

二、会计数据和业务数据摘要

(一)、本年度利润总额及其构成(单位:元)

项　目	金　额
利润总额	37,995,523.67
净利润	30,352,264.29
扣除非经常性损益后的净利润	28,485,150.65
主营业务利润	63,139,561.15
其他业务利润	1,898,880.22
营业利润	31,342,667.45
投资收益	1,108,280.05
补贴收入	——
营业外收支净额	5,544,576.17
经营活动产生的现金流量净额	39,086,810.01
现金及现金等价物净增额	109,142,641.36

注:扣除非经常性损益涉及的项目:公司1998年发行社会公众股回收的冻结申购资金利息1,867,113.64元。

(二)、主要会计数据和财务指标

单位:元

项目	2000年	1999年	1998年	
			追溯调整后	追溯调整前
主营业务收入	106,753,516.30	101,574,588.72	92,232,343.97	92,232,343.97
净利润	30,352,264.29	43,471,913.73	38,908,384.92	41,391,766.87
总资产	1,218,472,747.99	811,875,605.77	588,135,051.12	590,618,433.08
股东权益(不含少数股东权益)	383,946,172.72	408,289,672.83	364,968,800.54	375,048,816.44
每股收益(摊薄)	0.11	0.159	0.256	0.272
每股收益(加权)	0.11	0.16		0.291
扣除非经常性损益后的每股收益	0.104	0.152	0.244	0.262
每股净资产	1.50	1.49	2.40	2.468
调整后每股净资产	1.50	1.49	2.40	2.464
每股经营活动产生的现金流量净额	0.14	0.16	0.09	
净资产收益率	6.92%	10.65%	10.66%	11.04%

报告期利润	净资产收益率(%)				每股收益			
	全面摊薄		加权平均		全面摊薄		加权平均	
	1999年	2000年	1999年	2000年	1999年	2000年	1999年	2000年
主营业务利润	15.35	15.35	16.20	14.91	0.23	0.23	0.23	0.23
营业利润	10.90	7.62	11.50	7.40	0.16	0.11	0.16	0.11
净利润	10.65	7.38	11.24	7.17	0.16	0.11	0.16	0.11
扣除非经常性损益后净利润	10.19	5.91	10.76	5.74	0.15	0.09	0.15	0.09

三、股东情况介绍

(一)、股本变动情况

单位:股

	本次变动前	本次变动增减(+、－)						本次变动后
		配股	送股	公积金转股	增发	其他	小计	
一、未上市流通股份								
1、发起人股份	166,716,000							166,716,000
其中:								
国家持有股份	144,243,000							144,243,000
境内法人持有股份	22,473,000							22,473,000
境外法人持有股份								
其他								
2、募集法人股	29,878,200							29,878,200
3、内部职工股	7,584,622							7,584,622
4、优先股或其他								
其中:转配股								
未上市流通股份合计	204,178,822							204,178,822
二、已上市流通股份								
1、人民币普通股	69,300,000							69,300,000
2、境内上市外资股								
3、境外上市外资股								
4、其他								
已上市流通股份合计	69,300,000							69,300,000
三、股份总数	273,478,822							273,478,822

重庆啤酒股份有限公司

二○○○年年度报告摘选

一、公司简介

1、公司法定中文名称:重庆啤酒股份有限公司

公司英文名称:CHONG QING BREWERY CO. LTD

2、公司法定代表人:华正兴

3、公司董事会秘书:苏甫玉

董事会证券事务代表:蒋晋辉

联系地址:重庆市九龙坡区石桥铺石杨路 16 号

电　话:023－68629476

传　真:023－68629476

电子信箱:a18054@cta. cq. cn

4、公司注册及办公地址:重庆市九龙坡区石桥铺石杨路 16 号

邮　编:400039

E－mail: a18054@cta. cq. cn

5、公司选定的信息披露报纸为《中国证券报》、《上海证券报》、《证券时报》。

登载公司年度报告的中国证监会指定国际互联网网址为 http://www. sse. com. cn

公司年度报告备置地点:公司证券部

6、公司股票上市地:上海证券交易所

股票简称:重庆啤酒

股票代码:600132

二、会计数据和业务数据摘要

(一) 公司本年度实现利润情况　　金额单位:人民币元

项　目	2000 年度
利润总额	52,615,316.28
净利润	44,793,640.50
扣除非经常性损益后的净利润	42,938,404.77
主营业务利润	111,381,027.21
其他业务利润	511,155.15
营业利润	45,669,795.09
投资收益	4,206,995.52
补贴收入	
营业外收支净额	2,738,525.67
经营活动产生的现金流量净额	87,194,415.33
现金及现金等价物净增加额	87,882,468.83

注:扣除的非经常性损益项目和涉及金额:营业外收支净额 2,738,525.67,其中:新股申购冻结资金利息本年摊销数 3,051,193.67,合并价差摊销－555,895.40。

(二)截止报告期末公司前三年主要会计数据和财务指标

项目	2000 年	1999 年	1998 年	
			调整前	调整后
主营业务收入(元)	338,155,546.77	305,230,176.32	288,367,246.86	288,367,246.86
净利润(元)	44,793,640.50	41,757,858.88	64,171,952.65	55,111,033.85
总资产(元)	1,253,859,328.49	899,586,530.35	793,900,396.20	766,629,656.54
股东权益(元)	609,762,066.24	599,142,825.74	507,144,109.37	483,867,898.54
每股收益(元)	0.262	0.244	0.409	0.351
加权平均每股收益(元)	0.262	0.258	0.409	0.351
扣除非经常性损益后的每股收益(元)	0.251	0.227	0.389	0.332
每股净资产(元)	3.57	3.51	3.23	3.08
调整后的每股净资产(元)	3.55	3.50	3.19	3.04
净资产收益率(%)	7.35	6.97	12.65	11.39
调整后的净资产收益率(%)	7.39	6.98	12.81	11.54
每股经营活动产生的现金流量净额(元)	0.510	0.366	0.198	

(三)利润表附表

报告期利润	净资产收益率(%)		每股收益(元)	
	全面摊薄	加权平均	全面摊薄	加权平均
主营业务利润	18.27	17.92	0.652	0.652
营业利润	7.49	7.35	0.267	0.267
净利润	7.35	7.21	0.262	0.262
扣除非经常性损益后的净利润	7.04	6.91	0.251	0.251

三、股本变动及主要股东持股情况

(一)股东情况介绍

1、报告期末股东总数

报告期末股东总数为 25543 人。

2、前 10 名股东持股情况

截至 2000 年 12 月 31 日,公司前十名股东持股情况如下:

股东名称	期末持股数	持股比例(%)	性质
(1)、重庆啤酒(集团)有限责任公司	92,365,000	54.06	未流通股份
(2)、银源实业	8,037,500	4.70	未流通股份
(3)、申银万国证券股份有限公司	4,100,340	2.40	流通股份
(4)、金星啤酒	2,882,500	1.69	未流通股份
(5)、南京证券	1,980,000	1.16	流通股份
(6)、渝宏副食	617,500	0.36	未流通股份
(7)、重庆国投	507,000	0.30	未流通股份
(8)、汉盛基金	500,872	0.29	流通股份
(9)、金陵华泰	500,000	0.29	流通股份
(10)、孙毅强	439,754	0.26	流通股份

本公司前十大股东之间无关联关系。

武汉东湖高新集团股份有限公司

二○○○年年度报告摘选

一、公司简介

1 、公司的法定中文名称:武汉东湖高新集团股份有限公司

英文名称:WUHAN EAST LAKE HIGH TECHNOLOGY GROUP CO. , LTD

英文缩写:ELHT

2 、公司法定代表人:黄立平

3 、公司董事会秘书:舒春萍

联系地址:武汉市洪山区关东科技工业园东湖高新大楼五楼

联系电话:027－87561866

传　　真:027－87561866

电子信箱:dhgx@public. wh. hb. cn

4 、公司注册及办公地址:武汉市洪山区关东科技工业园东湖高新大楼

邮政编码:430074

公司国际互联网网址:www. elht. com. cn.

电子信箱:dhgx@public. wh. hb. cn

5 、信息披露报纸名称:《上海证券报》

年度报告登载网址:www. sse. com. cn

年度报告备置地点:东湖高新大楼五楼公司证券部

6 、公司股票上市地:上海证券交易所

股票简称:东湖高新　　证券代码:600133

二、会计数据和业务数据摘要

1 、本年度主要利润指标情况:(金额单位:人民币元)

项目	金额
1 、利润总额:	60,934,618.20
2 、净利润:	49,832,639.79
3 、扣除非经常性损益后的净利润:	42,574,825.64
4 、主营业务利润:	117,173,653.61
5 、其他业务利润:	3,490,420.75
6 、营业利润:	44,436,816.60
7 、投资收益:	18,215,185.47
8 、补贴收入:	2,432,585.12
9 、营业外收支净额:	－4,149,968.99
10、经营活动产生的现金流量净额:	－191,421,061.18
11、现金及现金等价物净增加额:	95,474,225.30

注:扣除非经常性损益项目及涉及金额　　(金额单位:人民币元)

项目	金额
(1)资产处置损益	8,648,332.26
(2)新股申购冻结资金利息	447,383.17
(3)合并价差摊入	－338,173.18
(4)其他	－218,937.37
(5)合计	8,549,604.88

2 、截止报告期末公司前三年主要会计数据和财务指标:(单位:人民币元)

指标项目	2000.12.31	1999.12.31	1998.12.31	
			调整后	调整前
1 主营业务收入(元)	348,204,399.73	263,764,433.61	229,322,267.05	229,322,267.05
2 净利润(元)	49,832,639.79	39,469,315.97	41,796,989.25	42,477,720.53
3 总资产(元)	1,516,046,174.56	1,030,102,717.03	791,386,370.53	791,386,370.53
4 股东权益(元)	614,012,716.49	362,729,335.70	357,664,559.77	364,413,941.08
5 每股收益(元/股)	0.1808	0.1542	0.2612	0.2655
6 扣除非经常性损益后的每股收益(元/股)	0.1545	0.1346	0.2390	0.2433
7 每股收益(元/股)(加权)	0.1910	0.1542	0.2726	0.2770
8 每股净资产(元/股)	2.2280	1.4169	2.2354	2.2776
9 调整后的每股净资产(元/股)	2.1610	1.3880	2.2103	2.2525
10 每股经营活动产生的现金流量净额	－0.6946	－0.03	－0.3411	－0.3411
11 净资产收益率(%)	8.12	10.88	11.69	11.66
12 净资产收益率(%)(加权)	12.26	11.98	13.43	13.64

利润分配表附表

报告期利润	净资产收益率%		每股收益	
	全面摊薄	加权平均	全面摊薄	加权平均
主营业务利润	19.08	26.63	0.43	0.45
营业利润	7.24	11.01	0.16	0.17
净利润	8.12	12.26	0.18	0.19
扣除非经常性损益后的净利润	6.93	10.57	0.15	0.16

三、股东情况介绍

(1)截止 2000 年 12 月 31 日,公司股东总户数为 57321 户,其中:法人股股东 5 户,流通股股东 57316 户。

(2)公司前十名股东持股情况:

单位:股

股东名称	股份增减	期末持有数	比例%	股份类别
红桃开集团股份有限公司	0	74,240,000	26.94	法人股
武汉东湖新技术开发区发展总公司	392,200	65,774,600	23.87	法人股
武汉城市综合开发集团有限公司	0	23,961,600	8.69	法人股
武汉庙山实业发展总公司	0	17,817,600	6.47	法人股
武汉建银房地产开发公司	0	10,598,400	3.85	法人股
张振	217,001	217,001	0.08	流通股
陈一滨	217,000	217,000	0.08	流通股
兴和基金	207,341	207,341	0.08	流通股
李杰	200,000	200,000	0.08	流通股
张杰	195,800	195,800	0.07	流通股

注:报告期内公司第二名股东持有的股份增加是因公司 2000 年实施了配股方案,其余股东所持股份增加是二 级市场行为。

经查,持有公司 5%以上的法人股东红桃开集团股份有限公司将其持有的本公司 7424 万股法人股中的 3200 万股 质押给中国工商银行武汉市洪山支行,质押期限为 2000 年 12 月 19 日至 2002 年 12 月 19 日,质押股份占公司总股 本的 11.6%,其余法人股东武汉东湖新技术开发区发展总公司、武汉城市综合开发集团有限公司、武汉庙山实业发 展总公司所持股份未发生质押、冻结等情况。

公司第 1 —5 名股东无关联关系,其余第 6 —10 位为流通股股东,公司未知其关联关系。

乐凯胶片股份有限公司

二〇〇〇年年度报告摘选

一、公司简介

1、公司法定中文名称:乐凯胶片股份有限公司
公司法定英文名称:Lucky Film Co., Ltd
2、公司注册地址:河北省保定国家高新技术产业开发区
公司办公地址:河北省保定市建设南路1号
邮政编码:071054
公司国际互联网网址:http://www.luckyfilm.com.cn
公司电子信箱:office@luckyfilm.com.cn
3、公司法定代表人:杜昌焘
4、公司董事会秘书:李建新
联系地址:河北省保定市建设南路1号
电话:0312-3227901-2899
传真:0312-3217937
Email:stock@luckyfilm.com.cn
5、公司选定的信息披露报纸:《中国证券报》、《上海证券报》
中国证监会指定国际互联网网址:http://www.sse.com.cn
公司年度报告备置地点:公司证券部
6、公司股票上市交易所:上海证券交易所
股票简称:乐凯胶片　　股票代码:600135

二、主要财务数据和指标

1.公司本年度主要会计数据:(单位:人民币元)

利润总额:	255307531.61
净利润:	215459117.61
扣除非经常性损益后的净利润:	210804803.29
主营业务利润:	333213828.92
其他业务利润:	-108262.04
营业利润:	230282549.95
投资收益:	20370667.34
补贴收入:	0.00
营业外收支净额:	4654314.32
经营活动产生的现金流量净额:	299131560.47
现金及现金等价物净增加额:	-29015728.63
说明:扣除的非经常性损益项目及金额:	
股票发行锁定资金利息收入	5029394.34
处理坏帐收益	11.62
处置固定资产净损失	375091.64

2.公司前三年的主要会计数据和财务指标:(单位:人民币元)

项目	2000年度	1999年度	1998年度	
			调整前	调整后
主营业务收入	758946559.94	619531564.01	386072372.81	386072372.81
净利润	215459117.61	160105503.69	70185847.81	64410777.56
扣除非经常性损益后的净利润	210804803.29	155861619.00	65191121.03	59416050.78
总资产	1109844884.68	893775681.76	847498765.90	
股东权益	967503163.97	837544046.36	687642086.15	
每股收益(摊薄)	0.756	0.843	0.369	0.339
每股收益(加权)	0.756	0.843	0.369	0.339
扣除非经常性损益后的每股收益	0.740	0.820	0.343	0.313
每股净资产	3.395	4.408	3.62	3.565
调整后的每股净资产	3.385	4.372	3.57	3.519
每股经营活动产生的现金流量净额	1.050	1.356	-0.508	
净资产收益率(%)(摊薄)	22.27	19.12	10.21	9.51
净资产收益率(%)(加权)	22.79	21.19	12.30	11.35

利润表附表

报告期利润	净资产收益率(%)		每股收益(元)	
	全面摊薄	加权平均	全面摊薄	加权平均
主营业务利润	34.44	35.25	1.169	1.169
营业利润	23.80	24.36	0.808	0.808
净利润	22.27	22.79	0.756	0.756
扣除非经常性损益后的净利润	21.79	22.30	0.740	0.740

三、股本变动和主要股东持股情况

1、股本变动情况表

	期初数	本次变动增减		期末数
		公积金转股	其他	
(一)、尚未流通股份				
1、发起人股份	120,000,000	60,000,000		180,000.000
其中:				
国家拥有股份				
国有法人持有股份	120,000,000	60,000,000		180,000.000
外资法人持有股份				
其他				
2、募集法人股				
3、内部职工股	62,000	31,000	-6000	87,000
4、优先股或其他				
尚未流通股份合计	120,062,000	60,031,000	-6000	180,087.000
(二)、已流通股份				
1、境内上市的人民币普通股	69,938,000	34,969,000	+6000	104,913.000
2、境内上市的外资股				
3、境外上市的外资股				
4、其他				
已流通股份合计	69,938,000	34,969,000	+6000	104,913.000
(三)、股份总数	190,000,000	95,000,000		285,000.000

武汉道博股份有限公司

二〇〇〇年年度报告摘选

一、公司简介

1、公司法定中文名称:武汉道博股份有限公司
缩写:道博股份
公司法定英文名称:WUHAN DOUBLE CO.,LTD
缩写:DOUBLE
2、公司法定代表人:杨真先生
3、公司董事会秘书:吴小林先生
联系地址:湖北省武汉市汉口中山大道818号佳丽广场45层
电话:027-82702848
传 真:027—82702818
董事会电子信箱:dbboard@public.wh.hb.cn
4、公司注册地址:湖北省武汉经济技术开发区Ⅲ--5号地块
公司办公地址:湖北省武汉市汉口中山大道818号佳丽广场45层
邮政编码:430020
公司国际互联网网址:http//www.china-double.com
公司电子信箱:double@public.wh.hb.cn
5、公司选定信息披露报刊名称:《中国证券报》《上海证券报》
中国证监会指定登载公司年度报告的国际互联网网址:http//www.sse.com.cn
公司年度报告备置地点:公司董事会秘书办公室
6、公司股票上市交易所:上海证券交易所
股票简称:道博股份
股票代码:600136

二、公司数据和业务数据摘要

1、利润情况

公司本年度实现利润总额24,390,475.34元,其中净利润20,277,516.01元,扣除非经营性损益后的净利润15,265,131.22元,主营业务利润95,988,653.70元,其他业务利润5100.53元,营业利润19,378,090.55元,投资收益1,355,033.49元,补贴收入2,237,207.00元,营业外收支净额1,420,144.30元,经营活动产生的现金流量净额42,844,080.77元,现金及现金等价物净增加额139,859,943.62元。

2、公司前三年主要会计数据和财务指标　　(单位:人民币元)

项目	2000.12.31	1999.12.31	1998.12.31	
			调整后	调整前
主营业务收入	192,367,648.71	144,600,129.13	100,366,070.23	100,366,070.23
净利润	20,277,516.01	30,220,521.20	17,579,239.48	17,558,104.80
总资产	724,784,536.61	474,426,346.48	388,979,766.72	396,128,538.53
股东收益	420,841,968.50	283,562,129.58	262,841,608.38	268,688,907.14
每股收益	0.19	0.318	0.185	0.19
每股收益(加权)	0.21		0.194	0.21
每股净资产	4.03	2.99	2.77	2.83
每股净资产(加权)			2.91	2.96
调整后每股净资产	3.94	2.91	2.72	2.73
每股经营活动产生的现金流量净额	0.41	0.031		-0.58
净资产收益率(%)	4.82	10.66	6.69	6.53
净资产收益率(%)(加权)	6.03	11.06	7.54	7.35
扣除非经常性损益后每股收益	0.11	0.279	0.018	0.031

按中国证监会发布的《公开发行证券公司信息披露编报规则》第9号的要求计算的净资产收益率及每股收益

报告期利润	净资产收益率%				每股收益(元/股)			
	2000		1999		2000		1999	
	全面摊薄	加权平均	全面摊薄	加权平均	全面摊薄	加权平均	全面摊薄	加权平均
主营业务利润	22.81	28.55	31.32	31.95	0.92	0.98	0.93	0.93
营业利润	4.60	5.76	10.23	10.44	0.19	0.20	0.31	0.31
净利润	4.82	6.03	10.66	10.87	0.19	0.21	0.32	0.32
扣除非经常性损益后的净利润	2.63	3.29	9.36	9.55	0.11	0.11	0.28	0.28

3、报告期内股东权益变动情况

项目	股本(股)	资本公积(元)	盈余公积(元)	法定公益金(元)	未分配利润(元)	股东权益合计(元)
期初数	95,000,000	126,430,000.00	18,319,819.45	6,106,606.46	43,812,310.13	283,562,129.58
本期增加	9,444,000	118,002,722.91	3,041,627.40	1,013,875.80	6,791,488.61	137,279,838.92
本期减少						
期末数	104,444,000	244,432,722.91	21,361,446.85	7,120,482.26	50,603,798.74	420,841,968.50

三、股本变动及股东情况

(1)报告期末公司股东总数为共15723户。
(2)报告期末公司主要股东持股情况

股东名称	持股数(股)	年内股份增减(股)	占总股本比例(%)
①中国国际钢铁投资公司	22,000,000	+3,000,000	21.06
②海南汇华科技投资有限公司	18,612,000		17.82
③海南合信实业有限公司	8,800,000		8.43
④武汉远州工贸发展有限公司	6,108,000	+708,000	5.85
⑤天蒙羊绒有限公司	2,000,000		1.91
⑥武汉银峰综合开发公司	1,800,000		1.72
⑦深圳安达投资发展公司	1,200,000		1.149
⑧武汉福来斯商贸公司	1,200,000		1.149
⑨武汉经济技术开发区发展总公司	1,200,000		1.149
⑩光大证券有限责任公司	1,090,221	+1,090,221	1.04

四川长江包装纸业股份有限公司

二〇〇〇年年度报告摘选

一、公司简介

1、公司法定中文名称:四川长江包装纸业股份有限公司
英文名称:SICHUAN CHANGJIANG PACKAG ING PAPER CO. LTD
英文缩写名称:SCPP
2 、公司法定代表人:陈 瑜
3 、公司董事会秘书:傅相林
授权代表:赖晓钢
电　　话:0831－3601339
传　　真:0831－3601339
电子信箱:ybcjbz@yb－public. sc. cninfo. net
4 、公司注册地址:四川省宜宾市马鞍石
公司办公地址:四川省宜宾市马鞍石
邮政编码:644004
公司国际互联网网址:http://www. cjpp. com
电子信箱:ybcjbz@yb－public. sc. cninfo. net
5 、公司信息披露报纸名称:上海证券报
登载公司年度报告国际互联网网址:www. sse. com. cn
公 司年度报告备置地点:四川长江包装纸业股份有限公司证券部
6 、公司股票上市地:上海证券交易所
股票简称:ST 包装
股票代码:600137

二、会计资料和业务资料

1 、本年度利润总额及构成(单位:元)

利润总额:	16,225,538.95
其中:净利润	16,048,876.49
扣除非经常性损益后的净利润	－32,162,149.53
主营业务利润	－3,280,895.54
其它业务利润	3,091,521.83
营业利润	－32,065,842.04
投资收益	48,033,507.31
补贴收入	－－
营业外收支净额	257,873.68
经营活动产生的现金流量净额	5,805,323.19
现金及现金等价物净增加额	3,463,219.15

注:扣除的非经常性损益项目和涉及金额:投资收益 48,000,000.00 元,营业外收入 316,397.29 元,营业外支 出 58,523.61 元,股权投资差额摊销 46,847.66 元。

2 、截止报告年度末公司前三年的主要会计数据和财务指标

序号 项 目	单位	2000 年	1999 年		1998 年
			调整前	调整后	
1 主营业务收入	元	132,637,370.68	89,079,097.73	89,079,097.73	123,994,661.70
2 净利润	元	16,048,876.49	－45,031,201.83	－44,405,434.64	－4,580,480.93
3 总资产	元	571,034,004.98	309,950,843.35	312,288,552.00	311,479,406.98
4 股东权益(不含少数股东权 益)	元	166,093,125.93	20,298,488.31	18,704,838.62	65,642,010.68
5 每股收益(加权)	元/股	0.264	－0.742	－0.731	－0.075
6 扣除非经常性损益后的每股收益	元/股	－0.530	－0.745	－0.732	－0.189
7 每股净资产	元/股	2.736	0.334	0.308	1.081
8 调整后每股净资产	元/股	2.489	0.184	0.158	0.697
9 净资产收益率	%	9.66	－221.85	－237.40	－6.98
10 每股经营活动产生的现金流量净额	元/股	0.096	－0.05	－0.05	－0.35

报告期利润	净资产收益率(%)		每股收益(元)	
	全面摊薄	加权平均	全面摊薄	加权平均
主营业务利润	－1.98	－12.20	－0.054	－0.054
营业利润	－19.31	－119.23	－0.528	－0.528
净利润	9.66	59.67	0.264	0.264
扣除非经常性损益后的净利润	－19.36	－119.58	－0.530	－0.530

三、股东情况介绍

1 、股票发行与上市情况

经中国证券监督管理委员会证监发字(1997)518 号文审核批准和上海证券交易所上证上(98)字第 016 号文审核通过,本公司股票于 1998 年 4 月 16 日在上海证券交易所挂牌交易,总股本 50,592,740 股,国家和法人持有股份 36,092,740 股,可流通股份 14,500,000 股。

1998 年 8 月 19 日公司实施 1997 年度利润分配方案,向全体股东每 10 股送 2 股,公司股份总数增至 60,711,288 股,其中已流通股份增至 17,400,000 股。

2 、股东情况介绍

(1)截止 2000 年 12 月 31 日,本公司股东人数 6775 人,其中国家股股东 1 名,法人股股东 7 名,社会公众股股东 6767 名。

(2)前十名股东持股情况

名 称	年末持股数(股)	占总股本比例(%)	股份性质
四川省国有资产投资管理有限责任公司	34,671,288	57.11	国家股
鸿飞基金	2,400,000	3.95	法人股
深圳有色金属财务有限公司	1,200,000	1.98	法人股
深圳中投信息咨询中心	1,200,000	1.98	法人股
深圳能源投资股份有限公司	1,200,000	1.98	法人股
德阳金路财务顾问公司	1,200,000	1.98	法人股
旭能投资	1,200,000	1.98	法人股
四川省长江木业总公司	240,000	0.40	法人股
牟光明	120,000	0.20	公众股
张坚	120,000	0.20	公众股

中青旅控股股份有限公司

二〇〇〇年年度报告摘选

一、公司简介

(一)公司法定中文名称:中青旅控股股份有限公司
公司法定英文名称:CHINA CYTS TOURS HOLDING CO., LTD
公司英文名称缩写:CYTS
(二)公司法定代表人:张骏
(三)公司董事会秘书:张立军
联系地址:北京市东交民巷丙 23 号
联系电话:(010)65243388－2210,2211
传　　真:(010)65282284
电子信箱:zhqb@cyts. com. cn
(四)公司注册地址:北京市海淀区知春路 128 号泛亚大厦八层
公司办公地址:北京市东交民巷丙 23 号
邮政编码:100006
电子信箱:zhqb@cyts. com. cn
(五)公司选定的信息披露报纸:《中国证券报》、《上海证券报》
登载公司年度报告的中国证监会指定国际互联网网址:www. sse. com. cn
公司年度报告备置地点:北京市东交民巷丙 23 号中国青旅大厦本公司证券部
(六)股票上市地:上海证券交易所
股票简称:青旅控股
股票代码:600138

二、会计数据和业务数据摘要

(一)本年度会计数据摘要(单位:人民币元)

利 润总额:	143565692.96
净利润:	120249859.64
扣除非经常性损益后的净利润:	120081447.40
主营业务利润:	221867913.79
其他业务利润:	4400120.94
营业利润:	102237796.08
投资收益:	39200911.47
营业外收支净额:	2126985.41
经营活动产生的现金流量净额:	34938365.69
现金及现金等价物净增加额:	45671242.99
注:扣除的非经常性损益项目和涉及金额:	
营业外收入	4958477.75
合并价差摊销	84872.61
营业外支出	－2831492.34
收回长期投资损失	－886126.89
其他	－1157318.89

(二)近三年主要会计数据和财务指标(合并报表)

项目	2000 年	1999 年	1998 年(追溯调整后)
主营业务收入(万元)	102658.36	84448.33	58210.91
净利润(万元)	12024.99	11086.78	7759.609
总资产(万元)	166426.17	116860.7	85699.5
股东权益(万元)	101627.97	65020.99	57723.2
每股收益(元/股)	0.4504	0.4619	0.3233
加权每股收益(元/股)	0.474	0.4619	0.3233
扣除非经常性损益后的每股收益(元/股)	0.4497	0.445	0.305
每股净资产(元/股)	3.806	2.709	2.405
调整后的每股净资产(元/股)	3.662	2.605	2.355
每股经营活动产生的现金流量净额	0.131	0.139	0.002
净资产收益率(%)	11.83	17.05	13.44
加权净资产收益率(%)	14.33	17.05	13.44

另,根据中国证监会《公开发行证券公司信息披露编报规则－－第九号》的要求,计算公司 2000 年度的利润指标如下:

报告期利润	净资产收益率(%)		每股收益(元)	
	全面摊薄	加权平均	全面摊薄	加权平均
主营业务利润	21.83	26.45	0.831	0.875
营业利润	10.06	12.19	0.383	0.403
净利润	11.83	14.33	0.450	0.474
扣除非经常损益后的净利润	11.81	14.32	0.449	0.473

三、股东情况介绍

1、报告期末本公司共有 25316 名股东。

2、本公司主要股东及持股数(前 10 名):

股东名称	年末持股数(股)	占总股本比例(%)
1. 中国青年旅行社总社	69,078,948	25.87
2. 苏州太湖国家旅游度假区发展集团公司	34,539,473	12.94
3. 嘉事堂药业有限责任公司	21,710,526	8.13
4. 北京创格科技集团	19,736,842	7.39
5 汉盛基金	9,948,006	3.73
6 汉兴基金	9,514,873	3.56
7 广西青联	4,934,211	1.85
8 安信基金	4,000,000	1.50
9 安顺基金	2,150,000	0.81
10 汤应凤	780,000	0.29

注 1: 安信基金、安顺基金均系华安基金管理有限公司管理,汉盛基金、汉兴基金均系富国基金管理有限公司管理;

注 2:本报告期内,公司发起人股东苏州太湖国家旅游度假区发展集团公司所持股份 30,087,756 股被依法冻结。

鼎天科技股份有限公司

二〇〇〇年年度报告摘选

一、公司简介

1、公司法定名称:鼎天科技股份有限公司
英文名称:DINGTIAN SCIENCE & TECHNOLOGY Inc.
2、法定代表人:陈亚平
3、董事会秘书:黄晓君
授权代表:胡兵
联系地址:成都市高新区高朋东路3号
电话:028-5181012
传真:028-5181740
4、注册及办公地址:四川省德阳市华山北路114号
邮政编码:618000
公司国际互联网网址:http://www.dingtian.com.cn
E-mail:s-tech@dingtian.com.cn
5、信息披露报纸名称:《上海证券报》和《中国证券报》
登载年报的国际互联网网址:http://www.sse.com.cn
年报置备地点:公司证券部
6、股票上市交易所:上海证券交易所
股票简称:鼎天科技
股票代码:600139

二、会计数据和业务数据摘要

1、报告期内主要会计数据(单位:元)

利润总额:	16,882,660.11
净利润:	13,556,978.65
扣除非经常性损益后的净利润:	9,598,404.64
主营业务利润:	41,616,333.80
其他业务利润:	1,290,871.93
营业利润:	11,021,438.34
投资收益:	1,902,647.76
补贴收入:	5,135,700.00
营业外收支净额:	-1,177,125.99
经营活动产生的现金流量净额:	7,263,056.48
现金及现金等价物净增加额:	28,861,059.62
注:扣除非经营性损益项目和涉及金额:	
补贴收入:	5,135,700.00
营业外收支净额:	-1,177,125.99
合计	3,958,574.01

2、主要财务指标

项目	2000年度	99年度	98年度	
			调整前	调整后
主营业务收入	209,024,624.50	104,853,968.65	180,609,521.55	179,724,989.55
净利润	13,556,978.65	15,934,987.11	19,167,477.84	12,966,403.37
总资产	530,289,813.60	424,272,447.72	407,048,781.56	389,315,330.12
股东权益	169,973,902.70	164,017,944.05	173,936,351.81	156,202,900.37
每股收益(摊薄)	0.18	0.21	0.25	0.17
(加权)	0.18	0.21	0.25	0.17
每股净资产	2.24	2.16	2.29	2.05
调整后每股净资产	2.07	2.12	2.01	1.79
每股经营活动产生的现金流量净额	0.10	0.10	0.24	0.24
净资产收益率(摊薄)	7.98	9.72	11.02	8.30
(加权)	7.94	9.71	11.02	8.30

注:因鼎天微电有限公司属临时控制,报告期内未合并其报表,年初数及上年同期数已作相应调整,财务指标均作了重新计算。

3、按照中国证监会《公开发行证券公司信息披露编报规则(第九号)》计算的数据

报告期利润	净资产收益率		每股收益	
	全面摊薄	加权平均	全面摊薄	加权平均
主营业务利润	24.48	24.37	0.55	0.55
营业利润	6.48	6.45	0.14	0.14
净利润	7.98	7.94	70.18	0.18
扣除非经常性 损益后净利润	5.65	5.62	0.13	0.13

三、股本变动及股东情况

1、股本变动情况

	本次变动前	本次变动增减(+,-)				本次变动后
		配股	送股	公积金转股	小计	
一、未上市流通股份	46,610,200					46,610,200
1、发起人股份	46,610,200					46,610,200
其中:						
国家持有股份						
境内法人持有股份	46,610,200					46,610,200
境外法人持有股份						
其 他						
2、募集法人股份						
3、内部职工股						
4、优先股或其他						
其中:转配股						
未上市流通股份合计	46,610,200					46,610,200
二、已上市流通股份	29,400,000					29,400,000
1、人民币普通股	29,400,000					29,400,000
2、境内上市的外资股						
3、境外上市的外资股						
4、其他						
已上市流通股份合计	29,400,000					29,400,000
三、股份总数	76,010,200					76,010,200

湖北兴发化工集团股份有限公司

二〇〇〇年年度报告摘选

一、公司简介

1、公司法定中文名称:湖北兴发化工集团股份有限公司
英文名称:Hubei Xingfa Chemicals Group Co. Ltd
2、公司法定代表人:丁祥先
3、公司董事会秘书:孙卫东
联系地址:湖北省兴山县高阳镇民主街99号
邮政编码:443700
电　　话:0717-2527033　　0717-2527022
传　　真:0717-2522917
电子邮箱:swd169@21cn.com
4、公司注册地址:湖北省兴山县峡口镇平邑口
办公地址:湖北省兴山县高阳镇
邮政编码:443700
公司互联网网址:http://www.xingfachem.com/
5、公司选定的信息披露指定报刊:《上海证券报》、《中国证券报》
中国证监会指定国际互联网网址:http://www.sse.com.cn/
公司年度报告备置地点:公司董事会办公室
6、股票上市交易所:上海证券交易所
股票简称:兴发集团
股票代码:600141

二、会计数据和业务数据摘要

(一)公司本年度主要利润指标:(单位:人民币元)

1、利润总额:	31,413,953.67
2、净利润:	26,628,567.95
3、扣除非经常性损益后的净利润:	25,638,399.29
4、主营业务利润:	78,561,940.57
5、其他业务利润:	934,494.42
6、营业利润:	31,182,185.01
7、投资收益:	---
8、补贴收入:	1,000,000.00
9、营业外收支净额:	-768,231.34
10、经营活动产生的现金流量净额:	92,169,781.06
11、现金及现金等价物净增加额:	-162,803,030.47
注:扣除的非经常性损益项目和涉及金额:	990,168.66
(1)其它业务利润:	758,400.00
(2)补贴收入:	1,000,000.00
(3)营业外收收支净额:	-768,231.34

(二)利润分配表附表

报告期利润	1999年度				2000年度			
	净资产收益率%		每股收益		净资产收益率%		每股收益	
	全面摊薄	加权平均	全面摊薄	加权平均	全面摊薄	加权平均	全面摊薄	加权平均
主营业务利润	13.33	17.19	0.32	0.36	19.90	19.76	0.49	0.49
营业利润	5.27	6.80	0.13	0.14	7.90	7.84	0.19	0.19
净利润	6.85	8.84	0.16	0.19	6.74	6.70	0.17	0.17
扣除非经常性损益后的净利润	4.21	5.44	0.10	0.11	6.49	6.45	0.16	0.16

(三)截止报告期末公司前三年主要会计数据和财务指标

项目	2000年度	1999年度	1998年度
主营业务收入(元)	273,442,223.41	195,109,627.39	232,640,683.05
净利润(元)	26,628,567.95	26,348,387.63	33,248,541.83
总资产(元)	671,307,408.79	684,162,115.84	339,560,653.58
股东权益(元)	394,852,220.96	384,223,653.01	194,452,677.57
每股收益(全面摊薄)(元/股)	0.17	0.16	0.28
加权每股收益(元/股)	0.17	0.19	0.28
扣除非经营性损益后的每股收益(元/股)	0.16	0.11	0.25
每股净资产(元/股)	2.47	2.40	1.62
调整后的每股净资产(元/股)	2.47	2.39	1.20
每股经营活动产生的现金流量净额:	0.58	-0.03	0.05
净资产收益率%	6.74	6.85	17.10
加权平均净资产收益率%:	6.70	8.84	18.67

三、股本变动及股东情况

1、报告期末,本公司股东总数为17406户,其中发起人股东3户,国家股和法人股股东7户,社会公众股东17396户。

2、截止2000年12月29日,公司前10名股东持股情况:

股东名称	年末持股数量	持股比例(%)
(1)兴山县化工总厂	4878万股	30.49
(2)兴山天星水电集团专业公司	3386万股	21.16
(3)宜昌市夷陵国有资产经营公司	1500万股	9.38
(4)宜昌汇友电子科技有限公司	1000万股	6.25
(5)兴山县黄粮镇高岚河电业有限公司	1000万股	6.25
(6)湖北双环化工集团有限责任公司	100万股	0.63
(7)中国商品出口基地湖北公司	66万股	0.41
(8)宜昌葛洲坝矿产品开发公司	30万股	0.19
(9)左子悠	27.56万股	0.17
(10)金鼎基金	27.16万股	0.17

注:(1)本公司前10名股东之间不存在关联交易。

(2)兴山县化工总厂、宜昌市夷陵国有资产管理公司所持股份为本公司的国家股。

(3)宜昌汇友电子科技有限公司年末持有公司1000万股股份,占公司总股本的6.25%。该公司将所持有的1000万股份质押给中国民生银行武汉分行,质押期从2000年的7月31日至2001年7月31日。除此之外,持有公司5%以上的国有及法人股东无质押、冻结等情况。

重庆四维瓷业股份有限公司

二〇〇〇年年度报告摘选

一、公司简介

1、公司的法定中、英文名称及缩写。
公司的法定中文名称:重庆四维瓷业股份有限公司
公司的法定英文名称:CHONG QING SWELL CERAMICS INDUSTRY CO., LTD
2、公司法定代表人:陈宗云
3、公司董事会秘书及其授权代表的姓名、联系地址、电话、传真、电子信箱。
公司董事会秘书:乔昌志
联系地址:重庆四维瓷业股份有限公司
电话:023-47881756　　023-68820484
传真:023-47881756　　023-68820484
电子信箱:cg@swellbath.com
4、公司注册地址,公司办公地址及其邮政编码,公司国际互联网网址、电子信箱。
公司注册地址:重庆市江津油溪镇
公司办公地址:重庆市江津油溪镇
邮政编码:402285
公司国际互联网网址:http://www.swellbath.com
电子信箱 E-mail:chuantao@public.cta.cq.cn
5、公司选定的信息披露报纸名称,登载公司年度报告的中国证监会指定国际互联网网址,公司年度报告备置地点。
公司选定的信息披露报纸名称:中国证券报,上海证券报
登载公司年度报告的中国证监会指定国际互联网网址:http://www.sse.com.cn
公司年度报告备置地点:重庆四维瓷业股份有限公司董秘办公室
6、公司股票上市交易所、股票简称和股票代码。
公司股票上市交易所:上海证券交易所
股票简称:四维瓷业　　股票代码:600145

二、会计数据和业务数据摘要

1、公司本年度实现的利润总额、净利润、扣除非经常性损益后的净利润、主营业务利润、其他业务利润、营业利润、投资收益、补贴收入、营业外收支净额、经营活动产生的现金流量净额、现金及现金等价物净增加额。

项目	金额
公司本年度实现的利润总额(元):	41828850.01
净利润(元):	36090173.86
扣除非经常性损益后的净利润(元):	33424075.23
主营业务利润(元):	82633257.17
其他业务利润(元):	11889.68
营业利润(元):	29573224.97
投资收益(元):	9589526.41
补贴收入(元):	1004520.92
营业外收支净额(元):	1661577.71
经营活动产生的现金流量净额(元):	37903944.33
现金及现金等价物净增加额(元):	80498441.16

注:非经常性损益是指公司正常经营损益之外的、一次性或偶发性损益,本次扣除非经常性损益后的净利润 33424075.23 元是从净利润中扣除了公司发行新股所获申购资金利息 4025293.33 元,公司所得科技开发项目补助经费及增值税返还等补贴收入 1004520.92 元及营业外支出 2363730.27 元所得。

2、截至报告期末公司前三年的主要会计数据和财务指标。(单位:元)
调整后:

项目	2000	1999	1998
主营业务收入	198397702.49	168704714.17	127210352.25
净利润	36090173.86	22714600.79	8348936.17
总资产	600806861.08	504781856.79	328342613.80
股东权益(不含少数股东权)	338433172.73	308905498.87	117187026.82
每股收益(摊薄)	0.26	0.18	0.10
每股收益(加权)	0.26	0.24	0.10
每股净资产	2.46	2.47	1.46
调整后的每股净资产	2.44	2.43	1.42
每股经营活动产生的现金流量净额	0.28	0.41	-0.09
净资产收益率(%)(摊薄)	10.66	7.35	7.12
净资产收益率(%)(加权)	11.04	12.23	

3.

报告期利润	净资产收益率		每股收益	
	全面摊薄	加权平均	全面摊薄	加权平均
主营业务利润	24.4%	25.28%	0.60	0.60
营业利润	8.76%	9.05%	0.21	0.21
净利润	10.66%	11.04%	0.26	0.26
扣除非经常性损益后的净利润	9.87%	10.22%	0.24	0.24

三、股本变动及股东情况

1、股本变动情况
(1)股份变动情况表

	本次变动前	本次变动增减(+,-)						本次变动后
		配股	送股	公积金转股	增发	其他	小计	
一、未上市流通股份	8000万		800万				800万	8800万
1、发起人股份	8000万		800万				800万	8800万
其中:								
国家持有股份	7065.56万		706.55万				706.55万	7772.11万
境内法人持有股份	934.44万		93.45万				93.45万	1027.89万
境外法人持有股份								
其他								
2、募集法人股份								
3、内部职工股份								
4、优先股或其他								
其中:转配股								
未上市流通股份合计	8000万		800万				800万	8800万
二、已上市流通股份	4500万		450万				450万	4950万
1、人民币普通股	4500万		450万				450万	4950万
2、境内上市的外资股								
3、境外上市的外资股								
4、其他								
已上市流通股份合计	4500万		450万				450万	4950万
三、股份总数	12500万		1250万				1250万	13750万

宁夏大元化工股份有限公司

二〇〇〇年年度报告摘选

一、公司简介

1、公司法定中文名称:宁夏大元化工股份有限公司
公司法定英文名称:NINGXIA DAYUAN CHEMICAL CO., LTD.
2、公司法定代表人:焦学义
3、公司董事会秘书:张洪斌
公司授权代表:常忠
联系地址:宁夏银川市新市区文昌南路
电　　话:0951-2060021-6427、6168
传　　真:0951-2060029
4、公司注册地址:宁夏银川市新市区文昌南路
公司办公地址:宁夏银川市新市区文昌南路
邮政编码:750021
公司国际互联网网址:http://www.china-dayuan.com
电子信箱:dyzqb@nx.nxinfo.gov.cn
5、公司选定的信息披露报纸名称:《上海证券报》、《中国证券报》
登载公司年度报告的中国证监会指定国际互联网网址:
http://www.sse.com.cn
公司年度报告备置地点:公司证券部
6、公司股票上市交易所:上海证券交易所
股票简称:大元股份　　股票代码:600146

二、会计数据和业务数据摘要

1、本年度主要利润指标情况(单位:人民币元):

项目	金额
利润总额:	8,826,570.30
净利润:	6,896,192.13
扣除非经常性损益后的净利润:	6,786,394.20
主营业务利润:	53,620,677.76
其他业务利润:	1,184,535.62
营业利润:	7,348,381.08
投资收益:	2,961,777.78
补贴收入:	
营业外收支净额:	-1,483,588.56
经营活动产生的现金流量净额:	-52,751,718.80
现金及现金等价物净增加额:	-91,499,567.11

注:扣除的非经常性损益项目和涉及金额　　(单位人民币元):
1)资产处置损益(处置固定资产报废损失):　　57,145.50
2)出售固定资产收益　　166,943.43

2、截至报告期末公司前三年主要会计数据和财务指标:(单位:人民币元)

项　目	2000年	1999年	1998年
主营业务收入	1,334,224,066.57	765,293,705.88	865,242,207.04
净利润	6,896,192.13	20,949,937.16	31,128,823.34
总资产	1,003,313,891.82	802,139,467.12	469,223,420.53
股东权益(不含少数股东权益)	462,873,936.86	455,977,744.73	145,784,776.35
每股收益	0.03	0.105	0.222
每股收益(按月平均加权法计算)	0.03	0.123	0.222
扣除非经常性损益后的每股收益	0.03	0.007	0.222
每股净资产	2.31	2.28	1.04
调整后的每股净资产	2.30	2.25	1.03
每股经营活动产生的现金流量净额	-0.26	0.078	/
净资产收益率%	1.50	4.59	21.35

3、利润分配表附表

报告期利润	净资产收益率%				每股收益(元/股)			
	2000年		1999年		2000年		1999年	
	全面摊薄	加权平均	全面摊薄	加权平均	全面摊薄	加权平均	全面摊薄	加权平均
主营业务利润	11.58	11.67	9.38	27.37	0.27	0.27	0.21	0.31
营业利润	1.59	1.60	0.94	2.74	0.04	0.04	0.02	0.03
净利润	1.49	1.50	4.59	13.41	0.03	0.03	0.10	0.15
扣除非经常性损益后净利润	1.47	1.48	0.31	0.90	0.03	0.03	0.01	0.01

注:计算公式
全面摊薄净资产收益率=报告期利润÷期末净资产
全面摊薄每股收益=报告期利润÷期末股份总数
加权平均净资产收益率=报告期利润÷(期初净资产+报告期净利润÷2+报告期发行新股或债转股等新增净资产×新增净资产下一月份起至报告期期末的月份数÷报告期月份数-报告期回购或现金分红等减少净资产×减少净资产下一月份起至报告期期末的月份数÷报告期月份数)

加权平均每股收益=报告期利润÷(期初股份总数+报告期因公积金转增或股票股利分配等增加股份数+报告期因发行新股或债转股等增加股份数×增加股份下一月份起至报告期期末的月份数÷报告期月份数-报告期因回购或缩股等减少股份数×减少股份下一月份起至报告期期末的月份数÷报告期月份数)

三、股东情况介绍

(1)报告期末公司股东总数为 28689 户。
(2)报告期末公司主要股东持股情况

序号	股东名称	持股数(股)	占总股本比例(%)
1	宁夏大元炼油化工有限责任公司	140000000	70
2	张良	453100	/
3	王相义	401612	/
4	肖喜宁	382760	/
5	杨学刚	308000	/
6	彦庆忱	265500	/
7	欧阳斌	245000	/
8	徐丽波	236500	/
9	于娜	208200	/
10	修悦	197228	/

长春一东离合器股份有限公司

二〇〇〇年年度报告摘选

一、公司简介

1、公司名称(中文):长春一东离合器股份有限公司
(英文):Changchun Yidong Clutch Co.,Ltd
2、公司法定代表人:刘兴德
3、公司董事会秘书:王有年
联系地址:长春市朝阳区繁荣路17-1号
电话:0431—5173591—224　　传真:0431—5174234
电子信箱:ccyidong@public.cc.jl.cn
4、公司注册地址:长春市朝阳区繁荣路17-1号
公司办公地址:长春市朝阳区繁荣路17-1号
邮政编码:130012
电子信箱:ccyidong@public.cc.jl.cn
5、公司指定信息披露报纸:上海证券报
中国证监会指定登载公司年报的国际互联网网址:http://www.sse.com.cn
公司年度报告备置地点:公司证券部
6、公司股票上市交易所:上海证券交易所
股票简称:离合器　　股票代码:600148

二、会计数据和业务数据摘要

1、公司本年度实现会计数据　　单位:人民币元

项目	金额
利润总额	13,599,400.81
净利润	11,503,815.95
扣除非经常性损益后的净利润	11,128,990.97
主营业务利润	42,263,812.81
其他业务利润	908,110.43
营业利润	13,259,279.97
投资收益	600,000.00
补贴收入	98,000.00
营业外收支净额	(357,879.16)
经营活动产生的现金流量净额	24,557,819.33
现金及现金等价物净增加额	(20,201,686.10)

注:"扣除非经常性损益后的净利润"指标扣除项目为:短期投资(债券投资)收益600,000.00元,营业外支出(处理固定资产净损失)157,373.65元及营业外支出(罚款支出)67,801.37元。

2、公司最近三年主要会计数据和财务指标

单位:元

项目	2000年度	99年度	98年度	
			调整后	调整前
主营业务收入	153,994,416.09	160,896,787.17	118,918,605.96	118,918,605.96
净利润	11,503,815.95	41,246,065.38	14,254,567.16	18,657,359.23
总资产	320,303,097.03	343,851,128.18	276,281,744.65	278,040,095.55
股东权益	193,422,685.55	195,387,181.86	176,590,116.48	180,992,908.55
每股收益(摊薄)	0.085	0.55	0.19	0.25
每股收益(加权)	0.085	0.55	0.21	0.27
每股净资产	1.44	2.61	2.36	2.42
调整后的每股净资产	1.36	2.50	2.28	2.33
每股经营活动产生的现金流量净额	0.18	-0.04	-0.05	-0.05
净资产收益率(摊薄)	5.95%	21.11%	8.07%	10.31%
净资产收益率(加权)	5.72%	20.91%	10.52%	13.55%

注:资产负债表日后至报告披露日,公司实施了配股,总股本增至141,516,450股(详见会计报表附注),以此股本计算的摊薄及加权每股收益均为0.081元。

3、利润表附表

报告期利润	净资产收益率(%)		每股收益(元)	
	全面摊薄	加权平均	全面摊薄	加权平均
主营业务利润	21.85	21.01	0.314	0.314
营业利润	6.86	6.59	0.098	0.098
净利润	5.95	5.72	0.085	0.085
扣除非经常性损益后的净利润	5.75	5.53	0.083	0.083

4、股东权益变动情况

单位:元

项目	股本	资本公积	盈余公积	法定公益金	未分配利润	股东权益合计
期初数	74830000	96605241.20	5550063.26	2775031.63	15626845.77	195387181.86
本期增加	59864000	1087.74	1150381.60	575190.95	11503815.95	73094476.09
本期减少	-	59864000.00	-		15194972.40	75058972.40
期末数	134694000	36742328.94	6700444.86	3350222.43	11935689.32	193422685.55

变动原因:(1)报告期内实施资本公积金转增股本方案,以99年底总股本7483万股每10股转增8股;(2)股权投资溢价;(3)本年提取法定盈余公积金、公益金及预分配利润。

三、股本变动及股东情况

(1)截止2000年12月31日,本公司股东总数为32,999户。
(2)本公司前10名股东持股情况

股东名称	年末持股数量(股)	持股比例(%)	持股种类
①吉林东光集团有限公司	60,351,381	44.80	未上市流通的国家法人股
②中国第一汽车集团公司	38,342,619	28.47	未上市流通的国家法人股
③杨燕	220,100	0.163	上市流通股
④周宇光	133,382	0.099	上市流通股
⑤刘丽	132,100	0.098	上市流通股
⑥薄再友	110,000	0.082	上市流通股
⑦魏燕	100,000	0.074	上市流通股
⑧张树来	88,340	0.066	上市流通股
⑨徐之伟	87,100	0.065	上市流通股
⑩周则春	79,200	0.059	上市流通股
合　计	99,644,222	73.976	

报告期内因公司实施资本公积金转增股本方案,两家国有法人股股东所持股份分别增加26,822,836股和17,041,164股,持股比例不变,其所持股份没有发生质押和冻结情况。

据我公司所知情况,公司前10名股东之间不存在关联关系。

邢台轧辊股份有限公司

二〇〇〇年年度报告摘选

一、公司简介

1、公司法定中文名称:邢台轧辊股份有限公司
公司法定英文名称:XINGTAI MILL ROLL CO., LTD.
英文缩写:XTMC
2、公司法定代表人:赵建鹏
3、公司董事会秘书:靳电人
联系地址:河北省邢台市新兴西路1号
联系电话:(0319)2023911—5168
传　　真:(0319)2022061
电子信箱:xtmcs@fm365.com
4、公司注册地址:河北省邢台市新兴西路1号
公司办公地址:河北省邢台市新兴西路1号
邮政编码:054025
国际互联网网址:http://www.xtzhagun.com.cn
电子信箱:xtmmc@xt-user.he.cninfo.net
5、公司选定的信息披露报纸:《中国证券报》
登载公司年报的中国证监会指定国际互连网网址:http://www.sse.com.cn
公司年度报告备置地点:公司董事会办公室
6、公司股票上市交易所:上海证券交易所
股票简称:邢台轧辊
股票代码:600149

二、会计数据和业务数据摘要

1、本年度主要利润指标情况(单位:元)

项目	金额
利润总额:	38505623.19
净利润:	32252795.89
扣除非经常性损益后的净利润	31593643.61
主营业务利润	67669780.06
其他业务利润	1209217.83
营业利润	32655504.22
投资收益	5190967.49
补贴收入	0.00
营业外收支净额	659151.48
经营活动产生的现金流量净额	-6785582.24
现金及现金等价物净增加额	38082935.53

注:扣除的非经常性损益的项目和涉及金额:
(1)处置固定资产盈亏净收益:　2025932.61元
(2)债务重组净损失:　-1268573.21元
(3)其它支出:　-98207.92元

2、近三年主要会计数据和财务指标(单位:元)

指标项目	2000年	1999年	1998年	
			调整前	调整后
主营业务收入	381890232.14	369144454.98	386090693.98	386090693.98
净利润	32252795.89	42447311.36	41691882.54	47809838.87
总资产	956735661.31	868253219.88	629158685.54	626018689.27
股东权益	523643520.03	491390724.14	215508245.51	212368249.24
每股收益(摊薄)	0.19	0.25	0.33	0.38
每股收益(加权)	0.19	0.30	0.33	0.38
扣除非经常性损益后的每股收益	0.19	0.16	0.27	0.32
每股净资产	3.08	2.89	1.73	1.70
调整后的每股净资产	3.05	2.87	1.71	1.68
每股经营活动产生的现金流量净额	-0.04	-0.38	0.22	0.22
净资产收益率(%)(摊薄)	6.16	8.64	19.35	22.51
净资产收益率(%)(加权)	6.36	13.59	--	--

3、利润表附表

报告期利润	净资产收益率(%)		每股收益(元/股)	
	全面摊薄	加权平均	全面摊薄	加权平均
主营业务利润	12.92	13.33	0.40	0.40
营业利润	6.24	6.43	0.19	0.19
净利润	6.16	6.36	0.19	0.19
扣除非经常性损益后的净利润	6.03	6.23	0.19	0.19

三、股东情况介绍

1、报告期末,公司股东总数为28831户。
2、前十名股东持股情况(截止2000年12月31日)

名次	股东名称	持股数量(股)	占总股本比例(%)
1	邢台机械轧辊(集团)有限公司	97,600,000	57.48
2	邢台顺达实业公司	3,200,000	1.89
3	景博基金	551,216	0.32
4	杨建兵	296,900	0.17
5	邹腾	290,000	0.17
6	陈小勤	269,038	0.16
7	张鸿毓	243,000	0.14
8	刘书川	203,098	0.12
9	石省伟	194,700	0.11
10	李辅清	182,400	0.11

(1)邢台机械轧辊(集团)有限公司为唯一持有本公司股份5%以上的股东,所持本公司股票9760万股,年度内无增减变动情况,也无质押或冻结的情况。

(2)公司前十名股东中,邢台机械轧辊(集团)有限公司、邢台顺达实业公司所持股份为非上市流通股份,其中邢台机械轧辊(集团)有限公司代表国家持有股份。第3-10位为流通股股东。

沪东重机股份有限公司

二〇〇〇年年度报告摘选

一、公司简介

1、公司法定中文名称：沪东重机股份有限公司
公司法定英文名称：Hudong Heavy Machinery CO.，LTD.
公司英文名称缩写：HHM
2、公司法定代表人：杨家丰
3、公司董事会秘书：王惠梁、林勤国
联系地址：上海市浦东大道 2791 号
电　　话：(021)58461891
传　　真：(021)38710103
电子信箱：stock@hhm.com.cn
4、公司注册地址：上海市浦东大道 2851 号
公司办公地址：上海市浦东大道 2851 号
邮政编码：200129
公司国际互联网网址：http://www.hhm.com.cn
电子信箱：stock@hhm.com.cn
5、公司选定的信息披露报纸名称：《中国证券报》、《上海证券报》
登载公司年度报告的中国证监会指定国际互联网网址：http://www.sse.com.cn
公司年度报告备置地点：上海市浦东大道 2791 号股民接待室
6、公司股票上市交易所：上海证券交易所
股票简称：沪东重机　　股票代码：600150

二、会计数据和业务数据摘要

1、本年度主要会计数据：（单位：人民币元）

利润总额	－46,566,740.98
其中：	
主营业务利润	63,405,480.79
其他业务利润	1,240,453.00
营业利润	－55,074,195.42
投资收益	4,750,750.57
补贴收入	4,002,000.00
营业外收支净额	－245,296.13
净利润	－46,665,615.70
扣除非经常性损益后的净利润	－50,422,319.57
经营活动产生的现金流量净额	140,057,285.66
现金及现金等价物净增加额	56,509,416.65

注：扣除的非经常性损益项目和涉及金额：

补贴收入项目：	
a.铸件增值税先征后返	343,000.00
b.新产品增值税先征后返	3,659,000.00
c.营业外收支净额	－245,296.13
以上项目涉及金额：	3,756,703.87

2、公司近三年主要会计数据和财务指标：（单位：人民币元）

项　目	2000 年度	1999 年度	1998 年度
主营业务收入	722,811,838.45	547,668,028.65	719,061,067.46
净利润	－46,665,615.70	－29,191,979.72	26,912,897.01
总资产	1,273,351,240.14	1,202,012,851.68	1,165,666,072.59
股东权益	461,354,890.82	508,020,506.52	537,212,486.24
每股收益(摊薄)	－0.193	－0.121	0.123
每股收益(按月平均加权法计算)	－0.193	－0.121	0.137
扣除非经常性损益后的每股收益	－0.209	－0.120	0.125
每股净资产	1.91	2.10	2.45
调整后的每股净资产	1.79	2.06	2.42
每股经营活动产生的现金流量净额	0.58	0.11	－0.417
摊薄净资产收益率(%)	－10.11	－5.75	5.01
加权平均净资产收益率(%)	－9.63	－5.59	5.99

3、利润表附表：

报告期利润	净资产收益率(%)		每股收益(元)	
	全面摊薄	加权平均	全面摊薄	加权平均
主营业务利润	13.74	13.08	0.263	0.263
营业利润	－11.94	－11.36	－0.228	－0.228
净利润	－10.11	－9.63	－0.193	－0.193
扣除非经营性损益后的净利润	－10.93	－10.40	－0.209	－0.209

三、股东情况介绍

1、报告期末本公司股东总数为 39908 户。

2、持有本公司 5%以上股份的股东只有本公司发起人沪东造船厂与上海船厂，其所持股份为国有法人股，全部属未上市流通股份。其中沪东造船厂持有 122841180 股；上海船厂持有 41651940 股。

公司前十名股东持股情况如下：

股东名称	持股数(股)	占总股本比例(%)
(1)沪东造船厂	122841180	50.87
(2)上海船厂	41651940	17.25
(3)矫向红	760000	0.31
(4)黄文和	451400	0.19
(5)兴华基金	368160	0.15
(6)黄培均	279740	0.12
(7)林付兰	230000	0.10
(8)刘亚	228000	0.09
(9)郑茂彬	219500	0.09
(10)刘继愚	200400	0.08

以上持股 5%以上的国有法人股股东所持股份均无质押和冻结等情况。本公司未知以上(3)－(10)股东之间的关联关系。

上海航天汽车机电股份有限公司

二〇〇〇年年度报告摘选

一、公司简介

1. 公司的法定中、英文名称及缩写
公司法定中文名称：上海航天汽车机电股份有限公司
公司法定英文名称：SHANGHAI AEROSPACE AUTOMOBILE ELECTROMECHANICAL CO.，LTD
英文缩写：SAAE
2. 公司法定代表人：赵元昌
3. 公司董事会秘书：瞿建华
公司董事会秘书授权人：王慧莉
联系地址：上海浦东新区商城路 660 号 10 楼
电　　话：021－58783212
传　　真：021－58784116
电子信箱：saae@shanghai.cngb.com
4. 公司注册地址：上海市浦东新区榕桥路 661 号
邮政编码：201206
公司办公地址：上海市浦东新区榕桥路 661 号
邮政编码：201206
公司国际互联网网址：http://www.saae－ch.com
电子信箱：saae@shanghai.cngb.com
5. 公司选定的信息披露报纸名称：《中国证券报》、《上海证券报》
登载公司年度报告的中国证监会指定国际互联网网址：http://www.sse.com.cn
公司年度报告备置地点：上海浦东新区商城路 660 号 1011 室
6. 公司股票上市交易所：上海证券交易所
股票简称：航天机电
股票代码：600151

二、会计数据和业务数据摘要

1. 本年度利润总额及构成（单位：人民币元）

利润总额	206,637,164.91
净利润	146,017,506.84
扣除非经常性损益后的净利润	130,438,543.39
主营业务利润	273,051,814.65
其他业务利润	3,159,393.40
营业利润	127,016,932.82
投资收益	63,212,813.07
补贴收入	16,235,931.29
营业外收支净额	171,487.73
经营活动产生的现金流量净额	149,598,865.20
现金及现金等价物净增加额	352,578,678.15

2. 公司近三年主要会计数据及财务指标(万元)

	2000	1999	1998	
			调整前	调整后
主营业务收入	96,471.25	82,040.87	70,214.84	70,214.84
净利润	14,601.75	11,549.52	11,054.67	10,492.09
总资产	209,523.00	155,939.37	132,429.34	131,649.00
股东权益	115,635.31	77,004.70	74,349.71	73,376.69
每股收益(摊薄)(元)	0.50	0.43	0.41	0.39
每股收益(加权)(元)	0.54	0.43	0.45	0.43
扣除非经营损益后的每股收益(摊薄)(元)	0.45	0.39	0.37	0.35
扣除非经营损益后的每股收益(加权)(元)	0.48	0.39	0.42	0.39
每股净资产(元)	3.95	2.83	2.73	2.70
调整后的每股净资产(元)	3.69	2.55	2.58	2.54
每股经营活动产生的现金流量净额(元)	0.51	0.27	0.83	
净资产收益率%(摊薄)	12.63	15.00	14.87	14.30
净资产收益率%(加权)	17.32	14.59	19.02	18.14
扣除非经常性损益后的净资产收益率%	11.28	13.86	13.66	13.07

3. 利润分配表附表

报告期利润	净资产收益率(%)		每股收益(元/股)	
	全面摊薄	加权平均	全面摊薄	加权平均
主营业务利润	23.61	32.39	0.93	1.00
营业利润	10.98	15.07	0.43	0.47
净利润	12.63	17.32	0.50	0.54
扣除非经常性损益后的净利润	11.28	15.47	0.45	0.48

注：扣除的非经常性损益项目和涉及金额：(元)

扣除项目	涉及金额
(1)补贴收入	16,235,931.29
(2)营业外收支净额	171,487.73
(3)股权投资差额摊销	－828,455.57
合计：	15,578,963.45

三、股本变动及股东情况

1. 报告期末公司股东总数为 14543 户。

2. 报告期末公司主要股东持股情况

股东名称	年末持股数量(万股)	占总股本比例(%)
上海航天工业总公司	17116.91	58.539
上海新光电讯厂	1591.38	5.442
上海舒乐电器厂	1571.75	5.375
富而立	674.11	2.305
振泰实业	488.33	1.670
深新中泰	302.66	1.035
泰阳实业	212.92	0.728
上海仪表厂	119.96	0.410
国泰君安	66.73	0.228
唐发增	56.55	0.193

宁波维科精华集团股份有限公司

二〇〇〇年年度报告摘选

一、公司简介

(一)公司法定中文名称:宁波维科精华集团股份有限公司
公司法定英文名称:NINGBO VEKEN ELITE GROUP CO.,LTD
英文名称缩写:VEKEN ELITE
(二)公司法定代表人:何承命
(三)公司董事会秘书:聂林鸿
联系地址:浙江省宁波市和义路99号
联系电话:0574—7341480
传　　真:0574—7253691
(四)公司注册地址:浙江省宁波市和义路99号
董事会办公地址:浙江省宁波市和义路99号
公司邮政编码:315000
公司国际互联网网址:http//www.veken.com
公司电子信箱:veken－elite@nbtex.com.cn
(五)公司指定信息披露报纸:《上海证券报》、《中国证券报》
登载公司年度报告的国际互联网网址:http//www.sse.com.cn
年度报告备置地点:公司董事会秘书处(宁波市和义路99号)
(六)公司股票上市交易所:上海证券交易所
股票简称:维科精华
股票代码:600152

二、主要财务数据和指标

(一)本年度利润总额、净利润及其构成　　单位:元人民币

项目	2000年度
利润总额	59,159,880.62
净利润	49,763,246.62
扣除非经营性损益后的净利润	44,615,263.66
主营业务利润	158,162,167.95
其他业务利润	5,189,983.34
营业利润	60,105,148.41
投资收益	－652,714.86
补贴收入	3,058,086.15
营业外收入	3,355,105.58
营业外支出	6,705,744.66
经营活动产生的现金流量净额	60,460,315.28
现金及现金等价物净增加额	－33,181,274.02
注:非经营性损益的项目及金额:	
1、申购资金冻结利息收入的摊销	2,089,896.80元;
2、流转税返回	153,346.33元;
3、出口商贴息款	1,776,739.82元;
4、技改贴息资金	1,128,000.00元。

(二)截止报告期末公司前三年的主要会计数据和财务指标:

	2000年	1999年	1998年
主营业务收入(万元)	130332	56135	39446
净利润(万元)	4976	5132	4072
总资产(万元)	86311	79472	56670
股东权益(万元)	57022	38683	33738
每股收益(元)	0.1695	0.3768	0.299
每股加权收益(元)	0.1781	0.3768	0.34
扣除非经营性收益后每股收益(元)	0.1520	0.19	0.28
每股净资产(元)	1.943	2.84	2.48
调整后的每股净资产(元)	1.916	2.80	2.51
每股经营活动产生的现金流量净额(元)	0.206	0.38	0.30
净资产收益率(%)	8.73	13.27	11.52

利润表附表

单位:元

报告期利润	净资产收益率		每股收益	
	全面摊薄	加权平均	全面摊薄	加权平均
主营业务利润	27.82%	34.36%	0.5404	0.5677
营业利润	10.54%	13.06%	0.2048	0.2151
净利润	8.726%	10.81%	0.1695	0.1781
扣除非经营性损益后的利润	7.825%	9.69%	0.1520	0.1597

三、股本变动及股东情况

(一)报告期内股本变动情况

报告期内公司股份数较上年末增加,系由于公司于2000年4月实施1999年度分红方案、9月实施了配股方案所致。股本结构如下:

数量单位:万股

	本次变动前	本次变动增减(+,-)			本次变动后
		配股	送股	公积金转股	
一、尚未流通股份					
1、发起人股份	4925.96	665	1970.384	2955.576	10516.92
其中:					
国家拥有股份	900		360	540	1800
境内法人持有股	4025.96	665	1610.384	2415.576	8716.92
2、募集法人股	3867.5		1547	2320.5	7735
3、内部职工股	325	97.5	130	195	747.5
未上市流通股份合计	9118.46	762.5	3647.384	5471.076	18999.42
二、已上市流通股份					
1、人民币普通股	4500	1350	1800	2700	10350
已流通股份合计	4500	1350	1800	2700	10350
三、股份总数	13618.46	2112.5	5447.384	8171.076	29349.42

厦门建发股份有限公司

二〇〇〇年年度报告摘选

一、公司简介

1、公司名称:厦门建发股份有限公司
英文名称及缩写:XIAMEN C&D INC.
2、法定代表人:王宪榕
3、董事会秘书:林茂
联系地址:厦门市鹭江道52号海滨大厦七楼
联系电话:0592－2132319
传　　真:0592－2132319
4、注册地址:厦门市鹭江道海滨大厦六楼
办公地址:厦门市鹭江道海滨大厦七楼
邮政编码:361001
电子信箱:xcdc@public.xm.fj.cn
公司网址:http://www.chinacdc.com
5、信息披露报刊:《中国证券报》、《上海证券报》及《证券时报》
登载中国证监会指定国际互联网址:http://www.sse.com.cn
年度报告备置地点:厦门市鹭江道52号海滨大厦七楼证券部
6、股票上市地:上海证券交易所
股票简称:厦门建发
股票代码:600153

二、会计数据和业务数据摘要

1、本年度主要会计数据　　单位:人民币元

利润总额	121,978,883.24
净利润	103,280,999.79
扣除非经常性损益后的净利润	116,743,144.83
主营业务利润	256,314,531.30
其他业务利润	32,736,120.80
营业利润	108,725,127.99
投资收益	12,655,119.36
补贴收入	0
营业外收支净额	598,635.89
经营活动产生的现金流量净额	56,248,093.35
现金及现金等价物净增加额	198,571,251.73
注:扣除非经常性损益项目和涉及金额:	
(1)、合并价差摊销:	－7,737,384.40
(2)、长期股权投资差额摊销:	－6,428,153.53
(3)、长期投资股权转让收益:	104,757.00
(4)、营业外收支净额:	598,635.89

2、公司近三年主要会计数据和财务指标

(1)、主要财务数据:

项目	2000年末	1999年末		1998年末	
		调整前	调整后	调整前	调整后
主营业务收入(元)	5,148,818,388.48	3,399,476,942.32	3,399,476,942.32	2,147,951,120.73	2,147,951,120.73
净利润(元)	103,280,999.79	122,368,020.87	112,724,734.46	92,782,596.18	75,239,009.86
总资产(元)	3,305,020,862.88	2,011,259,046.24	2,003,103,342.27	954,830,160.01	931,700,572.92
股东权益(元)	1,379,802,372.85	710,498,816.67	705,594,036.95	608,115,074.06	586,578,017.70
每股收益(元)	0.35	0.51	0.47	0.50	0.41
扣除非经常性后的每股收益(元)	0.39	0.46	0.42	0.43	0.33
每股净资产(元)	4.66	2.95	2.93	3.29	3.17
调整后每股净资产(元)	4.63	2.86	2.84	3.25	3.12
每股经营活动产生的现金净流量(元)	0.19	0.83	0.83	0.51	0.51
净资产收益率(%)	7.49	17.22	15.96	15.26	12.83

注:上表98年指标是以总股本18,500万股计算,99年指标是以总股本24,050万股计算,2000年指标是以总股本29,600万股计算。

(2)、利润表附表:

报告期利润	净资产收益率(%)		每股收益(元/股)	
	全面摊薄	加权平均	全面摊薄	加权平均
主营业务利润	18.58	26.23	0.87	0.99
营业利润	7.88	11.13	0.37	0.42
净利润	7.49	10.57	0.35	0.40
扣除非经常性损益后的净利润	8.46	11.95	0.39	0.45

三、股东情况介绍

1、股东数量:截止2000年12月31日,公司股东总数为25,215户。

2、主要股东持股情况(前10名):

股东名称	持股数量(股)	比例(%)
厦门建发集团有限公司	216,000,000	72.97
欣奇实业	2,282,123	0.77
泰和基金	1,865,752	0.63
兆阳公司	1,859,801	0.63
兆基服饰	1,230,674	0.42
欣华置业	966,697	0.33
周斌	959,993	0.32
厦门证券	902,100	0.30
李丹	713,718	0.24
李长武	683,854	0.23

备注:以上各股东间无关联关系。

3、本报告期内,建发集团系唯一持股5%以上的法人股东,其所持本公司的股份本年度未发生执行中的质押或冻结事项。

河北宝硕股份有限公司

二○○○年年度报告摘选

一、公司简介

1、公司法定中文名称:河北宝硕股份有限公司
法定英文名称:HEBEI BAOSHUO CO.,LTD
2、公司法定代表人:周山
3、公司董事会秘书:何胜利
联系电话:(0312)3109607
传　　真:(0312)3109605
电子信箱:shl-he@baoshuo.com.cn
联系地址:河北省保定国家高新技术产业开发区朝阳北路175号(邮编:071051)
4、公司注册地址:河北省保定国家高新技术产业开发区朝阳北路176号
公司办公地址:河北省保定国家高新技术产业开发区朝阳北路175号(邮编:071051)
公司国际互联网址:http://www.baoshuo.com.cn
公司电子信箱:baoshuo@baoshuo.com.cn
5、公司选定的信息披露报纸名称:《中国证券报》、《上海证券报》
登载公司年度报告的中国证监会指定国际互联网址:http://www.sse.com.cn
公司年度报告备置地点:公司规划及证券部
6、公司股票上市交易所:上海证券交易所
股票简称:宝硕股份
股票代码:600155

二、会计数据和业务数据摘要

1、公司本年度实现利润情况(单位:人民币元)

利润总额	109,987,232.67
净利润	82,890,657.04
扣除非经常性损益后的净利润	83,104,676.80
主营业务利润	194,032,482.26
其他业务利润	5,522,303.86
营业利润	110,201,252.43
投资收益	405,865.72
补贴收入	4,730.76
营业外收支净额	-624,616.24
经营活动产生的现金流量净额	147,109,528.48
现金及现金等价物净增加额	113,991,075.22
注:扣除的非经常性损益项目和涉及金额:	
(1)营业外收支净额项目	-624,616.24
①处理固定资产净收益	137,508.56
②其他净收入	170,444.68
(2)补贴收入项目	4,730.76
出口贴息	4,730.76
(3)合并价差摊销	405,865.72
(4)以上项目涉及金额	214,019.76

2、截止2000年末,公司前三年主要会计数据和财务指标(单位:人民币元)

指标项目	2000年	1999年	1998年 调整后	1998年 调整前
主营业务收入	1,052,410,285.84	864,482,928.77	553,018,449.37	553,777,518.39
净利润	82,890,657.04	85,669,569.38	56,468,678.84	58,528,728.42
总资产	1,795,682,261.81	1,404,975,388.02	1,077,673,691.81	1,081,697,585.14
股东权益 (不含少数股东权益)	824,223,168.23	594,447,838.35	509,778,268.97	511,237,189.21
每股收益加权平均	0.319	0.428	0.323	0.334
全面摊薄	0.301	0.428	0.282	0.293
扣除非经常性损益后 的每股收益(摊薄)	0.302	0.408	0.273	0.284
每股净资产	2.997	2.977	2.549	2.560
调整后的每股净资产	2.941	2.922	2.506	2.510
每股经营活动产生 的现金流量净额:	0.535	0.404	0.269	0.269
净资产收益率 (%)(摊薄)	10.06	14.39	11.08	11.45

注:根据中国证监会《公开发行证券公司信息披露编号细则(第九号)要求计算的利润数据如下:

报告期利润	净资产收益率(%)		每股收益(元)	
	全面摊薄	加权平均	全面摊薄	加权平均
主营业务利润	23.54	30.47	0.706	0.746
营业利润	13.37	17.30	0.401	0.424
净利润	10.06	13.02	0.301	0.319
扣除非经常性损益后的净利润	10.08	13.05	0.302	0.320

三、股本变动及股东情况

1、截止2000年12月31日,公司股东总数为12,299户,其中:国家股股东1户,社会公众股股东12,298户。

2、前10名股东持股情况

名次	股东名称	持股数量(股)	占总股本比例(%)	股份性质
1	河北宝硕集团有限公司	195,000,000	70.91	国家股
2	中祺物管	2,583,756	0.94	社会公众股
3	中寰房产	2,499,948	0.91	社会公众股
4	康庄餐饮	2,204,934	0.80	社会公众股
5	富阳工程	2,111,888	0.77	社会公众股
6	赛达置业	1,729,489	0.63	社会公众股
7	东方证券	1,600,896	0.58	社会公众股
8	臧兵	1,249,825	0.45	社会公众股
9	蒋小建	1,151,292	0.42	社会公众股
10	方国琴	1,067,981	0.39	社会公众股

泰安鲁润股份有限公司

二○○○年年度报告摘选

一、公司简介

1、公司的法定中、英文名称及缩写
公司法定名称:泰安鲁润股份有限公司
英文名称:TAIAN LURUN CO.,LTD
英文缩写:TALRCL
2、公司法定代表人
公司法定代表人:郭松峰
3、公司董事会秘书及其联系地址、电话、传真、电子信箱
董事会秘书:尚福平
联系地址:山东省泰安市青年路111号泰安鲁润股份有限公司董事会办公室
电　　话:0538-8201817
传　　真:0538-8226885
电子信箱:Lrgfdb@public.taptt.sd.cn
4、公司注册地址、公司办公地址及其邮政编码、公司国际互联网网址、电子信箱
公司注册地址:山东省泰安市青年路111号
公司办公地址:山东省泰安市青年路111号
邮政编码:271000
公司国际互联网网址:http://www.lurungufen.com
公司电子信箱:Lrgf@ public.taptt.sd.cn
5、公司法定的信息披露报纸名称、登载公司年度报告的中国证监会指定国际互联网网址、公司年度报告备置地点
公司法定的信息披露报纸:上海证券报、中国证券报
登载公司年度报告的中国证监会指定国际互联网网址:http://www.sse.com.cn
公司年度报告备置地点:泰安鲁润股份有限公司董事会办公室
6、公司股票上市交易所、股票简称和股票代码
公司股票上市地:上海证券交易所
股票简称:鲁润股份　　股票代码:600157

二、会计数据和业务数据摘要

(一)本年度实现利润及其构成:

1、利润总额:	39,805,632.08元
其中:主营业务利润	70,243,478.69元
其他业务利润	965,076.42元
营业利润	34,819,648.01元
投资收益	1,336,882.19元
补贴收入	3,000,000.00元
营业外收支净额	649,101.88元
2、净利润	32,774,456.08元
扣除非经常性损益后的净利润	32,774,456.08元
3、经营活动产生的现金流量净额	24,695,039.40元
现金及现金等价物净增加额	-41,180,324.47元

(二)截至报告期末公司前三年的主要会计数据及财务指标:(单位:人民币元)

1、主要会计数据和财务指标:

项目/年度	2000年12月31日	1999年12月31日	1998年12月31日 调整后	调整前
主营业务收入(元)	411,315,387.53	574,920,147.07	370,301,207.54	370,301,207.54
净利润(元)	32,774,456.08	80,102,892.62	49,670,622.86	52,108,137.28
总资产(元)	737,502,744.01	644,332,348.97	425,663,177.99	432,290,728.83
股东权益(不含少 数股东权益)	270,947,566.04	237,692,045.26	157,589,954.88	164,117,505.72
每股收益(元/股)	0.1923	0.85	0.52	0.55
每股净资产(元/股)	1.59	2.51	1.66	1.73
调整后的每股 净资产(元)	1.56	2.50	1.66	1.73
每股经营活动产生 的现金流量净额:	0.145	0.93	0.10	0.11
净资产收益率(%)	12.10	33.70	31.52	31.75
扣除非经常性损益后 的每股收益(元/股)	0.1923	0.85	0.52	0.55

(三)按中国证券监督管理委员会《公开发行证券公司信息披露编报规则》〈第九号〉要求计算的净资产收益率及每股收益

报告期利润	净资产收益率(%)		每股收益(元)	
	全面摊薄	加权平均	全面摊薄	加权平均
主营业务利润	25.93	27.59	0.4121	0.4121
营业利润	12.85	13.68	0.2043	0.2043
净利润	12.10	12.87	0.1923	0.1923
扣除非经常性损益后的净利润	12.10	12.87	0.1923	0.1923

三、股东情况介绍

1、股东总数。至本年度末,公司股东总数为57,747户。其中:国家股东1户,法人股股东3户,其他为社会公众股东。

2、前10名最大股东:

股东户名	持股数(股)	本年度内股份增减变动情况	股份性质
泰安鲁浩贸易公司	76,791,730	45.05	法人股份
山东童海集团公司	17,250,000	10.12	法人股份
泰安市国有资产管理局	11,016,000	6.46	国家股份
日照市岚山黄海紫菜厂	1,830,000	1.07	法人股份
刘锦峰	240,480	0.14	上市流通股份
董富	217,100	0.13	上市流通股份
宋月园	206,000	0.12	上市流通股份
刘章怡	167,800	0.10	上市流通股份
李青	167,700	0.10	上市流通股份
廖叶松	157,061	0.09	上市流通股份

湖南华升益鑫泰股份有限公司

二〇〇〇年年度报告摘要

一、公司简介

1、公司法定中文名称:湖南华升益鑫泰股份有限公司
公司法定英文名称:Hunan Huasheng Yixintai Co., Ltd
英文缩写:HSYXT
2、公司法定代表人:刘郁文
3、公司董事会秘书:郝利民
联系地址:湖南省长沙市芙蓉南路257号华升大厦七楼
电话:0731－5215526
传真:0731－5217081
电子信箱:hnyxt@public.cs.hn.cn
4、公司注册地址:湖南省长沙市建湘南路131号
公司办公地址:湖南省长沙市芙蓉南路257号华升大厦七楼
邮政编码:410015
5、公司选定的信息披露报纸名称:《上海证券报》
登载公司年度报告的中国证监会指定国际互联网网址:http//www.sse.com.cn
公司年报报告备置地点:公司董事会秘书办公室
6、公司股票上市交易所:上海证券交易所
股票简称:益鑫泰
股票代码:600156

二、会计数据和业务数据摘要

(一)本年度主要利润指标情况(单位:人民币元)

项目	金额
利润总额:	87,515,134.80
净利润:	77,248,849.41
扣除非经常性损益后的净利润:	71,834,168.61
主营业务利润:	108,203,868.07
其它业务利润:	6,592,017.82
营业利润:	51,009,958.59
投资收益:	38,800,402.68
补贴收入:	－
营业外收支净额:	2,295,227.27
经营活动产生的现金流量净额:	200,372,177.26
现金及现金等价物净增加额:	215,938,128.01
注:扣除的非经常性损益项目和涉及金额:	
投资收益(委托投资收益)	8,665,439.97
营业外收入	109,435.19
营业外支出	2,404,662.46

(二)截至报告期末公司前三年主要会计数据和财务指标(单位:人民币元)

项　目	2000年	1999年	1998年	
			(调整前)	(调整后)
主营业务收入	830,612,964.97	902,546,451.82	803,830,193.99	803,830,193.99
净利润	77,248,849.41	100,998,265.34	100,969,729.83	74,518,772.14
总资产	1,520,360,602.71	1,300,845,637.38	1,317,355,891.36	1,280,837,065.83
股东权益	1,187,118,788.48	951,864,340.99	886,858,458.62	850,866,075.65
每股收益(摊薄)	0.1760	0.2443	0.3175	0.2343
每股收益(加权)	0.1831	0.2762	0.3522	0.2600
每股净资产	2.70	2.30	2.79	2.68
调整后的每股净资产	2.70	2.29	2.76	2.65
每股经营活动产生的现金流量净额	0.46	0.32	－0.20	－0.20
净资产收益率(摊薄)	6.51%	10.61%	11.39%	8.76%
净资产收益率(加权)	7.25%	10.61%	14.62%	10.79%

注:主要财务指标计算方式

每股收益＝净利润/年度末普通股股份总数

每股净资产＝年度末股东权益/年度末普通股股份总数

调整后的每股净资产＝(年度末股东权益—三年以上的应收款项净额—待摊费用—待处理(流动、固定)资产净损失—开办费—长期待摊费用—住房周转金负数余额)/年度末普通股股份总数

每股经营活动产生的现金流量净额＝经营活动产生的现金流量净额/年度末普通股股份总数

净资产收益率＝净利润/年度末股东权益×100%

(三)净资产收益率和每股收益系列指标(根据中国证券会《编制规则第9号》编制)

报告期利润	净资产收益率(%)		每股收益(元)	
	全面摊薄	加权平均	全面摊薄	加权平均
主营业务利润	9.11	10.16	0.247	0.256
营业利润	4.30	4.79	0.116	0.121
净利润	6.51	7.25	0.176	0.183
扣除非经常性损益后的净利润	6.05	6.74	0.164	0.170

说明:全面摊薄净资产收益率和每股收益的计算公式如下:

全面摊薄净资产收益率＝报告期利润/期末净资产

全面摊薄每股收益＝报告期利润/期末股份总数

加权平均净资产收益率(ROE)的计算公式如下:

$$ROE=\frac{P}{E_0+NP\div 2+E_i\times M_i\div M_0-E_j\times M_j\div M_0}$$

其中:P为报告期利润;MP为报告期净利润;Eo为期初净资产;Ei为报告期发行新股或债转股等新增净资产;Ej为报告期回购或现金分红等减少净资产;Mo为报告期月份数;Mi为新增净资产下一月份起至报告期末的月份数;Mj为减少净资产下一月份起至报告期期末的月份数。

加权平均净资产收益率(ROE)的计算公式如下:

$$EPS=\frac{P}{S_0+S1+S_i\times M_i\div M_0-S_j\times M_j\div M_0}$$

其中:P为报告期报告;So为期初股份总数;S1为报告期因公积金转增股本或股票股利分配等增加股份数;Si为报告期因发行新股或债转股等增加股份数;Sj为报告期因回购或缩股等减少股份数;Mo为报告期月份数;Mi为增加股份下一月份起至报告期期末的月份数;Mj为减少股份下一月份起至报告期期末的月份数。

(四)报告期内股东权益变动情况

项　目	股　本	资本公积金	盈余公积	法定公益金	未分配利润	股东权益合计
期初数	413,400,000.00	404,288,728.79	24,896,341.83	8,298,780.61	109,374,835.76	951,959,906.38
本期增加	25,500,000.00	198,245,032.69	12,611,308.00	4,203,769.33	77,248,849.41	313,605,190.10
本期减少	－	－	－	－	78,446,308.00	78,446,308.00
期末数	438,900,000.00	602,533,761.48	37,507,649.83	12,502,549.94	108,177,377.17	1,187,118,788.48

变动原因:1、实施1999年度配股方案;以1998年末总股本为基数,10股配3股,配股价9元,共计配售社会公众股2550万股。

2、从本年净利润中提出10%的法定盈余公积金和5%的法定公益金。

3、未分配利润期初数较上年增加95,565.39元,原因系根据税务检查结证通知,进行追溯调整。

4、根据董事会2000年度利润分配预案,每10股派现金1.5元(含税)。

三、股本变动及股东情况

1、报告期末本公司股东总数为89833户。

2、报告期末主要股东持股情况:

序号	股东名称	持股数(股)	占总股本比例(%)
①	湖南华升工贸进出口(集团)公司	291200000	66.35
②	益阳市财源建设投资有限公司	7150000	1.63
③	中国服装集团公司	4550000	1.04
④	周孟生	1005675	0.23
⑤	联合证券	819093	0.19
⑥	郭才顺	660928	0.15
⑦	田永成	370020	0.08
⑧	兴和基金	282630	0.06
⑨	王治峰	257000	0.06
⑩	袁永成	203639	0.05

3、持有本公司5%以上(含5%)股份的股东年度内所持股份没有增减变化,也无质押和冻结情况。

4、公司前三位股东为国有法人股股东和境内法人股股东,其间不存在关联关系,第四位至第十位为流通股股东,本公司未知其之间是否存在关联关系。

四、股东大会简介

(一)二000年二月二十八日,公司在长沙市芙蓉南路257号华升大厦七楼会议室召开了二000年第一次临时股东大会,出席本次会议的股东及授权代表共24人,代表298450980股,占公司总股本41340万股的72.19%,会议以记名投票的方式审议并通过了如下决议:

1、审议通过了《关于与中南工业大学粉末冶金研究所共同出资设立湖南英捷高科技有限责任公司并合作开发粉末注射成形中试及产业化项目的议案》。

2、审议通过了《关于根据募集资金项目实际完成情况对其投资额进行调整的议案》。

该次股东大会决议公告刊登于二000年二月二十九日的《上海证券报》上。

(二)二000年四月十日,公司在长沙市芙蓉南路257号华升大厦七楼会议室召开了一九九九年度股东大会,出席本次会议的股东及授权代表共26人,代表303033640股,占公司总股本41340万股的73.3%,会议以记名投票的方式审议并通过了如下决议:

1、审议通过了公司《一九九九年度董事会工作报告》。
2、审议通过了公司《一九九九年度监事会工作报告》。
3、审议通过了公司《一九九九年度财务决算和二000年度财务预案》。
4、审议通过了公司《一九九九年度利润分配预案》。
5、审议通过了公司《各项资产减值准备和坏帐处理的内部控制制度》。
6、审议通过了公司《一九九九年提取资产减值准备的报告》。
7、审议通过了公司《关于前次募集资金使用情况的说明》。
8、经逐项表决,审议通过了《关于公司二000年度增资配股的预案》。
9、审议通过了公司《二000年度配股募集资金投资项目及可行性报告》。
10、审议通过了《关于修改公司"章程"有关注册资本和股本结构内容的议案》。
11、审议通过了《关于聘请湖南开元会计师事务所担任公司二000年度财务审计的预案》。
12、审议通过了公司《关于前次募集资金投资项目使用情况的补充说明》。
该次股东大会决议公告刊登于二000年四月十一日的《上海证券报》上。

五、董事会报告

1、公司所处的行业及在本行业中的地位。

公司所处的行业为纺织服装行业,公司主要生产经营苎麻纺织品及其服装系列产品、以及维尼纶系列产品。苎麻纤维是我国特有的纺织资源和世界纺织纤维的"稀有品种",被誉为"天然纤维之冠",苎麻纺织品历来是我国独具民族特色的出口拳头产品。我公司是全国苎麻纺织

行业唯一一家上市公司,在全国拥有50%以上的苎麻纺织加工能力,是全国最大的苎麻纺织生产和出口基地,出口苎麻系列纺织品占全国同类产品的70%,以规模最大、技术势力最强的优势,连续多年在全国麻纺行业中一直保持销售收入第一、出口创汇第一、市场占有率第一、实现利税总额第一的领先水平。公司的主导产品有"益鑫泰"高档苎麻面料及系列服饰,"资江"牌苎麻纱线及面料,"洞庭"牌苎麻系列产品和"V"牌维尼纶系列产品。其中"益鑫泰"衬衫为全国十大服装品牌和湖南省消费者购买首选品牌;"洞庭"牌苎麻纺织品为全国著名商标和国际市场的知名品牌;"V"牌聚乙烯醇和维尼纶纤维为全国知名品牌和湖南省质量监督免检产品。

2、公司主营业务的范围及经营状况

公司的主营业务范围为:苎麻纺织、服装及维尼纶系列产品的生产、销售与进出口业务。

2000年,在公司董事会的正确领导下,公司坚持以市场为导向,加大科技创新和品牌运作的力度,严格内部管理,狠抓产品质量,同时针对苎麻原料涨价的因素,切实强化内成本控制,不断拓展国际国内两个市场,较好地完成了董事会确定的二000年经营目标,报告期内,公司实现主营收入83,061万元,实现利润8,752万元。

主营业务收入构成:公司二000年实现主营收入83,061万元,其中苎麻纱线实现收入9842.76万元,占主营收入的11.85%,苎麻布实现收入32,734.46万元,占主营收入的39.41%;服装实现销售收入14,801.52万元,占主营收入的17.82%,聚乙烯醇实现收入21,953.10万元,占主营收入的26.43%。

二000年公司生产经营呈现以下几个特点:

一是围绕市场开拓,科技创新工作有了新的起色。二000年公司把科技创新作为拓展市场的紧迫工作来抓,使公司新产品的开发又有了长足的进展,产品的科技含量有了大幅度的增加。益鑫泰纺织印染有限公司在强化益鑫泰品牌运作的基础上,重点对衬衫、西裤、公安制服面料、女装面料等项目组织科技攻关和产品开发,开发出了大麻丝、大麻娟产品,形成了中高支大麻产品系列和亚麻产品系列。异支苎麻布和绢麻T恤两个产品获国家级新产品称号,职业服装成为了公司新的效益增长点,年销售额达到6000余万元。洞庭麻业分公司组织科技人员重点对大麻落麻的合理利用和高支麻类混纺系列产品的开发进行深入研究,公司开发的"细旦涤麻混纺织物"被认定为国家级新产品,"高支纯苎麻短纤纱"、"苎麻绢丝混纺针织面料"、"高支大麻棉混纺纱"、"30S/Z亚麻棉针织纱"被评为湖南省新产品,湖南维尼纶分公司大力推进科技进步,"密闭电石炉尾气热能利用及除尘技术"项目被评为湖南省新技术推广示范项目,公司被授予"湖南省新技术推广示范企业"称号。

二是大胆创新,企业管理工作有了新的加强。二000年,公司在传统管理的基础上,大胆开拓,努力学习和借鉴国内外成功的管理经验,使企业管理不断朝着严细、科学的方向发展,益鑫泰纺织印染有限公司推行了多年的OEC管理进一步精细化,通过日清系统,目标计划系统和激励系统的不断巩固和完善,企业管理上了一个新台阶,随着"益鑫泰"品牌的提升,逐步形成了以人的管理为核心,以时间为主线的具有自身特色的"益鑫泰人本时效管理(HTE)模式",并荣获国家级管理创新成果一等奖和湖南省企业管理创新一等奖。针对苎麻原料涨价,原料成本升高的因素,公司所属企业均切实强化了成本管理,通过目标成本管理和采取技术攻关等多项措施,将原料成本控制在了比较理想的水平。益鑫泰纺织印染有限公司组织实施了挖潜降耗的"千万工程",将挖潜降耗目标层层分解,落实责任,确保了挖潜降耗1200万元目标的实施。洞庭麻业分公司通过工艺优化,合理搭配使用原料,改进设备和加强对生产过程的管理等多项措施来提高一次性投入产出率和产品正品率,全年"双增双节"累计挖潜945.29万元。湖南维尼纶分公司准确地把握市场信息,及时调整产品价格,同时严格物价审核管理,仅物货部门通过审核把关,就降低减少成本360余万元。

三是实施"做精主业,多元拓展"的发展思路,企业技改和资本营运取得了较好的成效。截至2000年3月,公司上市时募集的资金已全部使用完毕。募集资金的重点放在了提高设备的技术装备水平和科技创新、产品创新上,随着公司募集资金技改项目的陆续竣工投产,公司的主业生产能力、产品质量和技术创新能力有了很大的提高,产生了良好的经济效益。如5000吨/年多品种聚乙烯醇生产线项目经过配套改造工程后,生产能力由年产5000吨上升到了年产8700吨,而且降低了物耗和能耗,提高了PVA的质量,其主导产品聚乙烯醇获湖南省名牌产品称号。洞庭麻业分公司的布机设备改造和涤纶细旦纤维与苎麻混纺项目引进了先进的日本细纱机和国产箭杆布机,较大幅度地提高了成纱和布面质量,提升了公司开发和生产苎麻高档产品的能力,使高支纯麻爽丽纱、细旦涤麻混纺织物等高科技含量和高附加值的产品相继投放市场,"九五"国家重点科技攻关项目"细旦涤麻混纺工艺研究及产品开发"已正式通过国家级的鉴定验收。益鑫泰纺织印染分公司的西服面料生产线和衬衫生产线已形成年产100万米高档苎麻西服面料和300万米高档麻类衬衫面料的生产能力,建成一条年产20万件"益鑫泰"高档麻类衬衫的制衣样板生产线。公司募集资金的注入加大了"益鑫泰"品牌的运作力度,近两年,"益鑫泰"服饰已由单一的衬衫服饰发展到了包括西服、高级时装、T恤、职业服装、领带等在内的优质麻服饰系列。中薄型纯苎麻竹节布、高档保暖衬衫、高档含麻西服套装、异支苎麻布、消麻T恤衫等产品先后获国家级新产品证书。继1998年"益鑫泰"衬衫被评为全国十大服装品牌之后,1999年又被湖南省评为消费者购买首选产品之一。

3、在经营中出现的问题与困难及解决方案

2000年,公司面临苎麻原料大幅涨价,原料成本升高的困难,与上年度相比,苎麻原料单价平均上涨60%。针对这一问题,公司及所属企业切实强化了原料价格的预测工作,在低价位时果断地购进贮备了一些苎麻原料,同时切实加强了成本管理和工艺研究,通过提高制成率,减少原料消耗,以及调整产品结构,增加高支细薄织物和混纺织物的产量,将原料成本控制到了比较理想的水平。

(二)公司财务状况(单位:人民币元)

项　目	2000年	1999年	增减(%)
总资产	1,520,360,602.71	1,300,845,637.38	16.87
长期负债	1,200,000.00		
股东权益	1,187,118,788.48	951,864,340.99	24.72
主营业务利润	108,203,868.07	150,849,595.60	-28.27
净利润	77,248,849.41	100,998,265.34	-23.51

财务指标增减变动的主要原因:

①总资产增加系配股后净资产增加所致;

②长期负债系本年增加的长期借款;

③股东权益增加系配股及本年利润转入所致;

④主营业务利润下降系主营收入下降及原材料成本上升所致;

⑤净利润减少系主营业务利润下降所致。

(三)公司投资情况

(1)上市募集资金使用情况

本公司于一九九八年四月通过发行8500万股A股,扣除发行费用后实际募集资金42875.67万元。截至一九九九年末,已使用募集资金42501万元,其中按公司《招股说明书》承诺的项目投入的资金为31701万元,参股湘财证券有限责任公司使用募集资金10800万元。募集资金所余374.67万元,已于2000用于未完工程250万件/年衬衫生产线项目,该项目已于2000年3月23日竣工验收,已形成年产20万件"益鑫泰"高档麻类衬衫面料300万米的生产能力,建成一条年产20万件"益鑫泰"高档麻类衬衫的制衣样板生产线。至此,公司前次募集资金已全部使用完毕,湖南开元有限责任会计师事务所以开元所(2000)专审字004号对公司董事会出具了《前次募集资金使用情况专项报告》予以确认。公司募集资金使用及收益情况已按中国证监会的规定分别于2000年3月8日、3月9日、4月11日在《上海证券报》上予以了详细披露。

(2)配股募集资金使用情况

我公司经中国证监会长沙特办(2000)22号文同意,并经中国证监会证监公司字(2000)69号文批准,于2000年7月18日(股权登记日)向社会公众股股东实施了配股,共计配售2550万股,配股缴款工作于2000年8月1日结束,扣除发行费用后,实际募集资金为223,745,032.69元,该配股募集资金已于2000年8月8日全部到位,并经湖南开元有限责任会计师事务所开元所(2000)内验字第035号验资报告予以验证。

按公司配股说明书的承诺,配股募集资金拟投入到益鑫泰高档苎麻特种整理面料生产线技改工程,年产1400万米高档苎麻面料生产线建设,蜂窝纸板及深加工制品产业化工程及粉末注射成形产业化工程等四个项目,募集资金于2000年8月8日到位后,公司已组织专家对项目又进行了深入论证,已预拨项目前期准备资金3050万元,所余资金暂存银行。具体项目计划投入和实际投入资金见下表:

项　目	计划投入(万元)	实际投入(万元)
1、益鑫泰高档苎麻特种整理面料生产线技改工程	4300	1000
2、年产1400万米高档苎麻面料生产线建设	6700	1000
3、蜂窝纸板及深加工制品产业化工程	4900	1050
4、粉末注射成形产业化工程	4950	0
合计	20850	3050

(3)其它投资情况

根据公司第一届董事会第七次会议和公司二000年第一次临时股东大会决议,公司已用自有资金1000万元,与中南工业大学粉末冶金研究所合作开发粉末冶金注射成形产业化项目,现双方已共同出资设立湖南英捷高科技有限责任公司,并已开始组织试生产。

(四)生产经营环境变化对公司生产经营将产生的重要影响

中国即将加入世贸组织(WTO),入世后将对公司的生产经营活动产生如下影响:

我公司的主导产品苎麻纺织品绝大部分出口到港澳、东南亚、欧美等国家和地区,中国加入世贸组织(WTO)后,由于纺织品贸易由双边框架转向了多边体系,至2005年,纺织品出口配额限制等壁垒不复存在,这将为扩大我公司主导产品的出口创造稳定的外部环境,为拓展国外市场带来新的机遇。同时在入世进程中和入世后,一些纺织原料进口税也将下降,这将有利于降低公司混纺产品的生产成本,进而提高公司苎麻混纺制品和服装的竞争力,此外,中国加入WTO为我们引进国外先进技术和管理经验,利用国际资金提供了便利的条件。

中国加入WTO,对公司的发展既是利好,但同时也是挑战。因为发达国家的市场是逐步开放的,欧美国家对服装包括麻类服装进口的配额限制,至少要到2005年才会取消,短期内带来的出口贸易增长空间比较有限。特别是随着世界贸易一体化进程的加快,国际间的竞争亦将激烈,尤其是东南亚、中南美等发展中国家对我们扩大出口形成挑战。加入WTO后,随着我国国内市场开放度的提高也会使纺织品服装一般贸易进口增加,国内市场压力加大。公司将加快结构调整的步伐,不断提高公司技术创新能力,开发在国际国内市场上具有竞争力的新产品,以积极的姿态去迎接新的挑战。

(五)新年度的业务发展计划

二00一年,公司仍然面对有利于自身发展的条件和机遇,也将面临着日趋激烈的竞争和挑战。我国经济运行的内外环境继续看好和国际环境及前景总体向好,将有利于带动公司出口的增长;国家继续实施积极的财政政策和西部开发力度的加大,也将为公司提供较大的发展空间。在新的一年里,我们将抓住机遇,按照"做精主业,多元拓展"的发展思路,在夯实主业的同时,加大资本营运的力度,不断培植新的效益增长点,在激烈的市场竞争中努力创造更好的业绩,使公司的发展再登新的台阶。

二00一年公司的工作重点为:

1、根据市场的需求,加大技术创新和产品开发的力度,重点在提高产品的科技含量、档次和附加值上下功夫,通过产品开发,形成新的产品结构格局。同时强化营销管理,优化营销激励机制,进一步拓展国际、国内两个市场,提高公司的创新能力和经济效益。

2、把成本核算与成本管理作为企业管理创新的关键抓。继续开展深入学邯钢的活动,在企业内部建立一整套降低成本的管理机制和管理办法,健全成本费用管理制度,科学合理地确定各种原材料、能源消耗定额。继续开展目标成本管理,依据产品和市场价格、目标利润和原材料、能源消耗定额等确定目标成本,并把目标成本分解到产品开发和生产经营的各个环节,落实到人,严格考核,奖罚兑现。

3、提高各项标准与国际接轨的广度和深度。为迎接入世,公司将在通过国际质量体系认证的基础上,不断扩大质量体系的覆盖范围,提高质量体系文件的运行质量,使产品在生产过程中的各个环节受到更为严格的控制。同时,制订并推行高于国家标准的产品内控质量标准,确保产品的内在实物质量有更大幅度的提高。

4、认真研究世界贸易规则和ATC条款内容,尽快熟悉和掌握世贸组织有关协议所规定的"游戏规则",同时引进专业人才,做到充分利用对公司有利的贸易规则条款,规避风险,把出口贸易做好做活。

5、抓好品牌战略的实施。"益鑫泰"苎麻服饰品牌继续坚持以麻为根本,向系列化、休闲化的方向发展,在巩固扩大国内市场份额的同时,积极向国际市场拓展。对于已在国内外市场享有盛誉的"洞庭"、"资江""V"牌等知名品牌,进一步丰富其内涵,使其形成档次高、效益好、批量大的拳头产品。

6、切实用好配股募集资金,加大技改力度。公司将严格按照中国证监会的要求和公司制定的《关于配股募集资金投资项目实施的有关规定》把资金用好。按照"做精主业,多元拓展"的思路,一方面加大对企业的技改投入,用高新技术改造提升传统产业,在不断夯实主业的同时,把股权结构调整与产业升级,技术创新有机的结合起来。另一方面要在充分调研论证的基础上,努力向高技术,高回报的项目拓展,通过择优扶强,重组资本,开拓公司新的产业群,形成更大规模的资本营运效应。

(六)董事会日常工作情况

1、报告期内董事会的会议情况及决议内容

①公司于二000年一月二十六日在长沙市湖南金辉大酒店十四楼会议室召开了公司第一届董事会第七次会议,会议经表决形成以下决议:

a.审议通过了《关于与中南工业大学粉末冶金研究所共同出资设立湖南英捷高科技有限责任公司并合作开发粉末注射成形中试及产业化项目的议案》。

b.审议通过了《关于根据募集资金项目实际完成情况对其投资额进行调整的议案》。

c.审议通过了《关于召开公司二000年第一次临时股东大会的议案》。

该次会议决议公告刊登于二000年一月二十九日的《上海证券报》上。

②公司于二000年三月三日至三月四日在长沙市湖南金辉大酒店二十楼会议室召开了第一届董事会第八次会议,会议经表决形成以下决议:

a.审议通过了公司《一九九九年年度报告正本及摘要》。

b.审议通过了公司《一九九九年度总经理业务报告》。

c.审议通过了公司《一九九九年度财务决算和二000年度财务预案》。

d.审议通过了公司《一九九九年度利润分配预案》。

e.审议通过了公司《各项资产减值准备和损失处理的内部控制制度》。

f.审议通过了公司《一九九九年提取资产减值准备的报告》。

g.审议通过了公司《关于前次募集资金使用情况的说明》。

h.审议通过了公司《二000年度增资配股预案》。

i.审议通过了公司《二000年配股募集资金投资项目及可行性报告》。

j.审议通过了《关于修改公司"章程"有关注册资本和股本结构内容的议案》。

k.审议通过了《关于聘请湖南开元会计师事务所担任公司二000年度财务审计的预案》。

l.审议通过了公司《二000年度经营目标考核办法》。

m.审议通过了《关于召开公司一九九九年度股东大会的议案》。

该次会议决议公告刊登于二000年三月八日的《上海证券报》上。

③公司于二000年四月十日在湖南省长沙市芙蓉南路257号华升大厦七楼会议室召开了第一届董事会二000年第一次临时会议。会议根据持有本公司发行在外有表决权股份总数百分之五以上的股东——湖南华升工贸进出口(集团)公司向公司一九九九年度股东大会提交的《关于对公司前次募集资金投资项目使用情况予以补充说明的提案》,按照公司《章程》第五十七、五十八、五十九条的规定,对该提案进行了审查,并按提案的要求出具了《关于前次募集资金投资项目使用情况的补充说明》。会议经认真审议,一致同意将该提案和公司董事会出具的补充说明提交公司一九九九年度股东大会审议。

该次会议决议公告刊登于二000年四月十一日的《上海证券报》上。

④公司于二000年七月二十四日在长沙市湖南金辉大酒店二十楼会议室召开了第一届董事会第九次会议,会议经审议表决,一致通过了公司《二000年中期报告》。

该次会议决议公告刊登于二000年七月二十六日的《上海证券报》上。

⑤公司于二000年十月三十日在长沙市湖南金辉大酒店二十楼会议室召开了第一届董事会第十次会议,会议经审议表决,一致通过了《关于修改公司"章程"有关注册资本和股本结构内容的议案》。

2、董事会对股东大会决议的执行情况

公司于二000年四月十日召开一九九九年度股东大会,审议通过了公司第一届董事会第八次会议提交的《二000年度增资配股方案》,该方案经中国证监会长沙特派员办事处长特办字(2000)22号文同意,并经中国证监会证监上字(2000)69号文批准,配股说明书刊登在二000年七月四日的《上海证券报》上。

本次配股以公司一九九八年末总股本31800万股为基数,每10股配3股,配股价为每股人民币9元。本次应配售总数为9540万股,其中法人股股东应配售6990万股,均书面承诺全部放弃本次配股。社会公众股股东应配2550万股,未被认购部分由主承销商联合证券有限责任公司包销。本次配股缴款工作已于二000年八月一日结束,实际配售2550万股。本次配股获配新增的2550万股社会公众股于二000年八月三十日起上市流通,实施本次配股后,社会公众股由11050万股增至13600万股,股份总数由41340由万股增至43890万股。

本公司此次配股在扣除发行费用后共募集现金资金223,745,032.69元,已经全部到位,并由湖南开元有限责任会计师事务所出具开元所(2000)内验字第035号验资报告。

(七)董事、监事、高级管理人员情况

姓名	性别	年龄	职务	任期起止日期	年初持股数(股)	年末持股数(股)	股份增减变动情况	年度报酬总额(元)
刘郁文	男	54岁	董事长	1998年5月-2001年5月	6500	8000	+1500	60400
蒋征球	男	48岁	副董事长	1998年5月-2001年5月	6500	6500	无	不在公司领取报酬
胡资生	男	40岁	副董事长	1998年5月-2001年5月	6500	8000	+1500	不在公司领取报酬
高佩琪	女	54岁	董事	1998年5月-2001年5月	3900	4800	+900	不在公司领取报酬
梁　勇	男	38岁	董事	1998年5月-2001年5月	3900	4800	+900	不在公司领取报酬
邹年满	男	54岁	董事	1998年5月-2001年5月	3900	4800	+900	不在公司领取报酬
姚家生	男	37岁	董事	1998年5月-2001年5月	3900	4800	+900	不在公司领取报酬
陈湘生	男	45岁	董事、总经理	1998年5月-2001年5月	6500	8000	+1500	50300
陶石林	男	45岁	董事 财务总监	1998年5月-2001年5月	6500	8000	+1500	46900
蒋维荣	男	46岁	董事 副总经理	1998年5月-2001年5月	6500	8000	+1500	33600
郝利民	男	54岁	董事 副总经理 董事会秘书	1998年5月-2001年5月	6500	6500	无	46900
凌翠娟	女	44岁	董事	1998年5月-2001年5月	3900	3900	无	不在公司领取报酬
张小静	女	46岁	董事	1998年5月-2001年5月	3900	4800	+900	33500
江正家	男	56岁	监事 监事会召集人	1998年5月-2001年5月	3900	4800	+900	31600
王灶芝	女	56岁	监事	1998年5月-2001年5月	0	0	无	不在公司领取报酬
姚令名	男	52岁	监事	1998年5月-2001年5月	0	0	无	不在公司领取报酬
曾德球	男	53岁	监事	1998年5月-2001年5月	0	0	无	不在公司领取报酬
刘才保	男	40岁	监事	1998年5月-2001年5月	0	0	无	不在公司领取报酬
李香元	女	51岁	监事	1998年5月-2001年5月	0	0	无	不在公司领取报酬
邝　望	男	30岁	监事	1998年5月-2001年5月	0	0	无	不在公司领取报酬

注①:高佩琪、梁勇、邹年满、蒋征球、凌翠娟、姚家生、胡资生系公司发起人法人单位委派的兼职董事,故不在公司领取报酬,王灶芝、姚令名、曾德球、刘才保、李香元、邝望系公司的兼职监事,故不在公司领取报酬。

注②:公司董事持股数增加,系公司实施二000年度增资配股方案所致。

注③:在报告期内,公司没有离任的董事、监事和高级管理人员;亦没有解聘公司经理和董事会秘书的情况。

(八)本次利润分配预案或资本公积金转增股本预案。

经湖南开元有限责任会计师事务所审计,公司二000年实现利润87,515,134.00元,净利润77,248,849.41元,按10%和5%各提取法定公积金和公益金,二项共计12,611,308.00元;加上上年度未分配利润109,374,835.76元,可供股东分配的利润为174,012,377.17元。

公司拟以二000年末总股本43890万股为基数,每10股派发现金红利1.5元(含税)。本次分配现金总额共计65,835,000.00元,剩余未分配利润108,177,377.17元结转下年度。

(九)预计二00一年利润分配政策。

预计公司二00一年利润分配政策如下:

公司拟在二00一年度财务决算后以派发现金或送红股的形式分配股利一次;股利分配为公司二00一年度实现净利润中可分配部分的20%以上;公司历年累计未分配利润因公司发展需要,在2001年度不再进行分配。

上述二00一年度利润分配政策系预计方案,公司董事会将根据2001年实际经营情况进行调整,并将分配预案提交股东大会决定。

(十)公司选定的信息披露报纸为:《上海证券报》。

六、监事会报告

在二000年度内,公司监事会共召开了两次会议。

二000年三月三日至三月四日在长沙市湖南金辉大酒店二十楼会议室召开了第一届监事会第四次会议,该次会议决议公告刊登于2000年3月8日的《上海证券报》上。

二000年七月二十四日在长沙市湖南金辉大酒店二十楼会议室召开了第一届监事会第五次会议,该次会议决议公告刊登于2000年7月26日《上海证券报上》。

七、重要事项

(一)本年度公司无重大诉讼、仲裁事项

(二)报告期内公司、公司董事、监事及高级管理人员没有受监管部门处罚的情况。

(三)报告期内公司没有发生控股股东变更及公司董事会、监事会换届、改选、公司总经理变更、董事会秘书解聘、新聘的情况。

(四)报告期内公司没有发生收购及出售资产、吸收合并的事项。

(五)重大关联交易事项。

本公司是由湖南华升工贸进出口(集团)公司及其所属企业经资产重组剥离后组建的上市公司,由于纺织企业生产的连续性和产品的关联度,本公司与控股股东湖南华升工贸进出口(集团)公司及其所属企业洞庭苎麻纺织印染厂、益阳苎麻纺织印染厂、湖南湘维有限责任公司存在一定的关联关系和关联交易,对所发生的关联交易,本公司与关联方签订了《生产经营辅助协作协议》、《产品、原材料、辅料、委托加工及水电供应协作协议》等相关的协议,协议均依照公平、合理、互惠、互利、等价、有偿的原则订立,有关交易价格参照市场价格执行。二000年本公司与关联企业的交易事项有:

1、销售货物:本公司为洞庭苎麻纺织印染厂供应苎麻纱、苎麻布、麻棉纱、自来水和进行污水处理;为湖南湘维有限责任公司供应聚乙烯醇、醋酸乙烯、甲醛等化工料以及短纤、水溶纤维、长丝等化纤;为益阳苎麻纺织印染厂供应材料、水、电、汽等,上述销售货物的关联交易金额为31,722万元。

2、购进货物:本公司从洞庭苎麻纺织印染厂购进落麻和蒸汽;从湖南湘维有限责任公司购进乙炔、动力电、工业水、蒸汽等产品和劳务;从益阳苎麻纺织印染厂购进麻棉纱、印染布等,上述购进货物的关联交易金额为30,829万元。

3、提供资金:本公司子公司湖南益鑫泰纺织印染有限公司向本公司母公司湖南华升工贸进出口(集团)公司借款22,046,451.59元,本年度向其支付借款利息2,303,986.71元。

4、关联方应收应付款项

项　目	2000年12月31日余额
应收帐款	—
—湖南华升工贸进出口(集团)公司	4,861,709.25
—湖南湘维有限责任公司	58,246,390.16
—湖南益阳苎麻纺织印染厂	30,476,734.43
预付帐款	—
—湖南华升工贸进出口(集团)公司	12,790,400.00
其他应收款	—
—湖南洞庭苎麻纺织印染厂	28,701,108.15
—湖南益阳苎麻纺织印染厂	44,443,660.09
其他应付款	—
—湖南华升工贸进出口(集团)公司	1,688,270.24
—湖南益阳苎麻纺织印染厂	10,000,000.00
预收帐款	—
—湖南华升工贸进出口(集团)公司	18,391,989.13

(六)本公司具有健全、完善的法人治理结构,在人员、资产、财务上已与控股股东湖南华升工贸进出口(集团)公司分开,公司人员独立、资产完整、财务独立。

在人员方面,本公司在劳动、人事及工资管理等方面均独立运作;经理、副经理等高级管理人员均在本公司领取薪酬;除董事长刘郁文先生兼任湖南华升工贸进出口(集团)公司副总经理外,公司其他高级管理人员均未在股东单位担任重要职务。

在资产方面,本公司拥有独立完整的供应、生产、销售系统和直接面向市场独立经营的能力;本公司拥有工业产权,非专利技术等无形资产;在商标上,我公司与湖南华升工贸进出口(集团)公司签订有《商标无偿使用许可协议》,湖南华升工贸进出口(集团)公司许可本公司无偿使用其所属企业的"益鑫泰"牌、"资江"牌、"洞庭"牌、"V"牌、"维白"牌商标,本公司使用上述注册商标为独立许可,且无偿使用商标的期限与商标的有效期一致且随商标展期而自动延长。

在财务方面,本公司设有独立的财务部门,并建立了独立的会计核算体系和财务管理制度,并独立在银行开户。

(七)本公司和持股5%以上的股东在指定报纸和网络上没有披露过承诺事项。

(八)报告期内,公司没有发生托管、承包、租赁其它公司或其它公司托管、承包、租赁本公司资产的事项。

(九)报告期内,公司聘任的会计师事务所为湖南开元有限责任会计师事务所。

(十)报告期内公司没有担保事项发生。

(十一)报告期内公司没有更改公司名称及股票简称。

(十二)报告期内的其它重大事项:

1、本年度,公司仍然执行湖南省人民政府湘政函(1998)23号文关于所得税先征后返的政策,即公司应纳所得税先按33%计征,然后由湖南省财政厅返还18%,实际税负为15%。

2、本公司第一届董事会第八次会议和公司一九九九年度股东大会审议通过了《公司二000年增资本股预案》,本次配股申请经中国证监会长沙证券监管特派员办事处长特办字(2000)22号文同意,并经中国证监会证监上字(2000)69号文核准。公司于二000年7月四日在《上海证券报》上披露了公司《二000年配股说明书》。本次配股以1998年年末总股本31800万股为基数,每10股配3股,配股价为每股人民币9元,本次应配总数为9540万股,其中法人股股东应配售6990万股,均书面承诺全部放弃本次配股。社会公众股股东应配2550万股,实际配售2550万股,本次配股缴款工作已于2000年8月1日结束。实施本次配股后,公司社会公众股由11050万股增至13600万股,股份总额由41340万股增至43890万股。公司于2000年8月24日在《上海证券报》上披露了公司《股份变动及2000年获配股可流通股份上市公告》。根据公司实施2000年增资配股后股份变动情况和公司一九九九年度股东大会关于公司董事会全权办理与本次配股有关具体事项的授权,公司对《章程》的有关条款进行了修改。《章程》第六条修改为:"公司注册资本为人民币43890万元"。《章程》第二十条修改为:"公司的股本结构为:普通股43890万股,其中发起人持有30290万股,其它内资股股东持13600万股。"

八、财务会计报告

(一)审计报告

开元所(2001)股审字第035号

审计报告

湖南华升益鑫泰股份有限公司全体股东:

我们接受委托,审计了贵公司2000年12月31日母公司及合并资产负债表,2000年度母公司及合并利润及利润分配表和母公司及合并现金流量表。这些会计报表由贵公司负责,我们的责任是对这些会计报表发表审计意见。我们的审计是依据中国注册会计师独立审计准则进行的。在审计过程中,我们结合贵公司实际情况,实施了包括抽查会计记录等我们认为必要的审计程序。

我们认为,上述会计报表符合《企业会计准则》和《股份有限公司会计制度》的有关规定,在所有重大方面公允地反映了贵公司2000年12月31日的财务状况和2000年度的经营成果及现金流量情况,会计处理方法的选用遵循了一贯性原则。

湖南开元有限责任会计师事务所　　中国注册会计师:周重揆

湖南·长沙　　中国注册会计师:李永利

二〇〇一年三月十七日

(二)会计报表(见附表)

(三)会计报表附注

附注1、公司概况

湖南华升益鑫泰股份有限公司(以下简称本公司)系1998年3月经湖南省人民政府湘政函(1998)31号文件批准,由湖南华升工贸进出口(集团)公司联合中国服装集团公司、益阳市财源建设投资有限公司共同发起,采用募集方式设立。本公司经中国证监会证监发字(1998)72、73号文批准,公开发行8500万股A股新股,并于1998年5月27日在上交所上市交易。1999年6

月,本公司以总股本31800万股为基数,按每10股送红股1股,同时用资本公积转增2股,送转后股本总额为41340万股。

本公司经中国证监会长沙证券监管特派员办事处长特办字[2000]22号文和中国证券监督管理委员会证监公司字[2000]69号文批准,于2000年7月8日(股权登记日)以公司1998年末总股本31800万股为基数,按每10股配3股,即以现有总股本41340万股为基数,每10股配售2.3077股,配股价为9元/股。控股股东湖南华升工贸进出口(集团)公司和法人股股东均全部放弃应配股份,实际配股2550万股。本次配股后,公司总股本为43890万股,其中:国有法人股29120万股,社会法人股1170万股,社会公众股13600万股。本公司已于2000年11月13日经湖南省工商行政管理局依法核准变更工商登记,注册号:4300001000024,注册资本:43890万元。公司住所:长沙市建湘南路131号。

公司经营范围:开发、生产、销售苎麻及与棉、化纤混纺的纱布、印染布、服装以及其他纺织品和化纤化工产品。

附注2、公司主要会计政策、会计估计和合并会计报表的编制方法

1、会计制度

本公司执行《股份有限公司会计制度》及其补充规定。

2、会计年度

本公司会计年度采用公历年制,自公历每年1月1日起至12月31日止。

3、记帐本位币

本公司以人民币作为记帐本位币。

4、记帐基础和计价原则本

本公司以权责发生制作为记帐基础,以历史成本作为计价原则。

5、外币业务核算方法

本公司发生外币业务时,按外币业务发生当日市场汇率折合人民币记帐,月份终了,各种外币帐户的外币余额按月末汇率折合人民币,与原帐面人民币金额之差作为汇兑损益,分别下列情况处理:

(1)筹建期间发生的汇兑损益,计入开办费;

(2)与购建固定资产有关的借款产生的汇兑损益,在固定资产交付使用前计入该项在建固定资产成本;

(3)除上述情况外,汇兑损益均计入财务费用。

因银行结售、购入外汇或不同外币兑换而产生的银行买入、卖出价与折合汇率之间的差额,按上述原则分别计入开办费、在建固定资产成本或财务费用。

6、现金等价物的确定标准

现金等价物是指持有的期限短、流动性强、易于转换为已知金额现金、价值变动风险很小的投资。

7、坏帐核算方法

(1)本公司坏帐采用备抵法核算,本公司的应收款项(包括应收帐款和其他应收款)根据债务单位的财务状况、现金流量等情况按帐龄分析法计提坏帐准备并计入当年度损益类帐项。提取比例为:帐龄1年(含1年,以下类推)以内的,按其余额的5%计提;帐龄1-2年的,按其余额的10%计提;帐龄2-3年的,按其余额的30%计提;帐龄3-4年的,按其余额的50%计提;帐龄4-5年的,按其余额的80%计提;帐龄5年以上的,按其余额的100%计提。

(2)坏帐确认原则:

因债务人破产或者死亡,以其财产或者遗产仍不足清偿时,或者因债务人逾期未履行偿债义务超过三年且有明显特征表明无法收回,经董事会批准后确认坏帐损失发生。

8、存货核算方法

(1)存货包括:原料及主要材料、辅助材料、产成品、在产品、自制半成品、修理用备件、低值易耗品、在途材料、委托加工商品、库存商品等。

(2)存货实行永续盘存制,辅助材料采用计划价格进行日常核算,月末根据材料成本差异调整为实际成本;其他存货如原料及主要材料,在产品、产成品、低值易耗品等采用实际成本核算,发出和领用存货时,除深圳华顺达实业有限公司采用分批认定法确定其实际成本外,其他分公司采用加权平均法确定其实际成本;低值易耗品采用一次摊销法核算。

(3)本公司的存货期末按成本与可变现净值孰低计价,中期期末或年末按单个存货项目的成本高于其可变现净值的差额提取存货跌价准备,计入当年度损益类帐项。

9、短期投资

(1)本公司短期投资系以投资取得时的投资成本入帐,即企业为取得短期投资时实际支付的全部价款,包括税金、手续费等相关费用入账。

(2)本公司短期投资期末按历史成本与市价孰低法计价。中期或期末按短期投资的总市价低于总成本的差额计提短期投资跌价准备,并计入当年度损益类帐项。

10、长期投资核算方法

(1)长期股权投资

本公司长期股权投资以实际支付的价款或确定的价值记帐。本公司对其他单位的投资占该单位有表决权资本总额20%以下,或对其他单位的投资虽占该单位有表决权资本总额的20%或20%以上,但不具有重大影响时,采用成本法核算;对其他单位的投资占该单位有表决权资本总额20%或20%以上,或虽投资不足20%,但有重大影响时,采用权益法核算。采用权益法核算的,在中期期末或年度终了,按所分享或分担的被投资单位实现的净利润或发生的亏损份额,调整长期股权投资的帐面价值。

(2)长期债权投资

本公司购入的长期债券按实际支付的价款扣除税金和手续费等各项附加费用,以及支付的已到期尚未领取的债券利息后的余额作为实际成本入帐,各项附加费用计入当期财务费用,债券投资的溢价或折价在债券存续期内采用直线法摊销。长期债权投资收益按权责发生制原则确认。

(3)长期投资减值准备

本公司对由于市价持续下跌或被投资单位经营状况变化等原因导致长期投资可收回金额低于投资的帐面价值时计提减值准备。

本公司本年度未发生长期投资可收回金额低于长期投资帐面价值的事项,故未计提长期投资减值准备。

11、固定资产计价和折旧方法

(1)固定资产标准:使用年限在一年以上的房屋、建筑物、机器设备、器具、工具等;以及单位价值在2000元以上,使用期限超过两年的非生产用设备器具作为固定资产核算。

(2)固定资产按历史成本计价。

(3)固定资产折旧采用直线法,按分类折旧率计提折旧,各类固定资产年折旧率如下:

固定资产类别	预计净残值率(%)	预计经济使用年限(年)	年折旧率(%)
房屋、建筑物	4	30-40	2.4-3.2
机器设备	4	8-16	6-12
运输工具	4	8-12	8-12
电子设备	4	8-10	9.6-12
其他	4	8-12	8-12

12、在建工程核算方法

在建工程是指正在建设、安装中的厂房与设备及其他固定资产,按成本价入帐。包括建筑、安装直接成本,以及建设期间相关的借款利息以及汇兑损益。在建工程在完工交付使用时,将其实际发生的全部成本转入固定资产核算。

13、收入确认原则

本公司已将产品、商品所有权上的主要风险和报酬转移给购买方;既没有保留通常与所有权相联系的继续管理权,也没有对已售出的商品实际控制;与交易相关的经济利益能够流入企业,并且相关的收入和成本能够可靠地计量时,确认收入的实现。

14、所得税的会计处理方法本公司的所得税会计处理采用应付税款法核算。

15、合并会计报表的编制方法

根据财政部《合并会计报表暂行规定》,本公司投资占被投资单位资本总额在50%以上的,或投资比例未达到50%,但实际拥有控制权的,均按权益法核算,合并会计报表,其方法为:首先将公司本部和下属各分公司的会计报表在抵销内部债权债务、内部交易事项的基础上汇总编制母公司会计报表,然后与纳入合并范围的子公司会计报表在抵销内部投资与所有者权益、内部债权债务、内部交易事项的基础上,编制合并会计报表。

本公司期初未编制合并会计报表,本期新增深圳市华顺达实业有限公司和湖南益鑫泰纺织印染有限公司两个子公司,故期未编制合并会计报表。

附注3、税项

(一)流转税及其他地方税

1、增值税税率为17%,出口产品增值税实行先征后退。根据国家税务总局国税明电[1999]11号文件精神,从1999年7月1日起,服装的出口退税率提高到17%,服装以外的纺织原料及制品的出口退税率提高到15%。

2、城建税及教育费附加分别按应纳增值税、营业税额的7%和3%缴纳。

(二)所得税

公司本部、下属分公司根据湖南省人民政府湘政函[1998]23号文件,先按33%计征所得税然后由省财政返还18%,实际税负为15%。

附注4、控股子公司

企业名称	注册资本	经营范围	本公司投资额	本公司所占权益比例	是否合并
*深圳市华顺达实业有限公司	550万元	兴办实业;国内商业;物资供销业(不含专营、专控及专卖商品);进出口业务	495万元	90%	是
*湖南益鑫泰纺织印染有限公司	14003万元	苎麻及其与棉、化纤混纺的纱、布、印染布、服装、化纤产品的开发生产和销售	13694.78万元	97.79%	是
**湖南华望蜂窝制品有限责任公司	350万元	开发、生产、销售包装箱、托盘、纸板以及纸蜂窝深加工系列产品	210万元	60%	否
***湖南青苹果电子图书有限责任公司	500万元	数据库的设计、制作;电子出版物的制作;计算机软件的开发、生产、销售;计算机及配件的销售	255万元	51%	否

* 根据本公司一九九九年第二次临时股东大会通过的《关于设立"益鑫泰纺织印染有限公司"和设立"深圳华顺达实业有限公司"的议案》,于2000年11月27日设立深圳华顺达实业有限公司,于2000年10月31日设立湖南益鑫泰纺织印染有限公司。两公司期初为母公司的分公司,期末作为子公司编制合并会计报表。

** 因为本年湖南华望蜂窝制品有限责任公司的产品仍处于试产阶段,故本期未合并会计报表。

*** 该公司设立于2000年12月,处于筹备期,故本期未合并会计报表。

附注5、2000年12月31日合并会计报表主要项目注释　　单位:人民币元

1、货币资金

项　目	期初数	期末数
现金	308,540.04	62,642.75
银行存款	99,270,398.70	315,462,424.00
其他货币资	8,000.00	
合计	99,586,938.74	315,525,066.75

*银行存款中含有外币存款1,377.66美元,按汇率8.2781折合人民币11,404.41元;含有港币存款2,047.21港币,按汇率1.0606折合人民币2,171.27元。

现金中含有外币26.90美元,按汇率8.2781折合人民币222.68元;含有港币20,991.51港币,按汇率1.0606折合人民币22,263.60元。

** 货币资金期末比期初增加216.83%,主要系配股资金到位所致。

2、短期投资

项　目	期初数投资金额	跌价准备	期末数投资金额	跌价准备
债券投资	54,785,295.88	1,968,756.00		
其他投资			174,700,000.00	
合计	54,785,295.88	1,968,756.00	174,700,000.00	

*其他投资系委托新疆金新信托投资股份有限公司等单位的委托投资。

** 短期投资期末比期初增加218.88%,主要系本公司利用暂时闲置资金增加投资所致。

3、应收帐款

帐　龄	期初数 金额	比例(%)	坏帐准备	期末数 金额	比例(%)	坏帐准备
1年以内	144,474,353.72	93.83	7,223,717.69	110,194,176.49	93.97	5,509,708.82
1-2年	8,009,406.33	5.20	800,940.64	3,047,437.52	2.60	304,743.75
2-3年	1,154,301.59	0.75	346,290.48	2,430,923.86	2.07	729,277.16
3-4年	25,495.20	0.02	12,747.60	1,106,491.03	0.94	553,245.52
4-5年	293,835.35	0.19	235,068.28	166,467.44	0.14	133,173.95
5年以上	25,321.60	0.01	25,321.60	319,156.95	0.28	319,156.95
合计	153,982,713.79	100	8,644,086.29	117,264,653.29	100.00	7,549,306.15

*本项目含持本公司5%(含5%)以上股份的股东单位的欠款,见附注(7)。

** 欠款金额前五名的单位:

单位名称	金　额	业务内容	发生时间
湖南湘维有限责任公司	58,246,390.16	货款	2000年
湖南益阳苎麻纺织印染厂	30,476,734.43	货款	2000年
湖南华升工贸进出口(集团)公司	4,861,709.25	货款	2000年
南通第三棉纺织厂	2,577,946.25	货款	2000年
三湘工贸有限公司	1,474,044.46	货款	1999年

4、其他应收款

帐　龄	期初数 金额	比例(%)	坏帐准备	期末数 金额	比例(%)	坏帐准备
1年以内	77,843,170.55	71.9	3,753,453.95	126,686,837.73	81.42	6,334,341.86
1-2年	27,837,255.84	25.71	2,783,725.59	28,535,245.65	18.34	2,853,524.60
2-3年	1,736,094.92	1.6	520,828.48	97,139.95	0.06	29,141.99
3-4年	138,573.40	0.13	69,286.70			
4-5年	494,767.89	0.46	395,814.31	2,000.00		1,600.00
5年以上	214,576.70	0.2	214,576.70	272,494.39	0.18	272,494.38
合计	108,264,439.30	100	7,737,685.73	155,593,717.72	100	9,491,102.83

*本项目不含持本公司5%(含5%)以上股份的股东单位的欠款。

** 欠款金额前五名的单位:

单位名称	金　额	业务内容	发生时间
湖南益阳苎麻纺织印染厂	44,443,660.09	往来款	2000年
湖南洞庭苎麻纺织印染厂	28,701,108.15	往来款	2000年
株洲雪松实业有限公司	25,542,516.87	往来款	1998年
湘财证券有限责任公司	24,000,000.00	应收股利	2000年

吴智敏	314,321.80	往来款	2000 年

＊＊＊其他应收款期末比期初增加 43.71%，主要系应收湖南益阳苎麻纺织印染厂、湘财证券有限责任公司款项增加所致。

5、预付帐款

期初数	期末数
96,190,894.67	15,985,409.86

＊本项目含持本公司 5%(含 5%)以上股份的股东单位的欠款，见附注(7)。

主要欠款单位	金额	欠款时间	欠款原因
湖南华升工贸进出口(集团)公司	12,790,400.00	1998 年	购房款

6、应收补贴款 1,364,184.91 元系应收出口退税款。

7、存货

项目	期初数		期末数	
	存货	跌价准备	存货	跌价准备
在途物资				
原材料	47,846,731.01	69,387.72	46,041,864.45	2,202,707.85
包装物	163,250.68			
低值易耗品	320,135.59		282,965.30	
在产品	18,157,161.65	533,370.42	18,639,285.16	
外购商品	4,145,383.70			
产成品	124,821,658.03	2,150,856.89	117,532,192.67	3,120,082.91
自制半成品	553,788.95	27,689.44	220,959.77	
分期收款				
发出商品	9,195,290.81			
委托加工材料	11,790,679.89		12,185,324.80	
辅助材料	6,915,416.73	345,772.84		
合计	223,909,497.04	3,127,077.31	194,902,592.15	5,322,790.76

8、待摊费用

项　目	期初数	本期增加	本期摊销	期末余额
财产保险	499,624.36	1,109,804.93	891,651.45	717,777.84
评估费		50,000.00	16,666.68	33,333.32
期初进项税	515,410.06		515,410.06	
营业网点建设费	603,302.90		603,302.90	
其他		4,682,938.33	4,310,283.94	372,654.39
合计	1,618,337.32	5,842,743.26	6,337,315.03	1,123,765.55

9、长期投资

(1)项目	期初数		本期增加	本期减少	期末数	
	金额	减值准备			金额	减值准备
长期股权投资	122,100,000.00		12,550,000.00		134,650,000.00	
长期债权投资	228,000.00				228,000.00	
合计	122,328,000.00		12,550,000.00		134,878,000.00	

(2)长期股权投资—其他股权投资

被投资单位名称	投资起止期	投资金额	占被投资单位注册资金比例	减值准备	备注
湘财证券有限责任公司		120,000,000.00	12%		
湖南英捷高科技有限公司		10,000,000.00	33.6%		
湖南华望蜂窝制品有限公司		2,100,000.00	60%		
湖南青苹果电子图书有限责任公司		2,550,000.00	51%		
合计		134,650,000.00			

(3)长期债权投资—债券投资

债券种类	面值	年利率	购入金额	到期日	期初应收利息	本期利息	期末应收利息	减值准备	备注
电力债券	60,000.00		60,000.00	2002.9					
电力债券	168,000.00		168,000.00	2002.12					
合计	228,000.00		228,000.00						

10、固定资产及累计折旧

项　目	期初数	本期增加	本期减少	期末数
A. 原值				
房屋建筑物	255,608,175.25	8,368,715.62	3,210,757.10	260,766,133.77
机器设备	357,321,446.15	25,493,967.39	7,667,316.27	375,148,097.27
电子设备	8,484,043.48	158,430.02	1,579,732.42	7,062,741.08
运输工具	6,801,095.48	880,176.58	1,123,514.98	6,557,757.08
其他	91,257,352.25	3,354,231.09	235,789.00	94,375,794.34
合计	719,472,112.61	38,255,520.70	13,817,109.77	743,910,523.54
B. 累计折旧				
房屋建筑物	75,978,086.71	9,702,231.36	401,635.83	85,278,682.24
机器设备	196,973,204.18	27,848,434.47	2,745,849.83	222,075,788.82
电子设备	4,515,356.13	610,779.14	427,628.18	4,698,507.09
运输工具	4,021,882.01	385,428.30	966,458.98	3,440,851.33
其他	37,550,805.11	3,662,328.95	9,484,084.10	31,729,049.96
合计	319,039,334.14	42,209,202.22	14,025,656.92	347,222,879.44
C. 净值	400,432,778.47	-3,953,681.52	-208,547.15	396,687,644.10

＊本期在建工程转入固定资产 31,471,034.19 元。

11、在建工程

工程名称	期初数	本期增加	本期转入固定资产数	其它减少数	期末数	资金来源
面料生产线	3,119,296.95		3,119,296.95			募股资金
金衬衫生产线	7,981,714.47		3,890,783.33		4,090,931.14	募股资金
PVA 多品种						
配套工程	44,118,919.81	33,470,253.46	21,824,186.42	28,877,731.26	26,887,255.59	募股资金
网络第二期工程	1,937,840.06	4,294.00	1,260,065.88		682,068.18	募股资金
其他	2,399,781.06	2,062,863.06	1,376,701.61	47,429.30	3,038,513.21	自有资金
合计	59,557,552.35	35,537,410.52	31,471,034.19	28,925,160.56	34,698,768.12	

＊本期资本化利息金额 1,351,350.00 元。

12、短期借款

借款类别	期初数	期末数	备注
抵押借款	117,740,000.00	120,586,451.48	
担保借款	26,100,000.00		
信用借款	45,012,849.53		
合计	188,852,849.53	120,586,451.48	

13、应付帐款　18,900,475.34

＊本项目无欠持本公司 5%(含 5%)以上股份的股东单位的款项。

14、预收帐款　49,988,109.91

＊本项目含欠持有本公司 5%(含 5%)以上股份的股东单位的款项，详见附注(7)。

15、应付股利　65,835,000.00

＊根据公司董事会 2000 年利润分配预案，每 10 股派现金 1.50 元(含税)，应付股东股利 65,835,000.00 元。

16、应交税金

税种	金　额
增值税	9,189,198.51
营业税	372,324.39
城建税	387,712.58
所得税	14,446,488.21
个人所得税	32,349.56
房产税	-603,700.50
车船使用税	4,962.00
印花税	10,000.00
合计	23,839,334.75

17、其他应付款　35,009,200.92

＊本项目含欠持本公司 5%(含 5%)以上股份的股东单位的款项，详见附注(7)。

18、预提费用

项　目	期初数	期末数
养老保险	21,684.00	33,102.00
利息	65,720.00	
委托外部加工	669,881.00	
合计	757,285.00	33,102.00

19、股本　438,900,000.00

本公司股份变动情况表

数量单位：股

	本次变动前	本次变动增减(+、-)						本次变动后
		配股	送股	公积金转股	增发	其他	小计	
一、未上市流通股份								
1、发起人股份	302900000							302900000
其中：								
国家持有股份	291200000							291200000
境内法人持有股份	11700000							11700000
境外法人持有股份								
其他								
2、募集法人股份								
3、高管持股								
4、优先股或其他								
其中：转配股								
未上市流动股份合计	302972800							30900000
二、已流通股份								
1、人民币普通股	110500000	25500000					25500000	136000000
2、境内上市的外资股								
3、境外上市的外资股								
4、其他								
已上市流通股份合计	110500000	25500000					25500000	136000000
三、股份总数	413400000	25500000					25500000	438900000

＊本公司 2000 年 7 月，按现有总股本 41340 万股为基数，每 10 股配售 2.3077 股，配股价为 9 元/股。发起人股东均放弃应配股份，实际配售 2550 万股。

20、资本公积

项　目	期初数	本期增加数	本期减少数	期末数
股本溢价	404,288,728.79	198,245,032.69		602,533,761.48
合计	404,288,728.79	198,245,032.69		602,533,761.48

＊本期增加数系实施配股股本溢价。

21、盈余公积

项　目	期初数	本期增加数	本期减少数	期末数
法定盈余公积	16,597,561.22	8,407,538.67		25,005,099.89
公益金	8,298,780.61	4,203,769.33		12,502,549.94
合计	24,896,341.83	12,611,308.00		37,507,649.83

22、未分配利润

项　目	期初数	本期增加	本期减少	期末数
未分配利润	109,374,835.76	77,248,849.41	78,446,308.00	108,177,377.17
合计	109,374,835.76	77,248,849.41	78,446,308.00	108,177,377.17

＊本项目期初数较上年增加 95,565.39 元，原因系根据税务检查结证通知，进行追溯调整。

＊＊本期减少 78,446,308.00 元由两方面构成：

①提取盈余公积 12,611,308.00 元

②根据公司董事会 2000 年利润分配预案，每 10 股派现金 1.50 元(含税)，应付股利 65,835,000.00 元。

23、财务费用

类　别	本年发生数	上年发生数
利息支出	11,112,036.70	18,878,823.66
减：利息收入	2,147,276.40	3,661,814.94
汇兑损失	24,085.28	17,983.60
减：汇兑损益		
金融机构手续费	19,985.21	48,210.88
合计	9,008,830.79	15,283,203.20

＊财务费用本年较上年减少 41.05%，主要系借款减少及利率调低所致。

24、投资收益

项　目	本年发生数	上年发生数
股权投资收益	28,320,119.29	3,360,000.00
债权投资收益	1,814,843.42	8,793,848.44
其他投资收益	8,665,439.97	
合计	38,800,402.68	12,153,848.44

＊投资收益发生数本年较上年增加 219.24%，主要原因系 1999 年仅核算湘财证券有限责任公司 3 个月投资收益以及本年收益提高所致。

＊＊其他投资收益系本公司委托投资等收取的投资收益。

附注 6、母公司 2000 年 12 月 31 日会计报表主要项目注释。

1、短期投资

项　目	期初数		期末数	
	投资金额	跌价准备	投资金额	跌价准备
债券投资	54,785,295.88	1,968,756.00		
其他投资			174,700,000.00	
合计	54,785,295.88	1,968,756.00	174,700,000.00	

2、应收帐款

帐　龄	期初数			期末数		
	金　额	比例(%)	坏帐准备	金　额	比例(%)	坏帐准备
1 年以内	144,474,353.72	93.83	7,223,717.69	63,818,382.44	99.90	3,190,919.12
1-2 年	8,009,406.33	5.20	800,940.64	5,938.14		593.81
2-3 年	1,154,301.59	0.75	346,290.48	60,838.11	0.10	18,251.43
3-4 年	25,495.20	0.02	12,747.60			
4-5 年	293,835.35	0.19	235,068.28			
5 年以上	25,321.60	0.01	25,321.60			

合计 153,982,713.79 100 8,644,086.29 63,885,158.69 100.00 3,209,764.36

3、长期投资

(1)长期投资

项目	期初数		本期增加	本期减少	期末数	
	金额	减值准备			金额	减值准备
长期股权投资	122,100,000.00		158,174,838.01		280,274,838.01	
长期债券投资	228,000.00			228,000.00		
合计	122,328,000.00		158,174,838.01	228,000.00	280,274,838.01	

(2)长期股权投资明细项目

被投资单位名称	投资期限	投资金额	占被投资单位注册资本比例	本期权益增减额	累计权益增减额
湖南华望蜂窝制品有限公司		2,100,000.00	60%		
湘财证券有限责任公司		120,000.000.00	12%		
湖南英捷高科技有限公司		10,000,000.00	33.60%		
深圳市华顺达实业有限公司		4,950,000.00	90%	- 545,837.40	- 545,837.40
湖南益鑫泰纺织印染有限公司		136,944,138.10	97.79%	6,826,537.31	6,826,537.31
合计		273,994,138.10		6,280,699.91	6,280,699.91

4、投资收益

项　目	本年发生数	上年发生数
股权投资收益	34,600,819.20	3,360,000.00
其中:		
年末调整的被投资公司		
所有者权益净增减的金额	6,280,699.91	
债权投资收益	1,814,843.42	8,793,848.44
其他投资收益	8,665,439.97	
合计	45,081,102.59	12,153,848.44

附注7、关联方关系及其交易

(一)关联方关系;

1、存在控制关系的关联方

企业名称	注册地址	主营业务	与本公司关系	经济性质或类型	法定代表
湖南华升工贸进出口(集团)公司	长沙市建湘路131号	经营除国家组织统一联合经营的16种出口商品和国家实行拟定公司经营的几种进公司出口商品之外的进出口业务,承办中外合资合作及"三来一补"业务	母公司	全民所有制	徐春生
深圳市华顺达实业有限公司	深圳市罗湖区深南东路文华大厦	兴办实业;国内商业;物资供销业(不含专营、专控及专卖商品);进出口业务	子公司	有限责任公司	陈湘生
湖南益鑫泰纺织印染有限公司	益阳市长益路13号	苎麻及其与棉、化纤混纺的纱、布、印染布、服装、化纤产品的开发生产和销售	子公司	有限责任公司	胡资生
湖南华望蜂窝制品有限责任公司	长沙市望城县高塘岭镇	开发、生产、销售包装箱、托盘、纸板以及纸蜂窝深加工系列产品	子公司	有限责任公司	陈湘生
湖南青苹果电子图书有限责任公司	长沙市高新技术开发区	数据库的设计、制作;电子出版物的制作;计算机软件的开发、生产、销售;计算机及配件的销售	子公司	有限责任公司	蒋维荣

2、存在控制关系的关联方的注册资本及其变化

企业名称	年初数	本年增加数	本年减少数	年末数
湖南华升工贸进出口(集团)公司	261,240,000.00			261,240,000.00
深圳市华顺达实业有限公司		5,500,000.00		5,500,000.00
湖南益鑫泰纺织印染有限公司		140,039,000.00		140,039,000.00
湖南华望蜂窝制品有限责任公司	3,500,000.00			3,500,000.00
湖南青苹果电子图书有限责任公司		5,000,000.00		5,000,000.00

3、存在控制关系的关联方所持股份或权益及其变化

企业名称	年初数		本年增加		本年减少		年末数	
	金额	%	金额	%	金额	%	金额	%
湖南华升工贸进出口(集团)公司	291,200,000.00	70.44					291,200,000.00	66.35
深圳市华顺达实业有限公司			4,950,000.00	90			4,950,000.00	90
湖南益鑫泰纺织印染有限公司			136,947,800.00	97.79			136,947,800.00	97.79
湖南华望蜂窝制品有限责任公司	2,100,000.00	60					2,100,000.00	60
湖南青苹果电子图书有限责任公司			2,550,000.00	51			2,550,000.00	51

4、不存在控制关系的关联方:

企业名称	注册地址	主营业务	与本公司关系	经济性质或类型	法定代表
湖南湘维有限责任公司	湖南溆浦县大江口镇	维尼纶纤维聚乙烯醇系列产品的生产、销售	与本公司同一母公司	国有独资(有限责任公司)	蒋征球
湖南益阳苎麻纺织印染厂	益阳市赫山镇	苎麻纺织	与本公司同一母公司	国有企业	胡资生
湖南洞庭苎麻纺织印染厂	岳阳市鹰山	纯麻、纺织品、混纺织品及印染纺织品	与本公司同一母公司	国有企业	姚家生
湖南英捷高科技有限公司	湖南省岳麓山大学高科技园	开发、生产、销售合金钢、不锈钢等材质的粉末注射成形产品以及其他粉末冶金深加工产品	联营企业	有限责任公司	黄伯云

(二)关联方交易事项

1、销售货物

本公司为湖南洞庭苎麻纺织印染厂(以下简称洞麻厂)供应苎麻纱、苎麻布、麻棉纱、自来水和进行污水处理;为湖南湘维有限责任公司(以下简称湘维公司)的树脂分厂、无纺布分厂、怀化分厂供应聚乙烯醇、醋酸乙烯、甲醛等化工料以及短纤、水溶纤维、长丝等化纤;为湖南益阳苎麻纺织印染厂(以下简称益麻厂)供应材料、水、电、汽等;以上关联方交易事项按市场交易公允价格进行。

销售对象	品　名	金额 2000年度	1999年度
洞	苎麻纱	19,222,538.51	20,327,211.51
麻	苎麻布	11,007,004.49	10,744,649.56
厂	麻棉纱	8,465,436.68	3,269,147.44
	自来水	4,642,166.52	6,615,707.80
	污水处理	2,321,083.26	1,712,120.80
	小计	45,658,229.46	42,668,837.11
湘	聚乙烯醇	217,515,654.45	159,796,425.70
维	化纤	24,913,000.00	27,088,379.50
公	化工料	6,747,551.60	11,243,259.80
司	小计	249,176,206.05	198,128,065.00
益	材料	17,318,554.08	1,475,894.31
麻	自来水	493,490.66	425,422.50
厂	动力电	2,571,583.34	1,834,051.48
	汽	2,004,423.27	2,371,038.49
	小计	22,388,051.35	6,106,406.78
	总计	317,222,486.86	246,903,308.89

2、购进货物

本公司从洞麻厂购进纱、落麻和蒸汽等;从湘维公司的电石厂、水气厂、热电厂购进乙炔、蒸汽、动力电、水等产品和劳务;从益麻厂购进麻棉纱、印染布等。以上关联方交易事项按市场交易公允价格进行。

购货单位	品　名	金额 2000年度	1999年度
洞	落麻(T)	22,750,601.37	7,066,948,20
麻	蒸汽(T)	1,443,591.16	554,267.00
厂	纱	14,420,539.45	
	小计	38,614,731.88	7,621,215.20
湘	乙炔(T)	98,096,512.50	97,000,222.00
	醋酸	10,536,385.69	6,797,216.74
	甲醇	3,278,379.51	2,420,139.06
	气体	1,571,518.80	
维	活性炭	6,962,809.30	6,439,955.09
	维修材料	4,220,338.75	4,474,713.64
公	其他材料	9,253,179.76	11,069,819.71
	工业水(T)	3,230,432.97	3,171,310.64
司	蒸汽(M^3)	29,524,901.00	30,196,204.15
	动力电(度)	3,778,815.21	3,607,228.00
	小计	170,453,273.49	165,176,809.03
益	麻棉纱	7,140,478.69	19,923,532.39
麻	印染布	47,288,906.29	41,783,193.57
厂	益鑫泰面料布	44,793,098.69	19,372,111.64
	小计	99,222,483.67	81,078,837.60
	总计	308,290,489.04	253,876,861.83

3、提供资金

本公司之子公司湖南益鑫泰纺织印染有限公司向本公司母公司湖南华升工贸进出口(集团)公司借款22,046,451.59元,本年度向其支付借款利息2,303,986.71元。

4、关联方应收应付款项

项　目	2000年12月31日余额	1999年12月31日余额
应收款项		
—湖南华升工贸进出口(集团)公司	4,861,709.25	9,491,658.03
—湖南湘维有限责任公司	58,246,390.16	51,160,028.32
—湖南益阳苎麻纺织印染厂	30,476,734.43	6,420,058.81
预付帐款		
--湖南华升工贸进出口(集团)公司	12,790,400.00	
—湖南益阳苎麻纺织印染厂		28,549,283.59
其他应收款		
—湖南华升工贸进出口(集团)公司		5,984,660.65
—湖南洞庭苎麻纺织印染厂	28,701,108.15	14,848,817.67
—湖南益阳苎麻纺织印染厂	44,443,660.09	19,849,897.87
其他应付款		
—湖南华升工贸进出口(集团)公司	1,688,270.74	6,000,000.00
—湖南益阳苎麻纺织印染厂	10,000,000.00	
预收帐款		
—湖南华升工贸进出口(集团)公司	18,391,989.13	28,996,207.74

附注8、期后事项

公司第一届董事会第十次会议通过2000年利润分配预案,每10股派现金1.50元(含税),本次分配现金总额65,835,000.00元,剩余未分配利润108,077,377.17元结转下年度。

附注9、或有事项

截至2000年12月31日止,本公司不存在诉讼、未决索赔、税务纠纷、应收票据贴现、债务担保等或有事项。

附注10、承诺事项

截至2000年12月31日止,本公司不存在需要说明的承诺事项。

九、公司的其它有关资料

(一)公司首次注册登记日期、地点

本公司于一九九八年五月十九日在湖南省工商行政管理局注册登记,取得营业执照。

(二)公司法人营业执照注册号:18381137-4

(三)公司税务登记号码:430102183811374

(四)公司未流通股票托管机构:上海证券中央登记结算公司

(五)公司报告期内实施了增资配股,其主承销机构为:联合证券有限责任公司

(六)公司聘请的会计师事务所为湖南开元有限责任会计师事务所,办公地址为湖南省长沙市城南西路1号。

十、备查文件

(一)载有公司法定代表人、主管会计工作负责人、会计机构负责人签名并盖章的会计报表。

(二)载有湖南开元有限责任会计师事务所盖章、注册会计师周重揆、李永利签名并盖章的审计报告原件。

(三)报告期内在《上海证券报》上公开披露过的所有公司文件的正本及公告的原稿。

(四)二000年年度报告正本。

上述备查文件完整地置于公司所在地,在中国证监会、证券交易所要求提供时和股东依据法规或公司章程要求查阅时,公司将及时提供。

湖南华升益鑫泰股份有限公司

二〇〇一年三月二十九日

资 产 负 债 表

2000 年 12 月 31 日

编制单位:湖南华升益鑫泰股份有限公司(母公司)　　单位:元

资　产	附注	期初数	期末数
流动资产:			
货币资金		99,586,938.74	302,338,311.48
短期投资	6－1	54,785,295.88	174,700,000.00
减:短期股资跌价准备		1,968,756.00	
短期投资净额	6－1	52,816,539.88	174,700,000.00
应收票据			–
应收股利			–
应收利息			–
应收帐款	6－2	153,982,713.79	63,885,158.69
其他应收款		108,264,439.30	166,309,864.39
减:坏帐准备		16,381,772.02	9,590,399.89
应收款项净额		245,865,381.07	220,604,623.19
预付帐款		96,190,894.67	12,918,997.89
应收补贴款		1,666,795.15	–
存货		223,909,497.04	48,545,662.32
减:存货跌价准备		3,127,077.31	3,207,646.58
存货净额		220,782,419.73	45,338,015.74
待摊费用		1,618,337.32	476,201.48
待处理流动产净损失			–
一年内到期的长期债权投资			–
其他流动资产			–
流动资产合计		718,527,306.56	756,376,149.78
长期投资:			–
长期股权投资	6－3	122,100,000.00	280,274,838.01
长期债权投资	6－3	228,000.00	–
长期投资合计		122,328,000.00	280,274,838.01
减:长期投资减值准备			
长期投资净额		122,328,000.00	280,274,838.01
其中:股权投资差额			–
固定资产:			–
固定资产原价		719,472,112.61	497,792,507.26
减:累计折旧		319,039,334.14	220,794,416.70
固定资产净值		400,432,778.47	276,998,090.56
工程物资			–
在建工程		59,557,552.35	26,887,255.59
固定资产清理			
待处理固定资产净损失			–
固定资产合计		459,999,330.82	303,885,346.15
无形资产及其他资产:			–
无形资产			–
开办费			–
长期待摊费用			–
其他长期资产			–
无形资产及其他长期资产合计			–
递延税项:			–
递延税款借项			–
资产总计		1,300,845,637.38	1,340,536,333.94
负债及股东权益	附注	期初数	期末数
流动负债:			
短期借款		188,852,849.53	42,000,000.00
应付票据			–
应付帐款		26,041,257.16	1,475,936.26
预收帐款		63,183,877.41	11,853,862.26
代销商品款			–
应付工资		3,505,932.56	2,563,224.68
应付福利费		9,014,690.58	4,394,523.99
应付股利			65,835,000.00
应交税金		12,388,604.76	18,416,964.67
其他应交款		462,699.22	140,528.42
其他应付款		44,678,534.78	6,737,505.18
预提费用		757,285.00	–
一年内到期的长期负债			
其他流动负债			–
流动负债合计		348,885,731.00	153,417,545.46
长期负债:			–
长期借款			–
应付债券			–
长期应付款			–
住房周转金			–
其他长期负债			–
长期负债合计			–
递延税项:			–
递延税款贷项			–
负债合计		348,885,731.00	153,417,545.46
少数股东权益			–
股东权益:			–
股本		413,400,000.00	438,900,000.00
资本公积		404,288,728.79	602,533,761.48
盈余公积		24,896,341.83	36,483,669.24
其中:公益金		8,298,780.61	12,161,223.08
未分配利润		109,374,835.76	109,201,357.76
股东权益合计		951,959,906.38	1,187,118,788.48
负债和股东权益合计		1,300,845,637.38	1,340,536,333.94

合 并 资 产 负 债 表

2000 年 12 月 31 日

编制单位:湖南华升益鑫泰股份有限公司(母公司)　　单位:元

资　产	附注	期初数	期末数
流动资产:			
货币资金	5－1	99,586,938.74	315,525,066.75
短期投资	5－2	54,785,295.88	174,700,000.00
减:短期投资跌价准备	5－2	1,968,756.00	–
短期投资净额	5－2	52,816,539.88	174,700,000.00
应收票据			–
应收股利			–
应收利息			–
应收帐款	5－3	153,982,713.79	117,264,653.29
其他应收款	5－4	108,264,439.30	155,593,717.72
减:坏帐准备		16,381,772.02	17,040,408.98
应收款项净额		245,865,381.07	255,817,962.03
预付帐款	5－5	96,190,894.67	15,985,409.86
应收补贴款	5－6	1,666,795.15	1,364,184.91
存货	5－7	223,909,497.04	194,902,592.15
减:存货跌价准备	5－7	3,127,077.31	5,322,790.76
存货净额	5－7	220,782,419.73	189,579,801.39
待摊费用	5－8	1,618,337.32	1,123,765.55
待处理流动产净损失			–
一年内到期的长期债权投资			–
其他流动资产			–
流动资产合计		718,527,306.56	954,096,190.49
长期投资:			–
长期股权投资	5－9	122,100,000.00	134,650,000.00
长期债权投资	5－9	228,000.00	228,000.00
减:长期投资减值准备			
长期投资净额		122,328,000.00	134,878,000.00
其中:股权投资差额			
固定资产:			
固定资产原价	5－10	719,472,112.61	743,910,523.54
减:累计折旧	5－10	319,039,334.14	347,222,879.44
固定资产净值	5－10	400,432,778.47	396,687,644.10
工程物资			–
在建工程	5－11	59,557,552.35	34,698,768.12
固定资产清理			–
待处理固定资产净损失			–
固定资产合计		459,990,330.82	431,386,412.22
无形资产及其他资产:			
无形资产			
开办费			
长期待摊费用			–
其他长期资产			–
无形资产及其他长期资产合计			–
递延税项:			–
递延税款借项			–
资产总计		1,300,845,637.38	1,520,360,602.71
负债及股东权益			
流动负债:			
短期借款	5－12	188,852,849.53	120,586,451.48
应付票据			–
应付帐款	5－13	26,041,257.16	18,900,475.34
预收帐款	5－14	63,183,877.41	49,988,109.91
代销商品款			–
应付工资		3,505,932.56	3,901,224.68
应付福利费		9,014,690.58	9,352,387.93
应付股利	5－15		65,835,000.00
应交税金	5－16	12,388,604.76	23,839,334.75
其他应交款		462,699.22	858,037.95
其他应付款	5－17	44,678,534.78	35,009,200.92
预提费用			
一年内到期的长期负债	5－18	757,285.00	33,102.00
其他流动负债			–
流动负债合计		348,885,731.00	328,303,324.96
长期负债:			–
长期借款			1,200,000.00
应付债券			–
长期应付款			–
住房周转金			–
其他长期负债			–
长期负债合计			1,200,000.00
递延税项:			–
递延税款贷项			–
负债合计		348,885,731.00	329,503,324.96
少数股东权益			3,738,489.27
股东权益:			–
股本	5－19	413,400,000.00	438,900,000.00
资本公积	5－20	404,288,728.79	602,533,761.48
盈余公积	5－21	24,896,341.83	37,507,649.83
其中:公益金	5－21	8,298,780.61	12,502,549.94
未分配利润	5－22	109,374,835.76	108,177,377.17
股东权益合计		951,959,906.38	1,187,118,788.48
负债和股东权益合计		1,300,845,637.38	1,520,360,602.71

利润及利润分配表

2000 年度

编制单位:湖南华升益鑫泰股份有限公司　　单位:元

项　目	附注	上年数	本年数
一、主营业务收入		902,546,451.82	751,660,257.90
减:折扣与折让			-
主营业务收入净额		902,546,451.82	751,660,257.90
减:主营业务成本		749,610,300.29	654,890,404.47
主营业务税金及附加		2,086,555.93	2,417,552.93
二、主营业务利润		150,849,595.60	94,352,300.50
加:其他业务利润		6,435,877.49	6,569,045.67
减:存货跌价损失		-10,454,514.79	2,195,713.45
营业费用		32,184,898.25	14,746,745.45
管理费用		21,259,620.88	33,227,933.44
财务费用		15,283,203.20	8,210,341.89
三、营业利润		99,012,265.55	42,540,611.94
加:投资收益	6-4	12,153,848.44	45,081,102.59
补贴收入		454,581.56	-
营业外收入		9,358,387.16	107,230.54
减:营业外支出		2,253,300.00	1,842,438.46
加:以前年度损益调度			-
四、利润总额		118,725,782.71	85,886,506.61
减:所得税		17,631,951.98	8,637,657.20
减:少数股东损益			-
五、净利润		101,093,830.73	77,248,849.41
加:年初未分配利润		55,230,744.84	109,374,835.76
盈余公积转入			-
六、可分配利润		156,324,575.57	186,623,685.17
减:提取法定公积金		10,099,826.54	7,724,884.94
提取法定公益金		5,049,913.27	3,862,442.47
七、可供股东分配的利润		141,174,835.76	175,036,357.76
减:已分配优先股股利			-
提取任意公积金			-
已分配普通股股利			65,835,000.00
转作股本的普通股股利		31,800,000.00	
八、未分配利润		109,374,835.76	109,201,357.76

合并利润及利润分配表

2000 年度

编制单位:湖南华升益鑫泰股份有限公司　　单位:元

项　目	附注	上年数	本年数
一、主营业务收入		902,546,451.82	830,612,964.97
减:折扣与折让			-
主营业务收入净额		902,546,451.82	830,612,964.97
减:主营业务成本		749,610,300.29	719,749,937.32
主营业务税金及附加		2,086,555.93	2,659,159.58
二、主营业务利润		150,849,595.60	108,203,868.07
加:其他业务利润		6,435,877.49	6,592,017.82
减:存货跌价损失		-10,454,514.79	2,195,713.45
营业费用		32,184,898.25	16,284,440.69
管理费用		21,259,620.88	36,296,942.37
财务费用	5-23	15,283,203.20	9,008,830.79
三、营业利润		99,012,265.55	51,009,958.59
加:投资收益	5-24	12,153,848.44	38,800,402.68
补贴收入		454,581.56	-
营业外收入		9,358,387.16	109,435.19
减:营业外支出		2,253,300.00	2,404,662.46
加:以前年度损益调度			-
四、利润总额		118,725,782.71	87,515,134.00
减:所得税		17,631,951.98	10,172,657.22
减:少数股东损益			93,627.37
五、净利润		101,093,830.73	77,248,849.41
加:年初未分配利润		55,230,744.84	109,374,835.76
盈余公积转入			-
收到利润			
六、可分配利润		156,324,575.57	186,623,685.17
减:提取法定公积金		10,099,826.54	8,407,538.67
提取法定公益金		5,049,913.27	4,203,769.33
七、可供股东分配的利润		141,174,835.76	174,012,377.17
减:已分配优先股股利			-
提取任意公积金			-
已分配普通股股利			65,835,000.00
转作股本的普通股股利		31,800,000.00	-
八、未分配利润		109,374,835.76	108,177,377.17

现　金　流　量　表

2000 年度

编制单位:湖南华升益鑫泰股份有限公司　　单位:元

项　目	附注	母公司	合并数
一、经营活动产生的现金流量:			
销售商品、提供劳务收到的现金		790,866,472.31	865,705,940.51
收到的租金		-	-
收到的税费返还		11,242,900.00	16,872,375.29
收到的其他与经营活动有关的现金		-	2,954,936.80
现金流入小计		802,109,372.31	885,536,252.60
购买商品、接受劳务支付的现金		520,598,110.33	568,840,129.07
经营租赁所支付的现金		-	-
支付给职工以及为职工支付的现金		38,120,900.98	45,510,679.29
实际缴纳的增值税款		22,345,243.07	25,728,483.85
支付的所得税款		21,152,424.81	22,552,424.81
支付的除增值税、所得税以外的其他税费		3,288,790.06	3,684,179.41
支付的其他与经营活动有关的现金		26,405,955.79	18,848,178.91
现金流出小计		631,911,431.04	685,164,075.34
经营活动产生的现金流量净额		170,197,941.27	200,372,177.26
二、投资活动产生的现金流量		-	-
收回投资所收到的现金		351,597,295.88	351,597,295.88
分得股利或利润所收到的现金		7,683,766.73	7,683,766.73
取得债券利息收入所收到的现金		-	-
处置固定资产、无形资产和其他长期资产而收回的现金净额		19,573,00	19,573,00
收到的其他与投资活动有关的现金		8,270,527.97	6,051,368.57
现金流入小计		367,571,163.58	365,352,004.18
购建固定资产、无形资产和其他长期资产所支付的现金		9,107,927.65	9,107,927.65
权益性投资所支付的现金		14,950,000.00	17,500,000.00
债权性投资所支付的现金		-	-
支付的其他与投资活动有关的现金		471,512,000.00	471,512,000.00
现金流出小计		495,569,927.65	498,119,927.65
投资活动产生的现金流量净额		-127,998,764.07	-132,767,923.47
三、筹资活动产生的现金流量净额		-	-
吸收权益性投资所收到的现金		223,745,032.69	223,745,032.69
发行债券所收到的现金		-	-
借款所收到的现金		135,426,899.22	153,027,401.22
收到的其他与筹资活动有关的现金		2,583,313.52	2,799,031.26
现金流入小计		361,755,245.43	379,571,465.17
偿还债务所支付的现金		188,910,201.39	220,093,799.27
发生筹资费用所支付的现金		-	-
分配股利或利润所支付的现金		-	-
偿付利息所支付的现金		12,291,293.00	11,112,036.70
融资租赁所支付的现金		-	-
减少注册资本所支付的现金		-	-
支付的其他与筹资活动有关的现金		1,555,50	1,555,50
现金流出小计		201,203,049.89	231,207,391.47
筹资活动产生的现金流量净额		160,552,195.54	148,364,073.70
四、汇率变动对现金的影响		-	-30,199.48
五、现金及现金等价物净增加额		202,751,372.74	215,938,128.01
项目	附注	母公司	合并数
1.不涉及现金收支的投资和筹资活动		-	
以固定资产偿还债务		-	
以投资偿还债务		-	
以债权进行长期投资		-	
以存货进行长期投资		-	
融资租赁固定资产		-	
2.将净利润调节为经营活动的现金流量		-	
净利润		77,248,849.41	77,248,849.41
加:少数股东损益		-	93,627.37
加:计提的坏帐准备或转销的坏帐		1,244,036.53	658,636.96
计提的存货跌价准备		80,569,27	2,195,713.45
待摊费用的减少或预提费用的增加		384,850.84	-229,611.23
固定资产折旧		36,530,809.48	38,703,706.11
无形资产、开办费及长期待摊费用摊销			
固定资产报废损失		1,793,844.00	1,793,844.00
财务费用		8,210,341.89	9,008,830.79
投资损失(减收益)		-45,081,102.59	-38,800,402.68
递延税款贷项(减借项)		-	-
存货的减少(减增加)		175,363,834.78	29,006,904.89
经营性应收项目的减少(减增加)		86,205,267.04	2,584,549.58
经营性应付项目的增加(减减少)		-171,783,359.38	78,107,528.61
其他		-	-
经营活动产生的现金流量净额		170,197,941.27	200,372,177.26
3.现金及现金等价物净增加情况:		-	-
现金的期末余额		-	-
减:现金的期初余额		302,338,331.48	315,525,066.75
加:现金等价物的期末余额		99,586,938.74	99,586,938.74
减:现金等价物的期初余额		-	-
现金及现金等价物净增加额		202,751,372.74	215,938,128.01

中体产业股份有限公司

二〇〇〇年年度报告摘选

一、公司简介

(一)公司中文名称:中体产业股份有限公司

英文名称:CHINA SPORTS INDUSTRY CO., LTD.

英文缩写:CSIC

(二)公司法定代表人:魏纪中

(三)公司董事会秘书及授权代表

董事会秘书:郑玉春

联系电话:(010)65536158

授权代表:王戊一

联系电话:(010)65514150

公司咨询服务机构:公司证券部

联系地址:北京市朝阳区朝外大街 225 号

联系电话:(010)65536158

联系传真:(010)65515338

(四)公司注册地址:天津市新技术产业园区武清开发区三号路

办公地址:北京市朝阳区朝外大街 225 号

邮政编码:100020

公司国际互联网网址:http://www.sport158.com

公司电子信箱:csic@sport158.com

(五)公司选定的信息披露报纸为:《中国证券报》、《上海证券报》

中国证监会指定的登载公司年度报告的国际互联网网址:http://www.sse.com.cn.

公司网址:http://www.sport158.com

公司年度报告置备地点:董事会秘书处(公司证券部)

(六)公司股票上市地:上海证券交易所

股票简称:中体产业

股票代码:600158

二、会计数据和业务数据摘要

(一)本年度主要会计数据(单位:人民币元)

利润总额	57,836,511.56
净利润	59,725,885.78
扣除非经常性损益后净利润	54,041,591.59
主营业务利润	130,082,324.57
其他业务利润	1,826,375.31
营业利润	44,452,843.91
投资收益	7,699,373.46
营业外收支净额	5,684,294.19
经营活动产生的现金流量净额	73,264,639.19
现金及现金等价物净增加额	59,168,723.70

(二)近三年主要会计数据和财务指标

指标项目	2000 年	1999 年	1998 年	
			调整前	调整后
1. 主营业务收入(元)	205,146,511.22	165,845,617.75	161,686,391.17	161,686,391.17
2. 净利润(元)	59,725,885.78	55,012,140.12	50,806,906.80	49,304,048.37
3. 总资产(元)	1,113,243,014.88	844,031,066.65	808,505,404.25	806,834,693.03
4. 股东权益(元)	804,845,140.65	521,446,054.88	476,936,773.18	475,433,914.76
5. 每股收益(元/股)	0.31	0.31	0.28	0.27
6. 扣除非正常性损益的每股收益(元)	0.28	0.20	0.23	0.22
7. 每股净资产(元/股)	4.12	2.90	2.65	2.64
8. 调整后每股净资产(元/股)	4.02	2.79	2.57	2.56
9. 每股经营活动产生的现金净流量	0.38	0.0017	-0.14	-0.14
10.净资产收益率(%)	7.42	10.55	10.65	10.37

(三)资产收益率和每股收益指标

报告期利润	净资产收益率(%)		每股收益(元)	
	全面摊薄	加权平均	全面摊薄	加权平均
主营业务利润	16.16	21.08	0.6667	0.7078
营业利润	5.52	7.20	0.2278	0.2419
净利润	7.42	9.68	0.3061	0.3250
扣除非经常性损益后的净利润	6.71	8.76	0.2770	0.2941

三、股本变动及股东情况

(一)股本变动情况

1、股本变动情况表

数量单位:万股

项目	初数	配股增加	期末数	持股比例(%)
1)尚未流通股份				
发起人股份				
其中:				
国有法人股	13,500	161.4	13,661.4	70.01
尚未流通股份合计	13,500	161.4	13,661.4	70.01
2)已流通股份				
境内上市的人民币普通股	4,500	1,350	5,850	29.99
已流通股份合计	4,500	1,350	5,850	29.99
3)股份总数	18,000	1,511.4	19,511.4	100

内蒙古宁城老窖股份有限公司

二〇〇〇年年度报告摘选

一、公司简介

1、公司的法定中文名称:内蒙古宁城老窖股份有限公司

公司的英文名称:NINGCHENG LAOJIAO COMPANY LIMITED

2、公司法定代表人:马德海先生

3、公司注册地址:内蒙古自治区宁城县八里罕镇

邮政编码:024231

公司国际互联网网址:http://www.nclj.com.cn

电子信箱:nclj@public.hh.nm.cn

4、公司董事会秘书:邢凤轶先生

联系地址:内蒙古宁城县八里罕镇宁城老窖股份有限公司证券部

电　　话:0476-4800807　　4800135-8378

传　　真:0476-4800131

电子信箱:ncljzq@public.hh.nm.cn

5、公司选定的信息披露报纸名称:中国证券报、上海证券报

6、登载公司年度报告的中国证监会指定国际互联网网址:http://www.sse.com.cn

7、公司年度报告备置地点:董事会秘书处

8、公司股票上市交易所:上海证券交易所

股票简称:宁城老窖

股票代码:600159

二、会计数据和业务数据摘要

1、公司本年度利润总额、净利润及其构成(单位:人民币元)

	2000 年度合并数	2000 年度母公司数
利润总额:	52,618,164.29	52,618,164.29
净利润:	43,724,437.17	43,724,437.17
扣除非经常性损益后的净利润:	32,849,338.05	32,677,714.96
主营业务利润:	80,360,827.49	-18,738,753.12
其他业务利润:	585,472.53	585,472.53
营业利润:	21,123,737.52	-34,735,700.35
投资收益:		55,687,814.78
补帖收入:	23,000,000.00	23,000,000.00
营业外收支净额:	8,494,426.77	8,666,049.86
经营活动产生的现金流量净额:	-32,220,466.75	-33,800,352.28
现金及现金等价物净增加额:	-13,221,428.81	-17,056,197.64

注:扣除的非经常性损益项目包括:营业外收入 9,283,348.63 元,营业外支出 788,921.86 元,98 年公司新股申购冻结资金利息 2,380,672.35 元。

2、截止报告期末前三年的主要会计数据和财务指标

项 目	2000 年	1999 年		1998 年
		调整后	调整前	
主营业务收入	265,461,545.01	286,858,143.53	286,858,143.53	323,219,193.53
净利润	43,724,437.17	61,384,772.97	62,896,534.89	46,186,119.65
总资产	757,133,386.25	654,799,475.97	655,752,395.44	622,774,204.78
股东权益	641,329,076.63	597,604,639.46	600,069,320.85	537,172,785.96
每股净资产	3.08	2.87	2.88	3.50
调整后的每股净资产	3.07	2.82	2.83	3.46
每股经营活动产生的现金流量净额	-0.15	0.35	0.35	
每股收益(摊薄)	0.21	0.295	0.3024	0.43
每股收益(加权)	0.21	0.33	0.34	0.46
每股收益(配股后)	0.197			
扣除非经常损益后的每股收益:	0.16	0.24	0.26	0.43
净资产收益率	6.82	10.27	10.48	12.28
净资产收益率(加权)	7.04	9.25	9.73	

根据中国证监会发布的<<编报规则第 9 号>>要求计算的数据

报告期利润	净资产收益率(%)		每股收益	
	全面摊薄	加权平均	全面摊薄	加权平均
主营业务利润	12.53	12.94	0.39	0.39
营业利润	3.29	3.4	0.10	0.10
净利润	6.82	7.04	0.21	0.21
扣除非经常损益后的净利润	5.12	5.30	0.16	0.16

三、股东情况介绍

1)报告期末公司股东总数为 7864 户。

2)公司前十名股东持股情况:

序号	股东名称	年末持股数(股)	占总股本比例(%)
1	宁城县国有资产管理局	156000000	75%
2	王玲	579410	0.28%
3	王培宜	482465	0.23%
4	万荣实业	368197	0.18%
5	王丽俊	361720	0.17%
6	南通物资	330500	0.16%
7	张林	264500	0.13%
8	郝身峰	255922	0.12%
9	张卫红	253200	0.12%
10	焦淑英	243200	0.12%

注:

(1)第 1 名股东为国家股持股单位,其持股数量在本年度未发生变化,在本年度未有质押、冻结等情况。

(2)上述 10 名股东之间、股东与公司之间不存在关联关系;

(3)公司实施配股后的股本结构情况:

公司于 2001 年 3 月 13 日已实施了配股,即以 98 年上市总股本 16000 万股为基数,按 10:3 的比例配售。配股后股本结构如下,公司总股本为 22180 万股,其中国家股为 15780 万股,社会公众股为 6400 万股。

浙江巨化股份有限公司

二〇〇〇年年度报告摘选

一、公司简介

1、公司法定中文名称:浙江巨化股份有限公司
公司中文名称缩写:巨化股份
公司法定英文名称:ZHEJIANG JUHUA CO.,LTD.
公司英文名称缩写:ZJJH
2、公司法定代表人:刘奇
3、公司董事会秘书:余洁敏
联系电话:(0570)3091688
传　　真:(0570)3091777
电子信箱:YJM@Juhua.com.cn
4、公司注册地址:浙江省衢州市柯城区
公司办公地址:浙江省衢州市巨化集团公司内
邮政编码:324004
公司国际互联网网址:http://www.jhgf.com.cn
公司电子信箱:ZJP@Juhua.com.cn
5、选定的信息披露报纸:中国证券报、上海证券报
登载公司年报的国际互联网网址:http://www.sse.com.cn
年度报告备置地点:公司证券部
6、公司股票上市交易所:上海证券交易所
股票简称:巨化股份
股票代码:600160

二、会计数据和业务数据摘要

1、公司本年度实现利润情况(合并报表)　　单位:元

	2000年度
利润总额	154,966,257.08
净利润	109,570,000.52
扣除非经常性损益后的净利润	115,523,423.83
主营业务利润	318,205,448.24
其它业务利润	1,811,732.18
营业利润	132,725,622.93
投资收益	29,663,574.37
补贴收入	26,553.78
营业外收支净额	-7,449,494.00
经营活动产生的现金流量净额	306,665,816.27
现金及现金等价物净增加额	118,557,122.29

注:扣除非经常性损益包括:固定资产处置净收益-7,274,719.95元,股权差额摊销1,321,296.64元,共计-5,953,423.31元。

2、公司前三年主要会计数据和财务指标(合并报表)　　单位:元

项目	2000年	1999年	1998年	
			调整后	调整前
主营业务收入	1,235,379,872.02	1,121,870,106.04	1,025,363,573.81	1,025,363,573.81
净利润	109,570,000.52	113,080,068.79	95,708,751.39	102,262,760.82
总资产	1,870,609,717.24	1,479,003,037.25	1,330,714,915.29	1,337,615,576.67
股东权益	978,973,063.10	954,223,062.58	849,512,580.05	856,066,589.48
每股收益(摊薄)	0.321	0.332	0.309	0.33
每股收益(加权)	0.321	0.347	0.354	0.38
扣除非经常性损益后的每股收益	0.339	0.316	0.291	0.32
每股经营活动产生的现金流量净额	0.90	0.96	0.32	0.32
每股净资产(摊薄)	2.87	2.82	2.74	2.76
调整后每股净资产	2.82	2.75	2.43	2.45
净资产收益率(%)	11.20	11.75	11.27	11.95

注1:上述指标计算涉及股份总数时,2000年按总股本34,100万计算,1999年按总股本34,100万股计算,1998年按总股本31,000万股计算。

注2:2000年度执行财政部财会(2000)3号、浙政发(1998)69号文件精神,公司按33%计提所得税,并由同级财政返还18%,实际所得税赋为15%。2000年度共计应返还所得税1581.20万元,其中1307.16万元因未在2000年12月31日前返回而未计入2000年度净利润。

三、股东情况介绍

1、报告期末公司股东总数71515户。

2、前10名股东为:

名次	股东名称	年末持股数量(股)	占总股本(%)
①	巨化集团公司	253,000,000	74.19
②	张书风	236,300	0.70
③	兴和基金	193,640	0.57
④	姜学伟	160,000	0.47
⑤	崇明农机	130,100	0.38
⑥	叶琼	126,040	0.37
⑦	秦怡	120,000	0.35
⑧	四川省金	105,500	0.31
⑨	开元基金	100,000	0.29
⑩	江浩	100,000	0.29

注:报告期内控股股东仍为巨化集团公司,年末持有本公司股份为25,300万股,占公司总股本的74.19%。所持股份为国有法人股,未流通,也无质押和冻结情况。

公司与第②至第⑩名股东之间不存在关联关系,与第一大股东的关联交易详见本报告第七部分。

北京天坛生物制品股份有限公司

二〇〇〇年年度报告摘选

一、公司简介

1、公司法定中文名称:北京天坛生物制品股份有限公司
公司法定英文名称:BEIJING TIANTAN BIOLOGICAL PRODUCTS CORPORATION LIMITED
公司英文名称缩写:BTBP
2、公司法定代表人:倪道明先生
3、公司董事会秘书:张翼先生
联系地址:北京市朝阳区三间房南里四号
联系电话:010—65772354　010—65772357　010—65724045
传真:010—65792747
4、公司注册地址:北京市海淀区紫竹院南路十七号
公司办公地址:北京市朝阳区三间房南里四号
邮政编码:100024
公司网址:http://www.btbp.gm.net.cn
5、公司选定的信息披露报纸名称:《中国证券报》、《上海证券报》
登载公司年度报告的中国证监会指定国际互联网网址:http://www.sse.com.cn
公司年度报告备置地点:本公司证券部
6、公司股票上市地:上海证券交易所
股票简称:天坛生物　　股票代码:600161

二、会计数据和业务数据摘要

(一)、本年度会计数据摘要(单位:元)

1、利润总额:	47,374,656.85
2、净利润:	37,919,886.45
3、扣除非经常性损益后的净利润:	36,247,247.97
4、主营业务利润:	87,708,741.83
5、其他业务利润:	992.70
6、营业利润:	44,075,239.13
7、投资收益:	1,626,779.24
8、补贴收入:	0.00
9、营业外收支净额:	1,672,638.48
10、经营活动产生的现金流量净额:	47,903,911.74
11、现金及现金等价物净增加额:	-38,144,482.85
注:扣除的非经常性损益项目和涉及金额:	
处理固定资产净损失:	943,919.14

(二)、前三年主要会计数据及财务指标

指标项目	2000年	1999年	1998年调整前	1998年调整后
1.主营业务收入(元)	137,577,474.83	137,496,607.87	105,917,417.82	105,917,417.82
2.净利润(元)	37,919,886.45	43,164,582.29	33,575,892.60	30,451,113.09
3.总资产(元)	445,983,962.33	439,547,398.86	378,343,586.59	375,218,807.08
4.股东权益(元)(不含少数股东权益)	278,728,641.08	279,226,602.97	265,798,951.85	262,674,172.34
5.每股收益(元/股)	0.1975	0.22	0.28	0.25
6.每股净资产(元/股)	1.45	1.45	2.21	2.19
7.调整后的每股净资产(元/股)	1.44	1.45	2.21	2.19
8.每股经营活动产生的现金流量净额(元/股)	0.25	0.22	0.20	0.20
9.净资产收益率(%)	13.60	15.46	12.63	11.59
按月平均加权法计算的每股收益(元/股)	0.1975	0.22	0.28	0.25
扣除非经常性损益后的每股收益(元/股)	0.1888	0.22	0.27	0.24

(三)、新增财务指标

报告期利润	净资产收益率		每股收益	
	全面摊薄	加权平均	全面摊薄	加权平均
1.主营业务利润	31.47%	29.41%	0.4568	0.4568
2.营业利润	15.81%	14.78%	0.2296	0.2296
3.净利润	13.60%	12.72%	0.1975	0.1975
4.扣除非经常性损益后的净利润	13.01%	12.16%	0.1888	0.1888

(四)、本年度股东权益变动情况(单位:元)

项目	股　本	资本公积	盈余公积	其中:法定公益金	未分配利润	股东权益合计
期初数	192,000,000	51,669,291.25	17,334,425.58	8,658,288.62	18,222,886.14	279,226,602.97
本期增加	0	0.00	7,609,004.42	3,813,426.38	0.00	7,609,004.42
本期减少	0	0.00	0.00	0.00	8,106,966.31	8,106,966.31
期末数	192,000,000	51,669,291.25	24,943,430.00	12,471,715.00	10,115,919.83	278,728,641.08

变动原因:

1、年度内盈余公积金、法定公商金增加是本年度从净利润中计提所致;

2、本年度利润分配预案拟以2000年末总股本为基数,每10股分派现金红利2元(含税)所致。

三、股东情况介绍

一、报告期末股本总数:截至2000年12月31日登记在册的鼓动总数为34648户。

二、公司前10名股东持股情况如下:

股东名称	年末持股数量	占总股本比例(%)
北京生物	144,000,000	75
普惠基金	602,647	0.307
景福基金	540,445	0.281
裕阳基金	502,555	0.262
浦文龙	345,500	0.180
中技招标	300,050	0.156
深花商场	166,000	0.086
林冬铭	140,000	0.073
泰达科投	136,000	0.071
鑫达铜材	132,000	0.069

前十名股东之间不存在关联关系。所持股份无质押、冻结情况。

山东临沂工程机械股份有限公司

二○○○年年度报告摘选

一、公司简介

(一)、公司法定中文名称:山东临沂工程机械股份有限公司
英文名称:Shandong Linyi Engineering Machinery Stock Co.,Ltd
英文缩写:SLEM
(二)、公司法定代表人:王志中
(三)、公司董事会秘书:高树建
董事会证券事务代表:徐洁
联系地址:山东省临沂市金雀山路17号
电　　话:0539-8308809　　传　　真:0539-8109193
电子信箱:gsj162@yeah.net
(四)、公司注册地址:山东省临沂市金雀山路17号
公司办公地址:山东省临沂市金雀山路17号
邮政编码:276004
公司国际互联网网址:http://www.sdlg.com
公司电子信箱:lingong@ly-public.sd.cninfo.net
(五)、公司选定的信息披露报纸:《上海证券报》
登载公司年度报告的中国证监会指定国际互联网网址:http://www.sse.com.cn
公司年度报告备置地点:山东省临沂市金雀山路17号公司证券部
(六)、公司股票上市交易所:上海证券交易所
股票简称:山东临工　　股票代码:600162

二、会计数据和业务数据摘要

(一)、本年度实现利润情况(单位:人民币元)

项　目	2000年度
利润总额	28,329,080.82
净利润	26,560,058.28
扣除非经常性损益后的净利润	26,560,058.28
主营业务利润	93,116,437.75
其他业务利润	1,176,031.31
营业利润	22,351,404.07
投资收益	5,069,580.20
补贴收入	
营业外收支净额	908,096.55
经营活动产生的现金流量净额	53,089,809.77
现金及现金等价物净增加额	185,488,928.05

(二)、前三年主要会计数据和财务指标(单位:人民币元)

项 目	2000年度	1999年度	1998年度	
		调整后	调整前	调整后
主营业务收入	443,017,786.00	391,915,519.50	226,802,270.65	226,802,270.65
净利润	26,560,058.28	40,194,961.18	32,209,594.25	28,793,139.39
总资产	1,214,413,856.55	721,110,190.39	554,518,003.87	542,898,150.80
股东权益(不含少数股东权益)	595,874,405.87	394,885,347.60	363,219,317.99	351,599,464.92
每股收益	0.15	0.27	0.24	0.21
按月平均加权法计算的每股收益	0 17	0.28	0.26	0.24
扣除非经常性损益后的每股收益	0.15	0.25	0.22	0.19
每股净资产	3.39	2.63	2.66	2.58
调整后的每股净资产	3.33	2.59	2.64	2.55
每股经营活动产生的现金流量净额				
净资产收益率(%)	4.46	10.18	8.87	8.19

注:1998年年末总股本为13,650万股,1999年年末总股本为15,015万股,2000年年末总股本为17,589万股。

(三)、利润表附表:

报告期利润	净资产收益率(%)		每股收益(元)	
	全面摊薄	加权平均	全面摊薄	加权平均
主营业务利润	15.63	20.81	0.53	0.59
营业利润	3.75	4.99	0.13	0.14
净利润	4.46	5.93	0.15	0.17
扣除非经常性损益后的净利润	4.46	5.93	0.15	0.17

三、股本变动及股东情况

(一)、股东情况介绍
1.报告期末公司股东总数为41556户。
2.报告期末公司前10名股东持股情况

股 东 名 称	年末持股数(股)	占总股本比例(%)
①山东工程机械集团有限公司	65,950,000	37.50
②广发证券	2,236,926	1.27
③泰和基金	1,272,703	0.72
④临沂工程机械厂配件中心	1,210,000	0.69
⑤临沂友谊宾馆	1,210,000	0.69
⑥汲波	584,360	0.33
⑦王炜	440,440	0.25
⑧张爱云	420,000	0.24
⑨李若启	420,000	0.24
⑩韩王英	420,000	0.24

注:①代表国家持有本公司股份的是山东工程机械集团有限公司,持股数由年初的6325万股增至年末的6595万股,是因公司实施了2000年度配股方案所致。所持股份无质押或冻结情况。

② 前10名股东中,第①名股东所持股份为未上市流通的国有法人股;第②名股东所持股份中已上市流通股份208,908股,未上市流通股份(内部职工股)2,028,018股;第③名股东所持股份为已上市流通股份;第④、⑤名股东所持股份为未上市流通的社会法人股;其余股东所持股份均为未上市流通的内部职工股。

③ 前10名股东之间不存在关联关系。

福建省南纸股份有限公司

二○○○年年度报告摘选

一、公司简介

1、公司中文名称:福建省南纸股份有限公司
公司英文名称:Nanzhi Co.,Ltd.,Fujian
缩　　写:FJNZ
2、公司法定代表人:黄国英
公司总经理:陈守勤
3、公司董事会秘书:李公然
公司证券事务代表:李永和
联系地址:福建省南平市滨江北路177号
福建省南纸股份有限公司证券部
联系电话:0599-8808806　　传真:0599-8801260
电子信箱:stock@nanping-paper.com
4、公司注册办公地址:福建省南平市滨江北路177号
公司邮政编码:353000
公司国际互联网网址:http://www.nanping-paper.com
5、公司信息披露报纸名称:《上海证券报》、《中国证券报》
公司登载年度报告的国际互联网网址:http://www.sse.com.cn
公司年度报告备置地点:公司证券部
6、公司股票上市交易所:上海证券交易所
股票简称:福建南纸　　股票代码:600163

二、会计数据和业务数据摘要

1、公司本年度利润总额及构成(合并报表)　　单位:人民币元

项　目	金　额
利润总额	81,646,859.38
净利润	69,153,202.04
扣除非经常性损益后净利润	68,202,329.95
主营业务利润	200,731,361.19
其他业务利润	-1,104,664.45
营业利润	79,480,120.38
投资收益	934,207.15
营业外收支净额	1,232,531.85
经营活动产生的现金流量净额	131,164,927.76
现金及现金等价物净增加额	-65,191,713.37

公司非经常性损益项目扣除所得税的影响所涉及净利润的是:
(1)营业外收支净额:　　1,047,652.07元;
(2)股权投资差额摊销:　　96,779.98元。

2、近三年主要会计数据和财务指标(单位:人民币元)

指标项目	2000年度	1999年度		1998年度	
		调整后	调整前	调整后	调整前
主营业务收入	954,019,938.07	456,803,607.01	456,803,607.01	452,495,574.47	452,495,574.47
净利润	69,153,202.04	73,613,009.29	84,113,009.29	54,360,800.04	76,875,228.90
总资产	2,481,079,933.23	2,099,138,391.07	2,124,138,391.07	1,478,707,544.78	1,501,225,297.95
股东权益	1,091,510,143.95	738,713,368.70	763,713,368.70	692,708,359.41	715,222,788.27
每股收益摊薄	0.23	0.27	0.30	0.20	0.28
加权	0.24	0.27	0.30	0.22	0.31
每股净资产	3.57	2.66	2.75	2.49	2.57
调整后的每股净资产	3.55	2.64	2.73	2.48	2.56
每股经营活动产生的现金流量净额	0.43	0.41	0.41	-0.07	-0.07
净资产收益率(%)摊薄	6.34	9.97	11.01	7.85	10.75
加权	7.95	10.09	11.43	9.95	14.22
扣除非经常性损益后的每股收益	0.22	0.23	0.23	0.19	0.22

说明:根据财政部财会[2001]17号文"关于贯彻实施《企业会计制度》有关政策衔接问题的规定"公司计提固定资产减值准备,并采用追溯调整法进行会计处理,调整了报告期期初留存收益及相关项目的期初数,因此,上述指标分调整前、调整后列示。

3、利润表附表

报告期利润	净资产收益率(%)		每股收益(元)	
	全面摊薄	加权平均	全面摊薄	加权平均
主营业务利润	18.39	23.07	0.66	0.70
营业利润	7.28	9.14	0.26	0.28
净利润	6.34	7.95	0.23	0.24
扣除非经常性损益后的净利润	6.25	7.84	0.22	0.24

三、股东情况介绍

1、报告期末股东总数
截止2000年12月31日,本公司股东总数为48419户。
2、前十名股东情况如下
持有本公司5%以上股份的股东1户为公司发起人福建省轻纺工业总公司,持有本公司国家股21494.664万股,占公司总股本的70.26%,年度内所持股份未发生变动,也没有质押或冻结情况。

股东名称	持股数(股)	占总股本比例(%)
①福建省轻纺工业总公司	214946640	70.26
②海通证券	6224230	2.03
③金泰基金	4292636	1.40
④周荣芳	827195	0.27
⑤北京证券	678560	0.22
⑥周永森	404965	0.13
⑦赵宇	400000	0.13
⑧张瑞祥	316000	0.10
⑨邓峰光	230000	0.08
⑩赵枢权	222600	0.07

宁夏恒力钢丝绳股份有限公司

二○○○年年度报告摘选

一、公司简介

(一)、公司名称:宁夏恒力钢丝绳股份有限公司
公司法定英文名称:NING XIA HENG LI STEEL WIRE ROPE CO. LTD
公司英文缩写:NSWRC
(二)、公司注册地址:宁夏石嘴山市石嘴山区河滨街
公司办公地址:宁夏石嘴山市石嘴山区河滨街
邮政编码:753202
电子信箱:nxhl@public. yc. nx. cn
公司网址:http://www. hengli. com. cn
(三)、公司法定代表人:李礼善
(四)、公司董事会秘书:朱公录
公司证券事务代表:卓青峰
联系地址:宁夏石嘴山市石嘴山区河滨街
电话:(0952)3671226　(0952)3671394
传真:(0952)3671799
(五)、公司选定的中国证监会指定报纸名称:《上海证券报》
中国证监会指定的国际互联网网址:http://www. sse. com. cn
公司年度报告备置地点:公司证券部
(六)、股票上市交易所:上海证券交易所
股票简称:宁夏恒力
股票代码:600165

二、会计数据和业务数据摘要

(一)、公司本年度会计数据　　单位:人民币元

项　目	2000 年
利润总额	68806320.55
净利润	50235936.67
扣除非经常性损益后的净利润	47795352.86
主营业务利润	84492513.31
其他业务利润	3131692.91
营业利润	53458753.69
投资收益	9473667.72
补贴收入	2440583.81
营业外收支净额	3433315.33
经营活动产生的现金流量净额	134167453.14
现金及现金等价物净增加额	69070140.72

(二)、公司近三年的主要会计数据和财务指标　　单位:人民币元

项　目	2000 年	1999 年	1998 年	
			调整后	调整前
主营收入	336526549.51	236704860.69	229744435.64	229744435.64
主营利润	84492513.31	64660848.91	49691281.68	49691281.68
净利润	50235936.67	43664507.48	47688081.21	40050318.58
总资产	778592720.28	635627619.96	513916065.12	522415329.13
股东权益	435860761.91	415218601.85	371925437.35	380424701.36
每股收益	0.219	0.204	0.357	0.300
每股收益(加权)	0.231	0.273	0.409	0.344
扣除非经常性损益后的每股收益	0.208	0.200	0.304	0.246
扣除非经常性损益后的每股收益(加权)	0.220	0.266	0.348	0.282
每股净资产	1.90	1.94	2.78	2.79
调整后的每股净资产	1.87	1.92	−0.17	2.84
每股经营活动产生的现金净流量	0.58	−0.18	12.8	−0.17
净资产收益率%	11.53	10.5	12.8	10.5

报告期利润	净资产收益率(%)		每股收益(元)	
	全面摊薄	加权平均	全面摊薄	加权平均
主营业务利润	19.39	19.15	0.368	0.388
营业利润	12.26	12.12	0.233	0.246
净利润	11.53	11.39	0.219	0.231
扣除非经营损益后的净利润	10.96	10.84	0.208	0.220

三、股东情况介绍

1、本公司报告期末股东总数为 13651 户,国家股股东 1 户,法人股股东 5 户,社会公众股股东 13645 户。

2、本公司前 10 名大股东持股情况(至年度末)

序号	股东名称	持股数量(万股)	占总股本比例(%)
(1)	宁夏恒力钢铁集团有限公司	13200	57.49
(2)	荣成市邱家镇资产经营中心	816	3.55
(3)	宁夏大元炼油化工有限责任公司	480	2.09
(4)	酒泉钢铁公司	160	0.69
(5)	太西集团有限公司	160	0.69
(6)	宁夏有色金属冶炼厂	160	0.69
(7)	曾宣英	40.01	0.17
(8)	盛隆公司	29.98	0.13
(9)	徐启先	28.06	0.12
(10)	肖金华	25.78	0.11

说 明:持有 5%以上股份的股东所持股无质押或冻结情况,前十名股东不存在关联关系。

3、持有本公司 10%以上(含 10%)股份的股东情况

宁夏恒力钢铁集团有限公司,系本公司母公司,持有 13200 万股,占总股本 57.49%,法定代表人李礼善,经营范围为授权的国有资产经营及小型钢材。

4、报告期内控股股东无变更,披露相关信息的指定报纸为《上海证券报》。

北汽福田车辆股份有限公司

二○○○年年度报告摘选

一、公司简介

1、公司法定中文名称:北汽福田车辆股份有限公司
英文名称:BEI QI FU TIAN VEHICLE CO. ,LTD
2、公司法定代表人:安庆衡
总经理:王金玉
3、公司董事会秘书:龚敏
电话/传真:010－80717180
联系地址:北京市昌平区沙河镇沙阳路
E－Mail 信箱:ZHENGQUANBU@FUTIAN. COM. CN
4、公司注册地址:北京市昌平区沙河镇沙阳路
公司办公地址:北京市昌平区沙河镇沙阳路
邮编:102206
公司国际互联网网址:http://www. futian. com. cn
公司电子信箱:ftzjlb@public3. bat. net. cn
5、公司选定的信息披露报刊为:《上海证券报》、《中国证券报》
登载公司年度报告的中国证监会指定国际互联网网址:http://www. sse. com. cn.
公司年度报告备置地点:公司金融证券部
6、公司股票上市交易所:上海证券交易所
股票简称:福田股份
股票代码:600166

二、会计数据和业务数据摘要

1、本年度主要会计数据(单位:人民币元):

项　目	2000 年
利润总额	85184262.11
净利润	90759218.64
扣除非经常性损益后的净利润	46979966.79
主营业务利润	345419700.73
其他业务利润	10208989.85
营业利润	33679259.93
投资收益	31490993.34
补贴收入	15895333.76
营业外收支净额	4118675.08
经营活动产生的现金流量净额	5004882.60
现金及现金等价物净增加额	106946962.78
投资收益	31490993.34
补贴收入	15895333.76
营业外收支净额	4118675.08

2、前三年主要会计数据和财务指标(单位:人民币元):

项目	2000 年度	1999 年度	1998 年度	
		调整后	调整前	调整后
主营业务收入	3321947106.22	3102921166.56	2186286902.43	2186286902.43
净利润	90759218.64	101575627.37	76085719.17	74012346.81
总资产	2657499612.79	1782191050.46	1349634203.10	1343071845.32
股东权益(不含少数股东权益)	92626868.32	607389800.60	553490746.20	547408311.16
每股收益(摊薄)	0.3236	0.4025	0.39	0.38
按月平均加权法计算每股收益	0.3468	0.4983	0.44	0.43
扣除非经常性损益后的每股收益	0.1675	0.3437	0.36	0.29
每股净资产	3.30	2.41	2.85	2.81
调整后的每股净资产	3.06	2.08	2.62	2.62
每股经营活动产生的现金流量净额	0.02	0.56	1.15	1.15
净资产收益率(%)(摊薄)	9.80	16.72	13.75	13.52

3、利润表附表:

报告期利润	净资产收益率(%)		每股收益(元)	
	全面摊薄	加权平均	全面摊薄	加权平均
主营业务利润	37.29	46.40	1.23	1.32
营业利润	3.64	4.52	0.12	0.13
净利润	9.80	12.19	0.32	0.35
扣除非经常性损益后的净利润	5.07	6.31	0.17	0.18

三、股本变动及股东情况

1、股本变动情况:

(1)股份变动情况表(数量单位:股)

	本次变动前	本年度变动增减(+、−)						本次变动后
		配股	送股	公积金转股	增发	其他	小计	
一、未上市流通股份								
1、发起人股份	18735.6	1311						20046.6
其中:国家持有股份	14961.6	1175						16136.6
境内法人持有股份	3744	136						3880
外资法人持有股份								
其他								
2、募集法人股份								
3、内部职工股								
4、优先股或其他								
其中:转配股								
尚未上市流通股份小计	18735.6	1311						
二、已上市流通股份	6500	1500						20046.6
1、人民币普通股	6500	1500						8000
2、境内上市的外资股								8000
3、境外上市的外资股								
4、其他已上市流通股份合计	6500	1500						8000
三、股份总数	25235.6	2811						28046.6

沈阳黎明服装股份有限公司

二○○○年年度报告摘选

一、公司简介

1、公司名称:沈阳黎明服装股份有限公司
英文名称:SHENYANG DAWN GARMENTS CO.,LTD
2、法定代表:王宏明
3、董事会秘书:聂晶
联系地址:辽宁省沈阳市皇姑区昆山中路十号
联系电话:024-86842901
传　　真:024-86242272
电子信箱:stone@dawn-garments.com.cn
4、公司注册地址:辽宁省沈阳市皇姑区昆山中路十号
公司办公地址:辽宁省沈阳市皇姑区昆山中路十号
邮政编码:110032
国际互联网址:http://www.dawn-garments.com.cn
5、信息披露报纸:《中国证券报》、《上海证券报》
登载公司年度报告的中国证监会指定的国际互联网网址:http://www.sse.com.cn
公司年度报告备置地点:公司证券部
6、公司股票上市交易所:上海证券交易所
股票简称:黎明股份
股票代码:600167

二、会计数据和业务数据摘要

1、本年度主要会计数据和业务数据摘要　　单位:人民币元

项　目	2000年度实现数
利润总额	-28,739,875.86
净利润	-34,420,065.40
扣除非经营性损益后的净利润	-37,682,740.10
主营业务利润	35,269,585.84
其他业务利润	559,553.90
营业利润	-32,002,550.56
投资收益	1,555,245.11
补贴收入	0
营业外收支净额	1,707,429.59
经营活动产生的现金流量净额	-20,000,133.30
现金及现金等价物净增加额	-27,512,684.04

2、公司近三年主要会计数据和财务指标　　单位:人民币元

项目	2000年	1999年		1998年
		调整前	调整后	
主营业务收入	288,121,391.06	409,425,599.07	256,654,941.65	373,340,323.40
净利润	-34,420,065.40	35,408,419.30	-22,092,554.43	23,052,172.40
总资产	704,649,226,05	817,620,282.41	722,999,232.86	488,951,264.34
股东权益	449,483,151.96	561,062,793.23	486,935,263.07	189,256,375.09
扣除非经营性损益后的每股收益	-0.1983	0.1457	-0.1231	
每股收益	-0.1812	0.1864	-0.1163	0.1213
每股净资产	2.37	2.95	2.56	1.00
调整后的每股净资产	2.23	2.92	2.54	0.98
每股经营活动产生的现金流量净额	-0.11	0.11	0.11	
净资产收益率	-7.66%	6.31%	-4.54%	12.18%

3、按照中国证监会《公开发行证券信息披露编报规则(第9号)》要求计算2000年报告期利润的净资产收益率和每股收益。

报告期利润	净资产收益率(%)		每股收益(元)	
	全面摊薄	加权平均	全面摊薄	加权平均
主营业务利润	7.847	7.509	0.186	0.186
营业利润	-7.120	-6.813	-0.168	-0.168
净利润	-7.658	-7.328	-0.181	-0.181
扣除非经营性损益后的净利润	-8.280	-7.924	-0.196	-0.196

4、报告期内股东权益变动情况

项目	股本	资本公积	盈余公积	法定公益金	未分配利润	股东权益合计
期初数	190,000,000.00	332,504,202.69	5,763,043.10	2,305,217.24	-41,331,982.72	486,935,263.07
本期增加数						
本期减少数					34,420,065.40	34,420,065.40
期末数	190,000,000.00	332,504,202.69	5,763,043.10	2,305,217.24	-78,784,093.83	449,483,151.96

变动原因:未分配利润项目变动主要为本年利润减少。

三、股东情况介绍

1、报告期末股东总数26530户(其中国有股股东1户,社会公众股股东26529户)。

2、前10名股东持股情况

股东名称	持股数量	持股比例(%)
1)沈阳黎明服装集团公司	120,000,000	63.16
2)兴科基金	1,256,338	0.67
3)徐沛鑫	501,650	0.27
4)中亿科技	295,000	0.16
5)土利明	277,750	0.15
6)陈林芬	235,890	0.13
7)张怀志	224,000	0.12
8)游克玉	205,300	0.11
9)王雪松	200,000	0.11
10)万建华	181,416	0.1

注:沈阳黎明服装集团公司持有国有股12000万系尚未流通国有股份,是本公司独家发起人,其持有的股份无质押或冻结情况,与其他前9名流通股股东之间不存在关联关系。

武汉三镇实业控股股份有限公司

二○○○年年度报告摘选

一、公司简介

(一)、公司法定中文名称:武汉三镇实业控股股份有限公司
公司法定英文名称:WUHAN SANZHEN INDUSTRY HOLDING CO.,LTD
(二)、公司法定代表人:谢连和
(三)、公司董事会秘书及其授权人:曾牧　李丹
联系地址:武汉市发展大道东方商都5楼
电　话:(027)85600546　　传　真:(027)85877108
电　子信箱:E-mail:whkonggu@public.wh.hb.cn
(四)、公司注册地址:武汉经济技术开发区联发大厦
公司办公地址:武汉市发展大道东方商都5楼
邮政编码:430023
公司电子信箱:E-mail:whkonggu@public.wh.hb.cn
国际互联网网址:http://www.whkg.com.cn
(五)、公司信息披露报刊名称:《上海证券报》
登载公司年报的中国证监会指定国际互联网网址:http://www.sse.com.cn
公司年度报告备置地点:公司董事会办公室
(六)、公司股票上市交易所:上海证券交易所
公司股票简称:武汉控股　　公司股票代码:600168

二、会计数据和业务数据摘要

(一)、本年度主要会计数据

项　目	金　额
利润总额	168,186,905.90
净利润	147,698,360.88
扣除非经营性损益后的净利润	128,621,078.74
主营业务利润	124,450,207.43
其他业务利润	
营业利润	119,262,490.63
投资收益	30,409,373.64
补贴收入	19,636,051.36
营业外收支净额	-1,121,009.73
经营活动产生的现金流量净额	148,158,693.48
现金及现金等价物净增加额	69,592,593.20

注:扣除的非经常性损益项目系指:
1、补贴收入:　19,636,051.36元;
2、固定资产清理:　-4,818,600.30元;
3、冻结资金利息:　4,259,831.08元。

(二)、主要会计数据和财务指标

项目	2000年度	1999年度	1998年度(调整前)	1998年度(调整后)
主营业务收入(元)	235,110,058.22	241,102,922.96	256,534,081.08	256,534,081.08
净利润(元)	147,698,360.88	170,145,783.92	159,529,334.05	159,597,553.48
总资产(元)	1,568,430,592.24	1,229,627,201.62	1,046,906,790.87	1,044,377,243.23
股东权益(元)	1,295,934,774.06	1,045,024,694.64	979,408,458.36	976,878,910.72
每股收益(全面摊薄)	0.3348	0.4170	0.4692	0.4694
(加权平均)	0.3548	0.4170	0.5119	0.5121
扣除非经常性损益后				
每股收益(全面摊薄)	0.2916	0.2659	0.4567	0.4569
(加权平均)	0.3090	0.2659	0.4982	0.4984
每股净资产(元)	2.9376	2.5613	2.8806	2.8732
调整后每股 净资产(元)	2.9337	2.5567	2.8736	2.8663
每股经营活动产生的现金净流量	0.3358	0.4384	0.3323	0.3323
净资产收益率(%)				
(全面摊薄)	11.40	16.28	16.29	16.34
(加权平均)	12.31	16.02	20.59	20.66

(三)利润表附表:

2000年度 报告期利润	净资产收益率		每股收益	
	全面摊薄	加权平均	全面摊薄	加权平均
主营业务利润	0.0960	0.1037	0.2821	0.2990
营业利润	0.0920	0.0994	0.2703	0.2865
净利润	0.1140	0.1231	0.3348	0.3548
扣除非经常性损益后的净利润	0.0992	0.1072	0.2916	0.3090

三、股本变动及股东情况

(一)、股本变动情况
1、股份变动情况表:(数量单位:万股)

	本次变动前	本次变动增减(+、-)						本次变动后
		配股	送股	公积金转股	增发	其他	小计	
一 未上市流通股份								
1、发起人股份	30600	765					765	31365
其 中:								
国家持有股份								
境内法人持有股份	30600	765					765	31365
境外法人持有股份								
2、募集法人股份								
3、内部职工股份								
4、优先股或其他								
其中:转配股								
未上市流通股份合计	30600	765					765	31365
二 已上市流通股份								
1、人民币普通股	10200	2550					2250	12750
2、境内上市的外资股								
3、境外上市的外资股								
4、其他								
已上市流通股份合计	10200	2550					2250	12750
三 股份总数	40800	3315					3315	44115

太原重工股份有限公司

二○○○年年度报告摘选

一、公司简介

1、公司的法定中文名称:太原重工股份有限公司

公司的法定英文名称:TAIYUAN HEAVY INDUSTRY CO. ,LTD.

英文缩写:TYHI

2、公司法定代表人:王国正

3、公司董事会秘书:李迎魁

联系地址:太原市万柏林区玉河街 53 号

电话:0351－6361154

传真:0351－6362554

4、公司注册地址:太原高新技术产业开发区

公司办公地址:太原市万柏林区玉河街 53 号

邮政编码:030024

公司电子信箱:tyhi@public. ty. sx. cn

5、公司选定的信息披露报纸:《上海证券报》和《中国证券报》

登载公司年度报告的国际互联网网址:http://www. sse. com. cn

公司年度报告备置地点:公司证券部

6、公司股票上市交易所:上海证券交易所

股票简称:太原重工

股票代码:600169

二、会计数据和业务数据摘要

1、本年度利润总额及其构成　　单位:元

项目	金额
利润总额	51,412,380.59
净利润	52,370,907.75
扣除非经常性损益后的净利润	43,303,013.35
主营业务利润	92,456,203.22
其他业务利润	8,872,499.68
营业利润	47,013,604.73
投资收益	151,061.99
补贴收入	2,100,000.00
营业外收支净额	2,147,713.87
经营活动产生的现金流量净额	－20,122,365.91
现金及现金等价物净增加额	129,152,399.87

注:扣除的非经常性损益包括,资产处置损益 2,776,342.00 元,分摊的新股申购冻结资金利息 6,075,394.39 元。

2、截至 1999 年末公司前三年的主要会计数据和财务指标　　单位:元

	2000 年	1999 年	1998 年	
			调整前	调整后
主营业务收入	543,782,454.61	425,616,745.24	396,351,918.60	396,351,918.60
净利润	52,370,907.75	70,326,965.23	62,424,708.11	61,504,628.70
总资产	1,484,849,753.24	1,090,296,867.54	894,891,120.67	891,863,591.38
股东权益	869,027,051.85	686,521,316.85	620,121,880.91	617,094,351.62
每股收益	0.14	0.202	0.27	0.265
扣除非经常性损益后的每股收益	0.12	0.176		
每股净资产	2.335	1.972	2.67	2.66
调整后的每股净资产	2.299	1.963	2.66	2.65
净资产收益率(%)	6.026	10.244	10.07	9.97
每股经营活动产生的现金流量净额	－0.054	－0.096	－0.160	－0.160

3、根据中国证监会《公开发行证券公司信息披露编报规则》第 9 号,公司 2000 年按全面摊薄法和加权平均法计算的净资产收益率及每股收益

报告期利润	净资产收益率(%)		每股收益(元)	
	全面摊薄	加权平均	全面摊薄	加权平均
主营业务利润	10.64	12.76	0.2484	0.2640
营业利润	5.41	6.49	0.163	0.1343
净利润	6.03	7.23	0.1407	0.1496
扣除非经常损益后的净利润	4.98	5.98	0.1164	0.1237

三、股东情况介绍

1、报告期末股东总数为 93876 户。

2、持有本公司 5%以上(含 5%)股份的股东情况:报告期末,太原重型机械(集团)有限公司持有 169,314,210 股,本期无变动,占公司总股本的 45.50%;山西大同齿轮集团有限责任公司持有 47,158,215 股,本期无变动,占公司总股本的 12.67%。太原重型机械(集团)有限公司、山西大同齿轮集团有限责任公司持有的本公司股份报告期内未发生质押或冻结的情况。

3、主要股东持股情况:

股东名称	年末持股数量(股)	占总股本的比例
①太原重型机械(集团)有限公司	169,314,210	45.50%
②山西大同齿轮集团有限责任公司	47,158,215	12.67%
③山西省经贸资产经营有限责任公司(国家股)	11,700,000	3.14%
④襄岛中安	1,008,964	0.27%
⑤孟凡侠	480,000	0.13%
⑥张静	441,720	0.12%
⑦宋家桢	219,600	0.06%
⑧兴和基金	214,841	0.06%
⑨陈华平	201,354	0.05%
⑩郑美权	180,000	0.05%

上述股东之间无关联关系。

上海建工股份有限公司

二○○○年年度报告摘选

一、公司简介

(一)公司法定中文名称:上海建工股份有限公司

公司法定英文名称:SHANGHAI CONSTRUCTION CO. ,LTD

(二)公司法定代表人:蒋志权

(三)公司董事会秘书:尤卫平

董事会证券事务代表:吴正明

电话:(021)68872178

(021)68870170　　58885666－1822

传真:(021)58795500

联系地址:上海市浦东新区福山路 33 号

邮政编码:200120

(四)公司注册地址:上海市浦东新区浦东大道 710 号

邮政编码:200120

公司办公地址:上海市浦东新区福山路 33 号

邮政编码:200120

(五)公司选定的信息披露报纸名称:《上海证券报》、《中国证券报》

登载公司年度报告的中国证监会指定国际互联网网址:http://www. sse. com. cn

(六)公司年度报告备置地点:公司证券部

(七)股票上市地:上海证券交易所

股票简称:上海建工

股票代码:600170

二、会计数据和业务数据摘要(合并报表)

(一)本年度利润总额及其构成(单位:人民币元)

项　目	2000 年	1999 年	增长比例(%)
利润总额:	266,000,277	240,087,715	10.79
净利润:	226,275,363	203,744,125	11.06
扣除非经常性损益后的净利润	224,603,134	202,433,107	10.95
主营业务利润:	444,020,471	425,096,148	4.45
其它业务利润:	21,024,352	10,851,612	93.74
营业利润	205,226,051	236,557,845	－13.24
投资收益:	61,985,457	5,102,312	1114.85
补贴收入:			
营业外收支净额	－1,211,231	－1,572,442	－22.97
经营活动产生的现金流量净额	－290,485,386	－55,855,497	420.07
现金及现金等价物净增加额:	－514,980,661	－340,647,152	51.18

(二)前三年主要会计数据及财务指标(单位:人民币元)

序号	项目	2000 年	1999 年	1998 年
1	主营业务收入	7,767,287,555	7,461,314,909	8,454,756,885
2	净利润	226,275,363	203,744,125	216,986,684
3	总资产	5,126,238,153	5,056,504,058	5,342,081,253
4	股东权益	2,069,713,185	1,910,562,822	1,814,218,697
5	每股收益(摊薄)	0.42	0.38	0.40
6	加权平均每股收益	0.42	0.38	0.40
7	扣除非经营损益后的每股收益	0.42	0.38	0.40
8	每股净资产	3.85	3.56	3.38
9	调整后每股净资产	3.83	3.54	3.36
10	净资产收益率摊薄	10.93	10.66	11.96
11	净利润的加权净资产收益率%	11.18	10.63	11.96
12	扣除非经营损益后的净利润的加权净资产收益率%	11.10	10.56	11.96
13	每股经营活动产生的现金流量净额	－0.54	－0.10	0.82

(三)报告期内股东权益变动情况

项目	股　本	资本公积	盈余公积	法定公益金	未分配利润	股东权益合计
期初数	537,000,000	1,038,374,821	44,258,800	44,258,800	246,670,401	1,910,562,822
本期增加			22,627,536	22,627,536	113,895,291	159,150,363
本期减少						
期末数	537,000,000	1,038,374,821	66,886,336	66,886,336	360,565,692	2,069,713,185

变动原因:报告期内,实现净利润 226,275,363 元,其中 67,125,000 元作为利润分配应付股利,提取盈余公积金及法定公益金 45,255,072 元。

三、股东情况介绍

(一)报告期末股东总数为 77,170 户。

(二)主要股东持股情况

截止 2000 年 12 月 31 日,本公司前十名大股东持股情况如下:

股东名称	现持股数(股)	占总股本(%)
上海建工(集团)总公司	387,000,000	72.07
海通证券	20,770,250	3.87
太博特	1,323,138	0.25
曲振春	601,500	0.11
王登明	574,094	0.11
崔东	531,700	0.10
姜广勇	516,000	0.10
李士芳	469,506	0.09
张授授	440,574	0.08
李雪勤	429,828	0.08

上海贝岭股份有限公司

二〇〇〇年年度报告摘选

一、公司简介

1、公司中文名称:上海贝岭股份有限公司
英文名称:SHANGHAI BELLING CO., LTD.
2、公司法定代表人:张文义
3、公司董事会秘书:董倩
联系地址:上海市宜山路810号
联系电话:021-64850700×157
传 真:021-64854424
电子信箱:bloffice@belling.com.cn
4、公司注册地址:上海市漕河泾开发区宜山路810号
公司办公地址:上海市漕河泾开发区宜山路810号
公司邮政编码:200233
公司网址:http://www.belling.com.cn
公司电子信箱:bloffice@belling.com.cn
5、公司选定的信息披露报纸:《上海证券报》、《中国证券报》、《证券时报》
中国证监会指定登载公司年度报告的国际互联网网址:http://www.sse.com.cn
年度报告备置地点:公司董事会办公室
6、股票上市地:上海证券交易所
股票简称:上海贝岭
股票代码:600171

二、会计数据和业务数据摘要

1. 公司本年度利润总额及构成(单位:人民币元)

利润总额	186,311,686.40
净利润	172,163,750.44
扣除非经常性损益的净利润	167,602,877.37
主营业务利润	259,053,073.10
其它业务利润	473,133.97
营业利润	151,983,769.48
投资收益	31,864,893.22
补贴收入	98,685.00
营业外收支净额	2,364,338.70
经营活动产生的现金流量净额	262,348,373.64
现金及现金等价物净增加额	80,432,643.49

注:扣除的非经常性损益项目和涉及金额共计:4,560,873.07元,其中:无效申购利息摊销为4,462,188.07元。

2. 前三年主要财务数据和指标

指标栏目	2000年度	1999年度	1998年度	
			调整后	调整前
主营业务收入(元)	792,384,575.75	406,698,469.10	376,317,758.69	381,877,920.36
净利润(元)	172,163,750.44	141,389,937.35	121,295,693.16	133,700,046.02
每股收益(元)(摊薄)	0.40	0.33	0.36	0.40
每股收益(元)(加权)	0.40	0.33	0.48	0.53
扣除非经常性损益后的每股收益(元)(摊薄)	0.39	0.27	0.28	0.32
每股经营活动产生的现金净流量净额(元)	0.60	0.21	0.64	0.64
	2000年12月31日	1999年12月31日	1998年12月31日	1998年12月31日
总资产(元)	1,461,129,804.08	1,267,643,005.89	1,227,563,866.91	1,282,504,356.21
股东权益(元)	1,201,459,763.78	1,103,054,695.58	1,026,829,858.23	1,046,374,358.80
每股净资产(元)	2.77	2.54	3.07	3.13
调整后每股净资产(元)	2.75	2.52	3.04	3.11
净资产收益率(摊薄)	14.33%	12.82%	11.81%	12.78%
净资产收益率(加权)	14.48%	12.88%	22.85%	24.89%

3. 本年度利润表附表

报告期利润	净资产收益率(%)		每股收益(元)	
	全面摊薄	加权平均	全面摊薄	加权平均
主营业务利润	21.56	21.78	0.60	0.60
营业利润	12.65	12.78	0.35	0.35
净利润	14.33	14.48	0.40	0.40
扣除非经常性损益后的利润	13.95	14.09	0.39	0.39

三、股东情况介绍

1、本报告期末,公司股东总数为91,572户。
2、前十名股东持股情况(2000年12月31日)

名称	持股数量(股)	占总股本比例(%)
上海华虹(集团)有限公司	167,060,400	38.45
上海贝尔有限公司	111,373,600	25.64
景福基金	6,109,411	1.41
同盛基金	4,051,605	0.93
汉兴基金	2,500,080	0.58
皓玉科技	2,398,905	0.55
金泰基金	2,078,474	0.48
汉盛基金	2,014,066	0.46
金鑫基金	1,833,609	0.42
汪国华	1,341,342	0.31

说明:
上海华虹(集团)有限公司持有我公司股份为国家股。上海贝尔有限公司持有我公司股份为法人股。以上两股东持有的本公司股票没有质押、冻结情况。公司前10名股东之间不存在关联关系。

河南黄河旋风股份有限公司

二〇〇〇年年度报告摘选

一、公司简介

1、公司法定中文名称:河南黄河旋风股份有限公司
公司法定英文名称:HENAN HUANGHE XUANFENG CO., LTD
英文缩写:(HHXF)
2、公司法定代表人:乔金岭
3、公司董事会秘书:李建中
联系地址:河南省长葛市人民路200号
电话:0374-6165530
传真:0374-6128688
授权代表:张乔宏
电话:0374-6132809
传真:0374-6128688
4、公司注册及办公地址:河南省长葛市人民路200号
P.C.:461500
公司网址:HTTP://WWW.XUANFENG.COM.CN
E-mail:LIJZ@371.NET
5、公司选定的信息披露报刊为:《上海证券报》
登载公司年度报告的中国证监会指定国际互联网网址:HTTP://WWW.SSE.COM.CN
公司年度报告备置地点:公司证券部
地址:河南省长葛市人民路200号
6、公司股票上市交易所:上海证券交易所
股票简称:黄河旋风
股票代码:600172

二、会计数据和业务数据摘要

(一)本年度利润总额及构成(单位:人民币元)

利润总额	60,582,784.37
净利润	48,878,789.30
扣除非经常性损益后的净利润	45,228,150.15
主营业务利润	99,409,372.19
其它业务利润	5,682,740.48
营业利润	59,516,016.83
投资收益	-4,800,000.00
补贴收入	
营业外收支净额	5,866,767.54
经营活动产生的现金流量净额	22,399,533.17
现金及现金等价物净增加额	12,487,969.66

注:扣除的非经常性损益项目和涉及金额(单位:人民币元)

项目	金额
发行股票申购资金利息收入	2,303,366.86
清理固定资产净收益	807,204.04
无需支付的破产债务结转	665,366.04
处理固定资产损失	-125,297.79

(二)公司前三年主要会计数据和财务指标(单位:人民币元)
追溯调整后:

指标项目	2000年度	1999年度	1998年度
主营业务收入	318,939,205.39	232,815,877.71	177,450,261.61
净利润	48,878,789.30	73,764,579.39	39,747,360.03
总资产	692,034,112.71	519,432,009.51	416,934,194.17
股东权益	437,272,147.12	415,193,357.82	341,428,778.44
每股收益(摊薄)	0.20	0.302	0.326
每股净资产(摊薄)	1.79	1.70	2.80
调整后每股净资产(摊薄)	1.78	1.68	2.77
每股经营活动产生的现金流量净额(摊薄)	0.09	0.22	0.307
净资产收益率(%)(摊薄)	11.18%	17.77%	11.64%

注:公司2000年度配股工作已于2001年2月全部完成,总股本由24400万股变为26800万股,变化后的每股收益为0.182元。

(三)按照中国证监会《公开发行证券公司信息批露编报规则(第9号)》计算的数据(2000年度)

报告期利润	净资产收益率(%)		每股收益(元)	
	全面摊薄	加权平均	全面摊薄	加权平均
主营业务利润	22.73%	22.61%	0.41	0.41
营业利润	13.61%	13.54%	0.24	0.24
净利润	11.18%	11.12%	0.20	0.20
扣除非经常性损益后的净利润	10.34%	10.29%	0.19	0.19

三、股东情况介绍

1、报告期末,公司股东总数为50869户。
2、主要股东持股情况
报告期末,本公司前10名大股东持股情况如下:

单位:股

股东名称	年初持股	本年增加	年末持股	占总股本(%)
黄河集团公司	111,520,000	0	111,520,000	45.70
日本ODK公司	41,000,000	0	41,000,000	16.80
郑州三磨研究所	8,200,000	0	8,200,000	3.36
长葛市树脂磨具厂	1,640,000	0	1,640,000	0.67
长葛市星星电子制品厂	1,640,000	0	1,640,000	0.67
东方证券	6,220,000	-5,420,000	800,000	0.33
中经泰	0	439,900	439,900	0.18
刘小株	0	430,000	430,000	0.18
赵金	0	426,400	426,400	0.17
吴春芳	0	365,807	365,807	0.15

牡丹江水泥股份有限公司

二〇〇〇年年度报告摘选

一、公司简介

(一)、公司法定中文名称:牡丹江水泥股份有限公司
公司英文名称:MUDANJIANG CEMENT CO.,LTD.
(二)、公司法定代表人:王奎廷
(三)、公司董事会秘书:陈根祥
证券事务代表:张友波
联系地址:牡丹江市西安区温春镇
联系电话:0453—6497558　　0453—6497999
传　　真:0453—6497515　　0453—6497999
(四)、公司注册地址及办公地址:黑龙江省牡丹江市温春镇公司大楼
邮政编码:157041
公司电子信箱:zjxueyi@public.md.hl.cn
(五)、公司信息披露报纸名称:上海证券报
登载公司年度报告的中国证监会指定国际互联网网址:HTTP://WWW.SSE.COM.CN
公司年度报告备置地点:公司证券部
(六)、公司股票上市交易所:上海证券交易所
股票简称:牡丹江
股票代码:600173

二、会计数据和业务数据摘要

(一)、本年度主要利润指标　　(单位:人民币元)

项目	金额
1、利润总额	68,664,836.38
2、净利润	58,365,110.92
3、扣除非经常性损益后的净利润	57,973,132.22
4、主营业务利润	117,817,961.02
5、其他业务利润	2,642,893.86
6、营业利润	68,272,857.68
7、投资收益	–
8、补贴收入	–
9、营业外收支净额	391,978.70
10、经营活动产生的现金流量净额	3,239,131.04
11、现金及现金等价物净增加额	−64,996,373.16

注:扣除非经常性损益的项目涉及金额:营业外收入535,298.07元,主要是无法支付的应付款项531,248.07元。

(二)、截止报告期末公司前三年主要会计数据和财务指标

(单位:人民币元)

项目	2000年	1999年	1998年
1、主营业务收入	413,814,830.75	396,331,405.36	389,143,829.17
2、净利润	58,365,110.92	53,838,665.03	54,805,261.69
3、总资产	962,598,323.56	902,133,985.98	567,067,274.91
4、股东权益	629,970,040.61	613,004,929.69	265,172,956.83
5、每股收益	0.254	0.234	0.365
6、每股收益(加权平均)	0.254	0.256	0.365
7、扣除非经常性损益后的每股收益	0.252	0.208	0.365
8、每股净资产	2.74	2.67	1.77
9、调整后的每股净资产	2.73	2.66	1.76
10、每股经营活动产生的现金流量净额	0.069	0.014	0.306
11、净资产收益率(%)	9.26	8.78	20.67

报告期利润	净资产收益率(%)		每股收益(元)	
	全面摊薄	加权平均	全面摊薄	加权平均
主营业务利润	18.70	18.35	0.512	0.512
营业利润	10.84	10.63	0.297	0.297
净利润	9.26	9.09	0.254	0.254
扣除非经常性损益后的净利润	9.20	9.03	0.252	0.252

三、股本变动及股东情况

(一)、股本变动情况

公司股份变动情况表

(单位:股)

项目	本次变动前	本次变动增减(+、-)						本次变动后
		配股	送股	公积金转股	增发	转让	小计	
1、未上市流通股份								
(1)、发起人股份	124,909,500							124,909,500
其中:								
国家持有股份	124,909,500							124,909,500
境内法人持有股份								
境外法人持有股份								
其他								
(2)、募集法人股份	3,575,000							3,575,000
(3)、内部职工股	21,515,500							21,515,500
(4)、优先股或其他								
其中:转配股								
未上市流通股份合计	150,000,000							150,000,000
2、已上市流通股份								
(1)、人民币普通股	80,000,000							80,000,000
(2)、境内上市的外资股								
(3)、境外上市的外资股								
(4)、其它								
已上市流通股份合计	80,000,000							80,000,000
3、股份总数	230,000,000							230,000,000

海南宝华实业股份有限公司

二〇〇〇年年度报告摘选

一、公司简介

1、公司法定中文名称:海南宝华实业股份有限公司
公司法定英文名称:HAINAN BAOHUA INDUSTRY SHARE CO.,LTD
2、公司法定代表人:李发增
3、公司董事会秘书:周冀
联系地址:海南省海口市滨海大道69号六层
联系电话:0898-8536699转6633
传　　真:0898-8538942
电子信箱:zhouji70@263.net
4、公司注册地址:海南省海口市滨海大道69号六层
公司办公地址:海南省海口市滨海大道69号六层
邮政编码:570105
公司国际互联网网址:http://www.baohua.com
电子信箱:baohua@t-h-g.com.cn
5、公司选定的信息披露报纸名称:《中国证券报》、《上海证券报》
登载公司年度报告的中国证监会指定国际互联网网址:http://www.sse.com.cn
公司年度报告备置地点:公司证券部
6、公司股票上市地:上海证券交易所
股票简称:宝华实业
股票代码:600175

二、会计数据和业务数据摘要

1、本年度实现利润及主要现金流量指标(单位:元)

项目	金额
利润总额	20,295,748.79
净利润	18,902,753.15
扣除非经常性损益后的净利润	19,126,271.05
主营业务利润	44,269,242.95
其他业务利润	−302,275.00
营业利润	−710,611.17
投资收益	20,921,699.66
补贴收入	–
营业外收支净额	84,660.30
经营活动产生的现金流量净额	23,035,733.98
现金及现金等价物净增加额	−89,711,999.88

2、截止报告期末公司前三年主要会计数据和财务指标(单位:元)

指标项目	2000年	1999年		1998年	
		调整前	调整后	调整前	调整后
主营业务收入	70,779,424.96	133,605,797.15	133,605,797.15	117,798,157.30	117,798,157.30
净利润	18,902,753.15	33,489,762.82	63,198,587.04	32,296,014.29	26,063,319.53
总资产	648,324,977.28	669,840,833.87	665,062,959.98	544,204,446.80	503,095,095.23
股东权益	421,469,132.85	408,154,253.59	402,566,379.70	237,921,943.44	196,455,265.40
每股收益(元/每股)	0.177	0.628	1.185	0.807	0.652
扣除非经常性损益后的每股收益	0.179	0.600	1.157	0.807	0.652
每股净资产(元/每股)	3.95	7.65	7.55	5.95	4.91
调整后的每股净资产	3.80	7.31	7.17	5.43	4.39
每股经营活动产生的现金流量净额	0.22	−0.68	−0.68	0.13	0.13
净资产收益率(%)	4.48	8.21	15.70	13.57	13.27

3、根据中国证监会发布的《公开发行证券公司信息披露编报规则》9号通知,公司按全面摊薄法和加权平均法计算的净资产收益及每股收益:

	净资产收益率%		每股收益(元)	
	全面摊薄	加权平均	全面摊薄	加权平均
主营业务利润	10.50	10.74	0.415	0.415
营业利润	−0.17	−0.17	−0.007	−0.007
净利润	4.48	4.59	0.177	0.177
扣除非经常性损益后的净利润	4.54	4.64	0.179	0.179

三、股本变动和股东情况

1、报告期末公司股东总数为15688户。

2、报告期内公司主要股东持股情况

股东名称	持股数量(股)	占总股本比例(%)
①北京天鸿集团公司	32140000	30.13
②皓年有限公司	10310000	9.66
③北京宝信实业发展公司	10310000	9.66
④北京宝星服务中心	8300000	7.78
⑤京华房产有限公司	3860000	3.62
⑥北京房屋建筑设计院	540000	0.51
⑦北京宝华饭店	540000	0.51
⑧孟现常	334350	0.31
⑨吴琴珠	242600	0.23
⑩张志高	224790	0.21

注:①前十名股东中第1名与第2、4、5名股东之间存在关联关系。

②持有本公司股份5%以上的股东,报告期内因公司按每10股转增10股比例实施资本公积转增方案,其所持股份较期初数增加一倍。持有本公司股份5%以上的股东股份无质押或冻结情况。

③北京天鸿集团公司是唯一持有公司10%以上股份的法人股东。天鸿集团法定代表人李发增,主要经营国内外房地产开发、出租、出售、收购、房地产金融、房地产业务咨询、工程勘察设计、工程承发包、装饰等业务。

中国化学建材股份有限公司

二〇〇〇年年度报告摘选

一、公司简介

1、公司法定名称:
中文名称:中国化学建材股份有限公司
公司简称:中国化建
英文名称:CHINA CHEMICAL BUILDING MATERIALS CO.,LTD.
英文名称缩写:CCBM
2、公司法定代表人:朱祖华
3、公司董事会秘书:党育
证券事务代表:平泱
联系地址:北京市海淀区紫竹院南路2号
联系电话:010-68434863,010-88411072-816
传真:010-88411072-828
电子信箱:ccbm@public.bta.net.cn
4、公司注册地址:北京市海淀区紫竹院南路2号
公司办公地址:北京市海淀区紫竹院南路2号　　邮政编码:100044
电子信箱:ccbm@public.bta.net.cn
5、公司选定的信息披露报纸:《中国证券报》、《上海证券报》
登载公司年度报告的中国证监会指定国际互联网网址:http://www.sse.com.cn
公司年度报告备置地点:董事会办公室
6、股票上市交易所:上海证券交易所
股票简称:中国化建　　股票代码:600176

二、会计数据和业务数据摘要

1、本年度利润总额及其构成:(单位:人民币元)

项目	本年度合并报表
利润总额:	66,651,702.75
净利润:	46,516,655.78
扣除非经常性损益后的净利润:	30,393,824.16
主营业务利润:	116,670,270.58
其他业务利润:	1,895,797.20
营业利润:	56,780,353.41
投资收益:	7,549,355.72
补贴收入:	--
营业外收支净额:	2,321,993.62
经营活动产生的现金流量净额:	101,651,693.34
现金及现金等价物净增加额:	65,954,409.41
注:扣除的非经常性损益项目和涉及金额	
(1)补贴收入(一次性贴息):	13,152,968.18
(2)新股申购冻结资金利息转入营业外收入:	2,969,863.44
以上项目涉及金额为:	16,122,831.62

2、截止报告期末公司前三年的主要会计数据和财务指标(单位:人民币元)

项目	2000年	1999年	1998年	
			调整后	调整前
主营业务收入	371,880,074.22	369,546,406.46	316,337,518.72	316,337,518.72
净利润	46,516,655.78	27,892,058.31	36,045,867.56	36,661,200.84
总资产	1,243,117,228.71	1093516,091.04	783,087,954.04	787,088,555.63
股东权益(不含少数股东权益)	488,438,676.30	466,032,861.81	228,111,198.99	231,496,991.18
每股收益				
全面摊薄	0.2090	0.1328	0.2574	0.2618
加权平均	0.2090	0.1406	--	--
扣除非经常性损益后的每股收益 全面摊薄	0.1365	--	--	--
加权平均	0.1365	0.0713	--	--
每股净资产(全面摊薄)	2.194	2.209	1.629	1.6535
调整后的每股净资产	2.003	2.173	1.58	1.619
每股经营活动产生的现金流量净额	0.457	-0.379	--	--
净资产收益率(%)				
全面摊薄	9.52	6.012	15.8	15.836
加权平均	9.63	--	--	--
扣除非经常性损益后的净资产收益率(%)(加权平均)	6.29	3.23	--	--

3、净资产收益率和每股收益系列指标(单位:人民币元)

报告期利润	净资产收益率(%)		每股收益(元/股)	
	全面摊薄	加权平均	全面摊薄	加权平均
主营业务利润	23.89	24.16	0.52	0.52
营业利润	11.63	11.76	0.26	0.26
净利润	9.52	9.63	0.21	0.21
扣除非经常性损益后的利润	6.22	6.29	0.14	0.14

三、股东情况介绍

1、报告期末股东总数
截至2000年12月31日,公司股东总数为29942户
2、截至2000年12月31日,前十名股东持股情况如下:

股东名称	年末持股数(股)	占总股本比例	是否上市流通
中国新型建筑材料(集团)公司	84111000	37.79%	否
浙江振石股份有限公司	49555000	22.26%	否
金鑫基金	9827143	4.41%	是
江苏永联集团公司	9434000	4.24%	否
中国建筑材料及设备进出口公司	5300000	2.38%	否
中建对外公司	470040	0.21%	是
蒋五英	318106	0.143%	是
吴义银	314028	0.141%	是
上海天投公司	305326	0.137%	是
张淑云	279906	0.126%	是

雅戈尔集团股份有限公司

二〇〇〇年年度报告摘选

一、公司简介

1、公司的法定中文名称:雅戈尔集团股份有限公司
公司的法定英文名称:YOUNGOR GROUP CO.,LTD
英文缩写:YOUNGOR
2、公司法定代表人:李如成
3、公司董事会秘书:林燕
联系地址:浙江宁波鄞县大道西段2号
联系电话:0574-7425136
传　　真:0574-7425390
E-mail:ystockdp@pub.nb.zj.cninfo.net
4、公司注册地址:浙江宁波雅戈尔大道1号
公司办公地址:浙江宁波鄞县大道西段2号C座
邮政编码:315153
5、公司指定信息披露的报纸:《中国证券报》、《上海证券报》、《证券时报》
中国证监会指定登载公司年度报告的网址:http://www.sse.com.cn
公司年度报告备置地点:公司证券部
6、公司股票上市交易所:上海证券交易所
股票简称:雅戈尔
股票代码:600177

二、会计数据和业务数据摘要

1、利润总额	323,921,671.79元
净利润	290,650,117.25元
扣除非经常性损益后的净利润	286,891,175.22元
主营业务利润	682,384,268.07元
其他业务利润	2,111,280.19元
营业利润	224,488,268.63元
投资收益	40,470,144.24元
补贴收入	55,491,875.50元
营业外收支净额	3,471,383.42元
经营活动产生的现金流量净额	211,940,898.67元
现金及现金等价物净增加额	144,747,866.20元

注:"扣除非经常性损益后的净利润"中扣除项目:1998年公司公开发行社会公众股新股未中签申购资金冻结利息应计入本年度净利润3,758,942.03元。

2、主要会计数据和财务指标(合并报表)

单位:元

会计数据和财务指标	2000	1999		1998
		调整后	调整前	
主营业务收入	1,437,739,642.57	1,040,912,020.47	1,016,291,083.76	785,869,643.44
净利润	290,650,117.25	194,168,749.20	193,755,874.99	134,981,850.05
总资产	2,445,708,041.92	1,585,527,045.44	1,569,498,568.08	1,285,014,971.05
股东权益(不含少数股东权益)	1,642,497,374.85	1,060,044,924.77	1,060,044,924.77	950,053,387.29
每股收益	0.5116	0.7524	0.7508	0.6799
加权平均每股收益	0.5256	0.7524	0.7508	0.8840
扣除非经常性损益后的每股收益	0.5050	0.7378	0.7362	0.6610
每股净资产	2.8912	4.1075	4.1075	4.7857
调整后的每股净资产	2.8845	4.0922	4.0922	4.7642
每股经营活动产生的现金流量净额	0.3731	1.2978	1.2978	0.5011
净资产收益率	17.70%	18.32%	18.28%	14.21%
加权平均净资产收益率	21.22%	18.54%	18.51%	31.05%

3、净资产收益率和每股收益系列指标(根据中国证监会《编报规则第9号》编制)

报告期利润	净资产收益率		每股收益(元)	
	全面摊薄	加权平均	全面摊薄	加权平均
主营业务利润	41.55%	49.82%	1.2012	1.2341
营业利润	13.67%	16.39%	0.3952	0.4060
净利润	17.70%	21.22%	0.5116	0.5256
扣除非经营性损益后的净利润	17.47%	20.95%	0.5050	0.5188

三、股东情况

1、报告期末股东总数:95,716户
2、前10名股东持股情况

股东名称	持股数(万股)	持股比例(%)	说　明
宁波盛达发展公司	16,849.97	29.66	未上市流通股份
宁波青春服装厂	11,817.87	20.80	未上市流通股份
鄞县石矸镇资产经营投资公司	4,333.09	7.63	未上市流通股份
鄞县青春职工持股会	1,299.93	2.29	未上市流通股份
安信证券投资基金	880.00	1.55	已上市流通股份
同益证券投资基金	852.00	1.50	已上市流通股份
安顺证券投资基金	730.15	1.29	已上市流通股份
同盛证券投资基金	512.18	0.90	已上市流通股份
金鑫证券投资基金	360.12	0.63	已上市流通股份
申银万国	100.08	0.18	已上市流通股份

注:(1)前三名股东持股超过5%,本年度分别增加股数8,424.98万股、5,908.93万股和2,166.54万股,系实施2000年中期公积金每10股转增10股所致。鄞县石矸镇资产经营投资公司期末所持股份中4,123.09万股已质押给宁波市商业银行明州支行,到期日为2001年5月21日。其他持股5%(含5%)以上的法人股股东所持股份无质押、冻结情况。

(2)前10名股东中没有代表国家持有股份的单位和外资股东。

(3)前10名股东中,安信基金与安顺基金同属于华安基金管理公司而有关联关系,同盛基金与同益基金因同属于长盛基金管理公司而有关联关系,其他股东之间无关联关系。

哈尔滨东安汽车动力股份有限公司

二〇〇〇年年度报告摘选

一、公司简介

1、公司中文名称:哈尔滨东安汽车动力股份有限公司

公司英文名称:HARBIN DONGAN AUTO ENGINE CO., LTD

公司英文名称缩写:DAAE

2、法 定 代 表 人:须桐兴

3、公司董事会秘书:姜俊奇

联系地址:哈尔滨市平房区保国街51号

电　　话:(0451)6528172　　6528173

传　　真:(0451)6505502

4、公司注册地址:哈尔滨市南岗区高新技术产业开发区36号楼

邮　　编:150036

公司办公地址:哈尔滨市平房区保国街51号

邮　　编:150066

电子信箱:dadlzqb@163.net

5、公司选定的信息批露报纸为《上海证券报》

登载公司年度报告的中国证监会指定的国际互联网网址为 http://www.sse.com.cn

公司年度报告备置地点:公司证券部

6、公司股票上市地:上海证券交易所

股票简称:东安动力

股票代码:600178

二、会计数据和业务数据摘要

1、本年度主要会计数据　　(单位:人民币元)

项目	金额
利润总额:	162,632,569.74
净利润:	139,940,825.25
扣除非经常性损益后的净利润:	136,407,745.35
主营业务利润:	361,584,429.71
其他业务利润:	1,181,111.34
营业利润:	167,583,725.39
投资收益:	-
补贴收入:	-
营业外收支净额:	-4,951,155.65
经营活动产生的现金流量净额:	269,190,683.71
现金及现金等价物净增加额:	-33,496,150.72

注:扣除的非经常性损益项目和涉及金额:

新股申购冻结资金利息:　3,533,079.90

2、截止报告期末公司前三年主要会计数据和财务指标

单位:人民币元

项 目	2000年度	1999年度	1998年度	
			调整前	调整后
主营业务收入	1,558,327,329.61	1,239,784,648.10	1,250,309,335.04	1,250,309,335.04
净利润	139,940,825.25	130,992,506.66	139,404,789.52	122,915,513.76
总资产	1,714,358,424.72	1,602,678,220.18	1,506,877,952.31	1,490,388,676.55
股东权益	1,100,601,280.07	1,066,285,454.82	1,058,170,847.92	1,041,681,572.16
每股收益	0.3312	0.31	0.43	0.38
--加权平均	0.3312	0.31	0.43	0.38
--扣除非经常性收益后	0.3229	0.30	0.43	0.38
每股净资产	2.6050	2.52	3.26	3.21
调整后的每股净资产	2.6006	2.50	3.22	3.17
每股经营活动产生的现金净流量	0.6371	0.61	0.02	0.02
净资产收益率(%)	12.71%	12.3%	13.2%	11.8%

三、股本变动及股东情况

1、股本变动情况

(1)根据上海证券登记有限公司提供的数据,截止2000年12月30日,本公司股东总数为77426户

(2)持本公司5%以上(含5%)股份的股东只有一家,股东名称是哈尔滨东安发动机(集团)有限公司,是公司国有法人股股东,所持股份无质押和冻结情况,且本年度内所持股份未发生过增减变动。

截止2000年12月30日公司前10名股东持股情况

股东名称或姓名	年末持股数(股)	持股比例(%)
(1)哈尔滨东安发动机(集团)有限公司	315900000	74.77
(2)兴和基金	238626	0.06
(3)扬兆芳	175200	0.04
(4)孔毅	167300	0.04
(5)巩立远	135000	0.03
(6)张国利	120000	0.03
(7)郑永忠	116800	0.03
(8)权正波	112800	0.03
(9)钱条员	110630	0.03
(10)王秀莲	109094	0.03

注:哈尔滨东安发动机(集团)有限公司与其他前9名股东之间不存在关联关系。公司前十名股东中的第2--10位为流通股股东,本公司未知其之间的关联关系。

黑龙江黑化股份有限公司

二〇〇〇年年度报告摘选

一、公司简介

1、公司法定名称:

中文:黑龙江黑化股份有限公司

英文:HeiLongJiang HeiHua Co., Ltd　　英文缩写:HH

2、公司法定代表人:阎树忠

3、公司董事会秘书:王宏伟　　联系电话:0452-6817411

联系地址:黑龙江黑化股份有限公司证券部

联系电话:0452-6817998　　传真:0452-6817998

4、注册地址:黑龙江省齐齐哈尔市富拉尔基区向阳大街2号

办公地址:黑龙江省齐齐哈尔市富拉尔基区向阳大街2号

邮政编码:161041

公司电子信箱:E-mail:HHGF@163.net

5、信息披露报刊名称:中国证券报　　上海证券报

登载公司年度报告的中国证监会指定的国际互联网网址:http://www.sse.com.cn

公司年度报告备置地点:公司证券部

6、公司股票上市地:上海证券交易所

公司股票简称:黑化股份　　公司股票代码:600179

二、会计数据和业务数据摘要

1、公司2000年度主要会计数据及业务数据:　　(单位:人民币元)

项 目	金 额
利润总额	42,300,543.14
净利润	20,127,044.80
扣除非经营性损益后的净利润	7,095,057.98
主营业务利润	78,940,802.57
其他业务利润	17,043,674.67
营业利润	40,612,948.55
投资收益	
补贴收入	
营业外收支净额	1,687,594.59
经营活动产生的现金流量净额	-236,283,944.41
现金及现金等价物净增加额	-64,866,502.28

注:扣除的非经常性损益共14,589,307.98元,包括:

(1)营业外收入2,633,343.48元。其中无法支付的款项14,547.01元;冻结资金利息2,618,796.47元。

(2)营业外支出945,748.89元。其中固定资产清理损失233,000.00元,税收罚款252.09元,滞纳金712,496.80元。

(3)资金占用费收入12,901,713.39元。

2、近三年主要会计数据和财务指标

项目	2000年	1999年		1998年
		调整前	调整后	
主营业务收入(元)	1,071,368,004.24	778,814,533.39	823,559,924.21	737,112,006.85
净利润(元)	20,127,044.80	50,872,551.11	11,182,512.20	39,171,614.92
总资产(元)	1,739,381,265.66	2,073,589,105.86	1,321,478,654.57	1,742,186,449.13
股东权益(元)	793,404,970.52	825,538,343.88	783,177,925.72	774,665,792.77
每股收益(元)(摊薄)	0.061	0.154	0.03	0.12
每股收益(元)(加权)	0.061	0.154	0.03	0.14
每股收益(扣除非经营性损益后)	0.021	0.097	0.018	0.11
每股净资产(元)(摊薄)	2.40	2.50	2.37	2.41
每股净资产(元)(加权)	2.40	2.50	2.37	1.35
调整后每股净资产(元)	2.35	2.49	2.36	2.35
每股经营活动产生的现金流量净额	-0.71	-0.435	-0.435	0.074
净资产收益率(%)(摊薄)	2.54	6.16	1.42	5.06
净资产收益率(%)(加权)	2.54	6.16	1.42	8.55

按照中国证监会[公开发行证券公司信息披露编报规则(第9号)]要求计算的净资产收益率及每股收益:

项目	报告期利润	净资产收益率(%)		每股收益(元)	
		全面摊薄	加权平均	全面摊薄	加权平均
主营业务利润	78,940,802.57	9.95	9.95	0.24	0.24
营业利润	40,612,948.55	5.12	5.12	0.12	0.12
净利润	20,127,044.80	2.54	2.54	0.06	0.06
扣除非经常性损益后的净利润	7,095,057.98	0.89	0.89	0.02	0.02

三、股本变动及股东情况

1、股本变动情况

(1)股份变动情况表　　数量单位:股

项目	期初数	本次变动增减(+、-)						期末数
		配股	送股	公积金转股	增发	其他	小计	
一、尚未流通股份								
1、发起人股份	230,000,000							230,000,000
其中:								230,000,000
国家持有股份	230,000,000							
境内法人持有股份								
外资法人持有股份								
其他								
2、募集法人股								
3、内部职工股								
4、优先股及其他								
尚未流通股份合计	230,000,000							230,000,000
二、已流通股份								
1、境内上市的人民币普通股	100,000,000							100,000,000
2、境内上市的外资股								
3、境外上市的外资股								
4、其他								100,000,000
已流通股份合计	100,000,000							
三、股份总数	330,000,000							330,000,000

山东九发食用菌股份有限公司

二〇〇〇年年度报告摘选

一、公司简介

1. 公司的法定中文名称：山东九发食用菌股份有限公司
公司的法定英文名称：SHANDONG JIUFA EDIBLE FUNGUS CO.,LTD.
缩写：S D J F
2. 公司法定代表人：蒋绍庆
3. 公司董事会秘书：徐波
证券事务代表：高增欣
联系地址：山东省烟台市南大街9号金都大厦28层
联系电话：0535－6623880
传真：0535－6623798
4. 公司注册地址：山东省烟台市胜利路201－209号十楼
邮政编码：264001
网址：www.china－jiufa.com
E－mail:jiufa@public.ytptt.sd.cn
5. 公司选定的信息披露报纸：上海证券报、中国证券报
登载公司年报的指定网址：http://www.sse.com.cn
公司年度报告备置地点：本公司证券部
6. 公司股票上市交易所：上海证券交易所
股票简称：九发股份　　股票代码：600180

二、会计数据和业务数据摘要

1、本年度主要利润指标情况：(单位：人民币元)

项　目	2000年度实现数
利润总额	72,277,807.13
净利润	64,789,928.29
扣除非经营性损益后的净利润	64,789,928.29
主营业务利润	89,085,295.55
其它业务利润	7,613,907.99
投资收益	2,597,043.77
补贴收入	0.00
营业外收支净额	－111,374.28
经营活动产生的现金流量净额	22,259,166.45
现金及现金等价物净增加额	277,767,731.52

2、截止2000年末，公司前三年主要会计数据和财务指标(单位：人民币元)

项目	2000年	1999年	1998年	
			调整前	调整后
主营业务收入	351,476,523.20	277,295,497.11	149,269,477.18	149,269,477.18
净利润	64,789,928.29	62,448,627.90	55,136,174.42	49,512,687.07
总资产	936,105,054.82	573,325,774.67	411,398,486.16	405,774,998.81
股东权益	746,388,818.38	410,000,093.73	354,537,676.97	348,914,189.62
每股收益(元/股)(摊薄)	0.3098	0.3280	0.4633	0.4161
(元/股)(加权)	0.384	0.3280	0.535	0.4804
每股净资产(元)	3.57	2.15	2.98	2.93
调整后的每股净资产	3.51	2.08	2.976	2.93
净资产收益率(%)(摊薄)	8.68	15.23	15.55	14.19
(%)(加权)	14.04	15.23	22.81	20.48
每股经营活动产生的现金流量净额(元/股)	0.106	0.024	－0.24	－0.24

3、利润表附表(单位：人民币元)

项目	报告期利润(元)	净资产收益率(%)		每股收益(元)	
		全面摊薄	加权平均	全面摊薄	加权平均
主营业务利润	89,085,295.55	11.94	19.09	0.4259	0.4641
营业利润	69,792,137.64	9.35	14.95	0.3337	0.3636
净利润	64,789,928.29	8.68	13.88	0.3098	0.3375
扣除非经常性损益后的净利润	64,789,928.29	8.68	13.88	0.3098	0.3375

4、报告期内股东权益变动情况　　单位：人民币元

项目	股本	资本公积	盈余公积	法定公益金	未分配利润	股东权益合计
期初数	190,400,000.00	135,033,166.66	11,196,131.49	5,598,065.76	67,772,729.82	410,000,093.73
本期增加	18,758,400.00	273,756,236.36	6,478,992.83	3,239,496.41	55,071,439.05	
本期减少					20,915,840.00	
期末数	209,158,400.00	408,789,403.02	17,675,124.32	8,837,562.17	101,928,328.87	746,388,818.38

变动原因：
(1)股本增加：2000年配股所致。
(2)盈余公积：从净利润中提取增加。
法定公益金：从净利润中提取增加。
(3)资本公积：本期增加数系配股时股本溢价所致。
(4)未分配利润：本期增加数系本年度净利润增加所致，本期减少数系按本年度净利润提取盈余公积及预告分配现金股利所致。

三、股东情况介绍

1. 股东情况介绍
(1)至报告期末股东总数21017名。
(2)至报告期末，本公司前十名股东持股情况如下：

序号　股东名称	持股数量(万股)	占总股本比例(%)
(一)山东九发集团公司	11667.84	55.78
(二)中国乡镇企业总公司	2592.00	12.40
(三)美卓经贸	614.40	2.94
(四)科远投资	360.71	1.72
(五)闻顺商贸	206.71	0.99
(六)江苏星盛	141.72	0.68
(七)管锦艳	102.30	0.49
(八)沈继峰	97.28	0.47
(九)王绍魁	95.36	0.46
(十)王绍都	94.20	0.45

昆明云大科技产业股份有限公司

二〇〇〇年年度报告摘选

一、公司简介

1、公司中文名称：昆明云大科技产业股份有限公司
公司英文名称：Kunming Yunda Science & Technology Industry Co.,Ltd.
2、公司法定代表人：付文明
3、公司信息披露人员：
董事会秘书：洪芳
董事会证券事务代表：邓志民
联系地址：昆明市国家高新技术产业开发区科医路59号
联系电话：0871—8315883
传　真：0871—8315072
电子信箱：wujun@public.km.yn.cn
4、公司注册地址：昆明市国家高新技术产业开发区科医路
办公地址：昆明市国家高新技术产业开发区科医路59号
邮政编码：650106
国际互联网网址：http://www.yunda－120.chem.com.cn
E－Mail:ydstmail@public.km.yn.cn
选定的信息披露报纸名称：《中国证券报》、《上海证券报》、《证券时报》
登载年报的中国证监会指定国际互联网网址：http://www.sse.com.cn
5、公司年报备置地点：公司董事长办公室
6、公司股票上市交易所：上海证券交易所
股票简称：云大科技
股票代码：600181

二、会计数据和业务数据摘要

1、2000年主要会计数据(单位：元)

项目	金额
利润总额：	85,176,894.29
净利润：	67,539,623.32
扣除非经常性损益的净利润	64,199,140.37
主营业务利润：	185,812,964.13
其他业务利润：	938,794.04
营业利润	56,591,235.93
投资收益：	16,059,059.48
补贴收入：	9,524,584.37
营业外收支净额：	3,002,014.51
经营活动产生的现金流量净额：	－641,887.42
现金及现金等价物净增加额：	235,040,567.13

说明："扣除非经常性损益后的净利润"指标中所扣除的项目和金额是：摊销发行股票时冻结的认购资金利息3,821,806.08元，财政奖励63,300元，政府返还手续费800元，收违约金1,000元，收赔款43,073.86元。

2、前三年的主要会计数据和财务指标

指标项目	2000年度	1999年度		1998年度	
		调整前	调整后	调整前	调整后
主营业务收入(万元)	24,515.65	14,414.33	14,414.33	9,102.33	9,102.33
净利润(万元)	6,753.96	5,271.23	5,281.23	4,517.78	4,484.13
总资产(万元)	134,799.66	83,488.35	83,488.35	56,360.81	56,327.16
股东权益(不含少数股东权益)(万元)	92,337.89	54,975.93	54,980.40	49,738.04	49,704.39
每股收益(元)	0.39	0.37	0.37	0.32	0.32
每股收益(按月平均加权法计算)(元)	0.45	0.37	0.37	0.45	0.44
扣除非经常性损益后的每股收益(元)	0.37	0.35	0.35	0.30	0.29
每股净资产(元)	5.30	3.89	3.90	3.53	3.53
调整后的每股净资产(元)	4.40	3.02	3.01	3.61	3.61
净资产收益率(%)	7.31	9.59	9.61	9.08	9.02
每股经营活动产生的现金流量净额(元)	0	0.21	0.21	0.16	0.16

三、股东情况介绍

(1)截止2000年12月31日，股东总数16674户。
(2)公司前十名股东名单如下：

股东名称	年末持股数(股)	持股比例(%)
1、云南大学科工贸总公司	36,465,552	20.95
2、云南龙泰农业资源开发有限公司	15,539,040	8.93
3、云南省农垦供销公司	15,200,460	8.73
4、深圳蛇口大赢工贸有限公司	11,672,100	6.71
5、深圳市捷发信息咨询服务有限公司	8,277,390	4.76
6、泰然科技	4,442,837	2.55
7、云南正通经贸有限责任公司	2,913,570	1.67
8、汉博基金	897,046	0.52
9、张茜茜	702,349	0.40
10、汉鼎基金	504,359	0.29

说明：

①前10名股东中，第1－5名及第7名股东为未上市流通股股东，第6名及第8－10名股东为流通股股东。

②前10名股东之间不存在关联关系。

③持股5%以上的法人股股东分别是：云南大学科工贸总公司、云南龙泰农业资源开发有限公司、云南省农垦供销公司、深圳蛇口大赢工贸有限公司。

a、持股5%以上的法人股股东所持股份未发行质押、冻结等情况。

桦林轮胎股份有限公司

二〇〇〇年年度报告摘选

一、公司简介

(一)公司法定中文名称:桦林轮胎股份有限公司

公司法定英文名称:HUALIN TYRE CO.,LTD.

(二)公司法定代表人:孙玉生

(三)公司董事会秘书:张玉臣

联系地址:黑龙江省牡丹江市桦林轮胎股份有限公司

电　　话:(0453)6306948

传　　真:(0453)6304100

电子信箱:wyg00@163.com

(四)公司注册地址:黑龙江省牡丹江市桦林镇

公司办公地址:黑龙江省牡丹江市桦林镇

邮政编码:157032

公司国际互联网网址:http://www.hualintyre.com

电子信箱:webmaster@hualintyre.com

(五)公司选定的信息披露报纸名称:《上海证券报》

登载公司年度报告的中国证监会指定国际互联网网址:http://www.sse.com.cn

公司年度报告备置地点:公司证券投资部

(六)公司股票上市交易所:上海证券交易所

股票简称:桦林轮胎

股票代码:600182

二、会计数据和业务数据摘要

(一)本年度主要利润指标情况(单位:元)

利润总额	3,741,117
净利润	3,179,950
扣除非经常性损益后的净利润	-4,086,160
主营业务利润	93,800,172
其他业务利润	3,044,800
营业利润	-5,199,724
投资收益	82,220
补贴收入	5,770,000
营业外收支净额	3,088,620
经营活动产生的现金流量净额	-28,011,559
现金及现金等价物净增加额	-109,301,495
注:扣除的非经常性损益项目和涉及金额:	
(1)补贴收入	5,770,000
(2)处理固定资产收益	-27,331
(3)股票申购冻结资金利息	1,523,441

(二)近三年主要会计数据和财务指标(单位:元)

指标项目	2000年	1999年	调整后1998年	调整前1998年
主营业务收入	712,993,416	705,190,775	938,229,943	938,229,943
净利润	3,179,950	21,654,518	58,788,065	67,682,873
总资产	2,000,493,583	1,877,855,011	1,303,317,456	1,319,682,809
股东权益	800,890,935	797,710,985	423,623,203	433,638,593
每股收益	0.009	0.064	0.267	0.307
每股收益(加权)	0.009	0.072	0.267	0.307
扣除非经常性损	-0.012	0.026	0.267	0.307
益后的每股收益每股净资产	2.356	2.346	1.926	1.971
调整后的每股净资产	2.323	2.312	1.857	1.902
每股经营活动产生的现金流量净额	-0.082	-0.256		
净资产收益率(%)	0.397	2.715	13.877	15.608

(三)利润表附表

报告期利润	净资产收益率		每股收益	
	全面摊薄	加权平均	全面摊薄	加权平均
主营业务利润	0.117	0.117	0.275	0.275
营业利润	-0.006	-0.006	-0.015	-0.015
净利润	0.004	0.004	0.009	0.009
扣除非经常性损益后的净利润	-0.005	-0.005	-0.012	-0.012

三、股东情况介绍

(一)股东情况介绍

1 、报告期末公司股东总数为60,684户。

2 、报告期末公司主要股东持股情况

股东名称	股份类别	期末持股数(股)	占总股本比例(%)	本期股份增减(股)
(1)、桦林集团有限责任公司	发起法人股	151,070,000	44.43	0
(2)、黑龙江省国际信托投资公司	法人股	5,200,000	1.53	0
(3)、黑龙江省火电第一工程公司	法人股	3,000,000	0.88	0
(4)、牡丹江市财政资产投资经营公司	法人股	2,500,000	0.74	0
(5)、牡丹江建设房地产投资开发公司	法人股	2,000,000	0.59	0
(6)、黑龙江省龙桦联营经销公司	发起法人股	1,000,000	0.29	0
(7)、桦林集团实业公司	法人股	800,000	0.24	0
(8)、平顶山信	流通股	751,950	0.22	+751,950
(9)、鹏达轮胎	法人股	670,000	0.19	0
(10)、曾幼花	流通股	634,900	0.19	+634,900

注:1)桦林集团有限责任公司为国有法人股股东,其持有的151,070,000股法人股已于1999年8月24日质押给中信实业银行,质押期限:1999年8月24日——2002年8月19日。

2)报告期内公司前十名股东中,桦林集团有限责任公司为公司控股股东,黑龙江省龙桦联营经销公司为公司控股股东的参股公司,桦林集团实业公司为公司控股股东的全资子公司。

广东生益科技股份有限公司

二〇〇〇年年度报告摘选

一、公司简介

1、公司法定中文名称:广东生益科技股份有限公司

英文名称:GUANGDONG SHENGYI SCI·TECH CO.,LTD.

英文名称缩写:SYL

2、公司法定代表人:李锦

3、公司董事会秘书:温世龙

联系地址:广东省东莞市万江工业区

联系电话:(0769)2271828转8225

传　　真:(0769)2271854

4、公司注册地址及办公地址:广东省东莞市万江工业区

邮政编码:523039

电子信箱:syzjb@pub.dgnet.gd.cn

5、公司选定《中国证券报》、《上海证券报》和《证券时报》披露信息,公司年报登载于http://www.sse.com.cn网站,公司年度报告备置点:广东生益科技股份有限公司证券部。

6、公司股票上市交易所:上海证券交易所

股票简称:生益科技

股票代码:600183

二、会计数据和业务数据摘要

1、本年利润总额及其构成

利润总额:	233974697.77元
净利润:	214499246.07元
扣除非经常性损益后的净利润:	212038009.31元
主营业务利润:	268464376.54元
其它业务利润:	4074313.20元
营业利润:	193134240.79元
投资收益:	38379220.22元
补贴收入:	——
营业外收支净额:	2461236.76元
经营活动产生的现金流量净额:	130496177.09元
现金及现金等价物净增加额:	-34777918.53元

注:"扣除非经常性损益后的净利润"中扣除项目及金额:减营业外收支净额2461236.76元

报告期利润	净资产收益率		每股收益	
	全面摊薄	加权平均	全面摊薄	加权平均
主营业务利润	28.47	33.32	0.5470	0.5470
营业利润	20.48	23.97	0.3935	0.3935
净利润	22.75	26.62	0.4371	0.4371
非经常性损益后的净利润	22.48	26.32	0.4320	0.4320

2、主要会计数据和财务指标比较

指标项目	2000.12.31	比上期增减(%)	1999.12.31	1998.12.31 调整后	1998.12.31 调整前
主营业务收入(元)	988693270.77	27.77	773799948.26	566206988.86	566206988.86
净利润(元)	214499246.07	69.48	126559447.60	72827397.64	72964391.86
总资产(元)	1475797157.67	19.21	1237934346.05	118698587.47	120671723.76
股东权益(元)(不含少数股东权益)	943038204.81	35.02	698443670.00	696215472.40	698188608.69
每股收益(元)					
摊薄	0.4371	13.00	0.3868	0.2226	0.223
加权	0.4371	13.00	0.3868	0.2765	0.277
扣除非经常性损益后的每股收益(元)	0.4320	7.14	0.4032	0.2150	0.2154
每股净资产(元)	1.9215	-9.99	2.1347	2.1279	2.1339
调整后的每股净资产(元)	1.9158	-9.93	2.1269	2.1195	2.1255
每股经营活动产生的现金流量净额(元)	0.2659	138.61	-0.6887	1.0405	1.0405
净资产收益率(%)					
摊薄	22.75	25.55	18.12	10.46	10.45
加权	26.62	46.91	18.12	12.17	12.19

3、报告期内股东权益变动情况　　单位:元

项目	期初数	本期增加	本期减少	期末数	变动原因
股本	327,187,500.00	163,593,750.00	—	490,781,250.00	送、转增股
资本公积	278,388,048.74	5,556,226.24	65,437,500.00	218,506,774.98	转增股本
盈余公积	59,123,972.34	32,174,886.91	—	91,298,859.25	利润计提
法定公益金	19,707,990.80	10,724,962.30	—	30,432,953.10	利润计提
未分配利润	33,744,148.92	108,707,171.66		142,451,320.58	经营所得
股东权益合计	698,443,670.00	310,032,034.81	65,437,500.00	943,038,204.81	经营所得及转增

三、股本变动及股东情况

1、股本变动情况

(1)截止2000年12月31日止,持有本公司股份的股东总户数为9404户,其中内部职工股股东601户。

(2)持有本公司股份前10名股东的持股情况(截止2000年12月31日)

名次	股东名称	持股数(股)	占总股本(%)	备注
1	东莞市电子工业总公司	127854844	26.05	国有股
2	香港伟华电子有限公司	127157733	25.91	外资股
3	广东省外贸开发公司	52510313	10.70	国有股
4	开发工会	14689687	2.99	
5	生益工会	4423595	0.90	
6	广东联发	1171875	0.24	
7	倪强	1023306	0.21	
8	兄联毛织	1012500	0.21	
9	冠洋电子	965325	0.19	
10	东电力局	937500	0.19	

西安海星现代科技股份有限公司

二○○○年年度报告摘选

一、公司简介

1、公司法定名称:西安海星现代科技股份有限公司
中文简称:海星科技
英文名称:XI'AN SEASTAR MODERN－TECH CO.,LTD.
英文简称:SEASTAR MODERN－TECH
2、公司法定代表人:荣海
3、公司董事会秘书:仇胜萍
证券事务代表:于晓东
联系地址:西安市西新街甲字 3 号海星智能大厦 2 层
联系电话:029－7274643
传真:029－7286470
电子信箱:QSP@mail.seastar.com.cn
4、公司注册地址:陕西省西安市高新技术产业开发区
公司办公地址:西安市西新街甲字 3 号海星智能大厦 2 层
邮政编码:710004
公司网址:http://www.seastar.net.cn
电子信箱:ZQB@mail.seastar.com.cn
5、公司选定的信息披露报纸名称:《中国证券报》、《上海证券报》
登载公司年度报告的国际互联网网址:http://www.sse.com.cn
公司年度报告备置地点:公司证券部
6、公司股票上市交易所:上海证券交易所
股票简称:海星科技
股票代码:600185

二、会计数据和业务数据摘要

1、本年度利润总额及相关指标如下(单位:人民币元)

利润总额	22,159,880.94
净利润	20,055,624.62
扣除非经常性损益后的净利润	21,127,627.80
主营业务利润	49,626,292.58
其他业务利润	8,440,572.35
营业利润	22,135,359.76
投资收益	425,344.15
补贴收入	0
营业外收支净额	－400,822.97
经营活动产生的现金流量净额	23,920,050.68
现金及现金等价物净增加额	－104,085,861.14

注:扣除的非经常性损益项目和涉及金额:股权投资差额摊销 860357.24 元、罚款支出 430880.84 元、其他营业外支出 54927.02 元、其他营业外收入 84984.89 元。

2、公司前三年主要会计数据和财务指标(单位:人民币元)

项目	2000 年	1999 年	1998 年	
			调整前	调整后
主营业务收入	405,114,317.72	483,864,333.28	480,702,107.84	480,702,107.84
净利润	20,055,624.62	42,318,509.06	39,087,861.99	37,266,758.33
总资产	808,050,541.46	878,987,606.28	388,772,288.02	379,548,496.38
股东权益	492,490,292.22	484,314,667.60	143,170,418.21	134,940,876.22
每股收益(摊薄)	0.1013	0.2137	0.3007	0.2867
每股收益(加权)	0.1013	0.2494	0.3007	0.2867
扣除非经常性损益后每股收益(摊薄)	0.1067	0.1702	0.3007	0.2867
扣除非经常性损益后每股收益(加权)	0.1067	0.1987	0.3007	0.2867
每股净资产	2.4873	2.4460	1.101	1.038
调整后的每股净资产	2.4697	2.4219	1.093	1.03
每股经营活动产生的现金流量净额	0.1208	－0.4304	－0.0622	－0.0622
净资产收益率(摊薄)	4.07%	8.74%	27.30%	27.62%
净资产收益率(加权)	4.06%	12.62%	26.12%	26.19%

3、利润表附表:

报告期利润	净资产收益率		每股收益(元)	
	全面摊薄	加权平均	全面摊薄	加权平均
主营业务利润	10.08%	9.75%	0.2506	0.2506
营业利润	4.49%	4.47%	0.1118	0.1118
净利润	4.07%	4.06%	0.1013	0.1013
扣除非经常性损益后的净利润	4.29%	4.27%	0.1067	0.1067

三、股本变动及股东情况

1、股东变动情况
(1)股本变动情况表

数量单位:万股

	本次变动前	本次变动增减(＋－)						本次变动后
		配股	送股	公积金转股	新发	其它	小计	
一.尚未流通股份								
1.境内法人持有股份	13000							13000
2.内部职工股								
3.其他								
尚未流通股份合计	13000							13000
二.已流通股份								
1.境内上市人民币普通股	6800							6800
2.境内上市外资股								
3.境外上市外资股								
已流通股份合计	6800							6800
三.股份总数	19800							19800

黑龙江黑龙股份有限公司

二○○○年年度报告摘选

一、公司简介

1、公司中文名称:黑龙江黑龙股份有限公司
英文名称:HEILONGJIANG BLACK DRAGON CO.,LTD
缩写:H.BDC
2、公司法定代表人:张伟东
3、公司董事会秘书:程德惠
联系地址:黑龙江省齐齐哈尔市龙沙区长青路 27 号
邮政编码:161005
电话:(0452)2816277　　传真:(0452)2816277
公司董秘授权代表:石大勇
联系地址:黑龙江省齐齐哈尔市龙沙区长青路 27 号
邮政编码:161005
电话:(0452)2816277　　(0452)2817931－2925　　传真:(0452)2816277
4、公司注册地址及办公地址:黑龙江省齐齐哈尔市龙沙区长青路 27 号
邮政编码:161005
5、公司信息披露报纸名称:《中国证券报》、《上海证券报》
公司年报登载互联网址:http://www.sse.com.cn
公司年度报告置备地点:公司证券部
地址:黑龙江省齐齐哈尔市龙沙区长青路 27 号
电话:(0452)2816277　　(0452)2817931－2925
6、公司股票上市地:上海证券交易所
股票简称:黑龙股份　　股票代码:600187

二、会计数据和业务数据摘要

1、本年度主要利润指标情况(单位:人民币元)

利润总额:	96,606,899.26
净利润	68,742,972.74
扣除非经常性损益后的净利润	50,551,605.91
主营业务利润	110,866,014.40
其他业务利润	270,954.06
营业利润	78,415,532.43
补贴收入	15,153,840.24
营业外收支净额	3,037,526.59
经营活动产生的现金流量净额	28,744,065.41
现金及现金等价物净增加额	26,095,532.76

注:扣除的非经常性损益包括补贴收入和营业外收支净额。

2、截止报告期末公司前三年的主要会计数据及财务指标(人民币元)

项目/年度	2000 年 12 月 31 日	1999 年 12 月 31 日	1998 年 12 月 31 日	
			调整前	调整后
主营业务收入	437,541,325.42	363,915,566.27	400,583,292.78	400,583,292.78
净利润	68,742,972.74	58,658,088.53	57,416,694.75	38,988,796.84
总资产	1,856,487,667.35	966,360,617.22	921,521,040.45	899,226,956.14
股东权益(不含少数股东权益)	757,595,544.88	529,403,565.47	510,524,181.22	490,745,476.94
每股收益(摊薄)	0.32	0.29	0.29	0.20
每股收益(加权)	0.32	0.29	0.36	0.20
加权每股收益(扣除非经常性损益)	0.23	0.21	0.24	0.14
每股净资产	3.47	2.65	2.55	2.45
调整后的每股净资产	3.46	2.57	2.53	2.37
每股经营活动产生的现金流量净额	0.09	0.12	－0.18	－0.18
净资产收益率(摊薄)	9.07%	11.08%	11.25%	7.36%
净资产收益率(加权)	11.72%	11.28%	19.57%	7.94%
加权净资产收益率(扣除非经常损益)	8.62%	8.4%	7.7%	9.3%

按照中国证监会《公开发行证券公司信息披露编报规则(第 9 号)》要求计算的利润数据:
(单位:人民币元)

报告期利润	净资产收益率		每股收益	
	全面摊薄	加权平均	全面摊薄	加权平均
主营业务利润	0.1463	0.1891	0.5082	0.5146
营业利润	0.1035	0.1337	0.3595	0.3640
净利润	0.0907	0.1172	0.3151	0.3191
扣除非经营性损益后的净利润	0.0667	0.0862	0.2317	0.2346

三、股东情况介绍

1、截止 2000 年 12 月 31 日,本公司共有股东 1927 人。
2、本公司前十名股东持股情况

股东名称	持有股份(股)	持股比例
(1)黑龙集团公司	153,150,000	70.21%
(2)任兆昌	1,240,583	0.569%
(3)史云飞	1,175,396	0.539%
(4)艾显钦	893,850	0.410%
(5)郑瑛	840,538	0.385%
(6)左开娥	817,520	0.375%
(7)徐爱林	813,410	0.373%
(8)王冬生	808,440	0.371%
(9)李梅薇	807,310	0.370%
(10)陆华珠	806,753	0.370%

注:公司前十名股东中,第 2－10 位为流通股东,本公司未知其关联关系。黑龙集团公司代表国家持股。

3、黑龙集团公司是黑龙股份有限公司的独家发起人,代表国家持股,截止 2000 年 12 月 31 日,持有本公司股份 153,150,000 股,占总股本的 70.21%。其所持股份年末未有变动,也无质押和冻结。

4、报告期内无控股股东发生变更情况,仍为黑龙集团公司。

河南莲花味精股份有限公司

二○○○年年度报告摘要

一、公司简介

1、公司法定中、英文名称

中文名称:河南莲花味精股份有限公司

英文名称:Henan Lianhua Gourmet Powder Co. Ltd.

2、公司法定代表人:李怀清

3、公司董事会秘书:李国俭

董事会证券事务代表:谢清喜

联系地址:河南省项城市莲花大道 18 号

电话:0394－4298666　　0394－4298889

传真:0394－4298899

董事会秘书电子信箱:liguojian@371. net

4、注册地址:河南省项城市莲花大道 18 号

办公地址:河南省项城市莲花大道 18 号

邮政编码:466200

公司互联网址:http://www. chinalianhua. com

公司电子信箱:hlwjjt@public2. zz. ha. cn

5、选定的信息披露报纸:《上海证券报》、《中国证券报》

公司指定信息披露的国际互联网网址:http://www. sse. com. cn

年报备置地点:河南莲花味精股份有限公司证券部

地址:河南省项城市莲花大道 18 号

电话:0394－4298666　　0394－4298889

6、股票上市交易所:上海证券交易所

股票简称:莲花味精

股票代码:600186

二、会计数据和业务数据摘要

1、公司本年度实现利润情况　　(单位:人民币元)

项目	2000 年	1999 年	增长比例(%)
利润总额:	233,772,502.53	230,658,534.78	1.35
净利润:	171,820,687.55	168,567,976.86	1.93
扣除非经常性损益后的净利润:	169,796,380.48	126,568,825.42	34.16
主营业务利润:	356,906,979.34	250,400,292.05	42.53
其他业务利润:	9,451,133.31	4,381,101.19	115.72
营业利润:	236,296,482.14	177,328,978.26	33.25
投资收益:	－4,548,286.68	11,330,405.08	－140.14
补贴收入:	0	41,854,375.39	0
营业外收支净额:	2,024,307.07	144,776.05	1298.23
经营活动产生的现金流量净额:	89,054,736.35	162,029,118.82	－45.03
现金及现金等价物净增加额:	192,873,510.63	－166,238,297.86	216.02

注:扣除非经常性损益后的净利润系从净利润中扣除了营业外收支净额 2,024,307.07 元。

本年度公司非经常性损益构成如下(单位:元)

项目	金额
营业外收支净额	2,024,307.07

2、截止报告期末公司前三年主要会计数据和财务指标　　(单位:人民币元)

项目	2000 年度	1999 年度	1998 年度	
			调整前	调整后
主营业务收入	1,310,420,579.65	1,253,467,253.63	1,246,718,251.90	1,246,718,251.90
净利润	171,820,687.55	168,567,976.86	120,325,089,18	100,490,251.46
总资产	3,101,705,633.68	2,518,917,125.39	1,770,309,202.61	1,737,607,982.74
股东权益(不含少数股东权益)	1,447,213,913.39	1,275,393,225.84	1,139,526,468.85	1,106,825,248.98
每股收益(全面摊薄)	0.2864	0.2809	0.40	0.33
每股收益(加权平均)	0.2864	0.3746	0.48	0.40
扣除非经常性损益后的每股收益	0.2830	0.2109	0.22	0.15
每股净资产	2.4120	2.1257	3.80	3.69
调整后每股净资产	2.3878	2.05	3.77	3.69
每股经营活动产生的现金流量净额	0.1484	0.27	－0.2948	－0.29
净资产收益率(%)	11.87	13.22	10.65	9.07

注:①按照中国证监会《公开发行证券公司信息披露编报规则(第 9 号)》要求计算的利润数据如下:

报告期利润	净资产收益率(%)		每股收益(元)	
	全面摊薄	加权平均	全面摊薄	加权平均
主营业务利润	24.66	26.22	0.5948	0.5948
营业利润	16.33	17.36	0.3938	0.3938
净利润	11.87	12.62	0.2864	0.2864
扣除非经常性损益后的净利润	10.50	11.17	0.2533	0.2533

②2000 年度和 1999 年度总股本按 60000 万股计算,1998 年度总股本按 30000 万股计算。

③"应收款项"包括应收帐款、其他应收款、预付帐款、应收股利、应收利息、应收补贴款。

④财务指标计算公式如下:

每股收益＝净利润/年度末普通股股份总数

每股净资产＝年度末股东权益/年度末普通股股份总数

调整后的每股净资产＝(年度末股东权益－三年以上应收款项净额－待摊费用－待处理(流动、固定)资产净损失－开办费－长期待摊费用－住房周转金负数余额)/年度末普通股股份总数

每股经营活动产生的现金流量净额＝经营活动产生的现金流量净额/年度末普通股股份总数

净资产收益率＝净利润/年度末股东权益×100%

加权平均每股收益＝净利润/[期初股本总数＋报告期内因公积金转赠股本或股票股利分配等增加股份数＋(报告期因发行新股或债转股配股等增加股份数×增加股份下一月份起至报告期期末的月份数/报告期月份数)－报告期因回购或缩股等减少的股份×减少月份下一月份起至报告期期末的月初数/报告期月份数]

加权平均净资产收益率＝净利润/[期初净资产＋(净利润/2)＋报告期发行新股或债转股等新增净资产×新增净资产日下一月份至报告期末的月份数/12]

⑤报告期后公司完成增发 8000 万股新股的工作,由于增发导致公司的总股本变动,若按增发后的总股本全面摊薄计算,公司 2000 年度每股收益是 0.2527 元。

3、报告期内股东权益变动情况(单位:人民币元)

项目	股本	资本公积	盈余公积	其中法定公益金	未分配利润	股东权益合计
期初数	600,000,000	444,371,877.94	38,409,542.85	12,803,180.95	192,611,805.05	1,275,393,225.84
本期增加			25,588,968.75	8,529,656.25	146,231,718.80	171,820,687.55
本期减少						
期末数	600,000,000	444,371,877.94	63,998,511.60	21,332,837.20	338,843,523.85	1,447,213,913.39
变动原因			本年提取	本年提取	本期利润增加	本期利润增加

三、股本变动及股东情况

1、股本变动情况

报告期内公司股本和股本结构发生如下变化

公司股份变动情况表

(数量单位:股)

	本次变动前	本次变动增减(＋,－)							本次变动后
		配股	送股	公积金转股	增发	其他	小计		期末数
一. 尚未流通股份									
1. 发起人股份	400,000,000.00								400,000,000.00
其中:									
国家持有股份	400,000,000.00								400,000,000.00
境内法人持有股份									
境外法人持有股份									
其他									
2. 募集法人股份									
3. 公司职工股									
4. 优先股或其他									
尚未流通股份合计	400,000,000.00								400,000,000.00
二. 已流通股份									
1. 人民币普通股(A 股)	200,000,000.00								200,000,000.00
2. 境内上市的外资股									
3. 境外上市的外资股									
4. 其他									
已上市流通股份合计	200,000,000.00								200,000,000.00
三、股份总数	600,000,000.00								600,000,000.00

(2)股票发行与上市情况

A:报告期内公司没有实施现金红利分配预案和送红股及公积金转增方案。

B:2000 年 12 月 20 日,公司增发不超过 8000 万股 A 股方案经中国证券监督管理委员会证监公司字[2000]217 号文批准,2000 年 12 月 28 日公司在《中国证券报》、《上海证券报》、《证券时报》上刊登招股文件。2001 年 1 月 5 日网上向社会公众股股东(新老股东)、网下向证券投资基金增发询价申购日,2001 年 1 月 16 日,增发募股资金全部到公司的资金专户,增发工作结束。本次增发共募集资金 75600 万元,扣除承销费等其他费用,实际募集资金净额 73000 万元。本次增发的 8000 万股已经于 2001 年 2 月 14 日全部上市流通。详情请参见 2001 年 1 月 10 日《河南莲花味精股份有限公司公募增发 A 股申购情况及发行价格确定公告》和 2001 年 2 月 10 日《河南莲花味精股份有限公司股份变动及增发股份上市公告》(《中国证券报》、《上海证券报》和《证券时报》)。

2、股东情况介绍

(1)报告期末股东总数为 108621 人,其中国家股股东 1 户,社会公众股股东 108620 户。

(2)截止 2000 年 12 月 31 日,公司前十名股东持股情况

股东名称	持股数量(股)	持股比例%
河南莲花味精集团有限责任公司(国家股)	400,000,000	66.6667
大鹏证券	3,566,744	0.5944
张永祥	1,060,000	0.1767
张英明	532,142	0.0887
张克宽	531,100	0.0885
科技投资	500,000	0.0833
伟仁公司	498,111	0.0830
黄志凯	480,000	0.0800
庄庆南	450,000	0.0750
扬子工会	400,000	0.0667

注:①公司前 10 名股东之间不存在关联关系;

②河南莲花味精集团有限责任公司系代表国家持有股份的单位,其他股东均是社会公众股股东。

③持股 10%以上的法人股股东只有河南莲花味精集团有限责任公司,法定代表人为李怀清,

经营范围为:副食品(不含棉、烟、茧)、保健品(不含药品)、皮革及制品、饲料、机械设备、仪器仪表及零配件。持有股份未作任何抵押、质押,也无冻结情况。

④报告期内控股股东没有发生变更情况。

四、股东大会简介

本报告期内公司共召开二次股东大会,具体会议事项如下:

1、2000 年 4 月 25 日召开 1999 年度股东大会,审议表决通过了《1999 年度董事会工作报告》、《1999 年度监事会工作报告》、《1999 年度总经理业务报告》、《公司 1999 年度报告及年度报告摘要》、《公司 1999 年度财务决算和利润分配方案》、《关于计提四项资产减值准备及损失处理的内部控制制度》、《关于修改公司章程的议案》、《关于变更部分募集资金使用计划的议案》、《关于投资河南漯河至周口(豫皖界)高速公路的议案》、《关于收购项城热电厂的议案》共十项决议,公告刊登于 2000 年 4 月 26 日《上海证券报》。

2、2000 年 9 月 11 日召开 2000 年临时股东大会,审议表决通过了《公司董事会关于公司公募增发不超过 8000 万股 A 的议案》、《公司董事会关于公司前次募集资金使用情况说明的议案》共两项决议,公告刊登于 2000 年 9 月 12 日《上海证券报》。

五、董事会报告

一、公司经营情况

上市以来,公司不断加强科研开发力度,积极与相关科研院所开展合作,在项目建设和技术改造中大量应用新技术、新工艺,公司渐由"资源密集型"向"技术密集型"过渡。2000 年公司正式被国家科学技术部火炬高技术产业开发中心认定为"国家重点高新技术企业"。

1、公司所处的行业及地位

公司属于食品行业,主要产品是味精及其副产品、饲料等;其中味精产销量排名居全国第一位,是中国最大的味精生产和出口基地,产品销售遍布全国除台湾地区以外的省、市、自治区,并出口东南亚、非洲、欧洲等国家和地区。

2、公司主营业务的范围及其经营情况

本公司的经营范围是:味精和调味品的生产与销售;热力、电力的生产与销售;生物工程的科研与开发;环保产品、氨基酸、饲料的生产及销售。2000 年完成主营业务收入 1,310,420,579.65 元,比去年同期增加 4.54%;实现净利润 171,820,687.55 元,比去年同期增加 1.93%。

3、公司主要全资附属企业、附属企业及控股子公司经营业绩(单位:元)

公司名称	总资产	主营业务收入	净利润	权益比例
河南项城佳能热电有限公司	441,501,068.91	196,047,852.15	14,104,323.92	100%
河南莲花生物工程有限公司	目前尚处于试运营阶段,没有产生经济效益			95%

4、经营中出现的问题与困难及解决方案

公司经营面临的主要问题是国内市场趋于饱和,行业竞争加剧,同时由于生产味精的原料玉米价格首次出现收购价高于保护价的现象,再加上国内成品油和化工原料价格的不断上调,增加了公司生产味精的原料成本。公司面对原料价格上涨和市场上味精价格下降的不利局面,采取积极的措施紧紧围绕"质量、成本、安全、效益"的主题,通过深化改革,深挖内部潜力,细化各项考核,加强内部管理,在产品方面综合利用国内外先进的生物发酵技术降低生产成本,确保了公司经营业绩的稳步提高。同时,公司在收购河南项城佳能热电有限公司实现热电联供、降低动力成本的基础上,积极引进国外先进的生物发酵技术,为实施原料替代(用小麦代替玉米)做好前期准备工作。随着增发新股募股资金的到位,2001 年将是实施原料替代的关键一年,募股项目逐步得到实施,为公司带来新的利润增长点。

二、公司财务状况

1、财务状况分析

项目	2000 年末	1999 年末	比上年增长(%)	主要原因
总资产	3,101,705,633.68	2,518,917,125.39	23.14	利润增长借款增加
长期负债	603,943,450.00	328,132,797.00	84.05	借款增加
股东权益	1,447,213,913.39	1,275,393,225.84	13.48	利润增长
主营业务利润	356,906,979.34	250,400,292.05	42.53	主营收入增加
净利润	171,820,687.55	168,567,976.86	1.93	主营收入增加

2、本报告期内亚太集团会计师事务所出具了无保留意见审计报告。

三、公司投资情况

1、前次募股资金使用情况

公司于 1998 年 6 月 15 日发行 10000 万元 A 股,实际募集资金总额 6.8 亿元,截止 1999 年 12 月 31 日共投入资金 52739.15 万元;截止 2000 年 12 月 31 日累计共投入资金 60403.21 万元。本报告期内前期募集资金项目投资情况如下(单位:万元)

项目名称	承诺投资额	年初投资额	本年度增加	累计投资额	建设阶段
年产 4 万吨谷氨酸钠生产线技术改造	15,830	7,915	5,869.41	13,784.41	完工 90%
利用玉米废渣生产高纤维全价饲料技改	11,714	6,000		6,000	建设阶段
水、电、汽技改配套工程	6,580	507.65	844.18	1,351.83	建设阶段
投资漯周界高速公路项目	27,800		14000	14000	建设阶段

说明:投资漯周界高速公路项目,公司共需投资 2.78 亿元,目前已经投资 1.4 亿元(系变更前期募集资金项目资金),在本次增发新股中公司董事会已经承诺不再变更增发募股项目进行漯周界高速公路的投资。目前剩余的 1.38 亿元资金来源具体是:其中 1 亿元由已获得的国债转贷资金解决,其余 3800 万元由莲花味精自筹解决。

报告期内,尚有前次募股资金三大项目没有完成,各项目募集资金使用情况:

(1)年产 4 万吨谷氨酸钠生产线技术改造项目

该项目系采用新工艺,其技术含量高,可以提高公司设备的利用率,降低生产成本,进一步扩大公司的味精生产能力,提高产品的市场占有率,具有显著的经济效益和社会效益。项目改造过程中利用募集资金投资新增的固定资产主要有:中和设备,脱色设备,结晶分离设备等。目前该项目已完成工作量 90%以上,使产量增加 3 万多吨,对于大幅降低成本,提高经济效益,起到了积极作用。

(2)利用玉米废渣生产高纤维全价饲料技术改造项目

该项目旨在利用味精生产过程中产生的废渣,采用国外的先进工艺技术,生产高纤维全价饲料。该项目技改投资增加的主要设备有:喷雾干燥设备,接收及储存设备,粉碎系统,配料混合系统等。

(3)兼并汤阴玉米厂并实施技改投资

公司已按照募集资金使用计划,兼并了汤阴玉米厂,水、电、汽技改配套工程是本次技术改造的一部分。兼并后,更名为河南莲花生物工程有限公司。公司以市场为导向调整了原汤阴玉米厂的产品结构,投资改建了淀粉、发酵、葡萄糖车间和水、电、汽配套工程等,目前该项目处于试运营阶段,2000 年度尚没有产生经济效益。

(4)投资漯周界高速公路项目

河南漯河至周口(豫皖界)高速公路经国家计划委员会计司基础函(1999)146 号批复确认,属国家重点支持的基础设施建设项目,符合国家的产业政策。该项目不仅为我省中部地区提供一条与华东经济结合发展的快速便捷的通道,同时对加强地区综合运力是不可少的,可以大大改变莲花味精的交通运输状况,对于莲花味精实施下一步的发展战略和市场开发将具有极其深远的意义。一期工程(漯河至周口)将于 2001 年 10 月通车。

(5)截止 2000 年末,公司未使用的募集资金为 7,597.93 万元,用于补充公司流动资金。

2、其他投资情况

本报告期内,公司根据市场和中国加入 WTO 步伐的加快,从企业的长远发展和投资者的角度考虑,在增发项目资金尚未到位之前,公司董事会决定利用长期借款资金进行增发项目的前期准备资金的投资,截止 2000 年底,共计进行约 1463 万元前期投资,大体项目投资情况如下(详见会计附注):

引进国际 CX—O 法谷氨酸提取工艺技术改造工程	362 万元	长期借款
采用国际下番连续结晶工艺技术改造工程	243 万元	长期借款
年产 20 万吨小麦淀粉技术改造工程(替代玉米)	130 万元	长期借款
建设年产 10 万吨淀粉专用面粉生产线	597 万元	长期借款
牛胚胎移植高技术产业化工程	131 万元	长期借款
合计	1463 万元	长期借款

四、新年度的业务发展计划

2001 年是我国第十个五年计划的第一年,也是我国即将加入 WTO 的一年,公司将在年初完成增发新股的各项工作,积极实施公司技术改造和市场销售网络建设,同时实施生态农业产业化战略,利用周边地区传统的养牛优势建立公司良种肉牛和良种奶牛示范基地,培养公司新的利润增长点。

2001 年公司将重点做好以下几件事:

1、加强市场销售网络建设,准备利用增发募股资金大力发展末端销售基本户,同时利用现代网络信息技术对传统的销售方式进行变革,建设莲花味精的销售网、国际贸易网和采购网。到 2000 年底,公司直接或间接控制的销售网点在 80,000 多家,计划在两年的时间内将销售网点增加到 200,000 家,同时建立 45 个配送中心,在全国范围内拥有 100 个配送中心,形成较完善的市场销售网络。投资 4000 万元建设莲花购销网络工程,实现物流、资金流、信息流和控制流的较完善结合。

2、扩大味精出口,实施大出口战略。公司近年来味精出口迅速增长,本年度在 1999 年出口味精 8000 吨的基础上,出口味精 13000 多吨,创汇 1700 多万美元,公司被外经贸部评为全国发酵行业出口创汇大户。公司计划制定 2001 年出口味精 30000 吨的任务,从而打开广阔的国外市场。

3、继续加大科研开发力度,用高新技术通览企业发展全局。根据国家经贸委技术[2000]87 号通知,莲花味精企业技术中心被国家经贸委等四部委审定为第七批享受优惠政策的国家级企业技术中心;2000 年 7 月 24 日,公司被国家科学技术部火炬高技术产业中心认定为"国家火炬计划重点高新技术企业"。这表明公司在科研开发方面已取得了重大进步。充分发挥莲花味精国家级企业技术中心的科研开发优势,加强与重点科研院所的合作,利用现代生物工程技术和遗传工程技术,改造公司的味精产业、面粉产业和良种肉牛、奶牛产业,提高公司产品的科技含量和附加值;

4、强化品牌意识,增强"莲花"品牌的市场竞争优势。公司注重质量管理,按照 ISO9002 国际标准组织生产经营,健全质量保证体系,公司通过全国质量认证复审,完成了出口产品卫生证书核证工作,获得了 2000 年"全国质量管理奖",被评为"中国食品工业优秀企业"。2000 年据北京名牌资产评估事务所公布,莲花商标品牌价值 34.89 亿元,位居中国最有价值品牌第 19 位。

5、加重资本运作的力度,加快增发募股项目的投资建设。公司继续严格按照国家有关法律、法规和证券管理部门的要求,强化公司的基础管理工作,进一步完善公司的法人治理结构,保证真实、准确、完整地做好公司的信息披露工作。公司积极实施资本运作,对公司拥有的资源进行战略重组,高效利用,提高公司资产的收益率;公司董事会和管理层将依照招股文件认真实施三大类 11 个项目的投资情况,争取尽快产生经济效益,回报广大投资者。

五、董事会日常工作情况

报告期内,公司董事会共召开四次董事会会议:

(1)公司第一届董事会第四次会议于 2000 年 1 月 26 日召开,会议审议通过如下决议:

①、审议通过了《关于变更部分募集资金使用计划的议案》

②、通过了《关于投资河南漯河至周口(豫皖界)高速公路的议案》此次董事会决议公告刊登于 2000 年 1 月 27 日的《上海证券报》。

(2)公司第一届董事会第五次会议于 2000 年 3 月 23 日召开,会议审议通过如下决议:

①、审议通过了《董事会工作报告》。

②、审议通过了《公司 1999 年度总经理业务报告》。

③、通过了《关于计提四项资产减值准备金及损失处理的内部控制制度的议案》。

④、通过了《公司 1999 年度报告及年度报告摘要》

⑤、审议通过了《公司 1999 年度财务决算和 1999 年度利润分配方案》

⑥、通过了《关于实施生态农业产业化发展战略的决议》

⑦、审议通过了《加强生物工程技术等高新技术研究开发的决议》

⑧、审议通过了《关于修改公司章程的决议》

⑨、审议通过了《关于召开 1999 年度股东大会的决议》

此次董事会决议公告刊登于 2000 年 3 月 23 日的《上海证券报》。

(3)、公司第一届董事会第六次会议于 2000 年 7 月 27 日召开,会议审议通过如下决议:

①、审议通过了《公司 2000 年中期报告及中期报告摘要》。

②、审议通过了《董事会议事规则》

此次董事会决议公告刊登于 2000 年 7 月 28 日的《上海证券报》。

(4)、公司第一届董事会第七次会议于 2000 年 8 月 11 日召开,会议审议通过如下决议:

①审议通过了《公司公募增发不超过 8000 万股 A 股的议案》

②审议通过了《公司前次募集资金使用情况说明的议案》

③通过了《关于召开 2000 年度临时股东大会的通知的议案》

此次董事会决议公告刊登于 2000 年 8 月 12 日的《上海证券报》。

七、公司管理层及员工情况

1、现任董事、监事及高级管理人员情况

姓名	职务	年初持股	年末持股	性别	年龄	任期(年)	年度报酬(元)
李怀清	董事长	20,000	20,000	男	61	2001 年 7 月	不受薪
申志勇	副董事长、总经理	20,000	20,000	男	49	2001 年 7 月	100,000
闫汝杏	副董事长、常务副总经理	10,000	10,000	男	51	2001 年 7 月	50,000
陈振国	副董事长	10,000	10,000	男	61	2001 年 7 月	60,000
高　军	董事	10,000	10,000	男	57	2001 年 7 月	60,000
高显林	董事	0	0	男	42	2001 年 7 月	不受薪
杨　立	董事	0	0	男	36	2001 年 7 月	不受薪

祝田山	董事	10,000	10,000	男	38	2001年7月	不受薪
付 泳	董事副总经理	10,000	10,000	男	42	2001年7月	60,000
张丙堂	董事副总经理	10,000	10,000	男	46	2001年7月	60,000
李素苹	董事	10,000	10,000	女	36	2001年7月	50,000
李国俭	董事会秘书	0	0	男	34	2001年7月	60,000
史克龙	财务总监	0	0	男	40		30,000
田连芳	监事长	10,000	10,000	男	55	2001年7月	60,000
王太林	监事	2,000	2,000	男	45	2001年7月	30,000
刘成忠	监事	10,000	10,000	男	43	2001年7月	不受薪
聂本忠	监事	10,000	10,000	男	59	2001年7月	不受薪
霍晓亭	监事	2,000	2,000	男	48	2001年7月	50,000
王连登	副总经理	10,000	10,000	男	54	2001年7月	60,000
田维英	副总经理	10,000	10,000	女	49	2001年7月	60,000
石清友	副总经理	10,000	10,000	男	50	2001年7月	60,000
任孝伦	副总经理	10,000	10,000	男	60	2001年7月	60,000
张 震	副总经理	10,000	10,000	男	45	2001年7月	60,000

说明:(1)报告期内,董事、监事及高级管理人员持股数量没有发生变动。

(2)以上部分董事、监事及高级管理人员的年度报酬总额约为92万元。其中,10万元以上年度报酬数额区间内有1人,10-5万元年度报酬数额区间内有14人,5万元以下年度报酬数额区间内有2人。

(3)董事长李怀清,董事高显林、杨立、祝田山,监事刘成忠、聂本忠不在公司领取报酬。

2、公司员工的数量、专业构成、教育程度及退休职工人数情况。

截止报告期末公司有员工共计8694人。其中生产人员8081人,销售人员283人,技术人员1729人,财务人员57人,行政人员48人,具有大专以上学历人员占总员工人数的5.06%。

八、本年度利润分配预案

本公司2000年度实现净利润171,820,687.55元,提取10%法定公积金17,059,312.50元,提取5%的公益金8,529,656.25元,加上上年度转入本年度的调整后的可分配利润192,611,805.05元,至此年末可供分配利润为338,843,523.85。目前公司正在进行较大规模的技术改造和新项目投资,为保持公司的可持续发展,公司本年度不进行利润分配和公积金转增股本。

以上利润分配预案将提交股东大会审议通过

九、预计2001年度的利润分配政策

公司2001年度实现的净利润用于股利分配的比例约为不低于20%,公司本年度未分配利润用于2001年度股利分配的比例为不高于20%,2001年度的股利分配将采取派发现金红利或送红股的形式,派发现金红利的比例不低于40%。具体利润分配预案由董事会根据实际情况确定,董事会并可根据公司经营情况和发展情况作出相应的调整。

十、其他报告事项

本公司选定的信息披露报纸为《上海证券报》、《中国证券报》。

六、监事会报告

1、监事会会议召开情况

报告期内公司监事会共召开二次会议。

(1)2000年3月23日会议,审议通过了《1999年度监事会工作报告》、《公司1999年度报告及摘要》、《公司财务决算报告》。

(2)2000年7月27日会议,审议通过了《公司2000年度中期报告及中期报告摘要》、《监事会议事规则》。

1、监事会独立意见

A、监事会在本年度依照国家有关法律法规和《公司法》及《公司章程》所赋予的职权,依法对公司、董事会及高级管理人员进行了监督和核查,公司没有违法运作现象,董事、经理执行公司职务时没有违反法律、法规、公司章程和损害公司利益的行为。

B、公司监事会对公司财务结构和财务状况及有关业务进行了认真细致的检查。认为:河南郑州亚太(集团)会计师事务所出具了无保留意见审计报告真实反映了公司截止2000年12月31日的财务状况和经营成果。

C、公司监事会确认:报告期内,公司未发生收购、出售资产、内幕交易和损害股东利益以及造成公司资产流失的现象。

D、公司监事会确认:2000年度,公司关联交易严格按照商业原则和市场价格为基础进行,坚持公开、公平、公正的原则,没有发现有损害本公司利益的行为。

七、重大事项

1、报告期内公司没有重大诉讼、仲裁事项。

2、报告期内公司董事及高级管理人员无受监管部门处罚的情况。

3、报告期内控股股东无变更事项

4、报告期内公司无出售资产吸收合并事项

5、重大关联交易事项

本公司同关联企业之间依照市场价格进行公平交易,具体的关联交易情况详见财务报表附注。

6、公司与控股股东在人员、资产、财务上的"三分开"情况。本公司相对于控股股东做到人员独立、资产完整和财务独立,实现与控股股东在人员、资产、财务上的"三分开"。

①人员方面,公司与控股股东在劳动、人事、及工资管理方面各自独立,控股股东在公司担任董事职务,不在公司领取薪酬。

②资产方面,公司拥有独立的生产系统、辅助生产系统和配套设施;公司独立拥有工业产权、商标、非专利技术等无形资产;公司独立拥有采购和销售系统。

③财务方面,公司独立拥有财会部门,并建立了独立的会计核算体系和财务管理制度;公司独立在银行开户。

7、报告期内本公司未发生重大托管、承包、租赁其他公司资产或其他公司托管、承包、租赁上市公司资产的事项。

8、聘任、改聘、解聘会计师事务所情况

本期公司继续聘请河南郑州亚太集团会计师事务所负责本公司的审计工作。

9、其他重大合同及其履行情况

报告期内公司无担保、抵押、委托经营、租赁经营等重大合同的签订。

10、报告期内公司没有更改名称及股票简称。

八、财务会计报告

1、审计报告

审计报告

亚会审字(2001)6号

河南莲花味精股份有限公司:

我们接受委托,审计了贵公司2000年12月31日的资产负债表和合并资产负债表、2000年度的利润及利润分配表和合并利润及利润分配表、2000年度的现金流量表和合并现金流量表。这些会计报表由贵公司负责,我们的责任是对这些会计报表发表审计意见。我们的审计是依据《中国注册会计师独立审计准则》进行的。在审计过程中,我们结合贵公司的实际情况,实施了包括抽查会计记录等我们认为必要的审计程序。

我们认为,上述会计报表符合《企业会计准则》和《股份有限公司会计制度》的有关规定,在所有重大方面公允地反映了贵公司2000年12月31日的财务状况及2000年度的经营成果和2000年度的现金流量情况,会计处理方法的选用遵循了一贯性原则。

亚太集团会计师事务所有限公司　　中国注册会计师:谢玉敏

中国.北京　　中国注册会计师:党惠如

2、会计报表(附后)

3、会计报表附注

会计报表附注

一、公司简介

河南莲花味精股份有限公司(以下简称本公司)是经河南省人民政府豫股批字[1998]19号文批准,由河南莲花味精集团有限公司(以下简称莲花集团)独家发起并向社会公开募集股份而设立的股份有限公司。本公司成立于1998年7月,位于河南省项城市莲花大道18号,于1998年8月在上交所上市。本公司注册登记号:豫工商企4100001004314;注册资本:人民币60,000万元;经营范围:味精及相关副产品的生产及销售;热力、电力供应。

二、公司主要会计政策、会计估计和合并会计报表的编制方法

1、会计制度:《股份有限公司会计制度》及其补充规定。

2、会计年度:公历年制,即1月1日至12月31日。

3、记账本位币:人民币。

4、记账基础和计价原则:记账基础"权责发生制";计价原则"历史成本"。

5、外币业务核算方法:外币发生按当月月初市场汇率折合成本位币记账;每月终了,按月末市场汇率一次调整,汇兑损益记入财务费用;汇兑损益与购建固定资产有关的予以资本化,无关的属于筹建期间的计入开办费,属于生产经营期间的计入当期财务费用。

6、现金等价物的确认标准:持有期限短,流动性强,易于转换成已知金额现金,价值变动风险很小的投资。

7、坏账核算方法:本公司对因债务人破产或死亡,以其破产财产或遗产清偿后仍无法收回的应收款项(包括应收账款和其他应收款,下同)和因债务人逾期未履行其清偿义务,而且具有明显特征表明无法收回的应收款项确认为坏账损失。

坏账损失采用备抵法核算,原按本公司除关联方外的应收款项余额的5%计提。根据河南莲花味精股份有限公司董事会文件,坏帐准备的提取方法自2000年12月1日起变更为,按除有确凿依据证明不需计提坏帐准备的应收款项余额外的5%计提。

8、存货核算方法:

(1)存货的分类:存货分为原材料、在产品、产成品、低值易耗品、包装物等。

(2)存货的取得采用实际成本计价,存货的发出采用加权平均法计算。生产用低值易耗品于领用时采用一次摊销法摊销,非生产用低值易耗品于领用时采用五五摊销法摊销。

(3)存货期末计价采用历史成本与可变现净值孰低法,期末对存货进行单项比较,按可变现净值低于历史成本的金额计提存货跌价准备。

9、短期投资核算方法:本公司短期投资按取得投资时的实际购入或确定的成本计价,投资转让或到期兑付时确认投资收益。

短期投资采用期末成本与市价孰低法计价,按市价低于成本的金额计提短期投资跌价准备。

10、长期投资核算方法:

(1)长期股权投资:投资时按实际支付的价款或确定的价值记账;公司对外投资占被投资单位表决权资本总额的20%以下的采用成本法核算,20%以上的采用权益法核算。

(2)长期债权投资:按实际成本入账,按收益期确认投资收益。

(3)长期股权投资差额的摊销方法:对河南莲花味之素有限公司的股权投资差额自1998年1月1日起按46年平均摊销;对河南省项城佳能热电有限责任公司的股权投资差额自1999年1月1日起按50年平均摊销。

(4)本公司对被投资单位由于市价持续下降或经营状况恶化等原因导致其可收回金额低于长期股权投资账面价值,并且这种降低的价值在可预计的未来期间内不可能恢复时,按可收回金额低于长期股权投资账面价值的差额计提长期投资减值准备,预计的长期投资减值损失计入当期损益。

11、固定资产计价及折旧方法:本公司以下资产确认为固定资产:使用期限超过一年的房屋、建筑物、机器、机械、运输工具,及其它与生产经营有关的设备、器具、工具,或单位价值在2000元以上,并且使用期限超过二年的、不属于生产经营主要设备的物品。固定资产以实际成本计价。固定资产折旧采用直线法分类计算,按月提取,提取方法如下:

固定资产类别	估计经济使用年限	残值率(%)	年折旧率(%)
房屋建筑物	20-35	3	2.77-4.85
通用设备	10-15	3	6.46-9.70
专用设备	13-18	3	5.38-7.46
运输工具	5-10	3	9.70-19.40
其他	5-10	3	9.70-19.40

12、在建工程核算方法:按实际支出确认在建工程;工程借款利息及汇兑损失,在固定资产尚未交付使用之前发生的,计入在建工程,之后的计入当期损益;工程完工交付使用时,确认为固定资产。

13、无形资产计价和摊销方法:购入或自行创造并按法律程序申请取得的各种无形资产,按实际支出数确认,在受益期内按照直线法平均摊销。

14、开办费:自公司开始生产经营当月起,按5年平均摊销。

15、长期待摊费用:按预计受益期间平均摊销。

16、收入确认原则:

(1)销售商品:股份公司销售商品的收入在股份公司已将商品所有权上的主要风险和报酬转移给购货方,股份公司没有保留通常与所有权相联系的继续管理权,也没有对已售出的商品实施控制,并且与交易相关的经济利益能够流入公司,与销售该商品相关的收入和成本能够可靠地计量时,予以确认;

(2)提供劳务:股份公司提供劳务如劳务在同一会计年度内开始并完成,在完成劳务时确认收入;如劳务的开始和完成分属不同的会计年度,且提供劳务的结果能够可靠估计的情况下,在资产负债表日按完工百分比法确认相关的劳务收入;

(3)他人使用本企业资产:他人使用本企业资产,在与交易相关的经济利益能够流入企业,且收入的金额能够可靠地计量时,收入予以确认。

17、所得税的会计处理:采用应付税款法核算所得税。

18、合并会计报表的编制方法：

(1)合并范围确认原则：股份公司对其他单位投资如拥有其半数以上(不包括半数)的权益性资本，或拥有的权益性资本虽然不足半数以上，但具有实质性控制权，则该单位纳入本公司合并范围；

(2)合并所采用的会计方法：按照财政部《合并会计报表暂行规定》及其补充规定执行。

19、会计估计变更

本公司坏账损失采用备抵法核算，原按本公司除关联方外的应收款项余额的5%计提。根据河南莲花味精股份有限公司董事会文件，坏帐准备的提取方法自2000年12月1日起变更为，按除有确凿依据证明不需计提坏帐准备的应收款项余额的5%计提。本期期末本公司提取关联方欠款坏帐准备2,644,650.02元，本公司全资子公司河南省项城佳能热电有限责任公司提取关联方欠款坏帐准备4,617,140.71元。

三.税项：

1、增值税：味精、电力为17%，饲料、热力13%；

2、城建税及教育费附加：城建税税率为流转税额的7%；教育费附加为流转税额的3%；

3、所得税：所得税税率为33%。本公司原执行河南省人民政府豫政文[1997]244号文件，享受实行照章纳税，财政返还，实际税负为15%的所得税优惠政策。2000年上半年按照国务院国发(2000)2号文件停止执行所得税先征后返优惠政策。现按照财政部(2000)99号文件，继续执行先征后返的所得税优惠政策到2001年12月31日止。

四、控股子公司及合营企业

(1)本公司拥有50%以上权益性资本的子公司的概况如下：

公司名称	注册地点	注册资本	投资金额	所占权益比例	经营范围
河南省项城佳能热电有限责任公司	河南省项城市	12,000万元	12,958万元	100%	热力、电力供应
河南莲花生物工程有限公司	河南省汤阴县	3,000万元	2,850万元	95%	生产、销售谷氨酸及相关副产品

(2)2000年度合并报表范围：本公司对河南省项城佳能热电有限责任公司2001年度会计报表予以合并；河南莲花生物工程有限公司截止2000年12月31日尚处于试生产阶段，未纳入本公司本期合并报表范围。

五、分行业资料

单位：万元

行业	营业收入		营业成本		营业毛利	
	上期数	本期数	上期数	本期数	上期数	本期数
味精	118,919	117,468	95,281	85,584	23,638	31,884
电力、热力	7,335	19,605	5,264	14,854	2,071	4,751
公司内相互抵减	1,979	6,031	1,979	6,031		
合计	124,275	131,042	98,566	94,407	25,709	36,635

六、关联方关系及其交易

1、关联方关系

(1)、存在控制关系的关联方情况

A、存在控制关系的关联方

关联企业名称	注册地址	主营业务	与本公司的关系	经济性质	法人代表
河南莲花味精集团有限公司	项城市莲花大道	味精、副食品	控股母公司	国有	李怀清
河南省项城佳能热电有限责任公司	项城市工业路	热力、电力供应	全资子公司	有限公司	郭宝亮
河南莲花生物工程有限公司	河南省汤阴县	谷氨酸及相关副产品	占其95%股权	有限公司	李怀清

B、存在控制关系的关联方注册资本及变化

关联企业名称	期初数	本期增加数	本期减少数	期末数
河南莲花味精集团有限公司	550,000,000			550,000,000
河南省项城佳能热电有限责任公司	120,000,000			120,000,000
河南莲花生物工程有限公司	30,000,000			30,000,000

C、存在控制关系的关联方所持股份及其变化

企业名称	股份变化	
	期初数	期末数
河南莲花味精集团有限公司	66.67%	66.67%
河南省项城佳能热电有限责任公司	100.00%	100.00%
河南莲花生物工程有限公司	95.00%	95.00%

(2)、不存在控制关系的关联方情况

关联企业名称	注册地址	主营业务	与股份公司的关系	经济性质
河南莲花味之素有限公司	项城市水新路北段西侧	谷氨酸、味精	占其49%股权	中外合资
河南省漯周界高速公路有限责任公司	周口市八一路	修建、经营、管理高等级公路	占其32%股权	有限公司
周口莲花金水装潢有限公司	项城市莲花大道北段	味精包装袋	同一母公司	中外合资
河南莲花味精集团化塑编织袋厂	项城市莲花大道中段	编织袋	同一母公司	国有企业
河南莲花味精集团纸箱厂	项城市莲花大道北段	包装纸箱	同一母公司	国有企业
杞县莲花周杞味精有限公司	河南省开封市杞县	麸酸	同一母公司	有限公司
武汉周东莲花味精有限公司	湖北省武汉市东西湖	麸酸	同一母公司	有限公司
河南莲花味精集团液氨分厂	项城市莲花大道北段	液氨	同一母公司	有限公司

2、关联方交易

单位：元

项目	本期数	上期数	交易价格
销售货物：			
河南莲花味之素有限公司	94,116,852.32	100,436,627.26	市价
河南莲花味精集团有限公司	34,236,971.45	25,326,239.73	市价
河南莲花味精集团进出口公司	75,810,783.47		市价
河南莲花味精集团液氨分厂	37,092,928.95	14,211,713.03	市价
其他企业	1,902,122.80	328,135.00	市价
采购货物：			
河南莲花味之素有限公司	207,549,590.55	126,450,862.21	市价
河南莲花味精集团有限公司	2,585,375.86	49,081,873.28	市价
河南莲花味精集团进出口公司	9,350,332.13		市价
河南莲花味精集团液氨分厂	53,774,902.95	16,110,837.23	市价
其他企业	101,437,733.12	88,031,499.70	市价

3、关联方应收应付款项余额

关联方应收应付款项　　单位：元

关联单位	科目	期初数	科目	期末数
河南莲花味之素有限公司	其他应收款	28,700,720.34	预付帐款	28,354,944.86
			应收帐款	9,799,220.00
河南莲花味精集团液氨分厂	其他应收款	19,033,694.28	预付帐款	6,940,891.18
河南莲花味精集团有限公司	其他应收款	61,568,812.57	其他应付款	16,543,951.79
河南莲花味精集团进出口公司	其他应收款	1,474,149.58	其他应付款	3,068,571.90
			预付帐款	135,647,632.86
河南莲花集团纸箱厂	其他应付款	14,825,404.77	应付帐款	4,121,480.97
武汉周东莲花味精有限公司	其他应付款	2,252,762.00	预付帐款	7.852,699.60
周口莲花金水装潢有限公司	其他应收款	10,261,018.68	预付帐款	9,315,583.72
河南莲花味精化塑编织袋厂	其他应收款	3,026,572.57	应付帐款	634,713.29
杞县莲花周杞味精有限公司	其他应收款	33,528.21	预付帐款	3,090,317.49
河南莲花生物工程有限公司	其他应收款	44,308,943.95	其他应收款	52,893,000.31
河南省漯周界高速公路有限责任公司	其他应收款	106,800,000.00		

4.其他应披露的事项：

(1)按照本公司与莲花集团签定的《污水处理协议》，本公司的水处理厂交由莲花集团环保部门管理使用，股份公司生产过程中产生的废水委托莲花集团综合处理利用，除上述设备的折旧由本公司承担外，本公司每生产1吨味精支付莲花集团水处理费50元。2000年度本公司支付莲花集团污水处理费4,570,201.00元。

(2)按照本公司与莲花集团签定的《饲料生产设备租赁协议》，2000年度本公司收取设备租赁费8,000,000.00元。

(3)根据本公司与河南莲花味之素有限责任公司(以下简称味之素)签定的《费用分摊协议》，本公司2000年度分摊给味之素销售费用14,533,049.76元。

(4)按照本公司与莲花集团签定的《费用分摊协议》，本公司2000年度收取集团供水服务费3,418,803.42元。

(5)根据本公司与莲花集团签定的协议，2000年度本公司向莲花集团收取了资金使用费334万元。

七、或有事项

本公司无需披露的重大或有事项。

八、承诺事项

本公司无需披露的重大承诺事项。

九、期后事项

截止2001年1月16日，本公司公募增发8000万股A股股票所募集资金73,821万元已到位并业经亚太集团会计师事务所亚会验字(2001)18号验证。

十、资产负债表日后的非调整事项

本公司无需披露的资产负债表日后的非调整事项。

十一、其他重要事项

1、2000年9月11日本公司临时股东大会通过了公募增发不超过8,000万股A股股票的议案，该议案于2000年12月20日本公司经中国证券监督管理委员会证监公司字[2000]217号文件批准。

2、根据财政部2000年7月4日财会(2000)3号《股份有限公司税收返还等有关会计处理规定》的通知，本公司下半年收到的17,806,457.44元所得税返还冲减了本年"所得税"科目。

河南莲花味精股份有限公司

2001年3月22日

合并利润及利润分配表

编制单位：河南莲花味精股份有限公司　　单位：(RMB)元

科　目	附注	2000年度	1999年度
一、主营业务收入		1,310,420,579.65	1,253,467,253.63
减：折扣及折让			10,713,325.71
主营业务收入净额		1,310,420,579.65	1,242,753,927.92
减：主营业务成本		944,068,607.74	985,661,480.63
主营业务税金及附加		9,444,992.57	6,692,155.24
二、主营业务利润		354,906,979.34	250,400,292.05
加：其他业务利润		9,451,133.31	4,381,101.09
减：存货跌价损失			
营业费用		50,411,669.51	45,256,375.13
管理费用	27	37,000,628.54	21,021,954.08
财务费用	28	42,649,332.46	11,174,085.77
三、营业利润		236,296,482.14	177,328,978.26
加：投资收益	29	-4,548,286.68	11,330,405.08
补贴收入			41,854,375.79
营业外收入	30	3,591,207.47	1,740,532.79
减：营业外支出		1,566,900.40	1,595,756.74
四、利润总额		233,772,502.53	230,658,534.78
减：所得税		61,951,814.98	62,090,557.92
五、净利润		171,820,687.55	168,567,976.86
加：年初未分配利润		192,611,805.05	109,309,790.64
六、可分配的利润		364,432,492.60	277,877,767.50
减：提取法定盈余公积		17,059,312.50	16,843,974.97
提取法定公益金		8,529,656.25	8,421,987.48
七、可供股东分配的利润		338,843,523.85	252,611,805.05
减：应付优先股股利			
提取任意盈余公积			
应付普通股股利			
转作股本的普通股股利			60,000,000.00
八、未分配利润		338,843,523.85	192,611,805.05

合并资产负债表

编制单位：河南莲花味精股份有限公司　　　　单位：(RMB)元

资　产	附注	2000.12.31	1999.12.31
流动资产：			
货币资金	1	486,927,141.09	294,053,630.46
短期投资			
减：短期投资跌价准备			
短期投资净额			
应收票据	2	147,301,532.15	32,362,063.17
应收股利			
应收利息			
应收账款	3	588,601,889.78	433,619,067.64
其他应收款	4	106,269,136.23	333,790,036.72
减：坏账准备		34,153,621.96	23,513,437.69
应收款项净额		660,717,404.05	743,895,666.67
预付账款	5	307,722,434.43	61,720,752.06
应收补贴款			23,406,342.56
存货	6	151,005,157.79	188,881,121.11
减：存货跌价准备			
存货净额		151,005,157.79	188,881,121.11
待摊费用	7	10,148,323.00	14,991,774.51
待处理流动资产净损失	8	1,503,205.83	
一年内到期的长期债仅投资			
其他流动资产			
流动资产合计		1,765,325,198.34	1,359,311,350.54
长期投资：			
长期股权投资	9	321,626,409.79	196,576,965.34
长期债权投资			
长期投资合计		321,626,409.79	196,576,965.34
其中：合并价差	9	-423,460.71	6,769,986.06
减：长期投资减值准备		12,438,050.05	12,438,050.05
长期投资净额		309,188,359.74	184,138,915.29
固定资产：			
固定资产原价	10	1,320,929,762.43	1,228,532,077.98
减：累计折旧	10	419,992,694.19	331,136,329.00
固定资产净值	10	900,937,068.24	897,395,748.98
工程物资		526,456.90	
在建工程	11	81,663,913.32	32,782,303.49
固定资产清理		133,881.52	90,575.35
待处理固定资产净损失			
固定资产合计		983,261,319.98	930,268,627.82
无形资产及其他资产：			
无形资产	12	43,930,755.62	45,198,231.74
开办费			
长期待摊费用			
其他长期资产			
无形资产及其他资产合计：		43,930,755.62	45,198,231.74
递延税项：			
递延税款借项			
资产总计		3,101,705,633.68	2,518,917,125.39
负债及股东权益	附注	2000.12.31	1999.12.31
流动负债：			
短期借款	13	245,423,959.05	160,480,000.00
应付票据	14	66,500,000.00	42,300,000.00
应付账款	15	283,162,595.40	318,500,359.88
预收账款	16	45,843,777.46	42,883,149.56
应付工资		6,820,801.71	
应付福利费		37,316,761.67	31,755,411.88
应付股利			
应交税金	17	14,169,137.65	23,477,091.66
其他应交款	18	-543,374.60	52,519.88
其他应付款	19	150,800,445.28	195,344,124.52
预提费用	20	6,817,254.67	5,899,975.17
一年内到期的长期负债	21	194,227,612.00	94,698,470.00
其他流动负债			
流动负债合计		1,050,548,270.29	915,391,102.55
长期负债：			
长期借款	22	603,943,450.00	328,132,797.00
应付债券			
长期应付款			
住房周转金			
其他长期负债			
长期负债合计		603,943,450.00	328,132,797.00
递延税项：			
递延税款贷项			
负债合计		1,654,491,720.29	1,243,523,899.55
所有者权益：			
股本	23	600,000,000.00	600,000,000.00
其中：国有法人股		400,000,000.00	400,000,000.00
其他法人股			
内部职工股			
社会公众股		200,000,000.00	200,000,000.00
资本公积	24	444,371,877.94	444,371,877.94
盈余公积	25	63,998,511.60	38,409,542.85
其中：公益金	25	21,332,837.20	12,803,180.95
未分配利润	26	338,843,523.85	192,611,805.05
股东权益合计		1,447,213,913.39	1,275,393,225.84
负债及股东权益合计		3,101,705,633.68	2,518,917,125.39

合并现金流量表

编制单位：河南莲花味精股份有限公司　　2000 年度　　单位：(RMB)元

项　目	附注	金　额
一、经营活动产生的现金流量：		
销售商品、提供劳务收到的现金		890,329,637.39
收取的租金		8,055,877.20
收到的税费返还		41,212,800.00
收到的其他与经营活动有关的现金		296,784.864.01
现金流入小计		1,236.383.178.60
购买商品、接受劳务支付的现金		804,191,762.07
经营租赁所支付的现金		
支付给职工以及为职工支付的现金		91,929.832.92
支付的增值税款		101,229,766.61
支付的所得税款		81,815,647.77
支付的除增值税、所得税以外的其他税费		15,282,311.59
支付的其他与经营活动有关的现金	31	52,879,121.29
现金流出小计		1,147,328,442.25
经营活动产生的现金流量净额		89,054,736.35
二、投资活动产生的现金流量：		
收回投资所收到的现金		
分得股利或利润所收到的现金		
取得债券利息收入所收到的现金		
处置固定资产、无形资产和其他长期资产而收回的现金净额		120,000.00
收到的其他与投资活动有关的现金		
现金流入小计		120,000.00
购建固定资产、无形资产和其他长期资产所支付的现金		284,111,469.42
权益性投资所支付的现金		30,000,000.00
债权性投资所支付的现金		
支付的其他与投资活动有关的现金	32	21,034,257.04
现金流出小计		335,145,726.46
投资活动产生的现金流量净额		-335,025,726.46
三、筹资活动产生的现金流量：		
吸收权益性投资所收到的现金		
发行债券所收到的现金		
借款所收到的现金		845,482,000.00
收到的其他与筹资活动有关的现金		
现金流入小计		845,482,000.00
偿还债务所支付的现金		355,659,945.95
发生筹资费用所支付的现金		
分配股利或利润所支付的现金		
偿付利息所支付的现金		50,977,553.31
融资租赁所支付的现金		
减少注册资本所支付的现金		
支付的其他与筹资活动有关的现金		
现金流出小计		406,637,499.26
筹资活动产生的现金流量净额		438,844,500.74
四、汇率变动对现金的影响		
五、现金及现金等价物净增加额		192,873,510.63
1、不涉及现金收支的投资和筹资活动：		
以固定资产偿还债务		
以投资偿还债务		
以固定资产进行长期投资		
以存货偿还债务		
融资租赁固定资产		
2、将净利润调节为经营活动的现金流量：		
净利润		171,820,687.55
加：计提的坏账准备或转销的坏账		10,640,184.27
固定资产折旧		82,140,670.12
无形资产摊销		1,267,476.12
待摊费用的减少(减增加)		4,619,663.53
预提费用的增加(减减少)		917,279.50
处置固定资产、无形资产和其他长期资产的损失(减收益)		272,338.24
固定资产报废损失		
财务费用		50,853,877.43
投资损失(减收益)		4,548,286.68
递延税款贷项(减借项)		
存货的减少(减增加)		37,875,963.32
经营性应收项目的减少(减增加)		-198,529,202.69
经营性应付项目的增加(减减少)		-77,372,487.72
其他		
经营活动产生的现金流量净额		89,054,736.35
3、现金及现金等价物净增加情况：		
货币资金的期末余额		486,927,141.09
减：货币资金的期初余额		294,053,630.46
现金等价物的期末余额		
减：现金等价物的期初余额		
现金及现金等价物净增加额		192,873,510.63

兖州煤业股份有限公司

二○○○年年度报告摘要

一、公司简介

1、法定中文名称:兖州煤业股份有限公司
法定英文名称:Yanzhou Coal Mining Company Limited
2、法定代表人:赵经彻
3、授权代表:罗太炎　　陈广水
董事会秘书:陈广水
联系地址:山东省邹城市凫山路40号
兖州煤业股份有限公司董事会秘书处
电话:0537－5383310
传真:0537－5383311
E－mail:yzc@yanzhoucoal.com.cn
4、注册地址:山东省邹城市凫山路40号
办公地址:山东省邹城市凫山路40号
邮政编码:273500
网址:http://www.yanzhoucoal.com.cn
E－mail:yzc@yanzhoucoal.com.cn
5、信息披露报纸名称:《中国证券报》、《上海证券报》、香港《文汇报》、香港《南华早报》
年度报告登载网址:http://www.sse.com.cn
年度报告备置地点:兖州煤业股份有限公司董事会秘书处
电话:0537—5384451
传真:0537—5383311
6、A股—上市地点:上海证券交易所
股票代码:600188
股票简称:兖州煤业
H股—上市地点:香港联合交易所有限公司
股票代码:1171
ADR—上市地点:纽约股票交易所
股票简称:YZC

二、会计数据和业务数据摘要

(一)公司本年度的主要会计数据与业务数据摘要　　单位:千元

项目	金额
利润总额	1,059,789
净利润	764,182
扣除非经常性损益后的净利润	775,774
主营业务利润	2,745,877
其他业务利润	27,559
营业利润	1,071,382
投资收益	－
补贴收入	189
营业外收支净额	－11,781
经营活动产生的现金流量净额	1,075,186
现金及现金等价物净增加额	327,067

注:扣除的非经常性损益包括:补贴收入189千元和营业外收入、支出净额－11,781千元。

(二)按境内外两种会计准则计算净利润差异

公司聘用德勤·关黄陈方会计师行(香港)和沪江德勤会计师事务所(上海)对2000年度财务报表分别按国际会计准则和中国会计准则进行了审计。经审计的按国际会计准则计算的净利润为748,360千元,按中国会计准则计算的净利润为764,182千元,两者差额为15,822千元。其差异调节表见财务报告附注(17)。

(三)前三年主要会计数据及财务指标

项目	单位	2000年	1999年	1998年
主营业务收入	千元	4,780,581	4,069,515	4,333,226
净利润	千元	764,182	780,861	753,840
扣除新股申购冻结资金利息的净利润	千元	764,182	780,861	745,516
总资产	千元	8,438,444	7,828,999	7,363,602
股东权益	千元	6,827,138	6,284,356	5,573,121
每股收益(摊薄)	元/股	0.29	0.30	0.29
每股收益(加权)	元/股	0.29	0.30	0.33
扣除新股申购冻结资金利息的每股收益(摊薄)	元/股	0.29	0.30	0.29
扣除新股申购冻结资金利息的每股收益(加权)	元/股	0.29	0.30	0.33
每股净资产(摊薄)	元/股	2.63	2.42	2.14
调整后的每股净资产	元/股	2.56	2.26	2.13
每股经营活动产生的现金流量净额	元/股	0.41	0.37	0.59
净资产收益率(摊薄)	%	11.19	12.43	13.53
净资产收益率(加权)	%	11.46	12.43	16.65

公司于2001年1月3日成功增发了1亿股A股,增发后的股本由26亿股增加为27亿股。若按增发后股本计算,公司2000年度每股收益为0.28元。

(四)净资产收益率和每股收益指标

报告期利润	净资产收益率(%)		每股收益(元/股)	
	全面摊薄	加权平均	全面摊薄	加权平均
主营业务利润	40.22	41.19	1.06	1.06
营业利润	15.69	16.07	0.41	0.41
净利润	11.19	11.46	0.29	0.29
扣除非经常性损益后的净利润	11.36	11.64	0.30	0.30

三、股本变动及股东情况

1、截止2000年12月31日,本公司在册股东总数为46,332户。

2、公司前十大股东持股情况

股东名称	持股数于2000年12月31日	占总股本百分比(%)	持股类别
兖矿集团有限公司	1,670,000,000	64.23	国有法人股
香港中央结算(代理人)有限公司	847,648,000	32.60	H股
兴和基金	988,392	0.04	A股
李相清	581,100	0.02	A股
孙静	557,800	0.02	A股
张宏	359,801	0.01	A股
西南证券	350,200	0.01	A股
康立坤	350,000	0.01	A股
朱先元	301,800	0.01	A股
李菊华	292,200	0.01	A股
总计	2,521,429,293	96.98	

报告期内兖矿集团有限公司持股16.7亿股,没有变化,所持股份没有抵押或冻结情况。

香港中央结算(代理人)有限公司作为本公司H股的结算公司,以代理人身份持有本公司股票。

3、持股10%以上的法人股东情况

兖矿集团有限公司2000年12月31日持有本公司股份16.7亿股,占本公司总股本的64.23%。兖矿集团有限公司是本公司的发起人,主营煤炭生产、建筑建材、化工、机械加工等。

法定代表人:赵经彻。

香港中央结算(代理人)有限公司于2000年12月31日持有本公司股份847,648,000股H股,占本公司总股本的32.60%。香港中央结算(代理人)有限公司是中央结算及交收系统成员,为客户进行证券登记及托管业务。

四、股东大会简介

公司本年度共召开了两次股东大会。

1、本公司于2000年4月18日在境内外刊登1999年度股东周年大会会议通知,2000年6月16日,在公司总部召开了1999年度股东周年大会。本次股东周年大会会议决议公告,于2000年6月17日分别刊登在境内的《上海证券报》、《中国证券报》,境外的《香港经济日报》、《南华早报》。

2、本公司于2000年8月7日在境内外刊登2000年度第一次临时股东大会会议通知,2000年9月22日,在公司总部召开了2000年度第一次临时股东大会。本次临时股东周年大会会议决议公告,于2000年9月25日分别刊登在境内的《上海证券报》、《中国证券报》,境外的《香港经济日报》、《南华早报》。

五、董事会报告

本公司于1998年分别在香港联合交易所、纽约股票交易所和上海证券交易所上市。2001年1月3日成功增发10,000万股A股。

2000年被上海证券交易所主办的《上市公司》杂志评为中国"《上市公司》50强"第10名;被《亚洲货币》杂志评为"中国最佳管理公司"第四名。

1、公司经营情况

⑴公司所处的行业及地位

兖州煤业股份有限公司是于1997年9月25日由兖矿集团有限公司(母公司)独家发起成立的境内外上市公司。

2000年,本公司实现净利润764,182千元,是中国盈利最好的煤矿企业;生产原煤2,746万吨,是中国最大的煤炭生产商;销售煤炭2,652万吨,其中出口煤炭1,008万吨,约占全国煤炭出口量的17%,是中国最大的煤炭出口企业之一。2000年出口创汇2.8亿美元。

⑵公司主营业务的范围及其经营状况

本公司的主营业务为煤炭开采、洗选加工及销售。

2000年,公司主营业务收入4,780,581千元,与1999年相比增加711,066千元或17.5%。主营业务收入占2000年全部销售收入总额的90.3%。

主营业务利润完成2,745,877千元,与1999年相比增长422,713千元或18.2%。

⑶在经营中出现的问题与困难及解决方案

2000年国内外煤炭市场供需矛盾得到缓解,但市场竞争依然激烈。煤炭价格于2000年出现拐点,上半年止跌,下半年小幅回升。

2000年上半年公司平均煤炭价格止住跌势,由1999年下半年的171.53元/吨,回升至172.64元/吨,但仍与上年同期相比下跌了8.3%。2000年下半年继续回升至187.07元/吨。公司全年平均煤炭价格为180.30元/吨,与1999年相比吨煤上升0.22元,升幅为0.1%。其中国内平均煤炭价格下跌了1.9%,出口平均煤炭价格下跌了8.8%。平均煤炭价格上升的主要原因是销售品种结构影响。

公司抓住煤炭市场转暖的有利时机,2000年着重实施了开拓国内外目标市场、增加国内外销量,实施收购优质资产的战略:⑴依靠先进的技术和设备,进一步提高劳动效率。全年生产原煤2,746万吨,在1999年增长16.0%的基础上又增长了14.4%;⑵通过进一步完善上海、青岛、广东、日照、济南五个煤炭销售分部的建设,增加国内沿海电力用户的销售,全年销售煤炭2,652万吨,与1999年相比上升了17.3%。⑶以质量信誉为保证,增加煤炭出口,全年出口煤炭1,008万吨,较1999年增长了62.6%。⑷2001年年初成功收购济宁三号煤矿并增发1亿股A股。在煤炭市场逐步好转的环境下,由于收购济宁三号煤矿,将使本公司年生产潜力增长800万吨以上,实现了公司核心业务的壮大。

2000年公司继续实施依靠先进采煤技术和优质管理提高劳动效率、减少费用支出的措施,使公司单位销售成本由1999年的74.3元/吨下降至73.9元/吨。

由于公司直接通过铁路销往南方地区的运输紧张,公司采用港口转运方式造成营业费用增加。公司2000年度出口煤炭大幅增加也使营业费用大幅增加。2000年公司营业费用与上年同期相比增长了62.7%,影响税后利润减少了301,780千元。但由于公司下半年抓住煤价回升的有利时机,克服了2000年上半年煤炭价格平均下跌8.3%对公司业绩的不利影响,采取了扩大产销量和降低成本的措施使公司2000年继续保持了高盈利。2000年公司实现净利润764,182千元,公司继续保持了中国盈利最好的煤炭企业地位。

	2000年		1999年		1998年	
	实际	同比增减	实际	同比增减	实际	同比增减

		(增+减-)		(增+减-)		(增+减-)
产量(万吨)	2,745	14.4%	2,400	16.0%	2,069	22.6%
销量(万吨)	2,652	17.3%	2,260	11.4%	2,028	33.9%
平均价格(元/吨)	180.30	0.1%	180.08	-15.7%	213.65	-13.2%
单位销售成本(元/吨)	73.9	-0.5%	74.3	-25.0%	99.1	-4.9%
净利润(亿元)	7.64	-2.1%	7.81	3.6%	7.54	2.1%

2 、公司财务状况

⑴公司财务状况

年末总资产为8,438,444千元,与年初相比增加609,445千元或7.8 %。增加的主要原因是公司生产经营活动实现了资产增值。

年末负债总额为1,611,306千元,与年初相比增加66,663千元或4.3%。主要原因是应付帐款和预收帐款增加所致。

年末股东权益总额为6,827,138千元,与年初相比增加542,782千元或8.6%。增加的原因是:①提取的法定公积金和公益金使盈余公积增加114,627千元;②未分配利润增加428,155千元。

主营业务利润完成2,745,876千元,与1999年相比增加422,712千元或18.2%。主要原因是由于公司主营业务成本增长幅度小于销售收入增长幅度,主营业务利润实现增长。

2000年,公司实现净利润764,182千元,同比降低16,679千元或2.1%。

⑵本年度德勤·关黄陈方会计师行(香港)和沪江德勤会计师事务所(上海)对本公司的年度审计出具了标准无保留意见的审计报告。

3 、经营环境变化对公司影响

⑴中国加入世界贸易组织对公司影响

中国加入世贸有利于本公司获得煤炭出口自营权,增强公司盈利能力。

中国加入世贸将增加本公司煤炭出口机会,使本公司更多地参与国际竞争。由于拥有国际领先的采煤技术以及优质管理、高质量的产品与服务,本公司在国际煤炭市场中拥有良好的信誉。本公司依靠优越的地理位置、低成本和较低的运输成本将在国际煤炭市场竞争中占据有利地位。

中国2000年进口煤炭约202万吨,与中国煤炭消费相比极少。中国加入世贸后,不会加剧国内煤炭市场竞争。

⑵煤炭监管环境影响

中国政府自1998年以来实施的关井压产、限产压库政策以及鼓励煤炭出口政策已显现成效:到2000年底全国累计已关闭小煤窑4.73万处,压减产量3.48亿吨。煤炭社会库存由1998年的2亿吨下降至2000年末的1.4亿吨。2000年全国累计生产原煤9.5亿吨,同比减少7,226万吨,减幅为7.1%;出口煤炭5,884万吨,同比增长了49.8%。国内煤炭生产总量已得到有效控制,国内煤炭市场的供应量逐渐减少,对缓解国内煤炭供需矛盾起到了积极的作用。

2001年中国政府将继续采取控制煤炭生产总量,鼓励煤炭出口的措施:全国原煤产量将控制在9.5亿吨以内,出口目标由2000年的5,884万吨提高到6,300.万吨以上。国内能源结构的调整和有利于煤炭企业的各项措施将会进一步对煤炭供需关系产生积极作用,拉动煤炭价格上扬,有利于提升公司的业绩。

⑶市场环境变化对公司的影响

中国政府规划未来五年经济年均增长在7 %左右,经济的增长将带动能源需求的增加。煤炭在能源中处于基础地位,在一次性能源中,煤炭的消费量占67 %以上。由于石油大量进口以及石油价格动荡,中国政府将进一步提高煤炭在能源中的主导地位。

中国政府对煤炭行业的宏观调控政策将继续对国内煤炭供求产生积极作用。

2001年国内煤炭市场供需关系平稳,部分地区、部分煤炭品种供应紧张。

国际煤炭市场也正朝着有利于公司的方向发展。过去几年过低的煤炭价格严重损害了国际煤炭生产商的利益,导致周期性投资和开发的削减。石油价格的高位振荡促进了能源结构调整,致使对煤炭需求增加。石油价格上涨,导致海运费提高,提高了公司及其他中国煤矿在东亚市场的竞争力。国际煤炭行业正进入一个剧烈的由分散向集中的整合时期,澳大利亚煤矿大规模的收购与兼并扩大了煤炭公司的规模与影响力。国际煤炭价格已出现回升,澳大利亚BJ现货指数已由2000年3月份的20.9美元/吨上升至2001年4月初的34.1美元/吨。

本公司董事会相信,2001年国内外煤炭市场需求将进一步增加,煤炭价格稳步上升,本公司在国内外市场的竞争力增强。

⑷收购济宁三号煤矿对公司业绩影响

2001年年初公司成功收购了济宁三号煤矿。这是一次战略性收购,完成这次收购提高了公司规模效益,巩固了公司作为中国最大煤炭生产商的地位,在满足市场对产品需求和潜在效益上,比竞争对手更具有优势。收购是在煤价从低谷逐步回升时进行的。该煤矿在2001年第一季度生产煤炭132万吨,在收购当年即可达产并贡献利润。

4 、新年度的业务发展计划

2001年本公司取得了令人满意的订单。公司已签订了3,320万吨的销售合同或意向书,比2000年公司煤炭销量增加668万吨或25.2%。国内煤炭销售价格第一季度比去年平均上涨约10元/吨或8 %。公司全年出口煤炭将达到1,320万吨以上,公司向日本出口煤炭将首次突破1,000万吨,已签订合同价格较2000年上升了5.52美元/吨或约19.3 %。

2001年本公司将着重实施四大经营策略:一、提高产量、增加销量,重点增加往中国沿海地区电力用户的销售;扩大煤炭出口,尤其是日本、韩国和台湾地区的电力用户和使用冶炼顶吹煤的钢铁公司。二、充分利用自身优势,从提高投资回报率出发,寻求在国内外收购优质资产,壮大主营业务能力。三、进一步巩固、完善综采放顶煤技术,提高技术含量和效率。四、探索煤炭洁净技术。本公司将探索采用购买、合作等方式引进煤炭洁净技术,将煤炭加工成适用于发电、化工、运输等洁净能源。本公司已注意到煤炭洁净技术十分复杂,将根据实际情况采取适当行动。

2001年本公司将采取以下措施控制经营成本:一、精简职工队伍;二、依靠先进的采煤技术,提高煤炭产量以降低单位固定成本,减少材料、电力费用投入;三、推动掘进支护和辅助运输改革,增强煤巷锚网化程度,提高生产效率;四、加强内部管理,开展节支降耗活动。

2001年公司将出现煤炭价格上升、销量增加、业绩明显提高的良好形势。

5 、董事会日常工作情况

⑴董事会会议召开情况

报告期内本公司召开了三次董事会会议。

①2000年4月17日,本公司召开第一届第十一次董事会会议,审议通过了公司1999年度报告;审议通过1999年度经审计的财务报告、利润分配预案、末期股息派发预案,提交1999年度股东周年大会批准;确认公司1999年度关联交易;决定召开1999年度股东周年大会。本次会议已刊登于2000年4月18日《中国证券报》、《上海证券报》、境外的《香港经济日报》、《南华早报》。

②2000年8月4日,本公司召开第一届第十二次董事会会议,审议通过了公司收购兖矿集团有限公司济宁三号煤矿的有关议案、增发A股有关议案、决定召开2000年度第一次临时股东大会。本次会议已刊登于2000年8月7日的《中国证券报》、《上海证券报》、境外的《香港经济日报》、《南华早报》。

③2000年8月18日,公司召开第一届第十三次董事会会议,审议通过了公司2000年度中期报告和中期利润分配预案。本次会议已刊登于2000年8月21日的《中国证券报》、《上海证券报》、境外的《香港经济日报》、《南华早报》。

⑵报告期内利润分配方案执行情况

报告期内公司董事会根据1999年度股东周年大会决议,向公司股东派发了1999年度末期股息每股0.089元(含税)。

6 、公司管理层及员工情况

⑴董事、监事、高级管理人员

公司现任董事、监事、高级管理人员情况

姓名	性别	年龄	职务	期初持股量	期末持股量	变化原因
赵经彻	男	64	董事长	10000	10000	无变化
杨德玉	男	52	执行董事及总经理	10000	10000	无变化
杜铭山	男	58	执行董事	10000	10000	无变化
罗太炎	男	60	执行董事	10000	10000	无变化
肖立方	男	62	执行董事及财务总监	10000	10000	无变化
王邦君	男	56	董事	10000	10000	无变化
莫立崎	男	56	董事	10000	10000	无变化
刘玉彬	男	59	董事	10000	10000	无变化
吴则智	男	59	董事	10000	10000	无变化
陈永阁	男	59	董事	10000	10000	无变化
马厚亮	男	43	董事	10000	10000	无变化
许天恩	男	52	董事	10000	10000	无变化
杨家纯	男	46	董事	10000	10000	无变化
管维立	男	58	独立非执行董事	-	—	无变化
罗坚明	男	52	独立非执行董事	-	—	无变化
孟宪昌	男	53	监事会主席	10000	10000	无变化
肖述章	男	57	监事	10000	10000	无变化
钱秀兰	女	55	监事	10000	10000	无变化
徐新民	男	61	监事	10000	10000	无变化
周鸿彬	男	58	监事	10000	10000	无变化
孔　青	男	48	副总经理	10000	10000	无变化
张兴祖	男	52	副总经理	10000	10000	无变化
范国强	男	62	总工程师	10000	10000	无变化
吴玉祥	男	39	财务部经理	10000	10000	无变化
陈广水	男	35	董事会秘书	1000	1000	无变化

2000年度公司董事、监事、高级管理人员的酬金总额为110万元,其中:

3万元以下8人;

3万元-5万元1人;

5万元以上16人。

报告期内公司没有董事、监事离任,没有聘任或解聘公司经理、董事会秘书。

⑵员工情况

于2000年12月31日,本公司共有员工20,176人。其中生产人员15,616人,工程技术人员610人,管理人员1,650人,其他辅助人员2,300人。

7 、本次利润分配预案

董事会建议就截至2000年12月31日止本公司年度利润分配预案如下:

	人民币千元
净利润	764,182
年初未分配利润	905,808
提取法定公积金	76,418
提取法定公益金	38,209
可供分配利润	1,555,363
应付股利	221,400
未分配利润	1,333,963

本公司本年度向全体股东派发股息221,400千元(含税),公司共有普通股27亿股,每10股派发现金股息0.82元(含税)。

以上利润分配预案,将提请2000年度股东周年大会审议批准。

8 、2001年利润分配政策

本公司坚持长期的利润分配及股利发放政策。2001年将分配利润一次,利润分配顺序为:提取10 %法定公积金;提取5 %法定公益金;经股东大会决议,提取任意公积金;支付普通股股利。本公司2001年度将分配末期股利一次,分配股利总额为2001年度扣除法定储备后净收益的约35%,全部以现金形式分配。本公司本年度未分配利润不用于下年度利润分配。经临时股东大会批准,本公司可以发放特别股息。

六、监事会报告

在本报告期内,全体监事按照公司法和公司章程的有关规定,认真履行监督职能,维护公司利益,维护股东利益,遵照诚信原则谨慎地、积极努力地开展工作。对本公司的生产经营、技术改造和公司的发展规划等独立发表了自己的意见和建议,对决策的指导思想及作出的具体决策是否符合国家法律法规、公司章程和股东大会决议及股东的利益等进行了有效的监督。报告期内监事会召开了两次会议:

1、2000年4月17日在公司总部召开会议,通过了1999年度监事会报告。本次会议决议分别刊登在2000年4月18日境内的《上海证券报》、《中国证券报》,境外的《香港经济日报》、《南华早报》。

2、2000年8月18日在公司总部召开会议,通过了2000年中期监事会报告。本次会议决议分别刊登在2000年8月21日境内的《上海证券报》、《中国证券报》,境外的《香港经济日报》、《南华早报》。

监事会认为:

1、在本报告期内,本公司严格按照公司法、证券法、公司章程、国家有关法律法规及境内外监管机构的要求,本着维护股东利益和立足长远发展的基本原则规范运作,董事会决策程序合法;按照规定建立健全了各项内控制度;董事会及其高级管理人员认真遵守诚信原则,真诚地以公司最大利益为出发点行事,忠诚履行法律、法规、公司章程所赋予的职责和权利。认真贯彻落实股东大会和董事会的各项决议,严格按照国内外上市公司要求规范运作。在本报告期内,本公司未发现有违反法律、法规及公司章程的行为和损害公司利益的行为,也未发生重大诉讼事项。

2、报告期内,沪江德勤会计师事务所和德勤·关黄陈方会计师行均出具标准无保留意见的财务报告等有关资料。监事会认为,公司财务报告内容准确、真实、客观地反映了本公司的财务状况和经营成果。本公司实现的业绩是真实的,各项费用支出基本合理,各项提留符合法律、法规和公司章程的规定,并正确遵守了财务准则和会计制度,符合相关法规的规定。

3、报告期内,本公司和母公司及其附属各公司之间的关联交易符合有关规定,未发现内幕交易,也未发现损害公司权益或造成公司资产流失的行为。

4、审议确认,本公司2000年8月4日与母公司签订了《济三矿项目收购协议》,该协议经独立董事委员会审议批准,并于2000年9月22日经独立股东批准。按照《济三矿项目收购协议》,经对济宁三号煤矿流动资产调整后,至2000年12月31日济宁三号煤矿收购价为人民币24.51亿元。济宁三号煤矿采矿权价款人民币1.32亿元。

本公司于2001年1月1日收购了济宁三号煤矿。本公司已用自有资金和增发A股净收入支付了部分价款,完全符合协议规定。

5、审议确认,2000年8月4日本公司董事会建议发行最多10,000万股新A股,并于2000年9月22日经股东大会批准。2000年12月21日中国证券监督管理委员会批准本公司增发10,000万股A股,2001年1月3日本公司10,000万股A股成功发行,发行价为人民币10元/股。经沪江德勤会计师事务所验资报告确认,本次增发10,000万股A股募集资金净额为9.61亿元。募集资金净额全部支付了收购济宁三号煤矿价款,符合募集资金用途,也符合本公司《济三矿项目收购协议》。

七、重要事项

1 、重大合同

本公司2000年8月4日与兖矿集团有限公司签订了《济三矿项目收购协议》,详情请见"收购济宁三号煤矿"一节。

除本文披露者外,本公司于本年度内概无重大合同。

2 、重大诉讼、仲裁事项

本年度公司无重大诉讼、仲裁事项。

3 、本年度公司、公司董事及高级管理人员没有受到监管部门处罚。

4 、本年度公司控股股东、公司董事、监事、高级管理人员没有变化。

5 、本年度公司没有出售资产、吸收合并事项。

6 、收购济宁三号煤矿

2000年8月4日,本公司与母公司签订了《济三矿项目收购协议》,该协议经独立董事委员会审议批准,并于2000年9月22日经独立股东批准。

按照《济三矿项目收购协议》,本公司于2001年1月1日收购了济宁三号煤矿,收购价款为人民币24.51亿元,本公司已用自有资金人民币2.44亿元和增发A股净收入人民币9.61亿元支付了部分价款。剩余价款将于2001年12月31日前和2002年12月31日前分两期等额无息支付。

济宁三号煤矿采矿权价款人民币1.32亿元,本公司将从2001年起分10年向母公司等额无息支付。

济宁三号煤矿于2000年12月28日正式投入商业生产。该煤矿建设工程获得全国煤炭建设质量奖。

7 、增发10,000万股A股

2000年12月21日中国证券监督管理委员会核准本公司增发10,000万股A股。2001年1月3日本公司10,000万股A股成功发行,发行价为人民币10元/股。经沪江德勤会计师事务所行验资报告确认,本次增发10,000万股A股募集资金净额为人民币9.61亿元。募集资金净额全部支付了收购济宁三号煤矿价款。

增发10,000万股A股后,本公司股本由26亿股增加为27亿股。

8、关联交易

公司的关联方主要是兖矿集团有限公司(母公司)。截至2000年12月31日止年度内,公司发生的3,000万元以上或占本公司经审计的净资产值5%以上或占本期净利润10%以上的关联方为母公司。关联交易内容如下:

⑴根据与母公司签署的协议,公司向母公司支付退休统筹金及医疗福利金247,828千元;

⑵根据与母公司签署的协议,由母公司下属机构向公司提供维修、运输、房产等服务并收取费用合计395,842千元;

⑶与母公司发生应收款项合计金额308,125千元;发生应付款项金额合计430,066千元。本公司关联交易详情参见会计报表附注(16)。

9、"三分开"执行情况

本公司所属人员的劳动、人事及工资管理完全独立。公司总经理、副总经理等高级管理人员不担任母公司重要职务。本公司总经理、副总经理等高级管理人员在本公司领取薪酬。

本公司拥有独立的生产系统、辅助生产系统和配套设施,独立拥有采购和销售系统。本公司独立拥有工业产权、商标等无形资产。

本公司设立了独立财务部门,有独立的会计核算体系和财务管理制度,独立开设银行账户。

10、会计师

2000年度,德勤·关黄陈方会计师行(香港执业会计师)仍继续担任本公司的境外会计师,而沪江德勤会计师事务所(中国(香港除外)注册会计师)仍作为本公司境内会计师。公司董事会建议在2000年度股东周年大会上批准续聘德勤·关黄陈方会计师行及沪江德勤会计师事务所为本公司2001年度境外及境内会计师。

八、财务会计报告

(一)审计报告

德师报(审)字(01)P0332号

兖州煤业股份有限公司全体股东:

我们接受委托,审计了贵公司2000年12月31日的资产负债表及该年度的利润及利润分配表和现金流量表。这些会计报表由贵公司负责,我们的责任是对这些会计报表发表审计意见。我们的审计是依据中国注册会计师独立审计准则进行的。在审计过程中,我们结合贵公司实际情况,实施了包括抽查会计记录等我们认为必要的审计程序。

我们认为,上述会计报表符合《企业会计准则》和《股份有限公司会计制度》的有关规定,在所有重大方面公允地反映了贵公司2000年12月31日的财务状况及2000年度的经营成果和现金流量,会计处理方法的选用遵循了一贯性原则。

沪江德勤会计师事务所　　　　中国注册会计师

中国·上海　　　　柳伟敏　顾红雨

2001年4月20日

㈡会计报表(附后)

(三)会计报表附注

⑴主要会计政策和会计估计

主营业务收入

商品销售,公司已将商品所有权上的重要风险和报酬转移给买方,并不再对该商品实施继续管理权和实际控制权,相关收入已取得或收到了收款权利时,确认营业收入的实现。

他人使用本企业资产,以与交易相关的经济利益能够流入企业、收入的金额能够可靠地计量时,确认他人使用本企业资产收入的实现。

所得税

所得税按应付税款法核算。

计算所得税支出所依据的纳税所得额系根据有关税法规定对本年度会计所得额作出相应调整后得出。

⑵税项

增值税

按煤产品销售收入的13%和其他销售收入的17%计算销项税,并按抵扣进项税后的余额缴纳。

资源税

按实际销售的原煤吨数及洗煤产品领用原煤吨数之和乘以人民币1.2元缴纳。

城市建设维护税

按应纳增值税额的7%缴纳。

教育费附加

按应纳增值税额的3%缴纳。

所得税

按33%缴纳国家所得税及地方所得税。

公司与兖矿集团公司合并缴纳所得税和增值税已获得其主管税务部门的批准。

(4)应收帐款

应收帐款帐龄分析如下:

帐龄	年末数			年初数		
	金额 人民币元	比例(%)	坏帐准备 人民币元	金额 人民币元	比例(%)	坏帐准备 人民币元
1年以内	761,896,434	80	20,658,276	715,458,951	82	27,692,800
1至2年	178,003,305	19	53,400,992	126,527,276	14	37,958,183
2至3年	10,262,340	1	5,131,170	18,750,850	2	9,375,425
3年以上	7,853,781	-	7,853,781	12,490,272	2	12,490,272
合计	958,015,860	100	87,044,219	873,227,349	100	87,516,680

欠款金额前五名情况如下:

单位名称	所欠金额 人民币元	欠款时间	欠款原因
中国煤炭工业进出口总公司	194,381,046	1年以内	货款
兖矿集团	51,058,471	1年以内	货款
宝山钢铁(集团)公司物资贸易公司	24,155,221	1年以内	货款
山东鲁能电力燃料有限公司邹城分公司	21,966,004	1年以内	货款
江苏振华经贸公司	21,946,004	1年以内	货款
	313,506,746		

应收帐款余额中持有公司5%以上股份的股东欠款情况见附注(16)。

由于下半年出口销售增长较多,与中国煤炭工业进出口总公司结算货款上升,导致应收帐款在年末大幅上升。

(5)其他应收款

	年末数 人民币元	年初数 人民币元
应收关联公司款	239,928,198	182,340,475
代垫运杂费	28,091,492	80,562,947
应收物资材料款	64,645,149	43,747,859
其他	158,736,384	73,949,115
	491,401,223	380,600,396

其他应收款帐龄分析如下:

帐龄	年末数			年初数		
	金额 人民币元	比例(%)	坏帐准备 人民币元	金额 人民币元	比例(%)	坏帐准备 人民币元
1年以内	438,917,633	89	-	307,839,357	81	-
1至2年	47,023,212	10	-	63,588,914	17	-
2至3年	4,760,378	1	-	7,597,734	2	-
3年以上	700,000	-	-	1,574,391	-	-
合计	491,401,223	100	-	380,600,396	100	-

公司帐龄超过2年以上的余额主要为购置钢材等材料的包装物押金,由于公司滚动使用,故尚未与供应商进行结算。

欠款金额前五名情况如下:

单位名称	所欠金额 人民币元	欠款时间	欠款原因
兖矿集团	239,928,198	1年以内	代垫济宁三号煤矿设备款
济宁兖煤化纤公司	49,713,591	1年以内	材料销售款
兖州市大庆汽车运输公司	3,610,000	1年以内	代垫运费
福瑞沃国际公司	1,807,597	1年以内	代垫运费
中煤第六十八工程处	1,140,185	1年以内	材料销售款
合计	296,199,571		

其他应收款余额中持有公司5%以上股份的股东欠款情况见附注(16)。

(6)存货

	年末数		年初数	
	金额 人民币元	跌价准备 人民币元	金额 人民币元	跌价准备 人民币元
原材料	215,516,407	-	213,269,980	-
产成品	47,385,480	-	97,179,581	-
	262,901,887	-	310,449,561	-

(7)、固定资产及累计折旧

	房屋建筑物 人民币元	矿井建筑物 人民币元	机器设备 人民币元	运输设备 人民币元	合计 人民币元
原值					
年初余额	1,439,928,404	2,498,284,787	4,191,974,202	78,855,292	8,209,042,685
本年购置	1,864,159	-	7,777,034	3,364,116	13,005,309
本年在建工程转入	83,288,980	55,465,288	627,758,000	6,190,220	772,702,488
本年减少	(7,349,598)	-	(229,521,151)	(1,322,883)	(238,193,632)
年末余额	1,517,731,945	2,553,750,075	4,597,988,085	87,086,745	8,756,556,850
累计折旧					
年初余额	445,654,806	1,050,436,101	1,944,889,077	61,682,953	3,502,662,937
本年计提额	66,067,412	68,640,625	362,910,482	10,371,219	507,989,738
本年转出额	(2,385,220)	-	(210,244,267)	(1,227,009)	(213,856,496)
年末余额	509,336,998	1,119,076,726	2,097,555,292	70,827,163	3,796,796,179
净值					
年初余额	994,273,598	1,447,848,686	2,247,085,125	17,172,339	4,706,379,748
年末余额	1,008,394,947	1,434,673,349	2,500,432,793	16,259,582	4,959,760,671

⑻在建工程

工程名称	年初余额 人民币元	本年增加额 人民币元	本年完工转出数 人民币元	本年其他减少数 人民币元	年末余额 人民币元	工程进度 %	资金来源
待安装设备	380,792,503	579,318,387	(753,967,587)	(79,660,857)	126,482,446	95	自筹资金
土建工程	115,876,484	20,949,453	(15,671,284)	(3,146,415)	118,008,238	90	自筹资金
其他	3,407,607	9,824,014	(3,063,617)	(9,528,004)	640,000	95	自筹资金
合计	500,076,594	610,091,854	(772,702,488)	(92,335,276)	245,130,684		

⑼主营业务收入

	本年累计数 人民币元	上年累计数 人民币元
煤产品国内销售收入	2,462,156,336	2,505,205,124
煤产品出口销售收入	2,318,424,540	1,564,309,934
	4,780,580,876	4,069,515,058

⑽主营业务成本

	本年累计数 人民币元	上年累计数 人民币元
材料	484,336,910	353,081,012
工资	367,661,468	306,333,164
职工福利费	51,472,606	42,887,015
电力	185,758,550	156,901,215
折旧费	487,623,422	471,363,502
土地塌陷费	145,032,892	142,736,872
维修费	174,734,478	136,088,453
不得抵扣出口进项税成本	-	21,704,087
其他	61,703,732	47,215,880
合计	1,958,324,058	1,678,311,200

⑾营业费用

	本年累计数 人民币元	上年累计数 人民币元
煤产品国内销售运费	324,067,774	153,282,000
煤产品出口国内运费	780,396,000	485,792,000
其他	64,227,997	79,200,056
	1,168,691,771	718,274,056

营业费用比上年增加63%,主要原因是:本年度公司出口量大幅上升,导致运至港口的费用上升。

⑿财务费用

	本年累计数 人民币元	上年累计数 人民币元
利息支出	5,011,637	10,449,520
减:利息收入	25,983,871	24,541,147
其他	203,247	145,333
	(20,768,987)	(13,946,294)

⒀营业外收入

	本年累计数 人民币元	上年累计数 人民币元
清理固定资产收入	1,019,376	-
其他	1,977,115	81,119
	2,996,491	81,119

⒁营业外支出

	本年累计数 人民币元	上年累计数 人民币元
处理固定资产损失	12,620,226	2,116,479
捐赠支出	300,830	358,862
罚款支出	427,251	332,405
其他	1,429,671	862,856
	14,777,978	3,670,602

⒂所得税

	本年累计数 人民币元	上年累计数 人民币元
本年应计所得税	295,607,377	314,014,916
本年度会计所得额	1,059,789,348	1,094,875,992
调增:		
1.捐赠支出	300,830	358,862
2.罚款支出	427,251	332,405
	728,081	691,267
调减:		
维简费　(注)	164,737,500	144,006,906
本年度应纳税所得额	895,779,929	951,560,353
所得税率	33%	33%

本年度应计所得税	295,607,377	314,014,916

注:公司已获得当地税务机关的批准,允许公司根据原煤产量每吨6元计列维简费在税前作为调整项目抵扣应纳税所得额,免除所得税款。

⒃与关联公司之重大交易事项

(一)存在控制关系的关联方

企业名称:兖矿集团有限公司("兖矿集团")

注册地址:山东邹城市凫山路40号

主营业务:工业加工

与本公司关系:控股股东

经济性质:国有独资

法定代表人:赵经彻

(二)存在控制关系的关联方所持股份或权益及其变化

	年初数		本年增加数		本年减少数		年末数	
	人民币元	%	人民币元	%	人民币元	%	人民币元	%
兖矿集团	1,670,000,000	64	–	–	–	–	1,670,000,000	64

(三)不存在控制关系的关联方关系的性质

关联方名称	与本公司的关系
邹城南煤轮船航运有限责任公司	关键管理人员

(四)公司与上述关联公司在本年度发生了如下重大关联交易:

(a)销售及采购

公司2000年及1999年度向关联方销售及采购货物有关明细资料如下:

	本年累计数 人民币元	上年累计数 人民币元
销售－邹城南煤轮船航运		
有限责任公司	23,470,000	24,962,000
兖矿集团	66,434,000	60,697,553
	89,904,000	85,659,553
采购－兖矿集团	67,845,000	150,201,000

(b)债权债务往来情况

科目	关联公司名称	年末数 人民币元	年初数 人民币元
应收帐款	兖矿集团	51,058,471	23,138,786
预付货款	兖矿集团	17,137,999	15,225,954
其他应收款	兖矿集团	239,928,198	182,340,474
		308,124,668	220,705,214
应付票据	兖矿集团	308,400,000	–
应付帐款	兖矿集团	29,911,711	29,681,241
预收货款	兖矿集团	15,660,304	3,979,975
其他应付款	兖矿集团	76,094,425	248,409,365
		430,066,440	282,070,581

(c)其他事项

1) 根据公司与兖矿集团公司签订的协议,由兖矿集团公司统一管理公司的退休统筹基金及医疗福利金,退休统筹基金汇总后统一上交给退休统筹基金单位。为此公司在其1999年度及2000年度会计报表中已列支上述款项为人民币202,609,000元及人民币247,828,000元。

2) 根据公司与兖矿集团公司签订的协议,由兖矿集团公司下属各部门、单位向公司提供以下服务并收取相应的费用,详细如下:

	本年累计数 人民币元	上年累计数 人民币元
维修及保养	79,316,000	90,477,000
技术支持及培训费	15,130,000	15,130,000
采矿权费用	12,980,000	12,980,000
铁路运输费	209,842,000	168,040,000
公用设施费	600,000	600,000
公路运输费	10,474,000	13,124,000
供气供暖费	11,020,000	11,020,000
房产管理费	29,700,000	29,700,000
子女就读费	12,550,000	12,550,000
其他	14,230,000	14,230,000

3) 1999年度及2000年度支付给关键管理人员的报酬(包括采用货币、实物形式和其他形式的工资、福利、奖金等)总额分别为人民币1,070,000元及人民币1,143,000元。

⒄国际会计准则对净利润和净资产的影响

	本年净利润 人民币千元	于2000年12月31日 之资产净值 人民币千元
以中华人民共和国《企业会计准则》		
及《股份有限公司会计制度》		
编制之财务报表	764,182	6,827,138
调整:		
－调整复垦费、土地塌陷费(注)	(25,195)	(258,071)
－递延资产摊销	1,835	(3,672)
－购入济二矿的商誉摊销	(777)	(2,331)
－递延所得税	8,315	85,161
－股利分配	–	221,400
按国际会计准则调整后之财务报表	748,360	6,869,625

注:土地塌陷费是指公司开采地下矿场后就土地塌陷造成的损失或毁损向居民做出的赔偿。

在中国会计准则与国际会计准则下的土地塌陷费差异系公司在国际会计准则下按产出原煤估算应计提的土地塌陷费金额,而在中国会计准则下则以经有关部门批准后实际将支付的塌陷费金额计入当年损益。

兖州煤业股份有限公司董事会

2001年4月23日

利润及利润分配表

编制单位:兖州煤业股份有限公司　　2000年度　　单位:人民币元

项　　目	附注	本年累计数	上年累计数
一、主营业务收入	(9)	4780580876	4069515058
减:主营业务成本	(10)	1958324058	1678311200
主营业务税金及附加		76380272	68040058
二、主营业务利润		2745876546	2323163800
加:其他业务利润		27559433	19925326
减:营业费用	(11)	1168691771	718274056
管理费用		554130939	543357891
财务费用	(12)	(20768987)	(13946294)
三、营业利润		1071382256	1095403473
加:补贴收入		188579	3062002
营业外收入	(13)	2996491	81119
减:营业外支出	(14)	14777978	3670602
四、利润总额		1059789348	1094875992
减:所得税		295607377	314014916
五、净利润		764181971	780861076
加:年初未分配利润		905808130	473476216
六、可供分配的利润		1669990101	1254337292
减:提取法定盈余公积		76418197	78086108
提取法定公益金		38209099	39043054
七、可供股东分配的利润		1555362805	1137208130
减:应付普通股股利		221400000	231400000
八、未分配利润		1333962805	905808130

资　产　负　债　表

2000年12月31日

编制单位:兖州煤业股份有限公司　　单位:人民币元

资　　产	附注	年末数	年初数
流动资产			
货币资金		844754367	517686974
应收票据		16798987	57320937
应收帐款	(4)	958015860	873227349
其他应收款	(5)	491401223	380600396
减:坏帐准备		87044219	87516680
应收款项净额		1362372864	1166311065
预付帐款		63858468	111987457
应收补贴款		221500273	64774442
存货	(6)	262901887	310449561
减:存货跌价准备			
存货净额		262901887	310449561
待摊费用		156070150	78939660
流动资产合计		2928256996	2307470096
固定资产:			
固定资产原价	(7)	8756556850	8209042685
减:累计折旧	(7)	3796796179	3502662937
固定资产净值	(7)	4959760671	4706379748
工程物资		4651893	12788004
在建工程	(8)	245130684	500076594
固定资产合计		5209543248	5219244346
无形资产与其他资产:			
无形资产		290979405	296777530
开办费		3671461	5507185
长期等摊费用		5992615	
无形资产及其他资产合计		300643481	302284715
资产总计		8438443725	7828999157
负债及股东权益		年末数	年初数
流动负债:			
应付票据		318400000	47360000
应付帐款		568290178	492222965
预收帐款		93740947	63444481
应付工资		34727203	31165881
应付股利		221400000	231400000
应交税金		159409303	323261088
其他应付款		215337981	355788600
流动负债合计		1611305612	1544643015
负债合计		1611305612	1544643015
股东权益:			
股本		2600000000	2600000000
资本公积		2526228929	2526228929
盈余公积		366946379	252319083
其中:公益金		122315460	84106361
未分配利润		1333962805	905808130
股东权益合计		6827138113	6284356142
负债及股东权益总计		8438443725	7828999157

现　金　流　量　表

2000年度

编制单位:兖州煤业股份有限公司　　单位:人民币元

项　　目	金　　额
一、经营活动产生的现金流量	
销售商品、提供劳务收到的现金	5471433780
收到的税费返还	143824382
收到的其他与经营活动有关的现金	137529989
现金流入小计	5752788151
购买商品、接受劳务支付的现金	528230068
支付给职工以及为职工支付的现金	496584496
实际交纳的增值税款	472608574
支付的所得税款	459895866
支付的除增值税、所得税以外的其他税费	84512181
支付的其他与经营活动有关的现金	2635770982
现金流出小计	4677602167
经营活动产生的现金流量净额	1075185984
二、投资活动产生的现金流量	
处置固定资产、无形资产和其他长期资产而收回的现金净额	12736286
现金流入小计	12736286
购建固定资产、无形资产和其他长期资产而支付的现金	529454877
现金流出小计	529454877
投资活动产生的现金流量净额	(516718591)
三、筹资活动产生的现金流量:	
分配股利所支付的现金	231400000
现金流出小计	231400000
筹资活动产生的现金流量净额	(231400000)
四、汇率变动对现金的影响	
五、现金及现金等价物净增加额	327067393
项　目	金　　额
1、不涉及现金收支的投资和筹资活动:	
2、将净利润调节为经营活动的现金流量:	
净利润	764181971
加:计提的坏帐准备或转销的坏帐	(472461)
固定资产折旧	507989738
无形资产及其他资产摊销	8470335
处置固定资产、无形资产和其他长期资产的损失(减:收益)	11600850
待摊费用的减少(减:增加)	(77130490)
存货的减少(减:增加)	47547674
经营性应收项目的减少(减:增加)	(263664230)
经营性应付项目的增加(减:减少)	76662597
经营活动产生的现金流量净额	1075185984
3、现金及现金等价物净增加情况:	
现金的期末余额	844754367
减:现金的期初余额	517686974
现金及现金等价物净增加额	327067393

吉林森林工业股份有限公司

二〇〇〇年年度报告摘选

一、公司简介

1、公司名称(中文):吉林森林工业股份有限公司

(英文):JiLin Forest Industry Co.,Ltd

2、公司法定代表人:宋文和

3、公司董事会秘书:李伟明

联系地址:吉林省长春市人民大街114号

电话:0431-8912969

传真:0431-8930595

邮政编码:130021

4、公司注册地址:长春高新技术产业开发区

公司办公地址:吉林省长春市人民大街114号

公司国际互联网网址:www.forestindustry.com.cn

电子信箱:zgjlsgjt@public.cc.jl.cn

5、公司选定的信息披露报纸:中国证券报、上海证券报

登载公司年度报告的中国证监会指定国际互联网网址:http://www.sse.com.cn

公司年度报告备置地点:公司证券部

6、公司股票上市交易所:上海证券交易所

股票简称:吉林森工

股票代码:600189

二、会计数据和业务数据摘要

1、本年度实现的利润情况 (单位:元)

项目	金额
利润总额	123,121,568.04
净利润	104,571,332.41
扣除非经常性损益后的净利润	102,581,652.98
主营业务利润	165,119,220.52
其他业务利润	3,783,078.23
营业利润	100,388,558.80
投资收益	18,141,507.21
补贴收入	6,831,761.31
营业外收支净额	-2,240,259.28
经营活动产生的现金流量净额	70,295,606.69
现金及现金等价物净增加额	122,879,850.15
注:扣除非经常性损益项目及金额:	
固定资产处置损益:	1,989,679.43

2、截至报告期末公司前三年的主要会计数据和财务指标(单位:元)

项目	2000年	1999年	1998年	
			调整前	调整后
主营业务收入	543,580,608.77	433,674,670.07	353,116,312.15	353,116,312.15
净利润	104,571,332.41	97,982,595.78	91,803,675.21	84,327,365.82
总资产	1,660,678,949.12	1,068,905,178.35	991,729,395.76	984,253,086.31
股东权益	1,157,078,324.97	893,771,482.87	836,533,460.84	829,057,151.39
每股收益	0.34	0.34	0.32	0.30
加权平均每股收益	0.37	0.34	0.42	0.30
扣除非经常性损益的每股收益	0.33	0.33	0.30	0.27
每股净资产	3.73	3.14	2.94	2.91
调整后的每股净资产	3.56	2.98	2.78	2.76
每股经营活动产生的现金流量净额	0.23	0.16	0.20	0.20
净资产收益率(%)	9.04	10.96	10.97	10.17
净资产收益率(加权%)	11.05	10.96	13.49	12.46

3、利润表附表

报告期利润	净资产收益率(%)		每股收益	
	全面摊薄	加权平均	全面摊薄	加权平均
主营业务利润	14.27	17.45	0.53	0.58
营业利润	8.68	10.61	0.32	0.35
净利润	9.04	11.05	0.34	0.37
扣除非经常性损益后的净利润	8.87	10.84	0.33	0.36

三、股东情况介绍

1、本报告期末股东总数为39,124名。

2、前10名股东情况

序号	股东名称	持股数量(单位:股)	持股比例	股份性质
1	中国吉林森林工业(集团)总公司	200,000,000	64.4%	国有法人股
2	泰和基金	1,010,348	0.33%	流通股
3	单同祥	630,712	0.20%	流通股
4	刘银满	585,500	0.19%	流通股
5	刘世金	432,400	0.14%	流通股
6	景福基金	430,977	0.14%	流通股
7	詹欣暴	379,682	0.12%	流通股
8	朱荣平	364,744	0.12%	流通股
9	董明福	344,300	0.11%	流通股
10	尹亚娟	331,749	0.11%	流通股

注:本年度控股股东所持股份无质押情况。

包头华资实业股份有限公司

二〇〇〇年年度报告摘选

一、公司简介

1、公司法定中文名称:包头华资实业股份有限公司

公司法定英文名称:BAOTOU HUAZI INDUSTRY CO.,LTD

2、公司注册地址:内蒙古自治区包头市国家稀土高新技术产业开发区

公司办公地址:包头华资实业股份有限公司

邮政编码:014030

公司网址:www.huazi.com.cn

E—mail:hzsyzqb@public.hh.nm.cn

3、公司法定代表人:钟锡华

4、公司董事会秘书:肖军

联系电话:0472—4192200

传　　真:0472—4193504

联系地址:包头华资实业股份有限公司

董事会证券事务代表:李志文

联系电话:0472—4190473

传　　真:0472—4193504

联系地址:包头华资实业股份有限公司证券部

E—mail:hzsyzqb@public.hh.nm.cn

5、公司选定的中国证监会指定报纸:中国证券报、上海证券报

中国证监会指定国际互联网网址:http://www.sse.com.cn

公司年度报告备置地点:公司证券部

6、公司股票上市地:上海证券交易所

股票简称:华资实业

股票代码:600191

二、会计数据和业务数据摘要

1、本年度主要利润指标及现金流量状况:(单位:人民币元)

项目	金额
利润总额	89,606,414.44
净利润	72,593,293.19
扣除非经常性损益后的净利润	70,688,093.65
主营业务利润	135,968,572.97
其他业务利润	843,698.63
营业利润	87,031,301.22
投资收益	264,600.00
补贴收入	
营业外收支净额	2,310,513.22
经营活动产生的现金流量净额	102,539,272.22
现金及现金等价物净增加额	257,564,283.50

*本年度非经营性损益项目系营业外收入2,241,411.22元。

2、公司前三年主要会计数据及财务指标

单位:人民币元

项目	2000年度	1999年度	1998年度
主营业务收入	616,088,409.30	340,696,790.01	292,322,675.91
净利润	72,593,293.19	55,052,818.26	47,016,575.85
总资产	1,274,380,551.53	759,740,961.41	682,294,067.62
股东权益	988,456,238.16	602,023,265.84	544,537,484.64
摊薄每股收益	0.28	0.23	0.20
加权平均每股收益	0.30	0.23	0.25
扣除非经常性损益后的每股收益	0.27	0.22	0.15
每股净资产	3.75	2.51	2.27
调整后的每股净资产	3.71	2.30	2.25
每股经营活动产生的现金流量净额	0.39	-0.61	0.02
摊薄净资产收益率(%)	7.34	9.14	8.63
加权平均净资产收益率(%)	10.04		

注:按照中国证监会《公开发行证券公司信息披露编报规则(第9号)》要求计算的净资产收益率和每股收益如下:

项目	净资产收益率(%)				每股收益(元/股)			
	全面摊薄		加权平均		全面摊薄		加权平均	
	2000年	1999年	2000年	1999年	2000年	1999年	2000年	1999年
主营业务利润	13.76	17.75	18.80	17.75	0.52	0.45	0.55	0.45
营业利润	8.81	11.56	12.03	11.56	0.33	0.29	0.35	0.29
净利润	7.34	9.14	10.04	9.14	0.28	0.23	0.30	0.23
扣除非经常性损益后的净利润	7.17	8.86	9.79	8.86	0.27	0.22	0.29	0.22

三、股东情况介绍

1、截止2000年12月29日,本公司股东总数为40,469户。

2、公司前十名股东情况

序号	股东名称	持股数量(股)	所占比例(%)
①	包头草原糖业(集团)有限责任公司	99,849,813	37.89
②	包头市创业经济技术开发公司	55,839,312	21.19
③	包头市北普实业有限公司	16,860,875	6.39
④	浙江证券	5,254,835	2.00
⑤	山证总部	3,885,441	1.48
⑥	深金达盛	2,021,850	0.77
⑦	鹏利达	775,854	0.29
⑧	甘元生	767,800	0.29
⑨	武元芳	690,000	0.26
⑩	马高发	689,000	0.26

锦州港股份有限公司

二〇〇〇年年度报告摘要

一、公司简介

1、法定名称:中文:锦州港股份有限公司

简称:锦州港

英文:JINZHOU PORT CO.,LTD

缩写:JZP

2、法定代表人:张宏伟

3、董事会秘书:于剑平

电话:86-416-3586372

传真:86-416-3582841

电子信箱:JZCJHGA@MAIL.JZPTT.LN.CN

证券事务代表:高鸿敏

电话:86-416-3586462

传真:86-416-3582841

电子信箱:JZCJHGA@MAIL.JZPTT.LN.CN

4、注册地址:锦州经济技术开发区锦港大街一段1号

办公地址:锦州经济技术开发区锦港大街一段1号

邮政编码:121007

公司网址:HTTP://WWW.JINZHOUPORT.COM

电子信箱:JZCJHGA@MAIL.JZPTT.LN.CN

5、公司信息披露报刊:《中国证券报》、《上海证券报》、香港《南华早报》

证监会指定网址:HTTP://WWW.SSE.COM.CN

公司年报备置地点:本公司董事会秘书处

6、股票上市交易所:上海证券交易所

股票简称和股票代码:

A股:锦州港 600190

B股:锦港B股 900952

二、会计数据和业务数据摘要

(一)本年度利润总额及其构成(单位:人民币元)

项目	金额
利润总额	108,859,742
净利润	90,827,451
扣除非经常性损益后的净利润	90,696,512
主营业务利润	166,266,624
其他业务利润	1,289,984
营业利润	108,728,803
投资收益	40,569
补贴收入	-
营业外收支净额	90,370
经营活动产生的现金流量净额	176,608,597
现金及现金等价物净增加额	23,178,366
按国际会计准则计算的净利润	92,208,232

注:扣除非经常性损益后的净利润是指扣除了本年度资产处置净收益90,370元和合并价差摊入额40,569元后的净利润。

(二)近三年主要会计数据和财务指标:

	2000年	1999年	1998年
主营业务收入(万元)	30,411.7	31,610.2	26,020.5
净利润(万元)	9,082.7	14,726.2	11,606.6
总资产(万元)	228,801.8	205,309.8	166,935.6
股东权益(万元)	135,785.5	133,012.8	94,886.6
每股净资产(摊薄)(元)	2.15	2.11	1.66
调整后的每股净资产(元)	2.09	2.07	1.64
每股经营活动产生的现金流量净额(元)	0.28	0.29	0.24
每股收益	0.14	0.23	0.20
净资产收益率	6.7	11.1	12.2

根据中国证监会关于发布《公开发行证券公司信息披露编报规则》第9号通知精神,公司2000年按全面摊薄法和加权平均法计算的净资产收益率和每股收益

报告期利润	净资产收益率%		每股收益(元)	
	全面摊薄	加权平均	全面摊薄	加权平均
主营业务利润	12.2	12.1	0.26	0.26
营业利润	8.0	7.9	0.17	0.17
净利润	6.7	6.6	0.14	0.14
扣除非经营性损益后的净利润	6.7	6.6	0.14	0.14

三、股东情况介绍

1、截至报告期末最后一个交易日,公司股东总数101454人。

2、截至报告期末最后一个交易日,公司前10名股东情况如下:

股东名称	持股数量(股)	股票种类	持股比例(%)
(1)东方集团股份有限公司	171210000	法人股	27.13
(2)锦州港务局	105000000	国家股	16.64
(3)锦州石油化工公司	35000000	法人股	5.55
(4)辽宁省投资集团公司	27000000	法人股	4.28
(5)广东广发证券公司	21177000	B股	3.36
(6)锦西炼油化工总厂	10000000	法人股	1.58
(7)锦州石化工程公司	9800000	法人股	1.55
(8)中国石油国际事业锦州公司	5850000	法人股	0.93
(9)辽宁省建设投资公司	3020000	法人股	0.48
(10)CHASE LDN S/A NEWTON MANAGED FUND(GTI14240)	2000000	B股	0.32

说明:

(1)1999年9月,东方集团股份有限公司协议受让本公司原第一大股东东方集团实业股份有限公司持有的本公司法人股15,400万股、收购东方集团财务有限责任公司和东方国际经济技术合作公司持有的本公司法人股各860.5万股,已于2000年8月2日完成过户登记。

(2)东方集团股份有限公司于2000年8月16日以其持有的本公司1亿股(占本公司总股本的15.85%)法人股股份作为质押,向中国光大银行黑龙江分行新阳支行办理贷款,质押期限4年。东方集团股份有限公司于2000年8月18日在《上海证券报》公告。

(3)锦州石化工程公司、中国石化国际事业锦州公司为锦州石油化工公司全资子公司。

(4)锦州港务局于1999年3月将所持国家股协议转让给锦州石化公司500万股,目前过户登记手续正在办理中。

3、持有本公司10%以上股份的法人股东情况:

(1)东方集团股份有限公司持有本公司法人股17121万股,占本公司已发行股份的27.13%,为本公司之最大股东,其法定代表人为张宏伟先生。经营范围:经济技术合作,对外工程承包,劳务输出;房地产开发销售,物业管理;高科技产品开发、生产、销售;连锁经营建筑材料;资本经营,产权交易及重组;港口基础设施建设及运输等。

(2)锦州港务局持有本公司10500万股国家股,占本公司已发行股份的16.64%,为本公司第二大股东,其法定代表人为白纯波先生。经营范围包括:港口营运、经济开发、外轮代理、外轮理货、工业、商业、服务业开发经营。

3、报告期内本公司第一大股东变更情况见前项2.(1),本公司于2000年8月19日在《中国证券报》、《上海证券报》和香港《南华早报》发布公告予以披露。

四、股东大会简介

本公司于2000年4月8日在公司所在地召开1999年度股东大会。出席会议股东和授权代表31人,代表公司股份37337.2万股,占公司总股本的59.17%;其中B股股东委托代表1人,代表股份506.4万股,占总股本的0.8%。符合《公司法》及《公司章程》的规定。会议通过如下决议:

1. 通过公司董事会1999年度工作报告。
2. 通过公司监事会1999年度工作报告。
3. 通过公司1999年度财务决算及2000年度财务预算的报告。
4. 通过公司1999年度利润分配方案,决定不向股东分配利润,也不进行资本公积金转增股本。
5. 继续聘任毕马威华振会计师事务所担任公司境内外财务审计机构。
6. 决定取消对新华人寿保险股份有限公司的投资。
7. 通过关于变更公司名称的议案,将公司原名称"锦州港务(集团)股份有限公司"改为"锦州港股份有限公司";英文名称"JINZHOU HARBOUR (GROUP) CO.,LTD"改为"JINZHOU PORT CO.,LTD";变更后,公司股票代码和股票简称不变。
8. 同意增选冷述铁同志为公司董事。
9. 同意胡运昌同志、李庆毅同志由于工作变动不再担任公司监事职务,改选王克学同志、杨洪斌同志为公司监事。
10. 通过关于修改章程部分条款的议案。

上述决议刊登于2000年4月11日《中国证券报》、《上海证券报》和香港《南华早报》。

五、董事会报告

(一)公司经营情况

1、行业地位:本公司属交通运输港口行业。自1993年成立以来,公司业务量快速增长,2000年完成吞吐量1005.6万吨,比上年度增长36.7%。根据交通部综合计划司交通信息中心统计,在2000年全国沿海主要港口吞吐量最新排名中,锦州港排名第22位。

2、主营业务范围及其经营状况:锦州港是国家批准的一类对外开放港口,主要为东北三省西部、内蒙古东部广大腹地提供货物装卸、仓储及船货代理服务。本公司主营业务范围为港务管理、港口装卸、水运辅助业、公路运输、物资仓储;成品油、化工产品、建筑材料、农副产品、钢材销售;经营本公司自产产品及相关技术进出口业务;经营本公司生产科研所需的原辅材料、机械设备、仪器仪表及相关技术进口业务(国家限定公司经营和国家禁止出口的商品及技术除外);经营进料加工和"三来一补"业务。2000年,公司实现主营业务收入30411.7万元,主营业务利润16626.7万元。目前占公司主营业务10%以上的主要装卸货种为原油占17.6%、成品油占19.5%、粮食占31.3%。煤炭、散矿、化肥、木片、钢材、化工产品、水产品、建筑材料也占有一定比例,集装箱运输初见规模。本公司与腹地三十余家企业建立了长期业务合作关系,同时锦州港与世界二十七个国家和地区的港口通航。

3、控股子公司情况:锦州港货运船舶代理有限公司为本公司唯一子公司,经营范围为船舶代理、货运代理、货物仓储、公路运输等。2000 年实现营业收入 563 万元,净利润 107 万元。

4、经营中出现的问题与困难及解决方案:

中国加入 WTO 后,中国港航企业在获得更加广阔市场空间的同时,必将面临前所未有的竞争压力。为争取更多的货源,公司于 1999 年末对部分货种降低了费率,上半年公司主营效益较上年同期下降。下半年,为弥补因部分货种费率的降低给公司收益带来的损失,公司采取了如下措施:

一是继续以商务工作为先导,开拓市场,开发新货源,以增加港口吞吐量保效益。粮食下海中转继续保持平稳增长,采取增加"钢筋囤"等仓储设施,加快周转、科学集港等方式,粮食吞吐量比去年提高 78%;努力开发油源,油品吞吐量比去年增加 128 万吨;全年开发每船在 5 万吨以上的上岸化肥、散矿和出口煤等大宗散货共计 81 万吨;开发乳化油、铁矿粉、硫磺、化肥、液化气、粘合剂、煤炭、废钢、非金属矿等新货源共计 33.17 万吨。同时,建立港航、港路及港货间的战略联盟,实现市场双赢、利益共享。新开辟直通深圳、黄埔港的散杂货定线快运班轮;与铁路方面达成共识,双方签订了港铁联运协议,提高了货物周转速度。并且继续在商务系统推行风险激励机制,建立严格的承包体制和考核制度,增强揽货人员的效益意识、成本意识、危机意识和责任意识;坚持增加吞吐量与改善服务质量并重的原则,开展为货主代办火车请车计划等服务,在港口获得收益的同时使货主实现业务增值。集装箱发展确定了走内引外联之路,在积极保航线、稳客户的同时,加大基础设施投入,斥资 6000 余万元用于集装箱发展的码头改造、设备购置、堆场改造等;积极争取国内外船公司在锦州港开通航线,同大连物流公司合作,新开辟了锦州至大连的内贸支线。

二是生产系统以提高效率为中心,适应不均衡市场的需要,科学指挥,强化管理,保证各项生产任务的完成。改进作业方式,优化作业程序,上岸化肥采取卸船直接装火车的方式,保证了化肥及时发运出港;采取了车船直取散粮,钢筋囤存储粮食,散粮、石油焦、膨润土以箱式运输等方式,使港口平均装卸效率提高 5%,个别货种提高了 70%。同时,狠抓科技创新,通过技术、工艺革新提高作业速度,降低劳动强度,减化作业环节,大大提高了劳动生产率和作业质量。并且强化现场管理,积极开展创建"星级班组"活动和争创"装卸作业名牌"活动,生产作业速度和质量得到明显的提高,创造了多项单船、单班、单货种的作业纪录,货损货差率低于交通部规定的标准。

三是强化细化管理,以班组建设为载体,实行班组核算,狠抓基础工作,确定各部门的经营目标,建立内部市场机制,建立以班组为单位的考核制度和核算制度,降低经营成本,保证利润指标的完成。

(二)公司财务状况

1、总资产:截止到 2000 年 12 月 31 日,公司的总资产为 228,802 万元,比上年的 205,310 万元增加 23,492 万元,增长了 11.4%。主要是公司本年度增加固定资产建设投资 26,332 万元。

2、长期负债:截止到 2000 年 12 月 31 日,公司的长期负债为 24,210 万元,比上年的 22,342 万元增加 1,868 万元,增长了 8.4%。主要是本年度为了加速建设 5000 吨级油品化工码头和工作船码头而增加的贷款。

3.股东权益:截止到 2000 年 12 月 31 日,公司的股东权益为 135,786 万元,比上年的 133,013 万元增加 2,773 万元,增长了 2.1%。主要是本年度实现净利润所至。

4.主营业务利润:本年度公司实现主营业务利润 16,627 万元,比上年的 20,569 万元减少了 3,942 万元,下降了 19.2%。主要是本年公司为了参与市场竞争,降低了部分货种的港口收费,至使本年主营业务收入相对下降并进而影响了本年度的利润。

5.净利润:本年度公司实现净利润 9,083 万元,比上年的 14,726 万元减少了 5,643 万元,下降了 38.3%。除主营业务利润下降影响外,随着部分固定资产投资项目的完成和投入使用,建设资金贷款利息也转入公司经营费用中使本年度的利润下降。

(三)公司投资情况

1.募集资金使用情况

公司分别于 1998 年 5 月和 1999 年 6 月公开发行了 B 股 11,100 万股和 A 股 6,000 万股,所募资金分别用于 5#和 6#杂货码头的建设,以及建造为 5 万吨油码头配套港作拖轮一艘。

(1)5#、6#杂货码头主体工程已建设完成,交付使用。本年度转入固定资产 12,593 万元。部分尚未完成的配套设施正在建设中,现已完成投资额 5488 万元。两座码头投产后将会增加设计吞吐能力 155 万吨。

(2)建造 5 万吨油码头配套港作拖轮一艘,概算 2,400 万元。目前仍在建造中,现已完成投资额 1,368 万元。预计 2001 年 6 月份能够投入使用。

(3)5#杂货码头改造成集装箱专用码头的工作仍在进行中。概算投资 5,458 万元,目前已完成投资 1,763 万元。配套的集装箱岸桥预计在 2001 年 5 月份投入使用。全部改造完成后,该泊位将成为年吞吐能力 20 万 TEU 的专用集装箱泊位。

2、非募集资金重大投资项目

(1)公司以自筹资金投资 1,865.9 万元建造工作船泊位一座。目前正在抓紧建设。

(2)公司以自筹资金投资 4,527 万元建造 5000 吨级油品化工泊位一座,建成后,可满足小型油品化工船舶靠泊,并为港口增加 60 万吨的吞吐能力。目前正在建设中。

(四)如果生产经营环境以及宏观政策、法规发生了重大变化,对公司的财务状况和经营成果的影响。

随着中国经济与世界经济一体化的进程加快,中国港航企业面临的国际市场和经营环境也将发生新的变化。中国加入 WTO 之后,我国港航总体上的发展将获得极为有利的国际营运环境,将有效的提高我国外贸进出口运量,锦州港的外贸货物吞吐量将有较大幅度的增长,促进本公司的经济效益增长。另一方面,国际国内市场发展也将带来港口间的激烈的竞争。为争取更多的货源,本公司于 1999 年末对部分货种降低了费率;同时,为保证上年末投产的 2 个 3.5 万吨级泊位(5#、6#泊位)有足够的货源,也要打破原有的市场分割,参与相关腹地的货源竞争,承揽一部分低收益货种;并且这种做法也是为了在"十五"期间锦州港规模进一步扩大后,能够在货源市场占有较大份额的一种战略选择。另外,5#、6#泊位投产及配套设施等资产增加,造成折旧及相关费用增加;部分工程竣工后,原资本化利息转入财务费用,致使费用增加。上述原因,致使 2000 年度主营业务利润比上年降低。但是,中国"入世"对于港航企业是个永久的利好条件,经济规律必将导致市场竞争从无序走向有序,经过一段时间的适应和调整,2001 年,港航企业将面临新的发展空间和机遇。随着锦州港基础设施的不断完善,竞争能力将有较大提高。同时,国家"十五"发展规划逐步实施,锦州做为辽宁西部交通经济中心以及东北西部、内蒙东部最便捷的进出海口的地位愈加明显,陆、铁、海、空立体交通及多式联运格局的形成,使优越的海运方式会倍受用户青睐,公司业务在新的一年会有较大增长。

(五)新年度的业务发展计划

继续坚持"思维创新、管理规范、提高效益、快速发展"的发展方针,以全面革新为前提,以增利润降成本为目标,以细化管理为手段,深入实施大商务战略,加大货源承揽力度,发展临港产业,组建同业集团,力求在资本扩张、附业拓展上见实效,进一步完善港口功能,探索新的发展空间,加强公司整体合力,将锦州港的事业推向新的高度。

1.实施公司资产和业务重组,实现公司多元化产业结构更加合理,收益分配更加公允。在符合国家有关法律法规的前提下,对公司资产和业务实行重大重组,构建以投资、管理为主要职能的母公司和分别以港口生产经营、多式联运、船货代理等业务为中心的子公司的企业集团构架,目的是使公司资本构成、业务分工更加合理,业务拓展及融资能力进一步增强。重组若获成功,将有利于公司资产增值、收益提高,加速发展。

2.加大对油品、化工和集装箱泊位及设施的投入,使公司主业更具特色。为适应国家战略石油储备政策及"十五"期间建设"两锦(锦州石化、锦西炼化)"炼油基地的规划,配合中国海洋石油原油上岸计划,做好 25 万吨原油单点系泊、5 万吨油泊位、1 万吨油品化工泊位和 5 万吨级杂货泊位建设的前期工作;为公司适应中国加入 WTO 后国际国内航运市场的结构调整,完成 5#泊位改造为集装箱码头工程,使之达到集装箱专用泊位条件,以适应国际大型集装箱船舶的需要;完成工作船泊位、5000 吨级油品化工泊位建设以及二港池浚深等工程,进一步完善港口功能,适应"泊位深水化、船舶大型化"的要求。

3.抓住机遇,瞄准市场,促进公司主营业务全面增长。继续推行大商务战略,组建新战略联盟,在港港、港航、港路、港货联盟方面实现新的突破;培育发展船舶货物代理市场,实现全程代理服务,为客户提供方便、便捷的门到门服务;全面开辟集装箱业务,增加航线,稳定客户,培育市场,发展合资合作;调整商务货源承揽策略,在市场资源的配置和配送方面实现突破,逐步使锦州港成为辽西地区综合物流中心;提高港口综合服务质量和作业效率,保证港口吞吐量、主营业务和利润有较大幅度的增长。

4.发挥港口对临港贸工业的牵动作用,开展资本运营和资产经营。围绕港口整体发展规划和主营业务发展计划拓展附营业务,采取以土地使用权入股、资金投入、人才和管理技术输入、场地及设施出租或合作经营、优惠服务和政策吸引等方式,引进或参与储运、加工、贸易、批发等合资合作项目,发展临港产业,形成港口稳定货源和利润增长点。同时,拓展资本运营领域,积极探索投资证券业、保险业等,争取较好的投资收益。重视公司资产经营,挖掘潜力,搞活存量,增加收益。

5.改进、更新管理手段,提高港口现代化管理水平。要大力推进科学管理和科技兴港活动,通过科技创新、工艺改进,优化生产组织等手段,使港口作业水平在现有硬件条件下实现跨越,整体作业效率和作业质量步入全国同行业先进水平。要进一步完善计算机信息系统,在实现内部信息共享、办公自动化和网络化的基础上,重点研究开发计算机技术在港口物流、资金流、信息流方面的应用,逐步改变传统的货物承揽、费用结算、信息传递和企业管理方式,使电子商务等现代经营管理手段在港口及货源腹地得以实施,适应现代综合物流的需要,加速企业向信息港、智能港的转变。

(六)董事会日常工作情况

报告期内公司共举行董事会议 4 次,会议情况及决议内容如下:

1、2000 年 1 月 23 日,举行第三届董事会第七次会议,审议通过《总裁工作报告》、《公司 2000 年度经营计划》、《计提各项资产减值准备的内部控制制度》、《聘用会计师事务所》、《取消对新华人寿保险股份有限公司的投资》、《5 号杂货泊位改造为集装箱泊位》、《变更公司名称》等议案并形成决议。会议决议公告刊登于 2000 年 1 月 25 日《上海证券报》和香港《南华早报》。

2、2000 年 3 月 3 日,召开第三届董事会第七次会议,会议通过如下决议:①审议通过公司 1999 年年度报告。②审议通过公司 1999 年度利润分配预案,决定不分配、不转赠。③审议通过关于修改公司章程的议案。④聘任刘钧为公司总裁助理。⑤决定召开公司 1999 年度股东大会。本次会议决议公告刊登于 2000 年 3 月 7 日《中国证券报》、《上海证券报》和香港《南华早报》。

3、2000 年 4 月 7 日,举行第三届董事会第九次会议,会议通过如下决议:①通过董事会 1999 年度工作报告。②原则通过关于合资组建锦州集装箱码头公司的议案。③通过本公司股东锦州石化公司提出的增加公司董事的提案,同意冷述铁先生作为董事候选人,提交股东大会选举。同意将公司董事会组成人数由原九人增加至十一人,并修改章程相应条款,提交股东大会审议通过。本次会议决议公告刊登于 2000 年 4 月 12 日《中国证券报》、《上海证券报》和香港《南华早报》。

4、2000 年 7 月 28 日,召开第三届董事会第十次会议,会议通过如下决议:①通过经营班子上半年工作报告。②通过公司 2000 年度中期报告及摘要。中期报告摘要刊登于 2000 年 8 月 1 日《中国证券报》、《上海证券报》和香港《南华早报》。

(七)公司管理层及员工情况

1、现任董事、监事、高级管理人员及有关情况

姓名	性别	年龄	职务	持股数
张宏伟	男	47	董事长	100000
白纯波	男	53	副董事长、执行董事	80000
刘庆余	男	55	执行董事	80000
薛本基	男	47	董事、总裁	60000
马恒骏	男	58	董事、党委书记	60000
关国亮	男	41	董事	60000
陈本浩	男	59	董事	0
冷述铁	男	49	董事	0
孙　辉	男	44	董事	60000
张耀军	男	48	董事	60000
郑合钊	男	56	监事会主席	80000
马瑞卿	男	44	监事、总工程师	40000
王　秘	男	49	监事	30000
王克学	男	46	监事	0
刘　民	男	50	监事	30000
杨洪斌	男	51	监事	30000
高鸿敏	女	48	监事	20000
葛伟光	男	38	副总裁、财务总监	40000
于剑平	男	46	副总裁、董事会秘书	40000
王继惠	男	51	副总裁	40000
刘　钧	男	42	副总裁	0
梁河山	男	55	副总裁	0
任道玲	男	45	副总裁	0
张　辉	男	33	总会计师	0
何恩民	男	37	总经济师	40000

本届董事、监事及高级管理人员任期三年,期限为 1998 年 5 月至 2001 年 5 月,年度内所持股份无变动。

本年度公司支付董事、监事、高级管理人员报酬 701736 元,其中:35000—55000 元的 3 人,55000—75000 元的 5 人,75000—85000 元的 4 人。

上述人员中,张宏伟、白纯波、刘庆余、陈本浩、冷述铁、孙辉、张耀军、关国亮、王秘、王克学、刘民、杨洪斌、任道玲不在公司领取报酬。

报告期内,胡运昌、李庆毅因工作变动辞去公司监事职务,改选王克学、杨洪斌为公司监事。

2、公司员工情况

公司员工总数 955 人,其中行政管理人员 79 人,财务人员 28 人,商务人员 44 人,工程人员 40 人,生产及其辅助人员 764 人。上述人员中,具有各类专业技术职称人员 215 人;研究生以上学历 6 人,本科 103 人,大专 137 人,中专、高中 423 人,初中以下 286 人。

(八)本次利润分配预案及下一年度分配政策

1.2000 年度分配预案

经毕马威华振会计师事务所审计,本公司 2000 年度实现净利润 90,827,451 元,提取 10%法定盈余公积金 9,082,745 元,提取 5%法定公益金 4,541,373 元,提取 10%任意盈余公积金 9,

082,745 元,加年初未分配利润 295,697,850 元,本年度可供股东分配利润 363,818,438 元。

董事会拟定以 2000 年度末股本总额 631000000 股计算,每 10 股送红股 4 股,派发现金 1.00 元(含税),共分配股利 315,500,000 元,剩余 48,318,438 元转入下一年度。另以资本公积金每 10 股转赠股本 1 股。

2、2001 年度分配政策

董事会预计 2001 年公司利润分配政策如下:

1.分配次数:2001 年度结束后分配利润 1 次;

2.分配比例:公司 2001 年度实现净利润用于向股东分配的比例为 30—50%;2000 年度结转的未分配利润用于 2001 年股利分配的比例为 30—50%。

3.分配形式:以派发现金为主。

说明:以上 2001 年度利润分配政策需董事会以分配预案的形式提交股东大会审议通过后才能正式实施,且董事会可能根据公司发展和盈利情况做出调整。

(九)其他报告事项

公司选定的信息披露报纸为《中国证券报》、《上海证券报》、香港《南华早报》。

六、监事会报告

(一)本年度召开监事会会议情况

报告期内,本公司监事会召开会议五次;参加股东大会一次;列席董事会会议四次。

2000 年 1 月 22 日,召开第三届监事会第四次会议,对公司 1999 年度工作进行考评,审议通过了 1999 年度监事会工作报告与公司计提各项资产减值准备的内部控制制度的议案。

2000 年 4 月 7 日,召开第三届监事会第五次会议,审议通过了 1999 年度公司工作报告,并通过了公司股东单位提出的由于机构调整和工作变动,胡运昌先生、李庆毅先生辞去公司监事职务,由王克学先生、杨洪斌先生接任公司监事职务的议案。公告刊登于 2000 年 4 月 12 日的《上海证券报》、《中国证券报》、香港《南华早报》。

2000 年 7 月 19 日,召开第三届监事会第六次会议,对公司上半年工作进行考评。监事会认为,公司上半年经营和基本建设发展状况良好。

2000 年 7 月 28 日,召开第三届监事会第七次会议,审议通过了公司 2000 年度中期报告。监事会认为,公司中期报告客观、真实地反映了报告期内公司的经营情况。公告刊登于 2000 年 8 月 1 日的《上海证券报》、《中国证券报》、香港《南华早报》。

2000 年 12 月 12 日,召开第三届监事会第八次会议,对公司 2000 年度工作进行考评,做出了客观公正的综合评价。

(二)公司依法运作情况

2000 年度,公司董事会按照《公司法》和《公司章程》的规定,充分行使股东大会赋予董事会的职权,认真执行股东大会各项决议,建立和完善了公司内部控制制度。

报告期内,公司能够依法运作,各项决策程序是合法的,且公司董事、高级管理人员在执行公司职务时没有违反法律、法规、公司章程或损害公司利益的行为。

(三)委托毕马威华振会计师事务所对公司 2000 年度财务进行审计,出具了无保留意见的审计报告。监事会认为,该报告客观真实地反映了公司财务状况和经营成果。

(四)公司募集资金实际投入项目与承诺投入项目一致,无变更。

(五)公司未发生收购、出售资产的交易,未发现内幕交易。

(六)公司关联交易是按照相关协议或合同公平进行的,没有损害上市公司利益。

七、重大事项

(一)公司在报告期内无重大诉讼事项。

(二)公司在报告期内未发生董事及高级管理人员受监管部门处罚的情况,也无重大的人事变动。

(三)报告期内公司控股股东由原东方集团实业股份有限公司变更为东方集团股份有限公司;公司总经理、董事会秘书人选未发生变化。

(四)公司在报告期内未发生出售资产事项,也无吸收合并事项。

(五)重大关联交易事项

1.关联方

锦州港务局:	拥有本公司 16.64%的股权的股东,并在由十名成员组成的董事会中有两名董事代表
中国石油锦州石油化工公司:	拥有本公司 5.55%的股权的股东,并在由十名成员组成的董事会中有一名董事代表
中国石油锦西炼油化工总厂:	拥有本公司 1.58%的股权的股东,并在由十名成员组成的董事会中有一名董事代表
中国石油国际事业锦州公司:	中国石化锦州石油化工公司的全资附属公司,并持有本公司 0.92%的股权
东方集团股份有限公司:	拥有本公司 27.13%的股权的股东,并在由十名成员组成的董事会中有三名董事代表
东方集团财务有限责任公司:	东方集团实业股份有限公司的子公司
东方家园股份有限公司:	东方集团实业股份有限公司的子公司
东方集团实业股份有限公司:	东方集团股份有限公司第一大股东

2. 关联交易

关联交易方	交易内容	交易金额	占本期该类交易比例	交易价格
锦州石油化工公司	营业收入	46,700,108	15.7%	与其他客户一致
锦西炼油化工总厂	营业收入	46,530,316	15.6%	与其他客户一致
东方集团财务有限责任公司	存款	76,482,333	15.9%	年利息率 1.02%
锦州港务局	应收款项	22,433,155	9.3%	96 年形成应收款

定价原则及结算方式:本公司为股东单位锦州石油化工公司、锦西炼油化工总厂提供原油和成品油的港口装卸服务,交易价格是在国家指导价格基础上,双方协商制定的,其价格与其他客户一致。双方采用银行转账的方式进行结算。

锦州石油化工公司和锦西炼油化工总厂既是本公司的股东单位,也是本公司进行油品装卸服务的主要客户。上述两单位于锦州港建港初期就在锦州港区内建有原油和成品油仓储罐区,既可以满足企业自身的储运需要,也可以对外提供仓储服务,增强和改善了锦州港对油品仓储和运输能力。本报告期内上述两厂又在锦州港区增设了储运设施,使港口油品的吞吐能力又有很大提高。这种合作关系将会持续下去。

应收锦州港务局款项,是 1996 年公司进行企业规范化时,形成的应收款项。

本年度公司与东方家园股份有限公司发生往来款项 5000 万元,现已全部结清。

(六)上市公司与控股股东在人员、资产、财务上的"三分开"情况。本公司建立了独立的劳动、人事、工资管理体系,总裁、副总裁等高级管理人员均在公司领取报酬,不在控股股东单位任职;公司拥有独立的商务、生产及生产保障系统;建立了独立的财务会计部门及独立的会计核算体系和财务管理制度。在人员、资产、财务上完全独立。

(七)报告期内未发生托管、承包其他公司资产或其他公司托管承包本公司资产事项。

报告期内,公司对外签署了 2 份出租土地合同。一是与通辽市粮食局签订了出租土地 70 亩供对方建设散杂货堆场的合同,每年为锦州港增加货源 40 万吨以上,租期 25 年,合计租金 700 万元,对方分期支付。二是与葫芦岛市锦丰乙烯有限公司签订了出租土地 37.23 亩的合同,对方建设低温乙烯罐区,每年为锦州港增加货源 6 万吨以上,租期 20 年,合计租金 600 万元,分期支付。

(八)经公司 2000 年 4 月 8 日召开的股东大会通过,本年度公司继续聘请毕马威华振会计师事务所担任公司的境内外财务审计机构。

(九)公司在报告期内无重大对外担保事项。

(十)报告期内公司更改名称或股票简称情况

经公司股东大会审议通过,公司法定名称由原"锦州港务(集团)股份有限公司"变更为"锦州港股份有限公司",英文名称由原"JINZHOU HARBOUR (GROUP) CO., LTD."变更为"JINZHOU PORT CO., LTD."。公司名称变更后,股票简称及股票代码不变。目前已完成修改章程和变更工商登记事项。公司已分别于 2000 年 4 月 12 日和 6 月 20 日在《中国证券报》、《上海证券报》、香港《南华早报》予以公告。

(十一)2000 年 3 月 2 日,辽宁省对外贸易经济合作厅(大连)以辽外经贸(2000)企登字第 5 号文批准,发给本公司《生产企业自营进出口经营权登记证书》,授予企业自营进出口经营权。公司于 3 月 7 日在《中国证券报》、《上海证券报》、香港《南华早报》予以公告。

八、财务会计报告

(一)审计报告

审计报告

KPMG-A(2000)AR No.0

锦州港股份有限公司全体股东:

我们接受委托,审计了锦州港股份有限公司(以下简称"贵公司")及其子公司(以下简称"贵集团")二零零零年十二月三十一日的合并资产负债表及二零零零年度的合并利润表、合并利润分配表及合并现金流量表。这些会计报表由贵公司负责。我们的责任是对这些会计报表发表审计意见。我们的审计是依据中华人民共和国财政部颁布的《中国注册会计师独立审计准则》进行的。在审计过程中,我们结合贵集团的实际情况,实施了包括抽查会计 记录等我们认为必要的审计程序。

我们认为,上述会计报表符合中华人民共和国财政部颁布的《企业会计准则》及《股份有限公司会计制度》的有关规定,在所有重大方面公允地反映了贵集团二零零零年十二月三十一日的合并财务状况和二零零零年度的合并经营成果及合并现金变动情况,会计处理方法的选用遵循了一贯性原则。

毕马威华振会计师事务所　　中国注册会计师　罗铮

中国北京建国门外大街 1 号

中国国际贸易中心

国贸大厦 2 座 16 层 1608 室　　赵奇

邮政编码:100004　　二零零一年三月九日

(二)会计报表(见附表)

(三)国际会计报表与中国会计报表差异说明

以下为锦州港股份有限公司二零零零年度国际会计报表与中国会计报表中税后利润及资产净值的差异明细

(1)除税及少数股东权益后利润

	2000 年	1999 年
根据中国会计制度计算之本集团已审计报表	90,827,451	147,261,528
国际会计准则之调整带来的影响		
-冲回计入营业外收入的 A 股发行冻结资金利息收入		(4,242,021)
-冲回已资本化为长期待摊费用的上市费用之摊销额	1,421,350	800,000
-冲回股权投资差额之摊销额	(40,569)	(40,570)
载于国际会计报表	92,208,232	143,778,937

(2) 资产净值

	于 2000 年 12 月 31 日	于 1999 年 12 月 31 日
根据中国会计制度计算之本公司已审计报表	1,357,855,125	1,330,127,674
将已资本化并已计提摊销额的上市费用抵减股本溢价	(5,957,017)	(7,378,367)
股权投资差额		40,569
以宣派但尚未计提之现金股利	63,100,000	
载于国际会计报表	1,414,998,108	1,322,789,876

九、公司其他有关资料

1、公司于 1993 年 2 月 9 日在锦州经济技术开发区注册

2、企业法人营业执照注册号:12060335-9-1

3、税务登记号码:辽国税锦开字 210701120603359

4、公司未流通股票的托管机构:辽宁省证券登记管理中心

5、公司报告期内证券主承销机构:广发证券有限责任公司

6、公司聘请的会计师事务所

名称:毕马威华振会计师事务所

办公地点:北京市建国门外大街 1 号国贸大厦 2 座 16 层 1608 室

十、备查文件

1、载有法定代表人、总会计师、会计主管人员签名并盖章的会计报表。

2、载有会计师事务所盖章、注册会计师签名并盖章的审计报告原件。

3、公司于报告期内在证监会指定报纸上公开披露过的所有公司文件的正本及公告的原稿。

以上文件均置于公司所在地。

锦州港股份有限公司
合并利润及利润分配表
二零零零年一月一日至二零零零年十二月三十一日止年度

单位:人民币元

项　目	注释	合并报表		母公司报表		项　目	注释	合并报表		母公司报表	
		2000年12月31日(已审计)	1999年12					2000年12月31日(已审计)	1999年12月31日(已审计)	2000年12月31日(已审计)	1999年12月31日(已审计)
一、主营业务收入	-22	304117165	316102001	298483607	313707454	四、利润总额		108859742	175241013	108020241	175656752
减:折扣及折让						减:所得税	(14.a)	-17710568	-27873349	-17442312	-27775728
主营业务收入净额		304117165	316102001	298483607	313707454	少数股东权益		-321723	-106136		
减:主营业务成本		-127159348	-99554797	-124777766	-98380822	五、净利润		90827451	147261528	90577929	147881024
主营业务税金及附加	(14.b)	-10691193	-10855052	-10397740	-10722155	加:年初未分配利润		295697850	185537480	296076166	185165398
二、主营业务利润		166266624	205692152	163308101	204604477	六、可供分配的利润		386525301	332799008	386654095	333046422
加:其他业务利润	-24	1289984	3870806	1289984	3870806	减:提取法定盈余公积	-20	-9082745	-14840463	-9057793	-14788102
减:存货跌价准备		-242308		-242308		提取法定公益金	-20	-4541373	-7420232	-4528896	-7394052
管理费用		-35658607	-29683430	-34249160	-28474184	七、可供股东分配的利润		372901183	310538313	373067406	310864268
财务费用	-23	-22926890	-7892988	-22927433	-7903203	减:提取任意盈余公积	-20	-9082745	-14840463	-9057793	-14788102
三、营业利润		108728803	171986540	107179184	172097896	应付普通股股利		63100000		63100000	
加:投资收益		40569	40570	750687	344953	八、未分配利润	-21	300718438	295697850	300909613	296076166
营业外收入	-25	467948	4892687	467948	4892687						
减:营业外支出		-377578	-1678784	-377578	-1678784						

锦州港股份有限公司
合 并 资 负 债 表
二零零零年十二月三十一日

单位:人民币元

项　目	注释	合　并　数		母公司数		项　目	注释	合　并　数		母公司数	
		2000年12月31日(已审计)	1999年12月31日(已审计)	2000年12月31日(已审计)	1999年12月31日(已审计)			2000年12月31日(已审计)	1999年12月31日(已审计)	2000年12月31日(已审计)	1999年12月31日(已审计)
流动资产						负债及股东权益					
货币资金	-3	480107636	456929270	476515229	452909591	流动负债					
短期投资						短期借款	-12	417811700	316841700	417811700	315891700
应收票据	-4	2050000	2599860	1750000	599860	应付帐款		2804618	1414566	2515390	1014777
应收帐款	-5	170019173	185425666	169985672	186648761	预收货款		11077102	7962420	9037673	6647994
其他应收款	-5	98634163	142135558	98634163	141281482	应付工资		7717982	7234343	7441822	6861521
减:坏帐准备	-5	4884744	3006836	4820653	3000000	应付福利费		2664618	2706468	2579569	2636642
应收款项净额		263768592	324554388	263799182	324930143	应付股利	-13	72376725	10445505	72376725	10445505
预付帐款		10112390	3161671	10112390	3161671	应交税金	(14.c)	16225381	22690998	16147985	22463765
存货	-2.1	1688145	2686783	1680193	2686783	其他应付款	-15	86309304	68530562	85824602	68241105
减:存货跌价准备	-2.1	242308		242308		其他应交款		132704	105002	132838	100988
存货净额		1445837	2686783	1437885	2686783	预提费用	-16	11241347	11723955	10914834	11609893
待摊费用		5745242	2410461	5734304	2398503	一年内到期的长期借款	-12	58500000	48864923	58500000	48864923
流动资产合计		763229697	792342433	759348990	786686651	其他流动负债		259260	409080	259260	409080
长期股权投资				2198328	2180394	流动负债合计		687120741	498929522	683542398	495187893
长期股权投资差额	-6		-40569			长期负债					
长期股权投资一合伙联营						长期借款	-17	242100000	223420000	242100000	223420000
固定资产						应付债券					
固定资产原价	-8	1169790898	881658427	1169790898	881278395	住房周转金					
减:累计折旧	-8	143419245	114321419	143226052	114250721	长期负债合计		242100000	223420000	242100000	223420000
固定资产净值		1026371653	767337008	1026564846	767027674	负债总计		929220741	722349522	925642398	718607893
工程物资		602776	633379	602776	633379	少数股东权益		942139	620416		
在建工程	-9	417874987	413559808	415468638	412941915	股东权益					
固定资产清理						股本	-18	631000000	631000000	631000000	631000000
固定资产合计		1444849416	181530195	1442636260	1180602968	资本公积	-19	253902769	253902769	253902769	253902769
无形资产及其他资产						盈余公积	-20	172233918	149527055	171761338	149148738
无形资产	-10	40822877	41518067	40822877	41518067	其中:公益金		36215861	31674488	35702732	31599123
长期待摊费用	-11	31624447	23196198	30718095	23196198	未分配利润	-21	300718438	295697850	300909613	296076166
其他长期资产	-7	7491568	14551288	7491568	14551288	股东权益合计		1357855125	1330127674	1357573720	1330127673
无形资产及其他资产合计		79938892	79265553	79032540	79265553						
资产总计		2288018005	2053097612	2283216118	2048735566	负债及股东权益合计		2288018005	2053097612	2283216118	2048735566

锦州港股份有限公司
合 并 现 金 流 量 表
二零零零年一月一日至二零零零年十二月三十一日止年度

单位:人民币元

项　目	金额(已审计)		项　目	金　额	
	合　并	母公司		合　并	母公司
一、经营活动产生的现金流量			1、不涉及现金收支的投资和筹资活动		
销售商品、提供劳务收到的现金	323188200	314501819	以固定资产偿还债务	1270317	1270317
收到的除增值税以外的其他税费返还			2、将净利润调节为经营活动的现金流量		
收到的租金			净利润	90827451	90577929
收到的其他与经营活动有关的现金	11487440	11487440	减:A股发行冻结资金利息收入		
现金流入小计	334675640	325989259	加:计提的坏帐准备	1877908	2242307
购买商品、接受劳务支付的现金	71986091	67369216	固定资产折旧	30356906	30157840
经营性租赁支付的现金	1675590	1675590	无形资产摊销	13165075	13165075
支付给职工以及为职工支付的现金	21060856	20386320	股权投资差额摊销	-40569	
支付的所得税款	25407965	24800418	处置固定资产的损失	-467948	-467948
支付得除增值税、所得税以外的其他税费	9672871	9354854	财务费用	22833964	22833964
支付的其他与经营活动有关的现金	28263670	27725416	投资损失		-750687
现金流出小计	158067043	151311814	少数股东权益	321723	
经营活动产生的现金流量净额	176608597	174677445	存货的增加	1240946	962982
二、投资活动产生的现金流量			经营性应收项目的增加	17615503	19007439
处置固定资产而收回的现金净额	1260885	1260885	经营性应付项目的增加	-1122362	-3051456
收到的定期存款利息收入	6520212	6520212	经营活动产生的现金流量净额	176608597	174677445
收到新华人寿保险公司退投资款及利息	110471667	110471667	3、现金及现金等价物净增加情况		
现金流入小计	118252764	118252764	货币资金的年末余额	480107636	476515229
购建固定资产、在建工程、无形资产所支付的现金	294503764	293095340	减:货币资金的年初余额	456929270	452909591
向新华人寿保险公司支付的拟投资的款项			现金等价物的年末余额		
债券性投资支付的现金			减:现金等价物的年初余额		
股权性投产支付的现金					
支付的委托投资款中尚余款项	60000000	60000000			
现金流出小计	354503764	353095340			
投资活动产生的现金流量净额	-236251000	-234842576			
三、筹资活动产生的现金流量					
吸收权益性投资所收到的现金					
借款所收到的现金	526991700	526991700			
收到的其他与筹资活动有关的现金					
现金流入小计	526991700	526991700			
偿还债务所支付的现金	397706623	396756623			
分配股利或利润所支付的现金	1168780	1168780			
偿付利息所支付的现金	45145708	45145708			
支付的其他与筹资活动有关的现金	149820	149820			
现金流出小计	444170931	443220931			
筹资活动产生现金流量净额	82820769	83770769			
四、汇率变动对现金的影响额					
五、现金及现金等价物净增加额	23178366	23605638	现金及现金等价物的净增加额	23178366	23605638

兰州长城电工股份有限公司

二〇〇〇年年度报告摘选

一、公司简介

1、公司法定中文名称:兰州长城电工股份有限公司

公司法定英文名称:LANZHOU GREAT WALL ELECTRICAL CO.,LTD.

英文缩写:GWE

2、公司法定代表人:杨书昌

3、公司董事会秘书:何世民

联系地址:甘肃省兰州市农民巷125号

电话:0931-8415001-2422

传真:0931-8414606

公司董事会证券事务代表:穆成利

电话:0931-8415001-2658

(联系地址与传真同董秘)

4、公司注册地址:甘肃省兰州市农民巷125号

公司办公地址:甘肃省兰州市农民巷125号

邮政编码:730000

公司国际互联网网址 WWW.LZ-GWE.COM

公司电子信箱:Lzgwe@public.lz.gs.cn

5、公司选定的信息披露报纸名称:《上海证券报》、《证券时报》

登载公司年度报告的中国证监会指定国际互联网网址:http://www.sse.com.cn

公司年度报告备置地点:公司证券部

6、公司股票上市交易所:上海证券交易所

股票简称:长城电工

股票代码:600192

二、会计数据和业务数据摘要

1、本年度主要财务指标情况(单位:人民币元)

项目	金额
利润总额:	56,117,477.96
净利润:	48,745,589.55
扣除非经常性损益后的净利润:	47,357,915.89
主营业务利润:	199,160,101.03
其他业务利润:	4,004,997.78
营业利润:	48,506,029.96
投资收益:	6,223,774.34
补贴收入:	
营业外收支净额:	31,387,673.66
经营活动产生的现金流量净额:	13,356,881.95
现金及现金等价物净增加额:	293,600,407.02

注:扣除的非经常性损益项目和涉及金额:营业外损益:1,387,673.66元.

2、截止报告期末公司前三年的主要会计数据和财务指标(单位:人民币元)

项目	2000年	1999年 调整后	1998年 调整前	1998年 调整后
主营业务收入	689,537,457.67	705,386,243.69	621,107,905.18	621,107,905.18
净利润	48,745,589.55	101,739,638.16	85,181,236.75	80,586,816.01
总资产	1,887,083,831.72	1,361,596,359.74	1,404,587,983.97	1,386,611.439.06
股东权益(不含少数股东权益)	1,094,336,092.34	849,275,260.68	824,512,167.37	806,535,622.52
每股收益(摊薄)	0.1521	0.3449	0.2887	0.2732
每股收益(加权)	0.1595	0.3449	0.3632	0.3436
扣除非经常性损益后的每股收益	0.1478	0.2748	0.2887	0.2732
每股净资产	3.4145	2.8789	2.7950	2.734
调整后的每股净资产	3.4036	2.8712	2.7873	2.726
每股经营活动产生的现金流量净额	0.0417	0.1346	-0.0201	-0.0201
净资产收益摊薄(%)	4.45%	11.98%	10.33%	9.99%
净资产收益率加权(%)	5.10%	11.87%	10.33%	9.99%

注:2000年年末的普通股总数为320,500,000股,1999年年末的普通股总数为295,000,000股,1998年年末的普通股总数为295,000,000股。

3、利润表附表

报告期利润	净资产收益(%)		每股收益(元)	
	全面摊薄	加权平均	全面摊薄	加权平均
主营业务利润	18.20%	20.84%	0.6214	0.6516
营业利润	4.43%	5.08%	0.1513	0.1587
净利润	4.45%	5.10%	0.1521	0.1595
扣除非经常性损益后的净利润	4.33%	4.96%	0.1478	0.1550

三、股东情况介绍

1、报告期末公司股东总数为80295户

2、报告期末前十名股东持股情况:

姓名	持股股数(股)	占总股本比例(%)
①甘肃长城电工集团有限责任公司	210,000,000	65.52
②安信基金	2,409,130	0.75
③张立伟	222,830	0.07
④三蝶呢绒	199,960	0.06
⑤兴和基金	191,812	0.06
⑥方 云	180,723	0.056
⑦莫 海	152,400	0.05
⑧罗勤岸	130,000	0.041
⑨相美英	124,100	0.038
⑩张金秀	118,300	0.037

厦门大洋发展股份有限公司

二〇〇〇年年度报告摘选

一、公司简介

1、公司法定中文名称:厦门大洋发展股份有限公司

公司英文名称:Xiamen Dayang Development Co.,LTD.

公司英文名称缩写:XDDC

2、公司法定代表人:陈榕生

3、公司董事会秘书:李晓玲

公司董事会证券事务代表:吴振忠

联系地址:厦门市建业路18号8F

电话:0592-5311857,5311831　　传真:0592-5311955

4、公司注册地址:厦门市杏林区苑亭路89号

公司办公地址:厦门市建业路18号阳明楼8-9层

邮政编码:361012

公司电子信箱:dayang @public.xm.fj.cn

5、公司信息披露报刊名称:《上海证券报》

登载公司年度报告的中国证监会指定国际互联网网址:http://www.sse.com.cn

公司年度报告备置地点:公司证券部

6、公司股票上市交易所:上海证券交易所

公司股票简称:厦门大洋　　公司股票代码:600193

二、会计数据和业务数据摘要

(一)本年度主要会计数据:(单位:人民币元)

项目	金额
1、利润总额:	34,567,362.56
2、净利润:	25,742,987.53
3、扣除非经营性损益后的净利润:	24,776,341.92
4、主营业务利润:	30,497,306.81
5、其他业务利润:	3,275,445.22
6、营业利润:	29,902,561.71
7、投资收益:	1,488,761.90
8、补贴收入:	85,752.00
9、营业外收支净额:	3,090,287.05
10、经营活动产生的现金流量净额:	22,480,867.03
11、现金及现金等价物净增加额:	21,358,757.50
注:扣除非经常性损益的项目和涉及金额:	
①补贴收入:	85,752.00
②新股申购冻结资金利息:	2,883,008.44
③合并价差摊入:	-2,209,393.44
④纳税奖励金:	358,800.00
⑤固定资产清理收益:	133,641.68
⑥其他营业外收入:	18,005.60
⑦罚款支出:	141,303.68
⑧固定资产清理损失:	145,188.54
⑨其它支出:	16,676.45

(二)截止报告期末公司前三年的主要会计数据和财务指标:

(单位:人民币元)

项目	2000年度	1999年度		1998年度	
		调整前	调整后	调整前	调整后
1 主营业务收入	188,266,049.33	302,791,644.50	262,736,397.77	275,734,256.73	275,734,256.73
2 净利润	25,742,987.53	23,281,191.36	20,057,275.85	26,276,225.78	17,743,996.04
3 总资产	544,365,427.92	496,622,314.70	442,730,907.64	251,063,445.24	241,328,666.49
4 股东权益(不含少数股东权益)	255,929,204.35	235,562,893.53	238,918,397.42	82,256,533.91	73,724,304.17
5 每股收益(摊薄)	0.307	0.277	0.239	0.431	0.291
6 每股收益(加权平均)	0.307	0.305	0.263	0.431	0.291
7 扣除非经常性损益后的每股收益(摊薄)	0.295	0.266	0.228	0.432	0.291
8 扣除非经营性损益后的每股收益(加权)	0.295	0.293	0.251	0.432	0.291
9 每股净资产	3.05	2.81	2.85	1.35	1.21
10 调整后的每股净资产	3.05	2.73	2.84	1.29	1.05
11 每股经营活动产生的现金流量净额	0.268	-0.45	-0.45	-0.14	-0.14
12 净资产收益率(摊薄)%	10.06	9.88	8.40	31.94	24.07
13 净资产收益率(加权平均)%	10.24	12.82	11.09	38.01	27.36

(三)根据中国证监会关于发布《公开发行证券公司信息披露编报规则》第9号通知精神,公司2000年按全面摊薄法和加权平均法计算的净资产收益率及每股收益:

报告期利润	净资产收益率%		每股收益	
	全面摊薄	加权平均	全面摊薄	加权平均
主营业务利润	11.92	12.13	0.363	0.363
营业利润	11.68	11.89	0.356	0.356
净利润	10.06	10.24	0.307	0.307
扣除非经营性损益后的净利润	9.68	9.85	0.295	0.295

三、股东情况介绍

前十名股东持股况如下:

名次	股东名称	持股数(股)	占股本比例(%)
1	厦门特贸有限公司	16242030	19.36
2	厦门大洋集团股份有限公司	14165340	16.88
3	厦门百汇兴投资有限公司	13769490	16.41
4	厦门赛博科技有限公司	13678140	16.30
5	厦门海洋三所科技开发公司	3045000	3.63
6	欣华置业	514377	0.61
7	兆基服饰	315822	0.38
8	张佩军	311710	0.37
9	鲁桂华	255000	0.3
10	潘吉明	224059	0.27

中牧实业股份有限公司

二〇〇〇年年度报告摘选

一、公司简介

1、公司名称
中文全称:中牧实业股份有限公司
中文简称:中牧股份
英文全称:CHINA ANIMAL HUSBANDRY INDUSTRY Co.,LTD.
英文简称:CAHIC
2、公司法定代表人:区仲生先生
3、公司董事会秘书:王平先生
公司董事会证券事务代表:胡启毅先生
联系地址:北京市丰台区莲花池西里8号新华保险大厦12层
电话:010—63903388—1206,63903308　　传真:010—63903308,63903320
电子信箱:huqiyi@sohu.com
4、公司注册地址:北京市丰台区科学城10D地块2号楼
公司办公地址:北京市丰台区莲花池西里8号新华保险大厦11、12层
邮政编码:100073
公司电子信箱:CAHIC@cenpok.net
5、公司信息披露报纸:《上海证券报》、《中国证券报》
登载公司年度报告的国际互联网网址:http://www.sse.com.cn
公司年度报告备置地点:北京市丰台区莲花池西里8号新华保险大厦12层1206室,中牧实业股份有限公司董事会秘书处
6、公司股票上市地:上海证券交易所
股票简称:中牧股份　　股票代码:600195

二、会计数据和业务数据摘要

(一)本年度利润总额构成及现金流量:　　(单位:人民币元)

栏目	2000年度母公司数	2000年合并数
利润总额	90,883,924.78	91,371,679.66
净利润	90,669,832.24	90,399,467.99
扣除非经常性损益后的净利润	88,771,335.86	88,227,987.28
主营业务利润	205,633,967.15	213,489,377.10
其它业务利润	66,409.91	444,409.91
营业利润	84,240,270.11	89,125,006.64
投资收益	4,745,158.29	75,192.31
补贴收入	1,090,544.17	1,416,416.94
营业外收支净额	807,952.21	755,063.77
经营活动产生的现金流量净额	188,613,152.09	180,117,176.01
现金及现金等价物净增加额	-18,058,428.56	37,771,128.87
本年度非经常性损益项目		
项目	母公司	合并
补贴收入	1,090,544.17	1,416,416.94
营业外收入	4,398,857.49	4,469,628.24
营业外支出	3,590,905.28	3,714,564.47
合计	1,898,496.38	2,171,480.71

(二)公司前三年主要会计数据及财务指标

栏目	2000年度	1999年度	1998年度	
	合并	合并	调整后	调整前
主营业务收入(元)	1,437,079,343.17	842,528,195.20	582,899,163.55	582,899,163.55
净利润(元)	90,399,467.99	87,296,467.17	58,881,759.13	63,808,697.17
总资产(元)	1,422,374,396.77	1,036,569,112.23	944,511,138.22	961,160,159.87
股东权益	802,680,789.00	788,692,095.50	711,881,452.26	728,530,473.91
摊薄每股收益	0.23	0.22	0.23	0.25
按月平均加权法计算的每股收益	0.23	0.30	0.32	0.34
扣除非经常性损益后的每股收益	0.23	0.30	0.20	0.21
每股净资产	2.06	2.02	2.74	0.28
调整后的每股净资产	1.98	1.96	2.68	2.74
每股经营活动产生的现金流量净额	0.46	-0.42	0.00	0.00
摊薄净资产收益率	11.26	11.07	8.27	8.67
加权净资产收益率	10.84			

附表:

报告期利润	净资产收益率		每股收益	
	全面摊薄	加权平均	全面摊薄	加权平均
主营业务利润	26.60	25.60	0.55	0.55
营业利润	11.10	10.69	0.23	0.23
净利润	11.26	10.84	0.23	0.23
扣除非经常性损益后的净利润	10.99	10.58	0.23	0.23

三、股东情况介绍

1、截止2000年12月31日,公司在上海证券中央登记结算公司登记的股东共有79598户,持股39,000万股,其中国有法人股股东1个,持股27,000万股;社会公众股股东79597户,持股12,000万股。

2、公司主要股东持股情况(截止2000年12月31日)

股东名称	期末持股数(股)	期内增减	占总股本比例%
中国牧工商(集团)总公司	270,000,000	-	69.23
刘书贞	1,555,275	-	0.40
海南华糖	1,350,000	420,000	0.35
金辉	550,000	550,000	0.14
郭亚民	300,000	300,000	0.08
钱咸有	243,200	243,200	0.06
葛光瑞	230,000	230,000	0.06
兴和基金	220,271	220,271	0.06
关珍珍	216,000	216,000	0.05
朱吉荣	195,000	195,000	0.05

上海复星实业股份有限公司

二〇〇〇年年度报告摘选

一、公司简介

1、公司法定中文名称:上海复星实业股份有限公司
公司英文名称:SHANGHAI FORTUNE INDUSTRIAL JOINT-STOCK CO.,LTD.
公司英文名称缩写:SFIC
2、公司法定代表人:郭广昌
3、公司董事会秘书:秦学棠
联系地址:上海市宜山路1289号
联络电话:021-64958682
传真:021-64953655
电子信箱:fxdmb@public6.sta.net.cn
4、公司注册地址:上海市曹杨路510号九楼
邮政编码:200063
公司办公地址:上海市宜山路1289号
邮政编码:200233
公司国际互联网网址:http://www.sh-fortune.com
公司电子信箱:fxdmb@public6.sta.net.cn
5、公司选定的信息披露报纸:上海证券报、中国证券报
登载公司年度报告的国际互联网网址:http://www.sse.com.cn
公司年度报告备置地点:上海市宜山路1289号
6、公司股票上市交易所:上海证券交易所
股票简称:复星实业
股票代码:600196

二、会计数据和业务数据摘要

1、本年度利润总额及构成:(合并报表)(单位:元)

项目	金额
利润总额	151,444,040.10
净利润	128,515,536.10
扣除非经常性损益后的净利润	122,390,866.15
主营业务利润	262,022,936.44
其他业务利润	9,309,155.91
营业利润	106,148,365.50
投资收益	35,748,985.01
补贴收入	5,527,503.06
营业外收支净额	4,019,186.53
经营活动产生的现金流量净额	138,427,512.17
现金及现金等价物净增加额	161,210,781.57
注:扣除非经常性损益的项目、涉及金额	
补贴收入	5,527,503.06
合并价差摊销	-4,113,148.79
冻结申购资金利息收入摊销	4,710,315.68

2、主要会计数据和财务指标:(合并报表)(单位:元)

项目	2000年度	1999年度		1998年度
		调整后	调整前	
(1)主营业务收入	579,520,794.44	487,028,019.52	442,451,367.72	340,396,567.44
(2)净利润	128,515,536.10	92,509,589.71	92,156,899.95	61,663,029.41
(3)总资产	1,571,101,771.22	914,286,546.99	858,231,182.83	640,268,718.62
(4)股东权益(不含少数股东权益)	1,145,524,486.84	604,228,217.79	604,495,922.70	512,236,935.68
(5)每股收益(元/股)	0.437	0.409	0.408	0.409
按月平均加权	0.461	0.409	0.408	0.491
扣除非经常性损益	0.417	0.399	0.381	0.3858
(6)每股净资产	3.90	2.673	2.674	3.399
(7)调整后的每股净资产(元/股)	3.817	2.60	2.613	3.297
(8)每股经营活动产生的现金流量净额	0.471	0.169	0.169	0.442
(9)净资产收益率(%)	11.22%	15.31%	15.245%	12.038%

注:①根据财政部财会字(1999)49号文件规定:"原未包括在合并范围内的子公司,因增加投资比例等原因而纳入合并会计报表合并范围内的,应调整合并会计报表的年初数"。

因报告期内公司增加对长征公司的投资比例,合并报表范围增加了长征公司,所以调整合并报表99年度财务数据。

②利润表附表:

报告期利润	净资产收益率		每股收益	
	全面摊薄	加权平均	全面摊薄	加权平均
主营业务利润	22.87%	32.22%	0.892	0.94
营业利润	9.27%	13.05%	0.361	0.381
净利润	11.22%	15.80%	0.437	0.461
扣除非经常性损益后的净利润	10.68%	15.05%	0.417	0.439

三、股东情况介绍

(一)、公司持股前十名股东情况如下:

股东	持股数(万股)	持股比例(%)	性质
上海复星高科技(集团)有限公司	17138.124	58.34	发起人法人股
上海广信科技发展公司	616.284	2.09	发起人法人股
兴华基金	530.0	1.8	人民币普通股
北京财政	188.7765	0.64	人民币普通股
上海申新实业(集团)有限公司	170.388	0.58	发起人法人股
上海西大堂科技投资发展有限公司	170.388	0.58	发起人法人股
龙轴股份	129.8376	0.44	人民币普通股
有源综合	118.4956	0.40	人民币普通股
福建兴业	77.5	0.26	人民币普通股
川化股份	52.1455	0.18	人民币普通股

上海广信科技发展公司为上海复星高科技(集团)有限公司的股东,存在关联关系。

新疆伊力特实业股份有限公司

二〇〇〇年年度报告摘选

一、公司简介

1. 公司法定中文名称:新疆伊力特实业股份有限公司

公司法定英文名称:XINGJIANG YILITE INDUSTRY CO.,LTD.

公司英文名称缩写:Y L T

2. 公司法定代表人:徐勇辉先生

3. 公司董事会秘书:侯宇洲先生

联系地址:新疆伊宁市胜利街98号伊力特大酒店404室

电话:(0999)8028819　　5266475

传真:(0999)8028819　　5266014

4. 公司注册地址:新疆新源县肖尔布拉克

公司办公地址:新疆新源县肖尔布拉克

邮政编码:835811

电子信箱:YLTGF－YN@xj.cninfo.net

5. 公司选定的信息披露报纸名称:《上海证券报》

登载公司年度报告的中国证监会指定的国际互联网网址:http://www.sse.com.cn

公司年度报告备置地点:公司证券部

6. 公司股票上市交易所:上海证券交易所

股票简称:伊力特

股票代码:600197

二、会计数据和业务数据

(一)本年度利润及构成　　(单位:人民币元)

项目	金额
利润总额:	93,718,187.63
净利润:	74,522,333.41
扣除非经常性损益后的净利润:	74,193,343.89
主营业务利润:	149,069,222.33
其他业务利润:	－178,365.43
营业利润:	63,304,459.02
投资收益:	30,084,739.09
补贴收入:	–
营业外收支净额:	328,989.52
经营活动产生的现金流量净额:	－14,802,436.92
现金及现金等价物净增加额:	－153,704,586.05
注:扣除的非经常性损益项目和涉及金额	
(1)营业外收支净额项目	
b.罚款支出:	5,000.00
c.新股无效申购资金冻结利息:	1,970,000.00
d.其他净收入:	124,423.06
(2)补贴收入项目:	–
(3)以上项目涉及金额:	328,989.52

(二)公司前三年主要会计数据和财务指标(单位:人民币元)

项目	2000年度	1999年度	1998年度 调整后	1998年度 调整前
主营业务收入	353,391,080.86	422,387,187.23	402,191,793.83	402,191,793.83
净利润	74,522,333.43	66,991,128.01	59,170,274.57	59,235,457.56
总资产	955,565,468.68	973,029,053.90	420,250,175.68	420,496,231.33
股东权益(不含少数股东权益)	696,787,012.58	666,364,679.17	198,541,428.98	198,787,484.63
每股收益	0.34	0.304	0.407	0.407
按月加权每股收益	0.34	0.379	0.407	0.407
扣除非经常性损益后的每股收益	0.34	0.31	0.415	0.415
每股净资产	3.16	3.02	1.36	1.37
调整后的每股净资产	3.16	3.02	1.36	1.37
每股经营活动产生的现金流量净额	0.67	0.408	0.726	0.726
摊薄净资产收益率%	10.7	10.05	29.8	29.7

三、股东情况介绍

1. 报告期末股东总数46,576户。

2. 报告期末前10名股东持股情况。

报告期末前10名股东持股情况表

名次	股东名称	报告期末持股数(股)	持股比例(%)	约定持股期限起止时间
1	新疆伊犁酿酒总厂	132,500,000	60.09	公司成立之日起三年内不得转让
2	四川省德阳市黄许印刷厂	5,000,000	2.27	公司成立之日起三年内不得转让
3	新疆副食(集团)有限责任公司	3,500,000	1.59	公司成立之日起三年内不得转让
4	新疆生产建设兵团投资中心	2,000,000	0.91	公司成立之日起三年内不得转让
5	伊犁糖烟酒有限责任公司	1,500,000	0.68	公司成立之日起三年内不得转让
6	泰和基金	1,003,355	0.46	
7	南方证券有限公司	1,000,000	0.45	公司成立之日起三年内不得转让
8	长江证券	400,000	0.18	
9	新证联合	330,000	0.15	
10	武海东	206,000	0.09	

大唐电信科技股份有限公司

二〇〇〇年年度报告摘选

一、公司简介

(一)公司法定中、英文名称及缩写

1、中文名称:大唐电信科技股份有限公司　　简称:大唐电信

2、英文名称:DATANG TELECOM TECHNOLOGY CO.,LTD

ABBREVIATION:DATANG TELECOM

(二)公司法定代表人:周寰

(三)公司董事会秘书及授权代表的姓名、联系地址、电话、传真、电子信箱

1、公司董事会秘书:姜涌

2、公司董事会秘书授权代表人:付景林、陈苒

3、联系地址:北京海淀区学院路40号

4、电话:0086－10－62303607

5、传真:0086－10－62303607

6、电子信箱:jy@dt－mail.com

cr@dt－mail.com

(四)公司注册地址、办公地址、邮政编码及电子信箱

1、公司注册地:北京海淀新技术开发试验区

2、公司办公地址:北京海淀区学院路40号

3、公司邮政编码:100083

4、公司国际互联网网址:http://www.dtt.com.cn

公司电子信箱:dttgf@catt.ac.cn.

(五)公司选定的信息披露报纸名称、登载公司年度报告的中国证监会指定国际互联网网址,公司年度报告备置地点

1、信息披露报纸:《中国证券报》、《上海证券报》

2、登载公司年度报告的证监会指定的国际互联网网址:http://www.sse.com.cn

3、年度报告备置地点:公司投资管理部办公室

(六)公司股票上市交易所、股票简称和股票代码

1、上市交易所:上海证券交易所

2、股票简称:大唐电信　　股票代码:600198

二、会计数据和业务数据摘要

(一)利润情况:

项目	金额
1、利润总额:	216,788,841.97元
2、净利润:	178,439,756.90元
3、扣除非经常性损益后的净利润:	164,457,680.68元
4、主营业务利润:	566,957,312.13元
5、其他业务利润:	4,342,086.21元
6、营业利润:	192,419,082.75元
7、投资收益:	10,315,989.72元
8、补贴收入:	10,834,317.83元
9、营业外收支净额:	3,219,451.67元
10、经营活动产生的现金流量净额:	－311,431,613.53元
11、现金及现金等价物净增加额:	200,173,642.58元

注:非经常性损益的项目有补贴收入10,834,317.83元,营业外收入5,059,370.13元(含冻结资金利息摊入4,560,000.00元),营业外支出1,839,918.46元,合并价差摊销－71,693.28元。

(二)截至报告期末公司前三年的主要会计数据及财务指标:　　单位:元

项目	2000年	1999年 调整后	1999年 调整前	1998年 调整后	1998年 调整前
主营业务收入	2,397,623,846.86	1,088,745,130.71	1,088,745,130.71	903,816,883.29	903,816,883.29
净利润	178,439,756.90	124,937,105.94	126,308,453.64	98,761,154.64	109,871,741.39
总资产	4,627,043,526.06	2,514,297,404.71	2,514,297,404.71	1,801,232,142.93	1,811,620,178.72
股东权益	2,124,670,320.63	1,167,598,235.55	1,168,969,583.25	1,020,660,945.56	1,031,771,532.31
每股收益	0.406	0.399	0.404	0.316	0.351
每股收益(加权平均)	0.425	0.399	0.404	0.446	0.496
每股收益(扣除非经常性损益)	0.375	0.380	0.385	0.290	0.320
每股净资产	4.84	3.73	3.73	3.26	3.29
调整后的每股净资产	4.57	3.70	3.71	3.23	3.27
每股经营活动产生的现金流量净额	－0.71	－0.68	－0.68	－0.43	－0.43
净资产收益率(%)	8.40	10.70	10.81	9.68	10.65
净资产收益率(%加权平均)	11.17	11.42	11.54	18.87	20.77

(三)按照中国证监会《公开发行证券公司信息披露编报规则(第9号)》要求计算的利润数据:

报告期利润	净资产收益率 全面摊薄	净资产收益率 加权平均	每股收益 全面摊薄	每股收益 加权平均
主营业务利润	26.68%	35.49%	1.292	1.349
营业利润	9.06%	12.04%	0.438	0.458
净利润	8.40%	11.17%	0.406	0.425
扣除非经常性损益后的净利润	7.74%	10.29%	0.375	0.391

三、股本变动及股东情况

(一)股本变动情况:

1、股份变动情况表　　数量单位:万股

	本次变动前	配股	送股	公积金转股	增发	其他	小计	本次变动后
一、未上市流通股份								
1、发起人股份	21300	208.64	0	5852.6250	0	0	6061.2650	27361.2650
其中:国有法人股份	17104	208.64	0	4710.8691	0	0	4919.5091	22023.5091
境内社会法人持有股份	1550	0	0	421.7640	0	0	421.7640	1971.7640
境外法人持有股份	2646	0	0	719.9919	0	0	719.9919	3365.9919
其他								
2、募集法人股								
3、优先股或其他								
其中:转配股								
未上市流通股份合计	21300	208.64	0	5852.6250	0	0	6061.2650	27361.2650
二、已流通股份								
1、人民币普通股	10000	3000.00		3537.3750	0	0	6537.3750	16537.3750
2、境内上市的外资股								
3、境外上市的外资股								
4、其他								
已上市流通股份合计	10000	3000.00	0	3537.3750	0	0	6537.3750	16537.3750
三、股份总数	31300	3208.64	0	9390.0000	0	0	12598.6400	43898.6400

安徽金牛实业股份有限公司

二〇〇〇年年度报告摘选

一、公司简介

1、公司法定中文名称:安徽金牛实业股份有限公司
公司法定英文名称:ANHUI GOLDEN CATTLE CO.,LTD
缩写:AGCC
2、公司法定代表人:锁炳勋先生
3、公司董事会秘书:陈学会先生
联系地址:安徽省阜阳市莲花路15号
电话:0558-2212836转2279　传真:0558-2212666
电子信箱:gscxh@gold-seed.com
授权代表:朱火生先生
联系地址:安徽省阜阳市莲花路15号
电话:0558-2212836转2258　传真:0558-2212666
4、公司注册地址:安徽省阜阳市河滨路302号
公司办公地址:安徽省阜阳市莲花路15号
邮政编码:236018
公司国际互联网网址:http://www.gold-seed.com
公司电子信箱:gsgfb@gold-seed.com
5、公司选定的信息披露报纸名称:《上海证券报》、《中国证券报》和《证券时报》
登载公司年度报告的中国证监会指定国际互联网网址:http://www.sse.com.cn
公司年度报告备置地点:公司证券部
6、公司股票上市交易所:上海证券交易所
股票简称:金牛实业　股票代码:600199

二、会计数据和业务数据摘要

1、本年度主要利润指标情况(单位:人民币元)

项　目	金　额
利润总额:	111,635,151.70
净利润:	81,527,490.76
扣除非经常性损益后的净利润:	76,977,584.42
主营业务利润:	151,972,593.59
其他业务利润:	4,543,489.71
营业利润:	106,635,109.61
补贴收入:	1,140,000.00
营业外收支净额:	3,860,357.09
经营活动产生的现金流量净额:	-168,931,776.10
现金及现金等价物净增加额:	-125,081,701.16
注:扣除的非经常性损益的项目和涉及金额:	
(1)财政贴息收入:	1,140,000.00元
(2)申购资金利息收入:	3,338,440.70元
(3)处理固定资产净收益	71,465.64元

2、截止报告期末公司前三年主要会计数据和财务指标(单位:人民币元)

主要指标	2000年	1999年	1998年	
			调整前	调整后
主营业务收入	638395445.98	691738178.39	548840690.45	548840690.45
净利润	81527490.76	95088507.08	62949235.18	52991216.57
总资产	1413526222.76	1232292026.25	1008500376.05	989724381.15
股东权益(不含少数股东权益)	725561328.32	674724890.34	607865770.39	589136383.26
每股收益	0.25	0.50	0.33	0.28
每股收益(按月平均加权法)	0.25	0.50		
扣除非经常性损益后的每股收益	0.24	0.47	0.32	0.27
每股净资产	2.25	3.55	3.20	3.10
调整后的每股净资产	2.24	3.53	3.16	3.08
每股经营活动产生的现金流量净额	-0.52	0.22	-0.21	
净资产收益率	11.24	14.09	10.36	8.99

利润表附表如下:

报告期利润	净资产收益率(%)		每股收益(元/股)	
	全面摊薄	加权平均	全面摊薄	加权平均
主营业务利润	20.95	21.24	0.47	0.47
营业利润	14.70	14.90	0.33	0.33
净利润	11.24	11.39	0.25	0.25
扣除非经常性损益后的净利润	10.55	10.70	0.24	0.24

3、报告期内股东权益变动情况　单位:人民币元

项目	股本	资本公积	盈余公积	法定公益金	未分配利润	股东权益合计
期初数	190000000	360217121.04	13400776.91	6700388.46	104406603.93	674724890.34
本期增加	133000000	737000.00	8152749.08	4076374.54	82399437.98	228365561.60
本期减少		950000.00			82529123.62	177529123.62
期末数	323000000	265954121.04	21553525.99	10776763.00	104276918.29	725561328.32

三、股本变动及股东情况

截至2000年12月31日,本公司股东共62216户。
1、前10名股东为:

序号	股东名称	期末数(股)	持股比例
(1)	安徽金种子集团有限公司	212500000	65.79%
(2)	梁桦	1157000	0.36%
(3)	魏为香	807400	0.25%
(4)	周仁兰	806630	0.25%
(5)	邓顺元	806000	0.25%
(6)	陈秋燕	795749	0.25%
(7)	韩克勇	735000	0.23%
(8)	陈浩	722108	0.22%
(9)	庄华丽	712300	0.22%
(10)	王雪英	704786	0.22%

江苏吴中实业股份有限公司

二〇〇〇年年度报告摘选

一、公司简介

1、公司法定中文名称:江苏吴中实业股份有限公司
2、公司法定英文名称:Jiangsu Wuzhong Industrial CO.,LTD
缩写:Jiangsu Wuzhong
3、公司注册地址:江苏省苏州市人民南路73号
办公地址:江苏省苏州市吴县市城区宝带东路388号
4、公司法定代表人:赵唯一先生
5、公司董事会秘书:金建平先生
6、董事会秘书授权代表:朱菊芳小姐
7、联系电话:0512—5272131、5618665
8、传真:0512—5270086
9、邮编:215128
10、公司信息披露报纸名称:中国证券报、上海证券报
11、公司年度报告登载的中国证监会指定互联网网站:http://www.sse.com.cn
12、公司年度报告备置地点:公司董秘办公室
13、公司股票上市地:上海证券交易所
14、公司股票简称:江苏吴中
15、股票代码:600200

二、会计数据和业务数据摘要(合并报表)

1、公司二000年度主要会计数据

项　目	金额(人民币元)
(1)利润总额	56497962.48
(2)净利润	47961776.79
(3)扣除非经常性损益后的净利润	42975814.09
(4)主营业务利润	87513206.30
(5)其他业务利润	5448491.24
(6)营业利润	47651021.76
(7)投资收益	2934006.43
(8)补贴收入	1450197.00
(9)营业外收支净额	4462737.29
(10)经营活动产生的现金流量净额	78786379.28
(11)现金及现金等价物净增加额	-74236448.22

注:非经常性损益是指公司正常经营损益之外的一次性或偶发性损益,本公司扣除的非经常性损益项目:(1)新股无效申购冻结资金利息本期分摊数4433280.84元;(2)资产处理损益-17639.37元;(3)补贴收入1450197.00元,合计非经常性损益5865838.47元,影响净利润4985962.70元。

2、公司前三年主要会计数据和财务指标:(金额:人民币元)

项目	2000年(或2000年12月31日)	1999年(或99年12月31日)	1998年(或98年12月31日)	
			调整前	调整后
(1)主营业务收入	414244143.09	301403056.15	304802893.25	304802893.25
(2)净利润	47961776.79	34585884.89	31431123.75	29173708.08
(3)总资产	695181124.06	616384747.00	335940077.70	325077908.30
(4)股东权益(不含少数股东权益)	435698314.20	396947266.31	122717999.92	111855830.52
(5)每股收益(摊薄计算)	0.359	0.259	0.629	0.583
每股收益(加权平均)	0.359	0.273	0.629	0.583
扣除非经常性损益后的每股收益(摊薄计算)	0.322	0.231	0.612	0.567
(6)每股净资产	3.261	2.97	2.454	2.237
(7)调整后的每股净资产	3.087	2.861	2.275	2.097
(8)每股经营活动产生的现金流量净额	0.590	-0.041	0.266	0.266
(9)净资产收益率(%)(摊薄计算)	11.01	8.71	25.61	26.08

按照中国证监会公开发行证券公司信息披露编报规则(第9号)要求,计算的2000年净资产收益率和每股收益 。

报告期利润	净资产收益率(%)		每股收益(元)	
	全面摊薄	加权平均	全面摊薄	加权平均
主营业务利润	20.09	20.79	0.655	0.655
营业利润	10.94	11.32	0.357	0.357
净利润	11.01	11.39	0.359	0.359
扣除非经常性损益后的净润	9.86	10.21	0.322	0.322

三、股本变动及股东情况

1、报告期末股东总数9873户
2、主要股东持股情况
(1)持有本公司5%以上(含5%)股份的股东持股情况如下:

股东名称	期初持股数(股)	本期增加	本期减少	期末持股数(股)
江苏吴中集团公司	51408000	--	--	51408000
中信澳大利亚公司	10992000	--	--	10992000

上述两单位所持本公司股份报告期内无质押、冻结情况。
(2)截止2000年12月31日,公司前十名股东持股情况如下:

股东名称	期末持股数量(股)	占总股本比例(%)
1、江苏吴中集团公司	51408000	38.48
2、中信澳大利亚公司	10992000	8.23
3、上海海能实业公司	6400000	4.79
4、吴县市吴中饭店	4800000	3.59
5、吴县市通海物资贸易公司	2800000	2.10
6、江苏吴中集团万利发展公司	1600000	1.19
7、王润生	765260	0.57
8、詹用生	665255	0.50
9、吴家元	661337	0.50
10、谢冬	613120	0.46

内蒙古金宇集团股份有限公司

二○○○年年度报告摘选

一、公司简介

(一)公司法定中文名称:内蒙古金宇集团股份有限公司
公司英文名称:INNER MONGOLIA JINYU GROUP CO.,LTD.
公司英文名称缩写:JINYU GROUP
(二)公司法定代表人:张翀宇
(三)公司董事会秘书:李树剑
董事会证券事务代表:姚艳霞
联系地址:内蒙古呼和浩特市诺和木勒大街26号
内蒙古金宇集团股份有限公司证券部
联系电话:(0471)5972266转259
传真:(0471)5972931
公司董事会秘书电子信箱:lisj@jinyu.com.cn
授权代表人电子信箱:yaoyanxia@china.com
(四)公司注册地址:内蒙古呼和浩特市诺和木勒大街26号
公司办公地址:内蒙古呼和浩特市诺和木勒大街26号
邮政编码:010020
公司网址:http://www.jinyu.com.cn
公司电子信箱:info@jinyu.com.cn
(五)公司选定信息披露报纸名称:《上海证券报》
公司年报指定披露网址:http://www.sse.com.cn
公司年度报告备置地点:公司证券部
(六)公司股票上市交易所:上海证券交易所
股票简称:金宇集团
股票代码:600201

二、会计数据和业务数据摘要

(一)公司本年度经营业绩(单位:人民币元)

利润总额	30,409,575.03
净利润	25,901,190.16
扣除非经常性损益后的净利润	12,108,531.57

注:非经常性损益是指公司正常经营损益之外的、一次性或偶发性损益。本期扣除非经常性损益项目为——a转让无形资产及不动产474,639.07;b羊绒合作经营分利5,000,000.00;c营业外收支净额8,318,019.52。

主营业务利润	33,753,109.51
其他业务利润	6,403,087.36
营业利润	16,540,436.19
投资收益	5,551,119.32
补贴收入	-----
营业外收支净额	8,318,019.52
经营活动产生的现金流量净额	97,799,408.25
现金及现金等价物净增加额	29,066,948.58

(二)报告期末公司前三年的主要会计数据和财务指标

1、前三年主要会计数据(单位:人民币元)

	2000年	1999年	1998年调整前	1998年调整后
主营业务收入	196,735,283.33	165,621,503.34	155,127,144.44	155,127,144.44
净利润	25,901,190.16	29,481,679.56	22,891,627.23	21,506,285.86
总资产	571,090,678.44	475,718,399.04	439,722,473.71	432,546,285.62
股东权益(不含少数股东权益)	343,553,615.76	331,488,357.60	333,060,401.80	326,248,007.37

2、主要财务指标(单位:人民币元)

项目	2000年	1999年	1998年调整前	1998年调整后
每股收益(元/股)	0.267	0.314	0.236	0.221
按月平均加权每股收益	0.267	0.314	0.236	0.221
扣除非经常性损益后每股收益	0.1248	0.314	0.236	0.221
每股净资产(元/股)	3.54	3.43	3.43	3.36
调整后的每股净资产(元/股)	3.44	3.36	3.38	3.32
每股经营活动产生的现金流量净额(元/股)	1.008	-0.32	-0.368	-0.368
净资产收益率(%)	7.539	9.17	6.87	6.59

2001年1月公司因实施配股,股本增至10921.325万股,股本变动后的每股收益为:0.237元/股

(三)利润表附表

报告期利润	净资产收益率(%)		每股收益(元)	
	全面摊薄	加权平均	全面摊薄	加权平均
主营业务利润	9.82	9.82	0.348	0.348
营业利润	4.81	4.81	0.171	0.171
净利润	7.54	7.54	0.267	0.267
扣除非经常性损益后的净利润	2.93	2.93	0.125	0.125

三、股东情况介绍

1、本报告期末股东总数为19746户。

2、本报告期末公司前十名股东持股情况:

股东名称	持有股数(万股)	持股比例(%)	持有股份性质
呼市国有资产管理局	2,000	20.62	国家股
内蒙古农牧药业有限责任公司	1,680	17.32	法人股
呼市立鑫实业开发公司	700	7.22	法人股
深圳市艾韬投资有限公司	400	4.12	法人股
深圳市置信实业有限公司	300	3.09	法人股
呼市信托投资公司	250	2.58	法人股
普丰基金	246.3356	2.54	流通股
普惠基金	218.8097	2.26	流通股
内蒙古华荣实业有限公司	200	2.06	法人股
内蒙古证券有限责任公司	100	1.03	法人股
呼市春发物资有限责任公司	100	1.03	法人股

哈尔滨空调股份有限公司

二○○○年年度报告摘选

一、公司简介

1、公司的法定中、英文名称及缩写。
公司的法定中文名称:哈尔滨空调股份有限公司
公司的中文名称缩写:哈空调
公司的法定英文名称:Harbin Air Conditioning Co. Ltd.
2、公司法定代表人:高延生
3、公司董事会秘书:王作海
公司董秘联系地址:哈尔滨市道里区友谊路193号
电话:0451-4644521
传真:0451-4676205
4、公司注册地址:哈尔滨市南岗区高新技术产业开发区嵩山路26号楼
邮政编码:150036
公司办公地址:哈尔滨市道里区友谊路193号
邮政编码:150018
公司国际互联网网址:hac.com.cn
电子信箱:hac@hac.com.cn
5、公司选定的信息披露报纸名称:《上海证券报》
登载公司年度报告的中国证监会指定国际互联网网址:www.sse.com.cn
公司年度报告备置地点:公司证券办公室
6、公司股票上市交易所:上海证券交易所
股票简称:哈空调
股票代码:600202

二、会计数据和业务数据摘要

公司2000年度实现的利润情况(单位:元)

利润总额:	65,883,654.12
净利润:	56,484,937.67
扣除非经常性损益后的净利润:	46,581,070.00
扣除的项目及金额:	
(1)投资收益:	1,141,544.45
(2)补贴收入:	9,164,629.86
(3)营业外收入:	217,958.63
(4)营业外支出:	620,265.27
主营业务利润:	75,730,327.61
其他业务利润:	84,914.52
营业利润:	55,979,786.45
投资收益:	1,141,544.45
补贴收入:	9,164,629.86
营业外收支净额:	-402,306.64
经营活动产生的现金流量净额:	921,609.98
现金及现金等价物净增加额:	6,703,182.60

2、截至报告期末公司前三年的主要会计数据和财务指标

	2000年	1999年	1998	
			调整前	调整后
主营业务收入(万元)	19,132.92	13,271.10	16,661.75	16,661.75
净利润(万元)	5,648.49	2,953.13	3,344.21	1,607.23
总资产(万元)	56,160.71	48,531.74	29,646.59	26,755.26
股东权益(不含少数股东权益)(万元)	33,353.35	29,938.78	12,352.4	9,461.07
每股收益(元/股)	0.5057	0.2644	0.4093	0.1967
加权平均每股收益(元/股)	0.5057	0.2904	0.4093	0.1967
每股净资产(元/股)	2.9861	2.6804	1.5120	1.1581
调整后的每股净资产(元/股)	2.9853	2.6717	1.4845	1.1306
每股经营活动产生的现金流量净额(元)	0.0083	-0.1848	0.1217	
净资产收益率(%)	16.94	9.86	27.07	16.99

利润及利润分配表附表

报告期利润	净资产收益率(%)		每股收益(元)	
	全面摊薄	加权平均	全面摊薄	加权平均
主营业务利润	22.71	23.11	0.6780	0.6780
营业利润	16.78	17.09	0.5012	0.5012
净利润	16.94	17.24	0.5057	0.5057
扣除非经常性损益后的净利润	13.97	14.22	0.4170	0.4170

3、股东权益变动情况及原因。

项目	股本	资本公积	盈余公积	法定公益金	未分配利润	股东权益合计
期初数	111,696,000	145,159,101.60	16,935,715.36	5,645,238.47	25,596,968.73	299,387,785.69
本期增加			8,472,740.65	2,824,246.88	48,012,197.02	34,145,737.67
本期减少					22,339,200.00	
期末数	111,696,000	145,159,101.60	25,408,456.01	8,469,485.35	51,269,965.75	333,533,523.36

盈余公积金、法定公益金的增加是按规定提取;未分配利润的增加是因为当年实现净利润扣除按规定提取的"两金",减少是因为本年度分配的现金股利。

三、股本变动及股东情况

1、股本变动情况
(1)报告期末公司股东总数为5198户
(2)报告期末公司主要股东持股情况

序号	股东名称	持股数量(股)	占公司总股本比例(%)
1	哈尔滨金工资产经营有限责任公司	65888000	58.99
2	广证公司	1095051	0.99
3	李忠	355120	0.32
4	刘亚东	353900	0.32
5	郑君昌	346300	0.31
6	增城证券	303800	0.27
7	郑红艳	300000	0.27
8	银信投资	261900	0.23
9	刘俊华	190970	0.17
10	苏七一	190912	0.17

福建福日电子股份有限公司

二〇〇〇年年度报告摘选

一、公司简介

(一)公司法定中文名称:福建福日电子股份有限公司
公司法定英文名称:FUJIAN FURI ELECTRONICS CO., LTD.
公司英文名称缩写:FFEC
(二)公司法定代表人:李运武
(三)公司董事会秘书:卞志航
联系地址:福州市五一北路169号
电话:0591-3315984、3318998
传真:0591-3319978
电子信箱:zhihang007@163.net
(四)公司注册地址:福州市马尾区快安大道M9511厂房
公司办公地址:福州市五一北路169号
邮政编码:350005
公司国际互联网网址:http://www.furistock.com
公司电子信箱:furielec@pub3.fz.fj.cn
(五)公司信息披露报纸名称:《上海证券报》
登载公司年度报告的国际互联网网址:http://www.sse.com.cn
公司年度报告备置地点:公司证券部
(六)公司股票上市地:上海证券交易所
股票简称:福日股份
股票代码:600203

二、会计数据和业务数据摘要

(一)公司本年度实现利润情况　(单位:人民币元)

项目	金额
利润总额	65,514,616.40
净利润	59,124,402.64
扣除非经常性损益后的净利润	35,073,268.56
主营业务利润	57,174,157.09
其他业务利润	15,576,702.65
营业利润	11,944,405.51
投资收益	49,748,611.12
补贴收入	2,061,507.20
营业外收支净额	1,760,091.97
经营活动产生的现金流量净额	52,555,792.38
现金及现金等价物净增加额	-45,938,259.11

注:扣除的非经常性损益项目和涉及金额:
1、新股申购冻结资金利息收益1,889,648.29元;
2、转让福建福强精密印制线路板有限公司股权所得净收益4,178,399.97元;
3、营业外非经常性收支的净支出446,314.63元;
4、福建福日信息家电有限公司转让福建超大集团有限公司股权所得净收益18,426,700.45元。

(二)公司近三年主要会计数据和财务指标(合并)(单位:人民币元)

指标	2000年	1999年		1998年	
		(调整后)	(调整前)	(调整后)	(调整前)
主营业务收入	592,556,928.73	707,506,040.42	914,036,205.82	959,843,574.85	872,954,579.72
净利润	59,124,402.64	42,814,403.66	42,746,351.36	46,892,122.86	50,180,816.96
总资产	1,346,237,125.36	1,257,021,147.00	1,651,407,337.34	1,185,170,713.48	1,139,359,965.75
股东权益	581,083,565.14	551,820,391.58	551,483,402.82	247,551,835.35	280,830,898.56
每股收益(摊薄)	0.231	0.167	0.167	0.25	0.27
每股收益(加权)	0.231	0.184	0.183	0.25	0.27
扣除非经常性损益后的每股收益	0.137	0.137	0.136	0.25	0.27
每股净资产	2.27	2.15	2.15	1.33	1.51
调整后的每股净资产	2.23	2.14	1.95	1.03	1.21
每股经营活动产生的					
净资产收益率(摊薄)	10.17%	7.76%	7.75%	18.94%	17.87%
净资产收益率(加权)	10.17%	9.07%	9.07%	15.41%	16.40%
扣除非经常性损益后的加权净资产收益率	6.03%	6.75%	6.74%	15.41%	16.40%

按中国证监会《公开发行证券公司信息披露编报规则(第9号)》要求,计算2000年报告期的净资产收益率和每股收益如下:

报告期利润	净资产收益率(%)		每股收益(元)	
	全面摊薄	加权平均	全面摊薄	加权平均
主营业务利润	9.84%	9.83%	0.223	0.223
营业利润	2.06%	2.05%	0.047	0.047
净利润	10.17%	10.17%	0.231	0.231
扣除非经常性损益后的净利润	6.04%	6.03%	0.137	0.137

三、股东情况介绍

(一)报告期末股东总数
截止2000年12月31日,公司股东总数为26,299户,其中未流通国家股股东1户,流通股股东26,298户。
(二)前十名股东持股情况

股东名称	年末持股数(股)	占总股本比例(%)
(1)福建福日集团公司	186,400,000	72.70
(2)裕阳基金	4,309,584	1.68
(3)李德利	690,000	0.27
(4)鄞荣群	469,100	0.18
(5)二一世纪	430,300	0.17
(6)杨淑珍	339,600	0.13
(7)李德芹	290,364	0.11
(8)朱凡芝	290,000	0.11
(9)何铁伟	270,000	0.11
(10)陈江茂	270,000	0.11

山东铝业股份有限公司

二〇〇〇年年度报告摘选

一、公司简介

1、公司名称:山东铝业股份有限公司
公司法定英文名称:SHANDONG ALUMINIUM INDUSTRY CO., LTD
2、公司法定代表人:梁中秀
3、公司董事会秘书:王国忠
联系地址:山东省淄博市山东铝业股份有限公司董秘室
电话:0533-2943467　　0533-2930136
董事会证券事务代表:毕卫光
联系地址:山东省淄博市山东铝业股份有限公司证券部
联系电话:0533-2943467　　0533-2943291
传真:0533-2985999
4、公司注册地址:山东省淄博市淄博高新技术产业开发区柳泉路北首
公司办公地址:山东省淄博市淄博高新技术产业开发区柳泉路北首
邮政编码:255086
公司国际互联网网址:http://www.sd-al.com
电子信箱:w.k.c518@zb-public.sd.cninfo.net
5、公司选定的信息披露报纸:中国证券报、上海证券报
登载公司中期报告的国际互联网网址:http://www.sse.com.cn
公司年度报告备置地点:山东省淄博市张店区五公里路1号
山东铝业股份有限公司董秘室
6、公司股票上市地:上海证券交易所
股票简称:山东铝业　　股票代码:600205

二、会计数据和业务数据摘要

1、本年度主要利润指标情况(单位:人民币元)

项目	金额
1、利润总额	507440719.41
2、净利润	421632844.69
3、扣除非经常性损益后的净利润	435501122.63
4、主营业务利润	789590839.75
5、其他业务利润	72585512.74
6、营业利润	523756340.51
7、投资收益	
8、补贴收入	
9、营业外收支净额	-16315621.10
10、经常活动产生的现金流量净额	225348576.24
11、现金及现金等价物净增加额	56492514.41
注:扣除的非经常性损益项目和涉及金额	
营业外收入	97328.00
废旧物资收入	97328.00
营业外支出	16412949.10
(1)债务重组损失	69154.00
(2)农业赔款	138239.40
(3)固定资产报废损失	16205555.70
营业外收支净额	-16315621.10

2、截至报告期末公司前三年主要会计数据和财务指标(单位:人民币元):

项目	2000年	1999年	1998年	
			调整前	调整后
1、主营业务收入	2,585,274,263.79	1,688,007,522.83	1,468,948,593.41	1,468,948,593.41
2、净利润	421,632,844.69	155,331,363.69	129,896,110.33	131,030,676.43
3、总资产	2,461,594,059.66	1,676,444,007.45	1,034,905,458.09	1,022,853,664.13
4、股东权益(不含少数股东权益)	1,245,216,390.30	1,103,583,545.61	347,432,028.21	335,380,234.25
5、每股收益	0.753	0.277	0.325	0.328
6、每股收益(加权)	0.753	0.324	0.325	0.328
7、每股收益(扣除非经常性损益)	0.778	0.275	0.325	0.325
8、每股净资产	2.22	1.97	1	0.965
9、调整后每股净资产	2.20	1.92		
10、每股经营活动产生的现金流量净额	0.40	-0.45		
11、净资产收益率(%)	33.86	14.08	37.39	39.07
12、净资产收益率加权(%)	32.08	18.23	37.39	39.07

利润表附表

报告期利润	净资产收益率(%)		每股收益(元)	
	全面摊薄	加权平均	全面摊薄	加权平均
主营业务利润	63.41	60.07	1.410	1.410
营业利润	42.06	39.85	0.935	0.935
净利润	33.86	32.08	0.753	0.753

三、股东情况介绍

(1)报告期末股东总数111641户。
(2)至报告期末公司前10名股东持股情况

股东名称	持股数(股)	占总股本比例(%)
山东铝业公司	400000000	71.43
金象铝业	940661	0.17
龚惠祥	796000	0.14
海通太原	695000	0.12
叶　萍	675106	0.12
付文沛	400000	0.07
兴和基金	316286	0.06
邓家祥	254158	0.05
杨英	233000	0.04
罗嫩林	230000	0.04

持股5%以上的股东只有山东铝业公司,共持有40000万股,占总股本的71.43%,其所持股份代表国家持有,在报告期内无增减变动和质押、冻结情况。

有研半导体材料股份有限公司

二〇〇〇年年度报告摘选

一、公司简介

(一)公司法定中文名称:有研半导体材料股份有限公司
中文简称:有研硅股
公司法定英文名称:GRINM SEMICONDUCTOR MATERIALS CO.,LTD.
英文缩写:GRITEK
(二)公司法定代表人:屠海令
(三)公司董事会秘书:陶森
联系人:陶森
联系地址:北京市新街口外大街2号
电话(Tel):010-62355380
传真(Fax):010-62355381
电子信箱:taosen@ gritek.com.cn
(四)公司注册地址:北京市海淀区北三环中路43号
公司办公地址:北京市新街口外大街2号
邮政编码:100088
公司互联网网址:http://www.gritek.com.cn
公司电子邮箱:taosen @ gritek.com.cn
(五)公司选定信息披露报纸:《中国证券报》《上海证券报》《证券时报》
公司年度报告登载互联网网址:http://www.sse.com.cn
公司年度报告备置地点:北京市新街口外大街2号有研半导体材料股份有限公司
(六)公司股票上市交易所:上海证券交易所
股票简称:有研硅股
股票代码:600206

二、会计数据和业务数据摘要

(一)本年度主要利润指标情况:(单位:人民币元)

项目	金额
利润总额	36,248,904.98
净利润	44,670,897.22
扣除非经常性损益后的净利润	21,674,436.26
主营业务利润	30,772,490.33
其他业务利润	678,363.57
营业利润	19,747,732.85
投资收益	11,957,451.50
补贴收入	200,000.00
营业外收支净额	4,343,720.63
经营活动产生的现金流量净额	18,851,546.32
现金及现金等价物净增加额	-88,657,120.58

注:扣除非经常性损益项目和涉及的金额:
(1)新股申购冻结资金利息:按五年分摊无效申购资金利息本期摊入额为3,412,977.06元
(2)母公司根据国家税务总局国税函[2000]258号文规定,从1999年至2003年底止,5年内免征企业所得税,免征1999年所得税11,043,673.77元
(3)合并价差摊入为-684,575.72元
(4)固定资产盘盈1,028,193.95元,盘亏-153,808.10元
(5)转让子公司10%股权收益为8,350,000.00元
(二)公司近三年主要会计数据和财务指标:

项 目	2000年	1999年	1998年
主营业务收入:元	119,183,217.74	77,760,513.80	170,837,823.00
净利润:元	44,670,897.22	49,850,998.59	40,847,534.57
总资产:元	747,176,141.02	792,067,305.23	220,789,530.80
股东权益:元	690,408,960.25	677,009,186.59	124,125,360.76
每股收益:元	0.31	0.34	0.51
每股净资产:元	4.76	4.67	1.55
调整后的每股净资产:元	4.74	4.67	1.55
每股经营活动产生的现金流量净额:元	0.13	-0.19	
净资产收益率:%	6.47	7.36	32.91
加权平均的每股收益:元	0.31	0.36	0.51
扣除非经常性损益后的每股收益:元	0.15	0.32	0.51

(三)按照《公开发行证券公司信息披露编报规则》第9号通知要求计算的利润数据:

	净资产收益率(%)		每股收益(元)	
	全面摊薄	加权平均	全面摊薄	加权平均
主营业务利润	4.46	4.40	0.21	0.21
营业利润	2.86	2.82	0.14	0.14
净利润	6.47	6.39	0.31	0.31
扣除非经常性损益后净利润	3.14	3.10	0.15	0.15

三、股本变动及主要股东持股情况介绍

(一)截止2000年12月29日,本公司股东总数为54262户。其中未流通法人股股东1户,流通股股东54261户。
前10名股东持股情况如下:

股东名称	持股数(股)	占总股本比例(%)
1 北京有色金属研究总院	80000000	55.17
2 申银万国	865899	0.60
3 景博基金	800700	0.55
4 熊成勇	301500	0.21
5 景福基金	240450	0.16
6 巫网生	220000	0.15
7 朱国华	217100	0.15
8 景阳基金	212980	0.15
9 苗德全	175600	0.12
10 任福弟	150020	0.10

除景博、景福、景阳基金同属大成基金管理公司外,前10名股东之间不存在关联关系。

中宝戴梦得投资股份有限公司

二〇〇〇年年度报告摘选

一、公司简介

(一)、公司的法定中文名称:中宝戴梦得投资股份有限公司
公司的法定英文名称:SINO-DIAMEND GEMS&JEWELLERY INVESTMENT CO.,LTD.
(二)、公司法定代表人:李荣
(三)、公司董事会秘书:钱春
联系地址:浙江省嘉兴市禾兴路366号戴梦得大厦七楼
北京西城区金融大街23号平安大厦11层
联系电话:0573-2093599
传真:05732-2093599;010-66214186
电子信箱:sinodiamend@china-diamend.com
公司证券事务代表:高磊
联系地址:浙江嘉兴禾兴路366号戴梦得大厦七楼
联系电话及传真:0573-2093599
(四)、公司注册地址:浙江嘉兴禾兴路366号
邮编:314000
公司办公地址:浙江省嘉兴市禾兴路366号戴梦得大厦
北京西城区金融大街23号平安大厦11层
邮编:100032
电子信箱:sinodiamend@china-diamend.com
公司国际互联网网址:http://www.sino-diamend.com
(五)、公司信息披露报纸:《中国证券报》
登载公司年报的中国证监会指定国际互联网网址:http://www.sse.com.cn
年度报告备置地点:浙江嘉兴禾兴路366号戴梦得大厦七楼公司证券部
(六)公司股票上市地:上海证券交易所
股票简称:戴梦得　　股票代码:600208

二、会计数据和业务数据摘要

(一)、本年度实现利润情况(单位:元)

项目	金额
利润总额	73,538,504.51
净利润	45,390,857.75
扣除非经常性损益后的净利润	37,331,323.79
主营业务利润	97,633,716.65
其它业务利润	-1,162,433.80
营业利润	-51,391,114.11
投资收益	59,870,084.66
补贴收入	57,982,619.95
营业外收支净额	7,076,914.01
经营活动产生的现金流量净额	185,949,908.75
现金及现金等价物净增加额	187,847,625.15
扣除非经常性损益项目如下(单位:人民币元):	8,059,533.96
a、资产处置损益	6,107,125.21
b、补贴收入	982,619.95
c、罚金	158,588.46
d、其他	811,200.34

(二)、截止报告期末前三年的主要会计数据和财务指标:

指标项目	2000年	1999年	1998年 调整后	1998年 调整前
主营业务收入(元)	1,155,888,937.52	668,382,343.66	614,367,883.60	608,689,830.70
净利润(元)	45,390,857.75	54,895,039.83	20,042,035.55	33,748,219.94
总资产(元)	2,226,028,633.72	1,181,276,382.44	712,488,166.01	731,675,298.78
股东权益(元)(不含少数股东权益)	578,363,698.00	563,306,787.54	179,738,633.57	204,496,921.87
每股收益(元/股)(摊薄)	0.22	0.26	0.14	0.23
(加权)	0.22	0.31		
扣除非常性损益后的每股收益(元/股)	0.18	0.16	0.14	0.23
每股净资产(元/股)	2.77	2.69	1.25	1.42
调整后的每股净资产(元)	2.64	2.63	1.19	1.18
每股经营活动产生的现金流量净额	0.89	0.43	-0.34	-0.34

(三)净资产收益率和每股收益

报告期利润	净资产收益率(%)		每股收益(元)	
	全面摊薄	加权平均	全面摊薄	加权平均
主营业务利润	16.88	16.66	0.47	0.47
营业利润	-8.89	-8.77	-0.25	-0.25
净利润	7.85	7.75	0.22	0.22
扣除非经常性损益后净利润	6.45	6.37	0.18	0.18

注:计算公式依据中国证监会《公开发行证券公司信息披露编报规则(第9号)》通知。

三、股本变动和主要股东持股情况

(一)、股本变动情况　　(数量单位:万股)
1、股份变动情况表

	本次变动前	本次变动增减(+,-)	本次变动后
一、未上市流通股份			
1、发起人股份			
其中:			
国家拥有	1433.9761		1433.9761
2、募集法人股	10869.3817		10869.3817
3、内部职工股	2100		2100
未上市流通股份合计	14403.3578		14403.3578
二、已上市流通股份			
1、境内上市的人民币普通股份	6500		6500
已上市流通股份合计	6500		6500
三、股份总数	20903.3578		20903.3578

河南安彩高科股份有限公司

二〇〇〇年年度报告摘要

一、公司简介

1、公司法定中文名称:河南安彩高科股份有限公司

公司中文名称缩写:安彩高科

公司法定英文名称:HENAN ANCAI HI—TECH Co.,LTD

公司英文名称缩写:ACHT

2、公司法定代表人:李留恩

3、董事会秘书:许应中

联系地址:河南省安阳市中州路南段

电话:0372-3932916-2533、2249

传真:0372-3938035

电子信箱:acht@public.ayptt.ha.cn

董事会证券事务代表:刘一

4、公司注册地址:中国河南省郑州高新技术产业开发区金梭路19号

邮政编码:450001

公司办公地址:河南省安阳市中州路南段

邮政编码:455000

公司国际互连网网址:http://www.ancaigroup.com.cn

公司电子信箱:acht@public.ayptt.ha.cn

5、公司选定的信息披露报纸:《中国证券报》、《上海证券报》

登载公司年度报告的中国证监会指定国际互联网网址:

http://www.sse.com.cn

公司年度报告备置地点:河南省安阳市中州路南段安彩高科证券部

6、公司股票上市交易所:上海证券交易所

股票简称:安彩高科

股票代码:600207

二、主要会计资料

1、本年度效益情况:(单位:元)

项目	金额
利润总额	649,129,657.89
净利润	528,071,719.93
扣除非经常性损益后的净利润	382,802,053.69
主营业务利润	915,386,857.81
其他业务利润	48,328,567.53
营业利润	645,725,388.16
投资收益	5,350,481.86
补贴收入	0
营业外收支净额	-1,946,212.13
经营活动产生的现金流量净额	471,364,521.33
现金及现金等价物净增加额	259,968,731.96

注:“扣除非经常性损益后的净利润”中非经常性损益项目为:公司2000年度所得税返还145,269,666.24元。

2、前三年主要会计数据和财务指标:

项目	2000年	1999年	1998年	
			调整后	调整前
主营业务收入	2,106,586,602.73	965,675,771.52	730,846,887.33	730,846,887.33
净利润	528,071,719.93	220,812,711.19	122,988,270.70	130,168,715.42
总资产	3,201,564,246.64	2,737,729,493.08	966,695,200.58	966,695,200.58
股东权益	2,130,982,958.14	1,822,911,238.21	412,699,288.93	419,879,733.65
每股收益(摊薄)(元/股)	1.2002	0.5018	0.473	0.5006
每股净资产(元/股)	4.843	4.143	1.5873	1.61
调整后每股净资产(元/股)	4.788	4.058	3.7087	1.61
每股经营活动产生现金流量净额(元/股)	1.071	0.027	0.0482	0.0482
净资产收益率	24.78%	12.11%	29.80%	31%

3、新增财务指标:

报告期利润	净资产收益率		每股收益	
	全面摊薄	加权平均	全面摊薄	加权平均
主营业务利润	42.96%	43.86%	2.0804	2.0804
营业利润	30.30%	30.94%	1.4676	1.4676
净利润	24.78%	25.30%	1.2002	1.2002
扣除非经常性损益后的净利润	17.96%	18.34%	0.8700	0.8700

4、本年度股东权益变动情况:

项目	期初数	本期增加	本期减少	期末数
股本	440,000,000.00	–	–	440,000,000.00
资本公积	1,231,985,488.65	–	–	1,231,985,488.65
盈余公积	35,838,862.44	237,632,273.97		273,471,136.41
法定公益金	11,946,287.48	26,403,586.00		38,349,873.48
未分配利润	115,086,887.12	70,439,445.96		185,526,333.08
股东权益合计	1,822,911,238.21	308,071,719.93		2,130,982,958.14

股东权益变动情况说明:

(1)盈余公积增加237,632,273.97元,主要是因为本公司本年度从净利润528,071,719.93元中计提了10%的法定公积金52,807,171.99元和5%的法定公益金26,403,586.00元以及30%的任意盈余公积金158,421,515.98元。

(2)未分配利润增加,主要是因为本公司本年度未分配利润有所节余。截止2000年12月31日,公司尚有未分配利润185,526,333.08元。

三、股本变动及股东情况介绍

1、股本变动情况

(1)股份变动情况如下表:

数量单位:万股

	本次变动前	本次变动增减(+,—)						本次变动后
		配股	送股	公积金转股	增发	其他	小计	
一、未上市流通股份								
1、发起人股份	260,000,000	0	0	0	0	0	0	260,000,000
其中:								
国家持有股份	0	0	0	0	0	0	0	0
境内法人持有股份	260,000,000	0	0	0	0	0	0	260,000,000
其他	0	0	0	0	0	0	0	0
2、募集法人股份	0	0	0	0	0	0	0	0
3、内部职工股	0	0	0	0	0	0	0	0
4、优先股或其他	0	0	0	0	0	0	0	0
其中:转配股	0	0	0	0	0	0	0	0
未上市流通股份合计	260,000,000	0	0	0	0	0	0	0
二、已上市流通股份								
1、人民币普通股	180,000,000	0	0	0	0	0	0	0
2、境内上市的外资股	0	0	0	0	0	0	0	0
3、境外上市的外资股	0	0	0	0	0	0	0	0
4、其他	0	0	0	0	0	0	0	0
已上市流通股份合计	180,000,000	0	0	0	0	0	0	180,000,00
三、股份总数	440,000,000	0	0	0	0	0	0	440,000,000

(2)股票发行与上市情况

①股票发行:截止到报告期末为止,本公司共进行了两次股票发行,如下表所示:

种类	发行日期	发行价格	发行数量	上市日期	上市数量
法人股	1998/9/17	1.66元	26,000万股	----	----
人民币普通股	1999/6/21	7.20元	18,000万股	1999/7/14	18,000万股

②股本结构变动

报告期内,本公司股本结构没有发生变动。

③本公司无内部职工股

2、股东情况介绍

(1)报告期末股东总数为21934户

(2)前10名股东持股情况

股东名称	年末持股数(股)	占总股本的比例(%)
①河南安阳彩色显像管玻壳有限公司	259,160,000	58.90
②南方证券	3,023,231	0.69
③邯钢实业	2,700,764	0.61
④济电工会	2,686,202	0.61
⑤天发投资	2,373,479	0.54
⑥医疗器械	2,104,800	0.48
⑦上陆金贸	1,903,978	0.43
⑧天安数码	1,728,589	0.39
⑨糖果制品	1,323,500	0.30
⑩谢益村	1,260,374	0.29

以上股东中河南安阳彩色显像管玻壳有限公司(以下简称“安玻公司”)持有的股份为国有法人股,其所持股份在本年度内没有增减变化,未发生质押或冻结情况,其余股份为社会公众股。

前十名股东之间无关联关系。

(3)安玻公司持有本公司58.90%的股份(国有法人股),其法人代表为李留恩先生,目前主要从事彩电玻壳的生产和销售。

四、股东大会简介

2000年度,本公司共召开了1次股东大会,具体情况如下:

1、2000年4月6日公司刊登董事会公告,决定于2000年5月9日上午在公司多功能厅大会议室召开1999年度股东大会。2000年5月9日上午1999年度股东大会如期召开,出席本次大会的股东或股东代表共8名,代表股份260655400股,占股份总数的59.24%,本次大会的召开符合公司法、公司章程以及有关法律、法规的规定。

2、根据公司法、公司章程以及有关法律、法规的规定,本次大会经过有效表决,通过了以下决议:

(1)、审议通过了公司1999年度董事会工作报告;

(2)、审议通过了公司1999年度监事会工作报告;

(3)、审议通过了公司1999年年度报告;

(4)、审议通过了公司1999年度财务决算方案和2000年度财务预算方案;

(5)、审议通过了公司1999年度利润分配预案;

(6)、审议通过了公司《关于提取各项资产减值准备及内部控制制度的议案》;

(7)、审议通过了修改公司章程的议案;

(8)、审议通过了公司募集资金使用情况的报告;

(9)、审议通过了《关于组建安彩科技风险投资公司的方案》(草案)的报告;

(10)、审议通过了《不再实施电子玻璃管项目和紧凑型节能灯项目》的报告;

(11)、审议通过了《关于继续聘任亚太(集团)会计师事务所作为本公司的财务审计机构的议案》;

(12)、审议通过了调整董事的议案;

(13)、审议通过了公司《高级管理人员股权激励机制实施细则(草案)》的议案;

(14)、审议通过了授权董事会有权利决定不超过公司净资产20%的风险投资和对外提供不超过公司净资产30%的担保或抵押的议案。

上述决议公告刊登在2000年5月11日的《中国证券报》、《上海证券报》上。

3、在本次股东年会上,经控股股东安玻公司的提议,股东大会同意谢世安先生辞去公司董事职务,补选程三昌先生为公司董事。

五、董事会报告

1、公司经营情况

(1)公司所属的行业及行业地位

本公司主要从事彩色显像管玻壳和终端显示器用显示管玻壳的生产和销售以及新型显示技术的研究、开发等业务,属显示器件产业中的基础元器件行业。随着以国际互联网和电子通讯为代表的信息时代的到来,信息显示技术必将得到快速发展,广播电视、监视器和计算机及其他终端显示构成了信息显示最重要的应用领域,显示器件产业必将形成一个具有更为广阔市场前景的高技术产业。

目前,本公司拥有全国唯一的电子玻璃技术及模具研究开发中心,可年产彩玻1500万套,在国内彩玻行业中是唯一具有自主开发能力、生产能力最大、科研开发能力最强的彩色玻壳生产企业,也是全国高新技术重点企业。进入新世纪本公司将力争为中国显示器件产业的发展做出自己的应有贡献。

(2)公司主营业务的范围及经营状况

①公司主营业务范围及产品销售结构

报告期内本公司主营业务主要是21″、25″、29″彩玻的生产和销售,全部属于电子行业基础元器件类,主要供应全国各大型彩色显像管企业,并远销韩国、印度以及东南亚和欧洲地区。但随着电子玻璃技术及模具开发中心的完全建成,本公司的科研能力得到进一步加强,未来几年将会继续向技术更先进、附加值更高的34″及其以上大屏幕、纯平彩玻和平板显示领域方向拓展,生产和销售更趋于全球化。预计未来几年上述新产品的生产和销售将会在主营业务中占有一定的比重,本公司的主营业务的生产和销售结构将更为稳健、合理,成长性和抗风险能力也将得到进一步加强。

按产品分析本公司主营业务收入的构成为:(单位:人民币万元)

产品规格	主营业务收入	占主营业务收入的比例	主营业务利润	占主营业务利润的比例
14″-20″	22565	10.71%	8842	9.66%
21″	71700	34.03%	29635	32.37%
25″	66489	31.56%	24024	26.25%
29″	49905	23.70%	29038	31.72%

与去年相比25″和29″彩玻所实现的主营业务收入和主营业务利润所占的比重有了较大幅度提高,主要是在1999年底本公司生产29″彩玻的增资扩产项目顺利投产和收购了安玻公司两条25″玻锥生产线并将产品投放市场所致。

②公司2000年度的经营状况

信息社会的飞速发展使得全球对显示器件的需求增长很快,彩玻的市场需求也因此而得到了快速增长,本公司的主要产品21″、25″及29″彩玻供不应求。为了抓住这一市场机遇,公司"以人为本"大力开展管理创新和技术创新,及时调整产品结构,努力增加产品的产销量,在满足国内市场供应的同时,积极开发国际市场,全年共实现产品销售收入210659万元,与1999年相比增加了118%,实现净利润52807万元,与1999年相比增加了139%,直接或间接出口创汇4254万美元,与1999年相比增加了370%,取得了突出的经营业绩。

(3)2000年公司经营中面临的主要问题

2000年由于供需矛盾十分突出,本公司产品远远满足不了国内国际用户需要,特别是34″及其以上大屏幕彩玻、纯平彩玻和17″及其以上显示管彩玻等新产品尚不能供应市场,如何迅速提高产品的产量和质量,抓住当前市场机遇将产品投放市场,以及如何迅速开发出未来市场需求的产品,调整产品结构以适应未来市场的变化成为2000年公司经营中面临的主要问题。对此公司采取了几项措施:一是努力提高管理和技术创新水平,通过提高产品产量和质量以及劳动生产率来提高产品的市场竞争能力,从而达到满足市场需求,扩大市场占有率的目的;二是通过开展国际合作与交流,引进消化吸收国外先进技术,加大科研投入等方式,建立起公司强有力的技术支撑平台,为新产品的开发奠定坚实的基础;三是加大新产品开发的力度,尽快开发出34″以上大屏幕彩玻和纯平彩玻,迅速占领国内国际市场。

4、公司财务状况

单位:万元

项目	2000年	1999年	±%
总资产	320,156	273,773	16.94
长期负债	0	0	0
存货	24,802	37,613	-34.06
固定资产	193,233	190,077	1.66
股东权益	213,098	182,291	16.90
主营业务利润	91,539	39,355	132.60
净利润	52,807	22,081	139.15

由于1999年四季度本公司增资扩产项目、屏锥生产线挖潜改造项目和收购安玻公司两条锥生产线项目顺利投产,生产规模扩大;报告期内国内国际市场环境良好,产品良品率提高,销量猛增,主营业务收入大幅度增长,从而使总资产、固定资产、股东权益、主营业务利润、净利润有较大幅度增长。又因库存产成品减少、储备物资管理得当,使年末存货较去年底有较大减少。

3、公司投资情况

(1)1999年募集资金延续到2000年的使用情况

经1999年度股东年会批准,显示器件玻璃模具技术研究开发中心项目由计划投资1970万元增加到5390万元。继1999年投资1310万元后,本年度公司继续向该项目投资,计划投资额为4080万元,实际投资额为1204万元,尚余资金2876万元,本公司董事会将向2000年股东年会提议将剩余资金留待下一年度继续投资。本项目投资增加的原因是因为公司根据市场需要加大新产品开发的力度,增加科研经费所致。目前该项目在公司开发34″以上大屏幕彩玻和纯平彩玻以及提高模具质量和效率方面发挥了重要作用。

(2)对外投资的重大项目

①2000年8月7日,本公司联合四川久远集团有限公司、中国电子企业协会、中国科学院计算技术研究所在北京市中关村科技园区共同注册成立了北京安彩科技风险投资有限公司,注册资本2亿元,本公司占98%的股权比例,将致力于高新技术产业的风险投资事业。

②2000年11月29日,本公司与北京京鹏宏志科技有限公司签署协议,计划向其投资2991万元,将占该公司增资后70%的股权比例,并将北京京鹏宏志公司更名为"北京安彩星通科技有限公司",主要从事全球卫星定位系统的研究、开发和运营以及移动数据、资讯、网络运营等电信增值服务业务。

4、经营环境的变化对公司可能造成的影响

2000年我国彩电行业经营业绩下滑,部分彩电品种库存积压,已波及到处于其上游的彩管和彩玻行业。但由于报告期内公司采取了"占领国际市场,稳定国内市场"的有力举措,使出口创汇较上年度增长了370%,销售收入较上年度增长了118%,取得了较好的经济效益。本公司2001年度拟采取如下措施以继续应对经营环境的变化:

①提高产品质量,降低生产成本,以质量和价格取胜,提高产品的市场竞争能力;

②努力开拓国际市场,使公司的产品销售融入较为稳定的全球市场一体化当中;

③不断提高技术创新能力,加大科技投入,积极开发符合市场需求的新产品,进一步扩大国内外市场占有率,力争取得更好的经营业绩。

5、新年度的业务发展计划

2001年,本公司计划主要在以下几个方面进行业务发展:

(1)继续深化"以人为本"的企业改革,推进管理创新和技术创新,在提高效率、提高质量和降低成本方面狠下功夫,在质量、价格、供应等方面提高产品市场竞争能力和市场占有率;

(2)继续加大科研投入,完成对显示器件玻璃模具技术研究开发中心项目的投资,进一步加强新产品开发力度,加快产品结构调整和升级换代步伐,满足未来市场需求;

(3)继续扩大生产规模,加速产业整合,增强公司驾驭市场的能力,巩固公司在行业中的优势地位,提高公司在行业中的影响力和号召力;

(4)充分利用北京安彩高科风险投资公司其他发起人在高新技术领域方面的优势,培育一些具有广阔市场前景和巨大发展潜力的高科技项目,并在条件具备时将成熟的项目推向国内外资本市场;

(5)完成对全球卫星定位系统(GPS)项目的投资,为其能够迅速在全国范围内构建统一的信息网络平台、尽快占领市场、确立在该行业的龙头地位提供强有力的支持与保障。

6、董事会的日常工作情况

(1)报告期内董事会的会议情况及决议内容

①2000年4月5日,本公司召开第一届董事会第七次会议,会议决议内容为:审议通过了公司1999年度利润分配预案;审议通过了《关于提取各项资产减值准备及内部控制制度》的议案;审议通过了修改公司章程的决议草案,即变更公司住所及修改公司经营范围;审议通过了《关于组建安彩科技风险投资公司的方案》(草案);决定不再实施电子玻璃管项目和紧凑型节能灯项目;续聘亚太集团会计师事务;同意谢世安先生辞去本公司董事和副董事长职务,并推选程三昌先生为公司董事候选人;提议股东大会授权董事会有权利决定不超过公司净资产20%的风险投资和对外提供不超过公司净资产30%的担保或抵押。

②2000年7月13日,本公司召开第一届董事会第八次会议,会议决议内容为:通过了2000年度中期报告,决定2000年中期不分配利润,资本公积金不转增股本;选举董事程三昌为公司的副董事长;审议并通过了投资全球卫星定位系统(GPS)的项目报告。

③2000年11月29日,本公司召开第一届董事会第九次会议,会议决议内容为:拟向北京京鹏宏志科技有限公司投资2991万元,占其增资后股权比例的70%,并将公司更名为北京讯、网络运营等电信增值服务业务。

(2)报告期内董事会执行股东大会的情况

根据2000年5月9日公司股东年会的批准和授权,公司于2000年6月22日向全体股东每10股派现金2元(含税);公司于2000年7月4日起注册地址变更为"郑州高新技术产业开发区金梭路19号";公司于2000年8月7日与四川久远集团有限公司、中国电子企业协会、中国科学院计算技术研究所在北京市中关村科技园共同注册成立了北京安彩科技风险投资有限公司。

7、公司管理层及员工情况

(1)董事、监事、高级管理人员

1)公司董事、监事、高级管理人员名单及任职期间、持股数:

姓名	性别	年龄	职务	任职起止日期	期初持股	期末持股	期内增减
李留恩	男	59	董事长	1998/9--2001/9	0	0	0
马永智	男	59	副董事长	1998/9--2001/9	0	0	0
程三昌	男	59	副董事长	2000/7--2003/7	0	0	0
周子正	男	63	董事	1998/9--2001/9	0	0	0
蔡健德	男	57	董事、总经理	1998/9--2001/9	0	0	0
赵文明	男	34	董事	1998/9--2001/9	0	0	0
陈志刚	男	37	董事、副总经理	1998/9--2001/9	0	0	0
王玉庆	男	55	董事	1998/9--2001/9	0	0	0
苗惠民	男	48	董事	1998/9--2001/9	0	0	0
贾　伟	男	36	董事	1998/9--2001/9	0	0	0
王作方	男	54	董事	1998/9--2001/9	0	0	0
李　碧	男	61	监事会主席	1998/9--2001/9	0	0	0
郑肇基	男	58	监事	1998/9--2001/9	0	0	0
钟国斋	男	54	监事	1998/9--2001/9	0	0	0
许应中	男	56	董事会秘书	1998/9--2001/9	0	0	0

2)公司董事、监事、高级管理人员的报酬情况

报酬区间(人民币元)	人数
0----80,000	6
80,000----100,000	8
100,000---150,000	----
150,000---200,000	----
200,000---300,000	----
300,000---500,000	----

除副董事长程三昌先生外,本公司其余的董事、监事和高级管理人员均在公司领取报酬。

(2)公司员工的情况

本公司现有职工3,603人,其构成情况如下表所示:

	人数	比例(%)
按专业构成分类		
生产人员	2,646	73.44
销售人员	16	0.45
技术人员	683	18.95
财务人员	10	0.28
行政人员	248	6.88
按技术水平分类		
高级职称	139	3.86
中级职称	812	22.54
初级职称	1,944	53.96
其他	708	19.64
按文化程度分类		
本科及本科以上	951	26.39
大专	927	25.73
中专	1,305	36.22
技校	224	6.22
高中及高中以下	196	5.44

按年龄层次分类

56岁以上	29	0.80
46～55岁	221	6.13
36～45岁	416	11.55
26～35岁	1,980	54.95
25岁以下	957	26.57

8、本年度利润分配预案及预计下年度利润分配政策。

(1)经亚太集团会计师事务所审计,本公司2000年度实现净利润528,071,719.93元。根据公司章程的规定,按净利润的10%提取法定盈余公积金52,807,171.99元、按净利润的5%提取法定公益金26,403,586.00元、按净利润的30%提取任意盈余公积金158,421,515.98元后,加上上年度结转的未分配利润115,086,887.12元,本年度实际可供股东分配的利润为405,526,333.08元。根据公司第一届第十次董事会决议,本年度利润分配拟以2000年末股份总数440,000,000股为基数,向全体股东按每10股派发现金红利5元(含税),共计派发现金220,000,000元,剩余185,526,333.08元结转下一年度,本期不用资本公积金转增股本。以上分配预案提请本公司2000年度股东大会审议表决。

(2)本公司预计2001年度利润分配政策为:利润分配一次;用于股利分配的比例不低于当年实现的净利润的30%;2000年度末结转的未分配利润用于下一年度股利分配的比例不低于20%;分配主要采用派发现金的形式,现金股息约占股利分配的100%;具体分配办法将根据公司当时实际情况而定。

9、《中国证券报》、《上海证券报》是本公司指定的信息披露报纸。

六、监事会报告

1、报告期内监事会的工作情况

(1)2000年4月5日公司召开了第一届监事会第四次会议,会议应到监事3人,实到2人,监事会主席李碧先生主持会议,会议审议并通过了《1999年度监事会工作报告》,形成如下决议:

①认为公司1999年的经营管理严格按照国家有关法律法规和公司章程进行,决策程序合法,建立了完善的内部控制制度,公司的董事、总经理及其他高级管理人员执行公司公务时无违反法律、法规、公司章程、损害公司利益的行为;②认为公司的财务报告真实反映了公司1999年的财务状况和经营成果,亚太集团会计师事务所出具的审计意见是客观、公允的;③认为公司于1999年6月发行股票所募集资金实际投入项目与承诺投入项目一致;④认为公司1999年度的关联交易严格按照关联交易协议执行是公允、公正的,没有损害交易双方中任何一方的利益;⑤认为公司董事会关于本年度实际盈利比盈利预测高出41%的解释是符合1999年公司经营实际情况;⑥认为公司根据国家有关政策,建立了计提各项资产减值准备的内部控制制度,并经董事会逐项审议通过后正式实施,其有关核销和计提资产减值准备的决议程序合法,依据充分;⑦认为公司高级管理人员股权激励机制实施细则(草案)是切实可行的,符合企业的经营实际,有利于企业的进一步发展;⑧对本公司1999年度努力奋斗所争取的经营业绩和成果表示满意;对本公司管理层推行的一系列机制改革感到满意;并坚信本公司有良好的发展前景。

(2)2000年7月13日,公司第一届监事会第五次会议召开。应到监事3人,实到2人,监事郑肇基先生、钟国斋先生出席了会议,监事会主席李碧先生因故委托监事郑肇基先生代为出席并主持会议,符合公司《章程》之规定。会议审议并通过了公司2000年度中期报告,形成如下决议:①认为公司的中期报告真实反映了公司的经营状况,亚太(集团)会计师事务所出具的审计意见是客观、公允的;②认为公司报告期内的关联交易严格按照关联交易协议执行是公允、公正的,没有损害交易双方中任何一方的利益③认为公司中期利润分配方案是切合公司实际情况的;④认为公司投资全球卫星定位系统(GPS)决策程序合法,项目具有良好的发展前景。

2、监事会对公司2000年度经营状况进行监督的意见

①本监事会认为公司2000年的经营管理严格按照国家有关法律法规和公司章程进行,决策程序合法,建立了完善的内部控制制度,公司的董事、总经理及其他高级管理人员执行公司公务时无违反法律、法规、公司章程、损害公司利益的行为;

②本监事会经过审查,认为公司的财务报告真实反映了公司2000年的财务状况和经营成果,亚太会计事务所出具的审计意见是客观、公允的;

③本监事会经过审查,认为公司于1999年6月发行股票所募集资金实际投入项目与承诺投入项目一致;停止实施的两个项目得到了有关监管部门的批准,程序合法。

④本监事会经过审查,认为公司2000年度的关联交易严格按照关联交易协议执行,是公允、公正的,没有损害交易双方中任何一方的利益。

⑤本监事会经过认真审查,认为根据《公司高级管理人员股权激励机制实施细则》制定的激励分配方案符合规定,程序合法。

七、重要事项

1、重大诉讼、仲裁事项

本年度公司没有重大诉讼、仲裁事项。

2、报告期内公司、公司董事及高级管理人员没有受监管部门处罚。

3、报告期内公司控股股东没有变更,公司董事会没有换届改选,公司总经理、董事会秘书没有变更。

4、报告期内,公司没有收购及资产出售情况。

5、重大关联交易事项

为维护本公司全体股东的利益,本公司的控股股东安玻公司在《放弃竞争和利益冲突的承诺函》中作出了以下承诺:安玻公司与本公司发生的无法避免的关联交易必须按正常的商业条件进行,安玻公司不得要求或接受本公司给予任何优于在一项市场公平交易中的第三者给予的条件。主要的关联方交易如下:

(1)、1998年10月9日,本公司与安玻公司签订了《综合服务协议》,1999年4月23日签订《关联交易协议之补充修改协议》。依照协议,安玻公司向本公司提供相应的辅助性生产服务及生活后勤服务,对辅助性生产服务按公平的市场价格收费。主要有:报告期内购买安玻公司燃料动力,交易价格按成本价,累计交易金额292,320,619.56元,以货币性资金方式结算。(2)、购入安玻公司固定资产35,973,179.08元,交易价格按帐面值购买,以货币性资金方式结算。

(3)、购买安玻公司原材料99,100,011.51元,交易价格按成本价购买,以货币性资金方式结算。

(4)、出售给安玻公司原材料259,676,656.37元,交易价格成本价出售,以货币性资金方式结算。

以上交易,双方均不产生交易收益。

(5)、安玻公司委托安彩高科加工配套出口产品136,447,647.11元,交易价格按协议价格购买,取得加工收益47,567,156.00元。

6、公司与控股股东之间的"三分开"情况

本公司从改制始就按照中国证监会的有关规定,实行了人员、资产、财务方面的三分开,有关情况如下:(1)在人员方面,本公司在劳动、人事及工资管理等方面是独立的;经理、副经理等高级管理人员是在本公司领取薪金,在股东单位不担任重要职务;(2)在资产方面,本公司拥有独立的生产系统、辅助生产系统和配套设施,其动力供应和运输由安玻公司提供,本公司已与安玻公司就此签定了《综合服务协议》和《关联交易协议之补充修改协议》,并严格按照此协议有偿使用;工业产权、商标、非专利技术等无形资产由本公司拥有;本公司拥有独立的采购和销售系统;(3)在财务方面,本公司设立了独立的财务部门,并建立了独立的会计核算体系和财务管理制度;独立在银行开户,独立按章纳税。

7、承诺事项

本公司的控股股东安玻公司于1999年6月16日在《中国证券报》、《上海证券报》和《证券时报》上刊登的《招股说明书概要》中承诺"安玻公司在经营业务中,将不利用对本公司的控股地位转移利润或从事其他行为来损害本公司及众多小股东的利益;不以任何方式直接或间接地进行或参与与本公司相竞争的任何其他业务活动;与本公司发生的无法避免的关联交易必须按正常的商业条件进行,安玻公司不得要求或接受本公司给予任何优于在一项市场公平交易中的第三者给予的条件;安玻公司充分尊重本公司的独立法人实体地位,保证本公司独立经营、自主决策。在本公司召开股东大会和董事会期间,将按法定程序切实保障中小股东的利益"。

报告期内,安玻公司严格履行了上述承诺义务,没有任何损害本公司及中小股东利益的行为。

8、根据本公司申请,河南省财政厅下发豫财税政[2001]03号文件批准同意对本公司企业所得税继续实行先按33%法定税率征收,再返还18%的优惠政策止2001年12月31日。

9、报告期内,本公司续聘亚太集团会计师事务所为本公司审计单位。

10、本公司在报告期内未向任何一家单位提供担保。

11、报告期内公司没有改名,股票简称仍为"安彩高科"。

八、财务会计报告

1、审计报告

审 计 报 告

亚会审字(2001)9号

河南安彩高科股份有限公司全体股东:

我们接受委托,审计了贵公司2000年12月31日的资产负债表和合并资产负债表、2000年度的利润及利润分配表和合并利润及利润分配表以及现金流量表和合并现金流量表。上述会计报表由贵公司负责,我们的责任是对上述会计报表发表审计意见。我们的审计是依据《中国注册会计师独立审计准则》进行的。在审计过程中,我们结合贵公司实际情况,实施了包括抽查会计记录等我们认为必要的审计程序。

我们认为,上述会计报表符合《企业会计准则》和《股份有限公司会计制度》的有关规定,在所有重大方面公允地反映了贵公司2000年12月31日的财务状况及2000年度的经营成果和现金流量情况,会计处理方法的选用遵循了一贯性原则。

亚太集团会计师事务所有限公司　　中国注册会计师:王红奎

中国·北京　　中国注册会计师:郭德功

二零零一年二月二十六日

2、会计报表(附后)

3、会计报表附注

一、公司简介

河南安彩高科股份有限公司(以下简称"本公司")是经河南省人民政府以豫股批字(1998)36号文批准,由河南安阳彩色显像管玻壳有限公司(以下简称"安玻公司")、安阳利浦筒仓工程有限公司、河南省安阳荧迪化工有限责任公司、安阳市文峰研磨材料厂、河南安阳彩色显像管玻壳有限公司实业开发公司五家共同发起,以发起设立方式,于1998年9月21日成立的股份有限公司,其时总股本为26000万股。1999年6月本公司经中国证监会批准,通过上海证券交易所发行社会公众股18000万股,总股本扩大为44000万股。本公司股票代码:600207。

注册登记号:豫工商企4100001004435　　注册资本:人民币44000万元

经营范围:生产、销售彩色显像管玻壳、彩色显示器玻壳、研究开发电子特种玻璃新产品。

公司注册地:中国河南省郑州高新技术产业开发区金梭路19号

二、公司主要会计政策、会计估计和合并会计报表的编制方法

1.会计制度:

本公司执行《股份有限公司会计制度》及其补充规定。

2.会计年度:

本公司会计年度为公历年度,即元月一日至十二月三十一日。

3.记账本位币:

本公司以人民币(RMB)为记账本位币。

4.记账基础和计价原则:

本公司采用权责发生制为记账基础,资产计价遵循历史成本原则。

5.外币业务的核算方法:

发生外币业务时,按当日的外币汇率折合为人民币,月份终了,按月末市场汇率一次调整,各种外币账户的外币余额按月末汇率折合为人民币,与原账面人民币余额之间的差额作为汇兑损益。对于筹建期产生的汇兑损益记入开办费;与购建固定资产有关的外币借款所产生的汇兑损益在固定资产交付使用前记入固定资产成本;其它汇兑损益记入当期费用。

6.现金等价物的确定标准:

现金等价物是指公司持有时间短、流通性强、易于转换为已知金额现金、价值变动风险很小的短期投资。

7.短期投资的核算方法:

短期投资发生时按实际成本计价,期末按成本与市价孰低计价,并按单项投资计算并确定计提的跌价准备。

8.坏账的核算方法:

(1)、坏账确认标准:

A、债务人破产或死亡,以其破产财产或遗产清偿后,仍不能收回的部分;

B、因债务人逾期未履行偿债义务超过五年以上而且具有明显特征表明已无法收回的应收款项。

(2)、本公司坏账核算采用备抵法,应收款项(包括应收账款和其他应收款)根据债务单位的财务状况、现金流量等情况,年末按账龄分析法计提坏账准备,确定的提取比例为:

A、逾期1年,按其余额的5%计提;

B、逾期1－2年,按其余额的10%计提;

C、逾期2－3年,按其余额的20%计提;

D、逾期3－4年,按其余额的40%计提;

E、逾期4－5年,按其余额的70%计提;

F、5年以上,按其余额的100%计提。

9.存货的核算方法:

(1)、本公司存货包括在途物资、燃料、原材料及主要材料、辅助材料、外购件、备品备件、委托

加工物资、自制半成品、产成品、包装物和低值易耗品。

(2)、核算方法：

A、材料采用计划成本核算，实际成本与计划成本的差额计入材料成本差异，月末按分类材料成本差异率计算发出材料应分摊的差异，将发出材料的计划成本调整为实际成本；

B、自制半成品、产成品采用实际成本核算，按月一次加权平均结转销售成本；

C、低值易耗品领用时按一次摊销法摊销。

(3)、期末存货采用成本与可变现净值孰低法计价，按单项存货计提存货跌价准备。

10.长期投资的核算方法：

(1)、长期股权投资的计价和收益确认方法：按投资时实际支付的价款或经评估、协议确认的价值计价。本公司对其他单位的投资占被投资单位有表决权资本总额 20%以下，或虽占 20%或 20%以上，但不具有控制、共同控制和重大影响的，采用成本法核算；对其他单位的投资占被投资单位有表决权资本总额 20%或 20%以上，或投资虽不足 20%，但具有重大影响的，采用权益法核算，半数以上的年终编制合并会计报表反映。股权投资差额的摊销：投资成本超过应享有被投资单位所有者权益份额之间的差额，一般按不超过 10 年(含 10 年)的期限摊销，投资成本低于应享有被投资单位所有者权益份额之间的差额，一般按不低于 10 年(含 10 年)的期限摊销，摊销金额计入当期投资收益。

(2)、长期债权投资的计价和收益确认方法：按投资时实际支付的成本计价，并按权责发生制计算应计利息。当期按债券面值和使用利率计算的应收利息扣除当期摊销的溢价或加上摊销的折价，确认为当期投资收益。

(3)、期末长期投资的减值准备按个别投资项目计算确定，如果计提减值准备的长期股权投资存在有计入资本公积准备项目的，则计提的减值准备应先冲减原该项投资的资本公积准备项目，不足冲减的部分确认为当期投资损失。

11.固定资产的计价和折旧方法：

(1)、固定资产指使用期限超过一年的房屋建筑物、机器设备、机械运输工具及其他与生产经营有关的设备、器具、工具或单位价值在 2,000 元以上、使用期限超过二年的不属于生产经营主要设备的物品。

(2)、固定资产按取得时的实际成本计价。

(3)、固定资产折旧采用直线法分类计算，并按各类固定资产预计使用年限扣除净产值确定其折旧率，按月计提折旧。分类折旧率列示如下：

固定资产类别	预计经济使用年限	残值率(%)	年折旧率(%)
房屋建筑物	20	5	4.75
机器设备	10	5	9.5
电子设备	5	5	19
运输工具	5	5	19
其他设备	5	5	19

12.在建工程核算方法：

在建工程按实际成本核算，在建工程在完工交付使用时，按工程的实际成本转入固定资产。利息资本化方法：为购建固定资产而发生的长期借款利息及汇兑损失在工程交付使用前计入在建工程成本，工程完工交付使用后计入当期财务费用。

13.无形资产的计价和摊销方法：

无形资产按取得时的实际成本计价。无形资产摊销期限：合同及法律规定了受益年限的，按不超过受益年限的期限摊销；合同及法律没有规定受益年限的，按不超过 10 年的期限摊销。

14.开办费、长期待摊费用的摊销方法：

本公司开办费从生产经营当月起按五年平均摊销，长期待摊费用在其受益期内平均摊销。

15.营业收入的确认原则：

(1)、销售商品：按照权责发生制原则，公司已将商品所有权上的主要风险和报酬转移给买方；公司既没有保留通常与所有权相联系的继续管理权，也没有对已售出的商品实施控制；与交易相关的经济利益能够流入企业；相关的收入和成本能够可靠地计量时，确认营业收入的实现。

(2)、提供劳务：劳务已经提供，相关的收入已经收到或取得了收款的证据，并且与提供劳务相关的成本能够可靠的计量时，确认营业收入的实现。

16.成本的核算方法：

生产成本的核算采用平行结转分步法分别归集和分配。

17.所得税的会计处理：

采用纳税影响会计法，因时间性差异对当期所得税的影响采用递延法。

18.利润分配：

本公司缴纳所得税后的利润按下列顺序分配：

(1)、弥补上年度的亏损；

(2)、提取 10%的法定公积金；

(3)、提取 5% - 10%的法定公益金；

(4)、提取任意公积金；

(5)、支付普通股股利。

公司法定公积金累计额已达公司注册资本的 50%时可以不再提取。提取法定公积金、公益金后，是否提取任意公积金由股东大会决定。公司不在弥补公司亏损和提取法定公积金、法定公益金之前向股东分配利润。

19.合并会计报表的编制方法：

(1)、合并范围的确定原则

对外投资占被投资单位有表决权资本总额的 50%以上，或虽不足 50%但有实际控制权的纳入合并范围。

(2)、合并报表所采用的会计方法

本公司合并会计报表系根据财政部财会字[1995]11 号《合并会计报表暂行规定》和财政部财会字[1996]2 号"关于合并会计报表合并范围请示的复函"等文件的规定，以母公司和对纳入合并范围的子公司会计报表为基础，将母公司和子公司之间的重大内部交易和资金往来进行抵销后合并。

(3)、纳入合并报表范围的子公司情况见(附注四)。

三、主要税项

(一)、企业所得税

根据河南省财政厅豫财税政[2001]3 号文《关于继续给予河南安彩高科股份有限公司企业所得税优惠政策的批复》的规定，本公司 2000 年度的企业所得税继续实行先按 33%法定税率征收，再返还 18%的优惠政策，实际税负为 15%，该优惠政策执行到 2001 年 12 月 31 日为止。

(二)、增值税：税率为 17%。

(三)、营业税：税率为 5%。

(四)、城市维护建设税：按应交增值税、营业税的 7%交纳。

(五)、教育费附加：按应交增值税、营业税的 3%交纳。

四、控股子公司及合营企业

截止至 2000 年 12 月 31 日，本公司所控制的子公司及合营企业情况如下：

被投资单位名称	经营范围	注册资本	投资额	持股比例
北京安彩科技风险投资有限公司	高新技术产业投资风险投资咨询	200,000,000	196,000,000	98%

说明：根据亚太集团会计师事务所有限公司亚会验字(2000)第 103 号验资报告，对北京安彩科技风险投资有限公司的投资为 196,000,000.00 元，工商登记时间为 2000 年 8 月 2 日，工商注册登记机关北京市工商行政管理局。

五、合并会计报表主要项目注释

1、货币资金：

项目	期初数	期末数
现金	2,163.68	156,678.38
银行存款	252,858,719.97	512,672,937.23
其他货币资金		
合计	252,860,883.65	512,829,615.61

说明：(1)、银行存款中美元户余额为 8,708,271.88 元，期末外币汇率为 8.2781，折合人民币 72,087,945.45 元。

(2)、货币资金期末数比期初数增加 1.03 倍，主要是销售收入增加所致。

2、短期投资：

项目	期初数		期末数	
	投资金额	跌价准备	投资金额	跌价准备
股票投资	15,829,297.50		18,297,322.88	
其他投资				
合　计	15,829,297.50		18,297,322.88	

3、应收票据：

截止 2000 年 12 月 31 日应收票据余额 707,548,149.53 元，其中商业承兑汇票 188,364,816.62 元，银行承兑汇票 519,183,332.91 元。本期尚未到期质押的应收票据共计 196,000,000.00 元，其中：商业承兑汇票 71,000,000.00 元，银行承兑汇票 125,000,000.00 元。另外，本期尚未到期贴现的应收票据合计 39,500,000.00 元，全部为商业承兑汇票。

(1)、本期尚未到期贴现的应收票据情况如下：

出票单位	出票日期	到期日期	票面金额	备注
华飞彩色显示器有限公司	2000.10.25	2001.04.25	9,900,000.00	商业承兑汇票
华飞彩色显示器有限公司	2000.10.25	2001.04.25	9,900,000.00	商业承兑汇票
华飞彩色显示器有限公司	2000.10.25	2001.04.25	9,900,000.00	商业承兑汇票
华飞彩色显示器有限公司	2000.10.25	2001.04.25	9,800,000.00	商业承兑汇票
贴现的应收票据合计			39,500,000.00	

(2)、本期尚未到期质押的应收票据情况如下：

出票单位	出票日期	到期日期	票面金额	备注
华飞彩色显示器有限公司	2000.07.25	2001.01.25	9,000,000.00	商业承兑汇票
华飞彩色显示器有限公司	2000.07.25	2001.01.25	8,000,000.00	商业承兑汇票
华飞彩色显示器有限公司	2000.07.25	2001.01.25	9,000,000.00	商业承兑汇票
广东福地科技股份有限公司	2000.07.27	2001.01.25	10,000,000.00	银行承兑汇票
广东福地科技股份有限公司	2000.07.27	2001.01.25	10,000,000.00	银行承兑汇票
乐金曙光电子有限公司	2000.07.26	2001.01.25	5,000,000.00	银行承兑汇票
乐金曙光电子有限公司	2000.07.26	2001.01.25	5,000,000.00	银行承兑汇票
乐金曙光电子有限公司	2000.07.26	2001.01.26	5,000,000.00	银行承兑汇票
乐金曙光电子有限公司	2000.07.28	2001.01.27	5,000,000.00	银行承兑汇票
乐金曙光电子有限公司	2000.07.28	2001.01.27	5,000,000.00	银行承兑汇票
康佳集团股份有限公司	2000.08.07	2001.02.04	5,000,000.00	银行承兑汇票
康佳集团股份有限公司	2000.08.07	2001.02.04	5,000,000.00	银行承兑汇票
康佳集团股份有限公司	2000.08.07	2001.02.04	5,000,000.00	银行承兑汇票
南京熊猫电子股份有限公司	2000.08.11	2001.02.11	5,000,000.00	银行承兑汇票
南京熊猫电子股份有限公司	2000.08.11	2001.02.11	5,000,000.00	银行承兑汇票
南京熊猫电子股份有限公司	2000.08.11	2001.02.11	5,000,000.00	银行承兑汇票
康佳集团股份有限公司	2000.08.18	2001.02.18	5,000,000.00	银行承兑汇票
康佳集团股份有限公司	2000.08.18	2001.02.18	5,000,000.00	银行承兑汇票
康佳集团股份有限公司	2000.08.18	2001.02.18	5,000,000.00	银行承兑汇票
康佳集团股份有限公司	2000.08.18	2001.02.18	5,000,000.00	银行承兑汇票
华飞彩色显示器有限公司	2000.08.25	2001.02.25	9,000,000.00	商业承兑汇票
华飞彩色显示器有限公司	2000.08.25	2001.02.25	9,000,000.00	商业承兑汇票
华飞彩色显示器有限公司	2000.08.25	2001.02.25	9,000,000.00	商业承兑汇票
华飞彩色显示器有限公司	2000.08.25	2001.02.25	9,000,000.00	商业承兑汇票
华飞彩色显示器有限公司	2000.08.25	2001.02.25	9,000,000.00	商业承兑汇票
乐金曙光电子有限公司	2000.08.29	2001.02.25	5,000,000.00	银行承兑汇票
乐金曙光电子有限公司	2000.08.29	2001.02.25	5,000,000.00	银行承兑汇票
乐金曙光电子有限公司	2000.08.28	2001.02.26	5,000,000.00	银行承兑汇票
乐金曙光电子有限公司	2000.08.29	2001.02.26	5,000,000.00	银行承兑汇票
乐金曙光电子有限公司	2000.08.29	2001.02.26	5,000,000.00	银行承兑汇票
乐金曙光电子有限公司	2000.08.28	2001.02.27	5,000,000.00	银行承兑汇票
质押的应收票据合计			196,000,000.00	

4、应收账款：

(1)、账龄分析

账龄	期初数			期末数		
	金额	占比例	坏账准备	金额	占比例	坏账准备
一年以内	195,622,295.84	100%	9,781,114.79	429,597,498.24	100%	16,657,514.78
合计	195,622,295.84	100%	9,781,114.79	429,597,498.24	100%	16,657,514.78

说明：由于销售规模扩大应收账款相应增加。

(2)、应收账款余额中欠款金额前五名的单位：

单位名称	欠款金额	欠款时间	欠款原因
上海永新彩色显像管有限公司	128,682,626.18	一年以内	货款
华飞彩色显示器有限公司	120,803,631.58	一年以内	货款
乐金曙光电子有限公司	67,680,070.82	一年以内	货款
印度(郝特兰)	19,068,689.44	一年以内	货款
广东福地科技股份有限公司	18,247,651.23	一年以内	货款

(3)、应收账款中无持本公司 5%(含 5%)以上股份的股东单位的欠款。

5、其他应收款：

(1)、账龄分析

账龄	期初数			期末数		
	金额	占比例	坏账准备	金额	占比例	坏账准备
一年以内	24,304,181.83	100%	859,409.09	159,517,244.39	100%	638,762.27
合计	24,304,181.83	100%	859,409.09	159,517,244.39	100%	638,762.27

(2)、其他应收款余额中欠款金额前五名的单位：

单位名称	欠款金额	欠款时间	欠款原因
应返还的所得税 *	85,239,666.24	一年以内	应返还所得税
特华有限公司	60,000,000.00	一年以内	预付定金
广东粤京安移动资讯有限公司	6,500,000.00	一年以内	预付定金
北京京鹏宏志科技有限公司	1,500,000.00	一年以内	预付投资款
公司备用金	2,327,495.38	一年以内	备用金

(3)、其他应收款中无持本公司 5%(含 5%)以上股份的股东单位的欠款。

其他应收款中包括应返还给本公司的企业所得税，2000年应返还企业所得税145,269,666.24元，已收到返还款60,030,000.00元，尚有85,239,666.24元未返还。

6、预付账款：

(1)、账龄分析

账龄	期初数		期末数	
	金额	比例(%)	金额	比例(%)
一年以内	4,537,820.51	95.27	23,871,329.70	98.49
一至两年			367,179.92	1.51
三年以上	225,145.51	4.73		
合计	4,762,966.02	100.00	24,238,509.62	100.00

说明：预付账款期末数比期初数增加的原因主要是本年预付材料款增加。

(2)、本项目中无持本公司5%(含5%)以上股份的股东单位的欠款。

(3)、预付账款余额中欠款金额前五名的单位：

单位名称	欠款金额	账龄	欠款原因
日本住友商事株式会社	4,450,477.11	一年以内	材料款
日本帝国电器公司	3,146,625.63	一年以内	材料款
德国飞利浦	1,722,600.00	一年以内	设备款
安津电子玻璃有限公司	1,500,000.00	一年以内	材料款
(广州)武汉秀珀化工有限公司	1,280,000.00	一年以内	维修工程款

7、存货及存货跌价准备：

项目	期初数		期末数	
	金额	跌价准备	金额	跌价准备
在途物资	27,576,241.86		14,380,846.61	
原材料	141,098,606.42	7,054,930.32	86,719,780.85	6,657,982.32
产成品	183,855,209.29		140,700,600.25	
自制半成品	4,122,652.93		2,438,357.20	
委托加工物资	19,473,354.26		3,780,318.47	
合计	376,126,064.76	7,054,930.32	248,019,903.38	6,657,982.32

说明：期末存货采用成本与可变现净值孰低法计价，按单项存货计提存货跌价准备，原材料库存减少是由于部分原材料采用零库存管理所致。

8、待摊费用：

项目	期初数	本期增加	本期减少	期末数
财产保险费	2,310,052.00	7,093,545.60	6,363,650.00	3,039,947.60
合计	2,310,052.00	7,093,545.60	6,363,650.00	3,039,947.60

9、固定资产及累计折旧：

固定资产类别	期初数	本期增加	本期减少	期末数
固定资产原值				
房屋建筑物	137,901,503.94	4,540,773.21		142,442,277.15
机器设备	1,402,494,608.21	38,488,322.98	13,647,487.49	1,427,335,443.70
电子设备	49,040,169.38	1,373,969.81	21,093.00	50,393,046.19
运输设备	237,364.13	325,382.46		562,746.59
其他设备	175,964,474.35	920,200.00	422,292.03	176,462,382.32
固定资产增值*	135,134,589.50			135,134,589.50
小计	1,900,772,709.51	45,648,648.46	14,090,872.52	1,932,330,485.45
累计折旧				
房屋建筑物	27,783,703.72	6,646,457.22		34,430,160.94
机器设备	530,250,348.60	134,931,534.14	10,723,308.83	654,458,573.91
电子设备	27,293,206.80	4,594,969.38	14,606.87	31,873,569.31
运输设备	213,627.72			213,627.72
其他设备	51,489,007.91	32,724,830.27	372,321.03	83,841,517.15
固定资产增值	25,940,718.83	12,479,299.56		38,420,018.39
小计	662,970,613.58	191,377,090.57	11,110,236.73	843,237,467.42
固定资产净值	1,237,802,095.93			1,089,093,018.03

*公司设立时，对主发起人安玻公司投入本公司的资产按评估确认的价值调整了1998年9月30日的账面价值，其中固定资产评估增值124,792,995.11元，固定资产增值部分按10年计提折旧，每年计提固定资产折旧1248万元。

10、工程物资：

项目	期初数	本期增加	本期减少	期末数
国内设备	3,921,510.05		246,520.39	3,674,989.66
国外设备	8,140,621.87		3,211,168.12	4,929,453.75
预制桩	283,922.46		229,690.08	54,232.38
合计	12,346,054.38		3,687,378.59	8,658,675.79

11、在建工程：

项目	期初数	本期增加	本期转入固定资产数	其他减少	期末数
建筑工程	756,770.44	3,784,002.77	4,540,773.21		–
安装工程	3,012,976.83	17,090,397.36	19,631,600.68		471,773.51
预付工程价款	251,509.01	5,491,452.46		5,742,961.47	–
合计	4,021,256.28	26,365,852.59	24,172,373.89	5,742,961.47	471,773.51

说明：(1)、本期增加的在建工程和转入固定资产的在建工程，主要是锥屏改造工程。

(2)、在建工程本期无资本化利息。

12、开办费：

类别	期初数	本期增加	本期摊销	期末数
开办费	34,868,737.90	1,082,488.23	11,867,559.70	24,083,666.43

13、短期借款：

借款类别	期初数	期末数	备注
担保借款	420,000,000.00	170,000,000.00	
合　计	420,000,000.00	170,000,000.00	

14、应付票据：

(1)、本项目2000年12月31日余额比1999年12月31日增加128,573,648.93元，增幅65.10%，主要是因为本年生产规模扩大所需原材料增加及结算方式多采用应付票据。

(2)、本项目中无欠持本公司5%(含5%)以上股份的股东单位的款项。

15、应付账款：

账龄	期初数	期末数
一年以内	70,039,012.42	138,272,303.01

(1)、本项目期末数比期初数增加68,233,290.59元，增幅97%，主要是因为本年所需原材料增加所致。

(2)、本项目中无欠持本公司5%(含5%)以上股份的股东单位的款项。

16、应付福利费：

截止2000年12月31日应付福利费余额34,913,365.06元，比期初数下降35.63%，下降的主要原因是应付福利费中包括公司改制设立时从主发起人安玻公司分来的职工奖励基金37,570,000元，根据本公司董事会决议以及职工代表团联席会议决议，将其划转给本公司的母公司安玻公司，由其统一办理职工集体福利事业。

17、应付股利：

根据本公司第一届董事会十次会议决议提请股东大会批准的2000年度利润分配预案为向全体股东分配现金股利220,000,000.00元(含税)。

18、应交税金：

项目	期初数	期末数
增值税	10,721,048.91	4,160,990.06
企业所得税*	53,534,663.63	96,350,107.86
城市维护建设税	2,823,217.72	2,387,692.50
其他	1,526,245.90	18,076,466.17
合计	68,605,176.16	120,975,256.59

*应交企业所得税按33%的税率计算。

19、其他应付款：

(1)、本项目期末数比期初数增加15,329,536.15元，其中包括应付股权激励基金13,060,000.00元。

(2)、本项目中无欠持本公司5%(含5%)以上股份的股东单位的款项。

20、预提费用：

项目	期初数	期末数
借款利息	3,398,011.60	5,940,932.83

21、股本：

项目	本次变动前	本次变动增减(+、-) 配股	送股	公积金转股	增发	其他	合计
一、未上市流通股份							
1、发起人股份	260,000,000						260,000,000
其中：国家持有股份	–						–
境内法人持有股份	260,000,000						260,000,000
境外法人持有股份	–						–
其他	–						–
2、募集法人股份	–						–
3、内部职工股	–						–
4、优先股或其他	–						–
其中：转配股	–						–
未上市流通股份合计	260,000,000						260,000,000
二、已上市流通股份	–						–
人民币普通股	180,000,000						180,000,000
境内上市的外资股	–						–
境外上市的外资股	–						–
其他	–						–
已上市流通股份合计	180,000,000						180,000,000
三、股份总数	440,000,000						440,000,000

22、资本公积：

项目	期初数	本期增加	本期减少	期末数
股本溢价	1,231,985,488.65			1,231,985,488.65

23、盈余公积：

项目	期初数	本期增加	本期减少	期末数
法定盈余公积	23,892,574.96	52,807,171.99		76,699,746.95
法定公益金	11,946,287.48	26,403,586.00		38,349,873.48
提取任意盈余公积*		158,421,515.98		158,421,515.98
合计	35,838,862.44	237,632,273.97		273,471,136.41

*根据本公司章程和董事会第一届十次会议关于利润分配的预案，按本年度净利润的30%提取任意盈余公积金158,421,515.98元。

24、未分配利润：

项目	比例	2000年
本年净利润		528,071,719.93
加：年初未分配利润		115,086,887.12
可供分配的利润		643,158,607.05
减：提取法定盈余公积	10%	52,807,171.99
提取法定公益金	5%	26,403,586.00
可供股东分配的利润		563,947,849.06
减：提取任意盈余公积	30%	158,421,515.98
应付普通股股利		220,000,000.00
期末未分配利润		185,526,333.08

25、其他业务利润：

项目	2000年度	1999年度
其他业务收入：		
材料销售	143,405,366.56	118,013,799.26
工业性劳务	6,830,000.00	1,780,000.00
其他	137,367,209.51	437,183.02
合计	287,602,576.07	120,230,982.28
其他业务支出：		
材料销售	143,405,366.56	118,012,721.21
工业性劳务	6,830,000.00	1,780,000.00
其他	89,038,641.98	38,983.08
合计	239,274,008.54	119,831,704.29
其他业务利润	48,328,567.53	399,277.99

说明：2000年度其他业务利润比1999年度同期增加的主要原因是为安玻公司加工出口商品收取的加工费收入。

26、管理费用：

2000年度管理费用比1999年度增加135,832,815.90元，主要是由于：

(1)、随着本公司经营规模的扩大及管理人员编制增加以及经济效益大幅度提高，造成工资性费用大幅度增加；

(2)、支付研究开发费48,339,924.07元；

(3)、根据1999年度股东年会决议，按不高于本年净利润的3%提取股权激励基金13,060,000.00元。

27、财务费用：

项目	2000年度	1999年度
利息支出	41,365,963.77	25,012,704.05
减：利息收入	3,613,170.47	8,592,084.55
利息净支出	37,752,793.30	16,420,619.50
汇兑损失	518,255.84	856,742.63
减：汇兑收益	741,781.90	
汇兑净损益	-223,526.06	856,742.63
其他	341,005.12	198,400.04
合计	37,870,272.36	17,475,762.17

28、投资收益：2000年度投资收益5,350,481.86元，全部为短期投资收益。

29、所得税：

项目	2000年度
会计利润	649,129,657.89
应纳税所得额	807,053,701.28
差额	157,924,043.39
其中:纳税调整增加	157,924,043.39
纳税调整减少所得税 *	121,058,055.19

*2000年度所得税按实际税负15%计算。

30、支付的其他与经营活动有关的现金主要项目:

项目	现金流量
本公司职工借款	5,669,141.34
宣传费、邮资费和印刷费	4,199,481.65
办公房租费	450,000.00
会务费	878,940.19
审计费	800,000.00
交通费和交际费	436,236.96
职工差旅费	506,314.74

31、支付的其他与筹资活动有关的现金主要项目:

项目	现金流量
支付的企业住房公积金	11,372,493.00
对外现金捐赠	1,837,820.00
广告和宣传费	470,283.00
评估费	204,000.00

六、母公司会计报表主要项目注释

1、货币资金:

项目	期初数	期末数
现金	2,163.68	7,740.32
银行存款	252,858,719.97	358,818,283.45
合计	252,860,883.65	358,826,023.77

2、长期投资:

(1)、长期投资的类别:

项目	期初数	本期增加	本期减少	期末数
长期股权投资		196,000,000.00	5,744.49	195,994,255.51

(2)、长期股权投资明细:

被投资单位名称	投资期限	投资金额	占被投资单位注册资本比例	备注
北京安彩科技风险投资有限公司	50年	196,000,000	98%	详见附注四

3、主营业务收入:

项目	2000年度	1999年度
国内销售玻屏	1,077,526,646.46	530,865,664.54
国内销售玻锥	812,408,851.64	434,810,106.98
出口销售玻屏	110,956,174.24	
出口销售玻锥	105,694,930.39	
合计	2,106,586,602.73	965,675,771.52

4、主营业务成本:

项目	2000年度	1999年度
国内销售玻屏	626,552,786.27	301,821,909.16
国内销售玻锥	411,256,607.38	263,817,122.47
出口销售玻屏	69,300,161.50	
出口销售玻锥	65,449,481.14	
合计	1,172,559,036.29	565,639,031.63

七、关联方关系及其交易

1、存在控制关系的关联方:

关联单位	注册地址	主营业务	与本公司关系	经济性质	法人代表
安玻公司	安阳市中州路南段	产销彩色显像管玻屏、玻锥	本公司发起人	合资	李留恩
北京安彩科技风险投资公司	北京市海淀区白石桥路理工科技大厦1301室	高新技术产业投资;风险投资咨询	子公司	合资	李留恩

2、存在控制关系的关联方注册资本及其变化:

关联单位	期初数	本期增加	本期减少	期末数
安玻公司	648,090,000.00			648,090,000.00
北京安彩科技风险投资公司		200,000,000.00		200,000,000.00

3、存在控制关系的关联方所持本公司股份及其变化:

关联单位	期初数	比例(%)	本期增加	本期减少	期末数	比例(%)
安玻公司	259,160,000.00	58.90			259,160,000.00	58.90

4、不存在控制关系的关联方:

关联单位	与本公司关系
河南省新乡安玻化工材料厂	同一母公司
安彩集团成都电子玻璃有限公司	同一母公司
安玻实业开发公司	同一母公司
彩玻宾馆	同一母公司
文峰研磨材料厂	同一母公司
安彩集团安津电子玻璃有限公司	同一母公司

5、存在控制关系的关联方交易:

为维护本公司全体股东的利益,本公司的控股股东安玻公司在《放弃竞争和利益冲突的承诺函》中作出了以下承诺:安玻公司与本公司发生的无法避免的关联交易必须按正常的商业条件进行,安玻公司不得要求或接受本公司给予任何优于在一项市场公平交易中的第三者给予的条件。主要的关联方交易如下:

(1)1998年10月9日,本公司与安玻公司签订了《综合服务协议》,1999年4月23日签订《关联交易协议之补充修改协议》。依照协议,2000年安玻公司向本公司提供相应的辅助性生产服务及生活后勤服务,对辅助性生产服务按公平的市场价格收费。主要有:

A.能源动力供应:安玻公司向本公司提供包括生产及生活所需的水、电、气等能源动力产品及服务,其费用292,320,619.56元,占本公司2000年外购的100%。

B.运输服务:2000年安玻公司向本公司提供本公司在生产过程中所需的运输服务,其费用29,002,818.94元,占本公司2000年外购的100%。

C.2000年本公司向安玻公司提供模具、零备件的供应及其检修服务7,991,100.00元。

D.2000年本公司向安玻公司支付仓库租赁费885,720.00元。

以上服务定价顺序:采用国家统一定价;无国家定价的,参照同类国内同行业或河南省、安阳市其他单位收取的市场价格,具体市场价格经双方协商确定;无上述价格的,按提供服务一方的实际成本确定服务价格。采用该标准的,单位成本价每年增长幅度不得超过河南省或安阳市政府统计部门公布的上一年平均物价上涨指数的5%。

(2)、本公司向安玻公司租赁两条锥生产线和模具中心的厂房,2000年付给安玻公司租金人民币280万元。

(3)、本公司向安玻公司有偿租用土地使用权,面积为32,928.59平方米,2000年本公司向安玻公司支付土地使用费10.8万元。

(4)、2000年本公司向安玻公司采购材料99,100,011.51元(成本价)。

(5)、2000年本公司向安玻公司销售材料259,676,656.37元(成本价)。

(6)、2000年本公司从安玻公司购入固定资产35,973,179.08元(账面值)。

(7)、2000年本公司向安玻公司出售固定资产6,496,869.62元(账面值)。

6、关联单位往来款项余额:

往来项目	关联单位	金额	占该项目比例	经济内容
其他应收款	安彩集团成都电子玻璃有限公司	1,908,750.00	1.20%	主要为销售材料款
预付账款	安彩集团成都电子玻璃有限公司	1,500,000.00	6.20%	预付采购材料款
预付账款	新乡安玻化工材料厂	1,022,000.00	4.20%	预付采购材料款
应付账款	安玻实业开发公司	2,909,350.04	2.10%	采购材料款
应付账款	彩玻宾馆	2,397,904.09	1.73%	应付服务费

八、或有事项或承诺事项

本公司没有应披露而未披露的或有事项。

九、资产负债表日后事项

本公司2000年度实现净利润528,071,719.93元。根据公司章程的规定,按净利润的10%提取法定盈余公积金52,807,171.99元、按净利润的5%提取法定公益金26,403,586.00元、按净利润的30%提取任意盈余公积金158,421,515.98元后,加上上年度结转的未分配利润115,086,887.12元,本年度实际可供股东分配的利润为405,526,333.08元。根据公司第一届第十次董事会决议,本年度利润分配拟以2000年末股份总数440,000,000股为基数,向全体股东按每10股派发现金红利5元(含税),共计派发现金220,000,000元,剩余185,526,333.08元结转下一年度。以上分配预案提请本公司2000年度股东大会审议表决。

九、公司的其它有关资料

1、公司首次注册或变更注册登记日期、地点:

公司于1998年9月21日在河南省工商行政管理局办理了首次注册登记

公司于2000年7月4日在河南省工商行政管理局办理了变更注册登记

2、法人营业执照注册号:4100001004435;

3、税务登记号:41051170678656X;

4、未流通股票的托管机构:上海证券中央登记结算公司;

5、公司1999年股票发行主承销商:中国东方信托投资公司;

6、公司聘请的会计师事务所:亚太集团会计事务所;

办公地址:河南省郑州市红专路84号实力大厦

十、备查文件

1、载有法定代表人、财务部长、主管会计签名并盖章的本公司会计报表;

2、载有会计师事务所、注册会计师签名并盖章的本公司审计报告原件;

3、本公司第一届董事会第十次会议决议原件及在《中国证券报》、《上海证券报》上刊登的原稿。

河南安彩高科股份有限公司

2001年2月28日

合并利润及利润分配表

编制单位:河南安彩高科股份有限公司　　2000年度　　单位:人民币元

项目	注释	2000年度		1999年度	
		母公司数	合并数	母公司数	合并数
一、主营业务收入		2,106,586,602.73	2,106,586,602.73	965,675,771.52	965,675,771.52
减:折扣与折让					
主营业务收入净额		2,106,586,602.73	2,106,586,602.73	965,675,771.52	965,675,771.52
减:主营业务成本		1,172,559,036.29	1,172,559,036.29	565,639,031.63	565,639,031.63
主营业务税金及附加		18,640,708.63	18,640,708.63	6,488,279.67	6,488,279.67
二、主营业务利润		915,386,857.81	915,386,857.81	393,548,460.22	393,548,460.22
加:其他业务利润	25	48,328,567.53	48,328,567.53	399,277.99	399,277.99
减:存货跌价损失		-396,948.00	-396,948.00	5,686,022.98	5,686,022.98
营业费用		109,325,547.48	109,325,547.48	57,377,009.54	57,377,009.54
管理费用	26	170,486,231.36	171,191,165.34	35,358,349.44	35,358,349.44
财务费用	27	38,570,344.62	37,870,272.36	17,475,762.17	17,475,762.17
三、营业利润		645,730,249.88	645,725,388.16	278,050,594.08	278,050,594.08
加:投资收益	28	5,344,737.37	5,350,481.86		
补贴收入				38,101,946.64	38,101,946.64
营业外收入				50.00	50.00
减:营业外支出		1,945,212.13	1,946,212.13	650,732.31	650,732.31
四、利润总额		649,129,775.12	649,129,657.89	315,501,858.41	315,501,858.41
减:所得税	29	121,058,055.19	121,058,055.19	94,689,147.22	94,689,147.22
少数股东收益			-117.23		
五、净利润		528,071,719.93	528,071,719.93	220,812,711.19	220,812,711.19
加:年初未分配利润		115,086,887.12	115,086,887.12	15,396,082.61	15,396,082.61
盈余公积转入					
六、可供分配的利润		643,158,607.05	643,158,607.05	236,208,793.80	236,208,793.80
减:提取法定盈余公积		52,807,171.99	52,807,171.99	22,081,271.12	22,081,271.12
提取法定公益金		26,403,586.00	26,403,586.00	11,040,635.56	11,040,635.56
七、可供股东分配的利润		563,947,849.06	563,947,849.06	203,086,887.12	203,086,887.12
减:应付优先股股利					
提取任意盈余公积		158,421,515.98	158,421,515.98		
应付普通股股利		220,000,000.00	220,000,000.00	88,000,000.00	88,000,000.00
转作股本的普通股股利					
八、未分配利润		185,526,333.08	185,526,333.08	115,086,887.12	115,086,887.12

合并资产负债表

2000 年 12 月 31 日

编制单位:河南安彩高科股份有限公司　　　　单位:人民币元

项　目	注释	期初数		期末数	
		母公司数	合并数	母公司数	合并数
流动资产:					
货币资金	1	252,860,883.65	252,860,883.65	358,826,023.77	512,829,615.61
短期投资	2	15,829,297.50	15,829,297.50	12,595,982.88	18,297,322.88
减:短期投资跌价准备					
短期投资净额		15,829,297.50	15,829,297.50	12,595,982.88	18,297,322.88
应收票据	3	556,469,114.56	556,469,114.56	707,548,149.53	707,548,149.53
应收股利					
应收利息					
应收帐款	4	195,622,295.84	195,622,295.84	429,597,498.24	429,597,498.24
其他应收款	5	24,304,181.83	24,304,181.83	98,014,911.62	159,517,244.39
减:坏帐准备		10,640,523.88	10,640,523.88	17,296,277.05	17,296,277.05
应收款项净额		209,285,953.79	209,285,953.79	510,316,132.81	671,818,465.58
预付帐款	6	4,762,966.02	4,762,966.02	23,808,422.42	24,238,509.62
应收补贴款		38,101,946.64	38,101,946.64		
存货	7	376,126,064.76	376,126,064.76	248,019,903.38	248,019,903.38
减:存货跌价准备		7,054,930.32	7,054,930.32	6,657,982.32	6,657,982.32
存货净额		369,071,134.44	369,071,134.44	241,361,921.06	241,361,921.06
待摊费用	8	2,310,052.00	2,310,052.00	3,039,947.60	3,039,947.60
待处理流动资产净损失					
一年内到期的长期投资					
其他流动资产					
流动资产合计		1,448,691,348.59	1,448,691,348.59	1,857,496,580.07	2,079,133,931.88
长期投资:					
长期股权投资				195,994,255.51	
长期债权投资					
长期投资合计				195,994,255.51	
减:长期投资减值准备					
长期投资净额					
固定资产:	9				
固定资产原价		1,900,772,709.51	1,900,772,709.51	1,931,757,709.99	1,932,330,485.45
减:累计折旧		662,970,613.58	662,970,613.58	843,229,243.31	843,237,467.42
固定资产净值		1,237,802,095.93	1,237,802,095.93	1,088,528,466.68	1,089,093,018.03
工程物资	10	12,346,054.38	12,346,054.38	8,658,675.79	8,658,675.79
在建工程	11	4,021,256.28	4,021,256.28	471,773.51	471,773.51
固定资产清理					
待处理固定资产净损失				123,181.00	123,181.00
固定资产合计		1,254,169,406.59	1,254,169,406.59	1,097,782,096.98	1,098,346,648.33
无形资产及其他资产:					
无形资产					
开办费	12	34,868,737.90	34,868,737.90	23,515,853.90	24,083,666.43
长期待摊费用					
其他长期资产					
无形资产及其他资产合计		34,868,737.90	34,868,737.90	23,515,853.90	24,083,666.43
递延税项:					
递延税款借项					
资产总计		2,737,729,493.08	2,737,729,493.08	3,174,788,786.46	3,201,564,246.64
流动负债:					
短期借款	13	420,000,000.00	420,000,000.00	170,000,000.00	170,000,000.00
应付票据	14	197,504,248.39	197,504,248.39	326,077,897.32	326,077,897.32
应付帐款	15	70,039,012.42	70,039,012.42	138,272,303.01	138,272,303.01
预付帐款					
应付工资		277,094.00	277,094.00		
应付福利费	16	54,235,943.87	54,235,943.87	34,905,954.53	34,913,365.06
应付股利	17	88,000,000.00	88,000,000.00	220,000,000.00	220,000,000.00
应交税金	18	68,605,176.16	68,605,176.16	120,974,033.26	120,975,256.59
其他未交款		1,209,950.45	1,209,950.45	1,023,296.79	1,023,296.79
其他应付款	19	11,548,817.98	11,548,817.98	26,611,410.58	26,878,354.13
预提费用	20	3,398,011.60	3,398,011.60	5,940,932.83	5,940,932.83
一年内到期的长期负债					
其他流动负债					
流动负债合计		914,818,254.87	914,818,254.87	1,043,805,828.32	1,044,081,405.73
长期负债:					
长期借款					
应付债券					
长期应付款					
住房周转金					
其他长期负债					
长期负债合计					
负债合计		914,818,254.87	914,818,254.87	1,043,805,828.32	1,044,081,405.73
递延税项:					
递延税款贷项					
少数股东权益					26,499,882.77
股东权益:					
股本		440,000,000.00	440,000,000.00	440,000,000.00	440,000,000.00
资本公积	22	1,231,985,488.65	1,231,985,488.65	1,231,985,488.65	1,231,985,488.65
盈余公积	23	35,838,862.44	35,838,862.44	273,471,136.41	273,471,136.41
其中:公益金		11,946,287.48	11,946,287.48	38,349,873.48	38,349,873.48
未分配利润	24	115,086,887.12	115,086,887.12	185,526,333.08	185,526,333.08
股东权益合计		1,822,911,238.21	1,822,911,238.21	2,130,982,958.14	2,130,982,958.14
负债及权益总计		2,737,729,493.08	2,737,729,493.08	3,174,788,786.46	3,201,564,246.64

合并现金流量表

2000 年度

编制单位:河南安彩高科股份有限公司　　　　单位:人民币元

项　目	母公司数	合并数
一、经营活动产生的现金流量:		
销售商品、提供劳务收到的现金	2,024,738,205.68	2,024,738,205.70
收到的租金		
收到的税费返还	97,865,000.00	97,865,000.00
收到的其他与经营活动有关的现金	3,057,982.46	3,758,054.72
现金流入小计	2,125,661,188.14	2,126,361,260.42
购买商品、接受劳务所支付的现金	1,011,241,231.96	1,011,552,439.16
经营租赁所支付的现金	4,650,480.08	4,650,480.08
支付给职工以及为职工支付的现金	180,332,494.43	180,385,399.94
实际交纳的增值税款	192,601,982.77	192,601,982.77
支付的所得税款	223,246,622.11	223,246,622.11
支付的除增值税、所得税以外的其他税费	27,104,283.41	27,204,623.41
支付的其他与经营活动有关的现金	14,478,965.85	15,355,191.62
现金流入小计	1,653,656,060.61	1,654,996,739.09
经营活动产生的现金流量净额	472,005,127.53	471,364,521.33
二、投资活动产生的现金流量:		
收回投资所收到的现金	22,180,328.21	22,180,328.21
分得股利或利润收到的现金	5,393,256.86	5,393,256.86
取得债券利息所支付的现金		
处置固定资产、无形资产和其他		
长期资产而收到的现金净额		
收到的其他与投资活动有关的现金		
现金流入小计	27,573,585.07	27,573,585.07
购建固定资产、无形资产和其他		
长期资产所支付的现金净额	9,945,624.74	10,505,306.20
权益性投资所支付的现金	216,489,788.59	86,191,128.59
债权性投资所支付的现金		
支付的其他与投资活动有关的现金	6,515,128.00	7,515,128.00
现金流出小计	232,950,541.33	104,211,562.79
投资活动产生的现金流量净额	-205,376,956.24	-76,637,977.70
三、筹资活动产生的现金流量		
吸收权益性投资所收到的现金		26,500,000.00
其中:子公司吸收少数股东权益性投资所收到的现金		26,500,000.00
发行债券所收到的现金		
借款所收到的现金	370,000,000.00	370,000,000.00
收到的其他与筹资活动有关的现金		245,102.00
现金流入小计	370,000,000.00	396,745,102.00
偿还债务所支付的现金	470,000,000.00	470,000,000.00
发生筹资费用所支付的现金		
分配股利或利润所支付的现金	28,800,000.00	28,800,000.00
偿付利息所支付的现金	17,941,579.17	17,941,579.17
融资租赁所支付的现金		
减少注册资本所支付的现金		
支付的其他与筹资活动有关的现金	13,921,452.00	14,761,334.48
现金流出小计	530,663,031.17	531,502,913.65
筹资活动产生的现金流量净额	-160,663,031.17	-134,757,811.65
四、汇率变动对现金的影响数		
五、现金及现金等价物的净增加额	105,965,140.12	259,968,731.96
项　目	母公司数	合并数
1.不涉及现金收支的投资和筹资活动		
以固定资产偿还债务		
以投资偿还债务		
以固定资产进行投资		
以存货偿还债务		
融资租赁固定资产		
接受捐赠非现金资产		
2.将净利润调节为经营活动的现金流量		
净利润	528,071,719.93	528,071,719.93
加:少数股东损益		-117.23
加:计提坏帐准备或转销的坏帐	6,655,753.17	6,655,753.17
固定资产折旧	191,368,866.46	191,377,090.57
无形资产、开办费摊销	8,539,284.00	8,539,284.00
待摊费用的摊销	6,363,650.00	6,363,650.00
预提费用的计提	45,980,726.00	45,980,726.00
处置固定资产、无形资产和		
其他长期资产的损失(减:收益)	50,466.00	50,466.00
固定资产报废损失		
财务费用	20,786,853.25	20,786,853.25
投资损失(减:收益)	-5,344,737.37	-5,350,481.86
递延税款贷项(减:借项)		
存货的减少(减:增加)	-127,709,213.37	-127,709,213.37
经营性应收项目的减少(减:增加)	-431,708,476.92	-432,380,783.92
经营性应付项目的增加(减:减少)	228,950,236.38	228,979,574.79
其他		
经营活动产生的现金流量净额	472,005,127.53	471,364,521.33
3.现金及现金等价物增加情况		
货币资金的期末余额	358,826,023.77	512,829,615.61
减:货币资金的期初余额	252,860,883.65	252,860,883.65
加:现金等价物的期末余额		
减:现金等价物的期初余额		
现金及现金等价物净增加额	105,965,140.12	259,968,731.96

罗顿发展股份有限公司

二〇〇〇年年度报告摘选

一、公司简介

(一)公司法定中文名称:罗顿发展股份有限公司
中文缩写:罗顿发展
公司法定英文名称:LAWTON DEVELOPMENT CO.,LTD.
英文缩写:LAWTON DEVELOPMENT
(二)公司法定代表人:李维先生
(三)公司董事会秘书及授权代表:韦胜杭先生、韦钟先生
联系地址:海南省海口市人民大道 68 号
电话:(0898)6258868
传真:(0898)6254868
邮政编码:570208
电子信箱:golden@public.hk.hi.cn
(四)公司注册地址及办公地址:海南省海口市人民大道 68 号
邮政编码:570208
公司国际互联网网址:http://www.lawtonfz.com.cn
公司电子信箱:golden@public.hk.hi.cn
(五)公司选定的信息披露报纸名称:上海证券报
登载公司年度报告的中国证监会指定国际互联网网址:http://www.sse.com.cn
年度报告备置地点:公司年度报告备置于公司办公地址,以供股东及投资者查询。
(六)公司股票上市交易所、股票简称和股票代码:
公司股票上市交易所:上海证券交易所
股票简称:罗顿发展
股票代码:600209

二、会计数据及业务数据摘要

(一)公司本年度实现的利润总额	78,369,178.59 元
其中:净利润	61,657,043.70 元
扣除非经常性损益后的净利润	61,388,898.68 元
主营业务利润	104,975,473.24 元
营业利润	76,485,076.48 元
投资收益	1,467,616.58 元
营业外收支净额	416,485.53 元
经营活动产生的现金流量净额	31,993,969.71 元
现金及现金等价物净增加额	191,965,351.14 元

* 扣除的非经常性损益项目计 268,145.02 元,其中,合并价差摊销 -143,084.98 元,固定资产处置收益 411,230.00 元。

(二)公司前三年主要会计数据和财务指标:

项目	2000 年	1999 年	1998 年	
			调整前	调整后
主营业务收入(元)	343,665,907.52	189,030,946.00	153,764,471.81	153,764,471.81
净利润(元)	61,657,043.70	50,007,110.75	45,092,686.69	45,407,051.17
总资产(元)	918,011,393.70	656,382,279.57	374,491,710.54	362,898,906.67
股东权益(元)(不含少数股东权益)	532,100,786.18	485,177,608.98	138,402,207.68	130,091,158.66
每股收益(元)	0.2615	0.3182	0.4208	0.4237
每股收益(加权)(元)	0.2942	0.3360	0.4637	0.4669
扣除非经常性损益后的每股收益(元)	0.2604	0.2460	0.4208	0.4237
每股净资产(元)	2.2571	3.0871	1.2915	1.2140
调整后的每股净资产(元)	2.2502	3.0764	1.2861	1.2085
每股经营活动产生的现金流量净额(元)	0.1357	-0.1149	-0.3482	-0.3482
净资产收益率(%)	11.59	10.31	32.58	34.90

注:调整前为未计提四项准备数据;调整后为提取四项准备数据。

三、股东情况

1、报告期末股东总数为 8415 户。其中,未流通法人股股东 5 户,流通股股东 8410 户。

2、报告期末,本公司前 10 名股东持股情况列示如下:

单位:万股

股东名称	期初数	期末数	占总股本比例(%)
(1)海南黄金海岸集团有限公司("集团公司")	7008.3453	10512.5179	44.59 *
(2)海口金海岸罗顿国际旅业发展有限公司("旅业公司")	2143.2249	3214.8374	13.64 *
(3)海口黄金海岸技术产业投资有限公司("技术产业公司")	814.4254	1221.6381	5.18 *
(4)海口国能物业发展有限公司("国能物业公司")	535.8062	803.7093	3.41
(5)普丰基金	0	438.9820	1.86
(6)裕隆基金	0	431.7428	1.83
(7)海南大宇实业有限公司("大宇实业公司")	214.3225	321.4837	1.36
(8)国信证券	37.9100	284.9025	1.21
(9)兴安基金	0	254.4350	1.08
(10)普惠基金	94.4400	146.1280	0.62

注:1、前 10 名股东中集团公司和旅业公司存在关联关系;

2、持有本公司 5%(含 5%)以上股份的股东情况:持有本公司 5%(含 5%)以上股份的股东情况如重要事项(十)所述。报告期内,上述三公司所持有的股份于 2000 年 8 月 23 日质押给了中国光大银行海口支行,质押期限为 2000 年 8 月 31 至 2001 年 5 月 30 日。

上海紫江企业集团股份有限公司

二〇〇〇年年度报告摘选

一、公司简介

(一)公司法定中文名称:上海紫江企业集团股份有限公司
公司法定英文名称:SHANGHAI ZI JIANG ENTERPRISE GROUP CO.,LTD
公司英文名称缩写:ZJQY
(二)公司法定代表人:郭峰
(三)公司董事会秘书:高军
证券事务代表:黄冰
联系电话:(021)64921636 转 602
联系地址:上海市沪闵路 5481 号
传 真:(021)64981861
(四)公司注册及办公地址:上海市沪闵路 5481 号
邮编:201100
电子信箱:zjqy@zijiangqy.com
公司网址:http://www.zijiangqy.com
(五)公司信息披露报纸:上海证券报、中国证券报、证券时报
登载公司年度报告的国际互联网网址:http://www.sse.com.cn
年度报告备置地点:上海沪闵路 5481 号公司证券部
(六)公司股票上市地:上海证券交易所
股票简称:紫江企业
股票代码:600210

二、会计数据和业务数据摘要

(一)本年度主要利润指标(单位:人民币元)

利润总额	194,194,628.67
净利润	151,579,634.79
扣除非经常损益后的净利润(注)	148,107,633.19
主营业务利润	238,654,856.79
其他业务利润	5,239,162.99
营业利润	151,308,154.21
投资收益	40,008,606.93
补贴收入	1,978,829.39
营业外收支净额	899,038.14
经营活动产生的现金流量净额	229,779,586.98
现金及现金等价物净增加额	-68,456,046.75

注:"扣除非经常损益后的净利润"一栏中扣除的项目如下:

新股申购冻结资金利息本期摊销额为 969,061.37 元;赔偿及罚款收入 524,110.84 元;补贴收入 1,978,829.39 元;以上金额合计为 3,472,001.60 元。

(二)截止报告期末公司前三年主要会计数据及财务指标(单位:人民币元)

财务指标名称	2000 年	1999 年	1998 年
主营业务收入	802,524,387.11	591,552,888.42	363,414,033.82
净利润	151,579,634.79	120,576,414.51	82,659,423.02
总资产	2,169,256,270.39	1,688,105,718.87	802,539,720.40
股东权益(不含少数股东权益)	968,705,837.36	914,146,202.57	238,140,119.50
每股收益(摊薄)	0.469	0.373	0.52
每股收益(加权)	0.469	0.44	0.52
扣除非经常性损益后的每股收益	0.458	0.37	
每股净资产	2.995	2.83	1.48
调整后的每股净资产	2.95	2.80	1.43
每股经营活动产生的现金流量净额	0.71	0.39	0.56
净资产收益率	15.65%	13.19%	34.71%

注 1:1998 年度股本按 160,705,107 股,1999、2000 年度股本按 32340 万股计算

注 2:以上数据和指标均按合并会计报表数填列、计算

注 3:根据中国证监会《公开发行证券公司信息披露编号细则(第 9 号)》要求计算的利润数据如下:

报告期利润	净资产收益率		每股收益	
	全面摊薄	加权平均	全面摊薄	加权平均
主营业务利润	24.64%	25.79%	0.738	0.738
营业利润	15.62%	16.35%	0.468	0.467
净利润	15.65%	16.38%	0.469	0.469
扣除非经常性损益后的净利润	15.29%	16.01%	0.458	0.458

三、股东情况介绍

(一)报告期末股东总数:30160

(二)公司前十位股东情况:

名次	股东名称	年末持股数	占总股份比例(%)
1	紫江集团	152337600	47.11
2	珅氏达投资(香港)有限公司	84632000	26.17
3	同振贸易	798573	0.25
4	李阿巧	785349	0.24
5	王祯长	528000	0.16
6	伊思丽	476800	0.15
7	华都企业	476800	0.15
8	紫都置业	476800	0.15
9	林观英	339735	0.11
10	马余龙	312600	0.10

上述股东中除紫江集团、珅氏达投资(香港)有限公司、伊思丽、华都企业及紫都置业所持股份未上市流通外,其余均为流通股。

报告期内,持有公司 5%以上股份的股东没有增减变化,也未有冻结或质押的情况。

西藏诺迪康药业股份有限公司

二〇〇〇年年度报告摘选

一、公司简介

1、公司法定名称： 中文：西藏诺迪康药业股份有限公司
英文：TIBET RHODIOLA PHARMACEUTICAL HOLDING CO.
2、公司法定代表人：陈达彬先生
3、公司董事会秘书：高自力先生
联系地址：(1)拉萨市北京中路93号
联系电话：(0891)6837756
联系传真：(0891)6837749
(2)成都市中新街49号锦贸大厦18楼
联系电话：(028)6653915 6656600－265
联系传真：(028)6653915
电子信箱：security@tibetndk.com
4、公司注册地址：拉萨市宇拓路71号
公司办公地址：(1)拉萨市北京中路93号
邮政编码：850000
(2)成都市中新街49号锦贸大厦18楼
邮政编码：610016
公司电子信箱：master@tibetndk.com
5、公司选定的信息披露报纸：《中国证券报》、《上海证券报》
登载公司年度报告的中国证监会指定国际互联网址：http://www.sse.com.cn
公司年度报告备查地点：公司证券部
6、公司股票上市交易所：上海证券交易所
股票简称：西藏药业
股票代码：600211

二、会计数据和业务数据摘要

1、公司本年度主要会计数据(单位：人民币元)

	2000年度	1999年度	同比+—%
利润总额	35,947,831.65	37,376,680.50	－3.82
净利润	35,721,759.76	33,074,986.57	8.00
扣除非经常性损益后的净利润	33,457,834.37	31,087,899.88	7.62
主营业务利润	69,263,116.49	66,939,171.61	3.47
其他业务利润	2,857,171.98	980,135.67	191.51
营业利润	34,399,469.10	32,317,780.33	6.44
投资收益	－810,000.00		
补贴收入		3,839,690.07	－100
营业外收支净额	2,358,362.55	1,219,210.10	93.43
经营活动产生的现金流量净额	20,555,027.96	2,246,631.42	814.93
现金及现金等价物增加额	－97,962,970.94	158,928,436.28	－161.64

注：扣除的非经常性损益项目和涉及金额：系分摊发行新股申购冻结资金利息增加的利润。2000年度为2,263,925.39元，1999年度为1,987,086.69元。

2、公司前三年主要会计数据和财务指标(单位：人民币元)

指标项目	2000年度	1999年度	1998年度(调整后)	1998年度(调整前)
主营业务收入	83,122,877.26	82,966,800.82	78,114,399.80	78,114,399.80
净利润	35,721,759.76	33,074,986.57	28,688,991.15	31,929,644.40
总资产	528,360,907.24	436,441,044.86	168,311,127.60	172,656,099.59
股东权益	401,043,937.24	389,708,661.48	96,633,674,91	100,978,646.90
每股收益(摊薄)	0.29	0.27	0.37	0.41
每股收益(加权)	0.29	0.34	0.37	0.41
扣除非经常性损益后的每股收益	0.273	0.254	0.37	0.41
每股净资产	3.27	3.18	1.25	1.30
调整后的每股净资产	3.18	3.12	1.23	1.29
每股经营活动产生的现金流量净额	0.168	0.02	0.16	0.16
净资产收益率(%)	8.91	8.49	29.69	31.62
扣除非经常损益后净资产收益率(%)	8.34	7.98	29.69	31.62

3、本年度利润表附表

报告期利润	净资产收益率(%)		每股收益	
	全面摊薄	加权平均	全面摊薄	加权平均
主营业务利润	17.27	16.53	0.565	0.565
营业利润	8.58	8.21	0.28	0.28
净利润	8.91	8.53	0.29	0.29
扣除非经常性损益后的净利润	8.34	7.99	0.273	0.273

三、股本变动及股东情况

(一)股本变动情况
1、股份变动情况表

数量单位：万股

	本次变动前	本次变动增减(+,－)	本次变动后
一、未上市流通股份			
1、发起人股份			
其中：			
国家持有股份	7760		7760
境内法人持有股份			
境外法人持有股份			
其他			
2、募集法人股份			
3、内部职工股			
4、优先股或其他			
其中：转配股			
未上市流通股份合计	7760		7760
二、已上市流通股份			
1、人民币普通股	4500		4500
2、境内上市的外资股			
3、境外上市的外资股			
4、其他			
已上市流通股份合计	4500		4500
三、股份总数	12260		12260

山东江泉实业股份有限公司

二〇〇〇年年度报告摘选

一、公司简介

1、公司的法定中文名称：山东江泉实业股份有限公司
公司的英文名称：SHAN DONG JIANG QUAN INDUSTRY CO.,LTD.
英文名称缩写：JQSY
2、公司的法定代表人：王廷江
3、公司的董事会秘书及授权代表：厉建仁 王廷宝
联系地址：山东省临沂市罗庄区罗庄镇工业街东段
联系电话：0539－－8246243
传 真：0539－－8241427
电子信箱：ljr@jiang－quan.com
4、公司的注册地址：山东省临沂市罗庄区罗庄镇龙潭路东
公司办公地址：山东省临沂市罗庄区罗庄镇工业街东段
邮政编码：276017
互联网址：http://www.jiang－quan.com
电子信箱：info@jiang－quan.com
5、公司的信息披露报纸：《中国证券报》、《上海证券报》
公司年报指定互联网址：http://www.sse.com.cn
公司年度报告备置地点：山东江泉实业股份有限公司证券部
6、公司股票上市交易所：上海证券交易所
股票简称：江泉实业
股票代码：600212

二、会计数据与业务数据摘要

1、本年度实现利润情况(单位：人民币元)

栏 目	2000年度
利润总额	125,281,155.57
净利润	87,468,698.39
扣除非经营性损益后的净利润	68,850,253.83
主营业务利润	130,622,163.11
其他业务利润	5,581,312.29
营业利润	106,662,711.01
投资收益	17,503.10
补贴收入	16,992,155.17
营业外收支净额	1,087,662.00
经营活动产生的现金流量净额	－40,119,756.24
现金及现金等价物净增加额	28,172051.87

注：非经营件[illegible]益包括投资收益17,503.10元、补贴收入16,992,155.17元、营业外收支净额1,087,662.00元、以前年度损益调整521,124.29元。

2、截至报告期末公司前三年主要会计数据和财务指标(单位：人民币元)

项 目	2000年	1999年	1998年
主营业务收入	799,303,223.59	533,942,778.15	416,696,469.61
净利润	87,468,698.39	76,193,994.07	44,102,464.68
总资产	1,105,654,506.04	981,621,871.82	593,544,245.34
股东权益(不含少数股东收益)	856,972,463.62	813,385,104.36	418,551,110.29
每股收益	0.40	0.348	0.269
每股净资产	3.91	3.71	2.55
调整后的每股净资产	3.88	3.65	2.48
每股经营活动产生的现金流量净额	－0.18	0.14	0.05
净资产收益率	10.2%	9.36%	10.54%

三、股本变动及股本情况

1、报告期末公司股东总数为50991户。

2、报告期末主要股东持股情况

股东名称	持股数(万股)	占总股本比例(%)
1 山东华盛集团总公司	4480	20.45
2 山东省沂滨水泥厂	3936	17.97
3 山东罗庄集团总公司	1082	4.94
4 宝泉实业	550	2.51
5 陈修军	82	0.37
6 王秀英	82	0.37
7 王廷洲	80	0.37
8 岳西美	75	0.34
9 韩红	67.24	0.31
10 沈庆云	60	0.27

注：

①前十名股东之间不存在关联关系。

②持有5%以上股份的股东山东华盛集团总公司受让山东罗庄集团总公司所持1480万股法人股，其他未有变动。山东罗庄集团总公司因为下属企业担保承担连带责任，被山东省济南市中级法院冻结1082万股法人股。

扬州亚星客车股份有限公司

二〇〇〇年年度报告摘选

一、公司简介

1、公司法定中文名称：扬州亚星客车股份有限公司

公司英文名称：YANGZHOU YAXING MOTOR COACH CO.,LTD.

公司英文名称缩写：YXMC

2、公司注册及办公地址：扬州市经济开发区扬子江中路188号

邮政编码：225009

公司国际互联网网址：http://www.yaxing.com

公司电子信箱：yz.yxmc@public.yz.js.cn

3、公司法定代表人：翟祝平

4、董事会秘书：张榕森

董事会证券事务代表：平长春

联系地址：扬州市经济开发区扬子江中路188号

联系电话：0514－7850400、7882999－8120

传真：0514－7852329

电子信箱：yz.yxmc@public.yz.js.cn

5、公司指定信息披露报纸：上海证券报

中国证监会指定国际互联网网址：http://www.sse.com.cn

公司中期报告备置地点：公司证券投资部

6、公司股票上市交易所：上海证券交易所

股票简称：亚星客车

股票代码：600213

二、会计数据和业务数据摘要

1、本年度利润总额及构成（单位：人民币万元）

利润总额	6735.92
其中：净利润	5452.84
扣除非经常性损益后的净利润	3825.94
主营业务利润	11949.54
其他业务利润	421.11
营业利润	6080.73
投资收益	1337.58
补贴收入	0
营业外收支净额	－682.38
经营活动产生的现金流量净额	24536.95
现金及现金等价物净增加额	16667.52

注：扣除非经常性损益的项目为新股申购无效冻结资金利息130万元；股权投资收益1337万元；资金占用费875万元；合同违约金收入40万元；固定资产报废净损失－192万元；一次性质量罚款－180万元。

利润表附表：

报告期利润	净资产收益率（%）		每股收益（元/股）	
	全面摊薄	加权平均	全面摊薄	加权平均
主营业务利润	19.58%	19.54%	0.63	0.63
营业利润	9.97%	9.95%	0.32	0.32
净利润	8.94%	8.92%	0.29	0.29
扣除非经常性损益后的净利润	6.27%	6.26%	0.20	0.20

2、截止报告期末公司前三年主要会计数据及财务指标

指标项目	单位	2000年度	1999年度	1998年度	
				调整前	调整后
主营业务收入	万元	91603.92	104058.98	89609.52	89609.52
净利润	万元	5452.84	5904.24	5027.54	4773.05
总资产	万元	116526.71	107235.67	67659.03	66555.39
股东权益	万元	61019.81	58416.98	20413.74	19310.09
全面摊薄每股收益	元	0.29	0.311	0.387	0.367
加权平均每股收益	元	0.29	0.361	0.387	0.367
扣除非经常性损益后的每股收益	元	0.20	0.305	0.387	0.367
每股净资产	元	3.21	3.07	1.57	1.49
调整后每股净资产	元	3.16	3.04	1.54	1.46
每股经营活动产生的现金净流量	元	1.29	－0.02	0.40	0.40
净资产收益率	%	8.94	10.11	24.63	24.72

三、股东情况介绍

（1）截止本报告期末股东总数为40,323户。

（2）本公司前10名大股东持股情况：

名次	股东名称	年度内增减	年末持股数（股）	占总股本比例	股权性质
1	亚星集团	0	128,572,500	67.67%	国家股
2	江扬船舶	0	428,200	0.23%	法人股
3	华钧	＋370,000	370,000	0.20%	流通股
4	扬农集团	0	356,900	0.19%	法人股
5	扬州开发	0	356,900	0.19%	法人股
6	宋自庆	＋287,918	287,918	0.15%	流通股
7	扬州冶金	0	285,500	0.15%	法人股
8	邓勇	＋180,000	180,000	0.10%	流通股
9	王长虎	＋170,000	170,000	0.09%	流通股
10	南京大明	＋169,806	169,806	0.09%	流通股

注：持股5%以上股份的股东所持有的股份没有发生质押、冻结等情况。前10名股东之间不存在关联关系。

长春经济技术开发区开发建设（集团）股份有限公司

二〇〇〇年年度报告摘选

一、公司简介

1、公司法定中文名称：长春经济技术开发区开发建设（集团）股份有限公司

公司法定英文名称：Changchun Economic & Technical Development Zone, Development and Construction(Group) Co., Ltd.

2、公司注册及办公地址：吉林省长春市自由大路118号

邮政编码：130031

电子信箱：ccjk@mail.cetdz.com.cn

3、公司法定代表人：江 才

4、公司董事会秘书：杨永学

董事会证券事务代表：卢 春

联系地址：吉林省长春市自由大路118号

联系电话：0431－4644225

传真电话：0431－4630035

5、公司信息披露报纸名称：《上海证券报》

登载公司年度报告的中国证监会指定国际互联网网址：http://www.sse.com.cn

公司年度报告备置地点：公司证券部

6、公司股票上市的交易所：上海证券交易所

股票简称：长春经开

股票代码：600215

二、会计数据和业务数据摘要

1、本年度主要利润指标情况（单位：人民币元）

本年度实现的利润总额：	195,515,542.99
净利润：	142,617,629.66
扣除非经常性损益后的净利润：	139,640,599.47
主营业务利润：	243,813,646.01
其它业务利润：	582,804.17
营业利润：	191,472,093.02
投资收益：	3,870,000.00
补贴收入：	8,590,033.54
营业外收支净额：	－8,416,583.57
经营活动产生的现金流量净额：	－199,000,978.30
现金及现金等价物净增加额：	－195,748,163.34

注：扣除的非经常性损益项目和涉及金额：财政补贴8,590,033.54元，应扣除的营业外收支净额－8,232,982.97元，债券利息3,870,000.00元。

2、截至报告期末公司前三年的主要会计数据和财务指标：（单位：人民币元）

项目	2000年	1999年	1998年	
			调整前	调整后
主营业务收入	677,105,635.34	573,552,707.41	469,879,070.96	469,879,070.96
净利润	142,617,629.66	142,578,273.52	126,389,622.96	121,109,013.62
总资产	2,156,444,691.61	1,797,187,093.36	987,333,599.82	965,279,967.47
股东权益（不含少数股东权益）	1,482,975,572.20	1,383,689,142.54	567,129,412.36	545,052,087.77
每股收益	0.47	0.56	0.70	0.67
每股收益（按月平均加权法计算）	0.47	0.70	0.70	0.67
每股净资产	4.85	5.43	3.15	3.03
调整后的每股净资产	4.81	5.26	2.98	2.89
每股经营活动产生的现金流量净额	－0.6503	－1.5143	－0.0662	－0.0662
净资产收益率（%）（全面摊薄）	9.62	10.30	22.30	22.22
净资产收益率（%）（加权平均）	9.85	16.81		

3、报告期利润表附表

报告期利润	净资产收益率（%）		每股收益	
	全面摊薄	加权平均	全面摊薄	加权平均
主营业务利润	16.44	16.84	0.80	0.80
营业利润	12.91	13.23	0.63	0.63
净利润	9.62	9.85	0.47	0.47
扣除非经常性损益后的净利润	9.42	9.65	0.46	0.46

三、股本变动及股东情况

股东情况介绍

（1）截至2000年12月31日止，公司股东总数为78,818户。

（2）公司前十名股东持股情况

姓 名	期末持股数（股）	占总股本比例%
长春经济技术开发区财政局（国有股）	140,640,000	45.96
巨化进出	860,840	0.28
景福基金	840,184	0.27
汉兴基金	804,341	0.26
大庆厦华	758,980	0.25
景宏基金	514,660	0.17
郗 伟	511,440	0.17
太化集团	445,000	0.15
贺 靖	360,000	0.12
凌钢集团	286,000	0.09

注：①前十名股东之间不存在关联关系。

②国有股权由长春市国有资产管理局授权长春经济技术开发区财政局持有。

③报告期内拟实施国有股权划转工作

即长春经济技术开发区财政局将其持有的占本公司股本总额45.96%的国家股14064万股，无偿划转给长春经济技术开发区创业投资控股有限公司，本次股权划转需经国家财政部门批准后实施。上述内容已在2000年11月30日的《上海证券报》上披露。

浙江医药股份有限公司

二○○○年年度报告摘选

一、公司简介

1、公司法定中文名称:浙江医药股份有限公司
公司法定英文名称:ZHEJIANG MEDICINE Co., Ltd.
公司英文名称缩写:ZMC
2、公司法定代表人:金彪
3、公司董事会秘书:张国钧
证券事务代表:俞祝军、张正义
联系地址:浙江省杭州市中河路司马渡巷60号
联系电话:(0571)7213883　　传真:(0571)7213883
电子信箱:zmc3@mail.hz.zj.cn
4、公司注册及办公地址:浙江省杭州市中河路司马渡巷60号　　邮政编码:310003
公司国际互联网网址:http://www.Chinazmc.com
公司电子信箱:zmc@hz.col.com.cn
5、公司选定的信息披露报纸:中国证券报、上海证券报
登载公司年度报告的中国证监会指定国际互联网网址:http://www.sse.com.cn
公司年度报告备置地点:浙江医药股份有限公司证券部
6、公司股票上市交易所:上海证券交易所
股票简称:浙江医药　　股票代码:600216

二、会计数据和业务数据摘要

1、公司本年度主要利润指标情况(金额单位:人民币元)

利润总额	22,949,343.73
净利润	20,703,835.10
扣除非经常性损益后的净利润	13,229,240.82
主营业务利润	273,413,302.96
其他业务利润	12,939,776.27
营业利润	3,582,979.87
投资收益	16,939,626.92
补贴收入	170,794.00
营业外收支净额	2,255,942.94
经营活动产生现金流量净额	9,832,974.68
现金及现金等价物净增加额	-289,826,122.70

注:"扣除非经常性损益后的净利润"中扣除非经常性损益为:
①股权转让收益:　4,415,629.04万元;
②冻结资金利息收入:　4,922,187.92元;
③固定资产清理收入　-1,863,222.68元

2、公司前三年主要会计数据和财务指标　　金额单位:人民币元

指标名称	2000年度	1999年度	1998年度	
			调整前	调整后
主营业务收入	1,077,563,498.49	1,189,985,763.15	1,093,012,178.30	1,093,012,178.30
净利润	20,703,835.10	33,225,878.77	39,270,384.58	35,774,664.10
总资产	1,436,634,421.42	1,713,303,482.69	1,131,477,130.49	1,105,632,572.66
股东权益	633,753,119.10	612,799,284.00	342,400,288.74	316,556,693.16
每股收益(摊薄)	0.069	0.144	0.227	0.207
每股收益(加权)	0.069	0.173	0.227	0.207
扣除非经常性损益后的每股收益	0.044	0.123	0.227	0.207
每股净资产	2.112	2.655	1.98	1.83
调整后每股净资产	1.980	2.405	1.67	1.55
每股经营活动产生的现金流量净额	0.033	-0.225	0.334	0.334
净资产收益率	3.27%	5.42%	11.47%	11.30%

3、净资产收益率及每股收益指标分析附表

报告期利润	净资产收益率(%)		每股收益(元)	
	全面摊薄	加权平均	全面摊薄	加权平均
主营业务利润	43.14	43.88	0.9113	0.9113
营业利润	0.57	0.57	0.0119	0.0119
净利润	3.27	3.32	0.0690	0.0690
扣除非经常性损益后的净利润	2.09	2.12	0.0441	0.0441

三、股本变动及股东情况

(一)股本变动情况
1、股份变动情况表

公司股份变动情况表

数量单位:股

	本次变动前	本次变动增减(+、-)						本次变动后
		配股	送股	公积金转股	增发	其他	小计	
一、未上市流通股份								
1、发起人股份	131421470			39426441				170847911
其中:								
国家持有股份	80214548			24064364				104278912
境内法人持有股份	51206922			15362077				66568999
境外法人持有股份								
其他								
2、募集法人股份	31610735			9483221				41093956
3、内部职工股	9767795			2930338				12698133
4、优先股或其他								
其中:转配股								
未上市流通股份合计	172800000			51840000				224640000
二、已上市流通股份								
1、人民币普通股	58000000			17400000				75400000
2、境内上市的外资股								
3、境外上市的外资股								
4、其他								
已上市流通股份合计	58000000			17400000				75400000
三、股份总数	230800000			69240000				300040000

陕西秦岭水泥股份有限公司

二○○○年年度报告摘选

一、公司简介

1.法定中文名称:陕西秦岭水泥股份有限公司
公司法定英文名称:Shaanxi QinLing Cement Co.,ltd
缩写:QLCC
2.法定代表人:祁华山
3.董事会秘书:韩保平
证券事务代表:王建平
联系地址:陕西省耀县县城东郊
电话:0919—6231630　　6233344
传真:0919—6233344
电子信箱:hbp@qinling.com
wjp@qinling.com
4.注册地址:陕西省耀县县城东郊
公司办公地址:陕西省耀县县城东郊
邮政编码:727100
公司国际互联网网址:http://www.qinling.Com
电子信箱:Webmaster @qinling.Com
5.公司选定的信息披露报纸名称:《中国证券报》、《上海证券报》
登载公司年度报告的中国证监会指定国际互联网网址:http://www.sse.com.cn
公司年度报告备置地点:本公司投资证券处
6.股票上市交易所:上海证券交易所
股票名称:秦岭水泥
股票代码:600217

二、会计数据和业务数据摘要

1.公司二○○○年度各项会计数据:(单位:元)

利润总额:	72906934.24
净利润:	61943016.32
扣除非经常性损益后的净利润:	61521207.42
主营业务利润:	163868250.64
其他业务利润:	177592.85
营业利润:	72100045.34
投资收益:	385080.00
补贴收入:	0.00
营业外收支净额:	421808.90
经营活动产生的现金流量净额:	33982526.41
现金及现金等价物净增加额:	-218932459.78

备注:扣除的非经常性损益项目和涉及金额
扣除的非经常性损益项目营业外收入:
①新股发行申购冻结资金利息,金额924187.55元。
②罚款收入等,金额38321.85元。
营业外支出:
捐赠支出等,金额540700.50元。

2.截止本报告期末公司前三年的主要会计数据和财务指标

财务指标	2000年	1999年	1998年	
			调整前	调整后
主营业务收入(元)	396371283.84	248390806.16	230413229.60	230413229.60
净利润(元)	61943016.32	56755993.08	49680626.66	49226171.81
总资产(元)	989491208.81	841640502.04	363627862.42	357792116.82
股东权益(元)	663542990.69	611444974.37	190548154.39	184712408.79
每股收益(元/股)	0.30	0.27	0.364	0.361
每股收益(按月加权平均)(元/股)	0.30	0.37	0.374	0.371
每股收益(扣除非经营性损益)(元)	0.30	0.27	0.364	0.361
每股净资产(元)	3.21	2.96	1.40	1.35
调整后每股净资产(元)	3.16	2.93	1.38	1.34
每股经营活动产生现金流量净额(元)	0.16	0.14		
净资产收益率(%)	9.34	9.28	26.07	26.65

备注:(1)、按照中国证监会《公开发行证券公司信息披露编报规则(第9号)》要求计算的利润数据:

	报告期利润	净资产收益率		每股收益	
		全面摊薄	加权平均	全面摊薄	加权平均
主营业务利润	163868250.64	24.70	26.14	0.79	0.79
营业利润	72100045.34	10.87	11.50	0.35	0.35
净利润	61943016.32	9.34	9.88	0.30	0.30
扣除非经常性损益后的净利润	61521207.42	9.27	9.81	0.30	0.30

三、股本变动及股东情况

1.截止2000年末,公司股东总数为13490户。
2.前10名股东持股情况:

	持股数(万股)	占总股本比例	股份性质
陕西省耀县水泥厂	8000	38.74	国有法人股
陕西省耀县水泥厂劳司	3400	16.46	社会法人股
礼泉县袁家集团公司	1150	5.57	社会法人股
中国建筑材料西北公司	600	2.90	社会法人股
建行铜川房地产公司	400	1.90	社会法人股
陕西铜鑫科技开发公司	100	0.48	社会法人股
吴德祥	80.994	0.39	社会法人股
曹桂花	44.297	0.215	社会公众股
肖荣升	42.94	0.207	社会公众股
涂利民	42.42	0.205	社会公众股

安徽全柴动力股份有限公司

二〇〇〇年年度报告摘选

一、公司简介

1、公司法定中文名称:安徽全柴动力股份有限公司

公司法定英文名称:ANHUI QUANCHAI ENGINE CO.,LTD

英文缩写:QCEC

2、公司法定代表人:肖正海

3、公司董事会秘书:(暂缺)

证券事务代表:马国友

联系地址:安徽省全椒县襄河镇建设东路70号

电话:(0550)5018888转2289

传真:(0550)5011156、5015888

电子信箱:maguoyou@21cn.com

4、公司注册地址及办公地址:安徽省全椒县襄河镇建设东路70号

邮政编码:239500

国际互联网网址:http://www.quanchai.com.cn

电子信箱:quanchai@email.mei.net.cn

5、公司选定的信息披露报纸名称:《上海证券报》、《证券时报》

登载公司年度报告的中国证监会指定国际互联网网址:http://www.sse.com.cn

公司年度报告备置地点:公司证券部

6、公司股票上市交易所:上海证券交易所

股票简称:全柴动力

股票代码:600218

二、会计数据和业务数据摘要

1、本年度利润情况(单位:人民币元)

利润总额	62,490,374.87
净利润	53,223,208.53
扣除非经常性损益后的净利润	54,330,298.45
主营业务利润	85,777,030.02
其他业务利润	2,781,135.11
营业利润	49,987,121.05
投资收益	13,610,343.74
补贴收入	---
营业外收支净额	-1,107,089.92
经营活动产生的现金流量净额	-21,938,066.85
现金及现金等价物净增加额	-158,669,450.64

注:扣除的非经常性损益项目和涉及金额:

营业外收入:256,436.94元;营业外支出:1,363,526.86元。

2、公司前三年主要会计数据和财务指标:(单位:人民币元)

项目	2000年	1999年	1998年(调整后)
主营业务收入	418,383,828.69	460,280,273.09	501,686,880.35
净利润	53,223,208.53	106,920,797.29	48,924,957.87
总资产	908,675,218.66	954,104,803.04	845,017,206.42
股东权益(不含少数股东权益)	645,306,494.17	631,083,285.64	562,963,089.05
每股收益	0.205	0.411	0.245
扣除非经常性损益后的每股收益	0.209	0.370	0.228
每股净资产	2.482	2.427	2.815
调整后的每股净资产	2.473	2.404	2.809
每股经营活动产生的现金流量净额	-0.084	0.214	0.030
净资产收益率%	8.25	16.94	8.69

注:1998年调整后的主要会计数据和财务指标系根据财政部财会字(1999)35号文、49号文的有关规定,改变会计政策,进行追溯调整所致。

三、股东情况介绍

1、报告期末公司股东总数为63011户。

2、报告期末公司主要股东持股情况:

股东名称	持股数(股)	占总股本比例(%)
1.全柴集团	182000000	70.00
2.侯云峰	151010	0.06
3.鼎惠公司	150000	0.06
4.兴和基金	146847	0.06
5.李伟	136984	0.05
6.陈瑞盛	129000	0.05
7.桑建萍	122450	0.05
8.梁坚荣	118970	0.05
9.方丽妹	110000	0.04
10.吴珊	100000	0.04

注(1)安徽全柴集团有限公司为公司国家股股东,其所持股份无质押和冻结情况。

(2)公司前十位股东中第2-10位为流通股股东,本公司未知其关联关系。

(3)安徽全柴集团有限公司法定代表人为肖正海,经营范围为:内燃机与内燃机配套的农机产品、农用汽车、数控机床、仪器仪表、机械、电子产品、办公自动化设备、工程机械、制造销售。备品备件、劳保用品。生产科研所需的原辅材料、相关的技术进出口业务。

(4)报告期内无控股股东变更情况。

山东南山实业股份有限公司

二〇〇〇年年度报告摘选

一、公司简介

1、公司法定中文名称:山东南山实业股份有限公司

公司法定英文名称:SHANDONG NANSHAN INDUSTRY&COMMERCE CO.,LTD.

2、公司注册地址:山东省龙口市东江镇

公司办公地址:山东省龙口市东江镇

邮政编码:265718

公司国际互联网网址:http://www.nanshan.com.cn

电子信箱:nanshan@public.ytptt.sd.cn

3、公司法定代表人:宋建波

4、公司董事会秘书:寇煜

公司董事会证券事务代表:王艳丽、陈爱君

联系地址:山东省龙口市东江镇前宋村

电话:0535-8616188

传真:0535-8616188

电子信箱:nanshan@public.ytptt.sd.cn

5、公司选定的信息披露报纸名称:《上海证券报》

登载公司年度报告的中国证监会指定国际互联网网址:http://www.sse.com.cn

公司年度报告备置地点:公司证券部

6、公司股票上市交易所:上海证券交易所

股票简称:南山实业

股票代码:600219

二、会计数据和业务数据摘要

1、本年度主要利润指标情况(单位:人民币元)

利润总额:	163,102,762.64
净利润:	138,637,348.24
扣除非经常性损益后的净利润:	136,496,062.07
主营业务利润:	207,275,615.39
其他业务利润:	7,578,330.93
营业利润:	160,961,476.47
营业外收支净额:	2,141,286.17
经营活动产生的现金流量净额:	158,499,418.13
现金及现金等价物净增加额:	-586,303,522.84
注:扣除非经常性损益项目和涉及金额:	2,141,286.17
其中:(1)罚款收入	471,391.28
(2)固定资产清理收入	1,572,788.51
(3)其他	97,106.38

2、截至报告期末公司前三年主要会计数据和财务指标:(单位:人民币元)

项目	2000年度	1999年度	1998年度(调整后)
主营业务收入	928,022,386.45	745,934,334.89	669,617,686.42
净利润	138,637,348.24	100,548,993.81	90,954,405.29
总资产	1,608,537,215.62	1,572,473.529.19	887,749,271.41
股东权益	1,219,316,182.68	1,119,228,834.44	331,026,070.31
每股收益	0.5394	0.39	0.50
每股收益(加权平均)	0.5394	0.50	——
扣除非经常损益后的每股收益	0.5311	0.37	——
每股净资产	4.744	4.35	1.82
调整后每股净资产	4.744	4.35	1.82
每股经营活动产生的现金流量净额	0.6167	0.15	0.19
净资产收益率(%)	11.37	8.98	27.48

利润表附表

报告期利润	净资产收益率(%)		每股收益	
	全面摊薄	加权平均	全面摊薄	加权平均
主营业务利润	17.00	18.02	0.8065	0.8065
营业利润	13.20	14.00	0.6232	0.6232
净利润	11.37	12.06	0.5394	0.5394
扣除非经常性损益后的利润	11.19	11.87	0.5311	0.5311

三、股本变动及主要股东持股情况

(1)截止2000年12月31日公司股东总数为57292户。

(2)公司主要股东持股情况

股东名称	持股数(股)	占总股本比例(%)
南山集团公司	122,000,000	47.471
卞玉环	1,497,500	0.583
周锐华	1,493,996	0.581
周杏英	1,490,600	0.580
林德英	1,200,000	0.467
王祖宽	1,085,713	0.422
王文训	1,046,792	0.407
王国友	1,000,000	0.389
王淑兰	671,800	0.261
王善濂	576,900	0.224

① 报告期内,持股5%以上股东所持股份未发生增减变动,也未有所持股份质押或冻结的情况。

② 截止报告期末,以上股东所持股份均为未上市流通股份。其中,南山集团公司所持股份为发起人法人股,其他股东所持股份均为内部职工股。

③ 公司未发现前十名股东之间存在任何关联关系。

江苏阳光股份有限公司

二〇〇〇年年度报告摘选

一、公司简介

公司的法定中文名称：江苏阳光股份有限公司
中文缩写：江苏阳光
公司的法定英文名称：JIANGSU SUNSHINE CO.,LTD.
英文缩写：JSSS
公司的法定代表人：陈丽芬女士
公司董事会秘书：陈浩先生
联系地址：江苏省江阴市新桥镇
电话：0510－6121688
传真：0510－6121188
电子信箱：chss@163.net
公司注册地址及办公地址：江苏省江阴市新桥镇马嘶桥
邮政编码：214426
公司国际互联网网址：http://www.jssunshine.com
电子信箱：sunsh@pubicl.wx.js.cn
公司指定信息披露报纸：《上海证券报》
登载公司年度报告的国际互联网网址：http://www.sse.com.cn
公司年度报告置备地点：公司证券部
公司股票上市交易所：上海证券交易所
股票简称：江苏阳光
股票代码：600220

二、会计数据和业务数据摘要

(一)公司本年度主要会计数据(单位：人民币元)

项目	2000年度	1999年度	同比+－%
利润总额	143067462.08	138050618.76	3.63
净利润	119693603.45	114959379.36	4.12
扣除非经常性损益后的净利润	119693603.45	110822478.08	8.00
主营业务利润	179288844.31	175942384.82	1.90
其他业务利润	177502.99	1699986.00	－89.56
营业利润	144517446.18	135300068.24	6.81
投资收益	－43572.64		
补贴收入			
营业外收支净额	－1406411.46	2750550.52	
经营活动产生的现金流量净额	101932490.24	100404880.82	1.52
现金及现金等价物净增加额	－577915058.57	738744863.25	

(二)公司前三年的主要会计数据和财务指标(单位：人民币元)

项目	2000年度	1999年度	1998年度(调整后)	1998年度(调整前)
主营业务收入	509213149.52	521884563.66	538309388.01	538309388.01
净利润	119693603.45	114959379.36	70669164.04	71715844.64
总资产	1320181312.84	1237605937.80	404460188.37	408003802.21
股东权益	1170832812.13	1066758291.28	132469610.91	136013224.75
每股收益(摊薄)	0.38	0.63	0.62	0.63
每股收益(加权)	0.48	0.84	0.72	0.73
扣除非经常性损益后的每股收益	0.38	0.60		
每股净资产	3.75	5.81	1.16	1.20
调整后的每股净资产	3.75	5.80		
每股经营活动产生的现金流量净额	0.33	0.55	0.63	0.63
净资产收益率%	10.22	10.78	53.35	52.73

注：1、2000年度总股本按312381652股计算，1999年度总股本按183753913股计算，1998年度总股本按113753913股计算。

三、股本变动及股东情况

(一)股本变动情况
1、公司股份变动情况表

数量单位：股

	本次变动前	本次变动增减(+,-) 配股	送股(10送2)	公积金转股(10转5)	增发	其他	小计	本次变动后
一、未上市流通股份								
1、发起人股份	113753913		+22750783	+56876956			+79627739	193381652
其中：								
国家持有股份								
境内法人持有股份	113753913		+22750783	+56876956			+79627739	193381652
境外法人持有股份								
其他								
2、募集法人股份								
3、内部职工股								
4、优先股或其他								
其中：转配股								
未上市流通股份合计	113753913		+22750783	+56876956			+79627739	193381652
二、已上市流通股份								
1、人民币普通股	70000000		+14000000	+35000000			49000000	119000000
2、境内上市的外资股								
3、境外上市的外资股								
4、其他								
已上市流通股份合计	70000000		+14000000	+35000000			49000000	119000000
三、股份总数	183753913		+36750783	+91876956			+128627739	312381652

海南航空股份有限公司

二〇〇〇年年度报告摘选

一、公司简介

(一)、公司中文名称：海南航空股份有限公司
公司英文名称：Hainan Airlines Co.,Ltd.
英文缩写：HNA
(二)、公司法定代表人：陈峰
(三)、公司董事会秘书及证券事务代表姓名、联系方式
公司董事会秘书：张尚辉
电子信箱：sh_zhang@hnair.com
董事会证券事务代表：柏彦
电子信箱：baiyan@hnair.com
联系地址：海口市海秀路29号海航发展大厦
电话：0898－6722714
传真：0898－6748191
(四)、公司注册地址：海南省海口市机场西路168号
公司办公地址：海南省海口市海秀路29号海航发展大厦
邮政编码：570206
公司国际互联网网址：http://www.hnair.com
公司电子信箱：webmaster@hnair.com
(五)、公司选定的信息披露报纸：《中国证券报》、《上海证券报》、《香港文汇报》
登载公司年报的国际互联网网址：http://www.sse.com.cn
公司年度报告备置地点：海南航空股份有限公司证券业务部
(六)、公司股票上市交易地点：上海证券交易所
股票简称：海南航空
股票代码：600221
股票简称：海航B股
股票代码：900945

二、会计数据和业务数据摘要

(一)公司本年度会计数据和业务数据：

利润总额(元)：	185,807,107
净利润(元)：	163,515,837
扣除非经常性损益后的净利润(元)：	122,156,858
主营业务利润(元)：	609,818,314
其他业务利润(元)：	27,632,419
营业利润(元)：	140,770,358
投资收益(元)：	25,271,929
补贴收入(元)：	0
营业外收支净额(元)：	19,764,819
经营活动产生的现金流量净额(元)：	224,334,622
现金及现金等价物净增加额(元)：	63,586,561

(二)截至报告期末公司前三年的主要会计数据和财务指标：

序号	项目	单位	2000年	1999年	1998年 调整后	1998年 调整前
1	主营业务收入	(元)	2,296,484,304	1,807,166,637	1,360,878,108	1,360,878,108
2	净利润	(元)	163,515,837	135,689,892	85,287,852	96,252,960
3	总资产	(元)	10,183,648,745	6,471,078,081	3,645,171,110	3,638,082,492
4	股东权益(不含少数股东权益)	(元)	2,145,357,553	2,024,365,863	1,043,837,749	1,068,273,119
5	每股收益	(元/股)	0.224	0.20	0.18	0.20
6	扣除非经营损益后每股收益	(元/股)	0.167	0.17	0.18	0.20
7	每股净资产	(元/股)	2.94	3.00	2.22	2.27
8	调整后的每股净资产	(元/股)	2.44	2.44	1.67	1.72
9	每股经营活动产生的现金流量净额	(元/股)	0.31	－0.14	0.07	0.07
10	净资产收益率	(%)	7.62	6.70	8.17	9.01

按照中国证监会《公开发行证券公司信息披露编报规则(第9号)》要求计算的利润表附表：

(单位：元)

项目	报告期利润	净资产收益率(%) 全面摊薄	净资产收益率(%) 加权平均	每股收益(元) 全面摊薄	每股收益(元) 加权平均
主营业务利润	609,818,314	28.43	28.94	0.84	0.84
营业利润	140,770,358	6.56	6.68	0.19	0.19
净利润	163,515,837	7.62	7.7	0.22	0.23
扣除非经常性损益后的净利润	122,156,858	5.69	5.8	0.17	0.17

三、股东情况介绍

(一)报告期末股东总数126919人。
(二)前十名股东持股情况

	单位	持股数(股)	占总股本比例(%)
1	American Aviation LDC(非流通外资股东)	108,043,201	14.80
2	海南琪兴实业投资有限公司	56,337,747	7.71
3	海航控股(集团)有限公司	53,412,696	7.31
4	中国光大(集团)总公司	33,207,818	4.55
5	海南省国有资产管理委员会办公室	17,289,355	2.37
6	NAITO SECURITIES CO.,LTD(外资股东)	8,556,896	1.17
7	HAINAN AMERICAN CO.,LTD(外资股东)	8,418,510	1.15
8	WARDLEY JAMES CAPEL FAR EAST LTD(外资股东)	7,358,040	1.01
9	中国国际旅行总社	6,480,000	0.89
10	交通银行海南省分行	6,480,000	0.89

河南竹林众生制药股份有限公司

二〇〇〇年年度报告摘选

一、公司简介

1、公司法定中文名称:河南竹林众生制药股份有限公司
公司法定英文名称:HENAN JOYLINE&JOYSUN PHARMACEUTICAL STOCK CO.,LTD.
缩写:JOYSUN
2、公司法定代表人:赵庆新
3、公司董事会秘书:孙学智
证券事务代表:王宁
联系地址:河南省郑州市高新技术产业开发区金梭路8号
电话:0371-7982194
传真:0371-7982194
电子信箱:sunxz@371.net
4、公司注册地址:河南省郑州市高新技术产业开发区金梭路8号
公司办公地址:河南省郑州市高新技术产业开发区金梭路8号
邮政编码:450001
公司国际互联网网址:http://www.joysun.com
电子信箱:joysun@www.joysun.com
5、公司选定的信息披露报纸名称:《中国证券报》、《上海证券报》
登载公司年度报告的中国证监会指定国际互联网网址:http://www.sse.com.cn
公司年度报告备置地点:公司证券部
6、公司股票上市交易所:上海证券交易所
股票简称:众生制药
股票代码:600222

二、会计数据和业务数据摘要

1、本年度主要利润指标情况(单位:人民币元)

利润总额	50,821,568.15
净利润	42,874,029.85
扣除非经常性损益后的净利润(注)	37,537,791.79
主营业务利润	84,270,775.35
其他业务利润	20,989.91
营业利润	45,485,330.09
投资收益	
补贴收入	3,600,000.00
营业外收支净额	1,736,238.06
经营活动产生的现金流量净额	875,358.04
现金及现金等价物增加额	-117,109,726.06

注:扣除非经常性损益项目和涉及金额:新股申购冻结资金利息共计4,801,409.2元,分五年摊销,本期摊销额为960,000.00元;补贴收入3,600,000.00元;转让资产收益776,238.06元;非经常性损益总计金额为5,336,238.06元。

2、截至报告期末公司前三年主要会计数据和财务指标:(单位:人民币元)

项目	2000年	1999年	1998年调整后	1998年调整前
主营业务收入	139,922,588.09	167,561,070.41	136,717,673.78	136,717,673.78
净利润(元)	42,874,029.85	38,440,870.57	22,247,445.75	32,187,787.60
总资产(元)	572,856,553.53	552,672,820.92	309,694,585.60	319,634,927.45
股东权益(元) (不含少数股东权益)	410,407,060.38	401,569,340.53	144,903,469.96	154,843,811.81
每股收益(元/股)	0.315	0.28	0.22	0.32
每股收益(元/股) (按月平均加权法计算)	0.315	0.34	0.22	0.32
扣除非经常性损益后 的每股收益	0.28	0.24		
每股净资产(元/股)	3.01	2.95	1.43	1.53
调整后的每股净资产(元/股)	3.00	2.94	1.41	1.51
每股经营活动产生的	0.01	0.73	0.28	0.28
现金流量净额净资产收益率%	10.45	9.57	15.35	20.79

注:2000年、1999年总股本按136,145,240股计算,1998年总股本按101,145,240股计算。

3、报告期内股东权益变动情况:

项目	股本	资本公积	盈余公积	法定公益金	未分配利润	股东权益合计
期初数	136,145,240	226,572,960.00	7,688,174.12	3,844,087.06	31,162,966.41	401,569,340.53
本期增加	--	--	8,574,805.98	4,287,402.99	42,874,029.85	8,837,719.85
本期减少	--	--	--	--	42,611,115.98	--
期末数	136,145,240	226,572,960.00	16,262,980.10	8,131,490.05	31,425,880.28	410,407,060.38

变动原因:

①盈余公积、法定公益金变动原因:根据公司董事会2000年度利润分配预案,从本年度净利润中提取10%的法定盈余公积;提取10%的法定公益金。

②未分配利润变动原因:根据公司董事会2000年度利润分配预案以及本年度经营所产生的净利润。

③股东权益变动原因:因为资本公积增加和未分配利润增加。

三、股东情况介绍

(1)报告期末公司股东总数为23348户。
(2)报告期末公司前十名股东持股情况

股东名称	持股数量(股)	占总股本比例(%)
众生集团	99,955,240	73.42
社会帮困	400,000	0.29
竹林耐材	350,000	0.26
智益投资	350,000	0.26
仙竹洗涤	350,000	0.26
张发知	276,930	0.203
梁学华	272,200	0.20
同益基金	267,359	0.196
新华包装	140,000	0.10
金通投资	127,475	0.094

注:①郑州众生实业集团有限公司为公司国有法人股股东,其所持股份无质押和冻结。
②公司前十名股东中第3、4、5、9位为公司发起人股东,不存在关联关系。
③公司前十名股东中第2、6、7、8、10位为流通股东,本公司未知其关联关系。

山东万杰高科技股份有限公司

二〇〇〇年年度报告摘选

一、公司简介

1、公司法定中文名称:山东万杰高科技股份有限公司
公司英文名称:Shandong Wanjie High-Tech Co.,Ltd.　　英文缩写:WJHT
2、公司法定代表人:孙启玉
3、公司董事会秘书:孙峰
联系地址:山东省淄博市博山经济技术开发区万杰高科技股份有限公司
电话:0533-4651082,0533-4650813
传真:0533-4650151
电子信箱:sunfeng@wanjie.com
4、公司注册地址及办公地址:山东省淄博市博山经济技术开发区
邮政编码:255213
公司国际互联网网址:www.wanjie.com
电子信箱:wanjie@wanjie.com
5、公司选定的信息披露报纸名称:《上海证券报》、《中国证券报》
登载公司年度报告的中国证监会指定国际互联网网址:www.sse.com.cn
公司年报备置地点:公司证券部
6、公司股票上市交易所:上海证券交易所
股票简称:万杰高科　　股票代码:600223

二、会计数据和业务数据摘要

1、本年度主要会计指标(单位:人民币元)

利润总额	187,801,272.88
净利润	147,001,321.19
扣除非经常性损益后的净利润	132,490,221.15
主营业务利润	198,184,363.81
其他业务利润	8,192,368.96
营业利润	173,057,573.43
投资收益	2,502,063.00
补贴收入	12,009,037.04
营业外收支净额	232,599.41
经营活动产生的现金流量净额	166,445,340.61
现金及现金等价物净增加额	-461,683,846.58

注:2000年非经常性损益系投资收益2,502,063.00元,补贴收入12,009,037.04元。

2、近三年主要会计数据和财务指标　　(单位:人民币元)

	2000年	1999年	1998年	
			调整前	调整后
主营业务收入	761,963,023.11	546,295,399.31	277,532,718.19	277,532,718.19
净利润	147,001,321.19	135,624,483.35	60,255,181.19	58,542,005.52
总资产	2,170,017,127.35	1,769,079,111.90	887,204,322.87	884,290,487.94
股东权益 (不含少数股东权益)	1,588,579,549.29	1,602,453,228.10	738,107,879.68	735,194,044.75
每股收益				
摊薄	0.27	0.33	0.37	0.365
加权	0.31	0.38	0.46	0.458
扣除非经常性损 益后的每股收益				
摊薄	0.25	0.30	0.37	0.365
加权	0.28	0.35	0.46	0.458
每股净资产	2.96	3.88	2.44	2.43
调整后的每股净资产	2.95	3.88	2.44	2.43
每股经营活动产生 的现金流量净额	0.31	0.145	0.14	0.14
净资产收益率(%)				
摊薄	9.25%	8.46%	15.19%	15.02%
加权	8.77%	11.60%	15.19%	15.02%

注:公司1998年末总股本为30,250万股;1999年末总股本为41,250万股;2000末总股本为53,625万股。

根据中国证监会《公开发行证券公司信息披露编报规则(第9号)》要求计算的数据:

	净资产收益率		每股收益(元/股)	
	全面摊薄	加权平均	全面摊薄	加权平均
主营业务利润	12.48%	11.83%	0.37	0.42
营业利润	10.89%	10.33%	0.32	0.36
净利润	9.25%	8.77%	0.27	0.31
扣除非经常性损益后的净利润	8.34%	7.91%	0.25	0.28

3、报告期内股东权益变动情况　　(单位:人民币元)

项目	股本	资本公积	盈余公积	其中,法定公益金	未分配利润	股东权益合计
期初数	412,500,000	743,476,900.00	112,693,425.56	33,033,695.65	333,782,902.54	1,602,453,228.10
本期增加	123,750,000		22,050,198.18	7,350,066.06	147,001,321.19	147,001,321.19
本期减少					306,675,198.18	160,875,000.00
期末数	536,250,000	743,476,900.00	134,743,623.74	40,383,761.71	174,109,025.55	1,588,579,549.29

三、股东情况介绍

1、报告期末股东总数为120,284人。

2、持有公司5%以上(含5%)股份的股东是万杰集团公司,报告期内因本公司实施1999年度利润分配方案,致使其所持法人股股份由原来的22,445万股,增至29,178.5万股,占公司总股本的54.41%。报告期内股份无质押或冻结情况。

公司前10名股东持股情况(截止2000年12月31日)

股东名称	持股数(股)	持股比例(%)	股份类型
万杰集团公司	291,785,000	54.41	法人股
博山万通达总公司建筑安装公司	19,500,000	3.64	法人股
淄博第五棉纺织厂	5,590,000	1.04	法人股
基金兴汉	2,600,117	0.48	流通股
山东淄博万通达工业技术研究所	2,340,000	0.44	法人股
淄博岜山染料化工厂	2,340,000	0.44	法人股
淄博市博山毛巾厂	2,340,000	0.44	法人股
基金安信	1,225,900	0.23	流通股
祁崇焕	1,027,780	0.19	流通股
周清	1,014,566	0.19	流通股

福建天香集团股份有限公司

二〇〇〇年年度报告摘选

一、公司简介

1、公司法定中文名称:福建天香集团股份有限公司
公司法定英文名称:FuJianTianXiang Group Co.,Ltd.
2、公司法定代表人:陈海遂
3、公司董事会秘书:吴唐青　　授权代表:兰瑞光
联系地址:福州杨桥路中闽大厦B栋七楼
联系电话:0591-7525343　　传 真:0591-7545948
4、公司注册地址:福建福清镜洋工业区
公司办公地点:福州杨桥路中闽大厦B栋七楼
邮政编码:350001
网 址:Heep://tiangxiang.con.cn
电子信箱:fjtxjt@163.net
5、公司选定的信息披露报纸名称:《上海证券报》、《中国证券报》、《证券时报》。
登载公司年度报告的中国证监会指定国际互联网网址:http://www.sse.com.cn
公司年度报告备置地点:福建福州杨桥路中闽大厦B栋七楼
6、公司股票上市交易所:上海证券交易
股票简称:天香集团　　股票代码:600225

二、会计数据和业务数据摘要

(一)本年度主要利润指标(单位:人民币元)

利润总额	42,917,419.42
净利润	33,009,670.38
扣除非经营性损益后的净利润	27,468,914.74
主营业务利润	65,445,140.54
其他业务利润	405,588.75
营业利润	29,846,748.95
投资收益	6,939,772.67
补贴收入	70,000.00
营业外收支净额	6,060,897.80
经营活动产生的现金流量净额	5,772,018.11
现金及现金等价物净增加额	-109,699,454.18

注:扣除非经常损益的项目为:1、股票投资收入6,515,060.87元;2、募集申购资金利息收入2,854,964.19元;3、补贴收入70,000.00元;4、营业外收入中非经常性损益250,752.76元;5、营业外支出1,420,993.28元。合计8,269,784. 54元。扣除所得税后影响5,540,755.64元。

(二)截至报告期末公司前三年的主要会计数据和财务指标

(单位:人民币元)

项目	2000年	1999年(调整后)	1998年(调整后)
主营业务收入	370,277,920.89	334,319,928.18	363,181,511.91
净利润	33,009,670.38	24,695,426.76	21,435,021.98
总资产	926,305,794.85	837,095,578.73	402,872,906.32
股东权益(不含少数股东权益)	401,725,753.19	375,355,794.81	133,640,691.80
全面摊薄后的每股收益	0.246	0.184	0.24
按月平均加权法计算的每股收益	0.246	0.252	0.23
每股净资产	2.998	2.801	1.50
调整后的每股净资产	2.899	2.735	1.45
每股经营活动产生的现金流量净额	0.043	-0.756	
全面摊薄后的净资产收益率	8.22%	6.58%	16.04%
加权平均净资产收益率	8.42%		
扣除非经营性损益后的每股收益	0.20	0.152	0.23

	净资产收益率		每股收益	
	全面摊簿	加权平均	全面摊簿	加权平均
主营业务利润	0.16	0.17	0.49	0.49
营业利润	0.07	0.08	0.22	0.22
净利润	0.08	0.08	0.25	0.25
扣除非经常性损益后的净利润	0.07	0.07	0.20	0.20

(三)报告期内股东权益变动情况(单位:人民币万元)

项目	股本	资本公积	盈余公积	法定公益金	未分配利润	股权权益合计
期初数	13400	22172	755	479	1209	37536
本期增加	-	6	506	168	2198	2710
本期减少	-	-	-	-	-	-
期末数	13400	22178	1250	644	3345	40173

变动原因:

1、资本公积变动原因是控股子公司接受捐赠。

2、盈余公积,法定公益金增加数是本期利润按规定计提额。未分配利润变动原因为本期利润增加。

三、股东情况介绍

1、报告期末,持有本公司股份的股东总数为16458户。

2、前10名股东持股情况(截止至2000年12月31日)

名次	股东名称	年末持股数(股)	占总股本比例%
1	福建华通置业有限公司	26800000	20
2	华通国际招商集团股份有限公司	17580000	13.12
3	福清市国有资产营运投资有限公司	11800000	8.8
4	厦门中润实业集团有限公司	9605770	7.17
5	福清市粮食经济开发总公司	4388730	3.27
6	福建华兴信托投资公司	3000000	2.24
7	太化集团	1718000	1.2
8	同盛基金	1250218	0.9
9	同益基金	1200000	0.9
10	福建宏裕粮食开发公司	1000000	0.75

浙江升华拜克生物股份有限公司

二〇〇〇年年度报告摘选

一、公司简介

1、公司法定中文名称:浙江升华拜克生物股份有限公司
公司英文名称:ZHEJIANG SHENGHUA BIOK BIOLOGY CO.,LTD.
2、公司法定代表:夏士林
3、公司董事会秘书:陈俊标
联系地址:浙江省德清县钟管工业区
电话:0572-8402738
传真:0572-8402738
电子信箱:junbchen@21cn.com
4、公司注册地址:浙江省湖州市经济技术开发区
公司办公地址:浙江省德清县钟管工业区
邮编:313220
公司互联网址:http://www.biok.com.
公司电子信箱:600226@biok.com.
5、公司选定的信息披露报纸:《中国证券报》、《上海证券报》
登载公司年度报告的互联网址:http://www.sse.com.cn
公司年度报告置备地点:公司证券部
6、公司股票上市交易所:上海证券交易所
公司股票简称:升华拜克
股票代码:600226

二、会计数据和业务数据摘要

1、本年度主要会计数据和业务数据(单位:元)

项　目	2000年
利润总额	62,431,573.47
净利润	60,911,141.59
扣除非经常性损益后的净利润	56,979,587.26
主营业务利润	82,850,355.40
其他业务利润	312,747.85
营业利润	55,093,231.04
投资收益	3,406,788.10
补贴收入	2,154,791.61
营业外收支净额	1,776,762.72
经营活动产生的现金流量净额	47,140,941.36
现金及现金等价物净增加额	-56,976,875.21

注:扣除非经常性损益后的净利润中扣除了补贴收入2,154,791.61元,营业外收入1,816,722.73元,加上营业外支出39,960.01元。

2、近三年主要会计数据和财务指标　　(单位:万元)

项　目	2000年	1999年	1998年调整前	1998年调整后
主营业务收入	204,578,945.41	116,387,651.03	115,442,034.69	115,442,034.69
净利润	60,911,141.59	34,313,765.24	35,581,927.06	35,071,315.27
总资产	551,410,238.73	437,139,280.48	161,039,515.89	158,449,781.31
股东权益	440,100,271.14	399,543,477.05	77,184,264.20	74,982,989.81
每股收益(摊簿)	0.346	0.312	0.474	0.467
每股收益(加权)	0.481	0.372	0.828	0.816
扣除非经常性损益后的每股收益	0.324	0.309	0.491	0.485
每股净资产	2.50	3.631	1.009	0.999
调整后每股净资产	2.50	3.617	1.009	0.982
每股经营活动产生的现金流量净额	0.268	0.262	0.418	0.418
净资产收益率(%)	13.84%	8.59%	46.10%	46.77%

3、报告期内股东权益变动情况

项目	股本	资本公积金	盈余公积	法定公益金	未分配利润	股东权益合计
期初数	110,023,500.00	266,249,072.00	6,977,637.82	2,325,879.27	16,293,267.23	399,543,477.05
本期增加	55,011,750.00		9,136,671.24	3,045,557.08	20,417,772.85	40,556,794.09
本期减少		55,011,750.00				
期末数	176,037,600.00	211,237,322.00	16,114,309.06	5,371,436.35	36,711,040.08	440,100,271.14

三、股东情况

1、股东情况介绍

(1)截止2000年12月31日,公司股东总数为5327户,公司无内部职工股或公司职工股。

(2)前十名股东持股情况:

股东名称	年末持股数(万股)	年内股份增减情况	持股比例(%)	股份性质
升华(集团)公司	9658.224		54.8646	法人股
源裕投资有限公司	1302.416		7.4	外资法人股
浙江省科技风险投资公司	480.144		2.730	法人股
浙江泛美发展有限公司	322.896		1.83	法人股
浙江名策投资有限公司	240.08		1.36	法人股
南方证券	79.349	+79.349	0.45	流通股
天发投资	73.724	+73.724	0.419	流通股
天安数码	65.826	+65.826	0.374	流通股
孙振河	59.228	+59.228	0.336	流通股
徐雁	58.406	+58.406	0.332	流通股

前十名股东无关联关系

(3)持公司股份5%以上法人股东情况

升华(集团)公司,法人代表:夏士林。经营范围:酶制剂、生物制品、畜用药制造,火力发电,以及油墨、彩印复合塑料包装,出口国家规定商品,出口本企业自产的氧化铁;经销化工产品、装饰材料等.其持有浙江升华拜克生物股份有限公司的股份无质押。

香港源裕投资有限公司为港资投资公司,主要从事股权投资,其持有的浙江升华拜克生物股份有限公司股份的35%正在申请办理质押。

贵州赤天化股份有限公司

二○○○年年度报告摘选

一、公司简介

1、公司名称:贵州赤天化股份有限公司
英文名称:GUIZHOU CHITIANHUA CORP.
2、法定代表人:李大学
3、董事会秘书:杨呈祥
通讯地址:贵州省赤水市化工路　　贵州省贵阳市延安中路88号6楼
邮编:564707　　550001
电话:0852-2878874、2878859　　传真:0852-2878332
电子信箱:chth@chitianhua.com
授权代表:王保青
通讯地址:贵州省贵阳市新天大道火炬大厦3楼
邮编:550001
电话:0851-6840828、5813068　　传真:0851-5813068
电子信箱:chth_gy@chitianhua.com
授权代表:梅　君
通讯地址:贵州省赤水市化工路
邮编:564707
电话:0852-2878874
传真:0852-2878332
电子信箱:chth@chitianhua.com
5、公司选定的信息披露报纸名称:《中国证券报》、《上海证券报》
登载公司年度报告的中国证监会指定国际互联网网址:HTTP://WWW.SSE.COM.CN
公司年度报告备查地点:贵州省贵阳市新天大道火炬大厦3楼
公司主页:HTTP://WWW.CHITIANHUA.COM
6、上市交易所:上海证券交易所
股票简称:赤天化　　股票代码:600227

二、会计数据和业务数据摘要

1、本年度主要效益指标情况(单位:人民币元)

利润总额	76,740,318.18
净利润	65,133,301.76
扣除非经常性损益后的净利润	61,412,932.04
主营业务利润	72,400,955.25
其他业务利润	1,203,153.28
营业利润	42,903,932.32
投资收益	29,459,480.31
补贴收入	0.00
营业外收支净额	4,376,905.55
经营活动产生的现金流量净额	701,704.63
现金及现金等价物净增加额	-238,255,369.10
注:扣除的非经常性损益项目及涉及金额:	
(1)冻结新股申购资金利息	4,389,403.73元。
(2)固定资产报废损失	-12498.18元。
(3)合计	4,376,905.55元。

2、截至报告期末公司前三年的主要会计数据和财务指标:

单位:人民币元

项　目	2000年	1999年	1998年
主营业务收入	600,867,609.35	598,795,988.58	621,798,850.39
净利润	65,133,301.76	55,685,048.02	46,785,755.18
总资产	843,264,825.04	789,463,119.69	314,653,911.01
股东权益	700,607,647.37	677,974,345.61	151,264,522.71
每股收益(摊薄)	0.383	0.328	0.468
每股收益(加权)	0.383	0.557	0.468
扣除非经常性损益后的每股收益	0.361	0.328	0.481
每股净资产	4.12	3.99	1.51
调整后每股净资产	4.12	3.99	1.51
每股经营活动产生的现金流量净额	0.004	0.37	0.57
净资产收益率(%)(摊薄)	9.30	8.21	30.93
净资产收益率(%)(加权)	9.17	29.06	40.96

3、报告期利润表附表

报告期利润	净资产收益率		每股收益	
	全面摊薄	加权平均	全面摊薄	加权平均
主营业务利润	10.33%	10.19%	0.426	0.426
营业利润	6.12%	6.04%	0.252	0.252
净利润	9.30%	9.17%	0.383	0.383
扣除非经常性损益后的净利润	8.77%	8.64%	0.361	0.361

三、股东情况介绍

1、报告期末公司股东总数为43479户。
2、报告期末公司主要股东持股情况

序号	股东名称	股份类别	持股数量(万股)	持股比例
1	贵州赤天化集团有限责任公司	国有法人股	9708.12	57.11%
2	贵州赤天化集团有限责任公司工会	法人股	221.88	1.31%
3	同盛基金		47.19	0.28%
4	金鑫基金		47.19	0.28%
5	天元基金		44.00	0.26%
6	大隆电子	法人股	40.00	0.24%
7	泰和基金		31.46	0.19%
8	新锦竹木	法人股	20.00	0.12%
9	王云之		17.50	0.10%
10	李钢		17.25	0.10%

江西昌九化工股份有限公司

二○○○年年度报告摘选

一、公司简介

(一)公司中文名称:江西昌九化工股份有限公司
缩写:昌九股份
公司英文名称:JiangXi ChangJiu Chemical Industry Co.,Ltd.
缩写:CJCL
(二)公司法定代表人:肖建国
(三)公司董事会秘书:谌晓华
联系地址:江西省南昌市北京东路98号华赣大厦五楼
电话:0791—8300796　　传真:0791—8300796
(四)公司注册地址:南昌市高新区高新一路创业大厦
公司办公地址:南昌市北京东路98号华赣大厦五楼
邮编:330029
电子信箱:jxcjgf@public.nc.jx.cn
(五)公司选定的信息披露报纸:《中国证券报》、《上海证券报》
登载公司年度报告的中国证监会指定国际互联网网址:Http://www.sse.com.cn
公司年报备置地点:公司证券部
(六)公司股票上市地:上海证券交易所
股票简称:昌九股份　　股票代码:600228

二、会计数据和业务数据摘要

(一)本年度利润总额及构成(单位:人民币元)

项　目	2000年度
利润总额	16,758,615.51
净利润	15,679,393.30
扣除非经常性损益后的净利润	15,600,343.61
主营业务利润	21,040,951.77
其它业务利润	1,179,792.88
营业利润	4,502,305.89
投资收益	12,177,259.93
补贴收入	1,295,000.00
营业外收支净额	-1,215,950.31
经营活动产生的现金流量净额	-8,950,192.44
现金及现金等价物净增加额	-54,349,282.15
注:扣除的非经营性损益项目和涉及金额	
补贴收入:	1,295,000.00
营业外收支净额:	-1,215,950.31

(二)公司前三年主要会计数据及财务指标

项目	2000年度	1999年度	1998年度	
			调整后	调整前
主营业务收入(元)	233,494,139.62	248,255,135.02	347,311,332.13	347,311,332.13
净利润(元)	15,679,393.30	9,576,018.30	25,432,243.93	30,558,988.23
总资产(元)	743,120,839.70	712,190,460.16	361,705,534.61	371,149,029.46
股东权益(元)	450,592,185.50	443,912,792.20	177,507,743.50	188,643,715.05
每股收益(元/股)	0.09	0.053	0.212	0.255
每股收益(扣除非经营性损益)(元/股)	0.09	0.007		
每股净资产(元/股)	2.50	2.466	1.479	1.572
调整后的每股净资产(元/股)	2.46	2.44	1.476	1.565
每股经营活动产生的现金流量净额(元)	-0.05	-0.12		
净资产收益率(%)	3.48	2.16	14.33	16.20

(三)按照中国证监会《公开发行证券公司信息披露编报规则<第9号>》要求计算的利润数据(利润表附表):(单位:人民币元)

报告期利润	净资产收益率(%)		每股收益(元/股)	
	全面摊薄	加权平均	全面摊薄	加权平均
主营业务利润	4.67	4.66	0.117	0.117
营业利润	1	1.00	0.025	0.025
净利润	3.48	3.47	0.09	0.09
扣除非经常性损益后的净利润	3.46	3.45	0.09	0.09

三、股本变动及股东情况

(一)股本变动情况
1、报告期末股东总数为4804户。
2、截止2000年12月31日止,公司前10名股东的持股情况如下:

序号	股东名称	拥有股数(股)	持股比例(%)
1	江西昌九化工集团有限公司	120,000,000	66.67
2	贾建兴	361,750	0.20
3	王玉珍	319,150	0.18
4	定虎	310,000	0.17
5	高福源	295,100	0.16
6	孙庆红	286,950	0.16
7	王凤祥	276,159	0.15
8	许锦文	275,300	0.15
9	杨木秀	269,999	0.15
10	郭国强	267,800	0.15

注:(1)持有本公司5%以上股份的股东所持股份无增减变动、质押或冻结的情况;
(2)以上公司前10名股东不存在关联关系。

3、持股10%以上法人股东情况
法人股东名称:江西昌九化工集团有限公司
法人代表:杜喜学
经营范围:向企业投资及利用外资、资产经营,化工产品、机械、电子设备的生产与销售,技术开发与咨询以及综合技术服务等(以上项目国家有专项规定的除外)。
4、报告期内控股股东的法人代表变更为杜喜学先生,其它情况及相关信息未发生变动。

青岛碱业股份有限公司

二〇〇〇年年度报告摘选

一、公司简介

1、公司的法定中文名称：青岛碱业股份有限公司
公司的法定英文名称：QINGDAO SODA ASH INDUSTRIAL COMPANY LTD.
2、公司注册地址：山东省青岛市四流北路78号
公司办公地址：山东省青岛市四流北路78号
邮政编码：266043
公司电子信箱：xxzx@qdjy.com
3、公司法定代表人：刘毓源
4、公司董事会秘书：丁肇远
公司证券事务代表：邹怀基
联系地址：青岛市四流北路78号
联系电话：0532－4822574　　传真：0532－4815402
公司证券部电子信箱：zhengquan@qdjy.com
5、公司选定的信息披露报纸：《中国证券报》、《上海证券报》
登载公司年度报告的中国证监会指定国际互联网网址：http//www.sse.com.cn
公司年度报告备置地点：青岛碱业股份有限公司证券部
6、公司股票上市交易所：上海证券交易所
股票简称：青岛碱业　　股票代码：600229

二、会计数据和业务数据摘要

1、本年度主要利润指标情况(单位：人民币元)

利润总额	77,136,933.60
净利润	64,757,362.26
扣除非经常性损益后的净利润	51,218,365.38
主营业务利润	177,396,953.53
其他业务利润	3,556,087.02
营业利润	74,327,213.40
投资收益	2,620,944.17
补贴收入	0.00
营业外收支净额	188,776.03
经营活动产生的现金流量净额	129,539,046.90
现金及现金等价物净增加额	74,000,740.25

注：非经常性损益包括：资产处置损失2,241,999.45元，新股申购冻结资金利息2,430,775.48元，所得税返还13,350,220.85元。

2、公司前三年主要会计数据和财务指标(单位：元)

项　目	2000年	1999年	1998年
主营业务收入	787,921,055.11	613,217,866.62	517,392,243.28
净利润	64,757,362.26	52,367,783.66	41,831,808.85
总资产	1,542,977,943.38	1,300,542,847.38	695,826,610.79
股东权益(不含少数股东权益)	864,828,207.98	542,224,885.89	333,555,360.68
每股收益(元/股)(摊薄)	0.22	0.26	0.29
(元/股)(加权)	0.23	0.29	0.29
扣除非经常性损益后每股收益(摊薄)	0.17	0.20	0.22
每股净资产	2.93	2.64	2.31
调整后每股净资产	2.91	2.48	2.28
每股经营活动产生的现金流量净额	0.44	0.39	
净资产收益率%(%)[摊薄]	7.49	9.66	12.54
(%)[加权]	7.66	11.61	13.40
扣除新股中的冻结资金利息净利润(元)	62,326,586.78	52,367,783.66	41,831,808.85
扣除新股中的冻结资金利息每股收益(元)	0.21	0.26	0.29

3、利润表附注

报告期利润	净资产收益率%		每股收益(元)	
	全面摊薄	加权平均	全面摊薄	加权平均
1、主营业务利润	20.51%	20.98%	0.60	0.63
2、营业利润	8.59%	8.79%	0.25	0.27
3、净利润	7.49%	7.66%	0.22	0.23
4、扣除非经营性损益后的净利润	5.92%	6.06%	0.17	0.18

4、股东权益变动情况(单位：元)

项目	股本(股)	资本公积	盈余公积	法定公益金	未分配利润	股东权益合计
期初数	205,126,210	134,771,980.22	34,579,369.64	16,685,111.20	151,062,214.83	542224885.89
本期增加	90,000,000	235,600,000.00	6,475,736.23	6,475,736.23	51,805,889.80	390357362.26
本期减少					67,754,040.17	67754,040.17
期末数	295,126,210	370,371,980.88	41,055,105.87	23,160,847.43	135,114,064.46	864828207.98
变动原因	发行A股	发行A股溢价	按净利润10%计提	按净利润10%计提	本年度实现利润及利润分配、住房周转金调整	

三、股东情况

(1)本公司期末股东总数为75670户(全部为A股股东)。
(2)主要股东持股情况(前十名股东)：

股东名称	持股数(股)	比例(%)
青岛凯联(集团)有限责任公司	141745756	48.03
青岛天柱化工(集团)有限公司	27304348	9.25
青岛天柱化工机械厂	652174	0.22
金鑫基金	596000	0.20
青岛天柱橡胶厂	434782	0.15
泰和基金	395500	0.13
青岛天柱煤气公司	304348	0.10
青岛财信资产经营有限责任公司	281489	0.09
章一抷	249635	0.08
景博基金	198000	0.07

河北沧州大化股份有限公司

二〇〇〇年年度报告摘选

一、公司简介

(一)公司法定中文名称：河北沧州大化股份有限公司
公司法定英文名称：HEBEI CANGZHOU DAHUA CO. LTD
(二)公司法定代表人：杨立
(三)公司董事会秘书：王路
联系地址：河北省沧州市北环中路66号
联系电话：0317－3025065　　传真：0317－3025065
E－mail地址：zcb@mail.czdh.com.cn
(四)公司注册地址：河北省沧州市北环中路66号
办公地址：河北省沧州市北环中路66号沧州大化办公楼
邮政编码：061000
公司国际互联网网址：http://www.czdh.com.cn
E－mail地址：czdh@mail.czdh.com.cn
(五)公司选定的信息披露报纸：《中国证券报》、《上海证券报》
中国证监会指定刊登公司年度报告的国际互联网网址：http://www.sse.com.cn
公司年度报告备置地点：公司资产经营办公室
(六)公司股票上市交易所：上海证券交易所
股票简称：沧州大化　　股票代码：600230

二、会计数据和业务数据摘要

(一)本年度主要利润指标及现金流量情况：(单位：人民币元)

利润总额	56353471.82
净利润	49930470.99
扣除非经常性损益后的净利润	40122898.45
主营业务利润	55979224.71
其他业务利润	704670.85
营业利润	34592136.22
投资收益	11953763.06
补贴收入	0.00
营业外收支净额	9807572.54
经营活动产生的现金流量净额	20440540.21
现金及现金等价物净增加额	－15693265.20

(二)前三年主要会计数据和财务指标
1、主要会计数据和财务指标

项　目	2000年	1999年	1998年
主营业务收入(元)	541871648.09	600952212.65	604365774.19
净利润(元)	49930470.99	67698117.77	71529995.29
总资产(元)	859595757.22	579526974.58	535046033.21
股东权益(元)	664596299.08	290904113.20	275512722.74
摊薄每股收益(元)	0.19	0.38	0.40
加权每股收益(元)	0.22	0.38	0.40
每股净资产(元)	2.56	1.62	1.54
调整后每股净资产(元)	2.56	1.58	1.53
每股经营活动产生的现金流量净额(元)	0.079	0.213	
净资产收益率(%)	7.51	23.27	25.96
加权净资产收益率(%)	9.23	21.88	24.93

2、利润表附表

报告期利润	净资产收益率		每股收益(元)	
	全面摊薄%	加权平均%	全面摊薄	加权平均
主营业务利润	8.59	10.35	0.22	0.24
营业利润	5.31	6.39	0.13	0.15
净利润	7.51	9.23	0.19	0.21
扣除非经营性损益后的净利润	6.04	7.42	0.15	0.17

(三)报告期主要股东权益变动情况(单位：元)

项目	股本(股)	资本公积	盈余公积	法定公益金	未分配利润	股东权益合计
期初数	179331620	96563180.80	15009312.40	7504656.20	0.00	290904113.20
本期增加	80000000	257583838.71	9130551.38	4993047.10	26977795.79	374547728.70
本期减少				855542.82		855542.82
期末数	259331620	354147019.51	24139863.78	11642160.48	26977795.79	664596299.08

三、股本变动及股东情况

(一)股本变动情况
1. 公司股份变动情况表(数量单位：股)

	期初数	本次变动增减(+,-)				期末数
		送股	公积金转股	其他	小计	
一. 尚未上市流通股份						
1. 发起人股份						
其中：						
国家拥有股份	178031620.00					178031620.00
境内法人持有股份	1300000.00					1300000.00
外资法人持有股份						
其他						
2. 募集法人股						
3. 内部职工股						
4. 基金配售股份						
尚未流通股份合计	179331620.00					179331620.00
二. 已流通股份						
1. 境内上市的人民币普通股				80000000.00	80000000.00	80000000.00
2. 境内上市的外资股						
3. 境外上市的外资股						
4. 其他						
已流通股份合计				80000000.00	80000000.00	80000000.00
三.股份总数	179331620.00			80000000.00	80000000.00	259331620.00

凌源钢铁股份有限公司

二○○○年年度报告摘选

一、公司简介

1、公司法定中文名称:凌源钢铁股份有限公司
公司法定英文名称:Lingyuan Iron & Steel Co.,Ltd.
2、公司法定代表人:高益荣
3、公司董事会秘书:何东生
联系地址:辽宁省凌源市钢铁路3号
凌源钢铁股份有限公司证券部
电话:0421-6834429
传真:0421-6831910
电子信箱:hds@lggf.com.cn
4、公司注册地址:辽宁省凌源市钢铁路3号
办公地址:辽宁省凌源市钢铁路3号
邮政编码:122500
公司国际互联网网址:http://www.lgjt.com.cn
电子信箱:lgwjch@online.ln.cn
5、公司选定的信息披露报纸:《中国证券报》
登载公司年度报告的国际互联网网址:http://www.sse.com.cn
公司年度报告备置地点:凌源钢铁股份有限公司证券部
6、公司股票上市交易所:上海证券交易所
股票简称:凌钢股份
股票代码:600231

二、会计数据和业务数据摘要

(一)本年度主要利润指标　　单位:人民币元

项　目	金　额
利润总额	213,414,100.06
净利润	141,072,698.02
扣除非经常性损益后的净利润	141,294,736.65
主营业务利润	294,375,619.46
其他业务利润	2,723,769.47
营业利润	213,737,292.33
投资收益	0
补贴收入	0
营业外收支净额	-323,192.27
经营活动产生的现金流量净额	63,359,956.42
现金及现金等价物净增加额	177,120,595.18

注:①扣除的非经常性损益项目和所涉及的金额:处置固定资产净损失(税后)-3,487,080.55元,新股申购冻结资金利息收入(税后)3,265,041.92元。

②公司2000年企业所得税按33%税率计缴,由同级财政返还18%,据财政部财会[2000]3号文规定,待实际收到返回的所得税时,再冲减当期的所得税费用。因此,返还18%未体现在报告期。

(二)截止报告期末公司前三年的主要会计数据和财务指标

单位:人民币元

指标名称	2000年1-12月份	1999年1-12月份	1998年1-12月份
主营业务收入	1,594,192,423.59	1,314,611,503.07	1,187,248,096.11
净利润	141,072,698.02	109,570,116.49	77,301,495.25
总资产	1,537,570,571.02	856,140,822.65	951,121,326.40
股东权益	1,153,547,958.76	518,956,811.82	493,386,695.33
每股收益(全面摊薄)	0.46	0.52	0.37
每股收益(加权平均)	0.51	0.52	0.37
扣除非经常性损益后的每股收益(全面摊薄)	0.46	0.52	0.37
扣除非经常性损益后的每股收益(加权平均)	0.51	0.52	0.37
每股净资产	3.72	2.47	2.35
调整后的每股净资产	3.58	2.43	2.32
每股经营活动产生的现金流量净额	0.20	0.96	-0.20
净资产收益率(全面摊薄)(%)	12.23	21.11	15.67
净资产收益率(加权平均)(%)	15.67	23.11	16.18

注:报告期末至摘要披露日,公司股本未发生变化。

(三)报告期利润表附表

报告期利润	净资产收益率(%)		每股收益(元)	
	全面摊薄	加权平均	全面摊薄	加权平均
主营业务利润	25.52	32.70	0.95	1.06
营业利润	18.53	23.74	0.69	0.77
净利润	12.23	15.67	0.46	0.51
扣除非经常性损益后的净利润	12.25	15.69	0.46	0.51

三、股本变动及股东情况

1、报告期末,本公司股东总数为77233户,其中内部职工股股东13687户。

2、前十名股东持股情况(单位:股)

名次	股东名称	期末持股数	占总股本比例(%)
1	凌源钢铁集团有限责任公司	178,500,000	57.58
2	侯英福	675,160	0.22
3	景宏基金	585,100	0.19
4	金鑫基金	500,000	0.16
5	凌源铁矿	500,000	0.16
6	朝阳市一建	500,000	0.16
7	阿克苏民用器材	500,000	0.16
8	陈长庚	415,651	0.13
9	黄瑞华	362,000	0.12
10	周彤	356,900	0.12

说明:持有公司5%以上股份的股东为凌源钢铁集团有限责任公司。报告期内凌源钢铁集团有限责任公司股份没有增减变动情况,也没有发生质押、冻结等情况。

大连大杨创世股份有限公司

二○○○年年度报告摘选

一、公司简介

(一)公司法定中英文名称:
1、中文名称:大连大杨创世股份有限公司
2、英文名称:DALIAN DAYANG TRENDS SHARE CO.,LTD
(二)公司法定代表人:石祥麟
(三)公司董事会秘书姓名、联系地址、电话、传真及电子信箱:
公司董事会秘书:孙长丽
联系电话:0411—7610778
联系地址:大连经济技术开发区哈尔滨路23号
传　　真:0411—7613354
电子信箱:dayang@mail.dlptt.ln.cn
(四)公司注册地址、办公地址、邮政编码及电子信箱:
1、注册地址:辽宁省大连市杨树房经济开发小区
2、邮政编码:116215
3、公司办公地址:大连经济技术开发区哈尔滨路23号
4、邮政编码:116600
5、公司国际互联网网址:http://www.dayang.net
6、公司电子信箱:dayang@mail.dlptt.ln.cn
(五)公司选定的信息披露报纸名称,登载公司年度报告的中国证监会指定国际互联网网址:
1、信息披露报纸名称:《中国证券报》《上海证券报》
2、中国证监会指定国际互联网网址:http://www.sse.com.cn
3、公司年度报告备置地点:大连经济技术开发区哈尔滨路23号公司证券部
(六)公司股票上市交易所、股票简称及证券代码:
1、上市交易所:上海证券交易所
2、股票简称:大连创世
3、股票代码:600233

二、会计数据和业务数据

(一)利润情况:　　金额:元

项目	2000年度	1999年度	比例(%)
利润总额	47648216.37	43611657.56	9.26
净利润	29674037.82	27163357.40	9.24
扣除非经常性损益后的净利润	24280025.74	26262039.98	-7.55
主营业务利润	49620063.45	52609752.56	-5.68
其他业务利润	3508908.06	6629010.16	-47.07
营业利润	33178594.11	39871531.58	-16.79
投资收益	7765778.92	-2741352.21	383.28
补贴收入	6000000.00	3349639.59	79.12
营业外收支净额	703843.34	3131838.60	-77.53
经营活动产生的现金流量净额	-13356923.47	80135970.01	-116.67
现金及现金等价物净增加额	138179856.04	13345049.36	935.445

报告期内非经常性损益涉及的项目和金额:
(1)补贴收入:　6000000元
(2)冻结募集资金利息收入:　1844643.47元
(3)股权投资差额:　2450631.39

(二)前三年主要会计数据和财务指标(单位:元)

序号	项　目	2000年	1999年	1998年
1	主营业务收入	288800491.20	235565854.93	272329378.02
2	净利润	29674037.82	27163357.40	20393442.58
3	总资产	539781279.77	256782520.51	285006043.68
4	股东权益	398409345.73	120581574.74	108632296.72
5	每股收益	0.27	0.36	0.27
6	每股收益(加权平均)	0.30	0.36	0.27
7	每股收益(扣除非经常性损益)	0.22	0.35	0.26
8	每股净资产	3.62	1.61	1.45
9	调整后的每股净资产	3.58	1.57	1.28
10	每股经营活动产生的现金流量净额	-0.12	1.07	0.36
11	净资产收益率(%)	7.45	22.53	18.77

三、股本变动和股东情况

(一)股本变动情况

1、公司股份变动情况表　　单位:股

项目	本次变动前	变动增减(+,-)						本次变动后
		配股	送股	公积金转赠	增发	其他	小计	
一、未上市流通股份								
1、发起人股份	60000000							60000000
其中:								
国家持有股份								
境内法人持有股份	60000000							60000000
境外法人持有股份								
其他								
2、募集法人股份								
3、内部职工股	15000000							15000000
优先股或其他								
其中:转配股								
未上市流通股份合计	75000000							75000000
二、已上市流通股份								
1、人民币普通股				35000000				35000000
2、境内上市的外资股								
3、境外上市的外资股								
4、其他								
已上市流通股份合计				35000000				35000000
三、股份总数	75000000			35000000				110000000

浙江金鹰股份有限公司

二○○○年年度报告摘要

(一)公司简介

1.公司法定中文名称:浙江金鹰股份有限公司
公司法定英文名称:Zhejiang Golden Eagle Co., Ltd.
公司法定代表人:傅国定
2.公司董事会秘书:焦康涛
联系地址:浙江省舟山市定海区小沙镇
联系电话:0580－8021228
传真:0580－8020228
电子信箱:8021228@ mail.zsptt.zj.cn
3.公司注册及办公地址:浙江省舟山市定海区小沙镇
邮政编码:316051
公司电子信箱:gecl @ mail.zsptt.zj.cn
4.公司选定的信息披露报纸名称:中国证券报、上海证券报
登载公司年度报告的中国证监会指定国际互联网网址:http://www.sse.com.cn
公司年度报告备置地点:浙江金鹰股份有限公司证券部
公司股票上市交易所:上海证券交易所
股票简称:金鹰股份
股票代码:600232

(二)会计数据和业务数据摘要

1、公司本年度主要利润指标情况:(单位:人民币元,合并报表)

项目	金额
利润总额	62219931.93
净利润	48617568.28
扣除非经常性损益后的净利润	46253627.23
主营业务利润	82054740.43
其它业务利润	1045064.92
营业利润	60011632.00
投资收益	－23819.00
补贴收入	1333090.00
营业外收支净额	899028.93
经营活动产生的现金流量净额	58549933.78
现金及现金等价物净增加额	115695545.62

注:非经常性损益是指公司正常经营损益之外的、一次性或偶发性损益,本公司扣除的非经营性损益有:资产处置损益、补贴收入、新股申购冻结资金利息等。具体扣除项目和涉及金额:2363941.05 元

项目	金额
1、处理固定资产净损失	－78114.48 元
2、财政补助收入等	1333090.00 元
3、新股申购冻结资金的利息收入	1143564.53 元
4、长期股权投资差额摊销	－34599.00 元

2、截止报告期末,公司前三年的主要会计数据和财务指标(单位:人民币元)

项目	2000 年	1999 年	1998 年	
			调整前	调整后
主营业务收入	571462350.80	461359222.12	375073833.85	375073833.85
净利润	48617568.28	40147415.67	31856656.62	31856656.62
总资产	716912459.25	478747506.69	463067179.92	463067179.92
股东权益	401673516.68	145688328.58	125463512.77	125463512.77
每股收益(全面摊薄)	0.2888 元/股	0.3255 元/股	0.2583 元/股	0.2583 元/股
每股收益(加权平均)	0.3170 元/股			
扣除非经常性损益后的每股收益(加权平均)	0.3016 元/股		0.2395 元/股	
每股净资产	2.3860 元/股	1.1811 元/股	1.0172 元/股	
调整后每股净资产	2.3227 元/股	1.1206 元/股	0.9886 元/股	
每股经营活动产生的现流量净额	0.348 元/股	0.2249 元/股	0.0771 元/股	
净资产收益率(%)	12.10%	27.56%	25.39%	

注:每股收益、每股净资产、调整后的每股净资产、每股经营活动产生的现金流量净额和净资产收益率等财务指标的计算公式如下:
(1)全面摊薄的财务指标计算方法
每股收益＝净利润/年度末普通股股份总数
每股净资产＝年度末股东权益/年度末普通股股份总数
调整后的每股净资产＝(年度末股东权益－三年以上的应收款项净额－待摊费用－待处理(流动、固定)资产净损失－开办费－长期待摊费用－住房周转金负数余额)/年度末普通股股份总数
每股经营活动产生的现金流量净额＝经营活动产生的现金流量净额/年度末普通股股份总数
净资产收益率＝净利润/年度末股东权益×100%
(2)加权平均的财务指标计算方法
每股收益＝净利润÷[期末普通股股份总额÷(1＋配股比例或增发新股比例)＋期末普通股股份总额÷(1＋配股比例或增发新股比例)×配股比例或增发新股比例×缴款结束日下一月份至期末的月份数÷12]

3.按中国证监会[公开发行证券公司信息披露编报规则(第 9 号)]要求计算的净资产收益率及每股收益

报告期利润	净资产收益率(%)		每股收益(元/股)	
	全面摊薄	加权平均	全面摊薄	加权平均
主营业务利润	20.43%	25.44%	0.4874	0.5351
营业利润	14.94%	18.61%	0.3565	0.3913
净利润	12.10%	15.08%	0.2888	0.3170
扣除非经常性损益后的净利润	11.52%	14.34%	0.2748	0.3016

注:(1)全面摊薄净资产收益率和每股收益的计算公式如下:
全面摊薄净资产收益率＝报告期利润÷期末净资产
全面摊薄每股收益＝报告期利润÷期末股份总数
(2)加权平均净资产收益率(ROE)的计算公式如下:
$ROE = P/(E0 + NP \div 2 + Ei \times Mi \div M0 - Ej \times Mj \div M0)$
其中:P 为报告期利润;NP 为报告期净利润;E0 为期初净资产;Ei 为报告期发行新股或债转股等新增净资产;E j 为报告期回购或现金分红等减少净资产;M0 为报告期月份数;Mi 为新增净资产下一月份起至报告期期末的月份数;Mj 为减少净资产下一月份起至报告期期末的月份数。
(3)加权平均每股收益(EPS)的计算公式如下:
$EPS = P/(S0 + S1 + Si \times Mi \div M0 - Sj \times Mj \div M0)$
其中:P 为报告期利润;S0 为期初股份总数;S1 为报告期因公积金转增股本或股票股利分配等增加股份数;Si 为报告期因发行新股或债转股等增加股份数;Sj 为报告期因回购或缩股等减少股份数;M0 为报告期月份数;Mi 为增加股份下一月份起至报告期期末的月份数;Mj 为减少股份下一月份起至报告期期末的月份数。

4、报告期内股东权益变动情况及变化原因:

项目	股本(股)	资本公积(元)	盈余公积(元)	法定公益金(元)	未分配利润(元)	股东权益合计(元)
期初数	123347600.00	1627135.94	20713592.64	6904530.88	0	145688328.58
本期增加	45000000.00	183770587.90	6831764.77	2277254.92	48617568.28	284219920.95
本期减少					28234732.85	
期末数	168347600.00	185397723.84	27545357.41	9181785.80	20382835.43	401673516.68

变动原因:1、发行新股;2、发放股利

(三)股本变动及股东情况

1、股本变动情况
(1)股份变动情况表

	本次变动前	本年增减变动情况(＋、－)						本次变动后
		配股	送股	公积金持股	增发	其他	小计	
一、未上市流通股份								
1、发起人股份:								
其中:国家持有股份								
境内法人持有股份	123347600							123347600
境外法人持有股份								
其他								
2、募集法人股份								
3、内部职工								
4、优先股或其他								
其中转配股								
未上市流通股份合计	123347600							123347600
二、已上市流通股份								
1、人民币普通股						45000000	45000000	45000000
2、境内上市的外资股								
3、境外上市的外资股								
4、其他								
已上市流通股份合计						45000000	45000000	45000000
三、股份总数	123347600					45000000	45000000	168347600

(2)股票发行与上市情况
①2000 年 4 月 10 日经中国证券监督管理委员会证监发行字(2000)34 号文批准,本公司 4500 万股社会公众股于 2000 年 4 月 14 日上网发行 2250 万股和 2000 年 4 月 15 日进行二级市场投资者配售 2250 万股,发行价格每股人民币 5.28 元 。《招股说明书》刊登于 2000 年 4 月 12 日的《中国证券报》、《上海证券报》。
经上海证券交易所批准,本公司 4500 万 A 股股票于 2000 年 6 月 2 日在上海证券交易所挂牌并上市交易。《上市公告书》刊登于 2000 年 5 月 27 日的《上海证券报》。
②本报告期公司发行 4500 万 A 股,发行前股本总额 123347600 元,发行后股本总额 168347600 元,社会公众股 45000000 元,占总股本的 26.21%。
③本公司无内部职工股。
2、股东情况介绍
(1)报告期末股东总数 17753 户。
(2)报告期末公司主要股东持股情况:

名 次	股东名称	持股数(股)	占总股本比例(%)	股份性质
①	金鹰集团	114157600	67.81	社会法人股
②	小沙实业	7000000	4.16	社会法人股
③	舟山制衣	1525000	0.91	社会法人股
④	万向投资	1000000	0.59	A 股流通股
⑤	灵讯通讯	1000000	0.59	A 股流通股
⑥	同益基金	820000	0.49	A 股流通股
⑦	定海纺纱	665000	0.40	国有法人股
⑧	同盛基金	330000	0.20	A 股流通股
⑨	中茂实业	271550	0.16	A 股流通股
⑩	周菊妹	203400	0.12	A 股流通股

注:前十名股东中金鹰集团、小沙实业、舟山制衣、定海纺纱均为公司发行人股东。
前十名股东不存在关联关系。
(3)报告期内控股股东无变更,所持股份无质押或冻结情况。

四、股东大会简介

1、股东大会的通知、召集、召开及通过决议情况:
(1)公司第八次股东大会于 2000 年 3 月 9 日在本公司三楼会议室召开,会议由董事长傅国定先生主持,以记名投票方式通过了《1999 年度董事会工作报告》、《1999 年度财务决算报告和 2000

年度财务预算报告》、《1999 年监事会工作报告》、《1999 年的利润分配方案》,批准了《浙江金鹰股份有限公司关于实施提取各项减值准备的暂行办法》,并批准了公司董事会关于四项计提的报告。

(2)公司第九次股东大会(临时)由董事会于 2000 年 6 月 28 日在本公司三楼会议室召开,以记名投票表决方式选举产生了公司第三届董事会、第三届监事会。

本次股东大会通知以公告形式于 2000 年 5 月 25 日在《中国证券报》、《上海证券报》上发布,股东大会决议公告刊登在 2000 年 6 月 29 日《中国证券报》、《上海证券报》上。

(五)董事会报告

1、公司经营情况

(1)本公司所处的行业以及公司在本行业中的地位。

本公司是我国纺织机械行业及绢、麻纺行业的重点骨干企业。本公司纺织机械经营规模和综合经济指标居全国百家重点骨干企业第二位,绢纺为全国最大规模企业,亚麻纺规模位于全国第二。(资料来源:中国纺机工业协会信息、中国丝绸工业协会、中国麻纺工业协会统计信息)

(2)公司主营业务的范围及其经营状况:

本公司主营业务主要包括:绢、麻、丝、毛纺机械成套设备制造销售;绢丝、绢绸、亚麻纱(布)、绢丝针织、梭织服装等纺织品的生产销售。2000 年公司在董事会的领导下,经过管理层的潜心经营,内抓成本管理、外抓市场拓展,加大产品开发创新力度,以新技术、新工艺为依托,通过产品结构的优化,实现了销售收入、利润的持续 增长,完成了全年的各项经营目标,实现主营业务收入 57146.24 万元;主营业务利润 8205.47 万元;分别比去年增加 23.86% 和 0.89%。实现利润总额 6221.99 万元;净利润 4861.76 万元;出口创汇 1261.53 万美元;分别比去年增加 45.59%、21.10% 和 25.07%。

纺织机械:随着纺织行业经济运行质量的不断提高,纺机行业受加入 WTO 和国家重点扶持政策的影响,全行业技术改造投资加快,纺机的生产经营形势明显好转,特别是我国麻纺行业发展较快。因此,从总体看,公司在二 OOO 年亚麻纺机成套设备销售情况良好,出现了较大的增长,但绢纺机械受绢纺行业原料价格影响,毛纺机械成套设备受国家宏观政策调控的影响,生产销售情况一般,本报告期内,纺织机械实现主营业务收入 9667.03 万元,比去年增长 96.66%,主营业务利润 3123.36 万元,比去年增长 153.32%。

绢纺:二 OOO 年,由于国内蚕茧普遍减产,绢纺原料价格大幅上扬,导致绢纺成本上升,赢利能力下降,公司积极采取新工艺技术、优化品种等手段,努力从技术上、管理上下功夫,以降低生产成本,通过努力,实现了主营业务收入 23894.70 万元,主营业务利润 2774.50 万元,分别比去年增长 0.75% 和 -49.57%。

亚麻:二 OOO 年度国际市场对亚麻纺织品的需求看好,同时,国内亚麻纺织品市场的需求逐渐趋旺。本报告期,公司抓住了行业发展的机遇,使公司亚麻产品产量和市场占有量都有了很大的提高,生产经营取得了良好的经营业绩,实现主营业务收入 4599.45 万元,主营业务利润 2494.30 万元,分别较去年增长 115.36% 和 246.73%。

服装:本报告期内,实现主营业务收入 7357.97 万元,主营业务利润 687.47 万元,分别比去年增长 3.93% 和 20.62%。

(3)在经营中出现的问题与困难及解决方案

二 OOO 年,受加入 WTO 和国家采取积极有效的财政、货币政策及实施西部大开发战略等宏观经济政策的影响,国务院制订的纺织行业压锭、减员、增效政策初见成效,全行业扭亏为盈、外贸出口大幅度增长,技术改造力度进一步增强,这给本公司的经营创造了良好的外部环境。根据公司自身的行业特点,围绕全年生产经营目标的实现,积 极采取措施,解决在经营出现的问题和困难。

①加强原料采购的管理,确保生产经营的需要。本公司绢、麻纺织品的生产经营状况好坏对原料价格、质量的依赖性较大。本报告期间内,由于绢纺原料的紧缺,已影响了绢纺主营业务利润增长,对此公司加强了对原料采购 的管理,对四川、安徽、江浙地区的原料基地通过承包、租赁、考核等一系列手段落实责任,并确保原料收购资金能及时到位。同时,公司针对国内原料资源的现状,加大了国际采购的力度,通过与国外原料供应商的合作,拓宽 了原料供应的渠道,确保了生产经营的需要。

②抢抓市场机遇,适时调整产品结构。供货周期缩短、多品种、少批量以及大宗产品价格竞争激烈是纺织品市场主要表现。这是市场对生产经营的新要求,同时也是新机遇。大宗产品以质取胜,确保市场占有份额,品种以新取胜,赢得市场份额是公司对调整产品结构的总体思路。绢纺生产经营在继续保持 60140N/2 绢丝市场占有的基础上,200N/2 以上高档绢丝、丝羊绒、丝麻、麻棉、混纺产品相继投市场,亚麻纱产量迅速提升,市场份额不断提高,新一代成套绢麻纺新工艺技术装备市场进一步拓展,通过产品结构的调整,促进了公司产品向高档化、高附加值方向发展,有利于主营业务赢利能力的稳步提高。

③以加入 WTO 为契机,扩大产品的出口贸易。纺织品的出口一直以来都受到配额的限制,一定程度上制约着公司产品的出口。本报告期内,公司的自营出口额虽比去年有一定的增长,但与公司应有的出口能力还有相当的差距,这既是公司经营活动中的难点,又是一个潜力较大的增长点。根据 WTO 对纺织品配额过渡期的政策,公司着力从二个方面予以解决,首先是以自营出口为基础,积极争取国家的政策支持,力争取得麻类纺织品的出口配额和丝类出口经营权,二是通过调整外贸供货产品结构,加大服装和机电产品的出口份额。

2、公司财务状况:

单位:元

财务指标	报告期末数	上年期末数	增减数	增减原因
总资产	716912459.25	478747506.69	+238164952.56	发行股票
长期负债	20042350.00	46102184.50	-26059834.50	归还贷款
股东权益	401673516.68	145688328.58	+255985188.10	发行股票
主营业务利润	82054740.43	81328232.43	+726508.00	销售增加
净利润	48617568.28	40147415.67	+8470152.61	销售增加

3、公司投资情况

(1)募集资金的使用情况

经中国证券监督管理委员会证监发行字(2000)34 号文批准,本公司于 2000 年 4 月向社会公开发行 A 股股票 4500 万股,每股面值 1.00 元,发行价格 5.28 元/股,实际募集资金 237,600,00,00 元,扣除发行费用后为 228,760,786.90 元,现将募集资金的使用情况汇报如下:

募集资金到位后,公司本着对广大投资者认真负责的态度,严格按照招股说明书项目和计划慎重地组织实施。截止 2000 年 12 月 31 日,本公司已有 10405 万元募集资金投入使用,所投资项目也取得了一定的效益,具体情况说明如下:

①募集资金使用情况表

单位:万元

序号	项目名称	计划投资	实际投资	项目进度
1、	改造更新 15000 锭绢纺新工艺技术装备项目	2987	2805	100%
2、	成套亚麻纺新技术工艺设备攻关项目	3100	2833	100%
3、	毛纺高支纱工艺技术装备技改项目	4176	0	
4、	大麻纺成套设备技改项目	2000	1741	100%
5、	生产铝塑复合管机械装备和新型塑料挤出机项目	1695	0	
6、	更新装备开发优质高支绢纺织项目	5200	0	
7、	兼并舟山中洲机械总公司	3500	2919	100%
8、	补充流动资金	107	107	100%

本报告期内公司实际募集资金 22876 万元,实际投入 10405 万元,尚余 12471 万元存于银行。

②募集资金投资项目完成情况

资金到位后,根据项目实施的计划,抓时间、抢进度,部分项目陆续得到投产,并取得一定的收益。募集资金投资项目的陆续投产,为公司进一步提高主营产品的市场占有率,巩固行业优势地位从而为增强公司主营业务赢利能力和核心竞争能力起到了积极的作用。具体情况如下:

1)更新改造 1.5 万锭绢纺新工艺技术装备项目

根据招股说明书,本公司应投入募集资金 2987 万元,实际投入 2805 万元,用于更新绢纺新工艺制绵、前纺工艺成套设备及相关的辅助设备。到 2000 年末该项目已完成。报告期内实现销售收入 6500 万元,净利润 325 万元,随着该项目的达产,今后的收益将会有进一步的递增。

2)成套亚麻纺新工艺装备攻关开发项目

该项目计划投入募集资金 3100 万元,实际投入 2833 万元,用于购置固定资产 1733 万元,增加项目流动资金 1100 万元。到 2000 年末项目已完成。报告期内实现销售收入 1700 万元,净利润 385 万元。

3)毛纺高支纱工艺技术装备技改项目

该项目计划投入募集资金 4176 万元,由于毛纺行业受国家压锭的影响,市场情况需要作进一步的调研,本着审慎原则,该项目暂缓实施。

4)大麻纺成套设备技改项目

该项目计划投入募集资金 2000 万元,实际投入 1741 万元,用于购置固定资产 1341 万元,配套流动资金 400 万元。到 2000 年末项目已完成。报告期内实现销售收入 485 万元,净利润 98 万元。

5)生产铝塑复合管机械装备和新型塑料挤出机项目

该项目计划投入募集资金 1695 万元,本报告期末实际投入,各项前期准备已基本结束,正准备组织实施。

6)更新装备、开发优质高支精纺、织项目

该项目计划投入募集资金 5200 万元,公司从产品生产的布局和产品结构的调整上考虑该项目暂缓实施。

7)兼并舟山中洲机械总公司

该项目计划投入募集资金 3500 万元,实际投入 2919 万元,报告期内该项目已实施完成。舟山中洲机械总公司兼并后,经增资扩股设立了浙江金鹰塑料机械有限公司。报告期末,该公司实现主营收入 3154 万元,主营利润 810 万元。

(2)非募集资金投资项目

2000 年 10 月 23 日,公司召开三届四次董事会会议,会议决议:投资 1000 万元参股"浙江天堂硅谷创业投资有限公司",占注册资本的 6.67%。主要从事于高新技术企业的创业投资、资产管理、财务顾问和资本市场短期投资等。截止 2000 年底,由于投资时间短,尚未产生投资收益。

4、加入 WTO 对公司的影响

纺织是我国的传统产业,劳动力资源丰富,劳动力素质较高,加入 WTO 无疑对纺织行业具有明显的优势。本公司绢、麻纺机成套设备制造和绢、麻纺织品生产是国内最大规模企业,公司的主营产品在国内市场具有较大市场占有率,其影响主要表现为:

①公司作为国内绢、麻纺织品生产优势企业,产品在国内外市场具有良好的声誉,"金鹰"品牌效应日趋明显,加入 WTO 特别是取消配额后,公司绢、麻纺织产品以及针织、制衣服装产品的出口空间将会进一步扩大,前景会更好。

②公司绢、麻纺织机械成套设备研制开发处于行业领先地位,加入 WTO 后,随着各成员国之间技术壁垒的消除,其技术、经济信息及资料共享程度逐步提高,纺织机械关键零部件实施国际化采购和本地化生产都有助于本公司 的纺机成套设备进一步提高水平,以国际先进品位和接近国内外用户要求的价位,增强产品在国际市场的竞争能力。

③加入 WTO 既有机遇,也有挑战。随着高关税、非关税措施等市场保护体系的逐渐弱化,纺织机械及纺织品与其它产品一样都面临市场剧激竞争的压力,我们与国外企业在经营管理、产品质量、营销策略等方面都还有一定差距,因此加入 WTO 通过借鉴国外先进管理经验和经营理念,提高公司的经营管理水平,提高国际竞争能力是我们值得研究的重大课题。

5、2001 年度业务发展计划

2001 年是新世纪的第一年,也是实施"十五"规划的第一年。公司以做强、做大主业为前提,积极有效地开拓相关高新技术产业,实行多元化经营,促进资本经营与产品经营的相互结合,力争新年度取得更好经营业绩。

①为确保公司持续、稳定、健康地发展,继续保持公司在绢、麻纺织行业的强者地位,利用纺织机械制造与纺织工艺实践紧密结合的自身专业技术优势,积极在已引进国际著名麻纺机械制造企业的全部技术及其专利的基础上,进一步加强与产业对口的其它国际著名厂商及国内高校、科研院所的技术合作,努力运用高新技术改造传统产业,加大新产品的开发力度,重点投资新技术、新工艺、新材料在纺织技术上的应用。

②继续实施名牌战略工程,全面提升产品质量和售后服务质量,强化品牌建设,通过引进、消化、吸收国外先进技术,加快推进技术创新、工艺创新、管理创新的步伐,在继续保持"金鹰"品牌为国内著名、行业一流的基础上向国际知名品牌迈进。

③加强营销队伍和营销网络建设,在稳步提高国内市场占有份额的同时,把握加入 WTO 的机遇,利用多年自行出口的外销渠道,充分运用自营进出口权,积极争取国家外贸政策支持,进一步拓展国际市场,努力实施纺织、服装、机械产品在国际市场的扩展计划。

④继续加强和完善绢、麻纺织原料基地的建设。积极利用国家实施中、西部开发优惠政策,通过对中、西部原料产区的产业化投资,稳定绢、麻纺织原料的供给。构筑一条从纺织原料到纺织产品生产的产业链,在不断培育核心产品,增强公司的核心竞争能力的同时,着力优化产品成本结构,实现利润最大化。

⑤加快募集资金投资项目的实施进度,对已完成的项目要加强管理,潜心经营,确保项目能达到预期收益;对尚未完成或正在进行的项目,力争能在年内完成项目的投资,使募集资金的投资尽快产生效益,给全体股东以良好的回报。

⑥为实施公司既定的发展战略,继续致力于培育人才和引进人才相结合的营造人才工程,继续引进高素质的专业人才,充分利用证券市场优化资源配置、筹资功能,规范运作,加大资本运营力度。在强化主业的同时,努力开发新的利润增长点,积极通过与高等院校、科研院所的合作,加大对高科技、新产业的投入力度,在海洋生物医药工程和纳米材料应用工程领域有新的较大突破,培育和拓展公司的业务范围。探求控股股东先行孵化培育,而后嫁接吸收的扩展方式,尽快使企业成为集纺织、机械、海洋生物医药和纳米材料应用工程等高科技产业为一体的现代化企业。

6、董事会日常工作情况

(1)报告期内董事会的会议情况及决议内容

①公司第二届第七次董事会会议于 2000 年 1 月 13 日在本公司办公楼三楼会议室召开,会议审议并一致通过了如下决议:

1)审议通过了 1999 年度总经理工作报告。

2)审议通过了公司 1999 年度财务决算和 2000 年预算方案。

3)审议通过了 1999 年度利润分配预案:1999 年实现的净利润(经审计后)在提取 10% 法定公积金,5% 法定公益金后剩余的利润全部分配给全体股东。

4)董事会同意如公司公众股在 2000 年发行成功,2000 年实现的利润由新老股东共享。

5)审议通过了《浙江金鹰股份有限公司关于实施提取各项减值准备的暂行办法》。

6)审议并批准了关于提取 1999 年资产减值准备的报告。

7)通过了公司关于召开第八次股东大会的决议。

以上 2、3、4 须提交股东大会审议。

②公司第二届董事会第八次会议于 2000 年 5 月 19 日在本公司三楼会议室召开,会议以举手表达方式一致通过了如下决议:

1)根据《公司法》和《公司章程》规定,同意推选傅国定先生、张建平先生、蒋海涛先生、傅品高先生、潘明忠先生、邵燕芬女士、傅明康先生、朱星娣女士、陈士军先生为本公司第三届董事会董事候选人。

2)同意于二 OOO 年六月二十八日召开临时股东大会,选举产生公司第三届董事会、监事会。该决议公告刊登在 2000 年 5 月 25 日《中国证券报》、《上海证券报》上。

③公司三届一次董事会会议于 2000 年 6 月 28 日在公司三楼会议室召开。会议审议并一致通过如下决议:

1)选举傅国定先生为董事长。

2)选举蒋海涛先生、傅品高先生为副董事长。

3)根据董事长提名,聘任潘明忠先生为公司总经理。

4)根据总经理提名,聘任张建平先生、傅明康先生、傅和平先生为公司副总经理。

5)根据董事长提名,聘任焦康涛先生为董事会秘书。

6)根据总经理提名,聘任夏小军先生为公司财务负责人。

该决议公告刊登在 2000 年 6 月 29 日《中国证券报》、《上海证券报》上。

④公司第三届董事会第二次会议于 2000 年 7 月 22 日在本公司三楼会议室召开,会议审议并通过了:

1)2000 年中期报告及其摘要。

2)2000 年中期利润分配及资本公积金转赠股本的方案。

该决议公告刊登在 2000 年 7 月 26 日《中国证券报》、《上海证券报》上。

⑤公司第三届董事会第三次会议2000年8月18日在本公司三楼会议室召开,会议审议并一致通过了关于增资扩股组建"浙江金鹰塑料机械有限公司"的决议。

该决议公告刊登在2000年8月19日《中国证券报》、《上海证券报》上。

⑥公司第三届董事会第四次会议2000年10月23日在本公司三楼会议室召开,会议审议并一致通过了关于参股投资"浙江天堂硅谷创业投资有限公司"的决议。

该决议公告刊登在2000年10月25日《中国证券报》、《上海证券报》上。

7、公司管理层及员工情况

(1)董事、监事、高级管理人员

姓名	职务	性别	年龄	任职起止日	年初持股数	年末持股数
傅国定	董事长	男	56	2000.6.28-2003.6.28	0	0
潘明忠	董事、总经理	男	37	2000.6.28-2003.6.28	0	0
张建平	董事	男	48	2000.6.28-2003.6.28	0	0
蒋海涛	董事	男	40	2000.6.28-2003.6.28	0	0
傅品高	董事	男	52	2000.6.28-2003.6.28	0	0
邵燕芬	董事	女	33	2000.6.28-2003.6.28	0	0
傅明康	董事	男	56	2000.6.28-2003.6.28	0	0
朱星娣	董事	女	55	2000.6.28-2003.6.28	0	0
陈士军	董事	男	31	2000.6.28-2003.6.28	0	0
鲍章明	监事长	男	54	2000.6.28-2003.6.28	0	0
汪康伯	监事	男	63	2000.6.28-2003.6.28	0	0
袁国庆	监事	男	37	2000.6.28-2003.6.28	0	0
乐国海	监事	男	48	2000.6.28-2003.6.28	0	0
傅友忠	监事	男	36	2000.6.28-2003.6.28	0	0
焦康涛	董事会秘书	男	39	2000.6.28-2003.6.28	0	0
夏小军	财务负责人	男	38	2000.6.28-2003.6.28	0	0

2000年度本公司支付给关键管理人员的报酬1~2万元为3人,2~3万元为8人,3~5万元为4人,董事蒋海涛不在本公司领取报酬。

(2)公司员工状况

2000年度本公司员工总数4258人,大专以上学历763人,其中生产人员3742人,销售人员156人,技术人员592人,财务人员58人,行政人员102人。

报告期内,公司无董事、监事、高级管理人员离任情况;无解聘或聘任公司经理情况。

8、本次利润分配预案和资本公积金转增股本预案

1.根据浙江天健会计师事务所出具的标准无保留意见审计报告,本公司1999年度未分配利润4,568,208.08元全部分配给原公发前老股东,2000年度实现净利润45545098.45元,提取10%法定公积金4554509.85元,提取5%法定公益金2277254.92元,当年可供股东分配的利润为43281541.76元,以2000年末总股本168347600股为基数,向全体股东每10股派发现金1元(含税),派付现金16834760.00元,剩余21878573.68元结转下年度。截止2000年期末,公司资本公积金累计为185397723.84元,鉴于公司资本公积金数额较大,拟按2000年末股本总数168347600股,每10股转增3股的比例向全体股东转增股本,共转增50504280.00元,尚余134893443.84元,结转下一年度。以上分配方案须经股东大会批准。

2.预计2001年分配政策

公司预计拟在2001年度结束后分配一次;2001年度实现的净利润用于股利分配比例不低于25%;公司本年度未分配利润用于下年度股利分配的比例不低于25%;分配主要采取派发现金或送红股形式,现金股息约占股利分配的25%左右。具体利润分配预案由董事会根据实际情况确定,董事会并可根据公司经营情况和发展情况作相应的调整。

9、公司继续选定《中国证券报》、《上海证券报》为信息披露报刊。

(六)监事会报告

1、本报告期内公司监事会共召开了三次会议。

①2000年5月19日,召开了第二届监事会第五次会议,以举手表决方式一致通过了鲍章明先生、汪康伯先生、袁国庆先生、乐国海先生为公司第三届监事会监事候选人。

②2000年6月28日,召开了公司第三届一次监事会会议,一致通过选举鲍章明先生为公司监事会召集人。

③2000年7月22日,召开了公司第三届监事会第二次会议,审议通过了《公司2000年中期报告及其摘要》。

2、公司依法运作情况。报告期内公司董事、高管人员遵纪守法、廉洁奉公、勤奋工作、团结进取。按照国家有关法律、法规和公司章程,建立和完善了公司内部各项管理制度,依法决策、依法运作,认真执行股东大会的各项决议。本报告期内,公司董事及其他高级管理人员无违反法律、法规、公司章程或损害公司利益的行为。

3、检查公司财务的情况。监事会认为,浙江天健会计师事务所所出具的标准的无保留意见审计报告,准确、客观、真实地反映了公司的财务状况和经营成果。

4、公司于2000年4月14日发行4500万A股,实际募集资金228,760,786.90元,公司目前募集资金实际投入与原承诺的投入项目相一致,没有改变募集资金投向。

5、浙江天健会计师事务所出具了标准无保留意见的审议报告。

(七)重要事项

1、重大诉讼、仲裁事项

本年度公司无重大诉讼、仲裁事项。

2、监管部门处罚情况

报告期内,公司、公司董事及高级管理人员无受到监管部门处罚的情况。

3、报告期内,公司控股股东未变更。因第二届董事会任期届满,报告期董事会进行了换届。经2000年6月28日召开的公司第九次(临时)股东大会改选后的情况:

第三届董事会成员:傅国定先生、张建平先生、蒋海涛先生、傅品高先生、潘明忠先生、傅明康先生、邵燕芬女士、朱星娣女士、陈士军先生。任期三年。

第三届监事会成员:鲍章明先生、袁国庆先生、汪康伯先生、乐国海先生。任期三年。报告期内,公司第三届董事会继续聘任潘明忠先生为总经理,聘任焦康涛先生为董事会秘书。

4、报告期内公司收购及出售资产、吸收合并事项。

本报告期内公司无收购及出售资产、吸收合并事项。

5、重大关联交易。

(一)关联方交易情况

1、采购货物

本公司向关联方采购货物,交易价格参照市场行情,由交易双方协商确定。2000年度和1999年度本公司及所属子公司向金鹰纺机六安绢纺有限公司购入存货20,998,528.84元和30,383,389.36元;2000年度和1999年度本公司及所属子公司向浙江金鹰集团有限公司购入存货229,132.17元和24,274,462.65元;2000年度本公司及所属子公司向金鹰纺机六安麻纺有限公司购入存货350,442.48元,1999年度没有发生。

2、销售货物

本公司向关联方销售货物,交易价格参照市场行情,由交易双方协商确定。2000年度和1999年度本公司及所属子公司向浙江金鹰集团有限公司销售商品,分别实现主营业务收入2,332,607.91元和6,991,014.49元,其他业务收入236,416.42元和740,598.45元;1999年度本公司向舟山中洲发展总公司销售商品,实现主营业务收入8,422,200.03元,其他业务收入75,892.52元,2000年度没有发生;1999年度本公司所属子公司浙江金鹰股份绵阳绢纺有限公司向舟山中洲发展总公司转让固定资产1,060,000.00元,2000年度没有发生;2000年度本公司及所属子公司向金鹰纺机六安绢纺有限公司销售商品,实现主营业务收入174,327.01,其他业务收入17,527.83元,1999年度没有发生;2000年度本公司及所属子公司向金鹰纺机六安麻纺有限公司销售商品,实现主营业务收入52,014.13元,其他业务收入2,025,917.32元,1999年度没有发生;2000年度本公司及所属子公司向金鹰建筑安装公司销售商品,实现其他业务收入12,771.10元,1999年度没有发生;2000年度本公司及所属子公司向浙江金鹰麦凯国际机器有限公司销售商品,实现其他业务收入507,050.11元,1999年度没有发生。

3、费用结算

1999年度本公司向浙江金鹰集团有限公司,按银行平均利率,根据每月资金占用情况,收取利息2,414,499.93元,2000年度没有发生。

4、关联方应收应付款项余额

其他应付款关联方名称	2000年12月31日余额	1999年12月31日余额
金鹰纺机六安绢纺有限公司	5,044,140.55	--
金鹰纺机六安麻纺有限公司	6,744,935.78	--
金鹰竹业(舟山)有限公司	2,909,633.36	--
金鹰建筑安装公司	4,123,617.50	--

6、本公司与控股股东在人员、资产、财务上的"三分开"情况:

①人员分开方面:公司在劳动、人事和工资管理等方面独立;公司总经理、副总经理、财务负责人、董事会秘书等高级管理人员在公司领取薪酬,并未在控股股东单位担任任何职务。

②资产完整方面:公司拥有独立完整的生产系统和生产配套设施,拥有全部产品的注册商标权、非专利技术等其它无形资产;公司拥有独立的采购和销售系统。

③财务分开方面:设有独立的财会部门,有独立的财会人员,建立了独立的会计核算体系和财务管理制度;有独立的银行帐户。

7、承诺事项

(一)本公司以房屋建筑物和土地使用权为抵押,向中国工商银行舟山市分行举借短期借款70万元。借款期限为2000年12月29日起至2001年8月11日止。

(二)本公司所属子公司舟山达利绢纺有限公司以房屋为抵押,向定海区小沙农村信用合作社借款1,000万元,借款期限为2000年11月17日起至2001年7月16日止。

(三)本公司所属子公司浙江金鹰股份绵阳绢纺有限公司以房屋建筑物和土地使用权为抵押,向中国农业银行绵阳市分行、中国银行绵阳市分行举借短期借款1,000万元,借款期限为2000年11月14日至2001年11月15日止。

8、报告期内没有发生托管、承包、租赁其它公司资产或其它公司托管、承包、租赁本公司资产的事项。

9、报告期继续聘用浙江天健会计师事务所负责公司的审计工作。

10、报告期内公司的合同履行情况正常,不存在为他人提供合同担保情况。

11、报告期公司未改名和股票简称。

12、报告期内其他重大事项:

公司董事会2000年10月16日公告:由于受自然灾害等客观因素的影响,国内蚕茧减产,绢纺原料价格大幅上扬,比去年同期上涨幅度在30%以上,今年1-9月绢纺产品平均价格较去年同期仅增5%左右。根据公司2000年度盈利预测,绢纺产品主营业务利润4082.2万元,占全部主营业务利润的44%,因此公司绢纺形势十分严峻,可能对本公司的主营业务利润受到严重影响。敬请广大投资者注意风险。(详见2000年10月17日的《中国证券报》、《上海证券报》)。

(八)财务会计报告

1、审计报告

公司财务报告经浙江天健会计师事务所王国海会计师、朱剑敏会计师审计,并出具了标准无保留意见的审计报告[浙天会审(2001)第495号]。

浙江金鹰股份有限公司全体股东:

我们接受委托,审计了贵公司2000年12月31日的资产负债表及合并资产负债表,2000年度的利润及利润分配表和合并利润及利润分配表,以及2000年度的现金流量表及合并现金流量表。这些会计报表由贵公司负责,我们的责任是对这些会计报表发表审计意见。我们的审计是依据中国注册会计师独立审计准则进行的。在审计过程中,我们结合贵公司实际情况,实施了包括抽查会计记录等我们认为必要的审计程序。

我们认为,上述会计报表符合《企业会计准则》和《股份有限公司会计制度》的有关规定,在所有重大方面公允地反映了贵公司2000年12月31日的财务状况及2000年度的经营成果和现金流量,会计处理方法的选用遵循了一贯性原则。

浙江天健会计师事务所有限公司　　中国注册会计师　王国海

中国·杭州　　中国注册会计师　朱剑敏

报告日期:2001年3月19日

2、会计报表(见附表)

3、会计报表附注

一、公司简介

浙江金鹰股份有限公司(以下简称"本公司"或"公司")系经原浙江省股份制试点工作协调小组浙股[1994]29号文批准,由浙江省定海纺织机械厂(1998年变更为浙江金鹰集团有限公司)、舟山制衣公司、舟山市定海绢纺炼绸厂和舟山市定海区小沙乡经济开发实业总公司共同发起设立的股份有限公司。股票发行前,公司注册资本为人民币12,334.76万元。2000年4月10日经中国证券监督管理委员会证监发行字[2000]34号文批准,并经上海证券交易所同意,于2000年4月14日和15日采用上网定价和向二级市场投资者配售相结合的方式向社会公众和二级市场投资者公开发行A股股票4,500万股。2000年5月12日,公司在浙江省工商行政管理局变更登记注册,取得注册号3300001001615(1/1)企业法人营业执照,注册资本16,834.76万元。2000年6月2日,公司股票在上海证券交易所挂牌交易。

公司从事机械制造、纺织品、丝绸、服装生产、加工、黑色及有色金属、机电及机配件、五金化工、轻纺及桑蚕纺原料、燃料、木材的购销、经营本企业或成员企业自产产品及相关技术的出口业务。经营本企业或本企业成员企业生产、科研所需原辅材料、机械设备、仪器仪表、零配件等商品及相关技术的进出口业务,开展"三来一补"业务。

二、公司采用的主要会计政策、会计估计和合并会计报表的编制方法

(一)会计制度

执行《企业会计准则》、《股份有限公司会计制度》及其补充规定。各控股子公司根据财政部财会字[1998]63号文《关于<股份有限公司会计制度>实施范围问题的通知》,参照执行《股份有限公司会计制度》。

(二)会计年度

会计年度自公历1月1日起至12月31日止。

(三)记账本位币

采用人民币为记账本位币。

(四)记账基础和计价原则

以权责发生制为记账基础,以历史成本为计价原则。

(五)外币业务核算方法

对发生的外币经济业务,采用业务发生当日中国人民银行公布的市场汇价(中间价)折合人民币记账,对各种外币账户的外币期末余额,按期末市场汇价(中间价)进行调整,发生的差额,与购建固定资产有关且在其尚未交付使用前的,计入有关固定资产的购建成本;与购建固定资产无关的,属于筹建期间的计入开办费,属于生产经营期间的计入当期财务费用。

(六)现金等价物的确定标准

现金等价物是指企业持有的期限短(一般是指从购买日起三个月内到期)、流动性强、易于转换为已知金额现金、价值变动风险很小的投资。

(七)坏账核算方法

1、采用备抵法核算坏账。

坏账准备按账龄分析法计提,根据债务单位的财务状况、现金流量等情况,确定提取比例为:应收款项(应收帐款和其他应收款)账龄1年(含1年,以下类推)以内的,按其余额的5%计提;账龄1-2年的,按其余额的10%计提;账龄2-3年的,按其余额的20%计提;账龄3年以上的,按其余额的30%计提。

2、坏账的确认标准为:

(1)债务人破产或者死亡,以其破产财产或者遗产清偿后,仍然无法收回;

(2)债务人逾期未履行其清偿义务,且具有明显特征表明无法收回。

对确实无法收回的应收款项,经董事会或股东大会审议批准后作为坏账损失,并冲销提取的坏账准备。

(八)存货核算方法

1、存货包括在生产经营过程中为销售或耗用而储备的原材料、包装物、低值易耗品、在产品、库存商品、委托加工物资和委托代销商品等。

2、存货按实际成本计价。购入并已验收入库原材料按实际成本入账,发出原材料采用加权平均法计价;入库 产成品(自制半成品)按实际生产成本核算,发出产成品采用加权平均法计价;期末按成本与可变现净值孰低计价。领用低值易耗品按一次摊销法摊销。

3、由于存货遭受毁损、全部或部分陈旧过时和销售价格低于成本等原因造成的存货成本不可收回的部分,期末采用成本与市价孰低原则计价,按单个存货项目的成本低于可变现净值的差额提取存货跌价准备。

(九)短期投资核算方法

1、短期投资,按实际支付的价款扣除已宣告发放但尚未领取的现金股利或利息入账。

2、期末短期投资按成本与市价孰低计价,并按各单项投资项目计提跌价准备。

(十)长期投资核算方法

1、长期股权投资,按投资时实际支付的价款或确定的价值入账。投资额占被投资企业有表决权资本总额20%以下,或虽占20%或20%以上,但不具有重大影响的,按成本法核算;投资额占被投资企业有表决权资本总额20%或20%以上,或虽投资不足20%但有重大影响的,采用权益法核算;投资额占被投资企业有表决权资本总额50%(不含50%)以上的,采用权益法核算,并合并会计报表。

2、股权投资差额,在合同规定的投资期限内平均摊销。合同没有规定投资期限的,借方差额在10年内平均摊销;贷方差额按不低于10年的期限平均摊销。

3、长期债权投资,以实际支付的价款扣除支付的税金、手续费等各项附加费用,以及自发行日至债券购入日的应计利息后的余额入账。溢价或折价在债券存续期间内,按直线法予以摊销。

4、期末由于市价持续下跌或被投资单位经营状况恶化等原因,导致长期投资可收回金额低于账面价值,按可收回金额低于长期投资账面价值的差额提取长期投资减值准备。

(十一)固定资产及累计折旧核算方法

1、固定资产按实际成本计价。固定资产的标准为:使用年限在一年以上的房屋、建筑物、机器、机械、运输工具和其他与生产经营有关的设备、器具、工具等,以及不属于生产经营主要设备,但单位价值在2,000元以上,并且使用期限超过两年的物品。

2、固定资产折旧采用平均年限法。按固定资产类别、预计使用年限和预计净残值率(原值的4%)确定折旧率如下:

固定资产类别	折旧年限(年)	年折旧率(%)
房屋建筑物	30	3.20
通用设备	10	9.60
专用设备	10	9.60
运输设备	8	12.00

(十二)在建工程核算方法

在建工程以各项工程实际发生的支出入账,按工程项目分类核算,并在工程交付使用时按工程的实际成本结转 固定资产。用借款进行的工程发生的利息支出和外币折算差额,在固定资产尚未交付使用前予以资本化;交付使用后计入当期财务费用。

(十三)无形资产核算方法

无形资产按实际发生额入账,在有效使用期限内分期平均摊销。

(十四)开办费核算方法

开办费按实际支出入账,从开始生产经营的次月起,在5年内分期平均摊销。

(十五)长期待摊费用核算方法

长期待摊费用按实际支出入账,在项目的受益期内分期平均摊销。

(十六)收入确认原则

1、商品销售

在商品所有权上的重要风险和报酬转移给买方,公司不再对该商品实施继续管理权和实际控制权,相关的收入已经收到或取得了收款的证据,并且与销售该商品有关的成本能够可靠地计量时,确认营业收入的实现。

2、提供劳务

(1) 劳务在同一年度内开始并完成的,在劳务已经提供,收到价款或取得收取款项的证据时,确认劳务收入。

(2) 劳务的开始和完成分属不同会计年度的,在劳务合同的总收入、劳务的完成程度能够可靠地确定,与交易相关的价款能够流入,已经发生的成本和为完成劳务将要发生的成本能够可靠地计量时,按完工百分比法,确认劳务收入。

(3) 长期合同工程在合同结果已经能够合理预见时,营业收入按结账时已完成工程进度的百分比计算;营业成 本以预计完工总成本的同一百分比计算。

3、他人使用本公司资产而发生的收入

他人使用本公司现金资产发生的利息收入,按使用现金的时间和适用利率计算确定;他人使用本公司非现金资产,发生的使用费收入按有关合同或协议规定的收费时间和方法计算确定。上述收入的确定并应同时满足:(1) 与交易相关的经济利益能够流入公司;(2) 收入的金额能够可靠地计量。

(十七)所得税的会计处理方法

公司的企业所得税,采用应付税款法核算。

(十八)合并会计报表的编制方法

合并会计报表以母公司、纳入合并范围的子公司的同期会计报表和其他有关资料为依据,按照《合并会计报表暂行规定》编制而成。对合营企业,则按比例合并法予以合并。子公司的主要会计政策按照母公司统一选用的会计政策厘定,母子公司间的大交易和资金往来等,均已在合并时抵销。

(十九)会计政策、会计估计变更说明

本公司的控股子公司舟山达利绢纺制衣有限公司、舟山康达绢纺有限公司和舟山达利针织有限公司以前年度执行《外商投资企业会计制度》,浙江金鹰股份绵阳绢纺有限公司以前年度执行《工业企业会计制度》,仅在合并会计报表时,按母公司统一选用的会计政策进行合并调整。从2000年度起,上述子公司均实际参照执行《股份有限公 司会计制度》。对属于会计政策变更的均在各控股子公司会计报表中作了追溯调整;对属于会计估计变更的则按未来适用法进行了处理。

三、税(费)项

(一)增值税

按17%的税率计缴。

(二)城市维护建设税

按应缴流转税额的5%计缴,其中浙江金鹰股份绵阳绢纺有限公司税率为7%。

(三)教育费附加

按应缴流转税额的4%计缴,其中浙江金鹰股份绵阳绢纺有限公司费率为3%。

(四)所得税

根据浙江省人民政府浙政发[1999]59号文批准,公司股票上市后所得税按33%税率计缴,由财政返回18%,实际所得税税负为15%。所属控股子公司舟山达利绢纺制衣有限公司按26.4%的税率计缴;浙江金鹰塑料机械有限公司按33%的税率计缴;舟山康达绢纺有限公司本年实现的利润弥补上年亏损后没有应纳税所得额,不计提所得税;浙江金鹰股份绵阳绢纺有限公司本年度没有应纳税所得额,不计提所得税;舟山达利针织有限公司根据税法规定本年免缴所得税。

四、控股子公司及合营企业

(一)控制的所有子公司及本公司对其投资情况如下:

公司名称	注册资本	实际投资额	投资比例	合并时间
舟山达利绢纺制衣有限公司	USD453.227万	USD317.259万	70%	1994年
舟山康达绢纺有限公司	USD100万	USD75万	75%	1994年
浙江金鹰股份绵阳绢纺有限公司	RMB¥2,700万	RMB¥2,646万	98%	1998年
舟山达利针织有限公司	USD111万	USD77.7万	70%	1999年
浙江金鹰塑料机械有限公司	RMB¥3,000万	RMB¥2,850万	95%	2000年

(二)公司无合营企业。

五、关联方关系及其交易

(一)关联方关系

1、存在控制关系的关联方

(1)存在控制关系的关联方

企业名称	注册地址	主营业务	与本企业关系	经济性质或类型	法定代表人
浙江省定海纺织机械总厂	浙江定海	纺织机械生产销售	母公司	集体	傅国定
浙江金鹰集团有限公司	浙江定海	机械、服装等制造加工	母公司	有限责任公司	傅国定
舟山达利绢纺制衣有限公司	浙江定海	绢、丝、麻、毛、棉等生产销售	子公司	港、澳、台投资企业	傅国定
舟山康达绢纺有限公司	浙江定海	绢纺、绢丝纺、棉球和落棉生产销售	子公司	港、澳、台投资企业	傅国定
浙江金鹰股份绵阳绢纺有限公司	四川绵阳	绢纺织品、丝绸制品和服装生产销售	子公司	有限责任公司	傅国定
舟山达利针织有限公司	浙江定海	针织系列产品的生产、销售	子公司	港、澳、台投资企业	傅国定
浙江金鹰塑料机械有限公司	浙江舟山	塑料机械产品及其他机械厂品与配件的制造、加工、销售	子公司	有限责任公司	傅国定

(2)存在控制关系的关联方的注册资本及其变化

企业名称	期初数	本期增加	本期减少	期末数
浙江省定海纺织机械总厂	RMB¥1.2673亿			RMB¥1.2673亿
浙江金鹰集团有限公司	RMB¥1.58亿			RMB¥1.58亿
舟山达利绢纺制衣有限公司	USD453.227万			USD453.227万
舟山康达绢纺有限公司	USD100万			USD100万
浙江金鹰股份绵阳绢纺有限公司	RMB¥2,700万			RMB¥2700万
舟山达利针织有限公司	USD111万			USD111万
浙江金鹰塑料机械有限公司		RMB$3,000万		RMB¥3,000万

(3)存在控制关系的关联方所持股份或权益及其变化

企业名称	期初数		本期增加		本期减少		期末数	
	金额	%	金额	%	金额	%	金额	%
浙江金鹰集团有限公司	RMB¥11,415.76万	92.55					RMB¥11,415.76万	92.55
舟山达利绢纺制衣有限公司	USD317.259万	70					USD317.259万	70
舟山康达绢纺有限公司	USD75万	75					USD75万	75
浙江金鹰股份绵阳绢纺有限公司	RMB¥2,646万	98					RMB¥2,646万	98
舟山达利针织有限公司	USD77.7万	70					USD77.7万	70
浙江金鹰塑料机械有限公司			RMB¥2,850万	95			RMB¥2,850万	95

2、不存在控制关系的关联方情况

金鹰纺机六安绢纺有限公司、舟山中洲发展总公司、浙江食品机械厂、浙江金鹰麦凯国际机器有限公司、金鹰纺机六安麻纺有限公司、金鹰竹业(宁波)有限公司、金鹰竹业(舟山)有限公司、金鹰建筑安装公司等与本公司的关系为同一母公司。舟山市定海绢纺炼绸厂、舟山制衣公司等与本公司的关系为上述公司系本公司的发起人。

(二)关联方交易情况

1、采购货物

本公司向关联方采购货物,交易价格参照市场行情,由交易双方协商确定。2000年度和1999年度本公司及所属子公司向金鹰纺机六安绢纺有限公司购入存货20,998,528.84元和30,383,389.36元;2000年度和1999年度本公司及所属子公司向浙江金鹰集团有限公司购入存货229,132.17元和24,274,462.65元;2000年度本公司及所属子公司向金鹰纺机六安麻纺有限公司购入存货350,442.48元,1999年度没有发生。

2、销售货物

本公司向关联方销售货物,交易价格参照市场行情,由交易双方协商确定。2000年度和1999年度本公司及所属子公司向浙江金鹰集团有限公司销售商品,分别实现主营业务收入2,332,607.91元和6,991,014.49元,其他业务收入236,416.42元和740,598.45元;1999年度本公司向舟山中洲发展总公司销售商品,实现主营业务收入8,422,200.03元,其他业务收入75,892.52元,2000年度没有发生;1999年度本公司所属子公司浙江金鹰股份绵阳绢纺有限公司向舟山中洲发展总公司转让固定资产1,060,000.00元,2000年度没有发生;2000年度本公司及所属子公司向金鹰纺机六安绢纺有限公司销售商品,实现主营业务收入174,327.01,其他业务收入17,527.83元,1999年度没有发生;2000年度本公司及所属子公司向金鹰纺机六安麻纺有限公司销售商品,实现主营业务收入52,014.13元,其他业务收入2,025,917.32元,1999年度没有发生;2000年度本公司及所属子公司向金鹰建筑安装公司销售商品,实现其他业务收入12,771.10元,1999年度没有发生;2000年度本公司及所属子公司向浙江金鹰麦凯国际机器有限公司销售商品,实现其他业务收入507,050.11元,1999年度没有发生。

3、费用结算

1999年度本公司向浙江金鹰集团有限公司,按银行平均利率,根据每月资金占用情况,收取利息2,414,499.93元,2000年度没有发生。

4、关联方应收应付款项余额

(1)应收账款

关联方名称	2000年12月31日余额	1999年12月31日余额
浙江金鹰集团有限公司	421,730.75	--
舟山市定海绢纺炼绸厂	127,590.02	127,590.02

(2)其他应收款

关联方名称	2000年12月31日余额	1999年12月31日余额
浙江金鹰集团杭州分公司	747,820.50	--
舟山市定海绢纺炼绸厂	540,000.00	--
金鹰纺机六安绢纺有限公司	--	14,814,546.10
舟山中洲发展总公司	349,498.45	2,618,326.70
浙江食品机械厂	949,764.97	--
浙江金鹰麦凯国际机器有限公司	517,576.03	--

(3)应付账款

关联方名称	2000年12月31日余额	1999年12月31日余额
浙江金鹰集团有限公司	2,540.80	--
金鹰纺机六安绢纺有限公司	--	8,272,663.42
舟山中洲发展总公司	2,198.00	--

(4)其他应付款

关联方名称	2000年12月31日余额	1999年12月31日余额
舟山制衣公司	403,367.54	403,367.54
浙江金鹰集团有限公司	1,709.60	--
金鹰纺机六安绢纺有限公司	5,044,140.55	--
金鹰纺机六安麻纺有限公司	6,744,935.78	--
金鹰竹业(宁波)有限公司	627,683.32	--
金鹰竹业(舟山)有限公司	2,909,633.36	--
金鹰建筑安装公司	4,123,617.50	--

5、关键管理人员报酬

2000年度本公司支付给关键管理人员的报酬1～2万元,为3人,2～3万元为8人,3～5万元为4人。

(九)备查文件目录

1、载有法人代表、财务负责人、会计经办人员签名并盖章的会计报表。

2、载有会计师事务所盖章、注册会计师签名的审计报告原件。

3、报告期内在中国证监会指定报纸上公开披露过的所有公司文件的正本及公告原稿。

4、查阅地点:本公司董事会秘书室

浙江金鹰股份有限公司

二〇〇一年四月三日

母公司资产负债表

编制单位:浙江金鹰股份有限公司　　2000 年 12 月 31 日　　单位:人民币元

资　　产	注释号	行次	年　初　数	期　末　数
流动资产:				
货币资金		1	24,056,059.29	147,127,133.36
短期投资		2		
减:短期投资跌价准备		3		
短期投资净额		4		
应收票据		5		1,422,000.00
应收股利		6	11,405,038.95	4,589,890.22
应收利息		7		
应收账款	1	8	69,421,803.77	54,318,193.88
其他应收款		9	30,173,098.98	49,945,604.79
减:坏账准备		10	7,895,292.87	8,403,156.60
应收款项净额		11	91,699,609.88	95,860,642.07
预付账款		21	2,348,407.48	6,342,782.67
应收补贴款		24	7,178,478.93	9,269,830.11
存货		30	116,305,434.48	128,823,905.14
减:存货跌价准备		31	15,319,096.34	9,762,300.76
存货净额		32	100,986,338.14	119,061,604.38
待摊费用		33	211,849.39	593,898.93
待处理流动资产净损失		34		
一年内到期的长期债权投资		35		
其他流动资产		36		
流动资产合计		39	237,885,782.06	384,267,781.74
长期投资:				
长期股权投资	2	40	68,314,977.02	108,456,632.10
长期债权投资		41		
长期投资合计		42	68,314,977.02	108,456,632.10
减:长期投资减值准备		43		
长期投资净额		44	68,314,977.02	108,456,632.10
固定资产:				
固定资产原价		45	116,786,659.34	145,896,352.77
减:累计折旧		46	36,807,668.94	43,173,970.67
固定资产净值		47	79,978,990.40	102,722,382.10
工程物资		48		
在建工程		49	6,794,452.15	9,328,756.20
固定资产清理		50		
待处理固定资产净损失		51		
固定资产合计		53	86,773,442.55	112,051,138.30
无形资产:				
无形资产		54	323,427.50	285,412.50
开办费		55		
长期待摊费用		56	14,352.71	
其他长期资产		57		
无形资产及其他资产合计		58	337,780.21	285,412.50
递延税项:				
递延税款借项		59		
资产总计		60	393,311,981.84	605,060,964.64

负债及股东权益	注释号	行次	年初数	期末数
流动负债:				
短期借款		61	101,911,800.00	50,100,000.00
应付票据		62		
应付账款		63	17,322,838.60	30,860,352.13
预收账款		64	5,872,064.67	15,682,210.60
代销商品款		65		
应付工资		66	2,945,724.24	2,626,204.93
应付福利费		67	2,208,967.95	3,854,484.18
应付股利		68	21,453,928.11	21,402,968.08
应交税金		69	7,893,533.64	3,390,446.81
其他应交款		70	450,228.72	110,028.89
其他应付款		71	25,136,234.60	52,736,753.88
预提费用		72	1,735,225.15	1,085,910.21
一年内到期的长期负债		73	14,029,975.00	
其他流动负债		74		
流动负债合计		80	200,960,520.68	181,849,359.71
长期负债				
长期借款		81	42,094,924.50	20,042,350.00
应付债券		82		
长期应付款		83		
住房周转金		84		
其他长期负债		85		
长期负债合计		90	42,094,924.50	20,042,350.00
递延税项				
递延税款贷项		91		
负债合计		92	243,055,445.18	201,891,709.71
股东权益:				
股本		93	123,347,600.00	168,347,600.00
资本公积		94	1,627,135.94	185,397,723.84
盈余公积		95	20,713,592.64	27,545,357.41
其中:公益金		96	6,904,530.88	9,181,785.80
未分配利润		97	4,568,208.08	21,878,573.68
股东权益合计		98	150,256,536.66	403,169,254.93
负债和股东权益总计		99	393,311,981.84	605,060,964.64

母公司利润及利润分配表

编制单位:浙江金鹰股份有限公司　　2000 年度　　单位:人民币元

项　　目	注释号	行次	上　年　数	本年累计数
一、主营业务收入	1	1	359,041,773.59	434,351,419.96
减:折扣与折让		2		
主营业务收入净额		2	359,041,773.59	434,351,419.96
减:主营业务成本		4	298,971,480.45	372,589,795.94
主营业务税金及附加		5	931,314.77	1,513,101.78
二、主营业务利润		10	59,138,978.37	60,248,522.24
加:其他业务利润		11	2,313,709.65	812,921.95
减:存货跌价损失		12	11,159,335.60	-5,556,795.58
减:营业费用		13	3,409,395.53	4,368,864.56
管理费用		14	8,819,169.36	10,027,392.36
财务费用		15	5,901,009.23	5,933,497.97
三、营业利润		18	32,163,778.30	46,288,484.88
加:投资收益	2	19	9,526,476.03	5,550,345.46
补贴收入		22		669,590.00
营业外收入		23	588,609.77	1,543,816.11
减:营业外支出		25	373,789.00	597,740.45

项　　目	注释号	行次	上　年　数	本年累计数
四、利润总额		27	41,905,075.10	53,454,496.00
减:所得税		28		7,909,397.55
五、净利润		30	41,905,075.10	45,545,098.45
加:年初未分配利润		31	-9,597,177.65	4,568,208.08
盈余公积金转入		32		
六、可供分配的利润		33	32,307,897.45	50,113,306.53
减:提取法定盈余公积		34	4,190,507.51	4,554,509.85
提取法定公益金		35	2,095,253.75	2,277,254.92
七、可供股东分配的利润		36	26,022,136.19	43,281,541.76
减:应付优先股股利		37		
提取任意盈余公积		38		
应付普通股股利		39	21,453,928.11	21,402,968.08
转作股本的普通股股利		40		
八、未分配利润		41	4,568,208.08	21,878,573.68

母公司现金流量表

编制单位:浙江金鹰股份有限公司　　2000 年度　　单位:人民币元

项　　目	注释号	行次	金　　额
一、经营活动产生的现金流量:			
销售商品、提供劳务收到的现金		1	519,271,402.08
收到的租金		2	748,020.00
收到的税费返还		3	15,087,047.63
收到的其他与经营活动有关的现金		4	7,235,883.28
现金流入小计		5	542,342,352.99
购买商品、接受劳务支付的现金		6	417,510,898.18
经营租赁所支付的现金		7	
支付给职工以及为职工支付的现金		8	26,517,485.41
实缴纳的增值税款		9	23,852,333.68
支付的所得税款		10	5,393,850.86
支付的除增值税、所得税以外的其他税费		11	1,713,628.22
支付的其他与经营活动有关的现金		12	9,072,576.47
现金流出小计		13	484,060,772.82
经营活动产生的现金流量净额		14	58,281,580.17
二、投资活动产生的现金流量			
收回投资所收到的现金		15	
分得股利或利润所收到的现金		16	11,415,818.95
取得债券利息收入所收到的现金		17	
处置固定资产、无形资产和其他长期资产而收到的现金净额		18	257,000.00
收到的其他与投资活动有关的现金		19	
现金流入小计		20	11,672,818.95
购建固定资产、无形资产和其他长期资产所支付的现金		21	28,240,677.21
权益性投资所支付的现金		22	39,191,979.84
债权性投资所支付的现金		23	
支付的其他与投资活动有关的现金		24	
现金流出小计		25	67,432,657.05
投资活动产生的现金流量净额		26	-55,759,838.10
三、筹资活动产生的现金流量			
吸收权益性投资所收到的现金		27	232,026,201.00
发行债券所收到的现金		29	
借款所收的现金		30	214,400,000.00
收到的其他与筹资活动有关的现金		31	8,576,734.00
现金流入小计		32	455,002,935:00
偿还债务所支付的现金		33	301,911,800.00
发生筹资费用所支付的现金		34	2,660,000.00
分配股利或利润所支付的现金		35	21,453,928.11
偿付利息所支付的现金		37	8,427,874.89
融资租赁所支付的现金		38	
减少注册资本所支付的现金		39	
支付的其他与筹资活动有关的现金		41	
现金流出小计		42	334,453,603.00
筹资活动产生的现金流量小计		43	120,549,332.00
四、汇率变动对现金的影响额		44	
五、现金及现金等价物净增加额		45	123,071,074.07

附　　注	注释号	行次	金　　额
1.不涉及现金收支的投资和筹资活动:			
以固定资产偿还债务		46	
以投资偿还债务		47	
以固定资产进行投资		48	
以存货偿还债务		49	
融资租赁固定资产		50	
接受捐赠非现金资产		51	
2.将净利润调节为经营活动的现金流量:			
净利润		52	45,545,098.45
加:计提的坏帐准备或转销的坏帐		54	662,482.95
固定资产折旧		55	6,127,128.68
无形资产、递延资产摊销		56	52,367.71
待摊费用的减少(减:增加)		57	-382,049.54
预提费用的增加(减:减少)		58	966,749.62
处置固定资产、无形资产和其他长期资产的损失(减:收益)		59	-94,249.54
固定资产报废损失		60	
财务费用		61	6,729,260.83
投资损失(减:收益)		62	-5,550,345.46
递延税款贷巷(减:借项)		63	
存货的减少(减:增加)		64	-12,518,470.66
经营性应收项目的减少(减:增加)		65	-18,297,316.82
经营性应付项目的增加(减:减少)		66	40,597,719.53
其他		67	-5,556,795.58
经营活动产生的现金流量净额		68	58,281,580.17
3.现金及现金等价物净增加情况:			
货币资金的期末余额		69	147,127,133.36
减:货币资金的期初余额		70	24,056,059.29
加:现金等价物的期末余额		71	
减:现金等价物的期初余额		72	
现金及现金等价物净增加额		73	123,071,074.07

合并资产负债表

编制单位:浙江金鹰股份有限公司　　2000 年 12 月 31 日　　单位:人民币元

资产	注释号	行次	年初数	期末数	负债及股东权益	注释号	行次	年初数	期末数
流动资产:					流动负债:				
货币资金	1	1	40,696,530.12	156,392,075.74	短期借款	17	61	126,911,800.00	70,100,000.00
短期投资		2			应付票据		62		
减:短期投资跌价准备		3			应付账款	18	63	38,002,016.87	62,852,310.68
短期投资净额		4			预收账款	19	64	8,020,189.48	19,242,660.69
应收票据	2	5		2,022,000.00	代销商品款		65		
应收股利		6			应付工资		66	6,554,105.17	5,124,297.84
应收利息		7			应付福利费		67	2,981,880.17	4,959,326.12
应收账款	3	8	79,901,184.90	83,700,813.86	应付股利	20	68	22,543,252.71	23,286,726.51
其他应收款	4	9	33,252,663.52	30,568,210.54	应交税金	21	69	13,787,941.60	8,735,723.99
减:坏账准备		10	9,105,661.51	9,184,034.23	其他应交款	22	70	869,890.92	441,925.14
应收款项净额		11	104,048,186.91	105,084,990.17	其他应付款	23	71	33,375,825.72	78,683,269.70
预付账款	5	21	3,721,553.94	11,025,885.35	预提费用	24	72	2,312,537.46	1,609,301.64
应收补贴款	6	24	7,178,478.93	9,269,830.11	一年内到期的长期负债		73	14,029,975.00	
存货	7	30	190,137,665.32	244,227,826.69	其他流动负债		74		
减:存货跌价准备	7	31	18,729,332.68	10,796,450.15	流动负债合计		80	269,389,415.10	275,035,542.31
存货净额		32	171,408,332.64	233,431,376.54	长期负债:				
待摊费用	8	33	227,971.19	687,449.45	长期借款	25	81	46,102,184.50	20,042,350.00
待处理流动资产净损失		34			应付债券		82		
一年内到期的长期债权投资	9	35	75,000.00	75,000.00	长期应付款	83			
其他流动资产		36			住房周转金		84		
流动资产合计		39	327,356,053.73	517,988,607.36	其他长期负债		85		
长期投资:					长期负债合计		90	46,102,184.50	20,042,350.00
长期股权投资	10	40	107,800.00	10,765,180.84	递延税项				
长期债权投资	11	41	150,000.00	75,000.00	递延税款贷项		91		
长期投资合计		42	257,800.00	10,840,180.84	负债合计		92	315,491,599.60	295,077,892.31
减:长期投资减值准备	11	43			少数股东权益	26		17,567,578.51	20,161,050.26
长期投资净额		44	257,800.00	10,840,180.84	股东权益:				
其中:合并价差(贷差以"-"表示)	11			657,380.84	股本	27	93	123,347,600.00	168,347,600.00
其中:股权投资差额(贷差以"-"表示)	11			657,380.84	资本公积	28	94	1,627,135.94	185,397,723.84
固定资产:					盈余公积	29	95	20,713,592.64	27,545,357.41
固定资产原价	12	45	198,587,629.01	239,545,585.88	其中:公益金	29	96	6,904,530.88	9,181,785.80
减:累计折旧	12	46	69,242,053.07	82,382,135.82	未分配利润	30	97		20,382,835.43
固定资产净值	12	47	129,345,575.94	157,163,450.06	股东权益合计		98	145,688,328.58	401,673,516.68
工程物资		48							
在建工程	13	49	7,250,724.18	11,105,488.40					
固定资产清理		50							
待处理固定资产净损失		51							
固定资产合计		53	136,596,300.12	168,268,938.46					
无形资产:									
无形资产	14	54	12,579,781.91	18,251,947.95					
开办费	15	55	1,943,218.22	1,562,784.64					
长期待摊费用	16	56	14,352.71						
其他长期资产		57							
无形资产及其他资产合计		58	14,537,352.84	19,814,732.59					
递延税项:									
递延税款借项		59							
资产总计		60	478,747,506.69	716,912,459.25	负债和股东权益总计		99	478,747,506.69	716,912,459.25

合并利润及利润分配表

编制单位:浙江金鹰股份有限公司　　2000 年度　　单位人民币元

项目	注释号	行次	上年数	本年累计数	项目	注释号	行次	上年数	本年累计数
一、主营业务收入		1	461,359,222.12	571,462,350.80	四、利润总额		27	42,735,953.62	62,219,931.93
减:折扣与折让		2			减:所得税	9	28	1,320,394.94	11,579,580.90
主营业务收入净额		3	461,359,222.12	571,462,350.80	少数股东损益	10	29	1,268,143.01	2,022,782.75
减:主营业务成本		4	378,505,718.94	487,674,502.27	五、净利润		30	40,147,415.67	48,617,568.28
主营业务税金及附加		5	1,525,270.75	1,733,108.10	加:年初未分配利润		31	-12,407,726.30	0
二、主营业务利润		10	81,328,232.43	82,054,740.43	盈余公积转入		32		
加:其他业务利润	1	11	1,930,286.52	1,045,064.92	六、可供分配的利润		33	27,739,689.37	48,617,568.28
减:存货跌价损失	2	12	12,381,120.77	-7,932,882.53	减:提取法定盈余公积		34	4,190,507.51	4,554,509.85
减:营业费用	3	13	5,532,438.48	7,548,610.40	提取法定公益金		35	2,095,253.75	2,277,254.92
管理费用		14	15,314,238.28	16,190,789.92	七、可供股东分配的利润		36	21,453,928.11	41,785,803.51
财务费用	4	15	8,733,238.71	7,281,655.56	减:应付优先股股利		37		
三、营业利润		18	41,297,482.71	60,011,632.00	提取任意盈余公积		38		
加:投资收益	5	19		-23,819.00	应付普通股股利		39	21,453,928.11	21,402,968.08
补贴收入	6	22	295,000.00	1,333,090.00	转作股本的普通股股利		40		
营业外收入	7	23	1,754,193.97	2,006,399.10	八、未分配利润		41		20,382,835.43
减:营业外支出	8	25	610,723.06	1,107,370.17					

合并现金流量表

编制单位:浙江金鹰股份有限公司　　2000 年度　　单位:人民币元

项目	注释号	行次	金额	附注	注释号	行次	金额
一.经营活动产生的现金流量:				1.不涉及现金收支的投资和筹资活动:			
销售商品、提供劳务收到的现金		1	656,120,1238.35	以固定资产偿还债务		46	
收到的租金		2	1,034,503.70	以投资偿还债务		47	
收到的税费返还		3	15,087,047.63	以固定资产进行投资		48	
收到的其他与经营活动有关的的现金		4	33,008,750.03	以存货偿还债务		49	
现金流入小计		5	705,250,439.71	融资租赁固定资产		50	
购买商品、接受劳务支付的现金		6	527,627,314.00	接受捐赠非现金资产		51	
经营租赁所支付的现金		7	435,169.50	2.将净利润调节为经营活动的现金流量:			
支付给职工以及为职工支付的现金		8	60,274,563.69	净利润		52	48,617,568.28
实际缴纳的增值税款		9	36,114,719.84	加:少数股东损益		53	2,022,782.75
支付的所得税款		10	6,267,851.62	计提的坏帐准备或转销的坏帐		54	78,372.72
支付的除增值税、所得税以外的其他税费		11	2,198,877.92	固定资产折旧		55	11,180,211.53
支付的其他与经营活动有关的现金	1	12	13,782,009.36	无形资产、递延资产摊销		56	1,283,239.96
现金流出小计		13	646,700,505.93	待摊费用的减少(减:增加)		57	-459,478.26
经营活动产生的现金流量净额		14	58,549,933.78	预提费用的增加(减:减少)		58	965,521.12
二.投资活动产生的现金流量				处置固定资产、无形资产和其他长期资产的损失(减:收益)		59	65,660.83
收回投资所收到的现金		15	75,000.00	固定资产报废损失		60	12,453.65
分得股利或利润所收到的现金		16	10,780.00	财务费用		61	8,122,714.17
取得债券利息收入所收到的现金		17		投资损失(减:收益)		62	23,819.00
处置固定资产、无形资产和其他长期资产而收到的现金流量		18	508,572.50	递延税款贷项(减:借项)		63	
收到的其他与投资活动有关的现金		19	13,549.62	存货的减少(减:增加)		64	-54,087,922.22
现金流入小计		20	607,902.12	经营性应收项目的减少(减:增加)		65	-20,353,599.85
购建固定资产、无形资产和其他长期资产所支付的现金		21	29,472,964.22	经营性应收项目的增加(减:减少)		66	69,011,472.63
权益性投资所支付的现金		22	11,691,979.84	其他		67	-7,932,882.53
债权性投资所支付的现金		23		经营活动产生的现金流量净额		68	58,549,933.78
支付的其他与投资活动有关的现金		24		3.现金及现金等价物净增加情况:			
现金流出小计		25	41,164,944.06	货币资金的期末余额		69	156,392,075.74
投资活动产生的现金流量净额		26	-40,557,041.94	减:货币资金的期初余额		70	40,696,530.12
三.筹资活动产生的现金流量				加:现金等价物的期末余额		71	
吸收权益性投资所收到的现金		27	233,526,201.00	减:现金等价物的期初余额		72	
其中:子公司吸收少数股东权益性投资收到的现金		28	1,500,000.00				
发行债券所收到的现金		29					
借款所收的现金		30	269,400,000.00				
收到的其他与筹资活动有关的现金		31	8,567,734.00				
现金流入小计		32	511,502,935.00				
偿还债务所支付的现金		33	379,775,505.00				
发生筹资费用所支付的现金		34	2,660,000.00				
分配股利或利润所支付的现金		35	21,558,805.28				
其中:子公司支付少数股东的股利		36	134,877.17				
偿付利息所支付的现金		37	9,775,970.94				
融资租赁所支付的现金		38					
减少注册资本所支付的现金		39					
其中:子公司依法减资支付给少数股东的现金		40					
支付的其他与筹资活动有关的现金		41					
现金流出小计		42	413,800,281.22				
筹资活动产生的现金流量小计		43	97,702,653.78				
四.汇率变动对现金的影响额		44					
五.现金及现金等价物净增加额		45	115,695,545.62	现金及现金等价物净增加额		73	115,695,545.62

太原天龙集团股份有限公司

二〇〇〇年年度报告摘选

一、公司简介

1、公司法定中文名称:太原天龙集团股份有限公司
公司英文名称:TAI YUAN TIANLONG GROUP CO. LTD
2、公司法定代表人:田根牛
3、公司董事会秘书:宋逸清
授权代表:王宏
联系地址:太原市迎泽大街 291 号天龙大厦 14 楼 A 室
联系电话:0351-4040922
传真:0351-4810073
4、公司注册地址:太原市迎泽大街 291 号
公司办公地址:太原市迎泽大街 291 号
邮政编码:030001
电子信箱:tianlongtl615@sina.com
5、公司选定信息披露报纸:《中国证券报》
登载公司年度报告的中国证监会指定国际互联网网址:http://www.sse.com.cn
公司年度报告备置地址:太原市迎泽大街 291 号天龙集团证券部
6、股票上市交易所:上海证券交易所
股票简称:天龙集团
股票代码:600234

二、会计数据和业务数据摘要

(一)本公司年度实现的利润构成及现金流量

单位:人民币元

项　目	金　额
利润总额	24,039,376.76
净利润	19,499,342.59
扣除非经常性损益后的净利润	17,252,489.45
主营业务利润	70,903,781.69
其他业务利润	2,622,661.28
营业利润	20,712,479.39
投资收益	124,799.09
补贴收入	
营业外收支净额	3,202,098.28
经营活动产生的现金流量净额	6,804,095.62
现金及现金等价物净增加额	120,252,806.13

(二)截止报告期末公司前三年主要会计数据和财务指标　　单位:人民币元

项　目	2000 年	1999 年	1998 年
主营业务收入	422,677,443.61	448,531,013.59	381,213,072.91
净利润	19,499,342.59	18,558,381.13	11,348,471.05
总资产	449,307,335.70	335,791,370.94	322,806,333.78
股东权益(不含少数股东权益)	307,108,896.12	146,399,253.51	135,504,072.38
每股收益(元/股)	0.21	0.29	0.18
每股净资产(元/股)	3.27	2.29	2.12
调整后每股净资产(元/股)	3.13	2.05	1.93
每股经营活动产生的现金流量净额(元/股)	0.07	0.41	0.02
净资产收益率(%)	6.35	12.68	8.38
扣除非经常性损益后的每股收益(元/股)	0.18	0.29	0.18

(三)根据中国证监会关于发布《公开发行证券公司信息披露编报规则》第 9 号通知精神,公司 2000 年按全面摊薄法和加权平均法计算的净资产收益率及每股收益:

报告期利润	净资产收益率(%)		每股收益(元)	
	全面摊薄	加权平均	全面摊薄	加权平均
主营业务利润	23.09	28.49	0.76	0.87
营业利润	6.74	8.32	0.22	0.25
净利润	6.35	7.83	0.21	0.24
扣除非经常性损益后净利润	5.62	6.93	0.18	0.21

注:1、扣除的非经常性损益的项目及金额:2000 年新股申购冻结资金利息净额 2643356.63。

三、股本变动及股东情况

一、股本变动情况

(一)公司股份变动情况表(数量单位:股)

项目	期初数	本次变动增减 配股、送股、公积金转金股、增发、其他	期末数
1、尚未上市流通股份			
(1)发起人股份	33860000		33860000
其中:			
国家拥有股份	33860000		33860000
境内法人持有股份			
外资法人持有股份			
其他			
(2)募集法人股	17000000		17000000
(3)内部职工股	13000000		13000000
其中:董、监事及高管人员持股	40248		40248
(4)基金配售股份			
尚未流通股份合计	63860000		63860000
2、已上市流通股份			
(1)境内上市的人民币普通股	30000000		30000000
(2)境内上市的外资股			
(3)境外上市的外资股			
(4)其他			
已上市流通股份合计	30000000		30000000
3、股份总数	63860000		93860000

民丰特种纸股份有限公司

二〇〇〇年年度报告摘选

一、公司简介

(一)公司的法定中、英文名称及缩写
1、中文名称:民丰特种纸股份有限公司
2、英文名称:MINFENG SPECIAL PAPER CO. LTD.
3、英文名称缩写:MFSP
(二)公司法定代表人:吕士林
(三)公司董事会秘书及证券事务代表姓名、联系地址、电话、传真、电子信箱
1、董事会秘书:郑健
2、董事会证券事务代表:谢贵兴
3、联系地址:浙江省嘉兴市用里街 70 号民丰特种纸股份有限公司证券部
4、电　　话:0573-2070391
5、传　　真:0573-2070391
6、电子信箱:mfzqb@mail.jxptt.com.cn
(四)公司注册地址、办公地址、邮政编码、公司国际互联网网址、电子信箱
1、注册地址及办公地址:浙江省嘉兴市用里街 70 号
2、邮政编码:314000
3、公司国际互联网网址:http://www.cnmfsp.com
4、电子信箱:mfzqb@mail.jxptt.com.cn
(五)公司选定的信息披露报纸名称,登载公司年度报告的中国证监会指定的国际互联网网址,公司年度报告备置地点
1、信息披露报纸名称:《中国证券报》、《上海证券报》
2、中国证监会指定的国际互联网网址:http://www.sse.com.cn
3、年度报告备置地点:公司证券部
(六)公司股票上市交易所、股票简称和股票代码
1、上市交易所:上海证券交易所
2、股票简称:民丰特纸
3、股票代码:600235

二、会计数据和业务数据摘要

(一)2000 年度公司主要利润指标情况(单位:人民币元)

项　目	金　额
利润总额	46885679.20
净利润	44376538.53
扣除非经常性损益后的净利润	41298387.27
主营业务利润	70460257.00
其他业务利润	5581858.11
营业利润	37223017.16
投资收益	10904079.58
补贴收入	2619076.17
营业外收支净额	-3860493.71
经营活动产生的现金流量净额	46003557.07
现金及现金等价物净增加额	175058689.67

注:扣除非经常性损益项目及金额:归还财政贷款补贴收入 2175000 元,无效申购冻结资金利息 459075.09 元,用里街市政拆迁补贴 444076.17 元。

(二)截止报告期末公司前三年主要会计数据和财务指标(单位:人民币元)

项　目	2000 年度	1999 年度	1998 年度
主营业务收入	313912065.68	280218065.56	249086607.59
净利润	44376538.53	42006779.54	40675175.96
总资产	945344310.86	579754033.56	435205693.15
股东权益	538605047.05	201631286.64	193774507.10
每股收益(摊薄)	0.2507	0.3361	0.3254
每股收益(加权)	0.2857		
每股收益(扣除非经常性损益后)	0.2333	0.3291	0.3254
每股净资产	3.0430	1.6131	1.5502
调整后的每股净资产	3.0153	1.5802	1.5212
每股经营活动产生的现金流量净额	0.2599	0.4513	-0.0318
净资产收益率(摊薄)	8.2392%	20.8335%	20.9910%
净资产收益率(加权)	10.8238%	19.5132%	

(三)利润表附表

报告期利润	净资产收益率		每股收益	
	全面摊薄	加权平均	全面摊薄	加权平均
主营业务利润	13.0820%	17.1859%	0.3981	0.4536
营业利润	6.9110%	9.0790%	0.2103	0.2396
净利润	8.2392%	10.8238%	0.2507	0.2857
扣除非经常性损益后的净利润	7.6677%	10.0731%	0.2333	0.2659

三、股本变动及股东情况

(一)股本变动情况

1、股份变动情况表(单位:万股)

项目	期初数	本次变动增减 发行新股	配股	送股	其他	小计	期末数
(1)未上市流通股份							
发起人股份	12500						12500
其中:							
国有法人股	12390						12390
境内法人股	65						65
境外法人股							
其他	45						45
募集法人股							
优先股或其他							
未上市流通股份合计	12500						12500
(2)已上市流通股份							
人民币普通股		5200				5200	5200
境内上市的外资股							
境外上市的外资股							
其他							
已上市流通股份合计		5200				5200	5200
(3)股份总数	12500	5200				5200	17700

广西桂冠电力股份有限公司

二〇〇〇年年度报告摘要

一、公司简介

1、公司法定中英文名称及缩写:
公司法定中文名称:广西桂冠电力股份有限公司
公司中文名称缩写:桂冠电力
公司法定英文名称:GUANGXI GUIGUAN ELECTRIC POWER CO., LTD.
公司英文名称缩写:GGEP
2、公司法定代表人:赵建国
3、公司董事会秘书:张云
4、公司联系地址:中国广西南宁市民主路望仙坡一里3号
电话:0771－5636271
传真:0771－5620664
公司互联网网址:http://www.ggep.com.cn
公司电子信箱:ggep@ggep.com.cn
5、公司注册地址:中国广西南宁市民主路望仙坡一里3号
公司办公地址:中国广西南宁市民主路望仙坡一里3号
邮政编码:530023
6、公司信息披露指定报纸名称:《中国证券报》、《上海证券报》
刊载公司年报的中国证监会指定的国际互联网网址:hppt://www.sse.com.cn
公司年度报告备置地点:南宁市民主路望仙坡一里3号
7、公司股票上市交易所:上海证券交易所
公司股票简称:桂冠电力
股票代码:600236

二、会计数据和业务数据摘要

(一)、2000年度会计数据和业务数据摘要

项　　目	金额(单位:万元)
利润总额	35139.18
净利润	23562.65
扣除非经常性损益后的净利润	23297.37
主营业务利润	40690.75
其他业务利润	10.19
营业利润	34928.25
投资收益	143.52
补贴收入	0.00
营业外收支净额	67.40
经营活动产生的现金流量净额	35651.18
现金及现金等价物净增加额	40093.66

注:扣除非经常性损益的项目有:新股申购冻结资金利息摊销,金额为265.28万元。

(二)、1998年至2000年的会计数据和业务数据摘要

项　　目	2000年	1999年	1998年
主营业务收入(单位:万元)	64718.36	62492.05	55858.14
净利润(单位:万元)	23562.65	22400.06	20244.16
总资产(单位:万元)	294622.49	272519.89	280559.59
股东权益(不含少数股东权益)(单位:万元)	235795.62	165804.47	190971.79
每股净资产(单位:元)	3.49	2.93	2.85
调整后的每股净资产(单位:元)	3.48	2.91	2.83
每股经营活动产生的现金流量净额(单位:元)	0.53	0.77	0.41

净资产收益率和每股收益指标

报告期利润	2000年度				1999年度				1998年度			
	净资产收益率(%)		每股收益		净资产收益率(%)		每股收益		净资产收益率(%)		每股收益	
	全面摊薄	加权平均	全面摊薄	加权平均	全面摊薄	加权平均	全面摊薄	加权平均	全面摊薄	加权平均	全面摊薄	加权平均
主营业务利润	17.26	19.42	0.603	0.628	25.37	27.18	0.744	0.668	22.69	21.46	0.646	0.646
营业利润	14.81	16.67	0.517	0.539	20.32	21.76	0.596	0.535	18.75	17.73	0.534	0.534
净利润	9.99	11.25	0.348	0.364	13.51	14.47	0.396	0.356	12.58	11.89	0.357	0.357
扣除损益后的净利润	9.88	11.12	0.345	0.359	13.51	14.47	0.396	0.356	12.58	11.89	0.357	0.357

三、股东情况介绍

1、2000年12月31日公司股东在册总数为90725户。
2、2000年12月31日公司前十名股东持股情况:

股东名称	报告期持股数	占总股本%	流通股份	未流通股份	备　注
①广西电力有限公司	362537300	53.68	0.00	362537300	国有法人
②广西开发投资有限责任公司	131265667	19.44	0.00	131265667	国家
③中国华电电站装备工程公司	8250000	1.22	0.00	8250000	公众
④黑龙江省华富发电有限公司	4430000	0.66	0.00	4430000	公众
⑤江苏省江海粮油贸易有限公司	4430000	0.66	0.00	4430000	公众
⑥黑龙江省华富电力投资有限公司	4430000	0.66	0.00	4430000	公众
⑦广西壮族自治区水电工程局	3846633	0.57	0.00	3846633	募集法人
⑧广西铝业开发投资股份有限公司	3000000	0.44	0.00	3000000	公众
⑨广西送变电建设公司	2801000	0.41	0.00	2801000	募集法人
⑩广西岩滩水电站工程建设公司	2766667	0.41	0.00	2766667	募集法人
前十名股东所持股份合计	527757267	78.15	0.00	527757267	－－

注1:中国华电电站装备工程公司、黑龙江省华富发电有限公司、黑龙江省华富电力投资有限公司、江苏省江海粮油贸易有限公司、广西铝业开发投资股份有限公司等五家企业为战略投资者新股配售,其约定持股时间自2000年3月23日起至2002年3月23日止。

注2:在前十名股东中,广西电力有限公司与广西送变电建设公司、广西岩滩水电站工程建设公司有关联关系,广西开发投资有限责任公司与广西铝业开发投资股份有限公司有关联关系。广西送变电建设公司和广西岩滩水电站工程建设公司是广西电力有限公司的全资子公司,广西开发投资有限责任公司是广西铝业开发投资股份有限公司的控股公司。

持股5%以上(含5%)的股东所持股份未发生质押、冻结等情况。

四、股东大会简介

1、广西桂冠电力股份有限公司于2000年6月15日在公司召开了第十八次股东大会。出席会议的股东及代表共(4)人,代表股份(495183934)股,占公司有表决权总股份的(73.32%),符合《中华人民共和国公司法》和《公司章程》的有关规定,大会以记名投票的方式审议通过了以下事项:

公司1999年度董事会工作报告。
公司1999年度监事会工作报告。
公司1999年度财务决算利润分配方案及2000年度财务预算报告。
关于修改公司章程的报告。
关于更换董事的报告。
关于续聘上海大华会计师事务所的报告。

有关本次股东大会决议刊登于2000年6月16日的《中国证券报》和《上海证券报》上。

2、广西桂冠电力股份有限公司于2000年12月18日在公司召开了第十九次(临时)股东大会。出席会议的股东及代表共(2)人,代表股份(493,802,967)股,占公司总股份的(73.12%),符合《中华人民共和国公司法》和《公司章程》的有关规定,大会以记名投票的方式审议通过了关于更换董事的报告。

有关本次股东大会决议刊登于2000年12月19日的《中国证券报》和《上海证券报》上。

五、董事会报告

(一)、公司2000年度经营情况

1、公司所属行业为电力行业。水力发电是本公司的主营业务。公司拥有红水河上大化水力发电厂和百龙滩水力发电厂。公司总装机容量为620MW,产品全部向广西电网销售。公司的销售电量占广西电网总销售量的10%左右。

公司在资产方面,拥有独立的生产系统、辅助生产系统和配套设施;拥有独立的工业产权、商标、非专利技术等无形资产。

2、公司主营业务范围及其经营情况

本公司主营业务是水力发电,主营业务收入占公司全部收入的99%以上。在做好水力发电的同时,公司还适当参与其他相关产业和高新技术产业的发展。

2000年度公司狠抓安全生产,抓住经济恢复的有利时机多发电、多售电,降低消耗,使公司的经营业绩保持了稳定。公司全年完成售电量29.45亿千瓦时,同比增长17.66%;完成销售收入64718.36万元,同比增长3.56%;实现利税总额47985.22万元,同比增长4.78%。实现净利润23562.65万元,同比增长5.19%。由于公司的上网电价自2000年7月1日起下调,使得公司的销售收入增长水平和利税增长水平没能与售电量增长水平保持同步。

3、经营中存在的问题及解决办法

电价问题是影响公司2000年下半年经营业绩的主要原因。根据广西壮族自治区物价局桂价字[2000]276号和桂价字[2000]277号文,本公司自2000年7月1日起执行新的上网电价。大化水电厂和百龙滩水电厂新的上网电价分别比原上网电价下降了37.8元/兆瓦时和46.53元/兆瓦时。针对电价下调情况,公司采取了以下措施:

(1)、节约成本和费用,降低消耗;
(2)、确保安全生产,多发电多售电。

(二)、公司的财务状况

1、公司设立独立的财务部门,并建立了独立的会计核算体系和财务管理制度,有独立的银行账户。

2、公司总资产、长期负债、股东权益、主营业务利润和净利润增减变动分析

(1)、总资产

报告期末公司总资产294622.50万元,比去年同期增加22102.61万元,增加的主要原因是:2000年3月公司发行11000万股普通股和公司经营获利。

(2)、长期负债

报告期末公司的长期负债24559.22万元,同比减少1744.90万元,减少的主要原因是按期归还进口设备贷款本金。

(3)、股东权益

报告期末公司股东权益235819.52万元,同比增加70015.05万元,增加的主要原因是:2000年3月公司发行11000万股普通股和年末计提盈余公积。

(4)、主营业务利润

报告期末公司主营业务利润40690.75万元,同比减少1380.42万元,减少的主要原因是:2000年7月1日起公司上网电价下调。

(5)、净利润

报告期末公司净利润23562.65万元,同比增加1162.59万元,增加的主要原因是:财务费用减少。

3、会计师事务所出具了无保留的审计意见。

(三)、公司投资情况:

1、募股资金投资情况

(1)、募股资金投资情况表

项　　目	募股资金承诺投资	2000年度		2001年度		项目完成程度(%)
		投资计划	实际投资	投资计划	实际投资	
百龙滩电站收尾工程及还贷	63980万元	60049万元	63980万元	3931万元	0	95以上
大化电厂技改工程	4990万元	4990万元	4990万元	0	0	100
合计	68970万元	65039万元	68970万元	3931万元	0	－－

(2)、募股资金投资情况说明

2000年百龙滩电站收尾工程实际投资额比计划增加3931万元,主要原因是百龙滩电站收尾工程进度加快。公司的募股资金严格按《招股说明书》的承诺投向①弥补百龙滩水电站工程资金缺口,主要用于百龙滩水电站的收尾工程以及偿还前期投资中的部分贷款;②大化水电厂一台机组增容技术改造。百龙滩电站收尾工程尚缺部份资金,公司贷款解决。

以上两个项目:百龙滩水电站的收尾工程,截至2000年底已基本完工,6台机组已全部发电,发电量创历史最高水平,预计该工程竣工决算将于2001年上半年完成;大化水电厂一台机组的增容技术改造项目,按计划于2000年5月完成,并投入运行,单机新增发电容量1.4万千瓦,增容幅度为14%。

2、非募股资金投资情况

(1)、经公司董事会同意,2000年12月25日,公司投资1200万元人民币(占本公司净资产值的0.50%),与广西火炬高科技发展公司合作,成立"广西火炬高科技有限责任公司",公司占股份60%。该控股公司注册资金2000万元,主要从事软件开发,系统集成、高新技术产品研究、开发与

销售。

(2)、经公司董事会同意,2000 年 12 月 26 日,与广西开发投资有限责任公司等五家企业联合投资,成立"广西百色银海铝业有限责任公司",公司占股份 30%,一期工程出资额 5132.4 万元人民币(占本公司净资产值的 2.18%),报告期已投入 900 万元人民币。该公司注册资本 1 亿元人民币,总投资 68431 万元人民币,其中资本金 17108 万元人民币,主要从事铝业开发生产。

(3)、经公司董事会同意,公司计划出资开发总装机容量 600MW 的恶滩水电站扩建工程。该工程项目曾作为公司发展规划中的重点项目列入 2000 年 3 月披露的《招股说明书》中。该项目已于 2000 年 12 月 29 日获广西壮族自治区人民政府的批复,同意本公司与广西开发投资有限责任公司合作开发。

(四)、宏观政策对公司生产经营的影响

1、随着国家西部开发和"西电东送"战略的实施,一方面国家投资重点、优惠政策将向西部地区倾斜;另一方面一批重点项目、重点工程的开工将拉动地方经济的发展。预计广西的用电需求量将超过全国的平均水平,这对公司的电量销售提供了广阔的市场。

2、2000 年 7 月 1 日广西壮族自治区物价局分别以桂价格字[2000]276 号和桂价格字[2000]277 号文对我公司的大化水电厂和百龙滩电水电厂的上网电价进行调整,公司两电厂的上网电价从 2000 年 7 月 1 日起分别执行 216.56 元/兆瓦时和 335.00 元/兆瓦时,新电价分别比上年电价下降了 37.8 元/兆瓦时和 46.53 元/兆瓦时。该项调价政策将对公司 2001 年的主营业务收入产生一定的影响。

3、水电建设项目投资大、回收期长,这将会对公司近期的投资收益产生一定的影响。

(五)、2001 年发展计划

2001 年是国家"十五"计划的第一年,党中央、国务院西部大开发、西电东送战略的实施为桂冠电力提供了良好的发展机遇,公司将以发展为主题,以经济效益为中心,以安全生产为基础,以改革和科技进步为动力,继续坚持"以电为主,多元发展"的方向,具体发展计划如下:

1、生产经营发展计划

(1)、狠抓安全生产,确保按计划完成生产任务。2001 年计划完成销售电量 26.25 亿千瓦时,计划实现销售收入 57444 万元。

(2)、强化以财务管理为中心的企业管理理念。进一步规范会计核算,建立以预算为基础、以资金管理为中心的财务收支模式,全面实现预算管理和成本控制。

(3)、加强内部管理,使达标创一流工作落到实处。建立健全内部管理制度,深化改革用人、分配制度,在高管层试行年薪制,以减人增效、目标责任制为突破口,全面推进达标创一流工作。

(4)、争取以增发新股或其它融资方式进行融资,以满足公司扩大资产规模方面的资金需求。

(5)、抓好非电力投资项目的投资管理工作,依法加强对参股、控股公司的管理。

(6)、完善法人治理结构,实现规范运作、科学管理。通过弘扬企业文化全面提高员工素质,建立人才激励机制,培养一批素质高、善经营、过得硬的复合型人才。

2、投资发展计划

2001 年,公司将抓住西部大开发、西电东送的大好时机,争取新上一批电源建设、技改及基建项目:

(1)、新建电源项目:恶滩等红水河流域水电站及长洲水电站建设项目。着重抓好恶滩水电站扩建工程项目,组建以项目法人为主体的有限责任公司。该工程装机容量 600MW,概算总投资 36.90 亿元,其中资本金 7.38 亿元,公司计划出资 3.84 亿元,占股比 52%。工程计划于 2001 年 11 月主体工程开工,2004 年第一台机组发电,争取 2005 年全部机组投产。

(2)、技改项目:大化水电厂及合山电厂技改工程。

大化水电厂增容技术改造项目。大化水电厂第三台机组增容技术改造项目于 2000 年 10 月开始,计划于 2001 年 4 月底完成,单机净增发电机组容量 1.4 万千瓦,增容幅度 14%。大化水电厂第四台机组的增容技术改造工作将于 2001 年 10 月开始,计划于 2002 年 5 月投产。工程将于 2002 年全部完工。

组建"广西合山发电有限责任公司",合作建设广西合山电厂改扩建工程 2×30 万千瓦机组。该项目总投资 198235 万元,其中资本金 20%,公司计划出资占股比 50%。工程计划于 2001 年底开工建设,2003 年底第一台机组发电,2004 年上半年全部建成投产。

(3)、基建项目:百龙滩水电厂的收尾工程、竣工决算及大化、百龙滩两电厂的通航建筑物建设项目等。

百龙滩电厂的收尾工程、竣工决算计划于 2001 年上半年完成。

大化、百龙滩两电厂的通航建筑物建设项目。项目计划于 2001 年内开工建设,预计总投资约 3.5 亿元人民币,工期 3 年,工程建成后将产生巨大的社会效益。

(六)、董事会日常工作情况

1、报告期内董事会的会议情况及其决议内容:

(1)、2000 年 4 月 27 日召开三届三次会议,审议通过了以下决议:

公司 1999 年度董事会工作报告及公司股票发行上市情况的说明;

公司 1999 年度总经理业务报告;

公司 1999 年度财务决算、利润分配方案及 2000 年度财务预算报告;

修改《公司章程》的决议;

董事会更换董事决议,原任董事余长明同志因工作变动,辞去董事职务,拟更换张云同志为公司董事;

续聘大华会计师事务所有限公司为担任公司 2000 年度审计工作的会计师事务所决议;

召开第十八次股东大会决议。

有关本次董事会的详细情况刊登于 2000 年 4 月 29 日的《中国证券报》和《上海证券报》。

(2)、2000 年 7 月 28 日召开三届四次会议,审议通过了以下决议:

公司 2000 年中期总经理业务报告;

公司 2000 年中期报告及摘要;

设立额度为 150 万元的董事会基金决议;

原则同意出资 1200 万元,占股比 60%,投资设立广西火炬高科技有限责任公司。

有关本次董事会的部分情况刊登于 2000 年 8 月 1 日的《中国证券报》和《上海证券报》。

(3)、2000 年 11 月 16 日召开三届五次会议,审议通过了以下决议:

更换董事的决议,原任董事马远琭、李锦文、钟培祯、罗体承等同志由于工作变动,不再担任董事职务,拟更换赵建国、卓伟光、杨璐、沈冰等同志为公司董事;

原则同意公司投资百色铝厂项目;

同意公司投资开发恶滩水电站扩建工程项目;

召开第十九次(临时)股东大会的决议。

有关本次董事会的详细情况刊登于 2000 年 11 月 17 日的《中国证券报》和《上海证券报》。

(4)、2000 年 12 月 18 日召开三届六次会议,审议通过了以下决议:

选举赵建国同志任公司董事会董事长职务。马远琭同志由于工作变动,不再担任公司董事会董事长职务;

公司投资广西百色银海铝业有限责任公司,占股份 30%,一期工程实际出资额 5132.4 万元人民币。

有关本次董事会的详细情况刊登于 2000 年 12 月 19 日的《中国证券报》和《上海证券报》。

2、报告期公司利润分配情况

2000 年 8 月 5 日公司对 1999 年度实现利润实施了分配,分配方案为现金分红,每 10 股派现金 3.07 元(含税),向 2000 年 3 月 7 日发行新股以前老股东分配。

(七)、公司管理层及员工情况

1、董事、监事及高级管理人员情况

第三届董事会、监事会成员经公司第十七次股东大会选举产生,高级管理人员经公司三届一次会议聘任,任期为三年,自 1999 年 6 月至 2002 年 6 月。

(1)、现任董事、监事、高级管理人员有关情况如下:

姓　名	性别	出生年月	职　务	年初持股	本年增减	年末持股	变动原因
赵建国	男	1958.9	董事长	0	0	0	
陈咏辉	男	1945.10	常务副董事长、总经理	0	0	0	
沈悌	男	1945.12	副董事长	0	0	0	
谢正经	男	1942.8	董事	0	0	0	
胡建东	男	1963.9	董事	0	0	0	
李一平	男	1955.11	董事	1933	0	1933	
杨长宇	男	1945.9	董事	667	0	667	
龙先进	男	1952.10	董事	3033	0	3033	
卓伟光	男	1960.11	董事	0	0	0	
杨璐	女	1956.7	董事	0	0	0	
沈冰	女	1952.6	董事	0	0	0	
张云	女	1963.11	董事、董事会秘书	0	0	0	
黄鉴波	男	1949.4	董事	0	0	0	
潘渊泽	男	1942.2	董事、副总经理	0	0	0	0
白华	女	1969.3	董事	3000	0	3000	
黄进平	男	1953.1	监事会主席	0	0	0	
卢国栋	男	1952.12	监事	1067	0	1067	
胡雷冰	男	1962.1	监事	0	0	0	
黄汉艺	男	1969.2	监事	733	0	733	
黄新喜	男	1962.9	监事	0	0	0	
谢丽英	女	1958.9	副总经理	0	0	0	
蒋健平	男	1958.4	副总经理	667	0	667	
王传楚	男	1961.6	总会计师	667	0	667	

公司董事、监事及高级管理人员年度报酬总额为 416077.22 元,,报酬在 5-8 万元之间 6 人,报酬在 3-4 万元之间 2 人。不在公司领取报酬的有赵建国、沈悌、谢正经、胡建东、李一平、杨长宇、龙先进、卓伟光、杨璐、沈冰、黄鉴波、白华、黄进平、卢国栋和胡雷冰等 15 人。

(2)、董事、监事及高级管理人员变动情况

2000 年 6 月 15 日,公司召开第十八次股东大会,原任董事余长明同志因工作变动,不再担任公司董事职务,选举张云同志为公司董事。

2000 年 12 月 18 日,公司召开第十九次(临时)股东大会,原任董事马远琭、李锦文、钟培贞、罗体承等 4 位同志因工作变动,不再担任公司董事职务,选举赵建国、卓伟光、杨璐和沈冰等 4 位同志为公司董事。

2、公司员工情况

2000 年公司职工总人数为:792 人。其劳动分工构成如下:

项　目	生产人员	技术人员	财务人员	行政人员
数　量	265	431	15	81

公司职工受教育程度构成如下:

项　目	硕士以上	本科	大专	中专	技工	初中
数　量	7	99	170	190	244	82

报告期末离退休职工 107 人,已全部在社会保险领取退休养老金。

(八)、公司利润分配预案

1、2000 年度分配预案

经公司董事会决议,本年度采取现金分红方式。根据《招股说明书》的约定,其中:2000 年 3 月 7 日新增 1.1 亿股社会公众股股东每 10 股派现金 2.51 元(含税),老股东(新股发行前的股东)每 10 股派现金 3.01 元(含税)。

2、2001 年度预计分配政策

经公司董事会决议,2001 年实现净利润的 20%左右用于现金分配,分配一次。

六、监事会报告

1、报告期内监事会议情况

(1)、2000 年 4 月 27 日召开了三届监事会第二次会议,审议通过了《1999 年度监事会工作报告》,并形成了决议,决议内容刊登在 2000 年 4 月 29 日《中国证券报》、《上海证券报》。

(2)、2000 年 7 月 28 日召开了三届监事会第三次会议,会议审议通过了《公司 2000 年中期报告正文和摘要》,并形成了会议决议。会议决议内容刊登在 2000 年 8 月 1 日《中国证券报》、《上海证券报》。

2、公司依法运作情况

监事会根据国家有关法律、法规,对公司股东大会、董事会的召开程序、决议事项,董事会对股东大会决议的执行情况,公司高级管理人员履行职务情况及公司管理制度等进行了监督,本监事会认为董事会的工作是认真负责的,积极实施公司发展目标,公司的经营决策是科学合理的;未发现有违反法律、法规和公司章程或损害公司和股东利益的行为。

3、检查公司财务情况

2000 年度,监事会审阅分析了公司每月、半年和年度财务报告,及时了解掌握公司经营及财务状况。公司拥有独立的银行账号和独立的财务核算系统,公司的财产独立完整,并严格执行上市公司的制度和规定,财务收支清楚,各项费用支出合理。公司的财务决算报告已经大华会计师事务所有限公司审计,并出具了无保留意见的审计报告。监事会认为:大华会计师事务所有限公司的审计结论是实事求是的,监事会没有不同意见。

4、公司募集资金实际投入与董事会承诺投入项目执行情况

2000 年度,公司董事会及经理班子有效地执行股东大会的各项决策,对募集资金的投向严格按照《招股说明书》的承诺,使百龙滩水电站收尾工程建设和大化电厂一台机组增容技改项目按时完成。同时,公司根据百龙滩水电站收尾工程的建设进度加快的需要,调整了 2000 年百龙滩水电站收尾工程的投资额,将其计划 2001 年投入的募集资金 3931 万元提前在 2000 年下半年投入。

5、本年度内无收购、出售资产的行为。

6、本年度公司在信息披露方面及时准确,定期报告和重大事项的临时公告均按照规定及时全面的履行了信息披露义务,没有出现信息滞后或内幕交易行为。

7、公司的关联交易情况

公司的关联交易主要是与大股东广西电力有限公司的电力产品销售关系。公司与关联方签订《售电合同》,在平等互利的基础上,规定了双方的义务,根据电表记录,以广西物价局确定的价格进行结算,此项关联交易是公平的,没有损害股东的利益。

七、重要事项

(一)、公司在报告期内无重大诉讼、仲裁事项。

(二)、公司在报告期内的董事及高级管理人员没有受到监管部门处罚情况。

(三)、公司在报告期内的控股股东和总经理未变更,董事会未到换届期,少量董事更换情况已在第五部份董事会报告中说明。

(四)、公司在报告期内无重大收购、吸收合并及出售资产事项。

(五)、重大关联交易情况

1、商品销售发生的关联交易

(1)、关联交易方:广西电力有限公司

(2)、关联交易内容:售电

(3)、关联交易的定价原则:依据广西壮族自治区物价局确定的价格

(4)、交易价格:

2000 年 1 月 1 日至 2000 年 6 月 30 日:大化水电厂电力销售价为 254.36 元/兆瓦时;百龙滩水电厂电力销售价为 381.53 元/兆瓦时。

2000 年 7 月 1 日至 2000 年 12 月 31 日:大化水电厂电力销售价为 216.56 元/兆瓦时;百龙滩水电厂电力销售价为 335.00 元/兆瓦时。以上价格均为含税价。

(5)、交易额:64718.36 万元,占同类交易金额的 100%。

(6)、结算方式:依据双方签订的《购电合同》,在用户不欠电费及新电还本付息加价没有缺口的情况下,乙方在每月收到抄表单扣除甲方使用乙方电量电费后,30 天内向甲方支付电费。若存在欠费或有缺口,甲方需按比例负担欠费或加价缺口金额。乙方对应付的款项在支付到期日未能全部支付给甲方的,乙方应对未付金额部分支付利息,利息按中国人民银行公布的同期贷款利率计算。

(7)、此项关联交易在最终用户欠费量大的情况下,对公司的资金周转有一定影响。

在电网国家统一经营的情况下,公司今后仍将与广西电力有限公司发生此类关联交易。

2、本报告期无资产、股权转让事项。

3、公司与关联方债权、债务往来、担保等关联事项

项　目	关联方名称	金额(元)	原　因
应收帐款	广西电力有限公司	201,103,457.23	用户欠费
其他应收款	广西电力有限公司	30,797,713.07	预付工程款
其他应付款	广西电力有限公司	17,811,424.25	未付住房损失和租赁费

(六)、公司与控股股东广西电力有限公司在人员、资产、财务上的情况

1、在人员上公司与大股东已完全分开,公司现有在册员工 792 人,专职在公司服务不参与大股东作。

2、在资产上,公司拥有独立完整的生产系统和辅助生产系统,拥有独立的工业产权等,生产系统和辅助生产系统与大股东完全分开。

3、在财务上,拥有独立的会计核算体系,拥有独立的银行帐号和独立的会计账册。

(七)、经公司第十八次股东大会通过,继续聘任大华会计师事务所有限公司为公司审计机构,聘期一年。

(八)、报告期内无重大担保事项。

(九)、报告期内重大合同履行情况:

1、《售电合同》已执行完毕。合同销售电量 26.25 亿千瓦时,实际销售电量 29.45 亿千瓦时。

2、《资产委托管理合同》已执行完毕。委托资产 10500 万元和收益 143.52 万元已收回。

3、投资合同已执行完毕或正在执行中。

(1)、投资广西火炬高科技有限责任公司 1200 万元,占股比 60%,已执行完毕。

(2)、投资广西百色银海铝业有限责任公司 5132.4 万元,占股比 30%,报告期内已投入 900 万元,在执行中。

(3)、投资广西桂冠物业有限责任公司 220 万元,占股比 25%,已执行完毕。

(十)、公司名称及股票名称、代码等未变。

八、财务会计报告

(一)、审计报告

公司财务报告经大华会计师事务所有限公司中国注册会计师曹培青吕秋萍审计,并出具了无保留意见审计报告(华业字[2001]第 567 号)。

(二)、会计报表(附后)

(三)、会计报表附注

1、公司主要会计政策、会计估计和合并会计报表的编制方法

(1). 会计制度:

公司执行《股份有限公司会计制度》及其补充规定。

(2). 会计年度:

自公历 1 月 1 日至 12 月 31 日。

(3). 记帐本位币:人民币。

(4). 记帐基础:权责发生制;计价原则:历史成本。

(5). 外币业务核算方法:

会计年度内涉及外币的经济业务,按发生当月月初中国人民银行公布的市场汇价(中间价)折合人民币入帐。月末将外币帐户中的外币余额按月末市场汇价(中间价)进行调整,发生的差额(损益),与购建固定资产有关的予以资本化,属于筹建期间的计入开办费,属于生产经营期的计入当期费用。

(6). 坏帐的核算方法:

坏帐的确认标准:

因债务人破产或死亡,以其破产财产或遗产清偿后,仍不能收回的应收款项;

因债务人逾期未履行偿债义务并且具有明显特征表明无法收回的应收款项。

以上确实不能收回的应收款项,报经董事会批准后作为坏帐。

坏帐损失核算采用备抵法。坏帐准备的计提范围为应收款项(包括应收帐款和其他应收款);坏帐准备的计提方法为:按年末应收款项余额的 3.5% 计提。

(7). 存货核算方法:

存货分类为:修理用备品备件和低值易耗品。

各种存货按取得时的实际成本记帐;存货日常核算采用计划成本,月末按上月材料成本差异率,将发出存货的计划成本调整为实际成本。低值易耗品按一次摊销法摊销。

年终提取存货跌价准备。其确认标准为:年末,如由于存货遭受毁损、全部或部分陈旧过时或销售价格低于成本等原因,使存货成本不可回收的部分,提取存货跌价准备。存货跌价准备按照单个存货项目的成本高于其可变现净值的差额提取。

(8). 短期投资核算方法:

根据《企业会计准则-投资》规定,短期投资以实际支付的全部价款(包括税金、手续费和相关费用)扣除已宣告发放但未领取的现金股利(或已到期尚未领取的债券利息)入帐;在处置时,按所收到的处置收入与短期投资帐面价值的差额确认为当期投资损益。短期投资在年终按成本与市价孰低法计价,市价低于成本的部分确认为跌价准备。具体计提方法为:按单项投资计算并确定所计提的跌价损失准备,并计入当期损益。

(9). 长期投资核算方法:

长期债券投资的计价及收益确认方法:按取得时实际支付的全部价款(扣除支付的税金、手续费等各项附加费用)扣除实际支付的分期付息债券价款中包含的已到期尚未领取的债券利息后的余额作为实际成本记帐,并按权责发生制原则按期计提利息,并计入投资收益;

长期债券投资溢价和折价的摊销方法:在债券购入后至到期日止的期间内按直线法,于确认相关债券利息收入的同时摊销;

长期股权投资计价和收益确认方法:长期股权投资包括股票投资和其他股权投资。长期股权投资,按投资时支付的全部价款入帐。投资企业对被投资单位无控制、无共同控制或者无重大影响的,长期股权投资采用成本法核算;投资企业对被投资单位具有控制、共同控制或者重大影响的,长期股权投资采用权益法核算;

对外长期股权投资采用权益法核算时,其取得成本与其在被投资单位所有者权益中所占份额之间的差额,计入长期股权投资差额,并按 10 年平均摊销计入损益。

长期投资减值准备的提取方法:公司本年度未发生被投资单位可收回金额低于长期股权投资帐面价值的事项,故未计提长期投资减值准备。

(10). 固定资产计价和折旧方法:

固定资产标准为:①使用期限超过一年的房屋、建筑物、机器、机械、运输工具以及其他与生产、经营有关的设备、器具、工具等;②单位价值在 2,000 元以上,并且使用期限超过两年的,不属于生产、经营主要设备的物品;

固定资产分类为:房屋建筑物、通用设备、专用设备、运输设备、其他设备;

固定资产计价:按实际成本或确定的价值计价;

固定资产折旧采用直线法平均计算,并按各类固定资产的原值和估计的经济使用年限扣除残值(原值的 3%)制定其折旧率。固定资产各类折旧率如下:

资产类别	估计的经济使用年限	年折旧率	预计残值率
房屋建筑物	15~45 年	2.16%~6.47%	3%
通用设备	4~10 年	9.70%~24.25%	3%
专用设备	12~18 年	5.39%~8.08%	3%
运输设备	6~10 年	9.70%~16.17%	3%
其他设备	4~8 年	12.12%~24.25%	3%

(11). 在建工程核算方法:

在建工程按实际发生的支出入帐,并在完工交付使用时,按工程的实际成本确认为固定资产;在建工程借款所发生的利息支出在交付使用前计入工程成本,交付使用后,计入当期财务费用。

(12). 无形资产计价和摊销方法:

土地使用权:按评估确认价值入帐,从 1994 年起按 50 年平均摊销。

(13). 开办费和长期待摊费用摊销方法:

按受益期限平均摊销。

(14). 收入确认原则:

销售商品:公司已将商品所有权上的重要风险和报酬转移给买方,公司不再对该商品实施管理权和实际控制权,相关的收入已经收到或取得了收款的证据,并且与销售该商品相关的成本能够可靠地计量时,确认营业收入的实现。

提供劳务:在同一年度内开始并完成的,在劳务已经提供,收到价款或取得收取价款的证据时,确认劳务收入。按完工百分比法,在劳务合同的总收入、劳务的完成程度能够可靠地确定,与交易相关的价款能够流入,已经发生的成本和完成劳务将要发生的成本能够可靠地计量时,确认劳务收入。

他人使用公司资产:利息收入,按使用现金的时间和适用利率计算确定;发生的使用费收入按有关合同或协议规定的收费时间和方法计算确定。上述收入的确定并应同时满足:①与交易相关的经济利益能够流入公司,②收入的金额能够可靠地计量。

(15). 所得税的会计处理方法:

应付税款法。

(16). 合并会计报表编制方法:

合并会计报表的合并范围及所采用的会计方法:根据财政部财会字(1995)11 号《关于印发〈合并会计报表暂行规定〉的通知》和财会二字(96)2 号《关于合并报表合并范围请示的复函》等文件的规定,以公司本部和纳入合并范围的子公司本年度的会计报表以及其他有关资料为依据,合并各项目数额编制而成。合并时,公司的重大内部交易和资金往来均相互抵销。

公司在编制合并会计报表时,对原按外商投资企业会计制度和行业会计制度编制的 2000 年度会计报表,已按《股份有限公司会计制度》及其补充规定进行了调整及重新表述。

2、税项

公司适用的税种与税率。

税　种	税　率	计 税 基 数
所得税	33%	应纳税所得额
增值税	17%	按销项税额扣除当期允许抵扣的进项税额后的差额
城建税	5%、7%	应纳增值税额
教育费附加	3%	应纳增值税额

3、控股子公司及合营企业

公司所控制的境内外所有子公司和合营企业情况以及公司合并报表的合并范围:

被投资单位全称	主营业务	注册资本	公司投资额	公司持股比例	是否合并	不合并的原因	是否按权益法核算
①广西桂冠水电开发有限公司	水电建设和管理	10,800 万元	8,000 万元	74%	是		是
②广西桂冠水电发展有限公司	水电站的建设和管理	10,800 万元	8,000 万元	74%	是		是
③广西火炬高科技有限责任公司	电脑及相关设备、软件开发与销售等	2,000 万元	1200 万元	60%	否	尚未营业	是
④广西百色铝业有限责任公司	电解铝、氧化铝、铝加工产品的生产和销售等	10,000 万元	900 万元	30%	否	不控制	是
⑤广西桂冠物业有限责任公司	物业管理、房产租赁等	879 万元	220 万元	25%	否	不控制	否

九、公司其它有关资料

1、公司首次登记注册日期:1992 年 9 月 4 日

公司最近一次变更登记的日期:2000 年 12 月 25 日

2、企业法人营业执照注册号:4500001000755

3、税务登记号码:450100198224236

4、公司聘请的会计师事务所:大华会计师事务所有限公司

5、公司未流通股票的托管机构:上海中央登记结算公司

6、公司报告期内证券主承销机构:南方证券有限公司

十、备查文件

1、载有法定代表人、总会计师、会计经办人签名并盖章的会计报表。

2、载有会计师事务所盖章、注册会计师签名并盖章的审计报告正本。

3、报告期内在《中国证券报》、《上海证券报》披露过的公司文件正本及公告原稿。

4、载有董事长签字的年度报告正本。

利 润 及 利 润 分 配 表

2000 年度

编制单位:广西桂冠电力股份有限公司　　　　金额单位:元

项目	注释号	行次	上年度实际数		本年度实际数	
			母公司	合并	母公司	合并
一、主营业务收入:		1	624,920,525.02	624,920,525.02	647,183,609.19	647,183,609.19
减:销售折让		2				
主营业务收入净额		3	624,920,525.02	624,920,525.02	647,183,609.19	647,183,609.19
减:主营业务成本		4	196,173,239.08	196,173,239.08	231,248,798.98	231,248,798.98
主营业务税金及附加		5	8,035,547.45	8,035,547.45	9,027,325.17	9,027,325.17
二、主营业务利润(亏损以"-"号填列)		10	420,711,738.49	420,711,738.49	406,907,485.04	406,907,485.04
加:其他业务利润(亏损以"-"号填列)		11	88,908.10	88,908.10	101,922.10	101,922.10
非货币性交易收益		12				
减:存货跌价损失		13			4,598,872.31	4,598,872.31
营业费用		14				
管理费用		15	12,203,678.27	12,938,959.90	22,643,248.73	22,315,154.88
财务费用		16	49,904,661.21	71,018,850.91	13,718,694.44	30,812,880.91
三、营业利润(亏损以"-"号填列)		18	358,692,007.11	336,842,835.78	366,048,591.66	349,282,499.04
加:投资收益(亏损以"-"号填列)		19	-17,786,515.55	5,250.00	-12,939,372.86	1,435,249.23
期货收益(亏损以"-"号填列)		20				
补贴收入		22				
营业外收入		23	200,000.00	208,800.00	2,697,740.19	2,697,740.19
减:营业外支出		25	1,094,049.19	1,094,249.19	2,022,527.64	2,023,727.64
四、利润总额(亏损总额以"-"号填列)		27	340,011,442.37	335,962,636.59	353,784,431.35	351,391,760.82
减:所得税		28	118,213,185.27	118,213,185.27	120,815,796.16	120,815,796.16
减:少数股东损益(合并报表填列,亏损以"-"号填列)		29		-6,251,160.84		-5,050,542.84
加:未确认的投资损失(合并报表填列)		30				

项目	注释号	行次	上年度实际数		本年度实际数	
			母公司	合并	母公司	合并
五、净利润(净亏损以"-"号填列)		32	221,798,257.10	224,000,612.16	232,968,635.19	235,626,507.50
加:年初未分配利润(未弥补亏损以"-"号填列)		33	-14,580,514.48	-14,374,194.48		2,408,675.06
减:减少注册资本减少的未分配利润		34				
加:盈余公积转入		35				
六、可供分配的利润(亏损以"-"号填列)		36	207,217,742.62	209,626,417.68	232,968,635.19	238,035,182.56
减:提取法定盈余公积		37	22,179,825.71	22,179,825.71	23,296,863.52	23,296,863.52
提取法定公益金		38	11,089,912.85	11,089,912.85	11,648,431.76	11,648,431.76
职工奖福基金(合并报表填列,子公司为外商投资企业项目)		39				
七、可供股东分配的利润(亏损以"-"号填列)		40	173,948,004.06	176,356,679.12	198,023,339.91	203,089,887.28
减:应付优先股股利		41				
提取任意盈余公积		42				
应付普通股股利		43	173,948,004.06	173,948,004.06	197,784,272.93	197,784,272.93
转作股本的普通股股利		44				
八、未分配利润(未弥补亏损以"-"号填列)		45		2,408,675.06	239,006.98	5,305,614.35
附注:非常项目:						
1.出售、处置部门或被投资单位		46				
2.自然灾害发生的损失		47				
3.会计政策变更		48				
4.其他		49				

资 产 负 债 表

2000 年 12 月 31 日

编制单位:广西桂冠电力股份有限公司　　　　金额单位:元

资产	注释号	行次	年初数		年末数	
			母公司	合并	母公司	合并
流动资产:						
货币资金		1	65,228,456.71	113,066,503.37	377,065,223.16	514,003,058.81
短期投资		2				
减:短期投资跌价准备		3				
短期投资净额		4				
应收票据		5				
应收股利		6				
应收利息		7				
应收帐款		8	335,057,585.57	335,057,585.57	201,103,457.23	201,103,457.23
其他应收款		9	180,805,586,77	111,986,297.44	243,085,317.76	98,326,821.34
减:坏帐准备		10	18,055,211.00	15,646,536.00	15,546,607.12	10,480,059.75
应收款项净额		11	497,807,961,34	431,397,347.01	428,642,167.87	288,950,218.82
预付帐款		21			247,773.30	247,773.30
应收补贴款		24				
期货保证金		25				
应收席位费		26				
存货		30	4,827,291.59	4,827,291.59	7,353,728.05	7,353,728.05
其中:工程施工		30-1				
减:存货跌价准备(含工程亏损准备)		31			4,589,872.31	4,598,872.31
存货净额		32	4,827,291.59	4,827,291.59	2,754,855.74	2,754,855.74
待摊费用		33	1,158,640.45	1,158,640,45	2,249,669.64	2,249,669.64
待处理流动资产净损失		34				
一年内到期的长期债权投资		35				
其他流动资产		36				
流动资产合计		39	569,022,350.09	550,449,782.42	810,959,689.71	808,205,576.31
长期投资:						
长期股权投资		40	126,654,264.34	128,000.00	135,463,642.25	23,312,000.00
长期债权投资		41			1,037,800.00	1,037,800.00
长期投资合计		42	126,654,264.34	128,000.00	136,501,442.25	24,349,800.0
减:长期投资减值准备		43				
长期投资净额		44	126,654,264.34	128,000.00	136,501,442.25	24,349,800.00
其中:合并价差(贷差以"-"号表示合并报表填列)		44-1		128,000.00	112,000.00	112,000.00
其中:股权投资差额(贷差以"-"号表示合并报表填列		44-2		128,000,00	112,000.00	112,000.00
固定资产:						
固定资产原价		45	2,095,530,547.83	2,641,923,896.30	2,176,700,345.69	2,723,812,094.55
减:累计折旧		46	401,059,647.81	505,072,455.63	509,814,373.81	656,989,728.40
固定资产净值		47	1,694,470,900.02	2,136,851,440.67	1,666,885,971.88	2,066,822,366.15
工程物资		48	3,979,014.33	3,979,014.33	791,059.33	791,059.33
在建工程		49	26,851,000.51	26,851,000.51	38,809,360.38	38,809,360.38
固定资产清理		50	56,587.36	56,587.36	132,310.03	132,310.03
待处理固定资产净损失		51				
固定资产合计		53	1,725,357,502.22	2,167,738,042.87	1,706,618,701.62	2,106,555,095.89
无形资产及其他资产:						
无形资产		54	8,763,216.00	8,763,216.00	8,564,052.00	8,564,052.00
开办费		55		-1,914,737.38		-1,495,527.30
长期待摊费用		56	34,575.21	34,575.21	45,994.81	45,994.81
其他长期资产		57				
其中:临时设施净值		57-1				
无形资产及其他资产合计		58	8,797,791.21	6,883,053.83	8,610,046.81	7,114,519.51
递延税项:						
递延税款借项		59				
资产总计		60	2,429,831,907.86	2,725,198,879.12	2,662,689,880.39	2,946,224,991.71
负债和股东权益	注释	行次	母公司	合 并	母公司	合 并
流动负债:						
短期借款		61	290,000,000.00	290,000,000.00	30,000,000.00	30,000,000.00
应付票据		62				
应付账款		63	10,440.00	10,440.00	1,947.50	1,947.50
预收帐款		64				
代销商品款		65				
应付工资		66			3,210,700.98	3,210,700.98
应付福利费		67	84,859.44	79,973.12	749,386.25	741,435.20
应付股利		68	174,190,471.04	174,190,471.04	198,408,292.84	198,408,292.84
应交税金		69	98,593,706.67	98,593,706.67	17,349,007.39	17,349,007.39
其他应交款		70	594,741.11	594,741.11	73,579,42	73,579.42
其他应付款		71	61,083,617.43	34,735,787.37	48,714,934.01	48,698,992.55
预提费用		72	1,317,384.17	6,452,688.17	4,549,010.30	
一年内到期的长期负债		73	155,000,000.00	155,000,000.00		
其他流动负债		74				
其中:预计负债		75				
流动负债合计		80	780,875,219.86	759,657,807.48	298,507,848.39	303,032,966.18
长期负债:						
长期借款		81				
应付债券		82				
长期应付款		83				
其他长期负债		84	-6,679,291.48	263,041,243.12	11,053,355.71	245,592,170.73
长期负债合计		90	-6,679,291.48	263,041,243.12	11,053,355.71	245,592,170.73
递延税项:						
递延税款贷项		91				
负债合计		92	774,195,928.38	1,022,699,050.60	309,561,204.10	548,625,136.91
少数股东权益(合并报表填列)		92-1		44,455,173.98		39,404,631.14
股东权益:						
股本		93	565,363,033.00	565,363,033.00	675,363,033.00	675,363,033.00
资本公积		94	953,357,216.99	953,357,216.99	1,530,912,229.00	1,530,912,229.00
盈余公积		95	136,915,729.49	136,915,729.49	146,614,347.31	146,614,347.31
其中:公益金		96	42,304,501.92	42,304,501.92	28,706,256.22	28,706,256.
减:未确认的投资损失		96-1				
未分配利润(未弥补亏损以"-"号表示)		97		2,408,675.06	239,066.98	5,305,614.35
外币报表折算差额(合并报表填列)		98				
股东权益合计		99	1,655,635,979.48	1,658,044,654.54	2,353,128,676.29	2,358,195,223.66
负债及股东权益总计		100	2,429,831,907.86	2,725,198,879.12	2,662,689,880.39	2,946,224,991.71

现 金 流 量 表

2000 年度

编制单位:广西桂冠电力股份有限公司　　　　金额单位:元

项目	注释号	行次	金额	
			母公司	合并
一、经营活动产生的现金流量:				
销售商品、提供劳务收到的现金		1	779,859,999.99	779,859,999.99
收到的租金		2	56,761,24	56,761.24
收到的税费返还		3		
收到的其他与经营活动有关的现金		8		
现金流入小计		9	779,916,761.23	779,916,761.23
购买商品、接受劳务支付的现金		10	45,553,778.04	45,553,778.04
经营租赁所支付的现金		11		
支付给职工以及为职工支付的现金		12	34,077,518.51	34,093,760.92
支付的增值税款		13	112,164,344.14	112,164,344.14
支付的所得税款		14	197,049,774.80	197,049,774.80
支付的除增值税、所得税以外的其他税费		15	15,693,929.31	15,693,929.31
支付的其他与经营活动有关的现金		20	145,426,937.85	20,987,023.10
现金流出小计		21	549,966,282.65	425,542,610.31
经营活动产生的现金流量净额		22	229,950,478.58	354,374,150.92
二、投资活动产生的现金流量:				
收回投资所收到的现金		23	105,000,000.00	105,000,000.00
分得股利或利润所收到的现金		24	1,413,449.230	1,413,449.23
取得债券利息收入所收到的现金		25		
处置固定资产、无形资产和其他长期资产而收回的现金净额		26	133,954.00	13,954,00
收到的其他与投资活动有关的现金		30		
现金流入小计		31	106,547,403.23	106,547,403.23
购建固定资产、无形资产和其他长期资产所支付的现金		32	98,097,974,95	98,816,375.34
权益性投资所支付的现金		33	23,200,000.00	23,200,000.00
债权性投资所支付的现金		34	1,000,000.00	1,000,000.00
支付的其他与投资活动有关的现金		40	105,000,000.00	105,000,000.00
现金流出小计		41	227,297,974.95	228,016,375.34
投资活动产生的现金流量净额		42	-120,750,571.72	-121,468,972.11
三、筹资活动产生的现金流量:				
吸收权益性投资所收到的现金		43	695,202,400.00	695,202,400.00
其中;子公司吸收少数股东权益性投资收到的现金		43-1		
发行债券所收到的现金		44		
借款所收到的现金		45		
收到的其他与筹资活动有关的现金		50		13,264,026.91
现金流入小计		51	695,202,400.00	708,466,426.91
偿还债务所支付的现金		52	410,531,379.72	445,713,099.30
发生筹资费用所支付的现金		53	3,953,118.16	3,953,118.16
分配股利或利润所支付的现金		54	62,267,500.03	62,267,500.03
其中:子公司支付少数股东的股利		54-1		
偿付利息所支付的现金		55	15,813,542.50	28,645,591.35
融资租赁所支付的现金		56		
减少注册资本所支付的现金		57		
其中:子公司依法减资支付给少数股东的现金		57-1		
支付的其他与筹资活动有关的现金		62		
现金流出小计		63	492,565,540.41	540,579,308.84
筹资活动产生的现金流量净额		64	202,636,859.59	167,887,118.07
四、汇率变动对现金的影响额		65		144,258.56
五、现金及现金等价物净增加额		66	311,836,766.45	400,936,555.44
1.不涉及现金收支的投资和筹资活动:				
以固定资产偿还债务		67		
以投资偿还债务		68		
以固定资产进行投资		69		
以存货偿还债务		70		
融资租赁固定资产		71		
2.将净利润调节为经营活动的现金流量:				
净利润(亏损以"-"号填列)		72	232,968,635.19	235,626,507.50
加:少数股东损益(亏损以"-"号填列)		72-1		-5,050,542.84
减:未确认的投资损失		72-2		
加:计提的坏帐准备或转销的坏帐		73	-2,508,603.88	-5,166,476.25
固定资产折旧		74	110,065,532.93	153,228,079.70
无形资产、长期待摊费用摊销		75	270,258.70	-184,498.68
待摊费用的减少(减:增加)		76	-1,091,029.19	-1,091,029.19
预提费用的增加(减:减少)		77	-1,317,384.17	-1,903,677.87
处置固定资产、无形资产和其他长期资产的损失(减:收益)		78	181,893.25	181,893.25
固定资产盘亏、报废损失		79		
财务费用		80	13,718,694.44	30,812,880.91
投资损失(减:收益)		81	12,939,372.86	-1,435,249.23
递延税款贷项(减:借项)		82		
存货的减少(减:增加)		83	2,072,435.85	2,072,435.85
经营性应收项目的减少(减:增加)		84	-76,389,095.29	-18,084,763.99
经营性应付项目的增加(减:减少)		85	-60,960,232.11	-34,631,408.24
其他		86		
经营活动产生的现金流量净额		87	229,950,478.58	354,374,150.92
3.现金及现金等价物净增加情况:				
货币资金的期末余额		88	377,065,223.16	514,003,058.81
减:货币资金的期初余额		89	65,228,456.71	113,066,503.37
现金等价物的期末余额		90		
减:现金等价物的期初余额		91		
现金及现金等价物净增加额		92	311,836,766.45	400,936,555.44

安徽铜峰电子股份有限公司

二〇〇〇年年度报告摘选

一、公司简介

1、公司法定中英文名称及中英文简称
公司法定中文名称:安徽铜峰电子股份有限公司
公司中文简称:铜峰电子
公司法定英文名称:ANHUI TONGFENG ELECTRONICS COMPANY LIMITED
公司英文简称:TFE
2、公司法定代表人:陈升斌
3、公司董事会秘书:周小平
董事会证券事务代表:周小平
联系地址:安徽省铜陵市石城路168号铜峰电子董事会秘书处
联系电话:0562-2819178　　传真:0562-2831965
电子信箱:tfzhouxp@mail.ahwhptt.net.cn
4、公司注册地址:安徽省铜陵市石城路168号
公司办公地址:安徽省铜陵市石城路168号
邮政编码:244000
公司国际互联网网址:http//www.tfe.com.cn
电子信箱:ahtfe@mail.ahwhptt.net.cn
5、公司选定的信息披露报纸名称:上海证券报
登载公司年度报告的中国证监会指定国际互联网网址:http//www.sse.com.cn
公司年度报告备置点:公司董事会秘书处
6、公司股票上市交易所:上海交易所
股票简称:铜峰电子　　股票代码:600237

二、会计数据和业务数据摘要

1、本年度公司主要利润指标情况(单位:人民币元)

项目	金额
利润总额	34,022,939.02
净利润	27,264,791.26
扣除非经常性损益后的净利润	21,320,573.52
主营业务利润	55,305,438.58
其他业务利润	922,784.65
营业利润	28,078,721.28
投资收益	2,625,000.00
补贴收入	2,615,000.00
营业外收支净额	704,217.74
经营活动产生的现金流量净额	4,390,313.99
现金及现金等价物净增加额	71,078,145.60
注:扣除的非经常性损益项目和涉及金额:	
A、补贴收入(增值税返还)	2,615,000.00
B、营业外收支净额:	704,217.74
a、罚款收支净额	172,609.92
b、新股发行冻结无效申购资金利息摊销	483,274.49
c、其他	48,333.33
C、投资收益(利用募股项目间隙资金投资债券收益)	2,625,000.00

2、截止报告期末公司前三年的主要会计数据和财务指标(单位:人民币元)

项目	2000年 调整后	1999年 调整后	1998 调整后
主营业务收入	176,845,803.15	147,632,975.62	114,290,023.35
净利润	27,264,791.26	23,528,972.63	21,205,167.74
总资产	658,131,049.15	355,771,242.53	318,259,569.07
股东权益	429,957,038.92	121,195,272.23	97,666,299.60
每股收益(全面摊薄)	0.27	0.39	0.35
每股收益(扣除非经常损益)	0.21	0.33	0.33
每股收益(加权摊薄)	0.34	0.39	0.35
每股净资产	4.30	2.02	1.63
调整后的每股净资产	4.28	1.97	1.59
每股经营活动产生的现金流量净额	0.04	0.81	-0.16
净资产收益率(全面摊薄%)	6.34	19.41	21.71
净资产收益率(加权摊薄%)	9.59	19.41	21.71

3、报告期内股东权益变动情况

项目	股本	资本公积	盈余公积	法定公益金	未分配利润	股东权益合计
期初数	60000000.00	-190,985.63	1,811,169.75	3,069,312.90	29,575,088.15	121,195,272.23
本期增	40000000.00	251496975.43	4,411,621.67	1,380,530.06	22,853,169.59	318,761,766.69
本期减少					10000000.00	10,000,000.00
期末数	100000000.00	251305989.76	6,222,791.42	4,449,842.96	42,428,257.74	429,957,038.92

变动原因:盈余公积和法定公益金变动是由于本年度利润提取所致;
未分配利润的变动是因为本年度利润增加及利润分配所致。

4、按照中国证监会《公司发行证券公司信息披露编报规则(第9号)》要求计算的相关指标:

报告期利润	净资产收益率(%)		每股收益(元/股)	
	全面摊薄	加权平均	全面摊薄	加权平均
主营业务利润	12.86	19.46	0.55	0.69
营业利润	6.53	9.88	0.28	0.35
净利润	6.34	9.59	0.27	0.34
扣除非经常性损益后的净利润	4.96	7.50	0.21	0.27

三、股本变动及股东情况

(1)报告期末公司股东总数为27890户。
(2)公司前十名股东持股情况:(单位:股)

序号	股东名称	年末持股数	所占总股本的比例(%)	是否上市流通
1	安徽铜峰电子(集团)公司	46,098,000	46.10	否
2	铜陵市国有资产运营中心	7,200,000	7.20	否
3	中国新时代控股(集团)公司	6,000,000	6.00	否
4	景博基金	1,832,321	1.83	是
5	景福基金	1,520,640	1.52	是
6	天元基金	1,173,283	1.17	是
7	金鼎基金	590,279	0.59	是
8	中电安徽	498,000	0.50	否
9	景宏基金	410,889	0.41	是
10	裕阳基金	327,800	0.33	是

海南椰岛股份有限公司

二〇〇〇年年度报告摘选

一、公司简介

1、公司法定中英文名称及中英文简称
公司法定中文名称:海南椰岛股份有限公司
公司中文简称:海南椰岛
公司法定英文名称:HAINAN YEDAO COMPANY LIMITED
公司英文简称:HAINAN YEDAO CO.,LTD.
2、公司注册地、办公地址及其邮政编码,公司国际互联网网址、电子信箱
公司注册地:海南省海口市龙华路43号
公司办公地址:海南省海口市世界贸易中心F楼1101房
邮政编码:570125
公司国际互联网网址:http://www.yedao.com
公司电子信箱:hnydlgj@hg.cninfo.net
3、公司法定代表人
公司法定代表人:张春昌
4、公司董事会秘书姓名、联系地址、电话、传真、电子信箱
公司董事会秘书:王光新
联系地址:海南省海口市世界贸易中心F楼1101房
联系电话:0898-8520319　　传真:0898-8520851
电子信箱:hnydlgj@hg.cninfo.net
5、公司选定的中国证监会指定报纸:《中国证券报》、《上海证券报》
公司选定的中国证监会指定国际互联网网址:http//www.sse.com.cn
公司2000年中期报告备置点:海南椰岛证券部
6、公司股票上市地:上海证券交易所
公司股票简称:海南椰岛　　公司股票代码:600238

二、主要财务数据和指标

1、本年度主要会计数据(合并报表数据)　　单位:(元)

项　目	2000年
(1)利润总额	38,233,400.82
(2)净利润	32,740,917.09
(3)扣除非经常性损益后的净利润	24,812,190.08
(4)主营业务利润	94,250,920.44
(5)其他业务利润	
(6)营业利润	19,952,183.78
(7)补贴收入	10,352,490.03
(8)营业外收支净额	-1,652,122.99
(9)经营活动产生的现金流量净额	36,229,607.92
(10)现金及现金等价物净增加额	42,451,926.40
注:扣除非经常性损益的项目和涉及金额为:	
1、投资收益:	9,580,850
2、营业外收支净额:	-1,652,122.99

2、公司近三年主要会计数据和财务指标　　单位:(元)

项　目	2000年	1999年	1998年
(1)主营业务收入	209,251,242.43	115,236,926.11	97,473,220.21
(2)净利润	32,740,917.09	24,798,719.82	22,627,293.70
(3)总资产	595,022,728.39	472,987,773.61	265,689,366.33
(4)股东权益	373,914,244.56	351,133,327.47	138,896,703.35
(5)每股收益(摊薄)	0.20	0.15	0.20
(6)每股收益(加权)	0.20	0.19	0.20
(7)扣除非经常性损益后的每股收益(摊薄)	0.15	0.16	0.17
(8)扣除非经常性损益后的每股收益(加权)	0.15	0.20	0.17
(9)每股净资产	2.25	2.12	1.20
(10)调整后的每股净资产	2.24	2.11	1.14
(11)每股经营活动产生的现金流量净额	0.22	-0.60	0.06
(12)净资产收益率(摊薄)	8.76%	7.06%	16.29%
(13)净资产收益率(加权)	8.91%	12.42%	12.37%
(14)扣除非经常性损益后的加权净资产收益率	6.75%	13.05%	10.98%

利润表附表:

项目	利润(元)	净资产收益率		每股收益(元)	
		全面摊薄	加权平均	全面摊薄	加权平均
主营业务利润	94,250,920.44	25.21%	25.65%	0.57	0.57
营业利润	19,952,183.78	5.34%	5.43%	0.12	0.12
净利润	32,740,917.09	8.76%	8.91%	0.20	0.20
扣除非经常性损益后的净利润	24,812,190.08	6.64%	6.75%	0.15	0.15

三、股本变动情况及主要股东持股情况

1、报告期内本公司共有股东29355户,其中国家股股东1户,发起法人股股东4户,内部职工股股东3322户。

2、公司前十名股东情况

序号	股份类别	期末持股数量(万股)	比例(%)
(1)海口市国有资产经营有限公司	国家股	4639	27.95
(2)贵阳神采广告有限公司	法人股	760	4.58
(3)上海新理益投资管理有限公司	法人股	694.46	4.18
(4)海口金利隆实业公司	法人股	587.99	3.54
(5)海南金椰城工艺陶瓷有限公司	法人股	300	1.81
(6)海南华侨投资股份有限公司	法人股	250	1.51
(7)海口市社会保障局	法人股	180	1.08
(8)深圳市慧能(集团)有限公司	法人股	150	0.90
(9)新海达公司	法人股	140	0.84
(10)海口市劳动就业管理局	法人股	100	0.60

云南红河光明股份有限公司

二〇〇〇年年度报告摘选

一、公司简介

1、公司法定中文名称:云南红河光明股份有限公司

公司中文名称缩写:红河光明

公司法定英文名称:YUNNAN HONGHE GUANGMING CO.,LTD.

公司英文名称缩写:HHGM

2、公司法定代表人:王铨先生

3、公司董事会秘书:马宇鹏先生

联系地址:云南省开远市市西南路120号

电话:0873-7123420　传真:0873-7122528

证券事务代表:徐晖先生

联系地址:云南省开远市市西南路120号

电话:0873-7123420　传真:0873-7122528

4、公司注册地址:云南省开远市市西南路120号

公司办公地址:云南省开远市市西南路120号

邮政编码:661600

公司国际互联网网址:http://www.hhguangming.com.cn

电子信箱:hhgm@hhguangming.com.cn

5、公司选定的信息披露报纸名称:《上海证券报》

登载公司年度报告的中国证监会指定国际互联网网址:http://www.sse.com.cn

公司年度报告备置地点:公司证券办

6、公司股票上市交易所:上海证券交易所

股票简称:红河光明

股票代码:600239

二、会计数据和业务数据摘要

1、本年度主要利润指标情况(单位:人民币元)

利润总额:	29,127,273.49
净利润:	21,068,962.10
扣除非经常性损益后的净利润:	16,192,178.32
主营业务利润:	24,369,575.35
其它业务利润:	5,348,360.01
营业利润:	22,049,175.31
投资收益:	1,548,560.89
补贴收入:	4,846,878.74
营业外收支净额:	682,658.55
经营活动产生的现金流量净额:	20,712,072.98
现金及现金等价物净增加额:	-23,367,929.97
注:扣除的非经常性损益项目和涉及金额:	4,876,783.78
A、营业外收支净额项目:	686,502.70
新股申购冻结资金利息收入:	686,502.70
B、其它业务净收入项目:	4,190,281.08
托管费收入:	4,190,281.08

2、截止报告期末公司前三年主要会计数据和财务指标:(单位:人民币元)

项目	2000年	1999年	1998年	
	调整后	调整后	调整前	调整后
主营业务收入	56443700.60	40152495.95	48941181.22	48941181.22
净利润	21068962.10	11139240.49	11503250.17	11543830.90
总资产	214802346.81	188745921.29	83352316.76	80100788.50
股东权益	184893030.22	168880668.12	58162272.94	54849451.63
每股收益	0.417	0.22	0.38	0.38
每股净资产	3.66	3.34	1.90	1.79
调整后的每股净资产	3.60	3.29	1.83	1.72
每股经营活动产生的现金流量净额	0.41	0.16	0.69	0.61
净资产收益率(%)	11.40	6.60	19.78	21.05

三、股东情况介绍

(1)报告期末公司股东总数3959户。

(2)公司前十名股东持股情况:(单位:股)

股东名称	年末持股数	占总股本比例	是否上市流通
①开远市国有资产管理局	9912000	19.6%	否
②驻昆解放军化肥厂	7600000	15.0%	否
③开远市建筑安装经营公司	5235000	10.3%	否
④云南省小龙潭煤矿	1800000	3.55%	否
⑤开远市市乡企业开发公司	600000	1.18%	否
⑥开远市恒虹经贸公司	331000	0.65%	否
⑦张微微	297827	0.58%	是
⑧陆李生	238000	0.47%	是
⑨中技招标	220000	0.43%	是
⑩童保姑	175450	0.34%	是

注:①报告期内开远市国有资产管理局、驻昆解放军化肥厂、开远市建筑安装经营公司所持股份未发生增减变动情况,也未有质押或冻结情况。

②开远市国有资产管理局为公司国家股股东。

③公司前十名股东中的第7、8、9、10位为流通股股东,本公司未知其之间是否存在关联关系。

内蒙古仕奇实业股份有限公司

二〇〇〇年年度报告摘选

一、公司简介

1、公司法定中文名称:内蒙古仕奇实业股份有限公司

英文名称:INNER MONGOLIA SHIQI INDUSTRIAL CO.,LTD

2、公司法定代表人:于志辉

3、公司董事会秘书:刘海峰

联系地址:内蒙古呼和浩特市诺和木勒大街54号

联系电话:0471-5920334　传真:0471-5920337

4、公司注册地址及办公地址:内蒙古呼和浩特市诺和木勒大街54号

邮政编码:010020

电子信箱:SUIXUEJUN@SOHU.COM

5、公司选定《中国证券报》、《上海证券报》披露信息,公司年报登载于http://www.sse.com.cn网站,公司年度报告备置点:内蒙古仕奇实业股份有限公司证券部

6、公司股票上市交易所:上海证券交易所

股票简称:仕奇实业　股票代码:600240

二、会计数据和业务数据摘要

(一)、本年度会计数据摘要

利润总额:	59400240.48元
净利润:	45292972.12元
扣除非经常性损益后的净利润:	45695285.14元
主营业务利润:	89068677.05元
其他业务利润:	938806.92元
营业利润:	54809725.29元
投资收益:	-2528130.96元
补贴收入:	5000000.00元
营业外收支净额:	2118646.15元
经营活动产生的现金流量净额:	63591888.11元
现金及现金等价物净增加额:	451785411.61元

注:"扣除非经常性损益后的净利润"中扣除项目及金额:

本年度发行新股无效申购冻结资金利息摊销:2125817.94元;股权投资差额摊销:-2528130.96元。

2、前三年主要会计数据和财务指标比较

指标项目	2000.12.31	比上期增减(%)	1999.12.31	1998.12.31
主营业务收入(元)	232617886.12	15.21	201900136.78	201868931.38
净利润(元)	45292972.12	29.85	34881877.39	29989901.78
总资产(元)	1012645651.97	157.01	394011144.24	373863285.51
股东权益(元)(不含少数股东权益)	746401969.29	434.44	139660557.73	130439369.03
每股收益(元)摊薄	0.2588	-25.80	0.3488	0.2990
加权	0.3294	-5.56	0.3488	0.2990
每股净资产(元)	4.27	205.00	1.40	1.30
调整后的每股净资产(元)	4.22	217.29	1.33	1.28
每股经营活动产生的现金流量净额(元)	0.363	11.69	0.325	
净资产收益率(%)摊薄	6.07	-75.70	24.98	22.99
加权	9.98	-51.60	20.62	

注:以上指标计算涉及股份总数时,2000年末按175000000股计算,1999年、1998年按100000000股计算;

3、新增财务指标

报告期利润	净资产收益率		每股收益	
	全面摊薄	加权平均	全面摊薄	加权平均
主营业务利润	11.93%	19.63%	0.5090	0.6478
营业利润	7.34%	12.08%	0.3132	0.3986
净利润	6.07%	9.98%	0.2588	0.3294
扣除非经常性损益后的净利润	6.12%	10.23%	0.2611	0.3377

4、报告期内股东权益变动情况　单位:元

项目	期初数	本期增加	本期减少	期末数
股本	100000000.00	75000000.00		175000000.00
资本公积	30048847.78	507791769.77		537840617.55
盈余公积	4196767.60	4494964.18		8691731.78
法定公益金	4196767.60	4494964.18		8691731.78
未分配利润	1218174.75	14959713.43		16177888.18
股东权益合计	139660557.73	606741411.56		746401969.29

三、股本变动及股东情况介绍

1、股本变动情况

a)根据中国证监会证监发行字[2000]58号文件,2000年5月25日至5月29日采取向法人配售和对一般投资者上网发行相结合的方式,发行人民币普通股7500万股,其中向证券投资基金配售1500万股,向法人配售2000万股,5月26日,向一般投资者上网发行4000万股。

b)2000年6月28日,仕奇实业股票在上海证券交易所挂牌交易,本次上市流通的股数为4750万股,向法人配售的2000万股和向证券投资基金配售的750万股于2000年12月28日在上交所挂牌交易。

2、股东情况介绍

(1)、截止2000年12月31日止,持有本公司股份的股东总户数为48897户。

(2)、持有本公司股份前10名股东的持股情况(截止2000年12月31日)

名次	股东名称	持股数(股)	占总股本(%)
1、	内蒙古仕奇集团有限责任公司	98462116	56.26%
2、	泰和基金	586178	0.33%
3、	兴和基金	507025	0.29%
4、	景福基金	439634	0.25%
5、	金鑫基金	439634	0.25%
6、	天元基金	439634	0.25%
7、	裕隆基金	439634	0.25%
8、	安顺基金	439634	0.25%
9、	汉兴基金	439634	0.25%
10、	同盛基金	439634	0.25%

辽宁时代服装进出口股份有限公司

二○○○年年度报告摘选

一、公司简介

1.公司法定中文名称:辽宁时代服装进出口股份有限公司
公司英文名称:LIAONING TIMES GARMENTS I/E INC.
公司法定代表人:范晓远
公司董事会秘书:邹明刚
联系地址:大连市中山区港湾街7号时代大厦
电话:0411-2798317
传真:0411-2798000
电子信箱:600241 times@sina.com
2.公司注册地址:大连市中山区港湾街7号
公司办公地址:大连市中山区港湾街7号时代大厦
邮政编码:116001
公司国际互联网网址:http:www.global.com/lntimes.co.
公司电子信箱:lntime@mail.dlptt.ln.cn
3.公司选定的信息披露报纸名称:《中国证券报》、《上海证券报》
刊载公司年度报告的中国证监会指定国际互联网网址:http:www.sse.com.cn
4.公司股票上市交易所:上海证券交易所
股票简称:辽宁时代
股票代码:600241

二、会计数据和业务数据摘要

(一)公司本年度利润总额及构成:(单位:元,合并报表)

项目	金额
1.利润总额:	47,734,896.23
2.净利润:	31,617,665.51
3.扣除非经营性损益后的净利润:	31,719,206.87
4.主营业务利润:	88,987,478.90
5.其他业务利润:	1,039,919.39
6.营业利润:	48,940,720.97
7.投资收益:	-391,854.16
8.补贴收入:	
9.营业外收支净额:	-813,970.58
10.经常活动产生的现金流量净额:	56,349,219.59
11.现金及现金等价物净增加额:	186,824,181.92
注:扣除的非经常性损益项目和涉及金额:	
(1)贴息收入:	1,104,283.38
(2)新股申购冻结资金利息:	267,484.44
(3)合并价差摊入:	-391,854.16
(4)捐赠支出:	1,000,000.00
(5)固定资产清理支出等:	81,455.02
合计:	101,541.36

(二)截止报告期末公司前三年主要会计数据和财务指标(单位:人民币元)

项目	2000年	1999年	1998年
主营业务收入:	1,033,812,437.32	914,068,595.61	1,063,573,045.71
净利润:	31,617,665.51	29,512,054.25	29,284,913.12
总资产:	617,069,314.91	291,836,406.18	269,639,012.64
股东权益(不含少数股东权益):	346,936,349.85	121,705,384.34	93,531,020.51
每股收益(摊薄):	0.2983	0.3883	0.3853
每股收益(加权):	0.4028	0.3883	0.3853
每股净资产:	3.2730	1.6014	1.2307
调整后的每股净资产:	3.2712	1.6007	1.2298
每股经营活动产生的现金流量净额:	0.5316	0.6506	
净资产收益率(%,摊薄):	9.11	24.25	31.31
净资产收益率(%,加权):	20.46	24.25	31.31

(三)利润分配表附表(单位:人民币元)

报告期利润		净资产收益率(%)		每股收益(元)	
		摊薄	加权	摊薄	加权
主营业务利润	88,987,478.90	25.65	57.59	0.8395	1.1336
营业利润	48,940,720.97	14.11	31.67	0.4617	0.6234
净利润	31,617,665.51	9.11	20.46	0.2983	0.4028
扣除非经常性损益后净利润	31,719,206.87	9.14	20.53	0.2992	0.4041

(四)股东权益变动情况:(单位:人民币元)

项目	期初数	本期增加	本期增少	期末数
股本	76,000,000.00	30,000,000.00	---	106,000,000.00
资本公积	36,713,330.09	174,213,300.00	---	210,926,630.09
盈余公积	4,426,808.14	4,707,604.06	---	9,134,412.20
法定公益金	1,475,602.71	1,569,201.35	---	3,044,804.06
未分配利润	4,565,246.11	26,910,061.45	10,600,000.00	20,875,307.56
股东权益合计	121,705,384.34	235,830,965.51	10,600,000.00	346,936,349.85

三、股东情况介绍

1.报告期末股东总数
截止2000年12月29日公司股东总数29,656户。
2.公司前10名股东持股情况(单位:股)
截止2000年12月31日公司前10名股东持股情况如下:

序号	股东名称	持股数	占股本比例(%)
1	辽宁时代集团有限责任公司	70,000,000	66.04
2	辽宁万恒集团有限公司	3,000,000	2.83
3	辽宁省机械进出口公司	1,000,000	0.94
4	辽宁省纺织品进出口公司	1,000,000	0.94
5	中粮辽宁粮油进出口公司	1,000,000	0.94
6	程忠明	134,100	0.13
7	裕隆基金	100,000	0.09
8	同盛基金	97,000	0.09
9	陈传本	70,000	0.07
10	陈莲清	69,900	0.07

广东华龙集团股份有限公司

二○○○年年度报告摘选

一、公司简介

(一)公司中文名称:广东华龙集团股份有限公司
公司英文名称:GUANGDONG HUALONG GROUPS LIMITED COMPANY
(二)公司法定代表人:岑长篇
(三)公司董事会秘书:王晓
联系地址:广东省阳江市上坑路七号之一
电话:0662—3235645
传真:0662—3221747
电子信箱:00242@sina.com
(四)公司注册地址:广东省阳江市上坑路七号之一
邮政编码:529500
电子信箱:gdhualong@sina.com
(五)公司选定的信息披露报纸:《中国证券报》、《上海证券报》
登载年报的中国证监会指定国际互联网网址:http://www.see.com.cn
公司年报备置地点:公司证券部
(六)公司股票上市交易所:上海证券交易所
股票简称:华龙集团
股票代码:600242

二、会计数据和业务数据摘要

(一)本年度主要会计数据(单位:元)

项目	金额
利润总额	32,647,948.02
净利润	26,307,165.21
扣除非经常性损益后的净利润	23,099,557.45
主营业务利润	35,015,747.54
其他业务利润	5,263,583.13
营业利润	27,924,700.94
投资收益	1,515,639.32
补贴收入	550,000.00
营业外收支净额	2,657,607.76
经营活动产生的现金流量净额	55,815,882.83
现金及现金等价物净增加额	144,775,502.25
注:扣除的非经常性损益项目系指:	
1、补贴收入:	550,000.00
2、冻结资金利息:	2,769,701.02

(二)主要会计数据和财务指标

项目	2000年度	1999年度
主营业务收入(元)	102,257,241.13	90,920,967.67
净利润(元)	26,307,165.21	27,382,862.41
总资产(元)	707,734,323.96	298,072,848.18
股东权益(元)	525,525,196.42	169,938,031.21
每股收益		
(全面摊薄)	0.133	0.228
(加权平均)	0.194	0.228
每股净资产(元)	3.02	1.19
每股经营活动产生的现金净流量	0.32	0.30
净资产收益率(%)		
(全面摊薄)	4.48	15.29
(加权平均)	10.97	16.64

(三)利润表附表

2000年度

报告期利润	净资产收益率		每股收益	
	全面摊薄	加权平均	全面摊薄	加权平均
主营业务利润	0.0680	0.1663	0.201	0.294
营业利润	0.0542	0.1326	0.160	0.235
净利润	0.0511	0.1250	0.151	0.221
扣除非经常性损益后的净利润	0.0448	0.1097	0.133	0.194

1999年度

报告期利润	净资产收益率		每股收益	
	全面摊薄	加权平均	全面摊薄	加权平均
主营业务利润	0.2073	0.2257	0.309	0.309
营业利润	0.1599	0.1741	0.238	0.238
净利润	0.1611	0.1754	0.240	0.240
扣除非经常性损益后的净利润	0.1529	0.1664	0.228	0.228

三、股本变动及股东情况介绍

(一)股本变动情况
(1)股份变动前情况

类别	股份(股)	占总股本比例(%)
发起人股	40869825	35.84
定向法人股	45200200	39.64
内部职工股	27959800	24.52
合计	114029825	100.00

(2)股份变动后情况

股份类别	股份(股)	占总股本比例(%)
发起人股	40869825	23.48
定向法人股	45200200	25.97
内部职工股	27959800	16.07
社会公众股	60000000	34.48
总股本	174029825	100.00

青海华鼎实业股份有限公司

二〇〇〇年年度报告摘选

一、公司简介

1、公司法定名称:青海华鼎实业股份有限公司
公司英文名称:QingHai HuaDing Industrial CO.,LTD.
2、公司法定代表人:于世光
3、公司董事会秘书:刘文忠　　授权代表:马新萍
联系地址:青海省西宁市南川东路21号　　邮政编码:810021
电话:(0971)6258124　　传真:(0971)6258774
电子信箱:liuwzhd@21cn.com
4、公司注册地址:青海省西宁市柴达木西路101号
邮政编码:810018
电子信箱:qhhdsyoffice@china.com
5、公司选定的信息披露报纸名称:《上海证券报》
登载年度报告的中国证监会指定网址:http://www.ssc.com.cn
公司年度报告备置地点:青海省西宁市南川东路21号青海华鼎证券部
6、公司股票上市的交易所:上海证券交易所
股票简称:青海华鼎　　股票代码:600243

二、会计数据和业务数据摘要

(一)公司本年度实现的利润构成及现金流量(单位:人民币元)

项　目	金　额
利润总额	26,800,178.21
净利润	18,826,692.70
扣除非经常性损益后的净利润	17,443,151.65
主营业务利润	61,832,077.13
其他业务利润	460,398.62
营业利润	25,066,058.14
投资收益	150.00
营业外收支净额	1,733,970.07
经营活动产生的现金流量净额	-76,781,016.19
现金及现金等价物净增加额	156,914,466.65

(二)截止报告期末公司前三年主要会计数据和财务指标(单位人民币元)

序	会计数据和财务指标名称	2000年	1999年	1998年
1	主营业务收入	221,722,703.90	201,565,863.36	204,912,147.94
2	净利润	18,826,692.70	15,884,803.75	13,966,551.88
3	总资产	656,271,492.03	420,861,463.87	400,403,141.42
4	股东权益(不含少数股东权益)	395,402,913.50	146,890,220.80	146,462,083.52
5	每股收益(元/股)	0.12	0.16	0.14
6	每股净资产(元/股)	2.52	1.45	1.44
7	调整后的每股净资产(元/股)	2.47	1.29	
8	每股经营活动产生的现金流量净额(元/股)	-0.45	0.25	
9	净资产收益率(%)	4.76	10.81	9.54
10	扣除非经常性损益后的每股收益(元/股)	0.11	0.16	
11	加权净资产收益率(%)	10.70	10.29	9.54
12	扣除非经常性损益后的加权净资产收益率(%)	9.91	10.32	

(三)根据中国证监会关于发布《公开发行证券公司信息披露编报规则》第9号通知精神,公司2000年按全面摊薄法和加权平均法计算的净资产收益率及每股收益:

报告期利润	净资产收益率(%)		每股收益(元)	
	全面摊薄	加权平均	全面摊薄	加权平均
主营业务利润	15.64	35.14	0.39	0.58
营业利润	6.34	14.24	0.16	0.24
净利润	4.76	10.70	0.12	0.18
扣除非经常性损益后净利润	4.41	9.91	0.11	0.16

(四)报告期内股东权益变动情况(单位:人民币元):

项目	期初数	本期增加	本期减少	期末数
股本	101,600,000.00	55,000,000.00		156,600,000.00
资本公积	47,442,012.80	180,950,000.00		228,392,012.80
盈余公积	3,237,656.40	2,824,003.91		6,061,660.31
其中:公益金	1,079,218.80	941,334.64		2,020,553.31
未分配利润	-5,389,448.40	9,738,688.79		4,349,240.39
合计	146,890,220.80	248,512,692.70		395,402,913.50

三、股本变动及股东情况

(一)股本变动情况
1、报告期内公司股份变动情况(单位:股)

股份类别	本次变动前	本次变动	本次变动后
未上市流通股份			
1、发起人股份	101,600,000		101,600,000
其中:国家持有股份	50,000,000		50,000,000
国有法人持有股份	680,000		680,000
境内法人持有股份	50,920,000		50,920,000
境外法人持有股份			
其他			
募集法人股			
内部职工股			
优先股或其他			
法人配售股份			
未上市流通股份合计	101,600,000		101,600,000
已上市流通股份			
人民币普通股		55,000,000	55,000,000
境内上市的外资股			
境外上市的外资股			
其他			
已上市流通股份合计		55,000,000	55,000,000
股份总数	101,600,000	55,000,000	156,000,000

北京先锋粮农实业股份有限公司

二〇〇〇年年度报告摘选

一、公司简介

1、公司法定中文名称:北京先锋粮农实业股份有限公司
法定英文名称:BEIJING PIONEER FOOD & AGRICULTURE CO., LTD
2、公司法定代表人:段玉顺先生
3、公司董事会秘书:程晓晞先生
联系地址:北京市西城区赵登禹路277号先锋商务楼
电话:(010)66128936
传真:(010)66128935
电子信箱:chengxiaoxi@pioneer-bj.com.cn
公司董事会证券事务代表:于琛先生
联系地址:北京市西城区赵登禹路277号先锋商务写字楼
电话:(010)66128972转201
传真:(010)66128935
电子信箱:yuchen@pioneer-bj.com.cn
4、公司注册地址:北京市海淀区苏州街29号
办公地址:北京市西城区赵登禹路277号先锋商务楼
邮政编码:100034
电子信箱:webmaster@pioneer-bj.com.cn
5、公司选定的信息披露报纸名称:中国证券报、上海证券报
登载公司年度报告的中国证监会指定国际互联网网址:www.sse.com.cn
公司年度报告备置地点:北京市西城区赵登禹路277号先锋商务楼501室
6、公司股票上市交易所:上海证券交易所
股票简称:先锋股份
股票代码:600246

二、会计数据和业务数据摘要

(一)本年度主要利润指标(单位:人民币元)

项　目	2000年12月31日
1. 利润总额	22928820.04
2. 净利润	18067594.82
3. 扣除非经常性损益后的净利润	17759109.64
4. 主营业务利润	25774088.34
5. 其它业务利润	5436242.59
6. 营业利润	14119081.88
7. 投资收益	8511635.04
8. 补贴收入	
9. 营业外收支净额	298103.12
10. 经营活动产生的现金流量净额	13516395.81
11. 现金及现金等价物净增加额	205709898.18

注:扣除非经常性损益后的净利润为扣除了本次股票发行过程中冻结的申购资金利息报告期内应分摊的部分272767.5元。

根据中国证监会关于发布《公开发行证券公司信息披露编报规则》第9号通知的要求,公司报告期每股收益和净资产收益率指标如下表所示:

报告期利润	净资产收益率(%)		每股收益(元)	
	全面摊薄	加权平均	全面摊薄	加权平均
主营业务利润	8.59	17.89	0.28	0.37
营业利润	4.71	9.80	0.15	0.20
净利润	6.02	12.54	0.20	0.26
扣除非经常性损益后的净利润	5.92	12.33	0.19	0.26

(二)截至报告期末公司前三年的主要会计数据和财务指标(单位:人民币元)

项　目	2000年	1999年	1998年
1. 主营业务收入	189469844.47	121134247.00	102494817.6
2. 净利润	18067594.82	19495953.77	20224899.72
3. 总资产	414643962.00	202304189.35	133350689.25
4. 股东权益	292606690.88	86092266.06	80288240.75
5. 每股收益	0.1964	0.3145	0.3262
6. 按月平均加权计算的每股收益	0.2600		
7. 扣除非经常性收益后的每股收益	0.1930	0.3060	0.2555
8. 每股净资产	3.1805	1.3886	1.2950
9. 调整后的每股净资产	3.1521	1.3427	1.2376
10. 每股经营活动产生的现金流量净额	0.1469	0.1872	
11. 净资产收益率(%)	6.0232	19.5381	20.1216

三、股本变动及股东情况

(一)股本变动情况:
1. 股份变动情况

	本次变动前	本次变动增减(+,—)						本次变动后
		配股	送股	公积金转股	增发	其他	小计	
一、未上市流通股份								
1、发起人股份:	62000000							62000000
2、募集法人股份								
3、内部职工股								
4、优先股或其他								
未上市流通股份合计	62000000							62000000
二、已上市流通股份								
1、人民币普通股					30000000		30000000	30000000
2、境内上市的外资股								
3、境外上市的外资股								
4、其他								
已上市流通股份合计								30000000
三、股份总数								92000000

吉林物华(集团)股份有限公司

二〇〇〇年年度报告摘选

一、公司简介

1、公司法定中文名称:吉林物华(集团)股份有限公司
中文缩写:物华集团
公司英文名称:JILIN WUHUA GROUP CO.,LTD
英文缩写:WUHUA GROUP
2、公司法定代表人:张玉琦
3、公司董事会秘书:高观生
联系地址:吉林省吉林市怀德街29号　　邮政编码:132001
联系电话:(0432)2455888-2058
传真:(0432)2452677
电子信箱:Ggs@chinawh.com
4、公司注册地址:吉林省吉林市怀德街29号
公司办公地址:吉林省吉林市怀德街29号　　邮政编码:132001
公司国际互联网地址:http://www.chinawh.com
公司电子信箱:600247@chinawh.com
5、公司选定的信息披露报纸:上海证券报
公司登载年度报告的国际互联网网址:Http://www.sse.com.cn
公司年度报告备置地点:公司董事会秘书处
6、公司股票上市交易所:上海证券交易所
股票简称:物华股份　　股票代码:600247

二、会计数据和业务数据摘要

1、公司本年度主要会计数据。
公司本年度主要利润指标情况　　(单位:人民币元)

项目	金额
利润总额:	20,796,064.43
净利润:	17,494,537.71
扣除非经常性损益的净利润:	17,523,605.72
主营业务利润:	44,156,417.49
其它业务利润:	1,789,926.66
营业利润:	20,825,242.77
投资收益:	-110.33
补贴收入:	144,600.93
营业外收支净额:	-173,668.94
经营活动产生的现金流量净额:	8,338,328.10
现金及现金等价物净增加额:	147,665,477.03

注:扣除非经常性损益后的净利润指从净利润中扣除公司报告期内正常经营损益之外的,一次性或偶发性损益。"非经常性损益"的构成为1、营业外收支净额-173,668.94元。其中:资产处置损失为510,805.40元;车辆事故 损失8503.12元;捐赠支出2,728元;罚款支出136,935.26元;其它支出670.12元;新股无效申购冻结利息367,152元,清理银行未达形成收入10,820.96元;其它收入108,000元。2、补贴收入144,600.93元。

2、公司近三年主要会计数据和财务指标。
主要会计数据与财务指标　　(单位:人民币元)

项目	2000年	1999年		1998年	
		调整后	调整前	调整后	调整前
主营业务收入	119,810,226.88	82,707,353.40	82,707,353.40	107,125,839.45	107,125,839.45
净利润	17,494,537.71	17,159,548.19	18,829,264.54	19,881,004.35	20,792,296.18
总资产	428,812,581.93	281,630,072.91	283,594,445.09	228,018,833.56	228,930,125.39
股东权益	321,725,984.26	150,035,446.55	151,705,162.90	141,875,898.36	142,787,190.19
每股收益(全面摊薄)	0.16	0.23	0.25	0.27	0.28
每股收益(加权平均)	0.22	0.23	0.25	0.27	0.28
扣除非经常性损益后的每股收益	0.16	0.23	0.25	0.27	0.28
每股净资产	2.92	2.00	2.02	1.89	1.90
调整后的每股净资产	2.82	1.84	1.86	1.71	1.73
净资产收益率(全面摊薄)	5.44	11.44	12.41	14.01	14.56
加权平均净资产收益率	9.44	11.41	12.37	15.07	15.71
每股经营活动产生的现金流量净额(全面摊薄)	0.08	0.01	0.01	0.001	0.001

注:(1)因本年度10月31日发行新股3500万股,故按加权平均法计算的每股收益及净资产收益率有变化。
(2)披露的调整前后的主要会计数据和财务指标系由于"四项计提"追朔调整以前年度会计数据前后的对比数。

报告期利润	净资产收益率		每股收益	
	全面摊薄	加权平均	全面摊薄	加权平均
主营业务利润	13.72	23.82	0.40	0.55
营业利润	6.47	11.23	0.19	0.26
净利润	5.44	9.44	0.16	0.22
扣除非经常性损益后的净利润	5.45	9.45	0.16	0.22

三、股东情况介绍

(1)报告期末股东总数27700户。
(2)前十名股东持股情况。

	股东名称	持股数	持股比例(%)	股份性质
1	中国再生资源开发公司	26,250,000	23.86	法人股
2	吉林市物资回收利用总公司	13,730,000	12.48	法人股
3	哈尔滨物资调剂贸易中心	9,000,000	8.18	法人股
4	哈尔滨供销物资集团公司	7,920,000	7.20	法人股
5	吉林市供销合作社联合社	6,000,000	5.45	法人股
6	吴墀衍	370,000	0.34	职工股
7	吴祖坤	370,000	0.34	职工股
8	刘福秀	333,800	0.30	普通股
9	苗华仁	310,000	0.28	职工股
10	童瑞英	260,000	0.24	职工股

杨凌秦丰农业科技股份有限公司

二〇〇〇年年度报告摘选

一、公司简介

1、公司法定中文名称:杨凌秦丰农业科技股份有限公司
公司法定英文名称:YANGLING QINFENG AGRI.SCI.&TEC.CO.,LTD.
2、公司法定代表人:庄 峰
3、公司董事会秘书:薛慎民
联系地址:西安经济技术开发区凤城二路6号
电　　话:(029)6522826　　传　　真:(029)6522826
4、公司注册地址:杨凌农业高新技术产业示范区西农路六号
公司办公地址:西安经济技术开发区凤城二路6号　　邮编:710016
Http://www.qinfeng—agri.com
Email:qfzykj@pub.xaonline.com
5、公司选定的信息披露报纸为《上海证券报》
公司年度报告登载的互联网网址:http://www.sse.com.cn
公司年度报告备置地点:西安经济技术开发区凤城二路6号秦丰大厦
6、公司股票上市地:上海证券交易所
股票简称:秦丰农业　　股票代码:600248

二、会计数据和业务数据摘要

1、本年度主要利润指标(单位:人民币元)

项目	金额
利润总额:	31,448,738.10
净利润:	31,150,246.13
扣除非经常性损益后的净利润:	28,447,669.83
主营业务利润:	53,077,282.06
其他业务利润:	1,995,546.12
营业利润:	28,708,578.37
投资收益:	37,583.43
补贴收入:	-
营业外收支净额:	2,702,576.30
经营活动产生的现金流量净额:	31,480.93
现金及现金等价物净增加额	222,176,331.32
注:扣除非经营性损益涉及的项目及金额	
补贴收入:	-
营业外收支净额:	2,702,576.30

说明:"扣除非经常性损益后的净利润"中扣除项目为社会公众股认购资金冻结利息,金额为1,588,540.43元,无法支付的应付款收入39,254.00元,其他净收入1,178,689.30元;罚款支出1,300.00元,转商损失及赔偿损失98,107.58元,处理固定资产净损失4,499.85元。

2、截止报告期末公司前三年主要会计数据及财务指标(合并数)单位:元

项目	2000年	1999年	1998年
主营业务收入	164,196,755.12	152,672,238.29	121,072,174.13
净利润	31,150,246.13	29,067,478.50	25,224,321.50
总资产	591,274,506.40	238,237,626.42	198,334,893.23
股东权益(不含少数股东权益)	496,553,565.07	115,872,553.53	107,010,075.03
每股收益(摊薄)	0.24	0.36	0.31
每股收益(加权)	0.29	0.36	0.31
每股净资产	3.85	1.43	1.32
净资产收益率(%)(摊薄)	6.27	25.09	23.57
净资产收益率(%)(加权)	8.90	30.48	51.15
调整后的每股净资产	3.63	1.43	1.32
每股经营活动产生的现金流量净额	0.0007		
扣除非常性损益后的每股收益	0.22		

3、利润表附表

报告期利润	净资产收益率(%)		每股收益(元)	
	全面摊薄	加权平均	全面摊薄	加权平均
主营业务利润	10.69	15.01	0.41	0.49
营业利润	5.78	8.12	0.22	0.26
净利润	6.27	8.81	0.24	0.29
扣除非经常性损益后的净利润	5.73	8.05	0.22	0.26

4、股东权益变动情况(单位:元)

项目	期初数	本期增加	本期减少	期末数
股本	80,820,000.00	48,000,000.00	--	128,820,000.00
资本公积	26,957,474.75	301,530,765.41	--	328,488,240.16
盈余公积	6,849,818.08	4,746,071.42	--	11,595,889.50
法定公益金	1,944,341.95	1,582,023.81	--	3,526,365.76
未分配利润	1,245,260.70	26,404,174.71	--	27,649,435.41
股东权益合计	115,872,553.53	380,681,011.54	--	496,553,565.07

三、股东情况介绍

(1)报告期末股东总数
截止2000年12月31日止,公司股东总数为16060户。
(2)截止2000年12月31日,公司前10名股东持股情况如下:

名次	股东名称	年末持股数(股)	占总股本比例(%)
1	陕西省种业集团有限责任公司	47080000	36.55
2	杨凌现代农业开发有限公司	17990000	13.97
3	陕西嘉业科工贸有限公司	8250000	6.39
4	陕西省投资公司	4500000	3.49
5	开元基金	4000000	3.11
6	西北农业大学农业科技发展公司	2250000	1.75
7	中国科学院西北植物研究所科飞农业科技开发中心	750000	0.58
8	王春奇	404531	0.31
9	金元基金	378780	0.29
10	田金兰	346210	0.27

说明:(1)持股5%(含5%)以上的法人股股东所持股份未发生抵押、冻结等情况;
(2)前十名股东之间不存在关联关系。

南京纺织品进出口股份有限公司

二○○○年年度报告摘选

一、公司简介

(一)公司法定名称:
中文:南京纺织品进出口股份有限公司
英文:NANJING TEXTILES IMP/EXP CORP.,LTD.
(二)公司法定代表人:单晓钟
(三)公司董事会秘书:丁杰 ;授权代表:侯蕾
联系地址:南京市云南北路77号十六楼
联系电话:025-3306789
联系传真:025-3300518
电子信箱:djnj@jlonline.com.com
(四)公司注册地址:南京市鼓楼区云南北路77号
公司办公地址:南京市鼓楼区云南北路77号
邮政编码:210009
公司互联网网址:http://www.nantex.com.cn
公司电子信箱:nantex@public1.ptt.js.cn
(五)公司选定的信息披露报纸:《上海证券报》
刊载公司年度报告的中国证监会指定国际互联网网址:http://www.sse.com.cn
公司年度报告备置地点:公司董事会秘书办公室
(六)公司股票上市交易所:上海证券交易所
股票简称:南纺股份
股票代码:600250

二、会计数据和业务数据摘要

(一)公司本年度主要利润指标情况(单位:元)

项目	金额
1.利润总额:	58,810,971.72
2.净利润:	38,223,063.38
3.扣除非经常性损益后的净利润:	29,709,232.83
4.主营业务利润:	216,052,538.44
5.其他业务利润:	2,272,269.35
6.营业利润:	50,147,217.88
7.投资收益:	149,923.29
8.补贴收入:	8,267,700.00
9.营业外收支净额:	246,130.55
10.经营活动产生的现金流量净额:	35,986,438.96
11.现金及现金等价物净增加额:	38,397,182.63
注:扣除的非经常性损益项目和涉及金额	
补贴收入:	8,267,700.00
营业外收入:	1,954,518.17
营业外支出:	1,708,387.62

(二)公司近三年主要会计数据和财务指标:

序号	指标项目	2000年	1999年	1998年
1	主营业务收入	2,516,712,707.32	1,829,278,531.39	1,509,208,981.44
2	净利润	38,223,063.38	30,341,844.24	18,900,607.40
3	总资产	667,655,028.03	579,803,068.14	799,195,087.05
4	股东权益	182,787,302.87	178,785,647.59	148,443,803.35
5	每股收益	0.49	0.39	0.24
6	每股净资产	2.35	2.30	1.91
7	调整后的每股净资产	2.11	1.24	1.12
8	每股经营活动产生的现金流量净额	0.46	-0.32	-0.35
9	净资产收益率(%)	20.91	16.97	12.73

(三)按照中国证监会《公开发行证券公司信息披露规则》第九号要求计算的利润表附表:

	净资产收益率(%)		每股收益(元/股)	
	全面摊薄	加权平均	全面摊薄	加权平均
主营业务利润	118.20	109.17	2.78	2.78
营业利润	27.43	25.34	0.65	0.65
净利润	20.91	19.31	0.49	0.49
扣除非经常性损益后的净利润	16.25	15.01	0.38	0.38

三、股东情况介绍

1、报告期末股东总数302户。
2、前十名股东持股情况

股东名称	持股数	持股比例(%)
南京市国有资产经营(控股)有限公司	62,362,800	80.30
南京商厦股份有限公司	7,358,400	9.47
南京斯亚实业有限公司	3,000,000	3.86
中国外运江苏公司	2,000,000	2.58
江苏工艺品进出口集团股份有限公司	1,000,000	1.29
单晓钟	13,520	0.017
胡海鸽	13,520	0.017
张钟灵	13,520	0.017
徐先民	13,520	0.017
杨京城	11,255	0.014

说明:(1)本公司前十名股东之间不存在关联关系

(2)持有公司5%以上(含5%)股份的股东为南京市国有资产经营(控股)有限公司和南京商厦股份有限公司。年内持股数量均未发生增减变动情况,年末持股数量为62,362,800股和7,358,400股,所持股份无质押和冻结。

(3)持有公司10%以上(含10%)股份的股东为南京市国有资产经营(控股)有限公司。南京市国有资产经营(控股)有限公司,法定代表人周发亮先生,经营范围为:对授权的股份有限公司、有限责任公司、现代企业制度试点单位的国有资产实行产权管理和经营;国有资产产权界定、转让、收购、投资、参股、控股。南京市国有资产经营(控股)有限公司代表国家持有股份。

(4)报告期内公司控股股东未发生变更。

广西梧州中恒集团股份有限公司

二○○○年年度报告摘选

一、公司简介

1、公司名称:广西梧州中恒集团股份有限公司
英文名称:Guangxi Wuzhou Zhongheng Group CO.,LTD.
2、法定代表人:尹梅克
3、董事会秘书:李澄宇
联系地址:广西梧州市蝶山一路3号
电话:0774-5830828　传真:0774-5830900　0774-5833090
4、公司注册地址:广西梧州市蝶山一路3号
公司办公地址:广西梧州市蝶山一路3号　邮政编码:543002
公司电子信箱:zhongheng@wz-zhongheng.com
5、公司选定信息披露报纸:《中国证券报》、《上海证券报》。
年度报告备置地点:本公司证券投资部
登载公司年度报告的中国证监会指定国际互联网网址:www.sse.com.cn
6、公司股票上市交易所:上海证券交易所
股票简称:中恒集团　股票代码:600252

二、会计数据和业务数据摘要

1、本年度主要会计数据　(单位:人民币元)

项　目	金　额
利润总额:	32,389,019.35
净利润	27,859,197.33
扣除非经常性损益后的净利润	23,720,115.90
主营业务利润	45,302,676.41
其他业务利润	2,193,804.27
营业利润	22,645,102.71
投资收益	5,604,835.21
补贴收入	0
营业外收支净额	4,139,081.43
经营活动产生的现金流量净额	-17,438,018.77
现金及现金等价物净增加额	173,478,441.27
注:扣除的非经常性损益项目涉及金额	4,139,081.43
(1)新股申购冻结资金利息	4,248,174.31
(2)其他非经常性损益	-109,092.88

2、公司前三年的主要会计数据和财务指标　(单位:人民币元)

项　目	2000年	1999年	1998年
主营业务收入	153,929,233.21	138,332,951.03	137,286,856.04
净利润	27,859,197.33	31,009,075.39	25,320,377.46
总资产	584,269,857.11	329,385,214.09	350,739,009.69
股东权益(不含少数股东权益)	367,905,005.09	141,430,301.89	150,590,026.50
每股收益(全面摊薄)	0.22	0.38	0.31
每股收益(加权平均)	0.31	0.38	0.31
扣除非经营性损益后每股收益(全面摊薄)	0.19	0.28	0.31
扣除非经营性损益后每股收益(加权平均)	0.27	0.28	0.31
每股净资产	2.90	1.73	1.84
调整后每股净资产	2.88	1.71	1.83
每股经营活动产生的现金净流量	-0.14	0.64	0.41
净资产收益率%(全面摊薄)	7.57	21.93	16.81
净资产收益率%(加权平均)	14.45	18.67	18.36

3、按中国证监会《公开发行证券公司信息披露编报规则(第9号)》要求计算的利润数据:

报告期利润	净资产收益率%		每股收益(元)	
	全面摊薄	加权平均	全面摊薄	加权平均
主营业务利润	12.31	23.5	0.36	0.51
营业利润	6.16	11.75	0.18	0.25
净利润	7.57	14.45	0.22	0.31
扣除非经常性损益后的净利润	6.45	12.30	0.19	0.27

三、股本变动及股东情况

1、股本变动情况
(1)股本变动情况表

数量单位:万股

项目	本次变动前	本次变动增减(+、-)	本次变动后
一、尚未流通股份			
1、发起人股份			
1、国家持有股份	2488		2488
2、国有法人持有股份	756		756
3、境内法人持有股份			
4、境外法人持有股份			
5、其他			
小计	3244		3244
二、非发起人股份			
1、国家持有股份	2500		2500
2、国有法人持有股份	777.5		777.5
3、境内法人持有股份	451.81		451.81
4、境外法人持有股份			
6、其他			
小计	4927.76		4927.76
合计			
二、已流通股份			
1、境内上市的人民币普通股		4500	4500
2、境内上市的外资股			
3、境外上市的外资股			
4、其他			
小计		4500	4500
三、股份总数	8171.76	4500	12671.76

河南天方药业股份有限公司

二〇〇〇年年度报告摘选

一、公司简介

1、公司中文名称:河南天方药业股份有限公司
公司英文名称:HENAN TOPFOND PHARMACEUTICAL CO.,LTD.
2、公司法定代表人:崔晓峰
3、公司总经理:张文学
4、公司董事会秘书:梁耀武
联系地址:河南省驻马店市光明路 2 号
电话:0396-3813379　　传真:0396-3815761
5、公司注册地址:河南省驻马店市光明路 2 号
公司办公地址:河南省驻马店市光明路 2 号
邮政编码:463003
公司电子信箱:info@topfond.com
公司国际互联网网址:http://www.Topfond.com
6、公司选定信息披露报纸名称:《中国证券报》、《上海证券报》
登载公司年度报告的国际互联网网址:http//www.sse.com.cn
公司年度报告备置地点:公司证券部
7、公司股票上市交易所:上海证券交易所
股票简称:天方药业　　股票代码:600253

二、会计数据和业务数据摘要

1、公司本年度主要利润指标情况:　　金额单位:元

项目	金额
利润总额:	63,879,320.44
净利润:	41,998,473.02
扣除非经常性损益后的净利润:	35,273,385.31
主营业务利润:	123,712,289.39
其他业务利润:	512,915.56
营业利润:	57,154,232.73
投资收益:	
补贴收入:	6,285,661.20
营业外收支净额:	439,426.51
经营活动产生的现金流量净额:	31,816,585.94
现金及现金等价物净增加额:	439,890,904.39

注:扣除的非经常性损益项目及金额:营业外收支净额 439,426.51 元,补贴收入 6,285,661.20 元。

2、截止报告期末公司前二年的主要会计数据和财务指标:

金额单位:元

项　目	2000 年	1999 年
主营业务收入	366,971,458.27	329,864,273.20
净利润	41,998,473.02	38,906,266.72
总资产	1,120,712,176.64	639,419,361.68
股东权益	695,221,296.74	225,984,461.22
每股收益(摊薄)	0.2000	0.2594
每股收益(加权)	0.2800	0.2594
扣除非经常性损益后的每股收益(加权)	0.2352	0.1819
每股净资产	3.3106	1.5066
调整后的每股净资产	3.3040	1.5026
每股经营活动产生的现金流量净额	0.1515	0.0877
净资产收益率	6.04%	17.22%

利润表附表:

报告期利润	净资产收益率		每股收益	
	全面摊薄	加权平均	全面摊薄	加权平均
主营业务利润	17.79%	50.09%	0.5891	0.8247
营业利润	8.22%	23.14%	0.2722	0.3810
净利润	6.04%	17.00%	0.2000	0.2800
扣除非经常性损益后的净利润	5.07%	14.28%	0.1680	0.2352

三、股本变动及股东情况

(一)股本变动情况
1、股本变动情况表

公司股本变动情况表

数量单位:股

	本次变动前	本次变动增减(+、-)					本次变动后
		配股	送股	公积金转股	其它	小计	
一、未上市流通股份							
1、发起人股份	150,000,000						150,000,000
其中							
国家持有股份	150,000,000						150,000,000
境内法人持有股份							
境外法人持有股份							
其它							
2、募集法人股							
3、内部职工股							
4、优先股或其他							
其中:转配股							
未上市流通股份合计	150,000,000						150,000,000
二、已上市流通股份							
1、人民币普通股					60,000,000	60,000,000.00	60,000,000
2、境内上市的外资股							
3、境外上市的外资股							
4、其它							
已上市流通股份合计					60,000,000	60,000,000.00	60,000,000
三、股份总数	150,000,000				60,000,000	60,000,000.00	210,000,000

安徽鑫科新材料股份有限公司

二〇〇〇年年度报告摘选

一、公司简介

(一)公司法定中文名称:安徽鑫科新材料股份有限公司
公司法定英文名称:ANHUI XINKE NEW MATERIALS CO.,LTD.
(二)公司法定代表人:鲁良儁先生
(三)公司董事会秘书及证券事务代表的姓名、联系地址、电话、传真:
董事会秘书:江斌先生　　证券事务代表:宋志刚先生
联系电话:(0553)5847323、5847423　　传真:(0553)5847423
联系地址:安徽省芜湖市经济技术开发区珠江路 23 号　　邮政编码:241009
(四)公司注册地址、办公地址
公司注册地址:安徽省芜湖市经济技术开发区珠江路 23 号　　邮政编码:241009
公司办公地址:安徽省芜湖市经济技术开发区珠江路 23 号　　邮政编码:241009
公司电子信箱:jb@ahxinke.com　　公司互联网网址:http://www.ahxinke.com.cn
(五)公司选定的信息披露报纸名称:《上海证券报》
登载公司年度报告的中国证监会指定国际互联网网址为:http://www.sse.com.cn
公司年度报告备置地点:公司董事会办公室
公司年度报告备置于公司办公地址,以供股东及投资者查询。
(六)公司股票上市交易所、股票简称和股票代码
公司股票上市交易所:上海证券交易所
公司股票简称:鑫科材料　　公司股票代码:600255

二、会计数据和业务数据摘要

根据安徽华普会计师事务所按中国会计准则审计的本公司主要会计数据和业务数据摘要如下:

(一)公司本年度主要利润指标情况(单位:人民币元)

项目	金额
利润总额	33,223,320.46
净利润	27,862,732.99
扣除非经常性损益后的净利润	27,128,611.05
主营业务利润	75,111,218.13
其他业务利润	3,338,428.12
营业利润	29,965,701.96
投资收益	-258,512.86
补贴收入	2,393,945.63
营业外收支净额	1,122,185.73
经营活动产生的现金流量净额	19,423,225.51
现金及现金等价物净增加额	360,254,158.78
注:扣除的非经常性损益包括:	
1、投资收益(国债投资跌价准备):	-258,512.86
2、营业外收支净额:	1,122,185.73
(1)申购资金冻结利息收入	1,139,574.89
(2)处理固定资产损益净额	20,662.68
(3)罚款收支净额	24,621.33
(4)其他支出	62,673.17

(二)截止报告期末公司前三年的主要会计数据和财务指标(单位:人民币元)

项　目	2000 年	1999 年 调整后	1998 年 调整后
主营业务收入	715,987,611.32	508,808,236.09	400,212,159.35
净利润	27,862,732.99	30,576,006.95	21,863,992.48
总资产	672,813,937.25	282,746,889.39	231,313,448.38
股东权益	457,100,669.40	105,432,262.83	100,573,758.60
每股收益(全面摊薄)	0.293	0.47	0.34
扣除非经常性损益后的每股收益	0.286	0.47	0.34
每股收益(加权平均)	0.41	0.47	0.34
每股净资产	4.81	1.62	1.55
调整后每股净资产	4.79		
每股经营活动产生的现金流量净额	0.20	0.08	0.12
净资产收益率(全面摊薄%)	6.10	29.00	21.74
净资产收益率(加权平均%)	18.83	29.00	21.74

按照中国证监会《公开发行证券公司信息披露编报规则(第 9 号)》要求计算 2000 年报告期利润的净资产收益率和每股收益:

	报告期利润(元)	净资产收益率(%)		每股收益(元/股)	
		全面摊薄	加权平均	全面摊薄	加权平均
主营业务利润	75,111,218.13	16.43	50.77	0.791	1.112
营业利润	29,965,701.96	6.56	20.25	0.315	0.444
净利润	27,862,732.99	6.10	18.83	0.293	0.413
扣除非经常性损益后的净利润	27,128,611.05	5.91	18.34	0.286	0.402

三、股本变动及股东情况

(一)股本变动情况
1、股本变动情况表　　(单位:股)

项目	期初数	本次变动增减(+、--)					期末数
		发行新股	配股	送股	其他	小计	
一、尚未流通股份							
1、发起人股份							
其中:国家持有股份	57,439,548					0	57,439,548
境内法人持有股份	7,560,452					0	7,560,452
境外法人持有股份							
其他							
2、募集法人股份							
3、内部职工股							
4、优先股或其他							
尚未流通股份合计	65,000,000					0	65,000,000
二、已上市流通股份							
1、人民币普通股	0	30,000,000				30,000,000	30,000,000
2、境内上市外资股							
3、境外上市外资股							
4、其他							
已上市流通股份合计	0	30,000,000				30,000,000	30,000,000
三、股份合计	65,000,000	30,000,000				30,000,000	95,000,000

新疆广汇石材股份有限公司

二〇〇〇年年度报告摘选

一、公司简介

1、公司法定中文名称：新疆广汇石材股份有限公司

公司英文名称：XINJIANG GUANGHUI STONE CO.,LTD

2、公司法定代表人：孙广信

3、董事会秘书：闫金生

董事会证券事务代表：王玉琴

联系地址：新疆维吾尔自治区乌鲁木齐市新华南路68号广汇大厦14楼(公司证券部)

电 话：(0991)2851134　　2869999－5617

传 真：(0991)2851134

4、公司注册地址：新疆维吾尔自治区乌鲁木齐经济技术开发区上海路6号

公司办公地址：新疆维吾尔自治区乌鲁木齐经济技术开发区上海路6号

邮政编码：830026

国际互联网网址：http://www.guanghui.com

公司电子信箱：ghsc@163.net

5、公司信息披露报纸名称：《上海证券报》

登载年度报告的中国证监会指定国际互联网网址：http://www.sse.com.cn

公司2000年度报告备置地点：新疆维吾尔自治区乌鲁木齐新华南路68号广汇大厦14楼公司证券部

6、公司股票上市地：上海证券交易所

股票简称：广汇股份

股票代码：600256

二、会计数据和业务数据摘要

(一)利润情况

项目	金额
1、利润总额：	176,155,363元
2、净利润：	147,905,251元
3、扣除非经常性损益后的净利润：	145,593,638元
非经常性损益总额为	2,311,613元
其中：固定资产清理收益	100,728元
罚款收入	9,183元
发行新股冻结申购资金利息	2,079,423元
4、主营业务利润：	193,410,748元
5、其他业务利润：	2,950,742元
6、营业利润：	158,189,152元
7、投资收益：	16,066,188元
8、补贴收入：	0元
9、营业外收支净额：	1,900,023元
10、经营活动产生的现金流量净额：	－35,091,915元
11、现金及现金等价物净增加额：	295,325,513元

(二)前三年的主要会计数据和财务指标　　单位：元

项　目	2000年	1999年	1998年
1、主营业务收入	719,925,211	147,857,646	127,036,211
2、净利润	147,905,251	34,288,280	35,312,709
3、总资产	1,116,625,738	323,011,658	288,484,855
4、股东权益	601,648,530	137,212,361	131,811,184
5、每股收益	0.418	0.27	0.28
6、每股净资产	1.70	1.081	1.038
7、调整后的每股净资产	1.678	1.04	－
8、每股经营活动产生的现金流量净额	－0.099	0.569	－
9、净资产收益率(%)	24.583	24.989	26.79

(三)利润表附表　　单位：元

报告期利润	净资产收益率(%)		每股收益	
	全面摊薄	加权平均	全面摊薄	加权平均
主营业务利润	32.15	45.81	0.547	0.574
营业利润	26.29	37.47	0.447	0.469
净利润	24.58	35.03	0.418	0.439
扣除非长性损益后的净利润	21.60	30.78	0.367	0.385

三、股东情况介绍

1、截止2000年12月31日，公司股东总数为9168户。

2、公司前十名股东持股情况：

股东名称(姓名)	期初数(股)	期末数(股)	持股比例(%)	持股性质
新疆广汇企业(集团)有限责任公司	79738678	159477356	45.08	法人股
富高利建筑材料有限公司	34133838	68267676	19.30	境外法人股
新疆维吾尔自治区技术改造投资公司	5075664	10151328	2.87	国有法人股
新疆维吾尔自治区哈密地区国有资产投资经营有限公司	2537832	5075664	1.43	国有法人股
新疆棉花企业(集团)公司亚西亚新技术开发公司	2537832	5075664	1.43	国有法人股
托里县花岗岩资源开发总公司	1903374	3806748	1.08	国有法人股
人商交服		2369692	0.67	社会流通股
北京中咨兰德工程技术开发公司	964376	1928752	0.55	国有法人股
蒋氏		1792492	0.51	社会流通股
陈怡兰		1106003	0.31	社会流通股

注：A、报告期内，本公司持股5%以上的股东所持股份未发生质押、冻结的情况。

B、本公司前10名股东之间不存在任何关联关系。

湖南洞庭水殖股份有限公司

二〇〇〇年年度报告摘选

一、公司简介

1、公司法定中文名称：湖南洞庭水殖股份有限公司

公司法定英文名称：HUNAN DONGTING AQUACULTURE CO.,LTD.

公司法定名称汉语拼音编写：DTSZ

2、公司法定代表人：罗祖亮

3、公司董事会秘书：黄新元

联系地址：湖南省常德市人民中路358号华都大酒店6层

电话：0736－7223888转3688　　传真：0736－7266736

公司电子信箱：DTSZ@163.net

4、公司注册地址：湖南省常德市人民中路358号

公司办公地址：湖南省常德市人民中路358号华都大酒店6－7层

邮政编码：415000

公司国际互联网网址：http://www.Dongting－Aquaculture.com.cn

公司电子信箱：DTSZ@163.net

5、公司信息披露报纸名称：《中国证券报》、《上海证券报》

登载年报的国际互联网网址：http://www.sse.com.cn

公司年度报告备置地点：董事会办公室

6、公司股票上市交易所：上海证券交易所

公司股票简称：洞庭水殖　　　　公司股票代码：600257

二、会计数据和业务数据摘要

(一)、本年度主要利润指标情况(单位：人民币元)

项目	金额
利润总额	26,460,720.63
净利润	24,452,854.72
扣除非经常性损益后的净利润	20,989,413.93
主营业务利润	40,932,348.29
其他业务利润	149,952.45
营业利润	22,997,279.84
投资收益	－103,437.02
补贴收入	2,300,000.00
营业外收支净额	1,266,877.81
经营活动产生的现金流量净额	3,785,010.78
现金及现金等价物净增加额	290,543,863.80

说明："扣除非经常性损益后的净利润"其扣除项目为：补贴收入2,300,000元，合并价差摊入－103,437.02元，营业外收支净额1,266,877.81元(含新股发行冻结无效申购资金利息1,499,549.59元)。

(二)、截止报告期末本公司前三年的主要会计数据和财务指标(单位：人民币元)

项目	2000年	1999年	1998年
主营业务收入	74,635,241.77	36,007,471.05	23,231,500.77
净利润	24,452,854.72	12,589,508.15	9,639,217.67
总资产	482,474,727.30	125,305,439.47	112,605,758.48
股东权益(不含少数股东权益)	405,233,219.03	52,628,017.59	48,385,506.97
每股收益(摊薄)	0.335	0.382	0.292
每股收益(加权)	0.393	0.382	0.292
扣除非经常性损益后的每股收益	0.288	0.368	0.229
每股净资产	5.551	1.595	1.466
调整后的每股净资产	5.429	1.356	1.311
每股经营活动产生的现金流量净额	0.052	0.246	
净资产收益率(%)	6.034	23.92	19.92
加权平均净资产收益率(%)	9.519	24.93	25.94

按照中国证监会《公开发行证券公司信息披露编报规则(第9号)》要求计算的利润数据：

	报告期利润	净资产收益率(%)		每股收益(元)	
		全面摊薄	加权平均	全面摊薄	加权平均
主营业务利润	40,932,348.29	10.10	15.71	0.561	0.727
营业利润	22,997,279.84	5.68	8.83	0.315	0.408
净利润	24,452,854.72	6.03	9.39	0:335	0.434
扣除非经常性损益后的利润	20,989,413.93	5.18	8.06	0.288	0.373

三、股本变动及股东情况

(一)股本变动情况

公司股份变动情况表(数量单位：股)

	本次变动前	本次变动增减(+、－)		本次变动后
		新股发行	小计	
一、未上市流通股份				
1、发起人股份	33000000			33000000
其中：				
国家拥有股份	15906000			15906000
境内法人持有股份	17094000			17094000
境外法人持有股份				
其他				
2、募集法人股份				
3、高级管理人员持股				
4、优先股或其他				
未上市流通股份合计	33000000			33000000
二、已流通股份				
1、人民币普通股		40000000	40000000	40000000
2、境内上市的外资股				
3、境外上市的外资股				
4、其他已上市流通股份				
合计		40000000	40000000	40000000
三、股份总数	33000000	40000000	40000000	73000000

北京首都旅游股份有限公司

二〇〇〇年年度报告摘选

一、公司简介

(一)公司中文名称:北京首都旅游股份有限公司
公司英文名称:BEIJING CAPITAL TOURISM CO.,LTD
公司英文名称缩写:BCTCO.,LTD
(二)公司注册地址:北京市西城区复兴门内大街 51 号(民族饭店四层)
公司办公地址:北京市西城区复兴门内大街 51 号(民族饭店四层)
邮政编码:100031
公司网址:www. bct 2000. com　　电子信箱:stock@bct2000. com
(三)公司法定代表人:刘毅
(四)公司董事会秘书:王志强
董事会证券事务代表:段中鹏
联系地址:北京市西城区复兴门内大街 51 号(民族饭店四层证券部)
联系电话:(010)66014466—446　　传真电话:(010)66019471
王志强电子信箱:wzhq@bct2000. com　　段中鹏电子信箱:dzpxx@sohu. com
(五)公司信息披露的报纸名称:《中国证券报》、《上海证券报》;登载年度报告的中国证监会指定国际互联网网址:http://www. sse. com. cn/;公司年期报告备置地点:本公司证券部。
(六)公司股票上市地:上海证券交易所
股票简称:首旅股份　　股票代码:600258

二、会计数据和业务数据摘要

(一)本年度会计数据摘要(单位:人民币元)

项目	金额
利润总额:	87,490,308.35
净利润:	55,263,805.82
扣除非经常性损益后的净利润:	47,861,492.84
主营业务利润:	292,756,906.11
其他业务利润:	
营业利润:	68,691,704.25
投资收益:	11,359,882.30
补贴收入:	
营业外收支净额:	7,438,721.80
经营活动产生的现金流量净额:	53,102,840.67
现金及现金等价物净增加额:	135,851,575.61

(二)近三年主要会计数据和财务指标(合并报表)
追溯调整后:

项　目	2000 年	1999 年	1998 年
主营业务收入(元)	749,706,594.11	412,259,810.37	388,788,412.59
净利润(元)	55,263,805.82	51,133,987.43	41,116,882.75
总资产(元)	1,112,324,404.68	705,513,685.25	608,765,466.45
股东权益(元)	681,206,092.92	264,917,030.23	252,593,207.60
每股收益(元/股)	0.24	0.32	0.25
(加权)	0.27	0.32	0.25
扣除非经常性损益后的每股收益(元/股)	0.21		
每股净资产(元/股)	2.94	1.64	1.57
调整后的每股净资产(元/股)	2.85	1.55	
每股经营活动产生的现金流量净额(元/股)	0.23	0.40	
净资产收益率(%)	8.11%	19.30%	16.28%

(三)根据中国证监会关于发布《公开发行证券公司信息披露编报规则》第 9 号通知精神,公司 2000 年按全面摊薄和加权平均法计算的净资产收益率及每股收益。

报告期内利润	净资产收益率(%)		每股收益(元)	
	全面摊薄	加权平均	全面摊薄	加权平均
主营业务利润	42.98	55.78	1.27	1.45
营业利润	10.08	13.09	0.30	0.34
净利润	8.11	10.53	0.24	0.27
扣除非经常性损益后的净利润	7.03	9.12	0.21	0.24

(四)、本年度内股东权益的变动情况:

项　目	股　本	资本公积	盈余公积	公益金	未分配利润	股东权益
年初数	161400000.00	85524711.33	10172639.94	5086319.97	7819678.96	264917030.23
本期增加	70000000.00	339029328.17	13829070.58	6914535.29	55263805.82	478122204.57
本期减少			226382.84	113191.42	61606759.04	61833141.88
年末数	231400000.00	424554039.50	23775327.68	11887663.84	1476725.74	681206092.92

变动原因:
(1)股本增加,为本公司于 4 月 21 日、5 月 8 日以向二级市场配售和上网定价发行方式发行人民币普通股 7000 万股。
(2) 资本公积增加,为本公司发行股票,股本溢价所致。
(3)盈余公积及公益金增加,为公司本年度利润分配提取所致。
(4)未分配利润增加,为本年度利润未分配留存所致。
(5)股东权益增加,为公司本年度发行新股及本年度利润未分配留存所致。

三、股本变动及股东情况

1、股份变动情况表
股本结构数量单位:万股

	期初数	占总股本比例(%)	期末数	占总股本比例(%)
A、尚未流通股份:				
其中:I、发起人股				
(1) 国有法人持有股份	16000	99.132	16000	69.14
(2)境内法人持有股份	140	0.868	140	0.6
II、非发起人股				
向法人投资者配售股份			2600	11.24
尚未流通股份合计			18740	80.98
B、已流通股份:				
境内上市的人民币普通股			4400	19.02
已流通股份合计			4400	19.02
C、股份总数	16140	100	23140	100

海南兴业聚酯股份有限公司

二〇〇〇年年度报告摘选

一、公司简介

(一)公司名称
中文名称:海南兴业聚酯股份有限公司
英文名称:HAINAN XINGYE POLYESTER. CO.,Ltd.
(二)公司地址
公司注册及办公地址:海南省海口市港澳工业区兴业路 19 号
邮政编码:570314
电子信箱:xineu@ public. hk. hi. cn
(三)法定代表人:刘连琏
(四)董事会秘书:欧大潭
联系地址:海南省海口市港澳工业区兴业路 19 号
联系电话:0898－8669470
传真:0898－8664045
电子信箱:xineu@ public. hk. hi. cn
(五)公司选定的中国证监会指定报纸名称:中国证券报、上海证券报
中国证监会指定的互联网网址:http://www. sse. com. cn/
本公司中期报告备置于公司办公住所:海南省海口市港澳工业区兴业路 19 号
(六)公司股票上市交易所:上海证券交易所
股票简称:兴业聚酯
股票代码:600259

二、会计数据及业务数据摘要

(一)本年度利润总额及构成(单位:人民币元,合并报表)

项目	金额
利润总额	48,502,387.32
净利润	44,012,993.87
扣除非经常性损益后的净利润	31,543,682.01
主营业务利润	106,218,138.46
其他业务利润	－－－－－
投资收益	－－－－－
补贴收入	11,919,311.86
营业外收支净额	550,000.00
营业利润	36,033,075.46
经营活动产生的现金流量净额	113,042,210.34
现金及现金等价物净增加额	305,664,710.14

(二)截止报告年度末公司前三年的主要会计数据及财务指标(单位:人民币元)

序号	栏　目	2000 年度	1999 年度	1998 年度
1	主营业务收入	615,965,025.94	487,443,082.86	367,208,479.09
2	净利润	44,012,993.87	39,104,463.36	15,659,884.34
3	总资产	1,348,838,367.12	1,020,822,822.25	884,907,596.98
4	股东权益	586,211,797.61	249,365,706.74	213,814,639.25
5	每股经营活动产生的现金流量净额	0.53	0.745	－0.049
6	每股收益(摊薄)	0.206	0.273	0.109
7	每股收益(加权)	0.239	0.273	0.109
8	扣除非经常性损益后的每股收益	0.15	0.186	0.08
9	每股净资产	2.75	1.74	1.49
10	调整后的每股净资产	2.66	1.63	1.35
11	净资产收益率(%)	7.51	15.68	7.32

(三)报告期内股东权益变动情况

项目	股本	资本公积	盈余公积	法定公益金	未分配利润	股东权益合计
期初数	143,400,000.00	25,320,602.50	14,774,652.36	5,300,829.18	65,870,451.88	249,365,706.74
本期增加	70,000,000.00	227,101,097.00	6,471,279.81	2,157,093.27	37,541,714.06	341,114,090.87
本期减少	－－－－	－－－－	－－－－	－－－－	4,268,000.00	4,268,000.00
期末数	213,400,000.00	252,421,699.50	21,245,932.17	7,457,922.45	99,144,165.94	586,211,797.61
变动原因	系本年度发行股票 7000 万股所致	系本年溢价发行股票所致	主要系本年度提取 10%法定公积金及 5%公益金所致	主要系本年度提取 5%公益金所致	主要系新增利润所致	主要系新增利润所致

三、股本变动及主要股东持股情况

(一)股本变动情况
1、股份变动情况表　　数量单位:股

	期初数	本次变动增减(＋、－) 向社会公开发行股份	小计	期末数
(1)未上市流通股份				
①发起人股份	118800000			118800000
其中:				
国家持有股份				
境内法人持有股份	118800000			118800000
境外法人持有股份				
②募集法人股			37366100	
③内部职工股	24600000			24600000
④其他		＋21366100	21366100	21366100
其中:转配股				
未上市流通股份合计	143400000	21366100	21366100	164766100
(2)已上市流通股份				
①人民币普通股		＋48633900	48633900	48633900
②境内上市的外资股				
③境外上市的外资股				
④其他				
已上市流通股份合计		48633900	48633900	48633900
(3)股份总数	143400000	70000000	70000000	213400000

湖北凯乐新材料科技股份有限公司

二○○○年年度报告摘选

一、公司简介

(一)公司法定中、英文名称及缩写:

1、中文名称:湖北凯乐新材料科技股份有限公司

2、英文名称:KAILE NEW MATERIAL SCIENCE AND TECHNOLOGY CO. LTD. HUBEI

3、英文名称缩写:KAILE SCIENCE AND TECHNOLOGY

(二)公司法定代表人:朱弟雄

(三)公司董事会秘书及证券事务代表的姓名、联系地址、电话、传真:

1、董事会秘书:陈杰

2、董事会证券事务代表:王政　　罗忠杰

3、联系地址:湖北省公安县斗湖堤镇城关

4、联系电话:0716－5224433　　0716－5237491

5、传　　真:0716－5224433

(四)公司注册地址、办公地址、邮政编码及电子信箱:

1、注册及办公地址:湖北省公安县斗湖堤镇城关

2、邮政编码:434300

3、国际互联网网址:http://www.kailegroup.com

4、电子信箱:kaile@kailegroup.com

(五)公司选定的信息披露报纸名称、登载公司年度报告的中国证监会指定国际互联网网址、公司年度报告备置地点:

1、信息披露报纸名称:《中国证券报》、《上海证券报》、《证券时报》

2、中国证监会指定的国际互联网网址:http://www.sse.com.cn

3、年度报告备置地点:公司证券部

(六)公司股票上市交易所、股票简称和股票代码:

1、上市交易所:上海证券交易所

2、股票简称:凯乐股份

3、股票代码:600260

二、会计数据及业务数据摘要

(一) 本年度主要利润指标情况(单位:人民币元)

项　目	金　额
利润总额	79,312,488.54
净利润	67,824,330.20
扣除非经常性损益后的净利润	61,880,006.81
主营业务利润	94,469,396.63
营业利润	72,689,905.15
投资收益	678,260.00
补贴收入	2,500,000.00
营业外收支净额	3,444,323.39
经营活动产生的现金流量净额	93,893,662.92
现金及现金等价物净增加额	438,770,063.47

注:2000 年元月至 12 月扣除的非经常性损益和涉及金额:

1、营业外收支净额 3,444,323.39 元,其中新股申购冻结资金利息收入 2,742 ,659.65 元。

2、补贴收入 2,500,000.00 元。

(二)截止报告期末公司前三年主要会计数据和财务指标(单位:人民币元)

项目	2000	1999	1998
主营业务收入(元)	306,580,836.02	261,286,672.96	173,674,899.24
净利润(元)	67,824,330.20	54,324,008.76	36,441,787.16
总资产(元)	1,046,150,433.55	381,410,721.20	272,242,219.34
股东权益(元)	794,651,493.32	239,707,120.24	185,383,111.48
每股收益(元/股)	0.39	0.45	0.30
净资产收益率(%)	8.54	22.66	19.66
每股净资产(元/股)	4.52	1.98	1.53
调整后的每股净资产(元/股)	4.51	1.97	1.53
每股经营活动产生的现金流量净额(元/股)	0.53	0.44	0.26

注: 1、按月平均加权法计算的每股收益:0.46 元/股。

2、扣除非经常性损益后的每股收益:0.37 元/股。

三、股本变动和主要股东持股情况

(一) 股本变动情况

1、股本变动情况表(单位:万股)

项目	期初数	本次变动增减(+,-)					期末数
		发行新股	配股	送股	其他	小计	
一、尚未流通股份							
1、发起人股份	9,670.4				－600	－600	9,070.4
其中:							
国家持有股份	1,500						1,500
境内法人持有股份	8,170.4				－600	－600	7,570.4
境外法人持有股份							
其他							
2、募集法人股份					600	600	600
3、内部职工股	2,417.6						2,417.6
4、优先股或其他							
未上市流通股份合计	12,088						12,088
二、已上市流通股份							
1、境内上市人民币普通股		5,500				5,500	5,500
2、境内上市的外资股							
3、境外上市的外资股							
4、其他							
已上市流通股份合计		5,500					5,500
三、股份总数	12,088	5,500				5,500	17,588

浙江阳光集团股份有限公司

二○○○年年度报告摘选

一、公司简介

(一)公司法定中、英文名称及缩写

1、中文名称:浙江阳光集团股份有限公司

2、英文名称:ZHEJIANG YANKON GROUP CO.,LTD

3、中文名称缩写:浙江阳光

(二)公司注册地址、办公地址、邮政编码及网址

1、注册地址:浙江省上虞市凤山路 129 号

2、办公地址:浙江省上虞市凤山路 129 号阳光大厦

3、邮政编码:312300

4、公司网址:www.yankon.com

(三)公司法定代表人:陈森洁

(四)公司董事会秘书及证券事务代表姓名、联系方式:

1、公司董事会秘书:徐国荣

2、董事会证券事务代表:张吉

3、联系地址:浙江省上虞市凤山路 129 号

4、联系电话:(0575)2027721

5、传　　真:(0575)2027720

6、电子信箱:xgr@yankon.com

(五)公司选定的中国证监会指定报纸名称:《中国证券报》《上海证券报》

中国证监会指定的国际互联网网址:http://www.sse.com.cn

公司年度报告备置地点:浙江阳光集团股份有限公司董事会办公室

(六)公司股票上市交易所:上海证券交易所

股票简称:浙江阳光

股票代码:600261

二、会计数据和业务数据摘要

(一)本年度公司主要经营数据:

单位:人民币元

项　目	2000 年
1、利润总额	55576641.91
2、净利润	46617569.13
3、扣除非经营性损益 后的净利润	34041541.73
4、主营业务利润	94878570.75
5、其他业务利润	－565183.31
6、营业利润	56608143.84
7、投资收益	526027.40
8、补贴收入	－－
9、营业外收支净额	－1557529.38
10、经营活动产生的 现金流量净额	28489613.56
11、现金及现金等价物净增加额	177184937.37
其中,非经营性损益总额	12576027.40
其中,会计政策变更影响	12050000.00
投资收益	526027.40

(二)前三年主要会计数据和财务指标:　　单位:人民币元

序号	项目	2000 年	1999 年	1998 年
1	总资产	666744363.28	291771381.66	242391883.88
2	应收账款	71271739.45	54352346.40	47101563.73
3	存货	75261388.94	45084580.21	32839146.17
4	长期负债	15000000.00	50000000.00	28600000.00
5	主营业务利润	94878570.75	57318903.17	44710992.94
6	净利润	46617569.13	22788130.66	18046860.10
7	股东权益	489841540.03	87139970.90	82647040.34
8	每股收益	0.38	0.27	0.22
9	每股收益(加权平均)	0.47	0.27	0.22
10	每股收益(扣除非经营性收益)	0.28	0.27	0.19
11	每股净资产	3.98	1.05	0.99
12	调整后的每股净资产	3.89	0.98	0.92
13	每股经营活动产生的现金流量净额	0.23	0.18	0.18
14	净资产收益率	9.52%	26.15%	21.84%
15	净资产收益率(加权平均)	17.66%	23.13%	19.69%

3、本年度内股东权益的变动情况:

项　目	股　本	资本公积	盈余公积	公益金	未分配利润	股东权益
年初数	83160000.00	0.43	9444634.08	4722317.04	－5464663.61	87139970.90
本期增加	40000000.00	328400000.00	9323513.82	4661756.91	37294055.31	415017569.13
本期减少					12316000.00	12316000.00
年末数	123160000.00	328400000.43	18768147.90	9384073.95	19513391.70	489841540.03

三、股本变动及股东情况

(一)股东持股情况

1、截止 2000 年 12 月 31 日,公司股东总数为 26338 户。

2、报告期末,公司前十名股东持股情况:

序号	股东名称	期末股份数	比例(%)
1	浙江省上虞市阳光创业投资有限公司	53122600	43.13
2	浙江省上虞市沥东镇集体资产经营公司	11625800	9.44
3	陈森洁	7434600	6.04
4	叶建庆	2461500	2.00
5	陈羌良	2461500	2.00
6	陈吉庭	2461500	2.00
7	李汉军	2062400	1.67
8	吴峰	989600	0.80
9	安莉	657713	0.53
10	吴国明	540500	0.44

内蒙古北方重型汽车股份有限公司

二〇〇〇年年度报告摘选

一、公司简介

(一)公司法定中文名称:内蒙古北方重型汽车股份有限公司
公司英文名称:Inner Mongolia Northhauler Joint Sock Co.,Ltd.
(二)公司法定代表人:周宝亮
(三)董事会秘书:张勇
董事会秘书授权代表:赵军
联系地址:内蒙古北方重型汽车股份有限公司证券部
电话:(0472)3331144
传真:(0472)3335742　　3335330
电子信箱:nhlzq2@public.nm.cninfo.net
(四)公司注册地址:内蒙古自治区包头稀土高新技术产业开发区
公司办公地址:内蒙古自治区包头市青山区
邮政编码:014030
公司国际互联网网址:http://www.chinanhl.com
公司电子信箱:nhllc@public.hh.nm.cn
(五)公司信息批露报纸名称:上海证券报、中国证券报
登载年度报告的中国证监会指定国际互联网网址:http://www.sse.com.cn
公司年度报告置备地点:公司证券部
(六)公司股票上市地:上海证券交易所
股票简称:北方股份
股票代码:600262

二、会计数据和业务数据摘要

(一)2000年主要会计数据:(单位:人民币元)

项目	金额
利润总额	40,644,728.67
净利润	33,738,816.14
扣除非经常性损益后的净利润	30,559,416.15
主营业务利润	82,726,742.06
其他业务利润	331,830.60
营业利润	37,531,545.52
投资收益	-133,223.20
补贴收入营业外收支净额	3,246,406.35
经营活动产生的现金流量净额	-143,901,605.00
现金及现金等价物净增加额	172,115,344.66

说明:(1)扣除的非经常性损益项目和涉及金额:发行新股冻结资金利息收入3,624,424.98元人民币。
(2)处理固定资产收益144,975.01元。
(3)赞助费支出590,000元。

(二)前2年的主要会计数据和财务指标:(单位:人民币元)

指标项目	2000年度	1999年度
主营业务收入	234,642,058.22	267,657,310.55
净利润	33,738,816.14	39,125,459.72
总资产	784,392,477.60	377,863,595.45
股东权益	559,098,043.88	120,129,227.74
(不含少数股东权益)每股收益	0.199	0.340
每股收益(按月平均加权法计算)	0.237	0.340
扣除非经常性损益后的每股收益	0.180	0.242
每股净资产	3.289	1.045
调整后的每股净资产	3.254	1.039
每股经营活动产生的现金流量净额	0.846	1.011
净资产收益率(%)	6.04%	32.57%
净资产收益率(加权%)	9.47%	32.35%

(三)报告期内股东权益变动情况(单位:人民币元)

项目	股本	资本公积	盈余公积	法定公益金	未分配利润	股东权益合计
期初数	115,000,000		5,129,227.74	2,564,613.87		120,129,227.74
本期增加	55,000,000	370,630,000.00	10,121,644.83	3,373,881.61		438,968,816.14
本期减少						
期末数	170,000,000	370,630,000.00	15,250,872.57	5,938,040.48	3,217,171.31	559,098,043.88

变动原因:1、股本变动是因为公司发行新股所致。
2、资本公积金增加是因为公司发行新股溢价所致。
3、盈余公积金和法定公益金增加是因为年度利润计提所致。
4、未分配利润增加是因为本年度利润分配剩余所致。

(四)公司2000年度盈利预计实现净利润3,842万元,实际完成3,373.88万元,完成盈利预计的87.81%,原因是出口香港的25台车的合同未实现。

三、股本变动及股东情况

(一)报告期末公司股东总数34561户。其中,未流通法人股股东5户。
(二)报告期末公司前十大股东持股情况如下:

股东名称(姓名)	持股数(股)	持股比例(%)	
内蒙古北方重工业集团有限公司	71070000	41.8	国家持有股份
特雷克斯设备有限公司	42780000	25.1	境外法人持有股份
包头华中实业总公司	460000	0.27	境内法人持有股份
包头市盛华工贸有限责任公司	345000	0.20	境内法人持有股份
包头市华隆综合企业有限责任公司	345000	0.20	境内法人持有股份
大来物业	250000	0.15	
江兵	250000	0.15	
裘毅	221300	0.13	
王建平	219600	0.13	
秦齐	215686	0.13	

说明:
(1)公司前五大股东为公司发起人,未流通股股东。除此之外的所有股东为流通股股东。
(2)报告期内,本公司持股5%(含5%)以上的股东所持股份未发生增减变动及质押、冻结情况。

路桥集团国际建设股份有限公司

二〇〇〇年年度报告摘选

一、公司简介

1、公司法定中文名称:路桥集团国际建设股份有限公司
公司法定英文名称:CRBC INTERNATIONAL Co.,LTD.
2、公司法定代表人:马国栋
3、公司董事会秘书:蔺成新
联系地址:北京东城区东中街9号东环广场A座写字楼八层
邮编:100027
联系电话:010-64182079　　传真:010-64182080
电子信箱:lcx@crbcint.com
4、公司注册地址:北京海淀区北太平庄路甲1号
公司办公地址:北京东城区东中街9号东环广场A座写字楼八层
邮编:100027
公司国际互联网网址:http://www.crbcint.com
电子信箱:int@crbcint.com
5、公司选定的信息披露报纸名称:《中国证券报》、《上海证券报》
刊登公司年度报告的国际互联网网址:http://www.sse.com.cn
公司年度报告备置地点:公司董事会秘书处
6、公司股票上市交易所:上海证券交易所
股票简称:路桥建设　　股票代码:600263

二、会计数据和业务数据摘要

1、本年度利润总额及构成(金额单位:人民币元):

项目	金额
利润总额	89,620,895.86
净利润	81,031,233.78
扣除非经常性损益后的净利润	74,381,450.62
主营业务利润	178,288,979.23
其他业务利润	6,915,156.35
营业利润	86,677,290.71
投资收益	(108,424.06)
补贴收入	--
营业外收支净额	3,052,029.21
经营活动产生的现金流量净额	(22,197,583.23)
现金及现金等价物净增加额	862,902,194.43

*扣除非经常性损益项目为:申购冻结资金利息3,706,178.01元、合并价差摊入-108,424.06元、营业外收支3,052,029.21元,合计6,649,783.16元。

2、公司前三年主要会计数据和财务指标(金额单位:人民币元):

项目/年度	2000年度	1999年度	1998年度	
			调整前	调整后
主营业务收入	1,685,640,793.43	1,570,208,687.45	1,477,648,691.80	1,477,648,691.80
净利润	81,031,233.78	75,929,543.76	52,598,087.82	52,537,396.63
总资产	2,748,790,181.71	1,654,218,209.10	1,379,531,917.89	1,378,306,535.93
每股收益(摊薄)	0.199	0.259	0.179	0.179
每股收益(加权)	0.238	0.259	0.179	0.179
每股净资产	3.394	1.798	1.388	1.388
调整后每股净资产	3.348	1.750	1.345	1.345
每股经营活动产生的现金流量净额	(0.054)	0.128	0.255	0.255
净资产收益率	5.85%	14.41%	12.92%	12.91%
加权平均净资产收益率	8.94%	14.41%	12.92%	12.91%
全面摊薄净资产收益率	5.85%	14.41%	12.92%	12.91%
扣除非经常性损益后的净利润的加权净资产收益率	8.20%	14.19%	12.49%	12.48%

3、按照中国证监会《公开发行证券公司信息披露编报规则第9号?净资产收益率和每股收益的计算及披露》要求计算的利润表附表:

项目名称	报告期净利润(元)	净资产收益率(%)		每股收益(元/股)	
		全面摊薄	加权平均	全面摊薄	加权平均
主营业务利润	178,288,979.23	12.87%	19.66%	0.437	0.523
营业利润	86,677,290.71	6.26%	9.56%	0.212	0.254
净利润	81,031,233.78	5.85%	8.94%	0.199	0.238
扣除非经常性损益后的净利润	74,381,450.62	5.37%	8.20%	0.182	0.218

三、股本变动及股东情况

1、股本变动情况
(1)股本变动情况表:

数量单位:股　　每股面值:1元

	本次变动前	本次变动增减(+,-)						本次变动后
		配股	送股	公积金转股	增发	其他	小计	
(一)未上市流通股份								
①发起人股份	293,133,010							293,133,010
其中:								
国有法人股	293,133,010							293,133,010
境内法人持有股					57,500,000		57,500,000	57,500,000
境外法人持有股份								
其他								
②募集法人股份								
③内部职工股								
④优先股或其他								
其中:转配股								
未上市流通股份合计	293,133,010				57,500,000		57,500,000	350,633,010
(二)已上市的流通股份								
①人民币普通股					57,500,000		57,500,000	57,500,000
②境内上市的外资股								
③境外上市的外资股								
④其他								
已上市流通股份合计					57,500,000		57,500,000	57,500,000
(三)股份总数	293,133,010				115,000,000		115,000,000	408,133,010

云南景谷林业股份有限公司

二〇〇〇年年度报告摘要

一、公司简介

1、公司法定中文名称:云南景谷林业股份有限公司
公司英文名称:YUNNAN JINGGU FORESTRY CO.,LTD
2、公司法定代表人:任向前
3、公司董事会秘书:邱海涛
董事会证券事务代表:高伟
联系地址:云南省景谷傣族彝族自治县振兴路83号
联系电话:0879-5226908
传真:0879-5223881
电子信箱:dmb@ynjgly.com
4、公司注册地址:云南省景谷傣族彝族自治县振兴路83号
邮政编码:666400
公司办公地址:云南省景谷傣族彝族自治县振兴路83号
公司国际互联网网址:www.ynjgly.com
电子信箱:dsh@ynjgly.com
5、公司选定的信息披露报纸名称:《中国证券报》、《上海证券报》
登载公司年度报告的中国证监会指定国际互联网网址:http://www.sse.com.cn
公司年度报告备置地点:公司证券部
6、公司股票上市交易所:上海证券交易所
股票简称:景谷林业
股票代码:600265

二、会计资料和业务资料摘要

1、本年度利润总额 单位:元

项目	金额
利润总额	30,512,961.45
净利润	25,482,692.89
扣除非经常性损益后的净利润	18,810,987.77
主营业务利润	53,062,291.95
其它业务利润	3,234,675.43
营业利润	25,001,519.51
投资收益	
补贴收入	3,992,420.60
营业外收支净额	1,519,021.34
经营活动产生的现金流量净额	27,086,721.60
现金及现金等价物净增加额	97,108,734.60

2、截止报告期末公司前三年的主要会计资料和财务指标 单位:元

项　目	2000年	1999年	1998年
主营业务收入	154,344,817.16	161,613,400.73	174,696,587.13
净利润	25,482,692.89	21,135,094.31	17,897,437.01
总资产	514,888,901.22	287,562,906.89	238,155,658.19
股东权益	309,119,299.70	100,336,606.81	72,149,120.81
每股收益	0.24	0.33	0.28
加权平均每股收益	0.31	0.33	0.28
扣除非经常性损益的每股收益	0.19	0.24	0.19
每股净资产	2.94	1.54	1.11
调整后的每股净资产	2.83	1.46	0.92
每股经营活动产生的现金流量净额	0.26	0.21	0.01
净资产收益率(%)	8.24	21.06	24.81
净资产收益率(加权%)	13.09	21.06	24.81

3、利润表附表

报告期利润	净资产收益率(%)		每股收益	
	全面摊薄	加权平均	全面摊薄	加权平均
主营业务利润	17.17	27.25	0.51	0.65
营业利润	8.09	12.84	0.24	0.31
净利润	8.24	13.09	0.24	0.31
扣除非经常性损益后的净利润	6.46	10.26	0.19	0.24

4、股东权益变动情况 单位:元

项　目	股　本	资本公积	盈余公积	其中:法定公益金	未分配利润	股东权益合计
期初数	65,000,000.00	32,166,342.65	3,170,264.16	1,056,754.72		100,336,606.81
本期增加	40,000,000.00	155,900,000.00	3,822,403.94	1,274,134.65	9,060,288.95	208,782,692.89
本期减少						
期末数	105,000,000.00	188,066,342.65	6,992,668.10	2,330,889.37	9,060,288.95	309,119,299.70

变动原因:
①股本和资本公积增加系本年度公司发行新股所致;
②盈余公积增加系本年度公司按净利润的15%计提所致。

三、股东情况介绍

1、股东变动情况
报告期末股东总数为33676户。
2、本公司前十名股东持股情况 单位:股

股东名称	年初持股数量	期末持股数量	占总股本(%)	股份性质
景谷林业企业总公司	61,320,000	61,320,000	58.40	国家股
景谷县电力公司	1,338,200	1,338,200	1.27	发起人国有法人股
景谷泰裕公司	1,338,200	1,338,200	1.27	发起人社会法人股
景谷县投资公司	669,100	669,100	0.64	发起人国有法人股
普惠基金	0	377,000	0.359	社会公众股
景谷县糖业公司	334,500	334,500	0.318	发起人国有法人股
余永明	0	198,881	0.189	社会公众股
陈炳望	0	164,480	0.156	社会公众股
吴震	0	164,000	0.156	社会公众股
张治萍	0	153575	0.146	社会公众股

四、股东大会简介

报告期内召开了临时股东大会两次,年度股东大会一次,具体情况如下:
(一)、2000年第一次临时股东大会
2000年3月5日发出通知,2000年4月10日在公司会议室召开,参加会议的股东及授权代表共计5人,代表股份6500万股,占公司总股本的100%,符合《公司法》及《公司章程》的规定,会议合法有效。
会议审议通过了以下决议:
1、关于修改《公司章程》的决议
2、关于增选公司董事的决议
修改《公司章程》第八十四条"董事会由7名董事组成,设董事长一名,副董事长一名"。修改为:"董事会由9名董事组成,董事长一名,副董事长一名"。
增选李兴平、邱海涛为公司董事。
(二)、1999年股东大会
2000年4月20日发出通知,2000年5月9日在公司会议室召开,参加会议的股东及授权代表共计5人,代表股份6500万股,占公司总股本的100%,符合《公司法》及《公司章程》的规定,会议合法有效。会议审议通过以下决议:
1、《1999年度董事会工作报告》
2、《1999年度监事会工作报告》
3、《1999年度财务决算》
4、《2000年度财务预算》
5、修改《公司章程》第十二条决议
第十二条公司的经营宗旨:"诚信守约"修改为"以林业为基础,以科技为依托,以优质、高产、高效为目标,走可持续发展道路"
6、《1999年度利润分配方案》
7、《2000年项目投资计划》
8、《续聘会计师事务所》
(三)、2000年第二次临时股东大会
2000年9月14日,公司在《中国证券报》、《上海证券报》刊登了召开临时股东大会的公告。2000年10月16日在公司会议室召开,参加会议的股东及授权代表共计5人,代表股份6500万股,占公司总股本的61.9%,符合《公司法》及《公司章程》的规定,会议合法有效。会议审议通过了以下决议:
1、审议通过《关于修订〈云南景谷林业股份有限公司章程〉的预案》
2、同意授权云南景谷林业股份有限公司董事会根据《公司章程》的规定办理注册资本变更等相关工商登记手续。
会议决议刊登在2000年10月17日《中国证券报》《上海证券报》

五、董事会报告

1、公司经营情况
(1)公司所处行业及在本行业中的地位
本公司以林业行业为主体,初步形成了以森林资源培育、木材生产、林化、林板相结合、林产培育与加工并重的工业体系,公司经济实力不断壮大,市场占有率及各项经济指标在同行业中处于领先地位。
(2)主营业务的范围及其经营情况
①公司主营业务的范围:主要从事本企业自产的脂松香、脂松节油、α蒎烯、β蒎烯等林产化工系列产品及相关技术的出口业务;经营本企业生产科研所需原辅材料、机器设备、仪器仪表、零配件及相关技术的进口业务,林产化工产品制造,人造板制造,森林资源培育,木材采运、加工,林业技术开发研究,畜牧业。
②公司经营情况:公司产品品种齐全,技术力量雄厚,具有品牌优势,公司生产的脂松香、脂松节油、人造板在市场上占有较大份额。全年完成销售收入15,434万元,较1999年减少4.49%,实现主营业务利润5,306万元,实现利润总额3,051万元,净利润2,548万元。公司主导产品销售收入比去年同期减少4.49%。
(3)经营中出现的问题与困难及解决方案
随着国家森林保护政策的加强,木材采伐受到严格限制,使本公司木材、人造板产品的生产受到了制约。公司一直把保护和培育森林资源作为头等大事来抓,进一步加大投入力度,提高林木生产率,保证森林资源永续利用,同时加强存货管理和原材料消耗定额管理,降低主要原材料消耗在制造成本中的比重,进一步提高经济效益。
2、公司财务状况: (单位:元)

内　容	2000年	1999年	增减比例(%)
总资产	514,888,901.22	287,562,906.89	79.05
长期负债	-1,635,941.90	66,394,074.26	-102.46
股东权益	309,119,299.70	100,336,606.81	208.08
主营业务利润	53,062,291.95	53,758,601.61	-1.29
净利润	25,482,692.89	21,135,094.31	20.57

变动主要原因:
(1)总资产:股东权益增加
(2)长期负债:银行贷款减少及住房周转金调整
(3)股东权益:股本增加
(4)主营业务利润:主营业务收入减少及税费增加
(5)净利润:营业费用降低及营业外收入增加
3、公司投资情况
(1)公司募集资金的使用情况
按招股说明书的承诺,公司募集资金计划投向:①采脂基地、②采育基地、③扩建年产二万吨松香生产装置、④精细化工厂建设、⑤补充流动资金等五个项目,2000年募集资金使用进展情况:

①采脂基地、采育基地建设项目:募集资金到位后,公司积极准备两个基地建设项目的前期准备工作,2000 年共预付基地建设款 8,801 万元。两个项目计划 2003 年完成,2000 年尚未产生效益。

②扩建年产二万吨松香生产装置:募集资金到位后,正是公司松脂收购和生产旺季,项目建设期有所延缓,公司准备 2001 年实施。

③精细化工厂项目:按投资进度 2000 年应投入该项目 1,900 万元,实际投入 1,373.45 万元,占项目总投资的 27.57%,目前该项目松节油精馏工程已完成。该项目计划 2001 年完成,2000 年尚未产生效益。

④补充流动资金:募集资金中的 2,307 万元已按计划用于补充流动资金,该部分资金很好的满足了公司对流动资金的需求,支持了公司生产经营的正常运转。

(2)公司无重大非募集资金投资。

4、在报告期内公司根据财政部财企(2000)295 号文的有关规定,对住房周转金进行清理,造成住房周转金红字 4,464,359.05 元。其它生产经营环境及宏观政策、法规未发生重大变化,对公司的财务状况和经营成果没有重要影响。

5、新年度业务发展计划

2001 年在保证安全、质量的前提下,充分发挥现有生产能力,力足主业,认真做好林化、林板及木材生产。同时,要进一步拓展、挖掘潜在市场,及时掌握市场信息、用户需求,灵活应用营销策略,稳定老客户,发展新客户。

为了确保 2001 年生产经营目标的全面实现,公司拟采取以下具体措施:

(1)加强企业内部管理,提高产品的科技含量,依托资源优势,优化产品结构。在原有各项规章制度基础上建立一套科学合理、规范健全、措施得力、奖惩分明、运作高效的管理体系。

(2)按照"增产上质、降低成本、提高效益"的生产要求,认真抓好生产管理;根据新年度生产计划,进行生产承包责任制,实施经营承包方案,划小考核单位,落实"重管、重奖、重惩"措施,提高质量意识和岗位工资含量。

(3)结合效益目标,制定部门成本预算及成本控制为中心的管理。强化财务控制制度,做好财务预、结算工作;加强供应、销售管理,报表管理,资金管理等财务管理制度,确保费用指标控制在预算范围内。

(4)巩固生产经营成果,着力苦练内功,立足原有市场,积极研究营销对策,不断拓宽销售渠道;进行技术创新和扩建工作,限制和淘汰无市场竞争力的产品,生产适销对路产品,提高市场占有份额,努力提高主营业务收入。

(5)引进人才,继续加大优化组合工作力度,使员工配置更为合理,形成能上能下、能进能出的管理体制,通过各种业务技能培训,培育一支思想作风过硬、技术素质优良、业务水平较高、工作认真负责的管理者队伍和具有凝聚力又有战斗力的员工队伍。

6、董事会日常工作情况

(1)报告期内召开了董事会五次,具体内容如下:

1)第一届董事会第五次会议于 2000 年 4 月 6 日在公司会议室召开,会议应出席董事 7 人,实到董事 7 人,监事及有关人员列席了会议,会议审议通过如下决议:审议并通过了《1999 年度总经理工作报告》;审议并通过了公司《2000 年度项目投资计划》;审议并通过了关于续聘会计师事务所的预案;决定召开公司股东大会(1999)年会。

2)第一届董事会第六次会议于 2000 年 5 月 8 日在公司会议室召开,会议应出席董事 9 人,实到董事 9 人,监事及有关人员列席了会议,会议审议通过如下决议:审议并通过了《1999 年度董事会工作报告》;审议并通过了《1999 年财务结算报告》;审议并通过了《2000 年度财务预算报告》;审议并通过了《1999 年度利润分配预案》;审议并通过了修改公司章程的预案;审议并通过了关于"四项减值准备计提办法"的预案;因董事长不再兼任总经理,决定聘任李兴平先生任公司总经理;因原董事会秘书陈剑先生工作变动,决定聘任邱海涛先生任公司董事会秘书;决定任命史武兰女士为监察审计室主任。

3)第一届董事会第七次会议于 2000 年 8 月 13 日在公司会议室召开,会议应出席董事 9 人,实到董事 9 人,会议审议并通过了 2000 年度中期报告及摘要。

4)第一届董事会第八次会议于 2000 年 9 月 13 日在公司会议室召开,会议应出席董事 9 人,实到董事 9 人,监事及有关人员列席了会议,会议审议通过了如下决议:审议并通过了"关于董事会秘书机构设置的议案";审议并通过了"关于聘请法律顾问的议案",决定聘请云南千合律师事务所为本公司法律顾问,聘用期自 2000 年 9 月 1 日至 2001 年 8 月 30 日;决定于 2000 年 10 月 16 日在公司会议室召开 2000 年临时股东大会。(详细情况刊登于 2000 年 9 月 15 日《中国证券报》、《上海证券报》)

5)第一届董事会九次会议于 2000 年 10 月 27 日在公司会议室召开,会议通过了以下决议:审议并通过了《2000 年募集资金投资项目实施计划》;决定委任高伟先生为公司证券事务代表。

(2)公司董事会将审议通过须报请股东大会审议通过的有关预案,都按规定提交股东大会审议。股东大会审议通过的决议,均由董事会负责落实。

7、董事、监事、高级管理人员

公司 2000 年度临时股东大会审议通过修改《公司章程》决议:"公司董事会由七名董事组成"修改为"公司董事会由九名董事组成",并增选李兴平先生、邱海涛先生为公司董事;由于董事长不再兼任总经理,董事会聘任公司董事、公司副总经理李兴平先生为公司总经理;由于董事会秘书陈剑先生工作变动,公司更换董事会秘书,聘任公司董事、公司证券投资部经理邱海涛先生为新任董事会秘书。

(1)现任第一届董事会董事、监事及高级管理人员

姓 名	性别	年龄	任 期	职 务
任向前	男	44	1999.2.28-2002.2.28	董事长
吴 宁	男	38	1999.2.28-2002.2.28	副董事长
李兴平	男	37	2000.4.10-2002.2.28	董事、总经理
王康	男	34	1999.2.28-2002.2.28	董事、副总经理、财务总监
邱海涛	男	33	2000.4.10-2002.2.28	董事、董事会秘书
黄建民	男	42	1999.2.28-2002.2.28	董事、总经理助理
邱贤德	男	49	1999.2.28-2002.2.28	董事
袁永祥	男	35	1999.2.28-2002.2.28	董事
诸 旭	男	35	1999.2.28-2002.2.28	董事
周兴颜	男	35	1999.2.28-2002.2.28	监事会召集人
李家忠	男	37	1999.2.28-2002.2.28	监事
何永玲	女	43	1999.2.28-2002.2.28	监事

(2)董事、监事、高级管理人员持股情况和年度报酬情况

本公司董事、监事及高级管理人员均未持有本公司股票。

本公司董事、监事及高级管理人员全部在公司领取报酬,年度报酬总额为 151,272.00 元,其中 1.2-1.5 万元的有 5 人,1.0-1.2 万元的有 7 人。

8、本年度利润分配预案及预计 2001 年度利润分配政策

(1)本年度利润分配预案

经天一会计师事务所有限责任公司(原云南同舟会计师事务所有限责任公司)审计,2000 年度本公司实现净利润 25,482,692.89 元,提取法定公积金和公益金共计 3,822,403.94 元,本年度可供分配的利润 21,660,288.95 元。

经研究,公司董事会提议本年度的利润分配方案为:以 2000 年末股本总额计算,每 10 股派现金 1.20 元(含税),共分配股利 12,600,000.00 元,剩余 9,060,288.95 元结转以后年度分配。本年度不进行公积金转增股本。

该分配方案将提交 2000 年度股东大会审议通过后实施。

(2)预计 2001 年利润分配政策

2001 年度本公司拟进行一次利润分配;预计公司 2001 年度实现净利润用于利润分配的比例为 30%;预计公司本年度未分配利润用于下一年度股利分配的比例为 20%;预计股利分配采取派发现金的形式,现金股息占股利分配的 100%。

公司董事会保留根据公司实际情况对该政策进行调整的权利。

9、本公司选定《中国证券报》、《上海证券报》为公司 2001 年度信息披露报刊。

六、监事会报告

监事会在报告期内对公司财务管理、基本建设、内控制度、执行股东大会决议、经营决策、募集资金使用以及董事、经理的经营行为进行了认真的检查和监督,较好地维护了股东和公司的利益。

1、本报告期内监事会共召开了二次会议:

①第一届监事会第三次会议于 2000 年 4 月 27 日在公司书记室召开,审议通过《云南景谷林业股份有限公司一九九九年监事工作报告》的决议。

②第一届监事会第四次会议于 2000 年 8 月 13 日在公司书记室召开,审议通过了《云南景谷林业股份有限公司中期报告及摘要》的决议。

2、监事会对本公司 2000 年度各项工作的评述:

①报告期内,公司运作规范,决策程序严格按照《公司董事会议事规则》进行,符合《公司法》及《公司章程》的有关规定,建立了完善、有效的内部控制制度。

②报告期内,董事、经理等高级管理人员在执行职务时,未发现有违反法律、法规、公司章程或损害公司利益的行为。

③报告期内,监事会认为天一会计师事务所有限责任公司(原云南同舟会计师事务所有限责任公司)出具的审计报告及涉及事项真实反映了公司的财务状况和经营成果。

④报告期内,在公司的营销、供应等环节上未发现损害股东的利益或造成公司资产损失的行为发生。

⑤公司股利分配、公积金、公益金的提取符合《公司法》、《公司章程》的规定。

⑥报告期内,公司披露信息真实、准确、全面。

七、重要事项

1、重大诉讼、仲裁事项

报告期内公司无重大诉讼、仲裁事项。

2、报告期内,公司、公司董事及高级管理人员没有受到监管部门处罚。

3、2000 年 4 月 10 日在公司会议室召开 2000 年度第一次临时股东大会,会议通过了增选公司董事的决议,增选李兴平先生、邱海涛先生为公司董事;2000 年 5 月 8 日在公司会议室召开董事会第六次会议,因董事长不再兼任总经理,决定聘任李兴平先生任公司总经理;因原董事会秘书陈剑先生工作变动,决定聘任邱海涛先生任公司董事会秘书。

4、报告期内公司利润分配方案:

2000 年 5 月 9 日召开的本公司 1999 年度股东大会通过了 1999 年度利润分配方案,即按每股分配 0.324 元人民币的比例向全体股东派发现金红利。此方案已于 2000 年 8 月 10 日以前实施完毕。

5、报告期内,公司没有发生收购兼并、资产重组事项。

6、报告期内,公司没有重大关联交易事项。

7、公司与控股股东在人员、资产、财务上的"三分开"情况

报告期内,公司已做到人员独立、资产分开、财务独立,实现了与控股股东在人员、资产、财务上的"三分开"。公司在劳动、人事及工资管理方面已经独立,公司总经理、副总经理等高管人员在公司领取薪酬,在股东单位不担任职务。资产上公司拥有独立的生产系统、辅助生产系统和配套设施及工业产权、商标、非专利技术等无形资产。公司的采购和销售系统由公司独立拥有。公司设立了独立的财务部,并建立了独立的会计核算体系和财务管理制度,在银行独立开户。

8、报告期内,公司无承包、租赁其它公司资产或其它公司托管、承包、租赁本公司资产的事项。

9、报告期内,公司继续聘用天一会计师事务所有限责任公司(原云南同舟会计师事务所有限责任公司)负责公司审计工作。

10、重大合同

报告期内,公司未发生重大合同及担保事宜。

11、报告期内,公司没有更改名称和股票简称。

八、财务会计报告

1、审计报告

本公司 2000 年度财务报告经天一会计师事务所有限责任公司(原云南同舟会计师事务所有限责任公司)中国注册会计师黄俊、魏勇审计,并出具无保留意见报告[天一审字(2001)第(5)-0024 号]。

2、会计报表

3、会计报表附注

(一)、公司简介

云南景谷林业股份有限公司是 1999 年 2 月经云南省人民政府云政复(1999)10 号文批准,由景谷县林业企业总公司、景谷县电力有限责任公司、景谷县林业投资有限责任公司、景谷县糖业企业总公司联合发起设立的股份有限公司。

本公司 2000 年 7 月 21 日成功地在上海证券交易所发行 4000 万股人民币普通股,发行价格每股 5.19 元,募集资金总额 19590 万元(已扣除发行费用 1170 万元)。公司的注册资本 10500 万元,公司法定代表人:任向前,本公司住所:

云南省景谷县振兴路 83 号,营业执照号 5300001008162。

公司的经营范围:经营本企业自产的脂松香、脂松节油等林产化工系列产品及相关技术的出口业务;经营本企业生产科研所需原辅材料、机械设备,仪器仪表、林产化工产品制造、人造板、森林资源培育、木材采运、加工、林业技术开发研究等。

(二)公司主要会计政策、会计估计和合并会计报表的编制方法

1.会计制度

本公司执行中华人民共和国《企业会计准则》和《股份有限公司会计制度》及其补充规定。

2.会计年度

本公司采用公历年度为会计年度,即 1 月 1 日至 12 月 31 日。

3.记帐本位币

本公司以人民币为记帐本位币。

4.记帐基础和计价原则

本公司会计核算以权责发生制为基础,资产以历史成本为计价基础。

5.外币业务核算方法

本公司会计年度涉及外币的经济业务,按业务实际发生日当日汇率折合为人民币记帐,月末将外币帐户余额按期末汇率进行调整,其差额列入当期损益。

6.现金等价物的确定标准。

本公司对所持有的期限短、流动性强、易于转换为已知金额现金、价值变动风险较小的投资等视为现金等价物。

7.坏帐核算方法

(1)坏帐确认标准:

A.债务人破产或死亡,以其破产财产或者遗产清偿后,仍然不能收回的应收帐款;

B.债务人逾期未履行偿债义务超过三年仍然不能收回的应收帐款。

(2)本公司的坏帐核算采用备抵法,坏帐准备按年末应收款项的帐龄确定,具体计提比例如下:

A、一年以内	按应收款项余额的 5%计提
B、一年至二年	按应收款项余额的 10%计提.
C、二年至三年	按应收款项余额的 20%计提
D、三年以上	按应收款项余额的 30%计提

8.短期投资核算方法

短期投资指本公司购入的随时变现并且持有时间不准备超过一年的投资,包括股票投资、债券投资等。

短期投资在取得时以实际成本计价;即实际支付的价款扣除已宣告发放的现金股利或利息,在年度终了按单项法以成本与市价孰低计价,并按单项分类将市价低于成本的金额计提短期投资跌价准备。

9.存货计价方法

(1)本公司的存货分为:

原材料、包装物、低值易耗品、库存商品、自制半成品、发出商品

(2)原材料的收入、发出和结余均按实际成本计价;产成品成本包括直接材料、直接人工和制造费用,产成品入库时按实际成本计价,发出时按移动平均法结转。在产品只包括材料费用。低值易耗品采用一次摊销法摊销。包装物随产品销售时一次性收取价款。

(3)本公司存货盘点方法为永续盘存制。

(4)由于存货遭受毁损全部或部份陈旧过时或销售价格低于成本时,对存货成本不可收回的部份,提取存货跌价准备。

10.长期投资核算方法

(1)长期股权投资

A、股票投资

本公司以货币资金购买股票的,按实际支付的金额计入成本,实际支付的款项中若含有已宣告未发放的股利,则按实际支付的金额扣除已宣告发放的股利后的净额作为投资成本。公司以实物或无形资产折价入股的,按协议、合同约定的价值或资产评估后确定的价值作为成本。

B、股权投资差额

本公司对采用权益法核算的长期股权投资。若取得时的成本与本投资单位所有者权益中所占的份额有差异以及对长期股权投资核算由成本法改为权益法时,投资成本与享有被投资公司所有者份额的差额,则设置"股权投资差额"明细科目核算。若被投资公司有经营期限的,该差额按被投资公司剩余经营期限平均摊销;若被投资公司无经营期限,该差额按 10 年平均摊销,计入当期损益。

C、其它股权投资

本公司以货币资金投资的,按实际支付金额计入成本;以非现金资产取得的长期股权投资,以公允价值确定。

D、收入确认方法

采用成本法核算的,在被投资公司宣告发放现金股利时确认投资收益;采用权益法核算的,在每会计期末按分享或分担的被投资公司实现的净利润或发生的净亏的份额,确认投资收益或投资损失,并调整长期股权投资的帐面价值。

对于股票投资和其它股权投资,本公司对持有被投资公司有表决权资本总额 20%以下,或持有被投资公司有表决权资本总额 20%或以上,但不具有重大影响时,按成本法核算;对持有被投资公司有表决权资本总额 20%或以上,或不足 20%但有重大影响时,按权益法核算;对本公司对持有被投资公司有表决权资本总额 50%以上,或不超过 50%但具有实际控制权的子公司按权益法核算并合并会计报表。

(2) 长期债权投资

按实际支付的价款扣除支付的税金、手续费等相关费用,以及支付的自发行日至购入日止的已到期尚未领取的利息作为实际成本,实际成本与债券票面价值的差额,作为溢价或折价;债券的溢价或折价,在债券存续期间内于确认相关债券利息收入时摊销,摊销方法为直线法。

收益确认方法是:债券投资按期计算应计利息,计算的债券投资利息收入,经调整债券溢价或折价摊销后的金额确认为当期投资收益,其它债券投资按期计算的应收利息确认为当期投资收益。

(3) 长期投资减值准备

年度终了,如由于市价持续下跌或被投资单位经营状况恶化等原因导致其可收回金额低于帐面价值且该降低价值在可预计的未来期间内不可恢复,本公司以可收回金额低于长期投资帐面价值的差额作为长期投资减值准备。

本公司目前长期投资的被投资单位生产经营均处于正常状况,本年度不存在长期投资减值损失,故未计提长期投资减值准备。

11.固定资产计价和折旧方法

(1)本公司固定资产标准为:使用期限在一年以上,单位价值在 2000 元以上的实物资产。

(2)固定资产按实际成本计价。本公司形成固定资产的渠道主要为外购和自建。外购的固定资产按实际支付的价款计价;自建的固定资产交付使用时,按工程实际发生的全部支出作为该项固定资产的原值入帐。

(3)固定资产折旧采用直线法计算,并按各类固定资产原值和估计使用年限扣除净残值(残值率为 3%)确定年折旧率。分类折旧率如下:

类 别	年 限	年折旧率
房屋、建筑物	8--45 年	2.16--12.12%
通用设备	4--28 年	3.46--24.25%
专用设备	5--35 年	2.77--19.40%
运输工具	6--12 年	8.08--16.17%

12.无形资产及其摊销

本公司的无形资产为土地使用权,产权有关手续正在办理过程中,待全部手续完成后按该宗土地受益期限分期摊销。

13.开办费、长期待摊费用摊销政策

按受益期限摊销。

14.借款费用的会计处理方法

为正常生产经营活动而借入的款项,其借款费用进入当期损益;为在建工程借入的款项,其借款费用进入工程成本,工程完工结转后进入当期损益。

15.收入确认原则

(1) 商品销售,公司已将商品所有权上的重要风险和报酬转移给买方,公司不再对该商品实施继续管理权和实际控制权,相关的收入已经收到或取得了收款的证据,并且与销售该商品有关的成本能够可靠地计量时,确认营业收入的实现;

(2) 提供劳务(不包括长期合同),按照完工百分比法确认相关的劳务收入。如提供的劳务合同在同一年度内开始并完成的,在完成劳务时确认营业收入的实现。

16.所得税的会计处理方法

所得税会计处理采用应付税款法。

(三) 税项

1.本公司适用的流转税及附加的税种税率如下:

税 种	计 税 依 据	税 率
增值税	销售收入(抵扣进项税后缴纳)	17%
城建税	应纳流转税	5%
教育费附加	应纳流转税	3%

2.根据云南省云政复(1999)118 号文,同意本公司自 2000 年 1 月 1 日执行所得税税率超过 15%的部分享受先征后返的优惠税率(实际负担税率 15%);

3.印花税、房产税、车船使用税等按国家规定征收比例计算缴纳;

4.农特税,分别按照松脂收购价的 22%以及木材收购价的 17.6%计算缴纳。

(四)会计报表主要项目注释

1. 货币资金

类 别	期 末 数	期 初 数
库存现金	----	218.26
银行存款	112,353,062.48	15,244,109.62
合计	112,353,062.48	15,244,327.88

(1) 本项目期末数较期初数增加 637%,主要原因是公司 2000 年 7 月公开募集 4000 万普通股。

2.短期投资

类别	期末数	期初数
国债投资	30,000,000.00	-----

3. 应收帐款

帐 龄	期末数			期初数		
	金 额	比例(%)	坏帐准备	金 额	比例(%)	坏帐准备
1 年以内	27,255,653.59	46	1,362,782.68	16,413,392.37	24.14	820,669.62
1—2 年	16,733,079.38	28	1,673,307.94	45,196,672.20	66.48	4,519,667.22
2—3 年	10,080,226.61	17	2,016,045.32	5,023,958.40	7.39	1,004,791.68
3 年以上	6,217,093.17	9	1,865,127.95	1,354,724.13	1.99	406,417.24
合计	60,286,052.75	100	6,917,263.89	67,988,747.10	100	6,751,545.76

(1)无持本公司 5%(含 5%)以上股份的股东单位欠款。

(2)欠款金额前五名情况:

单位名称	欠款金额	欠款时间	欠款原因
人造板厂昆明经营部	23,143,209.22	一年以下	货款
云南景谷林纸股份有限公司	5,174,779.82	一至二年	货款
云南景谷林业公司工会服务部	4,739,854.94	一至二年	货款
大理市木材公司	2,282,010.53	一至二年	货款
湖北木材公司扬圆分公司	985,735.90	二至三年	货款

4.预付帐款

帐 龄	期 末 数		期 初 数	
	金 额	比例(%)	金 额	比例(%)
1 年以内	90,985,213.34	94.07	2,049,502.65	31.99
1—2 年	5,651,456.95	5.84	2,978,703.92	46.50
2—3 年	87,000.00	0.09	1,377,745.71	21.51
3 年以上	-		-	-
合计	96,723,670.29	100	6,405,952.28	100

(1)本项目期末较期初增加 1409.90%,主要原因为本年度预付购林地款增加

(2)持本公司 5%(含 5%)以上股份的股东单位欠款

景谷林业总公司 70,000.00

(3)欠款前五名单位

单位名称	款金额	欠款时间	欠款原因
景谷县国资局	88,010,000.00	一年以内	购林地款
景谷县土地局	1,000,000.00	一年以内	购土地款
玉溪同乐甲茎厂	761,478.30	一至二年	购材料款
钟山乡政府	696,656.00	一年以内	预付工程款
佛山银龙金属材料有限公司	527,086.48	一年以内	购材料款

5.其它应收款

帐龄	期末数			期初数		
	金额	比例(%)	坏帐准备	金额	比例(%)	坏帐准备
1 年以内	15,195,228.78	40.23	759,761.44	24,430,865.86	64.19	11,221,543.29
1—2 年	18,820,984.55	49.83	1,882,098.46	8,039,162.29	21.12	803,916.23
2—3 年	2,853,633.69	7.56	570,726.74	2,747,944.22	7.23	549,588.84
3 年以上	901,499.00	2.38	270,449.70	2,839,904.56	7.46	851,971.37
合计	37,771,346.02	100	3,483,036.33	38,057,876.93	100	3,427,019.73

(1)无持本公司 5%(含 5%)以上股份的股东单位欠款:

(2)欠款金额前五名情况:

单位名称	欠款金额	欠款时间	欠款原因
县林业局	4,762,760.17	一至二年	代垫款荐
县国税局	3,018,138.24	一年以下	增值税项返还款
人造板厂昆明经营部	1,485,096.14	一年以内	代垫款项
威远林场	714,852.04	一年以下	代垫款项
钟山林场	613,445.86	一年以下	代垫款项

6.存货及存货跌价准备

项 目	期末数		期初数	
	金 额	跌价准备	金 额	跌价准备
原材料	10,248,778.69		9,558,853.79	----
自制半成品	961,867.02		961,867.02	----
产成品	41,805,547.12	351.946.52	26,883,896.57	351,946.52
低值易耗品	175,621.65		190.707.13	----
包装物	2,494.80		20,485.95	
发出商品	3,498,812.51			
合计	56,693,121.79	351,946.52	37,615,810.46	351,946.52

(1)本期较上期增长 50.72%的主要原因产成品增加所致

7.待摊费用

类 别	期 初 数	本期增加	本期摊销	期末数
保险费	526,166,90		526,166.90	----
土地租赁费	330,440.00	330,440.00	660.880.00	----
其它		35,405.64	35,405.64	----
合计	856,606.90	365,845.64	1,222,452.54	----

8.长期投资

项目	期末数	期初数
长期股权投资	10,107,055.16	10,107,055.16

被投资单位名称	投资金额	占被投资单位注册资本比例	减值准备
云南云景林纸股份有限公司	10,107,055.16	2.16%	----

9.固定资产

类 别	期初数	本期增加	本期减少	期末数
(1) 固定资产原值				
房屋、建筑物	61,969,259.88	11,493,056.15	7,256,368.11	66,205,947.92
通用设备	7,134,571.55	552,278.14		7,686,849.69
专用设备	58,557,314.98	13,044,977.11		71,602,292.09
运输工具	8,408,464.57	1,454,374.76	2,081,000.00	7,781,839.33
其他	36,165.00			36,165.00
合计	136,105,775.98	26,544,686.16	9,337,368.11	153,313,094.03
(2)累计折旧				
房屋、建筑物	10,526,008.11	2,449,378.54		12,975,386.65
通用设备	2,404,097.18	538,646.72		2,942,743.90
专用设备	15,967,330.91	2,694,983.90		18,662,314.81
运输工具	3,330,369.65	834,311.80	863,804.56	3,300,876.89
其他	------	3,588.48		3,588.48
合计	32,227,805.85	6,520,909.44	863,804.56	37,884,910.73
(3)固定资产净值	103,877,970.13			115,428,183.30

10. 在建工程

工程名称	期初数(其中:利息资本化金额)	本期增加(其中:利息资本化金额))	本期转入固定资产数(其中:利息资本化金额)	其它减少数(其中:利息资本化金额)	期末数(其中:利息资本化金额)	资金来源
4000 吨精馏工程	12,321,176.92	1,419,549.38	13,734,526.30		6,200.00	募集资金
综合楼	3,565,654.49	1,787,024.36			5,352,678.85	自筹、贷款
仓库	240,349.55				240,349.55	自筹
其它零星工程	83,024.76	83,806.67		166,831.43	0	自筹
合计	16,210,205.72				5,599,228.40	

(1)在建工程比上年减少 65.46%,主要原因是完工转入固定资产。

11. 无形资产

种类	取得方式	期初数	本期增加	累计摊销	期末余额	剩余摊销期限
土地使用权	购买	299,427.77	380,000.00		679,427.77*	

(1)该宗土地为新购土地,正在办理有关手续,尚未摊销。

12.开办费

项目	期初数	本期摊销额	累计摊销额	期末余额	剩余摊销年限
开办费	86,834.42	86,834.42		----	----

13.短期借款

借款性质	期末数	期初数
担保贷款	39,801.000.00	60,060,000.00
抵押贷款	5,131,450.00	2,131,450.00
票据贴现	20,000,000.00	
合计	64,932.450.00	62,191,450.00

14.应付帐款

期末数	期初数
7,651,466.41	13,569,881.03

(1)本项目无持有本公司5%以上表决权股份的股东欠款;

15.其它应付款

期末数	期初数
40,928,767.26	19,214,710.57

(1)本项目持有本公司5%以上表决权股份的股东欠款;

景谷林业总公司 8,619,605.00

16.预收账款

期末数	期初数
10,045,936.39	4,276,192.64

(1)本项目无持有本公司5%以上表决权股份的股东欠款;

17.应交税金

税种	期末数	期初数
增值税	5,114,003.89	-582,823.19
农特税	1,605,215.46	-777,001.88
城建税	-12,488.96	90,266.83
所得税	-5,610,164.28	-891,369.12
营业税	725.00	
房产税	-4.00	
合计	1,097,287.11	-2,160,927.36

18.预提费用

项目	期末数	期初数
预提育林生产费	3,370,800.00	----

19. 一年内到期长期借款

贷款单位	贷款金额	利率	期限	担保条件
建行景谷支行	60,000,000.00	5.94%	1999.8-2001.8.	担保

20.其它长期负债

项目	期末数	期初数
无效申购冻结期间利息	2,828,417.15	----

无效申购冻结期间利息收入为公司本次发行4000万股期间投资者无效申购股票被冻结的存款利息,共计5,656,834.30元.根据财政部"财税字(1997)13号"文的有关规定,按2年进行摊销,本期已摊销2,828,417.15元.

21.住房周转金

期末数	期初数
-4,464,359.05	----

注:公司本年度根据财政部财企(2000)295号、财政部财会(2001)5号文的有关规定,对住房周转金进行清理,造成住房周转金红字4,464,359.05元,该事项已在2001年3月调整年初未分配利润,上述调整须经股东大会批准后冲销有关权益科目。

22.股本

公司股份变动情况表

数量单位:万股

	本次变动前	本次变动增减(+,-)						本次变动后
		配股	送股	公积金转股	公开募集	其它	小计	
一、未上市流通股份								
1发起人股份								
其中:								
国家拥有股份								
境内法人持有股份	6500							6500
境外法人持有股份								
其它								
2.募集法人股份								
3.内部职工股								
4.优先股或其它								
其中:转配股								
未上市流通股份合计	6500							6500
二、已上市流通股份								
1人民币普通股					4000		4000	40002
2境内上市的外资股								
3境外上市的外资股								
4其它								
已上市流通股份合计								
三、股份总数	6500						400	10500

注:2000年7月经中国证券监督管理委员会"证监发行字(2000)99号"文批准,公司向社会公众公开发行4000万人民币普通股A股,每股面值人民币1元,每股发行价5.19元。此次发行业经云南同舟会计师事务所有限公司"云同会证字(2000)第142号"验资报告验证。

23.资本公积

项目	期初数	本期增加数	本期减少数	期末数
股本溢价	32,166,342.65	155,900,000.00		188,066,342.65
合计	32,166,342.65	155,900,000.00		188,066,342.65

注:公司于2000年7月21日公开发行4000万A股,股票发行共募集资金20760万元,扣除发行费用1170万元,本次公开发行获股本溢价15590万元,计入资本公积。

24.盈余公积

项目	期初数	本期增加	本期减少	期末数
法定盈余公积	2,113,509.44	2,548,269.29		4,661,778.73
公益金	1,056,754.72	1,274,134.65		2,330,889.37
合计	3,170,264.16	3,822,403.94		6,992,668.10

注:由于税局执行政策的差异,致使公司99年少计提农特税2,701,118.56元,此事项在本年度进行调整,影响99年利润减少2,701,118.56元,盈余公积多计提271,462.41元。

25.未分配利润

项目	金额
年初未分配利润	
加:净利润	25,482,692.89
减:提取法定盈余公积	2,548,269.29
提取法定公益金	1,274,134.65
应付普通股股利	12,600,000.00
转作股本的普通股股利	
期末未分配利润	9,060,288.95

注:根据公司董事会决议,本公司本年度利润分配预案为每10股派发现金股利1.2元(含税),此分配预案待公司股东大会批准后执行。

26.其它业务利润

类别	本年发生数	上年发生数
委托代销林木收入	2,000,000.00	
移交林木收益	1,160,263.18	
其它	74,412.25	41,796.95
合计	3,234,675.43	41,796.95

27.财务费用

类别	本年发生数	上年发生数
利息支出	6,823,272.87	7,315,607.77
减:利息收入	648,491.39	297,755.24
其它	11,180.00	12,362.34
合计	6,185,961.48	7,030,21[illegible].87

28.补贴收入

类别	本年发生数	上年发生数
增值税返还	3,542,420.60	5,454,808.62
收到政府补贴	450,000.00	
合计	3,992,420.60	

(1)根据财政部、国家税务总局财税字(1995)03号文及财政部、国家税务总局财税字(1998)33号"对国有森林企业以林区三物和次小薪材为原料生产加工的综合利用产品,由税务部门实行增值税即征即退办法"的规定,所获补贴收入。

29.营业外收入

类别	本年发生数	上年发生数
冻结期间申购利息收益	2,828,417.15	
处置固定资产收益	17,452.82	
处置呆帐收益	125,881.22	
其它	263,020.08	271,005.35
合计	3,234,771.27	271,005.35

30.营业外支出

类别	本年发生数	上年发生数
处置固定资产损失	1,427,876.49	
捐赠支出	27,500.00	
其它	260,373.44	224,527.36
合计	1,715,749.93	224,527.36

31.支付的其它与经营活动有关的现金

项目	金额
运输费	4,059,731.42
养老保险金	1,727,903.98
招待费及差旅费	3,729,538.05

(五)关联方关系及其交易

1. 存在控制关系的关联方

企业名称	注册地址	主营业务	与本公司关系	经济性质	法定代表人
景谷傣族彝族自治县林业总公司	景谷县振兴路83号	林化产品制造业、木材等	股东	国有	罗永明

2. 存在控制关系关联方的注册资本及其变化 (单位:万元)

企业名称	期初数	本期增加数	本期减少数	期末数
景谷傣族彝族自治县林业总公司	2506万元			2506万元

3.存在控制关系关联方所持股份及其变化 (单位:万元)

企业名称	期初数		本期增加		本期减少		期末数	
	金额	所占比例%	金额	所占比例%	金额	所占比例%	金额	所占比例%
景谷傣族彝族自治县林业总公司	6132	94.34				35.94	6132	58.40

4. 不存在控制关系的关联方

企业名称	与本企业关系
云南云景林纸股份有限公司	参股公司

5. 综合服务

根据本公司与林业总公司签定的综合服务协议,本公司本年支付林业总公司土地租赁费132万元

6.本公司与关联方的应收应付款项金额

(1)其它应付款

名称	期末数	占比例	期初数	占比例
景谷傣族彝族自治县林业总公司	8,619,605.00	21%	---	---
(2)其它应收款				
景谷傣族彝族自治县林业总公司	70,000.00	-	-6,253,846.98	5.96%
(3)应收帐款				
云南景谷林纸股份有限公司	5,174,779.82	8.58%	----	

(六)或有事项

本公司本年度无需要披露的或有事项

(七)资产负债表日后非调整事项

根据财政部财企(2000)295号、财政部财会(2001)5号文的有关规定,公司取消住房周转金管理制度,住房周转金2000末余额中的房改损失-4,464,359.05元,已在2001年3月调整年初未分配利润,上述调整须经股东大会批准后冲销有关权益科目。

九、公司的其它资料

1、公司首次注册登记日期、地点:

于1999年3月9日在云南省景谷傣族彝族自治县振兴路83号

2、公司法人营业执照注册号码:5300001008162

3、公司税务登记号码:国税532725709835283;地税532725709835283

4、会计师事务所名称及办公地点:

天一会计师事务所有限责任公司(原云南同舟会计师事务所有限责任公司)

中国·北京金融街投资广场18层

十、备查文件

1、载有法定代表人、财务负责人、会计主管人员亲笔鉴定并盖章的财务报表。

2、载有会计师事务所盖章、注册会计师签名并盖章的审计报告原件。

3、报告期内在《中国证券报》、《上海证券报》上公开披露过的所有公司文件正本及公告的原稿。

云南景谷林业股份有限公司

董 事 会

二〇〇一年三月二十二日

利 润 及 利 润 分 配 表

编制单位:云南景谷林业股份有限公司　　2000 年 1－12 月　　单位:人民币元

项目	附注	2000 年度	1999 年度	项目	附注	2000 年度	1999 年度
一、主营业务收入		154,344,817.16	161,613,400.73	四、利润总额(亏损总额以"－"号填列)		30,512,961.45	32,151,624.46
减:销售折扣与折让				减:所得税		5,030,268.56	11,016,530.15
主营业务收入净额		154,344,817.16	161,613,400.73	少数股东损益			
减:主营业务成本		88,750,528.44	97,358,498.08	五、净利润(净亏损以"－"号填列)		25,482,692.89	21,135,094.31
主营业务税金及附加		12,531,996.77	10,496,301.04	加:年初未分配利润			－264,885.85
二、主营业务利润(亏损以"－"号填列)		53,062,291.95	53,758,601.61	盈余公积转入			
加:其它业务利润(亏损以"－"号填列)	4.26	3,234,675.43	41,796.95	六、可供分配的利润		25,482,692.89	20,870,208.46
减:存货跌价损失			118,102.74	减:提取法定盈余公积		2,548,269.29	2,113,509.44
营业费用		8,569,948.94	10,162,769.30	提取法定公益		1,274,134.65	1,056,754.72
管理费用		16,539,537.45	9,838,973.80	七、可供股东分配的利润		21,660,288.95	17,699,944.30
财务费用	4.27	6,185,961.48	7,030,214.87	减:应付优先股股利			
三、营业利润(亏损以"－"号填列)		25,001,519.51	26,650,337.85	提取任意盈余公积			
加:投资收益(损失以"－"号填列)				应付普通股股利		12,600,000.00	17,699,944.30
补贴收入	4.28	3,992,420.60	5,454,808.62	转作股本的普通股股利			
营业外收入	4.29	3,234,771.27	271,005.35	八、未分配利润		9,060,288.95	
减:营业处支出	4.30	1,715,749.93	224,527.36				

资 产 负 债 表

2000 年 12 月 31 日

编制单位:云南景谷林业股份有限公司　　单位:人民币元

资产(项目)	附注	2000 年 12 月 31 日	1999 年 12 月 31 日
流动资产:			
货币资金	4.1	112,353,062.48	15,244,327.88
短期投资	4.2	30,000,000.00	
减:短期投资跌价准备			
短期投资净额		30,000,000.00	
应收票据			
应收股利			
应收利息			
其它应收款	4.5	37,771,346.02	38,057,876.93
应收帐款	4.3	60,286,052.75	67,988,747.10
减:坏帐准备		10,400,300.22	10,178,565.49
应收款项净额		87,657,098.55	95,868,058.54
预付帐款	4.4	96,723,670.29	6,405,952.28
应收补贴款			
存货	4.6	56,693,121.79	37,615,810.46
减:存货跌价准备		351,946.52	351,946.52
存货净额		56,341,175.27	37,263,863.94
待摊费用	4.7		856,606.90
待处理流动资产净损失			
一年内到期的长期债权投资			
其它流动资产			
流动资产合计		383,075,006.59	155,638,809.54
长期投资:			
长期股权投资	4.8	10,107,055.16	10,107,055.16
长期债权投资			
长期投资合计		10,107,055.16	10,107,055.16
减:长期投资减值准备			
长期投资净额		10,107,055.16	10,107.055.16
其中合并价差:			
合并价差			
固定资产			
固定资产原价	4.9	153,313,094.03	136,105,775.98
减:累计折旧		37,884,910.73	32,227,805.85
固定资产净值		115,428,183.30	103,877,970.13
工程物资			
在建工程	4.10	5,599,228.40	16,210,205.72
固定资产清理			481,156.05
待处理固定资产净损失			
固定资产合计		121,027,411.70	120,569,331.90
无形资产及递延资产:			
无形资产	4.11	679,427.77	299,427.77
开办费	4.12		86,834.42
长期待摊费用			
其它长期资产			861,448.10
无形资产及其它资产合计		679,427.77	1,247,710.29
递延税项:			
递延税款借项			
资产总计		514,888,901.22	287,562,906.89
负债及股东权益(项目)			
流动负债:			
短期借款	4.13	64,932,450.00	62,191,450.00
应付票据			
应付帐款	4.14	7,651,466.41	13,569,881.03
预收帐款	4.16	10,045,936.39	4,276,192.64
代销商品款			
应付工资		5,104,829.84	2,698,984.54
应付福利费		535,810.10	1,748,078.48
应付股利		13,688,883.89	17,669,944.30
应交税金	4.17	1,097,287.11	－2,160,927.36
其它应交款		49,312.42	－109,308.35
其他应付款	4.15	40,928,767.26	19,214,710.58
预提费用	4.18	3,370,800.00	
一年内到期的长期负债	4.19	60,000,000.00	
其它流动负债			1,703,219.96
流动负债合计		207,405,543.42	120,832,225.82
长期负债:			
长期借款			60,000,000.00
应付债券			
长期应付款			
住房周转金	4.21	－4,464,359.05	6,394,074.26
其它长期负债	4.20	2,828,417.15	
长期负债合计		－1,635,941.90	66,394,074.26
递延税项:			
递延税款贷项			
负债合计		205,769,601.52	187,226,300.08
少数股东权益			
股东权益:			
股本	4.22	105,000,000.00	65,000,000.00
资本公积	4.23	188,066,342.65	32,166,342.65
盈余公积	4.24	6,992,668.10	3,170,264.16
其中:公益金		2,330,889.37	1,056,754.72
未分配利润	4.25	9,060,288.95	
股东权益合计		309,119,299.70	100,336,606.81
负债及股东权益总计		514,888,901.22	287,562,906.89

现 金 流 量 表

编制单位:云南景谷林业股份有限公司　　2000 年度　　单位:人民币元

项　目	金　额
一、经营活动产生的现金流量:	
销售商品、提供劳务收到的现金	141,347,796.48
收取的租金	
收到的增值税销项税额和退回的增值税款	3,540,000.00
收到的除增值税以外的其它税费返还	
收到的其它与经营活动有关的现金	25,092,787.53
现金流入小计	169,980,584.01
购买商品、接受劳务支付的现金	69,859,611.87
经营租赁所支付的现金	－
支付给职工以及为职工支付的现金	12,840,945.86
支付的增值税款	5,569,345.10
支付的所得税款	9,900,000.00
支付的除增值税、所得税以外的其他税费	15,994,349.71
支付的其它与经营活动有关的现金	28,729,609.87
现金流出小计	142,893,862.41
经营活动产生的现金流量净额	27,086,721.60
二、投资活动产生的现金流量:	
收回投资所收到的现金	
分得股利或利润所收到的现金	
取得债券利息收入所收到的现金	－
处置固定资产、无形资产和其它长期资产而收回的现金净额	300,749.48
收到的其它与投资活动有关的现金	－
现金流入小计	300,749.48
购建固定资产、无形资产和其它长期资产所支付的现金	97,530,415.32
权益性投资所支付的现金	－
债权性投资所支付的现金	30,000,000.00
支付的其它与投资活动有关的现金	
现金流出小计	127,530,415.32
投资活动产生的现金流量净额	－127,229,665.84
三、筹资活动产生的现金流量:	
吸收权益性投资所收到的现金	201,281,000.00
发行债券所收到的现金	－
借款所收到的现金	23,000,000.00
收到的其它与筹活动有关的现金	
现金流入小计	224,281,000.00
偿还债务所支付的现金	20,000,000.00
发生筹资费用所支付的现金	－
分配股利或利润所支付的现金	
偿付利息所支付的现金	7,029,321.16
融资租赁所支付的现金	－
减少注册资本所支付的现金	－
支付的其它与筹资活动有关的现金	
现金流出小计	27,029,321.16
筹资活动产生的现金流量净额	197,251,678.84
四、汇率变动对现金的影响	
五、现金及现金等价物净增加额	97,108,734.60
现金流量表附注:	
项　目	金额
1、不涉及现金收支的投资和筹资活动:	
以固定资产偿还债务	－
以投资偿还债务	－
以固定资产进行长期投资	－
以存货偿还债务	－
融资租赁固定资产	－
2、将净利润调节为经营活动的现金流量:	
净利润	25,482,692.89
加:少数股东收益	
计提的坏帐准备或转销的坏帐	221,734.73
固定资产折旧	5,657,104.88
无形资产摊销	86,834.42
长期待摊费用摊销	
待摊费用摊销	1,222,452.54
预提费用增加	3,370,800.00
处置固定资产、无形资产和其它长期资产的损失(减:收益)	250,160.49
固定资产报废损失	－
财务费用	6,185,961.48
投资损失(减:收益)	
递延税款贷项(减:借项)	－
存货的减少(减:增加)	－19,077,311.33
经营性应收项目的减少(减:增加)	2,219,481.51
经营性应付项目的增加(减:减少)	11,277,779.78
其它	－9,810,969.79
经营活动产生的现金流量净额	27,086,721.60
3、现金及现金等价物净增加额	
货币资金的期末余额	112,353,062.48
减:货币资金的期初余额	15,244,327.88
现金等价物的期末余额	－
减:现金等价物的期初余额	－
现金及现金等价物净增加额	97,108,734.60

北京城建股份有限公司

二○○○年年度报告摘选

一、公司简介

(一)公司名称中文名称:北京城建股份有限公司
英文名称:BEIJING URBAN CONSTRUCTION CO.,LTD 英文缩写:BUCG
(二)公司法定代表人:佟永贵
(三)公司董事会秘书:杨运成
联系地址:北京市海淀区学院南路62号
联系电话:(010)62255511转3621 (010)62260806
传 真:(010)62223073
电子信箱:gfyyc@mail.bucg.com
(四)公司注册地址:北京市海淀区学院南路62号
公司办公地址:北京市海淀区学院南路62号 邮政编码:100081
公司国际互联网网址:http://www.bucg.com 电子信箱:gfbucg@mail.bucg.com
(五)信息披露报纸名称:《中国证券报》、《上海证券报》
登载公司年度报告的中国证监会指定国际互连网网址:http://www.sse.com.cn
公司年度报告备置地点:北京市海淀区学院南路62号北京城建股份有限公司投资证券部
(六)公司股票上市地:上海证券交易所
股票简称:北京城建 股票代码:600266

二、会计数据和业务数据摘要

(一)本年度主要利润指标情况(单位:人民币元)

利润总额	276,432,299.40
净利润	147,292,599.20
扣除非经常性损益后的净利润	144,763,443.32
主营业务利润	891,061,367.91
其他业务利润	13,745,025.45
营业利润	266,200,533.93
投资收益	7,702,599.69
补贴收入	—
营业外收支净额	2,529,165.88
经营活动产生的现金流量净额	-206,613,031.82
现金及现金等价物净增加额	-263,887,903.39
注:扣除的非经常性损益项目和涉及的金额	
处置固定资产净收入	-1,107,917.06
无效申购资金利息收入	3,132,494.20
其他收入	504,588.74
以上项目涉及金额合计	2,529,165.88

(二)截止报告期末公司前三年主要会计数据和财务指标(单位:人民币元)

追溯调整后:

项 目	2000年	1999年	1998年
主营业务收入	7,208,431,645.37	5,875,553,264.49	4,889,862,845.64
净利润	147,292,599.20	133,518,293.48	130,889,592.10
总资产	6,739,376,855.33	4,521,362,620.88	3,084,232,647.81
股东权益	1,439,956,505.59	1,510,245,787.84	1,381,816,978.05
每股收益(摊薄)	0.3682	0.3338	0.3272
每股收益(按月平均加权)	0.3682	0.3338	-
扣除非经常性损益后的每股收益	0.3619	0.3260	-
每股净资产	3.5999	3.7756	3.4545
调整后的每股净资产	3.5364	3.7658	3.4371
每股经营活动产生的现金流量净额	-0.5165	-0.2098	-0.5461
净资产收益率(%)	10.23	8.84	9.47

追溯调整前:

项 目	1999年	1998年
主营业务收入	5,875,553,264.49	4,889,862,845.64
净利润	174,521,508.93	149,768,689.33
总资产	4,567,455,320.02	3,124,673,397.69
股东权益	1,556,338,486.98	1,422,257,727.93
每股收益(摊薄)	0.4363	0.3744
每股收益(按月平均加权)	0.4363	0.4992
扣除非经常性损益后的每股收益	0.4285	-
每股净资产	3.8908	3.5556
调整后的每股净资产	3.8811	3.5382
每股经营活动产生的现金流量净额	-0.2098	-0.5461
净资产收益率(%)	11.21	10.53

(三)根据中国证监会发布的《公开发行证券公司信息披露编报规则(第9号)》通知精神,公司2000年按全面摊薄法和加权平均法计算的净资产收益率及每股收益。

报告期利润	净资产收益率(%)		每股收益(元)	
	全面摊薄	加权平均	全面摊薄	加权平均
主营业务利润	61.88	56.88	2.2277	2.2277
营业利润	18.49	16.99	0.6655	0.6655
净利润	10.23	9.40	0.3682	0.3682
扣除非经常性损益后的净利润	10.05	9.24	0.3619	0.3619

三、股东情况介绍

(一)截止2000年12月31日,公司在上海证券中央登记结算公司登记的股东共计22531户。
(二)公司主要股东持股情况(前十名股东)

股东名称	持股数量(万股)	占总股本(%)
北京城建集团有限责任公司	30,000.00	75.00
同益基金	388.00	0.97
金鑫基金	237.10	0.59
张秀群	90.39	0.23
黄德金	75.34	0.19
曹剑	70.62	0.18
王洪利	69.26	0.17
新证联合	64.65	0.16
郭志宏	60.00	0.15
武海东	59.00	0.15

浙江海正药业股份有限公司

二○○○年年度报告摘选

一、公司简介

1、公司法定中文名称:浙江海正药业股份有限公司
公司法定英文名称:ZHEJIANG HISUN PHARMACEUTICAL CO.,LTD
公司英文名称缩写:HISUN
2、公司法定代表人:白骅先生
3、公司董事会秘书:王若松先生 董事会证券事务代表:张薇女士
联系地址:浙江省杭州市华浙广场1号19层B座 邮政编码:310006
电 话:(0571)5278141 传 真:(0571)5270053
电子信箱:zw600267@mail.hz.zj.cn
4、公司注册地址:浙江省台州市椒江区外沙路46号
公司办公地址:浙江省台州市椒江区外沙路46号 邮政编码:318000
公司驻杭州办事处:浙江省杭州市华浙广场19层 邮政编码:310006
公司国际互联网网址:http://www.china-hisun.com
公司电子信箱:zw600267@mail.hz.zj.cn
5、公司选定的信息披露报纸名称:《中国证券报》、《上海证券报》
登载公司年度报告的中国证监会指定互联网网址:http://www.sse.com.cn
公司年度报告备置地点:公司证券投资部
6、公司股票上市交易所:上海证券交易所
股票简称:海正药业 股票代码:600267

二、会计数据和业务数据摘要

1. 公司报告期主要利润指标情况(单位:人民币元)

项 目	2000年
利润总额	63,652,306.52
净利润	55,781,600.40
扣除非经常性损益后的净利润	53,481,389.86
主营业务利润	206,721,433.43
其他业务利润	232,440.30
营业利润	64,856,142.19
投资收益	-3,164,369.21
补贴收入	1,046,215.00
营业外收支净额	914,318.54
经营活动产生的现金流量净额	55,698,173.02
现金及现金等价物净增加额	172,037,758.77

注:"扣除非经常性损益后的净利润"中的非经常性损益涉及的项目:

①投资收益中股权投资差额摊销:	-99,469.57元;
②补贴收入中科技三项费拨款:	1,000,000.00元;
③营业外收入:	1,970,945.55元;
④营业外支出扣除水利基金:	571,265.44元。

2. 公司前三年主要会计数据和财务指标(单位:人民币元)

指 标	2000年	1999年	1998年
主营业务收入	518,004,030.49	357,911,101.27	283,656,944.50
净利润	55,781,600.40	49,456,631.01	47,303,715.14
总资产	1,206,907,935.47	672,120,215.60	483,698,076.58
股东权益(不含少数股东权益)	743,927,133.82	234,807,755.81	194,497,825.66
每股收益(摊薄)	0.3576	0.4264	0.4078
每股收益(加权)	0.4205	0.4264	0.4101
扣除非经常性损益后的每股收益	0.3428	0.4521	0.4163
每股净资产	4.7688	2.0242	1.6767
调整后的每股净资产	4.7451	1.9935	1.6366
每股经营活动产生的现金流量净额	0.3570	0.2814	0.1993
净资产收益率(摊薄)(%)	7.50	21.06	24.32
净资产收益率(加权)(%)	12.28	22.56	24.12

3. 利润分配表附表(单位:人民币元)

报告期利润	净资产收益率%		每股收益	
	全面摊薄	加权平均	全面摊薄	加权平均
主营业务利润	27.79	45.50	1.3251	1.5582
营业利润	8.72	14.28	0.4157	0.4889
净利润	7.50	12.28	0.3576	0.4205
扣除非经常性损益后的净利润	7.19	11.77	0.3428	0.4031

注:以上数据根据公司合并会计报表数据填列或计算后填列。

三、股东情况介绍

(一)股本变动情况

1. 股本变动情况(数量单位:股)

项 目	本期变动前	本期增减变动(+,-)					本期变动后
		配股	送股	公积金转股	增发	小计	
(一)未上市流通股份							
1. 发起人股份							
国家拥有股份	86671600						86671600
境内法人持有股份	27828400						27828400
外资法人持有股份	1500000						1500000
其他							
2. 募集法人股							
3. 内部职工股							
4. 优先股							
5. 其他(转配股等)							
尚未流通股份合计	116000000						116000000
(二)已上市流通股份							
1. 境内上市的人民币普通股					40000000	40000000	40000000
2. 境内上市的外资股							
3. 境外上市的外资股							
4. 其他已流通股份合计					40000000	40000000	40000000
(三)股份总数	116000000				40000000	40000000	156000000

国电南京自动化股份有限公司

二〇〇〇年年度报告摘选

一、公司简介

1、公司法定中文名称:国电南京自动化股份有限公司
公司英文名称:Guodian Nanjing Automation Co.,LTD
公司英文名称缩写:SAC
2、公司法定代表人:江自生
3、公司信息披露机构:证券部
董事会秘书:邹峰　　　授权代表:肖宁
联系电话:025-3410173　　025-3418700-3020　　传真:025-3418700-3021
联系地址:江苏南京市新模范马路38号综合楼五层
4、公司注册地址:江苏南京市江宁高新技术开发区中新路
公司办公地址:江苏南京市新模范马路38号　　邮政编码:210003
公司国际互联网网址:http://www.sac-china.com
公司电子信箱:s-dept@sac-china.com
5、公司信息披露的报刊为《中国证券报》、《上海证券报》
登载公司年度报告的中国证监会指定的国际互联网网址:http://www.sse.com.cn
公司年报备置地点:江苏南京市新模范马路38号综合楼五层证券部
6、公司股票上市地:上海证券交易所
股票简称:国电南自　　股票代码:600268

二、会计数据和业务数据摘要

1、利润情况(单位:元,合并报表)

项目	金额
(1)利润总额:	50609831.62
(2)净利润:	47358791.56
(3)扣除非经常性损益后的净利润:	47437322.08
(4)主营业务利润:	121763788.60
(5)其他业务利润:	3231040.65
(6)营业利润:	46794812.70
(7)投资收益:	3974769.16
(8)补贴收入:	0.00
(9)营业外收支净额:	-159750.24
(10)经营活动产生的现金净流量:	-44102327.06
(11)现金及现金等价物净增加额:	-59352807.74

注:非经常性损益的项目有营业外收入6300.00元,营业外支出27104.57元。

2、截至报告期末公司前三年的主要会计数据及财务指标:　　单位:元

项　目	2000年	1999年	1998年	
			调整后	调整前
主营业务收入	419168899.76	381533670.26	315136258.67	315136258.67
净利润	47358791.56	33556161.90	32402355.31	35145683.63
总资产	765504116.64	645247098.60	343793504.25	356060346.37
股东权益	452443172.58	428684381.02	85438420.25	97705262.37
每股收益	0.401	0.284	0.415	0.451
每股收益(加权平均)	0.401	0.367	0.415	0.451
每股收益(扣除非经营性损益)	0.402	0.258	0.415	0.451
每股净资产	3.83	3.63	1.10	1.25
调整后的每股净资产	3.73	3.57	1.02	1.17
每股经营活动产生的现金流量净额	-0.37	-0.30		
净资产收益率(%)	10.47	7.83	37.92	35.97
净资产收益率(%加权平均)	10.47	18.32	37.92	35.97

3.按照中国证监会《公开发行证券公司信息披露编报规则(第九号)》要求计算的利润数据:

报告期利润	净资产收益率		每股收益	
	全面摊薄	加权平均	全面摊薄	加权平均
主营业务利润	26.91%	26.92%	1.032	1.032
营业利润	10.34%	10.34%	0.397	0.397
净利润	10.47%	10.47%	0.401	0.401
扣除非经常性损益后的净利润	10.48%	10.49%	0.402	0.402

3、报告期内股东权益变动情况

项　目	股　本	资本公积	盈余公积	其中:法定公益金	未分配利润	股东权益合计
期初数	118000000.00	303555061.24	4983356.97	1661118.99	2145962.81	428684381.02
本期增加			9981396.90	3327132.30	13777394.66	23758791.56
本期减少						
期末数	118000000.00	303555061.24	14964753.87	4988251.29	15923357.47	452443172.58

三、股本变动及股东情况

(一)股本变动情况
1、公司股份变动情况表:　　数量单位:万股

	本期变动前	本期变动增减(+、-)						本期变动后
		配股	送股	公积金转股	增发	其他	小计	
一、未上市流通股份								
1、发起人股份	7800							7800
其中:								
国家持有股份								
境内法人持有股份	7800							7800
境外法人持有股份								
其他								
2、募集法人股份								
3、内部职工股								
4、优先股或其他								
其中:转配股								
未上市流通股份合计	7800							7800
二、已上市流通股份								
1、人民币普通股	4000							4000
2、境内上市的外资股								
3、境外上市的外资股								
4、其他								
已上市流通股份合计	4000							4000
三、股份总数	11800							11800

江西赣粤高速公路股份有限公司

二〇〇〇年年度报告摘选

一、公司简介

1、公司法定中文名称:江西赣粤高速公路股份有限公司
公司法定英文名称:Jiangxi Ganyue Expressway CO.,LTD.
2、法定代表人:夏增与
公司总经理:吴绍明
3、董事会秘书:熊长水
联系地址:南昌市北京西路69号省府大院西二路12号
联系电话:证券投资部:0791-6234872
财 务 部:0791-6243514
董 秘 室:0791-6268253
传　　真:0791-6243160
电子信箱:Xiongcsh@163.net
4、公司注册地址:南昌市北京西路69号省府大院西二路12号
公司办公地址:南昌市北京西路69号省府大院西二路12号
邮政编码:330046
公司国际互联网网址:http://www.jxexpressway.com
电子信箱:Mail@jxexpressway.com
5、公司选定的信息披露报刊:《上海证券报》、《证券时报》
登载年度报告的国际互联网网址:http://www.sse.com.cn
年度报告备置地点:公司证券投资部
6、股票上市交易所:上海证券交易所
股票简称:赣粤高速
股票代码:600269

二、财务数据和业务数据摘要

1、本年度主要利润指标　　(单位:元)

项目	金额
利润总额	264075579.06
净利润	176075711.37
扣除非经常性损益后的净利润*	163957028.21
主营业务利润	198479114.76
其他业务利润	0
营业利润	189633531.77
投资收益	8664513.77
补贴收入	59846913.10
营业外收支净额	5930620.42
经营活动产生的现金流量净额	82658140.70
现金及现金等价物净增加额	200656828.28

注:扣除非经常性损益项目和涉及金额:
(1)新股申购冻结资金的利息　　6025741.01元;
(2)投资收益　　6188062.74元
(3)路损赔偿收支净额　　-95120.59元

2、公司近三年主要会计数据及财务指标　　(单位:元)

财务指标	2000年	1999年	1998年
主营业务收入	283169110.00	235293508.00	224442103.00
净利润	176075711.37	166836018.39	156003769.65
总资产	3979439799.13	1726282715.49	1705666923.42
股东权益(不含少数股东权益)	2524454884.24	1197215612.87	1170878594.48
每股收益(摊薄)	0.499	0.716	0.206
每股收益(加权)	0.559	0.410	0.206
扣除非经常性损益的每股收益	0.464	0.716	0.206
每股净资产	7.15	5.14	1.55
调整后的每股净资产	7.15	5.14	1.54
每股经营活动产生的现金流量净额	0.28	0.86	0.23
净资产收益率(摊薄)(%)	6.97	13.93	13.32
净资产收益率(加权)(%)	8.18	13.38	15.67

3、报告期利润表附表

2000年度利润	净资产收益率(%)		每股收益(元)	
	全面摊薄	加权平均	全面摊薄	加权平均
主营业务利润	7.86	9.22	0.562	0.630
营业利润	7.51	8.81	0.537	0.602
净利润	6.97	8.18	0.499	0.559
扣除非经营性损益后的净利润	6.49	7.62	0.464	0.520

注:利润表附表的利润数据是按照中国证监会《公开发行证券公司信息披露编报规则(第9号)》要求计算的。

三、股本变动及股东情况

(1)公司前十名股东持股情况　　(截止2000年12月31日)

名次	股东名称	期末持股数(股)	期末持股比例(%)
1	江西高速公路投资发展(控股)有限公司	231764033	65.656
2	赣能股份	5000000	1.416
3	科投中心	2000000	0.567
4	龙江永泰	2000000	0.567
5	国资公司	2000000	0.567
6	南通颖川	2000000	0.567
7	景宏基金	1246339	0.353
8	闽东能源	1100000	0.312
9	新润房产	1000000	0.283
9	安泰科技	1000000	0.283
9	浙江粮食	1000000	0.283
9	清华泰豪	1000000	0.283
9	中纺	1000000	0.283

中外运空运发展股份有限公司

二〇〇〇年年度报告摘选

一、公司简介

1.公司中文名称:中外运空运发展股份有限公司
公司英文名称:Sinotrans Air Transportation Development Co. Ltd.
2.公司法定代表人:张斌
3.公司信息披露人员:
董事会秘书:周波
董事会证券事务代表:张欣
联系地址:北京市海淀区西三环北路21号久凌大厦
联系电话:010-68405635
传　　真:010-68405629
电子信箱:stock@sinoair.com
4.公司注册地址:北京市海淀区西三环北路21号久凌大厦
办公地址:北京市海淀区西三环北路21号久凌大厦
邮政编码:100089
电子信箱:stock@sinoair.com
5.选定的信息披露报纸名称:《中国证券报》、《上海证券报》
登载公司年度报告的中国证监会指定国际互联网网址:http://www.sse.com.cn
公司年报备置地点:公司董事会秘书办公室
6.公司股票上市交易所:上海证券交易所
股票简称:外运发展
股票代码:600270

二、会计数据和业务数据摘要

1.2000年主要会计数据(单位:元)

项　目	金　额
利润总额	367611071.64
净利润	180390833.44
扣除非经常性损益的净利润	173181629.78
主营业务利润	520351870.16
项　目	金　额
其他业务利润	7618464.13
营业利润	346987433.91
投资收益	16741500.10
补贴收入	0.00
营业外收支净额	3882137.63
经营活动产生的现金流量净额	260373238.90
现金及现金等价物净增加额	956067756.76

2.前三年的主要会计数据和财务指标　　单位:元

指标项目	2000	1999年度	1998年度
主营业务收入	1045690746.34	785788620.93	646746944.15
净利润	180390833.44	161858454.64	136812984.16
总资产	1991581965.13	895663249.64	740842110.08
股东权益(不含少数股东权益)	1382122802.43	335636103.49	278237222.50
每股收益(摊薄)	0.65	0.78	0.00
每股收益(加权)	0.87	0.78	0.00
每股净资产(摊薄)	4.99	1.62	0.00
调整后的每股净资产	4.80	1.43	0.00
扣除非经常性损益后的每股收益	0.62	0.78	0.00
每股经营活动产生的现金流量净额	0.94	0.79	0.00
净资产收益率(%)	13.05	48.22	0.00

3.利润表附表

报告期利润	2000年度			
	净资产收益率		每股收益	
	全面摊薄	加权平均	全面摊薄	加权平均
主营业务利润	37.65%	136.09%	1.88	2.51
营业利润	25.11%	90.75%	1.25	1.67
净利润	13.05%	47.18%	0.65	0.87
扣除非经常损益后净利润	12.53%	45.29%	0.62	0.84

4、报告期内股东权益变动情况(单位:元)

项　目	股　本	资本公积	盈余公积	法定公益金	未分配利润	股东权益合计
期初数	207716000	104112710.98	3308804.27	1654402.14	19400186.10	335636103.49
本期增加	70000000	911333688.41	18039083.34	9019541.67	38685773.09	1046486698.94
本期减少		591387.57				
期末数	277716000	1014855011.82	21347887.61	10673943.81	58085959.19	1382122802.43
变动原因	注1	注2				

注1:公开发行社会公众股7000万股
注2:本年度资本公积增加较多,主要为公开发行社会公众股7000万股所产生的股本溢价

三、股本变动及股东情况

1.截止2000年12月31日,股东总数51796户。
2.公司前十名股东名单如下:

股东名称	期初持股数	期末持股数	占总股本比例(%)
中国对外贸易运输(集团)总公司	195000000	195000000	70.36
中国机械进出口(集团)有限公司	9000000	9000000	3.24
海通证券	0	5440321	1.96
同盛基金	0	4000000	1.44
北京首都旅游股份有限公司	2000000	2000000	0.72
同益基金	0	1059000	0.38
裕泽基金	0	810000	0.29
北京市农工商联合总公司	660000	660000	0.24
九龙电力	0	552593	0.20
北京海诚电讯技术有限公司	500000	500000	0.18
兴科基金	0	500000	0.18
西南证券	0	500000	0.18

上海开开实业股份有限公司

二〇〇〇年年度报告摘选

一、公司简介

1、公司法定中文名称:上海开开实业股份有限公司
公司英文名称:SHANGHAI KAIKAI INDUSTRY COMPANY LIMITED
公司英文名称缩写:SHKK
2、公司法定代表人:江玉森
联系电话:86-21-62128598　　传　　真:86-21-62125575
3、公司信息披露机构:董事会秘书室
董事会秘书:徐笑白
联系电话:86-21-62127558　　传真:86-21-62125575
联系地址:上海市万航渡路888号24层(开开广场)
4、公司注册地址:上海市万航渡路888号24层
公司注册英文地址:888 Wan Hang DU Road, Shanghai China
公司办公地址:上海市万航渡路888号24层
公司邮政编码:200042
http://www.e-kaikai.com.
公司电子信箱:kai kaidm@public3.sta.net.cn.
5、公司信息披露的报刊为《上海证券报》、《香港文汇报》。
登载公司年度报告的中国证监会指定的国际互联网网址:http://www.sse.com.cn
公司年度报告备置地点:上海市万航渡路888号24层
6、公司股票上市地:上海证券交易所
股票简称:
A股:开开实业　　股票代码:600272
B股:开开B股　　股票代码:900943

二、会计数据和业务数据摘要

1、本年度利润总额及构成　　(单位:元 合并报表)

项目	金额
利润总额	37,054,342.93
净利润	29,598,131.63
扣除非经常性损益后的净利润	29,537,972.15
主营业务利润	98,541,626.24
其他业务利润	26,339,569.49
营业利润	32,068,514.56
投资收益	2,451,733.92
补贴收入	2,447,973.78
营业外收支净额	86,120.67
经营活动产生的现金流量净额	193,183,533.50
现金及现金等价物净增加额	42,074,119.11
净利润差异及说明	
按中国会计准则审计净利润为(千元)	29,598
按国际会计准则审计净利润为(千元)	30,638

2、截止报告年度末公司前三年的主要会计数据及财务指标

指标项目	2000年	1999年	1998年
主营业务收入(元)	575,200,781	390,526,500	367,984,242
净利润(元)	29,598,132	26,460,663	27,001,241
总资产(元)	1,015,476,157	966,024,884	1,011,793,573
股东权益(不含少数股东权益)(元)	436,149,182	425,170,411	418,509,748
每股收益(元/股)	0.149	0.134	0.136
每股净资产(元/股)	2.203	2.147	2.114
调整后每股净资产(元/股)	2.113	2.058	2.071
每股经营活动产生的现金流量净额(元/股)	0.976	0.156	(0.050)
净资产收益率(%)	6.786	6.224	6.452
净利润的加权每股收益(元/股)	0.149	0.134	0.136
净利润的加权净资产收益率(%)	6.727	6.129	6.694
扣除非经常性损益后的每股收益(元)	0.149	0.121	0.136
扣除非经常性损益后的净利润的加权净资产收益率(%)	6.714	5.567	6.694

3、按照中国证监会《公开发行证券公司信息披露编报规则》第9号要求计算相关指标:

报告期利润(元)	净资产收益率(%)		每股收益(元/股)	
	全面摊薄	加权平均	全面摊薄	加权平均
主营业务利润	22.59	22.40	0.4977	0.4977
营业利润	7.35	7.29	0.1620	0.1620
净利润	6.79	6.73	0.1495	0.1495
扣除非经营性损益后净利润	6.77	6.71	0.1492	0.1492

三、介绍股东情况

1、股东情况简介
(1)截止2000年12月31日股东总数为6645户。其中内部职工股股东3585户。
(2)报告期末公司前10名股东持股情况:

股东名称	持股数(万股)	占股本比例(%)
国家股	8009.02	40.45
申银万国APS投资管理公司	536.28	4.42
中国石油化工股份有限公司上海石油零售分公司	450.00	2.27
上海华凯贸易发展有限公司	450.00	2.27
上海东方明珠股份有限公司	300.00	1.52
上海金兴贸易发展中心	300.00	1.52
HKSBCSB A/C THE NORTHERN TRUST CO S/A GOVERNMENT OF SINGAPORE INV. CORPORATION	248.40	1.25
CAO, QIUHE	138.33	0.70
孙莉敏	123.35	0.62
江延东	108.77	0.55

湖北武昌鱼股份有限公司

二〇〇〇年年度报告摘选

一、公司简介

1、公司法定中文名称:湖北武昌鱼股份有限公司
公司法定英文名称:Hubei Wuchangyu CO.,LTD.
2、公司注册地址:鄂州市鄂城区南浦南路特一号
公司办公地址:鄂州市鄂城区南浦南路特一号
邮政编码:436000
公司国际互联网网址:http://www.wuchangyu.com.cn
电子信箱:wcy-ez@ez-mail.hb.cninfo.net
3、公司法定代表人:傅小安
4、公司董事会秘书:熊国胜
公司董事会证券事务代表:李强
联系地址:鄂州市鄂城区南浦南路特一号
电话:0711-3200331,3200330
传真:0711-3223366-2707
电子信箱:wcy-ez@ez-mail.hb.cninfo.net
5、公司选定的信息披露报纸名称:《上海证券报》
登载公司年度报告的中国证监会指定国际互联网网址:http://www.sse.com.cn
公司年度报告备置地点:公司证券部
6、公司股票上市交易所:上海证券交易所
股票简称:武昌鱼
股票代码:600275

二、会计数据和业务数据摘要

1、本年度主要利润指标情况(单位:人民币元)

利润总额:	81,611,369.15
净 利 润:	68,359,689.57
扣除非经常性损益后的净利润:	52,812,568.38
主营业务利润:	53,510,978.54
其他业务利润:	41,874,021.82
营业利润:	66,064,247.96
投资收益:	
补贴收入:	10,350,000.00
营业外收支净额:	5,197,121.19
经营活动产生的现金流量净额:	-63,666,461.37
现金及现金等价物净增加额:	309,566,016.20
说明:除非经常性损益项目和涉及金额:	15,547,121.19
补贴收入	10,350,000.00
营业外收入	5,542,281.27
营业外支出	345,160.08

2、截至报告期末公司前三年主要会计数据和财务指标:(单位:人民币元)

项　目	2000 年度	1999 年度	1998 年度
主营业务收入	112,300,055.15	109,355,578.09	85,910,104.62
净利润	68,359,689.57	57,318,749.31	47,509,337.22
总资产	878,096,947,07	322,412,632.53	258,270,590.40
股东权益(不含少数股东权益)	729,583,246.54	200,598,410.97	161,735,105.01
每股收益(摊薄)	0.2795	0.3283	0.2721
(加权)	0.3454	0.4925	0.2721
每股净资产	2.9830	1.1490	0.9264
调整后的每股净资产	2.9797	1.1344	0.9083
每股经营活动产生的现金流量净额	-0.2603	0.1995	
净资产收益率(%)	9.37	28.57	29.37
扣除非经常性损益后的每股收益(摊薄)	0.2159	0.2861	0.2360
(加权)	0.2668	0.4292	0.2360

3、根据中国证监会关于《公开发行证券公司信息披露编报规则》第9号通知精神,报告期按全面摊薄法和加权平均法计算的净资产收益率及每股收益:

	净资产收益率%		每股收益(元/股)	
报告期利润	全面摊薄	加权平均	全面摊薄	加权平均
主营业务利润	7.33	13.61	0.2188	0.2704
营业利润	9.06	16.80	0.2701	0.3338
净利润	9.37	17.38	0.2795	0.3454
扣除非经常性损失后的净利润	7.24	13.43	0.2159	0.2668

4、报告期内股东权益变动情况及变化原因(单位:人民币元)

项　目	股　本	资本公积	盈余公积	法定公益金	未分配利润	股东权益合计
期初数	174580,900.00	17748152.04	5430345.44	3,620,230.29	2,839,013.49	200,598,410.97
本期增加	70,000,000.00	405300000.00	10253953.44	6835,968.96	58,105,736.13	543,695,689.57
本期减少					14,674,854.00	14,674,854.00
期末数	244580900.00	423048152.04	15684298.88	10456,199.25	46,269,895.62	729,583,246.54

三、股东情况介绍

(1)截止2000年12月31日公司股东总数为64696户。
(2)公司主要股东持股情况

股东名称	年末持股数量(股)	年度内股份增减变动情况(股)(±)	占总股本的比例(%)
湖北鄂州武昌鱼集团有限责任公司	168,000,000		68.69
鄂州市建设投资公司	2,723,100		1.11
湖北凤凰山庄股份有限公司	1,815,400		0.74
湖北辰隆经济开发公司	1,361,600		0.56
鄂州市市场开发服务中心	680,800		0.28
张泽芝	230,599		0.09
中冠装饰	221,400		0.09
舟山信托	211,000		0.09
邵莲菊	210,000		0.09
天元基金	155,000		0.06

内蒙古亿利科技实业股份有限公司

二〇〇〇年年度报告摘选

一、公司简介

中文缩写:亿利科技
公司英文名称:Inner Mongolia YiLi Science and Technology Industry Co., Ltd.
英文缩写:YLKJ
公司法定代表人:王文彪先生
公司董事会秘书:王景晟先生
证券事务代表:闫树春先生
联系地址:内蒙古东胜市伊金霍洛西街30号
联系电话:0477-8335343
传　　真:0477-8328413
公司注册地址和办公地址:内蒙古东胜市伊金霍洛西街30号
邮政编码:017000
公司国际互联网网址:http://www.eli.com.cn
电子信箱:yilicor@public.hh.nm.cn
公司指定信息披露报纸:《中国证券报》、《上海证券报》
登载公司年度报告的国际互联网网址:http://www.sse.com.cn
年度报告备置地点:公司证券部
公司股票上市交易所:上海证券交易所
公司股票简称:亿利科技
公司股票代码:600277

二、会计数据和业务数据摘要

1、公司本年度会计数据　　单位:人民币元

利润总额	45,511,375.43
净利润	35,555,801.02
扣除非经常性损益后的净利润	34,382,015.82
主营业务利润	68,476,057.06
其他业务利润	1,396,332.88
营业利润	42,957,903.14
投资收益	0
补贴收入	0
营业外收支净额	2,553,472.29
经营活动产生的现金流量净额	-22,211,208.70
现金及现金等价物净增加额	417,277,705.04

2、公司近三年财务指标

单位:人民币元

指标项目	2000 年度	1999 年度
主营业务收入	208,700,774.10	182,159,655.37
净利润	35,555,801.02	31,867,906.61
总资产	944,906,839.23	398,385,257.86
股东权益	705,875,657.47	175,952,010.89
每股收益(全面摊薄)	0.225	0.319
每股收益(加权平均)	0.286	0.319
扣除非经常性损益后的每股收益	0.218	0.319
每股净资产	4.468	1.743
净资产收益率(%)(全面摊薄)	5.04	8
净资产收益率%(加权平均)	8.87	10.61
调整后的每股净资产	4.123	1.743
每股经营活动产生的现金流量净额	-0.14	

3、根据中国证监会关于发布《公开发行证券公司信息披露编报规则》第9号通知精神,公司2000年按全面摊薄法和加权平均法计算的净资产收益率和每股收益

报告期利润	净资产收益率%		每股收益(元)	
	全面摊薄	加权平均	全面摊薄	加权平均
主营业务利润	9.7	17.08	0.433	0.551
营业利润	6.09	10.71	0.272	0.346
净利润	5.04	8.87	0.225	0.286
扣除非经常性损益后净利润	4.87	8.58	0.218	0.277

4、公司2000年度盈利预测本年度预计实现净利润3,598.95万元,实际完成3,555.58万元,完成98.8%,基本完成了盈利预测。

三、股份变动及股东情况

1、股东情况介绍
(1)截止2000年12月29日,公司股东总数为45,931户。
(2)前十名股东持股情况表(单位:股)

序号	股东姓名	年末持股	占股本比例%	股份性质
1	内蒙古伊克昭盟亿利集团公司	97,371,000	61.6272	国有法人股
2	景宏基金	1,544,345	0.9774	公众股
3	杭锦旗金田农业开发有限公司	986,000	0.6241	法人股
4	卢蓓华	784,500	0.4965	公众股
5	伊克昭盟崇金泓塑料制品有限公司	657,000	0.4158	法人股
6	伊克昭盟富强建筑安装有限公司	657,000	0.4158	法人股
7	隆元基金	429,800	0.2720	公众股
8	伊克昭盟亿通煤化有限责任公司	329,000	0.2082	法人股
9	葛洪	220,000	0.1392	公众股
10	管凤英	216,236	0.1369	公众股

在以上股东中,内蒙古亿利集团公司是公司控股股东。
前十名股东不存在任何关联关系。
公司董事、监事、高级管理人员没有持有本公司股票的情况。
本公司无内部职工股,无转配股。
(3)持股5%以上法人股东情况
截止报告期末,持有本公司5%以上的股东为内蒙古亿利集团公司,持有本公司国有法人股61.6272%,合计97,371,000股,报告期内,该公司所持股份没有发生变动,也没有任何质押情况和其他任何法律争议。
(4)报告期内控股股东没有发生变化。

江苏恒瑞医药股份有限公司

二〇〇〇年年度报告摘要

一、公司简介

1 、公司法定中文名称:江苏恒瑞医药股份有限公司
公司中文名称缩写:恒瑞医药
公司法定英文名称:JIANGSU HENGRUI MEDICINE CO. ,LTD.
公司英文名称缩写:HR
2 、公司法定代表人:孙飘扬
3 、公司董事会秘书:陈学民
联系地址:连云港市新浦人民东路 145 号
联系电话:0518 -5457194
传 真:0518 -5452340
电子信箱:cxm@hengruipharm. com
4 、公司注册地址:连云港市经济技术开发区黄河路 38 号
邮政编码:222007
公司办公地址:连云港市新浦区人民东路 145 号
邮政编码:222002
公司国际互联网网址:http://www. hengruipharm. com
公司电子信箱:hr@hengruipharm. com
5 、公司选定的信息披露报纸:上海证券报
登载公司年度报告的中国证监会指定国际互联网网址:http://www. sse. com. cn
公司年度报告备置地点:江苏恒瑞医药股份有限公司董秘办
6 、公司股票上市交易所:上海证券交易所
股票简称:恒瑞医药
股票代码:600276

二、会计数据和业务数据摘要

1 、公司本年度主要利润指标情况(金额单位:人民币元)
利润总额:81,887,217.07
净 利 润:65,271,386.36
扣除非经常性损益后的净利润:57,032,302.16
主营业务利润:253,003,621.41
其他业务利润:4,054,609.98
营业利润:74,217,491.08
投资收益:-865,935.79
补贴收入:2,117,458.15
营业外收支净额:6,418,203.63
经营活动产生的现金流量净额:19,605,766.42
现金及现金等价物净增加额:274,681,257.77
注:非经常性损益涉及的项目和金额:
(1)营业外收入:8809888.76 元
①扣除本次新股发行过程中冻结的无效申购资金利息报告期内分摊的部分 7,665,340.66 元;
②罚款、赔款收入:147675.57 元;
③无法支付的应付款项:175963.85 元;
④捐赠收入:4000 元;
⑤固定资产清理收入:344487.64 元;
⑥其它收入:472421.04 元;
(2)营业外支出:570804.56 元
①固定资产清理损失:245253.80 元;
②捐赠支出:285888.00 元;
③罚款支出:39662.76 元;
2 、截止报告期末公司前三年的主要会计数据和财务指标

金额单位:人民币元

指标名称	2000 年	1999 年	1998 年
主营业务收入	484,707,192.06	413,929,931.49	363,792,258.93
净利润	65,271,386.36	51,332,467.70	43,229,968.32
总资产	986,273,264.76	463,707,546.17	365,524,357.77
股东权益 (不含少数股东权益)	670,432,577.19	160,429,672.90	139,737,705.20
每股收益(全面摊薄)	0.491	0.553	0.698
每股收益(加权平均)	0.635	0.553	0.698
扣除非经营性损益后 的每股收益	0.429	0.553	0.698
每股净资产	5.047	1.728	2.257
调整后的每股净资产	5.008	1.627	2.089
每股经营活动产生 的现金流量净额	0.148	0.365	0.293
净资产收益率% (全面摊薄)	9.74	32.00	30.94
净资产收益率% (加权平均)	21.07	38.09	37.31

3 、报告期利润表附表

报告期利润	净资产收益率%		每股收益	
	全面摊薄	加权平均	全面摊薄	加权平均
主营业务利润	37.74	81.69	1.904	2.460
营业利润	11.07	23.96	0.559	0.722
净利润	9.74	21.07	0.491	0.635
扣除非经营性损益后的净利润	8.51	18.60	0.434	0.560

注:①以上数据根据公司合并会计报表数填列数填列或计算后填列。
②报告期末至摘要披露日,公司股本未发生变化。
③主要指标计算公式:
每股收益=净利润÷年度末普通股股总数
每股净资产=年度末股东权益÷年度末普通股股份总数
调整后的每股净资产=(年度末股东权益-三年以上的应收款项净额-待摊费用-待处理(流动、固定)资产净损失-开办费-长期待摊费用-住房周转金负数余额)÷年度末普通股股份总数
每股经营活动产生的现金流量净额=经营活动产生的现金流量净额÷年度末普通股股份总数
净资产收益率=净利润÷年度末股东权益×100 %
全面摊薄净资产收益率=报告期利润÷期末净资产
全面摊薄每股收益=报告期利润÷期末股份总数
加权平均净资产收益率 $= P \div (E0 + NP \div 2 + Ei \times Mi \div M0 - Ej \times Mj \div M0)$
其中:P 为报告期利润;NP 为报告期净利润;E0 为期初净资产;Ei 为报告期发行新股或债转股等新增净资产;Ej 为报告期回购或现金分红等减少净资产;M0 为报告期月份数;Mi 为新增净资产下一月份至报告期末的月份数;Mj 为减少净资产下一月份起至报告期末的月份数。
加权平均每股收益 $= P \div (S0 + S1 + Si \times Mi \div M0 - Sj \times Mj \div M0)$
其中:P 为报告期利润;S0 为期初股份总数;S1 为报告期因公积金转增股本或股票股利分配等增加股份数;Si 为报告期发行新股或债转股等增加股份数;Sj 为报告期回购或缩股等减少股份数;M0 为报告期月份数;Mi 为增加股份下一月份至报告期末的月份数;Mj 为减少股份下一月份起至报告期末的月份数。
3 、报告期内股东权益变动情况

项 目	股 本	资本公积	盈余公积	法定公益金	未分配利润	股东权益合计
期初数	92850000	3,892,793.38	14,019,799.36	14,019,799.36	27,024,264.73	151,806,656.83
本期增加	40000000	426,639,534.00	7,032,824.64	7,032,824.64	51,205,737.08	531,910,920.36
本期减少	-	-	-	-	13,285,000.00	13,285,000.00
期末数	132850000	430,532,327.38	21,052,624.00	21,052,624.00	64,945,001.81	670,432,577.19

变动原因:
①股本变动是因为本年度公司向社会公开发行了 4000 万社会公众股;
②资本公积变动主要是因为新股发行价格超过面值形成的溢价收入。
③盈余公积金和法定公益金变动是因为母公司和控股子公司按税后利润 10% 提取后按权益法核算合并所致。
④未分配利润增加是因为公司本年度实现的净利润,减少是根据公司董事会分配预案进行利润分配所致。

三、股本变动及股东情况

(一)股本变动情况
1 、股份变动情况表

数量单位:股

	本次变动前	本次变动增减(+,-) 配股	送股	公积金转股	增发	转(受)让	小 计	本次变动后
一、未上市流通股份								
1、发起人股份	92850000							92850000
其中:国家持有股份	67815000					+1475	+1475	82565000
境内法人持有股份	25035000					-1475	-1475	10285000
境外法人持有股份								
其他								
2 、募集法人股份								
3 、内部职工股								
4 、优先股或其他								
其中:转配股								
未上市流通股份合计	92850000							92850000
二、已上市流通股份								
1 、人民币普通股					40000000		40000000	40000000
2 、境内上市的外资股								
3 、境外上市的外资股								
4 、其他								
已上市流通股份合计					40000000			40000000
三、股份总数	92850000						40000000	132850000

2 、股票发行与上市情况
本公司是 1997 年 2 月经江苏省人民政府苏政复[1997] 19 号文批准,由连云港市医药工业公司作为主要发起人,联合中国医药工业公司、连云港市医药工业公司工会、连云港市医药采购供应

站、连云港康缘制药有限公司共同发起设立的股份有限公司。公司设立时总股本 6190 万股。

1998 年 12 月经江苏省人民政府批准,连云港市医药工业公司改制为连云港恒瑞集团有限公司并被授权为国有资产投资主体,继续持有股份公司国有股股份。

根据江苏省国有资产管理局苏国资企[1999] 39 号文,公司股权结构如下:

股东名称	持股数量(万股)	持股比例(%)	股权性质
连云港恒瑞集团有限公司	4521	73.04	国家股
连云港恒瑞集团有限公司工会	1000	16.16	法人股
中国医药工业公司	619	10.00	国有法人股
连云港市医药采购供应站	30	0.48	国有法人股
连云港康缘制药有限公司	20	0.32	法人股
合 计	6190	100	

1999 年 5 月 5 日,公司 98 年度股东大会审议通过了公司 1998 年利润分配方案,决定 1998 年分配普通股股利为每 10 股派发红股 5 股,剩余利润结转下一年度分配。本次送股后,公司总股本增至 9285 万股。

2000 年 4 月 28 日,为了进一步规范公司股权结构,连云港恒瑞集团有限公司工会将持有的本公司 1500 万股,分别转让给连云港恒瑞集团有限公司 1475 万股、转让给连云港圣发包装工业有限公司 25 万股,转让价格均为 1.73 元/股。股权转让后,连云港恒瑞集团有限公司工会不再持有本公司股份。公司股票发行前,股份公司股本结构如下:

股东名称	持股数量(万股)	持股比例(%)	股权性质
连云港恒瑞集团有限公司	8256.5	88.93	国家股
中国医药工业公司	928.5	10.00	国有法人股
连云港市医药采购供应站	45	0.48	国有法人股
连云港康缘制药有限公司	30	0.32	法人股
连云港圣发包装工业有限公司	25	0.27	法人股
合计	9285	100	

2000 年 9 月 7 日,经中国证券监督管理委员会证监发行字[2000]122 号文核准,向社会公开发行了人民币普通股 4000 万股(A 股),面值 1 元/股,发行价 11.98 元/股。经上海证券交易所上证上字[2000]第 79 号文批准,公司 4000 万股社会公众股于 2000 年 10 月 18 日在上海证券交易所上市。发行后总股本为 13285 万股,其股权结构如下:

股份类型	股数(万股)	所占比例(%)
发起人股	9285	69.89
社会公众股	4000	30.11
总股本	13285	100

(二)公司股东情况介绍

1 、截止 2000 年 12 月 31 日,公司股东总数为 12390 户。

2 、截止 2000 年 12 月 31 日,公司前十名股东持股情况(单位:股)

序号	股东名称	期初持股数	期末持股数量	占总股本比例(%)	持股性质
1	连云港恒瑞集团有限公司	67815000	82565000	62.15	国家股
2	中国医药工业公司	9285000	9285000	6.99	国有法人股
3	安信基金		3065546	2.31	公众股
4	安顺基金		1606872	1.21	公众股
5	景福基金		1098000	0.84	公众股
6	国信证券		1051620	0.79	公众股
7	天元基金		1043374	0.78	公众股
8	兴华基金		1000000	0.75	公众股
9	同益基金		829707	0.62	公众股
10	景阳基金		698037	0.52	公众股

注:安信基金和安顺基金、景福基金和景阳基金分别同属于一个基金管理公司。

3 、持有本公司 5 %以上股份的股东情况

①连云港恒瑞集团有限公司所持有的公司股份为国家股,年初持有公司股份 67,815,000 股,年末持有公司股份 82,565,000 股,占公司总股本的 62.15 %。该公司法定代表人:徐维钰,经营范围:政府授权范围内的国有资产、控股、参股子公司中股权属于集团公司的国有资产和政府授权的其它国有资产的管理营运。所持股份没有质押或冻结的情况。

②中国医药工业公司持有公司股份 9,285,000 股,占公司总股本的 6.99%,本年度内持有股份数没有变动。该公司法定代表人:张明禹,经营范围:化学原料药、医药中间体、饲料添加剂、食品添加剂、饮料、药用化妆品、药品包装材料的组织生产和销售;医药工业生产所需仪器、设备的销售;中成药、西药制剂的批发;自营或代理除国家另行规定外商品和技术的进出口业务等。该公司所持有股份没有质押或冻结的情况。

4 、报告期内本公司无控股股东变更情况。

四、股东大会简介

(一)1999 年股东大会

公司于 2000 年 3 月 16 日以传真形式发出了关于召开公司 1999 年年度股东大会的通知。2000 年 4 月 16 日上午在本公司三楼会议室召开了 1999 年年度股东大会,出席会议的股东及股东代表 5 人,代表股份 9285 万股,占公司总股本的 100%,会议程序符合《公司法》和本公司章程的有关规定。经大会审议和表决通过了以下决议:

1 、审议通过了公司《1999 年度董事会工作报告和 2000 年工作计划》;

2 、审议通过了公司《1999 年度监事会工作报告》;

3 、审议通过了公司《1999 年度财务决算报告》及公司《1999 年度利润分配预案》;

经江苏亚金诚会计师事务所审计确认,1999 年度公司实现净利润为 51,332,467.70 元,提取 10%的法定公积金 5,735,940.91 元,提取 10%的法定公益金 5,735,940.91 元,1999 年度可供分配利润 39,860,585.88 元,加上历年留存,可向股东分配的未分配利润共 66,287,780.80 元。

经公司董事会一届七次会议审议通过 1999 年度利润分配预案是:1999 年度分配普通股利为每股派发现金股利 0.33 元,余下可分配利润结转下一年度。

4 、审议通过了公司四项准备计提政策。

(二)2000 年第一次临时股东大会

公司于 1999 年 12 月 10 日以传真形式发出了关于召开 2000 年第一次临时股东大会的通知,2000 年 1 月 10 日上午大会在公司三楼会议室召开。出席会议的股东及股东代表 5 人,代表股份 9285 万股,占公司总股本的 100 %,符合《公司法》和本公司章程的有关规定。经大会审议和表决通过了以下决议:

1 、鉴于公司向社会公开发行股票项目进展顺利,预计 2000 年可望完成发行上市工作,成为上市公司。会议决定通过《江苏恒瑞医药股份有限公司章程》(草案),使之更加符合《上市公司章程指引》的要求,待公司上市后正式实施。

2 、会议决定公司 1999 年度利润分配后的余滚存利润及其今后年度所产生的利润由现有股东和本次公开发行股票后所产生的股东共同享有。

(三)2000 年第二次临时股东大会

公司于 2000 年 2 月 1 日以传真形式发出了关于召开 2000 年第二次临时股东大会的通知,2000 年 3 月 1 日上午大会在公司三楼会议室召开。出席会议的股东及股东代表 5 人,代表股份 9285 万股,占公司总股本的 100%,会议程序符合《公司法》和本公司章程的有关规定。经大会审议和表决通过了以下决议:

1 、选举产生新一届董事会成员;

2 、选举产生新一届监事会成员。

(四)2000 年第三次临时股东大会

公司于 2000 年 5 月 12 日以传真形式发出了关于召开 2000 年第三次临时股东大会的通知,2000 年 6 月 15 日上午大会在公司三楼会议室召开。出席会议的股东及股东代表 5 人,代表股份 9285 万股,占公司总股本的 100 %,会议程序符合《公司法》和本公司章程的有关规定。经大会审议和表决通过了以下决议:

1 、决定将一九九九年六月二十日临时股东大会通过的决议向社会公众发行的 6000 万股人民币普通股减少为 5000 万股,每股面值一元,发行价格以证券主管部门的核准为准。

2 、决定将一九九九年六月二十日临时股东大会通过的发行股票募集资金投资项目的决议进行调整。会议决议,投资项目调整后,公司本次发行股票所募资金投资于如下项目:

①抗肿瘤药等国家级新药制剂技术改造项目

②省级企业技术中心技术改造项目

③国家二类新药来曲唑原料药生产线技术改造项目

④药品包装用纸/铝/塑复合膜袋技术改造项目

⑤药用铝塑复合易撕膜技术改造项目

⑥铝塑复合软管技术改造项目

⑦粘合剂技术改造项目

⑧药用复合成型材料技术改造项目

⑨凹印制版生产线技术改造项目

⑩建立公司国内营销网络

3 、授权董事会具体负责向社会公众发行 5000 万股人民币普通股的工作。

(五)2000 年第四次临时股东大会

公司于 2000 年 7 月 20 日以传真形式发出了关于召开 2000 年第四次临时股东大会的通知,2000 年 8 月 21 日上午大会在公司三楼会议室召开。出席会议的股东及股东代表 5 人,代表股份 9285 万股,占公司总股本的 100%,会议程序符合《公司法》和本公司章程的有关规定。经大会审议和表决通过了以下决议:

1 、决定将二 000 年六月十五日临时股东大会通过的决议向社会公众发行的 5000 万股人民币普通股减少为 4000 万股,每股面值一元,发行价格以证券主管部门的核准为准。

2 、决定二 000 年六月十五日临时股东大会通过的发行股票募集资金投资项目不变。公司本次发行股票所募集资金投资于如下项目:

①抗肿瘤药等国家级新药制剂技术改造项目

②省级企业技术中心技术改造项目

③国家二类新药来曲唑原料药生产线技术改造项目

④药品包装用纸/铝/塑复合膜袋技术改造项目

⑤药用铝塑复合易撕膜技术改造项目

⑥铝塑复合软管技术改造项目

⑦粘合剂技术改造项目

⑧药用复合成型材料技术改造项目

⑨凹印制版生产线技术改造项目

⑩建立公司国内营销网络

3 、授权董事会具体负责向社会公众发行 4000 万股人民币普通股的工作。

(五)报告期内选举、更换公司董事、监事情况

报告期内由于公司第一届董事会和监事会任期届满,于 2000 年 3 月 1 日召开了第二次临时股东大会,选举产生了公司第二届董事会和监事会。新一届董事会由孙飘扬、李永安、王述东、周启群、徐根华五人组成,新一届监事会由周锡富、徐金官、汪广汉、陈洪民、崔健五人组成。

五、董事会报告

2000 年,在世界经济一体化潮流的推动下,跨国制药公司的购并活动高潮迭起,医药高新技术领域的竞争日趋白热化。与此同时,国内医药行业又处在深化改革的大背景之中——药品价格、生产和流通机制整顿,医疗保障体制改革,国家对药品监管力度加大,市场约束机制进一步增强;国内不少有实力的企业集团通过实施战略调整,开始涉足医药行业,企业外部经营环境正发生着深刻的变化,这一切给公司提出了更高、更严的要求。在过去的一年里,公司在董事会的领导下,在全体员工的努力下,紧紧围绕"结构调整,产业升级"的总体要求,坚持科技与体制创新,加大技改力度,不断提高产品质量;针对市场变化,适时调整经营方针,完善科学的市场管理体系,强化销售策略,拓宽销售渠道,企业经济总量不断增大,圆满的完成了年初制订的经营目标。

(一)公司经营情况

1 、公司所处的行业以及公司在本行业中的地位。

公司属医药行业。本公司是国家重点的抗肿瘤药物生产基地,抗肿瘤药销量在国内名列前茅,同时也是国家定点的麻醉药品生产主要厂家之一,96 年被卫生部、国家医药局确定为我国参加国际麻管组织交流的窗口。公司是江苏省重点扶持的六个医药企业之一,是省政府授予的技术进步先进企业和省环保局授予的省环境保护先进单位,全国医药行业优秀企业,被科技部确定为国家重点高新技术企业,2000 年被江苏省人事厅、江苏省经济贸易委员会批准建立博士后技术创新中心。公司主要经济技术指标、经济效益综合指标在全国医药企业中排名靠前。

2 、公司主营业务范围及及经营状况

公司主要从事化学原料药及片剂、针剂、胶囊、粉针等西药制剂的开发、制造和销售;药用 SP 复合膜、PTP 铝箔的制造和销售。

(1)主营业务收入和利润情况

本年度主营业务收入完成 48471 万元,比去年同期 41393 万元增长 17.1%;主营业务利润完成 25300 万元,比去年同期 19351 万元增长 30.74%;利润总额 8189 万元,比去年同期 6271 万元增长 30.59%。

(2)公司主营业务收入的构成

主要产品	销售收入(万元)	占公司主营业务收入的比重
l 抗肿瘤药品	13328	27.5%
l 麻醉镇痛药品	2290	4.7%
l 抗感染类药品	10144	20.9%
l 其他药品	6783	14.0%
l 药用包装材料	15926	32.9%
合计	48471	100%

3 、公司主要全资附属企业及控股子公司的经营情况及业绩

连云港中金医药包装有限公司是本公司持有 95%股份的控股子公司。该公司拥有从日本引进了具有九十年代国际先进水平的药用 PTP 铝箔及 SP 软包装材料生产线,建成了两个符合 GMP 规范要求的生产工厂,是目前国内医药包装行业规模最大、设施最先进的企业,1993 年被国家经贸委等六部委认定为国家大型二类企业。1998 年通过 ISO9002 质量体系认证,2000 年被科技部认定为国家重点高新技术企业。主要产品 PTP 铝箔和 SP 复合膜被认定为江苏省名牌产品,并荣获国家医药局优质产品称号。目前,药用 PTP 和 SP 的生产量全国最大,国内市场占有率 30%以

上,并批量出口。

该公司 2000 年主营业务收入 15926 万元,利润总额 839 万元,净利润 532 万元。

4 、在经营中出现的问题与困难及解决方案

随着我国医疗体制改革的逐步深化,药品降价、药品招标采购制度的推行,医药行业的市场竞争日趋激烈;同时,随着中国加入 WTO 的临近,也给公司的发展提出新的挑战。针对上述问题和困难,公司主要采取了以下对策:

①顺应医药体制改革要求,不断强化市场,调整营销策略。

2000 年,随着国家各项医疗配套措施的出台及药品招标采购制度的普遍推广,药品销售面临巨大挑战。为了抢占市场制高点,扩大市场占有率,公司根据市场变化情况,不断调整工作思路和营销策略,取得了比较好的效果。一是加强销售队伍建设,细分目标市场。首先,公司健全了遍及全国的销售网络,完善了办事处、大区销售经理、销售公司三级销售网络,构筑了以"重点城市为基础辐射周边,从中心城市渗透到县城"的销售战略;其次,由于公司新产品品种较多,原有的销售体系无力经营过多的品种,为了使每一种新产品都能产生良好的经济效益,公司合理的调整了产品经营布局,成立了新药销售二公司。一年中新增销售人员 70 余人,积极开拓市场,已初步打开局面。二是加强临床宣传推广工作。除了继续采用媒体宣传和临床推广外,还成立了市场部,对一些重点品种派出专业人员或聘请专家教授,到一些城市和医院进行学术推广,为新销售提供及时可靠的技术支持和临床依据。三是在经济较好的大中城市选择产品代理商,拓宽销售渠道。上海办事处对贝莱(盐酸氨溴索)尝试开发了委托总经销的模式,销售实绩明显。四是加强内部管理与考核,根据市场变化规律和销售部门的实际情况,公司制订了一套行之有效的管理制度。完善新药内勤管理,严格对开发费用的审核,在所有办事处都设立了专职会计,制订了严格的会计制度;成立督察室,设立督导会计,强化审计职能,完善监督机制,减少了销售中的违法违纪现象;建立计算机销售网络系统,通过网络系统完成销售的发货、财务、信息管理等工作,提高了效率,降低了成本。目前,公司已经有 14 个办事处进行了试点联网,效果良好。

②深化科研协作机制,推动产品创新工作。

随着医药行业在国际和国内两个市场竞争愈加激烈,开发高新技术含量的新药,已成为企业相互竞争的焦点。对此,公司把新产品开发作为一项关系到企业生存和发展的关键来抓。一方面,公司在加强自身科研能力的同时,注重与科研院所建立长期合作关系,分别与中国医学科学院药物所共建 COX-2 酶抑制剂创新实验室,与中国医学科学院生物技术研究所共建噻诺酮类抗生素创新实验室,与中国药科大学共建大环内酯类抗生素创新实验室,变过去的单纯产品转让为成果共享、利益共享的合作关系,既加快了新产品开发又促进了人才培养。另一方面,公司充分发挥科技与人才优势,加大植物药研究力度,力争在植物药领域占有一席之地,目前已有 2 个具有领先水平的中药产品正在 报批临床。截止 2000 年 12 月底,公司共获得 11 个国家新药证书,其中二类新药证书 4 个,分别为奥沙利铂原料及注射用奥沙利铂(四类新药)、盐酸拓朴替康原料及注射用盐酸拓朴替康(二类新药)、脱氧氟尿苷原料及胶囊(四类新药)、厄贝沙坦原料及片剂(二类新药)、亚叶酸钙片(四类新药)、亚叶酸钙注射液(四类新药)、苯佐卡因糊剂(四类新药)。另外,已获新药证书的盐酸氨溴索原料及制剂、来曲唑原料及制剂分别被国家经贸委和国家科委认定为国家重点新产品,来曲唑原料及制剂被列入国家科委火炬项目计划,奥沙利铂原料及制剂被列入江苏省星火项目计划,盐酸氨溴索原药及制剂被列入江苏省火炬项目计划。

③抓好 GMP 认证工作。根据国家药监局对 GMP 认证的的进度要求,公司成立了专门的 GMP 认证办公室,由一名领导直接负责此项工作,通过完善和提高车间软硬件建设,加强对员工的培训教育,2000 年下半年分别通过了片剂、小容量注射剂、粉针剂和冻干粉针的 GMP 认证,为企业的发展奠定了基础。

(二)公司财务状况

1 、公司财务状况

单位:元

项目	2000 年	1999 年	增减(%)
总资产	986,273,264.76	463,707,546.17	+112.69
长期负债	123,807,867.92	36,699,210.91	+237.58
股东权益(不含少数股东权益)	670,432,577.19	160,429,672.90	+317.90
主营业务利润	253,003,621.41	193,512,209.86	+30.74
净利润	65,271,386.36	51,332,467.70	+27.15

财务指标变动情况主要原因:

①总资产及股东权益的增加主要是因为发行新股、经营盈利所致。

②长期负债的增加是因为公司增加银行长期借款所致。

③主营业务利润和净利润的增加是因为公司调整产品结构、拓展销售市场、调整营销策略所致。

2 、公司的财务会计报表经江苏苏亚金诚会计师事务所审计,出具了无保留意见的审计报告。

(三)公司投资情况

1 、募集资金运用情况

公司于 2000 年 9 月以每股 11.98 元的发行价发行人民币普通股 4000 万股,实募资金 46660 万元,截止报告期末,募集资金实际投入的项目与招股说明书承诺项目一致,实际投入 11073 万元,余额存于银行及购买变现性强的债券。具体情况如下:

①抗肿瘤药等国家级新药制剂项目技改项目

该项目计划总投资 15414 万元,其中固定资产投资 12814 万元,铺底流动资金 2600 万元。报告期内募集资金投入 6390 万元,其中抗肿瘤冻干粉针车间和无菌分装粉针车间已竣工(包括设备安装),并通过了国家 GMP 认证。针剂车间引进的 1 条安瓿/西林瓶洗、灌、封联动生产线(德国 BOSCH 公司),1 条安瓿/西林瓶托盘联动包装线(意大利马可西尼公司)已签约,预计 2001 年 9 月到港,2002 年上半年全部竣工投产。

②省级企业技术中心技改项目

该项目总投资 2456 万元。报告期内募集资金投入 1900 万元,科研大楼和中试车间已竣工,主要仪器设备已安装完毕,预计年内可完成。

③药品包装用纸/铝/塑复合膜袋技改项目

该项目总投资 3185 万元,其中固定资产投资 2700 万元,铺底流动资金 485 万元。报告期内募集资金投入 183 万元,完成了场地回填、厂房委托设计以及干法复合机、柔版印刷机等引进设备的招标、国外考察、合同签约等工作,预计年内主体工程完工,2002 年上半年竣工投产。

④药用铝塑复合易撕膜技改项目

该项目总投资 4361 万元,其中固定资产投资 3946 万元,铺底流动资金 415 万元。2000 年完成了挤出复合机等引进设备的招标、考察及合同的签约,报告期内该项目募集资金尚未投入,预计 2002 年上半年投产。

⑤铝塑复合软管技改项目

该项目总投资 4615 万元,其中固定资产投资 4103 万元,铺底流动资金 512 万元。2000 年完成了制管机等引进设备的招标、考察及合同的签约,报告期内该项目募集资金尚未投入,预计 2002 年上半年投产。

⑥粘合剂技改项目

该项目总投资 2783 万元,其中固定资产投资 2463 万元,铺底流动资金 320 万元。报告期内该项目募集资金尚未投入,预计年内竣工投产。

⑦药用复合成型材料技改项目

该项目总投资 4550 万元,其中固定资产投资 4020 万元,铺底流动资金 530 万元。2000 年完成了凹板印刷机等引进设备的招标、考察及合同的签约,报告期内该项目募集资金尚未投入,预计 2002 年上半年投产。

⑧国家二类新药来曲唑原料药生产线技改项目

该项目总投资 3306 万元,其中固定资产投资 2882 万元,铺底流动资金 424 万元。报告期内该项目募集资金尚未投入,预计年内竣工投产。

⑨凹印制版生产线技改项目

该项目总投资 1170 万元,其中固定资产 956 万元,铺底流动资金 214 万元。报告期内该项目募集资金尚未投入,预计 2002 年完工。

⑩建立国内营销网络项目

该项目总投资 2595 万元。截止 2000 年底,该项目募集资金投入 2600 万元,主要用于购住宅楼、租写字楼、办公设备及销售网络的联网等。该项目的完成,对公司的销售将起到很大的促进作用。

2 、报告期内无非募集资金投资项目。

(四)经营环境、宏观政策对公司未来经营产生的影响

1 、我国即将加入 WTO,一方面强化知识产权执法力度,另一方面将调低药品进口关税,医药市场的竞争将更加激烈。目前公司开发了较多的国家级新药,将使公司近几年内受益,且在价格上具有较大的竞争优势。从长远看,公司应加快技术创新能力的建设,尽快拥有自主知识产权的产品,积极参与国际市场的竞争。

2 、国家各项医改配套措施出台和药品招标采购制度的普遍实行,市场竞争更加激烈。公司一方面继续调整产品结构,加快开发高附加值、高利润的新产品,并加大新药销售力度。另一方面,对产品进行工艺改进,进一步提高产品质量,降低产品生产成本,增强市场竞争能力。

(五)新年度的业务发展计划

2001 年,是医药市场的竞争愈加激烈的一年,也是公司面临新的发展机遇的一年,公司将凭借股票上市带来的机遇,加速企业的发展。在新的一年里,公司将以产权和产品为纽带,以市场为导向,完善科研体系,突出创新工作,拓宽研究领域,强化质量管理,调整销售战略,扩大总量增长,把公司建设成为科技先导型、质量品种效益型的现代化医药大型企业。

1 、面对加入 WTO 的挑战,公司将继续抓好科技创新工作

公司将继续强化情报信息网的建设,加强与国外同行的交流,准确把握医药领域发展的趋势,为科研与生产提供决策依据。在保持现有科技和产品优势的同时,逐步拓宽研究领域,确立新的研究方向,在关节炎、糖尿病等治疗领域用药取得进展,并加大植物药的开发力度,力争 2001 年有二个植物药进入临床。在与大专院校加强合作共建实验室的同时,公司将在上海等地建立自己的创新研究基地,吸纳高层次科研人员,从事新化合物和新剂型的创新研究工作。此外,要做好布托啡诺、吡格列酮、雷洛昔芬等已进入临床研究的药品报批工作,力争 2001 年获得新药证书及生产批件。

2 、面对国内同行业竞争日趋激烈的严峻局面以及医疗体制改革、药品采购招标制度所带来的新形势,公司将采取多种灵活有效的措施,加大营销力度。首先,加强新品投放市场的开发力度,确保新产品能快速占领市场,并加快产品与剂型的更新换代,提高产品的附加值。其次,调整销售布局,增加单位品种的销售量,使每个新产品的销售潜力充分发挥出来。对两个新药销售公司,按药品的药理作用进行销售定位,把现有的产品做好、做精,尤其是对过去销售力度不大的品种要加大销售力度,保持和提高产品市场占有率。第三,加强品牌宣传工作。公司将对贝莱等药品进行广告宣传,扩大产品和公司的知名度。此外,将加强学术推广活动,组织或参加相关医学专题会议或产品介绍会议,从多方面提升公司的品牌和形象。第四,进一步完善计算机销售网络系统的建设,力争在物流和客户配送方面有所突破,争取在所有办事处实行网络销售配送,并逐步和企业内部的原材料采购、生产计划、制造等环节有机的联系起来,降低运营成本,提高资源利用率。

3 、加大技术改造力度,强化车间和产品认证工作

公司在 2001 年将对招股说明书中披露的投资项目按计划进行实施,力争绝大多数在年内完工。同时将进行小针剂的国家 GMP 认证工作以及异环磷酰胺等原料药的 FDA 认证工作。

4 、审慎进行资本运作,循序渐进地实施和完成对外资本扩张

在资本运作方面,公司将坚持审慎的原则,坚持成熟一个,发展一个,确立求强而不贪大的原则,确保资本运作的有效性,有效增加投资收益,推动企业做强做大。

(六)董事会日常工作情况

1 、报告期内董事会的会议情况及决议内容

①公司于 2000 年 1 月 21 日召开了董事会一届七次会议,会议审议通过的决议如下:公司 1999 年度董事会工作报告和 2000 年工作计划;公司 1999 年度财务决算报告和 1999 年度利润分配预案;公司"存货跌价准备、短期投资跌价准备、长期投资减价准备、坏帐准备计提"四项准备计提政策。

②公司于 2000 年 2 月 1 日召开了董事会一届八次会议,会议审议通过了董事会换届选举的决议。公司第一大股东连云港恒瑞集团有限公司推选孙飘扬、李永安、周启群、徐根华四人,公司第二大股东中国医药工业公司推荐王述东一人为公司第二届董事会成员候选人。

③公司于 2000 年 3 月 1 日召开了董事会二届一次会议,会议审议通过的决议如下:选举孙飘扬先生为公司董事长;选举李永安先生为公司副董事长;聘任李永安先生为公司总经理;根据总经理提名,聘任周启群先生、徐根华先生为公司副总经理,孙杰平先生为公司财务总监;根据董事长提名,聘任陈学民先生为公司董事会秘书;聘任陈永江先生为公司副总工程师。

④公司于 2000 年 5 月 12 日召开了董事会二届二次会议,会议审议通过的决议如下:将一九九九年六月二十日临时股东大会通过的决议向社会公众发行的 6000 万股人民币普通股减少为 5000 万股,每股面值一元,发行价格以证券主管部门的批准为准;将一九九九年六月二十日临时股东大会通过的发行股票募集资金投资项目的决议进行调整。投资项目调整后,公司本次发行股票所募资金投资于如下项目:抗肿瘤药等国家级新药制剂技术改造项目;省级企业技术中心技术改造项目;国家二类新药来曲唑原料药生产线技术改造项目;药品包装用纸/铝/塑复合膜袋技术改造项目;药用铝塑复合易撕膜技术改造项目;铝塑复合软管技术改造项目;粘合剂技术改造项目;药用复合成型材料技术改造项目;凹印制版生产线技术改造项目;建立公司国内营销网络。

⑤公司于 2000 年 7 月 20 日召开了董事会二届三次会议,会议审议通过的决议如下:将二 000 年六月十五日临时股东大会通过的决议向社会公众发行的 5000 万股人民币普通股减少为 4000 万股,每股面值一元,发行价格以证券主管部门的批准为准;决定二 000 年六月十五日临时股东大会通过的发行股票募集资金投资项目不变。

上述会议的召开均在公司上市之前,故未予公告。

2 、董事会对股东大会决议的执行情况

①按照 2000 年 4 月 16 日召开的 1999 年度股东大会的决议,公司董事会实施了 1999 年度公司利润分配议案、计提各项资产减值准备议案。

②2000 年 8 月 21 日临时股东大会授权公司董事会办理公司向社会公开发行 4000 万股人民币普通股事宜,公司董事会在完成了股票发行的各项准备工作之后,获中国证券监督管理委员会核准,于 2000 年 9 月 7 日以每股 11. 98 元的价格成功发行了 4000 万股社会公众股,募集资金总量为 47920 万元。

(七)公司管理层及员工情况

1 、董事、监事、高级管理人员

①现任公司董事、监事、高级管理人员情况介绍

姓 名	职 务	性别	年龄	任 期	年初持股数	年末持股数
孙飘扬	董事长	男	43	2000.3 - 2003.3	0	0
李永安	副董事长 总经理	男	44	2000.3 - 2003.3	0	0
周启群	董事副总经理	男	57	2000.3 - 2003.3	0	0

徐根华	董事副总经理	男	39	2000.3 -2003.3	0	0
王述东	董事	男	39	2000.3 -2003.3	0	0
周锡富	监事长	男	49	2000.3 -2003.3	0	0
徐金官	监事	男	38	2000.3 -2003.3	0	0
汪广汉	监事	男	38	2000.3 -2003.3	0	0
陈洪民	监事	女	46	2000.3 -2003.3	0	0
崔健	监事	男	31	2000.3 -2003.3	0	0
陈永江	副总工程师	男	37	2000.3 -2003.3	0	0
陈学民	董事会秘书	男	33	2000.3 -2003.3	0	0
孙杰平	财务总监	男	31	2000.3 -2003.3	0	0

②现任本公司董事、监事、高级管理人员年度报酬情况

本年度公司董事、监事、高级管理人员年度报酬:3 -5 万元的 4 人,6 -8 万元的 3 人,15 -25 万元的 3 人。王述东、周锡富、汪广汉不在公司领取报酬。

③报告期内,公司没有董事、监事、高级管理人员离任。

④聘任或解聘公司经理、董事会秘书的情况。

公司董事会二届一次会议聘任李永安先生为公司总经理,并根据李永安先生的提名聘任周启群先生、徐根华先生为公司副总经理,聘任陈学民先生为公司董事会秘书。

2 、公司员工的数量、专业构成

报告期内公司共有员工 1544 人,其中生产人员 677 人,销售人员 450 人,研究及技术人员 218 人,财务人员 42 人,行政人员 137 人,其它人员 20 人。以上人员中本科及以上学历 239 人,大专学历 340 人。

公司现有离退休职工 101 人。

(八)本次利润分配预案或资本公积金转增股本预案

1 、利润分配预案

经江苏苏亚金诚会计师事务所审计,公司 2000 年度实现净利润 65,271,386.36 元,加上历年留存的 27,024,264.73 元,本次可供分配的利润为 92,295,651.09 元;母公司和控股子公司分别提取 10%法定公积金和 10%法定公益金,按权益法核算合并提取的法定公积为 7,032,824.64 元,法定公益金为 7,032,824.64 元,本次可供股东分配利 润共 78,230,001.81 元。

董事会提议以 2000 年总股本 13285 万股为基数,向全体股东按每 10 股派现金 1 元(含税),每 10 股派送红股 3 股,总计可分配利润支出总额为 53,140,000 元,剩余 25,090,001.81 元结转下年度。

2 、公积金转增股本预案

公司 2000 年末有资本公积金 430,532,327.38 元,董事会提议本次按 2000 年末总股本 13285 万股为基数向全体股东以每 10 股转增 3 股,若实施后尚余资本公积金 390,677,327.38 元结转下年度。

以上分配和转增预案需提交 2000 年度股东大会审议通过后实施。

3 、预计 2001 年利润分配政策

①公司拟在 2001 年结束后分配利润一次;

②公司下一年度实现净利润用于股利分配的比例不低于 15%;

③公司本年度末分配利润用于下一年度股利的分配比例不低于 15%;

④分配将采用派现金或派现金和送红股相结合的方式,其中现金股息约占股利分配的比例不低于 15%。

⑤上述 2001 年度利润分配政策为预计方案,公司董事会保留根据公司实际情况对该政策进行调整的权利。

(九)其它报告事项

1 、公司本年度信息披露报纸为《中国证券报》、《上海证券报》。

2 、本年度公司聘任的审计机构为江苏苏亚金诚会计师事务所,没有变更。

六、监事会报告

(一)报告期内监事会会议情况及决议内容

报告期内公司监事会共召开 3 次会议,会议的主要内容和决议摘要如下:

1 、2000 年 1 月 21 日,公司监事会召开会议,会议审议并通过如下事项:公司 1999 年度董事会工作报告和 2000 年工作计划;公司 1999 年度监事会工作报告;公司 1999 年度财务决算报告和 1999 年度利润分配预案;公司"存货跌价准备、短期投资跌价准备、长期投资减价准备、坏帐准备计提"四项准备计提政策。

2 、2000 年 2 月 1 日,公司监事会召开会议,会议审议通过了监事会换届选举的决议。由连云港恒瑞集团有限公司推荐并经会议确认周锡富、汪广汉、徐金官为公司第二届监事会股东代表候选人,职工代表监事两名由公司职工代表大会选举产生。

3 、2000 年 3 月 1 日,根据股东大会和公司职代表会选举产生了公司第二届监事会,新一届监事会由周锡富、徐金官、汪广汉、陈洪民、崔健五人组成。3 月 1 日第二届监事会召开第一次全体会议,选举周锡富先生为监事会召集人。

(二)监事会对公司依法运作情况的意见

①公司依法运作情况:2000 年度公司董事会按照股东大会的决议要求,切实履行了各项决议,其决策程序符合《公司法》和《公司章程》的有关规定。公司董事、高级管理人员在履行职责和行使职权时,以公司利益为出发点,没有违反法律、法规、公司章程的行为,也没有损害公司利益的行为。

②检查公司财务情况:公司监事会认为,报告期内江苏苏亚金诚会计师事务所出具的审计报告真实地反映了公司的财务状况和经营成果。

③公司本次发行股票募集的资金正在按承诺投入项目按计划实施,没有发生变更。

④公司在报告期内无其它重大收购、出售资产的事项。

⑤公司与控股股东连云港恒瑞集团有限公司之间人员独立、资产完整、财务独立。公司与控股股东之间在土地租赁、综合服务等方面签订的关联交易均体现了公平原则,没有发生损害公司利益的情况。

七、重要事项

(一)本年度公司无重大诉讼、仲裁事项。

(二)报告期内,公司董事、监事及高级管理人员没有受监管部门处罚的情况。

(三)报告期内,公司控股股东没有发生变化。2000 年 3 月 1 日,公司召开 2000 年度第二次临时股东大会,选举并产生了公司新一届董事会、监事会,2000 年 3 月 1 日公司召开第二届董事会一次全体会议,续聘李永安先生为公司总经理,续聘陈学民先生为公司董事会秘书。

(四)报告期内,公司没有发生收购及出售资产、吸收合并事项。

(五)报告期内,公司无重大关联交易事项。

(六)公司与控股股东在人员、资产、财务上的"三分开"情况

1 、在人员方面,公司在劳动、人事及工资管理方面均保持独立,经理、副经理等高级管理人员均在公司领取薪酬。

2 、在资产方面,公司拥有独立的生产系统、辅助生产系统和配套设施,工业产权、商标、非专利技术等无形资产均由本公司拥有,本公司拥有独立的采购和销售系统。

3 、在财务方面,公司设有独立的财务部门,并建立了独立的会计核算系统和财务管理制度,并在银行独立开户。

(七)报告期内公司未改变聘任的会计师事务所。

(八)报告期内公司无其它重大合同(含担保)。

(九)报告期内无更改公司名称和股票简称的情况。

(十)承诺事项

2000 年 10 月 9 日,公司股票上市前夕,公司第一大股东承诺在公司上市后的一年内不转让其所持有的股份,报告期内没有违背承诺。

(十一)其它重大事项

2000 年 9 月 27 日,股票成功发行后公司进行了工商变更登记,注册资本由原来的 9285 万元变更为 13285 万元。

八、财务会计报告

(一)审计报告

以下是江苏苏亚金诚会计师事务所苏亚金审字[2001]第 41 号审计报告。

江苏恒瑞医药股份有限公司全体股东:

我们接受委托,审计了贵公司 2000 年 12 月 31 日的资产负债表及合并资产负债表,2000 年度的利润表及利润分配表与合并利润表及利润分配表,2000 年度现金流量表及合并现金流量表。这些会计报表由贵公司负责,我们的责任是对这些会计报表发表审计意见。我们的审计是依据中国注册会计师独立审计准则进行的。在审计过程中,我们结合贵公司的实际情况,实施了包括抽查会计记录等我们认为必要的审计程序。

我们认为,上述会计报表符合《企业会计准则》和《股份有限公司会计制度》的有关规定,在所有重大方面公允地反映了贵公司 2000 年 12 月 31 日的财务状况和 2000 年度的经营成果及现金流量情况,会计处理方法的选用遵循了一贯性原则。

江苏苏亚金诚会计师事务所有限公司　　中国注册会计师:闫建康

中国.江苏.连云港　　中国注册会计师:季作云

2000 年 2 月 23 日

(二)会计报表(见附表)

九、公司的其它有关资料

(一)公司首次注册登记日期:1997 年 4 月 28 日

变更注册登记日期:2000 年 9 月 27 日

注册地点:连云港市经济技术开发区黄河路 38 号

(二)企业法人营业执照注册号:3200001103574

(三)税务登记号码:32070470404786X

(四)公司未流通股票的托管机构:上海证券中央登记结算公司

(五)公司报告期内证券主承销机构:华夏证券有限公司

(六)公司聘请的会计师事务所名称:江苏苏亚金诚会计师事务所

办公地址:连云港市新浦海昌南路 21 号

十、备查文件目录

(一)载有董事长亲自签名的年度报告正本。

(二)载有法定代表人、主管会计工作负责人、会计机构负责人签名并盖章的会计报表。

(三)载有会计师事务所盖章、注册会计师签名并盖章的审计报告原件。

(四)报告期内在中国证监会指定报纸上公开披露过的所有公司文件的正本及公告的原稿。

江苏恒瑞医药股份有限公司

2001 年 2 月 27 日

利润及利润分配表

2000 年度

货币单位:人民币元

项目	注释	本年累计数 合并	本年累计数 母公司	上年数 合并	上年数 母公司
一、主营业务收入		484,707,192.06	325,450,395.15	413,929,931.49	277,470,516.11
减:销售折让		-	-	-	-
主营业务收入净额		484,707,192.06	325,450,395.15	413,929,931.49	277,470,516.11
减:主营业务成本		226,709,346.50	102,690,461.67	216,243,934.26	115,564,710.01
主营业务税金及附加		4,994,224.15	4,235,052,35	4,173,787,37	3,410,227.78
二、主营业务利润		253,003,621.41	218,524,881.13	193,512,209.86	158,495,578.32
加:其他业务利润		4,054,609.98	426,188.57	533,047.68	-13,778.72
减:存货跌价损失		62,130.49	-104,622.43	317,800.00	37,800.00
营业费用		111,794,602.27	99,354,515.09	66,931,168.63	58,300,915.09
管理费用		65,038,217.59	49,952,449.91	57,801,713.97	41,118,710.43
财务费用	5.28	5,945,789.96	2,462,363.96	6,737,560.36	2,284,751.58
二、营业利润		74,217,491.08	67,286,363.17	62,257,014.58	56,739,622.50
加:投资收益	5.29	-865,935.79	4,115,144.22	303,750.00	6,330,691.37
补贴收入	5.3	2,117,458.15	984,124.74	1,072,516.23	
营业外收入	5.31	8,809,888.76	7,943,505.36	840,952.67	
减:营业外支出		2,391,685.13	1,776,454.24	1,763,244.58	1,420,588.77
四、利润总额		81,887,217.07	78,552,683.25	62,710,988.90	61,649,725.10
减:所得税		16,349,680.18	13,281,296.89	11,061,313.76	10,317,257.40
减:少数股东损益		266,150.53		317,207.44	
加:未确认的投资损失					
五、净利润		65,271,386.36	65,271,386.36	51,332,467.70	51,332,467.70
加:年初未分配利润		27,024,264.73	30,008,387.55	57,377,194.92	59,155,929.46
六、可供分配的利润		92,295,651.09	95,279,773.91	108,709,662.62	110,488,397.16
减:提取法定盈余公积金		7,032,824.64	6,527,138.64	5,735,940.91	5,133,246.77
减:提取法定公益金		7,032,824.64	6,527,138.64	5,735,940.91	5,133,246.77
七、可供股东分配的利润		78,230,001.81	82,225,496.63	97,237,780.80	100,221,903.62
减:应付优先股股利					
提取任意盈余公积					
应付普通股股利		13,285,000.00	13,285,000.00	30,640,500.00	30,640,500.00
转作股本的普通股股利				30,950,000.00	30,950,000.00
八、未分配利润		64,945,001.81	68,940,496.63	35,647,280.80	38,631,403.62

资 产 负 债 表

2000 年 12 月 31 日

货币单位:人民币元

		期末数		期初数	
项目	注释	合并	母公司	合并	母公司
资产					
一、流动资产					
货币资金	5.1	359,859,736.42	334,057,851.18	85,178,478.65	76,479,487.91
短期投资	5.2	124,930,517.19	124,930,517.19		
减:短期投资跌价准备		1,181,715.79	1,181,715.79		
短期投资净额		123,748,801.40	123,748,801.40		
应收票据	5.3	1,029,200.00			
应收股利					
应收利息					
应收帐款	5.4	149,247,750.27	90,191,648.98	133,659,371.94	75,922,279.49
其他应收款	5.5	58,703,476.53	77,810,607.62	37,353,369.84	43,846,569.28
减:坏帐准备	5.6	12,638,585.20	8,113,301.56	12,148,195.83	7,633,910.30
应收款项净额		195,312,641.60	159,888,955.04	158,864,545.95	112,134,938.47
预付帐款	5.7	8,600,604.23	8,309,540.52	10,311,121.82	10,069,905.37
应收补贴款	5.8	918,583.41		1,113,589.38	
存货	5.9	97,379,234.35	62,365,325.47	76,253,879.44	52,618,198.70
减:存货跌价准备	5.9	1,159,930.49	33,177.57	1,097,800.00	137,800.00
存货净额		96,219,303.86	62,332,147.90	75,156,079.44	52,480,398.70
待摊费用					
待处理流动资产净损失					
一年内到期的长期债权投资					
其他流动资产					
流动资产合计		785,688,870.92	688,337,296.04	330,623,815.24	251,164,730.45
二、长期投资					
长期股权投资	5.1	1,566,743.77	41,426,490.52	1,566,743.77	40,917,318.50
长期债权投资	5.11	1,000.00		23,000.00	
长期投资合计		1,567,743.77	41,426,490.52	1,589,743.77	40,917,318.50
减:长期投资减值准备					
长期投资净额		1,567,743.77	41,426,490.52	1,589,743.77	40,917,318.50
二、固定资产					
固定资产原价	5.12	221,959,465.76	74,821,398.16	195,888,038.85	55,228,557.87
减:累计折旧	5.12	95,543,207.09	18,598,713.82	81,441,378.81	14,639,006.05
固定资产净值	5.12	126,416,258.67	56,222,684.34	114,446,660.04	40,589,551.82
工程物资					
在建工程	5.13	68,750,524.73	66,915,884.62	14,204,860.45	14,104,508.45
固定资产清理					
待处理固定资产净损失					
固定资产合计		195,166,783.40	123,138,568.96	128,651,520.49	54,694,060.27
四、无形资产及其他资产					
无形资产					
开办费					
长期待摊费用	5.14	3,849,866.67	763,166.67	2,842,466.67	883,666.67
其他长期资产					
其中:临时设施净额					
无形资产及其他资产合计		3,849,866.67	763,166.67	2,842,466.67	883,666.67
五、递延税项					
递延税款借项					
资产总计		986,273,264.76	853,665,522.19	463,707,546.17	347,659,775.89
一、流动负债					
短期借款	5.15	59,880,000.00	29,800,000.00	119,390,000.00	70,410,000.00
应付票据	5.16	3,000,000.00		3,000,000.00	
应付帐款	5.16	40,591,372.33	20,886,763,90	49,861,833.58	31,475,794.45
预收帐款	5.16	9,269,054.19	1,645,448.99	10,808,072.41	2,273,682.93
代销商品款					
应付工资		9,713,842.91	5,558,024.81	9,336,903.22	5,181,085.12
应付福利费		2,015,064.69	2,097,290.65	2,254,886.23	2,059,275.81
应付股利	5.17	13,285,000.00	13,.285,000.00	16,893,254.19	16,893,254.19
应交税金	5.18	28,658,393.07	24,000,277.62	18,740,886.16	16,064,221.43
其他应交款	5.19	2,436,897.81	1,679,156.70	3,154,442.48	2,006,431.16
其他应付款	5.16	18,648,681.66	12,449,626.33	13,530,669.63	3,711,859.19
预提费用	5.2	400,000.00			
一年内到期的长期负债	5.21	2,000,000.00		17,500,000.00	6,500,000.00
其他流动负债					
流动负债合计		189,898,306.66	111,401,589.00	264,470,947.90	156,575,604.28
二、长期负债					
长期借款	5.22	120,800,000.00	69,800,000.00	41,180,000.00	31,180,000.00
应付债券					
长期应付款					
住房周转金	5.23			-4,480,789.09	-525,501.29
其他长期负债	5.23	3,007,867.92	2,031,356.00		
长期负债合计		123,807,867.92	71,831,356.00	36,699,210.91	30,654,498.71
二、递延税项					
递延税款贷项					
负债合计		313,706,174.58	183,232,945.00	301,170,158.81	187,230,102.99
四、股东权益					
少数股东权益		2,134,512.99		2,107,714.46	
股本	5.24	132,850,000.00	132,850,000.00	92,850,000.00	92,850,000.00
资本公积	5.25	430,532,327.38	430,532,327.38	3,892,793.38	3,892,793.38
盈余公积	5.26	42,105,248.00	38,109,753.18	28,039,598.72	25,055,475.90
其中:公益金	5.26	21,052,624.00	19,054,876.59	14,019,799.36	12,527,737.95
未确认的投资损失					
未分配利润	5.27	64,945,001.81	68,940,496.63	35,647,280.80	38,631,403.62
股东权益合计		672,567,090.18	670,432,577.19	162,537,387.36	160,429,672.90
负债和股东权益总计		986,273,264.76	853,665,552.19	463,707,546.17	347,659,775.89

现 金 流 量 表

2000 年度

货币单位:人民币元

项目	注释	合并	母公司
一、经营活动产生的现金流量			
销售商品、提供劳务收到的现金		561,523,460.84	363,847,561.03
收到的租金			
收到的税费返还		10,589,500.00	9,915,000.00
收到的其他与经营活动有关的现金		1,383,489.92	1,383,489.92
经营活动现金流入小计		573,496,450.76	375,146,050.95
购买商品、接收劳务所支付的现金		274,089,111.93	122,731,113.99
经营租赁所支付的现金		2,000,000.00	
支付给职工以及为职工支付的现金		49,554,067.33	39,115,858.89
实际缴纳的增值税款		36,494,466.63	29,933,586.74
支付的所得税款		18,990,379.37	17,790,120.02
支付的除增值税、所得税以外的其他税费		7,652,160.08	5,729,077.29
支付的其他与经营活动有关的现金	5.31	165,110,499.00	142,957,902.40
经营活动现金流出小计		553,890,684.34	358,257,659.33
经营活动产生的现金流量净额		19,605,766.42	16,888,391.62
二、投资活动产生的现金流量			
收回投资所收到的现金		22,000.00	
分得股利或利润所收到的现金		312,480.00	240,000.00
取得债券利息收入所收到的现金		3,300.00	
处置固定资产、无形资产和其他长期资产而收回的现金净额		1,014,251.85	102,000.00
收到的其他与投资活动有关的现金			
投资活动现金流入小计		1,352,031.85	342,000.00
购建固定资产、无形资产和其他长期资产所支付的现金		81,344,085.30	73,413,010.66
权益性投资所支付的现金			
债权性投资所支付的现金		124,930,517.19	124,930,517.19
支付的其他与投资活动有关的现金			12,000,000.00
投资活动现金流出小计		206,274,602.49	210,343,527.85
投资活动产生的现金流量净额		-204,922,570.64	-210,001,527.85
三、筹资活动产生的现金流量			
吸收权益性投资所收到的现金		466,639,534.00	466,639,534.00
其中:子公司吸收少数股东权益性投资收到的现金			
发行债券所收到的现金			
借款所收到的现金		290,160,000.00	185,180,000.00
收到的其他与筹资活动有关的现金		15,330,681.32	15,330,681.32
筹资活动现金流入小计		772,130,215.32	667,150,215.32
偿还债务所支付的现金		285,550,000.00	193,670,000.00
发生筹资费用所支付的现金			
分配股利或利润所支付的现金		16,893,254.19	16,893,254.19
其中:子公司支付少数股东的股利			
偿付利息所支付的现金		9,656,716.64	5,895,461.63
融资租赁所支付的现金			
减少注册资本所支付的现金			
其中:子公司依法减资支付给少数股东的现金			
支付的其他与筹资活动有关的现金			
筹资活动现金流出小计		312,099,970.93	216,458,715.82
筹资活动产生的现金流量净额		460,030,244.49	450,691,499.50
四、汇率变动对现金流量的影响			
汇率变动对现金的影响额		-32,182.50	
五、现金及现金等价物净增加额		274,681,257.77	257,578,363.27
现金及现金等价物净增加额			
六、不涉及现金收支的投资和筹资活动			
以固定资产偿还债务			
以投资偿还债务			
以固定资产进行长期投资			
以存货偿还债务			
融资租赁固定资产			
七、将净利润调节为经营活动的现金流量			
净利润(亏损以"-"号填列)		65,271,386.36	65,271,386.36
加:少数股东损益(亏损以"-"号填列)		266,150.53	-
减:未确认的投资损失			
加:计提的坏帐准备或转销的坏帐		135,368.18	479,391.26
固定资产折旧		14,407,504.95	4,059,875.35
无形资产、长期代摊费用摊销		539,611.74	120,500.00
待摊费用的减少(减:增加)			-
预提费用的增加(减:减少)		400,000.00	-
处置固定资产、无形资产和其他长期资产的损失(减:收益)		1,413,986.18	1,189,007.63
固定资产盘亏报废损失		-	-
财务费用		5,945,789.96	2,462,363.96
投资损失(减:收益)		865,935.79	-4,115,144.22
递延税款贷项(减:借项)			-
存货的减少(减:增加)		-21,125,354.91	-9,747,126.77
经营性应收项目的减少(减:增加)		-45,744,420.46	-43,099,358.99
经营性应付项目的增加(减:减少)		-2,770,191.90	267,497.04
其他			
经营活动产生的现金流量净额		19,605,766.42	16,888,391.62
八、现金及现金等价物净增加情况			
货币资金的期末余额		359,859,736.42	334,057,851.18
减:货币资金的期初余额		85,178,478.65	76,479,487.91
现金等价物的期末余额			
减:现金等价物的期初余额			
现金及现金等价物净增加额		274,681,257.77	257,578,363.27

东方国际创业股份有限公司

二〇〇〇年年度报告摘选

一、公司简介

1.公司法定中、英文名称及缩写
中文名称:东方国际创业股份有限公司
英文名称:ORIENT INTERNATIONAL ENTERPRISE,LTD.
英文名称缩写:OIE
2.公司法定代表人:王祖康
3.公司董事会秘书:黄大瑜
联系地址:上海市娄山关路85号A座
电　　话:021—62785521
传　　真:021—62784020
电子信箱:garments@public.sta.net.cn
公司董事会秘书授权代表:朱蓓
电　　话:021-62785535
传　　真:021-62785535
4.公司注册地址:上海市浦东新区陆家嘴路166号
公司办公地址:上海市娄山关路85号A座
邮政编码:200336
公司国际互联网网址:http://www.oie.com.cn
公司电子信箱:garments@public.sta.net.cn
5.公司选定的信息披露报刊为《上海证券报》。
登载公司年度报告的中国证监会指定国际互联网网址:http://www.sse.com.cn
公司年度报告备置地点:上海市娄山关路85号A座
6.公司股票上市交易所:上海证券交易所
股票简称:东方创业　　股票代码:600278

二、会计数据和业务数据摘要

1.本年度会计数据摘要(单位:人民币元)

利润总额:	138,233,568.52
净利润:	98,247,378.61
扣除非经常性损益后的净利润:	95,528,689.42
主营业务利润:	428,199,261.54
其他业务利润:	14,745,859.98
营业利润:	106,888,910.40
投资收益:	27,791,191.30
补贴收入:	2,281,005.38
营业外收支净额:	1,272,461.44
经营活动产生的现金流量净额:	14,473,737.44
现金及现金等价物净增加额:	118,071,469.32
注:扣除的非经常性损益项目和涉及净利润金额:	
补贴收入:	2,281,005.38
新股冻结资金利息收入:	1,361,635.83
处理固定资产净损失:	585,851.98
合并价差摊入:	-338,100.04

2.①近三年主要会计数据和财务指标(合并报表)

项　目	2000年	1999年	1998年
主营业务收入(元)	2,779,714,071.78	2,096,710,712.93	2,096,770,980.58
净利润(元)	98,247,378.61	76,206,830.45	52,479,258.18
总资产(元)	2,090,053,522.34	1,738,307,352.20	1,230,228,953.96
股东权益(元)	935,304,205.39	412,189,557.78	371,739,777.28
每股收益(元/股)	0.307	0.32	0.22
扣除非经常性损益后的每股收益(元/股)	0.299	0.30	0.22
加权每股收益(元/股)	0.351	0.32	0.22
每股净资产(元/股)	2.92	1.72	1.55
调整后的每股净资产(元/股)	2.69	1.32	1.37
每股经营活动产生的现金流量净额(元/股)	0.045	0.57	-
净资产收益率(%)	10.50%	18.49%	14.12%
加权净资产收益率(%)	13.98%	18.59%	13.07%

② 按照中国证监会《公开发行证券公司信息披露编报规则(第9号)》要求计算的利润数据:

报告期利润(元)		净资产收益率		每股收益(元/股)	
		全面摊薄	加权平均	全面摊薄	加权平均
主营利润	428,199,261.54	45.78%	60.93%	1.338	1.529
营业利润	106,888,910.40	11.43%	15.21%	0.334	0.382
净利润	98,247,378.61	10.50%	13.98%	0.307	0.351
扣除非经常性损益后的净利润	95,528,689.42	10.21%	13.59%	0.299	0.341

三、股本变动及股东情况

1.股本变动情况
(1)股份变动情况表

数量单位:股

	本次变动前	本次变动增减(+,-)公开发行	本次变动后
一、未上市流通股份			
1、发起人股份	240000000		
其中:			
国家拥有股份	236,890,500		236,890,500
境内法人持有股份	3,109,500		3,109,500
2、战略投资者配售股份		+40,000,000	40,000,000
未上市流通股份合计	240,000,000		280,000,000
二、已流通股份			
人民币普通股		+40,000,000	40,000,000
已上市流通股份合计			40,000,000
三、股份总数	240,000,000	+80,000,000	320,000,000

重庆港九股份有限公司

二〇〇〇年年度报告摘选

一、公司简介

1、公司法定中文名称:重庆港九股份有限公司　　公司法定中文缩写:重庆港九
公司法定英文名称:CHONGQING GANGJIU CO.,LTD　　公司法定英文缩写:CQGJ
2、公司法定代表人:张延礼先生
3、公司董事会秘书:李毓坚先生
联系电话:023-63725685　　传真:023-63801564
电子信箱:LUYUJ@WWW.CQGJ.COM.CN
4、公司注册地址:重庆市九龙坡区盘龙镇盘龙五村113-13号　　邮政编码:400051
公司办公地址:重庆市渝中区朝千路3号　　邮政编码:400011
公司国际互联网网址:HTTP://WWW.CQGJ.COM.CN
公司电子信箱:CQGJ@WWW.CQGJ.COM.CN
5、公司选定的信息披露报纸:《上海证券报》
登载公司年度报告的中国证监会指定国际互联网网址:HTTP://WWW.SSE.COM.CN
公司年度报告备置地点:本公司董事会办公室
6、公司股票上市交易所:上海证券交易所
股票简称:重庆港九　　股票代码:600279

二、会计数据和业务数据摘要

1、公司本年度主要利润指标情况　　(金额单位:人民币元)

利润总额:	47,814,427.70
净利润:	47,814,427.70
扣除非经常性损益后的净利润:	42,221,199.68
主营业务利润:	33,911,676.53
其他业务利润:	11,651,270.39
营业利润:	30,657,580.44
投资收益:	11,563,619.24
补贴收入:	3,000,000.00
营业外收支净额:	2,593,228.02
经营活动产生的现金流量净额:	13,315,234.82
现金及现金等价物净增加额:	255,309,464.83
注:非经常性损益涉及的项目和金额:	
(1)营业外收入:	2,675,822.56元
① 本次新股发行过程中冻结的无效申购资金利息报告期内分摊的部分	2,582,115.37元;
② 能源补贴金 :	60,000.00元;
③ 罚款收入:	18,835.62元;
④ 处理固定资产净收益:	8,371.57元;
⑤ 无法支付的款项:	3,500.00元;
⑥ 其它收入:	3,000.00元;
(2)营业外支出:	82,594.54元
①非常损失:	2,230.66元
②其他支出:	80,363.88元.
(3)补贴收入:	3,000,000.00元
重庆港口管理局对公司支付的定额港务补贴	300万元。

2、截止报告期末公司前三年的主要会计数据和财务指标　　(金额单位:人民币元)

指标名称	2000年	1999年	1998年
净利润	47,814,427.70	32,015,002.68	18,730,110.99
总资产	814,517,115.58	214,328,631.91	121,701,664.41
股东权益(不含少数股东权益)	709,333,137.25	168,441,735.93	102,847,785.28
每股收益(全面摊薄)	0.209	0.2248	0.1799
每股收益(加权平均)	0.268	0.2248	0.1799
每股净资产	3.107	1.18	1.00
调整后的每股净资产	3.067	1.138	1.00
每股经营活动产生的现金流量净额	0.058	0.172	
净资产收益率%(全面摊薄)	6.74	19.01	18.21
净资产收益率%(加权平均)	11.74	19.01	18.21

3、报告期利润表附表

报告期利润	净资产收益率(%)		每股收益(元)	
	全面摊薄	加权平均	全面摊薄	加权平均
主营业务利润	4.78	8.33	0.148	0.190
营业利润	4.32	7.53	0.134	0.172
净利润	6.74	11.74	0.209	0.268
扣除非经常性损益后的净利润	5.95	10.37	0.185	0.237

三、股本变动及股东情况

(一)股本变动情况
1、股份变动情况表

数量单位:股

	本次变动前	本次变动增减(+,-)					本次变动后
		配股	送股	公积金 转股	增发	小计	
一、未上市流通股份							
1、发起人股份	142390960						142390960
其中:国家持有股份							
境内法人持有股份	142390960						142390960
境外法人持有股份							
其他							
2、募集法人股份							
3、内部职工股							
4、优先股或其他							
其中:转配股							
未上市流通股份合计	142390960						142390960
二、已上市流通股份							
1、人民币普通股					86000000	86000000	86000000
2、境内上市的外资股							
3、境外上市的外资股							
4、其他							
已上市流通股份合计					86000000	86000000	86000000
三、股份总数	142390960					86000000	228390960

南京中央商场股份有限公司

二○○○年年度报告摘选

一、公司简介

1、公司法定中文名称:南京中央商场股份有限公司
公司法定英文名称:NANJING CENTRAL EMPORIUM STOCKS CO., LTD.
英文名称缩写:NJZS
2、公司法定代表人:彭正志
3、公司董事会秘书:陶华
公司董事会秘书授权代表:官国宝
联系地址:南京市中山南路79号
电话:025—4717725
传真:025—4722766
电子信箱:zyscth@public1.ptt.js.cn
4、公司注册地址:江苏省南京市中山南路79号
公司办公地址:江苏省南京市中山南路79号
邮政编码:210005
公司国际互联网网址:http://www.njzs.com.cn/
公司电子信箱:zyscth@public1.ptt.js.cn
5、公司选定的信息披露报刊:《中国证券报》和《上海证券报》
登载公司年度报告的中国证监会指定国际互联网网址:http://www.sse.com.cn/
公司年度报告备置地点:公司证券投资部
6.公司股票上市交易所:上海证券交易所
股票简称:南京中商
股票代码:600280

二、会计数据和业务数据摘要

1、本年度会计数据摘要(单位:人民币元)

项目	金额
利润总额:	31,290,250.98
净利润:	26,596,713.33
扣除非经常性损益后的净利润:	25,542,027.11
主营业务利润:	99,792,768.57
其他业务利润:	4,285,367.47
营业利润:	30,115,316.32
投资收益:	279,904.44
补贴收入:	-
营业外收支净额:	895,030.22
经营活动产生的现金流量净额:	47,206,039.66
现金及现金等价物净增加额:	65,001,811.09

注:扣除的非经常性损益项目和涉及金额:
①新股发行无效申购冻结资金利息本期分摊数 1468820.78元;
②收取违约金 10570元;
③债权债务清理净收益 388278.27元;
④资产清理净损失等营业外支出 812982.83元。

2、公司前三年主要会计数据和财务指标(单位:元)

项目	2000年	1999年	1998年
主营业务收入	686,171,698.64	779,136,859.84	755,192,303.34
净利润	26,596,713.33	28,023,852.15	6,339,689.95
总资产	792,899,493.09	506,949,806.77	690,862,081.48
股东权益	418,409,800.96	204,385,958.11	196,817,746.08
全面摊薄每股收益	0.22	0.32	0.07
加权平均每股收益	0.28	0.32	0.07
扣除非经常性损益每股收益	0.21	0.33	0.09
每股净资产	3.45	2.37	2.28
调整后的每股净资产	3.34	2.25	
每股经营活动产生的现金流量净额	0.39	1.79	-
全面摊薄净资产收益率	6.36	13.71	3.22
加权平均净资产收益率	9.82	12.83	3.27

3、利润分配表附表

报告期利润	净资产收益率(%)		每股收益(元/股)	
	全面摊薄	加权平均(ROE)	全面摊薄	加权平均(EPS)
主营业务利润	23.85	36.86	0.82	1.05
营业利润	7.20	11.12	0.25	0.32
净利润	6.36	9.82	0.22	0.28
扣除非经常性损益后的净利润	6.10	9.43	0.21	0.27

三、股本变动及股东情况

(一)股本变动情况
1、股份变动情况表 数量单位:股

	本次变动前	本次变动增减(+,-)	本次变动后
一、未上市流通股份			
1、发起人股份	32,624,289	0	32,624,289
其中:国家持有股份	32,624,289	0	32,624,289
境内法人持有股份	0	0	0
境外法人持有股份	0	0	0
其他	0	0	0
2、募集法人股	31,680,000	0	31,680,000
3、社会法人持有股份	16,000,000		16,000,000
4、内部职工股	5,956,584	0	5,956,584
未上市流通股份合计	86,260,873	0	86,260,873
二、已流通股份			
1、人民币普通股	0	+35,000,000	35,000,000
2、境内上市的外资股	0		0
3、境外上市的外资股	0		0
4、其他	0		0
已上市流通股合计	0	+35,000,000	35,000,000
三、股份总额	86,260,973		121,260,873

注:本次股份变动系2000年9月6日发行新股35,000,000股。

太原化工股份有限公司

二○○○年年度报告摘选

一、公司简介

1、公司法定中文名称:太原化工股份有限公司
公司法定英文名称:Taiyuan Chemical Industry Co., Ltd.
英文缩写:TCICL
2、公司法定代表人:余乾元
3、公司董事会秘书:吴洪山
联系地址:太原市晋源区义井东街50号
电话:0351-6074825　　0351-6071436
传真:0351-6071261
电子信箱:THGF@public ty.sx.cn
4、公司注册地址:山西省太原市学府西街高科技园区Ⅵ-5区
公司办公地址:太原市晋源区义井东街50号
邮编:030021
公司国际互联网网址:www.THGF.com.cn
电子信箱:THGF@public ty.sx.cn
5、公司信息披露刊名称:《中国证券报》、《上海证券报》
登载公司年度报告的中国证监会指定国际互联网网址:www.sse.com.cn
公司年度报告备置地点:公司董事会秘书处
6、公司股票上市交易所:上海证券交易所
股票简称:太化股份　　股票代码:600281

二、会计数据和业务数据摘要

(一)本年度实现利润总额及构成情况(单位:人民币元)

项目	金额
利润总额	70,194,059.16
净利润	46,278,382.74
扣除非经营性损益后的净利润	41,623,480.88
主营业务利润	150,976,557.95
其他业务利润	420,508.70
营业利润	65,472,277.71
投资收益	66,897.59
补贴收入	
营业外收支净额	4,654,901.86
经营活动产生的现金流量净额	-64,374,787.45
现金及现金等价物增加额	357,114,480.71
注:扣除的非经常性损益项目和涉及金额	
1.营业外收入:	6,314,300.10
其中:冻结资金利息收入	6,153,609.11
处理固定资产净收益	111,100.63
2、营业外支出:	1,659,398.24
其中:处理固定资产净损失	461,341.36
罚款支出	486,433.71

(二)近三年主要会计数据和财务指标(单位:人民币元)

项目	2000年	1999年	1998年
主营业务收入	785,448,247.86	709,373,766.42	726,831,501.97
净利润	46,278,382.74	38,319,256.88	39,020,241.76
总资产	1,774,181,242.47	1,095,393,553.98	937,112,762.89
股东权益(不含少数股东权益)	979,565,256.75	397,262,534.12	260,198,713.77
每股收益(全面摊薄)	0.129	0.151	0.154
每股收益(加权平均元/股)	0.165	0.151	0.154
扣除非经营性损益后的每股收益(加权)	0.149	0.151	0.154
每股净资产(元/股)	2.729	1.565	1.025
调整后的每股净资产(元/股)	2.665	1.444	0.885
每股经营活动产生的现金流量净额(元/股)	-0.179		
净资产收益率(%)(全面摊薄)	4.72	9.65	15.00
净资产收益率(%)(加权平均)	8.27	13.72	15.30

(三)利润表附表 (单位:人民币元)

报告期利润	净资产收益率		每股收益	
	全面摊薄	加权平均	全面摊薄	加权平均
主营业务利润	15.41	26.97	0.421	0.539
营业利润	6.68	11.70	0.182	0.234
净利润	4.72	8.27	0.129	0.165
扣除非经常性损益后的净利润	4.25	7.44	0.116	0.149

(四)股东权益变动情况及原因 (单位:人民币元)

项目	股本	资本公积	盈余公积	法定公益金	未分配利润	股东权益合计
期初数	253,906,000	136,370,363.98	5,929,160.49	1,976,386.82	1,057,009.65	397,262,534.12
本期增加	105,000,000	452,558,699.89	7,621,788.39	2,540,596.14	38,656,594.35	603,837,082.63
本期减少					21,534,360.00	21,534,360.00
期末数	358,906,000	588,929,063.87	13,550,948.88	4,516,982.96	18,179,244	979,565,256.75

三、股东情况介绍

(一)本报告期末公司股东总数为66680户;
(二)公司前10名股东持股情况:

股东名称	期末持股数(股)	占总股本(%)
①太化集团	248,376,000	69.204
②山西永兴	3,252,900	0.906
③同盛基金	2,000,000	0.557
④景福基金	1,000,000	0.279
⑤太原中都	975,900	0.272
⑥太原双凯	975,900	0.272
⑦北京财政	760,500	0.212
⑧黄国辉	680,220	0.190
⑨杨燕	578,807	0.161
⑩武海东	565,000	0.157

南京钢铁股份有限公司

二〇〇〇年年度报告摘选

一、公司简介

(一)公司中文名称:南京钢铁股份有限公司
公司英文名称:Nanjing Iron&Steel Co.,Ltd.
(二)公司法定代表人:肖同友
(三)公司董事会秘书:徐林
联系地址:江苏省南京市大厂区卸甲甸
电话:025--7052160
传真:025-70521840
电子信箱:ngxulin@eastday.com
(四)公司注册地址:江苏省南京市大厂区卸甲甸
公司办公地址:江苏省南京市大厂区卸甲甸
邮政编码:210035
公司互联网网址:http://www.njgtgf.com
电子信箱:nggf@njsteel.com.cn
(五)公司选定的信息披露报纸:《中国证券报》、《上海证券报》
登载年报的中国证监会指定国际互联网网址:http://www.sse.com.cn
公司年报备置地点:公司证券部
(六)公司股票上市交易所:上海证券交易所
股票简称:南钢股份
股票代码:600282

二、会计数据和业务数据摘要

(一)公司本年度主要会计数据(单位:元)

项目	金额
利润总额	267,870,032.50
净利润	208,960,651.34
扣除非经常性损益后的净利润	203,223,438.06
主营业务利润	471,701,882.85
其他业务利润	355,788.45
营业利润	262,107,126.82
投资收益	——
补贴收入	——
营业外收支净额	5,762,905.68
经营活动产生的现金流量净额	466,237,733.88
现金及现金等价物净增加额	579,048,334.92
扣除的非经常性损益项目和涉及金额:	5,737,213.28
其中:	
资产处置损益	——
补贴收入	——
新股申购冻结资金	
利息	5,737,213.28
财政返还所得税	54,003,039.17

报告期利润	净资产收益率(%)		每股收益(人民币元/股)	
	全面摊薄	加权平均	全面摊薄	加权平均
主营业务利润	31.29	53.79	1.12	1.43
营业利润	17.38	29.89	0.62	0.79
净利润	13.86	23.83	0.50	0.63
扣除非经常性损益后的净利润	13.48	23.18	0.48	0.62

(二)截止报告年度末公司前三年主要会计数据和财务指标追溯调整后

(单位:人民币元)

指标项目	2000年	1999年	1998年
主营业务收入	3,389,775,529.32	2,693,517,579.35	2,235,115,683.32
净利润	208,960,651.34	147,682,263.81	137,013,610.34
总资产	2,594,778,231.27	1,821,735,818.82	1,556,142,096.28
股东权益	1,507,739,717.02	582,929,406.11	558,685,716.54
每股收益	0.50	0.49	0.46
每股收益(加权)	0.63	0.49	0.46
扣除非经常性损益后的每股收益	0.48	0.49	0.46
每股净资产	3.59	1.94	1.86
调整后的每股净资产	3.56	1.90	1.79
每股经营活动产生的现金流量净额			
净资产收益率(%)	13.86	25.33	24.52
净资产收益率(加权)(%)	23.83	28.32	26.47

(三)报告期内股东权益变动情况 (单位:元)

项目	股本	资本公积	盈余公积	其中:法定公益金	未分配利润	股东权益合计
期初数	3亿元	159,930,600.00	22,152,339.57	7,384,113.19	100,846,466.54	582,929,406.11
本期增加	1.2亿元	637,849,659.57	52,240,162.83	10,448,032.57	114,720,488.51	924,810,310.91
本期减少						
期末数	4.2亿元	797,780,259.57	74,392,502.40	17,832,145.76	215,566,955.05	1,507,739,717.02

三、股东情况介绍

(一)、报告期末股东总数:87,619户
(二)、报告期末前10名股东持股情况

股东名称	持股数量	持股性质	持股比例%
1 南京钢铁集团有限公司	298,000,000	国有股	70.95
2 黑龙江省留粮油	637,819	社会公众股	0.15
3 中国冶金进出口江苏公司	500,000	国有法人股	0.12
4 冶金工业部北京钢铁设计总院	500,000	国有法人股	0.12
5 中国第二十冶金建设公司	500,000	国有法人股	0.12
6 江苏省冶金物资供销公司	500,000	国有法人股	0.12
7 陈琼	400,000	社会公众股	0.10
8 兴和基金	237,214	社会公众股	0.06
9 宏兴电子	200,000	社会公众股	0.05
10 税莉	196,000	社会公众股	0.05

钱江水利开发股份有限公司

二〇〇〇年年度报告摘选

一、公司简介

1、公司的法定中文名称、英文名称和英文缩写
中文名称:钱江水利开发股份有限公司
英文名称:QIANJIANG WATER RESOURCES DEVELOPMENT CO.,LTD
英文缩写:QJSL
2、公司法定代表人:王猛照
3、公司董事会秘书及证券事务代表的姓名、联系地址、电话、传真、电子信箱
董事会秘书:王林江
授权代表:贾庆洲
联系电话:(0571)8822250
传真:(0571)8822251
联系地址:浙江省杭州市天目山路166号投资大厦
4、公司注册地址、办公地址、邮政编码及电子信箱
公司注册地址及办公地址:浙江省杭州市天目山路166号投资大厦
邮政编码:310007
公司电子信箱:qjwrj@ public.hz.zj.cn
5、公司选定的信息披露报纸、登载公司年度报告的中国证监会指定国际互联网网址、公司年度报告备置地点
信息披露报纸名称:《上海证券报》、《证券时报》
登记公司年度报告的中国证监会指定的国际互联网网址:http://www.sse.com.cn
公司年度报告备置地点:公司证券部
6、公司股票上市交易所、股票简称和股票代码
公司股票上市交易所:上海证券交易所
股票简称:钱江水利　　股票代码:600283

二、会计数据和业务数据摘要

1、主要会计数据(单位:人民币元)

项目	金额
利润总额	62,570,698.11
净利润	45,363,044.76
扣除非经常性损益后的净利润	44,885,838.00
主营业务利润	84,885,222.12
其它业务利润	-
营业利润	50,735,529.52
投资收益	11,449,656.74
补贴收入	190,000.00
营业外收支净额	195,511.85
经营活动产生的现金流量净额	-62,632,270.86
现金及现金等价物净增加额	611,649,393.60

注:扣除的非经营性损益项目及涉及金额:营业外收入467,061.50元(其中冻结新股申购资金利息466,509.50元),补贴收入190,000.00元,营业外支出(除水利基金91,694.91元)179,854.74元。

2、截止报告期末公司前三年的主要会计数据和财务指标　　单位:人民币元

①主要财务数据

指标项目	2000年	1999年	1998年
主营业务收入	145,952,839.17	155,223,415.88	145,099,191.65
净利润	45,363,044.76	61,656,399.95	56,201,407.49
总资产	1,351,817,912.77	560,916,864.95	481,335,329.86
股东权益	844,195,354.60	311,431,272.34	313,856,943.71
每股收益(摊薄)	0.1590	0.3078	0.2806
每股收益(加权)	0.2047	0.3078	0.2806
扣除非正常性损益后的每股收益	0.1573	0.3174	0.2918
每股净资产(元/股)	2.9587	1.5546	1.5669
调整后的每股净资产(元/股)	2.4155	1.5023	1.5328
每股经营活动产生的现金流量净额(元/股)	-0.2195	0.354	-0.117
净资产收益率(摊薄)(%)	5.3735	19.80	17.91
净资产收益率(加权)(%)	9.9488	19.80	17.91

②利润分配表附表

报告期利润	净资产收益率(%)		每股收益(元/股)	
	全面摊薄	加权平均	全面摊薄	加权平均
主营业务利润	10.0552	18.616	0.2975	0.3831
营业利润	6.0099	11.1271	0.17718	0.2290
净利润	5.3735	9.9488	0.1590	0.2047
扣除非经常性损益后的净利润	5.3170	9.8442	0.1573	0.2026

三、股本变动及股东情况

1、股本变动情况
(1)股份变动情况

单位:万股

	期初数	本次变动增减(+、-)					期末数
		发行新股	配股	送股	其它	小计	
一、未上市流通股份							
1、发起人股份	20033						20033
其中:							
国家持有股份	6033						6033
境内法人持有股份	13967						13967
发起自然人股份	33						33
未上市流通股份合计	20033						20033
二、已上市流通股份							
境内上市人民币普通股		8500				8500	8500
已上市流通股份合计		8500				8500	8500
三、股份总数	20033	8500				8500	28533

河南羚锐制药股份有限公司

二〇〇〇年年度报告摘选

一、公司简介

(一)公司法定中、英文名称及缩写:
1 、中文名称:河南羚锐制药股份有限公司
2 、英文名称:Henan Lingrui Pharmaceutical Co. ,Ltd.
3 、英文名称缩写:LRGF
(二)公司法定代表人:熊维政
(三)公司董事会秘书及证券事务代表的姓名、联系地址、电话、传真、电子信箱:
1 、董事会秘书:程剑军
2 、董事会证券事务代表:陈燕
3 、联系地址:河南省新县向阳路 232 号
4 、联系电话:0397-2981650
5 、传真:0397-2987888
6 、电子信箱:cheng. jj@163. net
(四)公司注册地址、公司办公地址及其邮政编码、公司国际互联网网址及电子信箱:
1 、公司注册地址及公司办公地址:河南省新县向阳路 232 号
2 、邮政编码:465550
3 、公司国际互联网网址:http://www. lingrui. com
4 、电子信箱:info@lingrui. com
(五)公司选定的信息披露报纸名称,登载公司年度报告的中国证监会指定国际互联网网址,公司年度报告备置地点:
1 、信息披露报纸名称:《上海证券报》
2 、证监会指定的国际互联网网址:http://www. sse. com. cn
3 、年度报告备置地点:公司董事会办公室
(六)公司股票上市交易所、股票简称和股票代码:
1 、上市交易所:上海证券交易所
2 、股票简称:羚锐股份
3 、股票代码:600285

二、会计数据和业务数据摘要

(一)本年度主要利润指标情况:(单位:人民币元)

1、利润总额:	30,918,130.35
2、净利润:	25,836,159.26
3、扣除非经常性损益后的净利润:	24,144,014.55
4、主营业务利润:	99,356,602.84
5、其他业务利润:	-118,392.38
6、营业利润:	29,335,973.04
7、投资收益:	0
8、补贴收入:	0
9、营业外收支净额:	1,582,157.31
10、经营活动产生的现金流量净额:	3,663,311.98
11、现金及现金等价物净增加额:	282,340,801.08
注:扣除的非经常性损益项目和涉及的总额:	1,692,144.71
(1)营业外收支净额项目:	1,170,415.01
新股申购冻结资金利息收入:	1,170,415.01
(2)其他业务净收入项目:	521,729.70

12 、净资产收益率和每股收益

按照中国证监会《公开发行证券公司信息披露编报规则(第 9 号)》要求计算 2000 年报告期利润的净资产收益率和每股收益

报告期利润		净资产收益率		每股收益	
		全面摊薄	加权平均	全面摊薄	加权平均
主营业务利润	99,356,602.84	24.32%	63.98%	0.9900	1.4121
营业利润	29,335,973.04	7.18%	18.89%	0.2923	0.4169
净利润	25,836,159.26	6.33%	16.64%	0.2574	0.3672
扣除非经常性损益后的净利润	24,144,014.55	5.91%	15.55%	0.2406	0.3431

(二)截止报告期末前三年主 要会计数据和财务指标(单位:人民币元)

序号	项 目	2000 年度	1999 年度	1998 年度
1	主营业务收入	130,734,521.66	103,979,019.72	108,020,062.00
2	净利润	25,836,159.26	21,764,951.64	23,954,742.35
3	总资产	514,793,914.96	175,023,127.74	125,632,628.49
4	股东权益	408,464,048.90	62,300,088.30	49,854,215.97
5	每股收益	0.2574	0.36	0.40
6	每股收益(加权平均)	0.3672	0.36	0.40
7	每股收益(扣除非经常性损益)	0.2406	0.36	0.34
8	每股净资产	4.07	1.03	0.83
9	调整后的每股净资产	4.05	1.0012	——
10	每股经营活动产生的现金流量净额	0.0365	0.0233	——
11	净资产收益率(%)	6.33	34.93	48.05
12	加权净资产收益率(%)	16.64	35.87	——

三、股东情况介绍

(一)本公司报告期末股东总数为 36080 户。
(二)前 10 名股东持股情况表(单位:股)

股东名称	年末持股数	占总股本比例(%)	是否上市流通
信阳羚羊山制药厂	19013400	18.95%	否
河南信阳信生制药有限公司	15090000	15.04%	否
香港锐星企业公司	12494520	12.45%	否
信阳市建设投资总公司	6639600	6.61%	否
新县鑫源贸易有限公司	6036000	6.01%	否
张军兵	1086480	1.08%	否
东方证券	455718	0.45%	是
福建兴业	266350	0.27%	是
陈新舟	174600	0.17%	是
江运英	173200	0.17%	是

湖南国光瓷业集团股份有限公司

二〇〇〇年年度报告摘选

一、公司简介

1 、公司法定中文名称:湖南国光瓷业集团股份有限公司
公司法定英文名称:HuNan GuoGuang Ceramic Group CO. ,LTD.
2、公司法定代表人:费明仪先生
3、公司董事会秘书:段军先生
董事会证券事务代表:唐治先生
联系地址:湖南省醴陵市花园庵 270 号
电话:0733-3247688 传真:0733-3247684
电子信箱:hngg@mail. zz. hn. cn
4、公司注册地址:株洲市高新技术产业开发区创业服务中心 A1 栋 3 层
公司办公地址:湖南省醴陵市花园庵 270 号 邮政编码:412200
公司国际互联网网址:http://www. guoguang-ceramic. com
电子信箱:hngg@mail. zz. hn. cn
5、公司选定的信息披露报纸名称:《上海证券报》、《中国证券报》
登载公司年度报告的中国证监会指定国际互联网网址:http://www. sse. com. cn
公司年度报告备置地点:公司证券部
6、公司股票上市交易所:上海证券交易所
股票简称:国光瓷业 股票代码:600286

二、会计数据和业务数据摘要

1、本年度主要利润指标情况:(单位:人民币元)

利润总额	32,455,951.16
净利润	28,535,981.49
扣除非经常性损益后的净利润	26,277,751.40
主营业务利润	80,769,828.07
其它业务利润	1,369,906.58
营业利润	24,963,964.85
投资收益	5,233,756.22
营业外收支净额	2,258,230.09
经营活动产生的现金流量净额	46,865,578.85
现金及现金等价物净增加额	39,440,730.95
扣除非经常性损益项目如下	(单位:人民币元)
a、新股冻结资金利息	1,844,752.60
b、出售固定资产清理收益	224,927.44
c、债务重组收益等	245,230.20
d、罚没收入等	16,517.50
e、罚款支出、非常损失等	73,197.65

2、截止报告期末公司前三年主要会计数据和财务指标 (单位:人民币元)

指标项目	2000 年	1999 年	1998 年	
			调整后	调整前
主营业务收入	248,638,579.88	182,286,776.33	145,080,117.44	145,080,117.44
净利润	28,535,981.49	21,032,272.64	12,271,097.01	17,498,025.07
总资产	734,303,202.97	619,940,846.50	329,201,114.20	352,742,922.32
股东权益(不含少数股东权益)	357,498,090.18	338,462,108.69	130,795,101.39	152,900,898.89
每股收益				
摊薄	0.30	0.2214	0.2045	0.2916
加权	0.30	0.3059	0.2045	0.2916
每股净资产	3.76	3.5628	2.1779	2.5483
调整后的每股净资产	3.73	3.4837	2.1407	2.5092
每股经营活动产生的现金流量净额	0.49	-0.1256	-0.5719	-0.5719
净资产收益率(%)				
摊薄	7.98	6.21	9.38	11.44
加权	8.20	11.19	9.49	11.70
扣除非经常性损益后的每股收益	0.2766	0.2187	0.1979	0.2851

注:每股收益、每股净资产、每股经营活动产生的现金流量净额、净资产收益率的计算均遵循。《公开发行股票公司信息披露的内容与格式准则第二号<年度报告的内容与格式>(1999 年修订稿)》确定的计算公式。

利润表附表

报告期利润	净资产收益率		每股收益	
	全面摊薄	加权平均	全面摊薄	加权平均
主营业务利润	22.59%	22.90%	0.85	0.85
营业利润	6.98%	7.08%	0.26	0.26
净利润	7.98%	8.09%	0.30	0.30
扣除非经常性损益后的净利润	7.35%	7.45%	0.2766	0.2766

三、股东情况介绍

(1)报告期末股东总数

截至本报告期末公司股东总数为 21868 户,其中流通股 13514 户,未流通个人股 8326 户,法人股 27 户,国家股 1 户。

(2)主要股东持股情况(前十名股东)

(数量单位:股)

序号	股东名称	持股数(股)	占总股本比例(%)	股东性质
1	株洲市国有资产管理局	30000000	31.58	国家股
2	同盛基金	761000	0.80	流通股
3	湘财质押	500000	0.53	流通股
4	群仪投资	450000	0.47	法人股
5	方平	250000	0.26	个人股
6	杨定一	250000	0.26	个人股
7	醴陵兴业	246700	0.26	法人股
8	汪飞虹	244500	0.26	个人股
9	湖南轻进	200000	0.21	法人股
10	刘鼎忠	200000	0.21	个人股
11	醴陵东岸	182400	0.19	法人股
12	肖丽云	181600	0.19	个人股

江苏舜天国际集团服装进出口股份有限公司

二〇〇〇年年度报告摘选

一、公司简介

(一)公司的法定中、英文名称及缩写

中文名称:江苏舜天国际集团服装进出口股份有限公司

英文名称:STIG JIANGSU GARMENTS IMP & EXP. CORP. ,LTD.

(二)公司法定代表人:董启彬

(三)公司董事会秘书:杨青峰

联系地址:南京市建邺路98号舜天大厦

电话:025--4201882,025--4208688转82402

传真:025--4201927

电子信箱:y.qingfeng@163.net

(四)公司注册地址:南京市建邺路98号

公司办公地址:南京市建邺路98号舜天大厦

邮政编码:210004

公司国际互联网网址:http://www.jsgmt.com

公司电子信箱:webmaster@jsgmt.com

(五)公司选定的信息披露报纸:《中国证券报》、《上海证券报》

登载公司年报的中国证监会指定国际互联网网址:http://www.sse.com.cn

公司年度报告备置地点:南京市建邺路98号舜天大厦

(六)公司股票上市交易所:上海证券交易所

股票简称:江苏舜天

股票代码:600287

二、会计数据和业务数据摘要

(一)公司本年度业务数据摘要(单位:人民币元)

利润总额:	146,197,597.93
净利润:	90,699,027.72
扣除非经常性损益后的净利润:	81,554,201.09
主营业务利润:	349,239,496.12
其他业务利润:	7,409,407.24
营业利润:	137,397,671.72
投资收益:	1,106,097.96
补贴收入:	6,458,983.53
营业外收支净额:	1,234,844.72
经营活动产生的现金流量净额:	62,427,056.76
现金及现金等价物净增加额:	311,667,158.99
注:非经常性损益项目及金额	(单位:人民币元)
补贴收入:	6,458,983.53
冻结资金利息:	2,729,647.67
合并价差摊入:	-43,804.57
总额:	9,144,826.63

(二)截止报告期末公司前三年主要会计数据和财务指标(单位:人民币元)

项　目	2000年	1999年	1998年
主营业务收入	2,482,840,514.92	1,873,537,447.67	1,618,762,825.12
净利润	90,699,027.72	70,772,704.16	48,626,117.11
总资产	1,391,158,060.05	864,680,964.65	685,113,699.44
股东权益 (不含少数股东权益)	724,931,850.69	225,572,238.64	190,514,208.51
每股收益	0.5939	0.6278	0.4314
每股净资产	4.7466	2.001	1.6901
调整后的每股净资产	4.2276	1.4773	1.4976
每股经营活动产生 的现金流量净额	0.4088	0.4166	0.4774
净资产收益率(%)	12.5114%	31.3747%	25.5236%

(三)利润表附表(单位:人民币元)

报告期利润	净资产收益率(%)		每股收益(元)	
	全面摊薄	加权平均	全面摊薄	加权平均
主营业务利润	48.1755%	93.5893%	2.2867	2.8457
营业利润	18.9532%	36.8199%	0.8996	1.1195
净利润	12.5114%	24.3056%	0.5939	0.7390
扣除非经常性损益后的净利润	11.2499%	21.8549%	0.5340	0.6645

三、股东情况介绍

(一)本公司报告期期末股东总数为39034户。

(二)前10名股东持股情况表(单位:股)

序号	持股者单位或姓名	期初持股数	期末持股数	占总股本比重(%)	持股性质
1	江苏舜天国际集团有限公司	92,225,900	92,225,900	60.39	国家股
2	江苏省纺织品进出口集团股份有限公司	3,581,900	3,581,900	2.35	法人股
3	江苏航空产业集团有限责任公司	2,000,000	2,000,000	1.31	法人股
4	中国外运江苏公司	1,900,000	1,900,000	1.24	法人股
5	江苏省轻工业品进出口集团股份有限公司	1,500,000	1,500,000	0.98	法人股
6	江苏汇鸿国际集团有限公司	1,000,000	1,000,000	0.65	法人股
7	广东省纺织品进出口集团公司	1,000,000	1,000,000	0.65	法人股
8	江苏省国际经贸实业总公司	1,000,000	1,000,000	0.65	法人股
9	江苏省工艺品进出口集团股份有限公司	1,000,000	1,000,000	0.65	法人股
10	江苏省丝绸进出口集团股份有限公司	800,000	800,000	0.52	法人股

注:前十名股东之间不存在关联关系。

(三)持有本公司股份10%以上股东情况

江苏舜天国际集团有限公司作为国有资产授权投资主体,持有本公司国家股9222.59万股,占本公司股本总额的60.39%,是本公司的控股股东。报告期内,该公司所持股份没有发生增减变动,亦未有任何质押情况或其他法律纠纷。

哈尔滨亿阳信通股份有限公司

二〇〇〇年年度报告摘选

一、公司简介

(一)、公司法定中、英文名称及缩写

1.中文名称:哈尔滨亿阳信通股份有限公司　　　　简称:亿阳信通

2.英文名称:Bright Oceans Inter-Telecom Corporation

(二)、公司法定代表人:邓伟

(三)、公司董事会秘书及授权代表的姓名、联系地址、电话、传真、电子信箱:

1.公司董事会秘书:郭士斌

2.联系地址:北京中关村海淀南路19号、哈尔滨高新技术产业开发区1号楼

3.电话:010-82666789、0451-2326789

4.传真:010-82666332、0451-2320579

5.电子信箱:gsb@boco.com.cn

(四)、公司注册地址、办公地址、邮政编码及电子信箱:

1.公司注册地址:哈尔滨高新技术产业开发区1号楼

2.公司办公地址:北京中关村海淀南路19号、哈尔滨高新技术产业开发区1号楼

3.公司邮政编码:北京100080、哈尔滨150036

4.公司互联网址:http://www.boco.com.cn

5.公司电子信箱:gsb@boco.com.cn

(五)、公司选定的信息披露报纸名称、登载公司年度报告的中国证监会指定国际互联网网址,公司年度报告备置地点:

1.信息披露报纸:《中国证券报》

2.证监会指定的国际互联网址:http://www.sse.com.cn

3.年度报告备置地点:公司投资发展部办公室

(六)、公司股票上市交易所、股票简称和股票代码:

1.上市交易所:上海证券交易所

2.股票简称:亿阳信通　　　　股票代码:600289

二、会计数据和业务数据摘要

(一)、利润情况:

1.利润总额:	79,586,586.47元
2.净利润:	61,918,861.29元
3.扣除非经常性损益后的净利润:	58,092,628.24元
4.主营业务利润:	130,181,302.19元
5.其他业务利润:	430,225.09元
6.营业利润:	75,162,591.12元
7.投资收益:	597,762.30元
8.营业外收支净额:	3,826,233.05元
9.经营活动产生的现金流量净额:	-196,649,675.93元
10.现金及现金等价物净增加额:	174,541,972.25元

注:非经常性损益的项目有营业外收入6,095,734.96元(含冻结资金利息摊入6,074,071.03元),营业外支出2,269,501.91元。

(二)、公司前三年的主要会计数据及财务指标:　　　　单位:元

项　目	2000年	1999年	1998年
主营业务收入	473,634,284.82	248,749,791.52	144,441,767.51
净利润	61,918,861.29	43,622,190.78	28,136,680.51
总资产	1,387,167,919.11	340,270,935.73	197,391,888.60
股东权益	851,018,905.65	94,488,243.90	73,190,033.98
全面摊薄每股收益	0.585	0.662	0.427
加权平均每股收益	0.646	0.662	0.427
全面摊薄净资产收益率	7.28%	46.17%	38.44%
加权平均净资产收益率	8.94%	45.92%	32.93%
每股净资产	8.04	1.43	1.11
调整后的每股净资产	8.00	1.42	1.10
每股经营活动产生 的现金流量净额	-1.86	0.13	0.49

(三)、按照中国证监会《公开发行证券公司信息披露编报规则(第9号)》要求计算的利润数据:

报告期利润	净资产收益率		每股收益	
	全面摊薄	加权平均	全面摊薄	加权平均
主营业务利润	15.30%	17.91%	1.229	1.358
营业利润	8.83%	10.75%	0.710	0.784
净利润	7.28%	8.94%	0.585	0.646
扣除非经常性损益后的净利润	6.83%	8.41%	0.549	0.606

三、股本变动及股东情况

(一)、股本变动情况:

1.股份变动情况表　　　　数量单位:万股

	本次变动前	本次变动增减(+,-)						本次变动后
		配股	送股	公积金转股	募股	其他	小计	
一、未上市流通股份								
1、发起人股份								
其中:国有法人股份								
境内法人持有股份	6,589							6,589
境外法人持有股份								
其他								
2、募集法人股								
3、优先股或其他								
其中:转配股								
未上市流通股份合计	6,589							6,589
二、已流通股份								
1、人民币普通股					4,000		4,000	4,000
2、境内上市的外资股								
3、境外上市的外资股								
4、其他								
已上市流通股份合计					4,000		4,000	4,000
三、股份总数	6,589				4,000		4,000	10,589

大恒新纪元科技股份有限公司

二〇〇〇年年度报告摘要

一、公司简介

1、公司法定中文名称
大恒新纪元科技股份有限公司
公司法定英文名称及缩写：Daheng New Epoch Technology，Inc.
缩写：DHKJ
2、公司注册地址：北京市海淀区中关村大街22号中科大厦十一层
公司办公及通讯地址：北京市海淀区中关村大街22号中科大厦十一层
邮政编码：100080
公司因特网网址：http://www.dhxjy.com.cn
投资者可以通过上述网址取得公司年报及其它有关信息
3、公司法定代表人
张家林
4、公司咨询服务机构
董事会秘书处
电话：010－62628443
传真：010－62628384
电子信箱：newepoch@public2.bta.net.cn
董事会秘书：严宏深
董事会证券事务代表：潘裕民
5、公司选定的信息披露报纸名称
中国证券报、上海证券报
刊登公司年报的中国证监会指定的因特网址：
http://www.sse.com.cn
公司年度报告置备地点：
北京市海淀区中关村大街22号中科大厦十一层
公司董事会秘书处：
北京市海淀区中关村大街22号中科大厦十一层
6、股票上市交易所：上海证券交易所
股票简称：大恒科技
股票代码：600288

二、会计数据和业务数据摘要

(一)2000年度公司主要经营指标(单位：人民币元)

项目	金额
1、利润总额	63,871,460.23
2、净利润	38,527,630.40
3、扣除非经常性损益后的净利润	33,302,867.41
4、主营业务利润	141,887,579.20
5、其他业务利润	11,386,995.27
6、营业利润	55,131,764.19
7、投资收益	3,514,933.05
8、补贴收入	573,300.32
9、营业外收支净额	4,651,462.67
10、经营活动产生的现金流量净额	44,952,524.82
11、现金及现金等价物净增加额	426,903,921.63

说明："扣除非经常性损益后的净利润"扣除的项目及金额如下：

项目	涉及金额(元)
补贴收入	573,300.32
营业外收入	4,967,967.37
营业外支出	361,504.70

(二)截止2000年末，公司前三年主要会计数据和财务指标

项目	2000年	比上年增长	1999年	1998年
1、主营业务收入(万元)	1,188,361,116.14	45.20%	818,448,321.65	324,476,882
2、净利润(万元)	38,527,630.40	31.46%	29,307,799.39	19,364,816
3、总资产(万元)	1,222,858,446.02	79.09%	682,809,768.36	326,989,146
4、股东权益(万元)(不含少数股东权益)	641,220,566.81	267.91%	179,617,029.00	150,309,230
5、每股收益(元/股)				
－－(全面摊薄)	0.28	－15.15%	0.33	0.22
－－(加权平均)	0.41	24.24%	0.33	0.22
－－扣除非经常性损益	0.24	－25.00%	0.32	0.21
6、每股净资产(元)	4.58	129.00%	2.00	1.67
7、调整后的每股净资产(元)	4.52	145.26%	1.90	1.67
8、净资产收益率(%)				
－－全面摊薄	6.01%	－64.28%	16.32%	12.88%
－－加权平均	16.37%	－7.88%	17.77%	21.35%

9、每股经营活动产生的现金流量净额(元/股)　0.32

(三)按照中国证监会《公开发行证券公司信息披露编报规则(第9号)》要求计算的利润数据：

	报告期利润(元)	净资产收益率(%)		每股收益(元/股)	
		全面摊薄	加权平均	全面摊薄	加权平均
1、主营业务利润	141,887,579.20	21.47%	49.43%	1.01	1.51
2、营业利润	55,131,764.19	8.34%	22.63%	0.39	0.59
3、净利润	38,527,630.40	6.01%	16.37%	0.28	0.41
4、扣除非经常性损益后的净利润	33,302,867.41	5.04%	14.31%	0.24	0.35

注：每股收益和净资产收益率按照《公开发行证券公司信息披露编报规则(第9号)》方法计算。

(四)本年度股本权益变动情况(单位：元)

项目	期初数	本期增加	期末数
股本	90,000,000.00	50,000,000.00	140,000,000.00
资本公积	40,944,414.09	387,822,066.58	428,766,480.67
盈余公积	10,295,911.00	15,670,007.42	25,965,918.42
其中法定公益金	3,397,651.00	3,634,080.96	7,031,731.96
未分配利润	38,376,703.91	27,711,463.81	66,088,167.72
股东权益合计	179,617,029.00	481,203,537.81	660,820,566.81

变动原因：
(1)股本增加是年度内发行5000万社会公众股(A股)所致。
(2)年度内盈余公积金、法定公益金是本年度从净利润中计提所致。
(3)年度内资本公积的增加主要是5000万A股溢价发行所致。
发行与上市：
2000年11月8日，经中国证券监督管理委员会142号文批准，公司成功发行社会公众股5,000万股，公司股本由原来的人民币9,000万元增至人民币14,000万元。2000年11月29日公司股票在上海证券交易所挂牌上市。

三、股本情况介绍

1、截止2000年末，公司股东总数为49,472户。
2、报告期内，控股股东中国新纪元有限公司占公司总股本42.86%，持有本公司股份60,000,000股。
3、前十名股东持股情况

序号 股东名称	年末持股数量(股)	占总股本百分比
1、中国新纪元有限公司	60,000,000	42.86
2、中国汽车贸易天津公司	12,000,000	8.57
3、中国机电设备总公司	6,000,000	4.29
4、中国基建物资总公司	6,000,000	4.29
5、中国机电设备成套服务中心	6,000,000	4.29
6、天元基金	914,000	0.65
7、刘伟	336,770	0.24
8、金元基金	306,254	0.22
9、隆元基金	275,370	0.20
10、李雁	255,399	0.18

注：(1)报告期末，我公司前十名股东中前五名为国有法人股股东，2000年未发生股份变动，无质押或冻结的情况；其余为社会公众股股东，其所持股份的增减变化系二级市场买卖所致。
(2)持股10%以上法人股东介绍：

名称	法人代表	注册资本
中国新纪元有限公司	江彪	壹亿元

经营范围：物资流通市场的开发经营；各类生产资料的组织生产加工、批发、零售、代购、代销、租赁、仓储运输；汽车及其配件的批发零售。兼营生活资料的批发零售、代购、代销及与主兼营业务相关的信息咨询和服务。

四、股东大会简介

一九九九年度股东大会
公司于2000年4月10日在公司会议室召开一九九九年度股东大会。会议审议并通过了以下各项工作报告及议案：
(1)审议通过了公司1999年度工作总结及2000年度工作计划
(2)审议通过了公司董事会1999年度工作报告
(3)审议通过了公司监事会1999年度工作报告
(4)审议通过了公司1999年度财务决算报告
(5)审议通过了公司《1999年度利润分配议案》
会议作出1999年度利润不分配，凡认购公司本次发行的社会公众股的股东将与公司发起人共同享有公司1999年和2000年的利润分配的决议。

五、董事会报告

(一)公司经营情况
1、公司在行业中的地位
本公司组建后，重点倾向于以光机电一体化产品和信息技术产品为主要内容的高新技术产品开发、生产和经营，公司是高新技术企业。
公司于1999年取得北京市新技术产业开发试验区《新技术企业认定证书》；公司控股子公司中国大恒(集团)有限公司连续十年入选北京新技术开发试验区二十强企业，1995年至2000年连续六年入选全国电子行业百强企业。
公司多项研发产品，获中国科学院科技进步奖，国家"八五"科技攻关重大科技成果奖。
公司在"三维数字医用图象处理技术"及"放射治疗计划优化技术"方面处于国内领先地位，是国家863计划项目和国家技术创新工程。
公司激光加工成套设备产业基地技术改造项目已列入国家经贸委"重点工业产品扩大出口产业化"专项，该项目2000年获得国家经贸委人民币290万元的扶植基金。
公司生产的激光加工设备在国内市场有近30%的份额，生产的智能医疗设备产品，如STAR－2000X辐射立体定向治疗计划系统(X刀)等产品已达国际品牌水平，销售量占国内市场近40%以上。
2、公司主营业务范围及其经营情况
公司的主营业务为以光机电一体化产品和信息技术为主要内容的高新技术产品开发、生产和经营；市场设施开发、经营；汽车及零配件销售等。
本年度公司完成主营业务收入人民币118,840万元，比去年同期增长42.2%，主营业务利润人民币14,189万元，比去年同期增长人民币4,812万元，报告期末净资产达到人民币66,082万元，比去年同期增长48,120万元。

在光机电一体化产业方面:

(1)2000年公司光机电一体化事业部完成的销售额及利润额分别比1999年增长20.9%和45.9%。主要产品仍以出口外销为主,2000年已结汇及正在执行的出口合同超过300万美元。

为完善光学生产配套能力并将产品向光纤通讯器件延伸,公司2000年2月开始筹建"光学薄膜中心",8月试产,当年已达盈亏平衡点。现"光学薄膜中心"已满负荷生产,现有生产能力为人民币1,000万元产值,利润人民币350万元。现已着手扩建,使生产能力增加一倍。

(2)2000年公司激光加工设备销售额增长20%,也是投入和完成新产品开发最多的一年。其中半导体泵浦精密激光打标机、烟草条包装激光标记生产线、激光美容仪系列等已投入市场,形成公司新的利润增长点。

(3)智能医疗设备:

大恒STAR精密放疗计划系统、三维TPS系统继续保有国内市场占有率40%以上的龙头地位。随地、市级医院对放疗设备的需求增长,除对有能力当期付款购买的医院提供产品外,对部分医院采用首期付款25%,此后分期付款方式销售。该项销售合同2000年共签约供货人民币2,100万元,可保证企业今后六至八年的稳定收益。

在电子信息产业方面:

按照招股书承诺,"大恒科技"于2000年11月向中国大恒(集团)有限公司增投资金人民币15,041万元,用于发展电子信息产业。增资后,"大恒科技"所持中国大恒(集团)有限公司股权增至72.7%。根据中国大恒(集团)有限公司董事会决议,股东双方自2000年11月起按增资后的持股比例分享中国大恒的收益。

公司积极调整了汽车及零配件销售业的传统业务,以保证高科技主营业务的拓展。

3、公司主要控股子公司经营情况和业绩

中国大恒(集团)有限公司为一家主要从事研发、生产和销售高新技术产品的企业,该公司目前注册资本为人民币178,149,700元,本公司持有72.7%股权。截止本报告期末,该公司净资产为人民币352,395,710.03万元,注册地址:北京市海淀区中关村路29号。

中国大恒2000年继续名列全国电子百强企业(第63名)和北京市高新技术产业开发试验区20强企业(第9名)。电子信息产品销售额2000年为人民币6.78亿元,比1999年增长35.6%;所得税后利润为人民币1,585万元,比1999年增长20.6%。其中:

大恒笔、GPS、大恒装饰软件等保持在国内前四名地位。2000年开发的"大恒啄木鸟光盘刻录机"、"大恒磁盘振列"已推入市场,其中大恒磁盘振列产品已成功进入电信、证卷、石油等重要行业,前景看好。大恒图像采集卡为国内最大生产厂家。

多媒体光盘出版物:2000年出版并投入市场的光盘软件、成人教育及娱乐类光盘超过300种,销售额及利润额均增长一倍以上。

4、在经营中出现的困难和解决方案

经营中出现的问题和困难:

(1)由于相当多的上市公司依靠资本优势积极进行产业转型,导致高新技术产业竞争加剧,特别是对公司在GPS卫星定位系统及网络信息产品的市场造成相当冲击,公司大恒软件、大恒光盘等产品一直面对盗版的非法侵害。

(2)公司发行股票募集资金到帐时间比预计推迟,造成多项投资项目须自筹资金先行投入,同时也延缓了项目产生效益的时间。

(3)经济领域"社会信用"差,公司常常面临货款拖欠造成资金周转率下降、资金成本上升,呆、坏帐比例较难于控制的风险。

(4)北京市高新技术产业开发试验区的企业近年来运营成本快速增长,主要是场地成本和智力人员工资成本增加。加重了产品开发期和销售开拓期的费用负担和导致公司管理成本的上升,构成一定的减利因素。

公司从以下几个方面解决经营中出现的问题和困难:

(1)加大对高新技术产业的投入,初步形成母公司以光机电一体化产品的研发、生产经营为主导,主要控股子公司中国大恒(集团)有限公司以信息技术产品开发、经营为主导的业务框架,努力提高主营业务产品的技术含量和经营规模,增强竞争能力。

(2)加强成本核算和成本管理,大力降低经营成本,提高公司的利润水平,积极进行业务重组,引进强势品牌的产品,逐步淘汰传统业务。

(3)在尝试经营形态创新的同时,严格控制应收款的数额,强化销售部门的责任意识,有效防止经营中的信用风险,使公司呆、坏帐水平改善。

(二)公司财务状况

公司2000年各项业务进展顺利,财务状况良好,货币资金较为充裕,债务规模适中。2000年,公司流动比率2.7,速动比率2.1,资产债务率36%,应收帐款周转14天,存货周转76天。

单位:元

项目	2000年度	1999年度	增减比
总资产	1,222,858,446.02	682,809,768.36	79.09%
长期负债	49,129,005.24	52,661,620.13	-6.71%
股东权益	660,820,566.81	179,617,029.00	267.91%
主营业务利润	141,887,579.20	93,772,653.98	51.31%
净利润	38,527,630.40	29,307,799.39	31.46%

说明:总资产的增长主要是发行5000万A股及经营规模扩大业务增长所致;股东权益变化主要是资本公积增加和本年度净利润留存增加所致;主营业务增长主要是本年度软件及系统集成、光机电一体化业绩的增长所致;净利润的增长主要是主营业务利润增长所致。

(三)公司投资情况

1、根据招股文件的承诺,公司通过增资中国大恒(集团)有限公司,建设信息技术研发创新中心,该项增资总金额人民币15,041万元。公司持股比例由原来的51.3%提高到72.7%。该中心项目含5个子项目:

(1)CAD应用软件开发中心

(2)电子信息出版中心技术改造项目

(3)GPS应用技术产品研发生产基地技术改造项目

(4)车辆安全防范系统项目

(5)信息技术产品销售和服务网络

本报告期末以上项目投入计人民币2,213万元。

2、招股文件承诺的其它投资项目已投入人民币2,840万元。

3、本报告末实际项目投入水平比募股文件承诺的项目投入人民币13,786万元有一定差距,原因是募股资金到帐已近年底实施时间短。本报告期内无募集资金项目变更。

(四)优惠政策

公司及主要控股子公司中国大恒(集团)有限公司均取得北京市新技术产业开发区《新技术企业认定证书》根据《北京市新技术产业开发试验区暂行条例》的有关规定,公司及大恒公司享受新技术企业所得税15%税赋的优惠政策。

(五)新年度的发展规划

在光机电一体化产业方面:

(1)2001年上半年将启动光机电产品生产基地的土建工程,今年拟建生产厂房一万平方米,保证年底新增光学、镀膜加工生产线进入生产基地。

(2)增加薄膜中心生产规模,年底达到产值人民币2,000万元生产能力。"大恒科技"拟利用自已在光学开发、生产和镀膜技术上的优势向光纤器件延伸。下半年将组建用于计算机投影机的高精度光学组镜专业厂,投产后预计2002年新增产值人民币3,000万元。

(3)为扩展激光加工应用领域,开始组织"激光刀膜"生产,将激光加工应用于市场面宽广的包装行业。预计2001年激光刀膜可实现当年盈利。

(4)智能化医疗设备:

在放射性治疗领域,大恒原提供的产品仅限于以计算机硬、软件为主的计划、管理系统。2001年将向硬设备延伸,由中国大恒(集团)有限公司出资与中科院高能所组建北京高能大恒加速器技术有限公司,该公司注册资本人民币1,224.49万元,大恒公司控股51%,该公司将成为生产X射线医用直线加速器的专业公司,并能与大恒已有的计划、管理系统捆绑销售。

在电子信息产业方面:

根据国务院鼓励软件产业(包括税收减免)的政策,北京市政府已出台了相应的实施措施。中国大恒将抓住此机遇,在软件领域加大投入,在已有良好基础的ERP、GIS、CAD等软件领域形成拳头产品。同时将充分利用中国大恒在软件、硬件、网络及系统集成方面的综合优势,从"为客户提供产品"向"为用户提供解决方案"的更高服务层次过渡。

中国大恒(集团)有限公司决定出资人民币510万元,取得上海摩天显示设备有限公司51%的股权,该公司在长江三角洲拥有民用类计算机外部设备销售网络,利用此网络,大恒公司2001年将增加IT产品销售额人民币1.5亿元,保证在电子信息领域的销售额取得30%以上的增长。控股成功后,该公司将更名为上海大恒摩天显示设备有限公司。

在内部运营方面:

(1)按照现代企业制度规范运作要求,进一步完善公司的法人治理结构和科学决策机制,改善和提升规范化、科学化的管理水平,加快公司现代化管理进程,使之与公司目前面临的巨大商机相匹配。

(2)公司将继续贯彻实施现代人力资源管理理念和方法,以进一步适应市场经济发展的要求,不断增强企业的市场竞争力,促进企业的持续、稳定、健康、快速的发展。公司将进一步深化企业内部劳动人事工资制度改革;建立科学的人才评价体系;营造团结协作的工作氛围,倡导具有自身特色的企业文化,提升员工价值,提高企业的整体素质和综合竞争能力,以应对新经济时代的挑战。

(六)董事会日常工作情况

1、报告期内董事会的会议情况及决议内容

(1)2000年2月10日召开第一届董事会第十一次会议,出席会议董事7人。会议审议通过了总经理工作报告、财务决算与预算、一九九九年度报告利润不分配预案和关于召开一九九九年度股东大会会议等议案。

(2)2000年5月15日召开第一届董事会第十二次会议,审议通过公司建立健全提取各项资产减值准备及各项损失处理内控制度的议案。

(3)2000年7月20日召开公司第一届董事会第十三次会议,审议通过公司2000年度中期报告。

(4)2000年9月1日召开公司第一届董事会第十四次会议,审议通过公司关于投资项目审批权限的议案。

(5)2000年12月8日公司召开第一届董事会第十五次会议,会议同意边勇壮先生辞去董事长职务,推选张家林先生为公司董事长,并经张家林先生提名,聘任宋菲君先生为公司副总裁,庄燕女士为公司财务总监。

2、公司管理层及员工情况

(1)董事、监事、高级管理人员

职务	姓名	性别	年龄
董事长、总裁	张家林	男	58
副董事长	江　彪	男	37
董事	边勇壮	男	45
董事	宋菲君	男	58
董事	杨书德	男	48
董事	张会合	男	54
董事	周小宁	男	45
监事	张云岗	男	59
监事	梁守砚	男	38
监事	杨桂法	男	45
副总裁	孙夏安	男	37
财务总监	庄　燕	女	38
董事会秘书	严宏深	男	36

报告期内公司董事、监事、高级管理人员未持有公司股份;在公司领取薪酬的有7人,其中年薪5-8万元4人,5万元以下有3人。江彪、杨书德、张会合、周小宁、张云岗、梁守砚等6人不在公司领取薪酬。

目前本公司的职工总数为753人。其中博士5人,硕士33人,具有本科学历的252人,具有大中专学历的402人;经营管理人员121人,研究开发人员190人,销售服务人员303人,生产人员139人,公司执行国家关于职工福利、劳保、失业保险及养老保险的有关规定,全体员工均参加职工养老保险、失业保险、大病医疗等三项社会保险。公司目前无离退休人员。

3、本次利润分配预案

经兴华会计师事务所有限公司审计,本公司2000年末累计可供股东分配的未分配利润余额为74,120,207.82元,经董事会第一届十六次会议讨论决定,本次利润分配方案为:以公司2000年年末总股本140,000,000股为基准,每10股派红利1.40元,以上分配预案尚需股东大会审议通过。

预计2001年度利润分配一次;公司2001年度实现净利润和公司剩余未分配利润中的50%用于2001年度股利分配;具体分配办法董事会将根据公司盈利情况和发展状况提出具体或修正分配预案,提交股东大会审议通过。

4、其他报告事项

报告期内本公司信息披露报刊是《上海证券报》、《中国证券报》和《证券时报》。

本年度无其他报告事项。

六、监事会报告

1、监事会会议召开情况:

本年度公司召开了二次监事会会议,列席三次董事会会议。

2、公司依法运作情况:

(1)报告期内,公司监事会严格按照《公司法》和《公司章程》以及国家有关上市公司的法规、政策,认真行使了监督职能,不定期地进行了常规审计和专项检查,促进了公司各部门规范运作、顺畅运行。监事会认为公司一年的生产经营活动是严格按照《公司法》、《公司章程》和国家有关的法律、法规规范运作、依法经营的,决策程序合法,内控制度健全有效;公司董事、经理和其他高级管理人员在执行公务、履行职责义务、维护股东权益时,是尽职尽责、遵纪守法的,未发现有违反法律、法规、公司章程和损害公司利益的行为。

(2)监事会认为公司董事会全体成员在本年度工作中,能按照年初制定的"创新.发展"工作方针,带领全体员工,不断创新,深化改革,规范管理,依法运作,使二○○○年公司在主业经营、投资发展、企业管理等方面均取得显著业绩,圆满地完成了年度的各项任务。

3、检查公司财务状况:

监事会认为报告期内,公司财务在抓电算化网络、预算管理、招标采购、规范财务基础工作、理顺与子公司、二级核算单位的财务关系等方面都取得了显著成绩,使公司的财务体制更加健全,会计事项的处理、年度报表的编制及公司执行的会计制度是符合《企业会计准则》和《股份有限公司会计制度》要求的,财务报告中主营业务收入、利润总额、净利润、每股收益等数据是准确的,真实地反映了公司当年的财务状况和经营成果。

4、报告期内公司没有收购、出售资产业务发生;投资项目比率价格合理,未发生内幕交易的现象,也无损害股东权益和造成公司资产流失的现象发生。

5、关于公司与关联企业的关联交易事项:

监事会严格按照关联协议逐项审查,认为公司是完全按照双方签订的协议认真执行的,协议条款内容是公平合理的,没有损害公司的利益,年报中财务披露的有关数据是正确的,从关联方各项往来帐项余额经审查也是属实的。

6、公司财务报告经兴华会计师事务所有限公司审计出具了无保留意见的审计报告。

7、本年度内,公司的经营状况较好,实现净利润比财务预算数增长14.3%,董事会对净利润增长的原因分析是符合实际情况的。

七、重要事项

1、本年度公司无重大诉讼、仲裁事项。

2、报告期内公司董事、监事及高级管理人员无受监管部门处罚的情况。

3、2000年11月8日,经中国证券监督管理委员会142号文批准,公司成功发行社会公众股5,000万股,募集资金人民币45,000万元(含发行费用),公司股本由原来的人民币9,000万元增至人民币14,000万元。2000年11月29日公司股票在上海证券交易所挂牌上市。

4、2000年12月8日公司召开第一届董事会第十五次会议,会议同意边勇壮先生辞去董事长职务,推选张家林先生为公司董事长,并经张家林先生提名,聘任宋菲君先生为副总裁,庄燕女士为公司财务总监。

5、募集资金到位后,公司按照招股文件承诺的内容,向控股子公司中国大恒(集团)有限公司增资人民币15,041万元,由该公司承建信息技术研发创新中心项目。

报告期内公司未进行其它重大收购、兼并、资产重组事项。

6、重大关联交易事项:

(1)购销商品的关联交易(见审计报告报表附注五)

(2)公司与关联方的债权、债务、往来担保事项(见审计报告报表附注五)

7、公司在人员、资产、财务三方面与控股股东完全分开,独立运行:

(1)人员方面,公司在劳动、人事及工资管理等方面独立管理,总经理、副总经理及高级管理人员在公司领取报酬,未在控股股东单位担任职务。

(2)资产方面,公司拥有独立的生产系统、完整的生产厂房和配套设施、独立的采购和销售系统;拥有独立的工业产权、非专利技术等无形资产的产品;自有房地产均办理了土地证和产权证。

(3)在财务方面,公司设有独立的财务部门,并建立了独立的会计核算系统和财务管理制度,并在银行独立开户。

8、本公司第一大股东中国新纪元有限公司与公司签订《避免同业竞争承诺书》,承诺避免发生与本公司的同业竞争。一年来该协议得到认真执行,本公司及中小投资者的利益得到保证。

本公司主要发起人(第二大股东)天津汽贸根据中国华星汽车贸易总公司的要求将其存续的从事汽车销售的相关资产上划,因此天津汽贸与本公司无同业竞争关系。

9、公司招股说明书刊登在2000年11月2日《中国证券报》、《上海证券报》,公司上市公告书刊登在2000年11月24日《中国证券报》、《上海证券报》、《证券时报》。

10、接北京市公安局通知,从2000年12月16日起公司注册地址中科大厦楼门牌编号由海淀路80号变更为中关村大街22号。

11、报告期内公司重大合同及担保。

(1)2000年3月14日,公司与上海浦东发展银行北京中关村支行签订短期贷款合同,金额2,000万元人民币,期限为2000年3月14日至2001年3月13日,年利率6.435%;(已还款)

(2)2000年5月10日,公司与中国建设银行北京海淀支行签署人民币资金借款合同,借款3,000万元人民币,期限为2000年5月10日至2001年2月9日,年利率6.435%;(已还款)

(3)2000年5月31日,公司与中国光大银行北京海淀支行签定借款合同,借款2500万元人民币,期限为2000年5月31日至2001年5月31日,年利率6.435%;

(4)2000年9月30日,公司与深圳发展银行北京分行签定借款合同,借款2,000万元人民币,期限为2000年9月30日至2001年9月30日,年利率6.435%;

(5)2000年9月27日,公司与广东发展银行北京分行签定借款合同,借款1,000万元人民币,期限为2000年9月27日至2001年7月27日,年利率6.435%;

(6)2000年4月5日公司与中信实业银行签定保证合同,为中国大恒(集团)有限公司向中信实业银行申请的1,100万元贷款提供信用担保。

(7)1999年12月2日公司与中国工商银行北京海淀支行签署保证合同,为中国大恒(集团)有限公司向中国工商银行海淀支行申请的2,000万元贷款提供信用担保。

(8)2000年3月30日公司与广东发展银行北京分行签定保证合同,为中国大恒(集团)有限公司向广东发展银行北京分行申请1,500万元贷款提供信用担保。

(9)2000年6月29日公司与民生银行上地支行签定保证合同,为中国大恒(集团)有限公司向民生银行上地支行申请1,500万元贷款提供信用担保。

(10)2000年10月27日公司与商业银行双榆树支行签定保证合同,为中国大恒(集团)有限公司向商行双榆树支行申请500万元贷款提供信用担保。

12、公司或持股5%以上股东在指定报纸上无其它承诺事项。

八、财务会计报告

(一)审计报告

公司财务会计报告经北京兴华会计师事务所有限公司审计,由中国注册会计师吴亦忻、王全洲出具了无保留意见报告。

审计报告

(2001)京会兴字145号

大恒新纪元科技股份有限公司全体股东:

我们接受委托,审计了贵公司2000年12月31日的资产负债表及2000年度的利润表和2000年度的现金流量表。这些会计报表由贵公司负责,我们的责任是对这些会计报表发表审计意见。我们的审计是根据《中国注册会计师独立审计准则》进行的。在审计过程中,我们结合贵公司的实际情况,实施了包括抽查会计记录等我们认为必要的审计程序。

我们认为,上述会计报表符合《企业会计准则》和《股份有限公司会计制度》的有关规定,所有重大方面公允地反映了贵公司2000年12月31日的财务状况及2000年度的经营成果及2000年度的现金流动情况,会计处理方法的选用遵循了一贯性原则。

北京兴华会计师事务所有限责任公司　　注册会计师:吴亦忻

地址:北京市阜成门外大街2号万通新世界广场708室　　注册会计师:王全洲

(二)会计报表及报表附注附后

九、期后事项

无期后事项

十、公司的其他有关资料

1、公司首次注册登记的日期为:1998年12月14日

注册登记地点:国家工商行政管理局

企业法人登记执照注册号:1000001003100

法定代表人:张家林

2、税务登记号码:110108710923360

3、公司续聘的会计师事务所的名称:兴华会计师事务所有限公司

十一、备查文件

1、公司董事长亲笔签署的年度报告正文。

2、公司负责人、财务负责人和会计经办人签字的财务报表。

3、会计师事务所签章,注册会计师签字并签章的审计报告正本。

4、公司章程。

大恒新纪元科技股份有限公司董事会

二〇〇一年三月二十三日

利润表(母公司)

编制单位:大恒新纪元科技股份有限公司　　单位:元

项　　目	注释	2000年度	1999年度
一、主营业务收入	6	113,401,901.51	65,439,707.55
减:折扣与折让			
主营业务收入净额		113,401,901.51	65,439,707.55
减:主营业务成本		86,761,292.28	39,044,770.21
主营业务税金及附加		1,360,477.66	1,489,537.33
二、主营业务利润		25,280,131.57	24,905,400.01
加:其他业务利润	7	2,602,804.57	
减:存货跌价损失			
营业费用		444,141.55	671,606.46
管理费用		4,294,517.01	2,057,829.00
财务费用		4,470,366.45	1,118,523.15
三、营业利润		18,673,911.13	21,057,441.40
加:投资收益	8	19,102,470.62	11,753,038.20
补贴收入			
营业外收入		4,425,300.00	
减:营业外支出		500.00	
四、利润总额		42,201,181.75	32,810,479.60
减:所得税	9	3,673,551.35	3,502,680.21
少数股东损益			
五、净利润		38,527,630.40	29,307,799.39

合并利润表

编制单位:大恒新纪元科技股份有限公司　　单位:元

项　　目	注释	2000年度	1999年度
一、主营业务收入	25	1,188,361,116.14	818,448,321.65
减:折扣与折让			
主营业务收入净额		1,188,361,116.14	818,448,321.65
主营业务成本		1,043,556,791.53	722,239,018.68
主营业务税金及附加		2,916,745.41	2,436,648.99
二、主营业务利润		141,887,579.20	93,772,653.98
加:其他业务利润	26	11,386,995.27	3,585,921.62
减:存货跌价损失			2,999,662.35
营业费用		61,873,060.52	24,828,672.79
管理费用		22,604,138.35	22,345,215.93
财务费用	27	13,665,611.41	5,334,209.98
三、营业利润		55,131,764.19	41,850,814.55
加:投资收益	28	3,514,933.05	2,719,735.56
补贴收入	29	4,967,967.37	
营业外收入	30	573,300.30	776,324.77
减:营业外支出		316,504.70	441,992.92
四、利润总额		63,871,460.23	44,904,881.96
减:所得税		10,071,912.00	7,837,026.57
少数股东损益		15,271,917.83	7,760,056.00
五、净利润		38,527,630.40	29,307,799.39

利润分配表(母公司)

编制单位:大恒新世纪科技股份有限公司　　单位:元

项　目	注释	2000年度	1999年度
一、净利润		38,527,630.40	29,307,799.39
加:年初未分配利润		41,371,722.06	16,460,092.58
盈余公积转入			
二、可分配利润		79,899,352.46	45,767,891.97
减:提取法定盈余公积		3,852,763.10	2,930,779.94
提取法定公益金		1,926,381.54	1,465,389.97
三、可供股东分配的利润		74,120,207.82	41,371,722.06
减:应付优先股股利			
提取任意盈余公积			
应付普通股股利		19,600,000.00	
转作股本的普通股股利			
四、未分配利润		54,520,207.82	41,371,722.06

合并利润分配表

编制单位:大恒新世纪科技股份有限公司　　单位:元

项　目	注释	2000年度	1999年度
一、净利润		38,527,630.40	29,307,799.39
加:年初未分配利润		38,376,703.91	15,626,682.00
盈余公积转入			
二、可分配利润		76,904,334.31	44,934,481.39
减:提取法定盈余公积		7,182,085.63	4,371,851.54
提取法定公益金		3,634,080.96	2,185,925.94
三、可供股东分配的利润		66,088,167.72	38,376,703.91
减:应付优先股股利			
提取任意盈余公积			
应付普通股股利		19,600,000.00	
转作股本的普通股股利			
四、未分配利润		46,488,167.72	38,376,703.91

资产负债表(母公司)

编制单位:大恒新纪元科技股份有限公司　　　　单位:元

资　产	注释	2000.12.31	1999.12.31
流动资产:			
货币资金		254,077,611.47	27,898,020.70
短期投资		102,500,000.00	4,000,000.00
减:短期投资跌价准备			
短期投资净额		102,500,000.00	4,000,000.00
应收票据			
应收股利			
应收利息			
应收帐款	1	2,033,976.78	1,060,399.79
其他应收款	2	29,148,607.98	6,162,245.68
减:坏帐准备		92,972.08	361,131.84
应收款项净额		31,089,612.68	6,861,513.63
预付帐款		11,400,759.55	2,525,146.00
应收补贴款			
存货		10,689,481.83	15,833,041.04
减:存货跌价准备			
存货净额		10,689,481.83	15,883,041.04
待摊费用		426,679.12	302,766.74
待处理流动资产净损失			
一年内到期长期债券投资			
其他流动资产			
流动资产合计		410,184,144.65	57,470,488.11
长期投资:			
长期股权投资	3	282,335,451.47	115,961,388.00
长期债权投资			
长期投资合计		282,335,451.47	115,961,388.00
减:长期投资减值准备			
长期投资净额		282,335,451.47	115,961,388.00
固定资产			
固定资产原价	4	107,034,142.62	105,601,999.00
减:累计折旧		8,716,641.41	5,645,706.55
固定资产净值		98,317,501.21	99,956,292.45
工程物资			
在建工程			
固定资产清理			
待处理固定资产净损失			
固定资产合计		98,317,501.21	99,956,292.45
无形资产及其他资产			
无形资产		2,880,000.00	
开办费			
长期待摊费用		304,440.37	
其他长期资产			
无形资产及其他资产合计		3,184,440.37	
递延税项:			
递延税项借项			
资产总计		794,021,537.70	237,388,168.56
负债及股东权益	注释	2000.12.31	1999.12.31
流动负债:			
短期借款	5	105,000,000.00	55,000,000.00
应付票据			
应付帐款		40,000.00	4,435,488.71
预收帐款		2,085,748.56	6,346,669.65
代销商品款			
应付工资			-120,220.00
应付福利费		-46,261.76	27,361.59
应付股利		19,600,000.00	
应交税金		-698,798.96	-497,575.64
其他应交款		2,989.10	3,304.10
其他应付款		6,117,327.02	28,576,111.00
预提费用			
一年内到期的长期负债			
其他流动负债			
流动负债合计		132,101,003.96	93,771,139.41
长期负债:			
长期借款			
应付债券			
长期应付款			
住房周转金			
其他长期负债		17,704,948.88	
长期负债合计		17,704,948.88	
递延税项:			
递延税项贷项			
负债合计		149,805,952.84	93,771,139.41
少数股东权益			
股东权益:			
股本		140,000,000.00	90,000,000.00
资本公积		428,766,480,67	40,944,414.09
盈余公积		20,928,896.37	7,300,893.00
其中:公益金		4,335,677.44	2,409,295.90
未分配利润		54,520,207.82	41,371,722.06
股东权益合计		644,215,584.86	179,617,029.15
负债及股东权益总计		794,021,537.70	273,388,168.56

合并资产负债表

编制单位:大恒新纪元科技股份有限公司　　　　单位:元

资　产	注释	2000.12.31	1999.12.31
流动资产:			
货币资金	1	537,407,268.39	110,503,346.76
短期投资	2	103,900,000.00	4,000,000.00
减:短期投资跌价准备			
短期投资净额		103,900,000.00	4,000,000.00
应收票据	4	1,607,300.00	5,000,000.00
应收股利			
应收利息			
应收帐款	3	44,300,515.50	49,217,696.20
其他应收款	6	69,054,630.57	81,705,563.00
减:坏帐准备		5,667,757.30	6,546,161.96
应收款项净额		107,687,388.77	124,377,097.24
预付帐款	5	58,521,764.91	46,374,426.00
应收补贴款			
存货	7	246,631,988.86	196,569,693.09
存货净额		4,635,452.00	4,635,451.86
减:存货跌价准备		241,996,536.86	191,934,241.23
待摊费用	8	2,237,521.24	2,309,156.53
待处理流动资产净损失		242,964.40	
一年内到期长期债券投资			
其他流动资产			
流动资产合计		1,053,600,744.57	484,498,267.76
长期投资:			
长期股权投资	9	3,547,173.93	40,945,022.32
长期债权投资			
长期投资合计		3,547,173.93	40,945,022.32
减:长期投资减值准备			
长期投资净额		3,547,173.93	40,945,022.32
固定资产:			
固定资产原价	10	162,850,919.86	158,396,502.85
减:累计折旧		24,177,194.31	19,289,807.88
固定资产净值		138,673,725.55	139,106,694.97
工程物资			
在建工程	11	7,444,745.07	4,476,783.72
固定资产清理		47,828.46	
待处理固定资产净损失			
固定资产合计		146,166,299.08	143,583,478.69
无形资产及其他资产			
无形资产	12	14,908,823.41	9,594,770.00
开办费	13	4,060,750.00	1,262,345.00
长期待摊费用	13	573,485.72	2,923,351.00
其他长期资产			
无形资产及其他资产合计		19,543,059.13	13,780,466.00
递延税项:			
递延税项借项		1,169.31	2,533.59
资产总计		1,222,858,446.02	682,809,768.36
负债及股东权益	注释	2000.12.31	1999.12.31
流动负债:			
短期借款	16	233,200,000.00	169,500,000.00
应付票据	14	15,500,000.00	25,830,598.07
应付帐款	15	42,679,270.84	68,029,242.26
预收帐款	17	37,202,788.14	23,497,579.99
代销商品款			
应付工资		2,059,138.16	2,625,954.97
应付福利费		11,020,850.06	6,646,188.75
应付股利		21,395,758.25	5,270,575.72
应交税金	18	1,835,290.85	3,147,906.63
其他应交款		684,814.51	317,875.58
其他应付款	19	42,849,555.24	29,674,098.00
预提费用	20	673,854.49	1,388,187.25
一年内到期的长期负债			
其他流动负债		450,490.00	450,490.00
流动负债合计		409,551,810.54	336,378,697.22
长期负债:			
长期借款	21	29,450,000.00	52,600,000.00
应付债券			
长期应付款		1,974,056.36	
住房周转金			61,620.13
其他长期负债		17,704,948.88	
长期负债合计		49,129,005.24	52,661,620.13
递延税项:			
递延税项贷项			
负债合计		458,680,815.78	389,040,317.35
少数股东权益		122,957,063.43	114,152,422.01
股东权益:			
股本		140,000,000.00	90,000,000.00
资本公积	22	428,766,480.67	40,944,414.09
盈余公积	23	25,965,918.42	10,295,911.00
其中:公益金		7,031,731.96	3,397,651.00
未分配利润	24	46,488,167.72	38,376,703.91
股东权益合计		641,220,566.81	179,617,029.00
负债及股东权益总计		1,222,858,446.02	682,809,768.36

现金流量表(母公司)

编制单位:大恒新纪元科技股份有限公司　　单位:元

项　目	金　额	
	2000年度	1999年度
一、经营活动产生的现金流量:		
销售商品、提供劳务收到的现金	93,101,117.60	47,473,875.91
收到的租金	21,750,000.00	22,850,000.00
收到的增值税销项税额和退回的增值税款	12,689,057.23	8,070,558.86
收到除增值税以外的其他税费返还		1,674,970.26
收到与经营活动有关的其他现金	550,658.44	46,816,004.30
现金流入小计	128,099,833.27	126,885,409.33
购买商品、接受劳务支付的现金	80,774,543.21	46,109,331.69
经营租赁所支付的现金	786,454.01	205,417.18
支付给职工以及为职工支付的现金	2,631,933.87	629,431.31
支付的增值税款	12,097,423.08	7,937,354.00
支付的所得税款		3,035,195.07
支付的除增值税、所得税以外的其他税费	3,495,893.62	1,996,615.07
支付的其他与经营活动有关的现金	62,276,170.13	62,385,090.31
现金流出小计	162,062,417.92	122,298,434.63
经营活动产生的现金流量净额	-33,962,584.65	4,586,974.70
二、投资活动产生的现金流量:		
收回投资所收到现金	4,360,000.00	70,340,345.12
分得股利或利润所收到的现金	4,109,600.00	1,023,997.00
取得债券利息收入所收到的现金	1,200,000.00	
处置固定资产、无形资产和其他长期资产而收回的现金净额		
收到的与投资活动有关的其他现金	18,175.34	15,352,163.15
现金流入小计	9,687,775.34	86,716,505.27
购建固定资产、无形资产和其他长期资产所支付的现金	1,023,561.55	4,208,510.61
权益性投资支付的现金	150,410,000.00	84,740,200.00
债权性投资支付的现金	103,500,000.00	
支付的与投资活动有关的现金		45,000,000.00
现金流出小计	254,933,561.55	133,948,710.61
投资活动产生的现金流量净额	-245,245,786.21	-47,232,205.34
三、筹资活动产生的现金流量:		
吸收权益性投资收到的现金	437,810,000.00	
发行债券收到的现金		
借款收到的现金	124,596,129.47	60,230,000.00
收到的与筹资活动有关的其他现金	22,131,229.63	13,517,744.16
现金流入小计	584,537,359.10	73,747,744.16
偿还债务所支付的现金	73,875,832.47	10,310,000.00
发生筹资费用所支付的现金		
分配股利或利润所支付的现金		2,223,567.50
偿付利息所支付的现金	5,273,565.00	
融资租赁支付的现金		
减少注册资本支付的现金		
支付的与筹资活动有关的其他现金		
现金流出小计	79,149,397.47	12,533,567.50
筹资活动产生的现金流量净额	505,387,961.63	61,214,176.66
四、汇率变动对现金的影响		
五、现金及现金等价物净增加额	226,179,590.77	18,568,946.02
补充资料	2000度	1999度
1.不涉及现金收支的投资和筹资活动:		
以固定资产偿还债务		
以投资偿还债务		
以固定资产进行投资		
以存货偿还债务		
融资租赁固定资产		
接受捐赠非现金资产		
2.将净利润调节为经营活动的现金流量:		
净利润	38,527,630.40	29,307,799.39
加:计提的坏帐准备或转销的坏帐	1,794,14	881,488.00
固定资产折旧	3,057,204.56	2,798,742.12
无形资产摊销	72,595.44	
处置固定资产、无形资产和其他长期资产的损失(减:收益)		
固定资产报废损失		
财务费用	4,490,357.71	1,118,190.90
投资损失(减:收益)	-19,102,470.62	-10,239,199.75
递延税项贷项(减:借项)		
存货的减少(减:增加)	4,855,855.36	-14,522,544.96
经营性应收项目的减少(减:增加)	-34,362,566.37	-24,125,260.18
经营性应付项目的增加(减:减少)	-33,334,276.82	17,206,065.42
增值税增加净额(减:减少)	256,451.21	107,648.51
其他	1,574,840.34	2,054,045.25
经营活动产生的现金流量净额	-33,962,584.65	4,586,974.70
3.现金及现金等价物净增加情况:		
货币资金的期末余额	254,077,611.47	27,898,020.70
减:货币资金的期初余额	27,898,020.70	9,329,074.68
加:现金等价物的期末余额		
减:现金等价物的期初余额		
现金及现金等价物净增加额	226,179,590.77	18,568,946.02

合并现金流量表

编制单位:大恒新纪元科技股份有限公司　　单位:元

项　目	金　额	
	2000年度	1999年度
一、经营活动产生的现金流量:		
销售商品、提供劳务收到的现金	1,160,506,484.25	801,418,062.50
收到的租金	21,823,696.77	22,850,000.00
收到的增值税销项税额和退回的增值税款	190,888,474.09	96,906,944.58
收到除增值税以外的其他税费返还	333,511.70	1,686,216.03
收到与经营活动有关的其他现金	467,786.64	
现金流入小计	1,374,019,953.45	922,861,223.11
购买商品、接受劳务支付的现金	1,034,136,506.28	737,903,244.81
经营租赁所支付的现金	2,870,789.27	280,429.18
支付给职工以及为职工支付的现金	32,309,009.51	11,021,758.15
支付的增值税款	188,501,207.07	91,398,766.72
支付的所得税款	4,637,792.09	7,035,965.87
支付的除增值税、所得税以外的其他税费	6,760,149.82	3,789,995.00
支付的其他与经营活动有关的现金	59,851,974.59	54,782,393.82
现金流出小计	1,329,067,428.63	906,230,553.55
经营活动产生的现金流量净额	44,952,524.82	16,630,669.56
二、投资活动产生的现金流量:		
收回投资所收到现金	23,960,000.00	
分得股利或利润所收到的现金	5,020,698.83	1,723,997.00
取得债券利息收入所收到的现金	1,700,000.00	
处置固定资产、无形资产和其他长期资产而收回的现金净额	912,900.00	
收到的与投资活动有关的其他现金	18,175.34	15,504,681.09
现金流入小计	31,611,774.17	17,228,678.09
购建固定资产、无形资产和其他长期资产所支付的现金	13,714,569.51	8,663,013.61
权益性投资支付的现金	11,377,470.46	
债权性投资支付的现金	109,660,000.00	
支付的与投资活动有关的现金		45,000,000.00
现金流出小计	134,752,039.97	53,663,013.61
投资活动产生的现金流量净额	-103,140,265.80	-36,434,335.52
三、筹资活动产生的现金流量:		
吸收权益性投资收到的现金	438,664,441.58	
发行债券收到的现金		
借款收到的现金	267,796,129.47	89,730,000.00
收到的与筹资活动有关的其他现金	22,882,926.51	27,182,465.00
现金流入小计	729,343,497.56	116,912,465.00
偿还债务所支付的现金	227,246,129.47	39,810,000.00
发生筹资费用所支付的现金	10,000.00	
分配股利或利润所支付的现金	2,550,400.00	2,223,567.50
偿付利息所支付的现金	14,445,305.48	4,771,901.78
融资租赁支付的现金		
减少注册资本支付的现金		
支付的与筹资活动有关的其他现金		
现金流出小计	244,251,834.95	46,805,469.28
筹资活动产生的现金流量净额	485,091,662.61	70,106,995.72
四、汇率变动对现金的影响		
五、现金及现金等价物净增加额	426,903,921.63	50,303,329.76
补充资料	2000度	1999度
1.不涉及现金收支的投资和筹资活动:		
以固定资产偿还债务		
以投资偿还债务		
以固定资产进行投资		
以存货偿还债务		
融资租赁固定资产		
接受捐赠非现金资产		
2.将净利润调节为经营活动的现金流量:		
净利润	38,527,630.40	29,307,799.39
加:计提的坏帐准备或转销的坏帐	-878,404.66	8,899,401.00
固定资产折旧	4,887,386.43	4,499,561.06
无形资产摊销	4,504,862.79	613,936.00
处置固定资产、无形资产和其他长期资产的损失(减:收益)	-329,044.40	
固定资产报废损失	59,551.18	
财务费用	12,903,356.40	5,334,209.88
投资损失(减:收益)	2,054,825.00	
递延税项贷项(减:借项)	1,364.28	
存货的减少(减:增加)	-52,241,759.77	-17,817,091.77
经营性应收项目的减少(减:增加)	8,813,474.22	-23,513,380.48
经营性应付项目的增加(减:减少)	11,025,731.38	-3,405,075.96
增值税增加净额(减:减少)	7,857,240.50	9,827,749.44
其他	7,766,311.07	2,883,561.00
经营活动产生的现金流量净额	44,952,524.82	16,630,669.56
3.现金及现金等价物净增加情况:		
货币资金的期末余额	537,407,268.39	110,503,346.76
减:货币资金的期初余额	110,503,346.76	60,200,017.00
加:现金等价物的期末余额		
减:现金等价物的期初余额		
现金及现金等价物净增加额	426,903,921.63	50,303,329.76

苏福马股份有限公司

二○○○年年度报告摘要

一、公司简介

1、公司法定中文名称:苏福马股份有限公司
公司法定英文名称:SUFOMA CO.,LTD.
英文名称缩写:SUFOMA
2、公司法定代表人:葛仁优
3、公司董事会秘书:胡其新
公司董事会秘书授权代表:李猛
联系地址:苏州市西大营门57号
电话:0512-7524718
传真:0512-7534072
电子信箱:sufoma@pub.sz.jsinfo.net
4、公司注册地址:江苏省苏州市新区何山花园8幢103室
公司办公地址:江苏省苏州市西大营门57号
邮政编码:215003
公司国际互联网网址:http://www.sufoma.com
公司电子信箱:sufoma@pub.sz.jsinfo.net
5、公司选定的信息披露报刊:《中国证券报》和《上海证券报》
登载公司年度报告的中国证监会指定国际互联网网址:http://www.sse.com.cn
公司年度报告备置地点:公司董秘室
6.公司股票上市交易所:上海证券交易所
股票简称:苏福马
股票代码:600290

二、会计数据和业务数据摘要

1、本年度会计数据摘要(单位:人民币元)

利润总额:	15,668,252.94
净利润:	15,668,252.94
扣除非经常性损益后的净利润:	13,971,513.20
主营业务利润:	39,211,969.66
其他业务利润:	1,465,056.20
营业利润:	14,071,118.33
投资收益:	-99,605.13
补贴收入:	-
营业外收支净额:	1,696,739.74
经营活动产生的现金流量净额:	22,208,523.63
现金及现金等价物净增加额:	136,400,611.45

注:扣除的非经常性损益项目和涉及金额(税后收益)是指:

新股发行无效申购冻结资金利息本期分摊数:	1,355,686,86
处理固定资产净收入:	-55,883.51
合同赔偿收入	459,000.00
防洪保安基金支出	-80,000.00
其他净收入	17,936.39

2、截至报告期末公司前三年主要会计数据和财务指标(单位:元)

项　　目	2000年	1999年	1998年	
			调整后	调整前
主营业务收入	158,617,720.55	116,244,295.00	96,292,017.58	96,292,017.58
净利润	15,668,252.94	10,036,778.85	1,544,749.67	2,685,304.40
总资产	374,926,752.07	242,428,301.09	220,067,373.94	228,548,983.48
股东权益	212,831,415.64	78,251,282.70	68,214,503.85	65,951,837.13
每股收益(摊薄)	0.19	0.19	0.03	0.05
每股收益(按月平均加权)	0.27	0.19	0.03	0.05
每股收益(扣除非经常性损益)	0.17	0.17	0.02	0.04
每股净资产	2.56	1.48	1.29	1.45
调整后的每股净资产	2.52	1.41	1.24	1.40
每股经营活动产生的现金流量净额	0.27	0.20	-	-
净资产收益率(摊薄)	7.36	12.83	2.26	3.50
净资产收益率(加权平均)	14.42	13.71	2.94	4.44

3、利润分配表附表

报告期利润	净资产收益率(%)		每股收益(元/股)	
	全面摊薄	加权平均(ROE)	全面摊薄	加权平均
主营业务利润	18.42	36.08	0.47	0.68
营业利润	6.61	12.95	0.17	0.24
净利润	7.36	14.42	0.19	0.27
扣除非经常性损益后的净利润	6.56	12.86	0.17	0.24

4、报告期内股东权益变动情况及变动原因(单位:元)

项　　目	股　　本	资本公积	盈余公积	其中:法定公益金
期初数	53,000,000	15,214,503.85	1,505,516.83	501,838.94
本期增加	30,000,000	105,511,880.00	2,350,237.94	783,412.65
本期减少	-	-	-	-
期末数	83,000,000	120,726,383.85	3,855,754.77	1,285,251.59
变动原因	发行3000万新股	发行溢价、新股有效申购冻结资金利息	本年利润提取数	本年利润提取数

项　　目	未分配利润	非经常性项目收益调整	股东权益合计
期初数	8,531,262.02		78,251,282.10
本期增加	15,668,285.94		134,580,132.94
本期减少	18,950,270.94		-
期末数	5,249,277.02		212,831,415.64
变动原因	本年利润转入和利润分配	本年摊销	

三、股本变动及股东情况

(一)股本变动情况

1、股份变动情况表

数量单位:股

	本次变动前	本次变动增减(+,-)	本次变动后
一、未上市流通股份			
发起人股份	53,000,000	0	53,000,000
其中:国有法人持有股份	49,923,235	0	49,923,235
境内法人持有股份	3,076,765	0	3,076,765
未上市流通股份合计	53,000,000	0	53,000,000
二、已流通股份			
人民币普通股	0	+30,000,000	30,000,000
已上市流通股份合计	0		
三、股份总数	53,000,000	+30,000,000	83,000,000

注:本次股份变动系2000年10月16日发行新股30,000,000股。

2、公司发行与上市情况

①本公司股票发行经中国证监会证监发行字[2000]136号文核准于2000年10月16日以"上网定价发行"方式发行人民币普通股3000万股,每股发行价格为4.80元,并于2000年11月6日在上海证券交易所挂牌上市,上市流通股份3000万股。

②本公司没有内部职工股。

(二)股东情况介绍

1、股东总数:截至2000年12月29日,公司共有股东29196户。

2、前十名股东情况

股东名称	年末持股数(股)	占总股本(%)
(1)苏州林业机械厂	49534755	59.68
(2)吴江电子仪器厂	1227598	1.48
(3)吴县市黄桥林机配套厂	776961	0.94
(4)吴县市冷作二厂	683726	0.82
(5)普惠基金	450001	0.54
(6)吴县市环境保护设备厂	388480	0.47
(7)中国林业机械广州公司	388480	0.47
(8)社会帮困	200000	0.24
(9)公友奎	141800	0.17
(10)钱永吉	125050	0.15

说明:

上述前10名股东中,苏州林业机械厂与中国林业机械广州公司存在关联关系,即均为中国福马林业机械集团有限公司的全资子公司。

四、股东大会简介

公司在报告期内召开了2次股东大会,具体情况如下:

1、公司于2000年4月8日在苏州召开了1999年股东年会,出席会议股东(或股东代理人)6人,代表股份5300万股,占公司总股本的100%(发行新股前),会议表决通过了如下决议:

(1)同意公司1999年度董事会工作报告;
(2)同意公司1999年度监事会工作报告;
(3)同意公司1999年度财务决算报告;
(4)同意公司2000年度财务预算报告。

由于该次股东年会召开时公司未发行上市,故未将通知和决议进行公告。

2、公司于2000年12月25日在苏州召开了2000年度第一次临时股东大会。

有关该次股东大会通知刊登于2000年10月22日《中国证券报》和《上海证券报》,股东大会决议公告刊登于2000年12月26日《中国证券报》和《上海证券报》。

五、董事会报告

(一)公司经营情况

1、公司主要经营业务为人造板机械、木工机械和中小马力多缸柴油机的开发、制造及销售,分属林业专业设备制造业和内燃机制造业,报告期内,公司主营业务收入比上年增长36.45%,其中人造板机械、木工机械产品约占全部营业收入的84.48%,柴油机约占15.25%。公司的主导产品宽带定厚砂光机组、卧式浸渍干燥生产线、单板干燥机、快速贴面生产线的销售量分别比上年增长68.80%、168.54%、24.90%、72.16%。

2、2000年是公司股票公开发行上市的第一年,根据股东大会要求,公司在董事会的领导下,顺应宏观经济的发展趋势和市场需求,抓住机遇,勇于开拓,加速开发,贯彻"四加强、两提高"的方针,坚持上市公司的规范运作,调动各方面的积极因素,各项经济指标比上年明显增长。

(二)公司财务状况

指　　标	报告期末数	上年期末数	较上期增减	增减原因
总资产	374,926,752.07	242,428,301.09	+132,498,450.98	发行新股
长期负债	5,000,000.00	23,000,000.00	-18,000,000.00	发行前债务重组
股东权益	212,831,415.64	78,251,282.70	+134,580,013.00	发行新股
主营业务利润	39,211,969.66	37,106,300.89	+2,105,668.77	主营业务收入增长
净利润	15,668,252.94	10,036,778,85	+5,631,474.09	主业增长税收减免

(三)公司投资情况

公司报告期内对外投资额比去年减少23,444,855.43万元,减少幅度达96%,原因在于公司全部出让中外合资小松常林铸造有限公司实际拥有的全部股权,收回对外投资24,444,855.43万元,报告期内公司以非募集资金投资国林竹藤科技有限责任公司100万元,持股比例为11.26%。

1、报告期内募集资金使用情况(单位:万元)

2000年公司发行新股募集资金13550万元,实际到位时间为2000年10月22日,截止到本报告期,实际投入资金2480万元,占总募股资金的18.30%,暂时闲置的资金11,070万元,公司严格按照招股书的承诺,本着安全、有效的原则,用于银行存款和购买国债。

项　目　名　称	计划投资	实际投资
1、新型人造板表面装饰设备制造项目	4,800	17
2、木工机械制造项目	3,900	513
3、人造板干燥设备制造技术改造项目	2,900	
4、补充流动资金	1,950	1,950
合计	13,550	2,480

募集资金投资项目进展情况说明：

①新型人造板表面装饰设备制造项目，计划总投资4,800万元，其中2000年投入340万元，本期实际投入17万元，主要由于期间内募集资金实际到位时间较原计划要晚，剩余的4,783万元主要用于银行存款。鉴于本期投入数量较少且处于建设期，故未产生收益。

②木工机械制造项目，计划总投资3,900万元，其中2000年投入470万元，本期实际投入513万元，主要由于期间内募集资金实际到位时间较原计划要晚，剩余的3,430万元主要用于银行存款。鉴于本期投入数量较少且处于建设期，故未产生收益。

③人造板干燥设备制造技术改造项目，计划总投资2,900万元，其中2000年投入480万元，本期尚未投入，主要由于期间内募集资金实际到位时间较原计划要晚，项目资金2,900万元主要用于银行存款。鉴于本期尚未投入，故未产生收益。

④补充流动资金，计划总投资1,950万元，本期已经全部投入，直接缓解了公司的生产运营资金的紧缺程度，降低了公司的财务费用。

2、报告期内非募集资金的投资情况

报告期内公司以非募集资金投资国林竹藤科技有限责任公司100万元，持股比例为11.26%，该公司主要经营竹藤产品、林产品、合成材料及制品、竹藤加工机械生产、销售等业务。公司于2000年2月投入资金100万元，由于该公司新近筹建，本期未有分红收益。

(四)本报告期内，公司生产经营环境及宏观政策的变化主要是，根据财政部、国家税务总局[94]财税字第001号文件规定，经苏州市国家税务局苏国税所函(2000)058号文件批准，按照新办的高新技术企业优惠政策免征2000年度所得税，这项优惠政策对公司本期的财务指标和经营成果产生积极影响。

(五)2001年业务发展计划

1、继续抓好现有主营产品项目的经营，争取主营业务收入比上年增长14%左右。

2001年公司将进一步抓住主营业务市场回升的机遇，通过提升主导产品的竞争优势和改进营销等一系列措施，继续保持国内行业市场的相应份额，加强内部资源的整合，以适应市场变化快，交货周期短的特点，计划实现销售收入1,805亿元。

2、加快三项募集资金投资项目的实施进度，完成计划要求的工程进度，争取部分投资项目投入使用，发挥效益。

公司将按照招股书承诺的新型人造板表面装饰设备制造、木工机械制造、人造板干燥设备制造技术改造等三个募集资金投资项目加紧实施，全面展开本公司在苏州新区何山路的建设项目，按照依据有关程序认真作好项目招标、实施、监督、验收等工作，落实项目责任，并且根据公司经营业务轻重缓急的情况，加快急用项目的实施，优化投资结构、节约费用。

3、切实作好新型建材设备产品和农作物秸杆人造板项目的市场推介工作，逐步形成公司新的利润增长点。

在充分市场调研和前期工作的基础上，公司将着力作好新型建材－－水泥刨花板生产线成套项目产品的市场推介和江苏句容农作物秸杆人造板合资项目的实施，充分利用国家在环保政策、产业政策方面优先支持的有利条件，以建立示范窗口为契机，加速市场推广，同时加强配套工艺和延伸产品的开发，以适应不同用户的需要，从而形成"十五"期间的新增长点。

4、根据公司主业比较集中的特点，探索一业为主、多元发展，优先向下游行业扩展的发展路子。

为规避主业相对集中在某一行业可能产生的风险，公司将依据自身的实力和外部合作的条件，探索走出单一行业经营的发展路子。2001年将首先在技术优势明显的下游行业－－新型人造板表面装饰材料生产方面进行试点，积累经验，逐步扩大投入，其次公司将选择高科技领域和风险投资领域，在保证风险有效控制的前提下，进行少量介入性投资，以获取一定的非主业收入，并以此为起点探索今后新经济时代发展所需的各种资源。

(六)董事会日常工作情况

1、报告期内董事会会议情况及决议内容

2000年度公司共召开了4次董事会会议：

①公司于2000年3月5日召开了2000年度第一次董事会会议，会议应到董事9名，参加表决9名，审议并通过以下决议：

(1)同意总经理工作报告；

(2)同意公司1999年度董事会工作报告；

(3)同意公司1999年度财务决算报告和利润分配方案；

(4)同意公司2000年度财务预算报告。

②公司于2000年8月7日召开了2000年度第二次董事会会议，会议应到董事9名，参加表决9名，审议并通过以下决议：

(1)同意董事会下半年工作计划；

(2) 同意争取尽快完成公司股票发行上市的议案。

③公司于2000年9月20日召开了董事会临时会议，会议应到董事9名，参加表决9名，审议并通过以下决议：

同意聘任杨小星为公司副总经理。

④公司于2000年11月20日召开了2000年度第三次董事会会议，会议应到董事7名，参加表决7名，审议并通过以下决议：

(1)同意关于出让在中外合资小松常林铸造有限公司全部股权的议案；

(2)同意公司投资参股江苏句容农作物秸杆人造板有限公司(筹)的议案；

(3)同意公司董事朱振良因退休离职、富雯里因工作调离辞去董事职务的申请；

(4)同意召开2000年度临时股东大会。

2、报告期内董事会对股东大会决议的执行情况

①公司董事会按照1999年度股东年会的决议，执行2000年度财务预算方案。

②公司董事会执行1999年度5月7日临时股东大会的决议，顺利完成3000万元A股的发行上市，并完成《公司章程》(修改案)向国家工商行政管理局的备案工作。

③董事会按照2000年度第一次股东大会授权董事会处理公司章程规定限额内对外投资的决议，投资参股江苏句容农作物秸杆人造板有限公司(筹)，已完成签约工作。

(七)公司管理层情况

董事、监事、高级管理人员情况

姓名	职务	性别	年龄	任期
葛仁优	董事长	男	59	1998年12月至2001年12月
岳群飞	董事、总经理	男	39	同上
庞辉	董事	男	47	同上
孙锐	董事	女	47	同上
唐琮	董事、副总经理	男	56	同上
施琦	董事、总会计师	男	52	同上
张建东	董事	男	41	同上
汪文锐	监事会召集人	男	50	同上
罗会恒	监事	男	34	同上
宋六奇	监事	男	48	同上
陈洁	监事	女	38	同上
孙东生	监事	男	57	同上
章炬	副总经理	男	44	同上
胡其新	董事会秘书	男	50	同上
杨小星	副总经理	男	44	2000年10月至2001年12月

说明：

①以上董事、监事、高级管理人员均未持有本公司股票。

②以上董事、监事、高级管理人员中，在本公司领取报酬的有11人，年度报酬总额为32.023万元，其中2－2.5万元，1人；2.5－3万元，7人；3－4万元，3人。不在公司领取报酬的董事为庞辉、孙锐，监事为罗会恒、宋六奇。

③在报告期内，公司董事、总经济师朱振良因退休离职，董事富雯里因工作调离辞去公司职务，其余董事、监事、高级管理人员未发生变更。

④在报告期内，董事会增聘杨小星为公司副总经理。

(八)本次利润分配和公积金转增股本预案

公司2000年度实现净利润15,668,252.94元，提取10%法定盈余公积金1,566,825.29元，提取5%法定公益金783,412.65元，当年实现可供股东分配利润13,318,015.00元，加上年初未分配利润8,531,262.02元，本年末实际可供股东分配利润21,849,277.02元。

根据发行前1999年5月7日临时股东大会决议及招股书承诺，公司自成立之日至本年股票公开发行股权登记日的滚存利润由新老股东共享。

公司董事会通过2000年度利润分配预案，向全体股东每10股派发现金红利2元(含税)，共计分配股利16,600,000元，余额5,249,277.02元，结转2001年度分配，本年度不进行派送红股，也不进行资本公积金转增股本。此分配预案须提交股东大会审议通过。

(九)2001年利润分配政策

公司2001年度的利润分配政策如下：

1、公司在2001年度结束后进行一次利润分配；

2、公司2001年度实现净利润用于股利分配的比例不少于50%；

3、公司2000年末未分配利润用于2001年度股利分配的比例不少于40%；

4、公司2001年度利润分配现金股利不少于50%；

5、公司2001年分配政策为预计方案，董事会保留根据公司实际情况对该分配预案进行适当调整的权利。

(十)报告期内未变更指定信息披露报纸，仍为《中国证券报》与《上海证券报》。

六、监事会报告

1、报告期内，公司监事会成员积极开展工作，认真履行职责。2000年度监事会成员列席了公司全部股东大会和董事会会议，并召开了一次监事会会议。

2、2000年3月5日下午，公司监事会召开会议，对公司1999年度财务决算、生产经营状况、新股发行申请等工作给予了充分的肯定，对公司董事会及经理班子的工作表示肯定，认为董事会1999年度的工作报是符合实际的。

3、监事会认为：

(1)报告期内没有发现公司存在任何违法经营问题，公司决策程序合法，内部控制制度比较稳健，特别是公司在报告期内实施了采购审价、存货及预算控制责任制度，对于降本增效起到了明显效果。

(2)公司董事、经理执行公司职务时无违反法律、法规、公司章程或损害公司利益的行为，也未受到行政主管部门及证券监管部门的处罚。

(3)公司年度财务报表经江苏公证会计师事务所有限公司审计(即原公司聘请的苏州天辰会计师事务所有限公司)，并出具了无保留意见和无解释说明的审计报告，财务报告真实反映了公司的财务状况和经营成果。

(4)公司2000年10月16日成功发行人民币A股3000万股，扣除发行费用，实际募集资金13,550万元，资金投向与招股说明书一致，未发生变更。发行新股专项费用850万元经天辰会计师事务所审核通过，并出具了审核报告。

(5)公司发生的少量关联交易未损害公司及中小股东的合法权益，交易行为均按公平合理的市场定价原则进行。

(6)公司经过全年努力，主营业务收入比上年增长36.5%，实现利润总额1566.83万元，比上年增长24.6%，与2000年盈利预测基本无差异。

七、重要事项

1、本年度无重大诉讼、仲裁事项。

2、报告期内公司、公司董事及高级管理人员无受监管部门处罚情况。

3、报告期内公司控股股东无变更、仍为苏州林业机械厂，报告期内公司董事会未发生换届、改选及半数以上成员变动情况；报告期内总经理、董事会秘书无变更。

4、报告期内公司无重大收购、吸收、合并事项。

根据与日本国小松制作所株式会社签订协议，将本公司持有的中外合资小松常林铸造有限公司14%的股权按原投资额294万美元转让给对方，转让款项已于2000年12月末到帐。该转让事项经2000年12月25日召开的临时股东大会表决通过。

5、关联事项

本公司报告期内发生的关联事项有：

(1)公司与苏州林业机械厂(控股股东)发生的关联交易

依据公司与苏州林业机械厂签订《土地使用租赁合同》，(自1999年1月1日至2002年1月1日)和《综合服务协议》(2000年1月1日至2000年12月31日)，两项协议与上年的内容相同。本公司已于2000年10月在公开披露的招股书中予以说明。

公司本年度向苏州林业机械厂销售人造板机械1834188.03元，按照公司统一出厂价销售，占同类交易金额的1.36%，结算方式现金，该项关联交易对公司利润的影响程度极小，属临时性交易。

为解决本公司股东苏州林业机械厂及其下属公司欠本公司款项，规范本公司运作，公司在新股发行前2000年7月与苏州林业机械厂及其下属公司苏州市福马物资公司、苏州福马设备成套有限公司签订协议，由苏州林业机械厂受让原由其发起设立时转入本公司的短期借款和长期借款26000000元并承担该借款2000年1－6月已付利息760950元，同时受让本公司对苏州市福马物资公司新区经营部债权4262400元和对苏州福马设备成套有限公司债权3000000元，上述本公司的银行债务转移已得到银行债权人的确认。

(2)公司与苏州林业机电厂(同一母公司)的关联交易

公司本年度累计向苏州林业机电厂采购原材料6828868.74元(主要为专用配套件)，按照市场价格进行采购，占同类交易总额的6.2%，该项关联交易对公司利润的影响程度极小，该项关联交易主要是公司根据产品经营需要进行专用配套件的订购和选购。

(3)公司与苏州福马设备成套有限公司(同一母公司)的关联交易

公司本年度累计向苏州福马设备成套有限公司采购原材料5401709.40元(主要是配套单机和该公司适销的库存产品)销售产品4623405.47元(主要是该公司组织成套选用本公司产品)以上交易按照市场价格进行采购和销售分别占同类交易金额的4.9%、2.9%，该项关联交易对公司利润的影响程度极小，该项关联交易无必然性和持续性的内在关系。

(4)担保：中国福马林业机械集团有限公司(拥有苏州林业机械厂100%股权)为本公司取得农业银行苏州分行25000000元借款提供担保。

以上关联交易，公司均按市场公平原则定价执行，不存在任何损害公司和中小股东合法权益的情况。

6、公司与股东在资产、人员、财务上"三分开"情况：

(1)在人员方面，公司在劳动、人事及工资管理等方面完全独立；总经理、副总经理等高级管理人员均在上市公司领取薪酬，在股东单位均无任何职务。

(2)在资产方面，公司拥有独立的生产系统、辅助生产系统和配套设施；工业产权、商标、非专利技术等无形资产均由公司拥有；公司的采购和销售系统由公司独立拥有。

(3)在财务方面，公司设立独立的财会部门，并建立了独立的会计核算体系和财务管理制度；独立在银行开户。

7、报告期内无其他公司托管、承包、租赁本公司资产的事项，也无本公司托管、承包租赁其他公司资产的事项。

8、报告期内公司聘任的审计机构无变更，仍为苏州天辰会计师事务所有限公司(现根据江苏省财政厅苏财协[2000]65号文，合并新设为江苏公证会计师事务所有限公司)；

9、报告期内公司无重大合同(含担保)事项。

10、报告期内公司未更改名称和股票简称。

11、报告期内公司及5%以上股东苏州林业机械厂未在指定报纸和网站上披露承诺事项。

12、根据财政部、国家税务总局[94]财税字第001号文件规定，经苏州市国家税务局苏国税所函(2000)058文件批准，按照新办的高新技术企业优惠政策免征2000年度企业所得税。

八、财务会计报告

(一)审计报告

公司本年度财务报告已经江苏公证会计师事务所有限公司注册会计师刘勇、李刚审计，并出具了无保留意见审计报告。《苏公S[2001]A051号》。

(二)会计报表(附后)

1、资产负债表；

2、利润及利润分配表；

3、现金流量表。

九、备查文件目录

1、载有企业负责人、财务负责人、会计主管人员签名并盖章的会计报表；

2、载有会计师事务所盖章、注册会计师签名并盖章的审计报告原件；

3、报告期内《中国证券报》、《上海证券报》上披露的年度报告、及临时报告的正本及公告的原稿。

苏福马股份有限公司董事会

二〇〇一年三月九日

资　产　负　债　表

编制单位:苏福马股份有限公司　　　　2000年12月31日　　　　单位:人民币元

资　产	年 初 数	年 末 数	负债和股东权益	年 初 数	年 末 数
流动资产:			流动负债:		
货币资金	13,218,553.49	149,619,164.94	短期借款	28,000,000.00	67,000,000.00
短期投资	−	24,999,198.72	应付票据	2,100,000.00	−
减:短期投资跌价准备	−	99,605.13	应付帐款	42,129,713.52	43,462,305.15
短期投资净额	−	24,899,593.59	预收帐款	7,594,879.46	10,059,717.38
应收票据	601,509.00	3,637,500.00	代销商品款	−	−
应收股利	−	−	应付工资	4,025,086.90	1,905,180.10
应收利息	−	−	应付福利费	1,194,266.55	760,048.98
应收帐款	65,409,438.69	59,152,248.54	应付股利	−	16,600,000.00
其他应收款	17,985,768.33	19,494,469.22	应交税金	5,408,839.15	326,475.84
减:坏帐准备	6,028,862.28	7,045,041.73	其他应交款	87,555.30	42,412.66
应收款项净额	77,366,344.74	71,601,676.03	其他应付款	749,158.71	5,939,196.32
预付帐款	4,069,327.24	3,953,649.08	预提费用	878,295.80	−
应收补贴款	−	−	一年内到期的长期负债	48,000,000.00	10,000,000.00
存货	44,531,571.63	51,736,037.52	其他流动负债	−	−
减:存货跌价准备	4,919,536.89	4,730,270.80	流动负债合计	141,167,795.39	157,095,336.43
存货净额	39,612,034.74	47,005,766.72	长期负债:		
待摊费用	1,546,086.22	−	长期借款	23,000,000.00	5,000,000.00
待处理流动资产净损失	−	−	应付债券	−	−
一年内到期的长期债权投资	−	−	长期应付款	−	−
其他流动资产	−	−	住房周转金	9,223.00	−
流动资产合计	136,413,855.43	300,717,350.36	其他长期负债	−	−
长期投资:			递延税项:		
长期股权投资	24,444,131.24	1,000,000.00	递延税款贷项	−	−
长期债权投资	−	−	负债合计	164,177,018.39	162,.095,336.43
长期投资合计	24,444,131.24	1,000,000.00	股东权益:		
减:长期投资减值准备	−	−	股本	53,000,000.00	83,000,000.00
长期投资净额	24,444,131.24	1,000,000.00	资本公积	15,214,503.85	120,726,383.85
长期负债合计	23,009,223.00	5,000,000.00	盈余公积	1,505,516.83	3,855,754.77
固定资产:			其中:公益金	501,838.94	1,285,251.59
固定资产原价	108,341,094.50	114,329,156.37	未分配利润	8,531,262.02	5,249,277.02
减:累计折旧	41,571,804.52	48,423,171.41	股东权益合计	78,251,282.70	212,831,415.64
固定资产净值	66,769,289.98	65,905,984.96			
工程物资	−	−			
在建工程	14,129,276.71	1,704,022.00			
固定资产清理	−	−			
待处理固定资产净损失	−	−			
固定资产合计	80,898,566.69	67,610,006.96			
无形资产及其他资产:					
无形资产	569,551.65	5,542,619.15			
开办费	−	−			
长期待摊费用	102,196.08	56,775.60			
其他长期资产	−	−			
无形资产及其他资产合计	671,747.73	5,599,394.75			
递延税项:					
递延税款借项	−	−			
资产总计	242,428,301.09	374,926,752.07	负债和股东权益总计	242,428,301.09	374,926,752.07

利　润　及　利　润　分　配　表

编制单位:苏福马股份有限公司　　　　2000年度　　　　单位:人民币元

项　目	本 年 数	上年同期数	项　目	本 年 数	上年同期数
一、主营业务收入	158,617,720.55	116,244,295.00	四、利润总额	15,668,252.94	12,575,226.99
减:折扣与折让	−	−	减:所得税	−	2,538,448.14
主营业务收入净额	158,617,720.55	116,244,295.00	五、净利润	15,668,252.94	10,036,778.85
减:主营业务成本	118,508,206.78	78,360,255.15	加:年初未分配利润	8,531,262.02	−
主营业务税金及附加	897,544.11	777,738.96	盈余公积转入	−	−
二、主营业务利润	39,211,969.66	37,106,300.89	六、可供分配利润	24,199,514.96	10,036,778.85
加:其他业务利润	1,465,056.20	289,219.82	减:提取法定盈余公积	1,566,825.29	1,003,677.89
减:存货跌价损失	−189,266.09	465,828.94	提取法定公益金	783,412.65	501,838.94
营业费用	4,000,793.49	3,810,505.37	七、可供股东分配的利润	21,849,277.02	8,531,262.02
管理费用	19,548,220.42	14,983,327.71	减:应付优先股股利	−	−
财务费用	3,246,159.71	6,571,525.55	提取任意盈余公积	−	−
三、营业利润	14,071,118.33	11,564,333.14	应付普通股股利	16,600,000.00	−
加:投资收益	−99,605.13	−	八、未分配利润	5,249,277.02	8,531,262.02
补贴收入	−	650,000.00			
营业外收入	1,881,624.33	564,365.00			
减:营业外支出	184,884.59	203,471.15			

现　金　流　量　表

编制单位:苏福马股份有限公司　　　　2000年度　　　　单位:人民币元

项目　　合并	母　公　司	项目　　合并	母　公　司
一、经营活动产生的现金流量		四、汇率变动对现金流量的影响	
销售商品、提供劳务收到的现金	199942274.8	汇率变动对现金的影响额	−134741.24
收到的租金		五、现金及现金等价物净增加额	
收到的税费返还		现金及现金等价物净增加额	136400611.5
收到的其他与经营活动有关的现金	2059219.55	六、不涉及现金收支的投资和筹资活动	
经营活动现金流入小计	202001494.3	以固定资产偿还债务	
购买商品、接收劳务所支付的现金	139123564.5	以投资偿还债务	
经营租赁所支付的现金		以固定资产进行长期投资	
支付给职工以及为职工支付的现金	16344408.77	以存货偿还债务	
实际缴纳的增值税款	10281476.44	融资租赁固定资产	
支付的所得税款	2917658.78	七、将净利润调节为经营活动的现金流量	
支付的除增值税、所得税以外的其他税费	1288718.79	净利润(亏损以"−"号填列)	15668252.94
支付的其他与经营活动有关的现金	9837143.43	加:少数股东损益(亏损以"−"号填列)	
经营活动现金流出小计	179792970.7	减:未确认的投资损失	
经营活动产生的现金流量净额	22208523.63	加:计提的坏帐准备或转销的坏帐	1016179.45
二、投资活动产生的现金流量		固定资产折旧	7043643.38
收回投资所收到的现金	24444131.24	无形资产、长期代摊费用摊销	210930.98
分得股利或利润所收到的现金		待摊费用的减少(减:增加)	1546086.22
取得债券利息收入所收到的现金		预提费用的增加(减:减少)	−492113
处置固定资产、无形资产和其他长期资产而收回的现金净额	2765032	处置固定资产、无形资产和其他长期资产的损失(减:收益)	55883.51
收到的其他与投资活动有关的现金		固定资产盘亏报废损失	
投资活动现金流入小计	27209163.24	财务费用	3419773.74
购建固定资产、无形资产和其他长期资产所支付的现金	1714577.16	投资损失(减:收益)	99605.13
权益性投资所支付的现金	1000000	递延税款贷项(减:借项)	
债权性投资所支付的现金	24999198.72	存货的减少(减:增加)	−7204465.89
支付的其他与投资活动有关的现金		经营性应收项目的减少(减:增加)	1828176.42
投资活动现金流出小计	27713775.88	经营性应收项目的增加(减:减少)	−794163.16
投资活动产生的现金流量净额	−504612.64	其他	−189266.09
三、筹资活动产生的现金流量		经营活动产生的现金流量净额	22208523.63
吸收权益性投资所收到的现金	135511880	八、现金及现金等价物净增加情况	
其中:子公司吸收少数股东权益性投资收到的现金		货币资金的期末余额	149619164.9
发行债券所收到的现金		减:货币资金的期初余额	13218553.49
借款所收到的现金	94400000	现金等价物的期末余额	
收到的其他与筹资活动有关的现金	1450969.91	减:现金等价物的期初余额	
筹资活动现金流入小计	231362849.9		
偿还债务所支付的现金	111400000		
发生筹资费用所支付的现金			
分配股利或利润所支付的现金			
其中:子公司支付少数股东的股利			
偿付利息所支付的现金	5026902.16		
融资租赁所支付的现金			
减少注册资本所支付的现金			
其中:子公司依法减资支付给少数股东的现金			
支付的其他与筹资活动有关的现金	104506.05		
筹资活动现金流出小计	116531408.2		
筹资活动产生的现金流量净额	114831441.7	现金及现金等价物净增加额	136400611.5

内蒙古西卓子山草原水泥股份有限公司

二〇〇〇年年度报告摘选

一、公司简介

1、公司指定中文名称:内蒙古西卓子山草原水泥股份有限公司
2、公司法定代表人:蒋本华
3、公司董事会秘书:白雪峰
授权代表:谢圣正
联系地址:内蒙古乌海市
电话:0473—4663855
传真:0473—4663855
电子信箱:xzzssnc@email. nm. cninfo. net
4、公司注册地址:内蒙古乌海市
公司办公地址:内蒙古乌海市海南区
邮政编码:016032
5、公司选定的信息披露报纸名称:中国证券报、上海证券报
登载公司年度报告的中国证监会指定国际互联网网址:http://www. sse. com. cn
公司年度报告备置地点:公司证券部
6、公司股票上市地:上海证券交易所
股票简称:西水股份
股票代码:600291

二、会计数据和业务数据摘要

(一)本年度实现利润总额及构成情况(单位:人民币元)

项目	金额
利润总额	44,818,637.60
净利润	32,543,640.28
扣除非经营性损益后的净利润	28,460,025.03
主营业务利润	86,772,342.33
营业利润	40,735,022.35
投资收益	-250,146.36
补贴收入	0.00
营业外收支净额	4,333,761.61
经营活动产生的现金流量净额	-32,532,622.13
现金及现金等价物净增加额	156,368,500.30
扣除的非经常性损益项目和涉及金额	4,083,615.25

注:扣除的非经常性损益是指营业外收支净额 4333761.61 元及资产处置收益 -250146.36 元。

利润表附表

报告期利润率	净资产收益率(%)		每股收益(人民币/股)	
	全面摊薄	加权平均	全面摊薄	加权平均
主营业务利润	16.04	26.54	0.54	0.69
营业利润	7.53	12.46	0.25	0.33
净利润	6.01	9.95	0.20	0.26
扣除非经常性损益后的净利润	5.26	8.71	0.18	0.23

(二)近三年主要会计数据的财务指标　(单位:人民币元)

项目	2000 年	1999 年	1998 年
主营业务收入	176,039,765.65	145,981,375.23	142,904,532.85
净利润	32,543,640.28	20,891,175.31	13,585,737.30
总资产	815,269,517.92	422,728,166.68	359,932,748.59
股东权益	541,081,200.27	157,887,559.99	136,996,384.68
每股收益	0.20 元/股	0.21 元/股	0.14 元/股
每股收益(加权)	0.26 元/股	0.21 元/股	0.14 元/股
扣除非经营性益后的每股收益	0.18 元/股	0.18 元/股	0.11 元/股
每股净资产	3.38 元/股	1.58 元/股	1.37 元/股
调整后的每股净资产	3.28 元/股	1.45 元/股	1.19 元/股
每股经营活动产生的现金流量净额	-0.20 元/股	-0.05 元/股	-0.16 元/股
净资产收益率(%)	6.01	13.23	9.91
净资产收益率(加权%)	9.95	14.17	13.54

三、股东情况介绍

1、股票发行情况

根据中国证监会证监发行字[2000]97 号文的批准,公司于 2000 年 7 月 18 日在上海证券交易所向全体投资者发行人民币普通股 A 股股票 6000 万股,并于 7 月 31 日在上证所挂牌交易。

2、股东情况介绍

截止 2000 年 12 月 31 日,公司股东总数为 46367 户

3、公司前十名股东情况

名次	股东名称	持股数(万股)	持股比例(%)
1	乌海市国有资产管理局	5326	33.29
2	内蒙古乌海西卓子山第三产业开发公司	2253	14.08
3	内蒙古乌海西卓子山建筑安装公司	1447	9.04
4	北京新天地互动多媒体技术有限公司	941	5.88
5	张伟	40.54	0.25
6	乌海市工业设计研究所	33	0.21
7	日信集团	21.923	0.14
8	黄薇	19.8	0.12
9	陆丽珠	18.902	0.118
10	李金兰	15.3	0.096

注:1、公司前四名股东及第六名股东所持股份为未上市流通的国家股和社会法人股,占股份总数的 62.5%,其持有的本公司股票无质押、冻结或转让情况;
2、本公司前十名股东之间不存在关联关系;
3、持股 10%以上法人股东情况:
(1) 乌海市国有资产管理局持有的 5326 万股为国家股;
(2) 内蒙古乌海第三产业开发公司持有的 2253 万股为社会法人股。

重庆九龙电力股份有限公司

二〇〇〇年年度报告摘选

一、公司简介

1、公司中文名称:重庆九龙电力股份有限公司
公司中文名称缩写:九龙电力
公司英文名称:CHONGQING JIULONG ELECTRIC POWER CO. ,LTD
公司英文名称缩写:JLEP
2、法定代表人:叶明
3、公司董事会秘书:张奇
联系地址:重庆市九龙坡区渝州路 37 号
电 话:(023)68637303
传 真:(023)68635244
4、公司注册地址:重庆市高新技术产业开发区九龙园区盘龙村 113 号
邮政编码:400051
公司办公地址:重庆市九龙坡区渝州路 37 号
邮政编码:400041
公司网址:http://www. jiulon. com
电子信箱:cqjl@jiulon. com
5、公司选定的信息披露报纸为:《中国证券报》、《证券时报》、《上海证券报》,登载公司年度报告的中国证监会指定的国际互联网网址为:http://www. sse. com. cn,公司年度报告备置地点:重庆市九龙坡区渝州路 37 号。
6、公司股票上市交易所:上海证券交易所
股票简称:九龙电力
股票代码:600292

二、会计数据和业务数据摘要

1、本年度主要会计数据

项目	金额
利润总额:	86,121,082.23 元
净利润:	73,202,919.90 元
扣除非经常性损益后的净利润:	71,848,505.99 元
主营业务利润:	109,481,567.02 元
其他业务利润:	0.00 元
营业利润:	86,350,729.46 元
投资收益:	-1,584,061.14 元
补贴收入:	0.00 元
营业外收支净额:	1,354,413.91 元
经营活动产生的现金流量净额:	43,406,297.03 元
现金及现金等价物净增加额:	282,914,732.88 元
注:扣除的非经常性损益项目和涉及金额:	
(1)营业外收入:	2,037,822.22 元
(2)营业外支出:	683,408.31 元

2、截止报告期末公司前三年主要会计数据和财务指标　单位:人民币元

项目	2000 年度	1999 年度	1998 年度
主营业务收入	277,518,124.82	302,925,335.65	294,741,640.71
净利润	73,202,919.90	69,213,251.86	58,240,864.90
总资产	1,039,404,023.02	607,097,428.19	718,395,657.40
股东权益	756,367,855.07	194,922,900.39	128,927,148.53
每股收益(元/股)	0.438	0.645	0.543
——加权平均(元/股)	0.624	0.645	0.543
扣除非经常性损益后每股收益	0.430	0.643	0.543
每股净资产(元/股)	4.52	1.82	1.20
调整后的每股净资产(元/股)	4.52	1.81	1.18
每股经营活动产生的现金流量净额(元/股)	0.26	1.82	1.12
净资产收益率(%)	9.68	35.51	45.17
——加权(%)	22.99	42.32	56.53

3、按照中国证监会《公开发行证券公司信息披露编报规则第 9 号》要求计算的利润数据:

报告期利润	净资产收益率(%)		每股收益(元)	
	全面摊薄	加权平均	全面摊薄	加权平均
主营业务利润	14.47	34.38	0.655	0.934
营业利润	11.42	27.11	0.516	0.736
净利润	9.68	22.99	0.438	0.624
扣除非经常性损益后的净利润	9.50	22.56	0.430	0.613

注:每股收益和净资产收益率按照《公开发行证券公司信息披露编报规则第 9 号》方法计算。

三、股东情况介绍

1、报告期末股东总数

截止 2000 年 12 月 29 日公司股东总数为 45388 户。

2、公司前 10 名股东持股情况

截止 2000 年 12 月 31 日公司前 10 名股东持股情况

股东名称或姓名	年末持股数(股)	持股比例(%)
1、重庆市电力公司	44291000	26.48
2、重庆市建设投资公司	30000000	17.94
3、重庆拓源实业有限公司	18081000	10.81
4、松藻矿务局	3000000	1.79
5、重庆煤炭工业公司	2000000	1.20
6、南桐矿务局	2000000	1.20
7、天府矿务局	2000000	1.20
8、重庆铁路投资开发有限责任公司	2000000	1.20
9、重庆珞电实业有限责任公司	2000000	1.20
10、天元基金	1181030	0.71

注:以上股东中,存在关联关系的有法人股股东重庆市电力公司。

持股 5%以上的股东有重庆市电力公司、重庆市建设投资公司和重庆拓源实业有限公司,其中重庆市建设投资公司因对外担保、借款等原因,已由重庆市第一中级人民法院申请上海证券中央登记结算公司对其中的 2320 万股国有法人股冻结。公司董事会对此事已作公告。

3、报告期内公司控股股东未发生变化。

湖北三峡新型建材股份有限公司

二〇〇〇年年度报告摘选

一、公司简介

(一)公司法定中文名称:湖北三峡新型建材股份有限公司
英文名称:Hubei Sanxia New Building Material Co. Ltd
(二)公司法定代表人:吕宗林
(三)公司董事会秘书:张光春
授权代表:张金奎
联系地址:湖北省当阳市经济技术开发区
联系电话:0717-3280108　　　传真:0717-8934018
电子信箱:SXZGC@163.net
(四)公司注册地址:湖北省当阳市经济技术开发区
公司办公地址:湖北省当阳市经济技术开发区
电子信箱:DYSXXZ@163.net
邮政编码:444105
(五)公司选定的信息披露报纸:《上海证券报》、《中国证券报》
证监会指定的公司登载年度报告的国际互联网网址:http://www.sse.com.cn
公司年度报告备置地点:公司董事会秘书室
(六)公司股票上市交易所:上海证券交易所
股票简称:三峡新材　　　股票代码:600293

二、会计数据和业务数据摘要

(一)二000年度主要利润指标情况:(单位:人民币元)

项　目	金　额
1、利润总额:	71,636,490.68
2、净利润:	43,766,618.11
3、扣除非经常性损益后的净利润:	40,189,770.06
4、主营业务利润:	125,658,303.16
5、其他业务利润:	-183,282.62
6、营业利润:	67,564,642.63
7、投资收益:	2,733,100.00
8、补贴收入:	2,569,679.75
9、营业外收支净额:	-1,230,931.70
10、经营活动产生的现金流量净额:	25,273,946.54
11、现金及现金等价物净增加额:	368,545,921.15

扣除的非经常性损益科目及金额为:补贴收入2,569,679.75元、营业外收支净额-1,230,931.70元、股权处置收益2,238,100.00元,合计金额3,576,847.95元。

(二)近三年主要会计数据和财务指标

指标项目	2000年	1999年	1998年
1、主营业务收入(元)	402,314,204.77	327,098,837.94	244,653,191.56
2、净利润(元)	43,766,618.11	46,892,181.69	42,806,298.83
3、总资产(元)	1,297,126,039.82	695,892,724.29	709,386,753.49
4、股东权益(元)	722,658,213.32	249,161,001.48	233,468,819.79
5、每股收益(元/股)	0.2074	0.30	0.27
6、加权平均每股收益(元/股)	0.2578	0.30	0.27
7、扣除非经常性损益后的每股收益(元/股)	0.1905	0.30	
8、每股净资产(元/股)	3.4249	1.60	1.50
9、调整后的每股净资产(元/股)	3.4080	1.60	
10、每股经营活动产生的现金流量净额(元/股)	0.1198	0.25	
11、净资产收益率(%)	6.06	18.82	18.33

(三)按中国证监会《公开发行证券公司信息披露编报规则(第9号)》要求计算的利润数据

项目	数额(元)	净资产收益率(%)		每股收益(元/股)	
		全面摊薄	加权平均	全面摊薄	加权平均
1、主营业务利润	125,658,303.16	17.39	32.89	0.5955	0.7403
2、营业利润	67,564,642.63	9.35	17.68	0.3202	0.3980
3、净利润	43,766,618.11	6.06	11.45	0.2074	0.2578
4、扣除非经常性损益后的净利润	40,189,770.06	5.56	10.52	0.1905	0.2368

(四)报告期内股东权益变动情况及其原因说明(单位:人民币元)

项　目	股　本	资本公积	盈余公积	法定公益金	未分配利润	股东权益合计
期初数	156,000,000	50,400,000.00	24,016,528.30	12,008,264.15	6,736,209.03	249,161,001.48
本期增加	55,000,000	385,280,593.73	4,358,680.09	2,179,340.04	43,766,618.11	473,497,211.84
本期减少						
期末数	211,000,000	435,680,593.73	28,375,208.39	14,187,604.19	33,414,807.01	722,658,213.32

三、股本变动及股东情况

1、本公司报告期末股东总数为30255户。
2、前10名股东持股情况表(单位:万股)

股东名称	年末持股数	占总股本比例(%)	是否上市流通
当阳市国资局	6923.8	32.81	否
湖北应城石膏矿	2206.1	10.46	否
武汉市建材工业总公司	2028	9.61	否
湖北荆玻(集团)玻璃总厂	780	3.70	否
国家建材局蚌埠玻璃工业设计研究院	195	0.92	否
中国核工业总公司第二二建设公司	195	0.92	否
当阳电力联营公司	169	0.80	否
福建土木开发总公司	130	0.62	否
湖北双环化工集团有限公司	100	0.47	否
林燕青	79.4	0.31	是

注:(1)持有本公司5%股份的股东所持有的股份在本年度内无增减变化,无质压或冻结情况;

(2)前十名股东之间不存在关联关系;

(3)本公司第二大股东湖北应城石膏矿将所持公司2206.1万股发起人法人股中的2000万股转让给海南宗宣达实业投资有限公司,该事项已于2000年12月28日在《上海证券报》公告,股权过户手续于2001年元月11日完成。

兰州铝业股份有限公司

二〇〇〇年年度报告摘选

一、公司简介

1、公司法定中文名称:兰州铝业股份有限公司
公司法定英文名称:LANZHOU ALUMINIUM CO.,LTD
2、公司注册地址:兰州市城关区东岗西路316号
公司办公地址:兰州市西固区山丹街375号　　　邮政编码:730060
公司国际互联网网址:http://www.lzalco.com
电子信箱:LZLC@public.lz.gs.cn
3、法定代表人:冯诗伟
4、董事会秘书:李智勇
联系地址:甘肃省兰州市西固区山丹街375号
联系电话:(0931)7567057　　　(0931)7558888
传真:(0931)7558888
5、公司选定的信息披露报纸名称:中国证券报、上海证券报
登载公司年度报告的国际互联网网址:hppt//www.sse.com.cn
公司年度报告备置地点:甘肃省兰州市西固区山丹街375号兰州铝业股份有限公司证券部
6、公司股票上市交易所:上海证券交易所
股票简称:兰州铝业　　　股票代码:600296

二、会计数据和业务数据摘要

(一)本年主要财务数据指标(单位:人民币元)

项目	金额
利润总额	116,622,865.60
净利润	98,096,304.27
扣除非经常损益后的净利润	82,870,972.93
主营业务利润	188,924,946.80
其他业务利润	3,025,855.74
营业利润	102,836,040.96
投资收益	13,171,726.80
营业外收支净额	615,097.84
经营活动产生的现金流量净额	70,521,324.36
现金及现金等价物净增加额	565,213,056.53
注:扣除的非经常性损益和涉及金额	15,225,331.34

(二)截止报告期末公司近三年主要会计数据和财务指标(单位:人民币元)

项　目	2000年	1999年	1998年
主营业务收入	1,246,195,441.15	1,025,536,274.32	971,011,847.88
净利润	98,096,304.27	71,082,695.86	4,280,598.61
总资产	2,025,978,318.23	831,998,635.96	694,272,470.42
股东权益	1,139,704,040.68	279,196,760.41	191,061,034.13
每股收益(摊薄)	0.333	0.384	0.023
(加权)	0.409	0.384	0.023
扣除非经常性损益后的每股收益	0.281	0.375	0.023
每股净资产	3.863	1.509	1.033
调整后的每股净资产	3.853	1.488	1.013
每股经营活动产生的现金流量净额	0.239	0.448	-
净资产收益率(%)(摊薄)	8.61	25.46	2.24
(加权)	13.23	25.46	2.24

(三)利润分配表附表

报告期利润		净资产收益率		每股收益	
		全面摊薄	加权平均	全面摊薄	加权平均
主营业务利润	188,924,946.80	16.58%	25.49%	0.64	0.79
营业利润	102,836,040.96	9.02%	13.87%	0.35	0.43
净利润	98,096,304.27	8.61%	13.23%	0.33	0.41
扣除非经常性损益后的净利润	82,870,972.93	7.27%	11.18%	0.28	0.35

(四)报告期内股东权益变动情况

项　目	股　本	资本公积	盈余公积	法定公益金	未分配利润	股东权益合计
期初数	185,004,480	76,930,354.33	11,507,950.72	5,753,975.36		279,196,760.41
本期增加	110,000,000	715,931,200.00	19,619,260.84	9,809,630.42	53,917,189.01	909,277,280.27
本期减少		31,508,073.92	11,507,950.72	5,753,975.36		48,770,000.00
期末数	295,004,480	761,353,480.41	19,619,260.84	9,809,630.42	53,917,189.01	1,139,704,040.68

三、股本变动及股东情况

(一)股本变动情况
1、股本变动情况表(数量单位:万股)

	本次变动前	本次变动增减(+,-)						本次变动后
		配股	送股	公积金转股	增发	其它	小计	
一、未上市流通股份								
1、发起人股份	18500.448							18500.448
国家持有股份								
境内法人持有股份	18500.448							18500.448
境外法人持有股份								
其他								
2、募集法人股份								
3、内部职工股								
4、优先股或其他								
其中:转配股								
5、向一般法人配售	3500							3500
6、向战略投资者配售	2000							2000
未上市流通股份合计	24000.448							24000.448
二、已上市流通股份								
1、人民币普通股						5500		5500
2、境内上市的外资股								
3、境外上市的外资股								
4、其他								
已上市流通股份合计						5500		5500
三、股份总数	24000.448					5500		29500.448

大连美罗药业股份有限公司

二〇〇〇年年度报告摘选

一、公司简介

(一)公司法定中文名称:大连美罗药业股份有限公司
公司法定英文名称:DALIAN MERRO PHARMACEUTI-CAL CO.,LTD
英文名称缩写:MERRO PHARMACEUTICAL
(二)公司法定代表人:张成海
(三)公司董事会秘书:唐大勇
董事会证券事务代表:李春永
联系地址:大连市中山区中山路 112 号
电话:0411－3686666－655
传真:0411－3686363
电子信箱:lchyong@163.net
(四)公司注册地址:大连高新技术产业园区七贤岭敬贤街 29 号
公司办公地址:大连市中山区中山路 112 号
邮政编码:116001
公司国际互联网网址:www.merro.com.cn
电子信箱:merro@mail.dlptt.ln.cn
(五)公司选定的信息披露报纸名称:中国证券报
登载公司年度报告的国际互联网网址:www.sse.com.cn
公司年度报告备置地点:大连市中山区中山路 112 号华都酒店 655 房间
(六)公司股票上市交易所:上海证券交易所
股票简称:美罗药业
股票代码:600297

二、会计数据和业务数据摘要

(一) 本年主要利润指标(单位:人民币元)

项　目	2000 年 12 月 31 日
1、利润总额	33,066,229.46
2、净利润	28,924,076.09
3、扣除非经常损益后的净利润	25,639,737.42
4、主营业务利润	99,062,160.81
5、其他业务利润	83,572.23
6、营业利润	28,084,604.75
7、投资收益	45,664.27
8、补贴收入	
9、营业外收支净额	4,935,960.24
10、经营活动产生的现金流量净额	60,959,441.10
11、现金及现金等价物净增加额	394,916,468.15

注:扣除非经常性损益的净利润为扣除了本次股票发行过程中的冻结的无效申购资金利息报告期内分摊的部分 3,284,338.67 元。

(二) 截至报告期末公司前三年的主要会计数据和财务指标(单位:人民币元)

项　目	2000 年	1999 年	1998 年调整后
1、主营业务收入	567,742,495.72	436,150,962.70	401,836,103.41
2、净利润	28,924,076.09	17,249,983.81	12,251,945.27
3、总资产	834,126,239.09	370,635,760,69	375,241,322.37
4、股东权益	506,856,904.91	113,682,488.82	107,174,442.63
5、每股收益	0.25	0.23	
6、按月平均加权法计算的每股收益	0.35	0.23	
7、扣除非经常性损益后的每股收益	0.22	0.23	
8、每股净资产	4.41	1.52	
9、调整后的每股净资产	4.34	1.47	
10、每股经营活动产生的现金流量净额	0.53		
11、净资产收益率(%)	5.71	15.17	11.43

三、股本变动及股东情况

(一)股本变动情况
1、股份变动情况:

数量单位:股

	本次变动前	本次变动增减(+,-) 配股	送股	公积金转股	增发	其它	小计	本次变动后
一、未上市流通股份								
1、发起人股份	75,000,000							75,000,000
其中:国家拥有股份								
境内法人持有股份	75,000,000							75,000,000
境外法人持有股份								
其他								
2、募集法人股份								
3、高管持股								
4、优先股或其他								
其中:转配股								
未上市流通股份合计	75,000,000							75,000,000
二、已流通股份								
1、人民币普通股						40,000,000		40,000,000
2、境内上市的外资股								
3、境外上市的外资股								
4、其他								
已上市流通股份合计								40,000,000
三、股份总数	75,000,000					40,000,000		115,000,000

湖北安琪酵母股份有限公司

二〇〇〇年年度报告摘选

一、公司简介

1.公司法定中文名称:湖北安琪酵母股份有限公司
公司法定英文名称:HUBEI ANGEL YEAST CO.,LTD
2.公司法定代表人:俞学锋
3.公司负责信息披露事务人员
董事会秘书:周帮俊
授权代表:胡杨
联系电话:(0717)6352865　　联系传真:(0717)6352865
联系地址:湖北省宜昌市中南路 24 号
4.公司注册地址:湖北省宜昌市中南路 24 号
办公地址:湖北省宜昌市中南路 24 号
邮政编码:443003
公司网址:HTTP://WWW.ANGEL.COM.CN
5.信息披露报刊名称:《中国证券报》、《上海证券报》
登载公司年报网址:HTTP://WWW.SSE.COM.CN
公司年报备置地点:公司证券部
6.公司上市地点:上海证券交易所
股票简称:安琪酵母　　股票代码:600298

二、会计数据和业务数据摘要

(一)公司本年度主要利润指标情况

序号	项　目	金额(元)
1	利润总额:	47,558,226.79
2	净利润:	41,544,606.11
3	扣除非经营性损益后的净利润:	30,569,646.86
4	主营业务利润:	80,118,849.82
5	其它业务利润:	167,304.38
6	营业利润:	45,850,846.14
7	投资收益:	－165,692.86
8	补贴收入:	－－－－－
9	营业外收支净额:	1,873,073.51
10	经营活动产生的现金流量净额:	28,603,407.79
11	现金及现金等价物净增加额:	315,187,919.98

注:扣除非经常性损益后的净利润(30,569,646.86)＝净利润(41,544,606.11 元) － 所得税返还(9,720,000 元) － 税后营业外收入(1,324,272.08 元) + 税后营业外支出(69,312.83 元)。

(二)截止报告期末公司前三年主要会计数据和财务指标(单位:元)

项　目	2000 年 全面摊薄	2000 年 加权平均	1999 年 全面摊薄	1999 年 加权平均	1998 年 全面摊薄	1998 年 加权平均
1、主营业务收入	184,038,896.19		153,345,535.71		137,958,114.89	
2、净利润	41,544,606.11		36,012,258.01		30,778,602.00	
3、总资产	618,660,843.31		218,375,822.79		205,721,760.27	
4、股东权益	544,705,598.43		115,909,688.82		105,069,630.81	
5、每股收益	0.3062	0.3697	0.3576	0.3576	0.3056	0.3056
6、扣除非经常性损益的每股收益	0.2253	0.2721	0.2426	0.2426	0.2043	0.3056
7、每股净资产		4.0140		1.1510		1.0434
8、调整后的每股净资产		3.9655		1.1505		1.0398
9、每股经营活动中产生的现金流量净额		0.2108		0.4789		0.3656
10、净资产收益率(%)	7.6270	15.3704	31.0692	31.0692	29.2935	29.2935

注:利润表附表见后附财务报表。

(三)报告期内股东权益变化情况

项　目	股　本	资本公积	盈余公积	法定公益金	未分配利润	合计
期初数	100,700,000	652,085.46	9,644,047.05	3,214,682.35	4,913,556.31	115,909,688.82
本期增加	35,000,000	365,821,303.50	6,231,690.92	2,077,230.31	21,742,915.19	428,795,909.61
本期减少						
期末数	135,700,000	366,473,388.96	15,875,737.97	5,291,912.66	26,656,471.50	544,705,598.43

变动原因:

1、报告期内发行每股面值为 1.00 元的人民币普通股股票 3500 万股,每股发行价格为 11.88 元,扣除发行费用后,超过面值部分计入资本公积金;

2、股东权益合计增加系公司公开发行股票募集资金到位和报告期内利润增长。

三、股本变动及股东情况

(一)股本变动情况
1、股份变动情况表(数量单位:万股)

	期初数	本次变动增减(+,-) 配股	送股	公积金转增	增发	其他	小计	期末数
一、未上市流通股份								
1、发起人股份	10,070							10,070
其中:								
国家持有股份	7,970							7,970
境内法人持有	2,100							2,100
境外法人持有股分								
其他								
2、募集法人股份								
3、内部职工股								
4、优先股或其他								
其中:转配股								
未上市流通股份合计	10,070							10,070
二、已上市流通股方法								
1、人民币普通股	3,500							3,500
2、境内上市的外资股								
3、境外上市的外资股								
4、其他								
已上市流通股份合计	3,500							3,500
三、股份总数	10,070				3,500			13,570

星辰化工新材料股份有限公司

二〇〇〇年年度报告摘选

一、公司简介

1.公司名称:星辰化工新材料股份有限公司
英文名称:XING CHEN NEW CHEMICAL MATERIAL CO.,LTD.
2.公司法定代表人:刘宪秋
3.公司董事会秘书:王晓东
董事会证券事务代表:刘 佳
联系地址:北京市海淀区花园东路30号花园商务会馆
电话:010-82070614
传真:010-82070735
4.公司注册地址:北京市海淀区海淀路19-1号
邮政编码:100080
公司办公地址:北京市海淀区花园东路30号
邮政编码:100083
公司电子信箱:XCHG@163BJ.COM
5.公司选定的信息披露报纸名称:《上海证券报》
登载公司年度报告的中国证监会指定国际互联网网址:http://www.sse.com.cn
年度报告备置地点:本公司证券部
6.公司股票上市交易所:上海证券交易所
股票简称:星新材料
股票代码:600299

二、会计数据和业务数据摘要

1.本年度会计数据摘要 单位:人民币(元)

项目	金额
利润总额	72,652,029.84
净利润	61,615,773.82
扣除非经常性损益后的净利润	53,045,736.74
主营业务利润	84,283,738.32
其他业务利润	2,414,745.83
营业利润	64,081,992.76
投资收益	-
补贴收入	-
营业外收支净额	8,570,037.08
经营活动产生的现金流量净额	-255,340,588.94
现金及现金等价物净增加额	84,582,795.08

2.公司近三年主要会计数据和财务指标:

项 目	单 位	2000年	1999年	1998年
主营业务收入	万元	42,795	42,111	29,517
净利润	万元	6,162	6,145	3,505
总资产	万元	122,288	49,091	40,555
股东权益	万元	76,430	22,210	20,088
每股收益	元	0.26	0.38	0.22
扣除非经营损益后的每股收益	元	0.22	0.38	0.22
每股净资产	元	3.18	1.39	1.26
调整后每股净资产	元	3.16	1.34	1.21
每股经营活动产生的现金流量净额	元	-1.06	0.46	-
净资产收益率	%	8.06	27.67	17.45

3.利润表附表:

报告期利润	净资产收益率(%)		每股收益(元)	
	全面摊薄	加权平均	全面摊薄	加权平均
主营业务利润	11.03	13.54	0.35	0.38
营业利润	8.38	10.30	0.27	0.29
净利润	8.06	9.90	0.26	0.28
扣除非经常性损益后的净利润	6.94	8.52	0.22	0.24

4.报告期内股东权益变动情况及变动原因(单位:万元)

项目	股 本	资本公积	盈余公积	法定公益金	未分配利润	股东权益合计
期初数	16,000	5,288.31	614.51	307.26	-	22,210.08
本期增加	8,000	41,258.40	616.16	308.08	6,161.58	56,344.21
本期减少					2,124.24	2,124.24
期末数	24,000	46,546.71	1,230.67	615.34	4,037.34	76,430.06

变动原因:
① 股本增加是由于本年度内发行股票所致;
② 资本公积增加是由于本年度内发行股票后股本溢价所致;
③ 盈余公积和法定公益金增加是由于按本年度实现利润提取所致;
④ 未分配利润增加是由于本年度实现利润所致;
⑤ 未分配利润减少是由于本年度进行利润分配所致。

三、股本变动及股东情况

1、股东情况介绍
(1)截止2000年12月31日,公司股东总数为51433户。
(2)报告期末公司前十名股东持股情况

名次	股东名称	持股数(股)	持股比例(%)
1	中国蓝星化学清洗总公司	150980964	62.91
2	北京橡胶研究院	2254759	0.94
3	连云港研究院	2254759	0.94
4	合成材料研究院	2254759	0.94
5	长风机器厂	2254759	0.94
6	安顺基金	1835050	0.76
7	普惠基金	1707800	0.71
8	安信基金	1425750	0.59
9	景宏基金	1079718	0.45
10	南方证券	796508	0.33

南宁化工股份有限公司

二〇〇〇年年度报告摘选

一、公司简介

(一)公司的法定中、英文名称及缩写
公司法定中文名称:南宁化工股份有限公司
公司法定英文名称:Nanning Chemical Industry Co.,Ltd
英文缩写:N C I
(二)公司法定代表人:曾代宏
(三)公司董事会秘书及授权代表
董事会秘书:高友志
电话:0771-4835135
传真:0771-4821093
授权代表:陈劲 戴素霞
电话:0771-4821093 传真:0771-4821093
联系地址:广西南宁市亭洪路80号
(四)公司注册地址:广西南宁市亭洪路80号
公司办公地址:广西南宁市亭洪路80号
邮政编码:530031
公司国际互联网网址:http://www.nh.com.cn/
公司电子信箱:nh@nn.col.com.cn
(五)公司选定的报纸名称:《上海证券报》
登载公司年度报告的国际互联网网址:http://www.sse.com.cn/
公司年度报告备置地点:公司证券部(南宁市亭洪路80号)
(六)公司股票上市交易所:上海证券交易所
股票简称:南化股份 股票代码:600301

二、会计数据与业务数据摘要

(一)公司本年度实现:(单位:人民币元)

项目	金额
利润总额	47,554,638.87
净利润	40,214,976.42
扣除非经常性损益后的净利润	39,334,071.03
主营业务利润	103,784,258.73
其它业务利润	1,058,534.91
营业利润	46,667,652.46
投资收益	6,081.02
补贴收入	
营业外收支净额	880,905.39
经营活动产生现金流量净额	35,255,620.42
现金及现金等价物净增加额	107,328,069.75

报告期利润	净资产收益率(%)		每股收益	
	全面摊薄	加权平均	全面摊薄	加权平均
主营业务利润	19.87	29.97	0.56	0.71
营业利润	8.94	13.48	0.25	0.32
净利润	7.70	11.61	0.22	0.28
扣除非经常性损益后的净利润	7.53	11.36	0.21	0.27

说明:非经常性损益是营业外收入1,460,635.50元减去营业外支出579,730.00元为880,905.39元。

(二)截止报告期末公司前三年的主要会计数据和财务指标:(单位:人民币元)

序号	项 目	2000年	1999年	1998年(调整后)
1.	主营业务收入	462,610,075.14	283,236,364.17	286,772,526.44
2.	净利润	40,214,976.42	20,289,110.16	12,089,455.96
3.	总资产	674,796,783.70	517,266,025.22	534,747,082.15
4.	股东权益	522,290,083.55	169,994,558.53	163,625,414.95
5.	每股收益(摊薄)	0.22	0.181	0.108
6.	每股收益(加权)	0.28	0.181	0.108
7.	扣除非经常性损益后的每股收益(加权)	0.27	0.181	0.108
8.	每股净资产	2.83	1.514	1.458
9.	调整后的每股净资产	2.83	1.514	1.458
10.	每股经营活动产生的现金流量净额	0.191	-0.096	-0.647
11.	净资产收益率(%)	7.70	11.94	7.4
12.	净资产收益率(加权%)	11.61	11.98	8.13

三、股本变动及股东情况介绍

(一)公司股本变动情况
1、股本变动情况表 (数量单位:股)

	本次变动前	本次变动增减(+,-)		本次变动后
		增发	转债转股	
尚未流通股份				
(1)发起人股份	112,257,795			112,257,795
其中:				
国家拥有股份				
境内法人持有股	112,257,795			112,257,795
外资法人持有股份				
(2)募集法人股				
(3)内部职工股				
(4)优先股或其他				
未流通股份合计	112,257,795			112,257,795
已上市流通股份				
(1)人民币普通股		40,000,000	32,448,292	72,448,292
(2)境内上市的外资股				
(3)境外上市的外资股				
(4)其他				
已上市流通股份合计		40,000,000	32,448,292	72,448,292
股份总数	112,257,795	40,000,000	32,448,292	184,706,087

徐州维维食品饮料股份有限公司

二○○○年年度报告摘要

一、公司简介

1、公司的法定中、英文名称及缩写
法定中文名称:徐州维维食品饮料股份有限公司
法定英文名称:XuZhou V V Food&Beverage Co.,Ltd.
公司中文名称缩写:维维股份
公司英文名称缩写:VVFB
2、公司法定代表人:崔桂亮
3、公司董事会秘书:丁金礼
授权代表:李平
联系地址:江苏省徐州市城南开发区维维集团总部
联系电话:0516-3290169
传真:0516-2704888
电子信箱地址:vvgroup99@sina.com
4、公司注册地址:江苏省徐州市建国东路205号
公司办公地址:江苏省徐州市城南开发区维维集团总部
邮编:221111
公司电子信箱:vvzjb@21cn.com
5、公司选定的信息披露报纸名称:《中国证券报》、《上海证券报》
登载年度报告的国际互联网网址:http://www.sse.com.cn
公司年度报告备置地点:公司证券部
6、公司股票上市交易所:上海证券交易所
股票简称:维维股份
股票代码:600300

二、会计数据和业务数据摘要

1、2000年主要会计数据(单位:元)

项目	金额
利润总额	155,054,985.29
净利润	118,593,137.60
扣除非经常性损益后的净利润	111,681,214.98
主营业务利润	164,341,522.01
其它业务利润	96,881,216.03
营业利润	150,321,451.93
投资收益	1,051,610.74
补贴收入	
营业外收支净额	3,681,922.62
经营活动产生的现金流量净额	93,252,854.49
现金及现金等价物净增加额	573,622,550.49

非经常性损益项目说明:
(1) 新股申购冻结资金利息2,720,318.88元
(2) 所得税返还3,230,000.00元
(3) 5年以上未支付款项1,257,153.76元
(4) 罚款收入4,830.00元
(5) 处置资产损失257,336.12元
(6) 罚款支出19,043.90元
(7) 赞助支出24,000.00元

2、前三年主要会计数据和财务指标:

项目	2000年	1999年	1998年
主营业务收入(元)	928,256,689.78	917,507,135.89	1,181,448,798.53
净利润(元)	118,593,137.60	109,589,676.49	105,153,702.68
总资产(元)	1,607,020,677.97	707,086,773.62	730,388,871.63
股东权益(元)	1,261,136,653.96	246,438,451.48	230,000,000.00
每股收益(元)	0.36	0.48	0.54
每股净资产(元)	3.82	1.07	1.18
调整后的每股净资产(元)	3.75	0.99	1.11
每股经营活动产生的现金流量净额(元)	0.28	0.22	
净资产收益率(%)	9.4	44.47	45.72
加权平均的每股收益(元)	0.42	0.52	0.54
加权平均的净资产收益率(%)	14.76	38.48	47.67
扣除非经常性损益后的每股收益(元)	0.34	0.30	0.54
扣除非经常性损益后的加权净资产收益率(%)	13.9	24.08	47.88

利润表附表:
净资产收益率和每股收益:

报告期利润	净资产收益率(%)		每股收益(元)	
	全面摊薄	加权平均	全面摊薄	加权平均
主营业务利润	13.03	20.46	0.50	0.59
营业利润	11.92	18.71	0.46	0.54
净利润	9.40	14.76	0.36	0.42
扣除非经营性损益后的净利润	8.86	13.90	0.34	0.40

注:主要财务指标的计算公式如下:
全面摊薄净资产收益率和每股收益的计算公式如下:
全面摊薄净资产收益率=报告期利润÷期末净资产
全面摊薄每股收益= 报告期利润÷期末股份总数
加权平均净资产收益率(ROE)的计算公式如下:

$$ROE = P/E_o + NP \div 2 + E_i \times M_i \div M_o - E_j \times M_j \div M_o$$

其中:P为报告期利润;NP为报告期净利润;E_o为期初净资产;E_i为报告期发行新股或债转股等新增净资产;E_j为报告期回购或现金分红等减少净资产;M_o为报告期月份数;M_i为新增净资产下一月份起至报告期期末的月份数;M_j为减少净资产下一月份起至报告期期末的月份数。
加权平均每股收益(EPS)的计算公式如下:

$$EPS = P/S_o + S_1 + S_i \times M_i \div M_o - S_j \times M_j \div M_o$$

其中:P为报告期利润;S_o为期初股份总数;S_1为报告期因公积金转赠股本或股票股利分配等增加股份数;S_i为报告期发行新股或债转股等增加股份数;S_j为报告期因回购或缩股等减少股份数;M_o为报告期月份数;M_i为增加股份下一月份起至报告期期末的月份数;M_j为减少股份下一月份起至报告期期末的月份数。
每股收益=净利润/年度末普通股股数
每股净资产=年度末股东权益/年度末普通股股数
净资产收益率=净利润/年度末股东权益X100%
调整后的每股净资产=(年度末股东权益-三年以上的应收款项净额-待摊费用-待处理(流动、固定)资产净损失-开办费用-长期待摊费用-住房周转金负数余额)/年度末普通股股数
每股净资产= 年度末股东权益/年度末普通股股份总数
每股经营活动产生的现金流量净额=经营活动产生的现金流量净额/年度末普通股股份总数
3、股东权益变动情况:

项目	股本	资本公积	盈余公积	法定公益金	未分配利润	股东权益合计
期初数	230000000		10958967.65	5479483.83		246438451.48
本期增加	100000000	895105064.88	11859313.76	5929656.88	1804166.96	1014698202.48
本期减少						
期末数	330000000	895105064.88	22818281.41	11409140.71	1804166.96	1261136653.96
变动原因	发行新股	发行新股溢价	按净利润10%提取法定盈余	按净利润5%提公益金		

三、股东情况介绍

1、2000年末本公司的股东总数::26509户。
2、主要股东持股情况

股东单位	持股情况	持股比例	备注
1.维维集团股份有限公司	14664.80	44.44	
2.五丰食品(中国)有限公司	8280	25.09	境外法人股
3.甘肃亚盛盐化工业集团有限责任公司	800	2.42	
4.中国牧工商(集团)总公司	700	2.12	
5.北京金翰元科贸有限公司	500	1.52	
6.上海中路(集团)有限公司	500	1.52	
7.徐州宏利食品有限公司	400	1.21	
8.徐州鑫宇经贸有限公司	300	0.91	
9.兰州高技术产业开发区技术交易所	300	0.91	
10.密山金源油脂油料有限责任公司	300	0.91	

说明:A、前10名股东之间不存在关联关系。
B、第3至10位股东为战略投资者,按有关规定,其中第4位股东持股期限为2000年6月5日至2001年3月30日,其余战略投资者持股期限为2000年6月5日至2000年12月30日。
(3) 持股5%以上的法人股东情况
持股5%以上的股东分别是:维维集团股份有限公司、五丰食品(中国)有限公司。
持股5%以上的法人股股东股份未发生质押、冻结等情况。报告期内持有股份没有发生增减变化。

四、股东大会简介

1、股东大会的通知、召集、召开情况:
本年度内召开了一次股东大会。
徐州维维食品饮料股份有限公司第二次(1999年度)股东大会于2000年5月20日上午在北京恒基中心召开,出席本次会议的股东代表5人,代表股份23000万股,占总股本的100%,符合《公司法》和《公司章程》的有关规定。
会议通过了以下决议:
(1)1999年度董事会工作报告;
(2)1999年度监事会工作报告;
(3)1999年度财务决算报告;
(4)2000年度财务预算报告;
(5)1999年利润分配方案。
经大华会计师事务所审计,本公司1999年度实现利润109589676.49元,按《公司章程》规定,按10%提取法定公积金10958967.65元,按5%提取法定公益金5479483.83元,可供股东分配的利润为93151225.01元,以1999年总股本23000万元为基数,向每股派发现金红利0.405元,共派发现金红利总额为93151225.01元。
(6)批准了董事会提出的待公司股票发行后,授权公司董事会办理公司营业执照变更登记的相关事宜及章程条款中有关股本总额、股本结构等相关条款作相应调整的议案。
2、选举、更换公司董事、监事情况:
报告期内没有发生选举、更换公司董事、监事的情况

五、董事会报告

(一)公司经营情况。

1、公司所处的行业及地位

公司从成立以来主要从事软饮料的生产和销售,属食品行业。

经过几年不断地发展,公司在产品质量、价格、形象、品牌等方面,确立了竞争优势。1997年8月,公司被江苏省人民政府确定为省贸工农一体化省级重点龙头企业。1997年11月,维维豆奶粉被中国绿色食品发展中心认定为绿色食品。1997年12月,豆奶系列产品通过了中国方圆标志认证委员会质量认证中心的ISO9002质量体系认证(认可注册号为SC19)。1999年1月,"维维"商标被国家工商局商标局认定为驰名商标。2000年9月,公司被国家轻工业局批准为国家豆奶生产示范企业。

2、公司主营业务的范围及其经营状况

(1)主要经营范围为:研究、开发、生产食品、饮料系列产品及相关产品,销售自产产品。

(2)主营业务经营状况

报告期内,公司实现主营业务销售收入92825.67万元,比上年增长1.2%;实现利润总额15505.5万元,比上年增长27.1%;实现净利润11859.3万元,比上年增长8.2%,完成年度计划的114.5%。由于公司加大了管理力度,经济效益稳步增长,同时,公司调整了生产方式及生产结构,狠抓目标成本管理,公司在2000年度加强内部管理,在应收帐款的管理、销售环节的疏理、用车制度的改革和管理人员的调整等方面进行了改革和加强,取得了明显的成效。因此公司主营业务利润比去年增加了5643万元,其他业务利润比去年减少了2933万元,管理费用比去年减少了2325万元,财务费用比去年减少了1062万元。公司股票每股收益摊薄后达到0.36元。

公司主要产品的经营情况如下:

2000年完成主产品豆奶粉系列产品7.3万吨,完成销售额92627万元。公司主要经营指标均完成了预定的计划。

2000年,在业务经营中公司重点抓了以下几方面工作:

①加大了销售管理和市场开发力度,对全国营销管理体系进行了调整,完善了市场承包责任制,加大新产品研发力度和市场开拓,企业的内部管理趋于完善。进一步完善和优化法人治理结构。部份上市募集资金项目下半年投资胜利完成。

②报告期内,公司面对较为激烈的市场竞争,突出抓好销售,开拓农村市场,保持了生产经营的稳定运行。

③2000年,公司全体员工在董事会的领导下,继续坚持以经济效益为中心,抓住机遇、团结拼搏,全面完成了2000年的经营计划目标,实现了规模与效益的同步增长。公司努力扩大经营规模,进一步巩固、扩大豆奶系列产品的市场地位;公司在液体饮料等产品上取得新进展。

3、经营中发现的问题及解决方案

当今世界经济发展的全球化,科技革命的迅猛发展,给传统食品饮料产业带来了冲击,市场竞争激烈。为提高公司产品在国际、国内市场的竞争能力,公司采取的主要措施有:

①加大市场的促销力度,提高营销人员的素质,加强营销管理,巩固和提高市场占有率。

②坚持目标成本管理,以管理和科技进步来降低生产成本和各项期间费用。

③加快技术创新和发展的步伐,积极推进新产品的开发和新技术的应用。

(二)公司财务状况

1、财务状况: 金额单位:元

指标项目	2000年	1999年	增减比率
总资产(元)	1,607,020,677.97	707,086,773.62	127.27%
长期负债(元)	13,601,594.57		
股东权益(元)	1,261,136,653.96	246,438,451.48	411.75%
主营业务利润(元)	164,341,522.01	107,932,719.99	52.26%
净利润(元)	118,593,137.60	109,589,676.49	8.22%

2、主要指标增减变动的主要原因

(1)总资产:本年增加899,933,904.35元,主要是公司发行新股募集资金及公司盈利;

(2)长期负债:新股申购冻结资金利息;

(3)股东权益:本年增加1,014,698,202.48,主要因为公司发行股票,增加股本和资本公积。

(4)主营业务利润:本年增加56,434,453.27万元,主要是因为公司调整了生产结构和方式,狠抓目标成本管理,降低了主营业务成本。

(5)净利润:本年增加9,003,461.11元,主要原因是本年度产品销售较好;实行目标成本管理,加强了对生产成本的控制;精简了管理机构,提高了工作效率,改革了用车制度,从而使车辆费用、坏帐费用、存货损失等管理费用及销售费用大大降低。

(三)公司投资情况

1、募集资金投资项目在报告期内的进展情况

报告期内公司于2000年6月30日完成股票发行及上市工作。实际募集资金9.95亿元。募集资金拟投资的项目分别为:豆奶粉生产线技术改造、精品豆奶粉生产线建设、合资兴办徐州维维乳业有限公司、合资兴办徐州维维农牧业有限公司、合资兴办徐州维维麦片有限公司、苗猪及瘦肉猪养殖基地、华北配送中心、华东配送中心、西南配送中心及配套流动资金。

2、报告期内募集资金的使用情况

公司2000年6月7日发行股票后实际募集资金9.95亿元,到2000年12月31日募集资金使用情况:

项目名称	计划投资额(万元)	实际完成投资额(万元)	投资进度(%)
豆奶粉生产技术改造	2950	2252	76
精品豆奶粉生产线	2920		
生猪养殖基地	2980		
合资兴办徐州维维乳业有限公司	18646.5	18602	100%
合资兴办徐州维维农牧业有限公司	18646.5		
合资兴办徐州维维麦片有限公司	18646.5		
华北配送中心	2950		
华东配送中心	2857		
西南配送中心	2440		
配套流动资金	8000	2000	25
补充流动资金	18463.5	18463.5	100
合　计	99500	41317.5	41.5

注①:实际投资额与计划投资额之间的小额差异由外汇折算导致。

投资项目建设情况的说明:

(1)豆奶粉生产线技术改造项目:计划投资2950万元,其中:固定资产投资1450万元,流动资金1500万元,在2000年12月31日止完成固定资产投资752万元,其中:自动包装设备投资224万元,烘干塔设备改造投资144万元,喷码防伪车间改造投资356万元,其他附属设备投资28万元,配套流动资金1500万元。固定资产投资完成52%。2001年将继续该项目的建设,预计2001年完成该项目投资任务。

(2)计划投资2920万元的精品豆奶粉生产线项目和计划投资2980万元的生猪养殖是基地建设项目,公司本着审慎稳健的投资原则,对该等项目正在进行进一步地考察和落实,到目前尚未投入。

(3)合资兴办徐州维维乳业有限公司,计划投资18646.5万元,2000年以增资扩股的形式向徐州维维乳业有限公司投资17102万元,使徐州维维乳业有限公司注册资本由2000万元人民币增至2999万美元,其中:本公司占注册资本的75%,折合人民币18602万元,外方香港晓荣企业有限公司占注册资本的25%,以现汇750万美元出资。主要从事食品饮料的生产、销售;奶牛养殖和鲜奶销售。公司注册地设在铜山县伊庄镇工业区。

徐州维维乳业有限公司2000年投资420万元建设了一条日产60吨的塑瓶奶生产线现已投入生产。酸奶系列饮料、袋装奶系列饮料的项目建设,计划2001年上半年完成。

截止报告日,徐州维维乳业有限公司已经完成利润3715.53万元。

(4)合资兴办徐州维维农牧业有限公司,计划投资18646.5万元。该项目建设地点正在考察之中,本公司计划在2001年投资建设。

(5)合资兴办徐州维维麦片有限公司,计划投资18646.5万元,该项目目前正在积极筹备之中,本公司计划2001年投资。

(6)销售网络建设计划投资8247万元建设华北配送中心、华东配送中心及西南配送中心,因本公司2000年对全国营销网络及销售组织管理体系进行了调整,本年度没有投资,公司计划2001年投资建设。

(7)报告期内补充本公司流动资金18463.5万元;补充徐州维维乳业有限公司配套流动资金2000万元。

(四)2001年度的业务发展计划

公司将进一步完善企业的内部管理,抓好新产品开发、市场开拓和投资项目建设等重点工作,力争取得更好的业绩,2001年将重点作好以下工作:

1、全力抓好在建项目的进度和新建项目的落实,争取早日投产,创造经济效益,增加新的利润增长点。

2、坚持科技兴企,以自身开发为主,吸收引进国内国际先进技术,紧跟世界食品发展的步伐,以市场为导向,加快高技术含量、高附加值产品的开发。2001年积极抓好重点产品豆奶粉系列产品的更新换代、液体乳品系列饮料的开发。

3、进一步完善市场网络体系,向边远地区和农村渗透,巩固主产品豆奶粉系列产品的国内市场占有率,加大新产品的宣传力度,提高新产品的市场占有率。2001年度重点抓好液体乳品系列饮料的市场开发。

4、加强生产现场管理,严格执行ISO9002质量体系标准,加大各项指标的考核力度,根据市场需求,调整产品结构,使开发的新产品能够尽快投放市场,形成批量生产。力争2001年完成ISO90002000版的换版工作。

5、抓好企业的资金管理、成本管理,挖掘企业的内部潜力,最大限度的降低产品成本及费用,提高经济效益。

6、深化企业内部改革,进一步完善内部管理和内部分配制度,做好中层以上管理干部的考核,完善企业内部承包,鼓励创新和改革。

7、完善各类科技人才的培训、引进和激励机制,将人才重点放在营销、科研开发及管理部门,以提高企业的技术含量和综合管理水平。

(五)董事会日常工作

1、报告期内董事会的会议情况及决议内容

①2000年1月13日第一届董事会第五次会议在北京恒基中心召开,应到董事5人,实到5人,符合《公司法》和《公司章程》的规定。会议审议并通知过如下议案及决议:

a、审议并通过了公司财务制度补充规定即:关于短期投资跌价准备、坏帐准备、有货跌价准备、长期投资减值准备的计题方法;

b、审议并通过了1999年度利润分配方案和2000年利润分配原则的议案;

c、审议并通过了2000年度财务预算及盈利预利的议案;

d、审议并通过了股票上市所募集资金投资项目的议案;

e、审议并通过了更换公司股票上市主承销商的议案;

f、审议并通过了更换董事会秘书的事宜。

②2000年2月12日召开第一届董事会第六次电话传真会议。全体董事参加了会议,符合《公司法》及《公司章程》的规定,会议审议并通过了关于投资建设全国营销网络的议案。

③2000年2月22日召开第一届董事会第七次电话传真会议。全体董事参加了会议。符合《公司法》及《公司章程》的规定。会议审议并通过了关于投资设立中外合作经营乳业有限公司的议案。

④2000年5月19日北京恒基中心12楼召开第一届董事会第八次会议。全体董事参加了会议,符合《公司法》及公司章程的有关规定。会议审议并通过了如下决议:

a、审议本公司发行A股股票招股说明书及其概要;

b、审议1999年度的利润分配;

c、审议董事会1999年度工作报告;

d、审议公司1999年度财务决算报告;

e、审议公司2000年度财务预算报告;

f、审议关于提请股东大会授权董事会待股票上市发行后办理公司营业执照变更登记的相关事宜及公司章程中有关股本总额、股本结构等相关条款作相应调整的议案。

⑤2000年7月20日在北京恒基中心12楼召开第一届董事会第九次会议。全体董事参加了会议。符合《公司法》及公司章程的有关规定,全体监事、部份高级管理人员参加了会议。会议审议并通过了如下决议:

a、审议并通过了本公司2000年中期报告及摘要;

b、审议并通过了本公司上半年利润不分配不转增的议案;

c、审议并通过了作为本公司公开披露信息的报纸及披露信息的网址的事宜。

2、董事会对股东大会决议的执行情况

①2000年5月20日1999年度(第二次)股东大会决议通过了1999年度利润分配方案。公司于2000年6月26日前执行完毕。

②授权公司董事会,待公司股票发行后,办理营业执照变更登记的相关事宜及公司章程条件中有关股本总额、股本结构等相关条款作相应的调整。根据股东大会的授权于2000年9月底之前完成了外商投资企业批准证书和企业法人营业执照的变更手续。同时对公司章程中的有关条款作了相应的调整,董事会于2000年6月底前完成了本公司股票发行上市工作。

(六)公司管理层及员工情况

董事、监事及其他高级管理人员

姓名	性别	年龄	职务	任期起止日期	年初持股数(股)	年末持股(股)
崔桂亮	男	39	董事长	1999.8-2002.9	0	0
陈树林	男	47	副董事长	1999.8-2002.9	0	0
魏伯玲	男	50	董事	1999.8-2002.9	0	0
李福增	男	55	董事	1999.8-2002.9	0	0
曹荣开	男	39	董事 副总经理	1999.8-2002.9	0	0
杨启典	男	43	监事 监事召集人	1999.8-2002.9	0	0
郭晋清	女	36	监事	1999.8-2002.9	0	0
刘　莉	女	38	监事	1999.8-2002.9	0	0
胡云峰	男	39	总经理	1999.8-2002.9	0	0
丁金礼	男	39	总经济师 董事会秘书	2000.1-2002.9	0	0
汤国华	男	39	副总经理	2000.1-2002.9	0	0
张明洋	男	40	总会计师 财务部部长	2000.1-2002.9	0	0
吴爱民	男	31	财务总监	1999.11-2002.9	0	0

1、公司现有董事、监事、高级管理人员年度报酬情况

(1)在本年度领取报酬人员情况(包括工资、奖金及福利等收入)。

①年度报酬总额在20-30万元人民币的有董事长1人;

②年度报酬总额在10-20万元人民币的有董事1人、高级管理人员2人;

③年度报酬总额在5-10万元人民币的有监事1人,高级管理人员3人。

(2)不在公司领取报酬的董事、监事的有:陈树林、李福增、魏伯玲、杨启典、郭晋清5人。

(3)报告期内,无董事、监事离任。

(4)报告期内经董事长提名,经过第一届董事会第五次会议通过由丁金礼先生担任本公司的董事会秘书。

(七)2000年度的利润分配预案

经审计,公司2000年度实现净利润118593137.60元,按《公司法》及《公司章程》的规定,按10%提取法定公积金11859313.76元,按5%提取公益金5929656.88元后,可供股东分配的利润为100804166.96元,公司拟按2000年末总股本33000万股为基数,每股派发现金红利0.30元(社

会公众股含个人所得税)计派发现金红利 99000000 元。尚余未分配利润 1804166.96 元,结转下年度,不进行资本公积金转增股本及送红股。

本次利润分配预案需提交 2000 年度股东大会审议通过。

根据中国证券监督管理委员会的规定及上海证券交易所信息披露工作的要求,按照公开、公正、公平的原则,本着对股东投资负责的态度,公司董事会对 2001 年度的利润分配政策作出如下预计:

(1)2001 年度利润分配拟实施一次,实施时间为 2002 年上半年;

(2)拟实施方法为派发现金股利;

(A) 拟派发的现金股利约为不低于公司 2001 年度可供股东分配利润的 30%,其中:2001 年度当年实现的利润及以前年度留存的未分配利润按同期比例派发现金股利。

(B)上述 2001 年度利润分配政策为预计方案,公司董事会保留根据公司实际情况进行调整的权利。

(八)、其他报告事项:无

六、监事会报告

(一)召开监事会会议的情况

本年度一共召开了二次监事会的会议。

1、2000 年 5 月 19 日,在北京恒基中心召开了公司第一届监事会第二次会议,议题主要是审议《1999 年度监事会工作报告》;

2、2000 年 7 月 20 日,在北京恒基中心召开了公司第一届监事会第三次会议,议题主要是审议《2000 年度中期报告及摘要》。

(二)独立意见

2000 年度公司监事会根据国家有关法律法规及《公司章程》所赋予的各项指责,认真开展工作。列席了公司董事会会议,对董事会、经理履行职权,执行股东大会决议等情况进行了监督。

监事会认为:(1)大华会计师事务有限公司对公司出具的无保留意见的《2000 年度审计报告》及公司 2000 年度财务报告,真实、客观、准确地反映了公司的财务状况和经营效果。(2)监事会根据国家有关规定,对公司计提资产减值准备制度及执行情况进行了监督,认为其程序是合法的,依据充分。(3)对公司重大关联交易严格按照国家有关规定办理,公平交易、合理、合法,未有内幕交易和损害部分股东权益或造成公司资产流失的行为。(4)公司决策程序合法,内部控制制度较为完善,公司董事、监事及高级管理人员在经营管理中依法工作,未发生有违反法律、法规、公司章程或损害公司利益的行为。(5)报告期内公司完成了股票发行上市工作,募集资金 2000 年 6 月中旬全部到位,扣除发行费用,实际募集资金 9.95 亿元。到报告期末使用募集资金 41362 万元,完成 2000 年度投资计划的 62%,募集资金已实际投入的项目与招股说明书承诺项目基本一致。

七、重要事项

1、本年度公司无重大诉讼、仲裁事项。

2、本年度内公司、公司董事及高级管理人员没有受监管部门处罚的现象。

3、报告期内没有发生公司控股股东变更、公司董事会换届、改选或半数以上成员变动的情况、公司总经理没有变更,新聘了董事会秘书。

4、报告期内无收购、出售资产、吸收合并等事项。

5、重大关联交易

(1)采购货物

本公司各年度向关联方收购产品的有关明细资料如下(单位:元)

99 年度	2000 年度
645549801.37	534292065.29

本公司向关联方收购产品的价格由双方协议决定。各年度本公司向关联方收购产品的价格与市价基本一致。

(2)销售货物

本公司各年度向关联方销售原、辅材料有关明细资料如下(单位:元)

99 年度	2000 年度
176033187.93	149202967.38

本公司销售给关联企业的原、辅材料价格由双方协议决定

(3)向协作厂收取无形资产使用费

99 年度	2000 年度
97885697.49	68758590.93

6、上市公司与控股股东在人员、资产、财务上的"三分开"情况:

①人员方面。本公司在劳动人事及工资管理等方面完全独立。

②资产方面。本公司拥有独立的生产系统、辅助生产系统和配套设施;本公司的采购和销售系统均由本公司独立拥有和运转。

③财务方面。本公司设立了独立的财务会计职能部门,建立了独立的较完善的会计核算体系和财务管理制度,独立的银行帐号,独立纳税。

7、本年度没有发生重大的托管、承包、租赁其它公司资产,也没有发生被其他公司托管、承包、租赁本公司资产的重大事项。

8、本公司续聘大华会计师事务所有限公司为我司年度报告的审计单位。

9、本报告期内无重大担保合同。

10、报告期内本公司没有更改名称或股票简称的情况。

11、本公司及持股 5%以上的股东维维股份有限公司和五丰食品(中国)有限公司未曾在指定报纸和网站上披露任何承诺事项。

12、其它重大事项:向战略投资者配售的股份 4200 万股自 2001 年元月 4 日起上市交易,同时本公司的流通股份为 9200 万股。2000 年 12 月 30 日刊登在《中国证券报》和《上海证券报》。

八、财务会计报告

一、审计报告

审计报告

华业字(2001)第 708 号

徐州维维食品饮料股份有限公司全体股东:

我们接受委托,审计了贵公司 2000 年 12 月 31 日资产负债表、2000 年度的利润及利润分配表和现金流量表。这些会计报表由贵公司负责,我们的责任是对这些会计报表发表审计意见。我们的审计是根据中国注册会计师独立审计准则进行的。在审计过程中我们结合贵公司的实际情况,实施了包括抽查会计记录等我们认为必要的审计程序。

我们认为,上述会计报表符合《企业会计准则》和《股份有限公司会计制度》的有关规定,在所有重大方面公允地反映了贵公司 2000 年 12 月 31 日的财务状况及 2000 年度经营成果和现金流量情况,会计处理方法的选用遵循了一贯性原则。

大华会计师事务所有限公司　　中国注册会计师:陆永炜　陆国豪

中国·上海市昆山路 146 号

2001 年 4 月 4 日

二、会计报表(附后)

1、负债表;

2、利润及利润分配表;

3、现金流量表。

三、会计报表附注

(一)公司基本情况

1、公司于 1999 年 7 月 18 日经中华人民共和国对外贸易经济合作部以(1999)外经贸资二函字第 409 号文批准由徐州维维食品饮料有限公司改制而成。2000 年 5 月 24 日,经中国证券监督管理委员会以证监发行字[2000]63 号文批准,本公司向社会公众公开发行每股为人民币 1.00 元的境内上市内资股(A 股)股票 1 亿股,其中向社会公众发行的 5,000 万股已于 2000 年 6 月 30 日上市交易,其余向战略投资者发行的 5,000 万股分别于 2001 年 1 月 4 日、2001 年 3 月 30 日上市交易。2000 年 9 月 27 日由中华人民共和国国家工商行政管理局换发"企股苏总字第 000226 号"企业法人营业执照,现法定代表人为崔桂亮。现公司注册资本为人民币 33,000 万元,业经大华会计师事务所有限公司验证并出具华业字(2000)第 959 号验资报告。

公司经济性质:中外合资股份有限公司。

所属行业:食品制造业。

经营范围:食品、饮料的制造,销售自产产品。

2. 主要产品:维维豆奶系列产品。

3. 生产经营情况:面对激烈的市场竞争,公司本年度加大宣传力度,采取多种促销措施,积极拓展市场,保证了生产经营的平稳运行。本年度,公司实现主营业务收入 92,826 万元,与去年相比增长 1.19%。

(二)公司主要会计政策、会计估计和合并会计报表的编制方法

1、会计制度

本公司及下属子公司执行《股份有限公司会计制度》及其补充规定。

2、会计年度

自公历 1 月 1 日至 12 月 31 日。

3、记帐本位币:人民币

4、记帐基础:权责发生制;计价原则:历史成本。

5、外币业务核算方法:

会计年度内涉及外币的经济业务,按发生当月月初中国人民银行公布的市场汇价(中间价)折合人民币入帐。月末将外币帐户中的外币余额按月末市场汇价(中间价)进行调整,发生的差额(损益),与购建固定资产有关的予以资本化,属于筹建期间的计入开办费,属于生产经营期的计入当期费用。

6、现金等价物的确定标准:

母公司及子公司持有的期限短、流动性强、易于转换为已知金额现金,价值变动风险很小的投资,确认为现金等价物。

公司本年度无现金等价物。

7、坏帐的核算方法

坏帐的确认标准:

(1) 因债务人破产或死亡,以其破产财产或遗产清偿后,仍不能收回的应收帐款;

(2) 因债务人逾期未履行偿债义务并且具有明显特征表明无法收回的应收帐款。

以上确实不能收回的应收款项,报经董事会批准后作为坏帐转销。

坏帐损失核算方法采用备抵法,应收帐款坏帐准备按帐龄分析法计提(五年以上按 100%,4-5 年按 70%,3-4 年按 50%,2-3 年按 20%,1-2 年按 8%,1 年以下按 3%),其他应收款坏帐准备计提方法与应收帐款相同。

8、存货核算方法

各种存货按取得时的实际成本记帐;存货日常核算采用实际成本核算,存货发出采用先进先出法计价。低值易耗品和包装物按领用时一次摊销法摊销。期末存货按成本与可变现净值孰低计价,并按单个存货项目提取存货跌价准备计入当期损益。

9、短期投资核算方法:

根据《企业会计准则-投资》规定,短期投资以实际支付的全部价款(包括税金、手续费和相关费用)扣除已宣告发放但未领取的现金股利(或已到期尚未领取的债券利息)入帐;在处置时,按所收到的处置收入与短期投资帐面价值的差额确认为当期投资损益。短期投资在年终按成本与市价孰低法计价,市价低于成本的部分确认为跌价准备。具体计提方法为:按投资总体计算并确定所计提的跌价损失准备,并计入当期损益。

10、长期投资核算方法:

(1)长期债券投资的计价及收益确认方法:按取得时实际支付的全部价款(扣除支付的税金、手续费等各项附加费用)扣除实际支付的分期付息债券价款中包含的已到期尚未领取的债券利息后的余额作为实际成本记帐,并按权责发生制原则按期计提利息,并计入投资收益。

(2)长期债券投资溢价和折价的摊销方法:在债券购入后至到期日止的期间内按直线法,于确认相关债券利息收入的同时摊销。

(3)长期股权投资计价和收益确认方法:长期股权投资包括股票投资和其他股权投资。长期股权投资,按投资时实际支付的全部价款或所放弃的非现金资产的公允价值入帐,本公司对被投资单位无控制、无共同控制或者无重大影响的,长期股权投资采用成本法核算;对投资企业对被投资单位具有控制、共同控制或者重大影响的,长期股权投资采用权益法核算。

(4)对外长期股权投资采用权益法核算时,其取得成本与其在被投资单位所有者权益中所占份额之间的差额,计入长期股权投资差额,并按投资期限平均摊销计入损益,未规定投资期限的,按照 10 年平均摊销计入损益。

(5)长期投资减值准备的提取方法:采用逐项计提的方法。本公司对被投资单位由于市价持续下跌或被投资单位经营情况变化等原因,导致其可收回价值低于长期股权投资帐面价值,并且这种降低的价值在可预计的将来期间内不能恢复时,按可收回金额低于长期股权投资帐面价值的差额,计提长期投资减值准备,计入当年度损益类。

11、固定资产计价和折旧方法

(1)固定资产标准为:

①使用期限超过一年的房屋、建筑物、机器、机械、运输工具以及其他与生产、经营有关的设备、器具、工具等;

②单位价值在 2,000 元以上,并且使用期超过两年的,不属于生产、经营主要设备的物品。

(2)固定资产分类为:

房屋建筑物、机器设备、运输设备、其他设备。

(3)固定资产计价:

按实际成本或确定的价值计价。

(4)固定资产折旧采用直线法平均计算,并按各类固定资产的原值和估计的经济使用年限扣除残值(原值的 4%)制定其折旧率。固定资产各类折旧率如下:

资产类别	估计的经济使用年限	年折旧率	预计残值率
房屋建筑物	40 年	2.40%	4%
机器设备	10 年	9.60%	4%
运输设备	10 年	9.60%	4%
其他设备	5 年	19.20%	4%

12、在建工程核算方法:

在建工程按实际发生的支出入帐,并在完工交付使用时,按工程的实际成本确认为固定资产;在建工程借款所发生的利息支出在交付使用前计入工程成本,交付使用后,计入当期财务费用。

13、无形资产计价和摊销方法:

(1)母公司土地使用权按评估确认价值计价,并自受益月份起按土地出让年限平均摊销,从 1994 年起按 50 年摊销;

(2)乳业公司土地使用权按经营年限平均摊销,从 2000 年起按 10 年摊销;

(3)商标使用权等按评估确认价值计价,并按项目受益期平均摊销,从 1995 年起按 40 年摊销;

14、开办费和长期待摊费用摊销方法:

(1)子公司开办费按 5 年平均摊销;

(2)电力增容费从 1995 年起按 10 年摊销;

(3)车辆租赁费从 1995 年起按 10 年摊销。

15、收入确认原则

销售商品:公司已将商品所有权上的重要风险和报酬转移给买方,公司不再对该商品实施管

理权和实际控制权,相关的收入已经收到或取得了收款的证据,并且与销售该商品相关的成本能够可靠地计量时,确认营业收入的实现。

提供劳务:在劳务已经提供,收到价款或取得收取价款的证据时,确认劳务收入。

他人使用本公司资产:利息收入,按使用现金的时间和适用利率计算确定;发生的使用费收入按有关合同或协议规定的收费时间和方法计算确定。上述收入的确定并应同时满足:①与交易相关的经济利益能够流入公司,②收入的金额能够可靠地计量。

16.所得税的会计处理方法:

采用应付税款法。

17.合并会计报表编制方法:

合并会计报表的合并范围及所采用的会计方法:根据财政部财会字(1995)11号《关于印发〈合并会计报表暂行规定〉的通知》和财会二字(96)2号《关于合并报表合并范围请示的复函》等文件的规定,以公司本部和纳入合并范围的子公司本年度的会计报表以及其他有关资料为依据,合并各项目数额编制而成。合并时,公司的重大内部交易和资金往来均相互抵消。

本公司在编制合并会计报表时,对原按外商投资企业会计制度和行业会计制度编制的2000年度会计报表,已按《股份有限公司会计制度》及其有关补充规定的规定进行了调整及重新表述。

18.会计政策、会计估计或合并范围的变更:

(1)本年度公司会计政策、会计估计无变更。

(2)合并范围的变更:

本年新增投资徐州维维乳业有限公司,纳入合并范围。

(三)税项

本公司适用的税种与税率。

税 种	税 率	计 税 基 数
所得税	33%	应纳税所得额
增值税	13%,17%	按销项税额扣除当期允许抵扣的进项税额后的差额
营业税	5%	营业额
房产税	1.2%	房屋原值的70%
教育费附加	1%	应纳营业税额、增值税额

公司2000年6月上市后,根据财政部[2000]99号文件享受所得税采用先征后返的优惠政策,2000年公司取得第三季度所得税返还323万元。

(四)控股子公司及合营企业

(1)公司所控制的境内外所有子公司情况以及公司合并报表的合并范围:

被投资单位全称	注册地址	经营范围	经济性质	法定代表人	注册资本	实际投资额	母公司持股比例	是否合并
徐州维维乳业有限公司	徐州市铜山县伊庄镇工业区	食品、饮料的生产销售;奶牛养殖和鲜奶销售。	中外合资	崔桂亮	美元2999万	18602万人民币	75%	是
徐州鲜禾种猪养殖有限公司	徐州市铜山县伊庄	种猪、商品猪每繁殖与销售;畜禽屠宰,肉或肉制品,畜禽副产品加工,制造、销售,有机肥料,饲料及饲料添加剂制造销售。	有限责任	崔桂亮	人民币500万元	人民币450万元	90%	是

(五)分行业资料

收入占主营业务收入10%(含10%)以上的行业的营业收入、营业成本和营业毛利情况如下:

行 业	营业收入		营业成本		营业毛利	
	上年数	本年数	上年数	本年数	上年数	本年数
①食品行业	917,357,966.19	1,028,031,073.79	809,016,248.23	863,234,811.18	108,341,717.96	164,796,262.61
②畜牧业	149,169.70	2,054,401.55	123,518.45	2,040,953.28	25,651.25	13,448.27
公司内行业间相互抵减		101,828,785.56		101,828,785.56		
合计	917,507,135.89	928,256,689.78	809,139,766.68	763,446,978.90	108,367,369.21	164,809,710.88

(六)关联方关系及其交易的披露

1、存在控制关系的关联方情况

(1)存在控制关系的关联方(见附表)

注1:公司中方投资人为维维集团股份有限公司,公司产品全部由徐州维维食品饮料股份有限公司收购。

注2:徐州维维食品饮料股份有限公司就豆奶粉生产事宜与这些企业(以下称协作厂)签订合作协议。按合作协议规定,徐州维维食品饮料股份有限公司分别以协议价向这些企业提供生产豆奶粉的原、辅材料、包装物并收购生产的豆奶粉,并按协议规定的方法向这些企业计收无形资产使用费。徐州维维食品饮料股份有限公司虽未持有这些企业的股份,但对这些企业行使一定程度的生产和销售的控制权。

(2)存在控制关系的关联方的注册资本及其变化

企业名称	1999.12.31	2000.12.31
维维集团股份有限公司	16,108.02万元	16,108.02万元

(3)存在控制关系的关联方所持股份及其变化

企 业 名 称	1999年末数		2000年末	
	金 额	%	金 额	%
维维集团股份有限公司	14,664.8万股	63.76	14,664.8万股	44.44
GIANT HARVEST LIMITED	8,280.0万股	36.00	8,280.0万股	25.09

(4)存在控制关系的关联方交易

a 采购货物

本公司各年度向关联方收购产品的有关明细资料如下(单位:元):

1999年度	2000年度
645,549,801.37	534,292,065.29

本公司向关联方收购产品的价格由双方协议决定。各年度本公司向关联方收购产品的价格与市价基本一致。

b 销售货物

本公司各年度向关联方销售原、辅材料有关明细资料如下(单位:元):

1999年度	2000年度
176,033,187.93	149,202,967.38

本公司销售给关联企业的原、辅材料价格由双方协议决定。

c 向协作厂收取无形资产使用费

1999年度	2000年度
97,885,697.49	68,758,590.73

d 承包经营棠张纸箱厂分利

1999年度	2000年度
536,142.24	4,404,164.62

e 关联方应收、应付款项余额

项 目	年末余额		占全部应收(付)款项余额的比重(%)	
	1999年	2000年	1999年	2000年
应收帐款:	71,736,763.31	54,505,294.61	53.40	53.13
应付帐款:	39,109,605.64	58,639,628.34	60.76	52.76

f 关联方其他应收、应付款余额

项 目	年末余额		占全部其他应收(付)款项余额的比重(%)	
	1999年	2000年	1999年	2000年
其他应收款				
代垫款项	8,504,066.90	0.00	28.29	0.00
维维集团股份有限公司	0.00	5,560,917.26	0.00	7.76
其他应付款				
维维集团股份有限公司	0.00	2,220,000.00	0.00	4.23

g 其他关联交易:徐州维维食品饮料股份有限公司下属控股子公司徐州维维乳业有限公司2000年度借款给维维集团股份有限公司人民币116,000,000.00元,本金已于2000年末收回,并确认利息收入2,755,350.00元。

(七)或有事项

无担保、抵押情况和票据贴现情况。

(八)承诺事项

无需披露的承诺事项。

(九)资产负债表日后事项中的非调整事项

无资产负债表日后事项中的非调整事项。

(十)其他重要事项

公司自2001年1月1日起执行《企业会计制度》,根据财政部财会字(2001)17号的规定,由于会计政策变更应予追溯调的会计事项,公司将在年报披露后认真学习《企业会计制度》,结合公司实际情况对应采用追溯调整部分予以追溯调整,如该调整事项对公司的财务状况和经营成果发生重大影响的将予另行公告。

九、备查文件

1、载有法定代表人崔桂亮、会计机构负责人张明洋会计经办人员签名并盖章的会计报表。

2、载有大华会计师事务所盖章,注册会计师陆永炜、陆国豪签名并盖章的审计报告原件。

3、2000年度内在《上海证券报》、《中国证券报》上公开披露过的所有公司文件的正本及公告的原稿。

4、载有董事长崔桂亮亲笔签名的年度报告正本。

徐州维维食品饮料股份有限公司董事会

二〇〇一年四月五日

利 润 及 利 润 分 配 表

编制单位:徐州维维食品饮料股份有限公司　　2000年度　　金额单位:元

项 目	注释号	行次	上年实际数 母公司	上年实际数 合并	本年实际数 母公司	本年实际数 合并
一、主营业务收入		1	917,357,966.19	917,507,135.89	926,269,390.83	928,256,689.78
减:销售折让		2				
主营业务收入净额		3	917,357,966.19	917,507,135.89	926,269,390.83	928,256,689.78
减:主营业务成本		4	809,016,248.23	809,139,766.68	792,921,412.27	763,446,978.90
主营业务税金及附加		5	434,649.22	434,649.22	417,751.28	468,188.87
二、主营业务利润(亏损以"-"号填列)		10	107,907,068.74	107,932,719.99	132,930,227.28	164,341,522.01
加:其他业务利润(亏损以"-"号填列)	26	11	126,206,861.20	126,212,698.17	92,776,997.53	96,881,216.03
非货币性交易收益		12				
减:存货跌价损失		13			1,690,859.11	1,690,859.11
营业费用		14	97,275,671.57	97,310,709.54	87,309,130.64	87,407,501.15
管理费用		15	46,728,557.54	47,049,297.24	22,112,878.81	23,478,233.76
财务费用	25	16	8,937,456.74	8,922,048.45	1,170,542.39	-1,675,307.91
三、营业利润(亏损以"-"号填列)		18	81,172,244.09	80,863,362.93	113,423,813.86	150,321,451.93
加:投资收益(损失以"-"号填列)	27	19	-356,898.36		36,798,469.93	1,051,610.74
期货收益(损失以"-"号填列)		20				
补贴收入		22	41,430,000.00	41,430,000.00		
营业外收入	28	23	431,231.82	431,241.82	3,955,067.53	3,957,179.83
减:营业外支出	29	25	748,595.12	836,277.69	81,222.90	275,257.21
四、利润总额(亏损总额以"-"号填列)		27	121,927,982.43	121,888,327.06	154,096,128.42	155,054,985.29
减:所得税		28	12,338,305.94	12,338,305.94	35,502,990.82	35,502,990.82
减:少数股东损益(合并报表填列、亏损以"-"号填列)		29		-39,665.37		958,856.87
加:未确认的投资损失(合并报表填列)		30				
五、净利润(净亏损以"-"号填列)		32	109,589,676.49	109,589,676.49	118,593,137.60	118,593,137.60

项 目	注释号	行次	上年实际数 母公司	上年实际数 合并	本年实际数 母公司	本年实际数 合并
加:年初未分配利润(未弥补亏损以"-"号填列)		33				
减:减少注册资本减少的未分配利润		34				
加:盈余公积转入		35				
六:可供分配的利润(亏损以"-"号填列)		36	109,589,676.49	109,589,676.49	118,593,137.60	118,593,137.60
减:提取法定盈余公积		37	10,958,967.65	10,958,967.65	11,859,313.76	11,859,313.76
提取法定公益金		38	5,479,483.83	5,479,483.83	5,929,656.88	5,929,656.88
职工奖福基金(合并报表填列,子公司为外商投资企业项目)		39				
七、可供股东分配的利润(亏损以"-"号填列)		40	93,151,225.01	93,151,225.01	100,804,166.96	100,804,166.96
减:应付优先股股利		41				
提取任意盈余公积		42				
应付普通股股利		43	93,151,225.01	93,151,225.01	99,000,000.00	99,000,000.00
转作股本的普通股股利		44				
八、未分配利润(未弥补亏损以"-"号填列)		45			1,804,166.96	1,804,166.96
附注:非常项目						
1.出售、处置部门或被投资单位		46				
2.自然灾害发生的损失		47				
3.会计政策变更		48				
4.其他		49				

资产负债表

2000年12月31日

编制单位:徐州维维食品饮料股份有限公司　　　　金额单位:元

资　产	注释号	行次	年初数		年末数	
			母公司	合并	母公司	合并
流动资产:						
货币资金	1	1	110,439,503.42	110,648,194.57	669,750,432.43	684,270,745.06
短期投资	2	2			5,674,310.40	204,524,852.44
减:短期投资跌价准备		3			36,164.22	171,348.44
短期投资净额		4			5,638,146.18	204.353,504.00
应收票据	3	5	87,154,424.00	87,154,424.00	101,136,438.54	101,136,438.54
应收股利		6			36,111,138.83	
应收利息		7				
应收帐款	4	8	120,772,901.92	120,772,901.92	130,713,775.44	102,587,297.81
其他应收款	5	9	32,121,121.78	30,057,513.53	68,875,729.39	72,483,971.01
减:坏帐准备		10	17,881,015.04	17,881,015.04	16,671,406.82	16,671,406.82
应收款项净额		11	135,013,008.66	132,949,400.41	182,918,098.01	158,399,862.00
预付帐款	6	21	12,306,195.64	12,306,195.64	28,366,766.28	30,145,257.87
应收补贴款		24				
期货保证金		25				
应收席位费		26				
存货	7	30	65,639,778.34	68,695,515.30	60,860,075.66	77,296,217.28
其中:工程施工		30-1				
减:存货跌价准备(含工程亏损准备)		31			1,690,859.11	1,690,859.11
存货净额		32	65,639,778.34	68,695,515.30	59,169,216.55	75,605,358.17
待摊费用	8	33	265,375.11	265,375.11	158,703.12	162,519.92
待处理流动资产净损失		34				
一年内到期的长期债权投资		35				
其他流动资产		36				
流动资产合计		39	410,818,285.17	412,019,105.03	1,083,248,939.94	1,254,073,685.56
长期投资:						
长期股权投资		40	4,143,101.64		189,792,813.48	
长期债权投资		41				
长期投资合计		42	4,143,101.64		189,792,813.48	
减:长期投资减值准备		43				
长期投资净额		44	4,143,101.64		189,792,813.48	
其中:合并价差(贷差以"-"号表示合并报表填列)		44-1				
其中:股权投资差额(贷差以"-"号表示合并报表填列)		44-2				
固定资产:						
固定资产原价	9	45	271,168,540.93	275,113,925.68	287,875,269.25	363,286,170.61
减:累计折旧		46	68,677,709.15	69,026,157.55	88,394,538.04	91,644,934.63
固定资产净值		47	202,490,831.78	206,087,768.13	199,480,731.21	271,641,235.98
工程物资		48				
在建工程	10	49	8,216,391.75	8,216,391.75	424,443.45	424,443.45
固定资产清理		50				
待处理固定资产净损失		51				
固定资产合计		53	210,707,223.53	214,304,159.88	199,905,174.66	272,065,679.43
无形资产及其他资产:						
无形资产	11	54	79,859,058.23	79,859,058.23	77,850,158.23	78,337,658.23
开办费	12	55		49,450.48		37,087.84
长期待摊费用	13	56	855,000.00	855,000.00	2,506,566.91	2,506,566.91
其他长期资产		57				
其中:临时设施净值		57-1				
无形资产及其他资产合计		58	80,714,058.23	80,763,508.71	80,356,725.14	80,881,312.98
递延税项:						
递延税款借项		59				
资产总计		60	706,382,668.57	707,086,773.62	1,553,303,653.22	1,607,020,677.97
负债和股东权益	注释号	行次	年初数		年末数	
			母公司	合并	母公司	合并
流动负债:						
短期借款	14	61	140,000,000.00	140,000,000.00		
应付票据		62				
应付帐款	15	63	64,247,647.01	64,371,478.21	103,398,706.91	111,144,315.89
预收帐款	16	64	53,167,955.96	53,167,955.96	17,297,508.87	17,297,508.87
代销商品款		65				
应付工资		66	30,402,956.95	30,405,278.95	10,188,273.11	10,843,639.94
应付福利费		67	9,767,979.91	9,789,895.86	2,953,306.45	3,278,261.09
应付股利	17	68	126,326,147.53	126,326,147.53	99,000,000.00	100,000,000.00
应交税金	18	69	19,579,413.35	19,579,507.75	29,308,952.02	29,461,715.70
其他应交款		70	36,322.12	36,322.12	350,410.02	397,704.44
其他应付款	19	71	10,526,650.60	10,622,247.47	14,676,968.30	52,481,098.30
预提费用	20	72	5,889,143.66	5,889,143.66	1,391,279.01	1,958,983.71
一年内到期的长期负债		73				
其他流动负债		74				
其中:预计负债		75				
流动负债合计		80	459,944,217.09	460,187,977.51	278,565,404.69	326,863,227.94
长期负债:						
长期借款		81				
应付债券		82				
长期应付款		83			13,601,594.57	13,601,594.57
其他长期负债		84				
长期负债合计		90			13,601,594.57	13,601.594.57
递延税项:						
递延税款贷项		91				
负债合计		92	459,944,217.09	460,187,977.51	292,166,999.26	340,464,822.51
少数股东权益(合并报表填列)		92-1		460,344.63		5,419,201.50
股东权益:						
股本	21	93	230,000,000.00	230.000,000.00	330,000,000.00	330,000,000.00
资本公积	22	94			895,105,064.88	895,105,064.88
盈余公积	23	95	16,438,451.48	16,438,451.48	34,227,422.12	34,227,422.12
其中:公益金	23	96	5,479,483.83	5,479,483.83	11,409,140.71	11,409,140.71
减:未确认的投资损失		96-1				
未分配利润(未弥补亏损以"-"号表示)	24	97			1,804,166.96	1,804,166.96
外币报表折算差额(合并报表填列)		98				
股东权益合计		99	246,438,451.48	246,438,451.48	1,261,136,653.96	1,261,136,653.96
负债及股东权益总计		100	706,382,668.57	707,086,773.62	1,553,303,653.22	1,607,020,677.97

现金流量表

2000年度

编制单位:徐州维维食品饮料股份有限公司　　　　金额单位:元

项目	注释号	行次	金额	
			母公司	合并
一、经营活动产生的现金流量:				
销售商品、提供劳务收到的现金		1	1,145,832,072.86	1,148,055,688.81
收到的租金		2		
收到的税费返还		3	3,230,000.00	3,230,000.00
收到的其他与经营活动有关的现金		8	4,302,334.51	24,831,927.83
现金流入小计		9	1,153,364,407.37	1,176,117,616.64
购买商品、接受劳务支付的现金		10	915,688,328.96	862,495,481.52
经营租赁所支付的现金		11		1,012,500.00
支付给职工以及为职工支付的现金		12	38,743,280.35	41,682,856.28
支付的增值税款		13	39,269,941.58	44,283,700.92
支付的所得税款		14	21,007,293.88	21,007,293.88
支付的除增值税、所得税以外的其他税费		15	5,736,899.14	5,849,344.49
支付的其他与经营活动有关的现金	30	20	99,390,294.35	106,533,585.06
现金流出小计		21	1,119,836,038.26	1,082,864,762.15
经营活动产生的现金流量净额		22	35,528,369.11	93,252,854.49
二、投资活动产生的现金流量:				
收回投资所收到的现金		23	2,787,183.48	5,157,183.48
分得股利或利润所收到的现金		24		
取得债券利息收入所收到的现金		25		4,125,000.00
处置固定资产、无形资产和其他长期资产而收回的现金净额		26	4,150.00	16,576.80
收到的其他与投资活动有关的现金		30		
现金流入小计		31	2,791,333.48	9,298,760.28
购建固定资产、无形资产和其他长期资产所支付的现金		32	11,675,988.42	45,247,993.02
权益性投资所支付的现金		33	193,387,630.40	12,605,340.80
债权投资所支付的现金		34		199,984,231.64
支付的其他与投资活动有关的现金	31	40	10,000,000.00	14,146,344.06
现金流出小计		41	215,063,618.82	271,983,909.52
投资活动产生的现金流量净额		42	-212,272,285.34	-262,685,149.24
三、筹资活动产生的现金流量:				
吸收权益性投资所收到的现金		43	995,105,064.88	1,000,105,064.88
其中:子公司吸收少数股东权益性投资收到的现金		43-1		
发行债券所收到的现金		44		
借款所收到的现金		45		
收到的其他与筹资活动有关的现金		50	16,321,913.49	16,321,913.49
现金流入小计		51	1,011,426,978.37	1,016,426,978.37
偿还债务所支付的现金		52	140,000,000.00	140,000,000.00
发生筹资费用所支付的现金		53	1,356,080.60	1,356,080.60
分配股利或利润所支付的现金		54	126,326,147.53	126,326,147.53
其中:子公司支付少数股东的股利		54-1		
偿付利息所支付的现金		55	5,689,905.00	5,689,905.00
融资租赁所支付的现金		56		
减少注册资本所支付的现金		57		
支付的其他与筹资活动有关的现金		62		
现金流出小计		63	273,372,133.13	273,372,133.13
筹资活动产生的现金流量净额		64	738,054,845.24	743,054,845.24
四、汇率变动对现金的影响额		65		
五、现金及现金等价物净增加额		66	559,310,929.01	573,622,550.49
1.不涉及现金收支的投资和筹资活动:				
以固定资产偿还债务		67		
以投资偿还债务		68		
以固定资产进行投资		69		
以存货偿还债务		70		
融资租赁固定资产		71		
2.将净利润调节为经营活动的现金流量:				
净利润(亏损以"-"号填列)		72	118,593,137.60	118,593,137.60
加:少数股东损益(亏损以"-"号填列)		72-1		958,856.87
减:未确认的投资损失		72-2		
加:计提的坏帐准备或转销的坏帐		73	572,140.09	572,140.09
固定资产折旧		74	19,246,771.13	22,172,040.61
无形资产、长期待摊费用摊销		75	2,853,857.26	2,878,719.90
待摊费用的减少(减:增加)		76	106,671.99	102,855.19
预提费用的增加(减:减少)		77	-4,222,589.65	-3,654,884.95
处置固定资产、无形资产和其他长期资产的损失(减:收益)		78	51,129.00	240,236.12
固定资产盘亏、报废损失		79		
财务费用		80	5,689,905.00	5,571,066.74
投资损失(减:收益)		81	-36,798,469.93	-1,051,610.74
递延税款贷项(减:借项)		82		
存货的减少(减:增加)		83	4,779,702.68	-10,379,910.95
经营性应收项目的减少(减:增加)		84	-65,333,451.15	-70,843,829.22
经营性应收项目的增加(减:减少)		85	-9,290,115.99	30,814,356.15
其他		86	-2,720,318.92	-2,720,318.92
经营活动产生的现金流量净额		87	33,528,369.11	93,252,854.49
3.现金及现金等价物净增加情况:				
货币资金的期末余额		88	669,750,432.43	684,270,745.06
减:货币资金的期初余额		89	110,439,503.42	110,648,194.57
现金等价物的期末余额		90		
减:现金等价物的期初余额		91		
现金及现金等价物净增加额		92	559,310,929.01	573,622,550.49

西安标准工业股份有限公司

二〇〇〇年年度报告摘选

一、公司简介

1、公司法定中文名称:西安标准工业股份有限公司
中文缩写:标准股份
公司法定英文名称:Xi'an typical industries co., ltd.
2、公司法定代表人:黄省身先生
公司董事会秘书及授权代表:李剑萍女士
联系地址:西安市高新技术产业开发区高新路42号金融大厦九层
电话:(029)8313626
传真:(029)8329701
邮政编码:710075
电子信箱:leejp@sina.com.cn
3、公司注册地址及办公地址:西安市高新技术产业开发区高新路42号金融大厦九层
邮政编码:710075
国际互联网网址:http//:www.typical.com.cn
E-mail:typical@chinatypical.com
4、公司选定的信息披露报纸名称:中国证券报、上海证券报
登载公司年度报告的中国证监会指定国际互联网网址:http://www.sse.com.cn
年度报告置备地点:公司年度报告置备于公司办公地址,以供股东及投资者查询。
5、公司股票上市交易所、股票简称和股票代码:
公司股票上市交易所:上海证券交易所
股票简称:标准股份
股票代码:600302

二、会计数据及业务数据摘要

(一)公司本年度实现的利润总额	85,808,793.39元
其中:净利润	60,727,021.59元
扣除非经营型损益后的净利润	56,286,235.10元
主营业务利润	187,631,611.77元
营业利润	81,253,340.57元
投资收益	75,086.33元
营业外收支净额	4,440,786.49元
经营活动产生的现金流量净额	78,129,451.13元
现金及现金等价物净增加额	418,979,902.08元

注:扣除的非经常性损益项目计4,440,786.49元,其中,营业外收支净额4,440,786.49元.

(二)公司前三年主要会计数据和财务指标:(单位:元)

项目	2000年	1999年	1998年
主营业务收入	574,834,762.25	339,090,799.76	286,037,894.52
净利润	60,727,021.59	24,732,386.11	16,282,508.42
总资产	914,866,890.00	426,213,877.15	390,469,378.04
股东权益	589,116,174.83	168,052,859.32	145,641,735.78
每股收益(摊薄)	0.381	0.21	0.14
每股收益(加权)	0.514	-	-
扣除非经常损益后的每股收益(摊薄)	0.353	0.21	0.14
每股净资产	3.69	1.46	1.27
调整后的每股净资产	3.68	1.41	1.21
每股经营活动产生的现金流量净额	0.49	-	-
净资产收益率%	10.31	14.72	11.18

报告期内利润指标说明事项

项目	净资产收益率(%)		每股收益(元/股)	
	摊薄	加权	摊薄	加权
主营业务利润	31.85	94.19	1.176	1.587
营业利润	13.79	40.79	0.509	0.687
净利润	10.31	30.49	0.381	0.514
扣除非经常损益后的每股收益	9.55	28.25	0.353	0.476

三、股本变动及股东情况

(一)股本变动情况(截至2000年12月31日)

1. 股份变动情况表

数量单位:股

	本次变动前	本次变动增减(+、-)					本次变动后
		配股	送股	公积金转股	其他	小计	
一.未上市流通股份							
1.发起人股份	114,504,902						114,504,902
其中:							
国家持有股份	98,031,350						98,031,350
境内法人持有股份	16,473,552						16,473,552
境外法人持有股份							
其他							
2.募集法人股							
3.内部职工股							
4.优先股或其他							
其中:转配股							
未上市流通股合计	114,504,902						114,504,902
二.已流通股份							
1.人民币普通股	45,000,000						45,000,000
2.境内上市外资股							
3.境外上市外资股							
4.其他							
已上市流通股合计	45,000,000						45,000,000
三.股份总数	159,504,902						159,504,902

丹东曙光车桥股份有限公司

二〇〇〇年年度报告摘选

一、公司简介

1、公司名称:丹东曙光车桥股份有限公司
英文名称:DANDONG SHUGUANG VEHICLE AXLE COMPANY LIMITED
2、公司法定代表人:李进巅
3、公司董事会秘书:那涛
联系地址:丹东市振安区燕窝街300号
电话:0415-4146825
传真:0415-4142821
E-Mail信箱:natao-sg@sina.com
4、公司注册地址:丹东市元宝区燕窝街300号
公司办公地址:丹东市振安区燕窝街300号
邮政编码:118001
公司国际互连网地址:www.chinasgaxle.com
E-Mail信箱:sg@mail.ddptt.ln.cn
5、公司选定的信息披露报纸名称:《中国证券报》,登载公司年度报告的中国证监会指定国际互联网网址:http://www.sse.com.cn
6、公司股票上市地:上海证券交易所
股票简称:曙光股份　　股票代码:600303

二、会计数据和业务数据摘要

1、本年度利润总额及构成(2000年度合并)　　(单位:人民币元)

利润总额	50,219,034.11
净利润	31,598,783.19
扣除非经常性损益后的净利润	26,089,294.96
主营业务利润	94,623,280.58
其他业务利润	1,069,234.76
营业利润	43,817,900.60
投资收益	
补贴收入	125,177.11
营业外收支净额	6,275,956.40
经营活动产生的现金流量净额	44,218,182.60
现金及现金等价物净增加额	347,452,511.83

说明:扣除的非经常性损益项目及金额为:1补贴收入:125,177.112冻结资金利息:5,384,311.12

2、截止报告年度公司前两年的主要会计数据和财务指标

项目	1999年度	2000年度
主营业务收入(元)	181,146,861.22	352,871,716.11
净利润(元)	17,496,175.20	31,598,783.19
总资产(元)	281,661,827.40	807,533,478.44
股东权益(元)	78,214,803.32	430,002,626.51
每股收益(元/股)(摊薄)	0.35	0.35
(加权)	0.39	0.63

项目	1999年度	2000年度
扣除非经常性损益后的每股收益(元/股)(摊薄)	0.35	0.29
(加权)	0.39	0.52
每股净资产(元/股)	1.56	4.78
调整后的每股净资产(元/股)	1.41	4.73
每股经营活动产生的现金流量净额(元/股)	0.72	0.49
净资产收益率(%)(摊薄)	25.82%	33.61%
(加权)	27.7%	53.25%

净资产收益率和每股收益的计算及披露

报告期利润	净资产收益率		每股收益	
	全面推薄	加权平均	全面推薄	加权平均
主营业务利润	22.01%	100.65%	1.05	1.89
营业利润	10.19%	46.61%	0.49	0.88
净利润	7.35%	33.61%	0.35	0.63
扣除非经常性损益后的净利润	6.07%	27.75%	0.29	0.52

3、报告期内股东权益变动情况(单位:人民币元)

项目	股本	资本公积	盈余公积	法定公益金	未分配利润	股东权益合计
期初数	50,000,000	1,803,875.38	5,452,929.43	3,590,583.99	17,367,414.52	78,214,803.32
本期增加	40,000,000	298,189,040.00	4,111,118.29	2,055,559.14	25,432,105.76	369,787,823.19
本期减少					18,000,000.00	18,000,000.00
期末数	90,000,000	299,992,915.38	9,564,047.72	5,646,143.13	24,799,520.28	430,002,626.51

变动原因:

股本及资本公积变动原因:2000年末公司在上海证券交易所发行4000万股境内上市的人民币普通股,共募集资金(扣除发行费用)338,160,000元。其中,4000万元进入股本,298,160,000元进入资本公积。

盈余公积及法定公益金变动原因:2000年按实现的净利润提取,盈余公积按净利润10%提取公益金按净利润5%提取。

三、股本变动及股东情况

1. 截止2000年12月31日,公司股东总数21029户
2. 报告期末公司主要股东持股情况:

股东名称	年初持股	年末持股	占总股本
丹东曙光车桥总厂	38,750,000	38,750,000	43.06%
泰和基金		3,402,019	3.78%
同益基金		1,611,578	1.79%
吉芊		1,288,133	1.43%
安徽证券		1,218,600	1.35%
范磊		1,102,050	1.22%
范正宇		542,632	0.60%
郑怀洪		458,380	0.51%
兴华基金		415,800	0.46%
吴尚		300,000	0.33%

江苏恒顺醋业股份有限公司

二○○○年年度报告摘选

一、公司简介

(一)公司法定名称:江苏恒顺醋业股份有限公司

jiangsu hengshun vinegar－industry co.,ltd.

(二)公司法定代表人:叶有伟

(三)公司董事会秘书:王明法

电话:0511－5233758

传真:0511－5230209

联系地址:江苏镇江市中山西路84号

E－MAIL:wmf88@sina.com.cn

(四)公司注册地址:江苏省镇江市中山西路84号

邮政编码:212004

公司因特网址:http://www.zjhengshun.com

(五)公司选定的信息披露报纸:《中国证券报》、《上海证券报》

刊登公司年报的中国证监会指定的因特网址:http://www.sse.com.cn

(六)公司股票上市交易所:上海证券交易所

股票简称:恒顺醋业

股票代码:600305

(七)公司年度报告置备地点:江苏省镇江市中山西路84号

二、会计数据和业务数据摘要

(一)公司本年度主要会计数据和业务数据(单位:人民币元)

项目	金额
利润总额	26,817,761.28
净利润	17,602,131.58
扣除非经常性损益后的净利润	17,733,001.65
主营业务利润	55,160,111.81
营业利润	27,687,770.31
投资收益	0.00
补贴收入	0.00
营业外收支净额	－870,009.03
经营活动产生的现金流量净额	27,489,216.89
现金及现金等价物净增加值	1,008,272.94

扣除非经常性损益项目包括:减"营业外收入1,100.00元",加"营业外支出中除综合基金外的项目131,970.07"。

(二)截止报告期末公司前三年主要会计数据和财务指标(单位:人民币万元)

项目＼年份	2000年	1999年度	1998年度
主营业务收入	14,311.21	12,618.47	10,810.63
税后利润	1,760.21	2,113.49	1,898.90
总资产	19,340.67	19,117.82	19,267.45
股东权益	9,958.21	8,938.78	8,302.02
每股收益(元)	0.202	0.24	0.41
每股净资产(元)	1.1427	1.0257	1.8111
调整后的每股净资产(元)	1.1261	1.0124	1.7877
每股经营活动产生的现金流量净额(元)	0.3154	0.1882	0.2356
净资产收益率%	17.68	23.64	22.87

(三)根据中国证监会关于《公开发行证券公司信息披露编报规则》第9号通知精神,公司2000年按全面摊薄和加权平均法计算的净资产收益率及每股收益

报告期利润	净资产收益率(%)		每股收益(元)	
	全面摊薄	加权平均	全面摊薄	加权平均
主营业务利润	55.39	58.76	0.633	0.633
营业利润	27.80	29.50	0.318	0.318
净利润	17.68	18.75	0.202	0.202
扣除非经常性损益后的净利润	17.81	18.89	0.203	0.203

(四)按下表列示报告期内股东权益变动情况,并逐项说明变化原因(单位:万元)

项目	股本	资本公积	盈余公积	未分配利润	股东权益
期初数	8,715	0	138.15	85.63	8,938.78
本期增加	0	0	264.03	1,760.21	2,024.24
本期减少	0	0	－	1,004.81	1,004.81
期末数	8,715	0	402.18	841.03	9,958.21

＊股东权益增加的原因是公司新增利润所致。

三、股本变动及股东情况

(一)股本变动情况

1、股本变动情况表:截止2000年12月31日股本余额87,150,000.00元,本年度股份类别及其增减变动情况列示如下:

(单位:万股)

股份类别	期初数	期末数	持股比例
发起人股份	8,715	8,715	100
江苏恒顺集团有限公司	7,843.50	7,843.50	90.00
镇江市牛奶公司	217.875	217.875	2.50
镇江广玉兰宾馆	217.875	217.875	2.50
镇江市豆制品厂	217.875	217.875	2.50
镇江生宝药业有限责任公司	217.875	217.875	2.50
内部职工股	0	0	0
未上市流通股份合计	8,715	8,715	100
股份总数	8,715	8,715	100

沈阳商业城股份有限公司

二○○○年年度报告摘选

一、公司简介

1、公司法定中文名称:沈阳商业城股份有限公司

公司英文名称:Shen Yang Commercial City Co.,Ltd

2、公司法定代表人(董事长):张殿华

3、公司董事会秘书:张黎明

办公电话:024—24865838

传真:024—24848007

手机电话:13804004333

联系地址:沈阳市沈河区中街路212号

邮政编码:110011

电子信箱:Sycgf@e－syc.com.cn

4、公司注册地址:沈阳市沈河区中街路212号

公司注册英文地址:No.212－214 Zhongjie Road shenhe District. Shenyang. China

公司办公地址:沈阳市沈河区中街路212号

邮政编码:110011

公司网址:www.e－syc.com.cn

电子信箱:Sycgf@e－syc.com.cn

5、公司信息披露的报刊为《中国证券报》、《上海证券报》

登载公司年度报告的中国证监会指定的国际互联网,网址:www.sse.com.cn

公司年度报告备置地点:沈阳市沈河区中街路212号(公司证券处办公地)

6、公司股票上市交易所:上海证券交易所

股票简称:商业城

股票代码:600306

二、会计数据和业务数据摘要

1、本年度主要财务数据列示:

项目	金额
利润总额:	39,833,930.81元
净利润:	26,474,252.57元
扣除非经常性损益后的净利润:	27,166,422.55元
主营业务利润:	122,940,713.14元
其他业务利润:	8,301,278.22元
营业利润:	40,864,120.34元
投资收益:	2900元
补贴收入:	—
营业外收入净额:	－1,033,089.53元
经营活动产生的现金流量净额:	70,152,030.54元
现金及现金等价物净增加额:	333,502,040.62

注:本年度新股申购冻结资金利息从2001年始按三年平均摊销。

2、截至报告期末公司前三年的主要会计数据及财务指标　(金额单位:元)

序号	项目	2000年	1999年	1998年(模拟)
1	主营业务收入	836,476,031.86	821,386,706.54	890,409,582.36
2	净利润	26,474,252.57	18,425,724.26	17,535,032.87
3	总资产	694,129,652.71	321,853,120.70	425,114,944.12
4	股东权益(不含少数股东权益)	393,201,197.61	118,455,470.23	130,876,456.25
5	每股收益(摊薄)	0.19	0.24	0.23
6	每股收益(加权平均)	0.31	0.24	0.23
7	扣除非经常性损益后的每股收益	0.20	0.24	0.23
8	每股净资产	2.87	1.57	1.74
9	调整后的每股净资产	2.81	1 .58	1.69
10	每股经营活动产生的现金流量净额	0.51	0.03(8－12月)	－
11	净资产收益率%	6.73	15.55	13.4
12	净资产收益率(加权平均)%	17.54	15.7	14.57

注:本公司于1999年7月26日设立,以上1998年和1999年的数据中除1999年每股现金流量净额为8—12月的实际完成情况外,其余均为模拟数据。

3、报告期内股东权益变动情况　(金额单位:元)

项目	股本	资本公积	盈余公积	法定公益金	未分配利润	股东权益合计
期初数	75,000,000	37,587,699.72	993,245.97	331,081.99	4,874,524.54	118,455,470.23
本期增加	62,029,937	209,136,595.81	5,238,100.8	1,185,363.46	30,107,620.41	306,512,254.02
本期减少	－	－	－	－	31,766,526.64	31,766,526.64
期末数	137,029,937	246,724,295.53	6,231,346.77	1,516,445.45	3,215,618.31	393,201,197.61
变动原因	吸收合并铁百增加17,029,937股,发行45,000,000股。					

4、公司按全面摊薄法和加权平均法计算的净资产收益率及每股收益。

报告期利润	净资产收益率		每股收益(元)	
	全面摊薄	加权平均	全面摊薄	加权平均
主营业务利润	31.27%	81.47%	0.90	1.42
营业利润	10.39%	27.08%	0.30	0.47
净利润	6.73%	17.54%	0.19	0.31
扣除非经常性损益后的净利润	6.91%	18%	0.20	0.31

三、股东情况介绍

(1)截止报告期末股东总数为:23460户。

(2)前10名股东情况

名称	年度末持股数(股)	占总股份比例(%)
沈阳商业城(集团)	73,667,700	53.76
沈阳市商业国有资产经营有限责任公司	12,275,000	8.96
北京证券	2,581,754	1.88
兴华基金	633,000	0.46
李寿兰	597,935	0.44
易安投资	430,000	0.31
汉兴基金	424,000	0.31
廖中华	416,200	0.30
周文米	375,000	0.27
沈阳市联营公司	333,075	0.24

甘肃酒钢集团宏兴钢铁股份有限公司

二〇〇〇年年度报告摘选

一、公司简介

1、公司法定中文名称:甘肃酒钢集团宏兴钢铁股份有限公司
公司英文名称:Gan Su Jiu Steel Group Hong Xing Iron & Steel Co,Ltd
公司英文名称缩写:GSJSGHXIS
2、公司法定代表人:马鸿烈
3、公司董事会秘书:刘延齐
授权代表:姜 力
联系地址:甘肃省嘉峪关市雄关东路12号
联系电话:(0937)6715510　　传真:(0937)6715507
电子信箱:shqtbjl@china.com
4、公司注册及办公地址:甘肃省嘉峪关市雄关东路12号
邮政编码:735100
公司电子信箱:jghxgf@sina.com
5、公司选定的信息披露报纸:《中国证券报》、《上海证券报》《证券时报》
登载年报的国际互联网网址:http://www.sse.com.cn
公司年度报告备置地点:公司证券投资部
6、公司股票上市交易所:上海证券交易所
股票简称:酒钢宏兴　　股票代码:600307

二、会计数据和业务数据摘要

(一)公司本年度主要利润指标情况(金额单位:人民币元)

项　目	2000年度
主营业务利润	353,423,783.36
其他业务利润	21,102,809.96
营业利润	255,153,766.60
投资收益	---
补贴收入	---
营业外收支净额	5,430,273.99
利润总额	260,584,040.59
净利润	173,923,910.60
扣除非经常性损益后的净利润	168,493,636.61
经营活动产生的现金流量净额	224,998,178.75
现金及现金等价物净增加额	1,135,165,434.78

注:"扣除非经常性损益后的净利润"中扣除非经常性损益计5,430,273.99元(含税):1新股申购冻结资金利息收入4,302,889.08元;2处理无法支付的应收帐款1,697,543.20元;3捐款支出521,504.46元;4罚款收支净额(支出):2500元;5处理固定资产净损失:46,153.83元。

(二)公司前三年主要会计数据和财务指标:

金额单位:人民币元

指标名称	2000年度	1999年度	1998年度
主营业务收入	3,122,791,235.85	2,929,262,839.94	2,192,607,001.00
净利润	173,923,910.60	142,554,558.50	184,144,756.04
总资产	3,012,543,942.68	1,870,468,696.07	1,735,777,815.76
股东权益	1,952,441,416.28	824,906,657.73	736,754,119.15
每股收益(加权)	0.33	0.27	
每股收益(摊薄)	0.24	0.27	
扣除非经常性损益后的每股收益(加权)	0.23	0.23	
扣除非经常性损益后的每股收益(摊薄)	0.23	0.23	
每股净资产	2.68	1.56	
调整后每股净资产	2.58	1.56	
每股经营活动产生的现金流量净额	0.31	0.14	
净资产收益率(加权)	19.07	17.64	
净资产收益率(摊薄)	8.90	17.28	
扣除非经常性损益后的净资产收益率(加权)	18.48	15.31	
扣除非经常性损益后的净资产收益率(摊薄)	8.63	15.00	

按照中国证监会《公开发行证券公司信息披露编报规则(第9号)》要求计算2000年度的净资产收益率和每股收益。

(1)公司本年度的主要会计数据和财务指标:

项　目	2000年度	1999年度
1、主营业务利润	353,423,783.36	301,168,272.80
2、营业利润	255,153,766.60	165,754,027.10
3、净利润	173,923,910.60	142,554,558.50
4、期初净资产	824,906,657.73	736,754,119.15
5、期末净资产	1,952,441,416.28	824,906,657.73
6、扣除非经常性损益后的净利润	168,493,636.61	123,700,515.89
7、期初股份总数	528,000,000.00	528,000,000.00
期末股份总数	728,000,000.00	528,000,000.00

三、股东情况

1、截止2000年12月29日,公司股东为107996人,其中国有法人股股东5人,社会公众股107991人。

2、报告期内股权结构未变化。

3、公司前10名股东持股情况:

序号	股东名称	持股数(股)	持股性质	比例(%)
1	酒泉钢铁集团有限责任公司	515,000,000	国有法人股	70.74
2	兰州铁路局	5,000,000	国有法人股	0.69
3	甘肃省电力公司	5,000,000	国有法人股	0.69
4	金川有色金属公司	2,500,000	国有法人股	0.34
5	苗国华	1,293,231	社会公众股	0.18
6	海通证券	1,246,200	社会公众股	0.17
7	刘学良	1,045,900	社会公众股	0.14
8	方国华	1,000,080	社会公众股	0.14
9	金鑫基金	785,000	社会公众股	0.11
10	海通证券	650,000	社会公众股	0.09

山东华泰纸业股份有限公司

二〇〇〇年年度报告摘选

一、公司简介

(一)公司的法定中文名称:山东华泰纸业股份有限公司
公司中文缩写:山东华泰
公司的法定英文名称:Shandong Huatai Paper Co.,Ltd.
公司英文缩写:SDHT
(二)公司法定代表人:李建华
(三)公司董事会秘书:李刚
联系地址:山东省东营市广饶县大王镇
联系电话:0546-6871957　　传真:0546-6871957
电子信箱:li gang-HTGF@china.com
(四)授权代表:田居龙
联系地址:山东省东营市广饶县大王镇
联系电话:0546-6888889　　传真:0546-6888018
电子信箱:cio@huatai.com
(五)公司注册地址:山东省东营市广饶县大王镇
公司办公地址:山东省东营市广饶县大王镇
邮政编码:257335
公司网址:http://www.huatai.com
电子信箱:htltd@huatai.com
(六)公司选定的信息披露报纸:《上海证券报》、《中国证券报》
公司年度报告的中国证监会指定国际互联网网址:http://www.sse.com.cn
公司年度报告备置地点:本公司证券部
(七)公司股票上市交易所:上海证券交易所
股票简称:华泰股份　　股票代码:600308

二、会计数据和业务数据摘要

(一)本年度主要利润指标情况　　(单位:人民币元)

项目	金额
1、利润总额	120,920,998.39
2、净利润	87,821,948.37
3、扣除非经营性损益的净利润	82,176,571.98
4、主营业务利润	179,173,856.74
5、其他业务利润	2,090,673.61
6、营业利润	115,275,622.00
7、投资收益	2,097,309.56
8、补贴收入	
9、营业外收支净额	3,548,066.83
10、经营活动产生的现金流量净额	37,584,556.18
11、现金及现金等价物净增加额	1,001,640,188.50

(二)近三年主要会计数据及财务指标(单位:人民币元)

项　目	2000年	1999年	1998年
主营业务收入	626,176,819.82	504,940,783.29	388,295,124.07
净利润	87,821,948.37	70,408,879.08	63,593,692.76
总资产	2,371,376,196.79	971,365,716.86	736,239,578.06
股东权益(不含少数股东权益)	1,357,021,666.94	269,924,888.42	251,154,983.41
每股收益(摊薄)(元/股)	0.46	0.69	0.62
每股收益(加权)(元/股)	0.70	0.69	0.62
每股收益(扣除非经营性损益)	0.43		0.47
每股净资产(元/股)	7.05	2.63	2.45
调整后每股净资产(元/股)	7.04	2.61	2.41
每股经营活动产生的现金流量净额	0.20	0.97	--
净资产收益率(摊薄)(%)	6.47	26.08	25.32
净资产收益率(加权)(%)	15.19	26.08	25.32

(三)按中国证监会信息披露编报规则(第9号)要求计算的数据

报告期利润	净资产收益率(%)		每股收益	
	全面摊薄	加权平均	全面摊薄	加权平均
主营业务利润	13.20	30.99	0.93	1.43
营业利润	8.49	19.94	0.60	0.92
净利润	6.47	15.19	0.46	0.70
扣除非经营性损益后的净利润	6.06	14.21	0.43	0.66

三、股本变动及股东情况介绍

(一)股本变动情况

1、股本变动情况表数量　　单位:股

	本次变动前	本次变动增减(+,-)						本次变动后
		配股	送股	公积金转股	增发	其它	小计	
1)未上市流通股份								
①发起人股份	76,823,308							76,823,308
其中:								
国家持有股份								
境内法人持有股	76,823,308							76,823,308
境外法人持有股份								
其它								
②募集法人股份								
③ 内部职工股	25,650,000							25,650,000
其中:高管持股	236,969							236,969
④优先股或其他								
其中:转配股未上市流通股份合计	102,473,308							102,473,308
2)已上市流通股份								
①人民币普通股					90,000,000			90,000,000
② 境内上市的外资股								
③境外上市的外资股								
④其他								
已上市流通股份合计					90,000,000			90,000,000
3)股份总数	102,473,308				90,000,000			192,473,308

烟台万华聚氨酯股份有限公司

二○○○年年度报告摘选

一、公司简介

1、公司名称：
公司法定中文名称：烟台万华聚氨酯股份有限公司
公司法定英文名称：Yantai Wanhua Polyurethane Co.,Ltd.
2、公司法定代表人：李建奎
3、公司董事会秘书：郭兴田
电话：0535－6837888 转 537；0535－6837894
授权代表人：张道辉
联系地址：烟台市幸福南路 7 号
电话：0535－6837888 转 537；0535－6837894
传真：0535－6837894
电子信箱：stock@ytpu.com
4、公司注册地址：烟台市幸福南路 7 号
公司办公地址：烟台市幸福南路 7 号
公司英文办公地址：No7,Xingfu South Road,Yantai Shandong Province,P.R.China
邮政编码：264002
公司国际互联网网址：http://www.ytpu.com
电子信箱：stock@ytpu.com
5、公司信息披露报纸名称：中国证券报、上海证券报
登载公司年报的国际互联网网址：http://www.sse.com.cn
公司年度报告备置地点：公司证券部
6、公司股票上市交易所：上海证券交易所
股票简称：烟台万华
股票代码：600309

二、会计数据和业务数据摘要

1、公司本年度主要利润指标情况（金额单位：人民币元）

1)、利润总额：	60,256,120.61
2)、净利润：	49,803,512.36
3)、扣除非经常性损益后的净利润：	52,974,406.92
4)、主营业务利润：	111,068,404.86
5)、其他业务利润：	857,106.07
6)、营业利润：	63,448,967.59
7)、投资收益：	0.00
8)、补贴收入：	2,529,000.00
9)、营业外收支净额：	－5,721,846.98
10)、经营活动产生的现金流量净额：	84,086,054.37
11)、现金及现金等价物净增加额：	409,125,302.98

注：扣除的非经常性损益项目和涉及金额

营业外收入中新股申购冻结资金利息：	3,645,694.36 元
营业外支出中处理固定资产净损失	9,345,588.92 元
新产品增值税返还补贴收入	2,529,000.00 元

2、截至报告期末公司前三年的主要会计数据和财务指标　（金额单位：人民币元）

项　目	2000 年	1999 年	1998 年	
			调整前	调整后
1、主营业务收入	344,853,089.67	210,406,102.94	180,697,101.69	180,697,101.69
2、净利润	49,803,512.36	26,280,076.58	21,356,745.77	20,703,040.58
3、总资产	757,607,653.79	258,737,758.28	197,988,914.28	197,335,209.09
4、股东权益（不含少数股东权益）	601,069,866.59	128,306,554.23	123,050,538.91	122,396,833.72
5、每股收益	0.42	0.33	0.27	0.26
6、每股收益（加权）	0.62	0.33	0.27	0.26
7、每股收益（扣除非经常性损益）	0.44	0.28	0.27	0.26
8、每股净资产	5.01	1.60	1.54	1.53
9、调整后的每股净资产	5.01	1.60	1.54	1.53
10、每股经营活动产生的现金流量净额	0.70	0.68		
11、净资产收益率（%）	8.29	20.48	17.36	16.91
12、净资产收益率（加权）（%）	32.51	19.39	26.47	25.76

3、利润表附表

报告期利润	净资产收益率（%）		每股收益（元）	
	全面摊薄	加权平均	全面摊薄	加权平均
主营业务利润	18.48	72.50	0.93	1.39
营业利润	10.56	41.41	0.53	0.79
净利润	8.29	32.51	0.42	0.62
扣除非经常性损益后的净利润	8.81	34.58	0.44	0.66

4、报告期内股东权益变动情况

项目	期初数	本期增加	本期减少	期末数
股本	80,000,000	40,000,000		120,000,000
资本公积	43,050,538.91	394,959,800.00		438,010,338.91
盈余公积	5,256,015.32	12,450,878.10		17,706,893.42
法定公益金	2,628,007.66	4,980,351.24		7,608,358.90
未分配利润	25,352,634.26	25,352,634.26		
股东权益合计	128,306,554.23	472,763,312.36		601,069,866.59

三、股本变动及股东情况

1、股本变动情况
(1)股份变动情况表

公司股份变动情况表

数量单位：股

股份种类	期初数	本期增发数	期末数
1、发起人股份	80,000,000		80,000,000
其中：国有法人持有股份	78,000,000		78,000,000
境内法人持有股份	2,000,000		2,000,000
2、已上市流通股份（注）		40,000,000	40,000,000
其中：人民币普通股		40,000,000	40,000,000
股份总数	80,000,000	40,000,000	120,000,000

中垦农业资源开发股份有限公司

二○○○年年度报告摘选

一、公司简介

（一）公司法定中文名称：中垦农业资源开发股份有限公司
公司法定英文名称：ZHONGKEN AGRICULTURAL RESOURCE DEVELOPMENT CO.,LTD.
英文缩写：ZARD
（二）公司法定代表人：李润福
（三）公司董事会秘书：陈建政
联系地址：北京市西城区月坛北街 2 号月坛大厦 C501
联系电话：(010)68083255－59 转
传真：(010)68083262
（四）公司注册地址：北京市丰台区科学城 10D 地块 2 号楼
公司办公地址：北京市西城区月坛北街 2 号月坛大厦 C501
邮政编码：100045
（五）公司选定的信息披露报纸：《上海证券报》、《中国证券报》
登载公司年度报告的中国证监会指定国际互联网网址：http://www.sse.com.cn
公司年度报告备置地点：中垦农业资源开发股份有限公司证券部
（六）公司股票上市交易所：上海证券交易所
公司股票简称：中农资源
公司股票代码：600313

二、会计数据和业务数据摘要

（一）本年度利润总额及构成（合并报表数据）

金额单位：人民币元

利润总额	28,518,048.50
净利润	20,270,035.63
扣除非经营性损益后的净利润	16,306,181.03
主营业务利润	89,765,042.58
其他业务利润	986,671.30
营业利润	24,554,193.90
投资收益	－
补贴收入	2,595,810.78
营业外收支净额	1,368,043.82
经营活动产生的现金流量净额	－114,060,881.06
现金及现金等价物净增加额	496,742,744.34

注：非经常性损益项目和涉及金额指补贴收入 2,595,810.78 元和营业外收支净额 1,368,043.82 元。

（二）主要会计数据和财务指标　金额单位：人民币元

指标项目	2000 年	1999 年	1998 年（调整后）
主营业务收入	1,666,899,079.28	1,367,267,463.85	1,293,075,114.16
净利润	20,270,035.63	29,978,437.45	42,900,999.62
总资产	1,344,929,394.90	788,265,680.94	635,572,337.77
股东权益（不含少数股东权益）	749,985,644.23	251,425,608.60	194,627,522.60
每股收益（摊薄）	0.0804	0.1741	0.2491
每股收益（加权）	0.1177	0.1741	0.2491
扣除非经常性损益后每股收益（摊薄）	0.0647	0.1695	0.2517
扣除非经常性损益后每股收益（加权）	0.0947	0.1695	0.2517
每股净资产	2.9738	1.4601	1.1302
调整后的每股净资产	2.9080	1.4500	1.0600
每股经营活动产生的现金流量净额	－0.4523	－	－
净资产收益率（%）	2.70	11.92	22.04
净资产收益率加权（%）	7.80	14.30	22.01

利润分配表附表

金额单位：人民币元

报告期利润	净资产收益率（%）		每股收益（元）	
	全面摊薄	加权平均	全面摊薄	加权平均
主营业务利润	11.97	34.54	0.3559	0.5213
营业利润	3.27	9.54	0.0974	0.1426
净利润	2.70	7.80	0.0804	0.1177
扣除非经常损益后的利润	2.17	6.27	0.0647	0.0947

（三）报告期内股东权益变动情况　金额单位：人民币元

项目	股本	资本公积	盈余公积	法定公益金	未分配利润	权益合计
期初数	172,200,000.00	73,794,048.38	5,431,560.22	1,810,520.08	0	251,425,608.60
本期增加	80,000,000.00	408,290,000.00	5,408,676.46	1,802,892.15	4,861,359.17	498,560,035.63
本期减少						
期末数	252,200,000.00	482,084,048.38	10,840,236.68	3,613,412.23	4,861,359.17	749,985,644.23

三、股东情况

（一）截止报告期末，公司股东总数为 65540 户。
（二）前十名持股股东情况：

股东名称	持股数量	持股比例
1、中国农垦（集团）总公司	100,100,000	39.69
2、江苏省农垦集团有限公司	71,050,000	28.17
3、同盛基金	587,000	0.23
4、中国水果与蔬菜有限公司	350,000	0.14
5、江苏大圣集团有限公司	350,000	0.14
6、天津开发区兴业房地产投资有限公司	350,000	0.14
7、同益基金	334,000	0.13
8、裕隆基金	272,000	0.11
9、天元基金	265,000	0.11
10、兴和基金	138,000	0.05

广西桂东电力股份有限公司

股票上市公告书暨2000年度财务报告(部分)摘录

一、要览

股票简称:桂东电力
股票代码:600310
股票总额:15675万股
可流通股本:4500万股
本次可流通股本:4500万股
上市地点:上海证券交易所
上市日期:2001年2月28日
股份登记机构:上海证券中央登记结算公司
上市推荐人:海通证券有限公司
国泰君安证券股份有限公司

三、公司概况

(一)概况公司名称:广西桂东电力股份有限公司
英文名称:Guang Xi Gui Dong Electric Power Co., Ltd.
注册地址:广西壮族自治区贺州市平安西路12号。
注册资本:15675万元
法定代表人:温昌伟
成立日期:1998年12月4日于广西壮族自治区工商局注册成立。
公司所属行业:电力行业
本公司经营范围:发电、供电,电力投资开发,供水,交通建设及其基础设施开发。
联系人:刘世盛、陆培军
联系电话:(0774)5297796、5297881
传真:(0774)5283343

三、董事、监事及高级管理人员简历及持股情况

(一)公司董事、监事和高级管理人员简历

1、董事会成员

温昌伟先生,董事长兼总经理,50岁,大学文化,经济师。曾任贺州电业公司办公室主任、企管办主任、总经理、党委副书记,梧州大酒店党总支书记兼副总经理、总经理、董事长等职。现任本公司董事长兼总经理。曾荣获全国劳动模范、全国水利经济先进工作者、广西劳动模范、广西优秀经理等荣誉称号,并先后数次荣获贺州地区优秀管理者和优秀经理称号,具有丰富的企业经营管理经验。

朱尚遥先生,副董事长,60岁,大学文化,高级经济师,先后任原梧州地区卫生局医政科长、副局长,贺州地区人民医院副院长,贺县县委书记,昭平水电站工程指挥部副指挥长,贺州电业公司副总经理、总经理兼党委副书记、党委书记,广西桂能电力有限责任公司董事长。现任本公司副董事长。曾多次荣获广西及贺州地区优秀管理者、优秀经理称号。

刘世盛先生,副董事长兼副总经理、董事会秘书,43岁,大学文化,高级工程师,曾任合面狮水电厂生产技术科电气专职技术员、检修车间主任、生产技术副厂长、厂长兼党委副书记。现任本公司副董事长兼副总经理及董事会秘书。曾数次荣获贺州地区和广西企业管理先进工作者、优秀厂长称号。

邹永煜先生,董事、副总经理,52岁,大专文化,高级工程师,先后任广西钟山县小水电公司副所长、副经理、钟山县电力公司经理、贺州电业公司副总经理。现任本公司董事、副总经理。曾荣获贺州地区优秀企业管理者称号。

邱道良先生,董事、副总经理,54岁,大学文化,高级工程师,先后任钟山县小水电公司副经理、经理、贺州电业公司办公室主任、副总经理。现任本公司董事、副总经理。曾荣获广西区安全生产先进工作者、贺州地区优秀管理者称号。

李志荣先生,董事,52岁,大专文化,政工师,先后任玉林军分区北流县中队副指导员,北流县武装部、贺县武装部干事、参谋,贺州电业公司保卫干事、党委办公室主任、党委副书记、工会主席。现任贺州电业公司法定代表人和本公司董事。

刘小驹先生,董事,50岁,中专文化,工程师,曾任合面狮水电厂车间主任、厂长助理、企业管理办公室主任、副厂长,龟石电厂厂长兼党委书记,广东省肇庆市贺江电力开发总公司副总经理。现任本公司董事、项目开发部经理。

刘华芳先生,董事,42岁,大专文化,工程师,曾任贺州电业公司供电所副所长、贺州电业公司工会主席。现任本公司董事,桂能电力公司总经理兼昭平水电厂党总支书记、厂长。

陈其中先生,董事,36岁,大学文化,工程师,曾任贺州电业公司电试所所长、桂能电力公司昭平水电厂副厂长、贺州电业公司中胜火电厂总工程师室副主任、贺州电业公司总工程师室副主任、本公司生产技术部副经理,现任本公司董事、合面狮水电厂厂长。

2、监事会成员

文小秋先生,监事会主席,49岁,大专文化,政工师,曾任合面狮水电厂行政科科长、办公室副主任、主任、副厂长、党委书记。现任本公司监事会主席、贺州电业公司党委副书记。

侯果雄先生,监事会副主席,52岁,大专文化,工程师,曾任合面狮水电厂运行车间支部书记、检修车间主任、副厂长。现任本公司监事会副主席、昭平水电厂副厂长。

欧阳次铭先生,监事,47岁,大专文化,会计师,曾任贺州电业公司财务科长、总会计师室主任。现任本公司监事(职工代表)。

何应保先生,监事,50岁,高中文化,助理工程师,曾任合面狮水电厂运行车间副值长、值长、检修车间二次班班长、主任、生产技术科科长、副厂长。现任本公司监事(职工代表)。

詹建松先生,监事,46岁,中专文化,工程师,曾任广西那板水电厂水工分场支部书记、副主任、主任,广西那板水电厂技术员、副厂长和法定代表人。现任广西那板水电厂副厂长、法定代表人和本公司监事。

3、高级管理人员

苏虹女士,财务部经理,37岁,大专文化,会计师,曾任贺州电业公司中胜火电厂财务科长,贺州电业公司总会计师室副主任。现任本公司财务部经理。

(二)董事、监事和高级管理人员持股情况本公司董事、监事及高级管理人员均未持有本公司股票。

四、股票发行与承销

(一)本次股票公开发行
发行数量:4500万股
发行价格:8.80元/股
发行市盈率:35.2倍(全面摊薄)
发行时间:2001年1月12日
发行方式:上网定价
发行中签率:0.32809949%
超额认购倍数:304.7856
上网发行有效申购户数:1113113户
上网发行有效申购股数:13715352000股
持有1000股以上(含1000股)的户数:39263户
募集资金总额(未扣除发行费用):39600万元
实际募集资金总额:37845万元
发行费用:1755万元
每股发行费用:0.39元
(二)股票承销
本次上网定价发行的4500万股社会公众股已全部由社会公众认购,承销团无余额包销。

五、股本结构及大股东持股情况

(一)本公司上市前的股本结构

项目	数量(万股)	占总股本的(%)
发起人股	11,175	71.29
其中:国家股	11,075	70.65
法人股	100	0.64
社会公众股A股	4,500	28.71
合计	15,675	100.00

(二)前十名股东持股数及持股比例

股东	股份(万股)	比例(%)
贺州电业公司	11075	70.65
广西那板水力发电厂	40	0.255
安顺基金	21.5	0.137
国通证券	17.4	0.111
广西贺州供电股份公司	15	0.096
广西昭平县电力公司	15	0.096
钟山县电力公司	15	0.096
富川瑶族自治县电力公司	15	0.096
国信证券	14.7	0.094
华宝证券	14.4	0.092

(注:本上市公告书因版面原因为上市公告书部分摘录,需要阅读全文请向相关公司董事会秘书查询。)

甘肃荣华实业(集团)股份有限公司

招股说明书摘要

一、释义

本招股说明书中,除非文意另有所指,下列简称具有如下特定意义:

本公司、发行人、股份公司:指甘肃荣华实业(集团)股份有限公司;

发起人:指甘肃省武威淀粉厂、甘肃省武威荣华工贸总公司、甘肃省武威塑料农膜厂、甘肃宜发投资发展有限公司和甘肃省武威饴糖厂;

本次发行:指本公司本次向社会公众公开发行的8000万人民币普通股(A股)股票的行为;

股票:指本公司即将发行的每股面值人民币1元的普通股股票;

证监会:指中国证券监督管理委员会;

主承销商:指国通证券有限责任公司;(深圳市福田区深南中路34号华强佳和大厦东座8-11楼)

承销团:指以国通证券有限责任公司为主承销商而组成的本次股票发行承销团;

上市推荐人:指国通证券有限责任公司、光大证券有限责任公司、中国银河证券有限责任公司;

证交所:指上海证券交易所;

上市:指本公司获准在上海证券交易所挂牌交易;

元:指人民币元;

二、本次发行概况

1、本次发行基本情况

(1)发行股票种类:人民币普通股(A股);

(2)每股面值:每股面值1.00元;

(3)发行股数、占发行后总股本的比例:发行数量8000万股,占发行后总股本的40%;

(4)每股发行价:8.60元;

(5)发行当年全面摊薄市盈率:34.13倍;

(6)2001年盈利预测、发行后每股盈利:2001年预计盈利5033.62万元(所得税率为33%),发行后每股盈利0.252元(全面摊薄);

(7)发行前后的每股净资产:发行前的每股净资产为1.81元(按2000年12月31日经审计的数据计算)、发行后的每股净资产为4.43元(按每股发行价8.60元计算,扣除发行费用);

(8)发行方式:上网定价发行;

(9)发行对象:持有上海证券交易所股票帐户的有权购买人民币普通股的法人和持有中华人民共和国居民身份证的公民(法律法规禁止者除外);

(10)承销方式:余额包销;

(11)本次发行预计实收募股资金:人民币66770万元;

(12)发行费用概算:

承销费用	1376万元
审计费用	150万元
资产评估费用	120万元
土地评估费	60万元
律师费用	80万元
发行手续费用	241万元
审核费用	3万元
合计	2030万元

2、本次发行的有关当事人

本次发行新股的部分当事人如下所述,其他有关当事人请参见招股说明书全文。

(1)发行人:甘肃荣华实业(集团)股份有限公司
地址:甘肃省武威市东关街荣华路1号
法定代表人:张严德
电话:(0935)2292183
传真:(0935)2292328
联系人:刘永、卢俊、姜均平

(2)主承销商:国通证券有限责任公司
地址:深圳市福田区深南中路34号华强佳和大厦东座8-11楼
法定代表人:万建华
电话:(0755)3677403
传真:(0755)3796489
联系人:刘蕴华、程浩

(3)发行人律师:北京市中伦金通律师事务所
地址:北京市建国门外东环南路2号北京招商局大厦12层
负责人:陈文
电话:(010) 65681188
传真:(010) 65681838
经办律师:孙为、方登发

(4)财务审计机构:五联联合会计师事务所有限公司
地址:兰州市城关区庆阳路258号
法定代表人:焦点
电话:(0931)8478257
传真:(0931)8477354
经办注册会计师:刘志文、赵燕

(5)资产评估机构:甘肃弘信会计师事务有限公司
(原甘肃第三会计师事务所)
地址:兰州市城关区东郊巷13号
法定代表人:王东海
电话:(0931)8858774
传真:(0931)8880588
经办评估师:刘永忠、张海英

(6)资产评估确认机构:甘肃省国有资产管理局
地址:兰州城关区小沟头
电话:(0931)8881416
传真:(0931)8881416
联系人:王永昌、邢爱宁

(7)土地评估机构:甘肃方圆不动产咨询评估中心有限公司
(原甘肃省土地估价事务所)
地址:兰州市城关区滩尖子66号
法定代表人:田水民
电话:(0931)8512710
传真:(0931)8512760
经办评估师:田水民、黄英

(8)股票登记机构:上海证券中央登记结算公司

本公司与本次发行有关的中介机构及其负责人、高级管理人员及经办人员之间不存在的直接或间接的股权关系或其他权益关系。

3.预计时间表

项目	时间
发行公告刊登日期	2001年5月25日
发行日期	2001年5月30日
申购日期	2001年5月30日
资金冻结日期	2001年5月30日-2001年6月4日
上市日期	本次发行的股票将尽快申请在上海证券交易所上市

三、主要风险因素

投资者在评价本公司此次发售的股票时,除本招股说明书提供的其它资料外,应特别认真地考虑下述各项风险因素(遵循重要性原则进行披露)。

1、行业竞争风险

玉米淀粉作为一种重要的基础原料,其用途十分广泛,加上行业进入壁垒较低,行业内生产能力达万吨以上的就有72家,而且大多数生产厂家产品品种单一,科技含量低,片面地通过规模扩张来追求成本优势,因而市场价格竞争激烈,玉米淀粉行业平均利润率呈下降趋势。虽然本公司目前生产能力和产量均居全国第四位,具有一定的规模优势,但面对多变的市场环境和激烈的行业内部竞争,本公司面临较大的竞争压力。

面对行业内激烈的市场竞争,本公司将以股票公开发行上市为契机,一方面通过壮大主业提高股份公司的规模优势,尤其是通过发展淀粉深加工项目提高产品档次和附加值,提高产品利润率以增强股份公司的核心竞争力;另一方面通过加强内部管理、开展内部挖潜降耗以降低产品成本,进一步强化成本优势和价格优势以争取更大的市场份额。

2、价格波动风险

本公司目前的主营产品玉米淀粉及其副产品的销售价格主要由市场调节。价格水平除取决于生产成本、市场状况、消费客户生产经营情况外,其他多种因素如行业经济周期、行业竞争等对本公司产品价格制订也有一定限制。虽然本公司产品质量优良,在同行业中有一定的地域竞争优势,并且已经建立了相对稳定的客户群,但在供求关系的变化和行业竞争影响下,本公司的产品价格也将不断进行调整。98、99年及2000年主营产品玉米淀粉的平均销售价格环比下降了12.68%和20.57%(2001年第一季度平均销售价格环比上升了9.61%),而主要原材料玉米的平均收购价格环比下降了11.10%和20.27%(2001年第一季度平均收购价格环比上升了6.42%)。产品市场价格的变动将直接影响本公司的销售收入和盈利水平。

本公司已获得甘肃省计划委员会等七家省级政府部门联合批准的入市直接收购粮食的资格,在玉米采购方面拥有较大的自主权,可有效地降低原材料的采购成本。且募集资金到位并拟建项目顺利投产后,本公司玉米淀粉的生产规模将位居全国前三位,能以更低的生产成本、更低的产品价格和更高的产品质量参与市场竞争,同时产品品种的丰富、科技含量和附加值的提高也将减轻产品价格波动对公司盈利水平的影响。

3、净资产收益率下降引致的风险

本公司股票发行后扣除发行费用实际可募集资金66770万元,发行后净资产将比2000年12月31日的21734万元增长约3倍,而本公司预计2001年度的净利润为5034万元,与2000年度经审计的净利润相比增长14.29%,预计本公司2001年度的净资产收益率将从2000年度的20.26%下降至5.69%,存在因净资产收益率下降所引致的相关风险。

4、市场风险

根据中国淀粉工业协会提供的资料,98、99年我国玉米淀粉总产量分别为307万吨和422万吨,2000年总产量已突破500万吨,并且产量仍在进一步扩大,玉米淀粉市场面临着饱和的风险。同时由于玉米淀粉的生产厂家分布在各个地区,运费的差异、进入新市场的成本对本公司的市场开拓有一定的影响,市场处于割据状态。另外作为地处西部地区的企业,受原有销售模式、销售网络、销售半径、销售成本以及自身生产能力等因素的制约,本公司的产品销售主要集中在西部市场。市场容量的有限性、市场的割据状态、自身销售的局限性将使公司面临较大的市场风险。

从总体来看,玉米淀粉的应用开发在我国还处于较低的水平,我国玉米淀粉的人均年消耗量远低于国外发达国家的平均水平(99年我国人均消费淀粉2.2公斤,比美国低80公斤,比日本低15公斤),目前的市场饱和是相对的、暂时的。针对市场风险,本公司在立足西部市场、扩大占有率的基础上,已着手实施更为积极的销售策略,在北京、南京、上海、深圳、武汉等中心城市设立销售代表处,加强对销售渠道、销售队伍建设的投入,同时将运用资本运作方法选择合适的同行业企业进行收购兼并,扩大在全国市场的份额。此外本公司还将加快玉米淀粉深加工产品的开发、生产和销售,并通过技术改造、设备更新、扩大规模等方式提高玉米淀粉的质量,控制成本,以赢得客户的青睐。

5、主要原材料及能源供应的风险

本公司淀粉生产所用主要原材料为玉米,占其生产成本的77.80%左右。本公司所在地武威市位于河西走廊,是甘肃省的商品粮基地,其秋季农作物主要是玉米,虽然年产量在60万吨以上,但受气候的影响较大,另外根据国家有关粮食流通的规定,玉米主要委托当地的粮食部门进行采购;而本公司的农用地膜生产的主要原材料为聚乙烯,占其生产成本的93.20%,主要由省内化工企业提供。虽然原材料供应一直较为稳定,但不能排除供应状况、产品价格和质量波动风险对生产经营造成的影响。

本公司的能源消耗主要为水、电、汽,能源耗费约占总生产成本的9.67%,对水的需求量较大,而电价一直按照武威地区标准执行,价格低廉。能源供应数量和价格的变化也会对生产经营造成一定的影响。

在玉米供应方面,本公司已建立起原料储备仓库,保持一定的储备量以应付不时之需;本公司在继续加强与粮食部门合作的同时,将灵活运用入市直接收购粮食的资格,以降低原料供应风险。在聚乙烯供应方面,本公司将考虑增加供应商的数目,使本公司在原料质量、价格、供应方面有更大的选择余地。本公司目前的能源(水、电、汽)主要由发起人甘肃省武威荣华工贸总公司提供。甘肃省武威荣华工贸总公司拥有供水站、供电所和热电厂的水、电、汽供应能力足以满足其自身发展、股份公司目前及未来发展的需要,双方已按照公平合理、平等互利、等价有偿的原则签署了《综合服务合同》,以保证能源供应的质量、数量和价格水平。

6、产品或业务结构的单一性与过度集中性风险

本公司的主营产品为玉米淀粉及副产品、农用地膜,其中玉米淀粉的销售收入占公司总销售收入的59.76%(2000年),产品结构单一,存在生产经营相对集中、业务范围较窄的经营风险。

募集资金运用项目顺利完成后,除现有的玉米淀粉及副产品、农用地膜外,本公司将新增加七个淀粉深加工高附加值产品,在增强主业的同时将大大改善股份公司产品结构、完善产品链、增强产品的竞争力和应变力、提高产品的附加值和经济效益。

7、商业周期的负面影响风险

玉米淀粉是食品、医药、化工等行业生产的重要基础原料,玉米淀粉产品对上述行业的依存度很高,上述行业商业周期的波动与变化将对玉米淀粉行业自身的商业周期造成较大影响,对公司经营的稳定性和盈利水平造成较大的压力。

在通过提高产品竞争力扩大市场占有率的同时,本公司将针对各行业的不同特性,及时调整产品结构和产量,同时将加大市场调查研究力度,紧密跟踪市场信息,增强对市场的敏感性和反应力,根据市场需要不断开发新的产品,以产品的质量价格优势、产品的差异化提高市场占有率,减轻商业周期对销售的不利影响。

8、财务风险

(1) 短期偿债风险

本公司1998、1999及2000年的流动比率分别为0.91、0.93、1.12,速动比率分别为0.48、0.41、0.22,虽然公司流动比率有所改善,但绝对值较低,而且速动比率指标下降,公司面临短期偿债风险。尤其是今年本公司应付股利和一年内到期的长期负债数额较大,即筹资活动的现金流出较大,虽然本公司经营活动的现金净流入情况良好,但总体上偿还短期负债时将面临较大的现金压力。

造成速动比率低的原因是本公司期末存货余额较高。本公司将加强对存货的管理,调整流动资产的结构,增强流动资产的变现能力和偿债能力。鉴于本公司还本付息、偿债记录良好,本公司还将通过借新还旧、展期等方式改善现金收支情况,降低短期偿债风险。

(2) 资产流动性和周转风险

本公司1998、1999和2000年的存货周转率分别为9.94、6.49和4.81,存货周转速度下降,存货的占用水平较高,2000年12月31日的余额为7403.11万元,流动资产的变现能力较差,存在资产流动性和周转风险。

存货的构成分析参见"十二、主要财务会计资料"的"4、资产情况"部分。本公司将通过改变采购付款方式、科学计算存货的适度水平、加强产成品销售等方式提高资产流动性和存货周转率。

(3) 融资能力的限制风险

本公司地处经济发展相对落后的省份,在融资方面存在一定的局限,银行贷款是本公司目前主要的筹资渠道。虽然本公司还贷能力很强,与银行一直关系良好,但总债务水平、国家经济环境和金融政策的影响以及商业银行贷款规模的限制都会对本公司的间接融资能力造成一定的制约。

本公司作为甘肃省内大型农业类生产企业,已与中国工商银行武威地区分行、中国建设银行武威地区分行、中国农业银行武威地区分行、武威市信用联社等多家金融单位建立了密切的合作关系。本公司将继续保持和加强这种合作关系。本公司还将发行股票从证券市场筹集资金,并投入市场前景好、投资利润率高的项目中去,保持较高的收益水平,从而获得持续的直接融资渠道,同时进一步提高公司的负债能力和间接融资能力。

(4) 财务内部控制风险

虽然本公司已建立了较为完善的财务内部控制制度,但由于本公司正处于成长扩张期,现有财务人员的数量、素质的制约、现有外部监督力量和内部监管力量的制约以及执行控制制度力度的欠缺都将使公司的财务内部控制存在一定的风险。

本公司将进一步细化财务内部控制制度的具体执行办法,并相应建立奖惩制度,严格内部控制制度的执行;加强现有财务人员的业务和风险控制防范培训,引进高水平的财务管理人员以提高队伍的整体素质;由监事会采用定期检查和抽查的方式加强自身监督,或由其聘请外部的会计师事务所检查公司的财务内部控制制度,将潜在的风险控制在尽可能小的范围内。

9、管理风险

(1) 组织模式和管理制度不完善的风险

虽然本公司已按照现代企业制度的要求建立了较为完善的组织管理体系,拥有独立健全的产、供、销体系,目前生产经营各方面运转情况良好,但随着募集资金到位、玉米淀粉扩建及深加工系列产品新建项目的陆续开展、规模的迅速扩大,现有的管理组织架构、管理人员素质与数量将对企业发展构成一定的制约,企业将面临着现有生产、技术与营销管理能力难以适应快速扩张需要的风险。

本公司管理层年富力强,具有丰富的企业管理经验和组织大规模产业化生产、销售的能力,技术人员大多长期从事玉米淀粉及其副产品的生产、加工的技术管理与服务,专业技能强。本公司股票成功发行并上市将大大提高公司知名度,改善由于地域因素对人才吸引造成的限制。本公司将不断贯彻"走出去、引近来"的方针,一方面在企业内部选拔管理、财务、营销和技术方面的骨干,重视对高学历、高素质年轻人才的任用,并将定期、分批、分阶段组织人员赴大专院校和科研院所进一步深造和培训,另一方面聘请企业内部管理各方面的专家到企业有针对性地开展培训,并将考虑从企业外部聘请职业经理人担任内部管理的重要职务,以改善管理团队的知识和年龄结构,提高管理团队素质。本公司还将内部管理的各方面尤其在人才管理、技术管理、财务管理、营销管理等加强和细化规章制度建设,建立健全相互配合、运转良好的管理体系。

(2) 重大关联交易的风险

关联交易主要存在于采购和销售业务中。在采购方面,本公司包装袋、水、电、汽和运输服务全部由发起人提供。如果发起人不能按照有关合同的要求保质保量并及时地提供包装袋,或不能按照公允的原则制定水、电、汽产品和运输服务价格,并严格遵照执行,将会对公司的正常生产经营活动造成较大影响,从而损害公司和投资者的利益;在销售方面,目前本公司的胚芽主要销售给发起人,募股资金拟投谷氨酸项目也有关联销售的可能,如果发起人不能按照有关合同规定的数量、价格或付款时间进行交易,也将给公司和投资者的利益带来损害。

在关联采购包装袋、水、电、汽方面,由于本公司是关联供应方最重要的客户,供应方对本公司的依赖性较大,而且在武威地区除本公司外无大的需求方,因此供应方违反关联协议约定的可能性较小。本公司也将通过增加非关联供应方的数量来制约关联供应方的行为。在关联销售胚芽方面,由于本公司募集资金投向玉米精炼油项目将耗用大部分的胚芽产品,可供关联销售的胚芽数量将大幅下降,而且胚芽产品的自身市场需求形势良好,本公司现有的销售渠道可以满足胚芽销售的需要,另外关联销售合同中按照本公司供应数量在供应后十日内付款的规定也制约了关联销售方的行为。

(3) 公司内部激励机制和约束机制不健全风险

本公司地处甘肃省武威市,地理位置相对偏远,现行的激励机制基本沿用传统的方式如发放岗位津贴、奖金和提升职位等方式,约束机制采用人事档案管理、定期的任务考核和工作质量考核等方式来进行。地域造成的对个人发展空间限制、内部激励和约束机制的不足将增大部分员工尤其是公司生产、销售、管理、技术骨干流动的风险。

本公司作为甘肃省武威市纳税大户,在武威地区、甘肃省企业形象良好。企业的快速成长和良好的发展前景吸引了周边地区人才的不断加盟。本公司针对专业分工如生产、销售、管理、技术等不同特点分别制订了奖金的发放措施,拉大奖金的级差,同时在福利如住房等方面也作了相应的安排。公司还将在适当的时机结合公司的再融资计划实行认股权制度,稳定公司的骨干队伍。在约束机制方面本公司将进一步细化约束制度,量化考核指标,将层层考核、交叉考核相结合,奖罚分明,同时加大对约束制度的执行力度。

(4)主要股东变更风险

由于本公司于1998年11月12日成立,今年11月12日后公司发起人持有本公司股份的时间将超过三年,可以依法转让。主要股东如果转让股份将可能导致董事会成员的变化,新股东、新董事的加入将使公司现有管理层、管理制度和政策的存在不稳定的风险。

10、主要产品所采用的技术变革及设备更新换代风险

本公司玉米淀粉生产采用的"玉米湿磨法"生产工艺先进成熟,生产过程采用的关键设备已达到国内同行业先进水平,淀粉回收率达66%(全国平均水平为61%)。但国内国际同行业玉米淀粉生产新技术的出现和设备的更新换代将使本公司的现有技术和设备面临被淘汰的可能。

本公司将密切跟踪国内外同行业的发展,不断引进国外先进设备和技术,不断加以消化吸收提高自身的科研和开发水平,同时本公司已经和募集资金拟投项目的技术依托单位如上海工业微生物研究所、无锡轻工业大学、天津工业微生物研究所、上海轻工业设计院、吉林化工学院、甘肃轻纺工业设计院以及兰州大学、甘肃农业大学等单位建立了密切的技术合作关系,并将不断加强与国内大专院校、科研院所的合作与交流。同时本公司拟自筹资金建立生物技术研究所作为公司技术开发、研制、技术人才培养的基地,为新产品的开发、生产,为公司后续发展提供强有利的技术支持,从而不断提高自身的技术优势,保持行业先进的地位。

11、募股资金投向风险

本公司此次募股资金将用于扩建玉米淀粉生产线和新建一些玉米淀粉的深加工项目,新增加玉米精炼油、麦芽糊精、高蛋白饲料、肌醇、谷氨酸、赖氨酸、乳酸七个新产品。虽然项目均经过详细的科研论证,技术成熟,具有良好的发展前景,但以下风险的存在将增大本公司未来收益的不确定性。

(1) 市场风险

市场充满了变化。市场容量、竞争对手的发展、产品价格的变化都会对项目的预期收益造成影响。同时公司现有的销售渠道、销售力量将对新产品市场开拓造成制约,这些因素都将增大新产品的市场风险。

本次募股资金投入项目是在充分市场调查的基础上,结合玉米淀粉连续性生产的特点选取的。新产品的生命周期长,市场容量大,市场需求随着人民生活水平的提高呈逐年上升的趋势。本公司已通过银行贷款实施玉米精炼油和麦芽糊精项目建设,并开始建立新产品的销售网络,募股资金到位后,本公司将努力加快项目建设进度,缩短项目产生效益所需时间,减少市场风险。

(2) 技术风险

本次募股资金拟投项目大多采用了引进技术的方式进行项目的建设和产品的生产。技术的引进虽然能大大加快本公司的技术升级、加快新产品开发、提高产品的技术含量,但如果在引进过程出现合作单位核心技术人员的流失、技术可实现程度降低,或者出现能大幅提高产品技术指标和产出率的新技术,则将增大项目的技术风险,影响项目的未来收益。

项目技术方案的选择经过本公司的多方对比和论证,生产技术和工艺成熟先进。本公司已通过技术合作协议条款的约定加强技术转让约束,并聘请了合作方的核心技术人员作为本公司的常年技术顾问,聘请了国内相关行业的专家组建本公司的技术智囊团,在避免合作方核心技术人员流失、技术可实现度降低的同时,加强自身研发技术力量,密切关注产品技术的变化与革新,增强技术应变力。

12、政策性风险

(1) 财政税收政策的变化或限制风险

本公司地处西部地区,从事国家重点扶持的农业行业,在融资和税收方面得到了地方政府的大力支持。1999年度本公司税收执行"先征后返"的优惠政策,实际所得税负为15%(农用地膜、淀粉副产品免征增值税),但根据国务院国发(2000)2号文,从2000年1月1日起股份公司所得税仍按照33%征收。国家金融税收政策的调整和变化将会给本公司利润造成较大的影响。

(2) 产业政策、行业管理政策的限制或变化风险

就本公司从事的农产品加工和产业化来说,一直受到国家的支持和鼓励,并相应出台了相关政策努力创造良好宽松的管理环境。但不能排除出于加强对农产品加工市场监督和引导或其他现实需要,对产业政策和行业管理政策进行调整的可能。

(3) 环保政策的限制或变化风险

在玉米淀粉生产过程中,会产生一定数量的废水、废气和废渣。虽然本公司严格按照有关环保法规的规定,安装了专门的处理设备使各类废水、废气均能达标排放,废渣得到综合利用,并获得了甘肃省环境保护局和武威市环境保护局出具的环保证明,但随着公司生产规模的不断扩大和国家环保政策的变化,公司现有的"三废"处理能力将难以满足发展的要求。

除现有的废水处理装置外,本公司在充分考虑募股资金运用项目可能对环境造成影响的基础上,经过详细的可行性研究论证计划在募集资金中安排2970万元建设每小时处理600立方米污水(年处理525.6万立方米)的污水处理厂,届时本公司改扩建和新建项目的有关废水处理将全部得以解决;项目产生的废渣经过相应处理后可以制成建筑材料的原料、饲料、饲料添加剂或肥料,综合利用率高、效果较好;项目废气总排放量较小,有废气产生的项目都将根据废气的类别安装相应的设备,废气经过妥善处理后达标排放,不会对环境造成不利影响。

13、其他风险

(1) 安全隐患或自然灾害引起的风险

本公司经营场所皆位于甘肃省武威市,且玉米淀粉及其副产品的生产在一个主厂区内,经营场所的过度集中、生产的特性,使可能发生的自然灾害、火灾、粉尘危害给公司造成较大的安全隐患。

武威地区属温带干旱气候,主要自然灾害为干旱和风沙。本公司的用水由甘肃省武威荣华工贸总公司的供水站提供,该站所在地地下水源丰富,供应充足,可满足现有生产和新项目建成后用水的需要。在防震方面,本公司现有及拟建的建筑物将按照防震设计规范进行计算和构造设防;在火灾的预防方面,本公司在主厂区内各厂房均严格按照防火要求配置了相应的消防设备,并在员工中加强安全生产教育,而且武威市消防部门在本公司主厂区附近设有消防中队,可及时应付突发事件;在粉尘危害防止方面,本公司在排放处安装了专门的处理装置,而且主厂区地势开阔,通风情况良好,发生粉尘危害的可能性很小。

(2) 加入世界贸易组织(WTO)对本公司造成的风险

加入世界贸易组织后,我国将不再拥有农产品的非关税手段,而且关税还要不断降低。国家现有的农产品和关税政策的变化将加大本公司与国外同行竞争的风险,虽然本公司在国内人力资源、运输、市场等方面具有一定的优势,也面临更多进入国际市场的机遇,但必然要面对拥有先进生产技术和装备的国外同行在产品质量、价格及品种等多方面的竞争,从而给本公司未来的发展带来一定的风险。

针对加入WTO对我国农产品带来的冲击,本公司将不断加强技术开发力量,加快产品结构的调整,充分利用武威地区得天独厚的农业资源优势,充分利用加入世贸组织的有利条件,加快引进先进的技术、设备和管理模式,不断降低生产成本,提高产品质量,提高产品科技含量和附加值,不断提升企业核心竞争力,并积极参与国内外市场竞争,最大限度地降低加入WTO对本公司的不利影响。

(3)股市风险

股票市场投资收益与投资风险并存。股票价格不仅受公司盈利水平和发展前景的影响,而且受国家宏观经济状况及政治、经济、金融政策、投资者的心理预期、股票供求关系等因素的影响。本公司股票市场价格将因上述风险因素存在而出现不可避免的波动,投资者对此应该有充分的认识。

四、发行人的基本资料

1、发行人简况

A、发行人中文名称:甘肃荣华实业(集团)股份有限公司

英文名称:GANSU RONGHUA INDUSTRY GROUP CO.,LTD.

B、法定代表人:张严德

C、设立日期:1998年11月12日

D、住所及其邮政编码:甘肃省武威市东关街荣华路1号 733000

E、注册资本:12,000万元

F、电话:(0935)2292183

G、传真:(0935)2292328

2、发行人历史沿革及经历的改制重组情况

本公司是经甘肃省人民政府甘政函[1998]71号文批准,由甘肃省武威淀粉厂作为主发起人,联合甘肃省武威荣华工贸总公司、甘肃省武威塑料农膜厂、甘肃宜发投资发展有限公司和甘肃省武威饴糖厂共同发起设立,于1998年11月12日在甘肃省工商行政管理局注册成立的股份有限公司,持有注册号为6200001050229的《企业法人营业执照》,注册资本12000万元。

主发起人甘肃省武威淀粉厂以其所属的淀粉分厂经评估后的生产经营性净资产7384万元作为出资,甘肃省武威荣华工贸总公司以所属的荣华淀粉厂(非独立法人)经评估后的生产经营性净资产5083万元作为出资,□甘肃省武威塑料农膜厂以农膜分厂经评估后的生产经营性净资产5077万元作为出资,甘肃宜发投资发展有限公司和甘肃武威饴糖厂分别以现金500万元和417万元作为出资,发起人投入股份公司净资产总计18461万元,按1:0.65的比例分别折合4800万股、3305万股、3300万股、325万股和270万股,分别占总股本12000万股的40.00%、27.53%、27.50%、2.71%和2.26%。

本公司设立以来股本结构未发生变化,也无重大资产重组的行为。

3、发行人验资情况、历次资产评估和审计情况

(1)发起人出资的验资情况

本公司设立后未发生因股本变化而进行验资的情况。设立时发起人的出资由原甘肃会计师事务所(现已合并为五联联合会计师事务所有限公司)进行验资,并出具了甘会验字(1998)第036号《验资报告》。

(2)历次资产评估情况

A、土地评估

本公司主发起人甘肃省武威淀粉厂于1998年2月委托原甘肃省土地估价事务所(现已改制为甘肃方圆不动产咨询评估中心有限公司)对其使用的拟折价人股的二宗土地的使用权进行了评估,评估基准日为1997年12月31日,原甘肃省土地估价事务所为此出具了甘土估字98011号《土地估价报告》。

B、资产评估

a)本公司筹委会于1998年3月委托原甘肃第三会计师事务所(现已改制为甘肃弘信会计师事务有限公司)进行以股份制改造为目的的资产评估,评估基准日为1997年12月31日,原甘肃第三会计师事务所为此出具了甘三会评字(1998)第056号、057号、058号《资产评估报告》。

b)本公司于1999年12月委托甘肃弘信会计师事务有限公司对本公司的全部资产和相关负债进行评估,评估基准日为1999年10月31日,甘肃弘信会计师事务有限公司为此出具了甘弘会评报字(1999)第056号《资产评估报告》。

C、审计情况

本公司自成立以来共进行了5次审计,由原甘肃五联会计师事务所有限责任公司(现已合并为五联联合会计师事务所有限公司)分别出具了甘会审字(1999)435号、(2000)095号和(2000)301号审计报告,由五联联合会计师事务所有限公司分别出具了五联审字(2000)1011号和(2001)002号审计报告。

4、与发行人业务和生产经营有关的资产权属变更情况

本公司设立前,根据甘会验字(1998)第036号《验资报告》,在1998年10月31日前,各实物出资发起人已完成了资产的移交手续,现金出资人也已将现金汇入指定的帐户。本公司设立后,除2000年4月25日本公司受让两商标外,未发生其他资产权属变更情况。现将商标和土地使用权的使用和权属情况披露如下:

(1)商标

根据1998年11月16日本公司分别与甘肃省武威淀粉厂、甘肃省武威塑料农膜厂全资附属企业甘肃省武威包装材料厂签署的《注册商标许可使用合同》,本公司有权长期无偿使用甘肃省武威淀粉厂注册的"荣兴"牌商标(商标注册证第984122号,核准使用商品第1类,用于工业淀粉)、甘肃省武威包装材料厂注册的"兰达"牌商标(商标注册证第801389号,核准使用商品第17类,用于非包装用塑料膜、塑料管)。2000年4月25日,甘肃省武威淀粉厂和甘肃省武威包装材料厂又分别与本公司签署了《注册商标转让合同》,同意分别将"荣兴"牌商标和"兰达"牌商标无偿转让给本公司,并且在转让协议约定的商标转让权属变更手续办理完结之前,许可本公司无偿使用上述商标。目前国家工商行政管理局已出具了核准转让"兰达"牌商标的通知。

(2)土地使用权

本公司使用的土地共有七宗,面积合计258188.19平方米,其中二宗面积合计78340.19平方米的土地系由本公司主发起人甘肃省武威淀粉厂以出让方式取得土地使用权后,以土地使用权作价人股的形式投入本公司。本公司其余五宗面积合计179848.00平方米的土地系租赁使用,其中一宗面积9510.00平方米的土地由本公司直接向甘肃省武威市土地管理局租赁,租期十年,年租金3.42万元人民币;另四宗面积合计170338平方米的土地系原由两家发起人甘肃省武威荣华工贸总公司、甘肃省武威塑料农膜厂向甘肃省武威市土地管理局租赁取得使用权,依照国土资源部国土资发(1999)第222号文《规范国有土地租赁若干意见》的有关规定,在经甘肃省武威市土地管理局武土管发(1998)198号文同意后,1998年11月20日甘肃省武威荣华工贸总公司、甘肃省武威塑料农膜厂与本公司签定了《〈国有土地使用权租赁合同〉转让协议》,将其分别与甘肃省武威市土地管理局签订的(98)001、(98)002号《国有土地使用权租赁合同》转让给本公司,两合同中约定的承租人的全部权利、义务均由本公司承继。合同约定由本公司租赁使用甘肃省武威市的四宗土地,租期十年,年租金合计35.80万元人民币。

5、员工及其社会保障情况

截止2000年12月31日,本公司共有在册职工数1513人。员工的专业结构、受教育程度、技术构成及年龄分布如下:

(1)专业结构

分工	人数	占员工总数比例(%)
生产人员	1184	78.30
销售人员	253	16.70
技术人员	32	2.10
财务人员	8	0.50
其他行政人员	36	2.40
合 计	1513	100.00

(2)受教育程度

受教育程度	人 数	占员工总数比例(%)
高等教育	128	8.50
中等教育	510	33.70
初等教育	875	57.80
合 计	1513	100.00

(3)技术职称

职 称	人 数	占员工总数比例(%)
高级职称	27	1.78
中级职称	51	3.37
初级职称	62	4.10
其 它	1373	90.75
合 计	1513	100.00

(4)年龄分布

年龄区间	人 数	占员工总数比例(%)
30岁以下	1445	95.50
31-50岁	56	3.70
51岁以上	12	0.80
合 计	1513	100.00%

本公司实行用工劳动合同制,目前无离退休人员,今后本公司离退休人员的退休金和医疗费,将遵照甘肃省社会保障体制改革的有关办法执行。

本公司根据"国务院关于深化企业养老保险制度改革的通知",按照国家和地方的有关规定,保障员工享有生活福利、劳动保护和失业保险待遇,并定期向社会保险统筹部门缴纳各项保险基金。

6、独立运营能力

在改制过程中,本公司筹委会和有关中介机构严格按照《公司法》、《股票发行与交易管理暂行条理》等国家有关法律、法规和政策的规定制定资产重组方案和公司章程,将发起人与玉米淀粉和农膜生产相关的全部资产纳入股份公司,相应的业务、机构、人员一并进入股份公司,并建立了规范的法人治理结构和独立的财务核算体系,建立健全了财务会计制度和财务管理制度。设立以来,本公司严格按照有关法律、法规和中国证监会证监发字[1998]259号文关于"人员独立,资产完整,财产完整"的要求进行规范运作,在业务、资产、人员、机构、财务等方面与发起人做到了分开,具有完整的供应、生产和销售系统,具有独立完整的业务及面向市场自主经营的能力。

五、发行人股本

本公司未发行过内部职工股,无外资股份,也不存在自然人持股、风险投资者或战略投资者持股情况,设立后股本结构没有发生变化。

1、股本形成过程

本公司系采用发起设立方式成立的股份有限公司,注册资本12000万元。设立时五家发起人共投入淀粉及农膜生产经营性净资产18461万元,按照1:0.65的比例折为12000万股。除主发起人甘肃省武威淀粉厂持有的股份界定为国有法人股外,其余四家持有的股份均为社会法人股。

本公司注册设立时,实收资本超过面值的部分已按公司章程的规定计入资本公积金。

2、发行前后的股本结构

本次计划发行人民币普通股8000万股,占发行后总股本的40%,发行前后本公司股本结构表如下:

股份类别	发行前		发行后	
	股数(万股)	占总股本比例(%)	股数(万股)	占总股本比例(%)
发起人股	12000	100.00	12000	60.00
甘肃省武威淀粉厂	4800	40.00	4800	24.00
甘肃省武威荣华工贸总公司	3305	27.53	3305	16.52
甘肃省武威塑料农膜厂	3300	27.50	3300	16.50
甘肃宜发投资发展有限公司	325	2.71	325	1.63
甘肃省武威饴糖厂	270	2.26	270	1.35
社会公众股	0	0	8000	40.00
合 计	12000	100.00	20000	100.00

3、本次发行前持有5%以上股权的股东持股情况及最大10名股东名单

本次发行前持有5%以上股权的股东为甘肃省武威淀粉厂、甘肃省武威荣华工贸总公司、甘肃省武威塑料农膜厂,持股情况如以上股本结构表所述。本公司发行前仅有五名股东,即五家发起人。

五家股东之间不存在关联关系。

六、主要发起人及股东的基本情况

1、股东简介

(1)甘肃省武威淀粉厂

甘肃省武威淀粉厂成立于1996年5月,系全民所有制企业,注册资本3540万元,由甘肃省武威市人民政府出资。主营业务为玉米淀粉及其副产品的生产与销售。本公司成立前,该厂下设淀粉分厂和饲料分厂两个附属企业,淀粉设计生产能力为10万吨/年。本公司成立时,该厂将其淀粉分厂全部生产经营性资产作为出资投入,因此目前不再从事玉米淀粉生产和销售,现主要从事饲料粗加工产品的生产和销售。截止2000年12月31日,该厂拥有总资产16391.85万元,净资产13618.79万元,2000年度净利润为1964.78万元(财务数据未经审计)。

(2)甘肃省武威荣华工贸总公司

甘肃省武威荣华工贸总公司成立于1987年3月,系集体所有制企业,注册资本6000万元,由甘肃省武威市新关农具厂(集体企业)出资。主营包装材料、淀粉及制品、磷肥的制造销售、塑料彩印、饲料加工销售等。本公司成立前,该公司下设荣华淀粉厂(非独立法人,淀粉年设计生产能力为10万吨)以及甘肃省武威热电厂、武威优质面粉厂等附属企业。本公司成立时,该公司将所属的荣华淀粉厂全部生产经营性资产作为出资投入,因此目前不再从事玉米淀粉生产及加工业务,现主要从事种植、养殖、能源供应、饲料粗加工、农副产品购销等业务。截止2000年12月31日,该公司拥有总资产30392.85万元,净资产22081.43万元,2000年度净利润为2095.63万元(财务数据未经审计)。

(3)甘肃省武威塑料农膜厂

甘肃省武威塑料农膜厂成立于1992年12月,系集体所有制企业,注册资本1500万元,由甘肃省武威市高坝镇人民政府出资。主要从事农用地膜、棚膜和塑料制品的生产和销售。本公司成立前,该厂下设农膜分厂和包装材料厂,是甘肃省农用地膜、棚膜定点生产企业,拥有90年代最新电脑控制吹塑机30余台,年产农用地膜10000吨、棚膜3000吨,是甘肃省规模最大的农用地膜生产企业,产品畅销甘肃、宁夏、青海、新疆、内蒙等地。该厂96年被农业部评为全面质量达标先进单位。本公司成立时,该厂将农膜分厂全部生产经营性资产作为出资投入,因此目前不再从事农用地膜、棚膜的生产和销售,现主要从事包装材料的生产和销售。截止2000年12月31日,该厂拥有总资产13250.55万元,净资产9218.85万元,2000年度净利润为1322.66万元(财务数据未经审计)。

(4)甘肃宜发投资发展有限公司

甘肃宜发投资发展有限公司成立于1997年7月,注册资本3800万元,由甘肃宜顺投资开发有限公司、邴雅文、马平出资,出资比例分别为39.47%、30.26%、30.26%。主营投资兴办各类实业、城市房地产综合开发、商品房销售、管理、公路工程、装饰工程、建筑装饰材料、化工机电产品、农副产品的批发零售等。截止2000年12月31日,该公司拥有总资产30890.75万元,净资产15025.70万元,2000年度净利润为-333.16万元(财务数据未经审计)。

(5)甘肃省武威饴糖厂

甘肃省武威饴糖厂成立于1998年1月,系集体所有制企业,注册资本900万元,由甘肃省武威市乡镇企业管理局出资。主营饴糖的生产和销售。截止2000年12月31日,该厂拥有总资产2801.82万元,净资产1088.29万元,2000年度净利润为87.27万元(财务数据未经审计)。

上述五家发起人所持有的本公司股权均未做质押,也不存在其他有争议的情况。

2、股东重要承诺及履行情况

五家发起人及其所控制的企业目前与本公司不存在同业竞争现象。五家发起人已分别作出承诺,发起人及其所控制的企业今后将不会直接或间接地从事与本公司经营范围相同或相似的业务,如果存在潜在同业竞争的可能,则将有关业务以委托经营、出售等方式来避免,以维护本公司的利益。

五家发起人及其所控制的企业目前不存在任何有损于本公司股东利益的关联交易。五家发起人已分别作出承诺,发起人及其所控制的企业对于今后可能与本公司发生的关联交易,将按照公平合理、平等互利、等价有偿的原则进行;与本公司存在关联交易的发起人还就已分别签署的关联交易协议的公平性、合法性、有效性作出承诺,并承诺将严格履行协议。

七、发行人的组织结构及组织机构概况

1、发行人组织结构

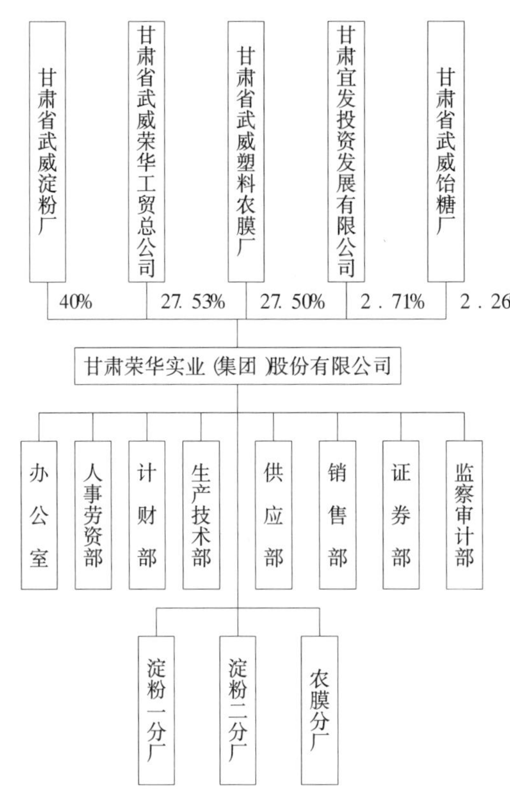

2、发行人组织机构运行情况

在内部组织结构的设置上,主要考虑专业分工、产品生产的差异和连续性、股份公司自身特点的因素进行设立。本公司成立以来,股东大会、董事会、管理层严格按照公司章程的规定履行职权并承担相应的义务,各职能部门和生产部门分工明确、相互配合、相互支持,在公司生产经营、融资等各方面发挥着重要作用,运行情况良好。

八、发行人的业务和技术概况

1、行业基本状况

(1)所处行业国内外基本情况

A、行业管理体制

淀粉行业的管理总体上仍属各级经贸委管理,中国淀粉协会是全国淀粉行业组织,定期组织行业技术交流、进行主要经济技术指标的统计、发布,本公司是中国淀粉协会理事单位。

B、市场容量与行业竞争状况

近二十多年来,全世界玉米淀粉的产量增长迅速,99年产量已达3726万吨。我国淀粉产量也在不断提高,“八五”末为247.1万吨,“九五”末达到了500万吨,平均年递增13.3%。按照淀粉行业发展规划建议,到2010年全国的淀粉总产量将突破700万吨,淀粉的市场容量巨大。

在行业竞争方面,激烈的市场竞争、利润率的波动使竞争逐步走向规模和集中。根据中国淀粉工业协会提供的资料,1998年全国总产量达3万吨以上的玉米淀粉生产企业共有16个,1999年虽然3万吨以上规模的企业只增加到了20个,但出现了30万吨和50万吨的企业,其中3万吨2个,5万吨4个,10万吨10个,20万吨1个,30万吨2个,50万吨1个,这20家企业的产量占了全国总产量的71.8%。从地域上看,各地的竞争度也有差异。山东玉米淀粉的产量占全国的32.99%,居首位;其次是河北,占24%;第三是吉林,占19.36%;甘肃省位居第四,占7.23%。

C、技术水平

在玉米淀粉的生产方面国内外目前普遍采用湿磨工艺,即以水为介质实现淀粉分离的全部工艺过程。湿磨工艺不损伤玉米营养成份,是先进的淀粉现代加工方法,而现代玉米湿磨工艺采用全封闭热环流湿法加工工艺,即采用“热闭环”流程及逆流操作过程,显著特点是整个生产过程基本上采用热工艺水,新鲜水只从淀粉洗涤的最末端进入,使得整个生产过程包括浸泡、胚芽分离、纤维洗涤以及淀粉洗涤过程中的物料和水始终保持逆向接触,在确保淀粉收率和产品质量的前提下,最大限度地降低了新鲜水的消耗,减少了污水排放量,节省了大量能源,符合节约能源和环境保护政策。

D、发展趋势

玉米全身都是宝,加工回收率可达98%,在美国开展玉米深加工已有二百年的历史,西欧国家也有一百年的历史。由于分子式相近,凡是石油能生产的产品,玉米几乎都能生产,以玉米为原料的深加工产品已达数千个品种。作为玉米的初级加工产品,玉米淀粉可广泛应用于食品、医药、纺织、造纸、化工、制糖、饲料等多种工业行业,其深加工产品种类繁多,玉米淀粉的各种副产品如蛋白粉、胚芽油、胚芽饼、稀玉米浆、麸质水等也具有十分重要的用途。世界各国对玉米淀粉生产的发展都十分关注。从总体看,玉米淀粉的食用量将逐渐减少,玉米淀粉的综合利用、深加工的现代化和产业化已成为发展趋势。99年统计数据表明,我国人均消费淀粉2.2公斤,比美国低80公斤,比日本低15公斤。随着我国人民生活水平不断提高,食品、化工等相关工业的迅猛发展,淀粉糖、变性淀粉、有机酸等产品的需求量将大大增加,国内市场淀粉供应还存在很大缺口,玉米淀粉深加工产品的不断开发将推进淀粉生产向前发展,市场前景广阔。

(2)影响本行业发展因素与本行业壁垒

食品、医药、纺织、造纸、化工、制糖、饲料等多种工业行业的发展状况、产业政策、发展趋势将直接影响对玉米淀粉的需求,而国家的粮食政策也会对玉米淀粉行业的发展产生影响。在中国加入世界贸易组织后, 方面可以争取更大的国际市场份额,但从原料、玉米淀粉及其下游产品都将在质量和价格等方面面临国外同行的竞争。此外,技术的发展所产生的淀粉在新领域的运用、消费习惯的变化也将对玉米淀粉行业带来一定的影响。

虽然进入淀粉行业无政策限制,但要想取得竞争优势,需在原材料供应、生产规模等方面拥有优势,因此本行业在一定程度上存在原料供应和资金壁垒。

(3)竞争优劣势及面临的主要竞争状况

本公司已具备年产20万吨玉米淀粉的生产能力,是西部地区最大的玉米淀粉生产企业,本公司生产淀粉具有独到的优势:

A、原料优势:本公司所在地西北河西走廊是全国著名的商品粮基地,其玉米资源丰富、具备玉米品质和价格优势,为淀粉生产提供了源源不断的加工原料。

B、能源优势:利用西北地区丰富和廉价的电力、煤炭供应条件,可降低能源消耗成本。

C、地域优势:全国较大型的淀粉生产企业大都集中在山东、吉林、河北等东部地区,同行业争原料、争市场的现象比较激烈。而西部地区与我公司淀粉生产规模相当的生产企业几乎没有,便于我公司充分发挥规模优势。

本公司目前尚存在产品市场集中在西部、对国内其他地区以及对产品出口方面投入销售力量不足的竞争劣势。

本公司1998、1999和2000年的玉米淀粉的销量分别为8.62、14.81、20.38万吨。市场份额逐年提高。目前面临的竞争主要来自于年产10万吨以上的行业内大型淀粉生产企业。这些企业各自以产地为中心向四周辐射,占据了周边地区较大的市场份额,并且逐步向其他省市渗透。因此本公司在进一步提高西部市场份额、拓展东部市场的过程中,将面临国内大型企业在产品质量和价格方面的有力竞争。

2、主要业务情况

(1)发行人业务范围及主营业务

本公司的经营范围:淀粉及其副产品、饲料、包装材料、塑料制品的生产、批发零售,建筑材料、农副产品的批发零售(不含粮食批发),农业种植、养殖;本企业及成员企业自产产品及相关技术的出口;本企业生产、科研所需的原辅材料、机械设备、仪器仪表、零部件及相关技术的进口、本企业的进料加工和“三来一补”(均不含国家限制和禁止的项目);玉米收购。

本公司目前主要从事玉米淀粉及其副产品(玉米胚芽、纤维渣、粗蛋白、蛋白粉等)、农用地膜的生产和销售。

本公司不存在特许经营的情况,也未进行合营、联营或类似业务安排。

本公司全部经营活动均在中华人民共和国境内进行,在境外没有资产。

(2)主营业务的情况

本公司设立以来未发生过重大业务和资产重组,保持了主营业务的连续和稳定。

A、主要产品品种及生产能力

目前本公司的主要产品为“荣兴”牌玉米淀粉和“兰达”牌农用地膜。

生产能力产量如下: 单位:吨

产品	2000年	1999年	1998年
淀粉	200,000	200,000	120,000
农膜	10,000	10,000	10,000

B、主要产品的主要用途

玉米淀粉是食品、医药、化工等工业行业的重要基础原料,可用于制取食品行业淀粉糖、纺织、造纸行业的变性淀粉,各种氨基酸、有机酸、酶制剂、发酵酒精、各种抗菌素等生物制品,用途十分广泛。

农用地膜是实现农作物增产增收的重要生产物资。农用地膜可防寒、保温、保湿、保墒、保证经济作物丰产、高产。

C、玉米淀粉的工艺流程图

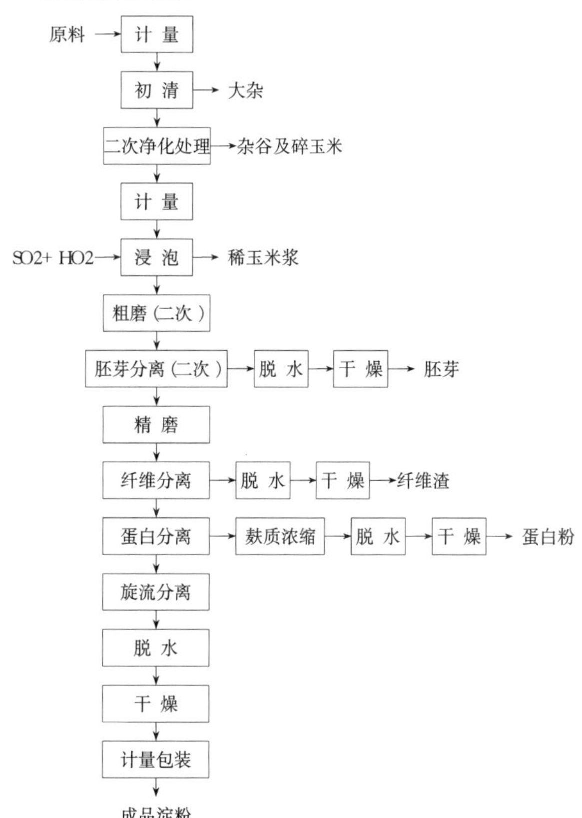

D、主要产品的销售状况

a)本公司主要产品历年生产销售数量和产销率情况如下:

产品	项目	2000年	1999年	1998年
淀粉	销售数量(吨)	203,763	148,126	86,193
	实际产量(吨)	193,569	157,588	85,783
	产销率(%)	105.27	94.00	100.48
农膜	销售数量(吨)	4,496	6,982	6,003
	实际产量(吨)	6,059	7,997	6,003
	产销率(%)	74.20	87.30	100.00

三年来,本公司玉米淀粉一直保持了产销两旺的良好势头,1999年销量增幅为71.85%,2000年则为37.56%,2000年产销率更是达到了105.27%,基本上将期初存货和当年生产的淀粉全部实现销售。

2000年地膜销售量减少,产销量也下降,原因是由于农膜属季节性较强的产品(生产主要集中在每年的10、11、12、1、2、3月份,销售主要集中在每年3、4、5月份),2000年初考虑到公司尚有农膜库存1037吨,加上2000年上半年原材料价格上涨,对市场需求形势估计也较为保守,出于谨慎性考虑,农膜计划和实际生产较少,未能及时满足市场需求,因而导致农膜销量的减少。

b)产品的主要消费群体

我公司的消费群体,主要是各大生物发酵厂、葡萄糖厂、制药厂、食品厂等工业企业及民用消费市场。

c)主要产品历年销售额、主要销售市场和占有率情况

单位:人民币元

产品品种	2000年	1999年	1998年
淀粉	254,076,722.02	232,520,992.75	154,944,061.82
农膜	40,460,066.10	62,083,767.25	54,099,400.41

1999年玉米淀粉的销售收入增幅为50.07%,2000年受销量增长和售价下降的双重影响,销售收入增幅减少为9.27%。农膜销售收入减少主要是由于销售量减少造成的。

本公司生产的玉米淀粉销售于四川、重庆、内蒙古、宁夏等十余个省市和地区,占据一定的市场份额,2000年底的主要市场占有率情况如下:

四川年需求约30万吨,公司市场占有率约21.00%;

重庆年需求约12万吨,公司市场占有率约15.87%;

云南省年需求约10万吨,公司市场占有率约3.71%;

陕西年需求约25万吨,公司市场占有率约6.40%;

内蒙古年需求约为15万吨,公司市场占有率约25.10%;

宁夏年需求约12万吨,公司市场占有率约23.00%;

新疆年需求约8万吨,公司市场占有率约18.20%;

甘肃年需求约10万吨,公司市场占有率约15.20%。

青海年需求约6万吨,公司市场占有率约10.40%。

农用地膜主要在甘肃省内销售,市场占有率达30%以上,同时还远销内蒙等地。

(3)主要产品的质量控制情况

本公司主要产品均完全采用国家标准组织生产,检验机构完善,检验设备先进,并建立了一整套行之有效的规章制度,获得农业部全面质量管理达标证书。本公司从原料进厂到产品出厂都设立了质量控制点,实行质量一票否决制,对不符合产品质量标准的产品,进行相应的经济处罚,对出厂产品进行售后服务,若发生产品质量纠纷,则严格按制度处理。

(4)与主要客户及供应商的交易情况

2000年本公司向前5名供应商合计的采购额占年度采购总额的百分比为89.37%,向前5名客户的销售额占年度销售总额的百分比为32.3%,向单个供应商的采购比例或对单个客户的销售比例均没有超过总额50%。

持有本公司27.53%股份的甘肃省武威荣华工贸总公司既是第五大供应商,也是第五大客户。2000年其采购额占本公司年度采购总额的12.07%,本公司对其销售额占年度销售总额的13.69%。

3、主要技术情况

(1)核心技术和知识产权情况

本公司玉米淀粉生产采用的现代玉米湿磨工艺是国内外目前普遍采用的可进行大批量工业化生产的通用技术,其特点是采用全封闭热环流湿法加工工艺,即采用"热闭环"流程及逆流操作过程,在确保淀粉收率和产品质量的前提下,最大限度地降低新鲜水的消耗,减少污水排放量,降低能耗。

为提高产品性能和质量、降低成本、提高生产率,本公司在募股资金拟投资项目中采用了一些先进技术和工艺:在新建年产1万吨麦芽糊精生产线项目中拟采用连续酶法水解工艺,具体选用原淮海工学院生物技术中心(现上海兆光喷射液化技术有限公司)开发研制的"低压蒸汽双喷连续液化技术"工艺路线。此技术的特点是调浆浓度及成品转化率高,料液质量好,过滤速度快,能源消耗低。在不加氯化钙及活性碳脱色,不经浓缩情况下,经杀菌后直接干燥所得麦芽糊精成品;在新建年产300吨肌醇生产线项目中拟采用吉林化工学院化工技术咨询开发部研究开发"吸附法制取肌醇新工艺",运用该工艺可使以玉米浸渍水为基准的收率高达0.14%~0.17%,同老工艺相比,肌醇收率提高了2.5倍左右,而且不会影响用玉米浸渍水去蒸发浓缩生产玉米浆的质量;在新建年产3万吨谷氨酸生产线项目中拟采用无锡轻工大学的研究技术,其工艺发酵产酸率≥10%,糖酸转化率58%,提取效率≥90%;在新建年产1.0万吨赖氨酸生产线项目中拟采用通风深层发酵法生产L-赖氨酸,生产技术和菌种均由上海市工业微生物研究所提供,该所的赖氨酸生产菌株在20升自动控制发酵罐中发酵产L-赖氨酸盐酸盐12%-14%,对糖转化率40%-42%,在20m3-110m3发酵罐发酵,产酸率达9%-11%,对糖转化率38%-40%,提取收率86%-89%,指标处于国内领先,并接近国际先进水平;在新建年产1万吨L-乳酸生产线项目中拟采用天津市工业微生物研究所的发酵法工艺技术方案,即以玉米淀粉为原料,用乳酸菌进行深层厌氧发酵,发酵液经碳酸钙中和、过滤、浓缩、结晶后再加硫酸进行复分解,再经过滤、浓缩、离子交换、浓缩过滤而得成品乳酸,乳酸含量≥80%;在新建每小时处理600立方米污水处理厂项目中拟采用北京润邦公司提供的先进、成熟的氧-好氧相结合的生物处理工艺,生产污水采取高低浓度分治的原则,高浓度有机废水采用UasB(升流式厌氧污泥床反应器)工艺进行厌氧消化处理后,再与低浓度有机废水、生活污水进入主体处理工艺系统进行处理;主体处理系统采用生物接触氧化法对污水进行好氧处理;污泥分离处理采用气浮法;污泥处理采用重力浓缩、机械过滤的方法。

在知识产权方面,本公司目前仅在商标使用方面涉及。正在办理权属变更手续的"荣兴"牌商标注册有效期至2007年4月20日;已得到国家工商行政管理局的核准转让通知的"兰达"牌商标注册有效期至2005年12月20日。

(2)研究开发与技术创新情况

本公司目前尚未设立专门的研究开发机构,相关工作主要由生产技术部负责。目前技术人员除了开展玉米淀粉及其副产品、农膜产品的日常技术维护外,正在进行玉米精炼油和麦芽糊精两个新产品相关技术的引进、消化和吸收工作。

本公司已成立了技术智囊团,与国内大专院校和有关科研单位建立了紧密的联系,通过外部强大的技术支持系统,加快建设以玉米淀粉深加工为现阶段研发核心的生物技术研究所,并逐步完善研发技术人员的培训体系和激励制度,为技术创新创造良好的氛围。

九、同业竞争、关联方、关联关系与关联交易

1、关于同业竞争

在改制过程中,本公司发起人已将与玉米淀粉和农膜生产相关的全部资产作为出资投入。本公司运行至今,五家发起人不存在与本公司从事相同、相似业务的情况。

2、关联方及关联关系

(1)关联方

名称	与股份公司关系
甘肃省武威淀粉厂	发起股东
甘肃省武威荣华工贸总公司	发起股东
甘肃省武威塑料农膜厂	发起股东
甘肃宜发投资发展有限公司	发起股东
甘肃省武威饴糖厂	发起股东
甘肃省武威包装材料厂	发起股东甘肃省武威塑料农膜厂的全资附属企业

(2)关联关系

A、股权关系

在关联方中,本公司与五家发起人存在股权关系。甘肃省武威淀粉厂、甘肃省武威荣华工贸总公司、甘肃省武威塑料农膜厂、甘肃宜发投资发展有限公司、甘肃省武威饴糖厂分别持有本公司40%、27.53%、27.50%、2.71%、2.26%的股权。五家发起人按照公司法、公司章程的有关规定享有依照其所持有的股份份额行使表决权、获得股利和其他形式的利益分配等股东权利,并承担相应的股东义务。

B、人事关系

在董事会9名董事中,有2名(包括副董事长)来自甘肃省武威淀粉厂,2名(包括董事长)来自甘肃省武威荣华工贸总公司,2名来自甘肃省武威塑料农膜厂,2名来自甘肃省武威饴糖厂,1名来自甘肃宜发投资发展有限公司。除来自甘肃省武威荣华工贸总公司的2名董事现已不在原单位任职外,其余董事皆在原单位担任职务。因此五家发起人可以通过相关董事在董事会中发挥作用,进而对本公司决策产生影响。

C、商业利益关系

本公司因向甘肃省武威荣华工贸总公司采购水、电、汽及运输服务、向其销售胚芽、向甘肃省武威包装材料厂采购包装袋与两家关联方存在商业利益关系。因本公司的水、电、汽及运输服务、包装袋全部由两关联方提供,胚芽也基本上销售给甘肃省武威荣华工贸总公司,因此两关联方有通过商业交易在产品供销数量、时间、质量、价格等方面对本公司施加影响。

3、关联交易

(1)发生的关联交易

A、采购业务

2000年度关联方采购业务占公司整个采购业务的15.71%,1999年度关联方采购业务占公司整个采购业务的12.92%,各项采购占同类业务的比例皆为100%。

B、销售业务

2000年度关联方销售业务占公司销售业务的13.69%,销售胚芽占同类业务的比例为100%;1999年度关联方销售业务占公司销售业务的18.20%,销售胚芽占同类业务的比例为98.82%,销售淀粉占同类业务的比例为4.25%,销售蛋白粉占同类业务的比例为72.15%。

C、土地使用权租赁

1998年11月20日,甘肃省武威荣华工贸总公司、甘肃省武威塑料农膜厂与本公司签署了《〈国有土地使用权租赁合同〉转让协议》,将其分别与甘肃省武威市土地管理局签订的(98)001、(98)002号《国有土地使用权租赁合同》转让给本公司,两合同中约定的承租人的全部权利、义务均由本公司承继,并由本公司向甘肃省武威市土地管理局支付租金。合同约定由本公司租赁使用甘肃省武威市的四宗土地总面积共计170338平方米,租期十年,年租金合计35.8万元人民币。

D、商标许可使用与转让

a)1998年11月16日,本公司与甘肃省武威淀粉厂签订了《注册商标许可使用合同》,由甘肃省武威淀粉厂将其拥有的"荣兴"牌(商标注册证第984122号,核准使用商品第1类,用于工业淀粉)无偿许可给公司使用。2000年4月25日,本公司与甘肃省武威淀粉厂签订了《注册商标转让合同》。根据合同,甘肃省武威淀粉厂将"荣兴"牌注册商标无偿转让给公司,并且在转让协议约定的商标转让权属变更手续办理完结之前,许可本公司继续无偿使用"荣兴"牌注册商标。

b)1998年11月16日,本公司与甘肃省武威包装材料厂签订了《注册商标许可使用合同》,甘肃省武威包装材料厂将其拥有的"兰达"牌(商标注册证第801389号,核准使用商品第17类,用于非包装用塑料膜、塑料管)注册商标无偿许可给公司使用。2000年4月25日,本公司与甘肃省武威包装材料厂签订了《注册商标转让合同》。根据合同,甘肃省武威包装材料厂将"兰达"牌注册商标无偿转让给本公司,并且在转让协议约定的商标转让权属变更手续办理完结之前,许可本公司继续无偿使用"兰达"牌注册商标。

(2)募股资金运用对关联交易的影响

本公司关联方甘肃省武威荣华工贸总公司下设有味精厂,而谷氨酸是味精生产的中间产品。本次募股资金拟投项目之一年产3万吨谷氨酸生产线建成投产后,存在发生关联交易的可能。

(3)减少关联交易的措施

虽然本公司与关联方存在一定数额的关联交易,但从关联交易的性质和金额看,本公司主要原材料供应和主要产品的销售都是通过自身独立的供销系统完成的,而且有关关联交易均按照市场价格、遵循公允的原则制订合同,并严格履行。关联采购方供应及时,保质保量,关联销售方付款情况良好,截止2000年12月31日本公司关联方应收帐款仅为144,659.10元。对今后可能发生的关联交易,本公司将严格按照公司章程的有关规定履行相关决策程序,确保防止有损本公司和其他股东利益的情况出现。本公司还将考虑通过收购关联方甘肃省武威荣华工贸总公司所属的热电厂、供电所、供水站消除关联的能源采购,通过增加供应商的数量来减少关联的包装袋采购,通过增加客户的数量来减少关联的胚芽销售。

4、避免同业竞争和规范关联交易的制度安排

(1)股东承诺

关于同业竞争和关联交易,股东承诺情况请参见本招股说明书摘要"六、主要发起人及股东的基本情况"的"股东重要承诺及履行情况"部分内容。

(2)公司章程关于同业竞争和关联交易的相关规定

本公司章程第四十二条规定:"公司的控股股东在行使表决权时,不得作出有损于公司和其他股东合法权益的决定。公司的控股股东,亦不得从事与公司有竞争的业务"。

本公司章程第七十四条规定"股东大会审议有关关联交易事项时,关联股东不应当参与投票表决,其所代表的有表决权的股份数不计入有效表决总数;股东大会决议的公告应当充分披露非关联股东的表决情况。如有特殊情况关联股东无法回避时,公司在征得有权部门的同意后,可以按照正常程序进行表决,并在股东大会决议公告中作出详细说明。"

本公司章程第八十五条规定"董事个人或者其所任职的其他企业直接或者间接与公司已有的或者计划中的合同、交易、安排有关联关系时(聘任合同除外),不论有关事项在一般情况下是否需要董事会批准同意,均应当尽快向董事会披露其关联关系的性质和程度。除非有关联关系的董事按照本条前款的要求向董事会作了披露,并且董事会在不将其计入法定人数,该董事亦未参加表决的会议上批准了该事项,公司有权撤销该合同、交易或者安排,但在对方是善意第三人的情况下除外。"

5、发行人律师和主承销商对同业竞争和关联交易问题发表的意见

(1)发行人律师意见

发行人律师北京市中伦金通律师事务所在中伦金通股字(2001)第040号《法律意见书》中发表的意见如下:"经本所律师对关联交易项目及有关内容的审查,发起人与股份公司已按市场规则的要求,依照一般的商业原则公平合理地采用书面协议的方式确定双方存在的关联交易,交易之价格按照当地同类产品、服务的市场价格条件或以提供产品、服务的实际成本确定;重大的关联交易协议事项本着公平原则签定并已经公司股东大会审议认可;本所律师未发现因上述关联交易的存在而导致公司或公司其他股东利益受损的情形,未发现因该关联关系而致使公司重大合同条款的效力及其履行受影响的可能性,未发现有违反我国现有法律、法规之处。根据公司提供的有关材料和说明,目前公司与关联企业间不存在同业竞争,公司发起人已承诺将不从事与公司构成竞争的业务。根据公司提供的有关材料和承诺,公司已充分披露上述关联交易和同业竞争的情况。"

(2)主承销商意见

主承销商国通证券有限责任公司发表的意见如下:"根据甘肃荣华实业(集团)股份有限公司提供的材料、说明和承诺以及五家发起人出具的承诺,其与五家发起人及五家发起人所控制的企业之间不存在同业竞争关系,股份公司已充分披露同业竞争的情况。为避免同业竞争,五家发起人进一步承诺,发起人及其所控制的企业今后将不会直接或间接地从事与甘肃荣华实业(集团)股份有限公司经营范围相同或相似的业务,如果存在潜在同业竞争的可能,则将有关业务以委托经营、出售等方式来避免。本公司认为该避免同业竞争的措施是有效的。对甘肃荣华实业(集团)股份有限公司与关联方存在的关联交易,本公司认真审查了五联联合会计师事务所有限公司出具的五联审字(2001)第002号《审计报告》、股份公司提供2000年度财务报告、有关关联交易协议和股东大会决议,认为股份公司已充分披露关联交易的情况,与关联方发生的关联交易不存在损害发行人及中小股东利益的情况,关联交易的决策程序合法有效。"

有关关联交易的详细情况请见招股说明书全文。

十、董事、监事、高级管理人员与核心技术人员

1、董事、监事、高级管理人员与核心技术人员简介

(1)董事

张严德,男,现年40岁,中共党员,高中文化,经济师。历获"全国乡镇企业家"、"全国优秀青年乡镇企业家"、"全国乡镇企业科技进步先进工作者"、"全国劳动模范"、"优秀共产党员"、"全国农业科技先进工作者"等荣誉称号,系中国青年乡镇企业家协会常务理事、中国淀粉工业协会理事、甘肃省九届人大代表,具有丰富的企业经营管理经验,曾任甘肃省武威荣华工贸总公司总经理。现任本公司董事长。

严新林,男,现年43岁,中共党员,大专文化,会计师。曾先后在甘肃省武威县财政局、武威市

政府办公室、武威市国有资产管理局工作,后调入甘肃省武威淀粉厂任厂长。曾获"甘肃省劳动模范"、"全国劳动模范"荣誉称号。现任甘肃省武威淀粉厂厂长、本公司副董事长。

孙效东,男,现年46岁,中共党员,大专文化,工程师。曾在甘肃省武威市六中任教,并在甘肃省武威汽车配件厂先后担任企业管理办公室主任、副厂长等职,后调入甘肃省武威淀粉厂任副厂长。现任甘肃省武威淀粉厂副厂长,本公司董事。

卢万发,男,现年51岁,中共党员,中专文化,工程师。曾先后在甘肃省武威县二轻局、武威市乡镇企业局建筑工程公司工作,后调入甘肃省武威饴糖厂任厂长。曾获"甘肃省优秀企业家"荣誉称号。现任甘肃省武威饴糖厂厂长,本公司董事。

严其林,男,现年46岁,中共党员,中专文化。曾在甘肃省武威县高坝中学任教,并先后担任甘肃省武威县高坝乡人民政府办公室主任、经委主任,后调入甘肃省武威塑料农膜厂,先后担任副厂长、厂长等职。现任甘肃省武威塑料农膜厂厂长,本公司董事。

张百生,男,现年47岁,中共党员,中专文化。于1973年入伍,复员后分配至甘肃省武威县高坝乡人民政府任装干事、经委副主任等职,后调入甘肃省武威塑料农膜厂担任副厂长。现任甘肃省武威塑料农膜厂副厂长,本公司董事。

赵承杰,男,现年51岁,中共党员,中专文化。曾先后在武威市农电站、武威市乡镇企业管理局工作,后调入甘肃省武威饴糖厂任副厂长。现任甘肃省武威饴糖厂副厂长,本公司董事。

王宝玉,男,现年43岁,中共党员,大学文化。现任甘肃宜发投资发展有限公司总经理,本公司董事。

杜建萍,女,现年31岁,中共党员,大学文化,会计师。毕业后分配到甘肃省武威荣华工贸总公司先后担任会计、财务处长等职。现任本公司董事、财务总监。

(2) 监事

杨天保,男,现年51岁,中共党员,中专文化。1970年入伍,复员后分配至甘肃省武威县广播局工作。曾任甘肃省武威县乡镇企业管理局党组书记,后调入甘肃省武威荣华工贸总公司任党委书记。现任本公司监事会主席、党委书记。

查金堂,男,现年46岁,中共党员,高中文化。1972年入伍,复员后转业至甘肃省武威县司法局工作,后调入甘肃省武威荣华工贸总公司任党委副书记兼法律事务部主任。现任本公司监事。

杨　智,男,现年47岁,中共党员,高中文化。曾先后担任甘肃省武威县工会办公室干事、武威县财政局农场场长等职,后调入甘肃省武威淀粉厂任办公室主任。现任本公司监事、工会主席。

杨廷学,男,现年51岁,中共党员,中专文化,会计师。曾先后担任甘肃省武威县高坝人民公社办公室干事、公社会计、高坝镇人民政府经管站站长等职,后调入甘肃省武威塑料农膜厂任财务处处长。现任本公司监事、监察审计部部长。

秦永伟,男,现年39岁,中共党员,高中文化。曾先后担任武警甘肃总队武威支队警通班班长、天祝中队司务长、支队军人服务部经理等职,复员后分配至甘肃省武威淀粉厂任保卫处处长。现任本公司监事。

(3) 高级管理人员

黄元德,男,现年45岁,中共党员,大学文化,经济师。曾先后担任国营武威县九墩农场副场长、场长、国营武威市复合彩印厂厂长等职,后调入甘肃省武威淀粉厂任副厂长,曾荣获"甘肃省优秀企业家"称号,具有丰富的企业经营管理经验。现任本公司总经理。

朱生平,男,现年33岁,中共党员,大专文化。毕业后分配至甘肃省武威市财政局工作,后调入甘肃省武威淀粉厂任生产技术处处长。现任本公司副总经理兼生产技术部部长、技术负责人。

刘　永,男,现年34岁,中共党员,大学文化。毕业后分配至甘肃省武威市人事局工作,后调入甘肃省武威淀粉厂任办公室副主任。现任本公司副总经理兼董事会秘书。

刘国伟,男,现年35岁,中共党员,大专文化。毕业后分配至甘肃省武威市高坝镇人民政府工作,后调入甘肃省武威塑料农膜厂任供应处处长。现任本公司副总经理兼办公室主任。

明俊年,男,现年38岁,中共党员,大专文化。毕业后分配至甘肃省武威市高坝镇人民政府任农经干事,后调入甘肃省武威塑料农膜厂任销售处处长。现任本公司副总经理兼供应部部长。

朱生祯,男,现年39岁,中共党员,大专文化。毕业后分配至甘肃省武威市乡镇企业管理局工作,后调入甘肃省武威荣华工贸总公司任销售处处长。现任本公司副总经理兼销售部部长。

李　辉,男,现年31岁,中共党员,大学文化。毕业后分配至甘肃省武威市人事局工作,后调入甘肃省武威荣华工贸总公司任人事劳资处处长。现任本公司副总经理兼人事劳资部部长。

杜建萍,简历同前。

(4) 核心技术人员

朱生平,简历同前。

本公司董事、监事、高级管理人员、技术负责人及核心技术人员在股东单位的任职情况已如上披露,除此之外,上述人员没有在股东单位控制的单位、同行业其他法人单位担任职务的情况。

本公司董事、监事、高级管理人员、技术负责人及核心技术人员均为中国国籍,无境外的永久居留权,相互之间不存在的配偶关系、二代以内直系和旁系亲属关系。

2、发行前持有发行人股份的情况

本公司的董事、监事、高级管理人员、技术负责人及核心技术人员在发行前不存在以个人持股、家属持股或法人持股的形式持有本公司股份的情况。

3、2000年度从发行人及其关联企业、其他单位领取收入的情况

董事、监事、高级管理人员、技术负责人及核心技术人员2000年度从本公司领取报酬的情况如下:董事长10万元,副董事长7.2万元,董事平均6万元;监事长7.2万元,监事平均4.8万元;总经理8.4万元,副总经理平均6万元。

副董事长严新林从甘肃省武威淀粉厂领取收入1.32万元;董事孙效东从甘肃省武威淀粉厂领取收入1.03万元;董事卢万发从甘肃省武威饴糖厂领取收入1.20万元;董事严其林从甘肃省武威塑料农膜厂领取收入1.27万元;董事张百生从甘肃省武威塑料农膜厂领取收入0.92万元;董事赵承杰从甘肃省武威饴糖厂领取收入0.96万元;董事王宝玉从甘肃宜发投资发展有限公司领取收入2万元。

除上述情况外,董事、监事、高级管理人员、技术负责人及核心技术人员没有从其他单位领取收入的情况。

4、与发行人签定的协议情况和发行人为稳定上述人员已采取及拟采取的措施除《劳动合同》外,本公司未与董事、监事、高级管理人员、技术负责人及核心技术人员发生其他签定协议情况。目前本公司为稳定上述人员已采用的主要措施包括提供高职位、高收入、一个较大的施展才干空间(充分信任与合理授权)、福利安排(如住房)等。本公司还将在通过制订和实施认股权制度将个人的成长和企业发展紧密相连,并将工作业绩与个人收入更紧密的挂钩,提高收入分配的比例,同时积极创造和谐、稳定、积极向上的企业文化氛围,增强公司凝聚力和员工对公司的认同感,稳定公司的骨干队伍。

十一、发行人的公司治理结构

本公司于1998年11月6日召开甘肃荣华实业(集团)股份有限公司创立大会,通过了公司章程,选举产生了公司董事会、监事会成员;本公司于同日召开的甘肃荣华实业(集团)股份有限公司第一届董事会第一次会议选举产生了公司董事长、副董事长,并聘任了总经理和董事会秘书;本公司于同日召开的甘肃荣华实业(集团)股份有限公司第一届监事会第一次会议选举产生了公司监事长。1999年7月15日,本公司召开的临时股东大会通过了按《上市公司章程指引》修改的公司章程,形成了《甘肃荣华实业(集团)股份有限公司公司章程》,从而基本建立了符合股份有限公司上市要求的公司治理结构。

本公司先后对股东大会、董事会、监事会的职权和议事规则等进行了具体规定,公司成立以来,上述机构依法独立运作,履行各自的权利和义务,没有违法违规情况的发生。

本公司成立以来,公司董事、监事、高级管理人员、技术负责人均未发生变动。

1、关于公司股东、股东大会

(1)股东的权利、义务;

根据公司章程第四章的规定,本公司股东按其所持有股份的种类享有权利,承担义务;持有同一种类股份的股东,享有同等权利,承担同种义务。

本公司股东享有下列权利:

A、依其所持有的股份份额获得股利和其他形式的利益分配;

B、参加或者委派代理人参加股东会议;

C、依照其所持有的股份份额行使表决权;

D、对公司的业务经营活动进行监督,提出建议或者质询;

E、依照法律、行政法规及公司章程的规定转让、赠与或质押其所持有的股份;

F、依照法律、公司章程的规定获得有关信息,包括:

a)在缴付成本费用后得到公司章程;

b)在缴付合理费用后有权查阅和复印:

①本人持股资料;

②股东大会会议纪录;

③中期报告和年度报告;

④公司股本总额、股本结构。

G、公司终止或清算时,按其所持有的股份份额参加公司剩余财产的分配;

H、法律、行政法规及本章程所赋予的其他权利。

与此同时,本公司股东承担下列义务:

A、遵守本公司章程;

B、依其所认购的股份和入股方式缴纳股金;

C、除法律、法规规定的情形外,不得退股;

D、法律、行政法规和本公司章程规定应当承担的其他义务。

(2)股东大会的职权和议事规则;

本公司股东大会依法行使下列职权:

A、决定公司的经营方针和投资计划;

B、选举和更换董事,决定有关董事的报酬事项;

C、选举和更换由股东代表出任的监事,决定有关监事的报酬事项;

D、审议批准董事会的报告;

E、审议批准监事会的报告;

F、审议批准公司的年度财务预算方案、决算方案;

G、审议批准公司的利润分配方案和弥补亏损方案;

H、对公司增加或减少注册资本作出决议;

I、对公司发行债券作出决议;

J、对公司合并、分立、解散和清算等事项作出决议;

K、修改公司章程;

L、对公司聘用、解聘或者不再续聘会计师事务所作出决议;

M、审议代表公司发行在外有表决权股份总数的百分之五以上的股东的提案;

N、审议法律、法规及公司章程规定应当由股东大会决定的其他事项。

本公司董事会将在股东大会会议召开三十日以前通知本公司登记在册的股东。股东大会会议由董事长主持。董事长因故不能履行职务时,由董事长指定的副董事长或其它董事主持;董事长和副董事长均不能出席会议,董事长也未指定人选的,由董事会指定一名董事主持会议;董事会未指定会议主持人的,由出席会议的股东共同推举一名股东主持会议;如果因任何理由,股东无法主持会议,将由出席会议的持有最多表决权股份的股东(或股东代理人)主持。

本公司股东大会决议分为普通决议和特别决议。股东大会作出普通决议,须由出席股东大会的股东(包括股东代理人)所持表决权的二分之一以上通过。股东大会作出特别决议,须由出席股东大会的股东(包括股东代理人)所持表决权的三分之二以上通过。

股东大会采取记名方式投票表决。每一审议事项的表决投票,将至少有两名股东代表和一名监事参加清点,并由清点人代表当场公布表决结果。股东大会记录须由出席会议的董事和记录员签名。

(3)保护中小股东权益的规定及实际执行情况

本公司股东大会审议有关关联交易事项时,关联股东不得参与投票表决,其所代表的有表决权的股份数不计入有效表决总数;股东大会决议的公告将充分披露非关联股东的表决情况。如有特殊情况关联股东无法回避时,本公司将在征得有权部门的同意后,按照正常程序进行表决,并将在股东大会决议公告中作出详细说明。针对2000年度发生的关联交易,本公司已在2000年度股东大会上对相关问题作了表决,内容摘录如下:

"经回避表决,通过公司与甘肃省武威荣华工贸总公司、甘肃省武威淀粉厂签定的《综合服务协议》的全部条款,认为该项关联交易是公允的,不存在损害其它股东利益的情形;

经回避表决,通过公司与甘肃省武威荣华工贸总公司签定的《产品销售合同》的全部条款,认为该项关联交易是公允的,不存在损害其它股东利益的情形;

经回避表决,通过公司与甘肃省武威包装材料厂签定的《产品采购合同》的全部条款,认为该项关联交易是公允的,不存在损害其它股东利益的情形。"

2、关于董事会

(1)董事会的组成、职权和议事规则;

本公司董事会由九名董事组成,设董事长一人,副董事长一人。董事会行使下列职权:

A、负责召集股东大会,并向股东大会报告工作;

B、执行股东大会的决议;

C、决定公司的经营计划和投资方案;

D、制订公司的年度财务预算方案、决算方案;

E、制订公司的利润分配方案和弥补亏损方案;

F、制订公司增加或者减少注册资本、发行公司债券或其他证券及上市的方案;

G、拟订公司重大收购、回购本公司股票或者合并、分立、解散的方案;

H、在股东大会授权范围内,决定公司的风险投资、资产抵押及其他担保事项;

I、决定公司内部管理机构的设置;

J、聘任或者解聘公司经理、董事会秘书;根据经理的提名,聘任或者解聘公司副经理、财务负责人等高级管理人员,并决定其报酬事项和奖惩事项;

K、制定公司的基本管理制度;

L、制订公司章程的修改方案;

M、管理公司信息披露事项;

N、向股东大会提请聘请或更换为公司审计的会计师事务所;

O、听取公司经理的工作汇报并检查经理的工作;

P、法律、法规或公司章程规定,以及股东大会授予的其他职权。

本公司董事会每年至少召开两次会议,由董事长召集,于会议召开十日以前书面通知全体董事。董事会会议须由二分之一以上的董事出席方可举行。董事会作出决议,必须经全体董事的过半数通过。董事会临时会议在保障董事充分表达意见的前提下,可以用传真方式进行并作出决议,并由参会董事签字。董事会会议应当由董事本人出席,董事因故不能出席的,可以书面委托其他董事代为出席。代为出席会议的董事应当在授权范围内行使董事的权利。董事未出席董事会会议,亦未委托代表出席的,视为放弃在该次会议上的表决权。

董事会决议表决方式为举手表决。每名董事有一票表决权。出席会议的董事和记录人,须在会议记录上签名。出席会议的董事有权要求在记录上对其在会议上的发言作出说明性记载。

(2)有关独立董事情况

本公司目前尚未设立独立董事。按照本公司章程规定,公司根据需要可以设独立董事,但下列人员不得担任独立董事:

A、公司股东或股东单位的任职人员;

B、公司的内部人员(如公司的经理或公司雇员);

C、与公司关联人或公司管理层有利益关系的人员。

3、关于监事会

本公司监事会由五人组成,设监事会主席一名。监事会主席不能履行职权时,由其指定一名监事代行其职权。监事会行使下列职权:

A、检查公司的财务;

B、对公司董事、经理、副经理和其他高级管理人员执行公司职务时违反法律、行政法规或者本

章程的行为进行监督；

C.当公司董事、经理、副经理和其他高级管理人员的行为损害公司的利益时，要求其予以纠正，必要时向股东大会或国家有关主管机关报告；

D.提议召开临时股东大会；

E.列席董事会会议；

F.公司章程规定或股东大会授予的其他职权。

本公司监事会行使职权时，必要时可以聘请律师事务所、会计师事务所等专业性机构给予帮助，由此发生的费用由本公司承担。

本公司每年至少召开两次监事会会议。会议通知在会议召开十日以前书面送达全体监事。由监事会主席主持会议和提出会议议程，监事会民主讨论。由全体监事的三分之二以上举手表决同意，方可通过监事会决议。出席会议的监事和记录人，应当在会议记录上签名。监事有权要求在记录上对其在会议上的发言作出某种说明性记载。

4.公司章程中对董事、监事、经理履行诚信义务的限制性规定

本公司章程规定董事应当遵守法律、法规和公司章程的规定，忠实履行职责，维护公司利益。董事应当谨慎、认真、勤勉地行使公司所赋予的权利。公司监事、经理、副经理和其他高级管理人员也应准守有关董事义务的规定。公司监事、经理应当遵守法律、行政法规和公司章程的规定，履行诚信和勤勉的义务。详细规定请见招股说明书全文。

5.经营管理主要制度安排

(1) 重大生产经营决策程序与规则

凡公司的重大生产经营决策，须先由经营层经过认真充分的论证提出生产经营计划实施方案和可行性报告，提交董事会审批，董事会在认真听取的经营层和有关部门的意见后，召开由监事会成员、总经理、副总经理及工程技术人员列席参加的董事会会议，由符合法定人数1/2以上的董事表决通过后由经营层组织实施。

(2) 重大投资决策的程序和规则

凡公司重大的投资必须由董事会提出具体方案，并组织有关专家进行评审后，报请股东大会审批，由参加股东大会的持表决权的1/2以上的股东表决通过后方可实施。

(3) 重要财务决策的程序与规则

凡公司重要财务决策(如投资性质与比例、投资期限、利润分配政策、筹资决策等)须由董事会拟定详细的实施计划和方案，报请股东大会审批，并经参加股东大会所持表决权的1/2的股东表决通过后方可执行。

(4) 对高级管理人员的选择、考评、激励和约束机制

公司高级管理人员的选择本着年轻化、知识化、专业化、德才兼备的原则进行，尽量选择有丰富的企业管理经验和较长的企业管理经历的人员，通过签订工作目标责任书，实行工资奖金与工作业绩挂钩的考评奖励办法来激励和约束高级管理人员。

(5)利用外部决策咨询力量的情况

本公司已聘请了国内相关行业的著名专家、教授和学者组建了技术智囊团，为我公司提供国内外行业和技术发展趋势分析、新产品开发和项目选择等咨询服务，主要成员名单如下：享受国务院特殊津贴、中国食协发酵工程研究会会长冯容保，中国工程院院士、中国化工学会生物化工专业委员会副主任沈寅初，享受国务院特殊津贴、赖氨酸国家"六五"、"七五"、"八五"攻关项目课题组长富英华，美国纽约科学院外籍会员、上海新立工业微生物科技有限公司副总经理兼总工程师胡军，上海交通大学电子信息学院生物过程控制实验室主任、国家生物反应器重点实验室控制分室主任袁景淇，教授级高工、复旦大学遗传工程国家重点实验室专家委员会委员雷肇祖，复旦大学生命科学院微生物学与微生物工程系教授郭杰炎，复旦大学生命科学院教授、上海市微生物学会基础微生物学专业委员会主任陈永青，甘肃食品工业协会常务理事、甘肃农业大学食品工程系主任余群力，甘肃农业大学食品工程系副教授杨富民、郭玉蓉、韩玲、毕阳、建民、韩舜愈，江南大学生物工程学院院长陈坚、副院长徐岩等。此外，我公司已经聘请了一批管理专家、会计师、律师为我公司提供管理咨询、财务咨询和法律咨询等服务，并在融资、投资决策等方面咨询主承销商国通证券有限责任公司的意见，力求使公司的决策更具科学性和合理性。

6、公司管理层对内部控制制度的自我评估意见

公司管理层通过制定经营计划、比较实际业绩与计划目标、实行内部审计、对交易授权、独立稽核等科学有效的方法，明确地建立了授权和分配责任的内控机制，增强了管理层的控制意识，使公司内部控制制度得以一贯、有效执行，保证了业务活动的有效进行，保护了资产的安全、完整，及时防止、发现、纠正错误与舞弊，保证了会计资料的真实、合法、完整，内部控制制度完整、合理、有效。

7、会计师对内部控制制度的评估意见

五联联合会计师事务所有限公司出具了五联核字(2001)第1003号《内部控制制度评价报告》，其结论意见如下："我们认为贵公司现有的内部控制制度是完整的、合法的、有效的，能够保证公司的正常运作，各项内部控制制度得到较为有效的执行，能够保证资产的安全、完整，防止欺诈和舞弊行为发生，保证会计报表的公允性和真实性。"

十二、主要财务会计资料

1、会计报表的编制基准及注册会计师意见

(1)会计报表的编制基础

本公司改制前会计报表编制方法是以改制方案确定的公司架构为前提，假设该架构在报告期各年持续经营为基础编制的。1998年1月1日至1998年11月12日(公司改制前)的会计报表，根据《工业企业会计制度》编制。公司已对原会计处理中的误差进行调整。在此基础上，根据公司资产重组方案将不拟进入股份公司的资产、负债和所有者权益及收入、成本和费用予以剥离。1998年11月12日至2000年12月31日(公司改制后)的会计报表是按照《股份有限公司会计制度》及具体会计准则进行会计核算并进行编制。

本公司改制前经营业绩是以三家实物出资人甘肃省武威淀粉厂、甘肃省武威荣华工贸总公司、甘肃省武威塑料农膜厂的经审计的财务资料为依据编制计算的。

(2)注册会计师意见

本公司于2001年1月委托五联联合会计师事务所有限公司对公司1998年12月31日、1999年12月31日、2000年12月31日的资产负债表；1998年度、1999年度、2000年度的利润表及1999年度、2000年度的利润分配表和2000年度的现金流量表进行了审计，1998年12月31日、1999年12月31日、2000年12月31日本公司的总资产分别为32401.63万元、40288.84万元、39905.53万元；净资产分别为18493. 46万元、19970.13万元、21734.37万元；1998年度、1999年度、2000年度的净利润分别为2397.30万元、3876.67万元、4404.24万元；1999年度、2000年度的未分配利润分别为858.86万元、1962.47万元；2000年度的现金及现金等价物净增加额为-540 .63万元。五联联合会计师事务所有限公司为此出具了标准无保留意见的审计报告。

本节的财务会计数据及有关财务分析说明反映了本公司1998、1999和2000年经审计的财务报告和经审核的盈利预测报告的重要内容。

2、简要会计报表

(1) 最近三年的简要利润表

单位：人民币元

项 目	2000年度	1999年	1998年度
一、主营业务收入	425,126,201.97	391,576,237.90	261,441,744.35
主营业务收入净额	425,126,201.97	391,576,237.90	261,441,744.35
减：主营业务成本	330,202,316.46	320,285,311.22	206,650,747.61
主营业务税金及附加	1,247,298.44	982,801.33	556,825.86
二、主营业务利润	93,676,587.07	70,308,125.35	54,234,170.88
加：其他业务利润			423,775.90
减：存货跌价损失	-154,788.49	-995,194.71	982,539.61
销售费用	10,147,137.50	7,818,827.96	5,017,229.31
管理费用	10,342,850.30	7,355,901.30	3,086,538.40
财务费用	7,597,459.15	10,311,431.71	20,451,525.81
三、营业利润	65,743,928.61	45,817,159.09	25,120,113.65
营业外收入			135,727.00
减：营业外支出	6,000.00		2,650.00
四、利润总额	65,737,928.61	45,817,159.09	25,253,190.65
减：所得税	21,695,496.44	7,050,417.85	1,280,144.66
五、净利润	44,042,432.17	38,766,741.24	23,973,045.99

(2) 最近三年的简要资产负债表

单位：人民币元

资 产	2000年12月31日	1999年12月31日	1998年12月31日
流动资产：			
货币资金	266,444.35	5,672,713.63	24,932,504.51
应收帐款	17,665,053.26	25,504,265.96	15,713,156.60
其他应收款	431,009.59	3,316,303.56	366,303.56
减：坏帐准备	1,092,827.02	1,855,575.42	1,090,022.59
应收款项净额	17,003,235.83	26,964,994.10	14,989,437.57
预付帐款	945,225.33	18,358,574.20	168,031.41
存 货	74,031,059.68	63,209,941.77	35,487,082.88
减：存货跌价准备	35,668.74	190,457.23	1,185,651.94
存货净额	73,995,390.94	63,019,484.54	34,301,430.94
待摊费用			498,446.40
流动资产合计	92,210,296.45	114,015,766.47	74,889,850.83
固定资产：			
固定资产原价	248,852,532.56	248,849,232.56	248,849,232.56
减：累计折旧	40,695,129.07	29,906,798.01	19,098,358.33
固定资产净值	208,157,403.49	218,942,434.55	229,750,874.23
在建工程	79,335,898.10	50,000,000.00	
待处理固定资产净损失			
固定资产合计	287,493,301.59	268,942,434.55	229,750,874.23
无形及其他资产：			
无形资产	18,596,406.57	18,985,987.96	19,375,569.36
开办费	755,341.86	944,177.34	
无形及其他资产合计	19,351,748.43	19,930,165.30	19,375,569.36
资 产 总 计	399,055,346.47	402,888,366.32	324,016,294.42
负债及股东权益	2000年12月31日	1999年12月31日	1998年12月31日
流动负债：			
短期借款		60,000,000.00	45,027,612.00
应付票据			6,000,000.00
应付帐款	1,605,656.29	28,135,262.94	19,157,195.01
预收帐款	3,971,200.26	2,520,002.28	7,930,719.70
应付工资	1,032,968.31	5,583.84	401,907.69
应付福利费	186,683.90	99,297.22	199,939.65
应付股利	26,400,000.00	24,000,000.00	
应交税金	1,944,948.68	4,114,268.29	1,446,023.14
其他未交款	53,319.56	509,046.22	230,495.72
其他应付款	5,717,957.41	3,226,321.35	1,111,002.05
预提费用	157,650.00	27,720.00	630,988.00
一年内到期的长期负债	41,581,599.48		
流动负债合计	82,651,983.89	122,637,502.14	82,135,882.96
长期负债：			
长期借款	99,059,622.56	80,549,556.33	56,945,844.85
长期负债合计	99,059,622.56	80,549,556.33	56,945,844.85
负 债 合 计	181,711,606.45	203,187,058.47	139,081,727.81
股东权益：			
股 本	120,000,000.00	120,000,000.00	120,000,000.00
资本公积	64,611,159.52	64,611,159.52	64,611,159.52
盈余公积	13,107,913.18	6,501,548.35	686,537.17
其中：公益金	4,369,304.40	2,167,182.79	228,845.73
未分配利润	19,624,667.32	8,588,599.98	-363,130.08
股东权益合计	217,343,740.02	199,701,307.85	184,934,566.61
负债及股东权益合计	399,055,346.47	402,888,366.32	324,016,294.42

(3) 最近一年的简要现金流量表

单位：人民币元

项 目	2000年度
一、经营活动产生的现金流量	
销售商品、提供劳务收到的现金	477,609,655.97
收到的其他与经营活动有关的现金	196,995.40
现金流入小计	477,806,651.37
购买商品、接受劳务支付的现金	356,246,416.30
支付给职工及为职工支付的现金	12,755,714.21
实际交纳的增值税款	13,366,443.29
支付的所得税款	24,662,963.23
支付的除增值税、所得税以外的其他税费	4,209,953.13
支付的其他与经营活动有关的现金	11,258,021.15
现金流出小计	422,499,511.31
经营活动产生的现金流量净额	55,307,140.06
二、投资活动产生的现金流量	
现金流入小计	
购建固定资产、无形资产和其他长期资产所支付的现金	25,884,838.10
现金流出小计	25,884,838.10
投资活动产生的现金净额	-25,884,838.10
三、筹资活动产生的现金流量	
现金流入小计	
分配股利或利润所支付现金	24,000,000.00
偿还利息所支付的现金	10,828,571.24
现金流出小计	34,828,571.24
筹资活动产生的现金流量净	-34,828,571.24
四、汇率变动对现金的影响	
五、现金及现金等价物净增加额	-5,406,269.28

3、报告期利润形成的有关情况

(1) 销售收入总额和利润总额的变动趋势及原因

单位：人民币元

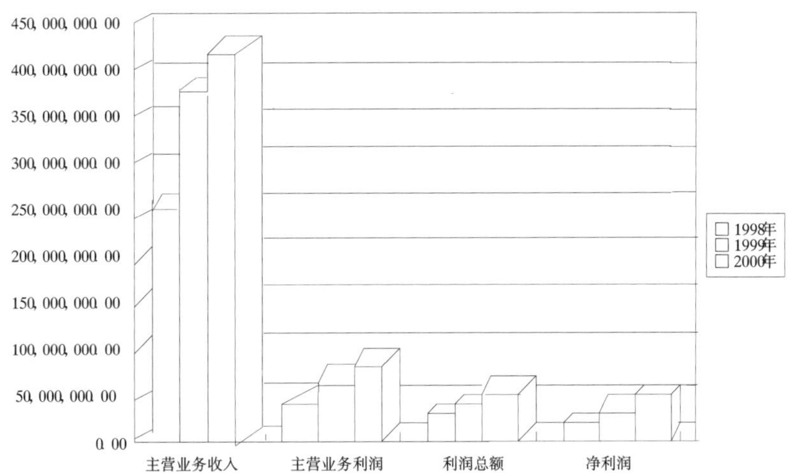

本公司主营业务收入占销售收入的100%。1998、1999和2000年主营业务收入分别为261,441,744.35元、391,576,237.90元和425,126,201.97元,同比增幅分别为49.78%和8.57%。2000年主营业务收入继续增长但增幅减缓的主要原因是受市场状况的影响,主要产品玉米淀粉的平均销售价格和农膜的销量下降,而同时本公司的玉米淀粉及其副产品的销量有较大增长,且副产品的价格保持了相对稳定。

1998、1999和2000年主营业务利润分别为54,234,170.88元、70,308,125.35元和93,676,587.07元,同比增幅分别为29.64%和33.24%。本公司主营业务成本主要为原材料玉米的采购成本。2000年主营业务利润的增幅高于1999年,一方面是因为原材料玉米的采购价格下降,另一方面是因为通过加强管理和改善工艺降低了材料和能源耗用,提高了产品的综合收率,因而在产销量大幅增长的同时,主营业务成本的增幅较小,保持了较高的毛利率(1998、1999和2000年的毛利率分别为20.74%,17.96%和22.04%)。

2000年利润总额的增幅低于1999年,主要是由于2000年产销量增大,管理和销售费用相应增加引起的。1998、1999和2000年管理费用分别为3,086,538.40元、7,355,901.30元和10,342,850.30元,同比增幅分别为238.32%和140.61%;1998、1999和2000年销售费用分别为5,017,229.31元、7,818,827.96元和10,147,137.50元,同比增幅分别为155.83%和129.79%。

由于2000年本公司的所得税率为33%,而1999年为15%,税率变化对净利润增长造成了较大的影响。

(2)业务收入的主要构成

本公司前三年收入构成情况如下图所示:

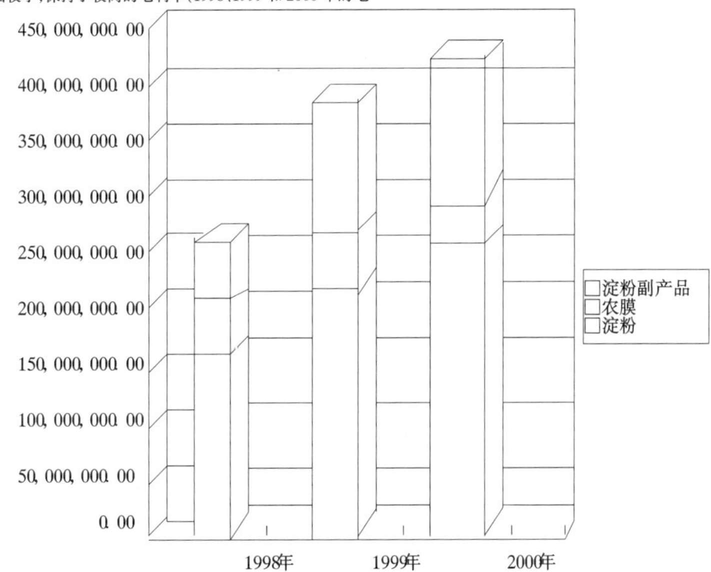

单位:人民币元

本公司的业务收入分为三大块:玉米淀粉、农膜和淀粉副产品。1998、1999和2000年玉米淀粉的销售收入分别为154,944,061.82元、232,520,992.75元和254,076,722.02元,占本公司业务收入的比重分别为59.26%、59.38%和59.77%,基本保持稳定,这是由三年来玉米淀粉价格下降和产销量上升两种相反因素共同作用造成的;1998、1999和2000年农膜产品的销售收入分别为54,099,400.41元、62,083,767.25元和40,460,066.10元,占本公司业务收入的比重分别为20.69%、15.85%和9.52%,虽然1999年销售收入比1998年有所增长,但2000年由于对市场需求形势估计不足,加上农膜季节性生产和销售的特点,导致销量下降,从总体上看,随着本公司业务发展,农膜产品销售收入占本公司业务收入的比重将会继续下降;1998、1999和2000年玉米淀粉副产品的销售收入分别为52,398,282.12元、96,971,477.90元和130,589,413.85元,占本公司业务收入的比重分别为20.05%、24.77%和30.71%,淀粉副产品包括玉米胚芽、蛋白粉、粗蛋白、纤维渣,其产量随着玉米淀粉产量的增长而相应增加,而且三年来这些副产品的销售状况良好,价格较为稳定,因而副产品的销售收入占本公司业务收入的比重不断提高。

(3)适用的所得税税率及享受的主要财政税收优惠政策

根据武威市人民政府武政发(1994)064号、065号、364号文"关于实行税收优惠政策的批复"和甘肃省人民政府"关于确认武威荣华工贸总公司等3户企业所得税实行先征后返优惠政策的批复",1994年1月1日至1998年12月31日本公司各实物出资发起人的实际所得税负为零,因此本公司1998年度业绩所包含的成立日以前即1998年1月1日至1998年11月12日的剥离利润同样享有这一优惠;1998年11月12日至1998年12月31日本公司实际所得税负为33%;根据甘肃省人民政府甘政函(1999)51号"关于股份公司享受所得税优惠政策的批复",1999年度起本公司的实际所得税负为15%。根据国务院国发[2000]2号文精神,此项所得税先征后返的优惠政策,从2000年1月1日起一律停止执行。因此,从2000年1月1日起本公司所得税率为33%。

在增值税方面,农膜收入按《中华人民共和国增值税暂行条例实施细则》免征增值税;淀粉副产品按财政部、国家税务总局(1998)78号文规定免征增值税,并已经武威市国家税务局批准确认。

4、资产情况

截止2000年12月31日,本公司资产总额为399,055,346.47元,包括流动资产92,210,296.45元、固定资产287,493,301.59元、无形资产及其他资产19,351,748.43元,分示如下:

(1)流动资产

截止2000年12月31日,本公司流动资产主要包括应收帐款和存货。其金额分别占流动资产的19.16%和80.29%。

1999和2000年末应收帐款的余额分别为25,504,265.96元和17,665,053.26元,同比减少7,839,212.70元,减幅达30.74%,2000年12月31日应收帐款构成中一年以内的应收帐款金额为17,663,717.68元,占99.99%,对主要股东甘肃省武威荣华工贸总公司有一笔144,659.10元的应收货款。

1999和2000年末存货的余额分别为63,209,941.77元和74,031,059.68元,同比增长10,821,117.91元,增幅达17.12%。2000年12月31日本公司存货构成中原材料占68.11%,产成品占31.63%。其中:原材料玉米数量为2.7572万吨,金额2,173.96万元,占存货期末数的29.37%,以月消耗3.3万吨计,属正常储备;原材料线型聚乙烯数量为0.29万吨,金额2,402.37万元,占存货期末数的32.45%;产成品农膜数量为0.26万吨,金额2,302.83万元,占存货期末数的31.11%。农膜原材料和产成品存货水平较高的主要原因是2000年底考虑到农膜原材料将在一段时期内持续上涨,结合农膜生产销售的季节性和市场情况,适当增加了储备。

(2)主要固定资产

本公司主要固定资产为房屋建筑物及机器设备。固定资产折旧采用平均年限法计提,并根据现代管理的需要,按资产类别、估计的经济使用年限和预计残值对固定资产进行了分类,确定的分类折旧率如下:

类 别	使用年限	年折旧率	残值率
房屋建筑物	40年	2.38%	5%
机器设备	15年	6.33%	5%

截至2000年12月31日,本公司主要固定资产情况如下:

单位:人民币元

项目	原值	累计折旧	净值
房屋建筑物	126,579,992.05	11,719,732.19	114,860,259.86
机器设备	122,272,540.51	28,975,396.88	93,297,143.63
总计	248,852,532.56	40,695,129.07	208,157,403.49

房屋建筑物2000年折旧额为3,006,274.80元,机器设备2000年折旧额为7,782 ,056.26元。从表中计算可知,本公司房屋建筑物平均成新度在90%以上,而机器设备的平均成新度在76%以上,主要固定资产的使用状况良好。

(3)主要对外投资情况

截止2000年12月31日,本公司无对外投资。

(4)有形资产净值

截止2000年12月31日,本公司的有形资产净值为379,703,598.04元。

有形资产净值=总资产-无形资产-待摊费用-长期待摊费用

(5)主要无形资产情况

截止2000年12月31日,本公司帐面反映的无形资产为土地使用权,其原始金额为19,479,069.36元,2000年的摊销额为389,581.39元,帐面期末余额为18,596 ,406.57元,占净资产的8.57%,剩余摊销年限为48年。

5、负债情况

截至2000年12月31日,本公司负债总额为181,711,606.45元,其中流动负债82,651,983.89元,长期负债99,059,622.56元。截至2000年12月31日,本公司的主要债项包括应付股利、其他应付款、一年内到期的长期负债和长期借款。

(1) 应付股利

2000年12月31日应付股利余额为26,400,000.00元,系根据本公司董事会提出的2000年度利润分配议案形成的债项。该分配议案已得到本公司2000年度股东大会的批准,并已于2001年3月底实施。因此,截止本招股说明书签署日,此债项已不存在。

(2) 其他应付款

2000年12月31日的其他应付款余额为5,717,957.41元,其中一年以内的占71 .40%,二至三年的占28.60%。无应付持有公司5%(含5%)以上股份的股东单位的款项。

(3)一年内到期的长期负债

借款单位	币种	金额(元)	月利率(‰)	期限	借款条件
武威地区建行	RMB	41,581,599.48	5.3625	1999.12.24-2001.12.23	抵押

(4)长期借款

借款单位	币种	金额(元)	月利率(‰)	期限	借款条件
武威市信用联社	RMB	39,059,622.56	6.900	2000.12.31-2002.12.30	抵押
武威市信用联社	RMB	15,000,000.00	6.900	2000.12.24-2002.12.23	抵押
武威市信用联社	RMB	20,000,000.00	6.300	2000.12.24-2002.12.23	抵押
武威地区农行	RMB	25,000,000.00	6.3375	2000.12.29-2002.12.28	抵押
合计		99,059,622.56			

(5)对关联企业负债

截止2000年12月31日,本公司尚有对关联企业甘肃省武威荣华工贸总公司和甘肃省武威包装材料厂的应付帐款合计480,707.50元。其中对甘肃省武威荣华工贸总公司的应付帐款金额为474,391.90元,性质为应付电费;对甘肃省武威包装材料厂的应付帐款金额为6,315.60元,性质为应付货款。

(6)主要合同承诺

A、2001年1月20日,本公司与甘肃省武威包装材料厂签订了《产品采购合同》,双方约定从2000年2月1日起,公司向甘肃省武威包装材料厂采购淀粉编织袋840万条、蛋白粉编织袋40万条,糊精编织袋125万条,单价1.20元。

B、2001年2月6日,本公司与武威市粮食局签订了《农副产品购销合同》,本公司向甘肃省武威市粮食局采购生产淀粉所需的原料玉米140,000,000公斤,采购价每公斤0.91元人民币,在2001年7月底之前完成。双方还就玉米质量、交货方式、结算方式等问题作了具体约定。

C、1998年11月15日,本公司与甘肃省武威荣华工贸总公司、甘肃省武威淀粉厂签订了《综合服务合同》,由甘肃省武威荣华工贸总公司所属的供电所、热电厂、运输公司为公司提供生产用电、用水、用汽以及运输服务,由甘肃省武威淀粉厂所属的诊所为公司提供职工医疗服务。服务期限五年,由公司根据实际发生数量按国家标准或地区标准或市场价格向两家发起人支付服务费。

除上述债项外,本公司无任何其他公司债、内部人员或关联企业负债、或有负债等债项。

6、股东权益的情况

(1)股本

2000年12月31日本公司股本余额为120,000,000.00元,近三年未发生变动。股本结构详见本招股说明书摘要"五、发行人股本"部分。

(2)资本公积

2000年12月31日本公司资本公积余额为64,611,159.52元,近三年未发生变动。资本公积系根据甘肃省经济体制改革委员会甘体改函字(1998)033号文对发起人投入的净资产按1.538:1的比例折股所形成的股本溢价。

(3)盈余公积

项 目	2000年12月31日	1999年12月31日	1998年12月31日
法定盈余公积	8,738,608.78	4,334,365.56	457,691.44
任意盈余公积	-	-	-
公益金	4,369,304.40	2,167,182.79	228,845.73
合 计	13,107,913.18	6,501,548.35	686,537.17

根据1998年度、1999年度和2000年度股东大会关于利润分配方案的决议,三年来对会计期间实现的净利润本公司均按10%提取法定盈余公积、按5 %的比例提取法定公益金,其中1998年的法定盈余公积和公益金是以公司成立日(1998年11月12日)至1998年12月31日形成的利润为基数提取的。

(4)未分配利润

项 目	2000年12月31日	1999年12月31日	1998年12月31日
年初未分配利润	8,588,599.98	-363,130.08	-
加:本期净利润	44,042,432.17	38,766,741.24	2,599,081.62
加:本期净利润调增(减)数	-	-	1,977,832.94
加:年初未分配利润调增(减)数	-	-	-4,253,507.47
减:提取法定盈余公积	4,404,243.22	3,876,674.12	457,691.44
减:提取法定公益金	2,202,121.61	1,938,337.06	228,845.73
减:提取任意盈余公积	-	-	-
减:已分配普通股股利	26,400,000.00	24,000,000.00	-
期末未分配利润	19,624,667.32	8,588,599.98	-363,130.08

根据财政部财会字(1999)35号文《关于印发[股份有限公司会计制度有关会计处理问题补充规定]的通知》的有关规定和本公司董事会决议,本公司1999年1月1日起变更部分会计政策,并对相应科目进行了追溯调整,因而导致了上述本期净利润调增(减)数及年初未分配利润调增(减)数的发生。

7、现金流量情况

2000年度本公司经营活动产生的现金流量为55,307,140.06元,现金流入流出情况良好;投资活动产生的现金流量为-25,884,838.10元,主要为高级玉米精炼油生产线项目和麦芽糊精生产线项目在建工程购建固定资产所致;筹资活动产生的现金流量为-34,828,571.24元,系2000年3月份支付现金股利24,000,000.00元和全年支付利息10,828,571.24元所致;现金及现金等价物净增加额为-5,406, 269 .28元。现金流量结构基本合理。2000年没有发生不涉及现金收支的重大投资和筹资活动。

本公司提醒投资者关注本公司财务报表附注中的期后事项、重大关联交易、或有事项及其他重要事项。

本公司在报告期内未发生重大资产置换、重大购销价格变化等情况。

8、盈利预测

本公司盈利预测是董事会在参照1998年度、1999年度、2000年度已审会计报表以及2001年度生产计划、经营计划、投资和营销计划及其他有关资料,按稳健原则并基于如下基本假设进行编制的:本公司遵循的现行法律、法规以及国家有关行业政策无重大变化;本公司所在地的社会经济环境和市场条件无重大变化;国家现行的利率变动能保持在正常的范围内;适用于本公司的各种税负、税率政策不变;适用于本公司的会计政策及核算方法无重大变化;本公司产品和所需材料的价格在本公司预测内正常波动;无其他人力不可抗拒及不可预见因素对经营成果造成重大影响。编制该盈利预测所依据的会计政策在各重要方面均与本公司实际采用的会计政策相一致。

本公司盈利预测报告的编制遵循了谨慎性原则,但盈利预测所依据的各种假设具有不确定性,投资者进行投资决策时不应过分依赖该项资料。

五联联合会计师事务所有限公司对本公司编制的2001年度盈利预测报告进行了审核,并出具了无保留意见的审核报告。现对本公司盈利预测报告摘录如下:

盈利预测表　　单位:人民币元

项 目	2000年已审定数	2001年预测数	增长率(%)
一.主营业务收入	425,126,202	531,090,900	24.93
主营业务收入净额	425,126,202	531,090,900	24.93
减:主营业务成本	330,202,316	417,162,592	26.34
营业税金及附加	1,247,298	1,768,594	41.79
二.主营业务利润	93,676,587	112,159,713	19.73
减:存货跌价准备	-154,788		
销售费用	10,147,138	12,728,000	25.43
管理费用	10,342,850	15,067,374	45.68
财务费用	7,597,459	9,235,709	21.56
三.营业利润	65,743,929	75,128,630	14.27
减:营业外支出	6,000		
四.利润总额	65,737,929	75,128,630	14.29
减:所得税	21,695,496	24,792,448	14.27
五.净利润	44,042,432	50,336,182	14.29

预计2001年可实现主营业务收入53,109.09万元,与2000年相比增加10,596.47万元,增长24.93%。收入增长主要来自于新建项目的投产。本公司已于1999年开始进行1万吨高级玉米油项目和3万吨麦芽糊精生产线项目建设,预计2001年可形成年产高级色拉油8000吨、胚芽粕11760吨、油酸165吨、硬脂酸120吨、黑脚22吨和糊精2.5万吨的生产能力,预计销售收入可达到16,847.65万元。由于玉米油以玉米胚芽作原料,而麦芽糊精以淀粉作原料,因而玉米胚芽和淀粉的销售收入预计将分别减少5,405.45万元和1,467.67万元。

2001年主营业务利润预计为11215.97万元,与2000年相比增加1848.31万元,增长率为19.73%,低于主营业务收入增幅。主要原因是预计2001年原材料玉米的价格上涨,相应调增了产品生产成本。

在费用方面,随着玉米精炼油和麦芽糊精的投产,新产品需要开拓市场,相关销售费用将随之上升,2001年全年预计发生营业费用1,272.80万元,与2000年1 ,014.71万元相比较增加了258.09万元,增长25.43%;而随着公司规模的扩大,管理成本将增大,2001年全年预计发生管理费用1,506.74万元,与2000年1,034.29万元相比较增加472.45万元,增长45.68%;2001年在建工程完工后使用的借贷资金将停止资本化利息,因此2001年预计发生财务费用923.57万元,与2000年759.75相比较增加163.82万元,增长21.57%。

综上所述,2001年预计利润总额7,512.86万元,与2000年相比增加938.47万元,增长14.29%,净利润5033.62万元,与2000年相比增加629.38万元,增长14.29 %(所得税按33%计)。

9、据以进行帐务调整的资产评估情况

(1)土地评估

甘肃省武威淀粉厂折股投入本公司的两宗土地面积总计78340.2平方米(合117 .5市亩),土地使用权估价总值为19,479,069.36元。对土地使用权价格的评估采用市场比较法和成本逼近法,以市场比较法为主,以成本逼近法为辅。土地使用权评估增值14,347,569.36元,增值率达279.60%,增值的主要原因系甘肃省武威淀粉厂取得土地使用权的成本较低,本次评估前从未进行过评估调整所致。

(2)资产评估

A、资产评估情况

本公司筹委会于1998年3月委托原甘肃第三会计师事务所进行以股份制改造为目的的资产评估,评估基准日为1997年12月31日。根据原甘肃第三会计师事务所出具的甘三会评字(1998)第056号、057号、058号资产评估报告,截止到1997年12月31日,甘肃荣华实业(集团)股份有限公司(筹)帐面资产总值为34040.97万元,负债总额为15474.45万元,资产净值为18566.52万元;评估后资产总值为33018.56万元,负债为15474.45万元,资产净值为17544.11万元,比帐面净值增加了-1022. 41万元,增幅为-5.51%。

B、评估增减值的主要原因

本次资产评估固定资产评估减值24,303,824.67元,减值率为12.15%,其减值的主要原因一是价格因素变化,二是贷款利率变化导致帐面利息资本化的额度远高于本次评估所能考虑的资本成本价值。

C、资产评估的主要方法

a)机器设备、建筑物采用重置成本法;

b)货币资金、应收帐款、其他应收款、负债的评估,以经盘点、核实后的帐面值作为评估值;

c)对存货中的产成品的评估,采用现行市价法;对自制半成品的评估,采用重置成本法;

d)对原料、备品备件、在库低值易耗品等存货的评估,采用现行市价法;

e)对待摊费用、递延资产的评估,是根据其评估基准日尚存的资产权利的现状确定其评估价值。

10、历次验资报告

本公司除设立时对发起人出资情况进行验资外,无其他验资行为。现对原甘肃会计师事务所出具的甘会验字(1998)第036号《验资报告》摘要披露如下:

"甘肃荣华实业(集团)股份有限公司(筹)申请的注册资本为120,000,000 .00元。根据我们的审验,截止1998年10月31日,甘肃荣华实业(集团)股份有限公司(筹)已收到其发起股东投入的资本壹亿捌仟肆佰陆拾壹万壹仟壹佰伍拾玖元伍角贰分(￥184,611,159.52),其中股本120,000,000.00元,资本公积64, 611 ,159.52元。与上述投入资本相关的资产总额为315,688,951.47元,负债总额为131, 077,791.95元。"

"各发起股东的实际出资情况如下(货币单位为人民币元):

股东名称	出资方式	出资金额	折股比例	折合股本	出资比例
甘肃省武威淀粉厂	净资产	73,837,481.06	1.538:1	48,000,000.00	40.00%
甘肃省武威荣华工贸总公司	净资产	50,833,726.82	1.538:1	33,050,000.00	27.53%
甘肃省武威塑料农膜厂	净资产	50,769,951.64	1.538:1	33,000,000.00	27.50%
甘肃宜发投资发展有限公司	货币资金	5,000,000.00	1.538:1	3,250,000.00	2.71%
甘肃省武威饴糖厂	货币资金	4,170,000.00	1.538:1	2,700,000.00	2.26%
合 计		184,611,159.52	1.538:1	120,000,000.00	100%"

11、主要财务指标

项目指标	2000年	1999年	1998年
1.资产负债率(%)	45.54	50.43	42.92
2.流动比率	1.12	0.93	0.91
3.速动比率	0.22	0.41	0.48
4.应收帐款周转率	19.69	19.00	15.03
5.存货周转率	4.81	6.49	9.94
6.无形资产占总资产的比例(%)	0	0	0
7.无形资产占净资产的比例(%)	0	0	0
8.研究与开发费用占主营业务收入比例(%)	-	-	-
9.每股净资产	1.81	1.66	1.54
10.净资产收益率(摊薄、%)	20.26	19.41	12.96
11.每股净收益(摊薄、元)	0.367	0.323	0.200
12.每股经营活动的现金流量	0.46	0.03	-

注:作为淀粉生产型企业,本公司采用的是通用技术,未单设研究开发部门,也未单列有关经费,故没有研究与开发费用占主营业务收入比例的指标数据。

上述指标计算方法如下：

资产负债率 = 负债总额/资产总额

流动比率 = 流动资产/流动负债

速动比率 = 速动资产/流动负债

应收帐款周转率 = 主营业务收入/应收帐款平均余额

存货周转率 = 主营业务成本/存货平均余额

无形资产(土地使用权除外)占总(净)资产的比例 = 无形资产(土地使用权除外)/总(净)资产

研究与开发费用占主营业务收入比例 = 研究发展费用/主营业务收入

净资产收益率(摊薄)=期末净利润/期末净资产

每股净收益(摊薄)=期末净利润/期末股本总额

每股净资产 = 期末净资产/期末股本总额

每股经营活动的现金流量=期末经营活动的现金流量净额/期末股本总额

上表中的净资产收益率和每股收益是根据报告期净利润，按照全面摊薄法计算出来的。根据中国证监会《公开发行证券公司信息披露编报规则(第九号)》要求，报告期全面摊薄和加权平均的净资产收益率、每股净收益按如下方法计算：

全面摊薄净资产收益率 = 报告期利润 ÷期末净资产

全面摊薄每股收益 = 报告期利润 ÷期末股份总数

加权平均净资产收益率(ROE)的计算公式如下：$ROE = P \div (E_0 + NP \div 2 + E_i \times M_i \div M_0 - E_j \times M_j \div M_0)$

其中：P为报告期利润；NP为报告期净利润；E_0为期初净资产；E_i为报告期发行新股或债转股等新增净资产；E_j为报告期回购或现金分红等减少净资产；M_0为报告期月份数；M_i为新增净资产下一月份起至报告期期末的月份数；M_j为减少净资产下一月份起至报告期期末的月份数。

加权平均每股收益(EPS)的计算公式如下：$EPS = P \div (S_0 + S_1 + S_i \times M_i \div M_0 - S_j \times M_j \div M_0)$

其中：P为报告期利润；S_0为期初股份总数；S_1为报告期因公积金转增股本或股票股利分配等增加股份数；S_i为报告期因发行新股或债转股等增加股份数；S_j为报告期因回购或缩股等减少股份数；M_0为报告期月份数；M_i为增加股份下一月份起至报告期期末的月份数；M_j为减少股份下一月份起至报告期期末的月份数。

2000年本公司有关指标详细计算分析如下：

2000年	净资产收益率%		每股收益(元/股)	
	全面摊薄	加权平均	全面摊薄	加权平均
主营业务利润	43.10	42.25	0.781	0.781
营业利润	30.25	29.65	0.548	0.548
净利润	20.26	19.86	0.367	0.367
扣除非经常性损益后的净利润	20.27	19.87	0.367	0.367

12、公司管理层做出的公司财务分析

(1)资产质量和资产负债结构

本公司资产全部为生产经营性资产。从质量上看，流动资产中无2年以上的应收款项和预付款项，而如本节"4、资产情况"部分对存货的分析所示，存货质量较好且自身构成基本合理；从结构和数量来看，货币资金的水平低，而存货的水平偏高；固定资产中主要房屋建筑物的成新度均在85%以上，主要机器设备的成新度大多在70%以上，固定资产质量状况良好。

2000年资产负债率为45.54%，负债水平适度。2000年12月31日本公司负债总额为181，711,606.45元，其中流动负债为82,651,983.89元，长期负债为99，059，622.56元，负债结构较为合理。

(2)现金流量和偿债能力

2000年经营活动产生的现金流量净额为5530.71万元，说明本公司经营状况良好，货款回收能力强，公司运作处于良性循环中。但由于2000年支付现金股利以及两项目追加投资导致筹资活动产生的现金流量净额为-34,828,571.24元，因而2000年现金及现金等价物净增加额为-540.63万元。从财务指标来看，本公司2000年12月31日产权比率为84%，长期偿债能力较强；流动比率1.12，速动比率0.22，短期偿债能力偏弱(期末存货金额高是造成速动比率偏低的原因)。总的来看，本公司的现金流数量和结构基本合理，通过加强现金流管理将进一步提高偿债能力。

(3)业务发展、盈利能力及前景

本公司近三年来主营业务稳步扩张，主营业务收入、主营业务利润、利润总额水平不断提高，2000年这三项指标分别为42512.62万元、9367.66万元、6573.79万元，与1999年相比的增幅分别为8.57%、33.24%、43.48%，盈利能力较强；本次募股资金投入项目全部建成后，本公司将新增七大系列玉米淀粉深加工产品，大大提高产品的科技含量和附加值，完善产品链，形成年加工玉米48万吨的生产能力，年销售收入预计将达到13亿元，年利润总额预计将达到1.9亿元。

(4)本公司的主要财务优势及困难

根据以上分析，本公司具备了相当的财务优势：资产质量好，结构合理，不存在由于资产问题对公司未来收益或生产经营造成不利影响的隐患，公司进一步扩张已具备良好的资产基础；资产负债率较低，负债结构合理，股票发行成功后在获得直接融资渠道的同时，将进一步增强间接融资能力；现金流入流出情况良好，现金流结构基本合理，财务状况健康；盈利能力强，业绩连年保持了持续和稳定的增长。此外，在税收方面，除现有农膜产品和淀粉副产品免收增值税外，作为全国151家农业产业化重点龙头企业之一，本公司将在所得税方面享受优惠政策，而且作为地处西部地区的企业，本公司也将受益于国家对西部大开发的政策倾斜和不断投入。

本公司成立以来一直依靠银行贷款和自有资金滚动发展，有限的资金对本公司早日实现产业升级、实现低成本扩张造成了制约。通过本次公开发行股票募集资金，将大大改善本公司的资金供应状况，缓解后续发展对项目建设的资金需求，加快本公司发展的步伐。

十三、业务发展目标

1、公司发展战略

在产品经营方面，本公司将立足西北产粮基地，走以淀粉深加工为主业的专业化经营道路，根据玉米淀粉产品和生产的特性实现多品种、系列化经营，不断提高产品科技含量和附加值，以玉米淀粉的规模经济带动深加工产品的规模经济，进一步提高产品的规模效益、扩大产品市场占有率，成为国内行业排名位居前列的淀粉深加工专业化企业；在技术开发方面，以技术智囊团为后盾，加快自身研究开发队伍的建设，以玉米淀粉应用性新产品、新技术和新工艺的开发为重点，逐步开展基础性研究，增强技术优势；在市场开拓方面，立足西部市场，加大对东部市场的开发力度，立足国内市场，建立并逐步加强进军国际市场的渠道，参与国际竞争；在资本运营方面，不断运用各种金融工具进行融资，通过收购兼并相关企业实行低成本扩张，强化竞争地位，加快自身发展。

2、整体经营目标及主要业务的经营目标

本公司已被农业部等八部委确定为全国151户农业产业化龙头企业，将享有一系列的优惠政策。借西部开发和股票发行之机遇，本公司力争在两年内形成年产30万吨淀粉、年产1万吨高级玉米精炼油、年产3万吨麦芽糊精、年产10万吨高蛋白饲料、年产300吨肌醇、年产3万吨谷氨酸、年产1.0万吨赖氨酸和年产1万吨L-乳酸的生产能力。届时，本公司将具备年加工玉米48万吨的能力，年销售收入预计将达到13亿元，年利润总额预计将达到1.9亿元。

为实现业务发展目标，本公司相应制订了产品开发计划、人员扩充计划、技术开发与创新计划、市场开发与营销网络建设计划、再融资计划、收购兼并及对外扩充计划、深化改革和组织结构调整的规划以及国际化经营的规划等具体业务计划。

十四、募股资金运用

1、募股资金运用计划

项目名称	投资总额	本次募集资金投入(万元)				投资回收期
		募股资金	2001年	2002年	2003年	
年产1.0万吨高级玉米精炼油生产线项目	4219	808	808	0	0	5.45
年产3.0万吨麦芽糊精生产线项目	5365	843	843	0	0	5.13
年产10万吨高蛋白饲料生产线项目	3846	3846	3077	769	0	5.68
年产300吨肌醇生产线项目	3973	3973	3178	795	0	4.57
扩建10万吨玉米淀粉及深加工项目	47834	47834	23000	21879	2955	
(1)扩建10万吨玉米淀粉生产线	8835	8835	7000	1835	0	5.15
(2)年产3.0万吨谷氨酸生产线项目	12044	12044	5000	7044	0	3.88
(3)年产1.0万吨赖氨酸生产线项目	14727	14727	6000	7000	1727	6.02
(4)年产1.0万吨L-乳酸生产线项目	12228	12228	5000	6000	1228	5.32
每小时处理600立方米污水处理厂项目	2970	2970	2000	970	0	14.83
总计	68207	60274	32906	24413	2955	

上述项目投资总额为68207万元，其中固定资产投资61418万元，流动资金6789万元。目前通过银行贷款和企业自筹已对年产1.0万吨高级玉米精炼油生产线项目和年产3.0万吨麦芽糊精生产线项目分别投入3411万元和4522万元，上述项目尚需投入60274万元。本次发行扣除发行费用后实际募集资金量为66770万元，与项目资金相比尚余6496万元，将用于补充生产所需流动资金或归还两项目建设的银行贷款。

本公司于1999年7月15日召开的临时股东大会已批准上述募股资金投向项目。

上述项目资金运用轻重缓急除污水处理厂项目根据有关新建、扩建的项目进展情况预以优先考虑外，其余均以项目排列顺序为准。项目运用出现资金闲置时，该项资金将用于补充流动资金或进行安全、稳定的短期投资。

2、募股资金运用对主要财务状况的影响

项目	发行前一年	发行当年(预计)
净资产(万元)	21734	88504
每股净资产(元)	1.81	4.43
净资产收益率(%)	20.26	5.69
资产负债率(%)	45.54	17.03

注：以上指标计算均以经审计的2000年12月31日数据为基础。

3、募股资金投入项目情况

(1)投资4219万元，新建年产1万吨高级玉米精炼油生产线项目

该项目已经甘肃省计划委员会甘计工(1999)594号文批准。

玉米精炼油系玉米淀粉生产中利用玉米胚芽榨制所得的副产品，是一种高级保健食用油，富含亚油酸、亚麻酸等人体必需且无法自动合成的脂肪酸和丰富的维生素，长期服用可有效降低人体血清胆固醇，防止粥样动脉硬化、冠状动脉硬化和血栓的形成，可增强体质、促进发育，防止人体表皮细胞水份代谢紊乱和预防皮肤干燥。

我国是植物油消费大国，1992-1993年全国植物油总消费量为574.8万吨，1997-1998年增长到1129.8万吨，同期植物油产量仅由481.3万吨增长到746.3万吨，产需缺口逐年拉大，每年需大量进口植物油，而且我国人均植物油消费量仅为7Kg左右，远低于发达国家人均25Kg的水平。我国玉米油产地主要分布在华北和东北地区，生产企业规模较小，整个西北地区尚属空白。项目建成后，本公司每年约有28800吨玉米胚芽得以利用，综合效益显著。

该项目生产采用连续式生产方式，技术成熟可靠，以玉米胚芽为原料，经过清理、软化轧胚、压榨、脱胶、脱色、脱臭、脱蜡、灌装等工序制取精炼油。

该项目总投资4219万元，其中固定资产投资3266万元，流动资金953万元。项目建设期1年，可按设计生产能力生产的周期达11年，投资回收期5.45年(动态、税前、含建设期)，达产后，年新增销售收入11276万元，年新增利润813万元，投资利润率18.66%，税前内部收益率23.35%，财务净现值1578万元。

(2)投资5365万元，新建年产3万吨麦芽糊精生产线项目

该项目已经甘肃省计划委员会甘计工(1999)591号文批准。

麦芽糊精是以淀粉为原料经生物工程转化精制而成的一种多功能健康食品添加剂，可作为降甜剂、粘合剂、增稠剂、填充剂、乳化稳定剂等。由于其具有独特的生物转化性能，已被广泛应用于乳制品、糖果、糕点、方便食品、油制品、冷饮、固体饮料等生产，也可应用于纺织、造纸、医药等行业。我国目前每年从国外进口麦芽糊精10万吨以上，产品需求潜力巨大，市场前景广阔。

该项目采用原淮海工学院生物技术中心(现上海兆光喷射液化技术有限公司)开发研制的"低压蒸汽双喷连续液化技术"工艺路线，该工艺先进成熟，技术的特点是调浆浓度及成品转化率高，料液质量好，过滤速度快，能源消耗低。在不加氯化钙及活性碳脱色，不经浓缩情况下，经杀菌后直接干燥所得麦芽糊精成品，其产品质量已可达到国内常规产品标准。该项目以玉米淀粉为原料，通过调浆、糊化、转化、液化、保温、灭酶、脱色、过滤、浓缩、干燥等工艺制取麦芽糊精。

该项目总投资5365万元，其中固定资产投资4070万元，流动资金1295万元。项目建设期1年，可按设计生产能力生产的周期达12年，投资回收期5.13年(静态、税前、含建设期，卜同)，达产后，年消耗玉米淀粉3.9万吨，年新增销售收入12000万元，年新增利润1164万元，投资利润率21.69%，税前内部收益率26.11%，财务净现值2708万元。

(3)投资3846万元，新建年产10万吨高蛋白饲料生产线项目

该项目已经甘肃省计划委员会甘计工(1999)596号文批准。

该项目系玉米淀粉生产副产品综合利用项目。玉米淀粉生产中的下脚料如纤维渣、蛋白粉、油粕等是很好的饲料加工原辅料，综合开发这些副产品加工成高蛋白的配合饲料将有效地减少精饲料(粮食及其副产品)的消耗，有利于养殖业的发展、人民"菜蓝子"的丰富和生活水平的提高。

甘肃省是我国主要畜牧生产基地之一，周边青海、四川、内蒙等省、自治区也是我国主要畜牧产区，畜牧养殖业发达，饲料需求量大，单本公司所在地武威地区年饲料需求量就在12万吨以上，而该地区饲料厂年产量仅4万吨。公司利用玉米生产中的下脚料，采用国产设备和工艺，建成年产10万吨的高蛋白饲料生产线，既能减少原料资源的浪费，又具有可观的经济效益和广阔的市场前景。

根据我国国情和项目区的饲料资源情况，该项目选用先粉碎后配料、批次配料、批次混合连续生产工艺方案，生产管理和自动控制方便、简捷，以玉米淀粉副产品玉米蛋白粉、玉米油粕、纤维渣等为原料，生产畜、禽等全套配合饲料、浓缩饲料和预混合饲料。

该项目总投资3846万元，其中固定资产投资2512万元，流动资金1334万元。项目建设期1年，可按设计生产能力生产的周期达10年，投资回收期5.68年，达产后，年新增销售收入13000万元，年新增利润735万元，投资利润率23.98%，税前内部收益率22.98%，财务净现值2194万元。

(4)投资3973万元，新建年产300吨肌醇生产线项目

该项目已经甘肃省计划委员会甘计工(1999)595号文批准。

肌醇是附加值高、用途广泛的精细化工产品，主要用作药物、高级营养补品、生化原料和饲料添加剂。近年来国际市场肌醇需求量逐年增加，肌醇在药用、养殖业和保健品开发等方面的需求增加较快，如以肌醇为原料配制成的降脂健美食品，在欧美市场上畅销不衰。我国肌醇90%用于出口且出口量逐年增加。1994-1998年平均出口1060吨，平均价折合人民币约为12.1万元。随着人民生活水平的提高，国内对肌醇的需求量也在不断增长。

该项目系玉米淀粉生产的综合利用项目。玉米淀粉生产过程中的玉米浸渍水是生产肌醇的直接原料，既可减少玉米淀粉生产中的水资源浪费，又可减轻环保水处理的压力。本公司拟采用吉林化工学院研制并发的吸附法新工艺，除可年生产300吨肌醇外，还可年产2400吨磷酸氢二钠(副产品)。肌醇的含量大于98%，产品合格率达100%，以玉米浸渍水为基准的收率高达0.14～0.17%。同老工艺相比，肌醇收率提高了2.5倍左右(老工艺肌醇收率只有0.04～0.05%)，而且不会影响用玉米浸渍水去蒸发浓缩生产玉米浆的质量，在数量上略微减少一些，玉米浸渍水中的蛋白质、乳酸及氨基酸等化合物均不发生变化。

该项目总投资3973万元，其中固定资产投资3152万元，流动资金821万元。项目建设期1年，可按设计生产能力生产的周期达12年，投资回收期4.57年。达产后，年新增销售收入2820万元，年新增利润954万元，投资利润率24.01%，税前内部收益率29.49%，财务净现值2616万元。

(5)投资47834万元，扩建10万吨玉米淀粉及深加工项目

该项目已经国家发展计划委员会计产业(2000)742 号文批准,项目建设总投资 47834 万元(含外汇 690 万美元),其中固定资产投资 45448 万元,铺底流动资金 2386 万元。包括以下四个子项目:

A、投资 8835 万元,扩建 10 万吨玉米淀粉生产线项目

玉米淀粉是一种可持续生产的基础性工业原料,广泛应用于食品、医药、纺织、造纸、化工、制糖、饲料等多种工业行业。玉米淀粉的各种副产品如蛋白粉、胚芽油、胚芽饼、稀玉米浆、麸质水等也具有十分重要的用途。随着淀粉深加工技术的发展、淀粉应用的新领域不断拓展,淀粉消耗水平将逐步上升,玉米淀粉生产的发展前景十分广阔。

本公司所在地是甘肃省河西地区玉米主产区,玉米原料资源丰富、品质优良。加上西北五省现有玉米淀粉生产企业较少、规模偏小,与东北、华北等地相比,淀粉生产仍处于低水平。本公司拟在目前生产能力 2×10 万吨/年的基础上,利用现有的富余厂房和辅助设施,引进美国道尔公司关键设备,采用全封闭热环流湿法加工工艺生产淀粉,扩建一条年产 10 万吨的玉米淀粉生产线,从而将年玉米生产能力提高到 30 万吨/年,其生产规模将跃居全国同行业前三位,不仅可降低生产成本、提高淀粉回收率和综合利用率,而且也为深加工项目的原料供应提供保障,从而获得更为可观的规模经济效益。

项目建设总投资 8835 万元(含外汇 540 万美元,折合人民币 4357.8 元),其中固定资产投资 8385 万元,铺底流动资金 450 万元。项目建设期 1 年,可按设计生产能力生产的周期达 12 年,投资回收期 5. 15 年。达产后,本公司将年新增销售收入 27920 万元,年新增利润 2394 万元,投资利润率 22.29%,税前内部收益率 24.65%,财务净现值 3981 万元。

B、投资 12044 万元,新建年产 3 万吨谷氨酸生产线项目

谷氨酸是生物机体内氮代谢的基本氨基酸之一,在代谢上具有重要意义。谷氨酸除作为制药、制糖塑剂的原料外,主要应用于味精生产,是味精的中间体。国内原有味精生产厂家由于受技术设备、原料、厂地等多方面因素制约,已纷纷开始由自制谷氨酸生产味精转向购买半成品谷氨酸作为原料来生产味精,目前全国年需求量约在 60 万吨以上,而产量不到 50 万吨,而且随着产品结构调整,谷氨酸供需缺口将越来越大,谷氨酸市场前景广阔。

该项目属目前国家鼓励发展的高新技术产业化项目,符合国家鼓励"氨基酸系列产品的规模化生产"的产业政策。本公司拟采用无锡轻工业大学先进的谷氨酸生产技术,其低压蒸汽连续喷射液化和大罐发酵微机控制均属国内领先技术。技术指标如淀粉糖转化率达 96%,产酸率≥10%,糖酸转化率 58%,提取收率≥90%,均属国内同行业先进水平。

该项目以玉米淀粉乳为主要原料,通过连续喷射液化、糖化、过滤制成葡萄糖液进行发酵,同时斜面菌种经活化培养、一级种子培养和二级种子培养成发酵液。发酵液用 H2SO4 调 PH,加入絮凝剂,絮凝后用板框过滤,清液再用 H2S4 调至等电点,冷冻结晶,用离心机将晶体甩干,晶体经沸腾干燥床烘干。母液经 732 树脂吸附,吸附后用稀氨水解析,解析液经浓缩,结晶,烘干,过筛,混合后包装得到成品。

该项目建设总投资 12044 万元,其中固定资产投资 11000 万元,铺底流动资金 1044 万元。项目建设期 1 年,可按设计生产能力生产的周期达 12 年,投资回收期 3 .88 年。达产后,年消耗玉米淀粉 6.9 万吨,年新增销售收入 31350 万元,年新增利润 5543 万元,投资利润率 38.28%,税前内部收益率 31.54%,财务净现值 22934 万元。

C、投资 14727 万元,新建年产 1.0 万吨赖氨酸生产线项目

赖氨酸是人和动物自身无法合成且必需的一种氨基酸,在食品中添加赖氨酸可提高其蛋白质利用率 30%,大大强化食品的营养;在饲料中添加赖氨酸可大大提高饲料利用率、缩短饲养周期、改善动物肉质、提高产蛋率,因此赖氨酸在食品和饲料行业有广泛的应用。

国际市场赖氨酸的消费量已由 1992 年的 17.6 万吨发展到 1998 年的 33.5 万吨,还在进一步增长。目前我国对饲料级赖氨酸的需求量为 8 万吨/年,而国内现有总生产能力仅为 2 万吨/年,大多依赖进口。

本公司拟利用自身在玉米淀粉上的原料优势,引进上海市工业微生物研究所先进的通风深层发酵法生产技术、优良的赖氨酸生产菌种和美国的关键设备,建设年生产能力 1.0 万吨的赖氨酸生产线。该项目符合国家的产业政策及甘肃省农业产业化的发展方向,也是填补西北地区空白项目。该项目以玉米淀粉为原料,通过制糖工艺、发酵工艺、提取工艺、精制工艺制取赖氨酸。

该项目建设总投资 14727 万元(含外汇 150 万美元,折合人民币 1210.5 万元),其中固定资产投资 14188 万元,铺底流动资金 539 万元。项目建设期 2 年,可按设计生产能力生产的周期达 18 年,投资回收期 6.02 年。达产后,可年消耗玉米淀粉 5.25 万吨,年新增销售收入 16064 万元,新增利润 3227 万元,投资利润率 21.04%,税前内部收益率 23.02%,财务净现值 5138 万元。

D、投资 12228 万元,新建年产 1 万吨 L-乳酸生产线项目

L-乳酸是 D-乳酸和 DL 乳酸的换代产品,由于人体只有代谢 L-乳酸的酶,不能代谢 D-乳酸,世界卫生组织限制人体对 D-乳酸的摄入量,禁止 D 型、DL 型乳酸加入到婴儿食品中。L-乳酸在人体的新陈代谢中起着重要作用,血液中的乳酸对肺炎、结核和心力衰竭等病症有防治作用。L-乳酸用途广泛,不但是食品饮料行业重要的酸味剂和防腐剂,还可以用于制造除草剂、食品添加剂、药剂和生物降解塑料。

世界乳酸市场的年需求量约为 13-15 万吨,并且每年以 5-8%的速度增长。加之聚乳酸工业的兴起以及世界环保意识的日益提高,未来十年中世界聚乳酸的年总产量将超过 45 万吨,对原料乳酸的需求可达百万吨级,市场前景十分广阔。

本公司拟采用天津市工业微生物研究所研究的发酵法工艺技术方案,以玉米淀粉浆为主要原料,通过发酵、脱色、浓缩、结晶、提取等工艺制取食品级和医药级乳酸,提高产品科技含量和附加值。

该项目建设总投资 12228 万元,其中固定资产投资 11875 万元,铺底流动资金 353 万元。项目建设期 2 年,可按设计生产能力生产的周期达 12 年,投资回收期 5.32 年。达产后,年消耗玉米淀粉 2.2 万吨,年新增销售收入 17550 万元,年新增利润 3332 万元,投资利润率 25.52%,税前内部收益率 26.50%,财务净现值 10246 万元。

(6)投资 2970 万元,新建每小时处理 600 立方米污水处理厂项目

该项目已经甘肃省计划委员会甘计工[1999]597 号文批准。

该项目系为了符合上述七个新建、一个扩建项目(不含饲料生产项目)废水治理"三同时"要求的配套项目,对环境治理、节约用水等均有着十分重大的意义。工艺技术拟采用北京润邦公司提供的先进、成熟的氧一好氧相结合的生物处理工艺。生产污水采取高低浓度分治的原则,高浓度有机废水采用 UasB(升流式厌氧污泥床反应器)工艺进行厌氧消化处理后,再与低浓度有机废水、生活污水进入主体处理工艺系统进行处理;主体处理系统采用生物接触氧化法对污水进行好氧处理;污泥分离处理采用气浮法;污泥处理采用重力浓缩、机械过滤的方法。污水的综合处理将有效地降低生产成本,减少能耗,提高整体经济效益。

项目总投资 2970 万元,流动资金由企业内部协调解决。项目建设期 1.5 年,投资回收期 14.83 年。项目建成后,年处理污水 526 万立方米,在保证公司新建、扩建项目污水处理达到标排放的同时,还可具有一定的经济效益,年实现销售收入 578 万元,利润 118 万元,投资利润率 3.97%,税前内部收益率 5.08%。

十五、发行定价及股利分配政策

1、发行定价

本次股票发行定价考虑的主要因素有:公司资金需求量和使用计划、公司现有融资能力、本次股票发行数量;公司自身的素质及发展前景,如公司经营现状、历史经营业绩及发展趋势、预测每股收益、公司估值结果、公司募股资金投入项目的市场前景;行业因素,如本公司在行业中的地位、农产品加工类上市公司股票市盈率和市场形象;市场因素,如预计发行期内二级市场走势、投资者对新股发行上市后涨幅的预期、近期新股发行市盈率和中签率等。

本公司是在十家可比上市公司中,选择总股本和流通股本相近,业绩持续增长的五家公司作为类比对象,运用 P/E 倍数法、EBIT 倍数法和自由现金流量折现法进行股票估值分析。根据《证券法》第 28 条关于发行价格的规定,发行价格由主承销商和发行人协商确定。在股票估值分析的基础上,综合考虑各种股票发行定价的因素,并通过对机构投资者的询价,经本公司和主承销商国通证券有限责任公司共同协商确定发行价格为 8.60 元,发行市盈率为 34.13 倍(全面摊薄),募股资金总量预计为 66770 万元(扣除发行费用),股票发行后每股净资产为 4.43 元。

2、股利分配政策

(1)本公司将依照同股同利的原则,按各股东所持股份数分配股利。

(2)股利分配采取现金、股票二者之一或二种形式。

(3)本公司根据每一会计年度的盈利状况和发展情况,由董事会提出利润分配方案,经股东大会通过后实施。公司股东大会对利润分配方案作出决议后,公司董事会须在股东大会召开后两个月内完成股利(或股份)的派发事项。

(4)根据公司法和本公司章程的规定,本公司缴纳所得税后的利润按下列顺序分配:

A、弥补上一年度亏损;

B、提取法定公积金百分之十;

C、提取法定公益金百分之五至百分之十;

D、经股东大会决议,提取任意公积金;

E、支付股东股利。

公司法定公积金累计额为公司注册资本的百分之五十以上时,可以不再提取。提取法定公积金、公益金后,是否提取任意公积金由股东大会决定。公司不在弥补公司亏损和提取法定公积金、公益金之前向股东分配利润。

公司经股东大会决议将公积金转为股本时,按股东原有股份比例派送新股。但法定公积金转为股本时,所留存的该项公积金数额不得少于公司注册资本的百分之二十五。

上述股利分配政策在本公司股票发行后不发生变化。

3、最近三年历次股利分配情况

(1) 根据本公司 1999 年 5 月 18 日召开的 1998 年度股东大会决议,本公司 1998 年利润暂不分配。

(2) 根据本公司 2000 年 3 月 15 日召开的 1999 年度股东大会决议,截止 1999 年 12 月 31 日形成的可分配利润 32,643,069.48 元,对现股东每 10 股派发现金 2 元,分配现金红利共计 2400 万元,余额由新老股东共享。

(3) 根据本公司 2001 年 3 月 20 日召开的 2000 年度股东大会决议,截止 2000 年 12 月 31 日形成的可分配利润 46,024,667.32 元,对现股东每 10 股派发现金 2.20 元,分配现金红利共计 2640 万元,余额由新老股东共享。

上述股利分配符合公司法和本公司章程的有关规定。

本次发行完成前的本公司的滚存利润由新老股东共享。

4、预计 2001 年度利润分配政策

本公司预计在 2002 年 6 月 30 日前进行上市后的第一次利润分配。在结转 2000 年度未分配利润的基础上,计划将 2001 年实现的可分配利润的 30%以上用于 2001 年度的利润分配。分配方式为派发现金或送红股或转增或相结合的方式,其中现金股息占股利分配的比例在 50%以上。该项股利分配政策需由董事会提交预案并提交股东大会审议通过后才能实施,本公司董事会有权根据实际情况对其作出相应调整。

十六、附录及备查文件

1、附录

(1)审计报告及财务报告全文;

(2)盈利预测报告及盈利预测审核报告;

2、备查文件

(1) 招股说明书及摘要;

(2) 审计报告及财务报告全文;

(3) 盈利预测报告及盈利预测审核报告;

(4) 法律意见书;

(5) 本公司股东大会同意本次发行的决议及授权董事会处理有关事宜的决议;

(6) 本次募股资金运用方案及股东大会的决议;

(7) 有权部门对固定资产投资项目建议书的批准文件;

(8) 本公司全体董事签字的募集资金运用项目的可行性研究报告;

(9) 批准股份有限公司设立的文件、发起人协议;

(10) 股份公司法人营业执照、发起人法人营业执照;

(11) 公司章程草案及股东大会批准修改公司章程的决议;

(12) 发行公告、发行方案、股票发行定价分析报告;

(13) 主要商标、土地使用权证书;

(14) 本公司创立大会会议记录、历次股东大会决议;

(15) 本公司成立以来重大事项的董事会决议等文件;

(16) 有关重大关联交易的合同;

(17) 省级环保部门的确认文件;

(18) 本公司有关获奖证书、专家评审意见;

(19) 本公司各年度纳税申报表及完税证明;

(20) 有关本公司税收、财政补贴优惠政策的证明文件;

(21) 本公司的土地使用权、房屋产权权属证书或相关租赁协议;

(22) 本公司的重大商务合同;

(23) 最近三年原企业或股份公司的原始财务报告;

(24) 原始财务报告与申报财务报告的差异比较表;

(25) 本公司的历次资产评估报告(含土地评估报告)、历次验资报告;

(26) 主承销商和本公司签定的承销协议;

(27) 各中介机构及签字人员的证券从业资格证书复印件;

(28) 中国证监会要求的其他材料。

3、备查文件查阅地点、电话、联系人、时间

(1)甘肃荣华实业(集团)股份有限公司证券部

住所:甘肃省武威市东关街荣华路 1 号

电话:(0935)2292183

传真:(0935)2292328

联系人:刘永、卢俊、姜均平

查阅时间:周一至周五 8:00-11:00,14:30-17:00

(2)国通证券有限责任公司

住所:上海深圳市深南中路 34 号华强佳和大厦 A 楼 19 楼

电话:(0755)3677403

传真:(0755)3796489

联系人:刘蕴华、程浩查阅时间:周一至周五 9:00-11:00,13:30-17:00

甘肃荣华实业(集团)股份有限公司

上市公告书

一、概览

股票简称:荣华实业
股票代码:600311
股本总额:200,000,000 元
可流通股本:80,000,000 元
本次上市流通股本:80,000,000 元
上市地点:上海证券交易所
上市日期:2001 年 6 月 26 日
股份登记机构:上海证券中央登记结算公司
上市推荐人:国通证券有限责任公司
光大证券有限责任公司
中国银河证券有限责任公司

本公司公开发行股票前股东所持股份的流通限制及期限:根据国家现有法律、法规规定和中国证监会证监发行字[2001]32 号《关于核准甘肃荣华实业(集团)股份有限公司公开发行股票的通知》,本公司的国有法人股和其他法人股暂不上市流通。

本公司公开发行股票前最大股东——甘肃省武威淀粉厂承诺:自本公司股票上市之日起 12 个月内,不转让所持有本公司的股份,也不由本公司回购该部分股份。

二、绪言

甘肃荣华实业(集团)股份有限公司(以下简称"本公司")上市公告书是根据《中华人民共和国公司法》、《中国人民共和国证券法》、《股票发行与交易管理暂行条例》、《公开发行股票公司信息披露实施细则》和《上海证券交易所股票上市规则》等有关法律、法规的规定,按照中国证券监督管理委员会制定的《公开发行证券的公司信息披露内容与格式准则第 7 号 - 股票上市公告书》而编制。

经中国证券监督管理委员会证监发行字[2001]32 号文核准,本公司已于 2001 年 5 月 30 日成功地采取上网定价发行方式向社会公开发行了每股面值 1.00 元的人民币普通股 8000 万股,每股发行价为 8.60 元。

经上海证券交易所上证上字[2001]92 号《上市通知书》同意,本公司 8000 万股社会公众股将于 2001 年 6 月 26 日起在上海证券交易所挂牌交易,股票简称"荣华实业",股票代码为 600311。

本公司已于 2001 年 5 月 25 日分别在《中国证券报》、《上海证券报》、《证券时报》上刊登了《招股说明书概要》。招股说明书正文及其附注材料可以在上海证券交易所网站(http://www.sse.com.cn)查询。招股说明书及其引用的财务资料距今不足六个月,与其重复的内容不再重述,敬请投资者查阅上述内容。

三、公司概况

(一)本公司基本情况

1、法定名称:甘肃荣华实业(集团)股份有限公司
英文名称:GANSU RONGHUA INDUSTRY GROUP CO.,LTD.
2、注册资本金:200,000,000 元
3、法定代表人:张严德
4、住所:甘肃省武威市东关街荣华路 1 号(733000)
成立日期:1998 年 11 月 12 日
5、经营范围:淀粉及其副产品、饲料、包装材料、塑料制品的生产、批发零售,建筑材料、农副产品的批发零售(不含粮食批发),农业种植、养殖;本企业及成员企业自产产品及相关技术的出口;本企业生产、科研所需的原辅材料、机械设备、仪器仪表、零部件及相关技术的进口、本企业的进料加工和"三来一补"(均不含国家限制和禁止的项目);玉米收购。
6、所属行业:粮食及饲料加工业
7、电话:(0935)2292183
传真:(0935)2292328
8、董事会秘书:刘永

(二)本公司历史沿革

本公司是经甘肃省人民政府甘政函[1998]71 号文批准,由甘肃省武威淀粉厂作为主发起人,联合甘肃省武威荣华工贸总公司、甘肃省武威塑料农膜厂、甘肃宜发投资发展有限公司和甘肃省武威饴糖厂共同发起设立,于 1998 年 11 月 12 日在甘肃省工商行政管理局注册成立的股份有限公司,注册资本 12000 万元。

主发起人甘肃省武威淀粉厂以其所属的淀粉分厂经评估后的生产经营性净资产 7384 万元作为出资,甘肃省武威荣华工贸总公司以所属的荣华淀粉厂(非独立法人)经评估后的生产经营性净资产 5083 万元作为出资,甘肃省武威塑料农膜厂以农膜分厂经评估后的生产经营性净资产 5077 万元作为出资,甘肃宜发投资发展有限公司和甘肃武威饴糖厂分别以现金 500 万元和 417 万元作为出资,发起人投入股份公司净资产总计 18461 万元,按 1:0.65 的比例分别折合 4800 万股、3305 万股、3300 万股、325 万股和 270 万股,分别占总股本 12000 万股的 40.00%、27.53%、27.50%、2.71%和 2.26%。

经中国证监会"证监发行字[2001]32 号"文核准,2001 年 5 月 30 日本公司在上海证券交易所以上网定价方式向社会公众发行了 8000 万股人民币普通股(A 股)股票,每股面值 1.00 元,每股发行价 8.60 元,本次发行后,本公司总股本为 20000 万股,并已于 2001 年 6 月 8 日在甘肃省工商行政管理局变更了注册登记,注册资本变更为 20000 万元。

(三)本公司主要经营情况

1、竞争优劣势及面临的主要竞争状况

本公司已具备年产 20 万吨玉米淀粉的生产能力,是西部地区最大的玉米淀粉生产企业,本公司生产淀粉具有独到的优势:

A、原料优势:本公司所在地西北河西走廊是全国著名的商品粮基地,其玉米资源丰富、具备玉米品质和价格优势,为淀粉生产提供了源源不断的加工原料。

B、能源优势:利用西北地区丰富和廉价的电力、煤炭供应条件,可降低能源消耗成本。

C、地域优势:全国较大型的淀粉生产企业大都集中在山东、吉林、河北等东部地区,同行业争原料、争市场的现象比较激烈。而西部地区与我公司淀粉生产规模相当的生产企业几乎没有,便于我公司充分发挥规模优势。

本公司目前尚存在产品市场集中在西部、对国内其他地区以及对产品出口方面投入销售力量不足的竞争劣势。

2、主要财务指标。

项目指标	2000 年	1999 年	1998 年
1.资产负债率(%)	45.54	50.43	42.92
2.流动比率	1.12	0.93	0.91
3.速动比率	0.22	0.41	0.48
4.应收帐款周转率	19.69	19.00	15.03
5.存货周转率	4.81	6.49	9.94
6.无形资产占总资产的比例(%)	0	0	0
7.无形资产占净资产的比例(%)	0	0	0
8.研究与开发费用占主营业务收入比例(%)	–	–	–
9.每股净资产	1.81	1.66	1.54
10.净资产收益率(摊薄、%)	20.26	19.41	12.96
11.每股净收益(摊薄、元)	0.367	0.323	0.200
12.每股经营活动的现金流量	0.46	0.03	–

注:作为淀粉生产型企业,本公司采用的是通用技术,未单设研究开发部门,也未单列有关经费,故没有研究与开发费用占主营业务收入比例的指标数据。

上表中的净资产收益率和每股收益是根据报告期净利润,按照全面摊薄法计算出来的。根据中国证监会《公开发行证券公司信息披露编报规则(第九号)》要求,报告期全面摊薄和加权平均的净资产收益率、每股净收益计算分析如下:

2000 年	净资产收益率%		每股收益(元/股)	
	全面摊薄	加权平均	全面摊薄	加权平均
主营业务利润	43.10	42.25	0.781	0.781
营 业 利 润	30.25	29.65	0.548	0.548
净 利 润	20.26	19.86	0.367	0.367
扣除非经常性损益后的净利润	20.27	19.87	0.367	0.367

3、主要知识产权、特许经营权和非专利技术情况

在知识产权方面,本公司目前仅在商标使用方面涉及。正在办理权属变更手续的"荣兴"牌商标注册有效期至 2007 年 4 月 20 日;已得到国家工商行政管理局的核准转让通知的"兰达"牌商标注册有效期至 2005 年 12 月 20 日。

本公司不存在特许经营情况,也无非专利技术。

4、享有的财政税收优惠政策。

本公司目前所得税方面不享有优惠政策。在增值税方面,农膜收入按《中华人民共和国增值税暂行条例实施细则》免征增值税;淀粉副产品按财政部、国家税务总局(1998)78 号文规定免征增值税。

四、股票发行与股本结构

(一)本次上市股票的公开发行

1、发行日期:2001 年 5 月 30 日
2、发行数量:80,000,000 股
3、股票发行价格:8.60 元
4、募集资金总额:688,000,000 元(含发行费用)
5、发行方式:上网定价发行
6、发行费用总额及项目 20,300,000 元,包括承销费用、审计费、资产评估费用、土地评估费用、律师费用、上网发行手续费、审核费。
7、每股发行费用:0.25 元
8、中签率:0.17634905%
9、有效申购户数:1,914,342 户
10、有效申购股数:45,364,576,000 股
11、持 1000 股以上(含 1000 股)的户数:66687 户
12、发行市盈率:34.13(全面摊薄)

(二)股票承销情况

本公司于 2001 年 5 月 30 日公开发行的人民币普通股 80,000,000 股由社会公众及合格的机构投资者全额认购,承销团成员无余额包销。

(三)验资报告

验 资 报 告

甘肃荣华实业(集团)股份有限公司全体股东:

我们接受委托,对甘肃荣华实业(集团)股份有限公司截止2001年6月7日止的股本变更情况的真实性和合法性进行了审验。在审验过程中,我们按照《独立审计实务公告第1号-验资》的要求,实施了必要的审验程序。甘肃荣华实业(集团)股份有限公司的责任是提供真实、合法、完整的验资资料,保护资产的安全、完整。我们的责任是按照《独立审计实务公告第1号-验资》的要求,出具真实合法的验资报告。

甘肃荣华实业(集团)股份有限公司变更前的注册资本为人民币120,000,000元,股本为120,000,000元。已由甘肃会计师事务所甘会验字[1998]第036号验资报告予以验证。甘肃荣华实业(集团)股份有限公司变更后的注册资本为人民币200,000,000元,股本为200,000,000元。根据我们的审验,截至2001年6月7日止,甘肃荣华实业(集团)股份有限公司增加的投入资本为667,700,000元,变更后的投入资本总额为捌亿伍仟贰佰叁拾壹万壹仟壹佰伍拾玖元伍角贰分(852,311,159.52元),其中实收资本为人民币200,000,000元,资本公积652,311,159.52元。

五联联合会计师事务所有限公司　　中国注册会计师:赵　燕

中国注册会计师:刘志文

民主东路249号甘肃移动通讯大厦五层　　二00一年六月七日

(四)募集资金入帐情况:

入帐时间:2001年6月7日

入帐金额:667,700,00元

入帐帐号:0160158069

开户银行:交通银行兰州分行

(五)本次股票上市前股权结构和股东持股情况

1、本公司本次上市前的股本结构

股份类别	股份数量(股)	占总股本的比例(%)
(1)尚未流通股份:		
发起人股份	120,000,000	60.00
其中:国家持有股份	0	0
国有法人持有股份	48,000,000	24.00
境内法人持有股份	72,000,000	36.00
境外法人持有股份	0	0
(2)可流通股份:		
境内上市人民币普通股:	80,000,000	40.00
境内上市外资股	0	0
境外上市外资股	0	0
(3)总股本	200,000,000	100.00

2、本次上市前,本公司前十名股东持股数及比例

序号	股东名称	持股数量(万股)	持股比例(%)
1	甘肃省武威淀粉厂	4800	24.00
2	甘肃省武威荣华工贸总公司	3305	16.52
3	甘肃省武威塑料农膜厂	3300	16.50
4	甘肃宜发投资发展有限公司	325	1.63
5	甘肃省武威饴糖厂	270	1.35
6	中信证券	33.2	0.415
7	兴和基金	29.2	0.365
8	国信证券	28.9	0.361
9	广发证券	26.1	0.326
10	同盛基金	20.5	0.256

五、董事、监事、高级管理人员及核心技术人员

(一)董事、监事、高级管理人员和核心技术人员简介

1、董事

张严德,男,现年40岁,中共党员,高中文化,经济师。历获"全国乡镇企业家"、"全国优秀青年乡镇企业家"、"全国乡镇企业科技进步先进工作者"、"全国劳动模范"、"优秀共产党员"、"全国农业科技先进工作者"等荣誉称号,系中国青年乡镇企业家协会常务理事、中国淀粉工业协会理事、甘肃省九届人大代表,具有丰富的企业经营管理经验,曾任甘肃省武威荣华工贸总公司总经理。现任本公司董事长。

严新林,男,现年43岁,中共党员,大专文化,会计师。曾先后在甘肃省武威县财政局、武威市政府办公室、武威市国有资产管理局工作,后调入甘肃省武威淀粉厂任厂长。曾获"甘肃省劳动模范"、"全国劳动模范"荣誉称号。现任甘肃省武威淀粉厂厂长、本公司副董事长。

孙效东,男,现年46岁,中共党员,大专文化,工程师。曾在甘肃省武威市六中任教,并在甘肃省武威汽车配件厂先后担任企业管理办公室主任、副厂长等职,后调入甘肃省武威淀粉厂任副厂长。现任甘肃省武威淀粉厂副厂长,本公司董事。

卢万发,男,现年51岁,中共党员,中专文化,工程师。曾先后在甘肃省武威县二轻局、武威市乡镇企业局建筑工程公司工作,后调入甘肃省武威饴糖厂任厂长。曾获"甘肃省优秀企业家"荣誉称号。现任甘肃省武威饴糖厂厂长,本公司董事。

严其林,男,现年46岁,中共党员,中专文化。曾在甘肃省武威县高坝中学任教,并先后担任甘肃省武威县高坝乡人民政府办公室主任、经委主任,后调入甘肃省武威塑料农膜厂,先后担任副厂长、厂长等职。现任甘肃省武威塑料农膜厂厂长,本公司董事。

张百生,男,现年47岁,中共党员,中专文化。于1973年入伍,复员后分配至甘肃省武威县高坝乡人民政府任武装干事、经委副主任等职,后调入甘肃省武威塑料农膜厂担任副厂长。现任甘肃省武威塑料农膜厂副厂长,本公司董事。

赵承杰,男,现年51岁,中共党员,中专文化。曾先后在武威市农电站、武威市乡镇企业管理局工作,后调入甘肃省武威饴糖厂任副厂长。现任甘肃省武威饴糖厂副厂长,本公司董事。

王宝玉,男,现年43岁,中共党员,大学文化。现任甘肃宜发投资发展有限公司总经理,本公司董事。

杜建萍,女,现年31岁,中共党员,大学文化,会计师。毕业后分配到甘肃省武威荣华工贸总公司先后担任会计、财务处长等职。现任本公司董事、财务总监。

2、监事

杨天保,男,现年51岁,中共党员,中专文化。1970年入伍,复员后分配至甘肃省武威县广播局工作。曾任甘肃省武威县乡镇企业管理局党组书记,后调入甘肃省武威荣华工贸总公司任党委书记。现任本公司监事会主席、党委书记。

查金堂,男,现年46岁,中共党员,高中文化。1972年入伍,复员后转业至甘肃省武威县司法局工作,后调入甘肃省武威荣华工贸总公司任党委副书记兼法律事务部主任。现任本公司监事。

杨　智,男,现年47岁,中共党员,高中文化。曾先后担任甘肃省武威县工会办公室干事、武威县财政局农场场长等职,后调入甘肃省武威淀粉厂任办公室主任。现任本公司监事、工会主席。

杨廷学,男,现年51岁,中共党员,中专文化,会计师。曾先后担任甘肃省武威县高坝人民公社办公室干事、公社会计、高坝镇人民政府经营站站长等职,后调入甘肃省武威塑料农膜厂任财务处处长。现任本公司监事、监察审计部部长。

秦永伟,男,现年39岁,中共党员,高中文化。曾先后担任武警甘肃总队武威支队警通班班长、天祝中队司务长、支队军人服务部经理等职,复员后分配至甘肃省武威淀粉厂任保卫处处长。现任本公司监事。

3、高级管理人员

黄元德,男,现年45岁,中共党员,大学文化,经济师。曾先后担任国营武威县九墩农场副场长、场长、国营武威市复合彩印厂厂长等职,后调入甘肃省武威淀粉厂任副厂长,曾荣获"甘肃省优秀企业家"称号,具有丰富的企业经营管理经验。现任本公司总经理。

朱生平,男,现年33岁,中共党员,大专文化。毕业后分配至甘肃省武威市财政局工作,后调入甘肃省武威淀粉厂任生产技术处处长。现任本公司副总经理兼生产技术部部长、技术负责人。

刘　永,男,现年34岁,中共党员,大学文化。毕业后分配至甘肃省武威市人事局工作,后调入甘肃省武威淀粉厂任办公室副主任。现任本公司副总经理兼董事会秘书。

刘国伟,男,现年35岁,中共党员,大专文化。毕业后分配至甘肃省武威市高坝镇人民政府工作,后调入甘肃省武威塑料农膜厂任供应处处长。现任本公司副总经理兼办公室主任。

明俊年,男,现年38岁,中共党员,大专文化。毕业后分配至甘肃省武威市高坝镇人民政府任农经干事,后调入甘肃省武威塑料农膜厂任销售处处长。现任本公司副总经理兼供应部部长。

朱生祯,男,现年39岁,中共党员,大专文化。毕业后分配至甘肃省武威市乡镇企业管理局工作,后调入甘肃省武威荣华工贸总公司任销售处处长。现任本公司副总经理兼销售部部长。

李　辉,男,现年31岁,中共党员,大学文化。毕业后分配至甘肃省武威市人事局工作,后调入甘肃省武威荣华工贸总公司任人事劳资处处长。现任本公司副总经理兼人事劳资部部长。

杜建萍,简历同前。

4、核心技术人员

朱生平,简历同前。

(二)公司董事、监事、高级管理人员和核心技术人员持股情况

截止到本上市公告书签署之日,本公司的董事、监事、高级管理人员、技术负责人及核心技术人员不存在以个人持股、家属持股或法人持股的形式持有本公司股份的情况,也不存在持有本公司关联企业股份的情况。

(三)认股权设置和行使情况

截止到本上市公告书签署之日,本公司尚未设置认股权。

六、同业竞争与关联交易

(一)同业竞争情况

在改制过程中,本公司发起人已将与玉米淀粉和农膜生产相关的全部资产作为出资投入。本公司运行至今,五家发起人不存在与本公司从事相同、相似业务的情况。

五家发起人已分别作出承诺,发起人及其所控制的企业今后将不会直接或间接地从事与本公司经营范围相同或相似的业务,如果存在潜在同业竞争的可能,则将有关业务以委托经营、出售等方式来避免,以维护本公司的利益。

(二)关联方和关联关系

根据中国证监会证监发[2001]41号文规定的范围,本公司目前存在的关联方及关联关系如下:

1、关联方

名称	与股份公司关系
甘肃省武威淀粉厂	发起股东
甘肃省武威荣华工贸总公司	发起股东
甘肃省武威塑料农膜厂	发起股东
甘肃宜发投资发展有限公司	发起股东
甘肃省武威饴糖厂	发起股东
甘肃省武威包装材料厂	发起股东甘肃省武威塑料农膜厂的全资附属企业

2、关联关系

A、股权关系

在关联方中,本公司与五家发起人存在股权关系。甘肃省武威淀粉厂、甘肃省武威荣华工贸总公司、甘肃省武威塑料农膜厂、甘肃宜发投资发展有限公司、甘肃省武威饴糖厂分别持有本公司40%、27.53%、27.50%、2.71%、2.26%的股权。五家发起人按照公司法、公司章程的有关规定享有依照其所持有的股份份额行使表决权、获得股利和其他形式的利益分配等股东权利,并承担相应的股东义务。

B、人事关系

在董事会9名董事中,有2名(包括副董事长)来自甘肃省武威淀粉厂,2名(包括董事长)来自甘肃省武威荣华工贸总公司,2名来自甘肃省武威塑料农膜厂,2名来自甘肃省武威饴糖厂,1名来自甘肃宜发投资发展有限公司。除来自甘肃省武威荣华工贸总公司的2名董事现已不在原单位任职外,其余董事皆在原单位担任职务。因此五家发起人可以通过相关董事在董事会中发挥作用,进而对本公司决策产生影响。

C、商业利益关系

本公司因向甘肃省武威荣华工贸总公司采购水、电、汽及运输服务、向其销售胚芽、向甘肃省武威包装材料厂采购包装袋与两家关联方存在商业利益关系。因本公司的水、电、汽及运输服务、包装袋全部由两关联方提供,胚芽也基本上销售给甘肃省武威荣华工贸总公司,因此两关联方有通过商业交易在产品供销数量、时间、质量、价格等方面对本公司施加影响。

(三)关于关联交易

2000年本公司与关联方在产品采购、销售、土地使用权租赁、商标转让等方面存在关联交易,具体如下所示:

1、采购业务

1998年11月15日,本公司与甘肃省武威荣华工贸总公司、甘肃省武威淀粉厂签订了《综合服务协议》,协议有效期5年。根据协议,由甘肃省武威荣华工贸总公司所属的供电所、热电厂、运输公司为本公司提供生产用电、用水、用汽以及运输服务,由甘肃省武威淀粉厂所属的诊所为本公司提供职工医疗服务。

2000年度由甘肃省武威荣华工贸总公司提供运输服务的金额为224,758.10元,供电总金额为35,509,030元,供汽总金额为314,430.86元,供水总金额为1,953,079元。

2000年1月10日,本公司与甘肃省武威包装材料厂签订了《产品采购合同》。自合同生效之日起一年内,公司向甘肃省武威包装材料厂采购淀粉编织袋600万条,单价1.20元。2000年度包装袋采购总金额为8,110,326元。

2、销售业务

1999年11月20日,本公司与甘肃省武威荣华工贸总公司签订了《产品销售合同》。根据合同,自合同生效之日起一年内,本公司向甘肃省武威荣华工贸总公司销售玉米胚芽15000吨,每吨单价为2800元。2000年度销售总金额为58,178,882.00元。

3、土地使用权租赁

1998年11月20日,甘肃省武威荣华工贸总公司、甘肃省武威塑料农膜厂与本公司签署了《《国有土地使用权租赁合同》转让协议》,将其分别与甘肃省武威市土地管理局签订的(98)001、(98)002号《国有土地使用权租赁合同》转让给本公司,两合同中约定的承租人的全部权利、义务均

由本公司承继,并由本公司向甘肃省武威市土地管理局支付租金。合同约定由本公司租赁使用甘肃省武威市的四宗土地总面积共计170338平方米,租期十年,年租金合计35.8万元人民币。

4、商标许可使用与转让

A、1998年11月16日,本公司与甘肃省武威淀粉厂签订了《注册商标许可使用合同》,由甘肃省武威淀粉厂将其拥有的"荣兴"牌(商标注册证第984122号,核准使用商品第1类,用于工业淀粉)无偿许可给公司使用。2000年4月25日,本公司与甘肃省武威淀粉厂签订了《注册商标转让合同》。根据合同,甘肃省武威淀粉厂将"荣兴"牌注册商标无偿转让给公司,并且在转让协议约定的商标转让权属变更手续办理完结之前,许可本公司继续无偿使用"荣兴"牌注册商标。

B、1998年11月16日,本公司与甘肃省武威包装材料厂签订了《注册商标许可使用合同》,甘肃省武威包装材料厂将其拥有的"兰达"牌(商标注册证第801389号,核准使用商品第17类,用于非包装用塑料膜、塑料管)注册商标无偿许可给公司使用。2000年4月25日,本公司与甘肃省武威包装材料厂的签订了《注册商标转让合同》。根据合同,甘肃省武威包装材料厂将"兰达"牌注册商标无偿转让给本公司,并且在转让协议约定的商标转让权属变更手续办理完结之前,许可本公司继续无偿使用"兰达"牌注册商标。

五家发起人已分别作出承诺,发起人及其所控制的企业对于今后可能与本公司发生的关联交易,将按照公平合理、平等互利、等价有偿的原则进行;与本公司存在关联交易的发起人还就已分别签署的关联交易协议的公平性、合法性、有效性作出承诺,并承诺将严格履行协议。

七、财务会计资料

公司聘请的审计机构五联联合会计师事务所有限公司对本公司2000年12月31日以前的三年的会计期间报表进行了审计,并出具了标准无保留意见的审计报告。

本公司截止2000年12月31日的财务会计资料,已于2001年5月25日分别在《中国证券报》、《上海证券报》、《证券时报》上刊登的《招股说明书概要》中进行了详细披露,因尚未超出招股说明书有效期限,故相同的内容在此不再重复。欲了解本公司经审计的财务报表及主要财务指标的详细内容,敬请投资者查阅上述报纸或在公告的《招股说明书》查阅地查阅。

(一)财务报表

1、最近三年的简要利润表　　单位:人民币元

项目	2000年度	1999年	1998年度
一、主营业务收入	425,126,201.97	391,576,237.90	261,441,744.35
主营业务收入净额	425,126,201.97	391,576,237.90	261,441,744.35
减:主营业务成本	330,202,316.46	320,285,311.22	206,650,747.61
主营业务税金及附加	1,247,298.44	982,801.33	556,825.86
二、主营业务利润	93,676,587.07	70,308,125.35	54,234,170.88
加:其他业务利润			423,775.90
减:存货跌价损失	-154,788.49	-995,194.71	982,539.61
销售费用	10,147,137.50	7,818,827.96	5,017,229.31
管理费用	10,342,850.30	7,355,901.30	3,086,538.40
财务费用	7,597,459.15	10,311,431.71	20,451,525.81
三、营业利润	65,743,928.61	45,817,159.09	25,120,113.65
营业外收入			135,727.00
减:营业外支出	6,000.00		2,650.00
四、利润总额	65,737,928.61	45,817,159.09	25,253,190.65
减:所得税	21,695,496.44	7,050,417.85	1,280,144.66
五、净利润	44,042,432.17	38,766,741.24	23,973,045.99

2、最近三年的简要资产负债表　　单位:人民币元

资产	2000年12月31日	1999年12月31日	1998年12月31日
流动资产:			
货币资金	266,444.35	5,672,713.63	24,932,504.51
应收帐款	17,665,053.26	25,504,265.96	15,713,156.60
其他应收款	431,009.59	3,316,303.56	366,303.56
减.坏帐准备	1,092,827.02	1,855,575.42	1,090,022.59
应收款项净额	17,003,235.83	26,964,994.10	14,989,437.57
预付帐款	945,225.33	18,358,574.20	168,031.41
存 货	74,031,059.68	63,209,941.77	35,487,082.88
减:存货跌价准备	35,668.74	190,457.23	1,185,651.94
存货净额	73,995,390.94	63,019,484.54	34,301,430.94
待摊费用			498,446.40
流动资产合计	92,210,296.45	114,015,766.47	74,889,850.83
固定资产:			
固定资产原价	248,852,532.56	248,849,232.56	248,849,232.56
减:累计折旧	40,695,129.07	29,906,798.01	19,098,358.33
固定资产净值	208,157,403.49	218,942,434.55	229,750,874.23
在建工程	79,335,898.10	50,000,000.00	
待处理固定资产净损失			
固定资产合计	287,493,301.59	268,942,434.55	229,750,874.23
无形及其他资产:			
无形资产	18,596,406.57	18,985,987.96	19,375,569.36
开办费	755,341.86	944,177.34	
无形及其他资产合计	19,351,748.43	19,930,165.30	19,375,569.36
资 产 总 计	399,055,346.47	402,888,366.32	324,016,294.42
负债及股东权益	2000年12月31日	1999年12月31日	1998年12月31日
流动负债:			
短期借款		60,000,000.00	45,027,612.00
应付票据			6,000,000.00
应付帐款	1,605,656.29	28,135,262.94	19,157,195.01
预收帐款	3,971,200.26	2,520,002.28	7,930,719.70
应付工资	1,032,968.31	5,583.84	401,907.69
应付福利费	186,683.90	99,297.22	199,939.65
应付股利	26,400,000.00	24,000,000.00	
应交税金	1,944,948.68	4,114,268.29	1,446,023.14
其他未交款	53,319.56	509,046.22	230,495.72
其他应付款	5,717,957.41	3,226,321.35	1,111,002.05
预提费用	157,650.00	27,720.00	630,988.00
一年内到期的长期负债	41,581,599.48		
流动负债合计	82,651,983.89	122,637,502.14	82,135,882.96
长期负债:			
长期借款	99,059,622.56	80,549,556.33	56,945,844.85
长期负债合计	99,059,622.56	80,549,556.33	56,945,844.85
负 债 合 计	181,711,606.45	203,187,058.47	139,081,727.81
股东权益:			
股 本	120,000,000.00	120,000,000.00	120,000,000.00
资本公积	64,611,159.52	64,611,159.52	64,611,159.52
盈余公积	13,107,913.18	6,501,548.35	686,537.17
其中:公益金	4,369,304.40	2,167,182.79	228,845.73
未分配利润	19,624,667.32	8,588,599.98	-363,130.08
股东权益合计	217,343,740.02	199,701,307.85	184,934,566.61
负债及股东权益合计	399,055,346.47	402,888,366.32	324,016,294.42

3、最近一年的简要现金流量表　　单位:人民币元

项目	2000年度
一、经营活动产生的现金流量	
销售商品、提供劳务收到的现金	477,609,655.97
收到的其他与经营活动有关的现金	196,995.40
现金流入小计	477,806,651.37
购买商品、接受劳务支付的现金	356,246,416.30
支付给职工及为职工支付的现金	12,755,714.21
实际交纳的增值税款	13,366,443.29
支付的所得税款	24,662,963.23
支付的除增值税、所得税以外的其他税费	4,209,953.13
支付的其他与经营活动有关的现金	11,258,021.15
现金流出小计	422,499,511.31
经营活动产生的现金流量净额	55,307,140.06
二、投资活动产生的现金流量	
现金流入小计	-
购建固定资产、无形资产和其他长期资产所支付的现金	25,884,838.10
现金流出小计	25,884,838.10
投资活动产生的现金净额	-25,884,838.10
三、筹资活动产生的现金流量	
现金流入小计	
分配股利或利润所支付现金	24,000,000.00
偿还利息所支付的现金	10,828,571.24
现金流出小计	34,828,571.24
筹资活动产生的现金流量净额	-34,828,571.24
四、汇率变动对现金的影响	
五、现金及现金等价物净增加额	-5,406,269.28

(二)主要项目附注

1、主营业务

本公司主营业务收入占销售收入的100%。1998、1999和2000年主营业务收入分别为261,441,744.35元、391,576,237.90元和425,126,201.97元,同比增幅分别为49.78%和8.57%。2000年主营业务收入继续增长但增幅减缓的主要原因是受市场状况的影响,主要产品玉米淀粉的平均销售价格和农膜的销量下降,而同时本公司的玉米淀粉及其副产品的销量有较大增长,且副产品的价格保持了相对稳定。

1998、1999和2000年主营业务利润分别为54,234,170.88元、70,308,125.35元和93,676,587.07元,同比增幅分别为29.64%和33.24%。本公司主营业务成本主要为原材料玉米的采购成本。2000年主营业务利润的增幅高于1999年,一方面是因为原材料玉米的采购价格下降,另一方面是因为通过加强管理和改善工艺降低了材料和能源耗用,提高了产品的综合收率,因而在产销量大幅增长的同时,主营业务成本的增幅较小,保持了较高的毛利率(1998、1999和2000年的毛利率分别为20.74%,17.96%和22.04%)。

2、资产情况

截止2000年12月31日,本公司资产总额为399,055,346.47元,包括流动资产92,210,296.45元、固定资产287,493,301.59元以及无形及其他资产19,351,748.43元,分示如下:

(1)流动资产

截止2000年12月31日,本公司流动资产主要包括应收帐款和存货。其金额分别占流动资产的19.16%和80.29%。

1999和2000年末应收帐款的余额分别为25,504,265.96元和17,665,053.26元,同比减少7,839,212.70元,减幅达30.74%,2000年12月31日应收帐款构成中一年以内的应收帐款金额为17,663,717.68元,占99.99%,对主要股东甘肃省武威荣华工贸总公司有一笔144,659.10元的应收货款。

1999和2000年末存货的余额分别为63,209,941.77元和74,031,059.68元,同比增长10,821,117.91元,增幅达17.12%。2000年12月31日本公司存货构成中原材料占68.11%,产成品占31.63%。其中:原材料玉米数量为2.7572万吨,金额2,173.96万元,占存货期末数的29.37%,以月消耗3.3万吨计,属正常储备;原材料线型聚乙烯数量为0.29万吨,金额2,402.37万元,占存货期末数的32.45%;产成品农膜数量为0.26万吨,金额2,302.83万元,占存货期末数的31.11%。农膜原材料和产成品存货水平较高的主要原因是2000年底考虑到农膜原材料将在一段时期内持续上涨,结合农膜生产销售的季节性和市场情况,适当增加了储备。

(2)主要固定资产

本公司主要固定资产为房屋建筑物及机器设备。固定资产折旧采用平均年限法计提,并根据现代管理的需要,按资产类别、估计的经济使用年限和预计残值对固定资产进行了分类,确定的分类折旧率如下:

类 别	使用年限	年折旧率	残值率
房屋建筑物	40年	2.38%	5%
机器设备	15年	6.33%	5%

截至2000年12月31日,本公司主要固定资产情况如下:

单位:人民币元

项目	原值	累计折旧	净值
房屋建筑物	126,579,992.05	11,719,732.19	114,860,259.86
机器设备	122,272,540.51	28,975,396.88	93,297,143.63
总计	248,852,532.56	40,695,129.07	208,157,403.49

房屋建筑物2000年折旧额为3,006,274.80元,机器设备2000年折旧额为7,782,056.26元。从表中计算可知,本公司房屋建筑物平均成新度在90%以上,而机器设备的平均成新度在76%以上,主要固定资产的使用状况良好。

(3)主要对外投资情况

截止2000年12月31日,本公司无对外投资。

(4)有形资产净值

截止2000年12月31日,本公司的有形资产净值为379,703,598.04元。

有形资产净值=总资产-无形资产-待摊费用-长期待摊费用

(5)主要无形资产情况

截止2000年12月31日,本公司帐面反映的无形资产为土地使用权,其原始金额为19,479,069.36元,2000年的摊销额为389,581.39元,帐面期末余额为18,596,406.57元,占净资产的8.57%,剩余摊销年限为48年。

3、负债情况

截至2000年12月31日,本公司负债总额为181,711,606.45元,其中流动负债82,651,983.89元,长期负债99,059,622.56元。截至2000年12月31日,本公司的主要债项包括应付股利、其他应付款、一年内到期的长期负债和长期借款。

(1)应付股利

2000年12月31日应付股利余额为26,400,000.00元,系根据本公司董事会提出的2000年度利润分配议案形成的债项。该分配议案以得到本公司2000年度股东大会的批准,并已于2001年3月底实施。因此,截止本招股说明书签署日,此债项已不存在。

(2)其他应付款

2000年12月31日的其他应付款余额为5,717,957.41元,其中一年以内的占71.40%,二至三年的占28.60%。无应付持有公司5%(含5%)以上股份的股东单位的款项。

(3)一年内到期的长期负债

借款单位	币种	金额(元)	月利率(‰)	期限	借款条件
武威地区建行	RMB	41,581,599.48	5.3625	1999.12.24-2001.12.23	抵押

(4)长期借款

借款单位	币种	金额(元)	月利率(‰)	期限	借款条件
武威市信用联社	RMB	39,059,622.56	6.900	2000.12.31-2002.12.30	抵押
武威市信用联社	RMB	15,000,000.00	6.900	2000.12.24-2002.12.23	抵押
武威市信用联社	RMB	20,000,000.00	6.300	2000.12.24-2002.12.23	抵押
武威地区农行	RMB	25,000,000.00	6.3375	2000.12.29-2002.12.28	抵押
合计		99,059,622.56			

(5)对关联企业负债

截止2000年12月31日,本公司尚有对关联企业甘肃省武威荣华工贸总公司和甘肃省武威包装材料厂的应付帐款合计480,707.50元。其中对甘肃省武威荣华工贸总公司的应付帐款金额为474,391.90元,性质为应付电费;对甘肃省武威包装材料厂的应付帐款金额为6,315.60元,性质为应付货款。

(6)主要合同承诺

A、2001年1月20日,本公司与甘肃省武威包装材料厂签订了《产品采购合同》,双方约定从2000年2月1日起,公司向甘肃省武威包装材料厂采购淀粉编织袋840万条、蛋白粉编织袋40万条,糊精编织袋125万条,单价1.20元。

B、2001年2月6日,本公司与武威市粮食局签订了《农副产品购销合同》,本公司向甘肃省武威市粮食局采购生产淀粉所需的原料玉米140,000,000公斤,采购价每公斤0.91元人民币,在2001年7月底之前完成。双方还就玉米质量、交货方式、结算方式等问题作了具体约定。

C、1998年11月15日,本公司与甘肃省武威荣华工贸总公司、甘肃省武威淀粉厂签订了《综合服务合同》,由甘肃省武威荣华工贸总公司所属的供电所、热电厂、运输公司为公司提供生产用电、用水、用汽以及运输服务,由甘肃省武威淀粉厂所属的诊所为公司提供职工医疗服务。服务期限五年,由公司根据实际发生数量按国家标准或地区标准或市场价格向两家发起人支付服务费。

除上述债项外,本公司无任何其他公司债、内部人员或关联企业负债、或有负债等债项。

4、股东权益情况

(1)股本

2000年12月31日本公司股本余额为120,000,000.00元,近三年未发生变动。

(2)资本公积

2000年12月31日本公司资本公积余额为64,611,159.52元,近三年未发生变动。资本公积系根据甘肃省经济体制改革委员会甘体改函字(1998)033号文对发起人投入的净资产按1.538:1的比例折股所形成的股本溢价。

(3)盈余公积

项 目	2000年12月31日	1999年12月31日	1998年12月31日
法定盈余公积	8,738,608.78	4,334,365.56	457,691.44
任意盈余公积	-	-	-
公益金	4,369,304.40	2,167,182.79	228,845.73
合 计	13,107,913.18	6,501,548.35	686,537.17

根据1998年度、1999年度和2000年度股东大会关于利润分配方案的决议,三年来对会计期间实现的净利润本公司均按10%提取法定盈余公积、按5%的比例提取法定公益金,其中1998年的法定盈余公积和公益金是以公司成立日(1998年11月12日)至1998年12月31日形成的利润为基数提取的。

(4)未分配利润

项 目	2000年12月31日	1999年12月31日	1998年12月31日
年初未分配利润	8,588,599.98	-363,130.08	-
加:本期净利润	44,042,432.17	38,766,741.24	2,599,081.62
加:本期净利润调增(减)数	-	-	1,977,832.94
加:年初未分配利润调增(减)数	-	-	-4,253,507.47
减:提取法定盈余公积	4,404,243.22	3,876,674.12	457,691.44
减:提取法定公益金	2,202,121.61	1,938,337.06	228,845.73
减:提取任意盈余公积	-	-	-
减:已分配普通股股利	26,400,000.00	24,000,000.00	-
期末未分配利润	19,624,667.32	8,588,599.98	-363,130.08

根据财政部财会字(1999)35号文《关于印发[股份有限公司会计制度有关会计处理问题补充规定]的通知》的有关规定和本公司董事会决议,本公司1999年1月1日起变更部分会计政策,并对相应科目进行了追溯调整,因而导致了上述本期净利润调增(减)数及年初未分配利润调增(减)数的发生。

5、现金流量情况

2000年度本公司经营活动产生的现金流量为55,307,140.06元,现金流入流出情况良好;投资活动产生的现金流量为-25,884,838.10元,主要为高级玉米精炼油生产线项目和麦芽糊精生产线项目在建工程购建固定资产所致;筹资活动产生的现金流量为-34,828,571.24元,系2000年3月份支付现金股利24,000,000.00元和全年支付利息10,828,571.24元所致;现金及现金等价物净增加额为-5,406,269.28元。现金流量结构基本合理。2000年没有发生不涉及现金收支的重大投资和筹资活动。

(三)主要财务指标

详见"三、公司概况"的"本公司主要经营情况"部分的"主要财务指标"内容。

(四)盈利预测

五联联合会计师事务所有限公司对本公司编制的2001年度盈利预测报告进行了审核,并出具了无保留意见的审核报告。现对本公司盈利预测报告摘录如下:

盈利预测表

项目	2000年已审定数	2001年预测数	增长率(%)
一.主营业务收入	425,126,202	531,090,900	24.93
主营业务收入净额	425,126,202	531,090,900	24.93
减:主营业务成本	330,202,316	417,162,592	26.34
营业税金及附加	1,247,298	1,768,594	41.79
二.主营业务利润	93,676,587	112,159,713	19.73
减:存货跌价准备	-154,788		
销售费用	10,147,138	12,728,000	25.43
管理费用	10,342,850	15,067,374	45.68
财务费用	7,597,459	9,235,709	21.56
三.营业利润	65,743,929	75,128,630	14.27
减:营业外支出	6,000		
四.利润总额	65,737,929	75,128,630	14.29
减:所得税	21,695,496	24,792,448	14.27
五.净利润	44,042,432	50,336,182	14.29

2001年预计利润总额7,512.86万元,与2000年相比增加938.47万元,增长14.29%,净利润5033.62万元,与2000年相比增加629.38万元,增长14.29%(所得税按33%计)。

八、其他重要事项

(一)本公司于2001年3月15日召开了2000年度股东大会,一致审议通过2000年度董事会工作报告、监事会工作报告、总经理工作报告、财务预算报告;经回避表决,审议通过了本公司与甘肃省武威荣华工贸总公司、甘肃省武威淀粉厂签定的《综合服务协议》的全部条款,审议通过了本公司与甘肃省武威荣华工贸总公司签定的《产品销售合同》的全部条款,审议通过了本公司与甘肃省武威塑料农膜厂签定的《产品采购合同》的全部条款,并且认为上述关联交易是公允的,不存在损害其它股东利益的情形;审议通过2000年利润分配修正议案:将2000年度可供分配的利润为46,024,667.32元,对现股东每10股派发现金0.22元,共计分配现金红利26,400,000元,余额由新老股东共享。自2001年1月1日起至本次股票发行前所产生的净利润由新老股东共享。

(二)本次股票发行后,本公司将在2002年6月30日前进行上市后的第一次利润分配。

(三)本公司发行前后每股净资产分别是1.81元和4.43元。

(四)根据《上海证券交易所股票上市规则》公司第一大股东甘肃省武威淀粉厂已向上海证券交易所承诺,自本公司股票上市之日起12个月内,第一大股东不转让其持有的本公司股份,也不由上市公司回购其持有的股份。

(五)除招股说明书概要及和本公告书已披露事项外,本公司无其他应披露而未披露的重大事项。

九、董事会上市承诺

本公司董事会将严格遵守《中华人民共和国公司法》、《中华人民共和国证券法》、《股票发行与交易管理暂行条例》、《公开发行股票公司信息披露实施细则》和《上海证券交易所股票上市规则》等国家有关法律、法规的规定,承诺自本公司股票上市之日起作到:

(一)承诺真实、准确、完整、公允和及时地公布定期报告,披露所有对投资者有重大影响的信息,并接受中国证监会、上海证券交易所的监督管理;

(二)承诺本公司在知悉可能对股票价格产生误导性影响的任何公共传播媒介中出现的消息后,将及时予以公开澄清;

(三)本公司董事、监事、高级管理人员及核心技术人员将认真听取社会公众的意见和批评,不利用已获得的内幕消息和其他不正当手段直接或间接从事本公司股票的买卖活动;

(四)本公司没有无记录的负债。

十、上市推荐人及其意见

(一)推荐人有关情况

上市推荐人:国通证券有限责任公司

法定代表人:万建华

法定地址:深圳市福田区深南中路34号华强佳和大厦东座8-11楼

电话:(0755)3677403

传真:(0755)3796489

联系人:刘蕴华、程浩

上市推荐人:光大证券有限责任公司

法定代表人:王明权

法定地址:上海市浦东新区浦东南路528号上海证券大厦

电话:(010)68561514

传真:(010)68561008

联系人:崔伟

上市推荐人:中国银河证券有限责任公司

法定代表人:朱利

法定地址:北京市西城区复兴门内大街158号

电话:(021)65468898

传真:(021)65465486

联系人:王力钢

(二)推荐人的推荐意见

本公司约请的上市推荐人国通证券有限责任公司、光大证券有限责任公司、中国银河证券有限责任公司认为本公司股票符合上市条件,已向上海证券交易所出具正式的《股票上市推荐书》。

作为本公司的上市推荐人,国通证券有限责任公司、光大证券有限责任公司、中国银河证券有限责任公司认为,本公司的章程符合《中华人民共和国公司法》、《中国人民共和国证券法》、《上市公司章程指引》、《上海证券交易所股票上市规则》(2000年修订本)等有关法律、法规和中国证监会的规定;本公司本次发行股票符合《中华人民共和国公司法》、《中华人民共和国证券法》、《股票发行与管理暂行条例》和《上海证券交易所股票上市规则》(2000年修订本)等法律、法规的有关规定,已具备了上市条件;除本次公开发行、上市的《招股说明书》和《上市公告书》所载事项之外,本公司不存在其他需要说明的重要事项和存在的问题;本公司的董事了解法律、法规、上海证券交易所上市规则及股票上市协议规定的董事的义务与责任;本公司建立健全了法人治理结构、制定了严格的信息披露制度与保密制度。三家上市推荐人已对上市文件所载的资料进行了核实,确保上市文件真实、准确、完整,符合规定要求;三家上市推荐人保证本公司的上市申请材料、上市公告书没有虚假、严重误导性陈述或者重大遗漏,保证对其承担连带责任,并保证不利用在上市过程中获得的内幕信息进行内幕交易,为自己或他人谋取利益。

甘肃荣华实业(集团)股份公司

2001年6月20日

河南平高电气股份有限公司

股票上市公告书暨2000年度财务报告(部分)摘录

一、要览

股票简称:平高电气

股票代码:600312

股本总额:18350万股

可流通股本:6000万股

本次上市流通股本:6000万股

上市地点:上海证券交易所

上市日期:2001年2月21日

股票登记机构:上海证券中央登记结算公司

上市推荐人:兴业证券股份有限公司

二、公司概况

1、基本情况

公司名称:河南平高电气股份有限公司

英文名称:Henan Pinggao Electric Co.,ltd.

注册资本:18350万元

法定代表人:张炳文

公司成立时间:1999年7月12日

公司经营范围:制造、销售高压开关设备、控制设备及其配件(按国家有关规定);技术服务,咨询服务。

所属行业:输变电设备

公司注册地址:河南省平顶山市南环东路22号

联系电话:0375－3804064

联系人:刘伟、程占彪

三、董事、监事及高级管理人员简历及持股情况

1、董事会成员简介:

张炳文:公司董事长兼总经理,男,现年58岁,本科学历,高级工程师。1966年毕业于清华大学电机系高电压技术专业,历任工程师、平顶山市经贸委副主任、平顶山高压开关厂厂长、曾任天鹰集团公司董事长、总经理。

张万欣:公司副董事长,男,现年70岁,研究员、高级工程师、教授,毕业于清华大学,曾任中国石化总公司副总经理,国务院发展研究中心副主任,(美国)中美捷通公司董事长兼总裁。清华大学兼职教授(博士生导师)。

郑跃文:公司副董事长,男,现年38岁,金融学博士,现任全国工商联常委,科瑞集团公司执行总裁。

韩海林:公司董事,男,现年47岁,大专学历,工程师。历任平顶山高压开关厂设计员、党委办公室主任、厂长助理、副厂长等职。1996年后任天鹰集团公司董事,副总经理、总经理。

任晓剑:公司董事,男,现年42岁,经济学硕士,高级经济师。曾在中国农业银行总行国际部任职,并先后在瑞典、香港等国外金融机构留学任职,现任北京亚太世纪科技发展有限责任公司董事长。

庞铁军:公司董事,男,现年53岁,高级注册咨询师,大专学历,会计师。历任平顶山高压开关厂会计、财务处长、副总会计师、总会计师、天鹰集团公司总会计师等职,现任公司财务总监。

范小清:公司董事,男,现年34岁,硕士,中国注册会计师,曾任南昌大学讲师、华商集团国际有限公司副总经理,现任北京亚太世纪科技发展有限责任公司副总经理。

2、监事会成员简介:

程爱莲:公司监事会主席,女,现年48岁,一九七八年毕业于清华大学光学仪器专业,高级政工师。(该监事系职工代表选举产生)。

郭梓林:公司监事,男,现年43岁,大专学历,历任江西省建总公司团委书记、江西新元技术开发公司董事长、科瑞集团副总裁。

陆乘驯:公司监事,男,现年55岁,大专学历,会计师,历任江西桑海企业集团财务处长、长江农业开发有限公司总会计师。

3、其他高级管理人员简介:

刘功群:公司副总经理,男,现年52岁,中专学历,经济师。历任平顶山高压开关厂劳资处长、副总经济师、天鹰集团员工部部长、副总经济师。

查伟晨:公司副总经理,男,现年40岁,工业经济硕士,1989年毕业于复旦大学管理学院,历任江西财经大学副教授、南昌瑞伦电气设备制造公司副总经理、总经理。

王普庆:公司总工程师,男,现年39岁,本科学历,高级工程师,历任平顶山高压开关厂主任工程师、天鹰集团工艺处处长、总工艺师。

刘伟:公司董事会秘书兼证券部部长。男,现年41岁,本科学历,高级经济师,第三、四、五届平顶山市政协委员,民建平顶山市委委员,历任平顶山高压开关厂主任科员、副处长、天鹰集团综合管理部副部长。

截止到本上市公告签署之日,本公司董事、监事和高级管理人员均未持有本公司股票。

四、股票发行及承销

1、本次发行情况

发行方式:上网定价

发行时间:2001年1月15日

发行数量:6,000万股

发行价格:12.45元/股

募集资金总额:72,787万元(已扣除发行费用)

发行情况:本次上网定价发行6,000万股人民币普通股,经上海证券交易所主机系统和上海大华会计师事务所有限公司验资,本次股票发行有效申购户数224,734户,有效申购股数为5,000,615,000股,超额认购倍数为83.3436倍,中签率为1.19985242%。

持有1000股(含1000股)以上的股东数:53,928户

发行费用总额:1913万元

每股发行费用:0.32元

发行市盈率:40.16倍(按1999年每股收益0.31元计算)

2、股票承销

本次公开发行的6,000万股社会公众股,获得超额认购,承销团无余额包销

五、股本结构及大股东持股情况

(一)本公司上市前的股本结构

股份类别	股份数(万股)	占总股本比例(%)
未流通股份	12350	67.30
其中:		
法人股	12350	67.30
可流通股份	6000	32.70
总股份	18350	100

(二)本次发行后,本公司前十位股东所持股数及比例

股东名称	持股数(万股)	占总股本比例(%)
平顶山天鹰集团有限责任公司	4878.25	26.58
南昌科瑞集团	4322.5	23.56
北京亚太世纪科技发展有限责任公司	2964	16.15
北京瑞泽网络销售有限责任公司	123.5	0.67
平顶山天鹰投资咨询有限责任公司	61.75	0.34
同益基金	24.2	0.13
普丰基金	18.2	0.10
裕隆基金	11.3	0.06
普惠基金	9.5	0.05
裕阳基金	3.7	0.02

(注:本上市公告书因版面原因为上市公告书部分摘录,需要阅读全文请向相关公司董事会秘书查询。)

上海家化联合股份有限公司

股票上市公告书暨2000年度财务报告(部分)摘录

一、要览

股票简称:上海家化
股票代码:600315
股本总额:27000万股
可流通股本:8000万股
本次上市流通股本:8000万股
上市地点:上海证券交易所
上市日期:2001年3月15日
股份登记机构:上海证券中央登记结算公司
上市推荐人:联合证券有限责任公司

二、公司概况

(一)概况
1、公司名称:上海家化联合股份有限公司
英文名称:SHANGHAI JIAHUA UNITED CO.,LTD.
2、注册资金:27000万元
3、法定代表人:葛文耀
4、成立日期:1999年10月18日
5、经营范围:开发和生产日用化学制品原辅材料、包装容器;开发和生产日用化学制品、香精、化妆品用具、清凉油、蜡制品、洁厕剂、消毒清洁液剂、杀虫剂、蚊香(固体、液体)、驱杀昆虫用电器装置、美容美发服务并生产有关器具,日用化学品及化妆品技术服务;销售公司自产产品。
6、所属行业:化妆品行业
7、注册地址:上海市保定路527号
联系人:冯　珺
联系电话:021-65456400

三、董事、监事及高级管理人员简介及持股情况

(一)公司董事、监事及高级管理人员简介
1、董事会成员
葛文耀:男,53岁,硕士,高级经济师。历任上海家用化学品厂厂长,上海庄臣有限公司副总经理。曾任上海家化联合公司、上海家化有限公司、上海家化(集团)有限公司董事长、总经理。连续三年荣获上海市优秀企业家、上海市优秀企业经营者称号,1999被上海市政府研究室聘为上海市决策咨询研究专家。现任上海家化(集团)有限公司副董事长、本公司董事长,同时担任中国香化协会副理事长、中华商标协会副会长、上海财经大学及上海交通大学的兼职教授、上海市政府经济研究中心企业顾问团顾问、上海市经营者资质评价中心评审专家、上海市企业经营管理研究会副会长等职。
厉伟达:男,53岁,本科学历。历任上海实业公司企发部副总经理,上海实业投资有限公司总经理。现任上海实业控股有限公司副行政总裁、本公司副董事长。
陆芝青:女,43岁,硕士,高级经济师。历任上海轻工控股集团公司市场处处长,上海日化(集团)有限公司总经理。现任上海家化(集团)有限公司副总经理、本公司董事。
刘玉亮:男,39岁,博士。历任上海长海医院主治医师、副教授,上海家化有限公司副总经理。现任上海家化(集团)有限公司副总经理、本公司董事。
周启英:男,53岁,硕士,高级经济师。曾任上海庄臣有限公司销售总监、上海家化(集团)有限公司副总经理。现任本公司董事、总经理。
邬健庄:男,54岁,本科学历,高级经济师。历任上海市牛奶公司总经理,上海市农业投资总公司总经理。现为上海实业控股有限公司上海代表处代表、本公司董事。
季建忠:男,44岁,本科学历,高级会计师。曾任浦东钢铁集团有限公司财务处处长。现任香港上实控股有限公司上海代表处财务总监、本公司董事。
冯祖新:男,46岁,大学学历,经济师。历任上海市经济委员会信息中心副主任、主任。1997年8月起任上海市工业投资公司副总经理、总经理,现任上海工业投资(集团)有限公司副总裁、本公司董事。
杨荣春:男,52岁,本科学历,工程师。曾任福建晋江通用厂技术员。现任福建恒安集团有限公司副总裁、本公司董事。
陆淑华:女,49岁,中专学历,助理会计师。历任上海永盈食品有限公司总经理;上海瀚股实业公司总经理。现为上海惠盛实业有限公司董事长、本公司董事。
冯　珺:女,33岁,硕士。曾任山一证券驻上海交易所首席交易员及研究员,联合证券有限责任公司投资银行总部高级经理,上海家化(集团)有限公司投资部总监。现任本公司董事兼董事会秘书。
2、监事会成员
徐志毅:男,63岁,大专学历,教授级高级工程师、研究员。历任上海电缆厂厂长,上海电机公司总经理,上海电线电缆(集团)公司总经理,上海机电局局长,上海市经济委员会主任。曾被评为上海市优秀企业家、劳动模范、全国质量管理优秀工作者。徐志毅先生是第八届全国人大代表,第九届全国政协委员。现任上海工业投资(集团)有限公司董事长、本公司监事长。
蒋本孚:男,54岁,大专学历,会计师。历任康华南方(集团)公司财务部经理,中国技术进出口总公司南方公司副总经理。现为上海实业控股有限公司上海代表处代表、本公司监事。
吴英华:女,44岁,硕士,审计师。曾任上海跃进铝制品厂财务,上海造纸公司华丽铜板纸厂审计师。现任上海家化(集团)有限公司总审计师、本公司监事。
黄　阅:女,29岁,硕士,工程师。曾任上海家化有限公司科研部助研员、团委书记,现任上海家化联合股份公司科研美容部副经理、本公司监事。
张宝娣:女,37岁,大专学历,助理政工师。曾任上海明星化妆品厂团委副书记、副厂长、上海家用化学品厂团委书记、上海家化房地产开发经营公司主任。现任上海家化股份有限公司工会副主席。
3、高级管理人员
徐南伟:男,48岁,硕士,高级经济师。历任上海家用化学品厂办公室主任,上海庄臣有限公司人事行政部总监,上海家化联合公司人事行政部总监,上海家化有限公司工会主席、党委副书记、副总经理。现任本公司副总经理。
路至伟:男,45岁,硕士,高级经济师。历任苏州自行车厂厂长、副董事长,苏州轻工业局副局长,苏州国际经济发展控股公司常务副总经理。现任本公司副总经理。
宣　平:男,47岁,大专学历,经济师。历任上海蓬帆沙发厂厂长、上海庄臣有限公司副总监,上海斯米克华洁纸业公司副总经理。现任本公司副总经理。
赵兰萍:女,47岁,硕士,高级会计师。1969年参加工作,历任上海三十棉纺厂副科长,上海二纺织印染公司财务副科长,上海家化联合公司财务总监。现任本公司财务总监。
(二)公司董事、监事及高级管理人员持股情况
本公司董事、监事均未持有本公司股票,高级管理人员除赵兰萍女士持有1000股本公司股票外,其他高级管理人员未持有本公司股票。

四、股本结构及大股东持股情况

(一)本公司上市前的股本结构

股份类别	数量(万股)	占总股本的比例(%)
尚未流通股份	19000	70.37
其中:		
国有法人股	8996.5	33.32
发起法人股	2403.5	8.90
境外发起法人股	7600	28.15
本次可流通股份		
社会公众股A股	8000	29.63
合计	27000	100

(二)上市前本公司前十名股东持股情况

股东名称	持股数量(万股)	持股比例(%)
1 上海家化(集团)有限公司	7600	28.15
2 上实日用化学品控股有限公司	7600	28.15
3 上海工业投资(集团)有限公司	1396.5	5.17
4 福建恒安集团有限公司	1248.3	4.62
5 上海广虹(集团)有限公司	661.2	2.45
6 上海惠盛实业有限公司	494	1.83
7 景福基金	30.6	0.11
8 兴和基金	23.1	0.09
9 泰和基金	21.9	0.08
10 裕隆基金	21.7	0.08

五、公司财务会计资料

本公司截止2000年7月31日的财务状况,已于2001年2月15日分别在《中国证券报》和《上海证券报》上刊登的《招股说明书概要》中进行了详细披露。鉴于上次披露财务资料审计截止日与本公告间隔时间已超过六个月,本公告将详细公布经上海立信长江会计师事务所有限公司审计的我公司2000年度审计报告及会计报表附注、前二年及2000年度财务报表。

主要财务指标

项　　目	2000年	1999年	1998年
1、主营业务收入(元)	1,192,036,852.25	1,082,865,772.29	982,009,491.25
2、净利润(元)	57,264,018.51	35,510,667.55	26,392,780.11
3、总资产(元)	804,868,885.22	872,106,352.48	887,594,154.50
4、股东权益(不含少数股东权益)(元)	304,923,843.36	263,989,975.32	228,462,592.30
5、每股收益(元/股)	0.30	0.12	
6、每股收益(加权)(元/股)	0.25	0.12	
7、每股收益(扣除非经营性损益)	0.30	0.14	
8、每股净资产(元/股)	1.60	0.92	
9、调整后每股净资产(元/股)	1.50	0.83	
10、每股经营活动产生现金流量净额(元/股)	0.79	0.35	
11、经营活动产生净现金流量(元)	150,035,803.48	99,444,443.47	
12、净资产收益率(%)	18.78	13.45	11.55
13、净资产收益率(%)(加权)	20.13	14.42	12.15

(注:本上市公告书因版面原因为上市公告书部分摘录,需要阅读全文请向相关公司董事会秘书查询。)

江西洪都航空工业股份有限公司

二○○○年年度报告摘选

一、公司简介

1、公司法定中文名称:江西洪都航空工业股份有限公司
公司法定英文名称:JIANGXI HONGDU AVIATIONIN DUSTRYCO.,LTD.
英文缩写:HDAA
2、公司法定代表人:田民
3、公司董事会秘书:陈文浩
联系地址:江西省南昌新溪桥 5001 信箱 512 分箱
联系电话:0791-8467844
传　真:0791-8467824
电子信箱:hdaajx@public.nc.jx.cn
4、公司注册地址:南昌高新技术产业开发区南飞点
公司办公地址:南昌市新溪桥
邮政编码:330024
电子信箱:hdaajx@public.nc.jx.cn
5、公司选定的信息披露报纸:《上海证券报》、《中国证券报》
登载公司年度报告的国际互联网网址:http://www.sse.com.cn
公司年度报告备置地点:江西洪都航空工业股份有限公司证券部
6、公司股票上市交易所:上海证券交易所
公司股票简称:洪都航空
公司股票代码:600316

二、会计数据和业务数据摘要

(一)公司 2000 年度主要业务数据:

项　目	金额(单位:元)
利润总额	41,063,718.28
净利润	41,063,718.28
扣除非经常性损益后的净利润	40,668,218.94
主营业务利润	48,976,709.99
其它业务利润	2,049,751.70
营业利润	40,668,218.94
投资收益	
补贴收入	
营业外收支净额	395,499.34
经营活动产生的现金流量净额	86,326,919.84
现金及现金等价物净增加额	967,697,798.57

(二)前三年主要会计数据和财务指标:

项　目	2000.12.31	1999.12.31	1998.12.31
主营业务收入(元)	288,713,989.92	269,318,954.06	231,524,588.32
净利润(元)	41,063,718.28	30,056,359.47	27,443,014.06
总资产(元)	1,220,886,271.07	253,082,270.40	210,446,707.86
股东权益(元)	1,013,884,414.99	121,454,823.09	62,388,539.90
每股收益(摊薄,元)	0.29	0.38	0.34
每股收益(加权,元)	0.48	0.38	0.34
扣除非经常性损益后的每股收益(摊薄,元)	0.29	0.38	0.34
扣除非经常性损益后的每股收益(加权,元)	0.48	0.38	0.34
每股净资产(元)	7.24	1.52	0.78
调整后每股的净资产(元)	7.23	1.52	0.78
每股经营活动产生的现金流量净额(元)	0.62		
净资产收益率(加权,%)	18.96	24.75	44
净资产收益率(摊薄,%)	4.05	24.75	44

利润分配表附表:

项目	报告期利润	净资产收益率(%)		每股收益(元)	
		全面摊薄	加权平均	全面摊薄	加权平均
主营业务利润	48,976,709.99	4.77	22.61	0.35	0.58
营业利润	40,668,218.94	3.96	18.78	0.29	0.48
净利润	41,063,718.28	4.05	18.96	0.29	0.48
扣除非经常性损益后的净利润	40,668,218.94	3.96	18.78	0.29	0.48

(三)报告期内股东权益变动情况(单位:元)

项　目	股　本	资本公积	盈余公积	法定公益金	未分配利润	股东权益合计
期初数	80,000,000.00	43,077,565.63			134,463.56	123,212,029.19
本期增加	60,000,000.00	814,062,925.22	6,159,557.74	2,053,185.91	10,499,902.84	890,672,385.80
本期减少						
期末数	140,000,000.00	857,140,490.85	6,159,557.74	2,053,185.91	10,584,366.40	1,013,884,414.99
变动原因	股票发行	发行溢价	当年利润提取	当年利润提取		

三、股本变动及股东情况

(一)股东情况介绍

1、根据上海证券中央登记结算中心提供的数据,截止 2000 年 12 月 29 日,本公司股东总数为 64296 户

2、截止 2000 年 12 月 29 日,公司前十名股东持股情况

序号	股东名称	持股数量(股)	持股性质	比例(%)
(1)	江西洪都航空工业集团有限责任公司	76,646,000	国有法人股	54.75
(2)	南昌长江机械工业公司	1,859,000	法人股	1.33
(3)	宜春第一机械厂	845,000	国有法人股	0.6
(4)	君安证券	489,000	社会公众股	0.35
(5)	君安海秀	378,562	社会公众股	0.27
(6)	爱民机械厂	325,000	国有法人股	0.23
(7)	江西第二机床厂	325,000	国有法人股	0.23
(8)	王思思	321,700	社会公众股	0.23
(9)	伍大桥	318,500	社会公众股	0.23
(10)	耿汝明	200,000	社会公众股	0.14

安徽巢东水泥股份有限公司

二○○○年年度报告摘选

一、公司简介

1、公司法定中文名称:安徽巢东水泥股份有限公司
公司法定英文名称:ANHUI CHAODONG CEMENT CO.,LTD.
2、公司法定代表人:陈学祥
3、公司董事会秘书:钱业银
联系地址:安徽省巢湖市长江西路 269 号
电话:0565-2391720
传真:0565-2391918
电子信箱:cddms@sina.com
4、公司注册地址:巢湖市健康路 238 号
公司办公地址:巢湖市长江西路 269 号
邮政编码:238001
电子信箱:cddms@sina.com
5、公司信息披露报纸名称:《上海证券报》
登载公司年度报告的中国证监会指定国际互联网网址:http://www.sse.com.cn
公司年度报告备置地点:公司证券部
6、公司股票上市地:上海证券交易所
股票简称:巢东股份
股票代码:600318

二、会计数据和业务数据摘要

1、本年度主要利润指标(单位:人民币元)

利润总额	40,841,407.48
净利润	35,401,209.19
扣除非经常性损益后的净利润	29,598,578.87
主营业务利润	121,733,865.34
其他业务利润	798,307.68
营业利润	31,743,875.23
投资收益	3,294,901.93
补贴收入	
营业外收支净额	5,802,630.32
经营活动产生的现金流量净额	35,870,239.49
现金及现金等价物净增加额	455,375,761.58

注:扣除的非经常性损益项目及金额:营业外收支净额:5,802,630.32 元 。

2、截至报告期末公司前三年主要会计数据和财务指标(单位:人民币元)

项目	2000 年	1999 年	1998 年
主营业务收入	422,645,074.72	455,181,702.27	390,043,422.22
净利润	35,401,209.19	41,847,315.67	25,026,881.63
总资产	1,002,270,807.68	508,966,893.23	426,075,182.98
股东权益	588,072,017.95	190,009,815.37	110,174,979.98
每股收益(摊薄)	0.18	0.35	0.21
每股收益(加权)	0.28	0.35	0.21
扣除非经常性损益后的每股收益(摊薄)	0.13	0.35	0.21
(加权)	0.21	0.35	0.21
每股净资产	2.94	1.58	0.92
调整后的每股净资产	2.94	1.58	0.92
每股经营活动产生的现金流量净额	0.18		
净资产收益率%(摊薄)	6.02	22.02	22.72
(加权)	15.50	22.02	22.72

3、按照中国证监会《公开发行证券公司信息披露编报规则》(第 9 号)计算的每股收益和净资产收益率如下 :

报告期利润	净资产收益率(%)		每股收益(元)	
	全面摊薄	加权平均	全面摊薄	加权平均
主 营业务利润	20.70	53.30	0.61	0.96
营业利润	5.40	13.90	0.16	0.25
净利润	6.02	15.50	0.18	0.28
扣除非经常性损益后的净利润	5.03	12.96	0.13	0.21

4、报告期内股东权益变动情况 (单位:元)

项目	股本	资本公积	盈余公积	法定公益金	未分配利润	股东权益合计
期初数	120,000,000	56,245,651.83	4,944,624.54	1,648,208.18	8,819,539.00	190,009,815.37
本期增加	80,000,000	311,258,830.00	3,540,120.92	1,770,060.46	35,401,209.19	431,970,220.57
本期减少					33,908,017.99	33,908,017.99
期末数	200,000,000	367,504,481.83	10,254,805.92	3,418,268.64	10,312,730.20	588,072,017.95

三、股东情况介绍

1、截止 2000 年 12 月 31 日,本公司股东总数为 78774 户。

2、前 10 名股东持股情况

序号	股东名称	持股数量(股)	占总股本比例(%)
1	安徽巢东水泥集团有限责任公司	107735000	53.87
2	安徽省巢湖市富煌轻型建材有限责任公司	11516100	5.76
3	运通置业	800000	0.40
4	徐汇区	527260	0.26
5	章桦	503684	0.25
6	平安证券	379125	0.19
7	巢湖市安得房地产开发有限责任公司	340400	0.17
8	巢湖地区物资建筑材料总公司	340400	0.17
9	裕隆基金	323000	0.16
10	城开集团	282400	0.14

潍坊亚星化学股份有限公司

股票上市公告书暨2000年度财务报告(部分)摘录

一、概览

股票简称:亚星化学
股票代码:600319
股本总额:31559.4万股
可流通股本:8000万股
本次上市流通股本:8000万股
上市地点:上海证券交易所
上市日期:2001年3月26日
股票登记机构:上海证券中央登记结算公司
上市推荐人:中信证券股份有限公司
　　　　　　山东证券有限责任公司

二、发行人概况

1、基本情况
公司名称:潍坊亚星化学股份有限公司
英文名称:WEIFANG YAXING CHEMICAL CO.,LTD.
注册地址:山东省潍坊市奎文区鸢飞路899号
注册资本:31559.4万元
法定代表人:陈华森
成立日期:2000年1月17日
所属行业:氯碱化工行业
经营范围:生产销售烧碱、聚氯乙烯、氯化聚乙烯等化工产品及其延伸加工产品
联系人:汪波(董事会秘书)　李念法
联系电话:0536-8667941
传真:0536-8663853
电子邮箱:info.center@chinayaxing.com

三、董事、监事、高级管理人员、核心技术人员简历及持股情况

1、董事会成员简介

陈华森先生:1945年1月出生,大学文化,工程技术应用研究员,获全国劳动模范、山东省专业技术拔尖人才、山东省优秀企业家称号,享受国务院一等特殊津贴,曾任潍坊化工厂副厂长、厂长,现任本公司董事长、亚星集团总经理、党委书记。

周建强先生:1963年7月出生,研究生文化程度,曾任中国(福建)对外贸易中心集团企业管理处副处长兼华运部副总经理,现任本公司副董事长、香港嘉耀国际投资有限公司董事长、中国(福建)对外贸易中心集团储运部总经理兼福建外贸中心国际储运公司总经理。

陈敏耀先生:1945年6月出生,大学文化,高级经济师,获泰安市劳动模范、优秀企业家称号,曾任莱芜硫酸厂副厂长、副总工程师、厂长、亚星集团总经理助理、总经济师,现任本公司董事、总经理。

刘建平先生:1953年4月出生,大学文化,工程技术应用研究员,获山东省化学工业劳动模范、潍坊市跨世纪学术、技术带头人等称号,曾任潍坊化工厂副厂长,现任本公司董事、亚星集团副总经理。

孙志军先生:1955年8月出生,大学文化,高级工程师,获山东省石油化学工业劳动模范、潍坊市跨世纪学术技术带头人、潍坊市营销状元等称号,曾任潍坊化工厂厂长助理、CPE分厂厂长、潍坊化工厂副厂长,现任本公司董事、亚星集团副总经理。

董顺兴先生(为本公司核心技术人员):1943年1月出生,大学文化,高级工程师,被评为化工部劳动模范,享受国务院特殊津贴,曾任潍坊化工厂副总工程师、总工程师、亚星集团总工程师,现任本公司董事、总工程师。

汪波先生:1955年10月出生,大专文化,曾任亚星集团办公室副主任、主任、总经理助理,现任本公司董事、董事会秘书。

段晓光先生:1949年11月4日出生,现任本公司董事、香港嘉耀国际投资有限公司董事、中国(福建)外贸中心集团仓储部副总经理。

邱清源先生:1966年10月出生,中专文化程度,曾任中国(福建)对外贸易中心集团驻香港佳明发展有限公司财务会计,现任本公司董事、香港嘉耀国际投资有限公司董事、财务部主任、中国(福建)对外贸易中心集团驻香港佳明发展有限公司财务部副经理。

2、监事会成员简介

张会云女士:1954年9月出生,大学文化,高级政工师,曾任潍坊化工厂组织干事、科长、处长,现任本公司监事会召集人、亚星集团党委副书记。

钱晓东先生:1952年5月出生,大专文化、政工师,曾任潍坊化工厂工会办公室主任、工会副主席;现任本公司监事、工会主席、亚星集团工会主席。

毕永昌先生:1954年9月出生,大专文化,高级审计师,曾任潍坊化工厂财务副科长、科长,现任本公司监事、亚星集团审计处处长。

3、其他高级管理人员简介

唐文军先生:1963年2月出生,大学文化,高级工程师,曾任潍坊化工厂CPE分厂厂长、亚星集团副总经理;现任本公司副总经理。

黄健先生:1937年12月出生,大学文化,高级工程师,曾任福建省工程咨询总公司总经理助理、副总工程师、海口锦纶丝厂与海口锦纶浸胶帘子布厂厂长、海南金轮实业股份有限公司总裁助理兼总调度长、生产部长;现任本公司副总经理。

高玉清女士:1965年12月出生,大学文化,会计师,曾任潍坊亚星集团财务处组长、副科长、亚星集团财务公司副处长、副经理;现任本公司财务负责人。

4、董事、监事、高级管理人员及核心技术人员的持股情况

截止到本上市公告书签署之日,本公司董事、监事、高级管理人员及核心技术人员均未持有本公司股票。

四、股票发行与股本结构

1、上市前的股本结构

股份类别	股份数(股)	占总股本比例(%)
发起人股	235,594,000	74.65
其中:		
国有法人股	153,607,288	48.675
外资法人股	81,751,118	25.90
法人股	235,594	0.075
社会公众股	80,000,000	25.35
总股份	315,594,000	100.00

2、本公司前十名股东持股情况

股东名称	持股数量(股)	占总股本比例(%)
潍坊亚星集团有限公司	141,591,994	44.87
香港嘉耀国际投资有限公司	81,751,118	25.90
厦门经济特区对外贸易集团公司	11,779,700	3.73
兴华基金	338,000	0.107
中国化学工程第十六建设公司	235,594	0.075
大连实德集团有限公司	235,594	0.075
景阳基金	229,000	0.073
裕华基金	198,000	0.063
景福基金	197,000	0.062
同益基金	193,000	0.061

五、财务会计资料

本公司前三年主要会计数据和财务指标(单位:元)

指标/期间	2000年	2000年1-10月	1999年	1998年	1997年
主营业务收入	502,616,841.63	424,106,677.56	444,387,305.15	354,958,274.54	327,722,320.89
净利润	70,297,916.03	66,311,039.79	59,765,249.08	36,525,633.21	23,905,036.55
总资产	717,554,907.98	727,822,074.52	742,212,543.77	683,973,065.64	652,843,872.74
股东权益	273,006,594.96	269,019,718.72	248,834,728.43	291,882,559.23	229,527,317.63
每股收益	0.30	0.28	0.25	0.16	0.10
每股净资产	1.16	1.14	1.06	1.24	0.97
净资产收益率	25.75	24.56	24.02	12.51	10.41
流动比率	0.84	0.82	1.18	1.36	1.23
速动比率	0.60	0.61	0.97	1.12	0.96
资产负债率	61.95	63.04	66.47	57.33	64.84
应收帐款周转率(次/年)	4.10	4.06	3.71	3.47	4.04
存货周转率(次/年)	6.59	6.45	7.33	5.90	6.08

利润及利润分配表

编制单位:潍坊亚星化学股份有限公司　　　　单位:人民币元

项目	附注	行次	2000年度	1999年度	1998年度	1997年度
一、主营业务收入	29	1	502,616,841.63	444,387,305.15	354,958,274.54	327,722,320.89
减:折扣与折让		2				
主营业务收入净额		3	502,616,841.63	444,387,305.15	354,958,274.54	327,722,320.89
减:主营业务成本	30	4	373,903,852.92	334,573,503.75	265,636,243.46	247,278,005.43
主营业务税金及附加		5				
二、主营业务利润		6	128,712,988.71	109,813,801.40	·89,322,031.08	80,444,315.46
加:其他业务利润	31	7	294,991.78	202,277.97	28,190.62	350,441.21
减:存货跌价损失		8				
营业费用		9	8,190,693.10	9,937,858.23	5,752,300.29	5,283,886.08
管理费用	32	10	23,322,498.91	26,313,901.13	18,594,118.14	34,306,103.32
财务费用	33	11	18,203,122.29	4,450,822.63	23,119,034.90	11,959,119.28
三、营业利润		12	79,291,666.19	69,313,497.38	41,884,768.37	29,245,647.99
加:投资收益		13				
补贴收入		14				
营业外收入	34	15	1,634,529.23	1,411,105.61	827,580.71	1,147,314.56
减:营业外支出	35	16	1,023,500.55	2,526,229.39	622,640.04	1,154,630.83

项目	附注	行次	2000年度	1999年度	1998年度	1997年度
四、利润总额		17	79,902,694.87	68,198,373.60	42,089,709.04	29,238,331.72
减:所得税		18	9,604,778.84	8,433,124.52	5,564,075.83	5,333,295.17
减:少数股东损益		19				
五、净利润		20	70,297,916.03	59,765,249.08	36,525,633.21	23,905,036.55
加:年初未分配利润		21	10,798,999.55	106,950,776.14	76,061,847.77	57,078,018.77
盈余公积转入		22				
六、可分配的利润		23	81,096,915.58	166,716,025.22	112,587,480.98	80,983,055.32
减:提取职工奖福基金		24		1,220,847.78	1,878,901.61	1,640,402.52
提取法定盈余公积		25	7,029,791.60	2,441,695.58	3,757,803.23	3,280,805.03
提取法定公益金		26	7,029,791.60			
七、可供股东分配的利润		27	67,037,332.38	163,053,481.86	106,950,776.14	76,061,847.77
减:应付普通股股利		28	46,126,049.50	128,080,445.40		
转作股本的未分配利润		29		24,174,036.91		
八、未分配利润	28	30	20,911,282.88	10,798,999.55	106,950,776.14	76,061,847.77

(注:本上市公告书因版面原因为上市公告书部分摘录,需要阅读全文请向相关公司董事会秘书查询。)

上海振华港口机械股份有限公司

二○○○年年度报告摘选

一、公司简介

1、公司法定中文名称:上海振华港口机械股份有限公司

公司英文名称:Shanghai Zhenhua Port Machinery Co.,Ltd.

公司英文名称缩写:ZPMC

2、公司法定代表人:刘怀远

3、公司董事会秘书:高莉娟

联系地址:上海市浦东南路3470号

电话:021-58396666

传真:021-58399555

电子信箱:zpmc@public.sta.net.cn

4、公司注册地址:上海市浦东南路3470号

公司办公地址:上海市浦东南路3470号

邮编:200125

国际互联网网址:http://www.zpmc.com

电子信箱:zpmc@public.sta.net.cn

5、公司信息披露报纸:《上海证券报》、《南华早报》

国际互联网网址:http://www.sse.com.cn

公司年报备置地点:本公司董事会秘书处

6、公司股票上市地址:上海证券交易所

股票代码:600320(A股)900947(B股)

股票简称:振华港机(A股)振华B股(B股)

二、会计数据和业务数据摘要

(一)公司本年度主要利润指标(合并报表)

单位:人民币元

项目	金额
利润总额	139,774,807
净利润	124,245,805
扣除非经常性损益后的净利润	124,245,805
主营业务利润	216,489,861
其他业务利润	4,665,168
营业利润	138,578,107
投资收益	4,275,000
补贴收入	------
营业外收支净额	(3,105,300)
经营活动产生的现金流量净额	(503,159,014)
现金及现金等价物净增加额	656,895,959
扣除非经常性损益项目和涉及的金额:	---------

(二)前三年主要会计数据和财务指标

单位:人民币元

指标项目	2000年	1999年	1998年
主营业务收入	2,156,858,595	1,365,071,618	1,082,676,140
净利润	124,245,805	90,118,140	86,890,716
总资产	3,866,426,653	2,276,416,896	1,986,354,441
股东权益 (不含少数股东权益)	1,705,099,651	826,605,276	791,762,136
每股净资产(元/股)	3.73	2.24	2.36
调整后每股净资产(元/股)	3.57	2.22	2.31
每股经营活动产生 的现金流量净额	1.44	(0.07)	0.21

按公开发行证券公司信息披露编报规则第九号计算的净资产收益率和每股收益:

报告期利润	净资产收益率(%)				每股收益(元)			
	全面摊薄		加权平均		全面摊薄		加权平均	
	2000年	1999年	2000年	1999年	2000年	1999年	2000年	1999年
主营业务利润(千元)	12.7	20.3	24.55	20.7	0.47	0.46	0.59	0.46
营业利润	8.13	12.03	15.72	12.22	0.3	0.27	0.38	0.27
净利润	7.29	10.90	14.09	11.07	0.27	0.24	0.34	0.24
扣除非经常性损 益后的净利润	7.29	10.90	14.09	11.07	0.27	0.24	0.34	0.24

三、股东情况介绍

(1)截至2000年12月31日,本公司股东总数为35725户,A股32372户,B股3348户,法人股东为5人数 。

(2)2000年12月31日主要股东持股情况(前十名)

名次	股东名称	持股数量	占总股本比例(%)
1	香港振华工程有限公司	96,112,500	21.05
2	上海港口机械制造厂	96,112,500	21.05
3	中国港湾建设(集团)总公司	64,075,000	14.04
4	TOPLINK ENTERPRISES LTD.	18,150,000	3.98
5	上海港务局	8,800,000	1.93
6	中国外运发展有限公司	8,800,000	1.93
7	SCBHK A/C	4,330,700	0.95
8	申银万国APS投资管理公司	3,703,150	0.81
9	HKSBCSB A/C	2,922,800	0.64
10	HKSBCSB S/A	2,285,000	0.5

南海发展股份有限公司

二○○○年年度报告摘选

一、公司简介

1、公司的法定中文名称:南海发展股份有限公司

公司的法定英文名称:NANHAI DEVELOPMENT CO.,LTD.

2、公司法定代表人:谢育智

3、公司董事会秘书:郭展全

授权代表:何伏信

地址:广东省南海市桂城南桂东路43号三楼

电话:0757-6280996

传真:0757-6328565

电子邮箱:nhfz@pub.nanhai.net.cn

4、公司注册及办公地址:广东省南海市桂城南桂东路43号

邮政编码:528200

5、公司选定的信息披露报纸:中国证券报、上海证券报、证券时报

登载公司年度报告的中国证监会指定国际互联网网址:

http://www.sse.com.cn

公司年度报告备置地点:广东省南海市桂城南桂东路43号

6、公司股票上市交易所:上海证券交易所

股票简称:南海发展

股票代码:600323

二、会计数据和业务数据摘要

1、本年度主要会计数据(单位:元)

项目	金额
利润总额	59,088,099.26
净利润	39,798,257.54
扣除非经常性损益后的净利润	40,309,401.40
主营业务利润	68,682,719.81
其他业务利润	7,736,567.01
营业利润	59,797,580.51
投资收益	150.00
补贴收入	0.00
营业外收支净额	-709,631.25
经营活动产生的现金流量净额	72,418,412.35
现金及现金等价物净增加额	6,555,177.25

注:扣除的非经常性损益项目包括:

(1)新股发行冻结资金利息: 1,250,729.82元;

(2)清理固定资产损失: -1,761,873.68元。

2、前三年主要会计数据和财务指标(单位:元)

项目	2000年	1999年	1998年	
			调整前	调整后
主营业务收入	131,675,738.73	30,044,340.06	21,510,348.25	21,510,348.25
净利润	39,798,257.54	19,198,740.13	23,683,439.36	19,529,661.97
总资产	967,967,412.94	460,439,387.22	464,239,665.70	454,699,897.98
股东权益	651,801,561.30	245,881,845.76	235,715,507.76	226,175,740.04
每股收益(全面摊薄)	0.19	0.13	0.17	0.14
每股收益(加权平均)	0.28	0.13	0.17	0.14
扣除非经常性损益后 的每股收益	0.19	0.04	0.17	0.14
每股净资产	3.13	1.71	1.64	1.58
调整后每股净资产	3.07	1.71	1.60	1.53
每股经营活动产生的 现金流量净额	0.35	0.23	-0.19	-0.19
净资产收益率(全面摊薄)	6.11%	7.81%	10.05%	8.63%
净资产收益率(加权平均)	14.97%	8.14%	10.71%	9.17%

3、利润表附表:

报告期利润	净资产收益率		每股收益(元)	
	全面摊薄	加权平均	全面摊薄	加权平均
主营业务利润	10.54%	25.84%	0.33	0.48
营业利润	9.17%	22.50%	0.29	0.42
净利润	6.11%	14.97%	0.19	0.28
扣除非经常性损益后的净利润	6.18%	15.17%	0.19	0.28

三、股东情况介绍

1、截止至2000年末,公司股东总数为40377户。

2、截止至2000年末,前十名股东持股情况

序号	股东名称	持股数量(股	比例(%)
1	南海市供水集团有限公司	76,094,508	36.50
2	福建华兴信托投资公司	9,691,437	4.65
3	南海讯达实业公司	4,119,300	1.98
4	薛奇峰	3,090,000	1.48
5	曾国健	2,846,910	1.37
6	卓娇华	2,622,110	1.26
7	林淑珠	2,567,130	1.23
8	林燕玉	2,360,000	1.13
9	丁青	2,055,375	0.99
10	郭梅春	1,947,553	0.93

说明:

(1)南海市供水集团有限公司所持的股份为国有法人股。

(2)持有5%以上股份的股东所持的股份本年度内没有质押、冻结情况。

四川国栋建设股份有限公司

上市公告书(部分)摘录

一、概览

股票简称：国栋建设
股票代码：600321
股本总额：175,200,000
可流通股本：70,000,000
本次上市流通股本：70,000,000
上市地点：上海证券交易所
上市日期：2001年5月24日
股份登记机构：上海证券中央登记结算公司
上市推荐人：国泰君安证券股份有限公司
华夏证券有限责任公司

二、发行人概况

(一)发行人基本情况
1、法定名称：四川国栋建设股份有限公司
英文名称：SiChuan GuoDong Construction Co.,Ltd
2、注册资本金：175,200,000元
3、法定代表人：王春鸣
4、住所：四川省成都市双流板桥
成立日期：1993年5月22日
5、经营范围：溅射镀膜；中空、钢化、夹胶玻璃及玻璃制品、玻璃深加工；玻璃机械设备、配件的制造、销售。工业与民用建筑总承包、木制品、混凝土构件生产、水利、路桥、市政工程施工；幕墙装饰；水电设备安装；房地产开发；开发、研制科技产品及相关技术培训、交流；消防施工、出口本企业自产的镀膜玻璃、钢化、中空、夹胶、工艺玻璃、中密度秸秆人造板、其他高新技术产品；进口本企业生产、科研所需原辅材料，机器设备，仪器仪表，零配件。
6、所属行业：玻璃及玻璃制品业
7、电话：(028)5805811
传真：(028)5804146
电子邮箱：guodong@chengdunet。com
8、董事会秘书：王效明

三、董事、监事、高级管理人员及核心技术人员

(一)董事、监事、高级管理人员和核心技术人员简介

王春鸣先生　董事长，50岁，大专学历，高级工程师。历任双流县黄水建筑公司第三工程处处长、双流县黄水建筑公司副总经理、四川国栋建筑工程公司总经理、四川国栋镀膜有限公司董事长。现任四川国栋建设股份有限公司董事长，四川国栋建设集团有限公司董事长兼党委书记。王春鸣先生是第十二及十三届成都市人大代表，曾荣获全国优秀乡镇企业家、四川省优秀乡镇企业家、成都市优秀企业家、双流县科技拔尖人才等称号。现任中国真空学会理事、镀膜专委员会理事、中国中空玻璃专委会常务理事、四川省玻陶协会副理事长、成都市建筑协会副会长。

李秦生先生　副董事长、总经理，54岁，大专学历。历任四川省交通厅汽车修理厂生产调度员、成都市第一技工学校实习厂厂长、总务行政处主任、副校长，1994年开始任本公司副董事长兼副总经理。1999年7月至今任本公司副董事长兼总经理。

周荣侯先生　副董事长，55岁，大专学历，高级经济师。历任成都市地毯厂调度员、技术科长、副厂长，成都市人民政府驻福州办事处经协代表，厦门川蓉贸易公司法定代表人，成都市轻工局、联社驻厦门办事处副主任。1994年开始任本公司董事、副总经理、总经济师兼董事会秘书。1999年7月起任公司副董事长职务。

刘福琼女士　董事、财务部长兼总会计师，32岁，中专文化，会计师、统计师。历任成都市蜀都建设工程公司统计员、会计员、财务科科长、总经理。1994年至今任四川国栋建设股份有限公司董事、财务部部长。

徐晋江先生　董事，33岁，高中学历。1983年至1989年在中国人民解放军某部队服役。此后历任盐亭县食品厂车间主任，四川国栋建设股份有限公司后勤部部长、机关党支部书记等职。1999年7月起任公司董事。

王效明先生　董事兼董事会秘书，33岁，大学学历，工程师。1989年进国营乐山无线电厂光通讯器材车间工作，1991年至今在本公司工作，历任四川国栋镀膜有限公司厂长助理、副厂长、厂长等职。1999年7月起任公司董事，2000年8月起兼任董事会秘书。

胡海涛先生　董事，29岁，大学学历，工程师。1991年7月毕业于重庆大学机械制造工艺及设备专业，在长城特殊钢(集团)股份有限公司机电设备公司工作，1998年9月至今在四川国栋建设股份有限公司工作，参加重点引进项目办公室翻译及技术工作。1999年7月起任公司董事。

王亚伟先生　董事，常务副总经理，26岁，中专学历，工程师。1991年在成都市蜀都建设工程公司工作，1993年至今历任本公司在成都、广州、长沙、武汉、重庆分公司总经理、本公司董事、副总经理等职，1999年7月起任本公司常务副总经理兼董事会秘书至2000年8月止，2000年8月起任本公司董事、副总经理。

万鄂祥先生　监事长，64岁，大学学历，高级工程师。历任成都420厂(现成发集团)技术员、工装设计室主任、车间主任、理论教育科副科长、科研科科长、副总工程师兼教育中心主任、职工大学常务副校长，成都市航空工业学校党委书记、校长等职。1991年被国家教委、人事部授予全国优秀教育工作者称号。1996年至今任本公司董事、总工程师兼党委副书记。1999年7月起任公司监事长。

荣森林先生　监事，26岁，大专学历，助理工程师。曾在香港傲能重庆办事处工作。1995年10月至今在四川国栋建设股份有限公司工作。1999年7月起任公司监事。

杜　亮先生　监事，32岁，大专学历，工程师。1988年7月至今在成都市蜀都建设工程公司工作，历任施工员、项目经理、处长等职务。1999年7年起任本公司监事。

王洪兵女士　监事，33岁，大专学历，工程师。1985年起在成都市蜀都建设工程公司工作，1994年至今在本公司工作，历任材料员、预算员、预算科科长等职。1999年7月起任公司监事。

王世林先生　副总经理，48岁，大学学历，高级工程师。1971年起任翼城县民办教师，1977年起在中科院光电所工作。1993年至今在本公司工作，历任镀膜厂厂长、装饰公司经理。1999年7月起任本公司副总经理。

赖宗涛先生　副总经理，51岁，中专学历，工程师。1964年起在成都市第一建筑工程公司工作历任技术员、技术科科长、海南分公司项目经理、副总工程师。1999年6月1日至2000年8月任四川国栋建筑工程公司总经理，1999年7月起任本公司副总经理。

王昌三先生　副总经理，45岁，大专学历，工程师。1989年起在成都市蜀都建设工程公司任施工员、项目经理、处长等职。1994年至今在本公司任工程处长、监事。1999年7月起任公司副总经理。

马昌忠先生　总经济师，54岁，大专学历，经济师。1964年起在冶金部第五冶金建设工程公司工作，1969年起在成都市第一建筑工程公司工作，历任预算员、经营科副科长、副处长等职。1999年6月至2000年8月任四川国栋建筑工程公司副总经理，1999年7月起任本公司总经济师。

王启寅先生　总工程师，61岁，大学学历，高级工程师。1962年起在北京中国建筑材料科学研究院工作，1967年起在国营157厂工作，历任科长、副总工、总工程师、厂长等职，曾获成都市劳动模范、四川省有突出贡献的专家等称号。1998年2至今任本公司副总工程师、总工程师。

人员变动说明：

龚联华先生原公司副监事长，62岁，大学学历，高级工程师。因年事已高和健康原因，现已辞去本公司副监事长职务。

王彬斌先生原公司董事，25岁，大专学历，助理工程师。因工作变动原因，已不再担任本公司董事。

注：董事、监事人员变动情况的将在本公告书同日披露。

四、股票发行与股本结构

1、本公司本次上市前的股本结构

股东	股数(万股)	占总股本的比例 %
法人股：四川国栋建设集团有限公司	9,270.0	52.91
内部职工股	1,250.0	7.13
社会公众股	7,000.0	39.96
总 股 本	17,520.0	100.00

内部职工股自本次新股发行之日起满三年后，方可上市流通。

2、本次上市前，本公司前十名股东持股数及比例

序号	股东名称	持股数量(万股)	占总股本的比例(%)
1	四川国栋建设集团有限公司	9,270	52.91
2	汪少渊	35	0.20
3	刘丰	30	0.17
4	蒋杜瑶	24.20	0.14
5	詹美算	22.20	0.13
6	天元基金	20.8	0.12
7	兴和基金	19.7	0.11
8	开元基金	19.7	0.11
9	普丰基金	19.6	0.11
10	安顺基金	18.9	0.11

利润及利润分配表

编制单位：四川国栋建设股份有限公司　　　　单位：人民币

项　目	注释号	2000年度	1999年度	1998年度
一、主营业务收入	注19	331,408,390.41	316,180,124.50	260,609,100.71
减：折扣与折让				
主营业务收入净额		331,408,390.41	316,180,124.50	260,609,100.71
减：主营业务成本	注19	224,393,683.87	216,609,342.18	173,329,533.96
主营业务税金及附加	注20	7,869,305.78	7,672,934.02	6,356,907.39
二、主营业务利润		99,145,400.76	91,897,848.30	80,922,659.36
加：其他业务利润	注21	1,672,111.47	1,880,556.19	1,680,286.39
减：存货跌价损失			2,310,969.02	
营业费用		15.585,780.08	10,189,243.82	9,358,586.37
管理费用		6,116,322.23	10,766,871.82	7,649,165.30
财务费用	注22	4,383,577.86	2,370,962.12	5,504,606.27
三、营业利润		74,731,832.06	68,140,357.71	60,090,587.81
加：投资收益				
补贴收入				
营业外收入	注23		325,996.27	
营业外支出	注24		1,117,746.01	
四、利润总额		74,731,832.06	67,348,607.97	60,090,587.81
减：所得税	注25	11,209,774.80	10,102,291.20	9,013,588.17
减：少数股东权益				
五、净利润		63,522,057.26	57,246,316.77	51,076,999.64
加：年初未分配利润		48,754,778.24	95,408.99	1,915,959.29
盈余公积转入数				
六、可分配利润		112,276,835.50	57,341,725.76	52,992,928.93
减：提取法定公积		6,352,205.73	5,724,631.68	5,107,699.96
提取法定公益金		3,176,102.86	2,862,315.84	2,553,849.98
七、可供股东分配的利润		102,748,526.91	48,754,778.24	45,331,408.99
减：已分配优先股股利				
提取任意公积金				
已分配普通股股利		98,888,000.00		45,236,000.00
八、未分配利润		3,860,526.91	48,754,778.24	95,408.99

(注：本上市公告书因版面原因为上市公告书部分摘录，需要阅读全文请向相关公司董事会秘书查询。)

天津市房地产发展(集团)股份有限公司

股票上市公告书暨2001年中期财务报告(部分)摘录

第一节　概览

1、股票简称:天房发展
2、股票代码:600322
3、总股本:42370.7417万股
4、可流通股本:12100万股
5、本次上市流通股本:12100万股
6、对首次公开发行股票前股东所持股份的流通限制及期限:根据国家现有法律、法规规定和中国证监会证监发行字[2001]50号《关于核准天津市房地产发展(集团)股份有限公司公开发行股票的通知》,本公司的国家股和募集法人股暂不上市流通(按国务院有关减持国有股规定而流通的1100万股除外);本公司的内部职工股自新股发行之日起期满三年后上市。
7、首次公开发行股票前股东对所持股份自愿锁定的承诺:本公司的控股股东天津市房地产开发经营集团有限公司已出具承诺,承诺在本公司股票上市之日起12个月内,不转让所持有本公司的股份,也不由本公司回购其所持有的股份。
8、上市地点:上海证券交易所
9、上市时间:2001年9月10日
10、股份登记机构:上海证券中央登记结算公司
11、上市推荐人:广发证券股份有限公司

第二节　发行人概况

(一)发行人的基本情况
1、中英文名称:(中文)天津市房地产发展(集团)股份有限公司
(英文)Tianjin Reality Development(Group) Company LTD.
2、注册资本:42370.7417万元
3、法定代表人:吴延龙
4、发行人注册地:天津市和平区常德道80号
5、经营范围:房地产开发及商品房销售;(以下限分支机构经营)物业管理;建筑设计、咨询;商业(内贸);物资供销和仓储业;货物运输(兼营国家有专营专项规定的按规定办理)。
6、主营业务:房地产开发
7、所属行业:房地产业
8、电话::022—23317185
9、传真:022—23316822
10、电子邮箱:fdcdkf@eyou.com
公司网址:tfgroup.com.cn
11、董事会秘书:陈长来

第三节　董事、监事、高级管理人员及核心技术人员

(一)董事会成员
吴延龙,男,47岁,中共党员,在职研究生,高级经济师。现任天津市房地产发展(集团)股份有限公司董事长、天津市房地产开发经营集团有限公司总经理、党委副书记、天津凯银房地产开发有限公司董事长、天津华升房地产发展有限公司董事长。曾任天津市自来水工程公司经理、党委书记。

靳维平,男,59岁,中共党员,大专文化,高级工程师。现任天津市房地产发展(集团)股份有限公司董事、总经理。曾任股份公司副董事长、副总经理。

王宏彬,男,52岁,中共党员,在职研究生,高级工程师。现任天津市房地产发展(集团)股份有限公司董事、副总经理。曾任股份公司第一开发经营公司经理、总工程师。

刘巨友,男,44岁,中共党员,大专文化,工程师。现任天津市房地产发展(集团)股份有限公司董事、副总经理,天津泽达房地产开发有限公司董事长。林克森·华澳(天津)房地产开发有限公司副董事长。曾任公司第三开发经营公司经理,股份公司总经理助理。

张建台,男,44岁,中共党员,在职研究生,高级工程师。现任天津市房地产发展(集团)股份有限公司董事、副总经理,天津华昌房地产开发经营有限公司副董事长。曾任股份公司总经理助理、总经济师。

李国富,男,47岁,中共党员,在职研究生,高级工程师。现任天津市房地产发展(集团)股份有限公司董事、副总经理。曾任股份公司第四开发经营公司经理。

郭乃勤,男,49岁,中共党员,大学文化,高级政工师。现任天津市房地产发展(集团)股份有限公司董事、天津市药材集团公司党委书记。曾任天津市药材集团公司党委副书记。

欧阳勇,男,54岁,中共党员,大专文化,高级会计师。现任天津市房地产发展(集团)股份有限公司董事、中国诚通金属集团总会计师。曾任中国黑色金属材料华北公司副总经理、中国黑色金属材料总公司总会计师。

白小龙,男,47岁,中共党员,大专文化,高级经济师。现任天津市房地产发展(集团)股份有限公司董事、中国农业生产资料集团公司实业管理部经理。曾任中国农业生产资料集团公司副处长。

白雅文,女,45岁,中共党员,大学文化,会计师。现任天津市房地产发展(集团)股份有限公司董事、深圳市建鹏达房地产开发有限公司副总经理。曾任中国投资银行干部、深圳建鹏达房地产开发有限公司计财部经理。

沈同忠,男,46岁,中共党员,大学文化,工程师。现任天津市房地产发展(集团)股份有限公司董事、华泰证券有限责任公司经纪业务部总经理。曾任中国人民解放军总参51所技术参谋、南京军区司令部工程师。

(二)监事会成员
李建国,男,59岁,中共党员,大专文化,高级政工师。现任天津市房地产开发经营集团有限公司董事长、党委书记、天津市房地产发展(集团)股份有限公司监事会召集人。1985年5月—1996年1月任天津市房管局党委副书记。

陈作石,男,56岁,中共党员,在职研究生,高级政工师。现任天津市房地产开发经营集团有限公司党委副书记、纪委书记、工会主席、天津市房地产发展(集团)股份有限公司监事会副召集人。
徐建中,男,53岁,中共党员,在职研究生,政工师。现任天津市房地产发展(集团)股份有限公司监事、监察审计部部长。曾任天津市开发经营集团监察审计室副主任、主任、总经理办公室主任。

崔文亮,男,51岁,在职研究生,高级政工师。现任天津市房地产发展(集团)股份有限公司监事、劳动人事部部长。

许成斌,男,54岁,中共党员,大学文化。现任天津市房地产发展(集团)股份有限公司监事、深圳裕田实业股份有限公司董事长、总经理。曾任深圳市工业办公室科长、深圳市经发局企管处处长。

(三)高级管理人员
乔小明,男,47岁,中共党员,在职研究生,高级工程师。现任天津市房地产发展(集团)股份有限公司总工程师。曾任公司工程部副部长、公司建筑设计院院长、欣苑公司经理。

秦鸣,男,58岁,中共党员,大专文化,会计师。现任天津市房地产发展(集团)股份有限公司总会计师兼财务部部长。

陈长来,男,47岁,中共党员,在职研究生,高级政工师。现任天津市房地产发展(集团)股份有限公司董事会秘书、兼证券部部长。曾任天津市委党校讲师。

上述本公司董事、监事和高级管理人员均为我国公民。

第四节　股票发行与股本结构

(一)本次股票上市前公开发行股票的情况
1、发行数量:12100万股(其中新股发行11000万股,国有股存量发行1100万股)
2、发行价格:5.00元/股
3、募集资金总额:60500万元(其中新股募集资金55000万元,国有股存量发行筹资5500万元)
4、发行方式:上网定价
5、发行费用总额及项目:
发行费用总额:公司本次新股发行费用合计1645万元,国有股存量发行费用164.5万元,其中新股发行费用如下表:

费用类别	金额
承销费用	1045万元
审计费用	209.5万元
评估费用	130万元
律师费用	65万元
材料审核费	3万元
上网发行费	192.5万元
合计	1645万元
每股发行费用	0.14954元

第五节　公司财务会计资料

(1)主要财务指标
根据天津五洲联合合伙会计师事务所审计的公司2001年中期财务报告,截止2001年6月30日,公司流动资产2,192,246,075.70元,固定资产215,430,081.41元,资产总计2,516,681,314.43元;流动负债1,098,661,585.93元,长期负债289,621,423.97元,股东权益1,064,085,206.61元。2001年上半年,本公司完成主营业务销售收入207,846,193.52元,实现净利润22,403,715.88元,主要财务指标如下表:

指标	2001年1—6月	2000年度	1999年度	1998年度
流动比率	2.00	1.99	1.58	1.41
速动比率	0.37	0.38	0.38	0.43
应收帐款周转率	5.3	3.91	1.83	1.68
存货周转率	0.12	0.33	0.25	0.44
无形资产(土地使用权除外)占总资产比例(%)	0	0	0	0
资产负债率(%)	55.16%	53.57%	55.20%	54.07%
每股净资产(元)	3.39	3.31	3.21	1.55
净资产收益率(%)	2.11%	6.20%	6.54%	5.86%
每股收益(元/股)	0.07	0.21	0.21	0.09

(2)本公司2001年1—6月净资产收益率和每股收益如下:

报告期利润	净资产收益率(%)		每股收益(元/股)	
	全面摊薄	加权平均	全面摊薄	加权平均
	2001年1—6月	2001年1—6月	2001年1—6月	2001年1—6月
主营业务利润	3.97%	4.01%	0.13	0.13
营业利润	1.42%	1.44%	0.05	0.05
净利润	2.11%	2.13%	0.07	0.07
扣除非经常性损益后的净利润	1.17%	1.18%	0.04	0.04

(注:本上市公告书因版面原因为上市公告书部分摘录,需要阅读全文请向相关公司董事会秘书查询。)

西藏天路交通股份有限公司

二○○○年年度报告摘要

一、公司简介

(一)公司法定中、文名称及缩写
公司法定中文名称:西藏天路交通股份有限公司
公司法定中文名称缩写:西藏天路
公司法定英文名称:TIBET TIANLU COMMUNICATIONS CO.,LTD.
公司法定英文名称缩写:TTC
(二)公司法定代表人:尼玛先生
(三)公司董事会秘书的姓名、联系地址、电话、传真
公司董事会秘书:饶邦骥女士
联系地址:西藏拉萨市夺底路 14 号
公司英文联系地址:NO. 14DUODI ROAD,LHASA,TIBET.
电话:0891-6322208
传真:0891-6333071
(四)公司注册地址、办公地址、邮政编码、公司电子邮箱
公司注册地址:西藏拉萨市夺底路 14 号
公司办公地址:西藏拉萨市夺底路 14 号
邮政编码:850000
电子邮箱:xztlgf@163.net
(五)公司选定的信息披露报纸名称:《中国证券报》、《上海证券报》
登载公司年度报告的中国证监会指定国际互联网址:http://www.sse.com.cn
公司年度报告备置地点:公司董事会办公室
(六)公司股票上市交易所、股票简称和股票代码
公司股票上市交易所:上海证券交易所
股票简称:西藏天路
股票代码:600326

二、会计数据和业务数据摘要

(一)公司本年度会计数据和业务数据　(单位:人民币元)

利润总额:	11,543,897.18
净利润:	10,609,021.05
扣除非经常性损益后的净利润:	15,280,797.47
主营业务利润:	38,778,312.71
其他业务利润:	68,387.92
营业利润:	14,910,378.46
投资收益:	1,284,622.61
营业外收支净额:	-4,651,103.89
经营活动产生的现金流量净额:	52,186,666.85
现金及现金等价物净增加额:	29,177,884.32
注:扣除的非经常性损益项目和涉及金额:	
营业外收支净额:	-4,651,103.89

(二)截至报告期公司前三年主要会计数据和财务指标:(单位:人民币元)

项目	2000 年	1999 年	1998 年
主营业务收入:	255,081,914.25	212,432,890.13	187,601,477.78
净利润:	10,609,021.05	14,370,565.27	13,427,653.95
总资产:	269,936,825.25	206,949,101.70	196,689,183.07
股东权益:	96,631,204.31	86,022,183.26	73,300,706.51
每股收益:(摊薄)	0.1768	0.2395	
(加权)	0.1768	0.2395	
每股净资产:	1.6105	1.4337	
调整后的每股净资产:	1.5826	1.4112	
每股经营活动产生的现金流量净额:	0.8698	-0.2989	
净资产收益率(%):(摊薄)	10.98%	16.71%	
(加权)	11.62%	17.85%	
扣除非经常性损益后的净资产收益率(%):(摊薄)	15.79%	17.52%	
(加权)	16.29%	18.64%	

(三)利润分配表及附表

报告期利润	金额(元)	净资产收益率(%)		每股收益	
		全面摊薄	加权平均	全面摊薄	加权平均
主营业务利润	38,778,312.71	40.13	36.79	0.64	0.64
营业利润	14,910,378.46	15.43	15.95	0.25	0.25
净利润	10,609,021.05	10.98	11.62	0.18	0.18
扣除非常性损益后的净利润	15,280,797.47	15.79	16.29	0.25	0.25

注:

A、按照中国证监会《公开发行证券公司信息披露编报规则(第 9 号)》要求计算净资产收益率和每股收益。

B、主要财务指标计算方法:

1、每股收益=净利润÷报告期末普通股股份总数

2、净资产收益率=净利润÷报告期末股东权益×100%

3、每股净资产=报告期末股东权益÷报告期末普通股股份总数

4、调整后每股净资产=(年度末股东权益-三年以上的应收款项净额-待处理(流动、固定)资产净损失-开办费-长期待摊费用-住房周转金负数余额)÷年度末普通股股份总数

5、全面摊薄净资产收益率=报告期利润÷期末净资产

6、全面摊薄每股收益=报告期利润÷期末股份总数

7、加权平均净资产收益率(ROE)=$P \div (E0 + NP \div 2 + Ei \times Mi \div M0 - Ej \times Mj \div M0)$

其中:P 为报告期利润;NP 为报告期净利润;E0 为期初净资产;Ei 为报告期发行新股或债转股等新增净资产;Mi 为新增净资产下一月份起至报告期期末的月份数;M0 为报告期月份数;Ej 为报告期回购或现金分红等减少净资产;Mj 为减少净资产下一月份起至报告期期末的月份数;

8、加权平均每股收益(EPS)=$P \div (S0 + S1 \div Si \times Mi \div M0 - Sj \times Mj \div M0)$

其中:P 为报告期利润;S0 为期初股份总数;S1 为报告期因公积金转增股本或股利分配等增加股份数;Si 为报告期因发行新股或债转股等增加股份数;Mi 为新增股份下一月份起至报告期期末的月份数;M0 为报告期月份数;Sj 为报告期回购或缩股等减少股份数;Mj 为减少股份下一月份起至报告期期末的月份数。

三、股本变动及股东情况介绍

(一)股本变动情况
1、报告期内公司股本无变动情况
2、股票发行与上市情况
(1)股票发行情况
股票种类:人民币 A 股
发行日期:2000 年 12 月 25 日
发行价格:6.88 元/股
发行数量:4000 万股

鉴于公司股票发行募股资金净额 262,520,800.00 元于 2001 年 1 月 3 日到帐,本次募集资金已经四川君和会计师事务所有限责任公司 2001 年 1 月 3 日出具的君和审字(2001)第 3001 号验资报告验证,于 2001 年 1 月 5 日工商注册登记,股票于 2001 年 1 月 16 日在上海证券交易所上市,获准上市交易数量为 4000 万股。至此公司总股本为 10000 万股。因此,公司在报告期内总股本仍为 6000 万股。

(二)股东情况介绍
1、报告期末公司股东总数 5 户
2、公司股东持股情况:(单位:股)

股东名称	年末持股数	占股本比例	是否上市流通
(1)西藏公路工程总公司	36,678,842.58	61.13%	否
(2)西藏自治区交通工业总公司	8,748,839.18	14.58%	否
(3)西藏拉萨汽车运输总公司	7,152,908.35	11.92%	否
(4)西藏自治区汽车工业贸易总公司	6,899,048.49	11.65%	否
(5)西藏自治区交通厅格尔木运输总公司	430,361.40	0.72%	否

3、持有本公司 10%以上法人股股东情况介绍
(1)西藏公路工程总公司持有本公司股份 3667.88 万股,持有股占总股本的 61.13%。
法人代表:罗丹
经营范围:建筑设备安装
(2)西藏自治区交通工业总公司持有本公司股份 874.88 万股,持有股占总股本的 14.58 %
法人代表:连大雷
经营范围:土木工程建筑(三级);肉食品;机电安装;机械制造;硼砂、铬矿开采;胶合板等。
(3)、西藏拉萨汽车运输总公司持有本公司 715.29 万股,持有股占总股本的 11.92 %
法人代表:张德川
经营范围:汽车运输;矿产品经销。
(4)西藏自治区汽车工业贸易总公司持有本公司股份 689.91 万股,持有股占总股本的 11.65%
法人代表:蔺清民
经营范围:汽车(含小轿车)及配件;摩托车及配件;建筑材料;五金交电、石油化工产品、酒、糖、百货及服装。
注:报告期内公司控股股东无变化,所持股份未发生增减变动情况,也未有质押或冻结情况。

四、股东大会简介

(一)股东大会情况

2000 年 2 月 21 日上午在西藏拉萨公司二楼会议室召开了 1999 年度股东大会,出席本次股东大会的股东代表股份 6000 万股,占公司总股本 6000 万股的 100%。以举手表决的形式通过了如下决议:

(1)审议通过了公司 1999 年财务决算方案
(2)审议通过了公司 1999 年利润分配方案
(3)审议通过了公司 1999 年度财务报告
(4)审议通过了公司 2000 年财务预算方案
(5)审议通过了公司董事会 1999 年度工作报告
(6)审议通过了公司监事会 1999 年度工作报告
(7)审议通过了公司总经理 1999 年度工作报告
(8)审议通过了公司发行并上市人民币普通股(A 股)的议案
(9)审议通过了公司筹集资金使用投向的报告
(10)审议通过了公司董事、监事及高管人员收入分配方案

(二)临时股东大会

1、2000 年 4 月 28 日上午在西藏拉萨公司二楼会议室召开了临时股东大会,出席本次临时股东大会的股东代表股份 6000 万股,占公司总股本 6000 万股的 100%。以举手表决的形式通过了如下决议

(1)审议通过了公司发行并上市人民币普通股(A 股)的议案。
(2)审议通过了授权公司董事会在不违反法律法规的范围内全权处理股票上市的有关工作。
(3)审议通过了公司发行新股募集资金用于以下项目:

a、将原已批准立项的十万吨水泥生产线项目变更为二十万吨干法旋窑水泥生产线改建项目,待国家经贸委审核批准立项后方可实施。

b、已经批准立项的其它三个项目的建设工期，以募集资金到位时间向后顺延。剩余资金用于补充流动资金。

(4)审议通过了公司新股公开发行在 2000 年 12 月 31 日之前实施完成，则公司 2000 年 1 月 1 日至公司股票公开发行当月 31 日经营积累的利润由公开发行后的全体股东享有分配权。

(5)审议通过了对公司 2000 年财务预算方案调整为：主营业务收入 22814 万元；利润总额 2659 万元；净利润 2260 万元。

2、2000 年 8 月 17 日在西藏拉萨公司二楼会议室召开了临时股东大会，出席本次临时股东大会的股东代表股份 6000 万股，占公司总股本 6000 万股的 100%。以举手表决的形式通过了如下决议

(1)审议通过了对 1998 年 5 月 1 日至 1999 年 12 月 31 日期间利润分配的修改方案。

(2)审议通过了将公司原拟投资 10408 万元改扩建二十万吨五级旋风预热器旋窑水泥生产线项目更改为投资 14103 万元改扩建一条 1000t/d 级带改进型分解炉的五级预热预分解窑水泥生产线项目。

(3)审议通过了公司关于申请向社会公众增资发行人民币普通(A 股)股票的价格进行调整，调整后的新股发行价格由原 6.00－6.50 元调整为每股人民币 6.50－7.00 元(具体价格以中国证监会批复为准)的议案。

(4)通过了公司经营范围增加小轿车经营权和氧气制造业务并修改《公司章程》的相关章节的决议。

3、报告期内公司未有更换董事、监事情况。

五、董事会报告

(一)公司经营情况

1、公司经营范围：公路、桥梁的建设(壹级)；与公路建设相关的建筑材料(含水泥制品)生产、销售；汽车贸易(含小轿车)及汽车筑路机械零配件的经营；汽车维修；塑料制品；货物运输、长短途客运；制氧业务等。

公司主营业务为公路工程施工的基础设施建设，主要承担西藏自治区内的公路、桥梁的建设任务，占有西藏公路工程建设市场 20% 的份额，其中在高等级公路建设中占有 50% 以上的市场份额；公司的货物运输从事进、出藏物资的运输，其中进藏物资的运输比重较大；公司汽车及其配件销售业务在区内占据 50% 以上的份额。

2、主营业务收入

公司 2000 年主营业务收入共计 255,081,914.25 元，主营业务利润 38,778,312.71 元，其中公路工程业务收入 172,834,211.34 元，净利润 8,338,661.54 万元。

公司 2000 年承建的公路工程建设项目有 5 个，其中续建项目 2 个(G214 线昌都至俄洛桥公路改建工程、川藏公路工布江达至米拉山段 70KM 路面工程)，新开工项目 3 个(拉萨市金珠中路改建工程、青藏公路羊八井至拉萨段改建工程、川藏公路海通沟病害整治工程)。

a、川藏公路工布江达至米拉山段 70KM 路面工程，该工程为跨年度工程，开工时间为 99 年 6 月，工程投资 2900 多万元，2000 年完成投资 2339.17 万元，工程已全部竣工，并通过验收。

b、G214 线昌都至俄洛桥公路改建工程，全长 14.2KM，开工时间 99 年 9 月，已通过交竣工验收，2000 年完成投资 2400.61 万元。

c、青藏线羊八井至拉萨改建工程 K3823+300－－K3866+300 段，全长 43KM，开工时间 2000 年 4 月，截止 2000 年 12 月 31 日已完成投资 6372.84 万元，计划竣工时间为 2001 年 11 月。

d、川藏公路海通沟病害整治工程 K3372+300－－K3406+219.48 段，长 33.92KM，开工时间 2000 年 6 月，计划工期两年，总投资 7920 万元，2000 年已完成投资 5310.46 万元。

e、拉萨市金珠中路城市道路工程 K0+200～+800 段，工程投资 391 万元，2000 年完成投资 382.49 万元，工程已全部竣工，并通过验收。

f、青藏公路当雄至林周至拉萨保通公路工程为 1999 年完成，工程已全部竣工，并通过验收。2000 年计量支付及养护费共完成 477.85 万元。

公司 2000 年生产水泥 28,337.92 吨；生产编制袋 874,410 条；生产氧气 117,297.5 立方米；完成货物运输总行程 3,213,533 公里，完成货物运输周转量为 22,906,958 吨公里；汽车贸易销售总额 5404.8 万元。

3、存在的困难及解决的方案

(1)由于公司原发起人股东均系国有交通企业，生产设备更新速度较慢。截止 2000 年 12 月 31 日，本公司固定资产净值占原值的 42.92%，该指标显示，固定资产老化比较严重。因此公司将通过募集资金加快生产设备更新。

(2)本公司的控股了公司西藏日喀则地区宗山水泥有限责任公司由于资金周转困难，目前尚有 743 万元的银行贷款逾期未还。如银行要求偿还，该子公司将面临的短期债务风险较大。

(3)公司 97 年、98 年、99 年的销售毛利率分别为 26.07%、24.56%、21.60%，呈逐年下降的趋势。2000 年石油、沥青、塑料等原材料的价格上涨对公司经营成本的压力很大，公司将进一步面临销售毛利率逐年递减的风险。对此公司将加大管理力度，有效的降低成本，向管理要效益。

(4)青藏公路羊八井至拉萨段改建工程的路基工程施工中，爆破时因震动致使输油管道切破，造成直接经济损失约为 400 万元。

(二)公司财务状况

(1)财务状况及分析

项目	2000 年(元)	1999 年(元)	增减(%)
总资产	269,936,825.25	206,949,101.70	30.44
长期负债	28,000,000.00	3,600,000.00	677.78
股东权益	96,631,204.31	86,022 183.26	12.33
主营业务利润	38,778,312.71	41,814,353.38	－7.26
净利润	10,609,021.05	14,370,565.27	－26.18

变动原因：

①本公司报告期内的总资产比上年度增加 30.44%，主要是由于货币资金增加(收到工程结算款)2910 万元所致；

②本公司长期负债比上年度增加 677.78%，主要是由于增加财政贴息贷款 2800 万元所致；

③股东权益增加的主要原因是本年度盈利 1061 万元所致；

④主营业务利润比上年度减少 7.26%，主要是由于沥青、油料价格上涨，导致毛利率下降所致；

⑤净利润比上年度下降 26.18%，主要是公路工程施工中因不慎挖破输油管，预计赔偿款 400 万元列入当期损益所致。

(三)公司投资情况

1、公司报告期内没有新增募集资金情况。

2、公司投资项目情况

鉴于公司发展和生产经营的需要，公司在股票尚未上市，募集资金尚未到帐的情况下，通过银行贷款，提前实施了部分公司招股说明书中募集资金拟投资的项目。截至 2000 年 12 月 31 日公司对承诺项目共计已投入 3763 万元，其中：

(1)1000t/d 级带改进型分解炉的五级预热预分解水泥生产线截至 2000 年 12 月 31 日已投入 1035 万元，完成了厂址"三通一平"的部分工程。

(2)工程施工机械技改项目，截至 2000 年 12 月 31 日已投入 2055 万元。由于工程施工机械的更新，使公司施工机械化程度和工程施工质量有较大提高。

(3)更新大吨位载货汽车项目，截至 2000 年 12 月 31 日已投入 673 万元。更新车辆已投入运营。

3、其他投资

根据股东大会对董事会授权，公司在汽贸分公司原有的营业场地上计划投资 382 万元改扩建具有一定规模的汽车交易展场，截至 2000 年 12 月 31 日已投入 165 万元。

(四)生产经营环境及政策法规变化对公司的影响

1、随着国家"西部大开发"战略的实施和"十五"规划，将大幅度提高西藏自治区基础设施建设的投资规模，公司将充分发挥自身的优势，紧紧抓住机遇，进一步提高公司在西藏自治区内的公路建设市场份额。

2、本公司在公路建设上享受国家和地方政府的优惠政策，承担的指令性施工任务较多。随着招投标制度的实施，公司所承担的指令性施工任务将逐渐减少。如果公司不能适应这一制度的改变，将面临较大的市场风险。

3、公司曾承诺在新水泥厂建成投产后随即关闭建材水泥厂，根据自治区人民政府[2000]19 号常务会议纪要和[2001]12 号专题会议纪要的决定提前关闭我公司建材工业分公司建材水泥厂两条机立窑水泥生产线，比原定关闭时间提前了约两年。建材水泥厂关闭后在人员分流和资产处置等方面公司存在一定的困难和压力，其损失超过《招股说明书》所披露的损失。

根据公司拉萨北郊的水泥厂的两条机立窑水泥生产线提前关闭和募集资金投资主要项目即改扩建一条 1000t/d 级带改进型分解炉的五级预热预分解窑水泥生产线项目在 2001 年不能产生效益的情况推测，将会对公司 2001 年的利润产生一定的影响。

(五)新年度业务发展计划

二〇〇一年公司将以市场为导向，以管理为手段，以质量为根本，以效益为中心，推动企业技术改造，产业升级。

1、公路建设方面：加大机械设备的技术改造力度，完成公路工程机械设备的更新，提高公司施工能力和机械化作业率，加快人才培养，引进新技术、新工艺、新材料、加大科技含量，壮大企业实力。考虑到西部大开发和在"十五"期间加大对公路等基础设施建设投资，预测 2001 年公司在公路建设投资总额可达 1.5－2 亿元。

2、1000t/d 级带改进型分解炉的五级预热预分解水泥生产线项目，2001 年计划完成设计、设备购建、厂区部分土建工程等工作。

3、货物运输方面：公司 2000 年已对运输分公司的营运车辆进行了更新，提高了市场竞争力，加之公路建设投资加大及青藏铁路在 2001 年内开工建设，进藏货物的运输量将增多，预测 2001 年运输分公司的货运量在 2000 年的基础上可增加 5% 左右。

4、汽车贸易方面：公司在原有的汽贸公司营业场地扩建具有一定规模的汽车交易展场，以巩固汽车销售市场。按照西藏目前的发展速度、城市环境的改善和国民收入的增加以及家庭小轿车购买力的扩大，预测 2001 年汽车销售量在 2000 年的基础上可增加 5% 左右。

5、汽车机械修配方面：公司将利用原有的资产、技术、人员、努力扩大汽车、机械修理中心业务，力争在激烈的市场竞争中占据相应的市场份额。

(六)董事会日常工作情况

1、报告期内董事会的会议情况及决议内容

(1)2000 年 1 月 20 日在西藏拉萨公司二楼会议室召开了第一届董事会第二次会议，出席本次董事会的应到 11 人，实到 10 人，以举手表决的形式通过了如下决议

a、《1999 年财务决算方案》；

b、《1999 年利润分配方案》；

c、《1999 年财务年度报告》；

d、《2000 年财务预算方案》；

e、《1999 年度董事会工作报告》；

f、《1999 年度监事会工作报告》；

g、《1999 年度总经理工作报告》；

h、《发行并上市人民币普通(A 股)股票的报告》；

i、《筹集资金使用投向的报告》；

j、《公司董事、监事及高管人员收入分配方案》；

k、《总经理及高管理人员职责与工作细则条例》；

l、有关《工资制度》、《人事制度》、《组织规程》。

以上议案以举手表决的形式获得通过，其中(a)至(j)报股东大会审议

(2)2000 年 3 月 23 日在西藏拉萨公司二楼会议室召开了临时董事会，出席本次董事会的应到 11 人，实到 10 人，以举手表决的形式通过了如下决议

A、公司以 1999 年 3 月 29 日的股本为基础，申请向社会公众增资发行人民币普通(A 股)股票 3000 万股－4000 万股，新股发行价为每股人民币 6 元－6.5 元。

B、授权董事会在不违反法律法规的范围内全权处理股票上市的有关工作。

C、同意公司发行新股募集资金用于以下项目：

a、将原已经批准立项的十万吨水泥生产线项目变更为二十万吨干法旋窑水泥生产线改建项目。

b、已经批准立项的其它三个项目的建设工期，以募集资金到位时间向后顺延。剩余资金用于补充流动资金。

D、如果公司新股公开发行在 2000 年 12 月 31 日之前实施完成，则公司 2000 年 1 月 1 日至公司股票公开发行当月 31 日经营积累的利润由公开发行后的全体股东享有分配权。该利润分配原则将提交股东大会审议通过。

E、2000 年利润预测确定为：主营业务收入 22814 万元；利润总额 2659 万元；净利润 2260 万元。

(3)2000 年 7 月 17 日在西藏拉萨公司二楼会议室召开了临时董事会，出席本次董事会的应到 11 人，实到 10 人，以举手表决的形式通过了如下决议

A、通过了对 1998 年 5 月 1 日至 1999 年 12 月 31 日期间利润分配的修改方案。

将以往确定的"关于 1998 年 4 月 30 日至 1999 年 2 月 28 日期间利润分配方案"、"1999 年利润分配预案"修改为对天路公司 1998 年 5 月 1 日至 1999 年 2 月 28 日期间实现的净利润，依据四川君和会计师事务所审计后的实际数，按各分公司原隶属关系，分配给各发起人公司。1999 年 3 月 1 日至 1999 年 12 月 31 日实现的净利润提取两金后，按各股东出资比例进行分配。

B、通过了计提四项准备的调整方案。

C、通过了将公司原拟投资 10408 万元改扩建五级旋风预热器旋窑水泥生产线项目更改为投资 14103 万元改扩建一条 1000t/d 级带改进型分解炉的五级预热预分解窑水泥生产线项目。

D、通过了公司关于申请向社会公众增资发行人民币普通(A 股)股票的价格进行调整的决议。

E、通过了公司经营范围增加小轿车经营权和氧气制造业务并修改《公司章程》的相关章节的决议。

2、对股东大会决议的执行情况：

(1)公司经中国证券监督管理委员会证监发行字[2000]179 号文核准于 2000 年 12 月 25 日增发人民币普通股 4000 万股，发行价格为 6.88 元。本次募集资金净额为 262,520,800.00 元已经四川君和会计师事务所有限责任公司 2001 年 1 月 3 日出具的君和审字(2001)第 3001 号验资报告验证(本次发行股票已于 2000 年 1 月 16 日上市流通，公司总股本为 10000 万股)。

(2) 公司实际完成主营业务收入 255,081,914.25 万元，利润总额 11,543,897.18 万元，净利润 10,609,021.05 万元。利润下降的主要原因：

A、与主营业务公路工程施工有关的油料价格上涨，施工点较上年分散且距离加大，增加了施工机械搬迁费以及调增工资因素增加成本 995 万元，其中销售毛利下降 502 万元。

B、按财政部财会(2000)25 号"关于印发《企业会计制度》的通知的规定，需计提固定资产减值准备和存货跌价准备，使期间费用增加 49 万元。

C、营业外支出中，公路工程在青藏公路羊八井至拉萨段施工中，为拓宽路基对山体爆破时致使输油管道破裂产生或有损失 400 万元。

D、营业外支出中建材水泥生产因售出水泥出现质量问题向用户赔偿增加营业外支出 61 万元。

以上四项共计造成主营业务利润总额减少 1505 万元。

(2)因市场原因，汽车修理厂改建项目尚未实施外，其它投资项目均按步骤进行。

(3)股东大会的其它决议事项已由董事会组织实施完毕。

(七)公司管理层及员工情况

1、董事、监事及高级管理人员

姓　名	性别	年龄	职　务	任期起止日期	年初持股数(股)	年末持股数(股)
尼玛	男	55 岁	董事长	1999.9－2002.3	无	无
扎西江措	男	35 岁	副董事长兼总经理	1999.3－2002.3	无	无
饶邦骥	女	47 岁	副董事长兼董事会秘书	1999.3－2002.3	无	无
赵锐	男	46 岁	董事兼副总经理	1999.3－2002.3	无	无

田根	男	43岁	董事兼副总经理	1999.3－2002.3	无	无
李留丰	男	44岁	董事兼副总经理	1999.3－2002.3	无	无
边连仲	男	48岁	董事	1999.3－2002.3	无	无
旦增木龙	男	59岁	董事	1999.9－2002.3	无	无
平措	男	54岁	董事	1999.3－2002.3	无	无
达瓦次仁	男	43岁	董事	1999.3－2002.3	无	无
胡浩	男	31岁	董事	1999.3－2002.3	无	无
洛桑曲加	男	53岁	监事会主席	1999.3－2002.3	无	无
强巴珍珠	男	55岁	监事	1999.3－2002.3	无	无
刘海	女	45岁	监事	1999.3－2002.3	无	无
肖慈祥	男	37岁	副总经理	1999.3－2002.3	无	无
林素明	男	33岁	总工程师	1999.3－2002.3	无	无
方权立	男	43岁	董事会秘书授权代表	1999.3－2002.3	无	无
李忠	男	33岁	财务负责人	1999.3－2002.3	无	无

说明:公司董事、监事及高级管理人员在公司的领取报酬的有18人,年度报酬总额约为56.71万元,其中:年度报酬在1万元－3万元之间有6人,在3万元－4万元之间有11人,在4万元－5万元之间有1人,公司董事旦增木龙不在公司领取报酬。

在报告期内,公司董事、监事及高级管理人员无离任情况,无聘任或解聘董事会秘书情况

2、公司员工情况

目前本公司共有职工1457人,其中各类人员及其构成如下:

(1)职工的专业构成

生产人员	1039人	占职工人数	71.3%
销售人员	36人	占职工人数	2.5%
技术人员	75人	占职工人数	5.1%
财务人员	52人	占职工人数	3.6%
行政人员	156人	占职工人数	10.7%
其他人员	99人	占职工人数	6.8%

(2)专业技术人员构成如下

高级职称技术人员	4人	占职工人数	0.3%
中级职称技术人员	51人	占职工人数	3.5%
初级职称技术人员	106人	占职工人数	7%

(3)职工文化程度情况

大专以上	50人	占职工人数	3.4%
高中及中专	265人	占职工人数	18%
高中以下	1043人	占职工人数	72%

(4)退休职工99名。

(八)关于审计报告中解释性说明事项:

同意四川君和会计师事务所有限责任公司出具的有解释性说明的审计报告

1.青藏公路羊八井至拉萨段改建工程的路基工程施工中,根据工程设计要求,部分地段需开山放炮拓宽路基。主要由于施工地段山体存在断层,青藏线该段输油管道处在断层以下2米位置,施工放炮地点在K3853+840处,距输油管道4.5米左右,受岩石断层的影响,爆破时因震动致使断层岩体下滑将输油管道切破后柴油流失达数小时,造成直接经济损失约为400万元。

2.公司经中国证券监督管理委员会证监发行字[2000]179号文核准于2000年12月25日增发人民币普通股4000万股,发行价格为6.88元。本次募集资金净额为262,520,800.00元,于2001年1月3日到达本公司帐户,经四川君和会计师事务所有限责任公司2001年1月3日出具的君和审字(2001)第3001号验资报告验证(本次发行股票已于2000年1月16日上市流通,公司总股本为10000万股)。公司未将其列入2000年度报表内。

审计报告真实地反映了公司的财务状况和经营成果。

(九)本次利润分配预案和资本公积金转赠股本预案

1、公司2000年度利润分配预案

经四川君和会计师事务所有限责任公司审计,本公司2000年度净利润为10,609,021.05元,根据《公司法》和《公司章程》规定,提取10%法定盈余公积金1,060,902.11元和5%法定公益金530,451.05元后,本年度可供股东分配利润9,017,667.89元。

经公司董事会研究决定,从可供分配利润中,按公司股票发行后(2001年12月25日)总股本10000万股为基数,每10股派发现金0.50元(含税),计5,000,000.00元。尚余4,017,667.89元不分配,结转2001年度。以上预案须经股东大会讨论通过后实施。

2、2001年度利润分配政策预案

(1)公司拟在2001年度结束后分配利润一次;

(2)公司2001年度实现的利润及2000年度未分配利润结转2001年度合并后用于分配的比例约为30%;

(3)利润分配采用派发现金的形式;

(4)2001年度利润分配方案为预计方案,公司董事会保留届时根据实际情况对其进行调整的权利。具体分配方案依当时由董事会提出预案后报股东大会审议通过。

六、监事会报告

(一)监事会会议情况

报告期内公司监事会按照《公司法》和《公司章程》的规定,依法列席了公司召开的各次股东大会会议、董事会会议、总经理办公会议,全面了解公司的经营管理情况,对股东大会的决议执行情况及公司财务状况进行了监督和检查。对公司重大经营决策提出建议性意见。报告期内召开一次监事会会议,通过如下决议:

2000年元月18日在西藏拉萨召开第一届二次监事会会议,3名监事全部出席会议,会议审议通过了《一九九九年监事会工作报告》;审议通过了《一九九九年董事会工作报告》;审议通过了监事会办公室主任、副主任及秘书人选事宜。

(二)监事会独立意见

对公司董事、高管人员执行职务时经济行为的监督情况

1、本届监事会认为:2000年度公司主营业务收入比去年同期均有大幅度增长,圆满完成股东大会提出的各项经济指标。公司坚持以提高经济效益为中心,实行精简机构,减员增效,强化企业管理,规范运作,并取得了一定经验。公司在经营活动中依法经营,依法纳税,未发生任何违犯中华人民共和国法律、法规及政策规定的行为。

2、本届监事会认为:公司董事会和经理层按照股东大会的决议及临时股东大会决议的要求,认真履行了各项决议,其决策程序符合《公司法》及《公司章程》的有关规定,依法规范运作。未发现有违反《公司法》及《公司章程》的行为。公司执行的会计制度符合《企业会计准则》、《股份有限公司会计制度》要求的内容,公司建立了较完善的内部控制制度,建立了与之相适应的内部财务制度和会计核算体系。

3、本监事会认为:

同意四川君和会计师事务所有限责任公司出具的有解释性说明的审计报告

(1).青藏公路羊八井至拉萨段改建工程的路基工程施工中,根据工程设计要求,部分地段需开山放炮拓宽路基。主要由于施工地段山体存在断层,青藏线该段输油管道处在断层以下2米位置,施工放炮地点在K3853+840处,距输油管道4.5米左右,受岩石断层的影响,爆破时因震动致使断层岩体下滑将输油管道切破后柴油流失达数小时,造成直接经济损失约为400万元。

(2).公司经中国证券监督管理委员会证监发行字[2000]179号文核准于2000年12月25日增发人民币普通股4000万股,发行价格为6.88元。本次募集资金净额为262,520,800.00元,于2001年1月3日到达本公司帐户,经四川君和会计师事务所有限责任公司2001年1月3日出具的君和审字(2001)第3001号验资报告验证(本次发行股票已于2000年1月16日上市流通,公司总股本为10000万股)。公司未将其列入2000年度报表内。

审计报告真实地反映了公司的财务状况和经营成果。

4、本监事会认为:公司董事、高管人员执行公司职务时无违反中国法律、法规、公司章程或损害公司利益的行为。

5、本监事会认为:公司在募集资金使用上,没有违反和随意改变投资方向。

6、本监事会认为:公司在与股东的关联交易上是按市场规律进行的,其关联交易是公平的,无损害上市公司利益的现象。

七、重要事项

(一)本年度公司无重大诉讼、仲裁事项。

(二)报告期内公司、公司董事、监事及高级管理人员无受监管部门处罚情况。

(三)报告期内,公司控股股东无变更情况、公司总经理无变更、新聘或解聘董事会秘书情况。

(四)报告期内,公司收购、出售资产及吸收合并情况。

2000年3月27日本公司与西藏自治区交通工业总公司(以下简称:工业公司)签定《合同转让协议书》,将建材分公司与拉萨市红运工贸公司签定的《联营协议书》中的权利和义务转让给工业公司,转让价格人民币1,005,000.00元。此款已在本公司与工业公司往来款中冲抵。

(五)报告期内,公司重大关联方交易事项(金额单位为人民币元)

1、本公司的购货、产品(商品)销售均执行市场价。

2、依照本公司与母公司及发起企业签订《综合服务协议》、《土地租赁协议》、《房屋租赁协议》,公司每年向其支付243.93万元以获得日常生产经营和生活必须的服务。截止2000年12月31日,公司已支付68.17万元。

3、发起企业承诺:应收本公司1998年5~12月和1999年度的股利余额共计1913万元延期至本公司分配2000年利润时一并收取。

4、关联交易涉及的销售业务主要是本公司售给西藏自治区汽车工业贸易总公司的汽车配件。2000年2月23日本公司与汽贸公司签定购销合同,本公司售给汽贸公司价值3,149,019.98元的汽车配件,交易价格根据市场价确定,价款通过银行支付,货到付款。此款已在本公司与汽贸公司往来款中冲抵。

5、根据2000年4月18日,本公司与工业公司签定的"委托还款协议",本公司于2000年4月24日代工业公司,归还借款本金及利息6,711,811.80元,相应抵减本公司的"应付帐款—工业公司"1,338,419.91元、"其他应付款—工业公司"3,200,000.00元、"应付股利—工业公司"2,173,391.89元。

(六)公司与控股股东在人员、资产、财务上的"三分开"情况。

报告期内,公司与控股股东已做到人员独立、资产完整、财务独立。

(七)报告期内,公司继续聘用四川君和会计师事务所有限责任公司负责公司审计工作。

(八)报告期内,公司无更改公司名称或股票简称的情况。

(九)公司制定的信息披露的报刊:《中国证券报》、《上海证券报》。

八、财务会计报告

(一)审计报告

审 计 报 告

君和审字(2001)第3066号

西藏天路交通股份有限公司全体股东:

我们接受委托,审计了贵公司2000年12月31日的合并资产负债表和母公司资产负债表,2000年度的合并利润及利润分配表和母公司利润及利润分配表,2000年度的合并现金流量表和母公司现金流量表。这些会计报表由贵公司负责,我们的责任是对这些会计报表发表审计意见。我们的审计是依据《中国注册会计师独立审计准则》进行的。在审计过程中,我们结合贵公司的实际情况,实施了包括抽查会计记录等我们认为必要的审计程序。

我们认为,上述会计报表符合《企业会计准则》和《股份有限公司会计制度》的有关规定,在所有重大方面公允地反映了贵公司2000年12月31日的财务状况和2000年度的经营成果及现金流量情况,会计处理方法的选用遵循了一贯性原则。

此外,我们注意到:

1、如附注5.28所述,贵公司2000年12月在羊八井至拉萨段公路工程施工中,爆破时不慎炸破输油管道,公司已预计赔偿损失4,000,000.00元,列入本年度"营业外支出"。

2、如贵公司会计报表附注10.1所述,贵公司于2000年12月25日通过上海证券交易系统定价发行普通股4000万股,每股发行价6.88元人民币,共募集资金26,252.08万元,因募股资金于2001年1月3日到达贵公司帐户,公司未将其列入2000年度会计报表内。

四川君和会计师事务所　　中国注册会计师:唐国锋

地址:中国、成都　　中国注册会计师:庄瑞兰

报告日期:2001年4月5日

(二)附注

附注1、公司的基本情况

西藏天路交通股份有限公司(以下简称"公司"或"本公司")经西藏自治区人民政府藏政函(1999)80号文批准,于1999年2月28日以发起方式设立,3月29日取得营业执照。营业执照注册号:5400001000128。公司设立时注册资本为人民币6000万元。

公司主营业务:公路、桥梁的建设(壹级),货物运输、长短途客运、与公路建设相关的建筑材料(含水泥制品)的生产、销售,汽车贸易及配件(含小轿车),筑路机械配件的经营、销售,汽车维修,塑料制品;氧气制造、销售。

附注2、公司采用的主要会计政策、会计估计和合并会计报表的编制方法:

2.1、会计年度:会计年度自公历1月1日起至12月31日止。

2.2、记帐本位币:公司以人民币作为记帐本位币。

2.3、会计制度:公司执行《企业会计准则》、《股份有限公司会计制度》及其补充规定。

2.4、记帐原则和计价基础:公司以历史成本作为计价基础,以权责发生制为记帐原则。

2.5、现金等价物的确定标准:

凡同时具备期限短(从购买日起,三个月到期)、流动性强、易于转换为已知金额的现金、价值变动风险很小的投资,确认为现金等价物。

2.6、合并会计报表编制方法:

(1)合并会计报表的编制执行财政部颁布的《合并会计报表暂行规定》及其补充规定。以本公司和纳入合并范围的子公司的会计报表以及其他有关资料为依据,合并各项目数据编制而成,母公司与子公司之间的重大内部交易和内部往来予以抵销。

(2)纳入合并范围的子公司情况如下:(金额单位:人民币元)

子公司名称	性质	注册资本	实际投资额	本公司所持股权比例	主营业务
西藏日喀则地区宗山水泥有限责任公司	有限责任	5,030,000	2,565,300	51%	水泥生产销售

2.7、短期投资核算方法:短期投资在取得时以投资成本计价。在期末时将市价低于成本的金额确认为当期投资损失,计入短期投资跌价准备。

本公司报告期内短期投资不存在市价低于成本的情况。

2.8、坏帐损失的核算方法:

公司坏帐损失采用备抵法核算。本公司根据以往的经验、债务单位的实际财务状况和现金流量的情况以及其他信息确定应收款项(应收帐款、其他应收款)的坏帐准备计提比例为:

应收款项帐龄	计提比例
1年以内	5%
1~2年	8%
2~3年	10%
3~5年	50%
5年以上	100%

坏帐的确认标准为:

(1)因债务人已经破产或死亡,以其破产财产或遗产依法清偿后,仍然无法收回的应收款项。

(2)因债务人逾期三年未能履行义务,确实不能收回的应收款项,报董事会批准后列作坏帐。

2.9、存货计价方法:

(1)本公司存货分类为:原材料、在产品、产成品、低值易耗品、包装物。本公司存货实行永续盘存制度。购进入库以实际成本进行日常核算,领用发出采用个别计价法计价;产成品发出采用加权平均法计价;生产成本按照完工程度约当产量法在完工产品和在产品之间进行分配;低值易耗品和包装物采用一次摊销法核算。

(2)存货跌价准备按期末单个存货项目的帐面成本高于其可变现净值的差额提取。

单个存货项目的可变现净值由公司采购部门及销售部门根据市场公允价值扣除变现费用后确定。

2.10、长期股权投资的核算方法:

本公司长期股权投资按投资时实际支付的价款或确定的价值记帐。投资额占被投资单位有表决权资本总额20%以下,或虽占被投资单位有表决权资本20%或20%以上,但不具有重大影响的,采用成本法核算,以实际收到被投资单位分配或宣布发放的股利确认本公司投资收益;投资额占被投资单位有表决权资本总额20%或20%以上,或虽投资不足20%但有重大影响的,采用权益法核算,于期末或年度终了,按应分享或分担的被投资单位实现的净利润或净亏损的数额,确认本公司的投资收益。投资额占被投资单位有表决权资本50%(不含50%)以上,或虽占被投资单位资本不足50%但具有实质控制权的,采用权益法核算并合并会计报表。

2.11、长期债权投资的核算方法:

(1)长期债券投资:按实际支付的价款扣除支付的税金、手续费,以及支付的自发行起至购入时止的应计利息后的余额作为实际成本计价入帐,实际成本与债券面值的差额作为溢价或折价;债券的溢价或折价在债券存续期内采用直线法摊销。按实际收回的利息收入或应计收的利息确认债券投资收益。

(2)其他债权投资:按实际支付的价款计价入帐,按应计收或实际收回的利息确认其他债权投资收益。

2.12、长期投资减值准备:

本公司在会计期末,对长期投资逐项进行检查,如果由于市价持续下跌或被投资单位经营状况恶化等原因导致其可收回金额低于帐面价值,并且这种降低的价值在可预计的未来期间内不可能恢复,则将其可收回金额低于长期投资帐面价值的差额作为长期投资减值准备。

本公司报告期内会计期末按母公司长期股权投资余额的20%计提长期投资减值准备。

2.13、固定资产计价与折旧政策:

固定资产是指使用期限超过一年的房屋、建筑物、机器、机械、运输工具以及其他与生产经营有关的设备、器具、工具等。不属于生产经营主要设备的物品,单位价值在2000元以上,并且使用期限超过两年的,也作为固定资产。购入的固定资产按实际支付的买价、运费、交纳的税金等计价入帐;股东投入的固定资产,按评估确认或协议价入帐。固定资产折旧采用直线法分类计算,并预计原值4%的残值,各类固定资产折旧年限、年折旧率估计如下:

固定资产类别	折旧年限	年折旧率(%)
房屋建筑物	25-40	3.84-2.40
通用设备	10-14	9.60-6.86
专用设备	9-10	10.59-9.60
运输设备	8-12	12.00-8.00
其他设备	5-10	19.20-9.60

本公司在会计期末,对固定资产逐项进行检查,如果由于市价持续下跌,或技术陈旧、损坏、长期闲置等原因导致其可收回金额低于账面价值的,将可收回金额低于其账面价值的差额作为固定资产减值准备;如果固定资产实质上已经发生了减值,本公司亦计提减值准备。本公司固定资产减值准备按单项资产计提。

2.14、在建工程核算方法:

在建工程根据实际发生的支出入帐,按工程项目分类核算并在工程完工交付使用的当日,按工程的实际成本结转固定资产。

本公司在会计期末,对在建工程进行全面检查,如果有证据表明在建工程已经发生了减值,本公司计提在建工程减值准备。

2.15、借款费用的会计处理方法:

用借款进行的在建工程发生的借款利息,在固定资产尚未交付使用前,予以资本化;交付使用后,计入当期财务费用。

2.16、无形资产计价及其摊销:

本报告期内无形资产是指控股子公司的土地使用权,按取得成本计价。采用直线法从公司设立之日起按50年期限摊销。

本公司在会计期末,检查各项无形资产预计给公司带来未来经济利益的能力,对预计可收回金额低于其账面价值的,本公司计提无形资产减值准备。

2.17、开办费及其摊销:

本公司开办费核算公司在筹建期间发生的费用。开办费从公司设立之日起,按5年期限平均摊销。

2.18、收入确认的方法:

(1)公路工程收入:按完工百分比法,在工程合同的总收入、工程的完成程度能够可靠地确定,相关价款能够流入,已经发生的成本和完成工程将要发生的成本能够可靠地计量时,确认公路工程收入的实现。

(2)销售商品:已将商品所有权上的重要风险和报酬转移给买方,公司不再拥有对该商品的继续管理权和实际控制权,相关的收入已经收到或取得了收款的证据,并且与销售该商品有关的成本能够可靠地计量时,确认营业收入的实现。

(3)运输收入及其他收入:以劳务已提供,相关的收入已收到或取得了收款的证据,并且与提供该劳务有关的成本能够可靠地计量时,确认营业收入的实现。

2.19、所得税的会计处理方法:

本公司对所得税的会计处理采用应付税款法。

2.20、会计政策变更及其影响:

本公司根据财政部财会(2001)17号文"贯彻实施《企业会计制度》有关政策衔接问题的规定",从2001年1月1日起改变会计政策如下:

(1)固定资产原不计提减值准备,现改为本公司在会计期末,对固定资产逐项进行检查,如果由于市价持续下跌,或技术陈旧、损坏、长期闲置等原因导致其可收回金额低于账面价值的,将可收回金额低于其账面价值的差额作为固定资产减值准备;如果固定资产实质上已经发生了减值,本公司亦计提减值准备。本公司固定资产减值准备按单项资产计提。

(2)在建工程原不计提减值准备,现改为本公司在会计期末,对在建工程进行全面检查,如果有证据表明在建工程已经发生了减值,本公司计提在建工程减值准备。

(3)无形资产原不计提减值准备,现改为本公司在会计期末,检查各项无形资产预计给公司带来未来经济利益的能力,对预计可收回金额低于其账面价值的,本公司计提无形资产减值准备。

上述会计政策变更追溯调整累计总数为1,617,056.17元,均为固定资产计提减值准备的累计影响数。其中:调减1999年末未分配利润1,440,000.00元(鉴于本公司于1999年3月29日成立,无需对1999年初留存收益做追溯调整);调减2000年度利润177,056.17元。

附注3、税项

3.1、增值税:按商品及材料销售收入的17%计缴。

3.2、营业税:按运输业务收入和公路工程收入的3%计缴。

3.3、城建税:

(1)按应交增值税和营业税(运输)的7%计缴。

(2)对公路建设项目免征耕地占用税、资源税(砂石料)、城市维护建设税。

3.4、所得税:

(1)根据《中华人民共和国企业所得税暂行条例》第八条的规定以及西藏自治区人民政府藏政发(1993)121号文、藏政函(1998)48号文、西藏自治区国税局藏国税函(1999)114号文,本公司从批准成立之日起,按15%税率缴纳企业所得税(公司批准成立前按30%缴纳企业所得税)。

(2)根据藏政发(1993)121号文及西藏自治区国税局藏国税函(1999)193号文,本公司的控股子公司西藏日喀则地区宗山水泥有限责任公司按30%缴纳企业所得税。

3.5、其他税项:按国家和地方有关规定计缴。

附注4、利润分配政策

4.1、根据国家有关法规和本公司章程的规定,本公司缴纳所得税后的净利润按照下列顺序分配:

(1)弥补亏损;

(2)提取10%法定盈余公积金;

(3)提取5%~10%法定公益金;

(4)提取任意盈余公积金;

(5)支付普通股股利。

4.2、根据2000年2月21日本公司1999年度股东大会决议:1998年5月1日至1999年2月28日实现的净利润全部分配给发起股东;1999年3月1日至12月31日实现的净利润,扣除"两金"后全部分配给发起股东。2000年4月28日本公司临时股东大会决议:2000年1月1日起实现的利润由新老股东共享。

附注五、合并会计报表主要项目附注(金额单位:人民币元)

5.1、货币资金

类 别	1999.12.31	2000.12.31
现金	701,032.84	324,081.87
银行存款	36,470,447.94	56,993,842.24
其他货币资金		9,031,440.99
合计	37,171,480.78	66,349,365.10

注:期末比期初增长78.50%的主要原因是收到建设单位(西藏交通厅)支付公路工程款。

5.2、短期投资

类 别	1999.12.31	2000.12.31
股票投资		2,048,217.12
债券投资		
其他投资	1,005,000.00	0.00
合计	1,005,000.00	2,048,217.12

注:2000年12月31日,本公司所持股票市价总额为2,398,320.00元。

5.3、应收帐款

(1)帐龄分析

帐 龄	1999.12.31			2000.12.31		
	金 额	比例(%)	坏帐准备	金 额	比例(%)	坏帐准备
一年以内	17,030,484.27	44.93	851,524.21	18,106,686.19	63.87	905,334.31
一至二年	17,182,102.21	45.33	1,374,568.18	7,976,582.96	28.14	638,126.64
二至三年	3,691,896.66	9.74	369,189.67	963,944.48	3.40	96,394.45
三至五年				1,301,103.75	4.59	650,551.88
五年以上						
合计	37,904,483.14	100.00	2,595,282.06	28,348,317.38	100.00	2,290,407.28

②本项目中无持有本公司5%以上股份的股东单位欠款。

③大额款项情况

单位名称	金 额
珠峰矿业公司	2,817,520.59
林周县城道路建设指挥部	2,352,000.00
那曲经营部	1,708,049.75
西藏矿业发展股份有限公司	1,471,371.90
西藏高争矿业公司	1,224,557.20
合计	9,573,499.44

5.4、其他应收款

①帐龄分析:

帐 龄	1999.12.31			2000.12.31		
	金 额	比例(%)	坏帐准备	金 额	比例(%)	坏帐准备
一年以内	3,000,325.87	17.00	150,016.29	16,791,251.30	85.88	839,562.57
一至二年	13,013,183.23	73.75	1,041,054.66	2,708,991.79	13.67	216,719.34
二至三年	1,632,417.79	9.25	163,241.79	58,766.69	0.30	5,876.67
三至五年				29,015.65	0.15	14,507.83
五年以上						
合计	17,645,926.89	100.00	1,354,312.74	19,588,025.43	100.00	1,076,666.41

②本项目中无持有本公司5%以上股份的股东单位欠款。

③大额款项情况

单位名称	性 质	金 额
预付车款	预付款	6,162,075.00
发行费	垫支款	1,830,000.00
山南水泥厂		1,060,794.45
职工借款		888,203.47
西藏自治区交通厅计财处	培训基金	500,000.00
合计		10,441,072.92

5.5、预付帐款

(1)帐龄分析:

帐 龄	1999.12.31		2000.12.31	
	金 额	比例(%)	金 额	比例(%)
一年以内	3,900,382.21	92.37	7,667,348.89	73.34
一至二年	153,741.85	3.64	2,702,150.37	25.85
二至三年	167,215.20	3.96	85,694.36	0.81
三年以上	1,266.79	0.03		
小计	4,222,606.05	100.00	10,455,193.62	100.00

(2)本项目中无持有本公司5%以上股份的股东单位欠款。

(3)大额款项情况

单位名称	金 额
东久公路工程工地	2,108,806.68
赖为民	1,894,483.77
西藏蓝剑发展有限公司	1,530,000.00
林芝总段机化队	1,090,178.67
四川一汽汽车销售服务公司	500,000.00
小计	7,150,469.12

(4)期末余额比期初增长147.60%,主要是工程分公司预付的工程款及汽贸分公司预付的购车款、汽车配件款增加。

5.6、存货及存货跌价准备

项 目	1999.12.31		2000.12.31	
	金 额	跌价准备	金 额	跌价准备
原材料	29,173,438.36	2,164,405.39	13,631,095.82	2,378,291.08
在产品	938,237.52		2,154,252.12	
产成品	6,499,096.28	1,022,937.00	22,271,328.18	1,124,836.96
低值易耗品	2,998,877.97		2,478,580.33	
包装物	70,328.10		1,169.05	
发出商品			25,844.16	
工程施工			14,306,152.84	
小计	39,679,978.23	3,187,342.39	54,868,422.50	3,503,128.04

5.7、待摊费用

类 别	1999.12.3	本期增加数	本期摊销数	2000.12.31
期初进项税	212,510.41		30,367.68	*182,142.73
保险费	55,811.43	11,096.00	66,907.43	
修理费		194,004.83	166,164.38	27,840.45
其他	31,671.37	25,000.00	56,671.37	

小计	299,993.21	230,100.83	320,110.86	209,983.18

注:＊指建材分公司及汽贸分公司待抵扣的存货期初进项税余额。

5.8、长期股权投资

被投资单位名称	投资期限	占被投资单位注册资本比例	投资金额	99.12.31权益		本期调整		2001.12.31权益	
				金额	减值准备	金额	减值准备	金额	减值准备
西藏山南地区水泥厂	10年	49%	1,720,000.00	580,648.56	619,772.55	13,565.32	-192,399.18	594,213.88	427,373.37

5.9、固定资产及累计折旧

类 别	1999.12.31	本期增加	本期减少	2000.12.31
(1)固定资产原值:				
房屋及建筑物	36,731,291.22	2,280,747.44	1,875,900.00	37,136,138.66
专用设备	51,474,492.71	11,847,055.56		63,321,548.27
通用设备	18,199,118.45	108,565.87		18,307,684.32
运输设备	61,072,512.35	4,396,819.60	396,000.00	65,073,331.95
电子设备及其他设备	3,193,590.35	2,801,938.43	244,179.25	5,751,349.53
小计	170,671,005.08	21,435,126.90	2,516,079.25	189,590,052.73
(2)累计折旧:				
房屋及建筑物	9,591,871.14	1,273,062.57	1,670,309.13	9,194,624.58
专用设备	27,827,911.92	5,711,572.18		33,539,484.10
通用设备	8,272,940.92	1,156,614.95		9,429,555.87
运输设备	47,662,207.19	4,956,563.22	293,685.00	52,325,085.41
电子设备及其他设备	1,588,194.27	527,729.93	1,160.00	2,114,764.20
小计	94,943,125.44	13,625,542.85	1,965,154.13	106,603,514.16
(3)固定资产净值	75,727,879.64			82,986,538.57

5.10、在建工程

项目名称	批准文号	工程预算数	期初数(其中:利息资本化(金额)	本期增加(其中:利息资本化金额)	本期转入固定资产(其中:利息资本化金额)	其他减少数(其中:利息资本化金额)	期末数(其中:利息资本化金额)	资金来源	完工进度
改扩建水泥生产线	＊[2000]777#	141,030,000.00		10,350,995.14			10,350,995.14	自筹	三通一平
汽车贸易展销厅	＊＊[2000][624#]	3,820,000.00		1,651,903.00			1,651,903.00	自筹	80%
其他			552,794.50	400,000.00	552,794.50		400,000.00		
小计			552,794.50	12,402,898.14	552,794.50		12,402,898.14		

注:＊指国家经济贸易委员会国经贸委藏计投资[2000]777号文件

＊＊指西藏自治区计划委员会藏计投资[2000]624号文件

5.11、无形资产

项目	取得方式	原值	本期摊销额	累计摊销额	2000.12.31	剩余摊销年限
土地使用权	购入	289,350.42	5,787.01	86,985.24	202,365.18	48年
矿山公路	购入	15,780.00	5,351.50	15,780.00	0.00	
合计		305,130.42	11,138.51	102,765.24	202,365.18	

5.12、开办费

项 目	原始发生额	期初余额	本期摊销额	累计摊销额	2000.12.31	剩余摊销年限
公司筹建费用	1,259,868.02	1,049,890.02	251,973.60	461,951.60	797,916.42	3.17年

5.13、短期借款

(1)借款类别	2000.12.31	备 注
银行借款	5,313,147.05	
其中:抵押	＊1,000,000.00	其中:逾期金额100万
信用	4,313,147.05	其中:逾期金额340万
合计	5,313,147.05	

注:＊抵押物是本公司的控股子公司西藏日喀则地区宗山水泥有限责任公司(下称:"宗山水泥")的固定资产。

(2)已到期未偿还情况

贷款单位	贷款金额	贷款年利率
江孜县农业银行	1,000,000.00	10.80%
江孜县农业银行	1,500,000.00	11.52%
江孜县农业银行	900,000.00	8.10%
江孜县农业银行	1,000,000.00	10.08%

未偿还原因是:本公司的控股子公司"宗山水泥"资金周转困难。

(3)期末余额中包括:

贷款单位	贷款金额
西藏自治区财政厅	400,000.00
西藏自治区工业厅	513,147.05
合计	＊913,147.05

注:＊系本公司所属建材分公司97年10月兼并西藏塑料厂时形成。原西藏塑料厂组建时,西藏财政厅、工业厅为扶持地方工业企业和西藏民族工业塑料制品的发展,由西藏塑料厂的主管部门－－－西藏轻纺总会担保借入,用于购设备和原材料,形成的无期无息借款。

(4)期末数大幅下降原因是:本公司归还所致。

5.14、应付帐款:期末数67,936,398.01元。

(1)应付持本公司5%以上股份的股东单位的款项如下:

单位名称	金 额
拉运公司	54,309.23
汽贸公司	28,700.19
工业公司	498,484.66
合计	581,494.08

(2)期末数比期初数增长227.70%,主要原因是工程公司尚未支付的对外劳务协作工程款,工程保证金增加所致。

5.15、预收帐款:期末数42,362,695.18元。本项目中无欠持本公司5%以上股份的股东单位的款项。

5.16、应付股利

投资者	1999.12.31	2000.12.31
工程公司	11,725,575.68	
工业公司	2,797,005.32	
拉运公司	2,286,719.80	2,010,557.59
汽贸公司	2,234,355.57	1,697,405.37
格尔木公司	86,392.66	86,392.66
合计	19,130,049.03	3,794,355.62

注:期末数比期初数减少80.17%,主要系将应付股利抵付投资者往来款所致。

5.17、应交税金

税 种	1999.12.31	2000.12.31
增值税	803,812.59	201,349.06
城建税	49,403.89	55,445.34
所得税	1,685,981.86	-1,192,830.79
营业税	1,416,159.04	113,113.54
合计	3,955,357.38	-822,922.85

注:期末数比期初数减少120.81%,主要系预交所得税所致。

5.18、其他应付款:期末数19,590,243.28元。

(1)本项目中应付持本公司5%以上股份的股东单位的款项如下:

单位名称	金 额	内 容
工程公司	324,942.68	场地租赁费
工业公司	668,177.88	场地租赁费
汽贸公司	521,659.43	场地租赁费
拉运公司	242,772.24	场地租赁费
合计	1,757,552.23	

(2)大额款项情况

单位名称	金 额
工程保修金	3,527,262.79
西藏自治区交通厅	2,700,000.00
退休统筹金	1,492,154.32
保通质量奖	1,402,102.82
应付车辆保险费	1,239,382.83
合计	10,360,902.76

5.19、预提费用

项 目	1999.12.31	2000.12.31
利息	1,263,453.47	2,027,472.12
大修理金	6,977.66	
动力电费		39,229.07
职工养老统筹金		113,278.26
合计	1,270,431.13	2,179,979.45

注:期末数比期初数增长71.59%,主要系预提利息费用增加较多所致。

5.20、一年内到期的长期负债

贷款单位	金 额	借款期限	年利率	借款条件
江孜县农行	2,500,000.00	94.12.19～97.12.19	10.80%	信用
江孜县农行	530,000.00	95.4.5～96.7.6	3.36%	信用
合计	3,030,000.00			

已到期未偿还的原因是:控股子公司"宗山水泥"公司资金周转困难。

5.21、长期借款

贷款单位	金 额	借款期限	年利率	借款条件
西藏自治区建行	＊20,000,000.00	2000.5.29－2003.5.28	5.94%	信用贴息
西藏自治区建行	＊＊8,000,000.00	2000.7.21－2003.7.20	5.94%	信用贴息
合计	28,000,000.00			

注:＊建行西藏自治区分行贷款20,000,000.00元,根据西藏自治区经贸委、西藏自治区财政厅,藏经委企发(2000)287号、藏财企字(2000)74号,利息由财政贴息,2000年对本公司贴息79万元。

注:＊＊建行西藏自治区分行贷款8,000,000.00元,根据西藏自治区经贸委、西藏自治区财政厅,藏经委企发(2001)15号、藏财企字(2001)2号,利息由财政贴息,2000年对本公司贴息23.8万元。

5.22、股本

项 目	1999.12.31	本期增加	本期减少	2000.12.31
(1)尚未流通股份	60,000,000.00		60,000,000.00	
发起人股份	60,000,000.00			60,000,000.00
其中:境内法人持有股份	60,000,000.00			60,000,000.00
(2)已流通股份				
境内上市的人民币普通股				
(3)股份总数	60,000,000.00			60,000,000.00

5.23、资本公积

项 目	1999.12.31	本期增加	本期减少	2000.12.31
股本溢价	23,650,598.47			23,650,598.47
资产评估增值				
其他资本公积转入				
合计	23,650,598.47			23,650,598.47

5.24、盈余公积

项 目	1999.12.31	本期增加	本期减少	2000.12.31
法定盈余公积	1,581,056.53	1,060,902.11		2,641,958.64
公益金	790,528.26	530,451.05		1,320,979.31
任意盈余公积				
合计	2,371,584.79	1,591,353.16		3,962,937.95

5.25、未分配利润

项 目	金 额
1999年12月31日余额	0.00
加:本期净利润	10,609,021.05
减:本期减少	
(1)提取法定盈余公积	1,060,902.11
(2)提取公益金	530,451.05
(3)提取任意盈余公积	
(4)分配股利	
2000年12月31日余额	9,017,667.89

5.26、财务费用

项 目	2000年度	1999年度
利息支出	1,242,737.68	2,501,642.08
减:利息收入	740,673.86	888,299.54
加:手续费	6,560.80	37,123.10
合计	508,624.62	1,650,465.64

注:2000年财务费用下降的原因是:归还短期借款1200万元;本期新增借款2800万元由财政贴息。

5.27、投资收益

项 目	2000年度	1999年度
股票投资收益	1,078,658.11	
长期股权投资	13,565.32	-322,214.47
长期债权投资		12,805.13
长期投资减值准备	192,399.18	-101,419.73
合计	1,284,622.61	-207,989.61

注:本期比上期增加1,492,612.22元,主要是股票投资收益增加。

5.28、营业外支出

项 目	2000年度	1999年度
处理固定资产损失	62,315.00	13,860.00
固定资产盘亏		68,587.35
罚款支出		6.34
捐赠支出	10,000.00	12,800.00
赔偿支出	＊4,609,461.42	726,281.07
固定资产减值准备	177,056.17	1,440,000.00
合计	4,858,832.59	2,261,534.76

注:＊其中公路工程施工中,不慎挖破输油管,预计赔偿4,000,000.00元,列入本项目。

5.29、支付的其他与经营活动有关的现金

项 目	金 额
购汽车预付款	6,162,075.00
差旅费	4,678,632.67
修理及油料费	2,887,351.79
运输费	1,076,856.97
办公费	700,071.40
业务招待费	678,632.67

其他	5,602,198.61
合计	21,785,819.11

附注 6、母公司会计报表主要项目附注(金额单位为人民币元)

6.1、长期股权投资

被投资单位名称	投资期限	占被投资单位注册资本比例	投资金额	99.12.31 权益		本期调整		2000.12.31 权益	
				金额	减值准备	金额	减值准备	金额	减值准备
西藏山南地区水泥厂	10 年	49%	1,720,000.00	580,648.56	116,129.69	13,565.32	2,713.09	594,213.88	118,842.78
西藏日喀则地区宗山水泥有限责任公司	10 年	51%	2,565,300.00	2,518,214.31	503,642.86	-975,561.36	-195,112.27	1,542,652.95	308,530.59
合计			4,285,300.00	3,098,862.87	619,772.55	-961,996.04	-192,399.18	2,136,866.83	427,373.37

6.2、固定资产及累计折旧

类　别	1999.12.31	本期增加	本期减少	2000.12.31
(1)固定资产原值:				
房屋及建筑物	28,011,303.48	2,199,708.38	1,875,900.00	28,335,111.86
专用设备	48,925,296.08	11,847,055.56		60,772,351.64
通用设备	18,136,463.95	108,565.87		18,245,029.82
运输设备	61,054,712.75	4,337,419.60	396,000.00	64,996,132.35
其他设备	3,121,195.29	2,655,158.24	25,000.00	5,751,353.73
小计	159,248,971.55	21,147,907.65	2,296,900.00	178,099,979.20
(2)累计折旧:				
房屋及建筑物	8,516,250.69	900,255.62	1,594,515.00	7,821,991.31
专用设备	27,261,059.44	5,575,140.29		32,836,199.73
通用设备	8,261,668.82	1,150,030.14		9,411,698.96
运输设备	47,654,350.48	4,952,090.16	293,685.00	52,312,755.64
其他	1,532,031.83	451,935.80	1,160.00	1,982,807.63
小计	93,225,361.26	13,029,452.01	1,889,360.00	104,365,453.27
(3)固定资产净值	66,023,610.29			73,734,525.93

6.3、投资收益

项　目	2000 年度	1999 年度
股票投资收益	1,078,658.11	
长期股权投资(权益)	-961,996.04	-168,222.54
长期债权投资		12,805.13
长期投资减值准备	192,399.18	-101,419.73
合计	309,061.25	-53,997.68

附注 7、分行业资料(以合并数编制,金额单位为人民币万元)

项目		公路工程	建筑材料	货物运输	汽车贸易	合计
主营业务收入	2000	16,011.23	2,683.67	851.53	5,961.77	25,508.20
	1999	12,290.99	2,976.75	1,055.56	4,919.99	21,243.29
主营业务成本	2000	12,818.65	2,287.30	561.85	5,372.30	21,040.10
	1999	9,289.09	2,163.68	781.39	4,420.00	16,654.16
营业毛利	2000	3,192.58	396.37	289.68	589.47	4,468.10
	1999	3,001.90	813.07	274.17	499.99	4,589.13

附注 8、关联方关系及其交易

8.1 关联方关系

(1)存在控制关系的关联方情况:

企业名称	注册地址	主营业务	与本公司关系	经济性质	法定代表人
工程公司	拉萨市	建筑设备安装	母公司	国有	罗丹

(2)存在控制关系的关联方的注册资本及其变化(单位:万元)

企业名称	1999.12.31	本期增加	本期减少	2000.12.31
工程公司	5,924.00			5,924.00

(3)存在控制关系的关联方所持股份或权益及其变化:(单位:万元)

企业名称	1999.12.31		2000.12.31	
	金　额	比　例(%)	金额	比　例(%)
工程公司	5,367.08	61.13	5,367.08	61.13

(4)不存在控制关系的关联方情况:

企业名称	与本公司关系
工业公司	本公司发起人
拉运公司	本公司发起人
汽贸公司	本公司发起人
格尔木公司	本公司发起人
山南水泥厂	联营企业

8.2、关联方交易事项(金额单位为人民币元)

(1)本公司与关联企业的购货、产品(商品)销售均执行市场价。

(2)1999 年 5 月 18 日,本公司与母公司及发起企业签订《综合服务协议》、《土地租赁协议》、《房屋租赁协议》,每年向其支付 243.93 万元以获得日常生产经营和生活必须的服务。母公司及发起企业承诺,1999 年免收租赁费及服务费。

(3)销售货物

单　位	2000 年度	1999 年度
汽贸公司	3,578,519.98	4,587,377.88

注:关联交易涉及的销售业务主要是本公司售给"汽贸公司"的汽车配件,交易价格根据市场价确定,价款通过银行支付,货到付款。

(4)2000 年 3 月 27 日本公司与工业公司签定《合同转让协议书》,将建材分公司与拉萨市红运工贸公司签定的《联营协议书》中的权利和义务转让给工业公司,转让价格人民币 1,005,000.00 元。此款已在本公司与工业公司往来款中冲抵。

(5)2000 年 2 月 23 日本公司与汽贸公司签定购销合同,本公司售给汽贸公司价值 3,149,019.98 元的汽车配件,已同额抵减其与本公司的往来款。

(6)根据 2000 年 4 月 18 日,本公司与工业公司签定的"委托还款协议",本公司于 2000 年 4 月 24 日代发起企业---工业公司,归还借款本金及利息 6,711,811.80 元,相应抵减本公司的"应付帐款---工业公司"1,338,419.91 元、"其他应付款---工业公司"3,200,000.00 元、"应付股利---工业公司"2,173,391.89 元。

(7)关联方往来款项余额:

①应付帐款

单　位	2000 年 12 月 31 日	99 年 12 月 31 日
工程公司		5,502.51
工业公司	498,484.66	1,376,936.04
拉运公司	54,309.23	54,309.23
汽贸公司	28,700.19	4,679,169.49
合计	581,494.08	6,115,917.27

②其他应付款

单　位	2000 年 12 月 31 日	99 年 12 月 31 日
工程公司	324,942.68	199,637.50
工业公司	668,177.88	3,213,595.54
汽贸公司	521,659.43	747,081.40
拉运公司	242,772.24	371,055.95
合计	1,757,552.23	4,531,370.39

附注 9、或有事项

截止 2000 年 12 月 31 日,本公司的控股子公司西藏日喀则地区宗山水泥有限责任公司有 743 万元银行借款逾期。若不能与贷款银行达成展期协议,可能涉及诉讼。

附注 10、资产负债表日后的非调整事项

10.1、经中国证券监督管理委员会证监发行字(2000)179 号文核准,本公司通过上海证券交易所于 2000 年 12 月 25 日成功上网定价发行了每股面值 1.00 元的人民币普通股 4000 万股,每股发行价人民币 6.88 元,共募集资金 26,252.08 万元。已经四川君和会计师事务所君和审字(2001)第 3001 号验资报告验证确认。本公司股票公发前注册资本 6,000 万元,本次股票发行后,实收股本已增至人民币 10,000 万元,据此本公司相应变更了企业法人执照和注册资本。本公司社会公众股已于 2001 年 1 月 16 日在上海证券交易所上市流通,股票代码 600326。

10.2、本公司在《招股说明书》中作为特别风险已向投资者提示:本公司将在水泥生产线改扩建项目投产见效后(预计 2002 年 6 月)关闭建材分公司拉萨北郊水泥厂两条机立窑水泥生产线。现根据西藏自治区人民政府第 19 次常务会议关于关闭西藏天路交通股份有限公司建材分公司两条机立窑水泥生产线的决定以及西藏自治区环保局、西藏自治区经济贸易委员会受西藏自治区人民政府委托联合下发的藏环发[2001]38 号文通知精神,本公司建材 分公司两条机立窑水泥生产线已于 2001 年 3 月 5 日提前关闭停产。此次本公司建材分公司两条机立窑水泥生产线提前关闭,所造成的各种损失,将超过本公司在《招股说明书》中所披露的数额。目前本公司正在着手进行人员分流、资产清理等工作。

九、公司的其它有关资料

(一)公司注册登记日期、地点

1、公司首次注册登记日期、地点

注册登记日:1999 年 3 月 29 日

地点:西藏自治区工商管理局

2、首次变更注册登记日期、地点

注册登记日:2000 年 3 月 31 日

地点:西藏自治区工商管理局

3、最近一次变更注册登记日期、地点

注册登记日:2001 年 1 月 5 日

地点:西藏自治区工商管理局

(二)企业法人营业执照注册号:5400001000128

(三)税务登记号码:540100710905111

(四)公司未流通股票的托管机构:上海证券中央登记结算公司。

(五)报告期内的证券主承销商机构:南方证券有限公司

(六)报告期内,公司聘请北京海问律师事务所担任的法律顾问,其办公地址为:北京市朝阳区东三环北路 2 号南银大厦 1016 室

(七)公司聘请的会计师事务所是四川君和会计师事务所有限责任公司,其办公地址为:四川省成都市走马街 68 号锦城大厦 10 楼。

十、备查文件目录

(一)公司法人代表、财务负责人、审计机构负责人签名并盖章的会计报表。

(二)四川君和会计师事务所有限责任公司盖章、注册会计师的签名并盖章的审计报告原件。

(三)报告期内在《中国证券报》、《上海证券报》公开披露的《招股说明书概要》、《发行公告书》、《上市公告书》正文及原稿。

西藏天路交通股份有限公司董事会

二〇〇一年四月十三日

利润及利润分配表

编制单位:西藏天路交通股份有限公司　　　　金额单位:人民币元

项　目	附注	2000 年		1999 年	
		合　并	母公司	合　并	母公司
一、主管业务收入		255081914.25	250419128.58	212432890.13	206744794.34
减:折旧与折让		31393.45	31393.45	8778.00	8778.00
主营业务收入净额		255050520.80	250387735.13	212424112.13	206736016.34
减:主营业务成本		210400992.70	205915803.60	166541.588.06	162945645.46
主营业务税金及附加		5871215.39	5862817.34	4068170.69	4045931.45
二、主营业务利润(亏损以"-"号填列)		38778312.71	38609114.19	41814353.38	39744439.43
加:其他业务利润(亏损 以"-"号填列)		68387.92	68387.92	165722.93	165722.93
减:存货跌价损失		315785.65	315785.65		
营业费用		3121910.97	3115306.69	2953351.40	2896227.59
管理费用		19990000.93	18891608.53	17725015.83	16971604.32
财务费用	5.26	508624.62	-468442.63	1650465.64	920716.11
三、营业利润(亏损以"-"号填列)		14910378.46	16823243.87	19651243.44	19121614.34
加:投资收益(亏损以"-"号填列)	5.27	1284622.61	309061.25	-207989.61	-53997.68
补贴收入					
营业外收入		207728.70	207728.70	229128.94	228978.00
减:营业外支出	5.28	4858832.59	4858832.59	2261534.76	2163104.68
四、利润总额(亏损总额以"-"号填列)		11543897.18	12481201.23	17410848.01	17133489.98
减;所得税		1872180.18	1872180.18	2892329.70	2762924.71
减:少数投东收益		-937304.05		147953.04	
五、净利润(净亏损以"-"号填列)		10609021.05	10609021.05	14370565.27	14370565.27
加:年初未分配利润					
盈余公积转入					
六、可供分配利润		10609021.05	10609021.05	14370565.27	14370565.27
减:提取法定盈余公积		1060902.11	1060902.11	1581056.53	1581056.53
提取法定公益金		530451.05	530451.05	790528.26	790528.26
七、可供股东分配利润		9017667.89	9017667.89	11998980.48	11998980.48
减:应付优先股股利					
提取任意盈余公积					
应付普通股股利				11998980.48	11998980.48
转作股本的普通股股利					
八、未分配利润		9017667.89	9017667.89	0.00	0.00

资产负债表

编制单位：西藏天路交通股份有限公司　　金额单位：人民币元

项目	附注	2000年12月31日		1999年12月31日	
		合并	母公司	合并	母公司
流动资产：					
货币资金	5.1	66349365.10	66259805.40	37171480.78	37127254.17
短期投资	5.2	2048217.12	2048217.12	1005000.00	1005000.00
减：短期投资跌价准备					
短期投资净额		2048217.12	2048217.12	1005000.00	1005000.00
应收票据					
应收股利					
应收利息					
应收款项					
应收帐款	5.3	28348317.38	24107656.30	37904483.14	35585786.30
其他应收款	5.4	19588025.43	20809607.38	17645926.89	15844359.29
应收款项合计		47936342.81	44917263.68	55550410.03	51430145.59
减：应收款项坏帐准备		3367073.69	3341620.16	3949594.80	3936786.77
应收款项净额		44569269.12	41575643.52	51600815.23	47493358.82
预付帐款	5.5	10455193.62	10435951.07	4222606.05	4186150.70
应收补贴款					
存货	5.6	54868422.50	53063563.62	39679978.23	36192669.83
减：存货跌价准备		3503128.04	3503128.04	3187342.39	3187345.39
存货净额		51365294.46	49560435.58	36492635.84	33005327.44
待摊费用	5.7	209983.18	209983.18	299993.21	299993.21
待处理流动资产损失					
一年内到期的长期债权投资					
其他流动资产					
流动资产合计		174997322.60	170090035.87	130792531.11	123117084.34
长期投资：					
长期股权投资	5.8	594213.88	2136866.83	580648.56	3098862.87
长期债权投资					
长期投资合计		594213.88	2136866.83	580648.56	3098862.87
减：长期投资减值准备		427373.37	427373.37	619772.55	619772.55
长期投资净额		166840.51	1709493.46	-39123.99	2479090.32
固定资产：					
固定资产原价	5.9	189590052.73	178099979.20	170671005.08	159248971.55
减：累计折旧		106603514.16	104365453.27	94943125.44	93225361.26
固定资产净值		82986538.57	73734525.93	75727879.64	66023610.29
减：固定资产减值准备		1617056.17	1617056.17	1440000.00	1440000.00
固定资产净额		81369482.40	72117469.76	74287879.64	64583610.29
工程物资					
在建工程	5.10	12402898.14	12402898.14	552794.50	552794.50
固定资产清理					
待处理固定资产净损失					
固定资产合计		93772380.54	84520367.90	74840674.14	65136404.79
无形资产及其他资产：					
无形资产	5.11	202365.18		305130.42	
开办费	5.12	797916.42	797916.42	1049890.02	1049890.02
长期待摊费用					
其他长期资产					
无形及其他资产合计		1000281.60	797916.42	1355020.44	1049890.02
递延税款：					
递延税款借项					
资产总计		269936825.25	257117813.65	206949101.70	191782469.47
流动负债：					
短期借款	5.13	5313147.05	913147.05	18813147.05	14413147.05
应付票据					
应付帐款	5.14	67936398.01	66900450.29	20120872.60	18432145.86
预收帐款	5.15	42362695.18	42053717.08	35396350.49	35165206.44
代销商品款					
应付工资				110147.82	110147.82
应付福利费		451714.87	466131.15	109171.41	159155.41
应付股利	5.16	3058497.21	3058497.21	19130049.03	19130049.03
应交税金	5.17	-822922.85	-868664.59	3955357.38	3710308.96
其他未交款		-12146.43	-17699.76	53162.03	49731.27
其他应付款	5.18	20326101.69	19662145.53	15946275.33	13655033.70
预提费用	5.19	2179979.45	318885.38	1270431.13	635360.67
一年内到期的长期借款	5.20	3030000.00			
其他流动负债					
流动负债合计		143823464.18	132486609.34	114904964.27	105460286.21
长期负债：					
长期借款	5.21	28000000.00	28000000.00	3600000.00	300000.00
应付债券					
长期应付款					
住房周转金					
其他长期负债					
长期负债合计		28000000.00	28000000.00	3600000.00	300000.00
递延税项：					
递延税款贷项					
负债合计		171823464.18	160486609.34	118504964.27	105760286.21
少数股东权益		1482156.76		2421954.17	
股本	5.22	60000000.00	60000000.00	60000000.00	60000000.00
资本公积	5.23	23650598.47	23650598.47	23650598.47	23650598.47
盈余公积	5.24	3962937.95	3962937.95	2371584.79	2371584.79
其中：公益金		1320979.31	1320979.31	790528.26	790528.26
未分配利润	5.25	9017667.89	9017667.89	0.00	0.00
股东权益合计		96631204.31	96631204.31	86022183.26	86022183.26
负债及权益合计		269936825.25	257117813.65	206949101.70	191782469.47

现金流量表

2000年度

编制单位：西藏天路交通股份有限公司　　金额单位：人民币元

项目	附注	合并数	母公司数
一、经营活动产生的现金流量			
销售商品、提供劳务收到的现金		260791471.42	258754375.77
收取的租金			
收到的增值税销项税额和回的增值税款			
收到除的除增值税以外的其他税费返还			
收到的其他与经营活动有关的现金		2024348.86	731265.15
现金流入小计		262815820.28	259485640.92
购买商品、接受劳务支付的现金		140655971.79	138458067.73
经营租赁所支付的现金		2439300.00	2439300.00
支付给职工以及为职工支付的现金		35363656.86	34910109.18
支付的增值税款			
支付的所得税款		4515312.85	4515312.85
支付的除增值税、所得税以外的其他税费		5869092.82	5862817.34
支付的其他与经营活动有关的现金	5.29	21785819.11	21226740.06
现金流出小计		210629153.43	207412347.16
经营活动产生现金流量净额		52186666.85	52073293.76
二、投资活动产生的现金流量			
收回投资所收到的现金		2083658.11	2083658.11
分得股利或利润所收到的现金			
取得债券利息利收入所收到的现金			
处置固定资产、无形资产和其他长期资产而收回的现金		40000.00	40000.00
收到的其他与投资活动有关的现金			
现金流入小计		2123658.11	2123658.11
购建固定资产、无形资产和其他长期资产所支付的现金		33066051.29	32998011.290
权益性投资所支付现金		2048217.12	2048217.12
债权性投资所支付的现金			
支付的其他与投资活动有关的现金			
现金流出小计		35114268.41	35046228.41
投资活动产生的现金流量净额		-32990610.30	-32922570.30
三、筹资活动产生的现金流量			
吸收权益性投资所收到的现金			
发行债券所收到的现金			
借款所收到的现金		28000000.00	28000000.00
收到的其他与筹资活动有关的现金			
现金流入小计		28000000.00	28000000.00
偿还债务所支付的现金		13800000.00	13800000.00
发生筹资费用所支付的现金			
分配股利所支付的现金		2636950.20	2636950.20
偿付利息所支付的现金		1581222.03	1581222.03
融资租赁所支付的现金			
减少注册资本所支付的现金			
支付的其他与筹资活动有关的现金			
现金流出小计		18018172.23	18018172.23
筹资活动产生的现金流量净额		9981827.77	9981827.77
四、汇率变动对现金的影响			
五、现金及现金等价物净增加额		29177884.32	29132551.23
补充资料			
1、不涉及现金收支的投资和筹资活动：			
以固定资产偿还债务			
以投资偿还债务			
以固定资产进行长期投资			
以存货偿还债务			
融资租赁固定资产			
2、将净利润调节为经营活动的现金流量：			
净利润		10609021.05	10609021.05
加：少数股东损益		-937304.05	
加：计提的坏帐准备或转销的投资		-582520.99	-595166.61
计提的投资准备或转销的投资		-192399.18	-192399.18
存货跌价损失		315785.65	315785.65
待摊费用摊销		90010.03	90010.03
固定资产减值准备		177056.17	177056.17
固定资产折旧		13549748.72	13029452.01
无形资产摊销		102765.24	
开办费及长期待摊费用摊销		251973.60	251973.60
处置固定资产、无形资产和其他长期资产的损失（减收益）		62315.20	62315.20
固定资产报废损失			
财务费用		508624.62	-468442.63
投资损失（减收益）		-1092223.43	-116662.07
递延税款货项（减借项）			
存货的减少（减增加）		-15188444.27	
除现金及应收项目以外流动资产的减少（减增加）		-1043217.12	-1043217.12
经营性应收项目的减少（减增加）		12188687.60	13401392.55
经营性应付项目的增加（减减少）		33366788.01	33423068.90
其他			
经营活动产生的现金流量净额		52186666.85	52073293.76
3、现金及现金等价物净增加额			
现金的期末余额		66349365.10	66259805.40
减：现金的期初余额		37171480.78	37127254.17
加：现金等价物的期末余额			
减：现金等价物的期初余额			
现金及现金等价物净增加额		29177884.32	29132551.23

内蒙古兰太实业股份有限公司

二〇〇〇年年度报告摘要

一、公司简介

(一)公司法定中英文名称：

1 、中文名称：内蒙古兰太实业股份有限公司

2 、英文名称：INNER MONGOLIA LANTAI INDUSTRIAL CO.，LTD.

(二)公司法定代表人：王刚

(三)公司董事会秘书及证券事务代表姓名、联系地址、电话、传真及电子信箱：

董事会秘书：任汾

董事会证券事务代表：赵双云

联系地址：内蒙古自治区阿拉善左旗吉兰泰镇

联系电话：0483—8838609

传真：0483—8838735

电子信箱：jltyhb@public.hh.nm.cn

(四)公司注册地址、办公地址、邮政编码及电子信箱：

注册地址：内蒙古自治区阿拉善左旗吉兰泰镇

邮政编码：750333

公司办公地址：内蒙古自治区阿拉善左旗吉兰泰镇

邮政编码：750333

公司国际互联网网址：http://www.lantai.net.cn

公司电子信箱：yhjtgs@public.hh.nm.cn

(五)公司选定的信息披露报纸名称，登载公司年度报告的中国证监会指定国际互联网网址：

信息披露报纸名称：《中国证券报》、《上海证券报》

中国证监会指定国际互联网网址：http://www.sse.com.cn

公司年度报告备置地点：本公司证券部

(六)公司股票上市交易所、股票简称及证券代码：

上市交易所：上海证券交易所

股票简称：兰太实业

股票代码：600328

二、会计数据和业务数据

(一)本年度利润总额及构成(单位：人民币元)

项　目	2000 年度
利润总额	48,665,854.98
净利润	37,691,164.06
扣除非经常损益后的净利润	38,038,560.62
主营业务利润	121,572,107.30
其他业务利润	1,999,892.87
营业利润	49,549,654.25
投资收益	-355,505.70
补贴收入	39,786.46
营业外收支净额	-568,080.03
经营活动产生的现金流量净额	20,341,703.37
现金及现金等价物净增加额	405,312,779.35

(二)前三年主要会计数据和财务指标(单位：人民币元)

序号	项　目	2000 年	1999 年	1998 年
1	主营业务收入	250,601,885.56	232,057,878.75	247,805,858.06
2	净利润	37,691,164.06	32,011,320.51	25,040,859.82
3	总资产	984,568,126.02	549,469,565.89	549,478,905.06
4	股东权益	634,342,529.62	173,312,152.39	137,636,577.67
5	每股收益	0.22	0.28	0.22
6	每股收益(加权平均)	0.34	0.28	0.22
7	每股收益(扣除非经常性损益)	0.22	0.29	—
8	每股净资产	3.67	1.54	1.22
9	调整后的每股净资产	3.63	1.35	1.11
10	每股经营活动产生的现金流量净额	0.12	-0.25	-0.05
11	净资产收益率(%)	5.94	18.46	18.19

(三)净资产收益率和每股收益：

报告期利润	净资产收益率(%)		每股收益(元/股)	
	全面摊薄	加权平均	全面摊薄	加权平均
主营业务利润	19.17	63.23	0.70	1.08
营业利润	7.81	25.77	0.29	0.44
净利润	5.94	19.60	0.22	0.34
扣除非经常性损益后的净利润	6.00	19.79	0.22	0.34

报告期内非经常性损益涉及的项目和金额：

(1)固定资产处置收益：-38,815.36 元

(2)增值税返还：39,786.46 元

(3)无法支付的款项：7,138.04 元

(4)股权投资差额摊销：-355,505.70 元

(四)报告期内股东权益变化情况(单位：人民币元)

项　目	股　本	资本公积	盈余公积	法定公益金	未分配利润	股东权益
期初数	112,652,899.00	60,659,253.39				173,312,152.39
本期增加	60,000,000.00	392,690,206.00	7,538,232.82	3,769,116.41	801,938.41	461,030,377.23
本期减少						
期末数	172,652,899.00	453,349,459.39	7,538,232.82	3,769,116.41	801,938.41	634,342,529.62

变动原因说明：

(1)、公司报告年度股本增加 6000 万股，系公司发行股票所致；

(2)、根据本公司董事会 2000 年度利润分配预案决议，本公司 2000 年实现净利润 37,691,164.06 元，提取 10%的法定公积金 3,769,116.41 元，提取 10%的法定公益金 3,769,116.41 元，导致资本公积、盈余公积、法定公益金增加。

(3)、本公司 2000 年实现可供股东分配的利润 30,152,931.24 元，以 2000 年 12 月 31 日的总股本 172,652,899 股为基数，每 10 股派 1.70 元现金(含税)，剩余 801,938.41 元结转下年。

三、股本变动和股东情况

(一)股本变动情况

1 、公司股份变动情况表(单位：股)

项目	期初数	变动增减(+，-)					期末数
		送股	公积金转赠	增发	其他	小计	
一、未上市流通股份							
1、发起人股份	112652899						112652899
其中：							
国家持有股份	102252899						102252899
境内法人持有股份	10400000						10400000
境外法人持有股份							
其他							
2、募集法人股份							
3、内部职工股							
4、优先股或其他							
其中：转配股							
未上市流通股份合计	112652899						112652899
二、已上市流通股份							
1、人民币普通股				60000000		60000000	60000000
2、境内上市的外资股							
3、境外上市的外资股							
4、其他							
已上市流通股份合计				60000000		60000000	60000000
三、股份总数	112652899			60000000		60000000	172652899

2 、股票发行与上市情况：

(1)、经中国证监会证监发行字[2000]155 号文核准，公司于 2000 年 11 月 30 日利用上海证券交易所股票发行系统以上网定价的方式向社会公众公开发行人民币普通股 6000 万股，发行价格 7.88 元/股。

(2)、2000 年 12 月 22 日公司 6000 万普通股股票 A 股在上海证券交易所挂牌上市。

(二)主要股东持股情况：

1 、截止 2000 年 12 月 31 日公司股东总数为 41539 户。

2 、公司前 10 名股东持股情况：

名次	股　东　名　称	期初数	本期增加	期末持股数量	持股比例(%)
1	内蒙古吉兰泰盐化集团公司	102252899		102252899	59.38
2	阿拉善盟吉兰泰达康公司	8450000		8450000	4.89
3	内蒙古自治区盐业公司	1300000		1300000	0.75
4	黄健		400000	400000	0.55
5	山西省盐业公司	325000		325000	0.19
6	宁夏回族自治区盐业公司	325000		325000	0.19
7	滕健飚		299700	299700	0.17
8	瀚洋科技		297000	297000	0.17
9	天元基金		283000	283000	0.16
10	赵建平		270000	270000	0.16

说明：

(1)、持有本公司 5%(含 5%)以上的股东所持股份无任何质押或冻结情况；

(2)、内蒙古吉兰泰盐化集团公司代表国家持有国有法人股；

(3)、公司控股股东仍为内蒙古盐化集团公司，报告期内未发生变化；

(4)、前十名股东之间不存在关联关系。

3、持有公司 10%(含 10%)以上的法人股东情况

内蒙古吉兰泰盐化集团公司持有国有法人股 10225 万股，占公司总股本的 59.38%，报告期内未发生所持公司股份的质押或冻结情况。内蒙古吉兰泰盐化集团公司的法定代表人：武忠。经营范围：制药、建材、绒毛纺织、运输、机械加工等。

四、股东大会简介

(一)报告期内本公司召开一次股东大会，具体说明如下：

股东大会的通知、召集、召开情况

2000 年度，公司共召开一次股东大会：

1 、2000 年 5 月 10 日在公司办公楼三楼会议室召开了 2000 年第一次股东大会，公司当时尚未发行社会公众股，因此会议采取书面形式予以通知，说明了会议召开的时间、地点、审议事项及

其他有关事项,会议由董事长王刚先生主持。参加公司大会的股东及股东代表共5人,代表股份11265万股,占股本的100%,符合《公司法》、《公司章程》的规定。经大会审议,以记名投票方式通过了如下决议:

(1)、审议通过了《1999年度董事会工作报告》;

(2)、审议通过了《1999年度监事会工作报告》;

(3)、审议通过了《1999年度财务决算报告和2000年财务预算报告》;

(4)、审议通过了《关于1999年度未分配利润事宜的预案》;

(5)、审议通过了《2000年度投资计划》;

(6)、审议通过了《关于募集资金投向的预案》;

(7)、审议通过了《1999年度利润分配预案》;

(8)、审议通过了《吉兰泰盐湖采矿权转让协议》;

(9)、审议通过了《关于公司股票公开发行前利润处置的提案》;

(10)、审议通过了《"四项准备金"计提办法》。

五、董事会报告

(一)、公司经营情况

1、公司所处行业及其地位

本公司属于轻工行业,是全国第一家也是国内湖盐行业机械化程度最高、生产能力最大的机械化湖盐企业,在规模和效益上均处于同行业领先地位,是国内最大的金属钠生产企业之一,国内最大的天然胡萝卜素生产企业之一,曾被国务院发展研究中心《管理世界》中国企业评价中心和国家统计局工交司评为"中国500家最佳经济效益工业企业"之一。公司在同行业中首批通过了ISO9002质量体系认证,荣获"全国文明单位"、"特级AAA信用企业"、"全国绿化300家企业"、"环保先进单位"、"全国部门造林绿化400家单位"等称号。

2、公司主营业务范围及经营状况

(1)公司主营业务是加碘食用盐、化工原料盐、农牧渔业盐产品、金属钠、液氯等盐化工产品及胡萝卜素系列产品、盐藻粉盐湖生物产品、医药产品的生产和销售(许可范围内)。2000年,公司在面临国内外市场竞争加剧的情况下,通过开拓市场、强化管理、降低成本,基本实现了生产经营的总体目标。实现主营业务收入250,601,885.56元,实现主营业务利润121,572,107.30元,净利润37,691,164.06元,分别较去年增长8%、11.41%和17.74%。实现盈利预测的104.6%

(2)公司主营业务收入均为盐及盐化工产品的生产及销售收入。占主营业务收入10%以上的品种有加碘食用盐、化工原料盐、金属钠等产品。具体公司主营业务收入及主营业务毛利构成如下:(单位:人民币元)

项　目	主营业务收入		主营业务毛利	
	本　年　数	上　年　数	本　年　数	上　年　数
盐	168,883,130.88	161,590,093.51	114,599,409.74	108,093,672.82
金属钠	68,562,960.95	58,800,612.08	16,398,195.23	12,416,666.83
液氯	11,064,338.32	7,404,192.47	7,592,174.15	4,266,166.07
氯乙酸		3,164,940.19		-257,138.76
盐酸		307,448.29		36,834.06
三氯化铝		30,769.22		-85,835.35
胡萝卜素	408,877.87	56,767.18	147,850.34	19,816.13
塑编袋	1,682,577.54	703,055.81	-324,470.74	-9,220.35
合计	250,601,885.56	232,057,878.75	138,413,158.72	124,480,961.45

(3)公司控股子公司的经营状况:

公司名称	注册资本(万元)	控股比例(%)	销售收入(万元)	利润总额(万元)
内蒙古雅布赖盐化有限责任公司	2680	50.97	38,182,056.46	5,690,188.62

3、在经营中出现的问题与困难及解决方案:

本公司生产的产品需要大量外运,由于铁路运输紧张,给产品销售增加了困难,故产品的运输成为产品销售的难点。对此公司及时调整运输策略,采取"公路运短、铁路运远"的办法,有效地缓解了运力不足给公司销售造成的压力,较好地完成了销售任务。

(二)、公司财务状况

1、公司财务状况(单位:人民币元)

项　目	2000年	1999年	增减(%)
总资产	984,568,126.02	549,469,565.89	79.19
股东权益	634,342,529.62	173,312,152.39	266.01
长期负债	114,365,239.52	111,285,631.57	2.77
主营业务利润	121,572,107.30	109,124,307.76	11.41
净利润	37,691,164.06	32,011,320.51	17.74

2、财务状况变动说明:

(1)、总资产:本年增加43500万元,主要是公司发行股票募集资金及公司盈利所致;

(2)、长期负债:本年增加308万元,系本年度发行股票冻结申购资金产生的利息与长期借款减少所致;

(3)、股东权益:本年增加46093万元主要因为公司发行股票,增加了股本和资本公积所致;

(4)、主营业务利润:本年增加1245万元,主要是因为扩大生产能力、加大生产销售所致;

(5)、净利润:本年增加568万元,主要是因为本年度产品销售较好,成本控制严格所致。

北京中天华正会计师事务所出具了无保留意见的审计报告。

(三)公司募集资金使用情况和非募集资金投资情况

1、利用募集资金投资项目

报告期内,公司于2000年11月30日发行A股股票6000万股,扣除发行费用后,实际到位资金4.52亿元。公司严格按照《招股说明书》中披露的内容,将募集资金用于以下项目:

报告期内募集资金投资情况表(单位:人民币万元)

项目名称	项目总投资额	实际投资	尚需继续投资
10000吨金属钠扩建工程	13053	535	12518
50000吨/年金属钠原料盐技改工程	4997	41	4956
二期技改工程	4858	1112	3000
天然胡萝卜基地扩建工程	11724	2697	9027
ADC发泡剂工程	3553	0	3553
总　计	38185	5131	33054

由于募集资金实际到账日为2000年12月7日,已近年末,因此在2000年度募集资金使用量较少。剩余4.01亿元全部存在银行。

以上募集资金投资项目如果正常实施,将在2001—2002年度产生收益。

2、报告期内非募集资金的投资情况:

报告期内非募集资金无投资项目。

(四)、生产环境及宏观政策、法规变化对本公司的影响:

我国加入WTO之后,对本公司整体发展是有利的。作为资源转换型企业,将有利于公司进一步开拓国际市场,扩大出口,参与国际竞争;有利于引进先进设备和技术。但同时,加入WTO后,国外产品也将进入中国市场,使国内市场竞争加剧。为此,公司将加快品牌战略的实施,创出与国外品牌相抗衡的民族品牌。

(五)2001年度的业务发展计划

1、巩固和扩大现有产品的市场份额,积极推出新产品,加强对产品品牌的建设;

2、巩固和扩大公司的营销网络,并积极探索新的销售模式;

3、本公司将根据市场情况,按照招股说明书所披露的内容,利用募集资金按照轻重缓急程度进行有计划、有步骤地完成项目建设;

4、积极开展资本运营,以收购、兼并等方式实现公司的低成本扩张;

5、加快技术开发和技术改造的步伐,增加公司产品的技术含量和附加值;

6、加强员工队伍的建设,提高员工的科学文化知识和业务水平,同时,注重对人才的引进。

(六)、董事会日常工作情况

1、报告期内董事会共召开六次会议,主要情况如下:

(1)、2000年1月28日召开2000年第一次董事会,一致通过如下决议:

审议了《公司"四项准备金"计提办法的议案》;

审议了《关于1999年度利润分配的预案》。

(2)、2000年3月2日召开2000年第二次董事会,一致通过如下决议

审议了《公司"招股说明书"》

(3)、2000年3月22日召开2000年第三次董事会,一致形成如下决议:审议了1999年度《公司董事会工作报告》;

审议了《公司总经理工作报告》;

审议了《公司2000年度经营计划方案》;

审议了《公司2000年度投资计划方案》;

审议了《1999年度财务决算、2000年度财务预算方案》;

审议了《公司任免副总经理的提案》;

审议了《公司募集资金投向的议案》;

审议了《吉兰泰盐湖采矿权转让协议》;

审议了《公司股票公开发行前利润处置方案》;

审议《公司关于授权总经理在一定限额内处理资产损失的议案》;

审议《公司1999年度股东大会议程》;

审议《公司关于核销坏账的报告》。

(4)、2000年8月1日召开2000年第四次董事会,一致通过如下决议:审议了修订后的《公司"招股说明书"》

(5)、2000年9月22日召开2000年第五次董事会,一致通过如下决议:审议《公司调整公开发行股票额度的议案》

(6)、2000年12月8日召开2000年第六次董事会,一致通过如下决议:审议《关于修改〈公司章程(草案)〉的提案》,并将提请公司2000年度股东大会审议通过;

审议《聘任公司证券事务授权代表的议案》。

2、董事会对股东大会决议的执行情况:

(1)、关于股东大会授权公司董事会净资产5000万元的资产重组、投资、融资权限的情况:董事会严格按照股东大会授予的权限按法定程序进行决策,无任何越权现象。

(2)、股东大会上董事会工作报告中对2000年的主要生产经营指标计划已经基本完成。

(七)、董事、监事、高级管理人员及员工情况

姓　名	职　务	性　别	年　龄	任期起止时间
王刚	董事长	男	55	1999.1-2001.12
杨志福	副董事长	男	53	1999.1-2001.12
张万德	副董事长	男	51	1999.1-2001.12
侯瑛	总经理	男	43	1999.1-2001.12
白福易	董事	男	54	1999.1-2001.12
赵玉怀	董事	男	48	1999.1-2001.12
胡开宝	董事	男	36	1999.1-2001.12
任汾	董事会秘书	男	42	1999.1-2001.12
刘昌安	董事	男	48	1999.1-2001.12
姜培德	监事会主席	男	47	1999.1-2001.12
胡开文	监事	男	48	1999.1-2001.12
李发金	监事	男	49	1999.1-2001.12
李淑霞	监事	女	37	1999.1-2001.12
杨永红	监事	女	34	1999.1-2001.12
赵代勇	副总经理	男	42	1999.1-2001.12
王沁宇	副总经理	男	41	1999.1-2001.12
杨　伟	副总经理	男	38	2000.4-2001.12
李　晶	副总经理	男	45	2000.4-2001.12

1、上述人员在本年度报告期内未持有本公司股份,报酬在2万元以上的1人,在2万元以下的有11人。(其中杨志福、白福易、赵玉怀、胡开宝、胡开文、李发金6人不在本公司领取报酬)

2、报告期内,董事、监事及高级管理人员离任情况说明:

报告其内,董事、监事及高级管理人员无离任情况。

3、公司员工构成情况:

截止2000年12月31日在册员工2381人,其中生产人员1905人,营销人员189人,技术人员108人,财务人员39人,行政人员140人;大学以上学历占2.35%,大专学历占10.37%,中专学历占7.35%。

(八)、本年利润分配预案

1、2000年度利润分配预案

经北京中天华正会计师事务所审计,2000年公司实现净利润37,691,164.06元,按净利润的10%提取法定盈余公积金3,769,116.41元,按净利润的10%提取法定公益金3,769,116.41元后,本年度可供股东分配利润30,152,931.24元。

董事会提议以2000年末总股本172,652,899股为基数,向全体股东按每10股派现金股利1.70元(含税),可分配利润支出总额为29,350,992.83元,剩余801,938.41元结转下年度。

以上分配预案将提交2000年度股东大会审议通过方可实施。

2、预计2001年利润分配政策

(1)公司拟在2001年结束后分配利润一次;

(2)公司2001年实现净利润用于股利分配的比例约30%—50%;

(3)分配主要采用派发现金或送红股的形式,现金股息约占分配股利的30%—50%,具体分配方案根据公司当时情况由董事会提出预案,经股东大会批准后执行。

(九)、其他报告事项:无。

六、监事会报告

(一)、监事会构成情况:

2000年,本公司监事会按照中国证监会"法制、监督、自律、规范"的要求,认真履行《公司法》和《公司章程》赋予的职责正确行使监督职能,列席了报告期内公司召开的历次董事会,对董事会会

议召开程序及所做决议进行了监督。

(二)、会议情况:

1、列席公司董事会会议6次,内容见"董事会日常工作情况"。

2、出席公司2000年度股东大会,参与审议了公司的经营管理和重大决策。

3、召开监事会会议2次:

(1)2000年3月21日,召开了2000年第一次监事会会议,会议内容为:

①、审议通过《内蒙古兰太实业股份有限公司监事会议事规则》;

②、审议通过《公司1999年度监事会工作报告》。

(2)2000年8月1日,召开2000年第二次监事会会议,会议内容为:

审议通过《公司"招股说明书"》

(三)、监事会对公司依法运作情况的意见:

1、公司能严格按照《公司法》、《证券法》、《上海证券交易所股票上市规则》及其他有关法律、法规及制度规范运作,公司无违法违规事件发生。

2、报告期内公司董事会按照股东大会的决议要求,确实履行了各项决议,其決策程序符合《公司法》及《公司章程》的各项规定,行使职权符合股东大会的授权。

3、公司最近一次募集资金是在2000年完成的,使用情况已经在年度报告有关内容中披露。

4、公司其他有关的关联交易是公平的,未损害公司利益。

5、公司的经营决策合理,管理制度规范,并建立了良好的内控体系,积极有效地防范了公司在经营、管理和财务等方面的风险。

6、公司董事会及公司高级管理人员在执行公司职务时,均认真贯彻执行公司章程和股东大会精神,忠于职守,廉洁奉公,为公司的发展尽职尽责。监事会在监督监察中未发现上述人员有违犯法律、法规及《公司章程》或损害公司利益的行为。

(四)、检查公司财务情况

监事会通过查阅公司的财务资料,审查财务收支情况,认为:

报告期内公司财务状况良好,财务资料符合《股份有限公司会计制度》及国家和公司的有关规定,客观公正地反映了公司的财务状况和经营成果。监事会对中天华正会计师事务所为公司出具的《2000年度审计报告》没有异议。

七、重要事项

(一)、报告期内本公司的诉讼、仲裁事项:

本公司控股股东吉兰泰盐化集团公司所属泰达制钠厂于1998年3月根据乌海市乌达区政府要求,与乌海市乌达区黄磷厂和磷盐厂签署了兼并协议,后因两厂均资不抵债,被乌海市乌达区人民法院裁定宣告破产,使兼并没有成功,但引起以下两起诉讼案:

1、湖北省远安县神风矿业公司作为原告起诉吉兰泰盐化集团公司泰达制钠厂,要求支付黄磷厂和磷盐厂所欠货款本息202万元,经湖北省高级人民法院判决,吉兰泰盐化集团公司泰达制钠厂承担支付黄磷厂和磷盐厂所欠神风矿业公司货款本息202万元的义务,2000年3月31日,湖北省宜昌市中级人民法院将本公司追加为被执行人。

2、云南省中滩联合擦洗厂作为原告起诉吉兰泰盐化集团公司泰达制钠厂,要求支付黄磷厂和磷盐厂所欠货款本息105万元,经云南省昆明市中级人民法院判决,吉兰泰盐化集团公司泰达制钠厂承担支付黄磷厂和磷盐厂所欠中滩联合擦洗厂货款本息105万元的义务,并要求本公司承担连带责任。

本公司认为,上述两起案件将本公司作为被执行人是错误的,本公司正在通过法律途径解决上述两起案件对本公司造成的不当影响。

(二)、报告期内公司董事及高级管理人员均未受监管部门处罚;

(三)、报告期内公司董事、监事、总经理、高级管理人员及控股股东变动情况见本报告中股东情况、股东大会情况和董事会会议情况介绍;

(四)、报告期内本公司无收购资产及吸收合并等事项。

(五)、重大关联交易事项:

1、本公司与第一大股东内蒙古吉兰泰盐化集团公司在报告期内存在如下关联交易:

(1)、销售货物。公司向内蒙古吉兰泰盐化集团公司销售货物,金额为4,114,909.33元,占销售收入的1.64%,定价政策按市场交易价格确定;

(2)、与集团公司存在债权、债务往来:

科目名称	年末余额	占全部应收(付)款项余额比重(%)	性质
应收账款	3,476,448.33	1.69	货款
其他应收款	4,731,737.36	20.22	往来款
长期应付款	5,400,000.00	100	采矿权转让价款

2、与不存在控制关系的关联方内蒙古自治区盐业公司之间的关联交易如下:

根据1999年11月签订的供盐合同(兰太营销[2000]第1号、2号),报告期内向内蒙古自治区盐业公司销售成品盐,合计金额1709.35万元,占销售收入的6.80%。

其他关联交易数额较小,且已在公司2000年11月28日刊登在《中国证券报》、《上海证券报》的《招股说明书》中公开披露。

(六)、上市公司与控股股东在人员、资产、财务上的"三分开"情况:

1、按照《公司法》关于权力机构、决策机构、执行机构、监督机构之间权责明确、互相制衡的原则,公司设立了股东大会、董事会、监事会、经理,建立了规范的企业法人治理结构。公司人员独立,在劳动、人事及工资管理等方面实行独立。总经理、副总经理及公司高级管理人员均在本公司领取报酬,未在控股股东单位领取报酬和担任重要职务。

2、在资产方面,本公司拥有独立的生产系统、辅助生产系统及相关配套设施,工业产权、商标等无形资产均由本公司拥有;本公司拥有独立的采购和销售系统。

3、在财务方面,本公司设有独立的财务部门,并建立了独立的会计核算体系和规范的财务会计、财务管理制度,并在银行独立开设账户,独立纳税。

(七)、聘任、解聘会计师事务所情况:

本年度继续聘请北京中天华正会计师事务所(原内蒙古国正会计师事务所)为公司审计机构。

(八)、公司报告期内未改变名称和股票简称。

(九)、报告期内公司无重大合同(含担保)。

八、财务会计报告

1、审计报告:

中天华正(京)审[2001]2008号

内蒙古兰太实业股份有限公司全体股东:

我们接受委托,审计了贵公司2000年12月31日的资产负债表、合并资产负债表,2000年度的利润及利润分配表、合并利润及利润分配表,以及2000年度的现金流量表及合并现金流量表。这些会计报表由贵公司负责,我们的责任是对这些会计报表发表审计意见。我们的审计是依据《中国注册会计师独立审计准则》进行的。在审计过程中,我们结合贵公司实际情况,实施了包括抽查会计记录等我们认为必要的审计程序。

我们认为,上述会计报表符合《企业会计准则》和《股份有限公司会计制度》的有关规定,在所有重大方面公允地反映了贵公司2000年12月31日的财务状况和2000年度的经营成果及现金流量情况,会计处理方法的选用遵循了一贯性原则。

北京中天华正会计师事务所

中国注册会计师　管建新

中国注册会计师　刘翠枝

二〇〇一年三月十九日

2、会计报表(附后)

3、会计报表附注

会计师事务所对本公司出具了标准无保留意见审计报告,本期与最近一期年度报告相比,会计政策和会计估计未发生变化。

九、公司的其他有关资料

1、公司变更注册登记日期、地点:

公司于2000年12月12日,因发行股票总股本变动,在内蒙古自治区工商行政管理局重新注册登记。

2、企业法人营业执照注册号:1500001007153

3、税务登记号码:152921701463809

4、公司未流通股票的托管机构名称:上海证券中央登记结算公司

5、报告期内公司的证券主承销机构为:长城证券有限责任公司

6、公司聘请的会计师事务所名称、办公地点:

会计师事务所名称:北京中天华正会计师事务所

办公地址:内蒙古呼和浩特市大学西路41号会计师楼。

十、备查文件

1、载有董事长亲笔签名的年度报告正文。

2、载有法定代表人、财务总监、会计主管人员亲笔签名并盖章的会计报表。

3、载有会计师事务所盖章、注册会计师签名并盖章的审计报告原件。

4、报告期内在中国证监会指定报刊上公开披露过的所有公司文件的正本及公告原稿。

5、公司章程

上述所有备查文件齐全完整地置放于公司证券部供股东查阅。

内蒙古兰太实业股份有限公司董事会

2001年3月22日

利润及利润分配表

2000年12月31日

企业名称:内蒙古兰太实业股份有限公司　　单位:元

项目	合并本期数	母公司本期数	合并上期数	母公司上期数
一、主营业务收入	250,601,885.56	212,419,829.10	232,057,878.75	192,781,790.63
减:销售折让				
主营业务收入净额	250,601,885.56	212,419,829.10	232,057,878.75	192,781,790.63
减:主营业务成本	112,188,726.84	97,141,110.62	107,576,917.30	92,351,914.77
主营业务税金及附加	16,841,051.42	13,167,208.65	15,356,653.69	11,757,202.06
二、主营业务利润(亏损以"-"号填列)	121,572,107.30	102,111,509.83	109,124,307.76	88,672,673.80
加:其他业务利润(亏损以"-"号填列)	1,999,892.87	1,915,026.71	2,936,810.40	2,758,368.19
减:存货跌价损失	354,695.55	354,695.55	1,354,521.09	1,354,521.09
营业费用	30,579,786.55	22,905,320.66	25,476,326.00	17,846,425.01
管理费用	30,462,909.80	23,972,405.64	35,116,627.37	26,632,883.38
财务费用	12,624,954.02	13,296,385.24	9,210,417.16	11,563,802.46
三、营业利润(亏损以"-"号填列)	49,549,654.25	43,497,729.45	40,903,226.54	34,033,410.05
加:投资收益(损失以"-"号填列)	-355,505.70	1,990,954.75	679,782.09	3,045,807.32
补贴收入	39,786.46	39,786.46	4,294,113.27	3,243,098.79
营业外收入	1,118,761.90	752,633.88	790,948.26	317,445.67
减:营业外支出	1,686,841.93	958,977.73	1,937,866.43	1,493,623.99
四、利润总额(亏损总额以"-"号填列)	48,665,854.98	45,322,126.81	44,730,203.73	39,146,137.84
减:所得税	8,717,553.99	7,630,962.75	9,447,049.18	7,134,817.33
减:少数股东损益(合并报表填列、亏损以"-"号填列)	2,257,136.93		3,271,834.04	
五、净利润(净亏损以"-"号填列)	37,691,164.06	37,691,164.06	32,011,320.51	32,011,320.51
加:年初未分配利润(未弥补亏损以"-"号填列)			-35,675,574.72	-35,675,574.72
六、可供分配的利润(亏损以"-"号填列)	37,691,164.06	37,691,164.06	-3,664,254.21	-3,664,254.21
减:提取法定盈余公积金	3,769,116.41	3,769,116.41		
减:提取法定公益金	3,769,116.41	3,769,116.41		
七、可供股东分配的利润(亏损以"-"号填列)	30,152,931.24	30,152,931.24	-3,664,254.21	-3,664,254.21
减:应付优先股股利				
应付普通股股利	29,350,992.83	29,350,992.83	-3,664,254.21	-3,664,254.21
转作股本的普通股股利				
八、未分配利润(未弥补亏损以"-"号填列)	801,938.41	801,938.41		

资 产 负 债 表

2000 年 12 月 31 日

企业名称:内蒙古兰太实业股份有限公司　　单位:元

项　目	期末数合并	期末数母公司	期初数合并	期初数母公司
资产				
一、流动资产				
货币资金	439,906,682.61	437,343,829.75	34,593,903.26	18,893,597.35
短期投资				
减:短期投资跌价准备				
短期投资净额				
应收票据	37,883,800.00	36,383,800.00	18,262,050.00	1,612,050.00
应收股利		2,675,086.02		4,174,866.02
应收利息				
应收帐款	205,611,333.84	160,602,815.13	222,759,247.76	198,207,221.49
其他应收款	23,404,637.55	17,055,185.35	48,242,178.14	20,672,881.80
减:坏帐准备	19,558,181.60	16,050,539.42	33,715,149.43	27,891,583.43
应收款项净额	209,457,789.79	161,607,461.06	237,286,276.47	190,988,519.86
预付帐款	1,997,808.58	1,879,866.77	3,312,745.30	2,676,168.14
应收补贴款			9,229,196.09	8,348,485.37
存货	71,889,621.19	63,667,910.30	70,173,751.89	60,757,272.02
其中工程施工(含工程亏损准备)				
减:存货跌价准备(含工程亏损准备)	1,709,216.64	1,709,216.64	1,354,521.09	1,354,521.09
存货净额	70,180,404.55	61,958,693.66	68,819,230.80	59,402,750.93
待摊费用	345,770.28	345,770.28	80,000.00	80,000.00
待处理流动资产净损失				
一年内到期的长期债权投资	20,000.00			
其他流动资产				
流动资产合计	759,792,255.81	702,194,507.54	371,583,401.92	286,176,437.67
二、长期投资				
长期股权投资	6,914,945.51	18,762,400.73	5,899,551.21	18,137,445.98
长期债权投资			40,000.00	
长期投资合计	6,914,945.51	18,762,400.73	5,939,551.21	18,137,445.98
减:长期投资减值准备				
长期投资净额	6,914,945.51	18,762,400.73	5,939,551.21	18,137,445.98
其中:合并价差(贷差以"-"号表示合并报表填列)				
其中:股权投资差额(贷差以"-"号表示母公司报表填列)	2,844,045.51	2,844,045.51	3,199,551.21	3,199,551.21
三、固定资产				
固定资产原价	310,357,502.84	278,915,105.72	287,357,792.12	259,881,973.74
减:累计折旧	149,957,117.14	132,856,160.28	136,208,509.05	120,790,799.24
固定资产净值	160,400,385.70	146,058,945.44	151,149,283.07	139,091,174.50
工程物资				
在建工程	44,010,282.66	43,662,556.20	14,051,088.44	12,553,537.74
固定资产清理				
待处理固定资产净损失				
固定资产合计	204,410,668.36	189,721,501.64	165,200,371.51	151,644,712.24
四、无形资产及其他资产				
无形资产	13,402,919.69	13,172,609.96	6,689,711.25	6,454,501.52
开办费				
长期待摊费用	47,336.65		56,530.00	
其他长期资产				
其中:临时设施净额				
无形资产及其他资产合计	13,450,256.34	13,172,609.96	6,746,241.25	6,454,501.52
五、递延税项				
递延税款借项				
资产总计	984,568,126.02	923,851,019.87	549,469,565.89	462,413,097.41
一、流动负债				
短期借款	13,850,000.00	10,600,000.00	78,750,000.00	76,750,000.00
应付票据	13,553,411.93	11,782,000.00	20,547,218.75	19,267,000.00
应付帐款	16,507,302.29	15,158,819.12	18,529,581.54	17,656,988.65
预收帐款	504,522.10	482,922.10	463,565.53	353,565.53
代销商品款				
应付工资	35,406,416.44	11,314,749.59	40,527,470.38	15,778,276.84
应付福利费	13,760,325.81	7,905,407.46	14,027,243.98	8,632,893.64
应付股利	30,786,492.83	29,350,992.83	121,500.00	
应交税金	-2,142,643.41	-2,842,068.82	7,805,736.19	6,533,102.11
其他应交款	1,375,365.80	874,831.48	1,595,968.61	1,213,977.06
其他应付款	21,723,524.09	15,292,343.58	53,295,917.37	26,802,499.85
预提费用			838,330.90	838,330.90
一年内到期的长期负债	75,223,253.39	75,223,253.39	14,000,000.00	14,000,000.00
其他流动负债				
流动负债合计	220,547,971.27	175,143,250.73	250,502,533.25	187,826,634.58
二、长期负债				
长期借款	97,700,000.00	97,700,000.00	107,982,311.17	100,482,311.17
应付债券				
长期应付款	2,700,000.00	2,700,000.00		
住房周转金			3,303,320.40	791,999.27
其他长期负债	13,965,239.52	13,965,239.52		
长期负债合计	114,365,239.52	114,365,239.52	111,285,631.57	101,274,310.44
三、递延税项				
递延税款贷项				
负债合计	334,913,210.79	289,508,490.25	361,788,164.82	289,100,945.02
四、股东权益				
少数股东权益(合并报表填列)	15,312,385.61		14,369,248.68	
股本	172,652,899.00	172,652,899.00	112,652,899.00	112,652,899.00
资本公积	453,349,459.39	453,349,459.39	60,659,253.39	60,659,253.39
盈余公积	7,538,232.82	7,538,232.82		
其中:公益金	3,769,116.41	3,769,116.41		
未确认的投资损失				
未分配利润(未弥补亏损以"-"号表示)	801,938.41	801,938.41		
外币报表折算差额(合并报表填列)				
股东权益合计	634,342,529.62	634,342,529.62	173,312,152.39	173,312,152.39
负债和股东权益总计	984,568,126.02	923,851,019.87	549,469,565.89	462,413,097.41

现 金 流 量 表

2000 年 12 月 31 日

企业名称:内蒙古兰太实业股份有限公司　　单位:元

项　目	合　并	母公司
一、经营活动产生的现金流量		
销售商品、提供劳务收到的现金	293,830,017.49	257,191,383.01
收到的租金	164,448.00	164,448.00
收到的税费返还	8,418,982.55	8,388,271.83
收到的其他与经营活动有关的现金	36,822,927.49	15,657,393.17
经营活动现金流入小计	339,236,375.53	281,401,496.01
购买商品、接收劳务所支付的现金	127,021,936.53	112,642,676.51
经营租赁所支付的现金	1,290,000.00	1,290,000.00
支付给职工以及为职工支付的现金	64,755,331.66	46,529,092.40
实际缴纳的增值税款	34,082,702.79	27,536,758.07
支付的所得税款	12,130,613.04	10,602,047.68
支付的除增值税、所得税以外的其他税费	26,746,213.34	22,670,010.88
支付的其他与经营活动有关的现金	52,867,874.80	35,280,173.91
经营活动现金流出小计	318,894,672.16	256,550,759.45
经营活动产生的现金流量净额	20,341,703.37	24,850,736.56
二、投资活动产生的现金流量		
收回投资所收到的现金	20,000.00	
分得股利或利润所收到的现金		
取得债券利息收入所收到的现金		
处置固定资产、无形资产和其他长期资产而收回的现金净额	1,924,330.81	1,899,310.81
收到的其他与投资活动有关的现金		
投资活动现金流入小计	1,944,330.81	1,899,310.81
购建固定资产、无形资产和其他长期资产所支付的现金	52,599,627.78	50,179,984.55
权益性投资所支付的现金		
债权性投资所支付的现金		
支付的其他与投资活动有关的现金		
投资活动现金流出小计	52,599,627.78	50,179,984.55
投资活动产生的现金流量净额	-50,655,296.97	-48,280,673.74
三、筹资活动产生的现金流量		
吸收权益性投资所收到的现金	456,961,200.00	456,961,200.00
其中:子公司吸收少数股东权益性投资收到的现金		
发生债券所收到的现金		
借款所收到的现金	90,450,000.00	87,200,000.00
收到的其他与筹资活动有关的现金		
申购冻结资金存款利息	14,004,245.52	14,004,245.52
筹资活动现金流入小计	561,415,445.52	558,165,445.52
偿还债务所支付的现金	107,100,000.00	97,600,000.00
发生筹资费用所支付的现金	5,277,885.63	5,277,885.63
分配股利或利润所支付的现金		
其中:子公司支付少数股东的股利		
偿付利息所支付的现金	13,411,186.94	13,407,390.31
融资租赁所支付的现金		
减少注册资本所支付的现金		
其中:子公司依法减资支付给少数股东的现金		
支付的其他与筹资活动有关的现金		
筹资活动现金流出小计	125,789,072.57	116,285,275.94
筹资活动产生的现金流量净额	435,626,372.95	441,880,169.58
四、汇率变动对现金流量的影响		
汇率变动对现金的影响额		
五、现金及现金等价物净增加额		
现金及现金等价物净增加额	405,312,779.35	418,450,232.40
六、不涉及现金收支的投资和筹资活动		
以固定资产偿还债务	1,210,469.00	1,210,469.00
以投资偿还债务		
以固定资产进行长期投资		
以存货偿还债务		
融资租赁固定资产		
七、将净利润调节为经营活动的现金流量		
净利润(亏损以"-"号填列)	37,691,164.06	37,691,164.06
加:少数股东损益(亏损以"-"号填列)	2,257,136.93	
减:未确认的投资损失		
加:计提的坏帐准备或转销的坏帐	-14,156,967.83	-11,841,044.01
固定资产折旧	16,676,065.69	14,964,318.64
无形资产、长期代摊费用摊销	1,405,634.91	1,381,891.56
待摊费用的减少(减:增加)	-265,770.28	-265,770.28
预提费用的增加(减:减少)	-838,330.90	-838,330.90
处置固定资产、无形资产和其他长期资产的损失(减:收益)	184,901.45	209,921.45
固定资产盘亏报废损失		
财务费用	13,411,186.94	13,407,390.31
投资损失(减:收益)	355,505.70	-1,990,954.75
递延税款贷项(减:借项)		
存货的减少(减:增加)	-1,715,869.30	-2,910,638.28
经营性应收项目的减少(减:增加)	25,868,598.83	8,297,959.82
经营性应付项目的增加(减:减少)	-60,886,248.38	-33,609,866.61
计提的存货跌价损失	354,695.55	354,695.55
其他		
经营活动产生的现金流量净额	20,341,703.37	24,850,736.56
八、现金及现金等价物净增加情况		
货币资金的期末余额	439,906,682.61	437,343,829.75
减:货币资金的期初余额	34,593,903.26	18,893,597.35
现金等价物的期末余额		
减:现金等价物的期初余额		
现金及现金等价物净增加额	405,312,779.35	418,450,232.40

天津中新药业集团股份有限公司

股票上市公告书(部分)摘录

一、概　览

股票简称:中新药业
股票代码:600329
总股本:36,965.436万股
可流通A股股本:4,000万股
本次上市流通A股股本:4,000万股
上市地点:上海证券交易所
上市时间:2001年6月6日
登记机构:上海证券中央登记结算公司
上市推荐人:大鹏证券有限责任公司
长城证券有限责任公司

二、公司概况

(一)发行人基本情况
公司名称:天津中新药业集团股份有限公司
英文全称:Tianjin Zhong xin Pharmaceutical Group Corporation Limited
注册资本:36,965.436万元
法定代表人:詹原竞
公司住所:天津市南开区白堤路119号
成立日期:1992年12月20日
所属行业:中西药

经营范围:中药材、中成药、中药饮片、西药制剂、化学原料药制造、化学药品制剂、新草药、医疗器械、营养保健品、化学试剂加工、制造、批发、零售;中药外配加工、包装印刷;卫生用品、健身器材、生活及环境卫生用消毒用品、药物护肤产品、日用百货、服装、鞋帽、家用电器、日用杂品、烟、酒(黄酒、酒精)、糖、茶、饮料品、蜂产品代购、代销、批发、零售;仓储、货物运输、宣传广告、技术开发、转让、经济信息咨询、房屋租赁;计算机及软件、分析仪器的代购、代销、批发、零售;药用设施租赁;经营本企业生产所需的原辅材料、仪器仪表、机械设备、零配件及技术出口业务(国家限定公司经营和国家禁止进出口的商品及技术除外);经营进料加工和"三来一补"业务;(下列项目由分支机构经营:医疗包装材料、畜用药、饵料添加剂、饲料、饵料、畜禽药品制造、饲料添加剂制造、牲畜饲养、淡水动植物养殖、餐饮、会议服务)。

联系电话:022-27500216
传真:022-27500213
董事会秘书:莫浩

三、董事、监事和高级管理人员简历及核心技术人员

1、董事

詹原竞:董事长,总经理,男,56岁,高级工程师。1964年加入天津市药材公司,历任天津中药集团股份有限公司总经理办公室主任、本公司副总经理、总经理。

张建津:副董事长,男,44岁,高级经济师,曾任天津市药品销售公司经理、天津市药材集团公司总经理、天津市医药管理局副局长等职,现任天津市医药集团有限公司董事、副总经理。

刘振武:董事,男55岁,副主任药师,1964年加入天津市药材公司,历任天津市药材集团公司下属工厂副厂长、厂长,天津市医药管理局副局长、局长等职,现任天津市医药集团有限公司董事长、总经理。

董志立:董事,男,60岁,主任药师,曾任中科院药研所中药室技术员、化工部北京医工院技术员、湖南医工院室主任、天津中药研究所副所长、天津市医药局总工程师、天津市医药总公司总工程师。现任天津市医药集团有限公司总工程师。

范洪哲:董事,男,52岁,高级经济师,曾任哈尔滨药材采购供应站副经理、黑龙江省中药联营总公司副总经理、总经理、中国药材公司副总经理。现任中国药材公司总经理。

苏克勤:董事,男,56岁,高级工程师。1968年加入天津市药材公司,曾任乐仁堂制药厂副厂长、第六中药厂厂长、天津中新药业集团股份有限公司副总经理。

李家胜:董事,男,55岁,大学本科,高级工程师,1964年加入天津市药材公司,曾任储运公司副经理、经理。现任第六中药制药厂厂长。

丁玉龙:独立董事,男,50岁,新加坡金标资产管理有限公司总裁。曾任职摩根建富(亚洲)投资有限公司、瑞士联合银行和PRIME公司。英国执业注册会计师协会、英国执业秘书和管理人员协会成员、新加坡注册会计师学会非执业人员、新加坡财务分析员学会会员。

王本立:独立董事,男,60岁,土木工程博士,新加坡KTP咨询公司的合伙人。注册专业工程师(新加坡、加拿大、台湾)。加拿大安大略省认定咨询工程师,专业工程师,新加坡工程师学会、新加坡注册工程师学会成员。

莫浩:董事会秘书,男,49岁,高级经济师,经济学硕士。曾任天津对外贸易学院讲师、副处长。1993年加入本公司历任公司证券部副主任、主任。

2、监事

宋宏意:监事会主席,女,53岁,高级政工师,曾任天津市氨基酸公司工会主席、河北制药总厂和天津人民制药厂工会主席。现任公司党委副书记、工会主席。

马贵中:监事,男,44岁,大学本科,高级会计师,1983年9月毕业于天津财经学院会计系。历任天津市医药局财务处科员、主任科员、副处长、处长。现任天津市医药集团有限公司总会计师。

郭俊林:监事,男,53岁,高级政工师,天津市中药制药厂书记。1989-1992年期间在天津中药集团股份有限公司多个部门工作,曾在行政、商业、批发部门任科长和副经理。

3、高级管理人员及重要职员

王志强:常务副总经理,男,41岁,副主任中药师,硕士。曾任天津中药集团和平公司、一二分公司副经理、经理,药材集团公司副总经理。

黄惠平:副总经理,男,58岁,高级工程师,1963年毕业于中国药科大学药学专业,曾任氨基酸公司总工程师、副总经理。

李美毓:副总经理,女,46岁,副主任技师,硕士。曾任职天津医科大学副处长、处长等职。2000年4月加入本公司。

张宝桐:副总经理,男,42岁,高级工程师,硕士。曾任天津市药品包装厂厂长。

邹颖:副总经理,男,47岁,副主任中药师,大学本科。曾任中药集团河北公司经理、达仁堂制药厂厂长。

沈鸣歧:董事会财务秘书,男,63岁,高级会计师,1956年加入天津市药材公司,曾任天津市药材公司财务处处长,天津中药集团股份有限公司董事、总会计师。

王秀珍:总会计师,女,55岁,高级会计师,1963年加入天津市药材公司,历任财务科科长、财务处副处长、处长、总会计师。

李满飞:总工程师,男,43岁,高级工程师,理学博士,1993年加入天津中药集团股份有限公司,任副总工程师,曾任氨基酸公司总工程师。

4、公司董事、监事、高级管理人员和核心技术人员持股情况

截止本上市公告书签署之日,除独立董事王本立先生被视为拥有公司的S股120,000股,本公司董事、监事和高级管理人员及其家属均未持有本公司股票。

5、本公司目前尚未设置期权。

四、股票发行与股本结构

(1)本次上市前公司的股权结构情况

股权种类	股数(万股)	比例
尚未流通内资股份	22,965.436	62.13%
国家股	19,465.436	52.66%
法人股	1,205	3.26%
内部职工股	2,295	6.21%
流通股份	14,000	37.87
已流通S股	10,000	27.05%
已流通A股	4,000	10.82%
合计	36,965.436	100.00%

(2)公司的前十名股东持股情况

股东名称	持股股数(万股)	占总股本比例(%)
1、天津市医药集团有限公司	194,654,360	52.66
2、Citibank Nominees Singapore Pte Ltd	6,162,000	6.16
3、Tan Swee Teck Michael or Tan Toh Heah	2,670,000	2.67
4、UOB Kay Hian Pte Ltd	2,223,000	2.22
5、Raffles Nominees Pte Ltd	1,904,000	1.90
6、United Overseas Bank Nominees Pte Ltd	1,412,000	1.41
7、Phillip Securities Pte Ltd	1,388,000	1.39
8、Chan Wai Man	1,300,000	1.30
9、OCBC Securities(2001)Pte Ltd	1,277,000	1.28
10、Citibank Consumer Nominees Pte Ltd	1,272,000	1.27

(注:本上市公告书因版面原因为上市公告书部分摘录,需要阅读全文请向相关公司董事会秘书查询。)

浙江天通电子股份有限公司

二〇〇〇年年度报告摘选

一、公司简介

1、公司的中文名称:浙江天通电子股份有限公司
公司的英文名称:ZHEJIANG TIANTONG ELECTRONICS CO.,LTD
2、公司法定代表人:潘广通
3、公司董事会秘书:许丽秀
联系地址:浙江省海宁市龙祥写字楼18层
邮政编码:314400
电话:0573-7230878
传真:0573-7230228
电子信箱:tdga@mail.jxptt.zj.cn
4、公司注册地址:浙江省海宁市郭店镇建设路11号
邮政编码:314412
公司办公地址:浙江省海宁市龙祥写字楼18层
邮政编码:314400
互联网网址:http://www.tdgcore.com
5、公司选定的信息披露报纸:《中国证券报》、《证券时报》、《上海证券报》
公司年度报告备置地点:本公司董事会秘书处
登载公司年度报告的中国证监会指定国际互联网网址:http://www.sse.com.cn
6、公司股票上市交易所:上海证券交易所
股票简称:天通股份
股票代码:600330

二、会计数据和业务数据摘要

(一)本年度利润总额及构成(单位:人民币元)

项　目	2000年
1、利润总额	53,862,030.82
2、净利润	50,197,718.21
3、扣除非经常性损益后的净利润	48,841,997.05
4、主营业务利润	102,209,940.66
5、其他业务利润	933,868.99
6、营业利润	52,624,578.85
7、投资收益	212,525.00
8、补贴收入	2,478,578.00
9、营业外收支净额	-1,453,651.03
10、经营活动产生的现金流量净额	91,949,793.77
11、现金及等价物净增加额	40,986,185.50

注:“扣除非经常性损益后的净利润”是指从净利润中扣除公司报告期内正常经营损益之外的一次偶发性损益,扣除数1,355,721.16元的构成为:增值税返还2,350,000元,出口贴息128,578元,营业外收入8,827.60元,营业外支出(不包括农业发展基金、水利发展基金)1,131,684.44元。

(二)近三年主要会计数据和财务指标(单位:元)

指标项目	2000年度	1999年度	1998年度
主营业务收入	251,844,919.60	157,279,073.25	131,465,337.95
净利润	50,197,718.21	30,340,389.25	25,134,097.35
总资产	385,420,350.18	281,832,359.47	249,139,567.19
股东权益	154,280,849.31	118,958,864.10	112,344,274.85
每股收益(摊薄)	0.444	0.269	0.459
每股收益(加权)	0.444	0.269	0.594
扣除非经常性损益后的每股收益	0.432	0.253	0.436
每股净资产	1.366	1.053	2.054
调整后的每股净资产	1.350	1.043	2.048
每股经营活动产生的现金流量净额	0.814	0.345	0.589
净资产收益率(摊薄)%	32.54	25.50	22.37
净资产收益率(加权)%	34.81	23.79	33.14

(三)按照中国证监会《公开发行股票公司信息披露编报规则(第9号)》要求计算的利润数据:

		净资产收益率(%)		每股收益(元/股)	
		全面摊薄	加权平均	全面摊薄	加权平均
主营业务利润	102,209,940.66	66.25	70.88	0.905	0.905
营业利润	52,624,578.85	34.11	36.49	0.466	0.466
净利润	50,197,718.21	32.54	34.81	0.444	0.444
扣除非经常损益后净利润	48,841,997.05	31.66	33.87	0.432	0.432

(四)报告期内股东权益变动情况(单位:股)

项　目	股　本	资本公积	盈余公积	法定公益金	未分配利润	股东权益合计
期初数	112,980,000	0	3,665,393.11	1,832,696.54	480,774.45	118,958,864.10
本期增加	0	422,267	5,019,771.82	2,509,885.91	50,197,718.21	58,149,642.94
本期减少	0	0	0	0	22,827,657.73	22,827,657.73
期末数	112,980,000	422,267	8,685,164.93	4,342,582.45	27,850,834.93	154,280,849.31
变动原因		捐赠				

三、股本变动及股东情况

1、截止2000年12月31日,公司股东总数50个。
2、公司前十名股东持股情况

股东名称	年末持股数	比　例
潘广通	16,880,000	14.94%
潘建清	15,980,000	14.14%
海宁天成投资发展有限公司	14,641,268	12.96%
宝钢集团企业开发总公司	12,000,000	10.62%
郭店镇资产经营公司	6,000,000	5.31%
海宁市经济发展投资公司	5,425,000	4.80%
信息产业部第四十八研究所	5,000,000	4.43%
潘金兴	3,017,183	2.67%
金建清	2,142,905	1.90%
段金柱	2,110,605	1.87%

长春燃气股份有限公司

二〇〇〇年年度报告摘选

一、公司简介

(一)公司法定中、英文名称及缩写
中文名称:长春燃气股份有限公司
公司法定英文名称:Changchun Gas Co.,Ltd
缩写:CCRQ
(二)公司法定代表人:张俊明
(三)公司董事会秘书:孙树怀
电话:0431-5668756
传真:0431-5668761
电子信箱:shuhuai-419@sina.com
(四)公司注册地址:长春市朝阳区同志街48号
公司办公地址:长春市同志街48号长春燃气股份有限公司办公大楼
邮政编码:130021
电子信箱:changchunranqi@china.com
(五)公司选定的信息披露报纸:《中国证券报》、《上海证券报》
刊载公司年度报告的的中国证监会指定国际互联网网址:http://www.sse.com.cn
公司年度报告备置地点:长春市同志街48号长春燃气办公大楼
(六)公司股票上市交易所:上海证券交易所
股票简称:长春燃气
股票代码:600333

二、会计数据和业务数据摘要

(一)2000年度公司主要经营指标(单位:人民币元)

利润总额:	51,923,304.36
净利润:	43,563,635.90
扣除非经常性损益后的净利润;	33,911,634.23
主营业务利润:	52,008,929.32
其他业务利润:	9,303,065.42
营业利润:	42,270,939.36
补贴收入:	10,000,000.00
营业外收支净额:	347,635.00
经营活动产生的现金流量净额:	16,149,966.28
现金及现金等价物净增加额:	280,261,047.21

注:“非经常性损益”为:
集资办电利息补贴收入10,000,000.00元;营业外收支净额347,635.00元。

(二)截止2000年末公司前三年主要会计数据和财务指标(单位:人民币万元)

项　目	2000	1999	1998
主营业务收入	278,808,296.17	273,154,054.84	149,686,351.21
净利润	43,563,635.90	31,045,119.55	19,205,580.57
总资产	842,148,579.07	474,677,415.79	545,583,943.74
股东权益(不含少数股东权益)	652,006,827.49	275,270,291.59	243,175,592.41
每股收益	0.18	0.18	0.11
扣除非经常性损益每股收益	0.14	0.18	0.11
每股净资产	2.78	1.53	1.35
调整后的每股净资产	2.64	1.53	1.35
净资产收益率(%)	6.68%	11.66%	7.90%

(三)按中国证监会《公开发行证券公司信息披露编报规则(第9号)》要求计算的利润数据

报告期利润	净资产收益率(%)		每股收益(元)	
	全面摊薄	加权平均	全面摊薄	加权平均
主营业务利润	7.98	15.96	0.22	0.28
营业利润	6.48	12.97	0.18	0.23
净利润	6.68	13.37	0.18	0.24
扣除非经常性损益后的净利润	5.20	10.41	0.14	0.18

(四)报告期内公司股东权益变动情况及变动原因(单位:人民币元)

项目	股本	资本公积	法定盈余公积	法定公益金	未分配利润	股东权益合计
期初数	179,136,000.00	89,568,000.00	3,054,682.51	1,527,341.26	1,984,267.82	275,270,291.59
本期增加	60,000,000.00	285,129,700.00	4,356,363.59	2,178,181.79	37,029,090.52	388,693,335.90
本期减少					11,956,800.00	11,956,800.00
期末数	239,136,000.00	374,697,700.00	7,411,046.10	6,534,545.38	27,056,558.34	652,006,827.49

变动原因:
1、股本增加系由于公司2000年11月22日发行6000万股人民币普通股股票所致;
2、资本公积增加系公司以每股6元发行新股,超出面值部分转入资本公积金及债务重组收益转入资本公积金;
3、盈余公积金、法定公益金增加部分系因公司年度盈利按规定提取所致;
4、未分配利润增加系公司本年度利润未分配留存,减少系公司2000年度以报告期股本为基数按每10股送0.5元(含税)向全体股东分配现金红利所致;
5、股东权益增加系公司本年度发行新股及本年度盈利留存所致。

三、股本变动及股东情况

(一)股东情况
截止2000年末,公司股东总数为70721户。
(二)前十名股东情况

序号	股东名称	持股数量(股)	比例(%)
1	长春市建设投资公司	144,000,000	60.22
2	冼丽梅	537,905	0.22
3	方江平	380,000	0.16
4	曹福昌	286,000	0.12
5	孙希祥	239,000	0.10
6	华泰证券	234,000	0.10
7	王毅	159,000	0.07
8	张朝津	150,000	0.06
9	樊索印	149,000	0.06
10	金明艳	140,739	0.06

注:前十名股东之间不存在关联关系。

广州药业股份有限公司

二○○○年年度报告摘要

一、公司简介

1. 公司法定中文名称:广州药业股份有限公司
中文名称缩写:广州药业
英文名称:Guangzhou Pharmaceutical Company Limited
英文名称缩写:GPC
2. 公司法定代表人:蔡志祥
3. 公司董事会秘书:何舒华
联系地址:中国广东省广州市沙面北街 45 号
电话:(8620)81218117
传真:(8620)81876408
董事会秘书电子邮箱:shuhua_he@sina.com
4. 公司注册及办公地址:中国广东省广州市沙面北街 45 号
邮政编码:510130
电话:(8620)81218103
传真:(8620)81876408
公司国际互联网网址:http://www.gzphar.com
电子邮箱:sec@gpc.com.cn
在香港主要营业地点:香港金钟道 89 号力宝中心第 2 座 20 楼 2005 室
5. 公司选定的信息披露报纸为:《上海证券报》、《中国证券报》
《香港经济日报》《Hong Kong iMail》(英文报)
6. 中国证监会指定登载公司年度报告的国际互联网网址:
http://www.sse.com.cn
香港登载公司年度报告互联网网址:http://www.hkex.com.hk
7. 公司年度报备置地点:中国广东省广州市沙面北街 45 号二楼
广州药业股份有限公司董事会秘书处
8. 股票上市交易所名称及编码:A 股:上海证券交易所
代码:600332　　公司简称:广州药业
H 股:香港联合交易所有限公司
代码:0874　　公司简称:广州药业

二、会计数据和业务数据摘要

(一)本年度利润总额及构成(按中国会计准则):

项　　目	2000 年 人民币元
1. 利润总额	219,935,808
2. 净利润	146,234,183
3. 扣除非经常性损益后的净利润(注)	126,528,742
4. 主营业务利润	1,001,732,586
5. 其他业务利润	36,439,663
6. 营业利润	195,582,479
7. 投资收益	4,647,888
8. 补贴收入	9,288,486
9. 营业外收支净额	10,416,955
10. 经营活动产生的现金流量净额	286,951,325
11. 现金及现金等价物净增加额	(19,820,973)

注:所扣除的非经常性损益包括:
补贴收入 9,288,486 元、营业外收支净额 10,416,955 元。

本公司编制的 2000 年财务报告,已经广州羊城会计师事务所有限公司审计,并出具了无保留意见的审计报告。

(二)近三年主要会计数据及财务指标(按中国会计准则):

指标项目(人民币)	2000 年	1999 年	1998 年**	
			调整前	调整后
1. 主营业务收入(元)	4,222,857,016	3,454,490,368	3,383,700,639	3,383,700,639
2. 净利润(元)	146,234,183	128,663,317	129,362,151	123,701,440
3. 总资产(元)	3,063,914,823	3,001,286,675	3,036,056,369	2,995,563,030
4. 股东权益(不含少数股东权益)(元)	1,373,104,547	1,365,972,198	1,295,748,957	1,258,252,616
5. 每股收益(元)	0.20	0.18	0.17	0.17
6. 扣除非经常性损益后的每股收益(元)	0.17	0.16	0.16	0.15
7. 每股净资产(元)	1.87	1.86	1.77	1.72
8. 净资产收益率(摊薄)%	10.65	9.42	9.18	9.83
9. 净资产收益率(加权)%	10.15	9.72	9.08	10.09
10. 股东权益比率%	44.82	45.51	42.68	42.00
11. 资产负债率%	51.89	51.3	52.6	53.33
12. 调整后每股净资产(元)	1.74	1.70	1.73	1.68
13. 每股经营活动产生的现金流量净额(元)	0.39	0.40	0.31	0.31

**1998 年调整前后说明:根据财政部财会字[1999]35 号文规定,从 1999 年 1 月 1 日起,变更坏帐准备和长期投资减值准备的计提方法。对于上述会计政策的变更,本公司采用追溯进行处理,调整了 1999 年期初留存收益和其他相关项目的期初数。

注:报告期后本公司完成增发 7,800 万 A 股工作,总股本发生变动。若按增发后的总股本 81,090 万股全面摊薄计算,本公司 2000 年度每股收益为 0.18 元。

(三)按照中国证监会《公开发行证券公司信息披露编报规则(第 9 号)》要求计算的财务指标:

报告期利润	净资产收益率		每股收益	
	全面摊薄	加权平均	全面摊薄	加权平均
主营业务利润	72.95%	69.53%	1.37 元	1.37 元
营业利润	14.24%	13.57%	0.27 元	0.27 元
净利润	10.65%	10.15%	0.20 元	0.20 元
扣除非经常性损益后的净利润	9.21%	8.78%	0.17 元	0.17 元

(四)中国与香港不同会计准则之报表差异

中国会计准则与香港会计准则之不同导致了依照两种会计准则编制的财务报表产生差异。该差异主要汇总如下:

	附注	集团 二零零零年 人民币千元	集团 一九九九年 人民币千元	公司 二零零零年 人民币千元	公司 一九九九年 人民币千元
根据中国会计准则及制度编制之	附注		1,365,972		1,365,972
所有者权益		1,373,104		1,373,104	
调整					
补提之坏帐准备	1	(30,121)	(18,623)	–	–
资本化之递延费用	2	89,909	(4,110)	2,187	–
固定资产重估价值的分别	3	138,733	140,177	–	–
多计提的研究开发费用	4	17,463	5,938	–	–
少数股东权益差异	5	(14,598)	(11,129)	–	–
冲回子公司之应占净资产	6	–	–	(39,531)	(39,202)
		201,386	112,253	(37,344)	(39,202)
根据香港普遍采纳之会计原则编制之			1,478,225	1,347,235	1,326,770
所有者权益		1,574,490			
根据中国企业会计准则及制度编制之		146,234	128,663	146,234	128,663
净利润					
调整					
递延费用之摊销	2	(10,448)	(2,650)	(243)	–
固定资产重估增值部分所计提之折旧	3	(1,444)	–	–	–
冲销多计提之研究开发费用	4	11,525	–	–	–
少数股东权益差异	5	1,400	(1,771)	–	–
冲回应占子公司当年业绩	6	–	–	(98,016)	(46,174)
确认补助收入	7	13,185	14,718	–	–
呆坏存货处理	8	(17,255)	–	–	–
于以前年度已确认之拆迁补偿	9	(7,947)	(8,790)	–	–
所得税项差异		–	(1,069)	–	–
其他		–	(413)	–	–
		(10,984)	25	(98,259)	(46,174)
根据香港普遍采纳之会计原则编制之		135,250	128,688		82,489
净利润				47,975	

三、股本变动及股东情况

1. 报告期末股东总数
截至 2000 年 12 月 31 日,持有本公司股票的股东总数为 97 户。
2. 内部职工股情况
本公司无任何内部职工股。
3. 股票发行及上市情况

1997 年 10 月 24 日,本公司 H 股股票在香港发行,发行价格为每股 1.65 港元,发行数量为 21,990 万股;1997 年 10 月 30 日,本公司 H 股股票在香港联交所上市。

2001 年 1 月 10 日,本公司 A 股股票在国内发行,发行价格为每股 9.8 元人民币,发行数量为 7,800 万股;2001 年 2 月 6 日,本公司 A 股股票在上交所上市。A 股,占总股本的 63.26%;A 股(流通股)为 7,800 万股,占总股本的 9.62%,H 股(流通股)为 21,990 万股,占总股本的 27.12%。A 股发行后,本公司总股本为 81,090 万股,其中,国家股(未流通股)为 51,300 万元。

4. 截至 2000 年 12 月 31 日止,本公司前十名最大股东持股情况

股东名称	持股种类	年末持股数(股)	占总股本比例(%)
广州医药集团有限公司	国家股	513,000,000	70
香港中央结算(代理人)有限公司	H 股	216,331,000	29.51
HSBC NOMINEES(HONGKONG) LIMITED	H 股	800,000	0.109
王保国	H 股	250,000	0.034
陈慰民	H 股	200,000	0.027
孙国扬	H 股	200,000	0.027
邓盈	H 股	120,000	0.016
朱国强	H 股	110,000	0.015
陈卓生	H 股	100,000	0.0136
李乔	H 股	100,000	0.0136
陈月清	H 股	100,000	0.0136

注:(1)持有本公司股份之前 10 名股东之间不存在关联关系。

(2)持有本公司 5% 以上(含 5%)股份的法人股东情况:广州医药集团有限公司持有本公司 70% 股份,其法定代表人为蔡志祥先生。其经营范围为:国有资产的经营、投资;生产、销售医药中间体、中西成药、中药材、生物技术产品、医疗器械、制药机械、药用包装材料、保健食品及饮料、卫生材料及医药整体相关的商品等。

(3)本报告期内广州医药集团有限公司所持有的本公司股份未有质押或冻结的情况。

(4)本年度内本公司或其任何附属公司概无买卖或购回本公司之股份。

(5)报告期内,本公司控股股东未发生变更。

四、股东大会简介

报告期内,本公司召开了一次年度股东大会和两次临时股东大会:

1. 本公司于 2000 年 5 月 26 日上午在本公司会议室召开了 1999 年度股东大会,会议通过了如下决议:1999 年度董事会工作报告;1999 年度监事会工作报告;1999 年度经审核的财务报告;本公司 1999 年度核数师报告;续聘任期届满的公司核数师及国际核数师,并授权董事会决定其酬金;1999 年度利润分配及派息方案;2000 年度本公司董事及监事服务报酬总金额;授权董事会依照有关规定在有关期间内配发及发行新股份,并授权董事会据此对本公司章程作出适当及必要的修改和办理有关的变更登记手续。

该股东大会决议公告刊登于 2000 年 5 月 27 日的《香港经济日报》、《南华早报》(英文)。

2. 本公司于 2000 年 10 月 18 日上午,在本公司会议室召开了 2000 年第一次临时股东大会,会议通过了如下决议:选举产生新 届董事、监事,任期从临时股东大会通过其委任后生效,为期三年;授权董事会决定个别董事、监事的薪酬;对本公司章程第八十八条及第一百一十一条进行修订的事宜。

该临时股东大会决议公告刊登于 2000 年 10 月 19 日的《香港经济日报》、《Hong Kong iMail》(英文)。

3. 本公司于 2000 年 10 月 18 日上午,在本公司会议室召开了 2000 年第二次临时股东大会,会议通过了如下决议:申请 2000 年公募增发人民币普通股(A 股)的议案;关于增发 A 股募集资金计划投资项目可行性的议案;关于前次募集资金使用情况说明的议案;本次公募增发 A 股成功后

2000年中期未分配利润及2000年7月1日至A股发行完成前滚存利润由新老股东共享;关于授权董事会全权办理本次公募增发A股相关事宜的议案。

该股东大会决议公告刊登于2000年10月19日的《中国证券报》、《证券时报》、《香港经济日报》、《Hong Kong iMail》(英文)。

五、董事会报告

(一)经营情况讨论与分析(除特别注明外,本报告涉及的财务数据均节录自本集团按中国会计准则编制之账项)

1、本集团所处行业及在行业中所处地位

本集团属医药行业。以销售额计算,本集团是目前中国最大的中成药制造商,也是国内三大医药贸易企业之一。(资料来源于:2000年4月国家经贸委出版的医药统计年报之工业企业分析)

2、经营状况分析

(1)主营业务及地区分析

2000年是本公司自1997年在香港上市以来的第三个完整会计年度,报告期内,国内医疗卫生体制改革,药品分类管理制度、医药产品价格政策和城镇职工基本医疗保险制度的实施等因素对中国医药市场产生了重大的影响。面对激烈竞争的市场环境,本集团采取了一系列的对策措施,使本集团的经营业绩保持持续增长。

按合并报表计算,2000年度本集团按香港会计准则和中国会计准则编制的营业额均为4,222,857千元,同比增长22.24%;按中国会计准则,除税前利润为219,936千元,同比增长22.21%;按香港会计准则,除税前盈利204,572千元,同比增长14.85%;2000年营业额和除税前盈利均达到本公司成立以来的最好水平。

本年度各主要业务的营业额及除税前盈利如下:

	营业额 按中国会计准则 人民币千元	除税前盈利 人民币千元	除税前盈利 按中国会计准则 人民币千元	按香港会计准则 人民币千元
主要业务:				
制造及销售	1,295,155	1,295,155	158,420	154,350
贸易				
批发	2,469,538	2,469,538	44,358	38,431
零售	388,807	388,807	17,229	11,772
进出口	69,357	69,357	-71	19
	2,927,702	2,927,702	61,516	50,222
	4,222,857	4,222,857	219,936	204,572

由于本集团之营业额及除税前盈利绝大部份均来自中国之销售,因此并无提供按地区的营业额及除税前盈利之详细资料。

(2)中成药制造业务

2000年度本集团制造业务(「制造业务」)按中国会计准则及香港会计准则编制的营业额均为1,295,155千元,同比增长7.95%;按中国会计准则,除税前盈利为158,420千元,同比增长27.92%;按香港会计准则,除税前盈利为154,350千元,同比增长24,69%。制造业务的营业额及除税前盈利均达到了历史的最好水平。

本年度,制造业务加大市场拓展力度,加强对重点城市和终端销售市场的技术推介和广告宣传工作,注意选择和培育有发展潜力的销售市场和客户,并逐步建立了销售市场分析系统,促进了重点产品销量的增长。2000年度年销售额1,000万元以上的品种有26个,年销售额5,000万元以上的品种有6个,年销售额1亿元以上的品种有2个,年内上述26个品种的销售额同比大幅度增长16.02%。高附加值重点产品销售比重的增加使制造业务销售毛利率达到55.51%,同比增长7.62个百分点,成为制造业务盈利增长的主要因素。

加快企业技术改造和GMP实施步伐。报告期内,制造业务完成了多项重大技术改造项目,包括广州中药一厂的三个车间扩产改造工程、微波干燥生产线、广州奇星药厂丸剂车间和前处理车间等20多个技术改造项目。广州陈李济药厂亦于2000年3月获得GMP认证。目前,广州羊城药业股份有限公司、广州潘高寿药业股份有限公司正在积极开展GMP实施工作。上述技改项目的实施提高了企业的生产能力和技术水平。

加大技术创新的投入,加快新产品的研发工作。年内本集团与北京中医药大学、广州中医药大学、四川省中药研究所等单位合作研发高技术含量的现代中药品种,2000年度取得生产批文的新药有三种产品,新投产的新药有五种产品。本公司于2000年11月与解放军广州空军医院签订了合作研究抗乙型肝炎病毒双质粒基因疫苗的项目。目前,本公司正在加速进行生物医药研发中心的筹建工作。

本公司于2000年正式启动ERP项目的实施工作。制造业务的SAP-R/3系统已于2001年1月通过广州市财政局的评审,并在广州陈李济药厂正式投入使用。广州奇星药厂和广州星群药业股份有限公司的ERP系统亦分别开始实施和运行。ERP系统的实施,对规范企业的业务流程,优化企业的资源组合,提高企业的管理水平和决策水平起到了重要的作用。

(3)医药贸易业务(包括批发、零售和进出口)

2000年度本集团贸易业务(「贸易业务」)按中国会计准则及香港会计准则编制的营业额均为2,927,702千元,同比增长29.85%。按中国会计准则,除税前盈利为61,516千元,同比增长9.60%;按香港会计准则,除税前盈利50,222千元,同比下降7.55%。

本报告期内,贸易业务根据OTC药品市场迅速发展的特点,积极把握发展时机,配合推行药品分类管理和非处方药品的供应工作。年内,贸易业务成立了OTC药品的专业销售公司,开业以来销售额达5,000多万元;各批发、零售单位着重抓好品种结构的调整工作,积极开发一些疗效好、市场发展潜力大的新药、特效药品种。年内新开发经销和代理的品种达2,000多个,其中,新增独家代理品种4个,新增销售额5,260万元。同时,贸易业务积极开拓省内外的批发业务市场,报告期内批发业务营业额同比大幅增加37.04%,对促进贸易业务盈利的增长起到重要作用。

医疗体制的改革推动了医药消费市场的变化,零售市场份额正在逐步扩大。贸易业务根据市场的变化积极拓展医药零售网点,年内新增零售网点33家,新增销售额约1,500万元。截至2000年12月31日,本集团的医药零售网点共有155家,其中,主营中药的"采芝林"药业连锁店93家,主营西药的"健民"医药连锁店62家。

受到国家药品价格政策和国内医药市场激烈竞争等因素的影响,2000年贸易业务的销售毛利率下降至10.34%,同比下降2.58个百分点。为了确保盈利的能力,贸易业务在积极扩大销售的同时,努力降低营运成本。一是加强营运费用的目标管理工作,年内贸易业务的经营费用率同比下降1.81个百分点;二是加强对库存商品的监控管理工作,定期对商品库存和销售情况进行分析,及时根据市场的变化调整采购和营销策略;三是做好销售客户的信用分析和应收账款管理工作,严格执行信用额监控制度,努力加速应收账款的回笼,年度内贸易业务的应收账款资金周转率同比加速28.20%。销售额的大幅度增加、费用率的下降、资金周转速度的加快,确保了贸易业务的盈利贡献。

3.本集团主要附属企业及本公司占有51%及以上股权的控股子公司经营之情况及业绩(单位:人民币万元)

企业名称	持股比例	总资产	主营业务收入	主营业务利润
广州中药一厂	100%	25,859.05	35,258.24	21,219.23
广州陈李济药厂	100%	21,562.38	15,354.76	7,273.40
广州众胜药厂	100%	6,363.40	5,302.46	2,158.24
广州奇星药厂	100%	39,451.23	18,336.45	9,926.83
广州市医药公司	100%	99,823.20	238,467.23	20,146.39
广州市药材公司	100%	28,216.64	49,561.96	8,341.92
广州市医药进出口公司	100%	3,723.52	7,951.16	800.24
广州星群药业股份有限公司	84.11%	26,407.55	19,908.60	7,991.75
广州敬修堂药业股份有限公司	83.90%	18,190.65	13,010.77	7,192.25
广州潘高寿药业股份有限公司	81.53%	24,001.48	19,722.88	8,313.00
广州羊城药业股份有限公司	87.07%	10,365.37	13,032.23	6,304.00

注:以上附属企业全部均在中华人民共和国注册成立及营业。

4.在经营中出现的问题与困难及解决方案

(1)受国家税务总局国税发[2000]84号文关于广告费支出超过销售额2%部分需调整应纳所得税的因素影响,本年度内,制造业务因此而增加应纳所得税约1,100多万元。为此,制造业务在报告期内一是加强了广告宣传费的管理工作,努力控制广告费用的增加;二是统一本公司的对外宣传策略,最大限度地发挥附属企业的资源组合优势;三是加强对重点市场的技术推介力度,促进了制造业务销售的增长。

(2)为了加强对附属企业的监控管理,进一步优化企业的内部资源,本公司于2000年5月调整了附属企业广州众胜药厂的管理层,由市场拓展能力较强、管理基础扎实的广州中药一厂托管了广州众胜药厂,并针对该企业的存在问题进行了全面的整顿,加强了内部管理和控制。

2001年2月21日,经第二届第三次董事会会议决议,由广州中药一厂吸收合并广州众胜药厂。目前,有关工作正在进行中。

5.净利润实现数与净利润预测数的比较

按中国会计准则,2000年本集团实现净利润146,234千元,为本公司增发A股时编制的盈利预测报告中之净利润预测值156,304千元的93.56%。

(二)公司财务情况　　(单位:人民币元)

按中国会计准则

项目	2000年12月31日	1999年12月31日	增减(±%)
总资产	3,063,914,823	3,001,286,675	2.08
长期负债	84,573,230	98,261,885	-13.9
股东权益	1,373,104,547	1,365,972,198	0.52
	2000年度	1999年度	增减(±%)
主营业务利润	1,001,732,586	847,610,057	18.18
净利润	146,234,183	128,663,317	13.66

按香港会计准则

项目	2000年12月31日	1999年12月31日	增减(±%)
总资产	3,256,426,000	3,072,057,000	6.00%
长期负债	99,000,000	95,743,000	3.40%
股东权益	1,574,490,000	1,478,225,000	6.51%
	2000年度	1999年度	增减(±%)
经营盈利	208,670,000	177,979,000	17.24%
净利润	135,250,000	128,688,000	5.10%

(三)公司投资情况

1.发行H股募集资金净额的使用情况:

本集团于1997年10月发行219,900,000股H股,扣除发行费用后,发售H股募集资金所得净额约为港币317,421,000(折算人民币340,233,000元),截止2000年12月31日止,尚余为904万元未投入使用。

该次募集资金实际投资使用的具体情况如下:(单位:人民币万元)

投资项目	计划总投资	至2000年末已完成投资	占计划投资额的比例
发展新产品	5,038	5,038	100%
改良现有生产技术 及购买新设备	18,007	18,007	100%
成立现代化技术工程中心	3,000	1,070	36%
扩展小型至中型零售店	3,966	3,966	100%
一般营运资金及其他	5,038	5,038	100%

2.发行H股募集资金投入项目的进展及收益情况

(1)用5,038万元投入新产品的研制和开发,研制新品种25个,其中17个品种已经先后取得批文并正式投产或试产;完成6个名优产品的二次开发;及6个品种的工艺或剂型的改进,新产品的投产和品种剂型的改进,促进了企业盈利的持续增长。

(2)用18,007万元投入技术改造和GMP工程。广州中药一厂、广州陈李济药厂、广州奇星药厂与广州敬修堂药业股份有限公司等通过GMP改造已全部取得国家认证,提高了产品质量和市场竞争力。

(3)本公司原计划投入3,000万元人民币用于现代化技术工程中心项目的建设,现已投入1,070万元。剩余资金将根据项目实际情况逐步投入。

(4)投入3,966万元用于扩展销售网点,新增零售药店54间,其中新购置的零售商铺16间,新增销售额约6,000多万元。

(5)用5,038万元作为企业流动资金,该项资金投入缓解了部分企业的资金紧缺现象,同时也直接降低了本集团的财务费用。目前本集团短期借款已从1997年末的7.42亿元下降至本年年度末的4.78亿元;财务费用从97年的6,714万元降至本年度的2,791万元。

3.报告期内非募集资金的投资情况

经本公司第二届第二次临时董事会会议批准,本公司出资人民币1,950万元认购光大银行1000万股股权。由于该银行在增资扩股中认购数大于发行数,因此实际配发本公司的股份为550万股,占该行扩股后总股数58.91亿股的0.093%,认购金额为人民币1,072.5万元。

(五)生产经营环境和宏观政策的变化及对公司的影响

随着我国经济的发展,国内人民生活水平的提高,人们健康意识的增强,社会人口老龄化,医保人口的扩大和农村医药消费水平的提高,国内医药市场将保持持续稳定的增长;国家医疗制度的改革、医药分业和处方药、非处方药分类管理制度的实施,亦将对我国药品需求结构产生重大的影响,部分疗效确切、质量可靠和具有价格优势的国产普药和新药将占有更大的市场发展份额;随着世界天然药物市场的迅速发展,中药以其独特的疗效和副作用较少的特点将有更广阔的市场前景和发展空间;同时,我国按"十五"规划将培养和发展医药行业的技术优势,推动医药企业间的收购、兼并、联合和重组,以增强企业的竞争能力。本公司在中成药的制造和医药贸易业务方面具有一定的技术优势和规模优势,将在市场竞争中占据有利的地位。

(六)新年度的业务发展计划:

2001年,本集团将以加快A股增发投资项目建设为重点努力培育和扩大企业持续发展的新增长点,增强企业的核心竞争能力。

1.加强市场营销体系的建设

继续以市场为导向,做好产品结构的调整和重点产品的市场拓展工作,通过加大对终端市场的推介和宣传,提高核心产品的市场占有率;逐步整合和发展综合的市场推广队伍和营销网络系统,以优化企业的整体资源配置。为适应医药零售市场发展的需要,贸易业务计划在2001年新增零售网点37家。

2.加快技术创新体系的建设和新产品的研究开发工作

本集团将加大技术研发的投入,特别是重点抓好现代化中药工程中心、生物医药研发中心和中药新技术产业化基地等项目的建设;继续加强与各大学、科研机构的联系和合作,加速新产品的研制开发和中药现代化的实施。目前,本集团正在进行的临床研究项目有8个,基础技术开发项目有6个。

3.加速企业技术改造和GMP改造项目建设

2001年度,本集团将重点抓好广州中药一厂、广州星群药业股份有限公司迁厂等重点技改工程和广州潘高寿药业股份有限公司、广州羊城药业股份有限公司GMP改造项目的实施工作。

4.强化基础管理,加速ERP系统的实施

通过ERP系统的实施和引进先进管理技术,本集团将全面重组企业的业务流程,优化企业的资源组合,提高企业的管理水平和决策水平;2001年,本集团将加快贸易业务计算机网络系统的建设;继续强化以财务预算管理为核心的内部监控体系,加强对投资决策、现金流量和经营运作情况的监控和管理;进一步提高企业的市场应变能力和抗风险能力。

5.创新激励机制,培育专业管理人员队伍

本集团将积极探索和推进包括期权、期股等中长期激励机制的建设,以确保企业持续健康的发展。同时,本集团将通过引进和培养等措施,积极培育专业技术人才和管理技术人才,不断提高企业的综合素质。

6.抓好资本运营,加速企业的发展

在做好主业经营的同时,本集团将进一步加强资本运作力度,通过积极引进境内外战略投资者等多种形式,逐步实现股权结构的多元化。同时,围绕核心业务,积极发展相关产业的投资,加快并购、重组步伐,进一步优化资源配置,努力培育新的利润增长点,为企业今后的长期发展奠定基础。

2001年是21世纪的第一年,也是本公司成功增发A股并于上交所上市的第一年,本公司将继续发扬团结进取、务实创新的精神,努力工作,为股东创造更好的回报。

(六)董事会日常工作情况:

1.报告期内董事会会议情况:

本报告期内本公司共召开7次董事会会议,主要情况如下:

(1)第一届第十二次董事会会议于2000年3月24日召开,并通过如下决议案:1999年度董事会工作报告;1999年度监事会工作报告;1999年度经审核的财务报告;1999年度核数师报告;续聘任期届满的公司核数师及国际核数师并授权本公司董事会决定其酬金;1999年度利润分配及派息方案;2000年度本公司董事及监事服务报酬总金额;授权董事会依照有关规定在有关期间内配发及发行新股份,并授权董事会据此对本公司章程作出适当及必要的修改和办理有关的变更登记手续。

(2)第一届第十三次董事会会议于2000年8月4日召开,并通过如下决议案:将控股股东广州医药集团有限公司推荐的下一届董事候选人及监事候选人名单及资料提交股东大会;建议对本公司章程第八十八条及第一百一十一条进行修订的事宜;提议于2000年9月26日在广州市沙面北街45号本公司会议室召开临时股东大会;通过广州药业增发A股有关事项及工作进度情况的报告;通过2000年度中期业绩工作计划及进度情况的报告。

(3)第一届第十四次董事会会议于2000年8月18日召开,并通过如下决议案:2000年度中期业绩报告;2000年度中期未经审核的财务报告;2000年度中期派息方案。

(4)第一届第十五次董事会会议于2000年9月1日召开,并通过如下决议案:申请2000年公募增发人民币普通股(A股)的方案;关于增发A股募集资金计划投资项目可行性的方案;关于前次募集资金使用情况说明的方案及关于公司前次募集资金使用情况的专项报告;本次公募增发A股成功后2000年中期未分配利润及2000年7月1日至A股发行完成前滚存利润由新老股东共享;关于提请股东大会授权董事会全权办理本次公募增发A股相关事宜的方案;关于召开2000年第二次临时股东大会的方案。

(5)第二届第一次董事会会议于2000年10月18日召开,并通过如下决议案:选举蔡志祥先生及李益民先生分别为第二届董事会董事长及副董事长;聘请陈翔志先生为本公司总经理;聘请朱幼麟先生、张伯华先生、吴张先生任审核委员会委员;经总经理提名,聘任黎德成先生、肖承先生为本公司副总经理;经总经理提名,聘任江士杰先生为本公司财务总监;经董事长提名,聘任何舒华先生为本公司董事会秘书;确认了非招待董事及股东代表监事袍金。

(6)第二届第一次临时董事会会议于2000年11月19日至11月24日以书面表决形式进行,并通过如下决议案:关于本公司与广药集团签订的仓库租赁协议和办公楼租赁协议的议案。

(7)第二届第二次董事会会议于2000年11月13日至11月18日以书面表决形式进行,并通过如下决议案:关于投资并购买"光大银行"部分股权的议案。

2.股东大会通过之决议案的执行情况

(1)1999年期末利润分配

根据1999年度股东周年大会上通过之决议案,2000年5月完成了公司1999年度末期的分红派息工作,分红方案为每股派发现金红利0.03元(含税)。股权登记日为2000年5月2日,除息日为2000年5月3日。

(2)2000年中期利润分配

根据2000年股东周年大会上通过之决议案,2000年10月完成了公司2000年度中期的分红派息工作,分红方案为每股派发现金红利0.02元。股权登记日为2000年10月3日,除息日为2000年10月4日。

(3)A股增发工作

2000年12月22日,中国证监会以证监公司字[2000]228号文核准了本公司公募增发不超过1亿股A股。

2001年1月10日,本公司成功发行7800万股A股股票,募集资金净额为73,799万元。

(七)管理层及员工情况

1.董事、监事及高级管理人员情况

(1)于2000年初及年末,现任本公司董事、监事及高级管理人员持有本公司股份的情况:

姓名	职务	性别	年末数(股)	年初数(股)
蔡志祥	董事长	男	未持有	未持有
李益民	副董事长	男	未持有	未持有
陈翔志	董事及总经理	男	未持有	未持有
冯赞胜	董事	男	未持有	未持有
朱幼麟	非执行董事	男	未持有	未持有
吴　张	非执行董事	男	未持有	未持有
刘锦湘	非执行董事	男	未持有	未持有
张伯华	非执行董事	男	未持有	未持有
黄卜仁	非执行董事	男	未持有	未持有
陈灿英	监事	男	未持有	未持有
罗继东	监事	男	未持有	未持有
谭思马	监事	男	未持有	未持有
肖　承	副总经理	男	未持有	未持有
黎德成	副总经理	男	未持有	未持有
江士杰	财务总监	男	未持有	未持有
何舒华	董事会秘书	男	未持有	未持有

注:①所有董事、监事、公司秘书,任期为三年,由2000年10月18日起至2003年第三届董事会成员选举产生之日止;

②本公司董事、监事和高级管理人员年薪酬10万元以下8人,10万元至20万元4人,20万元至30万元4人。

(2)报告期内离任的董事、监事及高级管理人员及离任原因

本报告期内,肖承、李兴华、李国驹、廖景光、苏德贵及朱柏华等六位董事因任期届满,于2000年10月18日股东大会上获批准离任。温新民及麦奇杰监事因任期届满,于2000年10月18日股东大会上获批准离任。李益民总经理因任期届满,于2000年10月18日股东大会上获批准离任。

(3)聘任总经理、董事会秘书

经本公司第二届第一次董事会会议决议,聘任陈翔志先生为总经理,聘任黎德成先生、肖承先生为副总经理,聘任江士杰先生为财务总监、聘任何舒华先生为董事会秘书。

2.本公司员工情况:2000年末公司在册员工人数为8,203人

其中:	生产人员	2,651人
	技术人员	1,233人
	财务人员	284人
	行政人员	568人
	销售服务人员	2,247人
	其他人员	1,220人

本公司持有大学本科文凭以上的员工有427人,另外,退休职工人数有3,881人。

(八)利润分配

1.本年度利润分配预案

根据中国会计准则及制度,本公司2000年度净利润为人民币146,234,183元,本公司及附属子公司分别计提法定公积金10%和法定公益金10%,二项合计人民币68,885,709元,余下的税后利润减除期初分配利润负数50,195,368元,可供分配利润为27,152,836元。董事会建议派发2000年全年股息为每股人民币0.05元。其中,中期股息已按每股人民币0.02元派息14,658,000元。2000年末每股拟派人民币0.03元(A股含税),根据2000年10月18日第二次临时股东大会上通过的决议案:"本次公募增发A股成功后2000年中期未分配利润及2000年7月1日至A股发行完成前滚存利润由新老股东共享",按增发A股后的总股本81,090万股计算,此项建议派发的股息合共人民币24,327,000元,其中,用2000年末未分配利润派发11,475,000元,不足部分在留存的任意公积金中派发。包括已派发的中期股息在内合共人民币38,985,000元,派发此项末期股息建议如在2001年6月15日举行之周年股东大会获得通过,将于2001年6月29日或之前派发予2001年5月23日(星期三)收市后名列于本公司股东名册的H股股东;A股股东的股权登记日、股息派发日及派发方式另行公告。

2.本年度不进行公积金转增股本。

3.2001年利润分配政策

(1)拟在2001年度分配两次;

(2)分配以派发现金为主要方式;

(3)本公司2001年度实现净利润用于股利分配的比例约为30%右;

(4)2000年末分配利润暂不分配;

以上分配政策为预计方案,本公司董事会将根据本公司实际情况对该政策进行调整。

(九)其它报告事项

1.增发A股拟投资项目及相关情况

本公司于2001年1月完成的A股增发所募集资金计划投资以下项目:

(1)重点产品技术改造和新产品投产项目;该类项目总投资额为32,970万元。

(2)中药新技术产业化基地项目:此项目包括大孔树脂吸附技术生产基地和超临界二氧化碳萃取生产基地,该类项目总投资额为5,980万元。

(3)销售网络扩张、物流配送中心和商业ERP系统项目:此项目总投资额为18,880万元。其中,销售网络扩张的投资额为14,880万元;物流配送中心项目投资额为2000万元;商业ERP系统投资额为2000万元。

(4)生物医药研究中心项目。该中心拟从事基因疫苗、生物医药制品和生物医药技术的研究开发。项目总投资额为8,000万元。

(5)募集资金余额约7,969万元用于补充流动资金

2.企业所得税及地方政府退税优惠

根据广州市人民政府之批文,本集团属下若干附属公司可享有企业所得税退税优惠待遇,实际所得税率为15%,并从1997年9月1日(本公司成立日期)至2000年12月31日止期间有效。

根据财政部及国家税务总局于2000年10月13日联合颁布的"财税[2000]99号"文件,地方政府提供之所得税返还优惠待遇至2001年12月31日前仍然生效。

除非有任何其他法律或法规,从2002年1月1日起,企业所得税税率将统一为33%。

根据广东省财政厅[2000]76号文的规定,广东省上市公司的企业所得税先按33%的法定税率征收后,对超过15%的部分(18%)按隶属关系由各级财政给予返还。本公司已根据有关政策,向广州市政府提出申请,要求政府在2001年继续给予本公司税务优惠。但本公司现时无法保证上述申请会获得批准。

3.员工住房

根据广州医药集团有限公司与本公司签订之职工住房服务合同,广州医药集团有限公司同意以优惠房价向本集团的职工出售住房。本公司将按照优惠房价与广州医药集团有限公司在建设或购入该职工住房的成本并扣除累积折旧后之差额补贴给广州医药集团有限公司。2000年12月31日,本公司须向广州医药集团有限公司支付的职工住房改造款合共约人民币62,030,000元(1999年:人民币42,539,000元)。

此外,本集团已建设或购入部分职工住房。2000年12月31日,处置该等住房的收入与其建设或购入的成本之差额合共人民币21,784,000元。

相应地,上述之职工住房改造款于2000年12月31日合共为人民币42,437,000元(1999年:人民币20,653,000元)。根据中国财政部财企[2000]295号文件《关于企业住房制度改革中有关财务处理问题的通知》的规定,上述之职工住房改造款应计入2000年12月31日法定帐目的年初未分配利润,由此造成年初未分配利润的借方余额,则可在董事会批准下以法定公益金、盈余公积金及资本公积金弥补。此处理办法已于按中国会计准则及制度编制的财务会计报告中处理。

按香港普遍采纳会计原则,本集团将以递延职工住房改造款的形式,按职工的平均剩余服务年限,即十年,按直线法平均摊销。本集团于2000年12月31日止,累计摊销人民币14,558,000元。其中,2000年摊销人民币10,448,000元,于2000年12月31日,上述递延职工住房改造款余额为人民币89,909,000元。本公司董事会认为,如果上述递延职工住房改造款余额在2000年度摊销,则本公司于2000年12月31日的总资产值将减少约人民币89,909,000元。广州市人民政府穗府[2000]18号文所陈述的对无分配住房及住房未达标老职工的一次性住房补贴的问题,董事会认为该文件对本集团不具有强制性约束力。从2001年开始,本集团将根据各企业的实际情况制定职工住房补贴政策。

六、监事会报告

(一)监事会工作情况:

本报告期内监事会共召开4次会议,主要情况如下:

1、1999年度股东周年大会于2000年5月26日召开,监事会出席了本次会议并审议通过了1999年度监事会工作报告。

2、1999年度股东周年大会于2000年5月26日召开,监事会出席了本次会议并通过了授权董事会依照有关规定在有关期间内配发及发行新股份,并授权董事会据此对本公司章程作出适当及必要的修改和办理有关的变更登记手续。

3、第二届第一次监事会于2000年10月18日召开,讨论选举新一届监事会主席。

4、2000年第二次临时股东大会于2000年10月18日召开,监事会出席了本次会议,进行了关于2000年公募增发人民币普通股(A股)的讨论分析并提出意见。

(二)监事会对本公司2000年度的工作评价如下:

1.报告期内本公司运作规范,企业领导班子所作经营决策符合国家的法律、法规、公司章程及上市规则,符合本公司的发展前景以及符合股东的权益实施有效的监管,没有发现董事和高级管理人员违反法律、法规、《公司章程》或损害公司和股东利益的行为。

2.本年度国内及国际会计师所出具的审计报告无保留意见和解释性说明。经检查公司财务状况,确认财务报告如实地反映财务状况和经营成果。

3.公司募集资金的投入情况与招股章程所载基本一致。

4.关联交易公平合理,无损害上市公司利益的行为发生。

七、重要事项披露

1.报告期内,本集团无重大诉讼、仲裁事项。

2.报告期内,本集团、本公司董事及高级管理人员无受监管部门处罚的情况。

3.报告期内,本集团控股股东未发生变化。第一届董事会成员任期于2000年届满,二零零零年十月十八日经二零零零年临时股东大会通过,同意肖承、李兴华、李国驹、廖景光、苏德贵及朱柏华不再担任董事职务;并同意重新选举产生第二届董事会,成员有蔡志祥、李益民、陈翔志、冯赞胜、朱幼麟、张伯华、刘锦湘、吴张、黄卜仁。第一届监事会成员任期于二零零零年届满,二零零零年十月十八日经二零零零年临时股东大会通过,同意麦奇杰、温新民不再担任监事。并同意重新选举产生第二届监事会,成员有陈灿英、谭思马、罗继东。在监事会第二届第一次会议,选举陈灿英为第二届监事会主席。

经公司第二届第一次董事会通过,选举蔡志祥为董事长、李益民为副董事长。聘任陈翔志为总经理;聘任黎德成、肖成为副总经理;聘任江士杰为财务总监;聘任何舒华为董事会秘书。

4.报告期内,本公司无重大收购及出售资产,吸收合并事项。

5.重大关联交易事项

(详见按中国会计准则及制度编制之会计报表附注)

6.与控股股东在人员、资产、财务上的"三分开"情况说明

本公司与控股股东实行人员、资产、财务"三分开",在经营上做到人员独立、资产完整、财务独立。

(1)在人员方面,本公司在劳动、人事及工资管理等方面独立;经理、副经理等高级管理人员在本公司领取薪酬,没有在控股股东单位担任经理、副经理等高级管理职务。

(2)在资产方面,本公司拥有独立的生产系统、辅助生产系统和配套设施;拥有独立的采购和销售系统;本公司目前正在使用的38个商标的所有人为本公司的控股股东——广州医药集团有限公司。本公司已于1997年9月1日就商标使用与广州医药集团有限公司签订了《商标许可协议》,根据协议规定有偿使用,有效期至2007年8月31日。广州医药集团有限公司于2000年11月21日出具了《关于广州药业使用商标到期后延期的承诺书》:商标使用期满后以上述《商标许可协议》约定的商标使用条件自动续期10年。此外,本公司自行拥有6个注册商标,该商标注册在有效期内。

(3)在财务方面,设立有独立的财会部门,并建立了独立的会计核算体系和财务管理制度;独立在银行开户。

7.报告期内,本公司未发生因托管、承包、租赁其他公司资产或其他公司托管、承包、租赁本公司资产,而为本公司带来达到本年度利润总额10%以上利润的事项。

8.本年度公司续聘罗兵咸永道会计师事务所为国际核数师,广州羊城会计师事务所有限公司为国内核数师。

9.报告期内,本公司无重大担保事项。

10.报告期内,本公司名称和股票简称未作变更。

11.承诺事项履行情况:本公司董事会在2000年12月30日的增发《招股意向书》中承诺,于2000年度将3年以上坏帐准备的计提标准予以调整。董事会已经履行了该承诺,详见会计报表附注。

八、财务报告

(一)审计报告(按中国会计准则)

广州药业股份有限公司全体股东:

我们接受贵公司的委托,对贵公司提供的二零零零年十二月三十一日公司和合并资产负债表,截至该日止本年度公司和合并利润表、利润分配表以及现金流量表(详见后附报表一至八)进行了审计。这些会计报表由贵公司负责。我们的责任是根据审计的结果,对这些会计报表表示意见。我们的审计是依据《中国注册会计师独立审计准则》进行的。在审计过程中,我们结合贵公司的实际情况,实施了包括抽查会计记录等我们认为必要的审计程序。

我们认为,上述会计报表,符合《企业会计准则》和《股份有限公司会计制度》的有关规定,在所有重大方面公允地反映了贵公司二零零零年十二月三十一日的财务状况和二零零零年度的经营成果及现金流量情况,会计处理方法的选用遵循了一贯性原则。

广州羊城会计师事务所有限公司　　中国注册会计师　黄伟成

中国注册会计师　张　宁

中国·广州　　二零零一年四月二十日

(二)会计报表(按中国会计准则)(附后)

(三)会计报表附注(按中国会计准则)

1.主要会计政策、会计估计和合并报表的编制方法

坏帐核算方法:本公司采用备抵法对坏账进行核算。实际发生坏账时,冲销坏账准备。

坏账的确认标准是:债务人破产或死亡,以其破产财产或遗产清偿后仍无法收回的账款;债务人逾期三年以上未履行其偿债义务,且有明显迹象表明无法收回,并经董事会批准确认为坏账的账款。

本公司根据财政部财会字[1999]35号文的要求和公司董事会批准的坏账准备计提标准,按账

龄分析法计提坏账准备。另外,本公司根据债务单位的财务状况、偿债能力等情况,针对个别回收风险大的账款单独提取坏账准备。

按账龄分析法计提坏账准备的具体方法如下:

应收款项账龄	提取比例
1年以内	1%
1年-2年	10%
2年-3年	30%
3年-4年	50%
4年-5年	80%
5年以上	100%

上述应收款项包括应收账款及其他应收款。其他应收款按扣除关联公司欠款、未报销的业务支出及其他不涉及资金回收的挂账后的余额计提坏账准备。

2、关联方关系及其交易

(1)存在控制关系的关联方

企业名称	注册地址	主营业务	与本企业关系	经济性质或类型	法定代表人
广州医药集团有限公司	广州市沙面北街45号	生产及销售	母公司	有限责任公司	蔡志祥
广州星群(药业)股份有限公司	广州市人民中路252号	生产及销售	子公司	股份有限公司	李兴华
广州中药一厂	广州市杉木栏路77号	生产及销售	子公司	国有控股	麦奇杰
广州陈李济药厂	广州市广州大道南1688号	生产及销售	子公司	国有控股	李国驹
广州众胜药厂	广州市多宝路昌华新街32号	生产及销售	子公司	国有控股	麦奇杰
广州奇星药厂	广州市新港中路赤岗北街33号	生产及销售	子公司	国有控股	朱柏华
广州敬修堂(药业)股份有限公司	广州市人民南路179号	生产及销售	子公司	股份有限公司	黄海涛
广州潘高寿药业股份有限公司	广州市解放北路618-620号	生产及销售	子公司	股份有限公司	廖景光
广州羊城药业股份有限公司	广州市白云区江村桥头侧	生产及销售	子公司	股份有限公司	陈翔志
广州市医药公司	广州市大同路97号	批发及零售	子公司	国有控股	冯赞胜
广州市药材公司	广州市光复南路140号	批发及零售	子公司	国有控股	苏德贵
广州市医药进出口公司	广州市沙面北街59号	批发及零售	子公司	国有控股	涂克金

(2)存在控制关系的关联方的注册资本及其变化

货币单位:人民币万元

企业名称	年初数	本年增加数	本年减少数	年末数
广州医药集团有限公司	100,770	0	0	100,770
广州星群(药业)股份有限公司	5,350	0	0	5,350
广州中药一厂	1,167	0	0	1,167
广州陈李济药厂	752	0	0	752
广州众胜药厂	499	0	0	499
广州奇星药厂	560	0	0	560
广州敬修堂(药业)股份有限公司	6,210	0	0	6,210
广州潘高寿药业股份有限公司	4,332	0	0	4,332
广州羊城药业股份有限公司	6,189	0	0	6,189
广州市医药公司	835	0	0	835
广州市药材公司	882	0	0	882
广州市医药进出口公司	257	0	0	257

(3)存在控制关系的关联方所持股份或权益及其变化

货币单位:人民币万元

企业名称	年初数	%	本年增加数	%	本年减少数	%	年末数	%
广州医药集团有限公司	51,300	70	0	0	0	0	51,300	70
广州星群(药业)股份有限公司	4,500	84.11	0	0	0	0	4,500	84.11
广州中药一厂	1,167	100	0	0	0	0	1,167	100
广州陈李济药厂	752	100	0	0	0	0	752	100
广州众胜药厂	499	100	0	0	0	0	499	100
广州奇星药厂	560	100	0	0	0	0	560	100
广州敬修堂(药业)股份有限公司	5,210	83.90	0	0	0	0	5,210	83.90
广州潘高寿药业股份有限公司	3,532	81.53	0	0	0	0	3,532	81.53
广州羊城药业股份有限公司	5,389	87.07	0	0	0	0	5,389	87.07
广州市医药公司	835	100	0	0	0	0	835	100
广州市药材公司	882	100	0	0	0	0	882	100
广州市医药进出口公司	257	100	0	0	0	0	257	100

(4)关联方交易

①不存在控制关系的关联方关系的性质

企业名称	与本公司的关系
广州天心药业股份有限公司	与本公司同一母公司
广州侨光制药厂	与本公司同一母公司
广州光华药业股份有限公司	与本公司同一母公司
广州明兴制药厂	与本公司同一母公司
广东制药厂	与本公司同一母公司
广州市医药物资供应公司	与本公司同一母公司
广州何济公制药厂	与本公司同一母公司
广州卫生材料厂	与本公司同一母公司
广州制药厂	与本公司同一母公司
广州制药十厂	与本公司同一母公司
广州医药经济拓展公司	与本公司同一母公司
广州中富药业有限公司	合营企业
广东星华保健饮料有限公司	子公司
广州广京中药技术创新中心有限公司	子公司
保联拓展有限公司	与本公司同一母公司

②采购货物

货币单位:人民币千元

公司名称	本年累计数	上年累计数
广州天心药业股份有限公司	5,697	5,489
广州侨光制药厂	4,112	2,576
广州光华药业股份有限公司	15,372	11,009
广州明兴制药厂	7,047	5,723
广东制药厂	9,081	6,887
广州市医药物资供应公司	3,040	6,718
广州何济公制药厂	1,378	936
广州卫生材料厂	668	520
广州制药厂	1,249	0
广州医药经济拓展公司	0	295
广州制药十厂	316	811
	47,960	40,964

以上购货业务均采用由政府的定价或按政府规定的定价方法制定的交易价格进行。

③销售货物

货币单位:人民币千元

公司名称	本年累计数	上年累计数
广州天心药业股份有限公司	13,557	13,979
广州医药经济拓展公司	0	76
广州侨光制药厂	27,995	4,159
广州光华药业股份有限公司	444	0
广东制药厂	1,535	1,457
广州中富药业有限公司	2,051	0
广州市医药物资供应公司	4,864	0
广州何济公制药厂	78	324
	50,524	19,995

以上销售业务均采用由政府的定价或按政府规定的定价方法制定的交易价格进行。

④应收应付款项

货币单位:人民币千元

公司名称	年初数	年末数
应收账款:		
广州光华药业股份有限公司	0	121
广州中富药业有限公司	97	0
广东星华保健饮料有限公司	289	0
广州何济公制药厂	0	5
广州天心药业股份有限公司	3,115	2,627
广州侨光制药厂	3,116	3,813
广东制药厂	81	165
应付账款:		
广州侨光制药厂	0	114
广州明兴制药厂	119	316
广州何济公制药厂	5	251
广州天心药业股份有限公司	217	426
广州市医药物资供应公司	98	3
广东制药厂	49	157
广州光华药业股份有限公司	109	158
广州制药十厂	7	16
其他应收款:		
广州医药集团有限公司	1,076	2,500
广东星华保健饮料有限公司	3,800	3,800
广州中富药业有限公司	0	13
广州广京中药技术创新中心有限公司	0	2,000
保联拓展有限公司	1,219	1,207
其他应付款:		
广州医药集团有限公司	62,030	62,030

⑤提供或接受劳务

货币单位:人民币千元

	注	本年累计数	上年累计数
职工住房服务费	[1]	1,938	3,303
综合服务费	[2]	404	398
		2,342	3,701

注[1]根据本公司本部与广药集团于1997年9月1日签订的职工住房服务合同,以及于1997年12月31日所发出的补充通告,广药集团同意为本公司的员工继续提供职工住房。本公司本部按照上述职工住房账面净值的6%支付服务费。上述职工住房服务合同将于2007年12月31日期满。

注[2]根据本公司本部与广药集团于1997年9月1日签订的综合服务合同,广药集团为本公司提供若干福利设施,本公司负责经营、管理及维修这些福利设施,并按照截至1997年末止这些福利设施的累计折旧厘定服务费,服务费每年按上年度水平的10%递增。此综合服务合同将于2007年12月31日期满。

⑥租赁

根据本公司本部与广药集团于1997年9月1日签订的租赁协议及办公楼租赁协议,本公司租用广药集团若干楼宇作仓库及办公楼用途,为期3年,每年支付固定租金(参考广州市房地产管理局制定的标准租金进行调整),以及按实际使用量支付公用设施和其他杂项费用。本公司本年度应向广药集团支付上述租金2,719千元(上年度:2,422千元)。

⑦担保

本公司为关联方向银行借款提供担保的情况如下:

公司名称	年初数(千元)	年末数(千元)
广州医药贸易中心	16,000	0

⑧许可协议

根据本公司本部与广药集团于1997年9月1日签订的商标许可协议,本公司于商标许可协议签订日起计10年内可使用38个广药集团拥有的商标,并按照本公司的销售净额的千分之一支付商标使用费。此商标许可协议将于2007年9月1日期满。本公司本年度应向广药集团支付上述商标许可使用费4,494千元(上年度:3,496千元)。

⑨预付租金

根据本公司本部与广药集团于1998年8月28日签订的协议书,广药集团同意本公司本部租用其扩建的新办公大楼的部分场地。本公司本部支付的租金按当时的市场租赁价格折让38%计算。由于广药集团需要资金进行办公楼扩建工程,本公司本部已根据上述协议书的规定向广药集团预付租金6,000,000.00元。广药集团承诺该款项仅用于办公楼的建设,并可抵扣应付的租金。租赁年期应不少于10年或直至预付租金完全抵扣为止,以较长者为准。

⑩房改补贴

根据本公司本部与广药集团于1997年9月1日签订的职工住房服务合同,广药集团同意在本公司本部的要求下以及在符合当期适用广州市地区内的房改政策的情况下,以优惠房价向本公司的职工出售职工住房。本公司本部同意按照优惠房价与广药集团建设或购入这些职工住房的成本(扣除累计折旧)的差额给予补贴,该补贴在购房手续完成后12个月内向广药集团支付。截至本年年末止,本公司应向广药集团支付房改补贴62,030千元(上年末:62,030千元)。

九、公司的其它有关资料

1. 广州药业首次登记日期:1997年9月1日
广州药业变更登记日期:2001年1月17日
2. 企业法人营业执照:4401011101830
3. 税务登记号码:44010063320680x
4. 会计师事务所名称及办公地点:国际核数师
罗兵咸永道会计师事务所
香港中环太子大厦22楼
国内核数师
广州羊城会计师事务所有限公司
中国广东省广州市东风中路410号健力宝大厦25楼
5. 公司未流通股票的托管机构名称:
上海证券中央登记结算有限公司
6. 股票登记托管机构:境内上市人民币普通股(A股)
—上海证券中央登记结算中心
香港上市外资股(H股)
—香港中央结算(证券登记)有限公司

十、备查文件

1. 载有公司法人代表董事长的亲笔签名的年度报告原本;
2. 载有公司法人代表、总会计师、财务负责人签名并盖章的会计报表;
3. 载有会计师事务所盖章、注册会计师亲笔签名的审计报告正文及按中国会计准则编制的财务报表及罗兵咸永道会计师事务所签署的审计报告正文及按香港会计准则编制的财务报表;
4. 报告期内在《香港经济日报》、《南华早报》《Hong Kong imail》、《上海证券报》、《中国证券时报》上公开披露的公司文件的正本及公告原稿
5.《公司章程》。

广州药业股份有限公司
董事会
2001年4月20日

合 并 利 润 表

公司名称:广州药业股份有限公司　　2000 年度　　货币单位:人民币元

项　目	附注	本年累计数	上年累计数
一、主营业务收入		4265333812.92	3494180972.86
减:折扣与折让		42476796.95	39690604.74
主营业务收入净额	四-31	4222857015.97	3454490368.12
减:主营业务成本	四-32	3201331862.39	2588555951.24
减:主营业务税金及附加	四-33	19792568.06	18324359.86
二、主营业务利润		1001732585.52	847610057.02
加:其他业务利润	四-34	36439662.67	35505133.57
减:存货跌价损失		(832880.63)	20146.35
减:营业费用		348172061.02	277367194.95
减:管理费用		467337061.35	404412517.33
减:财务费用	四-35	27913527.64	38597076.28
三、营业利润		195582478.81	162718255.68
加:投资收益	四-36	4647887.81	2492254.87
加:补贴收入		9288486.45	
加:营业外收入	四-37	18407208.86	24504645.65
减:营业外支出	四-38	7990254.09	9743620.11
四、利润总额		219935807.84	179971536.09
减:所得税	四-39	62725426.49	41853028.03
减:少数股东权益		10976198.58	9455191.48
五、净利润		146234182.77	128663316.58

合 并 资 产 负 债 表

2000 年 12 月 31 日

公司名称:广州药业股份有限公司　　货币单位:人民币元

资　产	附注	年初数	年末数
流动资产			
货币资金	四-1	508153551.35	488332578.45
短期投资			
减:短期投资跌价准备			
短期投资净额			
应收票据		121780.02	2596.27
应收股利	四-2	1868200.00	3013835.00
应收利息			
应收账款	四-3	524477487.13	506610051.00
其他应收款	四-4	195966407.15	180227515.73
减:坏帐准备	四-3&4	46492801.91	46279640.70
应收帐款净额		673951092.37	640557926.03
预付账款	四-5	69088565.29	8425742.30
应收补贴款	四-6	1661604.28	3142220.86
存货	四-7	681715660.10	791476879.72
减:存货跌价准备	四-7	7770933.60	1014378.94
存货净额		673944726.50	790462500.78
待摊费用	四-8	48689287.97	59271091.50
待处理流动资产净损失		(445035.90)	116659.25
一年内到期的长期债权投资		2466650.00	
其他流动资产			
流动资产合计		1979500421.88	1993325150.44
长期投资:			
长期股权投资	四-9	72377093.68	80324343.22
长期债权投资	四-10	1291896.00	291896.00
长期投资合计		73668989.68	80616239.22
其中:合并价差	四-9	1976316.82	1890389.98
减:长期投资减值准备	四-9	1185315.05	1185315.05
长期投资净额		72483674.63	79430924.17
固定资产:			
固定资产原价	四-11	904903944.36	973321383.27
减:累计折旧	四-11	275525343.45	330510825.50
固定资产净值		629378600.91	642810557.77
工程物资			
在建工程	四-12	189739536.40	208338202.90
固定资产清理			(1500.00)
待处理固定资产净损失			
固定资产合计		819118137.31	851147260.67
无形资产及其他资产:			
无形资产	四-13	105103703.63	111470384.70
开办费	四-14	2972968.36	71336.92
长期待摊费用	四-15	22107769.49	28469766.27
其他长期资产			
无形资产及其他资产合计		130184441.48	140011487.89
递延税款:			
递延税款借项			
资产总计		3001286675.30	3063914823.17
负债及股东权益			
流动负债:			
短期借款	四-16	608150000.00	478000000.00
应付票据			
应付账款	四-17	474492132.55	516726227.60
预收账款		8797592.15	29738338.70
代销商品款			
应付工资		97080066.70	111024667.40
应付福利费		29593649.83	33778720.32
应付股利	四-18	21896294.04	29430097.16
应交税金	四-19	18405021.26	35519653.23
其他应交款	四-20	2252705.82	3237358.22
其他应付款	四-21	158547563.82	229273428.07
预提费用	四-22	4235096.97	4639122.33
一年内到期的长期负债	四-23	18000000.00	34000000.00
其他流动负债			
流动负债合计		1441450123.15	1505367613.03
长期负债:			
长期借款	四-24	27600000.00	65000000.00
应付债券			
长期应付款	四-25	121737206.16	14119798.94
住房周转金	四-26	(56075320.74)	
其他长期负债		5000000.00	5453431.26
长期负债合计		98261885.42	84573230.20
递延税款:			
递延税款贷项			
负债合计:		1539712008.57	1589940843.23
少数股东权益		95602469.15	100869433.40
股东权益:			
股本	四-27	732900000.00	732900000.000
资本公积	四-28	434244471.81	445108742.81
盈余公积	四-29	180424972.17	194075967.94
其中:公益金	四-29	52726720.87	68210610.93
未分配利润	四-30	18402753.61	1019835.79
股东权益合计		1365972197.58	1373104546.54
负债及股东权益总计		3001286675.30	3063914823.17

利 润 表

公司名称:广州药业股份有限公司　　2000 年度　　货币单位:人民币元

项　目	附注	本年累计数	上年累计数
一、主营业务收入			
减:折扣与折让			
主营业务收入净额			
减:主营业务成本			
减:主营业务税金及附加			
二、主营业务利润			
加:其他业务利润		2433359.33	4458575.07
减:存货跌价损失			
减:营业费用			
减:管理费用		13594661.68	14519341.87
减:财务费用		(5357377.21)	(5750827.01)
二、营业利润		(5803925.14)	(4309939.79)
加:投资收益	五-3	152166042.72	132973836.44
加:补贴收入			
加:营业外收入		10344.91	
减:营业外支出		138279.72	580.07
四、利润总额		146234182.77	128663316.58
减:所得税	五-4		
五、净利润		146234182.77	128663316.58

资 产 负 债 表

2000 年 12 月 31 日

公司名称:广州药业股份有限公司　　货币单位:人民币元

资　产	附注	年初数	年末数
流动资产			
货币资金		137821808.82	128224828.98
短期投资			
减:短期投资跌价准备			
短期投资净额			
应收票据			
应收股利		2981200.00	3399486.99
应收利息			
应收帐款			
其他应收款	五-1	161198554.15	240755152.94
减:坏帐准备			150613.06
应收帐款净额		161198554.15	240604539.88
预付账款			
应收补贴款			
存货			
减:存货跌价准备			
存货净额			
待摊费用			
待处理流动资产净损失			
一年内到期的长期债权投资			
其他流动资产			
流动资产合计		302001562.97	372228855.85
长期投资:			
长期股权投资	五-2	1066535759.51	1078002310.95
长期债权投资			
长期投资合计		1066535759.51	1078002310.95
减:长期投资减值准备			
长期投资净额		1066535759.51	1078002310.95
固定资产:			
固定资产原价		26467466.89	26325190.76
减:累计折旧		1364578.06	3064431.00
固定资产净值		25102888.83	23260759.76
工程物资			
在建工程			
固定资产清理			
待处理固定资产净损失			
固定资产合计		25102888.83	23260759.76
无形资产及其他资产:			
无形资产			
开办费			
长期待摊费用		2846697.43	3035773.13
其他长期资产			
无形资产及其他资产合计		2846697.43	3035773.13
递延税款:			
递延税款借项			
资产总计		1396486908.74	1476527699.68
负债及股东权益			
流动负债:			
短期借款			30000000.00
应付票据			
应付帐款			
预收帐款			
代销商品款			
应付工资		3005511.20	2629148.66
应付福利费		1064192.76	1508741.73
应付股利		22081159.74	24357008.29
应交税金		159253.21	67207.95
其他应交款		4424.00	7577.98
其他应付款		1300388.47	41762503.53
预提费用		2810565.00	3090965.00
一年内到期的长期负债			
其他流动负债			
流动负债合计		30425494.38	103423153.14
长期负债:			
长期借款			
应付债券			
长期应付款			
住房周转金		89216.78	
其他长期负债			
长期负债合计		89216.78	
递延税款:			
递延税款贷项			
负债合计		30514711.16	103423153.14
股东权益:			
股本		732900000.00	732900000.00
资本公积		434244471.81	445108742.81
盈余公积		55786345.16	88268589.29
其中:公益金		25303664.46	41544786.52
未分配利润		143041380.61	106827214.45
股东权益合计		1365972197.58	1373104546.54
负债及股东权益总计		1396486908.74	1476527699.68

合并利润分配表

公司名称:广州药业股份有限公司　2000年度　货币单位:人民币元

项　目	附注	本年累计数	上年累计数
一、净利润		146234182.77	128663316.58
加:年初未分配利润	四-30	(50195637.73)	12070109.58
加:盈余公积转入数			
二、可供分配的利润		96038545.04	140733426.16
减:提取的法定盈余公积金		34442904.57	28345413.38
减:提取法定公益金		34442804.68	28227556.31
三、可供股东分配的利润		27152835.79	84160456.48
减:应付优先股股利			
减:提取任意盈余公积金			29112202.87
减:应付普通股股利		26133000.00	36645500.00
减:转作股本的普通股股利			
四、未分配利润		1019835.79	18402753.61

利润分配表

公司名称:广州药业股份有限公司　2000年度　货币单位:人民币元

项　目	附注	本年累计数	上年累计数
一、净利润		146234182.77	128663316.58
加:年初未分配利润		28824868.24	76756227.35
加:盈余公积转入数			
二、可供分配的利润		175059051.01	205419543.93
减:提取法定盈余公积金		14623418.28	12866331.66
减:提取法定公益金		14623418.28	12866331.66
三、可供股东分配的利润		145812214.45	179686880.61
减:应付优先股股利			
减:提取任意盈作公积金			
减:应付普通股股利		38985000.00	36645500.00
减:转作股本的普通股股利			
四、未分配利润		106827214.45	143041380.61

合并现金流量表

公司名称:广州药业股份有限公司　2000年度　货币单位:人民币元

项　目	金　额
一、经营活动产生的现金流量:	
销售商品、提供劳务收到的现金	5002531192.11
收到的租金	27283960.40
收到的税费返还	11733484.10
收到的其他与经营活动有关的现金	193008483.40
现金流入小计	5234557120.01
购买商品、接受劳务支付的现金	3769785494.43
经营租赁所支付的现金	22166199.18
支付给职工以及为职工支付的现金	375519054.88
支付的增值税税款	208471587.46
支付的所得税款	40720708.31
支付的除增值税、所得税以外的其他税费	45783971.34
支付的其他与经营活动有关的现金	485158779.30
现金流出小计	4947605794.90
经营活动产生的现金流量净额	286951325.11
二、投资活动产生的现金流量:	
收回投资所收到的现金	3554491.21
分得股利或利润所收到的现金	4196033.30
取得债券利息收入所收到的现金	914700.36
处置固定资产、无形资产和其他长期资产而收到的现金净额	1522734.37
收到的其他与投资活动有关的现金	4734379.59
现金流入小计	14922338.83
购建固定资产、无形资产和其他长期资产所支付的现金	163527356.13
权益性投资所支付的现金	23536666.00
债权性投资所支付的现金	10000000.00
支付的其他与投资活动有关的现金	21662690.75
现金流出小计	218726712.88
投资活动产生的现金流量净额	(203804374.05)
三、筹资活动产生的现金流量:	
吸收权益性投资所收到的现金	
子公司吸收少数股东权益性投资所收到的现金	
发行债券所收到的现金	
借款所收到的现金	633950000.00
收到的其他与筹资活动有关的现金	126406810.55
现金流入小计	760356810.55
偿还债务所支付的现金	715248523.80
发生筹资费用所支付的现金	1280472.87
分配股利或利润所支付的现金	39830432.51
子公司支付少数股东股利所支付的现金	5156883.90
偿付利息所支付的现金	39517639.69
融资租赁所支付的现金	697983.73
减少注册资本所支付的现金	
子公司减少注册资本支付给少数股东的现金	
支付的其他与筹资活动有关的现金	61058029.94
现金流出小计	862789966.44
筹资活动产生的现金流量小计	(102433155.89)
四、汇率变动对现金的影响额	(534768.07)
五、现金及现金等价物净增加额	(1982092.90)
附注:	
1.不涉及现金收支的投资和筹资活动:	
以固定资产偿还债务	
以投资偿还债务	
以固定资产进行长期投资	
以存货偿还债务	
融资租赁固定资产	
2.将净利润调节为经营活动的现金流量:	
净利润	146234182.77
加:计提的坏帐准备或转销的坏帐	18248678.00
固定资产折旧	57109334.14
无形资产摊销	2951052.15
处置无形资产、无形资产和其他长期资产的损失(减:收益)	1515194.91
固定资产报废损失	1714142.98
财务费用	31146216.12
投资损失(减:收益)	(4647887.81)
递延税款贷项(减:借项)	
存货的减少(减:增加)	(108517553.74)
经营性应收项目的减少(减:增加)	85728804.39
经营性应付项目的增加(减:减少)	55469161.20
增值税增加净额(减:减少)	
其他	
经营活动产生的现金流量净额	286951325.11
3.现金及现金等物净增加情况:	
货币资金的期末余额	488332578.45
减:货币资金的期初余额	508153551.35
现金等价物的期末余额	
减:现金等价物的期末余额	
现金及现金等价物净增加额	(19820972.90)

现金流量表

公司名称:广州药业股份有限公司　2000年度　货币单位:人民币元

项　目	金　额
一、经营活动产生的现金流量:	
销售商品、提供劳务收到的现金	
收到的租金	
收取税费返还	179021.21
收到的其他与经营活动有关的现金	7368832.64
现金流入小计	7547853.85
购买商品、接受劳务支付的现金	
经营租赁所支付的现金	1081200.00
支付给职工以及为职工支付的现金	4304263.08
支付的增值税款	
支付所得税款	
支付的除增值税、所得税以外的其他税费	92045.26
支付的其他与经营活动有关的现金	3991792.09
现金流出小计	9469300.43
经营活动产生的现金流量净额	(1921446.58)
二、投资活动产生的现金流量:	
收回投资所收到的现金	
分得股利或利润所收到的现金	69894407.26
取得债券利息收入所收到的现金	
处置固定资产、无形资产和其他长期资产而收到的现金净额	
收到的其他与投资活动有关的现金	
现金流入小计	69894407.26
购建固定资产、无形资产和其他长期资产所支付现金净额	3375192.86
权益性投资所支付的现金	47000000.00
债权性投资所支付的现金	52999043.05
支付的其他与投资活动有关的现金	5000000.00
现金流出小计	108374235.91
投资活动产生的现金流量	(38479828.65)
三、筹资活动产生的现金流量:	
吸收权益性投资所收到的现金	
子公司吸收少数股东权益性投资所收到的现金	
发行债券所收到的现金	
借款所收到的现金	70000000.00
收到的其他与筹资活动有关的现金	
现金流入小计	70000000.00
偿还债务所支付的现金	
发生筹资费用所支付的现金	1201700.58
分配股利或利润所支付的现金	36709151.45
子公司支付少数股东股利所支付的现金	
偿付利息所支付的现金	751905.00
融资利息所支付的现金	
减少注册资本所支付的现金	
子公司减少注册资本支付给少数股东的现金	
支付的其他与筹资活动有关的现金	
现金流出小计	38662757.03
筹资活动产生的现金流量小计	31337242.97
四、汇率变动对现金的影响额	(532947.58)
五、现金及现金等价物净增加额	(9596979.84)
附注:	
1.不涉及现金收到的投资和筹资活动:	
以固定资产偿还债务	
以投资偿还债务	
以固定资产进行长期投资	
以存货偿还债务	
融资租赁固定资产	
2.将净利润调节为经营活动的现金流量:	
净利润	146234182.77
加:计提的坏帐准备或转销的坏帐	
固定资产折旧	1699852.94
无形资产摊销	
处置无形资产、无形资产和其他长期资产的损失(减:收益)	
固定资产报废损失	
财务费用	767250.00
投资损失(减:收益)	(152166042.72)
递延税款贷项(减:借项)	
存货的减少(减:增加)	
经营性应收项目的减少(减:增加)	(17127348.27)
经营性应付项目的增加(减:减少)	18670658.70
增值税增加净额(减:减少)	
其他	
经营活动产生的现金流量净额	(1921446.58)
3.现金及现金等价物净增加情况:	
货币资金的期末余额	128224828.98
减:货币资金的期初余额	137821808.82
现金等价物的期末余额	
减:现金等价物的期初余额	
现金及现金等价物净增加额	(9596979.84)

中外建发展股份有限公司

二〇〇〇年年度报告摘选

一、公司简介

1、公司的法定中文名称：中外建发展股份有限公司
中文缩写：中发展
英文名称：China Construction International Development Co.，Ltd.
英文缩写：CCID
2、公司法定代表人：刘正发
3、公司董事会秘书：冯小宇
董事会秘书授权代表：盛志兵
联系地址：天津市河东区津塘路156号
电话：022－24390323
传真：022－84955580
电子信箱：cciddmc@yeah.net
4、公司注册地址：天津市华苑产业区火炬大厦410室
办公地址：天津市河东区津塘区156号
邮政编码：300180
互联网网址：WWW.21CU.net.cn
电子信箱：cciddmc@yeah.net
5、公司选定的信息披露报纸名称、登载公司年度报告的中国证监会指定国际互联网网址，公司年度报告备置地点。
信息披露报纸名称：《中国证券报》、《上海证券报》
证监会指定的网址：http://www.sse.com.cn
公司年度报告备置地点：公司董事会秘书处
6、公司股票上市地：上海证券交易所
股票简称：中发展
股票代码：600335

二、会计数据和业务数据摘要

1、本年度公司主要利润指标情况　　　　单位：元

指标项目	2000年度
利润总额	20,310,007.56
净利润	16,700,885.56
扣除非经常性损益后的净利润	8,277,385.56
主营业务利润	67,799,195.18
其他业务利润	312,544.37
营业利润	20,277,601.73
投资收益	0.00
补贴收入	500,000.00
营业外收支净额	－467,594.17
经营活动产生的现金流量净额	26,755,034.83
现金及现金等价物净增加额	8,706,254.15

注：扣除的非经常性损益项目为贷款贴息收入941万元和财政补贴收入50万元。

2、截止2000年末公司前三年的主要会计数据和财务指标。

项　目	2000年	1999年	1998年
主营业务收入(元)	226,156,107.31	303,209,875.93	217,244,990.15
净利润(元)	16,700,885.56	23,029,973.24	19,815,014.24
总资产(元)	547,442,158.70	511,301,825.48	375,173,433.17
股东权益(元)	133,648,625.60	156,283,710.04	113,449,280.15
全面摊薄每股收益(元)	0.2045	0.28	0.24
加权平均每股收益(元)	0.2045		
扣除非经常性损益后的每股收益(元)	0.0889		
每股净资产(元)	1.64	1.91	1.39
调整后的每股净资产(元)	1.56		
每股经营活动产生的现金流量净额(元)	0.33	0.44	
加权平均净资产收益率(%)	10.14%		
全面摊薄净资产收益率(%)	9.57%	14.74	17.47

注：报告期末至摘要披露日，公司股本发生变化后每股收益：0.14元。

报告期利润	净资产收益率(%)		每股收益(元/股)	
	全面摊薄	加权平均	全面摊薄	加权平均
主营业务利润	38.86	41.18	0.8306	0.8306
营业利润	11.62	12.31	0.2484	0.2484
净利润	9.57	10.14	0.2045	0.2045
扣除非经常性损益后的净利润	4.16	4.41	0.0889	0.0889

三、股本变动及股东情况

1、股东情况介绍
(1)截止到2000年12月31日，公司共有股东6家，均为发起人，在年度内均无股份增减变动和质押或冻结的情况。
(2)公司发起人股东

单位：万股

股东名称	年末持股数	占股本比例	股份性质
1、中国对外建设总公司	7,755.11	95%	国有法人股
2、武汉市当代科技发展有限公司	195.59	2.4%	法人股
3、天津泰鑫实业开发有限公司	79.56	0.97%	法人股
4、天津华泽(集团)有限公司	66.30	0.81%	国有法人股
5、天津市机电工业总公司	33.15	0.41%	国有法人股
6、北京金豪力机电设备有限公司	33.15	0.41%	法人股

注：天津泰鑫实业开发有限公司与天津市机电工业总公司存在关联关系。
(3)在本公司持股10%以上的法人股东：
中国对外建设总公司，其法人代表为刘正发。
中国对外建设总公司的经营范围为承担国内外各类建筑工程施工、咨询、勘察、设计和监理；向国外派遣劳务人员；承担对外经济援助项目；在海外承包工程和海外企业所需设备与材料的出口；进出口贸易；国内房地产开发等。

青岛澳柯玛股份有限公司

二〇〇〇年年度报告摘选

一、公司简介

1.公司法定中文名称：青岛澳柯玛股份有限公司
英文名称：QINGDAO AUCMA COMPANY LIMITED
2.公司法定代表人：鲁群生
3.公司董事会秘书：孙武
授权代表：王洪阳
联系地址：青岛经济技术开发区前湾港路315号
电话：0532－6765168
传真：0532－6765166
电子信箱：dmb@aucma.com.cn
4.公司注册地址：青岛经济技术开发区前湾港路315号
公司办公地址：青岛经济技术开发区前湾港路315号
邮政编码：266510
公司网址：www.aucma.com.cn
公司电子信箱：gf@aucma.com.cn
5.公司信息披露报纸：《中国证券报》、《上海证券报》
登载公司年报网址：www.sse.com.cn
www.aucma.com.cn
年度报告备置地点：青岛澳柯玛股份有限公司董事会秘书办公室
6.公司股票上市交易所：上海证券交易所
股票简称：澳柯玛
股票代码：600336

二、会计数据和业务数据摘要

1.本年度主要会计数据(单位：人民币元)

项目	金额
利润总额	29745998.11
净利润	28244049.84
扣除非经常性损益后的净利润	1232339.17
主营业务利润	141248272.19
其他业务利润	－2645014.59
营业利润	935259.44
投资收益	1799028.00
补贴收入	22198258.68
营业外收支净额	4813451.99
经营活动产生的现金流量净额	441331023.62
现金及现金等价物净增加额	1044649256.77
注：扣除的非经常性损益项目金额为	27011710.67元
其中：补贴收入：	22198258.68元
营业外收入：	5816090.14元
营业外支出：	1002638.15元

2.近三年主要会计数据和财务指标

序号	项　目	2000年	1999年	1998年
1	主营业务收入(元)	535718507.49	707755366.45	787277460.44
2	净利润(元)	28244049.84	59089579.97	71244509.70
3	总资产(元)	2201620695.28	1316798697.04	1115922056.55
4	股东权益(元)	1172443997.31	428259579.97	369170000.00
5	每股收益(元)	0.083	0.235	0.284
6	每股收益(元)(加权)	0.113	0.235	0.284
7	每股净资产(元)	3.44	1.71	1.47
8	调整后的每股净资产(元)	3.43	1.71	1.47
9	每股经营活动产生的现金流量净额(元/股)	1.29	－0.30	－
10	净资产收益率(%)	2.41	13.8	19.3
11	净资产收益率(%)(加权)	6.38	14.8	19.3

按照中国证监会《公开发行证券公司信息披露编报规则第9号－净资产收益率和每股收益的计算及披露》要求，2000年的计算数据如下：

报告期利润(元)		净资产收益率(%)		每股收益(元)	
		全面摊薄	加权平均	全面摊薄	加权平均
主营业务利润	141248272.19	12.05	31.92	0.4142	0.5627
营业利润	935259.44	0.08	0.21	0.0027	0.0037
净利润	28244049.84	2.41	6.38	0.0828	0.1125
扣除非经常损益后的净利润	1232339.17	0.11	0.28	0.0036	0.0049

三、股本变动及股东情况

1.股本变动情况
(1)股份变动情况表

	本次变动前	本次变动增减(＋，－)						本次变动后
		配股	送股	公积金转股	增发	其他	小计	
一、未上市流通股份								
发起人股份	251036000							251036000
其中：国家拥有股份	249336000							249336000
境内法人股份								
未上市流通股份合计	1700000							1700000
	251036000							251036000
二、已流通股份								
人民币普通股					90000000		90000000	90000000
已上市流通股份合计					90000000		90000000	90000000
三、股份总数	251036000							341036000

美克国际家具股份有限公司

二〇〇〇年年度报告摘选

一、公司简介

1、公司名称

公司法定中文名称:美克国际家具股份有限公司

公司简称:美克股份

公司英文名称:Markor Furniture International Co.,Ltd

2、公司法定代表人:冯东明

3、公司董事会秘书:黄新

董事会证券事务代表:罗军

联系地址:新疆乌鲁木齐市北京南路26号

电话:0991-3836028

传真:0991-3828180、0991-3836028

电子信箱:mkzq@markor.com.cn

4、公司注册地址:新疆乌鲁木齐经济技术开发区迎宾南路15号

公司办公地址:新疆乌鲁木齐经济技术开发区迎宾南路15号

邮编:830014

国际互联网网址:www.markorfurniture.com

电子信箱:mkzq@markor.com.cn

5、公司信息披露报刊:《中国证券报》、《上海证券报》

公司登载年度报告的国际互联网网址:http://www.sse.com.cn

公司年度报告备置地点:公司证券部

6、公司股票上市交易所:上海证券交易所

股票简称:美克股份

股票代码:600337

二、会计数据和业务数据摘要

1、本年度主要利润指标情况:

项　目	金额(人民币元)
利润总额	44,286,424.77
净利润	37,156,047.17
扣除非经常性损益后的净利润	31,009,796.61
主营业务利润	77,673,288.38
其他业务利润	24,141.75
营业利润	38,140,174.21
投资收益	174,337.00
补贴收入	344,766.17
营业外收支净额	5,627,147.39
经营活动产生的现金流量净额	-2,283,609.64
现金及现金等价物净增加额	501,350,676.06
注:扣除的非经常性损益项目:	
(1)资产处置损益:	-685,981.24
(2)新股申购冻结资金利息:	6,574,811.91
(3)出口贴息补贴收入:	344,766.17
(4)罚款收支净额:	-7,308.88
(5)股权投资差额摊销:	174,337.00
(6)其他非经常性损益:	-254,374.40
六项合计:	6,146,250.56

2、近三年主要会计数据和财务指标:

项　目	2000年	1999年		1998年
		调整后	调整前	
主营业务收入(元)	236063241.38	176796219.43	176796219.43	148219577.74
净利润(元)	37156047.17	29466328.36	28955726.56	24076311.31
总资产(元)	754947744.63	175684947.38	177528717.45	173050099.93
股东权益(元)	588720153.71	60742706.54	60232104.74	52965968.77
每股收益(元/股)(摊薄)	0.40	0.57	0.56	0.46
每股收益(元/股)(加权)	0.67	0.57	0.56	0.46
每股收益(元/股)(扣除非经常性损益后)	0.34	0.46	0.45	0.46
每股净资产(元/股)	6.39	1.17	1.16	1.02
调整后的每股净资产(元/股)	6.36	1.23	1.10	0.95
每股经营活动产生的现金流量净额(元/股)	-0.02	0.20	0.20	
净资产收益率(%)	6.31	48.51	48.07	45.46

利润表附表

报告期利润	净资产收益率		每股收益	
	全面摊薄	加权平均	全面摊薄	加权平均
主营业务利润	13.19	63.79	0.84	1.40
营业利润	6.48	31.32	0.41	0.69
净利润	6.31	30.52	0.40	0.67
扣除非经常性损益后的净利润	5.27	25.47	0.34	0.56

注:公司2000年末总股本为9208万股。(2000年1-10月总股本为5208万股,2000年11月-12月末总股本为9208万股。)

三、股本变动及股东情况

(1)报告期末股东总数为29446户。

(2)公司前10名股东持股情况(单位:股)

序号	股东名称	期初持股数	本期增加	期末持股数	持股比例(%)
1	新疆美克实业有限公司	30206400		30206400	32.80
2	台湾台升木器厂股份有限公司	13020000		13020000	14.14
3	富蕴林场	3385200		3385200	3.68
4	新疆天山西部林业局	3385200		3385200	3.68
5	湘财证券有限责任公司		2667000	2667000	2.90
6	新疆技术改造投资公司	2083200		2083200	2.26
7	同盛基金		1099000	1099000	1.19
8	同益基金		932342	932342	1.01
9	郭三容		364200	364200	0.40
10	付玉		231000	231000	0.25

西藏珠峰工业股份有限公司

二〇〇〇年年度报告摘选

一、公司简介

1.公司法定中文名称:西藏珠峰工业股份有限公司

公司法定英文名称:TIBET SUMMIT INDUSTRY CO.,LTD.

2.公司法定代表人:何冰

3.公司董事会秘书:赵琪云

联系地址:四川省成都市一环路西一段161号珠峰大厦

联系电话:028—7043848

传真:028—7042657

4.公司注册地址:西藏自治区拉萨市北京中路194号

邮政编码:850000

办公地址:四川省成都市一环路西一段161号珠峰大厦

邮政编码:610072

国际互联网网址:http://www.kaifa.com.cn

电子信箱:zfmotor@mail.sc.cninfo.net

5.公司选定的信息披露报纸:《上海证券报》、《中国证券报》

刊载公司年度报告的国际互联网网址:http://www.see.com.cn

公司年度报告备置地点:本公司董事会办公室

6.公司股票上市交易所:上海证券交易所

股票简称:珠峰摩托

股票代码:600338

二、会计数据和业务数据摘要

1.公司本年度主要经济指标完成情况

项目	金额(单位:人民币元)
利润总额:	35,690,348.30
净利润:	33,272,109.76
扣除非经常性损益后的净利润:	22,705,173.96
主营业务利润	125,292,123.64
其他业务利润:	2,462,922.88
营业利润:	16,117,369.81
投资收益:	9,899,866.03
营业外收支净额:	-274,047.54
经营活动产生的现金流量净额:	118,725,282.84
现金及现金等价物净增加额:	510,778,860.05
注:扣除非经常性损益的项目是:	
项目	金额(单位:人民币元)
补贴收入	9,669,000.00
营业外收入	897,935.80
合计	10,566,935.80

2、截止报告期末公司前三年主要会计数据和财务指标(单位:人民币元)

指标项目	2000年	1999年	1998年
主营业务收入	1,010,594,352.37	1,007,661,497.38	1,099,343,026.67
净利润	33,272,109.76	52,289,599.28	43,814,120.80
总资产	1,088,493,720.92	621,893,119.15	564,034,664.79
股东权益	591,547,689.09	203,789,305.01	201,286,007.23
每股收益(全面摊薄)	0.21	0.48	0.40
每股收益(加权平均)	0.31	0.48	0.40
每股净资产	3.736	1.881	1.858
调整后的每股净资产	3.696	1.818	1.830
每股经营活动产生的现金流量净额	0.749	-0.981	1.084
净资产收益率%	5.62%	25.66%	21.77%
净资产收益率%(加权平均)	15.70%	25.96%	26.69%

3.按照中国证监会《公开发行证券公司信息披露编报规则(第9号)》要求计算的利润数据:

报告期利润	净资产收益率(%)		每股收益(元)	
	全面摊薄	加权平均	全面摊薄	加权平均
主营业务利润	21.18%	59.13%	0.79	1.16
营业利润	2.77%	7.74%	0.10	0.15
净利润	5.62%	15.70%	0.21	0.31
扣除非经常性损益后的净利润	3.84%	10.72%	0.14	0.21

三、股本变动及股东情况

1、股本变动情况

(1)股份变动情况表　　(数量单位:万股)

	本次变动前	本次变动增减(±)	本次变动后
一、未上市流通股份			
1、发起人股份			
其中:			
国家持有股份	4,225.0		4,225.0
募集法人股	6,608.3		6,608.3
2、内部职工股			
3、其他			
未上市流通股份合计	10,833.3		10,833.3
二、已上市流通股份			
1、境内上市的人民币普通股		5,000	5,000
2、境内上市的外资股			
3、境外上市的外资股			
4、其他			
已上市流通股份合计			5,000
三、股份总数			15,833.3

新疆独山子天利高新技术股份有限公司

二〇〇〇年年度报告摘选

一、公司简介

1、公司名称:
公司法定中文名称:新疆独山子天利高新技术股份有限公司
公司简称:天利高新
公司法定英文名称:Xinjiang Dushanzi TianLi High&NewTech Co.,Ltd,P.R.C.
英文名称缩写:TLGX
2、公司法定代表人:徐福贵
3、公司董事会秘书:马新海
董事会证券事务代表:张锋刚
电话:0992-3680703、0992-3872308、0992-3872045　　传真:0992-3680651
电子信箱:MXH@600339.COM
tlgx-zhangfg@sina.com
联系地址:新疆克拉玛依市独山子区北京路3号天利高新董事会秘书办公室
4、公司注册地址:新疆克拉玛依市独山子区北京路3号
公司办公地址:新疆克拉玛依市独山子区北京路3号　　公司邮政编码:833600
公司国际互联网网址:HTTP:/WWW.TLHNT.COM;600339.COM
电子邮件地址:tlgx@sina.com、
5、信息披露指定报刊:《中国证券报》、《上海证券报》
指定国际互联网网址:http://www.sse.com.cn
公司年度报告备置地点:公司证券部
6、公司股票上市交易所:上海证券交易所
股票简称:天利高新　　股票代码:600339

二、会计数据和业务数据摘要

(一)本年度实现利润情况

项目	金额(人民币元)
1、利润总额	52,913,520.26
2、净利润	36,081,927.82
3、扣除非经常性损益后的净利润	35,207,287.95
4、主营业务利润	84,743,034.49
5、其他业务利润	-623,393.33
6、营业利润	52,667,754.21
7、投资收益	3,877,140.49
8、补贴收入	0.00
9、营业外收入	40,362.03
10、经营活动产生的现金流量净额	42,377,601.12
11、现金及等价物净增加额	41,585,601.12
注:非经常性损益的项目:	
(1)资产处置损益:	-3,666,030.87
(2)新股申购冻结资金利:	4,506,014.31
(3)罚款收支净额:	11,653.15
(4)其他非经常性损益	23,003.28
合计	874,639.87

(二)报告期末前三年的主要会计数据和财务指标(单位:人民币元)

指标项目	单位	2000年度	1999年度	1998年度
主营业务收入	元	311,769,414.30	230,709,452.34	218,941,605.09
净利润	元	36,081,927.82	31,427,108.03	29,177,102.18
总资产	元	794,185,834.40	293,303,950.15	210,678,436.32
股东权益	元	608,708,904.42	173,336,776.60	105,372,754.68
每股收益(摊薄)	元/股	0.21	0.29	0.27
每股收益(加权)	元/股	0.33	0.29	0.27
扣除非经常性损益后的每股收益(摊薄)	元/股	0.21	0.29	0.27
扣除非经常性损益后的每股收益(加权)	元/股	0.32	/	/
每股净资产	元/股	3.58	1.58	0.96
调整后的每股净资产	元/股	3.51	1.55	/
每股经营活动产生的现金流量净额	元/股	0.25	0.47	/
净资产收益率(摊薄)	%	5.93	18	28
净资产收益率(加权)	%	18.85	18	28

报告期利润	净资产收益率%		每股收益(元/股)	
	全面摊薄	加权平均	全面摊薄	加权平均
主营业务利润	13.92	44.28	0.50	0.77
营业利润	8.65	27.52	0.31	0.48
净利润	5.93	18.85	0.21	0.33
扣除非经常性损益后的净利润	5.79	18.41	0.21	0.32

三、股本变动和主要股东情况

(一)股本变动情况
1、股本变动情况表(数量单位:万股)

	期初数	本次变动增减(+,-) 配股	送股	公积金转股	其他	小计	期末数
一.尚未流通股份							
1.发起人股份							
其中:							
国有法人股	9,980.44					9,980.44	9,980.44
境内法人持有股份	1,019.56					1,019.56	1,019.56
外资法人持有股份							
其他							
2.募集法人股							
3.内部职工股							
4.优先股及其他							
尚未流通股份合计	11,000.00					11,000.00	11,000.00
二.已流通股份							
1.境内上市的人民币普通股					6,000.00	6,000.00	6,000.00
2.境内上市的外资股							
3.境外上市的外资股							
4.其他							
已流通股份合计					6,000.00	6,000.00	6,000.00
股份总计	11,000.00				6,000.00	17,000.00	17,000.00

武汉长江通信产业集团股份有限公司

二〇〇〇年年度报告摘选

一、公司简介

(一)公司名称:武汉长江通信产业集团股份有限公司
英文名称:Wuhan Yangtze Communication Industry Group Co.,Ltd
英文缩写:YCIG
(二)公司注册地址及办公地址:武昌珞瑜路200-1号东湖新技术开发区管理大楼11层
注册地址及办公地址邮政编码:430070
E-Mail地址:ccigof@public.wh.hb.cn
(三)公司法定代表人:熊瑞忠
(四)董事会秘书:胡湘建
联系地址:武昌珞瑜路200-1号东湖新技术开发区管理大楼11层
电话:027-87411083
传真:027-87411083
E-Mail地址:huxiangjian@yahoo.com.cn
董事会证券事务代表:蔡丽华
电话:027-87426652
传真:027-87411083
E-Mail地址:wxyzmkm@163.com
联系地址:武昌珞瑜路200-1号东湖新技术开发区管理大楼11层
(五)公司选定的信息披露报纸:《上海证券报》、《中国证券报》
刊登公司年度报告的中国证监会指定国际互联网网址:http://www.sse.com.cn
公司年度报告备置地址:公司董事会秘书处
(六)公司股票上市交易所:上海证券交易所
股票简称:长江通信　　股票代码:600345

二、会计数据和业务数据摘要

(一)本年度主要会计数据和业务数据

利润总额:	105,708,586.85元
净利润:	92,776,321.42元
扣除非经常性损益后的净利润:	83,272,226.97元
主营业务利润:	65,550,692.47元
其他业务利润:	2,290,742.54元
营业利润:	16,072,653.80元
投资收益:	79,795,196.02元
补贴收入:	9,627,410.92元
营业外收支净额:	213,326.11元
经营活动产生的现金流量净额:	61,626,051.11元
现金及现金等价物净增加额:	320,436,147.24元
注:扣除非经常性损益项目及所涉及的金额	
1. 营业外收支净额	213,326.11元;
2. 合并价差摊入	-336,642.58元;
3. 补贴收入	9,627,410.92元。

(二)公司前三年的主要会计数据和财务指标(单位:元)

单位:元

项目	2000年	1999年 调整前	1999年 调整后	1998年 调整前	1998年 调整后
(1)主营业务收入	289,361,903.19	292,197,661.21	292,197,661.21	370,830,805.08	370,830,805.08
(2)净利润	92,776,321.42	33,911,814.54	69,209,920.92	25,076,071.22	54,616,923.68
(3)总资产	1,084,063,669.14	524,225,870.24	669,204,205.15	595,636,545.76	701,510,656.31
(4)股东权益(不含少数股东权益)	750,709,177.05	162,160,638.70	303,332,855.63	128,248,824.16	234,122,934.71
(5)每股收益摊薄	0.56	0.28	0.58	0.21	0.46
加权	0.77	0.28	0.58	0.21	0.46
(6)每股净资产	4.55	1.35	2.53	1.07	1.95
(7)调整后的每股净资产	4.47	1.26	2.44	1.03	1.91
(8)每股经营活动产生的现金流量净额	0.37	0.70	0.70		
(9)净资产收益率(%)					
摊薄	12.36	20.91	22.82	19.55	23.33
加权	26.53	23.35	25.75	18.43	24.04
(10)扣除非经营性损益后的每股收益　摊薄	0.50	0.16	0.46	0.09	0.33
加权	0.69	0.16	0.46	0.09	0.33
(11)扣除非经营性损益后的净资产收益率(%)摊薄	11.09	11.98	18.04	8.26	17.14
加权	23.81	13.38	20.37	7.79	17.67

三、股本变动及股东情况介绍

(一)股本变动情况
1、股本变动情况表(单位:万股)

	期初数	本次变动增减(+,-) 发行新股	送股	公积金转股	配股	其它	小计	期末数
一、未上市流通股份	12000							12000
1.发起人股份	12000							
其中:								
国有法人股	10500							10500
境内法人持有股份	1500							1500
境外法人持有股份								
其他								
2.募集法人股份								
3.内部职工股								
4.优先股或其他								
未上市流通股份合计	12000							12000
二.已流通股份								
1.人民币普通股		4500					4500	4500
2.境内上市的外资股								
3.境外上市的外资股								
4.其他								
已上市流通股份合计		4500					4500	4500
三、股份总数	12000	4500					4500	16500

大连冰山橡塑股份有限公司

股票上市公告书暨2001年中期报告(部分)摘录

一、概览

股票简称:冰山橡塑
股票代码:600346
股本总额:105,000,000
可流通股本:38,500,000
本次上市流通股本:38,500,000
上市地点:上海证券交易所
上市日期:2001年8月20日
股票登记机构:上海证券中央登记结算公司
上市推荐人:国泰君安证券股份有限公司
中信证券股份有限责任公司

本次公开发行股票前公司国有法人股、法人股股份,根据国家有关政策,在国家就国有法人股、法人股的流通问题尚未作出新的规定之前,暂不上市流通,有关股东并已经向上海证券交易所承诺自愿锁定其所持股份。

二、发行人概况

(一)发行人基本情况
1、法定名称:大连冰山橡塑股份有限公司
英文名称:Dalian Bingshan Rubber & Plastics Co.,Ltd.
2、注册资本金:105,000,000元
3、法定代表人:穆传江
4、住所:辽宁省大连市甘井子区周水子广场1号
成立日期:1999年3月9日
5、经营范围:橡胶工业设备及配套件、塑料工业设备及配套件的设计、制造、安装调试、销售、维修;橡胶制品和塑料制品的加工、销售;电器控制柜的设计、加工、销售;铸件制造;铆焊件加工;电镀、金属材料的热处理以及上述产品的销售与维修;进出口贸易;制冷设备的销售。
6、主营业务:橡胶机械专用设备、塑料机械专用设备及其零部件的开发、研制和销售。
7、所属行业:橡胶、塑料机械
8、电话:0411-6641861
传真:0411-6641645
电子邮箱:Office@dlrpm.com
9、董事会秘书:谢利克

三、董事、监事、高级管理人员及核心技术人员

(一)董事、监事、高级管理人员和核心技术人员简介
(1)、董事、监事、高级管理人员:
穆传江　本公司董事长。中国国籍,男,52岁,大学本科学历,高级经济师。
1980年—1993年任大连冷冻机厂车间工段长、车间主任、总调度长、副厂长。
1993年—1999年任大连冰山集团有限公司副董事长、副总经理。
1999年起任大连冰山集团有限公司副董事长。兼任大连冰山集团锻造有限公司、大连冰山集团冷饮设备有限公司、大连冰山集团冷冻设备有限公司、大连华大机械公司董事长、大连冷冻机股份有限公司总经理。曾获大连市劳动模范称号。
刘庆禄　本公司副董事长、总经理。中国国籍,男,54岁,大学专科学历,经济师。
1980年—1984年任大连第一制冷设备厂党总支书记。
1984年—1993年任大连冷冻机厂干部处长。
1993年—1998年任大连冰山集团有限公司人事部长、总经理助理。
1998年—2000年任金州重型机器厂副厂长。
2000年起任大连冰山橡塑股份有限公司副董事长、总经理。
作为主要人员开展的管理项目获辽宁省现代化管理成果一等奖。
刘梦华　本公司董事、副总经理、核心技术人员。中国国籍,男,59岁,大学本科学历,教授研究员级高级工程师。
1965年—1995年任大连橡胶塑料机械厂设计员、副科长、副总工程师、总工程师。
1995年—1997年任大连橡胶塑料机械厂厂长兼总工程师。
1997年—1999年任大连冰山集团有限公司副总经理、大连橡胶塑料机械厂总工程师。
1999年起任大连冰山橡塑股份有限公司董事、副总经理。
主持研制开发的塑料薄膜机组获国家科技进步三等奖;主持研制开发的加压式捏炼机获机电部科技进步二等奖;主持研制的橡胶四辊压延机辅机获辽宁省科技进步三等奖、化工部科技进步三等奖;主持研制的塑料共挤吹塑复合膜机组获机电部科技进步一等奖。曾获机电部、大连市有突出贡献专家,人事部国家有突出贡献的中青年专家称号。享受国务院突出贡献专家政府特殊津贴。
孙德胜　本公司董事、副总经理。中国国籍,男,47岁,大学专科学历,经济师。
1984年—1997年任大连橡胶塑料机械厂车间副主任、主任。
1997年—1999年任大连橡胶塑料机械厂副厂长。
1999年起任大连冰山橡塑股份有限公司董事、副总经理。
洛少宁　本公司董事、副总经理兼总工程师、核心技术人员。中国国籍,男,38岁,大学本科学历,工程师。
1984年—1999年任大连橡胶塑料机械厂技术员、技术处副处长、经营计划处副处长、副总工程师。
1999年—2000年任大连冰山橡塑股份有限公司副总工程师、科技办主任。
2000年起任大连冰山橡塑股份有限公司董事、副总经理兼总工程师。
主持研制开发的螺杆挤出造粒机组曾获机械部科技进步二等奖。作为主起草人参加了塑料机械行业标准的制订工作。
于守涛　本公司董事。中国国籍,男,51岁,大学专科学历,高级会计师。
1984年—1993年任大连冷冻机厂财务副科长、副总会计师、总会计师。
1993起任大连冷冻机股份有限公司副总经理、财务总监。曾获财政部先进工作者称号。
尹兴斌　本公司董事。中国国籍,男,50岁,大学专科学历,经济师。
1991年起任大连市金州区锻压件厂厂长
王法连　本公司董事。中国国籍,男,56岁,大学本科学历,高级工程师。
1975年—1994年任烟台气动元件厂调度、车间主任、技术科长、副厂长。
1994年起任烟台烟台气动元件厂厂长。
张宏智　本公司董事。中国国籍,男,41岁,大学本科学历,高级工程师。
1982年—1993年任大连冷冻机厂设计处工程师、设计处室主任、副总工程师。
1993年起任大连冷冻机股份有限公司副总经理。
周喜玉　本公司董事。中国国籍,男,57岁,大学专科学历,高级经济师。
1981年—1984年任无锡轴承厂副厂长。
1985-1993年任大连冶金轴承厂厂长。
1993年起任大连冶金轴承集团公司董事长、总经理。
辽宁省人大代表,大连市政协委员。曾获大连市乡镇企业家奖,农业部乡镇企业家奖,大连市特等劳动模范称号。
胡希堂　本公司董事。中国国籍,男,33岁,大学本科学历,经济师。
1993年—1999年任大连冰山集团有限公司企管部职员、政工部副部长、党委书记助理。
1999年起任大连冰山集团有限公司党委常委、纪委书记。
于连城　本公司监事会召集人、人事处处长。中国国籍,男,56岁,大学本科学历,高级经济师。
1970年—1985年任大连橡胶塑料机械厂技术员、助理工程师。
1985年—1999年任大连橡胶塑料机械厂厂办副主任、企管处处长,动力能源处副处长、人事处长。
1999年起任大连冰山橡塑股份有限公司监事会召集人、人事处长。
作为主要人员开展的管理项目曾获辽宁省现代化管理成果一等奖。
张宝林　本公司监事、铸造车间主任。中国国籍,男,51岁,大学专科学历。
1985年—1999年任大连橡料塑料机械厂生活公司副总经理、房产处副处长、总务处处长、党群工作处处长。
1999年起任大连冰山橡塑股份有限公司监事、铸造车间主任。
隋全大　本公司监事、工会副主席。中国国籍,男,50岁,大学专科学历,助理经济师。
1985年—1999年任大连橡胶塑料机械厂工会生产委员会主任、党群工作处副处长、工会副主席。
1999年起任大连冰山橡塑股份有限公司监事、工会副主席。
孙培德　本公司财务总监。中国国籍,男,48岁,大学专科学历,会计师。
1986年—1995年任大连橡胶塑料机械厂会计、财务处副处长。
1995年—1999年任大连橡胶塑料机械厂总会计师。
1999年起任大连冰山橡塑股份有限公司财务总监。
作为主要人员开展的管理项目曾获辽宁省现代化管理成果一等奖。
张业涛　本公司副总经理。中国国籍,男,33岁,硕士研究生学历,工程师。
1991年—1993年任大连冷冻机厂驻北京特派代表。
1993年—1999年任大连冷冻机股份有限公司经营计划部部长助理、副部长。
1999年—2000年任大连冰山橡塑股份有限公司总经理助理。
2000年起任大连冰山橡塑股份有限公司副总经理。
谢利克　本公司董事会秘书、副总经理。中国国籍,男,39岁,硕士研究生学历,经济师。
1988年—1993年任大连冷冻机厂劳资处定额员、副处长。
1993年—1999年任大连冰山集团有限公司人事部副部长、人事部部长、总经理助理。
1999年—2000年任大连冰山橡塑股份有限公司总经理助理。
2000年起任大连冰山橡塑股份有限公司董事会秘书、副总经理。
本公司2001年8月9日召开了一届十次董事会,同意张宏智、胡希堂先生辞去董事职务,同时提名郭宝萍女士、丘西宁先生为本公司独立董事候选人,提交下一次临时股东大会表决通过,下一次临时股东大会召开的时间、地点等具体事宜另行公告。郭宝萍女士、丘西宁先生简历如下:
郭宝萍　中国国籍,女,49岁,大学本科学历。高级工程师。
1976年—1980年北京化工学院自动化专业学生。
1980年至今任北京橡胶工业研究设计院技术员、工程师、高级工程师。
丘西宁　中国国籍,男,40岁,大学本科学历。高级工程师。
1979年—1983年广州华南理工大学橡胶工程专业学生。
1983年至今任桂林橡胶工业设计研究院技术员、工程师、高级工程师。
(二)公司董事、监事、高级管理人员和核心技术人员持股情况
截止到本上市公告书签署之日,本公司董事、监事、高级管理人员和核心技术人员均未持有本公司股票,也没有由其授权或指示他人(包括法人)代其持有,其配偶或未满十八岁的子女均不持有本公司股份。

四、股票发行与股本结构

1、本公司本次上市前的股本结构

股份类别	股份数量(万股)	占总股本的比例(%)
1、尚未流通股份:	6,650	63.33
(1)发起人股份	6,650	63.33
其中:国家持有股份	6,383	60.79
法人(或自然人)持有股份	267	2.54
(2)募集法人股		
(3)内部职工股		
2、可流通股份:	3,850	36.67
(1)境内上市人民币普通股:	3,850	36.67
其中:本次公开发行股份	3,850	36.67
(2)境内上市外资股		
(3)境外上市外资股		
3、总股本	10,500	100

2、本次上市前,本公司前十名股东持股数及比例

序号	股东名称	持股数量(万股)	占总股本的比例(%)
1	大连冰山集团有限公司	6,383	60.79
2	大连冷冻机股份有限公司	150	1.43
3	大连冶金轴承集团公司	52	0.49
4	大连金州区锻压件厂	32.5	0.31
5	烟台未来自动装备有限责任公司	32.5	0.31
6	天元基金	25.4	0.24
7	裕隆基金	15.7	0.15
8	裕阳基金	14.4	0.14
9	开元基金	11.4	0.11
10	金鑫基金	11.2	0.11

(注:本上市公告书因版面原因为上市公告书部分摘录,需要阅读全文请向相关公司董事会秘书查询。)

牡丹江恒丰纸业股份有限公司

股票上市公告书及2000年度财务报告(部分)摘录

一、概 览

股票简称:恒丰纸业
股票代码:600356
总股本:14,000万股
流通股本:4,000万股
本次上市流通股本:4,000万股
上市地点:上海证券交易所
上市日期:2001年4月19日
股票登记机构:上海证券中央登记结算公司
上市推荐人:中信证券股份有限公司
中国银河证券有限责任公司

二、发行人情况

1、基本情况
公司名称:牡丹江恒丰纸业股份有限公司
英文名称:MUDANJIANG HENGFENG PAPER CO.,Ltd.
注册地址:黑龙江省牡丹江市阳明区造纸路11号
注册资本:14,000万元
法定代表人:李荣华
成立日期:1994年3月6日
所属行业:造纸业
经营范围:高档卷烟纸及卷烟工业系列用纸、文化纸、新闻纸、造纸原辅材料及技术开发。
联系人:李荣伟(董事会秘书)、李迎春
联系电话:0453－6331111转6451、6447
传　　真:0453－6330989

三、董事、监事、高级管理人员及核心技术人员

1、董事

李荣华:男,生于1941年2月,大学本科,研究员级高级工程师。历任牡丹江造纸厂设计室副主任、副厂长、党委书记、厂长,牡丹江天宇股份有限公司董事长,集团公司董事长。现任集团公司总经理,大宇制纸有限公司副董事长,股份公司董事长。

徐祥:男,生于1962年12月,大学本科,高级工程师。历任牡丹江造纸厂三车间主任、厂长助理、副厂长,集团公司副董事长、副总经理,牡丹江天宇股份有限公司董事、总经理。现任集团公司副董事长,股份公司副董事长、总经理。

魏雨虹:男,生于1960年4月,大学本科,高级工程师。历任牡丹江造纸厂技术科副科长、四车间副主任、总工办副主任、主任、厂长助理、副总工程师,牡丹江天宇股份有限公司副总经理。现任集团公司董事、副总经理、总工程师兼技改部部长。

王桂娥:女,生于1949年1月,大学本科,高级会计师。历任牡丹江造纸厂财务处副处长、财务部副部长、副总会计师、财务部部长、总会计师。现任集团公司董事、总会计师。

李迎春:男,生于1968年5月,大学本科,经济师。历任牡丹江天宇股份有限公司抄纸六分厂副厂长、三分厂厂长、副总经理兼管理部部长。现任集团公司董事、股份公司副总经理兼财务负责人。

李劲松:男,生于1964年4月,大学本科,高级工程师。历任牡丹江造纸厂二车间副主任、主任,牡丹江天宇股份有限公司抄纸二分厂厂长、技术处处长、副总工程师兼开发办主任。现任集团公司董事、股份公司总工程师兼品质部部长。

潘权利:男,生于1964年10月,大学本科,高级工程师。历任牡丹江造纸厂三车间主任、化学车间主任,牡丹江天宇股份有限公司生产部部长。现任股份公司副总经理兼生产部部长。

施长君:男,生于1964年6月,大学本科,高级工程师。历任牡丹江造纸厂电气车间副主任、厂长助理兼设备能动部部长。现任集团公司总经理助理。

李荣伟:男,生于1956年8月,大专,会计师。历任牡丹江造纸厂财务处会计、副处长、劳服光华纸厂副厂长、企管处副处长,牡丹江天宇股份有限公司证券部部长。现任股份公司董事会秘书兼证券部部长。

2、监事

李振汉:男,生于1944年10月,大专,高级政工师。历任牡丹江造纸厂党办主任、厂宣传部部长、厂纪委书记。现任集团公司监事会副主席、纪委书记兼法治部部长,股份公司监事会召集人。

孙中华:男,生于1949年12月,大专,会计师。历任集团公司审计处处长,牡丹江天宇股份有限公司监事。现任集团公司审计处处长。

迟振安:男,生于1962年10月,历任牡丹江造纸厂2362分厂抄纸工段长、2362分厂副厂长,牡丹江天宇股份有限公司抄纸六分厂副厂长。现任股份公司抄纸六分厂副厂长。

3、其他高级管理人员及重要职员

王志有:男,生于1959年9月,大专学历,会计师。历任牡丹江造纸厂财务处副处长,牡丹江天宇股份有限公司财务部处长。现任股份公司财务部部长。

4、本公司董事、监事、高级管理人员及核心技术人员持股情况

姓　名	职　务	本人持股数(股)	家属持股数(股)
李荣华	董事长	5,000	0
徐　祥	副董事长、总经理	4,000	2000
魏雨虹	董事	0	20000
王桂娥	董事	4,000	0
李迎春	董事、副总经理	0	3000
李劲松	董事、总工程师	0	0
潘全利	董事、副总经理	2,000	13000
施长君	董事	3,000	0
李荣伟	董事、董事会秘书	2,000	12000
李振汉	监事会召集人	4,000	0
孙中华	监事	4,000	0
迟振安	监事	2,000	0
王志有	财务部部长	2,000	3000

5、本公司董事、监事、高级管理人员及核心技术人员所持股份的锁定及声明

本公司董事、监事、高级管理人员及核心技术人员按规定进行了锁定,并且声明:自愿将所持公司的股票进行锁定,并按法律、法规的规定进行处置。

四、股票发行与股本结构

1、上市前的股本结构

上市前公司总股本为14,000万股,股本结构如下:

股份类别	股数(万股)	占总股本的比例(%)
发起人股	8,000	57.14
其中:国有法人股	8,000	57.14
社会公众股	4,000	28.57
内部职工股	2,000	14.29
合计	14,000	100

2、本公司前十名大股东的持股情况

序号	股东名称	持股数(万股)	持股比例(%)
1	牡丹江恒丰纸业集团有限责任公司	7,980	57.00
2	兴和基金	37.5	0.267
3	延吉卷烟厂	20	0.14
4	同盛基金	7.3	0.052
5	金泰基金	6.6	0.047
6	王福成	6	0.043
7	贾　珺	6	0.043
8	毕玉凤	6	0.043
9	贾忠田	6	0.043
10	孙少峰	6	0.043

五、财务会计资料

(二)本公司前三年主要会计数据和财务指标(单位:元)

指标/期间	2000年	1999年	1998年
主营业务收入	334,165,485.22	298,327,863.52	265,410,228.24
净利润	39,362,202.97	32,642,379.75	30,481,728.89
总资产	669,614,804.55	376,957,595.61	337,580,810.17
股东权益	457,962,598.40	161,800,395.43	188,594,437.56
每股收益	0.28	0.33	0.31
每股净资产	3.27	1.61	1.88
净资产收益率(%)	8.59	20.17	16.16
流动比率	2.82	1.28	2.32
速动比率	2.44	0.81	1.25
资产负债率(%)	31.61	57.08	44.13
应收帐款周转率(次/年)	4.57	4.67	4.22
存货周转率(次/年)	5.33	4.26	3.47

利润及利润分配表

编制单位:牡丹江恒丰纸业股份有限公司　　　　单位:人民币元

项　　目	注释四	2000年度 RMB	1999年度 RMB	1998年度 RMB
一、主营业务收入	24	334,165,485.22	298,327,863.52	265,410,228.24
减:折扣与折让		－	－	－
主营业务收入净额		334,165,485.22	298,327,863.52	265,410,228.24
减:主营业务成本	24	236,126,506.73	207,147,580.95	179,148,279.00
主营业务税金及附加		1,442,177.52	2,340,758.66	2,127,639.88
二、主营业务利润		96,596,800.97	88,839,523.91	84,134,309.36
加:其他业务利润	26	－	81,148.90	－35,809.31
减:存货跌价损失		－211,437.18	732,682.81	
营业费用		19,293,201.89	17,436,755.70	14,241,138.54
管理费用		16,937,897.90	16,204,238.21	15,848,881.15
财务费用	25	1,094,516.85	5,853,050.61	8,663,214.18
三、营业利润		59,482,621.51	18,693,945.48	45,345,266.18
加:投资损益		－	－	－
补贴收入		－	－	－
营业外收入		－	－	188
减:营业外支出	27	204,340.50	341,627.51	134,925.42
四、利润总额		59,278,281.01	48,352,317.97	45,210,528.76
减:所得税		19,916,078.04	15,709,938.22	14,728,799.87
五、净利润		39,362,202.97	32,642,379.75	30,481,728.89
加:年初未分配利润		－	31,690,399.10	21,208,229.54
盈余公积转入		－	－	－
六、可供分配的利润		39,362,202.97	64,332,778.85	51,689,958.43
减:提取法定盈余公积		3,936,220.30	3,264,237.98	3,048,172.89
提取法定公益金		1,968,110.15	1,632,118.99	1,524,086.44
七、可供股东分配的利润		33,457,872.52	59,436,421.88	47,117,699.10
减:应付优先股股利		－	－	－
提取任意盈余公积		－	－	－
应付普通股股利		14,000,000.00	59,436,421.88	15,427,300.00
转作股本的普通股股利		－	－	
八、未分配利润		19,457,872.52	－	31,690,399.10

(注:本上市公告书因版面原因为上市公告书部分摘录,需要阅读全文请向相关公司董事会秘书查询。)

新疆塔里木农业综合开发股份有限公司

二○○○年年度报告摘要

(一)公司简介

1、公司法定中文名称:新疆塔里木农业综合开发股份有限公司
英文名称:Xinjiang Talimu Agriculture Development Co., Ltd.
英文缩写:XTAD
2、公司法定代表人:沙敬禹
3、公司董事会秘书:李新海
联系地址:新疆阿克苏市健康路3号社会保险大楼5层
电话:(0997)2125499,2134083
传真:(0997)2130840
4、公司注册地址:新疆阿拉尔南口镇迎宾路1号
邮政编码:843301
公司办公地址:新疆阿克苏市健康路3号社会保险大楼5层
邮政编码:843000
公司网址:http://www.600359.com
公司电子信箱 E-mail:nyshg-ak@xj.cninfo.net
5、公司指定信息披露报刊:《中国证券报》、《上海证券报》
公司年度报告登载网址:http://www.sse.com.cn
公司年度报告备置地点:本公司办公地点和上海证券交易所
6、公司股票上市地:上海证券交易所
股票简称:新农开发
股票代码:600359

(二)会计数据和业务数据摘要

1、本年度会计数据摘要(单位:元)

项目	金额
利润总额	104,178,704.76
净利润	89,059,463.34
扣除非经常性损益后的净利润	84,718,935.26
主营业务利润	197,861,464.82
其它业务利润	3,406,630.48
营业利润	86,732,104.03
投资收益	13,415,493.40
补贴收入	-
营业外收支净额	4,031,107.33
经营活动产生的现金流量净额	286,659,189.78
现金及现金等价物净增加额	69,463,706.77

说明:扣除非经常性损益后的净利润所扣除项目系新股申购冻结资金利息4340528.08元。

2、截止报告期末公司前三年的主要会计数据和财务指标(单位:元)

	2000年	1999年		1998年	
		调整后	调整前	调整后	调整前
主营业务收入	685,664,679.47	632,616,731.01	632,616,731.01	608,777,353.45	608,777,353.45
净利润	89,059,463.34	67,243,742.21	64,878,759.17	119,047,762.32	127,089,419.17
总资产	1,296,416,125.74	1,262,630,307.97	1,262,630,307.97	888,301,758.05	896,343,414.90
股东权益	731,384,952.88	716,834,145.68	714,979,960.29	379,109,624.40	387,151,281.25
每股收益(摊薄)	0.303	0.229	0.221	0.584	0.623
(加权)	-	0.248	0.246	-	-
(扣除非经常性损益)	0.288	0.214	0.206	-	-
每股净资产	2.488	2.443	2.432	1.858	1.898
调整后每股净资产	1.258	2.130	2.115	-	-
每股经营活动产生的现金流量净额	0.407	0.206	0.206	-	-
净资产收益率%(摊薄)	12.18	9.38	9.07	31.40	32.83
(加权)	-	10.98	10.76	-	-

说明:由于募集资金投入棉花基地建设项目中的土地开荒支出不形成固定资产,全部计入长期待摊费用,共计356,562,308.76元,因此直接影响调整后每股净资产。

(三)股本变动及股东情况介绍

(1)报告期末公司股东总数为63215户。其中未流通法人股东1户,流通股东63214户。
(2)报告期末公司前十名股东持股情况

名次	股东名称	期末持股数量(股)	占总股本比例(%)
1	新疆阿克苏农垦农工商联合总公司	204000000	69.388
2	龚镇林	386300	0.131
3	新疆特变	238000	0.081
4	马宏伟	210095	0.071
5	俞利民	194900	0.066
6	莫运合	194200	0.066
7	合力其汗	192700	0.066
8	兴和基金	166050	0.056
9	木萨吐热	164900	0.056
10	高培芝	151000	0.051

持有本公司5%以上的股东为新疆阿克苏农垦农工商联合总公司,代表国家持有股份,股权性质为国有法人股。年度内其所持股份没有增减变动情况,亦没有发生质押、冻结等情况。

前十名股东之间不存在关联关系。

(四)股东大会简介

1、2000年4月21日召开公司1999年度股东大会,决议公告分别刊登在2000年4月22日《中国证券报》和《上海证券报》上。

2、2000年5月10日召开2000年度第一次临时股东大会(通讯方式),决议公告分别刊登在2000年5月11日《中国证券报》和《上海证券报》上。

(五)董事会报告

1、公司经营情况

(1)公司所处行业为种植业,主要农作物是棉花。2000年公司皮棉总产87万担,占全国产量的1.15%,占新疆产量的2.87%,占农工商联合总公司的27.30%(1999年全国皮棉总产7500万担,新疆3000万担,农工商联合总公司315万担,数据来源于新疆兵团农一师棉麻公司)。

(2)公司主营业务的范围及其经营状况:

①公司主营农业种植;牧渔养殖;农产品、畜产品的生产、加工及销售;同时生产加工种子、种衣剂、农用塑料制品等。公司主要产品是棉花,是国家重要的商品棉生产基地。

报告期内公司农作物播种面积43.5万亩,棉花播种面积35万亩,其中细绒棉20万亩,长绒棉14万亩,生态棉1万亩,粮食播种5.5万亩。今年各分公司调整思路,抢抓机遇,瞄准棉花市场,紧紧围绕董事会制定的经营方针开展工作,带领全体员工团结拼搏,思想一致,行动一致,目标一致,在气候风调雨顺的大好时机下,夺取了公司成立以来的第二个丰收年,也是历史上第二十个丰收年。皮棉总产达4.32万吨,比上年增长29.12%,粮食13154吨,食用棉油5728.2吨,棉短绒2817.7吨。公司2000年主营业务收入68566.47万元,同比增长8.39%;实现利润10417.87万元,同比增长39.19%;净利润8905.95万元,同比增长37.27%,全面完成了年初制定的各项生产任务,每股盈利达0.303元。

2000年公司主营业务收入、实现利润同比有较大增长的主要原因:一是农产品种植面积扩大,单产提高,致使总产提高;二是棉花销售价较上年平均上涨14%;三是棉花加工和销售进度快,销售量较上年增加29.19%。

主营业务收入、主营业务利润构成情况:

行业	主营业务收入	主营业务成本	主营业务利润
农业	608,583,661.84	419,253,377.63	186,808,077.11
工副业	77,081,017.63	66,027,629.92	11,053,387.71
合计	685,664,679.47	485,281,007.55	197,861,464.82

②占公司主营业务收入或主营业务利润10%以上的业务是农业种植及其初加工,所属行业为种植业。占主营业务收入10%以上的主要产品是棉花,2000年棉花总销售额60858.37万元,占销售总额的88.76%。

(3)经营中出现的问题与困难及解决方案

经营中出现的主要问题和困难:一是作为种植业为主的农业生产企业,按照国家产业发展政策应予以大力支持的,在税收方面应执行免征所得税的政策,而目前公司仍执行14.85%的所得税,给公司带来一定的负担;二是公司主营业务过于单一,公司棉花及棉花副产品销售收入占总销售收入近90%,抵御市场风险的能力较弱;三是由于公司所在垦区开垦荒地受当地生态资源的限制,国家不鼓励进一步扩大新耕地,直接影响公司生产规模的扩大,致使前次募集资金招股书中披露的25万亩棉花基地建设项目不能继续开展;四是棉花种植品种结构上,由于彩色棉(生态棉)的发展还不成熟,其色泽存在不稳定性,色彩单一、暗淡,因此不被市场所接受,2000年市场价格一路走低,且种植产量较低,目前不宜推广。

解决方案:

①充分利用好国家支持农业产业的基本政策,抓住国家实施西部大开发的历史机遇,积极主动地争取国家西部大开发的各项优惠政策,同时做好全国农业产业化龙头企业的申报工作。

②依托公司在农业种植方面的优势,偿试一些经济价值高,市场前景好的经济作物的栽培和种植,如麻黄草、大果沙棘等耐干旱、抗风沙且药用价值极高的作物,即符合国家退耕还林(草)保护生态的政策,又能创造新的利润增长点。同时在农副产品深加工方面加大投入,提高农副产品的附加值,逐步实现公司适度多元化发展战略。

③在现有耕地面积基础上,大力发展精准农业,走集约化经营的道路。推广以喷、滴灌为主要形式的节水农业,充分利用当地宝贵的水资源;实施机械化采棉技术,降低生产成本,提高经济效益;运用农业农业信息化系统工程,对农作物的生产管理实行监控和指导,提高种植业的科技水平。

④调整种植业产品结构,推广高产、优质、早熟、抗病棉花新品种,适当扩大长绒棉的种植面积,暂停现有彩色棉品种的种植,积极寻求与国内外棉花科研机构的合作,加快高产优质彩色棉品种的研制和培育。

2、公司财务情况:

财务指标	2000	1999	增减%
总资产(元)	1,296,416,125.74	1,262,630,307.97	2.68
长期负债(元)	5,221,552.06	4,421,183.75	18.10
股东权益(元)	731,384,952.88	716,834,145.68	2.03
主营业务利润(元)	197,861,464.82	177,023,258.20	11.77
净利润(元)	89,059,463.34	67,243,742.21	32.44

说明:
(1)总资产增长系报告期内固定资产投入增加所致。
(2)股东权益增长系报告期内实现利润原因所致。
(3)长期负债系农村电网改造贷款增加所致。
(4)主营业务利润、净利润增长系:
a、公司前次募集资金投资项目棉花基地建设完成,使公司主导产品棉花总产量增加。
b、2000年棉花市场较前一年度有所回升。
c、公司从2000年起,所得税减增55%,五年不变。

3、公司投资情况

(1)报告期内募集资金使用情况。

公司1999年3月29日发行9000万股A股,实际募集资金329,052,153.39元,根据《招股说明书》披露的募集资金使用项目之一为8.7万亩棉花基地建设项目,之二为拟补充被收购兼并企业新疆阿克苏玉粕化纤厂流动资金2000万元。

目前棉花基地建设项目已实际完成18.3万亩(其中防护林2.33万亩),完成投资39053万元,新开垦耕地除水灌溉等部分配套设施尚未完成外,均已达到耕种要求。今年新耕地已种植棉花10余万亩,水稻2.4万亩,小麦1.6万亩,产生了预期效益。

募集资金使用项目之二"补充被收购兼并企业新疆阿克苏玉粕化纤厂流动资金2000万元"项目,由于该企业市场环境发生重大变化,企业内部资产状况进一步恶化,其发展前景暗淡,经2000年4月5日一届六次董事会(通讯方式)决定,并经2000年5月10日第一次临时股东大会(通讯方式)表决通过放弃该项目,所涉及资金用于棉花基地建设。此项目资金的变更程序合规、合法,公告分别刊登于2000年4月5日、5月11日的《中国证券报》和《上海证券报》上。

报告期内募集资金使用情况如下表(表中"计划"栏为招股说明书承诺内容):

投资项目		项目完成情况(万亩)		资金投入(万元)		投资收益率(%)	
计划	实际	计划	实际	计划	实际	计划	实际

25万亩棉花基地建设第一期工程	已完成	8.7	18.295	30906	39053	13.46	11.97
补充被收购兼并企业流动资金2000万元	未实施			2000			
合计		8.7	18.295	32906	39053	13.46	11.97

说明:

①超计划完成棉花基地建设项目的主要原因是:该项目原计划第一期工程为15万亩,根据农业生产的特点,为充分抓住"冬垦春播"的有利时机,1998年冬季公司便先以自筹资金展开15万亩土地的垦荒工作。

②2000年新垦耕地未能达到预期收益率,其主要原因是新垦耕正在改良土壤的过程中,预计2002年全部达产。

(2)报告期内非募集资金投资情况。

①棉花加工厂技改、塑料厂设备更新及农用电网改造投资3957.68万元;

②三个分公司晒场及办公楼建设投资2250万元;

③公司一届五次董事会决议以自筹资金5000万元投资参股新疆证券有限责任公司,已获中国证监会证监机构字[2000]293号批准,增资扩股后的新疆证券有限责任公司注册资本金增至57000万元人民币,本公司的出资占7.76%。

4、生产经营环境以及宏观政策法规变化对公司的影响

根据新政办函[2000]138号文,公司"自2000年1月1日起企业所得税按应征税额减征55%(实际按应征税额的45%征收)。减征时间暂定5年"。目前公司实际执行14.85%的所得税,此项优惠政策将直接影响公司的净利润。

随着中国加入世界贸易组织(WTO)双边谈判的顺利进行,中国加入WTO的步伐将进一步加快。对植棉企业来说有有利的一面也有不利的一面,加入WTO对国内纺织企业的发展具有积极的促进作用,棉花作为主要纺织原料,对其生产企业也是十分有利;另一方面,加入WTO后,国家将逐步降低原棉进口关税并最终取消进口配额,这将使公司面临更加激烈的国际市场竞争。从总体上看,加入WTO后对公司的影响是利大于弊,目前公司棉花销售价格已基本与国际市场接轨,无论从棉花品质上还是从单产水平上公司都具备了参与国际市场竞争的实力。报告期内,随着国际棉花市场的转好,公司的棉花销售价格较上一年度有一定幅度的提高,产品销售供不应求,特别是公司生产的长绒棉更是走俏市场。

5、新年度的业务发展计划

2001年公司董事会将按照"稳粮增棉、调整结构、上林果、抓畜牧"的农业工作方针,制定切实可行的发展规划,树立"攻单产、增总量、降成本、高效益"的思路,巩固加强基础设施建设,依靠科技进步和优化农业产业结构来实现农业的增产增收,通过增资配股促进公司的快速发展。

(1)2001年公司计划农作物播种面积42万亩。棉花36.5万亩,其中细绒棉17.5万亩,长绒棉19万亩,预计皮棉总产40800吨;粮食5.5万亩,总产13038吨。

(2)巩固和加强农业基础设施建设,不断改善农业生产条件。走精准农业道路,加大中低产田改造的力度,尤其是对新耕地的改造,通过洗盐压碱,平整土地,种植绿肥来培肥地力,争取在2001年将80%以上的新耕地改造成稳产高产田。搞好灌排水体系配套建设,积极发展以喷溉、滴溉为主要形式的节水型农业,计划2001年再完成3万亩的喷滴灌任务,逐步将传统的引水灌溉改造成节水型现代农业。

(3)依靠科技进步和优化农业产为结构,实现农业的增产增收。继续推广应用以高密度种植、超宽膜、机采棉、喷滴灌、生物防治为主的高科技含量种植技术,发展高产、优质、高效农业,即"两高一优"农业。发挥公司长绒棉生产上的优势,树立品牌意识,打出自已的拳头产品。注重培育和引进早熟、高产、优质、抗病新品种,增强公司棉花的市场竞争能力。

(4)调整农业产业结构,积极寻求棉花深加工方面的发展与合作,抓住国家实施西部大开发的有利时机,延长公司的产业链,通过农产品的深加工,提高转化率和效益水平,促进出口竞争力。同时利用现有的种子加工厂,积极培育和发展以优质高产品种为主的种子产业,扩大公司在农业产业中的覆盖面。

(5)加强农田管理,精耕细作,集约化经营,探索和推广家庭联产承包责任制新的实现形式,强化农工成本意识,主攻单产,降低亩成本,提高效益。

(6)组织得力人员,成立专门机构,全力以赴做好2001年公司的增资配股工作,确保2001年上半年完成增资配股工作,为公司长足发展打下坚实的基础。

6、董事会日常工作情况

(1)报告期内董事会的会议情况及决议内容

报告期内公司共召开三次董事会:

一届五次董事会2000年3月10日召开,会议审议通过了:a、1999年度董事会、总经理工作报告;b、1999年度财务决算报告;c、关于计提各项减值准备的内部控制制度;d、1999年度利润分配预案;e、1999年年度报告及其摘要;f、关于调整部分董事会成员及高级管理人员的议案;g、关于投资参股新疆证券有限责任公司的议案;h、决定召开1999年年度股东大会。

会议决议披露于2000年3月15日的《中国证券报》和《上海证券报》上。

一届六次董事会(通讯方式)于2000年4月4日召开,会议审议通过了关于变更部分募集资金投向的议案。会议决议披露于2000年4月5日的《中国证券报》和《上海证券报》上。

一届七次会议于2000年8月9日召开,会议审议通过了:a、2000年中期分配、资本公积金转增股本方案,不分配,不转增;b、2000年度中期报告及其摘要。会议决议披露于2000年8月12日的《中国证券报》和《上海证券报》上。

(2)董事会对股东大会决议的执行情况

1999年度股东大会通过的利润分配议案,公司董事会于2000年5月17日刊登分红派息公告,5月22日实施完毕。

7、董事、监事、高级管理人员情况

姓名	性别	年龄	职务	任期起止日期	期初持股数	期末持股数
沙敬禹	男	61	董事长	1999.4-2002.4	0	0
李家安	女	53	副董事长	1999.4-2002.4	0	0
王资生	男	55	副董事长	1999.4-2000.3	0	0
沈克非	男	57	董事、总经理	1999.4-2002.4	0	0
李迎春	男	36	董事、副总经理	1999.4-2002.4	0	0
杨青如	男	43	董事、副总经理	1999.4-2002.4	0	0
颜波	男	37	董事	2000.4-2002.4	0	0
倚新慧	男	38	董事、副总经理	1999.4-2000.3	0	0
顾明德	男	44	董事、副总经理	2000.4-2002.4	0	0
王玉新	男	41	董事	1999.4-2002.4	0	0
张栋	男	31	董事	1999.4-2002.4	0	0
李新海	男	33	副总经理、董事会秘书	1999.4-2002.4	0	0
徐友云	男	57	监事会主席	1999.4-2002.4	0	0
袁玉玲	女	37	监事	1999.4-2002.4	0	0
袁洪府	男	39	监事	1999.4-2002.4	0	0
崔扣龙	男	55	监事	1999.4-2002.4	0	0
高江林	男	38	监事	1999.4-2002.4	0	0
蒋玉书	男	59	监事	1999.4-2002.4	0	0
王进忆	男	41	监事	1999.4-2002.4	0	0
徐献礼	男	40	副总经理、财务总监	1999.4-2002.4	0	0

以上部分公司董事、监事、高管人员年度报酬3-7万元的3人,7-11万元的7人,11-15万元的10人。董事张栋先生不在本公司领取报酬。

报告期内公司副董事长王资生先生因退休原因离任,董事、副总经理倚新慧先生因工作变动原因离任。增选颜波先生、顾明德先生为公司董事,并聘任顾明德先生为公司副总经理。

8、本年度利润分配预案或资本公积金转增股本预案

2000年度公司实现净利润89059463.34元。根据公司章程规定,从本年度实现净利润中,提取10%的法定盈余公积金8905946.33元;提取5%的法定公益金4452973.17元;加上上年未分配利润73758346.67元,2000年度可供股东分配的利润为149458890.51元,拟以2000年末总股本29400万股为基数,向公司全体股东每10股派发现金红利2.5元(含税),尚余75958890.51元作为未分配利润,转入以后年度分配。

本年度不进行资本公积金转增股本。

上述分配预案须提交公司2000年度股东大会审议通过后实施。

9、预计2001年利润分配政策

(1)公司预计2001年分配利润一次;

(2)2001年度实现净利润用于股利分配的比例为80%,公司2000年度未分配利润用于下一年度股利分配的比例为60%;

(3)分配主要采取派发现金的形式,其中现金股息占股利分配的比例为60%。

10、其它报告事项

公司信息披露指定报刊为《中国证券报》、《上海证券报》,报告期内没有变化。

(六)监事会报告

公司监事会按照《公司法》和本公司《章程》赋予的职责,在不断规范自身行为、提高工作水平的同时,对董事会贯彻股东大会决议和经理班子执行董事会决议的情况进行了监督检查,出席或列席了股东大会和董事会,并召开三次监事会会议:

一届五次会议于2000年3月10日召开,决议披露于2000年3月15日的《中国证券报》和《上海证券报》上。

一届六次会议(通讯方式)于2000年4月4日召开,会议审议通过了关于变更部分募集资金投向的议案。

一届七次会议于2000年8月9日召开,决议披露于2000年8月12日的《中国证券报》和《上海证券报》上。

报告期内监事会发表独立工作意见:

公司董事会和经理班子依照股东大会制定的"以国家级商品棉基地建设为中心,以农业综合开发为重点,集约化经营,规模化生产"的发展思路,带领公司全体员工努力拼搏,战胜困难,确保了公司主业的稳定增长。公司监事会认为:

1、公司决策程序合规合法;逐步建立和完善了公司内部控制制度;公司董事、经理在执行公司职务时没有违反法律、法规、公司章程或损害公司利益的行为。

2、会计师事务所对公司出具了无保留意见的审计报告,该报告真实反映出公司的财务状况和经营成果。

3、报告期内公司发行新股募集资金实际投入项目和招股说明书承诺项目一致,其中"补充被收购兼并企业阿克苏玉柏化纤厂流动资金2000万元"项目变更程序合规、合法,符合具体情况。

4、报告期公司没有收购、出售资产情况。

5、公司与控股股东之间的关联交易严格按照双方签订的《关联服务协议书》进行的,遵循了市场公平原则,没有损害本公司的利益。

(七)重要事项

1、重大诉讼、仲裁事项

本年度公司无重大诉讼、仲裁事项。

2、报告期内公司、公司董事及高级管理人员没有受监管部门处罚的情况。

3、报告期内公司无控股股东变更情况,无董事会换届情况,没有解聘、新聘董事会秘书的情况。

4、报告期内公司无收购及出售资产、吸收合并等事项。

5、重大关联交易事项:关联交易方为新疆阿克苏农垦农工商联合总公司,报告期内公司向联合总公司购入生产资料(主要是化肥、农药等)涉及金额13,927.95万元;向联合总公司销售产品(主要是棉花)涉及金额30,662.32万元;联合总公司为公司提供教育、后勤保障等服务,支付服务费4,400,000.00元。上述关联交易均依据双方签订的关联服务协议以及国家指导价、市场公平价进行结算,没有损害本公司的利益。

6、公司"三分开"情况:人员方面,公司在劳动、人事及工资管理是独立的,经理、副经理等高级管理人员均在公司领取薪酬,无在控股单位担任重要职务的情况;资产方面,公司拥有独立生产系统、辅助生产系统和配套设施,公司没有工业产权、商标、非专利等无形资产,大宗农用生产资料从国家"主渠道"当地农资部门采购,主导产品棉花的销售除长绒棉、彩色棉由公司自行销售,按照国家棉花专营政策,细绒棉以国家统一价格销售给当地棉麻部门;财务方面,公司设有独立的财务部门,并建立了独立的会计核算体系和财务管理制度,公司单独在银行开设有帐户。

7、报告期内未发生托管、承包、租赁其它公司资产或其它公司托管、承包、租赁本公司资产的事项。

8、报告期内续聘深圳同人会计师事务所为公司审计机构。

9、公司无重大合同(含担保)事项。

10、报告期内公司无更改名称或股票简称的情况。

(八)财务会计报告

1、审计报告

深同证审字[2001]第009号

新疆塔里木农业综合开发股份有限公司全体股东:

我们接受委托,审计了贵公司2000年12月31日的资产负债表、2000年度利润及利润分配表和现金流量表。这些会计报表由贵公司负责。我们的责任是对这些会计报表发表审计意见。我们的审计是依据《中国注册会计师独立审计准则》进行的。在审计过程中,我们结合贵公司实际情况,实施了包括抽查会计记录、审核有关证据等我们认为必要的审计程序。

我们认为,上述会计报表符合《企业会计准则》和《股份有限公司会计制度》的有关规定,在所有重大方面公允地反映了贵公司2000年12月31日的财务状况及2000年度经营成果和现金流量情况,会计处理方法的选用遵循了一贯性原则。

深圳同人会计师事务所

中国注册会计师 易永健
中国注册会计师 朱文岳
2001年2月6日

2、会计报表(附后)

3、会计报表附注

会计师事务所对本公司出具了标准无保留意见审计报告,本期与最近一期年度报告相比,会计政策和会计估计未发生变化。

(九)其它有关资料

1、公司注册日期:1999年3月23日。注册地点:新疆阿拉尔南口镇。

2、企业法人营业执照注册号:6500001000666

3、税务登记号码:652901710896307

4、公司未流通股票托管机构名称:上海证券中央登记结算公司。

5、报告期内证券主承销商机构名称:申银万国证券股份有限公司。

6、公司聘请的会计师事务所名称:深圳同人会计师事务所。地址:深圳市华富路5号南光大厦3层。

(十)备查文件目录

1、载有法定代表人签名的年度报告正本。

2、载有法定代表人、主管会计工作负责人、会计机构负责人签名并盖章的会计报表。

3、载有会计师事务所盖章、注册会计师签名并盖章的审计报告原件。

4、报告期内在《中国证券报》、《上海证券报》公开披露过的所有公司文件的正本及公告的原稿。

上述文件均置于公司本部,以备查阅。

董事长:沙敬禹
新疆塔里木农业综合开发股份有限公司
董事会
二〇〇一年二月八日

新疆塔里木农业综合开发股份有限公司利润及利润分配表

单位:人民币元

	2000 年	1999 年		2000 年	1999 年
一、主营业务收入	685,664,679.47	632,616,731.01	四、利润总额	104,178,704.76	74,847,555.13
减:折扣与折让	--	--	减:所得税	15,119,241.42	7,603,812.92
主营业务收入净额	685,664,679.47	632,616,731.01	五、净利润	89,059,463.34	67,243,742.21
减:主营业务成本	485,281,007.55	453,022,327.76	加:年初未分配利润	73,758,346.67	91,109,821.93
主营业务税金及附加	2,522,207.10	2,571,145.05	六、可分配利润	162,817,810.01	158,353,564.14
二、主营业务利润	197,861,464.82	177,023,258.20	减:提取法定公积金	8,905,946.33	6,724,374.22
加:其他业务利润	3,406,630.48	258,173.07	提取法定公益金	4,452,973.17	3,362,187.11
减:存货跌价损失	(2,576,681.50)	7,824,961.07	七、可供股东分配的利润	149,459,890.51	148,267,002.81
营业费用	1,652,721.09	2,704,094.78	减:提取任意公积金	--	1,008,656.14
管理费用	108,686,634.91	90,128,751.80	应付普通股股利	73,500,000.00	73,500,000.00
财务费用	6,773,316.77	11,396,600.60			
三、营业利润	86,732,104.03	65,227,023.02			
加:投资收益	13,415,493.40	4,207,818.61			
补贴收入	--	764,946.98			
营业外收入	5,227,449.02	4,908,684.05			
减:营业外支出	1,196,341.69	260,917.53	八、未分配利润	75,958,890.51	73,758,346.67

新疆塔理木农业综合开发股份有限公司资产负债表

单位:人民币元

	2000-12-31	1999-12-31
流动资产:		
货币资金	261,746,142.24	192,282,435.47
短期投资	20,000,000.00	4,493,876.00
减:短期投资跌价准备	--	--
短期投资净额	20,000,000.00	4,493,876.00
应收帐款	24,859,710.32	82,164,076.76
其他应收款	93,712,446.91	105,928,332.18
减:坏帐准备	4,152,499.03	3,870,470.40
应收款项净额	114,419,658.20	184,221,938.54
预付帐款	5,292,243.93	10,600,037.43
应收补贴款	--	238,299.39
存货	225,995,681.58	289,629,255.67
减:存货跌价准备	5,248,279.57	7,824,961.07
存货净额	220,747,402.01	281,804,264.60
流动资产合计	622,205,446.38	673,640,851.43
长期投资:		
长期股权投资	--	--
固定资产:		
固定资产原价	375,611,866.86	299,848,528.32
减:累计折旧	111,198,408.17	84,089,318.65
固定资产净值	264,413,458.69	215,759,209.67
在建工程	53,234,911.91	283,853,973.95
固定资产合计	317,648,370.60	499,613,183.62
无形资产及其他资产:		
无形资产	--	--
开办费	--	--
长期待摊费用	356,562,308.76	89,376,272.92
无形资产及其他资产合计	356,562,308.76	89,376,272.92
资产总计	1,296,416,125.74	1,262,630,307.97
流动负债:		
短期借款	109,100,000.00	179,250,000.00
应付帐款	30,413,743.29	26,387,746.69
预付帐款	90,950,735.33	45,205,356.61
应付工资	45,155,433.90	33,764,459.06
应付福利费	1,524,675.22	6,743,062.22
应付股利	73,500,000.00	73,500,000.00
应交税金	26,466,584.95	9,504,478.18
其他应交款	5,637.72	6,164.78
其他应付款	184,894,974.89	165,138,203.04
预提费用	797,835.50	1,875,507.96
流动负债合计	559,809,620.80	541,374,978.54
长期负债:		
长期借款	5,221,552.06	4,421,183.75
长期应付款	--	--
长期负债合计	5,221,552.06	4,421,183.75
负债合计	565,031,172.86	545,796,162.29
股东权益:		
股本	294,000,000.00	294,000,000.00
资本公积	320,200,036.80	320,200,036.80
盈余公积	41,226,025.57	28,875,762.21
其中:公益金	13,742,008.53	9,289,035.36
未分配利润	75,958,890.51	73,758,346.67
股东权益合计	731,384,952.88	716,834,145.68
负债与股东权益总计	1,296,416,125.74	1,262,630,307.97

新疆塔里木农业综合开发股份有限公司现金流量表

单位:人民币元

	2000 年度
一、经营活动产生的现金流量:	
销售商品、提供劳务收到的现金	792,607,647.68
收到的税费返还	512,680.00
收到的其他与经营活动有关的现金	11,327,186.24
现金流入小计	804,447,513.92
购买商品、接受劳务支付的现金	392,743,022.83
经营租赁所支付的现金	779,134.49
支付给职工以及为职工支付的现金	109,433,449.76
实际交纳的增值税款	1,179,742.56
支付的所得税款	183,023.19
支付的除增值税、所得税以外的其他税费	5,023,400.45
支付的其他与经营活动有关的现金	8,446,550.86
现金流出小计	517,788,324.14
经营活动产生的现金流量净额	286,659,189.78
二、投资活动产生的现金流量:	
收回投资所收到的现金	12,909,369.40
分得股利或利润所收到的现金	5,000,000.00
现金流入小计	17,909,369.40
购建固定资产、无形资产和其他长期资产所支付的现金	63,376,136.03
债权性投资所支付的现金	20,000,000.00
现金流出小计	83,376,136.03
投资活动产生的现金流量净额	(65,466,766.63)
三、筹资活动产生的现金流量:	
借款所收到的现金	312,900,000.00
现金流入小计	312,900,000.00
偿还债务所支付的现金	382,249,661.69
发生筹资费用所支付的现金	30,143.24
分配股利或利润所支付的现金	69,000,000.00
偿还利息所支付的现金	13,348,911.45
现金流出小计	464,628,716.38
筹资活动产生的现金流量净额	(151,728,716.38)
四、汇率变动对现金的影响额	--
五、现金及现金等价物净增加额	69,463,706.77
补充资料(附注):	2000 年度
1、不涉及现金收支的投资和筹资活动:	
2、将净利润调节为经营活动产生的现金流量:	
净利润	89,059,463.34
加:计提的坏帐准备或已转销的坏帐	282,028.63
固定资产折旧	28,697,083.65
开办费、无形资产和长期待摊费用摊销	18,631,532.79
处置固定资产、无形资产和其他长期资产的损失(减:收益)	750,385.77
预提费用的增加(减:减少)	(1,077,672.46)
计提的存货跌价损失	(2,576,681.50)
财务费用	12,599,111.84
投资损失(减:收益)	(13,415,493.40)
存货的减少(减:增加)	63,633,544.09
经营性应收项目的减少(减:增加)	40,128,036.33
经营性应付项目的增加(减:减少)	49,947,850.70
经营活动产生的现金流量净额	286,659,189.78
3、现金及现金等价物净增加情况:	
货币资金的年末余额	261,746,142.24
减:货币资金的年初余额	192,282,435.47
现金及现金等价物净增加额	69,463,706.77

吉林华微电子股份有限公司

招股说明书概要

一、释义

在本招股说明书概要中,除非另有说明,下列词组含义分别为:

专用名词:

本招股书	指	本招股说明书
本公司或股份公司、公司	指	吉林华微电子股份有限公司
主发起人、华星集团或集团公司	指	吉林华星电子集团有限公司
发行人	指	吉林华微电子股份有限公司
公司章程	指	本公司的公司章程
董事会、股东大会、监事会	指	本公司的董事会、股东大会、监事会
董事会成员	指	本公司董事会成员
证监会	指	中国证券监督管理委员会
证交所	指	上海证券交易所
主承销商	指	南方证券有限公司
上市推荐人	指	东北证券有限责任公司、南方证券有限公司
股票	指	本公司发行的人民币普通股股票
元	指	人民币元

专业技术名词:

【半导体器件】用半导体材料制成的固体电子器件。如:半导体二极管、双极型晶体管、场效应晶体管以及各种双极和MOS型半导体IC。具有体积小、耗电省、耐震、寿命长和可靠性高的优点。

【分立器件】具有高电压、大电流、频率高、敏感等性能不能被集成在一个芯片中,例如:敏感器件、光电器件、功率器件等都叫做分立器件。

【集成电路】组成电路的有源元件(晶体管、二极管)、无源元件(电阻、电容等)及其互连布线,通过半导体工艺或薄、厚膜工艺制作在半导体或绝缘体硅片上,形成结构上紧密联系的具有一定功能的电路。

【功率半导体器件】又称电力电子器件,包括功率分立器件和功率集成电路,用于对电流、电压、频率、相位、相数等进行变换和控制,以实现整流(AC/DC)、逆变(DC/AC)、斩波(DC/DC)、开关、放大等各种功能。

【二极管】是有二个电极,并含有一个P-N结的半导体器件.

【晶体管】亦称"半导体三极管"。有三个电极,能起放大、振荡或开关等作用。分双极晶体管和场效应晶体管两大类。具有体积小、重量轻、耐震、寿命长、耗电省等特点。

【晶闸管】是一种以硅单晶为基本材料的PNPN四层三端功率半导体器件。包括:普通晶闸管、可关断晶闸管、MOS控制晶闸管、静电感应晶闸管。

【智能功率集成电路】功率分立器件与具有信号处理功能、自我保护功能、各种诊断功能的电路集成在一个硅片上的集成电路。

【硅片】用硅单晶棒经过切、磨等工艺加工而制成的,是芯片制造过程中的主要原材料。

【芯片】制作在片式半导体材料上的分立器件或集成电路。

【封装】利用某种材料将芯片保护起来,并与外界环境隔离的方式和加工方法。分为四类:金属封装、玻璃封装、塑料封装和陶瓷封装。

【引线框架】构成半导体器件封装外壳的主要组成零件。它的作用就是通过引线能够把电路芯片的各个功能端与外部连接起来。

【塑封料】分为环氧树脂和硅酮树脂两大类,是热固性材料,有基本料、固化剂、填充剂、增塑剂、稀释剂、阻燃剂、着色剂及脱模剂组成。主要用途:将熔化后的塑封料注入模具外壳,使置于其中的键合好的管芯被保护起来。

【彩色电视机用功率晶体管】

简称彩电功率管,是我公司的主导产品之一,分为电源管和行扫描输出管,分别提供彩色电视机的整机电源和行扫描输出信号,是彩色电视机中两个重要组成部分-电源和行扫描输出电路的核心元件,为彩色电视机中功率最密集最重要的部件。

【节能灯用功率晶体管】

简称节能灯用功率管,是我公司的另一项主导产品,为电子镇流器的核心部件。传统电感镇流器,有重量大、成本高、效率低、闪烁严重的缺点,而采用功率晶体管为核心的电子镇流器克服了以上缺点,正全面取代电感式镇流器,使高效电子节能灯得以迅速普及,并产生巨大的节能效应。

二、绪言

本招股说明书概要摘自本公司招股说明书,是根据《中华人民共和国公司法》、《证券法》、《股票发行与交易管理暂行条例》、《公开发行股票公司信息披露实施细则》等国家法律、法规的规定,结合本公司的实际情况,为本次股票发行之目的而编写,旨在向投资者提供关于发行人的基本情况和股票发行与认购的各项有关资料。

本公司董事会全体成员已仔细阅读并批准招股说明书概要,并确信本招股说明书概要所摘内容与招股说明书正文一致,不存在任何重大遗漏、虚假或误导,并对其真实性、准确性、完整性负个别的和连带的责任。

本次新发行的股票是根据本招股说明书所载明的资料申请发行的。除本发行人和主承销商外,没有委托或授权任何其他人提供未在本招股说明书中列载的信息和对本招股说明书作任何解释或者说明。

投资人应自行承担买卖公司股票所应支付的税款及相关费用,发行人、上市推荐人和承销商对此不承担责任。

本次发行已经中国证监会证监发行字[2001]18号文核准。

为方便广大投资者,公司在本次发行期间特设咨询电话:(0432)4662099

主承销商为本次股票发行特设咨询电话:(010)66212491

三、发售新股的有关当事人

1、发行人:吉林华微电子股份有限公司
法定代表人:夏增文
注册地址:吉林市丰满区长江街100号
联系电话:(0432)4662099
传真:(0432)4665812
联系人:段敏、韩毅、赫荣刚

2、主承销商:南方证券有限公司
法定代表人:沈沛
注册地址:深圳市罗湖区嘉宾路4028号太平洋商贸大厦20层
联系电话:(0755)2138227,(010)66212491
传真:(010)66210025
联系人:陈吉、韩昌、曾楠

3、副主承销商:东北证券有限责任公司
法定代表人:李维雄
注册地址:长春市长春大街142号
联系电话:(0431)8910419
传真:(0431)8931919
联系人:田树春

4、上市推荐人:东北证券有限责任公司(同上)
南方证券有限公司(同上)

5、分销商:中信证券股份有限公司
法定代表人:常振明
注册地址:北京市朝阳区新源南路6号京城大厦
联系电话:(021)62832288、62802631
传真:(021)62802267
联系人:陈巍、沈嘉亮

分销商:大连证券有限责任公司
法定代表人:石雪
注册地址:大连市中山区人民路29号
联系电话:(010)65612668
传真:(010)65612664
联系人:梅俏冰

分销商:安徽省证券公司
法定代表人:汪永平
注册地址:安徽省合肥市长江中路357号
联系电话:(0551)2819543,2819727
传真:(0551)2819524,2819727
联系人:沈志龙、吴旺顺、皮文辉

6、发行人律师:信利律师事务所
法定代表人:丁志钢
地址:北京市建国门内大街18号恒基中心一座609室
联系电话:(010)65186980,65186877
传真:(010)65186981
经办律师:丁志钢、邢冬梅
联系人:邢冬梅

7、主承销商律师:北京市中伦金通律师事务所
法定代表人:陈文
地址:北京市建国门外东环南路2号北京招商局大厦12层
联系电话:(010)65681188
传真:(010)65681838
经办律师:刘凤良、孙为、刘岚
联系人:刘岚

8、发行人会计师事务所:上海众华沪银会计师事务所有限公司
(原上海众华会计师事务所有限公司)
法定代表人:林东模
地址:上海市嘉定工业区沪宜路叶城路口
联系电话:(021)58799970
传真:(021)58872507
经办会计师:林东模、沈蓉
联系人:陆士敏

9、发行人资产评估机构:中资资产评估有限公司
法定代表人:张宏新
地址:北京市西城区阜成门外大街甲28号
联系电话:(010)68042230
传真:(010)68042231
经办注册评估师:刘霞、乔河湖

10、土地评估机构:吉林省土地咨询评估中心
法定代表人:焦春华
地址:吉林省长春市建设街60号
联系电话:(0431)8526834
传真:(0431)8527417
联系人:刘春茂、刘胜峰

11、股票登记机构:上海证券中央登记结算公司
法定代表人:王迪彬
地址:上海市浦建路727号
电话:(021)58708888
传真:(021)58754185

12、资产评估确认机构:中华人民共和国财政部
负责人:项怀城
地址:北京市三里河路南三巷3号
电话:(010)68551114

四、发行情况

1、股票类型:人民币普通股(A股)

2、发行日期:2001年2月20日

3、发行地区:与上海证券交易所联网的证券交易网点

4、发行对象:中华人民共和国公民、法人和经批准的基金等其他机构投资者(法律、法规禁止者除外)。

5、承销期起止日:本次股票发行承销期为10天,自2001年2月20日至2001年3月1日。

6、预计上市日期及上市交易所名称:本公司将在本次股票公开发行后,于尽早时间内向上海证券交易所申请挂牌上市。

7、发行方式:上网定价。

8、每股发行价:8.42元,全面摊薄市盈率为40.10倍。

9、每股面值:1.00元人民币

10、发行量:5,000万股。

11、发行总市值:42,100万元。

12、募集资金:本次发行预计募集资金42,100万元,扣除发行费用1,600万元,实际可募集资

金40,500万元。

13、承销方式:余额包销。

五、风险因素与对策

(一)风险因素

投资者在评价本发行人此次发售的股票时,除本招股说明书提供的特别风险及其他资料外,应特别认真地考虑下述各项风险因素。

1、经营风险。

(1)原材料供应风险

本公司生产经营所需的原材料主要有硅单晶片、引线框架、塑封料,其中:硅片约占制造成本的13%,引线框架约占制造成本的20%,塑封料约占制造成本的6%。大部分原材料由国内厂商供货,货源充足,但由于国内市场硅片、金属、树脂等价格存在上涨趋势,存在原材料成本上升的风险。

公司进口的玻璃粉、硼源、异丙醇等材料均由国外厂商供货,货源充足、质量稳定,但由于这三种材料保质期短,不宜过多贮存,且受生产周期、运输期等条件制约,存在进口成本上升及交货期延迟的风险。

(2)对主要客户的依赖风险

由于消费类电子产品的生产能力、市场份额逐步向大集团、大公司集中,本公司产品的市场销售因此越来越依赖于大集团、大公司。目前本公司的主要客户为长虹、康佳、创维、TCL、金星等家电生产厂商和深圳华强、浙江阳光等电子节能灯生产厂商。公司对上述厂商的销售存在比较大的依赖性。上述厂商的生产经营状况将会对本公司的产品销售产生较大的影响。

(3)产品结构相对集中的风险

功率半导体产品,包括功率分立器件和功率集成电路,广泛应用于计算机、通信、消费类电子、电力电子、汽车电子、工业自动化、能源、交通等领域,但受现有生产条件等因素的制约,公司目前生产的产品主要面向消费类电子领域,主导产品为应用于彩色电视机和高效电子节能灯的3DD系列功率晶体管,上述产品的销售额约占销售收入的96%,产品结构相对集中,具有一定的经营风险。

(4)环保及安全生产因素

由于生产工艺的特殊性,本公司在生产过程中使用少量的易燃、易爆、剧毒物品,主要有硫酸、氨气、丙酮、烷类气体等,同时在生产过程中产生一定的"三废"物质,需要配置相应的设备,进行及时的处理。

2、市场风险

(1)下游行业的制约

本公司自身不存在商业周期,但作为本公司产品目前主要应用领域之一的家电行业却有着明显的淡季和旺季之分,因而使公司产品的销售受到一定程度的影响,表现为公司销售额相对集中于下半年。

此外,彩电行业目前市场趋于饱和,生产能力严重过剩,价格竞争异常激烈,对本公司主导产品彩电用功率晶体管的销售势必造成较大影响,本公司的产品结构急需升级换代。

(2)我国加入WTO的影响

中国的半导体行业开放较早,世界上各大半导体制造商早已进入中国市场,并且国外产品占领着国内大部分的市场份额,中国加入WTO后,有利于本公司产品走向国际市场,扩大出口,引进吸收国外先进技术,同时关税降低,使本公司必须进口的部分原材料和备品备件的价格下降,增强了公司产品的价格优势。此外,大量走私产品的进入早已大大降低了关税对国外产品价格的影响,所以,国内产品不会由于关税的降低而失去相对的价格优势。但由于国内在产品开发和工艺技术上与国外尚存在一定差距,国外产品的进入将对国内市场带来一定程度的冲击。

(3)市场开拓潜力的制约

在功率半导体器件领域,一方面,由于国外品牌的长期垄断,用户对国产品牌同类产品的技术、质量、服务水平有一个逐步认识和逐步接受的过程,另一方面,功率半导体器件作为电子整机产品的核心元器件,其为用户所采用须经过严格的产品论证和质量保证体系认证,需要较长的时间。因此,本公司市场开拓存在着一定的风险。

(4)行业竞争风险

虽然本公司目前的芯片加工能力达到年投3英寸硅片36万片,公司主导产品彩电用功率管的市场占有率高达30%,节能灯用功率管的市场占有率高达45%,属于五大功率半导体制芯企业,但近年来,国内其它厂家经过技术改造,在部分产品上具有了一定的竞争能力,因此本公司短期内大幅度进一步拓展市场具有一定的困难。同时,随着我国进一步的对外开放,公司将进一步面临国外公司及其国内合作伙伴的竞争,从而可能对本公司市场销售带来一定的冲击。

3、技术风险

(1)产品生产技术的风险

在功率半导体器件领域,目前国际上制造小功率器件及功率集成电路,普遍采用5-6英寸、0.8-1μm的工艺,制造中等以上功率的产品普遍采用3-5英寸、1-5μm的工艺。目前,本公司主要生产彩电用以及节能灯用大功率器件,采用3英寸5μm的工艺,但本公司今后将进一步发展小功率器件、场效应器件以及功率集成电路,工艺水平有待提高。

(2)对核心技术人员的依赖和技术人员流失的风险

半导体器件的开发和制造涉及到微电子、固体物理、光学、材料、化学、数理分析、真空技术、净化、精密机械、自动化控制等各个学科,综合了多个领域的各种高技术,对产品设计和工艺技术非常依赖。本公司在对国外先进技术的引进、吸收及自主创新过程中,培养了一批掌握功率半导体器件的产品设计和制造技术的核心技术人员,本公司的未来发展对上述核心技术人员有相当的依赖性。同时,由于目前技术人员的数量及水平尚不能满足公司进一步发展的需要,因此,今后公司必须大量引进高水平的技术人员。但由于公司地理位置限制,国际大半导体公司又纷纷以高薪等手段争夺我国的半导体专业人才,因此本公司不仅吸收高水平的技术人员存在一定难度,而且还存在着现有高级技术人员流失的风险。

(3)新产品开发风险

半导体产品发展速度快,更新周期短,公司必须不断致力于高技术含量、高附加值产品的开发,才能在激烈的市场竞争中立于不败之地。但目前本公司研究开发的技术手段显得不足。从长远来看,本公司今后将进一步开发技术更为复杂、性能更为优越的功率半导体器件,面临着技术手段不足的限制。

4、财务风险。

(1)外汇风险

本公司生产经营所需的关键生产设备和部分原材料须从美国、日本、欧洲等国家和地区进口,采购资金采用外汇结算,同时有部分产品出口,因此汇率波动将会给本公司的生产经营带来风险。

(2)短期偿债风险

由于本公司在建工程过大,挤占了生产用流动资金,因此目前本公司的流动比率和速动比率分别是0.86和0.70,比较低,且近几年呈下降趋势。虽然公司上半年新增4,000万元银行贷款,以满足流动资金的需要,但营运资金仍显不足。随着还款期限的临近,公司面临着现金流量不足的风险,同时,对公司进一步扩大生产,增加销售收入及效益产生不利的影响。

(3)高负债风险

由于在实施半导体电子大功率器件生产基地技术改造项目过程中,公司以银行贷款先期购买了大部分生产设备,使公司的资产负债率一直在60%以上,2000年9月30日达到67%,明显偏高,对公司的正常生产经营产生了一定的不利影响。一方面,高负债率使公司的利息支出较大,财务费用增加,减少公司利润,加大财务风险;另一方面,随着银行贷款的陆续到期,将使公司面临大量的现金流出,使公司的正常生产经营面临一定的困难。

(4)应收帐款风险

本公司为促进产品销售,提高市场占有份额,对用户的销售多数采用赊帐方式,因此导致公司应收帐款数额较大,虽然应收帐款主要集中于信用良好的大集团、大公司,帐龄绝大多数为1年以内,但仍存在着一定的坏帐风险。

(5)现金流量风险

公司为在旺季扩大销售,增加了材料及备件的存货,使预付货款大幅增加,以及归还与集团公司的往来款项等原因,使本公司2000年1-9月经营活动产生的现金流量净额为负数,对公司的生产经营将产生不利影响。

(6)融资能力的局限性

作为技术密集、资金密集的高技术产业,公司芯片制造的投资强度大、产品更新周期短,其技术更新和设备改造有赖于大量的资金投入。但本公司目前的资金来源主要依赖于银行贷款,融资渠道较为单一,融资能力有一定的局限性。

5、募股资金投向风险

(1)半导体功率器件生产基地技改项目风险

本项目拟建成可年产5英寸芯片30万片的半导体电子大功率器件生产线一条,本公司现有产品以及已经开发的新产品,可满足上述芯片生产线大批量投产的需要。但由于半导体产品的制造工艺极为复杂,上述新产品批量化生产的工艺技术仍有待于在今后的生产实践中逐步提高,并使之完善。

为建设本项目本公司以银行贷款先期购买了本项目的主体设备,致使资产负债率增高,增加了财务风险,同时挤占大量流动资金,购置了本项目所需的其他设备,从而给公司的生产经营造成一定的不利影响。此外,本项目的成功与否,将对本公司的未来发展起到至关重要的作用。

(2)TO-92封装生产线技改项目风险

TO-92封装形式的小功率晶体管应用面广,市场容量大,但存在着为表面贴装器件所替代的趋势,因此该项目具有一定的技术风险。

(3)无铝量子阱半导体激光器产业化项目风险

本项目产品的核心技术来源于中科院长春光学精密机械与物理研究所,本公司与中科院长春物理研究所已签订了合作开发和生产的协议.但由于半导体激光器技术发展极为迅速,中科院长春光学精密机械与物理研究所的研究开发水平将在很大程度上影响本项目的发展潜力.

6、股市风险

公司股票价格不仅取决于企业的经营状况,同时也受到投资者心理、股票供求关系、国家宏观经济状况及政治、经济、金融政策等诸多因素的影响,从而直接或间接使投资者面临投资风险。而且,现阶段我国股票市场正处于逐步发展、完善规范阶段,因此投资者应对股市风险有充分的认识。

(二)风险因素对策

针对上述风险因素,公司将积极采取以下对策:

1、经营风险对策

(1)针对原材料供应风险

本公司将在与国内外现有供应商建立长期定点供应关系的基础上,进一步开展战略性合作,协助供应商提高生产效率,降低生产成本,以减少材料价格上升所带来的不利影响,同时在确保质量的条件下,进一步扩大供应渠道,避免对个别供应商的依赖。对于进口依赖性较大的部分原材料,积极开展国产化工作,以保证公司可以长期获得质优价廉的原材料。

(2)针对主要客户的依赖风险

为适应电子整机厂商"一揽子采购"的潮流,公司将努力以具有竞争力的价格向客户提供多品种、多系列的高质量产品,不断强化售后服务与技术协作,全方位地满足用户的高需求。同时,进一步扩大销售渠道,在稳步发展应用于消费类电子领域产品的同时,避免对主要客户的过分依赖。

(3)针对产品结构相对集中风险

公司将在稳定生产现有3DD系列功率晶体管的基础上,充分利用公司制造功率半导体器件的技术特长,不断开发技术含量和附加值较高的新产品,发展计算机、通信、电力电子、汽车电子等领域应用的功率半导体器件,特别是发展迅速的场控型功率器件和功率集成电路以及光电器件,努力实现公司产品结构的系列化和多元化,以降低产品品种单一所带来的经营风险,与此同时,公司将以上市为契机,以资本经营为手段,推行相关多元化战略,进一步扩展公司的产品系列,以增强公司的竞争实力。

(4)针对环保因素的限制

本公司始终高度重视环境保护,对环保风险拟采取以下对策:第一,严格执行国家环保法律法规和有关标准,不断提高员工的环保意识;第二,加大环保方面的投入,采用国际先进可靠的环保技术和设备对"三废"进行处理,污染物均经处理后达标排放;第三,严格按照ISO14001标准实施环保管理,力争通过ISO14001体系认证。

同时,本公司继续高度重视安全生产,建立完善的安全生产保障体系,制订有严格的安全操作规程,并实行逐级、逐岗位的安全责任制,定期进行安全检查监督。

本公司连续十年为吉林市安全生产先进单位。

2、市场风险对策

(1)针对相关行业的制约

本公司将大力开展市场调查和预测,及时调整产品结构,科学组织生产以降低商业周期对公司经营的影响。

另一方面本公司功率半导体器件生产基地技改项目完成后,将加快计算机、通信、电力电子、汽车电子用功率半导体器件和光电器件的批量化生产步伐,开辟新的市场领域,提高产品的技术附加值,增强企业的盈利能力,以降低彩电行业过度竞争所带来的不利影响。

(2)针对我国加入WTO的风险

本公司将首先继续通过加强成本控制、提高产品质量、改进售后服务等措施,发挥公司原有的价格和服务优势;其次,实施国际营销战略,进一步拓展国际市场,提高产品在国际市场上的竞争力,同时公司将充分利用和发展本公司多年积累起来的开发和生产功率器件的技术特长,不断强化研究开发力度,不断提升公司的产品开发和工艺技术水平,不断巩固公司的竞争优势,扩大产品的市场份额。

(3)针对市场开拓潜力的制约

首先,本公司将通过不断提升产品设计和工艺技术水平,努力以具有竞争力的价格向用户提供高性能、高质量的产品,并不断完善质量保证体系,强化质量管理。其次,不断提高技术服务水准,推行品牌建设,逐步树立公司产品在国内外的信誉度和知名度。第三,通过发展与国外大半导体公司的合作,开展委托加工业务,借牌立足,加快公司产品加入国内外市场的步伐。

(4)针对行业竞争风险:

目前功率半导体领域我国仅有少数几家企业从事芯片的制造,能够生产彩电用功率管的只有本公司等两家企业,并且本公司产品在产量上占有绝大部分份额,同时由于半导体产品尤其是芯片的制造技术极为复杂,资金投入量大,规模效应明显,进入壁垒较高,为此本公司今后将充分利用现有有利的竞争地位,进一步加快技术改造的步伐,加大研究开发的投入力度,加快产品结构的调整,扩大经济规模,发挥规模经济效应,提高公司的核心竞争能力,不断巩固自身的竞争优势。

3、技术性风险之对策

(1)针对产品生产技术的风险

本公司建设中的功率半导体器件生产基地技改项目,在工艺设备和净化厂房等硬件设施上可满足生产小功率器件、场效应功率器件以及功率集成电路的要求,并可兼容生产技术较为成熟的双极型功率器件。同时,本公司将定期派遣工程技术人员赴国外培训,并制订各类人员培训计划,使公司员工满足工艺技术进步的要求。

(2)针对核心技术人员的依赖和技术人员流失的风险

本公司拟进一步完善激励机制,引入期权制度,以使公司核心技术人员的切身利益和公司的长远发展紧密相连,以充分调动本公司现有核心技术人员的积极性,并增强本公司吸收外部高级技术人员的吸引力,同时,本公司拟将研发机构设在深圳、上海等信息和人才相对密集的地区,以便于吸引高级技术人员。

(3)针对新产品开发的风险

本公司将进一步加强在研究开发方面的投入力度,建设计算机辅助设计系统,为研究开发部门开发新产品提供必要的技术手段。

4、财务风险之对策

(1)针对外汇风险

本公司将通过进一步拓展国际市场,发展委托加工业务,努力扩大出口份额,并加强对进口原材料和设备的计划管理,力争外汇收支平衡,以降低汇率风险。同时,密切注意国际外汇市场的变化,选择对公司有利的结算币种,以回避汇率风险,降低财务费用。

(2)针对短期偿债风险

本公司将充分重视日常现金流量的管理,多渠道开源节流;加大对应收帐款的控制力度,加快应收帐款的周转速度;严格费用管理,控制各项开支。同时公司在今后的生产经营中将会充分重视流动性负债的风险,保持正常、合理的财务状况。

(3)针对高负债风险

①本次发行募集资金到位后,将使公司的净资产大幅度提高,资产负债率大幅降低,能够达到正常、合理的水平;

②按照募集资金使用计划,募集资金到位后将归还先期购买生产设备的贷款6000万元,可以进一步降低资产负债率,同时减少利息支出,增加公司效益;

③募集资金到位后,会显著增加公司的营运资金,从而有能力扩大生产,增加销售,提高效益,使公司的生产经营步入良性循环。

(4)针对应收帐款风险

本公司将进一步完善公司的信用政策和催帐程序,同时拟在财务部设一个专门信用管理机构,负责公司的信用管理,以加快货款回收速度,最大限度地避免坏帐损失。

(5)针对现金流量风险:

①本公司的产品销售有一定的季节性,主要集中在下半年,随着9-12月销售收入的大幅增加,将增加公司的现金流入;

②本公司的在建工程项目将于2001年初完成,随着销售收入的增加,将提高公司的现金流

入;

③本公司将加强对存货及预付款项的管理,加快应收帐款的周转速度,努力增加现金流入,使现金流量保持在合理的水平。

(6)针对融资能力的局限性

本公司得到国家在产业政策的大力扶持,多年来银行对本公司的技术改造积极予以支持,今后,公司将进一步密切与银行部门的合作。同时公司股票发行并上市后,将充分利用资本市场,进一步拓宽融资渠道。

5、项目风险之对策

(1)针对半导体功率器件生产基地技改项目的风险

通过国外引进和自主开发,本公司批量化生产双极型功率器件的工艺技术已具有国际水准。本公司拟将上述成熟技术进一步用于新开发的类似产品生产中,同时,拟通过进一步培训工艺操作人员、强化工艺控制和工艺管理等措施,使已开发新产品的批量化生产技术不断成熟并完善。

(2)针对 TO-92 封装生产线技改项目风险

募股资金到位后,公司拟采取多种措施,尽早实现项目建成投产,同时抓住国际 TO-92 晶体管的封装市场大量向我国转移的契机,积极发展来料加工业务,力争用较短的时间收回项目投资。

(3)针对无铝量子阱激光器项目的风险

本公司拟进一步深化与中科院长春光学精密机械与物理研究所的合作关系,并在资金上为中科院长春光学精密机械与物理研究所开发性能更为先进、质量更可靠的半导体激光器给予扶持,同时,输送有关技术和工艺操作人员赴中科院长春光学精密机械与物理研究所进行培训,为本项目的批量化投产积累技术人员。

6、股市风险之对策

股票市场的价格波动是股市运行的正常现象,为此,本公司提醒投资者,必须充分意识到可能遇到的风险,提高风险承受能力,理智作出投资决策。本公司将遵循有关法律法规的要求,严格履行信息披露义务,及时公开披露有关重要信息,以避免公司股票价格的不正常波动,尽可能降低投资风险。另一方面,公司将采取多种措施,不断增强盈利能力,努力以稳定增长的业绩回报股东。

六、募集资金的运用

公司本次拟向社会公开发行社会公众股 5,000 万股,按每股 8.42 元的价格发行,如发售成功,预计可募集资金 40,500 万元(扣除发行费用),计划投资以下项目:

(一)半导体电子大功率器件生产基地技术改造项目

该项目属于国家重点鼓励发展的新型电子元器件行业,已经吉林省经济贸易委员会受国家经济贸易委员会委托以吉经贸改字[1998]127 号文件批准,为国家"九五"双加工程项目。

1、项目实施方案

(1)工艺设备:主体工艺设备如扩散炉、外延炉、投影光刻机、干法刻蚀机等从 IBM 日本分公司引进,部分设备采用进口散件组装和国内攻关设备。以上设备具有目前功率半导体器件领域的国际先进水平,可兼容场控型器件、功率集成电路、双极型器件、二极管等各类新型功率半导体器件的生产。

(2)硅片尺寸:采用 4-5 英寸硅片,可满足各类功率半导体产品低成本高效率的生产要求,并与国外先进企业保持同步。

(3)工艺厂房:采用荷兰克里斯多公司的设计方案,总净化面积 3000 平方米,大面积工艺区净化级别达到 0.3 微米一级,可满足先进的场控型器件及功率集成电路生产的需要。

(4)产品选型:达产初期,重点生产技术开发完备、市场较为成熟、硅片尺寸为 4-5 英寸的各种新型功率半导体产品。同时,随着技术和市场的不断成熟,稳步实现国际先进的新型场控器件和功率集成电路的批量化生产。

(5)关键技术及来源:4 英寸产品小信号开关晶体管、小功率可控硅、高频大功率晶体管、达林顿晶体管已在现有的 3 英寸线上完成小批量试投产,技术开发完备,工艺技术先进成熟,在本项目建成后的新线上可进一步降低成本、提高性能,实现批量化生产;5 英寸产品稳压集成电路、肖特基管、快恢复二极管已由本公司研发部门试制成功,工艺成熟,可实现批量化生产;T-MOS 管等新型场控型器件的工艺技术需要在生产中逐步成熟、完善。

2、市场前景

1989 年下半年以来,随着世界范围内信息化进程的不断加快和半导体产业的全面复苏,功率半导体行业已步入新一轮的高速增长时期。据美国 Frost Sullivan 咨询公司的统计,1999 年北美地区功率半导体的市场达到 42.4 亿美元,比 1998 年增长 11.4%。另据英国 Miller Free-man 公司调查资料显示,1999 年全球功率半导体产业的产值达到 75 亿美元,到 2002 年将迅速递增至 120 亿美元,年平均增长率为 20%左右。

支撑全球功率半导体市场需求强劲增长的主要动力,是计算机、通信及网络产品、便携式电子产品等的迅猛发展,导致为上述产品配套的电源及驱动装置呈现爆发性增长。据美国 Darell Group 公司资料显示:预计 2000 年仅通信电源的全球市场规模就将达到 121 亿美元,到 2005 年将迅速增长到 436 亿美元,年均增长率将高达 29.2%左右。

国内方面,据 CCID 估算,1999 年功率半导体产品的应用市场达到 60 亿元人民币左右,预计未来几年会出现很大的跃升,其增长幅度将超出全球平均水平。

3、项目投资估算及效益预测

本项目总投资 28,795 万元,其中固定资产投资 19,944 万元,新增流动资金 8,851 万元。从国外引进关键工艺设备,改建扩建厂房 9,750 万平方米,建设一条具有国际先进水平的新型功率半导体器件(电力电子器件)生产线。项目建设期 1.5 年,建成达产后产品可大量替代进口。

本项目达产后,年新增销售收入 37,632 万元,年新增利润为 6,252 万元。项目内部收益率 24.9%(税后),投资回收期为 5.13 年(从投资之日起计算)。

4、目前项目的进度及后续施工计划

(1)目前建设进度

①设备

公司成立前集团公司以银行贷款先期从 IBM 日本分公司购入本项目主要工艺设备 66 台套,包括离子注入机、光刻机、LPCVD、APCVD、PECVD、清洗机、探针机、划片机、测试仪等,公司成立时上述设备由集团公司全部投入到本公司;公司成立后,以自筹资金购入本项目所需其他设备 36 台套,截止于 2000 年 9 月 30 日,本项目所需设备已经基本到位,共计人民币 11,129 万元,占本项目总投资的 38.65%。

②生产厂房及辅助单位

1999 年下半年以来,全球半导体市场出现强劲复苏,为抓住半导体市场的有利发展机遇,减轻股份公司的财务负担,使股份公司的资产负债率保持在适当的水平,集团公司在 1999 年 8 月以自筹资金进行本项目所需生产厂房及辅助单位的土建施工。截止于 2000 年 9 月 30 日已完成打桩、基础梁/承台施工、生产厂房施工、生产厂房大型钢屋架吊装、生产厂房封顶以及生产厂房建筑装修;气体站、动力站、化学仓库、锅炉房土建施工等;共投入资金 5,511 万元,占项目总投资的 19.14%。

(2)后续施工计划

①2000 年 9 月-2001 年 1 月

集团公司按照生产厂房及辅助单位的施工安排及实际进度,预计在 2000 年 9 月-2001 年 1 月将完成外管网施工;厂区道路施工、围墙施工等工程;同时将进行动力设备的管道安装;主厂房净化气流安装、调线;工艺设备安装调试;完成一次、二次配管;净化气流测试与验收。预计以自筹资金投入 2,489 万元。本项目主要生产及辅助厂房将基本完工,主要生产线将基本安装完成。同时集团公司进行厂房建设的阶段工程决算。

②2001 年 2 月-4 月

根据公司与集团公司签定的《房产转让协议》,2001 年 1 月募集资金到位后将以工程决算价格收购集团公司的厂房等工程,并将继续进行以下工作:单道工艺试验;打通工艺线,试投片等,预计以募集资金仍将投入资金 815 万元。

③2001 年 4 月至 2001 年末

本项目预计于 2001 年 4 月全部完工,并进行试生产。预计 2001 年下半年正式生产。2002 年末达产。

5、募集资金投入计划

本次发行预计募集资金 40,500 万元,计划以 23,701 万元投入本项目。具体使用计划如下:

(1)归还用于先期购买 IBM 日本分公司设备的银行贷款,共计 6,035 万元。

(2)用 8000 万元收购集团公司建造的工艺厂房及辅助设施:

●收购原因:1999 年下半年以来全球半导体市场出现强劲复苏,为抓住半导体市场的有利发展机遇,减轻股份公司的财务负担,使股份公司的资产负债率保持在适当的水平,因此由集团公司建造本项目所需的工艺厂房及辅助设施,并在本公司募集资金到位后进行收购;

●收购价格:根据公司与集团公司签定的《房产转让协议》,在募集资金到位后将聘请有资格的工程造价咨询机构进行工程决算,然后聘请有证券业务资格的评估机构对在建工程的决算价值进行评估,并以评估价值作为工艺厂房及辅助设施的收购价格,预计收购价格为 8,000 万元。上述《房产转让协议》已经发行人股东大会审议并通过,除集团公司以外的其他股东就以上的募集资金用途和拟收购价格的具体事项通过书面方式确认同意。

(3)收购工艺厂房及辅助单位后,为打通工艺线及试投片拟投入资金 815 万元。

(4)本项目正式投产后拟投入流动资金 8,851 万元。

(二)功率晶体管 TO-220 封装生产线技术改造

该项目已经吉林省经济贸易委员会吉经贸改字[2000]658 号文批准可行性报告。

(1)市场前景

TO-220 型封装的功率晶体管主要有双极型功率晶体管、可控硅及功率 MOS 晶体管,其中:TO-220 型封装的双极型功率晶体管制造成本低、性价比适合,广泛应用于电视机、显示器、PC 机、高效节能灯及工业自动控制等领域;TO-220 封装的可控硅则用于电视机、显示器的保护电路、摩托车及汽车自动点火器、节能照明等方面;TO-220 封装的功率 MOS 晶体管因具有优良的电气性能,在电机变频装置、固态继电器、计算机外设及显示器、计算机及通信电源、UPS 电源、电子节能灯等领域保持着大量应用。由于 TO-220 型封装的功率晶体管的耗散功率通常在 40-60W 范围,难以为集成电路所取代,因此随着 3C 类电子整机产品的迅猛发展,其消耗量将不断增长。

据测算,国内目前 TO-220 封装的功率晶体管市场需求量多达 6-8 亿只,另据中国半导体行业协会调查,国内具有 TO-220 型封装能力的企业不到十家,年封装能力不足 2 亿只,国内供不应求,市场急需开拓。

同时,我国正面临世界半导体产业第三次大转移时期,其中半导体封装正向我国迅速转移,因此预计未来 TO-220 型封装的加工贸易需求将快速扩张。

2、项目投资估算及效益预测

本项目总投资 4,060 万元,其中:固定资产投资 2,960 万元,流动资金 1,100 万元。拟新购置国产仪器设备 11 台套,引进国外设备 24 台套。项目建设期 1 年,建成达产后,可新增封装 1.3 亿只功率晶体管的生产能力。

项目达产后,年新增销售收入 6,500 万元,新增利润 1,307 万元,内部收益率 31%(税后),投资回收期 4.6 年(从投资之日起计算)。

(三)TO-92 晶体管封装生产线技术改造项目

该项目已经吉林省经济贸易委员会吉经贸改字[2000]659 号文批准可行性报告。

(1)市场前景

TO-92 封装形式以其体积小、重量轻、耐振动、抗冲击、高密封性、高可靠性、便于自动化装机插件、便于大规模自动化生产等诸多优点,而被广泛应用于双极型晶体管、结型场效应管、可控硅、快速恢复二极管等多种中小功率器件的封装,从整机应用领域来看,TO-92 型封装的晶体管占晶体管总量的半数以上份额,属于量大面广的产品,在电视机、显示器、音响、节能灯、汽车、通迅、电子玩具、计算机外设、机电仪器等几十类电子整机行业,TO-92 型封装产品有着十分广泛的应用空间。

据中国半导体行业协会测算,目前国内 TO-92 型三极管消耗量为 52 亿只左右,但国内 TO-92 型三极管年封总能力仅有 35.8 亿只,且一半以上为出口加工,国内供不应求,存在严重的不适应需求的矛盾。随着我国信息化建设事业的发展并迅速成为全球最重要的 3C 类电子整机产品的生产和装配国,TO-92 型三极管的应用前景十分广阔。

另一方面,国际半导体工业发达国家纷纷将劳动密集、投资相对少、技术相对低的分立器件封装业向亚太地区特别是我国转移,造成国内分立器件封装的加工贸易发展迅猛。因此 TO-92 型封装产品的出口潜力亦十分看好。

2、项目投资估算及效益预测

本项目总投资 3,892 万元,其中:固定资产投资 2,892 万元,流动资金 1,000 万元,拟新购置国产仪器设备 20 台(套),引进国外仪器设备 39 台(套),形成封装 TO-92 产品 5 亿只的生产规模。项目建设期 1 年。

本项目达产后,可年新增销售收入 4,500 万元,新增利润总额 987 万元,内部收益率 40%(税后),投资回收期 3.8 年(从投资之日起计算)。

(四)无铝量子阱功率半导体激光器项目

该项目属于国家重点鼓励发展的光电子产业,经吉林省计划委员会以[1999]1241 号文批准可行性报告。

(1)项目产品及其应用。

本项目产品 808nm 波段 LD 属于短波长 LD,主要特点为大功率,其中无铝量子阱 LD 由于采用有源区不含铝和应变量子阱技术具有高可靠和寿命长的优点,用途广泛,极具发展潜力。该种器件的应用方式可分为两种:一种作为泵浦固体、气体激光器的泵浦源,另一种是直接利用该 LD 的辐射光。808nmLD 泵浦的固体激光器目前广泛应用于材料加工、光通信、光存储、图像记录等民用领域,以及制导、测距、照明、大气传输等军用领域。而 808nm 波段 LD 的直接应用更为广泛:在民用方面,材料加工、印刷以及医疗是增长最快的市场;在军用方面,可用于成像雷达、激光测距和武器引爆等领域。

中国科学院长春光学精密机械与物理研究所为我国最早研制半导体激光的单位之一,在一系列半导体激光器的研制中积累了丰富的经验,在国内率先研制成功 1W 以上 808nm 无铝量子阱大功率 LD。目前本公司通过与中国科学院长春光学精密机械与物理研究所合作开发,已实现项目产品的小批量试投产。

2、市场前景

近十年来,国际商用半导体激光器市场以平均每年 20%的速度增长,军用市场增长率更高,有的年份增长速度达到 200%。国际市场半导体高功率激光器的价格为 S250/W,而用半导体激光器做成的整机和系统的产值比半导体激光器本身的产值高出 10 倍以上,因此半导体激光器应用前景极为广阔。

808nm 无铝量子阱大功率 LD 在国内亦极具市场潜力。据初步测算,目前国内对 808nm 无铝量子阱大功率 LD 的潜在市场需求约为 120 万只左右,其中:约需 14 万只用于固体、气体激光器的泵浦源,约需 1 万只用于激光测距,需 1 万只用于指纹检测,约需 5 万只用于激光制导、激光引信等军用领域,约需 100 万只用于激光光盘存贮。

3、项目投资估算及效益预测

本项目总投资为 5,800 万元,其中:固定资产投资 4,900 万元,流动资金 900 万元。项目建设期 1 年,建成达产后,可年新增销售收入 12,500 万元,新增利润总额 3,706 万元。内部收益率为 31%(税后),投资回收期 5 年(从投资之日起计算)。

(五)计算机管理网络建设项目

企业的管理信息系统将迅速建立企业和用户之间统一的信息交流渠道,有效地促进企业各部门之间以市场为中心的协作,实现企业经营方式的转变。以 ERP 建设为契机,企业可以进一步改善管理,改变企业与用户、企业各级决策者与下属以及各处室职工之间的信息交流方式。

本项目将建成物资供应管理、销售管理(内销、外销)、人事管理、财务管理、设备管理、生产计划制定、质量管理、劳资管理、成本核算管理、领导办公、内部策划、档案管理等办公自动化管理等子系统,实现各种业务信息高度集成,业务人员和管理人员能够快速得到各种信息,最大限度享有各种业务数据;加强各种业务工作的规范化和标准化,减少人工操作的随意性,从而降低了人为因素对业务工作的影响;同时避免各种业务数据在部门间传递过程中由于人为传递而造成的错误;为管理者提供决策支持的数据依据,做到事先预测,事中控制,事后反馈;培养起一批既懂管理又懂计算的复合型管理人才,为企业的今后发展打下坚实的基础,为软件的后期维护打下一定的基础。

本项目总投资预算为 894 万元;其中:软件投资 344 万元,硬件投资 550 万元。

(六)计算机辅助设计系统(CAD)项目

目前,国际上流行的功率半导体器件及集成电路计算机辅助设计系统主要包括:Ca-dence 半导体器件及集成电路设计软件,Medici 功率半导体器件分析软件,Suprem-4 工艺仿真软件,ULTRE-60SUN 工作站,介后膜分析设备等。

Cadence 是国际上通用的半导体器件及集成电路设计软件,含有版图设计、系统仿真、线路仿真、设计规则检查等功能。

Medici 是功率半导体器件设计分析的国际公认的通用软件,能对半导体功率器件的工作机理进行深入的研究,如它可以分析功率器件中的电流分布、电场分布、电势分布等,得到器件的优化设计结构,从而得到性能最佳的器件.

Suprem-4 是国际上公认的最符合工艺实际情况的工艺仿真软件,通过这一软件可以定量地分析工艺过程,明确某一工序是否符合需求,如离子注入及退火,通过 Suprem-4 的模拟可以知道传源、杂质分布的情况。

以上软件是在 SUN 工作站上运行的,因此需要购买 SUN 工作站 ULTRE-60。

扩展电阻分析设备能分析杂质在半导体中的分布,这是半导体加工工艺监测的关键环节之一。

介后膜分析设备能分析半导体器件结构中的关键部分如 SiO2 膜、Si3N4、SIPOS 膜等等。

本项目总投资 1,460 万元,其中软件投资 1,234 万元,硬件投资 226 万元。

(七)补充流动资金 693 万元。

综上所述,以上项目共需资金 40,500 万元。项目完成后,将新增销售收入 61,132 万元,新增利润 12,252 万元。

(八)募集资金运用计划

募集资金运用计划

单位:万元

项目	2001 年	2002 年	2003 年	合计	内部收益率
半导体电子大功率器件生产基地技术改造项目	14,850	4,851	4,000	23,701	24.9%
功率晶体管 TO-220 封装生产线技术改造	4,060			4,060	31.0%
TO-92 晶体管封装生产线技术改造项目	3,892			3,892	40.0%
无铝量子阱功率半导体激光器项目	4,730	1,070		5,800	31.0%
计算机管理网络建设项目	550	344		894	
计算机辅助设计系统(CAD)项目	1,460			1,460	
补充流动资金	693			693	
合计	30,235	6,265	4,000	40,500	

注:1、以上项目按轻重缓急顺序排列。

2、由于部分募集资金拟分两年投入以上项目,因此,如果募集资金未能立即应用于以上项目时,为保证投资者利益,本公司承诺投资过程中的闲置资金将用于银行存款或其他适当运用,以保证资金的安全性和短期投资收益,或者用于补充本公司日常经营所需的流动资金。

3、半导体电子大功率器件生产基地技术改造项目中,根据《房产转让协议》,2001 年 1 月股份公司以工程决算价格收购集团公司建造的工艺厂房及附属设施,预计收购金额约 8,000 万元。在 2001 年的资金使用中,包括预计归还先期购买本项目主体工艺设备的银行贷款 6,035 万元。

七、股利分配政策

(一)本公司股票全部为人民币普通股,每股享有同等权利,实行同股同利的分配政策,按各股东持有股份的比例派发股利。本公司的股利分配在每个会计年度结束后的四个月内由本公司董事会提出方案,经股东大会批准后实施,公司股利派息时间为每年股东大会结束后的两个月内。

(二)根据《公司法》和本公司章程规定,本公司每年的税后利润将按下列顺序和比例分配:

1、弥补以前年度亏损;

2、提取法定公积金 10%;

3、提取法定公益金 5%~10%;

4、提取任意盈余公积金;

5、分配股利。

法定公积金累积额为公司注册资本的 50%以上的,可不再提取。提取法定公积金、公益金后,是否提取任意公积金由股东大会决定。

(三)本公司可以采取现金和股票的形式分派股利。现金股利以人民币派付。公司分派股利时,按有关法律和法规代扣、代缴股东股利收入的应缴税金;

(四)本公司将在本次发行后的第一个盈利年度派发股利,派发时间预计在 2001 年 8 月份以前。

(五)2000 年 1 月 1 日起到公司发行社会公众股之前所实现利润以及 1999 年度留存利润,由新老股东共享;

(六)公司成立后历年的股利分配情况如下:

1999 年公司实现可分配利润 4,637,664.16 元,经 2000 年度股东大会决议,暂不分配。

八、发行人情况

(一)发起人简介

1、主发起人:吉林华星电子集团有限公司

国有独资企业,注册资本 13,932 万元,经营范围包括电子产品、自动化仪表、电气设备;应用软件设计、开发、制造与销售;自营国家批准的进出口业务。

华星集团于 1998 年经吉林市政府批准,以吉林市半导体厂为主体,通过合并、划转等方式改组设立,是国务院确定的 520 户重点国有企业之一。其前身吉林市半导体厂,成立于 1965 年,是我国首批建成的半导体专业生产厂家,在功率半导体器件的制造和销售方面,具有丰富的经验。尤其是高反压大功率半导体器件,无论是其生产能力和市场占有率,还是其质量控制和技术开发水平均在同行业中具有一定的优势。其中自主开发的大屏幕彩电用大功率晶体管,打破了国内市场多年被国外跨国公司所垄断的局面,填补了国内空白,推动了我国半导体分立器件产业的进步,企业因此被原国家科委认定为国家火炬计划重点高新技术企业。

华星集团目前已形成一业为主、多元经营的格局,片式铝电解电容器和模糊控制器业务发展迅速,正成为公司新的经济增长点。

2、其它发起人

(1)国营长虹机器厂

国营长虹机器厂是我国"一五"期间的 156 项重点建设项目之一,以创"世界名牌"为战略目标,通过技术开发、市场开拓、科学管理、股份制改造、资本营运,企业保持高速度增长。其控股子公司四川长虹电器股份有限公司为中国最大彩电基地,并独家荣获"中国彩电大王"殊荣。曾连续四年获"金桥奖","长虹"商标已成为全国驰名商标。

(2)广州乐华电子有限公司

广州乐华电子有限公司为中外合资企业,国家一级计量单位。企业自 1970 年开始生产黑白电视机,1984 年引进日本松下彩电生产线,为当时全国十一家彩电生产定点厂家之一。经过先后五年的技术引进和技术改造,目前已具有单班年产 50 万台彩电的生产能力。"乐华"商标在国内具有较高的知名度,产品曾多次荣获部优、省优名称。

(3)厦门永红电子有限公司

厦门永红电子有限公司是电子部重点扶持的从事高精度半导体和集成电路塑封引线框架开发、生产及精密模具制造的专业厂家。公司拥有的制造精密模具及塑封引线框架生产的先进设备及关键技术、工艺,使永红公司在精密模具及塑封引线框架的开发、生产等方面处于国内同行优势地位。

(4)吉林龙鼎集团有限公司

吉林龙鼎集团有限公司是从事电气开关产品制造和销售的专业生产厂家。企业目前已形成高、低压开关柜、箱式变电站、真空断路器、自动化工控设备、系列母线槽等 14 个产品系列,市场占有率较高,经济效益良好。

(二)发行人概况

1、发行人名称:吉林华微电子股份有限公司

英文名称:JiLinSino-MicroelectronicsCo.,Ltd.

2、发行人住所:吉林市丰满区长江街 100 号

3、发行人简介:

公司成立于 1999 年 10 月 21 日,是由吉林华星电子集团有限公司联合国营长虹机器厂等四家企业共同发起设立的股份有限公司。公司注册资本为 6800 万元,经营范围为半导体分立器件、集成电路、电力电子产品、汽车电子产品、自动化仪表、电子元件、应用软件的设计、开发、制造与销售。已通过中国科学院和国家科学技术部关于高新技术企业的论证,并经吉林省科学技术委员会正式认定为高新技术企业。

公司目前主要从事功率半导体器件的设计、开发、芯片加工及封装业务,芯片加工能力为年投 3 英寸硅片 36 万片,封装能力为年封功率晶体管 2 亿只左右。主导产品硅 NPN 高反压大功率晶体管系列,分别用于彩色电视机的行扫描输出和开关电路以及电子整流器、高效电子节能灯的开关电路,产销量及市场占有率连续多年位于同行业前列。

公司具备较强的自主开发能力,拥有一整套具有自主知识产权的高反压大功率晶体管的专有生产技术,并通过合作开发及自主创新,先后研制成功传输保护二极管、肖特基管、快恢复二极管、高频大功率晶体管、达林顿晶体管、静电感应晶体管、Trench-MOS 晶体管、稳压集成电路等一系列新产品,初步形成了"生产一代、储备一代、开发一代"的技术创新格局。

截止于 2000 年 9 月 30 日,公司拥有职工 1,222 名,其中专业技术人员 391 名;拥有一个研发中心,芯片加工、封装、动力五个车间;占地面积 36,807.15 万平方米。

4、发行人内部组织结构及关联企业情况:

(1)本公司的权力机构是股东大会,实行董事会领导下的总经理负责制。本公司现有 10 个职能部门和 5 个生产车间,组织结构图示如下:(见附图 1)

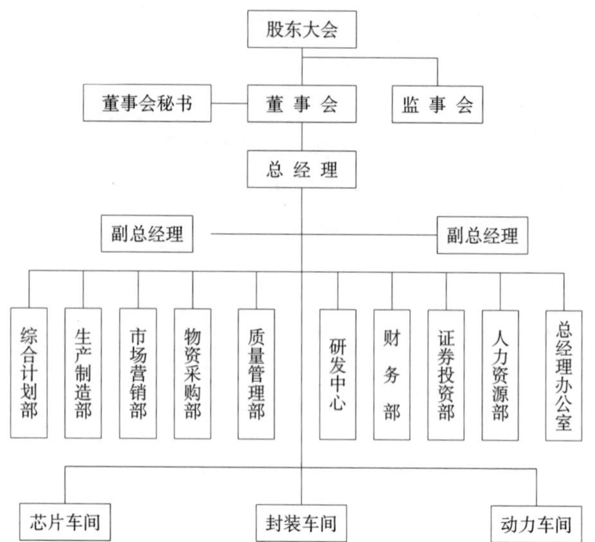

(2)关联企业状况

控股股东:吉林华星电子集团有限公司

控股股东的子公司:

吉林华星电子集团高天实业发展公司,全资子公司,成立于 1993 年 10 月,注册资本 50 万元,经营范围:模具、电子元器件、异型泡沫包装材料、木制品、橡胶制品经销、机械加工、建筑材料、五金、交电、化工、百货、日用杂货、纸箱包装。

吉林华星电子集团华岳物业管理有限责任公司,控股子公司,成立于 1998 年 4 月,注册资本 50 万元,经营范围:住宅小区物业管理、资产经营、餐饮娱乐;家用电子产品及配件、五金、化工产品(不含化学危险品)、建筑材料、钢材、自行车、摩托车、音像制品的批发兼零售。

吉林市吉光电子有限责任公司,控股比例 90%,成立于 1999 年 11 月,注册资本 50 万元,经营范围:电容器及其材料制造加工、销售。

吉林华星电子集团时代电光源有限责任公司,控股比例 83.6%,成立于 1997 年 7 月,注册资本 61 万元,经营范围:电光源产品、电子产品的开发、制造、销售。

吉林华星电子集团新科电子有限责任公司,控股比例 51%,成立于 1998 年 4 月,注册资本 50 万元,经营范围:开发、生产、销售家用电器、工业设备配套的模糊控制器以及相关领域的产品或技术的开发、咨询、服务。

(3)华星集团组织结构图:(见附图 2)

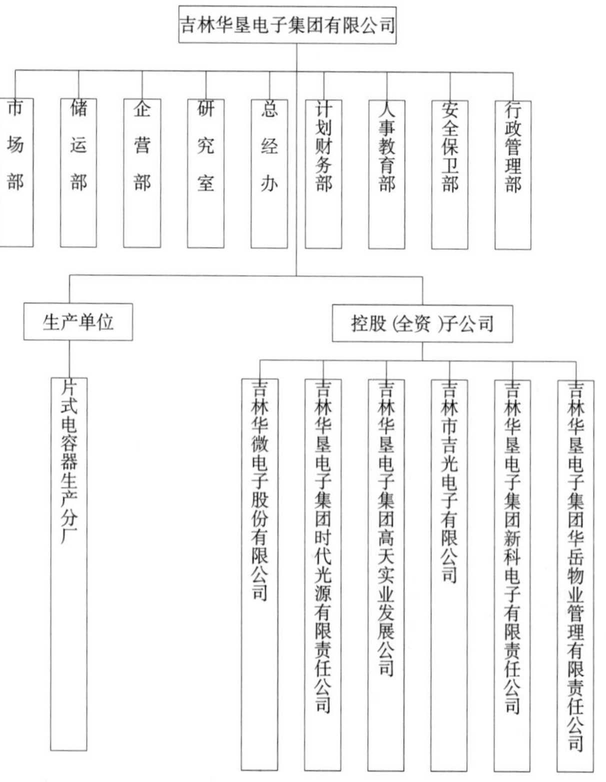

5、职工与福利

截止 2000 年 9 月 30 日,本公司共有 1222 名员工,其构成情况如下:

项目	人数	占总人数

一、员工总人数	1222	
二、平均年龄	28	
三、各专业技术人员		
其中:高级职称	48	4%
中级职称	206	17%
初级职称	223	18%
四、学历结构		
其中:大专以上	467	38%
中专	293	24%
高中	233	19%
其他	229	19%
五、年龄结构		
其中:50 岁以上	9	1%
36-50 岁	249	20%
21-35 岁	964	79%
六、专业结构		
其中:生产人员	637	52%
销售人员	17	1%
采购人员	7	1%
技术人员	391	32%
品质控制	87	7%
管理及财务人员	83	7%

公司执行国家及地方关于职工福利、劳保、待业保险及养老保险的有关规定。根据有关规定,公司为职工支付待业保险、职工养老保险。

6、经营范围

半导体分立器件、集成电路、电力电子产品、汽车电子产品、自动化仪表、电子元件、应用软件的设计、开发、制造与销售。

7、公司主要业务

目前,本公司实际从事功率半导体器件的设计、芯片加工及封装业务。主导产品为 3DD 系列大功率晶体管。

8、产品生产能力及市场份额

(1)生产能力:公司的主要产品为硅 NPN 低频大功率三极管系列,按封装形式分为 TO-3P,TO-220,TO-126,TO-92 等 5 个种类 100 多个规格。芯片加工生产能力为年投 3 英寸硅片 36 万片,封装能力为年封装各种功率半导体器件 2 亿只左右。

(2)市场占有情况

公司主导产品彩电用功率晶体管以及节能灯用功率晶体管的市场占有份额连续多年位居同行业前列,其市场占有率具体如下:

产品名称	计算单位	市场销售总量			本公司销售量			市场份额(%)		
		97 年	98 年	99 年	97 年	98 年	99 年	97 年	98 年	99 年
彩电用功率晶体管	万只	5080	5700	6800	663	1121	1919	13	20	28
节能灯用功率晶体管	万只	8080	18950	37000	3473	8527	16654	43	45	45

注:因资料来源限制,根据 CCID(赛迪)提供的彩电和节能灯的年市场销售量,分别推算彩电用及节能灯用功率晶体管的年市场销售总量。其中,彩电用功率晶体管(行管)按每台彩电使用 1.5 只测算,节能灯用功率晶体管平均按每只产品使用 1 只测算。

(4)销售方式:主要为直接销售,少量产品由代理商销售。

9、工艺技术及工艺流程

(1)工艺技术及其水平

彩电用高反压大功率晶体管的生产过程中,采用了国际上制造同类产品的正台面先进工艺技术,其关键技术包括三重扩散衬底制备、硼乳胶源扩散、光刻接近式曝光、表面 CVD 生长磷硅玻璃及氧化硅膜表面钝化、背面电极多层金属化技术、斜角切割正台面形成、钝化收集保护等,主要从国外引进,其中,三重扩散、背面多层金属化、玻璃钝化等工艺,经过消化、吸收和自主创新形成具有自主知识产权的专有技术。以上技术已成功地应用于公司彩电用高反压大功率晶体管的生产。1997 年 8 月公司大屏幕彩电用高反压大功率晶体管的生产技术被列入"九五"国家科技成果重点推广计划。

节能灯用高反压功率晶体管的生产,采用负台面和平面型工艺技术,具有国际先进水平。其中,负台面工艺主要采用三重扩散衬底制备技术、硼乳胶源扩散技术、负台面形成技术、玻璃钝化切片法技术及玻璃钝化技术、表面 CVD 生长技术、光刻接近式曝光技术、背面电极多层金属化技术等关键技术;平面型工艺除采用三重扩散技术、背面电极多层金属化技术之外,还采用场限环终端技术、多层 LPCVD 膜及掺氧多晶硅表面保护技术等国际上先进的半导体器件制造技术。

(2)主要产品工艺流程图

N+预扩→N+主扩→磨抛→氧化→光刻基区→离子注入硼→氧化退火主扩→光刻发射区→发射区预扩→发射区主扩→SiPOS→光刻引线孔→蒸铝→光刻铝→H2 处理→PECVD 长 Si3N4→光刻压焊区→背面减薄→背面金属化→测试→划片

10、原料

发行人现在和募股后的重要原材料有:

(1)硅单晶片:目前 90%由国内供应商提供,少量进口。年采购金额 2362 万元左右。国内主要供应商为有研硅股份有限公司、浙江硅峰电子有限公司、洛阳单晶硅有限责任公司、深圳富展恒贸易有限公司、河南新乡华丹电子有限公司。

(2)引线框架:供应商均为国内厂商。年采购金额 1,150 万元左右,主要供应商为厦门永红电子有限公司、宁波经济技术开发区康强贸易有限公司、无锡东键精密电子公司。

(3)塑封料:均由国内厂商提供,年采购金额 391 万元,主要供应商为北京科化昌隆新术开发公司、连云港华威电子有限公司。

公司原材料每年 8,400 万元,需用外汇(折合人民币)600 万元左右。

11、能源

主要包括水、电、煤,分别由吉林市自来水公司、东北电力公司提供。年耗电 1,069 万度,单价 0.75 元,年耗电费 801.75 万元;年耗水 64.98 万吨,单价 1.98 元/吨,年耗水费 128.7 万元;年耗费煤 7,000 吨,单价 150 元,年耗煤费用 105 万元。

12、无形资产情况

(1)土地使用权。集团公司以出让方式取得位于吉林市长江街 100 号的面积为 51,907.62 平方米的土地的 50 年使用权,本公司与集团公司签订《土地租赁协议》,以租赁方式取得对其中面积为 36,807.15 平方米生产经营用土地的使用权,期限 50 年,公司每年向集团公司缴纳租金 123,520 元。本公司已经取得期限为 50 年的他项权利证书。

(2)商标。截止 2000 年 9 月 30 日,集团公司及下属子公司共拥有以下商标:注册于半导体系列产品上的 1102652 号、673644 号、1373769 号文字及图形商标、注册于灯系列产品上的 1463191 图形商标以及注册于进出口代理服务类别上的 1372241 号图形商标。1999 年 11 月 2 日,本公司与集团公司就其中注册于半导体系列产品上的 1102652 号、673644 号、1373769 号文字及图形商标签定了《商标使用许可协议》,授权本公司无偿使用。2000 年 11 月 9 日,本公司与华星集团就以上商标签订了《商标转让合同》,华星集团将拥有的以上商标无偿转让给本公司。该《商标转让合同》目前已在国家商标局备案并生效,根据国家商标转让的有关规定,上述商标使用权已经归本公司所有,本公司与集团公司签定的《商标使用许可协议》同时废止。在国家有关主管部门履行法定手续后,上述商标转让正式完成。

(3)专有技术。根据本公司与华星集团签订的《专有技术转让协议》,原华星集团拥有的制造高反压功率晶体管的全套生产技术已无偿转让给本公司,本公司对上述技术拥有所有权。

13、研究与开发

本公司拥有雄厚的技术开发力量,截止 2000 年 9 月 30 日,共有技术人员 391 名,其中:工艺方面的技术人员 183 名,研究开发人员 24 名;高级工程师 11 名,工程师 89 名。

本公司具备较强的自主开发能力,经过多年的研制,已先后试制成功肖特基管、快恢复及软快恢复二极管、传输保护二极管、高频大功率晶体管、可控硅、T-MOS 管、稳压集成电路等一系列新产品,已初步形成"生产一代、开发一代、储存一代"的技术创新格局。

同时,公司注重利用我国雄厚的研究开发资源,积极开展产学研合作,使国内科研院所成为本公司技术发展的有力依托。多年来,本公司通过联合攻关、委托设计、技术转让、技术培训等多种方式,与清华大学微电子所、成都电子科技大学、吉林大学、兰州大学、信息产业部十三所、东北微电子所(47 所)等国内著名的半导体研究开发机构展开了卓有成效的合作,主要成果有:

成果名称	合作对象	用途	完成情况
玻璃钝化用玻璃粉	吉林大学电子工程系	负台面玻璃钝化用	达到日本同类产品水平,可替代进口
高反压大功率管平面技术攻关	吉林大学电子工程系	用于彩电用、彩显用高反压功率晶体管的生产	现已具备批量化生产的成熟程度
静电感应晶体管	信息产业部十三所	用于开关电源、UPS 等领域	已试制 5-10A 产品,并完成小批量生产
选极功率晶体管	山东大学	用于工业自动化设备	已实现小批量生产并出口

14、计划进行的技术改造与项目投资的一般情况:

本公司除第六章所披露的募集资金运用项目外,尚在进行固体放电管自建扩能技改项目。项目总投资 2,300 万元,截止 2000 年 9 月 30 日已完成 93%,预计 2000 年 11 月完工。

15、关联交易:

(1)股份公司成立时的资产重组情况

本次重组过程中,根据股份公司规范运作的要求,本公司与吉林华星电子集团有限公司签订了《重组分立协议》,以 1999 年 6 月 30 日为基准日,对相关资产、负债进行了界定和划分,吉林华星电子集团有限公司投入股份公司的总资产为 29,375.26 万元,负债 19,475.26 万元,净资产 9,900 万元。非半导体业务经营性资产及非经营性资产如职工住房、食堂等未进入本公司,于上述基准日予以剥离。本公司还与吉林华星电子集团有限公司签订了《综合服务协议》、《土地租赁协议》等协议,以明确双方的经济关系,规范有关的关联交易。

公司与主要发起人在土地和建筑物租赁、生活后勤服务等方面的关联交易,公司已与主要发起人遵循市场原则签订一系列法律文件,确保公平交易。

(2)本公司关联企业包括控股股东吉林华星电子集团有限公司及其所属五家子企业,吉林华星电子集团时代光源有限责任公司、吉林华星电子集团高天实业发展公司、吉林市吉光电子有限公司、吉林华星电子集团新科电子有限责任公司、吉林华星电子集团华岳物业管理有限责任公司。

(3)与控股股东的关联交易情况

截止 2000 年 9 月 30 日,本公司与控股股东华星集团的关联交易情况如下:

①产品供应

a、定价原则

根据公司于 1999 年 11 月 2 日与华星集团签订的《产品供应合同》,公司与华星集团及其所属企业每年互相提供产品和配件,销售价格依据市场价格执行,在同等条件下优先提供予对方。

b、交易金额、占销售收入比例

截止 2000 年 9 月 30 日九个月,公司向集团公司出售燃料及其他辅助材料累计 84.51 万元,占当期销售收入的比例为 0.68%,同期,公司为配套销售部分铝电解电容器,从华星集团累计购入 168.38 万元产品,占当期销售收入的 1.36%。

②出口代理

a、定价原则

根据公司与华星集团于 1999 年 11 月 2 日签订的《进出口代理合同》,约定华星集团为公司提供进出口业务代理服务,期限为至本公司取得进出口权,华星集团按实际发生金额 0.5-1%收取代理费。

b、交易金额、占销售收入比例及明细

截止 2000 年 9 月 30 日九个月,公司通过华星集团代理出口产品 462.87 万元,占销售收入的 3.73%。

③动力供应

a、定价原则

根据公司与华星集团于 1999 年 11 月 2 日签订《综合服务协议》,约定由本公司向华星集团提供水、电、汽、照明等供应,按市场定价的原则收取相应费用。

b、交易金额及明细

截止 2000 年 9 月 30 日九个月,公司累计向华星集团收取动力供应费用 110.12 万元;华星集团累积向本公司收取生活服务费用 59.025 万元。

④土地租赁

a、定价原则

根据公司于 1999 年 11 月 2 日与华星集团签订的《土地租赁协议》,约定公司有偿租用华星集团位于吉林市丰满区长江街 100 号面积为 36807.15 平方米的土地,租赁期限为 50 年,年租金 12.352 万元.

b、交易金额

截止 2000 年 9 月 30 日,本公司向华星集团支付土地租金 9.264 万元.

⑤房屋租赁

a、定价原则

根据公司于 1999 年 11 月 2 日与华星集团签订的《房地产租赁契约》,公司以年租金 31.24 万元租用华星集团合法拥有的房屋 2,840 平方米作为办公场所,租赁期为 2000 年 1 月 30 日至 2002 年 1 月 30 日。

b、交易金额

截止 2000 年 9 月 30 日九个月,本公司向华星集团支付 20.8267 万元.

⑥商标

截止 2000 年 9 月 30 日,集团公司及下属子公司共拥有以下商标:注册于半导体系列产品上的 1102652 号、673644 号、1373769 号文字及图形商标、注册于灯系列产品上的 1463191 图形商标以及注册于进出口代理服务类别上的 1372241 号图形商标。1999 年 11 月 2 日,本公司与集团公司就其中注册于半导体系列产品上的 1102652 号、673644 号、1373769 号文字及图形商标签定了《商标使用许可协议》,授权本公司无偿使用。2000 年 11 月 9 日,本公司与华星集团就以上商标签订了《商标转让合同》,华星集团将拥有的以上商标无偿转让给本公司。该《商标转让合同》目前已在国家商标局备案并生效,根据国家商标转让的有关规定,上述商标使用权已经归本公司所有,本公司与集团公司签定的《商标使用许可协议》同时废止。在国家有关主管部门履行法定手续后,上述商标转让正式完成。

⑦资金往来

华星集团公司本期为公司垫付设备款 11,990,822.49 元。本公司成立前,已由集团公司签定了半导体大功率器件项目的部分设备订货合同,本公司成立后,设备陆续到货,由集团公司支付货款并将设备转给本公司,形成 1199 万元的垫付设备款。本公司已经支付部分款项,余额预计在 2000 年末支付。

(4)与其他股东之间的关联交易:

①本公司向国营长虹机器厂销售功率晶体管,销售按照市场价格定价;

2000 年 1-9 月销货为 5,024,386 元;期末应收帐款余额为 8,797,708.27 元。

②本公司从厦门永红电子有限公司购买引线框架,购买按照市场价格定价;

2000 年 1-9 月购货 5,433,772.26 元;期末应付帐款余额为 3,234,930.92 元。

16、本公司从成立至今没有重大改组、变更、收购、兼并、清理整顿行为。

17、优惠或限制条件

(1)本公司于 1999 年 10 月作为高新技术企业注册在吉林高新技术产业开发区。自 1999 年 10 月起,本公司执行 15%的所得税税率。

(2)本公司在生产经营上无任何限制。

九、公司董事、监事及高级管理人员简介

(一)董事

董事长 夏增文先生 48 岁 大学本科学历,高级经济师,1990 年至 1998 年期间任吉林市半导体厂厂长,1998 年起至 2000 年 11 月任吉林华星电子集团有限公司董事长。现任吉林华微电子股份有限公司董事长。

董事兼总经理 郭长印先生 59 岁 大学本科学历,高级工程师,1965 年至 1973 年期间任清华大学无线电系讲师,1979 年至 1998 年期间先后任吉林市半导体厂车间主任、副厂长、厂长、总工程师。1998 年至 1999 年 9 月 30 日任吉林华星电子集团有限公司副总经理、总工程师。现任吉林华微电子股份有限公司总经理。

董事兼副总经理 孙殿昌先生 42 岁 大专学历,工程师,1990 年至 1998 年任吉林市半导体厂车间主任,1998 年至 1999 年 9 月 30 日任吉林华星电子集团有限公司副总经理。现任吉林华微电子股份有限公司副总经理。

董事兼副总经理 徐铁铮先生 36 岁 大学本科学历,高级工程师,1990 年至 1998 年期间,任吉林市半导体厂技术工程部部长、厂长助理,1998 年至 1999 年 9 月 30 日,任吉林华星电子集团有限公司总经理助理。现任吉林华微电子股份有限公司副总经理。

董事兼董事会秘书 丁大月先生 35 岁 硕士研究生学历,经济师,1996 年至 1998 年期间任厦门产权交易中心副总经理,1999 年 6 月加入吉林华星电子集团有限公司,担任总经理助理,现任吉林华微电子股份有限公司董事会秘书。

董事 袁邦伟先生 48 岁 大学本科学历,高级经济师,享受国家特殊津贴的专家,现任四川长虹电子集团有限公司董事、总经理,国营长虹机器厂副厂长。

董事 王阿盘先生 54 岁 大学本科学历,高级工程师,曾任国营七四九厂车间主任,厂长,

现任厦门永红电子有限公司董事、总经理。

董事 吴少章先生 37岁 中专学历,曾任长城电子集团有限公司董事局副主席,现任广州乐华电子有限公司董事长。

董事 徐柏玉先生 45岁 大学本科学历,高级讲师,曾任吉林市电力器材有限公司董事长,现任吉林龙鼎集团有限公司董事长。

独立董事 梁春广先生 61岁 教授级高级工程师,中国工程院院士,曾任国家"863计划"主任委员、首席科学家。现任信息产业部电子十三所副所长、副总工程师。

独立董事 单建安先生 43岁 博士 高级研究员,功率半导体器件及功率集成电路国际会议的技术委员、国际电力及电子工程师协会电子器件协会的技术委员、微电子测试结构国际会议的技术委员。现任香港科技大学副教授。

(二)监事

监事会召集人 李日珍女士 47岁 大专学历 政工师 1993年至1998年期间任吉林半导体厂党委办公室主任,自1998年起任吉林华星电子集团有限公司党委办公室主任。

监事 蒋平化先生 26岁 本科学历 助理经济师,1998年至1999年9月30日任吉林华星电子集团有限公司人事教育部副部长、部长,现任吉林华微电子股份有限公司人力资源部经理。

监事 赵东军先生 32岁 大专学历 1998年至1999年9月30日任吉林华星电子集团有限公司研究室主任,现任吉林华微电子股份有限公司物资采购部经理。

(三)其他高级管理人员

财务部经理 韩毅先生 31岁 本科学历 会计师 曾任吉林华星电子集团有限公司财务部副部长,现任吉林华微电子股份有限公司财务部经理。

十、经营业绩

(一)生产经营的一般情况

本公司是半导体领域的高新技术企业,拥有制造高反压大功率晶体的核心技术,具备较强的自主开发能力;公司主导产品3DD系列功率晶体管产销量和市场占有率连续多年位据同行前列。

本公司充分利用长期形成的市场优势和营销渠道,不断扩大产销规模,提高市场份额,经济效益稳步增长。同时,公司充分利用自主开发能力,经过多年的研制,已先后开发出肖特基二极管、传输保护二极管、高频大功率晶体管、达林顿晶体管、静电感应晶体管、稳压集成电路等一系列市场容量大、附加值较高的新产品,以优化产品结构,扩大生产规模。

(二)前三年及最近一期的经营业绩

(1)前三年及最近一期的销售收入及净利润

单位:千元

	2000年1-9月	1999年度	1998年度	1997年度
销售收入	124,162	159,584	119,437	83,886
净利润	15,379	17,331	14,854	6,939

(2)业务收入的主要构成

1997年 产品名称	数量(万只)	收入(万元)	占收入的比重	1999年 数量(万只)	收入(万元)	占收入的比重	1998年 数量(万只)	收入(万元)	占收入的比重
彩电塑封管	1,919	8,598	53.9%	1,121	6,047	50.6%	663	4,406	52.5%
节能灯用管	16,654	6,745	42.3%	8,527	5,705	47.8%	3,473	3,755	44.8%
其他		616	3.8%		192	1.6%		227	2.7%
小计	18,818	15,959	100%	9,753	11,944	100%	4,250	8,388	100%

(三)完成的重大项目、科研成果及获奖情况

1、目前已完成的新产品开发项目

本公司研究开发部门通过自主开发以及与国内科研院所联合开发,已成功试制一系列应用面广、附加值较高的新产品,主要包括:

(1)二极管系列(diodes)

固体放电管:一种传输保护器件,用于通信设备中雷电、过载及浪涌保护,广泛应用于程控交换机、电话机、ISDN、FAX、MODEM和无线遥控设备等领域,是国际上90年代研制成功的新型功率半导体器件,由本公司研究开发部门自主研制成功。

肖特基管:为一种低压整流器件,是功率半导体器件的重要一支。由于电子产品向"轻、薄、短、小"方向的发展以及工作电压的不断降低,肖特基管的应用领域日益拓展,目前为计算机及外部设备、移动通信设备以及便携式电子产品等广泛采用。该器件为本公司研究开发部门自主研制成功。

快恢复及软快恢复二极管:一种低压整流器件,与VDMOS、IGBT等功控器件配合使用,用于手提电脑、手机、BP机等便携式电子产品的开关电源,由本公司研发部自主开发。

(2)晶体管系列(Transistors)

彩显用高频大功率晶体管:应用于彩色显示器的行偏转扫描输出。该产品本公司研究开发部门充分利用已经掌握的高反压大功率晶体管的生产技术,在现有的3英寸线上成功试制的新产品,已通过例行试验及质量一致性实验,合格率达到国外同类型号产品的合格率,处于小批量试生产和用户试用阶段,可实现批量化生产并替代进口。

达林顿晶体管:用于汽车、摩托车自动点火装置,由公司研究开发部门自主开发完成,该器件生产工艺与节能灯用功率晶体管生产工艺基本兼容,已在3英寸线上通过了批量生产,产品质量经我国最大的汽车电子产品配套厂长春市北方电子厂认定,达到摩托罗拉公司同类产品水平,可替代进口,已列入吉林省重点新产品推广计划。

NPN、PNP对管:用于家电音响装置的功率放大和功率输出,由本公司研究开发部门自主开发完成。该产品在3英寸线上已完成小批量试生产,并通过例行试验和质量一致性试验,可批量化投产,在建成的芯片生产线上可进一步提高性能并降低成本。

静电感应晶体管(BSIT):一种场效应功率晶体管,由本公司和信息产业部十三所合作研制成功。本产品采用了大面积微细加工、光刻自对准低压CVD、氧化硅多晶硅生长、等离子细线条干法刻蚀等多项先进半导体制造加工技术。产品性能指标达到国内同类产品先进水平,产品质量已通过信息产业部半导体器件质量监督控测中心检测。该产品为目前电子节能灯用双极型功率晶体管的优先换代产品。

T-MOS晶体管:一种场效应功率晶体管,具有驱动功率低、稳定性好、开关速度快、抗干扰能力强等特性,广泛应用于计算机、通信等的开关电源。该产品由本公司研究开发部门利用了Trench工艺技术自主开发完成。

(3)晶闸管系列(Thristors)

主要为小功率(2A以下)可控硅,主要应用于摩托车及汽车电子点火器、显示器及电视机的保护电路等领域,由本公司自主研制完成,在3英寸线已实现小批量生产。

(4)稳压集成电路

功率集成电路是功率分立器件与传感电路、保护电路、检测电路等集成在一起,具有逻辑控制、保护、传感、控制、自诊断等功能的专用集成电路,因而实现了功率半导体器件的集成化,是功率半导体器件的发展方向,其市场前景日益广阔,已广泛应用于各种民用及军用电子设备。目前本公司研究开发研制完成的是稳压集成电路,其工艺为集成电路的常规工艺。

(5)半导体激光器系列(LaserDevice)

半导体激光器是发展迅速的光电器件的一个重要分支,应用前景广阔,其中:长波长、低功率器件主要应用于光纤通信,短波长、高功率器件广泛用于光盘存储、激光加工、激光医疗、激光打印等民用领域以及激光制导、激光引信等军用领域。808nm无铝量子阱高功率激光器是本公司从中国科学院长春物理所引进的国际领先产品,该器件的生产工艺部分与本公司现有的平面型生产工艺相兼容,本公司与中国科学院长春物理所合作已试制出小批量产品并投放了市场。

2、拟开发的新产品

场控型功率器件及功率集成电路代表着功率半导体器件的发展方向,也是本公司未来的发展重点.根据本公司已拟订的发展战略,在未来一段时间,本公司拟重点开发以下技术含量和利润附加值较高的产品:

应用于计算机、通信、开关电源等领域的VDMOS器件;

应用于家电变频调速装置的IGBT器件;

应用于各种驱动装置的功率集成电路。

3、科研成果获奖情况

(1)1995年12月,公司彩电大功率晶体管生产线技术改造项目荣获电子工业部电子工业"八五"优秀技术改造项目证书;

(2)1997年9月,公司大屏幕彩色电视机用高反压大功率晶体管生产技术项目被国家科委列入《国家级科技成果重点推广计划》。

(3)1997年12月,公司3DD13002,3DD13003,3DD13005型节能灯用双极型晶体管荣获国家科委、外经贸部、技术监督局、环保局、税务总局共同颁布的"国家重点新产品"证书;

(4)1998年8月,公司低频高反压大功率晶体管技改项目荣获国家科技部火炬优秀项目二等奖;

(5)1998年11月,公司3DD2253,3DD1433,3DD4745、3DD1556型大屏幕彩电用晶体管荣获国家科技部、技术监督局、外经贸部、环保局、税务总局共同颁发所的国家重点新产品证书。

(四)产品的市场情况

公司目前生产的功率晶体管,主要应用于彩电、电子整流器、电子节能灯、电源及工业自动化设备等,产品用户主要为长虹、康佳、TCL以及浙江阳光、深圳华强等国内大型彩电及节能灯厂家,产品销售范围覆盖广东、福建、上海等国内56个城市,部分产品远销新加坡、日本、美国、香港等国家和地区,产品销售量和市场占有率居国内同类产品前列。

(五)产品性能与质量

1、产品技术性能

公司目前主导产品彩电用高反压大功率晶体管以及节能灯用高反压大功率晶体管,是在消化吸收美国BU208和日本东芝公司先进技术基础上,综合运用了多领域的多种高技术,由本公司自主开发的具有国际水准的高技术产品。上述产品的技术性能均达到国际IEC标准以及国际同类产品水平,

2、产品质量水平

公司奉行质量优先方针,严格执行ISO9002标准,从原材料采购、芯片加工、封装、外协到成品交验具有严格的质量保证措施,具备规范化的质量检验标准和质量管理工作制度,建立了严密的质量保证体系,已于1995年1月通过ISO9002质量体系论证,并于1999年通过QC-CECC赛宝质量体系认证中心的复审,再度获颁ISO9002证书(编号0999B097)

公司始终贯彻PDCA方法,并不断强化员工的质量意识,广泛开展QC小组活动,使产品质量稳步提高,其中:

芯片制造的合格率稳定在80%以上,后部封装的合格率稳定在96%以上,综合合格率达到77%以上,接近或达到国际先进水平;

主导产品均达到或超过国际IEC标准,多数产品质量达到国际同类产品的水平;

多种型号的产品或被授予全国市场享誉产品或被评质量等级一等品或荣获全国优等品质量等级证书。

(六)生产经营设备及主要固定资产的增加、改进情况

公司在"六五"、"七五"、"八五"期间先后实施了三期技术改造,从美国、日本、瑞士等七国先后引进了具90年代初国际先进水平的关键工艺装备,本公司现拥有3英寸芯片生产线一条,其中关键设备包括抛光机2台、磨抛机2台、扩散炉1台、光刻机10台、电子束蒸发台2台、APCVD1台、LPCVD2台、PECVD2台、等离子刻蚀机2台、划片机5台、自动清洗机8台、全自动参数分选机2台、全自动探针测试台2台等均从美国、日本、瑞士等国引进,具备90年代初国际先进水平,是目前国际上制造高反压大功率晶体管芯片普遍采用的工艺设备。

本公司在封装车间建有TO-2P、TO-3、TO-220、TO-92、TO-1265条封装生产线,关键工艺设备包括自动粘片机3台、键合机32台、包封机10台、全自动参数分选机2台、自动探针测试台2台,达到国内先进水平。

本公司拥有1000级净化厂房3900平方米,具有维持净化厂房正常运转的高纯水、高纯气体工艺系统和"三废"处理系统,以及全套动力设备和产品检测、例行试验设备,可满足生产高反压大功率晶体管的要求。

截止2000年9月30日,公司共拥有设备1,075台(套),其中关键设备369台(套)。

(七)职工数量与人员素质方面的变化

作为技术密集的高科技企业,多年来公司始终坚持"以人为本"的理念,把人力资源作为企业最宝贵的资源。公司每年都引进、招聘大量工程技术、营销、管理等各类专门人才,专业人才的数量在全部员工中的比重逐年提高,截止2000年9月30日,公司共有各种专业技术人员391人,占公司员工总数32%;营销人员17人,占员工总数1%,管理及财务人员83人,占员工总数的7%。

公司非常重视员工队伍的建设,已建立了完善的员工培训、考核、使用一体化的运行机制,每年对员工举办技术培训、岗位培训等各种专门培训活动,提高员工的整体业务水平和文化素质。公司尤为注重对高级科研专门人才的选聘和培养。公司先后与清华大学、吉林大学合作,为公司培养中、高级科研专门人才,进一步增强公司研究开发的后劲。

十一、股本

(一)股本的形成

吉林华星电子集团有限公司将其半导体器件开发、生产、供应、销售等生产经营性资产加以重组,以1999年6月30日为基准日进行评估,经国家财政部财评字[1999]448号文确认:总资产29,425.34万元,总负债19,475.26万元,净资产9,950.08万元。在实际资产投入过程中,为便于国有股权管理,经吉林省国资局批复同意,其中50.08万元现金未投入股份公司,集团公司实际投入股份公司的净资产为9,900万元,并按1.5:1的比例折为6,600万股国有法人股,占总股本的97.06%。其余四家国营长虹机器厂、广州乐华电子有限公司、厦门永红电子有限公司、吉林龙鼎集团有限公司各投入现金75万元,并按上述相同比例各折股50万股,各占总股本的0.735%,合计折股200万股,占总股本的2.94%。公司总股本为6,800万股。上述股本业经上海众华沪银会计师事务所有限公司(原"上海中华会计师事务所")以沪中字[1999]第716号验资报告验证。

(二)本次发行后,公司溢价发行所得超过面值部分列入公司资本公积金,将用于"募集资金的运用"一节中所述项目的投资。

(三)本次发行前后,公司股本结构如下:

股份种类	发行前 股数(万股)	占总股本比例	发行后 股数(万股)	占总股本比例
国有法人股(发起人股)	6,800	100%	6,800	57.63%
社会公众股			5,000	42.37%
合计	6,800	100%	11,800	100%

(四)本次发行成功后,公司净资产为52,702万元,每股净资产4.47元,发行前每股净资产1.79元。

(五)股票回购程序

根据《公司法》第149条的规定,公司不得收购本公司的股票,但为减少公司资本而注销股份或者与持有本公司股票的其他公司合并时除外。公司收购本公司的股票后,必须在十日内注销该部分股票,依据法律、法规的规定办理变更登记并公告。

(六)主要股东

本公司此次发行前前五名股东名单:

单位	持股数(万股)	比例
吉林华星电子集团有限公司	6600	97.060%
国营长虹机器厂	50	0.735%
广州乐华电子有限公司	50	0.735%
厦门永红电子有限公司	50	0.735%
吉林龙鼎集团有限公司	50	0.735%

以上股东持有的股权目前不存在质押情况,无未了结的诉讼或仲裁事项。

(七)公司董事、监事、高级管理人员持股情况

本公司董事、监事、高级管理人员未持有本公司股份。

十二、债项

以下资料摘自吉林华微电子股份有限公司会计报表附注。

1、截止于2000年9月30日短期借款情况:

贷款单位名称	币种	发生日期	到期日	借款金额	利率%	借款条件
建行吉林高新支行	人民币	2000.4	2001.4	40,000,000.00	5.85	担保
工行吉铁办	人民币	2000.5	2001.5	10,000,000.00	5.85	担保
工行吉铁办	人民币	2000.5	2001.5	30,000,000.00	5.85	担保
合计				80,000,000.00		

2、截止于2000年9月30日,一年内到期的长期借款情况:

贷款单位名称	币种	发生日期	到期日	借款金额	利率%	借款条件
工行吉铁办	人民币	1997.7.28	2000.9.28	6,000,000.00	10.98	担保
工行吉铁办	人民币	1998.7.8	2001.6.20	1,000,000.00	7.11	担保
合计				7,000,000.00		

3、截止于2000年9月30日,长期借款情况:

贷款单位名称	币种	发生日期	到期日	借款金额	利率%	借款条件
工行吉铁办	人民币	1998.7.27	2003.10.21	3,000,000.00	8.01	担保
工行吉铁办	人民币	1998.7.14	2002.7.15	7,000,000.00	7.65	担保
工行吉铁办	人民币	1998.7.20	2002.10.21	10,000,000.00	7.65	担保
工行吉铁办	人民币	1998.8.28	2003.6.15	10,000,000.00	7.65	担保
工行吉铁办	人民币	1998.11.9	2003.10.25	7,900,000.00	7.65	担保
工行吉铁办	人民币	1999.5.28	2004.5.30	2,000,000.00	7.56	担保
工行吉铁办	人民币	1999.5.28	2004.10.30	2,000,000.00	7.56	担保
工行吉铁办	人民币	1999.5.28	2004.8.25	1,500,000.00	7.56	担保
工行吉铁办	人民币	1999.5.28	2003.5.30	1,500,000.00	7.20	担保
工行吉铁办	人民币	1999.5.28	2003.10.30	1,500,000.00	7.20	担保
工行吉铁办	人民币	1999.5.28	2004.11.25	1,500,000.00	7.56	担保
工行吉铁办	人民币	1999.6.16	2004.7.16	2,000,000.00	6.21	担保
工行吉铁办	人民币	1999.6.16	2004.7.16	2,000,000.00	6.21	担保
工行吉铁办	人民币	1999.6.16	2004.11.16	2,000,000.00	6.21	担保
工行吉铁办	人民币	1999.6.16	2004.10.16	2,000,000.00	6.21	担保
工行吉铁办	人民币	1999.6.16	2004.9.16	2,000,000.00	6.21	担保
借款利息				3,699,204.75		
合计				61,599,204.75		

4、或有事项

截止2000年9月30日,公司有未到期银行承兑汇票贴现总计150万元。

5、主要合同承诺

除上述以外,截止2000年9月30日,本公司无任何未偿还的按揭、抵押或债券、其他借贷资本、银行透支、贷款、其他类似债项、担保或其他重大或有负债。

十三、财务会计资料

(一)审计报告

吉林华微电子股份有限公司全体股东:

我们接受委托,审计了吉林华微电子股份有限公司(以下简称贵公司)2000年9月30日、1999年12月31日、1998年12月31日、1997年12月31日的资产负债表和2000年1-9月、1999年度、1998年度、1997年度的利润表以及2000年1-9月的现金流量表。这些会计报表由贵公司负责。我们的责任是对这些会计报表发表审计意见。我们的审计是按照《中国注册会计师独立审计准则》进行的。在审计过程中,我们结合贵公司的实际情况,实施了包括抽查会计记录等我们认为必要的审计程序。

我们认为,上述会计报表符合《企业会计准则》和《股份有限公司会计制度》的有关规定,在所有重大方面公允地反映了贵公司2000年9月30日、1999年12月31日、1998年12月31日、1997年12月31日的财务状况和2000年1-9月、1999年度、1998年度、1997年度的经营成果以及2000年1-9月的现金流量情况,会计处理方法的选用遵循了一贯性原则。

上海众华会计师事务所　　　　中国注册会计师　林东模

　　　　　　　　　　　　　　中国注册会计师　沈　蓉

中国·上海　　　　　　　　　　2000年10月21日

(二)财务会计资料

1、前三年及最近一期资产负债表(见附表1)

2、前三年及最近一期利润及利润分配表(见附表2)

3、2000年1-9月现金流量表(见附表3)

(三)会计报表注释

1. 基本情况

(1)公司组建情况

吉林华微电子股份有限公司(以下简称公司)原名吉林华星科技股份有限公司,是由吉林华星电子集团有限公司作为主发起人,以集团公司半导体器件业务的相应经营性资产投入,联合国营长虹机器厂、厦门永红电子有限公司、广州乐华电子有限公司、吉林龙鼎集团有限公司共同发起设立的股份有限公司,经国家科技部、中国科学院认定为高新技术企业。公司注册资本6,800万元,每股面值1元,由吉林华星电子集团有限公司(以下简称华星集团)出资6,600万元,占股本总额的97%,其余发起人各出资50万元,共计200万元,占股本总额的3%。1999年10月21日在吉林省工商行政管理局领取了企业法人营业执照,注册号2200001033040。公司变更后,于2000年5月12日取得变更后企业法人营业执照。

(2)主要发起人情况

华星集团是我国首批建立的半导体功率器件生产企业之一,目前是全国规模最大、实力最强、发展最快的半导体功率器件生产企业,同时是国有大型一类企业,全国520户重点国有企业和全国66户重点高新技术企业之一。华星集团主要从事半导体功率器件、片式电解电容器及电子仪器仪表的科研、开发、生产和经销业务,其中彩电用、节能灯用大功率晶体管的市场占有率均为全国第 ,达林顿晶体管是目前国内唯 可以大量用丁汽车电了点火装置的大功率晶体管。目前,华星集团已形成较大的技术开发优势、质量优势、成本优势、市场占有率优势,具有很强的市场竞争能力。

(3)发行人基本情况

公司是一家以半导体器件、集成电路、电力电子产品、汽车电子产品、自动化仪表、电子元件、应用软件的设计、开发、制造与销售为主的高科技企业。公司的主导产品半导体功率器件无论是在生产能力和市场占有率方面,还是质量控制和技术开发水平方面在同行业中均占据明显的优势,其中大屏幕彩电用大功率晶体管,打破了国内市场多年为国外跨国公司垄断的局面,填补了国内空白,推动了我国半导体分立器件产业的进步。1998年,公司3DD型大屏幕彩电用大功率晶体管被国家科技部、税务总局、外经部、技术监督局、环保局授予国家重点产品。公司自成立以来,依靠已有的技术优势、质量优势、成本优势、市场占有率优势,经过自身的不懈努力,收入不断增长。

(4)资产评估及股权管理情况

以1999年6月30日为基准日,华星集团拟投入公司的帐面净资产为8253万元,经北京中咨资产评估事务所评估并出具中咨评(1999)314号评估报告,并报经财政部以财评字(1999)448号文件确认,经评估后吉林华星电子集团有限公司可投入公司的资产总额为29,425万元,负债总额为19,475万元,净资产为9,950万元。经吉林省国有资产管理局以吉国资企函(1999)42号《关于吉林华星科技股份有限公司国有股权管理有关问题的批复》的批准,同意华星集团将净资产9,900万元按66.67%的比例折为6,600万股(每股面值1元),其余3,300万元记入公司的资本公积金。其余发起人各投入75万元,共计300万元,持200万股。上述股本经上海众华会计师事务所(原上海中华会计师事务所)验证,并出具沪中会字(99)第716号验资报告。

2. 会计报表编制的基准

华星集团作为主发起人,以实物资产进行投资,根据改制方案,把与从事半导体器件开发、生产、销售相关的资产全部投入股份公司,在进行资产剥离、负债剥离、人员剥离后,编制股份有限公司会计报表。公司作为会计报表的会计主体,假定公司现时的架构在报告期初已经存在,在报告期内未发生重大变化,按《股份有限公司会计制度》编制了会计报表。公司资产、负债、收入、成本、费用的剥离原则和方法是:

2.1 剥离的原则

原改制企业主要业务为半导体器件的开发、生产、销售和片式电容等产品的开发、生产和销售。公司根据改制方案,将与半导体器件开发、生产、销售有关的资产、负债、收入、成本、费用等划归拟改制公司(以下简称公司),与片式电容及其余产品有关的资产、负债、收入、成本、费用等以及非经营性资产不划归拟改制公司。

上述剥离遵循配比原则,并使公司成立后供、产、销系统独立完整。

2.2 剥离的方法

资产

●流动资产:把与半导体器件开发、生产、销售相关的货币资金、应收票据、应收帐款、其他应收款、预付帐款等划归公司,其中三年以上的应收款项不划归公司;把与半导体器件业务相关的原材料、在产品、产成品等存货全部划归公司。

●长期投资:因被投资单位与半导体器件开发、生产、销售基本无关,故不划归公司。

●固定资产:把与半导体器件开发、生产、销售相关车间的厂房、通用设备、专用设备、辅助设备、生产用运输设备、办公用设备、其他设备划归公司。为半导体大功率生产基地技术改造项目购进的设备划归公司。

●无形资产及其他资产:非经营性无形资产不划归公司;公司以后发展所需的资产划归公司。

负债

●流动负债:把与半导体器件开发、生产、销售相关的应付帐款、应付票据、预收帐款、其他应付款等划归公司;与半导体器件生产、销售相适应的应交税金、其他应交款划归公司,短期借款根据借款用途划分。

●长期负债:因长期借款主要是为公司项目借款,故基本上划归公司;长期应付款及相应的融资租赁固定资产与半导体器件开发、生产、销售无关,不划归公司;住房周转金按人员比例剥离;其他长期负债主要为科技部门对半导体器件产品的拨款,故全部划归公司。

所有者权益

●根据上述划归公司的资产总计减负债总计计算所得。

收入

●主营业务收入:与半导体器件业务相关的产品收入划归公司。

●其他业务收入:与半导体器件业务相关产品的材料边角料收入划归公司。

●其他收入:与以后生产经营中可能发生的营业外收入划归公司;与以后生产经营中不可能发生的营业外收入、补贴收入不划归公司。

成本费用

●主营业务成本:已发生的与半导体器件业务相关的主要产品成本划归公司。

●其他业务成本:与半导体器件业务相关产品的材料边角料成本划归公司。

●经营费用、管理费用:凡能具体辨明不属于为半导体器件生产经营、销售所发生的管理费用,具体为离退休人员的工资、下岗分流人员工资及相应的附加(福利费、工会经费、教育费附加、养老统筹、公积金)、非生产用房折旧及房产税、水电费、与土地相关的税费、与不投入公司运输设备相关的折旧及相关费用,不划归公司;凡能分清归属的管理费用,具体为剩余的折旧费用,财产保险费,剩余的运输费划归公司;凡不能分清归属的剩余管理费用,如交际应酬费、办公费、差旅费、行政管理部门职工工资和福利费及附加等,按划入公司的主营业务收入占原集团公司主营业务收入的比例计算所得费用划归公司。

●财务费用:利息支出按划归改制公司与半导体器件生产经营、销售相关的借款应负担的利息支出划归公司;凡不能分清归属的财务费用(利息收入、手续费等),按公司主营业务收入占原有企业主营业务收入的比例计算划归公司。

利润

●按上述收入及成本费用剥离的原则和方法计算得出利润总额。

●按公司应税所得额及实际享有的税率计算所得税,利润总额减所得税得出公司净利润。

2.3 资产、负债、所有者权益、收入、费用、利润差异:

单位:万元

	1999年6月30日			1998年度			1997年度		
	股份	原企业	差异	股份	原企业	差异	股份	原企业	差异
资产	27675	64617	36942	23231	52560	29329	17246	32351	15105
负债	19475	44418	24943	15728	32252	16524	11228	17332	6104
所有者权益	8199	20187	11988	7502	20308	12806	6018	15019	9001
收入	6552	8558	2006	11944	15304	3360	8389	12573	4184
费用	1204	2019	815	2544	4447	1903	2390	4550	2160
利润总额	583	210	(373)	1753	546	(1207)	825	756	(69)

3. 公司主要会计政策,会计估计和合并会计报表的编制方法

3.1 会计制度:公司成立前执行《工业企业会计制度》,成立后执行《股份有限公司会计制度》及其有关补充规定,编制报表时已按《股份有限公司会计制度》进行了调整。

3.2 会计年度:公司的会计期间采用日历制,即自公历1月1日至12月31日为一会计年度。

3.3 记帐本位币:公司以人民币为记帐本位币。

3.4 记帐基础和计价原则:公司以权责发生制为记帐基础,除公司改制成立时,对进行资产评估的资产按评估价值进行计价外,各项资产以历史成本为计价原则。

3.5 外币业务核算方法:公司外币业务以业务发生当日的市场汇率中间价为折合汇率,月末对货币性资产负债帐户中的外币余额按月末市场汇率重新折合,重新折合人民币数额与帐面人民币余额的差额作为汇兑损益,以财务费用项目计入当期损益。

3.6 合并会计报表编制方法

(1)合并范围的确立原则:公司对其它单位投资占该单位有表决权资本总额50%或50%以上,或虽然占该单位有表决权资本总额不足50%,但具有实际控制权的,该单位列入合并范围。

(2)合并所采用的会计方法:合并报表以母公司和纳入合并范围的子公司的个别报表以及其它有关资料为依据,合并各项目数额编制而成。合并时,公司的重大内部交易和资金往来均相互抵销。

3.7 现金等价物的确定标准:公司将凡同时具备期限短、流动性强、易于转换为已知金额现金、价值变动风险很小的投资,确认为现金等价物,列入现金流量表。

3.8 坏帐核算方法

(1)坏帐的确认标准:A.因债务人破产或死亡,经清算仍然不能收回的应收帐款;B.因债务人逾期未履行偿债义务超过三年或有明显迹象,确定不能收回的应收帐款。

(2)坏帐损失的核算方法:公司采用坏帐备抵法,按应收款项期末余额帐龄百分比计提。实际发生的坏帐损失在履行了规定的审批手续后,冲减坏帐准备。具体计提方法如下:

应收款项帐龄	计提标准	计提比例
1年以下	年末余额	2%
1年-2年	年末余额	5%
2年-3年	年末余额	10%
3年-5年	年末余额	50%
5年以上	年末余额	90%

3.9 存货核算方法:公司的存货主要包括原材料、在产品、自制半成品和产成品等。原材料和自制半成品采用计划价格核算,在领用及发出时,通过材料成本差异科目将计划成本调整到实际成本。在产品通过月末盘点,确定耗用成本。在产品、产成品等领用及发出采用加权平均法确定其成本。低值易耗品及包装物采用领用时一次摊销法。

存货跌价准备的计提方法:公司期末存货按成本与可变现净值孰低法计提存货跌价准备。

3.10 短期投资核算方法:公司短期投资按取得时的实际成本计价,短期投资持有期间所获得的现金股利或利息,除取得时已记入应收股利或利息外,以实际收到时作为投资成本的收回,冲减短期投资的帐面价值。

短期投资跌价准备的计提方法:公司期末按帐面投资总额与市价孰低法计提短期投资跌价准备。

3.11 长期投资的核算方法:

(1)长期股权投资:对持股占20%以上,或虽不足20%但有重大影响的投资采用权益法核算,持股20%以下的投资,采用成本法核算。股权投资差额按10年摊销,如经营期限短于10年,按经营期限摊销。

(2)长期债券投资:按实际支付的价款核算,债券的利息收入按权责发生制处理。并同时按直线法摊销其溢价或折价,列为各期损益。

(3)长期投资减值准备的提取方法:采用逐项计提方法。公司对被投资单位由于市价持续下跌或被投资企业经营状况恶化等原因,导致其可收回金额低于长期投资的帐面价值,并且这种降低的价值在可预计的将来期间内不可能恢复时,将可收回金额低于长期投资帐面价值的差额,首先冲抵该项投资的资本公积准备项目,不足冲抵的差额部分,确认为当期投资损失。已确认损失的长期投资的价值又得以恢复的,在原已确认的投资损失的范围内转回。

3.12 固定资产计价和折旧方法

(1)固定资产的标准:公司将使用年限在一年以上,单项价值达到或超过人民币2000元,且在使用过程中保持其实物形态的资产列为固定资产。

(2)固定资产的分类:公司将固定资产分为房屋及建筑物、通用设备、专用设备、运输设备及其它设备。

(3)固定资产的计价方法:华星集团投入的固定资产按评估后原值计价,以后增加固定资产按实际成本计价。

(4)固定资产的折旧方法:固定资产预留3%的残值,按直线法在其使用年限内计提折旧,各类固定资产的使用年限及折旧率列示如下:

资产类别	折旧年限	年折旧率
房屋及建筑物	35年	2.77%
专用设备	10年	9.7%
通用设备	15年	6.47%
运输设备	10年	9.7%
办公设备	10年	9.7%

其它设备	10年	9.7%

3.13 在建工程的核算方法：

在建工程按实际成本记帐，用于工程项目的借款利息，在工程交付使用前计入在建工程，在工程交付使用后计入当期损益，在建工程于交付使用时转入固定资产。

3.14 无形资产计价和摊销方法：

无形资产按实际成本计价，在受益期内平均摊销。

3.15 开办费，长期待摊费用摊销方法：

公司开办费，长期待摊费用分五年平均摊销。

3.16 借款费用的会计核算方法：

借款发生的利息支出，属于筹建期间的计入开办费；属于与购建固定资产相关的，在固定资产交付使用之前计入相关固定资产的购建成本，在固定资产交付使用后计入当期损益；属于生产经营期间的，计入当期损益。

3.17 收入确认原则：

销售产品：公司销售商品，以商品所用权上的重要风险和报酬转移给买方，公司不再对该商品实施继续管理权和实际控制权，相关的收入已经收到或取得了收款的证据，并且与销售该商品有关的成本能够可靠地计量，确认收入实现。

3.18 所得税的会计处理方法：

公司所得税的处理方法采用应付税款法。

3.19 会计政策变更

公司根据财政部财会字[1999]35 号《股份有限公司会计制度有关会计处理问题补充规定》的要求，从 1999 年 1 月 1 日起改变如下会计政策：

(1)坏帐准备原按直接冲销法计入坏账费用，现改为对应收款项按帐龄分析法计提坏帐准备(如注释 3-8 所述)。

(2)短期投资原不计提跌价准备，现改为按总体投资项目期末帐面成本与期末市值孰低的原则计提短期投资跌价准备，预计损失计入当期损益。

(3)存货原不计提跌价准备，现变更为按期末存货成本与可变现净值孰低原则计提存货跌价损失准备，预计损失计入当期损益。

(4)长期投资原不计提减值准备，现改按所投资项目预计可收回金额低于帐面价值的差额计提减值准备，预计损失计入当期损益。

上述会计政策变更已采用追溯调整法进行了调整。因坏帐准备计提方法变更的留存收益累计影响数为 1,737,768.89 元，其中调减了 1997 年前利润 706,874.00 元，调减了 1997 年利润 461,571.08 元，调减了 1998 年利润 305,114.96 元，调减了 1999 年利润 264,208.85 元。2000 年调减利润 349,617.46 元。

4. 税项

税项	税率	计税基数
所得税	15%	应纳税所得额
增值税	17%	增值额
营业税	5%	营业额
城建税	7%	应纳增值税、营业税等

公司已被认定为高新技术产业企业，注册于国家批准的高新技术产业开发区，按规定执行所得税税率为 15%。

5. 主要会计报表项目：

5.1 货币资金：

	1999 年 12 月 31 日	2000 年 9 月 30 日
现金：	79.94	340.80
银行存款：	5,302,006.05	1,758,539.29
合计：	5,302,085.99	1,758,880.09

5.2 应收帐款

	1999 年 12 月 31 日			2000 年 9 月 30 日		
帐龄	金额	比例(%)	坏帐准备	金额	比例(%)	坏帐准备
1 年以内	74,207,757.61	97.43%	1,484,155.15	90,800,537.69	96.76%	1,816,010.75
1 年-2 年	1,961,015.14	2.57%	98,050.76	3,042,582.37	3.24%	152,129.12
合计	76,168,772.75	100.00%	1,582,205.91	93,843,120.06	100.00%	1,968,139.87

应收帐款主要集中在长虹等实力及信誉较好的大企业，回款率较高，对其他企业销货时采取欠款限额供货和款到发货的措施，严格控制发生坏帐的风险，因此一年以内的应收帐款按 2% 计提坏帐准备，低于 5%。

上述款项中无持公司 5% 以上表决权股份的股东欠款。

其中应收款前五位如下：

单位名称	余额	欠款期限	欠款原因
惠州长城集团有限公司	3,840,611.10	1 年以内	销货款
TCL 王牌电器有限公司	5,252,768.88	1 年以内	销货款
上海广电股份有限公司金星电视总厂	4,101,529.40	1 年以内	销货款
四川长虹国营机器厂	8,797,708.27	1 年以内	销货款
顺德市华强五金电器厂	4,767,927.45	1 年以内	销货款

应收帐款 1998 年比 1997 年增长 39%，主要为公司 1998 年销售收入比 1997 年增长造成。

5.3 其它应收款：

	1999 年 12 月 31 日			2000 年 9 月 30 日		
帐龄	金额	比例	坏帐准备	金额	比例	坏帐准备
1 年以内	7,778,149.61	100%	155,562.98	5,925,228.06	99.75%	118,504.56
1-2 年				14,838.45	0.25%	741.92
合计	7,778,149.61	100%	155,562.98	5,940,066.51	100.00%	119,246.48

上述款项中无持公司 5% 以上表决权股份的股东欠款。

其中大额余额单位如下：

单位名称	性质	余额	欠款期限
公司职工	暂借款	484,580.09	1 年以内
证券投资部	上市费用	1,050,000.00	1 年以内
北京开思软件技术有限公司	非贸易往来	625,500.00	1 年以内
中国外运吉林公司大连办事处	非贸易往来	160,857.40	1 年以内
昌邑邮局	非贸易往来	292,613.60	1 年以内

其中：证券投资部的上市费用包括预付的上市律师费 35 万元，上市审计费 70 万元。上述上市费用按有关规定可以从股票发行溢价中扣除。

5.4 预付帐款：

帐龄	1999 年 12 月 31 日	比例	2000 年 9 月 30 日	比例
1 年以内	4,472,330.94	67.72%	26,218,088.55	86.57%
1-2 年	1,226,477.23	18.57%	2,409,408.23	7.96%
2-3 年	905,501.40	13.71%	1,657,767.33	5.47%
合计	6,604,309.57	100.00%	30,285,264.11	100.00%

上述款项中无持公司 5% 以上表决权股份的股东欠款。

其中大额余额单位如下：

单位名称	欠款期限	余额	欠款性质
浩源国际有限公司	1 年以内	6,023,000.00	材料款
Tesece Corporation	1 年以内	1,253,417.76	材料设备款
天津净化设备厂	1 年以内	1,214,642.08	设备款
大连保税区络斯国际工贸公司	1-2 年	880,000.00	备件款
上海伟富阀门配件公司	1 年以内	768,573.08	备件款

预付帐款 2000 年比 1999 年增长 359%，主要为公司为进一步扩充生产能力及销售，预付的材料款、备件款、设备款。

5.5 存货：

项目	1999 年 12 月 31 日	2000 年 9 月 30 日
包装物	92,779.49	95,331.99
低值易耗品	166,912.82	133,481.50
产成品	8,862,625.46	10,510,851.18
在产品	6,132,672.66	9,032,091.65
委托加工材料	434,513.32	488,455.25
原材料	4,434,004.09	9,591,346.45
合计	20,123,507.84	29,851,558.02

公司的产品市场占有率较高，期末存货帐面价值均小于可变现净值，故不需计提存货跌价损失准备。

公司可变现净值的确认依据为：(1)产成品：公司资产负债表日前后的销售同一产品的价格减一定的销售税金及销售费用；(2)原材料(包括委托加工材料、包装物、低值易耗品)：公司资产负债表日前后的购入相同或相似材料的价格；(3)在产品：按产成品确认的可变现净值与完工程度计算确认。

5.6 待摊费用：

项目	1999 年 12 月 31 日	2000 年 9 月 30 日
新产品物耗	148,490.00	91,905.95
合计	148,490.00	91,905.95

5.7 固定资产：

原值	1999 年 12 月 31 日	本期增加	本期减少	2000 年 9 月 30 日
房屋建筑物	42,273,830.2			2 42,273,830.22
专用设备	82,295,749.00	259,996.00	3,200.00	82,552,545.00
通用设备	7,133,079.00	109,904.00		7,242,983.00
运输设备	482,550.00		93,600.00	388,950.00
办公设备	687,600.00	181,440.00		869,040.00
合计	132,872,808.22	551,340.00	96,800.00	133,327,348.22

累计折旧	1999 年 12 月 31 日	本期增加	本期减少	2000 年 9 月 30 日
房屋建筑物	9,175,072.05	875,068.29		10,050,140.34
专用设备	32,287,834.92	6,012,866.43	553.28	38,300,148.07
通用设备	2,522,162.56	347,539.29		2,869,701.85
运输设备	388,539.12	45,577.08	47,876.40	386,239.80
办公设备	206,362.32	43,141.20		249,503.52
合计	44,579,970.97	7,324,192.29	48,429.68	51,855,733.58
净值	88,292,837.25			81,471,614.64

5.8 在建工程：

项目名称	预算	1999 年 12 月 31 日	本期发生	本期转固定资产	2000 年 9 月 30 日	项目进度	资金来源
半导体大功率生产基地技术改造项目	28,795 万	77,603,028.13	33,685,690.84		111,288,718.97	38.65%	贷款及自筹
工程改造放电管专项	2,300 万	14,857,701.13	6,632,024.55		21,489,725.68	93%	自筹
合计		92,460,729.26	26,750,170.53		132,778,444.65		
其中：资本化利息		6,295,537.50	3,699,204.75		9,994,742.25		

半导体大功率生产基地技术改造项目总投资 28795 万元，固定资产投资 19944 万元，流动资金 8851 万元。截止 2000 年 9 月 30 日，本公司累计投入设备款 11129 万元，设备已基本到位。土建工程由集团公司建设，于 1999 年 8 月开工，截止 2000 年 9 月 30 日已投入 5511 万元，预计 2001 年 1 月完工。2001 年 2-4 月本公司预计投资 815 万元。预计本项目于 2001 年 4 月末全部完工。

5.9 开办费：

项目	原始发生额	期初余额	本期增加	本期摊销	期末余额	剩余摊销年限
开办费	450,977.81	435,945.21		67,646.70	368,298.51	4.08

5.10 长期待摊费用：

项目	原始发生额	期初余额	本期摊销额	累计摊销额	期末余额	剩余摊销年限
计算机信息管理系统	100,000.00	80,000.00	13,500.00	33,500.00	66,500.00	3.325

5.11 短期借款：

贷款单位名称	币种	发生日期	到期日	借款金额	利率%	借款条件
建行吉林高新支行	人民币	2000.4	2001.4	40,000,000.00	5.85	担保
工行吉铁办	人民币	2000.5	2001.5	10,000,000.00	5.85	担保
工行吉铁办	人民币	2000.5	2001.5	30,000,000.00	5.85	担保
合计				80,000,000.00		

本期短期借款比上期增加 100%，系公司扩大生产增加借款所致。

5.12 应付帐款：

帐龄	1999 年 12 月 31 日	2000 年 9 月 30 日
一年以内	30,386,034.03	51,856,449.59
1 年-2 年	1,058,985.50	430,353.54
2 年-3 年	11,900,021.50	12,839,230.19
合计	43,345,041.03	65,126,033.32

上述款项中无欠持公司 5% 以上表决权股份的股东款。

公司应付帐款比年初增加 50.25%，为公司进一步扩大生产和销售，提高市场占有率，并按照历年销售增长情况及下半年度的销售预计情况，大量增加购货但货款尚未支付造成。

主要客户如下：

洛阳单晶硅厂	3,426,714.56
厦门永红电子有限公司	3,234,930.92
宁波康盛实业有限责任公司	2,314,846.66
江苏连云港华威电子集团有限公司	1,248,773.04
深圳市富展贸易公司	790,539.94
沈阳西科石英有限公司	526,082.53

5.13 预收帐款：

帐龄	1999 年 12 月 31 日	2000 年 9 月 30 日
一年以内	874,164.16	2,039,663.35
1 年-2 年		85,143.77
合计	874,164.16	2,124,807.12

上述款项中无欠持公司 5% 以上表决权股份的股东款。

前五名如下：

无锡英之杰电子	500,000.00
深圳隆泰欣达实业有限公司	478,075.00
中国电子进出口公司吉林公司	100,811.87
南京华东电子管厂	68,893.77
佛山回龙照明电器有限公司	56,000.00

5.14 应付福利费：

1999 年 12 月 31 日	2000 年 9 月 30 日
1,519,301.43	2,795,740.32

增减变动如下：

年初余额	1,519,301.43
加：本期计提	1,396,185.71
减：本期支付	-119,746.82
期末余额	2,795,740.32

5.15 应交税金：

税种	税率	1999 年 12 月 31 日	2000 年 9 月 30 日
增值税	17%	4,789,283.40	10,836,272.77
城市建设维护税	7%	335,249.83	664,005.83
所得税	15%	485,323.50	3,245,370.31
合计		5,609,856.73	14,745,648.91

5.16 其它未交款：

项目	1999 年 12 月 31 日	2000 年 9 月 30 日
教育费附加	143,678.51	439,518.95

5.17 其它应付款：

帐龄	1999 年 12 月 31 日	2000 年 9 月 30 日
一年以内	22,685,136.46	13,170,681.16

1年-2年		460,423.04
3年以上	54,696.85	54,696.85
合计	22,739,833.31	13,685,801.05

上述款项中欠持公司5%以上表决权股份的股东华星集团8,443,771.07元。

前五名如下:	性质	余额
集团公司	暂借款	8,443,771.07
市自来水管处	水费	589,644.37
运输公司	运费	1,399,116.15
合同工	合同工押金	650,870.66
职工	工会及职工教育经费	260,185.40B

5.18 预提费用

项目	1999年12月31日	2000年9月30日
利息		429,000.00
合计		429,000.00

5.19 一年内到期的长期负债:

贷款单位名称	币种	发生日期	到期日	借款金额	利率%	借款条件
工行吉铁办	人民币	1997.7.28	2000.9.28	6,000,000.00	10.98	担保
工行吉铁办	人民币	1998.7.8	2001.6.20	1,000,000.00	7.11	担保
合计				7,000,000.00		

5.20 长期借款:

贷款单位名称	币种	发生日期	到期日	借款金额	利率%	借款条件
工行吉铁办	人民币	1998.7.27	2003.10.21	3,000,000.00	8.01	担保
工行吉铁办	人民币	1998.7.14	2002.7.15	7,000,000.00	7.65	担保
工行吉铁办	人民币	1998.7.20	2002.10.21	10,000,000.00	7.65	担保
工行吉铁办	人民币	1998.8.28	2003.6.15	10,000,000.00	7.65	担保
工行吉铁办	人民币	1998.11.9	2003.10.25	7,900,000.00	7.65	担保
工行吉铁办	人民币	1999.5.30	2004.5.30	2,000,000.00	7.56	担保
工行吉铁办	人民币	1999.5.28	2004.10.30	2,000,000.00	7.56	担保
工行吉铁办	人民币	1999.5.28	2004.8.25	1,500,000.00	7.56	担保
工行吉铁办	人民币	1999.5.28	2003.5.30	1,500,000.00	7.20	担保
工行吉铁办	人民币	1999.5.28	2003.10.30	1,500,000.00	7.20	担保
工行吉铁办	人民币	1999.5.28	2004.11.25	1,500,000.00	7.56	担保
工行吉铁办	人民币	1999.6.16	2004.7.16	2,000,000.00	6.21	担保
工行吉铁办	人民币	1999.6.16	2004.7.16	2,000,000.00	6.21	担保
工行吉铁办	人民币	1999.6.16	2004.11.16	2,000,000.00	6.21	担保
工行吉铁办	人民币	1999.6.16	2004.10.16	2,000,000.00	6.21	担保
工行吉铁办	人民币	1999.6.16	2004.9.16	2,000,000.00	6.21	担保
借款利息				3,699,204.75		
合计				61,599,204.75		

5.21 住房周转金:

1999年12月31日	2000年9月30日
735,923.25	734,918.65

5.22 其它长期负债:

	1999年12月31日	2000年9月30日
科技拨款	3,670,909.47	3,670,909.47

5.23 股本:

2000年9月30日	1999年12月31日	1998年12月31日	1997年12月31日
68,000,000.00	68,000,000.00	75,024,612.15	60,182,874.98

注:1998年及1997年为改制前报表,以净资产数表示。

截止2000年9月30日止股本明细如下:

发起人股份:	余额
国有法人持有股份	66,000,000.00
境内法人持有股份	2,000,000.00
合计	68,000,000,00

上述股本经上海众华会计师事务所(原上海中华会计师事务所)验证,并出具沪中会字(99)第716号验资报告。

5.24 资本公积

项目	1999年12月31日	本期增减	2000年9月30日
股本溢价	34,000,000.00		34,000,000.00

5.25 盈余公积

项目	1999年12月31日	本期增减	2000年9月30日
法定公积金	463,766.42		463,766.42
公益金	463,766.42		463,766.42
合计	927,532.84		927,532.84

5.26 未分配利润

项目	2000年9月30日	1999年12月31日	1998年12月31日	1997年12月31日
净利润	15,379,019.49	17,331,305.31		
加:年初未分配利润	3,710,131.32			
减:年初至评估基准日实现利润数		5,098,726.36		
减:评估基准日至成立日利润		6,121,354.75		
减:坏账准备追溯调整数		1,473,560.04		
减:提取法定公积金		463,766.42		
减:提取公益金		463,766.42		
未分配利润	19,089,150.81	3,710,131.32	-1,473,560.04	-1,168,445.08

注1:1999年11月1日前的未分配利润按重组分立协议,归发起股东华星集团所有。

2:1997年及1998年为因追溯调整坏账准备数。

5.27 主营业务收入:

项目	2000年1-9月	1999年度	1998年度	1997年度
黑白电视功率管	3,576,452.84	3,690,872.23	1,161,335.48	1,527,162.08
彩电电视功率管	52,189,461.00	85,979,452.14	60,465,243.04	44,063,938.76
节能灯用功率管	64,897,982.24	67,447,645.58	57,048,754.84	37,553,899.16
其他	3,497,634.62	2,465,686.58	761,893.29	740,699.46
合计	124,161,530.70	159,583,656.53	119,437,226.65	83,885,699.46

公司的主营业务收入1999年比1998年、1998年比1997年分别增长了33.6%和42.4%,主要因为(1)公司节能灯产品的批量投放市场,增加了销售收入;(2)1998和1999年彩电市场的旺销,使公司的彩电塑封管销售增长。

5.28 主营业务成本:

项目	2000年1-9月	1999年度	1998年度	1997年度
黑白电视功率管	2,658,081.25	3,104,709.00	1,011,770.58	1,115,532.66
彩电电视功率管	34,524,570.13	63,226,097.06	43,987,338.77	28,931,112.30
节能灯用功率管	48,128,354.48	48,417,594.25	30,528,669.40	20,120,883.20
其他	3,241,409.16	1,986,818.51	650,264.47	532,704.43
合计	88,552,415.02	116,735,218.82	76,178,043.22	50,700,232.59

公司的主营业务成本1999年比1998年、1998年比1997年分别增长了增长53.24%和50.25%,主要原因为公司1999年产品销售价格随市场下调较大,导致公司产品毛利率下降,而销售数量上升使公司主营业务成本增长比例大于收入增长比例。

5.29 主营业务税金及附加:

种类	2000年1-9月	1999年度	1998年度	1997年度
城市建设维护税	690,294.44	1,042,714.79	701,628.83	1,052,734.99
教育费附加	295,840.44	446,877.78	310,734.20	393,809.77
合计	986,134.88	1,489,592.57	1,012,363.03	1,446,544.76

5.30 其它业务利润:

项目	2000年1-9月	1999年度	1998年度	1997年度
材料边角料收入	2,222,553.46	2,078,210.62	967,319.23	905,865.93

5.31 财务费用:

项目	2000年1-9月	1999年度	1998年度	1997年度
利息支出	2,998,501.00	2,425,006.25	4,399,345.44	4,021,612.67
减:利息收入	55,889.25	133,770.03	45,730.75	284,256.57
加:汇兑损失		19,562.92	146,289.86	
加:银行手续费等	300,445.78	112,969.30	55,523.37	504,861.13
合计	3,243,057.53	2,423,768.44	4,555,427.92	4,242,217.23

5.32 营业外收入:

项目	2000年1-9月	1999年度	1998年度	1997年度
固定资产盘盈				17,147.62
罚没收入		53,228.00	159,128.38	146,266.41
合计		53,228.00	159,128.38	163,414.03

5.33 营业外支出:

项目	2000年1-9月	1999年度	1998年度	1997年度
防洪基金		65,520.75	348,909.36	330,724.36
[illegible]				40,571.00
处理固定资产净损失	42,723.60			75,774.35
非常损失			51,725.74	132,928.03
其他		3,000.00		86,400.00
扶困基金		100,000.00		
合计	42,723.60	168,520.75	400,635.10	666,397.74

5.34 所得税:

项目	2000年1-9月	1999年度	1998年度	1997年度
会计利润	18,139,066.30	20,433,291.56	17,529,038.85	8,245,330.62
加:坏帐计提超规定	261,245.72	246,616.78	305,114.96	460,571.08
应纳税所得款	18,400,312.02	20,679,908.34	17,834,153.81	8,706,901.70
税率	15%	15%	15%	15%
所得税	2,760,046.81	3,101,986.25	2,675,123.07	1,306,035.25

6.关联方关系及其交易

6.1.存在控制关系的关联方

关联方名称:	吉林华星电子集团有限公司
企业性质或类型:	国有独资
与本公司关系:	母公司
主营业务:	电子产品、自动化仪表
注册地:	吉林省吉林市
法定代表人:	夏增文
注册资本:	13,932万元

6.2.存在控制关系的关联方持有权益或股份增减变动

关联方名称	1999年12月31日		本期增加		本期减少		2000年9月30日	
	投资金额	比例	金额	比例	金额	比例	金额	比例
吉林华星电子集团公司	6,600万元	97%					6,600万	97%

6.3.不存在控制关系的关联方

单位名称	企业性质或类型	与本公司关系
吉林华星电子集团高天实业发展公司	国有公司	同一母公司
吉林华星集团华岳物业管理有限责任公司	有限责任公司	同一母公司
吉林市吉光电子有限责任公司	有限责任公司	同一母公司
吉林华星电子集团时代电光源有限责任公司	有限责任公司	同一母公司
吉林华星电子集团新科电子有限责任公司	有限责任公司	同一母公司

6.4. 存在控制关系的关联方交易

(1)采购货物

公司向上述关联方采购货物的价格,按市场价确定。本期向集团公司购入电容产品1,683,784.59元。

(2)销售货物

公司向上述关联方销售货物的价格,按市场价确定。本期向集团公司销售材料845,093.71元,销售产品4,628,694.85元。

(3)土地租赁

公司与华星集团签订土地使用权租赁协议,公司有偿租赁华星集团拥有的位于吉林市长江街100号的面积共计36,807.15平方米的土地使用权,每年向集团公司支付土地租金12.352万元,租赁期限为50年。此合同自2000年开始执行。本期支付9.264万元。

(4)房屋租赁

公司与华星集团签订房屋租赁协议,公司有偿租赁华星集团拥有的位于吉林市长江街100号,建筑面积共计2,840平方米的建筑物,每年向集团公司支付房屋租金31.24万元,租赁期为2000年1月30日至2002年1月30日。本期支付20.8267万元。

(5)商标使用许可

公司与华星集团签订商标使用许可协议,本公司无偿使用华星集团拥有的注册号为1102652号的"吉半"牌商标、注册号为673644号的图形商标、注册编号为1373769号图形商标。上述商标本公司与华星集团签订《商标权转让合同》,华星集团将无偿转让给本公司。目前正在国家有关部门办理转让手续。

(6)综合服务协议

公司与华星集团签订综合服务协议,由华星集团向公司员工提供住房、医疗保健、餐饮、文化娱乐、保安等生活服务。公司向华星集团提供水、电、汽、照明等动力供应。以上收费按市场定价的原则收取,且在价格、服务质量、付款方式等交易条件相同的条件下,双方均优先与对方交易。本期向集团公司支付各类生活服务费59.025万元;股份公司向集团公司收取水、电、汽等动力供应费用110.12万元。

(7)资金往来

华星集团本期为公司垫付设备款11,990,822.49元。

6.5.关联方其他应收应付款项余额如下:

其他应付款

企业名称	2000年9月30日	1999年12月31日
吉林华星电子集团有限公司	8,443,771.07	16,459,246.98

6.6.公司关键管理人员本期从本公司取得报酬(包括货币和非货币形式)共计9.4万元。上述关键管理人员包括所有董事、总经理、副总经理、财务经理,共计6人。

7.或有事项

截止资产负债表日,公司有未到期银行承兑汇票贴现总计150万元。

8.承诺事项

截止资产负债表日,公司没有重大的承诺事项。

9.资产负债表日后事项

截止会计报表签发日,公司没有重大的资产负债表日后事项。

10.其他重要事项

10.1 调帐日调帐前后比较资产负债表说明:

公司以1999年6月30日为评估基准日,于1999年10月21日取得营业执照,以1999年10月31日为调帐日,公司按资产评估结果进行了调帐,对于在评估基准日评估增值或减值且调帐日还存在的资产、负债按已经确认的评估结果进行调帐;对于在评估基准日已评估增值或减值且调帐日不存在的资产、负债不进行调帐;对评估基准日至调帐日增加的资产、负债按帐面价值计帐。(后附调帐日调帐前后比较资产负债表)

10.2 评估基准日至公司设立日期间已分配利润的分配情况:

公司资产评估基准日至公司设立日期间,即1999年6月30日至1999年10月30日。1999年6月30日前已实现的利润5,098,726.36元已作为公司发起人华星集团的净资产按经批准的比率折为公司的股本。1999年6月至9月已实现的利润6,121,354.75元根据公司重组协议分配给本公司发起人华星集团。本公司的存货、固定资产、无形资产、递延资产等资产均已按评估确认的价值进行了调整,并按评估调整后的价值进行了成本结转、计提折旧或分期摊销。在上述基础上,1999年度实现净利润17,331,305.31元,扣除1999年1-6月已折股数5,098,726.36元,1999年6-9月利润6,121,354.75元,扣除因执行财政部[财会字(1999)35号]规定采用"追溯调整法"对应收帐款、存货计提的准备而影响1998年末分配利润-1,473,56.04元,进行公积金、公益金的提取后,截止1999年底未分配利润为3,710,131.32元,已结转至2000年。根据上述情况,公司1999年度净利润进行了分配,但不会影响资本保全。

10.3 有偿使用财产对报告期各年利润的影响(减少利润)

货币单位:人民币万元

项目	1999年度	1998年度	1997年度
房屋租赁	31.24	31.24	31.24
土地租赁	12.35	12.35	12.35
综合服务	78.7	78.7	78.7
合计	122.29	122.29	122.29

10.4 成立日至年底的现金流量表(后附)

10.5 公司改制成立前原企业连续盈利(报告期内)

(四)重大资本支出项目情况

除已在募集资金使用中列示的投资项目及正在进行的在建工程项目外,本公司目前尚无其它重大资本投资计划。

(五)公司主要财务指标

公司主要财务指标	2000年9月	1999年12月	1998年12月	1997年12月
流动比率=流动资产/流动负债	0.86	0.92	1.09	1.04
速动比率=(流动资产-存货)/流动负债	0.70	0.76	0.86	0.81
资产负债率=负债总额/资产总额	67.41%	64.17%	67.70%	65.10%
应收帐款周转率=主营业务收入/应收帐款平均余额	1.46	2.23	2.07	2.17
存货周转率=主营业务成本/存货平均余额	3.54	5.23	3.58	2.59
净资产收益率=净利润/期末净资产总额	12.60%	16.25%	19.80%	11.53%
每股净利=净利润/期末股本总额(元)	0.23	0.25	0.22	0.10

2001年预测的净资产收益率及每股收益水平

2001年盈利预测	净资产收益率(%)		每股收益(元)	
	全面摊薄	加权平均	全面摊薄	加权平均
主营业务利润	11.34	12.50	0.51	0.55
营业利润	5.57	6.14	0.25	0.27
净利润	4.74	5.22	0.21	0.23
扣除非经常性损益后的净利润	4.74	5.22	0.21	0.23

注:1.预计发行月份:2001年2月

2.计算公式:

加权平均净资产收益率(ROE)=P/(E0+NP÷2+Ei×Mi÷M0-Ej×Mj÷M0)

其中:P为2001预测利润;NP为2001年预测净利润;E0为2001年初预计净资产;Ei为2001年发行新股新增净资产;Ej为报告期回购或现金分红等减少净资产,2001年Ej为0;M0为12个月;Mi为新增净资产下一月份起至报告期期末的月份数(3-12月);Mj为减少净资产下一月份起至报告期期末的月份数。

加权平均每股收益(EPS)=P/(S0+S1+Si×Mi÷M0-Sj×Mj÷M0)

其中:P为2001预测利润;S0为2001年初股份总数6,800万股;S1为报告期因公积金转增股本或股票股利分配等增加股份数,为0;Si为2001年因发行新股增加股份数5,000万股;Sj为报告期因回购或缩股等减少股份数,为0;M0为12个月;Mi为增加股份下一月份起至报告期期末的月份数(3-12月);Mj为减少股份下一月份起至报告期期末的月份数。

十四、资产评估

根据中资资产评估有限公司(原"中咨资产评估事务所")出具的资产评估报告,并经中国财政部财评字[1999]448号文确认,截止1999年6月30日,吉林华星电子集团有限公司拟投入股份公司的全部资产于1999年6月30日表现出来的公平市值如下:资产:29425.34万元;负债:19475.26万元;净资产:9950.08万元,净资产增值1699.02万元,增值率20.59%。

(一)资产评估报告书摘要

吉林华星电子集团有限公司:

我所接受贵公司的委托,根据国家关于国有资产评估的有关规定、国家有关股份制改造及股票上市的法律法规,本着独立、公正、科学、客观的原则,对贵公司为发起设立吉林华星电子股份有限公司并发行A股委托评估的全部资产进行了实地查看与核对,同时进行了必要的市场调查征询,以及我们认为必要实施的其他评估程序。按照公允的评估方法进行了评估之后,吉林华星电子集团有限公司拟投入股份公司的全部资产于1999年6月30日表现出来的公平市值如下:资产:29425.34万元;负债:19475.26万元;净资产:9950.08万元。

以上内容摘自资产评估报告书,欲了解本评估项目的全部情况,应认真阅读资产评估报告书全文。

评估机构法人代表:张宏新

注册资产评估师:刘霞

注册资产评估师:乔河湖

中咨资产评估事务所

一九九九年八月二十八日

(二)评估原则

根据国家有关国有资产管理及评估的法规,国家有关股份制改造及股票上市的法律法规,我们遵循独立性、公正性、科学性、客观性、资产持续经营、替代性、公开市场的原则,以及其他一般公允的评估原则。此外在实际操作中,还运用了系统性原则和重点性原则,对华星公司的资产进行了评估。

(三)评估方法

根据国家的有关资产评估的规定,遵循独立、公正、科学、客观的原则及其他一般公认的评估原则,按照本次评估的目的和要求,在产权界定的基础上,我们对华星公司评估范围内的资产进行了必要的梳实及现场察看,并查阅了有关会计记录及其他相关文件资料。本次评估采用的基本方法为重置成本法。

(四)评估结果如下表:

资产评估结果汇总表(附后)

(五)评估结果增减说明

1、总资产评估值与调整后帐面值相比绝对变动额1699.09万元,相对变动率为6.13%,主要来自流动资产和固定资产的增值。流动资产的增值主要为存货的增值,产成品和自制半成品计算评估值时考虑了利润率。固定资产的增值主要为房屋与设备的增值,其中房屋的增值为单方造价中的人工费、材料费的调整;设备的增值为进口设备的购置价格上涨和汇率变动所至。

2、总负债评估值与调整帐面值相比绝对变动额为0.00元,相对变动率为0.00%。

3、净资产评估值与调整后帐面值相比绝对变动额1699.09万元,相对变动率为20.59%。

十五、盈利预测

本公司提醒投资者:鉴于盈利预测所依据的种种假设的不确定性,投资者在进行投资判断时不应过于依赖以下盈利预测。

(一)审核报告

吉林华微电子股份有限公司全体股东:

我们接受委托,对吉林华微电子股份有限公司(以下简称贵公司)2001年度的盈利预测所依据的基本假设、选用的会计政策及其编制基础进行了审核。贵公司董事会对盈利预测的基本假设、选用的会计政策及其编制基础须承担全部责任。我们的责任是对它们发表审核意见。我们的审核是根据《独立审计实务公告第4号-盈利预测审核》的要求进行的,在审核过程中,我们实施了必要的审核程序。

我们认为,上述盈利预测所依据的基本假设已充分披露,没有证据表明这些假设是不合理的;盈利预测已按照确定的编制基础编制,所选用的会计政策与贵公司实际采用的相关会计政策一致。

附件(一)吉林华微电子股份有限公司2001年的盈利预测表。

附件(二)吉林华微电子股份有限公司2001年的盈利预测的编制基础和基本假设。

上海众华沪银会计师事务所有限公司　　中国注册会计师　林东模

中国注册会计师　沈　蓉

中国·上海　　二〇〇一年一月三十一日

(二)吉林华微电子股份有限公司盈利预测的编制基础和基本假设

1、编制基础

董事会参照本公司1997年-2000年1-9月业经中国注册会计师审定的会计报表及本公司2000年10-12月已实现数及2001年的生产经营计划、投资计划等,编制了本公司2001年的盈利预测;编制该盈利预测所依据的会计政策在各重要方面均与本公司实际采用的会计政策一致。

2、基本假设

(1)国家现行的方针政策无重大改变;

(2)国家现行的利率、汇率等无重大改变;

(3)本公司所在地区的社会经济环境无重大改变;

(4)本公司目前执行的税赋、税率政策不变;

(5)本公司计划的投资项目能如期完成,投入生产;

(6)无其他人力不可抗拒因素造成的重大不利影响;

吉林华微电子股份有限公司董事会

二00一年一月三十一日

(二)盈利预测表(附后)

注:公司于1999年10月注册于吉林市高新技术产业开发区,按国家财政部、税务总局(1994)001号文件规定所得税减按15%的税负执行。

(四)盈利预测说明

1、基本情况

吉林华微电子股份有限公司(以下简称公司)原名吉林华星科技股份有限公司,是由吉林华星电子集团有限公司、国营长虹机器厂、厦门永红电子有限公司、广州乐华电子有限公司和吉林龙鼎集团有限公司共同发起设立的股份有限公司,于1999年10月21日正式成立,公司变更名称后,于2000年5月12日取得变更后企业法人营业执照。

公司的经营范围为半导体器件、集成电路、电力电子产品、汽车电子产品、自动化仪表、电子元件、应用软件的设计、开发、制造、销售。

2000年及2001年公司的经营方针是:以此次向社会公开发行股票为契机,进一步规范公司的运营体制,以市场为导向,以资产为纽带,以技术为依托,以产品为载体,不断扩大生产规模及市场占有率,使公司发展成为以半导体器件开发、生产、销售为主体,相关信息技术产品共同发展的微电子高新技术企业。

2、公司主要会计政策,会计估计和合并会计报表的编制方法

(1)会计制度:公司成立前执行《工业企业会计制度》,成立后执行《股份有限公司会计制度》及其有关补充规定,编制报表时已按《股份有限公司会计制度》进行了调整。

(2)会计年度:公司的会计期间采用日历制,即自公历1月1日至12月31日为一会计年度。

(3)记帐本位币:公司以人民币为记帐本位币。

(4)记帐基础和计价原则:公司以权责发生制为记帐基础,除公司改制成立时,对进行资产评估的资产按评估价值进行计价外,各项资产以历史成本为计价原则。

(5)外币业务核算方法:公司外币业务以业务发生当日的市场汇率中间价为折合汇率,月末对货币性资产负债帐户中的外币余额按月末市场汇率重新折合,重新折合人民币数额与帐面人民币余额的差额作为汇兑损益,以财务费用项目计入当期损益。

(6)合并会计报表编制方法

合并范围的确定原则:公司对其它单位投资占该单位有表决权资本总额50%或50%以上,或虽然占该单位有表决权资本总额不足50%,但具有实际控制权的,该单位列入合并范围。

合并所采用的会计方法:合并报表以母公司和纳入合并范围的子公司的个别报表以及其它有关资料为依据,合并各项目数额编制而成。合并时,公司的重大内部交易和资金往来均相互抵销。

(7)现金等价物的确定标准:公司将凡同时具备期限短、流动性强、易于转换为已知金额现金、价值变动风险很小的投资,确认为现金等价物,列入现金流量表。

(8)坏帐核算方法

坏帐的确认标准:A.因债务人破产或死亡,经清算仍然不能收回的应收帐款;B.因债务人逾期未履行偿债义务超过三年或有明显迹象,确定不能收回的应收帐款。

坏帐损失的核算方法:公司采用坏帐备抵法,按应收款项期末余额帐龄百分比计提。实际发生的坏帐损失在履行了规定的审批手续后,冲减坏帐准备。具体计提方法如下:

应收款项帐龄	计提标准	计提比例
1年以下	年末余额	2%
1年-2年	年末余额	5%
2年-3年	年末余额	10%
3年-5年	年末余额	50%
5年以上	年末余额	90%

吉林华微电子股份有限公司招股说明书概要(4)

(9)存货核算方法:公司的存货主要包括原材料、在产品、自制半成品和产成品等。原材料和自制半成品采用计划价格核算,在领用及发出时,通过材料成本差异科目将计划成本调整到实际成本。在产品通过月末盘点,确定耗用成本。在产品、产成品等领用及发出采用加权平均法确定其成本。低值易耗品及包装物采用领用时一次摊销法。

存货跌价准备的计提方法:公司期末存货按成本与可变现净值孰低法计提存货跌价准备。

(10)短期投资核算方法:公司短期投资按取得时的实际成本计价,短期投资持有期间所获得的现金股利或利息,除取得时已记入应收股利或利息外,以实际收到时作为投资成本的收回,冲减短期投资的帐面价值。

短期投资跌价准备的计提方法:公司期末按帐面投资总额与市价孰低法计提短期投资跌价准备。

(11)长期投资的核算方法:

长期股权投资:对持股占20%以上,或虽不足20%但有重大影响的投资采用权益法核算,持股20%以下的投资,采用成本法核算。股权投资差额按10年摊销,如经营期限短于10年,按经营期限摊销。

长期债券投资:按实际支付的价款核算,债券的利息收入按权责发生制处理。并同时按直线法摊销其溢价或折价,列为当期损益。

长期投资减值准备的提取方法:采用逐项计提方法。公司对被投资单位由于市价持续下跌或被投资企业经营状况恶化等原因,导致其可收回金额低于长期投资的帐面价值,并且这种降低的价值在可预计的将来期间内不可能恢复时,将可收回金额低于长期投资帐面价值的差额,首先冲抵该项投资的资本公积准备项目,不足冲抵的差额部分,确认为当期投资损失。已确认损失的长期投资的价值又得以恢复的,在原已确认的投资损失的范围内转回。

(12)固定资产计价和折旧方法

固定资产的标准:公司将使用年限在一年以上,单项价值达到或超过人民币2000元,且在使用过程中保持其实物形态的资产列为固定资产。

固定资产的分类:公司将固定资产分为房屋及建筑物、通用设备、专用设备、运输设备及其它设备。

固定资产的计价方法:华星集团公司投入的固定资产按评估后原值计价,以后增加固定资产按实际成本计价。

固定资产的折旧方法:固定资产预留3%的残值,按直线法在其使用年限内计提折旧,各类固定资产的使用年限及折旧率列示如下:

资产类别	折旧年限	年折旧率
房屋及建筑物	35年	2.77%
专用设备	10年	9.7%
通用设备	15年	6.47%
运输设备	10年	9.7%
办公设备	10年	9.7%
其它设备	10年	9.7%

(13)在建工程的核算方法:

在建工程按实际成本记帐,用于工程项目的借款利息,在工程交付使用前计入在建工程,在工程交付使用后计入当期损益。在建工程于交付使用时转入固定资产。

(14)无形资产计价和摊销方法:

无形资产按实际成本计价,在受益期内平均摊销。

(15)开办费,长期待摊费用摊销方法:

公司开办费,长期待摊费用分五年平均摊销。

(16)借款费用的会计核算方法:

借款发生的利息支出,属于筹建期间的计入开办费;属于与购建固定资产相关的,在固定资产交付使用之前计入相关固定资产的购建成本,在固定资产交付使用后计入当期损益;属于生产经营期间的,计入当期损益。

(17)收入确认原则:

销售产品:公司销售产品,以产品所用权上的重要风险和报酬转移给买方,公司不再对该产品实施继续管理权和实际控制权,相关的收入已经收到或取得了收款的证据,并且与销售该产品有

关的成本能够可靠地计量,确认收入实现。

(18)所得税的会计处理方法:

公司所得税的处理方法采用应付税款法。

(19)税项

税项	税率	计税基数
所得税	15%	应纳税所得额
增值税	17%	增值额
营业税	5%	营业额
城建税	7%	应纳增值税、营业税等

公司被认定为高新技术产业企业,注册于国家批准的高新技术产业开发区,按规定执行所得税税率为15%。

3、盈利预测说明

3.1、主营业务收入

2000年实现主营业务收入18,071万元。2001年预计完成主营业务收入21,561万元,比2000年增加3,490万元,增长率为19%。主要是根据2000年数及前3年的实际情况,结合近年来市场价格变化趋势进行预测。其中:

(1)新产品情况:预计2001年公司的固体放电管自建改造工程完成,公司开始批量生产市场需求较大的放电管系列产品,根据市场需求能力及公司所提高的生产能力,预测2001年放电管芯片的销售量为3,000万粒;根据公司市场调研情况,预测销售单价0.45元/粒。预计2001年公司放电管芯片的销售收入为1,350万元,成为增加收入的产品之一。

(2)公司原有产品情况:预测公司原有产品总收入为20,211万元,比2000年增长11.84%。

3.2、主营业务成本

2000年实现13,010.1万元,2001年公司主营业务成本预测为15,399.3万元,比2000年增长18%,增长金额为2,389.2万元,其中:新增产品放电管成本预测为823.05万元,原有产品增长1,566.15万元。

3.3、主营业务税金及附加

2000年共计发生98.6万元,主营业务税金及附加包括城建税和教育费附加。2001年按2001年预测的收入及2001年预测的耗用原料成本计算,按应交增值税的10%(其中城建税7%,教育费附加3%)计算所得,共计185.11万元,比2000年增长87.7%。

3.4、其他业务利润

2000年共计发生241万元,2001年按主营产品收入的增长,预测其他业务利润比2000年增长29%,为312万元。

3.5、营业费用

2000年共计发生1,010万元,2001年预测营业费用为1,275.1万元,是根据生产规模,销售业务的增长,预测比2000年增长26%左右。

3.6、管理费用

2000年共计发生1,215万元,2001年预测管理费用为1,433.5万元,比2000年增长17.98%,具体是根据生产规模的扩大,分项目按历史资料及增长趋势预测。

3.7、财务费用

2000年共计发生470万元,2001年按预计所需借款及现行的银行借款利率、借款期限测算,预计财务费用为643.6万元,比2000年增长37.96%。

3.8、所得税

公司注册在国家级高新技术开发区吉林市高新技术开发区内,且作为高新技术企业,享有15%的税率,2000年所得税为380万元,2001年所得税为440万元。

3.9、营业外收入

2000年未发生营业外收入;预计2001年不发生营业外收入。

3.10、营业外支出

2000年实际发生4.3万元,主要是处理固定资产净损失,预计2001年不发生营业外支出。

3.11、净利润预计

2001年预计利润总额为2,936.55万元,净利润为2,496.07万元。

十六、公司发展规划

1、发展目标和规模

以经济效益为中心,以市场需求为导向,以技术创新为动力,以人力资本为依托,以科学化管理为基础,以资本运营为手段,力争用3-5年的时间,将公司建成具有相当经济规模和一定国际竞争实力的国内一流的微电子企业。

到2005年,本公司产品品种将扩充至15个系列左右,应用范围扩展至消费类电子产品、计算机、通信及网络产品、办公电子设备、汽车电子、工业自动控制、节能灯等广泛领域,计划形成年投3英寸、4英寸、5英寸、6英寸硅片各30万片以上及年封30亿只功率半导体器件的生产能力,年销售额计划达到12亿元,净利润达到1.5亿元,出口比重在40%以上,成为我国功率半导体器件领域的主导厂商。

到2010年,公司年销售额计划达到50亿元,净利润达到6亿元,出口比重达到60%以上,成为世界级的功率半导体器件开发和制造商。

2、生产经营战略

(1)立足芯片制造优势,发展规模经济。在功率半导体器件领域,芯片加工的技术含量高,投资强度大,发展规模经济是唯一的选择。为此,本公司将充分利用在芯片制造方面多年积累起来的技术、管理和人才基础,集中资源和人力,依托技术创新和管理创新,迅速扩大芯片加工的产销规模,向规模要效益,向规模要市场,向具有国际竞争规模和竞争实力的大企业集团发展。

(2)引进和开发并举。在引进国外先进技术的基础上,不断发展公司的自主开发能力,并通过建立高效的技术创新体系和完善的技术创新机制,形成一批具有自主知识产权、高附加值的名牌产品,拥有关键技术的开发能力和较长远的产品储备,增强企业的核心能力。

(3)实行多品种、系列化经营。以功率半导体器件为核心,通过引进和开发相结合,不断发展新产品,在大力开发市场容量大的双极型器件的同时,重点发展附加值高的场效应功率器件和功率集成电路;在拓展消费类电子应用的产品系列的基础上,重点开发通信网络产品、计算机、信息家电、汽车电子、工业控制、节能照明以及军事等领域应用的新产品,加速形成相对集中的多产品发展格局。

(4)国内和国际市场并重。国内市场方面,重点发展市场容量大、成长速度快、性能价格比优、容易替代进口的产品。国际市场方面,充分利用低成本优势和产业的梯次分工格局,主动参与全球贸易,积极拓展国际市场。

(5)资本经营和生产经营相结合。以上市为契机,利用资本市场的筹资功能,通过参股、合资和并购等资本运作措施,在关联领域内实施低成本扩张,借助于外部资源,发展规模经济和核心竞争能力,加快企业自我发展。

(6)依托人力资本,推行现代化管理。在大量吸收高素质人才的基础上,引入企业资源计划管理系统(ERP)、计算机集成制造系统(CIMS),综合运用多种现代化管理方法,并借助于现代计算机及网络技术,全面改善和提高生产、经营和管理工作的效率,不断提高经济效益水平。

3、技术开发与创新计划

(1)建立完善的技术人才引进、培养、激励和使用机制,并进一步加大投资强度,着力营造技术开发的良好环境。自2001年起,公司计划用于技术开发方面的经费将保持在销售收入的5%左右。

(2)建立以研发中心为核心的技术创新体系,建成功率半导体器件的国家级研发基地,不断发展公司在产品技术和工艺技术方面的自主创新能力。

(3)发展产学研合作,与国内有关大学、研究所建立长期的合作关系,充分利用我国多年积累起来的雄厚的技术开发力量,加快国内功率半导体器件领域先进科研成果的产业化。

(4)不断加大新产品的开发力度,自2001年起争取每年开发5个以上产品系列,到2005年实现15个左右产品系列批量投放市场,并储备10个以上产品系列,从而形成"生产一代、储备一代、开发一代"的技术创新格局。

4、市场发展计划

(1)以具有竞争力的价格、高水准的产品和高效率的客户服务,并实行以品牌为核心的市场推广策略,重点拓展通信及网络产品、计算机、信息家电、汽车电子、节能灯、工业自动化控制等领域的国内应用市场,在替代进口产品的基础上,不断扩大公司产品的国内市场占有份额。

(2)抓住全球半导体产业迅猛扩展和中低端产品向亚太地区转移的有利契机,利用低成本优势,积极拓展国际市场,到2005年,产品出口计划达到40%以上。

(3)变被动营销为主动营销,将产品的技术开发与服务提前做到整机用户的研究开发部门中去,使新开发的产品一投放市场便形成新的经济增长点,在此基础上积极与整机企业建立新型战略联盟。

(4)顺应整机用户网上采购的趋势,积极发展电子商务;在上海、深圳等市场集中地区建立销售分公司和配送中心,以适应整机用户零库存和及时供货的要求;同时推行销售代理制,扩大营销渠道,逐步形成直销和代理互相结合的营销网络。

(5)不断充实和提高销售人员的业务和技术服务水平;推行与销售收入及回款挂钩的业务佣金制,完善对销售人员的激励和约束机制。

5、人力资本扩充计划

(1)建立和完善符合现代市场规律的人才引进、培养、激励和使用机制,为人才成长营造良好的环境和氛围。

(2)大量吸收产品设计、工艺、设备、品质控制等方面的技术人才,以适应公司业务发展的长期需求。2001年至2005年,计划使公司的技术人员每年增加30%以上,同时,充分重视现代管理、财务、金融等各类人才,并通过提供有效的激励机制,积极招揽高层次的经营管理人才。

(3)建立完善的人员培训体系,通过自培、外培、出国培训等多种途径,有计划、有步骤地对现有职工进行培训,全面提升员工的职业素质。

(4)到2005年,公司员工总数将扩充到4000人,其中技术人才的比重达到40%以上,现代管理、财务、金融等专门人才的比重达到10%以上。

6、资本运营规划

(1)以上市为契机,积极通过资本市场直接融资,为公司的长期发展筹措资金;

(2)发挥比较竞争优势,与国际半导体大公司建立合资企业,在利用外资的同时,积极引进国外先进技术和先进管理方法。

(3)巩固银企合作,发展间接融资,以满足公司发展对资金周转的日益增长的需求。

(4)利用自身优势,在与现有产品、技术、营销网络相关联的领域内,通过参股、合资及并购等多种方式,实施低成本扩张,借助于外部资源,发展公司核心竞争能力,加速企业自我发展。

7、国际化经营规划

(1)技术开发方面,计划与国外设计公司在美国硅谷合资建立技术开发机构,以便于利用国际先进技术成果,为本公司开发具有自主知识产权的核心技术,占领技术制高点。

(2)经营管理方面,对于技术含量高、管理难度大的芯片加工,计划在条件成熟时,引入海外团队进行专业化管理,加快与国际接轨。

(3)市场营销方面,积极培养国外代理商,并计划建立以香港为中心,以东南亚、日本、欧美为重点的国际化营销网络,以占有更多的国际市场份额。

8、公司治理及组织结构调整规划

(1)进一步吸收管理、法律、财务专家担任本公司的外部董事和监事,借助于社会力量,不断完善公司法人治理体系。

(2)进一步完善公司的内部决策程序和内部控制制度,最大限度地避免决策失误和投资风险。

(3)在进一步完善经济责任制的基础上,引入期权制度,形成对经营者和核心技术人的有效激励和约束。

(4)计划在条件成熟时,在公司内部建立以资本为纽带的母子公司体制,子公司产权尽可能多元化,以利于实行集团化经营。

十七、重大合约及重大诉讼事项

(一)重大合同

1、《土地租赁协议》:股份公司与集团公司就股份公司向集团公司有偿租赁其所占用的土地事项签订的有关协议。集团公司以出让方式取得了位于吉林市长江街100号的面积为51,907.62平方米的土地的50年使用权,股份公司以租赁方式取得对其中面积为36,807.15平方米生产经营用土地的使用权,期限50年,每平方米每年租金3.36元,股份公司每年向集团公司缴纳租金123,520元,于每年12月31日前支付。股份公司已经取得期限为50年的他项权利证书。

2、《综合服务协议》:股份公司与集团公司就双方相互提供的各项有偿服务签订的有关协议。其中:电力,每度电0.7-0.8元,水费,1.98元每吨,每月按实际用量结算,期限5年。

3、《商标转让合同》:股份公司与集团公司签订的,关于将集团公司拥有的"吉华"商标,注册编号为1102652号,核定使用类别为国际公认第9类。拥有的注册编号为673644号图形商标,核定使用类别为国际公认第9类,注册编号为1373769号图形商标,核定使用类别第9类,无偿转让给股份公司的合同。目前正在国家有关部门办理转让手续。

4、《商标使用许可协议》:股份公司与集团公司就股份公司无偿使用集团公司注册商标事项所签订的有关协议。在前述《商标转让合同》生效后,本协议同时废止。

5、《产品供应协议》:股份公司与集团公司就双方及其所属企业提供生产经营所需部分产品、配件事项所签订的有关协议。任何一方向另一方提供的产品、配件的价格,在有国家定价的情况下,按国家价格执行;如无国家定价,则按市场价格执行。在同等价格和条件下,任何一方须优先供应另一方。期限10年。

6、《进出口代理合同》:股份公司与集团公司就部分股份公司部分产品由集团公司代理事项所签订的有关协议。股份公司向集团公司交纳0.5%-1%的代理费,具体比例由双方根据每项代理业务另行议定。期限至股份公司取得进出口权止。

7、《房地产租赁契约》:股份公司与集团公司就股份公司向集团租赁办公楼所签订的有关协议。办公楼面积2,840平方米,年租金312,400元,租赁期2年。房屋租赁到期后如果本公司需要续租,集团公司承诺将以同等条件出租给本公司。

8、《中国建设银行人民币资金借款合同》:股份公司与中国建设银行吉林市分行高新技术产业开发区支行签订的(2000年)第14号借款合同。借款金额4,000万元,借款利率5.85%,期限一年,2001年4月到期。

9、《合作开发及生产半导体激光器的协议》:股份公司与中科院长春光学精密机械及物理研究所签订的有关协议。协议规定长春物理所所拥有的无铝量子阱半导体激光器的技术由本公司独占使用,并授予本公司特许生产经营权。长春物理所按产品销售收入的5%提取相应费用。

10、《房产转让协议》:股份公司与集团公司1999年12月6日签订的有关功率半导体器件生产基地技术改造项目的工艺厂房及附属设施等房产的转让协议。约定本公司于工程竣工后,以本次发行的募集资金收购集团公司建设的厂房等房产,收购价格为经审计的工程竣工决算价格。预计用于收购工艺厂房及附属设施等房产的金额约8,000万元。股份公司除集团公司外的其他股东均同意该等收购事项和拟定价格,并予以书面确认。股份公司拟用募集资金进行该项收购的行为经股份公司股东大会决议批准,符合法定程序和要求。

(二)重大诉讼事项

本公司无任何重大仲裁及诉讼案件。

十八、备查文件目录及查阅地点

投资者可以按下述时间、地点到本公司查阅以下文件:

时间:8:00-12:00;13:00-17:00

地点:吉林市丰满区长江街100号

吉林华微电子股份有限公司

电话:(0432)4662099

1、审计报告、财务报表及附注

2、吉林省推荐股票公开发行及上市的函

3、中国证监会同意公开发行股票的文件

4、承销协议

5、中华人民共和国财政部关于资产评估的确认文件

6、吉林市国有资产管理局关于国有股权管理有关问题的批复

7、重要合同

吉林华微电子股份有限公司

2001年2月1日

吉林华微电子股份有限公司

股票上市公告书暨2000年度财务报告

一、要览

股票简称:华微电子
股票代码:600360
总股本:11800万股
可流通股本:5000万股
本次上市流通股本:5000万股
上市地点:上海证券交易所
上市时间:2001年3月16日
登记机构:上海证券中央登记结算公司
上市推荐人:东北证券有限责任公司
南方证券有限公司

二、绪言

本上市公告书是根据《中华人民共和国公司法》、《中华人民共和国证券法》、《公开发行股票公司信息披露实施细则》和《上海证券交易所股票上市规则》等国家有关法律、法规的规定,并按照公开发行股票公司信息披露的内容与格式准则第七号《上市公告书的内容与格式(试行)》而编制,旨在向投资者提供有关吉林华微电子股份有限公司(以下简称"本公司")和本次股票上市的基本情况。

经中国证监会证监发行字[2001]18号文核准,本公司于2001年2月20日通过"上网定价"的方式成功发行5000万社会公众股,每股发行价为人民币8.42元。

经上海证券交易所上证上字[2001]30号《上市通知书》批准,本公司通过上网定价发行的5000万社会公众股将于2001年3月16日起在上海证券交易所挂牌交易。股票简称"华微电子",股票代码"600360"。

本公司已于2001年2月16日在《中国证券报》、《上海证券报》上刊登了《招股说明书概要》,距今不足六个月,故与其重复的内容在此不再重述,敬请投资者查阅本公司的《招股说明书概要》。

本公司董事会全体成员已批准本上市公告书,确信本公告书所载资料不存在重大遗漏或者误导,并对其真实性、准确性和完整性负个别的和连带的责任。

三、本公司概况

(一)基本情况
1、公司名称:吉林华微电子股份有限公司
2、注册地点:吉林市丰满区100号
3、成立日期:1999年10月21日
4、注册资本:11800万元
5、法定代表人:夏增文
6、经营范围:半导体分立器件、集成电路、电力电子产品、汽车电子产品、自动化仪表、电子元件、应用软件的设计、开发、制造与销售。
7、主要业务:目前,本公司主要从事功率半导体器件的设计开发、芯片加工及封装业务。主导产品为3DD系列大功率晶体管。
8、所属行业:电子元器件行业
9、联系电话:0432-4662099
10、联系传真:0432-4665812
11、联系人:段敏　　韩毅　　赫荣刚

(二)本公司历史沿革

吉林华微电子股份有限公司(以下简称公司)原名吉林华星科技股份有限公司,是由吉林华星电子集团有限公司作为主发起人,以集团公司半导体器件业务的相应经营性资产投入,联合国营长虹机器厂、厦门永红电子有限公司、广州乐华电子有限公司、吉林龙鼎集团有限公司共同发起设立的股份有限公司,经国家科技部、中国科学院认定为高新技术企业。公司注册资本6800万元,每股面值1元,由吉林华星电子集团有限公司(以下简称华星集团公司)出资6600万元,占股本总额的97%,其余发起人各出资50万元,共计200万元,占股本总额的3%。1999年10月21日在吉林省工商行政管理局领取了企业法人营业执照,注册号2200001033040。公司名称变更后,于2000年5月12日取得变更后企业法人营业执照。

经中国证监会证监发行字[2001]18号文核准,于2001年2月20日发行人民币普通股5000万股,并于2000年3月7日在吉林省工商局办理工商变更登记手续,获颁新的营业执照,注册号为2200001033040。

四、股票发行及承销

(一)本次发行情况
1、社会公众股发行数量:5000万股
2、股票发行价格:8.42元/股
3、发行市盈率:40.10倍(全面摊薄)
4、发行费用:1600万元
5、每股发行费用:0.32元
7、募集资金数量:40500万元(扣除发行费用)
8、发行方式:上网定价发行
9、发行日期:2001年2月20日
10、中签率:0.12845544%
11、有效申购户数:1,925,381户
12、持有1000股以上的户数:47,670户

(二)股票承销

本次公开发行的5000万社会公众股得到超额认购,承销团无余额包销。

(三)验资报告(沪众会字(2001)第356号)

验资报告

沪众会字(2001)第356号

吉林华微电子股份有限公司全体股东:

我们接受委托,对吉林华微电子股份有限公司(以下简称"贵公司")截至2001年2月28日止的注册资本、实收股本变更情况的真实性和合法性进行了审验。在审验过程中,我们按照《独立审计实务公告第1号--验资》的要求,实施了必要的审验程序。贵公司的责任是提供真实、合法、完整的验资资料,保护资产的安全、完整,我们的责任是按照《独立审计实务公告第1号—验资》的要求,出具真实、合法的验资报告。

贵公司本次股票发行前的注册资本和实收股本为人民币6,800万元。本次向社会公开发行人民币普通股股票5,000万股,每股发行价人民币8.42元,发行完毕后注册资本变更为人民币11,800万元。根据我们的审验,截至2001年2月28日止,贵公司已收到股票公开发行募集资金40,693.85万元(已扣除承销费1,178.80万元,上市推荐费80万元,上网发行费147.35万元),剔除股票发行其他相关费用193.85万元,余额40,500万元,其中5,000万元记入股本,35,500万元记入资本公积;本次向社会公开发行人民币普通股股票后,贵公司的实收股本为11,800万元。

附件(一)变更前后注册资本、投入资本对照表
附件(二)验资事项说明

上海众华沪银会计师事务所有限公司　　中国注册会计师　林东模
中国注册会计师　沈蓉
中国·上海　　二〇〇一年二月二十八日

募集资金入帐情况:
入帐时间:2001年2月28日
入帐金额:人民币肆亿零陆佰玖拾叁万捌仟伍佰元整
入帐帐号:462273013881
开户银行:中国建设银行吉林市分行高新技术产业开发区支行

五、董事、监事及高级管理人员持股情况

(一)公司董事、监事及高级管理人员简历董事

董事

董事长　夏增文先生　48岁　大学本科学历,高级经济师,1990年至1998年期间任吉林市半导体厂厂长,1998年起至2000年11月任吉林华星电子集团有限公司董事长。现任吉林华微电子股份有限公司董事长。

董事　兼总经理　郭长印先生　59岁　大学本科学历,高级工程师,1965年至1973年期间任清华大学无线电系讲师,1979年至1998年期间先后任吉林市半导体厂车间主任、副厂长、厂长、总工程师。1998年至1999年9月30日任吉林华星电子集团有限公司副总经理、总工程师。现任吉林华微电子股份有限公司总经理。

董事兼副总经理　孙殿昌先生　42岁　大专学历,工程师,1990年至1998年任吉林市半导体厂车间主任,1998年至1999年9月30日任吉林华星电子集团有限公司副总经理。现任吉林华微电子股份有限公司副总经理。

董事兼副总经理　徐铁铮先生　36岁　大学本科学历,高级工程师,1990年至1998年期间,任吉林市半导体厂技术工程部部长、厂长助理,1998年至1999年9月30日,任吉林华星电子集团有限公司总经理助理。现任吉林华微电子股份有限公司副总经理。

董事兼董事会秘书　丁大月先生　35岁　硕士研究生学历,经济师,1996年至1998年期间任厦门产权交易中心副总经理,1999年6月加入吉林华星电子集团有限公司,担任总经理助理,现任吉林华微电子股份有限公司董事会秘书。

董事　袁邦伟先生　48岁　大学本科学历,高级经济师,享受国家特殊津贴的专家,现任四川长虹电子集团有限公司董事、总经理,国营长虹机器厂副厂长。

董事　王阿盘先生　54岁　大学本科学历,高级工程师,曾任国营七四九厂车间主任,厂长,现任厦门永红电子有限公司董事、总经理。

董事　吴少章先生　37岁　中专学历,曾任长城电子集团有限公司董事局副主席,现任广州乐华电子有限公司董事长。

董事　徐柏玉先生　45岁　大学本科学历,高级讲师,曾任吉林市电力器材有限公司董事长,现任吉林龙鼎集团有限公司董事长。

独立董事　梁春广先生　61岁　教授级高级工程师,中国工程院院士,曾任国家"863计划"主任委员、首席科学家。现任信息产业部电子十三所副所长、副总工程师。

独立董事　单建安先生　43岁　博士高级研究员,功率半导体器件及功率集成电路国际会议的技术委员、国际电力及电子工程师协会电子器件协会的技术委员、微电子测试结构国际会议的技术委员。现任香港科技大学副教授。

监事

监事会召集人　李日珍女士　47岁　大专学历　政工师　1993年至1998年期间任吉林半导体厂党委办公室主任,自1998年起任吉林华星电子集团有限公司党委办公室主任。

监事　蒋平化先生　26岁　本科学历　助理经济师,1998年至1999年9月30日任吉林华星电子集团有限公司人事教育部副部长、部长,现任吉林华微电子股份有限公司人力资源部经理。

监事　赵东军先生　32岁　大专学历　1998年至1999年9月30日任吉林华星电子集团有限公司研究室主任,现任吉林华微电子股份有限公司物资采购部经理。

其他高级管理人员

财务部经理　韩毅先生　31岁　本科学历　会计师　曾任吉林华星电子集团有限公司财务部副部长,现任吉林华微电子股份有限公司财务部经理。

(二)公司董事、监事及高级管理人员持股情况

公司董事、监事及高级管理人员未持有公司股票。

六、公司设立

1、吉林华微电子股份有限公司(以下简称"股份公司")是经吉林省经济体制改革委员会吉改股批(1999)20号文批准,由吉林华星电子集团有限公司作为主要发起人,联合国营长虹机器厂、广州乐华电子有限公司、厦门永红电子有限公司、吉林龙鼎集团有限公司共同发起设立的股份有限公司。

1999 年 10 月 21 日公司在省工商行政管理局登记注册。注册资本 6800 万元。

经中国证券监督管理委员会证监发行字[2001]18 号文批准,本公司于 2001 年 2 月 20 日向社会公众发行 5000 万股社会公众股,募股资金已到位,本公司于 2001 年 3 月 7 日进行了工商变更登记:

注册资本:11800 万元

注册地点:吉林市丰满区 100 号公司

法定代表人:夏增文

营业执照注册号:2200001033040

七、关联企业及关联交易

(一)关联企业

1、本公司股东

吉林华星电子集团有限公司

国营长虹机器厂

广州乐华电子有限公司

厦门永红电子有限公司

吉林龙鼎集团有限公司

2、同一母公司的子公司

吉林华星电子集团高天实业发展公司,全资子公司,成立于 1993 年 10 月,注册资本 50 万元,经营范围:模具、电子元器件、异型泡沫包装材料、木制品、橡胶制品经销、机械加工、建筑材料、五金、交电、化工、百货、日用杂货、纸箱包装。

吉林华星电子集团华岳物业管理有限责任公司,控股子公司,成立于 1998 年 4 月,注册资本 50 万元,经营范围:住宅小区物业管理、资产经营、餐饮娱乐;家用电子产品及配件、五金、化工产品(不含化学危险品)、建筑材料、钢材、自行车、摩托车、音像制品的批发兼零售。

吉林市吉光电子有限责任公司,控股比例 90%,成立于 1999 年 11 月,注册资本 50 万元,经营范围:电容器及其材料制造加工、销售。

吉林华星电子集团时代电光源有限责任公司,控股比例 83.6%,成立于 1997 年 7 月,注册资本 61 万元,经营范围:电光源产品、电子产品的开发、制造、销售。

吉林华星电子集团新科电子有限责任公司,控股比例 51%,成立于 1998 年 4 月,注册资本 50 万元,经营范围:开发、生产、销售家用电器、工业设备配套的模糊控制器以及相关领域的产品或技术的开发、咨询、服务。

(二)关联交易

本公司已建立起独立完整的生产、供应、销售经营体系,仅在土地、房屋、后勤服务等方面与发起人存在关联交易,为此,本公司已与各发起人按照公平原则签订了相关的关联交易协议。

1、《土地租赁协议》:股份公司与集团公司就股份公司向集团公司有偿租赁其所占用的土地事项签订的有关协议。集团公司以出让方式取得了位于吉林市长江街 100 号的面积为 51,907.62 平方米的土地的 50 年使用权,股份公司以租赁方式取得对其中面积为 36,807.15 平方米生产经营用土地的使用权,期限 50 年,每平方米年租金 3.36 元,股份公司每年向集团公司缴纳租金 123,520 元,于每年 12 月 31 日前支付。股份公司已经取得期限为 50 年的他项权利证书。

2、《综合服务协议》:股份公司与集团公司就双方相互提供的各项有偿服务签订的有关协议。其中:电力,每度电 0.7-0.8 元,水费,1.98 元每吨,每月按实际用量结算,期限 5 年。

3、《商标转让合同》:股份公司与集团公司签订的,关于将集团公司拥有的"吉半"商标,注册编号为 1102652 号,核定使用类别为国际公认第 9 类。拥有的注册编号为 673644 号图形商标,核定使用类别为国际公认第 9 类,注册编号为 1373769 号图形商标,核定使用类别第 9 类,无偿转让给股份公司的合同。目前正在国家有关部门办理转让手续。

4、《产品供应协议》:股份公司与集团公司就双方及其所属企业提供生产经营所需部分产品、配件事项所签订的有关协议。任何一方向另一方提供的产品、配件的价格,在有国家定价的情况下,按国家价格执行;如无国家定价,则按市场价格执行。在同等价格和条件下,任何一方须优先供应另一方。期限 10 年。

5、《进出口代理合同》:股份公司与集团公司就部分股份公司部分产品由集团公司代理事项所签订的有关协议。股份公司向集团公司交纳 0.5%-1%的代理费,具体比例由双方根据每项代理业务另行议定。期限至股份公司取得进出口权止。

6、《房地产租赁契约》:股份公司与集团公司就股份公司向集团租赁办公楼所签订的有关协议。办公楼面积 2,840 平方米,年租金 312,400 元,租赁期 2 年。房屋租赁到期后如果本公司需要续租,集团公司承诺将以同等条件出租给本公司。

7、《合作开发及生产半导体激光器的协议》:股份公司与中科院长春光学精密机械及物理研究所签订的有关协议。协议规定长春物理所所拥有的无铝量子阱半导体激光器的技术由本公司独占使用,并授与本公司特许生产经营权。长春物理所按产品销售收入的 5%提取相应费用。

8、《房产转让协议》:股份公司与集团公司 1999 年 12 月 6 日签订的有关功率半导体器件生产基地技术改造项目的工艺厂房及附属设施等房产的转让协议。约定本公司于工程竣工后,以本次发行的募集资金收购集团公司建设的厂房等房产,收购价格为经审计的工程竣工决算价格。预计用于收购工艺厂房及附属设施等房产的金额约 8,000 万元。股份公司除集团公司外的其他股东均同意该等收购事项和拟定价格,并予以书面确认。股份公司拟用募集资金进行该项收购的行为经股份公司股东大会决议批准,符合法定程序和要求。

9、《不同业竞争承诺》

吉林华星电子集团有限公司承诺在其作为本公司控股股东期间,集团公司及其所属子公司,目前不从事,今后亦不会从事任何可能与股份公司相竞争的业务活动。

八、股本结构及大股东持股情况

1 、股本结构

本次股票发行后,本公司的股本总额为 11800 万股,股本结构如下:

股份类型	股数(万股)	比例
发起人股	6800	57.63%
社会公众股	5000	42.37%
总股本	11800	100%

2、前十名股东持股数及比例

序号	股东名称	持股数量(万股)	持股比例(%)
1	吉林华星电子集团有限公司	6,600.0	55.932%
2	国营长虹机器厂	50.0	0.424%
3	广州乐华电子有限公司	50.0	0.424%
4	厦门永红电子有限公司	50.0	0.424%
5	吉林龙鼎集团有限公司	50.0	0.424%
6	兴华基金	16.5	0.140%
7	裕阳基金	14.7	0.125%
8	大元基金	14.5	0.123%
9	景宏基金	13.8	0.117%
10	安顺基金	13.8	0.117%

九、公司财务会计资料

本公司截止 2000 年 9 月 30 日的财务状况,已于 2001 年 2 月 16 日在《中国证券报》、《上海证券报》刊登的《招股说明书概要》中进行了详细的披露。因上次披露与本公告时间较长,本公告将详细公布经上海众华沪银会计师事务所审计的本公司 2000 年度审计报告会计报表附注、前三年及 2000 年度财务报告。

(一)、审计报告

沪众会字(2001)第 0355 号

吉林华微电子股份有限公司全体股东:

我们接受委托,审计了吉林华微电子股份有限公司(以下简称贵公司)2000 年 12 月 31 日、1999 年 12 月 31 日、1998 年 12 月 31 日、1997 年 12 月 31 日的资产负债表和 2000 年度、1999 年度、1998 年度、1997 年度的利润表以及 2000 年度的现金流量表。这些会计报表由贵公司负责。我们的责任是对这些会计报表发表审计意见。我们的审计是按照《中国注册会计师独立审计准则》进行的。在审计过程中,我们结合贵公司的实际情况,实施了包括抽查会计记录等我们认为必要的审计程序。

我们认为,上述会计报表符合《企业会计准则》和《股份有限公司会计制度》的有关规定,在所有重大方面公允地反映了贵公司 2000 年 12 月 31 日、1999 年 12 月 31 日、1998 年 12 月 31 日、1997 年 12 月 31 日的财务状况和 2000 年度、1999 年度、1998 年度、1997 年度的经营成果以及 2000 年度的现金流量情况,会计处理方法的选用遵循了一贯性原则。

上海众华沪银会计师事务所 **中国注册会计师 林东模**

中国注册会计师 沈 蓉

中国,上海 2001 年 3 月 8 日

(二)会计报表(附后)

(三)会计报表附注

1、基本情况

(1).公司组建情况

吉林华微电子股份有限公司(以下简称公司)原名吉林华星科技股份有限公司,是由吉林华星电子集团有限公司做为主发起人,以集团公司半导体器件业务的相应经营性资产投入,联合国营长虹机器厂、厦门永红电子有限公司、广州乐华电子有限公司、吉林龙鼎集团有限公司共同发起设立的股份有限公司,经国家科技部、中国科学院认定为高新技术企业。公司注册资本 6800 万元,每股面值 1 元,由吉林华星电子集团有限公司(以下简称华星集团公司)出资 6600 万元,占股本总额的 97%,其余发起人各出资 50 万元,共计 200 万元,占股本总额的 3%。1999 年 10 月 21 日在吉林省工商行政管理局领取了企业法人营业执照,注册号 2200001033040。公司名称变更后,于 2000 年 5 月 12 日取得变更后企业法人营业执照。

(2).主要发起人情况

华星集团公司是我国首批建立的半导体功率器件生产企业之一,目前是全国规模最大、实力最强、发展最快的半导体功率器件生产企业。同时是国有大型一类企业,全国 520 户重点国有企业和全国 66 户重点高新技术企业之一。华星集团公司主要从事半导体功率器件、片式电解电容器及电子仪器仪表的科研、开发、生产和经销业务,其中彩电用、节能灯用大功率晶体管的市场占有率均为全国第一,达林顿晶体管是目前国内唯一可以大量用于汽车科技点火装置的大功率晶体管。目前,华星集团公司已形成较大的技术开发优势、质量优势、成本优势、市场占有率优势,具有很强的市场竞争能力。

(3).发行人基本情况

公司是一家以半导体器件、集成电路、电力电子产品、汽车电子产品、自动化仪表、电子元件、应用软件的设计、开发、制造与销售为主的高科技企业。公司的主导产品半导体功率器件无论是在生产能力和市场占有率方面,还是质量控制和技术开发水平方面在同行业中均占据明显的优势,其中大屏幕彩电用大功率晶体管,打破了国内市场多年为国外跨国公司垄断的局面,填补了国内空白,推动了我国半导体分立器件产业的进步。1998 年,公司 3DD 型大屏幕彩电用大功率晶体管被国家科技部、税务总局、外经部、技术监督局、环保局授予国家重点产品。公司自成立以来,依靠已有的技术优势、质量优势、成本优势、市场占有率优势,经过自身的不懈努力,收入不断增长。

(4).资产评估及股权管理情况

以 1999 年 6 月 30 日为基准日,吉林华星电子集团有限公司拟投入公司的帐面净资产为 8253 万元,经北京中咨资产评估事务所评估并出具中咨评(1999)314 号评估报告,并报经财政部以财评字(1999)448 号文件确认,经评估后吉林华星电子集团有限公司可投入公司的资产总额为 29425 万元,负债总额为 19475 万元,净资产为 9950 万元。经吉林省国有资产管理局以吉国资企函(1999)42 号《关于吉林华星科技股份有限公司国有股权管理有关问题的批复》的批准,同意吉林华星电子集团有限公司将净资产 9900 万元按 66.67%的比例折为 6600 万股(每股面值 1 元),其余 3300 万元记入公司的资本公积金。其余发起人各投入 75 万元,共计 300 万元,持 200 万股。上述股本经上海众华会计师事务所(原上海中华会计师事务所)验证,并出具沪中会字(99)第 716 号验资报告。

2、会计报表编制的基础

华星集团公司作为主发起人,以实物资产进行投资,根据改制方案,把与从事半导体器件开发、生产、销售相关的固定资产全部投入股份公司,在进行资产剥离、负债剥离、人员剥离后,编制股份有限公司会计报表。公司作为会计报表的会计主体,假定公司现时的架构在报告期初已经存在,在报告期内未发生重大变化,按《股份有限公司会计制度》编制了会计报表。公司资产、负债、收入、成本、费用剥离原则和方法是:

2. 1 剥离的原则:

原改制企业主要业务为半导体器件开发、生产、销售和片式电容等产品的开发、生产和销售。公司根据改制方案,将与半导体器件开发、生产、销售有关的资产、负债、收入、成本、费用等划归拟改制公司(以下简称公司),与片式电容及其余产品有关的资产、负债、收入、成本、费用等以及非经营性资产不划归拟改制公司。

上述剥离遵循配比原则,并使公司成立后供、产、销系统独立完整。

2. 2 剥离的方法

1. 资产:

流动资产:把与公司半导体器件开发、生产、销售相关的货币资金、应收票据、应收帐款、其他应收款、预付帐款等划归公司,其中三年以上的应收款项不划归公司;把与公司半导体器件生产相关原材料、在产品、产成品等存货全部划归公司。

长期投资:因被投资单位与公司半导体器件开发、生产、销售基本无关,故不划归公司。固定资产:把与公司半导体器件开发、生产、销售相关车间的厂房、通用设备、专用设备、辅助设备、生产用运输设备、办公用运输设备、其他设备划归公司。为半导体大功率生产基地技术改造项目购进的设备划归公司。

无形资产及其他资产:非经营性无形资产不划归公司;公司以后发展所需的资产划归公司。

2. 负债

流动负债:把与公司半导体器件开发、生产、销售相关的应付帐款、应付票据、预收帐款、其他应付款等划归公司,与公司半导体器件生产、销售相适应的应交税金、其他应交款划归公司,短期借款根据借款用途划分。

长期负债:因长期借款主要是为公司项目借款,故基本上划归公司;长期应付款及相应的融资租赁固定资产与半导体器件开发、生产、销售无关,不划归公司;住房周转金按人员比例剥离;其他长期负债主要为科技部门原对半导体器件产品的拨款,故全部划归公司。

3. 所有者权益:

根据上述划归公司的资产总计减负债总计计算所得。

4. 收入

主营业务收入:与半导体器业务相关的产品收入划归公司。

其他业务收入:与半导体器业务相关的材料边角料收入划归公司。

其他收入:把以后生产经营中可能发生的营业外收入划归公司;把以后生产经营中不可能发生的营业外收入、补贴收入不划归公司。

5. 成本费用

主营业务成本:已发生的与半导体器业务相关的主要产品成本划归公司。

其他业务成本:与半导体器业务相关的材料边角料成本划归公司。

经营费用、管理费用:凡能具体辨明不属于为半导体器件生产经营、销售所发生的管理费用,

具体为离退休人员的工资、下岗分流人员工资及相应的附加(福利费、工会经费、教育费附加、养老统筹、公积金)、非生产用房折旧及房产税、水电费、与土地相关的税费、与不投入公司运输设备相关的折旧及相关费用,不划归公司;凡能分清归属的管理费用,具体为剩余的折旧费用,财产保险费,剩余的运输费划归公司;凡不能分清归属的剩余管理费用,如交际应酬费、办公费、差旅费、行政管理部门职工工资和福利费及附加等,按划入公司的主营业务收入占原集团公司主营业务收入的比例计算所得费用划归公司。

财务费用:利息支出按划归改制公司与半导体器件生产经营、销售相关的借款应负担的利息支出划归公司;凡不能分清归属的财务费用(利息收入、手续费等),按公司主营业务收入占原有企业主营业务收入的比例计算划归公司。

6.利润

按上述收入及成本费用剥离的原则和方法计算得出利润总额。

按公司应税所得额及实际享有的税率计算所得税,利润总额减所得税得出公司净利润。

2.3资产、负债、所有者权益、收入、费用、利润差异对照表

单位:万元

	1999年6月30日			1998年度			1997年度		
	股份	原企业	差异	股份	原企业	差异	股份	原企业	差异
资产	27675	64617	34942	23231	52560	29329	17246	32351	15105
负债	19475	44418	24943	15728	32252	16524	11228	17332	6104
所有者权益	8199	20187	11988	7502	20308	12806	6018	15019	9001
收入	6552	8558	2006	11944	15304	3360	8389	12573	4184
费用	1204	2019	815	2544	4447	1903	2390	4550	2160
利润总额	583	210	-373	1753	546	-1207	825	756	-69

3、公司主要会计政策,会计估计和合并会计报表的编制方法

3.1 会计制度:公司成立前执行《工业企业会计制度》,成立后执行《股份有限公司会计制度》及其有关补充规定,编制报表时已按《股份有限公司会计制度》进行了调整。

3.2 会计年度:公司的会计期间采用日历制,即自公历1月1日至12月31日为一会计年度。

3.3 记帐本位币:公司以人民币为记帐本位币。

3.4 记帐基础和计价原则:公司以权责发生制为记帐基础,除公司改制成立时,对进行资产评估的资产按评估价值进行计价外,各项资产以历史成本为计价原则。

3.5 外币业务核算方法:公司外币业务以业务发生当日的市场汇率中间价为折合汇率,月末对货币性资产负债帐户中的外币余额按月末市场汇率重新折合,重新折合人民币数额与帐面人民币余额的差额作为汇兑损益,以财务费用项目计入当期损益。

3.6 合并会计报表编制方法

(1)合并范围的确立原则:公司对其它单位投资占该单位有表决权资本总额50%或50%以上,或虽然占该单位有表决权资本总额不足50%,但具有实际控制权的,该单位列入合并范围。

(2)合并所采用的会计方法:合并报表以母公司和纳入合并范围的子公司的个别报表以及其它有关资料为依据,合并各项目数额编制而成。合并时,公司的重大内部交易和资金往来均相互抵销。

3.7 现金等价物的确定标准

公司将凡同时具备期限短、流动性强、易于转换为已知金额现金、价值变动风险很小的投资,确认为现金等价物,列入现金流量表。

3.8 坏帐核算方法

(1)坏帐的确认标准:A.因债务人破产或死亡,经清算仍然不能收回的应收帐款;B.因债务人逾期未履行偿债义务超过三年或有明显迹象,确定不能收回的应收帐款。

(2)坏帐损失的核算方法:公司采用坏帐备抵法,按应收款项期末余额帐龄百分比计提。实际发生的坏帐损失在履行了规定的审批手续后,冲销坏帐准备。具体计提方法如下:

应收款项帐龄	计提标准	计提比例
1年以下	年末余额	2%
1年-2年	年末余额	5%
2年-3年	年末余额	10%
3年-5年	年末余额	50%
5年以上	年末余额	90%

3.9 存货核算方法

公司的存货主要包括原材料、在产品、自制半成品和产成品等。原材料和自制半成品采用计划价格核算,在领用及发出时,通过材料成本差异科目将计划成本调整为实际成本。在产品通过月末盘点,确定耗用成本。在产品、产成品等领用及发出采用加权平均法确定其成本。低值易耗品及包装物采用领用时一次摊销法。

存货跌价准备的计提方法:公司期末存货按成本与可变现净值孰低法计提存货跌价准备。

3.10 短期投资核算方法

公司短期投资按取得时的实际成本计价,短期投资持有期间所获得的现金股利或利息,除取得时已记入应收股利或利息外,以实际收到时作为投资成本的收回,冲减短期投资的帐面价值。

短期投资跌价准备的计提方法:公司期末按帐面投资总额与市价孰低法计提短期投资跌价准备。

3.11 长期投资的核算方法

(1)长期股权投资:对持股占20%以上,或虽不足20%但有重大影响的投资采用权益法核算,持股20%以下的投资,采用成本法核算。股权投资差额按10年摊销,如经营期限短于10年,按经营期限摊销。

(2)长期债券投资:按实际支付的价款核算,债券的利息收入按权责发生制处理。并同时按直线法摊销其溢价或折价,列为各期损益。

(3)长期投资减值准备的提取方法:采用逐项计提方法。公司对被投资单位由于市价持续下跌或被投资企业经营状况恶化等原因,导致其可收回金额低于长期投资的帐面价值,并且这种降低的价值在可预计的将来期间内不可能恢复时,将可收回金额低于长期投资帐面价值的差额,首先冲抵该项投资的资本公积准备项目,不足冲抵的差额部分,确认为当期投资损失。已确认损失的长期投资的价值又得以恢复的,在原已确认的投资损失的范围内转回。

3.12 固定资产计价和折旧方法

(1)固定资产的标准:公司将使用年限在一年以上,单项价值达到或超过人民币2000元,且在使用过程中保持其实物形态的资产列为固定资产。

(2)固定资产的分类:公司将固定资产分为房屋及建筑物、通用设备、专用设备、运输设备及其它设备。

(3)固定资产的计价方法:华星集团公司投入的固定资产按评估后原值计价,以后增加固定资产按实际成本计价。

(4)固定资产的折旧方法:固定资产预留3%的残值,按直线法在其使用年限内计提折旧,各类固定资产的使用年限及折旧率列示如下:

资产类别	折旧年限	年折旧率
房屋及建筑物	35年	2.77%
专用设备	10年	9.7%
通用设备	15年	6.47%
运输设备	10年	9.7%
办公设备	10年	9.7%
其它设备	10年	9.7%

3.13 在建工程的核算方法

在建工程按实际成本记帐,用于工程项目的借款利息,在工程交付使用前计入在建工程,在工程交付使用后计入当期损益,在建工程于交付使用时转入固定资产。

3.14 无形资产计价和摊销方法

无形资产按实际成本计价,在受益期内平均摊销。

3.15 开办费,长期待摊费用摊销方法

公司开办费,长期待摊费用分五年平均摊销。

3.16 借款费用的会计核算方法

借款发生的利息支出,属于筹建期间的计入开办费;属于与购建固定资产相关的,在固定资产交付使用之前计入相关固定资产的购建成本,在固定资产交付使用后计入当期损益;属于生产经营期间的,计入当期损益。

3.17 收入确认原则

销售产品:公司销售商品,以商品所用权上的重要风险和报酬转移给买方,公司不再对该商品实施继续管理权和实际控制权,相关的收入已经收到或取得了收款的证据,并且与销售该商品有关的成本能够可靠地计量,确认收入实现。

3.18 所得税的会计处理方法

公司所得税的处理方法采用应付税款法。

3.19 会计政策变更

公司根据财政部财会字[1999]35号《股份有限公司会计制度有关会计处理问题补充规定》的要求,从1999年1月1日起改变如下会计政策:

(1)坏帐准备原按直接冲销法计入坏帐费用,现改为对应收款项按帐龄分析法计提坏帐准备(如注释3-8所述)。

(2)短期投资原不计提跌价准备,现改为按总体投资项目期末帐面成本与期末市值孰低的原则计提短期投资跌价准备,预计损失计入当期损益。

(3)存货原不计提跌价准备,现变更为按期末存货成本与可变现净值孰低原则计提存货跌价损失准备,预计损失计入当期损益。

(4)长期投资原不计提减值准备,现改按所投资项目预计可收回金额低于帐面价值的差额计提减值准备,预计损失计入当期损益。

上述会计政策变更已采用追溯调整法进行了调整。因坏帐准备计提方法变更的留存收益累计影响数为1,737,768.89元,其中调减了97年前利润706,874.00元,调减了97年利润461,571.08元,调减了98年利润305,114.96元,调减了99年利润264,208.85元。2000年调减利润435,285.42元。

4、税项

税项	税率	计税基数
所得税	15%	应纳税所得额
增值税	17%	增值额
营业税	5%	营业额
城建税	7%	应纳增值税、营业税等

公司已被认定为高新技术产业企业,注册于国家批准的高新技术产业开发区,按规定执行所得税税率为15%。

5、主要会计报表项目:

5.1 货币资金:

	1999年12月31日	2000年12月31日
现金:	79.94	443.35
银行存款:	5,302,006.05	3,697,697.54
合计:	5,302,085.99	3,698,140.89

5.2 应收帐款

	1999年12月31日			2000年12月31日		
帐龄	金额	比例(%)	坏帐准备	金额	比例(%)	坏帐准备
1年以内	74,207,757.61	97.43%	1,484,155.15	97,000,550.53	98.11%	1,940,011.01
1年-2年	1,961,015.14	2.57%	98,050.76	1,863,966.22	1.89%	93,198.31
合计	76,168,772.75	100.00%	1,582,205.91	98,864,516.75	100.00%	2,033,209.32

应收帐款主要集中在长虹等实力及信誉较好的大企业,回款率高,对其他企业销货时采取欠款限额供货和款到发货的措施,严格控制发生坏账的风险,因此一年以内的应收帐款按2%计提坏账准备,低于5%。

上述款项中无持公司5%以上表决权股份的股东欠款。

其中应收款前五位如下:

单位名称	余额	欠款期限	欠款原因
深圳新创维集团公司	10,168,920.08	1年以内	销货款
TCL王牌电器有限公司	9,433,876.30	1年以内	销货款
中山艳阳节能灯电器厂	5,008,552.62	1年以内	销货款
中山市古镇华艺电子设备厂	4,449,984.04	1年以内	销货款
杭州宝山电器有限公司	4,431,662.34	1年以内	销货款

应收帐款1998年比1997年增长39%,主要为公司1998年销售收入比1997年增长造成。

5.3 其它应收款

	1999年12月31日			2000年12月31日		
帐龄	金额	比例	坏帐准备	金额	比例	坏帐准备
1年以内	7,778,149.61	100%	155,562.98	5,890,805.26	93.04%	117,816.11
1-2年	0.00	0%	0.00	440,577.56	6.96%	22,028.88
合计	7,778,149.61	100%	155,562.98	6,331,382.82	100.00%	139,844.99

上述款项中无持公司5%以上表决权股份的股东欠款。

其中大额余额单位如下:

单位名称	性质	余额	欠款期限
公司职工	暂借款	1,148,038.71	1年以内
证券投资部	上市费用	1,050,000.00	1年以内
信息产业部第四十五研究所	非贸易往来	200,000.00	1年以内
晶体管特性图示仪计量检定站	非贸易往来	328,870.00	1年以内
昌邑邮局	非贸易往来	356,546.90	1年以内

其中:证券投资部的上市费用包括预付的上市律师费35万,上市审计费70万。上述上市费用按有关规定可以从股票溢价中扣除。

5.4 预付帐款:

帐龄	1999年12月31日	比例	2000年12月31日	比例
1年以内	4,472,330.94	67.72%	26,793,370.25	78.92%
1—2年	1,226,477.23	18.57%	5,060,411.68	14.91%
2—3年	905,501.40	13.71%	2,096,637.59	6.18%
合计	6,604,309.57	100.00%	33,950,419.52	100.00%

上述款项中无持公司5%以上表决权股份的股东欠款。

其中大额余额单位如下:

单位名称	欠款期限	余额	欠款性质
宁波康强公司	1年以内	2,084,500.20	材料款
浙江硅峰电子有限公司	1年以内	1,060,760.50	材料款
Tesece Corporation	1年以内	1,253,417.76	材料设备款
天津净化设备厂	1年以内	1,214,642.08	设备款
大连保税区络斯国际工贸公司	1-2年	880,000.00	备件款

预付帐款2000年比1999年增长414%,主要为公司为进一步扩充生产能力及销售,预付的材料款、备件款、设备款。

5.5 存货:

项目	1999年12月31日	2000年12月31日
包装物	92,779.49	14,651.02
低值易耗品	166,912.82	106,364.95
产成品	8,862,625.46	7,241,140.65
在产品	6,132,672.66	11,611,322.15
委托加工材料	434,513.32	89,431.28
原材料	4,434,004.09	8,316,155.47

合计	20,123,507.84	27,379,065.52

公司的产品市场占有率较高,期末存货帐面价值均小于可变现净值,故不需计提存货跌价损失准备。

公司可变现净值的确认依据为:(1)产成品:公司资产负债表日前后的销售同一产品的价格减一定的销售税金及销售费用;(2)原材料(包括委托加工材料、包装物、低值易耗品):公司资产负债表日前后的购入相同或相似材料的价格;(3)在产品:按产成品确认的可变现净值与完工程度计算确认。

5.6 待摊费用:

项目	1999年12月31日	2000年12月31日
新产品物耗	148,490.00	78,412.25

5.7 固定资产:

原值	1999年12月31日	本期增加	本期减少	2000年12月31日
房屋建筑物	42,273,830.22	0.00	0.00	42,273,830.22
专用设备	82,295,749.00	775,706.00	3,200.00	83,068,255.00
通用设备	7,133,079.00	112,004.00	0.00	7,245,083.00
运输设备	482,550.00	0.00	93,600.00	388,950.00
办公设备	687,600.00	942,186.00	0.00	1,629,786.00
合计	132,872,808.22	1,829,896.00	96,800.00	134,605,904.22
累计折旧	1999年12月31日	本期增加	本期减少	2000年12月31日
房屋建筑物	9,175,072.05	1,166,757.75	0.00	10,341,829.80
专用设备	32,287,834.92	8,021,749.52	553.28	40,309,031.16
通用设备	2,522,162.56	465,105.66	0.00	2,987,268.22
运输设备	388,539.12	60,011.28	47,876.40	400,674.00
办公设备	206,362.32	61,188.13	0.00	267,550.45
合计	44,579,970.97	9,774,812.34	48,429.68	54,306,353.63
净值	88,292,837.25			80,299,550.59

5.8 在建工程:

项目名称	预算	1999年12月31日	本期发生	本期转固定资产	2000年12月31日	项目进度	资金来源
半导体大功率生产基地技术改造项目	2.496亿	77,603,028.13	35,734,698.99	-	113,337,727.12	80%	贷款及自筹
放电管专项工程改造	2300万	14,857,701.13	8,942,032.31		23,799,733.44	99%	自筹
合计		92,460,729.26	44,676,731.30		137,137,460.56		
其中:资本化利息		6,295,537.50	4,950,767.25		11,246,304.75		

半导体大功率生产基地技术改造项目总投资28795万元,固定资产投资19944万元,流动资金8851万元。截止2000年12月31日,本公司累计投入设备款11334万元,设备已基本到位。土建工程由集团建设,于1999年8月开工,截止2000年9月30日已投入7251万元,预计2001年1月完工。2001年2-4月本公司预计投资815万元。预计本项目于2001年4月末全部完工。

5.9 开办费:

项目	原始发生额	期初余额	本期增加	本期摊销	期末余额	剩余摊销年限
开办费	450,977.81	435,945.21		90,195.60	345,749.61	3.83

5.10 长期待摊费用:

项目	原始发生额	期初余额	本期增加额	本期摊销	累计摊销额	期末余额	剩余摊销年限
计算机信息管理系统	630,055.00	80,000.00	530,055.00	18,000.00	38,000.00	592,055.00	5

5.11 短期借款:

贷款单位名称	币种	发生日期	到期日	借款金额	利率%	借款条件
建行吉林高新支行	人民币	2000.4	2001.4	40,000,000.00	5.85	担保
工行吉铁办	人民币	2000.12	2001.12	54,500,000.00	6.44	担保
交行高新支行	人民币	2000.11	2001.10	12,500,000.00	6.44	担保
合计				107,000,000.00		

本期短期借款比上期增加167.5%,系公司扩大生产增加借款所致。

5.12 应付帐款:

帐龄	1999年12月31日	2000年12月31日
1年以内	30,386,034.03	58,836,652.65
1年—2年	1,058,985.50	2,111,935.40
2年—3年	11,900,021.50	12,847,745.24
合计	43,345,041.03	73,796,333.29

上述款项中无欠持公司5%以上表决权股份的股东款。

公司应付帐款比年初增加70.25%,为公司进一步扩大生产和销售,提高市场占有率,并按历年销售增长情况,大量增加购货但货款尚未支付造成。

主要客户如下:

洛阳单晶硅厂	4,727,502.71
厦门永红电子有限公司	6,492,904.17
北京有色院	2,981,142.53
宁波户东公司	2,331,814.10
江苏无锡东键公司	1,316,928.30

5.13 预收帐款:

帐龄	1999年12月31日	2000年12月31日
1年以内	874,164.16	3,045,273.47
1年—2年	0.00	0.00
合计	874,164.16	3,045,273.47

上述款项中无欠持公司5%以上表决权股份的股东款。

余额前五名如下:

无锡英之杰电子	600,000.00
深圳隆泰欣达实业有限公司	512,450.00
上海数码公司	150,000.00
余杭光达	115,400.00
扬州红叶	88,500.00

5.14 应付福利费:

1999年12月31日	2000年12月31日
1,519,301.43	3,195,399.16

增减变动如下:

年初余额	1,519,301.43
加:本期计提	1,861,144.63
减:本期支付	-185,046.90
期末余额	3,195,399.16

5.15 应交税金:

税种	税率	1999年12月31日	2000年12月31日
增值税	17%	4,789,283.40	-716,027.69
城市建设维护税	7%	335,249.83	952,056.17
所得税	15%	485,323.50	0.00
合计		5,609,856.73	236,028.48

5.16 其它未交款:

项目	1999年12月31日	2000年12月31日
教育费附加	143,678.51	0.00

5.17 其它应付款:

帐龄	1999年12月31日	2000年12月31日
1年以内	22,685,136.46	2,294,693.71
1年—2年		0.00
3年以上	54,696.85	54,696.85
合计	22,739,833.31	2,349,390.56

上述款项中欠持公司5%以上表决权股份的股东华星集团公司549,129.83元。

其中应付款前五名如下:

前五名如下:	性质	余额
集团公司	暂借款	549,129.83
市自来水管处	水费	504,394.99
合同工	合同工押金	650,870.00
职工	工会及职工教育经费	298,367.93

5.19 一年内到期的长期负债:

贷款单位名称	币种	借款期限	借款金额		利率%	借款条件
			2000年	1999年		
工行吉铁办	人民币	1997.7-2000.9	0.00	6,000,000.00	10.98	担保

5.20 长期借款:

贷款单位名称	币种	借款期限	借款金额	利率%	借款条件
工行吉铁办	人民币	2000.12-2005.11	64,900,000.00	6.633	担保

公司于2000年12月同银行就长期借款的借款期限及利率重新签定借款合同。

5.21 住房周转金:

1999年12月31日	2000年12月31日
735,923.25	671,026.25

5.22 其它长期负债:

	1999年12月31日	2000年12月31日
科技拨款	3,670,909.47	3,670,909.47

5.23 股本:

2000年12月31日	1999年12月31日	1998年12月31日	1997年12月31日
68,000,000.00	68,000,000.00	75,024,612.15	60,182,874.98

注:1998年及1997年为改制前报表,以净资产数表示。

截止2000年12月31日止股本明细如下:

发起人股份:	余额
国有法人持有股份	66,000,000.00
境内法人持有股份	2,000,000.00
合计	68,000,000.00

上述股本经上海众华沪银会计师事务所(原上海中华会计师事务所)验证,并出具沪中会字(99)第716号验资报告。

5.24 资本公积

项目	1999年12月31日	本期增减	2000年12月31日
股本溢价	34,000,000.00	0.00	34,000,000.00

5.25 盈余公积

项目	1999年12月31日	本期增减	2000年12月31日
法定公积金	463,766.42	2,123,167.44	2,586,933.86
公益金	463,766.42	2,123,167.44	2,586,933.86
合计	927,532.84	4,246,334.88	5,173,867.72

5.26 未分配利润

项目	2000年12月31日	1999年12月31日	1998年12月31日	1997年12月31日
净利润	21,231,674.36	17,331,305.31		
加:年初未分配利润	3,710,131.32			
减:年初至评估基准日实现利润数		5,098,726.36		
减:评估基准日至成立日利润		6,121,354.75		
减:坏账准备追溯调整数		1,473,560.04		
减:提取法定公积金	2,123,167.44	463,766.42		
减:提取公益金	2,123,167.44	463,766.42		
未分配利润	20,695,470.80	3,710,131.32	-1,473,560.04	-1,168,445.08

注1:1999年公司成立日(1999年11月1日)前的未分配利润按重组分立协议,归发起股东华星集团公司所有。

注2:1997年及1998年为因追溯调整坏账准备数。

注3:根据公司董事会决议,本年利润分配方案为不分配、不转增。

5.27 主营业务收入

项目	2000年度	1999年度	1998年度	1997年度
黑白塑封管	3,751,189.71	3,690,872.23	1,161,335.48	1,527,162.08
彩电塑封管	76,175,878.64	85,979,452.14	60,465,243.04	44,063,938.76
节能灯管	99,728,024.56	67,447,645.58	57,048,754.84	37,553,899.16
其他	1,059,656.61	2,465,686.58	761,893.29	740,699.46
合计	180,714,749.52	159,583,656.53	119,437,226.65	83,885,699.46

公司的主营业务收入1999年比1998年、1998年比1997年分别增长了33.6%和42.4%,主要因为(1)公司节能灯产品的批量投放市场,增加了销售收入;(2)1998和1999年彩电市场的旺销,使公司的彩电塑封管销售增长。

5.28 主营业务成本:

项目	2000年度	1999年度	1998年度	1997年度
黑白塑封管	2,761,260.33	3,104,709.00	1,011,770.58	1,115,532.66
彩电塑封管	52,232,347.60	63,226,097.06	43,987,338.77	28,931,112.30
节能灯管	73,454,401.14	48,417,594.25	30,528,669.40	20,120,883.20
其他	1,653,532.68	1,986,818.51	650,264.47	532,704.43
合计	130,101,541.75	116,735,218.82	76,178,043.22	50,700,232.59

公司的主营业务成本1999年比1998年、1998年比1997年分别增长了53.24%和50.25%,主要原因为公司1999年产品销售价格随市场下调较大,而销售数量上升,导致公司产品毛利率下降,使公司主营业务成本增长比例大于收入增长比例。

5.29 主营业务税金及附加:

种类	2000年度	1999年度	1998年度	1997年度
城市建设维护税	690,294.44	1,042,714.79	701,628.83	1,052,734.99
教育费附加	295,840.44	446,877.78	310,734.20	393,809.77
合计	986,134.88	1,489,592.57	1,012,363.03	1,446,544.76

5.30 其它业务利润:

项目	2000年度	1999年度	1998年度	1997年度
材料边角料收入	2,409,051.39	2,078,210.62	967,319.23	905,865.93

5.31 财务费用:

项目	2000年度	1999年度	1998年度	1997年度
利息支出	4,308,830.10	2,425,006.25	4,399,345.44	4,021,612.67
减:利息收入	62,239.23	133,770.03	45,730.75	284,256.57
加:汇兑损失	0.00	19,562.92	146,289.86	0.00
加:银行手续费等	455,518.61	112,969.30	55,523.37	504,861.13
合计	4,702,109.48	2,423,768.44	4,555,427.92	4,242,217.23

5.32 营业外收入:

项目	2000年度	1999年度	1998年度	1997年度
固定资产盘盈				17,147.62

罚没收入	0.00	53,228.00	159,128.38	146,266.41
合计	0.00	53,228.00	159,128.38	163,414.03

5.33 营业外支出:

项目	2000 年度	1999 年度	1998 年度	1997 年度
防洪基金		65,520.75	348,909.36	330,724.36
丧葬费				40,571.00
处理固定资产净损失	42,723.60			75,774.35
非常损失			51,725.74	132,928.03
其他		3,000.00		86,400.00
扶困基金	–	100,000.00	–	–
合计	42,723.60	168,520.75	400,635.10	666,397.74

5.34 所得税:

项目	2000 年度	1999 年度	1998 年度	1997 年度
会计利润	25,035,229.84	20,433,291.56	17,529,038.85	8,245,330.62
加:坏帐计提超规定	321,806.70	246,616.78	305,114.96	460,571.08
应纳税所得款	25,357,036.54	20,679,908.34	17,834,153.81	8,706,901.70
税率	15%	15%	15%	15%
所得税	3,803,555.48	3,101,986.25	2,675,123.07	1,306,035.25

6.关联方关系及其交易

(一)存在控制关系的关联方

关联方名称:	吉林华星电子集团有限公司
企业性质或类型:	国有独资
与本公司关系:	母公司
主营业务:	电子产品、自动化仪表
注册地:	吉林省吉林市
法定代表人:	夏增文
注册资本:	13932 万元

(二)存在控制关系的关联方持有权益或股份增减变动

关联方名称	1999 年 12 月 31 日		本期增加		本期减少		2000 年 12 月 31 日	
	投资金额	比例	金额	比例	金额	比例	金额	比例
吉林华星电子集团公司	6600 万元	97%					6600 万元	97%

(三)不存在控制关系的关联方

单位名称	企业性质或类型	与本公司关系
吉林华星电子集团高天实业发展公司	国有公司	同一母公司
吉林华星集团华岳物业管理有限责任公司	有限责任公司	同一母公司
吉林市吉光电子有限责任公司	有限责任公司	同一母公司
吉林华星电子集团时代电光源有限责任公司	有限责任公司	同一母公司
吉林华星电子集团新科电子有限责任公司	有限责任公司	同一母公司

(四)存在控制关系的关联方交易

(1)、采购货物

公司向上述关联方采购货物的价格,按市场价确定。本期向集团公司购入电容产品 2,405,603.73 元。

(2)、销售货物

公司向上述关联方销售货物的价格,按市场价确定。本期向集团公司销售材料 1,138,669.19 元,销售产品 6,327,263.47 元。

(3)、土地租赁

公司与华星集团签订土地使用权租赁协议,公司有偿租赁华星集团拥有的位于吉林市长江街 100 号的面积共计 36,807.15 平方米的土地使用权,每年向集团公司支付土地租金 12.352 万元,租赁期限为 50 年。此合同自 2000 年开始执行。本期支付 12.352 万元。

(4)、房屋租赁

公司与华星集团签订房屋租赁协议,公司有偿租赁华星集团拥有的位于吉林市长江街 100 号,建筑面积共计 2840 平方米的建筑物,每年向集团公司支付房屋租金 31.24 万元,租赁期为 2000 年 1 月 30 日至 2002 年 1 月 30 日。本期支付 28.64 万元。

(5)、商标及专有技术

公司与华星集团签订商标使用许可协议,本公司无偿使用华星集团拥有的注册号为 1102652 号的"吉半"牌商标以及注册号为 673644 号的图形商标。2000 年 11 月,本公司与华星集团公司签定了《商标转让合同》,华星集团将拥有的上述商标无偿转让给本公司,该《商标转让合同》目前已在国家商标局备案并生效,上述商标已归本公司所有。原华星集团公司拥有的制造高压功率晶体管的全套生产技术无偿转让给本公司。

(6)、综合服务协议

公司与华星集团签订综合服务协议,由华星集团向公司员工提供住房、医疗保健、餐饮、文化娱乐、保安等生活服务。公司向华星集团提供水、电、汽、照明等动力供应。以上收费按市场定价的原则收取,且在价格、服务质量、付款方式等交易条件相同的条件下,双方均优先与对方交易。本期向集团公司支付各类生活服务费 78.70 万元;股份公司向集团公司收取水、电、汽等动力供应费用 143.31 万元。

(7)、资金往来

华星集团公司本期为公司垫付设备款 11,990,822.49 元。

(五)关联方其他应收应付款项余额如下:

应付款

企业名称	2000 年 12 月 31 日	1999 年 12 月 31 日
吉林华星电子集团有限公司	549,129.83	16,459,246.98

(六)公司关键管理人员本期从本公司取得报酬(包括货币和非货币形式)共计 13.5 万元。上述关键管理人员包括所有董事、总经理、副总经理、财务经理,共计 6 人。

7.或有事项

截止资产负债表日,公司有未到期银行承兑汇票贴现总计 444.68 万元。

8.承诺事项

截止资产负债表日,公司没有重大的承诺事项。

9.资产负债表日后事项

9.1 公司经中国证监会证监发行字[2001]18 号文核准,于 2001 年 2 月 16 日公布了招股说明书及 A 股股票定价发行公告,本次发行人民币普通股 5000 万股,每股发行价 8.42 元,公司于 2001 年 2 月 28 日已收到募集资金款,并经上海众华沪银会计师事务所验证,并出具沪众会字(2001)356 号验资报告。

9.2 公司根据财政部财会[2001]5 号文,2001 年将住房周转金余额调整年初未分配利润。

10.其他重要事项

10.1.调帐日调帐前后比较资产负债表说明

公司以 199 年 6 月 30 日为评估基准日,于 1999 年 10 月 21 日取得营业执照,以 1999 年 10 月 31 日为调帐日,公司按资产评估结果进行了调帐,对于在评估基准日评估增值或减值且调帐日还存在的资产、负债按已经确认的评估结果进行调帐;对于在评估基准日已评估增值或减值且调帐日不存在的资产、负债不进行调帐;对评估基准日至调帐日增加的资产、负债按帐面价值计帐。(后附调帐日调帐前后比较资产负债表)

10.2.评估基准日至公司设立日期间已分配利润的分配情况:

公司资产评估基准日至公司设立日期间,即 1999 年 6 月 30 日至 1999 年 10 月 30 日。1999 年 6 月 30 日前已实现的利润 5,098,726.36 元已作为公司发起人华星集团的净资产按经批准的比率折为公司的股本。1999 年 6 月至 9 月已实现的利润 6,121,354.75 元根据公司重组协议分配给本公司发起人华星集团。本公司的存货、固定资产、无形资产、递延资产等资产均已按评估确认的价值进行了调整,并按评估调整后的价值进行了成本结转、计提折旧或分期摊销。在上述基础上,1999 年度实现净利润 17,331,305.31 元,扣除 1999 年 1-6 月已折股数 5,098,726.36 元,1999 年 6-9 月利润 6,121,354.75 元,扣除因执行财政部[财会字(1999)35 号]规定采用"追溯调整法"对应收帐款、存货计提的准备而影响 1998 年未分配利润 -1,473,560.04 元,进行公积金、公益金的提取后,截止 1999 年底未分配利润为 3,710,131.32 元,已结转至 2000 年。根据上述情况,公司 1999 年度净利润进行了分配,但不会影响资本保全。

10.3.有偿使用财产对报告期各年利润的影响(减少利润)

货币单位:人民币万元

项目	1999 年度	1998 年度	1997 年度
房屋租赁	31.24	31.24	31.24
土地租赁	12.35	12.35	12.35
综合服务	78.7	78.7	78.7
合计	122.29	122.29	122.29

10.4.成立日至年底的现金流量表(后附)

10.5.公司改制成立前是连续盈利(报告期内)

(四)主要财务指标

公司主要财务指标	2000 年 12 月	1999 年 12 月	1998 年 12 月	1997 年 12 月
流动比率=流动资产/流动负债	0.89	0.92	1.09	1.04
速动比率=(流动资产-存货)/流动负债	0.74	0.76	0.86	0.81
资产负债率=负债总额/资产总额	66.94%	64.17%	67.70%	65.10%
应收帐款周转率=主营业务收入/应收帐款平均余额	2.06	2.23	2.07	2.17
存货周转率=主营业务成本/存货平均余额	5.47	5.23	3.58	2.59
全面摊薄净资产收益率	16.60%	16.25%	19.80%	11.53%
加权平均净资产收益率	18.11%	20.71%	21.97%	
全面摊薄每股收益(元)	0.31	0.25	0.22	0.10
加权平均每股收益	0.31	0.25	0.22	0.10
主营业务利润(元)	49,627,072.89	41,358,845.14	42,246,820.40	31,738,922.11
营业利润(元)	25,077,953.44	20,548,584.31	17,770,545.57	8,748,314.33
净利润(元)	21,231,674.36	17,331,305.31	14,853,915.78	6,939,295.36
扣除非经常损益后的净利润(元)	21,231,674.36	17,331,305.31	14,853,915.78	6,939,295.36

十、董事会上市承诺

本公司董事会将严格遵守《中华人民共和国公司法》、《中华人民共和国证券法》、《公开发行股票公司信息披露实施细则(试行)》和《上海证券交易所股票上市规则》及有关法律、法规的规定,并自股票上市之日起做出如下承诺:

1、按照法律、法规的规定程序和要求披露重大信息,并接受证券主管机关、上海证券交易所的监督管理;

2、及时、真实、准确地公布中期报告和年度报告,并置备于规定场所供投资者查阅;

3、本公司董事、监事及高级管理人员如发生人事变动或持本公司股票发生变动时,在报告证券主管机关、证券交易所的同时向投资者公布;

4、在任何公共传播媒介中出现的消息可能对本公司股票的市场价格产生误导性影响时,本公司知悉后将及时对该消息予以公开澄清;

5、本公司董事、监事及高级管理人员将认真听取社会公众的意见和批评,不利用已获得的内幕消息和其他不正当手段直接或间接从事股票买卖活动;

6、本公司没有无记录负债。

依据 2000 年 5 月 1 日起实施的《上海证券交易所股票上市规则》(二〇〇〇年修订本),本公司全体董事、监事将按照有关规定,在本公司股票上市后两个月内签署《董事(监事)声明及承诺书》并送达上海证券交易所备案。

十一、重要事项揭示

1 、本公司本次上市流通股份 5000 万股自本次挂牌交易之日起即可流通。

2、依据公司 2000 年度股东大会决议,2000 年 1 月 1 日起到公司发行社会公众股之前所实现利润以及 1999 年度留存利润,由新老股东共享。本次股票发行后的第一个盈利年度将派发股利,预计首次股利分配时间在发行次年 8 月底以前。

3、截止本公司上市公告书公布之日,本公司无重大诉讼。

4、本公司大股东华星集团郑重承诺:本公司持有的吉林华微电子股份有限公司 6600 万法人股,自吉林华微电子股份有限公司的股票上市之日起,一年内不转让,也不由吉林华微电子股份有限公司回购本公司持有的股份。

5、除本公司招股说明书及概要和本上市公告书披露的事项外,本公司董事会认为没有其它对本公司资产、负债及股东权益有较大影响的重要事项。

十二、备查文件目录

1、招股说明书及概要
2、上海交易所上市通知书
3、中国证监会关于本公司公开发行股票的批准文件
4、审计报告、财务报表和附注
5、验资报告
6、法律意见书
7、本公司成立的登记注册文件及营业执照
8、公司章程

十三、咨询机构

1、吉林华微电子股份有限公司
法定代表人: 夏增文
注册地址: 吉林市丰满区 100 号
联系电话: (0432)466209
传真:(0432)4660812
联系人: 段敏 韩毅 赫荣刚

2、南方证券有限公司
法定代表人 沈沛
注册地址: 深圳市嘉宾路 4028 号太平洋商贸大厦 20-28 层
联系电话: (010)66212491,(0755)2138227
传真: (010)66210025
联系人: 陈喆 韩昌 曾楠 余弋

吉林华微电子股份有限公司
2001 年 3 月 9 日

资 产 负 债 表

1999 年 10 月 31 日

编制单位:吉林华微电子股份有限公司 金额单位:元

资 产	行次	调帐日前	调帐日后
流动资产:			
货币资金	1	3,000,000.00	3,000,000.00
短期投资	2	0.00	0.00
减:短期投资跌价准备	3	0.00	0.00
短期投资净额	4	0.00	0.00
应收票据	5	2,382,952.71	2,382,952.71
应收股利	6	0.00	0.00
应收利息	7	0.00	0.00
应收账款	8	88,720,855.78	88,720,855.78
其他应收款	8-1	5,709,757.91	5,709,757.91
减:坏账准备	9		0.00
应收款项净额	10	94,430,613.69	94,430,613.69
预付货款	21	0.00	0.00
应收补贴款	24	0.00	0.00
期货保证金	26	0.00	0.00
应收席位费	27	0.00	0.00
存货	30	26,841,628.89	28,885,769.96
减:存货跌价准备	31	0.00	0.00
存货净额	32	26,841,628.89	28,885,769.96
待摊费用	33	249,072.03	249,072.03
待处理流动资产净损失	34	0.00	0.00
一年内到期的长期债券投资	35	0.00	0.00
其他流动资产	36	0.00	0.00
流动资产合计	39	126,904,267.32	128,948,408.39
长期投资:			
长期股权投资	40	0.00	0.00
长期债权投资	41	0.00	0.00
长期投资合计	42	0.00	0.00
减:长期投资减值准备	43	0.00	0.00
长期投资净额	44	0.00	0.00
其中:合并价差(合并报表填列)	41-1	0.00	0.00
其中:股权投资差额	41-2	0.00	0.00
固定资产:			
固定资产原价	45	112,458,253.76	130,500,705.22
减:累计折旧	46	39,336,747.68	42,955,742.76
固定资产净值	47	73,121,506.08	87,544,962.46
工程物资	48	0.00	0.00
在建工程	49	86,211,409.35	86,211,409.35
固定资产清理	50	0.00	0.00
待处理固定资产净损失	51	0.00	0.00
固定资产合计	53	159,332,915.43	173,756,371.81
无形资产及其它资产:			
无形资产	54	0.00	0.00
开办费	55	0.00	0.00
长期待摊费用	56	90,000.00	90,000.00
其他长期资产	57	0.00	0.00
无形资产及其它资产合计	58	90,000.00	90,000.00
递延税项:			
递延税款借项	59	0.00	0.00
资产合计	60	286,327,182.75	302,794,780.20
负债及股东权益	行次	调帐日前	调帐日后
流动负债:			
短期借款	61	40,000,000.00	40,000,000.00
应付票据	62	11,900,200.00	11,900,200.00
应付账款	63	41,835,683.63	41,835,683.63
预收货款	64	0.00	0.00
代销商品款	65	0.00	0.00
应付工资	66	0.00	0.00
应付福利费	67	1,313,666.75	1,313,666.75
应付股利	68	0.00	0.00
应交税金	69	13,082,232.23	13,082,232.23
其他未交款	70	1,020,999.04	1,020,999.04
其他应付款	71	22,300,062.83	22,300,062.83
预提费用	72	0.00	0.00
一年内到期的长期负债	73	0.00	0.00
其他流动负债	74	0.00	0.00
流动负债合计	80	131,452,844.48	131,452,844.48
长期负债:			
长期借款	81	64,900,000.00	64,900,000.00
应付债券	82	0.00	0.00
长期应付款	83	0.00	0.00
住房周转金	84	671,026.25	671, 026.25
其他长期负债	85	3,770,909.47	3,770,909.47
长期负债合计	90	69,341,935.72	69,341,935.72
递延税项:			
递延税款贷项	91	0.00	0.00
负债合计	92	200,794,780.20	200,794,780.20
少数股东权益(合并报表填列)	92-1	0.00	0.00
股东权益:			
股本	93	85,532,402.55	68,000,000.00
资本公积	94	0.00	34,000,000.00
盈余公积	95	0.00	0.00
其中:公益金	96	0.00	0.00
未确认的投资损失	96-1	0.00	0.00
未分配利润(未弥补亏损以"-"表示)	97	0.00	0.00
外币报表折算价差(合并报表填列)	97-1		
股东权益合计	98	85,532,402.55	102,000,000.00
负债及股东权益总计	99	286,327,182.75	302,794,780.20

资 产 负 债 表

2000 年 12 月 31 日

编制单位:吉林华微电子份有限公司 金额单位:元

资 产	行次	附注号	2000 年 12 月 31 日	1999 年 12 月 31 日	1998 年 12 月 31 日	1997 年 12 月 31 日
流动资产:						
货币资金	1	5.1	3,698,140.89	5,302,085.99	4,778,894.63	992,705.20
短期投资	2					
减:短期投资跌价准备	3					
短期投资净额	4					
应收票据	5		230,000.00	1,997,688.46	4,778,894.63	5,567,410.37
应收股利	6					
应收利息	7					
应收账款	8	5.2	98,864,516.75	76,168,772.75	67,104,588.18	48,188,123.12
其他应收款	8-1	5.3	6,331,382.82	7,778,149.61	6,573,413.46	10,234,129.88
减:坏账准备	9		2,173,054.31	1,737,768.89	1,473,560.04	1,168,445.08
应收款项净额	10		103,022,845.26	82,209,153.47	72,204,441.60	57,253,807.92
预付货款	21	5.4	33,950,419.52	6,604,309.57	5,152,299.31	83,653.74
应收补贴款	24					
期货保证金	26					
应收席位费	27					
存货	30	5.5	27,379,065.52	20,123,507.84	24,486,484.84	18,040,881.33
减:存货跌价准备	31					
存货净额	32		27,379,065.52	20,123,507.84	24,486,484.84	18,040,881.33
待摊费用	33	5.6	78,412.25	148,490.00	3,875,510.43	1,264,780.36
待处理流动资产净损失	34					
一年内到期的长期债券投资	35					
其他流动资产	36					
流动资产合计	39		168,358,883.44	116,.385,235.33	115,276,525.44	83,203,238.92
长期投资:						
长期股权投资	40					
长期债权投资	41					
长期投资合计	42					
减:长期投资减值准备	43					
长期投资净额	44					
其中:合并价差(合并报表填列)	41-1					
其中:股权投资差额	41-2					
固定资产:						
固定资产原价	45	5.7	134,605,904.22	132,872,808.22	109,652,180.83	111,162,046.33
减:累计折旧	46		54,306,353.63	44,579,970.97	33,890,510.42	26,496,650.88
固定资产净值	47		80,299,550.59	88,292,837.25	75,761,670.41	84,665,396.25
工程物资	48					
在建工程	49	5.8	137,137,460.56	92,460,729.26	41,172,047.19	4,595,800.00
固定资产清理	50					
待处理固定资产净损失	51					
固定资产合计	53		217,437,011.15	180,753,566.51	116,933,717.60	89,261,196.25
无形资产及其它资产:						
无形资产	54					
开办费	55	5.9	345,749.61	435,945.21		
长期待摊费用	56	5.10	592,055.00	80,000.00	100,000.00	
其他长期资产	57					
无形资产及其它资产合计	58		515,945.21	80,000.00	100,000.00	
递延税项:						
递延税款借项	59					
资产合计	60		386,733,699.20	297,654,747.05	232,310,243.04	172,464,435.17
负债及股东权益	行次	附注号	2000 年 12 月 31 日	1999 年 12 月 31 日	1998 年 12 月 31 日	1997 年 12 月 31 日
流动负债:						
短期借款	61	5.11	107,000,000.00	40,000,000.00	35,000,000.00	30,400,000.00
应付票据	62			6,644,000.00	550,000.00	2,500,000.00
应付账款	63	5.12	73,796,333.29	43,345,041.03	44,496,398.27	34,017,333.38
预收货款	64	5.13	3,045,273.47	874,164.16		
代销商品款	65					
应付工资	66					
应付福利费	67	5.14	3,195,399.16	1,519,301.43		155,808.33
应付股利	68					
应交税金	69	5.15	236,028.48	5,609,856.73	10,452,998.93	2,329,367.97
其他未交款	70	5.16		143,678.51	1,095,557.06	841,610.26
其他应付款	71	5.17	2,349,390.56	22,739,833.31	13,905,870.48	9,808,367.43
预提费用	72	5.18				
一年内到期的长期负债	73	5.19		6,000,000.00		
其他流动负债	74					
流动负债合计	80		189,622,424.96	126,875,875.17	105,500,824.74	80,052,487.37
长期负债:						
长期借款	81	5.20	64,900,000.00	59,734,375.00	47,700,000.00	28,810,000.00
应付债券	82					
长期应付款	83					
住房周转金	84	5.21	671,026.25	735,923.25	233,896.68	(101,836.65)
其他长期负债	85	5.22	3,670,909.47	3.670,909.47	3,850,909.47	3,520,909.47
长期负债合计	90		69,241,935.72	64,141,207.72	51,784,806.15	32,229,072.82
递延税项:						
递延税款贷项	91					
负债合计	92		258,864,360.88	191,017,082.89	157,285,630.89	112,281,560.19
少数股东权益(合并报表填列)	92-1					
股东权益:						
股本	93	5.23	68,000,000.00	68,000,000.00	76,498,172.19	61,351,320.06
资本公积	94	5.24	34,000,000.00	34,000,000.00		
盈余公积	95	5.25	5,173,867.72	927,532.84		
其中:公益金	96		2,586,933.86	463,766.42		
未确认的投资损失	96-1					
未分配利润(未弥补亏损以"-"表示)	97	5.26	20,695,470.80	3,710,131.32	(1,473,560.04)	(1,168,445.08)
外币报表折算价差(合并报表填列)	97-1					
股东权益合计	98		127,869,338.52	106,637,664.16	75,024,612.15	60,182,874.98
负债及股东权益总计	99		386,733,699.20	297,654,747.05	232,310,243.04	172,464,435.17

利 润 表

编制单位:吉林华微电子股份有限公司　　2000 年度　　金额单位:元

项　目	行次	附注号	2000 年度	1999 年度	1998 年度	1997 年度
一、主营业务收入	1	5.27	180,714,749.52	159,583,656.53	119,437,226.65	83,885,699.46
减:折扣与折让	2					
主营业务收入净额	3		180,714,749.52	159,583,656.53	119,437,226.65	83,885,699.46
减:营业成本	4	5.28	130,101,541.75	116,735,218.82	76,178,043.22	50,700,232.59
主营业务税金及附加	5	5.29	986,134.88	1,489,592.57	1,012,363.03	1,446,544.76
二、主营业务利润	10		49,627,072.89	41,358,845.14	42,246,820.40	31,738,922.11
加:其他业务利润	11	5.30	2,409,051.39	2,078,210.62	967,319.23	905,865.93
减:存货跌价损失	12					
营业费用	13		10,101,618.64	7,730,794.77	5,608,095.66	4,958,440.58
管理费用	14		12,154,442.72	12,733,908.24	15,280,070.48	14,695,815.91
财务费用	15	5.31	4,702,109.48	2,423,768.44	4,555,427.92	4,242,217.23
三、营业利润	18		25,077,953.44	20,548,584.31	17,770,545.57	8,748,314.33
加:投资收益	19					
期货损益	19-1					
补贴收入	22					
营业外收入	23	5.32		53,228.00	159,128.38	163,414.03
减:营业外支出	25	5.33	42,723.60	168,520.75	400,635.10	666,397.74
四、利润总额	27		25,035,229.84	20,433,291.56	17,529,038.85	8,245,330.62
减:所得税	28	5.34	3,803,555.48	3,101,986.25	2,675,123.07	1,306,035.25
减:少数股东损益	29					
五、净利润	30		21,231,674.36	17,331,305.31	14,853,915.78	6,939,295.36

现 金 流 量 表

编制单位:吉林华微电子股份有限公司　　2000 年度　　金额单位:元

项　目	行次	金额
一、经营活动产生的现金流量:		
销售商品、提供劳务所收到的现金	1	200,095,643.22
收到的租金	2	
收到的税费返还	4	
收取的其他与经营活动有关的现金	8	62,239.23
现金流入小计	9	200,157,882.45
购买商品、接受劳务支付的现金	10	148,573,909.19
经营租赁所支付的现金	11	409,920.00
支付给职工以及为职工支付的现金	12	22,570,353.00
实际交纳的增值税额	13	14,653,840.66
支付的所得税额	14	3,336,822.81
支付的除增值税、所得税以外的其他税费	15	1,465,063.22
支付的其他与经营活动有关的现金	20	30,127,809.33
现金支付小计	21	221,137,718.21
经营活动产生的现金流量净额	22	(20,979,835.76)
二、投资活动产生的现金流量:		
收回投资所收到的现金	23	
分得股利或利润所收到的现金	24	
取得债券利息收入所收到的现金	25	
处置固定资产、无形资产和其他长期资产而收回的现金净额	25	3,000.00
收到的其他与投资活动有关的现金	30	
现金流入小计	31	3,000.00
购建固定资产、无形资产和其他长期资产所支付的现金	32	37,468,239.99
权益性投资所支付的现金	33	
债权性投资所支付的现金	34	
支付的其他与投资活动有关的现金	40	64,897.00
现金支付小计	41	37,533,136.99
投资活动产生的现金流量净额	42	(37,530,136.99)
三、筹资活动产生的现金流量:		
吸收权益筒投资所收到的现金	43	
其中:子公司吸收少数股东权益性投资收到的现金		
发行债券所收到的现金	44	
借款所收到的现金	45	67,000,000.00
收到的其他与筹资活动有关的现金	50	
现金流入小计	51	67,000,000.00
偿还债务所支付的现金	52	
发生筹资费用所支付的现金	53	
分配股利或利润所支付的现金	54	
其中:子公司支付少数股东股利		
偿付利息所支付的现金	55	10,093,972.35
融资租赁所支付的现金	56	
减少注册资本所支付的现金	57	
其中:子公司依法减资支付给少数股东的现金		
支付的其他与筹资活动有关的现金	62	
现金支付小计	63	10,093,972.35
筹资活动产生的现金流量净额	64	56,906,027.65
四、汇率变动对现金的影响	65	
五、现金及现金等价物净增加额	66	(1,603,945.10)
补充资料	行次	金　额
1.不涉及现金收支的投资和筹资活动		
以固定资产偿还债务	67	
以投资偿还债务	68	
以固定资产进行长期投资	69	
以存货偿还债务	70	8,259.50
融资租赁固定资产	71	
2.将净利润调节为经营活动的现金流量		
净利润	72	21,231,674.36
加:少数股东损益	72-1	
计提的坏帐准备或转销的坏帐	73	435,285.42
固定资产折旧	74	9,774,812.34
无形资产,长期待摊费用摊销	75	108,195.60
待摊费用减少(减:增加)	76	70,077.75
预提费用增加(减:减少)	77	
处置固定资产、无形资产和其他长期资产损失(减收益)	78	42,723.60
固定资产盘亏,报废损失	79	
财务费用	80	4,308,830.10
投资损失(减:收益)	81	
递延税款贷项(减:借项)	82	
存货的减少(减:增加)	83	(7,255,557.68)
经营性应收项目的减少(减:增加)	84	(18,799,721.85)
经营性应付项目的增加(减:减少)	85	(30,896,155.40)
其他	86	
经营活动产生的现金流量净额	87	(20,979,835.76)
现金及现金等价物净增加情况:		
货币资金的期末余额	88	3,698,140.89
减:货币资金的期初余额	89	5,302,085.99
现金等价物期末余额	90	
减:现金等价物期初余额	91	
现金及现金等价物净增加额	92	(1,603,945.10)

利 润 分 配 表

编制单位:吉林华微电子股份有限公司　　2000 年度　　金额单位:元

项　目	行次	附注号	2000 年度	1999 年度	1998 年度	1997 年度
五、净利润	30		21,231,674.36	17,331,305.31	14,853,915.78	6,939,295.36
加:年初未分配利润	32		3,710,131.32	(1,473,560.04)		
减:减少注册资本减少的未分配利润	33					
加:盈余公积转入数	34					
减:年初至评估基准日实现利润折股数	35			5,098,726.36		
减:至公司成立日应分配给发起股股东数	36	5.26	6,121,354.75			
六、可分配的利润	38		24,941,805.68	4,637,664.16		
减:提取法定公益金	39		2,123,167.44	463,766.42		
提取法定公益金	40		2,123,167.44	463,766.42		
职工奖励及福利基金	40-1					
七、可供股东分配的利润	41		20,695,470.80	3,710,131.32		
减:已分配优先股股利	45					
提取任意盈余公积	46					
应付普通股股利	47					
转作股本的普通股股利	48					
八、未分配利润	49		20,695,470.80	3,710,131.32		

现 金 流 量 表

1999 年 11－12 月

编制单位:吉林华微电子股份有限公司　　金额单位:元

项　目	行次	金额
一、经营活动产生的现金流量:		
销售商品、提供劳务所收到的现金	1	32,086,495.87
收取的租金	2	0.00
收到的税费返还	4	0.00
收取的其他与经营活动有关的现金	8	53,228.00
现金流入小计	9	32,139,723.87
购买商品、接受劳务支付的现金	10	18,166,307.62
经营租赁所支付的现金	11	0.00
支付给职工以及为职工支付的现金	12	1,236,842.51
实际交纳的增值税额	13	0.00
支付的所得税额	14	550,000.00
支付的除增值税、所得税以外的其他税费	15	0.00
支付的其他与经营活动有关的现金	20	8,895,428.26
现金支付小计	21	28,848,578.39
经营活动产生的现金流量净额	22	3,291,145.48
二、投资活动产生的现金流量:		
收回投资所收到的现金	23	0.00
分得股利或利润所收到的现金	24	0.00
取得债利息收入所收到的现金	25	0.00
处置固定资产、无形资产和其他长期资产而收回的现金净额	25	0.00
收到的其他与投资活动有关的现金	30	0.00
现金流入小计	31	0.00
购建固定资产、无形资产和其他长期资产所支付的现金	32	953,956.49
权益性投资所支付的现金	33	0.00
债权性投资所支付的现金	34	0.00
支付的其他与投资活动有关的现金	40	0.00
现金支付小计	41	953,956.49
投资活动产生的现金流量净额	42	(953,956.49)
三、筹资活动产生的现金流量:		
吸收权益筒投资所收到的现金	43	0.00
其中:子公司吸收少数股东权益性投资收到的现金		0.00
发行债券所收到的现金	44	0.00
借款所收到的现金	45	0.00
收到的其他与筹资活动有关的现金	50	64,897.00
现金流入小计	51	64,897.00
偿还债务所支付的现金	52	100,000.00
发生筹资费用所支付的现金	53	0.00
分配股利或利润所支付的现金	54	0.00
其中:子公司支付少数股东股利		0.00
偿付利息所支付的现金	55	0.00
融资租赁所支付的现金	56	0.00
减少注册资本所支付的现金	57	0.00
其中:子公司依法减资支付给少数股东的现金		0.00
支付的其他与筹资活动有关的现金	62	0.00
现金支付小计	63	100,000.00
筹资活动产生的现金流量净额	64	(35,103.00)
四、汇率变动对现金的影响	65	0.00
五、现金及现金等价物净增加额	66	2,302,085.99
补充资料	行次	金　额
1.不涉及现金收支的投资和筹资活动		0.00
以固定资产偿还债务	67	0.00
以投资偿还债务	68	0.00
以固定资产进行长期投资	69	0.00
以存货偿还债务	70	0.00
融资租赁固定资产	71	0.00
2.将净利润调节为经营活动的现金流量		0.00
净利润	72	6,324,695.69
加:少数股东损益	72-1	0.00
计提的坏帐准备或转销的坏帐	73	50,737.36
固定资产折旧	74	1,624,228.21
无形资产,长期待摊费用摊销	75	25,023.60
待摊费用减少(减:增加)	76	100,582.03
预提费用增加(减:减少)	77	0.00
处置固定资产、无形资产和其他长期资产损失(减收益)	78	0.00
固定资产盘亏,报废损失	79	0.00
财务费用	80	0.00
投资损失(减:收益)	81	0.00
递延税款贷项(减:借项)	82	0.00
存货的减少(减:增加)	83	8,762,262.12
经营性应收项目的减少(减:增加)	84	8,734,724.88
经营性应付项目的增加(减:减少)	85	(22,331,108.41)
其他	86	0.00
经营活动产生的现金流量净额	87	3,291,145.48
现金及现金等价物净增加情况:		0.00
货币资金的期末余额	88	5,302,085.99
减:货币资金的期初余额	89	3,000,000.00
现金等价物期末余额	90	0.00
减:现金等价物期初余额	91	0.00
现金及现金等价物净增加额	92	2,302,085.99

北京华联商厦股份有限公司

股票上市公告书(部分)摘录

第一节 概 览

1.股票简称:北京华联

2.股票代码:600361

3.总股本:125,572,900 股

4.可流通股本:50,000,000 股

5.本次上市流通股本:50,000,000 股

6.上市地点:上海证券交易所

7.上市日期:2001 年 11 月 29 日

8.股票登记机构:中国证券登记结算有限责任公司上海分公司

9.上市推荐人:兴业证券股份有限公司

南方证券有限公司

第二节 发行人概况

一、发行人的基本情况

1.发行人名称:北京华联商厦股份有限公司

2.注册资本:125,572,900 元

3.法定代表人:吉小安

4.注册地址:北京市西城区阜外大街 1 号四川经贸大厦负 2 层 3 号

5.邮政编码:100037

6.经营范围:销售百货、针纺织品、日用杂品、医疗器材、五金交电化工、化工轻工材料、包装食品、包装饮料、土产品、建筑材料、装饰材料、工艺美术品、首饰(金银饰品除外)、家具、电子计算机及其外部设备、制冷空调设备、饮食炊事机械、劳保用品、金属材料、机械电器设备、橡胶制品、塑料制品、饮料、酒、中餐、西餐、零售、邮购公开发行的国内版书刊、烟(限零售)、零售内销黄金、白银饰品;劳务服务;日用品修理;企业管理咨询;摄影;仓储服务。

7.主营业务:零售业

8.所属行业:零售业

9.联系电话:010-88363718

10.传真:010-68364733

11.电子信箱:hlzqb@sina.com

12.董事会秘书:牛晓华

第三节 董事、监事、高级管理人员

一、董事、监事和高级管理人员情况

董事:

吉小安先生:44 岁,硕士,中国国籍,现任北京华联商厦股份有限公司董事长、海南民族科技投资有限公司董事长、总经理。

畅丁杰先生:34 岁,经济学硕士,中国国籍,现任北京华联商厦股份有限公司总经理。

胡葆森先生:46 岁,硕士,中国国籍,现任河南建业(集团)有限公司董事长兼总裁。

刘羽杰先生:43 岁,硕士,中国国籍,现任海口金绥实业有限公司董事长。

陶顺根先生:51 岁,硕士,中国国籍,现任北京华联商厦股份有限公司常务副总经理。

李翠芳女士:37 岁,硕士,中国国籍,现任中商股份有限公司副总经理兼董事会秘书。

丁险峰先生:32 岁,硕士,中国国籍,现任中商股份有限公司副总经理。

高级管理人员:

畅丁杰先生:总经理,简历见董事简历。

陶顺根先生:副总经理,简历见董事简历。

毛平先生:41 岁,博士,中国国籍,现任兰州华联综合超市有限公司总经理、本公司副总经理。

李瑶女士:37 岁,本科,中国国籍,现任本公司总经理助理兼总经理办公室主任、人力资源部经理。

郭丽荣女士:32 岁,本科,中国国籍,注册会计师,现任本公司财务总监。

牛晓华先生:30 岁,本科,中国国籍,注册会计师、注册评估师,现任北京华联商厦股份有限公司董事会秘书。

监事:

于元庆先生:46 岁,本科,中国国籍,现任中商企业集团公司副总裁、本公司监事会主席。

张力争先生:41 岁,本科,中国国籍,现任北京华联综合超市有限公司总裁助理、本公司监事。

马婕女士:37 岁,大专,中国国籍,现任本公司阜成门分公司经理、本公司监事。

第四节 股票发行与股本结构

1.本次上市前股本结构

持股单位	股数(万股)	所占比例(%)
法人股	7557.29	60.18
社会公众股	5000.00	39.82
总股本	12557.29	100

2.本公司前十名股东持股情况

序号	股东名称	持股数量(股)	占总股本比例(%)
1.	海南民族实业发展股份有限公司	3,854.22	30.69
2.	中商股份有限公司	2,267.19	18.05
3.	河南建业投资管理有限公司	755.73	6.02
4.	海南亿雄商业投资管理有限公司	604.58	4.81
5.	海口金绥实业有限公司	75.57	0.60
6.	同盛基金	21.6	0.17
7.	普丰基金	18.5	0.15
8.	景福基金	15.6	0.12
9.	普惠基金	15.5	0.12
10.	金鑫基金	14.7	0.11

第五节 本公司主要财务指标

财务指标	单位	2001 年中期	2000 年度	1999 年度	1998 年度
流动比率		0.73	0.65	0.62	0.56
速动比率		0.47	0.40	0.31	0.33
资产负债率		60.76%	68.24%	63.86%	70.48%
存货周转率	次/年		6.69	14.57	10.25
无形资产占总资产的比例		–	–	–	
应收帐款周转率	次/年	279.41	528.65	7590.74	–
每股净资产	元	1.63	1.34	1.14	1.00
每股收益(全面摊薄)	元	0.29	0.42	0.16	0.07
每股收益(加权平均)	元	0.29	0.42	0.16	0.07
净资产收益率(全面摊薄)		17.83%	31.22%	14.36%	7.16%
净资产收益率(加权平均)		19.59%	37.59%	15.49%	6.91%
每股经营活动的现金流量	元	0.13	1.68	–	–

简要利润表

(1)合并利润表

单位:人民币元

项 目	2001 年中期	2000 年度	1999 年度	1998 年度
主营业务收入	598,117,184.92	975,415,622.52	443,875,180.44	401,798,177.08
主营业务利润	91,458,886.07	148,134,996.76	85,211,816.55	62,456,627.50
营业利润	33,774,164.66	51,005,096.25	10,067,671.89	4,455,664.28
利润总额	33,583,339.33	50,611,442.12	9,916,932.59	4,169,717.73
净利润	21,939,634.08	31,542,327.39	9,785,418.33	4,169,717.73

(2)母公司利润表

单位:人民币元

项 目	2001 年中期	2000 年度	1999 年度	1998 年度
主营业务收入	471,587,397.66	808,495,573.79	443,875,180.44	401,798,177.08
主营业务利润	78,855,648.92	131,659,929.19	85,211,816.55	62,456,627.50
营业利润	32,208,608.12	47,137,314.82	10,067,671.89	4,455,664.28
利润总额	32,463,950.73	48,583,474.34	9,916,932.59	4,169,717.73
净利润	21,939,634.08	31,542,327.39	9,785,418.33	4,169,717.73

(注:本上市公告书因版面原因为上市公告书部分摘录,需要阅读全文请向相关公司董事会秘书查询。)

江西联创光电科技股份有限公司

二○○○年年度报告摘选

一、公司简介

1 、公司的法定中、英文名称及缩写

公司中文名称:江西联创光电科技股份有限公司

公司英文名称:JIANGXI LIANCHUANG OPTOELECTRONIC SCIENCE AND TECHNOLOGY CO. ,LTD.

公司中文名称缩写:联创光电

2 、公司法定代表人:韩盛龙

3 、公司董事会秘书:姚伟彪

联系地址:江西省南昌高新开发区火炬大街 125 号

联系电话:0791 - 8108479 0791 - 8105956

传真:0791 - 8105326

4 、公司注册地址:江西省南昌高新开发区火炬大街 125 号

邮政编码:330029

E - mail:Lckjgs@public. nc. jx. cn

5 、公司选定的信息披露报纸名称:上海证券报

登在公司年度报告的中国证监会指定国际互联网网址:

http//www. sse. com. cn

公司年度报告备置地点:上海证券交易所、江西联创光电科技股份有限公司董事长办公室

6 、公司股票上市交易所:上海证券交易所

股票简称:联创光电

股票代码:600363

二、会计数据和业务数据摘要

1 、公司本年度会计数据(万元):

利润总额	3675
净利润	1703
扣除非经常损益后的净利润	1057
主营业务利润	12110
其他业务利润	59
营业利润	3093
投资收益	- 64
补贴收入	669
营业外收支净额	- 231
经营活动产生的现金流量净额	1038
现金及现金等价物增加额	1169
注:扣除非经常性损益的项目和涉及金额	
补贴收入	669
营业外收支净额	- 23

2 、前三年主要会计数据和财务指标(万元):

指标项目	2000 年	1999 年	1998 年
主营业务收入	47411	32435	30511
净利润	1703	2036	1727
总资产	70130	54380	44829
股东权益	17914	17033	11862
(注:不含少数股东权益)			
每股收益(元)	0.1625	0.1942	
扣除非经常性损益后的每股收益	0.1006	0.1207	
每股净资产	1.7093	1.6252	
净资产收益率(%)	9.51	11.95	
每股经营活动产生的现金流量净额	0.099		

3 、按照中国证监会[公开发行证券公司信息披露编报规则(第 9 号)]要求计算相关指标

报告期利润	净资产收益率(%)		每股收益(元)	
	全面摊薄	加权平均	全面摊薄	加权平均
主营业务利润	67.6	67.6	1.1555	1.1555
营业利润	17.27	17.27	0.2951	0.2951
净利润	9.51	9.51	0.1625	0.1625
扣除非经常性损益后净利润	5.88	5.88	0.1006	0.1006

4 、报告期内股东权益变动情况(单位:元)

项目	股本	资本公积	盈余公积	法定公益金	未分配利润	股东权益合计
期初数	104803000.00	52558811.71	11782168.05	5179138.53	- 3997947.68	170325170.61
本期增加	-	307477.36	1688942.89	1716919.47	17029311.84	20742651.56
本期减少	-	-	-	-	11925447.98	11925447.98
期末数	104803000.00	52866289.07	13471110.94	6896058.00	1105916.18	179142374.19

变动原因:1、盈余公积、法定公益金变动系本年度利润分配

2、未分配利润变动系本年度利润增加及利润分配

三、股东持股情况

股东名称	年末持股数(万股)	占总股本(%)
江西省电子集团公司	5080.63	48.48
江西电线电缆总厂	3501.12	33.41
江西华声通信(集团)有限公司	1698.75	16.21
江西清华科技集团公司	133.20	1.27
江西红声器材厂	66.60	0.63

注:本报告期内控股股东未发生变更。

宁波韵升(集团)股份有限公司

二○○○年年度报告摘选

一、公司简介

(一) 公司的法定中、英文名称:
1、中文名称:宁波韵升(集团)股份有限公司
2、英文名称:NINGBO YUNSHENG (GROUP) CO. ,LTD.
(二)公司的法定代表人:竺韵德
(三)公司董事会秘书及其授权代表的姓名、联系地址、电话、传真、电子信箱:
1、董事会秘书:应新异
2、授权代表:朱佩红
3、联系地址:浙江省宁波市民安路 348 号
4、联系电话:0574 - 7776939
5、传 真:0574 - 7776466
6、电子信箱:zqb@yunsheng. com
(四)公司注册地址、邮政编码及电子信箱:
1、注册地址:浙江省宁波市民安路 348 号
2、办公地址:浙江省宁波市民安路 348 号
3、邮政编码:315040
4、联网网址:www. yunsheng. com
5、电子信箱:zqb@yunsheng. com
(五)公司选定的信息披露报纸名称、登载公司年度报告的中国证监会指定国际互联网网址、公司年度报告备置地点:
1、信息披露的报纸:《中国证券报》、《上海证券报》、《证券时报》
2、中国证监会指定登载公司年度报告的网址:http:/www. sse. com. cn
3、年度报告备置地址:公司证券部
(六)公司股票上市交易所、股票简称及证券代码:
1、股票上市交易所:上海证券交易所
2、股票简称:宁波韵升
3、股票代码:600366

二、会计数据和业务数据摘要

(一) 本年度公司主要经营数据 单位:元

1、利润总额	49,182,211.32
2、净利润	36,048,539.04
3、扣除非经常性损益后的净利润	29,802,002.88
4、主营业务利润	78,935,490.54
5、其他业务利润	976,129.66
6、营业利润	40,632,436.82
7、投资收益	2,303,238.34
8、补贴收入	3,770,000.00
9、营业外收支净额	2,476,536.16
10、经营活动产生的现金流量净额	17,339,084.41
11、现金及现金等价物净增加额	309,725,856.70

扣除非经营性损益明细表

项目	金额
1. 补贴收入	3,770,000.00
2. 营业外收入	3,672,473.55
其中:固定资产盘盈	493,975.00
处理固定资产净收益	144,751.32
罚款收入	75,332.00
赔款收入	85,624.60
申购资金冻结利息	2,368,464.67
其他	504,325.96
3. 营业外支出	1,195,937.39
其中:固定资产盘亏	28,940.13
处理固定资产净损失	725,940.61
水利建设基金	20,346.62
损赠支出	172,000.00
罚款支出	7,460.00
其他	241,250.03
合 计	6,246,536.16

(二)前三年主要会计数据和财务指标(合并报表) (单位:元)

财务指标	2000 年度	1999 年度	1998 年度
主营业务收入	287,508,663.09	221,833,949.78	226,592,826.58
净利润	36,048,539.04	39,008,475.75	35,721,146.91
总资产	845,457,522.17	381,417,303.45	322,631,736.17
股东权益	518,037,801.77	152,598,562.73	131,972,269.54
每股收益 (摊薄)	0.2836	0.4235	0.3878
每股收益 (加权)	0.3681	0.4235	0.3878
每股净资产	4.0758	1.6569	1.4329
调整后的每股净资产	3.9903	1.5679	1.3816
每股经营活动产生的现金流量	0.1364	0.4775	0.3050
净资产收益率(摊薄)	6.96%	25.56%	27.07%
净资产收益率(加权)	15.75%	25.56%	27.07%

三、股本变动及股东情况

(一) 股本变动情况

1、股份变动情况表 单位:股

	本次变动前	本次变动增减(+,-)						本次变动后
		配股	送股	公积金转股	增发	其他	小计	
一、未上市流通股份								
1、发起人股份	90,120,000							90,120,000
其中:								
国定持有股份								
境内法人持有股份	90,120,000							90,120,000
境外法人持有股份								
其 他								
2、募集法人股份								
3、内部职工股	1,980,000							1,980,000
4、优先股及其他								
其中:转配股								
未上市流通股份合计	92,100,000							92,100,000
二、已上市流通股份								
1、人民币普通股					35,000,000		35,000,000	35,000,000
2、境内上市的外资股								
3、境外上市的外资股								
4、其 他								
已上市流通股份合计					35,000,000		35,000,000	
三、股份总数	92,100,000				35,000,000			127,100,000

通化葡萄酒股份有限公司

二〇〇〇年年度报告摘要

一、公司简介

(一)公司法定中文名称:通化葡萄酒股份有限公司
公司法定英文名称:TONGHUA GRAPE WINE CO.,LTD.
缩写:THGW
(二)公司法定代表人:于永利
(三)公司董事会秘书:高振才
联系地址:吉林省通化市前兴路 28 号证券部
电话:(0435)3948012
传真:(0435)3948127
电子信箱:thptj@mail.jl.cn
(四)公司注册地址:通化市前兴路 28 号
公司办公地址:通化市前兴路 28 号
邮政编码:134002
公司国际互联网网址:http://www.thptj.com.cn
公司电子信箱:thptj@mail.jl.cn
(五)公司指定的信息披露报纸:《上海证券报》
公司登载年报指定网址:http://www.sse.com.cn
公司年报备置地点:公司证券部
(六)公司股票上市交易所:上海证券交易所
股票简称:通葡萄酒
股票代码:600365

二、会计数据与业务数据摘要

1、本年度主要利润指标情况(单位:元)

项目	金额
利润总额	29,887,736.64
净利润	20,024,783.55
扣除非经营性损益的净利润	14,028,703.75
主营业务利润	58,685,424.60
其他业务利润	5,402.19
营业利润	24,010,683.95
投资收益	275.40
补贴收入	1,324,000.00
营业外收支净额	4,552,777.29
经营活动产生的现金流量净额	24,830,618.13
现金及现金等价物净增加额	342,344,173.10

注:扣除非经常性损益的内容及金额
(1)申购股票冻结资金利息收入 4,672,079.80 元;
(1)新产品增值税返回 1,324,000.00 元。

2、主要财务数据与财务指标

指标项目	2000 年末	99 年末	98 年末
主营业务收入	138,314,671.72	126,714,908.13	103,238,106.46
净利润	20,024,783.55	18,227,713.63	16,621,391.22
总资产	679,297,035.07	292,563,119.92	227,342,142.35
股东权益	532,150,292.32	101,599,308.77	83,371,595.14
每股收益摊薄	0.1430	0.2278	0.2078
加权	0.2503	0.2278	0.2078
每股净资产	3.8011	1.27	1.0421
调整后的每股净资产	3.7846	1.2104	1.003
每股经营活动产生的现金流量净额	0.1774	-0.3641	0.5064
净资产收益率摊薄%	3.76	17.94	19.94
加权%	17.94	17.94	19.94

3、本年度利润表附表

报告期利润	净资产收益率(%)		每股收益(元)	
	全面摊薄	加权平均	全面摊薄	加权平均
主营业务利润	11.03	52.58	0.4192	0.7336
营业利润	4.51	21.51	0.1715	0.3001
净利润	3.76	17.94	0.1430	0.2503
扣除非经常损益后的净利润	2.66	12.68	0.1011	0.1769

4、报告期内股东权益变动情况(单位:人民币元)

项 目	股 本	资本公积	盈余公积	法定公益金	未分配利润	股东权益合计
期初数	80,000,000	135,076.00	4,479,400.78	1,493,133.60	16,984,831.99	101,599,308.77
本期增加	60,000,000	350,526,200.00	3,003,717.54	1,001,239.17	17,021,066.01	430,550,983.55
本期减少						
期末数	140,000,000	350,661,276.00	7,483,118.32	2,494,372.77	34,005,898.00	532,150,292.32

变动原因:报告期内股东权益增加 430,550,983.55 元,主要系公司于 2000 年 12 月 15 日向社会公开发行 6000 万股(A股),发行价 7.08 元/股,募集 4.13 亿元及本年利润增加所致。

三、股本变动及股东情况

1、股东情况介绍
(1)报告期末股东发起人为 5 户。
(1)股东持股情况

股东名称	持股数(万股)	占总股本比例(%)
通化长生农业经济综合开发公司	4,070.40	29.07
通化葡萄酒总公司	2,947.20	21.05
通化石油工具股份有限公司	560.80	4.01
通化五药有限公司	280.80	2.01
通化新星生物提取厂	140.80	1.00

(3)报告期末公司股票未上市流通,公司股票于 2001 年 1 月 15 日上市流通,截止 2000 年末,无法统计社会公众股股东。

(4)持股 10%以上的法人股东

①通化长生农业经济综合开发公司,法定代表人:赫崇明,经营范围:农业、林业、药材种植、家禽野生资源养殖、包装印刷。

②通化葡萄酒总公司,法定代表人:王树平,经营范围:葡萄酒的生产、销售。

2、公司所持股票无质押、冻结及限制流通。

四、股东大会简介

1、股东大会的通知、召集召开情况

报告期内公司召开了二次股东大会

(1)1999 年度股东大会于 2000 年 3 月 15 日在公司会议室召开,公司股东及董事会成员全部出席了会议,占出席股本总额的 100%,经大会审议,以投票表决的方式对以下事项进行了表决。

①批准董事会《关于提请股东会授予董事会投资决策权的议案》;

②授予董事会在经营活动中和在行使职权范围内投资金额在公司净资产 10%以下(含 10%)的投资决策权;

③今后,董事会在股东大会授予的投资决策权范围内的投资由董事会自行决策,不再由股东大会审议批准;

④根据深圳中天会计师事务所出具的股审报字[2000]第 0007 号《审计报告》,公司自 1998 年 9 月 1 日至 1999 年 12 月 31 日期间实现的净利润在提取法定公积金和法定公益金后,可供股东分配的利润为 23,891,611.96 元。根据公司发展的需要,可供股东分配利润暂不进行分配;

⑤自 1998 年 9 月 1 日起至公司股票发行前实现的利润由法人股股东享有;

⑥本公司上市后第一个盈利年度即派发股利。新股东不享受公司股票发行前实现的利润。

(2)公司于 2000 年 6 月 28 日在公司会议室举行 2000 年临时股东大会。公司股东、董事及监事全部出席了会议。出席本次股东大会的股东所代表的股份 8000 万股,占股本总额的 100%。会议审议并通过如下决议:

①审议了公司募集资金投向,决定不再实施"通化集安葡萄酒厂生产启动"项目,而将其改为公司葡萄收购和贮藏基地。其他"新建年产万吨山葡萄基地"等四个项目维持原计划。募集资金剩余部分用于补充收购葡萄等流动资金。

②公司截止 1999 年 12 月 31 日实现的滚存利润由新老股东共享。

③自 2000 年 1 月 1 日至公司股票发行前实现的利润由新老股东共享。

3、选举、更换董事、监事情况

报告期内,公司董事会成员以及监事会成员没有更换。

五、董事会报告

1、公司经营情况

(1)公司在行业中的地位

本公司是国内葡萄酒行业的骨干企业,国家统计局贸易外经司对全国 800 家大型零售商统计及中华全国商业信息中心对 300 家重点商业企业的监测,通化葡萄酒 2000 年全年销售额在全国葡萄酒行业市场综合占有率排列为第 4 名,成为 2000 年度全国十大畅销品牌。

(2)公司主营业务的范围

公司主营葡萄酒、果露酒的生产、销售

(3)公司经营状况

2000 年度我公司在葡萄酒市场激烈竞争中,采取各种竞争策略,继续发挥通化葡萄酒的自身优势,深化服务内涵,突出品牌化经营,主营业务取得了稳定增长的良好局面,2000 年主营业务收入 138,314,671.72 元,比去年年增长了 9.15%,完成计划 89.81%;利润总额实现 29,887,736.64 元,比去年年增长了 19.29%,完成计划的 99.56%;净利润实现 20,024,783.55 元,比去年增长了 9.86%。

(4)公司主营业务收入或主营业务利润 10%以上的行业及产品介绍

2000 年主营业务收入和主营业务利润构成表:

产品名称	主营业务收入	比例%	主营业务利润	比例%
通化爽口葡萄酒	37,494,840.70	27.11	19,612,872.00	33.42
通化干红葡萄酒	25,290,683.12	18.28	15,256,636.43	26.00
通化原汁葡萄酒	37,624,547.83	27.20	13,472,292.85	22.96
通化高级红葡萄酒	18,273,445.84	13.21	4,979,518.17	8.49

(5)在经营中出现的问题与困难及解决方案

随着我国加入 WTO 的临近,公司上下齐心协力,积极推进上市工作,以深化企业改革为支力,大力调整产品结构,加快新技术、新产品的开发,充分利用产品的自身的优势,在原有产品的基础上开发研制了新产品,建立了大规模的山葡萄栽培基地,以适应葡萄酒生产规模扩大的需要,提高产品的竞争力和市场占有率,让"入世"真正成为公司发展的又一契机。

2、公司财务状况

(1)公司财务状况变动(单位:元)

项 目	2000 年(元)	1999 年(元)	增减%
总资产	679,297,035.07	292,563,119.92	132.19
长期负债		3,237.84	-100
股东权益	532,150,292.32	101,599,308.77	423.77

主营业务利润	58,685,424.60	54,772,089.25	7.14
净利润	20,024,783.55	18,227,713.63	9.86

(2)财务状况变动原因

总资产及股东权益增加是由于公司2000年12月15日以发行价7.08元/股,向社会公开发行6000万股(A股)扣除费用募集资金4.13亿元及报告期公司净利润2002.4万元所致。

3、公司投资情况

公司2000年12月15日发行6000万社会公众股,12月25日收到募集资金净额4.13亿元,到报告期末资金尚未投出,银行存款3.14亿元,其余7000万元偿还借款。

4、新年度的业务发展计划

公司牢牢把握上市契机,以"坚定信念、科技创新、创造市场、追求卓越"为指导思想,公司治理机制、财务、技术、人力资源等多方面提升公司质量,按照招股说明书登载的项目执行进度,加快募集资金投资项目的建设,积极推进以建立现代企业制度为目标的公司自身建设,创造更佳的社会效益和经济效益。

4、董事会日常工作情况

(1)报告期内董事会的会议情况及决议内容

本报告期内董事会严格按照《公司法》、《证券法》、《股票发行与交易管理暂行条例》等法律、法规的规定,认真履行董事会的职责,圆满完成了股东大会的决议事项,组织召开了两次股东大会,报告期内共召开了两次董事会会议。

① 2000年3月6日公司召开了第一届第四次董事会,审议通过了以下决议:

审议通过了公司1999年度工作总结和2000年度工作计划;

审议通过了公司1999年度董事会工作报告;

审议通过了公司1999年度财务执行情况和2000年度财务预算报告;

审议通过了公司1999年度利润分配预案。自1998年9月1日至1999年12月31日期间实现的净利润在提取法定公积金和法定公益金后,可供股东分配的利润暂不进行分配;

审议通过了自1998年9月1日起至公司股票发行前实现的利润由法人股股东享有;

审议通过了董事会《关于提请股东会授予董事会投资决策权的议案》。

审议通过了上市后第一个盈利年度即派发股利。新股东不享受公司股票发行前实现的利润。

②2000年6月20日召开了第一届第五次董事会会议,审议通过了以下决议:

审议通过了公司募集资金投向,决定不再实施"通化集安葡萄酒厂生产启动"项目,而将其改为公司葡萄收购和贮藏基地。

截止股票发行前实现的滚存利润由新老股东共享。

⑵报告期内董事会认真执行并实施了股东大会的一切决议。

5、公司管理层及员工情况

(1)公司董事、监事、高级管理人员情况

姓名	职务	性别	年龄	年度报酬总额(元)
于永利	董事长	男	44	16000
王军	总经理	男	38	11000
王树平	董事	男	43	11000
赫崇明	董事	男	50	未在本公司领取
周振发	董事	男	43	未在本公司领取
姚炳华	董事	男	48	未在本公司领取
高振才	董事会秘书	男	48	10000
杨永臣	监事会召集人	男	60	12000
王光远	监事	男	37	7300
赵洪章	监事	男	50	16000

公司现任董事、监事、高级管理人员,任期从1999年1月27日起至2002年1月27日止。

报告期内公司总经理、董事会秘书任职没有变化。

(2)公司员工数量、专业构成、教育程度及退休职工人数情况

公司现有员工1396人,其中:生产人员990人,销售人员135人,技术人员130人,财务人员11人,行政人员130人,大专以上人员77人。

6、本次利润分配预案或资本公积金转增股本预案

经审计本公司2000年度实现利润总额为29,887,736.64元,实现净利润20,024,783.55元,分别提取10%法定公积金及5%法定公益金,可供股东分配利润为17,021,066.01元,加年初未分配利润是16,984,831.99元,未分配利润共计为人民币34,005,898.00由新老股东共享。考虑到公司生产经营、建设发展的需要,本年度不进行利润分配及资本公积金转增。

上述分配预案须经2000年度股东大会审议通过后实施。

7、2001年利润分配计划

公司拟在2001年会计年度结束后分配利润一次,2001年利润分配按净利润不低于20%和未分配利润不低于10%进行分配。利润分配以派发现金或送红股相结合的形式;现金股利不低于利润分配的20%,具体分配方案将根据公司2001年度实际经营情况确定。

六、监事会报告

报告期内监事会共召开了二次会议,并列席了二次董事会会议。

①2000年3月6日召开了第一届第三次监事会会议,审议通过如下决议:

审议通过了公司1999年度工作总结及2000年度工作计划;

审议通过了1999年度利润分配方案;

审议通过监事会报告。

②2000年6月20日召开了第一届第四次监事会会议,审议并通过了如下决议:

审议通过了监事报告;

审议通过了截止公司股票发行前实现的利润由新老股东共享;

审议通过了改遍募集资金投向。

七、重大事项

1、报告期内本公司没有重大诉讼、仲裁事项。

2、公司、公司董事及高级管理人员没有受到监管部门的处罚。

3、报告期内无控股股东变更,公司董事、总经理无解聘、新聘董事会秘书的情况。

4、重大关联交易事项

本公司从关联方采购货物共计4,766,393.40元,

5、上市公司与控股股东在人员、资产、财务上的"三分开"情况。

(1)人员方面

公司相对于控股股东独立经营运作,人事、工资管理亦完全独立,公司总经理、副总经理及高级管理人员均在本公司领取薪酬。

(2)财务方面

公司设有专门的财务部,建立了独立的会计核算体系和财务会计制度和财务管理制度。

(3)资产方面

公司资产完整,拥有独立的生产系统、辅助的生产系统及配套设施,公司拥有工业产权、非专利技术等无形资产。

6、报告期内公司没有重大担保事项。

7、报告期内名称及股票简称没有发生更改。

八、财务报告

1、审计报告

审计报告

中天勤财审报字(2001)第B-151号

通化葡萄酒股份有限公司全体股东:

我们接受委托,对贵公司2000年12月31日的资产负债表,2000年度利润表、利润分配表和现金流量表进行了审计。这些会计报表由贵公司负责,我们的责任是对这些会计报表发表审计意见。我们的审计是依据《中国注册会计师独立审计准则》进行的。在审计过程中,我们结合贵公司实际情况,实施了包括查会计记录等我们认为必要的审计程序。

我们认为,上述会计报表符合《企业会计准则》和《股份有限公司会计制度》及其有关的补充规定,在所有重大方面公允地反映了贵公司2000年12月31日公司的财务状况及2000年度公司经营成果和现金流量,会计处理方法的选用遵循了一贯性原则。

中天勤会计师事务所　　中国注册会计师　蒋贤山

中国注册会计师　祝小兰

中国　深圳　　2000年2月26日

注释一.公司的基本情况

本公司是经吉林省体改委吉改股批[1998]55号文批准,并经吉林省人民政府吉政文[1999]113号文确认,由通化葡萄酒总公司、通化长生农业经济综合开发公司、通化石油工具股份有限公司、通化五药有限公司和通化新星生物提取厂共同发起设立通化葡萄酒有限责任公司(以下简称"有限公司"),有限公司于1999年1月整体改制为通化葡萄酒股份有限公司。

本公司的各发起人以1998年8月31日在有限公司中权益性净资产人民币8,013.51万元,按1:1的比例折合为股份公司的法人股股本人民币8,000万元和资本公积人民币13.51万元。

1999年1月27日,本公司于吉林省工商行政管理局领取企业法人营业执照,注册号为2200001033030,注册资本为人民币8,000万元,法人代表于永利,经营范围为葡萄酒制造和销售。

2000年12月13日经中国证券监督管理委员会以证监发行字(2000)172号文核准,向社会公开发行人民币普通股6,000万股。发行后的注册资本为14,000万元。

核准的经营范围为:果露酒、葡萄酒制造、销售;土特产品收购、加工;物资运输。

九、公司的其他有关资料

1、公司首次注册或变更注册登记日期、地点

公司于1999年1月27日在吉林省工商行政管理局注册登记。

注册地址:通化市前兴路28号

2、企业法人营业执照注册号:2200001033030

3、税务登记号码:220501244580873号

4、公司未流通股票托管机构名称:上海证券交易所

5、公司报告期内证券主承销机构:湘财证券有限责任公司

6、公司聘请的会计师事务所:中天勤会计师事务所

地址:深圳市深南路爱华大厦十六楼

十、备查文件

1、载有法定代表人、主管会计工作负责人、会计机构负责人并盖章的会计报表;

2、载有会计师事务所盖章、注册会计师签名并盖章的审计报告原件;

3、本年度A股发行时的《招股说明书》、《上市公告书》。

通化葡萄酒股份有限公司

二〇〇一年三月二十八日

利润及利润表

编制单位:通化葡萄酒股份有限公司　　2000年度　　单位:人民币

项目	期末数	期初数	项目	期末数	期初数
一、主营业务收入	138,314,671.72	126,714,908.13	四、利润总额	29,887,736.64	25,052,794.23
减:折扣与折让			减:所得税	9,862,953,09	6,825,080.59
主营业务收入净额	138,314,671.72	126,714,908.13	少数股东损益		
减:主营业务成本	62,851,791.38	56,642,044.39	购并日前净利润		
主营业务税金及附加	16,777,455.74	15,300,774.49	五、净利润	20,024,783.55	18,227,713.64
二、主营业务利润	58,685,424.60	54,772,089.25	加:年初未分配利润	16,984,831.99	22,303,548.28
加:其他业务利润	5,402.19	214,411.98	减:减少注册资本减少的未分配利润		
减:存货跌价准备			盈余公积转入数		
营业费用	15,432,926.22	16,602,127.94	六、可供分配的利润	37,009,615.54	40,531,261.92
管理费用	13,132,978.96	13,917,938.07	减:提取法定公积金	2,002,478.36	1,822,771.35
财务费用	6,114,237.66	4,958,357.72	提取法定公益金	1,001,239.18	911,385.68
三、营业利润	24,010,683.95	19,508,077.49	职工奖福基金		
加:投资收益	275.40	-437,600.00	七、可供股东分配的利润	34,005,898.00	37,797,104.88
补贴收入	1,324,000.00	6,038,056.38	减:应付优先股股利		
营业外收入	4,678,579.80	72,094.18	提取任意盈余公积		
			应付普通股股利		
			转作股本的普通股股利		20,812,272.89
减:营业外支出	125,802.51	127,833.83	八、未分配利润	34,005,898.00	16,984,831.99

资 产 负 债 表

2000 年 12 月 31 日

编制单位:通化葡萄酒股份有限公司　　单位:人民币元

资产	期末数	期初数
流动资产:		
货币资金	343,474,597.90	1,130,424.80
短期投资		
减:短期投资跌价准备		
短期投资净额		
应收票据	3,637,321.59	
应收股利		
应收利息		
应收帐款	166,531,139.35	134,585,283.75
其它应收款	16,903,869.70	12,810,895.69
减:坏帐准备	13,344,881.15	11,851,773.46
应收款项净额	170,090,127.90	135,544,405.98
预付帐款	18,136,651.80	19,144,794.98
应收补贴款		438,056.38
存货	45,937,729.48	44,710,108.62
其中工程施工(含工程亏损准备)		
减:存货跌价准备		
存货净额	45,937,729.48	44,710,108.62
待摊费用		2,800,000.00
待处理流动资产净损失		
一年内到期的长期债权投资		
其他流动资产		
流动资产合计	581,276,428.67	203,767,790.76
长期投资:		
长期股权投资		
长期债权投资		1,000.00
长期投资合计		1,000.00
减:长期投资减值准备		
长期投资净额		1,000.00
其中:合并价差(贷差以"-"号表示合并报表填表列)		
其中:股权投资差额		
固定资产:		
固定资产原值	108,338,871.98	107,647,944.10
减:累计折旧	37,114,764.83	33,674,121.99
固定资产净值	71,224,107.15	73,973,822.11
工程物资		
在建工程	22,516,815.25	10,024,371.05
固定资产净值		
待处理固定资产净损失		
固定资产合计	93,740,922.40	83,998,193.16
无形资产及其他资产		
无形资产	4,279,684.00	4,796,136.00
开办费		
长期待摊费用		
其他长期资产		
其中:临时设施净额		
无形资产及其他资产合计	4,279,684.00	4,796,136.00
递延税项		
递延税款借项		
资产总计	679,297,035.07	292,563,119.92
负债及股东权益	期末数	期初数
流动负债		
短期借款	29,410,000.00	128,920,000.00
应付票据		
应付帐款	25,591,353.79	16,345,800.70
预收货款	14,698,412.45	10,990,467.01
代销商品款		
应付工资		
应付福利费	2,957,710.06	2,290,527.11
应付股利		
应交税金	20,785,817.17	12,519,299.85
其他未交款	1,021,469.56	763,552.82
其他应付款	52,681,979.72	19,130,925.82
预提费用		
一年内到期的长期负债		
其他流动负债		
流动负债合计	147,146,742.75	190,960,573.31
长期负债:		
长期借款		
应付债券		
长期应付款		
住房周转金		3,237.84
其他长期负债		
长期负债合计		3,237.84
递延税项		
递延税款贷项		
负债合计	147,146,742.75	190,963,811.15
股东权益		
少数股东权益:		
股本	140,000,000.00	80,000,000.00
资本公积	350,661,276.00	135,076.00
盈余公积	7,483,118.32	4,479,400.78
其中:公益金	2,494,372.77	1,493,133.60
未确认的投资损失		
未分配利润	34,005,898.00	16,984,831.99
外币报表折算差额		
股东权益合计	532,150,292.32	101,599,308.92
负债及股东权益合计	679,297,035.07	292,563,119.92

现 金 流 量 表

2000 年度

编制单位:通化葡萄酒股份有限公司　　单位:人民币元

项目	金额
一、经营活动产生的现金流量	
销售商品、提供劳务收到的现金	127,510,509.92
收取的租金	
收到的税费返还	1,324,000.00
收到的其他与经营活动有关的现金	5,588,215.56
现金流入小计	134,422,725.48
购买商品、接收劳务支付的现金	59,254,734.43
经营租赁所支付的现金	
支付给职工以及为职工支付的现金	14,409,868.51
实际缴纳的增值税款	13,680,844.56
支付的所得税款	8,300,000.00
支付的除增值税、所得税以外的其他税费	11,305,754.07
支付的其他与经营活动有关的现金	2,640,905.78
现金流出小计	109,592,107.35
经营活动产生的现金流量净额	24,830,618.13
二、投资活动产生的现金流量	
收回投资所收到的现金	1,000.00
分得股利或利润所收到的现金	
取得债券利息收入所收到现金	275.40
处置固定资产、无形资产和其他资产而收回的现金净额	
收到的其他与投资活动有关的现金	
现金流入小计	1,275.40
购建固定资产、无形资产和其他长期资产所支付的现金	497,022.00
权益性投资所支付的现金	
债权性投资性投资所支付的现金	
支付的其他与投资活动有关的现金	
现金流出小计	497,022.00
投资活动产生的现金流量净额	-495,746.60
三、筹资活动产生的现金流量净额	
吸收权益性投资所收到的现金	416,941,200.00
其中:子公司吸收少数股东权益性投资收到的现金	
发行债券所收到的现金	
借款所收到的现金	29,410,000.00
收到的其他与筹资活动有关的现金	4,672,079.80
现金流入小计	451,023,279.80
偿还债务所支付的现金	128,920,000.00
发生筹资费用所支付的现金	1,653,948.06
分配股利或利润所支付的现金	
其中:子公司支付少数股东股利	
偿付利息所支付的现金	2,437,062.22
融资租赁所支付的现金	
减少注册资本所支付的现金	
其中:子公司依法减资支付给少数股东的现金	
支付的其他与筹资活动有关的现金	2,967.95
现金流出小计	133,013,978.23
筹资活动产生的现金流量净额	318,009,301.57
四、汇率变动对现金的影响	
汇率变动对现金的影响额	
五、现金及现金等价物净增加额	342,344,173.10
1、不涉及现金收支的投资和筹资活动	
以固定资产偿还债务	
以投资偿还债务	
以固定资产进行长期投资	
以存货偿还债务	
融资租赁固定资产	
2、将净利润调节为经营活动的现金流量:	
净利润	19,994,633.55
加:少数股东损益	
减:未确认的投资损失	
计提的坏帐准备或转销的坏帐	1,493,107.69
固定资产折旧	3,440,642.84
无形资产摊销	516,452.00
待摊费用的减少:(减:增加)	2,800,000.00
预提费用的增加:(减:减少)	
处置固定资产、无形资产和其他长期资产的损失(减:收益)	
固定资产报废损失	
财务费用	6,084,793.36
投资损失(减:收益)	-275.40
无效申购资金冻结利息收入	-4,672,079.80
递延税款贷项(减:借项)	
存货的减少(减:增加)	-1,227,620.86
经营性应收项目的减少(减:增加)	-33,655,974.36
经营性应付项目的增加(减:减少)	32,880,675.43
其他	-2,823,736.32
经营活动产生的现金流量净额	24,830,618.13
3、现金及现金等价物净增加情况	
货币资金的期末余额	343,474,597.90
减:货币资金的期初余额	1,130,424.80
现金等价物的期末余额	
减:现金等价物的期初余额	
现金及现金等价物净增加额	342,344,173.10

贵州红星发展股份有限公司

二〇〇〇年年度报告摘选

一、公司简介

1、公司法定名称:贵州红星发展股份有限公司
公司英文名称:GUIZHOU REDSTAR DEVELOPING CO.,LTD.
2、公司法定代表人:姜志光
3、公司董事会秘书:温霞　　联系电话:(0853)6780066
联系地址:贵州省安顺市镇宁县丁旗镇
传 真:(0853)6780074　　电子信箱:WENXIA@21CN.COM
公司董事会秘书授权代表:陈频
联系电话:(0853)6780066、6780510
联系地址:贵州省安顺市镇宁县丁旗镇　　传　　真:(0853)6780074
4、公司注册地址:贵州省安顺市镇宁县丁旗镇　　邮政编码:561206
办公地址:贵州省安顺市镇宁县丁旗镇　　邮政编码:561206
公司电子信箱:RSFZ@21CN.COM
5、公司选定的信息披露报纸名称:《上海证券报》、《证券时报》
登载公司年度报告的国际互联网网址:http://www.sse.com.cn
公司年度报告备置地点:本公司档案室
6、公司股票上市地:上海证券交易所
公司股票简称:红星发展　　公司股票代码:600367

二、会计数据和业务数据摘要

1、本年度实现利润总额及其构成　　单位:元

项 目	金 额
利润总额	74,008,442.27
净利润	51,103,034.19
扣除非经营性损益后的净利润	54,967,633.38
主营业务利润	139,672,719.53
其他业务利润	322,310.65
营业利润	79,119,191.89
投资收益	-228,925.08
补贴收入	
营业外收支净额	-4,881,824.54
经营活动产生的现金流量净额	50,379,409.50
现金及现金等价物净增加额	2,799,097.18
注:扣除非经营性损益项目及涉及金额	
(1)固定资产报废损失	3,835,674.11元
(2)投资收益	-228,925.08元

2、本年度末前三年的主要会计数据和财务指标

项目	单位	2000年	1999年	1998年
主营业务收入	元	252309769.61	197041881.31	155060679.11
净利润	元	51103034.19	35758242.80	25488676.86
总资产	元	279268991.77	274557213.42	174167154.85
股东权益(不含少数股东权益)	元	126033073.93	103947113.19	64964916.49
每股收益	元/股	0.73	0.51	
每股净资产	元/股	1.80	1.48	
调整后的每股净资产	元/股	1.77	1.45	
每股经营活动产生的现金流量净额	元/股	0.72		
净资产收益率	%	40.55	34.40	39.23
加权平均每股收益	元/股	0.73		
扣除非经营性损益后的每股收益	元/股	0.79	0.51	
加权平均净资产收益率	%	40.55	34.40	
扣除非经常损益后的加权净资产收益率	%	40.55	34.40	

利润附表:
净资产收益率和每股收益

报告期利润	净资产收益率(%)		每股收益(元)	
	全面摊薄	加权平均	全面摊薄	加权平均
主营业务利润	110.82	121.47	2.00	2.00
营业利润	62.78	68.81	1.13	1.13
净利润	40.55	44.44	0.73	0.73
扣除非经营性损益后的净利润	43.61	47.80	0.79	0.79

三、股本变动及股东情况

(一)股本变动情况
股份变动情况表

	本次变动前	本次变动增减(+、-)						本次变动后
		配股	送股	公积金转股	增发	其他	小计	
一、未上市流通股份								
1、发起人股份	70000000							70000000
其中:								
国家持有股份	68600000							68600000
境内法人持有股份	1400000							1400000
境外法人持有股份								
其他								
2、募集法人股份								
3、内部职工股								
4、优先股或其他								
其中:转配股								
未上市流通股份合计								
二、已上市流通股份								
1、人民币普通股								
2、境内上市外资股								
3、境外上市外资股								
4、其他								
已上市流通股份合计								
三、股份总数	70000000							70000000

广西五洲交通股份有限公司

二〇〇〇年年度报告摘选

一、公司简介

中文名称:广西五洲交通股份有限公司
英文名称:GUANGXI WUZHOU COMMUNICATIONS CO.,LTD.
法定代表人:王维平
董事会秘书:陈仕岳
董事会秘书授权代表:孔庆丰
联系地址:广西南宁市新民路48号广西五洲交通股份有限公司
联系电话:0771—2838485　2838463　　传真:0771—2813368　2838463
电子信箱:wzjt@nn-mail.gx.cninfo.net
注册地址:广西南宁市新民路48号　　邮政编码:530012
办公地址:南宁市新民路48号　　邮政编码:530012
公司指定的信息披露报纸:《中国证券报》、《上海证券报》
登载公司年报的中国证监会指定国际互联网网址:http://www.sse.com.cn
公司年度报告备置地址:广西南宁市新民路48号公司办公楼四楼公司证券部
股票上市交易所:上海证券交易所
股票简称:五洲交通　　股票代码:600368

二、会计数据和业务数据摘要

(一)本年度主要利润指标情况(单位:元)

项 目	金 额
利润总额	125,153,721.78
净利润	82,964,942.77
扣除非经常性损益后的净利润	80,738,083.94
主营业务利润	96,266,734.83
其他业务利润	28,417,507.30
营业利润	122,999,689.10
投资收益	-72,826.15
补贴收入	-
营业外收支净额	2,226,858.83
经营活动产生的现金流量净额	48,538,636.94
现金及现金等价物净增加额	477,173,360.04

说明:扣除的非经常性损益项目及涉及金额

项 目	金 额
资产处置损益	-47,362.95
冻结资金利息	2,274,221.78

(二)截止报告期末近三年主要会计数据和财务指标(单位:元)

项目	2000年	1999年	1998年	
			调整后	调整前
主营业务收入	135,032,054.00	133,178,424.00	148,788,661.00	148,788,661.00
净利润	82,964,942.77	97,540,522.62	92,328,788.38	92,593,848.70
总资产	1,408,437,871.65	936,479,572.36	848,848,028.44	849,159,864.11
股东权益	981,290,738.28	466,119,928.69	440,661,155.85	440,972,991.52
每股收益(摊薄)	0.19	0.27	0.26	0.26
每股收益(加权)	0.23	0.27	0.26	0.26
扣除非经常性损益后的每股收益(摊薄)	0.18	0.22	0.20	0.20
扣除非经常性损益后的每股收益(加权)	0.22	0.22	0.20	0.20
每股净资产	2.22	1.29	1.22	1.22
调整后的每股净资产	2.22	1.29	1.22	1.22
每股经营活动产生的现金流量净额	0.11	0.35	0.51	0.51
净资产收益率(%)	8.45	20.93	20.95	21.00

(三)净资产收益率和每股收益的计算及说明

按照中国证监会《公开发行证券公司信息披露编报规则(第9号)》要求计算2000年报告期利润的净资产收益率和每股收益:

	报告期利润(元)	净资产收益率		每股收益(元)	
		全面摊薄	加权平均	全面摊薄	加权平均
主营业务利润	96,266,734.83	9.81%	18.96%	0.22	0.27
营业利润	122,999,689.10	12.53%	24.23%	0.28	0.34
净利润	82,964,942.77	8.45%	16.34%	0.19	0.23
扣除非经常性损益后的净利润	80,738,083.94	8.23%	15.91%	0.18	0.22

三、股本变动及股东情况

(一)股本变动情况
1.股份变动情况表　　单位:万股

	期初数	本次变动增减(+,-)					期末数
		配股	送股	公积金转股	其他	小计	
(1)尚未流通股份							
①发起人股份							
其中:							
国家拥有股份	2,480						2,480
境内法人拥有股份	31,520						31,520
外资法人持有股份其他							
②募集法人股							
③内部职工股	2,200						2,200
④优先股或其他							
尚未流通股份合计	36,200						36,200
(2)已流通股份							
①普通股	0						8,000
②境内上市的外资股							
③境外上市的外资股							
④其他							
已流通股份合计	0						8,000
(3)股份总数	36,200						44,200

重庆长江水运股份有限公司

二〇〇〇年年度报告摘要

一、公司简介

1、公司法定中文名称：重庆长江水运股份有限公司
英文名称：CHONGQING CHANGJIANG RIVER WATER TRANSPORT CO.,LTD
2、公司法定代表人：李立
3、公司董事会秘书：饶正力
电话：(023)72228178　63727484
传真：(023)72224613　63701991
电子信箱：Raozhengli56@cta.cq.cn
4、公司注册地址：重庆市涪陵区中山东路2号
邮编：408000
电子信箱：Cqchangyun@cta.cq.cn
5、公司指定信息披露报纸：《中国证券报》、《上海证券报》。
登载年度报告的国际互联网网址：http//www.sse.com.cn
年度报告备置地：重庆长江水运股份有限公司董事会秘书处
6、公司股票上市交易所：上海证券交易所
股票简称：长运股份
股票代码：600369

二、会计数据和业务数据摘要

1、本公司本年利润及构成(单位：元)

项　目	2000年度
利润总额	39,637,847.89
净利润	27,738,570.55
扣除非经营性损益后的净利润	16,990,734.98
主营业务利润	47,273,147.09
其他业务利润	259,635.84
营业利润	28,185,922.06
投资收益	1,306,374.85
补贴收入	10,747,835.57
营业外收支净额	-602,284.59
经营活动产生的现金流量净额	77,195,936.41
现金及现金等价物净增加	449,943,766.83

注："扣除非经营性损益后的净利润"中扣除项目为补贴收入，金额为10,747,835.57元。

2、公司前三年主要会计数据和财务指标　单位：元

项　目	2000年	1999年	1998年
主营业务收入	155,547,613.11	142,882,101.06	105,210,178.51
净利润	27,738,570.55	30,295,710.91	13,640,120.67
总资产	833,746,201.31	387,964,271.95	335,818,220.86
股东权益	579,806,571.61	157,547,316.27	147,711,605.36
每股收益(摊薄)(元/股)	0.161	0.296	0.133
每股收益(加权)(元/股)	0.271	0.296	0.146
扣除非经营性损益后的每股收益(摊薄)	0.099	0.247	0.105
每股净资产(元/股)	3.365	1.540	1.444
调整后的每股净资产(元/股)	3.353	1.513	1.405
每股经营活动产生的现金流量净额	0.448	0.906	0.107
净资产收益率摊薄(%)	4.78	19.23	9.23
净资产收益率加权(%)	17.39	20.54	9.68

报告期利润	金额(元)	净资产收益率		每股收益(元)	
		全面摊薄	加权平均	全面摊薄	加权平均
主营业务利润率	47,273,147.09	8.15%	29.64%	0.27	0.46
营业利润	28,185,922.06	4.86%	17.67%	0.16	0.28
净利润	27,738,570.55	4.78%	17.39%	0.16	0.27
扣除非经营性损益后的净利润	16,990,734.98	2.93%	10.65%	0.099	0.166

3、股东权益变动情况

项　目	股　本	资本公积	盈余公积	法定公益金	未分配利润	股东权益合计
期初数	102,300,000	502,500	32,984,278.79	5,728,705.07	21,760,537.48	157,547,316.27
本期增加	70,000,000	345,007,900	4,212,974.7	1,391,567.77	27,738,570.55	442,746,470.55
本期减少	0	0	0	0	24,700,189.91	20,487,215.21
期末数	172,300,000	345,510,400	37,197,253.49	7,120,272.84	24,798,918.12	579,806,571.61

变动原因：
(1)股份增加系公司于2000年12月21日公开发行7,000万股人民币普通股股票所致；
(2)资本公积金增加系公司以每股6.18元发行新股，超出面值部分转入资本公积所致；
(3)盈余公积、法定公益金增加部分系因公司年度盈利按规定提取所致；
(4)未分配利润变动系本年度公司利润分配和利润未分配留存所致；
(5)股东权益增加系公司本年度发行新股及本年度盈利留存所致。

三、股东情况介绍

1、股东情况介绍：截止2000年12月31日，公司股东总计61,351户，其中：国有股股东1名，法人股股东6名，社会公众股股东58,167名，内部职工股股东3,177名。
2、公司前十名股东持股情况

序号	股份名称	持股数量(万股)	股份性质	持股比例(%)
1	重庆市涪陵国有资产经营公司	2,888.8046	国家股	16.77
2	华融投资有限公司	2,325.0000	法人股	13.49
3	神泉投资有限公司	1,860.0000	法人股	10.79
4	四川省信托投资公司	1,020.2954	法人股	5.92
5	四川省港航开发有限责任公司	775.0000	法人股	4.50
6	北京威萃实业有限责任公司	620.0000	法人股	3.60
7	北京和泉投资顾问公司	465.0000	法人股	2.70
8	兴华基金	88.5000	公众股	0.51
9	汉盛基金	77.1000	公众股	0.45
10	同益基金	14.2000	公众股	0.08

(1)本公司前十名股东之间不存在关联交易。
(2)持有本公司5%及以上股份的股东共计4户，其中：国家股股东1户，法人股股东3户。分别是：
重庆市涪陵国有资产经营公司：本公司国家股股东，年初持有2,888.8046万股，年末持有2,888.8046万股。所持股份无质押、冻结情况。
华融投资有限公司：本公司法人股股东，年初持有2,325万股，年末持有2,325万股。所持股份无质押、冻结情况。
神泉投资有限公司：本公司法人股股东，年初持有1,860万股，年末持有1,860万股。所持股份无质押、冻结情况。
四川省信托投资公司：本公司法人股股东，年初持有1,020.2954万股，年末持有1,020.2954万股。所持股份无质押、冻结情况。
(3)持有本公司10%及以上股份的法人股股东共计2户，分别是：
华融投资有限公司，法定代表人：陈建威，经营范围：投资开发；投资管理；资产管理；物业管理；企业兼并、重组的策划咨询；经济信息咨询、金融咨询。
神泉投资有限公司，法定代表人：许少才，经营范围：资产管理；房地产开发与经营；新技术开发、转让与技术服务。
(4)报告期内公司控股股东未变更。

四、股东大会简介

报告期内公司共召开两次股东大会：
1、公司2000年临时股东大会：2000年2月19日召开，出席会议的股东21人，代表股份10,225.35万股，占公司总股本的99.95%。大会审议通过了：
(1)公司董事会对照中国证监会重庆证管办"关于重庆长江水运股份有限公司改制验收整改方案"的整改方案；
(2)公司部分董事调整方案；
(3)公司章程修改方案。
2、公司1999年度股东大会：2000年5月10日召开，出席会议的股东25人，代表股份10,209.8518万股，占公司总股本的99.80%。大会审议通过了：
(1)公司董事会1999年度工作报告；
(2)公司监事会1999年度工作报告，
(3)公司1999年度财务决算方案和利润分配方案；
(4)公司申请公开发行7,000万股不记名式人民币普通股方案和在上海证券交易所发行并上市交易的方案；
(5)公司股票发行后的社会公众股股东与原股东对公司上市前的滚存利润有同等分配权的方案；
(6)公司上市后兼并重庆船厂的方案；
(7)对照上市公司章程指引，修改了公司章程。
大会选举产生了公司第三届董事会和第三届监事会，选举李立、刘龙铸、李光炳、许少才、肖宗华、曹明贵、李元发等七名同志为公司董事；选举申永洁、郑霞二名同志为监事，另一名监事周炳智由公司职工代表大会选举产生。

五、董事会报告

(一)报告期内公司经营情况
1、公司所处行业及在行业中的地位
公司属交通运输行业，主要从事水上客货运输业务，拥有重庆第一、长江第二大客运船队，是三峡库区和重庆市最大的地方水路客运骨干企业。
2、公司主营业务范围和经营情况
公司主营业务是从事长江干支流客、货运输及旅游服务；民用船舶设计、制造、修理(甲级)。公司自成立以来，一直致力于长江"黄金水道"的交通运输事业，并通过充分发挥股份制企业的优势，准确把握市场机遇，利用自身的技术优势和管理优势，取得了良好的经营业绩。2000年公司完成客运量146.9万人次，客运周转量45,453万人千米，货运量4.3万吨，货运周转量3,324万吨千米，实现主营业务收入155,547,613.11元，主营业务利润47,273,147.09元。
3、公司在经营活动中出现的问题与困难及解决方案
2000年三峡工程涪陵沿江大堤兴建进程加快，使公司所属涪陵造船厂提前停产搬迁，给公司修造船业务带来一定困难；随着西部大开发步伐的不断推进，公司原有老旧船舶已不适应运输市场发展的需要，特别是满足不了旅客对船舶舒适化、快速化的要求，同时，2000年油燃料价格上涨，且一度油源紧张，给运输生产带来一定困难。
为尽快建立自己的修造船基地和满足市场发展的要求，我们采取的对策是：
(1)加快涪陵造船厂移民搬迁步伐，以重庆船厂作为依托，对重庆船厂进行技术改造，重新建立公司修造船基地；
(2)加快对老旧客船的技术改造，提高船舶技术状况；
(3)大力开发长江、乌江新型高速客船，努力实现长途旅游化、短途高速化目标；
(4)结合运输生产实际调度船舶，合理安排修船计划，满足运输生产的需要；
(5)严格管理，特别是加强燃油消耗管理，引进和使用德国MAN主机降低油耗，从而保证在规

模扩大的情况下,油耗增长不大,有效控制了成本的增长。

(二)公司财务状况

1、公司财务状况

项目	2000年	1999年	增减比例(%)
总资产	833,746,201.31	387,964,271.95	114.90
长期负债	65,917,856.17	53,091,949.62	24.16
股东权益	579,806,571.61	157,547,316.27	268.02
主营业务利润	47,273,147.09	55,847,090.87	-15.35
净利润	27,738,570.55	30,295,710.91	-8.44

2、增减变动主要原因:

(1)总资产和股东权益增加主要是公司发行7000万A股所致;

(2)长期负债增加主要是长期借款和长期应付款增加所致;

(3)主营业务利润和净利润减少主要是燃油价格上涨导致营运成本增加和财务费用增加所致。

(三)公司投资情况

根据公司招股说明书承诺的募集资金投向和1999年股东大会、董事会决议要求,公司报告期内完成现金投资35,753,000.00元,投资情况如下:

1、报告期内,募集资金使用情况:

公司于2000年12月21日在上交所上网定价公开发行普通股7000万股,实际募集资金415,007,900.00元。至2000年12月31日,在募集资金项目上已经投入使用了35,078,000.00元,尚有379,929,900.00元没有使用,全部为银行存款,项目情况如下:

序号	项目名称	总投资额(元)	实际投资(元)	项目进度
1	涪陵造船厂三峡工程淹没迁建技改项目	46,370,000.00	0	正在筹建中
2	高速船修造中心扩建项目	25,260,000.00	0	正在筹建中
3	货运船队改造集装箱多用途船项目	49,970,000.00	0	前期准备
4	三峡库区车客滚装船技改项目	47,460,000.00	0	前期准备
5	"天"字号系列船队技术改造项目	35,020,000.00	0	正在筹建中
6	长江至乌江干支直达高速船更新旧船技改项目	33,100,000.00	3,078,000.00	正在建设中
7	重庆-宜昌高速船更新旧船技改项目	48,160,000.00	0	正在筹建中
8	重庆-万州高速水翼船替代旧船技改项目	48,700,000.00	0	前期准备
9	重庆-武汉高档客船替代旧船技改项目	42,170,000.00	0	前期准备
10	补充兼并重庆船厂流动资金项目	50,000,000.00	32,000,000.00	正在实施

实际投资情况说明

(1)由于报告期募集资金到位时间较晚,对已经立项审批且市场急需的项目如长江至乌江高速船更新旧船技改项目、补充兼并重庆船厂流动资金项目在募集资金尚未到位之前,公司已经用自有资金提前动工实施。

(2)货运船队改造为集装箱多用途船项目、三峡库区车客滚装船项目,已获交通部运力额度批准,图纸送审待批,将于2001年正式实施。

(3)涪陵造船厂三峡工程淹没迁建技改项目、高速船修造中心扩建项目、"天"字系列船队技术改造项目、重庆至宜昌高速船更新旧船技改项目、重庆至万州高速船更新旧船技改项目、重庆至武汉高档客船替代旧船技改项目正在作前期准备工作。

2、报告期内非募集资金使用情况

报告期内经公司董事会审议通过的投资项目:

公司出资675,000.00元(占注册资本的15%)参股重庆市涪陵联星汽车快速客运有限责任公司,该公司已于2000年5月正式投入营运。

(四)经营环境、宏观政策对公司未来经营产生的影响

报告期内,公司经营环境、宏观政策没有发生较大变化,但未来的经营环境和宏观政策将对公司未来产生影响。

1、公司属三峡库区最大的地方航运企业和三峡移民迁建企业,享受国家关于西部大开发及三峡库区移民的各项优惠政策,国家有关政策的调整将对公司产生积极影响,特别是承诺上市后兼并重庆船厂实施的相关优惠政策兑现与否,对公司未来经营产生较大影响。

2、加入世界贸易组织后对我国航运业的结构调整和技术装备更新换代将产生积极的促进作用。但是,由于我国航运业无论从经营管理水平还是从技术设备同发达国家相比还相差甚远,随着国外航运的进入,我国航运业必将受到有力的挑战。

3、国家宏观经济政策及市场变化给公司提高效益带来不稳定因素增多,燃油价格的波动和"费改税"政策的可能出台,使公司成本控制难度加大。

4、大江截流阶段性的断航、碍航可能对未来水上运输产生影响。

(五)2001年公司业务发展计划

1、业务发展计划

(1)积极稳妥完成招股说明书承诺的募集资金投向的有关项目,大力推进传统产业结构性调整,加快客运船舶技改步伐,大力发展集装箱船、车客滚装船和高性能船舶,巩固和提高传统运输产业在长江运输市场的地位和作用,抢占即将兴起的专业化旅游市场,提高原有传统产业的市场份额。

(2)大力发展相关产业,加快水陆一体化进程。积极介入铁路、公路、水路枢纽码头建设和仓储基地建设,尽快形成客货、旅游水陆联运一体化格局,以适应库区经济建设和西部大开发的市场需要,以及未来客货运输和三峡大坝建成后旅游发展的要求。

(3)加快完成对重庆船厂的兼并工作,继续走低成本扩张道路,采用兼并、重组、联营联合等多种形式,壮大公司实力,拓展经营市场。

(4)尽快完成公司结构调整和内部整合工作,完善劳动用工制度和分配制度,进一步强化管理,促进规范运作,争取在机制创新和制度创新上有新的突破。

(5)加强对外投资股权管理,切实控制投资风险,提高投资回报率。

(6)切实加强安全生产现场管理和监督,提高安全管理预控能力,把安全事故降到最低。

(7)强化燃油定额管理,组织攻关,努力节能降耗,降低运输成本,提高经济效益。

(8)积极推进员工教育培训计划的实施,全面提高员工的整体文化素质和业务技术水平;同时引进各类人才,特别是引进科技人才和资本运作人才,为公司进一步发展奠定基础。

2、2001年投资项目

(1)募集资金投资项目

公司于2000年12月21日成功发行7,000万股普通股,共募集资金415,007,900.00元。2001年,公司将全面组织实施招股说明书承诺的项目。

(2)对市场前景和经济效益均好的其它项目,由董事会组织进行可行性研究,拟定具体的投资方案。

(六)董事会日常工作情况

1、报告期内共召开四次董事会会议

(1)2000年1月15日,公司二届八次董事会召开,会议制定了公司进一步规范运作整改方案、公司部分董事因工作变动的董事调整方案、公司章程修改案;

(2)2000年2月19日,公司二届九次董事会召开,会议形成如下决议:增选刘龙铸同志为公司第一副董事长;审议通过了公司修改后的会计制度和内部财务管理办法、四项准备金的提取方案以及2000年生产经营计划;聘任饶正力同志为公司董事会秘书;同意设立泸州分公司;

(3)2000年4月2日,公司二届十次董事会召开,会议形成如下决议:通过了董事会工作报告;制定了公司1999年财务决算方案和1999年度利润分配方案、公司申请公开发行7000万股不记名式人民币普通股和在上海证券交易所发行并上市交易的方案、加快兼并重庆船厂进程和增加对重庆船厂流动资金投入的议案。

(4)2000年5月10日,公司三届一次董事会召开,会议形成如下决议:选举李立为公司董事长,刘龙铸为公司第一副董事长,李光炳为公司副董事长。

2、董事会对股东大会决议执行情况:

(1)根据股东大会决议,完成了公司1999年红利派发工作。以1999年12月31日公司总股本为基数,向全体股东每10股派发现金2元(含税),实际共派发现金20,460,000.00元。

(2)完成了公司7000万人民币普通股公开发行与上市工作。

(3)完成公司章程修改,办理了发行上市后的工商变更登记手续。

(七)董事、监事及高级管理人员情况

1、公司现任董事、监事及高级管理人员情况

姓名	职务	年龄	任期	原持股数	期末持股数
李立	董事长	37	2000.5.10-2003.5.9	0	0
刘龙铸	副董事长	56	2000.5.10-2003.5.9	0	0
李光炳	副董事长、总经理	61	2000.5.10-2003.5.9	1,048	1,048
曹明贵	董事	56	2000.5.10-2003.5.9	0	0
许少才	董事	39	2000.5.10-2003.5.9	0	0
李元发	董事	46	2000.5.10-2003.5.9	699	699
肖宗华	董事	35	2000.5.10-2003.5.9	0	0
申永洁	监事会召集人	43	2000.5.10-2003.5.9	0	0
周炳智	监事	57	2000.5.10-2003.5.9	349	349
郑霞	监事	39	2000.5.10-2003.5.9	1,747	1,747
滕林	常务副总经理	46	2000.5.10-2003.5.9	1,572	1,572
陈兴元	副总经理	57	2000.5.10-2003.5.9	2,970	2,970
汪德寿	副总经理	51	2000.5.10-2003.5.9	1,747	1,747
刘平	副总经理	47	2000.5.10-2003.5.9	699	699
饶正力	董事会秘书	44	2000.2.19-2003.2.18	1,747	1,747

2、年度报酬情况

本年度内公司实行基本工资制,公司董事、监事和高级管理人员年度报酬总额为50,873元,公司现任董事、监事、高级管理人员中,年报酬在7,000元至8,000元之间的有1人,年报酬6,000元至7,000元之间的有2人,6,000元以下的有6人。

报告期内,不在公司领取报酬的董事、监事和高级管理人员有:李立、刘龙铸、曹明贵、许少才、肖宗华、申永洁。

3、年度内离任的董事有石建新、张绍新、杨武伦、宋文达;离任的监事有卢铁肩、刘富春。

4、聘任或解聘公司经理、董事会秘书的情况

2000年2月19日,公司二届九次董事会聘任饶正力同志为公司董事会秘书。

(八)本次利润分配预案或资本公积金转增股本预案

1、2000年利润分配方案

经利安达信隆会计师事务所审计,公司本年度实现净利润27,738,570.55元,提取10%的法定公积金2,821,406.93元,提取5%的法定公益金1,391,567.77元,余下可供股东分配的利润为23,498,380.64元,加上年度未分配利润1,300,537.48元,2000年度可供股东分配利润为24,798,918.12元。

董事会提议,以2000年末总股本17,230万股为基数,向全体股东每10股派现金1元(含税),共需派发现金17,230,000元,剩余未分配利润7,568,918.12元转至下一年度分配。本年度不进行公积金转增股本。

2、预计2001年利润分配政策

(1)2001年结束后拟分配利润一次。

(2)公司下一年度实现净利润用于股利分配的比例不低于40%。

(3)公司本年度未分配利润用于下一年度股利分配的比例不低于30%。

(4)分配可采用派发现金或送红股的形式,现金股息占股利分配的比例不低于50%。

2001年具体分配办法依当时实际情况由董事会提出议案,提交股东大会审议。

(九)其他报告事宜

公司指定的信息披露报刊为《中国证券报》和《上海证券报》。

六、监事会报告

(一)报告期内,监事会共举行了三次会议。

1、公司二届监事会九次会议于2000年2月19日召开,会议形成如下决议:拟将监事会成员由五人减少为三人,并由设监事会主席改为设监事会召集人,选举申永洁同志为监事会召集人;审议通过了监事会工作规则的修改方案;讨论通过了草拟监事会工作报告(草案)的议案。

2、公司二届监事会十次会议于2000年5月8日召开,会议形成如下决议:同意将监事会1999年工作报告(草案)提请股东大会审议。

3、公司三届监事会一次会议于2000年5月11日召开,会议形成如下决议:会议一致选举申永洁为监事会召集人。

(二)监事会根据《公司法》和《公司章程》的规定,依法行使监督职能,并发表以下独立意见:

1、监事会列席历次董事会会议,监事会认为:董事会的决策程序符合《公司法》和《公司章程》的规定,公司建立了较为完善的内部控制制度,公司运作健康有序,未发生有违反《公司法》和《公司章程》的行为。公司的董事、总经理及高级管理人员在执行职务时没有发现违反法律、法规、公司章程或损害公司利益的行为。

2、公司监事会对公司的财务状况进行了检查,认为公司2000年年度财务结构合理、财务状况良好。年度财务报告能够真实、准确地反映公司的经营成本和财务状况,利安达信隆会计师事务所为公司出具了无保留意见的《2000年度公司审计报告》。

3、由于报告期募集资金到位时间较晚(2000年12月27日),对已经立项审批且市场急需的项目如长江至乌江高速船更新旧船技改项目、补充兼并重庆船厂流动资金项目在募集资金尚未到位之前,公司已经用自有资金35,078,000.00元提前动工实施。

4、公司与关联企业之间的关联交易公平、合理,没有损害公司的利益。

七、重要事项

1、报告期内公司无重大诉讼、仲裁事项。

2、报告期内公司、公司董事和高级管理人员未受到监管部门的任何处罚。

3、2000年2月19日,公司选举产生了第三届董事会,增选刘龙铸同志为公司第一副董事长,聘任饶正力同志为公司董事会秘书。

4、报告期内公司无收购、出售资产情况

5、重大关联交易事项

本公司与四川省信托投资公司(涪陵办事处)有下述交易:本公司2000年度发放的1999年度的现金红利委托四川省信托投资公司(涪陵办事处)代为发放;本公司在经营活动中与四川省信托投资公司有银行存、贷款关系。

为保护股份公司股东的利益,股份公司的主要股东已向股份公司出具了《非竞争承诺函》,承诺今后不从事与本公司构成同业竞争的业务,以充分保护本公司全体股东的利益。

6、公司与控股股东在人员、资产、财务上实行了“三分开”。在人员方面，公司在劳动、人事及工资管理等方面独立，公司总经理、副总经理、财务负责人、董事会秘书等高级管理人员没有在控股股东单位任职的情况。总经理、副总经理等高级管理人员均在本公司领取薪酬，未在控股股东单位领取薪酬。在股东单位未担任重要职务。

在资产方面，公司拥有独立的生产系统、辅助生产系统和配套设施，工业产权、商标、非专利技术等无形资产均由公司拥有，本公司拥有独立的采购和销售系统。

在财务方面，公司设有独立的财务部门，有独立的财务人员并建立了独立的核算体系和财务管理制度，独立在银行开户。

7、报告期内，公司无托管、承包、租赁事项。

8、公司聘任珠海嘉信达会计师事务所(现利安达信隆会计师事务所)为公司审计单位。

9、报告期内公司重大合同及担保

(1)2000年4月14日，公司与工商银行重庆枳城支行签订借款合同，金额为19,746,000.00元，期限为2000年4月14日至2001年4月13日，年利率6.3375%；

(2)2000年4月26日，公司与建设银行重庆渝涪支行签订借款合同，金额为22,000,000.00元，期限为2000年4月26日至2001年4月26日，年利率为7.128%；

(3)1999年11月10日公司与建设银行重庆渝涪支行签订借款合同，金额为10,000,000.00元，期限为1999年11月10日至2000年12月31日，年利率为6.3%(已还款)；

(4)1998年10月19日，公司与工商银行重庆枳城支行签订借款合同，金额为10,000,000.00元，期限为1998年10月19日至2001年10月19日，年利率为6.435%。

10、报告期内公司无更改名称的情况。

八、财务会计报告

一、审计报告

公司财务会计报告经利安达信隆会计师事务所审计，由中国注册会计师张艳、凌运良出具了无保留意见报告。

利安达审字[2001]第056号

重庆长江水运股份有限公司全体股东：

我们接受委托，审计了贵公司2000年12月31日的资产负债表及合并资产负债表，2000年度的利润表及合并利润表、利润分配表及合并利润分配表和现金流量表及合并现金流量表。这些会计报表由贵公司负责，我们的责任是对这些会计报表发表审计意见。我们的审计是依据《中国注册会计师独立审计准则》进行的。在审计过程中，我们结合贵公司实际情况，实施了包括抽查会计记录等我们认为必要的审计程序。

我们认为，上述会计报表符合《企业会计准则》和《股份有限公司会计制度》的有关规定，在所有重大方面公允地反映了贵公司2000年12月31日的财务状况和2000年度的经营成果及现金流量情况，会计处理方法的选用遵循了一贯性原则。

利安达信隆会计师事务所有限责任公司　　中国注册会计师：张　艳

中国·北京　　中国注册会计师：凌运良

报告日期：2001年4月4日

二、会计报表(附后)

三、会计报表附注(除特别说明，均以人民币元表述)

(一)公司简介

重庆长江水运股份有限公司(以下简称“本公司”或“公司”)，原名长江天府旅游轮船股份有限公司，是1993年12月21日经四川省经济体制改革委员会川体改(1993)216号文批准，以原国营四川涪陵轮船总公司为主发起人，联合四川蜀海交通投资有限公司、四川省轮船公司共同发起，以定向募集方式设立的股份有限公司。1998年7月23日，公司更名为重庆长江水运股份有限公司。2000年12月14日经中国证券监督管理委员会证监发行字[2000]175号文核准，本公司发行人民币普通股7000万股A股，每股面值1元，并于2001年1月9日在上海证券交易所上市交易。公司发行后总股本为17230万元，并在重庆市工商行政管理局办理了变更登记，注册资本变更为17230万元，注册号仍为渝涪企字5001021800058号。

本公司经营范围包括：长江干支流客、货运输及旅游服务；民用船舶设计、制造、修理(甲级)；船用辅机制造；物资储存；食品；纺织品；百货；五金；交电；餐饮。

(二)会计报表编制基准和方法

本公司2000年度会计主体未发生变化，会计报表是依据股份公司实际经济业务为基础而编制的。公司执行《股份有限公司会计制度》及其补充规定。

本公司控股的子公司重庆宝达船舶工程有限公司2000年2季度开始正常生产经营，自2000年1月1日纳入合并会计报表范围，开始编制合并会计报表。重庆宝达船舶工程有限公司执行《外商投资企业会计制度》，由于执行的会计制度不同所造成的报表差异，已按《股份有限公司会计制度》调整后纳入合并会计报表范围。

(三)公司主要会计政策、会计估计和合并会计报表的编制方法

1、会计制度

本公司执行《企业会计准则》和《股份有限公司会计制度》。

2、会计年度

本公司以公历1月1日起至12月31日为一个会计年度。

3、记账本位币

本公司以人民币为记账本位币。

4、记账基础和计价原则

本公司以权责发生制为记账基础，资产计价遵循历史成本原则。

5、外币业务的核算方法

发生外币业务时，按照当日国家外汇市场汇率的中间价折合为本位币记账。月份终了，对外币账户余额按月末国家外汇市场汇率的中间价进行调整，其差额依据相关业务性质予以资本化或计入当期损益。

6、现金等价物的确定标准

本公司对持有的期限短、流动性强、易于转换为已知金额现金、价值变动风险较小的投资等视为现金等价物。

7、坏账的核算方法

本公司坏账的核算采用备抵法，对应收款项(包括应收账款和其他应收款)按账龄分析法计提坏帐准备金。账龄在1年以内的应收款项按年末余额的5%提取，账龄在1－2年的应收款项按年末余额的15%提取，账龄在2－3年的应收款项按年末余额的30%提取，账龄在3－4年的应收款项按年末余额的50%提取，账龄在4－5年的应收款项按年末余额的80%提取，账龄在5年以上的应收款项按年末余额的100%提取。

坏账确认标准为：债务人破产或死亡，以其破产财产或遗产清偿后仍然不能收回；债务人逾期未履行偿付义务，超过三年确认不能回收的应收款项。

8、存货核算方法

存货按计划成本计价，并同时核算材料成本差异，每月按材料成本差异率将计划成本调整为实际成本，低值易耗品领用按一次摊销法摊销。

各类存货盘盈盘亏、毁损及报废，报经批准后列入管理费用。

本公司期末存货按实际成本与可变现净值孰低计价，并按单个存货项目的成本高于可变现净值的差额提取存货跌价准备。

9、短期投资的核算方法

购入股票、债券时，按实际支付的价款计价。

在出售短期持有的股票、债券时，按实际收到的金额与购入成本之间的差额确认投资收益。

本公司短期投资按成本与市价孰低计价，并按投资总体计提短期投资跌价准备。

10、长期股权投资的核算方法

本公司对所属公司持股50%以上者或对其存在控制者，按权益法核算并合并编报会计报表；对持股20%以上的联营公司按权益法核算，根据接受投资方净资产的变化调整长期投资的账面余额；对持股20%以下的公司及其它投资和筹建期间的投资，按成本法核算。

本公司长期投资按期末账面价值与可收回金额孰低计价，并以单项投资为基础，计提长期投资减值准备。期末由于市价持续下跌或被投资单位经营状况恶化等原因，导致长期投资可回收金额低于账面价值，按可回收金额低于长期投资账面价值的差额提取长期投资减值准备。

11、固定资产计价及折旧方法

(1)固定资产标准。对使用期限超过一年的房屋建筑物、机器设备、运输工具和其他与生产经营有关的设备、量具、工具等，及不属于生产经营主要设备的物品，其单位价值在2000元以上，并且使用年限在2年以上者列入固定资产。

(2)固定资产的计价。公司外购固定资产按实际支付的买价加上支付的运输费、包装费、安装成本、税金作为成本；公司自行建造的固定资产按建造过程中实际发生的全部支出作为成本；其他单位投资转入的固定资产按评估确认的价值作为成本；在原有资产基础上改、扩建的固定资产按原账面价值减去改、扩建中的变价收入加上改、扩建而增加的支出作为成本；盘盈的固定资产按重置完全价值作为成本。

(3)固定资产折旧。固定资产折旧采用直线法，并按各类固定资产的原值和预计的使用年限扣除残值(原值的5%)制定其折旧率，分类折旧率如下：

资产类别	使用年限	年折旧率
房屋建筑物	40年	2.375%
运输船舶及辅助船舶	8－18年	5.28%－11.875%
其中：客货轮船	18年	5.28%
货驳	18年	5.28%
油驳	18年	5.28%
囤船	18年	5.28%
拖轮	18年	5.28%
辅助船	18年	5.28%
水翼船	8年	11.875%
快艇	8年	11.875%
通用设备	8－16年	5.94%－11.875%
运输工具	8－12年	7.92%－11.875%

12、在建工程核算方法

在建工程按实际成本计价，与在建工程项目有关的长期借款资金的利息支出及汇兑损益在工程完工交付使用前，予以资本化，工程完工交付使用后，计入当期损益。在建工程结转固定资产的时点为工程完工并投入使用。

13、无形资产计价及摊销方法

土地使用权按公司股份制改组时评估价值计价，以直线法按50年摊销。工业产权及专有技术按购买价格计价，以直线法按10年摊销。

14、开办费及长期待摊费用摊销的摊销方法

开办费和长期待摊费用的摊销采用直线法，按3－10年摊销。

15、收入确认原则

提供劳务：客货运输及其他劳务以劳务已经提供并收取价款或取得收取价款的权利时确认收入；船舶修理制造在一个会计年度内开始并完成的，在完成劳务时确认收入；开始和完成不在一个会计年度时，在提供劳务交易的结果能够可靠估计的情况下，公司在资产负债表日按完工百分比法确认相关收入。

产品销售：公司已经将商品所有权上的重要风险和报酬转移给买方，公司不再对该产品实施管理权和实际控制权，相关的收入已经收到或取得了收款的证据，并且与销售有关的成本能够可靠计量时确认相关的收入。

16、产品成本计算方法

船舶修造成本以各船舶为成本对象核算，直接材料、直接人工工资，按成本对象归集，间接费用通过“制造费用”账户归集，然后以直接人工为标准分配计入各成本对象，期间费用全部列入当年损益。

17、所得税的会计处理方法

本公司所得税的会计处理采用应付税款法。

18、合并会计报表的编制方法

合并会计报表以母公司、纳入合并范围的子公司的会计报表和其他有关资料为依据，按照《合并会计报表暂行规定》编制而成。合并报表内各公司间的重大交易、资金往来等，均已在合并时抵消。纳入合并范围的子公司，执行相应的行业会计制度，合并会计报表时，其主要会计政策按照母公司统一选用的会计政策厘定，其个别项目与母公司适用的股份有限公司会计报表项目不一致的，以股份有限公司会计报表项目为准，按相同性质进行合并。

本公司自2000年1月1日起将重庆宝达船舶工程有限公司纳入合并报表范围，并开始编制合并会计报表。

(四)税项

税(费)种类	适用税率	备　注
营业税	3%	客货运输收入
营业税	5%	其他服务收入
增值税	17%	船舶修理收入
增值税	6%	船舶销售收入
城市维护建设税	7%	按应交的流转税额计缴
交通建设费附加	4%	按应交的流转税额计缴
教育费附加	3%	按应交的流转税额计缴
所得税	33%	按应纳税所得额计缴

根据重庆市人民政府办公厅《关于重庆长江水运股份有限公司企业所得税政策的函》，确定本公司所得税2000年度按33%征收后，返还18%。

(五)控股子公司及联营企业

1.控股子公司

子公司名称	注册地	注册资本	投资额	股权比例	法人代表	主要业务
重庆宝达船舶工程有限公司	重庆市江北区	港币400万	港币300万	75%	李立	产销高速玻璃钢水翼船

2.联营企业

联营公司名称	注册地	注册资本	投资额	股权比例	主要业务
1.重庆新华旅行社	重庆市渝中区	20万元	20万元	49%	旅游接待服务
2.涪陵长江博华电缆有限公司	重庆市涪陵区	2,700万元	750万元	27.78%	产销通信电缆
3.重庆北部仓储加工基地建设有限公司	重庆市渝北区	9,808万元	4,610万元	47%	仓储加工基地建设

(六)合并会计报表主要项目注释

1、货币资金

种　类	币　种	原币金额	折算汇率	2000/12/31
现金	人民币	108,724.88		108,724.88
	美　元	193.00	8.30	1,601.90
小计				110,326.78
银行存款	人民币	487,713,731.43		487,713,731.43
	美　元	3,459.85	8.30	28,715.98
小计				487,742,447.41
合计				487,852,774.19

货币资金期末数较期初数增加449,943,766.83元，增幅达1,186.90%，其主要原因是2000年12月份经中国证券监督管理委员会证监发行字[2000]175号文核准，本公司公开发行人民币普通股7000万股A股，募集资金415,007,900.00元所致。

2、应收账款

账龄	2000/12/31 金额	比例	坏账准备	1999/12/31 金额	比例	坏账准备
1年以内	23,443,549.84	88.71%	1,172,177.49	43,123,703.54	88.46%	2,156,185.18
1—2年	693,093.76	2.62%	103,964.06	2,622,802.06	5.38%	393,420.31
2—3年	220,524.65	0.84%	66,157.40	465,106.81	0.95%	139,532.04
3年以上	2,069,133.52	7.83%	1,786,000.29	2,538,200.32	5.21%	1,977,644.98
合计	26,426,301.77	100%	3,128,299.24	48,749,812.73	100%	4,666,782.51

欠款金额前五名如下：

欠款单位	金额	发生时间	内容
贵州省乌江轮船公司	3,301,886.79	2000年	售船款
北京青年旅行社	1,873,268.00	2000年	客运票款
重庆顺达职工旅行社	1,755,055.94	2000年	客运票款
北京国际旅行总社	1,539,228.50	2000年	客运票款
成都海外旅游总公司	1,391,277.00	2000年	客运票款

上述款项中无持股5%(含5%)以上股东欠款。

3年以上应收账款未收回的主要原因是：(1)对一部分代理售票单位的票款当时未及时清理；(2)未能及时收回部分货运款。但尚无证据表明上述款项无法收回。

2000年末应收账款较1999年末减少22,323,510.96元，减幅为45.79%。其主要原因是2000年度公司加大了应收账款清理力度，及时收回票款。

3、其他应收款

账龄	2000/12/31 金额	比例	坏账准备	1999/12/31 金额	比例	坏账准备
1年以内	51,190,570.95	90.60%	2,559,528.55	52,955,428.66	88.65%	2,647,771.43
1—2年	354,729.22	0.63%	53,209.39	1,915,326.35	3.21%	287,298.95
2—3年	1,469,348.01	2.60%	440,804.40	288,799.80	0.48%	86,639.94
3年以上	3,486,071.96	6.17%	2,822,449.19	4,573,364.90	7.66%	4,036,154.60
合计	56,500,720.14	100%	5,875,991.53	59,732,919.71	100%	7,057,864.92

欠款金额前五名如下：

欠款单位	金额	发生时间	内容
重庆船厂＊1	32,000,000.00	2000年	材料采购款
湖北省恒川轮船公司＊2	3,807,060.31	1995年以来滚动发生	欠造船款及往来款
北京东西部经济中心	3,230,000.00	2000年	预付项目合作款
重庆纺织品批发公司	3,090,000.00	2000年	代垫货款
重庆信泰物业公司	1,500,000.00	2000年	购房款

无持股5%(含5%)以上股东欠款。

本公司三年以上的其他应收款，尚无证据表明无法收回。

＊1：重庆船厂系本公司拟兼并企业，该厂已经成功开发出高速公路护栏产品，该产品符合国家计委、科技部于1999年发布的《当前国家优先发展的高技术产业化重点领域指南(目录)》的规定。重庆市经委已以渝经发[1999]14号文将该厂确定为重庆市高速公路护栏定点生产企业，该公司2000年度获渝长高速公路、319国道改造等护栏工程订单。本公司为保证能够充分发挥该部分生产能力，抢占市场，以利于兼并后的重庆船厂能有效运作，给股份公司带来经济效益，先行代付高速公路护栏材料采购款3,200万元。本公司拟兼并重庆船厂详见附注十一。

＊2：湖北省恒川轮船公司欠款中有200万元为1995年发生，该欠款已100%提取坏账准备。

4、预付账款

账龄	2000/12/31 金额	比例
1年以内	36,116,867.26	98.00%
1－－2年	291,193.31	0.79%
2－－3年	71,780.79	0.20%
3年以上	373,080.70	1.01%
合计	36,852,922.06	100%

前五名供货人情况：

单位名称	金额	发生时间	内容
重庆渝亚房地产建设开发公司	20,000,000.00	2000年	预付办公楼款
新大江国际实业有限公司	6,000,000.00	2000年	预付主机款
涪陵区进出口公司	3,975,069.77	2000年	预付设备及配件款
重庆新渝石化制品有限公司	3,768,552.73	2000年	预付燃料款
重庆船厂	1,752,366.80	2000年	预付修理费

5、存货及存货跌价准备

类别	2000/12/31 金额	跌价准备
库存商品	5,303,288.39	333,380.93
原材料	2,922,313.09	－－－
低值易耗品	2,639,069.50	－－－
在产品	1,478,646.27	－－－
合计	12,343,317.25	333,380.93

6、待摊费用

类别	期初数	本期增加	本期摊销	期末数
保险费	907,089.12	981,663.93	1,729,897.67	158,855.38
设计费	－－－	5,000.00	1,667.00	3,333.00
广告费	－－－	35,838.00	15,468.00	20,370.00
合计	907,089.12	1,022,501.93	1,747,032.67	182,558.38

7、长期投资

(1)分类

项目	期初数	本期增加	本期减少	期末数
长期股权投资	58,296,536.23	2,141,111.25	4,538,489.57	55,899,157.91

(2)股权投资

其他股权投资

被投资单位名称	投资期限	持股比例	初始投资金额	本期权益增减额	累计权益增减额	2000/12/31
重庆新华旅行社	1998/11起长期	49%	200,000.00	-9,429.00	-9,429.00	190,571.00
涪陵长江博华电缆有限公司	1997/04-2011/12	27.78%	7,500,000.00	14,276.90	1,433,586.91	8,933,586.91
重庆北部仓储加工基地建设有限公司		47%	46,100,000.00	－－－	－－－	46,100,000.00
重庆市涪陵联星汽车快速客运有限公司		15%	675,000.00	－－－	－－－	675,000.00
合计			54,475,000.00	4,847.90	1,424,157.91	55,899,157.91

长期投资占净资产的比例为9.64%。

8、固定资产及累计折旧

固定资产原值	期初数	本期增加	本期减少	期末数
房屋及建筑物	10,467,751.04	235,998.00	1,832,539.74	8,871,209.30
运输船舶及辅助船舶	188,292,464.51	349,147.74	2,640,855.27	186,000,756.98
通用设备	3,099,930.49	3,150,074.10	1,086,965.29	5,163,039.30
运输设备	1,291,197.20	118,720.00	120,000.00	1,289,917.20
合计	203,151,343.24	3,853,939.84	5,680,360.30	201,324,922.78

累计折旧	期初数	本期增加	本期减少	期末数
房屋及建筑物	1,311,709.43	388,963.12	369,537.32	1,331,135.23
运输船舶及辅助船舶	42,545,307.63	10,094,411.02	749,220.47	51,890,498.18
通用设备	1,216,339.38	2,321,355.25	809,599.40	2,728,095.23
运输设备	542,888.34	127,071.83	9,139.24	660,820.93
合计	45,616,244.78	12,931,801.22	1,937,496.43	56,610,549.57
净值	157,535,098.46			144,714,373.21

本公司与中国工商银行涪陵支行(已更名为中国工商银行重庆枳城支行)签订了1997<1>号抵押合同，将公司17艘营运船舶价值人民币49,438,929.92元，抵押给中国工商银行涪陵支行，报告日尚未解除抵押关系；本公司与中国工商银行重庆分行签定了1998<1>号抵押合同，将公司在重庆港的1＃、2＃囤船抵押给中国工商银行重庆分行，报告日尚未解除抵押关系；本公司与中国银行涪陵分行签订了中承字第20001号抵押合同，将渝达号水翼船抵押给中国银行涪陵分行，报告日尚未解除抵押关系；另外，本公司将长天一号快艇抵押给重庆市区涪陵国有资产担保公司，将长天二号、长天三号、渝安号水翼船抵押给建行涪陵分行，报告日尚未解除抵押关系。

9、在建工程

工程项目名称	批准文号	期初数	本期增加	本期转人固定资产	期末数	工程进度	资金来源
天府号浮船坞	重经发(97)237	13,884,647.62	24,809.10	－－	13,909,456.72	70%	贷款
三峡移民迁建	川经贸(96)258	4,776,804.87	884.16	－－	4,777,689.03	5%	移民拨款
28米高速船		50,000.00	1,350,00.00	1,350,000.00	50,000.00		
合计		18,711,452.49	1,375,693.26	1,350,000.00	18,737,145.75		

在建工程中利息资本化金额2,319,414.86元，均为期初资本化金额。

10、无形资产

种类	取得方式	原始发生额	期初数	本期转出	本期摊销	累计摊销	期末数	剩余摊销年限
土地使用权	购买	2,398,081.98	2,743,788.74	646,245.80	73,272.90	373,811.94	2,024,270.04	8-43年
工业产权及专有技术	购买	500,000.00	——	－－－	41,666.70	41,666.70	458,333.30	9年零2个月
合计		2,898,081.98	2,743,788.74	646,245.80	114,939.60	415,478.64	2,482,603.34	

11、开办费

种类	原始发生额	期初数	本期摊销额	累计摊销额	期末数	剩余摊销年限
长天宾馆开办费	226,912.88	29,090.10	29,090.10	226,912.88	－－－	——
宝达船厂开办费	444,412.70	－－－	74,068.78	74,068.78	370,343.92	4年零2个月
合计	671,325.58	29,090.10	103,158.88	300,981.66	370,343.92	

12、长期待摊费用

种类	原始发生额	期初数	本期摊销	累计摊销	期末数	剩余摊销年限
分期广告费	1,300,000.00	305,555.59	305,555.59	1,300,000.00	——	——
临时建筑	527,165.65	474,449.08	52,716.56	105,433.13	421,732.52	8年
软件费	42,936.00	－－－	1,789.00	1,789.00	41,147.00	4年零10月
合计	1,870,101.65	780,004.67	360,061.15	1,407,222.13	462,879.52	

13、其他长期资产

资产类别	2000/12/31
旅行社质量保证金	130,000.00
合计	130,000.00

14、短期借款

人民币	2000/12/31
抵押借款	93,546,000.00
信用借款	7,300,000.00
小计	100,846,000.00

短期借款分项列示如下：

借款类型	贷款人	人民币	借款期限	利率(%)	借款条件
A、银行借款					
工商银行重庆枳城支行		19,746,000.00	2000.04.14－2001.04.13	0.63375	抵押
工商银行重庆枳城支行		6,600,000.00	2000.05.30－2001.05.29	0.63375	抵押
中国银行涪陵分行		2,200,000.00	2000.05.08－2001.05.08	0.63375	抵押
建设银行重庆渝涪支行		22,000,000.00	2000.04.26－2001.04.26	0.71280	抵押
建设银行重庆渝涪支行		2,000,000.00	1999.09.30－2000.09.30	0.53625	抵押
工商银行重庆枳城支行		2,000,000.00	2000.09.27－2001.09.26	0.63375	抵押
工商银行重庆枳城支行		2,000,000.00	2000.09.28－2001.09.27	0.63375	抵押
工商银行重庆枳城支行		1,000,000.00	2000.10.08－2001.10.07	0.63375	抵押
工商银行重庆枳城支行		1,000,000.00	2000.10.13－2001.10.12	0.63375	抵押
工商银行重庆枳城支行		200,000.00	2000.10.20－2001.10.19	0.63375	抵押
工商银行重庆枳城支行		300,000.00	2000.10.23－2001.10.22	0.63375	抵押
工商银行重庆枳城支行		200,000.00	2000.11.09－2001.11.08	0.63375	抵押
工商银行重庆枳城支行		500,000.00	2000.12.08－2001.02.07	0.60450	抵押
工商银行重庆枳城支行		1,500,000.00	2000.12.14－2001.12.13	0.63375	抵押
工商银行重庆枳城支行		3,000,000.00	2000.12.18－2001.12.17	0.63375	抵押
工商银行重庆枳城支行		2,000,000.00	2000.12.21－2001.07.21	0.63375	抵押
工商银行重庆枳城支行		300,000.00	2000.12.26－2001.12.25	0.63375	抵押
工商银行重庆枳城支行		7,000,000.00	2000.12.01－2001.12.01	0.63375	抵押
建设银行重庆渝涪支行		10,000,000.00	1999.11.10－2000.12.31	0.63000	抵押
中国建设银行渝中支行		4,500,000.00	1998.10.12－1999.10.12	0.63525	抵押
招商银行重庆市分行		4,000,000.00	2000.03.29－2001.03.29	0.64350	抵押
重庆市工商银行朝天门支行		1,500,000.00	2000.08.31－2001.05.01	0.53625	抵押
招商银行重庆市分行渝中支行		3,000,000.00	2000.10.08－2001.09.10		
小计		96,546,000.00			
B、非银行金融机构借款					
川信托涪陵办事处		900,000.00	1999.12.15－2000.12.15	0.63375	信用
川信托涪陵办事处		800,000.00	1999.12.10－2000.12.10	0.6337	信用
川信托涪陵办事处		330,000.00	1999.10.30－2000.10.30	0.63375	信用
川信托涪陵办事处		2,270,000.00	2000.06.08－2000.12.08	0.58500	信用
小计		4,300,000.00			
合计		100,846,000.00			

15、应付票据

种类	收票人	出票日期	到期日	2000/12/31
银行承兑汇票	湖北荆州市原燃料有限公司	2000/08/30	2001/02/28	1,000,000.00
银行承兑汇票	长江燃料供应总站涪陵站	2000/07/22	2001/01/08	1,200,000.00
合计				2,200,000.00

16、应付账款

帐龄	2000/12/31 余额	占该帐项金额比例
1年以内	8,774,008.41	86.90%
1－－2年	351,012.03	3.48%
2－－3年	563,645.48	5.58%
3年以上	407,814.44	4.04%
合计	10,096,480.36	100%

前五名债权人如下：

单位名称	金额	发生时间	内容
长江燃料供应总站涪陵站	1,202,191.80	2000年	燃料费
涪陵区石油公司	779,183.88	2000年	燃料费
长江燃料供应总站沙市站	738,500.00	2000年	燃料费
长江燃料供应总站宜昌站	711,679.60	2000年	燃料费
重庆市燃料供应站	689,355.12	2000年	燃料费

无欠持股5%(含5%)以上股东单位的款项。

17、预收账款

账龄	2000/12/31 金额	占该账项金额比例

1年以内	2,872,495.87	88.15%
1－－2年	45,757.61	1.40%
2－－3年	29,934.27	0.92%
3年以上	310,355.74	9.53%
合计	3,258,543.49	100.00%

无欠持股5%(含5%)以上股东单位的款项。

18、应交税金

项　目	2000/12/31
增值税	1,990,727.14
营业税	356,311.89
城建税	148,254.37
企业所得税	2,599,661.72
房产税	52,539.94
个人所得税	12,092.40
车船使用税	－6,049.95
合计	5,153,537.51

本公司期末应交税金比期初下降34.75%,原因是2000年所得税按15%计提。年末汇算清缴的所得税减少所致。

19、其他应交款

项　目	2000/12/31
教育费附加	66,663.13
交通建设费附加	89,759.92
养河费	362,043.12
船舶港务费	61,709.80
合计	580,175.97

20、其他应付款

	2000/12/31	
账　龄	金　额	比　例
1年以内	29,927,992.34	86.94%
1－－2年	64,027.27	0.19%
2－－3年	6,723.05	0.02%
3年以上	4,423,842.09	12.85%
合计	34,422,584.75	100%

前五名债权人如下:

单位名称	金　额	内　容
涪陵市投资集团公司	6,049,502.00	项目开发周转金
四川省交通厅航运局	4,000,000.00	扶持周转金
涪陵天信轮船公司	3,367,806.00	租赁费
涪陵市国资局	2,573,267.81	扶持周转金
华融投资有限公司	2,250,000.00	往来款

其他应付款中有应付本公司股东华融投资有限公司2,250,000.00元的款项。

21、一年内到期的长期负债

人民币　种类	2000/12/31
抵押借款	24,146,800.00
担保借款	3,151,200.00
合计	27,298,000.00

一年以内到期的长期负债分别列示如下:

贷款人	2000/12/31	借款期限	利率(%)	借款条件
工商银行重庆枳城支行	2,000,000.00	1998.12.25－2001.12.25	0.64350	抵押
工商银行重庆枳城支行	3,000,000.00	1998.12.15－2001.12.15	0.64350	抵押
工商银行重庆枳城支行(USD50万)	4,156,800.00	1999.10.30－2001.04.30	0.70460	抵押
工商银行重庆枳城支行	10,000,000.00	1998.10.19－2001.10.19	0.64350	抵押
工商银行重庆枳城支行	3,000,000.00	1997.11.03－2000.11.03	0.64350	抵押
涪陵农业银行	1,990,000.00	1998.09.31－2001.03.30	0.80100	抵押
四川省建行信托投资公司	3,151,200.00	1996.10.04－2000.06.30	0.64350	担保
合计	27,298,000.00			

22.长期借款

贷款人	2000/12/31	借　款　期　限	利率(%)	借款条件
工商银行重庆枳城支行	4,000,000.00	2000.06.29－2002.06.28	0.64350	抵押
工商银行重庆枳城支行	1,000,000.00	2000.07.20－2002.07.19	0.64350	抵押
工商银行重庆枳城支行	300,000.00	2000.08.07－2002.08.06	0.64350	抵押
工商银行重庆枳城支行	500,000.00	2000.08.22－2002.08.21	0.64350	抵押
工商银行重庆枳城支行	500,000.00	2000.09.22－2002.09.21	0.64350	抵押
工商银行重庆枳城支行	2,000,000.00	2000.04.10－2003.04.09	0.64350	抵押
工商银行重庆枳城支行	1,000,000.00	2000.04.19－2003.04.18	0.64350	抵押
工商银行重庆枳城支行	2,000,000.00	2000.04.20－2002.04.19	0.64350	抵押
工商银行重庆枳城支行	500,000.00	2000.04.21－2002.04.20	0.64350	抵押
工商银行重庆枳城支行	2,900,000.00	2000.04.29－2002.04.28	0.64350	抵押
工商银行重庆枳城支行	3,800,000.00	2000.05.10－2002.05.09	0.64350	抵押
工商银行重庆枳城支行	7,000,000.00	2000.05.19－2002.05.18	0.64350	抵押
工商银行重庆枳城支行	300,000.00	2000.05.16－2002.05.15	0.64350	抵押
工商银行重庆枳城支行	300,000.00	2000.03.21－2003.03.20	0.64350	抵押
工商银行重庆枳城支行	5,000,000.00	2000.03.30－2003.03.29	0.64350	抵押
工商银行重庆枳城支行	2,000,000.00	2000.04.07－2003.04.06	0.64350	抵押
工商银行重庆枳城支行	5,000,000.00	1999.02.11－2002.02.11	0.64350	抵押
工商银行重庆枳城支行	2,600,000.00	2000.04.28－2002.04.02	0.64350	抵押
合计	40,700,000.00			

23、长期应付款

项　目	2000/12/31
三峡移民拨款＊1	14,520,000.00
涪陵国有资产经营公司＊2	5,445,149.62
挖潜改造资金＊3	5,252,706.55
合计	25,217,856.17

＊1:本公司2000/12/31的长期应付款系三峡移民迁建拨款,根据原涪陵市人民政府三峡工程移民办公室关于涪陵造船厂三峡工程淹没补偿额的通知[涪府移民发(1996)100号文],公司将获得补偿费19,232,190.00元,截止2000/12/31公司共收到补偿费14,520,000.00元。根据财政部财会字(97)15号"关于印发《三峡工程库区移民资金会计制度(试行)》的通知",移民迁建单位收到移民管理机构拨入的资金记入"移民迁建拨款"科目核算。本公司已对移民迁建拨款单独设账核算。在汇总移民迁建拨款会计报表时,因股份有限公司会计报表中无"移民迁建拨款"项目,所以并入"长期应付款"项目。涪陵造船厂迁建对股份公司的影响详见附注十二、1。

＊2:本公司1993年改组时的评估基准日1993/06/30日到股份有限公司成立日1993/12/31日期间公司经营形成的税后利润,政府同意股份有限公司使用,暂不上交。

＊3:该款系涪陵区财政局拨付的挖潜改造资金。

24、股本

项目	2000/12/31	1999/12/31
一、尚未流通股份		
1.发起人股份	89,338,046.00	89,338,046.00
其中:国家股持有股份	28,888,046.00	28,888,046.00
境内法人持有股份	60,450,000.00	60,450,000.00
2.募集法人股	10,404,454.00	10,404,454.00
3.内部职工股	2,557,500.00	2,557,500.00
小计	102,300,000.00	102,300,000.00
二、已流通股份		
境内上市的人民币普通股	70,000,000.00	－－－－
小计	70,000,000.00	－－－－
三、股份总额		
合计	172,300,000.00	102,300,000.00

2000年12月14日经中国证券监督管理委员会证监发行字[2000]175号文核准,公司发行人民币普通股7000万股A股,每股面值1元,并于2001年1月9日在上海证券交易所上市交易。公司发行后总股本为17230万元。

25、资本公积

项　目	2000/12/31	1999/12/31
股本溢价	345,006,700.00	——
接受捐赠实物资产	503,700.00	502,500.00
合计	345,510,400.00	502,500.00

26、盈余公积

项　目	2000/12/31	1999/12/31
法定盈余公积金	13,176,980.65	10,355,573.72
公益金	7,120,272.84	5,728,705.07
任意盈余公积金	16,900,000.00	16,900,000.00
合计	37,197,253.49	32,984,278.79

本公司按税后利润10%提取法定盈余公积金,5%提取公益金。

27、未分配利润

项目	2000/12/31	1999/12/31
年初未分配利润	21,760,537.48	16,469,183.21
加:本期净利润	27,738,570.55	30,295,710.91
可供分配利润	49,499,108.03	46,764,894.12
减:提取法定盈余公积金	2,821,406.93	3,029,571.09
提取法定公益金	1,391,567.77	1,514,785.55
可供股东分配的利润	45,286,133.33	42,220,537.48
减:提取任意盈余公积	——	——
应付普通股股利	20,460,000.00	20,460,000.00
职工奖励及福利基金	27,215.21	——
未分配利润	24,798,918.12	21,760,537.48

28、主营业务收入

主营业务项目分类	2000年度	1999年度
客运收入	142,764,368.50	135,138,047.41
货运收入	2,457,345.48	1,930,363.70
船舶修造收入	584,056.16	2,411,265.76
运输配套服务收入	6,772,956.18	3,402,424.19
售船收入	2,968,886.79	－－－
合计	155,547,613.11	142,882,101.06

29、主营业务税金及附加

税　种	2000年度	1999年度
营业税	4,519,744.75	4,241,390.95
城市维护建设税	322,027.90	310,761.69
教育费附加	138,068.98	122,450.58
交通附加费	184,673.43	169,939.91
合计	5,164,515.06	4,844,543.13

30.其他业务利润

其他业务类别	2000年度	1999年度
租赁	216,027.30	27,985.52
材料销售	39,663.35	－5,644.65
其它	3,945.19	－－－
合计	259,635.84	22,340.87

31、管理费用

本年度管理费用6,835,417.54元,比上年度减少2,425,851.42元,下降26.19%。管理费用大幅度下降的原因是2000年末应收款项大幅度减少,相应冲减已提的坏账准备所致。

32、财务费用

项　目	2000年度	1999年度
利息支出	12,326,074.80	9,517,802.97
减:利息收入	239,409.55	272,360.57
汇兑损失	－－－	101,559.16
其他	33,911.03	7,852.50
合计	12,120,576.28	9,354,854.06

33、投资收益

类　别	2000年度	1999年度
其他投资收益	1,306,674.85	1,004,036.23
其中:成本法	——	——
权益法	1,306,674.85	1,004,036.23
合计	1,306,674.85	1,004,036.23

34、补贴收入

类　别	2000年度	1999年度
所得税返还	6,447,835.57	－－－
科技开发补助	4,300,000.00	7,250,000.00
合计	10,747,835.57	7,250,000.00

1999年度补贴收入为根据重庆市涪陵区财政局涪财政发[2000]14号文件,1999年度补助本单位科研技术开发费725万元,2000年度补贴收入包括①根据重庆市人民政府办公厅《关于重庆长水运股份有限公司企业所得税政策的函》,本公司获得的所得税返还;②根据重庆市涪陵区科学技术委员会、重庆市涪陵区财政局涪科委发[2000]28号文件,2000年度补助本单位"科技三项费"补贴430万元。

35、营业外收入

收入项目	2000年度	1999年度
财产处理收入	152,610.60	70,561.59
罚款收入	24,057.68	44,796.86
无法支付款项	－－－	1,470.00
其它	3,500.00	－－－
合计	180,168.28	116,828.45

36、营业外支出支出

项　目	2000年度	1999年度
财产处理支出	289,261.97	2,736,388.58
罚款支出	46,702.62	3,656.13
公安科费用	265,951.20	300,321.10
非常损失	180,237.08	139,670.90
其他	300.00	3,168.00
合计	782,452.87	3,183,204.71

37、所得税

项　目	2000年度	1999年度
会计利润	39,637,847.89	42,022,747.54
纳税调整额	-3,816,539.16	-6,486,272.87
纳税所得额	35,821,308.73	35,536,474.67
税率%	33%	33%
所得税	11,821,031.88	11,727,036.63

会计利润包含有参股企业税后净利分红及公司获得的所得税返回。

(七)母公司会计报表主要项目注释

1、应收账款

账　龄	2000/12/31 金　额	比　例	坏账准备	1999/12/31 金　额	比　例	坏账准备
1年以内	19,552,625.25	86.76%	977,631.26	43,123,703.54	88.46%	2,156,185.18
1—2年	693,093.76	3.08%	103,964.06	2,622,802.06	5.38%	393,420.31
2—3年	220,524.65	0.98%	66,157.40	465,106.81	0.95%	139,532.04
3年以上	2,069,133.52	9.18%	1,786,000.29	2,538,200.32	5.21%	1,977,644.98
合计	22,535,377.18	100%	2,933,753.01	48,749,812.73	100%	4,666,782.51

欠款金额前五名如下：

欠款单位	金　额	时　间	内　容
北京青年旅行社	1,873,268.00	2000年	客运票款
重庆顺达职工旅行社	1,755,055.94	2000年	客运票款
北京国际旅行总社	1,539,228.50	2000年	客运票款
成都海外旅游总公司	1,391,277.00	2000年	客运票款
重庆东纬职工旅行社	1,340,357.07	2000年	客运票款

述款项中无持股5%(含5%)以上股东欠款。

3年以上应收账款未收回的主要原因是：(1)对一部分代理售票单位的票款未及时清理；(2)未能及时收回部分货运款。但尚无证据表明上述款项无法收回。

2000年末应收账款较1999年末减少26,214,435.55元，减幅为53.77%。其主要原因是2000年度公司加大了应收账款清理力度，及时收回票款。

2、其他应收款

账　龄	2000/12/31 金　额	比　例	坏账准备	1999/12/31 金　额	比　例	坏账准备
1年以内	50,961,208.01	90.56%	2,548,060.40	52,955,428.66	88.65%	2,647,771.43
1－－2年	354,729.22	0.63%	53,209.39	1,915,326.35	3.21%	287,298.95
2—3年	1,469,348.01	2.61%	440,804.40	288,799.80	0.48%	86,639.94
3年以上	3,486,071.96	6.20%	2,822,449.19	4,573,364.90	7.66%	4,036,154.60
合计	56,271,357.20	100%	5,864,523.38	59,732,919.71	100%	7,057,864.92

欠款金额前五名如下：

欠款单位	金　额	内　容
重庆船厂＊1	32,000,000.00	材料采购款
湖北省恒川轮船公司	3,807,060.31	代付造船款
北京东西部经济中心	3,230,000.00	预付项目合作款
重庆纺织品批发公司	3,090,000.00	代垫货款
重庆信泰物业公司	1,500,000.00	购房款

无持股5%(含5%)以上股东欠款。

本公司三年以上的其他应收款，无任何证据表明无法收回。

＊1：重庆船厂系本公司上市后拟兼并企业，该厂已经成功开发出高速公路护栏产品，该产品符合国家计委、科技部于1999年发布的《当前国家优先发展的高技术产业化重点领域指南(目录)》的规定。重庆市经委已以渝经发[1999]14号文将该厂确定为重庆市高速公路护栏定点生产企业，该公司2000年度获渝长高速公路、319国道改造等护栏工程订单。本公司为保证能够充分发挥该部分生产能力，抢占市场，以利于兼并后的重庆船厂能有效运作，给股份公司带来经济效益，先行代付高速公路护栏材料采购款3,200万元。本公司拟兼并重庆船厂详见附注十一。

3、长期投资

(1)分类

项　目	期初数	本期增加	本期减少	期末数
长期股权投资	58,296,536.23	2,141,111.25	1,303,753.17	59,133,894.31

(2)股权投资

其他股权投资

被投资单位名称	投资期限	持股比例	初始投资金额	本期权益增减额	累计权益增减额	2000/12/31
重庆新华旅行社	1998/11起长期	49%	200,000.00	-9,429.00	-9,429.00	190,571.00
涪陵长江博华电缆有限公司	1997/04-2011/12	27.78%	7,500,000.00	14,276.90	1,433,586.91	8,933,586.91
重庆北部仓储基地建设有限公司		47%	46,100,000.00	---	---	46,100,000.00
重庆市涪陵联星汽车快速客运有限公司		15%	675,000.00	---	---	675,000.00
重庆宝达船舶工程有限公司		75%	3,000,000.00	234,736.40	234,736.40	3,234,736.40
合计			57,475,000.00	239,584.30	1,658,894.31	59,133,894.31

长期投资占净资产的比例为10.15%。

4、固定资产及累计折旧

固定资产原值	期初数	本期增加	本期减少	期末数
房屋及建筑物	10,467,751.04	235,998.00	1,832,539.74	8,871,209.30
运输船舶及辅助船舶	188,292,464.51	292,425.27	2,638,496.30	185,946,393.48
通用设备	3,099,930.49	3,089,692.10	1,086,965.29	5,102,657.30
运输设备	1,291,197.20	---	---	1,291,197.20
合计	203,151,343.24	3,618,115.37	5,558,001.33	201,211,457.28

累计折旧	期初数	本期增加	本期减少	期末数
房屋及建筑物	1,311,709.43	388,963.12	369,537.32	1,331,135.23
运输船舶及辅助船舶	42,545,307.63	10,089,915.94	748,689.76	51,886,533.81
通用设备	1,216,339.38	2,309,366.50	809,599.40	2,716,106.48
运输设备	542,888.34	101,193.07	---	644,081.41
合计	45,616,244.78	12,889,438.63	1,927,826.48	56,577,856.93
净值	157,535,098.46			144,633,600.35

本公司与中国工商银行涪陵支行(已更名为"中国工商银行重庆枳城支行")签订了1997<1>号抵押合同，将公司17艘营运船泊价值人民币49,438,929.92元，抵押给中国工商银行涪陵支行，报告日尚未解除抵押关系；本公司与中国工商银行重庆分行签定了1998<1>号抵押合同，将公司在重庆港的1#、2#囤船抵押给中国工商银行重庆分行，报告日尚未解除抵押关系；本公司与中国银行涪陵分行签订了中承字第20001号抵押合同，将渝达号水翼船抵押给中国银行涪陵分行，报告日尚未解除抵押关系；另外，本公司将长天一号快艇抵押给重庆市涪陵区国有资产担保公司，将长天二号、长天三号、渝安号水翼船抵押给建行涪陵分行，报告日尚未解除抵押关系。

5、主营业务收入

主营业务项目分类	2000年度	1999年度
客运收入	142,764,368.50	135,138,047.41
货运收入	2,457,345.48	1,930,363.70
船舶修造收入	584,056.16	2,411,265.76
运输配套服务收入	6,772,956.18	3,402,424.19
合计	152,578,726.32	142,882,101.06

6、投资收益

类　别	2000年度	1999年度
其他投资收益	1,541,111.25	1,004,036.23
其中：成本法	———	———
权益法	1,541,111.25	1,004,036.23
合计	1,514,111.25	1,004,036.23

7、所得税

项　目	2000年度	1999年度
会计利润	39,652,387.22	42,022,747.54
纳税调整额	-3,810,078.49	-6,486,272.87
纳税所得额	35,821,308.73	35,536,474.67
税率%	33%	33%
所得税	11,821,031.88	11,727,036.63

会计利润包含有参股企业税后净利分红及公司获得的所得税返回。

(八)关联方关系及其交易

1、关联方及其关联关系

(1)存在控制关系的关联方

公司名称	注册地址	主营业务	与本公司关系	经济性质	法人代表
重庆涪陵国有资产经营公司	重庆涪陵区	投资管理转让政府经营的国有资产	本公司第一大股东	国有公司	石建新
重庆宝达船舶工程有限公司	重庆江北区	玻璃钢高速船研制生产	本公司控股子公司	中外合资	李立

(2)存在控制关系的关联方的注册资本及其变化

公司名称	期初数金额	本期增加	本期减少	期末数金额
重庆涪陵国有资产经营公司	100,000,000.00	———	———	100,000,000.00
重庆宝达船舶工程有限公司	HKD4,000,000.00	———	———	HKD4,000,000.00

(3)存在控制关系的关联方所持股份及其变化

公司名称	期初数金额	本期增加	本期减少	期末数金额
重庆涪陵国有资产经营公司	28,888,046.00	———	———	28,888,046.00
重庆宝达船舶工程有限公司	HKD3,000,000.00	———	———	HKD3,000,000.00

(4)不存在控制关系的关联方

关联公司名称	与本公司的关系
涪陵长江博华电缆有限公司	本公司参股公司
重庆新华旅行社	本公司参股公司
重庆北部仓储加工基地建设有限公司	本公司参股公司
华融投资有限公司	持有本公司13.49%股份的股东
神泉投资有限公司	持有本公司10.79%股份的股东
四川省信托投资公司	持有本公司5.92%股份的股东、发起人
四川省港航开发有限责任公司	持有本公司4.50%股份的股东，该公司董事长为本公司第一副董事长

2、关联公司交易

(1)关联方交易定价方法：本公司与关联方的交易遵循独立核算的原则和以市价为基础的公允原则，以市场价格为依据进行公平交易和核算。

(2)主要交易事项

提供劳务

本公司与四川省信托投资公司(涪陵办事处)有下述交易：本公司2000年度发放的1999年度的现金红利委托四川省信托投资公司(涪陵办事处)代为发放；本公司在经营活动中与四川省信托投资公司有银行存、贷款关系。

3、关联公司往来

往来项目	关联公司名称	经济内容	期　末　数	占该项目比例
银行存款	四川省信托投资公司(涪陵办)	存款	31,140.80	0.01%
短期借款	四川省信托投资公司(涪陵办)	借款	4,300,000.00	5.52%
其他应付款	华融投资有限公司	往来款	2,250,000.00	6.54%

(九)或有事项

本公司无其他重大的未决诉讼、未决索赔、税务纠纷、应收票据贴现等或有事项。

(十)资产负债表日后事项

报告日已到期的短期借款，建设银行重庆渝涪支行1200万元，已于2001年1月8日全部归还；建设银行重庆渝中支行450万元，已于2001年3月13日全部归还；川信托涪陵办事处430万元，已于2001年2月22日全部归还。

(十一)承诺事项

1997年10月19日本公司与重庆船厂签定协议书，约定本公司以承担债权、债务的方式对重庆船厂实施整体兼并，本公司承诺将在兼并重庆船厂后按本公司招股说明书中有关项目规划实施对重庆船厂的投资技改项目。

(十二)其他重大事项

1、由于三峡移民迁建的影响，本公司所属的独立二级核算单位涪陵造船厂在报告日的生产经营活动受到限制，已不具备制造船舶的条件，目前仅能修理船舶。涪陵造船厂的主要任务是为公司提供船舶建造和维修服务，而不是以营利为目的。所以涪陵造船厂的搬迁对公司业绩未造成重大影响。

2、本公司1999年从四川省轮船公司购买"中华号"等"华"字系列六艘客运船舶，并以协议约定自1999年7月1日至2000年6月30日一年的交接期内，由四川省轮船公司向本公司提供如下配套服务：①原有航线及售票网络的维持；②船舶资产的日常维护保养及安全保障；③代收客运票款、代支营运支出，并定期与本公司结算收支差额；④代管、培训相关工作人员。2000年1—6月份由四川省轮船公司代收客运票款、代支营运支出，并已与本公司结算收支差额，2000年7月1日起由本公司自行建帐核算。

九、公司的其他有关资料

1、公司首次注册登记日期：1993年12月30日

2、公司变更登记事项：2000年12月21日，公司公开发行7000万A股，12月27日，公司依法在重庆市工商行政管理局履行了注册资本变更手续。

3、公司营业执照注册号：5001021800058

4、公司税务登记证号：500102208501285

5、公司未流通股票的托管机构：上海证券中央登记结算公司

6、公司报告期内首次A股发行证券主承销机构：联合证券有限责任公司

7、公司聘请珠海嘉信达会计师事务所(现利安达信隆会计师事务所)为公司审计单位，该所地址：珠海经济特区香洲兴业路复和新城3幢2F。

十、备查文件目录

1、载有法定代表人、主管会计负责人、主管会计人员签名并盖章的会计报表。

2、载有会计师事务所盖章、注册会计师签名并盖章的审计报告原件。

3、报告期内在《中国证券报》、《上海证券报》上披露过的所有公司文件的正本。

重庆长江水运股份有限公司董事会

二OO一年四月九日

利 润 表

编制单位:重庆长江水运股份有限公司 200 年度 单位:人民币元

项目	注释	2000 年度		1999 年
		合并数	母公司	
一、主营业务收入	六、28	155547613.11	152578726.32	142882101.06
减:折扣与折让				287469.06
主营业务收入净额		155547613.11	152578726.32	142594632.00
减:主营业务成本		103109950.96	10104796.96	81902998.00
主营业务税金及附加	六、29	5164515.06	5164515.06	4844543.13
二、主营业务利润		47273147.09	46399414.30	55847090.87
加:其他业务利润	六、30	259635.84	258873.02	22340.87
减:存货跌价损失				33380.93
营业费用		390867.05	374159.45	84840.22
管理费用	六、31	6835417.54	6196002.30	9261268.96
财务费用	六、32	12120576.05	12123266.04	9354854.06
三、营业利润		28185955.06	27964859.55	36835087.57
加:投资收益	六、33	1306374.85	1541111.25	1004036.23
补贴收入	六、34	10747835.57	10747835.57	7250000.00
营业外收入	六、35	180168.28	179155.48	116828.45
减营业外支出	六、36	782452.87	780574.61	3183204.71
四、利润总额		39637847.89	39652387.22	42022747.54
减:所得税	六、37	11821031.88	11821031.88	11727036.63
减:少数股东损益		78245.46		
五、净利润		27738570.55	27831355.34	30295710.91

利 润 分 配 表

2000 年度

编制单位:重庆长江水运股份有限公司 单位:人民币元

项目	2000 年度		1999 年度
	合并数	母公司	
一、净利润	27738570.55	27831355.34	32095710.91
加:年初未分配利润	21760537.48	21760537.48	16469183.21
盈余公积转入			
二、可供分配的利润	49499108.03	4959182.82	46764894.12
减:提取法定盈余公积	2821406.93	2783135.53	3029571.09
提取法定公益金	1391567.77	1391567.77	1514785.55
三、可供股东分配的利润	45286133.33	45417189.52	42220537.48
减:应付优先股股利			
提取任意盈余公积金			
应付普通股股利	20460000.00	20460000.00	20460000.00
职工奖励及福利基金	27215.21		
四、未分配利润	24798918.12	24957189.52	21760537.48

资 产 负 债 表

2000 年 12 月 31 日

编制单位:重庆长江水运股份有限公司 单位:人民币元

资产	注释	2000－12－31		1999－12－31
		合并数	母公司	
流动资产:				
货币资金	六、1	487852774.19	485646734.16	37909007.36
短期投资				
减:短期投资跌价准备				
短期投资净额				
应收票据				
应收股利				
应收利息				
应收帐款	六、2	26426301.77	22535377.18	48749812.73
其他应收款	六、3	56500720.14	56271357.20	59732919.71
减:坏帐准备		9004290.77	8798276.39	11724647.43
应收款项净额		73922731.14	70008457.99	96758085.01
预付款项	六、4	36852922.06	36895522.06	7809403.71
应收补贴款				
存货	六、5	12343317.25	7943937.64	6688096.99
减:存货跌价准备		333380.93	333380.93	333380.93
存货净额	六、5	12009936.32	7610556.71	6354716.06
待摊费用	六、6	1825558.38	170545.38	907089.12
待处理流动资产净损失		128775.57	128775.57	
一年内到期的长期债权投资				
其他流动资产				
流动资产合计		610949679.66	600460591.87	149738301.26
长期投资:				
长期股权投资	六、7	55899157.91	59133894.31	58296536.23
长期债权投资				
长期投资合计		558999157.91	59133894.31	58296536.23
减:长期投资减值准备				
长期投资净额		55899157.91	59133894.31	58296536.23
固定资产:				
固定资产原价	六、8	201324922.78	201211457.28	203151343.24
减:累计折旧	六、8	56610549.57	56577856.93	45616244.78
固定资产净值	六、8	144714373.21	144633600.35	157535098.46
工程物资				
在建工程	六、9	18737145.75	18737145.75	18711452.49
固定资产清理				
待处理固定资产净损失				
固定资产合计		163451518.96	163370746.10	176426550.95
无形资产及其他资产:				
无形资产	六、10	2482603.34	202470.04	2743788.74
开办费	六、11	370343.92		29090.10
长期待摊费用	六、12	462879.52	462879.52	780004.67
其他长期资产	六、13	130000.00	130000.00	130000.00
无形资产用其他资产合计				
递延税项:				
递延税款借项				
资产总计		833746201.31	825582381.84	387964271.95
负债及股东权益				
流动负债:				
短期借款	六、14	100846000.00	97846000.00	81250000.00
应付票据	六、15	2200000.00	2200000.00	1000000.00
应付帐款	六、16	10096480.36	10018252.05	15715490.53
预收帐款	六、17	3258543.49	945212.24	778801.67
代销商品款				
应付工资		2459218.45	2340210.21	2646004.86
应付福利费		537262.54	510981.33	22361.65
应付股利				
应交税金	六、18	5153537.51	4820537.51	7898184.15
其他应交款	六、19	580175.97	580175.97	1154642.72
其他应付款	六、20	34422584.75	33172584.75	19169409.70
预提费用		6000.00	6000.00	110.78
一年内到期的长期负债	六、21	27298000.00	27298000.00	47690000.00
其他流动负债				
流动负债合计		186857803.07	179737954.06	177325006.06
长期负债:				
长期借款	六、22	4070000.00	40700000.00	33146800.00
应付债券				
长期应付款	六、23	25217856.17	25217856.17	19945149.62
住房周转金				
其他长期负债				
长期负债合计		65917856.17	65917856.17	53091949.62
递延税项				
递延税项贷项				
负债合计		252775659.24	245655810.23	230416955.68
少数股东权益		1163970.46		
股东权益:		1163970.46		
股本	六、24	172300000.00	172300000.00	102300000.00
资本公积	六、25	345510400.00	345510400.00	502500.00
盈余公积	六、26	37197253.49	37158982.09	32984278.79
其中:公益金		7120272.84	7120272.84	5758705.07
未分配利润	六、27	24798918.12	24957189.52	21760537.48
股东权益合计		579806571.61	579926571.61	157547316.57
负债及股东权益总计		833746201.31	825582381.84	387964271.95

现 金 流 量 表

2000 年度

编制单位:重庆长江水运股份有限公司 单位:人民币元

项目	行次	2000 年度	
		合并数	母公司
一、经营活动产生的现金流量:			
销售商品、提供劳务收到的现金	1	183353690.63	17859572.44
收取的租金	2	444007.00	444007.00
收到的税费返还	3	6447835.57	6447835.57
收到的科技开发补助	4	4300000.00	4300000.00
收到的其他与经营活动有关的现金	5	45416953.70	45402833.04
现金流入小计	6	239962486.90	235554248.05
购买商品、接受劳务支付的现金	7	115693070.07	111927583.30
经营租赁所支付的现金	8		
支付给职工以及为职工支付的现金	9	18098685.42	17341328.94
实际交纳的增值税款	10	272165.94	271991.94
支付的所得税款	11	13523265.62	13523265.62
支付的除增值、所得税以外的其他税费	12	10245400.48	10245400.48
支付的其他与经营活动有关的现金	13	4933962.96	4240856.50
现金流出小计	14	162766550.49	157550426.78
经营活动产生的现金流量净额	15	77195936.41	78003821.27
二、投资活动产生的现金流量:			
收回投资所收到的现金	16		
分得股利或利润所收到的现金	17		
取得债券利息收入所收到的现金	18		
增加合并子公司初期现金余额		46858.89	
处置固定资产、无形资产和其他长期资产而收回的现金净额	19	113000.00	113000.00
收到的其他与投资活动有关的现金	20		
现金流入小计	21	159858.89	113000.00
购建固定资产、无形资产和其他长期资产所支付的现金	22	27688067.24	27655133.24
权益性投资所支付的现金	23	600000.00	600000.00
债权性投资所支付的现金	24		
支付的其他与投资活动有关的现金	25		
现金流出小计	26	28288067.24	28255133.24
投资活动产生的现金流量净额	27	－28128208.35	－28142133.24
三、筹资活动产生的现金流量:			
吸收权益性投资所收到的现金	28	415007900.00	415007900.00
发行权益性投资所收到的现金	29		
借款所收到的现金	30	140220000.00	137220000.00
收到三峡移民拨款	31		
收到的其他与筹资活动有关的现金	32		
现金流入小计	33	555227900.00	5522279000.00
偿还债务所支付的现金	34	121634000.00	121634000.00
发生筹资费用所支付的现金	35		
分配股利或利润所支付的现金	36	20460000.00	20460000.00
偿付利息所支付的现金	37	12257861.23	12257861.23
融资租赁所支付的现金	38		
减少注册资本所支付的现金	39		
支付的其他与筹资活动有关的现金	40		
现金流出小计	41	154351861.23	154351861.23
筹资活动产生的现金流量净额	42	400876038.77	397876038.77
四、汇率变动对现金的影响	43		
五、现金及现金等价物净增加额	44	449943766.83	447737726.80
附注			
1、不涉及现金收支的投资和筹资活动:			
以固定资产偿还债务	1		
以投资偿还债务	2		
以固定资产进行长期投资	3		
以存货偿还债务	4		
融资租赁固定资产	5		
2、将净利润调节为经营活动的现金流量			
净利润	6	27738570.55	27831355.34
加:计提的坏帐准备或转销的坏帐	7	－2941507.91	－3147522.29
计提的存货跌价准备	8		
固定资产折旧	9	12931801.22	12889438.63
无形及递延资产摊销	10	578459.63	462424.15
待摊费用摊销		1747032.67	1743925.67
处置固定资产、无形资产和其他长期资产的损失	11	131471.37	131471.37
固定资产报废损失	12		
财务费用	13	12120576.28	12123266.04
投资损失(减收益)	14	－1306374.85	－1541111.25
递延税款贷项(减收益)	15		
存货的减少(减增加)	16	－5655220.26	－1255840.65
经营性应收项目的减少(减增加)	17	20487261.95	24564949.48
经营性应付项目的增加(减减少)	18	11364165.76	4201464.78
其他	19		
经营活动产生的现金流量净额	20	77195936.41	78003821.27
3、现金及现金等价物净增加情况:			
货币资金期末余额	21	487852774.19	485646734.16
减:货币资金的期初余额	22	37909007.36	37909007.36
现金等价物的期末余额	23		
减:现金等价物的期初余额	24		
现金及现金等价净增加额	25	449943766.83	447737726.80

江西昌河汽车股份有限公司

股票上市公告书(部分)摘录

一、概　　览

股票简称:昌河股份
股票代码:600372
股本总额:41000 万股
可流通股本:11000 万股
本次上市流通股本:11000 万股
上市地点:上海证券交易所
上市日期:2001 年 7 月 6 日
股票登记机构:上海证券中央登记结算公司
上市推荐人:中信证券股份有限公司
　　　　　　国泰君安证券股份有限公司

二、发行人概况

(一) 发行人的基本情况
公司名称:江西昌河汽车股份有限公司
英文名称:JIANGXI CHANGHE AUTOMOBILE CO.,LTD
注册资本:41000 万元
法定代表人:吴 全
董事会秘书:吴德铨
成立日期:1999 年 11 月 26 日
发行人住所:江西省景德镇市东郊
邮政编码:333002
电　　话:0798－8448974
传　　真:0798－8448974
电子信箱:chgufen@public1.jd.jx.cn
经营范围:微型汽车系列车型、经济型乘用车(整车)设计、开发、制造、销售、售后服务;及相关项目的开发、咨询、服务。
主营业务:微型客车、微型货车系列车型、经济型乘用车(整车)的投资、生产和销售。
所属行业:汽车制造业

三、董事、监事、高级管理人员及核心技术人员

(一)董事、监事、高级管理人员、核心技术人员简介
1、董事
吴 全先生:55 岁,中共党员,大学专科学历,高级政工师,本公司董事长。历任 522 厂团委干事,372 厂政治部秘书,团委书记,车间党支部书记,职工医院院长,372 厂党委副书记,昌飞公司党委书记。现任昌飞集团公司副董事长、党委书记。

杨金槐先生:56 岁,中共党员,大学本科学历,教授级高级工程师,本公司副董事长。曾获"全国劳动模范"、"全国全心全意依靠工人阶级办企业十佳领导干部"、"2000 年全国质量管理先进工作者"荣誉称号,"全国五一奖章"获得者。历任 372 厂设计所设计员、组长,党委组织部干事,干部科副科长,设计所副所长、党支部书记,昌飞公司副总经理,昌飞公司总经理。现任昌飞集团公司董事长、总经理、党委副书记;昌铃公司董事长;九昌公司董事长。

董瑞华先生:56 岁,中共党员,大学本科学历,研究员级高级工程师,国务院政府特殊津贴获得者,本公司董事。历任四川叙永电厂车间副主任,372 厂检验科副科长、科长,副总工艺师、总工艺师,372 厂副厂长,昌飞公司副总经理、总工程师,昌飞集团公司总工程师。现任昌飞集团公司董事、昌飞集团公司科技委主任。

苏青林先生:55 岁,中共党员,大学本科学历,研究员级高级工程师,国务院政府特殊津贴获得者,本公司董事、总经理。历任 122 厂铆装车间工艺员,372 厂 31 车间工艺员,50 车间工艺员、模线室主任,37 车间副主任,工艺处副处长,汽车工程处副处长,372 厂副总工艺师,昌飞公司副总经理。现任昌飞集团公司董事;昌铃公司董事。

苏先生曾组织参加了公司微型汽车早期的研究和开发工作,主持 CH1011、CH1012、CH1018、CH6350 等车型的开发、改进改型以及 CH6321LP 型 LPG/汽油两用燃料微型客车和 CH6321Ei、CH6328Ei 电喷车的研究和开发工作,所领导的公司四万辆微型汽车生产线改造项目曾获原航空工业部"部级管理成果二等奖"、原国家机械工业局"促进科学技术进步工作重大贡献二等奖"。

徐恒武先生:45 岁,中共党员,大学专科学历,高级经济师,本公司董事。历任 372 厂 35 车间团支部书记、副主任、主任,20 车间主任,昌飞公司副生产长、昌飞公司微型汽车厂厂长,昌飞公司副总经理。现任昌飞集团公司董事、副总经理;陕西昌河副董事长;昌铃公司董事。

乔现东先生:48 岁,中共党员,大学普通班学历,高级工程师,本公司董事。历任 372 厂设计所设计员,干部处干事、中干室主任,党委组织部副室主任,成件处副处长,372 厂厂长助理,昌飞公司副总经理。现任昌飞集团公司董事、副总经理。

蒋林生先生:37 岁,中共党员,大学本科学历,高级工程师,本公司董事、副总经理。历任 372 厂设计所设计员、室主任、副所长、第一副所长,372 厂昌铃公司设计所所长、党支部书记,昌飞公司副总经理。现任昌飞集团公司董事;河南昌河董事长;昌铃公司董事。

吕顺发先生:46 岁,中共党员,大学普通班学历,高级工程师,本公司董事。历任 372 厂车间工艺员、汽车工程处室主任、副处长、处长,372 厂总工程师助理,昌铃公司开发部副部长,昌飞公司总经理助理,昌铃公司党委书记、第一副总经理,昌飞公司总经理助理,合昌公司党委书记、第一副总经理,昌飞公司副总经理,合昌公司党委书记,合昌公司总经理。现任合昌公司董事长。

严绳武先生:57 岁,中共党员,大学本科学历,研究员级高级工程师,国务院政府特殊津贴获得者,华中理工大学兼职教授,本公司董事、副总经理。历任 320 厂设计所设计员、鹰潭橡胶厂动力科技术员、科长,372 厂设计所副所长、所长、昌飞公司副总工程师兼计划处处长、党支部书记,昌飞公司科技委主任。

严先生从 60 年代起从事飞机的设计、研制工作,曾参加我国第一架农用飞机的设计。从 80 年代初开始从事微型汽车的研究工作,组织开发了轻型客车、微型客车 30 余种,主持了国家高科技领域"863/CIMS"项目"昌河汽车并行工程"的研究工作。参加研究的"强五"飞机荣获国家科学技术进步奖,个人获荣誉奖励。

吴德铨先生:56 岁,中共党员,大学本科学历,高级工程师,本公司董事、董事会秘书。历任 372 厂 54 车间工艺员、工艺室主任、车间副主任、主任,372 厂部办公室副主任,对外经济合作处处长,3347 厂厂长、党委副书记,昌飞集团公司总经济师。

徐文光先生:48 岁,中共党员,大学普通班学历,高级会计师,本公司董事。历任 372 厂新技科情报员、副科长,工学院副院长,教育中心副主任,咨询中心副主任,财会处副处长、党支部书记,昌飞公司副总会计师、财会处党支部书记,昌飞公司总会计师。现任昌飞集团公司董事、总会计师。

刘　赤贞先生:56 岁,大专文化,教授级高级工程师,享受国务院政府特殊津贴专家,本公司董事。历任北京航空部第四设计院设计员,3297 厂副总工程师、总工程师,航空部 012 基地(天达航空工业总公司)基地副主任、副总经理、基地科技委主任,中国民用飞机开发公司总经理。现任中国航空工业第二集团公司车辆部部长、哈尔滨东安汽车动力股份有限公司董事。

吴献东先生:35 岁,经济管理博士,副研究员,本公司董事。1994 年 3 月至 1995 年 12 月在北京航空航天大学从事博士后研究工作。曾任哈尔滨东安发动机(集团)有限公司技术员,155 厂厂长。现任中国航空工业第二集团公司资产企业管理体制部部长、哈飞航空工业股份有限公司董事。

2、监事
杜明华女士:50 岁,中共党员,大学专科学历,高级政工师,本公司监事会主席。历任 372 厂人事科干事,车间党支部副书记、团委书记,计划生育办公室主任,材料科党支部书记,党委宣传部副部长,厂工会副主席,昌飞公司纪委书记、工会主席,昌飞公司党委副书记兼纪委书记。现任昌飞集团公司党委副书记、纪委书记、监事会主席;九昌公司监事会主席。

夏新民先生:48 岁,中共党员,第二学士学历,高级政工师,本公司监事。历任昌河中学教师、副校长,372 厂团委书记,20 车间党支部书记,党委办公室副主任、主任,昌飞公司纪委书记,昌飞公司工会主席,昌飞集团公司工会主席。现任昌飞集团公司监事、副总经理。

王忠奎先生:57 岁,中共党员,大学专科学历,经济师,本公司监事。历任 372 厂 52 车间副主任、主任,销售处处长助理、副处长、第一副处长、处长,昌飞公司副总经济师兼销售公司总经理,昌飞公司副总经理兼汽车销售总公司总经理,昌飞集团公司副总经理。现任昌飞集团公司董事、工会主席。

糜瑞东女士:44 岁,中共党员,大学本科学历,政工师,本公司监事。历任 372 厂车间团支部书记、工会主席、昌飞公司轻客厂党总支副书记、昌飞公司工会副主席、昌飞集团公司工会副主席。现任本公司党群工作部副部长。

周大成先生:53 岁,中共党员,大学本科学历,经济师,本公司监事。历任安徽省淮海机械厂工人、机修车间领导组副组长、副主任,厂团委副书记、总装车间代主任、党支部书记,厂团委书记、车间主任、发动机车间党支部书记,副厂长、合昌公司副总经理。现任本公司合肥分公司工会主席。

方仁国先生:38 岁,中共党员,大学本科学历,高级工程师,本公司监事。历任 372 厂设计所设计员、室主任,昌铃公司采购处副处长,设计所党支部书记、副所长,昌铃公司技术管理处处长、党支部书记,昌飞公司汽车产品开发中心副主任兼开发一部部长、党支部书记。现任本公司汽车产品开发中心第一副主任、党支部书记。

李　耀先生:35 岁,大学本科学历,高级会计师,本公司监事。1986 年 7 月分配到航空工业部财务司工作,1995 年 8 月任中国航空工业总公司财务局副处长。1999 年 8 月任中国航空工业第二集团公司财审部副部长。

3、高级管理人员
苏青林先生:本公司总经理(见董事介绍)。
蒋林生先生:本公司副总经理(见董事介绍)。
严绳武先生:本公司副总经理(见董事介绍)。
吴德铨先生:本公司董事会秘书(见董事介绍)。
张银生先生:本公司财务负责人,37 岁,中共党员,大学本科学历(双学士学位),高级会计师。历任车间工艺员,企管办技术员,室主任,车间副主任、主任,昌铃公司财务处党支部书记兼副处长、处长。现任本公司财务部部长。

4、技术负责人
苏青林先生(见董事介绍)、严绳武先生(见董事介绍)。

本公司董事、监事、高级管理人员、技术负责人皆为中国国籍公民,在招股说明书披露日至上市公告书刊登日期间未发生变动。

(二)董事、监事、高级管理人员、核心技术人员持股情况
截止到本上市公告书签署之日,上述人员没有以个人持股、家属持股、法人持股的方式直接或间接持有公司或公司关联企业的股份。

四、本次股票上市前股权结构和股东持股情况

1、上市前的股本结构

股份类别	持股数量(股)	持股比例(%)
发 起 人 股	300,000,000	73.17
其中:国有法人股	263,859,271	64.36
法 人 股	36,140,729	8.81
社会公众股(A 股)	110,000,000	26.83
股本总额	410,000,000	100.00

2、本次上市前,本公司前十名股东持股数及比例

序号	股东名称	持股数量(股)	持股比例
1	昌飞集团公司	261,893,367	63.88%
2	合昌公司	31,553,620	7.70%
3	哈尔滨东安汽车动力股份有限公司	3,931,808	0.96%
4	中国民用飞机开发公司	1,310,603	0.32%
5	国信证券	1,045,000	0.25%
6	国通证券	992,000	0.24%
7	天元基金	863,000	0.21%
8	中国航空工业供销总公司	655,301	0.16%
9	安徽江南机械股份有限公司	655,301	0.16%
10	华宝信托	557,000	0.14%

(注:本上市公告书因版面原因为上市公告书部分摘录,需要阅读全文请向相关公司董事会秘书查询。)

北京天鸿宝业房地产股份有限公司

股票上市公告书暨2000年度财务报告(部分)摘录

一、要览

股票简称:天鸿宝业
证券代码:600376
总股本:10,825万股
可流通股本:4,000万股
本次上市流通股本:4,000万股
上市地址:上海证券交易所
上市日期:2001年3月12日
股票登记机构:上海证券中央登记结算公司
上市推荐人:中信证券股份有限公司

二、公司概况

1、基本情况
公司名称:北京天鸿宝业房地产股份有限公司
英文名称:BEIJING TIANHONG BAOYE REAL ESTATE CO.,LTD.
公司注册资本:10,825万元
公司法定代表人:赵东杰
公司成立日期:1993年12月29日
公司经营范围:房地产开发、商品房销售;建筑工程咨询;室内外装饰装璜;技术开发、技术服务;销售自行开发的产品;购销建筑材料、化工轻工材料、工艺美术品、家具、机械电器设备(汽车除外)、五金交电、纺织品、百货、计算机软硬件、日用杂品;经贸信息咨询;劳务服务。
所属行业:房地产业
公司注册地址:北京市东城区安定门外大街183号京宝花园二层
联系电话:010-64256268
联系人:龚谦炜　钟宁

三、董事、监事和高级管理人员持股情况

1、公司董事、监事和高级管理人员简历

赵东杰先生:36岁,大学本科,工程师,本公司董事长。1987年7月参加工作,曾任北京市房地产开发经营总公司开发处处长,北京市房地产开发经营总公司总经理助理,本公司副董事长、总经理。现任天鸿集团总规划师。

李发增先生:59岁,大学专科,高级政工师、高级经济师,本公司董事。1958年12月参加工作,曾任北京燕化总公司动力厂组织部长,北京市房地产开发经营总公司党委书记、副董事长兼副总经理,本公司董事长。现任天鸿集团董事长兼总经理,党委副书记,海南宝华实业股份有限公司董事长,北京宝晟住房股份有限公司董事长,北京华澳房产有限公司董事长,北京万佳物业管理有限公司董事长,珠海汇晟投资有限公司董事长。

巴峥嵘先生:31岁,大学本科,经济师,本公司副董事长兼总经理。1990年7月参加工作,曾任本公司副总经理。现任北京宝汇房地产开发有限责任公司董事,北京宝威土地开发有限责任公司董事,北京元隆丝绸股份有限公司董事,珠海汇晟投资有限公司董事,北京宝嘉恒房地产开发经营有限责任公司董事。

田占雄先生:49岁,大学专科,注册房地产估价师,本公司董事。1969年5月参加工作,曾任北京市房地产开发经营总公司经营处处长。现任北京天鸿集团公司董事兼常务副总经理,北京市房地产交易中心总经理,北京宝信实业发展公司董事长,北京宝能热力有限责任公司董事长,北京宝轩房地产开发经营有限责任公司董事长。

辛伟民先生:48岁,大学专科,助理经济师,本公司董事。1969年3月参加工作,曾任京华房产有限公司办公室主任,总经理助理,副总经理。现任京华房产有限公司副董事长兼总经理,北京燕侨物业管理有限公司董事长兼总经理,北京燕华物业有限公司董事兼总经理。

戴肇辉先生:33岁,大学本科,助理经济师,本公司董事。1989年7月参加工作。现任海南宝华实业股份有限公司总经理,海南天惠鸿建材有限公司董事长,海南京碧实业发展有限公司董事兼总经理,海南汇祥旅业投资有限公司董事兼总经理,北京华澳房产有限公司董事。

胡瑞深先生:35岁,研究生,硕士,高级工程师,本公司董事。1991年4月参加工作,曾任北京宝瑞房地产开发有限责任公司副总经理、总经理,北京天鸿集团公司副总工程师。现任北京天鸿集团公司总工程师。

李　薇女士:53岁,大学本科,高级政工师,本公司监事会召集人。1968年12月参加工作,曾任北京市房管局机械施工公司党办主任、组织部长,北京市房地产开发经营总公司党办主任、党委副书记兼组织部长。现任北京天鸿集团公司党委书记兼纪委书记、工会主席,北京燕华物业有限公司董事长,北京宝星服务中心总经理。

张　欣先生:55岁,大学专科,高级政工师,本公司监事。1965年9月参加工作。现任北京天鸿集团公司纪委副书记。

梁　桥女士:45岁,中专学历,助理工程师,本公司监事。1974年4月参加工作,曾任职于北京市房地产开发经营总公司经理办公室。现任本公司办公室主任。

宋　洪先生:32岁,大学本科,工程师,本公司副总经理。1991年7月参加工作,曾任本公司工程部经理、总工程师。

陈　斌先生:29岁,硕士,工程师,本公司副总经理。1998年5月参加工作,曾任职于北京宝润房地产开发有限责任公司。

王立新先生:32岁,大学本科,会计师,本公司财务总监。1991年7月参加工作,曾任北京天鸿集团公司财务部副经理。

龚谦炜先生:29岁,大学本科,经济师,本公司董事会秘书。1994年7月参加工作,曾任职于本公司经营部。

2、公司董事、监事和高级管理人员持股情况
公司董事、监事和高级管理人员均未持有本公司股份。

四、股本结构及大股东持股情况

(一)、本公司上市前股本结构:

股份种类	数量(万股)	占总股本比例(%)
1、总股本	10,825	100.00
2、尚未流通股份	6,825	63.05
其中:国有法人股	4,633	42.80
社会法人股	2,192	20.25
3、可流通股份	4,000	36.95
社会公众股份	4,000	36.95

(二)、前十名股东所持股数及比例

股　东	持股数(万股)	持股比例(%)
1、北京天鸿集团公司	3,600	33.26
2、海南宝华实业股份有限公司	1,750	16.17
3、北京市房地产开发经营深圳公司	983	9.08
4、京华房产有限公司	260	2.40
5、北京宝信实业发展公司	132	1.22
6、北京市房屋建筑设计院	50	0.46
7、北京宝华饭店	50	0.46
8、国信证券有限责任公司	43.4	0.40
9、基金景福	41.1	0.38
10、基金泰和	39.3	0.36

利润及利润分配表

编制单位:北京天鸿宝业房地产股份有限公司　　单位:人民币元

项　目	注释	2000年度	1999年度	1998年度	1997年度
一、主营业务收入	19	350,962,221.13	158,057,504.05	74,065,329.34	130,096,061.64
减:折扣与折让					
主营业务收入净额		350,962,221.13	158,057,504.05	74,065,329.34	130,096,061.64
减:主营业务成本	20	220,667,829.94	102,524,021.95	54,587,969.88	108,778,523.58
主营业务税金及附加	21	19,328,439.63	8,775,903.10	4,081,856.53	7,216,346.95
二、主营业务利润		110,955,951.56	46,757,579.00	15,395,502.93	14,101,191.11
加:其他业务利润	22	17,010.00		332,321.85	189,000.00
减:存货跌价损失					
营业费用	23	12,023,514.20	2,584,574.20	3,052,992.62	222,725.00
管理费用		4,389,642.82	2,674,598.48	2,394,511.49	1,882,283.46
财务费用	24	72,689.23	-3,326,666.55	-9,114,332.81	-3,928,130.42
三、营业利润		94,487,115.31	44.825,072.87	19,394,653.48	16,113,313.07
加:投资收益	25	525,000.00	525,000.00	525,000.00	598,000.00
补贴收入					
营业外收入					
减:营业外支出					
四、利润总额		95,012,115.31	45,350,072.87	19,919,653.48	16,711,313.07
减:所得税	26	22,260,501.01	15,127,271.56	6,688,268.60	5,730,149.33
加:财政返还收入			4,832,584.14	5,417,659.10	
五、净利润		72,751,614.31	35,055,385.45	18,649,043.98	10,981,164.03
加:年初未分配利润		92,660,953.94	81,077,525.58	67,811,879.42	68,026,416.64
盈余公积转入数					
六、可供分配的利润		165,412,568.25	116,132,911.03	86,460,923.40	79,007,580.67
减:提取法定公积金		7,275,161.43	3,518,731.26	1,851,711.68	1,098,116.40
提取法定公益金		3,637,580.72	1,759,365.63	925,855.84	549,058.19
七、可供股东分配的利润		154,499,826.10	110,854,814.14	83,683,355.88	77,360,406.08
减:应付优先股股利					
提取任意公积金			1,759,365.63	925,855.84	549,058.19
应付普通股股利		47,775,000.00	16,434,494.57	1,679,974.46	8,999,468.47
转作股本的普通股股利					
八、未分配利润(未弥补亏损用"-"号填列)		106,724,826.10	92,660,953.94	81,077,525.58	67,811,879.42
其中:应由以后年度税前弥补的亏损					

(注:本上市公告书因版面原因为上市公告书部分摘录,需要阅读全文请向相关公司董事会秘书查询。)

江苏宁沪高速公路股份有限公司

二○○一年中期报告摘要

一、公司简介

(一)公司法定中文名称:江苏宁沪高速公路股份有限公司
A股简称:宁沪高速
A股代码:600377
H股简称:江苏宁沪
H股代码:0177
公司法定英文名称:Jiangsu Expressway Company Limited
英文名称缩写:Jiangsu Expressway
(二)公司注册地址:中华人民共和国江苏省南京市石鼓路69号江苏交通大厦
公司办公地址:中华人民共和国江苏省南京市石鼓路69号江苏交通大厦
邮政编码:210004
公司网址:http://www.jsexpressway.com
公司电子信箱:bgs@jsexpressway.com
(三)法定代表人姓名:沈长全
(四)公司董事会秘书:姚永嘉
联系电话:8625－4469332
传真:8625－4466643
电子信箱:bgs@jsexpressway.com
联系地址:中华人民共和国江苏省南京市石鼓路69号江苏交通大厦
证券事务代表:江涛、楼庆、边庆梅
联系电话:8625－4200999－4706、4705
传真:8625－4466643
电子信箱:bgs@jsexpressway.com
(五)公司中报备置地点:上海市浦东南路528号上海证券交易所、香港中环德辅道中199号维德广场2楼香港中央结算(证券登记)有限公司、江苏省南京市石鼓路69号江苏交通大厦公司本部
(六)公司股票上市地:上海证券交易所　香港联合交易所
(七)信息披露媒体:
网站:http://www.sse.com.cn
定期报告刊登报刊:《中国证券报》《上海证券报》《南华早报》、《香港经济日报》
(八)经营范围:高速公路建设和维护管理,按章对通过车辆收费,汽车客货运输;物资储存;石油制品零售(限批准的分支机构经营);设计、制作、发布国内印刷品广告及所属公路的招牌、灯箱、电子显示牌广告;汽车维修;住宿、餐饮、食品(烟限零售)销售(限批准的分支机构经营);技术咨询。百货、纺织品、日用杂品、五金、交电、化工产品(危险品除外)、汽车零配件、摩托车零配件的销售,书报刊的零售、出租(限批准的分支机构经营)。

二、主要财务数据和指标

单位:元

项目	本期数	上期数
净利润	365,836,146.00	265,716,999.00
扣除非经常性损益后的净利润*	284,168,945.00	259,952,002.00
总资产	14,936,901,639.00	14,465,419,112.00
资产负债率(%)	7.47	9.41
股东权益(不含少数股东权益)	13,685,249,610.00	12,756,169,495.00
每股收益	0.073	0.054
报告期末至披露日股份变动后每股收益	0.073	0.054
净资产收益率(%)	2.673	2.083
每股净资产	2.717	2.610
调整后每股净资产	2.717	2.610
报告期末至披露日股本变化后的每股净资产	2.717	2.610
每股经营活动产生的现金流量净额	0.098	0.100

单位:元

项目	2000年末
净利润	691,486,473.00
扣除非经常性损益后的净利润	560,877,979.00
每股收益	0.14
报告期末至披露日股份变动后每股收益	0.14
净资产收益率(%)	5.18

*注:扣除的非经常性损益项目和金额

单位:元

项目	金额
财务费用	1,267,744.00
委托投资损益	2,677,217.00
税收返还	77,350,000.00
营业外收支净额	372,240.00

备注:非经常性损益中的财务费用1,267,744元为本公司A股申购冻结资金利息收入。

境内外报表差异说明:

	净利润	净资产
按中国会计准则	365,836,146	13,685,249,610
按国际会计准则调整:		
回转评估增值资产相应的折旧	15,173,628	(1,641,945,064)
土地使用权按偿债基金法计提	18,654,224	18,654,224
计提递延税款影响	(6,155,894)	(6,155,894)
调整后金额(根据国际会计准则)	393,508,104	12,055,802,876

三、股东情况介绍

(一)、股本变动情况

股本变动情况表

单位:万股

股本结构	期初数	本期配股	本期送股	本期公积金转增股本	增发	本期其他变动	期末数
一、尚未流通股份							
1、发起人股份	338,121.46						338,121.46
国家拥有股份	278,174.36						278,174.36
境内法人持有股份	59,947.10						59,947.10
境外法人持有股份							
其他							
2、募集法人股	28,453.29						28,453.29
3、内部职工股							
4、优先股或其他							
尚未流通股份合计	366,574.75						366,574.75
二、已流通股份							
1、境内上市的人民币普通股	15,000.00						15,000.00
2、境内上市外资股							
3、境外上市外资股	122,200.00						122,200.00
4、其他							
已流通股份合计	137,200.00						137,200.00
三、股份总数	503,774.75						503,774.75

本期股份总数及结构变动情况说明:
报告期内股份总数及结构没有发生变化。
(二)、主要股东持股情况介绍
1、公司主要股东持股情况
2001年6月30日前在册,拥有公司股份前十名股东情况。

名次	股东名称	本期末持股数(股)	本期持股变动增减情况(+-)	持股占总股本比例(%)	持有股份的质押或冻结情况	股份性质
1	江苏交通控股有限公司	2,781,743,600		55.22		国家股
2	华建交通经济开发中心	597,471,000		11.86		国有法人股
3	The Capital Group Companies Inc	154,696,000	－57,516,000	3.07		H股
4	华夏证券有限责任公司	16,660,000		0.33		社会法人股
5	申银万国证券股份有限公司	14,450,000		0.29		社会法人股
6	Winner Glory Development Ltd	12,000,000		0.24		H股
7	江苏鑫苏投资管理公司	8,570,000	－450,000	0.17		社会法人股
8	昆山市土地开发总公司	7,500,000		0.15		社会法人股
9	江苏汇远房地产发展实业公司	6,200,000		0.12		社会法人股
10	华泰证券有限责任公司	4,150,000		0.08		社会法人股

2、十大股东持股相关情况说明:
本公司前十名股东之间不存在关联关系;
报告期内,公司没有收到持股5%以上的法人股东所持股份发生质押、冻结等情况的通知;报告期内,没有发生公司关联方、战略投资者和一般法人因配售新股而成为公司前十名股东的情况。

四、经营情况的回顾与展望

(一)、公司报告期内主要经营情况:
1、公司主营业务的范围及其经营状况:
江苏宁沪高速公路股份有限公司([本公司])于一九九二年八月一日在中华人民共和国江苏省注册成为股份有限公司。本公司于一九九七年六月二十七日在香港发行并上市12.22亿股H股;二零零零年十二月,本公司1.5亿股A股在上海证券交易所成功发行,并于二零零一年一月十六日挂牌上市。国内与香港的两地上市为公司提供了良好的筹资、融资优势,为公司的未来发展创造了更广阔的空间。

截止到二零零一年六月三十日,本公司拥有7个经营项目的经营和管理:沪宁高速公路江苏段([沪宁高速公路])三十年土地使用权及经营权;宁沪二级公路江苏段([宁沪二级公路])十五年土地使用权及经营权;南京至连云港高速公路南京段([宁连公路南京段])三十年收费经营权;江苏广靖锡澄高速公路有限责任公司([广靖锡澄公司])85%的股权;江苏快鹿汽车运输股份有限公司([江苏快鹿公司])33.2%的股权;宜兴宜漕公路有限公司([宜漕公司])49%的股权;江苏扬子大桥股份有限公司([扬子大桥公司])17.83%的股权。

本公司截至二零零一年六月三十日止六个月的总收入约人民币772,194,643元,扣除收入相关税金后收入净值约为人民币735,576,549元,比去年同期增长约11.56%。在本公司总收入中,沪宁高速公路通行费收入约为人民币532,226,338元,占总收入约68.92%;宁沪二级公路通行费收入约为人民币104,643,025元,占总收入约13.55%;宁连公路南京段通行费收入约为人民币22,916,113元,占总收入的2.97%;其他业务收入约为人民币112,409,167元,占总收入的14.56%。本公司投资建设的广靖高速公路、锡澄高速公路投资收益约为人民币39,909,798元。本公司投资的江苏快鹿公司投资收益约为人民币4,105,677元,宜漕公司投资收益约为人民币5,375,125元,其他投资收益约为人民币3,995,848元。经安达信.华强会计师事务所审阅,按中国会计准则,二00一年一至六月本公司税后利润约为人民币365,836,146元,每股盈利约为人民币0.0726元,比上年同期上升37.68%。按国际会计准则除税后溢利约为人民币393,508,000元,每股盈利约为人民币0.0781元,比上年同期上升40.96%。

实现盈利增长的主要原因包括:
1、沪宁高速公路车流量比去年同期增长14.48%;
2、锡澄、广靖高速公路仍处于开通初期的高速增长阶段,交通流量分别比去年同期增长32.40%、54.64%;
3、本公司收到上半年财政返还的退税收入;

4、有效加强了宁沪二级公路的征收、管理;

5、加大了非主业经营的力度,增加了非主业经营收益;

6、加强资金运作,合理调配资金,大大降低了财务费用;

7、节支降耗,使支出控制在年初制定的计划内。

沪宁高速公路

二零零一年上半年,随着中国及江苏经济持续稳定的增长及北京至上海高速公路全线开通的影响,已投入运营第五年的沪宁高速交通量及通行费收入继续保持两位数的增长。

二零零一年一至六月,沪宁高速公路累计通过车辆达1,157万辆,日均达到63,921辆,日均全程交通量约为19,899辆,与二零零零年同期相比增长约14.48%。上半年平均车种构成比例一类车至六类车分别约占45.44%、25.43%、20.73%、7.17%、1.22%及0.18%,与去年同期相比车型结构相对稳定。

二零零一年一至六月沪宁高速公路累计通行费收入约为人民币53,222.6万元,日均收费额约为294.05万元,比二零零零年同期252.70万元增长约16.36%。这表明沪宁高速公路在经济发展的带动下仍保持着较高的增长速度,其作为沪宁区间公路交通主动脉的地位必将为本公司带来理想的投资回报。

宁沪二级公路

针对宁沪二级公路收费车流量逐年下降的情况,本公司于去年年底成立了专门负责宁沪二级公路征收管理等业务的管理机构,采取了一系列措施,加强道路管理和收费稽查力度,积极开展收费工作研究,使宁沪二级公路上半年的营运状况有所改善。

二零零一年一至六月,通过宁沪二级公路收费站日均收费车辆约为40,531辆,较去年同期下降0.83%,但降幅比二零零零年同期减少了2.47个百分点。一至六月,累计通行费收入约人民币10,464.3万元,日均收费额约为人民币57.81万元,较去年同期下降4.01%,降幅比二零零零年同期减少3.07个百分点。

本公司目前正在进行宁沪二级公路收费站点布局调整的研究,以期通过合理调整收费站点的设置,增加收费收入。

宁连公路南京段

二零零一年上半年,由于京沪高速公路全线通车,路网流量重新分配,宁连公路南京段的车流量与收费额呈下降态势,通过该路段的日均收费车辆为8,470辆,比去年同期减少17.5%,一至六月,累计通行费收入约人民币2,291.6万元,日均收费额为12.66万元,比去年同期下降15.95%。

2、对公司利润产生重大影响的其他业务经营活动:

非主营项目

本公司于去年年底成立了专门负责非主营业务开发的经营发展公司(非独立法人,内部核算的分公司),今年是该公司运作的第一年,通过强化管理,广开渠道,合理利用高速公路的优势开展多种形式的经营,一至六月份实现营业收入11,240.9万元,其中广告收入913.2万元,油品收入6,591.1万元,服务区餐饮等收入3,431.7万元,清障收入305万元,分别为去年同期的194%、99%、134%和97.5%。

广靖、锡澄高速公路

江苏广靖高速公路有限责任公司和江苏锡澄高速公路有限责任公司于二零零一年四月十二日合并为江苏广靖锡澄高速公路有限责任公司。随着北京至上海高速公路于去年十二月份的全线通车,京沪高速公路大动脉的拉动效应逐步呈现出来,作为其组成路段的广靖锡澄高速公路的交通流量屡创历史新高,二零零一年一至六月份广靖高速公路日均全程交通量12,353辆,日均收费额约人民币21.06万元,与去年同期相比分别增长54.64%、54.74%;锡澄高速公路日均全程交通量11,222辆,日均收费额约27.69万元,与去年同期增长32.40%、41.35%。本公司预计广靖锡澄高速公路的交通量与收费额的高速成长态势仍将继续保持。

江阴长江公路大桥

经江苏省政府批准,于二零零一年二月份对江阴长江公路大桥的收费标准进行了调整,平均提高约35%,保证了通行费收入的大幅增长,同时,作为京沪高速公路的重要组成部分,交通量继续保持增长,二零零一年上半年日均过桥交通量为14,802辆,日均收费额为人民币63.13万元,分别比去年同期增长9.4%、45.6%,交通量和收费额将继续保持增长势头。

(二)、公司投资情况

1、募集资金的运用和结果(单位:万元)

募集资金的方式	承诺投资项目	承诺运用日期	项目总投资	项目预计收益	实际投资项目	实际投资金额	实际投资日期
A股发行	收购扬子大桥公司381,185,660股股份	2000-12-29	47,267.02	21.13	收购扬子大桥公司381,185,660股股份	47,267.02	2000-12-29

2、尚未使用的募集资金去向:

A股剩余募股资金141,829,782元人民币计划继续用于收购扬子大桥公司不少于46,263,940股股份(占该公司2.17%的股权),使本公司持有扬子大桥公司股份的比例达到20%以上。该项资金现存于中国境内的商业银行。

3、项目进度及收益情况:

扬子大桥公司成立于一九九二年十二月三十一日,总股本为2,137,248,000股,该公司主要负责江阴长江公路大桥及其他交通基础设施的建设、维护管理和经营。江阴长江公路大桥于一九九九年九月二十八日建成通车,其作为京沪高速公路与同江至三亚高速公路的共用段的特殊地位决定了交通流量十分庞大,扬子大桥公司将从蓬勃的交通发展中取得重大利益。此项收购于二零零零年十二月二十九日完成,从二零零一年一月一日起,本公司拥有扬子大桥公司17.83%的股权,成为该公司的第三大股东。

(三)公司财务状况

1、主要会计科目增减变动情况及变动原因:

指标项目	2001年中期(或期末)	2000年中期(或年末)	增减变动+-
总资产	14,936,901,639.00	15,057,227,323.00	-120,325,684.00
应收款项	30,972,251.00	22,653,341.00	8,318,910.00
存货	8,536,288.00	6,755,249.00	1,781,039.00
长期投资	610,238,138.00	612,981,049.00	-2,742,911.00
固定资产	11,653,294,872.00	9,600,623,079.00	2,052,671,793.00
长期负债	267,421,474.00	257,786,383.00	9,635,091.00
股东权益	13,685,249,610.00	13,319,413,464.00	365,836,146.00
主营业务利润	469,451,931.00	424,569,947.00	44,881,984.00
净利润	365,836,146.00	265,716,999.00	100,119,147.00

2、变动幅度超过30%的会计报表项目注释及变动原因:

(1)本公司与往来客户的资金结算一般在财政年度末期进行,因此二零零一年中期应收款项期末金额较期初有较大幅度增长,但与上年同期基本持平。

(2)净利润增长的主要原因为主营业务收入有较大增长,及本公司收到上半年财政返还的退税收入。

(四)、下半年计划:

(1)合理调整宁沪二级公路收费站点布局。通过对宁沪二级公路交通流量的分析,申请对现有的收费站点进行合理调整。

(2)开展投资苏嘉杭高速公路的相关工作。本公司下半年将按照有关收购的法律程序积极开展收购苏嘉杭高速公路的多项工作。

(3)增持扬子大桥公司股份。本公司将继续利用A股募集资金收购扬子大桥公司部分股份,使本公司持有扬子大桥公司的股份达到20%以上。

(4)完成三大系统交工验收。沪宁高速公路收费、通信、监控三大系统工程已经试运行一年,下半年本公司将完成系统的交工验收工作,同时充分利用三大系统硬件平台的优势,进一步开展本公司办公自动化建设,提高办公效率。

(5)完成公司发展战略研究。本公司将积极研究本公司发展战略和方向,重点对本公司定位、近期发展规划、中长期发展战略及规划目标的实施方案进行深入研究,使本公司发展纳入健康、有序、持久的轨道,为本公司的可持续发展奠定坚实的基础。

(6)进一步深化企业内部改革。为配合本公司的长远战略发展,我们将进一步深化改革、规范运作,完善法人治理结构。

五、重要事项

(一)、公司中期拟定的利润分配预案、公积金转增股本预案:

公司中期不分配,也不进行公积金转增股本。

(二)、公司上年度利润分配方案、公积金转增股本方案及其执行情况,报告期内配股方案的实施情况:

本公司在二零零零年度利润分配以二零零零年末股份总数5,037,747,500股为基数,向全体股东每10股派发现金红利人民币0.90元(含税),经二零零零年度股东周年大会审议后通过。本公司董事会根据股东大会授权,已于二零零一年六月九日在《中国证券报》、《上海证券报》、《南华早报》、《香港经济日报》上同时刊登"分红派息"公告,确定六月十四日为股权登记日,六月十五日为除权日,六月二十一日为分红派息日,已实施了上年度利润分配方案。

(三)、报告期内公司重大诉讼、仲裁事项:

报告期内公司没有重大诉讼、仲裁事项发生。

(四)、报告期内公司收购及出售资产、吸收合并事项的简要情况及进程,说明上述事项对公司财务状况和经营成果的影响:

报告期内,公司无收购兼并、资产重组事项。

(五)、报告期内公司重大关联交易事项

报告期内公司无重大关联交易事项.

(六)、上市公司与控股股东在人员、资产、财务上的"三分开"情况说明:

本公司在劳动、人事、及工资管理等方面完全独立于控股股东,本公司总经理、副总经理、董事会秘书等高级管理人员均在本公司领取薪酬,均不在控股股东单位任职。

本公司资产完整,经营性资产由公司自己拥有。

本公司设立了独立的财务部门,并建立了独立的会计核算体系和财务管理制度,在银行拥有独立的帐户。

(七)、其他重大合同及其履行情况:

截至二零零一年六月三十日,本公司正在履行的重大合同包括:

1、本公司先后与有关银行签定的共涉及人民币587,363,768元金额之借款合同(正在履行),其中涉及金额人民币57,363,768元的借款合同,由交通控股公司作为本公司的担保人。其中较为重要的合同是本公司(借款人)与中国银行江苏分行(贷款人或"转贷行")于一九九八年十月十五日在南京签定的转贷协议。其主要内容包括:(1)贷款金额及用途:协议中所指的贷款限用于中国技术进出口总公司就沪宁高速公路项目所需设备和技术与出口商 INDRASCA, S. A. 公司签定的商务合同总价款中外汇部分9,804,269.50美元;(2)贷款期限:根据"国外贷款协议"的规定,本贷款中政府贷款部分的用款期为商务合同生效后的12个月内,首次还款日为二零零七年一月十六日,贷款期限三十年,其中宽限期十年,还款期二十年,分四十次没半年等额偿还一次;买方信贷部分的用款期为商务合同生效后十个月内,首次还款日不得迟于一九九九年七月,贷款期限为七年,分十四次每半年等额偿还一次。

2、本公司一九九九年四月八日与江苏省宁连宁通公路管理处签定的《南京至年连云港公路南京段公路委托营运养护管理合同》(正在履行),该合同的主要内容是:本公司以每年收取宁连公路南京段公路车辆通行费总收入的17%的总价格,委托江苏省宁连宁通公路管理处对宁连公路南京段进行经营及养护的管理。

3、委托理财情况

报告期内,本公司利用暂时闲置资金2.1亿元进行短期委托理财,其中与国通证券有限责任公司签定了1亿元的资产委托管理协议,协议期限从2001年3月19日至2002年3月19日;与苏州市投资公司签定了1.1亿元资产委托管理协议,协议期限2001年5月10日至2002年5月10日。上述委托理财经公司决策层讨论通过。上半年,本公司委托国通证券有限责任公司与苏州市投资公司管理的资金分别取得了3%与1%的收益。

(八)、公司对外担保事项:

截至二零零一年六月三十日,本公司没有为任何股东及关联人事及其他公司进行担保。

(九)、公司或持股5%以上股东对公开披露承诺事项的履行情况:

报告期内公司或持股5%以上股东没有在指定报纸和网站上披露承诺事项。

(十)、其它重大事项:

1、广靖公司、锡澄公司合并事项

为了降低成本、精简机构,提高效率,本公司附属江苏广靖高速公路有限责任公司和江苏锡澄高速公路有限责任公司于2001年4月12日(即合并所组成的江苏广靖锡澄高速公路有限责任公司[广靖锡澄公司]获发营业执照之日)完成合并。本公司在广靖锡澄公司的持股量与公司在广靖公司和锡澄公司的原有持股量(85%)相同,而新公司将持有广靖公司和锡澄公司的资产并承担其所有债务。

2、董事及监事之持股情况

截至二零零一年六月三十日止,本公司的董事、监事、主要高级管理人员及其关联人士概无持有任何本公司及联营公司的注册股本权益的记录。

在该期间,本公司及其联营公司并未作授予董事、监事、主要高级管理人员及其关联人士认购本公司或其联营公司的股份或债券而取得利益的安排。

3、所得税

根据国家财政部于二零零零年十月颁布的"财税[2000]99号"文规定,本年度本公司继续享受先征后返的税收优惠政策,实际税负为15%。

4、出售职工住房

根据国家《关于深化城镇住房制度改革的方案》及江苏省政府《关于江苏省出售公有住房实施细则》等有关文件精神,本公司把现有的职工住房以政府规定的价格出售予本公司职工。根据财政部"财会[2001]5号"文件规定,出售员工住房损失的人民币23,628,000元于本年度调整减少年初未分配利润。

5、报告期内召开董事会、监事会及股东大会情况

董事会

(1)二零零一年二月二十日召开的第三届五次董事会

会议审议通过以下事项:提议沈长全先生、周建强先生、崔小龙先生、朱耀庭先生、陈祥辉先生担任本公司董事;同意章俊元先生、乐家骅先生、徐轶群女士因工作变动原因,张全庚先生因退休原因辞去董事职务;同意于2001年4月9日召开2001年第一次临时股东大会。

(2)二零零一年四月九日召开的第三届六次董事会

会议审议通过以下事项:选举沈长全先生担任本公司董事长。

(3)二零零一年四月十一日召开的第三届七次董事会

会议审议通过以下事项:本公司二000年度的董事会报告书、经审核帐目和核数师报告;继续聘任安达信公司及安达信华强会计师事务所为本公司的核数师;确定二000年末期股利分配方案;批准开展投资苏嘉杭高速公路工作;同意减少宜漕公路出资的方案;同意A股发行后已修改的公司章程。

监事会

(4)二零零一年二月二十日召开的第三届二次监事会

会议审议通过以下事项:提议徐扬先生、杜文毅先生、马宁女士担任本公司监事;同意耿流玉先生、吴赞平先生、邢国强先生因工作变动原因辞去本公司监事职务。

(5)二零零一年三月二十三日召开的第三届三次监事会

本次会议对公司二零零零年度业绩报告进行了认真地审查并通过。

(6)二零零一年四月十一日召开的第三届四次监事会

会议审议通过以下事项:同意本公司二零零零年度的监事会工作报告。

股东大会

(7)二零零一年四月九日召开的二零零一年度第一次临时股东大会

会议审议通过以下事项:同意沈长全先生、周建强先生、崔小龙先生、朱耀庭先生、陈祥辉先生担任本公司董事;同意徐扬先生、杜文毅先生、马宁女士担任本公司监事;追认徐华强先生辞去董事职务;同意章俊元先生、乐家骅先生、徐轶群女士、张全庚先生辞去董事职务;同意耿流玉先生、吴赞平先生、邢国强先生辞去监事职务。

(8)二零零一年六月八日召开的二零零零年度股东周年大会

会议审议通过以下事项:批准二零零零年度董事会报告、监事会报告、经审计帐目和核数师报告;批准继续聘任安达信公司及安达信华强会计师事务所为本公司核数师;批准二零零零年末期股利分配方案为每十股分现金红利0.90元(含税)。

6、更换董、监事事项

本公司于二零零一年四月九日召开了二零零一年度第一次临时股东大会,会议就本公司董事会、监事会成员进行了更换选举。会议选举沈长全先生、周建强先生、崔小龙先生、朱耀庭先生、陈祥辉先生担任本公司董事并签定董事服务合同,同意章俊元先生、乐家骅先生、徐轶群女士因工作变动原因、张全庚先生因退休原因辞去董事职务;选举徐扬先生、杜文毅先生、马宁女士担任本公司监事并签定监事服务合同,同意耿流玉先生、吴赞平先生、邢国强先生因工作变动原因辞去监事职务。

六、财务报告

本公司中期财务会计报告未经审计。

江苏宁沪高速公路股份有限公司2001年中期会计报表(附后)

江苏宁沪高速公路股份有限公司2001年度会计报表附注

(一)、主要编制方法:

1、重要会计政策和会计估计说明:

(1)会计制度

执行中国《企业会计制度》、《企业会计准则》和《合并会计报表暂行规定》及其他有关法规、制度和规定。

(2)会计年度

采用公历制,自一月一日起至十二月三十一日止。

(3)计帐本位币

以人民币为计帐本位币。

(4)计帐基础和计价原则

以权则发生制为计帐基础,以实际成本为计价原则。

(5)合并会计报表的编制方法

本公司直接或间接持有50%以上股权且意图长期持有;及/或本公司控制的公司纳入合并会计报表范围。合并会计报表系按照《合并会计报表暂行规定》采用下列方法编制:

a、母、子公司因采用不同会计制度二产生的差异予以调整;

b、母、子公司及子公司之间重大内部交易调整冲销;

c、投资权益、相互往来及其未实现利润全部冲销。

(6)外币换算

本公司及其子公司之会计帐目及记录以人民币为计帐本位币,人民币不可自由兑换的货币。外币交易均以交易当日的适用汇率换算为人民币。于资产负债表日,以外币计价的非货币性资产和负债则以历史汇率折算。以外币借款建造固定资产于建造期内的汇率变动换算而产生的汇兑差额,乃计入有关在建工程的成本内。以外币计价的货币性资产和负债因交易日以后汇率变动而产生的汇兑损益均作为当年度损益处理。

(7)坏帐核算方法

坏帐的确认标准:

a、因债务人破产或者死亡,以其破产财产或者遗产清偿后,确实不能收回的应收款项;

b、因债务人逾期未履行偿债义务超过三年确实不能收回的应收款项。

(8)存货

存货主要是用于维修及保养高速公路的物料及用于销售的汽油,按实际成本计价,采用先进先出法计算。

(9)长期股权投资

长期股权投资于合并子公司:

长期股权投资于合并子公司是指本公司占被投资公司资本总额比例在50%以上;及拥有决定其财务和经营决策权且准备长期持有的投资。本公司将此长期股权投资于子公司的会计报表中按权益法核算外,并将被投资公司的报表纳入本集团的合并会计报表中。

长期股权投资于联营公司:

联营公司是指合并子公司以外,本公司直接或间接持有其不低于20%且不高于50%的股权,并对其财务及经营决策具有重大影响力的公司。于联营公司的投资按权益法列记。

其他长期股权投资:

其他长期股权投资是指除上述长期股权投资以外,本公司直接或间接持有其低于20%的股权,并对其财务经营决策无重大影响力的公司。其他长期股权投资按成本法列记。

(10)短期投资核算方法

取得短期投资时以取得投资的实际成本入帐;投资收益的确认以投资转让或到期兑付时作为收益的实现,计入当期经营成果。

在期末时对短期投资按成本与市价孰低计量,对市价低于成本的差额,计提短期投资跌价准备。

(11)固定资产及折旧

固定资产是指使用期限超过一年的房屋及建筑物、设施、汽车以及其他与经营有关的设备。不属于经营的主要设备的物品,单位价值在2,000元以上,并且使用期限超过两年的,亦列为固定资产。

固定资产按成本或评估减值累计折旧计价。高速公路及构筑物及公路经营权之折旧按车流量法计提,即特定年度按实际车流量与经营期间的预估总车流量的比例计算年度折旧总额。当实际车流量与预估总车流量产生重大差异时,本公司将予以重新预估总车流量并计提折旧。累计折旧额于经营期满后相等于高速公路及构筑物及公路经营权之总成本值。

除高速公路及构筑物及公路经营权外,其他固定资产之折旧以原值减去3%的估计残值后,在估计可使用年限内按直线法计提。固定资产的估计可使用年限如下:

类别	使用年限	年折旧率(%)
房屋及建筑物	30年	3.2
安全设施	10年	9.7
通讯及监控设施	10年	9.7
收费站及附属设施	8年	12.1
汽车	8年	12.1
其他机器及设备	5-8年	12.1-19.4

期末,对固定资产逐项进行检查,如果固定资产的市价持续下跌或技术陈旧、损坏、长期闲置等原因导致其可回收金额低于帐面价值,则对可收回金额低于帐面价值的部分计提固定资产减值准备,提取时按单个固定资产项目的成本高于其可变现净值的差额确定。

(12)在建工程

在建工程指建造中的高速公路及构筑物和设施,包括在建之建筑及维修设施,以及待安装设备。在建工程乃按成本(包括建筑工程及购置成本,以及建筑、安装及测试设备期间发生之利息费用)入帐。在该等资产开始使用,有关成本将转至固定资产,并按照上述折旧政策计提折旧。

期末对在建工程进行检查,如果存在:a、在建工程长期停建并且预计在未来3年内不重新开工的;b、所建项目无论在性能上,还是在技术上已经落后,并且给企业带来的经济利益具有很大的不确定性;c、其他足以证明在建工程已经发生减值的情形。则对可收回金额低于帐面价值的部分计提在建工程减值准备,提取时按单个在建工程项目的成本高于其可变现净值的差额确定。

(13)无形资产

无形资产包括土地使用权,按成本减累计摊销计价。无形资产的摊销按直线法计提,在受益期内摊销。

期末对无形资产逐项进行检查,如果:a、某项无形资产已被其他新技术等所代替,使其为企业创造经济利益的能力受到重大不利影响;b、某项无形资产的市价在当期大幅下跌,在剩余摊销年限内预期不会恢复;c、某项无形资产已超过法律保护期限,但仍具有部分使用价值;d、其他足以证明某项无形资产已经发生减值的情形。提取时按单个无形资产的帐面价值高于其可变现净值的差额确定。

(14)收入确认

a、主营业务收入

主营业务收入指经营收费公路的通行费收入,于收取时予以确认。

b、其他业务收入

其他业务收入指除通行费收入以外的收入,如加油服务、排障、广告及餐饮等其他业务取得的收入,于完成服务时确认。

c、利息收入

利息收入按银行使用本集团现金的时间及适用利率计算确认。

(15)企业所得税的会计处理方法

本公司及其子公司的企业所得税是根据法定帐目所载的税前利润,增减不须缴纳税或不可扣除的各项收支项目,并考虑所有的税赋优惠后按适用税率计算。

其他税项依照中国政府有关税收法规计提。

递延税项乃根据债务法将所有由时间性差异引致的重大税务影响递延和分配到以后各会计期间。递延税款借款项在被肯定能在以后期间收回之前不确认为资产。

2、会计政策变更及影响:

会计政策的变更影响公司利润总额的金额:-504.00万元

会计政策变更的说明:

本公司原执行《股份有限公司会计制度》,根据财政部财会字[2000]25号文《关于印发〈企业会计制度〉的通知》、财会字[2001]17号文〈关于印发贯彻实施〈企业会计制度〉有关政策衔接问题的规定的通知〉等文件的规定,公司从2001年1月1日起执行新〈企业会计制度〉和〈企业会计准则〉及补充规定,改变以下会计政策:

(1)开办费采取一次性进入当期损益处理;

(2)固定资产按固定资产净值与可收回金额孰低计价,对可收回金额低于帐面价值的差额,计提固定资产减值准备;

(3)在建工程按在建工程帐面价值与可收回金额孰低计价,对可收回金额低于帐面价值的差额,计提在建工程减值准备;

(4)无形资产按无形资产帐面价值与可收回金额孰低计价,对可收回金额低于帐面价值的差额,计提无形资产减值准备。

本公司根据〈企业会计制度〉规定,本年对固定资产计提了减值准备,计提的减值准备全部计入当期损益,调减当期利润总额504万元。

3、会计估计变更及影响:

会计估计的变更影响公司利润总额的金额:-1,865.00万元

会计估计变更的说明:

按《企业会计制度》和《企业会计准则》及补充规定,本公司将无形资产按直线法摊销,采用未来适用法进行会计处理,调减当前利润总额1,865万元。

4、坏帐核算方法:

坏帐损失核算采用备抵法,系按本公司及其子公司年末应收款项余额之2%计提。

(1).应收帐款核算方法:

采用余额百分比法:

计提比例:2.00%

(2).其他应收款核算方法:

采用余额百分比法:

计提比例:2.00%

(二)、合并报表范围:

1、合并报表范围发生变化的内容、理由:

于本报告期内,原合并子公司,江苏广靖高速公路有限责任公司被另一合并子公司江苏锡澄高速公路有限责任公司吸收合并,成立江苏广靖锡澄高速公路有限责任公司

(三)、收入情况:

项目	本期确认的收入金额(元)
沪宁高速公路通行费收入	532,226,338.00
宁沪二级公路通行费收入	104,643,025.00
宁连公路通行费收入	22,916,113.00
广靖锡澄高速公路通行费收入	86,123,115.00
	745,908,591.00

(四)、所得税的会计处理方法:

1、本公司及其子公司须遵照中国法律及法规编制审计帐目,并按应课税所得的33%缴纳企业所得税。

本公司

根据江苏省财政厅一九九七年四月八日发出的通知(苏财工[1997]第48号),本公司经营沪宁高速公路的所得,可获得数额相等于应课税所得的18%之财政返还。并根据上述文件,本公司经营宁沪二级公路的所得,可获得数额相等于应课税所得的33%之财政返还。

广靖公司、锡澄公司

根据江苏省财政厅一九九七年四月二十四日发出的通知(苏财工[1997]第65号),广靖公司及锡澄公司可获得数额相等于其应课税所得的18%之财政返还。

根据国家财政部税务总局财税字(94)001号文,并经江苏省地方税务局确认,广靖公司及锡澄公司二零零零年度免征所得税,二零零一年度减半缴纳所得税。

2、财政部于二零零零年十月颁布财税[2000]99号文,规定先按33%的法定税率征收再返还18%、实征15%的优惠政策将保留到二零零一年十二月三十一日。

根据财政部二零零零年七月颁布的财会[2000]3号文的规定,对所得税先征后返,应当在实际收到返还的所得税时,冲减收到当年度的所得税费用。

(五)、会计报表主要项目注释:(金额单位:人民币元)

注1、短期投资

项目	期初余额(元)	本期增加数(元)	本期减少数(元)	期末余额(元)
一、股权投资合计				
其中:股票投资				
二、债券投资				
其中:国债投资				
其他债券				
三、其他投资		210,000,000.00		210,000,000.00
合计		210,000,000.00		210,000,000.00

短期投资为资产委托管理,根据资产管理协议,本公司委托苏州市投资公司及国通证券有限责任公司进行资金的投资运作。

注2、应收帐款

*合并会计报表附注

帐龄	期初金额	期初比例(%)	期初坏帐准备	期末金额	期末比例(%)	期末坏帐准备
1年以内	5,942,370.00	75.68	118,848.00	8,246,250.00	84.52	119,963.00
1-2年	1,909,856.00	24.32	38,197.00	1,510,259.00	15.48	30,205.00
2-3年						
3年以上						
其中:应收持股5%以上股份股东的金额						
合计	7,852,226.00	100.00	157,045.00	9,756,509.00	100.00	150,168.00

＊母公司会计报表附注

帐龄	期初金额	期初比例(%)	期初坏帐准备	期末金额	期末比例(%)	期末坏帐准备
1年以内	5,942,370.00	75.68	118,848.00	5,998,157.00	79.89	119,963.00
1-2年	1,909,856.00	24.32	38,197.00	1,510,259.00	20.11	30,205.00
2-3年						
3年以上						
其中:应收持股5%以上股份股东的金额						
合计	7,852,226.00	100.00	157,045.00	7,508,416.00	100.00	150,168.00

注3、其他应收款

帐龄	期初金额	期初比例(%)	期初坏帐准备(元	期末金额	期末比例(%)	期末坏帐准备(元)
1年以内	13,768,179.00	90.38	246,774.00	22,017,916.00	100.00	652,006.00
1-2年	1,466,077.00	9.62	29,322.00			
2-3年						
3年以上						
其中:应收持股5%以上股份股东的金额						
合计	15,234,256.00	100.00	276,096.00	22,017,916.00	100.00	652,006.00

注4、存货及存货跌价准备

项目	期初金额	期初跌价准备	期末金额	期末跌价准备
物料及汽油	6,755,249.00		8,536,288.00	
合计	6,755,249.00		8,536,288.00	

注5、长期股权投资

＊合并会计报表附注

其他股权投资

被投资公司名称	投资期限	投资金额(元)	持股比例%	本期权益增减额(元)	累计权益增减额(元)	减值准备(元)	备注
快鹿公司	长期	49,899,600.00	33.20	522,421.00	7,748,174.00		
扬子大桥公司	长期	472,670,218.00	17.83				

股权投资差额

被投资公司名称	初始金额	形成原因	摊销期限(年)	本期摊销额	摊余金额
快鹿公司	-5,190,865.00	获得权益大于投资成本	10年	259,543.00	-4,671,779.00

＊母公司会计报表附注

其他股权投资

被投资公公司名称	投资期限	投资金额(元)	持股比例%	本期权益增减额(元)	累计权益增减额(元)	减值准备(元)	备注
快鹿公司	长期	49,899,600.00	33.20	522,421.00	7,748,174.00		
扬子大桥公司	长期	472,670,218.00	17.83				
广靖锡澄公司	长期	1,999,870,677.00	85.00	39,909,799.00	104,196,954.00		

股权投资差额

被投资公司名称	初始金额	形成原因	摊销期限(年)	本期摊销额	摊余金额
快鹿公司	-5,190,865.00	获得权益大于投资成本	10年	259,543.00	-4,671,779.00

注6、股本

见股本变动情况表。

注7、其他业务利润

类别	收入	成本	利润
加油服务	75,558,952.00	70,688,313.00	4,870,639.00
排障、清障	3,437,988.00	3,979,461.00	-541,473.00
广告	9,131,559.00	1,988,964.00	7,142,595.00
餐饮	20,511,737.00	16,015,606.00	4,496,131.00
商品零售	9,896,806.00	7,662,510.00	2,234,296.00
其他	3,908,278.00	4,953,987.00	-1,045,711.00
合计	122,445,320.00	105,288,841.00	17,156,479.00
合计	244,890,640.00	210,577,682.00	34,312,956.00

注8、财务费用

类别	本期发生数	上年同期发生数
利息支出	8,541,785.00	24,116,548.00
减:利息收入	10,853,914.00	5,344,985.00
汇兑损失		
减:汇兑收益		21,242.00
其他		
合计	-2,312,129.00	18,750,321.00

注9、投资收益

＊合并会计报表附注

项目	本期金额	上年同期金额
股票投资收益		
债权投资收益		
非控股公司分配来的利润		
年末调整的被投资公司所有者权益净增减额(+-)	4,105,677.00	1,773,362.00
其他	9,370,972.00	12,428,398.00
合计	13,476,649.00	14,201,760.00

＊母公司会计报表附注

项目	本期金额	上年同期金额
股票投资收益		
债权投资收益		
非控股公司分配来的利润		
年末调整的被投资公司所有者权益净增减额(+-)	44,015,476.00	32,934,876.00
其他	9,370,972.00	12,428,398.00
合计	53,386,448.00	45,363,274.00

(六)、关联方关系及其交易的披露

1. 存在控制关系的关联方情况:

(1)存在控制关系的关联方:

企业名称	注册地址	主营业务	关联方关系性质	经济性质或类型	法定代表人
江苏交通控股有限公司	江苏省南京市	筹措、管理及投资经营性交通建设项目	母公司	全民所有制	沈长全

(2)存在控制关系的关联方的注册资本及其变化:　　(单位:万元)

企业名称	期初数	本期增加数	本期减少数	期末数
江苏交通控股有限公司	118,910,000.00			118,910,000.00
合计	118,910,000.00			118,910,000.00

(3)存在控制关系的关联方所持股份或权益及其变化:　　(单位:元)

企业名称	期初金额	期初百分比%	本期增加数	本期减少数	期末金额	期末百分比%
江苏交通控股有限公司	2,781,743,600.00	55.22			2,781,743,600.00	55.22
合计	2,781,743,600.00	55.22			2,781,743,600.00	55.22

2. 不存在控制关系的关联方情况:

企业名称	关联方关系性质
江苏省交通厅	本公司之前最终控股股东
江苏省宁连宁通公路管理处(“宁连管理处”)	江苏省交通厅之下属机构

江苏宁沪高速公路股份有限公司

2001年8月21日

资　产　负　债　表

年度:2001年6月30

编制:江苏宁沪高速公路股份有限公司　　　　单位:人民币元

资　产	注释	合并本期期初	合并本期期末	母公司本期期初	母公司本期期末
流动资产:					
货币资金		970,993,022.00	740,592,406.00	861,995,435.00	633,024,086.00
短期投资	注1		210,000,000.00		210,000,000.00
应收票据					
应收股利		11,516,800.00	5,375,125.00	11,516,800.00	5,375,125.00
应收利息		4,498,170.00	10,664,699.00	4,498,170.00	10,664,699.00
应收帐款	注2	7,695,181.00	9,606,341.00	7,419,085.00	7,358,248.00
其他应收款	注3	14,958,160.00	21,365,910.00	13,804,835.00	21,241,167.00
预付帐款		3,720,036.00	61,241,056.00	3,390,352.00	4,538,797.00
应收补帖款					
存货	注4	6,755,249.00	8,536,288.00	6,696,949.00	8,522,955.00
待摊费用					
一年内到期的长期债权资					
其他流动资产					
流动资产合计		1,020,136,618.00	1,067,381,825.00	909,321,626.00	900,725,077.00
长期投资:					
长期股权投资	注5	524,864,249.00	525,646,213.00	2,589,022,078.00	2,629,713,841.00
长期债权投资					
其他长期投资		88,116,800.00	84,591,925.00	88,116,800.00	84,591,925.00
长期投资合计		612,981,049.00	610,238,138.00	2,667,138,878.00	2,714,305,766.00
其中:合并价差					
固定资产:					
固定资产原价		10,317,985,917.00	12,710,714,854.00	7,815,378,915.00	10,207,407,600.00
减:累计折旧		780,496,973.00	1,100,513,312.00	745,355,156.00	1,050,032,858.00
固定资产净额		9,537,488,944.00	11,610,201,542.00	7,070,043,759.00	9,157,374,742.00
工程物资					
在建工程		63,152,036.00	43,106,781.00	61,455,313.00	40,574,916.00
固定资产清理		-17,901.00	-13,451.00	-17,901.00	-13,451.00
固定资产合计		9,600,623,079.00	11,653,294,872.00	7,131,481,171.00	9,197,936,207.00
无形资产及其他资产					
无形资产		3,819,273,317.00	1,605,986,804.00	3,819,273,317.00	1,605,986,804.00
长期待摊费用		4,213,260.00		3,949,152.00	
其他长期资产					
无形资产及其它资产合计		3,823,486,577.00	1,605,986,804.00	3,823,222,469.00	1,605,986,804.00
递延税项:					
递延税款借项					
资产总计		15,057,277,323.00	14,936,901,639.00	14,541,164,144.00	14,418,953,854.00
负债和所有者权益:					
流动负债:					
短期借款		580,000,000.00	530,000,000.00	580,000,000.00	530,000,000.00
应付票据					
应付帐款		167,030,903.00	159,691,191.00	15,909,331.00	8,592,004.00
预收帐款					
应付工资		12,401,834.00	13,256,352.00	12,401,834.00	13,101,000.00
应付福利费		6,620,233.00	8,137,821.00	5,939,466.00	7,039,469.00
应付股利		475,792,338.00	15,788,921.00	466,398,235.00	15,788,921.00
应交税金		31,498,528.00	20,814,708.00	30,817,000.00	15,256,816.00
其他应交款					
其他应付款		73,795,935.00	95,605,675.00	63,561,413.00	86,562,266.00
预提费用					
预计负债					
一年内到期的长期负债					
其他流动负债		3,437,017.00	4,442,293.00	3,437,017.00	4,442,293.00
流动负债合计		1,350,576,788.00	847,736,961.00	1,178,464,296.00	680,782,769.00
长期负债:					
长期借款		43,286,384.00	52,921,475.00	43,286,384.00	52,921,475.00
应付债券					
长期应付款		214,499,999.00	214,499,999.00		
专项应付款					
其他长期负债					
长期负债合计		257,786,383.00	267,421,474.00	43,286,384.00	52,921,475.00
递延税项:					
递延税款贷项					
负债合计		1,608,363,171.00	1,115,158,435.00	1,221,750,680.00	733,704,244.00
少数股东权益		129,450,688.00	136,493,594.00		
股东权益:					
股本	注6	5,037,747,500.00	5,037,747,500.00	5,037,747,500.00	5,037,747,500.00
减:已归还投资					
股本净额		5,037,747,500.00	5,037,747,500.00	5,037,717,500.00	5,037,747,500.00
资本公积		7,484,538,998.00	7,484,538,998.00	7,484,538,998.00	7,484,538,998.00
盈余公积		334,596,559.00	334,596,559.00	323,542,663.00	323,542,663.00
其中:法定公益金		111,532,186.00	111,532,186.00	107,847,554.00	107,847,554.00
未分配利润		462,530,407.00	828,366,553.00	473,584,303.00	839,420,449.00
外币报表折算差额					
其他权益					
股东权益合计		13,319,413,464.00	13,685,249,610.00	13,319,413,464.00	13,685,249,610.00
负债和股东权益合计		15,057,227,323.00	14,936,901,639.00	14,541,164,144.00	14,418,953,854.00

利润及利润分配表

年度:2001 年 1 至 6 月

编制:江苏宁沪高速公路股份有限公司　　单位:人民币元

	注释	合并上年同期	合并本期	合并上年累计	母公司上年同期	母公司本期	母公司上年累计
一、主营业务收入		657,083,786.00	745,908,591.00	1,381,696,175.00	596,665,537.00	659,785,476.00	1,247,444,169.00
减:主营业务成本		196,032,984.00	235,058,803.00	423,206,347.00	176,477,497.00	210,241,504.00	375,223,201.00
主营业务税金及附加		36,480,855.00	41,397,857.00	76,684,512.00	33,127,641.00	36,618,094.00	69,233,536.00
二、主营业务利润		424,569,947.00	469,451,931.00	881,805,316.00	387,060,399.00	412,925,878.00	802,987,432.00
加:其他业务利润	注 7	8,546,581.00	17,156,479.00	25,763,424.00	8,399,843.00	16,671,654.00	25,424,383.00
减:营业费用							
管理费用		40,796,271.00	72,349,710.00	84,407,349.00	39,344,693.00	70,296,361.00	80,217,351.00
财务费用	注 8	18,750,321.00	−2,312,129.00	31,991,115.00	18,939,109.00	−1,726,441.00	32,574,258.00
三、营业利润		373,569,936.00	416,570,829.00	791,170,276.00	337,176,440.00	361,027,612.00	715,620,206.00
加:投资收益	注 9	14,201,760.00	13,476,649.00	34,181,529.00	45,363,274.00	53,386,448.00	96,808,887.00
补贴收入							
营业外收入		3,144,232.00	4,102,755.00	9,414,326.00	2,885,813.00	3,367,768.00	9,414,326.00
减:营业外支出		1,209,759.00	3,547,173.00	6,501,350.00	1,148,759.00	3,544,343.00	4,504,881.00
四、利润总额		389,706,169.00	430,603,060.00	828,264,781.00	384,276,768.00	414,237,485.00	817,338,538.00
减:所得税		118,490,079.00	57,724,008.00	125,726,422.00	118,490,079.00	48,401,339.00	125,726,422.00
少数股东损益		5,499,091.00	7,042,906.00	11,051,886.00			
五、净利润		265,716,999.00	365,836,146.00	691,486,473.00	265,786,689.00	365,836,146.00	691,612,116.00
加:年初未分配利润		337,284,225.00	462,530,407.00	337,284,225.00	339,111,279.00	473,584,303.00	339,111,279.00
其他转入							
六、可供分配的利润		603,001,224.00	828,366,553.00	1,028,770,698.00	604,897,968.00	839,420,449.00	1,030,723,395.00
减:提取法定盈余公积				75,228,679.00			69,161,212.00
提取法定公益金				37,614,337.00			34,580,605.00
提取职工奖励及福利基金							
提取储备基金							
提取企业发展基金							
利润归还投资							
七、可供投资者分配的利润		603,001,224.00	828,366,553.00	915,927,682.00	604,897,968.00	839,420,449.00	926,981,578.00
减:应付优先股股利							
提取任意盈余公积							
应付普遍股股利				453,397,275.00			453,397,275.00
转作股本的普通股股利							
弥补累计亏损							
八、未分配利润		603,001,224.00	828,366,553.00	462,530,407.00	604,897,968.00	839,420,449.00	473,584,303.00

资产负债附表 1:资产减值准备明细表

项　目	期初余额	本期增加数	本期转回数	期末余额
一、坏帐准备合计	433,141.00	375,910.00	−6,877.00	802.174.00
其中:应收帐款	157,045.00		−6,877.00	150,168.00
其他应收款	276,096.00	375,910.00		652,006.00
二、短期投资跌价准备合计				
其中:股票投资				
债券投资				
三、存货跌价准备合计				
其中:库存商品				
原材料				
四、长期投资减值准备合计				
其中:长期股权投资				
长期债权投资				
五、固定资产减值准备合计		5,040,000.00		5,040,000.00
其中:房屋、建筑物				
机器设备		5,040,000.00		5,040,000.00
六、无形资产减值准备				
其中:专利权				
商标权				
七、在建工程减值准备				
八、委托贷款减值准备				

资产负债表附表 2:股东权益增减变动表

项目	本期数	上期数
一、实收资本(或股本):		
期初余额	5,037,747,500.00	4,887,747,500.00
本期增加数		
其中:资本公积转入		
盈余公积转入		
利润公配转入		
新增资本(或股本)		150,000,000.00
本期减少数		
期末余额	5,037,747,500.00	5,037,747,500.00
二、资本公积:		
期初余额	7,484,538,998.00	7,020,038,998.00
本期增加数		
其中:资本(或股本)溢价		464,500,000.00
接受损赠非现金资产准备		
接受现金捐赠		
股权投资准备		
拨款转入		
外币资本折算差额		
资本评估增值准备		
其他资本公积		
本期减少数		
其中转增资本(或股本)		
其末余额	7,484,528,998.00	7,484,538,998.00
三、法定和任意盈余公积:		
期初余额	223,064,373.00	147,835,694.00
本期增加数		75,228,679.00
其中:从净利润中提取数		75,228,679.00
其中:法定盈余公积		75,228,679.00
任意盈余公积		
储备基金		
企业发展基金		
法定公益金转入数		
本期减少数		
其中:弥补亏损		
转增资本(或股本)		
分派现金股利或利润		
分派股票股利		
期末余额		
其中:法定盈余公积	223,064,373.00	223,064,373.00
储备基金	223,064,373.00	223,064,373.00
企业发展基金		
四、法定公益金		
期初余额	111,532,186.00	73,917,849.00
本期增加数		37,614,337.00
其中:从净利润中提取数		37,615,337.00
本期减少数		
其中:集体福利支出		
期末余额	111,532,186.00	111,532,186.00
五、未分配利润:		
期初未分配利润	462,530,407.00	337,284,225.00
本期净利润	365,836,146.00	691,486,473.00
本期利润分配		−566,240,291.00
期末未分配利润	828,366,553.00	462,530,407.00

现　金　流　量　表

年度:2001 年 1 至 6 月

编制:江苏宁沪高速公路股份有限公司　　单位:人民币元

项　目	注释	合并报表	母公司报表
一、经营活动产生的现金流量:			
销售商品、提供劳务收到的现金		872,046,858.00	777,859,588.00
收到的税费返还		77,350,000.00	77,350,000.00
收到的其他与经营活动有关的现金		4,102,755.00	3,367,768.00
现金流入小计		953,499,613.00	858,577,356.00
购买商品、接受劳务支付的现金		132,563,248.00	120,331,370.00
支付给职工以及为职工支付的现金		39,784,661.00	36,829,882.00
支付的各项税费		191,919,341.00	181,204,627.00
支付的其他与经营活动有关的现金		95,838,302.00	35,754,343.00
现金流出小计		460,105,552.00	374,120,222.00
经营活动产生的现金流量金额		493,394,061.00	484,457,134.00
二、投资活动产生的现金流量:			
收回投资所收到的现金		6,283,200.00	6,283,200.00
取得投资收益所收到的现金		18,836,360.00	18,836,360.00
处置固定资产、无形资产和其他长期资产所收回的现金净额			
收到的其他与投资活动有关的现金		4,687,385.00	4,101,697.00
现金流入小计		29,806,945.00	29,221,257.00
购建固定资产、无形资产和其他长期资产所支付的现金		34,483,294.00	32,925,515.00
投资所支付的现金		210,000,000.00	210,000,000.00
支付其他与投资活动有关的现金			
现金流出小计		244,483,294.00	242,925,515.00
投资活动产生的现金流量净额		-214,676,349.00	-213,704,258.00
三、筹资活动产生的现金流量:			
吸收投资所收到的现金			
借款所收到的现金		12,861,511.00	12,861,511.00
收到的其他与筹资活动有关的现金			
现金流入小计		12,861,511.00	12,861,511.00
偿还债务所支付的现金		52,221,144.00	52,221,144.00
分配股利、利润或偿付利息所支付的现金		469,758,695.00	460,364,592.00
支付的其它与筹资活动有关的现金			
现金流出小计		521,979,839.00	512,585,736.00
筹资活动产生的现金流量净额		-509,118,328.00	-499,724,225.00
四、汇率变动对现金的影响			
五、现金及现金等价物净增加额		-230,400,616.00	-228,971,349.00
补充资料:			
1.将净利润调节为经营活动的现金流量:			
净利润		365,836,146.00	365,836,146.00
加:少数股东损益		7,042,906.00	
计提的资产减值准备		5,409,033.00	5,409,033.00
固定资产折旧		144,265,598.00	128,946,961.00
无形资产摊销		31,230,395.00	31,230,395.00
长期待摊费用摊销		4,472,803.00	4,208,695.00
待摊费用减少(减:增加)			
预提费用增加(减:减少)			
处置固定资产、无形资产和其他长期资产损失(减:收益)			
固定资产报废损失		346,122.00	346,122.00
财务费用		−2,312,129.00	−1,726,441.00
投资损失(减:收益)		−13,476,649.00	−53,386,448.00
递延税款贷项(减:借项)			
存货的减少(减:增加)		−1,781,039.00	−1,826,006.00
经营性应收项目的减少(减:增加)		−61,137,151.00	−3,821,161.00
经营性应收项目的增加(减:减少)		13,498,026.00	9,239,838.00
其他			
经营活动产生的现金流量净额		493,394,061.00	484,457,134.00
2.不涉及现金收支的投资和筹资活动;			
债务转为资本			
一年内到期的可转换公司债券			
融资租入固定资产			
3.现金及现金等价物净增加情况;			
现金的期末余额		740,592,406.00	633,024,086.00
减:现金的期初余额		970,993,022.00	861,995,435.00
现金等价物的期末余额			
减:现金等价物的期初余额			
现金及现金等价物的净增加额		-230,400,616.00	-228,971,349.00

四川天一科技股份有限公司

二○○○年年度报告摘选

一、公司简介

1、公司中文名称：四川天一科技股份有限公司

英文名称：SICHUAN TIANYI SCIENCE & TECHNOLOGY CO.,LTD.

英文缩写：CTYC

2、公司法定代表人：冯孝庭

3、公司董事会秘书：杨重谊

联系电话：028－5964616 转 3006、3168

电子信箱：yzy@tianke.com

传真：028－5881997

传呼：028－95815 传 28556

4、公司注册地址：成都高新区高朋大道 5 号成都高新区技术创新服务中心

公司网址：//www.tianke.com

电子信箱：ccty@mail.sc.cninfo.net

5、公司信息披露报纸：《上海证券报》、《中国证券报》

登载公司年度报告的国际互联网网址：//www.sse.com.cn

公司年度报告备置地：公司证券部

6、公司股票上市地：上海证券交易所

股票简称：天科股份　　股票代码：600378

二、会计数据和业务数据摘要

1、公司本年度会计和业务数据摘要

项目	金额(元)
利润总额	24,097,761.90
净利润	24,097,761.90
扣除非经常性损益后的净利润	20,974,819.13
主营业务利润	35,824,733.29
其他业务利润	1,148,364.67
营业利润	21,043,954.72
投资收益	－63,650.59
补贴收入	
营业外收支净额	3,117,457.77
经营活动产生的现金流量净额	1,898,042.19
现金及现金等价物净增加额	281,255,383.20

2、公司近三年主要会计数据和财务指标(单位：元)

项目	2000 年度	1999 年度	1998 年度
主营业务收入	138,653,147.05	128,380,557.49	92,912,128.79
净利润	24,097,761.90	20,585,738.20	18,642,933.72
总资产	493,258,268.02	185,440,877.72	146,786,943.37
股东权益	399,741,631.79	111,028,060.62	74,031,096.82
每股收益	0.21	0.29	0.26
扣除非经常性损益后的每股收益	0.18	0.29	0.26
每股净资产	3.45	1.57	1.05
调整后的每股净资产	3.44	1.56	1.05
每股经营活动产生的现金流量净额	0.02	－	－
净资产收益率(％)	6.03	18.54	25.18

3、按中国证监会《公开发行证券公司信息披露编报规则》第 9 号通知精神计算的净资产收益率和每股收益：

项目	净资产收益率(％)		每股收益(元)	
	全面摊薄	加权平均	全面摊薄	加权平均
主营业务利润	8.96	29.11	0.31	0.51
营业利润	5.27	17.10	0.18	0.30
净利润	6.03	19.58	0.21	0.34
扣除非经常性损溢后的净利润	5.35	17.36	0.18	0.30

三、股本变动及股东情况

1、股本变动情况

(1)公司股份变动情况表(数量单位：股)

项目	年初数	本次变动增减(＋、－)					年末数
		配股	送股	公积金转股	其他	小计	
一、未上市流通股份							
1、发起人股份	70,723,900.00	--	--	--		--	70,723,900.00
其中：国家持有股份	64,288,900.00	--	--	--		--	64.288,900.00
境内法人持有股份	6,435,000.00	--	--	--		--	6,435,000.00
境外法人持有股份	--	--	--	--	--	--	--
其他	--	--	--	--	--	--	--
2、募集社会公众股	--	--	--	--	45,000,000.00	45,000,000.00	45,000,000.00
3、募集法人股	--	--	--	--	--	--	--
4、内部职工股	--	--		--	--	----	
5、优先股或其他	--	--	--	--	--	--	--
其中：转配股	--	--	--	--	--	--	--
未上市流通股份合计	70,723,900.00		--	--	45,000,000.00	45,000,000.00	115,723,900.00
二、已上市流通股份							
1、人民币普通股	--	--	--	--	--	--	--
2、境内上市的外资股	--	--	--	--		--	--
3、境外上市的外资股	--	--	--	--	--	--	--
4、其他	--	--	--	--	--	--	--
已上市流通股份合计	--	--	--	--	--	--	--
三、股份总数	70,723,900.00	--	--	--	45,000,000.00	45,000,000.00	115,723,900.00

广东明珠球阀集团股份有限公司

二○○○年年度报告摘选

一、公司简介

1、公司的法定中文名称：广东明珠球阀集团股份有限公司

英文名称：Guangdong Mingzhu Ball Valve Group Co.,Ltd.

缩写：gdmzh

2、公司法定代表人：张坚力

公司董事会秘书：李新梓

董事会证券事务代表：欧阳王景

3、联系地址：广东省兴宁市兴城镇赤巷口

联系电话：0753－3338549

传真：0753－3335802

电子邮件信箱：lxz@jxa.szptt.net.cn

4、公司注册地址、办公地址：广东省兴宁市兴城镇赤巷口

邮政编码：514500

公司国际互联网网址：http://www.gdmzh.com

电子邮件信箱：gdmzh@jxa.szptt.net.cn

5、公司选定的信息披露报纸名称：《中国证券报》

登载公司年度报告的中国证监会指定国际互联网网址：http://www.sse.com.cn

年度报告备置地点：广东省兴宁市兴城镇赤巷口本公司证券部

6、公司股票上市交易所：上海证券交易所

股票简称：广东明珠

股票代码：600382

二、会计数据和业务数据摘要

1、公司本年度实现的利润指标情况：(单位：元)

项目	金额
利润总额	37,963,787.88
净利润	23,407,532.14
扣除非经常性损益后的净利润	23,273,532.14
主营业务利润	62,698,083.41
其他业务利润	2,368,949.84
营业利润	37,757,532.77
投资收益	77,987.90
补贴收入	200,000.00
营业外收支净额	－71,732.79
经营活动产生的现金流量净额	103,102,240.97
现金及现金等价物净增加额	85,128,569.40

2、前三年主要会计数据和财务指标：

项目	2000 年	1999 年	1998 年
主营业务收入	343,256,457.28	322,923,792.37	129,375,303.31
净利润	23,407,532.14	20,539,975.56	15,437,630.53
总资产	410,453,993.57	385,605,643.02	436,177,869.85
股东权益	165,100,078.67	165,273,061.93	268,033,086.37
每股收益	0.21	0.10	0.08
每股净资产(元/股)	1.49	1.49	1.33
调整后每股净资产(元/股)	1.46	1.41	1.30
每股经营活动产生现金流量净额(元/股)	0.93	0.14	－0.11
净资产收益率	14.18	12.43	5.76

3、新增财务指标：

项目	净资产收益率％		每股收益(元)	
	全面摊薄	加权平均	全面摊薄	加权平均
主营业务利润	37.98	35.43	0.57	0.57
营业利润	22.87	21.33	0.34	0.34
净利润	14.18	13.23	0.21	0.21
扣除非经常性损益后的净利润	14.18	13.23	0.21	0.21

4、本年度股东权益变动情况：

项目	股本	资本公积	法定盈余公积	法定公益金	未分配利润	股东权益
期初数	110,873,300.00	－	6,876,925.59	5,376,333.42	42,146,502.92	165,273,061.93
本期增加数	－	－	2,340,753.22	1,170,376.61	23,407,532.14	26,918,661.97
本期减少数	－	－	－	－	27,091,645.23	27,091,645.23
期末数	110,873,300.00	－	9,217,678.81	6,546,710.03	38,462,389.83	165,100,078.67
变动原因	无变动		当年提取	当年提取	留存利润	

三、股东情况

(1)报告期末股东总数 9 户。

(2)本公司前十名股东情况

股东名称	年末持股数(万股)	占总股本的比例
深圳市金信安投资有限公司	5267.70	47.51
兴宁市国资局	2405.31	21.69
兴宁市友谊投资发展有限公司	2119.52	19.12
兴宁市东联投资有限公司	1195.10	10.78
宁波不锈钢标准件厂	30.00	0.27
兴宁市投资发展总公司	24.70	0.22
上海群力铸锻厂曹行分厂	20.00	0.18
温州市瓯海燎原机械紧固件厂	20.00	0.18
浙江永嘉瓯北气动配套阀门厂	5.00	0.05
合计	11087.33	100

陕西宝光真空电器股份有限公司

股票上市公告书(部分)摘录

一、概览

股票简称:宝光股份
股票代码:600379
总股本:158,000,000股
可流通股本:50,000,000股
本次上市流通股本:50,000,000股
上市地点:上海证券交易所
上市时间:2002年1月16日
股票登记机构:中国证券登记结算有限责任公司上海分公司
上市推荐人:国泰君安证券股份有限公司

二、发行人概况

(一)发行人的基本情况
公司名称:陕西宝光真空电器股份有限公司
英文名称:Shaanxi Baoguang Vacuum Electronic Apparatus Co. Ltd.
注册资本:15,800万元
法定代表人:杨宝立
设立日期:1997年12月30日
注册地址:陕西省宝鸡市高新技术开发区英达路五号
邮政编码:710006
经营范围:高、中、低压真空电力电器,无线电元器件、器材、材料,高新元件、弹性元件的研制、生产、批发、零售及服务;机械加工等。
主营业务:主要从事高、中、低压真空灭弧室、真空断路器、真空开关柜等产品的研制、生产、销售及服务。
所属行业:电工电器
联系电话:0917－6788528
传　　真:0917－6788528
互联网网址:www.baoguang.com.cn
电子信箱:office@baoguang.com.cn
董事会秘书:金宝长

三、董事、监事、高级管理人员及核心技术人员

(一)董事会成员

董事长:杨宝立,男,54岁,大学本科学历,中共党员,高级经济师,1969年参加工作。曾任陕西宝光电工总厂技术员、例行试验室主任、生产科科长、副厂长。

副董事长:詹治林,男,56岁,大专学历,高级会计师,1966年在北京电子管厂参加工作,1970年支持三线到陕西宝光电工总厂,先后任财务科副科长、科长、副总会计师。现兼任宝光集团总会计师。

董事:李明鑫,男,50岁,大学学历,中共党员,高级工程师,1968年参加工作。曾任陕西宝光电工总厂技术员、车间主任、西安光辉真空电器厂副厂长,宝光电工总厂销售二处处长、副厂长、宝光集团副董事长,现兼任本公司总经理。

董事:孙学成,男,55岁,本科学历,中共党员,高级工程师,1970年参加工作。曾任陕西宝光电工总厂技术员、干部科科长、教育处处长、技校校长、工会主席。现兼任陕西宝光集团公司工会主席。

董事:孙海涛,男,55岁,本科学历,中共党员,高级经济师,1970年参加工作。曾任陕西宝光电工总厂技术科副科长、劳资科副科长、劳人处处长、厂长助理、副厂长、宝光集团副总经理。现兼任陕西宝光集团公司副总经理。

董事:魏广元,男,47岁,大学学历,中共党员,高级工程师,1970年参加工作。先后担任陕西宝光电工总厂动力科副科长、车间主任、动力厂厂长、宝鸡宝群动力有限责任公司董事长、总经理。现兼任宝鸡宝群动力有限公司董事长。

董事:阎仁宗,男,48岁,大学本科学历,中共党员,1969年参加工作。曾任北京市无线电元件十厂销售科副科长、国家机电轻纺投资公司办公厅秘书处副处长、中嘉实业开发公司业务一部经理、国投电子公司副总经理。现兼任国投电子公司副总经理。

董事:原孝锺,男,73岁,大学本科学历,中共党员,1954年参加工作。曾任北京电子管厂总会计师、中国计算机有限公司董事长、中国电子租赁有限公司常务副总经理、中国租赁有限公司总会计师。现兼任中国租赁公司顾问。

董事:牛清华,男,42岁,工商管理硕士,中共党员,1984年参加工作。曾任陕西省经委技术改造处副处长、韩国大宇公司西安办事处首席代表、陕西省技术进步投资有限责任公司副总经理、董事。现兼任陕西省技术进步投资有限公司副总经理。

(二)监事会成员

监事会主席:佟绍成,男,48岁,大专学历,中共党员,高级经济师,1968年参加工作。曾任陕西宝光电工总厂车间副主任、主任、生产处处长、生产长、经营副厂长、厂长。现兼任宝光集团董事长。

监事:王昊文,男,41岁,大学本科学历,中共党员,经济师。曾任陕西省经贸委副处长、处长、陕西省技术进步投资有限责任公司董事。现兼任陕西省技术进步投资有限公司副总经理。

监事:周彦溪,男,52岁,本科学历,中共党员、高级政工师,1968年参加工作。曾任陕西宝光电工总厂总务科科长、总务处处长、副厂长、宝光集团副总经理。现兼任宝光集团副总经理。

监事:郭长喜,男,49岁,中专学历,中共党员,政工师,1968年参加工作。曾任陕西宝光电工总厂保卫科干事、车间主任、公安处处长、宝光集团党委工作部部长。

监事:白西龙,男,38岁,中专学历,会计师,1986年参加工作。曾任陕西宝光电工总厂会计、主办会计、宝光集团财务会计处副处长。

(三)高级管理人员

总经理:李明鑫,同前。副总经理:顾丕骥,男,55岁,大学本科学历,中共党员,高级工程师,中国真空学会会员、陕西省真空学会理事。1969年参加工作,曾任陕西宝光电工总厂技术员、技术科副科长、总工程师、副厂长,宝光集团副总经理。现为本公司技术负责人。

副总经理:周锋,男,38岁,大学本科学历,中共党员,高级工程师,1984年参加工作。曾任陕西宝光电工总厂技术员、技术处副处长、车间主任、副总工程师、器件厂厂长、宝光集团副总经理。

财务总监:毛玉田,男,43岁,大专学历,中共党员,会计师,1981年参加工作。曾任宝光电工总厂财务科副科长、宝光集团财务处副处长、处长。

董事会秘书:金宝长,男,53岁,大学本科学历,中共党员,高级经济师,1968年参加工作。曾任宝光电工总厂厂长办公室主任、车间主任、计划处副处长、股份公司证券办主任。

(四)技术负责人

顾丕骥,同前。

(五)董事、监事、高级管理人员与核心技术人员的持股情况

上述人员未持有本公司股份。

四、股票发行与股本结构

1、本次上市前后公司股权结构

股权分类	发行前		发行后	
	持股数(万股)	持股比例	持股数(万股)	持股比例
一、尚未流通的股份				
1、国有法人股				
其中:陕西宝光集团有限公司	6000	55.56%	6000	37.97%
国投电子公司	1000	9.26%	1000	6.33%
陕西省技术进步投资有限责任公司	1000	9.26%	1000	6.33%
2、社会法人股				
其中:宝鸡宝群动力有限责任公司	2300	21.29%	2300	14.56%
中国租赁有限公司	500	4.63%	500	3.16%
二、社会公众股			5000	31.65%
总股本	10,800	100.00%	15800	100.00%

2、本公司前十名股东持股情况序号

序号	前十名股东名称	持股数量(万股)	持股比例(%)
1.	陕西宝光集团有限公司	6000	37.97%
2.	宝鸡宝群动力有限责任公司	2300	14.56%
3.	陕西省技术进步投资有限责任公司	1000	6.33%
4.	国投电子公司	1000	6.33%
5.	中国租赁有限公司	500	3.16%
6.	南方稳健	63.8	0.40%
7.	华安创新	60	0.38%
8.	华夏成长	55.7	0.35%
9.	天元基金	37.1	0.23%
10.	开元基金	32	0.20%

五、财务会计资料

本公司截止2001年6月30日的财务会计资料,已于2001年12月20日在《中国证券报》和《上海证券报》刊登的《招股说明书摘要》中进行了披露,投资者欲了解详细内容,请查阅上述报纸或刊载于上海证券交易所网站(http://www.sse.com.cn)的本公司招股说明书全文。

(一)注册会计师意见

本公司聘请了上海东华会计师事务所有限公司对本公司1998年度、1999年度、2000年度及2001年6月30日的会计报表进行了审计,并出具了标准无保留意见的审计报告。

(二)简要会计报表

以下内容摘自业经审计的会计报表。

(三)主要财务指标

1.财务指标

财务指标	2001年1～6月	2000年度	1999年度	1998年度
流动比率	1.05	1.01	0.92	1.26
速动比率	0.66	0.66	0.58	0.74
应收账款周转率	0.83	2.04	1.80	2.11
存货周转率	0.72	1.96	1.54	1.40
无形资产(土地使用权除外)占总资产的比例	0.030%	0.038%	0.050%	0
资产负债率	68.94%	68.03%	69.95%	58.15%
每股净资产	1.04	0.9947	0.91	0.98
研究与开发费用占主营业务收入比例	2.28%	5%	N/A	N/A
每股经营活动产生的现金流量	－0.160	0.039	0.194	0.085

(注:本上市公告书因版面原因为上市公告书部分摘录,需要阅读全文请向相关公司董事会秘书查询。)

深圳太太药业股份有限公司

上市公告书(部分)摘要

一、概览

股票简称:太太药业

股票代码:600380

股本总额:27108万股

可流通股本:7000万股

本次上市流通股本:7000万股

对首次公开发行股票前股东所持股份的流通限制及期限:法人股暂不上市流通;首次公开发行前股东对所持股份自愿锁定的承诺:自愿将所持有的本公司的股票按国家法律、法规的要求进行锁定。

上市地点:上海证券交易所

上市时间:2001年6月8日

股票登记机构:上海证券中央登记结算公司

上市推荐人:海通证券有限公司

国信证券有限责任公司

二、公司概况

公司名称:深圳太太药业股份有限公司

英文全称:Shenzhen TaiTai Pharmaceutical Company Limited

注册资本:27108万元

法定代表人:朱保国

公司住所:深圳市南山区第五工业区太太药业工业大厦

经营范围:本公司生产经营中成药、口服液、片剂、胶囊剂、颗粒剂、激素类片剂等。

主营业务:中成药、口服液、片剂、胶囊剂、颗粒剂、激素类片剂

所属行业:中药材及中成药加工业

联系电话:(0755)2478966　　2463888

传　　真:(0755)2478967

电子邮箱:taitai@taitai.com

董事会秘书:邱庆丰

三、董事、监事及高级管理人员的简历及持股情况

(一)董事、监事及高级管理人员简历

1、董事会

董事长:朱保国先生,38岁,大学本科,工程师。曾任河南新乡水性树脂研究所所长、河南省飞龙精细化学制品有限公司副董事长总经理、深圳爱迷尔食品有限公司副董事长兼总经理、深圳太太保健食品有限公司副董事长兼总经理、深圳太太药业有限公司董事长兼总经理,现任本公司董事长。

副董事长:刘广霞女士,31岁,大学专科。曾任中央电视台深圳中视国际电视公司广告部经理、深圳太太药业有限公司董事副总经理,现任香港鸿信行有限公司董事长。

董事:曹平伟先生,41岁,大学专科,会计师。曾任河南新乡机床厂财务处副处长、深圳太太药业有限公司董事副总经理兼财务总监,现任本公司董事副总经理兼财务负责人。

董事:朱保安先生,35岁,曾任河南飞龙精细化学制品有限公司副总经理,现任本公司股东焦作市成功化学制品有限公司董事长。

董事:李长青先生,41岁,曾在河南省焦作市液压机械厂工作,现任本公司股东深圳市国运鸿贸易有限公司执行董事。

独立董事:侯惠民先生,60岁,1963年毕业于上海第一医学院药学系,1990年获日本北海道医疗大学博士学位。现在上海医药工业研究院从事药物制剂研究,是我国最早研究控缓释制剂的学者之一,获各项奖励8项,在国内外发表论文七十余篇。1990年被授予上海市"科技精英"称号。1996年当选中国工程院院士。

独立董事:甄秦安先生,46岁,1985年毕业于中国科技大学计算机科学技术系软件工程专业,浙江大学管理系证券分析专业硕士研究生。曾在中国康华实业有限公司任部门经理,于1990年参加深圳证券交易所的筹建工作,曾任总经理助理;1993在人民银行深圳分行工作。1994年出任由美国的投资银行—美林集团和建行深圳分行、广东发展银行、浙江证券和海南证券投资的深圳兆惠投资顾问有限公司董事兼总经理。现任深圳市笃行投资顾问有限公司董事长。

2、监事会

监事会召集人:吴峻先生,28岁,大学本科,律师,现任职于深圳市百业源实业有限公司法律部。监事:冯洁瑜女士,40岁,大学专科。曾任广州南方李锦记中心物业部经理,现任深圳市世纪星源运输实业有限公司办公室主任。

监事:余孝云先生,31岁,大学本科,曾在河南中医药研究院工作,现任本公司质保部副经理。

3、其他高级管理人员

总经理:王小滨先生,46岁,大学专科。曾任广州市工商局东山分局专管员、亨氏联合有限公司销售经理、李锦记(广州)食品有限公司营销经理、南京英之杰发展有限公司商务经理,有18年的市场营销管理经验,1996年开始任深圳太太药业有限公司董事副总经理兼销售总监,现任本公司总经理。

副总经理:冯开东先生,32岁,大学专科,工程师。曾任河南飞龙精细化学制品公司技术开发部经理、深圳太太药业有限公司董事副总经理,现任本公司副总经理。

副总经理:顾悦悦女士,50岁,毕业于台湾大学。曾任台湾联合利华公司服务部、行销部、新业务发展部经理,在联合利华公司任职近17年,在中美天津史克制药有限公司任市场部经理近4年、1997年底任深圳太太药业有限公司董事副总经理兼市场总监,现任本公司副总经理兼市场总监。

副总经理:张锡生先生,40岁,大学本科,主治医师。曾任武汉市第四医院医师、中美天津史克制药有限公司湖北及江西地区销售经理、上海罗氏制药有限公司湖北地区销售经理、深圳海滨制药有限公司中南区销售经理、深圳太太药业有限公司全国医药销售经理、全国医药销售总监。现任本公司副总经理,分管处方药销售工作。

董事会秘书:邱庆丰先生,30岁,大学专科,会计师,具有中国注册会计师资格。曾在天津第一机床总厂工作,现任本公司董事会秘书。

(二)上述人员持股情况

1、董事长朱保国通过关联公司间接持有本公司发行后总股本的47.54%;

2、副董事长刘广霞通过关联公司间接持有本公司发行后总股本的6.15%;

3、董事朱保安通过关联公司间接持有本公司发行后总股本的1.96%;

4、其他董事、监事及高管人员未持股。

四、股票发行与承销

1、发行前股本结构如下:

发起人名称	股份类别	持股数量(万股)	持股比例(%)
深圳市百业源实业有限公司	法人股	13,271.28	66.00
香港鸿信行有限公司	外资法人股	5,027.00	25.00
深圳市千广汇计算机技术有限公司	法人股	603.24	3.00
深圳市国运鸿贸易有限公司	法人股	603.24	3.00
焦作市成功化学制品有限公司	法人股	603.24	3.00
合计		20,108.00	100.00

2、本次发行后股本结构如下:

股份类别	持股数量(万股)	持股比例(%)
股本总额	27,108.00	100.00
法人股	20,108.00	74.18
社会公众股	7,000.00	25.82

3、本公司前十名股东持股情况

序号	股东名称	持股数(万股)	持股比例%
1	深圳市百业源实业有限公司	13,271.28	48.96
2	香港鸿信行有限公司	5,027.00	18.54
3	深圳市千广汇计算机技术有限公司	603.24	2.25
4	深圳市国运鸿贸易有限公司	603.24	2.25
5	焦作市成功化学制品有限公司	603.24	2.25
6	金鑫基金	45.40	0.17
7	兴和基金	45.30	0.17
8	兴华基金	33.50	0.12
9	景福基金	27.00	0.10
10	同盛基金	23.70	0.09

(注:本上市公告书因版面原因为上市公告书部分摘录,需要阅读全文请向相关公司董事会秘书查询。)

青海白唇鹿股份有限公司

招股说明书概要

一、释　义

在本招股说明书概要中,除非另有所指,下列简称具有如下意义:

本公司或发行人:指青海白唇鹿股份有限公司。

主 承 销 商:指广东证券股份有限公司。

三兴公司:深圳市三兴织物整理实业有限公司。

国新控股:指西宁市国新投资控股有限公司。

承 销 机 构:指以广东证券股份有限公司为主承销商、大鹏证券有限责任公司为副主承销商和福建闽发证券有限责任公司为分销商所组成的新股发行承销团。

推 荐 人:指广东证券股份有限公司。

新 股:指本公司本次向社会公众公开发行的3500万股,面值为1.00元人民币的普通股。

中国证监会:指中国证券监督管理委员会。

元:指人民币元。

二、绪　言

本招股说明书概要是根据《中华人民共和国公司法》、《中华人民共和国证券法》、《公开发行股票公司信息披露的内容与格式准则》等国家现行有关证券管理的法律法规编制而成,旨在向境内投资者提供本公司的基本情况及本次发行和认购的各项有关资料。

本公司董事会全体成员已审阅确信本招股说明书概要所摘内容与招股说明书正文一致,不存在任何重大遗漏、虚假或者误导,并对其真实性、准确性、完整性负个别的和连带的责任。本招股说明书概要已获本公司董事会全体成员通过,并报经中国证监会批准。

本次新发行的股票是根据本招股说明书所载明的资料申请发行的。除发行人和主承销商外,没有委托或授权任何其他人提供未在本招股说明书及其概要中列载的信息和对本招股说明书及其概要作任何解释或者说明。

投资者须自行负担买卖本公司股票所应支付的税款,发行人、承销商和上市推荐人对该税款不承担责任。

本公司本次公开发行已经中国证券监督管理委员会证监发行字[2001]23号文核准。

三、发售新股的有关当事人

(一)发 行 人:青海白唇鹿股份有限公司

住 所:青海省西宁市小桥大街36号

法定代表人:黄贤优

电 话:(0971)5130792

传 真:(0971)5134240

电 子邮 箱:qhbcl@mail.qh.cninfo.net

联 系 人:李喆 、张霄雁

(二)主 承销 商:广东证券股份有限公司

住 所:广州市解放南路123号金汇大厦

法定代表人:钟伟华

电 话:(020)83270485

传 真:(020)83270485

联 系 人:黄明、石红岚

(三)副主承销商:大鹏证券有限责任公司

住 所:深圳深南东路5002号信兴广场地王商业中心商业大楼8层

法定代表人:徐卫国

电 话:(0755)3781130

传 真:(0755)3781130

联 系 人:周凯

(四)分 销 商:福建闽发证券有限责任公司

住 所:福建省福州市五一中路199号

法定代表人:张晓伟

电 话:(0591)68866178

传 真:(0591)68866178

联 系 人:唐冬升

(五)推 荐 人:广东证券股份有限公司

(六)发行人的法律顾问:北京市凯源律师事务所

住 所:北京国际会议中心6019室

法定代表人:卢 建 康

电 话:(010)64937491

传 真:(010)64938139

经 办 律 师:刘凝、祁建国

(七)主承销商的法律顾问:广东国信律师事务所

住 所:广州市体育西路189号城建大厦17楼

法定代表人:王学琛

电 话:(020)38798129

传 真:(020)38799166

经 办律 师:陈默、刘良明

(八)财务审计机构:深圳同人会计师事务所

住 所:广东省深圳市华富路5号南光大厦三楼

法定代表人:刘 继 忠

电 话:(0755)3688845

传 真:(0755)3689144

经办注册会计师:易永健、朱文岳

(九)资产评估机构:北京市中正评估公司

住 所:北京市西城区金融街35号国际企业大厦A502-503室

法定代表人:龙 涛

电 话:(010)88091069

传 真:(010)88091074

经办评估人员:弓佳、姜寿顺

(十)资产评估确认机构:财政部

住 所:北京市三里河路南三巷3号

负 责 人:项怀诚

电 话:(010)68552466

传 真:(010)68551229

(十一)土地评估机构:青海省土地估价事务所

住 所:青海省西宁市教场街2号

负 责 人:胡 建 平

电 话:(0971)8211754

传 真:(0971)8211754

经办评估人员:胡建平、张权、才让杰

(十二)土地评估确认机构:西宁市土地规划管理局

住 所:西宁市同仁路1号

负 责 人:顾国权

电 话:(0971)6146324

传 真:(0971)6146324

(十三)股票登记机构 :上海证券中央登记结算公司

住 所:上海市浦建路727号

法定代表人:王迪彬

电 话:021-58708888

传 真:021-58754185

四、发行情况

(一)股票类型:记名式人民币普通股(A股);

(二)发行数量:3500万股

(三)每股面值:人民币1.00元

(四)每股盈利和净资产收益率

报告期利润	1998年				1999年			
	净资产收益率		每股收益		净资产收益率		每股收益	
	全面摊薄	加权平均	全面摊薄	加权平均	全面摊薄	加权平均	全面摊薄	加权平均
主营业务利润	48.08%	50.77%	0.60	0.60	35.12%	37.75%	0.51	0.51
营业利润	10.99%	11.60%	0.51	0.51	11.92%	12.86%	0.17	0.17
净利润	10.35%	10.92%	0.13	0.13	12.86%	15.24%	0.21	0.21
扣除非经常损益后的净利润	5.51%	5.81%	0.07	0.07	7.27%	7.82%	0.09	0.09

报告期利润	2000年				2001年			
	净资产收益率		每股收益		净资产收益率		每股收益	
	全面摊薄	加权平均	全面摊薄	加权平均	全面摊薄	加权平均	全面摊薄	加权平均
主营业务利润	29.62%	29.44%	0.45	0.45	16.77%	21.62%	0.49	0.54
营业利润	17.34%	17.24%	0.26	0.26	7.34%	9.47%	0.21	0.24
净利润	15.65%	15.56%	0.24	0.24	5.37%	6.92%	0.16	0.17
扣除非经常损益后的净利润	12.43%	12.36%	0.19	0.19	5.37%	6.92%	0.16	0.17

(五)发行价格及确定方法

1、本次新股溢价发行,每股发行价是5.68元

2、价格确定方法:本次发行价格按上网定价发行的方式确定。本次发行价格为5.68元/股。

(六)发行总市值:19880万元

(七)发行日期:2001年4月17日;

(八)发行方式:上网定价发行

(九)发行地点:与上海证券交易所联网的全国各证券营业网点;

(十)发行对象:依据有关法律、法规可以从事股票投资的自然人和法人及依据《证券投资基金管理暂行办法》批准设立的证券投资基金;

(十一)上市地:上海证券交易所

(十二)预计挂牌交易日期:预计新股在发行结束后的适当时间在上海证券交易所挂牌交易;

(十三)承销方式:承销团余额包销;

(十四)承销期:2001年4月17日——2001年5月17日

五、风险因素与对策

投资者在评价本公司此次发售的股票时,除本招股说明书概要提供的其他资料外,应特别认真地考虑下述各项风险因素。

(一)经营风险

1、经营业绩风险

本公司牛绒产品的经营受目前国内纺织品市场供求状况不稳定因素的制约,经营业绩不尽理想,影响了本公司的整体效益。随着中国即将加入WTO,有可能带动国内纺织行业走出低谷,为本公司产品经营创造更多机会,但要在短期内改善这种状况有一定难度。

2、主要利润来源于补贴收入和投资收益的风险

根据青政函[1999]53号文批准,自公司1998年8月成立至2000年度止,本公司按33%上交所得税,并由同级财政全额返还,在上述年度内交纳的增值税,由同级财政返还25%,计入当期补贴收入;根据青海省西宁市财政局宁财工字[1999]1034号文,由西宁市财政局给予本公司政策性补贴400万元,以支持本公司的产品结构调整和新产品开发,该补贴属于一次性补贴。因此,在1998、1999、2000年度母公司的利润总额中,分别有29%、40%和20%来源于补贴收入;此外,1999年4月,本公司收购了三兴公司,在1999、2000年度母公司的利润总额中分别还有6%和44%来自于对三兴公司的投资收益。由于本公司主要利润来自于补贴收入和投资收益,不确定性因素增多,有一定风险。

3、对三兴公司的管理风险

三兴公司是本公司的控股子公司和牛绒面料织造及后整理加工基地,本公司则是牛绒资源的粗加工和牛绒衫生产基地,由于两个基地分处广东、青海,相距较远,给本公司的日常管理造成一些不便,使三兴公司在经营决策、人事安排、资金统筹等方面保持较强的独立性,存在一定的管理风险。此外,由三兴公司组织力量攻关的"牦牛绒服装面料生产方法的专有技术",在申报专利时没有以三兴公司的名义而以高国平的个人名义申请(已受理),可能对本公司的技术实施产生一些负面影响。

4、产品价格方面的制约

由于国内纺织品普遍供大于求,毛纺织品种类繁多,虽然牦牛绒产品在保暖、防潮等性能方面优于其他产品,但可替代性还是较强,特别是随着地球气候的变暖和人们消费时尚的变化,在某种程度上削弱了牛绒产品的优势,致使牛绒产品在纺织品市场上的价格定位目前还很难提高。

5、原材料供应风险

牦牛绒是本公司的主要原材料,虽然青藏高原是世界上牦牛绒的主要产地,但由于受自然条件的限制,当前的牦牛绒产量还难以满足快速发展的纺织工业的需要,国内其他毛纺企业与本公司存在原材料竞争关系。目前,原材料成本占本公司产品总成本的比重为70%左右,原材料价格的波动对本公司的盈利能力会有较大的影响。随着本公司技术改造项目的完成和生产规模的进一步扩大,能否得到数量充足且高质量的原材料,将直接影响生产的正常运行。

6、交通运输风险

青海省位于我国西北偏远地区,距离东南沿海等经济发达地区和出海口较远,而本公司的产品又主要在青海省外销售,且以公路运输方式为主。尽管本公司将加大力度扩展全国各地的销售运输网络,但由于运输线路较长、运输能力有限以及运输过程中不确定性风险的存在,可能会增加本公司的运输成本,从而影响到本公司产品的市场竞争力和盈利水平。

7、产品结构调整风险

本公司自2000年始加大了产品结构调整的力度,原主导产品如普通加厚型牛绒衫基本停产,新产品开发虽然取得了显著成效,但由于缺乏足够的资本投入,目前除牛绒精纺服装面料有一定生产规模之外,其他新产品都还处于小批量生产阶段,而且新产品的销售前景还有待市场认同,产品结构的上述重大调整在短期内可能会影响本公司的经营业绩。

8、短期支付能力的风险

受2000年度产品结构转型的影响,本公司2000年度现金及现金等价物净增加额为-2611.9万元,较上年减少4978万元,在一定程度上影响了本公司的短期支付能力,期间存在一定的现金支付能力风险。

9、融资能力的局限性

本公司所需的流动资金主要依靠银行贷款。国家货币政策、信贷政策的变化以及银行商业化改革政策的调整,都可能对公司的融资能力产生一定影响。

(二)行业风险

1、行业内竞争风险

由于普通牛绒衫可以采用人工手动横机织造,生产工艺比较简单,造成大量的低水平重复建设,导致同行业竞争比较激烈;加上牛绒产品至今没有全国统一的技术监测标准和有效的行业规范管理,容易出现以次充好、价格混乱等市场恶性竞争行为,对本公司经营会产生一定的负面影响。

2、业务结构单一的风险

本公司主要从事牛绒产品的生产与销售,业务结构单一,牛绒产品销售收入占公司总销售收入的90%以上,相对集中的业务结构虽然突出了主业,但亦使本公司经营受整个纺织行业的影响较大。

3、环保风险

工业废水是牛绒产品生产过程中的主要污染物。随着本公司生产规模的扩大以及染色牛绒产品的开发和投产,将会在生产过程中产生更多的废水。随着国家和地方法规的不断完善,可能对环保提出更高的要求,对本公司经营将形成一定制约。

(三)市场风险

1、产品的生产和销售风险

本公司产品基本上在国内市场销售,受国内居民的收入水平、消费倾向、经济周期和气候条件的影响较大,中国加入WTO以后,本公司生产的牛绒产品还要面对国外同类产品的竞争,并适应国际纺织品消费市场的变化。当前,国内纺织品市场普遍供大于求,各类保暖纺织品出现饱和状态,主流消费观念变化很快,对传统牛绒产品的销售不利,近三年本公司的销售收入增长不大,反映出该行业可能潜伏的危机,尽管本公司十分重视产品的质量、性能和款式,力争形成自己的产品特色和风格,但仍然存在能否根据市场需求及时调整产品结构和营销策略的风险。

2、产品的市场定位风险

本公司目前对牛绒资源的开发思路是,采取高新技术手段加工牛绒精纺服装面料,给其他服装生产厂家提供牛绒面料,或者制成高级西服、衬衣、T恤等成衣,以自己的品牌销售。为此,本公司2000年度进行了产品结构的重大调整,精纺牛绒面料、丝绒衫等新产品已成为本公司的主导产品,但产品市场定位的上述转变能否适应市场需求,还有待于市场的最终检验,期间存在一定的市场定位风险。

3、商业周期的影响

纺织行业与国家宏观经济环境和国民经济增长形势密切相关,周期性明显,市场需求的周期性变化会对本公司经营产生较大的影响。

(四)技术风险

1、产品开发与技术革新风险

由于牦牛绒纤维结构存在长短、粗细不一、鳞片稀、高,残损多等天然缺陷,造成牛绒产品的色泽暗淡,手感欠滑爽,增加了牛绒资源深度开发的难度。牛绒精纺面料、丝绒衫等新产品的开发对纺纱、染色、织造等方面的技术要求很高。本公司采取牛绒与丝、麻、涤纶、晴纶等纤维的混纺技术来弥补牦牛绒纤维的上述缺陷,取得了较好效果,但由于受技术装备落后的限制,以及一些关键技术尚未彻底解决,目前还必须借助外部力量的支持才能切实提高牦牛绒产品的品质,因此,短期内本公司在新产品开发上还难以取得预期效果,存在一定的产品、技术开发风险。

2、牛绒产品与同行业产品性能上的差距

尽管本公司一直着力于提高牛绒产品的性能和品质,但由于牦牛绒纤维固有的一些特性,现有的生产技术和装备还难以使牛绒产品在柔软、舒适、色泽和美观等方面与市场上较高档的业内产品相媲美,存在一定的差距。

(五)项目投资风险

本公司此次募集资金将主要用于技术改造、设备购置和营销网络的建设等,以提高产品开发和生产能力,扩大市场占有率,这些项目的实施将给本公司带来可观的收益,但在实施过程中,可能受市场、政策以及资金投入时间等条件变化的影响,以及受企业管理水平和技术力量等内在因素的制约,有可能使项目的实际收益与预期收益产生较大差距,存在一定的项目投资风险。

(六)政策性风险

国家经济政策、法规的变动如货币政策、投资政策、税收政策等,会对宏观经济形势产生影响,从而改变本公司的生产经营环境和发展前景而形成政策风险。

(七)股市风险

中国证券市场是一个新兴的市场,投资者在进行投资决策时应尽量充分考虑股票投资的各种风险。除本公司的经营业绩和发展前景外,本公司股票的价格还可能受到国家政治、经济政策、股票供求关系、投资者心理预期及其他不可遇见因素的影响,投资者对此应有充分的认识。

(八)其他风险

本公司不排除其他政治、自然灾害等不可抗拒力因素给本公司经营带来不利影响的可能性。

针对上述风险,本公司将主要采取以下对策,以求尽量避免风险或把风险控制在最低限度。

(一)经营风险的对策

1、经营业绩风险的对策

本公司将抓住纺织行业复苏、西部大开发和加入WTO的有利时机,围绕提高产品档次和高附加值的经营目标,采取高新技术手段,加大新产品开发力度,增加适销对路的牛绒产品,以产品质量和特色取胜;建立覆盖全国的市场销售网络,加大产品宣传力度,巩固和提高牦牛绒产品的市场占有率,并利用沿海发达地区对外经济交往方面的优势,大力开拓国际市场,以弥补国内有效需求不足。

2、主要利润来源于补贴收入和投资收益的风险对策

2000年度,本公司已将上述补贴收入全部用于新产品开发和产品结构调整,在新产品的研制开发上取得了良好成效,一系列具有较高技术含量和高附加值的新产品已成为本公司新的利润增长点。本次募集资金到位以后,本公司的新产品生产规模将会扩大,市场营销网络更加健全,盈利能力进一步增强;另外,本公司还将通过加强对三兴公司的直接控制来降低管理风险,并准备改造或新建1-2条牛绒高支纱生产线,以实现自主从事精纺牛绒高支纱的能力,为三兴公司牛绒面料的生产供应高支纱,来提高本公司的主营业务利润。

3、关于对三兴公司的管理风险对策

为了降低管理风险,本公司采取了以下一些风险控制措施:第一、建立健全三兴公司的法人治理结构,重新选举了5名董事及董事长,其中,3名董事由本公司委派,董事长由本公司的董事长兼任,从而保证了本公司对三兴公司的绝对控制权;第二、本公司与高国平签定了《技术实施许可协议》和《补充协议》,对以高国平个人名义申请的"牦牛绒服装面料生产方法的专有技术"专利权(已受理)的使用、保密和归属做了明确的权利与义务划分以及相关的限制性条款,比如,高国平同意在三兴公司任职或持有三兴公司股权期间许可三兴公司无偿使用上述专有技术,如果高国平离职或转让股权,其专有技术的持有人将无条件变更为三兴公司等,可以确保本公司在三兴公司的权益不受损害。

4、产品价格制约方面的对策

目前,本公司的产品结构发生了很大的变化,基本停止了普通加厚型牛绒衫这一传统产品的生产,新增了精纺牛绒面料、丝绒衫等一些附加值高、市场前景比较看好的产品,并正在加大力度开拓市场,形成规模生产能力,以降低平均生产成本;今后本公司还将继续加大新产品开发力度,生产出能够垄断经营、可替代性差的新产品以获取较高利润。

5、原材料供应风险对策

尽管全世界的牦牛数量有限,但我国的资源储量则相对富集,约占全世界牦牛总头数的90%以上,且绝大多数又生活在青藏高原。因此,本公司的牦牛绒原料较为充足,迄今为止尚未因原材料供应问题而影响公司的生产经营;本公司将进一步巩固与供应商的良好合作关系,形成较为稳定的原材料供应渠道,并根据生产计划合理安排原材料库存。

6、交通运输风险的对策

国家"西部大开发战略"的实施将大大改善该地区的基础设施,从而减轻客观条件对本公司运输能力的限制。为了降低运输成本和运输风险,本公司将在增强自有运输能力的同时,积极开拓其他运输方式如铁路运输等,以进一步提高产品运输量,并通过购买运输保险的方式来分散和转移运输风险。

7、产品结构调整风险的对策

经过一年多的产品结构调整,目前,精纺牛绒服装面料和薄形加丝牛绒衫、双面薄形牛绒衫等新产品已经成为股份公司新的利润增长点,填补了国内高档牛绒制品方面的空白,其中,新型"牦牛绒"高级服装面料被认定为2000年国家级新产品,列入国家经贸委2000年度国家级重点新产品试产项目计划[国经贸技术(2000)452号文],改变了过去牛绒产品"厚、笨、重"的市场形象,品种更加齐全,花色更加丰富,款式更加多样,吸引了诸多生产商、经销商和消费者,或结成长期合作伙伴,或签定了产品销售合同,市场潜力巨大;本公司计划用募集资金在短期内形成规模生产能力,以彻底完成产品结构转型。

8、短期支付能力的风险对策

一是从生产经营能力看,本公司产品结构调整已基本到位,并形成批量生产能力,全面进入了生产的良性循环,如1999年度购买的36台日本产和48台比利时产剑杆织机贷款全部付清;2000年度向香港誉丰国际有限公司购买的50台高性能全新多尼尔HTV38/20剑杆织机已支付了部分货款,首批机器已于2001年3月交付使用;购买的新厂房贷款已结清,装修接近尾声并将投入使用;有充足的原料储备等,短期内的现金支付压力不大;二是新产品投产以后,市场反映良好,将陆续回笼货款,加上政府及贷款银行的大力支持,本公司完全有能力克服目前的现金短期支付压力。

9、融资能力的局限性对策

本公司将致力于建立良好的银企合作关系,稳定现有的融资渠道,努力拓宽新的融资渠道,以

筹措企业发展所需的资金。

(二)行业风险对策

1、行业内竞争风险对策

牛绒产品市场的竞争主要集中在普通牛绒衫这一层次,而国内具备高档牛绒产品生产能力的厂家为数很少。近一年来,由于本公司加大了产品结构调整的力度,提高了产品的技术含量,完成了牛绒产品的更新换代,市场竞争力大大增强。特别是某些新产品如精纺牛绒服装面料,国内只有本公司有能力生产,一般的牛绒生产厂家目前对本公司还难以构成竞争;本公司将进一步加大科技投入,彻底从牛绒产品的低水平竞争中摆脱出来。

2、业务结构单一的风险对策

本公司将在继续加大科研投入、不断研制开发新产品、巩固和扩大行业地位的基础上,积极创造条件涉足其他新兴行业,适当地采取多元化经营战略来分散主营业务的风险,以开辟稳定、更广阔的利润来源。

3、环保风险的对策

本公司大多数产品属于"绿色"服装——不染色,尽量保持牦牛绒的自然本色,大大减少了生产过程中的环境污染。今后,本公司将进一步改进生产工艺,完善污水净化系统,增加循环水的利用,以降低环保费用。

(三)市场风险对策

1、产品生产和销售风险的对策

本公司将抓住国内经济形势好转特别是纺织行业回暖的有利时机以及西部大开发和加入WTO带来的发展机遇,加快牛绒新产品的开发生产,并加强市场调研工作,及时根据市场需求调整产品结构,增强对市场的适应能力,通过扩展产品系列,拓宽国内外市场。今后,本公司将把工作重点集中在两个方面:一是新产品研制与开发,加强与国内科研院所的合作,结成比较长期稳定的技术合作伙伴;二是建立具有现代营销理念的销售网络和销售体制,通过启动"白唇鹿"名牌经营战略,以连锁经营、特许经营方式取代传统的代销手段,加强新产品宣传力度,建立产品区域化配售中心,来构筑覆盖全国的现代营销网络,满足不同收入水平、文化背景、审美趣味和地区气候的消费者需求,为牛绒新产品系列的上市铺平道路。

2、对产品市场定位风险的对策

本公司目前已形成从牛绒精纺服装面料、薄型牛绒衫、提花交织绒衫及部分成衣等多元化的产品结构,随着新产品生产技术的进一步成熟、完善,本公司生产的牛绒产品不仅在款式、品种和功能上日趋多样化、高档化和时装化,而且能够满足不同消费群体和不同气候特征的多样化需求,从而大大拓宽本公司牛绒产品的市场空间。

3、对商业周期影响的对策

本公司将运用现代市场营销理论进行市场组合,合理进行市场定位,开发不同的产品品种,开拓多个地区的市场,利用不同品种、不同地区商业周期的交替互补来抵消商业周期的影响,增加本公司抵御市场风险的能力。

(四)技术风险对策

1、对产品开发与技术革新风险的对策

本公司已基本掌握了牛绒脱色、精梳、精纺、织造、后整理等较先进的生产技术,并将继续加大产品开发和技术革新的力度,通过与国内毛纺行业的科研院所开展长期技术合作,引进高素质人才,强化员工培训等方式,来提高企业的自主创新或联合开发能力,适应本公司未来发展的需要。

2、牛绒产品与同类产品性能上的差距对策

本公司将集中力量建立国内牦牛绒资源综合开发中心,向社会招聘高水平的技术人才,加快科技进步和设备更新改造步伐,提高工艺、装备水平,来彻底解决牦牛绒产品现有的缺陷,从而缩小与其他毛纺产品在性能方面的差异。

(五)项目投资风险对策

本公司的计划投资项目均已经过细致、周密的可行性论证。募集资金到位后,本公司将严格按照资金使用计划安排好投资的具体步骤和环节,加强项目管理和预算控制,以保证诸投资项目顺利完成,使之成为公司今后新的利润增长点。

(六)政策性风险对策

本公司将在国家启动西部经济大开发的有利形势下,用社会与经济效益来换取地方政府强有力的政策支持;同时又坚持练好"内功",注重通过自身的技术改造和加强科学管理来提升本公司的竞争实力,巩固并进一步扩大已有的市场占有率,降低国家有关政策变化对公司经营的不利影响。

(七)股市风险对策

本公司将严格遵守《公司法》、《证券法》和《股票发行与交易管理暂行条例》等法律法规,严格按上市公司的要求规范企业行为,及时、公正、全面地披露信息,加强与社会公众的信息沟通,树立良好的公司形象;同时,努力提高公司经济效益,为广大股东谋求稳定和长期的投资回报,以提高本公司股票的抗风险能力。

(八)其他风险对策

本公司将密切注意国内政治经济形势的变化,适时调整经营战略和经营方法。同时,本公司还将重视对自然灾害的防范工作,提高全体员工的素质,杜绝人为事故的发生,将潜在风险控制在最小的范围。

六、募集资金的运用

(一)募集资金的计划用途和立项审批

本公司本次发行新股3500万股,按5.68元/股溢价发行,预计可募集资金18780万元(已扣除相关的发行费用),计划用于以下项目:

1.提花牛绒衫生产线技术改造项目,该项目投资已经青经贸技字(1997)330号文批准,投资总额为3607.85万元,其中,固定资产投资2925.14万元,配套流动资金682.71万元;

2.精纺提花交织绒衫生产线技术改造项目,该项目投资已经青经贸技字(1997)331号文批准,投资总额为4060.17万元,其中,固定资产投资2900.17万元,配套流动资金1160万元;

3.牛绒衫生产线技术改造项目,该项目投资已经青经贸技字(1996)309号文批准,投资总额为2617万元;

4.扩建销售网络新建销售中心项目,该项目投资已经青经贸技字(1997)380号文批准,投资总额为2950万元。

具体情况参见下表。 单位:万元

项目	批准投资额	配套流动资金	计划投资额
提花牛绒衫生产线技术改造项目	2925.14	682.71	3,607.85
精纺提花交织绒衫生产线技术改造项目	2900.17	1160	4,060.17
牛绒衫生产线技术改造项目	2617	0	2,617
扩建销售网络新建销售中心项目	2950	0	2,950
合计	11392.31	1842.71	13,235.02

由于牦牛绒资源比较稀缺,而且原材料收购具有很强的季节性,产品结构调整以后,生产规模又进一步扩大,库存占用的流动资金需要量大,因此,余下5544.98万元用于补充本公司的流动资金。

(二)项目情况、资金使用、效益产生时间及回收期

1.提花牛绒衫生产线技术改造项目

计划引进德国CMS433.6(大机型)7G电脑全自动提花横机24台,电脑3台,国内空调2台,稳压器24台,并对原毛车间的第一选毛工房、锅炉房、配电室进行改造。该技改项目总投资3,607.85万元,其中:固定资产总投资2,925.14万元,配套流动资金682.71万元。该技改项目完成以后,可形成年产15.2万件提花牛绒衫编织能力,年销售收入约为4,256.00万元,年新增利润总额约为997.27万元,投资利润率为27.64%,投资回收期为5.39年。

2.精纺提花交织绒衫生产线技术改造项目

计划改造原有空闲的打包工房,安装28台德国斯特尔公司生产的CMS330.6(小机型)12G薄型电脑自动提花横机,利用电脑工艺设计和编织适应我国南方市场需求的精纺提花交织绒衫。该项目总投资4,060.17万元,其中固定资产投资2,900.17万元,配套流动资金1160万元。该项目完成后,可形成年产17.7万件完整的精纺提花交织绒衫编织能力,年销售收入为4,141.8万元,年新增利润总额为898.57万元,投资利润率为22.13%,投资回收期为5.70年。

3.牛绒衫生产线技术改造项目

计划引进意大利高玛特斯公司生产的梳毛机和细纱走锭机3台套,并按纺纱工艺的要求,对原毛车间的第二工房进行必要的改造,通过更新纺纱设备、优化工艺流程,将大大提高粗纺车间的生产规模和总体技术水平。该项目总投资2617万元,全部用于固定资产投资。项目完成后,将使牛绒纱的年产量达到180吨,可形成完整的30万件牛绒衫的纺纱和编织能力。预计可实现年销售收入6,600万元,年新增利润为730万元,投资利润率为20.2%,投资回收期为4.91年。

4.扩建销售网络新建销售中心项目

计划在十五个城市增设产品销售中心,每一个销售中心的营业面积各为50平方米,并配备微型货车和库房;本公司将增添5辆8吨装箱式货车,并在中央电视台或各省市电视台加强广告宣传力度等。该项目总投资2,950万元,预计年新增销售量35万件,年新增销售收入9,572.5万元,年新增利润453.1万元,投资利润率为15.4%。

5、余下5544.98万元用于补充本公司的流动资金

(三)项目的轻重缓急说明:

以上募集资金投资项目在技术和管理上把握较大,对提高本公司牛绒针织产品的质量十分关键,但由于立项时间长,与当前毛纺织行业的发展趋势存在一定的差距,特别是2000年本公司的产品结构发生了较大变化,有可能根据生产工艺的最新要求,对所选设备的类型、数量及其他辅助设施上做一些调整,但投资总额一定严格按照项目预算执行,如有投资缺口也将由自筹资金解决。比如,牛绒衫生产线技术改造项目可能会增加牛绒高支纱的织造设备和一些后整理设备,以实现牛绒纯纺、混纺高支纱的自主生产能力;精纺提花交织绒衫生产线技术改造项目、提花牛绒衫生产线技术改造项目由于拟引进的关键设备是目前纺织行业运用最广的纺织设备,适合将来新产品生产的需要,故投向基本保持不变;为了促进新产品的市场推广,本公司需要尽快完成扩建销售网络和新建销售中心项目,将按原计划照常实施。

本次发行上市后,本公司将在2001年第一次股东大会上由股东投票来决定是否根据上述情况来适当调整募集资金投向。

(四)闲置资金的运用

本次募集资金运用过程中暂时未投入的少量资金将全部存入银行,依照国家规定利率取得存款利息收入。

(五)募集资金运用基本情况

募集资金运用的年度使用计划表 单位:万元

项目	2001年	2002年
提花牛绒衫生产线技术改造项目	3607.85	
精纺提花交织绒衫生产线技术改造项目	3190.17	870
牛绒衫生产线技术改造项目	1617	1000
扩建销售网络新建销售中心项目	2950	
补充企业流动资金	5544.98	
合计	16910	1870

七、股利分配政策

(一)本公司股利分配的一般政策

1.本公司本次发行的股票为记名式人民币普通股,在股利分配方面实行同股同利政策。

2.本公司每一会计年度实现的利润,在依法缴纳所得税后按下列顺序分配:

(1)弥补以前年度的亏损;

(2)提取法定公积金10%,当法定公积金累计已达注册资本的50%以上时,可不再提取;

(3)提取法定公益金5%;

(4)提取任意公积金,比例由股东大会决定;

(5)支付普通股股利。

本公司在弥补亏损、提取法定公积金和法定公益金之前,不得分配股利。

3.本公司将依据国家有关法律和公司章程所载明的股利分配原则进行股利分配。本公司股利原则上每年派发一次,在每一会计年度结束后六个月内进行;经股东大会特别决议,本公司可进行中期分红;股利分配可采取派发现金和股票两种形式;本公司向个人股东分配股利时,将依法代为扣缴股利收入的应纳税金。

(二)本公司历年分红派息情况

本公司自1998年成立以来的分红派息方案如下:经1998、1999年度股东大会批准,本公司1998年和1999年度均未分配利润和进行资本公积金转增股本;2000年8月,经临时股东大会批准,公司将2000年1-5月实现的利润9,643,716.19元,在提取10%法定盈余公积金和5%法定公益金后,加上期初未分配利润13,788,659.67元,可供股东分配利润21,985,818.43元,以2000年5月31日的股本7500万股为基数,按每股0.19元向股东进行分配。

(三)根据董事会决议,本公司2000年度股利不再分配,具体实施时间由本公司股东大会决定。本次公开发行股票后,新股东将享受本公司2000年度留存未分配利润。

八、发行人情况

(一)发行人名称:青海白唇鹿股份有限公司

英文名称:QINGHAI BAICHUNLU COMPANY LIMITED

(二)发行人成立的日期:1998年8月28日

(三)发行人住所:青海省西宁市小桥大街36号

1、历史沿革

本公司前身是青海第一毛纺厂,原名青海绒毛加工厂,始建于1944年,是青海省建厂最早企业之一,属国有中型一类企业。1997年,青海省政府为调整本省的毛纺行业结构,实现优势互补和规模经济,由青海省国有资产管理局批复青国资局[(1997)219号],同意将原青海省畜产进出口公司针纺部中与牛绒衫生产经营相关的资产划拨给青海第一毛纺厂。

1998年8月,经青海省人民政府青股审(1998)第004号文批准,以青海第一毛纺厂经评估确认后与牛绒衫生产经营相关的净资产作为出资,联合西宁市大什字百货商店、上海振鲁实业有限公司、西宁特殊钢集团有限责任公司、青海省集体工业物资供销处等四家以现金出资的企业法人共同发起,以发起设立方式于1998年8月28日设立本公司。

2、本公司概况

本公司是在青海第一毛纺厂整体改制的基础上设立的。根据青海省国有资产管理局青国资字第(1998)152号文的批复,青海第一毛纺厂将与牛绒衫生产经营相关的资产(原毛车间、牛绒衫车间、粗纺车间、染整车间、动力车间、羊绒衫车间及相关科室所属资产)及相应的负债投入本公司,该部分净资产经评估后为86,535,041元,按78.1%折为67,580,000股,占本公司股本总额的90.11%。青海第一毛纺厂投入本公司的净资产所折股份为国有法人股,由西宁市国有资产管理局授权西宁市国新资产经营有限公司持有。2000年3月8日,西宁市国新资产经营有限公司进行了增资扩股,并变更为西宁市国新投资控股有限公司。经西宁市国有资产管理局[1999]市国资企字第142号文批复,同意西宁市国新资产经营有限公司持有本公司的股份由西宁市国新投资控股有限责任公司继续持有。

本公司主要经营毛纺织品、针纺织品的加工、生产与销售以及毛纺高新技术的研究开发。自1987年以牦牛绒为原料成功研制出国内第一件牛绒衫开始,本公司一直立足于产品创新,逐步形成以牛绒衫为拳头产品,同时兼有多种牛绒时装、牛绒针织品等多元化的产品结构。2000年,为了增强市场竞争力,寻求新的利润增长点,本公司对产品结构进行了重大调整和内部经营机制的转变,基本停止生产技术含量低、市场销路不畅的普通加厚型牛绒衫,形成以牛绒精纺面料、薄型牛绒衫为主导的多元化的产品结构。

本公司曾被中华商标协会确定为全国首批"有志争创中华驰名商标的大中型企业"之一;是国家旅游局、国内贸易部、中国轻工总会和纺织总会确定的全国旅游商品定点生产企业;1995——1999年连续五年被评为青海省上缴税利先进企业、1995、1996年连续两年被评为青海省首批十佳企业之一。"白唇鹿"牌牛绒衫曾获得青海省优秀新产品一等奖、全国95消费者推荐信得过产品、96年全国消费者首选精品及青海省科技成果优秀项目一等奖等荣誉称号,是全国旅游商品定点产品;1999年,本公司的控股子公司三兴公司又试制成功高级精纺"牦牛绒"服装面料,经专家评审被认定为2000年度国家级新产品,并列入国家经贸委2000年度国家级重点新产品试产计划(国经贸技术[2000]452号文)。

(五)发行人的组织结构和内部管理结构

1.本公司的最高权力机构是股东大会,股东大会下设董事会,是股东大会的常设执行机构,在股东大会闭会期间,负责本公司的重大决策,并向股东大会负责。

2.本公司组织结构和内部管理结构如下图:

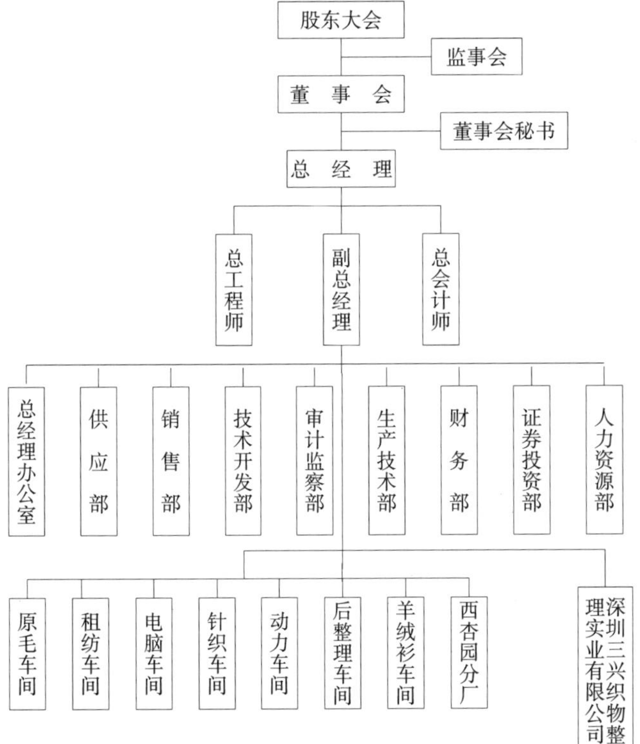

(六)本公司职工情况

截至2000年12月31日止,本公司共有在册职工821人,其人员结构是:(1)按专业结构分,行政管理人员55人,占比6.7%,生产人员542人,占比66.02%,营销人员103人,占比12.54%,工程技术人员111人,占比13.52%,财务人员10人,占比1.22%;(2)按学历结构分,大专及大专以上166人,占比20.22%,中专、高中210人,占比25.58%,高中以下445人,占比54.2%;(3)按职称结构分,高级职称5人,占比0.6%,中级25人,占比3.05%,助理级72人,8.77%,员级35人,占比4.27%。

4、职工的其他情况

本公司实行全员劳动合同制,职工工资和福利按照国家和青海省的有关规定执行。本公司职工享有医疗方面的福利政策,同时根据国家及地方政府的有关规定参加养老、工伤、待业等保险。本公司目前没有离退休职工。

(七)发行人的业务经营范围及实际从事的主要业务

本公司的经营范围包括毛纺织品、毛针织品;来料加工;毛纺机械配件的加工与销售;毛纺原料收购。本公司实际从事的重要业务为毛纺织品、毛针织品的加工、生产与销售以及毛纺高新技术的研究开发。

(八)发行人的主要业务、产品、生产能力和市场占有情况

本公司主要从事牛绒产品的生产、加工与销售,包括牛绒精纺服装面料、提花牛绒衫以及普通牛绒衫等,主要产品有:牛绒面料、牛绒衫、丝绒衫、羊绒衫、牛绒纱、棉布以及布匹整理等。其中,牛绒服装面料经专家评审被国家经贸委确定为2000年度国家级新产品,列入2000年度国家级重点新产品试产项目计划,是国内唯一进入该计划的牛绒面料生产企业。本公司现有牛绒面料生产能力为30万米/年;牛绒衫的生产能力为100万件/年,市场占有率为25%。

(九)原材料供应

本公司主要原材料包括牦牛绒、羊绒、丝、麻、涤纶、晴纶等。本公司与许多供应厂商保持着良好的合作关系,将采取措施确保原材料供应充足。

(十)工业产权

牛绒衫产品的注册商标"白唇鹿"是本公司拥有的工业产权。在本公司成立时,由青海第一毛纺厂无偿转让给本公司所有,本公司依法拥有"白唇鹿"商标的所有权。

(十一)土地使用权处置情况

本公司目前的生产经营用地共计53,173.9平方米。根据本公司与西宁市土地规划管理局签订的《国有土地使用权租赁合同》,本公司以租赁方式取得该部分土地的使用权。

(十二)新产品研究开发的有关情况

2000年度,本公司加大新产品开发力度,取得了显著成效。目前,已经开发出各类牛绒服装面料、成衣和时装100多款,其中,新型"牦牛绒"高级服装面料经专家评审被认定为2000年国家级新产品,列入国家经贸委2000年度国家级重点新产品试产项目计划。

(十三)正在进行或计划进行的投资项目或技术改造项目

发行人目前无正在进行的投资项目。

本公司计划投资的项目包括:

1.提花牛绒衫生产线技术改造项目

2.精纺提花交织绒衫生产线技术改造项目

3.牛绒衫生产线技术改造项目

4.扩建销售网络新建销售中心项目

(十四)公开发行股票前后国家的限制或优惠政策的变化情况

根据青海省人民政府青政[1994]54号文,本公司自上市之日起,可享受每年按应纳税所得额的20%返还的优惠政策;根据国务院《关于纠正地方自行制定税收先征后返政策的通知》(国发[2000]2号文)规定,各地区自行制定的税收先征后返政策从2000年1月1日起一律停止执行;根据财政部"关于进一步认真贯彻落实国务院《关于纠正地方自行制定税收先征后返政策的通知》的通知"(财税[2000]99号),允许地方实行的对上市公司企业所得税先按33%的法定税率征收再返还18%(实征15%)的优惠政策保留到2001年12月31日。本公司2001年度实际执行33%的所得税税率。

(十五)公司三年内发生的重大改组、变更、收购、兼并、清理整顿及重大投资行为

1、根据青海省国有资产管理局青国资字第(1998)152号文《关于青海白唇鹿股份有限公司国有股权管理有关问题的批复》,本公司成立以后,青海第一毛纺厂依法注销,其投入本公司的净资产86,535,041元,按1:0.781的比例折为6758万股国有法人股,由西宁市国新投资控股有限公司持有;另外四家发起人以现金投入,按1:0.781的比率折为国有或一般法人股,其中,西宁市大什字百货商店出资750万元,折合586万股;上海振鲁实业有限公司出资100万元,折合78万股;西宁特殊钢集团有限责任公司出资70万元,折为55万股;青海省集体工业物资供销处出资额30万元,折合23万股。

2、1999年8月,经西宁市经济委员会、西宁市财政局、西宁市国有资产管理局市经字[1999]第133号文批准,本公司以765万元溢价11.2%收购三兴公司90%的股权,从而对三兴公司拥有绝对控股权。

3、1999年9月,本公司对三兴公司进行了增资。本公司与另一股东高国平分别按90%和10%的股权比例,以现金增资2907万元人民币和323万元人民币。三兴公司增资后的注册资本增加至3780万元人民币,股权结构保持不变。

4、2000年度,本公司董事会做出了"抓住销售淡季,调整产品结构"的决议,停止了部分市场滞销产品的生产,削减了一些有特定消费群体但需求萎缩的产品的产量,并对相关生产车间如粗纺车间、针织车间的工艺流程进行了调整,新产品车间则一直处于满负荷生产状态。目前,本公司的产品结构调整已基本到位,牛绒面料、薄型牛绒衫等成为本公司新的主导产品。

5、本公司的控股子公司衡阳白唇鹿针织有限公司于2000年6月被湖南省衡阳市工商局注销。

6、1999年6月,本公司与青海省人民政府驻深圳办事处签署《合作投资建设青海大厦协议书》。深圳市建设局已就该项工程核发了2959号《建设工程开工许可证》、深建施许字[1997]188号《建设工程施工许可证》。根据工程的实际造价,本公司实际向青海大厦投资440.8万元,青海大厦竣工后,本公司将取得青海大厦第五层、第十八层、第二十九层等建筑面积为1217.89平方米的房屋所有权;

7、2000年4月,本公司又与青海省人民政府驻深圳办事处签订了《补充协议》。本公司预购买青海大厦第六层整层,同时将本公司原拥有的青海大厦第五层1-4,14-17房间退还给办事处以冲抵部分购房款,本公司实际应支付的价款总额为314.4万元。

8、2000年3月,根据西宁市国有资产管理局[1999]市国资企字第142号文批复,本公司的控股股东西宁市国新资产经营有限责任公司进行了增资扩股,吸收了广州贤成集团有限公司等五家新股东,并变更为西宁市国新投资控股有限责任公司。增资扩股以后,国新控股的注册资本金为19485万元,其中:西宁市国有资产管理局出资5885万元,占注册资本的30.2%;广州贤成集团有限公司出资5261万元,占注册资本的27%;中恒投资控股有限公司出资1169万元,占注册资本的6%;广州天艺服装有限公司出资2533万元,占注册资本的13%;兴宁市龙飞房地产开发有限公司出资2338万元,占注册资本的12%;华南期货经纪有限责任公司出资2299万元,占注册资本的11.8%。经青海省财政厅青财企字[2001]220号文的批复,国新控股持有本公司的股权仍为国有法人股。

(十六)本公司现有关联企业及关联交易

本公司的关联企业有:本公司的最大股东西宁市国新投资控股有限公司;持有国新控股27%股份的广州贤成集团有限责任公司;本公司的其他四家发起人股东,即西宁市大什字百货商店、上海振鲁实业有限公司、西宁特殊钢(集团)有限责任公司、青海省集体工业物资供销处;本公司的控股子公司三兴公司;国新控股所属企业青海双蝶绒线厂。

1、国新控股系本公司的最大股东,持有本公司6,758万股。国新控股成立于1998年3月18

日,原名西宁市国新资产经营有限公司。注册号为:6301001200524;住所为:西宁市城北区小桥大街36号;法定代表人为:舒扬;注册资本为:人民币壹亿玖仟肆佰捌拾伍万元;经营范围为:纺织品生产、销售,房地产开发,城乡交通基础设施建设等。本公司设立时,西宁市国有资产管理局(1998)市国资企字第50号文授权西宁市国新资产经营有限公司持有青海一毛国有资产的产权,经青海省国有资产管理局青国资字第(1998)152号文批复,主发起人青海一毛向本公司出资所折股份界定为国有法人股,股权持有人为西宁市国新资产经营有限公司。2000年3月8日,西宁市国新资产经营有限公司进行增资扩股,变更为国新控股。经西宁市国有资产管理局[1999]市国资企字第142号文批复,西宁市国新资产经营有限责任公司持有本公司的股份由国新控股继续持有。本公司本次股票发行上市后,国新控股持有本公司的股份占本公司股本总额的61.44%;

2、广州贤成集团有限责任公司持有西宁市国新投资控股有限公司27%的股份,是国新控股公司的第二大股东。广州贤成集团有限责任公司在广州市工商行政管理局注册成立,营业执照注册号为4401012006089;住所为广州市天河龙口西路71号楼2楼;法定代表人为刘伟坚;注册资金为人民币贰亿元;经营范围为批发及零售贸易(国家专营专控商品凭许可证经营),服装生产、销售,房地产开发(二级),物业管理及租赁,宾馆酒楼管理,三高农业和高新技术项目开发,投资实业等。

3、西宁市大什字百货商店持有本公司586万股股份。该公司在西宁市工商行政管理局注册成立,营业执照注册号为22663055-8-1;住所为西宁市东大街53号;法定代表人为卫亚莉;注册资金为人民币2,363万元;经营范围为百货、针纺织品、五金交电等。

4、西宁特殊钢(集团)有限责任公司持有本公司55万股股份。该公司于1996年1月31日在青海省工商行政管理局注册成立,营业执照注册号为22659318-7;住所为西宁市柴达木路52号;法定代表人为张昭云;注册资本为75,846万元;经营范围为钢铁冶炼、金属压延加工,机械设备维修等。

5、上海振鲁实业有限公司持有本公司78万股股份。该公司于1996年11月26日在上海市工商行政管理局注册成立,营业执照注册号为3101091013914;住所为上海市场中路815号;法定代表人为徐蝶梅;注册资本为人民币200万元;经营范围为销售金属材料、建筑装潢材料等。

6、青海省集体工业物资供销处持有本公司23万股股份。该企业法人营业执照注册号为22659261-9;住所为西宁市七一路465号;法定代表人为唐立华;注册资金为人民币384.2万元;经营范围为金属材料、纺织原料、塑料原料等。

7、本公司持有三兴公司90%的股权。企业法人营业执照注册号为4403012019345;住所为深圳市罗湖区莲塘西岭村;法定代表人为黄贤优;注册资本为人民币3,780万元;经营范围为棉纺织布的加工、销售等。

8、青海双蝶绒线厂系国新控股的全资附属企业。该厂成立于1998年10月12日,企业法人营业执照注册号为6301001200738;住所为西宁市城北区小桥大街36号;法定代表人为朱军;注册资本为人民币3,100万元;经营范围为主营毛纺织品,毛纺原料收购,来料加工等。

本公司与上述企业之间的关联交易主要有:本公司与青海双蝶绒线厂之间的加工定作、房屋租赁关系和青海双蝶绒线厂对本公司的借款合同提供担保;以及本公司与三兴公司之间的设计开发、委托加工和产品购销关系。

1、青海双蝶绒线厂租赁使用本公司的房产。根据本公司与青海双蝶绒线厂于1998年10月13日签署的《房屋租赁合同》,青海双蝶绒线厂租赁使用本公司的房产共两处,面积共计为1735平方米。租金为每月每平方米人民币6元,每月共计租金为10410元人民币,租期为5年。

2、本公司为青海双蝶绒线厂加工染色绒线。根据1998年10月13日本公司与青海双蝶绒线厂签署的《加工定作合同》,本公司为青海双蝶绒线厂加工染色绒线。截至2000年12月31日,本公司向青海双蝶绒线厂收取加工费共计人民币163,122.43元。

3、青海双蝶绒线厂为本公司和中国工商银行西宁市小桥支行签定的编号为小桥字0117、小桥字0118的《流动资金借款合同》提供担保,担保的主债务本金总额计为2,000万元人民币;青海双蝶绒线厂为本公司和中国工商银行西宁市小桥支行签定的编号为小桥字0178、小桥字0179的《流动资金借款合同》的延期提供担保,担保的主债务本金总额计为1,978万元人民币;青海双蝶绒线厂还为本公司和中国建设银行西宁市城北支行签定的编号为9904304056#的《人民币短期借款合同》提供担保,担保的本金金额计为2,400万元人民币,该合同已于2000年12月29日到期,合同的展期正在办理之中。

4、本公司委托三兴公司设计开发并加工产品。本公司与三兴公司签订了《牛绒涤纶混纺面料设计开发及生产加工合同》。合同编号为BCL/S-0007,本公司委托三兴公司设计开发并生产牛绒涤纶混纺西服面料的合同总价款为捌佰玖拾伍万元。

5、本公司从三兴公司购买产品,与三兴公司签订了《牛绒混纺纱购销合同》,合同编号为BCL/S-0006,本公司从三兴公司购买牛绒混纺成品色纱的合同总价款为518319元。

6、本公司委托三兴公司加工新疆库尔勒产棉纱,与三兴公司签订了两份《委托加工合同》,合同编号为BCL/S-0001与BCL/S-0002,本公司应支付的加工费为120万元和250万元。

(十七)为避免同业竞争,本公司最大股东西宁市国新投资控股有限责任公司于1999年9月9日出具了承诺函,承诺其及其下属企业不从事任何与本公司有实质性竞争的业务,亦不会利用其对本公司的控股关系,作出有损本公司及其全体股东利益的行为。

九、董事、监事、高级管理人员及重要职员

黄贤优:董事长,男,37岁,大专学历(现就读工商管理硕士学位),助理经济师。曾任深圳金田纺织股份有限公司业务员、部门经理,中外合资嘉骐纺织有限公司董事长,西宁市国新资产经营有限责任公司董事,一九九九年五月起任青海白唇鹿股份有限公司董事长。

孟庆良:副董事长,男,38岁,本科学历,经济师,曾任兰州毛条厂设备科科长、兰州纺织机械调配站经理、甘肃省轻纺物资总公司总经理、兰州辐射玻璃厂厂长、甘肃纺织机械器材总公司总经理、中国恒天集团中恒投资控股公司副总经理、西宁市国新资产经营有限责任公司副总经理,一九九九年五月起任青海白唇鹿股份有限公司副董事长。

李冬生:董事,男,47岁,大专学历,高级工程师,一九八零年起历任青海第一毛纺厂技术员、厂长助理、副厂长、厂长,现任青海白唇鹿股份有限公司总经理。

卫亚莉:董事,女,42岁,大专学历,曾任西宁食品厂、西宁市食品公司、西宁市商业局、西宁市五金公司团支部书记、团委副书记、党委书记,现任西宁市大什字百货商店总经理。

黄静:董事,女,40岁,大学学历,高级工程师,自一九八三年八月起历任青海第一毛纺厂车间主任、副厂长,现任青海白唇鹿股份有限公司总工程师。

徐蝶梅:董事,女,58岁,大专学历,曾任上海新乐服装公司经理,现任上海振鲁实业有限公司董事长。

有限公司董事长助理,广州丰瑞实业有限公司办公室主任,现任西宁市国新投资控股有限公司副总经理。

高国平:董事,男,42岁,大专学历,工程师,曾任广东兴宁市第二染织厂厂长,现任深圳市三兴织物整理实业有限公司总经理。

赵红:董事,女,31岁,大专学历,经济师,曾任中国建设银行广州市分行建设路办事处主任,现任西宁市国新投资控股有限公司办公室主任。

詹立成:监事会主席,男,57岁,高中学历,政工师,曾任中国人民解放军、县人民武装部战士、政委、党委书记,青海第一毛纺厂、青海造纸厂纪委书记、党委书记。

刘世全:监事,男,56岁,中专学历,曾任建设兵团青海农建师、青海省畜产品进出口公司、青海省畜产品公司针纺部干事、科长、厂长、党委副书记。

赵兰:监事,女,46岁,中专学历,会计师,历任青海第一毛纺厂财务部会计、科长,现任青海白唇鹿股份有限公司审计监察部部长。

李喆:董事会秘书,男,45岁,大专学历,工程师,曾任青海纺织工业总公司、青海第三毛纺厂技术员、总师办主任,青海天源纺织集团公司企管部经理,现任青海白唇鹿股份有限公司董事会秘书、董事长助理。

马慧玲:财务负责人,女,39岁,大专学历,曾任本公司财务部副部长,财务总监助理。

十、经营业绩

(一)本公司生产经营的一般情况

牦牛绒是青藏高原的珍贵物产,年产量为4,000吨左右,占世界总产量的90%以上,其中能够分梳纺纱的无毛绒约为800吨。本公司是国内第一家以牦牛绒为原料制成牛绒衫的企业。经过十多年的潜心研究开发,本公司掌握了牦牛绒的脱色、染色、织布、抗静电等关键技术,已具备年产牛绒衫100万件、牛绒精纺服装面料30万米的生产能力,在生产规模、新产品开发和技术创新上居国内同行前列。

本公司目前对牛绒资源的开发思路是充分发挥牛绒在保暖、防潮等方面的优点,兼顾产品的舒适程度和外型美观,生产出"老少皆宜、四季皆宜"的牛绒产品系列,满足不同消费者的市场需求,建立自己的品牌优势,或者给其他服装生产厂家提供牛绒精纺面料等中间产品,借助名牌服装效应来扩大牛绒产品的市场范围。

2000年度,本公司加大新产品开发力度,取得显著成效。目前,已经开发出各类牛绒服装面料、成衣和时装100多款,一系列具有较高技术含量和附加值的新产品已成为本公司的主导产品,其中,新型"牦牛绒"高级服装面料经专家评审被认定为2000年国家级新产品,列入国家经贸委2000年度国家级重点新产品试产项目计划。

(二)经营业绩

根据深圳同人会计师事务所证审字[2001]第003号审计报告,本公司最近三年的销售、利润情况如下表:　单位:人民币元

项　目	2000年度	1999年度	1998年度
主营业务收入	104,294,586.44	92,784,251.62	129,790,544.26
主营业务利润	33,385,065.65	38,395,500.16	45,180,945.58
利润总额	23,180,786.63	20,632,309.05	14,883,319.40
税后利润	17,643,761.73	15,496,311.48	9,724,105.05

(三)业务收入的构成情况

本公司主营业务收入主要来自产品销售收入,本公司最近三年的主营业务收入构成如下:单位:人民币元

项　目	2000年度	1999年度	1998年度
牛绒面料	43,735,042.95	2,031,538.47	--
牛绒衫	35,168,983.74	81,057,301.24	118,658,360.75
丝绒衫	5,696,877.19		
羊绒衫	9,532.65	--	17,342.71
牛绒纱	14,767,398.80	429,478.89	9,702,342.78
针织纱	--	--	64,422.69
无毛绒	--	--	1,214,684.36
棉布	332,541.47	1,580,731.40	--
布匹整理	4,311,079.04	6,707,673.44	--
其他	273,130.60	977,528.18	133,390.97
合计	104,294,586.44	92,784,251.62	129,790,544.26

(四)本公司近年来取得的科技开发成果

近年来,本公司通过加大技术开发攻关力度,取得了一系列科研开发成果:

1.1989年研制开发出牦牛绒衫、兔毛衫、羊仔毛衫,取得青海省《科技成果证书》;

2.1993年研制出加厚牦牛绒衫,获得青海省优秀新产品一等奖;

3.1994年研制开发出提花和结构型牦牛绒衫以及薄型换色牛绒衫;

4.1997年成功掌握了牦牛绒脱色技术,解决了牛绒产品色彩单一的问题;

5.1999年研制开发出新型"牦牛绒"高级服装面料,经专家评审为2000年度国家级新产品,并被国家经贸委列入2000年度国家级重点新产品试产计划。

(五)牦牛绒产品的市场情况

本公司产品主要供应国内消费者,在我国北方地区的市场占有率较高,1996年、1997年该市场处于高速发展阶段,但由于行业内同类产品较多和狭隘的市场定位,自1999年以来,普通牛绒衫在市场上的销售状况呈下降趋势。2000年度,本公司加大了产品结构调整的力度,新开发出牛绒精纺服装面料、薄型牛绒衫、T恤等100多款新产品,改变了牛绒产品在市场上"厚、笨、重"的市场形象,品种更加齐全,颜色更加丰富,款式更加多样,在2000年3月北京国际服装服饰博览会上一推出便吸引了国内外众多生产商、经销商和消费者。目前,本公司与北京央视夕阳红老年服务中心等多家企业签定了牛绒产品的长期合作协议以及价值1亿多元的产品销售合同和1亿元的产品合作意向书,牦牛绒资源的开发潜力很大。

(六)产品性能、质量方面的情况

本发行人具有健全的质量管理制度,检测手段齐全,产品质量稳定可靠。经国家毛纺织产品质量监督检测中心、青海省纺织产品质量监督检测中心、青海省纤维检验局等有关机构认定,本公司产品符合FC73004-91粗梳毛针织品标准、DB63/254-1996粗梳牦牛绒针织品技术条件、DB63/255-1996粗梳毛牛绒针织品标准的一等品指标要求。1999年研制成功的新产品——涤纶牛绒混纺色织布通过了广东省广州市纺织纤维检验所、广东省纺织产品质量监督检验测试中心和广东省纤维纺织品质量监督检验站的产品检验,达到了一等品的标准。

(七)筹资和投资方面情况

本公司主要的筹资渠道是银行贷款,企业盈余和将来通过发行社会公众股募集资金。截止2000年12月31日,本公司合并报表后的长期投资余额为1556,159.36元,其中,债券投资37,444元,股权投资1,518,715.36元,是本公司对三兴公司的股权投资差额。

(八)主要固定资产的增加改进情况

本公司2000年度房屋及建筑物原值增加33,574,435.26元,主要是三兴公司购买一幢价值33,500,000元的厂房所致。

(九)职工数量与业务水平

截至2000年12月31日,本公司在职职工人数为821人。

本公司十分重视引进、储备优秀人才,本次结构调整期间,经过对职工专业技术的强化培训,业务水平都有较大的提高,能够适应新的技术岗位。

十一、股　本

(一)注册股本:75,000,000股。

(二)股本形成

本公司是经青海省人民政府以青股审(1998)004号文批准,以青海第一毛纺厂联合西宁市大什字百货商店等其它四家企业法人,以发起设立方式设立的股份有限公司。本公司于1998年8月28日在青海省工商行政管理局注册,注册资本7,500万元,总股本7,500万股,均为面值1.00元的人民币普通股。

青海第一毛纺厂经整体改组,以经评估确认的与牛绒衫生产经营相关的净资产86,535,041元投入本公司,西宁市大什字百货商店等其他四家发起人以现金9,500,000元投入本公司。发起人投入组建本公司的净资产总额为96,035,041元,按照1:0.781的比例折为每股面值1元的人民币普通股7,500万股,超过面值部分计入资本公积金。

本次发行将向社会公众公开发行3,500万股人民币普通股,面值1元,每股发行价5.68元,超过面值部分计入公司资本公积金。

(三)超过面值缴入的资本及其用途

本次向社会公众按每股溢价5.68元发行3500万股社会公众股,发行成功后,本公司总股本为11000万股,认购股份超过面值部分在扣除发行费用后,将全部计入资本公积金。

(四)发行人股权结构历次变动的情况及原因

1998年8月28日,股份公司设立时的股本结构如下表:

类　别	股份(万股)	占总股本比例(%)
国有法人股	7,399	98.7
法人股	101	1.3
合计	7,500	100

股份公司设立至今,股权结构未发生任何变化。

(五)本次发行后的股本结构如下表:

类　别	股份(万股)	占总股本比例(%)
国有法人股	7,399	67.3
法人股	101	0.9
社会公众股	3,500	31.8
合计	11,000	100

(六)本次股票发行前后净资产变动情况:

	净资产总额(元)	股本额(万股)	每股净资产(元/股)
发行前	112,757,092.25	7,500	1.50
发行后	319,907,092.25	11,000	2.90

(七)本次发行前股东名单及其简要情况

本次发行前,本公司现有发起人股东五名,其简要情况如下:

股东名称	持股数(万股)	占发行前总股本比例(%)
西宁市国新投资控股有限责任公司	6758	90.11
西宁市大什字百货商店	586	7.81
上海振鲁实业有限公司	78	1.04
西宁特殊钢集团有限责任公司	55	0.73
青海省集体工业物资供销处	23	0.31

(八)董事、监事及高级管理人员持股情况

截止目前,本公司董事、监事、高级管理人员及重要职员未持有本公司股票。

十二、财务会计资料

(一)以下资料数据全文引自深圳同人会计师事务所有限公司对本公司出具的审计报告和经审计的本公司编制的财务报表及附注。

深同证审字[2001]第003号

审　计　报　告

中国·青海

青海白唇鹿股份有限公司全体股东:

我们接受委托,审计了贵公司1998年12月31日、1999年12月31日及2000年12月31日合并资产负债表及母公司资产负债表,1998年度、1999年度及2000年度合并利润及利润分配表和母公司利润及利润分配表,1999年度及2000年度合并现金流量表及母公司现金流量表。这些会计报表由贵公司负责。我们的责任是对这些会计报表发表审计意见。我们的审计是依据《中国注册会计师独立审计准则》进行的。在审计过程中,我们结合贵公司实际情况,实施了包括抽查会计记录、审核有关证据等我们认为必要的审计程序。

我们认为,上述会计报表符合《企业会计准则》和《股份有限公司会计制度》的有关规定,在所有重大方面公允地反映了贵公司1998年12月31日、1999年12月31日及2000年12月31日的财务状况与1998年度、1999年度及2000年度的经营成果与1999年度及2000年度的现金流量,会计处理方法的选用遵循了一贯性原则。

深圳同人会计师事务所　　中国注册会计师:易永健

中国注册会计师:朱文岳

二〇〇一年一月七日

青海白唇鹿股份有限公司

会计报表附注

单位:人民币元

一、公司简介

青海白唇鹿股份有限公司(以下简称"公司"或"本公司"),系于1998年8月25日经青海省人民政府以青股审[1998]第004号文批准,由西宁市国新投资控股有限公司(原名为西宁市国新资产经营有限责任公司,下同)为主要发起人,联合西宁市大十字百货商店、上海振鲁实业有限公司、西宁特殊钢(集团)有限责任公司、青海省集体工业物资供销处等共同发起设立。其中西宁市国新投资控股有限公司以其与牛绒衫生产经营相关的资产作为出资,其他四家发起人以现金出资。公司1998年度8月28日在青海省工商行政管理局登记注册,注册资本为人民币7500万元,业经深圳同人会计师事务所以深同验字[98]第D014号验资报告验证。

本公司属于纺织行业,主要经营范围为:生产经营毛纺织品、毛针织品、来料加工、毛纺机械配件加工、销售,毛纺原料收购。

本公司控股子公司概况列示如下:

本公司子公司名称	注册地址	法定代表人	注册资本	持股比例	主营业务
深圳市三兴织物整理实业有限公司	深圳市	黄贤优	37,800,000.00	90%	棉纺织布加工、销售及进出口业务

二、会计报表编制基础:

根据西宁市国有资产管理局[1997]市国企字第201号文批准,西宁市国有资产管理局将原青海畜产进出口公司针纺部全部经营性资产划拨予本公司主发起人－西宁市国新投资控股有限公司。西宁市国新投资控股有限公司接受该部分划拨资产后将其与牛绒衫生产经营相关的资产投入本公司,同时将非经营性资产(包括托儿所、煤气站、卫生所、餐饮娱乐中心、职工宿舍、浴室等)以及与绒线生产经营相关的资产(包括毛条和绒线车间)投入青海双蝶绒线厂。故本公司1998年1－8月份会计报表的编制系根据《中华人民共和国公司法》及《股份有限公司会计制度》模拟编制,1998年9－12月、1999年度及2000年度会计报表为本公司实际报表。

原企业在改制过程中,六个会计要素的剥离原则和方法如下:

1. 资产:实物资产的剥离以实际占用和使用为界定原则;对债权的剥离以与牛绒衫生产经营相关为原则。

2. 负债:负债的剥离以与牛绒衫生产经营相关为原则,其中税金的剥离以与实际发生经济业务相配比为原则。

3. 所有者权益:所有者权益则根据资产和负债的剥离结果进行计算。

4. 收入:收入的剥离根据与牛绒衫的生产经营相关为原则。

5. 费用:工资、三项费用及劳动保险费用是把非经营部门以及绒线车间的部分进行剥离;成本、折旧和税金则根据资产和收入的剥离明细利用配比原则分别计算;财务费用则根据借款的剥离明细按配比原则进行计算。

6. 利润:利润的剥离则根据收入和费用项目的剥离明细分别汇总计算。

对以上会计要素明细的计算遵循了配比原则,所运用的剥离原则和方法、分帐的合理性和合规性已经中国注册会计师审核。

有关合并会计报表的编制说明详见附注三.19。

三、主要会计政策、会计估计和合并会计报表的编制方法

1.会计制度

本公司执行中华人民共和国《企业会计准则》和《股份有限公司会计制度》及其补充规定。

2.会计年度

会计年度采用日历年度制,即自公历每年一月一日起至十二月三十一日止。

3.记帐本位币

本公司记帐本位币为人民币。

4.记帐基础和计价原则

本公司的记帐基础为权责发生制,计价原则为历史成本法。

5.外币业务核算方法

本公司年度内发生的非本位币经济业务,按业务发生当月一日中国人民银行公布的市场汇价的中间价("市场汇价")折合为人民币记帐。年度终了,货币性项目中的外币余额概按当日市场汇价进行调整,由此产生的折合人民币差额,计入当年度损益。

本公司本会计年度无外币业务。

6.外币会计报表的折算方法;

子公司的非本位币会计报表,均按照财政部财会字[1995]11号《合并会计报表暂行规定》第八条所规定的折算方法,折算为本位币报表。因会计报表各项目按规定采用不同汇率而产生的折算差额,以"外币报表折算差额"项目在资产负债表单独列示。

本会计年度本公司及其子公司未编制外币会计报表。

7.现金等价物的确定标准:

现金等价物为本公司持有的期限短、流动性强、易于转换为已知金额现金、价值变动风险很小的投资。

8.坏帐核算方法

①本公司确认坏帐损失的标准:凡因债务人破产,依照法律清偿程序清偿后仍无法收回,或因债务人死亡,既无遗产可供清偿,又无义务承担人,确实无法收回;或因债务人逾期未能履行偿债义务,以及其他足以证明应收款项可能发生损失的证据,经法定程序审核批准,该等应收款项列为坏帐损失。

②坏帐损失的核算方法:本公司坏帐损失核算采用备抵法,坏帐准备按帐龄分析法计提,根据债务单位的财务状况、现金流量等情况,以决算日应收款项(包括应收帐款和其他应收款,包含关联公司往来款项)的余额,按帐龄分析法计提。提取比例为:帐龄1年(含1年,以下类推)以内的计提5%;帐龄1－2年的计提10%;帐龄2－3年的计提30%;帐龄3－5年计提80%;帐龄5年以上的计提100%。并计入当年度损益。

9.存货核算方法

本公司的存货分为原材料、产成品等九类,各类存货的取得以实际成本计价,发出存货的成本以加权平均法计算确定。决算日,存货按成本与可变现净值孰低法计算。

低值易耗品于领用时采用一次摊销法摊销。

包装物于领用时采用一次摊销法摊销。

存货跌价准备,以决算日存货成本低于可变现净值计算的差额提取存货跌价准备,存货跌价损失已计入当年度损益。

存货的细节在五.5.中表述

10.短期投资核算方法

本公司的短期投资按实际成本计价。实际收取的短期投资利息及股利作为短期投资收益。决算日,短期投资采用成本与市价孰低法计价,其市价低于成本的差额作为短期投资跌价准备,并计入当年度损益。

本公司本年度无短期投资。

11.长期投资核算方法

(1)长期债权投资:本公司债权投资按实际支付的款项扣除应计利息后计价入帐,债权投资实际成本与债券票面价值的溢价(或折价),采用直线法于债券存续期内摊销。

(2)长期股权投资:本公司股票投资按实际支付的价款扣除已宣告发放的现金股利后计价入帐,其他长期投资按投出现金及固定资产、无形资产的帐面净值计价入帐。

股权投资差额系指长期股权投资采用权益法核算时,长期股权投资成本与应享有被投资单位所有者权益中所占份额的差额。1999年9月1日起分10年平均摊销。

本公司对被投资公司的长期投资采用下列会计处理方法:投资额占被投资公司资本总额不足20%时,以成本法核算;投资额占被投资公司资本总额20%至50%时,以权益法核算;投资额占被投资公司资本总额50%以上以及投资额虽占被投资公司资本总额20%至50%,但本公司对其实质上拥有控制权者,采用权益法核算并对会计报表予以合并。

决算日,若因市价持续下跌或被投资单位经营状况恶化(或其他具体原因)等原因导致长期投资可收回金额低于帐面价值,其差额作为长期投资减值准备,并计入当年损益。

长期投资的细节在五.6.及五.7.中表述。

12.固定资产计价和折旧方法

(1)固定资产标准:指使用期限超过一年的房屋建筑物、机器设备、运输工具及其它与经营有关的工器具等,以及不属于经营的主要设备但单位价值在人民币2,000元以上,使用期限超过二年的物品。

(2)固定资产计价:固定资产按实际成本计价。本公司主发起人西宁市国新投资控股有限公司1998年4月30日投入本公司的固定资产以评估后价值入帐。

(3)固定资产折旧方法:固定资产折旧采用直线法平均计算,并根据固定资产类别的原值、估计经济使用年度限和预计残值(原值的5%)确定其折旧率。各类折旧率如下:

类　别	预计使用年限(年)	年度折旧率%
房屋建筑物	40	2.37
机器设备	8	11.87
运输设备	6	15.80
电子设备及其他	9	10.55

固定资产及其折旧的细节在五.8.中表述。

13.在建工程核算方法

在建工程按实际成本计价。在建工程达到设定地点及设定用途并交付使用时,确认为固定资产。

在建工程建造期间所发生的借款利息及其相关费用计入在建工程成本。

在建工程的细节在五.9.中表述。

14.无形资产计价和摊销方法

无形资产按形成或取得时发生的实际成本计价,并按直线法摊销。

15.开办费摊销方法

本公司的开办费按形成时发生的实际成本计价,并按直线法分10年摊销。

开办费的细节在五.10.中表述。

16.长期待摊费用摊销方法

本公司的长期待摊费用按形成时发生的实际成本计价,并按直线法分5年摊销。

长期待摊费用的细节在五.11.中表述。

17.收入确认原则

产品销售:公司将产品所有权上的主要风险和报酬转移给购买方,对该产品不再保留继续管理权和实际控制权,与交易相关的价款已经收到或已经取得了收款的证据,与收入相关的产品成本能够可靠地计量时,确认收入的实现。

提供劳务:劳务已经提供,相关的成本能够可靠计算,其经济利益能够流入,确认收入的实现。

18.所得税的会计处理方法

本公司所得税的会计处理方法采用应付税款法。

19.合并会计报表的编制方法

本合并会计报表系按照财政部财会字[1995]11号文《合并会计报表暂行规定》和财会二字(1996)2号《关于合并会计报表合并范围请示的复函》等有关文件的要求编制的。本公司列入合并会计报表的范围的子公司(详情列示于附注一公司简介)所执行的行业会计制度,业已在会计报表合并时予以必要的调整。

本公司及其子公司间的所有重大交易,均在会计报表合并时予以抵销。

少数股东权益是指子公司资产净值中由母公司以外的其他投资者所拥有的权益。少数股东损益是指除母公司以外的其他投资者在各子公司应分得的利润(或应承担的亏损)。

本公司于1999年8月12日完成收购深圳三兴织物整理实业有限公司90%股权,收购会计基准日确定为1999年8月31日.根据合并会计报表的编报要求,本公司将该控股子公司1999年9月1日至12月31日及2000年1月1日至12月31日会计报表纳入报表合并范围。

四、税项

1.本公司主要适用的税种和税率

税　种	计税依据	税　率
增值税	产品或劳务销售收入	17%
营业税	营业收入	5%
城市维护建设税	增值税、营业税额	1%、7%
教育费附加	增值税、营业税额	3%
企业所得税*	应纳税所得额	33%、15%

*本公司控股子公司——深圳三兴织物整理实业有限公司执行15%所得税税率。

2.优惠税率及批文

根据西宁市人民政府宁政[1998]331号文和青海省人民政府青政办函[1998]94号文批准,本公司自成立日至2000年度止,所上交增值税中25%归地方财政所得部分,由同级财政给予返还;上述两文同时还规定,本公司自成立日至2000年度止,各会计年度按33%计缴所得税,并由同级财政给予全额返还。

但是,根据国务院国发[2000]2号文规定,本公司2000年度执行33%所得税税率。

税项的细节在五.17中表述

五、合并会计报表主要项目注释:

1.货币资金

	1999.12.31			2000.12.31		
	原　币	汇率	折合本位币	原　币	汇率	折合本位币
现金	114,091.04	1:1	114,091.04	76,484.56	1:1	76,484.56
银行存款	10,422,958.70	1:1	10,422,958.70	4,340,187.69	1:1	4,340,187.69
其他货币资金	20,001,039.23	1:1	20,001,039.23	10,002,739.23*	1:1	10,002,739.23
	30,538,088.97		30,538,088.97	14,419,411.48		14,419,411.48

*本公司2000年12月31日其他货币资金余额为10,002,739.23。其中5,000,000.00元为六个月定期银行存款(2000.12.15-2001.06.15),该笔存款已向银行办理了贷款质押;另外5,000,000.00元为六个月定期(2000.12.19-2001.06.19)银行承兑汇票的保证金存款。

2.应收帐款

应收帐款的帐龄分析列示如下:

帐　龄	1999.12.31			2000.12.31		
	金　额	占该帐项金　额%	坏帐准备	金　额	占该帐项金　额%	坏帐准备
1年以内	43,052,752.24	83.30	2,152,637.61	29,148,550.10	77.61	1,457,427.51
1-2年	7,414,354.13	14.35	741,435.41	3,645,673.70	9.71	364,567.37
2-3年	988,245.21	1.92	296,473.56	4,241,145.87	11.29	1,272,343.76
3-5年	177,661.40	0.35	142,129.12	469,964.08	1.25	375,971.26
5年以上	52,808.24	0.08	52,808.24	52,808.24	0.14	52,808.24
	51,685,821.22	100	3,385,483.94	37,558,141.99	100%	3,523,118.14

其中欠款金额前五名的单位:

名　称	所欠金额	欠款时间	欠款原因
广州市华鑫企业有限公司	3,000,000.00	2000年03月	货款
番禺市华鑫时装厂	3,000,000.00	2000年04月	货款
广东粤纺经济贸易有限公司*	16,660,000.00	2000年11月	货款
江苏江阴利港化纤公司	3,420,000.00	2000年12月	货款
广东华顺实业有限公司	1,202,826.83	2000年05月	货款

*本公司于2000年11月20日和广东省粤纺经济贸易公司签订了销售45,000件精纺薄型牛绒衫和20,000件绒丝衫的销售合同,价款共计16,660,000.00元,并于当月将货物全部发出,合同规定货到后六个月内付清全部价款。持本公司5%以上股份的股东没有本项欠款。

3.其他应收款

其他应收款的帐龄分析列示如下:

帐　龄	1999.12.31			2000.12.31		
	金　额	占该帐项金　额%	坏帐准备	金　额	占该帐项金　额%	坏帐准备
1年以内	3,674,569.05	28.55	183,728.45	11,401,444.58	65.17	570,072.23
1-2年	8,504,140.89	66.08	850,414.09	3,587,124.55	20.50	358,712.46
2-3年	152,373.28	1.19	45,711.98	1,833,923.40	10.48	550.177.02
3-5年	465,719.66	3.62	372,575.73	409,081.92	2.34	327,655.36
5年以上	74,031.39	0.54	74,031.39	264,373.65	1.51	264,373.65
	12,870,834.27	100	1,526,461.64	17,495,948.10	100%	2,070,990.72

其中欠款金额前五名的单位:

名　称	所欠金额	欠款时间	欠款原因
青海双碟绒线厂*	5,927,333.37	1998年	改制时资产剥离
筹委会	4,299,332.78	--	上市筹备费用
江苏天伦染织公司	1,273,398.62	1998年04月	印染款
深圳利保丰公司	1,026,900.00	2000年10月	往来款
刘永刚	531,295.25	2000年10月	往来备用金

*应收关联公司—青海双碟绒线厂往来款5,927,333.37元系1998年本公司改制时产生的往来,控股公司—西宁市国新投资控股有限公司承诺,该往来将用以后年度本公司的现金分红中其所得部分偿还。根据本公司会计政策,该等款项计提坏帐准备296,366.67元。

持本公司5%以上股份的股东没有本项欠款。

4.预付帐款

项　目	1999.12.31	2000.12.31
设备款	18,830,000.00	18,830,000.00
加工费	6,998,850.00	253,000.00
工程及备件款	825,583.37	305,811.15
其他	--	146,086.77
	26,654,433.37	19,534,897.92

其中欠款金额前五名的单位:

名　称	所欠金额	欠款时间	欠款原因
香港誉丰国际有限公司	18,830,000.00	2000年11月	设备款
港江粤西建筑公司	200,000.00	2000年12月	装修款
安庆染织厂	200,000.00	1999年04月	加工款
深圳市设计装饰公司	60,000.00	2000年11月	设计费
仝伯堂(个人)	42,382.17	2000年08月	水电款

持本公司5%以上股份的股东没有本项欠款。

5.存货

项　目	1999.12.31		2000.12.31	
	金　额	跌价准备	金　额	跌价准备
库存商品	14,884,743.88	1,938,640.47	24,045,823.38	1,508,153.49
原材料	6,053,843.31	1,653,955.03	13,663,938.70	332,061.42
在制品	3,453,682.40	--	4,942,533.51	--
低值易耗品	294,970.87	--	144,467.83	--
委托加工材料	3,918,819.72	--	7,066,092.39	--
在途物资	94,288.40	--	--	--
包装物	366,897.36	--	482,959.45	--
等外品	12,210,344.43	5,687,052.56	--	--
自制半成品	14,043,891.76	914,021.91	55,851,008.34	142,996.78
辅助材料	--	--	1,522,805.32	226,718.20
合　计	55,321,482.13	10,193,669.97	107,719,628.92	2,209,929.89

*本公司在改制设立前以180.00元的价格购入一批牛绒衫54,331件,随着消费需求的改变,该等产品在颜色和款式上以严重过时,经过西宁市财政局宁财工字[1998]1000号文批准,1998年对该等牛绒衫计提存货跌价准备(110.00元/件)5,976,410.00元,当年度销售3,235件,冲减跌价准备355,850.00元。本年度在产品结构调整过程中,将库存等外牛绒衫全部通过门市部降价处理,包括该等结余库存51,096件,处理单价为70.00元/件,同时冲减跌价准备5,620,560.00元。

**本公司2000年末存货较上年增加52,398,146.00元,主要是母公司储备的生产牛绒面料用牛绒纱135.5吨,价值50,654,600.00元。

6.长期股权投资

	2000.1.1				2000.12.31	
	金　额	减值准备	本年增加	本年减少	金　额	减值准备
股权投资差额	1,693,955.59	--	--	175,240.23	1,518,715.36	--
衡阳白唇鹿针织有限公司*	1,122,123.46	--	--	1,122,123.46	--	--
	2,816,079.05	--	--	1,297,363.69	1,518,715.36	--

*本公司控股子公司——衡阳白唇鹿针织有限公司已于2000年6月清算完毕,同时办理了工商及税务注销手续。清算过程中收回存货对外销售款688,704.17元(其中已实际收回现金591,754.17元)、收回存货抵付债务230,422.96元,发生清算损失计202,996.33元已计入投资损益。

股权投资差额其明细列示如下:

被投资单位名称	差额初始金额	形成原因	摊销期限	2000.12.31 本年摊销额	2000.12.31 摊销余额
深圳三兴织物整理实业有限公司	1,752,402.33	收购价与所占资产净额中的份额之差	10年	175,240.23	1,518,715.36

7.长期债权投资

项　目	2000.01.01	本年增加	本年减少	2000.12.31
电力债券	37,440.00	--	--	37,440.00

8.固定资产及折旧

	2000.01.01	本年增加	本年减少	2000.12.31
固定资产原值:				
房屋及建筑物	24,022,344.01	33,574,435.26	--	57,596,779.27
机器设备	66,185,796.46	8,050.00	--	66,193,846.46
运输工具	3,126,296.52	95,086.13	--	3,221,382.65
电子设备及其他	9,262,654.11	54,563.13	94,392.93	9,222,824.31
	102,597,091.10	33,732,134.52	94,392.93	136,234,832.69
累计折旧:				
房屋及建筑物	7,597,414.46	610,727.25	--	8,208,141.71
机器设备	15,309,794.15	4,785,709.14	--	20,095,503.29
运输工具	2,011,116.37	396,146.93	--	2,407,263.30
电子设备及其他	5,887,002.06	534,859.90	19,560.59	6,402,301.37
	30,805,327.04	6,327,443.22	19,560.59	37,113,209.67
固定资产净值	71,791,764.06			99,121,623.02

本公司2000年度房屋及建筑物原值增加33,574,435.26元,主要原因系本公司控股子公司

——深圳三兴织物整理实业有限公司购买一幢价值33,500,000.00元的厂房所致。

9.在建工程

工程项目名称	深圳青海大厦	新厂房	合 计
预算数			
2000-01-01	4,688,737.95	--	4,688,737.95
本年增加	6,781,823.42	37,500,000.00	44,281,823.42
本年转入固定资产数	--	33,500,000.00	33,500,000.00
2000-12-31	11,470,561.37	4,000,000.00	15,470,561.37
资金来源	自筹	自筹	
项目进度	100%	100%	

本公司在建工程本年度增加数系向青海省人民政府驻深办事处购买的深圳青海大厦第六层写字楼和新厂房装修工程支出。

10.开办费

项 目	原始金额	2000.01.01	本年增加	本年摊销	2000.12.31
经营筹备费	257,088.85	121,340.55	--	121,340.55	--

11.长期待摊费用

项 目	原始金额	2000.01.01	本年增加	本年摊销	2000.12.31
厂房搬迁费	441,587.00	--	441,587.00	--	441,587.00

12.短期借款

借款类别	1999.12.31	2000.12.31	借款期限	月利率‰
银行借款(抵押)	--	5,000,000.00	2000.12.15-2001.06.15	0.5115
银行借款(担保)	74,780,000.00	102,780,000.00*	1999.12.29-2001.08.25	5.3625-5.94
财政借款	1,207,872.00	1,167,872.00	1994.11.10-2000.11.15	7-7.05
	75,987,872.00	108,947,872.00		

本公司2000年度增加银行借款32,960,000.00元,主要原因系为产品结构调整及新产品开发提供周转资金。

*中国建设银行西宁市城北支行对本公司的34,000,000.00元流动资金贷款,已于2000年12月份到期,展期手续正在办理之中。

13.应付票据

应付票据2000年12月31日的余额为人民币5,000,000.00元,系本公司2000年12月19日向招商银行皇岗支行申请开出银行承兑汇票,收款人为广州市精纬纺织有限公司,到期日为2001年6月19日。

14.应付帐款

应付帐款2000年12月31日的余额为人民币24,434,697.83元,本公司尚无应付持本公司5%以上股份股东的款项。

15.预收帐款

预收帐款2000年12月31日的余额为人民币6,649,740.03元,本公司尚无预收持本公司5%以上股份股东的款项。

16.应付股利

股 东 名 称	1999-12-31	2000-12-31
国有法人:		
西宁市国新投资控股有限公司	--	90,200.00
西宁市大十字百货商店	--	1,113,400.00
西宁市特殊钢有限责任公司	--	104,500.00
其他法人:	--	
上海振鲁实业有限公司	--	148,200.00
青海省集体工业物质供销处	--	43,700.00
	--	1,500,000.00

本公司股东于2000年8月召开了临时股东大会,决定以1999年12月31日75,000,000股本为基数,按每股派发0.19元现金的方式进行分配,共可分配现金股利14,250,000.00元。截至2000年12月31日止,应付西宁市国新投资控股有限公司12,840,200.00元已支付12,750,000.00元。

17.应交税金

	1999.12.31	2000.12.31
增值税	6,545,394.27	7,101,657.71
营业税	6,246.00	12,492.00
城建税	764,407.54	1,351,221.89
固定资产投资税	39,155.33	--
个人所得税	14,935.20	3,411.15
所得税	2,981,935.09	2,872,620.79
	10,352,073.43	11,341,403.54

18.其他应交款

	1999.12.31	2000.12.31
教育费附加	325,871.81	598,456.37

19.其他应付款

其他应付款2000年12月31日的余额为人民币21,856,202.19元,本公司尚无应付持本公司5%以上股份股东的款项。

20.预提费用

类别及项目	1999.12.31	2000.12.31
房租	1,888,921.87	150,440.42
费用	589,100.00	--
水电费	457,240.34	180,000.00
工资	167,683.34	--
利息	--	204,913.35
	3,102,945.55	535,353.77

21.长期借款

贷款单位	1999.12.31	2000.12.31	起止期限	年利率	贷款条件	款项性质
深圳市财政局 深圳市经济发展局*	--	3,000,000.00	2000.11.06-2002.11.06	3.5%	担保	专项资金

*系深圳市财政局和深圳市经济发展局为本公司提供的挖潜改造专项资金,专用于牦牛绒加工成精纺服装面料。

22.少数股东权益

股东名称	1999.12.31	2000.12.31
高国平	4,015,746.15	5,040,757.12

23.股本

	1998.12.31	1999.12.31	2000.12.31
上市未流通股份			
发起人股份	75,000,000.00	75,000,000.00	75,000,000.00
其中:			
境内法人持有股份	75,000,000.00	75,000,000.00	75,000,000.00
上市未流通股份合计	75,000,000.00	75,000,000.00	75,000,000.00

根据青海省人民政府青股审[1998]第004文批准,本公司主发起人西宁市国新投资控股有限公司以评估后净资产86,535,041.00元出资入股,按照1:0.781的比例折为67,580,000股,占公司股本总额的90.11%;其他四家发起人投入货币资金9,500,000.00元,按同一比例折为7,420,000股。以上股东出资业经深圳同人会计师事务所深同证验字[1998]第D014号验资报告验证。

24.资本公积

项 目	1998.12.31	1999.12.31	2000.12.31
股本溢价	19,075,917.97	19,075,917.97	19,075,917.97

25.盈余公积

项 目	1998.12.31	1999.12.31	2000.12.31
法定盈余公积	--	1,680,088.67	4,469,475.81
公益金	--	840,044.34	2,234,737.91
	263,102.17	2,520,133.01	6,704,213.72

26.主营业务收入

项目	1998年度	1999年度	2000年度
牛绒衫	118,658,360.75	81,057,301.24	35,168,983.74
丝绒衫			5,696,877.19
羊绒衫	17,342.71	--	9,532.65
牛绒纱	9,702,342.78	429,478.89	14,767,398.80
针织纱	64,422.69	--	--
无毛绒	1,214,684.36	--	--
牛绒面料	--	2,031,538.47	43,735,042.95
棉布	--	1,580,731.40	332,541.47
布匹整理	--	6,707,673.44	4,311,079.04
其他	133,390.97	977,528.18	273,130.60
	129,790,544.26	92,784,251.62	104,294,586.44

27.主营业务成本

	1998年度	1999年度	2000年度
牛绒衫	72,917,220.79	45,950,413.59	31,639,374.41
丝绒衫	--	--	3,060,524.99
羊绒衫	15,770.40	--	--
牛绒纱	7,246,841.86	467,002.79	8,315,928.41
针织纱	51,008.21	--	--
无毛绒	1,832,317.19	--	--
牛绒面料	--	803,247.83	20,708,369.27
棉布	--	1,625,310.47	631,247.52
布匹	--	2,934,562.71	5,266,120.08
其他	1,254,822.09	1,490,320.30	256,821.82
	83,317,980.54	53,270,857.69	69,878,386.50

28.其他业务利润

	1998年度	1999年度	2000年度
销售原料	(307,964.90)	592,708.06	--
房租	32,555.13	118,049.40	101,801.13
劳务收入	125,106.74	43,569.26	2,009.10
	(150,303.03)	754,326.72	103,810.23

29.营业费用

	1998年度	1999年度	2000年度
工资	1,199,292.46	589,660.56	728,771.27
福利费	126,054.39	76,082.38	101,140.61
差旅费	280,038.33	327,532.90	64,232.10
办公费	213,766.25	39,489.68	2,249.52
装运费	897,021.08	835,779.25	863,367.70
广告费	1,593,725.08	2,041,395.00	870,530.61
包装费	998,947.62	170,498.19	215,707.73
业务招待费	43,803.64	8,349.20	--
租赁费	132,758.00	574,600.00	143,237.26
交通费	453,312.88	618,693.13	--
商标使用费	206,309.17	734,740.00	--
其他	1,081,077.95	657,789.05	98,245.74
	7,226,106.85	6,674,609.34	3,087,482.54

本公司2000年度营业费用较上年减少3,587,126.80元,主要原因是:①2000年度不再使用奔羊牌商标。②2000年度整改了部分效益不好的外地销售网点。

	1998年度	1999年度	2000年度
工资	1,746,773.66	1,242,859.15	1,766,846.73
福利费	214,207.34	203,499.00	169,239.11
工会经费	218,713.01	117,496.73	124,608.19
保险费	1,184,388.53	894,285.73	917,145.27
职工教育经费	156,447.72	90,241.03	173,626.12
折旧费	1,806,399.44	1,784,030.57	1,877,154.18
修理费	232,814.58	252,449.18	146,140.77
办公费	216,830.49	294,777.18	295,782.23
差旅费	405,594.66	284,654.36	148,411.10
咨询费	456,418.88	406,462.00	327,456.13
诉讼费	20,221.00	23,622.00	--
业务招待费	638,442.32	746,487.32	616,735.90
技术开发费	294,152.99	385,729.41	293,795.50
税金	284,310.53	554,408.70	387,792.17
存货盘(盈)亏	(138,814.51)	(80,438.79)	--
养老保险	906,393.64	1,440,582.76	2,434,744.00
递延资产摊销	72,226.51	19,560.00	--
坏帐准备	5,164,401.25	(320,005.11)	690,071.04
低值易耗品摊销	301,904.35	202,318.22	600,544.09
租赁费	476,011.54	414,615.41	311,980.00
其他	551,079.45	1,368,846.44	633,795.74
	15,208,917.38	10,326,481.29	11,915,868.27

31.财务费用

	1998年度	1999年度	2000年度
利息支出	5,749,489.13	5,329,632.47	6,991,574.82
减:利息收入	228,298.55	85,961.56	85,490.68
其他	842.45	30,208.79	12,250.63
	5,522,033.03	5,273,879.70	6,918,334 77

32.投资收益

	1998年度	1999年度	2000年度
股权投资差额摊销*		(58,446.74)	(175,240.23)
衡阳白唇鹿针织有限公司**	(66,001.71)	102.37	(202,996.33)
	(66,001.71)	(58,344.37)	(378,236.56)

*对深圳三兴织物整理有限公司股权投资差额1,752,402.33元.按10年平均摊销,本年摊

销计 175,240.23 元。

**本公司对子公司——衡阳白唇鹿针织有限公司 1998 年度、1999 年度的投资收益系权益法调整部分;2000 年度调整损益系清算损失。该公司已于 2000 年 6 月清算完毕,同时办理了工商及务注销手续。

33.补贴收入

项目	1998 年度	1999 年度	2000 年度
返还所得税	4,809,654.92	4,626,583.51	--
返还增值税	--	2,995,664.36	--
政策性补贴	--	--	4,046,000.00
	4,809,654.92	7,622,247.87	4,046,000.00

根据青政函[1999]53 号文批准,自公司 1998 年 8 月成立至 2000 年度止,本公司按 33%上交所得税,并由同级财政全额返还,计入公司当期补贴收入;在上述年度内交纳的增值税,由同级财政返还 25%,计入当期补贴收入。本公司 1998 年度和 1999 年度取得的补贴收入在相关期间内全部以实际收到返还资金数计列。

根据青海省西宁市财政局宁财工字[1999]1034 号文,由西宁市财政局一次性给予本公司政策性补贴 4,000,000.00 元,用于支持本公司生产经营。本公司于 2000 年 1 月份收到该项补贴,根据有关规定记入当年度补贴收入。

34.营业外收入

	1998 年度	1999 年度	2000 年度
处理固定资产收益	13,720.35	35,593.65	4,649.57
罚款收入	8,781.07	100.00	1,663.03
无须偿还的应付帐款	--	--	8,510.15
其他	1,000.00	15,362.67	4.50
	23,501.42	51,056.32	14,827.25

35.营业外支出

	1998 年度	1999 年度	2000 年度
处理固定资产损失	122,674.50	27,853.42	--
罚款支出	1,438.24	1,886.40	51,733.12
捐赠支出	81,550.42	28,281.67	--
其他	1,501.44	221.78	1,001.32
	207,164.60	58,243.27	52,734.44

36.合并现金流量表

本公司 2000 年度经营活动产生的净现金流量较上年度减少 65,757,985.87 元,主要原因是 2000 年度经营活动产生的现金流入较上年减少 32,006,757.59 元,包括少收到销售货款 16,884,967.52 元和由于国家财政政策的调整少收税金返还款 7,019,419.00 元。另外,由于本年度公司产品结构调整已经完成,牛绒面料的开发及销售也已展开,故在本年度增加了牛绒纱的库存投入,从而使 2000 年度经营活动的现金流出增加 33,751,228.28 元。

37.母公司会计报表主要项目注释:

(1)应收帐款

帐龄	1999.12.31 金额	占该帐项金额 %	坏帐准备	2000.12.31 金额	占该帐项金额 %	坏帐准备
1 年以内	34,686,634.72	81.37	1,709,940.29	28,612,117.05	89.40	1,442,154.59
1-2 年	7,391,784.73	17.34	739,178.47	1,845,221.06	2.96	184,522.11
2-3 年	398,261.90	0.94	119,478.57	4,241,145.87	6.80	1,272,343.76
3-5 年	101,500.70	0.24	81,200.56	469,964.08	0.76	375,971.26
5 年以上	52,808.24	0.11	52,808.24	52,808.24	0.08	52,808.24
	42,630,990.29	100	2,702,606.13	35,221,256.30	100	3,327,799.96

(2)其他应收款

帐龄	1999.12.31 金额	占该帐项金额 %	坏帐准备	2000.12.31 金额	占该帐项金额 %	坏帐准备
1 年以内	7,083,267.45	27.41	354,163.38	37,367,573.94	73.13	513,119.47
1-2 年	2,350,915.62	59.80	235,091.56	2,595,689.03	18.50	259,568.90
2-3 年	835,526.14	7.72	250,657.84	6,148,530.63	5.61	236,477.68
3-5 年	331,783.46	3.07	265,426.77	122,232.79	0.87	97,786.23
5 年以上	215,880.62	2.00	215,880.62	264,373.65	1.89	264,373.65
	10,817,373.29	100	1,321,220.17	41,138,128.34	100	1,371,325.93

(3)长期投资

项目	2000.01.01 金额	减值准备	本年增加	本年减少	2000.12.31 金额	减值准备
长期股权投资						
其他股权投资	38,957,794.44	--	9,225,098.71	1,297,363.69	46,885,529.46	--
长期债权投资						
其中:债券投资	37,444.00	--	--	--	37,444.00	--
	38,995,238.44	--	9,225,098.71	1,297,363.69	46,922,973.46	--

1)其他股权投资

被投资单位名称	投资起止期	投资金额	占被投资公司注册资本的%	减值准备
深圳市三兴织物整理实业有限公司	1999.09.01～	38,472,402.33	90	--

2)债券投资

债券种类	面值	年度利率	购入金额	到期日	备注
电业债券	37,444.00	--	46,805.00	2007.8.14	无息债券

(4)主营业务收入和主营业务成本

主营业务类别	1999 年度 收入	1999 年度 成本	2000 年度 收入	2000 年度 成本
牛绒衫	81,057,301.24	45,950,413.59	35,168,983.74	31,639,374.41
丝绒衫	--	--	5,696,877.19	3,060,524.99
羊绒衫	--	--	9,532.65	--
牛绒纱	429,478.89	467,002.79	9,292,934.27	4,533,036.65
牛绒面料	--	--	10,256,410.26	3,878,059.73
其他	977,528.18	1,490,320.30	239,660.52	231,551.82
	82,464,308.31	47,907,736.68	60,664,398.63	43,342,547.60

六、关联方关系及其交易

1.存在控制关系的关联方:

企业名称	注册地址	主营业务	与本企业关系	经济性质或类型	法定代表人
西宁市国新投资控股有限公司	西宁市城北区小桥大街 36 号	经营纺织品、房地产、城建等	股份公司之控股公司	国有控股公司	舒扬
深圳市三兴织物整理实业有限公司	深圳市罗湖区莲塘	经营纺织品	股份公司之控股子公司	有限责任公司	黄贤优

2.存在控制关系的关联方的注册资本及其变化

企业名称	2000.01.01	本年增加数	本年减少数	2000.12.31
西宁市国新投资控股有限公司	100,000,000.00	94,850,000.00	--	194,850,000.00
深圳市三兴织物整理实业有限公司	37,800,000.00	--	--	37,800,000.00

3.存在控制关系的关联方所持股份或权益及其变化

西宁市国新投资控股有限公司成立于 1998 年 4 月 13 日,是本公司的控股公司,持有本公司 67,580,000.00 股股权,占公司股本总额的 90.11%。本公司成立至今该公司所持股份未发生变化。

本公司于 1999 年 8 月 12 日收购深圳市三兴织物整理实业有限公司 90%的股权,2000 年度本公司对该公司的权益除了增加投资收益 9,225,098.71 元,其他未发生变化。

4.不存在控制关系的关联方关系的性质

企业名称	与本企业的关系
西宁市大十字百货商店	本公司股东
上海振鲁实业有限公司	本公司股东
西宁特殊钢(集团)有限公司	本公司股东
青海省集体工业物资供销处	本公司股东
广州贤成集团有限责任公司	持有西宁市国新投资控股有限公司 27%的股份
青海双蝶绒线厂	同属西宁市国新投资控股有限公司的控股子公司

5.关联公司交易事项

(1)购货

企业名称	1999 年度 金额	1999 年度 占购货总额%	2000 年度 金额	2000 年度 占购货总额%	定价政策
青海双蝶绒线厂	829,948.75	12	2,618.96	--	市场价
深圳市三兴织物整理实业有限公司	--	--	1,016,194.36	1.88	市场价

(2)销货

企业名称 总额%	1999 年度 金额	1999 年度 占销货总额%	2000 年度 金额	2000 年度 占销货总额%	定价政策
青海双蝶绒线厂	282,007.20	0.3	163,122.43	0.16	市场价
深圳市三兴织物整理实业有限公司	--	--	936,095.39	1.55	市场价

(3)房屋租赁

	1999 年度	2000 年度
青海双蝶绒线厂	124,920.00	124.920.00

(4)其他交易

本公司关联公司——青海双碟绒线厂 2000 年度为本公司提供银行贷款担保共计 63,780,000.00 元。

6.关联方应收、应付款项余额

关联公司名称	1999.12.31 金额	2000.12.31 金额	占全部应收(付)款项余额的比重(%) 1999.12.31	2000.12.31
其他应收款	--	--		
其中:青海双蝶绒线厂	7,624,911.24	5,927,333.37	75.52	33.88
深圳市三兴织物整理实业有限公司	--	27,105,184.71	--	65.89

注:本公司对深圳市三兴织物整理实业有限公司控股 90%,母公司对该公司的交易及往来已在编制合并会计报表时予以合并抵消。

七、行业资料

本公司无跨行业经营。

八、财务承诺

截至 2000 年 12 月 31 日止,本公司无重大财务承诺。

九、结算日后帐项

自 2000 年 12 月 31 日后任何期间,本公司及子公司概无编制任何业经审计之帐项。

十、或有事项

本公司没有需要批露的重要或有事项。

十三、资产评估

(一)本公司设立时的资产评估

本公司是由青海省人民政府青股审(1998)第 004 号文批准,以青海第一毛纺厂经评估确认后与牛绒衫生产经营相关的净资产作为出资,联合西宁市大什字百货商店等其他四家以现金出资的企业法人共同发起,以发起设立方式于 1998 年 8 月 28 日设立的股份有限公司。

改组设立时是由北京市中正评估公司进行资产评估,根据中正评字(1998)第 016 号评估报告并确认,评估情况如下:

1.评估结果

根据中正评字(1998)016 号评估报告,以 1998 年 4 月 30 日为基准日期的评估结果如下:本公司的资产总额为 212,435,237 元,负债总额为 125,900,196 元,净资产总额为 86,535,041 元。

详细资料如下表: 单位:万元

项目	原值	净值	调整净值	重置值	评估值	增值	增值率
流动资产	16,808.32	16,808.32	16,871.19	16,584.52	16,584.52	(286.67)	-2%
长期投资	102.75	102.75	105.64	112.12	112.12	6.48	6%
机器设备	2,820.28	1,691.62	1,691.62	3,685.68	2,170.49	478.87	28%
车辆	297.99	133.20	133.20	315.79	184.05	50.85	38%
房屋建筑物	1,626.53	964.61	964.61	2,555.89	1,725.27	760.66	79%
在建工程	484.27	484.27	484.27	440.82	440.82	(43.45)	-9%
无形资产	–	–	–	–	–	–	–
递延资产	26.25	26.25	26.05	26.05	26.05	–	0%
资产合计	22,166.39	20,211.02	20,276.78	23,721.07	21,243.52	966.74	5%
流动负债	12,590.02	12,590.02	12,590.02	12,590.02	12,590.02	–	0%
负债合计	12,590.02	12,590.02	12,590.02	12,590.02	12,590.02	–	0%
所有者权益		7,621.00	7,686.76		8,653.50	966.74	13%

2.评估方法

该次评估采用的具体方法如下:

(1)流动资产

货币资金:在经核对企业每个银行户头的银行存款对帐单、调节表无误的基础上,以帐面值作为评估值。

应收帐款、预付帐款、其它应收款:经函证和具体了解情况后,无法收回的评估值为 0,可以收回的应收款以核实后的帐面值作为评估值。

存货:对原材料、配件、辅助材料及低值易耗品评估主要采用重置成本法进行评估;对产成品在重置成本的基础上,考虑一定比例的费用作为评估值。

(2)固定资产

机器设备:主要采用重置成本法进行评估。成新率系根据设备的有形损耗和功能性贬值进行确定的。

房屋建筑物:主要采用重置成本法进行评估。房屋建筑物的成新率是以评估人员经现场勘察,综合各项因素进行全面评价,同时结合年限法综合确定的。

在建工程:主要采用重置成本法进行评估。

(3)土地使用权

土地使用权评估采用基准地价系数修正法和成本逼近法。本公司向西宁市土地规划管理局租赁使用土地。

(4)负债

短期负债、长期负债:以经核对后确认的帐面值作为评估值。

3.各类资产增值的主要原因:

(1)建筑物增值原因是由于建筑工程费用增长;

(2)机械设备主要是由于物价、汇率变动等因素使价值增长;

(3)在建工程增值原因是由于建工程费用增长。

上述资料详见北京市中正评估公司中正评字(1998)第016号评估报告,该次评估结果已经相应调整入帐。

(二)本次发行评估情况

由于本公司设立时聘请的北京市中正评估公司具备证券从业资格,故按中国证监会规定本次新股发行无须重新进行资产评估工作。

十四、盈利预测

本公司提醒投资者,鉴于盈利预测所依据的种种假设的不确定性,本公司所提供的以下盈利预测数据仅供参考,投资者进行投资判断时不应过于依赖本项资料。

(一)盈利预测之编制基准

本公司根据截至2000年12月31日三年的实际经营成果,并在充分考虑本公司的现时生产能力、未来发展投资计划、生产计划和营销计划的前提下,编制了本公司2001年度已除税但未计非经常性项目的合并盈利预测表。编制该盈利预测系遵循自1994年1月1日起我国实施的有关税务法规和外汇管理办法,其所采用的会计政策在所有重大方面均与本公司采用的会计政策一致。

(二)盈利预测的基本假设

1.本公司所遵循的我国有关法律、法规、规章和本公司所在地区的社会经济环境如现实状况无重大变动;

2.本公司之生产经营运作未受原材料严重短缺和成本重大变动之不利影响;

3.国际、国内市场行情如所预测的趋势而无重大改变;

4.本公司经营业务涉及的信贷利率、纳税基准或税率以及外汇汇率将在正常范围内波动;

5.本公司拟发售新股将预期完成,拟投资项目按原设定的时间形成生产能力;

6.无其他不可抗力因素及不可预见因素对本公司造成之重大不利影响。

(三)盈利预测表

经深圳同人会计师事务所审核的本公司2001年度盈利预测如下:

青海白唇鹿股份有限公司2001年度合并盈利预测表(单位:人民币万元)

项 目	上年已审实现数	2001年预测数
一、主营业务收入	10,429.46	13,783.65
减:折扣与折让	--	--
主营业务收入净额	10,429.46	13,783.65
减:主营业务成本	6,987.84	8,292.49
主营业务税金及附加	103.11	147.96
二、主营业务利润	3,338.51	5,343.20
加:其他业务利润	10.38	--
减:存货跌价损失	(798.37)	--
营业费用	308.75	559.29
管理费用	1,191.59	1,449.46
财务费用	691.83	994.42
三、营业利润	1,955.09	2,340.03
加:投资收益	(37.82)	(17.52)
加:补贴收入	404.60	--
营业外收入	1.48	--
减:营业外支出	5.27	--
四、利润总额	2,318.08	2,322.51
减:所得税(33%)*	451.20	472.58
少数股东损益	102.50	138.95
五、净利润		
按33%所得税计算	1,764.38	1,711.37

青海白唇鹿股份有限公司

2001年度母公司盈利预测表

单位:人民币万元

项 目	上年已审实现数	2001年预测数
一、主营业务收入	6,066.44	7,015.35
减:折扣与折让	--	--
主营业务收入净额	6,066.44	7,015.35
减:主营业务成本	4,334.25	4,200.02
主营业务税金及附加	85.26	96.96
二、主营业务利润	1,646.92	2,718.37
加:其他业务利润	23.58	--
减:存货跌价损失	(798.37)	--
营业费用	302.96	295.53
管理费用	819.87	1,001.07
财务费用	599.78	716.42
三、营业利润	746.27	705.35
加:投资收益	884.69	1,233.01
加:补贴收入	400.00	--
营业外收入	1.48	--
减:营业外支出	0.10	--
四、利润总额	2,032.34	1,938.36
减:所得税(33%)	267.96	226.98
五、净利润		
按33%计算	1,764.38	1,711.37

青海白唇鹿股份有限公司

2001年度合并盈利预测说明

单位:人民币万元

一、公司简介

青海白唇鹿股份有限公司(以下简称"公司"或"本公司"),系于1998年8月25日经青海省人民政府以青股审[1998]第004号文批准,由西宁市国新投资控股有限公司(原名西宁市国新资产经营有限责任公司,下同)为主要发起人,联合西宁市大十字百货商店、上海振鲁实业有限公司、西宁特殊钢(集团)有限责任公司、青海省集体工业物资供销处等共同发起设立。其中西宁市国新投资控股有限公司以其与牛绒衫生产经营相关的资产作为出资,其他四家发起人以现金出资。公司1998年度8月28日在青海省工商行政管理局登记注册,注册资本为人民币7500万元,业经深圳同人会计师事务所以深同验字[98]第D014号验资报告验证。

本公司经营范围为:生产经营毛纺织品、针纺织品、来料加工、毛纺机械配件加工、销售,毛纺原料收购、棉布生产、整理和进出口业务。

二、主要会计政策、会计估计和合并会计报表的编制方法

1.会计制度

本公司执行中华人民共和国《企业会计准则》和《股份有限公司会计制度》及其补充规定。

2.会计年度

会计年度采用日历年度制,即自公历每年一月一日起至十二月三十一日止。

3.记帐本位币

本公司记帐本位币为人民币。

4.记帐基础和计价原则

本公司的记帐基础为权责发生制,计价原则为历史成本法。

5.外币业务核算方法

本公司年度内发生的非本位币经济业务,按业务发生当月一日中国人民银行公布的市场汇价的中间价("市场汇价")折合为人民币记帐。年度终了,货币性项目中的外币余额概按当日市场汇价进行调整,由此产生的折合人民币差额,计入当年度损益。

6.外币会计报表的折算方法;

子公司的非本位币会计报表,均按照财政部财会字[1995]11号《合并会计报表暂行规定》第八条所规定的折算方法,折算为本位币报表。因会计报表各项目按规定采用不同汇率而产生的折算差额,以"外币报表折算差额"项目在资产负债表单独列示。

7.现金等价物的确定标准;

现金等价物为本公司持有的期限短、流动性强、易于转换为已知金额现金、价值变动风险很小的投资。

8.坏帐核算方法

①本公司确认坏帐损失的标准:凡因债务人破产,依照法律清偿程序清偿后仍无法收回,或因债务人死亡,既无遗产可供清偿,又无义务承担人,确实无法收回;或因债务人逾期未能履行偿债义务,以及其他足以证明应收款项可能发生损失的证据,经法定程序审核批准,该等应收款项列为坏帐损失。

②坏帐损失的核算方法:本公司坏帐损失核算采用备抵法,坏帐准备按帐龄分析法计提,根据债务单位的财务状况、现金流量等情况,以决算日应收款项(包括应收帐款和其他应收款,包含关联公司往来款项)的余额,按帐龄分析法计提。提取比例为:帐龄1年(含1年,以下类推)以内的计提5%;帐龄1-2年的计提10%;帐龄2-3年的计提30%;帐龄3-5年计提80%;帐龄5年以上的计提100%。并计入当年度损益。

9.存货核算方法

本公司的存货分为原材料、产成品等九类,各类存货的取得以实际成本计价,发出存货的成本以加权平均法计算确定。决算日,存货按成本与可变现净值孰低法计算。

低值易耗品于领用时采用一次摊销法摊销。

包装物于领用时采用一次摊销法摊销。

存货跌价准备,以决算日存货成本低于可变现净值计算的差额提取存货跌价准备,存货跌价损失已计入当年度损益。

10.长期投资核算方法

(1)长期债权投资:本公司债权投资按实际支付的款项扣除应计利息后计价入帐,债权投资实际成本与债券票面价值的溢价(或折价),采用直线法于债券存续期内摊销。

(2)长期股权投资:本公司股票投资按实际支付的价款扣除已宣告发放的现金股利后计价入帐,其他长期投资按投出现金及固定资产、无形资产的帐面净值计价入帐。

股权投资差额系指长期股权投资采用权益法核算时,长期股权投资成本与应享有被投资单位所有者权益中所占份额的差额。1999年9月1日起分10年平均摊销。

本公司对被投资公司的长期投资采用下列会计处理方法:投资额占被投资公司资本总额不足20%时,以成本法核算;投资额占被投资公司资本总额20%至50%时,以权益法核算;投资额占被投资公司资本总额50%以上以及投资额虽占被投资公司资本总额20%至50%,但本公司对其实质上拥有控制权者,采用权益法核算并对会计报表予以合并。

决算日,若因市价持续下跌或被投资单位经营状况恶化(或其他具体原因)等原因导致长期投资可收回金额低于帐面价值,其差额作为长期投资减值准备,并计入当年损益。

11.固定资产计价和折旧方法

(1)固定资产标准:指使用期限超过一年的房屋建筑物、机器设备、运输工具及其它与经营有关的工器具等,以及不属于经营的主要设备但单位价值在人民币2,000元以上,使用期限超过二年的物品。

(2)固定资产计价:固定资产按实际成本计价。本公司主发起人西宁市国新资产经营有限公司1998年4月30日投入本公司的固定资产以评估后价值入帐。

(3)固定资产折旧方法:固定资产折旧采用直线法平均计算,并根据固定资产类别的原值、估计经济使用年度限和预计残值(原值的5%)确定其折旧率。各类折旧率如下:

类 别	预计使用年限(年)	年度折旧率%
房屋建筑物	40	2.37
机器设备	8	11.87
运输设备	6	15.80
电子设备及其他	9	10.55

12.在建工程核算方法

在建工程按实际成本计价。在建工程达到设定地点及设定用途并交付使用时,确认为固定资产。

在建工程建造期间所发生的借款利息及其相关费用计入在建工程成本。

13.无形资产计价和摊销方法

无形资产按形成或取得时发生的实际成本计价,并按直线法摊销。

14. 开办费摊销方法

本公司的开办费按形成时发生的实际成本计价,并按直线法分10年摊销。

15. 长期待摊费用摊销方法

本公司的长期待摊费用按形成时发生的实际成本计价,并按直线法分5年摊销。

16. 收入确认原则

产品销售:公司将产品所有权上的主要风险和报酬转移给购买方,对该产品不再保留继续管理权和实际控制权,与交易相关的价款已经收到或已经取得了收款的证据,与收入相关的产品成本能够可靠地计量时,确认收入的实现。

提供劳务:劳务已经提供,相关的成本能够可靠计算,其经济利益能够流入,确认收入的实现。

17. 所得税的会计处理方法

本公司所得税的会计处理方法采用应付税款法。

18. 合并会计报表的编制方法

本公司合并会计报表系按照财政部财会字[1995]11号文《合并会计报表暂行规定》和财会二字(1996)2号《关于合并会计报表合并范围请示的复函》等有关文件的要求编制的。本次合并会计报表仅将本公司下属控股子公司——深圳三兴织物整理实业有限公司纳入会计报表合并范围。

本公司列入合并会计报表的范围的子公司所执行的行业会计制度,业已在会计报表合并时予以必要的调整。

本公司及其子公司间的所有重大交易,均在会计报表合并时予以抵销。

少数股东损益是指除母公司以外的其他投资者在各子公司应分得的利润(或应承担的亏损)。

19. 税项

本公司主要适用的税种和税率

税 种	计 税 依 据	税 率
增值税	产品或劳务销售收入	17%
营业税	营业收入	5%
城市维护建设税	增值税、营业税额	1%、7%
教育费附加	增值税、营业税额	3%
企业所得税*	应纳税所得额	33%、15%

*本公司控股子公司——深圳三兴织物整理实业有限公司执行15%所得税税率。

三、合并盈利预测表主要项目的预测说明

1. 主营业务收入的预测

经中国注册会计师审计本公司近三年销售情况如下:

产品种类	1998年度 销售量	1998年度 销售单价	1998年度 金额(万元)	1999年度 销售量	1999年度 销售单价	1999年度 金额(万元)	2000年度 销售量	2000年度 销售单价	2000年度 金额(万元)
牛绒衫系列	579,714件	201.60元/件	11,686.96	422,322件	191.93元/件	8,105.63	259,204件	135.68元/件	3,516.88
绒丝衫	--	--	--	-	--	--	21,040件	270.76元/件	569.69
牛绒纱系列	67,016.65公斤	140元/公斤	936.15	3,589.16公斤	119.66元/公斤	42.95	40,000公斤	369.18元/公斤	1,476.74
牛绒面料			--	3.96万米	51.3元/米	203.15	19.35万米	222.00	4,322.18
全棉高支高密布			--	16.25万米	9.73元/米	158.07	3.36万米	9.90元/米	33.26
布匹整理			--	758.13万米	0.88元/米	670.77	507.19万米	0.85元/米	431.11
其他			355.89			97.86			3.35
			12,979.00			9,278.43			10,429.46

比较本公司三年来的销售收入,1998年以来牛绒衫销售严重滑坡,主要原因是产品技术含量低,结构老化,市场需求萎缩。2000年度本公司利用产品销售淡季完成了牦牛绒产品结构的调整,研究开发出了加丝牛绒衫、薄型双面衫等新产品,深受市场欢迎。公司2001年度计划加强新产品的开发力度,搞好市场宣传,计划销售牛绒衫系列产品230,000件,销售绒丝衫150,000件,销售收入为7,015万元,较2000年度上升17%。

本公司控股子公司——深圳三兴织物整理实业有限公司(以下简称深圳三兴公司)研究开发的新型"牦牛绒"高级服装面料被认定为2000年国家级新产品,并被列入国家经贸委2000年度国家级重点新产品试产项目计划[国经贸技术(2000)452号文]。2000年度实现牛绒面料销售收入4,322.28万元,计划2001年销售37万米,实现销售收入4,101.60万元,基本维持2000年水平。通过外加工的形式生产牦牛绒服装12万件,以平均价210元/件(含税)对外销售,共计实现销售收入2,153.88万元。

综上所述,预测2001年度主营业务收入为13,783.65万元,较2000年度上升32.16%。

2. 主营业务成本的预测

(1)牛绒衫销售成本的预测基于以下几个因素:

① 直接材料成本:牛绒衫的主要原材料为牦牛绒、羊毛、绵纶,根据公司生产部门制定的生产计划,2001年度按生产260,000件牛绒衫所耗用的原材料数量及2000年末原材料采购成本预测2001年直接材料成本。

②燃料、动力是参照2000年实际发生额预测2001年发生额。

③人工成本:根据公司2001年度生产工人工资发放计划及2000年度人均工资预测2001年度的直接人工成本。

④制造费用:根据本公司的实际生产能力和2001年生产经营计划,参照2000年制造费用明细,预测2001年度制造费用为310.69万元。

预测2001年牛绒衫的单位销售成本为97.24元/件,牛绒衫销售总成本为2,236.52万元,单位成本较2000年下降25.18元。成本下降的主要原因是材料成本下降。

(3)精纺绒丝衫销售成本的预测基于以下几个因素:

①直接材料成本:牛绒衫的主要原材料为牦牛绒、羊毛、绵纶、蚕丝,根据公司生产部门制定的生产计划,2001年度按生产165,000件牛绒衫所耗用的原材料数量及2000年末原材料采购成本预测2001年直接材料成本。

②燃料、动力是参照2000年实际发生额及预计开工计划预测2001年发生额。

③人工成本:根据公司2001年度生产工人工资发放计划及2000年度人均工资预测2001年度的直接人工成本。

④制造费用:根据本公司的实际生产能力和2001年生产经营计划,参照2000年制造费用明细,预测2001年度制造费用为160.8万元。

预测2001年精纺绒丝衫的单位销售成本为130.56元/件,销售总成本为1,963.50万元,单位成本较2000年下降14.9元。成本下降的主要原因是产量的扩大和生产工艺的提高。

(3)牛绒面料销售成本的预测基于以下几个因素:

①直接材料成本:牛绒面料的主要材料为牛绒纱,主要原料为牦牛绒、绦纶、反光纤维,2001年根据公司生产部门制定的生产计划,按2001年度生产37万米牛绒面料所耗用的原材料数量及2000年原材料采购成本,预测2001年直接材料成本。

②燃料、动力是根据生产设备的功率预测的。

③人工成本。根据公司2001年度生产工人工时计划及2000年度的人均工资预测2000年度的直接人工成本。

④制造费用:根据本公司的实际生产能力和2001年生产经营计划,参照2000年制造费用明细,预测2001年度制造费用为670.07万元。

综上所述,预测2001年三种牛绒面料单位销售成本分别为188.40元/米、106.43元/米、106.43元/米,平均较2000年度下降50%左右。主要原因是随着生产规模的扩大,产品成熟度和技术含量逐步提高,自主化率达100%,同时产量的提高使单位的固定生产费用下降。

3. 营业费用的预测

营业费用是按2000年度实际发生数,根据2001年度的产品销售计划来预测的。工资费用是根据公司用人计划及其工资水平预测的,公司计划加大广告宣传,树立公司产品品牌,扩大牛绒衫及牛绒服装面料的销售量,计划2001年广告费支出220万元。预测2001年度营业费用为559.29万元,较2000年上升250.54万元,增幅为81%,主要是广告费及销售人员增加所致。

4. 管理费用的预测

(1)工资费用是依据劳资部门的用人计划及其工资水平来预测的。

(2)福利费、工会经费、职工教育经费分别按预计工资总额的14%、2%、1.5%测算。

(3)保险费主要是职工养老保险费,青海白唇鹿股份有限公司按预计工资总额的34.5%测算,深圳三兴按预计工资总额的25%测算。

(4)办公费、差旅费、修理费、业务招待费、运杂费、技术开发费等参照2000年的实际发生额来预测2001年的发生额。

综上因素,预测2001年度的管理费用为1,449.46万元,较2000年上升257.87万元,增幅为21.64%。

5. 财务费用的预测

财务费用主要系考虑维持2000年末贷款水平即10,894.79万元的利息支出。

6. 主营业务税金及附加的预测

本公司的主营业务税金及附加构成主要是城市维护建设税、教育费附加。

城市维护建设税按预计应缴增值税的7%测算,深圳三兴公司按1%测算。

教育费附加按预计应缴增值税的3%测算,深圳三兴公司按3%测算。

预计2001年主营业务税金及附加为147.96万元。

四. 行业对比说明

本公司属于毛纺行业,在国内外已上市的同行业企业中,本公司是唯一的一家同时也是规模最大的一家牦牛绒综合生产企业。由于牦牛绒和山羊绒具有本质上的相似性,故本次选择三家与本公司同属西北地区的羊绒、羊毛生产企业加以对比,其中"鄂尔多斯"为全世界最大的羊绒制品联合加工企业,"天山纺织"和"圣雪绒"处于毛针织行业中等水平,详细对比资料如下:

1. 生产能力方面:本公司上市后将对现有机器设备进行技术改造,并计划购买国内外新生产的牛绒分梳机、电脑提花机和织布机,2001年底将达到年产100万件牛绒衫和100万米牛绒面料的生产能力;"鄂尔多斯"每年可生产羊绒衫250万件、羊绒纱700吨、无毛绒560吨,另外还有羊绒面料和服装等产品生产;"天山纺织"和"圣雪绒"主要产品为羊绒衫、羊毛衫及系列产品,平均每年可生产300—500万件。

2. 生产技术方面:在国内牦牛绒生产企业中,本公司处于领先地位,尤其是2000年研制生产的牛绒面料被国家经贸委列入2000年度国家级重点新产品。"鄂尔多斯"在羊绒的综合开发方面处于世界领先水平;"天山纺织"和"圣雪绒"在国内毛针织行业中处于领先水平。

3. 设备的先进性:本公司拥有世界最先进的德国STOLL公司产CMS系列电脑提花机和多尼尔牌剑杆织机,同"鄂尔多斯"、"天山纺织"和"圣雪绒"等三家企业相关设备技术性能相当。

4. 销售规模:本公司2001年末资产规模将达到30,571万元,实现销售收入13,784万元;"鄂尔多斯"1999年末资产规模为245,102万元,实现销售收入147,973万元;"天山纺织"2000年6月30日资产规模为130,933万元,1—6月份实现销售收入17,018万元;"圣雪绒"1999年末资产规模为26,394万元。全年实现销售收入32,404万元

5. 销售价格及毛利率:本公司生产的牛绒衫平均售价为150—300元,毛利率为30%—40%;牛绒面料售价为120元左右,毛利率约40%。"鄂尔多斯"、"天山纺织"和"圣雪绒"生产的羊绒衫由于混纺比例不同,销售价在500—800元之间,销售毛利率为40%—50%;羊毛衫销售价格在200元左右,销售毛利率为20%—30%之间;"鄂尔多斯"生产的羊绒面料销售价格在200—300元之间,毛利率为40%左右。

由于牦牛绒、羊绒和羊毛在弹性和细度等测试指标方面存在较大差异,同时牦牛绒开发时间太短,牦牛绒原绒每吨价格仅2万元左右;洗净羊毛4万元左右;而羊绒原绒价格目前已高达40万元,原料成本的差异导致相关产品市场价格差异较大。

6. 销售的地理分布:本公司目前的销售网点集中在国内大中城市,2001年度将遍布全国各地,并积极开拓国外市场。"鄂尔多斯"在国内设有403家专卖店,辐射50多个大中城市,同时产品销往30多个国家和地区,年出口比例70%以上;"天山纺织"和"圣雪绒"销售网点遍布全国各地,年出口比例在50%以上。

十五、公司发展规划

根据国家西部经济大开发的战略部署,本公司特制定以下发展规划:

(一)发展战略

本公司将充分发挥青海省独特、丰富的牦牛绒资源优势,以技术进步、科学管理和资本运营为手段,通过对牦牛绒的深度开发和综合利用,建立从原材料供应到产品深加工及后整理一条龙生产体系,巩固和扩大本公司的"白唇鹿"牌牛绒产品在国内外市场上的影响力,变资源优势为经济优势,并以此为契机带动青海省纺织行业的整体发展。

(二)"九五"规划及2010年远景目标

本公司将充分发挥现有的优势,利用青藏高原牦牛绒稀缺珍贵的概念,力争开拓一个全新的牦牛绒系列产品市场。主要思路有:

1、增加薄型牛绒衫、丝绒衫、提花交织绒衫以及功能性牛绒衫等适应南方低纬度地区气候的薄型牛绒衫的产量,并在花色、品种、产品质量等方面上一个台阶,从大众化、实用化向高档化、外衣化、功能化和时装化转变;

2、将公司主导产品逐步转向科技含量高、附加值高的牛绒高档西服面料、精纺衬衫面料等新产品,走出原料全毛化、产品实用化的狭窄思路,促进本公司产品结构的多样化,满足不同收入水平、文化背景、审美趣味和地区气候的消费者的多层次需求,抢先开发高档牦牛绒产品市场,并尽快占领制高点。

3、建立国际品牌发展战略,追求名牌扩散效应,积极参与国际市场竞争,扩大"白唇鹿"牦牛绒产品在国际时装界的影响,使之成为"一颗软黄金上镶嵌的宝石",为青海经济的发展和民族经济的振兴增光添彩。

十六、重要合同及重大诉讼事项

(一)本公司正在履行和将要履行的所有重大合同,主要有:

1、本公司与青海省人民政府驻深圳办事处签署《合作投资建设青海大厦协议书》。根据工程

的实际造价,本公司实际向青海大厦投资440.8万元,青海大厦竣工后,本公司将取得青海大厦第五层、第十八层、第二十九层等建筑面积为1217.89平方米的房屋所有权。

2、本公司与青海省西宁市土地规划管理局分别签定了51,278.2平方米土地的《国有土地使用权租赁合同》和1,895.7平方米土地的《国有土地使用权租赁合同》。该两份合同规定上述土地租期为20年,年租金为每平方米6.65元人民币,年租金为分别为340,773元人民币和12,606.405元人民币。

3、本公司与中国工商银行西宁市小桥支行签定了总额为5,578万元人民币的三项《流动资金借款合同》和《延期还款协议》,该合同仍在执行中。

4、本公司与中国建设银行西宁市支行城北支行签定总金额为3,400万元人民币的《流动资金借款合同》,合同已于2000年12月逾期,展期手续正在办理之中。

5、本公司与广东番禺市华鑫时装厂有限公司(华鑫时装厂)签订《工矿产品购销合同》,编号为CF-2000-0401。华鑫时装厂向本公司购买牛绒面料,以分期付款的方式向本公司支付300万元。

6、本公司与广州市华鑫企业有限公司(华鑫企业)签订《工矿产品购销合同》,编号为CF2000-0-403。华鑫企业向本公司购买牛绒面料,以分期付款的方式向本公司支付300万元。

7、本公司与广东华顺实业有限公司(华顺实业)签订《工矿产品购销合同》,编号为C-F-2000-05010。华顺实业向本公司购买牛绒衫和牛绒面料,需向本公司支付120万元。

销合同》,编号为C-F-2000-012-013。利港化纤向本公司购买精纺薄型牛绒衫,需向本公司支付342万元。

9、本公司与青海省人民政府驻深圳办事处签订了《补充协议》。本公司预购买青海大厦第六层整层,同时将本公司原拥有的青海大厦第五层1-4,14-17房间退还给办事处以冲抵部分购房款,本公司实际应支付的价款总额为314.4万元。

(二)重大诉讼事项

本公司及董事会成员认为目前没有涉及诉讼、仲裁或行政处罚的情况。

十七、其他重要事项

(一)重大产品结构调整情况

2000年,本公司加大产品结构调整力度,逐步淘汰普通加厚型牛绒衫,向牛绒面料、薄型牛绒衫等新产品转变,完成了本公司主导产品的转型,原因包括:第一,普通牛绒衫的编织技术比较简单,对设备、人员等生产条件的要求低,导致牛绒衫生产厂家太多,陷人盲目无序的竞争状态;第二,对牦牛绒资源的综合开发利用程度不够,由于技术与设备落后,其物理性能没有得到很好地发挥;第三,随着地球气候的变暖,消费时尚也发生了变化,消费者对保暖性能的要求下降,而普通牛绒衫在款式和颜色上都嫌单调;第四,自1997年至今连续四年的市场抽样调查统计,普通牛绒衫的市场需求量1998年到达最高峰,1999年以后平均每年萎缩20%;第五,从本公司的情况看,普通牛绒衫的单位销售利润从1997年以来呈逐年下降趋势,反映出该行业低技术含量产品的市场空间越来越窄,利润空间越来越薄。

为此,本公司利用毛纺行业生产的季节性空隙,按照新产品生产标准,于2000年初开始对粗纺、针织等车间的生产工艺流程进行了较大的改进,主要在分选工序、原料配比、纺纱工序和后整理工序等方面做了一些技术性调整,提高了设备的使用效率和产品性能,降低了生产成本,挖掘了内部潜力,为摆脱牛绒产品的低水平竞争困境,抢占市场制高点奠定了基础,对本公司发展将产生长期而深远的影响;

截止2000年12月,牛绒衫实现销售收入3516.9万元,比1999年减少57%,牛绒衫销售占销售总额的比重为34%,比1999年下降了53个百分点,其中,主要是加厚型、老款式牛绒衫;牛绒面料实现销售收入4373.5万元,比1999年增长115%,牛绒面料销售占销售总额的比重为42%,比1999年上升了40个百分点;新投产的丝绒衫实现销售收入570万元,占销售总额的5%。

与调整前相比,目前,本公司的产品结构更加合理,更贴近市场,更具有竞争力,体现在:第一,产品种类丰富,能够满足市场的多元化需求。牛绒面料、薄型牛绒衫等新一代牛绒产品已成为本公司的主导产品,而且形成批量生产能力;第二,产品附加值高,提升了牛绒产品的档次。由于原料配比、制作工艺和后整理技术上有了改进,牛绒产品的品质明显得到提高;第三,牛绒纤维的物理特性得到更好地发挥,提高了资源的利用效率,将牛绒资源的开发向深度和广度推进;第四,新一代牛绒产品的技术含量较高,对生产工艺流程的要求也高,不容易被仿制,有利于摆脱牛绒产品的低水平竞争困境;第五,新产品推出经过反复的市场调查分析和论证,也得到国家产业政策的支持,符合将来毛纺织品市场的发展方向。

(二)待岗职工的安置情况

在结构调整期间,造成了部分职工暂时待岗,公司按照国家的有关政策保证了职工的基本生活费用。随着生产车间和产品结构调整的逐步到位,本公司在对上述待岗职工进行专业技能的强化培训后,有90%以上的待岗职工考核达标,经重新定岗后已全部安置上岗。本公司主要做了以下工作:

①制定详尽的岗位培训计划,组织待岗职工参加学习,达标一批上岗一批。

首先,公司聘请专家对核心技术人员进行系统授课和现场指导,使这部分技术骨干的专业技能明显增强;同时由技术骨干组织待岗职工学习新产品的生产标准和操作规程,以专题讲座、现场演示等方式进行强化培训,帮助待岗职工尽快适应新产品生产流程。基此,公司建立了一套完备、科学的培训考核制度,并纳入人力资源管理体系长期执行。

②按照调整后的生产流程,对符合上岗条件的职工重新定岗。

车间的生产流程调整以后,岗位发生了一定的变化,比如纺纱、分梳及后整理工序分别增加了52、38、26岗位,原毛、洗毛及缝合工序分别减少了15、11、10岗位,产品设计、工艺检测点等环节增加了41岗位(每个岗位2-3人),不仅完全吸纳了原来的待岗职工,而且还从社会上招聘了几十名熟练工人,安排到急需的岗位上。经过上述劳动用工的结构性调整及专业培训,目前,大部分职工已经适应了新的岗位,进入今年的生产销售旺季,"三班倒"满负荷生产,职工平均收入提高,劳动积极性十分高涨。

③随着新产品生产能力的扩大,职工待岗问题已经解决。

每月的待岗人员情况为:2000年1月,本公司在册人员1000人,其中,待岗49人;2月份,在册人员998人,待岗66人;3月份,在册人员1000人,待岗429人;4月份,在册人员1001人,待岗300人;5月份,在册人员1001人,待岗250人;6月份,在册人员1001人,待岗220人;7月份,在册人员1000人,待岗192人;8月份,在册人员996人,待岗187人;9月份,在册人员898人,待岗112人;10月份,在册人员826人,待岗66人;11月份,在册人员821人,待岗28人;12月份,在册人员821人,待岗28人(由于生育等特殊原因)。随着产品结构调整的逐步到位,本公司在对上述待岗职工进行专业技能的强化培训后,有90%以上的待岗职工考核达标,经重新定岗后已全部安置上岗。

(三)牛绒产品的市场定位、前景和优势

1、市场定位

与羊绒相比,牛绒具有保暖、防潮、挺括等优越的物理性能,但由于开发时间较短,在技术革新、生产工艺、产品设计等方面不够成熟,其优势还没有充分发挥出来。本公司在牛绒资源开发方面有着丰富的经验,特别是牦牛绒脱色、精梳、精纺、纯纺等新技术的运用,填补国内牛绒高级面料的空白,突破了"牛绒产品=牛绒衫=粗笨厚重=低档次服装"的市场界限,形成从精纺牛绒面料、牛绒T恤、衬衣到牛绒针织面料、丝绒衫、提花交织绒衫等多元化的产品结构,为下一步全面深入开发牦牛绒资源奠定了基础。

本公司对牛绒产品的市场定位分为两个阶段:(1)短期目标定位于中档产品,即位于羊毛衫与羊绒衫之间的一类产品,由于含绒量高,保暖性能好,价格适中,能够满足绝大多数消费者,提高牛绒在市场上的影响力;(2)长期目标定位于中高档产品,即成为能够与羊绒产品相媲美的替代产品,由于牛绒成本较低,有价格优势,只要牛绒产品在质量、外观和舒适度上与羊绒产品相当,就一定会有市场。

为此,本公司将通过技术创新,改善生产条件,来不断提升牛绒产品质量,力争用5-10年的时间打破羊绒在高档毛纺市场"独领风骚"的局面。

2、前景

本公司认为牦牛绒资源开发蕴涵着巨大的商机,理由是:

(1)从纺织行业看,2000年以来,纺织行业出现了多年来未有的喜人景象,国内外市场需求稳步回升,产品产量、销售收入、出口额均大幅增长,全行业实现利润创历史最高水平,说明纺织行业已经走出了低谷,特别是中国加入WTO以后,纺织企业的发展空间更大,以牦牛绒为原料制作的服装有可能被国外消费者所青睐。

(2)从生产结构看,九十年代初牛绒衫刚推出市场时十分畅销,在全国兴起一股"牛绒衫热",有数百家不同规模的厂家在生产牛绒衫。经过市场的优胜劣汰,那些缺乏技术创新能力和经营能力的企业绝大多数已被淘汰出局,目前,国内约剩5家企业还在从事牛绒生产,其中,本公司的综合实力最强,特别是最近开发的一些新产品,科技含量、附加值较高,被市场广泛看好。

(3)从需求结构上看,目前牛绒产品的消费者类型主要包括:一是生活在北方寒冷地区,对服装的保暖、防潮性能要求较高的消费者;二是崇尚自然环保,对"高原雪舟"、"绿色服装"等概念有兴趣的消费者;三是对服装有特殊要求的老年消费者。随着本公司在牛绒开发技术上的日益完善和新产品的不断推出,以及建立多层次、全方位的市场营销网络,牛绒产品的市场空间必将越来越广。

3、优势

(1)资源相对垄断的优势

牦牛号称"高原雪舟",长年生活在海拔3000米以上的寒冷地区,全世界牦牛绒产量约为4500吨/年,其中,我国为4300吨/年,在羊毛、山羊绒、棉、丝、麻等天然纤维中产量最少,又主要集中在青藏高原,从资源的稀贵性和集中度来看,应甚于羊绒。

(2)资源开发的后续优势

牦牛绒的物理性能在有些方面优于羊绒,但由于开发时间短,技术不够成熟,牛绒纤维的许多特点尚未被有效利用,随着本公司技术创新能力的不断增强和生产设备的不断改善,牛绒资源的内在优势将逐渐发掘出来。

(3)成本价格优势

目前,羊绒原料每吨120万元人民币,牦牛绒每吨11-15万元人民币;假设同比例的加工纺纱成本相同,每吨7.5万元,损耗约15%,则羊绒纱和牛绒纱的平均成本分别为140万元-150万元/吨和25万元/吨;每件羊绒衫和牛绒衫(250克)的平均成本分别为550元和237.5元;羊绒面料和牛绒面料(规格为28支、幅宽48口寸)的平均成本分别为360元和80元。可见,牛绒比羊绒存在较大的成本价格优势,将为牛绒抢占中高档毛纺织品市场创造条件。

十八、备查文件

(一)备查文件

1、审计报告、财务报表及附注

2、青海省人民政府批准本公司设立的文件

3、中国证监会批准本公司股票发行上市的文件

4、承销协议

5、青海省国有资产管理局关于资产评估的确认文件

6、重大合同

(二)查阅地点:

1、发行人:青海白唇鹿股份有限公司

地址:青海省西宁市小桥大街36号

电话:(0971)5130792

传真:(0971)5134240

2、主承销商:广东证券股份有限公司

地址:广东省广州市解放南路123号金汇大厦

电话:(020)83270540

传真:(020)83270485

(投资者可在承销期间内到本公司和主承销商办公地点查阅上述文件)

青海白唇鹿股份有限公司

二〇〇一年四月十三日

青海白唇鹿股份有限公司

股票上市公告书

第一节 概 览

股票简称:白唇鹿

股票代码:600381

总股本:11000 万股

可流通股本:3500 万股

本次上市流通股本:3500 万股

本公司公开发行股票前股东所持股份的流通限制及期限:根据国家现有法律、法规规定和中国证监会证监发行字[2001]23 号《关于核准青海白唇鹿股份有限公司公开发行股票的通知》,本公司的国有法人股和法人股暂不上市流通。

本公司公开发行股票前最大股东－－－－西宁市国新投资控股有限责任公司承诺:自本公司股票上市之日起 12 个月内,不转让所持有本公司的股份,也不由本公司回购该部分股份。

上市地点:上海证券交易所

上市时间:2001 年 5 月 8 日

股份登记机构:上海证券中央登记结算公司

上市推荐人:广东证券股份有限公司

提请投资者关注的事项:1、2000 年度,白唇鹿为适应市场变化加大了新产品开发力度,对传统产品结构进行了较大程度的调整,但是,2000 年"管理费用"中的"技术开发费用"为 29.4 万元,较 1999 年有减无增,其原因是新产品在 2000 年下半年已投入批量生产,且实现了部分销售,故将有关的技术开发费列入新产品成本。2、2000 年度,白唇鹿实现了 1.04 亿元的销售收入,比上年增长了 11.8%,主要是新产品的附加值较高,如牛绒面料的销售收入占销售收入总额的 42%,产品结构调整的效益逐步显现;3、营业费用较 1999 年减少 358.7 万元,主要原因:一是改变了以往的销售策略,取消大面积铺点的做法,整改不合理的、效益不好的网点,设立十大销售分公司,同时寻找中间经销商,大大降低了销售费用;二是 2000 年度白唇鹿不再使用奔羊牌商标,减少了商标使用费。4、在 1999、2000 年度母公司的利润总额中,分别有 40% 和 20% 来源于补贴收入,有 6% 和 44% 来自于对三兴公司的投资收益,请注意本公司主要利润来自于补贴收入和投资收益的风险。

第二节 绪 言

本上市公告书是依据《公司法》、《证券法》、《股票发行与交易管理暂行条例》、《公开发行股票公司信息披露实施细则》、《上海证券交易所股票上市规则》和《公开发行股票公司信息披露的内容与格式准则第七号＜上市公告书的内容与格式＞》等国家现行有关证券管理法律、法规的规定而编制,为本公司股票公开上市之目的向社会公众披露公司基本情况和相关资料。

本公司经中国证券监督管理委员会证监发行字[2001]23 号文核准,已成功向社会公开发行每股面值为 1 元之人民币普通股 3500 万股,每股发行价格为 5.68 元。

经上海证券交易所上证上字[2001]60 号《上市通知书》同意,本公司公开发行的 3500 万股社会公众股将于 2001 年 5 月 8 日在上海证券交易所挂牌交易,股票简称为"白唇鹿",股票代码为 600381。

本公司于 2001 年 4 月 13 日分别在《中国证券报》、《上海证券报》和《证券时报》上刊登了《招股说明书概要》,距今不足三个月,故与之重复内容在此不再重述。

第三节 发行人概况

(一) 发行人的基本情况

1、中英文名称:(中文)青海白唇鹿股份有限公司

(英文)QINGHAI BAICHUNLU COMPANY LIMITED.

2、注册资本:11000 万元

3、法定代表人:黄贤优

4、发行人注册地:青海省西宁市小桥大街 36 号

5、经营范围:生产经营毛纺织品、毛针织品,来料加工,毛纺机械配件加工、销售,毛纺原料收购。

6、主营业务:毛纺织品、毛针织品,来料加工,毛纺机械配件的加工与销售,毛纺原料收购。

7、所属行业:纺织业

8、电话:0971－5130792

9、传真:0971－5134240

10、电子邮箱:QHBCL@MAIL.QH.CNINFO.NET

11、董事会秘书:李喆

(二)发行人的历史沿革

本公司前身是青海第一毛纺厂,原名青海绒毛加工厂,始建于 1944 年,是青海省建厂最早企业之一,属国有中型一类企业。1997 年,青海省政府为调整本省的毛纺行业结构,实现优势互补和规模经济,由青海省国有资产管理局批复[青国资局(1997)219 号],同意将原青海省畜产进出口公司针纺部中与牛绒衫生产经营相关的资产划拨给青海第一毛纺厂。

1998 年 8 月,经青海省人民政府青股审(1998)第 004 号文批准,以青海第一毛纺厂经评估确认后与牛绒衫生产经营相关的净资产作为出资,联合西宁大什字百货商店、上海振鲁实业有限公司、西宁特殊钢集团有限责任公司、青海省集体工业物资供销处等四家以现金出资的企业法人共同发起,以发起设立方式于 1998 年 8 月 28 日设立本公司。

经中国证券监督管理委员会证监发行字[2001]23 号文批准,本公司于 2001 年 4 月 17 日已成功的向社会公开发行人民币普通股 3500 万股,每股发行价格为 5.68 元。2001 年 4 月 24 日,本公司在青海省工商行政管理局办理变更登记手续,注册资本变更为 11000 万元。

(三)发行人的主要经营情况

1、发行人经营概况

本公司地处青海省西宁市。牦牛是青藏高原特有的动物,牦牛绒年产量为 4,000 吨左右,占世界总产量 90% 以上,其中能够分梳纺纱的无毛绒约为 800 吨,非常珍贵。本公司掌握了牦牛绒的脱色、染色、织布、抗静电等关键技术,是国内第一家以牦牛绒为原料制成牛绒衫的企业,已具备年产牛绒衫 100 万件、牛绒精纺服装面料 30 万米的生产能力,开发出各类牛绒服装面料、成衣和时装 100 多款,在生产规模、新产品开发和技术创新上居国内同行前列。

2、发行人在牛绒产品生产经营方面的竞争优势

(1)资源相对垄断的优势

牦牛号称"高原雪舟",90% 以上的牦牛绒产于青藏高原,资源的垄断程度较高。

(2)资源开发的后续优势

牦牛绒的物理性能在有些方面优于羊绒,随着本公司技术创新能力的不断增强和生产设备的不断改善,牛绒资源的内在优势将逐渐发掘出来。

(3)成本价格优势

牛绒比羊绒存在较大的成本价格优势,将为牛绒抢占中高档毛纺织品市场创造条件。

(4)技术开发的优势

本公司在牛绒资源开发方面有着丰富的经验,特别是牦牛绒脱色、精梳、精纺、纯纺等新技术的运用,填补国内牛绒高级面料的空白,形成了多元化的产品结构,为下一步全面深入开发牦牛绒资源奠定了基础。

3、劣势

与羊绒相比,牛绒具有保暖、防潮、挺括等优越的物理性能,但由于开发时间较短,在技术革新、生产工艺、产品设计等方面不够成熟,其优势还没有充分发挥出来。

4、主要财务指标

2000 年,公司完成主营业务销售收入 104,294,586.44 元,实现主营业务利润 33,385,065.65,毛利率为 32.01% 。

本公司主营业务收入主要来自产品销售收入,本公司最近三年的主营业务收入构成如下:(单位:人民币元)

项　目	2000 年度	1999 年度	1998 年度
牛绒面料	43,735,042.95	2,031,538.47	－－
牛绒衫	35,168,983.74	81,057,301.24	118,658,360.75
丝绒衫	5,696,877.19		
羊绒衫	9,532.65	－－	17,342.71
牛绒纱	14,767,398.80	429,478.89	9,702,342.78
针织纱	－－	－－	64,422.69
无毛绒	－－	－－	1,214,684.36
棉布	332,541.47	1,580,731.40	－－
布匹整理	4,311,079.04	6,707,673.44	－－
其他	273,130.60	977,528.18	133,390.97
合计	104,294,586.44	92,784,251.62	129,790,544.26

5、主要的知识产权、政府特许经营权和非专利技术

(1)1989 年研制开发出牦牛绒衫、兔毛衫、羊仔毛衫,取得青海省《科技成果证书》;

(2)1993 年研制出加厚牦牛绒衫,获得青海省优秀新产品一等奖;

(3)1994 年研制开发出提花和结构型牦牛绒衫以及薄型换色牛绒衫;

(4)1997 年成功掌握了牦牛绒脱色技术,解决了牛绒产品色彩单一的问题;

(5)1999 年研制开发出新型"牦牛绒"高级服装面料,经专家评审被认定为 2000 年度国家级新产品,并被国家经贸委列入 2000 年度国家级重点新产品试产计划。

6、牦牛绒产品的市场情况

本公司产品主要供应国内消费者,在我国北方地区的市场占有率较高,1996 年、1997 年该市场处于高速发展阶段,但由于行业内同类产品较多和狭隘的市场定位,自 1999 年以来,普通牛绒衫在市场上的销售状况呈下降趋势。

2000 年度,本公司加大了产品结构调整的力度,最近开发的新产品改善了牛绒产品的市场形象,品种更加齐全,颜色更加丰富,款式更加多样,吸引了国内外众多生产商、经销商和消费者,开发潜力很大。

7、产品性能、质量方面的情况

本发行人具有健全的质量管理制度,检测手段齐全,产品质量稳定可靠,从未因产品质量问题受到任何形式的处罚。

8、享有的财政税收优惠政策

本公司 2001 年度实际执行 33% 的所得税税率。

第四节 股票发行与股本结构

1、本次股票上市前公开发行股票的情况

发行数量:3500 万股

发行价格:5.68 元

募集资金总额:198,800,000 元

发行方式:上网定价

发行费用总额:11,000,000.00 元,发行费用项目及金额情况如下:

费用类别	金额(万元)
(1)承销费用	577

(2)注册会计师费用	130
(3)发行人律师费用	62
(4)土地及资产评估费用	93
(5)上网发行费用	70
(6)股票登记费用	18
(7)上市推荐费用	100
(8)其他费用	50
合计	1100

每股发行费用:0.31429元

2、股票承销

本次发行的3500万股社会公众股股票已被超额认购,承销团无余额包销。

3、验资报告

(1)验资报告(摘自深圳同人会计师事务所深同证验字[2001]第009号):

青海白唇鹿股份有限公司全体股东:

我们接受委托,对青海白唇鹿股份有限公司("贵公司")截至二零零一年四月二十三日止股本变动情况的真实性和合法性进行了审验。在审验过程中,我们按照《独立审计实务公告第1号-验资》的要求,实施了必要的审验程序。贵公司的责任是提供真实、合法、完整的验资资料,保护资产的安全、完整。我们的责任是按照《独立审计实务公告第1号-验资》的要求,出具真实、合法的验资报告。

贵公司变更前的注册资本和实收股本均为人民币75,000,000.00元。本次向社会公开发行A股35,000,000.00股,每股面值人民币1.00元,计人民币35,000,000.00元。变更后的股份总数为110,000,000.00股,实收股本为人民币110,000,000.00元。

根据我们的审验,截至二零零一年四月二十三日止,贵公司已收到募集资金人民币198,800,000.00元,扣除与发行有关的费用人民币7,465,800.00元,贵公司实际增加投入资产人民币191,334,200.00元(均为货币资金),其中计入股本人民币35,000,000.00元,计入资本公积人民币156,334,200.00元。

附件(一) 变更前后注册资本、投入股本对照表(略)

附件(二) 验资事项说明(略)

附件(三) 验资依据证明文件(略)

深圳同人会计师事务所　　中国注册会计师:(签字、盖章)

中国　深圳　　中国注册会计师:(签字、盖章)

二OO一年四月二十三日

(2)募集资金入帐情况:

入帐时间:二零零一年四月二十三日;

入帐金额:191,334,200.00元;

入帐帐号:427-01-839-00005564;

开户银行:中信实业银行广州分行花园支行。

4、上市前股权结构及各类股东的持股情况

(1)本次上市前公司的股权结构情况

股　东	持股数量(万股)	占总股本比例(%)
发起人股:		
其中:国有法人股	7399	67.26
法人股	101	0.92
社会公众股:	3500	31.82
总股本	11000	100

(2)公司最大十名股东情况

股东名称	持股数(万股)	占总股本比例(%)
1、西宁市国新投资控股有限责任公司	6758	61.44
2、西宁市大什字百货商店	586	5.33
3、上海振鲁实业有限公司	78	0.71
4、西宁特殊钢集团有限责任公司	55	0.50
5、青海省集体工业物资供销处	23	0.21
6、同盛基金	8.4	0.08
7、景福基金	8.2	0.07
8、安顺基金	8.2	0.07
9、兴和基金	8.1	0.07
10、汉兴基金	7.9	0.07

第五节　董事、监事、高级管理人员及核心科技人员

1、董事

黄贤优:董事长,男,37岁,大专学历(现就读工商管理硕士学位),助理经济师。曾任深圳金田纺织股份有限公司业务员、部门经理,中外合资嘉骐纺织有限公司董事长,西宁市国新资产经营有限责任公司董事,一九九九年五月起任青海白唇鹿股份有限公司董事长。

孟庆良:副董事长,男,38岁,本科学历,经济师,曾任兰州毛条厂设备科科长、兰州纺织机械调配站经理、甘肃省轻纺物资总公司总经理、兰州辐射玻璃厂厂长、甘肃纺织机械器材总公司总经理、中国恒天集团中恒投资控股公司副总经理、西宁市国新资产经营有限责任公司副总经理,一九九九年五月起任青海白唇鹿股份有限公司副董事长。

李冬生:董事,男,47岁,大专学历,高级工程师,一九八零年起历任青海第一毛纺厂技术员、厂长助理、副厂长、厂长,现任青海白唇鹿股份有限公司总经理。

卫亚莉:董事,女,42岁,大专学历,曾任西宁食品厂、西宁市食品公司、西宁市商业局、西宁市五金公司团支部书记、团委副书记、党委书记,现任西宁市大什字百货商店总经理。

黄静:董事,女,40岁,大学学历,高级工程师,自一九八三年八月起历任青海第一毛纺厂车间主任、副厂长,现任青海白唇鹿股份有限公司总工程师。

徐蝶梅:董事,女,58岁,大专学历,曾任上海新乐服装公司经理,现任上海振鲁实业有限公司董事长。

刘赤:董事,女,38岁,硕士研究生,曾任中山大学讲师、香港天绰实业有限公司董事长助理、广州丰瑞实业有限公司办公室主任,现任西宁市国新投资控股有限公司副总经理。

高国平:董事,男,42岁,大专学历,工程师,曾任广东兴宁市第二染织厂厂长,现任深圳市三兴织物整理实业有限公司总经理。

赵红:董事,女,31岁,大专学历,经济师,曾任中国建设银行广州市分行建设路办事处主任,现任西宁市国新投资控股有限公司办公室主任。

2、监事

詹立成:监事会主席,男,57岁,高中学历,政工师,曾任中国人民解放军、县人民武装部战士、政委、党委书记,青海第一毛纺厂、青海造纸厂纪委书记、党委书记。

刘世垒:监事,男,56岁,中专学历,曾任建设兵团青海农建师、青海省畜产品进出口公司、青海省畜产品公司针纺部干事、科长、厂长、党委副书记。

赵兰:监事,女,46岁,中专学历,会计师,历任青海第一毛纺厂财务部会计、科长,现任青海白唇鹿股份有限公司审计监察部部长。

3、董事会秘书

李喆:董事会秘书,男,45岁,大专学历,工程师,曾任青海纺织工业总公司、青海第三毛纺厂技术员、总师办主任,青海天源纺织集团公司企管部经理,现任青海白唇鹿股份有限公司董事会秘书、董事长助理。

4、财务负责人

马慧玲:财务负责人,女,39岁,大专学历,曾任本公司财务部副部长,财务总监助理。

5、公司董事、监事、高级管理人员和核心技术人员持股情况

截止本次股票上市前,本公司上述人员均未直接或间接持有本公司股份。

6、本公司目前尚未设置期权。

第六节　同业竞争与关联交易

本公司不存在同业竞争的情况,为避免同业竞争,本公司最大股东国新投资控股有限公司于一九九九年九月九日出具了承诺函,承诺其及其下属企业不从事任何与本公司有实质性竞争的业务,亦不会利用其对本公司的控股关系,作出有损本公司及其全体股东利益的行为。

本公司的关联企业有:本公司的最大股东西宁市国新投资控股有限公司;持有国新控股27%股份的广州贤成集团有限责任公司;本公司的其他四家发起人股东,即西宁市大什字百货商店、上海振鲁实业有限公司、西宁特殊钢(集团)有限责任公司、青海省集体工业物资供销处;本公司的控股子公司三兴公司;国新控股所属企业青海双蝶绒线厂。

1、国新控股系本公司的最大股东,持有本公司6,758万股,营业执照注册号为6301001200524;住所为西宁市城北区小桥大街36号;法定代表人为舒扬;注册资本为人民币壹亿玖仟肆佰捌拾伍万元;经营范围为纺织品生产、销售,房地产开发等。在本公司本次股票发行上市后,国新控股持有本公司的股份占本公司股本总额的61.44%;

2、广州贤成集团有限责任公司持有西宁市国新投资控股有限公司27%的股份,是国新控股的第二大股东,营业执照注册号为4401012006089;住所为广州市天河龙口西路71号楼2楼;法定代表人为刘伟坚;注册资金为人民币贰亿元;经营范围为批发及零售贸易(国家专营专控商品凭许可证经营),服装生产、销售,房地产开发(二级)等。

3、西宁市大什字百货商店持有本公司586万股股份,营业执照注册号为22663055-8-1;住所为西宁市东大街53号;法定代表人为卫亚莉;注册资金为人民币2,363万元;经营范围为百货、针纺织品、五金交电等。

4、西宁特殊钢(集团)有限责任公司持有本公司55万股股份,营业执照注册号为22659318-7;住所为西宁市柴达木路52号;法定代表人为张昭云;注册资本为75,846万元;经营范围为钢铁冶炼、金属压延加工等。

5、上海振鲁实业有限公司持有本公司78万股股份,营业执照注册号为3101091013914;住所为上海市场中路815号;法定代表人为徐蝶梅;注册资本为人民币200万元;经营范围为销售金属材料、建筑装潢材料等。

6、青海省集体工业物资供销处持有本公司23万股股份,营业执照注册号为22659261-9;住所为西宁市七一路465号;法定代表人为唐立华;注册资金为人民币384.2万元;经营范围为金属材料、纺织原料、塑料原料等。

7、三兴公司是本公司的控股子公司,本公司持有三兴公司90%的股权,营业执照注册号为4403012019345;住所为深圳市罗湖区莲塘西岭村;法定代表人为黄贤优;注册资本为人民币3780万元;经营范围为棉布的加工、销售,国内商业、物资供销业等。

8、青海双蝶绒线厂系国新控股的全资附属企业,法人营业执照注册号为6301001200738;住所为西宁市城北区小桥大街36号;法定代表人为朱军;注册资本为人民币3,100万元;经营范围为毛纺织品,毛纺原料收购,来料加工等。

本公司与上述企业之间的关联交易主要有:本公司与青海双蝶绒线厂之间的加工定作、房屋租赁关系和青海双蝶绒线厂对本公司的借款合同提供担保;以及本公司与三兴公司之间的设计开发、委托加工和产品购销关系。

1、青海双蝶绒线厂租赁使用本公司的房产。根据本公司与青海双蝶绒线厂于1998年10月13日签署的《房屋租赁合同》,青海双蝶绒线厂租赁使用本公司的房产共两处,面积共计为1735平方米。租金为每月每平方米人民币6元,每月共计租金为10410元人民币,租期为5年。

2、本公司为青海双蝶绒线厂加工染色绒线。根据1998年10月13日本公司与青海双蝶绒线厂签署的《加工定作合同》,本公司为青海双蝶绒线厂加工染色绒线。该合同在质量规格、交货方式、加工费、验收、结算、违约责任等方面的内容均符合国家有关法律、法规规定。截至2000年12月31日,本公司向青海双蝶绒线厂收取加工费共计人民币163,122.43元。

3、青海双蝶绒线厂为本公司的借款合同提供担保:一是为本公司和中国工商银行西宁市小桥支行签定的编号为小桥字0117、小桥字0118的《流动资金借款合同》提供担保,担保的主债务本金总额计为2,000万元人民币;二是为本公司和中国工商银行西宁市小桥支行签定的编号为小桥字0178、小桥字0179的《流动资金借款合同》的延期提供担保,担保的主债务本金总额计为1,978万元人民币;三是为本公司和中国建设银行西宁市城北支行签定的编号为9904304056#的《人民币短期借款合同》提供担保,担保的本金金额计为2,400万元人民币,该合同已于2000年12月29日到期,合同的展期正在办理之中。

4、本公司委托三兴公司设计开发并加工产品。本公司与三兴公司签订了《牛绒涤纶混纺面料设计开发及生产加工合同》。合同编号为BCL/S-0007,本公司委托三兴公司设计开发并生产牛绒涤纶混纺西服面料的合同总价款为捌佰玖拾伍万元。

5、本公司从三兴公司购买产品,与三兴公司签订了《牛绒混纺纱购销合同》,合同编号为BCL/S-0006,本公司从三兴公司购买牛绒混纺成品色纱的合同总价款为518319元。

6、本公司委托三兴公司加工新疆库尔勒产棉纱,与三兴公司签订了两份《委托加工合同》,合同编号为BCL/S-0001与BCL/S-0002,本公司应支付的加工费为120万元和250万元。

第七节　财务会计资料

(一)会计数据和业务数据摘要(单位:人民币元)

1、公司本年度主要会计数据

项　目	金　额
利润总额	23,180,786.63
净利润	17,643,761.73
主营业务利润	33,385,065.65
其他业务利润	103,810.23
营业利润	19,550,930.38
投资收益	66,001.71
补贴收入	4,046,000.00
营业外收支净额	-37,907.19

2、报告期末前三年的主要会计数据和财务指标(合并报表)

指标项目	2000年度	1999年度	1998年度

主营业务收入	104,294,586.44	92,784,251.62	129,790,544.26
净利润	17,643,761.73	15,496,311.48	9,724,105.05
总资产	305,706,420.41	241,420,410.02	213,348,872.64
股东权益	112,757,092.25	109,363,330.52	93,967,019.04
按净利润计算的全面摊薄每股收益	0.24	0.21	0.13
按净利润计算的加权平均每股收益	0.24	0.21	0.13
扣除非经常性损益的每股收益(摊薄)	0.19	0.09	0.07
扣除非经常性损益的每股收益(加权)	0.19	0.09	0.07
每股净资产	1.503	1.458	1.253
每股经营活动产生的现金流量净额	0.060	0.937	-----
净资产收益率(摊薄)	15.65%	14.17%	10.35%
净资产收益率(加权)	15.56%	15.24%	----

3、按照中国证监会《公开发行证券公司信息披露编报规则(第9号)》要求计算的2000年报告期利润的净资产收益率和每股收益

报告期利润	净资产收益率		每股收益	
	全面摊薄	加权平均	全面摊薄	加权平均
主营业务利润	29.62%	29.44%	0.45	0.45
营业利润	17.34%	17.24%	0.26	0.26
净利润	15.65%	15.56%	0.24	0.24
扣除非经常性损益后净利润	12.43%	12.36%	0.19	0.19

4、其它相关财务指标(2000年)

(1)流动比率	1.02
(2)速动比率	0.45
(3)营运资金	4,207,918.62
(4)资产负债率	61.47%
(5)存货周转率	0.93
(6)应收帐款周转率	1.91

5、盈利预测

本公司2001年度合并盈利预测情况如下:(单位:万元)

(1)主营业务收入	13,783.65
(2)主营业务利润	5,343.20
(3)营业利润	2,340.03
(4)利润总额	2,322.51
(5)净利润	1,711.37

(二)审计报告、财务报表和会计附注

本公司截止2000年12月31日的财务报告和2001年的盈利预测,已在《青海白唇鹿股份有限公司招股说明书概要》中全文披露,该招股说明书概要已于2001年4月13日刊登在《中国证券报》、《上海证券报》和《证券时报》上,因距今时间较短,故本上市公告书对与之重复的内容不再赘述。以下财务资料摘录自经深圳同人会计师事务所出具的深同证审字[2001]第003号标准无保留意见审计报告及其附注,投资者欲了解其它内容,敬请查阅上述报纸或到公告的《招股说明书》查阅地点查询。

青海白唇鹿股份有限公司全体股东:

我们接受委托,审计了贵公司1998年12月31日、1999年12月31日及2000年12月31日合并资产负债表及母公司资产负债表,1998年度、1999年度及2000年度合并利润及利润分配表和母公司利润及利润分配表,1999年度及2000年度合并现金流量表及母公司现金流量表。这些会计报表由 贵公司负责。我们的责任是对这些会计报表发表审计意见。我们的审计是依据《中国注册会计师独立审计准则》进行的。在审计过程中,我们结合 贵公司实际情况,实施了包括抽查会计记录、审核有关证据等我们认为必要的审计程序。

我们认为,上述会计报表符合《企业会计准则》和《股份有限公司会计制度》的有关规定,在所有重大方面公允地反映了贵公司1998年12月31日、1999年12月31日及2000年12月31日的财务状况与1998年度、1999年度及2000年度的经营成果与1999年度及2000年度的现金流量,会计处理方法的选用遵循了一贯性原则。

深圳同人会计师事务所　　中国注册会计师:易永健(签字、盖章)

中国注册会计师:朱文岳(签字、盖章)

二○○一年一月七日

青海白唇鹿股份有限公司会计报表附注　　单位:人民币元

一、公司简介(略)

公司1998年度8月28日在青海省工商行政管理局登记注册,注册资本为人民币7500万元,业经深圳同人会计师事务所以深同验字[98]第D014号验资报告验证。

本公司控股子公司概况列示如下:

本公司子公司名称	注册地址	法定代表人	注册资本	持股比例	主营业务
深圳市三兴织物整理实业有限公司	深圳市	黄贤优	37,800,000.00	90%	棉纺织布加工、销售及进出业务

二、会计报表编制基础(略)

本公司1998年1-8月份会计报表的编制系根据《中华人民共和国公司法》及《股份有限公司会计制度》模拟编制,1998年9-12月、1999年度及2000年度会计报表为本公司实际报表。

原企业在改制过程中,六个会计要素的剥离原则和方法如下:

1.资产:实物资产的剥离以实际占用和使用为界定原则;对债权的剥离以与牛绒衫生产经营相关为原则。

2.负债:负债的剥离以与牛绒衫生产经营相关为原则,其中税金的剥离以与实际发生经济业务相配比为原则 。

3.所有者权益:所有者权益则根据资产和负债的剥离结果进行计算。

4.收入:收入的剥离根据与牛绒衫的生产经营相关为原则。

5.费用:工资、三项费用及劳动保险费用是把非经营部门以及绒线车间的部分进行剥离;成本、折旧和税金则根据资产和收入的剥离明细利用配比原则分别计算;财务费用则根据借款的剥离明细按配比原则进行计算。

6.利润:利润的剥离则根据收入和费用项目的剥离明细分别汇总计算。

对以上会计要素明细的计算遵循了配比原则,所运用的剥离原则和方法、分帐的合理性和合规性已经中国注册会计师审核。

有关合并会计报表的编制说明详见附注三.19。

三、主要会计政策、会计估计和合并会计报表的编制方法

1.会计制度

本公司执行中华人民共和国《企业会计准则》和《股份有限公司会计制度》及其补充规定。

2.会计年度

会计年度采用日历年度制,即自公历每年一月一日起至十二月三十一日止。

3.记帐本位币

本公司记帐本位币为人民币。

4.记帐基础和计价原则

本公司的记帐基础为权责发生制,计价原则为历史成本法。

5.外币业务核算方法

本公司年度内发生的非本位币经济业务,按业务发生当月一日中国人民银行公布的市场汇价的中间价("市场汇价")折合为人民币记帐。年度终了,货币性项目中的外币余额概按当日市场汇价进行调整,由此产生的折合人民币差额,计入当年度损益。

本公司本会计年度无外币业务。

6.外币会计报表的折算法;

子公司的非本位币会计报表,均按照财政部财会字[1995]11号《合并会计报表暂行规定》第八条所规定的折算方法,折算为本位币报表。因会计报表各项目按规定采用不同汇率而产生的折算差额,以"外币报表折算差额"项目在资产负债表单独列示。

本会计年度本公司及其子公司未编制外币会计报表。

7.现金等价物的确定标准:

现金等价物为本公司持有的期限短、流动性强、易于转换为已知金额现金、价值变动风险很小的投资。

8.坏帐核算方法

1)本公司确认坏帐损失的标准:凡因债务人破产,依照法律清偿程序清偿后仍无法收回,或因债务人死亡,既无遗产可供清偿,又无义务承担人,确实无法收回;或因债务人逾期未能履行偿债义务,以及其他足以证明应收款项可能发生损失的证据,经法定程序审核批准,该等应收款项列为坏帐损失。

2)坏帐损失的核算方法:本公司坏帐损失核算采用备抵法,坏帐准备按帐龄分析法计提,根据债务单位的财务状况、现金流量等情况,以决算日应收款项(包括应收帐款和其他应收款,包含关联公司往来款项)的余额,按帐龄分析法计提。提取比例为:帐龄1年(含1年,以下类推)以内的计提5%;帐龄1-2年的计提10%;帐龄2-3年的计提30%;帐龄3-5年计提80%;帐龄5年以上的计提100%。并计入当年度损益。

9.存货核算方法

本公司的存货分为原材料、产成品等九类,各类存货的取得以实际成本计价,发出存货的成本以加权平均法计算确定。决算日,存货按成本与可变现净值孰低法计算。

低值易耗品于领用时采用一次摊销法摊销。

包装物于领用时采用一次摊销法摊销。

存货跌价准备,以决算日存货成本低于可变现净值计算的差额提取存货跌价准备,存货跌价损失已计入当年度损益。

存货的细节在五.5.中表述

10.短期投资核算方法

本公司的短期投资按实际成本计价。实际收取的短期投资利息及股利作为短期投资收益。决算日,短期投资采用成本与市价孰低法计价,其市价低于成本的差额作为短期投资跌价准备,并计入当年度损益。

本公司本年度无短期投资。

11.长期投资核算方法

(1)长期债权投资:本公司债权投资按实际支付的款项扣除应计利息后计价入帐,债权投资实际成本与债券票面价值的溢价(或折价),采用直线法于债券存续期内摊销。

(2)长期股权投资:本公司股票投资按实际支付的价款扣除已宣告发放的现金股利后计价入帐,其他长期投资按投出现金及固定资产、无形资产的帐面净值计价入帐。

股权投资差额系指长期股权投资采用权益法核算时,长期股权投资成本与应享有被投资单位所有者权益中所占份额的差额。1999年9月1日起分10年平均摊销。

本公司对被投资公司的长期投资采用下列会计处理方法:投资额占被投资公司资本总额不足20%时,以成本法核算;投资额占被投资公司资本总额20%至50%时,以权益法核算;投资额占被投资公司资本总额50%以上以及投资额虽占被投资公司资本总额20%至50%,但本公司对其实质上拥有控制权者,采用权益法核算并对会计报表予以合并。

决算日,若因市价持续下跌或被投资单位经营状况恶化(或其他具体原因)等原因导致长期投资可收回金额低于帐面价值,其差额作为长期投资减值准备,并计入当年度损益。

长期投资的细节在五.6.及五.7.中表述。

12.固定资产计价和折旧方法

(1)固定资产标准:指使用期限超过一年的房屋建筑物、机器设备、运输工具及其它与经营有关的工器具等,以及不属于经营的主要设备但单位价值在人民币2,000元以上,使用期限超过二年的物品。

(2)固定资产计价:固定资产按实际成本计价。本公司主发起人西宁市国新投资控股有限公司1998年4月30日投入本公司的固定资产以评估后价值入帐。

(3)固定资产折旧方法:固定资产折旧采用直线法平均计算,并根据固定资产类别的原值、估计经济使用年限和预计残值(原值的5%)确定其折旧率。各类折旧率如下:

类　别	预计使用年限(年)	年度折旧率%
房屋建筑物	40	2.37
机器设备	8	11.87
运输设备	6	15.80
电子设备及其他	9	10.55

固定资产及其折旧的细节在五.8.中表述。

13.在建工程核算方法

在建工程按实际成本计价。在建工程达到设定地点及设定用途并交付使用时,确认为固定资产。

在建工程建造期间所发生的借款利息及其相关费用计入在建工程成本。

在建工程的细节在五.9.中表述。

14.无形资产计价和摊销方法

无形资产按形成或取得时发生的实际成本计价,并按直线法摊销。

15.开办费摊销方法

本公司的开办费按形成时发生的实际成本计价,并按直线法分10年摊销。

开办费的细节在五.10.中表述。

16.长期待摊费用摊销方法

本公司的长期待摊费用按形成时发生的实际成本计价,并按直线法分5年摊销。

长期待摊费用的细节在五.11.中表述。

17.收入确认原则

产品销售:公司将产品所有权上的主要风险和报酬转移给购买方,对该产品不再保留继续管理权和实际控制权,与交易相关的价款已经收到或已经取得了收款的证据,与收入相关的产品成本能够可靠地计量时,确认收入的实现。

提供劳务:劳务已经提供,相关的成本能够可靠计算,其经济利益能够流入,确认收入的实现。

18.所得税的会计处理方法

本公司所得税的会计处理方法采用应付税款法。

19.合并会计报表的编制方法

本合并会计报表系按照财政部财会字[1995]11号文《合并会计报表暂行规定》和财会二字(1996)2号《关于合并会计报表合并范围请示的复函》等有关文件的要求编制的。本公司列入合并会计报表的范围的子公司(详情列示于附注一公司简介)所执行的行业会计制度,业已在会计报表合并时予以必要的调整。

本公司及其子公司间的所有重大交易,均在会计报表合并时予以抵销。

少数股东权益是指子公司资产净值中由母公司以外的其他投资者所拥有的权益。少数股东损益是指除母公司以外的其他投资者在各子公司应分得的利润(或应承担的亏损)。

本公司于1999年8月12日完成收购深圳三兴织物整理实业有限公司90%股权,收购会计基准日确定为1999年8月31日.根据合并会计报表的编报要求,本公司将该控股子公司1999年9月1日至12月31日及2000年1月1日至12月31日会计报表纳入报表合并范围。

四、税项

1.本公司主要适用的税种和税率

税　种	计 税 依 据	税　率
增值税	产品或劳务销售收入	17%
营业税	营业收入	5%
城市维护建设税	增值税、营业税额	1%、7%
教育费附加	增值税、营业税额	3%
企业所得税*	应纳税所得额	33%、15%

*本公司控股子公司——深圳三兴织物整理实业有限公司执行15%所得税税率。

2.优惠税率及批文

本公司2000年度执行33%所得税税率。

税项的细节在五.17中表述

五、合并会计报表主要项目注释:

1.货币资金

	1999.12.31			2000.12.31		
	原币	汇率	折合本位币	原币	汇率	折合本位币
现金	114,091.04	1:1	114,091.04	76,484.56	1:1	76,484.56
银行存款	10,422,958.70	1:1	10,422,958.70	4,340,187.69	1:1	4,340,187.69
其他货币资金	20,001,039.23	1:1	20,001,039.23	10,002,739.23*	1:1	10,002,739.23
	30,538,088.97		30,538,088.97	14,419,411.48		14,419,411.48

*本公司2000年12月31日其他货币资金余额为10,002,739.23。其中5,000,000.00元为六个月定期银行存款(2000.12.15－2001.06.15),该笔存款已向银行办理了贷款质押;另外5,000,000.00元为六个月定期(2000.12.19－2001.06.19)银行承兑汇票的保证金存款。

2.应收帐款

应收帐款的帐龄分析列示如下:

帐　龄	1999.12.31			2000.12.31		
	金　额	占该帐项金额%	坏帐准备	金　额	占该帐项金额%	坏帐准备
1年以内	43,052,752.24	83.30	2,152,637.61	29,148,550.10	77.61	1,457,427.51
1－2年	7,414,354.13	14.35	741,435.41	3,645,673.70	9.71	364,567.37
2－3年	988,245.21	1.92	296,473.56	4,241,145.87	11.29	1,272,343.76
3－5年	177,661.40	0.35	142,129.12	469,964.08	1.25	375,971.26
5年以上	52,808.24	0.08	52,808.24	52,808.24	0.14	52,808.24
	51,685,821.22	100	3,385,483.94	37,558,141.99	100%	3,523,118.14

其中欠款金额前五名的单位:

名　称	所欠金额	欠款时间	欠款原因
广州市华鑫企业有限公司	3,000,000.00	2000年03月	货款
广东粤纺经济贸易有限公司*	16,660,000.00	2000年11月	货款
江苏江阴利港化纤公司	3,420,000.00	2000年12月	货款
广东华顺实业有限公司	1,202,826.83	2000年05月	货款

*本公司于2000年11月20日和广东省粤纺经济贸易公司签订了销售45,000件精纺薄型牛绒衫和20,000件绒丝衫的销售合同,价款共计16,660,000.00元,并于当月将货物全部发出,合同规定货到后六个月内付清全部价款。持本公司5%以上股份的股东没有本项欠款。

3.其他应收款

其他应收款的帐龄分析列示如下:

帐　龄	1999.12.31			2000.12.31		
	金　额	占该帐项金额%	坏帐准备	金　额	占该帐项金额%	坏帐准备
1年以内	3,674,569.05	28.55	183,728.45	11,401,444.58	65.17	570,072.23
1－2年	8,504,140.89	66.08	850,414.09	3,587,124.55	20.50	358,712.46
2－3年	152,373.28	1.19	45,711.98	1,833,923.40	10.48	550.177.02
3－5年	465,719.66	3.62	372,575.73	409,081.92	2.34	327,655.36
5年以上	74,031.39	0.54	74,031.39	264,373.65	1.51	264,373.65
	12,870,834.27	100	1,526,461.64	17,495,948.10	100%	2,070,990.72

其中欠款金额前五名的单位:

名　称	所欠金额	欠款时间	欠款原因
青海双碟绒线厂*	5,927,333.37	1998年	改制时资产剥离
筹委会	4,299,332.78	－－	上市筹备费用
江苏天伦染织公司	1,273,398.62	1998年04月	印染款
深圳利保丰公司	1,026,900.00	2000年10月	往来款
刘永刚	531,295.25	2000年10月	往来备用金

*应收关联公司—青海双碟绒线厂往来款5,927,333.37元系1998年本公司改制时产生的往来,控股公司—西宁市国新投资控股有限公司承诺,该往来将用以后年度本公司的现金分红中其所得部分偿还。根据本公司会计政策,该等款项计提坏帐准备296,366.67元。持本公司5%以上股份的股东没有本项欠款。

4.预付帐款

项　目	1999.12.31	2000.12.31
设备款	18,830,000.00	18,830,000.00
加工费	6,998,850.00	253,000.00
工程及备件款	825,583.37	305,811.15
其他	－－	146,086.77
	26,654,433.37	19,534,897.92

其中欠款金额前五名的单位:

名　称	所欠金额	欠款时间	欠款原因
香港誉丰国际有限公司	18,830,000.00	2000年11月	设备款
港江粤西建筑公司	200,000.00	2000年12月	装修款
安庆染织厂	200,000.00	1999年04月	加工款
深圳市设计装饰公司	60,000.00	2000年11月	设计费
仝伯堂(个人)	42,382.17	2000年08月	水电款

持本公司5%以上股份的股东没有本项欠款。

5.存货

项　目	1999.12.31		2000.12.31	
	金　额	跌价准备	金　额	跌价准备
合　计	55,321,482.13	10,193,669.97	107,719,628.92	2,209,929.89

6.长期股权投资

	2000.1.1		本年增加	本年减少	2000.12.31	
	金额	减值准备			金额	减值准备
股权投资差额	1,693,955.59	－－	－－	175,240.23	1,518,715.36	－－
衡阳白唇鹿针织有限公司*	1,122,123.46	－－	－－	1,122,123.46	－－	－－
	2,816,079.05	－－	－－	1,297,363.69	1,518,715.36	－－

*本公司控股子公司——衡阳白唇鹿针织有限公司已于2000年6月清算完毕,同时办理了工商及税务注销手续。清算过程中收回存货对外销售款688,704.17元(其中已实际收回现金591,754.17元)、收回存货抵付债务230,422.96元,发生清算损失计202,996.33元已计入投资损益。

7.长期债权投资

项　目	2000.01.01	本年增加	本年减少	2000.12.31
电力债券	37,440.00	－－	－－	37,440.00

8.长期待摊费用

项　目	原始金额	2000.01.01	本年增加	本年摊销	2000.12.31
厂房搬迁费	441,587.00	－－	441,587.00	－－	441,587.00

9.短期借款

借款类别	1999.12.31	2000.12.31	借款期限	月利率‰
银行借款(抵押)	－－	5,000,000.00	2000.12.15－2001.06.15	0.5115
银行借款(担保)	74,780,000.00	102,780,000.00*	1999.12.29－2001.08.25	5.3625－5.94
财政借款	1,207,872.00	1,167,872.00	1994.11.10－2000.11.15	7－7.05
	75,987,872.00	108,947.872.00		

本公司2000年度增加银行借款32,960,000.00元,主要原因系为产品结构调整及新产品开发提供周转资金。

*中国建设银行西宁市城北支行对本公司的34,000,000.00元流动资金贷款,已于2000年12月份到期,展期手续正在办理之中。

10.应付票据

应付票据2000年12月31日的余额为人民币5,000,000.00元,系本公司2000年12月19日向招商银行皇岗支行申请开出银行承兑汇票,收款人为广州市精纬纺织有限公司,到期日为2001年6月19日。

11.应付帐款

应付帐款2000年12月31日的余额为人民币24,434,697.83元,本公司尚无应付持本公司5%以上股份股东的款项。

12.预收帐款

预收帐款2000年12月31日的余额为人民币6,649,740.03元,本公司尚无预收持本公司5%以上股份股东的款项。

13.应付股利

股 东 名 称	1999－12－31	2000－12－31
国有法人:		
西宁市国新投资控股有限公司	－－	90,200.00
西宁市大十字百货商店	－－	1,113,400.00
西宁市特殊钢有限责任公司	－－	104,500.00
其他法人:	－－	
上海振鲁实业有限公司	－－	148,200.00
青海省集体工业物质供销处	－－	43,700.00
	－－	1,500,000.00

本公司股东于2000年8月召开了临时股东大会,决定以1999年12月31日75,000,000股本为基数,按每股派发0.19元现金的方式进行分配,共可分配现金股利14,250,000.00元。截至2000年12月31日止,应付西宁市国新投资控股有限公司12,840,200.00元已支付12,750,000.00元。

14.应交税金

	1999.12.31	2000.12.31
增值税	6,545,394.27	7,101,657.71
营业税	6,246.00	12,492.00
城建税	764,407.54	1,351,221.89
固定资产投资税	39,155.33	－－
个人所得税	14,935.20	3,411.15
所得税	2,981,935.09	2,872,620.79
	10,352,073.43	11,341,403.54

15.其他应交款

	1999.12.31	2000.12.31
教育费附加	325,871.81	598,456.37

16.其他应付款

其他应付款2000年12月31日的余额为人民币21,856,202.19元,本公司尚无应付持本公司5%以上股份股东的款项。

17.长期借款

贷款单位	1999.12.31	2000.12.31	起止期限	年利率	贷款条件	款项性质
深圳市财政局						
深圳市经济发展局*	－－	3,000,000.00	2000.11.06－2002.11.06	3.5%	担保	专项资金

*系深圳市财政局和深圳市经济发展局为本公司提供的挖潜改造专项资金,专用于牦牛绒加工成精纺服装面料。

18.少数股东权益

股东名称	1999.12.31	2000.12.31
高国平	4,015,746.15	5,040,757.12

19.股本

	1998.12.31	1999.12.31	2000.12.31
上市未流通股份			
发起人股份	75,000,000.00	75,000,000.00	75,000,000.00
其中:			
境内法人持有股份	75,000,000.00	75,000,000.00	75,000,000.00
上市未流通股份合计	75,000,000.00	75,000,000.00	75,000,000.00

根据青海省人民政府青股审[1998]第004文批准,本公司主发起人西宁市国新投资控股有限公司以评估后净资产86,535,041.00元出资入股,按照1:0.781的比例折为67,580,000股,占公司股本总额的90.11%;其他四家发起人投入货币资金9,500,000.00元,按同一比例折为7,420,000股。以上股东出资业经深圳同人会计师事务所深同证验字[1998]第D014号验资报告验证。

20.资本公积

项　目	1998.12.31	1999.12.31	2000.12.31
股本溢价	19,075,917.97	19,075,917.97	19,075,917.97

21.盈余公积

项 目	1998.12.31	1999.12.31	2000.12.313
法定盈余公积	－－	1,680,088.67	4,469,475.81
公益金	－－	840,044.34	2,234,737.91
	263,102.17	2,520,133.01	6,704,213.72

22.主营业务收入

项 目	1998年度	1999年度	2000年度
牛绒衫	118,658,360.75	81,057,301.24	35,168,983.74
丝绒衫			5,696,877.19
羊绒衫	17,342.71	－－	9,532.65
牛绒纱	9,702,342.78	429,478.89	14,767,398.80
针织纱	64,422.69	－－	－－
无毛绒	1,214,684.36	－－	－－
牛绒面料	－－	2,031,538.47	43,735,042.95
棉布	－－	1,580,731.40	332,541.47
布匹整理	－－	6,707,673.44	4,311,079.04
其他	133,390.97	977,528.18	273,130.60
	129,790,544.26	92,784,251.62	104,294,586.44

23.其他业务利润

	1998年度	1999年度	2000年度
销售原料	(307,964.90)	592,708.06	－－
房租	32,555.13	118,049.40	101,801.13
劳务收入	125,106.74	43,569.26	2,009.10
	(150,303.03)	754,326.72	103,810.23

24.投资收益

	1998年度	1999年度	2000年度
股权投资差额摊销＊		(58,446.74)	(175,240.23)
衡阳白唇鹿针织有限公司＊＊	(66,001.71)	102.37	(202,996.33)
	(66,001.71)	(58,344.37)	(378,236.56)

＊对深圳三兴织物整理有限公司股权投资差额1,752,402.33元.按10年平均摊销，本年摊销计175,240.23元。

＊＊本公司对子公司——衡阳白唇鹿针织有限公司1998年度、1999年度的投资收益系权益法调整部分;2000年度调整损益系清算损失。该公司已于2000年6月清算完毕，同时办理了工商及务注销手续。

六、关联方关系及其交易

1.存在控制关系的关联方：

企业名称	注册地址	主营业务	与本企业关系	经济性质或类型	法定代表人
西宁市国新投资控股有限公司	西宁市城北区小桥大街36号	经营纺织品、房地产、城建等	股份公司之控股公司	国有控股公司	舒扬
深圳市三兴织物整理实业有限公司	深圳市罗湖区莲塘	经营纺织品	股份公司之控股子公司	有限责任公司	黄贤优

2.存在控制关系的关联方的注册资本及其变化

企业名称	2000.01.01	本年增加数	本年减少数	2000.12.31
西宁市国新投资控股有限公司	100,000,000.00	94,850,000.00	－－	194,850,000.00
深圳市三兴织物整理实业有限公司	37,800,000.00	－－	－－	37,800,000.00

3.存在控制关系的关联方所持股份或权益及其变化

西宁市国新投资控股有限公司成立于1998年4月13日，是本公司的控股公司，持有本公司67,580,000.00股股权，占公司股本总额的90.11%。本公司成立至今该公司所持股份未发生变化。

本公司于1999年8月12日收购深圳市三兴织物整理实业有限公司90%的股权，2000年度本公司对该公司的权益除了增加投资收益9,225,098.71元，其他未发生变化。

4.不存在控制关系的关联方关系的性质

企业名称	与本企业的关系
西宁市大十字百货商店	本公司股东
上海振鲁实业有限公司	本公司股东
西宁特殊钢(集团)有限公司	本公司股东
青海省集体工业物资供销处	本公司股东
广州贤成集团有限责任公司	持有西宁市国新投资控股有限公司27%的股份
青海双蝶绒线厂	同属西宁市国新投资控股有限公司的控股子公司

5.关联公司交易事项

(1)购货

	1999年度		2000年度		定价政策
企业名称	金 额	占购货总额%	金 额	占购货总额%	
青海双蝶绒线厂	829,948.75	12	2,618.96	－－	市场价
深圳市三兴织物整理实业有限公司	－－	－－	1,016,194.36	1.88	市场价

(2)销货

企业名称	1999年度		2000年度		定价政策
总额%	金额	占销货总额%	金额	占销货总额%	
青海双蝶绒线厂	282,007.20	0.3	163,122.43	0.16	市场价
深圳市三兴织物整理实业有限公司	－－	－－	936,095.39	1.55	市场价

(3)房屋租赁

	1999年度	2000年度
青海双蝶绒线厂	124,920.00	124.920.00

(4)其他交易

本公司关联公司－－－青海双碟绒线厂2000年度为本公司提供银行贷款担保共计63,780,000.00元。

6.关联方应收、应付款项余额

关联公司名称	1999.12.31	2000.12.31	占全部应收(付)款项余额的比重(%)	
	金 额	金 额	1999.12.31	2000.12.31
其他应收款	－－	－－		
其中:青海双蝶绒线厂	7,624,911.24	5,927,333.37	75.52	33.88
深圳市三兴织物整理实业有限公司	－－	27,105,184.71	－－	65.89

注:本公司对深圳市三兴织物整理实业有限公司控股90%，母公司对该公司的交易及往来已在编制合并会计报表时予以合并抵消。

七、行业资料

本公司无跨行业经营。

八、财务承诺

截至2000年12月31日止，本公司无重大财务承诺。

九、结算日后帐项

自2000年12月31日后任何期间，本公司及子公司概无编制任何业经审计之帐项。

十、或有事项

本公司没有需要批露的重要或有事项。

第八节 其他重要事项

(一)重大产品结构调整情况

2000年，本公司利用生产季节性空隙，加大产品结构调整力度，对粗纺、针织等车间的生产工艺流程进行了较大的改进，提高了设备的使用效率和产品性能，降低了生产成本，挖掘了内部潜力，基本完成了本公司主导产品的转型。

截止2000年12月，牛绒衫实现销售收入3516.9万元，比1999年减少57%，牛绒衫销售占销售总额的比重为34%，比1999年下降了53个百分点，其中，主要是加厚型、老款式牛绒衫;牛绒面料实现销售收入4373.5万元，比1999年增长115%，牛绒面料销售占销售总额的比重为42%，比1999年上升了40个百分点;新投产的丝绒衫实现销售收入570万元，占销售总额的5%。

(二)待岗职工的安置情况

在结构调整期间，造成了部分职工暂时待岗，公司按照国家的有关政策保证了职工的基本生活费用。随着生产车间和产品结构调整的逐步到位，本公司在对上述待岗职工进行专业技能的强化培训后，有90%以上的待岗职工考核达标，经重新定岗后已全部安置上岗。

(三)牛绒产品的市场定位与前景

1.市场定位

本公司对牛绒产品的市场定位分为两个阶段:(1)短期目标定位于中档产品，即位于羊毛衫与羊绒衫之间的一类产品，由于含绒量高，保暖性能好，价格适中，能够满足绝大多数消费者，提高牛绒在场上的影响力;(2)长期目标定位于中高档产品，即成为能够与羊绒产品相媲美的替代产品，由于牛绒成本较低，有价格优势，只要 牛绒产品在质量、外观和舒适度上与羊绒产品相当，就一定会有市场。

2.前景

本公司认为牦牛绒资源开发蕴涵着巨大的商机，理由是:(1)2000年，纺织行业已经走出低谷，国内外市场需求稳步回升，全行业实现利润创历史最高水平，中国加入WTO以后，纺织企业的发展空间更大;(2)本公司是国内综合实力最强的牛绒生产厂家，特别是最近开发的一些新产品，科技含量、附加值较高，被市场广泛看好;(3)从需求结构上看，牛绒产品的消费者类型主要包括:一是生活在北方寒冷地区，对服装的保暖、防潮性能要求较高的消费者;二是崇尚自然环保，对"高原雪舟"、"绿色服装"等概念有兴趣的消费者;三是对服装有特殊要求的老年消费者，牛绒产品的市场空间很大。

(四)根据董事会决议，本公司2000年度滚存的未分配利润由新老股东共享。

(五)本公司A股发行并上市后，首次利润分配时间将在2002年第二季度。

(六)根据《上海证券交易所股票上市规则》，本公司第一大股东－－－－西宁市国新投资控股有限公司已向上海证券交易所承诺，自本公司股票上市之日起12个月内，不转让其持有的本公司股份。

(七)截止本公告书刊登之日，本公司未涉及任何重大诉讼或仲裁。

(八)本公司于2001年4月24日召开了2001年第三次董事会，会议一致通过了以下决议:

1、审议通过了公司2000年度财务报告;

2、审议通过了2000年度税后利润分配预案，依照公司章程规定，提取10%法定公积金，5%法定公益金，本年度不作利润分配，剩余利润留待下一年度分配;

3、审议通过了上市公告书并授权董事会秘书办理上市有关事宜。

第九节 董事会上市承诺

本公司董事会承诺将严格遵守《公司法》、《证券法》、《股票发行与交易管理暂行条例》、《公开发行股票公司信息披露实施细则》、《上海证券交易所上市规则》等法律、法规和中国证监会的有关规定，并自股票上市之日起作到:

(一)真实、准确、完整、公允和及时地公布定期报告，披露所有对投资者有重大影响的信息，并接受中国证监会、上海证券交易所的监督管理;

(二)本公司在知悉可能对股票价格产生误导性影响的任何公共传播媒介中出现的消息后，将及时予以公开澄清;

(三)本公司董事、监事、高级管理人员和核心技术人员将认真听取社会公众的意见和批评，不利用已获得的内幕消息和其他不正当手段直接或间接从事发行人股票的买卖活动;

(四)本公司没有无记录的负债。

第十节 上市推荐人及其意见

本公司聘请广东证券股份有限公司(以下简称"广东证券")提任本公司本次发行的3500万股A股股票的上市推荐人。上市推荐人的有关情况和推荐意见如下:

1.上市推荐人

名称:广东证券股份有限公司

法定代表人:钟伟华

法定地址:广州市解放南路123号金汇大厦26楼

联系电话:(020)83270485

传真:(020)83270485

联系人:黄明、石红岚

2.推荐意见

作为本公司唯一的上市推荐人，广东证券认为，本公司章程符合《公司法》等国家有关法律、法规和中国证监会的有关规定，具备了《公司法》、《证券法》和上海证交易所上市规划法律、法规规定的上市条件;本公司董事了解国家的有关法律、法规、上海证券交易所上市规则及股票上市协议规定的董事的义务与责任;本公司建立健全了法人治理结构，制定了严格的信息披露制度与保密制度。广东证券已对本公司上市文件所载的资料进行了核实，认为上市文件真实、准确、完整，符合上海证券交易所的上市规定和要求，没有虚假、严重误导性陈述或者重大遗漏，并保证对其承担连带责任。广东证券与本公司不存在关联关系，广东证券愿意推荐本公司的股票在上海证交易所上市交易，并且在上市推荐过程中，将不利用获得的内幕信息进行内幕交易。为自己和他人谋利。

青海白唇鹿股份有限公司

2001年4月28日

青海白唇鹿股份有限公司
母公司资产负债表

单位:人民币元

	附注	2000-12-31	1999-12-31	1998-12-31
资产:				
流动资产:				
货币资金		4,288,823.89	30,333,568.36	6,666,415.17
应收帐款	五.36(1)	35,221,256.30	42,630,990.29	89,095,642.11
其他应收款	五.36(2)	41,138,128.34	10,817,373.29	10,097,590.81
减:坏帐准备	五.36(1).五.36(2)	4,699,125.89	4,023,826.30	5,231,950.69
应收款项净额		71,660,258.75	49,424,537.28	93,943,282.23
预付帐款		74,524.48	26,361,298.03	880,948.75
应收补贴款		-	-	3,442,275.80
存货		84,277,066.37	53,513,436.10	71,815,097.39
减:存货跌价准备		2,209,929.89	10,193,669.97	6,750,255.92
存货净额		82,067.136.48	43,319,766.13	65,064,841.47
待摊费用		-	-	70,215.58
流动资产合计		158,090,743.60	149,439,169.80	170,085,979.00
长期投资:				
长期股权投资	五.36(3)	46,885,529.46	38,957,794.44	1,122,021.09
长期债权投资	五.36(3)	37,444.00	37,444.00	46,805.00
长期投资合计		46,922,973.46	38,995,238.44	1,168,826.09
固定资产:				
固定资产原价		60,730,912.71	60,013,838.38	59,913,054.70
减:累计折旧		31,198,357.59	27,145,449.58	22,774,609.31
固定资产净值		29,532,555.12	32,868,388.80	37,138,445.39
在建工程		11,470,561.37	4,688,737.95	4,698,533.31
固定资产合计		41,003,116.49	37,557,126.75	41,836,978.70
无形资产及递延资产:				
开办费		-	121,340.55	257,088.85
资产总计		246,016,833.55	226,112,875.54	213,348,872.64
负债及股东权益				
流动负债:				
短期借款		90,947,872.00	75,987,872.00	67,187,872.00
应付帐款		7,573,406.19	5,174,502.50	10,457,178.95
预收帐款		949,740.03	766,764.75	1,344,342.09
应付工资		--	87,800.00	96,833.64
应付福利费		3,295,796.05	2,897,691.80	2,390,802.00
应付股利		1,500,000.00	--	--
未交税金		8,350,604.26	8,672,347.44	16,140,956.63
其他应付款		19,868,659.87	20,872,218.22	21,063,505.08
其他未交款		568,749.55	316,088.31	790,103.21
预提费用		204,913.35	1,974,260.00	10,260.00
流动负债合计		133,259,741.30	116,749,545.02	119,481,853.60
负债合计		133,259,741.30	116,749,545.02	119,481,853.60
股东权益:				
股本		75,000,000.00	75,000,000.00	75,000,000.00
资本公积		19,075,917.97	19,075,917.97	19,075,917.97
盈余公积		4,974,010.99	2,324,446.73	-
其中:公益金		1,660,003.67	774,815.58	-
未分配利润		13,707,163.29	12,962,965.82	(208,898.93)
股东权益合计		112,757,092.25	109,363,330.52	93,867,019.04
负债及股东权益总计		246,016,833.55	226,112,875.54	213,348,872.64

青海白唇鹿股份有限公司
母公司利润及利润分配表

单位:人民币元

	附注	2000年度	1999年度	1998年度
一、主营业务收入	五.36(4)	60,664,398.63	82,464,308.31	129,790,544.26
减:主营业务成本	五.36(4)	43,342,547.60	47,907,736.68	83,317,980.54
主营业务税金及附加		852,611.94	1,061,198.08	1,291,618.14
二、主营业务利润		16,469,239.09	33,495,373.55	45,180,945.58
加:其他业务利润		235,816.47	754,326.72	(150,303.03)
减:存货跌价损失		(7,983,740.08)	3,799,264.05	6,750,255.92
减:营业费用		3,029,574.64	6,674,609.34	7,226,106.85
管理费用		8,198,692.63	7,114,221.50	15,208,917.38
财务费用		5,997,829.68	5,269,545.28	5,522,033.03
三、营业利润		7,462,698.69	11,392,060.10	10,323,329.37
加:投资收益		8,846,862.15	1,115,773.35	(66,001.71)
补贴收入		4,000,000.00	7,622,247.87	4,809,654.92
营业外收入		14,827.25	51,056.32	23,501.42
减:营业外支出		1,001.32	58,243.27	207,164.60
四、利润总额		20,323,386.77	20,122,894.37	14,883,319.40
减、所得税		2,679,625.04	4,626,583.51	5,159,214.35
五、净利润		17,643,761.73	15,496,310.86	9,724,105.05
加、年度初未分配利润		12,962,965.82	(208,898.31)	54,316,274.01
六、可分配的利润		30,606,727.55	15,287,412.55	64,040,379.06
减:提取法定盈余公积		1,764,376.77	1,549,631.15	--
提取法定公益金		885,188.09	774,815.58	--
七、可供股东分配利润		27,957,163.29	12,962,965.82	64,040,379.06
减:应付普通股股利		14,250,000.00	--	568,182.14
转作股本的普通股股利		--	--	63,681,095.85
八、未分配利润		13,707,163.29	12,962,965.82	(208,898.31)

青海白唇鹿股份有限公司
合并资产负债表

单位:人民币元

	附注	2000-12-31	1999-12-31	1998-12-31
资产:				
流动资产:				
货币资金	五.1	14,419,411.18	30.538,088.97	6,666,415.17
应收帐款	五.2	37,558,141.99	51,685,821.22	89,095,642.11
其他应收款	五.3	17,495,948.10	12,870,834.27	10,097,590.81
减:坏帐准备	五.2 五.3	5,594,108.86	4,911,945.58	5,231,950.69
应收款项余额		49,459,981.23	59,644,709.91	93,943,282.23
预付帐款	五.4	19,534,897.92	26,654,433.37	880,948.75
应收补贴款		--	--	3,442,275.80
存货	五.5	107,719,628.92	55,321,482.13	71,815,097.39
减:存货跌价准备	五.5	2,209,929.89	10,193,669.97	6,750,255.92
存货净额		105,509,699.03	45,127,812.16	65,064,841.47
待摊费用		192,500.00	--	70,215.58
流动资产合计		189,116,489.66	161,965,044.41	170,085,979.00
长期投资:				
长期股权投资	五.6.	1,518,715.36	2,816,079.05	1,122,021.09
长期债权投资	五.7	37,444.00	37,444.00	46,805.00
长期投资合计		1,556,159.36	2,853,523.05	1,168,826.09
固定资产:				
固定资产原价	五.8	136,234,832.69	102,597,091.10	59,913,054.70
减:累计折旧	五.8	37,113,209.67	30,805,327.04	22,774,609.31
固定资产净值		99,121,623.02	71,791,764.06	37,138,455.39
在建工程	五.9	15,470,561.37	4,688,737.95	4,698,533.31
固定资产合计		114,592,184.39	76,480,502.01	41,836,978.70
无形资产及递延资产:				
开办费	五.10	--	121,340.55	257,088.85
长期待摊费用	五.11	441,587.00	--	--
资产总计		305,706,420.41	241,420,410.02	213,348,872.64
负债及股东权益				
流动负债:				
短期借款	五.12	108,947,872.00	75,987,872.00	67,187,872.00
应付票据	五.13	5,000,000.00	--	--
应付帐款	五.14	24,434,697.83	6,889,681.29	10,457,178.95
预收帐款	五.15	6,649,740.03	1,105,022.09	1,344,342.09
应付工资		453,358.85	96,385.10	96,833.64
应付福利费		3,591,486.46	3,359,308.18	2,390,802.00
应付股利	五.16	1,500,000.00	--	--
未交税金	五.17	11,341,403.54	10,352,073.43	16,140,956.63
其他应付款	五.19	21,856,202.19	26,822,173.90	21,063,505.08
其他未交款	五.18	598,456.37	325,871.81	790,103.21
预提费用	五.20	535,353.77	3,102,945.55	
流动负债合计		184,908,571.04	128,041,333.35	119,481,853.60
长期负债				
长期借款	五.21	3,000,000.00	--	--
长期负债合计		3,000,000.00	--	--
负债合计		187,908,571.04	128,041,333.35	119,481,853.60
少数股东权益:	五.22	5,040,757.12	4,015,746.15	--
股东权益:				
股本	五.23	75,000,000.00	75,000,000.00	75,000,000.00
资本公积	五.24	19,075,917.97	19,075,917.97	19,075,917.97
盈余公积	五.25	6,704,213.72	2,520,133.01	--
其中:公益金	五.25	2,234,737.91	840,044.34	--
未分配利润		11,976,960.56	12,767,279.54	(208,898.93)
股东权益合计		112,757,092.25	109,363.330.52	93,967,019.04
负债及股东权益总计		305,706,420.41	241,420,410.02	213,348,872.64

青海白唇鹿股份有限公司
合并利润及利润分配表

单位:人民币元

	附注	2000年度	1999年度	1998年度
一、主营业务收入	五.26	104,294,586.44	92,784,251.62	129,790,544.26
减:主营业务成本	五.27	69,878,386.50	53,270,857.69	83,317,980.54
主营业务税金及附加		1,031,134.29	1,117,893.77	1,291,618.14
二、主营业务利润		33,385,065.65	38,395,500.16	45,180,945.58
加:其他业务利润	五.28	103,810.23	754,326.72	(150,303.03)
减:存货跌价损失		(7,983,740.08)	3,799,264.05	6,750,255.92
减:营业费用	五.29	3,087,482.54	6,674,609.34	7,226,106.85
管理费用	五.30	11,915,868.27	10,326,481.29	15,208,917.38
财务费用	五.31	6,918,334.77	5,273,879.70	5,522,033.03
三、营业利润		19,550,930.38	13,075,592.50	10,323,329.39
加:投资收益	五.32	(378,236.56)	(58,344.37)	(66,001.71)
补贴收入	五.33	4,046,000.00	7,622,247.87	4,809,654.92
营业外收入	五.34	14,827.25	51,056.32	23,501.42
减:营业外支出	五.35	52,734.44	58,243.27	207,164.60
四、利润总额		23,180,786.63	20,632,309.05	14,883,319.40
减、所得税		4,512,013.93	5,005,540.05	5,159,214.35
少数股东损益		1,025,010.97	130,457.52	--
五、净利润		17,643,761.73	15,496,311.48	9,724,105.05
加、年度初未分配利润		12,767,279.54	(208,898.93)	54,316,274.01
六、可分配的利润		30,411,041.27	15,287,412.44	64,040,379.06
减:提取法定盈余公积		2,789,387.14	1,680,088.67	--
提取法定公益金		1,394,693.57	840,044.34	--
七、可供股东分配利润		26,226,960.56	12,767,279.54	64,040,379.06
减:应付优先股股利		--	--	--
应付普通股股利		14,250,000.00	--	568,182.14
转作股本的普通股股利		--	--	63,681,095.85
八、未分配利润		11,976,960.56	12,767,279.54	(208,898.93)

青海白唇鹿股份有限公司
母公司现金流量表

单位:人民币元

	2000年度	1999年度
一、经营活动产生的现金流量:		
销售商品、提供劳务收到的现金	53,426,123.66	128,351,382.79
收到财政补贴	4,000,000.00	11,065,419.52
收到的其他与经营活动有关的现金	--	5,090,565.04
现金流入小计	57,426,123.66	144,507,367.35
购买商品、接受劳务支付的现金	54,197,344.21	29,734,897.65
支付给职工以及为职工支付的现金	6,367,777.63	10,367,501.29
实际交纳的增值税款	7,861,790.86	13,693,797.56
支付的所得税款	4,184,935.20	8,269,755.16
支付的除增值税、所得税以外的其他税费	--	2,193,279.61
支付的其他与经营活动有关的现金	2,262,640.77	3,679,843.87
现金流出小计	74,874,488.67	67,939,075.14
经营活动产生的现金流量净额	(17,448,365.01)	76,568,292.21
二、投资活动产生的现金流量:		
处理长期资产而收到的现金	--	20,000.00
现金流入小计	--	20,000.00
购建固定资产、无形资产和其他长期资产所支付的现金	4,905,752.79	20,302,698.20
权益性投资所支付的现金	--	36,720,000.00
现金流出小计	4,905,752.79	57,022,698.20
投资活动产生的现金流量净额	(4,905,752.79)	(57,002,698.20)
三、筹资活动产生的现金流量:		
借款所收到的现金	41,000,000.00	99,350,000.00
现金流入小计	41,000,000.00	99,350,000.00
偿还债务所支付的现金	26,040,000.00	90,550,000.00
分配股利或利润所支付的现金	12,750,000.00	--
偿还利息所支付的现金	5,900,626.67	4,698,400.82
现金流出小计	44,690,626.67	95,248,440.82
筹资活动产生的现金流量净额	(3,690,626.67)	4,101,559.18
四、汇率变动对现金的影响额	--	--
五、现金及现金等价物净增加额	(26,044,744.47)	23,667,153.19
补充资料(附注):		
1、不涉及现金收支的投资和筹资活动:	--	--
2、将净利润调节为经营活动的现金流量:		
净利润	17,643,761.73	15,496,311.48
加:少数股东损益	--	--
计提的坏帐准备	675,299.59	(1,208,124.39)
固定资产折旧	4,286,936.54	6,377,025.87
预提费用的增加	(1,769,346.65)	1,963,700.00
开办费摊销	121,340.55	--
处置长期资产损失(减:收益)	198,346.76	6,761.40
存货跌价计提的存货跌价损失	(7,983,740.08)	4,573,109.97
财务费用	5,997,829.68	4,698,440.82
投资损失(减:收益)	(9,049,858.38)	(1,115,773.35)
存货的减少(减:增加)	(30,763,630.27)	18,301,661.29
经营性应收项目的减少(减:增加)	3,380,401.96	37,986,942.72
经营性应付项目的增加(减:减少)	(185,706.44)	(10,511,764.10)
经营活动产生的现金流量净额	(17,448,365.01)	76,568,292.21
3、现金及现金等价物净增加情况:		
货币资金的期末余额	4,288,823.89	30,333,568.36
减:货币资金的期初余额	30,333,568.36	6,666,415.17
现金净增加额	(26,044,744.47)	23,667,153.19

青海白唇鹿股份有限公司
合并现金流量表

单位:人民币元

	2000年度	1999年度
一、经营活动产生的现金流量:		
销售商品、提供劳务收到的现金	115,140,404.23	132,025,101.75
收到财政补贴	4,046,000.00	11,065,419.52
收到的其他与经营活动有关的现金	--	8,102,640.55
现金流入小计	119,186,404.23	151,193,161.82
购买商品、接受劳务支付的现金	83,816,865.03	39,644,089.65
支付给职工以及为职工支付的现金	7,492,527.24	10,452,273.45
实际交纳的增值税款	12,348,119.76	14,147,033.73
支付的所得税款	4,606,197.04	8,404,218.65
支付的除增值税、所得税以外的其他税费	234,074.04	2,216,086.27
支付的其他与经营活动有关的现金	6,169,254.27	6,052,107.35
现金流出小计	114,667,037.38	80,915,809.10
经营活动产生的现金流量净额	4,519,366.85	70,277,352.72
二、投资活动产生的现金流量:		
处理固定资产而收到的现金	--	20,000.00
现金流入小计	--	20,000.00
购建固定资产和其他长期资产所支付的现金	42,134,622.92	51,933,039.20
权益性投资所支付的现金	--	--
现金流出小计	42,134,622.92	51,933,039.20
投资活动产生的现金流量净额	(42,134,622.92)	(51,913,039.20)
三、筹资活动产生的现金流量:		
借款所收到的现金	82,000,000.00	99,350,000.00
子公司吸收少数股东投资所收到的现金	--	3,230,000.00
现金流入小计	82,000,000.00	102,580,000.00
偿还债务所支付的现金	51,040,000.00	92,550,000.00
分配股利或利润所支付的现金	12,750,000.00	--
偿还利息所支付的现金	6,713,421.42	4,732,397.59
现金流出小计	70,503,421.42	97,282,397.59
筹资活动产生的现金流量净额	11,496,578.58	5,297,602.41
四、汇率变动对现金的影响额	--	--
五、现金及现金等价物净增额	(26,118,677.49)	23,661,915.93
补充资料(附注):	2000年度	1999年度
1、不涉及现金收支的投资和筹资活动:	--	--
2、将净利润调节为经营活动的现金流量:		
净利润	17,643,761.73	15,496,311.48
加:少数股东损益	1,025,010.97	130,457.52
计提的坏帐准备	682,163.28	(320,005.11)
固定资产折旧	6,307,882.62	7,094,105.76
长期待摊费用摊销	121,340.55	--
处置长期资产的损失(减:收益)	198,346.76	6,761.40
存货跌价损失(减:冲回的收益)	(7,983,740.08)	4,573,109.97
财务费用	6,918,334.77	4,702,775.24
投资损失(减:收益)	175,240.23	58,344.37
预提费用的增加(减:减少)	(2,567,591.78)	2,539,984.36
待摊费用的减少(减:增加)	(192,500.00)	--
存货的减少(减:增加)	(52,398,146.79)	19,369,586.53
经营性应收项目的减少(减:增加)	16,622,101.55	30,479,802.21
经营性应付项目的增加(减:减少)	17,967,163.03	(13,853,881.51)
经营活动产生的现金流量净额	4,519,366.85	70,277,352.72
3、现金及现金等价物净增加情况:		
货币资金的期末余额	4,419,411.48	30,538,088.97
减:货币资金的期初余额	30,538,088.97	6,876,173.04
现金净增加额	(26,118,677.49)	23,661,915.93

金地(集团)股份有限公司

股票上市公告书暨2000年年度财务报告(部分)摘录

一、概 览

股票简称:金地集团
股票代码:600383
总股本:27000万股
可流通股本:9000万股
本次上市流通股本:9000万股
上市地点:上海证券交易所
上市时间:2001年4月12日
股份登记机构:上海证券中央登记结算公司
上市推荐人:广发证券有限责任公司

二、发行人概况

(一)发行人的基本情况
1、中英文名称:(中文)金地(集团)股份有限公司
(英文)GOLDFIELD INDUSTRIES INC.
2、注册资本:27000万元
3、法定代表人:凌　克
4、发行人注册地:深圳市福田区沙咀路金地宾馆3楼
5、经营范围:在全市(深圳)范围内从事房地产开发经营业务;自有物业管理;兴办各类实体(具体项目需另报)。
6、主营业务:房地产开发
7、所属行业:房地产业
8、电话:0755-3303333
9、传真:0755-3844555
10、电子邮箱:YB@GOLDENFIELD.COM
公司网址:WWW.GOLDENFIELD.COM
11、董事会秘书:阎冰

三、董事、监事、高级管理人员及核心技术人员

1、公司董事

凌　克,男,1959年12月生,华中理工大学无线电专业工学学士,浙江大学管理工程硕士,高级经济师。曾任深圳市福田外贸公司经营部部长,深圳市金地商贸发展有限公司总经理,金地(集团)股份有限公司常务副总经理、总经理,现任本公司董事长、党总支书记。

孙聚义,男,1952年4月生,天津财经学院经济学硕士,高级会计师。曾任天津财经学院讲师,深圳中华会计师事务所所长助理,现任香港深业控股有限公司董事、副总经理兼财务总监,本公司副董事长。

张华纲,男,1962年10月生,工学学士,美国纽约州立大学布法罗管理学院工商管理硕士(MBA),高级经济师。曾任深圳赛格宝华电子股份有限公司销售经理、经营部部长、副总经济师,金地(集团)股份有限公司总经理助理、财务总监、常务副总经理,现任本公司董事、总经理。

周　品,男,1956年6月生,美国国际大学工商管理硕士(MBA),副教授。曾任湖南高等财经专科学校财政系副主任,湖南信托投资公司深圳证券部总经理,现任深圳市福田投资发展公司董事、副总裁,深圳新开达电子有限公司董事长,本公司董事。

朱新宏,男,1961年6月生,山西财经学院计划统计学学士,英国伯明翰大学经济预测学硕士,高级经济师。曾任郑州航空管理学院讲师,深圳市信息中心经济预测部部长、《经济动态》杂志主编,深圳市统计信息局综合处负责人,现任深圳市投资管理公司债务清缴部部长,本公司董事。

陈必安,男,1962年6月生,湖南大学工学硕士,工程师。曾任职于深圳华加日铝业有限公司、深圳市深恒实业公司,历任金地(集团)股份有限公司办公室主任、深圳市金地物业管理公司常务副总经理,现任本公司董事、常务副总经理。

陈长春,男,1967年1月生,浙江大学工学博士,经济师。曾任杭州工程技术学院计算中心主任,深圳市金地物业管理有限公司总经理助理、金地(集团)股份有限公司房地产经营部经理、总经理助理,现任本公司董事、副总经理。

刁伟程,男,1963年6月生,工商管理硕士(MBA)。曾任深圳中航企业集团公司经理部副经理、香港深业(集团)有限公司董事会秘书、综合业务部副总经理,香港深业控股有限公司深圳业务部经理。现任香港深业控股有限公司副总经理,本公司董事。

Bill Huang,男,1962年9月生,华中理工大学电子工程专业工学学士,美国伊利诺依斯大学电子工程与计算机科学硕士,现任美国UT斯达康有限公司副总裁兼首席技术长官(CTO),本公司董事。

陈济民,男,1944年11月生,清华大学土建系结构理论研究生毕业,高级工程师。曾任中建二局一公司经理,广东大亚湾核电站HCCM核电建设公司副总经理,深圳物业(集团)股份有限公司地产部负责人,深圳物跃发展有限公司副总经理,中建二局深圳南方建筑公司副总经理。现任深圳市方兴达建筑工程有限公司总经理,本公司董事。

靳庆军,男,1957年8月生,中国政法大学国际法学硕士,中国法学会、中国国际法学会、中国海商法学会会员,华盛顿上诉法院中国法律顾问,中华全国律师协会涉外委员会副主任,信达律师事务所执行合伙人、美国分所首席代表,本公司独立董事。

2、公司监事

赵汉忠,男,1957年4月生,华中理工大学电机专业工学学士,高级工程师。曾任武汉曙光控制微电机厂副厂长、厂长,深圳市金地商贸发展有限公司副总经理、金地(集团)股份有限公司企业发展部经理、总经理助理兼总经理办公室主任,现任本公司监事长、党总支副书记。

廉宇强,男,1963年7月生,财务及会计管理硕士,会计师。曾任南京师范大学财务科长、广东核电投资有限公司财务管理主任、广东核电实业开发有限公司财务部经理、香港深业(集团)有限公司稽核室副总经理,现任香港深业控股有限公司财务部经理,本公司监事。

苗海波,男,1951年8月生,美国国际东西方大学工商管理硕士(MBA),政工师。曾任中国人民解放军五六〇三八部队政治处副主任,西藏军区高炮团政治处主任,深圳市人事局企事业干部任免处主任科员,现任深圳市投资管理公司人事部付部长,本公司监事。

曾明霞,女,1971年11月生,同济大学工民建专业工学学士,工程造价师。1992年毕业至今在金地(集团)股份有限公司工作,现任金地(集团)股份有限公司成本管理部经理,本公司职工代表监事。

黄俊灿,男,1971年2月生,同济大学工民建专业工学学士,工程师。1992年毕业至今在金地(集团)股份有限公司工作,现任北京金地鸿业房地产开发有限公司副总经理,本公司职工代表监事。

3、公司其他高级管理人员

王培洲,男,1962年6月生,中南财经大学经济学学士,会计师。曾任国营七三三厂财务处副处长、处长,金地(集团)股份有限公司副总会计师兼财务部经理,现任本公司财务总监。

阎　冰,男,1972年8月生,大连理工大学管理工程专业工学学士,首都经贸大学金融硕士,经济师。现任本公司董事会秘书。

上述本公司董事、监事和高级管理人员中,除公司董事Bill Huang先生具有美国国籍(永久居留权外),其余人员均为我国公民。

4、公司董事、监事、高级管理人员和核心技术人员持股情况

截止本次股票上市前,本公司上述人员均未直接或间接持有本公司股份。

5、本公司目前尚未设置认股权。

四、股票发行与股本结构

(1)本次上市前公司的股权结构情况

股　东	持股数量(万股)	占总股本比例(%)	股权性质
尚未流通股份	18000	66.67	-----
其中:深圳市福田投资发展公司	6520	24.15	国家股
香港深业控股有限公司	5040	18.67	外资股
深圳市中科讯实业有限公司	2240	8.30	法人股
深圳市深业投资开发有限公司	1120	4.15	法人股
深圳市投资管理公司	1100	4.07	国家股
美国UT斯达康有限公司	1100	4.07	外资股
深圳市方兴达建筑工程有限公司	880	3.26	法人股
本次发行股份(社会公众股)	9000	33.33	社会公众股
总股本	27000	100	———

(2)公司的前十名股东持股情况

股东名称	持股股数(万股)	占总股本比例(%)
1、深圳市福田投资发展公司	6520	24.15
2、香港深业控股有限公司	5040	18.67
3、深圳市中科讯实业有限公司	2240	8.30
4、深圳市深业投资开发有限公司	1120	4.15
5、深圳市投资管理公司	1100	4.07
6、美国UT斯达康有限公司	1100	4.07
7、深圳市方兴达建筑工程有限公司	880	3.26
8、中信证券	159.9	0.59
9、兴和基金	155.9	0.58
10、天元基金	109.2	0.40

利　润　表

编制单位:金地(集团)股份有限公司　　　　单位:人民币元

项　目	注释	2000.1-12		1999.1-12	
		合并	公司	合并	公司
		RMB	RMB	RMB	RMB
一、主营业务收入	五(23)	578,997,717.52	470,878,322.29	296,664,510.46	185,989,614.78
减:折扣与折让		-	-	-	-
主营业务收入净额		578,997,717.52	470,878,322.29	296,664,510.46	185,989,614.78
减:主营业务成本	五(23)	383,974,125.00	296,884,922.16	185,961,137.95	91,537,621.89
主营业务税金及附加	五(24)	24,886,462.11	23,356,409.23	10,742,286.58	9,841,927.83
二、主营业务利润		170,137,130.41	150,636,990.90	99,961,085.93	84,610,065.06
加:其他业务利润	五(25)	3,036,624.05	-	896,176.13	-
减:存货跌价损失		-	-	-	-
营业费用		33,071,985.42	26,191,979.59	20,334,752.36	14,978,796.83
管理费用		32,934,055.80	20,333,580.23	20,123,882.66	15,408,852.54
财务费用	五(26)	7,101,380.40	7,313,691.86	1,266,883.74	1,329,544.49
三、营业利润		100,066,332.84	96,797,739.22	59,131,743.30	52,892,871.20
加:投资收益	五(27)	28,047.78	2,975,264.24	538,220.15	6,137,442.28
补贴收入	五(28)	148,837.97	-	339,144.64	-
营业外收入		185,937.17	3,900.00	268,513.70	72,014.76
减:营业外支出		1,336,713.43	1,286,639.86	216,142.97	163,055.07
四、利润总额		99,092,442.33	98,490,263.60	60,061,478.82	58,939,273.17
减:所得税		14,830,651.08	14,327,249.90	9,202,480.95	8,156,946.49
少数股东本期损益		98,777.55	-	76,671.19	-
五、净利润		84,163,013.70	84,163,013.70	50,782,326.68	50,782,326.68

(注:本上市公告书因版面原因为上市公告书部分摘录,需要阅读全文请向相关公司董事会秘书查询。)

山东金泰集团股份有限公司

上市公告书(部分)摘录

一、概 览

(一)股票简称:山东金泰
(二)股票代码:600385
(三)公司股本总额:7066.1824 万股
(四)可流通股本:3391.75 万股
(五)本次上市流通股本:3391.75 万股
(六)上市交易地点:上海证券交易所
(七)上市交易时间:2001 年 7 月 23 日
(八)登记托管机构:上海证券中央登记结算公司
(九)上市推荐人:山东证券有限责任公司

二、公 司 概 况

1、公司基本情况
公司法定名称:山东金泰集团股份有限公司
英文名称:SHANDONG JINTAI GROUP CO., LTD
成立日期:1992 年 6 月 3 日
公司注册地址:济南市山大北路 56 号
邮政编码:250100
互联网网址:www. jintai. com. cn
电子信箱:jtjt@jn－public. sd. cninfo. net
公司注册资本:7066.2 万元
公司注册号:3700001801110－1
公司法定代表人:荣新建
董事会秘书:范智胜
所属行业:医药工业
公司占地面积:268793.28 平方米
公司咨询服务:电话:(0531) 8902341　　传真:(0531) 8902341
股东接待日:每月 5 日、15 日和 25 日(国家法定节假日顺延)
文件存阅地点:公司董事会办公室

三、上市有关的当事人

(一)有关当事人
1、发行人:山东金泰集团股份有限公司
法定代表人:荣新建
注册地址:山东省济南市山大北路 56 号
电话:(0531)8902341
传真:(0531)8902341
联系人:范智胜
2、股票上市推荐机构:
山东证券有限责任公司
法定代表人:段虎
注册地址:山东省济南市泉城路 180 号
电话:(0531)6019999
传真:(0531)6019816
联系人:王磊　　逄伟
3、股票登记托管机构:上海证券中央登记结算公司
法定代表人:王迪彬
注册地址:上海市浦东新区浦建路 727 号
电话:021－58708888
4、律师事务所:北京市凯源律师事务所
法定代表人:卢建康
注册地址:北京市朝阳区北辰东路 8 号北京国际会议中心 6020 室
电话:(010)64937566
传真:(010)64929252
经办律师:卢建康　　刘凝
5、会计师事务所:山东正源和信有限责任会计师事务所
法定代表人:王传顺
注册地址:山东省济南市泺源大街 5 号
电话:(0531)6966578
传真:(0531)6966278
经办会计师:王传顺　　张炳辉
6、资产评估机构:山东申元有限责任会计师事务所
法定代表人:林乐青
注册地址:山东省济南市石棚街 15 号
电话:(0531)6922905
传真:(0531)6922905
联系人:万莉

(二)公司向天同证券有限责任公司(筹)(拟由山东证券有限责任公司增资扩股并更名)投资 3000 万元,占其股份总数的 1.465%,列第 23 位。公司与其他有关中介机构及其负责人、高级管理人员及经办人员之间不存在直接或间接的股权关系或其他权益关系。

(三)公司前最大 10 名股东情况

排名	股东名称	持股数量	单股比例
1	山东省医药工业研究所实验厂青年化工厂	1906.9491	26.99%
2	浙江乐穗电子股份有限公司	504.15	7.13%
3	济南英大国际信托投资有限责任公司	400.00	5.66%
4	济南金鲁实业总公司	266.6667	3.77%
5	北京游子制衣有限公司	220.00	3.11%
6	济南市经济开发投资公司	133.3333	1.87%
7	济南金桥开发公司	133.3333	1.87%
8	中国外运北京公司	40.00	0.57%
9	济南市传染病医院	26.6667	0.38%
10	严玉娃	26.1180	0.37%
11	曲宁	26.1180	0.37%

母公司利润及利润分配表

编制单位:山东金泰集团股份有限公司　　　金额单位:人民币元

项目	行次	2000 年度	1999 年度	1998 年度
一、主营业务收入	41	63,234,481.68	80,721,781.83	126,184,942.43
减:折扣与折让				
主营业务收入净额		63,234,481.68	80,721,781.83	126,184,942.43
减:主营业务成本		27,826,683,15	41,893,038.72	69,460,643.93
主营业务税金及附加		324,486.72	1,219,010.75	1,436,805.70
二、主营业务利润		35,083,311.81	37,609,732.36	55,287,492.80
加:其他业务利润		30,881.30	2,011,273.21	－17,043.63
减:存货跌价损失		－1,361,203.72	－23,023.66	1,694,047.31
营业费用		7,477,496.32	12,628,723.25	16,205,108.68
管理费用		7,011,221.62	6,960,933.11	13,489,459.11
财务费用		6,833,552.04	6,596,651.48	6,611,514.26
三、营业利润		15,153,126.85	13,457,721.39	17,270,319.81
加:投资收益	42	100,560.50	938,472.66	－1,167,216.66
补贴收入		213,012.00	817,275.00	
营业外收入		40,528.65	401,005.45	138,441.33
减:营业外支出		279,307.89	205,796.04	388,161.45
四、利润总额		15,227,920.11	15,408,678.46	15,853,383.03
减:所得税	43	1,932,822.39	1,800,344.25	3,838,434.53
少数股东损益				
五、净利润		13,295,097.72	13,608,334.21	12,014,948.50
加:年初未分配利润		37,877,032.21	29,495,581.28	19,883,622.46
盈余公积转入数				
六、可供的分配的利润		51,172,129.93	43,103,915.49	31,898,570.96
减:提取法定盈余公积		1,329,509.77	1,360,833.42	1,201,494.84
提取法定公益金		664,754.89	680,416.71	600,747.42
七、可供股东分配的利润		49,177,865.27	41,062,665.36	30,096,328.70
减:应付优先股股利				
提取任意盈余公积		664,754.89	680,416.71	600,747.42
应付普通股股利				
转作股本的普通股股利				
八、未分配利润		48,513,110.38	40,382,248.65	29,495,581.28

合并利润及利润分配表

编制单位:山东金泰集团股份有限公司　　　金额单位:人民币元

项目	附注	2000 年度	1999 年度	1998 年度
一、主营业务收入	27	162,225,857.82	172,755,448.44	172,704,751.73
减:折扣与折让			33,314.43	
主营业务收入净额		162,225,857.82	172,722,134.01	172,704,751.73
减:主营业务成本	28	114,274,224.13	121,624,815.28	108,329,077.48
主营业务税金及附加		403,002.08	1,281,877.83	1,453,287.28
二、主营业务利润		47,548,631.61	49,815,440.90	62,922,386.97
加:其他业务利润	29	47,010.56	2,257,038.21	－41,573.52
减:存货跌价损失		－1,361,203.72	－23,023.66	1,694,047.31
营业费用		12,053,174.58	17,271,393.14	17,588,504.30
管理费用	30	12,303,817.31	9,513,605.66	19,049,042.03
财务费用	31	7,792,482.26	7,468,807.76	8,452,766.78
三、营业利润		16,807,371.74	17,841,696.21	16,096,453.03
加:投资收益			85,505.67	
补贴收入	32	213,012.00	1,377,391.62	
营业外收入	33	55,281.38	515,263.68	138,441.33
减:营业外支出	34	340,204.22	716,640.03	717,123.88
四、利润总额		16,735,460.90	19,103,217.15	15,517,770.48
减:所得税		2,234,472.25	2,470,953.74	4,053,222.46
少数股东损益		229,834.91	142,512.13	－550,400.48
五、净利润		14,271,153.74	16,489,751.28	12,014,948.50
加:年初未分配利润		40,425,536.52	29,162,668.52	19,550,709.70
盈余公积转入数				
六、可供的分配的利润		54,696,690.26	45,652,419.80	31,565,658.20
减:提取法定盈余公积		1,329,509.77	1,360,833.42	1,201,494.84
提取法定公益金		664,754.89	680,416.71	600,747.42
七、可供股东分配的利润		52,702,425.60	43,611,169.67	29,763,415.94
减:应付优先股股利				
提取任意盈余公积		664,754.89	680,416.71	600,747.42
应付普通股股利				
转作股本的普通股股利				
八、未分配利润		52,037,670.71	42,930,752.96	29,162,668.52

(注:本上市公告书因版面原因为上市公告书部分摘录,需要阅读全文请向相关公司董事会秘书查询。)

北京巴士股份有限公司

二〇〇〇年年度报告摘选

一、公司简介

1、公司法定名称:北京巴士股份有限公司

公司英文名称:BEIJING BASHI CO.,LTD

2、法定代表人:赵文芝

3、公司董事会秘书:傅世学

联系地址:北京市海淀区紫竹院路32号

电话:(010)68477383　(010)68413331-证券部

E-MAIL:bjbashi @btamail.net.cn

4、公司注册地址:北京市海淀区紫竹院路32号

公司办公地址:北京市海淀区紫竹院路32号

邮政编码:100044

5、公司信息披露报纸:《上海证券报》和《中国证券报》

登载公司年度报告的中国证监会指定国际互联网网址:http://www.sse.com.cn

公司年度报告备置地点:北京巴士股份有限公司证券部

6、公司股票上市地:上海证券交易所

股票简称:北京巴士

股票代码:600386

二、会计数据和业务数据摘要

1、本年度主要会计数据(单位:人民币元)

利润总额:	,427.50
扣除非经常性损益后的净利润:	73,030,427.50
主营业务利润	150,673,899.38
其他业务利润	10,887,514.00
营业利润	77,154,609.29
投资收益	3,870,000.00
补贴收入	
营业外收支净额	694,327.07
经营活动产生的现金流量净额:	91,918,068.51
现金及现金等价物净增加额:	1,650,424.29

2、近三年主要会计数据和财务指标:(单位:人民币元)

项目	2000年	1999年	1998年
主营业务收入	532,459,876.16	330,855,584.36	196,936,815.87
净利润	73,030,427.50	69,261,183.43	48,740,675.57
总资产	862,692,461.06	548,097,267.76	504,419,413.35
每股收益(全面摊薄)	0.42	0.40	0.28
每股收益(加权平均)	0.42	0.40	0.28
扣除非经营收益后的每股收益	0.42	0.40	0.28
每股净资产	1.88	1.61	1.49
调整后每股净资产	1.82	1.56	1.48
每股经营活动产生的现金净流量	0.53	0.25	
净资产收益率%(全面摊薄)	22.54	24.97	19.00
净资产收益率%(加权平均)	23.29	23.79	23.39

说明:本公司公开发行8000万股股票后,每股收益(全面摊薄)0.29元。

报告期利润	净资产收益率(%)		每股收益(元)	
	全面摊薄	加权平均	全面摊薄	加权平均
主营业务利润	46.50	48.05	0.88	0.88
营业利润	23.81	24.61	0.45	0.45
净利润	22.54	23.29	0.42	0.42
扣除非经常损益后的净利润	22.54	23.29	0.42	0.42

三、股本变动及股东情况

1、截止到2000年12月31日,本公司股东总数为5户。

2、本报告期内股权结构未变动。

3、股东持股情况:　　数量单位:股

股东名称	持股数量	持股比例(%)
北京市公共交通总公司	170,280,000	99
北京城建集团有限责任公司	430,000	0.25
北京城市开发集团有限责任公司	430,000	0.25
北京北辰实业集团公司	430,000	0.25
北京华讯集团	430,000	0.25
合计	172,000,000	100

以上股东不存在关联关系,报告期内股东、股本均未发生任何变化。

4、持股5%以上股东为北京市公共交通总公司,持有公司股份17028万股,占总股本的99%。本报告期内股份无增减变动,无质押或冻结情况。

福建龙净环保股份有限公司

二〇〇〇年年度报告摘选

一、公司简介

1、公司法定名称:福建龙净环保股份有限公司
公司英文名称:Fujin Longking Co.,LTD
2、公司法定代表人:周苏华
3、公司董事会秘书:陈培敏
联系地址:福建省龙岩市新罗区陵园路81号
联系电话:0597-2210288　　传真:0597-2290903
电子信箱:lyzhy@public.lyptt.fj.cn
4、公司注册地址:福建省龙岩市新罗区陵园路81号
公司办公地址:福建省龙岩市新罗区陵园路81号
邮政编码:364000
电子信箱:lyzhy@public.lyptt.fj.cn
5、公司选定的信息披露报纸:《中国证券报》和《上海证券报》
年度报告摘要披露网址:www.sse.com.cn
公司年度报告备置地点:福建省龙岩市新罗区陵园路81号
6、公司股票上市地点:上海证券交易所
股票简称:龙净环保　　股票代码:600388

二、会计资料和业务资料摘要

1、本年度主要利润指标情况:(单位:人民币元)

利润总额	30,191,149.29
净利润	19,581,733.11
扣除非经常性损益后的净利润	13,699,291.38
主营业务利润	43,734,698.31
其它业务利润	5,961,971.49
营业利润	23,977,272.04
投资收益	2,614,301.45
营业外收支净额	-74,968.52
经营活动产生的现金流量净额	26,224,557.50
现金及现金等价物净增加额	526,141,392.93
注:扣除的非经常性损益项目和涉及金额	
(1)股权转让收益:	2,282,865.93
(2)补贴收入:	3,674,544.32
(3)营业外收支净额:	-74,968.52
三项合计:	5,882,441.73

2、近三年主要会计资料和财务指标(单位:人民币元)

项　目	2000年度	1999年度	1998年度
主营业务收入	185,156,109.84	146,220,086.68	101,065,592.31
净利润	19,581,733.11	13,553,523.54	6,694,750.80
总资产	848,098,242.63	359,316,671.88	248,166,639.97
股东权益	585,181,968.10	127,455,922.86	60,573,440.57
每股收益(摊薄)	0.117	0.133	0.134
每股收益(加权)	0.192	0.249	0.134
扣除非经常性收益后的每股收益	0.082	0.103	0.130
每股净资产	3.504	1.250	1.211
调整后每股净资产	3.490	1.247	1.081
每股经营活动产生的现金流量净额	0.157	0.013	
净资产收益率(%)	3.35	10.63	11.05

利润分配表附表

报告期利润	净资产收益率		每股收益	
	全面摊薄	加权平均	全面摊薄	加权平均
主营业务利润	7.48	31.87	0.262	0.429
营业利润	4.10	17.47	0.144	0.235
净利润	3.35	14.27	0.117	0.192
扣除非经常性损益后的利润	2.34	9.98	0.082	0.134

3、报告期内股东权益变化及原因:(单位:人民币元)

项目	股　本	资本公积	盈余公积	法定公益金	未分配利润	股东权益
期初期	102,000,000	22,430,152.46	3,025,770.40	1,134,663.90		127,455,922.86
本期增加	65,000,000	383,164,312.13	3,133,077.30	1,174,903.99		457,054,418.96
本期减少						
期末数	167,000,000	405,594,464.59	6,158,847.70	2,309,567.89	6,428,655.81	585,181,968.10

三、股本变动情况及股东情况

(一)股本变动情况
1、股份变动情况表(数量单位:股)

	本次变动前	本次变动增减(+,-)					本次变动后
	配股	送股	公积金转股	增发	其它	小计	
一、未上市流通股份							
1、发起人股份	50,000,000						50,000,000
其中:国家持有股份	22,465,798						22,465,798
境内法人持有股份	27,534,202						27,534,202
境外法人持有股份其它							
2、募集法人股份	52,000,000						52,000,000
3、内部职工股							
4、优先股或其它							
其中:转配股							
未上市流通股份合计	102,000,000						102,000,000
二、已上市流通股份							
1、人民币普通股					65,000,000	65,000,000	65,000,000
2、境内上市的外资股							
3、境外上市的外资股							
4、其它							
已上市流通股份合计							
三、股份总数	102,000,000				65,000,000	65,000,000	167,000,000

南通江山农药化工股份有限公司

二〇〇〇年年度报告摘要

一、公司简介

(一)公司法定名称
中文:南通江山农药化工股份有限公司
英文:Nantong Jiangshan Agrochemical & Chemicals Co. Ltd
缩写:Jiangshan Co. Ltd
(二)公司法定代表人:蔡建国
(三)公司董事会秘书:陶坤山
董事会证券事务代表:宋金华
联系地址:江苏省南通江山农药化工股份有限公司董事会秘书室
电话:0513－3517961
传真:0513－3510690
电子信箱:jsgf@pub. nt. jsinfo. net
(四)公司注册地址及公司办公地址:江苏省南通市姚港路35号
公司国际互联网网址:www. jsac. com. cn
电子信箱:jspc@public. nt. js. cn
(五)公司选定的信息披露报纸名称:《上海证券报》、《中国证券报》
登载公司年度报告的中国证监会指定国际互联网网址:http://www. sse. com. cn
(六)公司股票上市交易所:上海证券交易所
股票简称:江山股份
股票代码:600389

二、会计数据和业务数据摘要

1、主要利润指标情况(单位:人民币元)

利润总额	46,014,783.77
净利润	31,439,285.80
扣除非经常性损益后的净利润	29,645,107.38
主营业务利润	110,211,488.87
其他业务利润	4,028,971.21
营业利润	43,055,762.44
投资收益	3,103,449.33
补贴收入	700,000.00
营业外收支净额	－844,428.00
经营活动产生的现金流量净额	35,203,982.13
现金及现金等价物增加额	224,883,999.09

注:公司已扣除的非经常性损益项目具体明细如下:

补贴收入	700,000.00
营业外收支净额	－844,428.00
长期股权投资差额摊销损益	123,237.44
股权投资处置损益	2,699,068.80
合计	2,677,878.24

2、截至报告期末公司前三年主要会计数据和财务指标

项目	2000年	1999年	1998年
主营业务收入(元)	522,577,948.23	455,036,750.01	425,427,489.76
净利润(元)	31,439,285.80	37,365,808.70	21,327,612.91
总资产(元)	725,576,719.39	404,869,608.46	358,343,863.15
股东权益(元)	403,548,943.58	120,342,407.12	210,305,320.11
每股收益(元/股)	0.210	0.340	0.110
加权每股收益(元/股)	0.286	0.208	0.110
扣除非经常性损益后的每股收益(元/股)	0.198	0.217	0.115
每股净资产(元/股)	2.690	1.094	1.086
调整后的每股净资产(元/股)	2.659	1.045	1.041
每股经营活动产生的现金流量净额(元/股)	0.235	0.153	0.081
净资产收益率(%)	7.79	31.05	10.14
加权平均净资产收益率(%)	23.11	18.56	10.55

注:每股收益＝净利润/年度末普通股股份总数

每股净资产＝年度末股东权益/年度末普通股股份总数

调整后的每股净资产＝(年度末股东权益－三年以上的应收款项净额－待摊费用－待处理(流动、固定)资产净损失－开办费－长期待摊费用－住房周转金负数余额)/年度末普通股股份总数

每股经营活动产生的现金流量净额＝经营活动产生的现金流量净额/年度末普通股股份总数

净资产收益率＝净利润/年度末股东权益＊100％

3、利润表附表

报告期利润	净资产收益率		每股收益	
	全面摊薄	加权平均	全面摊薄	加权平均
主营业务利润	27.31	81.00	0.735	1.002
营业利润	10.67	31.64	0.287	0.391
净利润	7.79	23.11	0.210	0.286
扣除非经常性损益后的净利润	7.35	21.79	0.198	0.270

说明:

全面摊薄净资产收益率和每股收益的计算公式如下:

全面摊薄净资产收益率＝报告期利润/期末净资产

全面摊薄每股收益＝报告期利润/期末股份总数

加权平均净资产收益率(ROE)的计算公式如下:

$$ROE = \frac{P}{E0 + NP \div 2 + Ei \times Mi \div M0 - Ej \times Mj \div M0}$$

其中:P为报告期利润;NP为报告期净利润;Eo为期初净资产;Ei为报告期发行新股或债转股等新增净资产;Ej为报告期回购或现金分红等减少净资产;M0为报告期月份数;Mi为新增净资产下一月份起至报告期期末的月份数;Mj为减少净资产下一月份起至报告期期末的月份数。

加权平均每股收益(EPS)的计算公式如下:

$$EPS = \frac{P}{S0 + S1 + Si \times Mi \div M0 - Sj \times Mj \div M0}$$

其中:P为报告期利润;S0为期初股份总数;S1为报告期因公积金转增股本或股票股利分配等增加股份数;Si为报告期因发行新股或债转股等增加股份数;Sj为报告期因回购或缩股等减少股份数;M0为报告期月份数;Mi为增加股份下一月份起至报告期期末的月份数;Mj为减少股份下一月份起至报告期期末的月份数。

4、报告期内股东权益变动情况　　单位:万元

项目	股本	资本公积	盈余公积	其中:法定公益金	未分配利润	股东权益合计
期初数	11000	－－	－－	－－	1,034.24	12,034.24
本期增加	4000	22,676.73	635.63	317.81	3,143.93	30,456.28
本期减少	－－	－－	－－	－－	2,135.63	2,135.63
期末数	15000	22,676.73	635.63	317.81	2,042.54	40,354.89

变动原因:

(1)股本增加系本公司于2000年12月26日向社会公开发行人民币普通股4000万股,每股面值1.00人民币元。

(2)资本公积增加系本公司发行A股4000万股成功后,股票溢价收入240,000,000.00元减去本公司发行股票相关的发行费用、中介费13,232,749.34元的差额。

(3)盈余公积增加系本年计提。

(4)未分配利润增加系由于本年盈利所致;调增期初未分配利润1,068,943.41元,系①本公司已按财政部财会字[2001]5号文的有关规定,将"住房周转金"科目的贷方余额24,948.53元转入未分配利润;②本公司1999年将股票发行中的评估费用300,000元列入管理费用,本年度补提所得税99,000元,调增未分配利润201,000元;③补缴1997至1998年度的所得税634,390.12元;④本公司改制时评估基准日至本公司成立期间,土地使用权的摊销和折旧费用的计提未按评估值核算,致使南通精华集团有限公司多分股利1,477,385.00元,南通精华集团有限公司本年度予以退还。

三、股本变动及股东情况

1、股本变动情况

(1)股份变动情况表(数量单位:股)

	本次变动前	本次变动增减(＋、－)						本次变动后
		配股	送股	公积金转股	增发	其他	小计	
一、未上市流动股份								
1、发起人股份	110,000,000							
其中:								
国家持有股份	99,500,000							
境内法人持有股份	10,500,000							
境外法人持有股份								
其他								
2、募集法人股份								
3、内部职工股								
4、优先股或其他								
其中、转配股								
未上市流动股份	110,000,000							
二、已上市流动股份								
1、人民币普通股	40,000,000							
2、境内上市的外资股								
3、境外上市的外资股								
4、其他								
已上市流动股份合计	40,000,000							
三、股份总数	150,000,000							

(2)股票发行与上市情况

1)到报告期末为止的前三年,公司没有发行股票及其它衍生证券。

2)报告期内本公司向社会公开放行人民币普通股(A股)40,000,000股,未发生因其他原因引起公司股份总数及结构的变动。

3)公司内部职工未持股份。

2、股东情况介绍

(1)报告期末股东总数为39678户。

(2)报告期末公司主要股东持股情况。

股东名称	持股数(股)	占总股本比例(％)
南通精华集团有限公司	97,000,000	64.67
南通中南实业有限公司	10,000,000	6.67
沈阳化工研究院	1,500,000	1.00
江苏省农业生产资料(集团)公司	1,000,000	0.67
天津绿保农用化学科技开发有限公司	500,000	0.33
金鑫基金	96,000	0.064
裕隆基金	73,000	0.049
裕元基金	51,000	0.034
兴安基金	47,000	0.031

裕阳基金	38,000	0.025

注:1)报告期内南通精华集团有限公司持有国有法人股 9700 万股。报告期内南通中南实业有限公司持有法人股 1000 万股。

2)南通精华集团有限公司为公司国有法人股股东,其所持股份无质押和冻结;南通中南实业有限公司为公司境内法人股股东,所持本公司股份无质押和冻结。

3)公司前 10 名股东中的第 1 位至第 5 位为法人股股东,第 6 位至第 10 位为流通股股东,其中裕隆基金、裕元基金、裕阳基金同属博时基金管理公司管理。

(3)南通精华集团有限公司法定代表人为李桂顺先生,其经营范围:生产销售化工产品、农药产品、染料产品及其原料中间体、医药中间体、食品、兽药添加剂、合成橡胶及其产品;销售:机械设备、仪表仪器;仓储服务。

(4)报告期内无控股股东变更情况。

四、股东大会简介

1、根据公司第一届董事会 1999 年 12 月 30 日会议关于召开 1999 年度股东大会的通知,2000 年 1 月 30 日,公司 1999 年度股东大会如期召开。出席股东大会的股东及授权代表 5 名,代表有效表决股份 110,000,000 股,占总股本的 100%。经大会审议表决,通过了"1999 年度董事会工作报告"、"1999 年度监事会工作报告"、"公司 1999 年度财务决算报告和 2000 年度公司财务预算方案"、"更换监事一名的议案"、"上市公司章程修改草案"、"关于 1999 年度税后利润暂不分配的议案"等决议。

2、根据公司第一届董事会 2000 年 5 月 19 日会议关于召开 2000 年第 1 次临时股东大会的通知,2000 年 6 月 18 日,临时股东大会如期召开。出席临时股东大会的股东代表 5 名,代表有效表决股份 110,000,000 股,占总股本的 100%。经大会审议表决通过了"南通中南实业有限公司替换南通江山农药化工股份有限公司工会作为公司发起人的议案"、"关于南通江山农药化工股份有限公司工会不再作为公司发起人的谅解备忘录、南通江山农药化工股份有限公司工会持股调整为南通中南实业有限公司持股及出资变更协议"、"修改公司章程"、"增选公司董事"、"公司募集资金投资项目调整方案"、"关于公司调整上报发行股数的议案"、"关于上市公司章程修改草案"、"关于公司经营班子成员 1999 年年薪的意见"等决议。

3、2000 年 12 月 29 日召开了 2000 年第 2 次临时股东大会,股东及授权代表 5 名,代表有效表决股份 110,000,000 股,占总股本的 100%。经大会审议表决,通过了"关于注册资本增资 4000 万元的决议"。

因当时公司股票未上市,以上股东大会决议没有公告。

五、董事会报告

1、公司经营情况

(1)公司所处的行业以及公司在本行业中的地位。

本公司是我国规模最大、效益最好的农药化工企业之一。主要从事农药、有机化学品、无机化学品、高分子聚合物等的生产和销售。2000 年,公司生产销售主导产品 100%农药年产 18984 吨,100%烧碱年产 57148 吨。根据国家石油化学工业局规划发展司中国化工信息中心的统计资料,公司 2000 年农药产量仍居全国同行业第 2 名。

全国农药骨干企业相同产品的总销售量和本公司主要农药产品销售量在行业中的排名见下表:

序号	产品名称	总销售量 100%(t)	本公司 100%销售量(t)	本公司所占份额(%)	本公司名次
1	丁草胺	4262	1188	27.87	2
2	乙草胺	12251	1011	8.25	4
3	草甘膦	32726	4534	13.85	3
4	敌敌畏	23684	4357	18.40	4
5	敌百虫	13673	4768	34.87	1
6	久效磷	2612	2053	78.60	1

表中数据摘自中国化工情报信息协会《化工统计与信息》。

(2)公司主营业务的范围及其经营状况。

目前,公司主营业务为化学农药、有机化学品,无机化学品、高分子聚合物等制造、加工、销售。在 2000 年初制订的经营策略指导下,公司不断加强市场开拓力度,强化内部管理,降低经营成本,确保经营业绩稳步增长。公司全年实现销售收入 50014 万元,同比增长 15.36%,其中出口创汇 19012 万元,同比增长 55.95%,利润总额 4578.70 万元。

1)按照行业分析:(母公司) 币种:RMB

	主营业务收入	主营业务毛利
化学农药	405,727,242.04	73,955,725.18
化工产品	92,605,961.93	35,094,712.23
蒸汽	1,803,343.41	399,856.92
合计	500,136,547.38	109,450,294.33

2)按照产品分析 RMB

产品名称	主营业务收入	主营业务毛利
敌敌畏	73,170,000.00	22,886,100.00
久效磷	74,310,000.00	16,034,800.00
草甘膦	117,600,000.00	1,808,600.00
敌百虫	48,330,000.00	16,379,200.00
丁草胺	35,890,000.00	6,824,400.00
乙草胺	30,280,000.00	4,466,900.00
其他农药	26,146,500.00	5,555,700.00
烧碱	42,520,000.00	11,994,000.00
其他产品	51,890,000.00	23,500,600.00
合计	500,136,500.00	109,450,300.00

(3)公司主要全资附属企业及控股子公司的经营情况及业绩。

1)南通江天化学品有限公司组建于 1999 年 11 月 4 日,是南通江山农药化工股份有限公司的控股子公司。主要生产销售甲醛及附属产品、销售化工产品及原辅材料。该公司 2000 年主要处于工程建设,报告期末总资产已达 7219 万元。其主要产品高浓度甲醛和氯甲烷在报告期内已先后投产,尚未形成主营业务收入。

2)南通昌盛化工经贸有限公司是南通江山农药化工股份有限公司的控股子公司,主要经销化工产品。报告期内该公司实现销售收入 2244.14 万元,利润总额 20.46 万元。

3)南通通农塑料制品有限公司是本公司的控股子公司,主要从事生产销售塑料制品及副产品。报告期内实现销售收入 881.02 万元,利润总额 44.97 万元。

(4)在经营中出现的问题与困难及解决方案。

报告期内,本公司所处的农药化工行业竞争仍然十分激烈,其中主要化工原料的价格上涨,产品销售价格继续下滑,导致本公司的经营业绩受到影响,这是本公司在经营中面临的主要困难,为解决经营中出现的问题与困难,公司主要采取了以下措施。

1)改革营销体制。经考核聘用新的营销人员,大力开拓国内、国外两个市场,以销售数量的增加抵销销售价格的下降。通过调整销售区域结构,推行销售区域责任制,实行不同区域不同政策,强化营销策略组合等措施,极大地调动了营销人员的积极性,通过对营销队伍的调整和强化培训,提高了销售队伍的整体素质;加强对营销人员服务意识的监督和整个销售过程考核,进步规范了公司的市场行为,不仅增加了产品销售量,而且降低了应收帐款。

2)推行公开招标采购,坚持比质比价,努力降低采购成本。

3)狠抓产品成本和质量,不断挖掘潜力,加强内部成本控制。巩固 ISO9002 质量体系认证成果,严格产品生产到销售过程的质量控制,提升产品的质量档次,有效地提高了产品的市场竞争力。

4)改革用工机制,拆除社会职能的服务性部门和精简班组,广开就业渠道。建立公司内部人才市场、劳务市场,合理配置人力资源,经过再培训、双向选择、竞争上岗,减少外用工费用,从而降低了人工成本,提高了公司的综合经济效益。

2、公司财务状况

项　目	2000 年(元)	1999 年(元)	增减比例%
总资产	725,576,719.39	404,869,608.46	79.21
长期负债	70,622,728.70	27,531,812.69	156.51
股东权益	403,548,943.58	120,342,407.12	235.33
主营业务利润	110,211,488.87	99,174,625.53	11.12
净利润	31,439,285.80	37,365,808.70	-15.87

主要原因:(1)总资产和股东权益呈现大幅度上升,主要是股票发行募集资金到帐及股票发行后增加股本和资本溢价所致。

(2)长期负债比上年度增加,是由于短期借款改为长期借款。

(3)主营业务利润的增长主要是本公司努力开拓市场,增加产品销售量主营业务收入增加所引起的。

(4)净利润比上年度减少是受所得税率变动的影响,1999 年度实际税率为 15%,本年度实际税率为 33%。

3、公司投资情况

截止 2000 年 12 月 31 日,公司长期投资余额为 38,771,635.49 元,较上年减少 2,868,365.85 元,减少幅度为 7.40%。

(1)长期投资增减变化如下:

	2000 年 1 月 1 日	本年增加	本年减少	2000 年 12 月 31 日
长期股权投资	41,560,001.34	13,046,565.35	15,894,931.20	38,711,635.49
长期债投资	80,000.00		20,000.00	60,000,00
合计	41,640,001.34	13,046,565.35	15,914,931.20	38,771,635,49

(2)被投资的公司情况

被投资公司名称	主要经营活动	投资金额	权益比例
南通江天化学品有限公司	生产销售甲醛及副产品、化工产品	24,750,000.00	55.00%
南通昌盛化工经贸有限公司	经销化工产品	1,500,000.00	93.75%
南通通农塑料制品有限公司	生产销售塑料制品及副产品	2,698,473.80	90.00%
南通捷利康农用化学品有限公司	生产销售农药	5,298,310.40	2.00%
江苏农用化学有限公司	经销化工产品	600,000.00	3.79%
交通银行		998,160.00	
南通市商业银行		3,400,000.00	4.97%
合计		38,711,635.49	

(3)尚未投入使用的募集资金去向

在 2000 年 12 月 29 日所募集资金 28000 万元减去承销费用。余款 26676.725 万元已分别存入交通银行南通分行和建设银行南通分行。报告期之前无募集资金。

(4)非募集资金投资情况说明

1)在报告期内公司利用自有资金和银行贷款实施了氯碱技术改造项目,该技改项目计划用款 1200 万元,预计工程在 2001 年 4 月可完工,转入生产运行。每年可为公司创造效益约 600 万元。

2)在报告期内公司利用自资金和银行贷款实施了年产 6 万吨(高浓度)甲醛技改项目,该工程用款 4150 万元,已完成设备安装、调试,年底整体装置已正常运行,2001 年 3 月可完成竣工验收。达产后,每年可为公司创造效益 400 万元。

4、生产经营环境以及宏观政策变化对公司的影响

(1)随着我国加入 WTO 的日益临近,以及国家对农业产业结构的调整,公司将面临新的机遇和挑战。国外大公司的开发研究和产品质量优势明显,本公司的产品创新能力将面临挑战。但国产农药在生产成本、营销成本及产品销售价格上存在明显的优势,国外农药品种进入,短期内对我国农药行业不会产生较大影响。本公司将充分发挥与两个农药研究股东单位在农药新信息、新产品、新技术的"产、学、研"方面所具有的明显优势,以提高公司竞争能力。

(2)国家正在实施的西部大开发战略,将为我公司提供难得的市场发展空间,为扩大市场销售创造了有利条件。

5、2001 年的业务发展计划

以实现股东利益最大化为目标,通过外拓市场,内抓管理,不断提高资源配置水平;通过完善创新机制,不断培育发展动力,增强竞争能力;通过实施资本运作,不断加快发展步伐,壮大公司实力。

(1)围绕效益中心,开拓两个市场。以推行组合营销策略为手段,以实施新产品"顾客零风险销售"为突破口,加强市场调研,做到知己知彼,进一步扩大国际、国内市场。

(2)实施名牌战略,加大公司和产品广告宣传力度,扩大"江山"产品的品牌效应,增加市场占有份额,提高主营利润。

(3)对销售队伍分期进行培训,从整体上提高营销人员的应变能力和促销能力。实行业绩跟踪考核,将销售任务、资金回笼指标、营销费用,营销人员行为等进行严格考核,确保全年经营目标的实现。

(4)全面推行公开采购工作,坚持比质比价,力争采购成本保持或低于去年同期水平。

(5)加快新产品开发和投放市场进度,加强已经进入市场新品的销售力度,培育新的效益增长点。

(6)抓好技改工作,尽快使氯碱扩建工程完工,转入生产运行。抓紧公司热电厂 4 号锅炉(75t)的上马,为增加农药产品和化工产品的生产能力,解决瓶颈问题,确保公司发展后劲。

(7)完善内部管理,推动管理工作上新台阶。通过节能降耗,减员增效,降低产品成本、消化成本上升因素。

(8)坚持 ISO9002 质量体系标准,严格过程控制,提高产品质量和品质,增强产品竞争力,提高客户信任度。

6、董事会日常工作情况

(1)报告期内董事会的会议情况及决议内容

1)公司第一届董事会于 2000 年 1 月 29 日召开 2000 年第一次会议,会议审议并通过了"1999 年度董事会工作报告"、"1999 年公司总经理的工作报告及 2000 年工作计划"、"上市公司机构调整的方案"、"聘任公司高层管理人员的提案"、"1999 年度财务决算预案和 2000 年度财务预算方案"、"公司历年发放股利情况的说明"、"公司招股说明书及其概要"、"关于公司计提相关资产损失准备会计政策的提案"等。

2)公司第一届董事会于 2000 年 5 月 19 日召开 2000 年第二次会议,会议审议并通过了"关于南通中南实业有限公司替换南通江山农药化工股份有限公司工会作为公司发起人的方案"、"关于南通江山农药化工股份有限公司工会不再作为公司发起人的谅解备忘录"、"南通江山农药化工股份有限公司工会持股调整为南通中南实业有限公司持股及出资变更协议"、"修改合同章程"、"关于公司增补董事的议案"、"公司募集资金投资项目调整方案"、"关于公司调整上报发行股数的议案"、"关于公司经营班子成员 1999 年年薪的意见"等。

3)公司第一届董事会于 2000 年 7 月 28 日召开 2000 年第三次会议,会议审议并通过了"关于南通昌盛化工经贸公司改制为有限责任公司的议案"、"关于南通江山农药化工股份有限公司与南通市劳动服务公司共同组建南通昌盛化工经贸有限公司的议案"、"关于租赁南通江天化学品有限公司土地建设 60000 吨/年(高浓度)甲醛工程的议案"。

4)公司第一届董事会于 2000 年 9 月 5 日召开 2000 年第四次会议,会议审议并通过了"关于南通江山农药化工股份有限公司资产置换的议案":公司以 3,112,683.12 万元的应收款置换公司所

欠南通精华集团有限公司的等额债务。

5)公司第一届董事会于2000年11月6日召开2000第五次会议,会议审议并通过了"关修改合资经营合同及向捷利康(中国)投资有限公司转让部分股权的议案"、"关于咨询服务合同进行修改的议案"。

因当时股票未上市,以上董事会会议决议未刊登公告。

(2)董事会对股东大会决议的执行情况。

报告期内董事会按照股东大会决议及授权,组织实施了申报股票上市工作,经过董事会成员和相关人员的共同努力,申报材料于2000年12月13日通过发审会审核,12月26日在上海证券交易所上网定价发行4000万股人民币普通股(A股),募集资金28000万元。并组织落实了2000年生产经营工作计划,公司2000年度主营业务收入完成52,257.79万元,实现利润总额4,601.48万元。

7、公司管理层员工情况

(1)董事、监事、高级管理人员

姓　名	性别	年龄	职　　务	任期起止日期	年初持股数(股)	年末持股数(股)
蔡建国	男	47	董事长	1998.01-2001.1	0	0
程恒磐	男	52	副董事长	1998.01-2001.1	0	0
朱春林	男	41	董事、总经理	1998.01-2001.1	0	0
陆宝基	男	53	董事	1998.01-2001.1	1000	1000
陶坤山	男	46	董事兼董秘	2000.01-2001.1	0	0
宋金风	女	58	董事	2000.05-2001.1	0	0
李正名	男	70	董事	1998.01-2001.1	0	0
李　彬	男	43	董事	1998.01-2001.1	0	0
陆立新	男	38	董事	1998.01-2001.1	0	0
张克勤	男	47	监事会召集人	1998.01-2001.1	0	0
薛　健	男	37	监事	2000.01-2001.1	0	0
宋　军	男	55	监事	1998.01-2001.1	0	0
王明华	男	46	副总经理	1999.08-2001.1	1000	1000
茅云龙	男	39	副总经理	1999.08-2001.1	0	0
徐森林	男	38	财务负责人	2000.01-2001.1	0	0

注:1)公司董事、监事、高级管理人员在本公司领取报酬的有10人,其中年度报酬在4-4.5万元的有2人、在11-11.5万元的有1人、在18-19.5万元的有4人、在22-23万元的有2人、在26-27万元的有1人(以上数额均含税)。李正名、李彬、陆立新、宋金风、张克勤不在公司领取报酬。

2)报告期内公司增补陶坤山、宋金风任公司董事。

3)公司董事会于2000年1月29日聘任徐森林为公司财务负责人。

(2)公司员工的数量、专业机构、教育程度及退休职工人数情况。

截止2000年12月31日,公司有在册员工1754人,其中生产人员1354人,销售人员39人,技术人员36人,财务人员14人,行政人员25人。员工中具有大专以上学历的达11.66%,具有专业技术职称287人。公司现有退休职工251人。

8、本次利润分配预案

(1)2000年度利润分配

经上海万隆众天会计师事务所有限公司审计,本报告期公司实现净利润31,439,285.80元,按规定计提法定盈余公积金3,178,141.01元计提法定公益金3,178,141,01元,不提任意盈余公积金,当年可供股东分配的利润为25,083,003.78元,加上1999年度结转未分配利润10,342,407.12元,累计可供股东分配的利润为35,425,410.90。根据公司第一届董事会2001年第1次会议决议,2000年度利润分配预案为:以2000年度总股本15,000万股,向全体股东按每10股派发现金红利1.00元(含税),共计派发1,500万元,剩余未分配利润20,425,410.90元结转下年度。上述预案尚须经公司2000年度股东大会审议通过。

(2)预计2001年度利润分配政策。

1)公司拟在2001年结束后分配利润一次。

2)公司2001年度实现的净利润在提取法定盈余公积金、公益金、任意公益金后,用于红利分配的比例不低于20%。

3)公司2001年度未分配利润用于下一年度股利分配的比例不少于20%。

4)分配方式采用派发现金或送红股或两者结合进行分配。

5)具体分配方案将由公司董事会根据实际盈利情况提出具体分配预案,提请公司股东大会审议批准后实施。

9、报告期内,公司选定的信息披露报纸无变更。

10、重大事项。

根据南通市人民政府通政复[1999]51号文件,本公司1999年度的企业所得税税率实际享受15%税率。该优惠政策已经江苏省人民政府苏政办函[2000]38号文件确认。

本公司于2000年12月26日成功发行社会公众股(A股)4000万股,2000年度未能执行上市公司所得税优惠政策。

六、监事会报告

2000年公司监事会按照《中华人民共和国公司法》及《公司章程》认真履行职责,依法独立行使职权以保证公司依法合规运作和股东利益不受损害。

1、本报告期内监事会召集二次会议

(1)2000年1月23日于江苏南通召开一届五次监事会会议。会议审议了2000年公司财务预算方案。

(2)2000年9月29日于江苏南京召开一届六次监事会会议。听取了2000年公司中期财务报告的汇报;对公司上市后,公司监事会如何适应上市公司的要求进行了讨论。

2、公司监事会就以下方面独立发表意见

(1)报告期内公司监事会列席了公司的股东大会和董事会会议,认为:公司能按股份制的规范运作,董事会能按照股东大会的决议内容,认真履行各项决议,其决策程序符合《公司法》及《公司章程》的有关规定。公司初步建立了较完善的内部控制制度,未发现违反《公司法》及《公司章程》的行为。

(2)公司监事会认为,公司的投资行为能按照《公司章程》的规定,在股东大会授权范围内并经严格审查作出决策。建议公司的产业结构要进一步进行调整,使其更趋合理。

(3)公司董事、经理执行公司职务时无违反法律、法规、公司章程或损害公司利益的行为,随着公司内部控制制度的进一步完善,公司已开始形成一定防范经营风险的能力,已能有效及时地阻止各种违法行为。

(4)本年度由上海万隆众天会计师事务所出具的无保留意见审计报告,真实、客观、准确地反映了公司的财务状况和经营成果。

(5)公司向社会公众发行流通股所募集的资金已全部到位,现正在按承诺投入的项目进行组织实施。

(6)本年度公司监事会通过对公司报告期内重大关联交易、收购、出售资产等事项的审查,认为能坚持公平、公开、公正的原则,未出现损害公司和个别股东利益的现象。

七、重要事项

1、报告期内公司无重大诉讼、仲裁事项。

2、报告期内公司、公司董事及高级管理人员未有受监管部门处罚的情况。

3、报告期内,公司控股股东无变更情况;公司董事会未换届、改选或半数以上成员变动情况;公司无解聘或重新聘任董事会秘书的情况。

4、报告期内未发生公司收购及出售资产、吸收合并事项。

5、重要关联交易事项。

(1)本公司与南通精华集团有限公司在土地使用权和非经营性资产方面存在关联交易,双方签订了相关的租赁协议。租赁协议规定本公司与南通精华集团有限公司本着等价有偿的原则,按照合理的价格结算。

(2)本公司与南通醋酸化工厂和江苏宝灵化工股份有限公司在产品购销方面存在关联交易,因此有关双方签订了一系列合同及协议。有关协议规定本公司与南通醋酸化工厂和江苏宝灵化工股份有限公司之间的一切交易均按正常商业条款,遵循公平、公正的市场原则进行核算,本着等价有偿的原则,按市场价格定价。

(3)本公司与关联方的交易:

1)本公司向关联方采购货物项目列示如下:(不含增值税)

关联方名称	项　目	购货金额
南通精华集团有限公司	土地使用权、非经营性资产租赁	1,200,000.00
南通醋酸化工厂	双乙甲胺	1,386,897.00

2)本公司向关联方销售货物项目列示如下:(不含增值税)

关联方名称	项　目	销售金额
南通醋酸化工厂	30%烧碱、液氯、31%合成盐酸	4,861,271.90
江苏宝灵化工股份有限公司	30%烧碱、液氯、31%合成盐酸	3,012,354.70

(4)资产、股权转让发生的关联交易。

1)在报告期内,本公司受让关联方江苏农用化学有限公司持有的捷利康南通农用化学品有限公司3%的股权。经南通产权交易所确认,受让价格为7,947,465.60元。

2)在报告期内,本公司将持有捷利康南通农用化学品有限公司6%的股权转让予捷利康南通公司。经南通产权交易所确认,转让价格为18,594,000.00元,其中取得投资收益2,699,068.80元。以上转让款项已于2000年12月27日全部到帐。

(5)公司与关联方债权、债务、事项列示如下:

项　目	关联方名称	金　额
应收帐款	南通醋酸化工厂	451,290.08
	江苏宝灵化工股份有限公司	93,412.80
其他应收款	捷利康南通农用化学品有限公司	215,103.68
其他应付款	南通精华集团有限公司	328,559.10

以上关联方之间的债权、债务事项,无任何迹象存在坏帐情况,而且均为一年期以内帐龄,应收帐款均为正常业务往来所致。

(6)报告期内公司无其他重大关联交易。

6、上市公司与控股股东在人员、资产、财务上的"三分开"情况。

公司的经营管理和财务运作独立于控股股东单位,在人员、资产、财务等方面均实现了"三分开"。

人员方面,公司设立了专门的机构负责劳动、人事及工资管理,建立健全了完善的劳动人事管理制度,除董事长兼任控股股东单位的副董事长外,其他人员未在控股股东单位兼职。公司总经理、副总经理等高级管理人员均在本公司领取薪酬,没有在控股股东单位代发薪酬的情况。

资产方面,公司相对于控股股东资产完整,拥有独立的采购、销售系统,独立运作管理。

财务方面,公司设立了独立的财务部门,并建立了相应的会计核算体系和财务管理制度,并单独在银行开户,与公司控股股东单位严格分开运作。

7、报告期内托管、承包、租赁其他公司资产或其他公司托管、承包、租赁本公司资产的事项。

(1)土地租赁协议。

A、本公司按照公开和等价有偿的原则向南通精华集团有限公司租赁目前使用的土地。土地面积共计21847.7平方米,租赁期限为48年,2000年至2001年间,年租金为120万元,以后每两年按国家土地管理部门颁布的土地租金调价幅度调整一次。

B、本公司根据《中华人民共和国土地管理法》等有关法律、法规,按照平等自愿和等价的偿的原则向南通江天化学有限公司租赁20000平方米土地,建设6万吨(高浓度)甲醛工程。租赁期限为五年,年租金为壹拾万元。以后按国家土地管理部门颁布的土地租金调价幅度调整。

(2)非经营性资产租赁协议。

本公司向南通精华集团有限公司租赁集团宿舍和职工医疗站。年租金为2.52万元。

8、报告期内公司聘用上海万隆众天会计师事务所有限公司负责公司的审计工作。

9、公司报告期内没有更改名称。股票简称为:江山股份。

八、财务会计报告

一、审计报告

本公司2000年度年报经上海万隆众天会计师事务所有限公司中国注册会计师方建华、陈荣芳审计,并出具无保留意见的审计报告。审计报告文号为"万会业字[2001]第478号"

二、会计报表,包括合并会计报表和母公司会计报表(附后)

三、会计报表附注

(1)本公司的会计政策与会计估计本年度未有变更。

(2)合并会计报表范围的变化:由于南通江天化学品有限公司1999年末尚处于筹建初期,且公司的资产总额不足本公司资产总额的10%,本公司按照财政部财会字(96)2号《关于合并报表范围请示的复函》的规定,未将其纳入合并会计报表范围。自2000年度起,本公司将南通江天化学品有限公司纳入合并会计报表范围,并相应调整了合并会计报表期初数。

九、公司其他资料

1、公司首次注册登记日期:1998年1月21日。注册地点:江苏省工商行政管理局。公司最近一次变更登记日期为2000年12月29日。注册地点:江苏省工商行政管理局。

2、公司企业法人营业执照号码:3200001104129(2/2)

3、税务登记证号码:320601138299113

4、公司未流通股票的托管机构:上海证券中央登记结算公司。

5、公司聘请的会计师事务所名称、办公地址:

上海万隆众天会计师事务所有限公司

上海市陆家浜路1388号三楼。

十、备查文件

1、载有公司董事长亲笔签名的公司年度报告正本。

2、载有公司法定代表人、财务负责人亲笔签名并盖章的公司财务报告。

3、载有会计师事务所盖章、注册会计师亲笔签名并盖章的审计报告正本。

南通江山农药化工股份有限公司

2001年3月23日

利润表及利润分配表

编制单位:南通江山农药化工股份有限公司 单位:人民币元

项目	2000年度		1999年度	
	母公司	合并	母公司	合并
一、主营业务收入	500,136,547.38	522,577,948.23	433,549,186.09	455,036,750.01
减:折扣与折让			47,400.00	47,400.00
主营业务收入净额	500,136,547.38	522,577,948.23	433,501,786.09	454,989,350.01
减:主营业务成本	390,686,253.05	411,246,933.07	335,472,332.98	354,921,873.71
主营业务税金及附加	1,065,718.88	1,119,526.29	836,531.38	892,850.71
二、主营业务利润	108,384,575.45	110,211,488.87	97,192,921.73	99,174,625.53
加:其他业务利润	4,028,971.21	4,028,971.21	16,937,622.16	16,937,622.16
减:存货跌价损失	334,784.90	334,784.90	1,520,899.40	1,520,899.40
营业费用	17,043,657.68	17,454,957.86	16,686,435.29	16,872,610.62
管理费用	46,603,657.68	47,282,437.54	50,177,189.13	50,573,534.20
财务费用	6,108,874.31	6,112,517.34	3,570,554.94	3,000,987.85
三、营业利润	42,322,676.92	43,055,762.44	42,175,465.13	44,144,215.62
加:投资收益	3,529,311.64	3,103,449.33	1,535,651.51	429,662.42
补贴收入	700,000.00	700,000.00	2,500,000.00	2,500,000.00
营业外收入	1,935,124.38	1,935,339.04	7,713,139.87	7,782,620.72
减:营业外支出	2,700,151.27	2,779,767.04	6,907,521.79	6,962,555.80

项目	2000年度		1999年度	
	母公司	合并	母公司	合并
四、利润总额	45,786,961.67	46,014,783.77	47,016,734.72	47,893,942.96
减:所得税	14,347,675.87	14,535,053.93	9,650,926.02	10,426,248.14
减:少数股东损益		40,444.04		101,886.12
五、净利润	31,439,285.80	31,439,285.80	37,365,808.70	37,365,808.70
加:年初未分配利润	10,342,407.12	10,342,407.12	11,819,964.51	11,819,964.51
盈余公积转入				
六、可供分配的利润	41,781,692.92	41,781,692.92	49,185,773.21	49,185,773.21
减:提取法定盈余公积	3,143,928.58	3,178,141.01	3,716,480.87	3,716,480.87
提取法定公益金	3,143,928.58	3,178,141.01	3,716,480.87	3,716,480.87
七、可供股东分配的利润	35,493,835.76	35,425,410.90	41,752,811.47	41,752,811.47
减:应付优先股股利				
提取任意盈余公积				
应付普通股股利	15,000,000.00	15,000,000.00		
转作股本的普通股股利				
回购股份冲销			31,410,404.35	31,410,404.35
八、未分配利润	20,493,835.76	20,425,410.90	10,342,407.12	10,342,407.12

资产负债表

编制单位:南通江山农药化工股份有限公司 单位:人民币元

资产	2001.12.31		1999.12.31	
	母公司	合并	母公司	合并
流动资产				
货币资金	307,559,513.91	312,583,002.65	51,838,093.66	87,699,003.65
短期投资				
减:短期投资跌价准备				
短期投资净额				
应收票据	31,160,215.58	31,160,215.58	4,093,641.40	4,093,641.40
应收股利				
应收利息				
应收帐款	29,214,168.56	29,990,380.35	33,589,696.44	34,542,123.69
其它应收款	8,753,335.80	8,318,163.17	10,301,340.60	10,359,265.91
减:坏帐准备	3,141,329.65	3,144,186.93	4,437,331.38	4,440,188.66
应收款项净额	34,826,174.71	35,164,356.59	39,453,705.66	40,461,200.94
预付帐款	5,076,169.28	6,790,494.53	10,703,047.01	11,036,879.12
应收补贴款				
存货	75,247,124.79	77,137,137.00	71,341,411.92	72,606,007.08
减:存货跌价准备	2,380,230.99	2,380,230.99	2,045,446.09	2,045,446.09
存货净额	72,866,893.80	74,756,906.01	69,295,965.83	70,560,560.99
待摊费用	479,020.17	479,020.17	347,378.39	347,378.39
待处理流动资产净损失				
一年内到期的长期债权投资				
其它流动资产				
流动资产合计	451,967,987.45	460,933,995.53	175,731,831.95	214,198,664.40
长期投资				
长期股权投资	38,711,635.49	9,410,518.84	41,560,001.34	17,236,517.71
长期债权投资	60,000.00	60,000.00	80,000.00	80,000.00
长期投资合计	38,771,635.49	9,470,518.84	41,640,001.34	17,316,517.71
减:长期投资减值准备				
长期投资净额	38,771,635.49	9,470,518.84	41,640,001.34	17,316,517.71
其中:合并价差		-885,951.56		-1,007,418.29
其中:股权投资差额		-885,951.56		-1,007,418.29
固定资产				
固定资产原价	283,804,202.18	287,798,028.02	248,435,484.15	252,381,153.27
减:累计折旧	119,319,988.37	121,189,315.24	99,852,590.80	101,344,466.06
固定资产净值	164,484,213.81	166,608,712.78	148,582,893.35	151,036,687.21
工程物资	267,257.27	3,247,582.66	489,635.54	489,635.54
在建工程	48,186,183.08	66,119,414.60	14,447,077.16	20,289,341.24
固定资产清理				
待处理固定资产净损失				
固定资产合计	212,937,651.16	235,975,710.04	163,519,606.05	171,815,663.99
无形资产及其他资产				
无形资产	6,583,649.00	15,271,325.01	240,000.00	240,000.00
开办费	364,764.67	2,938,012.97	547,164.67	1,058,762.36
长期待摊费用	120,000.00	987,157.00	240,000.00	240,000.00
其他长期资产				
无形资产及其他资产合计	7,068,413.67	19,196,494.98	1,027,164.67	1,538,762.36
递延税项				
递延税款借项				
资产总计	710,745,690.77	725,576,719.39	381,918,604.01	404,869,608.46
负债及所有者权益	母公司	合并	母公司	合并
流动负债				
短期借款	58,190,000.00	78,190,000.00	124,700,000.00	130,700,000.00
应付票据			1,061,264.74	1,061,264.74
应付帐款	28,767,709.52	30,244,670.96	41,088,422.88	40,311,409.23
预付帐款	20,306,746.43	20,440,427.01	5,075,810.85	5,339,973.93
代销商品款				
应付工资	31,064,496.63	31,141,996.63	34,613,176.01	34,916,256.01
应付福利费	5,820,142.38	5,966,572.26	4,040,418.06	4,157,268.65
应付股利	15,000,000.00	15,000,000.00	360.00	360.00
应交税金	427,891.07	280,832.96	925,311.34	1,625,708.71
其他应交款	18,059.53	18,959.44	16,816.05	35,796.99
其他应付款	51,296,246.37	23,742,882.84	3,353,546.35	3,374,146.35
预提费用	351,287.44	363,946.44	4,704,602.40	4,713,902.40
一年内到期的长期负债	24,200,000.00	24,200,000.00	12,000,000.00	12,000,000.00
其他流动负债	1,131,439.12	1,131,439.12	2,464,655.52	2,464,655.52
流动负债合计	236,574,018.49	230,721,727.66	234,044,384.20	240,700,742.53
长期负债				
长期借款	70,352,728.70	70,352,728.70	26,552,728.70	26,552,728.70
应付债券				
长期应付款	270,000.00	270,000.00	270,000.00	270,000.00
住房周转金			709,083.99	709,083.99
其它长期负债				
长期负债合计	70,622,728.70	70,622,728.70	27,531,812.69	27,531,812.69
递延税项				
递延税款贷项				
负债合计	307,196,747.19	301,344,456.36	261,576,196.89	268,232,555.22
少数股东权益		20,683,319.45		16,294,646.12
股东权益				
股本	150,000,000.00	150,000,000.00	110,000,000.00	110,000,000.00
资本公积	226,767,250.66	226,767,250.66		
盈余公积	6,287,857.16	6,356,282.02		
其中:公益金				
未分配利润	20,493,835.76	20,425,410.90	10,342,407.12	10,342,407.12
外币报表折算差额				
股东权益合计	403,548,943.58	403,548,943.58	120,342,407.12	120,342,407.12
负债和股东权益总计	710,745,690.77	725,576,719.39	381,918,604.01	404,869,608.46

现金流量表

编制单位:南通江山农药化工股份有限公司 单位:人民币元

项目	母公司	合并
一、经营活动产生的现金流量		
销售商品、提供劳务收到的现金	535,938,267.47	561,383,292.07
收到的租金		
收到的税费返还	2,650,000.00	2,650,000.00
收到的其他与经营活动有关的现金	547,176.10	562,316.57
现金流入小计	539,135,443.57	564,595,608.64
购买商品、接受劳务支付的现金	394,851,464.26	415,865,734.23
经营租赁所支付的现金	1,200,000.00	1,200,000.00
支付给职工以及为职工支付的现金	48,505,236.55	49,617,422.49
实际缴纳的增值税款	8,851,081.57	9,792,265.20
支付的所得税款	16,065,401.84	16,854,229.65
支付的除增值税、所得税以外的其他税费	2,145,005.23	2,248,535.46
支付的其他与经营活动有关的现金	33,146,713.57	33,813,439.48
现金流出小计	504,764,903.02	529,391,626.51
经营活动产生的现金流量净额	34,370,540.55	35,203,982.13
二、投资活动产生的现金流量		
收回投资所收到的现金	18,614,000.00	18,614,000.00
分得股利或利润所支付的现金	281,143.09	281,143.09
取得债券利息所支付的现金		
处置固定资产、无形资产和其他长期资产而收到的现金	2,102,385.77	2,102,385.77
收到的其他与投资活动有关的现金		
现金流入小计	20,997,528.86	20,997,528.86
购建固定资产、无形资产和其他长期资产所支付的现金	75,760,416.19	101,083,928.07
权益性投资所支付的现金	12,450,000.00	7,900,000.00
债权性投资所支付的现金		
支付的其他与投资活动有关的现金		
现金流出小计	88,210,416.19	108,983,928.07
投资活动产生的现金流量净额	-67,212,887.33	-87,986,399.21
三、筹资活动产生的现金流量		
吸收权益性投资所收到的现金	270,620,000.00	274,970,000.00
其中:子公司吸收少数股东权益性投资所支付的现金		4,350,000.00
发行债券所收到的现金		
借款所收到的现金	235,190,000.00	293,190,000.00
收到的其他与筹资活动有关的现金	35,686,481.96	
现金流入小计	541,496,481.96	568,160,000.00
偿还债务所支付的现金	245,700,000.00	282,700,000.00
发生筹资费用所支付的现金		
分配股利或利润所支付的现金		
其中:子公司支付少数股东的股利		
偿付利息所支付的现金	7,156,129.66	7,716,998.56
融资租赁所支付的现金		
减少注册资本所支付的现金		
其中:子公司依法减资支付的少数股东的现金		
支付的其他与筹资活动有关的现金	76,585.27	76,585.27
现金流出小计	252,932,714.93	290,493,583.83
筹资活动产生的现金流量净额	288,563,767.03	277 666,416.17
四、汇率变动对现金的影响额		
五、现金及现金等价物净增加额	255,721,420.25	224,883,999.09
补充资料	母公司	合并
1.不涉及现金收支的投资和筹资活动		
以固定资产偿还债务		
以投资偿还债务		
以固定资产进行长期投资		
以存货偿还债务		
融资租赁固定资产		
2.将净利润调节为经营活动的现金流量		
净利润(亏损以"-"填列)	31,439,285.80	31,439,285.80
加:少数股东损益(亏损以"-"填列)		40,444.04
减:未确认的投资损失		
加:计提的坏帐准备或转销的坏帐	-1,296,001.73	-1,296,001.73
固定资产折旧	22,916,197.46	23,293,649.07
无形资产、长期待摊费用	362,400.00	362,400.00
待摊费用的减少(减:增加)	-131,641.78	-131,641.78
预提费用的增加(减:减少)	-4,353,314.96	-4,349,955.96
处置固定资产、无形资产和其他长期资产的损失(减:收益)	723,753.55	723,753.55
固定资产盘亏报废损失	617,218.88	617,218.88
财务费用	6,577,557.16	6,596,126.06
投资损失(减:收益)	-3,529,311.64	-3,103,449.33
递延税款贷项(减:借项)		
存货的减少(减:增加)	-3,905,712.87	-4,531,129.92
经营性应收项目的减少(减:增加)	-15,181,378.87	-15,068,115.82
经营性应付项目的增加(减:减少)	131,489.55	611,399.27
增值税增加净额(减:减少)		
其他		
经营活动产生的现金流量净额	34,370,540.55	35,203,982.13
3.现金及现金等价物净增加情况		
现金的期末余额	307,559,513.91	312,583,002.65
减:现金的期初余额	51,838,093.66	87,699,003.56
加:现金等价物的期末余额		
减:现金等价物的期初余额		
现金及现金等价物净增加额	255,721,420.25	224,883,999.09

金瑞新材料科技股份有限公司

二〇〇〇年年度报告摘选

一、公司简介

(一) 公司中文名称:金瑞新材料科技股份有限公司
英文名称:Kingray New Materials Science & Technology Co.,Ltd.
中文简称:金瑞科技
(二) 公司法定代表人:张泾生
(三) 公司董事会秘书:杜维吾
联系地址:湖南省长沙市岳麓区麓山南路 1 号
联系电话:0731-8657399
电子信箱:Duweiwu@king-ray.com.cn
传真:0731-8829998　　手机:013607436449
(四) 公司注册地址:湖南省长沙市岳麓区麓山南路 1 号
邮政编码:410012
公司办公地址:湖南省长沙市岳麓区麓山南路 1 号
公司网址:www.king-ray.com　　www.king-ray.com.cn
电子信箱:kingray@public.cs.hn.cn
(五) 公司信息披露报纸:《上海证券报》、《中国证券报》
登载公司年度报告的国际互联网网址:www.sse.com.cn
公司年度报告备置地:公司证券部
(六) 公司股票上市交易所:上海证券交易所
股票简称:金瑞科技　　股票代码:600390

二、会计数据和业务数据摘要

(一) 公司本年度会计和业务数据摘要

项　目	金额(元)
利润总额	33,731,609.44
净利润	33,077,412.66
扣除非经常性损益后的净利润	33,261,434.53
主营业务利润	51,757,105.07
其他业务利润	2,927,931.78
营业利润	33,915,631.31
投资收益	
补贴收入	
营业外收支净额	-184,021.87
经营活动产生的现金流量净额	13,763,213.70
现金及现金等价物净增加额	607,729,765.38
注:扣除的非经常性损益项目及涉及金额	单位:元
处理固定资产净损失	-203,510.94
罚款收入	11,760.00
确实无法支付的应付款	7,729.07

(二) 公司近三年主要会计数据和财务指标(单位:元)

项目	2000 年度	1999 年度	1998 年度
主营业务收入	223,991,728.46	179,237,525.24	170,297,342.86
净利润	33,077,412.66	31,207,961.77	21,723,523.51
总资产	912,581,640.26	215,856,375.67	164,241,161.81
股东权益	695,584,153.98	101,196,896.43	83,263,697.40
每股收益	0.31	0.47	-
扣除非经常性损益后的每股收益	0.31	0.47	-
每股净资产	6.52	1.52	-
调整后的每股净资产	6.47	1.46	-
每股经营活动产生的现金流量净额	0.11	-	-
净资产收益率(%)	4.76	30.84	26.09

(三) 按中国证监会《公开发行证券公司信息披露编报规则》第 9 号通知精神计算的净资产收益率和每股收益

项目	净资产收益率(%)		每股收益(元)	
	全面摊薄	加权平均	全面摊薄	加权平均
主营业务利润	7.44	42.79	0.49	0.78
营业利润	4.88	28.04	0.32	0.51
净利润	4.76	27.35	0.31	0.50
扣除非经常性损益后的净利润	4.76	27.50	0.31	0.50

(四) 报告期内股东权益变动情况(单位:元)

项目	股　本	资本公积	盈余公积	法定公益金	未分配利润	股东权益合计
期初数	66,700,000.00	34,103,464.04	356,458.19	158,425.86	36,974.20	101,196,896.43
本期增加	40,000,000.00	534,641,413.43	6,027,633.08	2,670,759.28	13,718,211.04	594,387,257.55
本期减少						
期末数	106,700,000.00	568,744,877.47	6,384,091.27	2,829,185.14	13,755,185.24	695,584,153.98

变动原因:
(1) 股本总额增加,系本公司 2000 年 12 月 20 日向社会公开发行股票所致;
(2) 资本公积增加,主要系本公司公开发行股票的溢价发行所致;
(3) 盈余公积增加,系公司本年度获利后按规定比例提取增加;
(4) 法定公益金增加,系公司本年度获利后按规定比例提取增加;
(5) 未分配利润增加,系公司本年度内利润增加和剩余未分配利润所致。

三、股东情况介绍

(一) 股东总数:38,517 名(截止 2000 年 12 月 31 日)
(二) 前十名股东持股情况:

股东名称	持股数(股)	占总股本比例(%)
1、长沙矿冶研究院	63,000,000	59.05
2、湖南华菱钢铁集团有限责任公司	2,000,000	1.87
3、信息产业部电子第四十八研究所	1,000,000	0.94
4、长沙银佳科技公司	600,000	0.56
5、汉兴基金	205,000	0.19
6、景福基金	160,000	0.15
7、安顺基金	158,000	0.15
8、安信基金	131,000	0.12
9、金鑫基金	129,000	0.12
10、泰和基金	108,000	0.10

凯诺科技股份有限公司

二〇〇〇年年度报告摘选

一、公司简介

1、公司的法定中文名称:凯诺科技股份有限公司
公司的法定英文名称:CANAL SCIENTIFIC AND TECHNOLOGICAL CO.,LTD
2、公司注册地址及办公地址:江苏省江阴市新桥镇
邮政编码:214426
公司网址:http://www.cstco.com.cn
电子信箱:security@cstco.com
3、公司的法定代表人:叶惠丽女士
4、公司董事会秘书:赵志强先生
联系地址:江苏省江阴市新桥镇
电话:(0510)6121388-3180
传真:(0510)6126877
5、公司指定信息披露报纸:《上海证券报》
登载公司年度报告的国际互联网网址:http://www.sse.com.cn
6、公司股票上市交易所:上海证券交易所
股票简称:凯诺科技
股票代码:600398

二、会计数据和业务数据摘要

1、本年度利润总额及其构成

利润总额:	54446293.84 元
净利润:	33724545.73 元
扣除非经常性损益后的净利润:	32094615.52 元
主营业务利润:	95700015.85 元
其他业务利润:	54407.43 元
营业利润:	53577999.75 元
投资收益:	41600.00 元
营业外收支净额:	826694.09 元
经营活动产生的现金流量净额:	108302420.10 元
现金及现金等价物净增加额:	429494401.54 元

注:"扣除非经常性损益后的净利润"中扣除项目及金额:
(1)、固定资产清理收益　189787.05 元;
(2)、罚款收入　115189.00 元;
(3)、冻结资金利息收入　1324954.16 元。

2、前三年主要会计数据和财务指标比较

单位:人民币元

指标项目	2000 年 12 月 31 日	比上期增减	1999 年 12 月 31 日	1998 年 12 月 31 日
主营业务收入	260284670.97	94.14%	134069858.78	16926458.09
净利润	33724545.73	28.80%	26182735.32	2132298.27
总资产	783484091.87	341.76%	177353222.20	28265620.39
股东权益(不含少数股东权益)	527792490.63	586.59%	76871071.24	13767842.57
每股收益摊薄	0.35	-31.37%	0.51	0.16
加权	0.65	4.84%	0.62	0.16
每股净资产	5.46	266.44%	1.49	1.06
调整后的每股净资产	5.46	266.44%	1.49	1.06
每股经营活动产生的现金流量净额	1.12	154.55%	0.44	0.4
净资产收益率摊薄	6.39%	-81.22%	34.06%	15.49%
加权	35.95%	-24.46%	47.59%	15.49%

3、新增财务指标

单位:人民币元

报告期利润	净资产收益率		每股收益	
	全面摊薄	加权平均	全面摊薄	加权平均
主营业务利润	18.13%	102.01%	0.99	1.85
营业利润	10.15%	57.11%	0.55	1.04
净利润	6.39%	35.95%	0.35	0.65
扣除非经常性损益后的净利润	6.08%	34.21%	0.33	0.62

以上指标计算涉及股份总数时,2000 年按 96700830 股计算,1999 年 1-3 月份按 13000000 股、4-12 月份按 51700830 股计算,1998 年按 13000000 股计算。

4、报告期内股东权益变动情况

项　目	期初数	本期增加	本期减少	期末数
股本	51700830	45000000		96700830
资本公积金		391537039.66		391537039.66
盈余公积金	2524974.59	3919767.67		6444742.26
法定公益金	1262487.29	1959883.83		3222371.12
未分配利润	21382779.36	27844894.23	19340166.00	29887507.59
股东权益合计	76871071.24	470261585.39	19340166.00	527792490.63

三、股本变动及股东情况介绍

1、股东情况介绍
(1)、截止 2000 年 12 月 31 日止,持有本公司股份的股东总户数为 34733 户。
(2)、持有本公司股份前 10 名股东的持股情况(截止 2000 年 12 月 31 日)

单 位:股

名次	股东名称	持股份数	占总股份数(%)
1	三毛集团公司	27613688.00	28.5558
2	江阴市第三精毛纺厂	22587142.00	23.3578
3	海通证券	1570027.00	1.6236
4	海通证券	1439294.00	1.4884
5	海通证券	1232000.00	1.2740
6	江阴市协力毛纺厂	500000.00	0.5171
7	江阴市振华绒织厂	500000.00	0.5171
8	江阴三毛销售有限公司	500000.00	0.5171
9	天津证券	477000.00	0.4933
10	于大春	416390.00	0.4306

四川成发航空科技股份有限公司

股票上市公告书(部分)摘录

第一节　概览

1、股票简称:成发科技

2、股票代码:600391

3、总股本:140,000,000 股

4、可流通股本:50,000,000 股

5、本次上市流通股本:50,000,000 股

6、对首次公开发行股票前股东所持股份的流通限制及期限:根据国家现有法律、法规规定和中国证监会证监发行字【2001】53 号《关于核准四川成发航空科技股份有限公司公开发行股票的通知》,本公司的法人股暂不上市流通。

7、上市地点:上海证券交易所

8、上市时间: 2001 年 12 月 12 日

9、股票登记机构:中国证券登记结算有限责任公司上海分公司

10、上市推荐人:大鹏证券有限责任公司

天同证券有限责任公司

第二节　发行人概况

一、发行人的基本情况

1、发行人名称:四川成发航空科技股份有限公司(简称:成发科技)

英文名称:SICHUAN CHENGFA AERO - SCIENCE & TECHNOLOGY CO., LTD.

(简称:FAST)

2、注册资本:140,000,000 元

3、法定代表人:景济南

4、注册地址:成都高新区高朋大道 11 号科技工业园

5、办公地址:四川成都双桥子

邮政编码:610067

6、经营范围:从事研究、制造、加工、维修、销售航空发动机及零部件、燃气轮机及零部件、机械设备、非标准设备、环保设备、金属结构件、燃烧器、燃油燃气器具、锅炉(国家有专项规定的除外)、纺织、医疗、化工机械;金属、非金属表面处理;经营本企业自产产品及相关技术的出口业务;经营本企业生产、科研所需的原辅材料、机械设备、仪器仪表、零配件及相关技术的进口业务;经营本企业的进料加工和"三来一补"业务。

7.主营业务:以为通用电气公司、普惠公司、罗罗公司等制造航空发动机及燃气轮机机匣、叶片、环形件、钣金件为主要业务。

8、所属行业:航空航天器制造业

9、联系电话:028 - 4509005 4509410

10、传真:028 - 4506505

11、董事会秘书:尹苏钢

第三节　董事、监事、高级管理人员

一、董事、监事和高级管理人员情况

董事:

景济南先生:52 岁,大学本科,中国国籍,现任四川成发航空科技股份有限公司董事长、成发集团公司董事长、党委书记、总经理。

杨光先生:41 岁,研究生,中国国籍,现任四川成发航空科技股份有限公司总经理、成发集团公司董事。

龚一纯先生:58 岁,大专,中国国籍,现任成发集团公司副董事长、常务副总经理。

黄麟蓁先生:57 岁,硕士研究生,中国国籍,现任四川成发航空科技股份有限公司常务副总经理、成发集团公司董事。

龚朝东先生:52 岁,大专,中国国籍,现任成发集团公司董事、党委副书记、工会主席。

陈锦先生:44 岁,硕士研究生,中国国籍,现任成发集团公司董事、副总经理。

唐智明先生:57 岁,硕士研究生,中国国籍,现任中国航空工业第二集团公司航空发动机部部长。

王海平先生:46 岁,本科,中国国籍,现任中国航空工业第二集团公司资产管理部副部长。

褚晓文先生:41 岁,本科,现任沈阳黎明航空发动机集团公司总经济师。

徐镇勇先生:51 岁,本科,现任中国燃气涡轮研究院院办主任。

冯振达先生:57 岁,中专,现任四川成发航空科技股份有限公司一厂副厂长。

陈育培先生:43 岁,大专,现任成发集团公司董事、总会计师。

监事:

袁哲先生:33 岁,本科,现任中国航空工业第二集团公司财务审计部审计处副处长。

张竹筠先生:36 岁,硕士研究生,现任北京航空航天大学校长助理兼产业办主任。

吕光军先生:52 岁,本科,现任成都航空职业技术学院院长、党委书记。

李巧生女士:47 岁,大专,现任四川成发航空科技股份有限公司计划财务部制造三厂成本核算室主任。

方忠庆先生:54 岁,大专,现任四川成发航空科技股份有限公司经理部部长。

李志伟先生:29 岁,本科,现任四川成发航空科技股份有限公司制造工程部部长助理。

其他高管人员:

吴华女士:32 岁,本科,现任四川成发航空科技股份有限公司财务总监。

杨正君女士:49 岁,本科,现任四川成发航空科技股份有限公司副总经理。

冯富喜先生:52 岁,大专,现任四川成发航空科技股份有限公司副总经理。

尹苏钢先生:46 岁,大专,现任四川成发航空科技股份有限公司董事会秘书。

张启高先生:61 岁,本科,现任四川成发航空科技股份有限公司总经理助理。

支树平先生:55 岁,本科,现任四川成发航空科技股份有限公司涂层研究所所长。

二、其他情况

1、发行人未与上述人员签定任何担保、借款协议。

2、上述人员、上述人员的家属以及上述人员通过其近亲属能够直接或间接控制的法人均未持有发行人股份。

3、上述人员未持有发行人关联企业的股份。

4、上述人员相互之间不存在配偶关系、三代以内直系和旁系亲属关系。

第四节　股票发行与股本结构

1、本次上市前股本结构

持股单位	股数(万股)	所占比例(%)
国有法人股	9000.00	64.29
社会公众股	5000.00	35.71
总股本	14000.00	100

2、本公司前十名股东持股情况

序号　股东名称	持股数量(万股)	占总股本比例(%)
1、成都发动机(集团)有限公司	8,180	58.43
2、沈阳黎明航空发动机集团公司	715	5.11
3、华安创新	48	0.34
4、北京航空航天大学	35	0.25
5、中国燃气涡轮研究院	35	0.25
6、成都航空职业技术学院	35	0.25
7、同盛基金	24.40	0.17
8、南方稳健	22.70	0.16
9、普丰基金	21.70	0.16
10、同益基金	19.90	0.14

本公司主要财务指标

主要财务指标	2001 年 1 - 6 月	2000 年	1999 年	1998 年
流动比率	0.90	1.02	1.48	1.51
速动比率	0.49	0.53	0.34	0.43
资产负债率	61.78%	62.46%	55.49%	68.99%
应收帐款周转率(次)	2.27	7.61	6.64	3.86
存货周转率(次)	0.61	1.40	0.97	0.79
每股净资产(元/股)	1.69	1.57	1.45	0.90
研究开发费用占主营业务收入比例	3.56	5.63%	4.61%	5.01%
每股经营活动的现金流量	0.06	0.32		
主营业务利润(元)	27,997,690.13	53,184,239.18	44,379,063.93	38,438,903.90
营业利润(元)	11,326,872.07	30,190,689.49	19,603,509.38	14,019,677.16
净利润(元)	11,059,302.66	30,176,032.48	13,556,832.62	9,499,217.24
扣除非经常性损益后的净利润(元)	11,326,872.07	30,190,689.49	13,363,356.50	9,246,655.68
按净利润计算:				
每股收益(全面摊薄)(元/股)	0.12	0.34	0.15	
每股收益(加权平均)(元/股)	0.12	0.34	0.15	
净资产收益率(全面摊薄)	7.25%	21.34%	10.40%	11.74%
净资产收益率(加权平均)	7.53%	20.75%	15.66%	11.39%
按扣除非经常性损益后的净利润计算:				
每股收益(全面摊薄)(元/股)	0.13	0.34	0.15	
每股收益(加权平均)(元/股)	0.13	0.34	0.15	
净资产收益率(全面摊薄)	7.43%	21.35%	10.25%	11.43%
净资产收益率(加权平均)	7.71%	20.75%	15.43%	11.09%

(注:本上市公告书因版面原因为上市公告书部分摘录,需要阅读全文请向相关公司董事会秘书查询。)

广州东华实业股份有限公司

股票上市公告书暨2000年度财务报告(部分)摘录

一、要览

证券简称:东华实业

证券编码:600393

总股本:10,000万股

可流通股本:2763.19万股

本次上市流通股本:2763.19万股(其中高级管理人员46520股,占总股本的0.047%,在其任职期间暂不进行流通。)

上市地点:上海证券交易所

上市日期:2001年3月19日

登记机构:上海证券中央登记结算公司

财务顾问:广州证券有限责任公司

上市推荐人:平安证券有限责任公司

原主承销商:广州证券有限责任公司

二、公司概况

1、公司简介:

(1)公司法定名称:广州东华实业股份有限公司

公司英文名称:GUANGZHOU DONGHUA ENTERPRISE CO. LTD.

(2)法定地址:广州市东山区寺右新马路111号30楼

(3)法定代表人:陈鸿允

(4)注册资金:10000万元

(5)经营范围:房地产开发,出租、出售房屋,土建工程、电气配套承装,住宅小区配套商业、饮食、服务、旅游,房屋拆迁。

(6)股份公司成立时间:1988年12月26日

三、董事、监事及高级管理人员简介及持股情况

1、董事、监事及高级管理人员简介

陈鸿允先生:37岁,研究生学历。曾任公司副总经理兼董事、总经理,广州市东山区第九、十、十一届人大代表。现任公司董事长、总经理,有丰富的经济及行政管理经验。

雷苑茵女士:43岁,研究生学历,会计师。曾任公司财务部副经理、经理、副总经理。现任公司董事、副总经理兼财务总监,具有丰富的财务管理及企业经营管理经验。

黄愈强先生:40岁,硕士,经济师。现任公司董事、广州市房地产业协会常务理事、广州市物业管理协会副会长、广州东华物业管理公司经理。

黎湛先生:37岁,大学学历,高级工程师。曾任职于广东省城乡规划设计院,公司计划部副经理、技术部经理、总工室主任。现任公司董事、技术部经理、总工室主任,有丰富的工程技术及经营管理经验。

蔡华兴先生:38岁,大专学历。曾任职于广州市东山区建筑设计室,现任公司董事、房地产开发部副经理,有多年房地产开发经验。

雷少雄先生:36岁,硕士,高级经济师。曾任公司企管部副经理。现任公司监事长、党委副书记、纪委书记,有丰富的经济及行政管理经验。

符光颂先生:47岁,大专学历,经济师。曾任公司党委办公室副主任、工会副主席、房地产开发部副经理、企业管理部副经理。现任公司监事、工会副主席,有多年经济管理经验。

吴新权先生:48岁,大学学历,工程师。曾任公司预算部副经理、技术部副经理、总工室副主任。现任公司监事,有多年工程技术经验。

蔡锦鹭女士:29岁,大专学历,经济师。曾任职公司综合部、证券部、物业部、办公室和董事会秘书处。现任公司董事会秘书,有企业经营管理及证券业务经验。

2、董事、监事及高级管理人员持股数额和比例:

姓名	职务	持股数(股)	持股比例
陈鸿允	董事长兼总经理	15000	0.015%
雷苑茵	董事兼副总经理	11000	0.011%
黄愈强	董事	10600	0.0106%
黎　湛	董事	5000	0.005%
蔡华兴	董事	1600	0.0016%
雷少雄	监事长	1600	0.0016%
符光颂	监事	720	0.0007%
吴新权	监事	1000	0.001%
蔡锦鹭	董事会秘书	0	0

以上董事、监事及高级管理人员共持有公司股票46520股,占总股本0.047%。以上人员所持公司股票在任职期间不得转让。

四、股本结构及大股东持股情况

1、上市前股本结构:

(1)、总股本:10000万元

(2)、尚未流通股份:国家股7000万股

法人股236.81万股

(3)、可流通股份:社会公众股:2763.19万股

2、前十名股东持股数及比例

股东名称	持股数	比例(%)
广州东华实业资产经营公司	70,000,000	70.00
广州市第三建筑工程公司	500,000	0.50
何洁	486,550	0.49
顾虎明	465,300	0.47
章训	447,300	0.45
中南证券深圳业务部	380,000	0.38
程启模	366,060	0.37
广州新利堡消防工程有限公司	350,000	0.35
罗辉	342,800	0.34
崔维	329,760	0.33

利润及利润分配表

单位:人民币元

项　目	附注	2000年1-6月	1999年度	1998年度	1997年度
一、主营业务收入	(二)12	107,676,863.70	149,639,418.07	117,307,917.21	137,129,034.71
减:折扣与折让					
主营业务收入净额		107,676,863.70	149,639,418.07	117,307,917.21	137,129,034.71
减:主营业务成本		56,302,318.49	37,535,224.17	49,786,173.93	44,225,394.42
主营业务税金及附加		6,799,769.87	9,163,204.74	6,214,725.58	7,465,241.10
二、主营业务利润		44,574,775.34	102,940,989.16	61,307,017.70	85,438,399.19
加:其他业务利润		1,692,158.30	5,434,395.28	1,977,204.08	1,375,576.74
减:存货跌价损失		1,522,212.79			
营业费用		2,402,431.34	2,417,999.61	2,897,739.17	1,743,005.48
管理费用		10,730,536.78	11,738,773.66	20,896,404.87	26,789,778.07
财务费用		2,192,667.80	2,130,954.05	1,697,552.86	2,532,082.71
三、营业利润		29,419,084.93	92,087,657.12	37,792,524.88	55,749,109.67
加:投资收益	(二)13	-165,036.42	-9,757,149.23	-3,623,391.11	-912,583.45
补贴收入					
营业外收入		99,904.90	411,044.80	282,573.60	188,332.24
减:营业外支出		60,644.22	1,475,581.40	214,773.73	164,310.31
四、利润总额		29,293,309.19	74,785,971.29	27,756,933.64	67,820,548.15
减:所得税		11,806,523.02	26,477,790.97	11,324,403.65	11,399,591.45
五、净利润		17,486,786.17	48,308,180.32	16,432,529.99	56,420,956.70
加:年初未分配利润		83,129,051.94	52,067,098.66	38,099,448.17	4,711,606.12
盈余公积转入数					9,230,028.83
六、可分配的利润		100,615,838.11	100,375,278.98	54,531,978.16	70,362,591.65
减:提取法定公积金			4,830,818.03	1,643,253.00	5,642,095.66
提取法定公益金			2,415,409.01	821,626.50	2,821,047.82
七、可供股东分配的利润		100,615,838.11	93,129,051.94	52,067,098.66	61,899,448.17
减:已分配优先股股利					
提取任意公积金					
已分配普通股股利			10,000,000.00		23,800,000.00
八、未分配利润		100,615,838.11	83,129,051.94	52,067,098.66	38,099,448.17

(注:本上市公告书因版面原因为上市公告书部分摘录,需要阅读全文请向相关公司董事会秘书查询。)

贵州盘江精煤股份有限公司

股票上市公告书(部分)摘录

第一节、概　览

股票简称:盘江股份
股票代码:600395
总股本:37,130 万股
可流通股本:12,000 万股
本次上市流通股本:12,000 万股
上市地点:上海证券交易所
上市时间:2001 年 5 月 31 日
股票登记机构:上海证券中央登记结算公司
上市推荐人:大鹏证券有限责任公司
　　　　　　北京证券有限责任公司

第二节、发行人概况

(一)发行人的基本情况
1、公司名称:贵州盘江精煤股份有限公司
英文全称:Guizhou Panjiang Refined Coal Co., Ltd.
2、注册资本:人民币叁亿柒仟壹佰叁拾万元(371,300,000 元)
3、法定代表人:郑华
4、公司住所:贵州省六盘水市红果经济开发区
5、成立日期:一九九九年十月二十九日
6、所属行业:煤炭采选业
7、经营范围:原煤开采、选洗精煤、特殊加工煤、焦炭的销售、煤炭附产品的深加工
8、主营业务:原煤开采、选洗精煤、特殊加工煤
9、联系电话:0858-3700327
10、传真:0858-3700328
11、电子信箱:pjwzb@163.com
12、董事会秘书:伍正斌

第三节　董事、监事、高级管理人员及核心技术人员

1、公司董事

郑华,男,汉族,1966 年 3 月生,大学文化,高级工程师,1985 年 8 月参加工作,曾任水城矿务局老鹰山矿技术科助工、副科长、科长、矿副总工程师,水城矿务局大湾煤矿副矿长、矿长,水城矿务局副局长,盘江煤电集团公司副董事长、总经理。现任本公司董事长、盘江煤电集团公司副董事长、总经理。

林泽民,男,汉族,1945 年 11 月生,大学文化,高级经济师,享受政府津贴。1967 年 9 月参加工作,曾任盘江矿务局老屋基选煤厂副厂长,盘江矿务局副总经济师,盘江矿务局总经济师,盘江煤电集团公司董事,现任本公司副董事长、盘江煤电集团公司董事、总经济师。

郭可沐,男,汉族,1946 年 8 月 31 日出生,曾任煤炭工业部国际合作司处长,中国煤炭工业进出口总公司副总经理,现任本公司董事、中国煤炭工业进出口集团公司副总经理。

王立军,男,汉族,1962 年 12 月生,大学文化,高级工程师,1982 年 9 月参加工作,曾任盘江矿务局火铺矿采三区副区长、机电科副科长、计划科代科长、矿副总工程师兼计划科科长,盘江矿务局机电公司副经理,盘江矿务局金佳筹建处处长,盘江煤电集团公司新井开发公司经理,现任本公司董事、总经理。

石文增,男,汉族,1943 年 6 月生,初中文化,高级政工师,1958 年 9 月参加工作,曾任开滦矿务局唐家庄矿团委干事、盘江矿务局火铺矿团委干事、工会干事、选煤厂党总支副书记、矿工会副主席、主席,盘江矿务局老屋基选煤厂党委书记、厂长,现任本公司董事、党委书记。

陈富庆,男,汉族,1959 年 9 月生,大学文化,高级工程师,1977 年 8 月参加工作,曾任盘江矿务局山脚树矿助工、矿南采区技术负责、副区长,盘江矿务局山脚树矿总工程师,盘江煤电集团公司副总工程师,现任本公司董事、盘江煤电集团公司总工程师。

辛华,男,汉族,1955 年 9 月生,大学文化,高级政工师,1974 年 12 月参加工作,曾任盘江矿务局老屋基矿北二采区采煤队班长、矿子校团总支组织委员,盘江矿务局党委宣传部副科长、科长,盘江煤电集团公司党委宣传部副部长、部长兼报社社长、文联主席,现任本公司董事、火铺矿党委书记。

2、公司监事

张利兴,男,汉族,1952 年 9 月生,大学文化,高级政工师,1967 年 4 月参加工作,曾任盘江矿务局宣传部干事、宣传部副部长、局党委副书记、纪委书记,现任本公司监事会召集人、盘江煤电集团公司党委副书记、工会主席。

薛若冰,女,回族,1946 年 11 月出生,大专文化,高级会计师,1966 年参加工作,曾任贵州铝厂财务处会计,贵阳钢厂财务处处长、副总会计师兼财务处长、总会计师兼财务处处长,现任本公司监事、贵阳特殊钢有限责任公司董事、总会计师。

尤国良,男,汉族,1952 年 2 月生,大专文化,高级会计师,1972 年 3 月参加工作,曾任盘江矿务局审计处干事、审计处副处长,现任本公司监事、盘江煤电集团公司审计部主任。

肖时华,男,汉族,1958 年 10 月生,大专文化,助理政工师,1976 年 4 月参加工作,曾任火铺矿团委干事、副书记、书记,火铺矿运销科党支部书记、矿党政办主任、采二区党支部书记,现任本公司监事、火铺矿工会主席。

任碧初,男,彝族,1949 年 9 月生,大学文化,高级政工师,1965 年 11 月参加工作,曾任月亮田矿党委办公室秘书、副主任,盘江矿务局党委办公室副科长、副主任、盘江矿务局政策研究室第一副主任,盘江矿务局宣传部副部长、部长兼报社社长,现任本公司监事、老屋基矿党委书记。

3、公司其他高级管理人员

伍正斌,男,布依族,1950 年 11 月生,大专文化,政工师,1970 年 9 月参加工作,曾任盘江矿务局月亮田矿办公室秘书、宣传科副科长、教育科副科长、党委办公室副主任,盘江矿务局办公室副科长、科长、政研室副主任,盘江煤电集团公司政策法规处处长,现任本公司董事会秘书。

王志和,男,汉族,1949 年 4 月生,大专文化,会计师,1967 年 2 月参加工作,曾任盘江矿务局水泥厂会计、财务科负责人,盘江矿务局运销处财务科副科长,盘江矿务局财务处副处长,盘江煤电集团公司财务部副部长,现任本公司总会计师。

何宗辉,男,1964 年 6 月生,汉族,大学文化,高级工程师,1987 年参加工作,曾任盘江矿务局土城矿综采队副队长、矿副总工程师,盘江煤电集团公司山脚树矿生产副矿长,盘江煤电集团公司火铺矿生产副矿长、矿长,现任本公司副总经理、火铺矿矿长。

王廉,男,汉族,1946 年 3 月生,中专文化,高级经济师,1966 年 9 月参加工作,曾任盘江矿务局供应处计划员、副科长、科长、副处长,盘江矿务局物资供应公司总公司副总经理,盘江煤电(集团)公司物资供应公司副经理,现任本公司总经济师。

邓长春,男,汉族,1962 年 12 月出生,大学文化,工程师,1986 年 7 月参加工作,曾任盘江矿务局火铺矿采二、三、四、五区副区长,火铺矿总工室主任、总工程师、第一副矿长,现任本公司总工程师、老屋基矿矿长。

4、公司董事、监事、高级管理人员和核心技术人员持股情况

截止本次股票上市前,本公司上述人员均未直接或间接持有本公司股份。

第四节、股票发行与股本结构

(1)本次上市前公司的股权结构情况

股份种类	持股数量(股)	占总股本比例(%)
总股本	371,300,000	100.00
未流通部分	251,300,000	67.68
其中:国有法人股	251,300,000	67.68
可流通部分	120,000,000	32.32
其中:社会公众股	120,000,000	32.32

(2)公司的前十名股东持股情况

股东名称	持股数(万股)	持股比例(%)
1. 盘江煤电(集团)有限责任公司	24,000.00	64.64
2. 中国煤炭工业进出口集团公司	280.00	0.75
3. 贵阳特殊钢有限责任公司	270.00	0.73
4. 福建省煤炭工业(集团)有限责任公司	200.00	0.54
5. 贵州省煤矿设计研究院	150.00	0.40
6. 煤炭工业部重庆设计研究院	100.00	0.27
7. 防城港务局	80.00	0.22
8. 贵州煤炭实业总公司	50.00	0.13
9. 天元基金	25.90	0.07
10. 汉兴基金	24.30	0.07

第五节　财务会计资料

(一)会计数据和业务数据摘要
1、公司本年度主要会计数据(单位:人民币元)

项目	金额
利润总额	74,120,340.64
净利润	49,664,293.95
主营业务利润	161,162,191.83
扣除非经常性损益后的净利润	49,938,384.62
其他业务利润	-371,451.37
营业利润	74,394,431.31
投资收益	-
补贴收入	-
营业外收支净额	-274,090.67
经营活动产生的现金流量净额	24,181,904.72
现金及现金等价物净增加额	2,738,095.44

注:扣除的非经常性损益后的净利润指扣除营业外收支净额-274,090.67 元。

2、报告期末前三年的主要会计数据和财务指标

项目	2000 年度	1999 年度	1998 年度
主营业务收入	470,349,552.56	478,489,793.10	431,902,553.13
净利润	49,664,293.95	43,097,384.73	38,500,760.80
总资产	730,513,336.90	606,546,787.40	505,284,896.77
股东权益	389,031,468.90	364,480,539.43	268,379,169.20
按净利润计算的全面摊薄每股收益	0.198	0.171	0.153
按净利润计算的加权平均每股收益	0.198	0.171	0.153
扣除非经常性损益的每股收益(摊薄)	0.199	0.173	0.154
扣除非经常性损益的每股收益(加权)	0.199	0.173	0.154
每股净资产	1.55	1.45	1.07
调整后的每股净资产	1.55	1.45	1.07
每股经营活动产生的现金流量净额	0.096	0.022	
净资产收益率(摊薄)	12.77%	11.82%	14.35%
净资产收益率(加权)	12.97%	14.86%	13.67%

(注:本上市公告书因版面原因为上市公告书部分摘录,需要阅读全文请向相关公司董事会秘书查询。)

沈阳金山热电股份有限公司

股票上市公告书(部分)摘录

一、概 览

股票简称：　　　金山股份
*证券代码：　　600396
*总股本：　　　13,000万股
*可流通股本：　4,500万股
*本次上市流通股本:4,500万股

对首次公开发行前股东所持股份的流通限制及期限:国家股、国有法人股、法人股暂不上市流通

首次公开发行股票前股东对所持股份自愿锁定的承诺:第一大股东沈阳市冶金国有资产经营公司承诺其所持有的7283万股自本公司股票上市之日起12个月内不转让,也不由本公司回购。

*上市地:上海证券交易所
*上市时间:2001年3月28日
*登记机构:上海证券中央登记结算公司
*上市推荐人:海通证券有限公司
　　　　　　湖南证券有限责任公司

二、公司概况

(一)、基本情况

公司名称:沈阳金山热电股份有限公司
英文全称:SHENYANG JINSHAN THERMOELECTRIC CO.,LTD.
注册资本:人民币壹亿叁仟万元(130,000,000元)
法定代表人:张恒玺
公司住所:沈阳市苏家屯区丁香街192号
成立日期:1998年6月4日
所属行业:公用事业

经营范围:火力发电;供暖、供热;粉煤灰、金属材料销售;小型电厂机、炉、电检修;汽车修理;热水养鱼;循环水综合利用;技术服务。

主营业务:热电联产
联系电话:024－89117347
传真:024－89813973
董事会秘书:王伟

三、董事、监事和高级管理人员简历及核心技术人员

1、董事

张恒玺,董事长,男,44岁,研究生学历,高级工程师。曾先后任沈阳钢厂团委书记,沈阳冶金局宣传部长、组织部长,沈阳市冶金局党委副书记等职。现任沈阳市冶金国有资产经营公司执行董事。

张浩,副董事长,男,52岁,大专学历,经济师。曾先后任沈阳钢铁总厂组织部副部长、基建处副处长、企管处副处长,沈阳第二钢厂党委副书记、副厂长,金山电厂党委书记等职。现任本公司党委书记。

王长顺,副董事长,男,48岁,大专学历,工程师。曾先后任沈阳钢铁总厂金山电厂副厂长、厂长等职。现任本公司总经理。

孟祥锁,董事,男,40岁,研究生学历,高级工程师。曾先后任沈阳线材厂车间主任、副厂长。现任沈阳线材厂厂长。

修陆明,董事,男,41岁,研究生学历。曾先后任沈阳钢厂干部,沈阳冶金局劳动服务公司办公室副主任,沈阳市冶金局组织部干事、沈阳冶金实业总公司副总经理等职。现任沈阳冶金实业总公司总经理。

张书伟,董事,男,53岁,大专学历,高级工程师。曾先后任沈阳线材厂计划员、沈阳市冶金局生产处处长等职。现任沈阳市冶金局技术开发公司总经理。

范俊生,董事,男,46岁,大专学历,工程师。曾先后任沈阳第二冶金机电厂团总支书记、生产股股长、技术股股长,沈阳钢铁总厂组织部干事,沈阳市冶金局主任科员。现任沈阳市冶金国有资产经营公司党委组织委员。

吴海鹰,董事,女,42岁,研究生学历。曾先后任沈阳线材厂职工,沈阳市冶金局干部等职。现任沈阳市冶金国有资产经营公司生产部部长。

陈广振,董事,男,50岁,中专学历,政工师。曾先后任沈阳市浑河农场人事干事、企管办主任、工会主席,酒厂厂长、党支部书记,电厂修缮分场支部书记、主任、工会副主席、主席。现任本公司工会主席。

王伟,董事会秘书,男,51岁,本科学历,经济师、工程师。曾先后任唐山钢铁公司总经理秘书,沈阳第二钢厂厂办主任,沈阳钢铁总厂企管处长,技术监督处处长。

2、监事

耿文绵,监事会主席,男,50岁,大专学历,政工师。曾先后任沈阳市立新铁矿车间副主任、团委副书记,沈阳钢铁总厂服务公司团总支书记,沈阳钢铁总厂二机电公司团总支书记,沈阳钢铁总厂废钢处副处长、组织部部长。现任本公司党委副书记、纪委书记。

王兴,监事,男,49岁,大专学历,工程师。曾先后任沈阳钢铁总厂干部科科员,沈阳钢铁总厂金山电厂人事科长。现任本公司综合部副部长。

贺长春,监事,男,47岁,中专学历,助理政工师。曾先后任沈阳有色金山加工厂采购员、汽化站站长,沈阳钢铁总厂金山电厂党办主任等职。现任本公司党委工作部副部长。

陶琳,监事,女,47岁,大专学历。曾先后任沈阳有色金属压延厂科长、党办主任、沈阳冶金局主任科员等职。现任沈阳市冶金国有资产经营公司助理调研员。

吕广,监事,男,32岁,大专学历,助理工程师。现为本公司锅炉工。

3、高级管理人员及重要职员

冯雨凡,财务负责人,男,45岁,大专学历,会计师。现任本公司财务科科长。

康文常,副总经理,男,51岁,大学学历,高级工程师。曾先后任沈阳钢铁总厂金山电厂供热科长、供热分场主任等职。

王运复,副总经理,男,51岁。曾先后任沈阳钢铁总厂金山电厂锅炉主任、计量科长、厂办主任、生产副厂长等职。

李汉民,副总经理,男,45岁。曾先后任山西加丰电厂设备员、沈阳钢铁总厂金山电厂供应科计划员、燃料科副科长等职。

截止本上市公告书签署之日,本公司董事、监事和高级管理人员及其家属均未持有本公司股票。

四、公司财务会计资料

本公司截止2000年12月31日的财务资料,已于2001年3月6日分别在《中国证券报》、《上海证券报》和《证券时报》上刊登的《招股说明书概要》中进行了详细的披露。因上次披露与本公告间隔时间未超过6个月,故相同的内容在此不再重复。敬请查阅上述报纸或至公告的《招股说明书》查阅地点查阅。

主要财务指标分析及说明

财务指标	2000.12.31	1999.12.31	1998.12.31
流动比率	0.45	0.57	0.60
速动比率	0.40	0.45	0.53
资产负债率	60.33%	59.36%	65.67%
应收账款周转率	2.94	2.35	2.07
存货周转率	6.64	10.46	7.50
净资产收益率	15.43%	13.91%	5.01%
每股净利润	0.191	0.161	0.051

利润及利润分配表

企业名称:沈阳金山热电股份有限公司　　　　单位:人民币元

项　　目	附注	2000年	1999年	1998年
损益				
一、主营业务收入	21	92,081,084.34	79,415,796.18	54,693,783.74
减:折扣与折让		–	–	–
主营业务收入		92,081,084.34	79,415,796.18	54,693,783.74
减:主营业务成本	22	55,051,210.27	48,808,480.55	39,361,292.02
主营业务税金及附加	23	1,721,164.14	1,326,570.13	471,614.63
二、主营业务利润		35,308,709.93	29,280,745.50	14,860,877.09
加:其他业务利润	24	701,961.19	431,583.78	－67,316.48
减:存货跌价损失		–	–	–
营业费用		235,706.38	174,819.63	81,427.42
管理费用		8,413,606.31	4,696,097.38	7,285,219.16
财务费用	25	5,381,980.18	4,402,367.56	901,393.99
三、营业利润		21,979,378.25	20,439,044.71	6,525,520.04
加:投资收益		－725,520.00	–	–
补贴收入	26	4,216,200.00	–	–
营业外收入	27	27,210.04	–	–
减:营业外支出	28	54,061.00	10,695.87	29,033.48
四、利润总额		25,443,207.29	20,428,348.84	6,496,486.56
减:所得税	29	9,197,326.91	6,744,884.75	2,147,360.57
少数股东损益				
五、净利润		16,245,880.38	13,683,464.09	4,349,125.99
减:98年1－5月份净利润				－966,470.72
加:年初未分配利润		7,605,354.01	303,876.07	－1,058,353.56
盈余公积转入		–	–	–
六、可供分配的利润		23,851,234.39	13,987,340.16	4,257,243.15
减:提取法定盈余公积		1,624,588.79	1,368,346.41	531,559.67
提取法定公益金		1,299,670.43	1,094,677.13	425,247.74
七、可供股东分配利润		20,926,975.17	11,524,316.62	3,300,435.74
减:应付优先股股利		–	–	–
提取任意盈余公积		1,624,588.79	1,368,346.41	531,559.67
应付普通股股利		7,605,354.01	2,550,616.20	2,465,000.00
转作股本的普通股股利		–	–	–
八、未分配利润		11,697,032.37	7,605,354.01	303,876.07

(注:本上市公告书因版面原因为上市公告书部分摘录,需要阅读全文请向相关公司董事会秘书查询。)

抚顺特殊钢股股份有限公司

二〇〇〇年年度报告摘选

一、公司简介

(一)公司的法定中、英文名称及缩写
1、公司中文名称:抚顺特殊钢股份有限公司
2、公司英文名称:Fushun Special Steel Co.,LTD
(二)公司法定代表人:王宇兵
(三)公司董事会秘书及其授权代表的姓名、联系地址、电话、传真、电子信箱
1、董事会秘书:王冶农
2、董事会证券事务代表:徐中浩
3、联系地址:辽宁省抚顺市望花区和平路东段 56 号
4、联系电话:0413--6678441　　0413--6689161 转 3770、2830
5、传真:0413--6679476
6、董秘电子信箱:wyn@fs-ss.com
(四)公司注册地址,公司办公地址及其邮政编码,公司国际互联网网址,电子信箱
1、公司注册和办公地址:辽宁省抚顺市望花区和平路东段 56 号
2、邮政编码:113001
3、国际互联网网址:http://www.fs-ss.com
4、电子信箱:fstg@fs-ss.com
(五)公司选定的信息披露报纸名称,登载公司年度报告的中国证监会指定国际互联网网址,公司年度报告备置地点
1、信息披露报纸名称:《中国证券报》、《上海证券报》
2、中国证监会指定的国际互联网网址:http://www.sse.com.cn
3、公司年度报告备置地点:公司证券部
(六)公司股票上市交易所、股票简称和股票代码
1、上市交易所:上海证券交易所
2、股票简称:抚顺特钢
3、股票代码:600399

二、会计数据和业务数据摘要

(一)公司本年度主要利润指标情况(单位:人民币元)

项　目	金　额
利润总额	125,564,735.07
净利润	107,235,139.29
扣除非经常性损益后的净利润	83,297,228.84
主营业务利润	187,002,163.19
其他业务利润	2,589,294.04
营业利润	123,622,339.54
投资利益	------
补贴收入	------
营业外收支净额	1,942,395.53
经营活动产生的现金流量净额	70,605,638.67
现金及现金等价物净增加额	575,319,525.22

注:2000 年元月至 12 月扣除的非经常性损益和涉及金额:
1、营业外收支净额 1,942,395.53 元,其中新股申购冻结资金利息收入 128,645.41 元。
2、财政所得税返还 21,995,514.92 元。

(二)截止报告其末公司前三年的主要会计数据和财务指标(单位:人民币元)

指标项目	2000 年	1999 年	1998 年
主营业务收入	1,623,325,756.87	1,591,940,986.49	1,605,183,561.40
净利润	107,235,139.29	98,945,303.38	66,938,134.23
总资产	2,753,685,781.81	2,051,625,852.77	1,830,690,097.41
股东权益	1,379,263,936.83	664,054,347.54	551,735,224.18
每股收益	0.21	0.25	0.17
每股收益(加权平均)	0.27	0.25	0.17
每股收益(扣除非经营性损益)	0.16	0.24	0.17
每股净资产	2.65	1.66	1.38
调整后的每股净资产	2.64	1.57	1.31
每股经营活动产生的现金流量净额	0.14	0.04	----
净资产收益率	7.77%	14.9%	12%
净资产收益率(加权平均)	14.94%	16.28%	12.54%

(三)报告期净资产收益率和每股收益计算指标
根据中国证券监督管理委员会 2001 年 1 月 19 日关于发布《公开发行证券公司信息披露编报规则》第 9 号的通知,根据注册会计师审核后的财报告计算如下指标

2000 年度

编制:抚顺特殊钢股份有限公司　　单位:元

报告期利润	净资产收益率%		每股收益	
	全面摊薄	加权平均	全面摊薄	加权平均
主营业务利润	13.56	26.06	0.36	0.47
营业利润	8.96	17.23	0.24	0.31
净利润	7.77	14.94	0.21	0.27
扣除非经常性损益后的净利润	6.04	11.61	0.16	0.21

(四)报告期内股东权益变动情况(单位:人民币元)

项目	期初数	本期增加	本期减少	期末数
股本	400,000,000.00	120,000,000.00		520,000,000.00
资本公积	210,619,882.37	513,974,450.00		724,594,332.37
盈余公积	8,015,169.78	16,085,270.89		24,100,440.67
法定公益金	2,671,723.26	5,361,756.96		8,033,480.22
未分配利润	45,419,295.39	65,149,868.40		110,569,163.79
股东权益	664,054,347.54	715,209,589.29		1,379,263,936.83

三、股东情况介绍

(一)、报告期末,公司股东总数为 68828 户,其中国有法人 1 户,境内社会法人 5 户,社会公众股股东为 68822 户。
(二)、报告期末,公司前十名股东持股情况(单位:股)

序号	股东名称	持股数量	比例(%)	持股性质	是否上市流通
1、	抚顺特殊钢(集团)有限责任公司	396,724,500	76.29	国有法人股	否
2、	方文艳	1,111,066	0.214	社会公众股	是
3、	林少雄	840,000	0.162	社会公众股	是
4、	北京钢铁设计研究总院	655,100	0.126	社会法人股	否
5、	抚顺电业局	655,100	0.126	社会法人股	否
6、	吉林铁合金集团有限责任公司	655,100	0.126	社会法人股	否
7、	吉林炭素股份有限公司	655,100	0.126	社会法人股	否
8、	中国第三冶金建设公司	655,100	0.126	社会法人股	否
9、	泰和基金	640,000	0.123	社会公众股	是
10、	黄剑	500,000	0.096	社会公众股	是

江苏红豆实业股份有限公司

二〇〇〇年年度报告摘选

一、公司简介

(一)公司的法定中、英文名称:
中文名称:江苏红豆实业股份有限公司
英文名称:JIANGSU HONGDOU INDUSTRY CO.,LTD
(二)公司的法定代表人:周海江
(三)公司董事会秘书:蒋雄伟
联系地址:江苏省锡山市港下镇
电话:(0510)8761888-278
传真:(0510)8761888-422
电子信箱:jxw@public1.wx..js.cn
(四)公司注册地址及办公地址:江苏省锡山市港下镇
邮政编码:214199
公司国际互联网网址:http://www.hongdou.com.cn
电子信箱:hongdou@hongdou.com.cn
(五)公司指定信息披露报纸:《上海证券报》
登载公司年度报告的国际互联网网址:http://www.sse.com.cn
公司年度报告置备地点:公司证券投资部
(六)公司股票上市交易所:上海证券交易所
股票简称:红豆股份
股票代码:600400

二、会计数据和业务数据摘要

(一)公司本年度主要会计数据(单位:人民币元)

项目	2000 年度	1999 年度	同比+-%
利润总额	72,585,231.15	63,222,284.66	14.81
净利润	48,612,267.66	41,785,890.84	16.34
扣除非经常性损益后的净利润	48,612,267.66	41,785,890.84	16.34
主营业务利润	93,424,707.56	75,590,545.34	23.59
其他业务利润	711,187.50	1,400,909.48	-49.23
营业利润	72,557,321.07	63,119,899.19	14.95
投资收益			
补贴收入			
营业外收支净额	27,910.08	102,385.47	--72.74
经营活动产生的现金流量净额	72,247,850.14	13,090,403.11	451.91
现金及现金等价物增加额	380,478,006.89	24,426,366.58	1457.65

注:报告期内无非经常性损益项目

(二)公司前三年的主要会计数据和财务指标(单位:人民币元)

项目	2000 年度	1999 年度	1998 年度
主营业务收入	378,825,211.21	291,282,365.48	247,589,614.78
净利润	48,612,267.66	41,785,890.84	35,768,851.67
总资产	716,900,544.57	284,664,686.21	203,444,742.49
股东权益	537,198,093.21	139,091,975.55	130,982,064.71
每股收益(摊薄)	0.27	0.32	0.28
每股收益(加权)	0.38	0.32	0.33
扣除非经常性损益后的每股收益	0.27	0.32	0.28
每股净资产	2.99	1.07	1.01
调整后的每股净资产	2.99	1.07	1.01
每股经营活动产生的现金流量净额	0.40	0.10	0.08
净资产收益率	9.05	30.04	27.31

(三)利润表附表(单位:人民币元)

报告期利润	净资产收益率(%)		每股收益(元)	
	全面摊薄	加权平均	全面摊薄	加权平均
主营业务利润	17.39	57.18	0.52	0.72
营业利润	13.51	44.41	0.40	0.56
净利润	9.05	29.75	0.27	0.38
扣除非经常性损益后的净利润	9.05	29.75	0.27	0.38

三、股本变动及股东情况

(一)股本变动情况
1、公司股本变动情况表(数量单位:股)

	本次变动前	本次变动增减(+,-) 配股	送股	公积金转股	增发	其他	小计	本次变动后
一、未上市流通股份								
1、发起人股份	129,523,000							129,523,000
其中:								
国家持有股份								
境内法人持有股份	129,393,477							129,393,477
境外法人持有股份								
其他	129,523							129,523
2、募集法人股份								
3、内部职工股								
4、优先股或其他								
其中:转配股								
未上市流通股份合计	129,523,000							
二、已上市流通股份								
1、人民币普通股					50,000,000		50,000,000	50,000,000
2、境内上市的外资股								
3、境外上市的外资股								
4、其他								
已上市流通股份合计					50,000,000		50,000,000	50,000,000
三、股份总额	129,523,000				50,000,000		50,000,000	179,523,000

安徽江淮汽车底盘股份有限公司

上市公告书暨2001年中期财务报告

一、概览

股票简称：江汽股份
股票代码：600418
股本总额：230,000,000股
可流通股本：88,000,000股
本次上市流通股本：88,000,000股
上市地点：上海证券交易所
上市日期：2001年8月24日
股票登记机构：上海证券中央登记结算公司
上市推荐人：联合证券有限责任公司

二、公司概况

(一)公司基本情况
1、公司名称：安徽江淮汽车底盘股份有限公司
英文名称：Anhui Jianghuai Automotive Chassis Co.,Ltd.
2、注册资本：230,000,000元
3、法定代表人：左延安
4、公司住所：安徽省合肥市东流路176号
5、经营范围：汽车底盘、齿轮箱、汽车配件开发、制造、销售；汽车修理；新技术开发、新产品研制。
6、主营业务：主要从事汽车底盘、齿轮箱等汽车配件的开发、制造、销售。
7、所属行业：汽车制造业
8、电话：0551－3415133－6835
传真：0551－3425437
电子邮箱：Jqgf@jac.com.cn
9、董事会秘书：王　敏

三、董事、监事、高级管理人员及核心技术人员

(一)董事、监事、高级管理人员和核心技术人员简介

左延安先生　本公司董事长。51岁，中国国籍，高级工程师，研究生学历，毕业于清华大学经济管理学院。1968年3月参加工作，历任合肥江淮汽车制造厂总经济师、厂长等职，现任安徽江淮汽车集团有限公司董事长、总经理、安徽省第八届政协常委、安徽省汽车工程学会副理事长等职。曾获得"全国机械系统劳模"、"安徽省优秀企业家"、"百万职工跨世纪赶超工程功臣""全国劳动模范"等称号。

钟廷豪先生　本公司副董事长。46岁，新加坡国籍，毕业于新加坡工艺学院机械工程系。现任金狮集团中国区总裁，合肥江淮汽车有限公司副董事长。

安进先生　本公司董事、总经理。43岁，中国国籍，高级工程师，工学硕士，毕业于合肥工业大学。历任安徽省客车总厂总师办主任、安徽省汽车研究所所长，现任安徽江淮汽车集团有限公司副董事长，为享受省政府津贴的青年专家。

汤书昆先生　本公司独立董事。40岁，中国国籍，教授，博士生导师，毕业于南开大学。现任中国科学技术大学信息与决策研究所所长、中国科学技术大学学术委员会委员、教学委员会委员，兼任中国科技传播研究会发展部部长。

赵韩先生　本公司独立董事。43岁，中国国籍，教授、博士生导师，丹麦奥尔堡大学博士，国家有突出贡献专家，全国教育系统劳模。现任合肥工业大学机械与汽车工程学院院长、安徽省政协常委、安徽省科协常委、教育部机械基础课程指导委员会委员、国际机器与机构理论联合会委员等。

李永祥先生　本公司董事。38岁，中国国籍，经济师，大学本科学历，安徽工商管理学院MBA在读。现任安徽江淮汽车集团有限公司董事。

赵厚柱先生　本公司董事。37岁，中国国籍，工程师，大学本科学历，毕业于安徽工学院，在读合肥工业大学管理工程专业研究生。现任合肥江淮汽车有限公司董事兼常务副总经理。

王志远先生　本公司董事、副总经理。44岁，中国国籍，工程师，研究生学历，毕业于合肥工业大学管理工程研究生班。现任安徽江淮汽车集团有限公司董事。

戴茂方先生　本公司董事、副总经理、技术负责人。37岁，中国国籍，高级工程师，大学本科学历，毕业于安徽工学院汽车专业，在读合肥工业大学机械工程专业研究生。

周志虹先生　本公司董事。57岁，中国国籍，高级工程师，大学文化，1962年毕业于淮南化专有机工程系。现任安徽省科技产业投资有限公司总经理。

于振良先生　本公司董事。55岁，中国国籍，高级工程师，大学本科学历，毕业于安徽工学院。现任安徽江淮汽车集团有限公司董事兼常务副总经理、合肥客车制造有限责任公司董事长。

蔡文财先生　本公司董事。39岁，马来西亚国籍，1985年毕业于台湾中兴大学企业管理学系，1988年获得美国德克萨斯州大学MBA学位。现任金狮集团中国汽车事业部总经理助理。

苏瑞福先生　本公司董事。38岁，马来西亚国籍，1986年毕业于美国纽约大学，MBA(金融及财务)学位。现任马来西亚金狮集团啤酒事业部的副总经理。

王钧云女士　本公司监事会主席。48岁，中国国籍，高级政工师，大专学历，毕业于合肥工业大学。现任本公司党委副书记。

张帮俊先生　本公司监事。37岁，中国国籍，经济师，大学专科学历，合肥工业大学MBA在读。现任本公司六安分公司副总经理。

王德龙先生　本公司监事。29岁，中国国籍，大学本科学历，毕业于大连理工大学管理学院，在读合肥工业大学管理工程专业研究生。现任公司企划部秘书。

戴　敏女士　本公司监事。38岁，中国国籍，工程师，大学文化，1984年7月毕业于淮南矿业学院。现任安徽省机械设备总公司进口部经理。

江闽涛先生　本公司监事。29岁，中国国籍，大学本科学历，1993年毕业于合肥工业大学精密仪器系。现任职于安徽省科技产业投资有限公司项目部。

侯　丽金女士　本公司监事。36岁，马来西亚国籍，毕业于英国兰卡斯特大学法律系，1990年获得马来西亚律师执业执照。现任金狮集团中国项目部法务部主管。

张　翔立先生　本公司监事。45岁，中国国籍，硕士学位，毕业于华中理工大学智能CAD专业。现任武汉天喻信息产业有限责任公司总经理助理，负责投资及投资管理。

王　敏先生　本公司董事会秘书、证券部部长。40岁，中国国籍，毕业于安徽财贸学院法律系。

贺佩珍女士　财务负责人。46岁，中国国籍，会计师。现任本公司财务部部长。

查保应先生　本公司下属安徽省汽车研究所所长、核心技术人员。38岁，中国国籍，硕士研究生在读，高级工程师。

尹晋宪先生　本公司技术中心总工程师、核心技术人员。47岁，中国国籍，大学本科学历，高级工程师。

孙光仙先生　公司核心技术人员。38岁，中国国籍，大学本科学历，高级工程师。

杨文江先生　安徽省汽车研究所副所长、核心技术人员。31岁，中国国籍，大学本科学历，工程师。

任国清先生　安徽省汽车研究所副所长、核心技术人员。34岁，中国国籍，大学本科学历，工程师。

截止到本上市公告书签署之日，本公司与上述董事、监事、高级管理人员、核心技术人员未有借款或担保方面的协议，上述人员均未持有本公司股份，相互之间也不存在配偶关系、三代以内直系和旁系亲属关系，为稳定上述人员，本公司拟引进股权激励机制，目前正在研究相关实施方案。

四、股票发行与股本结构

1、上市前的股本结构

股份类别	持股数量(万股)	持股比例(%)
发起人股	14200	61.74
其中：国有法人股	10525	45.76
法人股	3675	15.98
社会公众股(A股)	8800	38.26
股本总额	23000	100

2、本次上市前，本公司前十名股东持股数及比例

序号	股东名称	持股数量(万股)	持股比例(%)
1	安徽江淮汽车集团有限公司	9993.9	43.45
2	马来西亚安卡莎机械有限公司	3675	15.98
3	安徽省科技产业投资有限公司	464.6	2.02
4	安顺基金	61.0	0.27
5	同盛基金	50.9	0.22
6	景宏基金	49.2	0.21
7	安徽省机械设备总公司	46.5	0.20
8	裕隆基金	41.5	0.18
9	汉兴基金	40.8	0.18
10	安信基金	36.7	0.16

(注：本上市公告书因版面原因为上市公告书部分摘录，需要阅读全文请向相关公司董事会秘书查询。)

新疆天宏纸业股份有限公司

招股说明书摘要

释 义

本招股说明书中,除非文中另有所指,下列简称具有以下所规定的含义:
本说明书:指本招股说明书
发行人:指新疆天宏纸业股份有限公司
本公司、公司:指新疆天宏纸业股份有限公司
造纸厂:指新疆石河子造纸厂
主发起人:指新疆石河子造纸厂
发起人:指新疆石河子造纸厂、新疆教育出版社、新疆出版印刷集团公司、新疆生产建设兵团印刷厂、新疆石河子白杨酒厂五家发起人
董事会:指新疆天宏纸业股份有限公司董事会
证监会:指中国证券监督管理委员会
上交所:指上海证券交易所
股票:指公司发行的每股面值1元的记名式人民币普通股股票
主承销商:指长城证券有限责任公司
上市推荐人:指光大证券有限责任公司、山东证券有限责任公司、长城证券有限责任公司
元:指人民币元
公司法:指《中华人民共和国公司法》
证券法:指《中华人民共和国证券法》
承销协议:指公司就本次股票发行与主承销商签订的承销协议
COD:指污水中的有机物含量(包括还原性物质)

一、本次发行概况

(一)本次发行的一般情况
●股票种类:人民币普通股(A股)
●每股面值:人民币1.00元
●本次公开发行数量:30,000,000股
●每股发行价:5.80元/股
●发行市盈率:34.52倍(全面摊薄,所得税率按14.85%计算)
●盈利预测(2001年):1350万元(所得税率按14.85%计算)
1062.2万元(所得税率按33%计算)
●每股盈利(2001年):0.168元(按全面摊薄法、所得税率按14.85%计算);
0.133元(按全面摊薄法、所得税率按33%计算)
●发行前每股净资产:1.86元(按2000年12月31日经审计的数据计算)
●发行后每股净资产:3.24元(按发行价5.80元计算,扣除发行费用)
●发行方式:上网定价
●发行对象:法律规定的可以从事股票投资的合格投资者
●承销方式:余额包销
●本次发行预计实收募股资金:人民币16,633.5万元
(二)本次发售新股的有关当事人
本次发行新股的部分当事人如下所述,其他有关当事人请参见招股说明书全文。
1、发行人
名称:新疆天宏纸业股份有限公司
Xinjiang Tianhong Papermaking CO.,LTD
地址:新疆石河子市西三路
法定代表人:李国民
电话:(0993)2515661-5555
传真:(0993)2515661-2001
邮政编码:832009
互联网网址:www.xj-tianhong.com.cn
电子信箱:fzq63@263.net
联系人:王巧玲 冯志强
2、主承销商
名称:长城证券有限责任公司
地址:深圳市深南大道6008号深圳特区报业大厦16楼
法定代表人:李仁杰
电话:(0755)3516283
传真:(0755)3516266
联系人:康米和 杨文波 万春兰 李毅 杨大光
3、发行人的律师事务所和经办律师
名称:北京市凯源律师事务所
地址:北京市北辰东路北京国际会议中心6020室
法定代表人:卢健康
电话:(010)64416699
传真:(010)64419699
经办律师:刘凝 卢健康
4、会计师事务所和经办注册会计师
名称:深圳同人会计师事务所
住所:深圳市华富路5号南光大厦三楼
法定代表人:刘继忠
电话:(0755)3688862
传真:(0755)3689144
经办注册会计师:刘继忠 张义勤 葛炳法
5、资产评估机构和经办评估人员
名称:上海立信资产评估有限公司
地址:上海市中山西路2330弄2号10楼
法定代表人:张美灵
电话:(021)64876611
传真:(021)64871128
经办评估人员:赵彬 张美灵

名称:新疆华洲资产评估事务所
地址:乌鲁木齐市前进街21号12楼
法定代表人:姜方基
电话:(0991)2630157
传真:(0991)2630132
经办评估人员:王进江 雪亚立
(三)预计发行、上市时间表
1、招股说明书发布日期:2001年6月13日
2、发行公告刊登日期:2001年6月14日
3、预计发行日期:2001年6月15日
4、申购时间:2001年6月15日
5、冻结申购资金时间:2001年6月16日至2001年6月20日
6、预计挂牌交易时间:本次发行后将尽快申请在上海证券交易所上市交易。

二、主要风险因素及对策

投资者在评价本发行人此次发售股票时,除参考本招股说明书提供的各项资料外,应特别地考虑到下述各风险因素。根据重要性原则或可能影响投资决策的程度大小排序,本公司风险如下:
(一)财务风险
1、偿债风险
造纸行业属于资本、技术密集型产业,本公司投资项目较多,技术改造任务较大,而目前生产经营所需的资金主要来源于银行贷款和自身积累,融资方式较少,由此导致公司现在的资产负债率较高(截止到1998年、1999年和2000年底分别为64.4%、67.3%和62%),将对公司的稳定经营带来不利影响。
2、债务结构不合理风险
截止到1998年、1999年和2000年底,本公司流动负债分别为10564、13873、13479万元,占负债总额的比例较高(分别为84.0%、86.7%、86.9%),一年内到期的借款金额较大,截止到2000年12月31日短期借款为5,450万元(其中2,000万元为抵押贷款,抵押物为本公司拥有的价值人民币3,407万元的机器设备),使公司短期偿债压力较大,不利于公司长期经营。
3、资产流动性风险
截止到2000年12月31日,公司流动比率、速动比率分别为0.95、0.57,较低的流动比率和速动比率使得公司短期偿债能力较弱。
4、应收帐款发生坏帐的风险
截止到2000年12月31日,本公司应收帐款为6534万元,虽然其中1年以内应收帐款所占的比例较大(92.49%),但因其余额较大,部分应收帐款存在不能顺利收回的可能,将损害公司的经济效益。
5、募股资金缺口风险
本次募集资金拟投四个项目,投资总额为22,341.9万元,公开发行股票可实募资金16,633.5万元(已扣除发行费用),缺口资金5708.4万元由银行贷款解决,该缺口资金用于年产1万吨热合无尘纸项目。该笔贷款将对公司财务费用造成一定影响,贷款对公司财务费用的影响估算如下:按照项目建设计划,该项目预计2001年需向银行贷款4,733.4万元,2002年需向银行贷款975万元。项目建成后一年内本公司将用项目投产后新增的现金流量归还银行借款约3400万元,两年内将全部归还该项目的银行借款。具体如下:

期间	借款金额(万元)	还款金额(万元)	支出利息(万元)
2001.6-12	4,733.4	—	142
2002	975	1700	313
2003	—	3400	171
2004.1-6	—	608.4	57

初步测算,本项目的银行贷款所产生的利息支出总计为683万元,其中2001年142万元,全部计入工程成本;2002年为313万元,计入工程成本142万元,计入当期损益171万元;2003年为171万元,计入当期损益;2004年为57万元,计入当期损益。在本项目的项目建议书经济分析中,已将贷款产生的财务费用及其对项目的经济效益影响估算在内。根据该分析,本项目建成投产后,年新增销售收入25,500万元,税后利润2362.85万元,投资利润率21.73%,投资回收期为4.87年(含建设期1年,税后)。
6、净资产收益率下降的风险
本次发行结束、募集资金到位后,由于本公司净资产大幅度增加,据2001年盈利预测,预计本公司2001年全面摊薄净资产收益率为4.94%,比本公司2000年的全面摊薄净资产收益率11.59%有较大幅度下降。
针对财务风险的对策:本公司前期技术改造投资所需的资金主要来源于银行贷款,融资方式较少,由此导致公司现在的资产负债率较高,随着项目逐步完成并产生效益,公司盈利能力和偿债能力将逐步增强。公司采用了多项措施来降低财务风险,产生了积极的结果,从历史数据看,近三年来,公司的资产负债率逐年降低,呈现出较好的发展势头,从1998年12月31日的64.4%下降到了2000年12月31日的62%。针对财务风险的具体对策包括:
a、加强货款回收。
b、逐步改变销售策略,增加现款销售量。
c、利用目前纸价回升、销售转旺的时机,提前归还部分借款。
d、加快资金周转速度,提高资金使用效率,加强财务管理,进一步完善风险控制体系,设立财务风险预警机制。
e、加强销售队伍建设,充分调动销售人员工作积极性,据统计截止2000年12月31日,公司2001年的订货额已达7580万元,占全年计划销售收入的44%。
f、逐步加大中长期贷款的使用份额,减少短期借款份额,优先归还短期借款,降低流动负债占负债总额的比例,提高流动比率和速动比率。
g、公司将按期完成在建工程项目,促使其早日产生经济效益,提高公司偿债能力,以进一步改善财务指标。在建工程中,七号纸机大修工程、天宏商贸城、五号井工程已于2000年建成完工,正常投用后产生的利润将用于归还工程借款,降低债务比例。
如本次股票发行及上市成功,将会提高直接融资比例,进一步完善公司资本结构;同时,随着募股资金所投项目的建成投产,必将对公司的经济效益产生积极的影响。根据项目建议书和公司发展规划,募股资金拟投项目将于2002年建成投用,预计将新增销售收入36946万元/年,新增利润3472万元/年。
针对募集资金投资项目存在的资金缺口,本公司积极与银行联系贷款加以弥补,中国银行新疆维吾尔自治区分行已为该资金缺口出具贷款承诺函。本公司将继续加强财务管理,严格按照项目进度和资金使用计划使用资金,切实控制财务成本。
公司2001年的盈利预测是依据以前的经营和发展状况,本着十分谨慎的原则编制而成,募集资金到位后,本公司将抓好项目建设,加强经营销售管理,努力开拓市场,使募集资金尽早发挥作用,争取超额完成当年的盈利预测,提高2001年的净资产收益率。
(二)环保风险
造纸行业的污染主要是来自生产过程产生的工业废水和少量的粉尘、噪音等。目前国家

对造纸行业的产业政策是"抓大限小,配套治理",逐步关闭一批产量小、污染重、产品质量低的造纸企业,对造纸污染限期进行治理,若限期内不能达标,将面临关闭的情况。公司要扩大生产规模,其新增生产项目的治污措施必须符合国家标准,才能够进行建设。未来,公司预计国家对环保要求将会越来越高,这将在一定程度上加大公司对污染治理的投入,对公司收益产生一定影响。

针对环保风险的对策:本公司为保证生产经营的持续发展,始终把治污工作放在首位,通过设置专门的环保机构,加强环保监督检测,投资建设环保设施,使公司污染物排放达到控制。本公司于 2000 年 10 月 3 日通过了新疆生产建设兵团环保局验收,并向公司颁发了《工业企业主要污染物达标排放验收合格证》。

公司新增拟投资项目的环保对策。公司拟投资建设的"年产 1 万吨热合无尘纸项目"、"年产 6000 吨微量涂布纸项目"和"年产 1.5 万吨漂白棉浆项目"在生产过程中会产生一定量的烟气、粉尘、噪音污染或制浆黑液污染。针对项目中出现的烟气、粉尘、噪音污染,公司在项目中设计配置了相应的除烟、除尘和减震消音设施,其投资和运行费用已包含在项目的投资和经济效益分析中。针对"年产 1.5 万吨漂白棉浆项目"在生产中产生的制浆黑液污染,公司还专门建设固化燃烧法黑液处理项目,该项目预计于 2001 年二季度建成投用,投用后可以解决漂白棉浆生产过程产生的制浆黑液污染,使其达标排放。这些募集资金拟投项目均经过新疆生产建设兵团环评技术中心的环境评估,污染防治措施有效,能够保证新增污水达标排放,不会对地下水造成污染。新疆生产建设兵团环境保护局亦批复同意建设。

(三)行业竞争风险

目前,全国造纸总产量持续快速增长,已经建立了一批拥有先进技术设备的大型造纸企业,本公司与这些大型企业相比,在产品生产能力、产品市场占有率等方面存在一定差距。全国造纸企业数量众多,现有造纸企业 6000 余家,其中不少是地处经济发达地区、技术水平较高、规模较大的企业。

另一方面,本公司以中高档文化用纸为主,国内同类造纸企业数量较多,但生产规模大多较小,行业内部在原料和产品市场方面的竞争比较激烈,可能导致行业内部经营成本上升和利润下降。虽然本公司在新疆地区市场占有率较大,同行业企业排名位居前列,但由于整个新疆地区经济相对落后,产品需求相对较小,这对公司发展有不利影响。

针对行业竞争风险的对策:a、本公司将进一步加强科技开发和人才培养,加强内部科学管理,降低产品成本,加强产品质量监督和管理,提高产品质量。

b、加强科研开发能力,扩大并增强与国内外大型科研机构和大专院校的科技开发合作,同时加强公司对新产品的开发,建立并完善新产品开发决策体系,以此不断提高产品竞争能力,目前本公司已与国内一些造纸行业的科研院所签定了技术合作协议,共同进行新产品、新工艺的开发研制。

(四)市场风险

1、经济周期的影响

本公司的主要原材料是芦苇、棉短绒和芨芨草,收获季节较为集中。印刷业每年在各类学校开学前期教材印刷量较大,对公司产品需求量较大。因此,在原料的供应时间和产品的需求时间上具有明显的周期性。

针对经济周期风险的对策:针对棉短绒和芦苇生产季节性强的特点,本公司将一方面扩大原料基地,加大储存量,并同供应方签订长期合同,稳定原料供应;另一方面公司本次发行股票募集资金部分投向 4 万亩野生芨芨草开发种植生产基地建设项目,确保其达到稳产、高产的计划目标,扩大原料来源,该项目不但可以增加企业原料资源的芨芨草份量,提高产品档次,降低产品成本,减少污染物排放量,而且也将为公司原材料供应提供可靠的保障。针对产品需求量的周期性波动,公司将合理安排生产,适当适时增加产成品库存,保证产品供应。

2、密切相关行业的制约因素

本地农业的发展和农业产品结构的调整,如果导致棉花种植面积减少,或由于自然灾害造成减产,则会使本公司主要生产原料—棉短绒的供应和价格发生较大变化,导致公司生产成本上升。此外,如果自然条件发生变化,导致芦苇面积缩小,则会使本公司另一主要生产原料—芦苇的供应和价格发生变化,导致公司生产成本上升。

针对密切相关行业制约风险的对策:本公司地处新疆农业垦区,是我国重要的棉花产地,1999 年仅本公司所在地石河子市的棉花产量就达到 15.4 万吨,副产品棉短绒产量约 2.5 万吨,目前来看棉花副产品棉短绒产量完全可以满足公司生产发展的需要。从长远来看,本公司将通过种植优质造纸原料芨芨草,满足由于生产规模扩大而对原料需求的增加。

3、市场竞争日益加剧

目前,全国造纸企业众多。虽然纸制品供需缺口较大,但就全国范围而言,某些种类纸制品的竞争相当激烈,对公司生产产生一定影响。

针对市场竞争风险的对策:一方面将不断提高现有主导产品的质量,以质量求生存;本公司现有产品主要是双胶纸、胶印书刊纸和书写纸,产品在新疆市场占有较大份额,公司将继续巩固新疆市场,同时利用在北京、上海、深圳的子公司和在南京、成都等地的分公司向新疆以外扩展,进军全国市场。另一方面将进一步调整产品结构,利用本地丰富的棉短绒、芨芨草资源,开发生产高科技产品无尘纸,拓展本公司产品及产品应用领域,该产品具有柔软疏松、吸水性强的特点,可广泛应用于卫生、医疗、餐饮等行业。同时,公司将紧紧抓住本次股票发行与上市的有利契机,增强企业内在素质,不断提高规模效益,加强销售工作,准确及时地收集市场信息,作好市场预测及售后服务工作,把握有利时机及时开拓市场,提高市场占有率,增强企业综合竞争力。

(五)业务经营风险

1、主要原材料的供应及价格

公司产品主要原材料为芦苇、棉短绒和芨芨草,辅助材料主要为烧碱、液氯、滑石粉和松香胶等。主要的大宗原辅材料价格占产品制造成本的 50% 左右。大多数原辅材料受市场影响,价格波动幅度较大,会对本公司的正常生产经营造成一定的影响。

针对主要原材料供应风险的对策:a、本公司建有两个大规模的原料堆放场,形成年收购、打包、贮存芦苇、棉短绒和芨芨草 8 万吨的规模,并已成立专门的原料分厂,计划建立部分原料采购、存储点,采取定点采购、打包运输的方式,签定长期供应协议,发展新供应商,建立长期稳定可靠的合作关系。

b、公司积极开拓自备原料基地,已租赁 4 万亩废弃盐碱地用以种植芨芨草,在正常情况下,预计每年可提供芨芨草 24,000－32,000 吨,既可为公司提供稳定优质的造纸原料,降低原料成本,又可绿化荒野,改善环境。

2、对主要客户的依赖

本公司目前的产品主要用于印刷书籍、本册等,主要销售客户是印刷厂和出版社,如果大客户减少对公司产品的需求,会直接对公司的产品销售产生不利影响。

针对对主要客户的依赖的对策:本公司本着依托老客户、发展新客户、信誉至上的原则,建立销售网点,形成销售网络,建立供应、需求和销售等方面的信息通报与反馈制度,增强市场预测能力,适时调整经营策略,在稳定老客户的同时,加强与新客户的联系,搞好售后服务,目前已在全国建立了包括控股子公司和分公司在内的 11 家销售点。

3、能源和交通的制约

本公司生产要消耗大量的水、电,约占产品制造成本的 25%。公司处于天山以北,准噶尔盆地南沿,玛纳斯河西岸,水、电资源比较丰富。但近年来,随着经济的发展,电价相应不断上涨,公司的能源优势会有所减弱。如果出现电力紧张或这种涨价趋势继续发展,会对公司生产经营产生一定的影响。另外,造纸行业对水的需求量相当大,本公司用水主要由自有水井供应,如果地下水资源大幅减少,或国家对水资源进行控制,势必对公司的生产产生影响。

本公司所处地理位置优越,公路、铁路交通十分方便,公司备品备件的购进和产品的销出主要通过铁路运输。但是若本地区铁路部门在一些政策上有所变化或运力紧张,一定程度上会对公司部分备品备件和产品的输入输出产生影响。

针对能源和交通制约的对策:a、由于本公司属本地区重点扶持的大型企业,在电力供应、铁路运力的安排上享有一定的优惠和照顾,公司将进一步密切与本地有关部门的关系,并签订相关协议,保证本公司电力供应和产品、原料的运输。

b、本公司将对现有设备进行技术改造,对现有生产工艺进行优化,采用热合无尘纸等干法造纸生产工艺,降低水耗。

c、本公司处于天山以北,准噶尔盆地南沿,玛纳斯河西岸,当地地下水资源丰富,有关取水许可证允许本公司年取水 1875 万立方米,现年用水量约 800 万立方米,可满足现有生产能力及本次募集资金投向新增生产能力的需求。

4、产品结构过于集中的风险

造纸业产品品种繁多,有胶印新闻纸、胶印书刊纸、双胶纸、书写纸、牛皮箱纸板、涂布白纸板、信息用纸、食品包装用纸、医疗用纸、中高档生活用纸等。但目前本公司主导产品是中高档文化印刷用纸,产品结构较为集中,若国家进口文化印刷用纸数量过大或行业竞争加剧,会直接冲击本公司的生产和销售。

针对产品结构过于集中风险的对策:本公司一方面将加大科技投入力度,提高产品质量,以优质产品提高产品竞争力;另一方面将以市场需求为导向,对产品结构进行适当调整,在稳定中高档文化印刷用纸开发、生产的同时,将产品结构逐步调整为以高科技、无污染的热合无尘纸和低定量涂布纸为主,开拓卫生、医疗、餐饮等生活用纸,从而增加产品品种,实现多品种经营,避免产品结构单一和过于集中的风险。

5、产品替代的风险

造纸行业是国民经济中的一大重要产业,造纸的技术水平和纸的人均占有量是衡量一个国家发展水平与人们生活水平的重要指标。因此世界各国对造纸设备、生产技术、生产工艺、造纸原辅材料、产品开发等都有较大的投入,产品更新换代较快。

目前,公司的主要产品以生产中、高档机制纸和加工纸为主,主要有双胶纸、胶印书刊纸、书写纸、静电复印纸等文化用纸以及白卡纸、涂布加工纸等高档印刷用纸和工业用包装纸,有些产品面临着被逐步替代的风险。

针对产品替代风险的对策:加强对市场和相关行业的研究,提高公司技术装备水平,进一步引进国际国内先进设备,消化、吸收国外新产品、新工艺,增加产品品种,提高产品质量,利用当地丰富的棉短绒、芨芨草资源生产无尘纸、低定量涂布纸等新产品,尽力达到国内先进水平,向国际先进水平靠拢,降低产品被替代的风险。

(六)大股东控制风险

本次发行成功后,大股东石河子造纸厂所持股份占总股本的 59.28%,处于绝对控股地位,且与公司在土地、房屋租赁、综合服务等方面存在关联交易,2000 年造纸厂与本公司发生关联交易总额为 320.6 万元(其中关联收入 33.1 万元,关联支出 287.5 万元)。造纸厂可能会利用其控股地位,对公司人事、经营决策方面行使表决权,给其他中小股东带来一定的风险。

针对大股东控制风险的对策:为保护其他股东的权益,《公司章程》中已作出规定:"公司的控股股东在行使表决权时,不得作出有损于公司和其他股东合法权益的决定"。同时,公司第一大股东新疆石河子造纸厂承诺将不直接或间接参与进行与本公司生产经营相竞争的业务和经营活动,将不利用其对本公司的控股或控制关系进行损害本公司其他股东权益的经营活动。

在与控股股东进行关联交易时,本公司将本着公正、公平的原则进行,严格按照公司章程的有关规定执行,在有关表决中坚持关联股东回避制度,确保投资者利益。

(七)募股资金投向风险

1、项目组织实施的风险

本次募集资金将用于热合无尘纸、野生芨芨草种植、1.5 万吨漂白棉浆、低定量涂布纸生产线技改四个项目,由于这四个项目的投资回收期较长,从 4.87 年到 6.9 年不等(均含 1 年建设期),在项目的实施过程中和项目完成后,各种不确定因素或市场的变化可能影响项目完成的时间或项目的预期效益。因此各项目虽已经各有关专家进行了可行性论证,但人为的、不可预见的因素仍可能影响项目、工程效益的实现,从而具有一定的风险性。热合无尘纸属于干法造纸生产工艺,与本公司目前使用的生产工艺不同,存在因不能熟练掌握该项技术,从而影响项目顺利实现预期经济效益的风险。

针对项目组织实施风险对策:本公司计划进行的投资项目都经过了充分的可行性论证和方案设计,项目建议书、可行性研究报告也均获得相关部门的批准。公司本次募集资金到位后,将尽快实施投资项目,制定项目投资管理制度和工程监督制度,督促工程和项目的进度,在保证质量的前提下,缩短建设期和投资回收期,以保证投资项目预期收益的实现。对热合无尘纸的干法造纸生产工艺和技术,本公司将选派优秀员工到国外进行技术培训,认真学习消化,确保掌握先进的干法造纸生产工艺和技术,使该项目经济效益的顺利实现有所保证。

2、市场开拓风险

此次募集资金投向的年产 1 万吨热合无尘纸项目,采用干法造纸技术,属于环保节水型生产技术,在政策上受到提倡和鼓励,并且在国际、国内市场上受到欢迎,占有率呈上升趋势。但由于本公司迄今为止主要从事文化用纸的产销,高档生活用纸的销售经验较少,因此,该项目存在一定的市场开拓方面的风险。

针对市场开拓风险的对策:热合无尘纸是高档生活用纸,其应用十分广泛。本公司目前的主导产品是以胶印书刊纸、双胶纸、书写纸为主的文化用纸,用户主要是印刷厂、出版社等,销售方式基本为直销。为了适应热合无尘纸产品的销售,在市场开发方面,一方面将继续稳步发展文化用纸市场,另一方面将重点开发高科技的热合无尘纸及其后加工产品的市场,加大力度开拓卫生、医疗、生活用品市场,加强与医院、商场、餐饮机构的联系,着力推出妇女卫生用品、婴儿尿布、成人失禁用品、工业擦拭用纸系列产品,同时配合广告宣传,以公司直销为主,积极推行代销等多种销售方式,争取尽快占领市场。

(八)政策性风险

造纸行业在国民经济中占据了重要地位,属于国家产业政策支持的对象。但随着我国市场经济不断发展,不能排除今后国家的产业政策发生调整,不能排除金融政策的变化、银行利率、税率的调整,不能排除国内税收、进出口税率以及国家地方所得税率的变化,所有这些都可能会影响公司的经营和发展。

针对政策性风险的对策:国家"九五"计划和"2010 年远景目标发展纲要"都把基础原材料行业列为重点支持和发展的产业。本公司将抓住机遇,加快发展进程,加强对宏观经济政策和市场变化趋势的研究,适时调整经营策略,充分利用国家及兵团给予的大力支持和各项优惠政策,使企业的活力更加旺盛,以更大的经济实力开拓市场,不断增强企业盈利能力和抗风险能力,以避免和减少政策变动对公司生产经营产生的不利影响。

(九)其他风险

1、加入世界贸易组织(WTO)的风险

我国政府目前正在积极争取加入世界贸易组织。如果我国能在近期顺利加入世界贸易组织,将有利于本公司获得进一步向海外市场拓展的机会,但也将使本公司面临国外产品的竞争。目前我国纸制品关税为 15%－25%,入关后五年内将逐步下调至 5%－7.5% 左右,而且发达国家造纸厂规模大、工艺先进、经营管理水平较高,竞争力较强,因此,总的来说加入世贸对造纸行业冲击较大。本公司目前进口的关键设备、浆板和废纸进口关税已经为零关税,"入世"后对公司的生产成本影响不大,但是与发达国家的同类企业相比,本公司的技术装备相对落后、生产规模仍然偏小、经济实力相对较弱,因此与国外企业和产品竞争将处于较为不利的地位。如果质量和档次均优的同类产品因进口关税税率下调而进口量大幅度增长,将使本公司受到一定冲击,存在着市场被挤占的风险。

针对加入世界贸易组织(WTO)风险的对策:加入世界贸易组织(WTO)对本公司所在的造纸行业冲击较大,适应国家关税政策的调整,以避免和减少因政策变动对公司生产经营产生的不利影响,减小国外产品的冲击。具体应对措施包括:

a、我国加入 WTO 之后,本公司将通过引进国外的先进技术,利用本地丰富的棉短绒资源,生产热合无尘纸及以其为原料的高档生活用纸,提高产品档次和附加值。

b、改善原料结构,利用本地丰富的芨芨草资源,生产高档文化用纸,提高产品竞争力,形成自己的核心竞争优势。

c、利用公司地处边疆的优势,加强同周边国家的联系,积极开展对外贸易,将产品打入国际市场,同时可进口木浆原料,降低产品成本。

2、法律诉讼和仲裁风险

企业在生产经营活动中,由于销售、采购等行为与其他市场主体必然发生各种各样的关系,其中可能产生法律诉讼和仲裁,从而使公司的生产经营受到影响。

2000 年,本公司诉沙湾印刷厂返还人民币 138,129.3 元纸款、本公司之控股子公司北京博天峰纸业有限责任公司诉长城出版社返还人民币 727,876.12 元纸款的诉讼尚在进行之中;其中,本公司诉沙湾印刷厂返还人民币 138,129.3 元纸款一案已于 2000 年 12 月 12 日经新疆维吾尔自治区沙湾县人民法院"(2000)沙经初字第 324 号"民事判决书判决由沙湾印刷厂向本公司返还货款 138,129.3 元人民币。

针对法律诉讼和仲裁风险的对策:本公司将严格按照国家有关法规规范运作,规范合同管理,提高业务人员素质,减少被法律诉讼的可能性。同时,本公司将依靠法律,积极维护自身的合法权益不受侵犯。

3、汇率风险

本公司规划的募集资金投向中有部分设备为进口的先进设备,若汇率发生不利变化,则可能对本公司利润实现产生不利影响。

针对汇率风险的对策:针对汇率风险,本公司一方面加大设备国有化程度以减少外汇用量;另一方面,将与外汇贷款银行共同安排,调整结算方式及期限,降低汇率风险。

(十)关于技术风险的解释说明

公司属于造纸行业,使用的是基本属于国内发展成熟并公开的"碱法造纸"技术工艺,公司生产的产品完全能满足市场对造纸产品的一般需求,不存在过度依赖某核心技术人员和某项核心技术的风险。公司拥有技术中心,科研开发能力能够满足企业技术改造的需要。

三、发行人的基本资料

(一)发行人概况

本公司是西北地区集制浆、造纸、造纸机械加工和原料开发为一体的造纸骨干企业,于 2000 年 11 月 14 日通过中国轻工质量认证中心的 ISO9002 质量认证,获颁认证证书。新疆维吾尔自治区轻工业行业管理办公室统计证明,2000 年公司在新疆造纸行业中利税指标排名第一,公司文化用纸产品在新疆的市场占有率为50%左右。公司经营范围为主营造纸、纸制品及纸料加工销售、物业管理等业务,截止2000年12月31日,本公司总资产24877万元,净资产9344.4万元,1-12月主营业务收入为14730.4万元,实现净利润1276.6万元。本公司现有员工1027人。

(二)发行人历史沿革及经历的改制重组情况

1、公司历史沿革

新疆天宏纸业股份有限公司是经新疆维吾尔自治区人民政府新政函[1999]191号文批准,由新疆石河子造纸厂为主要发起人,以其与造纸相关的生产经营性资产入股,新疆教育出版社、新疆出版印刷集团公司、新疆生产建设兵团印刷厂、新疆石河子白杨酒厂四家法人单位以货币资金入股,采用发起方式设立的股份有限公司,公司于1999年12月30日在新疆维吾尔自治区工商行政管理局登记设立,注册资本5016万元。

2、发起人出资情况

各发起人出资方式及持股比例

发起人	出资额(万元)	出资方式	股份数量(万股)	比例(%)	股权性质
新疆石河子造纸厂	7200	资产	4752	94.73	国有法人股
新疆教育出版社	200	现金	132	2.63	法人股
新疆出版印刷集团公司	100	现金	66	1.32	法人股
新疆建设兵团印刷厂	50	现金	33	0.66	法人股
新疆石河子白杨酒厂	50	现金	33	0.66	法人股
合 计	7600	–	5016	100	–

公司主发起人新疆石河子造纸厂投入的经营性资产包括:造纸一分厂、造纸二分厂、制浆分厂、机电分厂、纸品加工分厂、原料分厂、东泉农场的生产经营性净资产,全资子企业天宏商贸城、武汉经营部、兰州七里河经营部,以及其在控股子公司北京博天峰纸业有限责任公司、上海博峰纸业有限责任公司、深圳新石纸业有限公司的权益等。

发行人成立至今,未进行任何资产重组,股份公司的股东及股权结构未发生过变动。

(三)发行人历次验资、资产评估情况

1、历次验资报告

本公司成立以来,进行了一次验资,即在设立时进行的验资,公司各发起人的出资情况由深圳同人会计师事务所以深同证验字[1999]第024号验资报告验证,发起人以现金入股的已在1999年12月29日全部到位,以资产入股的均已办理了产权过户。

2、历次资产评估

公司设立时,公司主要发起人新疆石河子造纸厂将与造纸业务相关的资产和债务投入股份公司。以1999年7月31日为基准日,造纸厂投入股份公司的经审计的总资产23047.8万元,总负债15932.2万元,经评估后资产净值为7200万元。上述资产经新疆华洲资产评估事务所评估,并出具华洲评报字(1999)第027号资产评估报告书,该评估报告书由新疆生产建设兵团国有资产管理局出具的兵国资评函字[1999](确)021号《评估确认通知》批复。由于新疆华洲资产评估事务所没有取得证券从业资格,本次股票发行过程中,本公司聘请具有证券从业资格的上海立信资产评估有限公司对公司设立时新疆华洲资产评估事务所出具的"华洲评报字(1999)第027号"《资产评估报告书》进行了复核,并由上海立信资产评估有限公司对该报告出具了肯定性的复核意见。

本次股票发行过程中,本公司聘请具有证券从业资格的上海立信资产评估有限公司对本公司以2000年6月30日为基准日的全部资产和负债进行评估,并出具了"信资评报字(2000)第146号"《资产评估报告书》,评估结果是:总资产为26,986.49万元,总负债为17,919.98万元,净资产为9,066.52万元。该评估结果业经新疆生产建设兵团国有资产管理局"兵国资评发[2000]26号"文件确认。

(四)与公司生产经营有关的资产权属情况

1、商标

本公司目前使用"博雪"、"博峰"牌商标,商标注册编号为1027688(博峰)、302367(博雪图形)、607527(博雪文字)。

本公司成立时,与造纸厂签订了《注册商标转让合同》。根据该合同"博雪"图文及"博峰"牌商标由造纸厂无偿转让给本公司。2000年11月28日,国家工商行政管理局商标局已下发"核准转让注册商标证明",通知本公司上述注册商标转让行为已全部完成,本公司已成为上述商标之合法所有人。

2、土地使用权

2000年7月12日,公司与造纸厂签订了《土地使用权租赁合同》,以租赁方式有偿使用2宗生产用地共计281,685.85平方米,年租金169,011.51元人民币,宗地一(石河子市12号小区)租赁期限为48年,宗地二(石河子市工2小区)租赁期限为50年。租金每五年可由双方协商调整一次,调整幅度依照物价上涨指数等因素由双方商定;1999年12月17日,公司与新疆生产建设兵团土地管理局签订了《国有土地使用权租赁合同》,以租赁方式有偿使用1宗农业用地共计33,266,666平方米,年租金99,001.6元人民币,租赁期限为30年,该宗土地用于本公司野生芨芨草基地建设项目,是公司重要的原料基地,属于"草纸一体化"项目。租金每三年可由双方协商调整一次,调整幅度依照物价上涨指数等因素由双方商定。

公司土地使用权价格评估结果的确认及土地使用权处置方案已获新疆维吾尔自治区土地管理局以新土有偿字[1999]22号文予以批复。

3、工业产权

本公司设立时,石河子造纸厂将造纸、芨芨草种植与应用技术、研究开发机构随同纸产品的生产经营性资产投入股份公司。本公司完全拥有生产现有产品的技术及持续创新开发能力。

4、房屋建筑物

本公司设立时,石河子造纸厂将与纸产品生产经营相关的厂房、办公楼、库房等房屋建筑物投入本公司,并完成了过户手续,于2000年6月30日取得了房屋所有权证。

(五)公司职工及其社会保障情况

1、公司职工人数及构成

截止2000年12月31日,在册职工人数为1027人,无离退休人员。公司每年按国家规定的比例从工资总额中提取福利费。

2、公司执行的社会住房制度和保险制度

公司根据石河子市政府有关规定制定了住房制度实施改革办法,主要内容有:

1提租补贴,按职工工资的5%随工资发放;

2住房公积金的筹集,按职工工资的5%缴纳;

3集资建房办法。

按照国家和地方的有关规定,公司所有员工均参加当地社会统筹养老保险、失业保险等社会保险统筹,其费用由公司统一向有关部门交纳。职工医疗费由公司根据石河子市有关规定报销。

(六)公司独立运行情况

本公司成立以来,严格按照《公司法》、《证券法》、《上市公司章程指引》等有关法律、法规的要求规范运作,取得了良好的经济效益和社会效益。具体表现为股份公司人员独立、机构独立、财务独立、资产完整,具有独立完整的业务及面向市场独立运作能力。

公司建立起了规范的法人治理结构,制订了董事、监事及高级管理人员切实履行诚信义务的办法,股东大会、董事会、监事会、经理层的运作规范,形成了股份公司高效的运行机制。公司根据股份有限公司财务会计制度的要求,制定了规范、独立的财务会计制度和对分公司的财务管理制度以及严格的内部财务监督和控制机制。

四、发行人股本

本公司成立至今,股本总额为5,016万股,没有发生变化。本次拟公开发行3,000万社会公众股,占发行后总股本的37.43%。发行前后的股本结构为:

股权结构	发行前		发行后	
	股数(万股)	占总股本比例(%)	股数(万股)	占总股本比例(%)
新疆石河子造纸厂	4752	94.73	4752	59.28
新疆教育出版社	132	2.63	132	1.65
新疆出版印刷集团公司	66	1.32	66	0.82
新疆生产建设兵团印刷厂	33	0.66	33	0.41
新疆石河子白杨酒厂	33	0.66	33	0.41
社会公众股	0	0	3000	37.43
总股本	5016	100	8016	100

发行人持有的本公司股份不存在质押或其他有争议的情况。

五、发行人股东的基本情况

本公司的股东即为公司发起人,其中无自然人和风险投资机构或战略投资者。本公司成立至今,各股东持股比例没有发生变化。各股东之间不存在任何关联关系。

1、新疆石河子造纸厂

该厂是本公司的主要发起人,位于石河子市西三路,国有企业,注册资本8605万元,法定代表人王玉柱。

新疆石河子造纸厂除控股本公司外,还控股以下3个子公司:新疆石河子祥和化工有限公司、石河子市天宏房地产开发有限公司、石河子市天宏涌泰经贸有限公司,它们是本公司的关联方。

2、新疆教育出版社

该公司位于乌鲁木齐市胜利路169号,国有企业,注册资本410万元,法定代表人阿不都热扎克.沙也木。主要经营中小学教材及辅助教材的编写、翻译、出版、发行等。

3、新疆出版印刷集团公司

该公司位于乌鲁木齐贵州路61号,国有企业,注册资本为1369.4万元,法定代表人曹彦。经营范围为印刷制版机械设备及材料,现代办公用品,文化用品等。

4、新疆生产建设兵团印刷厂

该厂位于乌鲁木齐市光明路24号,国有企业,注册资本为677万元,法定代表人为牛星瑞,经营范围为印刷报纸、文件、表册,文化用品,出租房屋。

5、新疆石河子白杨酒厂

该厂位于石河子市西三路北端,国有企业,注册资本389万元,法定代表人为鲍建章,主营业务为白酒、葡萄酒、果酒、啤酒、饮料产销和汽车货运。

六、发行人内部组织结构

本公司设立时就建立了独立的业务部门,与发起人在业务、资产、人员、机构、财务方面完全分开,拥有独立的供应、生产和销售系统,并依据《公司法》、《公司章程》等有关法律法规的要求,不断完善健全公司的组织结构。公司设有股东大会、董事会、监事会、总经理和9个职能部门,7个生产分厂、8个分公司和三个控股子公司(见新疆天宏纸业股份有限公司组织结构图),明确了各部门的职能,定员定岗,制定了各自的内部管理制度。本公司严格按照《公司法》的要求设立和规范运作,股东大会是本公司的最高权力机构;董事会是股东大会的常设执行机构,并向股东大会负责;监事会由股东代表与适当比例的职工代表组成,对董事会行使监督职能。

本公司共有三家控股子公司:

1、北京博天峰纸业有限责任公司

北京博天峰纸业有限责任公司是本公司控股的子公司,本公司拥有80%的权益,石河子造纸厂劳动服务公司拥有20%的权益,该劳动服务公司是集体所有制企业,注册资金190万元。北京博天峰纸业有限责任公司注册资本为100万元,法定代表人为杨秀会。公司主营:纸张、纸制品、纺织品的销售等。

2、上海博峰纸业有限责任公司

上海博峰纸业有限责任公司是本公司控股的子公司,本公司拥有80%的权益,石河子造纸厂劳动服务公司拥有20%的权益。上海博峰纸业有限责任公司注册资本为50万元,法定代表人为聂新革。公司主营:机制纸、文化用品、针纺织品等的销售。

3、深圳市新石纸业有限公司

深圳市新石纸业有限公司是本公司控股的子公司,本公司拥有85%的权益,陶丽拥有15%的权益。深圳市新石纸业有限公司注册资本为60万元,法定代表人为肖卫。公司主营:机制纸、纸制品的销售等。

公司组织机构图如下:

新疆天宏纸业股份有限公司组织结构图

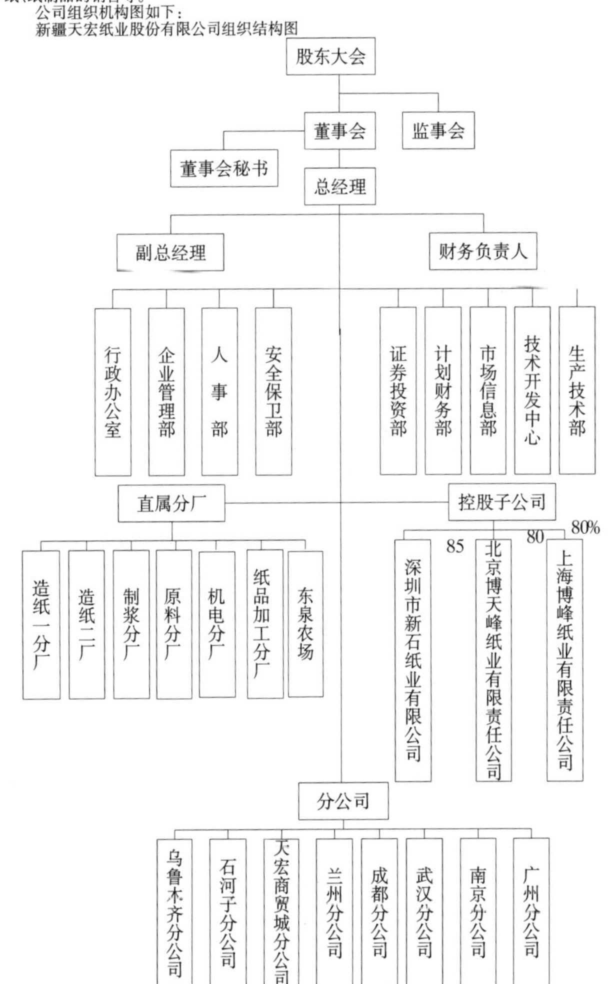

七、业务和技术

(一)造纸工业概况

1、造纸行业基本情况

(1)行业管理体制

造纸行业属于轻工行业,在我国其产业行政主管部门是国家经济贸易委员会和各地的经贸委,主要负责产业政策的制定;研究拟订行业发展规划,指导行业结构调整,实施行业管理,参与行业体制改革、技术进步和技术改造、质量管理等工作,负责执行有关的各项国际公约和协调完成国际重大专项任务。本行业内部管理机构是中国造纸协会和各地方协会,主要负责产业及市场研究;在互利互惠原则下,在技术、产品、市场、信息、培训、管理及国内外贸易等方面,开展协作与咨询服务,推动本行业的发展,提高本行业开发新产品、开拓市场的能力;进行本行业自律管理以及代表会员企业向政府部门提出产业发展建议及意见等。目前,政府部门和行业协会对本行业的管理仅限于宏观管理,业务管理和产品的生产经营完全基于市场化的方式。

(2)市场容量

纸张市场需求潜力巨大,供给不足。根据《中国造纸年鉴》(1999)预测,2010年中国纸及纸板总消费量为5000~6000万吨,年增长率4~5.8%,人均消费量36~43公斤,这一指标与世界人均消费54.9公斤相比还有很大的差距。而从我国造纸工业的实际出发,2010年纸及纸板产量规划为4000~4500万吨,年平均递增3%~4.1%。

在总量供给不足的同时,中国纸张市场存在着日渐突出的结构性矛盾,主要表现为:中低档产品生产能力过剩与高档产品有效供给不足并存,结构性失衡严重,难以满足纸业市场的需求。一方面高档产品供给不足,需要进口解决;另一方面相当一部分中低档产品又大量积压,生产过剩。

以上数据显示,国内纸产品的供给增长远远达不到与消费的增长同步,这将导致供给和需求之间的缺口越来越大,高档纸产品市场存在着巨大的潜力。

(3)行业竞争状况

首先,造纸行业属于技术密集型、资本密集型行业,独特的行业属性决定了行业竞争力体现在设备的技术先进程度和产品的科技含量。

其次,造纸企业的另一大特点就是其企业的规模效益明显,企业规模愈大,则其单位产品所投资金及生产成本均会相应减小。因此造纸企业的规模也是在行业取胜的重要因素。

第三,造纸原料是造纸工业可持续发展的根本保证。纸业市场的竞争,说到底是原料的竞争,谁掌握了对原料的控制权谁就掌握了竞争的主动。

因此,要参与造纸行业竞争,企业需要确保其生产用的原材物料,要具有一定规模的生产能力和精良先进的生产技术。

从总体上看,我国的造纸行业呈现出技术装备水平低,企业规模小、集中度低,原料以草为主的格局。

目前我国造纸行业的生产设备多为六、七十年代的水平,少数为80年代水平,达到90年代水平的仅占10%左右。根据《中国造纸年鉴》(1999),目前我国造纸企业平均生产规模仍然偏小,年生产能力万吨以上造纸企业1180家,其产量占总产量的68%,其中年生产能力3万吨以上造纸企业130余家,占总产量的22%。生产能力10万吨以上造纸企业30余家。我国造纸企业普遍的技术装备落后、规模不经济和以草为主要原料的直接后果就是产品结构不合理、产品技术含量低、质量差,严重影响着中国造纸工业向现代化和规模经济方向发展。

在90年代以前,国内纸业市场一直是处于总量短缺。但当90年代中期以后,国内纸业市场供求关系发生了很大变化,市场由严重短缺转向为相对过剩,生产增长的速度和方向也就出现新变化。生产增长从高速增长逐渐减缓;产品结构的供求矛盾导致过剩与短缺并存。同时在国际纸业市场环境的影响下,部分国内产品供大于求,加剧了市场竞争,抑制了纸价,甚至出现了非理性的降价推销等恶性竞争局面。

但是,随着国家产品结构调整的产业政策的落实和造纸行业新标准的实施,一大批小型造纸企业被关闭、淘汰。这些举措有力地缓和了行业内部的恶性竞争,使行业竞争进一步规范化、合理化。

(4)投入与产出

造纸行业属资金密集型产业,行业属性决定了造纸行业的新建、扩建、技改项目投资规模大、投资回收期长。根据美国统计资料,浆纸及其制品企业的平均固定资产值的比例高达3.27(即生产1元产值的产品,所占固定资产投资达3.27元),远高于其他工业平均的2.17。据我国统计资料显示,造纸行业每万元产值的固定资产投资为食品工业的3.08倍,纺织工业的2.6倍,同石油、化学工业的投入大体相当。我国要达到这种经济规模,存在着前期资金投入相对不足,老企业的扩张、技改、治污与其造纸林基地建设所业已存在的巨额资金缺口等问题,制约着我国造纸工业上规模、上档次、提高产品质量。

(5)技术水平

世界造纸技术主要体现在制浆技术向着减污、节能的方向发展。目前世界上的高新技术和设备如连续蒸煮、氧脱木素、化学制浆、涂布工艺、过氧化氢漂白、浆板自动打包生产线、智能化、全封闭废水处理技术等,我国几乎都拥有。国内只是在项目的规模(特别是纸机的宽度)、应用新技术装备的广度上(新技术装备在造纸行业中所占比例)还远远落后于国际先进水平。

2、影响造纸行业发展的有利和不利因素

(1)产业政策

根据造纸行业"九五"计划和2010年规划,我国造纸行业将保持适当的增长速度,在2010年纸及纸板规划产量4000万吨,比2000年计划3000万吨增长33%。这一产业政策对造纸行业很有利。

1999年,造纸行业被列为国家财政债券支持技改的重点行业。对规模生产项目政府给予优惠条件,目前共有十八个新建改建项目立项获得此种无息贷款,主要用于购置国产设备。鼓励国内制浆造纸设备制造工业从外国设备公司进一步引进和转让制造技术,从而使国内生产厂确保长期的竞争能力。

以调整和优化结构为核心,着力提高增长的质量,是造纸工业从规模小、技术落后、污染严重逐步向原料和产品结构趋于合理,重点企业实现大型化和生产现代化。

鼓励发展造纸原料基地,对目前国内各主要造纸纤维原料要进一步开发和发展。一、对现有森林进行植林:在北方地区种植白杨,在南方地区种植桉树等速生树种,并计划对全国现有森林的利用进行改进;二、进口商品浆:预计在今后五年商品浆进口再增长300万吨;三、再生纤维原料方面:增加国内和进口废纸用量;四、非木材纤维原料:在使这一领域成为主要投资重点之前,要进一步开发非木材纤维原料的制浆技术。

对现有年产5000吨以下的造纸厂和化学制浆车间一律按期取缔,禁止在淮河流域新建化学制浆造纸企业。

对现有年产万吨以下、污染物排放达不到标准的小型化学制浆生产线,采取关、停、并、转、迁等不同方式整顿治理。

(2)产品特性和技术替代

造纸工业主要使用植物纤维为原料,由于纸和纸板所具有的特性和社会功能,尚不能被其他工业产品所替代。

(3)消费趋向

传统纸品的消费在未来20年会基本走完它的历史过程,以后将逐步衰减,将逐渐在生产、消费领域中被淘汰。

未来15年-20年,高速增长的纸业市场需求是对现代纸品的消费需求。这种消费需求八十年代开始有了400万吨-800万吨的消费规模,九十年代激增到800万吨-1000万吨的消费规模,未来会很快增加。到2010年,预计在4000万吨的消费总量中,将会有大部分是对现代纸品的消费。那时,中国会成为真正意义上的世界第二或第三大纸品消费市场。

(4)国际市场的冲击

世界造纸工业的科技迅速发展和结构调整形成了目前造纸工业国际化格局,今后制浆造纸工业竞争全球化的趋势会更加明显。

(5)进入本行业的主要障碍

造纸行业属于技术密集型、资本密集型产业,投资回收期较长。顺利成功进入本行业需要充足的资金投入、先进的技术设备和大量高级技术与管理人才。

这一趋势对本行业不利之处在于:目前国内造纸工业大部分企业普遍呈现技术水平落后、生产设备陈旧的现状,现有产品结构不适应纸张消费市场变化和发展,高档纸品供给不足,低档产品大量积压。这种造纸行业落后的技术与原料结构不合理所造成的供需矛盾日益加大,形成了国外造纸行业对我国造纸市场的冲击。

有利之处在于:目前造纸业发达国家市场已趋于饱和和过剩,中国这个有着巨大潜力的市场吸引着国际资本和技术流向中国,给中国的制浆造纸工业提供了发展机遇。

3、本公司面临的主要竞争状况

(1)主要竞争状况

本公司生产的文化用纸系列产品在西北地区占有重要份额,目前占新疆市场的50%左右,今后仍将占有半数以上的新疆文化用纸市场份额。公司主要是生产文化用纸系列产品,在生产同类产品的企业中,国内山东造纸企业发展迅猛,另外,外资造纸企业规模大、设备先进,存在一定的竞争压力。

(2)本公司的竞争优势

①原材料优势

原材料的质量和数量是制约造纸企业发展的一大"瓶颈"。新疆是国家重点产棉区,公司所处的石河子地区每年可提供2.5万吨优质棉短绒用于生产,原料充足。更为重要的是与草浆相比,棉浆具有强度高、耐折度高、吸水性好、柔韧性好、污染小的优质特点。公司募集资金拟投项目中的野生芨芨草开发种植生产基地建设项目,将为公司提供充足的优良造纸原料。

②产品的品牌和价格优势

本公司造纸的原料中添加了部分棉浆和针叶木浆,造纸采用的是较为先进的长网宽幅纸机,因此产品的质量和性能都达到了行业标准,并优于区内同行业的其他企业。1996年公司生产的"博雪"牌系列文化用纸被评为新疆造纸行业名牌产品,具有明显的产品优势。

另外,公司造纸用的原材料、耗用的水、电价格都较为低廉,因此产品具有价格竞争优势。

③规模优势

本公司是新疆自治区最大的造纸生产企业,区内的产品市场占有率一直保持在50%,年产机制纸3.2万吨的生产规模也远远高于全国造纸行业的年产6000吨的平均水平。这使得公司在规模效益方面的造纸行业具有竞争优势。

④政策鼓励和扶持优势

由于本公司属本地区重点扶持的大二型企业,也是新疆生产建设兵团重点优先扶持、优先发展的企业,在电力供应、铁路运力的安排上享有一定的优惠政策。随着西部大开发战略的实施,公司将进一步得益于国家在各方面的优惠和扶持政策。

公司优化原料结构而大力开发利用棉短绒、人工培育野生芨芨草也符合新疆一黑(石油、煤炭)一白(棉花)的发展战略和国家鼓励退耕还林还草以改善生态环境的政策。

虽然公司具备上述竞争优势,但是与世界及国内先进水平相比还存在差距,主要是生产规模有限,产品单一。

(3)本公司市场份额变动情况及趋势

本公司始终保持了在新疆文化用纸市场50%的稳定占有率。尽管市场竞争日益激烈,但是随着公司本次发行股票募集资金投资项目的实施,公司无论在生产规模、产品结构等方面都将得到改善,产品市场占有率将会有进一步的扩大。

(二)主要业务

1、公司从事的主要业务

(1)业务经营范围

公司的业务范围是造纸,纸制品及纸料加工、销售,化工产品(有毒除外)、印刷物资的销售,机械加工,物业管理,造纸原料的开发。

(2)主营业务

公司主营造纸,纸制品及纸料的加工、销售。

(3)经营方式

产品的生产和销售。

2、公司的主营业务情况

(1)本公司的主要产品及生产能力

本公司的主要产品有双胶纸、胶印书刊纸、书写纸,近三年的生产能力均保持稳定不变,即:胶印书刊纸3600吨/年、双胶纸5500吨/年、书写纸及单面书写纸17000吨/年。

(2)本公司主要产品的主要用途

公司主要产品是以双胶纸、胶印书刊纸、书写纸等文化用纸为主。其中,双胶纸主要供多色胶版印刷书刊、封面、课本插图、图片等;胶印书刊纸适用于单色和双色胶版印刷书籍、文献、杂志等;书写纸主要供印刷各种账页、练习薄、日记本、表格、稿纸、书籍等。

(3)主要产品的市场销售情况

①主要产品的主要销售市场和销售方式:

本公司产品市场主要分布在新疆、兰州等西北地区,此外还分布于上海、南京、北京、武汉、成都、广州、深圳等地。

销售方式:以直销为主,通过本公司在新疆、北京、上海、广州等地的8个销售分公司和3个控股子公司进行产品的销售。

②定价策略

本公司产品的定价受市场供求关系影响,销售价格的确定遵循市场的一般价格水平。在销售淡季,本公司给予购买量大和现款提货的客户一定的折让。在销售旺季,给予一次性付清货款的客户一定的折让。

③主要产品销售情况

近三年主要产品销售额、产销率、平均单价和市场占有率

	品 种	销售量(吨)	产销率%	市场销售价(元/吨)	销售金额(元)
1998年	双胶纸	6914.025	69.09	7133	49,317,738.72
	书写纸	9637.047	74.09	5508	53,080,854.14
	胶印书刊纸	2262.497	80.46	6100	13,801,232.00
1999年	双胶纸	2966.818	120.73	6400	44,587,634.19
	书写纸	14680.310	124.12	4800	70,465,488.40
	胶印书刊纸	2640.749	114.79	5400	14,260,043.42
2000年	双胶纸	8098.548	80.15	6075	49,198,679.82
	书写纸	16904.591	124.38	4600	77,761,120.89
	胶印书刊纸	3162.499	110.36	4975	15,733,430.93

公司生产的文化用纸三大系列产品在新疆自治区内的市场占有率稳定保持在50%以上。随着公司在全国的主要中心城市设立的经销部和控股公司所形成营销网络作用的发挥,公司产品在全国的市场份额也将得到进一步提高。

近三年主要业务收入构成表

单位:万元

产品名称	2000年		1999年		1998年	
	销售收入(万元)	占总收入比例(%)	销售收入(万元)	占总收入比例(%)	销售收入(万元)	占总收入比例(%)
书写纸	7776.11	52.79	7046.55	52.78	5308.09	44.29
胶印书刊纸	1573.34	10.68	1426	10.68	1380.12	11.52
双胶纸	4919.87	33.40	4458.76	33.39	4931.77	41.15
其他	461.11	3.13	418.82	3.14	364.72	3.04

(三)主要技术

1、主要技术情况

(1)造纸行业工艺技术情况

造纸行业属于传统行业,其制浆和造纸技术已日臻成熟。目前,无论是国际还是国内,制浆和造纸技术的发展主题是降低污染、提高制浆得率,减少气体和水的排放,提高产品质量和经济生产。

制浆生产工艺,现广泛在世界造纸行业采用的是Ahlstrom Kamyr公司和Kv-oerner公司开发的改良连续型和延深脱木素改良型连续蒸煮、等温蒸煮以及快速置换加热法的间歇蒸煮等工艺和技术。随着环境保护要求越来越严格,在90年代中期推出氧脱木素,采用单段或两段反应槽使蒸煮后的浆木素含量进一步降低35%到50%。这些技术的采用,使纸浆在漂白过程中尽量消耗更少的化学品,最后使排放污水降到最低量。

造纸技术方面,先进性体现在纸机及其辅助设备的改进。夹网成形器、压力流浆箱或全流流浆箱以及宽压区压榨纸机是目前先进的纸机设备代表。

我国在学习引进国外先进技术和设备的基础上,开发和研制了适应我国国情的制浆造纸技术。在化学制浆方法上,碱法制浆占多数;漂白向多段漂发展,木浆一般采用三段至五段漂白,草浆一般采用三段漂白。造纸的主流设备是中、高速长网造纸机。

(2)公司经过多年的生产实践积累和技术改进,也已掌握了本行业在国内较为先进的制浆和造纸等主要技术。

①制浆技术

公司制浆使用脉冲带式除尘系统,采用间歇式蒸煮(NaOH-AQ)工艺技术,漂白采取

(CEPH)多段漂白工艺。

②造纸技术

公司造纸对木浆、棉浆、草浆采用Φ450盘磨连续打浆、四辊两压复合压榨、长网成型、表面施胶、水分定量自动控制、变频调速和超级压光技术，设备以国内先进的ZW6型、ZW24型1760/200两台长网多缸造纸机为主。

以上这两方面技术系国家行业系统推荐、通用、成熟的无风险技术，其技术在国内属90年代初水平。

(3)公司产品生产技术所处的阶段

本公司生产所用的技术均为国内外成熟生产技术，产品均处于大批量生产阶段。

2、公司现有生产系统和拟投资项目的技术水平

(1)公司主导产品、主要业务的技术水平

公司主导产品胶版印刷纸、静电复印纸、胶印书刊纸、书写纸等采用的生产工艺为国内成熟的技术。

(2)采用的新工艺和新技术

①白水回收利用技术

公司在多年的生产实践的基础上，针对造纸行业对水的耗费量较大的特性，利用自身科研力量，采用了白水回收利用的新技术，节约了纤维填料和水资源。

②废浆回收技术

制浆造纸企业纸浆的流失是一个普遍问题，不仅浪费资源，而且污染环境。本公司采用废浆回收技术，即在废水排放渠上用斜筛法回收废水中流失的纤维，并利用回收纤维和部分的旧纸箱生产纸板。该技术的运用既降低了对环境的污染，又节约了原料，增加了效益。实践证明该技术的日处理废水能力达7200立方米。该技术于1991年荣获兵团科学技术进步三等奖。

(3)投资项目的技术水平

公司本次募集资金拟投资以下四个项目：年产1万吨热合无尘纸项目；野生芨芨草开发种植生产基地建设项目；年产1.5万吨漂白棉浆项目；年产6000吨微量涂布纸项目。

①年产1万吨热合无尘纸项目

该项目采用世界最先进的热合干法造纸工艺，并全套引进国际上90年代先进生产技术和设备，产品质量将达到国际一流水平，从而替代进口产品。

②野生芨芨草开发种植生产基地建设项目

该项目的建设是公司进行原料结构调整、提高产品质量、发挥资源优势的基础。开发种植野生芨芨草并替代制浆原料中的木材纤维，是公司经过多年来艰苦实践探索得到的解决制约造纸行业发展的原料"瓶颈"的途径之一。

③年产1.5万吨漂白棉浆项目

该项目是年产1万吨热合无尘纸项目的配套项目，项目工艺采用国内通用的烧碱蒸煮法、次氯酸盐单段漂白制浆法，产品主要满足本公司无尘纸的生产，部分产品对外销售。

④年产6000吨微量涂布纸项目

本工程是技术改造项目，即在公司1#长网造纸机的基础上，将斜列试胶辊改为低定量门辊涂布机，普通压光机改为软辊压光机，利用原1#长网纸机供浆系统，使用机内涂布及整饰设备，在1#长网纸机上一次抄出微量涂布纸。

3、研究与开发

(1)研究开发机构的设置及研究人员的构成

公司设置技术开发中心进行研究开发，该中心经新疆维吾尔自治区认定为省级企业技术中心。按照造纸的技术工艺和生产流程，技术中心设立了制浆、造纸、设备三个技术小组，主要从事新产品、新原料、新技术开发，新工艺推广应用，公司的技术改造及新扩建项目等。

技术中心采取专职、兼职相结合的办法，专职研发人员有6人，兼职16人；技术中心人员中具有高级职称者4人，中级职称者10人，初级职称者8人，研究开发费用约为销售收入的2%。

(2)已取得的重大科研成果

①野生造纸原料芨芨草的开发应用项目

该项目是国家重点项目，兵团97星火计划项目，属国内首创。1999年9月由兵团科委主持，邀请自治区及兵团有关专家对该项目进行鉴定，并获一致通过。鉴定结论认为：A.该项目针对造纸原料紧缺，新疆干旱缺水，发展芦苇作造纸原料困难，选择耐干旱、耐盐碱、生命力强的芨芨草作为造纸原料，选题正确，符合国家产业方向。B.通过造纸小试、中试，芨芨草作为草类造纸原料，具有纸张质量好、成本低、消耗少、污染轻等特点。C.试验研究全面完成了预期目标，资料详实，结论可靠，整体研究水平达国内先进，大面积栽培技术达国内领先水平。专家们认为，芨芨草不仅是优质造纸原料，而且具有抗干旱、耐盐碱等特点，能充分利用荒漠盐碱地和弃耕地，进行大面积种植，增加绿色覆盖率，防止荒漠化，发展农区畜牧业，具有良好的生态效益。利用芨芨草作为造纸原料，可以解决原料短缺，减少木浆进口，有很好的经济效益、社会效益与生态效益。

该项目已通过国家经贸委的验收，并荣获1999年度石河子市科技进步二等奖。

②钢纸原纸产品试制

钢纸原纸是具有一定吸水能力和较高物埋强度的特种纸，专供化学加工生产各种钢纸之用。利用新疆丰富的棉短绒资源，本公司开发该产品，为新疆特种工业用纸提供原纸，填补了自治区该项产品的空白。该项目荣获自治区轻工业科技进步三等奖。

(3)正在进行或计划进行的投资项目、技术改造、产品更新情况

本公司计划进行建设的项目包括已在本招股说明书"募股资金运用"中披露的4个项目。除此之外，本公司正在进行或计划进行的主要投资项目还有：

①东泉农场芨芨草试种项目：随着公司的发展，生产规模不断扩大，为满足公司对优质造纸原料日益增长的需求，防止对自然资源的过度开采利用，保护天然芦苇，同时也为了绿化山川，公司租赁了4万亩的盐碱荒地进行野生芨芨草的种植，现已进行试种，并已获得成功，芨芨草生长正常，即将进入收获期；该项目计划投资1000万元，已投资1128万元，超计划投资128万元，完成项目进度的95%。

② 棉浆工程：以棉花的副产品棉短绒加工的棉浆不仅可以部分取代木浆生产高质量的文化、生活用纸，而且生产棉浆所产生的废水比草浆废水的污染量小，便于进行污水治理，有利于环境保护；本公司地处新疆，是我国棉花的主产地，棉短绒资源丰富，具有生产棉浆得天独厚的优越条件；到目前为止，该项目已试生产漂白棉浆200吨，主要用以生产钢纸原纸及配抄双胶纸和静电复印纸；该项目计划投资617万元，已投资499万元，完成项目进度的75%。

③第二原料场：随着公司生产规模的扩大，原料需求量逐渐增加，现有的原料场已不能满足需求，为解决原料堆放问题，公司新建了140亩地的第二原料场，可堆放原料15000吨，解决了原料的贮存问题。该项目计划投资150万元，已完成投资162.6万元，超计划投资12.6万元，完成项目进度的99%。

④制漂工程：随着公司生产规模的扩大，漂白浆产量增加，漂液需求量增加，外购漂液不能完全满足公司生产的需求，为保证生产的连续性，本公司筹资建设制漂工程，生产部分漂白液；该工程计划投资250万元，已完成投资140万元，完成项目进度的55%。

⑤电脑纸改造：该项目主要引进先进的程控切纸机，提高平板电脑原纸质量，以满足用户使用的要求，同时采用浓度流量控制仪和较先进的流浆箱，以提高原纸质量。目前，该项目除流浆箱之外，其余均于6月投入生产，至今共切原纸约500吨，因原纸质量提高，裁切精度提高，每吨纸售价可提高300元。该项目计划投资520万元，已完成投资178.7万元，完成项目进度的20%。

⑥ 固化燃烧法处理75吨浆黑液/日项目：该项目采用固化燃烧法处理制浆过程产生的黑液，该技术经专家论证和使用单位运转证明，是解决制浆黑液污染的一种有效方法，技术可行。项目建成投产后，预计可减少黑液排放量约25.5万吨，削减COD排放量约2.5万吨，大大减轻了COD的污染负荷。结合该项目与本公司的碱回收工程，可以解决公司新增生产规模产生的污染。该项目已经石河子市环境保护局以石环字(2000)025号文批准立项，预计于2001年二季度建成投产。

4、技术创新机制

为提高公司技术开发和创新能力，公司制定了以下措施：①推行新研究项目承包开发机制；②引进激励机制，实行分配与工效挂钩，按照效益优先，兼顾公平的原则，做到按责领薪，按劳付酬，按利分配，流动管理。项目组实行定人员、定目标、定进度、定经费、定奖惩；③引进竞争机制，实行科研课题人员聘用制；④加强同科研院所的"产、学、研"联合；⑤加强企业的人才培养工程；⑥扩大引进国内外智力和人才。

八、同业竞争和关联交易

(一)同业竞争

1、关于同业竞争

公司主要发起人造纸厂已将与造纸有关的生产经营性资产及辅助经营性资产纳入股份公司，客户等经营资源、技术人员、生产工人及有关技术也均移交给股份公司，主营业务转变为投资办企业、化工产品产销、房地产开发等，在本公司设立后未从事与本公司同一或同类产品的生产经营，本公司的另外四家股东也没有经营与本公司相同或相似的业务。因此，发行人与股东之间不存在同业竞争情况。

公司主要发起人造纸厂控股的三家子公司新疆石河子祥和化工有限公司、石河子市天宏房地产开发有限公司、石河子市天宏涌泰经贸有限公司与本公司不存在同业竞争情况。

2、大股东关于同业竞争的承诺

(1)控股股东及董事的承诺

控股股东石河子造纸厂已为本公司出具《不予竞争承诺书》：在其作为最大及控股股东或实际控制股份公司期间，造纸厂及其除股份公司以外的其他控股子公司 /子企业(其他控股子公司/子企业)将不从事与股份公司相同或类似的生产、经营业务，以避免对股份公司的生产经营构成新的、可能的、直接或间接的业务竞争；造纸厂并保证将促使造纸厂的其他子公司/子企业不直接或间接从事、参与或进行与股份公司的生产、经营相竞争的任何活动。

本公司全体董事作出承诺：本人将不利用职权从事任何与发行人相竞争的业务或作出任何明知对发行人经营或管理产生不利影响的事项；并保证在本人自身利益同发行人利益发生冲突时，将以发行人及其股东利益为重。

(2)控股股东及董事的承诺执行情况

自本公司成立以来，主要发起人新疆石河子造纸厂严格履行放弃同业竞争的承诺，其生产经营与本公司目前的主营业务制浆、造纸及其制品的生产经营不存在同业竞争关系。

3、发行人律师对避免同业竞争的核查验证

发行人律师认为：本公司与发行人不存在同业竞争。经合理查验主发起人下属子公司持有之营业执照，该等子公司所从事的业务类型不同于发行人。

除主发起人外，发行人其他股东均不存在对发行人的控制关系，因此亦不存在其利用对发行人的控制关系与发行人进行业务竞争的可能性。

4、主承销商长城证券有限责任公司对避免同业竞争措施有效性的意见

新疆天宏纸业股份有限公司在设立中，遵循了整体改制的原则和避免同业竞争的要求，与造纸厂进行了严格的业务划分，二者之间不存在相同及相似业务。

(二)关联方及关联关系

根据中国证监会证监发[2001]41号文规定的范围，本公司目前的关联方及关联关系如下：

本公司的关联企业

1、本公司的五家股东为公司的关联企业。

2、其他关联企业：

(1)本公司控股的三家子公司

(2)本公司主发起人控股的三家子公司

(三)关联交易

1、关联交易对本公司财务状况和经营成果的影响

(1)关联交易对发行人财务状况的影响

单位：万元

科目	2000年12月31日发行人帐面余额	关联方余额	所占比例	关联方
应收帐款	6,534.3	253.2	3.87%	新疆教育出版社
应收帐款	6,534.3	137.3	2.10%	新疆出版印刷集团公司
应收帐款	6,534.3	10.0	0.15%	新疆建设兵团印刷厂

本公司对关联方的应收帐款余额占帐面余额总数的比例较小，因此，关联交易对公司的财务状况影响有限。

(2)关联交易对发行人经营成果的影响

单位：万元

项目	2000年1－12月	关联交易金额	所占比例
主营业务收入	14,730.4	2,782.7	18.89%
主营业务成本	10,784.8	911.95	8.46%

由于股份公司的5家股东中有三家是新疆地区的大型专业印刷企业，是本公司的客户，因此，关联交易金额占主营业务收入比例较大。

本公司在关联交易中产生的金额占主营业务收入的比例较大，但是由于本公司对关联方的应收帐款余额占帐面余额总数的比例较小，说明关联交易方货款返回及时，拖欠本公司货款现象较少。

2、发生的主要关联交易

本公司与第一大股东新疆石河子造纸厂存在以下关联交易：本公司向造纸厂租赁部分土地使用权；造纸厂为本公司提供倒班宿舍、汽车运输、职工食堂、澡堂、职工医院等后勤保障服务；本公司为造纸厂提供用水、用电、用汽服务。为此，本公司与造纸厂签订了《土地使用权租赁合同》、《综合服务合同》、《纸制品供应协议》和《房屋租赁合同》。

本公司向造纸厂之控股子公司新疆石河子祥和化工有限公司购买化工产品，为此本公司与新疆祥和化工有限公司签定了《化工产品供应协议》。本公司向股东新疆教育出版社、新疆出版印刷集团、新疆生产建设兵团印刷厂销售纸制品，为此本公司与上述三家股东分别签定了《纸制品供应协议》。

上述关联交易合同均按照《公司法》、《公司章程》等有关法规履行了相关的法律手续。

(1)土地租赁

①定价原则

2000年7月12日，公司与造纸厂签订了《土地使用权租赁合同》，以租赁方式有偿使用2宗生产用地共计281,685.85平方米，年租金169,011.51元人民币，宗地一(石河子市12号小区)租赁期限为48年，宗地二(石河子市工2小区)租赁期限为50年。租金每五年可由双方协商调整一次，调整幅度依照物价上涨指数等因素由双方商定。

②交易金额

截止2000年12月31日，发生的土地租赁费为169,011.51元。

(2)房屋租赁

①定价原则

1999年12月29日，公司与造纸厂签订了《房屋租赁合同》。合同约定，造纸厂向本公司租用办公楼第3层作为造纸厂之办公场所，总建筑面积601.29平方米，房屋租赁期为10年，租金为1.32元/平方米·月。

②交易金额

截止2000年12月31日，发生的房屋租赁费为9,524.43元。

(3)、综合服务

①定价原则

1999年12月29日，公司与造纸厂签订了《综合服务合同》，由造纸厂向本公司有偿提供倒班宿舍、汽车租赁、幼儿园教育等服务，公司将依据其提供的服务及服务质量，按照市场价格定期向其支付服务费用。

②交易金额

截止2000年12月31日，发生的综合服务费为2,706,764.97元。

(4)化工产品购买

①定价原则

1999年12月29日，本公司与新疆石河子祥和化工有限公司签订《化工产品供应协议》，协议规定新疆石河子祥和化工有限公司保证主席供应本公司订单所列数量、质量之化工产品，价格不高于该公司向任何独立第二方供应该等化工产品的当时市场价，若无市场价，则双方协议定价。结算时以实际供应量和实际发生的费用进行结算。

②交易金额

2000年，本公司向新疆石河子祥和化工有限公司购买化工产品1,888,402.50元。

(5)工程承建

本公司的天宏商贸城由石河子市天宏房地产开发有限公司承建，商贸城于1998年动工建设，2000年竣工，2000年本公司共计向该公司支付工程建设款4,345,933 .75元。

(6)纸制品的关联交易

①定价原则

1999年12月29日，本公司与新疆出版印刷集团公司、造纸厂、新疆生产建设兵团印刷厂签订《纸制品供应协议》；2000年8月20日本公司与新疆教育出版社签订《纸制品供应协议》；

协议规定本公司于每一季度开始前的十五日前向新疆出版印刷集团公司、造纸厂、新疆生产建设兵团印刷厂、新疆教育出版社分别提供订单所列纸制品,价格不高于本公司向任何独立第三方提供该等纸品的市场价,若无市场价,则双方协议定价。结算时以实际供应量和实际发生的费用进行结算。

②交易金额

2000年,向新疆教育出版社共计销售纸制品17,908,859.23元,占销货总额的12.16%;2000年,向新疆出版印刷集团公司共计销售纸制品8,910,914.90元,占销货总额的6.05%;2000年,向新疆生产建设兵团印刷厂共计销售纸制品685,868.58元,占销货总额的0.47%;2000年,向新疆石河子造纸厂共计销售纸制品322,436.41元,占销货总额的0.22%。

(四)规范关联交易的制度安排

1、公司章程对规范关联交易的安排

股份公司《公司章程》规定,股东大会审议有关关联交易事项时,关联股东不应当参与投票表决,其所代表的有表决权的股份数不计入有效表决总数;股东大会决议的公告应当充分披露非关联股东的表决情况。如有特殊情况关联股东无法回避时,公司在征得有权部门的同意后,可以按照正常程序进行表决,并在股东大会决议公告中作出详细说明。

董事个人或者其所任职的其他企业直接或者间接与公司已有的或者计划中的合同、交易、安排有关联关系时(聘任合同除外),不论有关事项在一般情况下是否需要董事会批准同意,均应当尽快向董事会披露其关联关系的性质和程度。

除非有关联关系的董事按照本条前款的要求向董事会作了披露,并且董事会在不将其计入法定人数,该董事亦未参加表决的会议上批准了该事项,公司有权撤销该合同、交易或者安排,但在对方是善意第三人的情况下除外。

作为有关联关系的董事,可以出席董事会,但在对有关关联事项的表决程序中不应当投票,有关关联事项的决议由其他非关联董事或者其有表决权的代表按程序表决。

2、发行人减少关联交易的其它安排

(1)本公司股东没有通过保留采购、销售机构和垄断业务渠道等方式干预本公司业务经营的行为。

(2)本公司拥有独立的产、供、销系统,产品销售不依赖股东单位及其下属企业。

(3)专为或主要为本公司服务的实体或辅助设施在改制时已纳入本公司。

(4)对既为本公司服务,也为股东服务的供水、供电、供暖等设施,本公司与股东签订了综合服务协议,其交易和定价是公平的。

(五)发行人律师、主承销商的意见

1、发行人关于关联交易公允性的说明

股份公司在处理与关联公司之间的关联交易时,遵循《公司章程》对关联交易决策权利与程序的规定,关联股东在审议时执行回避制度。关联交易的定价是以本公司利润最大化和保护中小股东权益为基本点,在政府物价政策指引下,遵循市场规律,以公正、公平、公开为原则确定公允价格。

2、发行人律师、主承销商的意见

(1)本公司律师北京市凯源律师事务所对关联交易是否存在损害公司及中小股东利益、关联交易决策程序的合法性及有效性发表意见:

本所律师未发现上述合同或/和协议所列之交易条件对交易之任何一方显失公平,亦未发现存在损害发行人及发行人除关联股东以外其他股东利益的内容。

(2)主承销商长城证券有限责任公司对关联交易是否存在损害公司及中小股东利益、关联交易决策程序的合法性及有效性发表意见:

本公司认为,新疆天宏纸业股份有限公司在处理关联交易时,遵循《公司章程》对关联交易决策权利与程序的规定,关联股东在审议时执行回避制度,关联交易决策程序具有合法性和有效性。关联交易的定价是以本公司利润最大化和保护中小股东权益为基本点,在政府物价政策指引下,遵循市场规律,以公正、公平、公开为原则确定公允价格。

九、董事、监事和高级管理人员

(一)、董事、监事、高级管理人员简介:

1、董事

李国民先生:现年58岁,中专学历。曾任农八师141团参谋,石河子造纸厂车间副主任、人武部副部长、劳人科科长、厂长助理、副厂长、厂长等职务。当选为石河子市第三届、第四届、第五届和第六届人大代表,石河子市第五届、第六届人大常委。现任本司董事长、党委副书记。

王玉柱先生:现年48岁,大学本科学历,工程师。曾任石河子造纸厂生产科技术员、制浆车间副主任、生产技术科科长、副厂长、厂长、党委书记等职务。现任本公司副董事长、党委书记,石河子造纸厂党委书记。

赵云忠先生:现年44岁,大专学历,政工师。曾任石河子造纸厂造纸车间副主任、圆网车间书记、供销经贸公司书记、经理,石河子造纸厂党委副书记,石河子织染厂副厂长,石河子造纸厂副厂长等职务。现任本公司董事、总经理。

卫志江先生:现年50岁,大专学历。曾任石河子造纸厂造纸车间主任、生产科副科长兼造纸车间主任、分厂厂长、厂长助理、副厂长等职务。现任本公司董事、副总经理。

王波先生:现年35岁,大学本科学历,工程师。曾任石河子造纸厂制浆车间技术员、主任、分厂副厂长、分厂厂长、副厂长等职务。现任本公司董事、副总经理。

王巧玲女士:现年41岁,大学本科学历,高级政工师。曾任石河子造纸厂组织科干事、加工分厂书记兼厂长、政工处副主任、主任、厂工会主席等职务。现任本公司董事、董事会秘书。

余盟甫先生:现年55岁,中专学历,工程师。曾任石河子造纸厂基建队副队长、队长、厂长助理、副厂长等职务。现任石河子造纸厂副厂长,本公司董事。

范聪卓先生:现年37岁,硕士研究生,讲师。曾任自治区党委办公厅秘书处任秘书、新疆教育出版社书记、副社长等职务。现任新疆教育出版社书记,本公司董事。

曹彦先生:现年37岁,大专学历,会计师。曾任新疆新华印刷二厂铅印车间主任、厂长助理兼计财科科长、生产经营部主任,新疆出版印刷集团公司财务部主任、印刷物资分公司经理、总经办主任、纸张分公司经理等职务。现任新疆出版印刷集团公司总经理,本公司董事。

2、监事

王志国先生:现年48岁,大专学历,政工师。曾任石河子汽车配件公司办公室副主任、主任,交通部电视中专新疆石河子分校办公室主任、分校校长、校长兼书记,石河子汽车运输公司党委书记,石河子造纸厂纪委书记等职务。现任石河子造纸厂纪委书记,本公司监事会召集人。

鲍建章先生:现年41岁,大专学历,助理工程师。曾任新疆石河子白杨酒厂车间副主任、主任、厂长助理、副厂长、厂长、党委副书记等职务。现任新疆石河子白杨酒厂厂长、党委副书记,本公司监事。

谢英女士:现年44岁,大专学历,助理会计师。曾任兵团印刷厂财务科科长。现任兵团印刷厂财务科科长,本公司监事。

李新华女士:现年51岁,大专学历,政工师。曾任石河子造纸厂中学主任、书记,石河子造纸厂政工处主任等职务。现任石河子造纸厂政工处主任,本公司监事。

寇志春先生:现年52岁,中专学历,政工师。曾任石河子造纸厂车间主任、连长、分厂书记、机关书记、保卫科书记、群工处主任等职务。现任石河子造纸厂群工处主任,本公司监事。

3、高级管理人员

陈仁玉先生:现年58岁,中专学历,会计师。曾任新疆石河子造纸厂财务科副科长、科长等职务。现任本公司财务负责人。

本公司所有董事、监事、高级管理人员均为中华人民共和国公民。

(二)董事、监事、高级管理人员持有本公司及关联企业股份情况

经合理查验,本次发行前,本公司董事、监事、其他高级管理人员没有以个人名义或授权他人或指示他人代持有本公司的股份;上述人员的配偶或未满18岁的子女没有持有本公司的股份;上述人员没有通过其或其近亲属能够直接或间接控制的公司持有本公司的股份;上述人员没有持有本公司关联企业的股份。

十、公司治理结构

本公司于1999年12月29日召开的新疆天宏纸业股份有限公司创立大会暨第一次股东大会,通过了《公司章程》,选举了公司第一届董事会、监事会成员;2000年4月16日召开了1999年度股东大会;2000年8月16日召开2000年临时股东大会,根据《上市公司章程指引》、《上市公司股东大会规范意见》的要求对《公司章程》进行了修订,形成了《新疆天宏纸业股份有限公司公司章程(草案)》。

本公司先后对股东大会、董事会和监事会的职权和议事规则及发挥作用的制度等进行了具体规定,初步建立了符合股份有限公司公开发行股票并上市要求的公司治理结构。公司成立以来,上述机构按照有关法律法规和《公司章程》的要求规范运作,未出现违法违规现象,功能不断得到完善。

(一)关于公司股东、股东大会

公司股东为依法持有公司股份的人,按照《公司章程》的规定,股东主要享有依照其所持有的股份份额获得股利和其他形式的利益分配等权利。

同时,公司股东必须遵守《公司章程》、依其所认购的股份和入股方式缴纳股金,除法律、法规规定的情形外,股东不得退股。

《公司章程》规定股东大会是公司的权力机构并依法行使决定公司的经营方针和投资计划;选举和更换董事,决定有关董事的报酬事项,选举和更换由股东代表出任的监事,决定有关监事的报酬事项;审议批准公司的年度财务预算方案、决算方案等。

(二)关于公司董事会

公司董事会由9名董事组成,设董事长1人,副董事长1人,目前无独立董事。

公司设董事会,对股东大会负责。董事会履行负责召集股东大会,并向大会报告工作;执行股东大会的决议;决定公司的经营计划和投资方案;制订公司的年度财务预算方案、决算方案;制订公司的利润分配方案和弥补亏损方案;拟订公司重大收购、回购本公司股票或者合并、分立和解散方案等《公司法》和《公司章程》规定职权并在股东大会授权范围内,决定公司的对外投资、资产抵押及其他担保事项。

(三)关于公司监事会

公司设监事会;监事会由5名监事组成,其中职工代表监事2人;设监事会召集人1名;监事会召集人不能履行职权时,由该召集人指定1名监事代行其职权。

监事会有权检查公司的生产经营和财务状况,有权核查帐薄、文件及有关资料;对董事、总经理和其他高级管理人员执行公司职务时违反法律、法规或者章程的行为进行监督;当董事、总经理和其他高级管理人员的行为损害公司的利益时,要求其予以纠正,必要时向股东大会或国家有关主管机关报告。监事会有权提议召开临时股东大会、列席董事会会议并享有公司章程规定或股东大会授予的其他职权。

监事会行使职权时,必要时可以聘请律师事务所、会计师事务所等专业性机构给予帮助,由此发生的费用由公司承担。

(四)高级管理人员的选择、考评、激励和约束机制

公司基于长远发展的需要,制定了高级管理人员的选择、考评、激励和约束机制。

选择机制:根据公司发展需要和《公司章程》规定,遵循"德、才、智、体"的原则选择聘任,任期一般为三年。本公司选聘高级管理人员主要有外部招聘与内部选拔两种方式。

考评机制:由公司董事会按年度对公司高级管理人员的业绩和履职情况进行考评,考评结果作为高管人员调薪、晋升、调动、辞退的主要依据。以实现对高级管理人员的激励与约束。

激励机制:本公司报酬制度实行年薪制。每年初经公司董事会下达各高级管理人员全年工作指标及年薪基数,并签订目标责任书,年末由企管部核定指标完成情况给每位高管人员打分(满分100),得分报总经理审批后除以100分即为实际得分数。实际得分数乘以年初所定年薪基数为实际所得年薪数。

约束机制:公司根据《公司章程》、财务人事等内部管理制度规定以及与高级管理人员的《聘用合同》、《商业秘密保密协议》,对高级管理人员的履职行为、权限、职责等作了相应的约束。具体内容请参见本章"管理层和核心技术人员的诚信义务"。

(五)管理层和核心技术人员诚信义务的限制性规定

1、董事、监事诚信义务的限制性规定

本公司的《公司章程》具体规定了董事应当遵守法律、法规和《公司章程》,忠实履行职责,维护公司利益。当其自身利益与公司和股东的利益冲突时,应当以公司和股东的最大利益为行为准则。

2、高级管理人员、核心技术人员履行诚信义务的限制性规定

公司与高级管理人员及核心技术人员签订《商业秘密保密协议》,《商业秘密保密协议》是依据中华人民共和国《公司法》、《专利法》、《反不正当竞争法》等法律法规制定。

违反保密义务的高级管理人员与核心技术人员应该承担以下责任:1)公司责令归还秘密文件;2)公司给予警告、记过、开除等行政处分;3)造成公司损失者扣发工资,工资不足以赔偿时,须另行向公司支付赔偿金;4)违反法律的,依法追究其民事和刑事责任。

(六)重大生产经营、重大投资及重要财务等决策程序与规则

股东大会是公司的权力机构,决定公司经营方针和投资计划;审议批准公司的年度财务预算方案、决算方案。

1、重大生产经营决策程序与规则

公司通过对企业生产经营决策制定和实施上的管理,可以有效地指导企业的发展,并随时掌握企业的经营状况,及时发现、纠正问题。

年度经营计划由总经理主持有关部门和人员拟订。年度经营计划拟订后,报公司董事会审议。

公司生产经营决策的事实依据包括企业的战略、企业的关键成功因素、宏观经济动态、行业动态、市场动态、竞争对手动态、公司发展目标以及前一年的生产经营决策及其完成情况。

2、本公司重大投资决策程序与规则

投资决策是针对公司的投资机会,从公司战略方向、项目风险、投资回报率、公司自身能力与资源分配等方面加以评估,筛选出成功可能性最大的项目并制定实施计划的活动。

公司董事会根据股东大会的授权在总经理办公会提供的项目背景资料和项目建议书的基础上对项目实施作出决议。

3、发行人重要财务决策程序与规则

本程序与规则所指重要财务决策包括公司经营方针和投资计划的决定、年度财务预算方案及决算方案的制定、公司利润分配方案和弥补亏损方案的制定、发行公司债券的决议、聘用、解聘会计事务所作出决议。

重要财务决策程序与规则实施分级管理,由公司各层次根据所拥有的权限参与决策,决策层次包括公司财务部、财务负责人、总经理、董事长、董事会、股东大会。

(七)本公司关于利用外部决策咨询力量的情况

公司在工艺、设备、研发、公司改制中一直比较重视利用外部专家的咨询力量。

公司聘请行业专家以及高校教授开设造纸、法律、营销、管理等方面的专题讲座,更新完善公司高层管理人员的知识结构,进一步提高了高级管理人员依法经营、科学管理、开拓市场的综合能力。

(八)其他内部控制制度

公司针对自身特点,特别制定了行之有效的、完全符合ISO9002国际质量标准体系的研发、生产、供应的内部控制制度。同时,为保证公司运营正常,在总结公司多年业务发展情况和公司运营管理经验基础上,公司业已形成比较健全、有效的内部运营业务方面的内部控制制度体系。

产品质量控制制度:核心内容执行ISO9002系列标准,制定了为企业提供质量保证能力的标准化文件,包括质量手册、程序文件和作业指导书等,形成了以质量手册、程序文件和工艺守则、操作指导书、检验规范等为标准的质量控制体系。

公司运营内部控制制度:核心内容包括财务管理、财产管理、企业经营管理、人力资源管理及行为规范管理。主要控制对象是公司各部门、机构及各业务环节,切实保障公司持续健康运行。针对公司各项经营业务,公司建立了规范的内部控制制度或管理办法,使各项业务有规可循,保证公司能有序运营、健康发展。

为控制项目投资风险,运用好募集资金,为广大投资者谋取最大回报,公司将建立和完善有关募集资金投向的内部控制制度。公司董事会将进一步加强预算,对资金实行严格管理,通过审计委员会,强化对项目投资及财务收支的监控,按规定披露募集资金的使用情况。

(九)核心管理层的变动

本公司成立以来,董事长、总经理、财务负责人和核心技术人员未发生变动。

(十)公司管理层评价及律师意见

本公司管理层认为,公司根据《公司法》、《证券法》和《上市公司章程指引》的有关规定制定的《公司内部控制制度》,首先树立了管理创新和技术创新的新观念,强化和完善了公司财务管理、生产基础管理、劳动人事管理和销售管理等,以抓好财务管理和技术管理为突破口,带动公司各项管理规范化。通过严格执行内部控制制度,生产成本下降,应收帐款下降,销售收入增加,利润增加,公司的经营管理工作上了一个新台阶,反映了内控制度的完整性、合理性及有效性。

本公司律师认为:发行人具有健全的组织机构;发行人已制定股东大会、董事会和监事会

议事的相应规则,本所律师未发现发行人的上述股东大会、董事会和监事会的议事规则存在违反有关法律、法规和规范性文件规定的情形;本所律师未发现发行人历次股东大会、董事会和监事会的召开、决议内容和决议签署存在违反有关法律法规的情形,合法有效;发行人股东大会对董事会的历次授权合法有效;发行人的股东大会决议中的历次重大决策均经发行人董事会审议通过,并报经发行人股东大会批准,发行人的重大决策合法有效。

十一、财务会计信息

(一) 会计报表编制基准及注册会计师意见

本公司为1999年12月30日设立的股份有限公司。本公司设立以前的1998－1999年度的会计报表是以造纸厂改组方案确定的公司架构为前提,按报告期内各年实际存在的本公司架构各构成实体为基础,根据资产、债务重组方案和人员重组方案确定的剥离原则和方法对造纸厂的资产、负债、所有者权益及收入、费用、利润进行剥离,按《股份有限公司会计制度》和本公司现行的会计政策作必要的调整后模拟编制的。改制设立后,本公司按照《股份有限公司会计制度》的有关规定和本公司现行的会计政策编制会计报表。在本报告期内,本公司未发生新设合并或吸收合并的事项。本公司目前拥有三家子公司。

本公司已聘请深圳同人会计师事务所对本公司及下属子分公司2000年12月31日、1999年12月31日、1998年12月31日的合并资产负债表和母公司资产负债表,2000年度、1999年度、1998年度的合并利润及利润分配表和母公司利润及利润分配表,2000年度的合并现金流量表和母公司现金流量表进行了审计。会计师已出具了标准无保留意见的审计报告。

以下引用的财务数据,非特别说明,均引自经审计的合并会计报表。本章的财务会计数据及有关分析说明反映了公司过往三年的经审计的会计报表、经审核的盈利预测报告及有关附注的重要内容。

(二) 合并会计报表范围及变化情况

本公司的合并会计报表系按照财政部财会字[1995]11号文《合并会计报表暂行规定》和财会二字(1996)2号《关于合并会计报表合并范围请示的复函》等有关文件的要求编制的。

本公司列入合并会计报表的范围的子公司所执行的行业会计制度,业已在会计报表合并时予以必要的调整。

本公司及其子公司间的所有重大交易,均在会计报表合并时予以抵销。

本公司纳入合并报表范围的子公司概况列示如下:

公司名称	注册地点	注册资本	经营范围	投资金额	拥有权益%	2000－12－31净资产	报表是否合并	合并期间
1.北京博天峰纸业有限责任公司	北京	100万元	销售纸张、纸制品、纺织品	80万元	80%	40.65万元	是	1999－2000年
2.上海博峰纸业有限责任公司＊	上海	50万元	机制纸、文化用品、文化用纸、纸制品加工	40万元	80%	－97.42万元	是	1998－2000年
3.深圳市新石纸业有限公司＊	深圳	60万元	经营机制纸、纸制品(不含专营、专控、专卖商品)	51万元	85%	－89.61万元	是	1998－2000年

＊该等公司净资产已为负数。本公司为上述公司的持续经营提供了财务支持,故仍合并其报表,其累计亏损已包括在合并报表中。通过本公司调整对子公司价格政策后,预计该等公司2001年将扭亏为盈。

(三) 简要会计报表

本公司的简要合并会计报表反映了本公司的基本财务状况、经营成果、和现金流量情况,故在本节中仅披露了本公司的简要合并会计报表。若想了解本公司过往三年的财务状况、经营成果和现金流量情况,请阅读本招股说明书附录一。

简要合并利润及利润分配表

单位:人民币元

	2000年度	1999年度	1998年度
主营业务收入	147,304,351.10	133,501,265.63	119,847,006.64
主营业务利润	38,209,378.62	34,729,697.59	31,798,102.25
营业利润	15,033,030.78	14,945,573.47	11,949,909.83
利润总额	18,355,541.66	14,545,092.12	11,997,167.63
净利润	12,765,769.45	10,027,365.17	8,038,102.31
可供分配利润	15,444,468.10	10,027,365.17	—
可供股东分配利润	12,408,406.82	10,027,365.17	—
未分配利润	10,817,722.74	2,678,698.65	—

简要合并资产负债表

单位:人民币元

	2000－12－31	1999－12－31	1998－12－31
资产			
流动资产合计	127,649,831.71	137,518,512.83	114,689,996.64
长期投资净额	1,000.00	—	—
固定资产合计	117,993,562.83	115,205,288.09	80,794,561.08
无形资产及其他资产合计	3,125,168.59	240,572.40	261,803.09
资产总计	248,769,563.13	252,964,373.32	195,746,360.81
流动负债合计	135,043,800.71	152,844,500.69	106,951,562.60
长期负债合计	20,200,000.00	21,240,000.00	20,120,000.00
负债合计	155,243,800.71	174,084,500.69	127,071,562.60
少数股东权益	81,294.32	201,173.98	—
股东权益合计	93,444,468.10	78,678,698.65	68,674,798.21
负债和股东权益总计	248,769,563.13	252,964,373.32	195,746,360.81

简要合并现金流量表

单位:人民币元

项　目	2000年度
经营活动产生的现金流量净额	14,366,107.72
投资活动产生的现金流量净额	－11,896,074.46
筹资活动产生的现金流量净额	－5,395,160.16
汇率变动对现金的影响额	—
现金及现金等价物净增加额	－2,925,126.90

(四) 经营业绩

本公司的主营业务收入和利润主要来源于书写纸、双胶纸和胶刊纸产品的销售。1998、1999年和2000年度,本公司的主营业务收入分别为119,847,006.64元、133,501,265.63元、147,304,351.10元;年增长率分别为11.39%和10.34%。

本公司的主营业务收入包括日历纸、书写纸、双胶纸和胶刊纸销售收入。1998年、1999年和2000年,日历纸的销售收入分别为3,096,725.64元、3,548,007.28元和3,904,846.10元,占主营业务收入的比重分别为3.04%、3.14%、3.13%;书写纸的销售收入分别为53,080,854.14元、70,465,488.40元和77,761,120.89元,分别占主营业务收入的44.29%、52.78%和52.79%;双胶纸的销售收入分别为49,317,738.72元、44,587,634.19元和49,198,679.82元,分别占主营业务收入的41.15%、33.39%和33.40%;胶刊纸的销售收入分别为13,801,232.00元、14,260,043.42元和15,733,430.93元,分别占主营业务收入的11.52%、10.68%和10.68%。

本公司主营业务成本主要为日历纸销售成本、书写纸销售成本、双胶纸销售成本和胶刊纸销售成本,主要由以漂白浆为主的原材料成本和以水为主的动力成本构成。由于原材料成本和动力成本均维持较为稳定的比例,因此本公司的主营业务利润率近三年也保持稳定的水平。1998、1999、2000年度,本公司主营业务利润率分别为26.5%、26%和26%。

本公司的营业费用主要运费、仓储费和销售人员的工资及福利费、差旅费等。1998、1999、2000年度,公司营业费用分别为8,122,971.65元、8,242,704.55元和11,135,955.38元,年增长率分别为1.5%、35%。2000年营业费用比上期增长了35%,主要是运输费用有了较大幅度的增长。

本公司的管理费用主要固定资产折旧费、管理人员的工资及福利费、土地租赁费等。1998、1999、2000年度,公司的管理费用分别为7,856,483.69元、6,968,328.05元、8,229,991.66元,1999年较1998年减少11%,主要原因是当期计提的坏帐损失准备较前期下降;2000年较1999年增加18%,主要是因为当期计提的坏帐损失准备较前期增加以及增加了综合服务费的支出。

本公司过往三年无占净利润5%以上的重大投资损益。

本公司过往三年中,2000年度的非经常性收益2,374,155.35元,系本公司2000年实际收到的新疆生产建设兵团农八师财务局所拨给的补贴收入,该等账项已于2000年8月收妥入账。1998、1999年度均无非经常性损益。

本公司主要适用的税种和税率

税种	税率
增值税	17%
城市维护建设税	7%或1%
教育费附加 ＊	3%或0%
企业所得税 ＊＊	33%或15%

＊ 根据新疆维吾尔自治区税务局新税字[1991]262号文《关于不再征收兵团单位教育附加费的通知》,本公司本部及本公司设在新疆地区的经营机构不计缴教育费附加。

＊＊ 本公司所得税的法定税率为33%。本公司所属各子公司和分公司执行当地的税收政策,其中深圳新石纸业有限公司的所得税率按15%计算缴纳,其他子公司和分公司的所得税均按33%计算交纳。

若投资者需要详细了解本公司适用的主要税种及税率,请阅读本招股说明书附录一。

(五)资产

截止2000年12月31日,本公司的资产总计为24,876.9万元,包括流动资产、长期投资、固定资产、无形资产及其他资产。

1、流动资产

流动资产主要包括货币资金、应收帐款、其他应收款和存货,具体情况如下:

1998、1999和2000年末,本公司的货币资金分别为962.3万元、1,110.0万元和817.5万元;分别占当年末流动资产的8.39%、8.07%和6.40%。

本公司1998、1999和2000年末的应收帐款分别为3,832.0万元、6,925.9万元和6,534.3万元。本公司产品均通过设在全国各地的子公司和分公司对外销售,主要以先货后款等手段来开拓和稳固市场,因而有较大数额的应收款项。由于主要客户均为最终用户,信誉较好,历年来货款回收情况良好。应收帐款1999年12月31日比1998年12月31日上升了80.73%,系因本公司出于扩大经营规模开拓市场的需要而适度调整营销策略所致。2000年12月31日比1999年12月31日下降了5.65%,系本公司为降低应收帐款风险,加大了收款力度所致。2000年12月31日,帐龄在一年以内的应收帐款余额为6,139.2万元,占应收帐款总额的比例为92.49%。2000年12月31日,本公司的应收帐款余额中,并无持本公司5%或以上股份的主要股东欠款。

本公司1998、1999和2000年末的其他应收款为75.8万元、81.9万元和436.6万元。其他应收款余额主要为预付差旅费和暂付申请股票公开发行前期费用(2000年其他应收款余额)等。2000年12月31日,本公司的其他应收款余额中并无持本公司5%或以上股份的主要股东欠款。

本公司1998、1999和2000年末的坏帐准备为295.6万元、321.4万元和381.5万元。上述三年末的应收款项净额为3,612.2万元、6,686.5万元和6,589.5万元。

本公司1998、1999和2000年末的存货为7,048.3万元、5,890.2万元和5,273.5万元。存货余额主要为原材料和库存商品。

本公司1998、1999和2000年末的存货跌价准备为203.0万元、259.4万元和230.3万元。上述三年末的存货净额为6,845.3万元、5,630.8万元和5,043.1万元。

2、长期投资

截止2000年12月31日本公司的母公司会计报表中,长期投资为长期股权投资,初始投资额为1,406.8万元,期末投资额为32.5万元,期末投资额占净资产的0.34%,具体情况如下:

长期投资

单位:人民币元

	年初数	本期增加数	本期减少数	年末数
其他股权投资	14,068,045.33	2,245,452.41	15,988,320.45	325,177.29

其他股权投资本期因本公司子公司－石河子市天宏商贸城、新疆石河子造纸厂兰州七里河经营部、新疆石河子造纸厂武汉经营部变更为本公司的分公司或撤消,共计减少人民币1,598.8万元。

＊按权益法核算的其他股权投资:

被投资单位名称	投资期限	投资金额	占被投资单位注册资本比例	本期权益增减额	累积增减额	投资余额
北京博天峰纸业有限公司	1998.9.16－2018.9.15	800,000.00	80%	(558,579.43)	(474,822.71)	325,177.29
上海博峰纸业有限公司＊	1998.1.16－2006.1.15	400,000.00	80%	504,054.07	(400,000.00)	—
深圳新石纸业有限公司＊	1996.9.5－2006.9.5	510,000.00	85%	2,299,977.77	(510,000.00)	—
		1,710,000.00		2,245,452.41	(1,384,822.71)	325,177.29

＊从2000年起,在该等公司所有者权益出现亏拙后,本公司将对该等公司的投资的账面数减记为零,不再进行权益法调整。

3、固定资产

截止2000年12月31日,公司固定资产原值为150,097,901.59元,累计折旧49,035,569.17元,固定资产净值101,062,332.42元。

固定资产折旧采用直线法平均计算,并根据固定资产类别的原值、估计经济使用年限和预计残值(原值的3%)确定其折旧率。

具体情况如下:

类别	预计使用年限(年)	年折旧率	帐面原值(元)	累计折旧(元)	帐面净值(元)
房屋建筑物	40	2.425%	76,047,055.76	11,291,739.43	64,755,316.33
机器设备	10－20	4.85%－9.7%	71,104,426.63	36,305,480.04	34,798,946.59
运输设备	10	9.7%	1,339,300.00	483,538.16	855,761.84
电子设备	5	19.4%	1,574,471.20	816,741.54	1,541,823.20
其他	5	19.4%	32,648.00	32,648.00	0
合计			150,097,901.59	49,035,569.17	101,062,332.42

截止2000年12月31日,本公司有形资产净值为245,644,392.50元。

4、无形资产

截止2000年12月31日,本公司帐面反映的无形资产为零。

(六)负债

截止2000年12月31日,本公司负债总额为155,243,800.71元,其中流动负债135,043,800.71元,主要包括短期借款、应付帐款、预收帐款、应付福利费、应交税金、其他应付款等;长期负债20,200,000.00元。

截止2000年12月31日,本公司短期借款余额为54,500,000元,债项明细情况见下表:

借款种类	币种	2000－12－31余额	借款期限	月利率(‰)
担保贷款	人民币	34,500,000.00	1999.10.19－2001.08.14	5.3625－6.3375
抵押贷款	人民币	20,000,000.00＊	2000.05.26－2001.06.18	5.85
		54,500,000.00		

＊ 本公司用于银行短期抵押贷款的抵押物是价值为人民币34,072,515.00元的机器设备。

截止2000年12月31日,本公司应付帐款余额为52,052,949.95元,无应付持本公司5%以上股份的股东欠款,属关联往来的详见下表:

企业名称	2000－12－31 金　额	占全部应收(付)款项余额的比重(%)
应付帐款		
新疆石河子市天宏房地产开发公司	10,134,176.11	19.47
新疆石河子祥和化工有限公司	118,443.50	0.23

截止2000年12月31日,本公司预收帐款余额为822,140.04元,无预收持本公司5%以上股份股东的款项。

截止2000年12月31日,本公司应付福利费为4,319,791.10元。

截止2000年12月31日,本公司应交税金余额为4,806,991.22元,主要包括以下内容:

	2000－12－31余额
增值税	2,194,244.60元

城市维护建设税	116,415.00 元
所得税	2,496,331.62 元
合计	4,806,991.22 元

截止 2000 年 12 月 31 日,本公司其他应付款余额为 15,478,961.66 元,无应付持本公司 5%以上股份的股东的款项。其中大额的其他应付款列示如下:

单位名称	2000-12-31 余额	款项内容
农八师财务局	4,122,500.00	东泉农场开发暂借款
石河子市财政局	5,980,650.00	无尘纸项目启动借款
职工教育经费	570,920.05	职工教育经费余额
天宏股份公司工会	466,188.89	工会暂存款

截止 2000 年 12 月 31 日,本公司长期借款余额为 20,200,000.00 元,债项明细情况见下表:

贷款单位	借款日	还(付)款日	2000-12-31 月利率‰	借款金额	贷款条件
中国农业银行石河子兵团分行	1999.12.09	2004.12.30	4.95	1,000,000.00	担保 *
中国农业银行石河子兵团分行	1997.7.23	2002.7.22	5.025	18,000,000.00	担保 *
新疆生产建设兵团农八师财务局	1998.3.24	2003.2.24	6.44	1,200,000.00	信用
				20,200,000.00	

* 担保方为石河子南山水泥厂。

截止 2000 年 12 月 31 日,本公司除已签约资本性支出人民币 218.3 万元和已批准未签约的资本性支出为人民币 22,911.9 万元外,无其他重大承诺事项。

截止 2000 年 12 月 31 日,本公司无重大或有负债和逾期未还款项。

(七)股东权益

截止 2000 年 12 月 31 日,本公司股本为 5016 万股,全部为人民币普通股,每股面值 1.00 元,合计人民币 5016 万元。本公司近三年股东权益情况如下:

单位:人民币元

项目	2000.12.31	1999.12.31	1998.12.31
股本	50,160,000.00	50,160,000.00	—
资本公积	25,840,000.00	25,840,000.00	—
盈余公积	6,626,745.36	—	—
其中:公益金	1,518,030.64	—	—
未分配利润	10,817,722.74	2,678,698.65	—
股东权益合计	93,444,468.10	78,678,698.65	68,674,798.21

(八)现金流量

本公司 2000 年度的经营活动产生的现金流量净额 14,366,107.72 元,其中销售商品、提供劳务收到的现金为 175,371,488.46 元,收到的租金为 512,000. 00 元,收到的其他与经营活动有关的现金为 3,123,958.10 元,购买商品、接受劳务支付的现金为 129,722,071.53 元,经营租赁所支付的现金为 857,149.49 元,支付给职工以及为职工支付的现金为 11,503,493.86 元,实际交纳的增值税款为 17,679,275.55 元,支付的所得税款 2,930,983.02 元,支付的除增值税、所得税以外的其他税费 1,664 ,971.46 元,支付的其他与经营活动有关的现金为 283,393.93 元;投资活动产生的现金流量净额为 -11,896,074.46 元,其中处理固定资产\无形资产和其他长期资产而收到的现金净额为 1,663,919.75 元,购建固定资产、无形资产和其他长期资产所支付的现金为 13,558,994.21 元,债权性投资所支付的现金为 1,000.00 元;筹资活动产生的现金流量净额为 -5,395,160.16 元,其中借款所收到的现金为 900,000 .00 元,偿还债务所支付的现金为 1,040,000.00 元,偿还利息所支付的现金为 5,255, 160.16 元;现金及现金等价物净增加额为 -2,925,126.90 元。导致本公司现金流量呈负值的主要原因是目前融资渠道单一,固定资产投资和偿还债务本息支出现金较大。

公司没有不涉及现金收支的重大投资和筹资活动的情况。

公司提醒投资者关注本招股说明书附录一会计报表附注中的关联交易、期后事项和其他重要事项。

(九)盈利预测

本公司根据 2000 年的已审经营成果与 2001 年度的经营计划、生产计划,以及资金运用的可行性报告等资料,编制了本公司 2001 年度已除税但未计非经常性项目的盈利预测表。本公司盈利预测报告的编制遵循了谨慎性原则,但由于盈利预测所依据的各种假设具有不确定性,故投资者进行投资决策时不应过分依赖该项资料。

深圳同人会计师事务所已对本公司编制的 2001 年度的盈利预测报告进行了审核,并出具了无保留意见的盈利预测审核报告。以下资料摘录自本公司的盈利预测报告。

合并盈利预测表

单位:人民币万元

项目	2000 年已审实现数	2001 年 1-3 月未审实现数	2001 年预测数
一、主营业务收入	14,730.44	5,177.22	17,254.77
二、主营业务利润	3,820.94	1,153.74	4,100.96
三、营业利润	1,503.30	555.80	1,585.65
四、利润总额	1,835.55	556.83	1,585.65
五、净利润			
按 33%所得税率计算	1,276.57	373.03	1,062.24
按 14.85%所得税率计算	-		1,350.03

注:根据新疆维吾尔自治区人民政府新政函(2000)137 号文批准,本公司可在上市后 5 年内按 14.85%的实际税负比例计缴所得税。

本公司自成立以来,一直致力国内市场的开拓,并严格按市场经济规律运作,本公司的产品以“品质好、交期准、价格优”享誉国内市场,产品供求一直较稳定,并呈逐年递增趋势。

本公司预计与 2000 年度经审计的实际净利润相比,2001 年度的净利润将增长 5 .6%,这主要来源于主营业务收入的增长(17.1%)。具体原因如下:

1、根据市场调研及本公司 2000 年的实际销售情况,本公司预计在今后造纸工业回暖的形势下,本公司产品的销售量及售价均会有所提高。但为进一步提高本公司产品的市场占有率,公司亦会适当采取降价促销的营销策略。从谨慎的原则出发,本预测中,日历纸、书写纸、双胶纸、胶刊纸的销售单价及销售数量较 2000 年度都没有较大幅度变动,预计 2001 年度销售日历纸 800 吨,书写纸 18,500 吨,双胶纸 10 ,500 吨,胶刊纸 3,500 吨,实现销售收入 17,255 万元。

2、本公司投资建设的漂白棉浆生产线项目可在 2001 年 1 月投入使用,预计在 2001 年增加棉浆板的生产及销售。漂白棉浆生产线项目预计生产能力为年产 5, 000 吨棉浆板,根据市场调查,棉浆板预计年销售量为 3,000 吨,销售单价为 5, 080 元/吨,此项产品增加销售收入 1,524 万元。

3、本公司投资建设的天宏商贸城于 2001 年 1 月投入使用,预测全年可实现租金收入 159 万元。

基于上述原因,本公司预计 2001 年度销售收入较 2000 年实现数长 17.14%。

此外,公司上市后将享受有关税收优惠政策,减轻了本公司 2001 年的企业税收负担:根据新疆维吾尔自治区人民政府新政函[2000]137 号文《关于同意对上市公司所得税进行减征的批复》,本公司享有在上市后 5 年内减按 14.85%的税负比例缴纳企业所得税的税收优惠。

(十)资产评估

新疆华洲资产评估事务所根据国家有关评估的规定,在本公司设立时,对本公司的主要发起人新疆石河子造纸厂拟投入股份公司的全部经营性资产和北京博天峰纸业有限责任公司等部分控股子公司的资产和负债,以 1999 年 7 月 31 日为基准日进行了评估,并出具了“华洲评报字(1999)第 027 号”《资产评估报告书》,评估结果是:总资产为 23,124.69 万元,总负债为 15,924.69 万元,净资产为 7,200 万元。与帐面值 7115.57 万元相比,评估增值 1.19%。

由于新疆华洲资产评估事务所没有取得证券从业资格,本次股票发行过程中,本公司聘请具有证券从业资格的上海立信资产评估有限公司对公司设立时新疆华洲资产评估事务所出具的“华洲评报字(1999)第 027 号”《资产评估报告书》进行了复核,并由上海立信资产评估有限公司对该报告出具了肯定性的复核意见:认为其评估范围的确定是合理的,程序是合法的、合规的,所运用的评估方法基本符合行业评估规范,评估方法选用是合理的,方法的运用基本正确,评估结果在合理的范围内。

(十一)验资情况

本公司于 1999 年 12 月 30 日设立,注册资本为 5016 万元。公司各发起人的出资情况由深圳同人会计师事务所以深同证验字[1999]024 号验资报告验证,发起人以现金入股的已在 1999 年 12 月 29 日全部到位,以资产入股的均已办理了产权过户。公司成立至今,未发生任何资本变动。

(十二)财务指标

项目	2000 年	1999 年	1998 年
流动比率	0.95	0.90	1.07
速动比率	0.57	0.53	0.43
应收帐款周转率	2.19	2.48	3.25
存货周转率	1.93	1.51	1.55
无形资产(土地使用权除外)占净资产的比例	—	—	—
资产负债率	62%	67.28%	64.4%
每股净资产(元)	1.86	1.57	—
研究与开发费用占主营业务收入的比例	1.97%	2.05%	2.12%
净资产收益率	13.66%	12.74%	11.70%
每股收益(元)	0.25	0.20	—
每股经营活动产生的现金流量净额	0.29	—	—

发行后净资产收益率*为 4.94%(全面摊薄),比本公司 2000 年的全面摊薄净资产收益率 11.59%有较大幅度的下降。

*发行后净资产收益率=2001 年预测净利润/按发行价格计算的发行后净资产

发行后净资产=200 年 12 月 31 日净资产+本次发行扣除发行费用后的募集资金

本公司按《公开发行证券公司信息披露编报规则第 9 号——净资产收益率和每股收益的计算及披露》计算的 2000 年净资产收益率和每股收益如下:

	报告期利润(万元)	净资产收益率(%) 全面摊薄	净资产收益率(%) 加权平均	每股收益(元) 全面摊薄	每股收益(元) 加权平均
主营业务利润	3,820.94	40.89	44.92	0.76	0.76
营业利润	1,503.30	16.09	17.67	0.30	0.30
净利润	1,276.58	13.66	15.01	0.25	0.25
扣除非经常性损益后的净利润	1,082.97	11.59	12.73	0.22	0.22

(十三)公司管理层的财务分析

公司董事会成员和管理层结合过往三年经审计的相关财务会计资料做出如下财务分析:

1、关于经营成果、盈利能力及前景分析

公司董事会成员和管理层结合过往三年经审计的相关财务会计资料做出如下财务分析:

公司近三年主营业务发展势头良好,产品市场占有率不断扩大,销售毛利率保持比较稳定的水平,销售收入和盈利能力连续三年稳步上升。

公司主要从事书写纸、双胶纸、胶刊纸等文化用纸的生产和销售。1998/1999 和 2000 年度,书写纸、双胶纸、胶刊纸的销售收入成为本公司净利润的主要来源。随着人们生活水平的提高,纸的消费量也将增长。世界造纸行业的复苏、回暖给公司进一步发展提供了良好的环境。公司“高质量、低价位、多品种”的产品策略使公司在日益激烈的市场竞争中,始终保持了新疆自治区内的 50%市场占有率。此外,本公司产品的主要成本是漂白浆,公司通过技术改造、提高工艺水平来适当降低产品中漂白浆的含量和提高生产管理水平以提高产品合格率等措施,降低产品成本,使公司更主动、灵活地运用定价策略,并根据市场需求情况及时调整产品的销售结构,从而推动公司产品销售量增加,销售额进一步增长。

本公司发生的营业费用主要为运费、仓储费等,公司对市场营销网络建设的投入逐年增加,相应的,本公司主营业务利润在市场营销网络建设的配合下也逐年稳步增长。公司对销售人员实行收入和相关销售费用、产品销售额、货款回笼额挂钩的办法,严格控制开支、提高管理效率,加强货款回收管理,严格按合同订单组织生产和销售,最大限度降低运费和仓储费。

成功发行社会公众股后,募股资金到位可部分替代银行借款,相对减少借款利息费用,这对保证公司利润的稳定增长起到一定的作用。

本公司一直致力国内市场的开拓,并严格按市场经济规律运作,本公司的产品以“品质好、交期准、价格优”享誉国内市场,产品供求一直较稳定,并呈逐年递增趋势。针对近年国内和国际经济形势逐渐好转,公司在积极开拓国内市场的同时还加大国际市场的力度。随着募股资金投资项目的建成投产,生产规模进一步扩大,公司主导产品的生产成本将有较大幅度的降低,主营业务收入出现较大幅度增长,预计公司未来的盈利前景良好。

2、关于资产质量及资产负债结构

截至 2000 年 12 月 31 日,本公司资产负债率为 62%,流动比率为 0.95,资产负债结构较好。

本公司的流动资产主要为货币资金、应收帐款和存货,截至 2000 年 12 月 31 日,本公司的货币资金、应收帐款和存货占流动资产的比例分别为 6.4%、51.19%和 41. 31%。其中,应收帐款为应收客户欠贷款,由于主要客户均为最终用户,信誉较好,历年来货款回收情况良好。

2000 年公司加大了收款力度,从而使 2000 年 12 月 31 日的应收帐款余额比上年同期下降了 5.65%。基于多年的合作经验以及对其经营情况的跟踪考察,本公司认为这些客户欠货款发生坏帐的可能性较低。公司存货适销对路,周转较快,不存在积压或滞销情况。

综上所述,本公司流动资产结构良好,可变现能力强;固定资产为本公司所拥有并已取得有关权属证明,为本公司正常生产经营所必须的资产,不存在重大不良资产。

截至 2000 年 12 月 31 日,本公司的负债总计为人民币 155,243,800.71 元,为流动负债和长期负债,无重大已到期仍未偿还之负债。

本公司资产负债比例适中,债务结构不够合理,在长短期借款中,长期借款金额较小,短期借款金额较大,因而流动负债比例较高,给公司带来较大财务的风险。

3、关于现金流量及偿债能力

从现金流量表看,公司 2000 年经营活动产生的现金流量净额达 1,436.6 万元,说明公司资产有较好的经营能力,但由于融资渠道单一,固定资产投资和偿还债务本息支出现金较大,导致公司现金流量呈负值。

4、主要财务优势及困难

依本公司过往三年的财务状况、经营成果和现金流量情况,我们认为:

(1)本公司拥有独立的产、供、销系统,资产结构基本合理;股权结构合理,公司股票公开发行后,发起人股占总股本的 62.57%,社会公众股占总股本的 37.43 %,这有利于本公司管理层的稳定,同时由于大股东回避有关联交易的表决,这一股权结构也可避免大股东侵犯其他投资者利益;资产流动性较好,资产负债率略优于行业水平;债务结构不够合理,在长短期借款中,长期借款金额较小,短期借款金额较大,因而流动负债比例较高,给公司带来较大财务的风险;从现金流量表看,公司经营活动产生的现金流量净额达 1,436.6 万元,说明公司资产有较好的经营能力,但由于融资渠道单一,固定资产投资和偿还债务本息支出现金较大,导致公司现金流量呈负值。

(2)本公司业务稳步发展,1998 年至 2000 年连续三年销售收入、利润总额的增长和净资产收益率都在 10%以上,显示了经营管理层稳健、成熟的管理水平。

本公司将抓住西部大开发的机遇,利用新疆的地理和资源优势,积极增加融资渠道,使债务结构合理化,引进先进技术设备,生产适销产品,努力开拓市场,使本公司的销售收入和盈利实现稳步、持续的增长。

(3)困难提示:本公司目前流动负债比例较高,截止 2000 年 12 月 31 日,流动负债 13,479 万元,占负债总额的 86.9%,资金短缺将对本公司经营造成影响,较高的负债率使公司偿债压力较大,存在较大的财务风险。

十二、业务发展目标

(一)发展计划

1、总体目标

到 2005 年,发展成为具有较强核心竞争能力的国内知名的造纸生产企业。

2、主要经营理念

本公司奉行“以质量为生命,向管理要效益,以改革求发展,靠经营争生存”的经营方针;以“团结、拼搏、务实、创新,致力为用户尽善尽美服务”为基本经营理念;建立“人尽其才、晋奖激励、沟通舒畅、合作有效”用人机制,使本公司在技术创新、产品研发、市场营销、内部管理、资本运作等方面均衡发展,为实现总体目标提供有力保障。

3、发展战略(2001 年-2003 年)

公司本着"依托资源,科技兴企"的原则,抓住西部开发的大好良机,加快产品结构调整,促使产业升级,在稳步发展原传统文化用纸产品的同时,大力发展以热合无尘纸为龙头的高科技纸产品,尽快形成一大基地,三大产品的发展格局,充分利用特色资源,依靠以芨芨草和棉短绒为依托的高科技、高附加值型产品占领和扩大市场,提高核心竞争力,实现可持续发展。

4、整体经营目标

建立起符合公司未来发展目标和产业要求的经营体系,加快技术创新,公司综合竞争力得到显著提升,并在此基础上,公司营业收入和税后利润保持持续增长。

5、主要业务的经营目标

本公司通过合理、有效地运用募集资金,使项目尽快建成投产,项目投产后,公司将形成中高档文化用纸 4 万吨、热合无尘纸 1 万吨的生产规模。公司坚持以高档文化用纸、生活用纸的生产、销售作为主要业务,通过规范运作,以为全体股东谋求最大利益为目标,不断提高募集资金运用项目的效益,增强公司再融资能力。在现有基础上,如募集资金投资项目全部产生预期效益,至 2003 年底,实现年销售收入 5.5 亿元,利润 4847 万元。

为实现上述目标,本公司制订了具体业务计划,包括产品开发计划、人员扩充、培养计划、技术开发与创新计划、市场开发与营销网络建设计划、再融资计划、收购兼并及对外扩充计划、国际化经营的规划等。

(二)拟定上述计划所依据的假设条件

本次股票发行能够在 2001 的上半年完成,募集资金在 2001 年 6 月底前到位。本公司所在行业及领域的市场处于正常发展的状态下,没有出现重大的市场突变情形。

本公司所处的宏观经济、政治、法律和社会环境处于正常发展的状态,并没有对公司发展将会产生重大影响的不可抗力的现象发生。

国家对造纸行业的扶持政策不会有重大改变,并被较好执行。

十三、募股资金运用

(一)投资规模及投向

本次发行按发行价 5.80 元/股计算,扣除发行费用可筹集资金 16,633.5 万元。为达到公司的发展目标,使公司在继续保持规模、技术优势的同时,成为国内知名的造纸企业,根据公司发展的实际需要,本次股票发行募集资金计划投资下列项目:

1、投资 8250.2 万元,用于"年产 1 万吨热合无尘纸项目",该项目已经国家发展计划委员会以计产业[2000]522 号文批准立项。

2、投资 2991.3 万元,用于"野生芨芨草开发种植生产基地建设项目",该项目已经新疆生产建设兵团计划委员会以兵计(农经)发[2000]42 号文批准立项。

3、投资 3887 万元,用于"年产 1.5 万吨漂白棉浆项目",该项目已经新疆生产建设兵团计委以兵计(工交)发[2000]252 号文批准立项。

4、投资 1505 万元,用于"年产 6000 吨微量涂布纸项目",本项目已经新疆生产建设兵团经济贸易委员会以兵经贸发[2000]111 号文件批准立项。

以上四个项目投资总额为 22,341.9 万元,本次公开发行股票可实募资金 16,633.5 万元,缺口资金 5708.4 万元由银行贷款解决,该缺口资金用于年产 1 万吨热合无尘纸项目,中国银行新疆维吾尔自治区分行已为该项目的资金缺口出具贷款承诺函。承诺函内容如下:关于你公司申请"年产一万吨热合无尘纸项目"贷款申请已收悉,我行同意根据项目进展情况,适时的向该项目提供贷款总额不超过人民币 1 亿元,以保证该项目的资金需求。该贷款期限不少于三年,贷款利率执行中国人民银行公布的贷款利率。

以上投资项目经本公司董事会慎重研究、反复论证,认为本次募集资金的投向是符合中央提出的西部大开发和改善生态环境的战略构想的,也是符合公司发展战略目标的,项目的实施将有利于公司在产品结构和原料结构上的重大调整,有利于保护生态环境,对公司发展高科技领域用纸、抵御风险,走可持续发展之路都提供了良好的契机。

上述项目已经本公司 2000 年第一次临时股东大会表决通过。

上述投资使用计划是对拟投资项目的大体安排,实施过程中可能将按实际情况予以调整。

(二)投资估算项目的效益

年产 1 万吨热合无尘纸项目建成后,每年可生产无尘纸 10200 吨,正常年份新增销售收入 25500 万元,税后利润 2362.85 万元,投资利润率 21.73%(按利润总额计算);野生芨芨草开发种植生产基地建设项目达产后,可年节约生产成本 795.19 万元,套用投资利润率计算公式得该项目投资利润率为 26.6%;年产 1.5 万吨漂白浆项目建成达产后,漂白棉浆生产能力达到 15000 吨/年,新增销售收入 6154 万元/年,利润总额 544 万元/年,投资利润率 14%(按利润总额计算);年产 6000 吨微量涂布纸项目建成达产后,正常生产期销售收入为 3334 万元/年,新增利润 286 万元/年,投资利润率为 19%(按利润总额计算)。由于受市场、价格和经营环境可能变化的影响,具体到每个投资项目的效益指标估算,可能与项目实施后的实际效益有一定的差异。根据不同项目的具体情况,公司募集资金拟投资项目初步估算效益产生时间为 12 个月,投资回收期约 4.87-6.9 年,项目总体投资净利润率较高。

以上项目如实施成功后,将进一步提高本公司的生产规模和市场竞争力,并对公司的主营业务收入、净资产、每股净资产、净资产收益率、资产负债率、盈利能力和资本结构等都将有较明显的有利影响。

(三)募集资金使用年度计划

本公司本次募集资金年度使用计划见下表

单位:万元

项目名称	2001 年	2002 年	合计
1、年产 1 万吨热合无尘纸项目	12983.6	975	13958.6
2、野生芨芨草开发种植生产基地建设项目	2491.3	500	2991.3
3、年产 1.5 万吨漂白棉浆生产线项目	2987	900	3887
4、年产 6000 吨微量涂布印刷纸生产线技改项目	1505		1505
合计	19966.9	2375	22341.9

项目的资金投入轻重缓急按上面所列顺序安排。

本次募集资金的实际投入时间将按募集资金实际到位时间和项目的进展情况作相应调整。

(四)投资项目实施方案

对于以上项目,中国轻工业北京设计院、新疆国际工程咨询公司、新疆轻工业设计研究院等甲级工程设计单位已根据国际国内产品市场、工艺技术情况等对项目的产品市场、工艺技术方案、环保、安全及经济效益等进行分析研究后分别编制了《项目可行性研究报告》、《项目建议书》。

上述项目主要由本公司组织实施,技术开发中心和生产技术部负责组织人员的技术培训、设备购置安装。

为控制项目投资风险,使用好募集资金,公司已做出相应的安排,请参见招股说明书"第八节公司治理结构"之"其他内部控制制度"。

十四、发行定价及股利分配政策

(一)发行定价

本次股票发行拟采用上网定价方式进行。确定本次股票发行价格考虑的主要因素有:公司的成长性、行业的发展前景以及国家的相关政策,发行人拟投资项目所需要的募集资金;发行人过往三年的业绩以及未来一年的预测业绩;二级市场上可比公司的股价定位以及适当的一二级市场间价格折扣等。目前,沪深两市 A 股上市公司的平均市盈率大约为 60 倍,考虑到造纸行业的市场潜力以及增长速度,发行人过往三年的盈利能力及增长速度,最近新上市公司的市盈率水平等因素,本着谨慎的原则,确定本次发行全面摊薄市盈率为 34.52 倍,确定发行价为 5.80 元/股,本次股票发行后每股净资产为 3.24 元。

如出现发行价格上申购量不足本次发行量,则剩余部分由承销团余额包销。

如在发行价格上申购量超过本次发行量,则以抽签方式决定投资者和实际获配售的股数。

(二)公司股利分配的一般政策

本公司股票全部为普通股,股利分配将遵循"同股同利"的原则,按股东持有的股份数额,以现金股利、股票或其他合法的方式进行分配。

公司将本着对投资者负责的态度,实现股东价值,回报投资者。公司将在可分配利润方式的选择范围内,充分考虑到投资者的需要,并根据有关法律法规和公司章程,以公司交纳所得税后的利润,按下列顺序分配:弥补上一年度的亏损;提取法定公积金百分之十;提取法定公益金百分之五;提取任意公积金;支付股东股利。

公司 1999 年 12 月 30 日成立后,未进行过股利分配

。本次股票发行后,预期首次股利分配时间在 2002 年 6 月底以前。经 2000 年 8 月 16 日 2000 年第一次临时股东大会决议,本公司截止 1999 年底以前的滚存可分配利润共 2,678,698.65 元及 2000 年起实现的未分配利润待公司股票发行上市以后由新老股东共享。

本次发行如能按计划完成,预计首次派发股利时间在 2002 年上半年。

十五、董事及有关中介机构声明

新疆天宏纸业股份有限公司董事会成员

关于本招股说明书及其摘要的声明

本公司全体董事承诺本招股说明书及其摘要不存在虚假记载、误导性陈述或重大遗漏,并对其真实性、准确性、完整性承担个别和连带的法律责任。

董事会成员签字:

李国民、王玉柱、赵云忠、卫志江、余盟甫、王波、王巧玲、曹彦、范聪卓

新疆天宏纸业股份有限公司

2001 年 6 月 6 日

长城证券有限责任公司

关于新疆天宏纸业股份有限公司招股说明书及其摘要的声明

本公司已对招股说明书及其摘要进行了核查,确认不存在虚假记载、误导性陈述或重大遗漏,并对其真实性、准确性和完整性承担相应的法律责任。

主承销商(盖章):长城证券有限责任公司

授权代表人(签字):李仁杰

项目负责人(签字):康米和　杨文波

2001 年 6 月 7 日

北京市凯源律师事务所

关于新疆天宏纸业股份有限公司招股说明书及其摘要的声明

本所及经办律师保证由本所同意发行人在招股说明书及其摘要中引用的法律意见书和律师工作报告的内容已经本所审阅,确认招股说明书不致因上述内容出现虚假记载、误导性陈述及重大遗漏引致的法律风险,并对其真实性、准确性和完整性承担相应的法律责任。

北京市凯源律师事务所(盖章):

经办律师:卢建康　刘凝

负责人:卢建康

2001 年 6 月 6 日

深圳同人会计师事务所

关于新疆天宏纸业股份有限公司招股说明书及其摘要的声明

本所及经办会计师保证由本所同意发行人在招股说明书及其摘要中引用的财务报告已经本所审计,盈利预测已经本所审核(如有),确认招股说明书不致因上述内容而出现虚假记载、误导性陈述及重大遗漏,并对其真实性、准确性和完整性承担相应的法律责任。

深圳同人会计师事务所(盖章):

经办注册会计师:张义勤　葛炳法

负责人:刘继忠

2001 年 6 月 6 日

新疆华洲资产评估事务所

关于新疆天宏纸业股份有限公司招股说明书及其摘要的声明

本机构保证由本机构同意发行人在招股说明书及其摘要中引用的资产评估数据已经本机构审阅,确认招股说明书不致因上述内容而出现虚假记载、误导性陈述或重大遗漏,并对其真实性、准确性和完整性承担相应的法律责任。

新疆华洲资产评估事务所(盖章):

经办资产评估师:王进江　雪亚立

负责人:姜方基

2001 年 6 月 6 日

上海立信资产评估有限公司

关于新疆天宏纸业股份有限公司招股说明书及其摘要的声明

本机构保证由本机构同意发行人在招股说明书及其摘要中引用的资产评估数据已经本机构审阅,确认招股说明书不致因上述内容而出现虚假记载、误导性陈述或重大遗漏,并对其真实性、准确性和完整性承担相应的法律责任。

上海立信资产评估有限公司(盖章)

经办资产评估师:赵斌　张美灵

负责人:张美灵

2001 年 6 月 6 日

深圳同人会计师事务所

关于新疆天宏纸业股份有限公司招股说明书及其摘要的声明

本机构保证由本机构同意发行人在招股说明书及其摘要中引用的验资报告及有关数据已经本机构审阅,确认招股说明书不致因上述内容而出现虚假记载、误导性陈述或重大遗漏,并对其真实性、准确性和完整性承担相应的法律责任。

深圳同人会计师事务所(盖章):

经办验资人员:刘继忠　张义勤

负责人:刘继忠

2001 年 6 月 6 日

十六、备查文件

投资者可查阅与本次发行有关的所有正式法律文件,具体如下:

(一) 本次发行的招股说明书及其摘要,中国证监会对本次发行的核准文件

1、政府部门和证券监管机构对本次发行有关的文件

(二) 招股说明书的附录文件

1、为本次发行而编制的财务报告及审计报告原件

2、发行人律师对本次股票发行的法律意见书及其他有关法律意见

3、盈利预测报告及其审核报告的原件

4、发行人历次验资报告

5、历次资产评估报告及有关确认文件

(三) 其他向中国证监会报送的发行申请文件

1、发行人成立的批准和注册登记文件

2、发行人的公司章程及其他有关内部规定

3、发行人的营业执照

4、发行人的发起人协议

5、关于本次发行事宜的股东大会决议

6、与本次发行有关的重大合同

7、本次承销的有关协议

8、有关增资或资产重组的法律文件

9、历次股利分配的决议及记录

10、有关关联交易协议

(四) 其他相关文件

查阅时间:工作日上午 9:30-12:00,下午 3:00-5:30。

查阅地点:公司及主承销商的法定住所

新疆天宏纸业股份有限公司

股票上市公告书

第一节　重要声明与提示

本公司董事会保证上市公告书的真实性、准确性、完整性，全体董事承诺上市公告书不存在虚假记载、误导性陈述或重大遗漏，并承担个别和连带的法律责任。

根据《公司法》、《证券法》等有关法律、法规的规定，本公司董事、高级管理人员已依法履行诚信和勤勉尽责的义务和责任。

上海证券交易所、中国证监会、其他政府机关对本公司股票上市及有关事项的意见，均不表明对本公司的任何保证。

本公司提醒广大投资者注意，凡本上市公告书未涉及的有关内容，请投资者查阅 2001 年 6 月 13 日刊载于《中国证券报》、《上海证券报》和《证券时报》的本公司招股说明书摘要及刊载于上海证券交易所网站（http://www.sse.com.cn）的本公司招股说明书全文。

本上市公告书刊载网址是 http://www.sse.com.cn。

第二节　概　览

(1)股票简称：新疆天宏
(2)股票代码：600419
(3)总股本：80,160,000 股
(4)可流通股本：30,000,000 股
(5)本次上市流通股本：30,000,000 股
(6)对首次公开发行股票前股东所持股份的流通限制及期限：根据国家现有法律、法规规定和中国证监会证监发行字【2001】34 号《关于核准新疆天宏纸业股份有限公司公开发行股票的通知》，本公司的国有法人股、其他法人股暂不上市流通。

本公司上市前第一大股东－新疆石河子造纸厂承诺：自本公司股票上市之日起 12 个月内，不转让所持有本公司的股份，也不由本公司回购该部分股份。

(7)上市地点：上海证券交易所
(8)上市时间：2001 年 6 月 28 日
(9)股票登记机构：上海证券中央登记结算公司
(10)上市推荐人：光大证券有限责任公司、山东证券有限责任公司、长城证券有限责任公司

第三节　绪　言

本上市公告书是根据《中华人民共和国公司法》、《中华人民共和国证券法》、《股票发行与交易管理暂行条例》、《公开发行股票公司信息披露实施细则》和《上海证券交易所股票上市规则》等国家有关法律、法规的规定，并按照中国证监会《公开发行证券的公司信息披露内容与格式准则第 7 号－股票上市公告书》而编制，旨在向投资者提供有关新疆天宏纸业股份有限公司（以下简称"本公司"）和本次股票上市的基本情况。

经中国证监会证监发行字【2001】34 号文核准，本公司于 2001 年 6 月 15 日利用上海证券交易所交易系统，以上网定价方式成功发行了 3000 万股每股面值 1.00 元的人民币普通股，发行价为每股人民币 5.80 元。

经上海证券交易所上证上字【2001】94 号《上市通知书》批准，本公司公开发行的 3000 万股社会公众股将于 2001 年 6 月 28 日起在上海证券交易所挂牌交易。股票简称"新疆天宏"，股票代码"600419"。

本公司已于 2001 年 6 月 13 日在《中国证券报》、《上海证券报》和《证券时报》上刊登了《招股说明书摘要》，招股说明书正文及其附注材料可以在上海证券交易所网站（http://www.sse.com.cn）查询。招股说明书及其引用的财务资料距今不足六个月，与其重复的内容不再重述，敬请投资者查阅上述内容。

第四节　发行人概况

(一)发行人的基本情况
(1)发行人名称：新疆天宏纸业股份有限公司
Xinjiang Tianhong Papermaking Co.,Ltd.
(2)注册资本：81,600,000 元
(3)法定代表人：李国民
(4)成立日期：1999 年 12 月 30 日
(5)注册地址：新疆维吾尔自治区石河子市西三路
(6)邮政编码：832009
(7)经营范围：造纸，纸制品及纸料加工、销售，化工产品（有毒除外）、印刷物资的销售，机械加工，物业管理，造纸原料的开发。
(8)主营业务：公司主营造纸，纸制品及纸料的加工、销售。
(9)所属行业：造纸及纸制品业
(10)联系电话：(0993)2515661－5555
(11)传真：(0993)2515661－2001
(12)电子信箱：fzq63@263.net
(13)董事会秘书：王巧玲
(二)发行人的历史沿革

新疆天宏纸业股份有限公司是经新疆维吾尔自治区人民政府新政函【1999】191 号文批准，由新疆石河子造纸厂为主要发起人，以其与造纸相关的生产经营性资产入股，新疆教育出版社、新疆出版印刷集团公司、新疆生产建设兵团印刷厂、新疆石河子白杨酒厂四家法人单位以货币资金入股，采用发起方式设立的股份有限公司，公司于 1999 年 12 月 30 日在新疆维吾尔自治区工商行政管理局登记设立，注册资本 5016 万元。

本公司主要发起人新疆石河子造纸厂将与造纸相关的经营性资产投入公司，经评估的资产总额为 23124.69 万元，总负债为 15924.69 万元，净资产为 7200 万元，并按 66% 的比例折为 4752 万股国有法人股。新疆教育出版社、新疆出版印刷集团公司、新疆生产建设兵团印刷厂、新疆石河子白杨酒厂四家法人单位分别以现金 200 万元、100 万元、50 万元和 50 万元人民币出资，按 66% 的比例折为 132 万股、66 万股、33 万股和 33 万股法人股。

经中国证券监督管理委员会证监发行字【2001】34 号文批准，本公司 3000 万股社会公众股已于 2001 年 6 月 15 日在上海证券交易所上网定价发行成功，每股面值 1.00 元，发行价格 5.80 元。本公司于 2001 年 6 月 21 日办理了验资手续，并于 2001 年 6 月 21 日在新疆维吾尔自治区工商行政管理局变更了注册登记，注册资本变更为 8016 万元。

(三)发行人的主要经营情况

本公司主营造纸、纸制品及纸料的加工和销售，产品以双胶纸、胶印书刊纸、书写纸等文化用纸为主，年产机制纸 3.2 万吨，是西北地区集制浆、造纸、造纸机械加工和原料开发为一体的造纸骨干企业。公司以新疆丰富的棉短绒、芨芨草等资源为依托，以产品结构调整为重点，开展技术创新，充分利用国内外的先进技术、设备和管理经验，将资源优势转化为产业优势，逐步形成了具有市场竞争力的知名品牌和特色产业，带动了全地区产业结构的调整和布局的优化。

本公司于 2000 年 11 月 14 日通过中国轻工质量认证中心的 ISO9002 质量认证并获得认证证书。新疆维吾尔自治区轻工业行业管理办公室统计证明，2000 年公司在新疆造纸行业中利税指标排名第一，公司文化用纸产品在新疆文化用纸市场的占有率为 50% 左右，是新疆自治区最大的造纸生产企业。

本公司属新疆地区重点扶持的股份制企业，也是新疆生产建设兵团重点优先扶持、优先发展的企业，在电力供应、铁路运力的安排上享有一定的优惠政策。公司优化原料结构而大力开发利用棉短绒、人工培育野生芨芨草也符合新疆地区的经济发展战略和国家鼓励退耕还林还草以改善生态环境的政策。随着西部大开发战略的实施，该公司将进一步得益于国家在各方面的优惠和扶持政策。

1、主要财务指标

项　目	2000 年	1999 年	1998 年
流动比率	0.95	0.90	1.07
速动比率	0.57	0.53	0.43
应收帐款周转率	2.19	2.48	3.25
存货周转率	1.93	1.51	1.55
资产负债率(%)	62	67.28	64.4
每股净资产(元)	1.86	1.57	－
净资产收益率(%)	13.66	12.74	11.70
每股收益(元)	0.25	0.20	－
每股经营活动产生的现金流量净额(元)	0.29	－	－

2、发行人的主要产品

本公司的产品以双胶纸、胶印书刊纸、书写纸等文化用纸为主。其中，双胶纸主要供多色胶版印刷书刊、封面、课本插图、图片等；胶印书刊纸适用于单色和双色胶版印刷书籍、文献、杂志等；书写纸主要供印刷各种账页、练习薄、日记本、表格、稿纸、书籍等。本公司文化用纸三大系列产品近三年的生产能力均保持稳定不变，即：胶印书刊纸 3600 吨/年、双胶纸 5500 吨/年、书写纸及单面书写纸 17000 吨/年，产品在新疆自治区内的市场占有率稳定保持在 50% 左右。

3、发行人的主要技术和科研开发成果

本公司经过多年的生产实践积累和技术改进，已掌握了本行业在国内较为先进的制浆和造纸等主要技术。公司主导产品胶版印刷纸、静电复印纸、胶印书刊纸、书写纸等采用的生产工艺为国内成熟的技术，制浆和造纸技术系国家行业系统推荐、通用、成熟的无风险技术，其技术在国内属 90 年代初水平。

本公司目前在生产中采用的新工艺和新技术有白水回收利用技术和废浆回收技术。其中，白水回收利用技术针对造纸行业对水的耗费量较大的特性，节约了纤维填料和水资源。废浆回收技术的日处理废水能力达 7200 立方米，既降低了对环境的污染，又节约了原料，增加了经济效益。该技术于 1991 年荣获兵团科学技术进步三等奖。

本公司设立了技术开发中心进行研究开发，该中心经新疆维吾尔自治区认定为省级企业技术中心。按照造纸的技术工艺和生产流程，技术中心设立了制浆、造纸、设备三个技术小组，主要从事新产品、新原料、新技术开发，新工艺推广应用，公司的技术改造及新扩建项目等。技术中心采取专职、兼职相结合的办法，专职研发人员有 6 人，兼职 16 人；技术中心人员中具有高级职称者 4 人，中级职称者 10 人，初级职称者 8 人，研究开发费用约为销售收入的 2%。

本公司已取得的重点科研成果有野生造纸原料芨芨草的开发应用项目和钢纸原纸产品试制。野生造纸原料芨芨草的开发应用项目是国家重点项目和生产建设兵团 97 星火计划项目，属国内首创，选择耐干旱、耐盐碱、生命力强的芨芨草作为造纸原料，具有纸张质量好、成本低、消耗少、污染轻等特点，项目的整体研究水平达国内领先水平，大面积栽培技术达国内领先水平。该项目已通过国家经贸委的验收，并荣获 1999 年度石河子市科技进步二等奖。本公司利用新疆丰富的棉短绒资源开发的具有一定吸水能力和较高物理强度，专供化学加工生产各种钢纸之用的特种纸－钢纸原纸，为新疆特种工业用纸提供原纸，填补了自治区该项产品的空白。该项目荣获自治区轻工业科技进步三等奖。

本公司拟投资的年产 1 万吨热合无尘纸项目则采用世界最先进的热合干法造纸工艺，并全套引进国际上 90 年代先进生产技术和设备，所生产无尘纸是高科技产品，产品质量将达到国际一流水平，从而替代进口产品。

4、发行人享有的财政税收优惠政策

根据新疆维吾尔自治区人民政府新政函【2000】137 号文批准，本公司可在上市后 5 年内按 14.85% 的实际税负比例计缴所得税。

5、发行人的知识产权情况

本公司成立时，与石河子造纸厂签订了《注册商标转让合同》。根据该合同"博雪"图文及"博峰"牌商标已由石河子造纸厂无偿转让给本公司。本公司目前使用"博雪"、"博峰"牌商标，商标注册编号为 1027688（博峰）、302367（博雪图形）、607527（博雪文字）。

6、发行人的环保情况

由于制浆造纸行业在生产过程中产生的工业废水对环境造成一定的污染，因此本公司十分重视环保工作，并付出了极大的努力，建立了专门的机构，投入了大量的资金，加大环保工程的建设，取得了明显的成效。本公司控股股东石河子造纸厂 1992 年由国家环境保护局授予全国环保先进企业称号，2000 年 10 月 3 日新疆生产建设兵团环保局对本公司进行了验收，并向本公司颁发了《工业企业主要污染物达标排放验收合格证》，本公司工业废水目前实现了达标排放。

第五节 股票发行与股本结构

(一)本次股票上市前首次公开发行股票的情况
1、社会公众股发行数量:30,000,000 股
2、发行价格:5.80 元/股
3、募股资金总额:174,000,000 元
4、发行方式:上网定价发行
5、发行费用总额及项目:本次发行费用共计 766.5 万元,包括承销费用、注册会计师费用、律师费用、评估费用、上网发行费、材料审核费、其他费用等。
6、每股发行费用:0.255 元
7、发行日期:2001 年 6 月 15 日
8、中签率:0.08254695%
9、有效申购户数:2416041
10、有效申购股数:36,342,955,000
11、持有 1,000 股以上(含 1,000 股)的流通股东户数:28449
12、发行市盈率:34.52 倍(全面摊薄)
(二)本次股票上市前首次公开发行股票的承销情况
本次公开发行的 3000 万股社会公众股已全部被投资者认购,承销团无余额包销。
(三)本次上市前首次公开发行股票所募股资金的验资报告

验资报告

深同证验字【2001】第 014 号

新疆天宏纸业股份有限公司:

我们接受委托,对新疆天宏纸业股份有限公司截至 2001 年 6 月 21 日止向社会公众首次发行人民币普通股 3000 万股的实收股本的真实性和合法性进行了审验。在审验过程中,我们按照《独立审计实务公告第 1 号-验资》的要求,实施了必要的审验程序。新疆天宏纸业股份有限公司的责任是提供真实、合法、完整的验资资料,保护资产的安全、完整,我们的责任是按照《独立审计实务公告第 1 号-验资》的要求,出具真实、合法的验资报告。

新疆天宏纸业股份有限公司变更前的注册资本和实收股本为人民币 50,160,000 元,本次发行新股 30,000,000 股,每股一元,发行后的实收股本为人民币 80,160,000.00 元。根据我们的审验,截至 2001 年 6 月 21 日止,新疆天宏纸业股份有限公司本次公开发行股票实际收到社会公众投入资本人民币 174,000,000.00 元,扣除券商承销佣金人民币 4,176,000.00 和上网发行费人民币共计 609,000.00 元共计人民币 4,785,000.00 后余额为人民币 169,215,000.00 元;其中:人民币 30,000,000.00 元作为新疆天宏纸业股份有限公司的股本,人民币 139,215,000.00 元转作新疆天宏纸业股份有限公司的资本公积。至此,新疆天宏纸业股份有限公司股东权益增至人民币 264,219,611.05 元,其中股本 80,160,000.00 元,资本公积 165,055,000.00 元,盈余公积 6,626,745.36 元,未分配利润 12,377,865.69 元。与上述变更后投入资本总额相关的资产总额为人民币 419,218,181.50 元,负债总额为人民币 154,998,570.45 元。

附件(1)变更前后注册资本、投入股本对照表
附件(2)变更前后资产、负债和股东权益对照表
附件(3)验资事项说明
附件(4)缴付出资银行进帐单
附件(5)缴付出资银行询证函

深圳同人会计师事务所　　中国注册会计师:张义勤
中国注册会计师:葛炳法
中国　深圳　　2001 年 6 月 21 日

(四)募股资金入帐情况
1、入帐时间:2001 年 6 月 21 日
2、入帐金额:169,215,000.00 元
3、入帐帐号:873-73838
4、开户银行:中国农业银行石河子兵团分行大庆分理处
(五)发行人上市前股本结构及各类股东的持股情况
1、本次上市前股本结构

股份类别	股份数量(股)	股份比例(%)
发起人股份	50,160,000	62.57
新疆石河子造纸厂	47,520,000	59.28
新疆教育出版社	1,320,000	1.65
新疆出版印刷集团公司	660,000	0.82
新疆建设兵团印刷厂	330,000	0.41
新疆石河子白杨酒厂	330,000	0.41
社会公众股	30,000,000	37.43
总股本	80,160,000	100

2、本公司前十名股东持股情况

股东名称	持股数量(股)	占总股本比例(%)
新疆石河子造纸厂	47,520,000	59.28
新疆教育出版社	1,320,000	1.65
新疆出版印刷集团公司	660,000	0.82
新疆建设兵团印刷厂	330,000	0.41
新疆石河子白杨酒厂	330,000	0.41
天元基金	159,000	0.198
裕元基金	106,000	0.132
兴和基金	91,000	0.114
金鑫基金	85,000	0.106
金泰基金	84,000	0.105

第六节 董事、监事、高级管理人员及核心技术人员

(一)董事会成员

李国民先生:现年 58 岁,中专学历。曾任农八师 141 团参谋,石河子造纸厂车间副主任、人武部副部长、劳人科科长、厂长助理、副厂长、厂长等职务。当选为石河子市第三届、第四届、第五届和第六届人大代表,石河子市第五届、第六届人大常委。现任本公司董事长、党委副书记。

王玉柱先生:现年 48 岁,大学本科学历,工程师。曾任石河子造纸厂生产科技术员、制浆车间副主任、生产技术科科长、副厂长、厂长、党委书记等职务。现任本公司副董事长、党委书记,石河子造纸厂党委书记。

赵云忠先生,现年 44 岁,大专学历,政工师。曾任石河子造纸厂造纸车间副主任、圆网车间书记、供销经贸公司书记、经理,石河子造纸厂党委副书记,石河子织染厂副厂长,石河子造纸厂副厂长等职务。现任本公司董事、总经理。

卫志江先生,现年 50 岁,大专学历。曾任石河子造纸厂造纸车间主任、生产科副科长兼造纸车间主任、分厂厂长、厂长助理、副厂长等职务。现任本公司董事、副总经理。

王波先生,现年 35 岁,大学本科学历,工程师。曾任石河子造纸厂制浆车间技术员、主任、分厂副厂长、分厂厂长、副厂长等职务。现任本公司董事、副总经理。

王巧玲女士,现年 41 岁,大学本科学历,高级政工师。曾任石河子造纸厂组织科干事、加工分厂书记兼厂长,政工处副主任、主任,厂工会主席等职务。现任本公司董事、董事会秘书。

余盟甫先生,现年 55 岁,中专学历,工程师。曾任石河子造纸厂基建队副队长、队长、厂长助理、副厂长等职务。现任石河子造纸厂副厂长,本公司董事。

范聪卓先生,现年 37 岁,硕士研究生,讲师。曾任自治区党委办公厅秘书处任秘书、新疆教育出版社书记、副社长等职务。现任新疆教育出版社书记,本公司董事。

曹彦先生,现年 37 岁,大专学历,会计师。曾任新疆新华印刷二厂铅印车间主任、厂长助理兼计财科科长、生产经营部主任,新疆出版印刷集团公司财务部主任、印刷物资分公司经理、总经办主任、纸张分公司经理等职务。现任新疆出版印刷集团公司总经理,本公司董事。

(二)监事会成员

王志国先生,现年 48 岁,大专学历,政工师。曾任石河子汽车配件公司办公室副主任、主任,交通部电视中专新疆石河子分校办公室主任、分校校长、校长兼书记,石河子汽车运输公司党委书记,石河子造纸厂纪委书记等职务。现任石河子造纸厂纪委书记,本公司监事会召集人。

鲍建章先生,现年 41 岁,大专学历,助理工程师。曾任新疆石河子白杨酒厂车间副主任、主任、厂长助理、副厂长、厂长、党委副书记等职务。现任新疆石河子白杨酒厂厂长、党委副书记,本公司监事。

谢英女士,现年 44 岁,大专学历,助理会计师。曾任兵团印刷厂财务科科长。现任兵团印刷厂财务科科长,本公司监事。

李新华女士,现年 51 岁,大专学历,政工师。曾任石河子造纸厂中学主任、书记,石河子造纸厂政工处主任等职务。现任石河子造纸厂政工处主任,本公司监事。

寇志春先生,现年 52 岁,中专学历,政工师。曾任石河子造纸厂车间主任、连长、分厂书记、机关书记、保卫科书记、群工处主任等职务。现任石河子造纸厂群工处主任,本公司监事。

(三)高级管理人员

陈仁玉先生,现年 58 岁,中专学历,会计师。曾任新疆石河子造纸厂财务科副科长、科长等职务。现任本公司财务负责人。

本公司所有董事、监事及高级管理人员均为中华人民共和国公民。

(四)公司董事、监事、高级管理人员及核心技术人员持股情况

本次发行前,本公司董事、监事、高级管理人员没有以个人名义或授权他人或指示他人代持有本公司的股份;上述人员的配偶或未满 18 岁的子女没有持有本公司的股份;上述人员没有通过其或其近亲属能够直接或间接控制的公司持有本公司的股份;上述人员没有持有本公司关联企业的股份。

第七节 同业竞争与关联交易

(一)关于同业竞争

本公司主要发起人新疆石河子造纸厂已将与造纸有关的生产经营性资产及辅助经营性资产纳入本公司,客户等经营资源、技术人员、生产工人及有关技术也均移交给本公司,主营业务转变为投资办企业、化工产品产销、房地产开发等,在本公司设立后未从事与本公司同一或同类产品的生产经营,本公司的另外四家股东也没有经营与本公司相同或相似的业务。因此,发行人与股东之间不存在同业竞争情况。

本公司主要发起人石河子造纸厂控股的三家子公司-新疆石河子祥和化工有限公司、石河子市天宏房地产开发有限公司、石河子市天宏涌泰经贸有限公司与本公司不存在同业竞争情况。

本公司控股股东石河子造纸厂已为本公司出具《不予竞争承诺书》:在其作为最大及控股股东或实际控制股份公司期间,造纸厂及其除股份公司以外的其他控股子公司/子企业(其他控股子公司/子企业)将不从事与股份公司相同或类似的生产、经营业务,以避免对股份公司的生产经营构成新的、可能的、直接或间接的业务竞争;造纸厂并保证将促使造纸厂的其他子公司/子企业不直接或间接从事、参与或进行与股份公司的生产、经营相竞争的任何活动。

本公司全体董事作出承诺:本人将不利用职权从事任何与发行人相竞争的业务或作出任何明知对发行人经营或管理产生不利影响的事项,并保证在本人自身利益同发行人利益发生冲突时,将以发行人及其股东利益为重。

自本公司成立以来,主要发起人新疆石河子造纸厂严格履行放弃同业竞争的承诺,其生产经营与本公司目前的主营业务制浆、造纸及其制品的生产经营不存在同业竞争关系。

(二)关联方、关联关系与关联交易情况

1、关联方及关联关系

根据中国证监会证监发【2001】41 号文规定的范围,本公司目前的关联方及关联关系如下:

关联方名称	与本公司的关系	关联交易
新疆石河子造纸厂	本公司的主要发起人和控股股东,持有本公司 59.28% 的股份	存在
新疆教育出版社	本公司发起人股东,持有本公司 1.65% 的股份	存在
新疆出版印刷集团公司	本公司发起人股东,持有本公司 0.82% 的股份	存在
新疆生产建设兵团印刷厂	本公司发起人股东,持有本公司 0.41% 的股份	存在
新疆石河子白杨酒厂	本公司发起人股东,持有本公司 0.41% 的股份	不存在
北京博天峰纸业有限责任公司	本公司控股子公司,本公司持有其 80% 的股份	-
上海博峰纸业有限责任公司	本公司控股子公司,本公司持有其 80% 的股份	-
深圳市新石纸业有限公司	本公司控股子公司,本公司持有其 85% 的股份	-
新疆石河子祥和化工有限公司	本公司控股股东持有 70% 的股份,是其控股子公司	存在
石河子市大宏房地产开发有限公司	本公司控股股东持有 60% 的股份,是其控股子公司	存在
石河子市天宏涌泰经贸有限公司	本公司控股股东持有 93% 的股份,是其控股子公司	不存在

2、关联方及存在的关联交易

(1)本公司与第一大股东新疆石河子造纸厂及其控股子公司存在以下关联交易:

①土地租赁

2000 年 7 月 12 日,本公司与石河子造纸厂签订了《土地使用权租赁合同》,以租赁方式有偿使用 2 宗生产用地共计 281,685.85 平方米,年租金 169,011.51 元人民币,宗地一(石河子市 12 号小区)租赁期限为 48 年,宗地二(石河子市工 2 小区)租赁期限为 50 年。租金每五年可由双方协商调整一次,调整幅度依照物价上涨指数等因素由双方商定。截止 2000 年 12 月 31 日,发生的土地租赁费为 169,011.51 元。

②房屋租赁

1999 年 12 月 29 日,本公司与石河子造纸厂签订了《房屋租赁合同》。合同约定,石河子造纸厂向本公司租用办公楼第 3 层作为造纸厂之办公场所,总建筑面积 601.29 平方米,房屋租赁期为 10 年,租金为 1.32 元/平方米.月。截止 2000 年 12 月 31 日,发生的房屋租赁费为 9,524.43 元。

③综合服务

1999 年 12 月 29 日,本公司与石河子造纸厂签订了《综合服务合同》,由造纸厂向本公司有偿提供倒班宿舍、汽车租赁、职工食堂、澡堂、职工医院和幼儿园教育等后勤保障服务,公司将依据其提供的服务及服务质量,按照市场价格定期向其支付服务费用。本公司则为造纸厂提供用水、用电、用汽服务。截止 2000 年 12 月 31 日,发生的综合服务费为 2,706,764.97 元。

④纸制品供应

1999 年 12 月 29 日,本公司与石河子造纸厂签订了《纸制品供应协议》,协议规定本公司于每一季度开始前的十五日前向造纸厂提供订单所列纸制品,价格不高于本公司向任何独立第三方提供该等纸品的市场价,若无市场价,则双方协议定价。结算时以实际供应量和实际发生的费用进行结算。2000 年,本公司向新疆石河子造纸厂共计销售纸制品 322,436.41 元,占销货总额的 0.22%。

⑤化工产品购买

1999 年 12 月 29 日,本公司与石河子造纸厂控股子公司新疆石河子祥和化工有限公司签订了《化工产品供应协议》,协议规定新疆石河子祥和化工有限公司保证供应本公司订单所列数量、质量之化工产品,价格不高于该公司向任何独立第三方供应该等化工产品的当时市场价,若无市场价,则双方协议定价。结算时以实际供应量和实际发生的费用进行结算。2000 年,本公司向新疆石河子祥和化工有限公司购买化工产品 1,888,402.50 元。

⑥工程承建

本公司的天宏商贸城由石河子造纸厂的控股子公司石河子市天宏房地产开发有限公司承建,商贸城于 1998 年动工建设,2000 年竣工,2000 年本公司共计向该公司支付工程建设款 4,345,933.75 元。

(2)本公司与其他股东存在以下关联交易:

1999 年 12 月 29 日,本公司与其他股东-新疆出版印刷集团公司、新疆生产建设兵团印刷厂签订《纸制品供应协议》;2000 年 8 月 20 日本公司与新疆教育出版社签订《纸制品供应协议》。协议规定本公司于每一季度开始前的十五日前向新疆出版印刷集团公司、新疆生产建设兵团印刷厂、新疆教育出版社分别提供订单所列纸制品,价格不高于本公司向任何独立第三方提供该等纸品的市场价,若无市场价,则双方协议定价。结算时以实际供应量和实际发生的费

用进行结算。

2000年,本公司向新疆教育出版社共计销售纸制品17,908,859.23元,占销货总额的12.16%;2000年,本公司向新疆出版印刷集团公司共计销售纸制品8,910,914.90元,占销货总额的6.05%;2000年,本公司向新疆生产建设兵团印刷厂共计销售纸制品685,868.58元,占销货总额的0.47%。

根据上述《纸制品供应协议》,本公司与新疆出版印刷集团公司于2001年3月1日签署了2001年度的纸制品订货合同。根据该合同,本公司将向新疆出版印刷集团公司供应文化用纸,该合同约定纸款按月结算、合同标的总额约为人民币1700万元、交货地点为乌鲁木齐市新疆出版印刷集团公司仓库。

根据上述《纸制品供应协议》,本公司与股东新疆生产建设兵团印刷厂于2000年12月23日签署了2001年度的纸制品订货合同。根据该合同,截止至2001年12月30日,本公司将向新疆生产建设兵团印刷厂供应文化用纸,该合同约定价款转帐结算、合同标的总额为人民币575万元、交货地点为乌鲁木齐市。

3、本次募股资金的运用涉及的关联交易

根据目前的安排,本次募股资金的运用不涉及关联交易。

第八节 财务会计资料

本公司聘请的审计机构深圳同人会计师事务所对本公司及下属子分公司2000年12月31日、1999年12月31日、1998年12月31日的合并资产负债表和母公司资产负债表,2000年度、1999年度、1998年度的合并利润及利润分配表和母公司利润及利润分配表,2000年度的合并现金流量表和母公司现金流量表进行了审计,并出具了标准无保留意见的审计报告。

本公司截止2000年12月31日的财务状况,已于2001年6月13日在《中国证券报》、《上海证券报》和《证券时报》刊登的《招股说明书摘要》中进行了披露,欲了解详细内容,请查阅上述报纸或刊载于上海证券交易所网站(http://www.sse.com.cn)的本公司招股说明书全文。

以下引用的财务数据,非特别说明,均引自经审计的合并会计报表。

(一)本公司会计报表编制基准

本公司为1999年12月30日设立的股份有限公司,公司会计报表含改制设立前与改制设立后两个期间的会计报表。

本公司设立以前的1998-1999年度的会计报表是以石河子造纸厂改组方案确定的公司架构为前提,按报告期内各年实际存在的本公司架构各构成实体为基础,根据资产、债务重组方案和人员重组方案确定的剥离原则和方法对造纸厂的资产、负债、所有者权益及收入、费用、利润进行剥离,按《股份有限公司会计制度》和本公司现行的会计政策作必要的调整后模拟编制的。

改制设立后,本公司按照《股份有限公司会计制度》的有关规定和本公司现行的会计政策编制会计报表。在本报告期内,本公司未发生新设合并或吸收合并的事项。本公司目前拥有三家子公司。

(二)合并会计报表范围及变化情况

本公司的合并会计报表系按照财政部财会字【1995】11号文《合并会计报表暂行规定》和财会二字【1996】2号《关于合并会计报表合并范围请示的复函》等有关文件的要求编制的。

本公司列入合并会计报表的范围的子公司所执行的行业会计制度,业已在会计报表合并时予以必要的调整。

本公司及其子公司间的所有重大交易,均在会计报表合并时予以抵销。

本公司纳入合并报表范围的子公司概况列示如下:

公司名称	注册地点	注册资本	经营范围	投资金额	拥有权益	2000-12-31净资产	报表是否合并	合并期间
1.北京博天峰纸业有限责任公司	北京	100万元	销售纸张、纸制品、纺织品	80万元	80%	40.65万元	是	1999-2000年
2.上海博峰纸业有限责任公司*	上海	50万元	机制纸、文化用品、文化用纸、纸制品加工	40万元	80%	-97.42万元	是	1998-2000年
3.深圳市新石纸业有限公司*	深圳	60万元	经营机制纸、纸制品(不含专营、专控、专卖商品)	51万元	85%	-89.61万元	是	1998-2000年

*该等公司净资产已为负数。本公司为上述公司的持续经营提供了财务支持,故仍合并其报表,其累计亏损已包括在合并报表中。通过本公司调整对子公司价格政策后,预计该等公司2001年将扭亏为盈。

(三)简要会计报表(单位:人民币元)

1、简要合并利润表项目

	2000年度	1999年度	1998年度
主营业务收入	147,304,351.10	133,501,265.63	119,847,006.64
主营业务利润	38,209,378.62	34,729,697.59	31,798,102.25
营业利润	15,033,030.78	14,945,573.47	11,949,909.83
利润总额	14,855,541.66	14,545,092.12	11,997,167.63
净利润	12,765,769.45	10,027,365.17	8,038,102.31

2、简要合并资产负债表

	2000-12-31	1999-12-31	1998-12-31
流动资产合计	127,649,831.71	137,518,512.83	114,689,996.64
长期投资净额	1,000.00	-	-
固定资产合计	117,993,562.83	115,205,288.09	80,794,561.08
无形资产及其他资产合计	3,125,168.59	240,572.40	261,803.09
流动负债合计	135,043,800.71	152,844,500.69	106,951,562.60
长期负债合计	20,200,000.00	21,240,000.00	20,120,000.00
负债合计	155,243,800.71	174,084,500.69	127,071,562.60
少数股东权益	81,294.32	201,173.98	-
股东权益合计	93,444,468.10	78,678,698.65	68,674,798.21
负债和股东权益总计	248,769,563.13	252,964,373.32	195,746,360.81

3、简要合并现金流量表

项　目	2000年度
经营活动产生的现金流量净额	14,366,107.72
投资活动产生的现金流量净额	-11,896,074.46
筹资活动产生的现金流量净额	-5,395,160.16
汇率变动对现金的影响额	-
现金及现金等价物净增加额	-2,925,126.90

(四)主要项目附注

1、流动资产

流动资产主要包括货币资金、应收帐款、其他应收款和存货,具体情况如下:1998、1999和2000年末,本公司的货币资金分别为962.3万元、1110.0万元和817.5万元,分别占当年末流动资产的8.39%、8.07%和6.40%。

本公司1998、1999和2000年末的应收帐款分别为3832.0万元、6925.9万元和6534.3万元。本公司产品均通过设在全国各地的子公司和分公司对外销售,主要以先货后款等手段来开拓和稳固市场,因而有较大数额的应收款项。由于主要客户均为最终用户,信誉较好,历年来货款回收情况良好。应收帐款1999年12月31日比1998年12月31日上升了80.73%,系因本公司出于扩大经营规模开拓市场的需要而适度调整营销策略所致。2000年12月31日比1999年12月31日下降了5.65%,系本公司为降低应收帐款风险,加大了收款力度所致。1999年12月31日和2000年12月31日,本公司帐龄在一年以内的应收帐款余额分别为6776.9和6139.2万元,占应收帐款余额的比例为97.85%和92.49%。2000年12月31日,本公司的应收帐款余额中,并无持本公司5%或以上股份的主要股东欠款。

本公司1998、1999和2000年末的其他应收款为75.8万元、81.9万元和436.6万元。其他应收款余额主要为预付差旅费和暂付申请股票公开发行前期费用(2000年其他应收款余额)等。2000年12月31日,本公司的其他应收款余额中并无持本公司5%或以上股份的主要股东欠款。

本公司1998、1999和2000年末的坏帐准备为295.6万元、321.4万元和381.5万元,应收款项净额分别为3612.2万元、6686.5万元和6589.5万元。

本公司1998、1999和2000年末的存货为7048.3万元、5890.2万元和5273.5万元。存货余额主要为原材料和库存商品。

本公司1998、1999和2000年末的存货跌价准备为203.0万元、259.4万元和230.3万元,存货净额为6845.3万元、5630.8万元和5043.1万元。

2、长期投资(单位:人民币元)

截止2000年12月31日,母公司会计报表中的长期投资为长期股权投资,初始投资额为1406.8万元,期末投资额为32.5万元,期末投资额占净资产的0.34%,具体情况如下:

长期投资	年初数	本期增加数	本期减少数	年末数
其他股权投资	14,068,045.33	2,245,452.41	15,988,320.45	325,177.29

其他股权投资本期因本公司子公司石河子市天宏商贸城、新疆石河子造纸厂兰州七里河经营部、新疆石河子造纸厂武汉经营部变更为本公司的分公司或撤消,共计减少人民币1,598.8万元。

*按权益法核算的其他股权投资:

被投资单位名称	投资期限	投资金额	占被投资单位注册资本比例	本期权益增减额	累积增减额	投资余额
北京博天峰纸业有限公司	1998.9.16-2018.9.15	800,000.00	80%	(558,579.43)	(474,822.71)	325,177.29
上海博峰纸业有限公司	*1998.1.16-2006.1.15	400,000.00	80%	504,054.07	(400,000.00)	-
深圳新石纸业有限公司	*1996.9.5-2006.9.5	510,000.00	85%	2,299,977.77	(510,000.00)	-
合计		1,710,000.00		2,245,452.41	(1,384,822.71)	325,177.29

*从2000年起,在该等公司所有者权益出现亏拙后,本公司将对该等公司的投资的账面数减记为零,不再进行权益法调整。

3、固定资产截止2000年12月31日,公司固定资产原值为150,097,901.59元,累计折旧49,035,569.17元,固定资产净值101,062,332.42元。

固定资产折旧采用直线法平均计算,并根据固定资产类别的原值、估计经济使用年限和预计残值(原值的3%)确定其折旧率。具体情况如下:

类　别	预计使用年限(年)	年折旧率	帐面原值(元)	累计折旧(元)	帐面净值(元)
房屋建筑物	40	2.425%	76,047,055.76	11,291,739.43	64,755,316.33
机器设备	10-20	4.85%-9.7%	71,104,426.63	36,305,480.04	34,798,946.59
运输设备	10	9.7%	1,339,300.00	483,538.16	855,761.84
电子设备	5	19.4%	1,574,471.20	816,741.54	1,541,823.20
其他	5	19.4%	32,648.00	32,648.00	0
合计			150,097,901.59	49,035,569.17	101,062,332.42

截止2000年12月31日,本公司有形资产净值为245,644,392.50元。

4、无形资产

截止2000年12月31日,本公司帐面反映的无形资产为零。

5、负债截止2000年12月31日,本公司负债总额为155,243,800.71元,其中流动负债135,043,800.71元,主要包括短期借款、应付帐款、预收帐款、应付福利费、应交税金、其他应付款等;长期负债20,200,000.00元。

截止2000年12月31日,本公司短期借款余额为54,500,000元,债项明细情况如下:

借款种类	币种	2000-12-31余额	借款期限	月利率(‰)
担保贷款	人民币	34,500,000.00	1999.10.19-2001.08.14	5.3625-6.3375
抵押贷款	人民币	20,000,000.00*	2000.05.26-2001.06.18	5.85
		54,500,000.00		-

*本公司用于短期抵押贷款的抵押物是价值为人民币34,072,515.00元的机器设备。

截止2000年12月31日,本公司应付帐款余额为52,052,949.95元,无应付持本公司5%以上股份的股东欠款,属关联往来的详见下表:

企业名称	金　额	占全部应收(付)款项余额的比重(%)
应付帐款		
新疆石河子市天宏房地产开发公司	10,134,176.11	19.47
新疆石河子祥和化工有限公司	118,443.50	0.23

截止2000年12月31日,本公司预收帐款余额为822,140.04元,无预收持本公司5%以上股份股东的款项。

截止2000年12月31日,本公司应付福利费为4,319,791.10元。

截止2000年12月31日,本公司应交税金余额为4,806,991.22元,包括以下内容:

项　目	金　额
增值税	2,194,244.60元
城市维护建设税	116,415.00元
所得税	2,496,331.62元
合计	4,806,991.22元

截止2000年12月31日,本公司其他应付款余额为15,478,961.66元,无应付持本公司5%以上股份的股东的款项。其中大额的其他应付款列示如下:

单位名称	2000-12-31余额	款项内容
农八师财务局	4,122,500.00	东泉农场开发暂借款
石河子市财政局	5,980,650.00	无尘纸项目启动借款
职工教育经费	570,920.05	职工教育经费余额
天宏股份公司工会	466,188.89	工会暂存款

截止2000年12月31日,本公司长期借款余额为20,200,000.00元,债项明细情况见下表:

贷款单位	借款日	还(付)款日	月利率‰	借款金额	贷款条件
中国农业银行石河子兵团分行	1999.12.09	2004.12.30	4.95	1,000,000.00	担保*
中国农业银行石河子兵团分行	1997.7.23	2002.7.22	5.025	18,000,000.00	担保*
新疆生产建设兵团农八师财务局	1998.3.24	2003.2.24	6.44	1,200,000.00	信用
合计				20,200,000.00	

*担保方为石河子南山水泥厂。

截止2000年12月31日,本公司除已签约资本性支出人民币218.3万元和已批准未签约的资本性支出为人民币22,911.9万元外,无其他重大承诺事项。

截止2000年12月31日,本公司无重大或有负债和逾期未还款项。

6、股东权益(单位:人民币元)

截止2000年12月31日,本公司股本为5016万股,全部为人民币普通股,每股面值1.00元,合计人民币5016万元。本公司近三年股东权益情况如下:

项　目	2000.12.31	1999.12.31	1998.12.31
股本	50,160,000.00	50,160,000.00	-
资本公积	25,840,000.00	25,840,000.00	-
盈余公积	6,626,745.36	-	-
其中:公益金	1,518,030.64	-	-
未分配利润	10,817,722.74	2,678,698.65	-
股东权益合计	93,444,468.10	78,678,698.65	68,674,798.21

7、现金流量

本公司2000年度的经营活动产生的现金流量净额14,366,107.72元,其中销售商品、提供劳务收到的现金为175,371,488.46元,收到的租金为512,000.00元,收到的其他与经营活动有关的现金为3,123,958.10元,购买商品、接受劳务支付的现金为129,722,071.53元,经营租赁所支付的现金为857,149.49元,支付给职工以及为职工支付的现金为11,503,493.86元,实际交纳的增值税款为17,679,275.55元,支付的所得税款2,930,983.02元,支付的除增值税、所得税以外的其他税费1,664,971.46元,支付的其他与经营活动有关的现金为283,393.93元;投资活动产生的现金流量净额为-11,896,074.46元,其中处理固定资产、无形资产和其他长期资产而收到的现金净额为1,663,919.75元,购建固定资产、无形资产和其他长期资产所支付的现金为13,558,994.21元,债权性投资所支付的现金为1,000.00元;筹资活动产生的现金流量净额为-5,395,160.16元,其中借款所收到的现金为900,000.00元,偿还债务所支付的现金为1,040,000.00元,偿还利息所支付的现金为5,255,160.16元;现金及现金等价物净增加额为-2,925,126.90元。导致本公司现金流量呈负值的主要原因是目前融资渠道单一,固定资产投资和偿还债务本息支出现金较大。

公司没有不涉及现金收支的重大投资和筹资活动的情况。

8、主营业务

本公司的主营业务收入和利润主要来源于书写纸、双胶纸和胶刊纸产品的销售。1998、1999年和2000年度,本公司的主营业务收入分别为119,847,006.64元、133,501,265.63元、147,304,351.10元;年增长率分别为11.39%和10.34%。

本公司的主营业务收入包括日历纸、书写纸、双胶纸和胶刊纸销售收入。1998年、1999年和2000年,日历纸的销售收入分别为3,096,725.64元、3,548,007.28元和3,904,846.10元,占主营业务收入的比重分别为3.04%、3.14%、3.13%;书写纸的销售收入分别为53,080,854.14元、70,465,488.40元和77,761,120.89元,分别占主营业务收入的44.29%、52.78%和52.79%;双胶纸的销售收入分别为49,317,738.72元、44,587,634.19元和49,198,679.82元,分别占主营业务收入的41.15%、33.39%和33.40%;胶刊纸的销售收入分别为13,801,232.00元、14,260,043.42元和15,733,430.93元,分别占主营业务收入的11.52%、10.68%和10.68%。

本公司主营业务成本主要为日历纸销售成本、书写纸销售成本、双胶纸销售成本和胶刊纸销售成本,主要由以漂白浆为主的原材料成本和以水为主的动力成本构成。由于原材料成本和动力成本均维持较为稳定的比例,因此本公司的主营业务利润率近三年也保持稳定的水平。1998、1999、2000年度,本公司主营业务利润率分别为26.5%、26%和26%。

本公司的营业费用主要是运费、仓储费和销售人员的工资及福利费、差旅费等。1998、1999、2000年度,公司营业费用分别为8,122,971.65元、8,242,704.55元和11,135,955.38元,年增长率分别为1.5%、35%。2000年营业费用比上期增长了35%,主要是运输费用有了较大幅度的增长。

本公司的管理费用主要固定资产折旧费、管理人员的工资及福利费、土地租赁费等。1998、1999、2000年度,公司的管理费用分别为7,856,483.69元、6,968,328.05元、8,229,991.66元,1999年较1998年减少11%,主要原因是当期计提的坏帐损失准备较前期下降;2000年较1999年增加18%,主要是因为当期计提的坏帐损失准备较前期增加以及增加了综合服务费的支出。

本公司过往三年无占净利润5%以上的重大投资损益。

本公司过往三年中,2000年度的非经常性收益2,374,155.35元,系本公司2000年实际收到的新疆生产建设兵团农八师财务局所拨给的补贴收入,该等账项已于2000年8月收妥入账。1998、1999年度均无非经常性损益。

9、税项

本公司主要适用的税种和税率如下:

税种	税率
增值税	17%
城市维护建设税	7%或1%
教育费附加*	3%或0%
企业所得税**	33%或15%

*根据新疆维吾尔自治区税务局新税字【1991】262号文《关于不再征收兵团教育附加费的通知》,本公司本部及本公司设在新疆地区的经营机构不计缴教育费附加。

**本公司所得税的法定税率为33%。本公司所属各子公司和分公司执行当地的税收政策,其中深圳新石纸业有限公司的所得税率按15%计算缴纳,其他子公司和分公司的所得税均按33%计算交纳。

(四)主要财务指标

项目	2000年	1999年	1998年
流动比率	0.95	0.90	1.07
速动比率	0.57	0.53	0.43
应收帐款周转率	2.19	2.48	3.25
存货周转率	1.93	1.51	1.55
无形资产(土地使用权除外)占净资产的比例	–	–	–
资产负债率(%)	62	67.28	64.4
每股净资产(元)	1.86	1.57	–
研发费用占主营业务收入的比例(%)	1.97	2.05	2.12
净资产收益率(%)	13.66	12.74	11.70
*每股收益(元)	0.25	0.20	–
每股经营活动产生的现金流量净额(元)	0.29	–	–

*每股收益均按5016万股的总股本计算。

本公司发行后全面摊薄的净资产收益率为4.94%,比本公司2000年的全面摊薄净资产收益率13.66%有较大幅度的下降。

发行后净资产收益率=2001年预测净利润/按发行价格计算的发行后净资产

发行后净资产=2000年12月31日净资产+本次发行扣除发行费用后的募集资金。

上述财务指标的计算方法如下:

流动比率=流动资产/流动负债

速动比率=速动资产/流动负债

应收帐款周转率=主营业务收入/应收帐款平均余额

存货周转率=主营业务成本/存货平均余额

无形资产(土地使用权除外)占净资产的比例=无形资产(土地使用权除外)/净资产

资产负债率=总负债/总资产

每股净资产=期末净资产/期末股本总额

研究及开发费用占主营业务收入的比例=研究及开发费用/主营业务收入净资产收益率=净利润/期末净资产总额

每股收益=净利润/期末股本总额

每股经营活动的现金流量=经营活动产生的现金流量净额/期末股本总额

本公司按《公开发行证券公司信息披露编报规则第9号-净资产收益率和每股收益的计算及披露》计算的2000年净资产收益率和每股收益如下:

	报告期利润(万元)	净资产收益率(%)		每股收益(元)	
		全面摊薄	加权平均	全面摊薄	加权平均
主营业务利润	3,820.94	40.89	44.92	0.76	0.76
营业利润	1,503.30	16.09	17.67	0.30	0.30
净利润	1,276.58	13.66	15.01	0.25	0.25
扣除非经常性损益后的净利润	1,082.97	11.59	12.73	0.22	0.22

(五)发行人的验资情况

本公司于1999年12月30日设立,注册资本为5016万元。公司各发起人的出资情况由深圳同人会计师事务所以深同证验字【1999】024号验资报告验证,发起人以现金入股的已在1999年12月29日全部到位,以资产入股的均已办理了产权过户。

(六)发行人的盈利预测

本公司根据2000年的已审经营成果与2001年度的经营计划、生产计划,以及资金运用的可行性报告等资料,编制了本公司2001年度已除税但未计非经常性项目的盈利预测表。本公司盈利预测报告的编制遵循了谨慎性原则,但由于盈利预测所依据的各种假设具有不确定性,故投资者进行投资决策时不应过分依赖该项资料。

深圳同人会计师事务所已对本公司编制的2001年度的盈利预测报告进行了审核,并出具了无保留意见的盈利预测审核报告。以下资料摘录自本公司的盈利预测报告。

合并盈利预测表(单位:人民币万元)

项目	2000年已审实现数	2001年1-3月未审实现数	2001年预测数
主营业务收入	14,730.44	5,177.22	17,254.77
主营业务利润	3,820.94	1,153.74	4,100.96
营业利润	1,503.30	555.80	1,585.65
利润总额	1,835.55	556.83	1,585.65
净利润按33%所得税率计算	1,276.57	373.03	1,062.24
按14.85%所得税率计算	–		1,350.03

注:根据新疆维吾尔自治区人民政府新政函【2000】137号文批准,本公司可在上市后5年内按14.85%的实际税负比例计缴所得税。

本公司预计与2000年度经审计的实际净利润相比,2001年度的净利润将增长5.6%,这主要来源于主营业务收入增长了17.14%。

第九节　其他重要事项

1、本公司股票首次公开发行后至本上市公告书公布之日,本公司严格依照《公司法》、《证券法》等法律法规的要求,规范运行,生产经营情况正常;所处行业、市场无重大变化;主要投入、产出物供求及价格无重大变化;主要业务发展目标无重大进展。

2、本公司募股资金到位时间较短,截止上市公告书公布之日尚未进行项目投资及其他重大投资活动,无重大资产(股权)收购、出售行为。

3、截止本公司上市公告书公布之日,本公司无重大诉讼、仲裁案件。

4、本公司股票首次公开发行后至本上市公告书公布之日,本公司重大会计政策和会计师事务所没有未发生变化。

5、本公司股票首次公开发行后至本上市公告书公布之日,招股说明书披露过的或有事项未发生变化。

6、经2000年8月16日本公司2000年第一次临时股东大会决议,本公司截止1999年底以前的滚存可分配利润共2,678,698.65元及2000年起实现的未分配利润待公司股票发行上市以后由新老股东共享。

7、本次股票发行后,预计首次股利分配时间在2002年6月底之前。

8、本公司自1999年12月30日设立之后的所得税率为33%。根据新疆维吾尔自治区人民政府新政函【2000】137号文批准,本公司可在上市后5年内按14.85%的实际税负比例计缴所得税。

9、依据《上海证券交易所股票上市规则》,本公司主要发起人和第一大股东已向上海证券交易所承诺,自发行人股票上市之日起12个月内,不转让所持有的股份,也不由上市公司回购其持有的股份。

10、本公司发行前后每股净资产分别是1.86元(按2000年12月31日经审计的数据计算)和3.24元(按发行价5.80元计算,扣除发行费用)。

11、2001年6月8日本公司召开了2000年度股东大会,会议审议通过了:(1)2000年年度报告;(2)2000年度董事会和监事会工作报告;(3)2000年度财务决算报告;(4)2001年度财务预算方案;(5)2000年度利润分配方案;经深圳同人会计师事务所审计,本公司2000年实现净利润12,765,769.45元,提取10%的法定盈余公积金1,518,030.64元,提取10%的法定公益金金1,518,030.64元,提取任意盈余公积金1,590,684.08元,加上1999年度结转未分配利润2,678,698.65元,本年度实际可供股东分配的利润为10,817,722.74元。经审议,本公司2000年度利润暂不分配由发行后的新老股东共享。(6)聘任深圳同人会计师事务所为本公司2001年财务审计机构;(7)授权董事会全权办理本公司股票公开发行后变更登记事宜。

12、除本公司招股说明书及摘要和本上市公告书披露的事项外,本公司董事会认为没有其它对本公司资产、负债及股东权益有较大影响的重要事项。

第十节　董事会上市承诺

本公司董事会承诺将严格遵守《中华人民共和国公司法》、《中华人民共和国证券法》、《股票发行与交易管理暂行条例》、《公开发行股票公司信息披露实施细则》和《上海证券交易所股票上市规则》等国家法律、法规和有关规定,并自股票上市之日起作到:

(一)承诺真实、准确、完整、公允和及时地公布定期报告,披露所有对投资者有重大影响的信息,并接受中国证监会、证券交易所的监督管理;

(二)承诺发本公司在知悉可能对股票价格产生误导性影响的任何公共传播媒介中出现的消息后,将及时予以公开澄清;

(三)本公司董事、监事、高级管理人员和核心技术人员将认真听取社会公众的意见和批评,不利用已获得的内幕消息和其他不正当手段直接或间接从事本公司股票的买卖活动;

(四)本公司没有无记录的负债。

依据《上海证券交易所股票上市规则》,本公司全体董事、监事将按照有关规定,在本公司股票上市后两个月内签署《董事(监事)声明及承诺书》,并送达上海证券交易所备案。

第十一节　上市推荐人及其意见

(一)上市推荐人情况

1、上市推荐人:光大证券有限责任公司

法定代表人:王明权

注册地址:上海市浦东新区浦东南路528号上海证券大厦15-16层

联系电话:(028)6622007

传真:(028)6626127

联系人:任东升、吴谆

2、上市推荐人:山东证券有限责任公司

地址:山东省济南市泉城路180号

法定代表人:段虎

电话:(0531)6019999-6620

传真:(0531)6019816

联系人:崔文霞

3、上市推荐人:长城证券有限责任公司

地址:深圳市深南大道6008号深圳特区报业大厦16楼

法定代表人:李仁杰

电话:(0755)3516283

传真:(0755)3516266

联系人:康米和杨文波

(二)上市推荐人意见

本公司上市推荐人认为:本公司章程符合《中华人民共和国公司法》、《中国人民共和国证券法》、《上市公司章程指引》和《上海证券交易所股票上市规则》等有关法律、法规和中国证监会的规定;本公司本次发行的股票符合《中华人民共和国公司法》、《中华人民共和国证券法》、《股票发行与管理暂行条例》和《上海证券交易所股票上市规则》等法律、法规的有关规定,已具备了上市条件;本公司董事了解国家的有关法律、法规、上海证券交易所上市规则及股票上市协议规定的董事的义务与责任;本公司建立健全了法人治理结构,制定了严格的信息披露制度与保密制度。上市推荐人已对上市文件所载的资料进行了核实,认为上市文件真实、准确、完整,符合规定要求,没有虚假、严重误导性陈述或者重大遗漏,并对其承担连带责任。上市推荐人与本公司不存在关联关系。上市推荐人愿意推荐本公司的股票在上海证券交易所上市交易,并且在上市推荐过程中,将不利用获得的内幕信息进行内幕交易,为自己和他人谋利。

新疆天宏纸业股份有限公司
二零零一年六月二十三日

昆明制药股份有限公司

二○○○年年度报告摘选

一、公司简介

1 、公司法定中、英文名称
中文名称:昆明制药股份有限公司
英文名称:KUNMING PHARMACEUTICAL CORP.
2 、公司法定代表人:李南高
3 、公司董事会秘书:徐朝能
联系地址:云南省昆明市西郊七公里　　昆明制药股份有限公司证券部
联系电话:0871－8182312 转 294　　传真号码:0871－8101631
公司证券事务电子信箱:xuchaoneng0006@sina. com
4 、公司注册地址: 中国云南省昆明市国家高新技术开发区金鼎科技园
公司办公地址:云南省昆明市西郊七公里　　邮政编码:650100
公司国际互联网网址:www. kpc. com. cn
5 、公司选定的信息披露报刊为 :上海证券报、证券时报
刊载公司年度报告的中国证监会指定国际互联网网址为:http://www. sse. com. cn
公司年度报告备置地点:公司证券部
6 、公司股票上市交易所为:上海证券交易所
股票简称:昆明制药　　股票代码:600422

二、会计数据和业务数据摘要

1 、公司本年度主要利润指标情况(单位:人民币元)

序号	项目	金额(元)
1	利润总额	57,008,513.77
2	净利润	35,178,524.45
3	扣除非经常性损益后的净利润	30,565,556.94
4	主营业务利润	192,676,077.41
5	其它业务利润	433,406.05
6	营业利润	51,692,428.61
7	投资收益	250,249.71
8	补贴收入	1,109,626.00
9	营业外收支净额	3,956,209.45
10	经营活动产生的现金流量净额	47,757,440.27
11	现金及现金等价物净增加额	345,300,955.24
	注:扣除非经常性损益项目和涉及额 :	4,612,967.51 元

其中:1 、补贴收入:1,109,626.00 元,扣除企业所得税 110,962.60 元,影响净利润 998,663.40 元;

2 、冻结资金利息收入:4,252,122.48 元,扣除企业所得税 637,818.37 元,影响净利润 3,614,304.11 。

2 、截止本报告期末公司前三年的主要会计数据和财务指标　　单位:元

序号	项目	2000 年度	1999 年度	1998 年度
1	主营业务收入	512,039,085.81	456,763,005.95	395,959,960.49
2	净利润	35,178,524.45	22,109,573.40	22,705,337.63
3	总资产	798,795,994.59	435,116,628.82	405,437,035.70
4	股东权益			
	(不含少数股东权益)	511,949,256.89	98,465,992.34	89,168,201.44
5	每股收益	0.36	0.38	0.39
6	每股收益(加权)	0.53	0.38	0.39
7	每股收益(加权)			
	(扣除非经常性损益)	0.46	0.30	0.39
8	每股净资产	5.21	1.69	1.53
9	调整后的每股净资产	5.08	1.48	1.35
10	每股经营活动产			
	生的现金流量净额	0.49	1.04	1.43
11	净资产收益率(%)	6.87	22.45	25.46
12	净资产收益率加权(%)	23.63	22.45	25.46

3 、按照中国证监会《公开发行证券公司信息披露编报规则(第 9 号)》要求计算报告期利润的净资产收益率和每股收益:

	报告期利润	净资产收益率		每股收益	
		全面摊薄	加权平均	全面摊薄	加权平均
主营业务利润	192,676,077.41	37.66%	129.45%	1.96	2.90
营业利润	51,692,428.61	10.10%	34.68%	0.53	0.78
净利润	35,178,524.45	6.87%	23.63%	0.36	0.53
扣除非经常性损益后的净利润	30,565,556.94	5.97%	20.54%	0.31	0.46

三 、股本变动及股东情况

1 、股本变动情况
(1)股份变动情况表
公司股份变动情况表　　数量单位:股

	期初数	本次变动增减(+,-)						期末数
		配股	送股	公积金转增	增发	其他	小计	
一、未上市流通股份	58,180,000							58,180,000
1 、发起人股份	58,180,000							58,180,000
其中:								
国有法人股	21,500,560							21,500,560
境内法人持有股份	36,679,440							36,679,440
境外法人持有股份								
其他								
2 、募集法人股份								
3 、内部职工股								
4 、优先股或其他								
其中:转配股								
未上市流通股份合计	58,180,000							58,180,000
二、已上市流通股份					40,000,000		40,000,000	40,000,000
1 、人民币普通股								
2 、境内上市的外资股								
3 、境外上市的外资股								
4 、其他								
已上市流通股份合计					40,000,000		40,000,000	40,000,000
三、股份总数	58,180,000				40,000,000		40,000,000	98,180,000

中化国际贸易股份有限公司

二○○○年年度报告摘选

一、公司简介

1 、公司法定中英文名称
公司法定中文名称:中化国际贸易股份有限公司
公司法定英文名称:SINOCHEM INTERNATIONAL COMPANY LIMITED
2、公司法定代表人:林达贤
3、公司董事会秘书:王克明
联系地址:北京市西城区复兴门外大街 A2 号中化大厦 901 室
联系电话:(010)68569572/68569887
传真:(010)68568569
电子邮箱:intel@sinochem. com
　　xiangliu@sinochem. com
4、公司注册地址:北京市西城区复兴门外大街 A2 号
公司办公地址:北京市西城区复兴门外大街 A2 号中化大厦
邮政编码:100045
国际互联网网址:http://www. sinochemintl. com
5、公司选定的信息披露报纸名称:《中国证券报》、《上海证券报》
登载公司年度报告的中国证监会指定国际互联网网址:http://www. sse. com. cn
公司年度报告备置地点:北京市西城区复兴门外大街 A2 号中化大厦 901 室
6、公司股票上市交易所:上海证券交易所
股票简称:中化国际　　股票代码:600500

二、会计数据和业务数据摘要

1 、公司本年度主要会计数据

单位:人民币元

项目	金额
利润总额	184,075,325.96
净利润	130,604,554.60
扣除非经常性损益后的净利润	128,635,723.78
主营业务利润	307,776,236.29
其他业务利润	27,219,645.44
营业利润	142,386,710.70
投资收益	38,835,827.31
补贴收入	0.00
营业外收支净额	2,852,787.95
经营活动产生的现金流量净额	－630,303,168.08
现金及现金等价物净增加额	－731,612,994.16

扣除非经常性损益的净利润调整项目为新股申购冻结资金利息 1,968,830.82 元。

2、公司近三年主要会计数据和财务指标

项目	2000 年度	1999 年度	1998 年度
主营业务收入(元)	5,682,751,113.85	3,513,219,109.56	4,181,904,547.59
净利润(元)	130,604,554.60	117,758,570.18	105,274,636.69
总资产(元)	2,091,226,727.49	1,946,129,918.86	1,173,382,222.08
股东权益(元)	1,440,003,123.71	1,402,705,226.98	362,149,437.60
每股收益－摊薄(元)	0.35	0.32	0.42
每股收益－加权(元)	0.35	0.32	0.42
每股净资产(元)	3.86	3.76	1.43
调整后的每股净资产(元)	3.85	3.73	1.35
每股经营活动产生的			
现金流量净额	－1.69	0.03	0.00
净资产收益率	9.07%	8.40%	29.07%

3 、按照中国证券会《公开发行证券公司信息披露编报规则第 9 号》要求计算的利润数据:

报告期利润(元)	资产收益率		每股收益(元/股)	
	全面摊薄	加权平均	全面摊薄	加权平均
主营业务利润	21.37%	20.97%	0.83	0.83
营业利润	9.89%	9.70%	0.38	0.38
净利润	9.07%	8.90%	0.35	0.35
扣除非经常性损益的净利润	8.93%	8.76%	0.35	0.35

注:每股收益和净资产收益率按照《公开发行证券公司信息披露编报规则第 9 号》方法计算。

4 、报告期内股东权益变动情况

项目	股本	资本公积	盈余公积	法定公益金	未分配利润	股东权益合计
期初数	372,650,000.00	919,359,670.89	17,560,599.97	17,560,599.98	75,574,356.14	1,402,705,226.98
本期增加		82,402.06	13,060,455.46	13,060,455.46	130,604,554.60	156,807,867.58
本期减少					119,509,970.85	119,509,970.85
期末数	372,650,000.00	919,442,072.95	30,621,055.43	30,621,055.44	86,668,939.89	1,440,003,123.71

三、股本变动及股东情况介绍

(一)、截至 2000 年 12 月 29 日公司股东总数 30902 户,其中未流通法人股 6 户,流通股东 30896 户。

(二)、公司前 10 名股东持股情况截至 2000 年 12 月 29 日公司前 10 名股东持股情况如下:

股东名称	持股数量(股)	占总股本比例%
中国化工进出口总公司	240,000,000	64.40
浙江中大集团股份有限公司	2,530,000	0.68
中国粮油食品进出口(集团)有限公司	2,530,000	0.68
中国石化集团北京燕山石油化工有限公司	2,530,000	0.68
中国石油销售总公司	2,530,000	0.68
上海石油化工股份有限公司	2,530,000	0.68
金鑫基金	1,096,350	0.29
安顺基金	1,096,350	0.29
泰和基金	755,500	0.20
中技国际招标公司	701,578	0.19

说明:

1、公司前十名股东中,第一名至第六名股东为未上市法人股股东,第七名至第十名为流通股股东。

2、公司前十名股东之间不存在关联关系。

3、持股 5%以上的法人股东情况

中国化工进出口总公司(在本报告中以下简称"中化总公司"),在报告期内其所持股份无增减变动情况,也无质押、冻结情况。

华 纺 股 份 有 限 公 司

A股股票上市公告书暨2001年中期财务报告(部分)摘录

一、概览

股票简称:华纺股份
股票代码:600448
股本总额:24500万股
可流通股本:9350万股
本次上市流通股本:9350万股
上市地点:上海证券交易所
上市时间:2001年9月3日
股票登记机构:上海证券中央登记结算公司
上市推荐人:西南证券有限责任公司
天同证券有限责任公司(原山东证券有限责任公司)
北京证券有限责任公司

二、发行公司概况

(一)公司概况中文名称:华纺股份有限公司
英文名称:HUAFANG COMPANY LIMITED BY SHARES
成立日期:1999年9月3日
注册资本:245,000,000元
法定代表人:沈祥荣
公司住所:山东省滨州市黄河二路819号
邮政编码:256617
经营范围:棉、毛纺织、针织、服装的生产、加工、销售;新产品的技术开发、技术咨询服务及技术转让;机电设备的销售。
主营业务:棉纺、毛纺、印染等
所属行业:纺织业
电话:0543-3288255
传真:0543-3288520
电子信箱:cjhbj1958@sohu.com
董事会秘书:崔建华

三、董事、监事及高级管理人员简介及持股情况

(一)董事、监事及高级管理人员简介
1、董事会成员简介
沈祥荣先生,本公司董事长,50岁,大学学历,工程师,历任国家经委能源局煤矿处副处长,计委生产调度局综合处副处长、处长、副局长,国家计委办公厅秘书、国务院办公厅秘书局秘书等职务。现任华诚集团常务副总裁,华诚投资管理有限公司副董事长。
刘连营先生,本公司副董事长,42岁,大专学历,高级经济师,历任山东滨州印染厂副厂长,1993年至1999年先后担任任山东滨州印染集团有限责任公司副董事长、副总经理、董事长、总经理等职务。现任中国印染协会副理事长,山东滨州印染集团有限责任公司董事长,滨州对外经济技术合作有限公司董事长,进出口公司董事长,滨州春华服饰有限公司总经理。
魏杰先生,本公司独立董事,48岁,国内著名经济学家。曾先后获得经济学硕士、博士学位。曾任中国人民大学经济系主任、教授、博导,国家国有资产管理局研究所所长。现任清华大学经济管理学院教授、博导,兼任全国十三个省市的经济顾问、十五家企业经济顾问、中国国有资产管理学会等5家学会的副会长。
王曾敬先生,本公司独立董事,67岁,硕士学历,早年在哈尔滨工业大学、中国人民大学执教,曾任北京市轻工业局副局长、国家经济委员会局长、国家计划委员会司长、中国新技术投资总公司总经理、国家纺织工业部副部长、中国纺织集团总公司筹备组组长、第八届全国人民代表大会财经委员会委员、中国华源集团总公司监事会主席。现任中国纺织工业协会、中国中小企业国际合作协会、中国包装技术协会、中国流行协会等社团领导工作。
王玉珍女士,本公司董事,49岁,大专学历,助理经济师,历任山东滨州印染厂干事、副总经理,山东滨州印染集团有限责任公司副董事长、副总经理等职务。现任山东滨州印染集团有限责任公司副董事长、总经理,三元公司总经理,进出口公司董事。
胥明东先生,本公司董事、副总经理,48岁,大学学历,高级工程师,历任四川射洪棉纺织厂车间主任、金华棉纺织厂厂长,四川射洪纺织厂厂长。现任四川省企业家协会常务理事,华纺银华董事长,华纺呢绒董事。
钱伟民先生,本公司董事、副总经理,38岁,大专学历,历任湖州机电一厂副厂长、湖州低压电器厂厂长、深圳铁马电机有限公司副总经理、湖州惠丰针织制衣厂厂长。现任浙江华纺呢绒有限公司董事长、总经理,浙江省企业家协会副会长、中国毛纺协会常务理事,华纺银华董事、华纺呢绒董事长。
邹鹏宏先生,本公司董事,37岁,大学学历,高级会计师,历任地质矿产部审计局审计处副处长,华诚财务公司副总经理,华诚文化传播公司总经理,华诚京星纺织产业有限公司总经理,现任华诚投资管理有限公司副总裁。
陈宝军先生,本公司董事,38岁,大专学历,94年获中华人民共和国律师、经济师资格。历任山东滨州印染厂审计科审计员、企管科干事,山东滨州印染集团有限责任公司总裁助理、企管处处长、市场处处长。现任山东滨州印染集团有限责任公司董事会秘书、法律顾问。
崔建华先生,本公司董事、董事会秘书、副总经理,42岁,大专学历,高级经济师,历任山东滨州毛纺织厂厂长助理、副厂长,山东滨州毛纺织总公司副总经理、总经济师,滨州金利毛纺地毯有限公司总经理,山东滨州印染集团有限责任公司董事长助理,山东滨州印染集团有限责任公司董事、党委副书记、纪委书记,华纺银华董事,华纺呢绒董事。
刘林泉先生,本公司董事,41岁,硕士学历,高级经济师,历任航空航天工业部成都飞机制造公司干部、审计署固定资产审计司副处长、华诚投资管理有限公司管理部经理、审计法律事务部经理、董事长特别助理。现任华诚投资管理有限公司总裁助理。
2、监事会成员简介
王延平先生,本公司监事会召集人,45岁,高级经济师,大专学历,历任滨州毛巾厂厂长,滨州针棉织品集团公司董事长。现任山东亚光纺织集团有限公司董事长。
陈发明先生,本公司监事,38岁,工程师,历任福建324国道厦门段改建指挥部工程师,厦门市路桥经济开发公司总经理,上海一方经贸有限公司总经理,现任湖州惠丰纺织有限公司董事长。
金伟忠先生,本公司监事,51岁,经济师,大学学历,历任上海三星羊毛衫公司总经理,上海三星毛纺织发展总公司总经理,现任上海雪羚毛纺织有限公司董事长。
刘惠萍女士,本公司职工代表监事,37岁,助理经济师,大学学历。历任山东滨州毛纺织总公司车间主任、办公室主任、分公司经理,山东滨州印染集团有限责任公司办公室副主任。现任华纺股份有限公司综合管理部主任。
陈付峰先生,本公司职工代表监事,27岁,助理会计师,大专学历。历任山东滨州印染集团有限责任公司财务处会计、出纳、结算稽核室主任、市场处处长助理。现任华纺股份有限公司营销管理部副主任。
3、高级管理人员简介
刘曰兴先生,本公司总经理,43岁,经济师,大专学历,历任山东滨州印染厂工会主席、总政工师,山东滨州印染集团有限责任公司工会主席、董事、常务副总经理,华纺银华董事,华纺呢绒董事,进出口公司的董事。
胥明东先生,本公司副总经理,简历略。
钱伟民先生,本公司副总经理,简历略。
崔建华先生,本公司董事、董事会秘书,公司副总经理,简历略。
赵振中先生,本公司副总经理,45岁,大专学历,助理经济师,历任滨州印染厂劳动服务公司副经理、车间主任、基建科长、供应科长、销售公司经理、色布分厂厂长,滨州印染集团有限责任公司进出口公司经理,菏泽诚信印染有限公司总经理、党委书记,滨州印染集团有限责任公司总经理助理、国际发展部主任、物资经营处处长、董事、副总经理。
赵菊田女士,本公司总会计师,40岁,工商硕士,高级会计师,历任济南元首针织股份有限公司财务处成本主管会计、财务处处长、董事、总经理助理、副总经理、总会计师等职务。现任山东省纺织财会协会理事。
(二)董事、监事及高级管理人员持股情况
截止到本上市公告书签署之日,本公司的董事、监事、高级管理人员不存在直接持有本公司股份的情况;
本公司董事、监事及高级管理人员均未持有本公司股票,其配偶或未满十八岁的子女均不持有本公司股份;
本公司的董事、监事、高级管理人员均未通过其能够直接或间接控制的公司持有本公司股份。
(三)认股权设置和行使情况
公司董事会已决定在国家有关法律、法规许可并经有关部门批准的情况下,在公司全体高管人员和骨干员工中推行认股权计划。具体计划目前尚未实施。

四、本次股票上市前股权结构和股东持股情况

1、本公司上市前的股本结构

股份种类	股数(万股)	占总股本比例(%)
1、尚未流通股份:	15150	61.84
发起人股份	15150	61.84
其中:国有法人持有股份	15011.54	61.27
境内法人持有股份	138.46	0.57
2、可流通股份:	9350	38.16
其中:社会公众股	9350	38.16
3、股份总数	24500	100.00

2、本次上市前,公司前十名股东持股情况

序号	股东名称	持股数量(万股)	占总股本比例
1	华诚投资管理有限公司	8474.21	34.59%
2	山东滨州印染集团有限责任公司	6468.10	26.41%
3	山东亚光纺织集团有限公司	69.23	0.28%
4	上海雪羚毛纺织有限公司	69.23	0.28%
5	湖州惠丰纺织有限公司	69.23	0.28%
6	普丰基金	38.40	0.16%
7	安信基金	27.50	0.11%
8	金泰基金	27.00	0.11%
9	兴和基金	20.10	0.08%
10	裕阳基金	19.80	0.08%

(注:本上市公告书因版面原因为上市公告书部分摘录,需要阅读全文请向相关公司董事会秘书查询。)

四川迪康科技药业股份有限公司

股票上市公告书暨2000年度财务报告(部分)摘录

一、要览

股票简称:迪康药业
股票代码:600466
股本总额:12740万股
可流通股本:5000万股
本次上市流通股本:5000万股
上市地点:上海证券交易所
上市日期:2001年2月12日
股票登记机构:上海证券中央登记结算公司
上市推荐人:广东证券股份有限公司

二、公司概况

(一)基本情况
1、公司名称:四川迪康科技药业股份有限公司
2、注册资本:12740万元
3、法定代表人:曾雁鸣
4、成立日期:成立于1993年5月18日,1999年12月17日变更为股份有限公司
5、经营范围:外用药,软膏剂,滴鼻剂,栓剂,口服液体制剂,化学原药,中成药研制,技术咨询和转让,销售保健用品,保健食品,饮料及制药原料
6、所属行业:制药行业
7、注册地址:成都市高新区二环路南四段十一号
8、联系电话:028—5184149　　028—5195555—8300
9、联 系 人:曾林　　刘明　　邬炳友

三、董事、监事及高级管理人员的简历及持股情况

曾雁鸣先生,1964年1月出生于重庆,男,汉族,四川大学工商管理硕士,现为政协成都市委常委、中国青年企业家协会理事、四川省管理科学学会常务理事、四川省青年联合会委员。历任重庆渝西医院药剂科主任、西南车辆制造厂团委书记、成都迪康制药公司总经理。现为股份公司董事长。

杨江先生,出生于1956年6月,男,汉族,四川大学研究生,教授,中共党员。1982年四川大学本科毕业后任教于云南林学院,1987年四川大学经济系研究生毕业后留校任教至今,现为四川省政府科技顾问团顾问、四川省管理科学学会副会长、四川迪康集团股份有限公司董事长。现为股份公司副董事长。

高利军先生,出生于1957年10月,男,汉族,大学学历,工程师,中共党员,毕业于四川外语学院。历任成都市科委外事处处长、成都市科技情报所所长、成都高科技发展股份有限公司总裁、成都高新技术创业服务中心主任。现为股份公司董事。

舒平先生,1961年2月出生于四川,男,汉族,会计师,1978年至1991年任四川省内燃机配件厂车间工会主席,1991年至1998年4月任职四川省审计厅,1998年5月起,任四川迪康集团股份有限公司副总经理、成都迪康制药有限公司总经理。现为股份公司董事、集团公司总经理。

彭宇行先生,出生于1962年11月,男,汉族,法国居里大学博士,研究员,中共党员,1992年—1993年在法国埃克森公司从事博士后研究,1993年回国后就职于中国科学院成都有机化学研究所,现任所长、博士生导师。并担任中科院成都有机化学所总公司董事长、四川大学兼职教授,四川省科技顾问团顾问、青年顾问组副组长,四川省科技青年联合会常务副主席,中国科学院青年联合会副主席等职。现为股份公司董事。

徐学民先生,出生于1954年12月,男,汉族,研究员,中共党员。1979年至1983年在华西医科大学药学院攻读天然药物化学,并获硕士学位,1990年到1992年在美国依阿华大学化学系做访问学者。历任四川省中药研究所科室副主任、副所长、所长。现兼任四川省科技顾问团顾问,中国药学四川分会理事,《华西药学》编委,是享受国务院特殊津贴的专家。现为股份公司董事。

孙继林先生,出生于1963年10月,男,汉族,四川大学工商管理硕士。历任四川省三台县人民医院药剂师、四川绵阳制药二厂副厂长、中外合资旭华制药厂生产部部长、成都迪康制药公司销售部经理助理、副经理、经理,四川迪康药业股份有限公司总经理助理兼任成都迪康药品销售有限公司总经理。现为股份公司董事、总经理。

银海先生,男,出生于1962年,汉族,中共党员,四川大学工商管理硕士,历任遂宁市人民医院药剂科副主任、主管医师;成都迪康制药公司生产部经理、开发部经理。现为股份公司董事。

谷元清先生,男,1967年出生,四川乐山人,四川大学经济系毕业,中国注册会计师。曾就职于重庆钢铁公司、重庆会计师事务所,1999年起任光大证券有限责任公司投资银行三部经理。现为股份公司董事。

吴毅先生,男,1955年出生,河北遵化人,四川师范大学数学系毕业,中共党员,1976年参加工作,先后任四川省内燃机厂团委书记;四川省工商联主任科员、办公室副主任、主任、会员处处长;垫江县人民政府副县长;四川迪康药业股份有限公司总经理办公室主任。现为股份公司监事。

赵正林先生,男,1950年出生,福州大学物理无线电系微电子专业毕业。先后任陕西汉中3号信箱车间主任、党办主任;成都401信箱技术员;成都7号信箱技术员、工段长;成都市科技应用服务公司经理;成都高新技术创业服务中心副主任;成都高科技发展股份有限公司副总裁、成都新高技术产业发展股份有限公司总经理。现为股份公司监事、监事会召集人。

李宓先生,男,汉族,1967年出生,中共党员,四川大学工商硕士。1985年－1997年在成都红光实业股份有限公司工作,先后担任厂团委书记、党支部书记;1997年至今在四川迪康药业股份有限公司工作。现为股份公司监事。

徐祖砚先生,男,汉族,1935年出生,毕业于四川医学院(现华西医科大学)。先后任四川医学院药学系助教;华西医科大学制药厂车间主任、工程师、副主任药师;华西医科大学制药厂总工程师、主任药师、国家执业药师、享受国家特殊津贴专家;卫生部下属出口日本产品的四二厂GMP认证促委会秘书长。现为股份公司总经理助理。

曾林先生,男,汉族,出生于1969年11月,毕业于重庆交通学院,四川大学工商管理硕士。先后任成都迪康制药公司销售部经理、四川迪康药业股份有限公司投资发展部部长。现为股份公司董事会秘书。

邬炳友先生,男,汉族,1971年3月出生,毕业于四川轻化工学院,中国注册会计师。先后任职于四川内江棉纺织厂、内江三株有限公司、四川蜀威会计师事务所。曾任四川迪康药业股份有限公司审计主管、四川迪康科技股份有限公司财务部主管、财务部部长助理。现为股份公司财务负责人。

上市前,全体董事、监事、高级管理人员均没有个人持股。

四、股本结构及大股东持股情况

(一)本公司上市前的股本结构

股份类别	股份数(万股)	占总股本比例(%)
未流通股份	7740	60.75
其中:		
法人股	7740	60.75
可流通股份	5000.00	39.25
总股本	12740.00	100.00

(二)本次发行后,本公司前十位股东所持股数及比例

股东名称	持股数(万股)	占总股本比例(%)
四川迪康集团股份有限公司	74,897,000.00	58.79%
中科院成都有机化学研究所	1,000,000.00	0.78%
成都高创科技集团公司	503,000.00	0.39%
成都福瑞机电设备制造公司	500,000.00	0.39%
四川省中药研究所	500,000.00	0.39%
汉盛基金	411,000.00	0.32%
开元基金	214,000.00	0.17%
金鑫基金	172,000.00	0.14%
同盛基金	133,000.00	0.10%
同益基金	122,000.00	0.096%

母公司利润及利润分配表

编制单位:四川迪康科技药业股份有限公司　　　金额单位:人民币元

项　　目	注释	2000.1－12	1999	1998	1997
一、主营业务收入	注23	100,762,091.64	41,441,473.27	43,504,325.05	35,955,315.39
减:折扣与折让		607,761.42	358,355.82		
主营业务收入净额		100,154,330.22	41,083,117.45	43,504,325.05	35,955,315.39
减:主营业务成本		63,876,691.11	20,085,118.48	9,856,172.95	9,499,198.32
主营业务税金及附加	注24	1,509,251.08	450,078.60	730,792.04	317,492.87
二、主营业务利润(亏损以"－"号填列)		34,768,388.03	20,547,920.37	32,917,360.06	26,138,624.20
加:其他业务利润(亏损以"－"号填列)	注25	－17,033.28	28,404.40	36,106.00	－49,270.47
减:存货跌价损失					
营业费用		12,151,523.15	3,061,516.40	12,953,538.92	11,566,553.80
管理费用		4,015,167.75	1,265,604.01	5,748,332.33	4,065,388.45
财务费用	注26	1,962,749.58	824,639.32	2,941,519.67	2,632,596.69
三、营业利润(亏损以"－"号填列)		16,621,914.27	15,424,565.04	11,310,075.14	7,824,814.79
加:投资收益(损失以"－"号填列)	注27	6,243,464.47	8,802,800.34	378,419.00	
补贴收入	注28	3,123,800.68	9,000,000.00		
营业外收入	注29	22,153.00	379,810.86	76,349.92	572,174.18
减:营业外支出	注30	15,800.12	27,759.21	107,996.94	39,827.70
四、利润总额(亏损总额以"－"号填列)		25,995,532.30	33,579,417.03	11,656,847.12	8,357,161.27
减:所得税	注31		5,076,149.68	4,156,435.52	3,103,804.21
少数股东损益					
五、净利润(净亏损以"－"号填列)		25,995,532.30	28,503,267.35	7,500,411.60	5,253,357.06
加:年初未分配利润		11,007,881.82	9,032,802.36	5,916,101.89	1,450,748.40
盈余公积转入					
六、可供分配的利润		37,003,414.12	37,536,069.71	13,416,513.49	6,704,105.46
减:提取法定盈余公积		2,599,553.23	1,408,538.61	750,041.16	525,335.71
提取法定公益金		1,299,776.62	704,269.31	375,020.58	262,667.86
七、可供股东分配的利润		33,104,084.27	35,423,261.79	12,291,451.75	5,916,101.89
提取任意盈余公积					
应付普通股股利					
转作股本的普通股股利			24,415,379.97	3,258,649.39	
八、未分配利润		33,104,084.27	11,007,881.82	9,032,802.36	5,916,101.89

(注:本上市公告书因版面原因为上市公告书部分摘录,需要阅读全文请向相关公司董事会秘书查询。)

天津特精液压股份有限公司

股票上市公告书(部分)摘录

一、概　览

股票简称:特精股份
股票代码:600468 股本
股本总额:110,000,000 元
可流通股本 :30,000,000 元
本次上市流通股本 :30,000,000 元
上市地点:上海证券交易所
上市日期:2001 年 6 月 15 日
股份登记机构:上海证券中央登记结算公司
上市推荐人:华泰证券有限责任公司
　　　　　　兴业证券股份有限公司

二、公司概况

(一)本公司基本情况

1、法定名称:天津特精液压股份有限公司

英文名称:TIANJIN TEJING HYDRAULIC CO.,LTD.(缩写为"TJHC")

2、注册资本金:110,000,000 元

3、法定代表人:刘光兴

4、住所:天津市南开区南泥湾路 8 号,邮编:300012

成立日期 :1999 年 9 月 23 日

5、经营范围:液压、气动元件、机床设备、铸件的制造;机械零件加工;刀具、量具、夹具、辅具、模具的制造及加工;机床电器设备修理;机械工艺及咨询服务;汽车运输;经营本企业生产所需的原辅材料、仪器仪表、机械设备、零配件及技术的进口业务(国家限定公司经营和国家禁止进出口的商品及技术除外);经营进料加工和"三来一补"业务(以上范围内国家有专营专项规定的按规定办理)。

6、所属行业:机械行业

7、电话:022-27386320;传真:022-27386320

电子邮箱: tjgf@sohu.com

互联网址:www.hyd-machchina.com

8、董事会秘书:梁岩

三、公司董事、监事、高级管理人员和核心技术人员简介

(一)公司董事

刘光兴,公司董事长,男,中国公民,60 岁,大专文化,高级经济师。曾任天津市机械工业管理局办公室主任、局体改办主任、局长助理、副局长、天津市机电工业总公司总经济师。

齐雪楼,公司副董事长,男,中国公民,61 岁,大专文化,高级工程师。曾任天津机械厂厂长、党委书记,曾获天津市"八五"立功奖章、天津市劳动模范称号,现任液压集团董事长、总经理、党委副书记。

乔慕森,公司董事兼总经理,男,中国公民,47 岁,工商管理硕士,高级经济师。曾任天津岛津液压有限公司董事、副总经理、液压集团副总经理。

张耀臣,公司董事,男,中国公民,57 岁,大专文化,高级经济师。曾任液压集团副总经理、党委副书记,曾获天津市"九五"立功奖章、天津市劳动模范称号,现任液压集团党委书记、副总经理。

赵元荟,公司董事,女,中国公民,45 岁,大专文化,高级会计师。曾任天津市机械工业管理局财务处处长,现任天津市机电工业控股集团公司财务部部长。

刘广堂,公司董事兼总会计师,男,中国公民,48 岁,大专文化,高级会计师。曾任液压集团财务处副处长、副总会计师、综合计划处处长、总会计师。

孙效良,公司独立董事,男,中国公民,67 岁,教授。曾任机械部政策研究室主任,国家体改委司长、委员;现任中华企业咨询有限责任公司董事长、中国企业改革与发展研究会副会长、中国政策科学学会副会长,兼任中国社会科学院工业经济研究所研究员、对外经济贸易大学法学院教授、国家行政学院教授。

张志英,公司独立董事,女,中国公民,65 岁,大专文化,高级工程师。曾任机械工业部基础件工业局副局长、国家机械工业委员会统计信息司副司长、机械工业部机械基础产品司副司长、基础装备司司长。现任中国液压气动密封件工业协会理事长、中国机械工程学会理事。

戴金平,公司独立董事,女,中国公民,36 岁,经济学博士,英国格林威治大学博士后,教授,博士生导师。现任南开大学国际经济研究所副所长、南开大学跨国公司研究中心副主任。

(二)公司监事

高成,公司监事会主席,男,中国公民,54 岁,中专文化,高级政工师。曾任天津机械厂铸工车间工会主席、厂工会干事、液压集团工会副主席。

张泰生,公司监事,男,中国公民,53 岁,大学文化,公司核心技术人员,高级工程师。曾任天津机械厂新产品分厂厂长兼党支部书记、液压集团齿轮泵制造部部长、液压集团副总工程师兼液压产品开发部部长,现任公司副总工程师兼液压产品开发部部长。曾获机械部新产品奖二等奖和三等奖各一项,机械部液压振兴杯二等奖,机械部科技进步三等奖。

张克勤,公司监事,男,中国公民,51 岁,大专文化,经济师。曾任北海舰队工程部技术员、天津电机总厂设备科助理工程师,现任天津市机电工业控股集团公司资产部经济师。

(三)其他高级管理人员

刘丰年,公司副总经理,男,中国公民, 46 岁,大专文化,政工师。曾任液压集团党办副主任、技改办副主任、生产处处长、总调度长。

王福明,公司总经济师,男,中国公民,52 岁,大专文化,高级经济师。曾任天津机械厂厂长助理、副厂长、液压集团副总经理。

王钢,公司副总经理,男,中国公民,47 岁,大专文化,高级政工师。曾任天津机械厂设备动力科党支部副书记、液压集团党委办公室主任、总经理助理、副总经理。

刘振党,公司总工程师,男,中国公民,55 岁,大学文化,公司核心技术人员,正高级工程师。曾任天津机械厂工程师、高级工程师、液压集团工艺处处长、发动机开发部部长、总工程师。曾获机械部科技进步奖二等奖两项和三等奖一项,天津市优秀新产品奖三等奖。

梁岩,公司董事会秘书兼证券部部长,男,中国公民,36 岁,大学文化,工程师。曾任液压集团发动机分厂副厂长、总经理办公室副主任。

(四)其他核心技术人员

吕家琪,中国公民,男,56 岁,大学文化,高级工程师。曾任天津机械厂热处理技术组组长、液压集团公司工艺处副处长、本公司热处理分厂技术副厂长,现任本公司副总工程师;曾获天津市节能节材项目二等奖、天津市优秀项目奖、北京市科学进步三等奖。

白洪涛,中国公民,男,60 岁,大学文化,正高级工程师。曾任天津机械厂设计科设计员、液压集团设计科副科长,现任本公司副总工程师兼外经处处长。曾获机械部科技进步奖一等奖一项、二等奖二项,机械部液压振兴杯二等奖,获三项专利,并先后主持与美国、日本合作的液压产品设计工作,主持国家"八五"重点项目的液压件产品泵、阀的设计工作。

上述人员中,除齐雪楼、张耀臣、赵元荟和张克勤以外,其他人员没有在股东单位或股东单位控制的单位、在发行人所控制的法人单位、同行业其他法人单位担任职务的情况。上述人员不存在三代以内直系或旁系亲属关系。上述人员均不持有公司的股份。

四、股票发行与股本结构

1、本公司本次上市前的股本结构

股份类别	股份数量(股)	占总股本的比例(%)
(1)尚未流通股份:		
①发起人股份	80,000,000	72.73
其中:国家持有股份	78,293,807	71.18
法人持有股份	1,706,193	1.55
②募集法人股	0	0
③内部职工股	0	0
(2)可流通股份:	0	0
①境内上市人民币普通股	30,000,000	27.27
其中:本次公开发行股份	30,000,000	27.27
② 境内上市外资股	0	0
③ 境外上市外资股	0	0
(3)总股本	110,000,000	100.00

2、本次上市前,本公司前十名股东持股数及比例

股东	持股数(万股)	占总股本比例(%)
天津液压机械(集团)有限公司	7761.1329	70.56
天津泰鑫实业开发有限公司	136.4954	1.241
天津市机械工业物资总公司	34.1239	0.310
天津经纬集团投资公司	34.1239	0.310
天津市静海县通达工业公司	34.1239	0.310
泰和基金	8.3	0.075
国通证券有限责任公司	8.1	0.074
景福基金	7.7	0.070
国信证券有限责任公司	7.2	0.065
裕隆基金	6.0	0.055

(注:本上市公告书因版面原因为上市公告书部分摘录,需要阅读全文请向相关公司董事会秘书查询。)

天津天药药业股份有限公司

股票上市公告书(部分)摘录

一、概览

股票简称:天药股份

股票代码:600488

总股本:149,008,883股

可流通股本:45,000,000股

本次上市流通股本:45,000,000股

对首次公开发行股票前股东所持股份的流通限制及期限:本公司的国有法人股、法人股暂不上市流通。

首次公开发行股票前股东对所持股份自愿锁定的承诺:自愿将所持有的本公司的股票按国家法律、法规的要求进行锁定。并在本公司上市之日起一年内,不转让所持有的股份,也不由本公司回购该部分股份。

上市地点:上海证券交易所

上市时间:2001年6月18日

股票登记机构:上海证券中央登记结算公司

上市推荐人:南方证券有限公司

二、发行人概况

(一)发行人的基本情况

1、发行人名称:天津天药药业股份有限公司

Tianjin Tianyao Pharmaceutical Co.,Ltd.

2、注册资本:149,008,883元

3、法定代表人:师春生

4、发行人成立日期:1999年12月1日

5、注册地址:天津市新技术产业园区华苑产业区中济科园B座414号

6、经营范围:制造经营化学原料药、中西制剂药品、中药材及中成药加工、保健食品、医药中间体、化工原料、食品及食品添加剂、饲料及饲料添加剂、化妆品及相关技术和原辅材料加工;承办中外合资经营、合作生产企业;技术服务及咨询(以上经营范围内国家有专营专项规定的按规定办理)。

7、主营业务:原料药的生产经营,包括皮质激素类原料药、心血管类原料药、镇痛类原料药。

8、所属行业:医药制造业

9、联系电话(传真):022-24564837

10、电子信箱:Tianyao@eyou.com

11、董事会秘书:王喆

三、董事、监事、高级管理人员及核心技术人员

(一)董事会成员

师春生先生,中国国籍,60岁,大学学历,正高级工程师。1968年9月参加工作。历任天津市生物化学制药厂副厂长,天津市制药工业公司副经理,天津制药厂厂长,天津药业公司经理,天津药业有限公司董事长。现任天津药业集团有限公司总经理,本公司董事长。

郝于田先生,中国国籍,51岁,大专学历,经济师。1969年7月参加工作。曾任天津制药厂一车间主任,天津制药厂党委副书记,天津药业公司副经理,天津药业有限公司总经理。现任本公司董事。

刘登岗先生,中国国籍,51岁,中专学历,工程师。1969年7月参加工作。曾任天津制药厂销售科副科长,天津药业公司供销经理部原料药科科长、销售处副处长、总经理助理,天津药业有限公司副总经理兼销售公司经理,美国大圣贸易技术开发有限公司总经理。现任本公司董事兼总经理。

杨风翙先生,中国国籍,49岁,大专学历,助理工程师。1970年4月参加工作。曾任天津药业公司行政处副处长,天津药业公司104车间主任、102车间主任,天津药业有限公司经理助理兼一分厂厂长,天津药业有限公司副总经理兼生产制造部、工程部部长。现任本公司董事兼副总经理。年薪100620元。

陈钊女士,中国国籍,55岁,大专学历,高级会计师。1964年9月参加工作。曾任天津制药厂财务科副科长、科长,天津药业公司财务科科长、财务处副处长、副总会计师、总会计师,天津药业有限公司总会计师。

卢彦昌先生,中国国籍,35岁,硕士学位,正高级工程师。1989年6月参加工作。曾任天津药业公司研究所所长助理兼室主任、副所长、所长,天津药业公司经理助理兼研究所所长,天津药业有限公司总工程师兼技术开发部部长。现任本公司董事兼总工程师,享受国务院特殊津贴专家,全国制药行业劳动模范。

刘幼芝女士,中国国籍,46岁,大专学历,高级政工师。1970年9月参加工作。曾任天津市制药工业公司团委书记,天津市健民制药厂党总支副书记、工会主席,天津药业有限公司工会副主席。现任本公司董事。

(二)监事会成员

李立群先生,中国国籍,40岁,大专学历,政工师。1979年3月参加工作。曾任天津制药厂团委组织部干事,中共天津药业有限公司党委组织部副部长、101车间主任兼党支部书记。现任本公司监事会主席。

高宝燕女士,中国国籍,51岁,中专学历,高级政工师。1969年9月参加工作。曾任天津制药厂政工科科长、团委书记、劳资科科长、劳动人事科副科长、一车间书记,天津药业有限公司人事科科长、中共天津药业有限公司党委党委组织部科长、党委副书记兼纪委书记。现任本公司监事。

胡其志先生,中国国籍,51岁,大学学历,高级工程师。1965年参加工作。曾任天津市计算机公司国外事务部部长,天津市电子仪表联合进出口公司副总经理,香港津联电子仪表有限公司董事、副总经理,天津市新技术产业园区园区进出口公司总经理、总公司副总经理等职。现任本公司监事、天津市新技术产业园区园区进出口公司董事长。

高如艳女士,中国国籍,28岁,大学学历,会计师(中国注册会计师)。1994年7月参加工作。曾任天津药业有限公司财务部主任科员。现任本公司监事。

王晓东先生,中国国籍,32岁,大学在学。1986年9月参加工作。曾就职于天津药业有限公司。现任本公司监事,天津市劳动模范。

(三)其他高级管理人员

张鹏先生,中国国籍,52岁,大专学历,工程师。现任本公司副总经理。

王喆先生,中国国籍,32岁,博士学位。现任本公司董事会秘书、总经理助理。

(四)核心技术人员

卢彦昌,本公司董事(简历同上)1997年,主持开发了“地塞米松系列产品的新工艺”的研究,新工艺技术达到了国际先进水平,荣获国家科技进步二等奖。

夏庆女士,中国国籍,31岁,硕士研究生,工程师。

李媛女士,中国国籍,36岁,硕士研究生,高级工程师。

王淑丽女士,中国国籍,27岁,硕士研究生,工程师。

廖秉琦先生,中国国籍,59岁,高级工程师。

张宝文女士,中国国籍,33岁,大本生,高级工程师。

李静女士,中国国籍,28岁,大本生,工程师。

袁长东先生,中国国籍,47岁,大专生,高级工程师。

王福军先生,中国国籍,33岁,大本生,高级工程师。

陈权先生,中国国籍,31岁,大本生,工程师。

邵俊峰先生,中国国籍,30岁,大本生,工程师。

赵一兵先生,中国国籍,32岁,大本生,高级工程师。

高占元先生,中国国籍,31岁,大本生,工程师。

纪传勇先生,中国国籍,29岁,大本生,工程师。

朱向前先生,中国国籍,36岁,博士,副研究员。

朱彭龄先生,中国国籍,60岁,硕士,教授。

(五)公司董事、监事、高级管理人员及核心技术人员持股情况本公司上述人员及其家属、关联人士在发行前未持本公司及关联企业的股份。

四、股票发行与股本结构

1、本次上市前股权结构

项目		股数(股)	比例
一、发起人股	天津药业集团有限公司	100,008,883	67.12%
	天津新技术产业园区海泰科技投资管理有限公司	1,000,000	0.67%
	天津市中央药业有限公司	1,000,000	0.67%
	天津中新药业集团股份有限公司	1,000,000	0.67%
	天津市药品包装印刷厂	1,000,000	0.67%
	小计	104,008,883	69.8%
二、社会公众股		45,000,000	30.20%
总股本		149,008,883	100.00%

2、本公司前十名股东持股情况

股东名称	持股数量(万股)	占总股本比例
天津药业集团有限公司	10000.8883	67.12%
天津新技术产业园区海泰科技投资管理有限公司	100	0.67%
天津市中央药业有限公司	100	0.67%
天津中新药业集团股份有限公司	100	0.67%
天津市药品包装印刷厂	100	0.67%
兴和基金	22.9	0.15%
同盛基金	16.9	0.11%
兴华基金	16.1	0.11%
同益基金	14.7	0.10%
天元基金	14.5	0.10%

(注:本上市公告书因版面原因为上市公告书部分摘录,需要阅读全文请向相关公司董事会秘书查询。)

烽火通信科技股份有限公司

股票上市公告书暨中期财务报告(部分)摘录

一、概 览

股票简称:烽火通信
股票代码:600498
总股本:410,000,000股
本次上市流通股本:88,000,000
上市地点:上海证券交易所
上市时间:2001年8月23日
股票登记机构:上海证券中央登记结算公司
上市推荐人:长江证券有限责任公司
东方证券有限责任公司
国通证券有限责任公司

二、发行人概况

(一)发行人的基本情况
1、发行人名称:烽火通信科技股份有限公司
英文名称:Fiberhome Telecommunication Technologies Co.,Ltd
2、注册资本:410,000,000元
3、法定代表人:江廷林
4、设立日期:1999年12月25日
5、注册地址:武汉市洪山区邮科院路88号
6、经营范围:光纤通信和相关通信技术、信息技术领域科技开发;相关高新技术产品制造和销售,系统集成、代理销售;相关工程设计、施工;技术服务;自营进出口业务(进出口范围及商品目录按外经贸主管部门审定为限)。
7、主营业务:本公司主要从事光纤通信系统及设备、光接入网设备、光纤、光缆、电缆等的科研开发、生产和销售。
8、所属行业:通信设备制造业
9、联系电话:027-87693885 传真:027-87691704
10、互联网网址:http://www.fiberhome.com.cn
11、电子信箱:info@fiberhome.com.cn
12、董事会秘书:熊向峰

三、董事、监事、高级管理人员及核心技术人员

(一)董事会成员简介
1、江廷林先生,董事长,63岁,中共党员,高级工程师,大学毕业。原武汉院院长兼党委书记。历任邮电部六所副书记、副所长、邮电部五所所长。从1992年起享受国务院政府特殊津贴。先后荣获武汉优秀企业家"晶球奖",第四届全国科技实业家创业奖银奖,个人事迹已经载入中国科技实业家列传。长期从事通信技术方面的研究工作和国家大型科研院所管理工作,在科研开发、经营管理、产业组织、行政管理等方面具有全面的领导才能。
2、朱家新先生,副董事长,56岁,中共党员,教授级高级工程师,大学毕业。现任武汉院院长,曾任邮电部激光通信研究所研究室主任、系统部副主任、武汉院院长助理兼科技处处长、副院长。从1992年起享受国务院政府特殊津贴。在光通信科学研究、科技管理、科技发展战略、企业管理等方面具有丰富的经验。
3、童国华先生,副董事长,43岁,中共党员,高级工程师,硕士研究生毕业。现任武汉院副院长,曾任武汉院科技处副处长、处长、光纤光缆部主任。在产业开发、市场营销、企业管理、资本经营等方面具有丰富的经验。
4、蔡昌文先生,56岁,中共党员,高级工程师,大学毕业。现任武汉院党委书记兼副院长。历任电信总局528工厂团委书记,武汉院团委书记、车间和研究室党支部书记、光纤光缆部党总支书记兼副主任、党委副书记,长飞光纤光缆有限公司筹备组副组长。1997年荣获"湖北省有突出贡献中青年专家荣誉称号"。在企业发展战略、企业管理、资本运营、市场开拓等方面具有丰富的经验。
5、毛谦先生,57岁,中共党员,教授级高级工程师,硕士研究生毕业。现任武汉院总工程师,兼任信息产业部光通信产品质量监督检验中心主任兼总工程师、信息产业部邮电科技委委员、信息产业部传送网与接入网标准研究组副主席。曾任邮电部激光研究所研究室主任、光纤通信技术开发部主任工程师、院科技处副处长、院副总工程师。从1992年起享受国务院政府特殊津贴。1996年被国家人事部批准为"国家有突出贡献中青年专家"。在科学研究、科研管理、新产品开发、产业发展、科研成果转化等方面具有丰富的经验。
6、彭土玉女士,56岁,中共党员,高级工程师,大学毕业。现任武汉院纪委书记、工会主席。曾任邮电部激光通信研究所四室主任、光纤光缆室副主任、光纤光缆部副主任、主任、党总支书记。从1991年起享受国务院政府特殊津贴。在技术开发、企业管理、人事教育、产业发展等方面具有丰富的经验。
7、吕卫平先生,公司董事兼总裁,38岁,中共党员,教授级高级工程师,硕士研究生毕业。曾任武汉院系统部第四、十室副主任、系统部副主任、武汉网能信息技术有限公司总经理、院长助理。从1998年起享受国务院政府特殊津贴。在通信技术产品开发、网络信息产品开发、企业管理等方面具有丰富的经验。
8、鲁国庆先生,38岁,中共党员,高级工程师,大学毕业。现任武汉院院长助理、武汉光迅科技有限责任公司总经理。曾任武汉院系统部六室副主任、科技处副处长。在科学研究、新产品开发、科技管理和成果转化、企业经营管理等方面具有丰富的经验。
9、王传明先生,50岁,中共党员,高级工程师,大学毕业。现任武汉现代通信电器厂厂长。在经营管理、组织协调、技术开发等方面积累了丰富的经验。
10、龙建业先生,45岁,中共党员,高级工程师,大学毕业。现任中国电信集团湖南省电信公司党组成员、纪检组长兼工会代主席。曾任湖南省张家界市邮电局副局长、常德市电信局党委书记兼局长。长期在电信部门工作,对通信行业有较深的研究,积累了丰富的管理经验。
11、张文庆先生,58岁,中共党员,高级工程师,大学毕业。现任中国电信集团湖北省电信公司副总经理。曾任武汉市电信局副局长兼总工程师、湖北省邮电管理局副总工程师、总工程师。1992年起享受政府特殊津贴,一直从事通信技术研究、设备维护和管理工作,在通信网络规划、技术方案设计、科技管理和创新等方面有丰富的经验。
12、杨步军先生,46岁,中共党员,教授级高级工程师,大学毕业。现任信息产业部邮电设计院副院长。曾任河南省邮电管理局副局长。熟悉企业经营管理和市场营销方面的工作。
13、郭亚晋先生,45岁,中共党员,高级经济师,大学毕业。现任江苏通信开发有限责任公司总经理、江苏省电信实业集团公司副总经理。曾任江苏省电信传输总站修理所所长。对通信技术有较深的研究,善于经营管理,业务能力、公关协调能力较强。
14、兰麟舒先生,59岁,中共党员,高级工程师,大学毕业。现任信息产业部北京邮电设计院助理巡视员、北京中京信通信息咨询有限公司董事长。曾任信息产业部北京邮电设计院副院长。一直从事有线传输等专业的工程设计工作和企业经营管理工作,在通信工程设计企业经营管理等方面有较深的研究。
15、孔洪水先生,51岁,中共党员,高级经济师,研究生毕业。现任浙江南天通讯技术发展有限公司常务副总经理。曾任浙江省邮电管理局企业管办副主任、多经办主任。多年从事经济管理工作,在企业管理诊断方面有较深研究,在邮电类报刊上发表多篇论文。
(二)监事会成员简介
1、李木林先生,监事会主席,54岁,中共党员,高级工程师,大学毕业。现任武汉院副院长。曾任武汉院实验工厂车间党支部书记,激光通信研究所党总支书记。长期协管和分管计划、财务、基建投资、行政、后勤、审计等工作,在资本运营、行政管理、产业开发等方面具有丰富的经验。
2、但帮荣先生,48岁,中共党员,高级会计师,大专毕业。现任武汉院计划财务部主任。曾任武汉院团委书记、计划财务处副处长、处长、股改办主任。在财务管理、资本运营、产业组织等方面有丰富的经验。
3、王光新先生,52岁,中共党员,高级工程师,大学毕业。现任武汉院行政管理部主任。曾任武汉市玻璃厂科长、武汉院就业办副主任、审计处副处长。在企业管理、财务监督、审计等方面有丰富的经验。
4、任静滨先生,35岁,工程师,大学毕业。现任国家科技部高技术中心成果处副处长。熟悉科技攻关计划、863计划与信息、自动化相关的项目情况,有项目管理和成果转化的丰富经验。对企业管理和资本市场有较深的研究。
5、刘良炎先生,51岁,中共党员,高级工程师,大学毕业。现任湖北省化学研究所所长、党委书记、武汉市人大代表、湖北省工会执行委员。一直从事科研工作和院所的领导管理工作,在科研所的技术开发、管理转制和市场营销方面有较深的研究,积累了丰富的经验。1996年被评为省优秀企业家,湖北省有突出贡献的中青年专家,1998年被评为武汉市劳动模范,1998年起享受国务院政府特殊津贴,2000年被评为湖北省劳动模范。
6、雷雨先生,38岁,中共党员,研究生毕业。现任武汉新能实业发展有限公司董事、董事会秘书。曾任武汉新能实业发展有限公司策划部经理。曾从事雷达和计算系统的科研工作,在信息产业相关的技术、企业股份制改造和资本市场运作等方面积累了丰富的经验。
7、余会德先生,55岁,中共党员,高级工程师,大学毕业。现任公司市场营销部书记。曾任武汉院系统部三室副主任、系统部经营科科长、院市场营销部副主任、书记。在科学研究、市场开发、群众工作等方面有丰富的经验。
8、漆启年先生,52岁,教授级高级工程师,博士研究生毕业,享受国务院政府特殊津贴,现任公司通信系统事业部副总工程师,曾任武汉院系统部副总工程师。多年从事通信方面的科学研究、新产品开发,主持的《GDB248801波分复用终端机》、《GZB248801光线路中继器》项目获部级一等奖,《8×2.5Gb/sSDH密集波分复用(DWDM)系统及相关》获国家科技进步二等奖,1998年获湖北省劳动模范称号。
9、朱四池先生,48岁,中共党员,高级工程师,大学毕业。现任公司光纤光缆事业部副总经理。曾任武汉院光纤光缆部开发科科长、副主任、副书记、书记。在企业管理、市场开拓、群众工作等方面有丰富的经验。
(三)其他高级管理人员简介
1、吕卫平先生,总裁,简历见前述董事介绍。
2、熊向峰先生,董事会秘书,37岁,中共党员,高级工程师,大学毕业。曾任武汉院团委书记、院办公室副主任、光纤光缆部副主任兼电缆厂厂长。在综合管理、企业经营、市场开发等方面有丰富的经验。
3、朱明华先生,副总裁,40岁,中共党员,高级工程师,硕士研究生毕业。曾任武汉院光纤光缆部研究室副主任、主任、光纤光缆部副主任、主任。在科学研究、企业经营管理、市场开发等方面具有丰富的经验。
4、李广成先生,副总裁,38岁,中共党员,教授级高级工程师,硕士研究生毕业。曾任武汉院系统部三室副主任、主任、系统部副主任。从1996起享受国务院政府特殊津贴。在科学研究、新产品开发、企业经营管理方面具有丰富经验。
5、何书平先生,副总裁,36岁,中共党员,高级工程师,硕士研究生毕业。曾任武汉院光纤光缆部研究室副科长、光纤光缆部开发技术科科长、光纤光缆部副主任、市场经营部主任。在科学研究、企业管理、市场开拓、市场策划、组织公关等方面具有丰富经验。
6、姚明远先生,副总裁,38岁,中共党员,大学本科。曾任武汉院科技处科长,武汉长江爱立信电信有限公司人事和行政总监、第二副总经理,烽火通信人力资源部总经理。在行政管理、人力资源管理方面有丰富的经验。
7、李建绍先生,财务负责人,32岁,大学毕业,高级会计师。曾任武汉院团委书记、武汉院市场经营部策划分部付主任、武汉长江爱立信电信有限公司总会计师、财务总监,在财务管理、资本运营等方面有丰富的经验。

四、股票发行与股本结构

1、本次上市前股权结构

项目	股数(万股)	比例(%)
发起人股	32200	78.54
其中:国有法人股	30835	75.21
法人股	1365	3.33
社会公众股	8800	21.46
总股本	41000	100.00

2、本公司前十名股东持股情况

序号	股东名称	持股数量(万股)	占总股本比例(%)
1	武汉邮电科学研究院	28,900	70.49
2	武汉现代通信电器厂	860	2.10
3	湖南三力通信经贸公司	650	1.59
4	湖北东南实业开发有限责任公司	410	1.00
5	华夏国际邮电工程有限公司	330	0.80
6	中国电信集团江苏省电信公司	175	0.43
7	北京中京信通信息咨询有限公司	175	0.43
8	北京科希盟科技产业中心	175	0.43
9	湖北省化学所	175	0.43
10	浙江南天通讯技术发展有限公司	175	0.43
11	武汉新能实业发展有限公司	175	0.53

(注:本上市公告书因版面原因为上市公告书部分摘录,需要阅读全文请向相关公司董事会秘书查询。)

南京晨光航天应用技术股份有限公司

招股说明书摘要

释 义

在本招股说明书中,除非文意另有所指,下列词语具有如下含义:

本公司、公司、发行人	指南京晨光航天应用技术股份有限公司
航天集团	指中国航天机电集团公司
晨光集团、集团公司	指南京晨光集团有限责任公司
晨光东螺公司	指本公司控股之中日合资南京晨光东螺波纹管有限公司
上波公司	指本公司下属原上海浦东波纹管公司,现上海分公司
特种车辆分公司	指本公司下属航空航天特种车辆分公司
研发中心	指本公司所属研究开发中心
主承销商	指中信证券股份有限公司
上市推荐人	指中信证券股份有限公司及平安证券有限公司
公司章程	指本公司的章程修改草案
股 票	指每股面值1.00元的记名式人民币普通股(A股)股票
本次发行	指本发行人增资向社会公众公开发行4,000万股股票
本次重组	指为设立本公司而进行的股份制改组
董事或董事会	指本公司董事或董事会
监事或监事会	指本公司监事或监事会
中国证监会	指中国证券监督管理委员会
元	指人民币元
上 交 所	指上海证券交易所

一、本次发行概况

1、本次发行的基本情况

* 股票种类:记名式人民币普通股(A股)

* 每股面值:人民币1.00元

* 发行股数:40,000,000股,占发行后总股本的32.52%

* 每股发行价格:人民币8.00元

* 2001年预测每股税后利润0.25元(按全面摊薄法计算),预计发行市盈率:按全面摊薄法计算为32倍;

* 2001年度预测净利润:3,018.5万元(所得税率按15%计算),发行后每股税后利润:按全面摊薄法计算为0.25元;

* 发行前每股净资产:1.91元,发行后全面摊薄的每股净资产:仅扣除发行费用后为3.76元;扣除公司取消住房周转金管理制度导致的净资产变化后为3.49元(注:公司取消住房周转金具体办法参见本公司经审计的2000年度财务报告);

* 发行方式:上网定价发行方式;发行对象:持有上交所股票帐户的境内自然人投资者及有权购买人民币普通股股票的境内法人投资者(国家法律、法规禁止购买者除外);

* 承销方式:余额包销;

* 本次发行预计实收募股资金:30429万元;

* 发行费用概算:

单位:万元

发行费用总额	承销费用	审计师费用	资产评估费用	土地评估费用	律师费用	上网发行费用	上市推荐费用	其他费用
1571	960	105	35	35	40	112	236	48

其他费用主要包括:文件制作费、办公设备费用、办理产权证费用、工商登记费用、材料审核费用、上市初费。

2、本次发行有关机构

股票上市交易所:上海证券交易所
法定代表人:朱从玖
地 址:上海市浦东南路528号
电 话:(021)68808888
传 真:(021)68807813

发 行 人:南京晨光航天应用技术股份有限公司
法定代表人:陈孟荦
地 址:江苏南京江宁经济技术开发区天元路139号
联系 地址:南京市正学路1号
电 话:025-2413078转2038
传 真:025-2407656
联 系 人:吴道琴　　张智秀

主 承 销 商:中信证券股份有限公司
法定代表人:常振明
地 址:深圳市罗湖区湖贝路1030号海龙王大厦
联系 地 址:上海市番禺路390号时代大厦6楼
电 话:021-62802631
传 真:021-62802267
经 办 人员:江山红　　陈海峰

副主承销商:河北证券有限责任公司
法定代表人:武铁锁
地 址:石家庄市裕华东路81号
电 话:0311-6983358
传 真:0311-6982188
联 系 人:王　勇

分 销 商:华泰证券有限责任公司
法定代表人:张开辉
地 址:南京市中山东路90号
电 话:025-4457777×967
传 真:025-4579944
联 系 人:施　佶　　王园园

分 销 商:国通证券股份有限公司
法定代表人:施永庆
地 址:深圳市深南中路34号华强佳和大厦东座8-11楼
电 话:0755-3796546
传 真:0755-3796489
联 系 人:谷　茹

分 销 商:北京证券有限责任公司
法定代表人:卢克群
地 址:北京西城区阜成门外大街万通新世界广场B座
电 话:010-82627509
传 真:010-82627507
联 系 人:秦　杰

上市推荐人:中信证券股份有限公司
上市推荐人:平安证券有限公司

主承销商法律顾问:北京星河律师事务所
法定代表人:庄　涛
地 址:北京市西城区裕民东路5号瑞得大厦6层
电 话:010-82031448　　8201449
传 真:010-82031456
经办律师:袁胜华　　张坚红

发行人法律顾问:北京众天律师事务所
法定代表人:袁宏亮
地 址:北京市阜城门外大街7号国投大厦711室
电 话:010-68095613
传 真:010-68095616
经 办 律师:许军利　　王正平

财务审计机构:江苏天衡会计师事务所有限公司
法定代表人:余瑞玉
地 址:南京市白下区正洪街正洪里东宇大厦8楼
电 话:025-4711188
传 真:025-4724882
经办会计师:骆竞　　虞丽新　　荆建明

资产评估机构:长城会计师事务所
法定代表人:施祥新
地 址:北京市海淀区车道沟甲8号
电 话:010-68372401　　68372384
传 真:010-68373542
经办评估人:高曙明　　余承椒

土地评估机构:北京中地华夏咨询评估中心有限公司
法定代表人:周维纾
地 址:北京市北京经济技术开发区万源饭店4层424室
电 话:010-66129912
传 真:010-62176681
经办评估人:周维纾　　杨国诚　　张　红

资产评估确认机构:中华人民共和国财政部
负 责 人:项怀诚
地 址:北京市三里河路南三享3号
电 话:010-68551114
传 真:010-68551229

股票登记机构:上海证券中央登记结算公司
法定代表人:王迪彬
地 址:上海市浦东新区浦建路727号
电 话:021-58708888
传 真:021-58899400

发行人与本次发行有关的上述中介机构及其负责人、高级管理人员及经办人员之间均不存在直接或间接的股权关系或其他权益关系。

3、本次发行上市日期

* 发行公告刊登的日期:2001年5月22日

* 预计发行日期:2001年5月24日

* 申购期:2001年5月24日

* 资金冻结日期:2001年5月25日~2001年5月29日

* 预计上市日期:2001年6月

二、主要风险因素及对策

提示:投资者在评价发行人此次发售的股票时,除本招股说明书摘要提供的其他资料外,应特别认真地考虑下述各项主要风险因素。根据重要性原则本公司各项风险因素排序如下:

1、关于业务经营风险

(1)对主要客户依赖的风险

本公司产品应用范围广,用户数量多,但有少部分产品(约占公司销售额的20%)依赖于某些主要客户,如专用汽车类产品中的飞机加油车其销售目前主要依赖于中国航空油料公司,占公司该产品总销售额的80%;群车加油车产品的销售目前主要依赖总后勤部等单位,占该种产品总销售额的95%。

该项风险的对策:

本公司在保证稳定目前主要客户的前提下,将通过发挥公司研究开发中心在产品品种变型及个性化设计方面的优势,进一步开拓和培育新的消费市场和消费群体,如专用汽车产品其客户对象可以覆盖交通运输、地质石油、农林牧渔、公安消防、医疗卫生、邮电通讯、建筑工程、安全环保等国民经济发展的各个领域;公司在不断拓展市场的同时将进一步努力提高市场占有率,以减少对目前主要客户依赖的风险。

(2)依赖其他行业的风险

本公司主营产品的生产销售受到钢铁、冶金、电力、化工、建筑等基础行业的影响,同时产品市场还受燃油供应、道路建设、城市建设等相关条件的制约，如专用汽车类中部分产品(如加油车、运油车)对石油行业依赖性较大，国内市场占有率达70%的飞机加油车(占本公司车类产品总销售额的13%左右)对我国航空业的发展依赖性较大。国内燃油价格的持续上涨，将带来运输价格的增加，亦不利于专用汽车业的发展。

该项风险的对策：

汽车工业是我国重点发展和支持的行业，发展前景广阔，针对发行人专用汽车类某些产品对其他特定行业的依赖性风险，近年来公司加大了技术引进和技术开发的力度，着力于功能变化的研究及新产品开发，适时调整产品结构和产品规格，不断开拓新的产品市场，形成新的经济增长点。(参见本部分"4、市场风险的对策")

上述两项风险因素已在特别风险提示中提及，本公司在过去特别是最近一个会计年度内未发生由此两项风险因素带来的损失，将来遭受损失的可能性亦不大，假使上述风险因素发生，公司因此遭受的损失将是：减少年销售收入约2600万元，减少利润200万元左右，对公司整体经营业绩影响不大。

(3)行业竞争风险

我国经济的高速发展，尤其高速公路的快速扩展，为专用汽车产品的发展创造了良好的市场条件。但目前我国从事专用汽车生产的厂家达546家，且国内专用汽车产品的普遍特点是价格低、档次低、技术含量低，行业内部竞争很激烈；而国内技术含量高、性能及可靠性要求高的专用汽车产品市场大多被国外专用汽车制造商所垄断。在中档专用汽车产品方面，虽然国外产品价格明显高于国产车，但因其性能好、可靠性高，也会参与国内竞争；加入WTO后，关税有所降低，在一定程度上增加了国内企业参与竞争的难度，从而增加了本公司的经营风险。

目前国内外波纹管类产品呈现高参数、大型化、材料复合化、行业化和民用化的五大发展趋势。我国波纹管类产品的生产厂家达240家左右，且非专业化生产、制造技术的总体水准不高，产品发展的主攻方向不明。本公司作为国内金属波纹管类产品的最大生产厂家，在制造技术、生产能力、研发力量和市场占有率等方面均有雄厚的基础，但随着加入WTO，国外的高参数管类产品将不可避免地大量涌进国内市场，虽然本公司通过加强新型技术的运用，使金属波纹管的生产制造成本降低，产品的性能得到提高，可以增强抵御进口产品冲击的能力，但许多高技术含量产品还有待开发、产品的档次有待升级，因而还存在一定的经营风险。

总之，尽管本公司在专用汽车类和波纹管类产品生产领域保持国内同行业领先地位，但行业内部竞争风险依然存在。同时，随着我国加入WTO日程的临近和国内市场的对外开放，本公司还将面临外国厂商的竞争。

该项风险的对策：

公司在引进及消化吸收国外先进技术的同时，将努力开发研制新产品，形成系列化产品结构，并通过对内加强管理、降低成本，对外完善售后服务、提高市场占有率，树立自己的品牌特色，扬长避短参与市场竞争；同时积极拓宽融资渠道，改善财务结构，降低融资成本，并充分利用本次募集资金建设的CIMS信息化工程为代表的网络新技术，从管理、经营各方面挖掘潜力，形成快速反应能力和柔性生产机制，不断提高公司的综合实力、市场竞争实力和抗风险能力，从而巩固和强化公司在行业中的优势地位。

2、关于净资产收益率下降引致的风险

公司本次新股发行后，募集资金的到位将使公司净资产增加30429万元(已扣除发行费用)，发行后的净资产将比2000年12月31日的15849万元约增加2倍；根据本公司2001年度的盈利预测数3018.51万元(比2000年2682.92万元增长12.5%)，预计发行当年净资产收益率将由2000年的16.93%下降为6.85%，存在由于净资产收益率下降引致的相关风险。

该项风险的对策：

本次募集资金到位后，公司将加快拟投资项目的建设进度，力争尽快实现预期的投资效益，从而增加公司利润，提高净资产收益率。

3、关于技术水平风险

近年来，本公司相继成功地开发研制了飞机加油车、群车加油车等高技术含量产品，其中飞机加油车系列产品达到了九十年代初国际先进水平，填补了国内大型飞机加油车的空白，现已替代进口，本公司因此被中国民航总局认定为机场加油车唯一定点的生产企业。群车加油车性能指标达到国际领先水平，填补了国内空白，已用于装备中国人民解放军驻香港部队。公司研制开发的液化气体罐车系列产品中的重型低温液体罐车在石油工业中亦已替代了进口；公司金属波纹管类产品的制造技术处于国内领先地位，许多产品的技术水准成为制定国内行业标准的主要依据，有些产品的技术已达到国际先进水平。

尽管如此，由于目前我国专用汽车和波纹管类产品的生产主要还是呈现劳动及资金密集型特点，而国民经济的发展使社会对汽车工具的运输效率和经济性、功能性提出了越来越高的要求，汽车运输工具向专用化方向发展亦成为必然趋势，因此产品必须向高附加值、高技术含量方向转变，才能适应市场对产品的档次和质量不断提高的要求，加之加入WTO在即，要求生产企业必须尽快加大技术改造力度，更新生产设备，提高技术含量，以顺应行业变革发展及参与国际竞争的要求。虽然目前本公司现有生产技术及设备相对国内同行较先进，但随着时间的推移及国内外各大厂家不断采用新的生产技术、推出新的品种，本公司产品换代及技术创新面临较大压力，技术水平的风险依然存在。

该项风险的对策：

本公司在保持同行业生产设备先进水平的同时，加强对本行业国际国内技术前沿的研究，及时掌握最新的动态，作出相应的决策。一方面，公司将加大与有关高校和科研院所的技术合作及其他国际知名公司的技术合作；另一方面，公司将利用本次募股资金中的2800万元对研究开发中心进行投资改造，增强自身技术研究开发能力；同时利用公司现有非标设备的设计制造能力，不断提升设备技术参数的可靠性及工艺加工手段，以保持本公司产品生产技术的先进性。本次募股资金的8个投向项目中有6项是技术改造项目，项目完成后将会大大改善公司目前的技术水平状况。

4、关于市场风险

(1)宏观环境与经济周期的影响

本公司波纹管类产品主要用于电力、建筑、钢铁、化工、能源、交通运输等国家重点支持发展的基础工业建设项目，因此国家宏观经济环境变化和基本建设投资规模的变化将直接影响发行人的产品销售；专用汽车类产品中的部队用车受国家指令性计划影响较大，油罐车受石油产品市场波动的影响较明显，环卫车的销售则与城市财政资金的充裕程度有直接关系，从而也受到国家宏观经济环境的影响。

从公司近三年的销售收入(1998年～2000年分别为29452万元、28781万元、35952万元)变动趋势中可明显看出，本公司产品市场与宏观经济的波动周期在时间上和振幅上的相关关系非常明显。

该项风险的对策：

公司将进一步加强国家政策、宏观环境、市场发展及有关经济信息的收集，加强对国家经济动态的分析、研究工作，增强对经济与市场变动的预测，适时调整公司的生产经营策略，尽量减少宏观环境及经济周期变化对本公司生产经营造成的不利影响。同时积极培育公司产品的国际竞争能力，尽快步入海外市场，实现市场多元化，以分散和降低对国内市场及政策依赖的风险。

(2)市场容量的限制与市场开发及销售障碍的风险

本公司专用汽车类产品中的某些品种市场容量有限，如占国内产品市场份额70 %的飞机加油车产品，尽管其技术性能指标达到国际水平，但受国内机场数量(我国目前仅有大小机场142个，而同为亚洲国家的印度现有机场560个，美国机场则达1000多个)和每年更新车辆数额的限制，其市场拓展受到一定程度的局限。同样，本公司吸扫车、洒水车等环卫类车辆产品也受到城市道路面积、高等级公路里程、我国城市化进程等因素制约。目前我国城市化进程、机场及高等级公路的建设因国力和财力的限制，其发展有一个渐进的过程，因此本公司上述产品市场的拓展受到一定程度的局限。

本公司现有产品中的部分产品(尤其是波纹管类产品中的通用类产品)已处于市场成熟期，市场格局和份额已分割完毕，进一步提高市场占有率和增加市场份额有一定的难度，造成利润增长困难。

新产品的开发及市场的导入、成长需要一定的周期和投入，且存在一定的经营风险，如：本公司在专用汽车类产品的新产品开发方面虽具有超前性，但专用汽车产品小批量、多品种特性使新产品形成批量生产需要较长的周期及长时间的市场培育。

以上因素可能影响发行人的市场开发与产品销售。

对上述市场容量限制与市场开发及销售障碍的风险对策：

城市建设与服务、高等级公路运输与管理将是我国未来专用汽车市场的两大发展方向。90年代以来我国城市规模的迅速扩大及其现代化水平的不断提高，对建筑、环卫、环保、园林、电力、通信、电视、公安(包括交管、消防)、司法、机场、金融以及各类商业运输等城市建设与服务方面的专用汽车将产生越来越大的需求。我国高等级公路目前已达15万km(其中高速公路逾1万km)，到"十五"期末，高速公路通车里程将达22万km左右，适于高等级公路运输的专用汽车和高等级公路维护管理车辆需要量将激增。根据预测，"十五"期间，我国专用汽车的需求量将在2000年需求量的基础上以10%的年增长率递增。2001年需求量为23万辆，到2005年需求量将达34万辆，预计"十五"期末，全国专用汽车保有量将达275.3万辆。

针对本公司专用汽车类某些产品目前市场容量的限制性，公司将加强上述产品需求方向及其市场的调研，加快新产品开发的速度，积极拓展本公司产品的应用功能及领域，同时完善营销网络和售后服务，努力提高市场份额，在条件成熟时将积极开拓海外市场。

5、关于财务风险

根据最近一期的资产负债表及财务报告，公司财务指标显示的风险主要来自以下两方面：2000年12月31日公司流动资产33197.88万元，其中存货为11065.8万元，占33.33%，存货周转率2.39次，周转天数150.63天，给公司资产流动性造成一定压力和潜在风险；同时公司总额为16781.21万元的应收款项中，在3年以上的应收款项中发生坏帐的风险性可能较集中。

该项风险的对策：

公司对已经存在或可能存在的财务风险，采取了各种应对措施，以优化财务结构并规避各种潜在风险：

通过精细化管理工程的实施，选择重合同、守信用的合格供应商和用户，通过建立科学的供应、销售管理模式，减少公司库存材料与产品；

公司为16781.21万元的应收款项已计提坏帐准备1601.24万元，且3年以上应收款为1057.9万元，仅占应收款项的6%；2-3年和3-4年帐龄的应收款项也已计提了较高比例的坏帐准备，而五年以上的应收款项已全部计提了坏帐准备，故应收款项对公司造成的风险影响不大。另外公司已成立清欠中心，组织专门的催收班子对帐龄相对较长的应收款进行清理，以减少坏帐准备金；

公司自成立之日起即对所有财会人员实行统一管理，且对包含控股公司在内的分(子)公司实行"财务人员委派制度"，对各种存在或潜在的财务风险进行适时有效的监控与防止。

三、发行人基本资料

1、发行人的基本情况

公司名称：南京晨光航天应用技术股份有限公司

英文名称：NANJING CHENGUANG AEROSPACE APPLYING TECHNOLOGY CO. ,LTD.

法定代表人：陈孟幸

成立日期：1999年9月30日

发行人住所：江苏南京江宁经济技术开发区天元路139号

联系地址：南京市正学路1号(邮政编码210006)

电 话：025-2413078×2043,2038

传 真：025-2407656

E-MAIL：htcg@publicl.ptt.js.cn

2、发行人的历史沿革

⑴发行人设立方式

本公司是由主发起人晨光集团将其两大支柱产品——专用汽车类和波纹管类产品所属的专用车辆分公司、金属软管分公司、上海浦东波纹管公司、非金属补偿器分公司的优质经营性资产以及持有的中日合资企业——南京晨光东螺波纹管有限公司的62%的权益，经评估确认后作为出资(以净资产12389.3万元的评估确认值按65.93%的比例折合8168万股)，联合上海航天汽车机电股份有限公司、南京南瑞集团公司以及万来源、杜尧、李英德等五家发起人(共计投入现金200.2187万元，按65.93%的比例折合132万股)，共同发起设立的股份有限公司。

(2)发行人改制重组设立过程

1998年9月，本公司前述6位发起人签署了《发起人协议》，同意共同发起设立本公司，并成立本公司筹备委员会。

1998年10月28日，原中国航天工业总公司以天计[1998]0870号文批准晨光集团改制方案。

以1998年9月30日为基准日，根据长城会计师事务所长会评字(1999)第272号评估报告，并经国家财政部财评字[1999]401号文确认，晨光集团投入本公司的净资产为12389.3万元。

1999年9月21日，经财政部以财管字[1999]294号文批复，同意本公司的国有股权设置方案。各发起人投入设立本公司的净资产为125,895,200.00元，同意将净资产的65.93%折为股本，计8300万股(每股面值1元)，未折入股本的42,895,200. 00元计入本公司的资本公积金。

1999年9月25日，江苏省人民政府以苏政复[1998]102号文批准本公司以发起方式设立。

1999年9月27日，根据江苏天衡会计师事务所有限公司出具的天衡验字(99)41号《验资报告》，上述六家发起人认缴的股本金已足额到位。

1999年9月28日，本公司筹备委员会召开了本发行人创立大会暨第一次股东大会。

1999年9月30日，本发行人领取了注册号为3200001104612(2/2)的《企业法人营业执照》，本发行人正式成立。

1999年12月5日，江苏省科学技术委员会授予本发行人高新技术企业认定证书。

本发行人规范运行一年后，于2000年9月29日通过中国证监会发行监管部组织的高级管理人员考试，10月通过中国证监会南京特派办对公司改制运行情况及辅导工作的验收。

3、商标、专利、专有技术及土地使用权、特许经营权

(1)根据晨光集团与本公司签定的《重组协议》及《注册商标使用许可协议》，本公司在成立后的10年有效经营期内无偿使用属于晨光集团的"三力"牌注册商标。

2000年11月27日晨光集团董事会决议：同意将"三力"牌商标随相关产品无偿转让给本公司，并经中国航天机电集团公司经字[2000]34号文批复，目前正在办理相关转让手续，本公司以无偿方式拥有"三力"牌注册商标"。

(2)公司及控股子公司拥有20余项实用新型专利。晨光集团同时将原许可无偿使用的中华人民共和国专利局第ZL962034304专利号的"旁通轴向压力平衡型波纹补偿器"实用新型专利亦无偿转让给本公司。

(3)公司拥有机械制造的综合技术实力，在同行业中处于领先地位。目前公司拥有的主要专项技术——不锈钢切削和焊接、铝合金成形和焊接、真空绝热技术亦为晨光集团无偿转让所得。

(4)土地使用权：根据中华人民共和国国土资源部国土资函【1999】225号文批复，晨光集团以出让方式取得位于南京市正学路1号内的8宗计54132.72平方米和位于上海浦东王桥工业区内的1宗计18415平方米的土地使用权(出让期限50年)，本公司以向集团公司租赁方式取得上述9宗土地的使用权(其中浦东土地与厂房一起租赁)，并与集团公司已签订了租赁期为15年的《土地使用权租赁合同》。此外，公司成立后以出让方式取得江宁经济技术开发区34666.67平方米的土地使用权。

(5)特许经营权：发行人生产的专用汽车及压力容器产品目前属特许经营，该两项特许经营权已随重组资产由集团公司投入，其主体变更的批准手续分别于2000年5月、12月完成。

4、发行人员工及其社会保障情况

(1)本公司职工人数与变化情况

本公司人员编制原则上根据进入发行人范围的资产、职能科室及相应部门在集团公司与发行人之间进行划分，基本原则是：(1)与进入发行人的经营性资产相对应的正式在岗职工，经合理考核和分流后有选择性地进入本公司；(2)公司各职能部门工作人员的录用面向集团内外招聘，择优录用；(3)已退休的职工全部保留在集团公司。按此划分，本公司成立时共有职工1499人。随着本公司运营机制和组织机构日趋完善，从1999年11月开始，对公司人员采用"全部离岗、竞聘上岗"的办法进行全面重组，本公司目前在职职工1232人，比成立时减少了260多人。

(2)员工社会保障情况

发起人原有离退休职工在本公司设立时均未进入，目前本公司没有离退休职工。本公司在册职工实行全员劳动合同制，享有医疗、休假及保险等福利待遇，并根据国家、南京市的有关规定实行社会统筹，职工住房参照国家、南京市的有关住房商品化政策及相关规定执行。

5、发行人独立运营能力

本公司是由主发起人晨光集团将其两大支柱产品--专用汽车类和波纹管类产品所属的原专用车辆分公司、金属软管分公司、上波公司、非金属补偿器分公司的优质经营性资产以及持有的合资企业晨光东螺公司(62%)权益作为出资并联合其他发起人设立的股份有限公司，本公司成立后，晨光集团不再生产销售上述产品。本公司在业务、资产、人员、机构、财务等方面严格与发起人分开，已建立了独立的管理机构和经营体系(参见"六、发行人的组织结构及下属企业概况")，具有完整的供应、生产和销售系统以及独立面向市场自主经营的能力。

6、主要财务数据

公司下设8家分公司和1家子公司，经审计的合并后主要会计数据[均摘自江苏天衡会计师事务所有限公司出具的天衡审字(2001)142号《审计报告》]如下：

⑴合并资产负债表主要数据

单位:元

项目/年份	2000年12月31日	1999年12月31日	1998年12月31日
营运资金	85,082,319.05	60,553,694.78	38,285,178.81
总资产	424,818,800.03	385,947,500.91	395,573,401.04
长期负债	0	8,850,000.00	7,850,000.00
股东权益	158,487,158.07	134,239,331.39	93,458,872.42

⑵合并利润表主要数据

单位:元

项目/年度	2000年度	1999年度	1998年度
主营业务收入	359,524,493.50	287,808,997.89	294,522,097.18
营业利润	35,116,301.01	26,601,538.46	33,081,123.16
利润总额	34,403,589.06	25,493,478.61	32,280,777.74
净利润	26,829,226.66	19,068,089.30	27,478,339.52
净资产收益率	16.93%	14.20%	29.4%

四、发行人股本

1、公司股本形成及发行前股东持股情况

发行人成立至今尚未发生股权转让和股本结构变化及重大资产重组行为。本次发行前股本结构即是公司成立时的股本结构。

股份类别	出资额(万元)	持股数量(股)	持股比例(%)
发起人股	12589.52	83,000,000	100.00
其中:国有法人股	12547.52	82,723,102	99.6663
其中:南京晨光集团	12389.3	81,680,000	98.4095
南京南瑞集团	50.0	329,639	0.3972
航天机电	108.22	713,463	0.8596
个人股	42.0	276,898	0.3337
万来源	20.0	131,856	0.1589
杜尧	20.0	131,856	0.1589
李英德	2.0	13,186	0.0159
股本总额	12589.52	83,000,000	100.00

1999年9月27日经江苏天衡会计师事务所有限公司验资(天衡验字(99)41号《验资报告》),上述六家发起人认缴的股本金已足额到位。

2、发行后股本情况

本次拟增资发行人民币普通股4000万股,发行后公司股本结构如下:

股份类别	持股数量(股)	持股比例(%)
发起人股	83,000,000	67.48
其中:国有法人股	82,723,102	67.25
个人股	276,898	0.23
社会公众股(A股)	40,000,000	32.52
股本总额	123,000,000	100.00

五、主要发起人与股东的基本情况

1、主要发起人的基本情况

本公司主发起人及控股股东——南京晨光集团有限责任公司是中国航天机电集团公司直属的国有独资公司,它与其他发起人股东基本情况如下:

(1)主发起人情况简介

主发起人——南京晨光集团有限责任公司

* 注册地址:南京市秦淮区正学路1号
* 注册资金:2.29亿元
* 法定代表人:陈孟莘
* 经营方式:加工、制造、销售、采购供应、服务、投资。
* 经营范围:航天型号产品及其地面设备生产、销售;交通运输设备;普通机械及配件;电器机械及器材;电子产品及通信设备;仪器仪表;金属制品;软管、补偿器、双层卷焊管及其制品;汽车配件;体育器材;压力容器;建筑材料;塑料制品制造、改装、维修、销售;金属材料、化工产品及原料、石油及制品销售;工艺美术品;古玩及珍藏品仿制;经国家[1993]外经贸政审函字第1529号文件批准经营进出口业务。环境、物理、化学特性测试分析;货物运输、仓储服务、房地产开发、物业管理;科技开发、咨询服务;提供劳务服务。
* 主发起人历史沿革与业务发展

南京晨光集团有限责任公司前身为清朝洋务运动中创建的金陵机器制造局,诞生于1865年,是中国近代民族工业的摇篮之一;新中国成立后,组建南京晨光机器厂,1991年被命名为国家一级企业,1995年被列为全国100家现代企业制度试点单位,1996年6月改制为国有独资公司--南京晨光集团有限责任公司,现为中国航天机电集团公司直属大型综合机械制造企业。目前晨光集团正向多元化经营的大型企业集团迈进。

晨光集团具有很强的科研、生产和经营实力,在保质保量完成国家航天科研生产任务的同时,不断研制开发出多种符合市场需求的民用产品:专用汽车、金属软管、波纹管补偿器、汽车柔性排气管、煤巷掘进机、双层卷焊管、压力容器、艺术制像、低噪音风机等,并以"三力"牌商标注册登记。其中,专用汽车类产品和波纹管类产品发展成为集团公司的两大支柱产品(已投入本发行人),其生产和销售均处于行业领先地位;晨光集团承制的香港天坛大佛及中央政府赠送香港特区政府的"永远盛开的紫荆花"和赠送澳门特区政府的"盛世莲花"等艺术制像产品,享誉海内外。

进入80年代后,晨光集团发展成为中国机械行业百强之一,94年通过ISO9001质量体系认证,被中国质协授予"全国用户满意企业",95年被授予"中国机械行业印象十佳单位"等多种荣誉称号;企业信用等级为AAA级。

晨光集团现有职工约5400人,占地面积92万平方米,截至2000年12月31日,总资产121441万元,净资产27502万元,净利润594万元。

(2)其他发起人情况简介

发起人之一上海航天汽车机电股份有限公司

* 注册地址:上海市浦东新区商城路660号
* 法定代表人:赵元昌
* 注册资本:46784万元
* 企业类型:股份有限公司(上市)
* 经营范围:汽车空调器、传感器、电机、自动天线等汽车零部件、机械加工及设备、电子电器、通讯设备、家用电器等产品。

发起人之一南京南瑞集团公司

* 注册地址:南京市浦口区高新技术产业开发区D-10栋
* 法定代表人:卜凡强
* 注册资本:20000万元
* 企业类型:国有企业
* 经营范围:电子计算机及配件、机械设备、仪器仪表(制造、销售、服务、出口);所属企业自研、自产所需的技术、原辅材料、仪器仪表、零备件(除国家规定的一类商品)进口,电子产品、通讯设备(不含卫星地面接受设备)、五金交电(不含助动车)销售;计算机网络及综合信息资源管理系统、电力信息技术应用系统及产品、电力系统仿真分析及产品的开发销售、技术咨询服务。

发起人之一万来源,男,51岁,中共党员,大专文化,高级政工师。曾任原南京晨光机器厂党委办公室秘书,分厂党支部书记,厂劳动人事处党支部书记,副处长,南京晨光集团有限责任公司董事、工会主席、党委副书记。现任晨光集团党委书记、副董事长。

发起人之一"杜尧"和发起人之一"李英德"情况参见"九、董事、监事、高级管理人员与核心技术人员"中的相关介绍。

2、发行人与发起人的关系

(1)发行人与发起人关系:本公司目前拥有完整独立的生产经营系统。作为自主经营、自负盈亏、独立核算的法人经营实体,本公司与发起人晨光集团、航天机电、南瑞集团及万来源、杜尧、李英德在法律地位上是平等的。上述六家发起人股东中,晨光集团持有本发行人98.4%的股份,为本公司的控股股东。各发起人股东完全依据国家法律、法规及公司章程的有关规定,以其持有的股份依法行使股东权利,承担股东义务。

本公司成立后,本着资源共享、合理分工的原则,充分利用发起人的各种资源,以期降低成本,集中精力经营主营业务。在日常经营活动中,本公司与主发起人晨光集团及其下属子公司之间,依据公开、公正、公平的原则,按照市场价格签订了有关关联协议,确保两者之间的正常经济往来。所发生的关联交易主要体现在为本公司提供配套服务上(参见"八、关联方、关联关系与关联交易")。

(2)本公司与主要发起人及其下属企业的组织结构关系

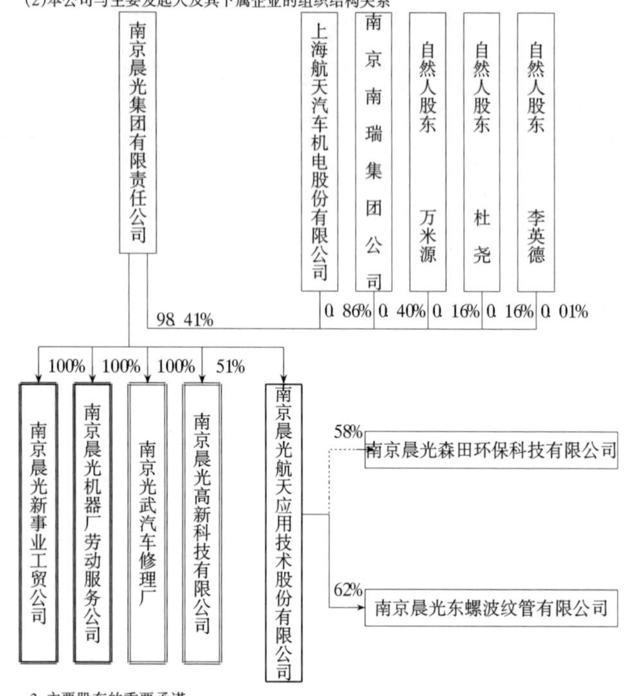

3、主要股东的重要承诺

(1)避免同业竞争之承诺

根据晨光集团出具的《不竞争承诺函》,晨光集团将不从事与公司相竞争的业务,同时承诺在未来也不从事与公司存在或可能存在竞争的业务,以保护公司中小股东的合法权益。

(2)自愿锁定所持股份之承诺

公司自然人股东杜尧、李英德两先生现任本公司董事或高级管理人员,均已承诺在任本公司高级管理人员职务期间以及离职后6个月内不转让其所持有的本公司股份。

六、发行人组织结构及组织机构概况

发行人组织结构及下属企业概况

(1)发行人的组织结构图

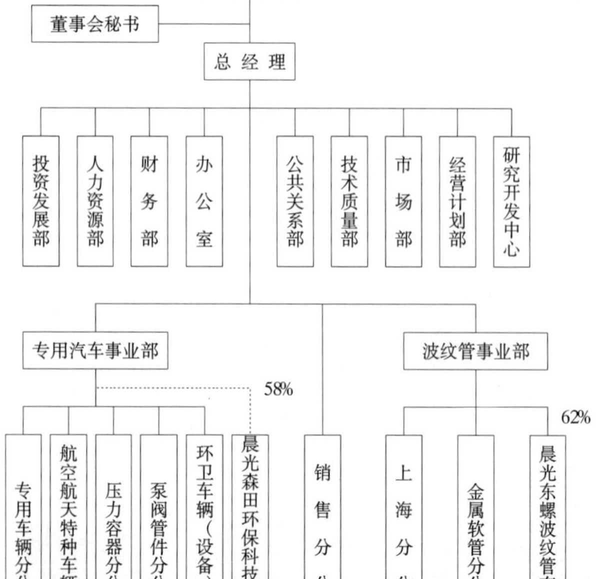

(2)本公司各职能部门

办公室:公文公关工作(接待、领导用车),管理、信息传递、处理日常事务等文秘性工作,保卫、保密、消防,审计、监察、法制工作;

投资发展部:参股、控股、收购、兼并、对外投资,资本运作及二级市场监测及运作,企划管理;

人力资源部:员工的招聘、考核、培训、劳动合同管理、考勤和劳动纪律管理,机构设置、定编、定员、工资分配的管理、劳动人事统计,统筹养老、失业、工伤、医疗等保险;

财务部:资产管理、资金筹措和运作,成本管理、价格和定额(工时、材料消耗等)管理、财务和会计管理;

经营计划部:生产、生产准备、设备安全、工业卫生、能源环保、综合计划、统计、采购监管、关联交易、房地产和设备等资产的管理;

公共关系部:党务工作、工会、组织、宣传、共青团、公共关系、员工素质教育、企业形象设计;

技术质量部:质量目标、计划、质量体系和程序文件的管理,新技术、新工艺、新设备的使用,标准化管理、技术改造、工艺规划考核、科技成果及专利、计算机应用等管理。

研究开发中心:合资合作、新产品研究、开发、技术规划,国内、外技术信息收集、跟踪、翻译;

市场部:市场信息收集、分析及进行营销策略的调整、合同履约率的考核、广告策划;

七、发行人业务和技术概况

1、发行人的业务范围及主营业务

(1)发行人的经营范围:交通运输设备、管类产品及配件、压力容器、普通机械及配件制造、销售,科技开发、咨询服务、实业投资。

(2)主营业务:航天及民用专用汽车系列产品、波纹管类系列产品(金属波纹管补偿器、非金属补偿器、金属软管、汽车发动机柔性排气管)的研制开发、生产制造、经营销售。

(3)主要产品:A、专用汽车类产品,有机场用车、部队用车、普通加油车、普通运油车、环卫用车、压力罐车等六大系列,25个种类,100个品种;B、波纹管类产品,主要包括金属软管、金属波纹管补偿器、非金属补偿器、汽车柔性排气管等四大系列,90多个品种。

(4)主要产品的主要用途

序号	产品名称	用　途
1	机场用车	用于机场飞机加油。
2	部队用车	用于军用地面设备加注油料。
3	普通加油车	用于一般运输行业加油站及其他场合的油料加注。
4	普通运油车	用于一般运输行业加油站及其他场合的油料运输。
5	环卫用车	用于城市环卫系统,垃圾收集挤压运输、道路清扫和洒水。
6	压力罐车	用于贮存和运输低温化工介质和化工原料的运输。
7	金属软管	主要用于石油、化工、冶金、电力等行业耐高温、耐高压、耐腐蚀管路系统中的管路柔性连接。
8	波纹管补偿器	用于石油、化工、冶金、电力等行业耐高温、耐高压、耐腐蚀管路系统中位移补偿。
9	非金属补偿器	主要用于石油、化工、冶金、电力等行业烟风管路系统中位移补偿。
10	汽车发动机柔性排气管	用于汽车排气系统,减震降噪。

(5)发行人主营业务发展情况

本公司实际从事的主要业务是:研制开发与生产销售专用汽车类系列产品和波纹管类系列产品。

八十年代初集团公司在保质保量完成航天产品的科研和生产任务的同时,积极贯彻中央"军民结合"的方针,依靠自身雄厚的技术力量和卓越的产品开发能力,在专用汽车及波纹管类系列产品的开发、制造上已形成明显优势及较高的知名度。本公司成立后,继承发展了集团公司上述两大类产品及技术优势,并将专用汽车和波纹管类产品作为本公司的主营业务发展方向。

目前本公司已成为亚洲最大的金属软管及波纹管补偿器科研生产基地,波纹管类产品年生产能力10000~12000吨;本公司同时是我国最大的专用汽车生产企业之一,专用汽车类产品年生产能力3000辆,可生产25个种类100多个品种。公司近三年的销售收入及比例情况如下:

单位:人民币万元

产品/时间	2000年		1999年		1998年	
	销售收入	比例	销售收入	比　例	销售收入	比　例
专用汽车类系列产品	19735.5	54.9%	12202.7	42.4%	13796	46.8%
波纹管类系列产品	16217.0	45.1%	16578.2	57.6%	15656	53.2%
总　计	35952.5	100%	28780.9	100%	29452. 2	100%

(6)销售方式与主要市场及其市场占有率、行业排名

本公司在全国各地设有办事处、销售处30多个,销售人员达170多人,并有着广泛的市场和客户基础,已基本建立起集销售、售后服务、备件供应、信息反馈等功能为一体的国内销售网络,为进一步拓展市场奠定了良好的基础。目前公司产品采取直销方式,以驻外销售人员推销方式为主,代理销售为辅。本公司两大类产品均销往全国各地,2000年专用汽车类产品的销售收入为19735万元,约占全国专用汽车市场总销量的10.0%,其中飞机加油车、群车加油车等产品名列全国同行业第一;波纹管类产品的销售收入为16217万元,约占全国总销量的10.0%,位居全国同行业首位。

(7)主要原材料、配套件及能源的供应

本公司对原材料和外供配套件的需求主要是不锈钢和碳钢钢板、钢带以及各类汽车底盘。它们分别占本公司原材料总成本的40%、8.4%、49%。

公司原材料大部分由国内厂家生产,在国内市场采购,均采用向有关原材料生产厂商直接订货的方式。配套件采用许可证制度,即通过对配套厂家的生产能力、产品质量、管理水平等综合考察后定点生产。本公司与40多家供应厂商一直保持着长期、良好的合作关系,上述原材料和配套件供货渠道畅通,产品质量可靠,能够满足本公司生产、技术及质量等方面的要求。

2、发行人的主要无形资产

本发行人主要无形资产为商标、专利、专有技术及土地使用权、特许经营权,相关情况参见"三、发行人基本资料"之"3、商标、专利、专有技术及土地使用权、特许经营权"。

3、发行人核心技术的来源方式、所有权及先进程度

本公司的核心技术均是利用公司现有技术力量自主开发取得的,其中飞机加油车产品拥有的高过滤精度、高计量精度、高低液位控制、制动联锁、呆德曼控制、模拟压力控制等技术达到了国际先进国家的水平;液氢、液氧加注车的加注控制技术和群车加油车的多管快速加油技术均居国内领先地位;公司拥有的真空绝热等技术亦属国内领先水平。

本公司是国内生产金属波纹补偿器和金属软管的龙头企业,技术水平处于领先地位,尤其在变电站用补偿器、FCC专用补偿器、大坝不锈钢止水带及吹氧软管等产品中广泛应用的机械连续滚压成型技术和连续缠绕成型技术、金属波纹补偿器液压成型技术、滚压成型制造技术等,均达到国际先进水平;并拥有固有频率测试、动态特性测试、疲劳寿命测试、压力脉冲测试等先进齐全的产品测试手段。通过多年的自主开发和研究,本公司及控股子公司取得了二十多项专利。

4、研究开发机构与人员、科研投入与成果

(1)研究机构与人员:本公司贯彻"以开发新产品为先导、以创名牌为目标"的科技发展战略,继承了集团公司技术及科技开发优势,并形成了专门从事新产品、新技术开发应用的研究开发中心及分公司产品开发室两级开发体系。目前本公司拥有研究人员206人,其中研究员及高级工程师40人,工程师85人,助理工程师及其他研究人员81人。

(2)研究开发成果:近几年来,凭借自身的技术优势,公司研制开发了一系列新产品、新项目、新技术成果:

①专用汽车类系列新产品:"三力"牌CGJ5101型加(运)油车、东风五吨加(运)油车分别荣获国产车国家银奖、金奖;高新技术产品——全挂机场加油车于1995年列入国家"双加工程",被中国民航总局认定为进口替代产品,获航空航天部科技进步二等奖;"三力"牌机场加油车1999年获航天名牌产品;群车加油车,被誉为"跨世纪产品",其性能指标达到国际领先水平,装备中国人民解放军及驻香港部队;CGJL5100ZJCA后装挤压式垃圾车:获航空航天部科技进步三等奖,是国家科委和建设部推荐的"环保试点产品";

2001年2月本公司与日本MORITA ECONOS公司合资组建了南京晨光森田环保科技有限公司,共同开发经营垃圾车和吸污车;

②波纹管类系列新产品:波纹管补偿器分获全国首届科技贷款成果展览会金箭奖、全国"煤气、暖通空调产品评议展销会"产品评比一等奖、国家军转民高技术出口产品展览会金奖;"三力"牌系列金属软管和波纹管补偿器:双双评为"航天十佳民品",江苏国防名牌产品,航天名牌产品;民用波纹管制品1995年即列入上海市科技产业化项目(火炬计划)。

公司波纹管类产品广泛用于国内诸多知名企业(如宝钢、首钢、齐鲁石化等等)和许多著名工程(如秦山核电站、毛主席纪念堂、虹桥国际机场、三峡工程等等)。

③20余项实用新型专利:1998~2000年本公司及其控股子公司共获国家专利局20余项实用新型专利。

④非专利技术:公司拥有不锈钢切削和焊接、铝合金成形和焊接、真空绝热技术等专项技术。

(3)研究开发投入:近3年本公司用于研发投入的费用均占销售收入的4%左右;同时为了进一步提高公司专用汽车类产品及波纹管类产品的技术含量,拟利用本次募股资金中的2800万元投资于公司研究开发中心,以进一步提高公司自身的技术开发水平。

为强化技术创新体系,发行人决定建立覆盖全公司的信息集成系统,以进一步提高新产品开发速度与能力。计划进行的被列入江苏省第二批CIMS示范项目的本公司信息化工程建设,将分步实施、重点突破,一期工程投资300万元。

5、技术储备

公司通过多年的产品开发和研制,专用汽车类产品方面已掌握了计量精度、过滤精度的控制技术、加油压力反馈控制技术、气动自动化控制技术、安全联锁技术、契形铝罐的成型与焊接技术、20管快速加油技术、流量脉变时的稳压与计量技术、真空绝热技术、干式吸扫技术、电液控制技术、沥青混炼技术、自动控制等技术。

波纹管类产品方面拥有全封闭直埋式波纹补偿器、减震用S型波纹补偿器、水电站压力钢管用波纹膨胀节、耐高氯离子浓度环境腐蚀膨胀节、复合四连杆复式波纹补偿器、海洋管线连接柔性管等20余项专利技术,并掌握了高压软管设计技术、超大口径生产技术、超柔软管生产技术、隔热技术、柔性密封技术、圈带复合成型等技术。

目前公司正抓紧进行机场管线加油车、半挂机场加油车、道路清障车、机场牵引车、特种软管、非金属管类产品、燃气采暖热水炉、智能家居控制系统等产品的开发,加大技术储备,努力使公司的技术水平始终保持在国内领先地位。

八、关联方、关联关系与关联交易

1、同业竞争

发行人与晨光集团不从事相同或相似业务,故不存在同业竞争。两者的业务性质、客户对象及产品市场等方面均不同。

2、关联方与关联关系

本发行人的相关关联方为:(1)本发行人的股东;(2)控股股东晨光集团的子公司:南京晨光新事业工贸公司、南京晨光机器厂劳动服务公司、南京光武汽车修理厂、南京晨光高新科技有限公司;(3)中国航天机电集团公司(控股股东晨光集团是其直属的国有独资公司);(4)本发行人的子公司:晨光东螺公司及南京晨光森田环保科技有限公司。上述关联方详细情况请见"第四章 发行人基本情况"中的相关内容。

3、关联交易

(1)相关关联协议及关联交易

本公司成立后,虽拥有独立的产、供、销体系和经营环境,但与主发起人晨光集团及其子公司之间仍存在如下小额关联交易(主要是为本公司提供配套服务):

相关关联交易及近三年交易发生额　　(单位:万元)

关联企业名称	交易内容	2000年度	1999年度	1998年度
南京晨光集团有限公司	水电汽	393.42	238.64	325.78
南京晨光集团有限公司	协作加工	508.04	521.46	795.76
南京晨光集团有限公司	租用房产	20.00	60.26	60.26
南京晨光集团有限公司	租用土地	27.00	-	-
南京晨光集团有限公司	材料采购	499.36	-	-
南京晨光集团有限公司	检测费用	48.27	-	-
南京晨光集团有限公司	运输费用	33.88	-	-
南京晨光机器厂劳动服务公司	协作加工	262.78	243.15	96.56
南京晨光新事业工贸公司	协作加工	33.72	58.83	30.42
合　计		1,826.47	1,122.34	1,308.78

本公司已与相关关联方分别签定了《转供电合同》、《水、气、汽供应合同》、《厂房租赁协议》、《土地使用权租赁合同》、《有偿劳务协议》、《综合服务协议》等关联交易协议,以规范双方在上述相互关系中的权利和义务。本公司的董事会成员、监事会成员和高级管理人员及其他发起人目前皆与本公司无关联交易存在。

(2)关联交易的定价及近三年对公司财务状况和经营成果的影响

上述协议中价格条款约定的基本原则是:依据国内外同类的市场水平协商确定关联交易的价格。本公司在执行上述关联交易协议时,已严格履行了公司章程中有关的回避条款,以切实保障中、小股东的利益。

上述关联交易发生总额:2000年计1826.47万元,1999年计1122.34万元,1998年计1308.78万元,分别占该年度公司总交易成本费用的5.63%、4.29%、5.01%。以上数据充分显示,近三年来,关联交易额占公司总交易额的比重很小,故对公司财务状况和经营成果影响不大。

除上述关联交易外,公司与前述关联单位无其他经济往来。

(3)减少关联交易的措施

* 新建独立的厂房和办公楼,以减少同集团公司提供的水、电、气、汽、土地有偿使用及物业管理(主要是部分房屋的租赁使用)、通讯及综合服务等方面的关联交易。本公司已在南京江宁经济技术开发区新建联合厂房,目前处于施工阶段,办公楼的新建已列入本公司发展计划。

* 加强对外协作,按"合格供应商评价程序"建立定点许可制度,以减少同集团公司的检测、协作加工等有偿劳务服务的关联交易。本公司2000年在外购、外协方面已对200多家供应商(或外协厂家)进行评价,初步建立了范围广、多工艺、多品种的外供系统。

* 加强资本运作,以托管、兼并、收购等方式扩大经营规模和增强生产能力,进一步减少同集团公司的关联交易。

(4)关联交易合同续签的可能性

随着公司自身的发展和减少关联交易措施的逐步实现,将会大幅度减少同集团公司的关联交易总量,同时由于公司发展重心逐步向江宁经济技术开发区转移,本公司与集团公司签定的上述关联交易协议或合同存在不再续签或部分不再续签的可能。

(5)本次募集资金运用不涉及关联交易

根据目前安排,本次募集资金的应用不涉及关联交易。

4、避免同业竞争和规范关联交易的制度安排

本公司成立后,已建立了独立的管理机构和经营体系。经发行人律师核查,本公司控股股东晨光集团与发行人目前不存在同业竞争。根据晨光集团出具的《不竞争承诺函》,晨光集团不从事与本公司相竞争的业务,同时承诺在未来也不从事与公司存在或可能存在竞争的业务,以保护公司中小股东的合法权益。

发行人公司章程中对关联交易决策权力与程序以及关联股东或利益冲突的董事在关联交易表决中的回避制度等方面均已作出了明确规定。

5、发行人律师、主承销商的意见

(1)发行人律师意见

本公司律师认为发行人的招股说明书已对发行人的关联方、关联关系和关联交易及同业竞争问题予以了充分披露。存在的关联交易的决策是符合法定程序和公司章程的规定的,交易的价格是市场公允价格。(1)关联交易价格的确定是平等民事主体之间平等协商确定的,未损害发行人的利益。(2)该等关联交易的条件和内容符合公平、公正、公开原则,且已签订有关合同,不存在由于本公司与关联企业的关系而影响本公司履行重大合同的可能。(3)此等关联交易,本所律师未发现存在损害本公司及本公司其他股东利益的情况。(4)公司为保护中、小股东的权益所采取的措施,为避免不正当的交易提供了适当的法律保障。

(2)主承销商意见

本次发行的主承销商认为所披露的关联方、关联关系、关联交易已全面披露,不存在损害发行人及中小股东利益的情形,决策程序合法有效,交易价格公允。

九、董事、监事、高级管理人员与核心技术人员

1、董事会成员

陈孟幸,男,57岁,留学,研究员级高工,加拿大滑铁卢大学客座教授;航天部有突出贡献专家

与劳动模范,建设南京有突出贡献个人,享受国务院政府特殊津贴专家,江苏省政协委员、中国宇航学会理事、江苏省航空航天学会副理事长。曾任原晨光机器厂液压公司副经理兼中国航天伺服技术研究所副所长,副总工程师兼外经处处长、总工程师。晨光集团副董事长兼总工程师。现任本公司董事长,兼任晨光集团董事长、总工程师。不在本公司领取酬金,在本公司上市后6个月内承诺辞去本公司董事长职务。

杜 尧,男,37岁,硕士研究生,高级工程师,江苏省优秀青年企业家,南京市新长征突击手、青年联合会副主席。曾任晨光机器厂分公司经理助理、副经理,上海浦东波纹管公司总经理,晨光集团副总经理、总经理。现任本公司副董事长、总经理,兼任晨光集团副董事长、本公司控股子公司南京晨光东螺波纹管有限公司董事长和晨光森田环保科技有限公司董事长。2000年其收入为本公司支付薪金7.49万元。

孙 俊,男,51岁,大专文化,高级政工师,曾任晨光机器厂宣传处副处长、党委办公室主任、宣传部部长。现任本公司董事、兼任晨光集团监事、党委副书记、纪委书记。不在本公司领取酬金。

高汉华,男,59岁,大学文化,研究员级高工,曾任兵器部167厂副厂长、南京晨光厂补偿器分公司经理、晨光厂总经济师、晨光集团总经济师。现任本公司董事,兼任晨光集团董事、总经济师。不在本公司领取酬金。

尹惠芳,女,52岁,大专文化,高级会计师,曾任晨光机器厂财务处副处长、处长、副总会计师、总会计师。现任本公司董事,兼任晨光集团董事、总会计师。不在本公司领取酬金。

吴启宏,男,38岁,大学双学位,高级工程师,航天机电集团公司有突出贡献专家。曾任晨光机器厂设计所副所长、所长、分公司副经理,晨光集团副总工程师、副总经理。现任本公司董事、副总经理,兼任晨光集团控股子公司南京晨光高新科技有限公司董事长。2000年其收入为本公司支付薪金6.0万元,享受政府津贴0.12万元。[参见本部分4、核心技术人员]

宋兆昶,男,58岁,大学文化,研究员级高工,曾任晨光机器厂设计所副所长、所长、分公司副经理,副总工程师。现任本公司董事、总工程师。2000年其收入为本公司支付薪金5.67万元,享受政府津贴0.6万元。[参见本部分4、核心技术人员]

李英德,男,60岁,大学文化,研究员,曾任上海新力机器厂副厂长、厂长兼上海航天局810研究所所长,上海新江机器厂厂长兼上海航天局800研究所所长,上海航天局局长助理、副局长、局党委书记,上海航天工业总公司董事长。现任本公司董事、兼任上海航天汽车机电股份有限公司副董事长、总经理。不在本公司领取酬金。

柳一兵,男,39岁,硕士研究生,教授级高级工程师,曾任职于国家水利电力部。现任本公司董事、兼任南京南瑞集团公司副总经济师。不在本公司领取酬金。

2、监事会成员

陈蕴芝,女,53岁,中专学历,统计师,曾任晨光机器厂审计条法处处长助理、副处长。现任本公司监事会主席、兼任晨光集团监事、审计监察部副部长。不在本公司领取酬金。

林 岚,女,52岁,大专学历,高级政工师。曾任晨光机器厂航天总装分厂党支部书记兼副厂长,晨光集团工会副主席,党委委员,纪委副书记等职。现任本公司监事、党委副书记、纪委书记、工会主席。2000年公司支付薪金6.0万元。

瞿建华,男,40岁,大学学历,高级会计师,曾任上海航天局第八设计部副总会计师、部副主任、上海海天机电科技有限公司总经理,现任本公司监事、兼任上海航天汽车机电股份有限公司董事会秘书。不在本公司领取酬金。

3、其他高级管理人员

胡宁生,男,48岁,大专学历,高级工程师。曾任晨光机器厂车辆改装分公司办公室主任、销售部长,补偿器分公司副经理、经理,晨光东螺公司副总经理等职。现任本公司副总经理。2000年公司支付薪金6.05万元。

邓在春,男,37岁,大专学历,高级会计师。曾任上海浦东波纹管公司行政财务部经理,南京晨光东螺公司副经理及财务负责人等职。现任本公司财务负责人。2000年公司支付薪金5.67万元。

吴道琴:女,52岁,大专学历,高级会计师。曾任集团公司财务部副部长,集团公司监事。现任本公司董事会秘书。2000年公司支付薪金5.64万元。

4、核心技术人员

董 珉,男,64岁,大学本科学历,研究员级高级工程师,国家级有突出贡献专家,国务院政府特殊津贴获得者,为退休返聘,现任本公司总工程师,兼任中国石油化工设备工业协会膨胀节分会专家组副组长,中国力学学会、波纹管及管道力学专业委员会委员。1963年-1983年参与研究、设计我国航天火箭发动机,承担液体火箭发动机总体元件(软管、补偿器、换热器、推力架等)的开发、研究和设计工作;1984年-1999年组织领导晨光集团波纹管类产品的开发、研究工作;本公司成立后,组织领导公司波纹管类产品研究、创新和发展工作。2000年其收入为本公司支付薪金4.44万元,享受津贴0.84万元,退休金1.26万元。

主要成果及获得的奖项:参加研制液体火箭发动机YF-21获七机部科技一等奖;负责研制的发动机金属软管(J0507系列)、补偿器J0020获七机部科技成果三等奖;外压式波纹补偿器获航天部科技进步二等奖(1987年);纵缝焊接波纹金属软管获航天部科技进步二等奖(1989年)。

宋兆昶,本公司董事、总工程师,国务院政府特殊津贴获得者。主要业绩成果:1965-1975年从事航天型号产品的设计、研制工作;1975-1980年从事航天型号液浮惯性器件的设计、研制工作;1985-1995年从事专用汽车设计、研制工作,负责或参与了晨光集团所有主要军品专用汽车的研制工作。本公司成立后,组织领导公司专用汽车产品的研究和开发工作。

吴启宏,本公司董事、副总经理,南京市中青年拔尖人才,江苏省333跨世纪学术技术带头人培养对象,中国航天机电集团公司有突出贡献专家,中国航天基金奖获得者。1990年-1996年任晨光机器厂设计所所长助理、副所长、所长;1997年-1999年任晨光集团副总工程师、副总经理。本公司成立后,作为公司技术总管,负责领导公司两大类产品的科研、创新和发展工作。主要成果及获奖:群车加油车获国家科技进步三等奖,军队科技进步一等奖、省市优秀新产品奖;机场加油车获部科技进步二等奖、三等奖;后装挤压式垃圾车获部科技进步三等奖。

钱允山,男,42岁,大学本科学历,高级工程师,国务院政府特殊津贴获得者。现任本公司技术质量部部长,兼任全国管路附件标准化委员会委员。多年从事波纹管类产品的设计、规划、设备引进、科研攻关和技术管理工作。1991年起任晨光机器厂波纹补偿器分公司经理助理、金属软管分公司技术副经理。主要成果及获奖:外压式补偿器获航天部科技进步二等奖和省"金牛奖";通用补偿器获航天部科技进步三等奖;DF-5A高压软管获航天部科技进步三等奖;GJB1996-94国军标获军总装备部科技进步三等奖。2000年其收入为本公司支付薪金3.32万元,享受津贴0 .12万元。

十、发行人的公司治理结构

本公司成立之初,即根据权力机构、决策机构、经营机构、监督机构相互分离、相互制约的原则,建立了由股东大会、董事会、监事会、经理层组成的完整、健全的法人治理结构,且其运作亦日趋规范化。

1、关于公司股东与股东大会

按照《公司章程》的规定,公司股东主要享有依照其所持有的股份份额获得股利和其他形式的利益分配等《公司法》规定的权利。

同时公司股东必须遵守公司章程;依其所认购的股份和入股方式缴纳股金;除法律、法规规定的情形外,不得退股。

按照《公司章程》的规定,股东大会是公司的权力机构,依法行使决定公司经营方针和投资计划;选举和更换董事,决定有关董事的报酬事项;审议批准公司的年度财务预算方案、决算方案等《公司法》规定的权利。

发行人公司章程中对关联交易决策权力与程序以及关联股东或利益冲突的董事在关联交易表决中的回避制度等方面均已作出了明确规定:股东大会审议有关关联交易事项时,关联股东不应参与投票表决,且应当回避;股东大会对关联交易事项的表决,应由除该关联股东以外其他出席股东大会的股东所持表决权的三分之二以上通过方为有效;对关联交易事项的表决,该关联交易所涉及的董事应放弃表决权并回避;对关联事项的表决,须经除该关联董事以外的其他参加会议董事的三分之二以上通过方为有效等。

公司历次股东大会实际执行情况:(1)首次股东大会(即公司"创立大会")1999年9月28日,由主发起人召集全体发起人股东召开,以举手表决方式通过了公司创建过程的6项事项,选举产生了第一届董事会及董事成员和第一届监事会和监事成员。(2)2000年5月29日召开了"九九年度股东大会",以投票表决方式审议通过了7项议案。其中,按公司章程规定,需由股东大会审议通过的关联协议,在表决时,关联股东实行回避制。(3)2000年9月25日召开了"二OOO年度临时股东大会",以投票表决方式审议通过了关于确认募集资金使用计划的报告,关于增资发行人民币普通A股并申请在上海证券交易所上市的报告,以及授权董事会办理包含修改公司章程在内的上市事项。

2、关于董事会和监事会

根据公司章程的规定:公司董事会由九名董事组成,设董事长一人,副董事长一人。公司监事会由三名监事组成,监事由股东代表和公司职工代表担任,公司职工代表担任的监事不得少于监事人数的三分之一即一人,监事会设监事会主席一人,履行监事会召集人的职责。

目前公司董事会及监事会组成情况参见"九、董事、监事、高级管理人员与核心技术人员"。

3、重大生产经营决策程序与规则

(1)重大投资决策程序和规则

规范公司对外投资决策程序与规则的主要文件有《公司章程》、《重大投资决策管理制度》、《总经理工作细则》等,其主要程序和规则如下:

A、公司任何一项重大投资项目在提交总经理办公会正式讨论前,必须完成投资项目的市场和技术调研报告或对合作对象的产品(服务)、技术、市场、人员、财务、资产、管理及组织机构等方面的综合分析报告。在此基础上,拟定项目投资方案及预可行性研究报告(以下简称预可行性报告)。

B、召开总经理办公会对预可行性报告进行讨论、审议,提出指导性意见。负责部门根据该意见落实对预可行性报告的修改、调整。

C、由经理层将预可行性报告提交公司董事会审议、决策。董事会组织投资决策咨询委员会及其他有关专家对投资项目进行评审,提出决策意见;对投资金额超过最近一期经审计的公司财务报表表明的公司净资产20%以上的重大投资项目提出初步审议意见。

D、根据董事会基本意见,由董事长(或总经理)牵头组织项目实施或负责与合作对象谈判、签订合作协议及可行性研究报告编写工作。

E、召开股东大会,审议投资金额超过公司净资产20%以上的投资项目,作出最终决策意见。

(2)重要财务决策程序与规则

根据《中华人民共和国公司法》和《南京晨光航天应用技术股份有限公司章程》及公司财务内控制度,公司主要财务决策程序与规则为:

A、公司董事会制定财务预、决算方案,公司的利润分配和弥补亏损方案,以及增加或减少注册资本,发行债券或其他证券以及上市方案,提请股东大会审议批准;由董事会组织实施;公司总经理接受董事会委托,与财务负责人负责办理具体事项。

B、公司财务预、决算方案,由股东大会普通决议通过,需由出席股东大会的股东(包括股东代言人)所持表决权股份的半数以上通过;增加或减少注册资本,发行公司债券、回购公司股票,由股东大会特别决议通过,需由出席股东大会的股东(包括股东代言人)所持表决权股份的三分之二以上通过。

C、公司制定的《"航天晨光"会计制度》等多项财务内控制度,明确规定了决策额在20-600万元之间及600万元以上项目的立项程序与审批权限。董事会对投资金额在最近一期经审计的公司财务报表中表明的净资产20%范围内的投资项目进行审议,并提出决策意见;总经理具有不超过最近一期经审计的公司财务报表表明的净资产5%以内的审批权。公司对最近一期经审计的公司财务报表表明的净资产20%以上的重大资本性支出和重大投资项目的财务决策,需要董事会组织专家、专业人员进行评审,并报股东大会审议。

D、财务部是资金的综合管理部门,负责对各项目投资的经济性、可靠性进行综合评估与审查,保证资金安全性。公司日常事务性的预算与控制由"总经理办公会"掌握。

4、董事、监事、高管人员、核心技术人员履行诚信义务的行为准则

根据《证券法》、《上海证券交易所上市规则》、《公司章程》及中国证监会其它有关规定,公司制定了董事、监事、高管人员、核心技术人员行为准则,主要内容摘录如下:

(1)遵守国家相关法律、法规及规章制度,履行诚信勤勉义务。(2)遵守公司章程、信息披露制度、保密制度及其他有关制度。(3)公司董事、监事、高级管理人员对外言行及表达的信息必须真实、准确,杜绝严重误导性陈述。(4)公司董事、监事、高管人员等不得利用内幕信息进行内幕交易或配合他人操纵公司股票交易价格。(5)公司董事会及其成员和其他知情人员在公司信息公开披露前,应将信息知情者控制在最小范围内。(6)董事会秘书负责信息的保密工作,重大内幕信息泄露时,要及时采取补救措施加以解释和澄清,并报告上海证券交易所和中国证监会。(7)核心技术人员要严守公司商业秘密,不得以任何方式泄露。(8)接受上交所监管,及时解答交易所提出的任何问题,按《股票上市规则》及时报送相关资料及其他文件,参加被要求出席的相关会议。(9)董事、监事、高管人员、核心技术人员离任前,应接受董事会、监事会的离任审查,并在监事会的监督下移交有关档案文件、在办及其他待办事项。同时要求离任人员承诺离任后持续履行保密义务直至有关信息公开披露或失效为止。(10)违反上述诚信义务并造成一定后果者,视情节轻重按《公司保密制度》、内部行政处分制度及党内有关纪律检察制度进行处理;触犯法律者,移交司法机关进行处理。

十一、主要财务会计资料

1、近三年简要财务报表

江苏天衡会计师事务所有限公司接受本公司聘请,审计了本公司1998年、1999年、2000年财务报告,并出具了标准的无保留意见的审计报告——(2001)天衡审字第142号《审计报告》。下述内容摘自业经审计的公司财务报告。

简要资产负债表 (单位:万元)

项目	2000年12月31日		1999年12月31日	
	母公司	合 并	母公司	合 并
货币资金	3,447.50	5,439.64	936.87	2,124.08
应收帐款	10,608.28	16,781.21	7,375.70	15,988.41
减:坏帐准备	995.88	1,601.24	628.03	1,487.77
应收帐款净额	11,560.34	15,774.63	8,021.15	15,292.65
存货	8,682.85	11,065.80	6,784.85	10,141.85
流动资产合计	24,467.45	33,197.88	16,694.33	28,515.17
长期投资净额	3,215.20	45.73	5,005.58	50.95
固定资产原价	11,275.73	14,504.45	8,583.80	13,836.01
固定资产净值	6,228.52	8,905.05	4,929.35	8,951.48
在建工程	224.72	233.00	812.38	959.39
固定资产合计	6,453.24	9,138.06	5,741.73	9,910.87
无形资产及其他	100.22	100.22	102.82	117.75
资产总计	34,236.10	42,481.88	27,544.46	38,594.75
短期借款	11,350.00	14,250.00	7,200.00	10,800.00
应付帐款	3,925.08	5,357.77	3,937.55	6,980.92
应交税金	202.31	416.44	227.21	633.02
一年内到期的长期负债	500.00	885.00	1,400.00	1,400.00
流动负债合计	18,489.83	24,689.64	13,676.68	22,459.81
住房周转金			–	–
长期负债合计			500.00	885.00
负债合计	18,489.83	24,689.64	14,176.68	23,344.81
少数股东权益	–	1,943.52	–	1,826.01
股本	8,300.00	8,300.00	8,300.00	8,300.00
资本公积	4,289.52	4,289.52	4,289.52	4,289.52
未分配利润	2,476.87	2,486.05	622.61	623.90
股东权益合计	15,746.27	15,848.72	13,367.79	13,423.93
负债及股东权益合计	34,236.10	42,481.88	27,544.46	38,594.75

简 利 润 表 (单位:万)

项 目	2000年度		1999年度		1998年度	
	母体	合并	母体	合并	母体	合并
一.主营业务收入	26,280.74	35,952.45	15,823.70	28,780.90	18,016.45	29,452.21
减:主营业务成本	20,000.78	25,298.49	11,340.51	19,162.60	12,922.12	19,200.91
二.主营业务利润	6,215.57	10,583.19	4,448.85	9,565.31	5,052.46	10,192.55
三.营业利润	2,533.40	3,511.63	1,929.67	2,660.15	2,121.71	3,308.11
四.利润总额	2,977.38	3,440.36	2,225.42	2,549.35	2,746.39	3,228.08
减:所得税	356.25	473.20	333.38	446.45	–	173.23

少数股东损益	–	284.23	–	196.09	–	307.01
五.净利润	2,621.14	2,682.92	1,892.04	1,906.81	2,746.39	2,747.83

2000 年度简要现金流量表(母公司、合并)　　(单位:万元)

项 目	母公司	合 并
一、经营活动产生的现金流量:		
销售商品、提供劳务收到的现金	29,279.09	40,490.06
现金流入小计	30,575.07	41,598.50
购买商品、接受劳务支付的现金	21,571.62	28,890.16
现金流出小计	29,076.26	38,843.82
经营活动产生的现金流量净额	1,498.81	2,754.68
二、投资活动产生的现金流量:		
分得股利或利润所收到的现金	398.58	–
现金流入小计	1,077.59	491.93
购建固定资产、无形资产和其他长期资产所支付的现金	941.81	986.86
现金流出小计	941.81	986.86
投资活动产生的现金流量净额	135.79	–494.93
三、筹资活动产生的现金流量:		
借款所收到的现金	18,200.00	23,250.00
现金流入小计	18,200.00	23,250.00
偿还利息所支付的现金	573.96	813.65
现金流出小计	17,323.96	22,180.37
筹资活动产生的现金流量净额	876.04	1,069.63
四、汇率变动对现金的影响额	–	–13.82
五、现金及现金等价物净增加额	2,510.63	3,315.55

2、盈利预测

南京晨光航天应用技术股份有限公司

盈利预测表

编制单位:南京晨光航天应用技术股份有限公司　　单位:人民币万元

项目	附注	2000 年度已审实现数		2001 年 1--3 月未审实现数		2001 年 4--12 月预测数		2001 年度预测数	
		母公司	合并	母公司	合并	母公司	合并	母公司	合并
一、主营业务收入	A	26,280.74	35,952.45	6,679.20	9,355.68	25,948.45	35,598.70	32,627.65	44,954.38
减:折扣与折让		–	–	–	–	–	–	–	–
主营业务收入净额		26,280.74	35,952.45	6,679.20	9,355.68	25,948.45	35,598.70	32,627.65	44,954.38
减:主营业务成本	A	20,000.78	25,298.49	5,043.20	6,663.34	19,704.94	24,971.00	24,748.14	31,634.34
主营业务税金及附加		64.39	70.78	28.05	30.09	140.65	147.69	168.70	177.78
二、主营业务利润		6,215.57	10,583.18	1,607.95	2,662.25	6,102.86	10,480.01	7,710.81	13,142.26
加:其他业务利润		428.05	94.51	18.48	24.63	413.50	5.37	431.98	30.00
减:存货跌价准备		–	–	–	–	–	–	–	–
营业费用	B	1,848.86	3,676.92	453.23	927.61	2,082.11	3,973.73	2,535.34	4,901.34
管理费用	B	1,675.04	2,609.45	521.14	741.05	1,472.11	2,220.37	1,993.25	2,961.42
财务费用	B	586.31	879.69	126.93	179.18	702.81	908.56	829.74	1,087.74
三、营业利润		2,533.41	3,511.63	525.13	839.04	2,259.33	3,382.72	2,784.46	4,221.76
加:投资收益		458.52	–5.23	164.76	–1.31	589.44	–3.92	754.20	–5.23
补贴收入		–	–	–	–	–	–	–	–
营业外收入		28.21	44.20	–	–	–	–	–	–
减:营业外支出		42.75	110.25	–	9.54	86.20	122.04	86.20	131.58
四、利润总额		2,977.39	3,440.35	689.89	828.19	2,762.57	3,256.76	3,452.46	4,084.95
减:所得税									
按 33%所得税率计算									
按 15%所得税率计算									
按实际所得税负计算	C	356.25	473.20	78.57	115.09	355.38	485.89	433.95	600.98
少数股东损益		–	284.23	–	101.78	–	363.68	–	465.46
五、净利润									
按 33%所得税率计算									
按 15%所得税率计算									
按实际所得税负计算		2,621.14	2,682.92	611.32	611.32	2,407.19	2,407.19	3,018.51	3,018.51

特别提示:公司盈利预测报告的编制遵循了谨慎性原则,但盈利预测所依据的各种假设具有不确定性,投资者进行投资决策时不应过分依赖该项资料。

3.报告期各项财务指标。

(1)财务指标:公司 2000 年财务报告已经江苏天衡会计师事务所有限公司审计,并相应出具了天衡审字(2001)142 号审计报告,依据会计报告计算各项财务指标如下:

财务指标	2000 年度	1999 年度	1998 年度
流动比率	1.34	1.27	1.14
速动比率	0.90	0.82	0.72
应收帐款周转率	2.19	1.77	1.79
存货周转率	2.39		
无形资产占总资产(净)资产的比例	–	–	–
资产负债率[注]	54.01%	51.47%	67.88%
每股净资产	1.91	1.62	1.13
研究开发费用占主营业务收入的比例	4.05%	4.01%	3.95%

[注 1]:表中除资产负债率以母公司报表为依据外,其余指标都是以合并财务报告数据为基础计算

[注 2]:计算公式:

* 流动比率 = 流动资产 / 流动负债
* 速动比率 = 速动资产 / 流动负债
* 应收帐款周转率 = 主营业务收入 / 应收帐款平均余额
* 存货周转率 = 主营业务成本 / 存货平均余额
* 无形资产(土地使用权外)占总(净)资产的比例 = 无形资产(土地使用权外)/总(净)资产(报告期内公司没有无形资产)
* 资产负债率 = 总负债 / 总资产
* 每股净资产 = 期末净资产 / 期末股本总额
* 研究开发费用占主营业务收入比例 = 研究开发费用 / 主营业务收入

(2)每股经营活动的现金流量、每股净资产及净资产收益率

每股经营活动的现金流量 = 经营活动的现金流量 / 期末股本总额
= 27546797.58 ÷ 83000000.00 = 0.33 元/股

每股收益(发行前)= 净利润 / 期末股本总额
= 26829226.66 ÷83000000.00 = 0.32 元/股

每股收益(发行后)= 净利润 / 发行后股本总额
= 3018(万元) ÷12300(万元) = 0.25 元/股

净资产收益率(发行前)= 净利润 / 期末净资产
= 26829226.66/ 158487158.07 = 16.93%

净资产收益率(发行后)= 3018(万元) ÷ 44042(万元) = 6.9 %

4.公司报告期财务分析报告

(1)关于资产质量状况

2000 年 12 月 31 日,公司流动资产为 33197.8 万元、固定资产为 9138.1 万元、其他资产为 100.2 万元,总资产为 42481.8 万元,流动资产占总资产的 78%、固定资产占总资产的 21.5%、其他资产占总资产的 0.5%,流动资产中:货币资金、应收款项净额款两项占流动资产 64.1%,而公司应收帐款中 3 年以上的款项只占应收帐款总额的 6%;存货占流动资产的 33.3%,且存货可变现价值高于市场价值,不存在存货跌价损失,因此公司流动资产质量优良。固定资产主要是与公司生产经营紧密有关的房产、设备、仪器仪表及运输设备,经中国长城会计师事务所评估,对相应评估资产的增减值已做相应的财务处理且平均成新率在 61.4%以上,因此公司的固定资产质量良好,其他资产属开办费与长期待摊费用,且占总资产比例不高,因此公司总体资产优良。

(2)关于资产负债结构

从 2000 年 12 月 31 日公司资产负债表数据分析:公司的资产负债率只有 54.01%,对于机械制造业来说公司的资产负债结构合理。

(3)关于股权结构

公司于 1999 年 9 月 30 日注册成立,股权结构为:国有法人股占 99.6663%,自然人股占 0.3337%,且资产所有者权益率为 41.9%,对于目前公司尚未对社会公众发行流通股而言,股权结构尚合理。

(4)关于现金流量及偿债能力

从公司 2000 年度财务报表数据分析:公司合并现金流量表中现金及现金等价物净增加额为 3315.5 万元,其中:经营活动产生的现金流量净额为 3884.3 万元,投资活动产生的现金净额为 –494.9 万元,筹资活动产生的现金净额为 1069.6 万元,整体情况良好,有充足的现金流,且资产负债率为 54.01%,流动比率为 134%,速动比率为 90%,在机械制造业中,公司现金流量、偿债能力指标都比较合理。

(5)近三年业务的进展和盈利能力及其连续性、稳定性:

A、公司 1998～2000 年主营业务收入分别为 29452.2 万元、28780.8 万元和 35952. 4 万元,1998 年与 1999 年业务经营情况基本持平,2000 年业务收入较前二年年平均增长 24.9%;其中公司主营的两大类产品中,波纹管类产品的市场份额及业务收入三年基本持平,而专用汽车类产品增幅较大,主要是由于中石化、中石油两大系列客户,为参与国际市场竞争采取企业集团化采购,注重产品在质量、价格、性能上的优势,而我公司产品能较好地满足其需求,故公司专用汽车产品的市场份额有所增加;与此同时公司的航天特种车辆产品市场份额也呈逐年上升之势。

B、公司 1998～2000 年分别实现利润总额 3228 万元、2549.3 万元和 3440 万元。1999 年较 1998 年略有下降,2000 年较前两年都有不同程度的增长,主要原因是公司一方面紧抓新产品开发与应用,努力加大市场占有份额,另一方面不断强化内部管理,开展"增收节支、降本增效"活动,通过多种渠道和方法降低产品成本,使公司的盈利水平明显上升。

C、从近三年公司主营业务收入和利润的实现数来看,公司的业务进展及盈利能力具有连续性和稳定性。

(6)公司未来业务目标与盈利前景

近年来,国外高新技术含量产品的冲击与国内企业间的无序竞争日趋激烈,使公司的经营业绩受到一定的影响,同时也使产品的更新换代和结构调整成为急待解决的问题,公司拟将通过资本市场筹集资金,投资建设专用汽车技术开发中心及 CIMS 工程、并对粉粒物料车及吸扫车生产线、大口径塑料双壁波纹管及特种软管生产线等多个项目进行技术改造与技术引进,从而确保公司两大主营产品的技术与生产能力继续保持国内领先地位。公司 2001～2003 年的业务目标是:分别实现主营业务收入 5.0 亿元、5.8 亿元和 8 亿元。

需指出的是,随着我国西部大开发的启动及国民经济的发展再次迈入快车道,国家对重点支持发展的基础产业投资日益加大,而满足其需要的公司主营产品—— 专用汽车类与波纹管类产品的销售形势将日趋向好。

(7)关于主要财务优势

从公司前三年的各项经济指标来看,公司的资产质量优良、资产负债及股权结构合理,现金流量及偿债能力较强,公司"航天晨光"品牌在国内市场具有较高的知名度,业务进展能力及盈利能力持续且稳定,公司多年来一直被中国工商银行评定为"AAA"信用等级,融资能力较强,加上公司有一整套的财务管理制度及内控制度,管理水平也逐年提高,充分显示公司具有一定的财务优势。

十二、业务发展目标

1、发展战略

公司将以股票发行、上市为契机,全面规范公司法人治理结构,完善经营机制,贯彻"充分发挥航天高科技优势,加强科学管理和推进技术进步,通过创新、赶超、跨越式发展,实现规模经营和公司利润最大化目标,确保全体股东合法权益并获得最佳投资效益"的经营方针;

巩固或扩大产品品牌优势及在市场上已形成的较强竞争力和赢得的市场占有率,使公司逐步发展成为生产规模化、管理科学化、市场国际化、经营多元化的国内一流大型企业集团。

2、整体经营目标及主要业务的经营目标

整体经营目标:通过对本次募股资金的合理使用,拓展公司主导产品品种及其应用范围,加快技术改造及新产品开发,提高产品技术质量及规模效益,牢固确立公司在国内行业排头兵的地位;同时增强企业可持续发展能力,形成以专用汽车类和波纹管类两大产品为龙头,以高新技术产品为骨干,以多元化发展为特征的经营格局;

主要业务经营目标:2001 年实现主营业务收入 5.0 亿元;2002 年、2003 年分别达到 5.8 亿元和 8 亿元目标。

3、产品开发计划

(1)专用汽车类产品:根据国内外专用汽车的发展趋势和我国专用汽车的重点发展方向,结合公司自身的产品特点,在合理调整产品结构的基础上,重点做好现有产品的延伸开发和技术质量的提升工作。2001–2003 年重点开发以下产品:大型液化天然气贮罐、大型热交换器、化工贮罐、深冷设备和系统、系列液化石油气、液化天然气运输槽车、集装箱运输车、液态食品罐车、重型油罐车、半挂油罐车及粉粒物料运输车等。

(2)波纹管类产品:加大技改投入和合资合作力度,在提高产品品质,拓宽产品应用领域基础上,向高难度、高技术含量、系统开发方向发展。2001–2003 年重点开发以下产品:新型中央排水管、码头软管、高中低压泵连管、船用软管、超薄壁波纹管弹性元件、伴随软管、四氟乙烯软管、高密度聚乙烯管、交联聚乙烯管、钢塑复合管、为多种车型配套的波纹管挠性节、为环保搅拌机配套的多层高疲劳寿命波纹管、SEBF 耐腐蚀补偿器、海底引水管道用补偿器、新型圈带非金属补偿器及新型材料补偿器等产品。

4、人员扩充计划

本公司把对人才的引进、培养和优化配置作为实现公司可持续发展的重要举措:(1) 每年通过向社会招聘(包括引进各类大中专毕业生)和对公司内部有发展潜力的员工进行定期培训等方式,造就一批优秀的管理人才或操作能手;(2) 公司将通过多渠道、多方式扩充科研人员,特别是引进专家级人才和在专用汽车类、波纹管类产品领域有突出贡献或成果的科研人才,同时,公司将创造良好的工作、生活环境吸引和留住人才,使人才流失率低于 1%;(3)在市场销售过程中,通过吸收引进和不断挖掘培养等手段,造就一支 300 人左右、具备良好素质的专业技术型销售队伍。预计到 2003 年公司员工人数将达 1750 人。

5、技术开发与创新计划

加大科技投入及与国内外科研机构、高等院所的合作,建立完善公司"技术研究开发中心",着力加快专用汽车类、波纹管类产品品种和市场的拓展与应用研究,开发行业内先进的电脑应用软件,以求设备和性能的高新技术化。2001 年将利用本次募集资金中的 2800 万元重点搞好"技术中心与 CIMS 工程"项目,以进一步提高公司自身的技术开发水平。2001 年公司计划有 30 项新产品开发应用项目,力争新产品产值达 3 亿元。

6、市场开发与营销网络建设计划:

(1)市场开发计划:未来 3 年内公司产品市场继续处于买方市场状态,创建"以市场为导向双向互动"的营销模式将是公司立于不败之地的前提,也是长期发展目标。公司计划逐步完善售前、售中、售后服务体系,进一步扩大品牌的知名度和影响力,加大对公司开发的新产品尤其是高附加值产品的宣传推介力度,以质量、性能、服务等优势迅速占领市场,以期获得较好的经济效益;同时依托集团公司的强大实力,建立和开发海外市场。

(2)营销网络建设计划:在现有销售网络的基础上,公司重点建设或优化上海、江苏、北京、广东、浙江、华中、山东等地的销售网络,逐步实现属地化、职业化管理,直接服务于用户,对重点地区的可达市场占有率力争增加 5 个百分点;同时积极落实销售责任制,实行销售人员竞聘、轮训制度,加速培训一支业务精、技术强、适应市场要求的复合型销售队伍。

7、再融资计划

本次发行 A 股成功后,公司发展所需要的长期资金在近两年内得到了一定的保证。未来两年内公司暂无从资本市场直接融资计划。公司经营中产生的新的资金需求,将通过银行间接融资解决。

十三、募股资金运用

1、本次发行募股资金总量及其依据

本次公开发行股票4000万股,每股发行价为8.00元,发行成功后,预计募集资金32000万元,扣除发行费用1571万元,实募资金净额30429万元。

2、募股资金投向项目立项及资金需求情况

单位:万元

	投资项目名称	项目批准文号	项目总投资额
1	专用汽车技术开发中心及CIMS工程建设项目	宁经改字[1999]508号文	2800
2	粉粒物料车生产线技术改造项目	国经贸投资[2001]161号	2850
3	吸扫车生产线技术改造项目	国经贸投资[2001]162号	2980
4	组建中日合资南京晨光森田有限公司项目	国经贸投资[2001]42号	1800.9
5	压力容器生产线技术改造项目	宁经改字[1999]510号文	3435
6	大口径塑料双壁波纹管项目	宁经改字[2000]406号文	3900
7	大口径金属软管生产线技术改造项目	苏经贸技改[2000]619号	2985
8	特种软管生产线技改项目	国经贸投资[2000]271号	12500
总计			33250.9

本次募股资金全额投入上述项目后,尚有2821.9万元的资金缺口,由于金额相对较小且各项目建设有一定的周期,本公司可以自有资金积累或向银行短期负债滚动投入的方式解决。

3、募股资金投向项目基本情况

(1)专用汽车技术中心与CIMS工程建设项目

本项目投资概算:总投资2800万元。募股资金具体用于:专用汽车技术中心建设(包括CAD软件、计算机硬件、测试和试验设备)共900万元;CIMS系统建设(包括计算机网络设备系统、专业软件系统(PDS、CAPP、ERP、OA等)和组织实施)共1900万元。

本项目效益分析:项目建设期2年。实现后,将完成吸扫车、压力罐车、粉粒物料车、吸污车、压缩式垃圾车等高技术含量专用汽车的开发,这些产品达产后,预计十年平均年销售收入达到6.6亿元,利税1亿元,税后利润6170万元。综合考虑项目直接、间接的经济效益,预计十年年平均减少支出约950万元。

(2)粉粒物料车生产线技术改造项目

本项目投资概算:总投资2850万元。募股资金具体用于:购置设备2130万元,工房改造420万元,铺底流动资金300万元。

本项目产品为散装面粉、散装水泥以及粉煤灰等粉粒物料的专用运输车系列,技术水平达到国际九十年代中期先进水平。项目实现后,年产量将从原有的30辆提升到200辆。产品将替代进口,销售价格具有良好的市场竞争优势。

本项目效益分析:达产后年新增销售收入10160万元,税后利润806万元;投资利润率为19.6%(10年平均),在年贴现率7%的条件下,十年后现金流量累计净值为2953.19万元,内部收益率23.86%,达产期4年,静态投资回收期为4.87年。产品的市场生命周期预计10年。

(3)吸扫车生产线技术改造项目

本项目投资概算:总投资2980万元。募股资金具体用于:购置设备1980万元(含进口设备30万美元,所需外汇由市场购汇解决),工房改造500万元,铺底流动资金500万元。

本项目产品用于城市道路高速公路和机场等地的清扫,产品为填补国内空白的高新技术产品,其技术水平达到国际九十年代中期先进水平;项目实现后,年产量将从原有的20辆提升到200辆。本项目效益分析:达产后年新增销售收入8721万元,税后利润1012万元;投资利润率为26.5%(10年平均),在年贴现率7%的条件下,十年后现金流量累计净值为4526.22万元,内部收益率34.34%,达产期4年,静态投资回收期为3.88年。产品市场生命周期预计10年。

(4)压力容器生产线技术改造项目

本项目投资概算:总投资3435万元。募股资金具体用于:购置设备1035万元,工房改造1500万元,铺底流动资金900万元。

本项目的压力容器产品包括压力贮罐、低温液化气及石油液化气贮运罐车,技术水平接近或达到国际九十年代初先进水平;项目实现后,年生产能力提升到:低温液体罐车70辆,液化气罐车130辆,压力贮罐90套。

本项目效益分析:达产后年新增销售收入9714万元,税后利润1260万元;投资利润率为25.8%(10年平均),在年贴现率7%的条件下,十年后现金流量累计净值为4958.85万元,内部收益率30.54%,达产期4年,静态投资回收期为4.26年。产品市场生命周期预计10年。

(5)大口径塑料双壁波纹管项目

本项目投资概算:总投资3900万元。募股资金具体用于:引进设备2153万元(折合260万美元,所需外汇由市场购汇解决),购置国产配套设备747万元,流动资金1000万元。

大口径塑料双壁波纹管,是钢管、铸铁管、水泥管和普通塑料管的替代品,该产品与普通实壁管相比,可节省40%原料,故被广泛应用于工业排水、城市排污及远距离低压输水工程中,所带来的经济效益将难以估量。本项目填补国内空白,产品的技术水平达到国际九十年代中后期先进水平。项目实现后,将形成年产口径600mm-1200mm塑料双壁波纹管7128吨的生产能力。产品价格低于同类进口产品,具有良好的市场竞争优势,将替代进口,具有广泛而良好的社会效益。

本项目效益分析:达产后年新增销售收入8949万元,税后利润1255万元;投资利润率28.24%(10年平均),在年贴现率7%的条件下,十年后现金流量累计净值为7009.43万元,内部收益率43.62%,达产期4年,静态投资回收期为3.47年。投资利润率28.24%,产品市场生命周期预计15年。

(6)大口径金属软管生产线技术改造项目

本项目投资概算:总投资:2985万元。募股资金具体用于:外购进口设备2272万元(折合286万美元,所需外汇由市场购汇解决),购置国产设备60万元,自制设备53万元,铺底流动资金600万元。

本项目产品主要用于码头、站台、储运站、机场等场所的油品及化学物品、蒸汽、氮气的装卸输送,亦用于炼钢转炉的吹氧和水冷却。具有柔性好、寿命长和可靠性高的特点。技术上将填补国内空白,达到国际九十年代初先进水平。项目实现后,将改变公司目前只具备Φ175毫米以下超长波纹管的生产条件,在原有生产线基础上增加大口径超长金属软管的生产能力,新增年产量2.5万米。

本项目效益分析:达产后年新增销售收入5983万元,税后利润1045万元,投资利润率为31%(10年平均),在年贴现率7%的条件下,十年后现金流量累计净值为4165万元,内部收益率31.5%,投资利润率26%,达产期3年,静态投资回收期为4.1年。产品市场生命周期预计15年。

(7)特种管类生产线技术改造项目

本项目投资概算:总投资12500万元。募股资金具体用于:外购进口设备4540万元(折合547万美元,所需外汇由市场购汇解决),购置国产设备2600万元,自制设备245万元,基础及安装工程等费用3115万元,铺底流动资金2000万元。

本项目产品主要包括海洋软管、化工防腐管、储管中央排水管等,技术水平达到国际九十年代中后期先进水平。项目实现后,将形成年产海洋软管系列2200吨,中央排水管系列400吨,化工管道系列2600吨的生产能力。产品销售将通过公司遍布全国的营销网络实现,产销率预计可达95%以上,产品将替代进口,价格为进口产品的1/2至1/3,具有良好的市场竞争优势。

本项目效益分析:达产后年新增销售收入17827万元,税后利润4635万元,投资利润率27.88%(10年平均),在年贴现率7%的条件下,十年后现金流量累计净值为16547万元,内部收益率:27.26%,达产期6年,静态投资回收期6.32年。产品市场生命周期预计20年以上。

(8)合资组建南京晨光森田环保科技有限公司

合资公司投资总额为750万美元,注册资本375万美元,其中,本发行人占58%,以现金出资人民币1800.9万元(折合217.50万美元),合资方日本MORITA ECONOS公司占42%,以技术及现金出资157.50万元。经营范围:环保系列专用车辆及设备的开发、生产及产品售后服务,并销售自产产品。公司拟利用本次募股资金与日方共同开发、生产、销售垃圾车、吸污车及其他垃圾处理和环保设备,建成以先进的自动化程度较高设备组成的生产线,年生产能力为垃圾车、吸污车620辆,将实现年均销售收入1394.6万美元,税后利润232.2万美元。该项目投资利润率33.17%(10年平均),静态投资回收期3.17年。垃圾车、吸污车产品主要应用于现代城市垃圾处理,该项目符合《当前国家重点鼓励发展的产业、产品和技术目录》中的城市垃圾处理技术开发及设备制造类国内引进项目,按国家有关规定可办理减免税。

十四、发行定价及股利分配政策

1、发行定价

(1)确定本次股票发行价格考虑的主要因素

为确定本次股票发行价格,发行人与主承销商考虑了众多方面的因素,主要如下:发行人的实际生产经营状况、拟投资项目的实际资金需求以及发行人未来的盈利能力;近期股票二级市场的走势及同行业上市公司二级市场股价走势;公司股票的内在价值;向部分机构投资者询价结果等。

(2)定价方法、过程及结果

采用"收益现值法-净利润折现模型"对本公司股票内在价值进行了测算,然后于同行业上市公司中选取了五家股本规模相当、盈利能力相近的公司,采用"净资产倍率市场比较法"对本公司股票的市场价值进行了分析;同时,综合当前股票二级市场的走势及发行人未来的盈利能力等影响因素,确定了本次股票发行的定价区间为7.00~9.00元/股;最后,参考10家机构投资者关于本次股票发行的询价结果,由发行人与主承销商协商确定的最终发行价格为8.00元/股(以全面摊薄法计算的市盈率为32倍)。

(3)本次发行后的摊薄情况

本次4000万股股票成功发行后,本公司总股本将达12300万股,按全面摊薄计算:每股净资产3.76元,预测2001年每股盈利0.25元。

2、股利分配政策

本公司的股利分配采取同股同利的政策。根据公司章程之规定,本公司缴纳所得税后的利润,按下列顺序分配:

(1)弥补上一年度亏损;
(2)提取10%的法定公积金;
(3)提取10%的法定公益金;
(4)提取任意公积金;
(5)支付普通股股利。

本公司不在弥补亏损和提取法定公积金、公益金之前向股东分配利润。本公司股东大会对利润分配方案作出决议后,本公司董事会须在股东大会召开后两个月内完成股利(或股份)的派发事项。

本公司可以采取现金、股票或者其他合法方式分配股利。

本公司在分配股利时,将按照有关法律和法规的规定代扣代缴各股东所获股利收入的应纳税金。

本公司历年股利分配政策与发行后的股利分配政策一致,且符合有关法律、法规的规定。本公司最近三年实际未进行股利分配,预计首次分配股利的时间为2001年6月底之前。根据本公司2000年第一次临时股东大会决议,本次发行成功后,凡持有本公司股份的新老股东将共同享有本公司1999年10月1日起至本次发行完成前所实现的滚存利润分配。

十五、附录和备查文件

1、附　录

附录一　审计报告及财务报告全文

附录二　发行人编制的盈利预测报告及注册会计师的盈利预测审核报告

2、备查文件

投资者可于本次股票发行期间,到发行人或主承销商住所查阅以下文件:

(1)、验资报告
(2)、资产评估报告
(3)、发行人律师法律意见书
(4)、公司章程
(5)、发行人企业法人营业执照
(6)、关于本次发行的股东大会决议
(7)、发行人成立的注册登记文件
(8)、中国证监会同意公开发行股票的批文
(9)、上交所承诺安排上市的文件
(11)、财政部关于资产评估的确认报告
(12)、中信证券与发行人签订的《承销协议》
(13)、重要合同
(14)、发行人设立的其他相关资料
(15)、其它相关备查文件

查阅时间:2001年5月22日至2001年5月30日

查阅地点:南京晨光航天应用技术股份有限公司

地 址:南京市正学路1号

电 话:025-2413078转2038　　传真:025-2407656

联 系 人:吴道琴　　张智秀

查阅地点:中信证券股份有限公司

地 址:上海市长宁区番禺路390号时代大厦6楼

电 话:021-62802631　　传真:021-62802267

联 系 人:江山红　　陈海峰

查阅网址:www.sse.com.cn

南京晨光航天应用技术股份有限公司

股票上市公告书

一、概　览

股票简称:航天晨光
股票代码:600501
股本总额:12300 万股
可流通股本:4000 万股
本次上市流通股本:4000 万股

对首次公开发行股票前股东所持股份的流通限制及期限:根据国家有关规定,本公司发起股东所持股份暂不上市流通;且自本公司成立之日即 1999 年 9 月 30 日起,三年内不得转让,其中,自然人股东杜尧、李英德两先生现任本公司董事或高级管理人员,在任期间以及离职后 6 个月内不转让其所持有的本公司股份。有关股东已经向上海证券交易所承诺在上述期限内自愿锁定其所持股份。

上市地点:上海证券交易所
上市日期:2001 年 6 月 15 日
股票登记机构:上海证券中央登记结算公司
上市推荐人:中信证券股份有限公司
　　　　　　平安证券有限责任公司

二、绪　言

南京晨光航天应用技术股份有限公司(以下简称"本公司")股票上市公告书是根据《公司法》、《证券法》、《股票发行与交易管理暂行条例》、《公开发行股票公司信息披露实施细则》和《上海证券交易所股票上市规则》等有关法律、法规的规定,并按照中国证监会制定的《公开发行证券的公司信息披露内容与格式准则第 7 号—股票上市公告书》而编制,旨在向投资者提供有关本公司的基本情况和本次股票上市的有关资料。

经中国证监会证监发行字[2001]31 号文核准,本公司已于 2001 年 5 月 24 日采用上网定价发行方式成功地向社会公众公开发行了每股面值 1. 00 元的人民币普通股 4000 万股,每股发行价 8.00 元。

经上海证券交易所上证上字[2001]85 号《上市通知书》同意,本公司 4000 万股人民币普通股将于 2001 年 6 月 15 日在上海证券交易所挂牌交易。股票简称"航天晨光",股票代码"600501"。

本公司已于 2001 年 5 月 22 日分别在《中国证券报》、《上海证券报》、《证券时报》上刊登了《招股说明书概要》。招股说明书正文及其附注材料可以在上海证券交易所网站(http://www.sse.com.cn)查询。招股说明书及其引用的财务资料距今不足六个月,与其重复的内容不再重述,敬请投资者查阅上述内容。

三、发行人概况

1、发行人的基本情况
公司名称:南京晨光航天应用技术股份有限公司
英文名称:NANJING CHENGUANG AEROSPACE APPLYING TECHNOLOGY CO.,LTD.
注册资本:12300 万元
法定代表人:陈孟苹
成立日期:1999 年 9 月 30 日
发行人住所:江苏南京江宁经济技术开发区天元路 139 号
联系地址:南京市正学路 1 号(邮政编码 210006)
经营范围:交通运输设备、管类产品及配件、压力容器、普通机械及配件制造、销售,科技开发、咨询服务、实业投资。
主营业务:航天及民用专用汽车系列产品、波纹管类系列产品(金属波纹管补偿器、非金属补偿器、金属软管、汽车发动机柔性排气管)的研制开发、生产制造、经营销售。
所属行业:其他交通运输设备制造业
董事会秘书:吴道琴
电 话:025-2413078×2043,2038
传 真:025-2407656
E-MAIL:htcg@publicl.ptt.js.cn

2、发行人的历史沿革
⑴发行人设立方式

本公司是由主发起人南京晨光集团有限责任公司将其两大支柱产品——专用汽车类和波纹管类产品所属的专用车辆分公司、金属软管分公司、上海浦东波纹管公司、非金属补偿器分公司的优质经营性资产以及持有的中日合资企业——南京晨光东螺波纹管有限公司的 62%的权益,经评估确认后作为出资(以净资产 12389.3 万元的评估确认值按 65.93%的比例折合 8168 万股),联合上海航天汽车机电股份有限公司、南京南瑞集团公司以及万来源、杜尧、李英德等五家发起人(共计投入现金 200.2187 万元,按 65.93%的比例折合 132 万股),共同发起设立的股份有限公司。

(2)发行人改制重组设立过程

1998 年 9 月,本公司前述 6 位发起人签署了《发起人协议》,同意共同发起设立本公司,并成立本公司筹备委员会。

1998 年 10 月 28 日,原中国航天工业总公司以天计[1998]0870 号文批准晨光集团改制方案。

以 1998 年 9 月 30 日为基准日,根据长城会计师事务所长会评字(1999)第 272 号评估报告,并经国家财政部财评字[1999]401 号文确认,晨光集团投入本公司的净资产为 12389.3 万元。

1999 年 9 月 21 日,经财政部以财管字[1999]294 号文批复,同意本公司的国有股权设置方案。各发起人投入设立本公司的净资产为 125,895,200.00 元,同意将净资产的 65.93%折为股本,计 8300 万股(每股面值 1 元),未折入股本的 42,895,200.00 元计入本公司的资本公积金。

1999 年 9 月 25 日,江苏省人民政府以苏政复[1999]102 号文批准本公司以发起方式设立。

1999 年 9 月 30 日,本发行人领取了注册号为 3200001104612(2/2)的《企业法人营业执照》,本发行人正式成立,注册资本为 8300 万元。

经中国证监会证监发行字[2001]31 号文核准,本公司通过上海证券交易所,于 2001 年 5 月 24 日以上网定价的发行方式向社会公众公开发行每股面值 1.00 元的人民币普通股 4000 万股,每股发行价 8.00 元;于 2001 年 6 月 5 日完成了工商变更登记手续,本公司注册资本变更为 12300 万元。

3、发行人的主要经营情况
(1)发行人的竞争优势

从公司主营产品的历史发展和行业排名来看,无论是专用汽车还是管类产品的生产与销售均居国内同行业领先地位。其优势主要体现在以下各方面:

A、企业形象优势:公司主发起人晨光集团历史悠久,其前身是中国民族工业的先驱,历经百余年的发展,成为航天工业的骨干企业,已将其优秀的企业形象及在生产经营中的显著成就承袭给本公司,并形成本公司的企业形象优势。

B、品牌优势:名牌创造附加值,品牌产生效益,公司主营产品使用的"三力"牌注册商标是江苏省著名商标,在国内外亦具有一定的知名度。

C、专业技术与产品规模优势:公司主营产品的专业技术源于集团公司 50、60 年代在航天产品领域的军品开发技术,继以几十年不断的民品研制与开发创新,使公司的综合技术实力在同行业中处于领先地位,并为公司的进一步发展提供强有力的技术保障。本公司是我国最大的专用汽车生产基地之一和亚洲规模最大的金属软管和波纹管补偿器生产基地,公司主营产品的生产与销售具有规模优势。

D、产品质量优势:先进的专业技术优势、精良的设备、严密科学的检测手段,加之以质取胜的经营理念,充分保证了公司各项产品的质量优势。

E、市场及营销优势:专用汽车属于国家"十五"规划重点发展的产业;波纹管类产品广泛应用于电力、能源、交通运输等国家重点支持发展的基础产业,因此公司的主营产品具备良好的行业背景和市场发展前景。公司初步建立了双向互动的面向市场的营销体系,遍布各地的 30 多个销售处基本形成覆盖全国的营销网络,加之以技术人员为主体的销售队伍和高效率的营销运作,将使公司在进一步开拓市场和提供全方位服务方面具备优势条件。

F、研究机构与人员:本公司贯彻"以开发新产品为先导、以创名牌为目标"的科技发展战略,继承了集团公司技术及科技开发优势,并形成了专门从事新产品、新技术开发应用的研究开发中心及分公司产品开发室两级开发体系。目前本公司拥有研究人员 206 人,其中研究员及高级工程师 40 人,工程师 85 人,助理工程师及其他研究人员 81 人。

(2)发行人的竞争劣势

A、行业和地方保护政策限制:公司产品销往全国各地,且跨越很多行业和领域,易受其他行业和地方保护政策的影响,贸易壁垒严重。

B、国外厂家竞争:在某些领域和行业,面对国外厂家的竞争,公司在产品质量、产品外观、技术含量上有一定的差距。

C、技术含量压力:虽然本公司现有生产技术及设备相对国内同行较先进,但随着时间的推移及国内外各大厂家不断采用新的生产技术、推出新的品种,本公司产品换代及技术创新面临较大压力。尤其某些通用型产品的技术含量偏低,竞争优势不明显。

(3)主要财务数据

公司下设 8 家分公司和 1 家子公司,经审计的合并后主要会计数据[均摘自江苏天衡会计师事务所有限公司出具的天衡审字(2001)142 号《审计报告》]如下:

合并资产负债表主要数据　　　　单位:元

项目/年份	2000 年 12 月 31 日	1999 年 12 月 31 日	1998 年 12 月 31 日
营运资金	85,082,319.05	60,553,694.78	38,285,178.81
总资产	424,818,800.03	385,947,500.91	395,573,401.04
长期负债	0	8,850,000.00	7,850,000.00
股东权益	158,487,158.07	134,239,331.39	93,458,872.42

合并利润表主要数据　　　　单位:元

项目/年度	2000 年度	1999 年度	1998 年度
主营业务收入	359,524,493.50	287,808,997.89	294,522,097.18
营业利润	35,116,301.01	26,601,538.46	33,081,123.16
利润总额	34,403,589.06	25,493,478.61	32,280,777.74
净利润	26,829,226.66	19,068,089.30	27,478,339.52
净资产收益率	16.93%	14.20%	29.4%

(4)商标、专利、专有技术及土地使用权、特许经营权

* 2000 年 11 月 27 日晨光集团董事会决议:同意将"三力"牌商标随相关产品无偿转让给本公司,并经中国航天机电集团公司经字[2000]34 号文批复,目前正在办理相关转让手续,本公司以无偿方式拥有"三力"牌注册商标"。

＊公司及控股子公司拥有20余项实用新型专利。晨光集团同时将原许可无偿使用的中华人民共和国专利局第ZL962034304专利号的"旁通轴向压力平衡型波纹补偿器"实用新型专利亦无偿转让给本公司。

＊公司拥有机械制造的综合技术实力，在同行业中处于领先地位。目前公司拥有的主要专项技术——不锈钢切削和焊接、铝合金成形和焊接、真空绝热技术亦为晨光集团无偿转让所得。

＊土地使用权：根据中华人民共和国国土资源部国土资函【1999】225号文批复，晨光集团以出让方式取得位于南京市正学路1号内的8宗计54132.72平方米和位于上海浦东王桥工业区内的1宗计18415平方米的土地使用权(出让期限50年)，本公司以向集团公司租赁方式取得上述9宗土地的使用权(其中浦东土地与厂房一起租赁)，并与集团公司已签订了租赁期为15年的《土地使用权租赁合同》。此外，公司成立后以出让方式取得江宁经济技术开发区34666.67平方米的土地使用权。

＊特许经营权：发行人生产的专用汽车及压力容器产品目前属特许经营，该两项特许经营权已随重组资产由集团公司投入，其主体变更的批准手续分别于2000年5月、12月完成。

(5)财政税收优惠政策

＊母公司

公司在国家级南京高新技术产业开发区的江宁高新技术工业园注册，并已经江苏省科委认定为高新技术企业，经南京市国家税务局宁国税所发(2000)82号函同意，自1999年10月起所得税减按15%缴纳，公司上海分公司所得税由母公司汇总缴纳。

＊子公司

控股子公司南京晨光东螺波纹管有限公司系生产性中外合资经营企业，根据国家有关规定享受"二免三减半"的优惠政策，尽管该项优惠政策已于2000年末享受完毕，但由于该公司已被江苏省科学委员会认定为外商投资先进技术企业，依据《中华人民共和国外商投资企业和外国企业所得税法实施细则》可以继续享受3年减半交纳所得税的优惠政策，故2001年度、2002年度、2003年度所得税按12%缴纳。

四、股票发行与股本结构

1、本次发行情况

发行日期：2001年5月24日

发行数量：4000万股

发行价格：8.00元/股

募股资金总额：32000万元

发行方式：上网定价发行

发行费用总额及项目：1571万元，主要包括承销费用、审计费用、评估费用、律师费用、上网发行费用、上市推荐费用等。

每股发行费用：0.39元

发行情况：本次上网定价发行8000万股人民币普通股，经上海证券交易所主机系统统计并经上海上会会计师事务所验资，本次股票发行有效申购股数为17,689,923,000股，有效申购户数为1,212,091户，中签率为0.22611743%，持1000股(含1000股)以上的股东数：39346户。

2、股票承销

本次上网定价发行的4000万股社会公众股获得超额认购，承销团无余额包销。

3、验资报告

验资报告

天衡验字(2001)29号

南京晨光航天应用技术股份有限公司：

我们接受委托，对贵公司截至2001年5月31日止的实收股本变更的真实性和合法性进行了审验。在审验过程中，我们按照《独立审计实务公告第1号—验资》的要求，实施了必要的审验程序。贵公司的责任是提供真实、合法、完整的验资资料，保护资产的安全、完整，我们的责任是按照《独立审计实务公告第1号—验资》的要求，出具真实、合法的验资报告。

贵公司变更前的注册资本和实收股本均为人民币83,000,000.00元，变更后的注册资本为人民币123,000,000.00元。根据我们的审验，截至2001年5月31日止，贵公司本次向社会发行人民币普通股4,000万股，发行价为每股人民币8.00元，发行总收入为人民币320,000,000.00元，扣除股票发行费用15,710,000.00元后，余额为人民币304,290,000.00元，其中：实收股本人民币40,000,000.00元，资本公积人民币264,290,000.00元。贵公司本次股票发行后，实收股本已增至人民币123,000,000.00元。

附件(一)变更前后股本对照表

附件(二)验资事项说明

江苏天衡会计师事务所有限公司　　中国注册会计师：骆　竞

中国·南京　　中国注册会计师：荆建明

2001年6月1日

4、募集资金入帐情况

入帐时间：2001年5月31日

入帐金额：306,920,000.00元

入帐帐号：4301013709002090856

开户银行：工商银行南京分行雨花支行

5、本次股票上市前股权结构和股东持股情况

(1)上市前的股本结构

股份类别	持股数量(股)	持股比例(%)
发起人股	83,000,000	67.48
其中：国有法人股	82,723,102	67.25
个人股	276,898	0.23
社会公众股(A股)	40,000,000	32.52
股本总额	123,000,000	100.00

(2)本次上市前，本公司前十名股东持股数及比例

序号	股东名称及股份类别	持股数量(股)	持股比例(%)
1	南京晨光集团有限责任公司(发起人股)	81,680,000	66.407
2	上海航天汽车机电股份有限公司(发起人股)	713,463	0.580
3	南京南瑞集团公司(发起人股)	329,639	0.268
4	汉盛基金(社会公众股)	165,000	0.134
5	金鑫基金(社会公众股)	137,000	0.111
6	万来源(发起人股)	131,856	0.107
7	杜尧(发起人股)	131,856	0.107
8	汉兴基金(社会公众股)	110,000	0.089
9	裕元基金(社会公众股)	52,000	0.042
10	裕阳基金(社会公众股)	46,000	0.037

五、董事、监事、高级管理人员、核心技术人员

1、董事、监事、高级管理人员、核心技术人员简介

(1)董事会成员

陈孟莘，男，57岁，留学，研究员级高工，加拿大滑铁卢大学客座教授；航天部有突出贡献专家与劳动模范，建设南京有突出贡献个人，享受国务院政府特殊津贴专家，江苏省政协委员、中国宇航学会理事、江苏省航空航天学会副理事长。曾任原晨光机器厂液压公司副经理兼中国航天伺服技术研究所副所长，副总工程师兼外经处处长、总工程师。晨光集团副董事长兼总工程师。现任本公司董事长，兼任晨光集团董事长、总工程师。承诺在本公司上市后6个月内辞去本公司董事长职务。

杜　尧，男，37岁，硕士研究生，高级工程师，江苏省优秀青年企业家，南京市新长征突击手、青年联合会副主席。曾任晨光机器厂分公司经理助理、副经理，上海浦东波纹管公司总经理，晨光集团副总经理、总经理。现任本公司副董事长、总经理，兼任晨光集团副董事长、本公司控股子公司南京晨光东螺波纹管有限公司董事长和晨光森田环保科技有限公司董事长。

孙　俊，男，51岁，大专文化，高级政工师，曾任晨光机器厂宣传处副处长、党委办公室主任、宣传部部长。现任本公司董事、兼任晨光集团监事、党委副书记、纪委书记。

高汉华，男，59岁，大学文化，研究员级高工，曾任兵器部167厂副厂长、南京晨光厂补偿器分公司经理、晨光厂总经济师、晨光集团总经济师。现任本公司董事，兼任晨光集团董事、总经济师。

尹惠芳，女，52岁，大专文化，高级会计师，曾任晨光机器厂财务处副处长、处长、副总会计师、总会计师。现任本公司董事，兼任晨光集团董事、总会计师。

吴启宏，男，38岁，大学双学位，高级工程师，航天机电集团公司有突出贡献专家。曾任晨光机器厂设计所副所长、所长、分公司副经理，晨光集团副总工程师、副总经理。现任本公司董事、副总经理，兼任晨光集团控股子公司南京晨光高新科技有限公司董事长。

宋兆昶，男，58岁，大学文化，研究员级高工，曾任晨光机器厂设计所副所长、所长、分公司副经理，副总工程师。现任本公司董事、总工程师。

李英德，男，60岁，大学文化，研究员，曾任上海新力机器厂副厂长、厂长兼上海航天局810研究所所长，上海新江机器厂厂长兼上海航天局800研究所所长，上海航天局局长助理、副局长、局党委书记，上海航天工业总公司董事长。现任本公司董事、兼任上海航天汽车机电股份有限公司副董事长、总经理。

柳一兵，男，39岁，硕士研究生，教授级高级工程师，曾任职于国家水利电力部。现任本公司董事、兼任南京南瑞集团公司副总经济师。

(2)监事会成员

陈蕴芝，女，53岁，中专学历，统计师，曾任晨光机器厂审计条法处处长助理、副处长。现任本公司监事会主席、兼任晨光集团监事、审计监察部副部长。

林　岚，女，52岁，大专学历，高级政工师。曾任晨光机器厂航天总装分厂党支部书记兼副厂长，晨光集团工会副主席，党委委员，纪委副书记等职。现任本公司监事、党委副书记、纪委书记、工会主席。

瞿建华，男，40岁，大学学历，高级会计师，曾任上海航天局第八设计部副总会计师、部副主任、上海海天机电科技有限公司总经理，现任本公司监事、兼任上海航天汽车机电股份有限公司董事会秘书。

(3)其他高级管理人员

胡宁生，男，48岁，大专学历，高级工程师。曾任晨光机器厂车辆改装分公司办公室主任、销售部长，补偿器分公司副经理、经理，晨光东螺公司副总经理等职。现任本公司副总经理。

邓在春，男，37岁，大专学历，高级会计师。曾任上海浦东波纹管公司行政财务部经理，南京晨光东螺公司副经理及财务负责人等职。现任本公司财务负责人。

吴道琴：女，52岁，大专学历，高级会计师。曾任集团公司财务部副部长，集团公司监事。现任本公司董事会秘书。

(4)核心技术人员

董　珉，男，64岁，大学本科学历，研究员级高级工程师，国家级有突出贡献专家，国务院政府特殊津贴获得者，为退休返聘，现任本公司总工程师，兼任中国石油化工设备工业协会膨胀节分会专家组副组长，中国力学学会、波纹管及管道力学专业委员会委员。1963年－1983年参与研究、设计我国航天火箭发动机，承担液体火箭发动机总体元件(软管、补偿器、换热器、推力架等)的开发、研究和设计工作；1984年－1999年组织领导晨光集团波纹管类产品的开发、研究工作；本公司成立后，组织领导公司波纹管类产品研究、创新和发展工作。

主要成果及获得的奖项：参加研制液体火箭发动机YF－21获七机部科技一等奖；负责研制的发动机金属软管(J0507系列)、补偿器J0020获七机部科技成果三等奖；外压式波纹补偿器获航天部科技进步二等奖(1987年)；纵缝焊接波纹金属软管获航天部科技进步二等奖(1989年)。

宋兆昶，本公司董事、总工程师，国务院政府特殊津贴获得者。主要业绩成果：1965－1975年从事航天型号产品的设计、研制工作；1975－1980年从事航天型号液浮惯性器件的设计、研制工作；1985－1995年从事专用汽车设计、研制工作，负责或参与了晨光集团所有主要军品专用汽车的研制工作。本公司成立后，组织领导公司专用汽车产品的研究和开发工作。

吴启宏，本公司董事、副总经理，南京市中青年拔尖人才，江苏省333跨世纪学术技术带头人培养对象，中国航天机电集团公司有突出贡献专家，中国航天基金奖获得者。1990年－1996年任晨光机器厂设计所所长助理、副所长、所长；1997年－1999年任晨光集团副总工程师、副总经理。本公司成立后，作为公司技术总管，负责领导公司两大类产品的科研、创新和发展工作。主要成果及获奖：群车加油车获国家科技进步三等奖，军队科技进步一等奖、省市优秀新产品奖；机场加油车获部科技进步二等奖、三等奖；后装挤压式垃圾车获部科技进步三等奖。

钱允山，男，42岁，大学本科学历，高级工程师，国务院政府特殊津贴获得者。现任本公司技术质量部部长，兼任全国管路附件标准化委员会委员。多年从事波纹管类产品的设计、规划、设备引进、科研攻关和技术管理工作。1991年起任晨光机器厂波纹补偿器分公司经理助理、金属软管分公司技术副经理。主要成果及获奖：外压式补偿器获航天部科技进步二等奖和省"金牛奖"；通用补偿器获航天部科技进步三等奖；DF－5A高压软管获航天部科技进步三等奖；GJB1996－94国军标获军总装备部科技进步三等奖。

上述人员皆为中国国籍公民，在招股说明书披露日至上市公告书刊登日期间本公司董事、监事、高级管理人员和核心技术人员未发生变动。

2、董事、监事、高级管理人员、核心技术人员持股情况

截止到本上市公告书签署之日，上述人员中仅有杜尧先生和李英德先生作为本公司发起人持有本公司部分股份，其中，杜尧先生持有131856股，李英德先生持有13186股；对于这部分股份，两人均已作出承诺：自本公司成立起三年内、担任本公司高级管理人员期间以及离职后六个月内均不转让所持股份；除此之外，亦不存在其他与上述人员有控制关系的个人或法人持有本公司股份。

上述人员相互之间不存在配偶关系及三代以内亲属关系;

经发行人律师审查,以上本公司董事、监事和高级管理人员均符合《公司法》及国家有关法律法规规定的任职资格条件。

六、同业竞争与关联交易

1、同业竞争

发行人与晨光集团不从事相同或相似业务,故不存在同业竞争。两者的业务性质、客户对象及产品市场等方面均不同。

2、关联方与关联关系

本发行人的相关关联方为:(1)本发行人的股东;(2)控股股东晨光集团的子公司:南京晨光新事业工贸公司(控股100%)、南京晨光机器厂劳动服务公司(控股100%)、南京光武汽车修理厂(控股100%)、南京晨光高新科技有限公司(控股51%);(3)中国航天机电集团公司(控股股东晨光集团是其直属的国有独资公司);(4)本发行人的子公司:晨光东螺公司(控股62%)及南京晨光森田环保科技有限公司(控股58%)。

3、关联交易

(1)相关关联协议及关联交易

本公司成立后,虽拥有独立的产、供、销体系和经营环境,但与主发起人晨光集团及其子公司之间仍存在如下小额关联交易(主要是为本公司提供配套服务):

相关关联交易及近三年交易发生额 (单位:万元)

关联企业名称	交易内容	2000年度	1999年度	1998年度
南京晨光集团有限公司	水电汽	393.42	238.64	325.78
南京晨光集团有限公司	协作加工	508.04	521.46	795.76
南京晨光集团有限公司	租用房产	20.00	60.26	60.26
南京晨光集团有限公司	租用土地	27.00	–	–
南京晨光集团有限公司	材料采购	499.36	–	–
南京晨光集团有限公司	检测费用	48.27	–	–
南京晨光集团有限公司	运输费用	33.88	–	–
南京晨光机器厂劳动服务公司	协作加工	262.78	243.15	96.56
南京晨光新事业工贸公司	协作加工	33.72	58.83	30.42
合 计		1,826.47	1,122.34	1,308.78

本公司已与相关关联方分别签定了《转供电合同》、《水、气、汽供应合同》、《厂房租赁协议》、《土地使用权租赁合同》、《有偿劳务协议》、《综合服务协议》等关联交易协议,以规范双方在上述相互关系中的权利和义务。本公司的董事会成员、监事会成员和高级管理人员及其他发起人目前皆与本公司无关联交易存在。

(2)关联交易的定价及近三年对公司财务状况和经营成果的影响

上述协议中价格条款约定的基本原则是:依据国内外同类的市场水平协商确定关联交易的价格。本公司在执行上述关联交易协议时,已严格履行了公司章程中有关的回避条款,以切实保障中、小股东的利益。

上述关联交易发生总额:2000年计1826.47万元,1999年计1122.34万元,1998年计1308.78万元,分别占该年度公司总成本费用的5.63%、4.29%、5.01%。以上数据充分显示,近三年来,关联交易额占公司总交易额的比重很小,故对公司财务状况和经营成果影响不大。

除上述关联交易外,公司与前述关联单位无其他经济往来。

4、避免同业竞争和规范关联交易的制度安排

本公司成立后,已建立了独立的管理机构和经营体系。经发行人律师核查,本公司控股股东晨光集团与发行人目前不存在同业竞争。根据晨光集团出具的《不竞争承诺函》,晨光集团不从事与本公司相竞争的业务,同时承诺在未来也不从事与公司存在或可能存在竞争的业务,以保护公司中小股东的合法权益。

发行人公司章程中对关联交易决策权力与程序以及关联股东或利益冲突的董事在关联交易表决中的回避制度等方面均已作出了明确规定。

七、财务会计资料

江苏天衡会计师事务所有限公司接受本公司聘请,审计了本公司1998年、1999年、2000年财务报告,并出具了标准的无保留意见的审计报告——(2001)天衡审字第142号《审计报告》。

本公司截止2000年12月31日的财务会计资料,已于2001年5月22日分别在《中国证券报》、《上海证券报》、《证券时报》上刊登的《招股说明书概要》中进行了详细披露,因尚未超出招股说明书有效期限,故相同的内容在此不再重复。欲了解本公司经审计的财务报表及主要财务指标的详细内容,敬请投资者查阅上述报纸或在公告的《招股说明书》查阅地查阅。

1、简要财务报表

下述内容摘自业经审计的公司财务报告。

简要资产负债表 (单位:万元)

项目	2000年12月31日	
	母公司	合并
流动资产合计	24,467.45	33,197.88
长期投资净额	3,215.20	45.73
固定资产合计	6,453.24	9,138.06
无形资产及其他	100.22	100.22
资产总计	34,236.10	42,481.88
流动负债合计	18,489.83	24,689.64
负债合计	18,489.83	24,689.64
少数股东权益	–	1,943.52
股本	8,300.00	8,300.00
资本公积	4,289.52	4,289.52
未分配利润	2,476.87	2,486.05
股东权益合计	15,746.27	15,848.72
负债及股东权益合计	34,236.10	42,481.88

简 要 利 润 表 (单位:万元)

项目	2000年度	
	母体	合并
一.主营业务收入	26,280.74	35,952.45
二.主营业务利润	6,215.57	10,583.19
三.营业利润	2,533.40	3,511.63
四.利润总额	2,977.38	3,440.36
五.净利润	2,621.14	2,682.92

2000年度简要现金流量表(母公司、合并) (单位:万元)

项目	母公司	合并
一、经营活动产生的现金流量净额	1,498.81	2,754.68
二、投资活动产生的现金流量净额	135.79	–494.93
三、筹资活动产生的现金流量净额	876.04	1,069.63
四、汇率变动对现金的影响额	–	–13.82
五、现金及现金等价物净增加额	2,510.63	3,315.55

2、合并会计报表主要项目附注

(1)应收帐款

＊ 帐龄分析列示如下:

帐 龄	1999年12月31日			2000年12月31日		
	金 额	比 例	坏帐准备	金 额	比 例	坏帐准备
1年以内	101,646,633.78	63.58%	5,082,331.68	106,492,059.56	63.46%	5,324,602.98
1-2年	32,589,628.42	20.38%	3,258,962.84	34,843,165.42	20.76%	3,484,316.54
2-3年	13,866,273.08	8.67%	2,079,940.96	15,935,211.82	9.50%	2,390,281.77
3-4年	10,561,945.85	6.61%	3,168,583.76	5,602,916.49	3.34%	1,680,874.95
4-5年	767,761.53	0.48%	383,880.77	4,298,560.07	2.56%	2,149,280.04
5年以上	451,877.48	0.28%	451,877.48	640,229.91	0.38%	640,229.91
合 计	159,884,120.14	100.00%	14,425,577.49	167,812,143.27	100.00%	15,669,586.19

＊ 本帐户余额中无应收持有公司5%(含5%)以上股份股东的款项。

＊ 2000年12月31日主要往来单位明细项目列示如下:

单位名称	金 额
郑州市热力总公司物资供销公司	4,284,627.82
中国人民解放军第二炮兵驻307厂军代表室	3,810,000.00
总后勤部油料部	3,777,900.00
三井-巴布科克上海贸易有限公司	3,060,000.00
四川绵阳机场	2,456,000.00
承峰国际贸易有限公司	2,150,000.00
华北石油管理局任邱炼油厂	2,022,556.20
江西火电建设公司丰城分公司	1,742,770.00
沈阳军区联勤部物资油料部	1,424,520.00
太原钢铁集团有限责任公司设备处	1,186,498.74
攀枝花钢集团铁有限责任公司	1,163,094.79
长庆石油勘探局第三钻井工程处	1,030,000.00

(2)其他应收款

＊ 帐龄分析列示如下:

帐 龄	1999年12月31日			2000年12月31日		
	金 额	比 例	坏帐准备	金 额	比 例	坏帐准备
1年以内	7,191,365.22	90.80%	359,568.26	5,613,384.41	94.40%	280,669.22
1-2年	657,019.89	8.29%	65,701.99	293,934.29	4.94%	29,393.43
2-3年	6,762.00	0.09%	1,014.30	2,040.00	0.03%	306.00
3-4年	33,015.42	0.42%	9,904.63	6,762.00	0.12%	2,028.60
4-5年	31,900.00	0.40%	15,950.00	–	–	–
5年以上				30,400.00	0.51%	30,400.00
合 计	7,920,062.53	100.00%	452,139.18	5,946,520.70	100.00%	342,797.25

＊ 本帐户余额中无应收持有公司5%(含5%)以上股份股东的款项。

＊ 2000年12月31日主要往来项目列示如下:

项 目	金 额
备用金	1,614,083.90 注
应收出口退税	1,408,980.33

注:期末余额已取得主管税务机关南京市国家税务局秦淮分局的核准认定。

(3)预付帐款

＊ 帐龄分析列示如下:

帐 龄	1999年12月31日		2000年12月31日	
	金 额	比 例	金 额	比 例
1年以内	8,517,037.31	97.16%	8,014,912.38	93.54%
1-2年	166,962.91	1.90%	487,143.52	5.69%
2-3年	81,998.97	0.94%	66,038.97	0.77%
合 计	8,765,999.19	100.00%	8,568,094.87	100.00%

＊ 本帐户余额中无预付持有公司5%(含5%)以上股份股东的款项。

＊ 2000年12月31日主要往来单位明细项目列示如下:

单 位	金 额	款项性质
江宁县国有土地管理局	2,584,036.76	预付土地出让金
美国铝业意大利公司	1,690,000.00	预付进口材料款

(4)长期股权投资

截止2000年12月31日长期股权投资余额457,279.22元,均系对公司控股子公司南京晨光东螺波纹管有限公司股权评估增值形成的股权投资差额,原值522,604.82元,按十年摊销,本期摊销52,260.48元,累计摊销65,325.60元,摊余价值457,279.22元。

(5)应付帐款

＊ 帐龄分析列示如下:

帐 龄	1999年12月31日		2000年12月31日	
	金 额	比 例	金 额	比 例
1年以内	51,512,592.61	73.79%	52,905,209.14	98.74%
1-2年	18,075,319.65	25.89%	507,267.27	0.95%
2-3年	204,844.77	0.29%	139,105.45	0.26%
3年以上	16,471.93	0.03%	26,074.17	0.05%
合 计	69,809,228.96	100.00%	53,577,656.03	100.00%

＊ 本帐户余额中无应付持有公司5%(含5%)以上股份股东的款项。

＊ 2000年12月31日主要往来单位明细项目列示如下:

单位名称	金 额
无锡新得宝公司	2,319,906.96
江阴凯源机械有限公司	2,317,257.52
一汽贸易总公司	2,149,104.10
赛得克航空公司	1,826,246.57
海门供销公司	1,547,150.75
苏州宏伟波纹管厂	1,378,818.47
日本东京螺旋管制作所	1,142,603.66
江阴长山厂	1,065,312.89

(6)预收帐款

＊ 帐龄分析列示如下

帐 龄	1999年12月31日		2000年12月31日	
	金 额	比 例	金 额	比 例
1年以内	6,590,791.23	77.52%	6,589,522.89	67.64%
1-2年	1,911,217.25	22.48%	3,152,721.00	32.36%
合 计	8,502,008.48	100.00%	9,742,243.89	100.00%

＊ 本帐户余额中无预收持有公司5%(含5%)以上股份股东的款项。

＊ 2000年12月31日主要往来单位明细项目列示如下:

单位名称	金 额
山西石油物资设备公司	1,500,000.00
江苏租赁有限公司	338,000.00
海南省机械工业供销社	218,600.00

(7)应付股利

截止 2000 年 12 月 31 日应付股利余额 2,426,547.19 元:

单位名称	金 额
南京晨光集团有限责任公司	2,387,952.96
上海航天汽车机电股份有限公司	20,858.60
南京南瑞集团公司	9,638.24
万来源	3,855.78
杜尧	3,855.78
李英德	385.83
合 计	2,426,547.19

(8)其他应付款

* 帐龄分析列示如下:

帐 龄	1999 年 12 月 31 日		2000 年 12 月 31 日	
	金 额	比 例	金 额	比 例
1 年以内	10,221,865.92	92.16%	19,689,028.53	99.09%
1-2 年	717,571.26	6.47%	120,000.00	0.60%
2-3 年	89,446.51	0.81%	–	–
3 年以上	62,776.08	0.56%	60,795.70	0.31%
合 计	11,091,659.77	100.00%	19,869,824.23	100.00%

* 本帐户余额中应付持有公司 5%(含 5%)以上股份股东的款项列示如下:

项 目	金 额	款项性质
南京晨光集团有限责任公司	8,078,773.50	往来款项

(9)资本公积

截止 2000 年 12 月 31 日资本公积余额 42,895,200.00 元,均为股本溢价,系由南京晨光集团有限责任公司、上海航天汽车机电股份有限公司、南京南瑞集团公司等三家法人单位及万来源、杜尧、李英德等三个自然人共同发起设立公司时其出资额超过股本的部分。

(10)盈余公积

截止 2000 年 12 月 31 日盈余公积余额 7,731,432.79 元,本年变动列示如下:

项 目	年初数	本期增加	期末数
法定盈余公积	778,266.35	2,621,136.98	3,399,403.33
法定公益金	778,266.35	2,621,136.98	3,399,403.33
子公司生产发展基金	274,295.62	192,017.45	466,313.07[注]
子公司储备基金	274,295.61	192,017.45	466,313.06[注]
合 计	2,105,123.93	5,626,308.86	7,731,432.79

[注]系合并报表提取的控股子公司中外合资南京晨光东螺波纹管有限公司提取的生产发展基金及储备基金中属于公司部分。

(11)未分配利润

项 目	1999 年 12 月 31 日	2000 年 12 月 31 日
期初未分配利润	-10,502,751.77	6,239,007.46
加:本期净利润	19,068,089.30	26,829,226.66
减:提取法定盈余公积	778,266.35	2,621,136.98
提取公益金	778,266.35	2,621,136.98
子公司生产发展基金	274,295.62	192,017.45
子公司储备基金	274,295.61	192,017.45
子公司提取奖福基金	221,206.14	154,852.79
分配普通股股利		2,426,547.19
未分配利润	6,239,007.46	24,860,525.28

(12)主营业务收入构成变动情况

近三年主营业务收入(合并报表)主要构成 单位:万元

产品/时间	2000 年		1999 年		1998 年	
	主营收入	比 例	主营收入	比 例	主营收入	比 例
专用汽车类系列产品	19735.5	54.9%	12202.7	42.4%	13796	46.8%
波纹管类系列产品	16217.0	45.1%	16578.2	57.6%	15656	53.2%
总 计	35952.5	100%	28780.9	100%	29452.2	100%

近三年主营业务利润(合并报表)主要构成 单位:万元

产品/时间	2000 年		1999 年		1998 年	
	主营利润	比 例	主营利润	比 例	主营利润	比 例
专用汽车类系列产品	3773.66	35.7%	2337.66	24.4%	3034.79	29.8%
波纹管类系列产品	6809.53	64.3%	7227.44	75.6%	7157.76	70.2%
总 计	10583.19	100%	9565.31	100%	10192.55	100%

3、主要财务指标

(1) 财务指标:依据本公司会计报告计算各项财务指标如下:

财务指标	2000 年度	1999 年度	1998 年度
流动比率	1.34	1.27	1.14
速动比率	0.90	0.82	0.72
应收帐款周转率	2.19	1.77	1.79
存货周转率	2.39		
无形资产占总资产(净)资产的比例	–	–	–
资产负债率[注]	54.01%	51.47%	67.88%
每股净资产	1.91	1.62	1.13
研究开发费用占主营业务收入的比例	4.05%	4.01%	3.95%

[注 1]:表中除资产负债率以母公司报表为依据外,其余指标都是以合并财务报告数据为基础计算

[注 2]:计算公式:

* 流动比率 = 流动资产 / 流动负债

* 速动比率 = 速动资产 / 流动负债

* 应收帐款周转率 = 主营业务收入 / 应收帐款平均余额

* 存货周转率 = 主营业务成本 / 存货平均余额

* 无形资产(土地使用权外)占总(净)资产的比例 = 无形资产(土地使用权外) / 总(净)资产

(报告期内公司没有无形资产)

* 资产负债率 = 总负债 / 总资产

* 每股净资产 = 期末净资产 / 期末股本总额

* 研究开发费用占主营业务收入比例 = 研究开发费用 / 主营业务收入

(2)每股经营活动的现金流量、每股净资产及净资产收益率

每股经营活动的现金流量= 经营活动的现金流量 / 期末股本总额

= 27546797.58 ÷ 83000000.00 = 0.33 元/股

每股收益(发行前)= 净利润 / 期末股本总额

= 26829226.66 ÷83000000.00 = 0.32 元/股

每股收益(发行后)= 预测净利润 / 发行后股本总额

= 3018(万元) ÷12300(万元) = 0.25 元/股

净资产收益率(发行前)=净利润 / 期末净资产

= 26829226.66/ 158487158.07 = 16.93%

净资产收益率(发行后)= 3018(万元) ÷ 44042(万元) = 6.9 %

4、盈利预测主要数据

江苏天衡会计师事务所有限公司已对本公司编制的 2001 年度的盈利预测报告进行了审核,并出具了无保留意见的盈利预测审核报告。以下资料摘录自本公司的盈利预测报告。

项目	2000 年度 已审实现数		2001 年 1--3 月 未审实现数		2001 年 4--12 月 预测数		2001 年度 预测数	
	母公司	合并	母公司	合并	母公司	合并	母公司	合并
一、主营业务收入	26,280.74	35,952.45	6,679.20	9,355.68	25,948.45	35,598.70	32,627.65	44,954.38
二、主营业务利润	6,215.57	10,583.18	1,607.95	2,662.25	6,102.86	10,480.01	7,710.81	13,142.26
三、营业利润	2,533.41	3,511.63	525.13	839.04	2,259.33	3,382.72	2,784.46	4,221.76
四、利润总额	2,977.39	3,440.35	689.89	828.19	2,762.57	3,256.76	3,452.46	4,084.95
五、净利润	2,621.14	2,682.92	611.32	611.32	2,407.19	2,407.19	3,018.51	3,018.51

八、其他重要事项

1、经公司股东会决议,1999 年 10 月 1 日起至本次发行完成前所实现的滚存利润由新老股东共享。

2、根据本公司发行上市实际日程,原招股说明书中预计 2001 年 6 月 30 日进行上市后的第一次利润分配将有所延迟,本公司承诺将在 2001 年中期进行上市后的第一次利润分配。

3、本公司截止 2000 年末每股净资产为 1.91 元,本次发行后每股净资产为 3. 76 元。

4、本次股票发行后,募集资金投资项目之一组建南京晨光森田环保科技有限公司项目,本公司和合作方均已投资到位。

5、公司于 2001 年 4 月 9 日召开了 2000 年度股东大会,全体股东或股东代表出席了会议,全票通过了下述决议:(1)2000 年董事会工作报告;(2)2000 年监事会工作报告;(3)2000 年财务报告;(4)2000 年利润分配方案(99 年 10 月以后产生的可分配利润此次暂不分配);(5)2001 年财务预算方案;(6)公司提取老职工住房补贴的处理方案;(7)关于续聘江苏天衡会计师事务所为公司常年审计机构的预案;(8)公司股东大会议事规则;(9)公司董事会议事规则;(10)公司监事会议事规则。

6、根据《上海证券交易所股票上市规则》,本公司第一大股东南京晨光集团有限责任公司已向上海证券交易所承诺,自本公司股票上市之日起 12 个月内不转让其持有的本公司股份,也不由本公司回购其持有的股份。

7、截止本上市公告书刊登之日,本公司不存在尚未了结的重大诉讼、仲裁或行政处罚案件,本公司董事、监事和高级管理人员亦未受到任何刑事起诉。

8、除本公司招股说明书及其概要和本上市公告书披露的事项外,本公司无其他应披露而未披露的重要事项。

九、董事会上市承诺

本公司董事会将严格遵守《公司法》、《证券法》等法律、法规和中国证监会的有关规定,并自股票上市之日起作出如下承诺:

1、承诺真实、准确、完整、公允和及时地公布定期报告,披露所有对投资者有重大影响的信息,并接受中国证监会、上海证券交易所的监督管理。

2、承诺本公司在知悉可能对股票价格产生误导性影响的任何公共传播媒介中出现的消息后,将及时予以公开澄清。

3、本公司董事、监事、高级管理人员和核心技术人员将认真听取社会公众的意见和批评,不利用已获得的内幕消息和其他不正当手段直接或间接从事本公司股票的买卖活动。

4、本公司没有无记录的负债。

十、上市推荐人及其意见

本公司聘请中信证券股份有限公司(以下简称“中信证券”)及平安证券有限责任公司(以下简称“平安证券”)担任本次发行的 4000 万 A 股股票的上市推荐人。

1、上市推荐人有关情况

上市推荐人:中信证券股份有限公司

法定代表人:常振明

住 所:深圳市罗湖区湖贝路 1030 号海龙王大厦

联 系 人:江山红、陈海峰

电 话:021-62802631

传 真:021-62802267

上市推荐人:平安证券有限责任公司

法定代表人:马明哲

住 所:深圳市福田区八卦岭三路平安大厦

联 系 人:莫家柱

电 话:021-62078359

传 真:021-62078090

2、推荐人的推荐意见

中信证券和平安证券出具的上市推荐书认为:本公司具备了《公司法》、《证券法》等法律、法规规定的上市条件;本公司全体董事了解法律、法规、股票上市规则及股票上市协议所规定的董事义务与责任;公司章程符合《公司法》等有关法律、法规和中国证监会的规定;本公司建立了健全的法人治理结构和严格的信息披露制度与保密制度;中信证券和平安证券与本公司不存在关联关系;中信证券和平安证券经过核实后认为本公司上市文件符合规定要求,所载资料没有虚假、严重误导性陈述或重大遗漏,并对其承担连带责任;中信证券和平安证券将不 Y。

南京晨光航天应用技术股份有限公司

2001 年 6 月 9 日

新疆库尔勒香梨股份有限公司

首次公开发行股票上市公告书(部分)摘录

第一节 概览

股票简称:香梨股份
股票代码:600506
股本总额:160,500,000 股
可流通股本:50,000,000 股
本次上市流通股本:50,000,000 股
上市地点:上海证券交易所
上市日期:2001 年 12 月 26 日
股票登记机构:上海证券中央登记结算公司
上市推荐人:联合证券有限责任公司

第二节 发行人概况

一、发行人的基本情况

1. 发行人名称:新疆库尔勒香梨股份有限公司
XINJIANG KOERLE PEAR CO., LTD
2. 注册资本:110,500,000 元
3. 法定代表人:冯国胜
4. 注册地址:新疆库尔勒市兰干路口
5. 邮政编码:841000
6. 经营范围:本公司目前业务范围是农业、林业、果业的种植,农副产品(粮食收储、批发及棉花除外)的加工和销售;农业、林业、果业的科技开发和技术咨询服务等,食品、饮料、塑料制品、种子种苗、畜禽养殖、机械机具、钢材、建筑材料的销售,水果包装物的生产和销售,冷藏贮存服务,农用土地开发,计算机软硬件及网络的开发和销售。经营本企业自产产品及技术的出口业务;经营本企业生产所需原辅材料、仪器仪表、机械设备、零配件及技术的进口业务(国家限定公司经营和国家禁止进出口的药品和技术除外),经营进料加工和"三来一补"业务。
7. 主营业务:公司目前从事的主要业务是以库尔勒香梨为主的新疆"名、优、特、稀"水果的种植、加工和销售,种子、苗木的繁育生产经营等。
8. 所属行业:农业
9. 联系电话:0996-2204656
10. 传真:0996-2204878
11. 董事会秘书:邓晓天
证券部:李俊、徐振丽

二、发行人的历史沿革及经历的改制重组情况

本公司是经新疆维吾尔自治区人民政府新政函[1999]164 号文批准,以沙依东园艺场为主发起人,联合库尔楚园艺场、中农科公司、人和公司和新农种业公司,共五家发起人,各自以部分资产投资入股,采取发起设立方式成立。公司于 1999 年 11 月 18 日在新疆维吾尔自治区工商行政管理局登记注册。本公司设立时的股权结构如下表列示:

持股名次	发起人股东	持股数(万股)	持股比例(%)	股权性质
1	沙依东园艺场	5227.78	47.31	国有法人股
2	库尔楚园艺场	2262.79	20.48	国有法人股
3	中农科公司	1645.60	14.89	法人股
4	人和公司	1237.91	11.20	法人股
5	新农种业公司	675.92	6.12	法人股
	合计	11050.00	100.00	—

经中国证监会证监发行字[2001]103 号文核准,本公司于 2001 年 12 月 13 日在上海证券交易所以网上累积投标询价方式成功地发行了人民币普通股 5000 万股,每股面值 1.00 元,每股发行价 4.94 元。此次发行完成后,本公司的股本结构如下表:

股本结构	持股数(万股)	持股比例
一、发起人股份	11050	68.85%
1、国有法人股	7490.57	46.67%
其中:沙依东园艺场	5227.78	32.57%
库尔楚园艺场	2262.79	14.10%
2、法人股	3559.43	22.18%
其中:中农科公司	1645.6	10.25%
人和公司	1237.91	7.71%
新农种业公司	675.92	4.21%
二、社会公众股	5000	31.15%
合计	16050	100.00

第三节 董事、监事、高级管理人员

一、董事、监事和高级管理人员情况

董事:

冯国胜先生:55 岁,大专学历,高级政工师,中国国籍,现任新疆库尔勒香梨股份有限公司董事长。

李胜利先生:44 岁,大专学历,农业经济师,现任新疆库尔勒香梨股份有限公司副董事长。

阿里肯·阿布拉先生:43 岁,大专学历,高级农艺师,中国国籍,现任新疆库尔勒香梨股份有限公司副董事长。

杜黎源先生:35 岁,大学学历,高级工程师,中国国籍,现任新疆库尔勒香梨股份总经理。

张强先生:38 岁,硕士学历,教授,中国国籍,现任新疆库尔勒香梨股份有限公司常务副总经理。

郭秋智先生:51 岁,大学学历,副研究员,中国国籍,现任新疆库尔勒香梨股份有限公司副总经理。

阿米娜·克尤木女士:31 岁,大学学历,中国国籍,现任新疆库尔勒香梨股份有限公司董事。

监事:

王金明先生:45 岁,大专学历,政工师,中国国籍,现任巴州沙依东园艺场场长、新疆库尔勒香梨股份有限公司监事会主席。

朱以政先生:53 岁,中专学历,会计师,中国国籍,现任新疆库尔勒香梨股份有限公司监事会监事(职工代表),工会副主席。

周向红女士:34 岁,大学学历,工程师,中国国籍,现任新疆库尔勒香梨股份有限公司监事会监事,新疆和硕新农种业科技有限责任公司董事长。

其他高级管理人员:

张建军先生:38 岁,大专学历,经济师,中国国籍,现任新疆库尔勒香梨股份有限公司副总经理兼市场营销部经理。

张素云女士:35 岁,大学学历,会计师,中国国籍,现任新疆库尔勒香梨股份有限公司财务总监兼财务部经理。

邓晓天先生:44 岁,中共党员,大学学历,中国国籍,现任新疆库尔勒香梨股份有限公司董事会秘书兼证券投资部经理。

核心技术人员:

张强先生和郭秋智先生是本公司的核心技术人员。

二、其他情况

1、本公司与董事、监事、高级管理人员和核心技术人员除签订劳动合同外,未签定退休金协议、认股权协议、借款协议、担保协议和其他为稳定上述人员而签定的协议。

2、本公司董事、总经理杜黎源先生与本公司股东新农种业公司法定代表人、本公司监事周向红女士为夫妻关系。杜黎源先生与本公司股东人和公司法定代表人杜黎军先生为兄弟关系。除此以外,以上人员不存在配偶关系、三代以内直系和旁系亲属关系。

3、本公司董事、监事、高级管理人员、核心技术人员个人及家属未直接持有本公司股票。杜黎源先生本人持有本公司股东人和公司 80% 的出资,周向红女士持有本公司股东新农种业公司 92% 的出资,分别为以上两股东的实际控制人,杜黎源先生本人和亲属通过直接控制的法人共同间接持有本公司股票 1913.83 万股,占本公司总股本的 17.32%,该部分股权无质押和冻结情况。除此之外,上述人员未持有本公司关联企业的股份。

4、本公司监事会主席王金明先生兼任巴州沙依东园艺场场长,监事周向红女士兼任新农种业公司董事长。其他董事、监事、高级管理人员和核心技术人员未在股东单位、股东单位的控制单位、本公司的控制单位、同行业其他法人单位兼职。

第四节 股票发行与股本结构

一、本次股票上市前首次公开发行股票的情况

1. 发行数量:5000 万股
2. 发行价格:4.94 元/股
3. 募集资金总额:24700 万元
4. 发行方式:网上累计投标询价
5. 发行费用总额及项目:本次 A 股发行费用总额为 1558.71 万元,包括承销费用、审计费用、资产评估费用、律师费用、上网发行手续费、审核费用等。
6. 每股发行费用:0.31 元

二、发行人上市前股本结构及各类股东的持股情况

1. 本次上市前股本结构

持股单位	股数(万股)	所占比例(%)
法人股	11050	68.85
社会公众股	5000	31.15
总股本	16050	100

2. 本公司前十名股东持股情况

序号	股东名称	持股数(万股)	持股比例
1	沙依东园艺场	5227.78	32.57%
2	库尔楚园艺场	2262.79	14.10%
3	中农科公司	1645.6	10.25%
4	人和公司	1237.91	7.71%
5	新农种业公司	675.92	4.21%
6	华安创新	64.20	0.40%
7	南方稳健	41.50	0.26%
8	普丰基金	30.40	0.19%
9	天华基金	29.80	0.19%
10	兴和基金	24.80	0.15%

(注:本上市公告书因版面原因为上市公告书部分摘录,需要阅读全文请向相关公司董事会秘书查询。)

上海大屯能源股份有限公司

股票上市公告书暨2001年中期财务报告

第一节　重要声明与提示

本公司董事会保证上市公告书的真实性、准确性、完整性，全体董事承诺上市公告书不存在虚假记载、误导性陈述、或重大遗漏，并承担个别和连带的法律责任。

根据《公司法》、《证券法》等有关法律、法规的规定，本公司董事、高级管理人员已依法履行诚信和勤勉的义务和责任。

上海证券交易所、中国证监会、其他政府机关对本公司股票上市及有关事项的意见，均不表明对本公司的任何保证。

2000年公司上海总部按应纳税所得额的15%计提所得税，2001年上海市浦东新区税务局浦税核Q2(2001)0004号《税收优惠核定通知书》，核定上海总部2000年免征所得税，公司本期对该事项按追溯调整法进行调整，调整了期初留存收益及相关项目的期初数。根据公司第一届第七次董事会《关于2000年度上海总机构经营所得免征所得税形成的未分配利润归属的决议》，上述未分配利润由公司公开发行股票后的新老股东共享。详情请参见本上市公告书暨2001年中期报告中会计报表附注"其他重要事项"中相关内容。

本公司提醒广大投资者注意，凡本上市公告书未涉及的有关内容，请投资者查阅2001年7月31日刊载于《中国证券报》、《上海证券报》、《证券时报》的本招股说明书摘要，及刊载于www.sse.com.cn网站的本公司招股说明书全文。

第二节　概　览

1、股票简称：上海能源
2、股票代码：600508
3、总股本：401,510,000股
4、可流通股本：110,000,000股
5、本次上市流通股本：110,000,000股
6、上市地点：上海证券交易所
7、上市日期：2001年8月29日
8、股票登记机构：上海证券中央登记结算公司
9、上市推荐人：华夏证券有限公司
10、对首次公开发行股票前股东所持股份的流通限制及期限：公司发起人所持有的国有法人股和社会法人股暂不上市流通(按国务院有关减持国有股的规定而流通的1000万股除外)。
11、首次公开发行股票前股东对所持股份自愿所定的承诺：公司控股股东大屯煤电(集团)有限责任公司已出具承诺，承诺在本公司股票上市之日起一年内，不转让持有的本公司股份，也不由本公司回购其持有的股份。

第三节　绪　言

上海大屯能源股份有限公司(以下简称"本公司")上市公告书是根据《中华人民共和国公司法》、《中华人民共和国证券法》、《股票发行与交易管理暂行条例》、《公开发行股票公司信息披露实施细则》和《上海证券交易所股票上市规则》等国家有关的法律、法规的规定，并按照中国证券监督管理委员会制定的《公开发行证券的公司信息披露的内容与格式准则第7号——股票上市公告书》而编制，旨在向投资者提供有关本公司的基本情况和本次股票上市的有关资料。

经中国证券监督管理委员会证监发行字[2001]43号文和财政部财企便函[2001]59号文批准，本公司已于2001年8月7日以上网定价发行的方式成功的公开发行了人民币普通股11000万股，每股面值1.0元，发行价格9.0元/股。

经上海证券交易所上证上字[2001]128号《上市通知书》同意，本公司11000万股A股将于2001年8月29日在上海证券交易所挂牌交易，股票简称"上海能源"，股票代码"600508"。

本公司已于2001年7月31日分别在《中国证券报》、《上海证券报》、《证券时报》上刊登了《上海大屯能源股份有限公司招股说明书摘要》。招股说明书正文及其附注材料可以在上海证券交易所网站(http://www.sse.com.cn)查询。招股说明书及其附注材料距今不足三个月，故与其重复的内容不再重述，敬请投资者查阅本公司《招股说明书摘要》或《招股说明书》全文。

第四节　发行人概况

一、发行人基本情况
1、发行人名称：上海大屯能源股份有限公司
英文名称：SHANGHAI DATUN ENERGY RESOURSES CO.,LTD.
2、法定代表人：曹祖民
3、成立时间：1999年12月29日
4、注册地址：上海市浦东新区桃林路18号
5、经营范围：煤炭的开采、洗选加工、煤炭销售，铁路运输(限管辖内的煤矿专用铁路)，实业投资，国内贸易(除专项审批项目)
6、主营业务：煤炭的开采、洗选加工和销售
7、所属行业：采掘业
8、电话：(021)58218560
传真：(021)58513101
9、互联网网址：http://www.sdtny.com
10、电子信箱：Shdtny@public2.sta.net.cn
11、董事会秘书：凌永华
二、发行人的历史沿革

上海大屯能源股份有限公司是经国家经贸委国经贸企改[1999]1263号文批准，由大屯煤电(集团)有限责任公司作为主发起人，联合中国煤炭进出口公司、宝钢集团国际经济贸易总公司、上海煤气制气物资贸易有限公司和煤炭科学研究总院共同发起，以大屯煤电所属的姚桥煤矿(老井)、孔庄煤矿、徐庄煤矿、龙东煤矿、大屯选煤厂、徐沛铁路管理处及销售分公司、供应处(以下简称"四矿、一厂、二处、一公司")为主体，以发起方式设立的股份有限公司。公司成立于1999年12月29日。公司总股本30151万股。大屯煤电所属的"四矿、一厂、二处、一公司"经评估确认后的生产经营性净资产43485.80万元，按65%的折股比例折为28266万股；中国煤炭进出口公司以现金出资1500万元，65%的折股比例折为975万股；宝钢集团国际经济贸易总公司以现金出资1100万元，按65%的折股比例折为715万股；煤炭科学研究总院以现金出资100万元，按65%的折股比例折为65万股；上述股权性质均为国有法人股。上海煤气制气物资贸易有限公司以现金出资200万元，按65%的折股比例折为130万股，为法人股。

经中国证券监督管理委员会证监发行字[2001]43号文和财政部财企便函[2001]59号文批准，公司已于2001年8月7日以上网定价发行的方式利用上海证券交易所的系统成功发行了人民币普通股(A股)11000万股(其中包括国有股存量发行1000万股)，每股面值1.0元，每股发行价9.0元，扣除发行费用及国有股减持资金后共募集资金87542万元。本公司已于2001年8月15日办理了验资手续。本次发行后，公司的股本总数变更为40151万股，其中发起人股份为29151万股，社会公众股11000万股。有关本次发行后公司的股本结构，参见本上市公告书"第五节、五、2、公开发行后的股本结构"。

三、发行人的主要经营情况
(一)公司生产经营概况
1、公司的主要产品

公司主要煤种为1/3焦煤和气煤、气肥煤，主要产品为五级精煤、六级精煤、九级精煤、洗混中块、混末煤和动力精煤。用于：炼焦配煤、制气、出口、蒸汽机车、玻璃制造、陶瓷制造、小型炼钢厂、工业锅炉、水泥制造、发电厂、民用、电厂、印染厂和建材行业。

2、生产能力

公司原煤设计生产能力(含租赁经营的姚桥新井)为585万吨/年，2000年实际生产煤炭665.99万吨；设计煤炭入洗能力为405万吨/年，2000年实际入洗量为310.88万吨，生产精煤144.77万吨。自营铁路设计运输能力为600万吨/年，2000年实际完成货运量1036万吨(含站搬量)。预计2005年煤炭产量达到720万吨，精煤产量达到200万吨。

3、公司主营业务收入构成

1998年度、1999年度、2000年度各主要产品销售额及所占比例如下表：

单位：万元

项目	2000年		1999年		1998年	
	收入	比例	收入	比例	收入	比例
原选煤	70764.66	55.58%	45224.88	44.07%	33941.87	32.74%
内销洗精煤	28553.68	22.43%	32977.24	32.13%	42887.01	41.37%
外销洗精煤	7719.91	6.06%	1559.81	1.52%	283.13	0.27%
洗块煤	2746.21	2.15%	3329.56	3.24%	3811.28	3.68%
其他洗煤	4260.00	3.35%	6693.40	6.52%	9222.90	8.90%
铁路运输	13278.92	10.43%	14382.73	14.02%	13511.21	13.03%
合计	127323.38	100%	102623.41	100%	103657.40	100%

4、产品销售情况

公司产品主要为原煤、冶炼精煤和动力精煤，主要销往华东地区和部分出口，近三年市场区域分布情况大致如下：上海占28%，江苏占32%，浙江占25%，江西占3%，广东占5%，其他地区占7%；从行业分布看，近三年来，冶金占21.3%，电力占16.5%，建材占22%，焦化占8%，其它占32.2%。公司产品客户多为宝钢、上海煤气、上海焦化等国内知名企业，长期稳定客户的销售量占总销售量的80.1%。公司近四年产销率始终保持在98%以上。

(二)公司的经营优势和劣势
1、公司的经营优势主要表现在：
(1)地理位置优越，处于华东这一经济相对发达、能源消费相对较大的地区；铁路、陆路、水路交通便利，有171公里的自营铁路与陇海铁路相连，京杭大运河从矿区穿境而过，运输条件优越；
(2)拥有一批长期、稳定、合作友好的客户单位，业已建立了长期的信赖关系；
(3)营销策略灵活，方式多样，建立了统一的销售网络，信息渠道畅通，反馈及时；在上海、广州、连云港、日照港、南京港等均有销售网点；
(4)在新产品的开发上不遗余力，产品种类多样，质量稳定，信誉良好；
(5)产、销、运各环节质量控制严密，售后服务快捷、及时、到位。1999年通过ISO9002质量体系认证。
2、公司的经营劣势主要表现在：
(1)生产成本较高，商品价格下行空间不大，在价格竞争上缺乏优势；
(2)与其它企业相比，缺少区域、行业的政策倾斜优惠或保护。
(三)公司的主要财务指标
1、主要财务数据

根据经江苏天衡会计师事务所有限公司审计的公司财务报告，截止到2001年6月30日，公司流动资产480,151,719.39元，固定资产520,869,801.31元，资产总计1,058,246,420.93元，流动负债445,209,036.84元，长期负债51,400,000.00元，股东权益561,637,384.09元。

主要利润指标	2001年1-6月	比去年同期增长
主营业务收入	739,165,155.86	23.39%
营业务利润	234,788,869.45	27.08%
营业利润	95,291,709.82	31.97%
利润总额	95,173,013.64	32.36%
净利润	66,714,859.58	48.29%

2、财务指标情况财务指标

	2001年中期	2000年	1999年	1998年
流动比率	1.08	0.88	0.81	0.73
速动比率	0.91	0.68	0.59	0.54
应收帐款周转率	3.66	5.87	4.81	7.18
存货周转率	5.97	9.59	7.46	8.09
无形资产/总资产	5.41%	5.96%	0.23%	—
资产负债率	0.47	0.52	0.49	0.62
每股净资产	1.86	1.61	1.50	—
每股经营活动现金流	0.6081	0.2865	—	—

	净资产收益率				每股收益(元/股)			
	全面摊薄		加权平均		全面摊薄		加权平均	
	2000	2001*	2000	2001*	2000	2001*	2000	2001*
主营业务利润	76%	42%	80%	44%	1.22	0.78	1.22	0.78
营业利润	28%	17%	30%	18%	0.46	0.32	0.46	0.32

净利润	21%	12%	22%	13%	0.34	0.22	0.34	0.22
扣除非经常性损益	22%	12%	22%	13%	0.35	0.22	0.35	0.22

注:2001＊中所标明的指标数据是以2001年中报相关数据为计算口径的指标,每股收益计算中股本口径为30151万股。

(四)公司享受的财政税收优惠政策公司

1998年和1999年两个会计年度按照33%的所得税税率计列所得税。根据上海市浦东新区财政局上海市浦东新区税务局浦财字(1994)第26号文"关于浦东新区内资企业继续享受企业所得税优惠的通知",公司作为注册在上海浦东新区的内资企业,自1999年12月31日设立之日起,上海本部享受15%的所得税优惠税率,江苏分公司仍按33%的所得税税率计列所得税。

根据上海市浦东新区管理委员会沪浦管[1998]132号"关于印发《关于进一步服务全国推动中央各部委和全国各省市在浦东新区办公楼宇招商的若干规定》的通知",公司2000年度享受由新区财政返还727,000元。公司以后年度不再享有该项财政补贴。

公司委托中国煤炭工业进出口集团公司出口煤炭,依照财政部税字(1999)200号《关于出口煤炭有关退(免)税问题的通知》,出口煤增值税实行先征后退。

第五节 股票发行与股本结构

一、本次股票上市前首次公开发行的情况

1、发行数量:人民币普通股11000万股(其中:首次公开发行10000万股,国有股存量发行1000万股)

2、发行价格:9.0元/股

3、募股资金总额:99000万股(未扣除发行费用)

4、发行方式:上网定价发行

5、发行费用及项目:本次发行的发行费用总额为2642.5万元,平均每股0.24元。其中:承销费用为1683万元(其中:首次公开发行1530万元,国有股存量发行153万元)、会计师费为200万元、资产评估费为128万元、土地评估费为140万元、采矿权评估费为35万元、律师费为110万元、上网发行费为346.5万元(其中:首次公开发行315万元,国有股存量发行31.5万元)

6、中签率:0.37661059%

7、有效申购户数:1357241

8、持有1000股以上(含1000股)的流通股户数:91487

二、首次公开发行股票承销的情况

本次上网定价发行的11000万股已全部被社会公众认购,承销团无余额包销。

三、募股资金验资报告

验 资 报 告

天衡验字(2001)40号

上海大屯能源股份有限公司:

我们接受委托,对贵公司截至2001年8月14日止的实收股本变更的真实性和合法性进行了审验。在审验过程中,我们按照《独立审计实务公告第1号—验资》的要求,实施了必要的审验程序。贵公司的责任是提供真实、合法、完整的验资资料,保护资产的安全、完整,我们的责任是按照《独立审计实务公告第1号—验资》的要求,出具真实、合法的验资报告。

贵公司变更前的注册资本和实收股本均为人民币301,510,000.00元,变更后的注册资本为人民币401,510,000.00元。根据我们的审验,截至2001年8月14日止,贵公司本次向社会公开发行人民币普通股10,000万股,发行价为每股人民币9.00元,发行总收入为人民币900,000,000.00元,扣除股票发行费用24,580,000.00元后,余额为人民币875,420,000.00元,其中:实收股本人民币100,000,000.00元,资本公积人民币775,420,000.00元。

贵公司在本次向社会公开发行股票时按照国务院国有股减持的有关规定,实施了部分国有股减持方案,减持国有股1000万股。贵公司国有股持有单位将减持的国有股划拨给社会保障基金理事会持有,由其委托贵公司在本次公开募股时一并出售。

贵公司本次股票发行后,实收股本已增至人民币401,510,000.00元。

本验资报告仅供贵公司办理变更登记时使用,贵公司及其他第三者因使用不当造成的后果,与本注册会计师及其所在的会计师事务所无关。

附件(一)变更前后股本对照表

附件(二)验资事项说明

江苏天衡会计师事务所有限公司　　　　中国注册会计师:虞丽新

中国·南京

2001年8月15日　　　　中国注册会计师:杨宏斌

四、募股资金入帐情况

1、入帐时间:2001年8月14日

2、入帐金额:881,550,000.00

3、入帐帐号:316007——00002000890

4、开户银行:上海银行营业部

五、发行人上市前股权结构及各股东持股情况

1、首次公开发行前的股权结构

股东情况	持股数量(万股)	持股比例(%)	股权性质
大屯煤电(集团)有限责任公司	27323	90.62	国有法人股
中国煤炭进出口公司	943	3.13	国有法人股
宝钢集团国际经济贸易总公司	692	2.30	国有法人股
煤炭科学研究总院	63	0.21	国有法人股
全国社会保障基金理事会(注1)	1000	3.31	国家股
上海煤气制气物资贸易有限公司	130	0.43	法人股
合 计	30151	100	

注1:公司设立时,大屯煤电(集团)有限责任公司、中国煤炭进出口公司、宝钢集团国际贸易总公司、煤炭科学研究总院作为本公司发起人,持有本公司30021万股,占总股本的99.57%,根据国务院发布的《减持国有股筹集社会保障基金管理暂行办法》,并经财政部财企便函[2001]59号文《关于上海大屯能源股份有限公司国有股存量发行有关问题的函》的批复,在公司本次向社会首次公开发行10000万股股票的同时,按照股份公司首次公开发行融资总额的10%减持国有股1000万股,由公司四家发起人大屯煤电(集团)有限责任公司、中国煤炭进出口公司、宝钢集团国际贸易总公司、煤炭科学研究总院分别将其所持有的国有股943、32、23、2万股划拨给全国社会保障基金理事会。

2、公开发行后的股本结构

	股东单位	股本性质	发行后股本结构(万股)	比例(%)
非	大屯煤电(集团)有限责任公司	国有法人股	27323	68.05
流	中国煤炭进出口公司	国有法人股	943	2.35
通	宝钢集团国际贸易总公司	国有法人股	692	1.72
股	煤炭科学研究总院	国有法人股	63	0.16
	上海煤气制气物资贸易有限公司	法人股	130	0.32
小计			29151	72.60
流通股			11000	27.40
合计			40151	100

3、本公司股票公开发行后前十名股东持股情况

股东名称	持股数量(万股)	持股比例(%)
大屯煤电(集团)有限责任公司	27323	68.05
中国煤炭进出口公司	943	2.35
宝钢集团国际经济贸易总公司	692	1.72
上海煤气制气物资贸易有限公司	130	0.32
国通证券	76.1	0.19
中信证券	70.8	0.18
广发证券	67.7	0.17
煤炭科学研究总院	63	0.16
国信证券	59.4	0.15
华安证券	54.4	0.13
合计	29479.4	73.42

第六节 董事、监事、高级管理人员及核心技术人员

一、董事、监事、高级管理人员情况

(一)董事会成员

曹祖民先生　本公司董事长,中国公民,男,49岁,大学文化,高级工程师。中国煤炭工业优秀企业管理者,江苏省优秀企业经营者,江苏省人大代表。曾任大屯煤电公司孔庄煤矿党委副书记、副矿长、矿长;多种经营总公司常务副经理;姚桥煤矿矿长;大屯煤电公司副经理、经理;大屯煤电(集团)有限责任公司董事长、总经理、党委副书记;2001年2月至今任大屯煤电(集团)有限责任公司常务副董事长、总经理、党委副书记。兼任中国煤炭工业进出口集团公司董事。

孙明珊先生　本公司副董事长,中国公民,男,57岁,大学文化,高级政工师。曾任枣庄矿务局基建公司组宣处处长;大屯煤电公司干部处处长;大屯煤电公司纪委书记、党委副书记、党委书记;目前任大屯煤电(集团)有限责任公司副董事长、党委书记。

黄乐孺　先生本公司董事,中国公民,男,59岁,大学文化,高级政工师。历任大屯煤电公司姚桥煤矿党委副书记;大屯煤电公司党委副书记;现任大屯煤电(集团)有限责任公司董事、党委副书记。

王金余先生　本公司董事,中国公民,男,44岁,大学文化,高级工程师。曾任大屯煤电公司徐庄煤矿副矿长、矿长;大屯煤电公司副经理;现任大屯煤电(集团)有限责任公司董事、副总经理。

纪四平先生　本公司董事,中国公民,男,44岁,大专文化,高级工程师。历任大屯煤电公司龙东煤矿副矿长;大屯煤电公司生产处处长;大屯煤电公司副经理;大屯煤电(集团)有限责任公司副总经理;2000年10月至今任大屯煤电(集团)有限责任公司董事、副总经理。

刘雨忠先生　本公司董事兼经理,中国公民,男,46岁,大学文化,高级工程师。曾任大屯煤电公司姚桥煤矿总工程师;大屯煤电公司副总工程师兼姚桥煤矿矿长;大屯煤电(集团)有限责任公司副总经理兼总工程师;大屯煤电(集团)有限责任公司党委副书记;2000年10月至今任大屯煤电(集团)有限责任公司董事、党委副书记。

颛孙正宗先生　本公司董事,中国公民,男,57岁,大学文化,高级政工师。曾任煤炭部第三建设公司副经理,大屯煤电公司龙东矿筹建处副主任、科技环保处副处长、孔庄煤矿党委书记,大屯煤电公司工会主席,目前任大屯煤电(集团)有限责任公司董事、工会主席。

宋振德先生　本公司董事,中国公民,男,59岁,高中文化,高级工程师。历任黑龙江鸡西矿务局小恒山煤矿副矿长、滴道矿副矿长、工会主席,大屯煤电公司徐庄煤矿副矿长、矿长、生产处付处长、张双楼矿矿长、龙东煤矿矿长,大屯煤电公司安全监察局局长,1997年11月至今任大屯煤电(集团)公司安全监察局局长。

张启先生　本公司董事、副经理兼总经济师,中国公民,男,55岁,中专文化,高级工程师。曾任大屯煤电公司选煤厂副厂长、厂长,大屯煤电(集团)有限责任公司选煤厂厂长,大屯煤电(集团)有限责任公司副总经济师、发展计划处处长。

张振声先生　本公司董事,中国公民,男,51岁,大专文化,经济师。曾任宝钢集团物资部党办主任、部办主任、原燃料处副处长、副部长;宝钢集团国际经济贸易总公司原料一本部副部长,1998年10月至今任宝钢集团国际经济贸易总公司原料部副部长。

杨列克先生　本公司董事,中国公民,男,43岁,大学文化,工程师。曾任中国煤炭进出口总公司综合计划部总经理兼任中国煤炭进出口公司副总经理,1997年5月至今任中国煤炭进出口公司总经理。

(二)监事会成员

于反修先生　本公司监事会主席,中国公民,男,54岁,大专文化,高级政工师。历任大屯煤电公司纪委办公室主任、副书记,大屯煤电公司纪委书记,1997年11月至今任大屯煤电(集团)有限责任公司监事、纪委书记。

翁庆安先生　本公司监事,中国公民,男,45岁,大学文化,高级会计师。曾任大屯煤电公司财务处副处长、处长,大屯煤电(集团)有限责任公司财务处处长,大屯煤电(集团)有限责任公司副总会计师兼财务处处长,2000年9月至今任大屯煤电(集团)有限责任公司总会计师。

殷华东先生　本公司监事,中国公民,男,48岁,大学文化,高级经济师。曾任煤炭部第三建设公司二处党委办公室副主任,大屯煤电公司原张双楼矿办公室主任,大屯煤电公司办公室秘书、副主任、主任任大屯煤电(集团)有限责任公司办公室主任,2000年11月至今任大屯煤电(集团)有限责任公司副总经理。

高丕银先生　本公司监事,中国公民,男,53岁,大专文化,政工师。历任煤炭部三公司二处纪委副书记,大屯煤电公司纪委副处级纪检员、监察处副处长、法律顾问处副主任、政策法律处处长,1997年11月至今任大屯煤电(集团)有限责任公司政策法律处处长。

刘冬冬先生　本公司监事,中国公民,男,37岁,大专文化,会计师。曾任金陵审计事务所敬业分所所长,大屯煤电(集团)公司审计处副处长,2000年12月至今任大屯煤电(集团)有限责任公司审计部副部长。

敬守廷先生　本公司监事,中国公民,男,49岁,大学文化、高级工程师。曾任煤炭科学研究总院办公室副主任、主任、院长助理,1998年7月至今任煤炭科学研究总院副院长。

李玉峰先生　本公司监事,中国公民,男,50岁,大学文化,高级经济师。曾任上海市煤气公司杨树浦煤气厂团委书记,上海市煤气公司综合计划科科长,1997年6月至今任上海煤气制气物资贸易有限公司总经理。

(三)高级管理人员

凌永华先生　本公司董事会秘书,中国公民,男,48岁,大专文化,工程师。曾任大屯煤电公司姚桥煤矿党办副主任,大屯煤电公司办公室秘书、副主任、计划处副处长、处长、大屯煤电(集团)有限责任公司董事会秘书处处长。

符小民先生　本公司副经理兼总工程师,中国公民,男,42岁,研究生学历,高级工程师。历任大屯煤电公司张双楼矿、徐庄煤矿副总工程师,大屯煤电公司孔庄煤矿总工程师、大屯煤电(集团)有限责任公司生产技术处副处长、处长。

许之前先生　本公司总会计师,中国公民,男,39岁,大专文化,会计师。曾任大屯煤电公司财务处会计、副科长,大屯煤电公司驻青岛办事处会计师,大屯煤电(集团)有限责任公司铁路管理处总会计师,副处长。

二、上述人员的有关声明

1、本公司未与上述人员签订借款、担保等协议。

2、董事、监事、高级管理人员互相之间没有配偶关系、三代以内直系和旁系亲属关系。

3、上述人员在发行前不持有本公司或本公司关联企业的股份。

第七节 同业竞争与关联交易

一、股份公司的关联企业和实际控制人情况以及相互间的关联关系

股份公司的关联企业包括:作为控股股东的集团公司及其下属企业上海大屯煤电有限公司、中煤大屯建筑安装工程公司、中煤大屯矿建工程公司、中煤大屯特凿基础工程公司、大屯煤电集团公司铁路工程处等;作为发起人的中国煤炭进出口公司、宝钢集团国际经济贸易总公司、上海煤气制气物资贸易有限公司和煤炭科学研究总院及其下属各控股、参股公司;作为实际控制人的中国煤炭工业进出口集团公司及其下属各单位。

二、公司与关联方之间存在的同业竞争情况

1、公司与控股股东大屯煤电及其控制法人存在的同业竞争情况

大屯煤电为本公司的主发起人和控股股东,已将可能与本公司构成同业竞争的姚桥新井资产租赁给本公司经营,并将于股票发行上市后由本公司用募集资金收购姚桥新井资产。公司与控股股东大屯煤电及其下属企业之间不存在从事相同、相似业务的情况。

2、避免同业竞争的安排

为避免可能出现的同业竞争,避免因此损害股份公司及其中小股东的利益,集团公司向股份公司郑重承诺:

(1)集团公司在今后的经营中将尽量避免与股份公司的同业竞争,不再进行与股份公司构

成同业竞争的新的项目投资。

(2)在煤炭生产设备租赁、技术改造、水电供应等与股份公司生产经营有直接或间接关系的各个方面给予股份公司与其自身及其他下属企业平等或优先的地位,保证不因同业竞争而影响股份公司的生产及经营。

(3)承诺股份公司享有优先购买集团公司与其构成同业竞争的资产及业务的权利。且该项优先购买权由股份公司持续享有并可视其自身情况及本身意愿行事。

(4)如股份公司愿意,经双方协商,股份公司可以采取承包、租赁、托管等方式经营集团公司与股份公司构成同业竞争的资产及业务,从而避免或减少双方的同业竞争。

(5)如股份公司愿意,经双方或多方协商,还可以采取其他方式解决同业竞争问题,包括但不限于双方及第三方共同组建项目子公司等。

3、公司与实际控制人中国煤炭工业进出口集团公司以及其部分下属子公司目前从事煤炭相关业务。中国煤炭工业进出口集团公司与股份公司之间这种实际控制关系是由于煤炭行业管理体制的改变,大屯煤电作为部属煤炭企业于1999年5月被划归到中国煤炭工业进出口集团公司而形成的。虽然中国煤炭工业进出口集团公司是股份公司的实际控制人,但其对下属公司和股份公司的生产经营活动并不干预。

三、关联交易情况

(一)公司与集团公司的关联交易

1、关联交易协议

因地理环境、历史渊源关系等客观因素的影响,股份公司与集团公司之间在生活服务、生产辅助等方面难以避免地存在着若干关联交易。为此,股份公司与集团公司签署了一系列的有关关联交易协议。

(1)《综合服务协议》及《综合服务补充协议》:集团公司向股份公司提供办公场所租赁、综合仓库租赁、火药库和坑木场租赁、轮班制职工住宿、供暖、供水、洗浴服务、矿山救护、治安保卫、机械制修、通信服务等。根据协议,集团公司提供服务的价格为国家物价管理部门规定的价格;若无国家物价管理部门规定的价格,则为当地市场价格;若无可比的市场价格,则以成本价或成本价为基础确定的价格,作为协议价格。该协议有效期为五年,自2000年1月1日起计算。

(2)《煤、电供应协议》:在公平、合理的原则下,公司与集团公司按照市场经济的一般原则签订了该协议。根据协议中的约定,集团公司按照规定的标准向公司所属单位提供生产、经营所需的电力,公司负责按有关标准向集团公司提供动力煤。协议有效期为三年,自2000年1月1日起计算。供电的定价原则是以江苏省物价局、江苏省计划与经济委员会、江苏省电力局苏价工[1999]256号《关于在全省实行统一销售分类电价的通知》中的大工业电价。煤炭销售价格按当地市场价结算。公司为电厂用煤提供铁路运输服务,运量按电厂实际用煤量结算,价格按物价部门核定的价格结算。

(3)《设备租赁协议》:股份公司租赁集团公司综采设备、综掘设备及其相关附件用于各矿的煤炭生产,以租用设备的成本费用为设备租赁费结算依据,经测算,公司每年按租赁设备价值的15%向集团公司支付设备租赁费。协议有效期为三年,自2000年1月1日起计算。

(4)《姚桥新井资产租赁协议》(以下简称"协议")及《姚桥新井资产租赁补充协议》(以下简称"补充协议"):依照上述两个协议,股份公司租赁使用集团公司姚桥新井经营性资产。协议有效期为三年,自2000年1月1日起计算;若在此期间,股份公司经批准发行股票并上市,将收购姚桥新井资产,则协议终止。双方同意以姚桥新井资产及生产经营状况为基础,协商确定租赁费用2000年为10,910万元,经补充协议调整后2001年租赁费为9855万元,2002年租赁费为9505万元。

(5)《土地使用权租赁协议》:股份公司租赁使用集团公司73宗土地使用权,面积共计2,107,741.81平方米,年租金共计189.697万元;租金额每两年调整一次,调整幅度按当时的江苏省国有土地年租金最低保护价标准执行。协议有效期为二十年,自2000年1月1日起计算。

(6)《采矿权转让协议书》:股份公司以经北京海地人资源咨询有限公司评估并经国土资源部确认的徐庄煤矿、孔庄煤矿、姚桥煤矿和龙东煤矿四矿的采矿权评估结果为依据,按6,027.32万元的转让总价款向集团公司购买上述四矿的采矿权;转让总价款自2000年起由公司于每年12月31日前通过银行向集团公司支付3013.66万元,两年内付清。

(二)公司与其他关联方的关联交易

宝钢集团国际经济贸易总公司持有本公司2.37%的股份,是公司的第三大股东。宝钢集团作为大屯煤电销售客户和供应商,两者之间的销售和供应活动按照一般市场经济关系公平进行,在价格方面执行市场价格。

(三)本次募股资金运用所涉及的关联交易

经股份公司2001年度第一次临时股东大会批准及中国煤炭工业进出口集团公司中煤投资字[2001]第52号文批准同意,股份公司拟在公开发行股票后,运用部分募股资金受让集团公司姚桥新井资产,双方就此事项于2000年12月11日签订了《姚桥新井资产转让协议》,并于2001年4月29日签订了《补充协议》。双方以经评估确认的资产值为基础,协商约定转让价格为评估值7,975.99万元扣除评估日与收购日之间发生的折旧和损耗后的金额。根据财政部企便函[2001]061号文《关于上海大屯能源股份有限公司收购资产评估结果有效性问题的复函》,股份公司在本次股票发行后实施收购,中企华资产评估报告结果有效。公司第一届董事会第四次会议、2001年第一次临时股东大会和2001年第二次临时股东大会在对收购姚桥新井表决时,关联股东及有利益冲突的董事已回避。

(四)公司律师和主承销商就上述关联交易发表的法律意见

1、公司律师意见

本公司律师认为,已对发行人的关联方、关联关系和关联交易及同业竞争问题予以充分披露。经公司律师审查,股份公司与集团公司就有关关联交易分别签订了《综合服务协议》及《综合服务补充协议》、《煤、电供应协议》、《设备租赁协议》、《姚桥新井资产租赁协议》、《土地使用权租赁协议》、《采矿权转让协议书》等,并提交股份公司第一届董事会第二次会议和2000年度第一次临时股东大会审议通过,关联董事和关联股东在该两次会议上分别予以了回避。且股份公司监事会发表了专项意见,认为公司与集团公司2000年度在综合服务、设备租赁、土地使用权租赁等方面的关联交易,符合公司的长远利益,公平、合理,没有损害公司和非关联股东的利益,没有违反法律、法规、公司章程,公司管理层履行了应尽的诚信义务。基于上述情形,发行人律师认为,上述关联交易的定价政策合理,决策程序符合公司章程的有关规定,未发现有损股份公司及其中小股东利益之处。

2、主承销商意见

本次发行主承销商认为所披露的关联方、关联关系、关联交易已充分披露,不存在损害发行人及中小股东利益的情形,决策程序合法有效。

本公司提醒投资者,有关关联方、关联关系和关联交易的详细情况请见招股说明书全文。

第八节 财务会计资料

本公司聘请江苏天衡会计师事务所对公司2001年1-6月的财务报表进行了审计,出具了标准无保留意见的审计报告。

鉴于本公司截至2000年12月31日的有关财务会计资料,已于2001年7月31日在《中国证券报》、《上海证券报》、《证券时报》上刊登的《招股说明书摘要》中进行披露,相同内容在此不再重复。欲了解本公司经审计的财务报表及主要财务指标的详细内容,敬请投资者查阅上述报纸或在上海证券交易所网站(http://www.sse.com.cn)查阅《招股说明书》全文。本上市公告书中仅对公司2001年1-6月份的财务资料进行补充披露。以下财务资料引自天衡会计师事务所出具的天衡审字(2001)304号审计报告。

一、审计报告

审 计 报 告

天衡审字(2001)304号

上海大屯能源股份有限公司全体股东:

我们接受委托,审计了贵公司2001年6月30日资产负债表和2001年1-6月利润及利润分配表及现金流量表。这些会计报表由贵公司负责,我们的责任是对这些会计报表发表审计意见。我们的审计是依据中国注册会计师独立审计准则进行的。在审计过程中,我们结合贵公司的实际情况,实施了包括抽查会计记录等我们认为必要的审计程序。

我们认为,上述会计报表符合《企业会计准则》和《企业会计制度》的有关规定,在所有重大方面公允地反映了贵公司2001年6月30日的财务状况和2001年1-6月的经营成果及现金流量情况,会计处理方法的选用遵循了一贯性原则。

江苏天衡会计师事务所有限公司　　　　中国注册会计师:虞丽新
中国·南京　　　　中国注册会计师:杨宏斌
2001年8月19日

二、主要财务报表(附后)

上海大屯能源股份有限公司
会计报表附注

一、公司基本情况

上海大屯能源股份有限公司(以下简称"公司"),是经国家经济贸易委员会国经贸企改(1999)1263号文批准,由大屯煤电(集团)有限责任公司(以下简称"集团公司")、中国煤炭进出口公司、宝钢集团国际经济贸易总公司、上海煤气制气物资贸易有限公司和煤炭科学研究总院作为发起人,以发起方式设立的股份有限公司。公司于1999年12月29日在上海市浦东新区注册登记,注册号3100001006294,注册资本为人民币30,151万元。公司建立了规范的法人治理结构,成立了综合部、人事部、财务部、生产技术部、发展计划部、物资部和运销部等职能机构;经江苏省工商行政管理局注册登记,公司在生产基地设立了江苏分公司,负责姚桥煤矿、龙东煤矿、孔庄煤矿、徐庄煤矿、大屯选煤厂和铁路处的生产经营管理。

在发起设立过程中,集团公司以所属的徐庄煤矿、孔庄煤矿、姚桥煤矿(老井)、龙东煤矿、大屯选煤厂、铁路管理处、销售分公司、供应处经评估并经财政部确认后的生产经营性资产及相关的负债所形成的净资产43,485.80万元作为出资,按65%的折股比例折为国有法人股28,266万股;其他发起人中国煤炭进出口公司以货币资金出资1,500万元、宝钢集团国际经济贸易总公司以货币资金出资1,100万元、上海煤气制气物资贸易有限公司以货币资金出资200万元、煤炭科学研究总院以货币资金出资100万元,共计2,900万元,按65%的折股比例折为1,885万股。主发起人集团公司投入公司评估后的经营性资产及负债形成的净资产已经财政部财评字[1999]617号文确认,其确认的评估增减值公司已按有关规定进行了相应的账务处理。

公司属工业企业(采掘业),业务范围包括煤炭开采、洗选加工、煤炭销售、铁路运输(限管辖内的煤矿专用铁路),实业投资,国内贸易(除专项审批项目)。公司主要产品有6级、9级精煤及洗煤等。

二、公司主要会计政策、会计估计及其变更

1、会计制度:执行《企业会计制度》及其补充规定。

2、会计年度:以公历1月1日起至12月31日止为一个会计年度。

3、记账本位币:人民币。

4、记账基础和计价原则:以权责发生制为记账基础,以历史成本为计价原则。

5、现金等价物的确定标准:现金等价物是指公司持有的期限短、流动性强、易于转换为已知金额的现金、价值变动风险很小的投资。

6、短期投资核算方法:

(1)短期投资包括购入能随时变现并且持有时间不准备超过一年(含一年)的股票、债券等投资。

(2)短期投资按实际成本计价;短期投资处置时,按实际收到的价款扣除短期投资的实际成本及已计未领取的现金股利、利息后的差额,确认为投资收益。

(3)短期投资跌价准备:期末短期投资按成本与市价孰低计价,并按投资总体计提短期投资跌价准备。

7、坏账损失核算方法:

(1)公司的坏账核算采用备抵法,按应收款项(包括应收账款、其他应收款)期末余额的账龄分析计提坏账准备。公司根据债务单位的财务状况、现金流量等情况,确定的坏账准备提取比例为:

账龄1年(含1年,以下类推)以内的,按其余额的5%计提;

账龄1-2年的,按其余额的10%计提;

账龄2-3年的,按其余额的20%计提;

账龄3-4年的,按其余额的40%计提;

账龄4-5年的,按其余额的80%计提;

账龄5年以上的,按其余额的100%计提;

另外,对有确凿证据表明该应收款项收回难度较大的,根据实际情况提取特别坏账准备。

(2)坏账的确认标准为:因债务人破产或者死亡,以其破产财产或者遗产清偿后,仍然不能收回的应收款项,或者因债务人逾期未履行偿债义务且有充分证据表明不能收回的应收款项。

8、存货核算方法:公司存货分为原材料、辅助材料、产成品、低值易耗品等。

(1)原材料、辅助材料日常核算按计划成本核算,按月结转材料实际成本与计划成本的差异,将发出材料的计划成本调整为实际成本。

(2)产成品日常核算按实际成本核算,产成品发出计价采用加权平均法。

(3)低值易耗品采用领用时一次摊销法核算。

(4)存货盘存采用永续盘存法。

(5)存货跌价准备的确认标准和计提方法:期末存货按成本与可变现净值孰低原则,按单个存货项目的成本与其可变现净值的差额,采用备抵法计提存货跌价准备。

9、长期股权投资核算方法:

(1)长期股权投资按投资时实际支付的价款或确定的价值记账;

(2)公司对其他单位的投资占该单位有表决权资本总额20%以下,或对其他单位的投资虽占该单位有表决权资本总额20%或20%以上,但不具有重大影响,采用成本法核算;公司对其他单位投资占该单位有表决权资本总额20%或20%以上,或虽投资不足20%,但有重大影响,采用权益法核算;公司对其他单位的投资占该单位有表决权资本总额50%以上(不含50%),或虽投资不超过50%,但具有实质控制权的,编制合并会计报表。

(3)采用权益法核算的长期股权投资,取得时的成本与其在被投资单位所有者权益中所占有的份额的差额,在"股权投资差额"核算,并在年度终了分期平均摊销,计入损益。摊销期限,如合同规定了投资期限的,按投资期限摊销,没有规定投资期限的,按十年平均摊销。

10、长期债权投资核算方法:

(1)长期债券投资:按实际支付的价款扣除支付的税金和手续费等相关费用,以及分期付息债券包含的自发行日起至取得日止的利息后的余额作为实际成本记账;实际成本与债券面值的差额,作为溢价或折价,在债券存续期内采用直线法摊销;债券投资按期计算应计利息,应计利息减债券投资溢价(或加折价)摊销额后的金额,计入当期投资收益。

(2)其他债权投资:按实际支付的价款入账;按期计算应计利息,计入当期投资收益。

11、长期投资减值准备核算方法:

公司对被投资单位由于市价持续下跌或被投资单位经营状况恶化等原因导致其可收回金额低于账面价值,且这种降低的价值在可预计的未来期间内不可能恢复时,按可收回金额低于长期投资账面价值的差额,计提长期投资减值准备。

12、固定资产计价和折旧方法:

(1)固定资产按实际成本计价,公司设立时发起人投入的固定资产按评估确认值计价。

(2)固定资产是指使用年限超过一年的房屋、建筑物、机器、机械、运输工具以及其他与生产经营有关的设备、器具、工具等,不属于生产、经营主要设备的物品,单位价值在2000元以上,并且使用期限超过两年的,也作为固定资产。

(3)固定资产折旧

A、井巷建筑物根据财政部(89)财工字第302号文规定,矿井建筑物按产量计提折旧,计提比例为2.5元/吨;

B、其他固定资产采用直线法计提折旧,并按固定资产估计使用年限和预计净残值率3%确定其分类折旧率如下:

固定资产类别	折旧年限(年)	年折旧率(%)
房屋、建筑物	20-30	4.85-3.23
机器设备	7-15	13.86-6.47
运输设备	8	12.13
工具仪器	7	13.86

(4)固定资产减值准备:期末对固定资产逐项检查,如果固定资产的市价持续下跌或技术陈旧、损坏、长期闲置等原因导致其可收回金额低于帐面价值,则对可收回金额低于帐面价值的差额计提固定资产减值准备,提取时按单个项目进行计提。

13、在建工程核算方法:

(1)公司在建工程核算为建造或修理固定资产而进行的各项建筑和安装工程,包括固定资产新建工程、改扩建工程、大修理工程等所发生的实际支出,以及改扩建工程等转入的固定资产净值。

(2)为购建固定资产的专门借款发生的借款费用(包括借款利息、折价或溢价的摊销和辅助费用、汇兑差额等),在所购建固定资产达到预定可使用状态之前发生的,计入在建工程成本。

(3)公司以所购建固定资产达到预定可使用状态之时作为确认固定资产的时点。

(4)在建工程减值准备:期末对在建工程逐项检查,如果存在①在建工程长期停建并且预计在未来3年内不重新开工的;②所建项目无论在性能上,还是在技术上已经落后,并且对企业带来的经济利益具有很大的不确定性;③其他足以证明在建工程已经减值的情形。则对可收回金额低于在建工程帐面价值的差额计提在建工程减值准备,提取时按单个项目进行计提。

14、无形资产计价和摊销方法:无形资产按实际成本计价,并按受益年限采用直线法摊销;期末对无形资产按帐面价值与可收回金额孰低计量,对可收回金额低于帐面价值的差额计提无形资产减值准备。

15、收入确认原则:

(1)销售商品收入的确认:以商品所有权上的重要风险和报酬转移给买方,公司不再对该商品实施继续管理权和实际控制权,与交易相关的经济利益能够流入企业,并且与销售该商品有关的成本能够可靠地计量时,确认销售商品收入的实现。

(2)提供劳务收入的确认:以劳务总收入和总成本能够可靠地计量,与交易相关的经济利益能够流入企业,劳务的完成程度能够可靠地确定时,确认劳务收入的实现。

(3)他人使用本公司资产收入的确认:以与交易相关的经济利益能够流入企业,收入的金额能够可靠地计量时,确认他人使用本公司资产收入的实现。

16、所得税的会计处理方法:采用应付税款法。

17、会计政策变更:公司原执行《股份有限公司会计制度》,根据财政部财会[2000]25号文《关于印发〈企业会计制度〉的通知》和财会字[2001]17号文《关于贯彻实施〈企业会计制度〉有关政策衔接问题的规定的通知》等文件的规定,公司从2001年1月1日起执行《企业会计制度》及其有关规定。

公司会计政策将做如下变更:

(1)开办费原按5年摊销,现采用一次性进入企业开业当期损益处理;

(2)期末固定资产原按帐面净值计价,现改为固定资产帐面价值与可收回金额孰低计价,对可收回金额低于帐面价值的的差额,计提固定资产减值准备;

(3)期末在建工程原按帐面净值计价,现改为在建工程帐面价值与可收回金额孰低计价,对可收回金额低于帐面价值的的差额,计提在建工程减值准备;

(4)期末无形资产原按帐面净值计价,现改为无形资产帐面价值与可收回金额孰低计价,对可收回金额低于帐面价值的差额,计提无形资产减值准备。

开办费摊销政策变更采用未来适用法,影响当期利润-143.33万元;固定资产减值准备、在建工程减值准备、无形资产减值准备的计提采用追溯调整法,但由于公司不需计提上述资产减值准备,对报告期的经营成果无影响。

三、会计报表主要项目注释(如无特别说明,以下货币单位均为人民币元)

1、货币资金:截止2001年6月30日货币资金余额114,475,567.91元,其明细项目列示如下:

项目	初数	期末数
现　金	75,426.62	51,139.65
银行存款	30,923,432.10	114,424,428.26
合　计	30,998,858.72	114,475,567.91

货币资金余额较年初数上升269.29%,其主要原因是煤炭市场好转,货款回笼较好,经营活动现金净流量增加。

2、应收票据:截止2001年6月30日应收票据余额67,409,339.84元,其有关情况列示如下:(1)按票据种类列示如下:

票据种类	年初数	期末数
银行承兑汇票	41,616,153.98	60,235,921.84
商业承兑汇票	3,744,297.50	7,173,418.00
合　计	45,360,451.48	67,409,339.84

(2)应收票据余额中无已贴现、抵押的票据。

(3)本账户余额中无应收持有公司5%(含5%)以上股份的股东单位的票据。

应收票据余额较年初数上升48.61%,其主要原因是本期商品销售货款以承兑汇票方式结算较以前有所增加。

3、应收账款:截止2001年6月30日应收账款余额200,867,884.15元,其主要情况列示如下:

(1)账龄分析:

账龄	年初数			期末数		
	金额	比例	坏账准备	金额	比例	坏账准备
1年以内	146,491,407.46	67.40%	7,324,570.37	110,586,263.38	50.24%	5,529,313.17
1-2年	70,560,060.20	32.47%	7,056,006.02	82,018,406.57	37.26%	8,201,840.66
2-3年	278,472.63	0.13%	55,694.53	27,420,770.63	12.46%	5,484,154.13
3年以上				96,252.53	0.04%	38,501.00
合计	217,329,940.29	100.00%	14,436,270.92	220,121,693.11	100.00%	19,253,808.96

(2)本账户余额中无应收持有公司5%(含5%)以上股份的股东单位的款项。

(3)应收账款中欠款金额前五名的明细情况列示如下:

单位名称	金额
上海焦化有限公司	80,095,072.51
上海梅山冶金有限公司	31,986,981.80
上海中源煤炭电子商务有限公司	9,849,919.66
徐州先亚工贸有限公司	9,524,758.73
上海浦大工贸有限公司	9,354,341.34

4、其他应收款:截止2001年6月30日其他应收款余额3,753,826.86元,其主要情况列示如下:

(1)账龄分析:

账龄	年初数			期末数		
	金额	比例	坏账准备	金额	比例	坏账准备
1年以内	2,827,257.14	87.5%	141,362.86	3,504,558.34	86.34%	175,227.91
1-2年	135,852.52	4.2%	13,585.25	259,188.45	6.38%	25,918.85
2-3年	268,091.10	8.3%	53,618.22	68,783.54	1.69%	13,756.71
3年以上				227,000.00	5.59%	90,800.00
合计	3,231,200.76	100.0%	208,566.33	4,059,530.33	100.00%	305,703.47

(2)本账户余额中无应收持有公司5%(含5%)以上股份的股东单位的款项。

(3)其他应收款中欠款金额较大的项目明细情况列示如下:

项目	金额	款项性质
备用金	2,251,382.99	暂借款
上海煤炭交易所	200,000.00	保证金

5、预付账款:截止2001年6月30日预付账款余额7,593,619.92元,其主要情况列示如下:

(1)账龄分析:

账龄	年初数		期末数	
	金额	比例	金额	比例
1年以内	8,312,552.50	98.83%	7,571,547.23	99.71%
1-2年	98,563.11	1.17%	22,072.69	0.29%
合 计	8,411,115.61	100.00%	7,593,619.92	100.00%

(2)本账户余额中无预付持有公司5%(含5%)以上股份的股东单位的款项。

(3)预付账款中欠款金额前五名的明细情况列示如下:

单位名称	金额
北京煤机厂	4,500,000.00
中船气体开发公司	1,296,951.00
天地科技股份有限公司	480,000.00
天津车辆改装厂	88,000.00
武钢集团汉口轧钢厂	82,000.00

6、应收补贴款:截止2001年6月30日应收补贴款余额11,427,483.64元,均为委托中煤进出口集团公司出口煤炭,按税收政策实行先征后退,尚未退还的增值税税款。

7、存货:截止2001年6月30日存货余额74,623,997.07元,其明细项目列示如下:

项目	年初数	期末数
原材料	43,268,873.13	45,702,875.75
产成品	38,153,178.49	23,474,354.27
在途材料	5,258,989.34	2,517,314.51
委托加工材料	3,485,247.54	2,929,452.54
合计	90,166,288.50	74,623,997.07

[注]年末存货可变现净值均高于存货账面价值,故不需提取存货跌价准备。

8、固定资产及累计折旧:截止2001年6月30日固定资产原值1,070,697,560.29元,累计折旧550,304,849.89元,固定资产净值520,392,710.40元,其主要情况列示如下:

(1)2001年1-6月固定资产原值及累计折旧增减变动情况列示如下:

项目	期初数	本期增加	本期减少	期末数
原值				
房屋建筑物	166,815,040.61	-	-	166,815,040.61
铁路线路	235,495,066.15	-	-	235,495,066.15
井巷建筑物	247,916,129.30	-	-	247,916,129.30
机器设备	373,955,782.09	3,573,460.00	-	377,529,242.09
运输设备	15,081,398.92	-	-	15,081,398.92
铁路运输设备	11,544,011.00	-	-	11,544,011.00
工具仪器	16,058,043.92	258,628.30	-	16,316,672.22
合计	1,066,865,471.99	3,832,088.30	-	1,070,697,560.29
累计折旧				
房屋建筑物	55,219,828.15	3,201,494.15	-	58,421,322.30
铁路线路	120,559,539.70	8,545,764.38	-	129,105,304.08
井巷建筑物	133,209,069.81	7,316,232.50	-	140,525,302.31
机器设备	176,598,787.41	20,261,907.09	-	196,860,694.50
运输设备	7,929,452.25	781,250.19	-	8,710,702.44
铁路运输设备	7,070,919.40	597,853.26	-	7,668,772.66
工具仪器	8,254,569.08	758,182.52	-	9,012,751.60
合计	508,842,165.80	41,462,684.09注	-	550,304,849.89
净值	558,023,306.19			520,392,710.40

注:累计折旧本期增加数包括集团公司以现金方式返还的其投入公司固定资产评估增减值应计提的评估基准日至调帐日的折旧3,644,449.27元。

(2)固定资产无用于抵押、担保的情况。

9、在建工程:截止2001年6月30日在建工程余额477,090.91元,其有关情况列示如下:

项目	期初数	本期增加	本期转入固定资产数	其他减少数	期末数	工程进度	资金来源
沉淀池改造	-	360,055.91	-	-	360,055.91	30%	自筹
其他	158,160.00	494,185.00	535,310.00	-	117,035.00		自筹
合计	158,160.00	854,240.91	535,310.00	-	477,090.91		

注:本期在建工程发生额中无利息资本化支出。

10、无形资产:截止2001年6月30日无形资产余额57,224,900.23元,其有关情况列示如下:

项目	取得方式	原始金额	本期摊销额	累计摊销额	期末余额	剩余摊销年限
采矿权	购入	60,273,200.00	1,039,193.10	3,048,299.77	57,224,900.23	28.5年

11、长期待摊费用:截止2001年6月30日长期待摊费用余额为零,其有关情况列示如下:

项目	年初数	本期增加	本期摊销	期末数
开办费	1,638,014.26	-	1,638,014.26	-

12、短期借款:截止2001年6月30日短期借款余额60,000,000.00元,其主要情况列示如下:

借款类别	年初数	期末数
银行借款:		
担保借款	53,000,000.00	60,000,000.00
	53,000,000.00	60,000,000.00

13、应付账款:截止2001年6月30日应付账款余额75,823,990.91元,本账户余额中无应付持有公司5%(含5%)以上股份的股东单位的款项。

14、预收账款:截止2001年6月30日预收账款余额23,776,761.17元,本账户余额中无预收持有公司5%(含5%)以上股份的股东单位的款项。

15、应付工资:截止2001年6月30日应付工资余额93,821,667.60元,较年初数上升38.22%,其主要原因是公司根据2001年度工资计划以及上半年效益完成情况提取的部分尚未发放的工资及奖金。

16、应交税金:截止2001年6月30日应交税金余额35,188,619.27元,其主要情况列示如下:

(1)明细项目列示如下:

税种	年初数	期末数
企业所得税	2,017,636.18	21,761,485.40
增值税	-7,766,897.44	10,602,911.84
矿产资源税	1,188,334.20	1,050,220.38
营业税	989,067.39	946,465.22
城建税	536,276.50	586,733.02
房产税	397,638.35	240,803.41
土地使用税	31,584.00	-
合 计	-2,606,360.82注	35,188,619.27

注:比上年报告数减少10,436,760.06元,原因参见本附注八。

(2)公司适用的有关税收政策:

A、流转税:

(1)增值税:

①煤炭销售收入按13%税率计缴;

②材料销售收入按17%税率计缴。

(2)营业税:

①铁路运输收入按3%税率计缴;

②固定资产出租收入按5%税率计缴。

B、矿产资源税:实行从量计征,按原煤销售量1元/吨计缴。

C、城建税:公司按实际缴纳流转税额的7%计缴;公司所属江苏分公司按实际缴纳流转税额的5%计缴。

D、所得税:

公司在上海浦东新区注册,根据上海市浦东新区税务局浦税核Q2(2001)0004号《税收优惠核定通知书》,公司上海总机构减按15%税率征收企业所得税,2000年度免征企业所得税;公司所属江苏分公司按应纳税所得额的33%计缴所得税。

E、房产税:

从价计征:房产原值一次减除30%后的余值按1.2%的税率计缴;从租计征:房产租金收入按12%的税率计缴。

17、其他应交款:截止2001年6月30日其他应交款余额1,495,111.40元,其主要情况列示如下:

项目	年初数	期末数
矿产资源补偿费	762,617.48	31,307.49
教育费附加	425,253.60	1,463,803.91
合 计	1,187,871.08	1,495,111.40

公司适用的有关税费政策:

A、矿产资源补偿费:按原煤销售收入与开采回采系数的乘积的1%计缴。

B、教育费附加:公司按实际缴纳流转税额的3%计缴;公司所属江苏分公司按实际缴纳流转税额的4%计缴。

18、其他应付款:截止2001年6月30日其他应付款余额70,505,987.91元,其主要情况列示如下:

(1)主要往来单位列示如下:

项目	金额	款项性质
沛县卞庄村委会	8,761,310.80	应付迁村费
徐州铁路分局	4,006,036.22	代收运费
职工教育经费	3,056,241.78	
中国煤田地质总局	2,080,000.00	应付勘探费
张楼乡张楼村委会	1,915,348.64	应付塌陷赔偿费

(2)截止2001年6月30日本账户余额中应付持有公司5%(含5%)以上股份的股东单位的款项列示如下:

股东名称	金额	款项性质
大屯煤电(集团)有限责任公司	4,948,218.29	按合同尚未支付的购采矿权款

19、预提费用:截止2001年6月30日预提费用余额28,437,044.07元,其明细项目列示如下:

项目	金额
地面塌陷赔偿费	7,466,516.78
货车使用费	2,504,293.80
机车租赁费	1,482,401.39
大修理费用	9,300,000.00
复垦费	3,216,907.70
大坝加固费	4,466,924.40
合 计	28,437,044.07

预提费用2001年6月30日有余额而年初无余额,其主要原因是以上费用年度中间尚未结算,故预提余额较大,待年终结算后如有尚未支付的款项则转入其他应付款。

20、一年内到期的长期负债:截止2001年6月30日一年内到期的长期负债余额30,000,000.00元,其明细项目列示如下:

借款类别	借款单位	金额	借款期限	月利率
银行借款:				
担保借款	工行沛县支行	30,000,000.00	2000.05.31—2002.05.31	4.95‰
合 计		30,000,000.00		

一年内到期的长期负债2001年6月30日有余额而年初无余额,原因是将一年内到期的长期借款重分类至本科目。

21、长期借款:截止2001年6月30日长期借款余额51,400,000.00元,其明细项目列示如下:

借款类别	借款单位	金额	借款期限	月利率
银行借款:				
担保借款	工行沛县支行	30,000,000.00	2000.05.31—2003.05.31	4.95‰
担保借款	工行沛县支行	21,400,000.00	2000.12.28—2003.12.20	4.95‰
合 计		51,400,000.00		

长期债款期末余额较年初余额减少36.86%,原因是将一年内到期的长期借款重分类至一年内到期的长期负债。

22、股本:截止2001年6月30日股本余额301,510,000.00元,本期无增减变化,其股本结构列示如下:

股东名称	出资金额	持股比例
大屯煤电(集团)有限责任公司	282,660,000.00	93.75%
中国煤炭进出口公司	9,750,000.00	3.23%
宝钢集团国际经济贸易总公司	7,150,000.00	2.37%
上海煤气制气物资贸易有限公司	1,300,000.00	0.43%
煤炭科学研究总院	650,000.00	0.22%
合 计	301,510,000.00	100.00%

23、资本公积:截止2001年6月30日资本公积余额162,347,986.87元,均为股本溢价,本期无增减变化。

24、盈余公积:截止2001年6月30日盈余公积余额22,715,129.60元,本期无增减变动,其明细项目列示如下:

项目	金额
法定盈余公积	11,357,564.80
法定公益金	11,357,564.80
合 计 注	22,715,129.60

注:比上年报告数增加2,087,352.02元,原因参见本附注八。

25、未分配利润:截止2001年6月30日未分配利润余额75,064,267.62元,其形成过程列示如下:

项目	金额	
年初未分配利润	8,349,408.04	注
加:本期净利润	66,714,859.58	
减:提取法定盈余公积		
提取公益金		
应付普通股股利		
未分配利润	75,064,267.62	

注:比上年报告数增加8,349,408.04元,原因参见本附注八。

26、主营业务税金及附加:2001年1-6月主营业务税金及附加发生额为12,077,010.01元,其明细情况列示如下:

项目	本期数	上年同期数
矿产资源税	3,615,697.82	3,168,279.00
营业税	3,200,725.00	3,132,348.56
城建税	2,991,185.41	2,221,180.20
教育费附加	2,269,401.78	1,776,869.31
合 计	12,077,010.01	10,298,677.07

27、其他业务利润:2001年1-6月其他业务利润发生额为3,279,779.88元,其明细情况列示如下:

项目	本期数	上年同期数
材料物资	657,402.13	756,121.26
煤泥及矸石	2,468,243.89	1,132,666.61
其他	154,133.86	61,110.76
合 计	3,279,779.88	1,949,898.63

28、财务费用:2001年1-6月财务费用发生额为4,658,409.26元,其明细情况列示如下:

项目	本期数	上年同期数
利息支出	5,239,581.75	3,343,640.26
减:利息收入	590,910.54	217,043.42
手续费	9,738.05	12,608.19
合 计	4,658,409.26	3,139,205.03

29、2001年1-6月支付的其他与经营活动有关的现金为72,685,059.80元,其主要明细项目列示如下:

项目	金额
支付的运输费	44,681,176.33
支付的综合服务费	15,009,000.00
支付的运输代理费	1,320,287.40
支付的差旅费	892,639.95
支付的办公费	731,416.96
支付的招待费	637,911.02
支付的咨询费	371,094.00
支付的技术开发费	308,099.95

四、关联方关系及其交易

(一)存在控制关系的关联方情况

企业名称:大屯煤电(集团)有限责任公司

住所:徐州市沛县大屯

注册资本:柒亿玖仟陆佰捌拾捌万元整

主营业务范围:火力发电,公路运输,机械制造、地质勘探、勘察设计、金属冶炼、建筑安装,电力经销等

与本企业关系:母公司

持股比例:93.75%

经济性质:有限责任公司(国有独资)

法定代表人:李钟奇

(二)不存在控制关系的关联方情况

企业名称	与本公司的关系
上海大屯煤电有限公司	同一母公司
中煤大屯建筑安装工程公司	同一母公司
中煤大屯矿建工程公司	同一母公司
中煤大屯特凿基础工程公司	同一母
公司上海梦彤洗涤用品有限公司	同一母公司
上海瓯沪物资有限公司	同一母公司
青岛增广工贸有限公司	同一母公司
深圳鹏海工贸公司	同一母公司
大屯煤电(集团)公司铁路工程处	同一母公司

(三)关联方交易事项

1、关联方向公司提供电力、修理加工、设备租赁

(单位:人民币万元)

关联单位名称	交易内容	2001年1-6月	2000年1-6月
大屯煤电(集团)有限责任公司	提供电力	5,038.53	4,493.27
大屯煤电(集团)有限责任公司	修理加工	2,944.35	1,679.82
大屯煤电(集团)有限责任公司	设备租赁	1,396.05	1,503.20
合计		9,378.93	7,676.29

2、关联方向公司出让采矿权

2000年1月大屯煤电(集团)有限责任公司与公司签订了"采矿权转让协议",向公司出让徐庄煤矿、孔庄煤矿、姚桥煤矿(包括老井、新井)、龙东煤矿等四个矿的采矿权,出让总金额为6,027.32万元。该笔价款由公司在二年内分期支付,2000年1-6月未支付,2001年1-6月支付2,518.84万元。

3、关联方向公司出租姚桥新井

大屯煤电(集团)有限责任公司与公司签订了"姚桥新井资产租赁协议"及"姚桥新井资产租赁补充协议",向公司出租姚桥新井所属设备、辅助设备等,2000年1-6月的租赁费为5,455.00万元,2001年1-6月的租赁费为4,927.50万元。

4、关联方向公司提供综合服务

大屯煤电(集团)有限责任公司向公司提供各种综合服务,2000年1-6月共计收取综合服务费为1,248.86万元,2001年1-6月共计收取综合服务费为1,500.90万元。

5、关联方向公司出租土地使用权

大屯煤电(集团)有限责任公司与公司签订了"土地使用权租赁协议",向公司出租土地使用权,2000年1-6月共计收取租金为94.85万元,2001年1-6月共计收取租金为94.85万元。

6、公司向关联方销售煤炭

(单位:人民币万元)

关联单位名称	2001年1-6月	2000年1-6月
大屯煤电(集团)有限责任公司	3,035.81	2,639.54
上海大屯煤电有限公司		2,498.60
合计	3,035.81	5,138.14

7、公司应付关联方款项

其他应付款

(单位:人民币万元)

关联单位名称	2001.6.30	2000.12.31
大屯煤电(集团)有限责任公司	494.82	3,014.85

五、或有事项

截止资产负债表日,公司没有为公司股东以及公司股东的控股子公司、附属企业或者个人债项提供担保。公司也无需要披露的其他重大或有事项。

六、承诺事项

截止资产负债表日,公司无需要披露的重大承诺事项。

七、资产负债表日后事项中的非调整事项

经中国证券监督管理委员会证监发行字(2001)43号文核准,公司2001年8月7日利用上海证券交易所交易系统,采用上网定价发行方式向社会公开发行人民币普通股10,000万股(不包括按照国务院有关减持国有股的规定,国有股存量发行1,000万股),每股面值1.00元,发行价为每股人民币9元,发行总收入为人民币900,000,000.00元,扣除股票发行费用元24,580,000.00元后,公司实际募集资金875,420,000.00元。本次股票发行后,公司股本增至人民币401,510,000.00元。

八、其他重要事项

2000年公司上海总部按应纳税所得额的15%计提所得税,2001年上海市浦东新区税务局浦税核Q2(2001)0004号《税收优惠核定通知书》,核定上海总部2000年免征所得税,公司本期对该事项按追溯调整法进行调整,调整了期初留存收益及相关项目的期初数,2000年度会计报表相关项目已按调整后的数字填列。其中:调减2000年度所得税10,436,760.06元,调减2000年末应交税金10,436,760.06元,调增2000年末未分配利润8,349,408.04元,调增2000年末盈余公积2,087,352.02元。根据公司第一届第七次董事会《关于2000年度上海总机构经营所得免征所得税形成的未分配利润归属的决议》,上述未分配利润由公司公开发行股票后的新老股东共享。

主要财务指标

1、公司财务报告期间的各项财务指标

财务指标	2001年中期	2000年	1999年	1998年
流动比率	1.08	0.88	0.81	0.73
速动比率	0.91	0.68	0.59	0.54
应收帐款周转率	3.66	5.87	4.81	7.18
存货周转率	5.97	9.59	7.46	8.09
无形资产/总资产	5.41%	5.96%	0.23%	—
资产负债率	0.47	0.52	0.49	0.62
每股净资产	1.86	1.61	1.50	—
每股经营活动现金流	0.6081	0.2865	—	—

2、净资产收益率和每股收益

根据《公开发行证券公司信息披露编报规则第九号——净资产收益率和每股收益的计算及披露》,公司2000年度和2001年中期净资产收益率和每股收益列示如下:

	净资产收益率				每股收益(元/股)			
	全面摊薄		加权平均		全面摊薄		加权平均	
	2000	2001*	2000	2001*	2000	2001*	2000	2001*
主营业务利润	76%	42%	80%	44%	1.22	0.78	1.22	0.78
营业利润	28%	17%	30%	18%	0.46	0.32	0.46	0.32
净利润	21%	12%	22%	13%	0.34	0.22	0.34	0.22
扣除非经常性损益	22%	12%	22%	13%	0.35	0.22	0.35	0.22

注:2001*中所标明的指标数据是以2001年中报相关数据为计算口径的指标

盈利预测数据

本公司对 2001 年公司的盈利情况进行了预测，并委托江苏天衡会计师事务所有限公司以天衡专字(2001)5 号盈利预测审核报告对预测结果予以审核。预计 2001 年度本公司将完成主营业务收入 128976.83 万元，实现利润总额 18628.9 万元，净利润 13684.41 万元。

第九节　其他重要事项

1、公司股票首次公开发行后至上市公告书公布之日时间间隔较短，公司所处行业和市场无重大变化，主要业务发展目标的进展状况正常，主要投入产出、供求关系及市场价格无重大变化。

2、在上述期间内，公司未发生重大投资行为、无重大资产(或股权)的收购、出售行为。

3、在上述期间内，本公司住所未发生变更，无重大诉讼、仲裁案件，未发生重大会计政策和会计师事务所的变动，未发生新的重大负债并且重大债项未发生变化。

第十节　董事会上市承诺

本公司董事会将严格遵守《中华人民共和国公司法》、《中华人民共和国证券法》、《股票发行与交易管理暂行条例》、《公开发行股票公司信息披露实施细则》和《上海证券交易所股票上市规则 2000 年修订本》等法律、法规和中国证监会的有关规定，并自股票上市之日起承诺作到：

(一)承诺真实、准确、完整、公允和及时的公布定期报告，批露所有对投资者有重大影响的信息，并接受中国证监会、证券交易所的监督管理；

(二)承诺本公司在知悉可能对股票价格产生误导性影响的任何公共传播媒介中出现的消息后，将及时予以公开澄清；

(三)本公司董事、监事、高级管理人员和核心技术人员将认真听取社会公众的意见和批评，不利用已获得的内幕消息和其他不正常手段直接或间接从事本公司股票的买卖活动；

(四)本公司没有无记录的负债。

第十一节　上市推荐人及其意见

一、上市推荐人情况

本公司聘请华夏证券有限公司(以下简称“华夏证券”)担任本次 11000 万 A 股股票的上市推荐人。

上市推荐人：华夏证券有限公司

法定代表人：赵大建

办公地址：北京市东城区新中街 68 号

联系人：卢涛　　王姝

电话：(010)65515588－2043

传真：(010)65516423

二、推荐人的推荐意见

华夏证券认为上海大屯能源股份有限公司具备了《中华人民共和国公司法》、《中华人民共和国证券法》及《上海证券交易所股票上市规则》等法律、法规规定的上市条件。

华夏证券保证上海大屯能源股份有限公司的董事了解法律、法规、上海证券交易所上市规则及股票上市协议规定的董事的义务与责任，并协助公司健全了法人治理结构、制定了严格的信息披露制度与保密制度。华夏证券已对上市文件所载的资料进行了核实，保证公司的上市申请资料、上市公告书没有虚假、严重误导性陈述或重大遗漏，并保证对其承担连带责任。华夏证券保证不利用在上市过程中获得的内幕信息进行内幕交易，为自己或他人谋取利益。

华夏证券有限公司

上海大屯能源股份有限公司

二〇〇一年八月二十四日

资　产　负　债　表

2001 年 6 月 30 日　　　　单位：人民币元

资　　产	注释	年初数	期末数
流动资产：			
货币资金	1	30,998,858.72	114,475,567.91
短期投资			
应收票据	2	45,360,451.48	67,409,339.84
应收股利			
应收利息			
应收帐款	3	202,893,669.37	200,867,884.15
其他应收款	4	3,022,634.43	3,753,826.86
预付帐款	5	8,411,115.61	7,593,619,92
应收补贴款	6	6,649,906.96	11,427,483.64
存货	7	90,166,288.50	74,623,997.07
待摊费用			
一年内到期的长期债权投资			
其他流动资产			
流动资产合计		387,502,925.07	480,151,719.39
长期投资：			
长期股权投资			
长期债权投资			
长期投资合计			
固定资产：			
固定资产原价	8	1,066,865,471.99	1,070,697,560.29
减：累计折旧	8	508,842,165.80	550,304,849.89
固定资产净值		558,023,306.19	520,392,710.40
减：固定资产减值准备			
固定资产净额		558,023,306.19	520,392,710.40
工程物资			
在建工程	9	158,160.00	477,090.91
固定资产清理			
固定资产合计		558,181,466.19	520,869,801.31
无形资产及其他资产：			
无形资产	10	58,264,093.33	57,224,900.23
长期待摊费用	11	1,638,014.26	
其他长期资产			
无形资产及其他资产合计		59,902,107.59	57,224,900.23
递延税项：			
递延税款借项			
资产总计		1,005,586,498.85	1,058,246,420.93
负债和股东权益			
流动负债：			
短期借款	12	53,000,000.00	60,000,000,00
应付票据			
应付帐款	13	103,043,595.74	75,823,990.91
预收帐款	14	28,976,025.71	23,776,761.17
应付工资	15	67,878,072.40	93,821,667.60
应付福利费		17,927,058.66	26,159,854.51
应付股利		72,280,749.47	
应交税金	16	－2,606,360.82	35,188,619.27
其他应交款	17	1,187,871.08	1,495,111.40
其他应付款	18	87,576,962.10	70,505,987.91
预提费用	19		28,437,044.07
预计负债			
一年内到期的长期负债	20		30,000,000.00
其他流动负债			
流动负债合计		429,263,974.34	445,209,036.84
长期负债：			
长期借款	21	81,400,000.00	51,400,000.00
应付债券			
长期应付款			
专项应付款			
其他长期负债			
长期负债合计		81,400,000.00	51,400,000.00
递延税项：			
递延税款贷项			
负债合计		510,663,974.34	496,609,036.84
股东权益：			
股本	22	301,510,000.00	301,510,000.00
减：已归还投资			
股本净额		301,510,000.00	301,510,000.00
资本公积	23	162,347,986.87	162,347,986.87
盈余公积	24	22,715,129.60	22,715,129.60
其中：法定公益金		11,357,564.80	11,357,564.80
未分配利润	25	8,349,408.04	75,064,267.62
股东权益合计		494,922,524.51	561,637,384.09
负债和股东权益总计		1,005,586,498.85	1,058,246,420.93

利润及利润分配表

2001 年 1－6 月

编制单位：上海大屯能源股份有限公司　　　　单位：人民币元

项目	注释	2001 年 1－6 月	2000 年度	2000 年 1－6 月
一、主营业务收入		739,165,155.86	1,273,233,784.37	599,044,769.84
减：主营业务成本		492,299,276.40	884,883,598.15	403,991,928.23
主营业务税金及附加	26	12,077,010.01	19,450,808.48	10,298,677.07
二、主营业务利润		234,788,869.45	368,899,377.74	184,754,164.54
加：其他业务利润	27	3,279,779.88	4,628,081.11	1,949,898.63
减：营业费用		51,484,597.47	101,863,728.11	50,657,257.61
管理费用		86,633,932.78	127,279,225.81	60,698,003.06
财务费用	28	4,658,409.26	6,864,088.24	3,139,205.03
三、营业利润		95,291,709.82	137,520,416.69	72,209,597.47
加：投资收益				
补贴收入			727,000.00	
营业外收入		31,429.83	13,508.25	7,318.25
减：营业外支出		150,126.01	2,667,640.79	314,117.81
四、利润总额		95,173,013.64	135,593,284.15	71,902,797.91
减：所得税		28,458,154.06	22,017,636.18	26,913,420.86
五、净利润		66,714,859.58	113,575,647.97	44,989,377.05
加：年初未分配利润		8,349,408.04	－10,230,360.86	－10,230,360.86
其他转入				
六、可供分配的利润		75,064,267.62	103,345,287.11	34,759,016.19
减：提取法定盈余公积			11,357,564.80	
提取法定公益金			11,357,564.80	
提取职工奖励及福利基金				
提取储备基金				
提取企业发展基金				
利润归还投资				
七、可供股东分配的利润		75,064,267.62	80,630,157.51	34,759,016.19
减：应付优先股股利				
提取任意盈余公积				
应付普遍股股利			72,280,749.47	
转作股本的普通股股利				
八、未分配利润		75,064,267.62	8,349,408.04	34,759,016.19

现　金　流　量　表

2001 年 1－6 月

编制单位：上海大屯能源股份有限公司　　　　单位：人民币元

项目	注释	金额
一、经营活动产生的现金流量		
销售商品、提供劳务收到的现金		847,552,893.31
收到的税费返还		4,723,626.63
收到的其他与经营活动有关的现金		4,024,577.60
现金流入小计		856,301,097.54
购买商品、接受劳务支付的现金		94,273,606.98
支付给职工以及为职工支付的现金		141,155,859.39
支付的各种税费		64,850,111.75
支付的其他与经营活动有关的现金	29	72,685,059.80
现金流出小计		672,964,637.92
经营活动产生的现金流量净额		183,336,459.62
二、投资活动产生的现金流量		
收回投资所收到的现金		
取得投资收益所收到的现金		
处置固定资产、无形资产和其他长期资产所收回的现金净额		
收到的其他与投资活动有关的现金		
现金流入小计		
购建固定资产、无形资产和其他长期资产所支付的现金		29,339,419.21
投资所支付的现金		
支付的其他与投资活动有关的现金		
现金流出小计		29,339,419.21
投资活动产生的现金流量金净额		－29,339,419.21
三、筹资活动产生的现金流量		
吸收投资所收到的现金		
借款所收到的现金		70,000,000.00
收到的其他与筹资活动活动有关的现金		
现金流入小计		70,000,000.00
偿还债务所支付的现金		63,000,000.00
分配股利或利润或偿付利息所支付的现金		77,520,331.22
支付的其他与筹资活动有关的现金		
现金流出小计		140,520,331.22
筹资活动产生的现金流量净额		－70,520,331.22
四、汇率变动对现金的影响		
五、现金及现金等价物净增加额		83,476,709.19

广东康美药业股份有限公司

二〇〇〇年年度报告摘选

一、公司简介

1 、公司名称:
公司法定中文名称:广东康美药业股份有限公司
公司法定英文名称:Guangdong Kangmei Pharmaceutical Co.,Ltd
2 、公司法定代表人:马兴田
3 、公司董事会秘书:邱锡伟
电话:0663－2917777 转 8009
联系地址:广东省普宁市长春路
传真:0663－2916111
电子信箱:kangmei@pub.jieyang.net.cn
4 、公司注册地址:广东省普宁市下架山工业区
公司办公地址:广东省普宁市长春路
公司英文办公地址:Changchun Road,Puning City,Guangdong,P.R.C
邮政编码:515300
5 、公司信息披露报纸名称:上海证券报
登载公司年报的中国证监会指定国际互联网网址:http://www.sse.com.cn
公司年度报告备置地点:公司董事会秘书处
6 、公司股票上市交易所:上海证券交易所
股票简称:康美药业
股票代码:600518

二、会计数据和业务数据摘要

1 、本年度主要利润指标情况(金额单位:人民币元)

项目	金额
1)、利润总额:	37,504,964.00
2)、净利润:	24,552,679.34
3)、扣除非经常性损益后的净利润:	24,588,624.34
4)、主营业务利润:	71,111,023.96
5)、其他业务利润:	
6)、营业利润:	38,995,188.76
7)、营业外收支净额:	－35,945.00
8)、经营活动中产生的现金流量净额:	9,961,133.05
9)、现金及现金等价物净增加额:	7,769,628.30
注:扣除非经常性损益项目和涉及金额:	
a 、减营业外支出	35,945.00

2 、截至报告期末公司前三年的主要会计数据和财务指标(金额单位:人民币元)

项目	2000 年	1999 年	1998 年	
			调整后	调整前
1)、主营业务收入	352,401,493.09	328,779,726.00	185,226,722.86	185,226,722.86
2)、净利润	24,552,679.34	20,177,243.80	12,673,425.63	12,662,011.03
3)、总资产	231,229,030.61	226,886,248.87	208,326,091.65	208,866,441.80
4)、股东权益	103,963,129.92	93,570,450.58	73,393,206.78	73,933,556.93
5)、每股收益(摊薄)	0.47	0.38	0.24	0.24
6)、每股收益(加权)	0.47	0.38	0.24	0.24
7)、每股收益(扣除非经常性损益)	0.47	0.38	0.24	0.24
8)、每股净资产	1.97	1.77	1.39	1.40
9)、调整后每股净资产	1.91	1,71	1.36	1.37
10)、每股经营活动中产生的现金流量净额	0.19	0.57	0.16	0.16
11)、净资产收益率(%)(摊薄)	23.62	21.56	17.27	17.13
12)、净资产收益率(%)(加权)	20.79	21.56	17.27	17.13

3 、利润表附表

报告期利润	净资产收益率(%)		每股收益(元)	
	全面摊薄	加权平均	全面摊薄	加权平均
主营业务利润	68.40	60.20	1.35	1.35
营业利润	37.51	33.01	0.74	0.74
净利润	23.62	20.79	0.47	0.47
扣除非经常性损益后的净利润	23.65	20.82	0.47	0.47

4 、报告期内股东权益变动情况

项目	期初数	本期增加	本期减少	期末数
股本	52,800,000.00	0	0	52,800,000.00
资本公积				
盈余公积	6,115,567.59	3,682,901.90	0	9,798,469.49
法定公益金	2,038,522.53	1,227,633.97	0	3,266,156.50
未分配利润	34,654,882.99	24,552,679.34	17,842,901.90	41,364,660.43
股东权益合计	93,570,450.58	24,552,679.34	14,160,000.00	103,963,129.92

三、股本变动及股东情况

1 、股本变动情况
1)、股份变动情况表

公司股份变动情况表

数量单位:股

股份种类	期初数	本期增发数	期末数
①、发起人股份	52,800,000	0	52,800,000
其中:国有法人持有股份	0	0	0
境内法人持有股份	52,800,000	0	52,800,000
②、已上市流通股份	0	0	0
其中:人民币普通股	0	0	0
股份总数	52,800,000	0	52,800,000

青岛啤酒股份有限公司

二〇〇〇年年度报告摘选

一、公司简介

1、法定中文名称:青岛啤酒股份有限公司
英文名称:TSINGTAO BREWERY COMPANY LIMITED
2、法定代表人:李桂荣
3、董事会秘书:张学举、袁璐
证券事务代表:张瑞祥
联系地址:青岛市香港中路五四广场青啤大厦 1703 室
联系电话:(0532)5713831;传真:(0532)5713240
4、注册地址:中国山东省青岛市登州路 56 号
办公地址:中国山东省青岛市香港中路五四广场青啤大厦
邮政编码:266071
公司网址:http://www.tsingtao.com.cn
电子信箱:info@tsingtao.com.cn
5、公司选定信息披露报纸:《中国证券报》、《上海证券报》、香港《文汇报》、《Hong Kongi Mail》
登载公司年度报告的中国证监会指定网址:http://www.sse.com.cn
公司年度报告备置地点:公司董事会秘书室
6、公司股票上市地:
A 股:上海证券交易所
股票简称:青岛啤酒;编号:600600

二、会计数据和业务数据摘要

(一)会计数据和业务数据摘要(合并)
1、本年度利润总额及其构成(元)

项目	金额
利润总额	161,200,541
净利润	95,201,759
扣除非经常性损益后的净利润	35,802,452
主营业务利润	1,187,150,040
其他业务利润	12,900,524
营业利润	91,686,101
投资收益	16,090,060
补贴收入	53,277,980
营业外收支净额	146,400
经营活动产生的现金流量净额	334,096,685
现金及现金等价物净增加额	179,647,719
注:非经常性损益项目及金额	
(1)股权投资差额摊销	11,334,575
(2)补贴收入	53,277,980
(3)处置固定资产损失	(5,213,248)

2、主要会计数据和财务指标(合并报表)

	2000 年度	1999 年度调整前	1999 年度调整后	1998 年度
主营业务收入	3,766,259,130	2,445,436,497	2,445,436,497	1,722,713,205
净利润	95,201,759	89,472,227	82,650,588	98,998,453
总资产	6,995,231,025	5,172,518,356	5,165,337,683	3,931,838,740
股东权益(不含少数股东)	2,235,378,634	2,247,007,213	2,240,185,573	2,247,534,986
每股收益	0.1058	0.0994	0.0918	0.1100
每股收益(加权)	0.1058	0.0994	0.0918	0.1100
扣除非经常性损益后的每股收益	0.0398	0.0486	0.0490	0.0967
每股净资产	2.48	2.50	2.49	2.50
调整后每股净资产	2.36	2.41	2.35	2.48
每股经营活动产生的现金流量净额	0.37	0.34	0.34	0.19
净资产收益率	4.26%	3.98%	3.69%	4.40%
净资产收益率(加权)	4.16%	3.90%	3.61%	4.31%
扣除非经常性损益后的净资产收益率(加权)	1.56%	1.91%	1.93%	3.79%

注:根据财政部财会字[2001]17 号财政部关于印发《贯彻实施〈企业会计制度〉有关政策衔接问题的规定》的通知,公司对属于 1999 年的固定资产按减值处理,作为 2000 年度资产负债表日后的调整事项,调整了 1999 年度的有关数据。

(二)股东权益变动情况

项目	股本	资本公积	法定公积金	法定公益金	未分配利润	汇率折算差额	股东权益合计
期初数	900,000,000	907,339,314	93,560,444	64,291,223	281,816,232		2,247,007,213
以前年度调整			(682,164)	(682,164)	(5,457,311)		(6,821,639)
本期增加			14,220,124	14,220,124	95,201,759	(8,699)	123,633,308
本期减少					(128,440,248)		(128,440,248)
期末数	900,000,000	907,339,314	107,098,404	77,829,183	243,120,432	(8,699)	2,235,,378,634
变动原因			提取及以前年度调整	提取及以前年度调整	当期净利润及提取两金,分现金红利	外币报表折算差额	

三、股东情况介绍

1、报告期末股东总数为 76,394 户。
2、报告期末本公司前十名股东

持有人	持股种类	持股数	占总股本比例(%)	持股增减
青岛市国有资产管理局	A	399,820,000	44.42	0
香港中央结算(代理人)公司	H	331,030,048	36.78	1,978,200
中国银行山东省分行	A	29,250,000	3.25	—
中国建设银行青岛市分行	A	19,080,000	2.12	—
青岛华青财务服务有限公司	A	5,000,000	0.56	—
香港宝生银行	H	3,472,500	0.39	—
香港汇丰银行代理人有限公司 A/C14	H	1,200,000	0.13	—
香港汇丰银行代理人有限公司	H	1,099,699	0.12	—
张增龙	A	890,000	0.10	—
泰和基金	A	618,100	0.07	—

贵州茅台酒股份有限公司

股票上市公告书暨2001年中期财务报告(部分)摘录

一、概览

股票简称:贵州茅台
股票代码:600519
总股本:250,000,000股
本次上市流通股本:71,500,000股
上市地点:上海证券交易所
上市时间:2001年8月27日
股票登记机构:上海证券中央登记结算公司
上市推荐人:南方证券有限公司 北京证券有限责任公司

二、本公司概况

(一)本公司的基本情况
1、本公司名称:贵州茅台酒股份有限公司
英文名称:Kweichow moutai Co.,Ltd.
2、注册资本:250,000,000元
3、法定代表人:袁仁国
4、本公司成立日期:1999年11月20日
5、注册地址:贵州省仁怀市茅台镇
6、经营范围:茅台酒系列产品的生产与销售;饮料、食品、包装材料的生产与销售;防伪技术开发;信息产业相关产品的研制、开发等。
7、主营业务:本公司主要从事贵州茅台酒系列产品的生产与销售。
8、所属行业:食品饮料行业
9、联系电话:0852-2386002
传 真:0852-2386005
10、电子信箱:fnp@moutaichina.com
11、董事会秘书:樊宁屏

三、董事、监事、高级管理人员及核心技术人员

1、董事会成员:

袁仁国先生,中国国籍,45岁,中共党员,大学专科毕业,在读研究生,高级经济师。曾任贵州茅台酒厂办公室主任、制酒车间主任、厂长助理、副厂长;1996年12月至1998年5月,任中国贵州茅台酒厂(集团)有限责任公司董事、副总经理、党委委员;1998年5月起任中国贵州茅台酒厂(集团)有限责任公司副董事长、党委副书记、总经理;1999年11月至2000年12月期间任贵州茅台酒股份有限公司总经理。1995年被评为贵州省十大杰出青年,1998年当选为贵州省政协第八届委员会委员,1998年、2000年两度被评为全国轻工系统"全心全意依靠职工办企业优秀经营者",2000年荣获全国质量管理先进工作者称号。2000年12月至今,任贵州茅台酒股份有限公司董事长,兼任中国贵州茅台酒厂有限责任公司副董事长、党委副书记、总经理,贵州茅台酒销售有限公司董事长。

季克良先生,中国国籍,62岁,中共党员,大学本科毕业,工程技术应用研究员、高级工程师、国家级白酒评酒委员、全国白酒考评专家组成员。曾任贵州茅台酒厂副厂长、厂长、总工程师,中国贵州茅台酒厂(集团)有限责任公司董事长、总经理、总工程师;1999年11月至2000年12月期间,任贵州茅台酒股份有限公司董事长。季克良先生是1992年、1995年全国优秀企业家、全国"五一"劳动奖章获得者;全国劳动模范、贵州省有突出贡献的优秀专家;1997年当选为中共十五大代表;贵州省有突出贡献的国企经营管理者;享受国务院特殊津贴,是贵州省第九届人大代表。现任中国贵州茅台酒厂有限责任公司董事长、党委书记、总工程师。2000年度未在本公司领薪。

乔洪先生,中国国籍,48岁,中共党员,大专文化,高级经济师。曾任共青团贵州省毕节地委书记、毕节地区纳雍县县长、毕节地区轻纺工业局局长、贵州省轻纺工业厅副厅长。现任贵州茅台酒股份有限公司总经理,中国贵州茅台酒厂有限责任公司董事、党委副书记。

谭绍利先生,中国国籍,54岁,中共党员,大专文化,高级工程师,享受贵州省政府特殊津贴。现任本公司副总经理。

吕云怀先生,中国国籍,45岁,中共党员,大专文化,工程师、国家级白酒评酒委员。现任本公司副总经理。

戴传典先生,中国国籍,49岁,中共党员,大学文化,政工师。

谭定华先生,中国国籍,47岁,中共党员,大专文化,高级会计师。现任本公司财务总监。

丁德杭先生,中国国籍,51岁,大专文化,高级经济师,中共党员。

胡本均先生,中国国籍,48岁,中共党员,大专文化,助理经济师。

王莉女士,中国国籍,29岁,大学本科毕业,工程师,国家级白酒评酒委员。

严安林先生,中国国籍,52岁,中共党员,大专文化,审计师,非执业注册会计师。

张德春先生,中国国籍,49岁,中共党员,大专文化。

陈新先生,中国国籍,34岁,中共党员,硕士研究生。

2、监事会成员

刘和鸣先生,中国国籍,52岁,中共党员,高中文化,高级政工师。曾任贵州茅台酒厂组织部部长、中国贵州茅台酒厂(集团)有限责任公司党委委员、纪委书记。现任本公司监事会主席,中国贵州茅台酒厂有限责任公司党委副书记、纪委书记。

张毅先生,中国国籍,46岁,中共党员,大专文化,高级会计师。

仇国相先生,中国国籍,28岁,中共党员,大专文化。

李明彦先生,中国国籍,30岁,中共预备党员,大专文化,助理会计师。

潘昌枢先生,中国国籍,58岁,中共党员,大学文化。

3、高级管理人员

樊宁屏女士,中国国籍,27岁,中共党员,大学本科毕业,在读研究生。现任本公司董事会秘书。

4、技术负责人和核心技术人员

陈兴畅女士,中国国籍,46岁,中共党员,大专学历,高级工程师,国家级白酒评酒委员。

张仕华先生,中国国籍,49岁,中共党员,副总工程师,生产管理部主任。

杨代永先生,中国国籍,38岁,中共党员,大专学历,工程师,贵州省白酒评酒委员。

截止到本上市公告书签署之日,本公司与上述董事、监事、高级管理人员、核心技术人员未有借款或担保方面的协议,上述人员均未持有本公司股份,相互之间也不存在配偶关系、三代以内直系和旁系亲属关系,为稳定上述人员,本公司拟引进股权激励机制,目前正在研究相关实施方案。

四、股票发行与股本结构

1、本次上市前股权结构

项目	股数(万股)	比例(%)
国有法人股	17,700	70.80
发起人法人股	150	0.60
社会公众股	7150	28.60
总股本	25,000	100.00

2、本公司前十名股东持股情况

序号	名称	持股数(股)	持股比例
1	中国贵州茅台酒厂有限责任公司	161,706,052	64.680%
2	贵州茅台酒厂技术开发公司	10,000,000	4.000%
3	贵州省轻纺集体工业联社	1,500,000	0.600%
4	深圳清华大学研究院	1,443,804	0.580%
5	中国食品发酵工业研究所	962,536	0.385%
6	北京市糖业烟酒公司	962,536	0.385%
7	江苏省糖烟酒总公司	962,536	0.385%
8	上海捷强烟草糖酒(集团)有限公司	962,536	0.385%
9	景福基金	365000	0.146%
10	国信证券有限责任公司	338000	0.135%

五、财务会计资料

简要资产负债表

单位:元

项 目	2001年6月30日	2000年12月31日
流动资产合计	1,011,105,602.63	1,069,969,911.36
固定资产合计	186,500,725.74	186,546,519.18
无形资产及其他资产合计	16,848,889.25	12,339,814.36
资产总计	1,214,455,217.62	1,268,856,244.90
流动负债合计	642,491,805.84	823,531,919.00
长期负债合计	--	--
负债合计	642,491,805.84	823,531,919.00
股东权益合计	561,545,403.24	443,965,435.83
负债和股东权益总计	1,214,455,217.62	1,268,856,244.90

简要利润表

单位:元

项 目	2001年1-6月	2000年度
一、主营业务收入	873,863,478.94	1,114,000,813.26
二、主营业务利润	565,630,550.39	719,099,200.84
三、营业利润	373,553,600.69	446,942,244.72
四、利润总额	372,992,190.21	446,031,294.58
五、净利润	223,407,942.67	251,103,580.63

简要现金流量表

单位:元

项 目	2001年中期	2000年度
经营活动产生的现金流量净额	-86,280,877.69	443,124,645.68
投资活动产生的现金流量净额	-1,203,369.21	-33,823,984.46
筹资活动产生的现金流量净额	-37,060,123.06	-146,707,692.88
现金及现金等价物净增加额	-124,544,369.96	262,592,968.34

(注:本上市公告书因版面原因为上市公告书部分摘录,需要阅读全文请向相关公司董事会秘书查询。)

铜陵三佳模具股份有限公司

首次公开发行股票上市公告书(部分)摘录

一、概览

股票简称:三佳模具
股票代码:600520
总股本:62,800,000 股
可流通 A 股股本:25,000,000 股
本次上市流通股本:25,000,000 股
上市地点:上海证券交易所
上市日期:2002 年 1 月 8 日
股票登记机构:中国证券登记结算有限责任公司上海分公司
上市推荐人:平安证券有限责任公司

二、发行人概况

(一)发行人的基本情况

1、中文名称:铜陵三佳模具股份有限公司
英文名称:TONGLING SANJIA MOULD CO.,LTD
2、注册资本:6,280 万元
3、法定代表人:黄明玖
4、住所与邮编:安徽省铜陵市石城路电子工业区
邮编:244000
5、经营范围:精密工装模具、化学建材模具、化学建材、环保设备、环保检测设备、电子设备、注塑产品、冲压产品、电子基础材料制造。
6、主营业务:集成电路塑封模具与化学建材挤出模具等精密模具的生产与经营。
7、所属行业:机械业
8、电话:(0562)2826160
9、传真:(0562)2828201
10、电子信箱:http://www.sanjia.net
11、董事会秘书:谢乐平

三、董事、监事、高级管理人员及核心技术人员

(一)董事会成员简介

黄明玖先生,现年 39 岁,工商管理研究生,工程师,中国国籍,现任本公司董事长。
张庆联先生,现年 44 岁,大专,工程师,中国国籍,现任本公司总经理。
杨雪峰先生,现年 46 岁,大专,政工师,中国国籍,现任集团公司党委副书记。
陈迎志先生,现年 36 岁,大学本科,工程师,中国国籍,现任集团公司常务副总经理。
张国彬先生,现年 56 岁,大学本科,工程师,中国国籍,现任集团公司监事会主席。
娄宇航先生,现年 40 岁,大学本科,工程师,中国国籍,现任深圳市世纪之舟实业发展有限公司董事长。
陈蕴博先生,现年 66 岁,大学本科,教授级高工,中国工程院院士,中国国籍,现任国家机械工业局北京机电研究所副总工程师,中国冶金质量认证中心技术委员会主任,全国热处理生产促进中心主任和机械部先进制造技术研究中心首席专家,本公司独立董事。
梁木梁先生,现年 39 岁,博士,中国国籍,现任中国科技大学商学院副院长、博士生导师、安徽省咨询学会副理事长、中国决策科学学会理事,本公司独立董事。

(二)监事会成员简介

郜光辉先生,现年 47 岁,工商管理研究生,高级工程师,中国国籍,现任本公司监事会主席。
张德诚先生,现年 59 岁,大学本科,高级工程师,中国国籍,九届全国人大代表,本公司监事。
牟永林先生,现年 52 岁,中专,经济师,中国国籍,现任本公司监事。
谢富华先生,现年 27 岁,中专,助理工程师,中国国籍,现任本公司监事。

(三)其他高级管理人员简介

傅祥龙先生,现年 37 岁,中专,工程师,中国国籍,现任本公司副总经理。
郑天勤先生,现年 35 岁,大专,工程师,中国国籍,现任本公司副总经理。
柯克平先生,现年 32 岁,大学本科,会计师,中国国籍,现任本公司副总会计师,财务负责人。
谢乐平先生,现年 24 岁,大专,中国国籍,现任本公司董事会秘书。

(四)核心技术人员简介

吴成胜先生,现年 34 岁,大学本科,高级工程师,中国国籍,现任本公司副总工程师。
谢再平先生,现年 58 岁,大学本科,高级工程师,中国国籍,现任本公司副总工程师。
胡火根先生,现年 30 岁,大专,工程师,中国国籍。
张志虎先生,现年 28 岁,中专,工程师,中国国籍。
寻伟基先生,现年 33 岁,中专,工程师,中国国籍。
周宗翼先生,现年 35 岁,本科,工程师,中国国籍。

(五)董事、监事、高级管理人员与核心技术人员持股情况上述人员不持有本公司的股份。

四、股票发行与股本结构

1、本公司本次上市前股本结构:

股权分类	发行前股本结构		发行后股本结构	
	股份数量(万股)	占总股本比例(%)	股份数量(万股)	占总股本比例(%)
发起人股:				
其中:国有法人股	3,410.00	90.22	3,410.00	54.30
法人股	370.00	9.78	370.00	5.89
社会公众股			2,500.00	39.81
股份总额	3,780.00	100.00	6,280.00	100.00

2、本公司前十名股东持股情况

股东名称	持股数量(万股)	持股比例(%)
铜陵市三佳电子(集团)有限责任公司	3,410.00	54.30
安徽省信托投资公司	200.00	3.18
合肥创源智能网络有限责任公司	50.00	0.80
深圳市世纪之舟实业发展有限公司	40.00	0.64
安徽金岸工贸有限责任公司	30.00	0.48
合肥新创经贸有限责任公司	30.00	0.48
南方稳健	20.70	0.33
华安创新	19.70	0.31
华夏成长	16.30	0.26
开元基金	12.40	0.19

五、财务会计资料

本公司聘请的审计机构安徽华普会计师事务所对本公司 2001 年 9 月 30 日之前的三年又一期的会计报表进行了审计,并出具了标准无保留意见的审计报告。

本公司截止 2001 年 9 月 30 日的财务会计资料,已于 2001 年 12 月 17 日分别在《中国证券报》、《上海证券报》和《证券时报》上刊登的招股说明书摘要中进行了详细披露,尚未超出招股说明书有效期限。投资者如欲详细了解公司财务情况,请查阅上述报纸或刊载于上海证券交易所网站(http://www.sse.com.cn)的本公司的招股说明书全文。

(一)简要会计报表

以下内容均摘自业经安徽华普会计师事务所审计(会事审字[2001]第 526 号《审计报告》)的财务报告。

简要资产负债表　　单位:元

项目	2001.9.30	2000.12.31	1999.12.31	1998.12.31
流动资产合计	73,900,892.04	58,135,748.19	54,553,621.17	27,174,685.86
固定资产合计	59,328,812.38	44,414,566.04	34,416,715.57	26,334,330.64
无形资产合计	216,126.72	276,506.14	49,012.28	73,518.44
资产合计	133,445,831.14	102,826,820.37	89,019,349.02	53,582,534.94
流动负债合计	56,045,815.90	60,539,262.02	44,160,125.40	17,959,341.24
长期负债合计	20,815,639.35	2,540,000.00	40,000.00	
负债合计	76,861,455.25	63,079,262.02	44,200,125.40	17,959,341.24
股本	37,800,000.00	37,800,000.00	33,980,000.00	33,980,000.00
盈余公积	1,936,433.75	1,936,433.75	1,625,883.54	246,479.05
未分配利润	16,847,942.14	11,124.60	9,213,340.08	1,396,714.65
股东权益合计	56,584,375.89	39,747,558.35	44,819,223.62	35,623,193.70
负债与股东权益合计	133,445,831.14	102,826,820.37	89,019,349.02	53,582,534.94

简要利润表　　单位:元

项目	2001.1-9 月	2000 年度	1999 年度	1998 年度
主营业务收入	61,641,529.04	65,533,262.35	48,092,795.95	27,913,366.17
主营业务利润	30,295,234.34	32,551,179.15	21,431,432.00	12,758,583.78
营业利润	20,451,573.53	22,582,473.37	12,773,770.20	4,775,124.56
利润总额	25,314,958.29	24,739,566.70	14,014,203.82	5,827,229.16
净利润	16,836,817.54	16,554,826.38	9,196,029.92	3,572,347.35

简要现金流量表　　单位:元

项目	2001.1-9 月	2000 年度
经营活动产生的现金流入合计	66,782,050.22	82,721,103.82
经营活动产生的现金流出合计	62,964,186.52	67,279,752.05
经营活动产生的现金流量净额	3,817,863.70	15,441,351.77
投资活动产生的现金流入合计	47,000.00	--
投资活动产生的现金流出合计	19,544,445.71	10,545,746.55
投资活动产生的现金流量净额	-19,497,445.71	-10,545,746.55
筹资活动产生的现金流入合计	49,500,000.00	5,500,000.00
筹资活动产生的现金流出合计	29,886,934.25	13,804,141.86
筹资活动产生的现金流量净额	19,613,065.75	-8,304,141.86
现金及现金等价物净增加额	3,933,483.74	-3,408,536.64

(二)主要财务指标

财务指标	2001.9.30	2000.12.31	1999.12.31	1998.12.31
流动比率	1.32	0.96	1.24	1.51
速动比率	0.73	0.45	0.73	0.87
应收帐款周转率(次)	5.35	6.22	5.94	3.38
存货周转率(次)	1.28	1.22	1.55	1.29
净资产收益率(全面摊薄%)	29.76	41.65	20.52	10.03
无形资产占净资产比例(%)	0.37	0.63		
无形资产占总资产比例(%)	0.16	0.25		
资产负债率(%)	57.60	61.35	49.65	33.52
每股净资产(元)	1.50	1.05	1.32	1.05
研发费用占主营收入比例(%)	5.14	5.86	5.13	3.98
每股经营活动现金流量(元)	0.10	0.41	0.59	0.06
每股收益(元)	0.45	0.44	0.27	0.11

(注:本上市公告书因版面原因为上市公告书部分摘录,需要阅读全文请向相关公司董事会秘书查询。)

贵州贵航汽车零部件股份有限公司

上市公告书(部分)摘录

一、概览

股票简称:贵航股份
股票代码:600523
股本总额:220,000,000股
可流通A股股本:70,000,000股
本次上市流通股本:70,000,000股
上市地点:上海证券交易所
上市日期:2001年12月27日
股份登记机构:中国证券登记结算有限责任公司上海分公司
上市推荐人:国泰君安证券股份有限公司　　兴业证券股份有限公司

二、发行人概况

(一)发行人基本情况
1、法定名称:贵州贵航汽车零部件股份有限公司
英文名称:GUIZHOU GUIHANG AUTOMOTIVE COMPONENTS CO.,LTD
2、注册资本金:220,000,000元。成立日期:1999年12月29日。
3、法定代表人:张文儒
4、法定住所:贵州省贵阳市国家高新技术开发区新天大道火炬大厦。
办公地址:贵州省贵阳市新华路9号乌江大厦14层。
邮政编码:500002。
5、经营范围:汽车、摩托车零部件制造、销售;汽车(不含小轿车)、摩托车,二、三类机电产品的批零兼营;橡胶、塑料制品的制造、销售。
6、所属行业:汽车零部件。
7、电　话:0851－5815780 传真号码:0851－5870544。
电子邮箱:ghql@public.gz.cn。董事会秘书:刘江毅。

三、董事、监事及高级管理人员

(一)董事、监事、高级管理人员及核心技术人员简介
1、董事
张文儒先生:汉族,1946年生,中共党员,大学文化,研究员级高级经济师。现任贵航集团公司副总经理,本公司董事长。
袁声荣先生:汉族,1941年生,中共党员,大学文化,研究员级高级工程师。现任本公司总经理,董事。
黄中琦先生:汉族,1962年生,中共党员,硕士,高级工程师。现任本公司副总经理,董事。
常怀忠先生:汉族,1956年生,中共党员,大学文化,高级工程师。现任中国航空工业第一集团公司资产部总师,本公司董事。
程界先生:汉族,1953年生,中共党员,大学文化,高级政工师。现任贵航集团工会主席,本公司董事。
齐应刚先生:汉族,1958年生,中共党员,大学文化,高级工程师。现任红阳公司董事长、党委书记,本公司董事。
张雪松先生:汉族,1964年生,中共党员,大学文化,高级经济师。现任本公司华阳电器公司副总经理,本公司董事。
龙文波先生:汉族,1960年生,中共党员,大学文化,高级工程师。现任永红厂厂长,本公司董事。
张军先生:汉族,1958年生,中共党员,大学文化,政工师。现任永红厂党委书记,本公司董事。
区兆新先生:汉族,1945年生,中共党员,大学文化,高级工程师。现任申一厂厂长,本公司董事。
李黔森先生:汉族,1947年生,中共党员,大专文化,会计师。现任本公司董事。
2、监事
周万成先生:汉族,1946年生,中共党员,大学文化,研究员级高级工程师。现任贵航集团公司董事长、党委书记,本公司监事会主席。
王占平先生:汉族,1946年生,中共党员,中专文化,高级工程师。现任华阳厂厂长,本公司监事。
陈庆平先生:汉族,1960年生,中共党员,大学文化,高级工程师。现任永红厂党委副书记兼纪委书记,本公司监事。
李正华先生:汉族,1955年生,中共党员,大学文化,高级工程师。现任红阳公司党委副书记、副董事长、总经理,本公司监事。
吴奕淦先生:汉族,1949年生,中共党员,大学文化。现任本公司监事。
胡涛女士:汉族,1970年生,中共党员,大专文化,政工师。现任本公司监事。
田谷先生:汉族,1966年生,中共党员,大学文化,工程师。现任本公司监事。
3、高级管理人员
韩百川先生:汉族,1943年生,中共党员,大学文化,研究员级高级会计师。现任本公司副总经理,财务负责人。
朱强华先生:汉族,1963年生,中共党员,研究生,高级工程师。现任本公司副总经理。
王英筑先生:汉族,1960年生,中共党员,大学文化,高级经济师。现任本公司副总经理。
刘江毅先生:汉族,1955年生,中共党员,硕士,高级工程师。现任本公司董事会秘书兼副总经理。
4、核心技术人员
顾秀雄先生:汉族,1946年生,中共党员,大学文化,研究员级高级工程师。从事技术及质量管理工作。
卢殿武先生:汉族,1950年生,中共党员,大学文化,高级工程师。从事工艺和工艺装备的设计。
土培勇先生:布依族,1966年生,中共党员,硕士,高级工程师。从事产品设计工作。
汤俊先生:汉族,1958年生,中共党员,大学文化,工程师,从事工装设计、塑料模具设计工作。
周翔先生:汉族,1964年生,中共党员,大学文化,高级工程师。从事产品设计工作
尹敏铨先生:汉族,1964年生,大学文化,高级工程师。从事工艺装备设计工作。
何伟先生:汉族,1968年生,大学文化,高级工程师。从事产品设计和技术开发工作。
李登华先生:汉族,1944年生,中共党员,大学文化,高级工程师。从事新产品研制开发工作。
杜民胜先生:汉族,1951年生,大学文化,中共党员,工程师。负责工艺技术标准制定工作。
上述董事、监事、高级管理人员、核心技术人员均为中国国籍,无境外的永久居留权,相互之间不存在配偶关系、三代以内直系和旁系亲属关系。
根据法律、法规的有关规定,本公司高级管理人员未在任何股东单位兼职,并承诺以后也不在任何股东单位兼任职务。
(二)公司董事、监事及高级管理人员持股情况
截止到本上市公告书签署之日,本公司董事、监事及高级管理人员均未持有本公司股票,也没有由其授权或指示他人(包括法人)代其持有,其配偶或已满十八岁的子女均不持有本公司股份。

四、股票发行与股本结构

1、本公司本次上市前的股本结构

股 东 单 位	股份性质	持股数量(万股)	持股比例(%)
一、非流通股	发起人股	15,000.00	68.18
1、贵航集团公司	国有法人股	12,641.54	57.47
2、贵阳市国资局	国家股	2,157.31	9.81
3、供销公司	国有法人股	67.05	0.30
4、海洋公司	法人股	67.05	0.30
5、新达厂	法人股	67.05	0.30
二、社会公众股	社会公众股	7,000.00	31.82
合 计	－	22,000.00	100.00

2、本次上市前,本公司前十名股东持股数及比例

股东名称	持股数量(万股)	占总股本的比例(%)
贵州航空工业(集团)有限责任公司	12,641.54	57.47
贵阳市国有资产管理局	2,157.31	9.81
中国航空工业供销贵州公司	67.05	0.30
贵州海洋经济发展有限责任公司	67.05	0.30
贵阳新达机械厂	67.05	0.30
景福基金	35.20	0.16
同盛基金	23.70	0.11
同益基金	20.10	0.09
金泰基金	14.80	0.07
安顺基金	14.80	0.07

五、财务会计资料

本公司聘请的审计机构深圳同人会计师事务所对本公司2001年6月30日以前的三年又一期的会计期间报表进行了审计,并出具了标准无保留意见的审计报告。
本公司截止2001年6月30日的财务会计资料,已于2001年12月8日分别在《中国证券报》、《上海证券报》和《证券时报》上刊登的招股说明书概要中进行了详细披露,因尚未超出招股说明书有效期限,故相同的内容在此不再重复。欲了解本公司经审计的财务报表及主要财务指标的详细内容,敬请投资者查阅上述报纸或在公告的招股说明书查阅地查阅。
主要财务指标

指 标	2001年1－6月	2000年	1999年	1998年
1.合并资产负债率*	68.65%	69.96%	71.13%	81.62%
2.母公司资产负债率	66.20%	68.50%	69.64%	81.08%
3.流动比率	1.06	1.07	1.10	1.23
4.速动比率	0.69	0.71	0.67	0.71
5.应收帐款周转率	1.08	2.29	2.19	2.65
6.存货周转率	0.84	1.71	1.53	1.65
7.无形资产(不含土地使用权)占总资产比例	0.34%	0.38%	0.50%	0.69%
8.无形资产(不含土地使用权)占净资产比例	1.14%	1.36%	1.83%	4.23%
9.每股净资产(元/股)	1.59	1.51	1.40	0.73
10.研发费用占主营业务收入比例	0.78%	1.50%	1.35%	1.28%
11.每股经营活动的现金流量(元/股)	0.1034	0.4031	－	－
12.全面摊薄每股收益(元/股)	0.08	0.25	0.19	0.15
13.加权平均每股收益(元/股)	0.08	0.25	0.19	0.15
14.全面摊薄净资产收益率	4.93%	16.35%	13.64%	20.78%
15.加权平均净资产收益率	5.05%	16.19%	23.29%	23.19%

*本公司1998年资产负债率过高,是因为资产数未按评估值调帐;1999年因计提四项准备金,导致资产负债率超过70%。
本公司按《公开发行证券公司信息披露编报规则第9号－净资产收益率和每股收益的计算及披露》计算的2000年及2001年1至6月净资产收益率和每股收益如下:

报告期	净资产收益率		每股收益	
2001年1－6月	全面摊薄	加权平均	全面摊薄	加权平均
主营业务利润	22.84%	23.42%	0.36	0.36
营业利润	6.74%	6.91%	0.11	0.11
净利润	4.93%	5.05%	0.08	0.08
扣除非经常性损益后的净利润	5.07%	5.20%	0.08	0.08
2000年				
主营业务利润	54.77%	54.20%	0.82	0.82
营业利润	20.58%	20.37%	0.31	0.31
净利润	16.35%	16.19%	0.25	0.25
扣除非经常性损益后的净利润	16.77%	15.60%	0.24	0.24

(注:本上市公告书因版面原因为上市公告书部分摘录,需要阅读全文请向相关公司董事会秘书查询。)

中铁二局股份有限公司

首次公开发行股票招股说明书摘要

一、释义

本招股说明书摘要中,除非文意另有所指,下列简称和词语具有如下特定意义:
本公司或发行人:指中铁二局股份有限公司
发起人:指本公司各发起人
集团公司:指中铁二局集团有限公司
铁二局:指原铁道部第二工程局
电务公司:指中铁二局集团电务工程有限公司
新运公司:指中铁二局集团新运工程有限公司
建筑公司:指中铁二局集团建筑有限公司
本次发行:指中铁二局股份有限公司本次向社会公众公开发行的,拟在上海证券交易所上市的11000万股社会公众股事宜
股票:指本公司即将向社会公众发行的11000万股,每股面值1元的人民币普通股股票
证监会:指中国证券监督管理委员会
国家经贸委:指中华人民共和国国家经济贸易委员会
财政部:指中华人民共和国财政部
铁道部:指中华人民共和国铁道部
上交所:指上海证券交易所
主承销商:指大鹏证券有限责任公司
承销团:指由主承销商为承销本次发行的股票而组织的承销机构的总称
元:指人民币元
四电工程:指铁路电气化工程、通信工程、信号工程、电力工程

二、本次发行概况

(一)本次发行基本情况
股票种类:人民币普通股(A股)
股票面值:每股人民币1元
发行数量:11000万股,占发行后总股本的26.83%
2001年预测净利润:15313.43万元(所得税按15%税率计算)
2001年预测每股盈利:0.373元(全面摊薄)
发行价格:每股9.50元
发行市盈率:发行市盈率按发行后总股本全面摊薄法计算为25.47倍
发行前每股净资产:2.77元
发行后每股净资产:4.51元
发行方式:上网定价发行
承销方式:余额包销
发行对象:在上海证券交易所开户的符合中华人民共和国法律规定可购买人民币普通股的自然人和法人
募集资金:本次发行预计实收金额104500万元,扣除发行费用2824.5万元,发行人实际募集资金101675.5万元。
(二)本次发行的有关当事人
1 发行人:中铁二局股份有限公司
联系电话:(028)7684612
传真:(028)7680396
联系人:邓爱民
2 主承销商及上市推荐人:大鹏证券有限责任公司
联系电话:(010)64676060
传真:(010)64641764
联系人:陈生军、张瑾
副主承销商:华西证券有限责任公司
副主承销商:青岛万通证券有限责任公司
分销商:中信证券股份有限公司
分销商:长城证券有限责任公司
分销商:兴业证券股份有限公司
分销商:华泰证券有限责任公司
分销商:光大证券有限责任公司
分销商:联合证券有限责任公司
分销商:山东证券有限责任公司
分销商:三峡证券有限责任公司
分销商:天津证券有限责任公司
3 发行人律师:中银律师事务所
4 财务审计机构:深圳同人会计师事务所
5 资产评估机构:中华财务会计咨询公司
6 土地评估机构:北京国地不动产咨询中心
7 股票登记机构:上海证券中央登记结算公司
8 收款银行:中国工商银行深圳市分行红围支行
(三)预计时间表

项目	时间
发行公告刊登日期	2001年4月26日
预计发行日期	2001年5月8日
申购期	2001年5月8日
资金冻结日期	2001年5月9日-2001年5月11日
预计上市日期	本次股票发行后尽快在上海证券交易所挂牌交易

三、主要风险因素及对策

投资者在评价本公司此次发售的股票时,除本招股说明书提供的其它资料外,应特别认真地考虑下述主要风险因素。
(一)业务经营风险
1、原材料风险
本公司施工材料主要包括钢材、水泥、木材、油料、火工产品、铁路专用材料以及砂、石等,所用材料在国内市场上供应充足。但是,由于生产厂家多,运输距离远近不一,以及国家对部分材料进口的限制,使得同类材料质量差别较大,而施工材料的选择将直接影响工程质量,进而影响本公司经济效益。
工程施工总承包价格均包含所需施工材料的价格,材料消耗约占施工总成本的60%。由于基础设施施工项目周期较长,工程完工后的概算调整是否能弥补因施工期间材料价格上涨而提高的成本将直接影响项目收益。
对策:本公司将以ISO9001质量体系为基础,实施购销比价管理的竞标机制,严格筛选供应商,建立稳定可靠的原材料供应商网络。
本公司将采取工程项目投标前向供应商询价,中标后组织供应商竞争报价,工程实施中按进度计划采购等措施,以规避原材料供应价上涨的风险。
2、建设工期风险
在项目施工过程中,可能由于有关项目用地征地拆迁补偿标准未及时下达或补偿标准达不到拆迁户的要求,从而出现征地拆迁受阻情况;项目工程款可能因业主资信及验工不及时等原因不能按时到位;在建设任务紧迫的情况下,常采用边勘测、边设计、边施工的方法,可能出现设计部门不能按时提供设计图纸的情况。上述情况均可能导致施工进度无法按工程合同进行,进而影响企业经济效益。
对策:本公司将审慎研究合同条款,按菲迪克条款及工程项目的特点签订建设施工合同;按工程项目的技术条件选择装备能力、技术力量等方面符合条件的施工队伍,做到技术管理、设备能力一步到位,保证现场施工需求;加强与工程项目所在地的地方政府及交通、水电等部门的联系,协调一致,确保工程施工正常有序地进行;认真制订施工组织方案,严格按照合同条款和行业标准组织施工,确保工程质量,按合同规定的时间如期完工和交付验工。
(二)市场风险
经济周期的变化与本公司的主营业务紧密相关。受经济运行周期的影响,基础设施建筑施工行业的发展亦呈现一定的周期性,这种周期性可能会造成公司主营业务波动,从而直接影响本公司主营业务收入。
对策:国家为保持经济增长,制定了加大基础设施建设,扩大内需,拉动国民经济发展的重大决策和西部开发战略。由此估计,在"十五"期间甚至更长的时间内,基础设施建设高潮仍将持续。
从本公司自身而言,将注意加强有关信息的搜集工作,及时掌握国内外经济发展变化趋势,主动调整自身发展方向和策略,以具有科学性和前瞻性的整体规划作为生产经营的依据。逐步培育以公路、市政施工市场为主的第二支柱业务,增加新的利润来源,使本公司整体业绩得以持续、稳定地发展。
(三)财务风险
1、偿还债务风险
本公司目前债务全为流动性债务,短期偿债压力较大。2000年度因清偿短期债务,现金流量呈现负数,今后随着短期债务的陆续到期,现金清偿债务还将增加。同时本公司今后也可能因工程质量不合格、工程不能如期完成、经济合同纠纷、为第三者提供担保等原因,发生后期赔偿等或有负债,增大公司的偿债负担;也可能因存货周转率降低、应收帐款回收率降低等因素影响公司流动资产的变现能力,从而降低公司的债务清偿能力,增加企业的偿债风险。
对策:为降低偿债风险,本公司将从几个方面采取防范措施:一是不断完善现有材料采购管理制度,加大监控力度;二是不断完善现有实行的领导任职考核与工程安全、质量、工期挂钩办法;三是不断完善公司对外工程发包合同、购销合同及相关资料归集管理,减少经济合同纠纷;四是严格执行公司现已制定的向第三者提供担保的管理制度;五是积极与各工程项目业主联系,采取措施,提高应收帐款周转率;六是通过发行企业债券等方式增加公司长期负债,改变公司负债结构,缓解短期偿债压力。
2、财务内部控制失控的风险
施工企业具有点多、线长、面广、分散的行业特点,本公司所属独立建帐单位有近400多个,本公司虽建立健全了财务管理制度和内部稽查制度,但仍可能因内部监管不到位,信息沟通困难等原因造成财务管理办法执行力度不够的现象。
对策:一是不断完善公司财务管理制度,并加大监管力度,推行现已试点的财务内部控制连带责任制,加强监管,变直接管理为间接管理,增强各级领导的责任心,规避财务风险;二是充分发挥公司审计监察部的监察职能作用,加大内部审计力度,不断规范财务管理工作;三是通过培训等方式不断提高公司财务人员整体业务素质,提高财务工作质量;四是尽快建立信息化管理系统。
(四)管理风险
1、关联交易风险
本公司是由集团公司作为主发起人联合其他四家发起人发起设立的股份有限公司,若本次发行成功,集团公司将持有本公司69.51%的股份,仍对本公司绝对控股,其决策将对本公司经营产生影响。目前,集团公司与本公司之间存在房屋租赁、土地租赁、综合服务和工程分包等关联交易,上述因素可能影响本公司全部或部分小股东的利益。
对策:集团公司作为本公司的控股股东,在与本公司签订的《避免同业竞争协议书》中承诺给予本公司及下属企业与集团公司下属企业同等的待遇,并且不利用控股地位损害本公司及中小股东的利益。对于本公司需由集团公司提供的综合服务和土地、房屋出租服务,本公司与集团公司签订了有关协议,按市场经济原则确定了合理的价格。本公司还按要求与集团公司就有关工程项目签订了分包协议和分包合同,交易价格按铁道部发布的定额单价和已完工工程量确定。在经营决策中,可能与集团公司发生关联交易时,本公司将严格按照《公司法》及《公司章程》的有关规定,执行关联股东回避制度,以维护全体股东的合法权益。
在募集资金安排中,本公司将出资控股集团公司电务公司、新运公司、建筑公司三家子公司,从而将大大降低与集团公司的关联交易额。
2、人才外流风险

本公司目前管理人员和技术人员的收入水平相对较低,分配体制也不尽合理,从而有可能导致人才外流。

对策:为增强对高级管理人才和高级技术人才的吸引力,本公司将采取对高级人才在工资、福利、科研办公条件等方面倾斜的政策,以继续保持国内施工技术的领先地位。

(五)技术风险

工程质量风险

本公司承担的工程一般均为国家重点工程,投资规模大,对国民经济的发展关系密切,因此,发生任何重大工程质量事故都将对本公司的效益和声誉产生重大影响。

对策:本公司在取得50年工程质量合格率100%和工程质量优良率90%以上的辉煌业绩基础上,继续坚持"质量就是生命"的质量管理方针,在施工管理中严格执行ISO9001质量体系标准,做到新上项目从一开始就进行质量策划并编制项目质量计划,开展质量管理活动和施工过程全程控制,使质量管理工作更上一层楼。

(六)募集资金投向风险

本次发行所募101675.5万元资金主要用于采购工程施工设备,若未来施工任务不足,则会使施工设备闲置,从而影响本公司的效益。

对策:本公司将充分利用自己的设备优势,在积极参与铁路"高大难新"工程项目投标的同时,大力参与高速公路、城市轻轨地铁、机场码头等新兴施工领域工程项目投标,争取使未来的工程中标额有较大的增长;此外,本公司还将进一步扩大设备租赁业务,以使暂时闲置的设备得以充分利用。

(七)政策性风险

本公司所属行业是国家重点扶持的国民经济基础产业,目前本公司享受税收优惠等多项政策扶持。随着经济形势的变化,国家对宏观经济政策、产业政策和税收政策的调整将会对本公司造成一定的政策风险。

对策:建筑施工业作为国民经济的支柱产业,在我国经济快速发展的今天尤为国家重视和支持,特别在国家提出开发西部战略后,基建先行更加成为各方共识,国家对建筑施工企业和基建项目的有关优惠政策在今后较长的一段时期内仍将保持不变。高新技术也是今后国家重点发展方向,近期内国家不会减小对高新技术企业的政策扶持力度,这也使本公司得以享受稳定的优惠政策。本公司将以此为契机,通过加大对国家有关政策、信息的搜集和分析力度,用足用好国家给予的一系列优惠政策,为企业长远发展奠定基础。

(八)其他风险

1、"入世"影响

我国加入WTO后,大量国际大型承包商进入国内市场,将加剧建筑业的竞争与淘汰。我国长期受计划经济影响未按照国际惯例建立以工程咨询为核心的建筑施工业管理体制,国内外市场长期隔离,国内企业不了解国际竞争规则,缺乏与国际大承包商在同一环境下的竞争经验。国内建筑施工企业在国际市场上的优势在于人力资源的廉价,入世的资源配置效应会提高我国的人力资源成本,使人力资源的比较优势下降。上述因素综合作用可能导致国内建筑施工企业市场份额的缩减。

对策:本公司目前已改制成为规范的股份有限公司,科学、有效的法人治理结构有助于经营决策的正确制定和实施,也使本公司建立起适应国际化竞争的企业内部运作机制。本公司已获得ISO9001质量体系认证,并正以此为开端逐步建立国际通行的质量管理体系、环保管理体系和安全管理体系,以三大体系为核心有机地构建出协调运作的建筑企业的现代管理模式,以项目的集约经营确保企业的竞争实力。通过与国外大承包商的合作,提前适应国外承包商的经营模式,熟悉竞争规则。利用西南交大等股东单位和其他合作科研单位的优势,建立高效的科研转化体系,用技术保持成本优势。引进国外先进设备,加快设备的更新和改造,提高竞争力。

2、施工安全风险

铁路、公路施工主要在露天、高空、地下作业,施工环境存在一定的危险性,如防护不当可能造成人员伤亡;施工过程中因地质状况复杂,加之技术上、操作上的问题,出现坍塌,也可能造成人员伤亡,影响工期;此外,由于野外作业的道路交通条件差,工程运输中可能出现交通事故,造成财产和人员伤亡,上述情况都会影响本公司的经济效益。

对策:加强安全教育,增强员工的安全意识;大力推行安全责任制,严格操作规程,从制度上杜绝安全事故的发生;加强施工现场管理,在施工作业时按平面布置图实施现场定置管理,做好施工现场安全保卫工作,采取必要的安全防盗措施,及时消除施工过程中出现的安全隐患。

四、发行人的基本资料

(一)发行人简况

1、发行人名称:中铁二局股份有限公司

2、英文名称:CHINA RAILWAY ERJU Co.,Ltd.(CREC)

3、法定代表人:翁景庆

4、设立日期:1999年9月24日

5、住所:成都高新区创业东路18号高新大厦10楼

6、邮政编码:610041

7、电话:(028)7684612

8、传真:(028)7680396

9、电子信箱:ztejbgs@mail.sc.cninfo.net

(二)发行人历史沿革:

1、公司设立

本公司是经国家经贸委国经贸企改[1997]744号文批准,由中铁二局集团有限公司作为主发起人,联合宝鸡桥梁厂、成都铁路局、铁道部第二勘测设计院和西南交通大学四家发起人采用发起设立方式设立,于1999年9月24日在成都市工商行政管理局登记注册的股份有限公司。

2、股本形成

本公司主发起人集团公司以其下属第一工程处、第二工程处、第四工程处、第五工程处,机械筑路处、路桥公司、物资处及集团公司本部所有从事铁路、公路等基础设施建设施工的生产经营性净资产折股投入本公司。经中华财务会计咨询公司评估(中华评报字[1999]第020号)并经财政部财评字[1999]229号文件确认,集团公司投入的上述经营性净资产为43739.52万元。宝鸡桥梁厂、成都铁路局、铁道部第二勘测设计院和西南交通大学分别以人民币现金出资2092万元、100万元、60万元和50.65万元。发起人投入折股的净资产合计46042.17万元,按1:0.6516的比例折为30000万股,经财政部财管字[1999]233号文件批准全部界定为国有法人股。

3、股权结构

本次发行前本公司股权结构如下:

	持股量(万股)	比例(%)
发起人法人股	30000	100.00
其中:集团公司	28500	95.00
宝鸡桥梁厂	1363	4.54
成都铁路局	65	0.22
铁道部第二勘测设计院	39	0.13
西南交通大学	33	0.11

本公司成立以来未进行过重大资产重组,股权结构也未发生过变化。

经本公司2000年第一次临时股东大会决议通过,本公司拟公开发行A股11000万股,每股面值1元。本次新股发行后本公司注册资本将变更为41000万元,发行后本公司股权结构如下:

	持股量(万股)	比例(%)
总股本	41000	100.00
发起人法人股	30000	73.17
其中:集团公司	28500	69.51
宝鸡桥梁厂	1363	3.32
成都铁路局	65	0.16
铁道部第二勘测设计院	39	0.10
西南交通大学	33	0.08
社会公众股	11000	26.83

4、持股情况

(1)发行前持股5%以上及最大10名股东名单

本次发行前本公司持股5%以上的股东仅为集团公司,持股比例为95%;本公司目前仅有5名股东,名单详见前节"股权结构"。

(2)董、监事、高级管理人员及重要职员持股情况

本公司董事、监事、高级管理人员及重要职员在本次股票发行前均不持有本公司及本公司关联公司的股份。

(3)截止本招股说明书签署日,本公司股东未发生将所持本公司股票进行质押的情况。

5、验资情况

根据深圳同人会计师事务所深同证审字[1999]第008号《验资报告》,"截止1999年6月22日止,中铁二局股份有限公司(筹)已收到发起人投入的资本计人民币46,042.17万元,其中:股本30,000万元,资本公积16,042.17万元,与上述投入资本相关的资产总额为人民币142474.32万元,负债总额为人民币96432.15万元。"

6、资产权属变更情况

本公司成立后立即着手办理并完成了集团公司投入的房屋、运输工具等有关资产产权过户手续,分别取得了原单独属于集团公司的"国家工程总承包一级资质"和"公路工程施工一级资信",通过向集团公司租赁的方式取得了生产经营用地的使用权。

(三)发行人员工及社会保障情况

目前,本公司在册员工总数为4450人,其中技术人员2851人,占员工总数的64.1%,大专以上1557人,占员工总数的35.0%。

本公司实行用工劳动合同制,所有职工均参加了养老保险、失业保险、医疗保险等社会统筹和公司统筹。截至目前本公司尚无离退休人员。

五、发行人股本

本次发行前后本公司股本结构

股份种类	发行前		发行后	
	数量(万股)	股权比例(%)	数量(万股)	股权比例(%)
发起人股	30,000	100.00	30,000	73.17
其中:国有法人股	30,000	100.00	30,000	73.17
中铁二局集团有限公司	28,500	95.00	28,500	69.51
宝鸡桥梁厂	1,363	4.54	1,363	3.32
成都铁路局	65	0.22	65	0.16
铁道部第二勘测设计院	39	0.13	39	0.10
西南交通大学	33	0.11	33	0.08
社会公众股	0	0.00	11,000	26.83
合计	30,000	100.00	41,000	100.00

六、主要发起人及股东的基本情况

本公司发起人及股东情况

(一)中铁二局集团有限公司

中铁二局集团有限公司是经铁道部、建设部铁政策函[1998]120号文和国家经贸委国经贸企[1998]163号文批准,由铁道部第二工程局于1998年6月1日改制而成的有限责任公司,注册资本8.6654亿元,中国铁路工程总公司和北京中铁工建筑工程设计院分别持有97.69%和2.31%的权益。

集团公司是国家工程施工总承包一级企业和国家铁路大型综合一级施工企业,其前身铁道部第二工程局始建于1950年6月,是新中国成立后最早建立的铁路工程局。1990年、1994年集团公司两度位居全国500家最大经营规模建筑工业企业排名第一;1995年又被第50届国际统计大会授予"中国建筑业功勋企业称号";1996年再度被评为"全国优秀施工企业"和"全国工程质量管理先进企业";1999年,集团公司被评为"全国用户满意施工企业"、"全国质量效益型先进企业"和"全国最佳施工企业",2000年集团公司位列"1998－1999年度全国建筑系统绩优企业"第一名并跻身1999年度全国55家优秀施工企业行列。

截止2000年12月31日,集团公司未经审计的总资产为463225.50万元,净资产95225.26万元,净利润2336.61万元。

(二)宝鸡桥梁厂

宝鸡桥梁厂始建于1966年,是铁道部直属以生产制造大型钢梁钢结构、铁路道岔、高锰钢辙叉、门式起重机等产品为主的大型一类企业。截止2000年12月31日,宝鸡桥梁厂未经审计的总资产为104336万元,净资产46733万元,净利润3426万元。

(三)成都铁路局

成都铁路局成立于1953年,前身为重庆铁路局,主营铁路客货运输,货物装卸,物资仓储,铁路运输设备、专用机械、专用电器的制造、安装和维修。截止2000年12月31日,成都铁路局未经审计的总资产为3602989万元,净资产2800138万元,净利润20581万元。

(四)铁道部第二勘测设计院

铁道部第二勘测设计院创建于1952年,是国家大型综合勘测设计单位,主营铁路、公路、市政、通信和工民建工程的技术咨询、环境影响评价等。截止2000年12月31日,铁道部第二勘测设计院未经审计的总资产为95245万元,净资产20270万元,净利润611万元。

(五)西南交通大学

西南交通大学是教育部直属国家重点院校,创建于1896年,是我国最早建立的高等工科学校之一,现已成为发展铁路科技的重要基地和铁路关键技术领域的学术研究中心。

上述发起人即本公司现有股东持有本公司的股票截止目前不存在被质押或其他有争议的情况。

七、发行人的组织结构及组织机构

本公司成立后,在集团公司投入资产的基础上,组建了职能部门和工程施工专业分公司,为配合业务发展需要,在重点地区又设立了区域性分公司。

本公司组织结构见附图一。

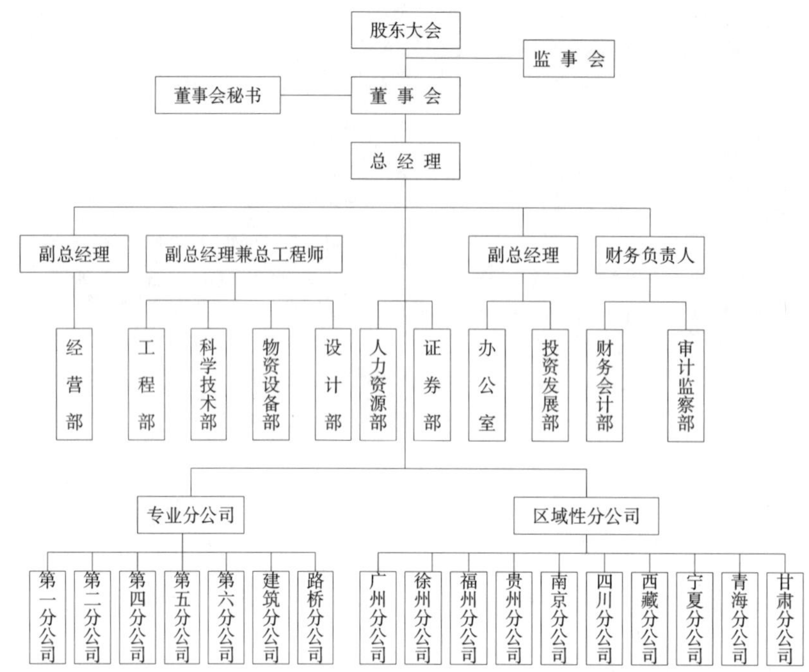

八、发行人业务和技术概况

(一) 经营业务

1、经营范围:承担各类型工业、能源、交通、民用等工程项目施工的承包。

2、主营业务:铁路、公路及其他土木工程施工。

3、主要产品品种及生产能力

(1)本公司主要产品

本公司为工程施工企业,生产对象为受发包方委托承建铁路、公路、市政设施、房屋等建筑物,自本公司成立以来承建的主要工程项目有:西康铁路、内昆铁路、宝成复线、秦沈客专线、兰州银滩黄河大桥、厦门城市花园、广州地铁一期工程等。

(2)主要产品生产能力

目前本公司铁路、公路等基础设建设施工主营业务年生产能力可达 40 亿元以上。

(3)销售方式

本公司积极参与项目招投标,通过中标取得项目合同。由于本公司主要根据甲方的投资额和设计方案施工,竣工后将建筑物交付给甲方,因此,只要取得项目合同并按质按期竣工,就不存在产品销售问题。

(4)主要原材料

本公司为工程建筑企业,工程施工所需的原材料主要是钢材、木材、水泥、砂石、油料、火工产品、沥青等,工程施工总承包价格均包含所需工程施工原材料的价格,材料消耗约占施工总成本的 60%。

4、产品性能与质量

本公司工程质量合格率 100%,工程质量优良率达到 95.7 %以上,累计实现无重大工程质量事故 3718 天。近年来本公司完成的工程项目中荣获鲁班奖等多种奖项。1999 年本公司通过了 ISO9001 质量体系认证。

5、市场情况

本公司 1999 年和 2000 年的工程施工地区分布情况如下:

分类	比例(%)
西南地区	38.96
西北地区	19.64
中南地区	17.72
北方及东北地区	16.13
东部地区	7.55
合计	100

目前,在国内从事铁路基建施工的 21 家企业中,本公司历年保持相对较大的市场份额。近三年本公司施工产值和铁路基建施工市场占有情况如下:

单位:人民币亿元

年份	完成施工总产值	完成铁路工程施工产值	全路工程任务总量	铁路基建市场占有率
1998	26.67	20.02	332.55	6.02%
1999	34.48	27.68	366.50	7.55%
2000	44.14	31.22	445.90	7.00%

(二) 主要固定资产和无形资产

截至 2000 年 12 月 31 日,本公司主要固定资产情况如下:

单位:人民币千元

固定资产类别	原　值	累计折旧	净　值	用　途
房屋建筑物	10,604.55	898.54	9,706.01	生产经营
机器设备	376,899.17	107,611.51	269,287.66	生产经营
运输工具	179,328.76	65,770.17	113,558.59	生产经营
电子及其他设备	38,980.80	17,035.25	21,945.55	生产经营
合计	605,813.29	191,315.49	414,497.80	生产经营

本公司拥有的机器设备主要有挖掘机、推土机、自卸汽车和混凝土设备等通用施工设备;隧道挖掘装载机、装岩机、凿岩设备等隧道施工设备;公路架桥机、桥梁基础钻机、沥青混凝土搅拌机和沥青混凝土摊铺机等桥梁、路面施工设备。截止 2000 年 12 月 31 日,本公司拥有主要施工设备 2869 台(套),这些设备的原值为 60581.33 万元,净值 41449.78 万元,设备新度系数 0.68,装备生产率 10.10。上述施工设备均为国内外知名厂家生产的名牌产品,基本上代表了国内或国际的先进水平。

(三) 质量控制

本公司主要承建公路、铁路、市政、电力等基础设施建设和工业民用建筑工程,其质量控制标准主要依据国家和行业的有关施工规范、规程、工程质量检验评定标准和设计文件及合同要求。

(四)主要客户和供应商

1、前五名供应商合计的采购额占年度采购总额的百分比

序号	单　位	供应主要物资	供应金额(元)	年度采购总额(亿元)	前 5 名供应商采购额占年度采购总额的比例(100%)
1	海南扶轮实业贸易公司	重轨、道贫、预应力钢丝	70607350.84	17.50	4.03
2	渠江水泥厂	水泥	23099179.54		1.31
3	中铁建养马河桥梁厂	混凝土轨枕、桥枕	14000000		0.80
4	铁道部隆昌工务器材厂	铁道扣配件	9390227		0.53
5	成都诚实实业有限公司	钢材	8820876.94		0.50
	合计供应金额		125917634.3		7.17

2、前五名主要客户及占年度合同总额的比例

序号	主要客户	主要工程项目	合同额(万元)	占年度合同总额 476600 万元比例%
1	铁道部工程管理中心	渝怀铁路、西南铁路	158000	33.15
2	广州铁路局	株六线电气化工程	49543	10.40
3	济南铁路局	荷日铁路	19355	4.06
4	广东开阳高速公路有限公司	开阳高速公路	13611	2.86
5	兰州铁路局	宝兰线宝天段铁路工程	11000	2.31
	合计		251509	52.77

(五)技术状况

1、专业技术力量

目前本公司在册员工总数为 4450 人,其中技术人员 2851 人,占员工总数的 64.1%。在技术人员中高级职称人员 169 名,教授级高工 4 名,博士客座教授 1 名,中职人员 1000 多名,技术技师 2000 多名。大学本科学历以上员工 622 人,大专学历员工 935 人,分别占员工总数的 14%和 21%。

2、重大项目和科研成果

近年来,集团公司在铁路、公路工程施工业务方面坚持以施工技术管理为中心,把施工技术管理与质量保证体系贯标认证有机结合,实现规范、标准、工序"三统一"。在施工生产中始终贯彻"科技为先导"的方针,倡导技术创新,加大科技开发与推广的投入,提高装备水平。在施工项目管理中,推行"样板引路",达到项目工程一次成优和全段创优目标。在深水基础、大跨度桥梁、长大隧道、城市地铁、大断面导流洞、大面积软土、膨胀土和破碎软弱处理、控制爆破等"高、难、新"工程技术领域不断拓展,取得了丰硕成果。

3、技术装备水平

近年来本公司不断调整施工设备的配置结构,购置了一批先进的专用施工设备,如:大型液压凿岩台车、计算机导向凿岩台车等。目前设备保有量为 2800 余台(套),技术装备率人均 60269 元,动力装备率人均 40.28 千瓦,掌握了承建长大隧道、大跨度悬索桥和斜拉桥、城市地铁、各式桥梁预制及吊装、高等级黑色路面道路工程所需的先进施工工艺和技术力量,技术水平行业领先。

本公司拟安排 6.5 亿元本次募集资金用于购置电脑凿岩台车、隧道挖掘机、盾构等设备,将使本公司的设备技术水平达到国际先进水平。

4、正在进行的科研项目

本公司对高速铁路、高速公路、城市地铁等 12 个重点技术领域的 128 项"高、难、新"技术展开研究开发和专项技术攻关。

九、同业竞争、关联关系与关联交易

(一)同业竞争

集团公司及其下属企业在本公司主营业务方面不存在同业竞争,本公司和其他发起人股东间也不存在同业竞争问题;上述关联方承诺今后也不从事与本公司相竞争的业务。

发行人律师对避免同业竞争发表的意见:"根据上述事实和集团公司的承诺,本所律师认为,在本公司主要从事的业务方面,集团公司与本公司间不存在同业竞争。

本公司发起人宝鸡桥梁厂主要从事钢桥梁、铁路道岔、龙门吊、桥梁支座等制造服务;本公司发起人成都铁路局主要从事铁路客货营运业务。本公司发起人宝鸡桥梁厂、成都铁路局与本公司之间不存在同业竞争。"

主承销商经核查后认为:"集团公司已将从事铁路、公路等主营业务的生产系统、物资供应系统等资产和业务均投入了股份公司,股份公司与集团公司及其下属企业、股份公司其他股东之间

不存在同业竞争。”

(二)关联方及关联关系

企业名称	与本企业的关系
中铁二局集团有限公司	本公司之母公司
宝鸡桥梁厂	本公司之股东
成都铁路局	本公司之股东
铁道部第二勘测设计院	本公司之股东
西南交通大学	本公司之股东
中铁二局集团电务工程有限公司	同受母公司控制
中铁二局集团新运工程有限公司	同受母公司控制
中铁二局集团建筑有限公司	同受母公司控制
中铁二局集团机电有限公司	同受母公司控制
深圳中铁二局工程有限公司	同受母公司控制
铁道部第二工程局第一工程处	同受母公司控制
铁道部第二工程局第二工程处	同受母公司控制
铁道部第二工程局第四工程处	同受母公司控制
铁道部第二工程局第五工程处	同受母公司控制
铁道部第二工程局机械筑路处	同受母公司控制
铁道部第二工程局路桥工程公司	同受母公司控制
中铁二局集团房地产开发有限公司	同受母公司控制
铁道部第二工程局锦城建筑安装工程公司	同受母公司控制
中铁二局装饰装修工程有限公司	同受母公司控制
铁道部第二工程局技术开发总公司	同受母公司控制
贵州万达客车股份有限公司	同受母公司控制

(三)关联交易

1、关联公司向本公司提供卫生绿化、员工培训、安全保卫和消防、文体设施等综合服务,每年向本公司收取劳务费。

2、本公司为关联公司提供了物资采购、保管、运输等劳务,物资采购、保管、运输劳务,本公司按铁道部有关规定收取劳务费。

3、本公司向关联公司租赁办公及生产用房,每年向关联企业支付约定的租金。

4、本公司向关联公司租赁土地并每年支付土地租金。

5、本公司向关联公司提供机械租赁服务,按当地市场价格收取租赁费。

6、本公司将电务、铺架、房建等工程分包给关联公司,按铁道部发布的定额单价的一定比例收取管理费。

上述关联交易均已签订了关联交易协议。

本公司以本次募集资金增资控股电务、新运、建筑三公司后,本公司关联交易额将大幅度减少。

十、董事、监事、高级管理人员及核心技术人员

(一)本公司董事、监事、经理等高级管理人员及核心技术人员简历。

1、董事会成员

翁景庆,男,55岁,大学本科,高级会计师。曾任集团公司副总经理兼总会计师。现任集团公司总经理、本公司董事长。

林鼎富,男,55岁,大学本科,高级政工师。现任集团公司党委副书记、本公司副董事长。

曹义,男,43岁,大学本科,高级工程师。曾任集团公司副总经理。现任本公司副董事长、总经理。

刘辉,男,40岁,双学位,高级工程师。曾任集团公司总经理助理。现任集团公司董事、本公司董事、副总经理兼总工程师。

何明新,男,54岁,大学专科,政工师。现任集团公司副总经理、本公司董事。

董振川,男,54岁,大学本科。现任集团公司副总经理、本公司董事。

耿立川,男,54岁,大学本科,高级政工师。现任集团公司工会主席、本公司董事。

艾治文,男,54岁,大学专科,政工师。现任集团公司党委办公室主任、本公司董事。

郭敬辉,男,44岁,大学本科,工程师。现任集团公司董事会秘书、本公司董事。

熊能新,男,57岁,大学本科,高级工程师。现任本公司董事、物资设备部部长。

徐铁军,男,47岁,大学专科,政工师。现任新运公司党委书记、本公司董事。

2、监事会成员

郑建中,男,46岁,大学专科,政工师。现任集团公司纪委书记、本公司监事会召集人。

陈元伟,男,57岁,初中,政工师。现任本公司监事、审计监察部部长。

谢封,女,46岁,大学本科,高级会计师。现任本公司监事、审计监察部副部长。

林正荣,男,54岁,大学专科,高级政工师。现任集团公司工会副主席、本公司监事。

胡克军,男,43岁,大学专科。现任本公司监事、第二分公司党委副书记。

3、高级管理人员

曹义,简历同前。

刘辉,简历同前。

邓元发,男,37岁,大学本科,高级工程师。曾任集团公司副总经理。现任本公司副总经理。

张次民,男,37岁,大学本科,高级工程师。曾任集团公司副总经理。现任本公司副总经理。

王俊明,男,45岁,大学本科,高级会计师。曾任集团公司总会计师。现任本公司财务负责人。

邓爱民,男,42岁,大学本科,高级政工师。现任本公司董事会秘书。

4、核心技术人员

林原,男,38岁,大学本科,高级工程师。参加工作以来,参与或主持了贵昆电化、昆玉、南昆、朔黄、秦沈铁路建设。现任本公司副总工程师兼秦沈指挥部指挥长。先后荣获中国铁路工程总公司青年科技拔尖人才、铁道部质量管理先进个人。

彭安超,男,38岁,双学位,高级工程师。参加工作以来,参与或主持了南防、衡广、湘黔雪峰山隧道(3905M)及水深达40M的渠江大桥、昆玉、侯月铁路、深圳皇岗立交桥、重庆江北立交桥等市政工程建设。现任本公司副总工程师兼湘黔指挥部指挥长。先后荣获四川省新长征突击手、湘黔复线建设十佳指挥长。

(二)上述高级管理人员领取的薪酬情况

在上述人员中,曹义、刘辉、邓元发、张次民、王俊明、邓爱民、彭安超、林原等本公司全体经营班子成员在本公司领取报酬,2000年的月平均工资为2475.75元,其余均不在本公司领取任何报酬。

(三)有关事项的声明

1、本公司发行前上述高级管理人员及亲属均未持有本公司及本公司关联企业的任何股权;

2、上述高级管理人员未与本公司签订任何借款、担保等协议;

3、上述高级管理人员之间不存在配偶关系、三代以内直系亲属关系和旁系亲属关系。

十一、公司治理结构

(一)《公司章程》中有关股东权利、义务、股东大会职权的规定

第三十五条　公司股东享有下列权利:

(一)依照其所持有的股份份额获得股利和其他形式的利益分配;

(二)参加或者委派股东代理人参加股东会议;

(三)依照其所持有的股份份额行使表决权;

(四)对公司的经营行为进行监督,提出建议或者质询;

(五)依照法律、行政法规及《公司章程》的规定转让、赠与或质押其所持有的股份;

(六)依照法律、《公司章程》的规定获得有关信息,包括:

1.缴付成本费用后得到《公司章程》;

2.缴付合理费用后有权查阅和复印:

A.本人持股资料;

B.股东大会会议记录;

C.中期报告和年度报告;

D.公司股本总额、股本结构。

(七)公司终止或者清算时,按其所持有的股份份额参加公司剩余财产的分配;

(八)法律、行政法规及《公司章程》所赋予的其他权利。

第三十六条　股东提出查阅前条所述有关信息或者索取资料的,应当向公司提供证明其持有公司股份的种类以及持股数量的书面文件,公司经核实股东身份后按照股东的要求予以提供。

第三十七条　股东大会、董事会的决议违反法律、行政法规,侵犯股东合法权益的,股东有权向人民法院提起要求停止该违法行为和侵害行为的诉讼。

第三十八条　公司股东承担下列义务:

(一)遵守《公司章程》;

(二)依其所认购的股份和入股方式缴纳股金;

(三)除法律、法规规定的情形外,不得退股;

(四)法律、行政法规及《公司章程》规定应当承担的其他义务。

第三十九条　持有公司百分之五以上有表决权股份的股东,将其持有的股份进行质押的,应当自该事实发生之日起三个工作日内,向公司作出书面报告。

第四十条　公司的控股股东在行使表决权时,不得作出有损于公司和其他股东合法权益的决定。

第四十二条　股东大会是公司的权力机构,依法行使下列职权:

(一)决定公司经营方针和投资计划;

(二)选举和更换董事,决定有关董事的报酬事项;

(三)选举和更换由股东代表出任的监事,决定有关监事的报酬事项;

(四)审议批准董事会的报告;

(五)审议批准监事会的报告;

(六)审议批准公司的年度财务预算方案、决算方案;

(七)审议批准公司的利润分配方案和弥补亏损方案;

(八)对公司增加或者减少注册资本作出决议;

(九)对发行公司债券作出决议;

(十)对公司合并、分立、解散和清算等事项作出决议;

(十一)修改《公司章程》;

(十二)对公司聘用、解聘会计师事务所作出决议;

(十三)审议代表公司发行在外有表决权股份总数的百分之五以上的股东的提案;

(十四)审议法律、法规和《公司章程》规定应当由股东大会决定的其他事项。

(二)《公司章程》对董事会构成的规定

第九十二条　公司设董事会,对股东大会负责。

第九十三条　董事会由十一名董事组成,设董事长一人,副董事长两人。

第九十四条　董事会行使下列职权:

(一)负责召集股东大会,并向大会报告工作;

(二)执行股东大会的决议;

(三)决定公司经营计划和投资方案;

(四)制订公司的年度财务预算方案、决算方案;

(五)制订公司的利润分配方案和弥补亏损方案;

(六)制订公司增加或者减少注册资本、发行债券或其他证券及上市方案;

(七)拟订公司重大收购、回购本公司股票或者合并、分立、解散的方案;

(八)在股东大会授权范围内,决定公司的风险投资、资产抵押及其他担保事项;

(九)决定公司内部管理机构的设置;

(十)聘任或者解聘公司总经理、董事会秘书;根据总经理的提名,聘任或者解聘公司副总经理、财务负责人和其他高级管理人员,并决定其报酬事项和奖惩事项;

(十一)制订公司的基本管理制度;

(十二)制订《公司章程》修改方案;

(十三)管理公司信息披露事项;

(十四)向股东大会提请聘请或更换为公司审计的会计师事务所;

(十五)听取公司总经理的工作汇报并检查总经理的工作;

(十六)法律、法规或《公司章程》规定,以及股东大会授予的其他职权。

第九十六条　董事会制定董事会议事规则,以确保董事会的工作效率和科学决策。

(三)《公司章程》对监事会构成的规定

第一百三十五条　公司设监事会。监事会由五名监事组成,设监事会召集人一名。

监事会召集人不能履行职权时,由该召集人指定一名监事代行其职权。

第一百三十六条　监事会行使下列职权:

(一)检查公司的财务;

(二)对董事、总经理和其他高级管理人员执行公司职务时违反法律、法规或者章程的行为进行监督;

(三)当董事、总经理和其他高级管理人员的行为损害公司的利益时,要求其予以纠正,必要时向股东大会或国家有关主管机关报告;

(四)提议召开临时股东大会;

(五)列席董事会会议;

(六)《公司章程》规定或股东大会授予的其他职权。

(四)重大决策程序与规则

以下摘自《中铁二局股份有限公司经理工作细则》:

第三条　经理层的决策方式主要通过经理办公会。

第四条　召开经理办公会的条件

(一)经理层履行职责范围内的各项重大事项、活动均可按正常程序纳入经理办公会议题;

(二)总经理履行职责时按章程规定需要形成决议、提案、方案的;

(三)副总经理履行职责时认为有必要提交经理办公会议的;

(四)股份公司各职能部门提出经分管领导同意或总经理同意纳入经理办公会议的;

(五)遇突发事件需要及时提交会议决策的,或已经决策需会议补议的。

第五条　召开会议的程序

(一)提交经理办公会审议的议题均由办公室集中汇总并进行审核。审核内容

1、议题是否符合提交会议的条件;

2、议题的事由;

3、是否有文字资料或其它会议资料;

4、会议时间;

5、提请参会的人员是否适当。

(二)办公室负责发出会议通知,或经主持人同意由议事主办部门发出通知。通知包括以下内容

1、会议的日期、地点;

2、会议期限;

3、议题。必要时说明事由;

4、发出通知的日期。

(三)形成文字的提案经总经理、副总经理同意或提交材料的部门认为必要,可事前发送参加会议人员。

(四)经理办公会由总经理主持,总经理不能履行职务时可指定一名副总经理召集会议。

(五)会议所议事项形成经理办公会纪要,根据纪要内容或形成公司文件,或交由某个部门办理。

(六)会议由办公室派员记录。记录归档后保存期不少于十年。

第六条 经理办公会参加人员

(一)公司高级管理人员;

(二)提交议案的部门负责人;

(三)总经理认为需扩大参加的人员。

办公室主任列席经理办公会。

第七条 总经理对董事会负责,在董事会休会期间,全面负责公司日常事务工作并实行总经理负责制。其职责为

(一)主持公司日常生产经营管理工作,并向董事会报告工作;

(二)组织实施董事会决议、公司年度计划和投资方案;

(三)拟订公司的内部管理机构设置方案;

(四)拟订公司的基本管理制度;

(五)制定公司的具体规章;

(六)提请董事会聘任或者解聘公司副总经理、财务负责人;

(七)聘任或解聘应由董事会聘任以外的管理人员;

(八)拟定公司职工的工资、福利、奖惩办法,决定公司职工的聘用和解聘;

(九)提议召开董事会临时会议;

(十)主持经理办公会;

(十一)《公司章程》或董事会授予的其他职权。

第十一条 财务负责人职责

(一)在总经理领导下,协助总经理领导全公司的财务管理工作;

(二)组织执行公司财务制度,协助总经理组织编制财务计划及预、决算方案、利润分配及弥补亏损方案;

(三)组织策划资本运营和资金筹集,审核、监督资金运用,确保资产增值保值;

(四)负责公司的股票发行、交易和有价证券的管理;

(五)组织开展公司经济活动分析,提高公司效益;

(六)确保依照法律、法规及国家、地方有关规定,缴纳各种税、费、基金;

(七)参与公司经营管理计划的制定和实施;

(八)实行会计监督,严格维护财经纪律,保护经济活动的合法和有序进行;

(九)按期报告公司财务状况,完成总经理交办的其它工作。

第十二条 为了使公司及时处理日常事务和应答市场信息,加强管理,提高工作效率,应明确划分高级管理人员的权限。

第十三条 本细则管理权限的划分仅限于资金、资产运用、签订重大合同事项,其权限划分以授权制为基础。

第十四条 权限划分为三种情况

(一)经办、主办或提出;

(二)复核或核转;

(三)核准、决定。

第十五条 资金管理权限

(一)两千万元以内的各类内部单位保函、担保、贷款,部门或单位经办或提出,由董事长授权的代表核准、决定。

(二)总经理和财务负责人实行连签审批,具有年 50 万元(含 50 万元)以内的对外借款权限;总经理办公会有限审批年 100 万元(含 100 万元)以内的对外借款;超过年 100 万元的对外借款必须报董事会批准。

(三)投资管理权限

500 万元以内(含 500 万元)的对外投资,由董事会授权经理办公会讨论报董事长批准。

500 万元以上的对外投资,经理办公会审核,报董事会审批。

第十六条 年度经费预算之外的其它支出,10 万元以内由财务负责人决定并报告总经理;10 万元到 100 万元由财务负责人与总经理连签。

第十七条 签定合同权限

对外签定经济合同,董事长授权签署。

(五)公司严格按《公司章程》的规定召开董事会、监事会、股东大会,严格按照我国现行法律和《公司章程》的规定进行表决,在审议关联交易时关联股东均按规定履行了回避义务,切实保护公司中小股东的权益。

(六)公司依据《公司法》、有关法律法规和《公司章程》的规定,制定了《股东大会议事规则》、《董事会议事规则》、《监事会工作条例》和《经理工作细则》(以上文件见"备查文件"),进一步规范了公司行为。

(七)公司管理层对内部控制及时制定了一系列规章制度,通过一年多的施行,管理层认为:①内部控制制度体现了完整性,既有基本管理制度,又有具体的规章管理办法;②内部控制制度体现了合理性,在管理制度制定过程中,加强调查研究,注意针对性,在施行过程中根据实际情况进一步补充、完善;③内部控制制度体现了有效性,实践证明,执行内部控制制度以来,切实加强了管理,促进和保证了公司规范运行,人、财、物得到合理配置,创造了良好的经济效益。

十二、主要财务会计资料

(一)会计报表编制基准及注册会计师意见

本公司正式成立(1999 年 9 月 24 日)以前会计年度的会计报表,系按本公司《改制方案》确定的公司组织架构为前提编制的。

本公司重组时进行的剥离是在《改制方案》及《发起人协议》所确定的拟设立公司的资产规模、净资产比例、主要业务范围、机构及人员设置、股权配置方案等前提下进行的。实物资产以实际用途为界定原则,债权、债务等以与经营业务的相关性为界定原则,收入、成本费用、税金以与实际经济业务相配比为界定原则。

本公司正式成立后所属会计期间的会计报表系按本公司的实际组织架构为前提,由中铁二局股份有限公司及所属(贵阳)第一分公司、第二分公司、第四分公司、第五分公司、机械筑路分公司、路桥分公司、第六分公司、相关工程项目指挥部和区域性分公司汇编而成,现金流量表自本公司成立后开始编制。

本公司已聘请深圳同人会计师事务所对本公司于 1998 年 12 月 31 日、1999 年 12 月 31 日及 2000 年 12 月 31 日的资产负债表、自 1998 年 1 月 1 日至 2000 年 12 月 31 日止三个会计年度的利润表、自 1999 年 1 月 1 日至 2000 年 12 月 31 日止二个会计年度的利润分配表与 2000 年度的现金流量表进行了审计。会计师已出具了标准无保留意见的审计报告。

以下引用的财务数据,非经特别说明,均引自经审计的会计报表。本章的财务会计数据及有关的分析说明反映了公司过往三年的经审计的会计报表、经审核的盈利预测报告及有关附注的重要内容。

(二)简要会计报表

本公司的简要会计报表反映了本公司的基本财务状况、经营成果和现金流量情况,故在本节中仅披露了本公司的简要会计报表。若想详细了解本公司过往三年的财务状况、经营成果和现金流量情况,请阅读本招股说明书附录一。

1、简要利润表

单位:人民币元

	2000 年度	1999 年度	1998 年度
一、主营业务收入	4,119,435,203.60	3,447,879,817.12	2,666,588,203.37
二、主营业务利润	403,971,333.03	403,355,402.14	353,560,580.03
三、营业利润	186,074,799.66	179,772,349.08	164,494,127.67
四、利润总额	176,989,345.63	175,051,771.48	150,175,948.32
五、净利润	176,989,345.63	134,652,856.77	100,617,885.38

2、简要资产负债表

单位:人民币元

	2000 - 12 - 31	1999 - 12 - 31
流动资产合计	1,623,842,947.92	1,623,478,209.09
固定资产合计	414,497,813.59	422,468,864.05
无形资产及其他资产合计	1,761,692.51	11,913,285.98
资产总计	2,040,102,454.02	2,057,860,359.12
流动负债合计	1,208,962,008.97	1,403,709,259.70
负债合计	1,208,962,008.97	1,403,709,259.70
股东权益合计	831,140,445.05	654,151,099.42
负债和股东权益总计	2,040,102,454.02	2,057,860,359.12

本公司非整体改制设立,成立至今运行不足三年,故在此仅列示本公司成立后各年年末的简要资产负债表。

3、简要现金流量表

单位:人民币元

	2000 年度
经营活动产生的现金流量净额	13,525,180.02
投资活动产生的现金流量净额	(83,592,997.74)
筹资活动产生的现金流量净额	(34,363,246.59)
现金及现金等价物净增加额	(104,431,064.31)

(三)经营业绩

1、主营业务收入

单位:元

项 目	2000 年	1999 年	1998 年
铁路工程施工收入	3,122,147,025.80	2,768,308,014.97	2,001,589,053.66
其他工程施工收入	997,288,177.80	679,571,802.15	664,999,149.71
	4,119,435,203.60	3,447,879,817.12	2,666,588,203.37

本公司 1999 年度主营业务收入比 1998 年度增长 29.29%,主要系以下两个因素造成:

本公司 1998 及 1999 年度承建的内昆线、湘黔复线湖南段、湘黔复线贵州段在 1998 年度处于施工初期,而在 1999 年度则处于施工高峰期,故 1999 年度完成的工程量与 1998 年度相比有较大幅度增长;

本公司正式成立后,原由中铁二局集团有限公司与建设方签订的以本公司为主承建的工程合同的主体变更为本公司,其中,本公司成立前已由中铁二局集团有限公司分包给关联公司的工程,发包方亦变更为本公司。故 1999 年度本公司分包工程收入与成本与 1998 年度相比增加了分包给关联公司的相关收入与成本。

本公司 2000 年度主营业务收入比 1999 年度增长 19.47%,主要系因本公司承建内昆线、湘黔复线湖南段、湘黔复线贵州段全面进入铺轨阶段,在 2000 年度仍处于施工高峰期,此外,本公司承建的秦沈线、西南线在 2000 年度开工。

2、利润总额

本公司 2000 年、1999 年、1998 年利润总额分别为 17698.93 万元、17505.18 万元、15017.59 万元。2000 年利润总额增长幅度与主营业务收入增长幅度差距较大,主营业务毛利率降低,主要因为本公司承建的株六线、内昆线等铁路工程施工项目 2000 年进入铁轨铺架高峰期,根据本公司与新运公司签署的《铁轨铺架及新线运行工程分包协议》,铺架工程分包予新运公司承建,分包产值较 1999 年有很大幅度增长,本公司只收取工程合同金额 2% - 6%的总承包收益,从而导致毛利率降低。

3、非经常性损益

单位:元

非经常性损益	2000 年度	1999 年度	1998 年度
投资收益	45,594.20	2,211.00	- -
营业外收入	1,384,102.86	7,142,990.30	8,638,025.44
营业外支出	10,515,151.09	11,865,778.90	22,956,204.79

4、适用税率及优惠政策

税种	计税依据	税率
营业税	营业收入	3%
城市维护建设税	应交营业税额	1%、5%、7%
企业所得税	应纳税所得税额	15%

ⅰ根据陕西省人民政府和铁道部专项问题会议纪要[1997]第 71 号《陕西省人民政府、铁道部关于西康铁路建设有关问题的会议纪要》,本公司参与施工的西康铁路建设期间发生的建安营业税,部省商定按应征数额的 50%缴纳。

根据陕西省人民政府文件陕政字[1997]13 号文《陕西省人民政府关于西康铁路建设征地拆迁及免征地方税费等有关问题的通知》,西康铁路建设期间的有关地方税费,如城市维护建设税及教育费附加等,免予缴纳。

ⅱ根据财政部、国家税务总局财税字[1997]263 号文《关于减征内昆铁路施工收入营业税问题的通知》,本公司参与施工的内昆铁路宜宾至安边、安边至梅花山、六盘水枢纽内昆引入及六盘水南编组站三部分工程项目的施工收入应缴纳的营业税,减按应纳税额的 50%缴纳。

ⅲ本公司系经成都高新技术产业开发区科技局以成高科(1999)119 号文,四川省科学技术委员会以川科委[2000]12 号文认定的高新技术企业,根据国家税务总局和财政部财税字[1994]001 号文规定可享受以下税收优惠:凡在国务院批准的高新技术产业开发区内的高新技术企业,减按 15%的税率缴纳所得税,新办的高新技术企业自投产年度起免征企业所得税两年。成都高新区国家税务局于 2000 年 7 月 5 日以成高国税综字[2000]002 号文批复,同意免征本公司 1999 年度、2000 年度的企业所得税,从 2001 年起,减按 15%的税率征收企业所得税,其中,免征 1999 年度企业所得税 789.76 万元。

(四)资产

截止 2000 年 12 月 31 日,本公司的资产总计为 204010.25 万元。

1、固定资产情况

(1)固定资产折旧方法:固定资产折旧采用直线法平均计算,并根据固定资产类别的原值、估计经济使用年限和预计残值(原值的 3%)确定其折旧率。各类折旧率如下:

类 别	预计使用年限(年)	年折旧率(%)
房屋建筑物	20 - 40	4.85 - 2.42
机器设备	8 - 15	12.12 - 6.47
运输设备	8	12.12
电子及其他设备	5 - 10	19.4 - 9.7

(2)固定资产原价及净值(单位:元)

	2000 - 1 - 1	本期增加	本期减少	2000 - 12 - 31
固定资产原价:				
房屋及建筑物	3,151,137.00	7,453,417.43	- -	10,604,554.43
机器设备	381,148,738.48	54,562.465.81	58,812,029.53	376,899,174.76

运输工具	181,899,299.84	34,291,270.64	36,861,809.42	179,328,761.06
电子及其他设备	32,409,149.09	17,305,486.84	10,733,833.68	38,980,802.25
	598,608,324.41	113,612,640.72	106,407,672.63	605,813,292.50
累计折旧:				
房屋及建筑物	772,993.71	125,550.48	--	898,544.19
机器设备	111,630,803.74	40,422,404.19	44,441,694.39	107,611,513.54
运输工具	66,985,982.27	25,579,867.29	26,795,676.46	65,770,173.10
电子及其他设备	13,620,184.42	10,348,295.15	6,933,231.49	17,035,248.08
	193,009,964.14	76,476,117.11	78,170,602.34	191,315,478.91
固定资产净值	405,598,360.27			414,497,813.59

2、有形资产

本公司截止 2000 年 12 月 31 日,总资产 204010.25 万元,扣除无形资产、待摊费用和长期待摊费用后,有形资产净值为 203990.60 万元。

(五)负债

截止 2000 年 12 月 31 日,本公司负债总额 120896.20 万元,本公司无银行借款、对内部人员的负债、主要合同承诺的债务、逾期未偿还的债项及票据贴现、抵押、担保等形成的或有债项。

本公司对关联企业的负债情况如下:

企业名称	2000-12-31 余额(元)
应付账款:	
中铁二局集团电务工程有限公司	30,082,747.53
中铁二局集团机电有限公司	9,437,588.56
铁道部第二工程局锦城建筑安装工程公司	1,906,013.69
中铁二局集团建筑有限公司	8,331,066.24
其他应付款	
中铁二局集团房地产开发有限公司	450,000.00
中铁二局集团建筑有限公司	250,000.00

(六)股东权益

单位:元

项目	2000-12-31	1999-12-31	1998-12-31
评估前拟折股净资产			430,167,141.49
股本	300,000,000.00	300,000,000.00	--
资本公积	160,421,673.35	160,421,673.35	--
盈余公积	74,143,754.34	38,745,885.22	--
其中:公益金	37,071,877.17	19,372,942.61	--
未分配利润	296,575,017.36	154,983,540.85	59,076,569.30
股东权益合计	831,140,445.05	654,151,099.42	489,243,710.79

(七)现金流量基本情况

有关数据详见本节(三)现金流量表。报告期内,本公司没有不涉及现金收支的重大投资和筹资活动。

(八)盈利预测

本公司董事会根据截至 2000 年 12 月 31 日止三年会计期间的实际经营成果,并在充分考虑本公司的现时生产经营能力、未来发展投资计划、生产计划和营销计划的前提下,编制了本公司 2001 年度已除税但未计非经常性项目的盈利预测表。编制该盈利预测系遵循自 1994 年 1 月 1 日起我国实施的有关税务法规和外汇管理办法,其所采用的会计政策在所有重大方面均与本公司采用的会计政策一致。

深圳同人会计师事务所已对本公司编制的 2001 年度的盈利预测报告进行了审核,并出具了无保留意见的盈利预测审核报告。以下资料摘录自本公司的盈利预测报告。

盈利预测表

单位:人民币千元

	1999 年已审数	2000 年已审数	2001 年预测数
一、主营业务收入	3,447,879.82	4,119,435.20	3,816,781.00
二、主营业务利润	403,355.40	403,971.33	417,876.00
三、营业利润	179,772.35	186,074.80	180,158.00
四、利润总额	175,051.77	176,989.34	180,158.00
五、净利润	134,652.86	176,989.34	153,134.30

本公司 2001 年度预测利润总额 18,015.80 万元,扣除所得税 2,702.37 万元后,实现净利润 15,313.43 万元。利润总额较上年增加 316.87 万元,净利润较上年减少 2,385.51 万元,利润总额增加的主要因素为:

1、继续抓好在建项目的施工生产

根据项目合同工期要求,截止 2000 年 12 月底,本公司有合同总额为 123 亿元的在建项目将在 2001 年安排施工生产,主要是国家重点铁路、地方铁路、重点公路、市政工程和水利工程等建设,这些项目包括:西康线、西南线、内昆线、株六铁路复线、秦沈铁路客运专线、荷日线、新长线、达万铁路、宝兰线、宝成及成都枢纽、渝怀线等铁路施工项目,京珠高速公路、福宁高速公路、开阳高速公路、西安绕城高速公路等公路施工项目,广州地铁、深圳地铁等市政工程,紫坪埔水利枢纽等水利工程。

2、进一步扩大经营规模,承揽更多的基础设施工程项目

目前,国家继续实行积极的财政政策,加大基本建设投资规模,2000 年初,中央又做出了西部大开发的战略决策,大开发的重点也在基础设施建设。公司正处于西部开发的中心城市——成都,这为公司的发展提供了新的历史发展机遇,公司将继续"外强经营,内抓改革",积极树立公司形象,壮大公司实力,扩大建筑市场的份额,特别是利用好西部大开发的有利条件。

根据在建工程项目的施工安排和预计中标工程的任务安排,2001 年预计实现主营业务收入 381,678.10 万元。

(九)资产评估

1、基本情况

集团公司聘请了中华财务会计咨询公司对其作为本公司的主发起人拟投入的全部资产和负债进行了评估,评估基准日定于 1998 年 9 月 30 日。

根据中华财务会计咨询公司中华评报字(1999)第 020 号资产评估报告,截止 1998 年 9 月 30 日,集团公司拟投入本公司帐面资产总值为 140293.24 万元,负债总额为 97008.28 万元,净资产为 43284.96 万元;评估后资产总值为 140171.67 万元,负债为 96432.15 万元,资产净值为 43739.52 万元,比调整后的帐面值增加了 454.56 万元,增幅为 1.1%。本次评估结果已获财政部财评字[1999]229 号文确认。本公司已于 1999 年 9 月 30 日按资产评估结果调整了包括固定资产原值和固定资产净值在内的相关帐项,详见《审计报告》附件二:调帐日前后的《比较资产负债表》。

(十)验资情况

根据深圳同人会计师事务所深同证审字[1999]第 008 号《验资报告》,"截止 1999 年 6 月 22 日止,中铁二局股份有限公司(筹)已收到发起人投入的资本计人民币 46,042.17 万元,其中:股本 30,000 万元,资本公积 16,042.17 万元,与上述投入资本相关的资产总额为人民币 142474.32 万元,负债总额为人民币 96432.15 万元。"投入股本明细表列示如下:

单位:千元

股东名称	申请的注册资本		实际投入股本			
	出资金额	出资比例(%)	货币资金	经营性净资产	合计	占投入股本比例(%)
中铁二局集团有限公司	285,000.00	95.00	--	285,000.00	285,000.00	95.00
宝鸡桥梁厂	13,630.00	4.54	13,630.00	--	13,630.00	4.54
成都铁路局	650.00	0.22	650.00	--	650.00	0.22
铁道部第二勘测设计院	390.00	0.13	390.00	--	390.00	0.13
西南交通大学	330.00	0.11	330.00	--	330.00	0.11
合计	300,000.00	100.00	15,000.00	285,000.00	300,000.00	100.00

(十一)财务指标

1、基本财务指标

财务指标	2000 年	1999 年	1998 年
流动比率	1.34	1.16	1.16
速动比率	1.13	1.05	0.95
应收账款周转率(次)	13.84	13.56	14.12
存货周转率(次)	17.82	15.95	11.65
资产负债率(%)	59.26	68.21	69.15
每股净资产(元/股)	2.77	2.18	--
净资产收益率(%)	21.29	20.58	20.57

2、净资产收益率及每股收益

	2000 年				1999 年		1998 年	
	净资产收益率(%)		每股收益(元)		净资产收益率(%)		净资产收益率(%)	
	全面摊薄	加权平均	全面摊薄	加权平均	全面摊薄	加权平均	全面摊薄	加权平均
主营业务利润	48.60	54.40	1.35	1.35	61.66	72.47	72.27	78.49
营业利润	22.39	25.06	0.62	0.62	27.48	32.30	33.62	36.52
净利润	21.29	23.83	0.59	0.59	20.58	24.19	20.57	22.34
扣除非经常性损益后的净利润	22.39	25.06	0.62	0.62	27.48	32.30	33.62	36.52

3、每股经营活动的现金流量

本公司 2000 年经营活动产生的现金流量净额为 1352.52 万元,每股经营活动的现金流量为 0.045 元/股。

(十二)管理层财务分析意见

1、资产质量状况

2000 年末,公司总资产为 204,010.25 万元,其中货币资金为 83,913.34 万元,占公司流动资产的 51.68%,占总资产的 41.13%,表明公司资金回收状况较好;其次固定资产年末原值为 60581.33 万元,净值为 41,449.78 万元,净值占总资产的 20.32%,固定资产成新率为 0.68,其中用于工程施工的机械设备原值为 51,852.35 万元,占固定资产的 85.59%,无论从固定资产的构成还是从固定资产的成新率上都表明固定资产状况较好;年末,公司应收帐款为 32,225.21 万元,占总资产的 15.80%,由于公司承建的项目多数为国家及地方重点工程(或由政府提供担保),应收帐款不能回收风险较低;其他应收款 17,293.22 万元,占总资产的 8.48%,主要是建设方收取的工程质量保证金,从公司近年来的工程质量优良、返工率为零上看,工程质量保证金不能收回的风险也较小;年末,公司存货 26,144.84 万元,占总资产的 12.82%,公司按照存货成本与可变现净值孰低法计算提取存货跌价准备 372.60 万元。总的看来,资产质量状况良好,没有不良资产。

2、资产负债结构

2000 年末,公司总负债 120,896.20 万元,均为流动负债,其中预收帐款 35,196.61 万元,占流动负债的 29.11%,主要是建设方拨付的工程预付款和工程备料款。年末,公司资产负债率为 59.26%,流动比率为 1.34、速动比率为 1.13,均优于同行业其他铁路施工企业和上市公司。以上表明公司资产负债结构合理,财务风险较低。

3、股权结构

2000 年末,公司股本 30000 万元,均为国有法人股。其中:中铁二局集团有限公司占 95%、宝鸡桥梁厂占 4.54%、成都铁路局占 0.22%、铁道部第二勘察设计院占 0.13%、西南交通大学占 0.11 万元。

4、现金流量

2000 年末,公司现金净流量为 -10,443.11 万元,造成公司净现金流量为负的主要原因为:一方面,公司为增强实力,用现金购置、更新固定资产 8,373.70 万元,另一方面,公司为降低财务风险,用现金偿还了包括短期借款在内的债务 4,568.00 万元。但是,公司经营活动产生的现金净流量为 1,352.52 万元,从以上分析可知,公司的现金流量趋于合理。

5、公司近三年业务的进展及盈利能力

公司 1998 年实现主营业务收入 266,658.82 万元,比上年增长 19.72%,利润总额 15,017.59 万元;1999 年实现主营业务收入 344,787.98 万元,比上年增长 29.30%,利润总额 17,505.18 万元;2000 年实现主营业务收入 411,943.52 万元,比 1999 年增长 19.48%,利润总额 17,698.93 万元。可以看出,公司近三年主营业务收入及利润呈逐年增长趋势,一方面,公司积极拓展建筑市场,承揽任务量逐年上升;另一方面,施工现场推行目标责任成本管理,在管理单位加强经费管理,通过增收节支,在公司内部实行全员效益管理,公司效益得以较大提高。

6、公司未来目标及盈利前景

2001 年初,公司制定了未来五年的发展规划,提出了以深化改革、扩大经营规模、提高劳动生产率、加大经营开发力度等 10 大目标,使公司由以承包为主的单一生产经营型企业,逐步转变为以生产经营和资本经营相结合的多元化发展的企业,形成施工生产、建设管理和资本运作等多种形式扩张发展的格局。随着公司实力的逐步增强及国家实施西部大开发、继续加大基础设施建设投资等政策的影响,为公司实现既定目标创造了良好条件。

7、公司的财务优势

从上述分析可以看出,公司具有多方面的财务优势。一是资产质量状况良好,并且资金充足,有利于公司扩大经营规模;二是公司资产负债率低,资产负债结构和股权结构合理;三是速动比率高于同行业,偿债能力较强;四是公司近三年经营业绩显著,盈利能力强,收入和盈利具有连续性和稳定性;五是在国家宏观政策的影响下,特别是国家投入大量资金进行的西部大开发,公司未来目标完成和盈利实现具有较强的保障。

十三、业务发展目标

本公司将继续发扬"开路先锋"的优良传统,坚持以人才为基础,以企业可持续发展为动力,以满足客户需要为根本,以科技创新为保证的发展战略,以高智慧的科技队伍、高技能的施工队伍、高素质的经营管理队伍建设国内一流、国际知名的国际化、多元化、现代化高新技术企业。

(一) 生产经营发展战略与发展目标

1、生产经营发展战略

本公司禀承科技兴业、产业报国的企业理念,走产业化、实业化、科技化的发展道路。在未来发展中,公司将充分发挥自身优势,积极致力于交通、能源、水利等基础设施建设,建造一流工程,提供一流服务,保持国内同行业龙头地位;大力开展资本运营,逐步向与主业相关的产业及高科技产业延伸,积极介入有较大市场需求和较高技术含量,有利于节约资源和改善生态环境,发展前景广阔的新兴产业,实现规模经济,增加新的利润增长点,增强企业抵御风险能力和发展后劲。

2、发展目标

本公司将充分利用国家实施西部开发战略的大好机遇,努力提高科学管理水平,调整经营布局,拓展经营领域,保持本公司经营规模、施工技术、工程质量等综合实力居国内同行业领先地位,发挥国家基础设施建设骨干企业的示范作用。与此同时,通过参股、收购、合并等手段,积极介入高新技术产业和国际工程承包领域,在"十五"末期,将本公司建成跨地区、跨行业、跨所有制、跨国经营的集融资、投资、经营、施工为一体,国内具有影响力的高科技产业集团。本公司争取到 2005 年总资产达 53.72 亿元,年营业收入达 90 亿元,利润总额 4.60 亿元;到 2010 年,总资产达 107.44 亿元,年营业收入 180 亿元,利润 9.20 亿元。

为实现上述目标,本公司还制订了市场发展计划、生产经营计划、固定资产投资计划、科技发展规划以及人力资源开发计划。

十四、募股资金运用

(一)募集资金投资项目简介

本公司本次向社会公开发行人民币普通股11000万股,以每股9.50元溢价发行,可募集资金104500万元,扣除各项发行费用后,可实际募集资金101675.5万元,将用于以下项目的投资:

1、投资65158万元用于购置施工机械设备

面对新兴市场给铁路施工企业带来的发展机遇和广阔的市场前景,本公司须成套配置相应的、代表未来施工发展方向的现代化施工设备,以增强企业竞争实力,提高市场占有率,保持可持续发展后劲。为此,本公司拟购置施工设备共计379台(套),其中购置国产设备308台(套),购置进口设备71台(套)。

本项目总投资65158万元,内部收益率25.2%(所得税后),投资回收期4.39年,具有良好的经济效益、社会效益和抗风险能力。本项目的实施符合铁道部、交通部的长远发展规划,符合国家的产业政策,适应国家实施西部大开发战略的需要。

本项目业经本公司2000年第一次临时股东大会决议通过。

2、投资7430万元组建成都铁达商品混凝土有限公司。

本公司计划以本次公开发行股票所募资金7430万元与中铁二局集团机电有限公司以其所属铁达商品混凝土供应站经评估确认的经营性净资产1537万元作为出资,合资组建成都铁达商品混凝土有限公司,本公司占有合资公司82.86%的权益,从而进入这个成都地区相对封闭而平均利润率较高的市场,提高资金使用效率,增加新的利润增长点。在本公司投入的7430万元现金中,4950万元用于固定资产投资,2480万元用于配套流动资金。项目建成后,将使铁达公司商品混凝土的年生产能力由现在的5.5万立方米提高到35万立方米,项目投资利润率16.8%,投资回收期5.1年。

本项目固定资产投资已经铁道部计建[2000]116号文批准。

3、出资6449.67万元投资控股中铁二局集团电务工程有限公司

为扩充经营领域,壮大经营实力,调整业务结构,达到以较低成本和较短时间进入高壁垒电务施工市场,增加新的利润增长点的目的,本公司拟以本次发行股票所募资金6449.67万元参与对电务公司的增资,电务公司增资后,注册资本增加至11430万元,公司、集团公司和贵州万达客车股份有限公司分别持有51%、48.18%和0.82%的权益。电务公司增资后,所增资本主要用于购置高速铁路电气化施工设备、通信设备以及其它施工设备,提高保有设备的先进性和配套性,并充实生产建设资金,增强综合竞争实力,拓展以高速铁路和城市地铁为代表的未来快速交通发展方向的电务施工新市场。

本项目投资每年可为本公司带来1415万元的投资收益,投资收益率为21.9%。电务公司增资有关事宜已经电务公司股东会决议通过,本公司以募集资金投资参与其增资也经本公司2000年第一次临时股东大会决议通过。

4、出资4986.61万元投资控股中铁二局集团新运工程有限公司。

由于国家对建筑施工企业实行资质管理、对铁路制梁实行许可证管理,而有关部门又于1999年起停止受理审批新证,所以该施工领域存在进入壁垒,本公司无法在短时间内取得相关资质并进入该市场。为抓住铁路铺架市场发展机遇,拓展经营领域,提高经济效益,本公司拟以本次发行股票所募资金4986.61万元参与对新运公司的增资,新运公司增资后,注册资本增加至8490万元,本公司、集团公司和铁道部武汉工程机械研究所分别持有51%、47.82%和1.18%的权益。

本项目投资收益率17.24%,每年可以为本公司带来859.7万元投资收益。新运公司有关增资事项已经新运公司股东会的决议通过,本公司以募集资金参与其增资的项目也经本公司2000年第一次临时股东大会的决议通过。

5、出资6034.65万元投资控股中铁二局集团建筑有限公司。

鉴于建筑公司在工业与民用建筑施工市场树立了良好的品牌,且行业发展前景看好,本公司拟以本次发行股票所募资金6034.65万元参与对建筑公司的增资,从而以低成本、高效率的途径进入工业与民用建筑市场,扩大本公司经营领域,调整业务结构,降低本公司业务单一的风险。增资后建筑公司注册资本为10200万元,本公司、集团公司和都江堰交大青城磁浮列车工程发展有限责任公司分别持有51%、48.41%和0.59%的权益。

建筑公司本次增资主要用于购置高层建筑施工及装饰装修施工设备,充实生产资金,增强企业实力,取得更多工业与民用建筑市场,特别是高层建筑施工、装饰装修等市场的份额。增资完成后,建筑公司的年施工能力将由3.5亿元增加到5亿元以上。本项目的投资收益率为13.64%,平均每年可为本公司带来822.86万元的投资收益。建筑公司增资有关事宜已经建筑公司股东会的决议通过,本公司以募集资金参与其增资的项目也经本公司2000年第一次临时股东大会决议通过。

上述项目共需资金90058.93万元,本次发行共募集资金101675.5万元,尚余募集资金11616.57万元。鉴于本公司在工程项目施工中需要采购大量工程物资,某些工程项目还需要垫支一部分工程款,因而需要大量流动资金,本公司决定将这部分剩余募集资金用于补充流动资金。

(二)项目投资计划表

单位:万元

项目名称	投资计划			效益产生时间	投资回收期
	2001年	2002年	合计		
1. 购置施工机械设备项目	40,592.00	24,566.00	65,158.00	投资当年	4.39年
2. 投资组建成都铁达商品混凝土有限公司项目	7,430.00	-	7,430.00	投资后6个月	5.10年
3. 投资控股中铁二局集团电务工程有限公司项目	6,449.67	-	6,449.67	投资当年	-
4.投资控股中铁二局集团新运工程有限公司项目	4,986.61	-	4,986.61	投资当年	-
5. 投资控股中铁二局集团建筑有限公司项目	6,034.65	-	6,034.65	投资当年	-
6. 补充流动资金	11616.57		11616.57	投资当年	
总　计	77109.50	24,566.00	101675.50	-	-

(三)有关事项的说明

1、上述投资项目的资金运用重要性顺序以项目排序为准。

2、对于第3～5个投资项目,本公司承诺,对上述项目的投资以取得被投资公司51%的控股权为目标,然而,本公司实际投资额将依据上述投资项目实施时被投资公司经评估的净资产值而定。

3、根据本公司本次募集资金投资计划,对于一定时期内的闲置资金,本公司将本着谨慎、稳健的原则适当进行安全性高、流动性强的短期投资,如短期国债投资,以提高资金使用效率,最大限度地回报投资者。

(四)募股资金运用对主要财务状况的影响

项目	发行前	发行后
净资产(万元)	83114.05	184789.55
每股净资产(元)	2.77	4.51
净资产收益率(%)	21.29	9.58
资产负债率(%)	59.26	39.55

十五、发行定价及股利分配政策

(一)发行价格的确定

本公司在制定本次发行的11000万股股票发行价格的过程中,主要根据本公司稳健的财务状况、较强的盈利能力和丰厚的滚存利润,估值及询价结果,一级二级市场现状,以及本次发行规模等因素,经与主承销商协商并经中国证监会核准,本次股票发行价格最终确定为每股9.50元,发行市盈率25.47倍,发行完成后每股净资产(全面摊薄)为4.51元。

(二)股利分配情况

根据本公司1999年度股东大会决议,1999年末可供分配的利润各提取10%法定公积金和法定公益金后暂不分配,由公司股票发行后的新老股东共享。

根据本公司2000年度第一次临时股东大会决议,本公司2000年1月至公司本次股票公开发行前的净利润,各提取10%法定公积金和法定公益金后暂不分配,亦由公司股票发行后的新老股东共享。

根据本公司2001年3月20日第一届董事会2001年第一次会议决议,本公司2000年度净利润各提取10%法定公积金和法定公益金后暂不分配,在本公司本次股票发行后由新老股东共同享有。

本公司预计首次股利分配的日期在2001年第二季度。具体分配时间由本公司股东大会决定。

十六、董事及有关中介机构声明

(一)中铁二局股份有限公司董事会全体成员声明

本公司全体董事承诺本招股说明书及其摘要不存在虚假记载、误导性陈述或重大遗漏,并对其真实性、准确性和完整性承担个别和连带的法律责任。

公司全体董事:翁景庆　林鼎富　曹义　何明新　刘辉　耿立川　董振川

郭敬辉　艾治义　熊能新　徐铁军　　(签名)

中铁二局股份有限公司董事会

二〇〇一年四月十日

(二)主承销商声明

本公司已对招股说明书及其摘要进行了核查,确认不存在虚假记载、误导性陈述或重大遗漏,并对其真实性、准确性和完整性承担相应的法律责任。

法定代表人(或授权代表):王启文(签字)

项目负责人:陈生军(签字)

大鹏证券有限责任公司

二〇〇一年四月十日

(三)发行人律师声明

本所及经办律师保证由本所同意发行人在招股说明书及其摘要中引用的法律意见书和律师工作报告的内容已经本所审阅,确认招股说明书不致因上述内容出现虚假记载、误导性陈述及重大遗漏引致的法律风险,并对其真实性、准确性和完整性承担相应的法律责任。

单位负责人:唐金龙(签字)

经办律师:朱玉栓　　邓鸿成(签字)

中银律师事务所

二〇〇一年四月十日

(四)会计师事务所声明

本所及经办会计师保证由本所同意发行人在招股说明书及其摘要中引用的财务报告已经本所审计,盈利预测已经本所审核,确认招股说明书不致因上述内容而出现虚假记载、误导性陈述及重大遗漏,并对其真实性、准确性和完整性承担相应的法律责任。

单位负责人:刘继忠(签字)

经办会计师:朱厚佳　　周荣铭(签字)

深圳同人会计师事务所

二〇〇一年四月十日

(五)资产评估师事务所声明

本公司保证由本公司同意发行人在招股说明书及其摘要中引用的资产评估数据已经本公司审阅,确认招股说明书不致因上述内容而出现虚假记载、误导性陈述或重大遗漏,并对其真实性、准确性和完整性承担相应的法律责任。

单位负责人:傅继军(签字)

经办评估师:孙建民　　谢昆仑(签字)

中华财务会计咨询公司

二〇〇一年四月十日

(六)土地评估师声明

本中心保证由本中心同意发行人在招股说明书及其摘要中引用的土地评估数据已经本中心审阅,确认招股说明书不致因上述内容而出现虚假记载、误导性陈述或重大遗漏,并对其真实性、准确性和完整性承担相应的法律责任。

单位负责人:高向军(签字)

经办评估师:魏　黎(签字)

北京国地不动产咨询中心

二〇〇一年四月十日

(七)承担验资业务的会计师事务所声明

本所保证由本所同意发行人在招股说明书及其摘要中引用的验资报告及有关数据已经本所审阅,确认招股说明书不致因上述内容而出现虚假记载、误导性陈述或重大遗漏,并对其真实性、准确性和完整性承担相应的法律责任。

单位负责人:刘继忠(签字)

经办会计师:朱厚佳　　周荣铭(签字)

深圳同人会计师事务所

二〇〇一年四月十日

十七、附录和备查文件

附录

(一)深圳同人会计师事务所出具的本公司截止2000年12月31日的三年审计报告、财务报表及附注;

(二)本公司2001年度盈利预测和深圳同人会计师事务所出具的审核报告;

(三)深圳同人会计师事务所出具的验资报告;

(四)中华财务会计咨询公司出具的资产评估报告;

(五)中银律师事务所出具的关于本公司本次公开发行与上市的法律意见书;

(六)本公司章程草案;

(七)本公司营业执照;

(八)本公司2000年第一次临时股东大会关于本次发行及上市的决议。

备查文件

1、本公司设立的注册登记文件;

2、铁道部推荐本公司公开发行并上市的文件;

3、中国证券监督管理委员会核准本公司发行的文件;

4、承销协议;

5、财政部关于资产评估的确认报告;

6、重要协议及合同;

7、税务登记文件;

8、历次股东大会决议;

9、发行人改组的其他有关资料及证监会要求的其他文件。

中铁二局股份有限公司

股票上市公告书

第一节　概　览

股票简称:中铁二局

股票代码:600528

总股本:41000万股

可流通股本:11000万股

本次上市流通股本:11000万股

本公司公开发行股票前股东所持股份的流通限制及期限:根据国家现有法律、法规规定和中国证监会证监发行字[2001]27号《关于核准中铁二局股份有限公司公开发行股票的通知》,本公司的国有法人股暂不上市流通。

本公司公开发行股票前的第一大股东——中铁二局集团有限公司承诺:自本公司股票上市之日起12个月内,不转让其所持有本公司的股份,也不由本公司回购该部分股份。

上市地点:上海证券交易所

上市时间:2001年5月28日

股份登记机构:上海证券中央登记结算公司

上市推荐人:大鹏证券有限责任公司

第二节　绪　言

本上市公告书是依据《公司法》、《证券法》、《股票发行与交易管理暂行条例》、《公开发行股票公司信息披露实施细则》、《上海证券交易所股票上市规则》和《公开发行股票公司信息披露的内容与格式准则第七号<上市公告书的内容与格式>》等国家现行有关证券管理法律、法规的规定而编制,为本公司股票公开上市之目的向社会公众披露公司基本情况和相关资料。

本公司经中国证券监督管理委员会证监发行字[2001]127号文核准,已成功向社会公开发行每股面值为1元之人民币普通股11000万股,每股发行价格为9.50元。

经上海证券交易所上证上字[2001]72号《上市通知书》同意,本公司公开发行的11000万股社会公众股将于2001年5月28日在上海证券交易所挂牌交易,股票简称为"中铁二局",股票代码为600528。

本公司于2001年4月26日分别在《中国证券报》、《上海证券报》和《证券时报》上刊登了《招股说明书摘要》,《招股说明书》及其引用的财务会计资料距今不足六个月,故本《上市公告书》与之重复内容在此不再重述。

第三节　公司概况

(一)基本情况

1、中文名称:中铁二局股份有限公司

英文名称:CHINA RAILWAY ERJU Co.,Ltd.(CREC)

2、注册资本:41000万元

3、法定代表人:翁景庆

4、住所:成都高新区创业东路18号高新大厦10楼

5、经营范围:承担各类型工业、能源、交通、民用等工程项目施工的承包;机械租赁。

6、主营业务:铁路、公路及其他土木工程施工。

7、所属行业:建筑施工

8、电话:(028)7684612

9.传真:(028)7680396

10、电子邮箱:ztejbgs@mail.sc.cninfo.net

11、董事会秘书:邓爱民

(二)历史沿革

本公司主发起人为中铁二局集团有限公司(以下简称"集团公司")是国家工程施工总承包一级企业和国家铁路大型综合一级施工企业,其前身铁道部第二工程局始建于1950年6月,是新中国成立后最早组建的铁路工程局。1990年、1994年集团公司两度位居全国500家最大经营规模建筑工业企业排名第一;1995年又被第50届国际统计大会授予"中国建筑业功勋企业称号";1996年再度被评为"全国优秀施工企业"和"全国工程质量管理先进企业";1999年,集团公司被评为"全国用户满意施工企业"、"全国质量效益型先进企业"和"全国最佳施工企业",2000年集团公司位列"1998-1999年度全国建筑系统绩优企业"第一名并跻身1999年度全国55家优秀施工企业行列。经铁道部、建设部铁政策函[1998]120号文和国家经贸委国经贸企[1998]163号文批准,铁道部第二工程局于1998年6月1日改制成为中铁二局集团有限公司。

本公司是经国家经贸委国经贸企改[1999]744号文批准,由集团公司作为主发起人,联合宝鸡桥梁厂、成都铁路局、铁道部第二勘测设计院和西南交通大学四家发起人采用发起设立方式设立,于1999年9月24日在成都市工商行政管理局登记注册的股份有限公司。集团公司以其下属第一工程处、第二工程处、第四工程处、第五工程处,机械筑路处、路桥公司、物资处及集团公司本部所有从事铁路、公路等基础设施建设施工的经评估确认后的生产经营性净资产折股投入本公司。

经中国证券监督管理委员会证监发行字[2001]27号文批准,本公司于2001年5月8日已成功的向社会公开发行人民币普通股11000万股,每股发行价格为人民币9.50元。2001年5月15日,本公司在成都市工商行政管理局办理变更登记手续,注册资本变更为41000万元。

(三)发行人的主要经营情况

1、发行人优势

(1)产品:本公司为建筑施工企业,生产对象为受发包方委托承建铁路、公路、市政设施、房屋等建筑物。自本公司设立以来,原由集团公司承揽现由本公司承建或由本公司自行承揽的主要工程项目有:西康铁路、内昆铁路、宝成复线、秦沈客专线、兰州银滩黄河大桥、厦门城市花园、广州地铁一期工程等。目前本公司铁路、公路等基础设施建设施工主营业务年生产能力可达40亿元以上。

(2)技术:近年来,本公司积极应用新技术、新工艺、新材料、新设备,加快科技成果转化速度。为适应不断拓展的施工领域和不断提高的施工质量要求,本公司不断调整设备配置,购置、引进施工设备。目前,本公司拥有各类机械设备2800余台(套),技术装备率人均60269元、动力装备率人均40.28千瓦,为铁路建筑施工企业的全国最高水平。

本公司坚持"科技兴业"的战略方针,把应用高新技术改造与提升传统产业纳入公司发展规划。作为高新技术企业,本公司鼓励科技开发和创新,先后组织有关部门和人员,通过与科学院所及兄弟单位的合作,对高速铁路、高速公路、城市地铁等重点技术领域的部分"高、难、新"技术专题展开研究和攻关,其中"在复杂地质条件险峻地区修建成昆铁路新技术"、"单线铁路长隧道快速施工配套技术与设备"、"单线长大隧道机械化配套施工技术"、"铁路工程施工测量自动化处理系统"等11项分别获得国家级、部(省)级科技进步奖。

(3)人才:本公司坚持"以人为本"的人才发展战略,注重人力资源的优化和开发,为员工提供各种培训机会,提高员工素质。目前本公司在册员工总数为4450人,其中技术人员2851人,占员工总数的64.1%。其中,高级职称技术人员169名。本公司大学本科学历以上员工622人,大专学历员工935人,分别占员工总数的14%和21%。

(4)销售:本公司积极参与项目招投标,通过中标取得项目合同。由于本公司主要根据甲方的投资额和设计方案施工,竣工后将建筑物交付给甲方,因此,只要取得项目合同并按质按期竣工,就不存在产品销售问题。

(5)产品性能与质量:本公司工程质量合格率100%,工程质量优良率达到95.7%以上,累计实现无重大工程质量事故3718天。近年来本公司完成的工程项目荣获鲁班奖等多种奖项。1999年本公司通过了ISO9001质量体系认证。

(6)市场:根据国家经济发展的形势和规划,在"十五"期间以及今后20年内,国家还要在西部地区投入数千亿元进行铁路网改造,再加上高速铁路项目的动工兴建,铁路改造的市场潜力巨大,铁路基建市场前景广阔。本公司在今后一定时期内主营业务还将集中在铁路施工项目上,其占业务总量的比重还将进一步上升。

本公司1999年和2000年的工程施工地区分布情况如下:

分类	西南地区	西北地区	中南地区	北方及东北地区	东部地区	合计
比例(%)	38.96	19.64	17.72	16.13	7.55	100

目前,在国内从事铁路基建施工的21家企业中,本公司历年保持相对较大的市场份额。近三年本公司施工产值和铁路基建施工市场占有情况如下:

单位:人民币亿元

年份	完成施工总产值	完成铁路工程施工产值	全路工程任务总量	铁路基建市场占有率
1998	26.67	20.02	332.55	6.02%
1999	34.48	27.68	366.50	7.55%
2000	41.14	31.22	445.90	7.00%

2、发行人劣势

本公司主营业务为铁路、公路等基础设施项目施工,1999年本公司主营业务收入占总收入的99%,而铁路施工主营收入中的绝大部分为来源于国家投资项目的施工收入,因此本公司经营业绩受国家对基础设施建设投资决策的影响明显。

3、主要财务指标

(1)基本财务指标

财务指标	2000年	1999年	1998年
流动比率	1.34	1.16	1.16
速动比率	1.13	1.05	0.95
应收账款周转率(次)	13.84	13.56	14.12
存货周转率(次)	17.82	15.95	11.65
资产负债率(%)	59.26	68.21	69.15
每股净资产(元/股)	2.77	2.18	--

(2)净资产收益率及每股收益

	2000年				1999年		1998年	
	净资产收益率(%)		每股收益(元)		净资产收益率(%)		净资产收益率(%)	
	全面摊薄	加权平均	全面摊薄	加权平均	全面摊薄	加权平均	全面摊薄	加权平均
主营业务利润	48.60	54.40	1.35	1.35	61.66	72.47	72.27	78.49
营业利润	22.39	25.06	0.62	0.62	27.48	32.30	33.62	36.52
净利润	21.29	23.83	0.59	0.59	20.58	24.19	20.57	22.34
扣除非经常性损益后的净利润	22.39	25.06	0.62	0.62	27.48	32.30	33.62	36.52

4、主要的知识产权、政府特许经营权和非专利技术

经建设部、交通部批准,本公司分别取得了原单独属于集团公司的"国家工程总承包一级资质"和"公路工程施工一级资信",铁道部建设管理司又以建建[2000]82号文件批复同意在今后的铁路工程投标中,集团公司及其子公司不再具有单独投标的能力,只能与股份公司联合投标,且中标后由股份公司签订相关合同,从而使本公司具备了对在主营业务范围内的工程项目统一进行总承包经营投标的能力。

5、享有的财政税收优惠政策

(1)根据陕西省人民政府和铁道部专项问题会议纪要[1997]第71号《陕西省人民政府、铁道部关于西康铁路建设有关问题的会议纪要》,本公司参与施工的西康铁路建设期间发生的建安营业税,部省商定按应征数额的50%缴纳。

根据陕西省人民政府文件陕政字[1997]13号文《陕西省人民政府关于西康铁路建设征地拆迁及免征地方税费等有关问题的通知》,西康铁路建设期间的有关地方税费,如城市维护建设税及教育费附加等,免予缴纳。

(2)根据财政部、国家税务总局财税字[1999]263号文《关于减征内昆铁路施工收入营业税问题的通知》,本公司参与施工的内昆铁路宜宾至安边、安边至梅花山、六盘水枢纽内昆引入及六盘水南编组站三部分工程项目的施工收入应缴纳的营业税,减按应纳税额的50%缴纳。

(3)本公司系经成都高新技术产业开发区科技局以成高科(1999)119号文,四川省科学技术委员会以川科委[2000]12号文认定的高新技术企业,根据国家税务总局和财政部财税字[1994]001号文,成都高新区国家税务局于2000年7月5日以成高国税综字[2000]002号文批复,同意免征本公司1999年度、2000年度的企业所得税,从2001年起,减按15%的税率征收企业所得税,其中,免征1999年度企业所得税789.76元。

第四节 股票发行和股本结构

(一)本次股票上市前首次公开发行股票的情况

1、发行日期:2001年5月8日

2、发行数量:11000万股。

3、发行价格:9.50元。

4、发行市盈率:25.47倍(全面摊薄)

5、募集资金总额:104,500万元。

6、发行方式:上网定价发行。

7、发行费用总额:2,824.50万元,具体包括:承消费用、注册会计师费用、律师费用、土地评估费用、资产评估费用、上市推荐费用、上网发行费用和中国证监会审核费用。

8、每股发行费用0.26元。

9、有效申购户数:1173750户

。10、有效申购股数:24014953000股

11、中签率:0.45804795%

12、持股1000股以上的户数:101149户。

(二)股票承销

本次发行的11000万股社会公众股股票已被符合资格的投资者全额认购,承销团成员无余额包销。

(三)验资报告

1、验资报告(摘自深圳同人会计师事务所深同证验字[2001]第010号):

验资报告

中铁二局股份有限公司全体股东:

我们接受委托,对中铁二局股份有限公司截至2001年5月15日止首次向社会公众发行人民币普通股11,000万股后的实收股本的真实性和合法性进行了审验。在审验过程中,我们按照《独立审计实务公告第1号-验资》的要求,实施了必要的审验程序。中铁二局股份有限公司的责任是提供真实、合法、完整的验资资料,保护资产的安全、完整,我们的责任是按照《独立审计实务公告第1号-验资》的要求,出具真实、合法的验资报告

中铁二局股份有限公司变更前的注册资本和实收股本为人民币30,000.00万元,发行后的实收股本为人民币41,000.00万元。根据我们的审验,截至2001年5月15日止,中铁二局股份有限公司通过上网定价发行股票共向社会公众募集资金人民币104,500.00万元,扣除券商承销佣金、手续费等计人民币2,772.25万元,实际募集资金人民币101,727.75万元,其中人民币11,000.00万元作为中铁二局股份有限公司的"股本",人民币90,727.75万元转作中铁二局股份有限公司的"资本公积"。由此,中铁二局股份有限公司实收股本变更为人民币41,000.00万元。

附件1:变更前后注册资本、实收股本对照表

附件2:验资事项说明

附件3:缴付出资银行进帐单复印件

附件4:缴付出资银行询证函复印件

深圳同人会计师事务所　　中国注册会计师　周荣铭

中国注册会计师　胡三忠

中国　深圳　　2001年5月15日

2、募集资金入帐情况:

入帐时间:二零零一年五月十五日;

入帐金额:1,022,667,500.00元;

入帐帐号:2336991001;

开户银行:中国建设银行四川省分行铁道专业支行。

(四)上市前股权结构及各类股东的持股情况

1、本次上市前股权结构

股份类别	持股量(万股)	比例(%)
1、尚未流通股份		
(1)发起人股	30,000	73.17
其中:国有法人股	30,000	73.17
(2)募集法人股	0	0
(3)内部职工股	0	0
2、可流通股份		
(1)境内上市人民币普通股	11,000	26.83
其中:本次公开发行股份	11,000	26.83
(2)境内上市外资股	0	0
(3)境外上市外资股	0	0
3、总股本	41,000	100.00

2、本次上市前本公司前十名股东及其持股情况

	持股量(万股)	比例(%)
1、中铁二局集团有限公司	28500.00	69.512
2、宝鸡桥梁厂	1363.00	3.324
3、成都铁路局	65.00	0.159
4、天元基金	41.70	0.102
5、铁道部第二勘测设计院	39.00	0.095
6、西南交通大学	33.00	0.080
7、安信基金	30.90	0.075
8、汉盛基金	25.10	0.061
9、景宏基金	24.40	0.060
10、安顺基金	23.70	0.058

第五节 董事、监事、高级管理人员及核心技术人员

(一)本公司董事、监事、经理等高级管理人员及核心技术人员简历。

1、董事会成员

翁景庆,男,55岁,大学本科,高级会计师。曾任集团公司副总经理兼总会计师。现任集团公司总经理、本公司董事长。

林鼎富,男,55岁,大学本科,高级政工师。现任集团公司党委副书记、本公司副董事长。

曹义,男,43岁,大学本科,高级工程师。曾任集团公司副总经理。现任本公司副董事长、总经理。

刘辉,男,40岁,双学位,高级工程师。曾任集团公司总经理助理。现任集团公司董事、本公司董事、副总经理兼总工程师。

何明新,男,54岁,大学专科,政工师。现任集团公司副总经理、本公司董事。

董振川,男,54岁,大学本科。现任集团公司副总经理、本公司董事。

耿立川,男,54岁,大学本科,高级政工师。现任集团公司工会主席、本公司董事。

艾治义,男,54岁,大学专科,政工师。现任集团公司党委办公室主任、本公司董事。

郭敬辉,男,44岁,大学本科,工程师。现任集团公司董事会秘书、本公司董事。

熊能新,男,57岁,大学本科,高级工程师。现任本公司董事、物资设备部部长。

徐铁军,男,47岁,大学专科,政工师。现任新运公司党委书记、本公司董事。

2、监事会成员

郑建中,男,46岁,大学专科,政工师。现任集团公司纪委书记、本公司监事会召集人。

陈元伟,男,57岁,初中,政工师。现任本公司监事、审计监察部部长。

谢封,女,46岁,大学本科,高级会计师。现任本公司监事、审计监察部副部长。

林正荣,男,54岁,大学专科,高级政工师。现任集团公司工会副主席、本公司监事。

胡克军,男,43岁,大学专科。现任本公司监事、第二分公司党委副书记。

3、高级管理人员

曹义,简历同前。

刘辉,简历同前。

邓元发,男,37岁,大学本科,高级工程师。曾任集团公司副总经理。现任本公司副总经理。

张次民,男,37岁,大学本科,高级工程师。曾任集团公司副总经理。现任本公司副总经理。

王俊明,男,45岁,大学本科,高级会计师。曾任集团公司总会计师。现任本公司财务负责人。

邓爱民,男,42岁,大学本科,高级政工师。现任本公司董事会秘书。

4、核心技术人员

林原,男,38岁,大学本科,高级工程师。参加工作以来,参与或主持了贵昆电化、昆玉、南昆、朔黄、秦沈铁路建设。现任本公司副总工程师兼秦沈指挥部指挥长。先后荣获中国铁路工程总公司青年科技拔尖人才、铁道部质量管理先进个人。

彭安超,男,38岁,双学位,高级工程师。参加工作以来,参与或主持了南防、衡广、湘黔雪峰山隧道(3905M)及水深达40M的渠江大桥、昆玉、侯月铁路、深圳皇岗立交桥、重庆江北立交桥等市政工程建设。现任本公司副总工程师兼湘黔指挥部指挥长。先后荣获四川省新长征突击手、湘黔复线建设十佳指挥长。

(二)公司董事、监事、高级管理人员和核心技术人员持股情况截至本报告期,本公司董事、监事、高级管理人员和核心技术人员不存在直接或间接持有本公司股份的情况。

截至本上市公告书刊登之日,本公司董事、监事、高级管理人员和核心技术人员均未持有本公司股份,其配偶和未满十八岁的子女亦未持有本公司股份。

(三)本公司目前尚未制定任何认股权计划。

第六节 同业竞争与关联交易

(一)同业竞争情况

集团公司及其下属企业在本公司主营业务方面与本公司不存在同业竞争,本公司和其他发起人股东间也不存在同业竞争。

本公司与集团公司就避免同业竞争问题签署了《避免同业竞争协议书》,协议规定:在本公司正式成立且集团公司为本公司第一大股东期间,集团公司不直接从事铁路、公路等大型基础设施方面的项目承揽,不参与本公司的竞争;集团公司承诺将拥有的工程项目总承包资质和职能转授予本公司;对于本公司承揽的铁路、公路等大型基础设施项目中需交由集团公司下属单位承建的,由双方在平等互利的基础上签订分包合同,并由本公司组织实施,集团公司保证不利用控股地位损害本公司及中小股东的利益;集团公司承诺给予本公司及下属企业与集团公司下属企业同等的待遇。

在本公司实际运作过程中,集团公司为避免其及其下属企业与本公司间的同业竞争,进一步作出承诺:

"①本公司承诺:本公司及下属子公司今后不再从事铁路、公路等大型基础设施项目的承揽;在股份公司完成对电务公司、新运公司、建筑公司的控股前,除铁路工程项目中的电气化工程、通信工程、信号工程、电务工程、铁路路轨铺架工程、新线铁路临管运输及铁路房建工程外,本公司及下属子公司不再从事其他铁路工程和公路建设工程项目的承揽及施工。②本公司承诺:在股份公司完成对电务公司、新运公司、建筑公司的控股后,所有铁路、公路建设项目的承揽及施工均由股份公司及其下属子公司电务公司、新运公司、建筑公司进行,集团公司及下属子公司不再从事任何与铁路、公路建设项目施工有关的承揽及施工。③本公司承诺:本公司下属的已取得铁路、公路建设项目施工相关资质的广西铁路二局工程有限责任公司、深圳中铁二局工程有限公司等子公司,今后均不再参与铁路、公路建设项目的承揽及施工业务;本公司保证下属其他子公司不再向有关主管部门申请办理与铁路、公路施工相关的资质证书。④本公司保证,在股份公司上市后及为股份公司第一大股东期间,上述承诺持续有效;本公司及下属子公司如违反上述承诺而参与铁路、公路等建设项目的承揽及施工,本公司及其下属子公司因此所获收益全部归股份公司所有。"

(二)关联关系及交易

本公司与集团公司及其下属企业在安全保卫及消防、通讯服务、员工教育、机械设备租赁等综合服务及房屋租赁、工程分包、国有土地使用权租赁、物资采购保管和运输等方面存在关联交易。

1、关联方和关联关系

(1)控股股东:中铁二局集团有限公司(以下简称集团公司)为本公司的控股股东,对本公司控股股东有实质影响的法人为中国铁路工程总公司。

(2)其他股东:宝鸡桥梁厂、成都铁路局、铁道部第二勘测设计院和西南交通大学。

(3)其他关联企业:

企业名称	与本企业的关系
中铁二局集团电务工程有限公司	同受母公司控制
中铁二局集团新运工程有限公司	同受母公司控制
中铁二局集团建筑有限公司	同受母公司控制
中铁二局集团机电有限公司	同受母公司控制
深圳中铁二局工程有限公司	同受母公司控制
铁道部第二工程局第一工程处	同受母公司控制
铁道部第二工程局第二工程处	同受母公司控制
铁道部第二工程局第四工程处	同受母公司控制
铁道部第二工程局第五工程处	同受母公司控制
铁道部第二工程局机械筑路处	同受母公司控制
铁道部第二工程局路桥工程公司	同受母公司控制
中铁二局集团房地产开发有限公司	同受母公司控制
铁道部第二工程局锦城建筑安装工程公司	同受母公司控制

中铁二局装饰装修工程有限公司	同受母公司控制
铁道部第二工程局技术开发总公司	同受母公司控制
贵州万达客车股份有限公司	同受母公司控制

2、发生的重大关联交易

(1)关联公司向本公司提供劳务

本公司成立后，关联公司向本公司提供的卫生绿化、员工培训、安全保卫和消防、文体设施等综合服务，由双方协商确定交易价格，结算方式及付款条件为以现金方式每季度结算一次。

关联交易实际发生金额列示如下：

企业名称	2000年 金　额
中铁二局集团有限公司	6,814,541.00
铁道部第二工程局第二工程处	1,265,378.00
铁道部第二工程局第一工程处	1,272,907.00
铁道部第二工程局第四工程处	1,588,105.00
铁道部第二工程局第五工程处	1,307,294.00
铁道部第二工程局路桥工程公司	556,837.00
铁道部第二工程局机械筑路处	324,053.00

(2)向关联公司提供代管物资劳务

本公司成立后为关联公司提供了物资采购、保管、运输等劳务，物资采购、保管、运输劳务的交易价格按铁道部铁建[1990]118号《关于发布铁路工程建设材料预算价格的通知》和铁建[1996]49号《关于发布铁路工程建设材料预算价格的通知》中规定的综合提成费率和实际采购、保管、运输的材料定额总价确定。结算方式和付款条件为以现金方式每季度结算一次。

关联交易实际发生金额列示如下：

企业名称	2000年	
	材料定额总价	提供劳务金额
中铁二局集团新运工程有限公司	264,956,897.82	7,235,878.83
中铁二局集团建筑有限公司	17,103,088.23	2,231,141.59
中铁二局集团电务工程有限公司	19,448,323.51	1,719,486.44
中铁二局集团机电有限公司	5,785,660.45	790,622.51
深圳中铁二局工程有限公司	287,880.76	48,554.73
铁道部第二工程局技术开发总公司	542,096.84	71,363.35

(3)本公司向关联公司租赁房屋

本公司成立后，向关联公司租赁办公及生产用房，交易价格按当地市场价格确定。结算方式和付款条件为以现金方式每季度结算一次。

关联交易实际发生金额列示如下：

企业名称	2000年 金　额
中铁二局集团有限公司	1,109,000.00
铁道部第二工程局第二工程处	543,269.00

(4)土地租赁

本公司成立后，根据本公司与关联公司签订的土地租赁协议，向关联公司租赁土地，交易价格按经评估后的土地价值确定，结算方式及付款方式为以现金方式每季度结算一次。

关联交易实际发生金额如下：

企业名称	2000年 金　额
中铁二局集团有限公司	413,606.32

(5)机械租赁

本公司成立后，向关联公司提供机械租赁服务，交易价格按当地市场价格确定，结算方式及付款条件为以现金方式每季度结算一次。

关联交易实际发生金额如下：

企业名称	2000年 金　额
中铁二局集团机电有限公司	2,385,000.00

(6)工程分包

1999年，本公司正式成立后，原由中铁二局集团有限公司与建设方签订的以本公司为主承建的工程合同的主体变更为本公司，其中，本公司成立前已由中铁二局集团有限公司分包给关联公司的工程，发包方亦变更为本公司。本公司将电务、铺架、房建等工程分包给关联公司，按铁道部发布的定额单价和已完工工程量收取一定比例的管理费，以现金方式每季度结算一次，工程全部完工后进行未次清算。

关联交易实际发生金额如下：

企业名称	2000年 金　额
中铁二局集团新运工程有限公司	846,299,268.00
中铁二局集团电务工程有限公司	276,314,900.00
中铁二局集团机电有限公司	45,680,874.00
中铁二局集团建筑有限公司	123,797,820.00
深圳中铁二局工程有限公司	563,606.00
铁道部第二工程局技术开发总公司	6,983,660.00
铁道部第二工程局锦城建筑安装工程公司	6,798,782.00

对于关联交易，本公司与关联方均采用书面合同的方式签订，价格严格遵守国家或地方定价确定，对于无国家或地方定价的，本公司与关联方依据提供服务履行地的市场价格予以确定，不存在高于市场独立第三方的价格的情形，对于既无国家定价，又无地方定价及市场价格的，本公司与关联方通过合同依据公平、合理原则明确服务费用标准。上述关联协议或合同内容均依照市场经济原则公平合理地予以确定，上述关联交易不存在损害本公司或中小股东利益的情况。

第七节　财务会计资料

(一)发行人简要资产负债表(附后)

(二)简要利润表(附后)

(三)现金流量表(附后)

(四)会计报表附注

1.应收账款应收账款的账龄分析列示如下：

账　龄	2000-12-31		
	金　额	占该账项金额%	提取的坏账准备
1年以内	307,405,075.94	95.39	15,370,253.80
1-2年	917,790.51	0.28	91,779.05
2-3年	8,903,905.81	2.77	1,780,781.16
3年以上	5,025,323.70	1.56	1,507,597.11
	322,252,095.96	100.00	18,750,411.12

2000年12月31日，本账项前五名欠款单位明细列示如下：

单位名称	欠付金额	欠款时间	欠款原因
西安南京铁路建设总指挥部	37,457,326.93	2000年	工程款
成都铁路局宝成复线建设指挥部	32,390,059.50	2000年	工程款
朔黄铁路有限责任公司	26,562,495.97	2000年	工程款
上海铁路局外福电化工程指挥部	22,768,182.75	2000年	工程款
成都铁路局株六复线建设指挥部	22,227,797.97	2000年	工程款

本账户余额中持本公司5%(含5%)以上股份的股东单位欠款余额为8,560,404.69元。

2.其他应收款

其他应收款的账龄分析列示如下：

账　龄	2000-12-31		
	金　额	占该账项金额%	提取的坏账准备
1年以内	131,046,139.12	75.78	6,552,306.96
1-2年	28,145,235.25	16.28	2,814,523.53
2-3年	7,558,575.08	4.37	1,511,715.02
3年以上	6,182,206.60	3.57	1,854,661.97
	172,932,156.05	100.00	12,733,207.48

2000年12月31日，本账项前五名欠款单位明细列示如下：

单位名称	欠付金额	欠付时间	欠付原因
成都铁路局宝成复线建设指挥部	14,082,020.00	2000年	质保金及尾工款
达万铁路有限责任公司	7,483,918.92	2000年	质保金及尾工款
西(安)南(京)铁路建设总指挥部	6,925,758.00	2000年	质保金及尾工款
厦门市政指挥部	5,037,062.00	2000年	质保金及尾工款
深圳市水务局	4,471,676.83	2000年	保金及尾工款

2000年12月31日，本账项经济性质及核算经济内容列示如下：

经济性质	2000-12-31	
	金额	占账项比例%
工程质保金、尾工款	63,641,295.93	36.80
备用金	20,315,293.73	11.75
履约保证金	38,608,745.85	22.33
职工欠款	15,116,603.48	8.74
押金	10,602,677.67	6.13
征地拆迁款	3,035,823.80	1.76
其他	21,611,715.59	12.49
	172,932,156.05	100.00

本账户余额中持本公司5%(含5%)以上股份的股东欠款余额为1,734,516.00元，详情在附注七中披露。

3.预付账款

项目	2000-12-31
1年以内	57,303,110.47
1年至2年	2,523,549.53
2年至3年	4,621,312.71
3年以上	--
	64,447,972.71

2000年12月31日，本账项前五名预付单位明细列示如下：

单位名称	预付金额	预付时间	预付原因
中铁二局集团新运工程有限公司	14,956,405.61	2000年	工程款
深圳中铁二局集团工程有限公司	5,607,143.88	2000年	工程款
高忠	2,855,891.68	2000年	工程款
陈光	2,645,411.51	2000年	工程款
铁道部第二工程局技术开发总公司	2,302,358.27	2000年	工程款

本账户余额比1999年12月31日余额减少43.17%，主要系因本年度末及时与分包方和外包工程队清算了工程款。

本账户余额中账龄1年以上的预付款形成的原因主要系本公司的部份分包工程工期较长，前期预付的备料款及工程款根据工程进度尚未结算抵扣。

本账户余额中无持本公司5%(含5%)以上股份的股东欠款余额。

4.应付账款

应付账款的账龄分析列示如下：

账龄	2000-12-31	
	金额	占账项比例%
1年以内	518,708,528.33	90.11
1-2年	35,572,121.28	6.18
2-3年	16,595,214.39	2.88
3年以上	4,749,826.66	0.83
	575,625,690.66	100.00

2000年12月31日，本账项主要债权人及核算经济内容如下：

单位名称	金额	经济内容
中铁二局集团电务工程有限公司	30,082,747.53	工程款
海南扶轮实业贸易公司	10,839,633.68	购料款
中铁二局集团机电有限公司	9,437,588.56	工程款
宋家众	8,566,378.30	工程款
中铁二局集团建筑有限公司	8,331,066.24	工程款
重庆煤矿建设第五工程处	5,600,000.00	工程款
四川省际旗实业公司	5,117,944.79	工程款
王华安	4,834,089.21	工程款
福建省平潭县平原建筑工程公司	4,664,736.55	工程款
黄开建筑公司	4,253,905.83	工程款

本账户2000年12月31日余额比1999年12月31日减少26.31%，主要系因本年末以现金偿付应付工程款。

本公司尚无应付持本公司5%以上股份股东的款项。

5.预收账款

预收账款的账龄分析列示如下：

账龄	2000-12-31	
	金额	占账项比例%
1年以内	350,334,876.12	99.54
1-2年	573,139.39	0.16
2-3年	1,058,091.05	0.30
3年以上	-	-
	351,966,106.56	100.00

2000年12月31日，本账项主要债权人及核算经济内容如下：

单位名称	金额	经济内容
秦沈客运专线建设总指挥部	42,127,008.10	工程款
中国铁路工程总公司内昆指挥部	27,177,375.00	备料款
广州铁路(集团)公司株六复线湘黔铁路建设指挥部	22,804,984.07	工程款
厦门市路桥投资总公司	13,043,828.00	工程款
郑州铁路局建设项目管理中心西安工程指挥部	11,760,000.00	工程款
云南元磨高速公路	8,150,000.00	工程款

本账户2000年12月31日余额比1999年12月31日增加36.71%，主要系因西南线、秦沈线、株六复线等工程项目的建设方向本公司预付的工程款增加。

本公司尚无应付持本公司5%以上股份股东的款项金额。

本账户2000年12月31日余额中账龄超过一年的预收账款形成的原因系部分工程项目的建设方未及时向本公司进行末次清算。

本账户2000年12月31日余额中,累计已发生的施工成本和已确认的毛利小于累计已办理结算的合同价款的主要工程项目及金额列示如下:

工程项目	合同总金额	累计实际发生的合同成本和累计已确认毛利	累计已办理结算价款金额	2000-12-31
宝兰线	290,000,000.00	-	5,007,771.77	5,007,771.77
成都绕城路	12,630,000.00	5,687,290.00	9,451,895.03	3,764,605.03
锦阜高速公路	51,633,933.00	30,427,876.72	31,117,850.00	3,638,799.28
斜阳溪大桥	57,183,878.0	53,812,992.00	54,893,668.00	1,080,676.00
达万线	420,000,000.00	248,821,546.00	249,463,964.00	642,418.00

6.应交税金

	2000-12-31
增值税	(170,737.77)
营业税	22,320,579.67
城市维护建设税	1,571,735.46
其他税项	593,599.29
	24,315,176.65

7.其他应交款

	2000-12-31
教育费附加	1,100,808.88
其他地方附加	579,611.76
	1,680,420.64

8.其他应付款

其他应付款的账龄分析列示如下:

账龄	2000-12-31 金额	占账项比例%
1年以内	141,795,489.38	89.53
1-2年	11,343,759.96	7.16
2-3年	4,455,350.22	2.81
3年以上	786,689.65	0.50
	158,381,289.21	100.00

2000年12月31日,本账项经济性质及核算经济内容列示如下:

经济性质	2000-12-31 金额	占账项比例%
工程质保金及尾工款	48,033,865.45	30.33
社会保险及住房公积金	17,771,018.59	11.22
复耕费	3,372,290.60	2.13
建设方奖罚款	7,280,418.21	4.60
租金及水电等费用	8,314,719.11	5.25
代收代付拆迁款等	6,553,174.42	4.14
投标保证金	5,029,926.26	3.18
工会经费	1,558,036.79	0.98
职工教育经费	3,117,772.89	1.97
其他	57,350,066.89	36.21
	158,381,289.21	100.00

本账项2000年12月31日余额比1999年12月31日减少39.80%,主要系因本期偿付了以前年度欠付社会保险、住房公积金、工程质保金和尾工款。

本公司尚无应付持本公司5%以上股份股东的款项。

9.资本公积

项目	2000-12-31	1999-12-31	1998-12-31
股本溢价	160,421,673.35	160,421,673.35	-

10.盈余公积

项目	2000-12-31	1999-12-31	1998-12-31
法定盈余公积金:			
年初余额	19,372,942.61	-	-
加:本期提取	17,698,934.56	19,372,942.61	-
减:弥补亏损	-	-	-
转增股本	-	-	-
其他减少	-	-	-
期末余额	37,071,877.17	19,372,942.61	-
法定公益金			
年初余额	19,372,942.61	-	-
加:本期提取	17,698,934.56	19,372,942.61	-
减:减少	-	-	-
期末余额	37,071,877.17	19,372,942.61	-
	74,143,754.34	38,745,885.22	-

11.未分配利润

	2000-12-31	1999-12-31	1998-12-31
期初余额	154,983,540.85	59,076,569.30	-
本期净利润	176,989,345.63	134,652,856.77	59,076,569.30*
减:利润分配	35,397,869.12	38,745,885.22	-
其中:1.提取法定盈余公积	17,698,934.56	19,372,942.61	-
2.提取任意盈余公积	-	-	-
3.提取法定公益金	17,698,934.56	19,372,942.61	-
以未分配利润折股	-	-	-
期末余额	296,575,017.36	154,983,540.85	59,076,569.30

注:(1)*系评估基准日后1998年10月1日至1998年12月31日,纳入本公司的经营性净资产持续经营所产生的净利润。

(2)根据本公司2000年3月15日股东大会决议,本公司按1999年末可供分配利润(包括1998年10月至1999年9月30日可供分配利润)的10%提取法定公积金,按10%提取法定公益金,其余利润在本次股票公开发行后由新老股东共享。

(3)根据本公司2000年9月15日临时股东大会决议,本公司2000年1月至本次股票公开发行前的净利润各提取10%法定公积金和法定公益金后暂不分配,在本公司本次股票公开发行后由新老股东共同享有。

(4)根据本公司2001年3月20日第一届董事会2001年第一次会议决议,本公司2000年度净利润各提取10%法定公积金和法定公益金后暂不分配,在本公司本次股票公开发行后由新老股东共同享有。

(五)审计报告

深圳同人会计师事务所在审计了本公司提供1998年12月31日、1999年12月31日、2000年12月31日的资产负债表,1998年度、1999年度、2000年度的利润表,1999年度、2000年度的利润分配表及2000年度的现金流量表后,出具了深同证审字[2001]第033号标准无保留意见的审计报告。

(六)财务指标

1、基本财务指标

财务指标	2000年	1999年	1998年
流动比率	1.34	1.16	1.16
速动比率	1.13	1.05	0.95
应收账款周转率(次)	13.84	13.56	14.12
存货周转率(次)	17.82	15.95	11.65
资产负债率(%)	59.26	68.21	69.15
每股净资产(元/股)	2.77	2.18	-

上述财务指标的计算公式如下:

流动比率=流动资产/流动负债

速动比率=速动资产/流动负债

应收帐款周转率=主营业务收入/应收帐款平均余额

存货周转率=主营业务成本/存货平均余额

资产负债率=总负债/总资产

每股净资产=期末净资产/期末股本总额

2、净资产收益率及每股收益

	2000年				1999年		1998年	
	净资产收益率(%)		每股收益(元)		净资产收益率(%)		净资产收益率(%)	
	全面摊薄	加权平均	全面摊薄	加权平均	全面摊薄	加权平均	全面摊薄	加权平均
主营业务利润	48.60	54.40	1.35	1.35	61.66	72.47	72.27	78.49
营业利润	22.39	25.06	0.62	0.62	27.48	32.30	33.62	36.52
净利润	21.29	23.83	0.59	0.59	20.58	24.19	20.57	22.34
扣除非经常性损益后的净利润	22.39	25.06	0.62	0.62	27.48	32.30	33.62	36.52

上述指标计算公式如下:

全面摊薄净资产收益率=报告期利润÷期末净资产

全面摊薄每股收益=报告期利润÷期末股份总数

$$P加权平均净资产收益率=\frac{P}{E0+NP\div2+Ei\times Mi\div M0-Ej\times Mj\div M0}$$

其中:P为报告期利润;NP为报告期净利润;E0为期初净资产;Ei为报告期发行新股或债转股等新增净资产;Ej为报告期回购或现金分红等减少净资产;M0为报告期月份数;Mi为新增净资产下一月份起至报告期期末的月份数;Mj为减少净资产下一月份起至报告期期末的月份数。

$$P加权平均每股收益=\frac{P}{S0+S1+Si\times Mi\div M0-Sj\times Mj\div M0}$$

其中:P为报告期利润;S0为期初股份总数;S1为报告期因公积金转增股本或股票股利分配等增加股份数;Si为报告期因发行新股或债转股等增加股份数;Sj为报告期因回购或缩股等减少股份数;M0为报告期月份数;Mi为增加股份下一月份起至报告期期末的月份数;Mj为减少股份下一月份起至报告期期末的月份数。

(七)盈利预测

本公司董事会根据截至2000年12月31日止三年会计期间的实际经营成果,并在充分考虑本公司的现时生产经营能力、未来发展投资计划、生产计划和营销计划的前提下,编制了本公司2001年度已除税但未计非经常性项目的盈利预测表。编制该盈利预测系遵循自1994年1月1日起我国实施的有关税务法规和外汇管理办法,其所采用的会计政策在所有重大方面均与本公司采用的会计政策一致。

深圳同人会计师事务所已对本公司编制的2001年度的盈利预测报告进行了审核,并出具了无保留意见的盈利预测审核报告。以下资料摘录自本公司的盈利预测报告。

盈利预测表

单位:人民币千元

	1999年已审数	2000年已审数	2001年预测数
一、主营业务收入	3,447,879.82	4,119,435.20	3,816,781.00
减:折扣与折让	-	-	-
主营业务收入净额	3,447,879.82	4,119,435.20	3,816,781.00
减:主营业务成本	2,960,762.58	3,625,706.38	3,259,836.00
合同预计损失	--	8,902.94	16,550.00
主营业务税金及附加	83,761.84	80,854.55	122,519.00
二、主营业务利润	403,355.40	403,971.33	417,876.00
加:其他业务利润	4,093.82	4,069.82	9,127.00
减:存货跌价损失	1,359.00	3,724.96	4,087.00
管理费用	236,690.15	230,633.42	255,524.00
财务费用	(10,372.28)	(12,392.03)	(12,766.00)
三、营业利润	179,772.35	186,074.80	180,158.00
加:投资收益	2.21	45.59	--
营业外收入	7,142.99	1,384.10	--
减:营业外支出	11,865.78	10,515.15	--
四、利润总额	175,051.77	176,989.34	180,158.00
减:所得税	40,398.91	--	27,023.70
五、净利润	134,652.86	176,989.34	153,134.30

第八节 其他重要事项

(一)根据本公司1999年度股东大会决议,1999年末可供分配的利润各提取10%法定公积金和法定公益金后暂不分配,由公司股票发行后的新老股东共享;根据本公司2000年度第一次临时股东大会决议,本公司2000年1月至本次股票公开发行前的净利润,各提取10%法定公积金和法定公益金后暂不分配,亦由公司股票发行后的新老股东共享。

(二)本公司预计首次股利分配的日期在2001年第二季度。具体分配时间由本公司股东大会决定。

(三)根据《上海证券交易所股票上市规则》,本公司第一大股东中铁二局集团有限公司已向上海证券交易所承诺:自本公司股票上市之日起12个月内,不转让其所持有本公司的股份,也不由本公司回购该部分股份。

(四)截至本公告书刊登之日,本公司董事、监事、高级管理人员没有尚未了结或可能发生的刑事诉讼事项。

(五)截至本公告书刊登之日,本公司未涉及任何重大诉讼事项或仲裁,亦无任何尚未了结或可能面临的重大诉讼或索赔要求。

(六)因工作变动,本公司董事、副总经理兼总工程师刘辉先生已向本公司递交辞职书,拟辞去其在本公司所任职务,本公司将在近期召开的董事会和股东大会上按有关程序对此进行审议和表决。

(七)经2000年9月15日本公司2000年度第一次临时股东大会决议通过,本公司经营范围增加机械租赁项目。本次发行成功后,本公司于2001年5月15日在办理工商登记变更时,已将本公司经营范围一并变更。

(八)2001年5月21日,本公司全部股份托管于上海证券中央登记结算公司。

(九)本上市公告书刊登时,本公司第二大股东宝鸡桥梁厂已改制设立中铁宝桥股份有限公司,但由于其有关资产权属变更手续尚在办理之中,在宝鸡桥梁厂未注销,其资产权属未变更至中铁宝桥股份有限公司之前,本公司第二大股东仍为宝鸡桥梁厂。

(十)本公司已于2001年3月20日召开第一届董事会2001年第一次会议,会议审议通过了如下事项:

1、同意总经理曹义先生提出的2001年主要奋斗目标:

(1)争取上半年公司股票核准、发行;

(2)完成施工产值38亿元;

(3)完成高新技术产值额23亿元以上;

(4)承揽工程任务39亿以上;

(5)安全保国标,质量上台阶;

(6)实现利润1.8亿元;

(7)员工平均年收入15000元以上。

2、同意公司2000年度财务决算方案和利润分配方案(2000年度净利润各提取10%法定公积金和法定公益金后暂不分配,在本公司本次股票公开发行后由新老股东共同享有),报请股东会批准。

3、同意公司2001年度财务预算方案,报请股东会批准。

4、同意设立以下新机构:

(1)设立董事会办公室,定员3人,即正副主任、秘书各1人;其职责为:对董事会负责,办理董事会日常事务。

(2)设立济南分公司,定员12人,正、副经理各1人,下辖办公室4人、经营部4人、财务部2人;其职责为:负责山东地区经营开发。

本公司预计于近期召开董事会和年度股东大会审议2000年度具体利润分配方案等事项。

第九节 董事会上市承诺

本公司董事会承诺将严格遵守《公司法》、《证券法》、《股票发行与交易管理暂行条例》、《公开发行股票公司信息披露实施细则》、《上海证券交易所上市规则》等法律、法规和中国证监会的有关规定,并自股票上市之日起作到:

(一)真实、准确、完整、公允和及时地公布定期报告,披露所有对投资者有重大影响的信息,并接受中国证监会、上海证券交易所的监督管理;

(二)本公司在知悉可能对股票价格产生误导性影响的任何公共传播媒介中出现的消息后,将及时予以公开澄清;

(三)本公司董事、监事、高级管理人员和核心技术人员将认真听取社会公众的意见和批评,不利用已获得的内幕消息和其他不正当手段直接或间接从事发行人股票的买卖活动;

(四)本公司没有无记录的负债。

第十节 上市推荐人及其意见

本公司聘请大鹏证券有限责任公司(以下简称"大鹏证券")担任本公司本次发行的11000万股A股股票的上市推荐人。上市推荐人的有关情况和推荐意见如下:

(一)上市推荐人

名称:大鹏证券有限责任公司

法定代表人:徐卫国

法定地址:深圳市深南东路5002号信兴广场地王商业中心商业大楼8层

联系电话:(010)64641764

传真:(010)64641764

联系人:陈生军、张瑾

(二)推荐意见

本公司上市推荐人大鹏证券有限责任公司(以下简称:"大鹏证券")认为,本公司本次发行股票符合《中华人民共和国公司法》、《中华人民共和国证券法》、《股票发行与交易管理暂行条例》及《上海证券交易所股票上市规则》(2000年修订本)等有关法律、法规的规定,已具备了上市条件:

1、本公司经中国证监会核准已成功向社会公众公开发行A股股票;

2、本公司的发行后总股本为人民币41000万元;

3、持有本公司股票面值在人民币1000元以上的股东超过1000人;向社会公开发行的股份占发行后股份总数的26.83%;

4、本公司按连续计算已开业三年以上,且最近三年盈利状况良好;

5、最近三年内无重大违法、违规行为,财务会计报告无虚假记载;

6、本公司公司《章程》符合《中华人民共和国公司法》、《中华人民共和国证券法》、《上市公司章程指引》及《上海证券交易所股票上市规则》(2000年修订本)等有关法律、法规和中国证监会的规定,并相应建立了规范的法人治理结构,在人员、资产、财务方面与控股股东完全独立,运行情况良好。

大鹏证券保证本公司的董事了解法律、法规、上海证券交易所上市规则,以及股票上市协议规定的董事的义务与责任,并协助本公司健全了法人治理结构,协助本公司制订了严格的信息披露制度与保密制度。大鹏证券已对上市文件所载的资料进行了核实,确保上市文件真实、准确、完整,符合规定要求。大鹏证券保证本公司的上市申请材料、上市公告书没有虚假、严重误导性陈述或者重大遗漏,并保证对其承担连带责任。

鉴于上述情况,大鹏证券特推荐本公司本次公开发行的11000万股股票在上海证券交易所上市交易,请予批准!

中铁二局股份有限公司

2001年5月23日

(一)发行人简要资产负债表

单位:人民币元

	2000-12-31	1999-12-31
货币资金	839,133,384.31	943,564,448.62
应收账款	322,252,095.96	272,959,918.18
其他应收款	172,932,156.05	176,625,553.81
减:坏帐准备	31,483,618.60	27,315,811.11
应收款项净额	463,700,633.41	422,269,600.88
预付帐款	64,447,972.71	113,402,131.77
存货	261,448,448.89	145,584,665.80
减:存货跌价准备	5,083,954.60	1,358,997.98
存货净额	256,364,494.29	144,225,667.82
待摊费用	196,463.20	16,300.00
流动资产合计	1,623,842,947.92	1,623,478,209.09
固定资产原价	605,813,292.50	598,608,324.41
减:累计折旧	191,315,478.91	193,009,964.14
固定资产净值	414,497,813.59	405,598,360.27
在建工程	--	16,870,503.78
固定资产合计	414,497,813.59	422,468,864.05
其他长期资产	1,761,692.51	11,913,285.98
无形资产及其他资产合计	1,761,692.51	11,913,285.98
资产总计	2,040,102,454.02	2,057,860,359.12
短期借款	--	21,490,000.00
应付帐款	575,625,690.66	781,108,283.31
预收帐款	351,966,106.56	257,448,617.72
应付工资	64,457,659.06	31,379,449.35
应付福利费	12,929,005.56	7,744,859.27
应交税金	24,315,176.65	29,205,538.06
其他应交款	1,680,420.64	1,617,344.80
其他应付款	158,381,289.21	263,077,640.32
预提费用	19,606,660.63	10,637,526.87
流动负债合计	1,208,962,008.97	1,403,709,259.70
负债合计	1,208,962,008.97	1,403,709,259.70
股本	300,000,000.00	300,000,000.00
资本公积	160,421,673.35	160,421,673.35
盈余公积	74,143,754.34	38,715,885.22
其中:公益金	37,071,877.17	19,372,942.61
未分配利润	296,575,017.36	154,983,540.85
股东权益合计	831,140,445.05	654,151,099.42
负债和股东权益合计	2,040,102,454.02	2,057,860,359.12

(二)简要利润表

单位:人民币元

	2000年度	1999年度	1998年度
一、主营业务收入	4,119,435,203.60	3,447,879,817.12	2,666,588,203.37
主营业务收入净额	4,119,435,203.60	3,447,879,817.12	2,666,588,203.37
减:主营业务成本	3,625,706,376.25	2,960,762,576.48	2,258,260,032.93
合同预计损失	8,902,944.84	--	--
主营业务税金及附加	80,854,549.48	83,761,838.50	54,767,590.41
二、主营业务利润	403,971,333.03	403,355,402.14	353,560,580.03
加:其他业务利润	4,069,818.91	4,093,814.38	7,045,611.45
减:存货跌价损失	3,724,956.62	1,358,997.98	--
管理费用	230,633,422.18	236,690,152.09	198,758,626.89
财务费用	(12,392,026.52)	(10,372,282.63)	(2,646,563.08)
三、营业利润	186,074,799.66	179,772,349.08	164,494,127.67
加:投资收益	45,594.20	2,211.00	--
营业外收入	1,384,102.86	7,142,990.30	8,638,025.44
减:营业外支出	10,515,151.09	11,865,778.90	22,956,204.79
四、利润总额	176,989,345.63	175,051,771.48	150,175,948.32
减:所得税	--	40,398,914.71	49,558,062.94
五、净利润	176,989,345.63	134,652,856.77	100,617,885.38

(三)现金流量表

	2000年度
一、经营活动产生的现金流量:	
销售商品、提供劳务收到的现金	4,042,205,686.94
收到的租金	12,725,476.36
收到的其他与经营活动有关的现金	98,842,678.75
现金流入小计	4,153,773,842.05
购买商品、接受劳务支付的现金	3,507,536,533.55
经营租赁所支付的现金	9,503,893.51
支付给职工以及为职工支付的现金	374,554,854.41
支付的增值税款	93,197.05
支付的除增值税、所得税以外的其他税费	85,535,541.46
支付的其他与经营活动有关的现金	163,024,642.05
现金流出小计	4,140,248,662.03
经营活动产生的现金流量净额	13,525,180.02
二、投资活动产生的现金流量:	
收回投资所收到的现金	20,000,000.00
取得债券利息收入所收到的现金	45,594.20
处理固定资金、无形资产和其他长期资产而收到的现金净额	98,405.26
现金流入小计	20,143,999.46
购建固定资产、无形资产和其他长期资产所支付的现金	83,736,997.02
债权性投资所支付的现金	20,000,000.00
现金流出小计	103,736,997.20
投资活动产生的现金流量净额	(83,592,997.74)
三、筹资活动产生的现金流量:	
借款所收到的现金	12,690,000.00
现金流入小计	12,690,000.00
偿还债务所支付的现金	45,680,000.00
发生筹资费用所支付的现金	39,982.74
偿还利息所支付的现金	1,203,253.96
支付的其他与筹资活动有关的现金	130,009.89
现金流出小计	47,053,246.59
筹资活动产生的现金流量净额	(34,363,246.59)
四、汇率变动对现金的影响额	--
五、现金及现金等价物净增加额	(104,431,064.31)

上海交大昂立股份有限公司

上市公告书(部分)摘录

一、概览

1、股票简称:交大昂立
2、股票代码:600530
3、股本总额:200,000,000 股
4、可流通股本:50,000,000 股
5、本次上市流通股本:50,000,000 股
6、对首次公开发行股票前股东所持股份的流通限制及期限:根据国家现有法律、法规规定和中国证监会证监发行字[2001]36 号《关于核准上海交大昂立股份有限公司公开股票的通知》,本公司的国有法人股、其他法人股暂不上市流通。

本公司上市前第一大股东上海交通大学承诺:自本公司上市之日起 12 个月内,不转让所持有本公司的股份,也不由本公司回购该部分股份。

7、上市地点:上海证券交易所
8、上市日期:2001 年 7 月 2 日
9、股份登记机构:上海中央证券登记有限公司
10、上市推荐人:国泰君安证券股份有限公司
海通证券有限公司

二、发行人概况

(一)发行人基本情况
1、发行人名称:上海交大昂立股份有限公司
英文名称:SHANGHAI JIAODA ONLLY CO.,LTD
2、注册资本:200,000,000 元
3、法定代表人:许晓鸣
4、住所:上海市松江区松江镇环城路 117 号
成立日期:1997 年 12 月 24 日
5、经营范围:生物制品,保健食品,保健用品,参制品,消毒制品,医疗器械生产和销售;仪器仪表,汽车配件,文化用品,建筑材料,农副产品销售,国内贸易(除专项规定),咨询服务;经营本企业自产产品及技术的出口业务,经营本企业生产所需的原辅材料、仪器仪表、机械设备、零配件及技术的进出口业务(国家限定公司经营和国家禁止进出口的商品除外),经营进料加工和"三来一补"业务。
6、主营业务:保健食品的研制、生产和销售
7、所属行业:生物制品业
8、电　话:021-62810808
传　真:021-62947582
电子邮箱:stock@mail.onlly.com.cn
9、董事会秘书:张潘宏

三、董事、监事、高级管理人员及核心技术人员

(一)董事、监事、高级管理人员和核心技术人员简介
1、董事

许晓鸣　男,44 岁,博士,德国慕尼黑工业大学博士后,教授,博士生导师。曾担任多项国家重点科研项目、国家重大科研攻关项目、863 项目和国家自然科学基金项目的负责人,1997 年被列为国家"百千万人才工程"第一、二层次人选。历任上海交通大学科研处处长、自动化系系主任、电子信息学院副院长等职。

现任上海交大昂立股份有限公司董事长;兼任上海交通大学副校长,上海交大企业管理中心、上海交大科技园有限公司、上海交大国飞科技投资(集团)有限公司、上海交通大学教育发展有限公司、上海交大慧谷信息产业股份有限公司、上海交大慧谷科技商业发展有限公司董事长,上海交大昂立生物制品销售有限公司、西安昂立商贸有限责任公司执行董事,上海交大南洋股份有限公司总经理。

杨国平　男,45 岁,工商管理硕士,教授,高级经济师,上海市股份制联合会会长,上海青年企业家协会会长。曾被评为全国十大杰出青年企业家、全国劳动模范。曾任上海市杨树浦煤气厂党委副书记、上海市公用事业局党委办公室副主任、上海市出租汽车公司党委书记、上海大众出租汽车公司党委书记。

现任上海交大昂立股份有限公司常务副董事长;兼任大众交通(集团)股份有限公司总经理,上海大众科技创业(集团)股份有限公司、上海大众三汽公共交通有限公司、上海大众便捷货运有限公司、上海大众国际贸易有限公司、上海大众国际旅行社董事长。

费正杰　男,44 岁,大学本科。历任松江县五里塘乡党委组织委员、上海茸北工贸实业总公司总经理、松江区茸北镇党委副书记、镇长。

现任上海交大昂立股份有限公司副董事长;兼任松江区茸北镇集体资产经营公司总经理。

兰先德　男,44 岁,工学硕士,工商管理硕士,研究员,中国青年科技工作协会常务理事,中国保健品协会常务理事。曾获团中央全国青联和科技部颁发的"中国优秀青年科技创业奖"、国家教委"科技进步二等奖"。曾在化工部第八设计院、上海交通大学生物科学与技术系工作。

现任上海交大昂立股份有限公司董事、总经理;兼任上海昂立华山(沙家浜)医疗保健康复有限公司、上海万佳日用化工有限公司、无锡昂立营销有限责任公司、天津市昂立茸北商贸有限责任公司、杭州昂立贸易有限公司、北京昂立商贸有限责任公司、南京昂立营销有限责任公司、武汉昂立商贸有限责任公司、成都昂立商贸有限责任公司董事长,沈阳昂立生物制品有限责任公司、上海昂立广告有限公司执行董事。

盛焕烨　男,58 岁,大学本科,教授,中国中文信息学会常务理事,德国信息学会海外会员,1989 年获国家教委优秀教学成果奖,1996 年获国家教委科技进步一等奖。

现任上海交大昂立股份有限公司董事;兼任上海交通大学副校长,上海交大浩然科技股份有限公司、上海交大浩然会展服务有限公司董事长。

李慧秋　女,49 岁,大学文化,高级工程师。曾任安徽省高新技术企业裕安激光仪器厂厂长、上海浦东大众出租汽车股份有限公司投资发展部副主任。现任上海交大昂立股份有限公司董事、副总经理。

叶文良　男,47 岁,大专文化,高级经济师。曾任松江县五里塘乡乡长助理、财政所长、五里塘乡工业公司总经理、上海交大昂立生物制品有限公司董事长。现任上海交大昂立股份有限公司董事、副总经理。

高锋　男,46 岁,中专,副主任药师,高级经济师。曾任徐汇区药材公司总经理、新路达集团副总经理。现任上海交大昂立股份有限公司董事;兼任上海汇丰医药药材有限责任公司董事长,上海新路达商业(集团)有限公司总经理。

樊建明　男,47 岁,学士,高级经济师。曾任上海电视配件厂计划科副科长、财务科长、厂长助理、上海华丰无线电厂厂长。现任上海交大昂立股份有限公司董事;兼任上海国际株式会社上海代表处首席代表。

2、监事

钟晋倖　男,46 岁,研究生学历,会计师。曾任上海大众出租汽车股份公司审计部经理、上海浦东大众出租汽车股份有限公司总会计师。

现任上海交大昂立股份有限公司监事长;兼任大众科技创业(集团)股份有限公司财务总监,上海大众凌伟生化股份有限公司、上海中医大药业股份有限公司、上海大众海洋生物市场有限公司监事长,大众交通(集团)股份有限公司监事。

王伊宁　男,45 岁,学士,副教授。曾任上海交通大学团委书记、上海交通大学研究生院副处长、上海交通大学党委组织部副部长、上海交通大学监察处处长、上海交通大学校产办主任。现任上海交大昂立股份有限公司监事;兼任上海交通大学财务处处长、上海交大南洋股份有限公司监事。

朱云舫　男,45 岁,大专文化。曾任松江县五里塘乡提琴厂厂长、松江县茸北镇上海消防器材厂一分厂党支部书记、松江县茸北镇工贸实业总公司办公室主任。现任上海交大昂立股份有限公司监事;兼任上海茸北工贸实业总公司法定代表人、总经理。

冯玉瑞　女,44 岁,学士,高级经济师。曾任徐汇区物价局科长、局长助理。现任上海交大昂立股份有限公司监事。

杜俊兰　女,56 岁,大学本科,高级工程师。曾任上无三十二厂技术厂长、上海市广播电视工业公司生产科科长、上海市经委生产计划处副处长、上海国际株式会社上海代表处首席代表。现任上海交大昂立股份有限公司监事;兼任上海国际株式会社上海代表处处参事。

王雷萍　女,45 岁,大专文化,工程师。曾任上海交通大学校长办公室秘书科科长、上海南洋通源实业公司副总经理。现任上海交大昂立股份有限公司监事、总经理助理、工会主席;兼任上海昂立华山(沙家浜)医疗保健康复有限公司总经理,上海万佳日用化工有限公司监事。

刘江萍　女,43 岁,上海财经大学会计系毕业,会计师。曾任上海微电脑厂财务科副科长、深圳长江计算机联合公司财务部经理、上海计算机工业经销公司财务部经理。现任上海交大昂立股份有限公司监事;兼任上海交大南洋股份有限公司财务部经理。

顾林福　男,45 岁,大学文化,经济师。曾任上海市教委基建处副处长、支部书记。现任上海交大昂立股份有限公司监事;兼任上海教益海外合作交流有限公司董事长,上海市教育发展有限公司总经理。

俞国君　男,46 岁,大专文化,会计师。曾任上海凯旋城空调器公司副经理、上海新闸北五金交电有限公司财务经理、上海市名品商厦审计主任。现任上海交大昂立股份有限公司监事;兼任上海市第一医药商店有限公司总会计师。

四、股本结构及大股东持股情况

1、本次上市前的股本结构

股份类别	股份数量(股)	股份比例(%)
1、尚未流通股份:	150,000,000	75.00
发起人股份	150,000,000	75.00
其中:国家持有股份	60,000,000	30.00
法人持有股份	90,000,000	45.00
其中:境内法人持有股份	72,500,000	36.25
境外法人持有股份	16,500,000	8.25
2、可流通股份:	50,000,000	25.00
境内上市人民币普通股:	50,000,000	25.00
其中:本次公开发行股份	50,000,000	25.00
3、总股本	200,000,000	100.00

2、本次上市前,本公司前十名股东持股数及比例

序号	股东名称	持股数量(万股)	占总股本的比例(%)
1	上海交通大学	3300	16.5
2	大众交通(集团)股份有限公司	3000	15
3	上海茸北工贸实业总公司	3000	15
4	上海新路达商业(集团)有限公司	1650	8.25
5	上海国际株式会社	1650	8.25
6	上海茸茸实业公司)	1350	6.75
7	上海交大南洋股份有限公司	600	3
8	上海市教育发展有限公司	300	1.5
9	上海市第一医药商店有限公司	150	0.75
10	同盛基金	13.2	0.066

(注:本上市公告书因版面原因为上市公告书部分摘录,需要阅读全文请向相关公司董事会秘书查询。)

太原狮头水泥股份有限公司

股票上市公告书暨2001年中期财务报告(部分)摘录

一、概览

股票简称:狮头股份
股票代码:600539
股本总额:23,000万股
可流通股本:8,800万股
本次上市流通股本:8,800万股
上市地点:上海证券交易所
上市时间:2001年8月24日
股票登记机构:上海证券中央登记结算公司
上市推荐人:海通证券有限公司
长城证券有限责任公司

二、公司概况

(一)基本情况
公司名称:太原狮头水泥股份有限公司
英文名称:TAIYUAN LION-HEAD CEMENT CO.,LTD.
注册资本:23,000万元
法定代表人:邓守信
成立日期:1999年2月28日
公司住所:山西省太原市万柏林区开城街一号

经营范围:主营水泥、熟料、商品混凝土、新型墙体材料的生产及销售,兼营水泥设备制造安装、技术咨询、水泥袋加工。

主营业务:当前公司主要生产系列等级的通用水泥、特种水泥以及C10—C80强度等级的预拌商品混凝土。

所属行业:水泥行业
电　　话:(0351)6127621
传　　真:(0351)6120985
电子邮箱:lhds@lionhead.com.cn
董事会秘书:郝瑛

三、董事、监事及高级管理人员的简历及持股情况

(一)董事、监事及高级管理人员简历

1、董事会成员·

邓守信先生:现年53岁,本公司董事长兼总经理。北京经济管理干部学院毕业,经济师,太原市人大代表、市人大财经委员会委员。自1984年始历任太原电线电缆厂副厂长、太原电器设备厂厂长、太原绝缘材料厂厂长、太原狮头集团有限公司董事长、总经理。具有十多年企业经营管理经验,曾被评为太原市特级劳模、山西省企业改革带头人、山西省劳模、省、市优秀企业家。社会兼职为山西省企业家协会副会长。

刘素珍女士:现年55岁,本公司董事、总会计师。大专学历,高级会计师。历任太原狮头集团有限公司副总会计师、总会计师。社会兼职为太原市工交系统会计师协会常务理事。

宋靖桢先生:现年41岁,本公司董事、总经济师。大专学历,经济师。历任太原狮头集团有限公司总经理助理、总经济师。曾荣获全国建材行业优秀企业管理工作者称号,社会兼职为山西省企业管理协会建材分会理事。

王志刚先生:现年46岁,本公司董事。毕业于天津轻工学院,工程师。曾任太原食品饮料厂副厂长,现任山西省经贸资产经营有限责任公司资产处处长。

仇红星先生:现年38岁,本公司董事。在职研究生,高级经济师。现任山西省经济建设投资公司项目三处处长。

谢莉女士:现年39岁,本公司董事。现任中国新型建筑材料(集团)公司财务负责人。

荆巧兰女士:现年37岁,本公司董事。高中学历,太原市政协委员。现任山西西山运输有限公司董事长。

2、监事会成员:

武殿信先生:现年54岁,本公司监事、监事会召集人。大专学历,经济师。历任太原狮头集团有限公司组织部长、人事处长、纪检委书记,曾荣获山西省、太原市优秀党务工作者称号。

王新民先生:现年42岁,本公司监事。大专学历,政工师。历任太原狮头集团有限公司生活服务总公司经理、工会副主席、工会主席。

荆富贵先生:现年42岁,本公司监事。大专学历,政工师。历任太原狮头集团有限公司经警中队政委、销售处处长。

3、高级管理人员:

吴峰林先生:现年52岁,本公司副总经理。大专学历,经济师。历任太原绝缘材料厂副厂长、山西省机械设备进出口公司总经济师,太原狮头集团有限公司副总经理。

毕俊安先生:现年38岁,公司副总经理。经济学硕士,高级工程师。自86年始任太原水泥厂烧成车间副主任、主任、技改办公室主任、技改机电处处长、企峰混凝土分公司经理。先后荣获太原市劳动模范、优秀企业家、省、市十佳青年兴业领头人。

贾卿先生:现年39岁,本公司代总工程师。大学本科,高级工程师。历任太原狮头集团有限公司烧成车间副主任、环保处处长、副总工程师。曾荣获太原市优秀青年知识分子称号、太原市环保先进个人。

郝瑛女士:现年29岁,本公司董事会秘书。太原理工大学毕业,助理工程师。历任太原狮头集团有限公司团委副书记、证券部副主任、主任。

4、核心技术人员

本公司核心技术人员为代总工程师贾卿先生,其基本情况请见本节第三部分关于高级管理人员的简介。

本公司所有董事、监事和高级管理人员与核心技术人员均为中华人民共和国公民。

(二)上述人员持股情况

1、本次发行前,本公司董事、监事、高级管理人员与核心技术人员没有以个人名义或授权他人或指示他人代持有本公司的股份;

2、本次发行前,本公司董事、监事、高级管理人员与核心技术人员的配偶或未满18岁的子女没有持有本公司的股份;

3、由本公司董事荆巧兰女士担任董事长的山西西山运输有限公司为本公司发起人股东。山西西山运输有限公司持有公司股份32万股,占总股本的比例为0.21%,其持股数量及占总股本的比例自公司设立至本次发行前没有变化,也不存在质押和冻结情况,本次发行后,其持股数量占总股本的比例为0.14%。本次发行前,本公司其他董事、监事、高级管理人员与核心技术人员没有通过其或其近亲属能够直接或间接控制的公司持有本公司的股份。

4、本次发行前,本公司董事荆巧兰女士持有本公司发起人股东山西西山运输有限公司20%的股份。本公司其他董事、监事、高级管理人员与核心技术人员没有持有本公司关联企业的股份。

(三)发行人董事、监事、高级管理人员与核心技术人员在股东单位任职情况

姓　名	本公司职务	股东单位或发行人控股子公司职务
宋靖桢	董事、总经济师	阳泉狮头特种水泥有限公司董事
王志刚	董事	山西省经贸资产经营有限责任公司资产处处长
仇红星	董事	山西省经济建设投资公司项目三处处长
谢　莉	董事	中国新型建筑材料(集团)公司财务负责人
荆巧兰	董事	山西西山运输有限公司董事长
武殿信	监事会召集人	集团公司纪检委书记
王新民	监事	集团公司工会主席
郝　瑛	董事会秘书	阳泉狮头特种水泥有限公司董事

注:集团公司、山西省经贸资产经营有限责任公司、山西省经济建设投资公司、中国新型建筑材料(集团)公司、山西西山运输有限公司为本公司股东单位,阳泉狮头特种水泥有限公司为本公司控股子公司。

本公司其他董事、监事、高级管理人员与核心技术人员没有在股东单位或股东控制的单位、在发行人所控制的法人单位、同行业其他法人单位任职。

四、股票发行及承销

1、发行前股本结构如下:

项目	股数(万股)	占总股本比例(%)
总股本	15,000	100.00
国家股	3,916	26.11
国有法人股	11,052	73.68
社会法人股	32	0.21

2、本次发行后股本结构如下:

项目	股数(万股)	占总股本比例(%)
总股本	23,000	100.00
发起人股	14,200	61.74
其中:国家股	3,707	16.12
国有法人股	10,461	45.48
社会法人股	32	0.14
社会公众股	8,800	38.26

本公司前十名股东持股情况

序号	股东名称	持股数量(万股)	占总股本比例%
1	太原狮头集团有限公司	10,461	45.48
2	山西省经贸资产经营有限公司	1,900	8.26
3	山西省经济建设投资公司	1,330	5.78
4	中国新型建筑材料(集团)公司	477	2.07
5	国信证券有限责任公司	73.3	0.32
6	广发证券有限责任公司	70.2	0.31
7	国通证券有限责任公司	65.3	0.28
8	大鹏证券有限责任公司	55.9	0.24
9	天元基金	43.2	0.19
10	裕隆基金	39.9	0.17

(注:本上市公告书因版面原因为上市公告书部分摘录,需要阅读全文请向相关公司董事会秘书查询。)

保定天威保变电气股份有限公司

股票上市公告书暨2000年度财务报告(部分)摘录

一、要览

股票简称:天威保变

股票代码:600550

总股本:22,000万股

可流通股本:6,000万股

本次上市流通股本:6,000万股

上市地点:上海证券交易所

上市日期:2001年2月28日

股份登记机构:上海证券中央登记结算公司

上市推荐人:联合证券有限责任公司　兴业证券股份有限公司

二、公司概况

(一)概况

公司名称:保定天威保变电气股份有限公司

英文名称:BAODING TIANWEI BAOBIAN ELECTRIC CO.,LTD

2.法定代表人:丁强

3.公司成立日期:1999年9月28日

4.注册资本:22000万元

5.公司注册地址及住所:河北省保定国家高新技术产业开发区竞秀街28号

6.经营范围:变压器、互感器、电抗器等输变电设备及辅助设备、零部件的制造与销售;输变电专用制造设备的生产与销售;相关技术、产品及计算机应用技术的开发与销售。

三、董事、监事和高级管理人员简介及持股情况

(一)董事、监事和高级管理人员简介

1.董事

董事长丁强先生:1954年9月出生,汉族,大学文化,经济师,中共党员。曾任保定变压器厂铁芯车间副主任、绝缘车间主任兼党支部书记,大型变压器分公司经理助理、总经理。现任保定天威集团有限公司董事长兼总经理,本公司董事长。

副董事长张金琢先生:1949年12月出生,汉族,大专文化,高级政工师,中共党员。曾任保定变压器厂团委代理副书记、书记、党委委员、党委副书记、纪检委书记。现任保定天威集团有限公司副董事长、副总经理,本公司副董事长。

副董事长兼总经理宋淑才先生:1963年5月出生,汉族,大学文化,工程师,中共党员。曾任保定变压器厂修造车间副主任,机电分公司副经理,大型变压器分公司副总经理、总经理。现任本公司副董事长、总经理。

董事赵德旺先生:1943年7月出生,汉族,中专文化,经济师,中共党员。曾任保定变压器厂设计科副科长、线圈车间主任兼书记、生产处长、厂长助理、副厂长,大型变压器分公司副经理。现任保定天威集团有限公司董事,保定惠源咨询服务有限公司法定代表人,本公司董事。

董事边海青先生:1968年1月出生,满族,经济学硕士,经济师,中共党员。曾任保定天威集团有限公司总经理助理。现任本公司董事、副总经理、董事会秘书。

董事赵志恒先生:1949年1月出生,汉族,大专文化,经济师,中共党员。曾任保定变压器厂团委书记、党支部书记、计管处处长、中小产品部主任,变压器有限公司党委书记、总经理。现任本公司董事。

董事景崇友先生:1963年11月出生,汉族,大学文化,高级工程师,中共党员。曾任保定变压器厂工艺处副处长,大型变压器分公司工艺处处长、经理助理、副经理。现任本公司董事、副总经理。

董事张喜乐先生:1964年12月出生,汉族,工学硕士,高级工程师,中共党员。曾任大型变压器分公司高压室、设计处主任工程师、总工程师助理兼技术中心主任。现任本公司董事、总工程师。

董事李忠先生:1968年10月出生,汉族,大学文化,经济师,中共党员。曾任大型变压器分公司生产处副处长、计划管理处副处长。现任本公司董事、计划管理处处长。

2.监事

监事会主席李志恒先生:1957年7月出生,汉族,大学文化,政工师,中共党员。曾任保定变压器厂党委办公室秘书、副主任,大型变压器分公司党委副书记兼纪委书记。现任本公司监事会主席。

监事王领娣女士:1947年11月出生,汉族,大专文化,政工师,中共党员。曾任保定变压器厂绝缘车间副主任、主任、党支部副书记、书记,卫生科科长、处室支部党支部书记、工会副主席。现任本公司职工监事。

监事刘太宪先生:1947年11月出生,汉族,大学文化,经济师,中共党员。曾任保定变压器厂计划管理处副处长,大型变压器分公司计划管理处处长,保定天威集团有限公司监事会监事、规划发展部经理。现任本公司监事。

3.其他高级管理人员及重要职员

副总经理夏巍先生:1959年10月出生,汉族,大学文化,高级工程师,中共党员。曾任机电分公司副经理,大型变压器分公司副总经理。现任本公司副总经理。

副总经理曹政先生:1958年2月出生,汉族,大专文化,工程师,群众。曾任保定变压器厂总师办副主任,大型变压器分公司销售处副处长、处长。现任本公司副总经理。

财务总监齐战胜先生:1946年出生,汉族,中专文化,会计师,中共党员。曾任保定变压器厂财务处处长,保定天威集团有限公司资财部经理、副总会计师。现任本公司财务总监兼财务处处长。

注:本公司董事长丁强先生同时兼任保定天威集团有限公司董事长,为保证本公司的独立经营,保定天威集团有限公司公司已作出承诺:在本公司上市后3个月内按中国证监会的有关规定并在履行组织程序后解决上述兼职问题。

(二)董事、监事和高级管理人员的持股情况

本公司董事、监事和高级管理人员未持有本公司股票。

四、股本结构及大股东持股情况

(一)本公司股票上市前股本结构

股份类型	股数(万股)	占总股本比例(%)
一、尚未流通股份		
其中:		
国家股	13,860.000	63.00
国有法人股	65.000	0.30
法人股	2,075.000	9.43
二、本次可流通股份		
社会公众股	6,000.0000	27.27
三、总股本	22,000.0000	100.00

(二)公司前十名股东持股情况

序号	股份名称	持股数量(万股)	持股比例(%)
1、	保定天威集团有限公司	13,860.000	63.00
2、	保定惠源咨询服务有限公司	1,945.000	8.83
3、	保定天鹅股份有限公司	65.000	0.30
4、	乐凯胶片股份有限公司	65.000	0.30
5、	河北宝硕集团有限公司	65.000	0.30
6、	汉兴基金	41.100	0.19
7、	景宏基金	21.700	0.10
8、	开元基金	18.000	0.08
9、	裕元基金	17.700	0.08
10、	金泰基金	14.800	0.07

五、公司财务会计资料

本公司截止2000年6月30日的财务状况,已于2001年1月10日分别在《中国证券报》、《上海证券报》和《证券时报》上刊登的《招股说明书概要》中进行了详细披露。鉴于上次披露与本公告间隔时间已超过六个月,本公告将详细公布经河北华安会计师事务所有限公司审计的我公司2000年度审计报告及会计附注、前二年及2000年度财务报表。

主要财务指标

项目	2000年	1999年	1998年
主营业务收入(元)	614,275,015.71	583,163,497.79	551,937,944.24
净利润(元)	49,083,233.03	41,785,270.42	43,563,215.09
总资产(元)	827,860,736.94	767,356,698.02	579,433,678.48
股东权益(元)	277,222,378.86	263,118,714.11	147,745,496.64
每股收益(元/股)	0.31	0.26	-
加权(元/股)	0.31	0.26	-
扣除非经常性损益后的每股收益	0.30	0.26	-
每股净资产(元/股)	1.73	1.64	-
调整后的每股净资产(元/股)	1.73	1.64	-
每股经营活动产生的现金流量净额(元/股)	-0.03	0.01	-
净资产收益率(%)	17.71	15.88	29.49
加权(%)	18.17	20.34	-

(注:本上市公告书因版面原因为上市公告书部分摘录,需要阅读全文请向相关公司董事会秘书查询。)

广西北生药业股份有限公司

股票上市公告书暨2001年中期财务报告(部分)摘录

一、概览

股票简称:北生药业
股票代码:600556
总股本:90,000,000股
本次上市流通股本:45,320,000股
上市地点:上海证券交易所
上市时间:2001年8月7日
股票登记机构:上海证券中央登记结算公司
上市推荐人:东北证券有限责任公司

二、发行人概况

(一)发行人的基本情况
1、发行人名称:广西北生药业股份有限公司
英文名称:Guangxi Beisheng Pharmaceutical Co.,Ltd.
2、注册资本:90,000,000元
3、法定代表人:何玉良
4、发行人成立日期:1993年11月28日
5、注册地址:广西北海市白虎头路海玉小区88幢
6、经营范围:化学药品、抗生素、中药材、中药饮片、中成药、生化药品、生物制品、血液制品、保健药品等。
7、主营业务:本公司主要从事生化药品、生物制品、血液制品和人体组织工程材料的开发、生产和销售。
8、所属行业:生物医药行业
9、联系电话:0779-3216669
传真:0779-3218881
10、电子信箱:hyl@ppp.nn.gx.cn
11、董事会秘书:张小明

三、董事、监事、高级管理人员及核心技术人员

(一)董事会成员简介

1、何玉良先生:46岁,大专学历,中共党员,经济师,工程师。1972年进入浙江广厦建筑集团公司,1978年任北京办事处主任,1992年任北海公司总经理,1997年任北海浙江广厦公司董事长兼总经理。现任本公司董事长。

2、李太安先生:52岁,大学本科,中共党员,主任医师。1965年进入沈阳军区二O九医院任军医,1984年开始,历任沈阳军区后勤部、沈后第二二二医院、第二二四医院处长、院长,1990年开始,历任沈后医药管理局、沈后卫生部办事处处长、局长,1995年任辽宁北方生物药业集团董事长兼总经理。现任本公司副董事长兼总经理以及辽宁北生集团董事长。

3、郭中满先生:41岁,博士,副研究员,中共党员。1983年,任沈后军马防治研究所助理研究员,1998年在解放军兽大学学习,1991年进入长春市凯旋药厂历任质检科科长、厂长助理、车间主任,1996年出任厂长、党委书记。现任公司董事、公司总工程师、长春分公司经理。

4、刘鹏翰先生:35岁,硕士学历,中共党员,副研究员,副主任技师。1990年进入柳州血站担任科研组长,1993年开始,历任柳州血站科研室副主任、广西血液中心制品室主任、质保科科长,1998年出任广西血液中心副主任、广西生物制品研究所副所长。现任公司董事、副总经理。

5、陈德传先生:61岁,大专学历,中共党员,主任医师。1958年进入广西防疫站任医师,1970年进入柳州血站,1984年任第一副站长,1986年任广西血液中心主任,1996年任广西生物制品研究所所长。现任公司董事、柳州分公司经理。

6、陈国胜先生:48岁,大学本科,中共党员,高级会计师。1972年入沈阳军区后勤部,1974年任财务部助理,1990年任沈阳军区财产结算中心办事处副主任,1995年任沈阳军区后勤部医药管理局财务物资处处长,当年出任辽宁北生集团财务部长、总会计师。现任公司董事、总经济师。

7、邓素润女士:46岁,大专学历,高级会计师,中共党员。1996年任沈阳军区后勤部工厂管理局副处助理,1998年开始担任辽宁北生集团财务部副部长、投资审计部部长。现任公司董事、董事会办公室主任。

8、张光庆先生:37岁,大专学历,中共党员。1983年任国营三零三九厂技术员,1986年任技术员、经理,1997年任北海广厦公司副总经理。现任公司副董事长。

9、陈克兰女士:48岁,大专学历,中共党员,主管技师。1984年任广西血液中心办公室主任,1994年任广西血液中心党支部书记,1998年出任广西生物制品研究所副所长,广西血液中心副主任。现任公司董事。

10、姜涛女士:27岁,大学本科。1994年任职于北海北部湾城市信用社,1995年任北海浙江广厦公司总经理助理。现任公司董事。

11、张翼志先生:40岁,大专学历,会计师。曾任住宅建设工程有限公司科长,1996年任浙江东阳市第三建筑工程北海分公司业务部经理,1998年任北海京顺贸易有限公司总经理。现任公司董事。

12、李雪梅女士:35岁,中专学历。1988年任广西桂贸房地产开发柳州分公司科长,1990年任北海金田华翔房地产开发公司房产部主任,1997年任北海市安峰贸易公司总经理。现任公司董事。

13、虞育强先生:35岁,中专学历,中共党员。1983年开始,历任东阳市农村信用社会计、信贷员、主任、副总经理。现任公司董事,兼任北海东珠实业有限责任公司副总经理。

(二)监事会人员简介

1、杨殿庚先生:50岁,大学学历,中共党员。1993年任沈阳军区政治部干部处及任免处干事、生产经营干部处处长,1995年任沈阳军区医药管理局党委书记,1996年任辽宁北生集团党委书记。现任公司监事。

2、何承举先生:50岁,中专学历,主管技师,中共党员。1969年任广西临桂县两江医院检验士,1972年进入柳州血站技师,1985年任柳州血站检验科副主任,制品室副主任、主任、业务科科长,1994年出任广西血液中心副主任。现任公司监事会主席。

3、杨福林先生:56岁,大专学历,会计师,中共党员。1965年进入东阳县人民银行,1968年任东阳县人民银行磐山营业所副主任、主任,1976年任磐安县大盘人民公社党委主任、副书记,1983年任磐安县乡镇企业局股长,1987年任磐安县农业银行副行长,1992年任磐安县橡胶厂副厂长,1993年任磐安县计划委员会副主任级调研员。现任公司监事,是公司职工代表。

(三)其他高级管理人员简介

1、孙昌荣先生:37岁,硕士,副研究员,中共党员。1988年进入沈后生物技术研究所工作,1993年任沈阳军区后勤部生物技术研究所技术员、长春市凯旋药厂技术员、1998年出任总工程师。现任公司副总经理。

2、刘惠民先生:48岁,大学本科,高级工程师,中共党员。1982年任沈阳市皮革工业总公司党委副书记,1983年任沈阳轻工业管理局党办副主任,1985年任沈阳皮革综合厂厂长、党委书记,1992年任沈阳皮革工业集团公司总经理兼厂长,1997年任北海浙江广厦公司常务副总经理。现任公司副总经理。

3、孟东先生:46岁,大学本科,经济师,中共党员。1986年任沈阳新乐制药厂科长,1995年任副厂长,1996年出任沈阳军区医药管理局销售公司总经理,1997年任康新制药有限公司副总经理,1998年出任辽宁北生集团副总经理。现任公司副总经理。

4、张小明女士:35岁,大学本科。1996年任广州经济电台编辑,1998年出任广西北海浙江广厦公司副总经理。现任公司董事会秘书。

5、陈亚辉先生:37岁,大专学历,会计师。1985年任职于磐安县财税局,1990年任职于磐安县城建局,1992年进入浙江广厦集团公司北京办事处任职,1998年出任北海浙江广厦公司财务部经理。现任公司财务总监。

(四)核心技术人员

1、李太安先生:曾经担任解放军后勤学院管理局、全军高级职称评委,沈阳军区医药专业职业评委会主任,中国生物协会理事。曾立三等功一次,获全军科技进步二等奖一次、三等奖一次,撰写《医院管理方法与实践》专著一部。

2、刘鹏翰先生:曾参加并主持"高效价乙肝免疫球蛋白研制"获广西区卫生厅资助。"静脉注射免疫球蛋白的研制"和"人破伤风免疫球蛋白研制"两项课题获广西区科委立项。"人血白蛋白开发和生产"课题已完成成果鉴定。多年来在省级以上刊物发表论文20多篇,其中一些论文被中国药学会生化生物委员会授予优秀论文奖。合作出版译著一本。1999年负责完成了一条血液制品生产线的设计和改造并通过了国家SDA的GMP认证,现任广西区实验动物管理委员会委员。

3、孙昌荣先生:曾立三等功一次,嘉奖一次,获沈阳军区后勤部"廉洁奉公先进个人"称号。参与研制乙型肝炎系列诊断试剂盒并获国家卫生部文号,吉林省三等奖,主持研制精制狂犬疫苗项目并申报国家药监局文号。

4、郭中满先生:曾获沈后嘉奖一次,获三等功一次。主持研究申报精制人白细胞干扰素,创效益千万元以上。主持研究以抗乙肝特异性转移因子,通过国家药品检定所检定并获吉林省卫生厅文号。83年以来,共参加九项科研课题研究,分别获军队或地方等级奖,其中三等奖4项、四等奖2项、五等奖3项,发表论文近20篇,《精制人白细胞干扰素纯化工艺及临床应用研究》获93年北京科技之星国际博览会金奖,获95年联合国信息促进系统发明创新科技之星奖。

5、胡杰先生:40岁,博士。曾在北京医院、美国南卡医大从事人体组织材料研究和开发。J-1脱细胞异体真皮制备技术于1999年获美国专利局发明专利1项,专利号U.S.Patent5916265,2001年获中华人民共和国国家知识产权局发明专利1项,专利号ZL96104550.7。该项目于98年被纳入国家火炬计划,现任北京桀亚公司副总经理。

6、傅龙云先生:38岁,硕士,助理研究员。1990年任中科院上海药物研究所助理研究员,1994年进入浙江汉生制药有限公司(筹)总经理,长期从事基因工程人$\alpha-2b$干扰素项目研究。现任广西北生药业股份有限公司副总工程师。

(五)公司董事、监事、高级管理人员及核心技术人员持股情况

截止招股说明书签署之日,公司董事、监事、高级管理人员及核心技术人员本人和家属均未持有公司股份,也未通过其近亲属直接或间接控制的法人持有公司股份。

四、股票发行与股本结构

1、本次上市前股权结构

项目	股数(万股)	比例(%)
国有法人股	2,126.8	23.64
法人股	2,332.7	25.91
内部职工股	8.5	0.09
社会公众股	4,532	50.36
总股本	9,000	100.00

2、本公司前十名股东持股情况序号

序号	股东名称	持股数量(万股)	占总股本比例%
1	北海广厦公司	2,000.8	22.23
2	辽宁北生集团	1,903.2	21.15
3	广西血液中心	585.6	6.51
4	北海东珠公司	136.7	1.52
5	北海京顺公司	97.6	1.08
6	北海安峰公司	97.6	1.08
7	沈阳药科大学	50	0.56
8	汉兴基金	14.2	0.16
9	裕阳基金	10.4	0.12
10	汉盛基金	9.5	0.11

(注:本上市公告书因版面原因为上市公告书部分摘录,需要阅读全文请向相关公司董事会秘书查询。)

湖北洪城通用机械股份有限公司

股票上市公告书暨2001年中期财务报告(部分)摘录

第一节 概 览

股票简称:洪城股份
股票代码:600566
总股本:10630.8万股
可流通股本:4400万股
本次上市流通股本:4400万股
上市地点:上海证券交易所
上市时间:2001年8月22日
股票登记机构:上海证券中央登记结算公司
上市推荐人:大鹏证券有限责任公司
河北证券有限责任公司

第二节 公司概况

(一)基本情况

1、中文名称:湖北洪城通用机械股份有限公司

英文名称:HUBEI HONGCHENG GENERAL MACHINERY CO., LTD.

2、注册资本:人民币一亿零六百三十万零八千元(10630.8万元)

3、法定代表人:王洪运

4、公司住所及邮编:湖北省荆州市洪门路3号 邮编 434000

5、经营范围:主营各类阀门、水工环保设备的生产、销售。兼营本公司自产的机电产品的出口业务及生产、科研所需的原辅材料、机械设备、零配件及技术的进出口业务;来料加工和通用机械技术研究开发;房屋租赁。

6、主营业务:主要业务为通用机械,主要从事中低压阀门及水工环保设备的开发、生产、销售。

7、所属行业:机械制造大类中的通用机械制造业

8、联系电话:0716－8221198

传 真:0716－8211623

9、电子信箱:hbhc@public.js.hb.cn

互联网网址:http://www.hbhc.com.cn

10、董事会秘书:王速建

第三节 董事、监事、高级管理人员及核心技术人员

一、董事会成员

1、王洪运先生,董事长,党委书记,现年46岁,高级经济师,研究生学历。1991年3月～1996年12月,任阀门总厂厂长、党委书记;1997年1月至今,任本公司董事长、党委书记;1997年1月～2000年4月20日,兼任本公司总经理。王先生为全国青联委员、全国青年企业家协会理事和第二届荆州市人大代表,并曾荣获"湖北省十大青年企业家"、"湖北省百名跨世纪优秀人才"、"湖北省有突出贡献的青年专家"、"湖北省劳动模范"、"全国百名优秀环保企业家"等光荣称号。年薪4.18万元。

2、谭志华先生,董事兼总经理,现年48岁,中共党员,高级经济师,大专学历。1991年～1996年12月,任阀门总厂副厂长;1997年1月～2000年4月,任本公司副总经理;2000年4月20日起,任本公司总经理。年薪2.09万元。

3、王速建先生,董事兼董事会秘书,现年45岁,中共党员,高级工程师、本科学历。1993年3月～1995年4月,任阀门总厂技术部副部长;1995年5月～1996年12月,任阀门总厂厂长助理、总工程师;1997年1月～2000年4月,任本公司总工程师;2000年4月20起,任本公司董秘。年薪1.96万元。

4、邓燕石女士,董事兼总会计师,现年52岁,高级会计师,大专学历。1991年4月～1996年12月,历任阀门总厂财务部审计科科长、副部长、部长;1997年1月至今,任本公司总会计师。年薪2.05万元。

5、李洪星先生,董事,现年47岁,中共党员,经济师,大专学历。1992年～1996年12月,任阀门总厂副厂长;1997年1月～2000年4月,任本公司副总经理。年薪2.06万元。

6、杜开翔先生,董事兼副总经理,现年36岁,中共党员,高级工程师,本科学历。1995年9月～1996年12月,任阀门总厂厂长助理;1997年1月至今,任本公司副总经理。年薪2.06万元。

7、吴长建先生,董事兼证券部部长,现年47岁,中共党员,经济师,大专学历。1991年3月～1994年5月,任阀门总厂财务部部长;1994年6月～1995年5月,任阀门总厂厂长助理;1995年6月～1996年12月,任阀门总厂副厂长、沙市洪城置业有限公司总经理;1997年1月至今,任本公司证券部部长;1997年1月～2000年4月,兼任本公司总经济师。年薪2.06万元。

8、严岳华先生,董事,现年53岁,中共党员,高级经济师,大专学历。1985年～1998年,历任湖北神电公司工具科长、副总经理。年薪2.09万元。

9、杜涛玉先生,董事,现年47岁,中共党员,高级经济师,大专学历。1987年8月～1997年3月,任阀门总厂企管部部长。年薪2.06万元。

二、监事会成员

1、肖晓梅女士,监事会主席,人力资源部部长,现年39岁,中共党员,政工师,大专学历。1992年11月～1996年12月,历任阀门总厂劳动人事部科长、副部长、部长;1997年1月至今,任本公司人力资源部部长。年薪1.53万元。

2、钱晓玲女士,监事,现年45岁,中共党员,工程师,大专学历。1997年～2000年,任本公司环保设备制造部部长。年薪1.76万元。

3、张海鹰女士,监事,现年45岁,大专学历。年薪1.46万元。

4、王雄文先生,监事,阀门制造部副部长兼工会主席,现年31岁,中共党员,工程师,本科学历。1997年1月～1998年4月,任本公司水工机械制造部技术副部长;1998年5月至今,任阀门制造部副部长。年薪1.25万元。

5、胡彦先生,监事,证券部副部长,现年29岁,大专学历。1997年1月至今,任本公司证券部副部长。年薪1.17万元。

三、核心技术人员

1、张云海先生,总工程师,现年37岁,高级工程师,本科学历。1993年至1996年12月,历任阀门总厂CAD中心副主任、主任;1997年1月～2000年4月,任本公司副总工程师;2000年4月20日至今,任本公司总工程师。先后主持开发了"环喷式调流阀",获国家专利;"电动调速蝶阀",获国家专利。年薪1.45万元。

2、周宜爽先生,副总经理,现年39岁,中共党员,高级工程师,本科学历。1995年～1996年12月,任阀门总厂技术部部长;1997年至今,历任本公司副总工程师、总经理助理、副总经理。主持开发了"特大口径金属硬密封蝶阀",获湖北省科技进步三等奖,年薪2.01万元。

3、王其炳先生,副总工程师,现年57岁,中共党员,高级工程师,本科学历。1993年～1996年12月,任阀门总厂副总工程师;1997年1月至今,任本公司副总工程师。主持设计了"真空镀膜机"、主持制订了"水轮机进水液动蝶阀生产工艺"、主持开发了"DN500－1200大型阀门试压机"、设计了北京正负电子对撞机"速调管的屏蔽、高压插件装置"。年薪1.40万元。

4、张颜良先生,现年38岁,中共党员,高级工程师,本科学历。主持开发了"电动调速蝶阀",获国家专利。年薪1.38万元。

5、张军仿先生,现年34岁,高级工程师,本科学历。主持开发了"水轮机进水液动蝶阀",获湖北省科技进步三等奖。年薪1.35万元。

第四节 股票发行与股本结构

(1)本次上市前公司的股权结构情况

股份种类	持股数量(万股)	占总股本比例(%)
未流通股部分	6230.8	58.61
其中:国家股	3272.0	30.78
法人股	2959.8	27.83
可流通部分	4400	41.39
其中:社会公众股	4400	41.39
总股本	10630.8	100.0

(2)公司的前十名股东持股情况

股 东	持股数(万股)	持股比例(%)
1、荆州市国有资产管理局	3272.0	30.78
2、沙隆达集团公司	1897.0	17.84
3、湖北天发集团公司	1000.0	9.40
4、湖北大田化工股份有限公司	45.0	0.42
5、普丰基金	15.2	0.14
6、沙市精密钢管总厂	15.0	0.14
7、金泰基金	13.6	0.13
8、安信基金	12.8	0.12
9、兴和基金	11.0	0.10
10、同盛基金	10.5	0.10

(注:本上市公告书因版面原因为上市公告书部分摘录,需要阅读全文请向相关公司董事会秘书查询。)

湖北潜江制药股份有限公司

股票上市公告书(部分)摘录

一、概　览

股票简称:潜江制药
股票代码:600568
总股本:7286 万股
流通股本:3500 万股
本次上市流通股本:3500 万股
上市地点:上海证券交易所
上市日期:2001 年 5 月 18 日
股票登记机构:上海证券中央登记结算公司
上市推荐人:长江证券有限责任公司

二、发行人情况

(一)基本情况
名 称:湖北潜江制药股份有限公司
英文名称:HUBEI QIANJIANG PHARMACEUTICAL CO., LTD
住 所:湖北省潜江市横堤路特 18 号
注册资本:7286 万元
法定代表人:叶继革
成立日期:1994 年 6 月 27 日
所属行业:医药制造业(化学药品制剂制造业)
经营范围:滴眼液、针剂、片剂、胶囊、冻干针、颗粒剂、原料药、塑料包装用品、保健饮料的生产、销售。
联系人:王凯(董事会秘书)、邹华山
电　　话:(027)87300388
传　　真:(027)87309098
电子信箱:qy600568@163.net

三、董事、监事、高级管理人员及核心技术人员

叶继革先生,董事长、党委书记,1957 年生,中共党员,硕士,博士研究生,高级工程师,湖北省人大代表。曾任湖北省潜江市制药厂党委书记、厂长,本公司总经理。先后荣获“湖北省优秀青年企业家”、“全国医药系统劳动模范”、“湖北省劳动模范”等荣誉称号,享受国务院政府特殊津贴。

刘强先生,副董事长、党委副书记,1959 年生,中共党员,大专学历,经济师。曾任湖北省潜江市制药厂供应科科长、副厂长、纪委书记,本公司技改基建部主任、经营部主任、副总经理、总经理。

刘德山先生,董事、党委副书记、总经理,1948 年生,中共党员,大专学历,工程师。现任中国医药企业管理协会理事,湖北省质量管理协会医药分会常务理事。曾任湖北省潜江市制药厂厂办主任、副厂长,本公司副董事长。

王仁祥先生,独立董事,1961 年生,中共党员,博士,教授。现任武汉理工大学管理学院副院长、证券研究所副所长,湖北省跨世纪学科带头人,中国企业管理案例库编委会编委,湖北省企业管理协会理事。曾任武汉汽车工业大学管理学院国贸系副主任、主任。

曾凡波先生,独立董事,1951 年生,中共党员,副教授。现任华中科技大学同济医学院药物研究室副主任、药剂学专业硕士导师。曾主持和参与国家自然科学基金课题各一项,主持和参与省、部级课题各二项,主持 10 项国家级新药的研究。

黄祥平女士,董事,1963 年生,大专学历,统计师。现任湖北省潜江市制药厂厂长。曾任湖北省潜江市制药厂统计室主任、销售科科长、副厂长。

张贤圣先生,董事、副总经理,1963 年生,中共党员,大学学历,工程师。曾任湖北省潜江市制药厂副厂长,本公司科研所所长。

李献海先生,董事、副总经理,1957 年生,中共党员,大专学历,经济师。曾任湖北省潜江市制药厂供应科科长、副厂长。

肖琍玲女士,董事、副总经理,1961 年生,大专学历,工程师。曾任本公司质检科科长、科研所副所长、总工程师。

柯昌英女士,监事会主席,1948 年生,中专学历,会计师。曾任本公司财务部副主任、主任。

肖继军先生,监事,1957 年生,中共党员,中专学历,工程师。曾任湖北省潜江市制药厂技术科科长、生产副厂长,本公司技改基建部主任、纪委书记。

郭晓玲女士,监事,1962 年生,中共党员,大专学历,经济师。现任湖北省潜江市医用塑料包装厂厂长。曾任湖北省潜江市制药厂生产科副科长、厂长助理、彩印分厂厂长。

何晓燕女士,财务总监,1961 年生,大专学历,会计师。曾任湖北省潜江市制药厂财务科科长,本公司财务部主任、证券部主任。

王凯先生,董事会秘书兼证券部主任,1968 年生,大学学历,经济师。曾任湖北省体改委股份制企业评审事务所评审部副经理、评审策划部经理。

关意洪先生,研究开发中心主任,1968 年生,大学学历,主持或参与开发成功氧氟沙星滴眼液、盐酸环丙沙星滴眼液、阿昔洛韦分散片、瑞珠滴眼液等多项产品。

姚江龙先生,质量部主任,1963 年牛,大学学历,湖北省实验动物学会理事,湖北省质量管理协会医药分会会员。

(四)公司董事、监事、高级管理人员及核心技术人员持股情况

姓名	职务	本人持股数(股)	家属持股数(股)
叶继革	董事长	3000	0
刘　强	副董事长	2100	0
刘德山	董事、总经理	2100	1800
王仁祥	独立董事	0	0
曾凡波	独立董事	0	0
黄祥平	董事	2100	0
张贤圣	董事、副总经理	2100	0
李献海	董事、副总经理	2100	1800
肖琍玲	董事、副总经理	2100	0
柯昌英	监事会主席	2100	0
肖继军	监事	2100	0
郭晓玲	监事	2100	0
何晓燕	财务总监	2100	0
王　凯	董事会秘书	0	0
关意洪	研究开发中心主任	1500	0
姚江龙	质量部主任	1500	0

(五)本公司董事、监事、高级管理人员及核心技术人员所持股份的锁定及声明

本公司董事、监事、高级管理人员及核心技术人员所持股份按规定进行了锁定,并且声明:自愿将所持公司的股票进行锁定,并按法律、法规的规定进行处置。

四、股票发行与股本结构

上市前公司总股本为 7286 万股,股本结构如下:

股份类别	股份数(万股)	占总股本比例(%)
发起人持股	3691.2	50.66
其中:国有法人股	3691.2	50.66
内部职工股	94.8	1.30
社会公众股	3500.0	48.04
总股本	7286.0	100.00

(六)本公司前十名大股东的持股情况

股 东 名 称	持股数(万股)	占总股本比例(%)
湖北省潜江市制药厂	3033.75	41.64
湖北省潜江市医用塑料包装厂	523.77	7.19
潜江市医药经营开发公司	133.68	1.83
安顺基金	11.10	0.15
金鑫基金	10.50	0.14
同盛基金	10.30	0.14
中信证券	9.30	0.13
兴华基金	9.30	0.13
国通证券	7.90	0.11
广发证券	7.60	0.10

主要财务指标

编制单位:湖北潜江制药股份有限公司　　　　单位:人民币元

财务指标	2000 年	1999 年	1998 年
流动比率	1.78	1.51	1.31
速动比率	1.52	1.13	0.76
应收帐款周转率(次/年)	2.67	3.20	4.24
销售利润率(%)	25.10	21.51	21.08
销售成本率(%)	40.88	44.70	43.49
资产负债率(%)	38.70	38.94	43.83
全面摊薄每股净利(元/股)	0.33	0.29	0.25
加权平均每股净利(元/股)	0.33	0.29	0.25
每股净资产(元/股)	2.18	1.84	1.55
全面摊薄净资产收益率(%)	15.31	15.88	16.29
加权平均净资产收益率(%)	16.57	17.25	17.73

利　　润　　表

编制单位:湖北潜江制药股份有限公司　　　　单位:人民币元

项目	注释号	2000 年度	1999 年度	1998 年度
一、主营业务收入	1	76,259,425.82	62,791,220.19	55,673,536.53
减:折扣与折让				
主营业务收入净额		76,259,425.82	62,791,220.19	55,673,536.53
减:主营业务成本		31,171,190.11	28,070,417.88	24,210,556.21
主营业务税金及附加	2	1,054,056.01	650,183.02	329,008.07
二、主营业务利润(亏损以“-”号填列)		44,034,179.90	34,070,619.29	31,133,972.25
加:其他业务利润(亏损以“-”号填列)	3	23,470.20	-636.10	-2,850.00
减:存货跌价损失		-80,058.93	80,058.93	
营业费用	4	15,543,749.98	12,144,808.45	11,573,652.52
管理费用		8,223,848.65	7,373,641.16	6,452,868.08
财务费用	5	1,117,607.18	951,209.19	1,329,570.27
三、营业利润(亏损以“-”号填列)		19,252,503.02	13,520,265.46	11,775,031.38
加:投资收益(损失以“-”号填列)				
补贴收入				
营业外收入	6	113,457.30	11,401.90	35,007.30
减:营业外支出	7	227,387.93	21,689.75	76,003.22
四、利润总额(亏损总额以“-”号填列)		19,138,572.39	13,509,977.61	11,734,035.46
减:所得税		6,532,595.60	2,435,182.79	2,175,007.15
五、净利润(净亏损以“-”号填列)		12,605,976.79	11,074,794.82	9,559,028.31

(注:本上市公告书因版面原因为上市公告书部分摘录,需要阅读全文请向相关公司董事会秘书查询。)

安阳钢铁股份有限公司

股票上市公告书(部分)摘录

第一节　概览

(1)股票简称:安阳钢铁

(2)股票代码:600569

(3)总股本:1,345,490,259 股

(4)可流通股本:275,000,000 股(其中首次公开发行 25,000 万股,国有股存量发行 2,500 万股)

(5)本次上市流通股本:275,000,000 股

(6)上市地点:上海证券交易所

(7)上市时间:2001 年 8 月 20 日

(8)股票登记机构:上海证券中央登记结算公司

(9)上市推荐人:光大证券有限责任公司

第二节　发行人概况

(一)发行人的基本情况

(1)发行人名称:安阳钢铁股份有限公司

(2)注册资本:1,345,490,259 元

(3)法定代表人:史济春

(4)成立日期:1993 年 11 月 15 日

(5)注册地址:河南省安阳市铁西区梅元庄

(6)邮政编码:455004

(7)经营范围:生产和经营冶金产品和副产品、钢铁延伸产品、化工产品(除易燃易爆危险品);技术开发、协作、咨询及培训,研究、冶金产品及原材料;横向联合经营及对外投资;轧钢、货运,公司内部用水、电、暖维修,无缝钢管,薄、中板,制液氧(凭证经营供本公司使用),炼铁、炼钢,烧结矿石球团。

(8)主营业务:钢铁及钢铁延伸产品。

(9)所属行业:冶金

(10)联系电话:(0372)3120175

(11)传真:(0372)3120175

(12)电子信箱:agzq@sohu.com

(13)董事会秘书:孙俊北

第三节　董事、监事、高级管理人员及核心技术人员

(一)董事会成员

史济春,男,1955 年生,硕士,高级工程师。1982 年起历任安钢研究所炼钢室副主任、二炼厂长助理、副厂长、厂长、集团公司副董事长、总经理、党委副书记,现任集团公司副董事长、总经理、党委副书记,股份公司董事长。1996 年加入中国金属学会任理事。

李文山,男,1945 年生,本科,高级政工师。1977 年起历任安钢运输部党办主任、党委副书记、书记;安阳钢铁公司党办主任、党委副书记、书记;集团公司党委书记、副董事长,1998 年 2 月至今任集团公司董事长、党委书记。现任集团公司董事长、党委书记、股份公司董事。1986 年以来,兼任河南省冶金政研会副会长、河南省职工政研会常务理事、全国冶金协会常务理事、特邀研究员、全国职工政研会理事。

郝秀仲,男,1944 年生,本科,高级政工师。1983 年进入安阳钢铁公司,1995 年 12 月至今任集团公司董事、工会主席。现任集团公司董事、工会主席、股份公司董事。

李存牢,男,1960 年生,本科,高级工程师。1982 年进入安阳钢铁公司,历任安钢一炼炼钢车间、办公室职员、生产计划科副科长、科长、厂长助理、副厂长、厂长。现任集团公司董事、股份公司董事、经理。

李涛,男,1963 年生,本科,高级经济师。1983 年进入安阳钢铁公司,历任计划处计划员、公司办秘书、科长、副主任、主任。现任股份公司董事、副经理。

姚桐,男,1954 年生,本科,高级工程师。1982 年进入安阳钢铁公司,历任安钢钢研所生产科副科长、安钢科技处铁焦科副科长、开发科科长、安钢烧结厂厂长助理、副厂长、厂长。现任股份公司董事、烧结厂厂长。兼任河南省炼铁专业学术委员会会员。

窦庆和,男,1951 年生,大学,高级工程师。1971 年进入安钢炼铁厂工作,历任安钢炼铁厂技术科副科长、生产调度室主任、厂长助理、副厂长、厂长。现任股份公司董事、炼铁厂厂长。兼任河南金属学会会员。

安志平,男,1954 年生,本科,高级工程师。1973 年进入安钢二炼工段工作,历任安钢二炼厂注锭车间副主任、主任、副厂长、安钢供应公司副经理、安钢二炼厂厂长。现任股份公司董事、副经理、二炼厂厂长。兼任中国金属学会会员。

刘润生,男,1963 年生,专科,高级工程师。1982 年进入安钢中型轧钢厂工作,历任小型轧钢厂四车间副主任、主任、副厂长、厂长。现任股份公司董事、小型轧钢厂厂长。

(二)监事会成员

吴长顺,男,1953 年生,本科,高级政工师。1973 年进入安阳钢铁公司,历任二炼工长、调度、值班长、连铸车间支部书记、一炼党委副书记、书记、集团公司党委委员、纪委副书记。1995.12 至今任集团公司监事会主席、党委副书记。现任集团公司监事会主席、党委副书记,股份公司监事会主席。

张太升,男,1954 年生,硕士,高级政工师。1975 年进入安阳钢铁公司,历任中板厂工人、干事、团委负责人、水冶炼铁厂宣传干事、科长、党办主任、党委书记。1995.12 至今任集团公司纪委书记、监事会副主席。现任集团公司纪委书记、监事会副主席,股份公司监事会副主席。

杨法文,男,1945 年生,专科,高级会计师。1966 年进入安阳钢铁公司,历任水冶炼铁厂会计、安钢供应处财务科会计、副科长、科长、财务处厂内银行行长、股份公司证券部主任助理、集团公司审计处副处长、处长、监事。1999.8 至今任集团公司审计部部长。现任股份公司监事。

魏德龙,男,1950 年生,专科,高级政工师。1974 年进入安钢炼钢二分厂工作,历任安钢二分厂党办秘书、原料、冶炼车间支部书记、二炼钢厂工会主席、炼铁厂党委副书记、书记、信阳钢铁厂党委书记、焦化厂党委书记。现任股份公司监事、焦化厂党委书记。

朱红一,男,1960 年生,本科,高级工程师。1982 年进入安钢薄板厂工作,历任技术员、厂长助理、副厂长、中板厂副厂长、厂长。现任股份公司监事、中板厂厂长。

(三)高级管理人员

李存牢:同上。

李涛:同上。

王建祥,男,1960 年生,本科,高级工程师。1982 年进入安阳钢铁公司,历任水冶炼铁厂高炉炉长、炼铁车间主任、厂长助理、副厂长、副经理、经理。现股份公司副经理。

李利剑,男,1963 年生,硕士,高级工程师。1983 年进入安阳钢铁公司,历任烧结厂烧结车间技术员、工段长、副主任、调度主任、厂长助理、副厂长、厂长。现任股份公司副经理。

财务负责人:靳雨顺,男,1957 年生,本科,高级会计师。1981 年进入安钢财务处工作,历任安钢财务处成本科科长、处长助理、副处长、集团公司财务部副部长、财务处处长。现任股份公司财务处处长。

董事会秘书:孙俊北,男,1955 年生,本科,政工师。1975 年进入安钢运输部工作,历任安钢运输部会计、安钢党委组织部秘书、安钢制氧厂纪委副书记、安钢证券部副主任。现任股份公司董事会秘书。

技术负责人:李利剑,1983 年 7 月毕业于武汉钢铁学院冶金系炼铁专业,现任安钢股份公司副经理。

本公司所有董事、监事及高级管理人员均为中华人民共和国公民。

(四)公司董事、监事、高级管理人员及核心技术人员持股情况

1、个人持股

姓名	发行前持股数(股)	比例(%)	发行后持数(股)	比例(%)	前三年增减变动情况	是否存在质押或冻结
史济春	6500	0.00059	6500	0.00059	无变动	否
李文山	7000	0.00064	7000	0.00064	无变动	否
郝秀仲	6500	0.00059	6500	0.00059	无变动	否
李存牢	6500	0.00059	6500	0.00059	无变动	否
李 涛	6000	0.00055	6000	0.00055	无变动	否
姚 桐	6500	0.00059	6500	0.00059	无变动	否
窦庆和	6500	0.00059	6500	0.00059	无变动	否
安志平	6500	0.00059	6500	0.00059	无变动	否
刘润生	6000	0.00055	6000	0.00055	无变动	否
吴长顺	6500	0.00059	6500	0.00059	无变动	否
张太升	6500	0.00059	6500	0.00059	无变动	否
杨法文	6000	0.00055	7000	0.00064	本次发行购入1000 股	否
魏德龙	6500	0.00059	6500	0.00059	无变动	否
朱红一	6500	0.00059	6500	0.00059	无变动	否
王建祥	6500	0.00059	6500	0.00059	无变动	否
李利剑	6500	0.00059	6500	0.00059	无变动	否
靳雨顺	6500	0.00059	6500	0.00059	无变动	否
孙俊北	6000	0.00055	6000	0.00055	无变动	否

第四节　股票发行与股本结构

1、本次上市前股本结构

持股单位	股数(万股)	所占比例(%)
国家股	87049.00	64.70
内部职工股	20000.00	14.86
社会公众股	27500.00	20.44
总 股 本	134549.00	100

2、本公司前十名股东持股情况

序号	股东名称	持股数量(股)	占总股本比例(%)
1	安阳钢铁集团有限责任公司	870490259	64.7
2	华泰证券	7911000	0.59
3	中信证券	5454000	0.41
4	裕元基金	1857000	0.14
5	科讯基金	1577000	0.12
6	科翔基金	1516000	0.11
7	科汇基金	1514000	0.11
8	兴和基金	1482000	0.11
9	同益基金	931000	0.07
10	河南财政	916000	0.07

(注:本上市公告书因版面原因为上市公告书部分摘录,需要阅读全文请向相关公司董事会秘书查询。)

北京用友软件股份有限公司

上市公告书(部分)摘录

一、概览

股票简称:用友软件
股票代码:600588
股本总额:100,000,000 元
可流通股本:25,000,000 元
本次上市流通股本:25,000,000 元
上市地点:上海证券交易所
上市日期:2001 年 5 月 18 日
股份登记机构:上海证券中央登记结算公司
上市推荐人:国泰君安证券股份有限公司
东方证券有限责任公司

二、公司概况

(一)本公司基本情况
1、法定名称:北京用友软件股份有限公司
英文名称:Beijing Ufsoft Co.,Ltd.(缩写 UFsoft)
2、注册资本金:100,000,000 元
3、法定代表人:王文京
4、住所:北京市海淀区上地信息产业基地开拓路 15 号(100085)
成立日期:1999 年 12 月 6 日
5、经营范围:电子计算机软件、硬件及外部设备的技术开发、技术咨询、技术转让、技术服务;企业管理咨询;数据库服务;销售电子计算机软硬件及外部设备
6、所属行业:电子信息
7、电话:010-62986688
传真:010-62971426
电子邮箱:ir@ufsoft.com.cn
8、董事会秘书:章珂

三、董事、监事、高级管理人员及核心技术人员

(一)董事、监事、高级管理人员和核心技术人员简介

董事:

1、王文京,公司董事长,现年 36 岁,大学学历。1983 年大学毕业后分配到国务院机关事务管理局财务管理司工作,其间被评为"新长征突击手"和"先进工作者"。1988 年创建本公司,长期担任公司的董事长兼总经理。在此期间,曾先后被授予"中国优秀民办科技实业家"、"中国优秀民营企业家"、"北京市劳动模范"称号。王先生担任的社会职务有:第九届全国人大代表、中国软件行业协会副理事长、第八届全国工商联执委等。

王先生目前还担任北京用友企业管理研究所有限公司、上海用友科技投资管理有限公司、武汉用友软件有限责任公司、广东用友财务软件有限公司及沈阳用友管理咨询有限公司、深圳市用友科技实业有限公司、天津市用友财务软件技术有限公司董事长;北京用友科技有限公司、南京益倍咨询管理有限公司、山东优富信息咨询有限公司、重庆用友软件有限公司及杭州用友企业管理咨询有限公司执行董事;UF INTERNATIONAL HOLDINGS.,LTD. 的首任董事;哈尔滨用友软件有限公司、内蒙古用友财务软件有限公司、烟台用友软件有限公司、河南用友软件有限公司、大连用友财务软件有限公司、珠海用友软件有限公司、青岛用友软件有限公司、台州市用友软件有限公司、泉州鲤城用友科技软件有限公司、汕头市用友软件有限公司董事;南通用友软件有限公司、徐州市用友软件有限公司、福州用友软件有限公司、常州新区用友软件有限公司、北京用友软件配套用品有限公司、苏州市用友软件有限公司监事。

2、郭新平,公司董事兼总经理,现年 37 岁,大学学历,高级会计师。在财政部财税体制改革司工作期间参与了我国税制改革工作。1989 年加入本公司,先后主管售后服务、产品开发、市场营销业务,历任公司高级副总裁、市场总监。郭先生曾经和正在担任的社会职务有:中国软件行业协会常务理事,中国软件行业协会财务及企业管理软件分会副理事长、秘书长,中国计算机用户协会理事,中国会计学会中青年会计电算化分会常务理事等。

郭先生目前还担任南京益倍管理咨询有限公司的董事长;北京用友科技有限公司、北京用友企业管理研究所有限公司、上海用友科技投资管理有限公司、南京益倍管理咨询有限公司、山东优富信息咨询有限公司、沈阳用友管理咨询有限公司、海南用友财务软件有限公司、石家庄用友软件有限公司、兰州用友软件有限公司、西安用友财务软件有限责任公司、四川省用友财务软件有限责任公司、长沙用友软件开发有限公司、深圳市用友科技实业有限公司、武汉用友软件有限责任公司、太原用友软件有限公司、北京用友社会保障系统软件有限公司董事;广东用友财务软件有限公司、宁波用友软件有限公司、厦门用友财务软件有限公司、新疆用友软件有限公司、连云港用友软件有限公司、保定市用友软件有限公司监事。

3、吴政平,公司董事兼财务总监,现年 36 岁,大学学历,会计师。毕业后曾任中国建筑材料科学研究院财务处处长助理,期间还担任中国建材会计学会事业分会常务理事、秘书长。1992 年加入本公司,历任公司高级副总裁、行政总监和财务总监。吴先生担任的社会职务有第六届北京市海淀区政协委员。

吴先生目前还担任山东优富信息咨询有限公司、北京联成互动网络技术有限公司董事长;北京易钱网络科技有限公司副董事长;北京用友科技有限公司、天津用友财务软件技术有限公司、北京用友企业管理研究所有限公司、上海用友科技投资管理有限公司、南京益倍管理咨询有限公司、沈阳用友管理咨询有限公司、江西用友软件有限公司、合肥用友财务软件有限责任公司、深圳市用友科技实业有限公司、广东用友财务软件有限公司、漳州市用友软件有限公司、北京用友社会保障系统软件有限公司董事;重庆用友软件有限公司、武汉用友软件有限责任公司、无锡用友软件有限公司、杭州用友企业管理咨询有限公司、平顶山用友软件有限公司、昆明用友财务软件有限公司监事。

4、邵凯,公司董事兼副总经理,产品研发中心总经理,现年 36 岁,获哈尔滨工业大学计算机理学硕士学位,1991 年加入本公司,曾任公司副总裁、质量总监、信息总监。邵凯先生担任的社会职务有北京软件行业协会常务理事,国家标准化委员会 TC151 技术委员会委员。

邵先生目前还担任北京用友科技有限公司、北京用友企业管理研究所有限公司、南京益倍管理咨询有限公司董事。

5、苏启强,公司独立董事,现年 39 岁,大学学历,公司创始人之一。

苏先生目前还担任北京连邦软件有限公司、北京连邦计算机网络技术有限公司、北京网际广告有限责任公司、沈阳连邦软件有限公司、洋浦联科软件有限公司、北京阳光网达电子商务服务有限公司董事长;北京雅宝拍卖有限公司董事;北京今点万维网络技术有限公司执行董事。

6、杨元庆,公司独立董事,现年 36 岁,1989 年获中国科技大学硕士学位。毕业后加入联想集团,现任联想集团有限公司董事局执行董事兼总裁;Legend Kingsoft Holdings Limited、联想调频科技有限公司、讯达互联信息技术(深圳)有限公司董事长;联想(北京)有限公司总经理。同时还任中华全国青联委员,中国企业家协会理事,中国科技大学教授,享受国家政府特殊津贴,曾获"全国五四青年奖章"。

7、吴晓球,公司独立董事,现年 42 岁,经济学博士,我国知名青年经济学家和金融证券专家。1989 年毕业于中国人民大学研究生院,获经济学博士学位。1995 年被聘为金融专业证券投资方向博士生导师。曾先后获得国家级和省部级奖励 8 次,获国务院特殊津贴。现任中国人民大学财政金融学院副院长、金融与证券研究所所长、金融系教授、博士生导师。

监事:

1、杨祉雄,公司监事会召集人,公司产品研发中心副总经理,现年 35 岁,大学学历。曾在北京外国语学院工作,1992 年加入本公司,具有多年财务与企业管理软件开发经验,主要负责公司的产品规划与总体应用设计工作。

杨先生目前还在北京用友科技有限公司、北京用友企业管理研究所有限公司、上海用友科技投资管理有限公司、南京益倍管理咨询有限公司及山东优富信息咨询有限公司任监事。

2、李友,公司监事,现年 37 岁,工学硕士,并毕业于北京大学光华管理学院工商管理(MBA)硕士班。曾任四通集团技术管理部部长。1996 年加入本公司,是本公司 ISO9001 实施负责人之一。曾任本公司总裁助理、总裁办公室主任、人力资源部总监等职。李先生目前还是中国质量体系认证机构国家认可委员会(CNACR)聘用的软件技术专家。

3、乔海,公司监事,现年 30 岁,毕业于中国政法大学,大学学历,曾就职于中联知识产权调查中心,从事过律师工作,1995 年加入本公司,1998 年被国家科委、司法部授予"全国知识产权工作先进个人"称号,现在专业院校深造。高级管理人员:

1、高少义,公司副总经理,现年 39 岁,计算机软件专业毕业。1976 年至 1982 年在总参某计算机研究所服役,1983 年至 1991 年在北京市农科院工作,从事计算机环境控制工作。1991 年加入本公司,先后担任部门经理、北京分公司总经理。

2、章培林,公司副总经理,现年 37 岁,管理工程硕士。曾就职于瓦房店轴承厂、系统软件联合(中国)有限公司、西门子(中国)有限公司、德勤企业管理咨询有限公司,从事 ERP 软件实施和管理咨询工作。2001 年加入本公司。

3、郭延生,公司副总经理,现年 34 岁,经济学学士学位,会计师。曾就职于北京财政学校。1992 年加入本公司,先后担任部门经理、支持中心总经理等职。

4、章珂,公司副总经理兼董事会秘书,现年 34 岁,管理工程硕士,中国注册会计师协会非执业会员。曾在海军北海舰队司令部任职至中校参谋,并于 1991 年获全军科技进步奖。在公司战略、融资、产业投资与购并等方面有着细致深入的研究和丰富的实践经验。

核心技术人员:

1、彭六三,公司产品研发中心副总工程师,现年 37 岁,获计算机应用硕士学位,工程师职称。曾就职于铁道部通号公司,1991 年加入本公司,历任财务软件开发部总工程师、工业软件开发部经理、企业管理软件开发部经理及供销软件开发部经理等职。

彭先生设计了多个优秀软件产品,其中《集成帐务》软件曾被中国软件行业协会推荐为优秀软件产品;用友战略型财务软件 UFERP-M8.0 被列入国家火炬项目,并被国家五大部委评为国家重点新产品。

2、杨望春,公司产品研发中心助理总经理兼 M 产品本部经理,现年 33 岁,获人文地理学专业硕士学位。曾就职于国家土地管理局地籍司、北京万能软件有限责任公司、美国德勤会计师事务所(北京)、Motorola(中国)电子有限公司,2000 年 11 月加入本公司。

杨先生主持或参与开发了国家土地管理局统计数据库系统,万能公司系列财务软件,美尔雅服饰有限公司财务管理系统,Motorola 客户服务中心客户满意服务系统(CSFC)等软件产品。

四、股票发行与股本结构

1、本公司本次上市前的股本结构

股份类别	股份数量(股)	占总股本的比例(%)
1、尚未流通股份:		
(1)发起人股份	75,000,000	75.00
其中:国家持有股份	0	0
法人(或自然人)持有股份	75,000,000	75.00
(2)募集法人股	0	0
(3)内部职工股	0	0
2、可流通股份:	0	0
(1)境内上市人民币普通股:	25,000,000	25.00
其中:本次公开发行股份	25,000,000	25.00
(2)境内上市外资股	0	0
(3)境外上市外资股	0	0
3、总股本	100,000,000	100.00

2、本次上市前,本公司前十名股东持股数及比例

序号	股东名称	持股数量(万股)	占总股本的比例(%)
1	北京用友科技有限公司	4,125	41.25
2	北京用友企业管理研究所有限公司	1125	11.25
3	上海用友科技投资管理有限公司	1,125	11.25
4	南京益倍管理咨询有限公司	750	7.5
5	山东优富信息咨询有限公司	375	3.75
6	天元基金	9.3	0.093
7	汉兴基金	5.9	0.059
8	裕阳基金	5.2	0.052
9	普惠基金	5	0.05
10	兴和基金	4.9	0.049

(注:本上市公告书因版面原因为上市公告书部分摘录,需要阅读全文请向相关公司董事会秘书查询。)

广东榕泰实业股份有限公司

招股说明书摘要

释　义

在本招股说明书中，除非另有所指，下列简称具有如下特定意义：

《公司法》	指	《中华人民共和国公司法》
发行人、本公司 股份公司、公司	指	广东榕泰实业股份有限公司
研究所	指	榕泰高分子材料开发研究所
榕泰瓷具	指	广东榕泰高级瓷具有限公司
兴盛化工	指	揭阳市兴盛化工原料有限公司
主承销商	指	广东证券股份有限公司
元	指	人民币元
新股	指	本公司本次向社会公众公开发行的4000万股面值为1.00元的人民币普通股
本次发行	指	本公司本次公开发行面值1元的4000万股人民币普通股的行为
公司股东大会	指	广东榕泰实业股份有限公司股东大会
公司董事会	指	广东榕泰实业股份有限公司董事会
公司监事会	指	广东榕泰实业股份有限公司监事会
公司章程	指	广东榕泰实业股份有限公司《公司章程》
推荐人	指	广东证券股份有限公司 国泰君安证券股份有限公司 国通证券有限责任公司
中国证监会	指	中国证券监督管理委员会
密胺塑料	指	氨基塑料的一个种类，由三聚氰胺与甲醛在中性或弱碱性条件下反应制得
ML复合新材料	指	本公司在密胺塑料的基础上通过改变原料配方，加入助料M和助料L而开发出的新一代树脂基功能复合新材料，化学名称为"高聚氨基复合物"，为密胺塑料升级换代产品
三聚氰胺	指	一种化工原料，又称氰尿酰胺，用于制备合成树脂和塑料，ML复合新材料的生产原料之一
甲醛	指	一种化工原料，无色气体，有刺激性气味，用作农药和消毒剂，也用于制造酚醛树脂、脲醛树脂等，ML复合新材料的生产原料之一，本公司使用的是其37%水溶液
甲醇	指	一种化工原料，俗称木精，无色易挥发和易燃的液体，用于制造甲醛和农药，为本公司甲醛项目的主要生产原料
缩聚反应	指	一种或几种含有两个以上官能团的单体化合物同时析出低分子副产物(如水、氯化氢等)的过程
捏合	指	利用机械搅拌使粘性、糊状或塑性物料均匀混合的操作
塑料鼓风清除材料	指	经过特殊工艺处理的ML复合新材料，可用作环保材料，替代传统的化学剥离法，用于飞机旧漆干剥离工艺
ISO9002	指	国际质量保证标准体系
ISO14001	指	国际环境管理体系

一、本次发行概况

(一)本次发行的基本情况
1.股票种类:人民币普通股
2.每股面值:1.00元
3.发行股数:4,000万股，占发行后总股本的比例为25%
4.每股发行价格:9.90元/股
5.发行市盈率:45倍(按2000年全面摊薄的每股盈利0.22元计算)
6.发行前每股净资产:1.25元(按2000年12月31日经审计的数据计算)
7.发行后每股净资产:3.34元(按发行价9.90元/股计算，扣除发行费用)
8.发行方式:上网定价
9.发行对象:法律规定的可以从事股票投资的合格投资者
10.承销方式:余额包销
(二)本次发售新股的有关当事人
本次发行新股的部分当事人如下所述，其它有关当事人请参见招股说明书全文。
1.发 行 人:广东榕泰实业股份有限公司
英文名称:GUANGDONG RONGTAI INDUSTRY CO.,LTD
住 所:广东省揭阳市榕城区新兴东二路1号
法定代表人:杨启昭
电 话:(0663)8676616、8686120
传 真:(0663)8676899
联 系 人:林岳金
互联网网址:Http:www.rongtai.com.cn
电子信箱:rongtai@rongtai.com.cn
2.主 承 销 商:广东证券股份有限公司
住 所:广东省广州市解放南路123号金汇大厦
法定代表人:钟伟华
电 话:(020)83270471
传 真:(020)83270485
联 系 人:卢景芳 张拥军　　刘祥能
3.发行人法律顾问:广东明大律师事务所
住 所:广东省广州市建设六马路33号宜安广场2705－2706室
单位负责人:郭锦凯
电 话:(020)83633573
传 真:(020)83633599
经 办律 师:叶伟明　　毛献萍
4.会计师事务所:广东正中珠江会计师事务所有限公司
住 所:广州市东风东路318号嘉业大厦八楼
法定代表人:蒋洪峰
电 话:(020)83922490
传 真:(020)83800977
经办注册会计师:蒋洪峰　　吉争雄
5.《评估报告》复核单位:广东大正联合资产评估有限责任公司
住 所:广州市东风东路555号粤海集团大厦十九楼
法定代表人:陈喜佟
电 话:(020)83840774－1910
传 真:(020)83863954
经办注册资产评估师:叶伯健　　廖丽芳
(三)预计时间表
1.发行公告刊登日期:2001年5月23日
2.预计发行日期:2001年5月28日
3.申购期:2001年5月28日
4.资金冻结日期:2001年5月29日—2001年5月31日
5. 预计挂牌交易日期:本次股票发行结束后将尽快在上海证券交易所挂牌交易

二、主要风险因素

投资于本公司的股票会涉及一系列风险。在购买本公司股票前，敬请投资者将下列风险因素相关资料连同本招股说明书中其它资料一并考虑。

投资者在评价本公司此次发售的股票时，除本招股说明书提供的其他各项资料外，应特别认真地考虑下述各项风险因素。根据重要性原则或可能影响投资决策的程度大小排序，本公司的风险如下：

(一)现有股东控制风险

本公司董事长杨启昭的妻子林素娟持有揭阳市榕丰塑胶制品厂100%的权益，揭阳市榕丰塑胶制品厂持有本公司股东榕泰瓷具75%的股权，林素娟通过以上股权关系间接控制本公司50%股份，本次发行完成后该股份占股份公司总股本的比例降为37.5%；本公司副董事长、总经理李林楷持有揭阳市榕城仿瓷材料厂55%的权益，揭阳市榕城仿瓷材料厂持有本公司股东兴盛化工70%的权益，李林楷通过以上股权关系间接控制本公司37.1%股份，本次发行完成后该股份占股份公司总股本的比例降为27.81%；本公司董事长杨启昭的女儿、股东揭阳市鸿凯贸易发展公司的法定代表人杨林静间接控制本公司2.5%的股权，本次发行完成后该股份占股份公司总股本的比例降为1.88%；以上关联关系的存在使本公司上述3位股东形成对股份公司共同控制的可能，这些股东如果利用其控股地位，通过行使表决权对公司的人事、经营决策等进行控制，可能给其他股东带来一定的风险。

为维护其他股东的利益，公司章程已作出规定："公司的控股股东在行使表决权时，不得作出有损于公司和其他股东合法权益的决定"、"股东大会就关联交易进行表决时，涉及关联交易的各股东，应当回避表决，上述股东所持表决权不应计入出席股东大会有表决权的股份总数"；公司已制定了减少关联交易的措施，当发生无法避免且有利于公司利益的关联交易时，则关联交易的条件必须按市场公允性原则进行，公司不得给予关联方任何优于在一项市场公平交易中给予第三者的条件。为避免同业竞争，本公司股东榕泰瓷具、兴盛化工承诺：在中国境内的任何地区，不以任何形式直接或间接从事和经营与本公司主营业务构成或可能构成竞争的业务；在以后的经营或投资项目的安排上避免与本公司同业竞争的发生；如同业竞争可能构成或不可避免时，在同等条件下，本公司享有相关项目经营投资的优先选择权，或与本公司共同经营投资相关项目；承诺如违反上述承诺，参与同业竞争，将承担由此给本公司造成的全部损失。

(二)法人治理结构的风险

本公司副董事长、总经理李林楷和副总经理黄勉为董事长杨启昭的女婿，监事会成员杨愈静、股东揭阳市鸿凯贸易发展公司的法定代表人杨林静为董事长杨启昭的女儿。以上关系的存在使公司在法人治理结构方面存在一定的风险。

为完善公司的法人治理结构，提高公司经营决策的科学性、民主性，公司在董事会中设有独立董事，董事会现有9名成员中有3名独立董事，独立董事主要享有参与或制定公司的战略发展规划、资本运营方案，论证年度投资计划及重大投资发展项目和重大贸易项目，审议公司财务预决算方案及增资扩股方案，定期审计公司财务等权利，进行关联交易等重要事项的表决时，独立董事一定要发表自己的意见，不能由别人代理投票，必须亲自投票；同时，在公司章程中规定了回避表决制度，以保证董事会决策的公允性。

(三)净资产收益率降低的风险

本次发行完成后，扣除发行费用后本公司将可募集资金38,400万元，发行后的净资产将比2000年12月31日的净资产15,022.48万元将扩大2.56倍，由于募股资金投资项目的实施需要一定时间，在项目全部建成投产后才能达到预计的收益水平，因此，短期内本公司净资产收益率将下降，如按2000年度实现的净利润计算，净资产收益率将由发行前的17.59%降为4.95%，存在由于净资产收益率下降引致的相关风险。

本公司已对本次募股资金投资项目进行了充分的可行性论证，如没有重大不可预见因素出现，项目实施后可达到预计的盈利水平。本公司将加大项目实施的力度，在保证工程建设质量的情况下，尽量缩短项目建设期，使项目尽快产生经济效益；同时，本公司还将充分挖掘现有产品的生产能力，提高已有项目的效益。以上措施的实施将提高本公司的盈利能力，缓解净资产收益率大幅下降的压力。

(四)业务经营风险

1.产品结构单一的风险

本公司的产品结构较为单一，主要从事ML复合新材料等化工材料及其制品的生产和销售，目前主导产品ML复合新材料的销售收入约占公司销售收入总额的70%。相对集中的业务结构虽然突出了主业，但也使本公司的经营状况较大程度的受整个行业变化的影响，如果出现原材料涨价、市场需求萎缩等因素将会在一定程度上影响本公司的经营业绩。

针对产品结构单一的风险,本公司将进一步加大科研投入,使新产品研发(R &D)费用占年产品销售收入的比例保持在5%以上,不断研制开发出相关系列新产品,巩固在同行中的技术领先优势和市场竞争优势;同时,积极研究拓展ML复合新材料应用领域,使ML复合新材料的市场需求不因现在下游产品市场的变化而发生较大的波动;此外,本公司还将积极创造条件,在巩固主营业务的基础上涉足高分子材料中其它高新技术产品,适当采用多元化经营战略来分散主营业务风险,以开辟稳定且更广阔的利润来源。

2.原材料供应风险

本公司生产所需的原材料主要是甲醛、木浆、三聚氰胺等,其来源主要是广东、福建、广西和四川等地供应商。其中由于甲醛是气体,通常使用的是含甲醛约37%的水溶液,它有刺激性气味,着火温度约3000C,长途运输具有一定的危险性,且运输37%的水溶液成本很高。尽管以上材料目前市场供应充足,价格稳定,但不排除国家产业政策调整和市场环境的变化造成价格波动的可能性,这对本公司产品成本有较大的影响。

针对原材料供应的风险,本公司将依靠集约经营、规模生产的优势和良好的信誉,巩固与主要供货商建立的长期稳定的良好供货关系,利用好国内外市场,进行多渠道选择,形成较为稳定的原材料供应渠道,实现经济科学的批量采购,并根据生产计划合理安排原材料库存,使原材料供应和购进价格保持相对稳定。另外,随着本公司年产7万吨甲醛配套项目的实施,本公司主要原材料甲醛的供应将得到更有力的保障,进一步降低原材料供应风险。

(五)市场风险

1.产品外销和加入WTO的风险

目前本公司产品外销比例约占40%左右,随着本公司产品档次和技术水平的提高,生产规模的不断扩大,产品外销比例和生产经营的国际化程度将进一步提高,将更多、更直接地参与国际市场竞争,国际市场上供求关系和产品价格的变化,将直接影响本公司产品的外销数量和经济效益;此外,加入WTO后,国内市场的开放将吸引国外公司来中国投资,国外公司在技术、资金、人才、市场等方面具备的强大竞争实力将给本公司带来巨大的竞争压力,这将对本公司产品的价格和销量带来影响。

针对产品外销和加入WTO的风险,本公司将通过各种方式和渠道,提高本公司产品在国际市场的知名度,增强产品的市场影响力,积极研究国际市场的变化,适时调整产品经营策略。通过在香港、曼谷、迪拜等地建立销售分公司,拓宽出口渠道,稳定与国外大客户的供销关系;同时,本公司将进一步加大技术开发力度,引进国际先进的管理和营销手段,建立更加适应国际市场运作的机制,最大限度地减轻我国加入WTO对本公司带来的负面影响,同时要充分利用我国加入WTO给本公司带来的发展机遇,积极参与国际市场竞争,拓展国际市场。

2.产品的市场价格竞争风险

本公司的主导产品是ML复合新材料,不排除随着国内出现新的替代品,可能造成的产品价格竞争;本公司虽然采用创新的配方和工艺,在产品的性能、质量和成本上有较强的竞争优势,但原材料价格的波动等因素也将可能影响本公司的产品生产成本,削弱产品的市场价格竞争力。因此,存在一定的产品价格竞争风险。

针对产品价格风险,本公司一方面将通过继续稳定与原材料供应商的关系,树立良好的信誉,求得价格优惠,降低原材料成本;另一方面,加强公司内部管理,加强成本核算、控制、分析,充分挖掘公司潜力,降低经营成本;并通过技术创新和技术改造,提高设备技术水平,提高生产效率和产品合格率。通过努力,使本公司产品在国内外市场拥有更明显的价格优势,有效地降低产品价格风险。

(六)债务结构不合理及短期偿债风险

截止到2000年12月31日,本公司的负债总额为11,932万元,全部为流动负债,流动负债主要为短期借款,短期借款占流动负债的比例为72.43%,造成债务结构不合理,短期还款压力较大,可能对本公司正常生产经营活动造成一定影响。

针对短期偿债风险,本公司将充分重视日常现金流量的管理,多渠道开源节流;加大对存货和应收帐款的控制力度,建立、健全对材料采购的内部控制制度,使存货库存量达到最佳状态,同时,严格执行有关产品销售和货款回收控制制度,加快产品销售资金的回收,减少销售资金的不必要积压、沉淀,提高存货和应收帐款的周转速度,从而提高本公司短期偿债能力;此外,本公司在进行新的债权融资时,将合理安排债务的结构,调整债务期限,使公司的财务状况更显稳健。

(七)技术及产品风险

1.主营业务主要依赖ML复合新材料专利技术及产品更新换代的风险

本公司1999年通过国家科技部和中国科学院组织的"双高认证",公司产品的竞争力很大程度依赖于技术领先程度。本公司目前的主导产品ML复合新材料主要依赖于本公司的创新性配方,该配方于1999年7月向国家知识产权局申请了专利保护。尽管本公司的主导产品ML复合新材料目前在国内处于技术领先水平,但随着国内外技术装备与生产工艺不断更新,产品升级换代速度的加快,类似高分子新材料的涌现,公司必须在开发新产品、新技术等方面加快步伐和投入,才能继续保持在同行业中技术领先的地位。否则,就会失去技术领先的优势,从而影响公司的竞争力。

2.对核心技术人员依赖的风险

ML复合新材料的创新配方是本公司的几名核心技术人员通过反复实验研制出来的,本公司的未来发展对上述核心技术人员具有较强的依赖性,上述人员的变化对本公司的生产经营将可能产生一定的风险。

3.新产品开发、试制风险

面对激烈的市场竞争,公司须不断致力于高科技产品、高附加值产品的开发,但一种新产品从实验室研究,到产品中试阶段,最终到规模化和产业化生产并得到市场认可,往往需要几年时间,而且随时面临着产品开发失败的风险。因此,新产品开发在一定程度上存在开发难度大、更新换代快和产品产业化的风险。

针对本公司存在的技术风险,本公司将加大产品开发和技术创新的力度,提高研发费用占产品销售收入的比例,进一步健全以榕泰高分子材料开发研究所为主的科研与技术创新机制,建立技术创新管理体系。同时,公司在巩固与汕头大学、华南理工大学、中科院广州化学研究所和北京化工大学等高等院校、科研院所合作的基础上,将进一步寻求与加强同国内高分子新材料研究领域中的权威科研院所合作,不断开发出具有自主知识产权的新技术并使之产业化,适应本公司未来发展的需要。

为稳定本公司的核心技术人员,同时吸引更多的高科技人才到本公司,本公司将根据发展的需要和实际情况,制定人才引进和培训机制,进一步完善激励机制,探索认股权等激励制度,使公司核心技术人员的切身利益和公司的长远发展紧密相连,充分调动本公司核心技术人员的积极性,并增强本公司对外部高级技术人才的吸引力;同时,随着本公司未来规模的扩大和发展的需要,公司将在广州、北京等信息流通快和高科技人才密集的地区设立研发机构,以便吸引更多的高科技人才到本公司工作,以加快公司新产品开发和产业化步伐。

(八)募股资金投向风险

本公司本次募股资金主要是投资实施年产6万吨ML复合新材料项目,虽然本公司对项目进行了慎重、充分的可行性研究论证,并有生产ML复合新材料的成熟经验和技术,预期能产生良好的经济效益。但建设速度、完成程度以及项目建成后其设计生产能力与技术工艺水平是否可以正常发挥、市场需求的变化等,都会对项目预期效益产生影响,项目投资的风险依然存在;本次募股资金的另一投向是实施年产7万吨甲醛配套生产项目,虽然本公司对该项目的生产已有充分准备,掌握了一些技术,引进和培训了有关人才,但由于本公司没有生产过甲醛,故在项目的实施上存在一定的技术风险。

针对项目投资的风险,本公司成立了相应的投资论证小组,对募股资金投资项目进行了细致、周密和严谨的论证和市场调研,并由股东大会最终决策。募集资金到位后,本公司将尽快启动拟投资的项目,同时加强对实施项目的管理力度,将责任层层落实到人,对项目进度、项目施工质量实施全过程跟踪,以保证投资项目按时、保质完成,使之成为公司今后新的利润增长点。

甲醛生产工艺和技术在我国已经十分成熟,国内已有一批掌握甲醛生产工艺和技术的专业人才,为降低实施年产7万吨甲醛生产项目的技术风险,公司拟采取以下措施:1)引进掌握甲醛生产工艺和技术的专业人才,选择适合本公司的工艺技术;2)聘请国内著名的甲级化工设计公司设计监理,确保采用技术和设备的先进性。在项目的实施上,选择具有大型甲醛生产装置施工资质和经验的施工单位承担本项目建设,确保设备安装和项目建设的质量;3)进一步选派技术人员到国内大型甲醛生产厂熟悉甲醛的生产工艺和技术,为项目的实施作好人才的储备。

(九)政策风险

本公司被国家科技部认定为"国家重点高新技术企业"。这使本公司在税收、资金、进出口、新产品开发和技术改造等方面享受国家和地方政府的多项优惠政策,这些政策对公司的进一步发展有较大的促进作用。如果有关优惠政策调整,将会对本公司的生产经营带来一定的影响。同时国家宏观经济形势以及财政、货币、产业、税收、外汇政策等方面如发生变化,也将对本公司的生产经营环境造成一定的影响。

此外,本公司在生产ML复合新材料等化工材料的过程中会产生少量的甲醛尾气、粉尘和噪声。为避免尾气、粉尘和噪声对周边环境和生产工人的影响,本公司在生产线上增设了尾气回收装置、脉冲除尘器和消声装置等环保设施,粉尘已基本消除,甲醛尾气经过冷凝回收后利用,使污染物排放达到国家规定的排放标准。随着国家对环境保护力度的日益加大,将可能有更加严格的环保标准出台,从而使治理成本增加,对公司的生产经营成本造成一定影响。

本公司ML复合新材料列国家科技部、财政部、税务总局共同编制的《中国高新技术产品目录》中06040011序号,属国家优先支持发展的新材料。本公司将不断加强对国家财政、金融、产业、进出口等方面的政策研究,在符合政策的基础上,合理调整经营策略,提高公司的竞争实力,向国家鼓励的产业投资方向发展,消化有关政策调整给公司生产经营带来的不利影响。

本公司自成立以来,一直重视环境保护工作,严格执行环境保护法律、法规,污染物排放达到国家规定的标准,被评为揭阳市环保先进企业。针对国家环保政策可能调整的风险,本公司将继续严格执行环保"三同时"制度,致力于提高公司全员的环保意识,并通过技术进步,开发环保产品,积极开发废弃物回收和综合利用的新技术,化解产品的环保风险因素。此外,本公司已委托国家环保总局华南环境科学研究所对本公司拟投资的年产6万吨ML复合新材料项目和年产7万吨甲醛项目的环境影响进行了评价,评价结果表明:项目施工和建成投产后,通过落实有关环保措施,对环境的影响是可以承受的。本公司正在进行ISO14001环境管理体系认证,将进一步使公司的环保措施更加规范化和国际化,以适应国家更加严格的环境保护标准。

(十)管理风险

过往三年,本公司主营业务收入由1998年的19,150万元增加到2000年的23,019万元,增长了20%,员工也从1998年底的376人增加到2000年底的495人。随着公司的发展,特别是上市后,公司经营规模继续扩大,将使公司的组织结构和管理体系趋于复杂化,存在着公司能否建立起较大规模企业的管理体系,形成完善约束机制,保证企业持续不断发展的风险。针对由于经营规模迅速扩大给管理方面带来的压力和要求,公司将进一步完善管理体系,加强高素质管理人才的引进和培训的力度,强化质量管理、财务管理和效益管理,建立起更加科学有效的决策机制和约束机制。

(十一)其它风险

1.部分设备、土地和厂房抵押的风险

本公司1999年11月29日与中国工商银行揭阳市榕城支行签订《最高额抵押合同》一份,将本公司价值3,182万元人民币的生产设备作为担保,在约定期限1999年11月29日至2001年11月28日可贷款最高额为2,960万元人民币;此外,本公司在2000年12月29日与工商银行揭阳市榕城支行签定另一份《最高额抵押合同》,将本公司价值1,545万元人民币的部分土地、厂房作为担保,在约定期限2000年12月29日至2001年12月28日可贷款最高额为1,450万元人民币。如本公司在规定期限内不能归还上述借款,银行将可能对上述资产采取强制措施,本公司的正常生产经营将受到一定影响。

本公司成立至今一直如期归还银行借款,并取得了中国工商银行广东省分行"AAA"级银行信用等级。本公司将一如既往根据生产经营的实际情况合理安排资金的筹集和使用,同时本次部分募股资金将用于补充公司的流动资金,故本公司因资金周转困难而发生所抵押的设备、土地和厂房被银行强制执行的可能性非常低。

2.汇率风险

目前,本公司产品约40%已经外销,另外,2000年3月本公司已取得自营进出口权,随着生产规模的进一步扩大,进出口业务量的增加,汇率的波动将会影响本公司的经营成果。

针对汇率风险,本公司在自营进出口业务中坚持以强势国际货币为结算工具,同时密切关注国际金融市场的变动,力求保持外汇平衡,以消除汇率波动带来的不利影响,在必要的时候本公司也可以在符合国家外汇管理政策的前提下,采用一系列保值避险的措施或工具。

3.安全因素

ML复合新材料的主要生产原料甲醛溶液具有一定的刺激性气味,其蒸汽与空气混合后形成爆炸性混合物,爆炸极限为7~73%(体积),着火温度约300(C;此外,本公司不排除其它政治、自然灾害等不可抗力因素给本公司生产经营带来不利影响的可能性。

本公司已对公司的财产实施了保险,严格执行ISO9002管理手册规定,建立了较完备的防灾、减灾、抗灾保障,重视对自然灾害的防范工作,加强公司全体员工的风险教育和训练,建立完备的安全生产体系、安全防火体系等,努力防范各种突发性事件的发生,增强抗击突发性风险的能力。

(十二)股市风险

股票市场价格的变化受多种因素的影响,本公司的经营状况、发展前景、股市的供求关系、投资心理、交易手段以及国家的政治经济等多种因素将会对本公司股票价格的波动产生影响,从而影响本公司股票投资者的投资收益,投资者应对股票市场价格的波动有充分的了解。

三、发行人的基本资料

(一)发行人概况

本公司主要从事ML复合新材料及其制品的生产和销售。公司成立后,即把高分子新材料的开发作为企业发展的主攻方向,在承接兴盛化工投入的资产和转让的技术基础上,通过建立完善的技术开发机构,建设高素质的科研队伍,营造良好的技术创新环境,加大科研开发投入,成功开发出比原有产品质量更高、性能更优越的新一代树脂基功能复合材料——ML复合新材料,并通过建立完善的质量保证体系,使产品迅速形成产业化,发挥规模效益,现已形成年产ML复合新材料2.3万吨的实际生产能力,是国内规模最大、技术含量较高的生产企业。2000年,ML复合新材料被科技部、国家税务总局、对外贸易经济合作部、国家质量技术监督局和国家环保总局评定为国家重点新产品;本次募集资金拟投资项目年产6万吨ML复合新材料项目已被国家科技部列为2000年国家级重点火炬计划项目。

目前,本公司下设两个分厂、一个研究所、一个检测中心,占地73595平方米,建筑面积54130平方米。1998年,公司被国家科技部确认为重点高新技术企业;1999年,公司通过国家科技部和中国科学院分别组织的高新技术企业认证——双高认证;2000年,本公司被广东省委、省人民政府联合授予"广东省先进集体"荣誉称号。

(二)发行人的历史沿革

本公司是1997年12月经广东省人民政府办公厅粤办函[1997]683号文和广东省体改委粤体改[1997]133号文批准,由广东榕泰高级瓷具有限公司和揭阳市兴盛化工原料有限公司作为主要发起人,联合广东榕泰制药有限公司、揭阳市鸿凯贸易发展公司、揭阳市益科电子器材公司共同发起设立,于1997年12月25日注册登记成立的股份有限公司,公司总股本12000万股。其中:广东榕泰高级瓷具有限公司以经评估确认的经营性资产60,145,090元中的6000万元折成6000万股,占股份总额的50.0%;揭阳市兴盛化工原料有限公司以经评估确认的经营性资产44,583,760元中的4450万元折成4450万股,占股份总额的37.1%,两位主要发起人认购股本的溢价部分228,850元进入股份公司资本公积金;广东榕泰制药有限公司、揭阳市鸿凯贸易发展公司、揭阳市益科电子器材公司等三家法人分别以现金1000万元、300万元和250万元认购1000万股、300万股和250万股,占股份总额的8.3%、2.5%和2.1%。

股份公司成立至今,未进行任何资产重组,股份公司的股东及股权结构未发生过变动。

(三)历次评估、验资及审计情况

1.历次资产评估

本公司设立时两位主要发起人广东榕泰高级瓷具有限公司和揭阳市兴盛化工原料有限公司投入实物资产由揭阳市榕江会计师事务所进行了评估,并出具了《资产评估报告书》(揭榕会评字

[1997]17、18 号)。

广东大正联合资产评估有限责任公司对本公司设立时的《资产评估报告》出具了《复核意见书》[大正联合复核字(2001)第 010 号、第 011 号]认为:《资产评估报告》格式符合行业规范要求,评估目的明确,所选评估方法正确,揭阳市榕江会计师事务所出具的《揭榕会评字[1997]17 号评估报告》、《揭榕会评字[1997]18 号评估报告》符合出具报告时原国家国有资产管理局对资产评估报告的有关规定。

2.历次验资

截止 1997 年 12 月 23 日,各发起人已按《发起人协议》全额认缴了注册资本,各发起人的出资当时由揭阳市榕江会计师事务所进行了验证,并出具了《验资报告》(揭榕会验字[1997]56 号),各发起人的出资已经到位,有关实物资产已经办理移交手续。

广东正中珠江会计师事务所有限公司广会所专字(2001)第 90016 号《关于揭阳市榕江会计师事务所对广东榕泰实业股份有限公司发起设立出具验资报告的复核意见》认为:广东榕泰实业股份有限公司设立时的《验资报告》符合《独立审计实务公告第 1 号——验资》的要求,真实地反映了公司截止 1997 年 12 月 23 日的股本及相关的资产,《验资报告》中所述的公司的股本以及各发起人股东的出资金额、出资比例、出资方式和出资币种与公司提供的原始资料及广东省经济体制改革委员会粤体改(1997)133 号文件的批复一致。

3.审计情况

本公司已委托汕头经济特区升平会计师事务所对 1998、1999 年度的会计报表进行审计,并出具了(99)汕升会审字第 245 号和(2000)汕升会审字第 93 号《审计报告》;本次申请公开发行股票前,本公司又委托广东正中珠江会计师事务所对公司 1998 年、1999 年和 2000 年度会计报表进行审计,并出具了广会审字(2001)第 80066 号《审计报告》。以上《审计报告》的类型均为不带说明段的无保留意见。

(四)与公司生产经营有关的资产权属情况

本公司的固定资产主要包括机器设备、房屋建筑物和运输工具等。是本公司通过发起人折价入股、新建、发行人自行购置三种方式取得,本公司已办理了相应的转移手续及有效的权属证明,产权明晰。

本公司以有偿转让和出让方式取得土地使用权,全部办理了《国有土地使用证》,上述土地使用权之权属清楚,不存在任何产权纠纷。

本公司的主要产品 ML 复合新材料为发行人开发的具有自主知识产权的新一代的树脂基功能复合材料。本公司已于 1999 年 7 月 6 日向中华人民共和国国家知识产权局申请发明专利,并已获发明专利申请审查合格通知,专利申请号为 99116268.4,本公司对该技术拥有完全的所有权和处置权。

(五)员工及其社会保障情况

截止 2000 年 12 月 31 日,本公司员工总数为 495 人。

根据《中华人民共和国劳动法》和国家有关法规规定,本公司实行全员劳动合同制,并执行国家有关规定给予员工各种福利和劳保;本公司已为员工办理养老保险、工伤保险、待业保险和医疗保险等社会保险,对员工实行住房补贴制度。

(六)公司的独立运营情况

公司在业务、资产、人员、机构、财务方面已与公司现有股东分开且完全独立。

本公司主要从事 ML 复合新材料及其制品的生产经营,公司有独立的原材料采购、供应系统,具有完整的生产系统,有独立的产品销售网络、销售人员和客户;公司已建立了自己的新产品研究开发机构,有独立的科研队伍,以保证自身的技术创新、领先,业务上完全独立于任何股东单位,和股东之间不存在竞争关系。

本公司律师发表意见:"发行人资产独立完整,生产系统完整独立,具有独立的原材料采购、供应系统、产品销售网络及销售队伍,发行人业务独立、人员独立、机构独立、财务独立,完全具备独立面向市场自主经营的能力"。

四、发行人股本

本次发行前,公司股本总额为 12,000 万股,全部为法人股。本次发行 4,000 万股,占发行后总股本的 25%。本公司的股本结构如下表所示:

股东名称	发行前		发行后	
	股数(万股)	比例(%)	股数(万股)	比例(%)
广东榕泰高级瓷具有限公司	6000	50.0	6000	37.50
揭阳市兴盛化工原料有限公司	4450	37.1	4450	27.81
广东榕泰制药有限公司	1000	8.3	1000	6.25
揭阳市鸿凯贸易发展公司	300	2.5	300	1.88
揭阳市益科电子器材公司	250	2.1	250	1.56
社会公众股	0	0	4000	25.00
合计	12000	100	16000	100

发行人股份已全部在南方证券登记公司办理了股权登记手续。本公司股份除主要发起人榕泰瓷具的 4000 万法人股为本公司短期借款提供担保质押给中信实业银行广州分行外,其余发起人股份不存在质押或其它有争议情况。

五、发行人股东的基本情况

(一)本公司股东的情况

本公司股东主要广东榕泰高级瓷具有限公司、揭阳市兴盛化工原料有限公司等 5 家公司,具体情况如下:

1.广东榕泰高级瓷具有限公司

该公司是 1988 年成立的中外合资经营企业,注册资本 1000 万美元,董事长和总经理为林盛泰,由中方委派;公司住所为揭阳市榕城区五七桥东侧。公司的经营范围是化学瓷餐具、茶具、仿瓷石英钟、化学瓷电器部件及日用塑料制品及仿瓷树脂粉;目前主要从事一般日用塑料制品,包括日用塑料用具、塑料家具等的生产经营。

2.揭阳市兴盛化工原料有限公司

该公司是 1992 年成立的中外合作经营企业,1996 年经批准变更为中外合资企业,注册资本 5000 万港元,董事长和总经理为林凤,由中方委派;公司住所为揭阳市榕城区新兴东路尾。公司的经营范围是生产仿瓷化工原料、仿瓷餐具、仿瓷工艺品;目前主要从事化学仿瓷涂料和胶水的生产经营。

3.广东榕泰制药有限公司

该公司是 1994 年由揭阳市南方电器配件厂和香港汇富参茸行共同出资成立的中外合资经营企业,注册资本 2000 万元人民币,董事长和总经理为林志贤,由中方委派;公司住所为揭阳市榕城区丹凤城工业区。该公司目前主要从事生产洛美沙星、氟洛沙星等化学药制剂的生产经营。

4.揭阳市鸿凯贸易发展公司

该公司于 1991 年 3 月 8 日注册成立,注册资金 616 万元人民币,该公司法定代表人为杨林静;公司住所为揭阳市新兴路进北商场;公司经营范围是批发、零售塑料制品、高分子聚合物、仿瓷原料及制品。

5.揭阳市益科电子器材公司

该公司于 1992 年 2 月 10 日注册成立,注册资金 550 万元人民币,该公司的法定代表人为杨宝新;公司住所为揭阳市区新兴北路口;公司经营范围是批发、零售电子元件、电子器材、照明电器、家用电器。

(二)大股东及公司董事放弃同业竞争和利益冲突的承诺

本公司的主要发起人榕泰瓷具和兴盛化工在发起设立时,均将与本公司业务相关的生产设备及其它经营性资产投入股份公司,重要客户等经营资源、技术人员、生产工人及有关专有技术也均移交给股份公司,两发起人各自出具书面承诺:股份公司设立后,不再从事与股份公司同一或同类产品的生产经营,从而避免对本公司的生产经营构成可能的直接或间接的业务竞争。因此,发行人与任何关联企业不存在同业竞争问题。本公司的控股股东承诺将不利用其对本公司的控股或控制关系进行损害本公司和本公司其它股东利益的经营活动。此外,本公司的其他三家股东也没有经营与本公司同一或同类的业务。

本公司全体董事作出承诺:董事将不利用职权从事任何与本公司竞争的业务或作出任何明知对本公司经营或管理产生不利影响的事项;并保证在董事自身利益同本公司利益发生冲突时,将以本公司的利益为重。

六、公司的内部组织结构

本公司目前不存在对外投资情况,内部组织结构图示如下:

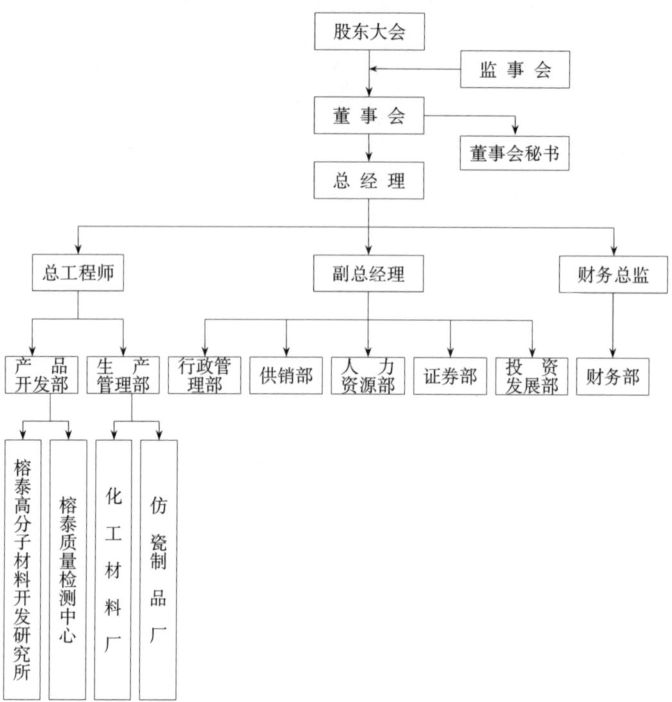

公司董事会内部设立了投资管理委员会、薪酬委员会和审计委员会。投资管理委员会主要负责公司重大投资行为、投资项目的有效监督管理并提出建议建议;薪酬委员会主要负责提议公司高级管理人员的薪酬制度,探索制订企业期权制度,完善公司内部激励机制;审计委员会主要负责公司的内部审计。

公司实行董事会领导下的总经理负责制。公司董事会履行公司章程赋予的职权,负责公司重大的生产经营决策和确定公司整体发展战略并监督战略的实施;公司总经理领导公司总工程师、副总经理和财务总监,负责公司日常生产经营的管理。

公司的主要业务及职能管理部门包括:(1)产品开发部,下设榕泰高分子材料开发研究所和榕泰质量检测中心,主要负责新产品的研究开发、测试及产品质量的控制;(2)生产管理部,下设化工材料厂和仿瓷制品厂,主要负责生产的组织与管理;(3)供销部,负责原材料的采购,产品市场的拓展和营销,市场信息的搜集与反馈等;(4)投资发展部,主要负责项目信息的搜集,投资项目前期的论证,编制投资项目的可行性研究报告。(5)财务部,负责公司日常财务核算,编制公司年度财务预算和决算等;(6)证券部,负责公司股票托管登记及其它证券事务;(7)行政管理部,主要负责公司的行政事务管理工作,协调公司各部门工作;(8)人力资源部,主要负责公司员工招聘、培训和教育工作。

七、业务和技术

(一)化工新材料行业基本情况

本公司主要产品 ML 复合新材料属化工新材料行业,为国家鼓励发展的产业。

高性能的复合材料对飞机、宇航飞行器和汽车等减轻重量,节省燃料和提高速度具有重大意义。所以各国均将发展高性能的复合材料确定为 21 世纪优先发展的新材料之一,合成材料已经进入高性能复合材料的时代。如以聚醚砜、聚醚酮等特种工程树脂作为复合材料基体树脂,不仅机械强度和耐热等级有很大提高,而且加工性能好。高性能复合材料将是化工新材料发展的主流之一。

我国目前化工新材料整体状况是发展慢、水平不高、生产规模小、品种牌号少,而且产品市场状况是初级产品过剩,中级产品质量不稳定,高级产品缺乏,远不能满足我国 21 世纪经济发展的需要。新材料已被确定为国家重点发展的科技领域之一,但中国的化工新材料现在落后世界水平较多。唯有在现有技术水平基础之上,进一步面向市场,强化以技术进步为推动力,强化基础研究,加强自主开发,实现技术创新,并不断改革、提高生产工艺水平,使科研成果能转化为生产力,实现产品的经济规模化生产的目标,才能不断缩小我们与世界先进水平之间的差距。

我国化工新材料产业今后 10 年的发展目标是:1)进一步满足国民经济和国防建设对新材料的需求,为提高我国整体工业水平、促进高技术的发展作出重大贡献;2)在若干重要材料的前沿领域取得重大突破,使我国步入国际先进行列,在多数材料领域缩小与国外的差距,力争达到或接近国际先进水平;3)大力推动我国新材料产业化进程,将部分产品打入国际市场。

ML 复合新材料是在密胺塑料的基础上,根据市场需求,通过加大科研投入,采用新的材料和助剂开发创新的新一代功能复合材料,该材料为传统密胺塑料的升级换代产品。

据中国寰球化学工程公司调查统计,在国内市场,共有年用量 1000 吨以上的密胺制品生产厂家 50 多家,年用量 500 吨以上厂家 120 多家,国内每年密胺塑料总需求量约 14 万吨以上,并有继续增加的趋势,市场缺口较大。在国外市场,泰国是密胺制品生产较早的国家,年用密胺塑料量在 10 万吨以上,越南近年密胺制品生产发展也很快,年用料量约在 3 万吨以上,其它国家和地区如土耳其、中东、巴基斯坦、印度等地的厂家年总需求量约 20 万吨以上。

(二)影响化工新材料发展的有利和不利因素

化工新材料产业是我国当前重点支持发展的产业,"九五"攻关成果以及 1987 年 2 月开始实施的"863"计划中的新材料项目成果,为我国化工新材料产业的发展打下了基础。"十五"期间,我国化工新材料产业的发展方向是选择高分子功能化工新材料如高性能热性树脂为基体的复合材料、反应型高分子化工新材料、电活性高分子化工新材料、吸附型高分子化工新材料等为研究开发目标。

与传统化学材料相比,化工新材料产业的主要特点是技术高度密集、更新换代快、研究与开发投入高、保密性强、产品的附加值高、生产与市场具有强烈的国际性、产品的质量与特定性能在市场中具有决定作用。化工新材料的应用范围非常广泛,发展前景十分广阔。化工新材料的发展不仅对电子信息、生物技术、航空航天等高技术产业的发展起着支撑和先导的作用,同时也推动着传统产业的技术改造和产品结构的调整。正因为如此,世界各国对新材料的研究、开发和产业化都给予了高度重视。

本公司生产的ML复合新材料是一种树脂基功能复合新材料,化学名称为"高聚氨基复合物",是传统密胺塑料的升级换代产品,已申请国家发明专利。该产品列国家科技部、财政部、税务总局共同编制的《中国高新技术产品目录》中06040011序号,属国家优先支持发展的新材料,这将有利于该类新材料的产业化。

目前,本公司是唯一一家生产ML复合新材料替代密胺塑料的生产厂家。由于化工新材料具有产品生命周期短、更新换代快的特点。国外一些技术、资金实力雄厚的厂商已通过各种方式进入中国市场。随着中国加入WTO进程的加快,将有更多的国外厂商把目光瞄准极具发展前途的中国市场。国际竞争将会在技术、资金、人才、市场等方面全面展开,这将影响到本公司产品的价格和市场占有率。

本公司所处行业完全采用市场化方式运作,国家在政策上对市场进入没有限制;但由于化工新材料行业属资金技术密集型行业,新进入的厂商必须具有一定的资金、技术实力和较强的科研开发能力。

(三)公司面临的主要竞争状况

1.同行业的竞争状况

目前,境内主要密胺塑料生产厂家分布在上海、江苏、吉林等地区,总生产能力为每年1—1.5万吨;境外的主要生产厂家集中在日本和台湾,有日本松下、台湾长春、台湾嘉业等,每年总生产能力在20万吨左右。本公司的主要竞争对手为境外的生产厂家,由于ML复合新材料具有技术和性能上的领先优势,从而使其具有较强的市场竞争优势。

2.自身的优势与劣势

和密胺塑料相比,ML复合新材料具有成本、质量、性能和应用范围更广的优势:

1)在ML复合新材料的创新配方中,三聚氰胺的耗用量由传统密胺塑料的30%以上降低到10%以下,产品材料成本降低约30%;

2)ML复合新材料中游离甲醛含量仅为1mg/L,远远低于国家标准(≤30mg/L)及国外标准(≤10mg/L)要求,用其制成的产品达到国际卫生标准(FDA、EN71、90/128/CE、93/9/CE和AS1647等);

3)ML复合新材料的储存期能保存一年以上不失活性,超过国际上密胺塑料储存期只有六个月的限制;

4)具有优越的物理机械性能,其中:冲击强度和弯曲强度指标分别为23.7J/m和129.5Mpa,性能超过日本同类型材料的7-8J/m和80-90Mpa和国家标准1.7J/m和88Mpa。

5)除具有密胺塑料的两大用途外,由于具有独特的物理性能,经特殊工艺生产的ML复合新材料还可加工制造成"塑料鼓风清除材料",用于飞机外壳旧漆干剥离,可减少或避免传统的飞机外壳旧漆剥离过程中使用大量化学溶剂对环境造成污染和对飞机外壳衬底的破坏。近年来,其市场需求量呈逐年增加趋势,显示出ML复合新材料比密胺塑料更广的应用范围。

本公司的不足在于目前的主导产品结构单一,面临着产品更新换代的压力。面对激烈的市场竞争,公司须不断致力于高科技产品、高附加值产品的开发,但一种新产品从实验室研究,到产品中试阶段,最终到规模化和产业化生产并得到市场认可,往往需要几年时间,而且随时面临着产品开发失败的风险。

3.市场份额变动的情况及趋势

本公司是国内外唯一生产ML复合新材料替代密胺塑料的厂家,现有生产能力为年产2.3万吨,由于公司产品具有质量、性能、价格和应用范围广等优势,产品市场销售一直供不应求。因此,只要扩大ML复合新材料的生产规模即可迅速占领市场,提高产品的市场份额。本次募集资金投资的年产6万吨ML复合新材料项目建成达产后,产品的国内市场占有率将由目前10%提高至35%左右(资料来源:中国寰球化学工程公司调查报告)。

(四)主要业务

1.主要产品

1)ML复合新材料(化学名称为高聚氨基复合物);

2)ML复合新材料的制品,主要包括餐厨具、航空餐具、卫生洁具、高档电器配件等几大类。

2.主要产品的用途

公司主要产品ML复合新材料主要用途包括:

1)制造符合国际卫生标准(FDA、EN71、90/128/CE、93/9/CE和AS1647等)的餐具、厨具、航空餐具等日用品。

2)由于具有成型流动性好、收缩系数小、机械、物理、电气性能极佳等优点,可用于制造日用电器配件、汽车配件、工业电气配件、电脑配件等。

3)经特殊工艺生产的ML复合新材料还可加工制造"塑料鼓风清除材料",用于飞机外壳旧漆的干剥离工艺,减少或避免传统的飞机外壳旧漆剥离过程中使用大量化学溶剂对环境造成污染和对飞机外壳衬底的破坏。

3.产品生产能力

本公司通过对市场进行调查和分析,在本公司发起人投入的经营性资产的基础上,制定了年产1.5万吨ML复合新材料项目的发展计划,该项目被列为1998年国家级火炬计划项目,并于1999年7月通过了国家科技部国家级火炬计划项目验收。经过一系列技术改造和生产线的磨合后,现本公司ML复合新材料的实际生产能力已达到年产2.3万吨,本公司年产6万吨ML复合新材料项目实施完成后,ML复合新材料的设计生产能力将达到7.5万吨,实际生产能力将达到8.3万吨。

本公司主要产品近三年的生产能力(单位:吨)

年 度 产 品	2000年	1999年	1998年
ML复合新材料	23,000	18,500	15,500
ML复合新材料制品	2,900	2,400	2,100

4.产品的市场销售情况

本公司主要产品近三年销售情况

年度 产品 收入(%)	销售数量	2000年 销售收入 (吨)	占总销售 (万元)	销售数量 收入(%)	1999年 销售收入 (吨)	占总销售 (万元)	销售数量 收入(%)	1998年 销售收入 (吨)	占总销售 (万元)
ML复合新材料	22,213	15,660	68	18,192	14,944	71	15,186	13,808	72
ML复合新材料制品	2,857	7,359	32	2391	6,122	29	2,071	5,442	28
合计	-	23,019	100	-	21,066	100	-	19,150	100

(五)关键生产设备情况

本公司现有全自动ML复合新材料生产线一条,该生产线主要由聚合反应釜、捏合机、自控履带烘干装置、超细粉碎机、球磨机和甲醛尾气、粉尘回收装置等126台(套)设备组成。其重置成本为4373万元,截止2000年12月31日的帐面净值为2773万元。该生产线建造时为国内九十年代初先进水平,后经本公司进行技术改造,现已达到亚洲地区先进水平。目前该生产线运行状态良好,至少还能安全运行8年以上。

(六)产品的主要原材料和能源供应

1.主要原材料的供应情况

ML复合新材料生产所需的原材料主要有甲醛、三聚氰胺、木浆、助料M和助料L,其中甲醛主要从广州、福建等地的多个厂家采购,待本公司的配套项目年产7万吨甲醇项目全面达产后,公司生产所需的甲醛全部可以自行解决;三聚氰胺是ML复合新材料生产中较重要的原料,本公司与国内的大型生产厂家建立了良好的供货关系,三聚氰胺的供应较有保证;年产6万吨ML复合新材料生产项目投产后,本公司每年需木浆15780吨,该种原材料在广东、福建和广西等地货源充足、价格稳定,若本公司木浆替代品开发成功并投入应用,对木浆的需求量将大大减少;此外,助料M和助料L国内生产厂家较多,较容易采购,对本公司原材料供应影响不大。

2.主要能源和自然资源的供应和耗用情况

资源名称	全年用量	供应情况
电	8,399,927千瓦时	揭阳市电网提供,同时公司具备功率充足的应急发电系统,用以在外电停供时保证正常生产供电
水	127,453吨	揭阳市自来水公司

(七)产品的质量控制情况

本公司成立以来一直注重加强质量管理,建立了产品质量控制体系,贯彻ISO9002系列标准。制订了为企业提供质量保证能力的标准化文件,包括质量手册、程序文件和作业指导书等,形成了以质量手册、程序文件和工艺守则、操作指导书、检验规范等为标准的质量体系文件。各种质量要素的控制程序运转良好,产品质量稳定提高。

本公司下设专职的质量检测和控制机构——榕泰质量检测中心,中心的主要职能是负责本公司的合同评审、文件和资料控制、生产过程控制、采购、检验和试验、产品标识、不合格品控制、纠正和预防措施,搬运、贮存、包装和发运,人员培训等,保证本公司各种质量要素的控制程序运转良好和产品质量的稳定提高。

由于本公司质量控制体系健全,质量控制措施有效,成立三年多来,本公司与产品用户未发生过产品质量纠纷;广东省揭阳市质量技术监督局出具的证明表明:本公司领导重视标准化、计量等技术基础工作,认真按标准组织生产,产品质量符合标准要求,能遵法经营,未因产品质量问题受过质量技术监督部门的处罚。

(八)主要技术

本公司的主要技术体现在主要产品ML复合新材料上,该材料是本公司的研究人员通过技术创新,改进配方和生产工艺,改变了传统密胺塑料配方中的基本原料的比例,采用新的助料和辅料,利用自主设计装配的设备,生产出具有自主知识产权的新一代树脂基功能复合新材料——ML复合新材料。

本公司的主要 产品ML复合新材料在自主知识产权方面主要体现在以下几点:创新的配方和生产工艺;自主设计改进关键生产设备,探索新的生产工艺;改善工艺技术,提高产品质量;

广东省科委组织专家对ML复合新材料项目进行了技术鉴定,认为:"ML复合新材料创新程度高,在配方、工艺和设备等方面有重大突破,检测手段齐全,全面使用国产原料。其制品克服了普通材料不耐热不耐酸碱和普通无机陶瓷易碎、质重的缺点,产品符合国家卫生标准,质量优于国家标准(HG2-887-76)并达到或超过国外同类产品的技术水平"。经广东省科技情报所检索查新表明:国内没有相同配方工艺,产品填补了国内空白。

本公司重视新产品的研究开发工作,公司设有专门的研究开发机构——榕泰高分子材料开发研究所,目前配备有专职科研人员61人,其中具有高级技术职称15人,中级技术职称34人,专业领域覆盖了高分子、化工、机械等几个领域,

研究所主要负责本公司新产品开发、工艺改进和设备改造等方面的研究开发工作;搜集国内外同行业的技术和市场信息并进行分析处理后提供给公司领导做决策参考;承担与国内相关科研院校的合作研究课题,以及相互之间的联络与协调。研究所还聘请了国内外一些专家组成专家顾问委员会,对公司的科研方向、科研进展、各种产业化试验等提出指导意见,并不断将国内外最新的科研进展和科研信息等情况传达给研究所,使公司在信息准确的条件下保持正确的发展方向,追踪高分子材料领域的最新技术。

为保持公司的持续发展,围绕高分子新材料开发这一主题,本公司投入了大量的人力、物力开展了一批科技开发项目。一方面积极拓展ML复合新材料的应用范围,使之进一步产业化,另一方面,开发新材料,推出新产品,使企业在市场竞争中保持持续活力。目前正在进行产业化的项目有:LG树脂粉、抗菌ML复合新材料等;正在研制的项目有:团状模塑料(BMC--Bulk Molding Compound)、注射团状模塑料、木浆替代品开发、胶粘剂等。

八、同业竞争和关联交易

(一)同业竞争

本公司的主要发起人榕泰瓷具和兴盛化工在发起设立时,均将与本公司业务相关的生产设备及其它经营性资产投入本公司,客户等经营资源、技术人员、生产工人及有关专有技术也均移交给股份公司,两位股东在本公司设立后未从事与本公司同一或同类产品的生产经营,本公司的另外三家股东也没有经营与本公司相同或相似的业务。因此,发行人与股东不存在同业竞争情况。主要发起人已承诺今后也不从事与本公司相竞争的业务。

本公司主要发起人榕泰瓷具的控股股东揭阳市榕丰塑胶制品厂主要从事各式塑胶制品的生产和销售,没有经营与本公司相同或相似的业务;主要发起人兴盛化工的控股股东揭阳市榕城仿瓷材料厂生产销售塑料制品、五金制品,未经营与本公司相同或相似的业务,以上关联方均不和本公司构成同业竞争。

本公司律师审查后认为,发行人和关联方之间不存在任何形式的同业竞争关系。本次发行的主承销商经核查认为,发行人与关联方之间不存在同业竞争关系。

(二)关联方及关联关系

1.本公司五位股东为公司的关联企业

2.对控股股东有实质影响的法人,包括:

1)揭阳市榕丰塑胶制品厂

2)揭阳市榕城仿瓷材料厂

3)泰国华泰塑胶厂

4)香港兴达行

3.对本公司有实质影响的自然人

1)林素娟

本公司主要发起人之一榕泰瓷具在本次发行前持有本公司50%的股份,其控股股东是揭阳市榕丰塑胶制品厂,出资比例为75%,该厂的产权所有人是林素娟,与本公司存在间接控制关系。

2)李林楷

本公司主要发起人之一兴盛化工在本次发行前持有本公司37.1%的股份,其控股股东是揭阳市榕城仿瓷材料厂,出资比例为70%,李林楷持有该厂55%的权益,与本公司存在重大影响关系。李林楷现任本公司副董事长、总经理。

4.其它关联方

本公司股东揭阳市鸿凯贸易发展公司的法定代表人杨林静为董事长杨启昭的女儿,和副董事长、总经理李林楷为夫妻关系。

除上述情况外,本公司不存在其它关联方。

5.发行人律师对本公司股东的外方股东与本公司实际控制人关联关系的意见

本公司律师认为:榕泰瓷具、兴盛化工、榕泰制药的外方股东泰国华泰塑胶厂、香港兴达行、香港汇富参茸行和本公司的实际控制人林素娟、李林楷之间不存在任何关联关系。

6.关联关系的实质

根据财政部于1997年5月22日下发的《企业会计准则——关联方关系及其交易的披露》的有关规定,本公司单个股东持有本公司的股份比例未超过50%,故上述关联企业对本公司不存在控制关系;本公司第二大股东兴盛化工的控制人李林楷为第一大股东榕泰瓷具的控制人林素娟的女婿,因此,以上关联关系的存在使榕泰瓷具和兴盛化工形成对本公司控制的可能。

(三)关联交易

1.关联交易占同类交易的比例

本公司发生的关联交易主要为租赁土地,土地使用权转让交易,支付土地补偿费和担保借款等,以上交易为非经常发生交易;1998年、1999年的土地租赁费占当年管理费用的比例分别为1.1%、2.0%,其它关联交易不影响公司的损益。本公司未发生涉及公司的主营业务的关联交易。

2.发生的主要关联交易

1)租赁土地

本公司向兴盛化工租用其拥有合法使用权的土地10000平方米,租用期限从1997年12月25日至1999年12月31日,租金每平方米每月0.8元,租赁价格是根据当地同类性质、状况的土地租赁价格并经双方协商确定的。该租赁合同已经履行完毕。

2)土地使用权转让交易

本公司与兴盛化工于1999年12月21日签订《土地转让协议》,双方约定,兴盛化工向发行人转让其合法拥有使用权的工业用地10000平方米,转让总价格为250万元。该转让价格是依据珠海思源估价师事务所有限公司(A级土地评估机构)的评估结果并经双方协商一致确定,是公平合理的交易。该合同已履行完毕。

3)支付土地补偿费

本公司为了与揭阳市国土局签订国有土地使用权出让协议,以出让方式取得座落在揭阳市锡场镇工业区内、土地面积为10386平方米的国有划拨土地,于1999年12月与该国有划拨土地的原使用者——兴盛化工签订土地补偿协议,向后者支付土地补偿费104.4万元。该转让价格是依据珠海思源估价师事务所有限公司(A级土地评估机构)的评估结果并经双方协商一致确定,是公平合理的交易。该合同已履行完毕。

4)担保借款

本公司与中信实业银行广州分行签订了一份《人民币保证借款合同》,合同约定,中信实业银行广州分行向本公司贷款3,000万元人民币,用途为流动资金,贷款年利率为6.1425%,发行人自提款之日起根据实际发生金额与实际占用天数计算利息,贷款期限为壹拾贰个月,自2000年4月至2001年4月。本公司股东榕泰瓷具将其持有本公司6000万股法人股中的4000万股质押给中信实业银行广州分行,为本公司该笔借款提供担保。

3.本次募集资金运用涉及的关联交易

根据目前的安排,本次募股资金的运用不涉及关联交易。

(四)避免同业竞争和规范关联交易的制度安排

为避免今后与本公司之间可能发生的同业竞争,榕泰瓷具及兴盛化工两家股东已分别向本公司出具避免同业竞争的《承诺函》,承诺:1)在中国境内的任何地区,不以任何形式直接或间接从事和经营与本公司主营业务构成或可能构成竞争的业务;2)在以后的经营或投资项目的安排上避免与本公司同业竞争的发生;3)如因国家政策调整等不可抗力或意外事件的发生,致使同业竞争可能构成或不可避免时,在同等条件下,本公司享有相关项目经营投资的优先选择权,或与本公司共同经营投资相关项目;承诺如违反上述承诺,参与同业竞争,将承担由此给本公司造成的全部损失。

发行人的所有执行董事已作出书面承诺:当其本人及所代表的股东利益与股份公司利益产生冲突时,必须以股份公司利益为重。

发行人的所有独立董事已经作出书面承诺:当涉及表决公司有关关联交易等事项时,一定尽职履行职责。

在本公司修改并通过的公司章程中对有关关联交易的决策权利与程序作出了严格的规定。

(五)发行人律师、主承销商的意见

1.本公司律师意见

本公司的律师认为:本公司的招股说明书对公司的关联方、关联关系、关联交易均作了充分的披露;本公司发生的关联交易是围绕本公司的经营所发生和不可避免的;相关协议的内容和定价原则是公平合理的,符合市场交易的一般原则,并不存在损害本公司及其股东利益的情形;本公司与其关联企业之间交易的议定和实施,对股东是公开和公正的。

本次发行的主承销商经对本公司关联方、关联关系、关联交易的调查,认为:本公司的招股说明书对公司的关联企业、关联关系、关联交易均作了充分的披露;本公司关联交易符合市场交易的公允性原则,不存在损害本公司及中小股东利益的情形,关联交易决策程序是合法有效的。

本公司提醒投资者,有关关联方、关联关系和关联交易的详细情况请见招股说明书全文。

九、董事、监事、高级管理人员与核心技术人员简介

(一)董事、监事、高级管理人员与核心技术人员简介

1.董事

杨启昭:中国籍,董事长,男,现年61岁,高级经济师,大学学历,ML复合新材料配方的主要发明人之一。先后荣获"广东省劳动模范"、"全国科技致富能手"等荣誉称号。1988年7月至1997年12月任广东榕泰高级瓷具有限公司董事长。1997年12月至今任股份公司董事长,第七、第八、第九届广东省人大代表,1992年5月至今任揭阳市工商业联合会会长。

李林楷:中国籍,副董事长,男,现年37岁,工程师,大学学历,ML复合新材料配方的第一完成人,本公司主要核心技术人员。曾荣获"首届揭阳市十大杰出青年"、"第六届广东省优秀青年企业家"等荣誉称号,2000年广东省科技进步一等奖第一完成人,1999年获广东省科技进步三等奖。1992年8月至1997年12月任揭阳市兴盛化工原料有限公司董事长。1997年12月至今任股份公司总经理,广东省第八届青年联合会委员、1999年6月至今任揭阳市青年科技工作者协会会长。

李 丹:中国籍,董事,男,现年36岁,副教授,博士,ML复合新材料配方的主要发明人之一,本公司主要核心技术人员。1993年4月博士毕业后在汕头大学工作,1996年至1997年12月担任汕头大学化学系主任。承担过国家自然科学基金、广东省自然科学基金等项目,曾获广东省科技进步一等奖。1998年1月至今担任股份公司总工程师。

林岳金:中国籍,董事,男,现年34岁,大学学历,经济师,1990年至1997年11月任广东榕泰高级瓷具有限公司办公室主任、副总经理;揭阳市榕城区科学技术协会委员;1997年12月至今担任股份公司董事会秘书。

罗海雄:中国籍,董事,男,现年40岁,大专学历,会计师,1988年5月至1994年3月任广东电焊机厂会计、1994年4月至1997年11月任揭阳市兴盛化工原料有限公司副总经理;1997年12月至今担任股份公司财务总监。

朱 伟:中国籍,董事,男,现年31岁,硕士。曾在广州证券公司、深圳运通鑫达通讯公司、广东省科技创业投资公司、广东省粤科风险投资集团有限公司工作。现任广东省粤科风险投资集团有限公司资产管理部总经理。

吴光国:中国籍,独立董事,男,现年54岁,教授,硕士。1981年至1998年,先后担任浙江大学科研处处长、校长助理。在此期间,承担国家自然科学基金、国防科委项目、国家教委项目及横向合作课题数十项,并获得国家发明三等奖、江西省科技进步二等奖各一项和国家教委科技进步三等奖三项。1998年起至现在担任汕头大学副校长,主要从事高分子物理和高分子化学方面研究。

吕中林:中国籍,独立董事,男,高级工程师,现年38岁,硕士。研究生毕业后进入中国科学院工作,1987-1990年在中国科学院的院直属企业工作,任工程师;1990-1992年在中国科学院力学研究所工作,任工程师;1992年至今在中国科学院高技术产业局从事项目管理、企业管理、技术开发型研究所转制等工作,先后任副处长、处长,1995年12月至今任中国科学院高新技术发展局处长。

张利国:中国籍,独立董事,男,现年35岁,律师,硕士。研究生毕业后,曾就职于北京市医药总公司、中国汽车工业进出口总公司,任职期间,处理过大量国际投资、国际贸易、中外合资企业等方面的法律业务,并赴美国一家律师事务所接受专门的律师培训。1993年获得司法部、中国证券监督管理委员会授予从事证券法律业务的专业资格,曾任北京凯源律师事务所执业律师,主持、参与多起企业改制、境内外公开发行上市、上市公司配股增发、基金设立等法律事务;2001年2月起任北京国方律师事务所执业律师、合伙人。

2.监事

林盛泰:中国籍,监事会召集人,男,现年52岁,大学学历,现任广东榕泰高级瓷具有限公司董事长。

杨愈静:中国籍,监事,女,现年34岁,助理会计师,大学学历,现任广东榕泰制药有限公司董事。

羽信全:中国籍,监事,男,现年38岁,大学学历,工程师,现任股份公司投资发展部经理。

3.其他高级管理人员

黄 勉:中国籍,男,现年35岁,助理工程师,大学学历。1994年至1997年12月任广东榕泰制药有限公司总经理,1997年12月至2000年12月任股份公司第一届董事会董事。1997年12月至今任股份公司副总经理。

上述人员均无境外的永久居留权。本公司副董事长、总经理李林楷和副总经理黄勉为董事长杨启昭的女婿;监事会成员杨愈静为董事长杨启昭的女儿;黄勉和杨愈静为夫妻关系,除以上情况外,上述其它人员之间不存在配偶关系、三代以内直系和旁系亲属关系。

(二)董事、监事、高级管理人员及核心技术人员持有本公司及关联企业股份情况

1.本公司董事、监事、高级管理人员与核心技术人员中未有直接持有本公司股份的情况。

2.董事长杨启昭的妻子林素娟持有揭阳市榕丰塑胶制品厂100%的权益,揭阳市榕丰塑胶制品厂持有榕泰瓷具75%的股权,林素娟通过以上股权关系间接控制本公司50%股份,本次发行完成后该股份占股份公司总股本的比例降为37.5%。目前,榕泰瓷具持有本公司6000万股法人股中的4000万股为本公司短期借款担保质押给中信实业银行广州分行,其余股份不存在质押或冻结情况。

3.副董事长、总经理李林楷持有揭阳市榕城仿瓷材料厂55%的权益,揭阳市榕城仿瓷材料厂持有兴盛化工70%的权益,李林楷通过以上股权关系间接控制本公司37.1%股份,本次发行完成后该股份占股份公司总股本的比例降为27.81%,该股份不存在质押或冻结情况。

4.除李林楷外,本公司董事、监事、高级管理人员与核心技术人员均未直接或间接持有本公司股份。

十、公司治理结构

本公司于1997年12月23日召开的广东榕泰实业股份有限公司创立大会暨第一次股东大会,通过了《公司章程》,选举了公司第一届董事会、监事会成员;2000年2月26日召开的1999年度股东大会根据《上市公司章程指引》对《公司章程》进行了修订;2000年12月30日召开的临时股东大会选举了公司第二届董事会、监事会成员,增选了3名独立董事,并根据《上市公司股东大会规范意见》的要求对《公司章程》再次进行了修订,形成了广东榕泰实业股份有限公司《公司章程》。

本公司先后对股东大会、董事会和监事会的职权和议事规则、独立董事的产生办法及发挥作用的制度等进行了具体规定,初步建立了符合股份有限公司公开发行股票并上市要求的公司治理结构。公司成立以来,上述机构按照有关法律法规和《公司章程》的要求规范运作,未出现违法违规现象,功能不断得到完善。

(一)关于公司股东、股东大会

股东享有依照其所持有的股份份额获得股利和其他形式的利益分配等《公司法》和公司章程规定的权利。

同时,公司股东必须遵守《公司章程》、依其所认购的股份和入股方式缴纳股金,除法律、法规规定的情形外,股东不得退股。

《公司章程》规定股东大会是公司的权力机构并依法行使决定公司的经营方针和投资计划;选举和更换董事,决定有关董事的报酬事项,选举和更换由股东代表出任的监事,决定有关监事的报酬事项;审议批准公司的年度财务预算方案、决算方案;审议批准公司的利润分配方案和弥补亏损方案;修改公司章程等《公司法》所规定的权利。

(二)关于公司董事会

公司董事会由9名董事组成,其中独立董事3名,设董事长1人,副董事长1人。

董事会履行负责召集股东大会,并向大会报告工作;执行股东大会的决议;决定公司的经营计划和投资方案;制订公司的年度财务预算方案、决算方案;制订公司的利润分配方案和弥补亏损方案;拟订公司重大收购、回购本公司股票或者合并、分立和解散方案等《公司法》和《公司章程》规定职权并在股东大会授权范围内,决定公司的对外投资、资产抵押及其他担保事项。

独立董事由董事会作初步推荐及选择,确定若干名候选人后,由董事长提名提交公司股东大会选举聘任。

公司独立董事主要负责参与或制定公司的战略发展规划、资本运营方案,论证年度投资计划及重大投资发展项目和重大贸易项目,审议公司财务预决算方案及增资扩股方案,定期审计公司财务,包括对投资额一千万元以上的合同的执行、招标、工程建设、设备购置等进行单项审计以及对公司董事、高级管理人员进行离任审计。

根据公司对独立董事行使职权的要求,独立董事在董事会讨论重大投资、关联交易等重大问题时,一定要发表自己的意见,相关的表决不能由别人代理投票,必须亲自投票。

在制定利润分配方案时,要事先征求独立董事的意见,独立董事应当根据公司的财务状况、持续发展能力及宏观微观经济政策,出具一份独立的建议书供董事会在制订分配预案时参考使用。

公司董事会通过决议:由全体独立董事负责专门监督公司未来的募集资金投向及运用情况,以确保广大投资者的切身利益及公司的良性发展。

公司的独立董事制度对完善公司法人治理结构起到了相当的作用,公司的独立董事根据谨慎性、稳重性原则监督募集资金运用以及对公司经营管理、发展方向和战略选择起到了良好的作用。

(三)关于公司监事会

公司设监事会;监事会由3名监事组成,其中股东代表2人,职工代表1人;设监事会召集人1名。

监事会有权检查公司的生产经营和财务状况,有权核查帐薄、文件及有关资料;对董事、总经理和其他高级管理人员执行公司职务时违反法律、法规或者章程的行为进行监督;当董事、总经理和其他高级管理人员的行为损害公司的利益时,要求其予以纠正,必要时向股东大会或国家有关主管机关报告。监事会有权提议召开临时股东大会、列席董事会会议并享有公司章程规定或股东大会授予的其他职权。

监事会行使职权时,必要时可以聘请律师事务所、会计师事务所等专业性机构给予帮助,由此发生的费用由公司承担。

监事会每年至少召开一次会议。会议通知应当在会议召开十日以前书面送达全体监事;监事会的议事方式为不定期召开会议的方式;监事会的表决程序为采取举手表决的方式对各议案进行逐项表决;监事会的决议,应当经过半数监事会人数表决通过。

(四)高级管理人员的选择、考评、激励和约束机制

公司决策层认识到,一个成功的持续经营公司,一定要构筑一个人才团队,建设一个由有效经营的人才团队所形成的企业文化。本公司非常重视人本管理,建立了符合公司实际情况的科学合理的人力资源开发与管理体系。公司基于长远发展的需要,制定了高级管理人员的选择、考评、激励和约束机制。

选择机制:根据公司发展需要和《公司章程》规定,遵循"德、才、智、体"的原则选择聘任,任期一般为三年。本公司选聘高级管理人员主要有外部招聘与内部选拔两种方式。

考评机制:由公司董事会按年度对公司高级管理人员的业绩和履职情况进行考评,考评结果作为高管人员调薪、晋升、调动、辞退的主要依据。以实现对高级管理人员的激励与约束。

激励机制:本公司报酬制度包括外在报酬与内在报酬制度。外在报酬主要指:公司提供的薪资、津贴和晋升机会,以及来自于同事和上级的认同。而内在报酬是基于工作任务本身的报酬,如对工作的成就感、责任感、受重视程度、有影响力、个人成长和富有价值的贡献等。公司通过实施外在与内在报酬制度实现对公司高管人员的物质与精神激励,充分发挥高级管理人员的工作积极性。公司拟在适当时候依法合规引入期权制度,更好地把公司高级管理人员的个人利益与公司的长远发展结合起来。

约束机制:公司根据《公司章程》、财务人事等内部管理制度规定以及与高级管理人员的《聘用合同》、《商业秘密保密协议》,对高级管理人员的履职行为、权限、职责等作了相应的约束。

(五)管理层和核心技术人员诚信义务的限制性规定

发行人的《公司章程》规定董事应当遵守法律、法规和《公司章程》,忠实履行职责,维护公司利益。《公司章程》规定董事应当谨慎、认真、勤勉地行使公司所赋予的权利。

监事应当遵守法律、法规和公司章程的规定,履行诚信和勤勉义务。公司总经理应当遵守法律、行政法规和公司章程的规定,履行诚信和勤勉的义务。

公司与高级管理人员及核心技术人员签订了《商业秘密保密协议》,《商业秘密保密协议》是依据中华人民共和国《公司法》、《专利法》、《反不正当竞争法》等法律法规制定。

(六)重大生产经营、重大投资及重要财务等决策程序与规则

股东大会是公司的权力机构,决定公司经营方针和投资计划;审议批准公司的年度财务预算方案、决算方案。

董事会委托总经理组织有关人员拟订包括经营目标、经营策略、技术和产品开发等方面的年度生产经营计划,并提交董事会,由董事会对生产经营计划的可行性进行研究与论证,必要时可以

召开有关专业部门或专业委员会对其进行审议,董事会根据审议报告,形成董事会决议,由总经理组织实施。

董事会委托总经理组织有关人员拟订公司年度投资计划和重大项目的投资方案,提交董事会,由董事会交投资管理委员会评估审议并提出审议报告,董事会根据审议报告,形成董事会决议,由总经理组织实施。

公司董事会有权决定涉及总金额3,000万元人民币以下的对外投资(含兼并控股等资产重组项目)、担保和资产处置事宜;超过3,000万元人民币的重大对外投资(含兼并、控股等资产重组项目)、担保和资产处置事宜,董事会应当组织有关专家、专业人员进行评审,并报股东大会批准。

董事会委托总经理组织有关人员拟订公司年度财务预决算、利润分配和弥补亏损等方案,提交董事会,由董事会交由审计委员会评估审议并提出审议报告,董事会根据审议报告,制订方案,提请股东大会通过后实施。在规定的权限内董事会决定的其他财经方案,经董事长主持有关部门和人员拟订、审议后,交董事会制订方案并作出决议,由总经理组织实施。

(七)其他内部控制制度

公司针对自身特点,特别制定了行之有效的、完全符合ISO9002国际质量标准体系的研发、生产、供应的内部控制制度。同时,为保证公司运营正常,在总结公司多年业务发展情况和公司运营管理经验基础上,公司业已形成比较健全、有效的内部运营业务方面的内部控制制度体系。

公司全部经营活动中的各项业务,均建立了规范的内部控制制度或管理办法,使各项业务有规可循,保证公司能有序运营、健康发展。

(八)核心管理层和技术负责人的变动

本公司成立以来,董事长、总经理、财务负责人和核心技术人员未发生变动。

(九)公司管理层评价及律师意见

公司管理层认为,公司现有的内部控制制度是针对公司的特点制定的,在完整性、有效性和合理性方面不存在重大缺陷。同时,管理层也将根据公司发展的实际需要,对内部控制制度不断加以改进。

本公司律师认为,本公司建立符合法律法规及中国证监会有关规定的法人治理结构,未发现违法违规行为。发行人拥有健全的组织结构;发行人的股东大会、董事会、监事会议事规则符合相关的法律、法规和规范性文件的规定;发行人历次股东大会、董事会、监事会的召开、决议内容及签署是合法、合规、真实、有效的;股东大会或董事会历次授权或重大决策等行为是合法、合规、真实、有效的;发行人董事、监事在2000年12月换届,符合公司章程等有关规定,履行了必要的法律手续。

十一、主要财务会计资料

(一)会计报表编制基准及注册会计师意见

本公司的整体架构于成立时业已存在,故本公司截至2000年12月31日三个会计年度之会计报表是以公司目前的架构和现时采用的会计政策为基准而编制,反映了公司过往三年的经营业绩及财务状况。由于公司成立至今没有对外进行股权投资,本报告期公司不需编制合并会计报表。

本公司已聘请广东正中珠江会计师事务所对本公司于1998年12月31日、1999年12月31日及2000年12月31日的资产负债表、自1998年1月1日至2000年12月31日止三个会计年度的利润及利润分配表与2000年度的现金流量表进行了审计。注册会计师已出具了不带说明段的无保留意见的审计报告。

以下引用的财务资料数据,非经特别说明,均引自经审计的会计报表。本章的财务会计数据及有关的分析说明反映了公司过往三年的经审计的会计报表及有关附注的重要内容。

(二)简要会计报表

本公司的简要会计报表反映了本公司的基本财务状况、经营成果和现金流量情况,故在本节中仅披露了本公司的简要会计报表。若想详细了解本公司过往三年的财务状况、经营成果和现金流量情况,请阅读本招股说明书附录一。

简要利润及利润分配表

单位:人民币元

项 目	2000年度	1999年度	1998年度
主营业务收入	230,193,143.72	210,664,104.15	191,500,280.47
主营业务利润	55,247,866.31	49,995,835.84	48,942,312.66
营业利润	39,438,734.10	36,649,788.88	32,942,253.72
利润总额	39,438,734.10	36,649,788.88	32,942,253.72
净利润	26,423,951.85	36,649,788.88	32,942,253.72
可供分配的利润	31,577,188.06	64,650,704.54	32,942,253.72
可供股东分配的利润	27,613,595.27	59,153,236.21	28,000,915.66
未分配利润	15,613,595.27	5,153,236.21	28,000,915.66

简要资产负债表

单位:人民币元

资 产	2000.12.31	1999.12.31	1998.12.31
流动资产	149,562,555.22	116,718,095.77	120,073,230.73
长期投资	–	–	–
固定资产净值	101,564,651.45	87,889,404.24	94,862,734.56
在建工程	–	11,082,600.00	6,250,000.00
无形及其他资产	18,436,016.76	18,792,570.00	96,750.00
递延税项借项	–	–	–
资产总计	269,563,223.43	234,482,670.01	221,282,715.29
负债及股东权益	–	–	–
流动负债	119,318,378.98	98,661,777.41	68,111,611.57
长期负债	–	–	–
递延税项贷项	–	–	–
股东权益	150,224,844.45	135,820,892.60	153,171,103.72
负债和股东权益合计	269,563,223.43	234,482,670.01	221,282,715.29

简要现金流量表

单位:人民币元

项 目	2000年度
经营活动产生的现金流量净额	23,554,635.65
投资活动产生的现金流量净额	-9,921,015.92
筹资活动产生的现金流量净额	9,207,229.73
汇率变动对现金的影响	–
现金及现金等价物净增加额	22,840,849.46

(三)经营业绩

近三年公司主营业务收入和利润形成的情况

单位:人民币元

项 目	2000年度	1999年度	1998年度
主营业务收入	230,193,143.72	210,664,104.15	191,500,280.47
其中:ML复合新材料	156,604,563.39	149,443,009.69	138,079,750.80
仿瓷制品	73,588,550.33	61,221,094.46	53,420,529.67
主营业务利润	55,247,866.31	49,995,835.84	48,942,312.66
营业利润	39,438,734.10	36,649,788.88	32,942,253.72
投资收益	—	—	—
补贴收入	—	—	—
营业外收支净额	—	—	—
利润总额	39,438,734.10	36,649,788.88	32,942,253.72
所得税	13,014,782.25	—	—
净利润	26,423,951.85	36,649,788.88	32,942,253.72

本公司的主营业务收入和利润主要来源于ML复合新材料及其制品的销售。1998、1999和2000年度,本公司的主营业务收入分别为191,500,280.47元、210,664,104 .15元和230,193,143.72元;年增长率分别为10%和9.27%。

本公司的主营业务收入包括ML复合新材料销售收入和仿瓷制品销售收入。1998、1999和2000年度,ML复合新材料销售收入分别为138,079,750.80元、149,443,009 .69元和156,604,563.39元,占主营业务收入比重分别为72.10%、70.94%和68. 03%;仿瓷制品销售收入分别为53,420,529.67元、61,221,094.46元和73,588,550. 33元,分别占主营业务收入的27.90%、29.06%和31.97%。

公司的主营业务成本包括ML复合新材料销售成本和仿瓷制品销售成本,其中,ML复合新材料销售成本主要为生产ML复合新材料的材料成本,如甲醛、三聚氰胺、木浆等;仿瓷制品销售成本主要为ML复合新材料成本。由于材料成本在销售成本中所占比重很大,而ML复合新材料的销售价格与上述有关材料采购成本维持比较稳定的比例,因此本公司的主营业务利润率近三年保持比较稳定的水平。1998、1999和2000年度,本公司主营业务利润率分别为25.56%、23.73%和24.00%。

本公司的营业费用主要为销售产品的广告及宣传费、运输费和销售人员的工资及福利费、差旅费等。1998、1999和2000年度,公司的营业费用分别为4,710,931 .88元、4,773,946.45元和4,860,484.51元,年增长率分别为1.34%和1.81%。

本公司的管理费用主要为固定资产折旧费、管理人员的工资及福利费、应收款项计提坏帐费用等。1998、1999和2000年度,公司的管理费用分别为8,685,746.08元、4,723,710.49元和6,033,859.89元,1999年较1998年减少45.62%,主要是因为坏帐计提的减少;2000年较1999年增加26.67%,主要是由于新增土地使用权摊销和坏帐计提数额上升所致。

本公司过往三年无投资收益(损失)和非经常性损益。

根据粤发[1997]4号《关于进一步扶持高新技术产业发展的若干规定》和揭府函[2000]28号文《关于同意确认广东榕泰实业股份有限公司免征所得税的批复》,公司作为新办高新技术企业,1998、1999年度免征所得税;根据国务院国发(2000)2号文《国务院关于纠正地方制定税收先征后返政策的通知》,公司自2000年1月1日起执行33%的所得税税率。

若投资者需要详细了解本公司适用的主要税种及税率,请阅读本招股说明书附录一。

(四)资产

截至2000年12月31日,本公司的资产总计为269,563,223.43元,包括流动资产、固定资产、无形资产及其他资产。

1.流动资产

流动资产主要包括货币资金、应收票据、应收帐款、其他应收款、预付帐款、存货和待摊费用,具体情况如下:

1998、1999和2000年末,本公司的货币资金余额分别为3,607, 029. 45元、2 ,885,672.79元和25,726,522.25元,分别占当年末流动资产的3%、2.47%和17.2 %。

本公司2000年末的应收票据余额为5,000,000元,是广州科利得投资管理有限公司为偿还广州科创利得发展有限公司对公司的欠款而出具的。

本公司1998、1999和2000年末的应收帐款余额分别为46,262,613.56元、38 ,537,825.06元和42,080,492.56元。2000年12月31日,应收帐款帐龄均为一年以内。本公司应收帐款余额中不存在持有公司5%以上股份的股东欠款。

本公司1998、1999和2000年末的其他应收款余额分别为14,777,925. 12元、7 ,861,505.85元和296,643.65元,呈逐年递减趋势。其他应收款主要为应收外单位往来款和备用金。2000年末的其他应收款余额较1999年末大幅减少,主要是由于收回了外单位的欠款。本公司其他应收款中不存在持有公司5%以上股份的股东欠款。

本公司1998、1999和2000年末的坏帐准备为3,052,026.93元、2,319,966.55元和2,118,856.81元,上述三年末应收款项净额为57,988,511.75元、44,079,364.36元和40,258,279.40元。

本公司1998、1999和2000年末预付帐款余额分别为385,015.91元、26,744,060. 50元和28,114,952.10元。2000年末的预付帐款余额系公司按照土地出让预约合同预付的部分土地出让金。本公司预付帐款余额中不存在持有公司5 %以上股份的股东欠款。

本公司1998、1999和2000年末的存货余额分别为57,455,402.62元、43, 008 ,998.12元和50,462,801.47元。原材料按单个品种期末结存成本高于最近采购价格的差额提取跌价准备,2000年计提存货跌价准备680,736.16元,1998、1999年未发生跌价情形;其他存货相关期间的成本均未低于可变现净值,故未计提存货跌价准备。

2.固定资产

公司截至2000年12月31日固定资产原值为143,284,841.92元,累计折旧41,720, 190.47元,固定资产净值为101,564,651.45元,具体情况如下:

单位:人民币元

项 目	折旧年限	折旧方法	年折旧率(%)	帐面原值	累计折旧	帐面净值
房屋建筑物	30	平均年限法	3.17	55,904,649.92	9,153, 759. 29	46,750,890.63
机器设备	15	平均年限法	6.33	81,656,180.00	29,925, 605. 06	51,730,574.94
运输工具	8	平均年限法	11.88	5,599,605.00	2,638,422. 32	2,961,182.68
其它设备	5	平均年限法	19.00	124,407.00	2,403.80	121,976.20
合 计				143,284,841.92	41,720,190.47	101,564,651.45

截止2000年12月31日,本公司有形资产净值为251,175,596.67元。(有形资产净值为总资产减无形资产、待摊费用及长期待摊费用后的余额)

3.无形资产

本公司截至2000年12月31日无形资产余额为18,387,626.76元,全部为土地使用权,其明细列示如下:

土 地 位 置	原 始 金 额	取得方式	摊销年限及确定依据	期末摊余价值	剩余摊销年限
揭东试验区8号之一	5,860,000.00	转 让	44年(实际可使用年限)	5,726,818.24	43年0个月
锡场镇工业区A幅	2,500,000.00	转 让	47年(实际可使用年限)	2,446,808.56	46年0个月
锡场镇工业区B幅	1,044,000.00	出 让	50年(实际可使用年限)	1,023,120.00	49年0个月
市区新兴东路北侧	1,456,000.00	出 让	50年(实际可使用年限)	1,426,879.96	49年0个月
仙桥紫东工业园区	7,920,000.00	出 让	50年(实际可使用年限)	7,764,000.00	49年0个月
合 计	18,780,000.00			18,387,626.76	

(五)负债

截至2000年12月31日,本公司负债总额为119,318,378.98元,全部为流动负债,主要包括短期借款、应付帐款、预收帐款、应付股利、应交税金和其他应付款。

截至2000年12月31日,本公司短期借款余额为86,420,000元,债项明细情况见下表:

债 项 类 别	金额(万元)		年利率(%)	债务期间	抵押担保情况
	短期	长期			
银行借款:					
中国工商银行揭阳市榕城支行	350		7.608	2000.6.30-2001.6.30	抵押贷款
中国工商银行揭阳市榕城支行	346		7.608	2000.6.30-2001.6.30	抵押贷款
中国工商银行揭阳市榕城支行 *	300		7.608	2000.9.11-2001.3.11	抵押贷款
中国工商银行揭阳市榕城支行 *	300		7.608	2000.9.12-2001.3.12	抵押贷款
中国工商银行揭阳市榕城支行	300		7.608	2000.11.9-2001.11.7	抵押贷款
中国工商银行揭阳市榕城支行	200		7.608	2000.12.15-2001.11.13	抵押贷款
中国工商银行揭阳市榕城支行	205		7.608	2000.12.18-2001.11.14	抵押贷款
中国工商银行揭阳市榕城支行	250		7.608	2000.12.7-2001.11.11	抵押贷款
中国工商银行揭阳市榕城支行	261		7.608	2000.12.11-2001.11.12	抵押贷款
中国工商银行揭阳市榕城支行	250		7.608	2000.12.5-2001.11.10	抵押贷款
中国工商银行揭阳市榕城支行	350		7.608	2000.12.29-2001.6.28	抵押贷款
中国工商银行揭阳市榕城支行	800		7.608	2000.12.29-2001.6.29	抵押贷款
中信实业银行广州分行 *	2,000		6.435	2000.1.20-2001.1.20	担保贷款
中信实业银行广州分行 *	3,000		6.1425	2000.4.1-2001.4.1	担保贷款

*:本公司已如期偿还以上到期的四笔银行借款。

本公司1998、1999和2000年末的应付帐款余额分别为10,433,388.38元、14 ,285,817.62元和7,900,505.34元。2000年12月31日,应付帐款余额中不存在应付持本公司5%以上股份的股东款项。

本公司 1998、1999 和 2000 年末的预收帐款余额分别为 4,446,839.21 元 7, 362 ,514.37 元和 0 元。

本公司 1998、1999 和 2000 年末的应付股利分别为 0 元、54,000,000 元和 12,000 ,000 元。

本公司 1998、1999 和 2000 年末的应交税金分别为 -655,846.11 元、1,996,533 .43 元和 10,209,129.62 元。2000 年 12 月 31 日,本公司应交税金中,主要包括应交增值税 462,006.89 元,应交城建税 32,340.48 元和应交企业所得税 9,714,782.25 元。

本公司 1998、1999 和 2000 年末的其他应付款分别为 4,238,059.44 元 597,717.82 元和 2,087,659.95 元。2000 年 12 月 31 日,其他应付款余额主要为应付工程尾款,不存在应付持有本公司 5% 以上股份的股东款项。

截至 2000 年 12 月 31 日,本公司不存在或有负债、逾期贷款以及对公司经营有重大影响的合同或承诺。

(六)股东权益

截至 2000 年 12 月 31 日,本公司的股本为 12,000 万股,全部为人民币普通股,每股面值人民币 1.00 元,合计人民币 12,000 万元。本公司近三年股东权益情况如下:

单位:人民币元

项目	2000.12.31	1999.12.31	1998.12.31
股本	120,000,000.00	120,000,000.00	120,000,000.00
资本公积	228,850.00	228,850.00	228,850.00
盈余公积	14,402,399.18	10,438,806.39	4,941,338.06
其中:法定公益金	4,800,799.73	3,479,602.13	1,647,112.69
未分配利润	15,613,595.27	5,153,236.21	28,000,915.66
合计	150,244,844.45	135,820,892.60	153,171,103.72

(七)现金流量情况

本公司 2000 年度的经营活动产生的现金流量净额为 23,554,635.65 元, 其中,销售商品、提供劳务收到的现金为 212,187,961.85 元,收到的增值税销项税额和退回的增值税款为 37,596,064.10 元,购买商品、接受劳务支付的现金为 171,536,422. 67 元,支付给职工以及为职工支付的现金为 11,150,977.10 元, 支付的增值税款为 37,531,359.24 元;投资活动产生的现金流量净额为 -9,921,015.92 元,其中, 购建固定资产、无形资产和其他长期资产所支付的现金为 9,921,015.92 元;筹资活动产生的现金流量净额为 9,265,265.23 元,其中,借款所收到的现金为 122,300,000. 00 元,偿还债务所支付的现金为 54,800,000.00 元, 分配股利或利润所支付的现金为 54,000,000.00 元;现金及现金等价物净增加额 22,840,849.46 元。

公司没有不涉及现金收支的重大投资和筹资活动的情况。

(八)期后事项、或有事项及其他重要事项

1.公司不存在重大期后事项和或有事项;

2.其他重要事项说明

发行前公司原始会计报表与经广东正中珠江会计师事务所有限公司审计的会计报表之间存在差异的情况主要为:

1)1998 年末资产减少了 3,833,611.02 元,主要是因为追溯计提坏帐准备 290 多万元(99 年帐面已调整),以及补提折旧、补摊费用 90 多万元;负债增加了 987,843. 57 元,主要是补计税金及附加、工会和教育经费;上述调整导致费用增加、净利润及所有者权益减少了 4,821,454.59 元。

2)1999 年末资产减少了 2,549,008.52 元,主要是补计当年及滚动调整 98 年少计、少转成本、费用、税金;负债增加了 54,597,717.82 元, 主要是会计师将公司董事会作出的现金股利分配预案 5400 万元作为资产负债表日后调整事项在应付股利科目反映;以上调整导致费用增加、净利润减少了 1,957,763.62 元,并导致所有者权益减少了 57,146,726.34 元。

3)2000 年末资产增加了 10,835,621.00 元,主要是因为会计师将年末未达帐项中的短期借款 1150 万元调增货币资金,同时补提存货跌价准备 68 万元;负债增加了 23,554,846.22 元,一方面是因为补记未达帐中的短期借款, 另一方面是因为会计师将公司董事会作出的现金股利分配预案 1200 万元作为资产负债表日后调整事项在应付股利科目反映;费用减少、净利润增加了 113,679.53 元,原因为:99 年由于成本计算方法失当而虚增的在产品成本 83 万元随着产品完工、销售转入当年销售成本,会计师按会计差错调整的相关会计准则调减年初未分配利润和调减当年销售成本(99 年已审会计报表已按此原则调整);补提存货跌价准备 68 万元等;上述原因导致所有者权益减少了 12,718,921.14 元。

(九)公司最近三年内没有发生资产置换、重大购销价格变化的情况。

(十)资产评估

本公司是由广东省人民政府粤办函(1997)第 683 号文和广东省体改委粤体改[1997]133 号文批准,由广东榕泰高级瓷具有限公司和揭阳市兴盛化工原料有限公司以评估后的经营性实物资产作为出资,联合广东榕泰制药有限公司等其他三家以现金出资的法人,以发起设立方式于 1997 年 12 月 25 日成立的股份有限公司。

本公司设立时由揭阳市榕江会计师事务所进行资产评估, 根据揭榕会评字[1998]17 号和 18 号《资产评估报告》,评估情况如下:

1.资产评估履行的程序

本次资产评估是在广东榕泰高级瓷具有限公司和揭阳市兴盛化工原料有限公司分别申报的资产评估明细表的基础上进行核实,并通过实地勘察后,结合价格资料、定额标准等,根据不同资产的性质选定适当的评估方法,对所列资产作出价值评估。

2.评估方法

机器设备:主要采用重置成本法和现行市价法进行评估。成新率系根据设备的物理损耗和功能性损耗进行确定的。

房屋建筑物:主要采用重置成本法进行评估。房屋建筑物的成新率主要通过考察建筑物的工程质量、建筑主体、水电、装饰等方面的保养情况综合确定的。

3.评估结果

根据揭阳市榕江会计师事务所揭榕会评字[1998]17 号和 18 号《资产评估报告》,以 1997 年 5 月 31 日为基准日的评估结果如下:

单位:人民币元

项目	重置值	评估值	增值率(%)
原材料	7,445,500.00	7,445,500.00	
机器设备	82,156,180.00	67,056,250.00	-18.38
房屋建筑物	35,478,386.00	30,227,100.00	-14.80
资产合计	125,080,066.00	104,728,850.00	-16.27

4.资产评估减值原因

由于本次资产评估采用重置成本法和现行市价法进行评定,资产的评估价值是综合考虑了资产的成新率、资产的物理和功能性损耗后确定的,故相对于重置值资产的价值有所减少。

广东大正联合资产评估有限责任公司对本公司设立时的《资产评估报告》出具了《复核意见书》[大正联合复核字(2001)第 010 号、第 011 号]认为:《资产评估报告》格式符合行业规范要求,评估目的明确,所选评估方法正确,揭阳市榕江会计师事务所出具的《揭榕会评字[1997]17 号评估报告》、《揭榕会评字[1997]18 号评估报告》符合出具报告时原国家国有资产管理局对资产评估报告的有关规定。

(十一)验资情况

公司于 1997 年 12 月 25 日成立,注册资本为 12,000 万元, 当时由揭阳市榕江会计师事务所对各发起人投入公司的股本金进行验资,并出具揭榕会验字(1997)56 号《验资报告》。各发起人的出资已经到位,有关实物资产已经办理移交手续。公司成立至今,未发生任何资本变动。

广东正中珠江会计师事务所有限公司广会所专字(2001)第 90016 号《关于揭阳市榕江会计师事务所对广东榕泰实业股份有限公司发起设立出具验资报告的复核意见》认为:广东榕泰实业股份有限公司设立时的《验资报告》符合《独立审计实务公告第 1 号——验资》的要求,真实地反映了公司截止 1997 年 12 月 23 日的股本及相关的资产,《验资报告》中所述的公司的股本以及各发起人股东的出资金额、出资比例、出资方式和出资币种与公司提供的原始资料及广东省经济体制改革委员会粤体改(1997)133 号文件的批复一致。

(十二)财务指标

表 1

项目	2000.12.31	1999.12.31	1998.12.31
流动比率	1.25	1.18	1.76
速动比率	0.61	0.48	0.90
应收帐款周转率(次)	5.47	5.47	4.14
存货周转率(次)	3.44	3.70	2.47
无形资产(土地使用权除外)占总(净)资产的比例	—	—	—
资产负债率(%)	44.26	42.08	30.78
每股净资产(元)	1.25	1.13	1.28
研发费用占主营业务收入比例(%)	5.26	5.11	4.86
每股收益(元)	0.22	0.31	0.27
净资产收益率(%)	17.59	26.98	21.51
每股经营活动的现金流量(元)	0.19	-	-
发行后的净资产收益率为	4.95%		

* 发行后净资产收益率=2000 年实现的净利润/按发行价格计算的发行后净资产

发行后净资产=2000 年 12 月 31 日净资产+本次发行后扣除发行费用后的募股资金

本公司按《公开发行证券公司信息披露编报规则第 9 号---净资产收益率和每股收益的计算及披露》计算的 2000 年净资产收益率和每股收益如下:

报告期利润	净资产收益率(%)		每股收益(元/股)	
	全面摊薄	加权平均	全面摊薄	加权平均
主营业务利润	36.78	37.07	0.46	0.46
营业利润	26.25	26.46	0.33	0.33
净利润	17.59	17.73	0.22	0.22
扣除非经常性损益后的净利润	17.59	17.73	0.22	0.22

(十三)公司管理层的财务分析

公司董事会成员和管理层结合过往三年经审计的相关财务会计资料做出如下财务分析:

1.关于经营成果、盈利能力及前景分析

公司近三年主营业务发展势头良好,产品市场占有率不断扩大,销售毛利率保持比较稳定的水平,销售收入和盈利能力连续三年稳步上升。公司主要从事氨基塑料、氨基复合材料及其制品的生产和销售,主导产品为 ML 复合新材料等化工材料,本公司配套以 ML 复合新材料为主要原料的下游制品,自投入市场以来,市场需求呈持续上升趋势,1998、1999 和 2000 年度,ML 复合新材料及其制品的销售收入成为本公司净利润的主要来源。随着塑料及陶瓷代用制品、新材料在各个领域的逐步广泛应用,以及人们环保意识的日益提高,国内外市场对公司产品的需求稳步上升;而 ML 复合材料的技术创新使产品性能不断提高,进一步增强了产品的竞争力;此外,公司采用规模化生产以及调整产品工艺配方,华南地区电费的普遍下调,产品的生产成本将有所下降,有利于公司更灵活地运用定价策略,并根据市场需求情况及时调整产品的销售结构,从而推动公司产品销售量增加,销售额进一步增长。

本公司发生的营业费用主要为广告费、运输费等,公司对市场营销活动的投入逐年增加,相应的,本公司主营业务利润在市场营销活动的配合下也逐年稳步增长。公司进行内部组织架构重组,严格控制开支、提高管理效率,成功发行社会公众股后,募股资金到位可部分替代银行借款,相对减少借款利息费用,这对保证公司利润的稳定增长起到一定的作用。

本公司以持续经营、长远发展为目标,针对近年国内和国际经济形势逐渐好转,公司在积极开拓国内市场的同时还加大国际市场的力度。随着募股资金投资项目的建成投产,生产规模进一步扩大,公司主导产品的生产成本将有较大幅度的降低,主营业务收入出现较大幅度增长,预计公司未来的盈利前景良好。

2.关于资产质量及资产负债结构

截至 2000 年 12 月 31 日,本公司资产负债率为 44.26%,流动比率为 1.25, 资产负债结构良好。

本公司的流动资产主要为货币资金、应收帐款和存货,截至 2000 年 12 月 31 日,本公司的货币资金、应收帐款和存货占流动资产的比例分别为 17.2%、28.14 %和 34.2%。其中,应收帐款为应收客户欠货款,这些客户都具有较好的信用,基于多年的合作经验以及对其经营情况的跟踪考察,本公司认为这些客户欠货款发生坏帐的可能性较低。公司存货适销对路,周转较快,不存在积压或滞销情况。综上所述,本公司流动资产结构良好,可变现能力强;固定资产和无形资产均为本公司所拥有并已取得有关权属证明,为本公司正常生产经营所必须的资产,不存在重大不良资产。

截至 2000 年 12 月 31 日,本公司的负债总计为人民币 119,318,378.98 元,全部为流动负债,无重大已到期仍未偿还之负债。

本公司资产负债比例适中,财务政策比较稳健;股权结构较为均衡,有利于公司的独立运作和治理结构的完善。

3.关于现金流量及偿债能力

本公司 1998、1999 和 2000 年现金流量分布状况良好,2000 年现金净增加额为 22, 840,849.46 元,主要为经营活动产生的现金净流入。这使得本公司 2000 年末货币资金余额较前两年大幅度增长,达到人民币 25,726,522.25 元,如此显著的增长主要得益于本公司在销售规模不断扩大的同时,加强对客户贷款的监控和催收管理,加速资金的回笼,避免了重大呆坏帐的发生。

依过往三年及目前本公司的业务经营与现金流量情况,本公司有充足的营运资金清偿到期债务。

4.主要财务优势及困难

依本公司过往三年的财务状况、经营成果和现金流量情况,本公司的财务优势在于:

1)融资能力强

公司向规模化发展需要大量的营运资金,单靠自有资金远远不够,对外融资成为本公司筹集经营资金的主要渠道,由于本公司已在银行及同行中树立了良好的信用形象,对本公司的融资带来很大的方便。

2) 产变现能力和盈利能力较强

由于本公司在业务规模扩大的同时,亦对客户资信管理与应收帐款的回收等内部控制制度方面采取了有效措施,使得本公司既避免了重大呆坏帐的发生,又获得了充足的营运资金,为本公司的持续经营和盈利能力提供了切实的保障。

虽然本公司拥有财务上的优势,但从过往三年及目前的业务经营与现金流量看,本公司业务发展所需资金基本上通过自有流动资金和银行贷款解决。出于本公司下一阶段向规模化的发展以及市场竞争的需要,这种靠自我滚动发展取得营运资金的方式,将会大大制约本公司在行业中的进一步发展。为此,本公司此次决定采取公开发行股票并上市这一从资本市场直接获取资金的方式,来满足本公司进一步发展的需要。

十二、业务发展目标

本公司以"开发高新技术产品,促进高新技术成果产业化"为使命,坚持"以市场为导向,以技术创新为动力,以规模效益为目标"的基本经营理念,奉行"立足长远、共同发展"经营方针,建立起"人尽其才、晋奖激励、沟通舒畅、合作有效"的用人机制,使本公司在技术创新、产品研发、市场营销、内部管理、资本运作等方面均衡发展,为实现总体目标提供有力保障。到 2005 年,发展成为具有国际竞争力的国内知名的化工新材料生产企业。

为达到上述目标,本公司将坚持以化工新材料特别是高分子新材料的开发、生产和销售为主导方向,积极引进和培养技术人才,进一步加强与科研院所的合作,进行技术创新、工艺改造,加速实现规模效益,壮大公司实力;通过深化改革、加强管理,进一步降低生产成本,提高产品竞争力。凭借优质的产品和服务,巩固扩大国内市场,积极参加国际竞争;本公司将紧跟国际高分子新材料的前沿领域,在功能复合材料和工程塑料、环保型产品等方面的开发上,争取有部分产品达到世界先进水平,并形成产业化。

本公司将发挥本次募集资金的作用,在产品开发、人才的引进与培训、市场营销等方面不断努力。通过收购兼并,实现低成本扩张;建立具有综合功能的海外网络体系,实现公司跨国经营等措施来实施本公司的发展战略。

十三、募集资金运用

(一)投资规模及投向

本次发行按发行价 9.90 元/股计算,扣除发行费用可筹集资金 38,400 万元。为达到公司的发展目标,使公司在继续保持规模、技术优势的同时,成为国内知名的化工新材料生产基地,根据公司发展的实际需要,本次股票发行募集资金计划投资下列项目:

1.投资 18,566 万元,实施年产 6 万吨 ML 复合新材料项目,该项目已经广东省发展计划委员会粤计工[1999]468 号文批准立项,并已列为科技部 2000 年国家重点火炬计划项目;

2.投资 5,886 万元,实施年产 7 万吨甲醛项目,该项目已经广东省发展计划委员会粤计工[2000]229 号文批准立项;

3.剩余募集资金 13,948 万用于补充公司流动资金,具体用途如下:

1)8,500 万元用于补充年产 6 万吨 ML 复合新材料项目和年产 7 万吨甲醛项目的配套资金;

2)3,980 万元用于补充企业生产流动资金;

3)1,468 万元用于进一步建设股份公司的营销网络。

以上投资项目经本公司董事会慎重研究、反复论证,认为:"本公司主导产品 ML 复合新材料目前在国内外市场需求很大,必须抓住机遇,扩大生产规模;同时,配套实施甲醛项目,在确保 ML 复合新材料生产原料质量、降低主导产品生产成本方面具有重大意义;剩余资金用于补充公司流动资金,可保障以上两个项目的顺利实施,进一步改善公司的财务状况,保证公司市场扩充计划的落实"。上述投资项目已经本公司 2000 年度第一次临时股东大会表决通过。

上述投资使用计划是对拟投资项目的大体安排,实施过程中可能将按实际情况予以调整。

(二)投资项目的效益估算

实施年产 6 万吨 ML 复合新材料项目,项目达产后,每年可新增销售收入 55,200 万元,新增净利润 8,136 万元,投资利润率为 43.82%;配套实施年产 7 万吨甲醛项目,将大大降低 ML 复合新材料的生产成本,本公司每年可新增销售收入 8,829 万元,新增利润 1,479 万元,投资利润率为 25.13%;补充公司流动资金,可进一步保证主要项目的实施,同时改善公司的财务状况。

由于受市场、价格和经营环境可能变化的影响,具体到每个投资项目的效益指标估算,可能与项目实施后的实际效益有一定的差异。根据不同项目的具体情况,公司募集资金拟投资项目初步估算效益产生时间为 6 个月 - 12 个月,投资回收期约 3. 4—4.5 年,项目总体投资净利润率较高。

以上项目如实施成功后,将进一步提高本公司的生产规模和市场竞争力,并对公司的主营业务收入、净资产、每股净资产、净资产收益率、资产负债率、盈利能力和资本结构等都将有较明显的有利影响。

(三)投资使用计划

本次发行股票募集的资金主要用于实施年产 6 万吨 ML 复合新材料项目及其配套 7 万吨甲醛项目。此外,募集资金还用于补充项目、公司的流动资金。如项目运用出现资金闲置,将用于进行安全、稳健的短期投资。目前,公司还未投入资金实施以上项目。

本次募集资金投入的时间安排如下表:

项目名称	投资额(万元)	项目实施主要实施内容	本次募股资金投入(万元) 2001年 第二季度	2001年 第三季度	2001年 第四季度	2002年 第一季度	预计投产时间	投资回收期(年)
年产6万吨ML复合新材料	18566	1、建设厂房及生产配套设施						
		2、设计制造和购置生产设备	4100	6200	6200	2066	2002年2月	3.4
年产7万吨甲醛配套项目	5886	1、建设厂房设施						
		2、购置生产设备	1200	2200	2100	386	2002年4月	4.5
补充流动资金	13948	1、募集资金投资项目配套流动资金			3000	5500		
		2、企业生产流动资金			1500	2480		
		3、建立营销网络和归还贷款	1468					
合计	38400		6768	8400	12800	10432		

本次募集资金的实际投入时间将按募集资金实际到位时间和项目的进展情况作相应调整。

(四)投资项目实施方案

本公司已委托甲级化学工程设计单位—中国寰球化学工程公司组织实施年产 6 万吨 ML 复合新材料项目和年产 7 万吨甲醛项目的设计和监理工作,使项目建设从方案的确立、实施的规划,到材料设备的选型、装置仪表的安装调试、生产的预试车和投料试车都得到有力的技术保证。目前,中国寰球化学工程公司已根据国际国内产品市场、工艺技术情况等对项目的产品市场、工艺技术方案、环保、安全及经济效益等进行分析研究后先后编制了《ML 复合新材料项目可行性研究报告》和《甲醛项目可行性研究报告》,并已提交项目主管部门审查。本公司已开始设备选型并与设备供应商谈判,在确保技术先进可靠的前提下,争取以最优的价格签订合同。

为控制项目投资风险,使用好募集资金,公司已做出相应的安排,请参见"第八章 公司治理结构"之七其他内部控制制度。

项目的具体情况请投资者参见招股说明书全文。

十四、发行定价及股利分配政策

(一)发行定价

本次股票发行拟采用上网定价方式进行。确定本次股票发行价格考虑的主要因素有:公司的成长性、行业的发展前景以及国家的相关政策;发行人拟投资项目所需要的募集资金;发行人过往三年的业绩以及未来一年的预测业绩;二级市场上可比公司的股价定位以及适当的一二级市场间价格折扣等。目前,沪深两市 A 股上市公司的平均市盈率大约为 60 倍,考虑到化工新材料行业的市场潜力以及增长速度,发行人过往三年的盈利能力及增长速度,最近新上市公司的市盈率水平等因素,本着谨慎的原则,确定本次发行全面摊薄市盈率为 58.24 倍,确定发行价为 9.90 元/股,本次股票发行后每股净资产为 3.34 元。

(二)公司股利分配的一般政策

本公司股票全部为普通股,股利分配将遵循"同股同利"的原则,按股东持有的股份数额,以现金股利、股票或其他合法的方式进行分配。

在每个会计年度结束后的六个月内,由本公司董事会根据该会计年度的经营业绩和未来的发展规划提出股利分配政策,经股东大会批准后执行。

公司将本着对投资者负责的态度,实现股东价值,回报投资者。公司将在可分配利润方式的选择范围内,充分考虑到投资者的需要,并根据有关法律法规和公司章程,以公司交纳所得税后的利润,按下列顺序分配:弥补上一年度的亏损;提取法定公积金百分之十;提取法定公益金百分之五;提取任意公积金;支付股东股利。

本次发行如能按计划完成,新老股东将共享本公司 2000 年年度股东大会决议分配后截止 2000 年 12 月 31 日的滚存未分配利润及从 2001 年 1 月 1 日起的新增利润。

本公司将在 2002 年 6 月 30 日前进行上市后的第一次利润分配。

十五、其他重要事项

根据中国证监会有关盈利预测的规定,本公司不出具盈利预测报告,对本次发行新股是否符合《公司法》第一百三十七条规定之条件说明如下:

本公司承诺:根据本公司的生产经营计划,本公司如在 2001 年成功发行 4000 万股社会公众股,扣除发行费用后,可募集资金 38400 万元。本次募股资金到位后,将严格按募股资金投资计划用于拟投资项目,如募集资金投资项目能按时按计划得以顺利实施并投产,且届时市场环境不发生大的变化,根据拟投资项目可行性研究报告,本公司认为股票发行上市后,预期发行当年净资产收益率不低于同期银行存款利率,符合《公司法》第一百三十七条关于公司发行新股的条件。

本公司的主承销商广东证券股份有限公司对本公司股票发行后的预期净资产收益率的意见为:根据公司 1998 年至 2000 年已实现净资产收益率、本公司提供的《2001 年盈利预测表》及相关编制资料和本公司的承诺,认为本公司本次发行新股后,如果不遭遇重大自然灾害等不可抗力的意外情况,本公司 2001 年预期净资产收益率不低于同期银行存款利率,符合《公司法》第一百三十七条关于公司发行新股的条件。

本公司律师对本次股票发行后的预期净资产收益率发表见证意见如下:

1.认为公司所做的关于预期净资产收益率的承诺合法有效;

2.认为公司对预期净资产收益率的承诺是在充分依据本身的现实基础、经营能力、未来发展计划的前提下作出的;

3.认为公司发行上市后预期收益率不低于同期银行存款利率,符合《公司法》第一百三十七条对发行新股有关条件的规定。

十六、发行人及各中介机构声明

发行人声明

本公司全体董事承诺本招股说明书及其摘要不存在虚假记载、误导性陈述或重大遗漏,并对其真实性、准确性、完整性承担个别和连带的法律责任。

董事会成员(签名):杨启昭　李林楷　李　丹　林岳金　罗海雄

朱　伟　吴光国　吕中林　张利国

广东榕泰实业股份有限公司

2001 年 5 月 18 日

主承销商声明

本公司已对招股说明书及其摘要进行了核查,确认不存在虚假记载、误导性陈述或重大遗漏,并对其真实性、准确性、完整性承担相应的法律责任。

法定代表人(或授权代表人)签名:钟伟华

项目负责人(签名):卢景芳

广东证券股份有限公司

2001 年 5 月 18 日

发行人律师声明

本所及经办律师保证由本所同意发行人在招股说明书及其摘要中引用的法律意见书和律师工作报告的内容已经本所审阅,确认招股说明书不致因上述内容出现虚假记载、误导性陈述或重大遗漏引致的法律风险,并对其真实性、准确性和完整性承担相应的法律责任。

单位负责人(签名):郭锦凯

经办律师(签名):叶伟明　毛献萍

广东明大律师事务所

2001 年 5 月 18 日

会计师事务所声明

本所及经办会计师保证由本所同意发行人在招股说明书及其摘要中引用的财务报告已经本所审计,引用的验资报告核查意见已经本所审阅,确认招股说明书不致因上述内容而出现虚假记载、误导性陈述或重大遗漏,并对其真实性、准确性和完整性承担相应的法律责任。

单位负责人(签名):蒋洪峰

经办注册会计师(签名):蒋洪峰　吉争雄

广东正中珠江会计师事务所有限公司

2001 年 5 月 18 日

资产评估机构声明

本公司保证由本公司同意发行人在招股说明书及其摘要中引用的资产评估报告复核意见已经本公司审阅,确认招股说明书不致因上述内容而出现虚假记载、误导性陈述或重大遗漏,并对其真实性、准确性和完整性承担相应的法律责任。

法定代表人(签名):陈僖佟

经办注册资产评估师(签名):叶伯健　廖丽芳

广东大正联合资产评估有限责任公司

2001 年 5 月 18 日

十七、备查文件

投资者可查阅与本次发行有关的所有正式法律文件,具体如下:

(一)本次发行的招股说明书及其摘要,中国证监会对本次发行的核准文件

1、政府部门和证券监管机构对本次发行有关的文件

(二)招股说明书的附录文件

1、为本次发行而编制的财务报告及审计报告原件

2、发行人律师对本次股票发行的法律意见书及其他有关法律意见

3、发行人验资报告及其复核报告

4、资产评估报告及其确认文件,资产评估复核报告

(三)其他向中国证监会报送的发行申请文件

1、发行人成立的批准和注册登记文件

2、发行人的公司章程及其他有关内部规定

3、发行人的营业执照

4、发行人的发起人协议

5、关于本次发行事宜的股东大会决议

6、与本次发行有关的重大合同

7、本次承销的有关协议

8、历次股利分配的决议及记录

9、有关关联交易协议

(四)其他相关文件

查阅时间:工作日上午 8:30 - 11:30,下午 2:00 - 5:00。

查阅地点:公司及主承销商的法定住所

广东榕泰实业股份有限公司

二〇〇一年五月二十三日

广东榕泰实业股份有限公司

股票上市公告书

第一节　重要声明与提示

本公司董事会保证上市公告书的真实性、准确性、完整性，全体董事承诺上市公告书不存在虚假记载、误导性陈述或重大遗漏，并承担个别和连带的法律责任。

根据《中华人民共和国公司法》、《中华人民共和国证券法》(以下分别简称《公司法》、《证券法》)等有关法律、法规的规定，本公司董事、高级管理人员已依法履行诚信和勤勉尽责的义务和责任。

上海证券交易所、中国证监会、其他政府机关对本公司股票上市及有关事项的意见，均不表明对本公司的任何保证。

本公司提醒广大投资者注意，凡本上市公告书未涉及的有关内容，请投资者查阅2001年5月23日刊登于《中国证券报》、《上海证券报》和《证券时报》上的本公司招股说明书摘要及刊载于上海证券交易所网站(www.sse.com.cn)的本公司招股说明书全文。

本上市公告书刊载网址：http//www.sse.com.cn

第二节　概　览

股票简称：广东榕泰
股票代码：600589
总股本：16000万股
可流通股本：4000万股
本次上市流通股本：4000万股

本公司公开发行股票前股东所持股份的流通限制及期限：根据国家现有法律、法规规定和中国证监会证监发行字[2001]33号《关于核准广东榕泰实业股份有限公司公开发行股票的通知》，本公司的法人股暂不上市流通。

本公司公开发行股票前最大股东——广东榕泰高级瓷具有限公司承诺：自本公司股票上市之日起12个月内，不转让所持有本公司的股份，也不由本公司回购该部分股份。

上市地点：上海证券交易所
上市时间：2001年6月12日
股票登记机构：上海证券中央登记结算公司
上市推荐人：广东证券股份有限公司
国泰君安证券股份有限公司

第三节　绪　言

本上市公告书是依据《公司法》、《证券法》、《股票发行与交易管理暂行条例》、《公开发行股票公司信息披露实施细则》、《上海证券交易所股票上市规则》和《公开发行股票公司信息披露的内容与格式准则第七号<上市公告书的内容与格式>》等国家现行有关证券管理法律、法规的规定而编制，为本公司股票公开上市之目的向社会公众披露公司基本情况和相关资料。

本公司经中国证券监督管理委员会证监发行字[2001]33号文核准，已成功向社会公开发行每股面值为1元之人民币普通股4000万股，每股发行价格为9.90元。

经上海证券交易所上证上字[2001]81号《上市通知书》同意，本公司公开发行的4000万股社会公众股将于2001年6月12日在上海证券交易所挂牌交易，股票简称为"广东榕泰"，股票代码为600589。

本公司于2001年5月23日分别在《中国证券报》、《上海证券报》和《证券时报》上刊登了《招股说明书摘要》，距今不足三个月，故与之重复内容在此不再重述，敬请投资者查询本公司《招股说明书摘要》。

第四节　公司概况

1.基本情况
公司名称：广东榕泰实业股份有限公司
英文名称：GUANGDONG RONGTAI INDUSTRY CO.,LTD
注册资本：16000万元
法定代表人：杨启昭
住　所：广东省揭阳市榕城区新兴东二路1号

经营范围：生产、销售氨基塑料及制品；氨基复合材料及制品；经营本企业自产产品及技术的出口业务，本企业所需的原辅材料、仪器仪表、机械设备、零配件及技术的进口业务，进料加工和"三来一补"业务。

主营业务：生产销售ML复合新材料等化工材料及其制品。
所属行业：合成材料制造业
联系电话：(0663)8676616、8686120
传　真：(0663)8676899
电子信箱：rongtai@rongtai.com.cn
互联网网址：Http:www.rongtai.com.cn
董事会秘书：林岳金

2.历史沿革

本公司是1997年12月经广东省人民政府办公厅粤办函[1997]683号文和广东省体改委粤体改[1997]133号文批准，由广东榕泰高级瓷具有限公司和揭阳市兴盛化工原料有限公司作为主要发起人，联合广东榕泰制药有限公司、揭阳市鸿凯贸易发展公司、揭阳市益科电子器材公司共同发起设立，于1997年12月25日注册登记成立的股份有限公司，公司总股本12000万股。其中：广东榕泰高级瓷具有限公司以经评估确认的经营性资产60,145,090元中的6000万元折成6000万股，占股份总额的50.0%；揭阳市兴盛化工原料有限公司以经评估确认的经营性资产44,583,760元中的4450万元折成4450万股，占股份总额的37.1%，两位主要发起人认购股本的溢价部分228,850元进入股份公司资本公积金；广东榕泰制药有限公司、揭阳市鸿凯贸易发展公司、揭阳市益科电子器材公司等三家法人分别以现金1000万元、300万元和250万元认购1000万股、300万股和250万股，占股份总额的8.3%、2.5%和2.1%。

经中国证券监督管理委员会证监发行字[2001]33号文批准，本公司于2001年5月28日成功地公开发行了人民币普通股4000万股，每股发行价格为9.90元。本次发行成功后，本公司已于2001年6月1日在广东省工商行政管理局办理了工商变更登记手续，注册资本变更为16000万元。

3.主要经营情况

1)经营概况

本公司主要从事ML复合新材料及其制品的生产和销售。公司成立后，即把高分子新材料的开发作为企业发展的主攻方向，在承接股东揭阳市兴盛化工原料有限公司投入的资产和转让的技术基础上，通过建立完善的技术开发机构，建设高素质的科研队伍，营造良好的技术创新环境，加大科研开发投入，成功开发出比原有产品质量更高、性能更优越的新一代树脂基功能复合材料——ML复合新材料，并通过建立完善的质量保证体系，使产品迅速形成产业化，发挥规模效益，现已形成年产ML复合新材料2.3万吨的实际生产能力，是国内规模最大、技术含量较高的生产企业。2000年，ML复合新材料被科技部、国家税务总局、对外贸易经济合作部、国家质量技术监督局和国家环保总局评定为国家重点新产品；本次募集资金拟投资项目年产6万吨ML复合新材料项目已被国家科技部列为2000年国家级重点火炬计划项目；1999年，通过科学院和国家科技部组织的高新技术企业认定——"双高认证"。

2)主要财务指标

项　目	2000年度	1999年度	1998年度
资产总额(元)	269,563,223.43	234,482,670.01	221,282,715.29
股东权益(元)	150,244,844.45	135,820,892.60	153,171,103.72
资产负债率(%)	44.26	42.08	30.78
主营业务收入(元)	230,193,143.72	210,664,104.15	191,500,280.47
净利润(元)	26,423,951.85	36,649,788.88	32,942,253.72
净资产收益率(%)	17.59	26.98	21.51
每股收益(元)	0.22	0.31	0.27
每股净资产(元)	1.25	1.13	1.28

3)主要产品及近三年销售额　　单位：万元

产品 年度	2000年度	1999年度	1998年度
ML复合新材料	15,660	14,944	13,808
ML复合新材料制品	7,359	6,122	5,442

4)产品市场情况

ML复合新材料是在密胺塑料的基础上，根据市场需求，通过加大科研投入，采用新的材料和助剂开发创新的新一代功能复合材料，该材料为传统密胺塑料的升级换代产品，产品连续三年产销率达98%以上。据中国寰球化学工程公司调查统计，在国内市场，共有年用量1000吨以上的密胺制品生产厂家50多家，年用量500吨以上厂家120多家，国内每年密胺塑料总需求量约14万吨以上，并有继续增加的趋势，市场缺口较大。在国外市场，泰国是密胺制品生产较早的国家，年用密胺塑料量在10万吨以上，越南近年密胺制品生产发展也很快，年用料量约在3万吨以上，其它国家和地区如土耳其、中东、巴基斯坦、印度等地的厂家年总需求量约20万吨以上。

目前，境内主要密胺塑料生产厂家分布在上海、江苏、吉林等地区，总生产能力为每年1—1.5万吨；境外的主要生产厂家集中在日本和台湾，有日本松下、台湾长春、台湾嘉业等，每年总生产能力在20万吨左右(资料来源：中国寰球化学工程公司调查报告)。本公司的主要竞争对手为境外的生产厂家，由于ML复合新材料具有技术和性能上的领先优势，从而使其具有较强的市场竞争优势。

5)产品的质量、性能情况

和密胺塑料相比，ML复合新材料在质量、性能方面有以下优势：1)材料中游离甲醛含量仅为1mg/L，远远低于国家标准(≤30mg/L)及国外标准(≤10mg/L)要求，用其制成的产品达到国际卫生标准(FDA、EN71、90/128/CE、93/9/CE和AS1647等)；2)材料能保存一年以上不失活性，超过国际上密胺塑料储存期只有六个月的限制；3)具有优越的物理机械性能，其中：冲击强度和弯曲强度指标分别为23.7J/m和129.5Mpa，性能超过日本同类型材料的7－8J/m和80－90Mpa和国家标准1.7J/m和88Mpa。

本公司成立以来一直注重加强质量管理，建立了产品质量控制体系，贯彻ISO9002系列标准。

由于本公司质量控制体系健全，质量控制措施有效，成立三年多来，本公司与产品用户未发生过产品质量纠纷，未因产品质量问题受过质量技术监督部门的处罚。

6)自主知识产权

本公司的ML复合新材料已于1999年7月6日向中华人民共和国国家知识产权局申请发明专利，并已获发明专利申请审查合格通知，专利申请号为99116268.4。

7)享有的财政税收优惠政策

本公司目前实际执行33%的企业所得税税率。

第五节　股票发行与股本结构

1.本次股票上市前首次公开发行股票的情况
发行数量：4000万股
发行价格：9.90元
募集资金总额：396,000,000元
发行方式：上网定价
中签率：0.25967977%
有效申购户数：803608
持有1000股以上(含1000股)的流通股户数：38744户

发行费用总额及项目：本次发行及上市推荐费用总额为12,000,000元，发行费用包括：承销费用、注册会计师费用、律师费用、上网发行费用、股票登记费用、审核费用。

每股发行费用：0.30元
发行市盈率：45倍(全面摊薄)

2.股票承销

本次发行的4000万股社会公众股股票已全被投资者超额认购，承销团无余额包销。

3.验资报告

1)验资报告(摘自广东正中珠江会计师事务所有限公司广会所验字(2001)30566号《验资报告》)

广东榕泰实业股份有限公司全体股东：

我们接受委托，对广东榕泰实业股份有限公司(以下简称“贵公司 ”)截止 2001 年 6 月 1 日因公开上网定价发行股份而引起贵公司股本、投入资本变更情况的真实性和合法性进行了审验。在审验过程中,我们按《独立审计实务公告第 1 号 ——验资》的要求,实施了必要的审验程序。贵公司的责任是提供真实、合法、完整的验资资料,保护资产的安全、完整;我们的责任是按照《独立审计实务公告第 1 号—验资》的要求,出具真实、合法的验资报告。

广东榕泰实业股份有限公司实施本次上网定价发行 A 股前的股本为人民币壹亿贰仟万元(RMB120,000,000.00)。按经中国证券监督管理委员会证监发行字[2001]33 号文核准的贵公司本次上网定价发行 A 股方案,本次上网定价发行 A 股可发行股数为人民币普通股 4,000 万股。本次上网定价发行 A 股工作已于 2001 年 5 月 28 日结束,实际获认购股数为 4,000 万股,每股发行价为 RMB9.90 元,募集资金总额为 RMB396 ,000,000.00 元,扣除本次发行费用 RMB12,000,000.00 元,募集资金净额为 RMB384,000,000.00 元。根据我们的审验,截至 2001 年 6 月 1 日止,贵公司已收到上述募集资金净额 RMB384,000,000.00 元,全部为货币资金,其中股本 RMB40,000,000.00 元,资本公积 RMB344,000,000.00 元。本次上网定价发行 A 股后,贵公司总股本为壹亿陆仟万元(RMB160,000,000.00),其中发起人法人股壹亿贰仟万元(RMB120,000,000. 00),社会公众股肆仟万元(RMB40,000,000.00)。

附件(一):本次上网定价发行 A 股前后股本、资本公积对照表;
附件(二):验资事项说明;
附件(三):验资机构营业执照(注册号:4400002005991);
附件(四):银行进帐单复印件;

广东正中珠江会计师事务所　　　　中国注册会计师:蒋洪峰
　　　　　　　　　　　　　　　　中国注册会计师:陈　昭
中国　广州　　　　　　　　　　　2001 年 6 月 1 日

4.募股资金入帐情况
入帐时间:2001 年 6 月 1 日
入帐金额:RMB384,000,000.00 元
入帐帐号:343-01-839-00015448
开户银行:中信实业银行广州分行

5.上市前股权结构及各类股东持股情况
1)本次上市前公司的股权结构

股东	持股数量(万股)	持股比例(%)
发起人法人股	12000	75
社会公众股	4000	25

2)公司前十名股东持股情况

股 东	持股数量(股)	持股比例(%)
广东榕泰高级瓷具有限公司	60,000,000	37.50
揭阳市兴盛化工原料有限公司	44,500,000	27.81
广东榕泰制药有限公司	10,000,000	6.25
揭阳市鸿凯贸易发展公司	3,000,000	1.88
揭阳市益科电子器材公司	2,500,000	1.56
中信证券	303,000	0.19
普丰基金	285,000	0.18
国信证券	203,000	0.13
国通证券	172,000	0.11
大鹏证券	163,000	0.10

第六节　董事、监事、高级管理人员及核心技术人员

1.董事

杨启昭:中国籍,董事长,男,现年 61 岁,高级经济师,大学学历,ML 复合新材料配方的主要发明人之一。先后荣获“广东省劳动模范”、“全国科技致富能手”等荣誉称号。1988 年 7 月至 1997 年 12 月任广东榕泰高级瓷具有限公司董事长。1997 年 12 月至今任股份公司董事长,第七、第八、第九届广东省人大代表,1992 年 5 月至今任揭阳市工商业联合会会长。

李林楷:中国籍,副董事长,男,现年 37 岁,工程师,大学学历,ML 复合新材料配方的第一完成人,本公司主要核心技术人员。曾荣获“首届揭阳市十大杰出青年”、“第六届广东省优秀青年企业家”等荣誉称号,2000 年广东省科技进步一等奖第一完成人,1999 年获广东省科技进步三等奖。1992 年 8 月至 1997 年 12 月任揭阳市兴盛化工原料有限公司董事长。1997 年 12 月至今任股份公司总经理,广东省第八届青年联合会委员、1999 年 6 月至今任揭阳市青年科技工作者协会会长。

李 丹:中国籍,董事,男,现年 36 岁,副教授,博士,ML 复合新材料配方的主要发明人之一,本公司主要核心技术人员。1993 年 4 月博士毕业后在汕头大学工作,1996 年至 1997 年 12 月担任汕头大学化学系主任。承担过国家自然科学基金、广东省自然科学基金等项目,曾获广东省科技进步一等奖。1998 年 1 月至今担任股份公司总工程师。

林岳金:中国籍,董事,男,现年 34 岁,大学学历,经济师,1990 年至 1997 年 11 月任广东榕泰高级瓷具有限公司办公室主任、副总经理;揭阳市榕城区科学技术协会委员;1997 年 12 月至今担任股份公司董事会秘书。

罗海雄:中国籍,董事,男,现年 40 岁,大专学历,会计师,1988 年 5 月至 1994 年 3 月任广东电焊机厂会计、1994 年 4 月至 1997 年 11 月任揭阳市兴盛化工原料有限公司副总经理;1997 年 12 月至今担任股份公司财务总监。

朱 伟:中国籍,董事,男,现年 31 岁,硕士。曾在广州证券公司、深圳运通鑫达通讯公司、广东省科技创业投资公司、广东省粤科风险投资集团有限公司工作。现任广东省粤科风险投资集团有限公司资产管理部总经理。

吴光国:中国籍,独立董事,男,现年 54 岁,教授,硕士。1981 年至 1998 年,先后担任浙江大学科研处处长、校长助理。在此期间,承担国家自然科学基金、国防科委项目、国家教委项目及横向合作课题数十项,并获得国家发明三等奖、江西省科技进步二等奖各一项和国家教委科技进步三等奖三项。1998 年起至现在担任汕头大学副校长,主要从事高分子物理和高分子化学方面研究。

吕中林:中国籍,独立董事,男,高级工程师,现年 38 岁,硕士。研究生毕业后进入中国科学院工作,1987-1990 年在中国科学院直属企业工作,任工程师;1990-1992 年在中国科学院力学研究所工作,任工程师;1992 年至今在中国科学院高技术产业局从事项目管理、企业管理、技术开发型研究所转制等工作,先后任副处长、处长,1995 年 12 月至今任中国科学院高新技术发展局处长。

张利国:中国籍,独立董事,男,现年 35 岁,律师,硕士。研究生毕业后,曾就职于北京市医药总公司、中国汽车工业进出口总公司,任职期间,处理过大量国际投资、国际贸易、中外合资企业等方面的法律业务,并赴美国一家律师事务所接受专门的律师培训。1993 年获得司法部、中国证券监督管理委员会授予从事证券法律业务的专业资格,曾任北京凯源律师事务所执业律师,主持、参与多起企业改制、境内外公开发行上市、上市公司配股增发、基金设立等法律事务;2001 年 2 月起任北京国方律师事务所执业律师、合伙人。

2.监事

林盛泰:中国籍,监事会召集人,男,现年 52 岁,大学学历,现任广东榕泰高级瓷具有限公司董事长。

杨愈静:中国籍,监事,女,现年 34 岁,助理会计师,大学学历,现任广东榕泰制药有限公司董事。

羽信全:中国籍,监事,男,现年 38 岁,大学学历,工程师,现任股份公司投资发展部经理。

3.其他高级管理人员

黄 勉:中国籍,男,现年 35 岁,助理工程师,大学学历。1994 年至 1997 年 12 月任广东榕泰制药有限公司总经理,1997 年 12 月至 2000 年 12 月任股份公司第一届董事会董事。1997 年 12 月至今任股份公司副总经理。

上述人员均无境外的永久居留权。

4.公司董事、监事、高级管理人员和核心技术人员持有本公司股份情况

1)本公司董事、监事、高级管理人员与核心技术人员中未有直接持有本公司股份的情况;2)董事长杨启昭的妻子林素娟持有揭阳市榕丰塑胶制品厂 100%的权益,揭阳市榕丰塑胶制品厂持有本公司股东广东榕泰高级瓷具有限公司 75%的股权,广东榕泰高级瓷具有限公司持有本公司 6000 万股法人股(占发行后的股本比例 37.5 %);3)副董事长、总经理李林楷持有揭阳市榕城仿瓷材料厂 55%的权益,揭阳市榕城仿瓷材料厂持有本公司股东揭阳市兴盛化工原料有限公司 70%的权益,揭阳市兴盛化工原料有限公司持有本公司 4500 万股法人股(占发行后的股本比例为 27 . 81%);4)除李林楷外,本公司董事、监事、高级管理人员与核心技术人员均未直接或间接持有本公司股份。

5.本公司目前尚未设置认股权。

第七节　同业竞争与关联交易

1.同业竞争

本公司的主要发起人榕泰瓷具和兴盛化工在发起设立时,均将与本公司业务相关的生产设备及其它经营性资产投入本公司,客户等经营资源、技术人员、生产工人及有关专有技术也均移交给股份公司,两位股东在本公司设立后未从事与本公司同一或同类产品的生产经营,本公司的另外三家股东也没有经营与本公司相同或相似的业务。因此,发行人与股东不存在同业竞争情况。主要发起人已承诺今后也不从事与本公司相竞争的业务。本公司主要发起人榕泰瓷具的控股股东揭阳市榕丰塑胶制品厂主要从事各式塑胶制品的生产和销售,没有经营与本公司相同或相似的业务;主要发起人兴盛化工的控股股东揭阳市榕城仿瓷材料厂生产销售塑料制品、五金制品,未经营与本公司相同或相似的业务,以上关联方均不和本公司构成同业竞争。

2.关联方及关联关系
1)本公司五位股东为公司的关联企业
2)对控股股东有实质影响的法人,包括:
a.揭阳市榕丰塑胶制品厂
b.揭阳市榕城仿瓷材料厂
3)对本公司有实质影响的自然人
a.林素娟

本公司主要发起人之一榕泰瓷具在本次发行前持有本公司 50%的股份,其控股股东是揭阳市榕丰塑胶制品厂,出资比例为 75%,该厂的产权所有人是林素娟,与本公司存在间接控制关系。

b.李林楷

本公司主要发起人之一兴盛化工在本次发行前持有本公司 37.1%的股份,其控股股东是揭阳市榕城仿瓷材料厂,出资比例为 70%,李林楷持有该厂 55%的权益,与本公司存在重大影响关系。李林楷现任本公司副董事长、总经理。

3.关联交易事项
1)租赁土地

本公司向兴盛化工租用其拥有合法使用权的土地 10000 平方米，租用期限从 1997 年 12 月 25 日至 1999 年 12 月 31 日,租金每平方米每月 0.8 元,租赁价格是根据当地同类性质、状况的土地租赁价格并经双方协商确定的。该租赁合同已经履行完毕。

2)土地使用权转让交易

本公司与兴盛化工于 1999 年 12 月 21 日签订《土地转让协议》,双方约定,兴盛化工向发行人转让其合法拥有使用权的工业用地 10000 平方米,转让总价格为 250 万元。该转让价格是依据珠海思源估价师事务所有限公司(A 级土地评估机构)的评估结果并经双方协商一致确定,是公平合理的交易。该合同已履行完毕。

3)支付土地补偿费

本公司为了与揭阳市国土局签订国有土地使用权出让协议,以出让方式取得座落在揭阳市锡场镇工业区内、土地面积为 10386 平方米的国有划拨土地,于 1999 年 12 月与该国有划拨土地的原使用者——兴盛化工签订土地补偿协议,向后者支付土地补偿费 104.4 万元。该转让价格是依据珠海思源估价师事务所有限公司(A 级土地评估机构)的评估结果并经双方协商一致确定,是公平合理的交易。该合同已履行完毕。

4)担保借款

本公司与中信实业银行广州分行签订了一份《人民币保证借款合同》,合同约定,中信实业银行广州分行向本公司贷款 3,000 万元人民币,用途为流动资金,贷款年利率为 6.1425%,发行人自提款之日起根据实际发生金额与实际占用天数计算利息,贷款期限为壹拾贰个月,自 2000 年 4 月至 2001 年 4 月。本公司股东榕泰瓷具为本公司该笔借款提供担保。

第八节　财务会计资料

1.注册会计师对本公司会计报表的意见

本公司已聘请广东正中珠江会计师事务所有限公司对本公司 1998 年 12 月 31 日、1999 年 12 月 31 日及 2000 年 12 月 31 日的资产负债表、自 1998 年 1 月 1 日至 2000 年 12 月 31 日止三个会计年度的利润及利润分配表与 2000 年度的现金流量表进行了审计。注册会计师已出具了不带说明段的无保留意见的审计报告。

以下引用的财务资料数据,非经特别说明,均引自经审计的会计报表。

2.简要会计报表

简要利润及利润分配表　　单位:人民币元

项 目	2000 年度	1999 年度	1998 年度
主营业务收入	230,193,143.72	210,664,104.15	191,500,280.47
主营业务利润	55,247,866.31	49,995,835.84	48,942,312.66
营业利润	39,438,734.10	36,649,788.88	32,942,253.72
利润总额	39,438,734.10	36,649,788.88	32,942,253.72
净利润	26,423,951.85	36,649,788.88	32,942,253.72
可供分配的利润	31,577,188.06	64,650,704.54	32,942,253.72
可供股东分配的利润	27,613,595.27	59,153,236.21	28,000,915.66
未分配利润	15,613,595.27	5,153,236.21	28,000,915.66

简要资产负债表　　单位:人民币元

资 产	2000.12.31	1999.12.31	1998.12.31
流动资产	149,562,555.22	116,718,095.77	120,073,230.73
长期投资	-	-	-
固定资产净值	101,564,651.45	87,889,404.24	94,862,734.56
在建工程	-	11,082,600.00	6,250,000.00
无形及其他资产	18,436,016.76	18,792,570.00	96,750.00
递延税项借项	-	-	-
资产总计	269,563,223.43	234,482,670.01	221,282,715.29
负债及股东权益	-	-	-
流动负债	119,318,378.98	98,661,777.41	68,111,611.57
长期负债	-	-	-
递延税项贷项	-	-	-
股东权益	150,224,844.45	135,820,892.60	153,171,103.72
负债和股东权益合计	269,563,223.43	234,482,670.01	221,282,715.29

简要现金流量　　单位:人民币元

项 目	2000 年度
经营活动产生的现金流量净额	23,554,635.65
投资活动产生的现金流量净额	-9,921,015.92
筹资活动产生的现金流量净额	9,207,229.73
汇率变动对现金的影响	-
现金及现金等价物净增加额	22,840,849.46

3.经营业绩

近三年公司主营业务收入和利润形成的情况

项目	2000年度	1999年度	1998年度
主营业务收入	230,193,143.72	210,664,104.15	191,500,280.47
其中:ML复合新材料	156,604,563.39	149,443,009.69	138,079,750.80
仿瓷制品	73,588,550.33	61,221,094.46	53,420,529.67
主营业务利润	55,247,866.31	49,995,835.84	48,942,312.66
营业利润	39,438,734.10	36,649,788.88	32,942,253.72
投资收益	-	-	-
补贴收入	-	-	-
营业外收支净额	-	-	-
利润总额	39,438,734.10	36,649,788.88	32,942,253.72
所得税	13,014,782.25	-	-
净利润	26,423,951.85	36,649,788.88	32,942,253.72

单位:人民币元

4.财务指标

项目	2000.12.31	1999.12.31	1998.12.31
流动比率	1.25	1.18	1.76
速动比率	0.61	0.48	0.90
应收帐款周转率(次)	5.47	5.47	4.14
存货周转率(次)	3.44	3.70	2.47
无形资产(土地使用权除外)占总(净)资产的比例	-	-	-
资产负债率(%)	44.26	42.08	30.78
每股净资产(元)	1.25	1.13	1.28
研发费用占主营业务收入比例(%)	5.26	5.11	4.86
每股收益(元)	0.22	0.31	0.27
净资产收益率(%)	17.59	26.98	21.51
每股经营活动的现金流量(元)	0.19	-	-

发行后的净资产收益率为4.95%(按2000年实现的净利润摊薄计算)

本公司按《公开发行证券公司信息披露编报规则第9号——净资产收益率和每股收益的计算及披露》计算的2000年净资产收益率和每股收益如下:

报告期利润	净资产收益率(%)		每股收益(元/股)	
	全面摊薄	加权平均	全面摊薄	加权平均
主营业务利润	36.78	37.07	0.46	0.46
营业利润	26.25	26.46	0.33	0.33
净利润	17.59	17.73	0.22	0.22
扣除非经常性损益后的净利润	17.59	17.73	0.22	0.22

5.资产

1)流动资产

流动资产主要包括货币资金、应收票据、应收帐款、其他应收款、预付帐款、存货和待摊费用,具体情况如下:

1998、1999和2000年末,本公司的货币资金余额分别为3,607,029.45元、2,885,672.79元和25,726,522.25元。

本公司2000年末的应收票据余额为5,000,000元,是广州科利得投资管理有限公司为偿还广州科创利得发展有限公司对公司的欠款而出具的。

本公司1998、1999和2000年末的应收帐款余额分别为46,262,613.56元、38,537,825.06元和42,080,492.56元。2000年12月31日,应收帐款帐龄均为一年以内。本公司应收帐款余额中不存在持有公司5%以上股份的股东欠款。

本公司1998、1999和2000年末的其他应收款余额分别为14,777,925.12元、7,861,505.85元和296,643.65元,呈逐年递减趋势。其他应收款主要为应收外单位往来款和备用金。2000年末的其他应收款余额较1999年末大幅减少,主要是由于收回了外单位的欠款。本公司其他应收款中不存在持有公司5%以上股份的股东欠款。

本公司1998、1999和2000年末的坏帐准备为3,052,026.93元、2,319,966.55元和2,118,856.81元,上述三年末应收款项净额为57,988,511.75元、44,079,364.36元和40,258,279.40元。

本公司1998、1999和2000年末预付帐款余额分别为385,015.91元、26,744,060.50元和28,114,952.10元。2000年末的预付帐款余额系公司按照土地出让预约合同预付的部分土地出让金。本公司预付帐款余额中不存在持有公司5%以上股份的股东欠款。

本公司1998、1999和2000年末的存货余额分别为57,455,402.62元、43,008,998.12元和50,462,801.47元。原材料按单个品种期末结存成本高于最近采购价格的差额提取跌价准备,2000年计提存货跌价准备680,736.16元,1998、1999年未发生跌价情形;其他存货相关期间的成本均未低于可变现净值,故未计提存货跌价准备。

2)固定资产

公司截至2000年12月31日固定资产原值为143,284,841.92元,累计折旧41,720,190.47元,固定资产净值为101,564,651.45元,具体情况如下:

单位:人民币元

项目	折旧年限	折旧方法	年折旧率(%)	帐面原值	累计折旧	帐面净值
房屋建筑物	30	平均年限法	3.17	55,904,649.92	9,153,759.29	46,750,890.63
机器设备	15	平均年限法	6.33	81,656,180.00	29,925,605.06	51,730,574.94
运输工具	8	平均年限法	11.88	5,599,605.00	2,638,422.32	2,961,182.68
其它设备	5	平均年限法	19.00	124,407.00	2,403.80	121,976.20
合计				143,284,841.92	41,720,190.47	101,564,651.45

3)无形资产

本公司截至2000年12月31日无形资产余额为18,387,626.76元,全部为土地使用权,其明细列示如下:

土地位置	原始金额	取得方式	摊销年限及确定依据	期末摊余价值	剩余摊销年限
揭东试验区8号之一	5,860,000.00	转让	44年(实际可使用年限)	5,726,818.24	43年0个月
锡场镇工业区A幅	2,500,000.00	转让	47年(实际可使用年限)	2,446,808.56	46年0个月
锡场镇工业区B幅	1,044,000.00	出让	50年(实际可使用年限)	1,023,120.00	49年0个月
市区新兴东路北侧	1,456,000.00	出让	50年(实际可使用年限)	1,426,879.96	49年0个月
仙桥紫东工业园区	7,920,000.00	出让	50年(实际可使用年限)	7,764,000.00	49年0个月
合计	18,780,000.00			18,387,626.76	

6.负债

截至2000年12月31日,本公司负债总额为119,318,378.98元,全部为流动负债,主要包括短期借款、应付帐款、预收帐款、应付股利、应交税金和其他应付款。

截至2000年12月31日,本公司短期借款余额为86,420,000元,全部为银行借款。

本公司1998、1999和2000年末的应付帐款余额分别为10,433,388.38元、14,285,817.62元和7,900,505.34元。2000年12月31日,应付帐款余额中不存在应付持本公司5%以上股份的股东款项。

本公司1998、1999和2000年末的预收帐款余额分别为4,446,839.21元7,362,514.37元和0元。

本公司1998、1999和2000年末的应付股利分别为0元、54,000,000元和12,000,000元。

本公司1998、1999和2000年末的应交税金分别为-655,846.11元、1,996,533.43元和10,209,129.62元。2000年12月31日,本公司应交税金中,主要包括应交增值税462,006.89元,应交城建税32,340.48元和应交企业所得税9,714,782.25元。

本公司1998、1999和2000年末的其他应付款分别为4,238,059.44元597,717.82元和2,087,659.95元。2000年12月31日,其他应付款余额主要为应付工程尾款,不存在应付持有本公司5%以上股份的股东款项。

截至2000年12月31日,本公司不存在或有负债、逾期贷款以及对公司经营有重大影响的合同或承诺。

7.股东权益

截至2000年12月31日,本公司的股本为12,000万股,全部为人民币普通股,每股面值人民币1.00元,合计人民币12,000万元。本公司近三年股东权益情况如下:

单位:人民币元

项目	2000.12.31	1999.12.31	1998.12.31
股本	120,000,000.00	120,000,000.00	120,000,000.00
资本公积	228,850.00	228,850.00	228,850.00
盈余公积	14,402,399.18	10,438,806.39	4,941,338.06
其中:法定公益金	4,800,799.73	3,479,602.13	1,647,112.69
未分配利润	15,613,595.27	5,153,236.21	28,000,915.66
合计	150,244,844.45	135,820,892.60	153,171,103.72

第九节 其他重要事项

1.本公司本次向社会公众公开发行了4000万股人民币普通股股票,本次发行前每股净资产为1.25元,发行后每股净资产为3.34元。

2.根据中国证监会有关盈利预测的规定,本公司不出具盈利预测报告。本公司承诺:根据本公司的生产经营计划,本公司如在2001年成功发行4000万股社会公众股,扣除发行费用后,可募集资金38400万元。本次募股资金到位后,将严格按募股资金投资计划用于拟投资项目,如募集资金投资项目能按时按计划得以顺利实施并投产,且届时市场环境不发生大的变化,根据拟投资项目可行性研究报告,本公司认为股票发行上市后,预期发行当年净资产收益率不低于同期银行存款利率,符合《公司法》第一百三十七条关于公司发行新股的条件。

本公司的主承销商广东证券股份有限公司对本公司股票发行后的预期净资产收益率的意见为:根据公司1998年至2000年已实现净资产收益率、本公司提供的《2001年盈利预测表》及相关编制资料和本公司的承诺,认为本公司本次发行新股后,如果不遭遇重大自然灾害等不可抗力的意外情况,本公司2001年预期净资产收益率不低于同期银行存款利率,符合《公司法》第一百三十七条关于公司发行新股的条件。

本公司律师对本次发行股票后的预期净资产收益率发表见证意见如下:公司所做的关于预期净资产收益率的承诺合法有效;公司对预期净资产收益率的承诺是在充分依据本身的现实基础、经营能力、未来发展计划的前提下作出的;公司发行上市后预期收益率不低于同期银行存款利率,符合《公司法》第一百三十七条对发行新股有关条件的规定。

3.本公司2000年年度股东大会已通过本公司董事会提交的2000年利润分配预案,即按每股0.10元进行现金分配,共分配现金12,000,000.00元,余下未分配利润15,613,595.27元滚存至下一年度分配,本次发行后的新股东不参加公司2000年利润分配。2000年12月30日,本公司临时股东大会决议,新老股东将共享本公司2000年年度股东大会决议分配后截止2000年12月31日的滚存未分配利润及从2001年1月1日起的新增利润。

4.本公司将在2002年6月30日前进行上市后的第一次利润分配。

5.本公司第一大股东广东榕泰高级瓷具有限公司承诺:自本公司股票上市之日起12个月内,不转让其所持有本公司的股份,也不由本公司回购该部分股份。

6.截止本公告书刊登之日,本公司未涉及任何重大诉讼或仲裁事项。

7.除本公司招股说明书及其概要和本上市公告书披露的事项外,本公司没有其他应披露而未披露的重要事项。

第十节 董事会上市承诺

本公司董事会承诺将严格遵守《公司法》、《证券法》、《股票发行与交易管理暂行条例》、《公开发行股票公司信息披露实施细则》、《上海证券交易所上市规则》等法律、法规和中国证监会的有关规定,并自股票上市之日起作到:

1.真实、准确、完整、公允和及时地公布定期报告,披露所有对投资者有重大影响的信息,并接受中国证监会、上海证券交易所的监督管理;

2.本公司在知悉可能对股票价格产生误导性影响的任何公共传播媒介中出现的消息后,将及时予以公开澄清;

3.本公司董事、监事、高级管理人员和核心技术人员将认真听取社会公众的意见和批评,不利用已获得的内幕消息和其他不正当手段直接或间接从事发行人股票的买卖活动;

4.本公司没有无记录的负债。

第十一节 上市推荐人及其意见

本公司聘请广东证券股份有限公司、国泰君安证券股份有限公司担任本公司本次发行的4000万股A股股票的上市推荐人,上市推荐人的有关情况和推荐意见如下:

1.上市推荐人情况

1)名称:广东证券股份有限公司

法定代表人:钟伟华

办公地址:广州市解放南路123号金汇大厦26楼

联系电话:(020)83270480、83270471

传真:(020)83270485

联系人:卢景芳、刘祥能

2)名称:国泰君安证券股份有限公司

法定代表人:金建栋

办公地址:上海市浦东新区商城路618号

联系电话:(0755)2296666-4109

传真:(0755)2296188

联系人:杨小燕、姚琬琦

2.上市推荐人意见

作为本公司本次股票上市的第一推荐人,广东证券股份有限公司认为,本公司章程符合《公司法》等国家有关法律、法规和中国证监会的有关规定,具备了《公司法》、《证券法》和上海证券交易所上市规则等法律、法规规定的上市条件;本公司董事了解国家的有关法律、法规、上海证券交易所上市规则及股票上市协议规定的董事的义务与责任;本公司建立健全了法人治理结构,制定了严格的信息披露制度与保密制度。广东证券股份有限公司已对本公司上市文件所载的资料进行了核实,认为上市文件真实、准确、完整,符合上海证券交易所的上市规定和要求,没有虚假、严重误导性陈述或者重大遗漏,并保证对其承担连带责任。广东证券股份有限公司与本公司不存在关联关系。广东证券股份有限公司愿意推荐本公司的股票在上海证券交易所上市交易,并且在上市推荐过程中,将不利用获得的内幕信息进行内幕交易,为自己和他人谋利。

作为本公司本次股票上市的第二推荐人,国泰君安证券股份有限公司认为,本公司章程符合《公司法》等国家有关法律、法规和中国证监会的有关规定,具备了《公司法》、《证券法》和上海证券交易所上市规则等法律、法规规定的上市条件;本公司董事了解国家的有关法律、法规、上海证券交易所上市规则及股票上市协议规定的董事的义务与责任;本公司建立健全了法人治理结构,制定了严格的信息披露制度与保密制度。国泰君安证券股份有限公司已对本公司上市文件所载的资料进行了核实,认为上市文件真实、准确、完整,符合上海证券交易所的上市规定和要求,没有虚假、严重误导性陈述或者重大遗漏,并保证对其承担连带责任。国泰君安证券股份有限公司与本公司不存在关联关系。国泰君安证券股份有限公司愿意推荐本公司的股票在上海证券交易所上市交易,并且在上市推荐过程中,将不利用获得的内幕信息进行内幕交易,为自己和他人谋利。

广东榕泰实业股份有限公司

二〇〇一年六月七日

浙江新安化工集团股份有限公司

股票上市公告书暨2001年中期财务报告(部分)摘录

一、概　览

股票简称:新安股份
股票代码:600596
总股本:134,110,363股
本次上市流通股本:44,000,000股
上市地点:上海证券交易所
上市时间:2001年9月6日
股票登记机构:上海证券中央登记结算公司
上市推荐人:浙江证券有限责任公司
　　　　　　光大证券有限责任公司

二、发行人概况

(一)发行人的基本情况
1、发行人名称:浙江新安化工集团股份有限公司
英文名称:ZHEJIANG XINAN CHEMICAL INDUSTRIAL GROUP CO., LTD
2、注册资本:134,110,363元
3、法定代表人:王伟
4、设立日期:1993年5月12日
5、注册地址:浙江省建德市新安江镇大桥路93号
6、经营范围:化工原料及产品、化工机械、农药、化肥、包装物的制造和经营,本企业自产的化工原料及化工产品、农药及中间体的出口业务等。
7、主营业务:本公司主要从事草甘膦、毒死蜱等高效低毒类农药产品的开发、生产与销售;有机硅单体及其下游产品的研制和生产经营;精细及生物化工产品开发、生产和经营。
8、所属行业:化工农药制造业
9、联系电话:0571-64723891
传真:0571-64721344
10、电子信箱:Xinanche@jd.hz.zj.cn
11、董事会秘书:姜永平

三、董事、监事、高级管理人员及核心技术人员

(一)董事会成员简介

1、王伟先生,中国国籍,男,1950年9月出生,大学文化,高级经济师。曾先后担任建德化工厂工艺员、技术科长、副厂长、厂长,建德市经委副主任,建德市工业局局长,多次被评为全国化工系统和浙江省优秀企业家。现任公司董事长。

2、程旭先生,中国国籍,男,1963年3月出生,大学文化。曾任建德市财税局税政科副科长、国企所所长、企财科科长。现任公司董事。

3、季诚建先生,中国国籍,男,1958年4月出生,大学本科,在职研究生,高级工程师。曾任建德化工厂技术员、副厂长、厂长,本公司副总经理,现任公司董事,总经理。

4、汪福海先生,中国国籍,男,1968年10月出生,大学文化,会计师。曾任开化国有资产运营管理科科长。2000年9月调任公司开化县国有资产经营公司副总经理。现任公司董事。

5、林加善先生,中国国籍,男,1965年1月出生,大学文化,在职研究生,会计师。曾任建德化工厂会计、财务科副科长,公司财务证券部经理,现任公司董事、副总经理兼总会计师。

6、袁一强先生,中国国籍,男,1952年6月出生,大学文化,会计师。曾任杭州红旗电动机械厂财务科长,杭州人防设备厂副厂长,浙江国际信托投资公司证券总部业务经理,现任浙江省信鸿实业有限公司董事长兼总经理。

7、张顺强先生,中国国籍,男,1946年1月出生,大学文化,商务师。曾在山西长治工程机械配件厂、北京燕山石化公司、中国化工进出口总公司工作,现任中化国际贸易股份有限公司资产管理部总经理,公司董事。

(二)监事会成员简介

1、林连生先生,中国国籍,男,1944年11月出生,大专文化,高级政工师。曾任杭州海军疗养院政治处副主任,建德市纪委常委,现任公司党委副书记,工会主席,监事会召集人。

2、包雪传先生,中国国籍,男,1952年9月出生,大专文化,高级政工师。曾任建德化工厂党委副书记,工会主席,现任公司监事。

3、周美良先生,中国国籍,男,1945年7月出生,初中文化,政工师。曾任建德化工厂、建德化工二厂党支部副书记,企业技术中心党支部书记,现任公司监事。

(三)其他高级管理人员简介

1、刘侠先生,中国国籍,男,1957年12月出生,大学文化,工程师。曾任公司发展部副经理,建德化工厂厂长,公司总经理助理,现任公司副总经理。

2、方江南先生,中国国籍,男,1963年2月出生,大学文化,工程师,曾任开化合成材料有限公司总经理,现任公司副总经理。

3、姜永平先生,中国国籍,男,1965年3月出生,大学文化,在职研究生,经济师。曾任建德市经委、建德市工业局秘书,公司总经理办公室副主任,现任公司董事会秘书。

(四)技术负责人和核心技术人员简介

1、任不凡先生,中国国籍,男,1964年6月出生,大学文化,高级工程师。曾任公司科研所所长,技术中心副主任,现任公司总经理助理兼技术中心常务副主任,为公司的技术负责人。主持开发的"四氯乙烯氧化法合成三氯乙酰氯"新工艺获得2000年度杭州市新产品新技术一等奖,2000年度浙江省科技进步二等奖。

2、周曙光先生,中国国籍,男,1970年2月出生,工学硕士,高级工程师。曾任公司科研所副所长,现任公司技术中心副主任兼总工程师。主持开发的"辛癸酸甘油酯"获得国家金奖,作为主要完成人员之一,有五项职务发明申报了国家发明专利,主持或参与开发的九项科技成果通过了省级鉴定,作为主要人员研究开发的"草甘膦合成新技术"、"四氯乙烯氧化法合成三氯乙酰氯"两项成果获浙江省科技进步二等奖。

3、胡跃华先生,中国国籍,男,1959年8月出生,大学文化,高级工程师。曾任建德农药厂技术副厂长,公司发展部副经理,现任公司副总工程师兼总工程师办公室主任。主持开发的"化学除草剂-草甘膦原粉"获得国家科技进步二等奖,"阻燃剂氯化石蜡"获得杭州市新产品新技术二等奖,"草甘膦异丙胺盐水剂"获得浙江省石化厅科技进步二等奖。

4、邵月刚先生,中国国籍,男,1964年10月出生,大学文化,高级工程师。曾任开化合成材料有限公司总工程师,现任公司技术中心副主任。先后取得了有机金属法合成三甲基一氯硅烷、液相法合成甲基三乙氧基硅烷、DMC裂解新工艺等十几项科研成果,作为工艺技术负责人参与了公司有机硅单体、氯甲烷合成等技改项目的建设,是浙江省有机硅工程技术中心建设的主要负责人之一。

5、胡江先生,中国国籍,男,1964年3月出生,大学文化,高级工程师。曾任公司下属建德化工二厂副总工程师,现任建德化工二厂副厂长,是草甘膦、毒死蜱、三氯乙酰氯等技改项目的技术负责人之一。参与开发的"草甘膦合成新技术"获得浙江省科技进步奖二等奖,"草甘膦异丙胺盐水剂"获浙江省石化厅科技进步奖二等奖。

(五)董事、监事、高级管理人员与核心技术人员的持股情况

1、直接或间接持有公司股份的情况

姓名	职务	持股数
王　伟	董事长	10000
程　旭	董事	0
季诚建	董事,总经理	8000
汪福海	董事	0
林加善	董事,副总经理	21000
袁一强	董事	0
张顺强	董事	0
林连生	监事会召集人	5000
包雪传	监事	22600
周美良	监事	10000
刘　侠	副总经理	16000
方江南	副总经理	0
姜永平	董事会秘书	5000
任不凡	技术负责人	500
胡跃华	副总工程师	6600
周曙光	技术中心总工程师	3000
邵月刚	技术中心副主任	0
胡　江	技术副厂长	5000

四、股票发行与股本结构

1、本次上市前股权结构

股权性质	股份数量(万股)	所占比例(%)
国家股	3,993.0000	29.77
国有法人股	1,302.6400	9.71
社会法人股	2,047.3963	15.27
职工股	1,668.0000	12.44
流通股	4,400.0000	32.81
总股本	13,411.0363	100.00

2、本公司前十名股东持股情况

股东名称	持股数(万股)	所占比例(%)
建德市国有资产管理局	3,993.000	29.77
开化县工业国有资产经营公司	1,302.640	9.71
浙江信鸿实业有限责任公司	300.000	2.24
中化国际贸易股份有限公司	280.000	2.09
上海化工进出口公司	200.000	1.49
浙江省科技风险投资公司	167.400	1.25
上海宏广达实业公司	90.725	0.68
上海东方储罐有限公司	80.000	0.60
金鑫基金	45.200	0.38
浙江康恩贝股份有限公司	42.200	0.31

(注:本上市公告书因版面原因为上市公告书部分摘录,需要阅读全文请向相关公司董事会秘书查询。)

上海方正延中科技集团股份有限公司

二〇〇〇年年度报告摘选

一、公司简介

1、公司法定中文名称:上海方正延中科技集团股份有限公司
公司法定英文名称:SHANGHAI FOUNDER YANZHONG SCIENCE&TECHNOLOGY GROUP CO.,LTD
公司英文名称缩写:FST
2、公司法定代表人:张玉峰先生
4、董事会秘书:王晓青先生
董事会授权代表:侯郁波先生
联系地址:上海市南京西路1515号嘉里中心九楼
联系电话:(021)52986118-9017
传 真:(021)52985038
电子信箱:houyb@foundertech.com
4、公司注册地址:上海市南京西路1515号嘉里中心九楼
公司办公地址:上海市南京西路1515号嘉里中心九楼
邮政编码:200040
公司网址:http://www.foundertech.com
5、公司选定的信息披露报纸:《上海证券报》、《中国证券报》
登载公司年度报告的中国证监会指定国际互联网网址:http://www.sse.com.cn
6、股票上市地:上海证券交易所
股票简称:方正科技
股票代码:600601

二、会计数据和业务数据摘要

单位:元

1、主要财务数据

利润总额:	155,336,973.61
净利润:	124,831,373.16
扣除非经常性损益后的净利润:	125,840,957.97
主营业务利润:	362,232,355.05
其他业务利润:	1,298,513.55
营业利润:	99,278,383.48
投资收益:	29,745,064.69
补贴收入:	27,323,110.25
营业外收支净额:	-1,009,584.81
经营活动产生的现金流量净额:	6,450,758.76
现金及现金等价物净增加额:	211,277,884.71

非经常性损益主要内容为:①营业外收入中包括违约金滞纳金收入、废品收入、存货盘盈等项共计528,103.33元;②营业外支出中包括存货报废、评估减值、捐赠等项共计1,537,688.14元。

2、截止报告期末公司前三年的主要会计数据和财务指标

项目	2000年	1999年	1998年	
			调整前	调整后
主营业务收入	2,698,527,300.26	1,652,792,891.02	296,921,739.59	252,071,740.92
净利润	124,831,373.16	33,856,938.63	35,992,445.29	1,316,326.85
总资产	1,308,750,890.49	843,241,351.71	1,004,372,636.96	698,701,148.87
股东权益(不含少数股东权益)	517,426,220.15	391,924,828.93	352,604,866.72	85,729,904.96
每股收益(摊薄)	0.67	0.18	0.23	0.01
每股收益(加权)	0.67	0.21	0.31	0.01
扣除非经常性损益后的每股收益(摊薄)	0.67	0.20	0.24	0.02
扣除非经常性损益后的每股收益(加权)	0.67	0.23	0.33	0.03
每股净资产	2.77	2.10	2.27	0.55
调整后的每股净资产	2.67	1.95	2.18	0.39
每股经营活动产生的现金流量净额	0.03	-0.60	-0.44	-0.44
净资产收益率(%)(摊薄)	24.13	8.64	10.21	1.54

3、净资产收益率和每股收益指标

	净资产收益率		每股收益	
	全面摊薄	加权平均	全面摊薄	加权平均
(1)主营业务利润	70.01%	79.73%	1.94	1.94
(2)营业利润	19.19%	21.85%	0.53	0.53
(3)净利润	24.13%	27.48%	0.67	0.67
(4)扣除非经常性损益后的净利润	24.32%	27.70%	0.67	0.67

注:净资产收益率和每股收益按《公开发行证券公司信息披露编报规则第9号—净资产收益率和每股收益的计算及披露》方法计算。

三、股本情况介绍

1、主要股东持股情况:

股东名称	持股数(股)	持股比例(%)
北大方正	7031961	3.77
金鑫基金	4891399	2.62
虹兴仓储	3153252	1.69
江苏长虹	2272650	1.22
金泰基金	2027806	1.09
泰和基金	1932471	1.03
同盛基金	1500250	0.80
北大科技	1108020	0.59
沈阳旷源	1070971	0.57
鑫达铜材	875393	0.47

(1)本报告期末公司股东总数为:132686名。
(2)以上股东中,北大方正、北大科技为关联企业。虹兴仓储、江苏长虹为关联企业。
(3)截止报告期末,本公司无持股5%以上股东及合并持有5%以上股东。

上海真空电子器件股份有限公司

二〇〇〇年年度报告摘选

一、公司简介

(一)公司法定中文名称:上海真空电子器件股份有限公司
公司法定英文名称:SHANGHAI VACUUM ELECTRON DEVICES CO., LTD.
公司英文名称缩写:SVEC
(二)公司法定代表人:董事长 顾培柱先生
(三)公司信息披露机构:股份制办公室
公司董事会秘书:胡之奎先生
其他联系人:周祁顺先生、肖敏小姐
联系地址:上海市长寿路97号世纪商务大厦26楼
电话:62980202转646或647
传真:62982121
(四)公司注册地址:上海市浦东即墨路95-97号2号楼4层
公司办公地址:上海市长寿路97号世纪商务大厦26楼
邮政编码:200060
公司国际互联网网址:http://www.svec.com.cn
电子信箱:csvec@online.sh.cn
(五)公司选定的信息披露报纸名称:《上海证券报》、香港《南华早报》
登载公司年度报告的中国证监会指定国际互联网网址:http://www.sse.com.cn
公司年度报告备置地点:公司股份制办公室
(六)公司股票上市交易所:上海证券交易所
股票简称:真空电子　　真空B股
股票代码:600602　　900901

二、会计数据和业务数据摘要(合并报表)

(一)1、本年度主要利润指标情况(单位:人民币元)

利润总额	625,284,038.12
其中:主营业务利润	884,735,514.35
其他业务利润	-11,321,088.73
营业利润	429,681,138.17
投资收益	214,852,377.69
补贴收入	360,705.01
营业外收支净额	-19,610,182.75
净利润	300,875,042.36
扣除非经常性损益后的净利润	308,685,878.69
经营活动产生的现金流量净额	375,239,040.02
现金及现金等价物净增加额	-357,778,086.67

说明:扣除非经常性损益后的净利润包括补贴收入360,705.01元,罚款收入与支出的净额114,290.17元,捐赠-270,800元,处置资产损益-19,805,718.36元,土地补偿收支净额11,790,686.85元。

(二)截至报告期末公司前三年主要会计数据和财务指标:(单位:人民币元)

项目	2000年	1999年(调整前)	1999年(调整后)	1998年
主营业务收入	5,055,646,755.07	4,374,000,131.03	4,374,000,131.03	3,359,112,117.79
净利润	300,875,042.36	323,269,075.81	304,320,303.60	129,512,727.63
总资产	7,739,914,912.66	7,018,488,612.80	6,999,539,840.59	5,324,417,230.71
股东权益(不含少数股东权益)	2,865,122,853.87	2,689,870,113.11	2,670,921,340.90	1,180,820,765.22
每股收益(全面摊薄)	0.357	0.422	0.397	0.203
每股收益(加权平均)	0.357	0.507	0.478	0.203
扣除非经常性损益后的每股收益	0.366	0.166	0.141	0.004
每股净资产	3.40	3.51	3.49	1.85
调整后的每股净资产	3.33	3.47	3.47	1.85
每股经营活动产生的现金流量净额	0.45	0.81	0.81	0.37
净资产收益率%(摊薄)	10.50	12.02	11.39	10.97
净资产收益率(加权)	10.66	24.08	22.83	11.09

(三)利润表附表

报告期利润	净资产收益率(%)		每股收益(元)	
	全面摊薄	加权平均	全面摊薄	加权平均
主营业务利润	30.88	31.36	1.050	1.050
营业利润	15.00	15.23	0.510	0.510
净利润	10.50	10.66	0.357	0.357
扣除非经常性损益后的净利润	10.77	10.94	0.366	0.366

三、股东情况介绍

(一)股东情况介绍
报告期末公司主要股东持股情况:

股东名称	持股数(股)	占总股本比例(%)
(1)上海广电(集团)有限公司(国有股)	313,947,548	37.24
(2)上海久事公司	7,730,000	0.92
(3)CBNY S/A PNC/SKANDIA SELECT FUND/CHINA EQUITY AC	5,943,913	0.71
(4)上海置业集团(上海)有限公司	5,500,000	0.65
(5)上海天原(集团)有限公司	4,000,000	0.47
(6)WARBURG DILLON READ NOMINEES (HONGKONG) LTD-GENERAL A/C	3,844,665	0.46
(7)WATTSBURG CO. LTD.	3,162,456	0.38
(8)君安证券上海常德路营业部	2,966,000	0.35
(9)钱月霞	2,632,602	0.31
(10)上海贝岭股份有限公司	2,400,000	0.28

上海兴业房产股份有限公司

二〇〇〇年年度报告摘选

一、公司简介

1 、公司法定中文名称:上海兴业房产股份有限公司
公司英文名称:SHANGHAI XINGYE HOUSING CO. , LTD
公司英文名称缩写:XYHC
2 、公司法定代表人:唐相道
3 、公司董事会秘书:祁勇
联系地址:上海市四川南路 38 号
邮政编码:200002
联系电话:021 - 63735258
传真电话:021 - 63735197
电子信箱(E - mail):Xingyeb @ online. sh. cn
4 、公司注册地址:上海市四川南路 38 号
邮政编码:200002
联系电话:021 - 63735258
传真号码:021 - 63735197
公司办公地址:上海市长乐路 333 号
邮政编码:200031
联系电话:021 - 54042455
传真号码:021 - 64739488
电子信箱(E - mail):Xingyeb @ online. sh. cn
5 、公司选定的信息披露的报纸名称:《上海证券报》
登载公司年度报告的中国证监会指定的国际互联网网址:http: // www. sse. com. cn
公司年度报告备置地点:上海市长乐路 333 号公司办公室
6 、公司股票上市交易所:上海证券交易所
公司股票简称:兴业房产
公司股票代码:600603

二、会计数据和业务数据摘要

1 、本年度主要利润指标情况:(单位:元)

项目	金额
(1)利润总额:	5,624,184.13
(2)净利润:	4,035,603.26
(3)扣除非经常性损益后的净利润:	4,035,603.26
(4)主营业务利润:	25,886,902.23
(5)其它业务利润:	2,368,940.87
(6)营业利润:	1,177,788.13
(7)投资收益:	4,957,234.77
(8)营业外收支净额:	-510,838.77
(9)经营活动产生的现金流量净额:	-191,012,497.32
(10)现金及现金等价物净增加额:	-103,540,654.56

2 、截止报告期末公司前三年主要会计数据和财务指标

指标项目	2000 年度	1999 年度	1998 年度	
			调整前	调整后
(1)主营收入(万元)	22,597.00	33,196.00	16,167.00	16,167.00
(2)净利润(万元)	404.00	2,713.00	3,762.00	3,454.00
(3)总资产(万元)	114,618.00	99,016.00	72,721.00	71,996.00
(4)股东权益(万元)(不含少数股东权益)	37,857.00	37,453.00	35,461.00	34,741.00
(5)每股收益(元)摊薄	0.02	0.17	0.28	0.26
(6)扣除非经常性损益后的每股收益(元)	0.02	0.17	0.25	
(7)每股净资产(元)	1.94	2.31	2.62	2.57
(8)调整后的每股净资产(元)	1.94	2.30	2.62	2.56
(9)每股经营活动产生的现金净流量(元)	-0.98	-1.22	-0.03	
(10)净资产收益率(%)	1.07	7.24	10.61	9.94

3 、报告期利润表附表:

报告期利润	净资产收益率%		每股收益(元)	
	全面摊薄	加权平均	全面摊薄	加权平均
主营业务利润	6.84	6.87	0.13	0.13
营业利润	0.31	0.31	0.01	0.01
净利润	1.07	1.07	0.02	0.02
扣除非常性损益后的净利润	1.07	1.07	0.02	0.02

三、股东情况介绍

(1)截止 2000 年十二月三十一日,公司的股东总数为 93,690 户。
(2)主要股东持股情况

名次	股东名称	年末持股数(股)	占总股本比例(%)
①	上海城开集团有限公司	4,161,891	2.14
②	福建兴业证券有限公司	1,465,329	0.75
③	中华企业股份有限公司	1,008,189	0.52
④	上海迅发房产有限公司	814,120	0.42
⑤	泰和基金	625,300	0.32
⑥	刘亚	555,857	0.29
⑦	古井房产	398,000	0.20
⑧	苏佩玉	384,000	0.20
⑨	黄谨	353,980	0.18
⑩	李伟兵	339,158	0.17

说明:A 、本公司无持有 5%以上公司股票的法人股东和个人股东。
B 、前十位股东之间非关联企业。

上海二纺机股份有限公司

二〇〇〇年年度报告摘选

一、公司简介

1. 公司的法定中、英文名称及缩写
公司法定中文名称:上海二纺机股份有限公司
公司法定英文名称:SHANGHAI ERFANGJI CO. , LTD.
2. 公司法定代表人:张文卿
3. 公司董事会秘书:朱建忠
公司董事会秘书授权人:吴 涛
联系地址:上海市场中路 687 号
电话:(021)65318888 * 2673
传真:(021)65421963
电子信箱:master @shej. com
公司国际互联网址:http: //www. shej. com
4. 公司注册及办公地址:上海市场中路 687 号　　　　邮编:200434
5. 公司选定的信息披露报纸名称,境内《上海证券报》、《中国证券报》; 境外:《大公报》、《商报》
登载公司年度报告的中国证监会指定国际互联网网址: http: //www. sse. com. cn
公司年度报告备置地点:上海市场中路 687 号公司本部发展筹划部
6. 公司股票上市地:上海证券交易所
股票简称:二纺机　　　　二纺 B 股
A 股股票代码:600604;　　　　B 股股票代码:900902

二、会计数据和业务数据摘要

(一)公司本年度会计数据 (单位:元)

	项目	金额
1	利润总额	8,407,024.10
2	净利润	6,917,087.71
3	扣除非经营性损益后的净利润	-87,693,367.29
4	主营业务利润	37,141,922.84
5	其它业务利润	12,182,439.35
6	营业利润	-92,613,809.14
7	投资收益	102,268,239.50
8	补贴收入	161,984.15
9	营业外收支净额	-1,409,390.41
10	经营活动产生的现金流量净值	88,634,929.43
11	现金及现金等价物的净增加值	61,906,093.94

注:非经营性损益包括股权转让收益 9461.05 万元。

(二)截止报告期末公司前三年主要会计数据和财务指标(合并报表)

(单位:万元)

项 目	2000 年	1999 年		1998 年	
		调整前	调整后	调整前	调整后
1 主营业务收入	46,529.56	29,103.99	28,169.75	30,768.17	30,768.17
2 净利润	691.71	680.58	675.16	467.86	280.29
3 总资产	164,148.27	160,207.55	158,502.10	175,618.66	172,671.24
4 股东权益	86,286.14	89,671.94	89,498.58	91,601.24	88,976.84
5 每股收益(元)	0.012	0.012	0.012	0.008	0.005
6 每股收益(元.加权)	0.012	0.012	0.012	0.008	0.005
7 扣除非经营损益后的每股收益(元)	-0.155	-0.223	-0.223	-0.092	-0.095
8 每股净资产(元)	1.523	1.583	1.580	1.617	1.571
9 调整后每股净资产(元)	1.391	1.414	1.414	1.496	1.449
10 每股经营活动产生的现金净流量(元)	0.156	0.133	0.133	0.089	0.089
11 净资产收益率(%)	0.80	0.759	0.754	0.511	0.315

(三)根据中国证监会关于《公开发行证券公司信息披露编报规则》第 9 号通知精神,公司 2000 年按全面摊薄法和加权平均法计算的净资产收益率及每股收益:

报告期利润	净资产收益率(%)		每股收益(元)	
	全面摊薄	加权平均	全面摊薄	加权平均
主营业务利润	4.30	4.30	0.066	0.066
营业利润	-10.73	-10.73	-0.163	-0.163
净利润	0.80	0.80	0.012	0.012
扣除非经营性损益后利润	-10.16	-10.16	-0.15	-0.15

(四)报告期内股东权益变动情况(单位:元)

项目	期初数	本期增加数	本期减少数	期末数‘
股本	566,449,189.46	--------	--------	566,449,189.46
资本公积	317,323,700.05	--------	--------	317,323,700.05
盈余公积	160,707,900.66	396,952.40	1,221,536.92	159,883,316.14
其中:公益金	5,462,449.61	132,317.47	407,178.98	5,187,588.10
未分配利润	-148,010,598.42	6,917,087.71	38,439,890.12	-179,533,400.83
未确认的投资	-1,484,432.22	222,994.50	--------	-1,261,437.72
损失	894,985,759.53	7,537,034.61	39,661,427.04	862,861,367.10
股东权益合计				

三、股本变动及股东情况介绍

1 、股本变动情况(单位.股)

	期初数	期末数
(一). 尚未流通股份		
1). 发起人股份	262,342,309.00	262,342,309.00
其中:国家拥有股份	262,342,309.00	262,342,309.00
尚未流通股合计	262,342,309.00	262,342,309.00
(二)已流通股份		
1. 境内上市的人民币普通股	71,181,880.00	71,181,880.00
2. 境内上市的外资股	232,925,000.00	232,925,000.00
已流通股份合计	304,106,880.00	304,106,880.00
(三)股份总数	566,449,189.00	566,449,189.00

上海轻工机械股份有限公司

二〇〇〇年年度报告摘选

一、公司简介

1、公司中文法定名称：上海轻工机械股份有限公司
公司英文名称：SHANGHAI LIGHT INDUSTRY MACHINERY CO.,LTD.
公司英文名称缩写：SLIMC
2、公司法定代表人：郭海祥
3、公司信息披露人员：
董事会秘书：沈 军
联系地址：上海南京西路1576号
电话：021—62560000×147
传真：021—62566022
电子信箱：slimcf@online.sh.cn
4、公司注册地址：上海浦东新区川沙镇东河浜路10号
公司办公地址：上海南京西路1576号
邮政编码：200040
公司国际互联网网址：http://www.china-slimc.com
公司电子信箱：slimcf@online.sh.cn
5、公司选定的信息披露报纸名称：《上海证券报》
登载公司年度报告指定的国际互联网网址：http://www.sse.com.cn
公司年度报告备置地点：上海南京西路1576号
6、公司股票上市交易所：上海证券交易所
股票简称：轻工机械
股票代码：600605

二、会计数据与业务数据摘要

1、公司本年度利润总额及构成（合并报表）单位：元

利润总额：	3748169.73
净利润：	8465481.71
扣除非经常性损益后的净利润：	8465481.71
主营业务利润：	20934594.49
其他业务利润：	9152796.52
营业利润：	-14035397.51
投资收益：	2803792.74
补贴收入：	641000.00
营业外收支净额：	14338774.50
经营活动产生的现金流量净额：	5038474.29
现金及现金等价物净增加额：	-23755245.92

2、公司近三年的主要会计数据和财务指标：单位：元

指标项目	2000年	1999年	1998年	
			调整后	调整前
主营业务收入	219749970.76	271148095.45	352322700.77	352322700.77
净利润	8465481.71	31943644.91	24778192.75	33087176.13
总资产	615925320.46	636751144.53	599372232.24	636872920.14
股东权益	321279933.99	312814452.28	280870807.37	317920048.27
每股收益	0.04	0.15	0.14	0.19
每股净资产	1.53	1.49	1.60	1.82
调整后的每股净资产	1.44	1.42	1.52	1.73
每股经营活动产生的现金流量净额	0.024	0.13	-0.007	-0.007
净资产收益率%	2.63	10.21	8.82	10.41
扣除非经常性损益后的每股收益	0.04	0.13	0.14	0.19

注：按中国证监会《公开发行证券公司信息披露编报规则》（第9号）通知要求，计算的2000年年度每股收益和净资产收益率如下：

报告期利润	净资产收益率（%）		每股收益（元）	
	全面摊薄	加权平均	全面摊薄	加权平均
主营业务利润	6.52	6.60	0.10	0.10
营业利润	-4.37	-4.43	-0.067	-0.067
净利润	2.63	2.67	0.04	0.04
扣除非经常性损益后的净利润	2.63	2.67	0.04	0.04

三、股本变动及股东情况

（一）股本变动情况：
（1）公司股份变动情况表

数量单位：万股

	本次变动前	本次变动增减（+，-）							本次变动后
		配股	送股	公积金	转股	增发	其他	小计	
一、未上市流通股份	18619.2								18619.2
1、发起人股份	18619.2								18619.2
其中：									
国家持有股份	18619.2								18619.2
境内法人持有股份									
境外法人持有股份									
其他									
2、募集法人股份									
3、内部职工股									
4、优先股或其他									
其 中：转配股									
未上市流通股份合计	18619.2								18619.2
二、已上市流通股份	2400								2400
1、人民币普通股	2400								2400
2、境内上市的外资股									
3、境外上市的外资股									
4、其他									
已上市流通股份合计	2400								2400
三、股份总数	21019.2								21019.2

上海金丰投资股份有限公司

二〇〇〇年年度报告摘选

一、公司简介

1、法定中文名称：上海金丰投资股份有限公司
法定英文名称：Shanghai Jinfeng Investment Co.,Ltd.（缩写：JF）
2、法定代表人：徐林宝
3、董事会秘书：王南
联系地址：上海市延安西路129号华侨大厦17楼
联系电话：(021)62496858
联系传真：(021)62496860
电子信箱：wangnan@online.sh.cn
4、注册地址：上海市浦东新区松林路111号
办公地址：上海市延安西路129号华侨大厦17楼
邮政编码：200040
公司网址：www.ehousee.com
5、公司信息披露报纸名称：《中国证券报》、《上海证券报》
登载公司年度报告的中国证监会指定国际互联网网址：http://www.sse.com.cn
年度报告备置地点：公司董事会秘书室
6、股票上市地：上海证券交易所
股票简称：金丰投资　　　股票代码：600606

二、会计数据和业务数据摘要

1、本年度利润总额及其构成（单位：人民币元）

利润总额：	56,596,968.46
净利润：	44,147,656.54
扣除非经常性损益后的净利润	13,978,014.03（注1）
主营业务利润：	104,530,847.88
其他业务利润：	6,591,934.61
营业利润	6,947,833.20
投资收益：	28,764,590.88
补贴收入：	0.00
营业外收支净额：	20,884,544.38
经营活动产生的现金流量净额：	20,932,102.95
现金及现金等价物净增加额：	169,901,680.23

注1：扣除非经常性损益项目涉及金额具体如下：

（1）股权转让收益	13,296,917.84元；
（2）划拨土地补偿收益	14,625,004.89元；
（3）固定资产处置收益	2,176,054.40元；
（4）合并价差摊入：	71,665.38元

2、近三年主要会计数据及财务指标（单位：人民币元）

项目	2000年度	1999年度	1998年度	
			调整后	调整前
主营业务收入	240,205,482.12	140,293,623.34	177,422,368.07	190,810,535.65
净利润	44,147,656.54	41,778,801.07	21,845,471.53	21,098,093.98
总资产	1,097,530,609.56	768,840,675.07	552,345,747.32	588,402,551.69
股东权益	231,184,283.60	205,069,834.58	163,809,256.10	163,061,878.55
每股收益（摊薄）	0.268	0.482	0.252	0.243
（加权）	0.268	0.482	0.252	0.243
扣除非经常性损益后的每股收益	0.085	0.435	0.150	0.141
每股经营活动产生的现金流量净额	0.127	-0.27	0.24	0.24
每股净资产	1.403	2.364	1.889	1.880
调整后每股净资产	1.097	2.027	1.873	1.823
净资产收益率（%）（摊薄）	19.10	20.37	13.34	12.94
净资产收益率（%）（加权）	19.44	20.37	13.34	12.94

三、股本变动及股东情况介绍

（一）股本变动情况

	期初数	比例	本年增减变动（+、-）					期末数	比例
			募股（配股）	送股	公积金转股	其他	小计		
一.尚未流通部分	-	-	-	-	-	-	-	-	-
1.发起人股份	-	-	-	-	-	-	-	-	-
(1)国家拥有股份	64,781,992.00	74.69%	-	29,151,896.00	29,151,897.00	-	58,303,793.00	123,085,785.00	74.69%
(2)境内法人持有股份	-	-	-	-	-	-	-	-	-
(3)外资法人持有股份	-	-	-	-	-	-	-	-	-
(4)其他	-	--		-	-	-	-	-	-
2.募集法人股	-	-	-	-	-	-	-	-	-
3.内部职工股	-	-	-	-	-	-	-	-	-
4.优先股或其他	-	-	-	-	-	-	-	-	-
尚未流通股份合计	64,781,992.00	74.69%	-	29,151,896.00	29,151,897.00	-	58,303,793.00	123,085,785.00	74.69%
二.已流通股份	-	-	-	-	-	-	-	-	-
1.境内上市的人民币普通股	21,952,080.00	25.31%	-	9,878,436.00	9,878,436.00	-	19,756,872.00	41,708,952.00	25.31%
2.境内上市的外资股	-	-	-	-	-	-	-	-	-
3.境外上市的外资股	-	-	-	-	-	-	-	-	-
4.其他	-	-	-	-	-	-	-	-	-
已流通股份合计	21,952,080.00	25.31%	-	9,878,436.00	9,878,436.00	-	19,756,872.00	41,708,952.00	25.31%
三.股份总数	86,734,072.00	100.00%	-	39,030,332.00	39,030,333.00	-	78,060,665.00	164,794,737.00	100%

注：股本期末比期初增加了78,060,665.00元，系公司依照1999年度股东大会决议向全体股东按每10股送4.5股的比例派送红股39,030,332股，用资本公积按每10股转增4.5股的比例转增股本39,030,333股所致。

上海实业联合集团股份有限公司

二〇〇〇年年度报告摘选

一、公司简介

1、公司法定中文名称：上海实业联合集团股份有限公司(以下简称"本集团")
公司英文名称：Shanghai Industrial United Holdings Co., Ltd.
2、公司法定代表人：丁忠德
3、公司董事会秘书：施祖琪
联系地址：上海市桃江路8号宝轻大厦5楼
电话：021－64331098，64319966　　传真：021－64337533
电子信箱：Suiljim@public3.sta.net.cn
证券事务代表：李德芳
4、公司注册地址：上海市浦东新区郭守敬路351号海泰楼2号628室
公司办公地址：上海市桃江路8号宝轻大厦5楼
邮政编码：200031
电话：021－64331098　　传真：021－64337533
国际互联网网址：http://www.siuc.com.cn
电子信箱：Suiljim@public3.sta.net.cn
5、公司选定的信息披露报纸：《中国证券报》、《上海证券报》、《证券时报》
登载公司年度报告的中国证监会指定国际互联网网址：http://www.sse.com.cn
公司年度报告备置地点：上海市桃江路8号宝轻大厦5楼
6、公司股票上市交易所：上海证券交易所
股票简称：上实联合　　股票代码：600607

二、会计数据和业务数据摘要

1、2000年度(以下简称"本年度"或"报告期")本集团会计数据及业务数据摘要

单位：元

利润总额	135,202,038.76
净利润	97,083,798.95
扣除非经常性损益后的净利润	92,166,512.57
主营业务利润	205,360,972.51
其他业务利润	14,224,278.23
营业利润	43,483,590.02
投资收益	68,157,690.92
补贴收入	16,798,290.70
营业外收支净额	6,762,467.12
经营活动产生的现金流量净额	64,834,039.32
现金及现金等价物净增加额	511,055,887.59

注1：本年度非经常性损益项目包括：　　单位：元

项目	金额
新股申购利息收入	996,832.68
处置固定资产净收益	2,076,804.85
资产盘盈收益	4,514,985.00
房产过户手续费及印花税	－217,330.05
股本变更相应税费	－1,074,970.00
其他非经常性费用	－1,379,036.10
合计	4,917,286.38

2、本集团近三年主要会计数据和财务指标　　单位：元

项目	本年度	1999年度		1998年度	
		调整前	调整后	调整前	调整后
主营业务收入	921,439,492.40	543,409,409.48	543,377,442.38	274,506,415.13	274,506,415.13
净利润	97,083,798.95	65,715,341.59	63,524,388.92	62,360,000.38	52,769,343.51
总资产	2,373,790,935.30	1,056,086,726.59	1,055,761,350.86	902,407,819.11	873,117,711.58
股东权益(不含少数股东权益)	1,361,676,781.43	459,178,511.14	456,816,358.47	436,655,413.43	409,711,856.37
每股收益(摊薄)	0.4751	0.4258	0.4116	0.4040	0.3419
每股收益(加权)	0.5413				
扣除非经常损益后每股收益(摊薄)	0.4510	0.4116	0.3974	0.3847	0.3226
扣除非经常损益后每股收益(加权)	0.5139				
每股净资产	6.6637	2.9751	2.9598	2.8300	2.6546
调整后每股净资产	6.4400	2.8088	2.7935	2.7190	2.5634
每股经营活动产生的现金流量净额(摊薄)	0.3173	0.7511	0.7511	0.2296	0.2296
每股经营活动产生的现金流量净额(加权)	0.3615				
净资产收益率(摊薄)	7.13%	14.31%	13.91%	14.28%	12.88%
净资产收益率(加权)	10.55%				

按照中国证监会《公开发行证券公司信息披露编报规则(第9号)》要求计算的净资产收益率及每股收益：

报告期利润	净资产收益率		每股收益(元)	
	全面摊薄	加权平均	全面摊薄	加权平均
主营业务利润	15.08%	22.32%	1.0050	1.1451
营业利润	3.19%	4.73%	0.2128	0.2425
净利润	7.13%	10.55%	0.4751	0.5413
扣除非经常性损益后的净利润	6.77%	10.02%	0.4510	0.5139

三、股东情况介绍

1、报告期末(2000年12月31日)本集团股东总户数为53,025户。
2、报告期末主要股东持股情况(2000年12月31日)

股东名称或简称	持股数量(万股)	持股比例(%)	年度内持股变动情况(万股)
(1)上海上实(集团)有限公司	4,564.8000	22.34	0
(2)CITY NOTE HOLDINGS LTD.	3,935.1735	19.26	0
(3)上海纺织发展总公司	1,845.9000	9.03	0
(4)香港联沪毛纺织厂有限公司	656.0820	3.21	0
(5)上海爱建股份有限公司	570.0672	2.79	0
(6)普惠基金	248.2032	1.21	
(7)安顺基金	148.2000	0.73	
(8)沪财金山	104.2500	0.51	
(9)金泰基金	99.0000	0.48	
(10)同盛基金	92.5798	0.45	

上海宽频科技股份有限公司

二〇〇〇年年度报告摘选

一、公司简介

1.公司名称：
公司法定中文名称：上海宽频科技股份有限公司
公司简称：上海科技
公司法定英文名称：SHANGHAI BROADBAND TECHNOLOGY CO.,LTD.
公司英文名称缩写：SBT
2.公司法定代表人：张杰
3.公司董事会秘书：胡兴堂
联系部门：投资管理部
联系电话：021－64569832　　传真电话：021－64568423
4.公司注册地址：上海浦东新区曹化路2号　　邮政编码：201209
公司办公地址：上海中山南二路777号1号楼
邮政编码：200032
公司网页：http://www.sbt.sh.cn
电子信箱：invest@sbt.sh.cn
5.信息披露报刊名称：上海证券报
公司年报的网址：http://www.sse.com.cn
公司年度报告备置地点：投资管理部
6.公司股票上市地点：上海证券交易所
股票简称：上海科技　　股票代码：600608

二、会计数据和业务数据摘要

1.本年度利润总额及其构成：　　单位：人民币元

利润总额	27,880,202.47
净利润	21,438,373.73
扣除非经常性损益后利润	17,505,840.83
主营业务利润	44,136,667.70
其它业务利润	5,739,771.04
营业利润	23,046,171.08
投资收益	2,244,266.25
补贴收入	
营业外收支净额	2,589,765.14
经营活动产生的现金流量净额	141,992,795.07
现金及现金等价物净增加额	62,529,679.78

注：本年度非经常性损益为393.3万元，其中，出售热轧钢管分公司的收入为338.01万元，国债投资收益为110万元，支付协介费132.3万元。

2.主要会计数据和财务指标：

指标项目	单位	2000年	1999年	1998年	
				调整后	调整前
主营业务收入	万元	181,173,331.89	176,875,308.76	205,596,154.10	205,596,154.10
净利润	万元	21,438,373.73	13,047,421.35	20,131,161.57	22,368,489.56
总资产	万元	467,806,962.77	323,252,885.90	326,653,934.38	342,701,002.68
股东权益	万元	304,505,539.57	211,619,607.54	198,572,186.19	214,493,465.76
每股净资产	元/股	2.01	1.82	1.70	1.84
调整后每股净资产	元/股	1.94	1.68	1.59	1.67
每股收益摊薄	元/股	0.1417	0.1119	0.1727	0.1919
加权		0.1434			
净资产收益率摊薄	%	7.04	6.17	10.14	10.43
加权		7.45			
扣除非经常性损益后的每股收益摊薄	元/股	0.1157	0.1097	0.0951	0.1135
加权		0.1171			
扣除非经常性损益后的净资产收益率摊薄	%	5.75	6.17	5.88	6.17
加权		6.08	6.24	5.88	6.51
每股经营活动产生的现金流量净额	元/股	0.9387	0.0871		－0.053

3、新增财务计算指标：

报告期利润	净资产收益率(%)		每股收益(元)	
	全面摊薄	加权平均	全面摊薄	加权平均
主营业务利润	14.49	15.33	0.2918	0.2952
营业利润	7.57	8.01	0.1514	0.1541
净利润	7.04	7.45	0.1417	0.1434
扣除非经常性损益后的净利润	5.75	6.08	0.1157	0.1171

注：计算公式参照《公开发行证券公司信息披露编报规则》第九号的通知。

4、报告期内股东权益变动情况：单位：元

项目	期初数	本年增加	本年减少	期末数
股本	116,569,421.00	34,692,791.00		151,262,212.00
资本公积	49,761,495.82	50,505,877.30	2,750,222.00	97,517,151.12
盈余公积	32,179,723.71	13,397,611.39		45,577,335.10
其中：公益金	9,689,082.88	4,465,870.47		14,154,953.35
未分配利润	13,108,967.01	21,438,373.73	24,398,499.39	10,148,841.35
股东权益合计	211,619,607.54	120,034,653.42	27,148,721.39	304,505,539.57

三、股本变动及股东情况

1.股本情况介绍：
①报告期末股东数量：36,097户
②主要股东持股情况：

股东名称	年末持股数(股)	占总股本(%)
南京斯威特集团有限公司	38,500,000	25.45
宝钢集团上海第一钢铁有限公司	19,554,508	12.93
宁工上证	684,500	0.45
陈国杰	615,000	0.41
岑玉金	450,000	0.30
莘庄工业公司	417,800	0.28
怡鸿房产	340,008	0.22
苏州投资	308,302	0.20
梁栋	301,082	0.20
王发枝	276,650	0.18

一汽金杯汽车股份有限公司

二〇〇〇年年度报告摘选

一、公司简介

(一)公司名称
法定中文名称:一汽金杯汽车股份有限公司
法定英文名称:FAW JINBEI AUTOMOTIVE COMPANY LIMITED
中文缩写:一汽金杯
英文缩写:FAW-JINBEI
(二)公司法定代表人:王镇昆
(三)公司董事会秘书:汤琪
证券事务代表:乔广海
联系地址:一汽金杯汽车股份有限公司董事会办公室
电话:(024)24823002
传真:(024)24823284
(四)公司注册地址:沈阳市沈河区万柳塘路38号
公司办公地址:沈阳市东陵区方南路6号
邮政编码:110015
公司国际互联网网址:http://www.faw-jinbei.com
电子信箱:jbstar@mail.sy.ln.cn
(五)公司选定的信息披露报纸名称:《上海证券报》、《中国证券报》
登载公司年度报告的中国证监会指定国际互联网网址:htt://www.sse.com.cn
公司年度报告备置地点:公司董事会办公室
(六)公司股票上市交易所:上海证券交易所
股票简称:一汽金杯　　股票代码:600609

二、会计数据和业务数据摘要

1、公司本年度利润实现情况(单位:人民币元)

项目	金额
利润总额:	249,597,163.00元
净利润:	249,850,505.40元
扣除非经常性损益后的净利润:	128,709,962.99元
主营业务利润:	111,928,913.15元
其他业务利润:	4,631,144.81元
营业利润:	-163,036,126.58元
投资收益:	413,889,971.19元
补贴收入:	40,486.76元
营业外收支净额:	-1,297,168.37元
经营活动产生的现金流量净额:	-424,540,558.32元
现金及现金等价物净增加额:	488,311,367.27元
注:扣除的非经常性损益项目及涉及金额	
(1)补贴收入	40,486.76元
(2)股权投资差额摊销	-639,091.10元
(3)股权转让收益	135,445,409.77元
(4)营业外收支净额	-1,297,168.37元
扣除:	
(5)诉讼及担保损失	12,409,094.65元
合计:	121,140,542.41元

2、主要财务数据和指标(单位:人民币元)

指标项目	2000年	1999年(调整后)	1998年(调整后)
主营业务收入	824,992,433.79	786,037,403.16	880,148,986.87
净利润	249,850,505.40	192,570,260.43	139,429,749.08
总资产	5,473,010,345.22	5,310,921,315.14	3,877,189,986.39
股东权益	2,560,285,655.86	1,741,778,279.17	1,509,817,120.15
每股收益(摊薄)	0.2287	0.1982	0.1435
加权平均 每股收益	0.2545	0.1982	0.1435
扣除非经常性损益后的每股收益	0.1178	0.2132	0.1464
每股净资产	2.3432	1.7923	1.5536
调整后的每股净资产	1.8677	0.7554	1.1564
每股经营活动产生的现金流量净额	-0.3885	-0.0864	0.02588
净资产收益率(摊薄)	9.76%	11.06%	9.24%
加权平均净资产收益率	13.05%	11.99%	9.68%
扣除非经常性损益后加权净资产收益率	6.94%	12.84%	9.87%

利润表附表(单位:人民币元)

报告期利润	净资产收益率(%)		每股收益(元)	
	摊薄	加权	摊薄	加权
主营业务利润	4.37	5.85	0.1024	0.1140
营业利润	-6.36	-8.52	-0.1492	-0.1660
净利润	9.76	13.05	0.2287	0.2545
扣除非经常性损益后的净利润	5.03	6.94	0.1178	0.1311

注:根据《合并会计报表暂行规定》,从本期开始不再合并金客公司的会计报表,相应地对1999年、1998年度的各项财务指标进行了调整。

三、股东情况介绍

1、股东情况介绍
(1)截止2000年12月31日,本公司股东总数为178,697户。
(2)截止2000年12月31日,前10名股东持股情况:

股东名称	持股数(万股)	占总股本比例(%)
①中国第一汽车集团公司	49,592.38	45.36%
②沈阳汽车工业股权投资有限公司	12,242.72	11.20%
③沈阳资产经营有限公司	11,061.61	10.12%
④中信证券	1,274.29	1.17%
⑤中信证券	305.50	0.28%
⑥中信证券	244.00	0.22%
⑦同益基金	139.39	0.13%
⑧泰和基金	104.00	0.10%
⑨长江证券	95.00	0.09%
⑩上国投	93.50	0.09%

中国纺织机械股份有限公司

二〇〇〇年年度报告摘选

一、公司简介

1、公司的法定中文名称:中国纺织机械股份有限公司
公司的英文名称:CHINA TEXTILE MACHINERY STOCK LTD.
英文名称缩写:CTM
2、公司法定代表人:张文卿
3、公司董事会秘书:石李芬
董事会证券事务代表:应民刚
联系地址:上海市长阳路1687号
电话:(021)65432970
传真:(021)65455130
电子信箱:ctmzjbk@online.sh.cn
4、公司注册地址:上海市长阳路1687号
公司办公地址:上海市长阳路1687号
邮政编码:200090
公司国际互联网网址:http://www.ctmco.com.cn
电子信箱:ctmzjbk@online.sh.cn
5、公司选定的信息披露报纸:上海证券报、香港文汇报
登载公司年度报告的中国证监会指定国际互联网网址:
http://www.sse.com.cn
公司年度报告备置地点:中国纺织机械股份有限公司证券部
6、公司股票上市交易所:上海市证券交易所
股票简称:A股 ST中纺机　　B股 ST中纺B
股票代码:A股 600610　　B股 900906

二、会计数据和业务数据摘要

1、公司本年度利润总额及构成(合并报表)

项目	单位:人民币元
利润总额	4,550,864.96
净利润	3,254,687.88
扣除非经常性损益后的净利润(注)	-41,806,224.14
主营业务利润	44,872,648.51
其他业务利润	8,998,246.44
营业利润	-46,391,485.76
投资收益	32,166,257.98
补贴收入	
营业外收支净额	18,776,092.74
经营活动产生的现金流量净额	37,263,914.82
现金及现金等价物净增加额	11,250,087.13
注:扣除的非经常性损益项目及涉及金额	
其中:1、周家嘴路土地置换净收益	19,535,221.62
2、长发集团公司股权转让收益	25,525,690.40
合计	45,060,912.02

4、按国内、国际会计准则审计所产生的净利润差异说明:

2、截止报告期末公司近三年主要会计数据和财务指标(合并报表)

(单位:人民币元)

项目	2000年	1999年		1998年	
		调整后	调整前	调整后	调整前
主营业务收入	386,688,212.00	276,886,492.80	276,886,492.80	274,984,436.52	274,984,436.52
净利润	3,254,687.88	-186,391,170.81	-175,911,847.54	-206,500,983.28	-169,130,769.86
总资产	831,130,344.17	897,337,540.59	958,244,678.37	1,159,884,142.87	1,213,072,969.69
股东权益	88,155,221.76	84,900,533.88	152,719,127.99	328,630,975.53	382,294,979.45
每股收益	0.01	-0.52	-0.493	-0.578	-0.474
每股收益(加权)	0.01	-0.52	-0.493	-0.578	-0.474
扣除非经营性损益后的每股收益	-0.12	-0.58	-0.433	-0.46	
扣除非经营性损益后的每股收益(加权)	-0.12	-0.58	-0.433	-0.46	
每股净资产	0.25	0.24	0.43	0.92	1.07
调整后的每股净资产	0.05	0.21	0.23	0.82	0.93
每股经营活动产生的现金流量净额	0.10	-0.069	-0.069	0.092	0.092
净资产收益率	3.69%	-219.54%	-115.19%	-62.84%	-44.24%

注:按中国证监会发布的《公开发行证券公司信息披露编报规则》第9号的要求计算的净资产收益率及每股收益。

报告期利润	净资产收益率(%)		每股收益(元)	
	全面摊薄	加权平均	全面摊薄	加权平均
主营业务利润	50.90	51.86	0.13	0.13
营业利润	-52.62	-53.61	-0.13	-0.13
净利润	3.69	3.76	0.01	0.01
扣除非经常性损益后的净利润	-47.42	-48.32	-0.12	-0.12

三、股本变动及股东情况

1、股东情况介绍
(1)截止2000年12月31日,公司股东总数为21,448户,其中A股股东户数为17,458户,B股股东户数为3,990户。
(2)截止2000年12月31日,公司前十名股东持股情况

名次	股东名称	年末持股数(股)	占总股本(%)
1	太平洋机电(集团)有限公司	188,923,535	52.91
2	上海中纺机职工技术开发经营服务公司	4,440,000	1.24
3	上海双鹿电器股份有限公司	3,432,000	0.96
4	上海第十七棉纺织总厂	3,432,000	0.96
5	上海南上海商业房地产有限公司	3,432,000	0.96
6	申银万国证券股份有限公司	2,077,504	0.58
7	上海国际信托投资公司	1,741,740	0.49
8	上海申达股份有限公司	1,716,000	0.48
9	上海水仙电器股份有限公司	1,716,000	0.48
10	海通证券有限公司	1,678,510	0.47

大众交通(集团)股份有限公司

二〇〇〇年年度报告摘选

一、公司简介

1、公司名称:大众交通(集团)股份有限公司
公司英文名称:DAZHONG TRANSPORTION (GROUP) CO.,LTD.
公司英文缩写:DZT
2、公司法定代表人:杨国平
3、公司董事会秘书:顾华
联系地址:上海中山西路1515号大众大厦12楼
电话:021-64289122
传真:021-64288660
4、公司注册地址:上海市浦东新区龙阳路100号
办公地址:上海中山西路1515号大众大厦12楼
邮政编码:200235
公司网址:WWW.DZCGROUP.COM
E-MAIL:DZJT@82222.COM
5、公司选定的信息披露报纸名称:《上海证券报》、《中国证券报》
登载公司年度报告的中国证监会指定国际互联网网址:http://www.sse.com.cn
公司年度报告备置地点:公司本部计财部
6、公司股票上市交易所:上海证券交易所
股票名称:大众交通
股票代码:A股 600611
B股 900903

二、会计数据与业务数据摘要

1、本年度主要利润指标情况(单位:人民币元)

项目	金额
利润总额	205,673,440.99
净利润	196,041,042.19
扣除非经常性损益后的净利润	200,216,325.93
主营业务利润	395,474,687.50
其他业务利润	15,624,231.75
营业利润	155,934,596.04
投资收益	57,400,959.08
补贴收入	
营业外收支净额	-7,662,114.13
经营活动产生的现金流量净额	361,656,414.15
现金及现金等价物净增加额	-178,836,790.34

注:扣除非经常性损益项目和涉及金额:赔偿与罚款收入与其他支出差额(-)2,752,146.58元,合并差价摊入(-)1,423,137.16元。

本年度利润表附表

2000年利润	净资产收益率%		每股收益(元)	
	全面摊薄	加权平均	全面摊薄	加权平均
主营业务利润	20.67	20.21	0.70	0.70
营业利润	8.15	7.97	0.28	0.28
净利润	10.25	10.02	0.35	0.35
扣除非经常性损益后的净利润	10.46	10.23	0.35	0.35

2、至报告期末公司前三年会计数据与财务指标:　　金额单位:元

指标名称	2000年	1999年		1998
		调整前	调整后	
主营业务收入	1,349,820,680.01	1,016,480,662.19	1,037,013,708.31	741,281,612.92
净利润	196,041,042.19	187,017,419.99	180,836,364.29	170,556,302.20
总资产	3,922,468,656.35	3,244,164,781.51	3,404,397,374.57	2,552,928,931.45
股东权益	1,913,289,816.54	1,866,730,434.12	1,858,335,297.36	1,339,310,361.73
每股收益	0.35	0.33	0.32	0.40
每股收益(加权)	0.35	0.38	0.36	0.40
扣除非经常性损益后的每股收益	0.35	0.29	0.28	0.40
每股净资产	3.38	3.3	3.28	3.15
调整后的每股净资产	3.21	3.19	3.18	3.09
每股经营活动产生的现金流量	0.64	0.44	0.44	0.69
净资产收益率%	10.25	10.02	9.73	12.73

3、报告期内股东权益变动情况:

单位:元

项目	股本	资本公积	盈余公积	其中:公益金	未分配利润	合计
期初数	565,851,580.00	679,846,317.00	367,988,857.50	107,749,881.91	244,648,542.86	1,858,335,297.36
本期增加		376,371.99	74,963,864.08	37,481,932.04	196,041,042.19	271,381,278.26
本期减少				4,760,270.55	216,426,759.08	216,426,759.08
期末数	565,851,580.00	680,222,688.99	442,952,721.58	140,471,543.40	224,262,825.97	1,913,289,816.54
变化原因		接受车辆捐赠	本年利润分配	本年利润分配	本年度新增净利润及分配红利。	

三、股东情况介绍

(1)公司报告期末前十名股东持股情况:

名次	股东名称	年末持股数	占总股本比例(%)
1.	上海大众科技创业(集团)股份有限公司	140000000	24.74
2.	国家股	113578180	20.07
3.	HKSBCSB A/C STATE STREET BANK AND TRUST S/A THE CHINA FUND	6530000	1.15
4.	HKSBCSB S/A-BANQUE INT. A LUXEMBOURG S/A 88HSBC GLOBAL INV. FUNDS CHINESE EQUITY	5000000	0.884
5.	WARBURG DILLON READ NOMINEES (HONG KONG) LTD - GENERAL A/C	4982752	0.881
6.	TOYO SECURITIES ASIA LTD. A/C CLIENT	4972207	0.879
7.	SCBHK A/C BROWN BROTHERS HARRIMAN & CO SUB A/C THE GREATER CHINA FUND INC	4013160	0.709
8.	天津欧马国际贸易有限公司	3310000	0.585
9.	CHANG LEE CHUNG MIEN	3109600	0.550
10.	HKSBCSB S/A HSBC(NOM)S/A ABN AMRO BANK NV	2275040	0.402

中国第一铅笔股份有限公司

二〇〇〇年年度报告摘选

一、公司简介

1、公司法定名称
中文名称:中国第一铅笔股份有限公司
英文名称:CHINA FIRST PENCIL CO.,LTD
英文名称缩写:C.F.P
2、公司法定代表:胡书刚
3、公司董事会秘书:周富良
联系地址:上海徐家汇路550号24楼(宝鼎大厦)
联系电话:(021)64453300
传真:(021)64720802
电子信箱:pencil@mail.china first pencil.com
4、公司注册地址:上海浦东金桥出口加工区川桥路1295号
公司办公地址:上海徐家汇路550号24楼(宝鼎大厦)
邮政编码:200025
国际互联网网址:http://www.china first pencil.com
5、公司选定的信息披露报纸名称:《上海证券报》
登载公司年度报告的中国证监会指定国际互联网网址:http://www.sse.com.cn
6、公司年度报告备置地点:公司总经理办公室
7、股票上市交易所:上海证券交易所
股票简称:第一铅笔　　中铅B股
股票代码:600612　　900905

二、会计数据和业务数据摘要

1、公司本年度实现利润情况(合并报表)

序号	项目	金额(单位:人民币元)
(1)	利润总额	20,051,234.83
(2)	净利润	12,205,195.22
(3)	扣除非经营性损益后的净利润	8,966,547.09
(4)	主营业务利润	171,072,921.71
(5)	其他业务利润	8,396,034.00
(6)	营业利润	4,552,439.76
(7)	投资收益	11,529,179.99
(8)	补贴收入	3,975,419.60
(9)	营业外收支净额	-5,804.52
(10)	经营活动产生的现金流量净额	25,545,079.79
(11)	现金与现金等价物净增加额	-22,280,839.87

2、截止本报告期末公司前三年主要会计数据和财务指标

(单位:人民币元)

序号	项目	2000年	1999年(调整后)	1998年(调整后)
(1)	主营业务收入	1000755791.81	900604096.43	266317462.86
(2)	净利润	12205195.22	13751788.91	27480285.95
(3)	总资产	1451024639.88	1452364977.21	768949548.77
(4)	股东权益	461766743.07	449501594.35	435744805.44
(5)	每股收益(元)(摊薄)	0.0485	0.0546	0.1419
(6)	每股净资产(元)	1.8340	1.7853	2.2499
(7)	调整后的每股净资产(元)	1.5775	1.5441	2.0954
(8)	每股经营活动产生的现金流量净额(元)	0.1015	0.0934	0.0114
(9)	净资产收益率(%)(摊薄)	2.6432	3.0593	6.3065
	净资产收益率(%)(加权)	2.6787	3.1069	6.5255
(10)	加权法计算的每股收益(元)	0.0485	0.0617	0.1419
(11)	扣除非经常性损益后的每股收益(元)	0.0356	0.044	0.0322

3、按中国证监会《公开发行证券公司信息披露编报规则》(第9号文)通知要求:计算的2000年度每股收益和净资产收益率如下:

报告期利润	净资产收益率(%)		每股收益(元)	
	全面摊薄	加权平均	全面摊薄	加权平均
主营业务利润	37.05	37.55	0.6795	0.6795
营业利润	0.99	1.00	0.0181	0.0181
净利润	2.64	2.68	0.0485	0.0485
扣除非经常性损益后的净利润	1.94	2.45	0.0356	0.0356

三、股东情况介绍

(1)报告期末股东总数:

截止2000年12月31日,公司股东合计24889户,其中A股股东总数为21096户,包括国家股股东1户,境内募集法人股股东29户,境内社会个人股股东21066户;B股股东总数为3793户。

(2)前十名股东持股情况(截止2000年12月31日)

序号	股东名称	年末持股数(股)	持股比例(%)
①	上海轻工控股(集团)公司[国家股]	83328128	33.09
②	交通银行上海分行	9996730	3.97
③	丁仁祥	3967199(B股)	1.58
④	CBNY S/A PNC/SKANDIA SELECT	3882530(B股)	1.54
⑤	FUWD/CHINA EQUITY AC HSBC N/UBS AG	3379839(B股)	1.34
⑥	中国建行上海分行第二营业部	2791322	1.11
⑦	上海富利贸易有限公司	2219818	0.88
⑧	万国证券公司	2038000(B股)	0.81
⑨	华夏证券有限公司公司上海分公司	1600000(B股)	0.64
⑩	上海市第一百货商店股份有限公司	1449677	0.58

上海永生股份有限公司

二〇〇〇年年度报告摘选

一、公司简介

1、公司法定名称:上海永生股份有限公司
公司英文名称:Shanghai Wingsung Co.,Ltd.
英 文 缩 写 ::Wingsung
2、公司法定代表人:陈国平
3、公司董事会秘书:陆正芝
联 系 地 址:斜土路 2669 号 11 楼
联 系 电 话:64397553　　64399900
传 真:64399900＊832
4、公司注册地址:上海市浦东新区上川路 995 号
公 司办公地址:上海市斜土路 2669 号 11 楼
邮 政 编 码 :200030
电 子 信 箱 :wing 司选定的信息披露报纸:《上海证券报》、《香港商报》
登 载公司年度报告的中国证监会指定国际互联网网址:
http://www.sse.com.cn
公 司年度报告备置地址:斜土路 2669 号 11 楼
6、公司股票上市地点:上海证券交易所
股票简称:A 股 永生股份
B 股:永生 B 股
股票代码:A 股 600613
B 股:900904

二、会计数据和业务数据摘要

1、公司本年度利润总额及构成(合并报表)

项目	单位:人民币元
利润总额	16,190,002.39
净利润	6,704,585.05
扣除非经常性损益后的净利润(注)	−2,743,557.49
主营业务利润	28,908,939.38
其他业务利润	4,556,541.20
营业利润	6,500,117.99
投资收益	3,153,028.17
补贴收入	7,065,295.29
营业外收支净额	−528,439.06
经营活动产生场地现金流量净额	26,851,635.52
现金及现金等价物净增加额	−12,580,330.07
注:扣除的非经常性损益项目及涉及金额	
补贴收入	7,065,295.29
资产处置损益	2,382,847.25
合 计	9,448,142.54

2、截止报告期末公司近三年的主要会计数据及财务指导(合并报表)

(单位:人民币元)

项目	2000 年	1999 年	1998 年	
			调整后	调整前
主营业务收入	55,807,659.80	104,785,605.11	115,469,053.35	115,469,053.35
净利润	6,704,585.05	6,442,950.24	3,888,497.69	3,888,497.69
总资产	530,131,246.95	486,198,168.63	743,587,572.77	747,539,280.78
股东权益	329,639,283.32	323,938,345.14	318,739,808.22	322,691,516.23
每股收益	0.0453	0.0436	0.0263	0.0263
每股收益(加权)	0.0453	0.0436	0.0263	0.0263
扣除非经常性损益后每股收益	−0.0185	−0.1048	0.0201	0.0201
扣除非经常性损益后每股收益(加权)	−0.0185	−0.1048	0.0201	0.0201
每股净资产	2.2287	2.1902	2.1551	2.1817
调整后每股净资产	2.2074	2.1772	2.0545	2.0831
每股经营活动产生的现金流量净额	0.18154	−0.0222	0.4912	0.4912
净资产收益率	2.034	1.99	1.22	1.21

按中国证监会发布的《公开发行证券公司信息披露编报规则》第 9 号的要求计算的净资产收益率及每股收益 。

报告期利润	净资产收益率(%)		每股收益(元)	
	全面推薄	加权平均	全面摊薄	加权平均
主营业务利润	8.77	8.77	0.1955	0.1955
营业利润	1.972	1.972	0.0439	0.0439
净利润	2.034	2.034	0.0453	0.0453
扣除非经常性损益后的净利润	−0.832	−0.832	−0.0185	−0.0185

三、股东情况介绍

1)股东总数:截止 2000 年 12 月 29 日公司共有股东 9915 名。
2)前十名股东持股情况:

股东名称	年末持股数(万股)	占总股本比例(%)
1、上海飞天投资有限责任公司	8037.77	54.34
2、浙江工业大学	310.26	2.10
3、郭进明(B 股)	128.2	0.87
4、郁玉生(B 股)	98.4	0.66
5、狄亚雄(B 股)	95.4	0.64
6、华联商厦股份有限公司	91.25	0.62
7、第一百货商店股份有限公司	89.4	0.60
8、DAIWA SECURITIES CO.,LTD.TOKYO	77.1	0.52
9、顾育军(B 股)	71.6	0.48
10、南商房产	60.2	0.41

持 股 5%(含 5%)以上的法人股股东,所持股份未发生抵押、冻结等情况。

上海胶带股份有限公司

二〇〇〇年年度报告摘选

一、公司简介

1、公司法定中文名称:上海胶带股份有限公司
公司法定英文名称:SHANGHAI RUBBER BELT CO.,LTD.
公司英文名称缩写:SRB
2、公司法定代表人:张国勋 先生(现任赵新先先生)
3、公司董事会秘书:洪 波 先生(现任于炳瀚先生)
联系地址:上海市海门路 630 号
电话:021－65415210－234 或 235　　021－65123957
传真:021－65123671
E－MAIL:sysrb－k@online.sh.cn
4、公司注册地址:上海浦东东昌路 600 号
邮 编:200120
公司办公地址:上海市海门路 630 号
邮 编:200086
公司国际互联网网址:http//www.srbsh.com
公司电子信箱:sysrb－k@online.sh.cn
5、公司选定的信息披露报纸:《上海证券报》、《香港商报》。
登载年度报告的国际互联网网址:http://www.sse.com.cn
公司年度报告备置地点:公司董事会办公室
6、公司股票上市地:上海证券交易所
股票简称:胶带股份　　胶带 B 股
股票代码:600614　　900907

二、会计数据与业务数据摘要

1、公司本年度财务数据如下:(单位:元)

利润总额:	24.188,448.69
净利润:	20,578,038.20
扣除非经常性损益后的净利润:	−34,141,251.92
主营业务利润:	26,699,792.18
其他业务利润:	10,572,269.16
营业利润:	−9,792,498.71
投资收益:	−21,441,995.72
补贴收入:	0
营业外收支净额:	55,422,943.12
经营活动产生的现金流量净额:	42,873,692.68
现金及现金等价物净增加额:	12,094,444.17

注:扣除的非经常性损益项目和涉及金额:本公司与三九企业集团签订了资产转让协议,本公司出售海门路、高阳路房地产,获利 54284419.95 元。

2、截至报告期末公司近三年的主要会计数据和财务指标如下:

项目	2000 年	1999 年	1998 年(调整后)	1998 年(调整前)
主营业务收入	150,969,732.58	236,011,445.96	271,225,128.59	271,225,128.59
净利润	20,578,038.20	1,071,236.62	−18,563,406.17	655,886.70
总资产	599,596,903.76	786,789,747.97	678,101,125.94	755,114,448.05
股东权益	180,030,612.86	161,811,539.90	161,473,179.02	238,437,739.84
每股收益 －摊薄	0.179	0.009	−0.161	0.006
－加权	0.179	0.009	−0.169	0.006
每股净资产	1.564	1.405	1.402	2.071
调整后的每股净资产	0.568	0.757	0.883	1.840
每股经营活动产生的现金流量净额	0.372	0.119		
净资产收益率	11.43%	0.66%	−11.50%	0.28%

3、根据中国证监会《公开发行证券公司信息披露编报规则》(第九号)规定,利润附表如下:

报告期利润	净资产收益率		每股收益	
	全面摊薄	加权平均	全面摊薄	加权平均
主营业务利润	14.83%	15.60%	0.232	0.232
营业利润	−5.44%	−5.72%	−0.085	−0.085
净利润	11.43%	12.02%	0.179	0.179
扣除非经常性损益后的净利润	−18.96%	−19.94%	−0.297	−0.297

三、股东情况介绍

(1)截止报告期末,持有本公司股票的股东总人数为 8409 名,其中:国有法人股股东 1 名,社会法人股股东 72 名,B 股股东 1686 名,A 股股东 6723 名。

(2)前十名股东持股情况(单位:股)

股东名称	期末持股数	占总股本(%)	备注
①上海华谊(集团)公司	56,690,378	49.24	国有股
②ESAKI RISA	2,165,323	1.88	外资股
③上海宝钢(集团)公司	1,669,800	1.45	法人股
④谌瑞奇	915,888	0.80	外资股
⑤上海纺织机械总厂	868,296	0.75	法人股
⑥ZHU JULIE	862,847	0.75	外资股
⑦陈素辛	707,100	0.61	外资股
⑧ASIA GUARANTEE FUNDS.INC	662,497	0.58	外资股
⑨廖晓柳	660,331	0.57	外资股
⑩沪财闸北	592,773	0.51	法人股

说明:

①以上列出的股东持股情况中代表国家持有股份的单位是上海华谊(集团)公司。

②截止到报告期末,公司前十名股东所持公司股份无冻结和质押情况。

上海丰华圆珠笔股份有限公司

二〇〇〇年年度报告摘选

一、公司简介

(一)公司法定中、英文名称及缩写
公司法定中文名称:上海丰华圆珠笔股份有限公司
公司英文名称:SHANGHAI FENGHWA BALLPFN CO.,0LTD
公司英文名称缩写:SFH
(二)公司法定代表人:王延涛
(三)公司董事会秘书:王结根
董事会证券事务代表:张国丰
联系地址:上海市浦东新区东方路 3601 号
电话:(021)58811688×333
传真:(021)58811023
电子信箱:office@fenghwa.com.cn
(四)公司注册和办公地址:上海市浦东新区东方路 3601 号
邮政编码:200125
国际互联网网址:www.fenghwa.com.cn
电子信箱:office@fenghwa.com.cn
(五)公司选定的信息披露报纸名称:《上海证券报》
登载公司年度报告的中国证监会指定国际互联网网址:http://www.sse.com.cn
公司年度报告备置地点:股份制办公室
(六)公司股票上市交易所:上海证券交易所
股票简称:丰华圆珠
股票代码:600615

二、会计数据与业务数据摘要

(一)本年度主要会计数据和业务数据(单位:人民币元)

利润总额	2,091,556.09
净利润	2,052,037.90
扣除非经常性损益后的净利润	-5,049,197.62
主营业务利润	5,457,174.34
其它业务利润	5,183,200.64
营业利润	-7,717,594.03
投资收益	8,890,518.02
补贴收入	
营业外收支净额	918,632.10
经营活动产生的现金流量净额	128,668,363.20
现金及现金等价物净增加额	-201,642.69

注:扣除的非经常性损益项目和涉及金额:出售法人股 4,548,400.00 元,扣除成本费用 1,748,400.00 元,获利 2,800,000.00 元,出售长期投资 2998 万元,扣除成本费用 25,678,764.48 元,获利 4,301,235.52 元。

(二)截止报告期末公司前三年主要会计数据和其它财务指标(单位:元)

指标项目	2000 年	1999 年	1998 年	
			调整前	调整后
主营业务收入	3,506,206.64	210,581,007.31	384,595,324.38	384,595,324.38
净利润	2,052,037.90	63,524,824.26	56,531,304.13	56,614,880.69
总资产	821,685,338.31	863,403,266.96	825,786,333.79	829,282,324.93
股东权益	614,622,229.41	620,091,011.81	556,643,578.76	555,680,968.29
股本	150,416,406.00	150,416,406.00	150,416,406.00	150,416,406.00
每股收益	0.014	0.422	0.376	0.376
扣除非经营性损益后每股收益	-0.034	0.142		
每股净资产	4.086	4.12	3.70	3.70
调整后的每股净资产	4.081	4.11	3.68	3.68
每股经营活动产生的现金流量净额	0.855	0.259		
净资产收益率(%)	0.344	10.24	10.05	10.19

(三)根据中国证监会《公开发行证券公司信息披露编报规则》第九号通知的要求,本公司利润数据计算如下 :

项目	净资产收益率(%)		每股收益(元/股)	
	全面摊薄	加权平均	全面摊薄	加权平均
主营业务利润	0.888	0.879	0.036	0.036
营业利润	-1.256	-1.243	-0.051	-0.051
净利润	0.334	0.330	0.014	0.014
扣除非经常性损益后的净利润	-0.822	-0.813	-0.034	-0.034

(四)报告期内股东权益变动情况(单位:元)

项目	股本	资本公积	盈余公积	法定公益金	未分配利润	股东权益合计
期初数	150,416,406.00	272,574,444.22	52,818,389.58	16,660,388.41	130,658,807.15	620,091,011.81
本期增加			410,407.58	205,203.79	2,052,037.90	2,462,445.48
本期减少					7,931,227.88	7,931,227.88
期末数	150,416,406.00	273,492,444.22	65,933,762.02	23,214,774.63	124,779,617.17	614,622,229.41

三、股东情况介绍

1.报告期末股东总数为 18,723 户。
2.本公司前 10 名股东持股情况

股东名称	持股数量(股)	占总股本%
1.汉骐集团有限公司	43,620,758	29.00
2.三河东方科技有限公司	31,775,602	21.13
3.冠生园(集团)有限公司	3,790,000	2.52
4.上海第十七棉纺织总厂	3,168,000	2.11
5.上海国际信托投资公司	2,073,600	1.38
6.申银万国证券股份有限公司	1,947,369	1.29
7.上海市泰康食品有限公司	1,621,400	1.08
8.国泰证券有限公司	1,484,743	0.99
9.中国纺织机械股份有限公司	1,267,200	0.84
10.上海东方明珠股份有限公司	1,036,800	0.69

上海市第一食品商店股份有限公司

二〇〇〇年年度报告摘选

一、公司简介

(一)公司法定中文名称:上海市第一食品商店股份有限公司
公司英文名称:SHANGHAI FIRST PROVISIONS STORE COMPANY LIMTED
英文缩写:SFPS
(二)公司法定代表人:吴顺宝 董事长
(三)公司董事会秘书:邝志强
董事会证券事务代表:张黎云
联系地址:上海南京东路 720 号
电话:021-63529086　63222777×433、421
传真:021-63517595
电子信箱:kuangzhiqiang@firstfood-cn.com
(四)公司注册地址:上海市浦东新区商城路 381—385 号
公司办公地址:上海市南京东路 720 号
邮政编码:200001
公司国际互联网网址:
http://www.firstfood-cn.com
http://www.firstfood.com.cn
电子信箱:sfps@firstfood-cn.com
(五)公司选定的信息披露报纸名称:《上海证券报》
登载公司年度报告的中国证监会指定国际互联网网址:http://www.sse.com.cn
公司年度报告备置地点:公司董事会秘书处
(六)公司股票上市交易所:上海证券交易所
股票简称:第一食品
股票代码:600616

二、会计数据和业务数据摘要

(一)本年度主要利润指标情况 单位:元

1、利润总额	31,033,858.01
2、净利润	26,502,642.07
3、扣除非经常性损益后的净利润	26,434,642.07
4、主营业务利润	90,322,502.76
5、其他业务利润	7,294,443.87
6、营业利润	28,995,970.70
7、投资收益	1,252,286.47
8、补贴收入	80,000.00
9、营业外收支净额	705,600.84
10、经营活动产生的现金流量净额	35,049,439.05
11、现金及现金等价物净增加额	49,954,990.34

注:在“扣除非经常性损益后的净利润”中,公司扣除的项目是公司配合南京东路步行街透亮工程黄浦区经贸委给予的部分补贴款计 8 万元,所得税后的净利润为 6.80 万元。

(二)主要会计数据和财务指标　单位:元

项　目	2000 年	1999 年	1998 年
1、主营业务收入	593,764,367.95	463,186,824.09	506,701,535.61
2、净利润	26,502,642.07	17,937,759.00	16,779,690.99
3、总资产	510,786,459.98	305,929,086.34	284,887,419.57
4、股东权益(不含少数股东权益)	322,219,472.42	176,243,344.03	163,751,641.93
5、每股收益(摊薄)	0.21	0.16	0.15
6、每股收益(加权)	0.23	0.16	0.20
7、扣除非经常性损益后的每股收益	0.21	0.16	0.10
8、每股净资产	2.54	1.62	1.50
9、调整后每股净资产	2.17	0.90	0.83
10、净资产收益率(摊薄)%	8.23	10.18	10.25
11、每股经营活动产生的现金流量净额	0.28	0.27	0.27

(三)利润表附表

报告期利润		净资产收益率(%)		每股收益(元)	
		全面摊薄	加权平均	全面摊薄	加权平均
主营业务利润	90,322,502.76	28.03	36.85	0.71	0.78
营业利润	28,995,970.70	9.00	11.83	0.23	0.25
净利润	26,502,642.07	8.23	10.81	0.21	0.23
扣除非经常性损益后的净利润	26,434,642.07	8.20	10.79	0.21	0.23

三、股东情况介绍

1、报告期末股东总数为 23,387 户。
2、前 10 名股东持股情况

股东名称	年末持股数(股)	增减变动情况	持股比例(%)	股份性质
(1)国家股 [上海市糖业烟酒(集团)有限公司持有]	56251655	因配股增持	44.31	国家股
(2)裕阳基金	4132985	因二级市场交易增持	3.26	流通股
(3)上海市商业投资公司	2736115	无增减变化	2.16	法人股
(4)上海国际信托投资公司	2405376	无增减变化	1.90	法人股
(5)上海捷强烟草糖酒(集团)有限公司	1651601	因配股增持	1.30	法人股
(6)上海华联商厦股份有限公司	1443225	无增减变化	1.14	法人股
(7)叶秀英	978241	因二级市场交易增持	0.77	流通股
(8)上海冰箱压缩机股份有限公司	962151	无增减变化	0.76	法人股
(9)上海烟草(集团)公司	781747	无增减变化	0.62	法人股
(10)上海南上海商业房地产有限公司	691545	法人股受让增持	0.54	法人股

(1)报告期内,持有本公司 5%以上(含 5%)股份的股东仅为上海市糖业烟酒(集团)有限公司一家。该公司持有的国家股无质押、冻结情况。

(2)上述前十名股东中,上海捷强烟草糖酒(集团)有限公司系由上海市糖业烟酒(集团)有限公司与上海烟草(集团)公司分别出资 51%与 49%组建。

上海联华合纤股份有限公司

二〇〇〇年年度报告摘选

一、公司简介

1 、公司名称

公司法定中文名称：上海联华合纤股份有限公司

公司英文名称及缩写：Shanghai Lian Hua Fibre Corporation (LH FIBRE)

2 、公司法定代表人：李克让

3 、公司董事会秘书：李寿南

联系电话：021－59534839－116 分机 、021－59528713

传真：021－59528433

E－Mail :lh－zb@lh－fibre com

4 、公司注册地址：上海市浦东新区恒大路 62 号

公司办公地址：上海市嘉定区沪宜公路 4290 号

邮政编码：201800

网址：http ：// www. lh－fibre. com

E－Mail :lhfibre@public4. sta. net. cn

5 、公司选定的信息披露报纸名称：《上海证券报》香港《文汇报》

刊登公司年度报告的中国证监会指定的国际互联网网址：http：//www. sse. com. cn

公司年度报告备置地点：公司总经理办公室

6 、公司股票上市交易所：上海证券交易所

股票简称：联华合纤　　联华 B 股

股票代码：600617　　900913

二、会计数据和业务数据摘要

1、2000 年度业务数据(单位：人民币元)

利润总额	6,492,483.73
净利润	6,192,170.82
扣除非正常性损益后的净利润	6,266,934.02
主营业务利润	26,335,215.56
其它业务利润	1,111,397.48
营业利润	6,090,200.31
投资收益	477,046.02
补贴收入	0
营业外收支净额	－74,763.20
经营活动产生的现金流量净额	20,225,304.30
现金及现金等价物净增加额	－5,959,909.00
注：扣除非经常性损益项目和涉及金额	
(1)、营业外收入	
违约金收入	16,186.00
(2)、营业外支出	
丧葬抚养费	30,287.00
固定资产清理	60,662.20
以上项目涉及金额共计	74,763.20

2 、主要会计数据和财务指标 (单位：人民币万元)

指标项目	2000 年	1999 年	1998 年	
			调整后	调整前
主营业务收入	41,430.44	27,825.45	24,567.48	24,567.48
净利润	619.22	524.99	53.17	53.17
总资产	53,244.37	52,408.35	50,963.90	50,978.68
股东权益(不含少数股东权益)	28,364.15	28,179.64	27,981.66	27,996.38
每股收益(元/股)	0.037	0.0314	0.0032	0.0032
每股收益加权	0.037	0.0314	0.0032	0.0032
扣除非经常性损益后的每股收益	0.0375	0.03	0.003	0.003
每股净资产(元)	1.70	1.69	1.67	1.67
调整后的每股净资产(元)	1.60	1.60	1.58	1.58
每股经营活动产生的现金流量净额(元)	0.12	0.19	0.17	0.17
净资产收益率(％)	2.18	1.86	0.19	0.19

3 、按中国证监会《公开发行证券公司信息披露编报规则》(第 9 号)要求，本公司利润数据计算如下：

报告期利润	净资产收益率(％)		每股收益(元)	
	全面摊薄	加权平均	全面摊薄	加权平均
主营业务利润	9.28	9.24	0.158	0.158
营业利润	2.15	2.14	0.036	0.036
净利润	2.18	2.17	0.037	0.037
扣除非经常性损益后的净利润	2.21	2.20	0.037	0.037

三、股东情况介绍

(1)报告期末股东总数 8,022 户，其中 A 股股东 6,232 名，B 股股东 1,790 名。

(2)主要股东持股情况

股东名称	年末持股(单位：股)	持股比例
香港佳运集团有限公司(外资股东)	28,558,440	17.08
上海化纤(集团)有限公司(国有法人股东)	24,870,960	14.88
中信兴业信托投资公司(国有法人股东)	15,989,220	9.56
中国银行上海分行(国有法人股东)	12,309,480	7.36
上海市上投实业公司(国有法人股东)	11,949,480	7.15
上海纺织工业经营开发公司(国有法人股东)	11,207,880	6.70
上海爱建股份有限公司(社会法人股东)	5,641,740	3.37
珍德塑胶有限公司(外资股东)	1,674,000	1.00
常熟经济技术开发(集团)总公司	1,440,000	0.86
陈素幸(B 股)	753,000	0.45

上海氯碱化工股份有限公司

二〇〇〇年年度报告摘选

一、公司简介

1.公司法定中文名称：上海氯碱化工股份有限公司

公司法定英文名称：SHANGHAI CHLOR－ALK ALI CHEMICAL CO. ,LTD.

缩写：SCAC

2.公司法定代表人：周波

3.公司董事会秘书：许沛文

董事会证券事务代表：刘志平

联系地址：上海市龙吴路 4747 号

电话：021－64342640

传真：021－64341341

E－mail：office@styc. com.

公司年度报告备置地点：董事会秘书室

联系地址：上海市龙漕路华南宾馆 403 室

电话：021－64703609

传真：021－64086550

邮编：200233

4.公司注册地址和办公地址：上海市龙吴路 4747 号

邮政编码：200241

电话：021－64340000

网址：www. scacc. com

E－mail：office@styc. com

5.公司选定的信息披露报纸：

上海证券报、中国证券报、亚洲华尔街报

登载年报网址：http：//www. sse. com. cn

6.公司股票上市交易所：上海证券交易所

股票简称：氯碱化工　　氯碱 B 股

股票代码：600618(A 股)　　900908(B 股)

二、会计数据和业务数据摘要

(一)公司本年度主要利润指标情况(合并报表)单位：人民币元

项目	2000 年度
利润总额	74,389,753.96
净利润	50,674,579.82
扣除非经常性损益后的净利润	43,797,047.02
主营业务利润	486,385,607.92
其他业务利润	2,123,412.96
营业利润	61,898,086.10
投资收益	－197,031.80
补贴收入	6,877,532.80
营业外收支净额	5,811,166.86
经营活动产生的现金流量净额	426,325,813.00
现金及现金等价物净增加额	150,085,186.44

近三年主要会计数据和财务指标(合并报表)单位：人民币元

项目	2000 年度	1999 年度	1998 年度	
			调整前	调整后
主营业务收入	2942367857.26	2224600381.60	2021068779.24	2021068779.24
净利润	50674579.82	35757732.47	6890878.43	442001.40
总资产	4902459050.76	5003222267.76	5314749778.77	5231961934.26
股东权益(不含少数股东权益)	3051264977.95	3000465398.13	3048372720.71	2964355707.26
每股收益(摊薄)	0.044	0.034	0.0065	0.0004
每股收益(加权)	0.046	0.034	0.0065	0.0004
每股收益(扣除非经常性损益)	0.038	0.0023	0.0065	0.0004
每股净资产	2.62	2.83	2.88	2.80
调整后的每股净资产	2.30	2.47	2.51	2.45
每股经营活动产生的现金流量净额	0.37	0.23	0.10	0.10
净资产收益率	1.66%	1.19%	0.23%	0.01%

按照中国证监会《公开发行证券公司信息披露编报规则》(第 9 号)要求计算的净资产收益率及每股收益(合并报表)。

报告期利润	净资产收益率		每股收益	
	全面摊薄	加权平均	全面摊薄	加权平均
主营业务利润	15.94%	16.07%	0.418	0.438
营业利润	2.02%	2.07%	0.053	0.055
净利润	1.66%	1.67%	0.044	0.046
扣除非经常性损益后的净利润	1.44%	1.45%	0.039	0.040

三、股东情况介绍

(1)报告期末股东共有 35394 户。

(2)持有本公司 5％(含 5％)以上的股份为国家股，年度内未发生股份变动及所持股份的质押或冻结情况。

前十名股东持股情况

股东名称	年末持股数(股)	占总股本％
(1)　国家股	611510647	52.51
(2)　BNP NOMINEES SINGAPORE PTE LTD. (B 股)	16789755	1.44
(3)　BNP PARIBAS HONGKONG. (B 股)	11677457	1.00
(4)　上海国际信托投资公司(B 股)	6717134	0.58
(5)　宁波金港信托投资责任有限公司(法人股)	6050000	0.52
(6)　上海申银万国证券有限公司(法人股)	5055001	0.43
(7)　HSBC N/UBS AG (法人股)	4245208	0.36
(8)　上海天原(集团)有限公司(法人股)	4142907	0.35
(9)　HKIT S/A 006－113039－431(B 股)	3504000	0.30
(10)　大和证券(香港)有限公司	3491130	0.29

以上(1)、(8)之间有关联关系。

上海冰箱压缩机股份有限公司

二〇〇〇年年度报告摘选

一、公司简介

1、公司法定中文名称：上海冰箱压缩机股份有限公司
公司法定英文名称：SHANGHAI REFRIGERATOR COMPRESSOR CO.，LTD.
公司名称英文缩写：SRC
2、公司法定代表人：顾惠龙
3、公司董事会秘书：钟 磊
联系地址：中国上海长阳路 2555 号
电 话：(021) 65190000　　传 真：(021) 65430941
电子信箱：zhonglei@china－src.com
4、公司注册地址：中国上海浦东金桥出口加工区 26 号地块
公司办公地址：中国上海长阳路 2555 号　　邮政编码：200090
公司国际互联网网址：http://www.china－src.com
电子信箱：srcmailbox@ china－src.com
5、公司选定的信息披露报纸名称：《上海证券报》、香港《南华早报》
登载公司年报的中国证监会指定国际互联网网址：http://www.sse.com.cn
公司年度报告备置地点：公司办公地
6、公司股票上市地：上海证券交易所
股票简称：冰箱压缩（A 股）　　冰箱 B 股（B 股）
股票代码：600619（A 股）　　900910（B 股）

二、会计数据和业务数据摘要

（一）、本年度会计数据和业务数据

利润总额	140,647,316.69 元
净利润	66,944,760.26 元
扣除非经常性损益的净利润	58,868,932.33 元
主营业务利润	475,663,147.16 元
其他业务利润	1,378,902.88 元
营业利润	153,375,962.35 元
投资收益	－14,665,532.18 元
补贴收入	0.00 元
营业外收支净额	1,936,886.52 元
经营活动产生的现金流量净额	312,172,577.42 元
现金及现金等价物净增加额	－63,952,508.89 元

（二）、境内外审计差异说明

根据上海众华沪银会计师事务所审计，公司除税及少数股东权益后净利润为 6,694 万元。经安达信公司按照国际会计准则进行调整后，公司的除税及少数股东权益后的净利润为 5,585 万元。两种审计结果的差异如下：　　单 位：千元

	除税及少数股东权益后利润	
	二〇〇〇	一九九九
本集团调整前法定帐目金额	66,945	11,491
期初调整(a)		
本集团调整后法定帐目金额	66,945	11,491
回转(补提)坏帐准备	50,267	(7,646)
回转(计提)存货变现损失准备	70	128
冲销无法使用的固定资产	(1,460)	(1,965)
销售截止	－	(8,060)
冲销资本化的费用	(945)	(645)
调整职工福利及奖励基金	(5,550)	(19)
由国际会计准则调整引致的于联营公司之投资损失的差异	(26,983)	(15,538)
冲销住房周转金	(18,819)	－
冲销集团内部交易	(9,743)	21,626
其他	2,063	1,046
国际会计准则帐目金额	55,845	418

（三）、公司前三年主要会计数据和财务指标（合并报表）：

项 目	2000 年	1999 年		1998 年	
		调整前	调整后	调整前	调整后
主营业务收入（万元）	175,677	131,255	131,255	121,354	121,354
净利润（万元）	6,694	1,149	1,149	135	133
总资产（万元）	267,764	254,578	252,781	282,281	281,419
股东权益（万元）	92,074	95,928	94,131	96,105	95,169
净利润的每股收益（元/股）（摊薄）	0.176	0.027	0.027	0.003	0.003
净利润的每股收益（元/股）（加权）	0.164	0.027	0.027	0.003	0.003
扣除非经常性损益后的净利润每股收益（元/股）	0.155	0.019	0.019	－0.034	－0.034
每股净资产（元/股）	2.420	2.270	2.230	2.274	2.252
调整后每股净资产（元/股）	2.332	2.237	2.194	2.232	2.209
每股经营活动产生的现金流量净额	0.82	1.18	1.18	0.68	0.68
净利润的净资产收益率（%）（摊薄）	7.27	1.20	1.22	0.68	0.68
净利润的净资产收益率（%）（加权）	7.09	1.20	1.22	0.14	0.14
扣除非经常性损益后的净资产收益率（%）（加权）	6.24	0.85	0.87		

三、股东情况介绍

（一）、前十名股东持股情况

持股者	期末持股数	比例
①上海轻工控股（集团）公司（国家股股东）	120000000	31.53%
②上海久事公司	13609908	3.58%
③上海国际信托投资公司	6692400	1.76%
④中国工商银行上海市分行第二营业部	5772702	1.52%
⑤泰纪投资有限公司（B 股股东）	4587336	1.21%
⑥上海新工联实业总公司	3528720	0.93%
⑦上海上立物资贸易公司	3301800	0.87%
⑧上海电气（集团）总公司	3102840	0.82%
⑨TOYO SECURITIES ASIA LTD. A/C CLIENT（B 股股东）	2988690	0.79%
⑩展佳国际发展有限公司（B 股股东）	2368168	0.62%

上海市天宸股份有限公司

二〇〇〇年年度报告摘选

一、公司简介

1、公司法定中文名称：上海市天宸股份有限公司
公司法定英文名称：SHANGHAI TIANCHEN CO.，LTD.
公司英文简称：SHSTC
2、公司法定代表人：叶立润
3、公司董事会秘书：吕 楠
联系地址：上海市徐家汇路 550 号 15 楼
联系电话：(021)64453550－1520；传真：(021)64456910
电子信箱：shstc@online.sh.cn
4、公司注册地址：上海市沪闵路 6200 号
公司办公地址：上海市徐家汇路 550 号 15 楼
邮政编码：200025
公司电子信箱：shstc@online.sh.cn
5、公司选定信息披露报纸名称：《上海证券报》
登载年报指定网址：http://www.sse.com.cn
年报备置地点：上海市徐家汇路 550 号 15 楼
6、公司股票上市交易所：上海证券交易所
股票简称：天宸股份
证券代码：600620

二、会计数据和业务数据摘要

（单位：元）

1、利润总额：	41,320,214.88
净利润：	31,654,210.27
扣除非经常性损益后的净利润：	25,141,717.38
主营业务利润：	57,871,162.88
其他业务利润：	415,451.72
营业利润：	5,047,233.63
投资收益：	1,597,416.02
补贴收入：	2,046,088.07
营业外收支净额：	32,629,477.16
经营活动产生的现金流量净额：	121,261,925.01
现金及现金等价物净增加额：	4,535,460.37

报告期利润	净资产收益率(%)		每股收益(元)	
	全面摊薄	加权平均	全面摊薄	加权平均
主营业务利润	15.4	15.7	0.217	0.217
营业利润	1.3	1.4	0.019	0.019
净利润	8.4	8.6	0.119	0.119
扣除非经常性损益后的净利润	6.67	6.83	0.094	0.094

2、截止报告期末公司前三年的主要会计数据和财务指标：

（单位：元）

	2000 年	1999 年	1998 年（调整前）	1998 年（调整后）
主营业务收入	274,648,754.60	170,550,031.90	111,673,653.71	111,673,653.71
净利润	31,654,210.27	37,063,462.99	62,732,596.49	97,974,734.03
总资产	998,007,046.71	1,165,539,339.82	920,286,668.38	961,109,476.51
股东权益	377,005,643.26	358,690,149.08	321,626,686.09	366,209,331.52
每股收益（摊薄）	0.119	0.139	0.353	0.551
（加权）	0.119	0.161	0.446	0.551
扣除非经常性损益后每股收益	0.094	－0.046	0.130	0.328
每股净资产	1.413	1.3445	1.824	2.060
调整后每股净资产	1.190	1.160	1.585	1.824
每股经营活动产生的现金流量净额	0.455	－0.566	0.029	0.029
净资产收益率（摊薄）	8.400%	10.333%	19.500%	26.750%
（加权）	8.600%	10.798%	20.950%	30.880%

三、股东情况介绍

（1）报告期末股东总数为 28370 户（截止 2000 年 12 月 31 日）

（2）主要股东持股情况：

股东名称	1999 年末持股数（万股）	2000 年末持股数（万股）	比例%	变动原因
上海仲盛虹桥房地产开发有限公司	3717.9461	7972.7889	29.89	受让
上海市牛奶公司	1171.4820	1171.4820	4.39	
上海展览中心友谊实业公司	1096.6275	1123.5375	4.21	子公司股权合并
上海前峰建筑工程有限公司	666.4083	666.4083	2.50	
上海农业展览馆	577.4802	577.4802	2.16	
上海双鹿电器股份有限公司	502.3200	502.3200	1.88	
上海强生集团	448.5000	448.5000	1.68	
上海展览中心	426.9720	426.9720	1.60	
上海嘉定区长征镇工业公司	378.6012	378.6012	1.42	
西安万国	334.5000	334.5000	1.25	

说 明：（1）上海仲盛虹桥房地产开发有限公司通过协议受让方式，受让上海县房地产总公司持有的本公司法人股 4146.2928 万股，受让隆新物资公司持有的本公司法人股 108.55 万股，至 2000 年 12 月 31 日共持有本公司非流通的法人股 7972.7889 万股，占公司总股本 29.89%。

（2）本公司前十名股东之间不存在关联关系。

（3）对持股 10%（含 10%）以上的法人股东情况说明：

上海仲盛虹桥房地产开发有限公司，法定代表人叶立润，注册资金 2.5 亿元人民币，经营范围为：房地产开发经营、物业管理、装饰、装修工程、建筑装饰材料、房地产业咨询等。

上海金陵股份有限公司

二〇〇〇年年度报告摘选

一、公司简介

(一)公司法定中文名称:上海金陵股份有限公司
公司英文名称:SHANGHAI JINLING CO., LTD.
(二)公司法定代表人:余宝庆
(三)公司董事会秘书:陈炳良
联系地址:上海福州路 666 号 26F
上海金陵股份有限公司办公室
电话:(021)63222658 63226000－221
传真:(021)63502688
电子信箱:jin－ling@online.sh.cn
(四)公司注册地址:上海浦东杨高南路 475～483 号
公司办公地址:上海福州路 666 号 26 F
邮政编码:200001
公司国际互联网网址:http://www.jin－ling.com
电子信箱:jin－ling@online.sh.cn
(五)公司选定的中国证监会指定报纸名称:《中国证券报》、《上海证券报》
登载公司年度报告的中国证监会指定国际互联网网址:http://www.sse.com.cn
公司年度报告备置地点:公司办公室
(六)公司股票上市交易所:上海证券交易所
股票简称:上海金陵
股票代码:600621

二、会计数据和业务数据摘要(合并报表)

(一)本年度主要利润指标情况(单位:人民币元)

项目	金额
利润总额	221,838,600.63
净利润	202,018,024.56
扣除非经常性损益后的净利润	116,270,225.18
主营业务利润	195,310,169.28
其他业务利润	22,558,978.92
营业利润	61,723,240.05
投资收益	149,989,339.91
补贴收入	1,144,811.97
营业外收支净额	8,981,208.70
经营活动产生的现金流量净额	6,823,929.68
现金及现金等价物净增加额	167,950,238.16

注:"扣除非经常性损益的净利润"中扣除的项目及涉及金额分别为固定资产清理净收益 7,215,063.47 元,获得补贴收入 973,090.17 元,股权投资差额摊入－25,755.40 元,获得股票投资收益 77,585,401.14 元。

(二)公司近三年主要会计数据和财务指标(单位:人民币元)

指标项目	2000 年	1999 年	1998 年(调整后)
主营业务收入	869,666,425.72	562,779,730.72	378,400,472.35
净利润	202,018,024.56	108,696,413.76	87,970,238.45
总资产	1,820,180,054.39	1,282,462,253.62	888,599,106.93
股东权益	966,775,756.08	764,757,731.52	492,636,278.76
每股收益	0.5011	0.27	0.38
每股收益(加权)	0.5011	0.31	0.38
扣除非经常性损益后每股收益	0.2884	0.20	0.21
每股净资产	2.40	1.90	2.11
调整后每股净资产	2.26	1.75	1.98
每股经营活动产生的现金流量净额	0.02	0.15	－0.06
净资产收益率(%)	20.90	14.21	17.86

(三)报告期利润表附表

报告期利润	净资产收益		每股收益	
	全面摊薄	加权平均	全面摊薄	加权平均
主营业务利润	20.20%	22.56%	0.4845	0.4845
营业利润	6.38%	7.13%	0.1531	0.1531
净利润	20.90%	23.33%	0.5011	0.5011
扣除非经常性损益后的利润	12.03%	13.43%	0.2884	0.2884

三、股东情况介绍

1、报告期末公司股东总数为 33,583 户.
2、持有本公司 5%以上股份的股东:
上海仪电控股(集团)公司:持有 106,383,201 股,占 26.39%
上海汇龙仪表电子有限责任公司:持有 31,045,066 股,占 7.7%
上海金陵集体基金合作联社:持有 20,725,977 股,占 5.14%
持有本公司 10%以上的法人股东情况:
上海仪电控股(集团)公司为国有股授权持股单位。法定代表人:张林俭;持股比例:26.39%。无质押情况及法律争议事项。
3、前 10 名股东持股情况:

股东名称	持股数(股)	比例(%)
国有股	106,383,201	26.39
上海汇龙仪表电子有限责任公司	31,045,066	7.70
上海金陵集体基金合作联社	20,725,977	5.14
上海同裕创业合作联社	18,000,000	4.46
上海由由集团股份有限公司	9,934,658	2.47
上海第十七棉纺织总厂	9,139,520	2.27
上海双鹿电器股份有限公司	9,139,520	2.27
上海恒欣投资发展有限公司	8,001,625	1.98
上海怡泉企业发展有限公司	7,634,120	1.89
上海华联商厦股份有限公司	6,214,874	1.55

持有 5%股份以上的股东上海仪电控股(集团)公司(持股份 26.39%)、上海汇龙仪表电子有限责任公司(持股份 7.70%)和上海金陵集体基金合作联社(持股份 5.14%)所持股份在报告期内无质押及冻结情况。

上海嘉宝实业(集团)股份有限公司

二〇〇〇年年度报告摘选

一、公司简介

1、公司法定中文名称:上海嘉宝实业(集团)股份有限公司
公司英文名称:SHANGHAI JIABAO INDUSTRY & COMMERCE (GROUP)CO., LTD.
公 司英文名称缩写:JB
2、公司法定代表人:汤富祥
3、公司董事会秘书:孙红良
4、联系地址:上海市嘉定区嘉戬路 118 号三楼董秘办公室
电 话:021－59162518
传 真:021－59161452
5、公司注册地址:上海市嘉定区嘉戬路 118 号
公司办公地址:上海市嘉定区嘉戬路 118 号
公司邮政编码:201822
公司电子信箱:jb88@mail.xinlian.com.cn
公司电话:021－59161888 转接各部室
6、公司信息披露的报刊:《上海证券报》
登 载公司年度报告的中国证监会指定的国际互联网网址:http://www.sse.com.cn
公 司年度报告备置地点:上海市嘉定区嘉戬路 118 号三楼董秘办公室
7、公司股票上市地:上海证券交易所
股票简称:嘉宝实业
股票代码:600622

二、会计数据和业务数据摘要

1、本年利润总额及构成 (单位:元 合并报表)

项目	金额
利润总额	－91,142,393.37
其中:	
主营业务利润	26,618,211.49
其他业务利润	11,390,784.18
投资收益	4,034,269.35
补贴收入	1,714,481.50
营业外收支净额	－27,088,921.60
净利润	－89,052,218.63
扣除非经常性损益后的净利润	－91,772,104.15
经营活动产生的现金流量净额	138,236,359.42
现金及现金等价物净增加额	14,875,781.86
注:扣除非经常性损益项目和涉及金额:	－
(1)补贴收入	1,714,481.50
(2)营业外收入	1,005,404.02

2、截至报告期末公司前三年的主要会计数据和财务指标

序号	项目	单位	2000 年度	1999 年度		1998 年度	
				调整后	调整前	调整后	调整前
1	主营业务收入	(元)	228,435,218.70	219,557,271.13	219,935,197.69	236,037,668.29	236,037,688.29
2	净利润	(元)	－89,052,218.63	764,298.25	4,221,406.29	44,333,967.76	44,333,967.76
3	总资产	(元)	1,079,162,312.94	1,182,602,978.24	1,252,459,471.09	1,170,048,226.29	1,221,925,976.82
4	股东权益	(元)	654,142,055.91	745,295,041.04	811,345,358.48	755,246,226.29	807,123,952.19
5	每股经营活动产生的现金净流量	(元/股)	0.414	0.280	0.280	0.043	0.043
6	每股收益(摊薄)	(元/股)	－0.267	0.0023	0.013	0.133	0.188
7	扣除非经常性损益后的每股收益	(元/股)	－0.275	－0.05	－0.038	－0.115	
8	每股净资产	(元/股)	1.960	2.23	2.431	2.263	2.951
9	调整后的每股净资产	(元/股)	1.937	2.19	2.383	2.178	2.800
10	净资产收益率	(%)	－13.61	0.1	0.52	5.87	6.38

说 明:
(1)1998、1999 年度调整后主要数据和财务指标因会计政策、会计估计变更、以及会计差错更正追溯调整以前年度计算所得。
(2)本报告年度内股本总额未发生变动,故每股收益的加权数仍为－0.267 元。
(3)、报告期内股东权益变动情况:

项目	股本	资本公积	盈余公积	其中:法定公益金	减未确认的投资损失	未分配利润	股东权益合计
期初数	333,688,309	441,034,162.98	22,176,233.83	12,004,704.82	1,300,921.64	－50,302,743.13	745,295,041.04
本期增加		200,000.00	972,154.58	295,425.87	2,238,419.34		－1,066,264.76
本期减少						90,086,720.37	90,086,720.37
期末数	333,688,309	441,234,162.98	23,148,388.41	12,300,130.69	3,539,340.98	－140,389,463.50	654,142,055.91
变动原因		本年提取数	本年提取数	本年提取数		亏损	

三、股东情况介绍

(1)截止本报告期末股东总数为 58,813 户。
(2)前十名股东情况:

名次	股东名称	年末持股数(股)	占总股本%	年初持股数(股)	占总股本%	变动原因
1	嘉定建业投资开发公司	46,536,143	13.95	0	0	受让股权
2	上海戬浜工业总公司	21,614,672	6.48	21,614,672	6.48	
3	上海南翔资产经营有限公司	17,383,287	5.21	19,152,170	5.74	出让股权
4	上海嘉加(集团)有限公司	17,238,417	5.17	0	0	受让股权
5	上海徐行经济实业总公司	13,706,226	4.11	13,706,226	4.11	
6	上海嘉西工业总公司	12,889,904	3.86	12,889,904	3.86	
7	上海南翔经济发展总公司	11,000,000	3.30	11,000,000	3.30	
8	上海国平房产有限公司	8,759,768	2.63	8,759,768	2.63	
9	上海华亭资产经营有限公司	8,419,768	2.52	10,279,768	3.08	转让股权
10	农行上海市信托投资公司	6,739,200	2.02	6,739,200	2.02	

注:① 公司与前十名股东之间存在关联交易详见"重大关联交易事项"。
② 上海南翔经济发展总公司 11,000,000 股股票全部质押给浦东发展银行。
(3)持股 10%以上法人股股东情况简介:
嘉定建业投资开发公司成立于 1993 年 5 月 7 日,经营范围:财政信用、融资、投资开发;法定代表人:卢伟。
(4)报告期内控股股东的变更情况,披露相关信息的指定报纸及日期:
嘉定建业投资开发公司于 2000 年 9 月 27 日受让原第一大股东上海竞法企业发展有限公司法人股 46,526,143 股,加其原持有 10000 股流通股,合计持股 46,536,143 股,占本公司总股数 13.95%,成为本公司第一大股东。
相关信息披露在 2000 年 9 月 29 日《上海证券报》。

上海轮胎橡胶(集团)股份有限公司

二○○○年年度报告摘选

一、公司简介

1.公司法定中文名称:上海轮胎橡胶(集团)股份有限公司
公司法定英文名称:SHANGHAI TYRE & RUBBER CO., LTD.
公司英文名称缩写:STRC
2.公司法定代表人:范宪
3.公司董事会秘书:周建辉
董事会证券事务代表:吴志文
联系地址:上海市徐家汇路 560 号
电 话:021－64735577－2214
传 真:021－64735921
4.公司注册地址:上海市四川中路 63 号
公司办公地址:上海市徐家汇路 560 号
邮 政 编 码:200025
公 司 网 页:www.cstarc.com
公司电子信箱:company@cstarc.com
5.公司选定的信息披露报纸:《上海证券报》、香港《南华早报》
登载年度报告的国际互联网网址:http://www.sse.com.cn
公司年度报告备置地点:上海市徐家汇路 560 号公司办公室
6.公司股票上市地:上海证券交易所
股票简称:轮胎橡胶、轮胎 B 股
股票代码:轮胎橡胶 600623
轮胎 B 股 900909

二、会计数据与业务数据摘要(合并报表)

1、公司本年度实现利润及主要现金流量指标(单位:人民币元)

利润总额	－436,129,713.73
净利润	－430,742,890.70
扣除非经常性损益后的净利润	－542,042,890.70
主营业务利润	174,971,230.14
营业利润	－438,954,179.12
投资收益	9,715,929.28
营业外收支净额	－12,459,938.98
营活动产生的现金流量净额	72,032,835.09
现金及现金等价物净增加额	－206,998,864.28

注:非经常性损益主要是大中华橡胶厂搬迁补偿 11,130 万元。

2、公司近三年主要会计数据和财务指标(单位:人民币元)

项目	2000 年	1999 年		1998 年	
		调整前	调整后	调整前	调整后
主营业务收入	3,704,348,266.48	3,345,671,393.18	4,028,490,455.18	4,920,468,404.54	4,237,649,342.54
净利润	－430,742,890.70	2,595,778.30	13,260,218.05	1,292,232.28	－284,904,204.90
总资产	6,716,684,714.18	7,700,605,020.88	7,777,995,975.58	7,696,825,090.26	7,498,750,208.54
股东权益	1,516,497,460.98	2,219,642,849.91	1,944,110,852.49	2,213,702,955.92	1,927,506,518.75
每股收益	－0.484	0.003	0.015	0.001	－0.320
扣除非经常性损益后的每股收益	－0.61	－0.18	－0.17	0.001	－0.320
每股净资产	1.70	2.50	2.19	2.49	2.17
调整后每股净资产	1.45	2.35	1.92	2.35	1.92
每股经营活动产生的现金流量净额	0.08	0.59	0.59	0.09	0.09
净资产收益率%	－28.40	0.12	0.68	0.06	－14.78

3、根据中国证监会《公开发行证券公司信息披露编报规则》第九号通知,利润附表列示如下:

	净资产收益率%		每股收益(元)	
	全面摊薄	加权平均	全面摊薄	加权平均
主营业务利润	11.54	11.54	0.197	0.197
营业利润	－28.95	－28.95	－0.494	－0.494
净利润	－28.40	－28.40	－0.484	－0.484
扣除非经常性损益后的净利润	－35.74	－35.74	－0.609	－0.609

三、股东情况介绍

1、报告期末股东总数

截止到 2000 年 12 月 31 日,本公司股东总数为 21,370 户,A 股股东总数为 14,063 户,B 股股东为 7,307 户(其中持有公司美国存托凭证(ADR)的股东 2 户,计持有公司 ADR35,101 份,折合 B 股 351,010 股)。

2、本公司前 10 名股东持股情况(截止到 2000 年 12 月 31 日)

序号	股东名称	持股数(股)	持股比例
1	国家股(上海华谊(集团)公司)	608,357,461	68.40%
2	徐州轮胎(集团)公司	9,410,261	1.06%
3	HKSBCSB A/C STATE STREET BANK AND TRUST S/A THE CHINA FUND	6,623,030	0.74%
4	SCBHK A/C BANK OF NEW YORK S/A CMG CH CHINA INVESTMENTS LIMITED	3,799,650	0.43%
5	MSCI S/A EVEREST CAPITAL FRONTIER FUND L.P.	3,754,305	0.42%
6	NAMEOF INSUTNTIONAL	3,718,000	0.42%
7	UNION INVESTMENT LUXEMBOURG S.A. RE:EM FERNOST FONDS (LUX)	3,028,157	0.34%
8	DEBORAH WANG LIN	2,782,000	0.31%
9	杨余波	2,628,400	0.30%
10	HKIT S/A 06－113039－431	2,305,000	0.26%

以上股东间无关联关系。

持有本公司 5%以上股份的股东为上海华谊(集团)公司,其所持有的股份年度内无增减变动,无质押或冻结。

上海复华实业股份有限公司

二○○○年年度报告摘选

一、公司简介

1、公司法定中文名称:上海复华实业股份有限公司
公司英文名称:FORWARD GROUP LIMITED
公司英文缩写:FORWARD
2、公司法定代表人:陈苏阳
3、公司董事会秘书:徐文一
公司董事会证券事务代表:张茜
联系地址:上海市国权路 525 号复华科技楼十楼
电话:(021)65103021 63872288
传真:(021)65107402 63869700
电子信箱:shareholder@forwardgroup.net
4、公司注册地址:上海市浦东金张路 1167 号
公司办公地址:上海市国权路 525 号
公司邮政编码:200433
公司国际互联网网址:http://www.forwardgroup.net
公司电子信箱:forward@forwardgroup.net
5、公司选定信息披露报纸:《上海证券报》
登载公司年度报告的中国证监会指定国际互联网网址:http://www.sse.com.cn
公司年报备置地点:上海市国权路 525 号复华科技楼十楼
6、公司股票上市交易所:上海证券交易所
公司股票简称:复华实业
公司股票代码:600624

二、会计数据和业务数据摘要

(一)本年度利润总额及构成(单位:人民币元)

利润总额	27,140,316.59
净利润	28,416,324.93
扣除非经常性损益后的净利润	22,137,495.88
主营业务利润	69,128,052.05
其他业务利润	10,926,742.32
营业利润	10,378,175.67
投资收益	10,483,311.87
补贴收入	1,452,232.00
营业外收支净额	4,826,597.05
经营活动产生的现金流量净额	－12,129,937.82
现金及现金等价物净增加额	42,438,889.67

注:扣除非经常性损益项目及金额具体如下:
(1)补贴收入 1,452,232.00 元;
(2)营业外收支净额 4,826,597.05 元。

(二)本报告期末公司前三年主要会计数据及财务指标

项　目	单位	2000 年度	1999 年度	1998 年度
1.主营业务收入	万元	25,251.51	22,363.05	21,690.05
2.净利润	万元	2,841.63	1,883.76	1,510.87
3.总资产	万元	95,321.82	84,907.60	78,930.80
4.股东权益	万元	50,630.41	49,492.75	49,833.79
5.每股收益(摊薄)	元	0.1079	0.0929	0.0895
(加权)	元	0.1079	0.1014	0.0895
6.扣除非经常性损益后的每股收益	元	0.0840		
7.每股经营活动产生的现金流量净额	元	－0.0460	－0.2337	－0.3838
8.每股净资产(摊薄)	元	1.9216	2.4420	2.9506
(加权)		2.188		
9.调整后每股净资产(摊薄)	元	1.6927	2.2285	2.5998
10.净资产收益率(摊薄)	%	5.61	3.81	3.03
(加权)	%	5.68	3.86	3.11

根据中国证监会《公开发行证券公司信息披露规则(第 9 号)》要求计算 2000 年报告期利润的净资产收益率和每股收益:

利润表附表:

报告期利润	净资产收益率(%)		每股收益(元/股)	
	全面摊薄	加权平均	全面摊薄	加权平均
主营业务利润	13.65	13.58	0.2624	0.2624
营业利润	2.05	2.04	0.0394	0.0394
净利润	5.61	5.58	0.1079	0.1079
扣除非经营性损益后的净利润	4.37	4.35	0.0840	0.0840

三、股东情况介绍

(一)截止报告期末,公司股东总数为 127,561 户。

(二)报告期末公司前十名股东持股情况:

序号	股东名称	年末持股数	占总股本%	股份性质
1	复旦大学	86,251,685	32.736	国有法人股
2	上海市国有资产管理办公室	15,503,523	5.884	国家股
3	金盛基金	3,354,869	1.273	上市流通股
4	金鑫基金	1,062,831	0.403	上市流通股
5	吴宏伟	905,399	0.344	上市流通股
6	王保善	792,448	0.301	上市流通股
7	普惠基金	721,898	0.274	上市流通股
8	李玉花	630,866	0.239	上市流通股
9	泰和基金	615,641	0.234	上市流通股
10	兴安基金	500,083	0.190	上市流通股

注:上述前 10 名股东之间不存在关联交易。

上海水仙电器股份有限公司

二○○○年年度报告摘选

一、公司简介

1、公司法定中文名称:上海水仙电器股份有限公司
公司英文名称:Shanghai Narcissus Electric Appliances Co.,Ltd.
公司英文名称缩写:SNEC
2、公司法定代表人:宋伟民先生
3、公司董事会秘书:赵钟忆先生
联系地址:上海市汶水路19号
联系电话:(021)56651410
传 真:(021)56651093
4、公司注册地址、办公地址:上海市汶水路19号
邮政编码:200072
电子信箱:shuixian@public.sta.net.cn
5、公司选定的信息披露报纸:《上海证券报》、《香港商报》
登载公司年度报告的中国证监会指定国际互联网网址:http://www.sse.com.cn
公司年度报告备置地点:公司办公室
6、公司股票上市交易所:上海证券交易所
公司股票简称:A股:PT水仙　　B股:PT水仙B
公司股票代码:A股:600625　　B股:900931

二、会计数据和业务数据摘要

1、本年度会计数据和业务数据:(单位:人民币元)

利润总额	-144563039.33
净利润:	-145706664.74
扣除非经营性损益后的净利润:	-151296409.74
主营业务利润:	14209008.92
其他业务利润:	570994.29
营业利润:	-157127653.76
投资收益:	6269446.18
补贴收入	167278.53
营业外收支净额:	6127889.72
经营活动产生的现金流量净额	-10280769.81
现金及现金等价物净增加额	-6689183.87
非经营性损益:	
处置资产净收入	5589745元。

2、截止报告期末,公司前三年主要会计数据和财务指标(单位:人民币元)

项目	2000年度	1999年度		1998年度	
		调整前	调整后	调整前	调整后
主营业务收入	110,441,837.07	175,128,566.22	174,779,938.53	184,873,170.05	184,873,170.05
净利润	-145,706,664.74	-197,137,470.95	-199,093,527.83	-63,985,092.03	-138,783,178.61
总资产	423,150,994.40	638,259,237.02	623,786,273.10	1,025,868,566.23	1,025,868,566.23
股东权益(不含少数股东权益)	-59,959,276.72	80,833,118.90	84,788,447.08	373,154,262.56	277,970,589.85
每股收益(摊薄)	-0.62	-0.834	-0.84	-0.271	-0.587
每股收益(加权)	-0.62	-0.834	-0.84	-0.271	-0.587
每股净资产	-0.25	0.34	0.36	1.58	1.18
调整后的每股净资产	-0.86	0.16	0.13	1.42	1.10
每股经营活动产生的现金流量净额	-0.04	-0.16	-0.16	-0.14	-0.14
净资产收益率(摊薄)(%)	243.01	-243.88	234.81	-17.15	-23.02
净资产收益率(加权)(%)	-1220.82	-109.89	-111.58	-15.79	-38.81

按照中国证监会《公开发行证券公司信息披露编报规则(第9号)》要求计算的净资产收益率和每股收益:

	报告期利润	净资产收益率(%)		每股收益(元)	
		全面摊薄	加权平均	全面摊薄	加权平均
主营业务利润	14,209,008.92	-23.7	108.82	-0.06	-0.06
营业利润	-157,127,653.76	262.06	-2524.29	-0.66	-0.66
净利润	-145,706,664.74	252.33	-1220.82	-0.62	-0.62

三、股东情况介绍

1、报告期末公司股东总数:14329户
2、报告期末公司前10名股东的持股情况:

股东名称	年末持股数(股)	占总股本比例
上海纳赛斯投资发展中心	51066020	21.60%
上海新工联实业有限公司	31834000	13.47%
COMPLEX SHIPPING COMPANY LIMITED	5237930	2.22%
上海氯碱化工股份有限公司	2640000	1.12%
上海国际信托投资公司	2640000	1.12%
中国纺织机械股份有限公司	2200000	0.93%
晏福有	2023000	0.86%
建行信托	1746800	0.74%
蔡发祥	1663510	0.70%
许建新	1378000	0.58%

说明:
(1)外资股股东有COMPLEX SHIPPING COMPANY LIMITED、晏福有、蔡发祥、许建新
(2)持有本公司5%以上股份的股东年度内股份变动情况:
上海新工联实业有限公司于2000年9月20日受让良庆交电88000股社会法人股。
(3)本报告期内持有5%以上股份的股东无质押或冻结的情况。

上海申达股份有限公司

二○○○年年度报告摘选

一、公司简介

1、公司的法定中、英文名称及缩写
法定中文名称:上海申达股份有限公司
法定英文名称:SHANGHAI SHENDA CO.,LTD
公司英文名称缩写:SHSD
2、公司法定代表人:席时平
3、公司董事会秘书:丁振华
公司证券事务代表:玛天羽
联系地址:上海市武宁南路448号申达大厦
邮编:200042
联系电话:021-62319898
传真:021-62317250
电子信箱地址:dzh@shenda.com.cn
4、公司注册地址:上海市浦东南路3888号
公司办公地址:上海市武宁南路448号申达大厦
邮编:200042
公司国际互联网网址:http://www.chinashenda.com
电子信箱:shenda@public1.sta.net.cn
5、公司选定的信息披露报纸名称:上海证券报、证券时报
登载年度报告的国际互联网网址:http://www.sse.com.cn
公司年度报告备置地点:上海市武宁南路448号申达大厦415室
6、公司股票上市交易所:上海证券交易所
股票简称:申达股份　　股票代码:600626

二、会计数据和业务数据摘要

项目	金额
利润总额	152,264,113.36元
净利润	123,366,200.45元
扣除非经常性损益后的净利润	125,777,147.66元
主营业务利润	299,651,340.52元
其它业务利润	11,571,762.66元
营业利润	109,259,270.27元
投资收益	30,331,119.42元
补贴收入	13,091,620.72元
营业外收支净额	-417,897.05元
经营活动产生的现金流量净额	71,435,408.77元
现金及现金等价物净增加额	82,526,345.02元

注:非经常性损益金额-2,410,947.21元,其内容包括:
a.新股申购冻结资金利息1,806,140.10元,系我司98年6月增发新股7500万股所获得的无效申购冻结资金利息903.07万元按五年分摊的本年度摊入额。
b.补贴收入13,091,620.72元,其中:新产品减免税1,484,000.00元,职工交通补贴49,056.99元,外贸出口补贴11,558,563.73元。
c.资产处置收益额:出售固定资产清理收入净额为-1,807,922.53元。
d.转让6150万股欣龙无纺股权形成的一次性投资损失-15,500,785.50元(99年作投资收益,2000年按原价转让并冲回已入账的收益而形成的损失)。
2、前三年主要会计数据和财务指标:

项目	2000年	99年	98年	
			调整后	调整前
主营业务收入:元	2,805,826,560.81	2,401,629,006.61	1,550,431,815.05	1,550,431,815.05
净利润:元	123,366,200.45	104,412,219.44	81,652,955.36	83,135,098.62
总资产:元	2,249,512,887.52	2,001,065,039.33	1,768,583,910.82	1,770,573,510.76
股东权益:元	891,315,007.76	798,350,925.91	721,623,502.63	723,109,977.82
每股收益:元	0.406元	0.379元	0.295元	0.301元
每股净资产:元	2.93	2.89	2.61	2.62
调整后的每股净资产:元	2.85	2.84	2.54	2.55
每股经营活动产生的现金流量净额:元	0.23	0.65	0.52	0.52
净资产收益率:%	13.84	13.10	11.32	11.50
加权平均的每股收益:元	0.406	0.379	0.351	0.357
加权平均的净资产收益率%	14.34	13.49	16.17	16.43
扣除非经常性损益后的每股收益:元	0.414	0.368	0.289	0.295
扣除非经常性损益后的加权净资产收益率	14.62	13.10	16.03	16.28

利润表附表:
净资产收益率和每股收益:

报告期利润	净资产收益率%		每股收益元	
	全面摊薄	加权平均	全面摊薄	加权平均
主营业务利润	33.62	34.84	0.986	0.986
营业利润	12.26	12.70	0.359	0.359
净利润	13.84	14.34	0.406	0.406
扣除非经营性损益后的净利润	14.11	14.62	0.414	0.414

三、股东情况介绍

1、2000年末本公司的股东总数:72204户。
2、前10名大股东持股情况

股东单位	持股情况	股份性质	备注
上海申达(集团)有限公司	147,450,600	国家股	
中国电力财务有限公司	3,717,120	法人股	原华诚财务有限公司转让所形成
城市房产有限公司	3,484,800	法人股	原恒通集团股份公司转让所形成
上海市投资信托公司	3,484,800	法人股	
上海第十七棉纺织总厂	2,904,000	法人股	原上海龙头股份有限公司转让所形成
中国纺织品进出口公司	2,323,200	法人股	
上海纺织原料公司	2,323,200	法人股	
上海第一百货股份有限公司	2,288,352	法人股	
中国银行上海投资咨询公司	1,858,560	法人股	
申银万国证券有限公司	1,556,544	法人股	

上海电器股份有限公司

二○○○年年度报告摘选

一、公司简介

1、公司法定中文名称：上海电器股份有限公司

公司英文名称：Shanghai Electrical Apparatus Co.，Ltd.

公司英文名称缩写：SEAC

2、公司法定代表人：周飞达

3、董事会秘书：程彦敏

证券事务代表：顾晓燕

联系地址：上海市福州路 89 号

联系电话：021－63216717

传真：021－63297808

电子信箱：cym@eastday.com

4、公司注册地址：上海市东方路 428 号

公司办公地址：上海市福州路 89 号

公司邮政编码：200002

公司国际互联网网址：www.seacgmb.online.sh.cn

公司电子信箱：seac@smeic.online.sh.cn

5、公司选定中国证监会指定报纸名称：《上海证券报》

登载公司中期报告的中国证监会指定的国际互联网网址：http://www.sse.com.cn

公司年报报告备置地点：公司证券部

6、公司股票上市交易所：上海证券交易所

股票简称：电器股份

股票代码：600627

二、主要财务数据和指标

1、本年度主要会计数据(单位：人民币元)

序号	项目	2000 年
1	利润总额	121801205.63
2	净利润	106182395.08
3	扣除非经营性损益后的净利润	56887446.63
4	主营业务利润	441646639.80
5	其他业务利润	30694381.41
6	营业利润	23129004.13
7	投资收益	49692336.19
8	补贴收入	5847000
9	营业外收支净额	43132865.31
10	经营活动产生的现金流量净额	105472940.22
11	现金及现金等价物净增加额	41780230.29

注：扣除非经营性损益的项目和涉及金额：土地置换收入，金额为 43447948.45 元(已在 2000 年中期报告予以披露)和补贴收入。

2、截止报告期末公司前三年的主要会计数据及财务指标：(单位：人民币元)

序号	项目	2000 年度	1999 年度		1998 年度	
			调整前	调整后	调整前	调整后
1	主营业务收入	2365013336.01	1665898458.79	1665898458.79	1505264866.79	1448958723.20
2	净利润	106182395.08	29695466.70	31182183.70	10758138.27	4798578.13
3	总资产	4367967102.26	4472820309.55	4402667824.63	2557890025.16	2423118651.80
4	股东权益	895756415.35	804204079.92	805173819.58	825576554.68	771208093.24
5	每股收益	0.20	0.06	0.06	0.02	0.01
6	扣除非经常性损益后的每股收益	0.11	0.01	0.02	－0.09	－0.10
7	每股净资产	1.73	1.55	1.55	1.59	1.49
8	调整后的每股净资产	1.25	0.99	1.02	1.01	0.96
9	每股经营活动产生的现金流量净额	0.20	0.38	0.38	0.063	0.06
10	净资产收益率(%)	11.85	3.69	3.87	1.30	0.62

三、股东情况介绍

1、股东情况介绍：

(1)、报告期末股东总数：34437 户

(2)、报告期内公司前十名股东情况：

单位：万股

序号	股东名称	持股数	持股比例(%)
1	国家股	43380.7200	83.75
2	上海申银万国证券股份有限公司	269.2800	0.52
3	上海投资信托有限公司	204.0000	0.39
4	工二支行	162.2400	0.31
5	上海电器工业有限公司	153.8364	0.30
6	沈阳联亚	110.4000	0.21
7	金泰基金	107.3734	0.21
8	汉盛基金	100.0056	0.19
9	陈玉和	93.4300	0.18
10	上海电器职工技协	92.0856	0.18

①、国家股 83.75%股份，该股份由上海电气(集团)总公司持有，并且在本年度内未发生增减变动，也未发生质押、冻结等情况。

②、上海电器工业有限公司为上海电气(集团)总公司的国有全资子公司。

上海新世界股份有限公司

二○○○年年度报告摘选

一、公司简介

1. 公司名称

公司法定中文名称：上海新世界股份有限公司

公司英文名称及缩写：SHANGHAI NEW WORLD CO.，LTD.（SNW）

2. 公司法定代表人：董事长江锡洲先生

3. 公司董事会秘书：马炳芳先生

证券事务代表：财务主管周丽芬女士

联系电话：(021)63588888 转 3322　　(021)63582189

传真：(021)63583331　　(021)63582189

电子信箱：nwuser@public2.sta.net.cn

电子信箱：zlf@newworld－china.com

联系地址：上海市南京西路 2～68 号公司董事会办公室和财务部

4. 公司注册及办公地址：上海市南京西路 2 号～68 号

邮政编码：200003

公司国际互联网网址：http://www.newworld－china.com

电子信箱：newworld@newworld－china.com

5. 公司选定的信息披露报纸：《上海证券报》

登载公司年度报告的中国证监会指定国际互联网网址：http://www.sse.com.cn

公司年度报告备置地点：公司董事会办公室、财务部

6. 公司股票上市交易所：上海证券交易所

股票简称：新世界

股票代码：600628

二、会计数据和业务数据摘要

1. 本年度会计数据和业务数据摘要　　单位：元

项目	2000 年
(1)利润总额	88,678,984.37
(2)净利润	75,731,039.12
(3)扣除非经常性损益后的净利润	60,541,839.99
(4)主营业务利润	305,046,171.92
(5)其他业务利润	5,802,249.04
(6)营业利润	73,804,361.56
(7)投资收益	15,151,973.93
(8)补贴收入	
(9)营业外收支净额	－277,351.12
(10)经营活动产生的现金流量净额	213,353,488.49
(11)现金及现金等价物净增加额	75,090,832.05

2. 公司近三年主要会计数据与财务指标

追溯调整后：　　单位：元

项目	2000 年	1999 年	1998 年
(1)主营业务收入	1,998,670,377.90	1,914,805,386.97	1,836,347,037.74
(2)净利润	75,731,039.12	59,256,012.42	64,455,422.22
(3)总资产	2,047,491,534.99	1,733,550,348.79	1,832,329,629.84
(4)股东权益	757,655,356.26	483,223,164.82	423,967,152.40
(5)每股收益	0.3420	0.3137	0.3412
(6)每股净资产	3.42	2.56	2.24
(7)调整后每股净资产	3.37	2.54	2.20
(8)每股经营活动产生的现金流量净额	0.9634	1.3572	0.7358
(9)净资产收益率	10.00%	12.26%	15.20%
(10)扣除非经营性损益后的每股收益	0.273	0.3137	0.2805

3. 报告期净资产收益率和每股收益

按照中国证监会《公开发行证券公司信息披露编报规则第 9 号》的要求，计算如下：

项目	净资产收益率(%)		每股收益(元/股)	
	全面摊薄	加权平均	全面摊薄	加权平均
主营业务利润	40.26	48.30	1.377	1.487
营业利润	9.74	11.69	0.333	0.360
净利润	10.00	11.99	0.342	0.369
扣除非经营性损益后的净利润	7.99	9.59	0.273	0.295

三、股东情况介绍

1. 报告期末股东总数为 53,620 户。

2. 主要股东持股情况

单位：股

名次	股东名称	期末持股数	占总股本%
(1)	上海市黄浦区国有资产管理办公室	96,818,890	43.72
(2)	上海新世界(集团)有限公司	3,477,247	1.57
(3)	上海申银万国证券公司	1,660,263	0.75
(4)	冠和实业	1,357,171	0.61
(5)	浦发静安	1,285,895	0.58
(6)	上海第一百货商店股份有限公司	969,408	0.44
(7)	上海华联商厦股份有限公司	969,408	0.44
(8)	上海黄浦区对外经济技术开发合作公司	969,408	0.44
(9)	蔡同德堂药号	775,526	0.35
(10)	上海汇丰资产经营公司	775,526	0.35

3. 报告期内控股股东未发生变更

上海棱光实业股份有限公司

二〇〇〇年年度报告摘选

一、公司简介

1、公司的法定中文名称:上海棱光实业股份有限公司

公司的法定英文名称:SHANGHAI LENGGUANG INDUSTRIAL CO.,LTD.

英文缩写:LICO

2、公司法定代表人:杨博

3、公司董事会秘书:李恒广

联系地址:上海市龙吴路4900号

电 话:(021)64342772转

传 真:(021)64345664

4、公司注册地址:上海市浦东新区钱仓路400号

邮编:200120

公司办公地址:上海市龙吴路4900号

邮编:200241

电子信箱:lgzqb@online.sh.cn

5、公司选定的信息披露报纸名称:《上海证券报》

刊登公司年度报告的中国证监会指定国际互联网网址:http://www.sse.com.cn

公司年度报告备置地点:上海市龙吴路4900号公司董事会秘书处

6、公司股票上市地:上海证券交易所

股票简称:ST棱光

股票代码:600629

二、会计数据和业务摘要

1、本年度实现的利润情况(2000年度合并)(单位:人民币元)

项 目	2000年
利润总额	-40,009,482.17
净利润	-39,991,239.42
扣除非经常性损益后的净利润	-39,522,313.65
主营业务利润	2,879,702.45
其他业务利润	1,257,391.79
营业利润	-39,679,908.65
投资收益	108,971.12
补贴收入	0.00
营业外收支净额	-438,544.64
经营活动产生的现金流量净额	1,908,823.77
现金及现金等价物净增加额	-518,799.54
注:非经常性损益的内容及金额:	
A、处置固定资产损失	447,275.77元;
B、税务滞纳金支出	21,650.00元。

2、截止报告期末公司前三年的主要会计数据及财务指标(单位:人民币元)

项 目	2000年	1999年	1998年	
			调整前	调整后
主营业务收入	28,405,448.35	31695461.69	39854600.47	39854600.47
净利润	-39,991,239.42	-37479566.71	30184638.69	3754688.21
总资产	542,841,709.75	556791303.25	575100469.96	542712238.09
股东权益	122,003,312.11	161994551.53	231862349.11	199474118.24
每股收益	-0.264	-0.248	0.20	0.025
每股净资产	0.81	1.07	1.53	1.32
调整后每股净资产	0.29	1.04	1.50	1.29
每股经营活动产生的现金流量净额	0.01	-0.096	-1.32	-1.32
净资产收益率(%)	-32.78	-23.14	13.02	1.88

3、利润表附表

报告期利润	净资产收益率		每股收益	
	全面摊薄	加权平均	全面摊薄	加权平均
主营业务利润	2.36	2.03	0.019	0.019
营业利润	-32.52	-27.94	-0.26	-0.26
净利润	-32.78	-28.16	-0.26	-0.26
扣除非经常性损益后的净利润	-32.39	-27.83	-0.26	-0.26

三、股东情况介绍

(1)报告期末股东总数为35819户。

(2)主要股东持股情况

序号	股东名称	年末持股数量(股)	占总股本比例(%)
①	恒通集团股份有限公司	53745120	35.50
②	上海建筑材料(集团)总公司(国家股)	25140864	16.61
③	无锡新江南股份有限公司	3084941	2.04
④	上海第十七棉纺织总厂	1229580	0.81
⑤	中国纺织机械股份有限公司	1092960	0.72
⑥	申银万国证券公司	956340	0.63
⑦	上海氯碱股份有限公司	819720	0.54
⑧	上海嘉宝股份有限公司	710424	0.47
⑨	上海盛递贸易商行	710424	0.47
⑩	上海商业网点股份有限公司	546480	0.36

注:恒通集团股份有限公司、上海建筑材料(集团)总公司本年度内所持股份没有发生变动。

恒通集团股份有限公司持股比例35.50%,法定代表人:杨博。1997年12月18日恒通集团向上海浦东发展银行社会保险基金部贷款并签订了股票质押合同(期限一年),质押股份4885.92万股。因98年度10送1分配方案实施,质押股份增加至5374.512万股,其中的4400万股由于上海浦东发展银行已向法院申请执行,法院委托上海拍卖行举行了三次拍卖,但均未成交。

3、报告期间内控股股东未发生变更

上海龙头股份有限公司

二〇〇〇年年度报告摘选

一、公司简介

1、公司法定中文名称:上海龙头股份有限公司

公司法定英文名称:SHANGHAI DRAGON HEAD CO.,LTD(缩写:SDH)

2、公司法定代表人:朱匡宇

3、公司董事会秘书:袁梅

联系地址:上海市虹桥路1488号

联系电话:(021)62199000

传真:(021)62082116

电子信箱:longtou@dragonhead.com.cn

4、注册地址:上海市浦东南路360号新上海国际大厦

联系电话:(021)68863888

传真:(021)68863889

邮编:200120

5、办公地址:上海市虹桥路1488号

邮编:200336

公司电子信箱:longtou@dragonhead.com.cn

公司网址:www.dragonhead.com.cn　　www.600630.com.cn

6、公司信息披露报纸名称:《中国证券报》、《上海证券报》

公司登载年报指定网址:http://www.sse.com.cn

公司年报备置地点:上海市虹桥路1488号7楼公司本部办公室

7、公司股票上市地:上海证券交易所

股票简称:龙头股份

股票代码:600630

二、会计数据和业务数据摘要

1、本年度主要利润指标情况(单位:人民币元)

项目	金额
利润总额	180608255.94
净利润	151788665.10
扣除非经常性损益后的净利润	151172115.58
主营业务利润	454094333.27
其他业务利润	8223911.87
营业利润	71768773.59
投资收益	101216427.16
补贴收入	7594355.86
营业外收支净额	28699.33
经营活动产生的现金流量净额	154483888.42
现金及现金等价物净增加额	27373959.48
非经常性损益项目:	
营业外支出	1,667,594.65
营业外收入	1,696,293.98
一次性补贴收入	415,000.00
合并价差摊销	-172,850.19

2、公司近三年主要会计数据和财务指标(单位:人民币元)

指标项目	2000年	1999年	1998年	
			调整后	调整前
主营业务收入	1948658834.35	1801140263.83	1648811214.06	1648811214.06
净利润	151788665.10	118954686.89	117598117.26	124505962.29
总资产	3972265115.19	3565299245.80	3100497359.58	3217407435.06
股东权益(不含少数股东权益)	1290512748.70	1188496439.23	1107061967.74	1223972043.22
每股收益	0.405	0.317	0.313	0.332
每股净资产	3.440	3.17	2.95	3.26
扣除非经常性损益后每股收益	0.403	0.317	0.313	0.332
调整后的每股净资产	2.916	2.70	2.58	2.90
每股经营活动产生的现金流量净额	0.412	-0.03	-0.009	-0.009
净资产收益率(%)	11.762	10.01	10.62	10.17

*公司于2001年3月2日实施了10配3的配股方案,配股后,公司股本增加至424,861,597股。变化后的全面摊薄每股收益为0.356元。

3、按全面摊薄和加权平均计算的净资产收益率及每股收益:

报告期利润	净资产收益率		每股收益	
	全面摊薄	加权平均	全面摊薄	加权平均
主营业务利润	35.19%	35.89%	1.210	1.210
营业利润	5.56%	5.67%	0.191	0.191
净利润	11.76%	12.00%	0.405	0.405
扣除非经常性损益后的净利润	11.71%	11.95%	0.403	0.403

三、股东情况介绍

(1)报告期末股东总数:

截止2000年12月31日,公司股东总数为93840户。

(2)主要股东持股情况(前十名股东)

股东名称	年末持股数	占总股本%	流通股份数	未流通股份数
①上海纺织控股(集团)公司(国家股)	185314754	49.39	0	185314754
②上海国际信托投资公司	15156000	4.04	0	15156000
③申北证券公司营业部	3600000	0.96	0	3600000
④天迪投资	2401100	0.64	0	2401100
⑤中国纺织机械股份有限公司	2401000	0.64	0	2401000
⑥上海申达股份有限公司	2400000	0.64	0	2400000
⑦宏维企发	2400000	0.64	0	2400000
⑧南商房产	2160000	0.58	0	2160000
⑨上海双鹿股份有限公司	1800000	0.48	0	1800000
⑩第五钢铁	1710000	0.46	0	1710000

上海市第一百货商店股份有限公司

二○○○年年度报告摘选

一、公司简介

(一)公司法定中文名称:上海市第一百货商店股份有限公司
英文名称:SHANGHAI №1 DEPARTMENT STORE CO.,LTD
英文简写:№1 SDS
(二)公司法定代表人:董绍诚先生
(三)公司董事会秘书:张锡援女士
公司董事会证券事务代表:朱俊女士
联系地址:上海市南京东路 800 号新一百大厦 18 楼
电话:(021)63223344 转
传真:(021)63517447
电子信箱:stock@no－1.com.cn
(四)公司注册地址:浦东新区浦东南路 1111 号
公司办公地址:上海市南京东路 800 号新一百大厦 18 楼
邮政编码:200001
公司国际互联网网址:www.sh100.net
公司电子信箱:office@no－1.com.cn
(五)公司选定的信息披露报纸:《上海证券报》
登载公司年度报告的中国证监会指定国际互联网址:www.sse.com.cn
公司年度报告备置地点:公司总经理办公室
(六)公司股票上市交易所:上海证券交易所
股票简称:第一百货
股票代码:600631

二、会计数据和业务数据摘要

(一)本年度主要利润指标情况:　　单位:元

项目	2000 年
利润总额	78188521.34
净利润	58665089.34
扣除非经常性损益后的净利润	58665089.34
主营业务利润	582921104.14
其他业务利润	85236774.51
营业利润	57043292.34
投资收益	3164690.41
补贴收入	5800.00
营业外收支净额	463422.11
经营活动产生的现金流量净额	450968403.63
现金及现金等价物净增加额	161629108.88

(二)主要会计数据与财务指标:(单位:元)

项 目	2000 年	1999 年		1998 年	
		调整前	调整后	调整前	调整后
主营业务收入(元)	4269918939.56	4988193800.55	4899193800.55	4014893926.99	3941841372.45
净利润(元)	58665089.34	128890573.75	119261834.92	143256469.26	123356410.83
总资产(元)	4585248031.39	4707865856.75	4657781526.79	2798954685.38	2722328185.91
股东权益(元)(不含少数股东权益)	1757732928.59	1736156571.50	1707781609.44	1414463996.00	1337436012.85
每股收益(元)	0.11	0.24	0.22	0.31	0.27
每股收益(元)(按月平均加权法)	0.11	0.25	0.23	0.31	0.27
每股收益(元)(扣除非经常性损益后)	0.11	0.17	0.12	0.22	0.18
每股净资产(元)	3.32	3.28	3.22	3.05	2.88
调整后的每股净资产(元)	2.62	2.75	2.70	1.71	1.54
每股经营活动产生的现金流量净额(元)	0.85	0.44	0.44	0.15	0.15
净资产收益率(%)	3.34	7.42	6.98	10.12	9.22

注:1、按照中国证监会《公开发行证券公司信息披露编报规则》(第 9 号)要求计算的利润数据列表如下:

报告期利润	净资产收益率(%)		每股收益(元)	
	全面摊薄	加权平均	全面摊薄	加权平均
主营业务利润	33.16	33.56	1.10	1.10
营业利润	3.25	3.28	0.11	0.11
净利润	3.34	3.38	0.11	0.11
扣除非经常性损益后的净利润	3.34	3.38	0.11	0.11

2、以上会计数据和财务指标均按照年报准则规定的公式进行计算。

三、股东情况介绍

(一)截止报告期末公司股东总数为 126416 户。
(二)报告期末公司前 10 名股东的持股情况:

名次	名称	年末持股数(万股)	占总股本%
1	上海一百(集团)有限公司	23940.81	45.18
2	申银万国证券股份有限公司	861.42	1.63
3	松江粮油总公司	673.37	1.27
4	华兴信托	549.06	1.04
5	浙经投资	436.79	0.82
6	上海市妇女用品商店	416.51	0.79
7	上海华联商厦股份有限公司	402.41	0.76
8	上海富士德服饰有限公司	376.51	0.71
9	华闽实业	270.00	0.51
10	友谊集团	210.39	0.40

注:(1)上海市妇女用品商店系上海华联商厦股份有限公司之全资子公司,即上海华联股份实际持有本公司股票 818.92 万股。

(2)上海一百(集团)有限公司是公司国家股的授权经营单位,系国有独资有限责任公司。法定代表人:董绍诚先生。经营范围:主营业务是授权范围内的国有资产经营与管理,实业投资,国内贸易(除专项规定外),房地产开发经营及物业管理等,其所持股份无质押和冻结。

上海华联商厦股份有限公司

二○○○年年度报告摘选

一、公司简介

(一)公司法定中文名称:上海华联商厦股份有限公司
公司法定英文名称及缩写:SHANGHAI HUA LIAN CO.,LTD.
公司法定英文缩写:SHHL
(二)公司法定代表人:董事长 张新生先生
(三)公司董事会秘书:肖树森先生
联系地址:上海市南京东路 635 号 631 室
电话:021－63224466 转 7666　　传真:021－63226105
电子信箱:shhualian@sohu.com
(四)公司注册地址:上海市浦东新区张杨路 655 号　　邮政编码:200120
公司办公地址:上海市南京东路 635 号　　邮政编码:200001
公司国际互联网网址:shhl.sh.cn　　公司电子信箱:shhlcob@online.sh.cn
(五)公司选定的信息披露报纸:《上海证券报》
登 载公司年度报告的中国证监会指定国际互联网网址:http://www.sse.com.cn
公司年度报告备置地点:公司董事会秘书室
(六)公司股票上市交易所:上海证券交易所
股票简称:华联商厦　　股票代码:600632

二、会计数据和业务数据摘要

(一)本年度主要利润指标情况:
根据中国会计准则审计后的主要利润指标:　　单 位:元

利润总额	135,796,611.74
净利润	114,812,565.14
扣除非经常性损益后的净利润	54,759,838.88
主营业务利润	417,206,988.33
其他业务利润	19,304,134.99
营业利润	55,181,585.35
投资收益	76,565,693.73
补贴收入	603,784.28
营业外收支净额	3,445,548.38
经营活动产生的现金流量净额	327,363,276.71
现金及现金等价物净增加额	－224,068,302.43

注:非经常性损益是指:
(1)股权转让收益　66,770,603.09 元;
(2)三年以上无法支付的应付款项　4,162,715.53 元;
(3)股权投资差额　－283,052.43 元。

(二)截止报告期末公司前三年的主要会计数据和财务指标　　单 位:元

项目	2000 年度	1999 年度	1998 年度	
			调整前	调整后
主营业务收入	3619562425.82	3706137904.74	3754437688.62	3754437688.62
净利润	114812565.14	94817563.84	95902310.73	90194029.76
每股收益	0.30	0.25	0.30	0.28
每股收益(加权)	0.30	0.27	0.30	0.29
扣除非经常性损益后的每股收益	0.14	0.20	0.30	0.28
净资产收益率	10.77	9.58	10.13	9.67

	2000 年 12 月 31 日	1999 年 12 月 31 日	1998 年 12 月 31 日	
			调整前	调整后
总资产	2236293234.92	2558266875.11	2472520181.76	2458593038.86
股东权益(不含少数股东权益)	1066447233.16	990030086.09	946944397.53	933022321.40
每股净资产	2.77	2.57	2.95	2.91
调整后的每股净资产	2.60	1.97	2.31	2.27
每股经营活动产生的现金流量净额	0.85	1.13	0.27	0.27

净资产收益率和每股收益的计算及披露

报告期利润	净资产收益率		每股收益	
	全面摊薄	加权平均	全面摊薄	加权平均
主营业务利润	39.12	35.18	1.08	1.08
营业利润	5.17	5.49	0.14	0.14
净利润	10.77	11.10	0.30	0.30
扣除非经营性损益后的净利润	5.13	5.45	0.14	0.14

三、股本变动及股东情况

(一)股本变动情况
1、股份变动情况表

	本次变动前	本次变动增减(+、—)						本次变动后
		配股	送股	公积金转股	增发	其他	小计	
一、未上市流通股份								
1、发起人股份	139725283							139725283
其中:								
国家持有股份	139725283							139725283
境内法人持有股份								
境外法人持有股份								
其他								
2、募集法人股份	149132810							149132810
3、内部职工股								
4、优先股或其他								
其中:转配股								
未上市流通股份合计	288858093							288858093
二、已上市流通股份								
1、人民币普通股	95743910							95743910
2、境内上市的外资股								
3、境外上市的外资股								
4、其他								
已上市流通股份合计	95743910							95743910
三、股份总数	384602003							384602003

上海双鹿电器股份有限公司

二〇〇〇年年度报告摘选

一、公司简介

1－1、公司法定中文名称:上海双鹿电器股份有限公司
英文名称:SHANGHAI SHUANGLU ELECTRIC
APPLIANCES CO.,LTD.
英文名称缩写:SSEC
1－2、公司法定代表人:施亚龙
1－3、公司董事会秘书:强月玲
联系电话:(021)62346197　传真:(021)62346197
1－4、公司注册地址及办公地址:上海市天山路651号　邮政编码:200336
1－5、公司年报备置地点:公司总经理办公室
公司选定的信息披露报纸:上海证券报
登载公司年报的国际互联网网址:http:/www.sse.com.cn
1－6、公司股票上市交易所:上海证券交易所
股票简称:PT 双鹿　股票代码:600633

二、会计数据和业务数据摘要

2－1、本年度主要利润指标情况 (单位:元)

项目	金额
利润总额	－177,311,931.87
净利润	－177,311,931.87
扣除非经营性损益后的净利润	－83,732,281.48
主营业务利润	0.00
其它业务利润	2,835.00
营业利润	－83,732,281.48
投资收益	93,418,346.02
补贴收入	0.00
营业外收支净额	－161,304.37
经营活动产生的现金流量净额	－658,455.46
现金及现金等价物净增加额	－158,429.86

注:扣除的非经常性损益为:

项目	涉及金额
投资收益	－93418346.02
营业外收支净额	－161304.37

2－2、截止本报告期末公司前三年主要会计数据和财务指标

项　目	2000年	1999年	1998年
主营业务收入(元)	0.00	/	22,654,797.83
净利润(元)	－177,311,931.87	－46,082,509.59	－11,898,102.89
总资产(元)	557,603,233.83	706,536,307.74	707,599,839.78
股东权益(元)	－160,104,444.03	18,957,124.23	65,039,178.48
每股收益(元/股)	－1.166	－0.303	－0.078
每股收益(元/股)(加权)	－1.166	－0.303	－0.078
每股净资产(元)	－1.053	0.12	0.43
调整后的每股净资产(元)	－1.168	－0.13	0.27
每股经营活动产生的现金流量净额(元)	－0.004	－0.003	－0.036
净资产收益率(%)	/	－243.09	－18.29
加权净资产收益率(%)	/	－243.09	－18.97
扣除非经常损益后的加权净资产收益率(%)	/	－242.96	－136.58

利润表附表

	净资产收益率(%)		每股收益(元)	
	全面摊薄	加权平均	全面摊薄	加权平均
主营业务利润	/	/	/	/
营业利润	/	/	－0.5507	－0.5507
净利润	/	/	－1.1661	－1.1661
扣除非经常损益后的净利润	/	/	－0.5507	－0.5507

2－3 报告期内股东权益变动情况

(单位:元)

项目	股本	资本公积	盈余公积	其中:公益金	未分配利润	合计
期初数	152,050,800.00	230,061,987.40	32,806,033.43	13,302,959.38	－395,961,696.60	18,957,124.23
本期增加	0.00	1,231,513.67	0.00	0.00	0.00	1,231,513.67
本期减少	0.00	2,981,150.06	0.00	0.00	177,311,931.87	180,293,081.93
期末数	152,050,800.00	228,312,351.01	32,806,033.43	13,302,959.38	－573,273,628.47	－160,104,444.03
变动原因	/	清理债务增加资本公积,处理在建工程减少资本公积			本期发生费用及计提减值准备	

三、股东情况介绍

3－1 股东总户数:
截止2000年12月29日,持有本公司股份的股东总户数为6142户。
3－2 前10名股东持股情况

名次	股东名称	持股数(股)	占总股本(%)
1	上海双联联社	67632269	44.48%
2	上海新工联实业有限公司	15383940	10.12%
3	上海国际投资信托公司	3484800	2.29%
4	中国纺织机械股份有限公司	2904000	1.91%
5	上海金陵联社	2904000	1.91%
6	上海上菱电器股份有限公司	2191200	1.44%
7	上海第十七棉纺总厂	2178000	1.43%
8	上海氯碱化工股份有限公司	1452000	0.95%
9	上海旗忠集团	1161600	0.76%
10	上海青浦制冷公司	955997	0.63%

持有本公司5%以上(含5%)股份的股东,在本年度内股份没有发生增减变动,质押和冻结情况。

上海海鸟电子股份有限公司

二〇〇〇年年度报告摘选

一、公司简介

1、公司中文名称:上海海鸟电子股份有限公司
公司英文名称:SHANGHAI ALBATRONICS CO.,LTD.
2、公司法定代表人:唐海根
3、公司董事会秘书:吴裕芹
联系地址:上海市余姚路317号
电话:(021)62188866
传真:(021)62725056
4、公司注册及办公地址:上海市余姚路317号
邮政编码:200042
电子信箱:shrf@guomai.sh.cn
5、公司指定信息披露报刊:上海证券报
登载公司年度报告的中国证监会指定国际互联网网址:http://www.sse.com.cn
公司年度报告备置地点:公司本部
6、公司股票上市交易所:上海证券交易所
股票简称:海鸟电子
股票代码:600634

二、会计数据和业务数据摘要

(一)公司本年度主要会计数据(金额单位:元)

项目	金额
1、利润总额:	4,742,783.76
2、净利润:	4,185,575.64
3、扣除非经常性损益的净利润:	4,185,575.64
4、主营业务利润:	1,279,705.48
5、其他业务利润:	5,601,782.34
6、营业利润:	4,306,532.15
7、投资收益:	423,931.70
8、补贴收入:	0
9、营业外收支净额:	12,319.91
10、经营活动产生的现金流量净额:	－4,263,969.92
11、现金及现金等价物净增加额:	21,208,164.04

(二)近三年主要会计数据及财务指标

1、

项目	2000年度	1999年度	1998年度	
			调整后	调整前
主营业务收入(元)	181,350,068.98	258,151,068.94	231,758,862.07	231,758,862.07
净利润(元)	4,185,575.64	6,409,734.17	8,182,451.55	8,909,004.07
总资产(元)	276,460,114.94	254,574,934.99	278,432,994.73	279,307,766.50
股东权益(元)	184,532,900.69	180,347,325.05	173,937,590.88	174,812,362.65
每股收益(摊薄)(元)	0.05	0.07	0.11	0.12
(加权)	0.05	0.08	0.12	0.12
每股净资产(元)	2.12	2.07	2.39	2.41
调整后的每股净资产(元)	2.11	2.06	2.39	2.40
每股经营活动产生的现金流量净额	－0.05	0.10		
净资产收益率(%)	2.27	3.55	4.70	5.10

2、按照中国证监会《公开发行证券公司信息披露编报规则(第9号)》通知,公司2000年按全面摊薄法和加权平均法计算的净资产收益率及每股收益:

报告期内利润	净资产收益率(%)		每股收益(元/股)	
	全面摊薄	加权平均	全面摊薄	加权平均
主营业务利润	0.69	0.70	0.0147	0.0147
营业利润	2.33	2.36	0.0494	0.0494
净利润	2.27	2.29	0.0480	0.0480

三、股东情况介绍

1、截止本报告期末股东总数为19000户
2、前十名股东持股情况:

股东名称	期初持股数	期末持股数	占总股本(%)
(1)上海东宏实业投资有限公司		22,674,000	26.00
(2)香港新科创力有限公司	18,959,017	18,959,017	21.74
(3)香港美泰国际有限公司	3,317,829	3,317,829	3.80
(4)上海华成无线电厂	25,120,700	2,446,700	2.81
(5)张志全		239,200	0.27
(6)泰和基金		232,100	0.27
(7)姚德全		220,000	0.25
(8)翟明东		190,000	0.22
(9)王红梅		184,343	0.21
(10)梁晓芸		175,349	0.20

(1)上述股东中第(1)至第(4)名股东所持股份属于未上市流通股份,其余股东所持股份均为已上市流通股份。

(2)持有本公司5%以上股份的股东所持股份未发生质押、冻结等情况。

3、本公司原第一大股东上海华成无线电厂于2000年9月8日与上海东宏实业投资有限公司签署了股权转让协议。上海华成无线电厂将其持有的本公司发起法人股2,512.07万股(占总股本的28.81%)中的2,268.4万股(占总股本的26%),以15,700万元总价转让给上海东宏实业投资有限公司。本次股权转让后,上海东宏实业投资有限公司成为本公司第一大股东,上海华成无线电厂为第四大股东,该公告刊登於2000年10月25日"上海证券报"。

4、上海东宏实业投资有限公司,法定代表人:唐海根;经营范围:实业投资与股权投资、资产管理和企业托管、重组与购并项目投资、融资策划及财务顾问。

上海大众科技创业(集团)股份有限公司

二〇〇〇年年度报告摘选

一、公司简介

1、公司法定中、英文名称及缩写
公司法定中文名称:上海大众科技创业(集团)股份有限公司
公司法定英文名称:SHANGHAI DAZHONG ENTERPRISES OF SCIENCE AND TECHNOLOGY,LTD.
英文缩写:DEST
2、公司法定代表人:杨国平
3、公司负责信息披露事务人员:董事会秘书陈靖丰
联系地址:上海中山西路1515号大众大厦806室
电话:64288888×5609
传真:64288727
4、公司注册地址:上海浦东商城路518号24楼
公司办公地址:上海中山西路1515号8楼
邮政编码:200235
5、公司选定信息披露报纸名称:《中国证券报》、《上海证券报》、《证券时报》
登载公司年度报告的国际互联网网址:http://www.sse.com.cn
公司年度报告备置地点:上海中山西路1515号806室
6、公司股票上市地:上海证券交易所
股票简称:大众科创
股票代码:600635

二、会计数据和业务数据摘要

1、本年度会计数据和业务数据摘要　　单位:元

项　目	2000年
利润总额	148,075,436.62
净利润	128,167,150.82
扣除非经常性损益后的净利润	95,301,664.82
主营业务利润	106,902,375.15
其他业务利润	1,844,001.97
营业利润	58,186,712.68
投资收益	72,075,771.20
补贴收入	18,041,142.47
营业外收支净额	-228,189.73
经营活动产生的现金流量净额	69,246,516.24
现金及现金等价物净增加额	-108,265,139.59
注:非经常性损益项目	
(1) 补贴收入	18,041,142.47元
(2) 国债收益	12,065,510.64元
(3) 股票收益	895,012.06元
(4) 转让收益	1,863,820.83元

2、截止2000年末,公司近三年主要会计数据和财务指标

单位.人民币元

指标项目	2000年	1999年		1998年	
		调整后	调整前	调整后	调整前
(1)主营业务收入	231,174,641.29	334,782,509.30	334,782,509.30	338,142,140.27	338,142,140.27
(2)净利润	128,167,150.82	123,032,036.32	125,107,162.95	119,578,347.04	120,754,218.72
(3)总资产	1,789,808,208.19	1,730,856,309.19	1,732,931,435.82	1,443,349,859.35	1,444,854,792.05
(4)股东权益	1,161,063,446.80	1,127,900,986.75	1,129,976,432.28	1,040,769,460.00	1,042,201,932.32
(5)每股收益(摊薄)	0.2692	0.2584	0.2627	0.2599	0.2624
(加权)	0.2692	0.2584	0.2627	0.3213	0.3245
扣除非经营性损益(摊薄)	0.2001	0.2080	0.2125	0.2267	0.2293
后的每股收益(加权)	0.2001	0.2080	0.2125	0.2803	0.2836
(6)每股净资产(摊薄)	2.44	2.37	2.37	2.26	2.26
(加权)	2.44	2.37	2.37	2.65	2.65
(7)净资产收益率(摊薄)	11.04%	10.91%	11.07%	11.49%	11.59%
(加权)	11.04%	10.91%	11.07%	17.43%	17.58%
扣除非经营性损益后(摊薄)	8.21%	8.78%	8.97%	10.03%	10.15%
的加权净资产收益率(加权)	8.21%	8.78%	8.97%	10.58%	10.71%
(8)每股经营活动产生的现金流量净额:	0.1454	0.2633	0.2633	0.2353	0.2353
(9)调整后每股净资产	2.37	2.35	2.35	2.25	2.25

三、股本变动及股东情况

①截止2000年12月29日,本公司股东总数为100362户。
②本公司前十名股东持股情况

序号	股东名称	持股数(股)	占总股本比例(%)
1	上海大众企业管理有限公司	134,016,212	28.14
2	上海煤气销售(集团)有限公司	57,861,250	12.15
3	安琁公司	7,334,424	1.54
4	交通银行浦东分行	7,012,500	1.47
5	上海大众万祥汽车修理公司	5,184,830	1.09
6	上海天投	4,953,290	1.04
7	无锡客运总公司	4,800,000	1.01
8	上海双发投资有限公司	4,600,000	0.97
9	大众保险股份有限公司	3,750,000	0.79
10	轻质材料	3,707,197	0.78

注:a、前10名股东中第2、4、7为国有法人股东。

b、本公司在2000年12月28日《中国证券报》、《上海证券报》、《证券时报》刊登公告,上海大众企业管理有限公司于2000年12月26日协议受让上海大众万祥汽车修理公司所持有的本公司法人股30951670股,占公司总股本6.5%。转让后大众企管仍为本公司第一大股东,万祥汽修由原本公司第三大股东变为第五大股东,上述股权交割尚在办理中。

上海三爱富新材料股份有限公司

二〇〇〇年年度报告摘选

一、公司简介

1、公司法定中文名称:上海三爱富新材料股份有限公司
公司英文名称:SHANGHAI 3F NEW MATERIALS COMPANY LIMITED(缩写3FNM)
2、公司法定代表人:周云鹤
3、公司董事会秘书:张经仪
董事会证券事务代表:何兰娟
联系地址:上海市衡山路20号6A
联系电话:021-64310558
传真:021-64310700
电子信箱:ssafdb@online.sh.cn
4、公司注册地址:上海市浦东新区蔡路
邮政编码:201201
公司办公地址:上海市衡山路20号6A
邮政编码:200031
国际互联网网址:sh-3f.com
电子信箱:webmaster@sh-3f.com
5、公司选定的信息披露报纸名称:《上海证券报》
登载公司年度报告的中国证监会指定国际互联网网址:http://www.sse.com.cn
公司年度报告备置地点:上海市衡山路20号6A
6、公司股票上市交易所:上海证券交易所
股票简称:三爱富
股票代码:600636

二、会计数据和业务数据摘要

1、本年度利润总额及构成(2000年度合并)单位:元

利润总额	58,713,349.98
净利润	41,768,779.99
扣除非经常性损益后的净利润	42,097,182.29
主营业务利润	119,040,412.74
其他业务利润	7,671,113.43
营业利润	57,503,174.78
投资收益	1,538,577.50
补贴收入	1,916,431.73
营业外收支净额	-2,244,834.03
经营活动产生的现金流量净额	39,272,156.95
现金及现金等价物净增加额	17,741,876.81

扣除非经常性损益项目及涉及金额

项目	金额
补贴收入	1,916,431.73
营业外收入	435,116.82
营业外支出	2,679,950.85
合计	-328,402.30

2、截止报告期末公司前三年的主要会计数据及财务指标　　单位:元

项目	2000年	1999年	1998年	
			调整后	调整前
主营业务收入	488,586,141.44	404,093,158.77	292,583,517.84	292,583,500
净利润	41,768,779.99	23,455,564.59	20,184,932.93	20,364,500
总资产	490,076,779.02	436,932,107.63	372,984,287.79	372,976,100
股东权益	252,230,946.52	221,349,545.53	197,893,980.90	197,670,200
每股收益(摊薄)	0.3599	0.2021	0.226	0.228
(加权)	0.3599	0.2240	0.243	0.245
(扣除非经常性损益后)	0.3627	0.2010	0.206	0.208
每股净资产(摊薄)	2.17	1.91	2.22	2.25
调整后的每股净资产	2.14	1.86	2.22	2.25
每股经营活动产生的现金流量净额	0.338	0.386		-0.117
净资产收益率(%)	16.56	10.60	10.20	10.3
扣除非经常性损益后的净资产收益率(%)	16.69	10.54	9.29	9.38

利润表附表

报告期利润	净资产收益率(%)		每股收益(元)	
	全面摊薄	加权平均	全面摊薄	加权平均
主营业务利润	47.20	49.14	1.03	1.03
营业利润	22.80	23.74	0.495	0.495
净利润	16.56	17.24	0.359	0.359
扣除非经常性损益后的净利润	16.69	17.38	0.36	0.36

三、股东情况介绍

1.股本变动情况
(1)报告期末股东总数为32031户。
(2)本公司前十名股东持股情况　　单位:股

股东名称	年初持股数量	期末持股数量	占总股本(%)	股份性质
上海华谊(集团)公司	32497920	32497920	28.00	国家股
有机氟所	23662080	23662080	20.39	发起人国有法人股
三甲港	1797120	1797120	1.548	社会法人股
浙江丝协	1494343	1494343	1.288	社会法人股
投资信托	913536	913536	0.787	社会法人股
艺冠贸易	0	500000	0.431	社会法人股
十二棉纺	431808	431808	0.372	社会法人股
联诚实业	449280	349280	0.301	社会法人股
申银公司	449280	338083	0.291	社会法人股
张家港	299520	299520	0.258	社会法人股

华谊(集团)公司与上海市有机氟材料研究所为关联关系。

上海市有机氟材料研究所持有的全部发起人国有法人股分别被上海市第二中级人民法院、杭州市中级人民法院、济南市中级人民法院冻结,至本报告期末尚未解冻。

上海广电股份有限公司

二〇〇〇年年度报告摘选

一、公司简介

1.公司的法定中、英文名称及缩写
公司中文名称:上海广电股份有限公司
公司英文名称:Shanghai Video & Audio Electronics Co., Ltd.
公司中文名称缩写:广电股份
公司英文名称缩写:SVA
2. 公司法定代表人:王成明
3. 公司董事会秘书:戴金宝
联系地址:上海市斜土路1646号
联系电话:021-64038833　　传真:021-64189828
4. 公司注册地址:上海市田林路140号
邮编:200233
公司办公地址:上海市斜土路1646号
邮编:200032
公司国际互联网网址:www.sva.com.cn.
电子信箱:svaoffice@online.sh.cn
5.公司选定的信息披露报纸名称:上海证券报
登载公司年度报告的中国证监会指定国际互联网网址:http://www.sse.com.cn
公司年度报告备置地点:上海证券交易所、上海广电股份有限公司董事会秘书处
6. 公司股票上市交易所:上海证券交易所
股票简称:广电股份　　股票代码:600637

二、会计数据和业务数据摘要

1、公司本年度会计数据(单位:万元)

项目	金额
利润总额	20019
净利润	17,378
扣除非经常性损益后的净利润	18,214
主营业务利润	38.883
其他业务利润	3,521
营业利润	-2,399
投资收益	23,684
补贴收入	184
营业外收支净额	-1,450
经营活动产生的现金流量净额	-28,504
现金及现金等价物净增加额	11,919

注:"扣除非经常性损益后的净利润"说明:
①处置固定资产净损失　1,764万元;
②土地动迁补贴　928万元。

报告期末至摘要披露日,由于公司实施增发A股方案,公司股本比报告期末增加了13000万股,为74528万股,报告期末的净利润,若按变化后的股本计算,每股收益为0.2332元。

2、前三年主要会计数据和财务指标(单位:万元)

指标项目	2000年	1999年	1998年调整前	1998年调整后
主营业务收入	270,361.01	222,354.49	210,171.03	211,228.81
净利润	17,378.36	11,802.50	11,247.91	12,680.39
总资产	468,414.47	382,458.48	407,552.26	403,432.80
股东权益	123,665.54	113,719.66	108,348.13	101,917.04
(注:不含少数股东权益)				
每股收益(元)				
(摊薄)	0.2824	0.1918	0.1828	0.2061
(加权)	0.2824	0.1918	0.1828	0.2061
扣除非经常性损益后的每股收益(元)	0.2960	0.1911	0.1661	0.1894
每股净资产(元)	2.0099	1.8482	1.7609	1.6564
调整后的每股净资产(元)	1.7420	1.6513	1.5729	1.4943
每股经营活动产生的现金流量净额(元)	-0.4633	0.4481	0.4623	-
净资产收益率(%)(摊薄)	14.05	10.38	10.38	12.44
(加权)	14.20	10.95	10.95	12.74

3、按照中国证监会《公开发行证券公司信息披露编报规则(第9号)》要求计算相关指标:

报告期利润	净资产收益率(%)		每股收益(元)	
	全面摊薄	加权平均	全面摊薄	加权平均
主营业务利润	31.44	31.77	0.6320	0.6320
营业利润	-1.94	-1.96	-0.0390	-0.0390
净利润	14.05	14.20	0.2824	0.2824
扣除非经常性损益后净利润	14.73	14.88	0.2960	0.2960

三、股本变动及股东情况

(1)报告期末股东总数为41490户。
(2)前十名股东持股情况:

股东名称	年末持股数(股)	占总股本(%)
①上海广电(集团)有限公司(国家股)	476551603	77.45
②申银万国证券股份有限公司	7953330	1.29
③金泰基金	2799259	0.45
④上海市宋庆龄基金会	2613600	0.42
⑤上海爱建股份有限公司	2178000	0.35
⑥上海电气集团总公司	1579050	0.25
⑦安信基金	1428508	0.23
⑧上海九百(集团)有限公司	1415700	0.23
⑨上海宏维企业发展有限公司	1352104	0.22
⑩上海望春花实业股份有限公司	1306800	0.21

本公司未发现上述十大股东之间存在关联关系。
持有本公司10%以上股份的股东:上海广电(集团)有限公司持有本公司77.45%的股份(国家股),所持股份在报告期内未发生增减变化,也无质押或冻结的情况。
(3)本报告期内控股股东未发生变更。

上海新黄浦置业股份有限公司

二〇〇〇年年度报告摘选

一、公司简介

1、公司名称:
中文名称:上海新黄浦置业股份有限公司
英文名称:SHANGHAI NEW HUANG PU REAL ESTATE CO., LTD.
英文缩写:NHPRECL
2、公司法定代表人:吴明烈
3、公司董事会秘书:李薇洁
联系地址:上海市北京东路668号西楼6层
电话:(021)63238888
传真:(021)63237777
电子信箱:stock@nhpcn.com
4、公司注册地址:上海市延安东路110号7楼
邮政编码:200002
公司办公地址:上海市北京东路668号西楼6层
邮政编码:200001
公司国际互联网网址:http://www.600638.com
公司电子信箱:600638@600638.com
5、公司选定的信息披露报纸:《上海证券报》、《中国证券报》
登载公司年度报告的中国证监会指定国际互联网网址:http://www.sse.com.cn
公司年度报告备置地点:公司证券部
6、公司股票上市地:上海证券交易所
股票简称:新黄浦　　股票代码:600638

二、会计数据和业务数据摘要(合并报表)

1、本年度利润总额构成及现金流量(单位:元)

项目	金额
利润总额	138,114,404.97
净利润	122,951,854.46
扣除非经常性损益后的净利润	116,293,795.56
主营业务利润	155,401,868.23
其他业务利润	2,253,085.30
营业利润	131,967,092.00
投资收益	-62,483.25
补贴收入	4,476,710.50
营业外收支净额	1,733,085.72
经营活动产生的现金流量净额	219,239,363.43
现金及现金等价物净增加额	-23,173,787.79

注:"扣除非经常性损益后的净利润"说明:

扣除项目	涉及金额(元)
营业外收入	2,181,348.40
补贴收入	4,476,710.50

2、前三年主要会计资料及财务指标(单位:元)

项目	2000年	1999年		1998年	
		调整前	追溯调整后	调整前	追溯调整后
主营业务收入	480,675,976.55	418,828,901.10	418,828,901.10	1,026,570,764.62	1,022,113,684.93
净利润	122,951,854.46	95,475,118.99	95,475,118.99	158,707,145.72	161,103,289.69
总资产	2986279,532.17	3131971,093.31	3,136,086,811.05	2,991,202,197.32	2,814,698,013.91
股东权益	1677958,961.50	1550891,389.30	1,555,007,107.04	1,694,566,865.54	1,533,162,376.41
(不含少数股东权益)					
每股收益	0.2372	0.1842	0.1842	0.3062	0.3108
加权每股收益	0.2372	0.1842	0.1842	0.3062	0.3108
扣除非经常性损益后的每股收益	0.2244	0.0887	0.0887	0.2791	0.2837
每股净资产	3.2374	2.9922	3.0000	3.2694	2.9580
调整后每股净资产	3.2176	2.9451	2.9531	3.2570	2.9447
每股经营活动产生的现金流量净额	0.4230	0.5939	0.5939	0.1443	0.1443
净资产收益率%(摊薄)	7.33%	6.16%	6.14%	9.37%	10.51%
净资产收益率%(加权)	7.61%	5.48%	6.04%	9.78%	9.92%

3、报告期按全面摊薄法和加权平均法计算的净资产收益率及每股收益:

报告期利润	净资产收益率(%)		每股收益(元/股)	
	全面摊薄	加权平均	全面摊薄	加权平均
主营业务利润	9.26%	9.61%	0.2998	0.2998
营业利润	7.86%	8.16%	0.2546	0.2546
净利润	7.33%	7.61%	0.2372	0.2372
扣除非经常性损益后的净利润	6.93%	7.19%	0.2244	0.2244

三、股东情况介绍

1、截止2000年12月31日,本公司股东总数为105088户。
2、主要股东持股情况:(前10名股东)

股东名称	持股数(股)	比例(%)
1.国家股(新黄浦集团授权管理)	194701118	37.56
2.上海众鑫实业有限责任公司	29786258	5.75
3.上海新黄浦(集团)有限责任公司	18269595	3.52
4.上海东亚建筑装饰实业有限公司	13701261	2.64
5.申银万国证券公司	11091600	2.14
6.广州美盈鞋业公司	9504000	1.83
7.上海新黄浦楼宇装备公司	7000531	1.35
8.上海城市建设投资公司	5791500	1.12
9.上海春申江实业总公司	3000384	0.58
10.永华房地产公司	2592000	0.50

持股5%以上的法人股股东上海新黄浦(集团)有限责任公司、上海众鑫实业有限责任公司所持股份无质押和冻结,亦无其它法律争议。
上海众鑫实业有限责任公司、上海东亚建筑装饰实业有限公司、上海新黄浦楼宇装备公司系上海新黄浦(集团)有限责任公司控股子公司。
3、本公司没有持股10%以上的法人股东。

上海金桥出口加工区开发股份有限公司

二〇〇〇年年度报告摘选

一、公司简介

1 、公司法定名称:上海金桥出口加工区开发股份有限公司
SHANGHAI JINQIAO EXPORT PROCESSING
ZONE DEVELOPMENT CO., LTD.

2 、公司法定代表人:杨小明

3 、公司董事会秘书:桂华况

证券事务代表:吴海燕

电 话:(021)58991818

传 真:(021)58991533 、58991812

4 、注册办公地址:上海浦东新金桥路 28 号

邮政编码:201206

公司国际互联网网址:http://www.goldenbridge.sh.cn

电子信箱:jqepz@public1.sta.net.cn

5 、公司选定信息披露报纸名称:《上海证券报》、香港《大公报》

登载公司年度报告指定国际互联网网址:http://www.sse.com.cn

公司年度报告备置地点:公司董事会办公室

6 、公司股票上市地:上海证券交易所

股票简称及代码:A 股 浦东金桥 600639

B 股 金桥 B 股 900911

二、会计数据和业务数据摘要

1 、公司 2000 年度主要业务数据:

项 目	金额(单位:元)
利润总额	85,482,387.26
净利润	70,250,375.89
扣除非经常性损益后净利润	69,219,900.96
主营业务利润	139,185,319.40
其他业务利润	35,255.96
营业利润	77,453,621.16
投资收益	6,998,291.17
营业外收支净额	1,030,474.93
经营活动产生的现金流量净额	－149,963,544.06
现金及现金等价物净增加额	86,853,144.67

2 、截至报告期末公司前三年的主要会计数据和财务指标:

项 目	2000 年	1999 年调整后	1999 年调整前	1998 年调整前	1998 年调整后
(1)主营业务收入(元)	569,822,694.13	627,815,189.29	627,815,189.29	302,208,328.24	302,208,328.24
(2)净利润(元)	70,250,375.89	47,396,971.17	47,396,971.17	43,803,478.42	33,398,881.43
(3)总资产(元)	2,740,914,790.06	2982996,631.48	2911611,932.05	3015873,579.16	2757936,054.62
(4)股东权益(不含少数股东权益,元)	1,695,930,510.88	1619898,494.99	1619898,494.99	1828183,413.29	1570245,888.75
(5)每股收益(摊薄,元)	0.101	0.075	0.075	0.069	0.053
(6)每股收益(加权,元)	0.101	0.075	0.075	0.069	0.053
(7)扣除非经营性损益后的每股收益(摊薄,元)	0.099	0.06	0.06	0.026	0.01
(8)每股净资产(元)	2.43	2.55	2.55	2.88	2.48
(9)调整后的每股净资产(元)	2.28	2.41	2.37	2.59	2.32
(10)每股经营活动产生的现金流量净额(元)	－0.215	－0.041	－0.035	－0.45	－0.45
(11)净资产收益率(摊薄,%)	4.14	2.93	2.93	2.40	2.13

注:2000 年数据系公司本部及上海金桥出口加工区房地产发展有限公司、上海新金桥广场开发建设有限公司的合并数。合并户数与 1999 年度相比,增加了上海新金桥广场开发建设有限公司。1999 年调整后数据系为按 2000 年数据同口径调整。

按中国证监会《公开发行证券公司信息披露编制规则(第 9 号)》计算的利润数据:

报告期利润	净资产收益率%		每股收益(元)	
	全面摊薄	加权平均	全面摊薄	加权平均
主营业务利润	8.21	8.41	0.199	0.199
营业利润	4.57	4.68	0.111	0.111
净利润	4.14	4.24	0.101	0.101
扣除非经常性损益后的每股收益	4.08	4.18	0.099	0.099

三、股东情况介绍

(1)至报告期末,公司股东总数为 134,923 户。

(2)主要股东持股情况

持 股 者	持股数(股)	持股比例(%)
1. 国家股	343,200,000	49.18
2. 上海国际信托投资公司(发起人法人股)	33,000,000	4.729
3 、TOYO SECURITIES ASIA LTD. A/C CLIENT	4,744,824	0.679
4 、蔡光天	2,243,360	0.321
5 、THE NOMURA SECURITIES CO. LTD.	2,034,488	0.291
6 、HKIT S/A 006－113039－431	1,780,000	0.255
7 、WISEMAX INTERNATIONAL LIMITED 智万国际有限公司	1,760,844	0.252
8 、京华山一国际(香港)有限公司	1,678,691	0.241
9 、NAITO SECURITIES CO., LTD.	1,539,295	0.221
10 、华夏证券	1,307,850	0.188

上海金桥(集团)有限公司是国家股授权经营者。

上海金桥(集团)有限公司主营业务为房地产开发、工程承包。法定代表人为杨小明先生。

联通国脉通信股份有限公司

二〇〇〇年年度报告摘选

一、公司简介

(一)公司法定名称:

中文:联通国脉通信股份有限公司

英文:UNICOM GUOMAI COMMUNICATIONS CO., LTD.

英文名称缩写:UGM

(二)公司法定代表人:

董事长:葛镭

(三)公司董事会秘书及证券事务代表的姓名、联系地址、电话、传真:

董事会秘书:赵一雷

上海市江宁路 1207 号国脉大厦 1407 室

021－62763321(连传真)

证券事务代表:王飏

上海市江宁路 1207 号国脉大厦 1510 室 021－62769616

(四)公司地址:

注册地址:

上海市浦东新区川北公路 2626 号 邮编:201204

办公地址:

上海市江宁路 1207 号国脉大厦 邮编:200060

电子信箱:E－mail:sgm@guomai.sh.cn..

网址:http://www.guomai.sh.cn.

(五)公司信息披露方式:

选定的报纸:《上海证券报》

中国证监会指定登载公司年度报告的国际互联网网址:http://www.sse.com.cn.

年度报告备置地点:国脉大厦 1407 室董事会办公室

(六)公司股票交易:

上市交易所:上海证券交易所

股票简称:联通国脉 股票代码:600640

二、会计资料和业务资料摘要(合并报表)

(一)本年度利润总额构成及现金流量: 单位:元

项目	2000 年 12 月 31 日余额
利润总额	72,136,606.47
净利润	61,725,803.69
扣除非经常性损益后的净利润	63,886,925.44
主营业务利润	81,309,418.04
其它业务利润	8,565,382.49
营业利润	1,811,928.13
投资收益	72,438,376.14
补贴收入	
营业外收支净额	－2,113,697.80
经营活动产生的现金流量净额	75,429,352.07
现金及现金等价物净增加额	127,928,065.72

注:"扣除非经常性损益后的净利润"说明:

扣除项目	涉及金额
资产处置损益	－2,113,697.80
合并差价	－47,423.95
合计	－2,161,121.75

(二)前三年主要会计资料和财务指标: 单位:元

项目名称	2000 年	1999 年	1998 年(调整后)	1998 年(调整前)
主营业务收入	385,764,778.79	501,998,849.46	525,977,000.65	525,977,000.65
净利润	61,725,803.69	123,484,829.23	105,204,120.76	129,345,821.91
总资产	1,360,093,889.42	1,408,758,989.51	1,381,358,864.72	1,412,536,766.59
股东收益(不含少数股东权益)	1,209,640,152.05	1,184,324,298.84	1,123,750,425.63	1,144,324,133.68
每股收益(摊薄)	0.17	0.34	0.29	0.35
每股收益(加权)	0.17	0.34	0.29	0.35
扣除非经常性损益后的每股收益	0.18	0.34	0.29	0.36
每股净资产	3.32	3.25	3.08	3.14
调整后的每股净资产	3.11	3.15	2.99	3.08
每股经营活动产生的现金流量净额	0.21	0.40	0.47	0.47
净资产收益率(摊簿)	5.10%	10.43%	9.36%	11.30%
净资产收益率(加权)	5.08%	10.60%	9.10%	11.08%

(三)报告期按全面摊薄法和加权平均法计算的净资产收益率及每股收益:

报告期利润	净资产收益率(%)		每股收益(元/股)	
	全面摊薄	加权平均	全面摊薄	加权平均
主营业务利润	0.7	0.7	0.22	0.22
营业利润	0.1	0.2	0.01	0.01
净利润	5.1	5.1	0.17	0.17
扣除非经常性损益后的净利润	5.3	5.2	0.18	0.18

三、股东情况介绍

1 、报告期末股东总数 37,580 户。

2 、前十名股东情况:

股东名称	期末持有股数(股)	持股比例(%)
国信寻呼有限责任公司	214,852,514	58.88
陆家嘴(集团)有限公司	12,200,000	3.34
上海市电话局	8,471,922	2.32
上海长途电信综合公司	6,499,726	1.78
上海捷时达邮政专递公司	5,490,935	1.50
中国邮电工会上海市委员会	4,781,400	1.31
上海申银万国证券研究所	2,765,880	0.76
上海财政证券公司	1,706,562	0.47
上海鸿讯贸易有限公司	1,240,102	0.34
裕隆基金	1,209,644	0.33

中远发展股份有限公司

二〇〇〇年年度报告摘选

一、公司简介

1、公司的法定中文名称:中远发展股份有限公司
公司的法定英文名称:COSCO DEVELOPMENT CO.,LTD
英文名称及缩写:CDC
2、公司注册及办公地址:上海市浦东南路 2161 号
邮政编码:200127
电子信箱:zhyfzh@online.sh.cn
3、公司法定代表人:李建红
4、公司董事会秘书:李澜
联系地址:上海市浦东南路 2161 号
电话:021-58700678
传真:021-58703267
5、公司选定的中国证监会指定报纸名称:《中国证券报》、《上海证券报》
公司选定的中国证监会指定国际互联网网址:http://www.sse.com.cn
公司中期报告备置地点:公司办公室
6、公司股票上市交易所:上海证券交易所
股票简称:中远发展
股票代码:600641

二、会计数据和业务数据摘要

(一)本年度主要利润指标:

项　目	(单位:元)
利润总额	325,398,468.76
净利润	281,403,771.41
扣除非经常性损益后的净利润	180,170,791.33
主营业务利润	131,803,983.94
其他业务利润	71,311,296.16
营业利润	173,003,899.11
投资收益	152,366,796.03
补贴收入	0.00
营业外收支净额	27,773.62
经营活动产生的现金流量净额	-253,997,628.77
现金及现金等价物净增加额	178,068,060.75

说明:扣除的非经常性损益的项目、涉及金额如下(税后收益):

海南大鼎旅业发展有限公司股权转让收益 73,371,872.50 元;海南博鳌投资控股有限公司股权转让收益 27,837,500 元;固定资产清理收益 391.00 元;没收租房押金 22,666.78 元;无法退回的预收帐款 549.80 元;以上合计为 101,232,980.08 元。

(二)截止报告期末公司前三年主要会计数据和财务指标(单位:元)

项　目	2000 年	1999 年	1998 年
主营业务收入	292,491,363.50	532,845,167.59	502,550,236.69
净利润	281,403,771.41	220,796,493.66	140,183,149.37
总资产	2,410,746,408.75	1,394,793,619.15	747,048,078.38
股东权益	1,008,221,166.75	800,390,589.54	579,594,095.88
每股收益(摊薄)	0.765	0.840	0.533
每股收益(加权平均)	0.765	0.840	0.533
每股收益(扣除非经常性损益)	0.490	0.840	0.533
每股净资产	2.74	3.05	2.21
调整后的每股净资产	2.73	3.04	2.20
每股经营活动产生的现金流量净额	-0.690	-1.752	0.485
净资产收益率(摊薄,%)	27.91	27.59	24.19
净资产收益率(加权平均,%)	29.90	32.00	27.51

(三)利润分配表附表

报告期利润	净资产收益率(%)		每股收益(元/股)	
	全面摊薄	加权平均(ROE)	全面摊薄	加权平均
主营业务利润	13.07	14.01	0.358	0.358
营业利润	17.16	18.38	0.470	0.470
净利润	27.91	29.90	0.765	0.765
扣除非经常性损益后的净利润	17.87	19.14	0.490	0.490

三、股东情况介绍

(一)截止报告期末,公司股东总户数为 31456 户。

(二)持有本公司 5%以上(含 5%)股份的股东情况:

中远置业集团有限公司,报告期末持有本公司国有法人股 25150.371 万股,占公司总股本 68.37%。

报告期初中远置业集团有限公司持有本公司股份 17964.5507 万股,报告期内因实施 1999 年度每 10 股送 4 股的利润分配方案,增加股份 7185.8203 万股,报告期末股份增加至 25150.371 万股。其所持有的全部股份未有发生质押和冻结。

(三)报告期末公司前 10 名股东持股情况:

序号	股东名称	期末持股数(股)	占总股本比例(%)	股份性质
1	中远置业集团有限公司	251503710	68.37	国有法人股
2	上海国际信托投资公司	17296021	4.70	国有法人股
3	金泰基金	10132531	2.75	流通股
4	万国发行	1764694	0.48	流通股
5	金创投资	1500000	0.41	流通股
6	深圳汇鹏	1351017	0.37	流通股
7	大连鸿丰	1253983	0.34	流通股
8	银孚技术	1252814	0.34	流通股
9	张姝娣	752563	0.20	流通股
10	谭爱妹	627332	0.17	流通股

注:上述前 10 名股东之间未存在关联关系。

申能股份有限公司

二〇〇〇年年度报告摘选

一、公司简介

1、公司法定名称:申能股份有限公司
公司英文名称:Shenergy Company Limited
英文缩写:Shenergy
2、公司法定代表人:杨祥海
3、公司董事会秘书:王敏文
董事会秘书授权代表:周燕飞
联系地址:上海市复兴中路 1 号
电话:021-63900145、63900143
传真:021-63900119
电子信箱:zhouyf@shenergy.com.cn
4、公司注册地址:上海市浦东银城东路 139 号
公司办公地址:上海市复兴中路 1 号 24 楼
邮政编码:200021
公司网址:www.shenergy.com.cn
公司电子信箱:zhenquan@shenergy.com.cn
5、公司信息披露报纸:《上海证券报》和《中国证券报》
登载公司年度报告的中国证监会指定国际互联网网址:http://www.sse.com.cn
公司年度报告备置地:公司策划部
6、公司股票上市地:上海证券交易所
股票简称:申能股份　　股票代码:600642

二、会计数据和业务数据摘要

1、主要利润指标情况(单位:元)

利润总额:	1,419,065,143.20
净利润(调整后):	1,523,040,275.23
扣除非经常性损益后的净利润:	865,565,202.81
主营业务利润:	542,990,758.47
其他业务利润:	407,766.42
营业利润:	215,356,910.47
投资收益:	1,203,702,336.67
补贴收入:	0.00
营业外收支净额:	5,896.06
经营活动产生的现金流量净额:	814,697,330.15
现金及现金等价物净增加额:	-421,767,718.97

注:扣除的非经常性损益项目和涉及金额(税后收益)是指:

石洞口第二电厂"非正常经营项目收益调整"	290,545,463.20
转让石洞口电厂 1 号机组资产转让收益	281,588,212.50
股权投资差额(借差)	85,341,396.72

2、截至报告期末公司前三年主要会计数据和财务指标(单位:元)

项目	2000 年	1999 年	1998 年	
	调整后	调整前	调整后	调整后
主营业务收入	1,423,971,949.88	1,423,971,949.88	1,144,791,088.65	91,065,101.79
净利润	1,523,040,275.23	1,232,494,812.03	829,541,482.74	806,167,218.00
总资产	9,915,345,805.95	9,915,345,805.95	12,359,586,893.74	10,859,906,781.68
股东权益(不含少数股东权益)	4,786,455,121.80	4,786,455,121.80	4,244,412,305.82	6,519,610,253.53
每股收益(摊薄)	0.933	0.755	0.508	0.3062
每股收益(按月平均加权法)	0.933	0.755	0.4075	0.3062
每股收益(扣除非经常性损益)	0.530	0.530	0.2759	0.1963
每股净资产	2.93	2.93	2.599	2.476
调整后的每股净资产	2.862	2.862	2.525	2.440
每股经营活动产生的现金流量净额	0.499	0.499	0.409	0.0133
净资产收益率(全面摊剥)	31.82%	25.75%	19.54%	12.37%
净资产收益率(加权平均)	30.42%	25.36%	11.96%	14.39%

注:表中"调整后"财务指标说明:为客观、公允、合理地反映公司 2000 年度的经营成果,公司按调整出让华能上海石洞口第二电厂"非正常经营项目收益"后,计算公司的净利润和相关财务指标,以科学、合理地评价公司经营业绩。

3、利润分配表附表

报告期利润	净资产收益率(%)		每股收益(元/股)	
	全面摊薄	加权平均(ROE)	全面摊薄	加权平均
主营业务利润	11.34	10.85	0.332	0.332
营业利润	4.50	4.30	0.132	0.132
净利润	31.82	30.42	0.933	0.933
扣除非经常性损益后的净利润	18.08	17.29	0.530	0.530

三、股东情况介绍

1、股东总数:截止 2000 年 12 月 29 日,公司共有股东 84698 名。
2、前十名股东持股情况:

股东名称	年末持股数(股)	占总股本比例(%)
(1)申能(集团)有限公司(国家股)	1113096700	68.16
(2)上海市电力公司	17981000	1.10
(3)国泰君安证券公司	14882600	0.91
(4)上海申能实业有限公司	13311426	0.82
(5)上海久事公司	11604833	0.71
(6)上海国际信托投资公司	7929500	0.49
(7)华东电力集团公司	6700000	0.41
(8)安徽国际信托投资公司	6050000	0.37
(9)建行信托投资公司	5143240	0.32
(10)交通银行上海分行	5000000	0.31

以上股东中,上海申能实业有限公司与申能(集团)有限公司存在关联关系,即上海申能实业有限公司为申能(集团)有限公司的控股子公司,申能(集团)有限公司占上海申能实业有限公司注册资本的 80%。

上海爱建股份有限公司

二○○○年年度报告摘选

一、公司简介

1、公司法定中文名称:上海爱建股份有限公司
法定英文名称:SHANGHAI AJ CORPORATION
2、公司法定代表人:陈铭珊
3、公司董事会秘书:周浩奎
授权代表:张禾
联系地址:上海市零陵路 583 号 14 楼
电话:021-64396600
传真:021-64392118
电子信箱:ajcoob@mail2.online.sh.cn
4、公司注册地址:上海市浦东新区云桥路 848 号
邮政编码:200122
公司办公地址:上海市零陵路 583 号 14 楼
邮政编码:200030
公司电子信箱:ajcorp@online.sh.cn
5、公司选定的信息披露报纸:中国证券报、上海证券报
登载公司年度报告的国际互联网网址:http://www.sse.com.cn
公司年度报告备置地点:上海市零陵路 583 号 14 楼
6、公司股票上市交易所:上海证券交易所
股票简称:爱建股份
股票代码:600643

二、会计数据和业务数据摘要(合并报表)

(一)、本年度主要利润指标情况(单位:人民币元)

项目	
利润总额	139,885,996.22
净利润	135,482,321.57
扣除非经常性损益后的净利润	137,459,880.37
主营业务利润	71,117,187.92
其他业务利润	1,470,543.29
营业利润	-16,033,411.77
投资收益	157,896,966.79
补贴收入	463,796.92
营业外收支净额	-2,441,355.72
经营活动产生的现金流量净额	-54,197,847.31
现金及现金等价物净增加额	87,475,791.50
注:非经常性损益项目和涉及金额	
补贴收入(营业税等返还)	463,796.12
营业外收入(处理固定资产净收益等)	892,558.46
营业外支出(处理固定资产净损失等)	3,333,914.18

(二)、截至报告期末公司前三年主要会计数据和财务指标(单位:人民币元)

项目	2000 年	1999 年	1998 年	
			调整后	调整前
主营业务收入	564,751,292.16	656,126,648.77	793,448,978.07	793,448,978.07
净利润	135,482,321.57	124,667,275.62	118,032,894.19	173,310,198.52
总资产	2,611,081,012.52	2,358,596,110.37	1,721,649,874.57	1,790,925,210.80
股东权益(不含少数股东权益)	2,046,649,233.27	1,979,557,944.89	1,378,748,124.09	1,447,706,777.88
每股收益(摊薄)	0.294	0.298	0.355	0.521
每股收益(按月平均加权法计算)	0.308	0.321	0.369	0.542
每股收益(扣除非经营损益)	0.298	0.299	0.356	0.522
每股净资产	4.44	4.73	4.14	4.35
调整后每股净资产	4.27	4.61	4.02	4.20
净资产收益率(摊薄)	6.62%	6.30%	8.56%	11.97%
每股经营活动产生的现金流量净额	-0.118	0.131	0.038	0.038

(三)、利润表附表(单位:人民币元)

报告期利润	合并报表	净资产收益率(%)		每股收益(元)	
		全面摊薄	加权平均	全面摊薄	加权平均
主营业务利润	71,117,187.92	3.47%	3.47%	0.154	0.154
营业利润	-16,033,411.77	-0.78%	-0.78%	-0.035	-0.035
净利润	135,482,321.57	6.62%	6.62%	0.294	0.294
扣除非经营性损益后的净利润	137,459,880.37	6.72%	6.71%	0.298	0.298

三、股东情况介绍

1、报告期末股东总数:126,459 人。
2、报告期末持股前十名股东情况:

股东名称	持股数(股)	持股比(%)
上海工商界爱国建设特种基金	104457560	22.67
上海国际信托投资公司	6250163	1.36
上海市工商业联合会	4734972	1.03
刘靖基	4058113	0.88
爱群实业	3210805	0.70
久事公司	3125081	0.68
荣智丰	3013736	0.65
丁鹤寿	2927510	0.64
丁眉寿	2570996	0.56
二纺机	2083388	0.45

3、持有 10%以上股份的法人股东情况:

上海工商界爱国建设特种基金,社团法人,法定代表人:郭秀珍。基金的宗旨是发扬上海工商界"爱国建设"的传统精神,为上海的繁荣振兴和祖国社会主义现代化建设作贡献。上级业务主管部门上海市对外经济贸易委员会。

乐山电力股份有限公司

二○○○年年度报告摘选

一、公司简介

1、公司法定中、英文名称及缩写
中文名称:乐山电力股份有限公司
英文名称:LESHAN ELECTRIC POWER CO.,LTD。 英文缩写:LEP
2、公司法定代表人:刘虎廷
3、公司董事会秘书及证券事务代表的姓名、联系地址、电话、传真
董事会秘书:李江 董事会证券事务代表:吴烃忠
联系地址:四川省乐山市市中区嘉定北路 46 号
联系电话:0833-2445800 0833-2445801 传真:0833-2445900
4、公司注册地址、办公地址、邮政编码、公司国际互联网网址及电子信箱
公司注册地址:四川省乐山市市中区嘉定北路 46 号
公司办公地址:四川省乐山市市中区嘉定北路 46 号 邮政编码:614000
公司国际互联网网址:www.lsep.com.cn
电子信箱:Lslep@ls-public.sc.cninfo.net
5、公司指定的信息披露报纸、登载公司年度报告的中国证监会指定国际互联网网址、公司年度报告备置地点

信息披露报纸名称:《中国证券报》、《上海证券报》
中国证监会指定的国际互联网网址:http://www.sse.com.cn
年度报告备置地点:四川省乐山市市中区嘉定北路 46 号公司董事会办公室。
6、公司股票上市交易所:上海证券交易所
股票简称:乐山电力 股票代码:600644

二、会计数据和业务数据摘要(合并报表)

1、本年度利润情况及构成:

项目	单位:元
1、利润总额	48,600,073.71
2、净利润	37,130,911.30
3、扣除非经常性损益后的净利润	32,882,364.78
4、主营业务利润	81,072,204.19
5、其他业务利润	11,355,444.68
6、营业利润	44,127,027.40
7、投资收益	-38,209.27
8、补贴收入	1,928,309.35
9、营业外收支净额	2,582,946.23
10、经营活动产生的现金流量净额	72,147,188.59
11、现金及现金等价物净增加额	763,173.42
注:扣除的非经常性损益项目和涉及的金额	
股权转让收益	-2,399,272.90
营业外收入	-9,685,967.55
非经营性补贴收入	-1,361,267.26
营业外支出	+8,812,309.71
股权投资差额摊销	+385,651.48
以上共涉及金额	-4,248,546.52

2、前三年主要会计数据和财务指标(单位:元)

项目	2000 年	1999 年	1998 年	
			调整前	调整后
主营业务收入	284,691,306.05	265,786,854.35	185,612,349.61	185,612,349.61
净利润	37,130,911.30	29,117,360.51	30,729,333.04	28,599,179.13
扣除非经常性损益后的净利润	32,882,364.78	30,922,453.58	27,201,213.44	25,071,059.53
总资产	1,103,302,434.71	1,038,159,069.73	710,737,363.70	667,659,818.35
股东权益	477,126,704.22	448,089,795.88	301,387,924.10	258,332,506.39
每股收益(摊薄)	0.15	0.19	0.24	0.22
每股收益(加权)	0.15	0.19	0.24	0.22
扣除非经常性损益后每股收益(摊薄)	0.13	0.20	0.21	0.19
每股净资产	1.91	2.87	2.31	1.98
调整后的每股净资产	1.69	2.76	2.27	1.95
每股经营活动产生的现金流量净额	0.29	0.25	0.02	0.02
净资产收益率(%)	7.78	6.57	10.20	11.07

注:根据中国证监会关于发布《公开发行证券公司信息披露编报规则》第 9 号通知精神,公司 2000 年按全面摊薄法和加权平均法计算净资产收益率及每股收益:

	净资产收益率(%)		每股收益(元)	
	全面摊薄	加权平均	全面摊薄	加权平均
主营业务利润	16.99	17.43	0.33	0.33
营业利润	9.25	9.49	0.18	0.18
净利润	7.78	7.98	0.15	0.15
扣除非经常性损益后净利润	6.89	7.07	0.13	0.13

三、股东情况介绍

(1)、报告期末公司股东总户数为 13663 户:
其中:国家股股东:1 户
法人股股东:8 户
社会公众股股东:13654 户
(2)、前十名股东持股情况(万股)

	持股数	股份性质	占总股本比例(%)
①、乐山市资产经营公司	7315.3822	国家股	29.34
②、四川信都建设投资开发有限责任公司	2666.6600	法人股	10.70
③、川投峨眉铁合金(集团)有限责任公司	1594.0459	法人股	6.39
④、万国证券	249.4325	法人股	1.00
⑤、博联科技	211.3060	公众股	0.85
⑥、刘长云	159.6570	公众股	0.64
⑦、四川峨眉水泥厂综合经营公司	124.7162	法人股	0.50
⑧、乾坤金属	103.7484	公众股	0.42
⑨、黄凤英	92.4671	公众股	0.37
⑩、赵智霖	78.3112	公众股	0.31

上海望春花(集团)股份有限公司

二〇〇〇年年度报告摘选

一、公司简介

1、公司法定中文名称:上海望春花(集团)股份有限公司

公司法定英文名称:SHANGHAI MET (GROUP)CORPORATION

2、公司法定代表人:李培佩

3、公司负责信息披露事务人员:王建明、严建中

联系地址:上海市北翟路 1168 号

电话:(021)62398803 * 5315 、5308

传真:(021)62399024

e-mail :yanjz@online. sh. cn

4、公司注册地址及办公地址:上海市北翟路 1168 号

邮政编码:200335

公司网址:http://www. met-china. com

5、公司信息披露报纸:上海证券报

登载公司年度报告的国际互联网网址:http://www. sse. com. cn

公司年度报告备置地点:公司证券部

6、公司股票上市交易所:上海证券交易所

股票简称:望春花

股票代码:600645

二、会计数据和业务数据摘要

1、本年度利润总额及构成(单位:元)

利润总额	55,196,617.32
净利润	47,399,139.84
扣除非经常性损益后的净利润	35,905,660.59
主营业务利润	19,003,947.46
其他业务利润	1,984,569.08
营业利润	156,587.36
投资收益	54,786,522.32
补贴收入	616,617.47
营业外收支净额	-363,109.83
经营活动产生的现金流量净额	31,707,538.04
现金及现金等价物净增加额	23,449,658.93

注:非经常性损益是指公司正常经营损益之外的、一次性或偶发性损益。本公司扣除的非经常性损益包括的项 目、涉及金额为:

(1)处置长期投资净收益	11,691,694.70 元
(2)赔款收入	890,037.84 元
(3)处置固定资产净收入	-1,121,286.85 元
(4)星火项目贴息款	33,033.56 元
合计	11,493,479.25 元

2、近三年主要会计数据和财务指标(单位:元)

指标项目	2000 年	1999 年		1998 年	
		调整后	调整前	调整后	调整前
主营业务收入	200,936,590.60	100,207,573.60	100,207,573.60	186,509,056.50	186,280,741.99
净利润	47,399,139.84	19,894,676.32	25,687,142.45	19,439,118.43	24,400,707.64
总资产	678,355,994.84	652,210,749.25	659,363,983.63	642,052,194.80	673,159,984.40
股东权益	418,139,181.37	372,302,716.48	396,717,803.63	368,384,057.22	404,730,537.17
(不含少数股东权益)					
每股收益					
一摊薄	0.303	0.127	0.164	0.124	0.156
一加权	0.303	0.127	0.164	0.128	0.161
一扣除非经常性损益	0.230	-0.062	-0.012		
每股净资产	2.676	2.382	2.538	2.357	2.590
调整后的每股净资产	2.486	2.194	2.350	2.214	2.452
每股经营活动产生的现金流量净额	0.203		0.026		
净资产收益率(%)	11.33	5.34	6.47	5.28	6.03

3、按照中国证监会《公开发行证券公司信息披露编报规则(第 9 号)》要求计算的利润表附表

报告期利润	净资产收益率(%)		每股收益(元/股)	
	全面摊薄	加权平均	全面摊薄	加权平均
主营业务利润	4.54	4.80	0.122	0.122
营业利润	0.037	0.039	0.001	0.001
净利润	11.33	11.97	0.303	0.303
扣除非经常性损益后的净利润	8.59	9.07	0.230	0.230

三、股本变动及股东情况

1. 报告期末公司股东总数为 9,686 户。

2. 报告期末公司前十名股东持股情况

序号	股东名称	年末持股数量	占总股本比例(%)
1	华银投资控股有限公司	45,580,512	29.17
2	厦门奇胜股份有限公司	34,717,321	22.22
3	上海望春花贸易商行	15,200,000	9.73
4	津信发展	3,387,474	2.17
5	王意珍	659,301	0.42
6	青阳绒布	655,200	0.42
7	周力	593,549	0.38
8	吕良	592,644	0.38
9	陈八斤	551,598	0.35
10	赵红星	521,832	0.33

上海国嘉实业股份有限公司

二〇〇〇年年度报告摘选

一、公司简介

1、公司中文名称:上海国嘉实业股份有限公司

公司英文名称:SHANGHAI CITIC-JIADING INDUSTRIAL CO. ,LTD.

2、公司法定代表人:王英玲

3、公司董事会秘书:李文利

董秘授权代表:竺显炯

联系电话:021—63916888 转 338　　传真号码:021—63916777、63916555

电子信箱:gjsy@600646. com. cn

联系地址:上海淮海中路 381 号中环广场 32 层

4、公司注册地址:上海余庆路 134 弄 3 号

公司办公地址:上海淮海中路 381 号中环广场 32 层

邮政编码:200020

公司电子信箱:gjsy@600646. com. cn

公司国际互联网网址:www. gotrade. com. cn　　www. wizabc. net

5、公司信息披露报纸:《上海证券报》、《中国证券报》、《证券时报》

6、登载公司年报的国际互联网网址:www. sse. com. cn

7、公司年报备置地点:公司董事会办公室

8、公司股东接待日:每周五下午 1:00-5:00　　接待人:竺显炯

9、公司股票上市地:上海证券交易所

股票简称:国嘉实业　　股票代码:600646

二、会计数据和业务数据摘要

1、本年度会计数据摘要:　　单位:人民币元

利润总额	47,361,422.27 元
净利润	45,452,079.82 元
扣除非经常性损益后的净利润	45,649,764.62 元
主营业务利润	109,741,226.61 元
其它业务利润	555,154.47 元
营业利润	53,497,202.30 元
投资收益	-5,938,095.23 元
补贴收入	-
营业外收支净额	-197,684.80 元
经营活动产生的现金流量净额	-4,873,575.63 元
现金及现金等价物净增加额	17,124,590.03 元
注:非经常性损益	-197,684.80

2、截至报告期末前三年主要会计数据和财务指标:

指标项目(单位:元)	2000 年	1999 年	1998 年	
			调整前	调整后
1、主营业务收入	211,668,693.05	385,864,228.53	1,409,398,517.22	1,409,398,517.22
2、净利润	45,452,079.82	73,338,510.82	114,062,916.83	101,961,033.90
3、总资产	900,115,872.72	812,832,365.17	774,880,127.62	746,496,374.95
4、股东权益(不含少数股东权益)	387,571,501.37	341,423,759.12	290,929,854.07	265,998,202.20
5、每股收益(摊薄)	0.253	0.408	1.32	1.18
6、每股收益(按月平均加权计算)	0.253	0.408	1.32	1.18
7、每股收益(扣除非经营性损益后)	0.254	0.455	1.35	1.21
8、每股净资产	2.16	1.90	3.36	3.07
9、调整后的每股净资产	2.12	1.88	3.26	2.99
10、净资产收益率	11.73%	21.48%	39.21%	38.33%
11、每股经营活动产生的现金流量净额	-0.027	-1.09	-0.644	-0.644

3、根据中国证监会关于《公开发行证券公司信息披露编报规则(第 9 号)——净资产收益率和每股收益的计算及披露》通知精神,公司 2000 年按全面摊薄法和加权平均法计算的净资产收益率及每股收益:

报告期利润		净资产收益率		每股收益	
		全面摊薄	加权平均	全面摊薄	加权平均
主营业务利润	109,741,226.61	28.32%	30.14%	0.611	0.611
营业利润	53,497,202.30	13.80%	14.69%	0.298	0.298
净利润	45,452,079.82	11.73%	12.48%	0.253	0.253
扣除非经常性损益后的净利润	45,649,764.62	11.78%	12.54%	0.254	0.254

4、报告期内股东权益变动情况(单位:人民币元)

项目	股本	资本公积	盈余公积	法定公益金	未分配利润	股东权益合计
期初数	179,709,870.00	34,161,881.52	65,567,351.73	28,815,777.19	61,984,655.87	341,423,759.12
本期增加	——	5,964,096.43	23,775,802.87	8,511,330.71	45,452,079.82	75,191,979.12
本期减少		5,268,434.00	—	—	23,775,802.87	29,044,236.87
期末数	179,709,870.00	34,857,543.95	89,343,154.60	37,327,107.90	83,660,932.82	387,571,501.37
变动原因	——	接受捐赠资产出售	按比例提取	按比例提取	实现利润	实现利润

三、股东情况介绍

(1)截至 2000 年 12 月 31 日,公司股东总数为 31087 户,其中,法人股股东 113 户,社会公众股股东 30974 户。

(2)主要股东持股情况(截止 2000 年 12 月 31 日)

股东名称	年末持股数量	年度内股份增减	持股比例
北京和德实业公司	64967301		36.15%
U.S.I.I.I.	51411838		28.61%
上海浦东任辰贸易有限公司	3485418	3485418	1.94%
深圳巨兴泰实业公司	3038008		1.69%
上海岩鑫实业投资有限公司	3000000	3000000	1.67%
嘉定区建业投资公司	2570581		1.43%
上海隆德歧工贸有限公司	2105125	2105125	1.17%
上海上科科技投资有限公司	1000000	1000000	0.56%
上海国脉通信股份有限公司	607602		0.34%
上海新锦江大酒店股份有限公司	607602		0.34%

上海粤海企业发展股份有限公司

二〇〇〇年年度报告摘选

一、公司简介

1、公司法定中文名称:上海粤海企业发展股份有限公司
公司法定英文名称:SHANGHAI GD ENTERPRISES DEVELOPMENT CO.,LTD.
公司英文名称缩写:SGD
2、公司法定代表人:陈玉华先生
3、公司董事会秘书:胡嘉捷先生
联系地址:上海市华山路1336号玉嘉大厦九楼
联系电话:(021)62265281
传真:(021)62264639
4、公司注册地址:上海市华山路1336号玉嘉大厦九楼
公司办公地址:上海市华山路1336号玉嘉大厦九楼
邮政编码:200052
公司电子信箱:gd600647@online.sh.cn
5、公司选定的信息披露报纸:《上海证券报》
登载公司年度报告的中国证监会指定国际互联网网址:http://www.sse.com.cn
公司年度报告备置地点:上海市华山路1336号玉嘉大厦九楼
6、公司股票上市地:上海证券交易所
股票简称:ST粤海发
股票代码:600647

二、会计数据和业务数据摘要

1、本年度主要利润指标情况(金额单位:人民币元)

项目	金额
利润总额	-7,917,361.03
净利润	-7,909,806.82
扣除非经常性损益后的净利润	-7,445,366.37
主营业务利润	7,064,649.10
其他业务利润	1,500.00
营业利润	-10,155,003.66
投资收益	2,221,001.80
补贴收入	/
营业外收支净额	16,640.83
经营活动产生的现金流量净额	915,764.38
现金及现金等价物净增加额	-821,613.01

2、主要会计数据和财务指标(金额单位:人民币元)

指标项目	2000年度	1999年度		1998年度	
		调整后	调整前	调整后	调整前
主营业务收入	27,489,164.65	24,583,305.06	515,995,215.92	23,022,784.39	31,706,942.96
净利润	-7,909,806.82	3,044,681.42	5,864,695.59	-26,046,657.56	24,690,404.39
总资产	166,773,810.50	173,456,846.81	850,953,089.09	231,714,417.11	309,715,092.23
股东权益	10,416,279.04	8,926,884.86	9,096,692.54	5,882,376.37	58,635,466.62
每股收益(摊薄)	-0.1478	0.0569	0.1096	-0.4867	0.4614
扣除非经常性损益后的每股净利润	-0.1391	0.0656	0.1184	-0.2157	-0.1770
每股净资产	0.1946	0.1668	0.1700	0.1099	1.0956
调整后的每股净资产	0.0945	-0.0667	0.0052	-0.0420	0.7292
每股经营活动产生的现金流量净额	0.0171	-0.6099	-1.9225	-0.2645	-0.2589
净资产收益率(%)摊薄	-75.94	34.11	64.47	-442.79	42.11

注:(1)、主要财务指标计算方法

每股收益=净利润/年度末普通股股份总数

每股净资产=年度末股东权益/年度末普通股股份总数

调整后每股净资产=(年度末股东权益-三年以上的应收款项净额-待摊费用-待处理(流动、固定)资产净损失-开办费-长期待摊费用-住房周转金负数余额)/年度末普通股股份总数

每股经营活动产生的现金流量净额=经营活动产生的现金流量净额/年度末普通股股份总数

净资产收益率=净利润/年度末股东权益×100%

(2)、以上数据以公司合并会计报表数填列

(3)、根据中国证监会《公开发行证券公司信息披露编报规则第9号——净资产收益率和每股收益的计算及披露》要求,计算的2000年净资产收益率和每股收益如下:

报告期利润	净资产收益率		每股收益	
	全面摊薄	加权平均	全面摊薄	加权平均
主营业务利润	0.6782	0.7305	0.1320	0.1320
营业利润	-0.9749	-1.0500	-0.1898	-0.1898
净利润	-0.7594	-0.8178	-0.1478	-0.1478
扣除非经营性损益后的净利润	-0.7148	-0.7698	-0.1391	-0.1391

三、股东情况介绍

1、报告期末股东总数:
本年度末股东总数:6693户。
2、公司前十名股东持股情况(至本年度末):

股东名称	期末持股数(股)	持股比例(%)
(1)中国信达信托投资公司	22,370,000.00	41.80
(2)上海新亚(集团)股份有限公司	2,670,000.00	4.99
(3)上海嘉宝实业(集团)股份有限公司	945,000.00	1.77
(4)上海强生集团有限公司	945,000.00	1.77
(5)申银万国证券股份有限公司	630,000.00	1.18
(6)上海永生股份有限公司	630,000.00	1.18
(7)上海申达股份有限公司	630,000.00	1.18
(8)上海二纺机股份有限公司	535,500.00	1.00
(9)上海棱光实业股份有限公司	315,000.00	0.59
(10)上海天迪投资有限公司	315,000.00	0.59

3、持股5%以上的法人股股东深圳粤海实业投资发展有限公司本年度内所持股份于2000年8月17日过户给中国信达信托投资公司,至此深圳粤海实业投资发展有限公司不再持有本公司股票,中国信达信托投资公司持有本公司2237万股,占公司总股本的41.8%,为本公司第一大股东【详见2000年8月23日《上海证券报》公司重大事件公告】。

上海外高桥保税区开发股份有限公司

二〇〇〇年年度报告摘选

一、公司简介

1、公司名称:上海外高桥保税区开发股份有限公司
公司英文名称:SHANGHAI WAI GAOQIAO FREE TRADE ZONE DEVELOPMENT CO.,LTD(缩写:WGQ)
2、公司法定代表人:刘新民
3、公司董事会秘书:高海明、仲春明
证券事务代表:刘捷
联系地址:中国上海浦东杨高北路889号贵宾楼(200131)
电话:58669217　　传真:58680808
电子信箱:wgq@mail.shini.net.cn
4、公司注册地址及办公地址:中国上海浦东杨高北路889号
邮政编码:200131
公司国际互联网网址:http://www.waigaoqiao.com.cn
5、公司选定信息披露报纸:上海证券报、香港商报
登载公司年度报告的中国证监会指定国际互联网网址:http://www.sse.com.cn
公司年度报告备置地址:中国上海浦东杨高北路889号贵宾楼
6、公司股票上市交易所:上海证券交易所
公司股票简称(A股):外高桥　　代码:600648
(B股):外高B股　　代码:900912

二、会计数据和业务数据摘要

1、业务数据摘要(单位:人民币元)

项目	金额
利润总额	3,307,783.24
净利润	23,778,105.21
扣除非经常性损益后净利润	-1,295,257.71
主营业务利润	38,762,334.93
其他业务利润	859,769.37
营业利润	-63,891,620.13
投资收益	57,888,106.38
补贴收入	19,089,088.00
营业外收支净额	-9,777,791.01
经营活动产生的现金流量净额	22,913,329.42
现金及现金等价物净增加额	-139,950,286.37
注:扣除的非经常性损益项目和涉及金额	
(1)营业外收支净额	-9,777,791.01
(2)补贴收入	19,089,088.00
(3)股权处置收益	15,762,065.93
合计	25,073,362.92

2、主要会计数据和财务指标:(单位人民币万元,每股单位元)

	2000	1999 调整后	1999 调整前	1998 调整后	1998 调整前
主营业务收入(万元)	9,249.24	11,819.29	11,819.29	14,872.79	16,400.24
净利润(万元)	2,377.81	3,049.54	3,049.54	11,053.41	13,271.67
总资产(万元)	279,740.53	291,519.99	291,763.95	260,518.41	263,468.42
股东权益(不含少数股东权益)(万元)	141,259.25	140,920.09	141,164.04	138,246.45	135,419.92
每股收益(元)	0.0351	0.0450	0.0450	0.1795	0.216
按月加权平均每股收益(元)	0.0351	0.0468	0.0468	0.1795	0.216
扣除非经常性损益后每股收益(元)	-0.0019	-0.0358	-0.0358		
每股净资产(元)	2.0855	2.0805	2.0841	2.2452	2.199
调整后的每股净资产(元)	2.0695	2.0437	2.0473	2.2364	2.138
每股经营活动产生的现金流量净额(元)	0.0338	-0.0904	-0.0904	0.2440	0.2440
净资产收益率(摊薄)	1.68	2.16	2.16	7.9	9.8

注:因调整了2000年度合并资产负债表部分帐户的期初数,故1999年度会计数据也作了相应的调整,详细请见财务报告中其他重要事项1。

3、利润表附表

报告期利润	净资产收益率		每股收益	
	全面摊薄	加权平均	全面摊薄	加权平均
主营业务利润	2.744	2.728	0.0572	0.0572
营业利润	-4.523	-4.496	-0.0943	-0.0943
净利润	1.683	1.673	0.0351	0.0351
扣除非经常性损益后的净利润	-0.0917	-0.0911	-0.0019	-0.0019

三、股本变动及股东情况

1、股本变动情况:
①报告期末为止前三年未发生任何股票发行情况。
②2000年4月3日公司2,805万股转配股上市流通。
③本公司无现存内部职工股。
2、股东情况介绍:
(1)报告期末为止公司股东总数为A股33167、B股10841人。
(2)前10名股东情况:

股东	持股数(股)		
1 上海外高桥(集团)有限公司	396,000,000	未上市流通	代表国家持有
2 上海国际信托投资公司	49,500,000	未上市流通	法人股东
3 TOYO SECURITIES ASIA LTD. A/C CLIENT	4,597,250	已上市流通	外资股东
4 HKIT S/A 006-113039-431	1,914,298	已上市流通	外资股东
5 WARDLEY JAMES CAPEL FAR EASTLTD	1,664,009	已上市流通	外资股东
6 华夏证券有限公司上海业务部	1,250,000	已上市流通	外资股东
7 赵展岳	1,150,000	已上市流通	外资股东
8 京华山一国际(香港)有限公司	1,141,055	已上市流通	外资股东
9 鲍世颖	1,127,017	已上市流通	外资股东
10 NAITO SECURITIES CO.,LTD.	1,102,600	已上市流通	外资股东

(3)持股10%以上的股东为上海外高桥(集团)有限公司,法定代表人刘新民,经营范围是对国有资产投资控股,房地产经营开发,工程承包,保税仓储运输,国内贸易,货运代理,实业投资,外商投资咨询,转口贸易,旅游。

上海市原水股份有限公司

二〇〇〇年年度报告摘选

一、公司简介

(一)公司名称:上海市原水股份有限公司
英文名称:SHANGHAI MUNICIPAL RAW WATER CO.,LTD.
英文缩写:SMRWC
(二)公司法定代表人:芮友仁
(三)公司董事会秘书:王镎柔
联系地址:上海市四川北路818号五楼
电话:(021)63564899(总机)
传真:(021)63564880
(四)公司注册地址:上海市浦东新区北艾路1540号
公司办公地址:上海市四川北路818号五楼
邮政编码:200085
电子信箱:smrwc@online.sh.cn
(五)公司选定的信息披露报纸:《上海证券报》
登载公司年度报告的中国证监会指定国际互联网网址:http://www.sse.com.cn
公司年度报告备置地点:上海市四川北路818号五楼516室
(六)公司股票上市交易所:上海证券交易所
股票简称:原水股份
股票代码:600649

二、会计数据和业务数据摘要

(一)本年度利润总额及其构成(单位:人民币元)

项　目	2000年度
利润总额	479289789.33
净利润	406494704.60
扣除非经常性损益后的净利润	404750406.27
主营业务利润	470558613.18
其他业务利润	14292486.31
营业利润	400986466.38
投资收益	80047621.28
补贴收入	
营业外收支净额	-1744298.33
经营活动产生的现金流量净额	834324664.65
现金及现金等价物净增加额	687839064.35

(二)公司前三年主要会计数据和财务指标

指标项目	单位	2000年	1999年	1998年	
				调整后	调整前
主营业务收入	元	808619499.09	913574837.30	864218651.84	864218651.84
净利润	元	406494704.60	435311776.23	399162370.34	418495928.05
总资产	元	7051404419.89	5181941115.96	5287861696.55	5319804699.66
股东权益	元	4498731640.31	4391724195.66	4134884847.94	4166827851.05
每股收益(摊薄)	元	0.22	0.25	0.23	0.24
每股收益(加权)	元	0.22	0.25	0.23	0.24
扣除非经常性损益后的每股收益	元	0.22	0.25	0.23	0.24
每股净资产	元	2.39	2.56	2.41	2.43
调整后每股净资产	元	2.38	2.55	2.41	2.43
每股经营活动产生的现金流量净额	元	0.44	0.29	0.15	0.15
净资产收益率(摊薄)	%	9.04	9.91	9.65	10.04
净资产收益率(加权)	%	8.85	10.00	9.49	10.00

(三)利润分配表附表

报告期利润	净资产收益率		每股收益	
	全面摊薄	加权平均	全面摊薄	加权平均
主营业务利润	10.46%	10.24%	0.25	0.25
营业利润	8.91%	8.73%	0.21	0.21
净利润	9.04%	8.85%	0.22	0.22
扣除非经常性损益后的净利润	9.00%	8.81%	0.22	0.22

三、股东情况介绍

(一)报告期末股东总数

截至2000年末,公司股东总数为300350户,其中:国家股股东1户,法人股股东902户,社会公众股股东299447户。

(二)前十名股东名单及所持股份情况

单位:股

序号	股东名称	期末持股数	持股比例	备注
1	上海市国有资产管理办公室(国家股)	987762727	52.42%	
2	申银万国证券股份有限公司	55065450	2.92%	
3	金华金基	25200207	1.34%	均为流通股
4	金信投资	20000000	1.06%	均为流通股
5	中国建设银行上海信托投资公司	8099795	0.43%	
6	华夏证券公司	7716500	0.41%	
7	中国国际海运集装箱股份有限公司	3795000	0.20%	
8	苏州电视机组件厂	3275718	0.17%	
9	上海市城市建设投资开发总公司	2972750	0.16%	
10	交通银行上海分行	2530000	0.13%	
10	公路房地产联合开发经营公司	2530000	0.13%	
10	深圳市特力机电股份有限公司	2530000	0.13%	

说明:

1、持有本公司5%(含5%)以上股份的股东,仅国家股股东1户,占公司总股本的52.42%,由上海市城市建设投资开发总公司代表国家持有,报告期内所持股份未发生变动,亦未发生质押或冻结的情况。

2、前10名股东之间不存在关联关系。

上海新锦江股份有限公司

二〇〇〇年年度报告摘选

一、公司简介

1、公司法定名称:中文名称:上海新锦江股份有限公司
英文名称:Shanghai Jin Jiang Tower Co.,LTD.
英文缩写:JJT
2、公司法定代表人:董事长　沈懋兴先生
3、公司董事会秘书:王均行先生
证券事务代表:胡韵先生
联系地址:上海市长乐路161号822室
电话:(021)64151188转653
传真:(021)64726815
4、公司注册地址:上海市浦东大道1号
公司办公地址:上海市长乐路161号
邮政编码:200020
公司网址:www.jjtcn.com
电子信箱:jjtrsv@public.sta.net.cn
5、公司选定的信息披露报纸名称:《上海证券报》、香港《南华早报》。
登载公司年度报告的中国证监会指定互联网网址:http://www.sse.com.cn
公司年报备置地点:上海市长乐路161号822室
6、公司股票上市交易所:上海证券交易所
股票简称:A股"新锦江"　　B股"新锦B股"
股票代码:A股600650　　B股900914

二、会计数据和业务数据摘要

1、本年度实现的利润总额及其构成:(单位:人民币元)

项目	金额
利润总额	8,125,441
净利润	5,677,682
扣除非经常性损益后的净利润	5,677,682
主营业务利润	168,751,820
营业利润	-1,338,276
其他业务利润	-
投资收益	10,088,744
补贴收入	-
营业外收支净额	-625,027
经营活动产生的现金流量净额	56,877,418
现金及现金等价物净增加额	-8,120,742

2、截至报告期末公司前三年主要会计数据和财务指标(单位:人民币元)

项　目	2000年	1999年	1998年
主营业务收入	217,602,519	185,364,535	204,580,814
净利润	5,677,682	148,872	11,035,820
总资产	1,877,720,864	1,822,311,148	1,664,927,431
股东权益	1,513,894,187	1,508,697,493	1,508,548,621
每股收益(摊薄)	0.011	0.00029	0.026
(加权)	0.011	0.00033	0.026
扣除非经营姓损益后的每股收益	0.011	0.00033	0.026
每股净资产(摊薄)	3.02	3.01	3.61
(加权)	3.02	3.33	-
调整后每股净资产(摊薄)	2.78	2.91	3.53
(加权)	2.78	3.22	-
每股经营活动产生的现金流量净额	0.113	0.057	0.124
净资产收益率(%)(摊薄)	0.38	0.01	0.73
(加权)	0.38	0.01	0.73

3、按全面摊薄和加权平均法计算的净资产收益率及每股收益

报告期利润	净资产收益率(%)		每股收益	
	全面摊薄	加权平均	全面摊薄	加权平均
主营业务利润	11.15	11.15	0.337	0.337
营业利润	-0.088	-0.088	-0.003	-0.003
净利润	0.38	0.38	0.011	0.011
扣除非经营性损益后的净利润	0.38	0.38	0.011	0.011

4、报告期内股东权益变动情况(单位:人民币元)

项目	股本	资本公积	盈余公积	法定公益金	未分配利润	股东权益合计
期初	501,463,734	937,156,702	58,459,943	20,119,956	11,617,114	1,508,697,493
本期增加	-	-	1,141,739	380,580	4,535,943	5,677,682
本期减少	-	480,988	-	-		480,988
期末数	501,463,734	936,675,714	59,601,682	20,500,536	16,153,057	1,513,894,187

三、股东情况介绍

1、股本变动情况(数量单位:股)

本报告期内公司股本无变动。

	期初数	期末数
(1)尚未流通股份		
① 发起人股	202,990,614	202,990,614
② 募集法人股	114,048,000	114,048,000
尚未流通股份合计	317,038,614	317,038,614
(2)已流通股份		
① 境内上市人民币普通股	38,016,000	38,016,000
② 境内上市外资股	146,409,120	146,409,120
已流通股份合计	184,425,120	184,425,120
(3)股份总数	501,463,734	501,463,734

上海飞乐音响股份有限公司

二○○○年年度报告摘选

一、公司简介

1、公司法定中文名称:上海飞乐音响股份有限公司
公司英文名称:FEILO ACOUSTICS CO.,LTD. SHANGHAI
公司英文名称缩写:FACS
2、公司法定代表人:唐岷
3、公司董事会秘书:施正明
联系地址:上海市长寿路 468 号中环商务大楼 A 幢 9 楼　　邮政编码:200060
联系电话:(021)62770068-1833　　传真:(021)62982217
4、公司注册地址:上海市江苏路 61 号
公司办公地址:上海市长寿路 468 号中环商务大楼 A 幢 9 楼　　邮政编码:200060
电子信箱:feileyinxiang@sh-ed.com
5、公司信息披露指定报刊:上海证券报
公司登载年度报告的国际互联网网址:http://www.sse.com.cn
公司年度报告备置地点:公司董事会秘书处
6、公司股票上市交易所:上海证券交易所
公司股票简称:飞乐音响　　公司股票代码:600651

二、会计数据和业务数据摘要

1、本年度会计数据摘要(单位:人民币/元)

利润总额	95,162,433.37
净利润	79,802,937.27
扣除非经常性损益后的净利润	48,401,296.72
主营业务利润	97,425,632.00
其他业务利润	24,896.75
营业利润	65,464,745.85
投资收益	24,908,663.00
补贴收入	77,000.00
营业外收支净额	4,712,024.52
经营活动产生的现金流量净额	90,691,726.05
现金及现金等价物净增加额	301,278,988.47
注:扣除的非经常性损益项目和涉及金额有:	
(1)法人股转让收益	14,327,661.35
(2)补贴收入	77,000.00
(3)租金减免收入	4,638,000.00
(4)短期投资收益	11,650,000.00
(5)合并价差摊入	708,979.20

2、前三年主要会计数据和财务指标

项目	2000 年	1999 年	1998 年(调整后)
主营业务收入(元)	275,715,715.19	210,535,090.05	146,422,977.74
净利润(元)	79,802,937.27	18,166,369.92	11,370,117.11
总资产(元)	820,973,261.64	289,242,806.36	247,388,280.62
股东权益(元)	246,006,125.36	165,709,861.04	147,747,131.85
每股收益(元/股)	0.541	0.123	0.108
扣除非经常性损益后的每股收益(元/股)	0.328	0.078	
每股净资产(元/股)	1.67	1.12	1.40
调整后的每股净资产(元/股)	1.59	1.07	1.31
每股经营活动产生的现金流量净额(元)	0.61	0.067	-0.29
净资产收益率(%)	32.44	10.96	7.70

3、报告期利润表附表

报告期利润	净资产收益率(%)		每股收益(元/股)	
	全面摊薄	加权平均	全面摊薄	加权平均
主营业务利润	39.60	47.38	0.660	0.660
营业利润	26.61	31.84	0.443	0.443
净利润	32.44	38.81	0.541	0.541
扣除非经常性损益后净利润	19.67	23.54	0.328	0.328

注:以上指标按中国证监会《公开发行证券公司信息披露编报规则第 9 号—净资产收益率和每股收益的计算及披露》计算公式计算。

三、股本变动及股东情况

1、股本变动情况

(1)股份变动情况表(单位:股)

	期初数	本次变动增减	期末数
一.未上市流通股份	0	---	0
二.已上市流通股份	147638400	---	147638400
其中:人民币普通股	147638400	---	147638400
三.股份总数	147638400	---	147638400

(2)股票发行与上市情况

① 公司前三年没有股票发行情况。

② 报告期内公司股份总数及结构未发生变动。

③ 经中国证券监督管理委员会证监公司字[2000] 237 号文核准,公司于 2001 年 2 月 12 日至 2 月 23 日实施 2000 年度增资配股,即以股份总数 147638400 股为基数,每 10 股配 3 股,共计配售股份 44291520 股,每股配售价格 8.20 元。本次配股完成后,公司股份总数由 147638400 股增至 191929920 股,配股新增股份于 2001 年 3 月 13 日获准上市交易。

2、股东情况介绍

(1)报告期末,公司股东总数为 9519 户。

(2)前十名股东持股情况

股东名称	持股数量(股)	持股比例(%)
①上海仪电控股(集团)公司	21779385	14.75
②上海飞乐股份有限公司	9515000	6.44
③物群实业	2483333	1.68
④汇虹电子	2312712	1.57
⑤华铭投资	2005000	1.36
⑥爱建信托	1943114	1.32
⑦爱建投资	1535300	1.04
⑧建富投资	1230000	0.83
⑨上海爱建	1138509	0.77
⑩爱建公司	1051214	0.71

上海爱使股份有限公司

二○○○年年度报告摘选

一、公司简介

1.公司的法定中文名称:上海爱使股份有限公司
英文名称:SHANGHAI ACE CO.,LTD.
英文缩写:SACE
2.公司法定代表人:邓景顺
3.公司董事会秘书:许汉章
董事会授权代表:陆佩华
联系地址:上海市石门二路 333 弄 3 号 6 楼(振安广场)
联系电话:(021)62559299 转 8005　　传 真:(021)62556597
电子信箱:SHACE@online.sh.cn
4.公司注册地址:上海市石门二路 333 弄 3 号 6 楼(振安广场)
公司办公地址:上海市石门二路 333 弄 3 号 6 楼(振安广场)
邮政编码:200041
公司国际互联网网址:httP://www.sse.com.cn
电子信箱:SHACE@online.sh.cn
5.公司选定的信息披露报纸名称:《上海证券报》
登载公司年度报告的中国证监会指定国际互联网网址:http://www.sse.com.cn
公司年度报告备置地点:上海市石门二路 333 弄 3 号 6 楼(振安广场) 董事会办公室
6.公司股票上市交易所:上海证券交易所
股票简称:爱使股份　　股票代码:600652

二、会计数据和业务数据摘要

1.公司本年度会计数据(合并表)　　单位:元

利润总额	76,777,900.08
净利润	67,223,146.81
扣除非经常性损益后的净利润	56,797,426.81
主营业务利润	74,399,072.65
其他业务利润	-239,971.02
营业利润	31,125,239.05
投资收益	45,018,616.35
补贴收入	296,396.16
营业外收支净额	337,648.52
经营活动产生的现金流量净额	-30,255,662.04
现金及现金等价物净增加额	71,414,872.09
注:扣除非经常性损益项目:	
子公司转让净收益	11,102,970.00
合并价差摊入	-677,250.00

2.截至报告期末公司前三年的主要会计数据和财务指标(单位:元)

项 目	2000 年度	1999 年度	1998 年度	
			调整前	调整后
主营业务收入	317356192.66	275933559.08	153402481.21	114219930.41
净利润	67223146.81	25413359.50	23145166.66	1043018.22
总资产	1015062280.34	509299529.22	576309870.93	479525739.32
股东权益(不含少数股东权益)	589612565.21	195805134.55	220175795.78	178883786.44
每股收益(摊薄)	0.2244	0.1309	0.191	0.009
(加权)	0.2314	0.1309	0.191	0.009
扣除非经常性损益后的每股收益(摊薄)	0.1896	0.068		
(加权)	0.1955	0.068		
每股净资产	1.97	1.0059	1.82	1.4747
调整后的每股净资产	1.94	0.8989	1.65	1.3774
每股经营活动产生的现金流量净额	-0.10	0.347		
净资产收益率(%)(摊薄)	11.40	13.02	10.51	0.58
(加权平均)	13.62	13.58	11.10	0.55

3.利润分配表附表

报告期利润	净资产收益率(%)		每股收益(元/股)	
	全面摊薄	加权平均	全面摊薄	加权平均
主营业务利润	12.62	15.07	0.2483	0.2561
营业利润	5.28	6.31	0.1039	0.1071
净利润	11.40	13.62	0.2244	0.2314
扣除非经常性损益后的净利润	9.63	11.51	0.1896	0.1955

4.报告期内股东权益变动情况　　单位:元

项目	股本	资本公积	盈余公积	其中:法定公益金	未分配利润	股东权益合计
期初数	194,088,960	16,918,067.52	13,735,359.88	6,508,769.41	-10,974,856.79	195,805,134.55
本期增加	105,535,872	315,906,568.77	20,129,387.07	6,484,976.88	47,093,759.74	483,925,360.90
本期减少	-	69,144,192.00	-	-	20,973,738.24	90,117,930.24
期末数	299,624,832	263,680,444.29	33,864,746.95	12,993,746.29	15,145,164.71	589,612,565.21

三、股本变动及股东情况

1.股本变动情况

(1)股东情况介绍

截止 2000 年 12 月 31 日,公司股东总数为 135151 户,全部为社会公众股股东。

(2)主要股东持股情况:(前 10 名股东)

股东名称	年末持股数(股)	占总股本比例(%)
重油公司	11189140	3.73
天天科技	9701159	3.24
同达网络	5280198	1.76
港联公司	3826978	1.28
金明华	3388826	1.13
明天控股	2257340	0.75
恒辉永泰	1399956	0.47
刘徽	945100	0.32
上海航嘉	880628	0.29
王丽佳	813388	0.27

上海华晨集团股份有限公司

二〇〇〇年年度报告摘选

一、公司简介

(一)公司法定名称:
中文名称:上海华晨集团股份有限公司
英文名称:Shanghai Brilliance Group Co., Ltd.
英文缩写:SBGC
(二)公司法定代表人:仰融
(三)公司总裁:苏强
(四)公司注册地址:上海市宁波路1号
公司办公地址:上海市宁波路1号　　邮政编码:200002
公司电子信箱:stock@bgh.com.cn
(五)公司董事会秘书:朱胜良
联系地址:上海市宁波路1号
电话:(021)63372010,63372011　　传真:(021)63372000
(六)公司选定的信息披露报纸:《中国证券报》、《上海证券报》、《证券时报》
登载公司年报的国际互联网址:http://www.sse.com.cn
公司年度报告备置地点:上海市宁波路1号公司董事会秘书处
(七)公司股票上市交易地点:上海证券交易所
股票简称:华晨集团　　股票代码:600653

二、会计数据和业务数据摘要

(一)公司本年度会计数据和业务数据:

项目	金额
利润总额(元):	378,168,147.24
净利润(元):	225,938,067.65
扣除非经常性损益后的净利润(元):	131,024,858.29
主营业务利润(元):	423,605,761.54
其他业务利润(元):	28,825,141.07
营业利润(元):	263,706,064.74
投资收益(元):	78,867,344.70
补贴收入(元):	28,190,834.62
营业外收支净额(元):	7,403,903.18
经营活动产生的现金流量净额(元):	102,576,531.60
现金及现金等价物净增加额(元):	721,735,461.49
注:非经常性损益项目及金额:	(单位:元)
1、转让"浦发银行"、"第一百货"等法人股净收益:	51,013,724.59
2、转让"大众科创"等转配股净收益:	4,891,189.52
3、企业综合发展扶持资金增值税返还净收益:	23,962,209.42
4、处置申华宾馆等存量资产净收益:	15,046,085.83
合 计:	94,913,209.36

(二)净资产收益率和每股收益指标

	净资产收益率		每股收益	
	全面摊薄	加权平均	全面摊薄	加权平均
1、主营业务利润	40.98%	45.86%	0.773	0.773
2、营业利润	25.51%	28.55%	0.481	0.481
3、净利润	21.86%	24.47%	0.412	0.412
4、扣除非经常性损益后的净利润	12.68%	14.19%	0.239	0.239

注:净资产收益率和每股收益按《公开发行证券公司信息披露编报规则第9号-净资产收益率和每股收益的计算及披露》方法计算。

(三)截止报告期末公司前三年的主要会计数据和财务指标

项 目	2000年	1999年	1998年	
			调整前	调整后
主营业务收入(千元)	5,511,417	2,431,761	105,113.75	
净利润(千元)	225,938	187,803	63,249.60	63,029.23
总资产(千元)	3,531,302	1,591,102	1,099,902.54	1,098,079.92
股东权益(千元)(不含少数股东权益)	1,033,572	810,537	624,557.06	622,734.45
每股收益(元)(摊薄)	0.412	0.514	0.294	0.293
(加权)	0.450	0.596	0.294	0.293
扣除非经常性损益后的每股收益(元)(摊薄)	0.239	0.222		
(加权)	0.261	0.258		
每股净资产(元)	1.89	2.22	2.90	2.899
调整后的每股净资产(元)	1.77	2.21	2.89	2.882
每股经营活动产生的现金流量净额(元)	0.187	0.07		
净资产收益率(%)(摊薄)	21.86	23.17	10.13	10.12

三、股东情况介绍

1、截止报告期末,公司计有股东261120户。
2、本公司前10名股东的持股情况(截止至2000年12月29日交易结束)

股东名称	年末持股数量	占总股本比例(%)
① 君安投资发展有限公司	83207322	15.19
②瞿建国	3765012	0.687
③拓普实业	3458798	0.631
④北京财政	1795000	0.328
⑤东晟广告	1320000	0.241
⑥天赐福	1188000	0.217
⑦王海燕	1047000	0.191
⑧石志平	1040000	0.190
⑨张迎春	1035000	0.189
⑩ 万永刚	955500	0.174

说明:
1、报告期内,公司第一大股东深圳市君安投资发展有限公司于2000年3月1日将其持有的本公司股份55,471,548股,质押给国泰君安证券股份有限公司,质押期限自2000年3月1日起至2000年6月30日止。双方于2000年7月3日在上海证券中央登记结算公司办理了撤销上述股票质押的手续。上述事宜,本公司已于2000年7月4日在《中国证券报》、《上海证券报》和《证券时报》上予以公告。
2、截止报告期末,公司前10名股东所持公司股份无质押或冻结的情况。

上海飞乐股份有限公司

二〇〇〇年年度报告摘选

一、公司简介

1、公司的法定中文名称:上海飞乐股份有限公司
公司法定英文名称:SHANGHAI FEILO CO.,LTD
公司英文名称缩写:FEILO LTD
2、公司法定代表人:郁建福
3、公司董事会秘书:刘仁仁
证券事务代表:毛丽建
联系地址:上海市昭化路54号
联系电话:021-62512629
传真:021-62517323
E-Mail信箱:feilo-zq@mail2.online.sh.cn
4、公司注册地址:上海市浦东新区新金桥路201号
办公地址:上海市昭化路54号　　邮政编码:200050
公司国际互联网网址:http://www.feilo.com.cn
E-Mail信箱:flrr@feilo.com.cn
5、公司选定的信息披露报纸名称:《中国证券报》、《上海证券报》
刊载公司年度报告的中国证监会指定国际互联网网址:http://www.sse.com.cn
公司年度报告备置地点:上海市昭化路54号
6、公司股票上市交易所:上海证券交易所
股票简称:飞乐股份　　股票代码:600654

二、会计数据和业务数据摘要

1、公司本年度实现利润情况:

项目	单位:元
利润总额	107,178,534.01
净利润	76,666,829.15
扣除非经常性损益后的净利润	46,094,921.01
主营业务利润	166,444,153.17
其他业务利润	12,742,132.85
营业利润	10,179,546.00
投资收益	95,011,002.37
补贴收入	1,179,622.27
营业外收支净额	808,363.37
经营活动产生的现金流量净额	5,619,661.03
现金及现金等价物净增加额	68,947,611.98
注:扣除的非经常性损益项目和涉及金额:	
(1)财政所得税退税	201,589.70
(2)财政补贴	1,179,622.27
(3)股票投资收益	47,400,219.96
(1)减当期企业歇业损失	7,121,495.98
(2)当期提取短期投资跌价准备	215,050.00
(3)当期提取长期投资跌价准备	10,872,977.81

2、截止本年度末公司前三年主要会计数据和财务指标:

项 目	2000年	1999年	1998年调整后
主营业务收入(元)	552,288,474.85	532,683,982.01	499,159,324.65
净利润(元)	76,666,829.15	75,046,405.32	65,054,672.50
总资产(元)	1,649,743,927.90	1,545,703,429.30	1,414,995,710.68
股东权益(元)(不含少数股东权益)	705,598,130.18	637,046,170.88	565,167,274.21
每股收益(元/股)	0.20	0.20	0.17
扣除非经常性损益后的每股收益(元/股)	0.12	0.18	0.12
每股净资产(元/股)	1.88	1.70	1.51
调整后的每股净资产(元/股)	1.55	1.59	1.41
每股经营活动产生的现金流量净额(元)	0.02	0.06	-0.15
净资产收益率(%)	10.87	11.78	11.51

3、报告期利润

报告期利润	净资产收益率(%)		每股收益(元/股)	
	全面摊薄	加权平均	全面摊薄	加权平均
主营业务利润	23.59	24.64	0.44	0.44
营业利润	1.44	1.51	0.03	0.03
净利润	10.87	11.35	0.20	0.20
扣除非经常性损益后的净利润	6.5	6.8	0.12	0.12

4、报告期内股东权益变动情况　　单位:元

项目	股本	资本公积	盈余公积	法定公益金	未分配利润	未确认投资损失	股东权益合计
期初数	374773082	175534,892.08	55433457.38	13503270.39	35,273,077.55	-3,968,338.13	637,046,170.88
本期增加	-	201,589.70	12835748.87	4035,515.20	76,666,829.15	-4,807,726.14	84,896,441.58
本期减少	-	-	-	-	16,344,482.28	-	16,344,482.28
期末数	374773082	175736,481.78	68269206.25	17538785.59	95,595,424.42	-8,776,064.27	705,598,130.18

三、股本变动及股东情况

(1)报告期末股东总数:152070户
(2)前10名股东的持股情况:

名次	股东名称	年末持股数量(股)	占总股本比例(%)
1	上海仪电控股(集团)公司	97,258,602	25.95
2	景宏基金	3,462,119	0.92
3	内蒙信托	870,212	0.23
4	董红芬	820,000	0.22
5	郭琛	684,975	0.18
6	杨新泽	658,242	0.18
7	蒋建忠	634,400	0.17
8	肖春霞	571,285	0.15
9	张美英	570,000	0.15
10	梁翠娟	560,444	0.15

上海仪电控股(集团)公司代表国家持有股份的单位,其持有本公司股份没有质押或冻结的情况。

上海豫园旅游商城股份有限公司

二○○○年年度报告摘选

一、公司简介

1、公司的法定中文名称:上海豫园旅游商城股份有限公司
公司的英文名称:SHANGHAI YUYUAN TOURIST MART CO.,LTD
英文缩写:YYTM
2、公司法定代表人:董事长 程秉海
3、公司董事会秘书:曹有源
联系地址:上海市方浜中路269号
联系电话:(021)63559999　　传真:(021)63550558
电子信箱:yuyuanobd@online.sh.cn
4、公司注册地址:中国上海市文昌路19号
办公地址:中国上海市方浜中路269号
邮政编码:200010
公司国际互联网网址:www.yuyuantm.com
5、公司选定的信息披露报纸:《上海证券报》、《中国证券报》
登载公司年度报告的中国证监会指定国际互联网网址:http://www.sse.com.cn
公司年度报告备置地点:上海市方浜中路269号董事会办公室
6、公司股票上市交易所:上海证券交易所
股票简称:豫园商城　　股票代码:600655

二、会计数据和业务数据摘要

1、公司本年度会计数据和业务数据　　(单位:元)

项　目	2000年度
(1)利润总额	127,510,173.32
(2)净利润	104,422,243.80
(3)扣除非经常性损益后的净利润	98,029,531.41
(4)主营业务利润	472,743,906.04
(5)其他业务利润	37,339,483.12
(6)营业利润	102,068,475.81
(7)投资收益	23,884,222.15
(8)补贴收入	128,810.54
(9)营业外收支净额	1,428,664.82
(10)经营活动产生的现金流量净额	133,367,405.99
(11)现金及现金等价物净增加额	-7,947,193.87

注:扣除的非经常性损益项目为"合并价差摊入",涉及金额为6,392,712.39元。

2、截止报告期末公司前三年的主要会计数据及财务指标　　(单位:元)

项目	2000年	1999年	1998年	
			追溯调整后	追溯调整前
主营业务收入	3,616,405,990.37	3,570,293,910.25	3,278,749,878.10	3,278,749,878.10
净利润	104,422,243.80	95,959,661.66	140,496,272.21	142,048,055.54
总资产	3,439,286,155.46	3,218,263,132.72	2,791,554,980.75	2,809,659,095.66
股东权益(不含少数股东权益)	1,692,226,508.49	1,426,034,025.64	1,376,429,651.05	1,393,159,273.79
每股收益(摊薄)	0.22	0.22	0.33	0.33
(加权)	0.23	0.22	0.33	0.33
扣除非经常性损益后的每股收益	0.21	0.22	0.33	0.33
每股净资产	3.64	3.33	3.21	3.25
调整后的每股净资产	3.34	3.12	3.05	3.09
每股经营活动中产生的现金流量净额	0.29	0.22	-0.13	-0.13
净资产收益率(%)(摊薄)	6.17	6.73	10.21	10.20
(加权)	6.39	6.74	10.14	10.25
扣除非经常性损益后的净资产收益率(摊薄)	5.79	6.73	10.21	10.20
(加权)	6.00	6.74	10.14	10.25

3、报告期按全面摊薄法和加权平均法计算的净资产收益率和每股收益

报告期利润	净资产收益率%		每股收益(元)	
	全面摊薄	加权平均	全面摊薄	加权平均
主营业务利润	27.94	28.92	1.02	1.04
营业利润	6.03	6.24	0.22	0.22
净利润	6.17	6.39	0.22	0.23
扣除非经常性损益后的净利润	5.79	6.00	0.21	0.22

三、股本变化及股东情况介绍

1、股本变动情况
(1)股份变动情况表:　　数量单位:股

	本次变动前	本次变动增减(+,-)					本次变动后
		配股	送股	公积金转股	其他	小计	
一、未上市流通股份							
1、发起人股份	162,403,300	7,638,944			-14,906,410	-7,267,466	155,135,834
其中:							
国家股拥有股份	49,927,739	7,638,944				7,638,944	57,566,683
境内法人持有股份	112,475,561				-14,906,410	-14,906,410	97,569,151
境外法人持有股份							
其他							
2、募集法人股份	145,669,764	541,990			14,906,410	15,448,400	161,118,164
3、内部职工股							
4、优先股或其他	40,771,177	4,529,059				4,529,059	45,300,236
其中:转配股	40,771,177	4,529,059				4,529,059	45,300,236
未上市流通股份合计	348,844,241	12,709,993				12,709,993	361,554,234
二、已上市流通股份							
1、人民币普通股	79,830,170	23,949,051				23,949,051	103,779,221
2、境内上市的外资股							
3、境外上市的外资股							
4、其他							
已上市流通股份合计	79,830,170	23,949,051				23,949,051	103,779,221
三、股份总数	428,674,411	36,659,044				36,659,044	465,333,455

上海华源制药股份有限公司

二○○○年年度报告摘选

一、公司简介

1、公司法定中文名称:上海华源制药股份有限公司

公司法定英文名称:SHANGHAI WORLDBEST PHARMACEUTICALS CO., LTD.

2、公司法定代表人:张勇鹤

3、公司董事会秘书:王长虹

联系电话:021—62030205

4、公司注册地址:上海市浦东新区张江高科技园区郭守敬路351号

公司办公地址:上海市中山北路1958号华源世界广场25层

邮政编码:200063

5、公司选定的信息披露报纸:《上海证券报》、《中国证券报》

登载公司年度报告的中国证监会指定的国际互联网网址是:http://www.sse.com.cn

公司《年度报告》备置地点:上海市中山北路1958号华源世界广场25层,公司董事会办公室

6、公司股票上市地:上海证券交易所

股票简称:华源制药

股票代码:600656

二、会计数据和业务数据摘要

1、公司本年度实现的利润总额及其构成:(单位:人民币元)

项目	金额
利润总额	19,170,873.73
净利润	13,801,832.09
扣除非经常性损益后的净利润	12,007,422.32
主营业务利润	53,483,629.55
其它业务利润	1,455,173.46
营业利润	15,492,264.38
投资收益	5,099,441.60
补贴收入	120,000.00
营业外收支净额	1,540,832.25
经营活动产生的现金流量净额	25,972,249.10
现金及现金等价物净增加额	(15,625,417.02)

注:扣除非经常性损益主要项目和金额:环保治理达标补贴收入120,000元;股权投资贷方差额摊销2,594,088.43元;营业外收入729,376.87元,营业外支出1,649,055.53元。

2、截至报告期末公司前三年的主要会计数据及财务指标:

(单位:人民币元)

项目	2000年	1999年	1998年	
			调整前	调整后
主营业务收入	264445693.61	331134759.67	426672012.02	426672012.02
净利润	13801832.09	9360539.87	20919574.80	17773797.88
总资产	405158837.58	784896191.84	827230222.78	813603793.39
股东权益	141505128.21	127703296.12	126151062.74	117384540.66
每股收益(元/股)	0.148	0.10	0.224	0.191
扣除非经常性损益后的每股收益(元/股)	0.129	0.036	0.139	0.105
每股净资产	1.518	1.37	1.353	1.259
调整后每股净资产	1.26	0.86	0.92	0.78
每股经营活动产生的现金流量净额	0.27	0.19	0.12	0.12
净资产收益率%	9.75	8.55	16.58	15.14

根据中国证监会《公开发行证券公司信息披露编报规则》第9号的通知精神,以利润表附表形式列示的有关指标如下:

报告期利润	净资产收益率(%)		每股收益(元/股)	
	全面摊薄	加权平均	全面摊薄	加权平均
主营业务利润	37.88	39.54	0.57	0.57
营业利润	10.95	11.45	0.166	0.166
净利润	9.75	10.20	0.148	0.148
扣除非经常性损益后的净利润	8.49	8.88	0.129	0.129

三、股东情况介绍

(一)本报告期末股东总数为30079户。

(二)报告期末公司前十名股东持股情况如下:

股东名称	年末持股数(股)	占总股本(%)	备注
①中国华源集团有限公司	38,304,000	41.0906%	法人股
②兰溪市财政局	3,954,456	4.24%	国有股
③王辉	264,100	0.28%	流通股
④田文辉	200,328	0.21%	流通股
⑤顾丽华	191,000	0.20%	流通股
⑥胡燕	171,000	0.18%	流通股
⑦朱文君	166,526	0.17%	流通股
⑧姚建国	159,000	0.17%	流通股
⑨唐开华	158,797	0.16%	流通股
⑩柳福贞	156,900	0.16%	流通股

注:上述前十名股东中唯一持有本公司5%以上(含5%)股份的股东为中国华源集团有限公司。该公司期初和期末持股数不变。报告期内其所持本公司的全部股份未进行任何形式的质押。

北京天桥北大青鸟科技股份有限公司

二〇〇〇年年度报告摘选

一、公司简介

1、公司法定中文名称:北京天桥北大青鸟科技股份有限公司
中文缩写:青鸟天桥
英文名称:Beijing Tianqiao Beida Jade Bird Sci—Tech Co.,Ltd.
英文缩写:JBTQ
2、公司注册地址:北京市崇文区永内大街1号　　邮政编码:100050
办公地址:北京市海淀区成府路207号(北大青鸟楼)　　邮政编码:100871
国际互联网网址:www.jbbis.com.cn
电子信箱:jbtq@jbbis.com.cn
3、公司法定代表人:许振东
4、公司董事会秘书:侯琦
联系地址:北京市海淀区成府路207号(北大青鸟楼)
电话、传真:(10)62757128
电子信箱:hq@jbbis.com.cn
董事会证券事务代表:于明
联系地址:北京市海淀区成府路207号(北大青鸟楼)
电话:(10)62757125　　传真:(10)62752664
电子信箱:ym@jbbis.com.cn
5、公司选定的中国证监会指定报纸:《上海证券报》、《中国证券报》
中国证监会指定国际互联网网址:www.sse.com.cn
公司年度报告备置地点:公司董事会秘书办公室
6、股票上市交易所:上海证券交易所
股票简称:青鸟天桥　　股票代码:600657

二、会计数据和业务数据摘要

1、公司本年度主要会计数据:(单位:人民币元)

项目	金额
利润总额:	95938368.89
净利润:	68957940.76
扣除非经常性损益后的净利润:	70021333.54
主营业务利润:	233146846.71
其他业务利润:	2261188.06
营业利润:	92732166.58
投资收益:	4269595.09
补贴收入:	0.00
营业外收支净额:	-1063392.78
经营活动产生的现金流量净额:	-602273622.62
现金及现金等价物净增加额:	309939965.38
注:扣除的非经常性损益项目及金额:	
营业外收支净额:	1063392.78

2、截至报告期末公司前三年的主要会计数据和财务指标

项目	2000年	1999年	1998年	
			调整前	调整后
主营业务收入	489,210,310.56	273,176,987.99	219,704,356.28	
净利润	68,957,940.76	47,685,862.01	36,981,283.06	34,159,393.47
总资产	2,650,453,721.56	415,244,285.24	365,149,780.17	354,129,869.73
股东权益	743,186,592.90	289,098,650.65	252,430,821.23	241,412,788.64
每股收益(摊薄法)	0.5006	0.40	0.40	0.37
每股收益(加权法)	0.557	0.43	0.43	
扣除非经常性损益后的每股收益	0.5083	0.33		
每股净资产	5.3951	2.43	2.76	2.64
调整后的每股净资产	5.1229	2.35	2.66	2.54
每股经营活动产生的现金流量净额	-4.37	0.24	0.16	
净资产收益率	9.28%	16.49%	14.65%	

3、按照中国证监会《公开发行证券公司信息披露编报规则(第9号)》要求计算的利润数据表:

报告期利润	净资产收益率(%)		每股收益(元)	
	全面摊薄	加权平均	全面摊薄	加权平均
主营业务利润	31.37	55.09	1.6925	1.8843
营业利润	12.48	21.91	0.6732	0.7495
净利润	9.28	16.29	0.5006	0.5573
扣除非经常性损益后利润	9.42	16.55	0.5083	0.5659

4、报告期内股东权益变动情况及变化原因

项目	股本	资本公积	盈余公积	法定公益金	未分配利润	股东权益合计
期初数	119057536	93833459.78	42063258.85	16312892.93	34144396.02	289098650.65
本期增加	18694643	380210576.39	35489754.70	14296980.31	19692968.16	454087942.25
本期减少						
期末数	137752179	474044036.17	77553013.55	30609873.24	53837364.18	743186592.90
变动原因	2000年度配股,每10股配3股	2000年度配股,每10股配3股	2000年度利润分配提取数及合并报表范围增加	2000年度利润分配提取数	2000年度实现的净利润	

三、股本变动及股东情况

1、报告期末股东总数:32197个。
2、前10名股东的持股情况

股东名称	年末持股数	占总股本比例
北京北大青鸟有限责任公司	28768672	20.88%
北京市崇远投资经营公司(代表国家持有股份)	17861442	12.97%
北京市电影公司	2995200	2.17%
兴华基金	2880000	2.09%
对外友好合作服务中心	1497600	1.09%
河南财政	1466860	1.06%
交通银行北京分行	1329804	0.97%
北京铁建工贸公司	1198080	0.87%
北京中关村科技发展股份有限公司	1190800	0.86%
开元基金	1087825	0.79%

北京市天龙股份有限公司

二〇〇〇年年度报告摘选

一、公司简介

1、公司法定名称:北京市天龙股份有限公司
公司英文名称:BEIJING TIANLONG COMPANY LTD.
公司名称缩写:BJTL
2、公司法定代表人:鲍玉桐
3、公司董事会秘书:王剑飞
联系电话:010-64372784　　传　　真:010-84567917
4、公司注册地址:北京市崇文区永定门外琉璃井东街3号楼
公司办公地址:北京市朝阳区酒仙桥路14号
公司邮政编码:100016
5、公司选定的信息披露报纸:<上海证券报>
刊登公司年度报告的国际互联网网址:http://www.sse.com.cn
6、公司股票上市交易所:上海证券交易所
股票简称:ST京天龙　　证券代码:600658

二、会计数据和业务数据摘要(合并报表)

(一)年度利润总额及构成

项目	金额
1、利润总额:	7,206,824.48
2、净利润:	5,528,077.74
3、扣除非经常性损益后的净利润:	-10,200,293.01
4、主营业务利润:	39,142,252.27
5、其他业务利润:	1,787,532.25
6、营业利润:	-17,015,571.24
7、投资收益:	24,850,616.03
8、补贴收入:	774,182.99
9、营业外收支净额:	-1,402,403.30
10、经营活动产生的现金流量净额:	55,813,337.28
11、现金及现金等价物净增加额:	61,098,319.18
12、扣除非经常性损益项目及涉及金额合计:	15,728,370.75
其中:证券投资收益	
转让股权收益	17,016,620.00
营业外收支净额	-1,402,403.30
集体法人股价值准备	
长期股权溢价摊销	114,154.05

(二)前三年主要会计数据和财务指标

项目	2000年	1999年	1998年 追溯法调整后
1、主营业务利润(元)	39,142,252.27	17,770,345.34	16,918,544.24
2、净利润(元)	5,528,077.74	-68,330,947.97	-33,715,173.31
3、总资产(元)	553,936,671.38	491,682,193.29	631,283,495.18
4、股东权益(元)(不含少数股东权益)	188,560,681.33	183,032,603.59	251,363,551.56
5、每股收益(摊薄)(元)	0.0331	-0.4091	-0.202
6、每股收益(加权)(元)	0.0331	-0.4091	-0.202
7、扣除非经常性损益后的每股收益(摊薄)(元)	-0.0611	-0.2534	-0.115
8、扣除非经常性损益后的每股收益(加权)(元)	-0.0611	-0.2534	-0.115
9、每股净资产(元)	1.129	1.096	1.505
10、调整后的每股净资产(元)	1.104	0.574	1.041
11、每股经营活动产生的现金流量净额(元)	0.3342	-0.002	0.043
12、净资产收益率(%)	2.93%	-37.33%	-13.41%
13、加权平均净资产收益率(%)	2.98%	-31.46%	-12.33%

依据中国证监会《公开发行证券公司信息披露编报规则(第9号)》要求计算的净资产收益率和每股收益:

项目	净资产收益率(%)		每股收益(元)	
	全面摊薄	加权平均	全面摊薄	加权平均
主营业务利润	20.76%	21.07%	0.2344	0.2344
营业利润	-9.02%	-9.16%	-0.1019	-0.1019
净利润	2.93%	2.98%	0.0331	0.0331
扣除非经常性损益后的利润	-5.41%	-5.49%	-0.0611	-0.0611

(三)股东权益变动情况:

项目	股　本	资本公积金	盈余公积金	未分配利润	股东权益合计
期初数	167023116	55930271.60	60693270.25	-100614054.26	183032603.59
本期增加				5528077.74	5528077.74
本期减少					
期末数	167023116	55930271.60	60693270.25	-95085976.52	188560681.33
变化原因				本年度盈利	

三、股本变动及股东情况

(一)股本变动情况
1、股份变动情况表

数量单位:股

	期初数	本次变动增减(+,-) 配股	送股	公积金转股	其他	小计	期末数
一、未上市流通股份							
1、发起人股份	71,953,140	0	0	0	-48,587,432	0	23,365,784
其中:							
国家股	5,974,800	0	0	0	0	0	5,974,800
法人持有股份	65,978,340	0	0	0	-48,587,432	0	17,390,908
2、募集法人股							
3、国有法人股	0	0	0	0	48,587,432	0	48,587,432
4、优先股或其他	4,745,976	0	0	0	-4,745,976	0	0
其中:转配股	4,745,976	0	0	0	-4,745,976	0	0
未上市流通股份合计	76,699,116	0	0	0	-4,745,976	0	71,953,140
二、已上市流通股份							
人民币普通股	90,324,000	0	0	0	4,745,976	0	95,069,976
已上市流通股份合计	90,324,000	0	0	0	4,745,976	0	95,069,976
三、股份总数	167,023,116	0	0	0	0	0	167,023,116

福建省福联股份有限公司

二○○○年年度报告摘选

一、公司简介

1、公司法定名称：福建省福联股份有限公司
英文名称：fujian fulian co.,LtD.
英文缩写：FJFL.
2、公司法定代表人：陈克恩
3、公司董事会秘书：何佳
联系地址：福建省福州市省府路一号金皇大厦十七层
联系电话：0591－7503366　　传真：0591－7503068
电子信箱：fjhj@sina.com
4、公司注册地址：福建省福州市省府路一号金皇大厦十七层
公司办公地址：福建省福州市省府路一号金皇大厦十七层
邮政编码：350001
电子信箱：fjfl_659@sina.com
5、公司年度报告备置地点：公司董事会秘书室
公司选定的信息披露报纸：《上海证券报》、《中国证券报》
信息披露网址：www.sse.com.cn
6、公司股票上市地：上海证券交易所
股票简称：福建福联　　股票代码：600659

二、会计数据和业务数据摘要

1、本年度实现利润及主要现金流量指标（单位：元）

项　目	2000 年度
利润总额	47,627,543.09
净利润	25,014,672.46
扣除非经常性损益后净利润	24,844,576.71
主营业务利润	30,870,780.32
其他业务利润	28,587,068.42
营业利润	40,161,290.11
投资收益	4,953,005.78
补贴收入	668,184.00
营业外收支净额	1,845,063.20
经营活动产生的现金流量净额	－110,222,819.29
现金及现金等价物净增加	－961,601.16

注：报告期内本公司扣除的非经常性损益项目和金额：

1.出售福建龙安塑胶工业有限公司股权 67％溢价收入 100 万元，福建省晋江服饰有限公司 75％股权溢价收入 6217.73 元。

2.股权投资差额摊销－836,121.98 元。

2、近三年主要会计数据及财务指标　　（元）

项目	2000 年	1999 年		1998 年度	
		调整前	调整后	调整前	调整后
主营业务收入	346315972.72	2142233916.03	214223916.03	143699443.19	143699443.19
净利润	25014672.46	24318564.26	29850700.48	25078950.60	22446702.72
总资产	1285358898.55	634075112.78	639607249.00	434586822.48	431990091.87
股东权益（不含少数股东权益）	242053588.96	214640882.45	220173018.67	200625536.45	190322318.19
每股收益（元/股）	0.20	0.20	0.24	0.20	0.18
每股收益（加权）	0.20	0.20	0.24	0.20	0.18
扣除非经常性损益后每股收益	0.20	0.023	0.07		
每股净资产	1.95	1.73	1.78	1.62	1.54
调整后每股净资产	1.73	1.35	1.40	1.16	1.08
每股经营活动产生的现金流量净额	－0.88	－0.90		－0.73	
净资产收益率（％）	10.33	11.33	13.5	12.5	11.78
净资产收益率（加权）	10.33	12.01	13.5	12.5	11.78

注一：按照中国证监会《公开发行证券公司信息披露编报规则》（第 9 号）的通知要求，计算 2000 年年度的利润数据如下：

报告期利润	净资产收益率（％）		每股收益（元）	
	全面摊薄	加权平均	全面摊薄	加权平均
主营业务利润	12.75	13.36	0.25	0.25
营业利润	16.59	17.38	0.32	0.32
净利润	10.33	10.82	0.20	0.20
扣除非正常性损益后的净利润	10.26	10.75	0.20	0.20

注二：1999 年调整后数字是因为本年度资产置换冲回长期投资收益 553 万元，按规定调整以前年度未分配利润所致。

三、股本情况介绍

1、报告期末股东总数 3273 户。

2、截止 2000 年 12 月 31 日，公司前十名股东持股情况

股东名称	报告期末持股数（股）	占总股本（％）
福建省神龙企业集团有限公司	21492042	17.35
福建省华兴实业公司	15219600	12.29
中国纺织物资（集团）总公司	10731732	8.66
厦门化学纤维厂	6388800	5.16
福建永泰永昌贸易公司	5297160	4.28
建行福建分行直属支行	5132160	4.14
中国化纤总公司	3438600	2.78
建行厦门分行	2964984	2.39
中国丝绸工业总公司	2418306	1.95
上海纺织原料总公司	1880736	1.52

以上股东间无关联关系。

3、持有公司 5％以上股份的股东所持股份质押、冻结情况：

1999 年 1 月，本公司控股股东神龙企业集团有限公司，将其持有的本公司全部股份（21492042 股），为福联公司向中国农业银行福州华林支行两年期贷款作质押担保，已于 2001 年 1 月到期（贷款金额 2400 万元）。2001 年 1 月 18 日，神龙集团仍以所持有的福联公司全部股份为此笔贷款（期限九个月）继续作质押担保，质押期限 2001 年 1 月 18 日起至 2003 年 10 月 17 日止。

1999 年 7 月，本公司第二大股东福建华兴实业公司，以其持有的本公司全部股份（15219600 股），为福州中威实业有限公司向福建省农业银行两年期贷款作质押担保。

福耀玻璃工业集团股份有限公司

二○○○年年度报告摘选

一、公司简介

1、公司中文名称：福耀玻璃工业集团股份有限公司
公司英文名称：FUYAO GROUP GLASS INDUSTRY CO.,LTD.
公司英文缩写：FYG
2、法定代表人：曹德旺
3、董事局秘书：高华
联系地址：福建省福清市福耀工业村
电话：0591－5383777　　0591－5382723
传真：0591－5383666　　0591－5382719
E－mail：fuyao@fuyaogroup.com
4、注册地址：福建省福清市融侨经济技术开发区
办公地址：福建省福清市福耀工业村
邮政编码：350301
国际互联网网址：http://www.fuyaogroup.com
E－mail：info@fuyaogroup.com
5、公司信息披露刊：《上海证券报》、《中国证券报》
6、公司股票上市交易所：上海证券交易所
股票简称：福耀玻璃
股票代码：600660

二、会计数据和业务数据摘要

1、本年度主要会计数据：　　单位：人民币元

1 利润总额	153,889,976
2 净利润	150,034,203
3 扣除非经常性损益后的净利润	155,146,839
4 主营业务利润	293,916,930
5 其他业务利润	3,050,571
6 营业利润	159,002,612
7 投资收益	－6,089,551
8 补贴收入	337,100
9 营业外收支净额	639,815
10 经营活动产生的现金流量净额	226,323,165
11 现金及现金等价物净增加额	50,952,795

扣除非经营性损益的净利润调整项目：
(1)、调增投资收益　　6,089,551 元。
(2)、调减营业外收支净额　　639,815 元。
(3)、调减补贴收入　　337,100 元。

2、近三年主要会计数据和财务指标

项目	2000 年度	1999 年度	1998 年度	
			调整后	调整前
主营业务收入（元）	754,999,237	608,741,151	489,364,967	497,525,273
净利润（元）	150,034,203	70,573,213	－18,630,429	－17,899,914
总资产（元）	1,382,430,389	1,118,620,987	1,121,915,263	1,126,571,609
股东权益（元）	483,514,062	401,781,206	330,601,899	335,258,245
每股收益（摊薄）（元）	0.59	0.28	－0.07	－0.07
每股收益（加权）（元）	0.59	0.28	－0.07	－0.07
每股收益（元）（扣除非经常性损益）	0.61	0.25	－0.11	－0.10
每股净资产（元/股）	1.90	1.58	1.30	1.32
调整后每股净资产（元/股）	1.79	1.51	1.23	1.22
每股经营活动产生的现金流量净额	0.89	0.55	0.40	0.40
净资产收益率（摊薄％）	31.03％	17.57％	－5.64％	－5.34％
净资产收益率（加权％）	31.47％	19.27％	－5.45％	－5.21％

备注：

1、1999 年每股经营活动产生的现金流量净额原为 0.56 元，依据审计师事务所 2000 年审计报告调整为 0.55 元。

2、1998 年调整前数值系当年审计数，1998 年调整后数值系追溯调整数。

三、股本变动及股东情况

1、股本变动情况

(1)、股份变动情况表

	本次变动前	本次变动增减＋，－						本次变动后
		配股	送股	公积金转股	增发	其他	小计	
一、未上市流通股份								
1、发起人股份	173,369,664	－	－	－	－	－	－	173,369,664
其中：								
国家拥有股份	－	－	－	－	－	－	－	－
境内法人持有股份	65,961,968	－	－	－	－	－	－	65,961,968
境外法人持有股份	107,407,696	－	－	－	－	－	－	107,407,696
其他								
2、募集法人股份	－	－	－	－	－	－	－	－
3、内部职工股	－	－	－	－	－	－	－	－
4、优先股或其他			－	－	－	－	－	－
其中：转配股	－	－	－	－	－	－	－	－
未上市流通股份合计	173,369,664	－	－	－	－	－	－	173,369,664
二、已上市流通股份								
1、人民币普通股	81,355,849	－	－	－	－	－	－	81,355,849
2、境内上市的外资股	－	－	－	－	－	－	－	－
3、境外上市的外资股	－	－	－	－	－	－	－	－
4、其他	－	－	－	－	－	－	－	－
已上市流通股份合计	81,355,849	－	－	－	－	－	－	81,355,849
三、股份总数	254,725,513	－	－	－	－	－	－	254,725,513

上海交大南洋股份有限公司

二○○○年年度报告摘选

一、公司简介

1、公司法定中文名称:上海交大南洋股份有限公司
公司法定英文名称:SHANGHAI JIAODA NAN YANG CO.,LTD.
(缩写:SJN)
2、公司法定代表人:王宗光
3、公司董事会秘书:吴 伟
联系地址:上海市番禺路667号六楼
电话:021-62800217　　62814035转　　传真:021-62801900
电子信箱:jdnyww@mail.situ.edu.cn
公司董事会证券事务代表:陈谋亮
联系地址:上海市番禺路667号六楼
电话:021-62818544 62814035转
传真:021-62801900
4、公司注册地址:上海浦东金桥纬七路口17地块杉达大厦
办公地址:上海市番禺路667号
邮政编码:200030
电子信箱 Email:nanyang@jd-ny.com
5、公司信息披露的报刊为《上海证券报》
登载公司年度报告的中国证监会指定国际互联网网址:http://www.sse.com.cn
公司年度报告备置地点:上海市番禺路667号6楼董事会秘书室
6、公司股票上市交易所:上海证券交易所
股票简称:交大南洋　　股票代码:600661

二、会计数据和业务数据摘要

1、本年度利润总额及构成　　(单位:人民币元)

项目	金额
利润总额	46,005,292.74
主营业务利润	61,345,146.69
其他业务利润	2,978,112.28
营业利润	34,083,813.61
投资收益	10,414,485.95
补贴收入	1,398,000.00
营业外收支净额	108,993.18
净利润	30,177,244.98
扣除非经常性损益后的净利润	29,949,018.45
经营活动产生的现金流量净额	37,404,022.97
现金及现金等价物净增加额	-8,033,185.01
注:非经常性损益项目和涉及金额	
资产处置损益	298,449.37
处理子公司转让损失	-113,496.20
股权投资差额摊入	43,273.36

2、截止报告期末公司前三年的主要会计数据及财务指标　　(单位:人民币元)

序号	指标项目	2000年度	1999年度		1998年度	
			调整后	调整前	调整后	调整前
1	主营业务收入	415,508,061.05	141,995,803.29	141,650,700.31	130,809,084.10	130,809,084.10
2	净利润	30,177,244.98	24,825,755.01	25,016,284.24	4,276,581.94	8,248,304.33
3	总资产	514,360,292.16	458,936,206.83	455,758,040.02	405,820,931.25	414,856,512.64
4	股东权益	284,570,787.85	276,102,676.37	276,293,205.60	251,420,383.62	260,289,336.97
5	每股收益(摊薄)	0.21	0.17	0.17	0.05	0.09
6	扣除非经常性损益后的每股收益	0.21	0.08	0.08	-0.02	0.03
7	每股收益(加权)	0.21	0.17	0.17	0.05	0.09
8	每股净资产	1.97	1.91	1.91	2.87	2.97
9	调整后的每股净资产	1.91	1.88	1.88	2.48	2.57
10	每股经营活动产生的现金流量净额	0.26	0.15	0.15	-0.10	-0.10
11	净资产收益率(%)	10.60	9.00	9.05	1.70	3.17

说 明:(1)99、98年度调整后主要数据和财务指标指因追溯调整以前年度计算所得。
(2)本报告期内股本未发生变动。

3、净资产收益率及每股收益指标结构分析附表

报告期利润	净资产收益率(%)		每股收益(元)	
	全面摊薄	加权平均	全面摊薄	加权平均
主营业务利润	21.56	21.07	0.42	0.42
营业利润	11.98	11.70	0.24	0.24
净利润	10.60	10.36	0.21	0.21
扣除非经常性损益后的净利润	10.52	10.28	0.21	0.21

三、股本变动及股东情况

(一)股东情况介绍
1.报告期末公司股东总数为21657户。
2.报告期末公司主要股东持股情况

股东名称	持股数(股)	占总股本比例(%)	股份类别
(1)上海交通大学	63252569	43.70	国有法人股
(2)上海市国资办	10801065	7.46	国家股
(3)仪电控股	9475620	6.55	社会法人股
(4)徐汇集团	6000000	4.15	社会法人股
(5)交大工会	2593436	1.79	社会法人股
(6)住宅科技	2000000	1.38	社会法人股
(7)新黄集团	1361250	0.94	社会法人股
(8)万国证券	1311213	0.91	社会法人股
(9)南京证券	1080000	0.75	上市流通股
(10)第五钢铁	907500	0.63	社会法人股

注:① 报告期内自仪股份将其所持有的9475620股社会法人股,于2000年12月28日全部转让给仪电控股。
②报告期内徐汇集团于2000年11月14日受让万国证券所持有的6000000股社会法人股,万国证券相应由期初持有的7311213股减至期末的1311213股。
③报告期内持有公司5%以上股份的股东,其所持股份无质押或冻结的情况。

上海强生出租汽车股份有限公司

二○○○年年度报告摘选

一、公司简介

1、公司法定中文名称:上海强生出租汽车股份有限公司
公司法定英文名称:Shanghai QiangSheng Taxi CO.,LTD
2、公司法定代表人:张同恩
3、公司董事会秘书:吴本初
联系电话:021--62151181
联系地址:中国上海南京西路920号18楼
传 真:021--62538782
4、公司注册地址:浦东新区浦建路145号
公司办公地址:上海市南京西路920号18楼
邮政编码:200041
公司国际互联网网址:http//www qiangsheng-taxi.om.cn
公司电子信箱:qiangshenggufen @ qiangsheng-taxi.com.cn
5、公司选定的信息披露报纸名称:上海证券报、中国证券报、证券时报
公司年度报告登载的互联网网址:http//www sse.com.cn
公司年度报告备置地点:上海市南京西路920号18楼
6、公司股票上市交易所:上海证券交易所
股票简称:上海强生　　股票代码:600662

二、会计数据和业务数据摘要

单位:元

1、本年度会计数据和业务数据摘要

项　目	
(1)利润总额	105745419.97
(2)净利润	92310996.88
(3)扣除非经常性损益后的净利润	84672539.57
(4)主营业务利润	200894412.72
(5)其他业务利润	11715167.40
(6)营业利润	84520502.94
(7)投资收益	25525198.18
(8)补贴收入	
(9)营业外收支净额	-4300281.15
(10)经营活动产生的现金流量净额	249395194.33
(11)现金及现金等价物净增加额	3551460.29

2.公司近三年主要会计数据和财务指标
追溯调整后

项　目	2000年	1999年	1998年
(1)主营业务收入	606681328.04	514167367.88	392064255.68
(2)净利润	92310996.88	89691559.66	97019108.48
(3)总资产	1383965406.68	1223807796.38	957906630.81
(4)股东权益	852551361.84	788334404.96	698642845.30
(5)每股收益	0.33	0.32	0.35
(6)每股净资产	3.03	2.81	2.49
(7)调整后的每股净资产	2.92	2.71	2.42
(8)每股经营活动产生的现金流量净额	0.89	0.94	0.68
(9)净资产收益率	10.83%	11.38%	13.89%
(10)加权每股收益	0.33	0.32	0.36
(11)扣除非经常性损益后的每股收益	0.30	0.32	0.35

3、按照《公开发行证券公司信息披露编报规则(第9号)》要求计算的利润数据:

报告期利润	净资产收益率(%)		每股收益(元)	
	全面摊薄	加权平均	全面摊薄	加权平均
主营业务利润	23.56	24.07	0.72	0.72
营业利润	9.91	10.13	0.30	0.30
净利润	10.83	11.06	0.33	0.33
扣除非经常性损益后的利润	9.93	10.15	0.30	0.30

4.股东权益变动情况

项目	股本	资本公积	盈余公职	法定公益金	未分配利润	股东权益合计
期初数	280940400	255410793.94	118081715.98	34531114.77	133901495.04	788334404.96
本期增加			31,537484.30	15768742.15	92310996.88	123848481.18
本期减少				2631881.20	59631524.30	87725564.30
期末数	280,940400	255410793.94	149619200.28	47667975.72	166580967.62	852551361.84

三、股本变动和股东情况

1　截止本报告期末股东总数为40241人,其中未流通发起人法人股股东4户,流通股东40237户。
2　前10名股东情况

名次	股东名称	年末持股数(股)	占总股本%
1	上海强生集团有限公司	92350900	32.87
2	上投实业公司	13662000	4.86
3	陆家嘴金融贸易区开发股份有限公司	12295800	4.38
4	建设银行上海分行	12295800	4.38
5	金华证券	7188264	2.56
6	华夏证券	2307672	0.82
7	景宏基金	1952800	0.69
8	汉盛基金	1001174	0.36
9	兴科基金	999292	0.36
10	贺宇平	508600	0.18

前10名股东之间不存在关联关系。
3 报告期内控股股东仍为上海强生集团有限公司,持有本公司股份9235.09万股,占全部股本32.87%。为多元投资有限责任公司
公司法定代表人张同恩。
公司经营范围:客运、房地产、国际贸易及相关产业(专项审批除外)。

上海陆家嘴金融贸易区开发股份有限公司

二〇〇〇年年度报告摘选

一、公司简介

1 、公司法定中、英文名称及缩写:
中文:上海陆家嘴金融贸易区开发股份有限公司
英文:Shanghai Lujiazui Finance &Trade Zone Development Co. ,Ltd.
英文缩写:SLDC
2 、公司法定代表人:康慧军
3 、公司董事会秘书:朱蔚
联系地址:中国上海市浦东大道 981 号
电话:86 - 21 - 58878888　　传真:86 - 21 - 58877100
电子信箱:invest @ljz. com. cn
4 、公司注册及办公地址:中国上海市浦东大道 981 号
邮政编码:200135
国际互联网网址:www. shld. com
电子信箱:invest @ljz. com. cn
5 、公司信息披露报刊:上海证券报、亚洲华尔街日报
登载年度报告的国际互联网网址:www. sse. com. cn (中国证监会指定网站)
www. shld. com (公司网站)
公司年度报告备置地点:中国上海市浦东大道 981 号
6 、公司股票上市交易所:上海证券交易所
股票简称及代码:A 股:陆家嘴 600663
B 股:陆家 B 股 900932

二 、会计数据和业务数据摘要

1 、公司本年度主要会计数据:　　单位:人民币元

利润总额	420,521,321.99
净利润	350,012,451.11
扣除非经常性损益后的净利润	290,249,245.86
主营业务利润	444,868,846.21
其他业务利润	75,807,240.20
营业利润	278,955,973.78
投资收益	140,720,642.28
补贴收入	0.00
营业外收支净额	844,705.93
经营活动产生的现金流量净额	286,532,751.05
现金及现金等价物净增加额	939,429.51

扣除非经常性损益涉及项目	金额
股权转让收益	58,642,600.00
营业外收支净额	844,705.93
股权投资差额摊销	275,899.32
合计	59,763,205.25

2 、前三年主要会计数据和财务指标:
① 主要财务数据
单位:人民币

项 目	2000 年	1999 年	1998 年
主营业务收入(万元)	66331.75	64178.83	59343.43
净利润(万元)	35001.25	2185.05	12276.56
总资产(万元)	738460.17	786055.19	775120.95
股东权益(万元)	430798.03	414667.45	412482.39
全面摊薄每股收益(元)	0.187	0.012	0.092
加权平均每股收益(元)	0.187	0.012	0.092
扣除非经常性损益	-	-	-
后的每股收益(元)	0.155	0.012	0.092
每股净资产(元)	2.31	2.22	3.09
调整后的每股净资产(元)	2.30	2.19	3.07
每股经营活动产生的			
现金流量净额(元)	0.15	0.27	-0.10
全面摊薄净资产收益率(%)	8.12	0.527	2.98
加权平均净资产收益率(%)	8.10	0.528	3.02

注:2000 、1999 年底公司总股本 186768.4 万股,1998 年底总股本 133406 万股。
② 利润分配表附表

报告期利润	净资产收益率(%)		每股收益(元/股)	
	全面摊薄	加权平均	全面摊薄	加权平均
主营业务利润	10.33	10.29	0.24	0.24
营业利润	6.48	6.45	0.15	0.15
净利润	8.12	8.10	0.19	0.19
扣除非经常性损益后的净利润	6.74	6.72	0.16	0.16

3 、报告期内股东权益变动情况:　　单 位:人民币元

项目	股 本	资本公积	盈余公积	法定公益金	未分配利润	股东权益合计
期初数	1867684000.00	1312777295.59	859181628.98	249282735.98	107031533.98	4146674458.55
本期增加	-	-	39768733.68	17415102.53	381640945.19	421409678.87
本期减少	-	-	31628494.08	-	228475333.19	260103827.27
期末数	1867684000.00	1312777295.59	867321868.57	266697838.51	260197145.98	4307980310.14

三 、股本变动及股东情况

1 、股本变动情况
(1)股份变动情况表

	持股数量(万股)	持股比例(%)
一、未上市流通股份		
1 、发起人股份		
其 中:		
国家拥有股份	112,112	60.03%
境内法人持有股份	5,880	3.15%
2 、募集法人股	1,764	0.94%
尚未上市流通股份合计	119,756	64.12%
二、已上市流通股份		
1、人民币普通股	16,052.4	8.59%
2、境内上市的外资股	50,960	27.29%
已上市流通股份合计	67,012.4	35.88%
三、股份总数	186,768.4	100%

哈 药 集 团 股 份 有 限 公 司

二〇〇〇年年度报告摘选

一、公司简介

1、公司法定中文名称:哈药集团股份有限公司
英文名称:HARBIN PHARMACEUTICAL GROUP CO. ,LTD.
英文缩写:HPGC
2、公司法定代表人:刘存周
公司董事会秘书:林本松
联系地址:哈尔滨市道里区友谊路 431 号
联系电话:0451 - 4604688
传真:0451 - 4604688　　4856783
董秘电子信箱:sec@hpgc. com
4、公司注册地址:哈尔滨市南岗区学府路 109 号
公司办公地址:哈尔滨市道里区友谊路 431 号
邮编:150018
公司互联网网址:WWW. Hayao. com
电子信箱:hyyghb@public. hr. hl. cn
5、公司信息披露报纸:上海证券报　　中国证券报
登载年度报告的国际互联网网址:WWW. sse. com. cn
年报备置地点:哈药集团股份有限公司证券部
6、公司股票上市地:上海证券交易所
股票简称:哈药集团
股票代码:600664

二、会计数据和业务数据摘要

指标项目	单位:万元
本公司本年度实现利润总额	34,573.74
净利润	22,806.34
扣除非经营性损益后的净利润	22,139.18
主营业务利润	321,218.19
其他业务利润	1,085.69
营业利润	33,391.02
投资收益	0.71
补贴收入	52.15
营业外收支净额	1,129.87
经营活动产生的现金流量净额	54,169.65
现金及现金等价物净增加额	-17,617.85
注:非经常性损益的项目捐赠支出(元)	-3,338,889.02
罚款收支净额(元)	-1,884,049.87
处置资产损益(元)	11,894,595.68

2、主要会计数据和财务指标

指标项目	2000 年	1999 年	1998 年	
			调整前	调整后
主营业务收入(万元)	644,445.84	448,697.40	292,475.80	292,475.80
净利润(万元)	22,806.34	14,557.51	9,761.78	8,483.82
总资产(万元)	444,940.01	441,468.14	340,025.12	338,747.16
股东权益(万元)	160,950.69	143,996.20	104,815.83	103,537.88
(不含少数股东权益)				
每股收益(元)摊薄	0.51	0.31	0.25	0.22
加权	0.51	0.32	0.25	0.22
扣除非经常性损益				
后的每股收益	0.49	0.33	0.23	0.20
每股净资产(元)	3.58	3.19	2.74	2.71
调整后的每股净资产(元)	3.48	2.81	2.40	2.37
净资产收益率(%)摊薄	14.13	9.63	9.28	8.16
加权	14.68	10.31	9.59	8.56
每股经营活动产生的				
现金流量净额(元)	1.20	0.96	0.58	0.58

按照中国证监会《公开发行证券公司信息披露编报规则(第 9 号)》要求计算 2000 年度的加权净资产收益率和加权每股收益。

	报告期利润	净资产收益率(%)		每股收益(元)	
		全面摊薄	加权平均	全面摊薄	加权平均
主营业务利润	3212181859.42	199.00	206.70	7.12	7.12
营业利润	333910206.81	20.69	21.49	0.74	0.74
净利润	228063414.38	14.13	14.68	0.51	0.51
扣除非经常性					
损益后的净利润	221391757.59	13.72	14.25	0.49	0.49

三、股本变动及股东情况

1、截至 2000 年末,公司股东总数为 135077 户,其中国有股东 1 户,社会公众股股东 135076 户。

2、前十名股东持股情况:

序号	股东名称	年末持股数(股)	占总股本比例%	是否流通
1	哈药集团有限公司	184489686	40.92	否
2	金鑫基金	7663468	1.70	是
3	同盛基金	5650000	1.25	是
4	裕隆基金	5151400	1.14	是
5	汉盛基金	5000244	1.11	是
6	万国深圳	4868033	1.08	是
7	南正房产	1645000	0.36	是
8	南方证券	1576328	0.35	是
9	汉兴基金	1500000	0.33	是
10	福建兴业	1210000	0.27	是

持有本公司 5%以上股份的股东是哈药集团有限公司,本报告期内未发生股份变动情况。
报告期内公司持股 5%以上的股东所持股份未发生质押或冻结的情况。
3、持有本公司 10%以上股份的股东是哈药集团有限公司,法定代表人:刘存周,主营业务:医药制造、医疗器 械及医药器械制造,医药化工原料、医药商业等。目前持有公司股份 40.92%。

上海沪昌特殊钢股份有限公司

二〇〇〇年年度报告摘选

一、公司简介

(一)公司中文名称:上海沪昌特殊钢股份有限公司
公司英文名称:SHANGHAI HU CHANG SPECIAL STEEL CO.,LTD
英文缩写:SHC
(二)公司法定代表人:谢蔚
(三)公司董事会秘书:史美健
授权代表:金惟
联系地址:上海宝杨路 1988 号
电话:021-56126920
传真:021-56128176
电子信箱:shcrx@online.sh.cn
公司网址:http://www.600665shc.com
(四)公司注册地址:上海同济路 332 号
公司办公地址:上海宝杨路 1988 号
邮政编码:200940
电子信箱:shcrx@online.sh.cn
(五)公司信息披露报纸:上海证券报
登载公司年报的中国证监会指定国际互联网网址:http://www.see.com.cn
公司年度报告备置地点:公司总经理办公室
(六)公司股票上市交易所:上海证券交易所
股票简称:沪昌特钢
股票代码:600665

二、会计数据和业务数据摘要

(一)本年度主要会计数据和业务数据(合并报表)

利润总额:	16,374,377.35 元
净利润:	12,815,719.70 元
扣除非经常性损益后的净利润:	12,628,719.70 元
主营业务利润:	33,067,709.49 元
其他业务利润:	17,255,574.34 元
营业利润:	10,348,615.24 元
投资收益:	5,852,472.67 元
补贴收入:	187,000.00 元
营业外收支净额:	-13,710.56 元
经营活动产生的现金流量净额:	125,633,972.57 元
现金及现金等价物净增加额:	9,370,479.61 元

扣除"非经常性损益后的净利润"系净利润扣除补贴收入 187,000.00 后的余额

(二)前三年主要会计数据和财务指标 (单位:元)

项 目	2000 年	1999 年	1998 年	
			调整前	调整后
主营业务收入	752,431,469.89	1,121,260,925.10	802,992,562.39	802,992,562.39
净利润	12,815,719.70	11,069,757.07	51,588,598.95	31,615,053.70
总资产	1,587,070,243.81	1,722,305,134.62	1,708,722,059.45	1,676,410,621.23
股东权益	1,337,042,644.53	1,324,226,924.83	1,344,244,880.06	1,313,157,167.76
每股收益(摊薄)	0.0178	0.0154	0.07	0.04
每股收益(加权)	0.0178	0.0154	0.07	0.04
扣除非经常性损益后的每股收益	0.0175	0.0153	0.07	0.04
每股净资产	1.86	1.84	1.87	1.82
调整后每股净资产	1.84	1.83	1.83	1.81
每股经营活动产生的现金流量净额	0.17	-0.14	-0.11	-0.14
净资产收益率(摊薄)%	0.959	0.836	3.84	2.41
净资产收益率(加权)%	0.963	0.839	3.91	2.42

(三)按照中国证监会《公开发行证券公司信息披露规则》第 9 号的通知要求计算净资产收益和每股收益:

报告期利润	净资产收益率(%)		每股收益(元)	
	全面摊薄	加权平均	全面摊薄	加权平均
主营业务利润	2.473	2.485	0.046	0.046
营业利润	0.774	0.778	0.014	0.014
净利润	0.959	0.963	0.018	0.018
扣除非经常性损益后的净利润	0.945	0.949	0.017	0.017

三、股东情况介绍

(1)报告期末股东总数:82293 户
(2)报告期末前 10 名股东持股情况

股东名称	持股数量(股)	持股比例(%)
上海五钢有限公司	482,708,420	67.03
上海五钢有限公司	15,875,592	2.21
上海申银万国证券有限公司	10,560,000	1.47
上海金属材料总公司	2,847,600	0.40
中国工商银行上海市分行第二营业部	2,358,000	0.33
上海汽车工业有限公司	2,358,000	0.33
交通银行上海市分行	2,358,000	0.33
中国建设银行上海市分行第二营业部	2,358,000	0.33
上海轴承集团有限公司	1,880,400	0.26
上海柴油机股份有限公司	1,680,000	0.23

持有 10%以上股份的上海五钢有限公司系国有独资公司,其注册资本为十二亿人民币,法人代表谢蔚,主营业务为炼钢、轧钢,主导产品为优质合金钢和钢材,产品广泛用于航空、航天、汽车制造、石油化工、机械加工等领域。

西南药业股份有限公司

二〇〇〇年年度报告摘选

一、公司简介

1、公司法定中文名称:西南药业股份有限公司
公司英文名称:SOUTHWEST PHARMACEUTICAL CO.LTD.
公司英文名称缩写:SWP
2、公司注册及办公地址:重庆市沙坪坝区天星桥 21 号
邮政编码:400038
电子信箱:swpcom@public.cta.cq.cn
3、公司法定代表人:张逸屏
4、公司董事会秘书:张新力
董事会证券事务代表:牟晓
联系地址:重庆市沙坪坝区天星桥 21 号
电话号码:(023)65313118—5027
传真号码:(023)65311721
5、公司信息披露报纸名称:《中国证券报》、《上海证券报》
公司登载年度报告国际互联网网址:http://www.sse.com.cn
公司年度报告备置地点:公司证券办公室
6、股票上市地:上海证券交易所
股票简称:西南药业　　股票代码:600666

二、会计数据和业务数据摘要

1、本年度财务数据如下: 单位:元

利润总额	22,618,687.35
净利润	20,249,089.90
扣除非经常性损益后的净利润	20,916,269.70
主营业务利润	87,667,259.01
其他业务利润	554,641.64
营业利润	16,376,477.91
投资收益	7,018,725.08
补贴收入	-
营业外收支净额	-776,515.64
经营活动产生的现金流量净额	26,411,023.20
现金及现金等价物净增加额	9,913,500.95

注:扣除的非经常性损益项目和涉及的总额:

(1)营业外收支净额项目	-776,515.64
其中:处理固定资产损失	708,581.33
捐赠支出	67,934.31
(2)本期摊销的合并价差	109,335.84

2、截至报告期末公司前二年的主要会计数据和财务指标

单位:元

指标项目	2000 年	1999 年		1998 年	
		调整前	调整后	调整前	调整后
主营业务收入	293,660,431.28	285,710,598.22	285,710,598.22	279,375,054.02	279,375,054.02
净利润	20,249,089.90	17,620,616.56	17,620,616.56	25,078,611.97	19,274,819.24
总资产	408,349,351.53	357,884,468.16	356,097,256.16	407,017,570.42	376,704,148.25
股东权益	248,519,077.30	229,789,155.90	228,269,987.40	255,842,128.61	225,528,706.44
每股收益(摊薄)	0.14	0.12	0.12	0.17	0.13
(加权)	0.14	0.12	0.12	0.17	0.13
扣除非经营性损益后的每股收益	0.14	0.12	0.12	0.17	0.13
每股净资产	1.67	1.54	1.53	1.72	1.52
调整后的每股净资产	1.53	1.39	1.40	1.61	1.40
每股经营活动产生的现金流量净额	0.18	0.39	0.39	0.11	0.11
净资产收益率(摊薄)(%)	8.15	7.67	7.72	9.8	8.55
净资产收益率(加权)(%)	8.49	7.47	7.52	10.62	9.23

注 1:按照中国证监会《公开发行证券公司信息披露编报规则(第 9 号)》要求计算的净资产收益率和每股收益。

报告期利润		净资产收益率(%)		每股收益(元)	
		全面摊薄	加权平均	全面摊薄	加权平均
主营业务利润	87,667,259.01	35.28	36.77	0.59	0.59
营业利润	16,376,477.91	6.59	6.87	0.11	0.11
净利润	20,249,089.90	8.15	8.49	0.14	0.14
扣除非经常性损益后的净利润	20,916,269.70	8.42	8.77	0.14	0.14

注 2:98 年、99 年每股收益(加权)、净资产收益率(加权)已按照证监会《公开发行证券公司信息披露编报规则(第 9 号)》的要求调整。

3、股东权益变动情况 单位:元

项目	股本	资本公积	盈余公积	其中:法定公益金	未分配利润	股东权益合计
期初数	148,792,973	43,502,672.20	33,410,546.31	11,608,009.64	2,563,795.89	228,269,987.40
本期增加			4,817,440.32	2,408,720.16	15,431,649.58	20,249,089.90
本期减少						
期末数	148,792,973	43,502,672.20	38,227,986.63	14,016,729.80	17,995,445.47	248,519,077.30

三、股东情况介绍

1、2000 年 12 月 31 日,公司股东总数为 40398 户。
2、前十名股东持股情况

股东名称	持股数(股)	占总股本比例(%)
重庆市国有资产管理局	83,949,180	56.42
成都市吉隆实业有限公司	1,650,000	1.11
煤气二管	362,229	0.24
代先明	291,500	0.20
徐平	277,100	0.19
韩富杰	250,045	0.17
曾粉	250,000	0.17
周利	207,073	0.14
徐建昌	165,300	0.11
顾维浩	159,500	0.11

无锡市太极实业股份有限公司

二〇〇〇年年度报告摘选

一、公司简介

1、公司名称：无锡市太极实业股份有限公司
英文名称：WUXI TAIJI INDUSTRY LIMITED CORPORATION
英文缩写：TJ
2、公司法定代表人：李文海
3、公司董事会秘书：朱巨雄
联系地址：无锡市芦村下甸桥南堍
电话：(0510)5425660　　5404840－－208
传真：(0510)5423742
电 子信箱：tjgf@public1.wx.js.cn
4、公司注册地址：无锡市锡澄路化工桥南
公司办公地址：无锡市芦村下甸桥南堍
邮政编码：214024
电子信箱：tjgf@public1.wx.js.cn
5、公司选定的信息披露报纸名称：上海证券报
登载公司年度报告的中国证监会指定国际互联网网址：
http://www.sse.com.cn
公司年度报告备置地点：公司证券部
6、公司股票上市交易所：上海证券交易所
股票简称：太极实业
股票代码：600667

二、会计数据和业务数据摘要

1、本年度实现的利润总额及构成　　(单位：元)

项目	金额
利润总额	－38650275.26
其中：主营业务利润：	79049064.98
其他业务利润：	1574253.75
营业利润：	－60025222.75
投资收益：	24845813.58
补贴收入：	202924.00
营业外收支净额：	－3673790.09
净利润：	－41053670.48
扣除非经常性损益后的净利润：	－41256594.48
经营活动产生的现金流量净额：	132398184.32
现金及现金等价物净增加额：	52985872.35
注：扣除非经常性损益项目及金额：	
补贴收入：	202924.00

2、截止报告期末公司前三年主要会计数据和财务指标

指标项目	2000年	1999年	1998年
(1)主营业务收入(元)	623975205.91	611398292.83	690652738.7
(2)净利润(元)	－41053670.48	19308160.76	12508571.12
(3)总资产(元)	2096114296.90	2127612605.26	2088211460.96
(4)股东权益(元)	894557680.55	936577614.49	921060231.59
(5)每股收益(摊簿)(元/股)	－0.111	0.052	0.037
(6)每股收益(加权)(元/股)	－0.111	0.052	0.042
(7)扣除非经常性损益后的每股收益(元/股)	－0.112	－0.028	－0.113
(8)每股净资产(元/股)	2.43	2.54	2.75
(9)调整后的每股净资产(元/股)	2.28	2.46	2.70
(10)每股经营活动产生的现金流量净额(元/股)	0.359	0.074	－0.409
(11)净资产收益率(%)	－4.59	2.07	1.36

3.利润分配表附表

报告期利润	净资产收益率(%)		每股收益(元/股)	
	全面摊簿	加权平均	全面摊簿	加权平均
主营业务利润	8.84	8.63	0.214	0.214
营业利润	－6.71	－6.55	－0.163	－0.163
净利润	－4.59	－4.48	－0.111	－0.111
扣除非经常性损益后的净利润	－4.61	－4.50	－0.112	－0.112

三、股东情况介绍

1、报告期末股东总数：99774名
2、主要股东持股情况(2000年末前十名股东)

股东名称	持股数量(股)	比例(%)	持股性质
无锡纺织控股(集团)公司(代表国家持股)	71128776	19.29	国家股
无锡市新中亚投资开发公司	52709100	14.29	法人股
中国新技术创业投资公司	45097120	12.23	法人股
中国烟草物资公司	4710288	1.28	法人股
河北证券	2613600	0.71	法人股
珠海富华投资公司	1432000	0.39	法人股
刘传华	654545	0.18	流通股
中国纺织设计院	493680	0.13	法人股
无锡广厦房屋开发公司	363000	0.10	法人股
张玉	318630	0.08	流通股

注：a、前10名股东之间无关联关系。
b、中国新技术创业投资公司已于1998年6月22日被关闭，中国人民银行依法组织成立清算组对其进行清算。其它股东所持股份无质押或冻结。

浙江尖峰集团股份有限公司

二〇〇〇年年度报告摘选

一、公司简介

1、公司法定中文名称：浙江尖峰集团股份有限公司
英文名称：ZHEJIANG JIANFENG GROUP CO.，LTD.(英文缩写：ZJJF)
2、公司法定代表人：杜自弘
3、公司董事会秘书：徐 飞
联系地址：浙江省金华市婺江东路88号
电话：0579－2326868转3907、3917
传真：0579－2324666
电子信箱：zjjfo@mail.jhptt.zj.cn
4、公司注册地址：浙江省金华市罗店镇
办公地址：浙江省金华市婺江东路88号
邮政编码：321000
网址：http://www.jianfeng.com.cn
电子信箱：zjjfo@mail.jhptt.zj.cn
5、公司选定的信息披露报纸：《上海证券报》
登载公司年报的指定互联网网址：http://www.sse.com.cn
公司年度报告备置地点：浙江省金华市婺江东路88号尖峰大厦907室
6、公司股票上市地：上海证券交易所
股票简称：尖峰集团
股票代码：600668

二、会计数据和业务数据摘要(合并)

1、本年度主要利润指标情况：　　(单位：人民币元)

项目	金额
利润总额	43,145,984.10
净利润	38,862,084.44
扣除非经营性损益的净利润	37,720,287.13
主营业务利润	188,723,585.57
其他业务利润	3,097,869.63
营业利润	－17,884,044.22
投资收益	60,627,703.85
补贴收入	0.0
营业外收支净额	402,324.47
经营活动产生的现金流量净额	55,659,728.05
现金及现金等价物净增加额	44,826,497.15

注：扣除的非经常性损益项目和涉及金额(按证监公司字[1999]137号文所指的内容)：

项目	金额
资产处置损益	3238029.51
合并价差摊入	－2096232.20

2、截止报告期末公司前三年主要会计数据和财务指标(单位：万元)

指标项目	2000年	1999年	1998年	
			调整前	调整后
主营业务收入	94239.02	64694.68	61586.17	61586.17
净利润	3886.21	3420.00	5084.42	2549.13
总资产	158683.40	138284.62	130883.81	124060.73
股东权益	51720.79	47807.76	49948.04	43783.04
每股收益(元/股)	0.13	0.11	0.17	0.08
扣除非经常性损益后每股收益	0.13	0.11	0.16	0.08
加权每股收益	0.13	0.11	0.17	0.08
每股净资产(元/股)	1.72	1.59	1.66	1.46
调整后的每股净资产(元/股)	1.59	1.47	1.66	1.36
每股经营活动产生的现金流量净额	0.19	0.29	0.22	0.22
净资产收益率(%)	7.51	7.15	10.18	5.82

3、利润表附表：

报告期利润	净资产收益率%		每股收益	
	全面摊薄	加权平均	全面摊薄	加权平均
主营业务利润	36.49	37.92	0.63	0.63
营业利润	－3.46	－3.59	－0.06	－0.06
净利润	7.51	7.81	0.13	0.13
扣除非经营性损益后的净利润	7.29	7.58	0.13	0.13

4、股东权益变动情况

项目	股本	资本公积金	盈余公积金	法定公益金	未分配利润	合计
期初数	300459139.00	148329227.51	41313804.78	13587850.61	－12024617.52	478077553.77
本期增加	－	8967784.41	4691496.25	1563832.08	38862084.44	52521365.10
本期减少	－	8699546.87	－	－	4691496.25	13391043.12
期末数	300459139.00	148597465.05	46005301.03	15151682.69	22145970.67	517207875.75

三、股东情况介绍

1、至2000年12月31日止，公司股东总数为84159户，其中：国家股股东1户，法人股股东181户，社会公众股股东83977户。

2、前十名股东持股情况。

序号	股东名称	年末持股数(股)	占总股本比例(%)
①	金华市通济国有资产投资有限公司	95000000	31.62
②	金华经济开发区峰联实业有限公司	20349446	6.77
③	深圳昌圳投资有限公司	15000000	4.99
④	杭州康和工贸有限公司	5395228	1.80
⑤	深圳顺鑫达投资有限公司	3000000	1.00
⑥	金华市工联建材实业有限公司	2050000	0.68
⑦	曹宅信合	1790000	0.60
⑧	浙江电力	1314576	0.44
⑨	英特电子	1291512	0.43
⑩	上海共富	1278629	0.43

其中持有5%以上股份的股东中金华市通济国有资产投资有限公司是国家股股东；金华经济开发区峰联实业公司所持的股份中有60750股为流通股，余额为非流通股，该公司在报告期间因受让增加了104760股，并已有2000万股进行贷款质押。

鞍山合成(集团)股份有限公司

二○○○年年度报告摘选

一、公司简介

1 、公司法定中文名称:鞍山合成(集团)股份有限公司
公司法定英文名称:ANSHAN CO-OPERATION(GROUP)CO.,LTD
公司英文缩写:ACOC
2、公司法定代表人:贺殿斌先生
3、公司董事会秘书:郭燕琳女士
证券事务代表:王月红女士
联系地址:中国辽宁省鞍山市铁西区柳西街 168 号
电话:(0412)8895218　　传真:(0412)8813178
电子信箱:ashcjt@china.com
4、公司注册地址:中国辽宁省鞍山市铁西区柳西街 168 号
公司办公地址:中国辽宁省鞍山市铁西区柳西街 168 号
邮政编码:114011
公司国际互联网网址:http://www.ashcjt.com
电子信箱:ashc@ashcjt.com
5、公司选定信息披露的报纸:《中国证券报》、《上海证券报》
中国证监会指定登载公司年度报告的网址:http://www.sse.com.cn
公司年度报告备置地点:公司股权事务部
6、公司股票上市交易所:上海证券交易所
股票简称:鞍山合成　　股票代码:600669

二、会计数据和业务数据摘要

1 、本年度利润总额及构成(合并报表)　　单位:人民币元

利润总额:	22,527,855.38
(1)净利润:	22,447,008.54
(2)扣除非经常性损益后的净利润:	-840,735.66
(3)主营业务利润:	39,227,743.36
(4)其他业务利润:	4,402,768.82
(5)营业利润:	-11,003,004.24
(6)投资收益:	35,494,433.32
(7)补贴收入:	-
(8)营业外收支净额:	-1,963,573.70
(9)经营活动产生的现金流量净额:	-8,828,328.31
(10)现金及现金等价物净增加额:	24,621,346.97

非经常性损益:出售控股子公司鞍山胜宝医学生物工程有限公司 75%股权获取收益 1079.80 万元人民币和出售全资子公司鞍山合成彩蕾制衣有限公司 90%股权获取收益 1,848.99 万元人民币。

2、报告期末公司前三年主要会计数据和财务指标:(合并报表)

单位:人民币元

项目	2000 年度	1999 年度		1998 年度	
		调整前	调整后	调整前	调整后
主营业务收入	182,789,881.68	220,828,447.03	134,613,105.16	261,513,997.43	261,513,997.43
净利润	22,447,008.54	39,623,698.33	30,881,170.90	111,264,241.25	91,496,336.35
总资产	992,763,321.11	992,996,045.32	880,915,512.90	804,353,461.27	784,392,817.72
股东权益(不含少数股东权益)	328,771,180.25	314,197,316.13	306,324,171.71	302,645,616.84	282,747,546.12
每股收益	0.097	0.17	0.133	0.623	0.512
加权平均的每股收益	0.097	0.19	0.15	0.753	0.750
扣除非经常性损益的每股收益	-0.0036	0.01	-0.289	0.24	0.13
每股净资产	1.42	1.35	1.32	1.69	1.58
调整后的每股净资产	1.20	1.14	1.13	1.47	1.44
每股经营活动产生的现金流量净额	-0.038	-0.06	-0.120	-0.145	-0.145
净资产收益率(%)	6.83	12.61	10.05	36.76	32.36

注:1)按照中国证监会《公开发行证券公司信息披露编报规则(第 9 号)》要求计算的利润数据

报告期利润		净资产收益率		每股收益	
		全面摊薄	加权平均	全面摊薄	加权平均
主营业务利润	39,227,743.36	0.119	0.121	0.169	0.169
营业利润	-11,003,004.24	-0.033	-0.034	-0.047	-0.047
净利润	22,447,008.54	0.068	0.070	0.097	0.097
扣除非经常性损益后的净利润	-840,735.66	-0.0025	-0.0026	-0.0036	-0.0036

2)2000 年末、1999 年末的普通股总数分别为 232,170,832 股,1998 年末的普通股总数为 178,592,948 股。

3、报告期内股东权益变动情况　　单位:人民币元

项目	股本	资本公积	盈余公积	其中:法定公益金	未分配利润	股东权益合计
期初数	232,170,832	13,353,707.48	23,564,004.07	7,854,668.02	37,235,628.16	306,324,171.71
本期增加	-	-	3,367,051.29	1,122,350.43	19,079,957.25	22.447,008.54
本期减少	-	-	-			
期末数	232,170,832	133,53,707.48	26,931,055.36	8,977,018.45	56,315,585.41	328,771,180.25

三、股东情况介绍

1 、截止 2000 年 12 月 31 日本公司股东总户数为 93,516 户,其中国家股股东 1 户,社会法人股股东 2 户,社会公众股 93,513 户。

2、公司前 10 名股东情况

序号	股东名称	持股数(股)	持股比例(%)
1	鞍山市国有资产管理局	37,111,382	15.98
2	上海中科生命科学发展有限公司	34,802,408	14.99
3	上海复旦生物科技有限公司	11,608,542	5.00
4	张小明	385,781	0.17
5	马俊	304,799	0.13
6	邓跃友	283,449	0.12
7	马普安	203,800	0.09
8	陈进发	200,000	0.09
9	王锡峰	180,000	0.08
10	赵吉昌	178,835	0.08

长春高斯达生物科技集团股份有限公司

二○○○年年度报告摘选

一、公司简介

1.公司法定名称:长春高斯达生物科技集团股份有限公司
公司英文名称:Changchun Goldenstar Biology Science and Techno logy Group Co.,Ltd.
英文缩写:CCGS
2.公司法定代表人:唐群雁
3.公司董事局秘书:王巍巍
联系地址:长春市解放大路 62 号中吉大厦 2314 号
联系电话:(0431)8931333
传真:(0431)8931333
4.公司办公地:长春市解放大路 62 号中吉大厦
邮 编:130022
5.公司信息披露报纸名称:《上海证券报》、《中国证券报》
登载公司年度报告的中国证监会指定国际互联网网址:http:www.sse.com.cn
公司年度报告备置地点:董事局秘书处
6.公司股票上市地:上海证券交易所
股票简称:ST 高斯达
股票代码:600670

二、会计数据和业务数据摘要

1.本年度利润总额及其构成(单位:元)

利润总额	29,841,967.57
净利润	29,841,967.57
扣除非经常性损益后的净利润 *	16,347,629.07
主营业务利润	9,763,156.01
其它业务利润	27,407,561.06
营业利润	23,499,279.07
投资收益	-618,856.97
补贴收入	
营业外收支净额	6,961,545.47
经营活动产生的现金流量净额	-24,622,495.35
现金及现金等价物净增加额	-2,348,231.43

*扣除项目为:资产处置收益 6,532,793.03 元和债权债物清理收益 6,961,545.47 元,计 13,494,338.50 元。

2.报告期末公司前三年主要会计数据和财务指标(单位:元)

指标项目	2000 年	1999 年		1998 年
		调整前	调整后	
主营业务收入	36,220,791.63	3,109,442.19	3,109,442.19	2,680,872.58
净利润	29,841,967.57	20,789,028.76	20,789,028.76	3,326,179.88
总资产	315,694,389.18	254,178,131.25	277,704,222.36	249,928,818.83
股东权益(不含少数股东权益)	162,129,909.43	119,222,306.55	132,287,941.55	98,433,277.79
每股收益(元/股)	0.213	0.148	0.148	0.024
扣除非经常性损益后的每股收益	0.116			
每股净资产	1.155	0.85	0.943	0.701
调整后的每股净资产	0.922	0.71	0.803	0.63
每股经营活动产生的现金流量净额	-0.175	-0.0158	-0.0158	-0.0069
净资产收益率(%)	18.41	17.44	15.71	3.38

根据中国证监会《公开发行证券公司信息披露编报规则》第 9 号的通知精神,以利润表附表形式列示的有关指标如下:

报告期利润	净资产收益率(%)		每股收益	
	全面摊薄	加权平均	全面摊薄	加权平均
主营业务利润	6.02	6.63	0.0696	0.0696
营业利润	14.49	15.96	0.168	0.168
净利润	18.41	20.27	0.213	0.213
扣除非经常性损益后的净利润	10.08	11.11	0.116	0.116

3.报告期内股东权益变动情况

项目	股本	资本公积	盈余公积	法定公益金	未分配利润	股东权益合计
期初	140,333,684	190,512,135.39	11,427,754.73	4,005,158.90	-209,985,632.26	132,287,941.86
本期增加					209,985,632.26	29,841,967.57
本期减少		172,721,068.86	7,422,595.83			
期末数	140,333,684	17,791,066.53	4,005,158.90	4,005,158.90	-	162,129,909.43

三、股东情况介绍

1.本报告期末股东总数为 46183 户。

2.报告期末公司前十名股东持股情况

股东名称	持股数(股)	持股比例(%)
(1)长春高斯达生化药业集团股份有限公司	23,199,132	16.54
(2)吉林省国际信托投资有限责任公司	13,170,000	9.38
(3)辽源市国有资产管理局	6,038,039	4.3
(4)广州经济技术开发区广开经贸有限公司	2,310,000	1.65
(5)太原兆和投资发展有限公司	2,310,000	1.65
(6)深圳鸿基集团股份有限公司	2,100,000	1.50
(7)深圳市通海生物工程投资股份有限公司	1,155,000	0.82
(8)吉林省工商银行信托投资股份有限公司白山市办事处	1,155,000	0.82
(9)深圳百花州实业有限公司	577,500	0.41
(10)深圳蛇口旭业投资发展公司	577,500	0.41

持有本公司 5%(含 5%)以上股权的长春高斯达生化药业集团股份有限公司于 1999 年 11 月 4 日将所持股份向中国农业银行长春市北安支行作最高限额质押担保借款,质押期叁年;吉林省国际信托投资有限责任公司所持股权因债务关系被吉林省融资中心冻结。2001 年 3 月 1 日吉林省国际信托投资有限责任公司根据中国人民银行的有关决定被依法撤销,有关情况本公司已于 2001 年 3 月 13 日向社会公告(详见 2001 年 3 月 13 日《上海证券报》和《中国证券报》)。

杭州天目山药业股份有限公司

二〇〇〇年年度报告摘选

一、公司简介

1、公司法定中文名称:杭州天目山药业股份有限公司
公司法定英文名称:HANGZHOU TIAN－MU－SHAN PHARMACEUTICAL ENTERPRISE CO.,LTD.
公司英文名称缩写:TMSP
2、公司法定代表人:钱永涛
3、公司董事会秘书:周群林
联系地址:浙江省临安市锦城镇安阁弄3号
联系电话:0571－3722229
传真:0571－3715401
电子信箱:tmsp@la.hz.zj.cn
4、公司注册地址:浙江省临安市锦城镇安阁弄3号
公司办公地址:浙江省临安市锦城镇安阁弄3号
邮政编码:311300
公司国际互联网网址:http://www.hztm.com
公司电子信箱:tmsp@la.hz.zj.cn
5、信息披露报纸名称:上海证券报、中国证券报
中国证监会指定登载公司年度报告的国际互联网网址:http://www.sse.com.cn
公司年度报告备置地点:浙江省临安市锦城镇安阁弄3号董事会秘书处
6、公司股票上市交易所:上海证券交易所
公司股票简称:天目药业
公司股票代码:600671

二、会计数据和业务数据摘要

1、本年度主要利润指标情况:(单位:人民币元)

利润总额:	5,206,088.40
净利润:	2,484,971.26
扣除非经常性损益后的净利润:	2,778,106.02
主营业务利润:	54,086,668.89
其他业务利润:	95,732.72
营业利润:	5,499,223.16
投资收益:	449,029.72
补贴收入:	549,547.67
营业外收支净额:	－1,291,712.15
经营活动产生的现金流量净额:	－9,668,653.87
现金及现金等价物净增加额:	43,273,607.99

注:“扣除非经营性损益”中扣除的项目涉及金额为:投资收益:44.9万元;营业外收入:39.72万元;补贴收入:54.96万元;营业外支出:168.89万元。

2、截至报告期末公司前三年主要会计数据和财务指标(合并报表):

项目	2000年度	1999年度	1998年度	
			调整前	调整后
主营业务收入(万元)	9417.55	13779.43	12942.53	12942.53
净利润(万元)	248.50	1386.15	2258.99	2127.64
总资产(万元)	40588.11	33977.79	32301.49	31785.67
股东权益(万元)	22663.28	22765.13	22026.24	21523.56
普通股每股收益(元/股)	0.01	0.12	0.20	0.19
扣除非经常性损益后普通股每股收益(元/股)	0.01	0.11		
普通股每股净资产(元)	2.00	2.02	1.96	1.89
调整后的普通股每股净资产(元)	1.90	1.94	1.88	1.81
每股经营活动产生的现金流量净额(元)	－0.09	0.48	0.02	0.02
净资产收益率(%)	1.10	6.09	10.26	9.89

3、利润分配表附表:

报告期利润	净资产收益率(%)		每股收益(元/股)	
	全面摊薄	加权平均	全面摊薄	加权平均
主营业务利润	23.87	23.63	0.51	0.51
营业利润	2.43	2.40	0.039	0.039
净利润	1.10	1.10	0.01	0.01
扣除非经常损益后的净利润	1.23	1.21	0.01	0.01

三、股本变动及股东情况

(一)报告期末股东总数:
本报告期末,公司股东总数为40811户。
(二)持有本公司5%(含5%)以上股份的股东情况:
1、杭州天目山药厂是本公司发起人法人股东,持有本公司股份3672.8911万股(其中优先股790万股)。本报告期内,杭州天目山药厂改制后经工商行政管理部门核准变更为杭州天目永安集团有限公司,股权过户手续正在按国家相关法律、法规的规定办理。该股权无质押和冻结情况。

2、报告期内,浙江省临安天目山石材公司受让临安内燃机配件厂1517.6万股的股权(其中优先股1100万股),成为公司第二大股东。该股权无质押和冻结情况。

3、前10名主要股东的持股情况:

(单位:万股)

序号	股东名称	年末持股数	占股份总数比例%	说明
(1)	杭州天目山药厂	3672.8911	30.16	未上市流通
(2)	浙江临安大目山石材公司	1517.6000	12.46	未上市流通
(3)	临安市医药包装用品厂	293.0787	2.41	未上市流通
(4)	杭州临安半唐斋旅游商品有限公司	174.0000	1.43	未上市流通
(5)	曹昱	152.8079	1.25	流通股份
(6)	深圳天久实业有限公司	115.0000	0.94	未上市流通
(7)	崔琳	49.1000	0.40	流通股份
(8)	张小妹	49.0669	0.40	流通股份
(9)	上海汇垄经贸有限公司	35.0000	0.29	未上市流通
(10)	鲍维刚	29.6000	0.24	流通股份

注:临安市医药包装用品厂系杭州天目山药厂的子公司;杭州天目山药厂是浙江临安天目山石材公司的主要股东之一。

四川英豪科技教育投资股份有限公司

二〇〇〇年年度报告摘选

一、公司简介

一、公司法定中文名称:四川英豪科技教育投资股份有限公司
公司法定英文名称:SICHUAN YINGHAO SCIENCE－TECHNOLOGY&EDUCATION INVESTMENT CO.,LTD.
英文缩写:YHSE
二、公司法定代表人:陈忠联先生
三、公司董事会秘书:金楠女士
董事会证券事务授权代表:于尹先生
联系地址:四川省广汉市南昌路
电话:0838－5102333转6812　5104776　传真:0838－5104776
四、公司注册地址:四川省广汉市南昌路
公司办公地址:四川省广汉市南昌路　邮政编码:618300
公司国际互联网网址:http://www.600672.com
电子信箱:yhkj@dy－public.sc.cninfo.net
五、公司选定的信息披露报纸名称:《中国证券报》、《上海证券报》
登载公司年度报告的中国证监会指定国际互联网网址:http://www.sse.com.cn
公司年度报告备置地点:公司董事会办公室
六、公司股票上市交易所:上海证券交易所
股票简称:英豪科教　股票代码:600672

二、会计数据和业务数据摘要

一、本年度主要财务指标情况(单位:人民币元)

利润总额:	133,710,570.56
净利润:	116,246,588.14
扣除非经常性损益后的净利润:	109,779,417.13
主营业务利润:	190,088,026.73
其他业务利润:	64,280.35
营业利润:	135,170,142.76
投资收益:	－2,592,620.31
补贴收入:	18,174,147.81
营业外收支净额:	－17,041,099.70
经营活动产生的现金流量净额:	100,324,551.75
现金及现金等价物净增加额:	15,998,216.24

注:扣除的非经常性损益项目和涉及金额:补贴收入18,174,147.81;营业外损益－17,041,099.70×67%＝－11,417,536.80;股权转让损失－432,000.00×67%＝－289,440.00。合计扣除:6,467,171.01。

二、截止报告期末公司前三年的主要会计数据和财务指标(单位:人民币元)

项目	2000年	1999年	1998年	
		调整后	调整前	调整后
主营业务收入	635,388,561.68	695,519,339.27	435,291,989.14	435,291,989.14
净利润	116,246,588.14	242,328,430.82	89,887,986.48	86,193,617.73
总资产	1,207,101,863.60	903,831,659.90	571,600,927.95	539,146,071.28
股东权益(不含少数股东权益)	616,737,317.87	554,113,261.13	319,260,226.73	311,784,830.31
每股收益(摊薄)	0.26	0.88	0.65	0.62
每股收益(加权)	0.26			
扣除非经常性损益后的每股收益	0.25	0.84		0.59
每股净资产	1.40	2.01	2.32	2.26
调整后的每股净资产	1.39	1.99	2.26	2.20
每股经营活动产生的现金流量净额	0.23	0.58		0.12
净资产收益率摊薄(%)	18.85	43.73	28.16	27.65
净资产收益率加权(%)	18.99			

注:2000年年末的普通股总数为440976960万股,1999年年末的普通股总数为275610600万股,1998年年末的普通股总数为137805300万股。

三、利润表附表

	报告期利润	净资产收益率(%)		每股收益(元)	
		全面摊薄	加权平均	全面摊薄	加权平均
主营业务利润	190,088,026.73	30.82	31.05	0.43	0.43
营业利润	135,170,142.76	21.92	22.08	0.31	0.31
净利润	116,246,588.14	18.85	18.99	0.26	0.26
扣除非经常性损益后的净利润	109,779,417.13	17.80	17.93	0.25	0.25

四、报告期内股东权益变动情况及原因

项目	股本	资本公积	盈余公积	法定公益金	未分配利润	股东权益合计
期初数	275,610,600	18,426,547.08	41,507,936.66	18,960,631.76	199,607,545.63	554,113,261.13
本期增加	165,366,360		11,624,658.81	5,812,329.41	98,809,599.92	281,612,948.14
本期减少					218,988,891.40	218,988,891.40
期末数	440,976,960	18,426,547.08	53,132,595.47	24,772,961.17	79,428,254.15	616,737,317.87
变动原因	送红股		计提	计提		

三、股东情况介绍

一、报告期末股东总数
截止2000年12月31日,公司股东总计209685户。
二、公司前十名股东持股情况(截止2000年12月31日)

名次	股东名称	期初持股数	期末持股数	占总股本比例(%)
1	从化市博大实业有限公司	82049740	131279584	29.77
2	深圳市英迈尔实业有限公司	22000000	35200000	7.98
3	广汉市国有资产管理局	11560860	18497376	4.19
4	王定学		1491808	0.34
5	林樱		662400	0.15
6	唐恒香		576000	0.13
7	王刚		544000	0.12
8	肖慧芬		445320	0.10
9	晏福庆		437981	0.10
10	王彦宁		400000	0.09

成都量具刃具股份有限公司

二〇〇〇年年度报告摘选

一、公司简介

1 、公司法定中文名称:成都量具刃具股份有限公司
公司法定英文名称:CHENGDU MEASURING &CUTTING TOOLS. CO. LTD
公司英文缩写:CMCTC
2 、公司法定代表人:夏义宝
3 、公司董事会秘书:唐晓林
公司证券事务代表:徐兵
联系地址:四川省成都市二环路东一段十四号
联系电话及传真:(028)3242494
4 、公司注册地址:四川省成都市
公司办公地址:四川省成都市二环路东一段十四号
公司邮政编码:610056
公司国际互联网网址:www. Chinachengliang. com
公司电子信箱:CMCTC@Chinachengliang. com
5 、公司指定信息披露报刊:《上海证券报》
刊载公司年报的证监会指定互联网址:http://www. sse. com cn
公司年度报告备置地点:本公司董事会办公室、证券部
6 、公司股票上市交易所:上海证券交易所
公司股票简称:成量股份　　公司股票上市交易代码:600673

二、会计数据和业务数据摘要

1 、公司本年度主要会计数据(合并数据)　　单位:元

项目	金额
利润总额	1,721,648.27
净利润	1,255,630.14
扣除非经常性损益后的净利润	1,255,630.14
主营业务利润	33,152,104.81
其他业务利润	996,861.96
营业利润	703,644.82
投资收益	390,025.61
补贴收入	
营业外收支净额	627,977.84
经营活动产生的现金流量净额	13,344,424.22
现金及现金等价物净增加额	3,596,628.99

2 、截止报告期末公司前三年会计数据和财务指标(合并数)

单 位:元

项目	2000 年	1999 年		1998 年	
		调整前	调整后	调整前	调整后
主营业务收入	113,749,405.57	93,185,619.69	93,185,619.69	107,750,873.65	107,750,873.65
净利润	1,255,630.14	2,465,084.35	-2,116,993.07	-36,755,132.96	-52,390,558.19
总资产	339,077,058.98	366,379,482.48	350,057,414.50	461,667,915.89	385,365,266.35
股东权益(不含少数股东权益)	128,410,059.43	139,906,255.46	127,154,429.29	214,068,918.41	137,441,171.11
每股收益(摊薄)	0.01	0.02	-0.02	-0.33	-0.47
每股收益(加权)	0.01	0.02	-0.02	-0.33	-0.47
每股净资产(摊薄)	1.16	1.26	1.15	1.93	1.24
每股净资产(加权)	1.16	1.26	1.15	1.93	1.24
调整后的每股净资产(摊薄)	1.03	1.03	1.00	1.64	0.95
调整后的每股净资产(加权)	1.03	1.03	1.00	1.64	0.95
每股经营活动产生的现金流量净额	0.12	0.09	0.09	0.07	0.07
净资产收益率(摊薄)	0.98%	1.76%	-1.91%	-17.16%	-38.11%
净资产收益率(加权)	0.98%	1.76%	-1.91%	-17.16%	-38.11%

注:按照证监会《公开发行证券公司信息披露编报规则》(第九号)通知要求,计算 2000 年度利润数据如下:

项 目		净资产收益率		每股收益	
		全面摊薄	加权平均	全面摊薄	加权平均
主营业务利润	33,152,104.81	29.12%	29.12%	0.30	0.30
营业利润	703,644.82	0.61%	0.61%	0.006	0.006
净利润	1,255,630.14	0.98%	0.98%	0.01	0.01
扣除非经常性损益后净利润	1,255,630.14	0.98%	0.98%	0.01	0.01

3 、报告期内股东权益变动情况

项 目	股 本	资本公积	盈余公积	法定公益金	未分配利润	股东权益
期初数	110,794,393.60	107,307,370.57	17,053,356.98	152,045.66	-108,000,691.86	127,154,429.29
本期增加			33,817.24	11,272.41	1,221,812.30	1,255,630.14
本期减少						
期末数	110,794,393.60	107,307,370.57	17,087,174,22	163,318.07	-106,778,878.96	128,410,059.43
变动原因		见附注 19 条	见附注 20 条		见附注 21 条	

三、股东情况介绍

(1)本公司股东中持股比例超过 5% 股东只有国家股持有人——成都成量集团公司,共计 4710.4394 万股,比例为 42.52%,并未有质押,该公司以制造、加工、销售硬质合金工具、数控刀具及其他工量具产品,第三产业项目。公司法定代表人为夏义宝。

(2)截止 2000 年 12 月 31 日,公司股东总户数为 19152 户,其中国家股 1 户,未流通法人股股东 220 户,流通 A 股股东 18931 户。

序号	持股股东名称	年末持股数(万股)	占总股本%	
1	成都成量集团公司	4710.4394	42.52	(国有股)
2	成都市工商行信托投资公司	181.5	1.67	(社会法人股)
3	金鑫基金	130.8	1.18	(上市流通股)
4	重庆特殊钢公司	102.85	0.93	(社会法人股)
5	中国四川国际经济技术合作股份有限公司	96.8	0.87	(社会法人股)
6	上海机电设备总公司	96.8	0.87	(社会法人股)
7	重庆机电设备总公司	96.8	0.87	(社会法人股)
8	深圳广顺公司	48.4	0.44	(社会法人股)
9	长城实业公司	44.77	0.40	(社会法人股)
10	四川第一纺织	36.3	0.33	(社会法人股)

四川川投控股股份有限公司

二〇〇〇年年度报告摘选

一、公司简介

(一)公司法定中、英文名称及缩写:
1、中文名称:四川川投控股股份有限公司
2、英文名称:SICHUAN CHUANTOU HOLDING STOCK CO. , LTD.
3、英文名称缩写:SCTHC
(二)公司法定代表人:陈宽金
(三)公司董事会秘书及证券事务代表的姓名、联系地址、电话、传真、电子信箱。
1、董事会秘书:许克义
2、董事会证券事务代表:穆婷云
3、联系地址:四川省峨眉山市九里镇
4、联系电话:0833 - - 5576179　　0833 - - 5576237
5、传真:0833 - 5576490
(四)公司注册地址、办公地址、邮政编码及电子信箱。
1、公司注册地址及办公地址:四川省峨眉山市九里镇;
2、邮政编码:614222
3、电子信箱:Scemfa@LS - Public. Sc. cninfo. net
(五)公司选定的信息披露报纸名称,登载公司年度报告的中国证监会指定国际互联网网址,公司年度报告备置地点:
1、信息披露报纸名称:《中国证券报》、《上海证券报》
2、证监会指定的国际互联网网址:http://www. sse. com. cn
3、年度报告备置地点:公司董事会办公室。
(六)公司股票上市交易所、股票简称和股票代码:
1、上市交易所:上海证券交易所
2、股票简称:川投控股　　股票代码:600674

二、会计数据和业务数据

(一)利润情况:　　金额:元

项 目	2000 年	1999 年度	比例(%)
1、利润总额	160,350,451.54	44,794,507.85	257.97
2、净利润	123,152,889.28	33,680,081.09	265.65
3、扣除非经常性损益后的净利润	92,349,782.98	24,051,588.24	283.97
4、主营业务利润	143,179,042.34	39,911,644.96	258.74
5、其他业务利润	1,925,799.85	1,321,208.56	45.76
6、营业利润	124,204,496.28	24,622,670.81	404.43
7、投资收益	14,457,495.53	9,960,918.79	45.14
8、补贴收入	-	11,114,426.76	
9、营业外收支净额	-21,688,459.73	-903,508.51	-
10、经营活动产生的现金流量净额	-58,302,136.71	3,153,612.27	-
11、现金及现金等价物净增加额	74,255,981.33	-19,099,296.92	-

其中,非经常性损益总额 30,803,106.30 元:
(1)转让乐山电力股份有限公司法人股股权净收益:11,992,166.29 元
(2)转让峨眉山双龙光通信有限责任公司股权净收益:375,749.04 元
(3)大连钢铁集团有限责任公司违约金净收益:18,801,885.36 元
(4)处理固定资产净收益:1,378,277.83 元
(5)支付乐山电力股份有限公司电费违约金净损失:1,608,503.22 元
(6)其他净损失:136,469.00 元
(二)前三年主要会计数据和财务指标(单位:元)

序号	项目	2000 年	1999 年		1998 年	
			调整后	调整前	调整后	调整前
1	主营业务收入	595,897,999.41	302993082.74		281158086.83	280295227.43
2	净利润	123,152,889.28	33680081.09		43981976.66	43586638.48
3	总资产	956,615,840.21	653205756.40		893328287.79	956419713.08
4	股东权益	522,210,136.93	416146658.91		382466577.81	431667180.40
5	每股收益	0.51	0.14		0.20	0.20
6	每股收益(加权平均)	0.51	0.146		0.20	0.20
7	每股收益(扣除非经常性损益)	0.38	0.10		0.018	0.015
8	每股净资产	2.16	1.72		1.74	1.97
9	调整后的每股净资产	2.10	1.70		1.71	1.95
10	每股经营活动产生的现金流量净额	-0.24	0.013		0.019	0.019
11	净资产收益率(%)	23.58	8.09		11.50	10.10

三、股东情况

(一)本公司报告期末股东总数为 13421 户。
(二)前 10 名股东持股情况表(单位:股)

序号	持股者单位或姓名	期初持股数	期末持股数	占总股本比重(%)	持股性质
1	四川省投资集团有限责任公司		130,958,110	54.25	国有法人股
2	峨眉铁合金综合服务开发公司	6,854,650	6,854,650	2.84	法人股
3	四川汇达科技开发公司	6,231,500	6,231,500	2.58	法人股
4	四川证券		708,876	0.29	公众股
5	成都铁路分局	623,150	623,150	0.26	法人股
6	李运富		443,499	0.18	公众股
7	兴科基金		400,046	0.17	公众股
8	杨双莲		381,700	0.16	公众股
9	郑淑英		338,370	0.14	公众股
10	吕树林		337,285	0.14	公众股

在以上股东中,四川省投资集团有限责任公司是公司控股股东。

中华企业股份有限公司

二○○○年年度报告摘选

一、公司简介

1、公司法定中文名称:中华企业股份有限公司
公司英文名称:CHINA ENTERPRISE COMPANY LTD.
英文缩写:CECL.
2、公司法定代表人:朱胜杰
3、公司董事会秘书:印学青
联系地址:上海市华山路2号中华企业大厦
联系电话:(021)62170088　　传真:(021)62179197
电子信箱:ZHQYDM@ONLINE.SH.CN
4、公司注册地址:上海市浦东大道1700弄17号
公司办公地址:上海市华山路2号中华企业大厦(200040)
公司国际互联网网址:http://www.cescl.com
公司电子信箱:ZHQY@SH.COL.COM.CN
5、公司选定的信息披露报纸名称:上海证券报
登载公司年报的中国证监会指定国际互联网网址:http://www.sse.com.cn
公司年度报告备置地点:上海市华山路2号中华企业大厦
6、公司股票上市交易所:上海证券交易所
公司股票简称:中华企业　　公司股票代码:600675

二、会计数据和业务数据摘要

1、本年度主要财务指标情况(单位:元)

利润总额	157,428,513.46
净利润	108,101,726.40
扣除非经常性损益后的净利润	13,360,497.08
主营业务利润	207,914,695.50
其他业务利润	2,605,623.22
营业利润	63,448,493.80
投资收益	89,569,510.16
补贴收入	220,000.00
营业外收支净额	4,190,509.50
经营活动产生的现金流量净额	-6,490,867.72
现金及现金等价物净增加额	177,823,243.92
注:扣除的非经常性损益项目和涉及金额	
(1)违约补偿款	8,348,374.18
(2)六里高层剥离收益	24,667,698.79
(3)红旗水泥厂剥离收益	3,000,000.00
(4)股权转让收益	64,238,667.26
(5)项目赔偿费	-4,113,510.91
(6)捐赠	-1,400,000.00
合计	94,741,229.32

2、截至报告期末公司前三年的主要会计数据和财务指标(单位:元)

项目	1999年	2000年		1998年
		调整前	调整后	
主营业务收入	588,764,612.80	123,777,219.07	335,871,233.07	305,846,511.36
净利润	108,101,726.40	117,539,287.30	120,582,590.63	102,109,222.45
总资产	3,578,349,788.10	1,924,055,482.92	3,371,409,228.15	1,761,059,701.81
股东权益	1,211,303,028.29	1,173,714,551.75	1,176,852,344.77	1,055,817,563.50
每股收益(摊薄)	0.19	0.30	0.31	0.26
每股收益(加权)	0.19	0.30	0.31	0.30
扣除非经常性损益后的每股收益	0.02	0.02	0.03	0.26
每股净资产	2.08	3.03	3.04	2.72
调整后的每股净资产	2.00	3.01	2.91	2.68
每股经营活动产生的现金流量净额	-0.01	-0.01	-0.02	-0.24
净资产收益率(摊薄)	8.92%	10.01%	10.25%	9.67%
净资产收益率(加权)	8.78%	10.55%	10.80%	12.35%

3、利润表附表

项目	报告期利润	净资产收益率(%)		每股收益(元/股)	
		全面摊薄	加权平均	全面摊薄	加权平均
主营业务利润	207,914,695.50	17.16%	16.89%	0.36	0.36
营业利润	63,448,493.80	5.24%	5.15%	0.11	0.11
净利润	108,101,726.40	8.92%	8.78%	0.19	0.19

三、股东情况介绍

1、报告期末公司股东总数129,264名。
2、持有公司5%以上股份的股东情况
持有本公司5%以上股份的股东为上海房地(集团)公司,因送股和资本公积金转增股本,报告期内其所持股份增加96,617,064股,其年末所持股份无质押或冻结的情况。
3、报告期末公司前10名股东持股情况:

序号	股东名称	年末持股数(股)	持股比例(%)
1	国家股	289,851,191	49.87
2	金泰基金	5,544,629	0.95
3	沪通实业	5,396,787	0.93
4	海证实业	4,160,000	0.72
5	李军	3,711,486	0.64
6	童兆飞	3,430,000	0.59
7	朱勇军	2,172,808	0.37
8	古北工会	2,041,875	0.35
9	深圳医保	2,000,000	0.34
10	爱建公司	1,960,200	0.33

目前代表国家持有股份的是上海房地(集团)公司,系我公司的控股股东,报告期内控股股东无变更情况。上海房地(集团)公司注册资本89,290万元,经营范围:经营与管理授权范围的国有资产,房地产开发经营,物业管理,建筑设计、营造、装饰,建筑总承包,建筑装饰材料生产、营销,房屋设备生产、销售和安装,房地产交易及咨询服务。
上述前10名股东之间未存在关联关系。

上海交运股份有限公司

二○○○年年度报告摘选

一、公司简介

1、公司法定中文名称:上海交运股份有限公司
英文名称:SHANGHAI JIAO YUN CO.,LTD.
缩写:JYC.
2、公司法定代表人:刘世才
3、公司董事会秘书:李汝德
授权代表:华志明
联系地址:上海市延安西路704号
电话:021-62520140*203、209
传真:021-62525274
电子信箱:jydm@public1.sta.net.cn
4、公司注册地址:上海市浦东新区浦东南路2304号
邮政编码:200127
办公地址:上海市延安西路704号、邮政编码:200050
电子信箱:jygf@public1.sta.net.cn
5、公司信息披露报刊名称:《上海证券报》
登载公司年报的中国证监会指定的国际互联网网址:http://www.sse.com.cn
公司年报备置地点:上海市延安西路704号公司本部总经理办公室
6、公司股票上市交易所:上海证券交易所
股票简称:交运股份　　股票代码:600676

二、会计数据和业务数据摘要

1、本报告年度利润总额及构成(合并报表 单位:元)

利润总额	68,110,374.69
主营业务利润	97,865,733.47
其他业务利润	5,439,188.53
营业利润	47,476,575.85
投资收益	19,666,956.09
补贴收入	809,897.43
营业外收支净额	156,945.32
净利润	55,433,268.55
扣除非经常性损益后的净利润	54,793,215.25
经营活动产生的现金流量净额	36,332,231.81
现金及现金等价物净增加额	323,998,908.66
注:扣除非经常性损益项目和涉及的金额:	
增发新股申购冻结资金利息(已扣除所得税)	640,053.30元。

2、会计数据和业务数据摘要

指标项目	2000年	1999年	1998年
(1)主营业务收入(万元)	26,173.67	21,360.82	22,164.02
(2)净利润(万元)	5,543.33	4,067.08	4,817.81
(3)总资产(万元)	125,186.29	37,301.20	28,818.35
(4)股东权益(不含少数股东权益)(万元)	90,917.02	21,307.21	17,371.99
(5)每股收益(元)(摊薄)	0.3281	0.3419	0.5265
(6)扣除非经常性损益后的每股收益(元)(摊薄)	0.3243		
(7)每股净资产(元/股)	5.381	1.791	1.898
(8)调整后的每股净资产(元/股)	5.331	1.714	1.866
(9)每股经营活动产生的现金流量净额(元)	0.22	0.12	
(10)净资产收益率(%)(摊薄)	6.10	19.09	27.73

根据中国证监会《公开发行证券公司信息披露规则(第9号)》要求,计算2000年报告期利润的净资产收益率和每股收益:

报告期利润	净资产收益率		每股收益	
	全面摊薄	加权平均	全面摊薄	加权平均
主营业务利润	10.76%	21.01%	0.5792	0.7216
营业利润	5.22%	10.19%	0.2810	0.3500
净利润	6.10%	11.90%	0.3281	0.4087
扣除非经常性损益后的净利润	6.03%	11.76%	0.3243	0.4040

3、报告期内股东权益变动情况

项目	股本	资本公积	盈余公积	法定公益金	未分配利润	股东权益合计
期初数	118961856.00	29,876,763.19	38,668,320.06	8,469,974.89	25,565,185.52	213,072,124.77
本期增加	50000000.00	625,029,218.20	18,262,905.34	6,460,445.45	36,598,359.21	729,890,482.75
本期减少	0	0	0	0	33,792,371.20	33,792,371.20
期末数	168961856.00	654,905,981.39	56,931,225.40	14,930,420.34	28,371,173.53	909,170,236.32

变动原因:
(1)股本变动,是本报告期内公司实施了新增发行5000万股社会公众股所致。
(2)资本公积金变动,是本报告期内公司溢价增发新股所致。
(3)盈余公积、法定公益金变动,是本报告年度公司利润分配提取法定盈余公积、法定公益金和任意盈余公积(包括子公司提取盈余公积、公益金或提取生产发展基金、储备基金)所致。
(4)未分配利润变动,是本报告年度公司实现利润及利润分配所致。

三、股本变动及股东情况

1、股本变动情况
(1)股份变动情况表(数量单位:股)

	期初数	本次变动增减(+,-) 配股	送股	公积金转股	增发	其它	小计	期末数
(一)未上市流通股份								
①发起人股份	64,361,856							64,361,856
其中:国家持有股份	64,361,856							64,361,856
②募集法人股份	31,200,000							31,200,000
未上市流通股份合计	95,561,856							95,561,856
(二)已上市流通股份								
人民币普通股	23,400,000				+50,000,000		50,000,000	73,400,000
已上市流通股份合计	23,400,000				+50,000,000		50,000,000	73,400,000
(三)股份总数	118,961,856				+50,000,000		50,000,000	168,961,856

浙江中汇(集团)股份有限公司

二○○○年年度报告摘选

一、公司简介

1、公司法定中方名称:浙江中汇(集团)股份有限公司
公司英文名称:ZHEJIANG ZHONGHUI(GROUP)CO.,LTD.
公司缩写:ZJZH
2、公司法定代表人:应土歌
3、公司董事会秘书:丛培育
公司董事会证券事务代表:叶瑞忠
联系地址:浙江省杭州市解放路 138 号
联系电话:0571 —7075755
传真:0571 —7077662
电子信箱:zhonghui@mail.hz.zj.cn
4、公司注册及办公地址:浙江省杭州市解放路 138 号
邮政编码:310009
公司电子信箱:zhonghui@mail.hz.zj.cn
5、登载公司年度报告的中国证监会指定国际互联网网址:http://www.sse.com.cn
公司年度报告备置地点:公司证券部
6、公司股票上市地:上海证券交易所
股票简称:浙江中汇
股票代码:600677

二、会计数据和业务数据摘要

1、2000 年主要会计数据(单位:元):

利润总额:	127667966.23 元
净利润:	92081528.82 元
扣除非经常性损益后的净利润:	68775551.21 元
主营业务利润:	200869616.09 元
其他业务利润:	35525168.58 元
营业利润:	79757768.96 元
投资收益:	20564743.75 元
补贴收入:	7581021.60 元
营业外收支净额:	19764431.92 元
经营活动产生的现金流量净额:	99540089.51 元
现金及现金等价物净增加额:	26356125.64 元

注:扣除的非经常性损益项目、涉及金额 (单位:元)

项 目	涉及金额
营业外收入	30830062.03
补贴收入	5077980.49
营业外支出	12602064.91

2 、前三年的主要会计数据和财务指标:

	2000 年	1999 年	1998 年	
		调整后	调整后	调整前
主营业务收入(万元)	157064.85	138991.08	113400.93	113400.93
净利润(万元)	9208.15	6446.48	3726.58	4266.55
总资产(万元)	156883.43	148042.21	150568.16	153997.81
股东权益(万元) (不含少数股东权益)	52619.63	45561.33	41513.21	44496.30
每股收益(元)	0.2823	0.2569	0.1485	0.17
加权平均每股收益(元)	0.2823	0.2569	0.1689	0.1933
扣除非经常性损益后的每股收益(元)	0.2109	0.196	0.0618	0.083
每股净资产(元)	1.613	1.816	1.65	1.773
调整后的每股净资产(元)	1.43	1.56	1.33	1.46
每股经营活动产生的现金流量净额(元)	0.305	0.418	－0.088	－0.088
净资产收益率(%)	17.50	14.15	8.98	9.59

注:按照中国证监会《公开发行证券公司信息披露编报规则》(第 9 号)计算的每股收益和净资产收益率如下:

a 、每股收益(元):

报告期利润	2000 年		1999 年	
	全面摊薄	加权平均	全面摊薄	加权平均
主营业务利润	0.616	0.616	0.5233	0.5233
营业利润	0.2445	0.2445	0.203	0.203
净利润	0.2823	0.2823	0.2569	0.2569
扣除非经常性损益后的净利润	0.2109	0.2109	0.196	0.196

b 、净资产收益率(%):

报告期利润	2000 年		1999 年	
	全面摊薄	加权平均	全面摊薄	加权平均
主营业务利润	38.17	40.67	28.82	28.82
营业利润	15.16	16.15	11.18	11.18
净利润	17.50	18.64	14.15	14.15
扣除非经常性损益后的净利润	13.07	13.11	10.83	10.83

三 、股东情况介绍

1 、截止 2000 年末,本公司共有股东 30363 户。
2 、前 10 名股东持股情况

股 东	持股数(股)	比例(%)
1、中国航天机电集团公司	73078800	22.40
2、浙江国信控股集团有限责任公司	32626273	10.00
3、中国电力信托投资有限公司	6886880	2.11
4、中国纺织物资总公司	5685680	1.74
5、杭州洁翔职工持股协会	3668055	1.12
6、苏州投资	3120000	0.96
7、杭州兴达物资贸易公司	2202200	0.68
8 、中国人民建设银行浙江省信托投资公司	2002000	0.61
9、陶佳龄	1981720	0.61
10、海通证券有限公司	1950000	0.60

凤凰股份有限公司

二○○○年年度报告摘选

一、公司简介

1 、公司名称:(中文)凤凰股份有限公司
(英文)PHOENIX CO.,LTD.
2 、公司法定代表人:陈国强
3 、公司信息披露机构:董事会秘书室
董事会秘书:曹琦
电话:(86)021 65954641　　65950100 ×611
传真:(86)021 65952565　　65956731
联系地址:中国上海市高阳路 168 号
4 、公司注册地址:中国上海市浦东塘南路 20 号　　注册地址邮政编码:200125
公司办公地址:中国上海市高阳路 168 号　　办公地址邮编:200080
公司国际互联网网址:http:// www..Sunrise－cn.com
公司电子信箱:cq@sunrise－cn.com
5 、公司指定信息披露报纸:《上海证券报》、《南华早报》或《香港商报》
登载公司年度报告的中国证监会指定国际互联网网址:http://www.sse.com.cn
公司年度报告备置地点:中国上海市高阳路 168 号董事会秘书室
6 、公司股票上市交易所:上海证券交易所
股票简称:凤凰股份(A 股)　　凤凰 B 股(B 股)
股票代码:600679(A 股)　　900916(B 股)

二、会计数据及业务数据摘要

1.本年度利润总额构成:(金额单位:元 合并报表)

利润总额:	28,595,521.74
净利润:	25,588,916.45
扣除非经营性损益后的净利润	－17,197,185.93
主营业务利润:	92,594,313.50
其他业务利润:	2,052,378.77
营业利润:	13,755,828.25
投资收益:	15,119,681.38
补贴收入:	509,850.31
营业外收支净额:	－789,838.20
经营活动产生的现金流量净额:	－120,190,874.78
现金及现金等价物净增加额:	122,871,362.09
扣除非经营性项目涉及金额:	42,786,102.38

扣除非经营性损益后的净利润是指扣除财政补贴收入 51 万元、投资收益 1512 万元及因股权转让冲回的四项准备 3932 万元后的差额

2.中国会计准则与国际会计准则计算的税后利润之间的差异:(金额单位:千元)

按中国会计准则计算,公司本年度合并除税后利润	25,589
按国际会计准则之调整:	
(以前年度按照国际会计准则而作出的调整)	
计提的坏帐准备	(3477)
计提的滞销存货准备	(1177)
计提的投资减值准备	(3828)
其他	46346
按国际会计准则计算,公司本年度合并除税后利润	63,453

3/(1)截止报告期末公司前三年的主要会计数据和财务指标:

栏目	单 位	2000 年	1999 年	1998 年
主营业务收入	元	689,950,906.88	669,564,475.55	1,061,979,473
净利润	元	25,588,916.45	5,439,677.25	－188,298,006
总资产	元	1,753,177,089.67	1,874,446,332.59	1,924,141,447
股东权益	元	925,661,264.74	883,335,079.78	877,759,814
每股收益(摊薄)	元/股	0.0551	0.0117	－0.406
每股收益(加权)	元/股	0.0551	0.0117	－0.406
扣除非经营损益每股收益	元/股	－0.0370	－0.2148	
每股净资产	元/股	1.9936	1.9024	1.89
调整后每股净资产	元/股	1.9366	1.8130	1.73
每股营业活动产生的现金流量净额	元/股	－0.2589	0.043	0.088
净资产收益率	%	2.7644	0.6158	－21.45
加权净资产收益率	%	2.8501	0.6178	－19.38
扣除非经营损益加权净资产收益率	%	－1.9154	－11.2918	

4.报告期内股东权益变动情况(单位:元)

项 目	股 本	资本公积	盈余公积	其中法定公益金	未分配利润	股东权益合计
期初数	464322817	568689044	61349725	24541901	－211026507	883335079
本期增加		16737269				
本期减少						
期末数	464322817	585426313	61349725	24541901	－185437590	925661264

资本公积变动原因:转让六家子公司资产评估增值
未分配利润变动原因:本年度经营利润增加
股东权益变动原因:资产评估增值和经营利润增加

三、股本变动及股东情况介绍

1.报告期末股东总数 11588 户。A 股股东数为 7302 户,B 股股东数为 4286 户。

2.报告期内第一大股东仍为上海轻工控股(集团)公司,持有国家股 292,722,804 股,占总股本 63.04%。报告期内控股股东无变化,持股比例无变化,其所持股份无质押。

3.前十名股东持股情况:　(截止 2000 年 12 月 31 日)

股东名称	年末持股数量(股)	占总股本比例(%)
1.上海轻工控股(集团)公司(国家股)	292722804	63.04
2.海通证券有限公司	3289265	0.71
3.CENTURY TREASURE INC	2018282	0.435
4.鲍世颖	1886360	0.41
5.李玉英	1856274	0.40
6.申银万国证券公司	1320000	0.284
7.上海国际信托投资公司	1320000	0.284
8.许经源	1056000	0.23
9.张怀安	1000000	0.22
10.HKSBCSB A/C BANQUE NATIONALE DE PARIS LUXEMBOURG/IMI	971484	0.21

四川金顶（集团）股份有限公司

二○○○年年度报告摘要

一、公司简介

1、公司法定中文名称：四川金顶（集团）股份有限公司
公司法定英文名称：SICHUAN GOLDEN SUMMIT (GROUP) JOINT－STOCK CO.,LTD.
英文名称缩写：SCSG
2、公司法定代表人：蔡昌庆
3、公司董事会秘书：许毅刚
董事会秘书授权代表：魏良益
联系地址：四川省峨眉山市名山路东段
电话：0833－5521271
传真：0833－5521205，5521244
E－mail：S6512288@ls－public.sc.cninfo.net
4、公司注册地址：四川省峨眉山市名山路东段
公司办公地址：四川省峨眉山市名山路东段
邮政编码：614200
5、《中国证券报》、《上海证券报》为公司选定信息披露报纸
中国证监会指定的登载公司年度报告的国际互联网网址：
http://www.sse.com.cn.
公司年度报告备置地点：四川省峨眉山市名山路东段公司办公楼董事会办公室
6、公司股票上市交易所：上海证券交易所
股票简称：四川金顶
股票代码：600678

二、会计数据和业务数据摘要

1、本年度利润总额及构成：（单位：元）

项目	金额
利润总额	20,242,605.84
净利润	17,380,829.56
扣除非经常性损益后的净利润	18,352,613.87
主营业务利润	87,232,938.24
其他业务利润	－1,086,517.62
营业利润	19,653,328.79
投资收益	1,561,061.36
补贴收入	
营业外收支净额	－971,784.31
经营活动产生的现金流量净额	13,609,493.98
现金及现金等价物净增加额	19,598,580.68

注：扣除非经常性损益项目及金额

项　目	金额
营业外收支净额	－971,784.31

2、截止报告期末前三年的主要会计数据和财务指标：

指标名称	2000年	1999年		1998年	
		调整前	调整后	调整前	调整后
主营业务收入（万元）	21,289.37	23,298.26	23,298.26	20,533.95	21,097.38
净利润（万元）	1,738.08	897.95	818.05	1,326.35	－2257.72
总资产（万元）	73,638.55	67,834.15	67,354.76	87,951.06	65,008.61
股东权益（万元）	42,886.12	41,537.27	41,143.74	63,192.57	40,325.69
全面摊薄每股收益（元）	0.075	0.039	0.035	0.057	－0.097
加权平均每股收益（元）	0.075	0.039	0.035	0.057	－0.097
扣除非经常性损益后的每股收益（元）	0.079	0.047	0.044	0.058	－0.096
每股净资产（元）	1.84	1.79	1.77	2.716	1.733
调整后的每股净资产（元）	1.511	1.697	1.694	2.498	1.637
每股经营活动产生的现金流量净额（元）	0.0585	0.064	0.064	－0.031	－0.031
全面摊薄净资产收益率（%）	4.05	2.16	1.99	2.10	－5.60
加权平均净资产收益率（%）	4.14	2.19	2.01	2.44	－5.27

3、利润表附表：

项　目 报告期利润	净资产收益率（%）		每股收益（元）	
	全面摊薄	加权平均	全面摊薄	加权平均
主营业务利润	20.34	20.76	0.375	0.375
营业利润	4.58	4.68	0.084	0.084
净利润	4.05	4.14	0.075	0.075
扣除非经常损益后的净利润	4.28	4.37	0.079	0.079

三、股本变动及股东情况

1、股份变动情况表

数量单位：股

	期初数	本次变动增减（+，－）	期末数
（一）未上市流通股份			
（1）发起人股份	133,660,000	——	133,660,000
其中：国家持有股份	131,160,000	——	131,160,000
境内法人持有股份	2,500,000	——	2,500,000
境外法人持有股份			
其他			
（2）募集法人股	3,000,000	——	3,000,000
（3）内部职工股			
（4）优先股及其他			
其中：转配股			
未上市流通股份合计	136,660,000	——	136,660,000
（二）已上市流通股			
（1）人民币普通股	96,000,000	——	96,000,000
（2）境内上市的外资股			
（3）境外上市的外资股			
（4）其他			
已上市流通股份合计	96,000,000	——	96,000,000
（三）股份总数	232,660,000	——	232,660,000

2、股票发行与上市情况

（1）发行日期：1988年9月28日至1992年6月

发行价格：按面值发行（每股面值200元，1992年6月24日拆细为每股面值1.00元）发行数量：15,480万股

上市日期：1993年10月8日（上海证券交易所）

获准上市交易量：社会公众股4,000万股

（2）报告期内公司无送股、转增股本、配股、增发新股、吸收合并、可转换公司债券转股等事项，故本年度公司股本结构未发生变化。

3、股东情况介绍

（1）截止2000年12月31日，公司股东总数为73832户。

（2）报告期末前10名股东持股情况

股东名称	持股数量（股）	占总股本比例（%）	股份性质
a、乐山市国有资产经营有限公司	131,160,000	56.37	国有股
b、上海申银万国证券公司	2,000,000	0.86	法人股
c、乐山电业局	1,500,000	0.64	法人股
d、乐山资信产权经纪有限公司	1,000,000	0.43	法人股
e、西昌铁路分局	1,000,000	0.43	法人股
f、孟宪忠	490,000	0.21	流通股
g、陈军	255,700	0.11	流通股
h、东凤英	240,000	0.10	流通股
i、陈纯玲	236,895	0.10	流通股
j、沈军	203,311	0.09	流通股

注：（1）前10名股东之间不存在关联关系；

（2）乐山资产经营有限公司于2000年3月28日将名称变更注册为乐山市国有资产经营有限公司，变更后的公司性质、业务范围不变，该股东代表国家持有本公司56.37%的股份，所持股份无质押或冻结情况；

（3）持股10%（含10%）以上股东情况简介：

乐山市国有资产经营有限公司

法定代表人：黄明全

经营范围：在授权范围内以独资、参股、控股的方式从事资产经营活动。

四、股东大会简介

本报告年度召开了1999年度股东大会和1次临时股东大会。

（一）一九九九年度股东大会。本公司于2000年5月25日在四川省峨眉山市名山路东段公司二楼会议室召开了1999年度股东大会。出席会议的股东及股东代表共31人，代表公司股权数136,718,600股，占本公司总股份的58.76%，符合《公司法》及本公司章程的规定。会议由董事会召集人王忠先生主持。有关本次股东大会的公告刊登在2000年4月24日的《中国证券报》、《上海证券报》上。

本次股东大会审议并通过了以下决议：
1、《公司1999年度董事会工作报告》；
2、《公司1999年度财务决算报告》；
3、《公司99年度利润分配预案》；
4、《公司资产减值准备计提规定及公司化解资产损失风险内部控制制度》；
5、《关于进行资产减值准备核销工作的报告》；
6、《公司1999年度监事会工作报告》；
7、《公司监事会"关于进行资产减值准备核销工作的报告"》；
8、《关于公司日产2000吨水泥熟料生产线技改工程项目的议案》；
9、《关于公司董事变更的议案》
10、《公司1999年年报》及《公司1999年年报摘要》。

会议决议公告刊登在2000年5月26日的《中国证券报》、《上海证券报》上。

（二）二000年度临时股东大会。公司于2000年11月3日在四川省峨眉山市名山路东段公司二楼会议室召开了2000年度第一次临时股东大会。出席会议的股东和委托代理人共16人，代表股权数136,704,200股，占公司总股本的58.76%，符合《公司法》和本公司章程的规定。会议由董事长蔡昌庆先生主持。有关本次临时股东会议的公告刊登在2000年9月30日的《中国证券报》、《上海证券报》上。

本次临时股东大会审议通过了以下决议：
1、《关于公司董事会换届选举的议案》；
2、《关于公司监事会换届选举的议案》；
3、《关于修改<公司章程>的议案》
4、《关于制订<公司股东大会规程>的议案》。

会议决议公告刊登在2000年11月4日的《中国证券报》、《上海证券报》上。

五、董事会报告

（一）公司经营情况

1、本公司是一家以水泥制造、销售为主营业务的建材企业，是目前国内最大的湿法水泥生产厂家，是国家520户重点企业之一。2000年公司生产水泥118万吨，销售水泥115万吨，实现主营业务收入21,242.96万元。

2000年度，公司主要做了以下工作：

(1)完善法人治理结构、建立现代企业制度

公司制定了《建立现代企业制度的总体规划》,依照《公司法》、《证券法》等法律法规及《公司章程》的规定,规范上市公司的运作程序,选举产生新一届董事会、监事会,公司聘任新一届经理层,修订了《公司章程》,修订或制定了《股东大会规程》、《董事会议事规则》、《经理层工作细则》等文件,公司监事会制订了《监事会议事规则》,形成各负其责、有效制衡、协调运作的公司法人治理结构。

(2)推进三项制度改革,转换企业经营机制

建立以竞聘制为主的多形式的用人制度。推进用工制度改革,合理配置人力资源,按员工总人数的20%进行分流,共计分流698人。推行绩效工资,将原岗位技能工资改为固定收入和效益工资的分配形式,初步体现了分配激励作用。

(3)强化基础管理工作

公司加大成本考核比重,各经济责任单位采取了有力措施,使成本得以有效控制。加强财务管理,加大了审计监察力度。

(4)加快技术改造和工艺革新步伐,实现环保达标。

2000年度共计投入技改资金1250万元,完成技改项目17项,完成设计项目8项。公司2000t/d熟料技改工程经国家经贸委、国家计委正式批准立项,经国家经贸委国经贸投资[2000]1123号文批准,项目已列入国债专项资金技术改造项目计划。经积极工作,该项目可行性研究报告已经国务院审议通过。目前,该项目厂址地勘、工程用地征用工作等已顺利完成,首笔5,000万元项目专项贷款业已到位。

(5)强化营销工作,积极清欠货款

公司规范了营销管理工作,提高服务质量,同时强化内控制度,规范销售行为。以金铁二散装水泥库为依托设立水泥仓储中心,巩固了市场地位。

公司成立临时机构-清欠办公室,对逾期老帐进行清理,针对不同情况采取以物抵款或法律诉讼等多种清欠办法,共计回收货款486万元。

(6)盘活存量资产、推进资本运营工作

公司成立了对外投资管理部,负责公司对外投资管理或资产运营工作。2000年度公司着手对部分长期投资进行处置,采取终止清算、股权转让或其它适宜的资产处置形式,依法妥善解决历史遗留问题。

此外,公司先后对矿物外加剂、耐磨材料等项目进行了考察论证,为下阶段公司发展储备了项目资源。

2、全资附属企业及控股子公司经营业绩

四川金顶(集团)峨眉水泥厂:公司全资企业,主体厂,2000年生产水泥694,339吨;

四川金宏水泥有限公司:公司拥有其50%权益,2000年生产水泥188,807吨;

峨眉协和水泥有限公司:公司拥有其50%权益,2000年生产水泥161,010吨;

四川金顶(集团)青白江分厂:公司拥有其57%权益,2000年生产水泥70,513吨;

四川金汉卫生浴具有限公司:公司拥有其75%权益,2000年终止清算中;乐山金美卫生浴具有限公司:公司拥有其75%权益,2000年终止清算中;烟台金泉水泥有限公司:公司拥有其权益的51%,拟处置。

3、公司在经营中出现的问题与困难及解决方案

公司所处行业竞争十分激烈,主要市场———成都及其周边地区的营销工作压力较大。另外,由于公司过去销售信用政策失当,导致公司应收帐款居高不下,再加上公司2000t/d水泥熟料生产线项目工程已全面展开,公司资金使用处于较紧张局面。面临这种情形,公司一方面加强营销工作改革,在稳固主要市场的同时,积极拓展川南地区市场。另一方面,则采用多种合法手段,加强清欠力度,注意资金的科学调配和管理,发挥上市公司融资优势,从而提高资金的使用效率,缓解资金紧张局面。

(二)公司财务状况:

报告期内总资产73,638.55万元,长期负债5,314.91万元,股东权益42,886.12万元。本年度实现主营业务收入21,242.96万元,主营业务利润8,723.29万元,实现利润总额2,024.26万元,净利润1,738.08万元。报告期内长期负债增加,主要为本年度向工行贷款5,000万元所致,股东权益增加主要为本年度实现净利润1,738.08万元所致。

(三)公司投资情况

报告期内公司未募集资金,也无报告期前募集资金延续使用到报告期内的情况。

报告期内没有非募集资金投资情况。

(四)可能对公司经营情况产生影响的因素及解决方法

根据四川省财政厅"川财税[2000]38号文件"精神,乐山市财政局以"乐市财政税[2000]30号文件"《关于同意四川金顶(集团)股份有限公司上市公司享受企业所得税先征后返政策的通知》,同意本公司享受所得税先征收33%再返还18%的政策,该政策暂执行到2000年12月31日止(本公司已于2000年12月29日在《中国证券报》、《上海证券报》上公告(编号:临2000-019)。

(五)新年度的业务发展计划

2001年公司将继续在国家"西部大开发"战略的指引下,一方面加强公司内部基础管理,推进三项制度改革的深入开展,创新营销体制,构建销售网络;另一方面在清理存量资产的基础上,制定公司"十五规划",促进公司产业升级,增强企业实力。

1、继续推行现代企业制度建设,巩固干部人事制度和劳动用工制度改革成果,完善分配体系,把收入分配制度改革引向深入,转换企业经营机制。规范以营销为利润中心、主体厂为成本中心、公司为管理中心和技术中心的管理构架。加大内部管理力度,降低成本。

2、创新营销体制,健全销售网络;通过多种合法手段,开展大规模清欠工作,有效降低以往应收帐款。

3、加快技术改造,积极进行2000t/d水泥熟料生产线技术改造项目建设,完善工程监理制,确保工程质量,全年完成总工程量50%-70%。

4、调整资产结构,培育新的增加点。运用并购、重组、投资等手段处置不良资产,盘活存量资产,加强对长期投资的管理。以"产学研"为一体,结合公司科技力量,加强与科研单位,高等院校的合作,办好国家混凝土重点实验室金顶集团中心,论证新的投资项目,以科技进步带动生产力发展。

(六)董事会日常工作情况

1、报告期内董事会召开了九次会议:

2000年4月10日,公司董事会2000年度第一次会议在公司二楼会议室召开,会议审议并通过了《关于董事变更的议案》、《关于与乐山电力股份有限公司签署对等授信担保协议的议案》。关于本次会议的决议公告刊登在2000年4月11日的《中国证券报》、《上海证券报》上。(公告编号:临2000-001)

2000年4月17日,公司董事会2000年度临时会议在公司二楼会议室举行,会议主要通报公司国有股持股单位名称变更的情况及对年报编制和2000年度第二次会议文件进行初审。

2000年4月20日,公司董事会2000年度第二次会议在公司二楼会议室举行,会议审议通过了以下议案:《公司1999年度董事会工作报告》、《公司1999年度总经理业务报告》、《公司99年度财务决算及2000年度财务预算报告》、《公司资产减值准备计提规定》及《公司化解资产损失风险内部控制制度》、《公司总经理关于进行计提四项资产减值准备和核销的报告》、《关于公司1999年度利润分配预案》、《公司1999年报及年报摘要》、《关于召开1999年度股东大会的决议》。有关本次会议的决议公告刊登在2000年4月24日的《中国证券报》、《上海证券报》上。(公告编号:临2000-002)

2000年5月25日,公司董事会2000年度第三次会议在公司二楼会议室举行,会议审议通过了以下议案:《关于选举蔡昌庆先生为公司董事长的议案》、《决定聘用中辰律师事务所为本公司常年法律顾问》、《公司董事会、经理人工作细则》、《关于公司内部机构设置的基本原则》、《聘任杜受华先生为公司财务部长》、《经理层2000年度经营目标及考核原则》、《关于授权董事长在2000年度董事会闭会期间行使董事会部分经营管理决策权的议案》。有关本次会议的决议公告刊登在2000年5月26日的《中国证券报》、《上海证券报》上。(公告编号:临2000-005)

2000年7月22日,公司董事会2000年度第四次会议在公司二楼会议室召开,会议审议并通过了《公司2000年度中期报告》和《公司2000年度中期报告摘要》、《关于改聘英济律师事务所为公司常年法律顾问的议案》。有关本次会议的决议公告刊登在2000年7月25日的《中国证券报》、《上海证券报》上。(公告编号:临2000-007)

2000年9月6日,公司董事会2000年度第五次会议在公司二楼会议室举行,会议审议通过了《关于解决仁寿水泥厂有关问题的议案》、《关于对四川金汉、乐山金美卫生浴具有限公司进行终止清算的议案》、《关于租赁金顶集团成都铁二散装水泥有限公司散库系统的议案》。

2000年9月29日,公司董事会2000年度第六次会议在公司二楼会议室召开,会议审议并通过了《关于公司董事会换届选举的议案》、《关于聘任及辞聘部分高级管理人员的议案》、《关于修改<公司章程>的议案》、《关于公司股东大会规程的议案》、《关于召开公司2000年度第一次临时股东大会的议案》。有关本次会议的决议公告刊登在2000年9月30日的《中国证券报》、《上海证券报》上。(公告编号:临2000-011)

2000年11月3日,公司第三届董事会2000年度第一次会议在公司二楼会议室举行,会议审议并通过了《关于推选蔡昌庆先生为第三届董事会董事长、古松先生为第三届董事会副董事长的议案》、《关于继续聘任古松先生为公司总经理、许毅刚先生为公司董事会秘书的议案》、《关于继续聘任公司高级管理人员的议案》、《关于制订<公司董事会议事规则>的议案》、《关于制订<公司经理层工作细则>的议案》。有关本次会议的决议公告刊登在2000年11月4日的《中国证券报》、《上海证券报》上。(公告编号:临2000-014)

2000年12月25日,公司第三届董事会第二次会议在公司二楼会议室召开,会议审议并通过了《关于处置山东投项目及对峨眉山金龙石膏开发有限公司进行终止清算的议案》、《关于金顶公司所持峨眉协和、四川金宏公司股权质押给乐山电力股份有限公司以获取乐山电力为我公司提供贷款担保的议案》。有关本次会议的决议公告刊登在2000年12月27日的《中国证券报》、《上海证券报》上。(公告编号:临2000-018)

2、董事会对股东大会决议的执行情况:

根据2000年5月25日召开的1999年度股东大会审议通过的《关于公司99年度利润分配预案》:公司1999年度实现利润总额为1,555.85万元,实现净利润897.95万元,加年初未分配利润-10,770.96万元(因会计政策调整追溯影响所致),合计未分配利润为-9,873.01万元。股东大会决定转入上年盈余公积9,887.58万元弥补亏损。

(七)公司管理层及员工情况

1、现任董事、监事、高级管理人员

姓名	性别	年龄	职务	年初持股数(股)	年末持股数(股)
蔡昌庆	男	45岁	董事长	0	0
古　松	男	38岁	副董事长兼总经理	0	0
易　静	男	41岁	董事	0	0
成学军	男	57岁	董事	0	0
许毅刚	男	36岁	董事、董秘兼总助	0	0
杜受华	男	36岁	董事兼财务部长	0	0
张康文	男	53岁	董事	0	0
龚冬海	男	56岁	董事	0	0
李学斌	男	56岁	董事	0	0
王　忠	男	54岁	监事会主席	7200	7200
潘　鹰	男	43岁	监事	0	0
但小梅	女	39岁	监事	0	0
樊志培	男	61岁	监事	0	0
杨　英	女	45岁	监事	0	0
董齐芳	男	54岁	副总经理	0	0
杜华燕	男	52岁	副总经理	0	0
吴俊勇	男	42岁	总经理助理	0	0
袁　平	男	40岁	总经理助理	0	0

(1)以上董事、监事及高级管理人员年度报酬总额为16.4万元,1-2万元10人。不在公司领取年度报酬的有易静、成学军、张康文、龚冬海、李学斌、潘鹰、樊志培、杨英。

(2)报告期内,白德华先生辞去公司董事、董事长职务,陈文仪先生辞去公司董事、副董事长职务;蔡昌庆先生、牟鹏先生当选为公司董事;

(3)报告期内,王忠先生、王昌福先生、马安全先生、杜华燕先生、曹世钧先生、贾定成先生、俞平先生、冯宗淦先生及牟鹏先生因换届选举离任;报告期因辞职而离任的董事有:白德华先生、陈文仪先生。

本届董事会、监事会成员任期由2000年11月3日至2003年11月2日止。

(4)报告期内,继续聘任古松先生为公司总经理、许毅刚先生为公司董事会秘书职务;继续聘任董齐芳先生、杜华燕先生为公司副总经理;继续聘任杜受华先生担任公司财务部长职务;聘任董齐芳先生担任总工程师职务;继续聘任许毅刚先生、吴俊勇先生、袁平先生担任公司总经理助理职务;

截止报告期末,公司现有员工3952人,其中生产人员2399人,技术人员229人,管理人员627人,财务人员62人。公司拥有高级职称28人,中级职称293人。员工大专及大专以上学历529人。

(八)公司利润分配预案:

1、公司2000年度利润分配预案。

公司2000年实现利润总额20,242,605.84元,合并净利润为17,380,829.56元。由于我公司下属子公司皆为亏损,所以按母公司实现的净利润16,906,389.18元分别计提10%的法定盈余公积和法定公益金,金额为3,381,277.84元。减去年初未分配利润-3,903,226.57万元,累计未分配利润为10,096,325.15元。

公司根据财政部2001年1月7日财会[2001]5号文关于印发《企业住房制度改革中有关会计处理问题的规定》的通知对过去房改中的亏损进行了清理,预计亏损为1,930万元,将于2001年进行相应的会计处理,冲减以前年度损益;

公司根据财政部财会[2001]17号文关于印发《贯彻实施〈企业会计制度〉有关政策衔接问题的规定》的通知对我公司现有的固定资产、在建工程、无形资产减值情况进行清理,清理完毕后,将于2001年进行会计处理,冲减以前年度损益;

今年,我公司70万吨技改项目进入施工阶段,建设期为14个月,项目投资总额为34157万元,其中项目资本金为8157万元。在此期间,公司需自筹项目资本金用于此项目。

由于存在上述影响未分配利润减少的情况及公司2000t/d水泥熟料生产线技改项目需要建设资金,董事会建议公司2000年度不分配利润,也不进行公积金转增资本。

以上预案尚需提交公司年度股东大会审议批准。

2、公司2001年预计利润分配政策。

董事会预计公司2001年度利润分配政策为:

(1)2001年度本公司拟进行一次利润分配;

(2)公司2001年度实现净利润用于股利分配的比例不低于20%;

(3)公司2000年度未分配利润用于2001年度股利分配的比例为0;

(4)分配采用派发现金形式,现金股息占股利分配的比例为100%。

(5)具体分配方案董事会将根据公司的实际情况提出预案,提交股东大会审议通过后决定。

(九)其他报告事项:

公司选定的信息披露报刊为《中国证券报》、《上海证券报》。本报告期内无变动。

六、监事会报告

(一)监事会工作情况。

2000年,公司监事会按照《公司法》、《公司章程》及其他法律、法规赋予的职责,认真履行监督职能,积极开展有效工作。本年度公司监事会共召开了会议五次,列席了公司召开的各次股东大会和董事会议。

1、四月二十日召开了第二届监事会第十六次会议,会议审议通过了以下议案:

(1)公司一九九九年度监事会工作报告;

(2)公司一九九九年度报告及摘要;

(3)公司一九九九年度总经理工作报告;

(4)公司一九九九年度财务决算和二OOO年财务预算报告;

(5)关于资产减值准备计提和化解资产损失风险内部控制制度。

2、七月二十二日,召开了第二届监事会第十七次会议。会议审议通过了《公司2000年中期报告》;讨论通过了《公司监事会关于对〈公司化解资产损失风险内部控制制度〉的监督检查办法》。

3、八月二十五日,召开了第二届监事会第十八次会议,会议讨论通过了公司董事会《关于公司本年度中期报告的补充公告》。

4、九月二十九日,召开了第二届监事会第十九次会议,会议审议通过了《关于监事会换届选举的议案》,全票通过了新一届监事会候选人名单。

5、十一月三日,召开了第三届监事会第一次会议。会议审议通过了《关于推选王忠先生为第三届监事会主席的议案》;审议通过了《关于制定〈四川金顶(集团)股份有限公司监事会议事规则〉的议案》。

(二)监事会对有关事项的独立意见

1、公司依法运作情况

报告期内,监事会依照《公司法》、《证券法》以及《公司章程》的有关规定,对公司的依法运作情况进行了日常的监督和检查,监事会认为,公司董事会依法决策,规范运作,认真贯彻落实股东大会决议,按照上市公司要求规范公司的经营活动,建立并逐步完善了公司内部控制制度,信息披露工作合法规范。公司董事和经理层在执行公司职务时没有违反法律、法规、公司章程和损害公司利益的行为。

2、检查公司财务状况

2000年度公司财务报告真实地反映了公司财务状况和经营成果,四川君和会计师事务所出具的标准无保留意见审计报告是恰当的,对有关事项作出的评价也是客观公正的。

3、报告期内公司未募集资金。

4、报告期内,公司未发生收购、出售资产事项,未发现有内幕交易行为及损害股东权益或造成公司资产流失的现象。

5、关联交易

公司关联交易均按市场公平交易的原则进行,无损害公司利益的行为。

七、重要事项

1、重大诉讼、仲裁事项

本公司于1997年9月向仁寿开源公司转让其持有的仁寿金陵公司60%的股份,因开源公司未能按合同规定向本公司支付到期款项500万元,本公司已于1999年6月向四川省眉山地区中级人民法院(以下简称眉山中院)提请诉讼。2000年12月8日,眉山中院公开开庭进行了审理,作出判决如下:

(1)仁寿县开源实业公司应在本判决生效之日立即支付股权转让款500万元,逾期付款违约金按日万分之四计算(金额200万元从1999年1月1日起计算;金额300万元从2000年1月1日起计算);

(2)仁寿县开源实业公司应按合同约定继续履行自己的义务;

(3)仁寿县火电厂对仁寿县开源实业公司的以上义务就仁寿县开源实业公司财产依法强制执行仍不能履行后,承担保证责任。

本公司诉四川省洪雅城东电力有限公司(以下简称城东公司)、乐山嘉能电力实业总公司(以下简称嘉能公司)、四川省洪雅县人民政府(以下简称洪雅县政府)购销水泥合同货款纠纷一案。

1997年,本公司与城东公司建立水泥购销关系,到1998年5月止,城东公司尚欠货款4859542.14元,城东公司承诺1998年底付清,但未履行。因此本公司请求判令城东公司立即清偿所欠水泥货款,承担违约责任,嘉能公司和洪雅县政府作为城东公司股东,投入注册资金不实,因城东公司已歇业,应承担注册资金差额范围内的连带责任。眉山中院以(2000)眉经初字第18号作出判决如下:

(1)被告城东公司应于本判决生效后十日内给付原告金顶公司4684581.51元和逾期付款违约金(以欠款金额4684581.51元从2000年4月27日起按中国人民银行延期付款的规定计付至付清货款时止);

(2)被告嘉能公司应在300.5万元注册资金不实的范围内对城东公司所负债务承担补充赔偿责任;

(3)被告洪雅县政府应在267万元注册资金不实的范围内对城东公司所负债务承担补充赔偿责任。

2、报告期内公司、公司董事及高级管理人员无任何受监管部门处罚的情况。

3、报告期内董事会、监事会换届选举情况:

2000年11月3日,公司2000年度第一次临时股东大会会议审议通过了《关于公司董事会换届选举的议案》、《关于续聘公司董事会秘书的议案》、《关于公司监事会换届选举的议案》。有关本次临时股东会议的公告刊登在2000年9月30日的《中国证券报》、《上海证券报》上。

4、报告期内公司无重大资产及股权转让事项。

5、关联交易事项参见财务报告第六部分"关联方关系及其交易"。

6、报告期内公司与控股股东在人员、资产、财务上的"三分开"情况。

公司控股股东为乐山市国有资产经营有限公司。

(1)在人员方面,本公司在劳动、人事及工资管理方面均独立运作;公司董事长、总经理、副总经理等高级管理人员均在本公司领取薪酬,不在本公司股东单位担任任何职务。

(2)在资产方面,公司附属关联企业四川金宏水泥有限公司、峨眉协和水泥有限公司系嫁接式中外合资企业,拥有独立的熟料煅烧系统,与本公司全资附属企业四川金顶集团峨眉水泥厂共用料浆制备及粉磨加工系统。除此之外,本公司独立拥有完整的生产系统、辅助生产系统和配套设施。工业产权、商标、非专利技术等无形资产由本公司或本公司全资附属企业四川金顶集团峨眉水泥厂拥有。本公司独立拥有采购系统和销售系统。本公司控股子公司金顶集团成都铁二散装水泥有限公司透过本公司销售机构以中间商角色承担了本公司部分散装水泥分销业务。

(3)在财务方面,本公司有独立的会计部门,并建立了独立的会计核算体系和财务管理制度;拥有独立的银行帐号和独立的会计帐册。

7、报告期内公司租赁其他公司资产情况:

2000年9月6日,公司二00年度第五次董事会通过《关于租赁金顶集团成都铁二散装水泥有限公司散库系统的议案》。通过租赁,本公司控股子公司金顶集团成都铁二散装水泥有限公司的仓储业务由本公司成都销售分公司承接,金顶集团成都铁二散装水泥有限公司以中间商角色仅从事本公司部分散装水泥分销业务。

8、报告期内公司没有更改名称或股票简称的情况。

9、报告期内公司重大担保合同。

公司于二○○○年度第一次董事会会议通过了《关于与乐山电力股份有限公司签署对等授信担保协议的决议》,根据决议,本公司于二○○○年五月二十六日与乐山电力股份有限公司共同签署了《银行借款对等担保协议》,双方同意:一、为对方在对等期间、币种、数量、金额等条件下,给予对方银行借款提供对等担保;二、对等担保银行借款金额为叁仟万元。公司于二○○○年六月二十六日签署了为乐山电力股份有限公司向成都中信实业银行贷款叁仟万元提供担保的《中信实业银行成都分行人民币保证借款合同》,该贷款用于流动资金周转,贷款期限壹年,至二○○一年六月二十六日到期,年率为6.435%。

2000年9月29日,经公司二000年度第六次董事会议决议,同意将该笔对等授信担保金额由原3000万元调整为5000万元。

2000年12月25日,由于此笔对等担保期限不同,为更好地履行该项对等担保协议,公司第三届第二次董事会议决议以所持峨眉协和水泥有限公司50%股权、四川金宏水泥有限公司50%股权为乐山电力股份有限公司提供5000万元对等担保作质押,质押期限从乐山电力股份有限公司为本公司向工商银行贷款提供担保的合作生效之日起至该笔贷款还清。

10、报告期内其他重要事项

(1)公司2000年12月25日第三届董事会第二次会议审议并通过了关于处置山东投资项目及对峨眉山金龙石膏开发有限公司进行终止清算的议案。

(2)公司2000年9月6日,公司董事会2000年度第五次会议审议并通过了关于对四川金汉、乐山金美卫生洁具有限公司进行终止清算的议案。

(3)按照财政部财会[2001]17号文《关于贯彻实施企业会计制度有关政策衔接问题的规定》要求,本公司将于2001年1月1日起执行《企业会计制度》,由于执行《企业会计制度》导致所采用的部份会计政策发生变更,其中对固定资产、在建工程、无形资产、委托贷款等计提减值准备采用追溯调整进行处理后,对2000年末净资产可能会有一定影响。

(4)根据财政部2001年1月27日发布的财会字(2001)5号文《企业住房制度改革中有关会计处理问题的规定》要求,本公司年末住房周转金为借方余额19,301,468.15元,本公司对住房周转金余额进行了清查确认,待报股东大会批准后调减2001年年初净资产相关项目。

11、报告期内本公司没有发生《证券法》第六十二条、《股票条例》第六十条、《信息细则》第十七条所列举的重大事件,以及公司董事会判断为重大事件的事项。

八、公司其他有关资料

1、公司首次注册登记日期:1988年9月10日

首次注册登记地点:四川省乐山市工商行政管理局

注册地址:四川省峨眉山市乐都镇

公司变更注册登记日期:1996年5月22日

变更注册登记地点:四川省乐山市工商行政管理局

注册地址:四川省峨眉山市名山路东段

2、企业法人营业执照注册号:20695512-8

3、税务登记号码:国税川字511181206955128号

4、公司未流通股票的托管机构名称:上海证券中央登记结算公司

5、公司聘请的会计师事务所的名称:四川君和会计师事务所

办公室地点:四川省成都市走马街68号锦城大厦10楼

九、备查文件

1、载有董事长亲笔签署的年度报告正本。

2、载有公司负责人、财务负责人、会计经办人员签名并盖章的会计报表。

3、载有会计师事务所盖章、注册会计师签名并盖章的审计报告正本。

4、报告期内在中国证监会指定报纸上公开披露的所有公司文件的正本及公告的原稿。

5、《公司章程》。

四川金顶(集团)股份有限公司

2001年4月7日

利润及利润分配表

被审计单位:四川金顶(集团)股份有限公司　　2000年1-12月

项目	附注	本年累计数 母公司	本年累计数 合并	上年同期数 母公司	上年同期数 合并
一、主营业务收入		192,670,942.69	212,893,737.05	216,970,799.89	232,982,576.72
减:销售折扣与折让			464,125.70		
主营业务收入净额		192,670,942.69	212,429,611.35	216,970,799.89	232,982,576.72
减:主营业务成本		111,252,902.91	123,388,094.66	126,063,390.21	137,119,796.26
主营业务税金及附加		1,535,430.78	1,808,578.45	1,741,758.71	1,934,780.92
二、主营业务利润		79,882,609.00	87,232,938.24	89,165,650.97	93,927,999.54
加:其他业务利润	注28	-2,221,219.78	-1,086,517.62	-463,582.87	-365,332.00
减:存货跌价损失		-405,621.03	-405,621.03	187,585.10	187,585.10
营业费用		20,299,899.09	24,828,033.95	23,584,950.80	24,919,863.43
管理费用		31,369,329.54	37,649,870.09	43,806,474.02	46,241,646.22
财务费用	注29	4,276,819.66	4,420,808.82	4,196,910.50	4,385,142.24
三、营业利润		22,120,961.96	19,653,328.79	16,926,147.68	17,828,430.55
加:投资收益	注30	-120,457.08	1,561,061.36	-2,677,265.71	-2,811,702.12
补贴收入				3,133,180.02	3,133,180.02
营业外收入	注31	825,944.97	857,955.14	396,018.70	396,802.48
减:营业外支出	注32	1,820,445.07	1,829,739.45	2,395,142.82	2,988,208.83
四、利润总额		21,006,004.78	20,242,605.84	15,382,937.87	15,558,502.10
减:所得税		4,099,615.60	4,099,615.60	7,202,444.51	7,241,135.66
减:少数股东损益			-1,237,839.32		136,873.08
五、净利润		16,906,389.18	17,380,829.56	8,180,493.36	8,180,493.36
附注:					
非常项目					
1、出售、处置部门或投资单位					
2、自然灾害发生的损失					
3、会计政策变更					
4、其它					

项目	附注	本年累计数 母公司	本年累计数 合并	上年同期数 母公司	上年同期数 合并
五、净利润		16,906,389.18	17,380,829.56	8,180,493.36	8,180,493.36
加:年初未分配利润		-4,005,941.65	-3,903,226.57	-111,062,195.00	-110,959,479.92
盈余公积转入				98,875,759.99	98,875,759.99
六、可供分配的利润		12,900,447.53	13,477,602.99	-4,005,941.65	-3,903,226.57
减:提取法定盈余公积		1,690,638.92	1,690,638.92		
提取法定公益金		1,690,638.92	1,690,638.92		
七、可供股东分配利润		9,519,169.69	10,096,325.15	-4,005,941.65	-3,903,226.57
减:应付优先股股利					
提取任意盈余公积					
应付普通股股利					
转作股本的普通股股利					
八、未分配利润		9,519,169.69	10,096,325.15	-4,005,941.65	-3,903,226.57

资 产 负 债 表

被审计单位:四川金顶(集团)股份有限公司　　2000年12月31日

资　产	附注	年初数		年末数	
		母公司	合　并	母公司	合　并
流动资产:					
货币资金	注1	42,248,114.09	43,156,924.19	22,821,969.41	23,558,343.51
短期投资					
减:短期投资跌价准备					
短期投资净额					
应收票据	注2	6,550,000.00	6,550,000.00	237,054.60	237,054.60
应收股利		9,369,327.20	10,370,948.88	4,404,220.07	3,825,368.49
应收利息					
应收帐款	注3	191,070,987.25	194,760,954.23	182,105,413.86	187,131,166.46
其他应收款	注4	198,068,926.86	198,423,610.87	192,574,729.38	196,160,755.88
减:坏帐准备		146,909.787.55	147,943,409.15	140,278,655.89	141,598,310.20
应收款项净额		242,230,126.56	245,241,155.95	234,401,487.35	241,693,612.14
预付帐款	注5	2,705,798.38	3,098,113.33	2,639,012.39	2,895,431.48
应收补贴款		272.73	272.73		
存货	注6	61,724,835.14	64,853,002.36	56,161,751.34	58,404,147.71
减:存货跌价准备		405,621.03	405,621.03		
存货净额		61,319,214.11	64,447,381.33	56,161,751.34	58,404,147.71
待摊费用	注7	4,561,013.82	4,561,013.82	3,699,511.86	3,882,779.86
待处理流动资产净损失		-15,362.72	-14,376.05		1,096,966.35
一年内到期长期债权投资		215,250.00	215,250.00		
其他流动资产					
流动资产合计		369,183,754.17	377,626,684.18	324,365,007.02	335,593,704.14
长期投资:					
长期股权投资	注8	183,960,406.39	180,168,433.19	204,564,651.03	179,399,289.10
长期债权投资				143,500.00	143,500.00
长期投资合计		183,960,406.39	180,168,433.19	204,708,151.03	179,542,789.10
减:长期投资跌价准备		73,312,695.10	73,312,695.10	73,312,695.10	73,312,695.10
长期投资净额		110,647,711.29	106,855,738.09	131,395,455.93	106,230,094.00
其中:合并价差(贷差以"-"号表示)					
其中:股权投资差额(贷差以"-"号表示)					
固定资产:					
固定资产原价	注9	258,013,560.60	268,578,236.30	269,789,447.73	309,014,850.90
减:累计折旧		121,452,602.65	124,905,150.02	132,594,913.35	142,837,389.18
固定资产净值		136,560,957.95	143,673,086.28	137,194,534.38	166,177,461.72
工程物资	注10	4,084,615.50	4,435,069.56	908,797.14	908,797.14
在建工程	注11	21,035,808.66	21,035,808.66	86,632,074.65	88,017,735.24
固定资产清理					176,744.93
待处理固定资产净损失					586,856.57
固定资产合计		161,681,382.11	169,143,964.50	224,735,406.17	255,867,595.60
无形资产及其他资产:					
无形资产	注12	16,646,204.78	17,096,237.01	16,269,146.75	30,934,203.53
开办费					328,526.67
长期待摊费用	注13	2,824,975.37	2,824,975.37	7,431,340.85	7,431,340.85
其他长期资产					
无形资产及其他资产合计		19,471,180.15	19,921,212.38	23,700,487.60	38,694,071.05
递延税项:					
递延税款借项					
资产总计		660,984,027.72	673,547,599.15	704,196,356.72	736,385,464.79
负债及股东权益					
流动负债:					
短期借款	注14	82,530,000.00	84,430,000.00	72,310,000.00	74,210,000.00
应付票据				6,300,000.00	6,300,000.00
应付帐款	注15	96,709,844.86	98,914,962.70	79,988,190.00	84,289,470.87
预收帐款	注16	7,114,519.21	7,653,302.01	4,731,827.21	5,238,110.68
代销商品款					
应付工资			404,011.30		171,335.14
应付福利费		10,445,561.12	10,611,115.68	1,383,755.86	1,709,617.51
应付股利	注17	660,800.00	2,746,876.65	615,800.00	686,840.20
应交税金	注18	9,307,237.99	10,777,167.52	12,070,574.31	14,151,091.42
其他应交款	注19	576,859.66	870,360.50	781,380.31	1,158,106.82
其他应付款	注20	26,971,490.01	28,238,427.64	34,673,681.72	39,003,725.44
预提费用	注21	962,006.83	962,006.83	550,283.46	550,283.46
一年内到期长期负债					
其他流动负债					
流动负债合计		235,278,319.68	245,608,230.83	213,405,492.87	227,468,581.54
长期负债:					
长期借款	注22	19,246,920.94	19,366,920.94	69,494,420.94	69,614,420.94
应付债券					
长期应付款			375,955.94	2,836,171.00	2,836,171.00
住房周转金		-13,859,960.95	-15,351,881.31	-17,809,547.79	-19,301,468.15
其他长期负债					
长期负债合计		5,386,959.99	4,390,995.57	54,521,044.15	53,149,123.79
递延税项:					
递延税款贷项	注23	8,984,022.29	8,984,022.29	7,985,797.59	7,985,797.59
负债合计		249,649,301.96	258,983,248.69	275,912,334.61	288,603,502.92
少数股东权益			3,126,909.62		18,920,784.30
股东权益:					
股本	注24	232,660,000.00	232,660,000.00	232,660,000.00	232,660,000.00
资本公积	注25	152,420,674.85	152,420,674.85	152,463,582.02	152,463,582.02
盈余公积	注26	30,259,992.56	30,259,992.56	33,641,270.40	33,641,270.40
其中:公益金		24,716,134.74	24,716,134.74	26,406,773.66	26,406,773.66
未分配利润	注27	-4,005,941.65	-3,903,226.57	9,519,169.69	10,096,325.15
外币报表折算差额					
所有者权益合计		411,334,725.76	411,437,440.84	428,284,022.11	428,861,177.57
负债及所有者权益合计		660,984,027.72	673,547,599.15	704,196,356.72	736,385,464.79

现 金 流 量 表

被审计单位:四川金顶(集团)股份有限公司　　2000年1-12月

项　目	附注	母公司	合并数
一、经营活动产生的现金流量:			
销售商品、提供劳务收到的现金		155,273,397.63	201,601,837.09
收到的租金			
收到的税费返还			
收到的其他与经营活动有关的现金		27,860,354.16	28,182,957.17
现金流入小计		183,133,751.79	229,784,794.26
购买商品、接受劳务支付的现金		87,969,545.44	124,926,988.65
经营租赁所支付的现金			
支付给职工以及为职工支付的现金		32,921,913.93	35,563,831.18
支付的增值税款		14,219,909.01	15,586,059.43
支付的所得税款		3,585,300.00	3,585,300.00
支付的除增值税、所得税以外的其他税费		3,998,222.15	4,160,518.84
支付的其他与经营活动有关的现金	注33	26,698,583.59	32,352,602.18
现金流出小计		169,393,474.12	216,175,300.28
经营活动产生的现金流量净额		13,740,277.67	13,609,493.98
二、投资活动产生的现金流量:			
收回投资所收到的现金			
分得股利或利润所收到的现金			12,000.00
取得债券利息收入所收到的现金			
处置固定资产、无形资产和其他长期资产而收到的现金净额			
收到的其他与投资活动有关的现金			94,169.51
现金流入小计			106,169.51
购建固定资产、无形资产和其他长期资产所支付的现金		68,679,435.12	68,679,435.12
权益性投资所支付的现金			
债权性投资所支付的现金			
支付的其他与投资活动有关的现金			
现金流出小计		68,679,435.12	68,679,435.12
投资活动产生的现金流量净额		-68,679,435.12	-68,573,265.61
三、筹资活动产生的现金流量:			
吸收权益性投资所收到的现金			
其中:子公司吸收少数股东权益性投资收到的现金			
发行债券所收到的现金			
借款所收到的现金		60,000,000.00	60,000,000.00
收到的其他与筹资活动有关的现金			
现金流入小计		60,000,000.00	60,000,000.00
偿还债务所支付的现金		19,600,000.00	19,600,000.00
发生筹资费用所支付的现金		269,782.91	269,782.91
分配股利或利润所支付的现金		45,000.00	45,000.00
其中:子公司支付少数股东的股利			
偿付利息所支付的现金		4,420,808.82	4,568,630.64
融资租赁所支付的现金			
减少注册资本所支付的现金			
其中:子公司依法减资支付给少数股东的现金			
支付的其他与筹资活动有关的现金		151,395.50	151,395.50
现金流出小计		24,486,987.23	26,634,809.05
筹资活动产生的现金流量净额		35,513,012.77	35,365,190.95
四、汇率变动对现金的影响额			
五、现金及现金等价物净增加额			
补充资料		-19,426,144.68	-19,598,580.68
1、不涉及现金收支的投资和筹资活动			
以固定资产偿还债务			
以投资偿还债务			
以固定资产进行投资			
以存货偿还债务			
2、将净利润调节为经营活动的现金流量			
净利润(亏损以'-'号填列)		16,906,389.18	17,380,829.56
加:少数股东损益(亏损以'-'号填列)			-1,237,839.32
计提的坏帐准备或转销的坏帐		-667,617.87	-634,509.95
固定资产折旧		11,142,310.70	12,777,484.72
无形资产、长期待摊费用摊销		11,218,345.58	11,547,946.35
待摊费、长期待摊费用的减少		-3,744,863.52	-3,928,131.52
预提费用的增加		-411,723.37	-411,723.37
处置固定资产、无形资产和其他长期资产的损失(减:收益)			
固定资产报废损失			
财务费用		4,276,819.66	4,420,808.82
投资损失(减:收益)		120,457.08	-1,561,061.36
递延税款贷项(减:借项)			
存货的减少(减:增加)		5,563,083.80	6,448,854.65
经营性应收项目的减少(减:增加)		-17,708,764.23	-14,747,262.41
经营性应付项目的增加(减:减少)		-12,954,159.34	-16,445,902.19
其他			
经营活动产生的现金流量净额		13,740,277.67	13,609,493.98
3、现金及现金等价物增加情况:			
现金的期末余额		22,821,969.41	23,558,343.51
减:现金的期初余额		42,248,114.09	43,156,924.19
加:现金等价物的期末余额			
减:现金等价物的期初余额			
现金及现金等价物净增加额		-19,426,144.68	-19,598,580.68

上海邮电通信设备股份有限公司

二○○○年年度报告摘选

一、公司简介

1、公司法定中文名称：上海邮电通信设备股份有限公司
英文名称：SHANGHAI POSTS & TELECOMMUNICATIONS EQUIPMENT CO.,LTD.
英文缩写：P & T
2、公司法定代表人：李永林
3、公司董事会秘书：杨家霖
公司董事会证券董事务代表：周应昕
联系地址：上海市宜山路680号邮通商苑221室
电话：86－21－64834310 86－21－64360900－2371
传真：86－21－64333435、86－21－64834310
邮政编码：200233
4、公司注册、办公地址：上海市宜山路700号
邮政编码：200233
公司国际互联网网址：http://www.shpte.com.cn
公司电子信箱：spte@public6.sta.net.cn
5、公司选定的信息披露报纸：《上海证券报》、《香港商报》、《南华早报》
登载公司年度报告的国际互联网网址：http://www.sse.com.cn
公司年度报告备置地点：上海市宜山路680号邮通商苑221室
6、公司股票上市交易所：上海证券交易所
股票简称及代码：A股：上海邮通　　600680
B股：邮通B股　　900930

二、会计数据和业务数据摘要

1、本年度主要会计数据：（单位：人民币元）

项目	金额
利润总额	29865814.36
净利润	27673041.06
扣除经常性损益后的净利润	27060109.87
主营业务利润	110912735.67
其他业务利润	14733980.85
营业利润	3265153.18
投资收益	27087181.22
补贴收入	130026.93
营业外收支净额	－616546.97
经营活动产生的现金流量净额	35812618.63
现金及现金等价物净增加额	68117536.33

注：扣除的非经常性项目和涉及金额：补贴收入130026.93元、固定资产处理损失13523.92元、股权投资差额摊销490956.08元、股权转让净收益989240.26元、罚金支出1856元。

2、境内外审计差异说明

	2000年 人民币千元
按中国会计规定所计算的2000年度利润	27673
按国际会计准则作出的调整数：	
(1)山崎部分股权转让因以前年度调整而产生的损失	－2127
(2)计提存货及坏帐准备的差异	2841
(3)按国际会计准则冲减开办费	－3570
(4)按国际会计准则冲回开办费摊销	512
(5)其他	165
按国际会计准则所计算的全年度净利润	25494

3、近三年主要会计数据及财务指标

单位：人民币元

指标项目	2000年	1999年	1998年
主营业务收入	555540379.27	515312958.76	554233169.70
净利润	27673041.06	12132538.36	6494119.80
总资产	1177456246.04	1031593656.99	974113885.11
股东权益	540769819.06	522185462.13	510591880.85
每股收益（摊薄）	0.091	0.04	0.036
（加权）	0.091	0.05	0.036
扣除非经常性损益后的每股收益	0.089	0.03	
每股净资产	1.773	1.71	2.68
调整后的每股净资产	1.65	1.63	2.57
每股经营活动产生的现金流量净额	0.117	－0.14	0.33
净资产收益率（%）	5.12	2.32	1.27

三、股东情况介绍

1、报告期末股东总数

截至2000年12月31日止，公司股东合计数为14236户。其中A股股东数为9362户，B股股东数为4874户。

2、主要股东持股情况（前10名股东）

股东名称	年末持股数（万股）	占总股本（%）
1、中国普天信息产业集团公司	12874.9337	42.22
2、TOYO SECURITIES ASIA LTD. A/C CLIENT	1014.8856	3.33
3、海通证券有限公司	552.9680	1.81
4、深圳力科企业股份有限公司	429.9360	1.41
5、深圳经济特区证券公司上海业务部	418.6874	1.37
6、裕元基金	370.1107	1.21
7、MERRILL LYNCH NOMINEES(HK)LTD	318.7069	1.05
8、NAITO SECURITIES CO.,LTD.	297.8784	0.98
9、NIKKO SECURITIES TOKYO LTD.	276.6784	0.91
10、东方投资	229.4000	0.75

注：以上10名股东中，第1名股东为国有法人股股东，第2、7、8、9股东均为B股股东，第3、4、5、10股东均为境内社会法人股股东。前十名股东不存在关联关系。

持有本公司5%（含5%）股份的股东所持股份报告期内无质押和冻结情况。

武汉诚成文化投资集团股份有限公司

二○○○年年度报告摘选

一、公司简介

1、公司中文名称：武汉诚成文化投资集团股份有限公司
公司英文名称：WUHAN CHENG CHENG INVESTMENT IN CULTURE GROUP CO.,LTD
2、公司法定代表人：刘 波
3、公司董事会秘书：邹毅生
董事会证券事务代表：黄 博
联系地址：武汉市汉口民意四路55号
联系电话：027－85863470　　传真：027－85863470
E－MAIL：STOCK@WHCCIC.COM
4、公司注册及办公地址：武汉市汉口民意四路55号
邮政编码：430022
互联网址：http://WWW.WHCCIC.COM
5、公司选定的信息披露报纸：《上海证券报》、《中国证券报》
登载公司年度报告的国际互联网网址：http://WWW.SSE.COM.CN
公司年度报告备置地点：董事会秘书办公室
6、公司股票上市地：上海证券交易所
股票简称：诚成文化　　股票代码：600681

二、会计数据与业务数据摘要

1、本年度利润总额及构成（单位：元）

项目	金额
利润总额	53,720,736.05
净利润	30,974,170.81
扣除非经常损益后的净利润	29,356,636.56
主营业务利润	89,363,161.77
其他业务利润	1,408,682.69
营业利润：	50,223,217.63
投资收益：	4,168,019.63
补贴收入：	0
营业外收支净额：	－670,501.27
经营活动产生的现金流量净额：	17,126,086.82
现金及现金等价物净增加额：	－26,643,261.51
注：扣除非经常损益项目及金额（元）：	
(1)固定资产清理损益影响净利润	－41,708.30
(2)按新会计准则确认资产置换形成的损失而影响的净利润	－2,358.66
(3)处置长期股权投资形成净利润	1,661,601.19

2、近三年主要会计数据和财务指标（单位：元）

指标项目	2000年度	1999年度		1998年度	
		调整后	调整前	调整后	调整前
主营业务收入	238,036,238.77	157,591,014.98	273,675,324.07	174,813,735.80	289,337,030.00
净利润	30,974,170.81	3,503,513.42	6,098,866.86	14,945,013.23	23,921,151.55
总资产	670,673,781.40	575,257,799.57	661,908,681.17	543,763,504.92	636,029,073.17
股东权益	359,876,311.85	338,382,470.69	367,523,015.77	335,418,786.99	361,424,148.91
每股收益(摊薄)	0.15	0.025	0.04	0.11	0.17
每股收益(加权)	0.15	0.025	0.04	0.11	0.17
扣除非经常性损益后的每股收益	0.14	0.025	0.04	0.11	0.17
每股净资产	1.73	2.44	2.65	2.42	2.61
调整后每股净资产	1.66	2.37	2.43	2.35	2.49
每股经营活动产生的现金流量净额	0.082	0.02	0.01	0.82	0.78
净资产收益率(摊薄)%	8.61	1.035	1.66	4.46	6.62
净资产收益率(加权)%	8.75	1.04	1.67	4.58	6.84

3、按照中国证监会《公开发行股票公司信息披露编报规则（第9号）》要求计算的利润数据：

报告期利润	净资产收益率（%）		每股收益（元/股）	
	全面摊薄	加权平均	全面摊薄	加权平均
主营业务利润	24.83	25.25	0.43	0.43
营业利润	13.96	14.19	0.24	0.24
净利润	8.61	8.75	0.15	0.15
扣除非经常损益后净利润	8.16	8.30	0.14	0.14

1999年度利润	净资产收益率（%）		每股收益（元/股）	
	全面摊薄	加权平均	全面摊薄	加权平均
主营业务利润	13.28	13.32	0.32	0.32
营业利润	2.61	2.62	0.064	0.064
净利润	1.035	1.04	0.025	0.025
扣除非经常损益后净利润	1.035	1.04	0.025	0.025

三、股本变动及股东情况

1、股本变动情况表
公司股份变动情况

数量单位：股

股份类别	期初数	本次变动增减（＋、－）						期末数
		配股	送股	公积金转股	增发	其他	小计	
一.未上市流通股份								
1.发起人股份	17,441,908			+8,720,954			+8,720,954	26,162,862
其中：国家持有股份	9,785,908			+4,892,954			+4,892,954	14,678,862
境内法人持有股份	7,656,000			+3,828,000			+3,828,000	11,484,000
境外法人持有股份								
其 他								
2 募集法人股份	48,920,912			+24,460,456			+24,460,456	73,381,368
3.内部职工股								
4.优先股或其他	8,769,600					－8,769,600	－8,769,600	0
其中：转配股	8,769,600					－8,769,600	－8,769,600	0
未上市流通股份合计	75,132,420			+24,411,810			+24,411,810	99,544,230
二.已上市流通股份								
1.人民币普通股	63,579,600			+44,944,200			+44,944,200	108,523,800
2.境内上市外资股								
3.境外上市的外资股								
4.其他								
已上市流通股份合计	63,579,600			+44,944,200			+44,944,200	108,523,800
三.股份总数	138,712,020			+69,356,010			+69,356,010	208,068,030

南京新街口百货商店股份有限公司

二〇〇〇年年度报告摘选

一、公司简介

1. 公司名称:南京新街口百货商店股份有限公司
英文全称:Nanjing XinjieKou Department Store C0. ltd
英文缩写:NXDSC
2. 公司法定代表人:黄树森先生
3. 公司董事会秘书:凌泽幸先生
授权代表:陈苹女士
联系地址:南京市中山南路三号新七楼
联系地址:公司新七楼证券办
电话:(025)4721829　　电话:(025)4717494
传真:(025)4724722　　传真:(025)4724722
电子信箱:lzx@njxb. com
电子信箱:njxbgs. z@public1. ptt. js. cn
4. 公司注册地址:南京市中山南路三号
公司办公地址:南京市中山南路三号
邮政编码:210005
公司电子信箱:njxbgs. z@public1. ptt. js. cn
公司国际互联网网址:http://www. njxb. com
5. 公司选定的信息披露报纸:《中国证券报》、《上海证券报》
刊登公司年度报告的中国证监会指定国际互联网网址:http://www. sse. com. cn
公司年度报告备置地点:南京市中山南路3号新七楼证券办
6. 公司股票上市地:上海证券交易所
股票简称:南京新百　　证券代码:600682

二、会计数据和业务数据摘要

1. 本年度会计数据与业务数据摘要　　单位:元

项　目	2000年
①利润总额	87,467,741.20
②净利润	71,825,892.47
③扣除非经常性损益后的净利润	71,825,892.47
④主营业务利润	243,783,380.58
⑤其它业务利润	9,858,127.74
⑥营业利润	90,518,104.66
⑦投资收益	-3,592,243.44
⑧营业外收支净额	541,879.98
⑨经营活动产生的现金流量净额	155,336,434.72
⑩现金及现金等价物净增加额	182,353,287.77

2、公司近三年主要会计数据及财务指标　　单位:元

项目	二000年	九九年		九八年	
		调整前	调整后	调整前	调整后
主营业务收入	1,347,402,812.86	1,275,059,339.39	1,275,059,339.39	1,241,013,030.04	1,241,013,030.04
净利润	71,825,892.47	57,168,531.98	54,762,817.69	64,385,300.97	45,877,905.99
总资产	1,409,894,100.18	1,129,872,387.28	1,129,872,387.28	1,095,030,690.66	1,035,946,019.00
股东权益	852,106,845.20	514,354,740.80	511,949,026.51	535,388,513.61	476,303,841.95
每股收益(摊薄)	0.31	0.30	0.29	0.34	0.24
加权平均每股收益	0.36	0.30	0.29	0.34	0.24
每股净资产	3.70	2.69	2.68	2.80	2.49
调整后的每股净资产	3. 51	2.65	2.64	2.75	2.44
净资产收益率%(摊薄)	8.43	11.11	10.70	12.03	9.63
加权平均净资产收益率%	12.02	10.14	10.87	11.89	9.33
每股经营活动产生的现金流量净额	0.67	0.50	0.50	0.81	0.81
扣除非经营性损益后的每股收益	0.31	0.30	0.29	0.34	0.24

3. 股东权益变动情况

项目	股本	资本公积	盈余公积	其中:法定公益金	未分配利润	股东权益合计
期初数	191,176,331.30	260,375,258.30	62,558,812.29	859,219.51	-2161375.38	511,949,026.51
本期增加	39,031,880.00	263,831,277.92	36,925,769.54	7,236,261.05	42,957,351.75	382,746,279.21
本期减少	-	-	8,057,228.82	8,057,228.82	34,531,231.70	42,588,460.52
期末数	230,208,211.30	524,206,536.22	91,427,353.01	38,251.74	6,264,744.67	852,106,845.20

变动原因:
(1)本报告期股本增加为本年度配股所致。
(2)本报告期资本公积增加为公司本年度溢价配股所致。
(3)本报告期其他权益变动的原因是按规定提取盈余公积金及分配股利所致。
(4)本报告期法定公益金减少的原因是购买职工住房所致。

三、股东情况介绍

(1)报告期末的股东数量

截止2000年12月31日,公司股东数量为86752户,其中国家股1户,法人股247户,社会个人股86504户。

(2)主要股东持股情况(前十名股东)

名次	股东名称	年末持股数(万股)	占总股本(%)
①	南京市国有资产经营控股有限公司(国家股)	5638.26	24.49
②	工商信息	300	1.30
③	南京商业网点	195	0.85
④	华泰证券	158.64	0.69
⑤	上海世兴公司	122.75	0.53
⑥	深圳天久实业有限公司	75	0.33
⑦	江苏财政证券	60	0.26
⑧	南京熊猫电子	50.32	0.22
⑨	南京安泰实业公司	43.5	0.19
⑩	张花	40.49	0.18

宁波华联集团股份有限公司

二〇〇〇年年度报告摘选

一、公司简介

(一)公司法定中英文名称
中文名称:宁波华联集团股份有限公司
英文名称:NINGBO HUALIAN GROUP CO. ,LTD
英文缩写:NBHL
(二)公司法定代表人:沈国军
(三)公司董事会秘书:钟明海
董秘授权代表:马林霞
联系地址:宁波市东渡路55号华联大厦
联系电话:(0574)7361088-3801、3802
传真:(0574)7367652
(四)公司注册地址:宁波市中山东路238号
办公地址:宁波市东渡路55号华联大厦
邮政编码:315000
公司网址:http://www. nbhl. com
电子信箱E-mail:hualian@ public. nbptt. zj. cn
(五)公司选定的信息披露报纸名称:中国证券报
登载公司年度报告的国际互联网网址:http://www. sse. com. cn
公司年度报告备置地点:本公司总经理办公室
(六)公司股票上市交易所:上海证券交易所
股票简称:ST甬华联
股票代码:600683

二、会计数据和业务数据摘要

(一)本年度主要会计数据(单位:元)

项目	金额
利润总额	6,511,044.42
净利润	6,839,588.25
扣除非经常性损益后的净利润	-16,212,444.50
主营业务利润	52,351,503.18
其他业务利润	7,518,434.29
营业利润	-22,071,353.84
投资收益	7,046,082.03
补贴收入	587,310.89
营业外收支净额	20,949,005.34
经营活动产生的现金流量净额	8,028,109.71
现金及现金等价物净增加额	3,076,749.89
注:扣除的非经常性损益项目和涉及的金额:	23,052,032.75
项目:股权转让收益	670,990.00
处置不动产收益	18,856,395.07
拆迁赔偿收益	3524,647.68

(二)前三年主要会计数据和财务指标(单位:元)

指标项目	2000年度	1999年		1998年	
		调整前	调整后	调整前	调整后
主营业务收入	660,535,684.55	733,092,144.75	733,092,144.75	775,574,661.49	775,574,661.49
净利润	6,839,588.25	-308,940,185.81	-280,629,305.64	-67,555,441.80	-71,511,436.74
总资产	884,181,289.17	975,079,431.88	975,426,173.74	1,286,161,144.84	1,265,808,319.23
股东权益	233,000,681.44	198,574,929.41	226,885,809.58	527,511,035.19	507,200,857.55
每股收益(全面摊薄)	0.03	-1.55	-1.41	-0.34	-0.36
每股收益(加权平均)	0.03	-1.55	-1.41	-0.34	-0.36
扣除非经营性损益后的每股收益	-0.08	-1.36	-1.37	-0.33	-0.35
每股净资产	1.17	1.00	1.14	2.65	2.55
调整后的每股净资产	1.12	0.96	1.10	2.51	2.44
每股经营活动产生的现金流量净额	0.04	0.11	0.11	0.09	0.09
净资产收益率(%)	2.94	-155.58	-123.69	-12.81	-14.10

(三)利润表附表(按《公开发行证券公司信息披露编报规则第9号》规定计算及披露)

报告期利润	净资产收益率(%)		每股收益(元)	
	全面摊薄	加权平均	全面摊薄	加权平均
主营业务利润	22.47	22.73	0.26	0.26
营业利润	-9.47	-9.58	-0.11	-0.11
净利润	2.94	2.97	0.03	0.03
扣除非经常性损益后的净利润	-6.96	-7.04	-0.08	-0.08

三、股东情况介绍

(一)股东总数截止2000年12月31日,持有本公司股份的股东总数为35544户。
(二)前10名股东持股情况

股东名称	年末持股数(股)	持股比例(%)	备注
中国银泰投资公司	42,655,600	21.41	未上市流通
宁波金港信托投资有限公司	4,018,820	2.02	未上市流通
交通银行宁波市分行	3,338,000	1.70	未上市流通
中国糖业酒类集团公司	3,042,000	1.53	未上市流通
宁波市工商银行劳动服务公司	2,535,000	1.27	未上市流通
南京新港开发总公司	2,197,000	1.10	未上市流通
宁波国际经济技术合作公司	1,352,000	0.68	未上市流通
宁波保税区华能联合开发有限公司	1,183,000	0.59	未上市流通
宁波市燃料公司	1,183,000	0.59	未上市流通
浙江物产元通机电(集团)有限公司	1,014,000	0.52	未上市流通

注:持有公司5%以上股份的中国银泰投资公司年度内股份增加42,655,600股,系协议受让原国家股所致,其所持股份无质押或冻结情况。上述前10名股东之间不存在关联关系。

广州珠江实业开发股份有限公司

二〇〇〇年年度报告摘选

一、公司简介

1 、公司名称:广州珠江实业开发股份有限公司
英文名称:GUANGZHOU PEARL RIVER INDUSTRIAL DEVELOPMENT CO. LTD
英文缩写:GZPR
2 、公司法定代表人:周孟尝
3 、公司董事会秘书:黄宇文
联系地址:广州市华乐路 49 号二楼 董事会秘书处
联系电话:020 - 83838056　　传真:020 - 83808469
电子信箱:黄宇文@fm365.com
公司董事会证券事务代表:黄静
联系地址:广州市华乐路 49 号二楼 董事会秘书处
联系电话:020 - 83808496　　传真:020 - 83808469
电子信箱:黄静(珠江)@fm365.com
4 、公司注册地址及办公地址:广州市华乐路 49 号二楼
邮政编码:510060
公司国际互联网网址:http://www.gzzjsy.com.
公司电子信箱:Gzzjsy@gzzjsy.com
5 、公司选定的信息披露报纸名称:《上海证券报》
登载公司年度报告的中国证监会指定国际互联网网址:http://www.sse.com.cn
公司年度报告备置地点:公司董事会秘书处
6 、公司股票上市交易所:上海证券交易所
股票简称:珠江实业　　股票代码:600684

二、会计数据和业务数据摘要

1 、公司本年度主要指标情况(金额单位:人民币元)

利润总额	-101,452,384.43
净利润	-102,035,837.32
扣除非经常性损益后的净利润	-23,396,727.65
主营业务利润	-12,135,012.55
其他业务利润	6,898,993.03
营业利润	-110,674,565.89
投资收益	10,997,926.98
补贴收入	0
营业外收支净额	-1,775,745.52
经营活动产生的现金流量净额	-39,711,957.53
现金及现金等价物净增加额	-4,940,764.45

2 、公司报告期和前三年的主要会计数据和财务指标

指标名称	2000 年年度	1999 年年度	1998 年年度
主营业务收入(元)	103,307,384.27	6,724,779.73	117,271,513.89
净利润(元)	-102,035,837.32	20,291,228.73	37,469,218.41
总资产(元)	1,060,046,539.50	1,206,347,594.97	1,206,397,801.67
股东权益(元)	575,404,274.01	677,424,775.56	666,460,300.43
每股收益(元)	-0.55	0.11	0.20
每股净资产(元)	3.08	3.62	3.56
调整后的每股净资产(元)	2.11	3.51	3.47
每股经营活动产生现金流量净额(元)	-0.21	-0.47	-1.18
净资产收益率(%)	-17.73	3.00	5.62
扣除非经营性损益后的净资产收益率(%)	-4.07	3.01	7.54

注:1 、以上数据根据公司合并会计报表数据填列或计算后填列。
2 、报告期末止,公司股本无变化。
3 、报告期内股东权益变动情况(单位:人民币元)

项 目	股本	资本公积	盈余公积	法定公益金	未分配利润	股东权益合计
期初数	187,039,387.20	358,158,513.11	109,916,421.19	19,556,057.37	22,310,454.06	677,424,775.56
本期增加			15,335.77		-102,035,837.32	-102,020,501.55
本期减少						
期末数	187,039,387.20	358,158,513.11	109,931,756.96	19,556,057.37	-79,725,383.26	575,404,274.01

3、根据中国证监会《公开发行证券公司信息披露编报规则》(第九号)要求,利润附表列示如下:

项目	净资产收益率(%)		每股收益(元)	
	全面摊薄	加权平均	全面摊薄	加权平均
主营业务利润	-2.11	-2.11	-0.06	-0.06
营业利润	-19.23	-19.23	-0.59	-0.59
净利润	-17.73	-17.73	-0.55	-0.55
扣除非经常性损益后的净利润	-4.07	-4.07	-0.13	-0.13

三、股本变动及股东情况

(一)股本变动情况
1 、股份变动情况表　　数量单位:股

	期初数	本次变动增减(+,-)						期末数
		配股	送股	公积金转股	增发	其他	小计	
一、未上市流通股份								
1 、发起人股份								
其中:国家持有股份	12903437.00							12903437.00
境内法人持有股份	74100940.20							74100940.20
境外法人持有股份								
其他								
2 、募集法人股份								
3 、内部职工股								
4 、优先股或其他								
其中:转配股	27878500.00							0
未上市流通股份合计	114791877.20							87004377.20
二、已上市流通股份								
1 、人民币普通股	72247510.00							100035010.00
2 、境内上市的外资股								
3 、境外上市的外资股								
4 、其他								
已上市流通股份合计	72247510.00							100035010.00
三、股份总数	187039387.20							187039387.20

广州广船国际股份有限公司

二〇〇〇年年度报告摘选

一、公司简介

公司法定中文名称:广州广船国际股份有限公司
公司法定英文名称:GUANGZHOU SHIPYARD INTERNATIONAL COMPANY LIMITED
公司英文名称缩写:GSI
公司法定代表人:胡国良
公司董事会秘书:李志东
联系地址:中国,广州市芳村大道南 40 号
电 话:(020)81896411　　传 真:(020)81891575
电子信箱:lzd@chinagsi.com
公司注册地址及办公地址:中国,广州市芳村大道南 40 号　　邮 政 编 码:510382
公司国际互联网网址:www.chinagsi.com
公司电子信箱:gsi@chinagsi.com
公司选定的信息披露报纸名称:上海证券报、香港『商报』、『Hong Kong iMail』
登载公司年度报告的网址:www.sse.com.cn
公司年度报告备置地点:公司董事会秘书室
公司股票上市地:
A 股 —— 上海证券交易所
股票代码:600685　　股票简称:广船国际
H 股 —— 香港联合交易所有限公司
股票代码:317　　股票名称:广船国际

二、会计数据和业务数据摘要

(一)本年度实现的利润总额及其构成
本年度本公司及其附属公司(统称『本集团』)实现的利润及其构成如下:
1 、按中华人民共和国会计准则编制

	人民币千元
利润(亏损)总额	(715,651)
净利润(亏损)	(725,870)
扣除非经常性损益后的净利润(亏损)(注)	(3,537)
主营业务利润	104,559
其他业务利润	4,747
营业利润(亏损)	(745,445)
投资收益	1,133
补贴收入	65,010
营业外收支净额	(36,349)
经营活动产生的现金流量净额	23,914
现金及现金等价物净增加(减少)额	(305,386)

注:非经常性损益项目的性质与所涉及的金额具体如下:

信托存款增加坏帐准备	人民币 350,433 千元
建造合同预计损失准备	人民币 326,432 千元
预提中铁箱费用	人民币 45,468 千元

2 、按香港普遍采纳之会计原则编制

	人民币千元
除税前盈利(亏损)	(721,762)
股东应占盈利(亏损)	(728,710)

(二)主要会计数据及财务指标
1 、按中华人民共和国会计准则编制
(以人民币千元计算)

	2000 年	1999 年	1998 年
主营业务收入	2,222,270	2,281,357	1,863,084
利润(亏损)总额	(715,651)	19,350	30,069
净利润(亏损)	(725,870)	1,101	19,032
资产总值	2,418,381	3,466,470	3,357,982
负债总额	1,732,594	2,057,312	1,955,226
股东权益(不含少数股东权益)	628,825	1,351,865	1,350,414
每股收益(亏损)(人民币元)(按年末股数计算)	(1.4674)	0.0022	0.0385
每股收益(亏损)(人民币元)(按加权平均股数计算)	(1.4674)	0.0022	0.0385
每股净资产(人民币元)(按年末股数计算)	1.2712	2.73	2.73
调整后的每股净资产(人民币元)(按年末股数计算)	1.12	2.69	2.69
每股经营活动产生的现金流量净额(按年末股数计算)	0.0483	0.0381	(0.375)
净资产收益(亏损)率(%)(按年末股东权益数计算)	(1.1543)	0.0814	1.41
净资产收益(亏损)率(%)(按年初与年末股东权益平均数计算)	(73.2946)	0.0815	1.41
股东权益比率(%)(股东权益/资产总值×100%)	26.00	39	40.22
流动比率(流动资产/流动负债)	0.8501	1.38	1.39

三、股东情况介绍

1 、主要股东持股情况
截至 2000 年 12 月 31 日止年度内持有本公司股份的前 10 名股东的名称及其年末持股数量载列如下:

序号	名称	股份类别	年末持股数(股)	占总股本比例(%)
1	中国船舶工业集团公司	国家持有股份	210,800,080	42.61
2	HKSCC NOMINEES LIMITED	H股	134,189,999	27.13
3	HSBC NOMINEES(HONG KONG)LIMITED	H股	4,714,000	0.95
4	CHAN CHEUK SANG	H股	2,000,000	0.40
5	TONG WAN LUNG	H股	1,052,000	0.21
6	TONG WAN SANG DAVID	H股	932,000	0.19
7	EASTERN HIGHLAND LIMITED	H股	700,000	0.14
8	EAST HARBOUR LIMITED	H股	700,000	0.14
9	江涛	A股	700,000	0.14
10	MOK YEE CHOR	H股	500,000	0.10

厦门汽车股份有限公司

二〇〇〇年年度报告摘选

一、公司简介

1 、公司法定中文名称：厦门汽车股份有限公司
公司法定英文名称：XIAMEN MOTOR CO. ,LTD.
英文缩写：AMC
2 、公司法定代表人：林小雄
3 、公司董事会秘书：姚永宁
董事会证券事务代表：唐祝敏
联系地址：厦门市厦禾路 820 号帝豪大厦 28 层
邮政编码：361004
电话：0592－2962988
传真：0592－2960686
4 、公司注册地址：厦门市厦禾路 820 号帝豪大厦 27－28 层
公司办公地址：厦门市厦禾路 820 号帝豪大厦 27－28 层
邮政编码：361004
国际互联网网址：http://www.amc.com.cn
电子信箱：amc@public.xm.fj.cn
5 、公司选定的信息披露报刊：《上海证券报》
中国证监会指定刊载本报告的国际互联网网址：http://www.sse.com.cn
公司年度报告备置地点：公司董事会秘书室
6 、公司股票上市交易所：上海证券交易所
股票简称：厦门汽车　　股票代码：600686

二、会计数据和业务数据摘要

1 、本年度主要业务指标（合并报表）（单位：万元）

项目	金额
(1) 利润总额	6265.27
(2) 净利润	3674.83
(3) 扣除非经常性损益后的净利润 *	3325.67
(4) 主营业务利润	16377.92
(5) 其他业务利润	614.95
(6) 营业利润	3846.05
(7) 投资收益	1959.68
(8) 补贴收入	271.17
(9) 营业外收支净额	699.98
(10) 经营活动中产生的现金流量净额	8085.81
(11) 现金及现金等价物净增加额	7721.07

＊扣除非经常性损益项目和涉及金额：
① 法院判决收入：500 万元　　②财政补贴收入：271.17 万元
③ 滞纳金支出及罚款支出：353.83 万元　　④退回增值税多返还：31.69 万元
⑤ 固定资产清理损失：13.50 万元　　⑥捐赠支出：22.98 万元

利润表附表：

2000 年度利润	净资产收益率（%）		每股收益（元）	
	全面摊薄	加权平均	全面摊薄	加权平均
主营业务利润	52.74	52.59	1.08	1.08
营业利润	12.39	12.35	0.25	0.25
净利润	11.83	11.80	0.24	0.24
扣除非经营性损益后的净利润	10.71	10.68	0.22	0.22

2 、公司近三年主要会计数据及财务指标（合并报表）

财 务 指 标	2000 年	1999 年	1998 年	
			调整前	调整后
(1)主营业务收入（万元）	86314.19	54772.37	48194.31	48078.25
(2)净利润（万元）	3674.83	3175.05	4546.65	3981.12
(3)总资产（万元）	89586.87	71006.57	69585.67	69607.12
(4)股东权益（万元）	31051.67	29326.47	26820.38	26618.84
(5)净利润的每股收益（全面摊薄）（元）	0.24	0.21	0.45	0.39
净利润的每股收益（加权平均）（元）	0.24	0.21	0.45	0.39
扣除非经常性损益后的净利润的每股收益元）	0.22	0.155		0.247
(6)每股净资产（元）	2.05	1.936	2.655	2.635
调整后的每股净资产（元）	1.98	1.922	2.548	2.546
(7)每股经营活动产生的现金流量净额（元）	0.53	0.748	0.03	0.03
(8)净利润的净资产收益率（全面摊薄）（%）	11.83	10.82	16.95	14.96
净利润的净资产收益率（加权平均）（%）	11.80	10.59	14.34	12.71
扣除非经常性损益后的净利润的净资产收益率（加权平均）	10.68	8.47		10.39

三、股东情况介绍

(1) 截止 2000 年末公司股东总数为 21503 户。
(2) 主要股东持股情况
截止 2000 年末，持有公司 5%以上股份及前 10 名股东的情况如下：

名次	股 东 名 称	期末持股数量（股）	持股比例（%）	报告期内持股增减（股）
1	厦门市财政局（国家股）	44,975,592	29.68	0
2	力又实业（深圳）有限公司（法人股）	16,362,000	10.80	0
3	厦门远华电子有限公司（法人股）	10,740,000	7.09	0
4	厦门永昌投资咨询有限公司（法人股）	7,920,000	5.23	0
5	中国汽车工业有限公司（法人股）	7,500,000	4.95	0
6	兴业证券	6,691,867	4.42	增持
7	厦门民兴工业有限公司（法人股）	3,600,000	2.38	0
8	皖科拓展	1,472,972	0.97	增持
9	田纪英	639,293	0.42	增持
10	芦斌	567,850	0.37	减持

厦门国泰企业股份有限公司

二〇〇〇年年度报告摘选

一、公司简介

1、公司中文名称：厦门国泰企业股份有限公司
公司英文名称：XIAMEN TITAN ENTERPRISES CO. ,LTD
英文名称缩写：TITAN
2、公司法定代表人：唐南军
3、公司董事会秘书：徐明星
股证事务代表：洪斐斐
联系地址：厦门市湖滨北路建业大厦 14 层
联系电话：0592－5113408
传真：0592－5113428
4、公司注册地址及办公地址：福建省厦门市湖滨北路建业大厦 14 层
邮政编码：361012
公司电子信箱：guotai@public.xm.fj.cn
5、公司年度报告备置地点：厦门市湖滨北路建业大厦 14 层本公司董事会秘书处
公司选定的信息披露报纸：《上海证券报》
登载公司年报的中国证监会指定国际互联网网址：http://www.sse.com.cn
6、公司股票上市交易所：上海证券交易所
股票简称：国泰股份
股票代码：600687

二、会计数据和业务数据摘要

1、本年度主要利润指标情况：（单位：人民币元）

项目	金额
利润总额	29,316,059.71
净利润	25,371,634.95
扣除非经常性损益后的净利润	27,200,319.00
主营业务利润	34,844,406.47
其他业务利润	3,195,976.50
营业利润	30,916,473.99
投资收益	－1,985,105.30
补贴收入	0.00
营业外收支净额	384,691.02
经营活动产生的现金流量净额	－34,014,867.02
现金及现金等价物净增加额	54,005,006.48

注：扣除非经常性损益项目和涉及金额：
转让股权收益　　－1,985,105.30

2、主要会计数据和财务指标：

指标项目	2000 年末	1999 年末	1998 年末	
		调整后	调整前	调整后
主营业务收入（元）	83,258,394.09	4,213,943.58	67,358,882.26	67,358,882.26
净利润（元）	25,371,634.95	10,784,568.13	15,285,215.30	14,124,508.90
总资产（元）	378,942,024.19	253,943,766.05	241,823,848.30	205,028,311.36
股东权益（元）	182,408,717.08	166,551,444.13	157,592,484.73	155,766,876.00
每股收益（摊薄）（元）	0.40	0.17	0.22	0.24
每股收益（加权）（元）	0.40	0.17		
扣除非经常性后的每股收益（元）	0.4313	－0.14	－0.03	－0.01
每股净资产（元）	2.88	2.62	2.45	2.48
调整后每股净资产（元）	2.88	2.45	2.25	2.48
每股经营活动产生的现金净流量（元）	－0.54	0.77	－0.16	－0.16
净资产收益率（%）	13.91	6.47	9.06	9.70

注：98 年数据调整系进行了四项计提。

三、股本变动及股东情况

1、截至 2000 年 12 月 29 日，公司在册股东数为 3388 户。
2、公司前十名最大股东情况（单位：万股）

序号	股东名称	年末持股数	占总股本（%）	持股性质
1	湖南长少新宇科技发展有限公司	1678.30	26.46	法人股
2	汕头市龙湖区创新科技投资有限公司	800	12.61	法人股
3	厦门国贸集团股份有限公司	440	6.94	法人股
4	北京恒能科技有限公司	300	4.73	法人股
5	上海金展电脑网络有限公司	300	4.73	法人股
6	长春吉大一小天鹅科学仪器有限公司	260	4.1	法人股
7	嵩海工会	27.50	0.43	法人股
8	南成汽运	22	0.35	法人股
9	李德奎	21.92	0.35	公众股
10	光银物业	20	0.32	法人股
	前十名最大股东持股合计	3869.72	61.01	

在以上股东中，湖南长沙新宇科技发展有限公司是公司第一大股东。

中国石化上海石油化工股份有限公司

二〇〇〇年年度报告摘选

一、公司简介

1. 公司名称:中国石化上海石油化工股份有限公司
简称:上海石化
英文名称:Sinopec Shanghai Petrochemical Company Limited
简称:SPC
2. 公司法定代表人:陆益平
3. 公司秘书:张经明
联系电话:(8621) 57943143
传真:(8621) 57940050
电子信箱:zhangjm@spc. com. cn
4. 公司注册地址:上海市、金山区金一路 48 号
办公地址:上海市、金山区金一路 48 号　　邮政编码:200540
网址:http://www. spc. com. cn
电子信箱:spc@spc. com. cn
5. 公司选定的信息披露报纸为:《上海证券报》、《中国证券报》、香港的《南华早报》及《文汇报》。如中英文发生歧义,以中文为准。
刊登公司年度报告指定网址为:http://www. sse. com. cn
公司年度报告备置地点:董事会秘书室
6. 公司股票上市地、股票简称、股票代码

股票种类	股票上市地	股票简称	股票代码
A 股	上海	上海石化	600688
H 股	香港	上海石化	338
ADR	纽约	SHI	

二、主要财务数据和业务数据摘要

(一)、按中华人民共和国会计准则编制
1. 公司 2000 年度主要业务数据

项目	金额(人民币千元)
主营业务利润	2,768,375
其他业务利润	84,194
营业利润	1,165,218
投资损失	17,748
补贴收入	5,465
营业外收支净额	(72,290)
利润总额	1,080,645
净利润及扣除非经常性损益后的净利润	903,932
经营活动产生的现金流量净额	2,945,750
现金及现金等价物净减少额	937,734

2. 财务数据与财务指标

指标项目	2000 年	1999 年	1998 年
主营业务收入(人民元千元)	20,467,583	14,386,482	11,080,854
净利润(人民币千元)	903,932	737,814	237,119
总资产(人民币千元)	22,099,657	21,908,455	22,209,191
股东权益(人民币千元)	13,817,038	12,958,736	12,580,922
每股收益(人民币元)	0.126	0.102	0.033
每股净资产(人民币元)	1.92	1.80	1.75
调整后每股净资产(人民币元)	1.85	1.74	1.71
每股经营活动产生的现金流量净额(人民币元)	0.41	0.43	0.26
净资产收益率(%)(年末)	6.54	5.69	1.88
净资产收益率(%)(加权)	6.75	5.78	1.89

3. 报告期内股东权益变动情况
(其中:　　单位:人民币千元

项目	股本	资本公积	盈余公积	法定公益金	未分配利润	股东权益合计
期初数	7,200,000	2,469,908	2,747,830	651,569	540,998	12,958,736
本期增加	—	386,370	180,786	90,393	903,932	1,471,088
本期减少	—	—	—	—	(612,786)	(612,786)
期末数	7,200,000	2,856,278	2,928,616	714,962	832,144	13,817,038

(二)依据中国证监会《公开发行证券公司信息披露编报规则(第 9 号)》要求计算的净资产收益率和每股收益:

报告期利润	净资产收益率		每股收益	
	全面摊薄(%)	加权平均(%)	全面摊薄 人民币元	加权平均 人民币元
主营业务利润	17.1	17.5	0.33	0.33
营业利润	7.9	8.2	0.15	0.15
净利润及扣除非经常性损益后净利润	6.5	6.8	0.13	0.13

三、股本结构及股东情况

1. 股本结构情况
截至 2000 年 12 月 31 日止,本公司的股本结构及变化如下:

	于 2000 年 12 月 31 日 股数(千股)	百分比 %	于 2000 年 1 月 1 日 股数(千股)	百分比 %
(一) 尚未流通股份				
中国石油化工集团公司持股(A 股)	–	–	4,000,000	55.56
中国石油化工股份有限公司持股(A 股)	4,000,000	55.56	–	–
社会法人持股(A 股)	150,000	2.08	150,000	2.08
小计	4,150,000	57.64	4,150,000	57.64
(二) 已流通股份				
境内上市的人民币普通股(A 股)	720,000	10.00	720,000	10.00
境外上市的外资股(H 股)	2,330,000	32.36	2,330,000	32.36
小计	3,050,000	42.36	3,050,000	42.36
(三) 股份总数	7,200,000	100.00	7,200,000	100.00

上海三毛纺织股份有限公司

二〇〇〇年年度报告摘选

一、公司简介

(一)、公司法定中、英文名称:
中文名称:上海三毛纺织股份有限公司
英文名称:SHANGHAI SANMAO TEXTILE CO. , LTD.
(二)、公司法定代表人:倪志华
(三)、公司董事会秘书:张黎芳
联系地址:上海许昌路 1150 号
联系电话:021 —65121377
传真:021 —65453247
公司 E - Mail 地址:sanmao@public6. sta. net . cn
(四)、公司注册地址:浦东大道 1476 号
邮政编码:200135
公司办公地址:上海许昌路 1150 号
邮政编码:200082
公司 E - Mail 地址:sanmao@public6. sta. net . cn
(五)、公司选定的信息披露报纸名称:《上海证券报》、《香港文汇报》
登载公司年度报告的中国证监会指定国际互联网网址:http ://WWW. SSE. COM. CN
公司年度报告备置地点:许昌路 1150 号公司总经理办公室
(六)、公司股票上市交易所:上海证券交易所
股票简称:上海三毛
股票代码:A600689
B900922

二、会计数据与业务数据(合并报表)

(一)、本年度利润总额及其构成
单位:人民币元

项　目	金　额
1、利润总额	83,624,069.74
2 、净利润	65,212,759.15
3 、扣除非经常性损益后的净利润	4,944,005.72
4 、主营业务利润	88,538,840.13
5 、其他业务利润	22,487,066,27
6 、营业利润	16,651,372.35
7 、投资收益	66,281,137,59
8 、补贴收入	639,530.57
9 、营业外收支净额	52,029.23
10 、经营活动产生的现金流量净额	－37,384,326.03
11 、现金及现金等价物净增加额	15,220,774.86

(二)、前三年主要会计数据和财务指标(合并报表)
(单位:人民币元)

项目	2000 年	1999 年	1998 年	
			调整后	调整前
主营业务收入	663,984,616.54	298,353,087.32	265,806,353.05	258,229,290.50
净利润	65,212,759.15	40,657,719.20	32,685,090.90	31,721,339.37
总资产	1,030,910,220.15	825,715,984.37	724,459,415.63	729,291,182.04
股东权益	534,889,096.33	480,709,746.08	442,457,603.96	442,573,436.31
每股收益(摊薄)	0.3893	0.2719	0.222	0.2121
每股收益(加权)	0.4114	0.2719	0.2590	0.2513
每股收益(扣除非经营性损益)	0.0295	0.0906	0.1570	0.1520
每股净资产	3.1935	3.2144	2.9586	2.9594
调整后的每股净资产	3.0900	3.1700	2.9300	2.9400
每股经营活动产生的现金流量净额	－0.2232	－0.2307	－0.2525	－0.2525
净资产收益率(%)(摊薄)	12.1920	8.4580	7.3870	7.1670
净资产收益率(%)(加权)	12.7000	8.7900	9.6500	9.3800
净资产收益率(%)(扣除非经常性损益)	0.9200	2.8200	4.8900	4.6800

利润表附表:
净资产收益率和每股收益:

报告期利润	净资产收益率(%)		每股收益(元)	
	全面摊薄	加权平均	全面摊薄	加权平均
1 、主营业务利润	16.5500	17.2500	0.5286	0.5585
2 、营业利润	3.1100	3.2400	0.0994	0.1050
3 、净利润	12.1900	12.700	0.3893	0.4114
4 、扣除非经常性损益后的净利润	0.9200	0.9600	0.0295	0.0312

三、股东情况

(一)、本公司报告期末股东总数为 31031 户;
(二)、前十名股东持股情况表(单位:股)

序号	持股单位或姓名	持股数	占总股本比重(%)	持股性质
(1)、	上海纺织控股(集团)公司	60,476,786	36.11	国家股
(2)、	上海纺织控股(集团)公司	2,795,162	1.67	法人股
(3)、	上海工缝股份有限公司	2,422,358	1.45	法人股
(4)、	白蔚	1,005,760	0.6	流通股
(5)、	陈玲芳	765,015	0.46	流通股
(6)、	中国纺织机械	739,200	0.44	流通股
(7)、	蓝毅	739,200	0.44	流通股
(8)、	智万国际有限公司	596,553	0.36	流通股
(9)、	朱桂明	582,712	0.35	流通股
(10)、	COLINKYLAM	492,800	0.29	流通股

青岛海尔电冰箱股份有限公司

二〇〇〇年年度报告摘要

一、公司简介

1、公司法定中文名称:青岛海尔电冰箱股份有限公司

公司法定英文名称:QINGDAO HAIER REFRIGERATOR CO.,LTD.

公司英文名称缩写:QHRC

2、公司法定代表人:张瑞敏

3、公司董事会秘书:崔少华

证券事务代表:纪东

联系地址:青岛市高科园海尔工业园

青岛海尔电冰箱股份有限公司证券部

邮政编码:266101

联系电话:(0532)8938138　　传真:(0532)8938313

电子信箱:cuish@haier.com

4、公司注册地址:青岛市高科园海尔路海尔园

公司办公地址:青岛市重庆南路99号

联系电话:(0532)5751323　　传真:(0532)5751608

邮政编码:266032

公司网址:http://www.haier.com

电子信箱:ref@haier.com

5、公司2001年选定的信息披露报纸:《上海证券报》、《证券时报》

公司年度报告登载网址:http://www.sse.com.cn

公司年度报告备置地点:青岛市高科园海尔工业园

青岛海尔电冰箱股份有限公司证券部

6、公司股票上市交易所:上海证券交易所

股票简称:青岛海尔

股票代码:600690

二、会计数据和业务数据摘要

(一)公司本年度实现的利润情况:

项目	2000年度(元)
利润总额	502,277,993.42
净利润	424,089,888.87
扣除非经常性损益后的净利润	422,610,294.67
主营业务利润	869,933,457.36
其他业务利润	12,886,331.24
营业利润	370,601,496.21
投资收益	130,196,903.01
补贴收入	0.00
营业外收支净额	1,479,594.20
经营活动产生的现金流量净额	477,725,679.48
现金及现金等价物净增加额	−108,884,086.57

注:非正常性损益是指营业外收支净额,金额为1,479,594.20元。

(二)公司近三年主要业务数据和财务指标:

项目	2000年	1999年	1998年	
			调整前	调整后
主营业务收入(万元)	482,838	397,427	382,337	382,337
净利润(万元)	42,409	31,064	27,415	26,589
总资产(万元)	403,509	378,055	345,089	339,231
股东权益(万元)(不含少数股东权益)	289,070	258,302	185,968	181,026
每股收益(元)	0.75	0.66	0.65	0.63
每股净资产(元)	5.12	5.49	4.41	4.29
调整后的每股净资产(元)	5.12	5.49	4.41	4.29
每股经营活动产生的现金流量净额(元)	0.85	−0.14	0.08	0.08
净资产收益率(%)	14.67	12.03	14.74	14.69
加权平均每股收益(元)	0.75	0.71	0.65	0.63
扣除非经常性损益后的每股收益(元)	0.75	0.66	0.65	0.63
按目前股本计算的每股收益(元)	0.64			

注:报告期末至年报披露日,由于公司实施增发A股方案,使公司目前股本比报告末增加了10,000万股,为664,706,902股。

(三)按照中国证监会《公司发行证券公司信息披露编报规则(第9号)》要求计算的相关指标:

报告期利润	净资产收益率(%)		每股收益(元/股)	
	全面摊薄	加权平均	全面摊薄	加权平均
主营业务利润	30.09	31.12	1.54	1.54
营业利润	12.82	13.26	0.66	0.66
净利润	14.67	15.17	0.75	0.75
扣除非经常性损益后的净利润	14.62	15.12	0.75	0.75

三、股本变动及股东情况

(一)股本变动情况:

1、股本变动情况表:(数量单位:股　每股面值:1元)

	期初数	报告期内变动增减(+/-)						期末数
		配股	送股	公积金转股	增发	其他(转配股上市)	小计	
一、未上市流通股份								
1、发起人股份	241493894		+48298779				+48298779	289792673
其中:								
国家持有股份								
境内法人持有股份	241493894		+48298779				+48298779	289792673
境外法人持有股份								
其他								
2、募集法人股份								
3、内部职工股								
4、优先股或者其他	26344361		+5268872			−31613233	−26344361	0
其中:转配股	26344361		+5268872			−31613233	−26344361	0
未上市流通股份合计	267838255		+53567651			−31613233	+21954418	289792673
二、已上市流通股份								
1、人民币普通股	202750830		+40550166			+31613233	+72163399	274914229
2、境内上市的外资股								
3、境外上市的外资股	202750830		+40550166			+31613233	+72163399	274914229
4、其他								
已上市流通股份合计								
三、股份总数	470,589,085		+94,117,817			0	+94117817	564706902

(二)股东情况介绍:

1、截至2000年12月31日,本公司股东总数为207,098个,其中法人股东3个,社会公众股东207,095个。

2、公司前十名股东持股情况:

股东名称	期初		期末	
	持股数(股)	所占比例(%)	持股数(股)	所占比例(%)
海尔集团公司	147,956,880	31.44%	177,548,256	31.44
海尔电器国际股份有限公司	84,391,781	17.93%	101,270,137	17.93
二轻联社	9,145,233	1.94%	10,974,280	1.94
泰和基金			2,629,601	0.47
汉兴基金			2,454,205	0.43
申银万国	2,392,199	0.51%	2,385,600	0.42
普惠基金			1,655,456	0.29
甄强			1,356,000	0.24
张英莉	1,100,000	0.23%	1,320,000	0.23
同盛基金			1,237,394	0.22

(1)持股5%以上的法人股东所持股份在报告期内没有发生质押、冻结等情况。

(2)海尔电器国际股份有限公司是海尔集团公司的控股子公司,海尔集团公司对其控股93.09%。

(3)未知其他股东有关联关系。

四、股东大会简介

1、公司1999年度股东大会于2000年5月30日召开。大会审议通过了以下决议:《公司1999年度工作总结及2000年发展规划的报告》;《公司1999年度财务决算报告》;《公司1999年度税后利润分配方案报告》;《公司1999年度监事会工作报告》;《关于修改公司章程的报告》;《关于利用99年度配股资金向海尔集团收购章丘电机厂的报告》;《关于授权公司董事会5,000万元以下(含5,000万元)规模投资的报告》。

此次股东大会决议公告刊登在2000年5月31日的《上海证券报》和《证券时报》上。

2、公司2000年第一次临时股东大会于2000年9月28日召开。会议审议通过了以下决议:《关于公司增发不超过10000万股A股的议案》;《关于增发不超过10000万股A股募集资金计划投资项目可行性的议案》;《关于公司前次募集资金使用情况说明的议案》。

公司此次临时股东大会决议公告刊登在2000年9月29日的《上海证券报》、《证券时报》和《中国证券报》上。

五、董事会报告

(一)公司经营情况:

1、公司所处行业及在本行业中所处地位:

本公司属家电行业。据北京中怡康经济咨询有限公司提供的全国1000家重点商场的调查数据显示,海尔冰箱、冷柜报告期内各月市场占有率均位居同行业第一,2000年的市场占有率分别为:31.2%和38.4%。

在国际市场上,据AHAM(美国家电生产商协会)2000年一至九月份对美国国内冰箱销量统计:在183—266L中型冰箱容积段中,海尔冰箱已占市场份额的35.88%;在124L以下容积段的小型冰箱中,海尔冰箱的市场份额为30.1%;在80L以下的小冰箱中,海尔冰箱已由过去的20%提升至35.52%。

另据海关2000年数据统计,海尔冷柜出口创汇额高居同行业榜首,是第二、第三名总和的5.5倍,在欧洲、中东,海尔冷柜出口分别占全国总量的99.56%和92.91%,海外出口已占总产量的45%。

公司报告期内先后通过了节能、EMC、ISO9001、ISO14001等监督复审,其中节能技术提前1

年达到美国的 DOE 标准;五月份,海尔冰箱获“全球优秀管理论坛”唯一特别奖“全球品质优胜奖”及由联合国开发计划署和美国政府颁发的“全球气候奖”;中国节能产品认证中心对 1999 年家用电冰箱节能认证情况及能效状况进行的统计数据分析显示,海尔冰箱是国内申请类型和数量最多的企业,认证的类型齐全,占总获证产品型号的 31.6%,以超出第二位 1.8 倍的明显优势位居第一,如果加上海尔冷柜的认证数,海尔品牌占认证总数的 37.5%。

2 、公司主营业务范围及其经营状况:

(1)主营业务范围:

电器、电子产品、机械产品、通讯设备及相关配件制造;家用电器及电子产品技术咨询服务;房地产开发;进出口业务(按外经贸部核准范围经营);批发零售;国内商业(国家禁止商品除外);矿泉水制造、饮食、旅游服务(限分支机构经营)。

(2)主营业务经营状况:

公司 2000 年实际生产电冰箱 279.4 万台,同比增长 8%。全年完成主营业务收入 48.3 亿元,同比增长 22%;实现净利润 4.2 亿元,同比增长 35 %。公司 2000 年共出口电冰箱 83.6 万台,同比增长 47%。

公司 2000 年分产品经营情况如下: (单位:万元)

分类	产品			
指标	电冰箱	电冰柜	模具、注塑件	其他
主营业务收入	317,777	60,387	62,163	42,511
主营业务利润	58,810	14,389	10,439	4,411

(3)本年度占公司主营业务收入或主营业务利润 10%以上的经营活动为:电冰箱、电冰柜及模具、注塑件业务。

3 、公司主要全资附属企业及控股子公司经营情况及业绩:

截至报告期末,上市公司主要子公司经营情况及业绩如下:

青岛海尔电冰箱有限公司 2000 年实现主营业务收入 80,275 万元,利润总额 9,370 万元。

青岛海尔电冰箱(国际)有限公司 2000 年实现主营业务收入 86,149 万元,利润总额 1,368 万元。

青岛海尔电冰柜有限公司 2000 年实现主营业务收入 60,387 万元,利润总额 1,646 万元。

青岛家电工艺装备研究所 2000 年实现主营业务收入 62,163 万元,利润总额 3,450 万元。

青岛海尔智能电子有限公司 2000 年实现主营业务收入 32,536 万元,利润总额 2,028 万元。

青岛海尔健康家电有限公司 2000 年实现主营业务收入 9,974 万元,利润总额 494 万元。

4 、在经营中出现的问题与困难及解决方案:

2000 年,公司在经营过程中发现的问题主要表现为:业务流程的整合尚需完善、基础管理的升级跟不上经营方向的变化及个性化消费与网络经济的发展对产品提出的全新挑战。

对此,公司采取了相应的解决方案,有效的降低了上述问题给公司带来的负面影响。

(1)以订单流为中心,实现流程再造,提升企业竞争力。

2000 年,公司针对业务流程的不完善性,以订单流为业务核心,全面建立了与支持系统的业务合同契约关系,并对内部组织机构进行了进一步优化,使各部门之间也形成了互为市场的合同关系。同时,各制造分厂搭建了很多个性化的创新平台,不仅满足了总装厂交货需求,还实现了现场转产材料零呆滞,取得了很好的效果。这使公司基本实现了组织机构的扁平化、信息化,使市场个性化需求迅速得到响应,提高了企业的竞争优势。

(2)夯实基础管理,支持核心业务流程高速、高效运转。

2000 年,公司根据经营中出现的问题,在内部积极推动 OEC 管理升级,实施了很多实际有效的基础管理工作。例如在质量管理方面,开展了质量“零工程”,推行了“一次就做对”模式,使员工的质量效率意识大大提高,同时涌现出了一大批 QC 创新班组和 QC 攻关成果。在成本管理方面,搭建了分厂投入产出管理平台,并细化到每一个班组和每一个人,使材料的在产得到了很好控制,这为公司赢得了市场竞争的成本优势。

(3)顺应新经济的发展趋势,生产满足国内外消费者个性化需求的产品。

2000 年,公司认真研究新经济带来的全新挑战,在国内外推出了一系列个性化产品。在国内,成功策划了金王子系列、银色变频系列、5D 系列等产品的上市,成为国内疲软市场上的一道亮丽风景线;同时还根据市场个性化需求,推出了“我的冰箱我设计”定制营销模式,提高了海尔冰箱对消费者的亲和力。在国际市场,通过技术创新和市场创新,根据不同的消费特点有针对性的开发新产品,以其个性化的设计和高品质不断扩大在国际市场的份额。2000 年共满足国内外个性化用户订单 5000 余批次,冰箱产品出口到欧、亚、非、拉 100 多个国家和地区,出口销量及出口额皆居国内同行业之首。

(二)公司财务状况:

	2000 年	1999 年	增减数	增减幅	主要变动原因
总资产	4,035,092,736.54	3,780,550,806.05	+254,541,930.49	+6.73%	长期投资和固定资产增加。
长期负债	-227,753.05	9,287,910.56	-9,515,663.61	-102.45%	住房周转金及其他长期负债减少。
股东权益	2,890,701,583.04	2,583,016,841.25	+307,684,741.79	+11.91%	股本增加及本年度实现利润所致。
主营业务利润	869,933,457.36	819,035,381.26	+50,898,076.10	+6.21%	主营业务收入增长。
净利润	424,089,888.87	310,638,893.68	+113,450,995.19	+36.52%	主营业务利润及投资收益增加。

(三)公司投资情况:

1 、公司投资概况:

项目	2000 年	1999 年	增减数	增减幅度	增减原因
短期投资	0	0	0	0	
长期投资	454,036,088.34	217,151,491.05	+236,884,597.29	+109.09%	新增被投资公司及原用权益法核算的被投资公司实现利润。

2 、公司长期投资各公司情况:

被投资公司名称	主要经营活动	占被投资公司权益比例
青岛海尔电冰箱有限公司	生产经营冰箱	75.00%
青岛海尔电冰箱(国际)有限公司	生产经营冰箱	75.00%
青岛海尔特种电冰箱有限公司	生产经营冰箱	51.00%
青岛海尔电冰柜有限公司	生产经营冷柜	61.00%
青岛家电工艺装备研究所	生产经营模具、注塑件	100.00%
青岛海尔健康家电有限公司	生产经营家用电器	98.33%
青岛海尔洗碗机有限公司	生产经营洗碗机、燃气灶	83.33%
青岛海尔智能电子有限公司	生产经营电脑板	95.00%
章丘海尔电机有限公司	生产经营电机	98.15%
海尔集团电子商务有限公司	电子商务业务	30.00%
青岛海尔空调器有限总公司	生产经营空调器	25.50%
海尔梅洛尼(青岛)洗衣机有限公司	生产经营洗衣机	20.00%
青岛美尔塑料粉末有限公司	生产经营化工材料	18.30%
青岛市商业银行	金融业务	0.65%

3 、报告期内配股资金使用情况:

公司 1999 年度配股资金在报告期初尚余 41,293 万元,此部分资金截至 2000 年 8 月 21 日已按原承诺项目投入完毕,山东汇德会计师事务所已对此出具(2000)汇所审核字 5-007 号专项审计报告。公司 99 年度配股募集资金具体使用情况如下:

计划投资项目	计划投资(万)	实投金额(元)	项目进度及效益情况
1 、大冰箱项目	15,800	158,361,574.70	该项目已投入生产,此项目扩大了公司大型冰箱的出口能力。
2 、洗碗机项目	15,000	150,000,000.00	公司已投资设立青岛海尔洗碗机有限公司,该公司 2000 年已有利润产生。
3 、电脑板项目	14,000	140,000,000.00	公司已投资设立青岛海尔智能电子有限公司,该公司 2000 年实现利润 2,028 万。
4 、国际物流中心项目	2900	34,617,544.94	已完成投资,有效降低了公司的运营成本。
5 、章丘海尔电机有限公司	4,235	42,350,000.00	已完成对该公司的收购,经营情况正常。
6 、补充企业流动资金	3,688	30,900,880.36	-
合计	55,623	556,230,000.00	-

4 、其他投资情况:

报告期内公司利用自有资金 300 万元投资海尔集团电子商务有限公司,并占其 30%股份。海尔电子商务已于 2000 年 4 月 18 日开通试运行,截至 2000 年底,B2B 累计成功交易 78 亿元,B2C 成功交易 604 万元,运行状况良好。

(四)经营环境等变化的影响:

1 、2000 年,家电市场竞争依然激烈,主要表现为低水平的重复和低价格的恶性竞争,针对这种过度无序的竞争,公司提出了“打‘价值战’,而不打‘价格战’”的全新理念,在经营中一是着重于提高产品的技术含量,二是生产能满足消费者个性化需求的产品,在此战略的支持下,公司在某些家电企业经营不理想的情况下取得了主营业务收入与利润的大幅增长。

2 、2000 年中国加入 WTO 的步伐大大加快,2001 年有望正式加入,这将会给公司带来巨大的发展机遇,目前公司主导产品电冰箱、冷柜已出口 100 多个国家和地区,出口量和出口金额均位居全国第一,同时在国际市场的占有率逐步扩大,这为公司以后参与更广阔的市场竞争打下了坚实基础。在中国加入 WTO 后,公司有信心在国内外市场竞争中继续保持领先地位。

(五)新年度的业务发展规划:

新的年度,公司将以提高产品竞争力为工作中心,继续加大国际化战略的实施。围绕此目标,公司 2001 年的重点工作是:

1 、一切工作围绕订单流,通过继续强化 OEC 基础管理,形成质量、成本、交货率的竞争优势,以快速响应用户的个性化需求。

2 、站在全球角度,按照创造市场、创造需求的原则,开发适合不同国家、不同区域差异的当地化产品,并在大容积冰箱、网络冰箱等高技术产品上继续突破,抢占技术制高点,提高产品竞争力。

3 、提高特种冰箱的生产能力,以此来带动海尔冰箱的全球市场开拓;强化对海尔空调的生产经营管理,通过不断推出满足消费者个性化需求的产品来提高公司的经营业绩。

4 、实施人的竞争力的创新与提高,开展员工业务素质再提高培训,使人人成为本岗位、本专业的业务专家和管理专家。

(六)董事会日常工作情况:

1 、报告期内董事会会议情况及决议内容:

(1)2000 年 3 月 8 日在召开 2000 年第一次董事会,审议通过关于合资成立海尔集团电子商务有限公司的决议。此次董事会决议公告刊登在 2000 年 3 月 9 日的《上海证券报》和《证券时报》上。

(2)2000 年 3 月 28 日召开董事会,会议审议通过了《1999 年度工作总结及 2000 年发展规划的报告》、《1999 年度财务决算报告》、《1999 年度利润分配预案》、《关于修改公司章程的报告》、《利用 1999 年度配股资金向海尔集团收购章丘电机厂的报告》和《关于召开 1999 年度股东大会的报告》七项决议。此次董事会决议刊登在 2000 年 3 月 30 日的《上海证券报》和《证券时报》上。

(3)2000 年 5 月 17 日召开董事会,会议审议通过了对青岛海尔空调器有限总公司增资的决议。此次董事会决议刊登在 2000 年 5 月 18 日的《上海证券报》和《证券时报》上。

(4)2000 年 8 月 17 日召开董事会,会议审议通过了《公司 2000 年中期报告及摘要》。此次董事会决议刊登在 2000 年 8 月 19 日的《上海证券报》和《证券时报》上。

(5)2000 年 8 月 25 日召开了 2000 年第六次董事会,会议审议通过了《向中国证监会申请公募增发 A 股并提请召开 2000 年第一次临时股东大会的议案》、《关于增发不超过 10000 万股 A 股募集资金计划投资项目可行性的议案》、《关于前次募集资金使用情况的说明》和《关于召开 2000 年第一次临时股东大会的通知》。该次董事会决议刊登在 2000 年 8 月 26 日的《上海证券报》、《证券时报》和《中国证券报》上。

(6)2000 年 9 月 11 日召开了 2000 年第七次董事会,会议审议通过了《关于聘任总经理的议案》和《关于召开 2000 年第一次临时股东大会的补充公告》。该次董事会决议刊登在 2000 年 9 月 12 日的《上海证券报》、《证券时报》和《中国证券报》上。

2 、董事会对股东大会决议的执行情况:

报告期内公司董事会严格按股东大会决议及授权执行工作,顺利实施了公司 1999 年度利润分配方案,并对本年度增发 A 股方案进行了决策,同时还结合公司实际制订了相关的经营计划和投资方案,建立健全了各项管理制度,确保了公司各项工作的顺利开展。

(七)董事、监事、高级管理人员及员工情况:

1、董事、监事、高级管理人员:

(1)基本情况:

姓名	性别	年龄	任期起止 起	止	持股数 期初	增减	原因	期末	从本公司获得报酬	职务
张瑞敏	男	52	1998 年 4 月	2001 年 4 月	21513	+4301	送股	25814	73101	董事长
杨绵绵	女	60	1998 年 4 月	2001 年 4 月	21513	+4301	送股	25814	70973	副董事长
邵明津	男	57	1998 年 4 月	2001 年 4 月	21513	+4301	送股	25814	60760	董事
周云杰	男	35	1998 年 4 月	2001 年 4 月	17238	+3447	送股	20685	53,260	董事
金导谟	男	46	1998 年 4 月	2001 年 4 月					41,808	董事
马　坚	男	31	1999 年 4 月	2001 年 4 月					39,383	董事
王颖民	男	49	1998 年 4 月	2001 年 4 月					未从本公司获得报酬	董事
刘向阳	男	33	2000 年 9 月	2001 年 4 月					35,548	总经理
崔少华	男	44	1998 年 4 月	2001 年 4 月					34,765	董秘、总会计师
郭文联	女	42	1998 年 4 月	2001 年 4 月	21513	+4301	送股	25814	40456	监事会主席
韩震东	男	52	1999 年 4 月	2001 年 4 月					未从本公司获得报酬	监事
王士瑾	女	28	1998 年 4 月	2001 年 4 月					30,824	监事

2、董事、监事及其他高级管理人员年度报酬数额区间:

6 万元以上的有 3 人;5——6 万元之间的有 1 人;4——5 万元之间的有 2 人;3——4 万元之间的有 4 人;有 2 人未从上市公司获得报酬。

3、公司董事、监事在报告期未变更。

原公司董事、总经理周云杰先生因工作需要,辞去总经理一职,公司董事会决议聘请刘向阳先生为公司总经理。该次变更情况已在 2000 年 9 月 12 日的《上海证券报》、《证券时报》和《中国证券报》上进行了披露。

4、公司员工情况:

截至 2000 年 12 月 31 日,公司总人数 3001 人,其中本科及以上 306 人,专科 242 人,中专及以下 2453 人。员工中生产人员 2389 人，技术人员 143 人，行政人员 16 人，退休职工 258 人。

(八)利润分配及资本公积金转增股本预案：

1、2000 年度利润分配及资本公积金转增股本预案：

本公司 2000 年度经审计的净利润为 424,089,888.87 元，加年初未分配利润 268,811,922.84 元，可分配的利润为 692,901,811.71 元，按有关规定，提取盈余公积和法定公益金后，可供股东分配的利润为 592,858,251.23 元。经董事会研究决定，2000 年度的利润分配预案为：以公司 2000 年底的股本 564,706,902 为基数，每 10 股送 2.35 股派 2.35 元(含税)，剩余利润结转下一年度。若按公司最新总股本 664,706,902 股(增发后股本)计，利润分配预案为每 10 股送 2 股派 2 元(含税)。

公司 2000 年末资本公积金累计为 1,529,540,643.64 元，经董事会研究决定本年度不进行公积金转增股本。

2、预计 2001 年利润分配预案：

根据公司的发展战略，2001 年拟进行的利润分配政策为：

(1)公司拟在 2001 年财务决算后分配利润 1 次。

(2)公司 2001 年度实现净利润用于分配的比例约在 30%——50%之间。其中将主要以现金形式进行分配，同时公司结合实际经营状况考虑是否送红股以及送红股的比例。

(3)公司 2000 年未分配利润在 2001 年暂不分配。

以上 2001 年度拟进行的利润分配预案，需在具体实施时，由董事会依据公司实际经营情况并提交股东大会审议通过。

(九)其他报告事项：

本公司 2001 年选定的信息披露报纸为：《上海证券报》、《证券时报》。

六、监事会报告

(一)报告期内召开监事会情况：

1、2000 年第一次监事会于 2000 年 3 月 28 日召开，会议审议通过了《1999 年度报告及其摘要》和《关于资产减值准备和损失处理内控制度的说明》。该次监事会决议刊登在 2000 年 3 月 30 日《上海证券报》和《证券时报》上。

2、2000 年第二次监事会于 2000 年 8 月 17 日召开，会议审议通过了《2000 年中期报告及摘要》。该次监事会决议刊登在 2000 年 8 月 19 日《上海证券报》和《证券时报》上。

3、2000 年第三次监事会于 2000 年 9 月 11 日召开，会议经审议，认为公司董事会在作出收购青岛海尔空调器有限总公司 74.45%股权决议过程中，履行了诚信义务。该次监事会意见刊登在 2000 年 9 月 12 日《上海证券报》、《证券时报》和《中国证券报》上。

(二)监事会工作报告：

1、公司依法运作情况：

公司监事会通过列席历次董事会和股东大会，履行了监督职责，认为公司的决策程序合法，形成了相关内部控制制度，公司董事及高级管理人员没有违反法律、法规、公司章程或损害公司利润的行为。

2、检查公司财务报告：

公司监事会从保证公司规范运作和广大股东合法权益的立场出发，认真审核了山东汇德会计师事务所出具的 2000 年中期和年度审计报告，认为其真实的反映了公司的财务状况、经营成果及现金流量。

3、配股资金的使用：

公司 1999 年度配股资金报告期初尚余 41,293 万元，报告期内已按原承诺投资项目投入完毕，没有挪作他用。监事会审核了山东汇德会计师事务所出具的配股募集资金使用专项审计报告，认为其真实反映了公司配股资金的投向。

4、公司收购资产情况：

公司报告期内利用 1999 年度配股资金 4,235 万元向海尔集团购买章丘海尔电机有限公司的股权，此项议案的表决及实施均符合有关法律规定。

另外，公司股东大会报告期内通过了增发新股的方案，监事会按要求列席了相关会议，并专门就青岛海尔空调器有限总公司的经营状况及盈利预测等进行了审核，认为公司有关决议的形成及募集资金的投向均合法、有效，此方案的实施将大幅提升上市公司的业绩水平。

以上收购资产的方案均未发生损害股东的权益和造成公司资产的流失的现象。

5、“三分开”及关联交易情况：

监事会认为公司与控股股东在人员、资产、财务上严格遵守“三分开”的原则，做到了人员独立、资产完整、财务独立。

监事会认为公司与关联股东的交易均按市场定价原则执行，没有损害上市公司的利益，有关关联交易的信息披露均符合监管要求。

七、重要事项

(一)本年度公司无重大诉讼、仲裁事项。

(二)报告期内公司、公司董事及高管人员均未受到监管部门的处罚。

(三)报告期内公司控股股东、董事会秘书没有变更。

原公司董事、总经理周云杰先生因工作需要，辞去总经理一职，公司董事会决议聘请刘向阳先生为公司总经理。该次变更情况已在 2000 年 9 月 12 日的《上海证券报》、《证券时报》和《中国证券报》上进行了披露。

(四)公司报告期内发生的收购或出售资产、吸收合并事项：

公司报告期内利用 99 年度配股资金 4,235 万元向海尔集团公司收购其持有章丘海尔电机有限公司的股权，收购完成后，本公司占章丘海尔电机有限公司 98.15%的股权。

此事项已于 2000 年 5 月 31 日刊登在《上海证券报》和《证券时报》上。

(五)重大关联交易交易事项：见会计报表附注。

(六)“三分开”情况：

本公司与控股股东在人员、资产、财务上严格遵守“三分开”的原则，做到了：人员独立、资产完整、财务独立。

1、人员分开方面：公司设立专门的机构负责和管理公司的人事及工资工作，并制订了一系列规章制度对员工进行考核和激励。公司董事王颖民和监事韩震东因在控股股东中担任职务，故本年度未从本公司领取报酬。其他董事、监事及高级管理人员均在本公司领取报酬。公司高级管理人员未在公司股东单位担任职务。

2、资产完整方面：公司拥有独立完整的生产系统、辅助生产系统和配套设施。公司已与控股股东海尔集团公司签订了《商标使用许可合同》和《专利实施许可合同》，有偿使用海尔集团公司的商标及专利，分别按销售收入的 8‰和 1‰收取费用。其他工业产权等无形资产均由公司拥有。公司的采购与销售主要通过海尔集团的采购网络和销售网络进行，其交易价格按公平定价的原则确定。

3、财务分开方面：公司设有独立的财务部门，并建立了独立的会计指标体系和财务管理制度，有独立的银行帐户。

(七)公司报告期内未发生托管、承包、租赁其他公司资产或其他公司托管、承包、租赁上市公司资产的事项。

(八)聘任、改聘、解聘会计师事务所情况：

本年度公司仍聘任山东汇德会计师事务所作为公司的财务审计机构。

(九)公司报告期内没有更改名称和股票简称。

(十)承诺事项：公司和持股 5%以上股东没有在任何指定报纸和网站上作出任何事项的承诺。

(十一)其他重要事项：

公司在报告期内经临时股东大会审议通过了增发新股及募集资金投向的方案，此次方案获中国证监会证监公司字(2000)238 号文批准，发行结果刊登在 2001 年 1 月 12 日的《上海证券报》、《证券时报》和《中国证券报》上。公司增发的此部分新股已于 2001 年 2 月 9 日在上海证券交易所挂牌交易。

八、财务会计报告

(一)本公司会计报表经山东汇德会计师事务所注册会计师李江山、杨青茂审计，并出具了无保留意见的(2001)汇所审字第 5－047 号审计报告。

(二)会计报表：

(三)会计报表附注：

附注一、控股子公司及合营企业

本公司控股子公司及合营企业概况如下：

企业名称	注册资本(万元)	经营范围	投资额(万元)	权益比例(%)	是否权益法核算	是否合并会计报表
青岛海尔电冰箱有限公司	1604 万美元	无氟电冰箱加工制造等	101,574,340.50	75.00	是	是
青岛海尔电冰箱(国际)有限公司	2059.05 万美元	出口电冰箱加工制造等	128,407,401.61	75.00	是	是
青岛家电工艺装备研究所	6677.8	家电模具、工艺装备研制等	66,778,810.80	100.00	是	是
青岛海尔电冰柜有限公司	27351.3	电冰柜科研开发加工制造	166,836,000.00	61.00	是	是
青岛海尔健康家电有限公司	12000	健康系列小家电研制销售	118,000,000.00	98.33	是	是
青岛海尔智能电子有限公司	14737	电子产品及自动控制系统的设计开发	140,000,000.00	95.00	是	是*
青岛海尔特种电冰箱有限公司	800 万美元	无氟电冰箱生产销售	34,000,000.00	51.00	是	是*
青岛海尔洗碗机有限公司	18000	洗碗机、燃气灶加工制造	150,000,000.00	83.33	是	否**
章丘海尔电机有限公司	4315	洗衣机电机、空调器电机生产销售	42,350,000.00	98.15	是	否**
青岛海尔空调器有限总公司	21835.5	家用空调器的生产与经营	55,654,023.18	25.50	是	否
海尔集团电子商务有限公司	1000	网上电子商务业务	3,000,000.00	30.00	是	否
海尔梅洛尼(青岛)洗衣机有限公司	2400 万美元	滚筒洗衣机生产	39,840,000.00	20.00	否	否
青岛美尔塑料粉末有限公司	450	研发生产粉末涂料及相关产品	2,850,000.00	18.30	否	否

*青岛海尔智能电子有限公司和青岛海尔特种电冰箱有限公司为本年新纳入合并会计报表范围的子公司。

**本年新增对青岛海尔洗碗机有限公司及章丘海尔电机有限公司投资，因其资产总额、主营业务收入及利润总额均分别低于本公司相应指标的 10%，根据财政部财会二字[1996]2 号文精神，未将其纳入合并范围。

各公司的详细情况见附注六关联方关系披露的有关内容。

附注二、关联方关系披露

(一)存在控制关系的关联方

存在控制关系的关联方企业名称	注册地址	主营业务	与本企业关系	经济性质及类型	法定代表人
海尔集团公司	青岛高科园海尔园	加工制造	母公司	集体	张瑞敏
青岛海尔电冰柜有限公司	青岛高科园海尔园	加工制造	子公司	有限公司	武克松
青岛海尔电冰箱有限公司	青岛高科园海尔园	加工制造	子公司	中外合资	杨绵绵
青岛海尔电冰箱(国际)有限公司	平度开发区	加工制造	子公司	中外合资	张瑞敏
青岛家电工艺装备研究所	青岛高科园海尔园	加工制造	子公司	集体	杨绵绵
青岛海尔健康家电有限公司	青岛高科园海尔园	加工制造	子公司	有限公司	杨绵绵
章丘海尔电机有限公司	章丘市	加工制造	子公司	有限公司	杨绵绵
青岛海尔洗碗机有限公司	青岛开发区海尔工业园	加工制造	子公司	有限公司	杨绵绵
青岛海尔智能电子有限公司	青岛高科园海尔园	加工制造	子公司	有限公司	杨绵绵
青岛海尔特种电冰箱有限公司	青岛开发区海尔工业园	生产销售	子公司	合资	周云杰

(二)存在控制关系的关联方的注册资本及其变化(单位：元)

企业名称	年初数	本期增加	本期减少	期末数
海尔集团公司	311,180,000.00			311,180,000.00
青岛海尔电冰柜有限公司	273,513,000.00			273,513,000.00
青岛海尔电冰箱有限公司	135,432,454.00			135,432,454.00
青岛海尔电冰箱(国际)有限公司	129,792,581.17	41,390,854.14		171,183,435.31
章丘海尔电机有限公司		43,150,000.00		43,150,000.00
青岛海尔洗碗机有限公司		180,000,000.00		180,000,000.00
青岛家电工艺装备研究所	66,778,810.80			66,778,810.80
青岛海尔健康家电有限公司	120,000,000.00			120,000,000.00
青岛海尔智能电子有限公司	30,000,000.00	117,370,000.00		147,370,000.00
青岛海尔特种电冰箱有限公司		50,340,792.00		50,340,792.00

(三)存在控制关系的关联方所持股份或权益及其变化(单位：元)

企业名称	年初数		本期增加		本期减少		期末数	
	金额	%	金额	%	金额	%	金额	%
海尔集团公司	147,956,880.00	35.08	29,591,376.00	31.44			177,548,256.00	31.44
青岛海尔电冰柜有限公司	166,836,000.00	61.00					166,836,000.00	61.00
青岛海尔电冰箱有限公司	101,574,340.50	75.00					101,574,340.50	75.00
青岛海尔电冰箱(国际)有限公司	97,364,261.00	75.00	31,043,140.61	75.00			128,407,401.61	75.00
青岛家电工艺装备研究所	66,778,810.80	100.00					66,778,810.80	100.00
青岛海尔健康家电有限公司	118,000,000.00	98.33					118,000,000.00	98.33
青岛海尔智能电子有限公司	28,500,000.00	95.00	111,500,000.00	95.00			140,000,000.00	95.00
青岛海尔洗碗机有限公司			150,000,000.00	83.33			150,000,000.00	83.33
章丘海尔电机有限公司			42,350,000.00	98.15			42,350,000.00	98.15
青岛海尔特种电冰箱有限公司			34,000,000.00	51.00			34,000,000.00	51.00

附注三、关联方交易事项披露

本公司与关联方的交易披露如下：

(一)本公司关联交易销售定价政策

2000 年初，本公司与海尔集团商流推进本部签订经销合同，2000 年本公司所有产品的销售均由海尔集团商流推进本部负责，销售价格低于市价的 17%。

(二)不存在控制关系的关联方关系的性质

企业名称	与本企业的关系
青岛海尔空调器有限总公司	非控股子公司;同属海尔集团公司
海尔梅洛尼(青岛)洗衣机有限公司	非控股子公司;同属海尔集团公司
海尔集团电子商务有限公司	非控股子公司;同属海尔集团公司
青岛美尔塑料粉末有限公司	非控股子公司;同属海尔集团公司
青岛海尔电冰箱销售有限公司	同属海尔集团公司
青岛海尔进出口公司	同属海尔集团公司
三菱重工海尔(青岛)空调机有限公司	同属海尔集团公司
青岛海昌泰塑胶有限公司	同属海尔集团公司
青岛海尔冷柜销售有限公司	同属海尔集团公司
青岛华东包装有限公司	同属海尔集团公司
青岛金华塑料有限公司	同属海尔集团公司
青岛保税区海尔家电有限公司	同属海尔集团公司
青岛冷凝器厂	同属海尔集团公司
上海海尔电冰箱销售有限公司	同属海尔集团公司
贵州海尔电器有限公司	同属海尔集团公司
海尔工装研制有限公司	同属海尔集团公司
青岛海尔电冰柜总厂	同属海尔集团公司
青岛海尔冷冻设备有限公司	同属海尔集团公司
青岛海尔国际贸易有限公司	同属海尔集团公司
青岛海尔制冷技术研究所	同属海尔集团公司
青岛海尔零部件采购有限公司	同属海尔集团公司
海尔集团电器产业有限公司	同属海尔集团公司
青岛海尔厨房电器有限公司	同属海尔集团公司
海尔微波电器厂	同属海尔集团公司
北京等42家各地海尔工贸有限公司	同属海尔集团公司

(三) 采购货物

本公司2000年度及1999年度向关联方采购货物有关明细资料如下:

企业名称	占2000年度采购比率	占1999年度采购比率
青岛海尔进出口公司		9.08%
青岛华东包装有限公司		0.74%
青岛金华塑料有限公司		0.41%
青岛保税区海尔家电有限公司	4.82%	12.68%
青岛冷凝器厂		0.96%
青岛海尔国际贸易有限公司	4.53%	23.90%
青岛海尔零部件采购有限公司	85.56%	10.20%
合计	94.91%	57.97%

(四) 销售货物

本公司2000年度及1999年度向关联方销售货物有关明细资料如下:

企业名称	占2000年度销售比率	占1999年度销售比率
青岛海尔进出口公司		4.20%
青岛海尔电冰箱销售有限公司	4.16%	72.27%
青岛海尔冷柜销售有限公司	1.61%	13.26%
海尔集团电器产业有限公司	15.32%	
青岛海尔厨房电器有限公司	1.26%	
青岛海尔零部件采购有限公司	7.71%	
北京等42家各地海尔工贸有限公司	69.18%	
合计	99.24%	89.73%

(五)关联方应收应付款项

项 目	2000年所占比重(%)	1999年所占比重(%)
应收帐款		
青岛海尔电冰箱销售有限公司	21.12	1.41
青岛海尔冷柜销售有限公司	13.37	33.86
青岛海尔洗碗机有限公司	12.25	
海尔集团电器产业有限公司	3.61	
青岛海尔厨房电器有限公司	2.70	
青岛海尔零部件采购有限公司	8.32	
北京等42家各地海尔工贸有限公司	30.95	
青岛海尔进出口公司		20.02
上海海尔冰箱销售有限公司		7.83
贵州海尔电器有限公司		6.47
应收票据		
青岛海尔电冰箱销售有限公司		17.02
青岛海尔零部件采购有限公司	0.29	
北京等42家各地海尔工贸有限公司	88.85	
其他应收款		
青岛保税区海尔家电有限公司	32.96	
青岛海尔厨房电器有限公司	16.78	13.68
章丘海尔电机有限公司	1.49	
海尔微波电器厂	6.61	
青岛海尔冷冻设备有限公司		1.76
青岛海尔工装研制有限公司		4.44
青岛海尔电冰柜总厂	1.78	2.09
青岛海尔制冷技术研究所		1.73
预付帐款		
青岛保税区海尔家电有限公司	40.69	46.63
青岛海尔国际贸易有限公司	6.48	38.56
青岛海尔零部件采购有限公司	0.76	
应付帐款		
青岛海尔进出口公司		
青岛华东包装有限公司		0.13
青岛金华塑料有限公司		
青岛保税区海尔家电有限公司		7.89
青岛冷凝器厂		0.13
青岛海尔零部件采购有限公司	82.22	65.45
青岛海尔厨房电器有限公司	0.13	
青岛海尔国际贸易有限公司	0.36	

(六)其他应披露的事项

1.上缴青岛海尔集团公司各项费用标准(按销售收入)及金额:

明细	标准(‰)	2000年度	1999年度
商标使用费	8.0	17,634,967.32	15,967,904.88
专 利 费	1.0	2,204,370.91	3,991,976.22
促 销 费	5.0		9,979,940.55
管理费	1.8		3,592,778.60

2000年起公司不再计提促销费、管理费,专利费计缴标准由2‰改为1‰。

2.2000年度支付给关键人员的报酬(包括采用货币、实物形式和其他形式的工资、福利、奖金、特殊待遇及有价证券等)总额为人民币480,878.00元;1999年度为人民币416,272.00元。

3.母公司海尔集团公司所属的青岛海尔物流储运有限公司为本公司提供运输服务,2000年度支付运输费用3,878万元。

附注四、期后事项

1、公司无根据2001年1月1日起执行的《企业会计制度》的规定需要进行追溯调整的事项。

2、根据中国证监会证监公司字[2000]238号文件核准,公司于2001年1月9日公募增发10,000万股人民币普通股,经山东汇德会计师事务所(2001)汇所验字第5—001号验资报告验证确认,截至2001年1月17日止,公司增发股票募集资金人民币1,800,000,000.00元,扣除预计发行费用人民币51,802,579.16元后净额为人民币1,748,197,420.84元,其中,股本100,000,000.00元,资本公积1,648,197,420.84元。

3、公司作为股权受让方已于2001年1月21日,将与青岛海尔投资发展公司(股权转让方)就收购青岛海尔空调器有限总公司74.45%股权事宜签署的《股权转让合同》项下的股权转让款项共计人民币2,000,000,000元一次性支付给股权转让方。本次股权转让完成后,连同原已持有的25.50%的股权,公司合计持有青岛海尔空调器有限总公司99.95%的股权。

附注五、重大事项

(一) 供销政策的变化

2000年初,本公司与海尔集团商流推进本部签订经销合同,2000年本公司所有产品的销售均由海尔集团商流推进本部负责,销售价格低于市价的17%。本公司所有产品的售后维修及广告均由海尔集团商流推进本部负责。

(二) 采购政策的变化

2000年初,本公司与海尔集团物流推进本部签订原材料、零部件采购结算合同,从2000年到2003年本公司所用的所有大宗物资(包括所有国产、进口的原材料)、外购件(所有国产零部件)、进口零部件(所有进口电子、电器件、系统机械件及其他进口零部件)和其他产品均向海尔集团物流推进本部采购,采购价格执行市价。

(三) 其他事项

1、本期销售一宗固定资产(运输车辆)给海尔集团物流推进本部,按照本公司账面净值701万元结算。

2、2000年末,海尔集团公司清理内部往来,本公司在清理过程中同时抵销应收关联公司款和应付关联公司款277,187,429.80元

九、备查文件目录

1、载有董事长亲笔签名的《青岛海尔电冰箱股份有限公司2000年年度报告》原本;

2、载有公司法定代表人、总会计师、经办人员签名并盖章的会计报表。

3、载有山东汇德会计师事务所盖章、注册会计师亲笔签字并盖章的审计报告原本。

4、报告期内在《上海证券报》、《证券时报》及《中国证券报》上披露过的公司文件的正本及公告原稿。

5、《青岛海尔电冰箱股份有限公司章程》。

6、刊载于http:/www.sse.com.cn网站上的公司2000年年度报告原本。

青岛海尔电冰箱股份有限公司

2001年3月16日

利润及利润分配表

2000年度

编制单位:青岛海尔电冰箱股份有限公司　　　　单位:人民币元

项 目	去年累计数		本年累计数	
	(母公司)	(合并)	(母公司)	(合并)
主营业务收入	1,995,988,110.87	3,974,274,783.43	2,204,370,914.82	4,828,378,025.49
减:折扣与折让				
主营业务收入净额	1,995,988,110.87	3,974,274,783.43	2,204,370,914.82	4,828,378,025.49
减:主营业务成本	1,547,916,295.69	3,147,008,023.84	1,878,732,599.46	3,947,897,753.07
主营业务税金及附加	5,911,282.90	8,231,378.33	3,984,062.64	10,546,815.06
主营业务利润	442,160,532.28	819,035,381.26	321,654,252.72	869,933,457.36
加:其他业务利润	2,800,727.60	15,224,015.34	5,340,173.40	12,886,331.24
减:存货跌价损失	16,068,260.58	16,068,260.58	-1,241,082.54	-1,241,082.54
营业费用	22,017,092.53	85,187,187.14	1,822,594.36	56,256,907.25
管理费用	184,431,767.39	365,021,761.30	170,274,329.41	447,686,977.26
财务费用	-210,980.20	7,134,331.28	-1,639,786.83	9,515,490.42
营业利润	222,655,119.58	360,847,856.30	157,778,371.72	370,601,496.21
加:投资收益	158,255,291.65	43,883,563.31	255,952,708.06	130,196,903.01
补贴收入				
营业外收入	162,665.33	1,086,890.53	574,706.90	2,565,162.37
减:营业外支出	53,657.52	409,167.30	96,789.08	1,085,568.17
利润总额	381,019,419.04	405,409,142.84	414,208,997.60	502,277,993.42
减:所得税	36,514,168.72	56,007,208.90	23,985,465.37	47,597,574.31
少数股东损益		38,763,040.26		30,590,530.24
净利润	344,505,250.32	310,638,893.68	390,223,532.23	424,089,888.87
加:年初未分配利润	175,448,730.05	150,701,477.52	352,018,532.20	268,811,922.84
盈余公积转入				
可供分配的利润	519,953,980.37	461,340,371.20	742,242,064.43	692,901,811.71
减:提取法定盈余公积	34,450,525.03	50,701,775.00	39,022,353.22	50,976,721.87
提取法定公益金	34,450,525.03	42,792,275.25	39,022,353.22	49,066,838.61
可供股东分配的利润	451,052,930.31	367,846,320.95	664,197,357.99	592,858,251.23
减:应付优先股股利				
提取任意盈余公积	6,890,105.01	6,890,105.01	7,804,470.64	7,804,470.64
应付普通股股利	97,117,816.80	94,117,816.80	132,941,380.40	132,941,380.40
转作股本的普通股股利			94,117,817.00	94,117,817.00
未分配利润	350,045,008.50	266,838,399.14	429,333,689.95	357,994,583.19

资 产 负 债 表

2000 年 12 月 31 日

编制单位:青岛海尔电冰箱股份有限公司　　单位:人民币元

资　产	年初数		年末数	
	(母公司)	(合并)	(母公司)	(合并)
流动资产:				
货币资金	389,917,561.43	490,825,180.98	179,611,831.90	381,941,094.41
短期投资				
减:短期投资跌价准备				
短期投资净额				
应收票据	1,859,950.50	28,494,086.50	81,965,571.61	125,270,571.61
应收股利	23,756,788.01		53,470,797.45	
应收利息				
应收帐款	269,433,904.35	662,811,125.89	213,321,430.18	659,519,493.80
其他应收款	144,941,190.17	286,704,906.14	288,340,271.07	282,354,368.44
减:坏帐准备	20,718,754.73	47,475,801.60	25,083,085.06	47,093,693.11
应收款项净额	393,656,339.79	902,040,230.43	476,578,.616.19	894,780,169.13
预付帐款	468,009,868.21	534,452,293.31	312,203,504.08	526,155,685.54
应收补贴款				
存货	161,217,679.59	555,934,959.43	131,538,497.41	348,381,144.56
减:存货跌价准备	16,068,260.58	16,068,260.58	14,827,178.04	14,827,178.04
存货净额	145,149,419.01	539,866,698.85	116,711,319.37	333,553,966.52
待摊费用				1,396,806.06
待处理流动资产净损失				
一年内到期的长期债权投资				
其他流动资产				
流动资产合计	1,422,349,926.95	2,495,678,490.07	1,220,541,640.60	2,263,098,293.27
长期投资:				
长期股权投资	999,236,898.73	217,151,491.05	1,507,689,003.22	454,036,088.34
长期债权投资				
长期投资合计	999,236,898.73	217,151,491.05	1,507,689,003.22	454,036,088.34
减:长期投资减值准备				
长期投资净额	999,236,898.73	217,151,491.05	1,507,689,003.22	454,036,088.34
固定资产:				
固定资产原价	547,520,370.88	1,297,362,036.30	542,509,299.73	1,418,693,974.41
减:累计折旧	215,633,848.18	445,358,978.15	243,131,389.18	533,897,997.07
固定资产净值	331,886,522.70	852,003,058.15	299,377,910.55	884,795,977.34
工程物资				
在建工程	50,661,629.57	109,752,553.40	59,070,944.62	328,923,867.32
固定资产清理			-31,539.00	-31,539.00
待处理固定资产净损失				
固定资产合计	382,548,152.27	961,755,611.55	358,417,316.17	1,213,688,305.66
无形资产及其他资产				
无形资产	92,792,577.64	105,629,448.72	87,637,434.52	104,051,685.40
开办费		335,764.66		69,670.39
长期待摊费用				148,693.48
其他长期资产				
无形资产及其他资产合计	92,792,577.64	105,965,213.38	87,637,434.52	104,270,049.27
递延税项:				
递延税款借项				
资产总计	2,896,927,555.59	3,780,550,806.05	3,174,285,394.51	4,035,092,736.54
负债及股东权益	年初数		年末数	
	(母公司)	(合并)	(母公司)	(合并)
流动负债:				
短期借款		279,490,000.00		164,490,000.00
应付票据				
应付帐款	63,962,847.71	237,259,755.62	58,050,283.65	262,051,867.54
预收帐款		63,569,538.68		48,428,031.60
代销商品款				
应付工资	2,772,804.26	19,820,172.83	6,634,940.38	24,598,773.68
应付福利费	2,521,308.75	1,811,509.90	330,684.61	-5,457,055.20
应付股利	94,117,815.80	128,283,063.37	132,941,380.40	141,590,496.28
应交税金	63,981,532.77	67,692,856.29	75,676,530.68	91,428,337.64
其他应交款	1,081,378.64	2,826,553.26	1,215,652.78	1,692,823.64
其他应付款	43,462,984.84	156,297,677.30	8,734,338.97	98,840,584.56
预提费用				
一年内到期的长期负债				
其他流动负债				
流动负债合计	271,900,672.77	957,051,097.25	283,583,811.47	827,663,859.74
长期负债:				
应付债券				
长期应付款				32,470.96
住房周转金	8,143,684.93	6,539,228.35		
其他长期负债		2,748,682.21		-260,224.01
长期负债合计	8,143,684.93	9,287,910.56	0	-227,753.05
递延税项:				
递延税项贷项				
负债合计	280,044,357.70	966,339,007.81	283,583,811.47	827,436,106.69
少数股东权益		231,194,956.99		316,955,046.81
股东权益:				
股本	470,589,085.00	470,589,085.00	564,706,902.00	564,706,902.00
资本公积	1,516,429,085.57	1,516,429,085.57	1,529,540,643.64	1,529,540,643.64
盈余公积	279,820,018.82	329,160,271.54	367,120,347.45	438,459,454.21
其中:公益金	119,121,548.56	128,583,673.11	160,426,487.42	179,101,663.27
未分配利润	350,045,008.50	266,838,399.14	429,333,689.95	357,994,583.19
股东权益合计	2,616,883,197.89	2,583,016,841.25	2,890,701,583.04	2,890,701,583.04
负债及股东权益合计	2,896,927,555.59	3,780,550,806.05	3,174,285,394.51	4,035,092,736.54

现 金 流 量 表

2000 年度

编制单位:青岛海尔电冰箱股份有限公司　　单位:人民币元

项　目	母公司	合　并
一、经营活动产生的现金流量		
销售商品、提供劳务收到的现金	1,879,267,846.78	3,638,572,820.64
收到的租金	2,461,101.00	2,576,980.00
收到的增值税销项税额和退回的增值税款		
收到的除增值税以外的其他税费返回		652,700.00
收到的其他与经营活动产有关的现金	18,219,796.71	403,473,630.03
现金流入小计	1,899,948,744.49	4,045,276,130.67
购买商品、接受劳务支付的现金	1,331,095,572.21	2,996,800,206.60
经营租赁所支付的现金	2,262,883.56	6,321,118.93
支付给职工以及为职工支付的现金	55,023,026.02	137,182,279.85
支付的增值税款	49,946,318.63	138,954,614.38
支付的所得税款	13,928,259.08	28,595,677.17
支付的除增值税、所得税以外的其他税费	10,608,788.95	22,190,972.46
支付的其他与经营活动有关的现金	135,284,725.04	237,505,581.80
现金流出小计	1.598,149,573.49	3,567,550,451.19
经营活动产生的现金流量净额	301,799,171.00	477,725,679.48
二、投资活动产生的现金流量:		
收回投资所收到的现金		
分得股利或利润所收到的现金	5,273,844.00	5,304,535.08
取得债券利息收入所收到的现金		
处置固定资产、无形资产和其他长期资产而收的现金净额		75,000.00
收到的其他与投资活动有关的现金		14,941,075.63
现金流入小计	5,273,844.00	20,320,610.71
购建固定资产、无形资产和其他长期资产所支付的现金	325,606,075.01	322,222,686.98
权益性投资所支付的现金	162,452,200.00	158,584,000.00
债权性投资所支付的现金		
支付的其他与投资活动有关的现金		
现金流出小计	488,058,275.01	480,806,686.98
投资活动产生的现金流量净额	-482,784,431.01	-460,486,076.27
三、筹资活动产生的现金流量:		
吸收权益性投资所收到的现金		22,428,800.00
其中:子公司吸收少数股东权益性投资收到的现金		22,428,800.00
发行债券所收到的现金		
借款所收到的现金		176,490,000.00
收到的其他与筹资活动有关的现金		5,749,339.97
现金流入小计	0.00	204,668,139.97
偿还债务所支付的现金		286,990,000.00
分配股利或利润所支付的现金	29,320,469.52	29,320,469.52
其中:子公司支付少数股东的股利		13,066,235.79
偿付利息所支付的现金		
融资租赁所支付的现金		
减少注册资本所支付的现金		
其中:子公司依法减资支付的少数股东的现金		
支付的其他与筹资活动有关的现金		1,415,124.44
现金流出小计	29,320,469.52	330,791,829.75
筹资活动产生的现金流量净额	-29,320,469.52	-126,123,689.78
四、汇率变动对现金的影响:		
五、现金及现金等价物的净增加额	-210,305,729.53	-108,884,086.57
附注:		
1.不涉及现金收支的投资和筹资活动:		
以固定资产偿还债务		
以投资偿还债务		
以固定资产进行长期投资		
以存货偿还债务		
融资租赁固定资产		
2.将净利润调节为经营活动产生的现金流量		
净利润	390,223,532.23	424,089,888.87
加:少数股东损益		30,590,530.24
计提的坏帐准备或转销的坏帐	4,364,330.33	58,333,952.31
存货跌价损失	-1,241,082.54	-1,241,082.54
固定资产折旧	34,677,098.45	94,134,057.43
无形资产摊销	5,155,143.12	7,857,328.69
待摊费用摊销	5,472,170.83	5,472,170.83
处置固定资产、无形资产和其他长期资产的损失(减收益)		544,559.72
固定资产报废损失		
财务费用		11,890,263.77
投资损失(减收益)	-255,952,708.07	-130,196,903.02
递延税款贷项(减借项)		
存货的减少(减增加)	29,679,182.18	206,312,732.33
经营性应收项目的减少(减增加)	130,796,608.21	206,686,322.19
经营性应付项目的增加(减减少)	-41,375,103.75	-436,748,141.35
增值税增加净额(减减少)		
其他		
经营活动产生的现金流量净额	301,799,171.00	477,725.679.48
3.现金及现金等价物净增加情况:		
货币资金的期末余额	179,611,831.90	381,941,094.41
减:货币资金的期初余额	389,917,561.43	490,825,180.98
现金等价物的期末余额		
现金及现金等价物的净增加额	-210,305,729.53	-108,884,086.57

东新电碳股份有限公司

二○○○年年度报告摘选

一、公司简介

1 、公司法定中文名称:东新电碳股份有限公司
公司英文名称:DONGXIN ELECTRICAL CARBON CO.,LTD
英文名称缩写:DONGXIN
2 、公司注册地址:四川省自贡市自流井区东光路桌子山 22 号
邮编:643000
3 、公司法定代表人:席平波
4 、董事会秘书:杜东海
联系电话:(0813)2600860
传真:(0813)2600861
电子信箱地址:dxt888@163.net
5 、公司选定的信息披露报纸:《上海证券报》
年度报告指定登载网址:http://www.sse.com.cn
6 、公司股票上市地:上海证券交易所
股票简称:东新电碳
股票代码:600691

二、会计数据和业务数据摘要

1 、本年度利润总额及构成(单位:元)

利润总额	-11560753.34
净利润	-11549050.38
扣除非经常性损益后的净利润	-11549050.38
主营业务利润	13955015.61
其他业务利润	350119.80
营业利润	-10896311.27
投资收益	-49124.83
补贴收入	
营业外收支净额	-615317.24
经营活动产生的现金流量净额	-12145414.49
现金及现金等价物净增加额	-7445462.79

2 、公司前三年主要会计数据和财务指标 (单位:元)

指标项目	2000 年度	99 年度	98 年度	
			调整前	调整后
主营业务收入	60902854.07	61953250.54	56153954.11	56153954.11
净利润	-11549050.38	4589342.35	-42108915.96	-45738045.56
总资产	244490891.49	252130570.61	257918792.54	243211921.05
股东权益	100880365.40	112429415.78	108563894.92	104934765.32
每股收益(摊薄)	-0.149	0.059	-0.545	-0.592
每股收益(加权)	-0.149	0.059	-0.545	-0.592
每股净资产	1.305	1.45	1.40	1.36
调整后的每股净资产	0.785	1.02	1.12	1.07
每股经营性活动产生的现金流量净额	-0.157	-0.007	-0.031	-0.031
净资产收益率%(摊薄)	-11.45	4.08	-38.79	-43.59
净资产收益率%(加权)	-10.83	4.22	-32.49	-35.79

按照中国证监会《公开发行证券公司信息披露编报规则第 9 号》的规定计算的"每股收益"和"净资产收益率"系列指标:

	净资产收益率		每股收益	
	全面摊薄	加权平均	全面摊薄	加权平均
主营业务利润	13.83%	13.08%	0.18	0.18
营业利润	-10.80%	-10.22%	-0.14	-0.14
净利润	-11.45%	-10.83%	-0.149	0.149
扣除非经常性损益后的净利润	-11.45%	-10.83%	-0.149	0.149

3 、报告期内股东权益变动情况 (单位:元)

项目	股本	资本公积	盈余公积	法定公益金	未分配利润	股东权益合计
期初数	77274499.00	59288495.76	13147716.35	2365105.02	-37281295.33	112429415.78
本期增加					-11549050.38	-11549050.38
本期减少						
期末数	77274499.00	59288495.76	13147716.35	2365105.02	-48830345.71	100880365.40

注:股东权益减少系本年发生亏损所致。

三、股东情况介绍

1、截止 2000 年 12 月 30 日,公司股东总计 15186 户。其中,国家股东 1 户,法人股东 43 户,社会公众股东共计 15142 户。

2、前十名股东持股情况

股东名称	持有股份(万股)	占总股本(%)
自贡市国有资产管理局(国家股)	2208.2299	28.58
四川省信托投资公司	360	4.66
中国银行四川省分行国际信托投资公司	240	3.11
自贡市银河贸易公司	240	3.11
中国人民保险公司自贡市分公司	121.2	1.57
东方电器集团财务公司	120	1.55
中国工商银行四川省分行信托投资公司	120	1.55
自贡市邮电局	60	0.78
四川省烟草公司自贡分公司	60	0.78
成都华能物资供销公司	60	0.78

3、本公司股东中,持股比例超过 10%的只有自贡市国有资产管理局(国家股),持有本公司股份占总股本 28.58%。

4、本报告期内控股股东股份无变化。

上海亚通股份有限公司

二○○○年年度报告摘选

一、公司简介

1、公司法定中文名称:上海亚通股份有限公司
公司法定英文名称:SHANG HAI YA TONG CO., LTD.
英文缩写:YT
2、公司法定代表人:郁葱
3、董事会秘书:赵柳滨
董事会证券事务代表:蔡福生
联系地址:上海崇明八一路 9 号
联系电话:021-69612738　　021-69612714　　传真:021-69612782
电子信箱:E-mail:shytcl@online.sh.cn
4、公司注册及办公地址:上海崇明八一路 9 号
邮政编码:202150
5、公司选定的信息披露报纸为《上海证券报》
登载公司年度报告的国际互联网网址:http://www.sse.con.cn
公司年报备置地点:上海崇明八一路 9 号公司总经理办公室
6、公司股票上市交易所:上海证券交易所
股票简称:亚通股份　　股票代码:600692

二、会计数据和业务数据摘要

1、公司本年度实现利润情况(合并报表)　单位:元

项　目	2000 年度
(1)利润总额:	28856470.67
(2)净利润:	25631802.72
(3)扣除非经常性损益后的净利润:	19652843.54
(4)主营业务利润:	41684380.31
(5)其他业务利润:	774460.47
(6)营业利润:	11400427.32
(7)投资收益:	17034062.56
(8)补贴收入:	763994.50
(9)营业外收支净额:	-342013.71
(10)经营活动产生的现金流量净额:	53648391.61
(11)现金及现金等价物净增加额:	20373957.34

注:扣除非经营性损益项目为一般法人投资者网下申购股票投资收益 7034062.56 元。

2、公司前三年主要会计数据和财务指标(合并报表)单位:元

项目	2000 年度	1999 年度	1998 年度	
			调整后	调整前
(1)主营业务收入	169786628.18	152515315.05	122889820.41	122889820.41
(2)净利润	25631802.72	19483396.79	28968942.53	31651413.04
(3)总资产	536850060.30	496594992.57	405516808.40	408869896.58
(4)股东权益	339053555.45	313421752.73	303164192.49	305846663.00
(5)每股收益	0.203	0.15	0.23	0.25
每股收益(加权)	0.203	0.15	0.23	0.25
(6)扣除非经常性损益后的每股收益(摊薄)	0.155	0.128	0.21	0.24
扣除非经常性损益后的每股收益(加权)	0.155	0.128	0.21	0.24
(7)每股净资产	2.68	2.48	2.40	2.42
(8)调整后的每股净资产	2.63	2.39	2.38	2.37
(9)每股经营活动产生的现金流量净额(摊薄)	0.42	-0.26	0.28	0.28
每股经营活动产生的现金流量净额(加权)	0.42	-0.26	0.28	0.28
(10)净资产收益率(%)	7.56	6.22	9.56	10.35
净资产收益率(加权)%	7.86	6.42	9.96	10.91

3、按照中国证监会《公开发行证券公司信息披露编报规则》(第 9 号)要求计算的净资产收益率及每股收益。

报告期利润	净资产收益率		每股收益(元)	
	全面摊薄	加权平均	全面摊薄	加权平均
主营业务利润	12.29%	12.78%	0.33	0.33
营业利润	3.36%	3.49%	0.09	0.09
净利润	7.56%	7.86%	0.203	0.203
扣除非经常性损益后的净利润	5.79%	6.02%	0.155	0.155

三、股本变动及股东情况

1 、股本变动情况
(1)股份变动情况表

数量单位:股

	本次变动前	本次变动增减(+,-)					本次变动后
		配送	送股	公积金转股	其他	小计	
一.尚未流通股份							
1.发起人股份							
其中:							
国家拥有股份	24572195				受让		59079168
境内法人持有股份	34506973				转让		
外境法人持有股份							
其他:							
2.募集法人股	14400000						14400000
3.内部职工股							
4.优先股或其他(转配)	27720000				上市		
尚未流通股份合计	101199168						73479168
二.已上市流通股份							
1.境内上市的人民币普通股	25200000						52920000
2.境内上市的外资股							
3.境外上市的外资股							
4.其他							
已流通股份合计	25200000						529200005
三.股份总数	126399168						126399168

福建东百集团股份有限公司

二〇〇〇年年度报告摘选

一、公司简介

1 、公司法定中文名称:福建东百集团股份有限公司
公司法定英文名称:FUJIAN DONGBAI (GROUP) CO. ,LTD
公司英文名称缩写:FJDB
2 、公司法定代表人:陈明魁
3 、公司董事会秘书:陈 玲
4 、公司注册与办公地址:福建省福州市八一七北路 84 号东百大厦 18 层
联系电话:(0591)7531724　　传真:(0591)7531804
邮政编码:350001
电子信箱:fjdbjt@pub5. fz. fj. cn
5 、公司选定的信息披露报纸名称:《上海证券报》
登载公司年度报告的中国证监会指定国际互联网网址:http: www. sse. com. cn
公司年度报告备置地点:公司股证部
6 、公司股票上市交易所:上海证券交易所
股票简称:东百集团　　股票代码:600693

二、会计数据和业务数据摘要

1 、本年度效益情况(单位:人民币元):

项　目	金　额
利润总额:	8,820,446.89
净利润:	7,484,282.63
扣除非经常性损益后的净利润:	2,790,043.22
主营业务利润:	63,975,327.91
其他业务利润:	18,681,039.63
营业利润:	5,902,642.24
投资收益:	807,931.51
补贴收入:	76,231.38
营业外收支净额:	2,033,641.76
经营活动产生的现金流量净额:	36,550,447.09
现金及现金等价物净增加额:	-5,942,201.94
注:"扣除非经常性损益后净利润"中非经常性损益项目为:	
股权转让收益:	9,507,005.27
投资清算损失:	-6,822,055.09
出口商品贴息收入:	76,231.38
莆田东百房产处置收入:	1,933,057.85
合计:	4,694,239.41

2 、前三年主要会计数据和财务指标:

项　目	2000 年	1999 年	1998 年
主营业务收入(元):	585,598,083.08	537,117,640.11	533,868,852.37
净利润(元):	7,484,282.63	11,944,516.70	45,199,118.19
总资产(元):	781,879,931.53	798,142,401.76	720,846,574.63
股东权益(元):	382,559,647.80	388,276,234.17	376,331,717.47
每股收益(元/股):	0.057	0.090	0.342
加权 平均每股收益(元/股):	0.057	0.090	0.342
每股净资产(元/股):	2.898	2.941	2.851
调整后的每股净资产(元/股):	2.070	2.090	2.100
净资产收益率(%):	1.956	3.076	12.010
扣除非经常性损益后 的每股收益(元/股):	0.021	0.090	0.292
每股经营活动产生的 现金流量(元/股):	0.277	0.037	0.247

按照中国证监会《公开发行证券公司信息披露编报规则》第 9 号文的通知,计算 2000 年度公司净资产收益率和每股收益:

项目	净资产收益率(%)		每股收益(元/股)	
	全面摊薄	加权平均	全面摊薄	加权平均
主营业务利润:	16.723	16.319	0.485	0.485
营业利润:	1.543	1.506	0.045	0.045
净利润:	1.956	1.909	0.057	0.057
扣除非经常性损益后的净利润:	0.729	0.712	0.021	0.021

3 、本年度股东权益变动情况:

项目	期初数	本期增加数	本期减少数	期末数
股本	132,008,690.00			132,008,690.00
资本公积	171,903,109.32			171,903,109.32
盈余公积	50,962,757.77	2,242,387.47		53,205,145.24
其中:法定公益金	15,164,507.59	747,462.49		15,911,970.08
未分配利润	33,401,677.08	5,241,895.16	13,200,869.00	25,442,703.24
股东权益合计	388,276,234.17	7,484,282.63	13,200,869.00	382,559,647.80

三、股本变动及股东情况

1 、股本变动情况表:　　股份单位:股

项目	本次变动前	本次变动增减(+-)						本次变动后
		配股	送股	公积金转股	增发	其他	小计	
一、未上市流通股份								
1 、发起人股份								
其中:								
国家拥有股份	51,971,920							51,971,920
境内法人持有股份	7,735,772							7,735,772
外资法人持有股份								
其他								
2 、募集法人股								
3 、内部职工股								
4 、优先股或其他								
其中:转配股	18,682,488					-18,682,488	-18,682,488	
未上市流通股份合计	78,390,180					-18,682,488	-18,682,488	59,707,692
二、已上市流通股份								
1 、人民币普通股	53,618,510					18,682,488	18,682,488	72,300,998
2 、境内上市的外资股								
3 、境外上市的外资股								
4 、其他								
已上市流通股份合计	53,618,510					18,682,488	18,682,488	72,300,998
三、股份总数	132,008,690					0	0	132,008,690

大商集团股份有限公司

二〇〇〇年年度报告摘选

一、公司简介

1、公司法定中文名称:大商集团股份有限公司
英文名称:DASHANG GROUP CO. ,LTD
英文缩写:DSG
2、公司法定代表人:牛钢
3、公司董事会秘书:姜福德
董事会证券事务代表:刘艳华
联系地址:大连市中山区青三街 1 号证券部
联系电话:0411-3643215
传真:0411-3630358
4、公司注册(办公)地址:大连市中山区青三街 1 号
邮政编码:116001
公司国际互联网网址:http://www. dsjt. com
电子信箱:dsjt@dalian-gov. net
5、公司信息披露报刊:《上海证券报》或《中国证券报》
登载年度报告的国际互联网网址:http://www. sse. com. cn
年度报告备置地点:大连市中山区青三街 1 号证券部
6、公司股票上市交易所:上海证券交易所
股票简称:大商股份　　股票代码:600694

二、会计数据和业务数据摘要

1、本年度主要利润指标情况(单位:人民币元)

利润总额	101,183,746.17
净利润	84,093,636.61
扣除非经常性损益后的净利润	81,272,381.92
主营业务利润	220,499,506.30
其他业务利润	66,813,849.52
营业利润	109,483,540.72
投资收益	-9,163,217.72
补贴收入	197,000.00
营业外收支净额	666,423.17
经营活动产生的现金流量净额	109,496,076.40
现金及现金等价物净增加额	-155,818,207.12

注:"扣除非经常性损益后的净利润"指标中,扣除的非常性损益项目及涉及金额:大连大商集团有限公司物业管理费 260 万元,补贴收入 197,000.00 元,营业外收支净额 666,423.17 元。

2、主要会计数据和财务指标

单位:人民币元

项目	2000 年	1999 年	1998 年调整前	1998 年调整后
主营业务收入	1,357,857,674.15	1,237,846,877.19	816,406,466.14	814,994,860.99
净利润	84,093,636.61	54,365,790.39	60,740,499.57	57,214,998.19
总资产	1,298,900,443.18	1,174,740,518.42	838,222,097.80	787,800,524.14
股东权益 (不含少数股东权益)	812,657,331.59	783,087,886.09	440,363,941.23	390,356,499.16
每股净资产	3.59	3.46	2.49	2.21
调整后每股净资产	3.46	3.32	2.24	1.99
每股经营活动产生 现金流量净额	0.48	0.51	0.41	0.41
净资产收益率	10.35%	6.94%	13.79%	14.66%
每股收益	0.37	0.24	0.34	0.32
加权平均每股收益	0.37	0.25	0.34	0.32
扣除非经常性损益的 每股收益	0.36	0.23	0.34	0.32

按照中国证监会《公开发行证券公司信息披露编报规则(第 9 号)要求计算 2000 年报告期利润的净资产收益率和每股收益:

项目	净资产收益率(%)		每股收益(元)	
	全面摊薄	加权平均	全面摊薄	加权平均
主营业务利润	27.13	26.72	0.975	0.975
营业利润	13.47	13.27	0.484	0.484
净利润	10.35	10.19	0.372	0.372
扣除非经常性损益后的净利润	10.00	9.85	0.359	0.359

3、报告期内股东权益变动情况　　单位:人民币元

项目	股本	资本公积	盈余公积	其中: 法定公益金	未分配 利润	股东权益 合计
期初数	226,159,791.00	420,270,717.69	59,734,656.30	24,738,737.29	76,922,721.10	783,087,886.09
本期增加			15,497,924.51	5,165,974.84	68,595,712.10	84,093,636.61
本期减少					54,524,191.11	54,524,191.11
期末数	226,159,791.00	420,270,717.69	75,232,580.81	29,904,712.13	90,994,242.09	812,657,331.59

变动原因:1、盈余公积、公益金本期增加部分为本年提取数。

2、未分配利润增加部分为本年净利润扣除两金后转入数;减少部分为根据财政部有关文件的规定,住房周转金的赤字余额在年初未分配利润数核减,以及今年分配的现金红利数。

三、股东情况介绍

1、报告期末公司股东总数为 66577 户。

2、前十名股东持股情况

股　东　名　称	年末持股数量(股)	占总股本比例(%)
(1)大连市国有资产管理局	94,978,000	42.00
(2)大连商场	2,758,080	1.22
(3)大连国际信托投资公司	2,287,350	1.01
(4)大连信托投资公司	1,105,000	0.49
(5)李云	440,000	0.19
(6)华建荣	414,350	0.18
(7)叶东生	373,007	0.16
(8)林镇生	280,000	0.12
(9)马奕明	271,160	0.12
(10)初淑柏	265,960	0.12

上海大江(集团)股份有限公司

二〇〇〇年年度报告摘选

一、公司简介

1、公司法定中文名称:上海大江(集团)股份有限公司
公司法定英文名称:SHANGHAI DAJIANG (GROUP) STOCK CO., LTD.
公司英文名称缩写:SDJ
2、公司法定代表人:Mr. Thanakorn Seriburi (李绍祝先生,董事长)
3、公司董事会秘书:顾德明先生
联系地址:上海市松江区谷阳南路26号
联系电话:86-21-57817566　　传真号码:86-21-57820072
电子信箱:dajiang@dajiang.com
公司咨询服务机构:公司行政部
4、公司注册地址:上海市松江区谷阳南路26号
公司办公地址:上海市松江区谷阳南路26号
邮政编码:201600
国际互联网网址:http://www.dajiang.com
电子信箱:dajiang@dajiang.com
5、公司选定的信息披露报纸:《上海证券报》(境内)、《香港商报》(境外)。
登载公司年度报告的国际互联网网址:http://www.sse.com.cn
公司年度报告备置地点:公司行政部
6、公司股票上市交易所:上海证券交易所
股票简称:大江股份(A股)　　大江B股(B股)
证券代码:600695(A股)　　900919(B股)

二、会计数据和业务数据摘要

(一)、本年度利润总额及构成(合并报表,金额单位:人民币元)

1、利润总额及构成

项目	金额
利润总额	28,551,968.73
其中:主营业务利润	262,204,166.20
其他业务利润	-1,324,704.65
营业利润	2,370,700.24
投资收益	6,221,837.74
补贴收入	5,816,908.20
营业外收支净额	14,142,522.55
净利润	7,925,200.56
扣除非经常性损益后的净利润	-12,034,230.19
经营活动产生的现金流量净额	92,310,640.29
现金及现金等价物净增加额	68,871,281.98

说明:扣除的非经常性损益项目是:营业外收支净额14,142,522.55元,补贴收入5,816,908.20元。

(二)主要会计数据及财务指标(合并报表,金额单位:人民币万元)

1、主要会计数据及财务指标

指标项目	2000年	1999年		1998年	
		调整前	调整后	调整前	调整后
(1)主营业务收入	162043.13	178276.56	177580.89	227483.13	227483.13
(2)净利润	792.52	690.39	690.39	13255.48	-12107.22
(3)总资产	216287.00	197511.92	197228.67	214609.90	215503.61
(4)股东权益	97170.28	96430.03	96430.03	94911.84	95804.04
(5)每股收益(元)(摊薄)	0.012	0.010	0.010	-0.196	-0.179
(加权)	0.012	0.010	0.010	-0.217	-0.198
(6)扣除非经常性损益后的每股收益(元)	-0.018	-0.004	-0.004	-0.187	-0.170
(7)每股净资产(元)(摊薄)	1.437	1.426	1.426	1.40	1.42
(8)净资产收益率(%)(摊薄)	0.82	0.72	0.72	-13.97	-12.64
(加权)	0.82	0.72	0.72	-13.08	-11.88
(9)调整后每股净资产(元)(摊薄)	1.39	1.38	1.38	1.39	1.37
(10)每股经营活动产生的现金净额	0.13	0.33	0.33	0.53	0.53

2、利润表附表

报告期利润	净资产收益率(%)		每股收益(元)	
	全面摊薄	加权平均	全面摊薄	加权平均
主营业务利润	26.98	27.08	0.388	0.388
营业利润	0.24	0.24	0.004	0.004
净利润	0.82	0.82	0.012	0.012
扣除非经常性损益后的净利润	-1.24	-1.24	-0.018	-0.018

三、股东情况介绍

1、报告期末股东总数

截止2000年12月31日,本公司股东总数为19,134名。

2、前十名股东持股情况

股东名称	年末持股数(股)	占总股本比例(%)
1. 正大上海有限公司	286,672,848	42.39
2. 上海市松江区饲料公司	172,003,709	25.43
3. 上海市松江区畜禽公司	114,669,139	16.96
4. 上海松林工贸有限公司	3,186,612	0.47
5. WAH CHUN INTERNATIONAL LIMITED	3,181,596	0.47
6. 长江经济联合发展集团股份有限公司	1,716,000	0.25
7. 正大(汕头)投资有限公司	1,630,200	0.24
8. CBNY S/A PNC/SKANDIA SELECT FUND/CHINA EQUITY AC	1,510,896	0.22
9. 宁波国成塑料有限公司	1,372,800	0.20
10. 汪胜虹	1,000,000	0.15

注:持有本公司5%(含5%)以上股份的股东所持股份无质押或冻结情况,前10名股东之间不存在关联关系。

豪盛(福建)股份有限公司

二〇〇〇年年度报告摘选

一、公司简介

1、公司法定中文名称:豪盛(福建)股份有限公司
公司法定英文名称:HAWSON (FUJIAN) LIMITED
英文缩写:HSG
2、公司法定代表人:陈隆基先生
3、公司董事会秘书:黄晖先生
公司授权代表:赵瑜小姐
联系地址:福建省泉州市城东仕公岭
电话:0595-2688168
传真:0595-2688618
电子信箱:hawson@public.qz.fj.cn
4、公司注册地址:福建省泉州市城东仕公岭(办公地址)
邮政编码:362000
电子信箱:hawson@public.qz.fj.cn
5、公司选定的信息披露报纸名称:《上海证券报》、《中国证券报》
登载公司年度报告的中国证监会指定国际互联网 http://www.sse.com.cn
公司年报置地点:公司股证办
6、公司股票上市交易所:上海证券交易所
股票简称:福建豪盛　　股票代码:600696

二、会计数据和业务数据摘要

1、公司本年度主要利润指标(单位:人民币元)

项目	金额
利润总额	7,917,605.07
净利润	7,917,605.07
扣除非经常性损益后的净利润	-47,737,187.65
主营业务利润	-10,304,275.59
其他业务利润	-34,042.33
营业利润	-47,737,187.65
投资收益	55,654,387.72
补贴收入	
营业外收支净额	405.00
经营活动产生的现金流量净额	-43,084,999.10
现金及现金等价物净增加额	1,100,324.55

非经常性损益项目及金额:投资收益55,654,387.72元;营业外收入405.00元。

2、截止报告期末公司前三年的主要会计数据和财务指标(单位:人民币元)

项目	2000年度	1999年度	1998年度	
			调整前	调整后
主营业务收入	61,638,152.70	101,089,757.35	143,435,555.41	143,435,555.41
净利润	7,917,605.07	-96,080,504.99	-47,690,389.48	-50,985,816.59
总资产	720,113,393.76	775,919,216.18	891,384,183.16	934,130,098.97
股东权益	382,246,082.32	374,328,477.25	482,730,697.53	470,408,982.24
每股收益(摊薄)	0.0302	-0.3668	-0.182	-0.195
(加权)	0.0302	-0.3668	-0.182	0.195
扣除非经常性损益后的每股收益(摊薄)	-0.1822	-0.3668	-0.182	-0.195
(加权)	-0.1822	-0.3668	-0.182	-0.195
每股净资产	1.46	1.43	1.84	1.80
调整后的每股净资	1.46	1.38	1.83	1.79
净资产收益率(摊薄)	2.07%	-25.67%	-9.29%	-10.84%
(加权)	2.09%	-25.67%	-9.29%	-10.84%
扣除非经常性损益后的加权净资产收益率	-12.62%	-25.67%	-9.29%	-10.84%
每股经营活动产生的现金流量净额	-0.1645	0.078		

3、报告期内股东权益变动情况及其原因(单位:人民币元)

项目	股本	资本公积	盈余公积	法定公益金	未分配利润	股东权益合计
期初数	261,973,500	213,355,264.49	23,792,879.62	7,930,959.87	-124,793,166.86	374,328,477.25
本期增加					7,917,605.07	7,917,605.07
本期减少						
期末数	261,973,500	213,355,264.49	23,792,879.62	7,930,959.87	-116,875,561.79	382,246,082.32

[备注]变动原因:

未分配利润及股东权益合计的增加数为本年度实现的利润。

三、股本变动及股东情况

1、股东情况介绍

(1)本报告期末,公司股东总数为23907户。

(2)报告期末前十名股东持股情况(单位:股)

股 东 名 称	期末持股数	占总股本%
豪盛(香港)有限公司	113,085,100	43.17
泉州市区经济发展公司	29,618,160	11.31
泉州市经济开发公司	23,118,160	8.82
福建投资开发总公司	6,500,000	2.48
汉兴基金	2,000,000	0.76
信达资产管理公司	1,120,840	0.43
农自营	1,000,000	0.38
宁克绳	314,990	0.12
宁梁	292,738	0.11
李建勇	273,800	0.10

持有本公司5%以上股份的股东在报告期内,持股数及持股比例未发生变化。

前十名股东之间、股东与公司之间不存在关联交易。

长春欧亚集团股份有限公司

二○○○年年度报告摘选

一、公司简介

1.公司法定中文名称:长春欧亚集团股份有限公司

英文名称:CHANG CHUN EURASIA GROUP CO. LTD

英文缩写:CCEG

2.公司法定代表人:曹和平

3.公司董事会秘书:席汝珍

联系地址:长春市工农大路14号

电 话:0431－5620053

传 真:0431－5666517

4.公司注册及办公地址:长春市工农大路14号

邮政编码:130021

公司国际互联网网址:www.cn－eurasiagroup.com

电子信箱:ouya@public.cc.jl.cn

5.公司选定的信息披露报纸名称:上海证券报

登载公司年度报告的国际互联网网址:http://www.sse.com.cn

公司年度报告备置地点:公司证券部

6.公司股票上市交易所:上海证券交易所

股票简称:欧亚集团

股票代码:600697

二、会计数据和业务数据摘要

1.本年度利润总额及构成(2000年度合并)单位:元

项目	金额
利润总额	48,512,118.21
净利润	44,150,239.91
扣除非经常性损益后的净利润	34,968,056.48
主营业务利润	59,499,842.63
其他业务利润	33,536,653.52
营业利润	45,535,746.53
投资收益	－151,292.48
营业外收支净额	3,127,664.16
经营活动产生的现金流量净额	46,115,687.35
现金及现金等价物净增加额	12,052,416.88

2.主要会计数据及财务指标(单位:元)

项目	2000年	1999年	1998年	
			调整后	调整前
主营业务收入	604784536.77	499128304.10	326699899.87	326824695.69
净利润	44150239.91	33449900.21	30294808.17	29559749.81
总资产	675642709.78	551063606.12	380978060.07	397859396.88
股东权益	436382104.44	417145283.07	267500956.72	288040068.65
每股收益(摊薄)	0.360	0.273	0.297	0.289
(加权)	0.360	0.276	0.297	0.289
扣除非经常性损益后的每股收益	0.285	0.246	0.271	0.263
每股净资产(摊薄)	3.56	3.40	2.62	2.82
调整后的每股净资产	3.49	3.34	2.54	2.68
每股经营活动产生的现金流量净额	0.376	0.266	0.397	0.397
净资产收益率(摊薄)	10.12%	8.02%	11.33%	10.262%

3.利润表附表

报告期利润	净资产收益率		每股收益(元)	
	全面摊薄	加权平均	全面摊薄	加权平均
主营业务利润	13.63%	13.55%	0.485	0.485
营业利润	10.43%	10.37%	0.371	0.371
净利润	10.12%	10.05%	0.360	0.360
扣除非经常性损益后净利润	8.01%	7.96%	0.285	0.285

4.报告期内股东权益变动情况

项目	股本	资本公积	盈余公积	其中:公益金	未分配利润	合计
期初数	122737186.00	215923952.90	27138810.14	12015308.06	51345334.03	417145283.07
本期增加	－	－	8830047.98	4415023.99	44150239.91	52980287.89
本期减少	－	365981.34	－	－	33377485.18	33743466.52
期末数	122737186.00	215557971.56	35968858.12	16430332.05	62118088.76	436382104.44
变动原因		评估增值计提折旧	净利润提取	净利润提取	净利润增加	净利润增加提取盈余公积分配股利

三、股本变动及股东情况

(1)截止2000年12月31日,股东总数为27762户。

(2)前10名股东持股情况

股东名称	年末持股数(股)	占总股本
长春市汽车城商业总公司(国家股代表)	43,072,428	35.09%
长春市朝阳区双欧机构制造有限公司	3,305,500	2.69%
金鑫基金	2,992,397	2.44%
长春市兴业百货贸易公司	2,474,700	2.02%
万科企业股份有限公司	2,200,000	1.79%
沈阳万众企业集团股份有限公司	1,650,000	1.34%
深圳市蛇口安达实业股份有限公司	1,100,000	0.90%
深圳市赛格达声股份有限公司	1,100,000	0.90%
吉林省证券有限责任公司	679,518	0.55%
富岛基金	550,000	0.45%

注:金鑫基金所持股份为上市流通股份,其余均为未上市流通股份。

长春市汽车城商业总公司所持股份无质押、冻结或其他股份转让受限制情况。

济南轻骑摩托车股份有限公司

二○○○年年度报告摘选

一、公司简介

1、公司法定中文名称:济南轻骑摩托车股份有限公司

公司中文缩写:济南轻骑

公司英文名称:JINAN QINGQI MOTORCYCLE CO.,LTD

公司英文缩写:JNQQ

2、公司法定代表人:杨仁发

3、公司董事会秘书:韩金科

联系地址:山东省济南市历下区和平路34号

电话:0531－6953325－2206

传真:0531－6954219

证券事务代表:宋文才

电子信箱:songyicai@chinaren.com

联系地址:山东省济南市历下区和平路34号

电话:0531－6414419

传真:0531－6960676

4、公司注册地址:山东省济南市历下区和平路34号

公司办公地址:山东省济南市历下区和平路34号

邮政编码:250014

电子信箱:cnjnqq@jn－public.sd.cninfo.net

5、公司选定的信息披露报纸:《中国证券报》、《上海证券报》、香港《文汇报》

登载本公司年度报告的中国证监会指定国际互联网网址:http://www.sse.com.cn

公司年度报告备置地点:本公司证券投资部

6、公司股票上市交易所:上海证券交易所

股票简称:济南轻骑(A股)　　轻骑B股(B股)

股票代码:600698(A股)　　900946(B股)

二、会计数据和业务数据摘要

1、本年度利润总额及构成(单位:人民币元)

项目	金额
利润总额:	－272,430,339.02
净利润(元):	－272,432,967.32
扣除非经常性损益后的净利润:	－266,053,039.05
主营业务利润:	－68,203,561.86
其他业务利润:	7,457,450.83
营业利润:	－266,047,936.56
投资收益:	－2,474.19
补贴收入:	0
营业外收支净额:	－6,379,928.27
经营活动产生的现金流量净额:	－322,639,956.87
现金及现金等价物净增加额:	33,453,637.13

2、公司主要会计数据及财务指标

单位:人民币元

项目	2000年	1999年(调整后)	1998年(调整后)
主营业务收入	534116193.41	901597548.37	1949992135.32
净利润	－272432967.32	19725048.29	340084547.08
总资产	4146817121.07	3848896833.37	3249498763.29
股东权益	2715954708.69	2988387676.01	2968662627.72
每股收益(全面摊薄)	－0.28	0.02	0.35
扣除非经营性损益后的每股收益	－0.27	0.014	0.27
每股收益(加权平均)	－0.28	0.02	0.35
每股净资产	2.79	3.08	3.05
调整后的每股净资产	2.79	3.08	3.05
每股经营活动产生的现金流量净额	－0.33	0.09	0.01
净资产收益率(%)	－10.03	0.66	11.32
净利润的加权每股收益	－0.28	0.02	0.35
净利润的加权净资产收益率(%)	－10.03	0.66	11.32
扣除非经常收益后的净利润的加权净资产收益率(%)	－9.3	0.46	9.47

三、股本变动及股东情况

1、股本变动情况

(1)、股份变动情况表

数量单位:股

	本次变动前	本次变动增减(+,－) 配股	送股	公积金转股	增发	其他	小计	本次变动后
一、未上市流通股份								
1、发起人股份								
其中:								
国家持有股份	397488000							397488000
境内法人持有股份								
境外法人持有股份								
其他								
2、募集法人股	37619400							37619400
3、转配股	76980540					－76980540	－76980540	0
4、优先股或其他								
未上市流通股份合计	512087940					－76980540	－76980540	435107400
二、已上市流通股份								
1、人民币普通股	229729500					+76980540	+76980540	306710040
2、境内上市的外资股	230000000							230000000
3、境外上市的外资股								
4、其他								
已上市流通股份合计	459729500					+76980540	+76980540	536710040
三、股份总数	971817440					0	0	971817440

辽源得亨股份有限公司

二〇〇〇年年度报告摘选

一、公司简介

1、公司法定中文名称:辽源得亨股份有限公司
公司英文名称:LIAOYUAN DEHENG COMPANY LIMITED.
公司英文名称缩写:LYDH
2、公司法定代表人:孟祥杰
联系电话:0437-3520181　　传真:0437-3521012
公司总经理:孟祥杰
电话、传真:同前
3、董事会秘书:由春玲
联系电话:0437-3512077　　3513931-335
联系地址:吉林省辽源市福兴路3号
电子信箱:lyycl@public.ly.jl.cn lydhb@163.net
4、公司注册地址:辽源市福兴路3号
公司注册英文地址:No.3 FuXing Road LiaoYuan City JiLin China.
公司办公地址:吉林省辽源市福兴路3号　　邮政编码:136200
5、公司信息披露的报刊为:《上海证券报》和《证券时报》
登载公司年度报告的中国证监会指定的国际互联网网址:http://www.sse.com.cn
公司年度报告备置地点:吉林省辽源市福兴路3号(公司办公地)
6、公司股票上市地:上海证券交易所
股票简称:辽源得亨　　股票代码:600699

二、会计数据和业务数据摘要

1、本年度利润总额及构成(单位:元 合并报表)

项目	金额
利润总额	57,827,126.16
净利润	46,588,425.32
主营业务利润	62,009,365.10
其他业务利润	1,146,994.00
营业利润	52,188,338.57
投资收益	538,940.90
补贴收入	5,000,000.00
营业外收支净额	99,846.69
扣除非经常性损益后的净利润	41,588,425.32
经营活动产生的现金流量净额	119,283,187.31
现金及现金等价物净增加额	79,579,995.46

注:扣除非经营性损益项目及金额

经辽源市人民政府辽府函[2000]42号及辽源市财政局辽财字[2000]233号文件批准,上半年取得财政补贴500万元。

2、截至报告年度末公司前三年的主要会计数据及财务指标　　单位:元

序号	项 目	2000年度	1999年度	1998年度	
				调整前	调整后
1	主营业务收入(元)	227,624,529.17	151,778,284.59	65,840,462.82	65,840,462.82
2	净利润(元)	46,588,425.35	22,980,585.98	29,059,190.30	28,048,748.20
3	总资产(元)	566,589,773.67	405,859,263.25	347,546,580.32	331,696,896.07
4	股东权益(元)	281,504,332.01	240,875,238.88	233,744,337.15	217,894,652.90
5	每股经营活动产生的现金流量(元/股)	0.75	-0.11	0.23	0.23
6	每股收益(摊薄)(元/股)	0.293	0.174	0.22	0.212
7	扣除非经营性损益后的每股收益(元/股)	0.26	0.0644		
8	每股净资产(元/股)	1.77	1.82	1.77	1.65
9	调整后的每股净资产(元/股)(摊簿)	1.59	1.38	1.44	1.46
10	调整后的每股净资产(元/股)(加权)	1.748	1.38	1.63	1.65
11	净资产收益率(摊薄)	16.55	9.54	12.43	12.87
12	净资产收益率(加权)	17.84	10.02	13.26	13.31

※公司1999年度原按33%所得税率计缴所得税,本年度冲回上年多缴所得税2,225,603.83(18%)元,并相应调整了年初未分配利润,会计报表相关项目的年初数及1999年度财务指标已进行了相关调整。

三、股本变动及股东情况

1、股本变动情况
(1)股本变动情况表　　单位:万股

	期初数	送股	公积金转增	期末数
1)未上市流通股份				
国家持有股份	4,125.8524	206.2926	618.8779	4,951.0229
募集法人股份	3,117.9720	155.8986	467.6958	3,741.5664
未上市流通股份合计	7,243.8244	362.1912	1,086.5737	8,692.5893
2)已上市流通股份				
人民币普通股	5,999.1360	299.9568	899.8704	7,198.9632
3)股份总数	13,242.9604	662.1480	1,986.4441	15,891.5525

公司于2000年度中期向全体股东送、转股份,使公司总股本由期初的13242.9604万股增加到期末的15891.5525万股。
(2)股票发行与上市情况
截至本报告期末为止,公司近三年无股票发行情况。
2、股东情况介绍
(1)报告期末股东总数
截至本报告期末股东总数为29,743户。
(2)前十名股东情况

名　　称	年度末持股数(万股)	占总股份比例(%)
辽源市国有资产管理局(国家股)	4,951.0229	31.15
上海二纺机股份有限公司	1,420.8480	8.94(已质押)
辽源市涤纶制品厂	753.0494	4.73
吉林省东丰化纤厂	738.8410	4.64
吉林省信托投资公司	375.1038	2.36
长春市工行信托投资公司	198.9187	1.25
深圳建艺集团股份有限公司	189.4464	1.19
吴光正	69.3294	0.44
常州喷丝板厂	65.3590	0.41
安徽证券	65.3215	0.41

陕西煤航数码测绘(集团)股份有限公司

二〇〇〇年年度报告摘选

一、公司简介

1. 公司的法定中、英文名称及缩写
中文名称:陕西煤航数码测绘(集团)股份有限公司
英文名称:SHANXI MEIHANG DIGITAL SURVEYING (GROUP)CO.,LTD
缩写:SMDS
2. 公司法定代表人:宋理
3. 公司董事会秘书:穆耀
联系地址:西安市南新街28号
联系电话:(029)7216331-259　　传真:(029)7218622
电子信箱:Greenmu@public.xa.sn.cn
4. 公司注册地址:西安市南新街28号
公司办公地址:西安市南新街28号
邮政编码:710004
公司国际互联网网址:http://www.mhsmch.com.cn
电子信箱:sbl@public.xa.sn.cn
5. 公司选定的信息披露报纸名称:《中国证券报》、《上海证券报》
登载公司年度报告的中国证监会指定国际互联网网址:http://www.sse.com.cn
公司年度报告备置地点:公司董事会秘书处
6. 公司股票上市交易所:上海证券交易所
股票简称:数码测绘　　股票代码:600700

二、会计数据和业务数据摘要

(一)本年度主要利润指标情况(单位:人民币元)

项目	金额
利润总额:	60,444,503.30
净利润:	56,185,886.86
扣除非经常性损益后的净利润:	56,513,410.90
主营业务利润:	116,446,507.40
其他业务利润:	6,691,272.39
营业利润:	60,748,677.34
投资收益:	23,350.00
补贴收入:	0
营业外收支净额:	-327,524.04
经营活动产生的现金流量净额:	-49,042,477.05
现金及现金等价物净增加额:	83,502,505.99

说明:扣除非经常性损益项目为处理固定资产损失,涉及金额-327,524.04元。
(二)截至报告期末公司前三年的主要会计数据和财务指标(合并报表数)
1、主要会计数据和财务指标

指标项目	2000年度	1999年度	1998年度	
			调整前	调整后
主营业务收入(元)	586,977,876.20	602,692,558.51	569,940,280.29	569,940,280.29
净利润(元)	56,185,886.86	46,330,907.87	22,732,845.06	15,181,038.20
总资产(元)	1,057,527,822.95	748,947,853.61	643,586,528.66	651,755,033.19
股东权益(元)(不含少数股东权益)	402,143,185.97	202,438,462.31	188,981,391.26	164,939,204.44
每股收益(元)(摊薄)	0.39	0.35	0.26	0.17
(加权)	0.42	0.47	0.27	0.20
扣除非经常性损益后的每股收益(元)	0.39	0.35	0.26	0.17
每股净资产(元)	2.76	1.53	2.14	1.87
调整后的每股净资产(元)	2.67	1.36	2.03	1.72
每股经营活动产生的现金流量净额(元)	-0.34	0.04	-0.93	-0.93
净资产收益率(%)	13.97	22.89	12.03	9.20
加权净资产收益率(%)	24.37	25.22	13.82	11.58

2、根据中国证监会《公开发行证券公司信息披露编报规则第9号》的要求计算的净资产收益率、每股收益如下:

报告期利润	净资产收益率%		每股收益(元)	
	全面摊薄	加权平均	全面摊薄	加权平均
主营业务利润	28.96	50.51	0.80	0.88
营业利润	15.11	26.35	0.42	0.46
净利润	13.97	24.37	0.39	0.42
扣除非经营性损益后的净利润	14.05	24.51	0.39	0.43

(三)报告期内股东权益变动情况:　　单位:元

项目	股本	资本公积	盈余公积	法定公益金	未分配利润	股东权益合计
期初数	132,474,750	49,132,850.49	19,473,585.16	9,736,792.58	1,357,276.66	202,438,462.31
本期增加	12,974,274	137,817,014.00	11,237,177.38	5,618,588.69	37,676,258.28	199,704,723.66
本期减少						
期末数	145,449,024	186,949,864.49	30,710,762.54	15,355,381.27	39,033,534.94	402,143,185.97

三、股东情况介绍

1、截止报告期末,本公司股东总数为4216户。
2、公司前十名股东持股情况:

股东名称	持股数(股)	持股比例(%)
〈1〉煤航(集团)实业发展有限公司	39560457	27.20
〈2〉陕西省国资局	30645030	21.06
〈3〉景福基金	6658508	4.45
〈4〉惠能实业有限公司	3881163	2.67
〈5〉浙江港澳	1800000	1.24
〈6〉凡尼思	1800000	1.24
〈7〉厘鑫公司	1800000	1.24
〈8〉金诚信投	1200000	0.82
〈9〉京润科贸	360000	0.25
〈10〉黄光珍	341000	0.23

哈尔滨工大高新技术产业开发股份有限公司

二〇〇〇年年度报告摘选

一、公司简介

1 、公司名称
公司法定中文名称:哈尔滨工大高新技术产业开发股份有限公司
公司英文名称:HABIN GONG DA HIGH- TECH ENTERPRISE DEVELOPMENT CO. ,LTD
公司英文名称缩写:HGDHTED
2 、公司法定代表人:张大成
3 、公司董事会秘书:张海英
联系地址:哈尔滨市南岗区西大直街 118 号工大高新董事会秘书办公室
联系电话:0451 —6219247
传真:0451 —6253555
电子信箱:godagaxi@public. hr. hl. cn
4 、公司注册地址:哈尔滨市南岗区护军街 40 号
公司办公地址:哈尔滨市南岗区西大直街 118 号
邮编:150001
5 、公司选定的信息披露报纸:上海证券报
登载公司年度报告的国际互联网址:http://www. sse. com. cn
公司年度报告备置地点:公司董事会秘书办公室
6 、公司股票上市地:上海证券交易所
股票简称:工大高新　　股票代码:600701

二、会计数据与业务数据摘要

1 、本年度主要利润指标情况(单位:人民币元)

利润总额:	76,400,306.57
净利润:	62,501,202.56
扣除非经常性损益后的净利润:	57,708,710.64
主营业务利润:	114,595,443.47
其他业务利润:	6,740,284.79
营业利润:	71,607,814.65
投资收益:	4,590,907.12
营业外收支净额:	201,584.80
经营活动产生的现金流量净额:	74,812,811.90
现金及现金等价物净增加额:	83,844,768.05

注:扣除的非经常性损益包括投资收益 4,590,907.12 元和营业外收支净额 201,584.80 元,总计 4,792,491.92 元。

2 、截止 2000 年末,公司前三年主要会计数据与财务指标(单位:人民币元)

项目	2000 年	1999 年	1998 年	
			调整前	调整后
(1)主营业务收入	559,364,991.65	633,709,366.67	301,353,290.00	301,353,290.00
(2)净利润	62,501,202.56	58,741,173.58	77,475,734.73	79,070,999.20
(3)总资产	1,585,780,131.05	1,362,800,608.31	778,323,925.58	769,247,990.09
(4)股东权益	771,927,195.67	741,835,089.91	693,066,672.97	688,428,719.12
(5)每股收益摊薄	0.193	0.181	0.430	0.439
加权	0.193	0.233	0.559	0.571
(6)扣除非经常性损益后的每股收益	0.178	0.181	0.430	0.439
(7)每股净资产	2.38	2.29	3.85	3.82
调整后每股净资产	2.34	2.19	3.82	3.80
(8)每股经营活动产生的现金流量净额	0.23	-0.21	0.28	0.28
(9)净资产收益率(%)	8.10	7.92	11.18	11.49

3 、按照中国证监会《公开发行证券公司信息披露编报规则(第 9 号)》要求计算的利润数据:(单位:人民币元)

报告期利润	净资产收益率(%)		每股收益(元)	
	全面摊薄	加权平均	全面摊薄	加权平均
主营业务利润	14.85	14.82	0.35	0.35
营业利润	9.28	9.26	0.22	0.22
净利润	8.10	8.08	0.193	0.193
扣除非经常性损益后的净利润	7.48	7.46	0.178	0.178

4 、报告期内股东权益变动情况:

项目	股本	资本公积	盈余公积	法定公益金	未分配利润	股东权益合计
期初数	324,090,968.00	317,970,934.50	43,431,099.88	14,115,777.78	56,342,087.53	741,835,089.91
本期增加			16,392,769.81	5,047,858.12	46,108,432.75	62,501,202.56
本期减少					32,409,096.80	32,409,096.80
期末数	324,090,968.00	317,970,934.50	59,823,869.69	19,163,635.9	70,041,423.48	771,927,195.67

三、股本变动及股东情况

1、股东数量:
截止到报告期末公司股东数量为 143968 户。
2、主要股东持股情况(前十名股东)

名次	股东名称	年末持股数(万股)	占总股本(%)
1 、	哈尔滨工业大学高新技术开发总公司	11340	34.99
2 、	哈尔滨哈飞实业总公司	2880	8.89
3 、	上海福成商贸有限公司	720	2.22
4 、	沈阳保营有限公司	76.7	0.23
5 、	秦亚飞	48	0.15
6 、	吴志明	34.55	0.107
7 、	魏婷	34.1	0.105
8 、	上海飞龙工程有限公司	30	0.092
9 、	南京江苏华苏有限公司	30	0.092
10 、	文素梅	30	0.092

说明:
A 、本公司法人股股东哈飞实业总公司因融资需要,将持有的本公司法人股股份 2880 万股(占本公司总股本 的 8.89%),质押给哈尔滨市商业银行,自 2000 年 10 月 31 日起,质押期一年,第一大股东哈尔滨工业大学高新技术开发总公司无任何股东质押情况。
B 、公司发起人股东没有转让所持本公司股份的情况。
C 、前十名股东之间不存在关联关系。

四川沱牌曲酒股份有限公司

二〇〇〇年年度报告摘选

一、公司简介

1、公司法定中文名称:四川沱牌曲酒股份有限公司
英文名称:TUOPAI YEAST LIQUOR CO. ,LTD. SICHUAN
2、公司注册及办公地址:四川省射洪县柳树镇中街 149 号
邮政编码:629209
国际互联网网址:http://www. chinatuopai. com
电子信箱:tuopai@mail. sc. cninfo. net
3、公司法定代表人:李家顺
4、公司董事会秘书:谢常荣
联系地址:四川省射洪县柳树镇中街 149 号
电话:(0825)6766322
传真:(0825)6766322　　6766868
电子信箱:tpzqb@21cn. com
5、公司选定的中国证监会指定报纸:中国证券报、上海证券报
中国证监会指定国际互联网网址:http://www. sse. com. cn
公司中期报告备置地点:公司证券部
6、公司股票上市交易所:上海证券交易所
股票简称:沱牌曲酒　　股票代码:600702

二、会计数据和业务数据摘要

1 、本年度会计数据摘要

项　目	金额(元)
利润总额	128,025,235.64
净利润	106,491,104.44
扣除非经常性损益后的净利润	97,319,457.25
主营业务利润	249,676,851.78
其他业务利润	6,051,413.58
营业利润	118,853,588.45
投资收益	-
补贴收入	8,000,000.00
营业外收支净额	1,171,647.19
经营活动产生的现金流量净额	108,651,343.82
现金及现金等价物净增加额	250,462,766.36

注:"扣除非经常性损益后的净利润"指标中,扣除了补贴收入—财政专项拨款 8,000,000.00 元以及营业外收支净额 1,171,647.19 元。

2 、公司前三年的主要会计数据和财务指标(单位:元)

项　目	2000 年度	1999 年度	1998 年度
主营业务收入	940,908,459.49	846,161,481.82	821,267,983.05
净利润	106,491,104.44	101,626,431.21	121,235,991.12
总资产	2,059,127,243.45	1,638,952,691.48	1,600,662,253.69
股东权益	1,656,379,599.63	1,166,953,190.22	1,154,808,479.01
每股收益	0.316	0.341	0.406
月平均加权每股收益	0.353	0.341	0.436
扣除非经常性损益后的每股收益	0.289	0.33	0.41
每股净资产	4.91	3.91	3.87
调整后的每股净资产	4.90	3.90	3.86
每股经营活动产生的现金流量净额	0.32	0.62	0.25
净资产收益率(%)	6.43	8.71	10.50

(2)根据中国证监会《信息披露编报规则(第九号)》要求计算的数据

报告期利润	净资产收益率(%)		每股收益(元)	
	全面摊薄	加权平均	全面摊薄	加权平均
主营业务利润	15.07	19.94	0.740	0.828
营业利润	7.18	9.49	0.352	0.394
净利润	6.43	8.50	0.316	0.353
扣除非经常性损益后的净利润	5.88	7.77	0.289	0.323

三、股本变动及股东情况介绍

1 、股本变动情况
(1)报告期末,公司股东总数 54351 户。
(2)报告期末,公司前 10 名股东情况

股东名称	年末持股数(股)	占总股本(%)
1、四川沱牌集团有限公司	155,081,400	45.98
2、四川射洪广厦房地产开发公司	17,000,000	5.04
3、四川射洪顺发贸易公司	5,800,000	1.72
4、四川射洪融达房地产综合开发公司	4,000,000	1.19
5、中国工商银行四川省分行总府支行	3,000,000	0.89
6、遂宁市金宁商贸有限公司	3,000,000	0.89
7、广发证券有限责任公司	2,359,166	0.70
8、大鹏证券有限责任公司	1,621,100	0.48
9、罗治亮	1,362,000	0.40
10、代君友	969,542	0.29

注:1)公司前 10 名股东之间不存在关联关系。
2)四川沱牌集团有限公司,代表国家持有本公司股份。

沙市活力二八股份有限公司

二〇〇〇年年度报告摘选

一、公司简介

1、公司法定中文名称:沙市活力二八股份有限公司
公司法定英文名称:SHASHI POWER28 CO.,LTD
英文缩写:SSP28
2、公司法定代表人:何陟华
3、公司负责信息披露事务人员:饶进　　易生泽
联系地址:中国湖北省荆州市沙市区临江路1号
电话:0716—8202081
传真:0716—8202259
E-MAIL:hl28zqb@jz-mail.hb.cninfo.net
4、公司注册地址:中国湖北省荆州市沙市区临江路1号
公司办公地址:中国湖北省荆州市沙市区临江路1号
邮政编码:434000
电子信箱:hl28zqb@jz-mail.hb.cninfo.net
5、公司信息披露报纸:《上海证券报》
登载公司年度报告的国际互联网网址:http://www.sse.com.cn
公司年度报告备置地点:活力28证券部。
6、公司股票上市地:上海证券交易所
股票简称:活力28
股票代码:600703

二、会计数据与业务数据摘要

1、公司本年度主要利润指标情况　　单位:人民币(元)

项目	金额
利润总额	-24,815,816.73
净利润	-24,727,783.36
扣除非经常性损益后的净利润	-23,727,783.36
主营业务利润	6,658,854.39
其他业务利润	6,930,282.63
营业利润	-23,550,181.93
投资收益	
补贴收入	276,411.32
营业外收支净额	-1,542,046.12
经营活动产生的现金流量净额	97,041,982.24
现金及现金等价物净增加额	-9,805,452.59

注:扣除非经常性损益的项目和额度:中国证监会对公司罚款100万元。

2、截止2000年末,公司前三年主要会计数据和其财务指标单位:人民币(元)

指标项	2000年	1999年		1998年	
		调整后	调整前	调整后	调整前
主营业务收入	71,746,564.41	113,765,780.74	113,765,780.74	190,639,480.76	190,639,480.76
净利润	-24,727,783.36	-117,546,580.08	-117,509,565.79	-40,289,269.90	46,721,741.75
总资产	307,355,266.85	431,605,063.98	431,681,580.03	346,559,669.06	518,833,087.87
股东权益(不含少数股东权益)	101,774,183.37	126,501,966.73	126,538,981.02	235,447,278.11	423,785,772.79
每股净资产	0.85	1.06	1.06	1.97	3.55
每股收益	-0.207	-0.98	-0.98	-0.337	0.39
调整后的每股净资产	0.67	0.93	0.93	1.965	3.53
每股经营活动产生的现金流量净额	0.81	-0.195	-0.195	0.002	0.002
净资产收益率(%)	-24.30	-92.92	-92.45	-16.83	11.02

注:主要财务指标公式:
每股收益=净利润/年度末普通股股份总数
每股净资产=年度末股东权益/年末普通股股份总数
调整后的每股净资产=(年度末股东权益—三年以上的应收款项净额—待摊费用—待处理(流动、固定)资产净损失—开办费—长期待摊费用—住房周转金负数余额)/年度末普通股股份总数
每股经营活动产生和现金流量净额=经营活动产生的现金流量净额/年度末普通股股份总数
净资产收益率=净利润/年度末股东权益×100%

三、股东情况介绍

1、报告期末股东总数为23653户。
2、持有本公司5%以上及前十名股东持股情况:

名次	股东名称	持股数(股)	占总股本(%)
1	荆州市国有资产管理局	54297000	45.43
2	中国信达信托投资公司	2860000	2.39
3	工行湖北信托投资公司荆州办事处	1300000	1.09
4	湖北京源	676000	0.57
5	武汉证券公司	624000	0.52
6	甄仲豪	396400	0.33
7	广发证券	380350	0.32
8	唐刚羽	360100	0.30
9	颜琼	337700	0.28
10	陈茂	315700	0.26

注1:根据财政部财企[2000]122号文和中国证券监督管理委员会证监函[2001]5号文批准,本公司第一大股东荆州市国资局将其持有的本公司国家股5429.70万股以每股1.10元的价格转让给湖北天发集团公司,转让后湖北天发集团公司持有本公司国有法人股5429.70万股,成为本公司的第一大股东。该公告刊登于2001年1月19日《上海证券报》。

注2:根据财政部财企(2000)12号文,本公司第一大股东荆州市国有资产管理局于2000年8月1日与湖北天发集团签定了股权转让协议,荆州市国资局将所持本公司国家股5429.7万股以每股1.10元的价格全部转让给湖北天发集团公司,本次股权转让尚需报中国证监会批准豁免全面要约收购义务(公告见2000年8月2日《上海证券报》)。

注3:本公司国有股股东为荆州市国有资产管理局,也是本公司持股5%以上的唯一股东,所持股份未质押,该局法人代表为钱胜利,经营范围为负责对国有资产的产、股、权进行专项管理。

浙江中大集团股份有限公司

二〇〇〇年年度报告摘选

一、公司简介

1、公司法定中文名称:浙江中大集团股份有限公司
公司英文名称:ZHEJIANG ZHONGDA GROUP CO.,LTD.
公司英文名称缩写:ZD
2、公司法定代表人:陈继达
3、公司董事会秘书:邱亦军
联系地址:杭州市中大广场A座
电话:0571-5155000转5777029　　　传真:0571-5777050
4、公司注册地址:杭州市中大广场A座
公司办公地址:杭州市中大广场A座
邮政编码:310003
公司网站:http://www.zhongda.com
公司电子信箱:zdinc@mail.hz.zj.cn
5、公司选定的信息披露报纸名称:上海证券报、中国证券报
登载公司年度报告的中国证监会指定国际互联网网址:http://www.sse.com.cn
公司年度报告备置地点:公司董事会办公室
6、股票上市交易所:上海证券交易所
股票简称:中大股份　　　股票代码:600704

二、会计数据与业务数据摘要

(一)、公司本年度利润总额及构成(单位:元 合并报表)

项目	金额
1、利润总额:	193,002,900.21
2、净利润:	72,079,984.37
3、扣除非经营性损益后的净利润:	64,370,627.85
4、主营业务利润:	459,466,397.00
5、其他业务利润:	-1,826,930.73
6、营业利润:	141,925,345.75
7、投资收益:	34,957,067.19
8、补贴收入:	20,830,814.91
9、营业外收支净额:	-4,710,327.64
10、经营活动产生的现金流量净额:	-28,659,757.61
11、现金及现金等价物净增加额:	-1,982,342.20

扣除的非经营性损益项目和涉及的金额:

项　目	金　额
1、营业外收支净额项目:	-4,710,327.64
2、资产转让损失:	-8,411,130.75
3、补贴收入:	20,830,814.91
小计	7,709,356.52

(二)、截止报告期末公司前三年主要会计数据和财务指标(单位:人民币 元)

指标项目	2000年	1999年	1998年	
			调整前	调整后
1、主营业务收入	6,521,683,697.55	4,133,081,278.02	3,080,543,002.65	3,080,543,002.65
2、净利润	72,079,984.37	93,785,511.72	102,686,411.54	86,091,480.23
3、总资产	2,784,939,810.88	2,784,939,810.86	2,343,041,036.96	2,266,734,035.76
4、股东权益	1,040,453,146.98	755,242,519.68	777,218,413.34	708,773,531.64
5、每股收益	0.25	0.36	0.40	0.33
6、每股收益(加权)	0.28	0.36	0.40	0.33
7、每股收益(扣除非经营性损益)	0.22	0.29	0.41	0.35
8、每股净资产	3.61	2.94	3.02	2.76
9、调整后的每股净资产	3.48	2.79	2.93	2.65
10、每股经营活动产生的现金流量净额	-0.10	-0.42	-0.39	-0.39
11、净资产收益率(%)	6.93	12.42	13.21	12.15

(三)、按照中国证监会《公开发行证券公司信息披露规则第9号》计算的每股收益和每股净资产收益率如下:

	净资产收益率(%)		每股收益(元)	
	全面摊薄	加权平均	全面摊薄	加权平均
主营业务利润	44.16	58.07	1.59	1.79
营业利润	13.64	17.94	0.49	0.55
净利润	6.93	9.11	0.25	0.28
扣除非经营性损益后的利润	6.19	8.14	0.22	0.25

(四)、报告期内股东权益变动情况

单位:元

项目	股本	资本公积	盈余公积	其中:法定公益金	未分配利润	外币报表折算差额	股东权益合计
期初数	257,153,715	332,617,895.35	92,491,316.86	33,360,520.55	38,689,188.87	-589,111.35	720,363,004.73
本期增加	31,115,323	270,902,460.20	17,211,410.27	3,603,999.22	72,079,984.37		391,309,177.84
本期减少		2,752,864.66			68,465,805.26	365.67	71,219,035.59
期末数	288,269,038	600,767,490.89	109,702,727.13	36,964,519.77	42,303,367.98	-589,477.02	1,040,453,146.98

三、股东情况介绍

1、报告期末股东总数
截止2000年12月31日公司报告期末股东总数68468户。
2、截止2000年12月31日公司前十名股东持股情况:

名次	股东名称	持股数(万股)	占总股本比例(%)
(1)	国家股(授权浙江中大集团控股有限公司经营)	10073.4446	34.94
(2)	浙江中大集团控股有限公司(法人股)	1836.27	6.37
(3)	中国纺织品进出口总公司	1507.5	5.23
(4)	大鹏证券有限责任公司	898.3467	3.12
(5)	浙江东方集团控股有限公司	645.66	2.24
(6)	青岛金牛经济信息有限公司	371.8	1.29
(7)	浙江银海实业有限公司	360	1.25
(8)	金华华银实业公司	270	0.94
(9)	宁波胜利工贸公司	180	0.62
(10)	义乌衬衫厂	180	0.62

北亚实业(集团)股份有限公司

二〇〇〇年年度报告摘选

一、公司简介

1.公司法定中文名称:北亚实业(集团)股份有限公司
公司法定英文名称:BEIYA INDUSTRIAL(GROUP)CO.,LTD.
英文缩写:BIG
2.公司法定代表人:何洪达
3.公司董事会秘书:陈东
联系地址:黑龙江省哈尔滨市南岗区红军街26号北亚大厦
联系电话:(0451)3600764
传真:(0451)3600770
电子信箱:mr.chendong@263.net
4.公司注册地址:哈尔滨市南岗区衡山路12号
公司办公地址:哈尔滨市南岗区红军街26号
邮政编码:150001
电子信箱:beiya@beiya.com.cn
公司网址:http://www.beiya.com.cn
5.公司选定的信息披露报纸:《上海证券报》、《中国证券报》
登载公司年度报告的国际互联网网址:http://www.sse.com.cn
公司年度报告备置地点:北亚实业(集团)股份有限公司投资证券部
6.公司股票上市交易所:上海证券交易所
公司股票简称:北亚集团
公司股票代码:600705

二、会计数据和业务数据摘要

1.公司本年度主要会计数据和业务数据(单位:人民币元)

利润总额	111,382,594.97
净利润	100,834,470.78
扣除非经常性损益后的净利润	95,877,253.67
主营业务利润	190,294,833.06
其他业务利润	475,524.91
营业利润	91,296,310.05
投资收益	21,044,936.23
补贴收入	--
营业外收支净额	-958,651.31
经营活动产生的现金流量净额	83,182,659.01
现金及现金等价物净增加额	-1,028,518.09

备注:扣除的非经常性损益项目及额度
股权转让净收益2,032,337.86元;基金转让净收益2,924,879.25元。
2.公司近三年主要会计数据和财务指标

单位:人民币元

项目	2000年	1999年	1998年(调整后)
主营业务收入	314,002,464.83	325,342,119.39	203,942,663.84
净利润	100,834,470.78	82,773,503.70	54,040,066.11
总资产	1,473,003,371.46	1,300,767,735.30	884,102,092.97
股东权益	804,149,809.24	713,198,104.57	456,873,035.11
每股收益(摊薄)	0.20	0.247	0.22
扣除非经常性损益后的每股收益	0.191	0.325	0.25
每股净资产	1.60	2.13	1.90
调整后的每股净资产	1.55	1.95	1.49
每股经营活动产生的现金流量净额	0.165	0.04	-0.22
净资产收益率(%)	12.54	11.6	11.8
净资产收益率(加权%)	13.3	14.1	12.6

注:加权净资产收益率=净利润/[(期初净资产+期末净资产)/2]

三、股东情况介绍

(一)股东情况介绍
1.报告期末公司股东总数为30,267户。
2.报告期末公司前十名股东持股情况

股东名称	持股数量(股)	比例(%)
(1)哈尔滨铁路局	62,421,840	12.41
(2)黑龙江虹通运输服务有限责任公司	36,504,000	7.26
(3)哈尔滨财政证券公司	31,538,936	6.27
(4)鞍山市财政证券公司	15,000,000	2.98
(5)大庆石油管理局	13,068,432	2.60
(6)上海市金展电脑网络有限公司	10,038,600	2.00
(7)黑龙江省大正投资集团有限责任公司	7,750,000	1.54
(8)中国石油大庆石油化工总厂	7,720,596	1.53
(9)交通银行哈尔滨分行	7,665,840	1.52
(10)鞍山钢铁集团公司	6,935,760	1.38

注:以上股东所持股份均为法人股;公司法人股股东黑龙江虹通运输服务有限责任公司是法人股股东哈尔滨铁路局的子公司。

3.主要法人股股东变动情况

本公司原法人股股东广州华南通信投资有限公司将所持本公司法人股36,504,000股,全部转让给黑龙江虹通运输服务有限责任公司,有关情况刊登于2000年10月19日《上海证券报》、《中国证券报》。

2000年11月29日本公司法人股股东哈尔滨财政证券公司将所持本公司法人股15,000,000股转让给鞍山市财政证券公司;2000年11月30日哈尔滨财政证券公司将所持本公司法人股7,750,000股转让给黑龙江省大正投资集团有限责任公司;2000年11月30日哈尔滨财政证券公司在上海证券中央登记结算公司办理质押手续,将所持本公司股份31,538,936股质押给哈尔滨经济开发投资公司。

长安信息产业(集团)股份有限公司

二〇〇〇年年度报告摘选

一、公司简介

1、公司的法定中、英文名称及缩写
中文:长安信息产业(集团)股份有限公司
英文:CHANG AN INFORMATION INDUSTRY (GROUP)CO.,LTD.
英文缩写:CIIC
2、公司法定代表人:蔡世杰
3、公司董事会秘书及董事会证券事务代表:董事会秘书张安平、董事会证券事务代表高艳
联系地址:陕西省西安市友谊东路41号
电话:(029)2214266　　传真:(029)2233943
电子信箱:cadsh@pub.xaonline.com
4、公司注册地址:陕西省西安市友谊东路41号
公司办公地址:同注册地址
邮政编码:710054
公司国际互联网网址:http://www.changxin.com
电子信箱:cainfor@pub.xaonline.com
5、公司选定的信息披露报纸名称:上海证券报、中国证券报、证券时报
登载公司年度报告的中国证监会指定国际互联网网址:http://www.sse.com.cn
公司年度报告备置地点:公司董事会秘书处
6、公司股票上市交易所:上海证券交易所
股票简称:长安信息　　股票代码:600706

二、会计数据和业务数据摘要

1、公司本年度实现利润情况

单位:元

利润总额	15,973,586.86
净利润	10,941,625.47
扣除非经常性损益后的净利润	10,941,625.47
主营业务利润	55,734,920.79
其他业务利润	22,922,275.87
营业利润	11,909,135.35
投资收益	1,306,411.20
补贴收入	0.00
营业外收支净额	-391,478.98
经营活动产生的现金流量净额	52,080,863.11
现金及现金等价物净增加额	57,654,429.64

2、截止报告期末公司前三年的主要会计数据和财务指标

指标项目	2000年	1999年		1998年
		调整前	调整后	
1.主营业务收入(元)	377,108,523.84	183,973,798.88	179,357,583.98	322,604,425.01
2.净利润(元)	10,941,625.47	-100,519,531.60	-100,716,046.93	2,115,743.61
3.总资产(元)	724,758,299.51	482,437,007.30	356,131,981.40	450,931,273.95
4.股东权益(不含少数股东权益)(元)	119,731,508.42	110,233,109.98	110,334,443.98	210,752,636.96
5.每股收益(元)				
摊薄	0.125	-1.151	-1.153	0.024
加权	0.125	-1.151	-1.153	0.025
扣除非经常性损益后的每股收益(元)	0.125	-1.151	-1.153	
6.每股净资产(元)	1.37	1.26	1.26	2.41
7.调整后的每股净资产(元)	1.23	1.19	1.20	2.33
8.每股经营活动产生的现金流量净额(元)	0.60	-0.48	-0.48	
9.净资产收益率(%)				
摊薄	9.14	-91.19	-91.28	1.00
加权	9.45	-62.63	-62.79	0.97

注:1.报告期末至年报摘要披露日,公司股本未发生变化。
2.1999年调整后数字是北京长安人信息技术有限责任公司因歇业、金狮长安通信发展有限公司因清算未纳入合并范围,相应调整2000年相关报表年初数产生的。
3、根据中国证监会《公开发行证券公司信息披露编报规则(第9号)》要求计算的利润数据

报告期利润	净资产收益率(%)		每股收益(元)	
	全面摊薄	加权平均	全面摊薄	加权平均
主营业务利润	46.55	48.13	0.64	0.64
营业利润	9.95	10.28	0.14	0.14
净利润	9.14	9.45	0.125	0.125
扣除非经常性损益后的净利润	9.14	9.45	0.125	0.125

4、报告期内股东权益变动情况

项目	股本	资本公积	盈余公积	法定公益金	未分配利润	股东权益合计
*期初数	87,333,441.00	86,210,507.90	12,992,178.70	6,307,609.12	-76,201,683.62	110,334,443.98
本期增加	/	/	439,710.14	34,098.54	8,957,354.30	9,397,064.44
本期减少	/	/	/	/	/	/
期末数	87,333,441.00	86,210,507.90	13,431,888.84	6,341,707.66	-67,244,329.32	119,731,508.42

三、股本变动及股东情况

(1)报告期末股东总数
报告期末公司股东总数为13363户。
(2)前十名股东持股情况

股东名称	年末持股数量(股)	占股份总数比例(%)
1 西安万鼎实业(集团)有限公司	14,300,000	16.37
2 陕西省国有资产管理局(国家股东)	14,049,750	16.09
3 西安华未杰电子新技术有限责任公司	9,849,999	11.28
4 陕西省裕华金属机电有限公司	4,017,000	4.60
5 陕西省国际信托投资股份有限公司	3,900,000	4.47
6 咸阳市永达实业发展公司	1,430,000	1.64
7 建行陕西省信托投资公司	1,430,000	1.64
8 航天总公司第四研究院	1,430,000	1.64
9 咸阳市渭城区信用合作社联社	1,430,000	1.64
10 西安金龙城市信用社	1,430,000	1.64

彩虹显示器件股份有限公司

二〇〇〇年年度报告摘选

一、公司简介

1、公司名称

公司法定中文名称:彩虹显示器件股份有限公司

公司英文名称:IRICO DISPLAY DEVICES CO.,LTD(缩写:IDD)

2、公司法定代表人:薛宝明

3、董事会秘书:路西良

董事会证券事务代表:郑涛

联系电话:(029)8214865

传真:(029)8214864

电子信箱:stock@iricoltd.com

4、公司注册地址:西安高新产业开发区西区

公司办公地址:西安高新技术开发区西区高新一路16号

邮政编码:710075

公司网址:http://www.iricoltd.com

5、公司选定的信息披露刊物:《中国证券报》、《上海证券报》

登载公司年报的证监会指定互联网网址:http://www.sse.com.cn

公司年报备置地点:公司证券部

6、公司股票上市交易所:上海证券交易所

股票简称:彩虹股份

股票代码:600707

二、会计数据和业务数据摘要

1、公司本年度主要会计数据

	2000年度
利润总额	134,899,748.18元
净利润	115,143,113.94元
扣除非经常性损益的净利润	115,143,113.94元
主营业务利润	212,256,192.77元
其他业务利润	1,542,499.31元
营业利润	132,917,024.59元
投资收益	1,966,171.82元
补贴收入	0.00元
营业外收支净额	16,551.77元
经营活动产生的现金流量净额	51,355,007.50元
现金及现金等价物净增加额	-90,453,729.67元

2、主要会计数据和财务指标

指标项目	2000年度	1999年度	1998年度
主营业务收入(元)	1,905,630,595.34	1,020,477,484.20	1,149,549,098.97
净利润(元)	115,143,113.94	163,485,885.01	81,516,090.38
总资产(元)	2,245,496,217.95	1,251,490,073.75	1,282,386,817.05
股东权益(元)	1,548,749,320.20	941,157,783.45	777,671,898.44
每股收益(元)-摊薄	0.273	0.454	0.226
-加权	0.280	0.454	0.226
每股净资产(元)	3.677	2.614	2.160
调整后的每股净资产(元)	3.675	2.613	2.153
每股经营活动产生的现金流量净额	0.122	0.263	-0.352
净资产收益率(%)-摊薄	7.430	17.37	10.48
-加权	7.930	17.37	10.48

报告期利润	净资产收益率(%)		每股收益(元)	
	全面摊薄	加权平均	全面摊薄	加权平均
主营业务利润	13.71%	14.63%	0.504	0.516
营业利润	8.58%	9.16%	0.316	0.323
净利润	7.43%	7.93%	0.273	0.280
扣除非经常性损益后的净利润	7.43%	7.93%	0.273	0.280

三、股东情况介绍

1、报告期末股东总数

报告期末本公司股东总数为74660名。

2、主要股东持股情况　　　　(单位:股)

股东名称	持股数	持股比例
彩虹集团公司	236440000	56.14%
浙江兰溪兰申新科电脑开发公司	7200000	1.71%
西安雅轩有限责任公司	6000000	1.42%
普惠基金	4510386	1.07%
中国建设银行陕西分行第二直属直行	3720000	0.88%
深圳蛇口社会保险公司	3600000	0.85%
陕西省华通物资公司	2400000	0.57%
乌鲁木齐幸福城市信用社	2400000	0.57%
中化国际石油有限公司	2400000	0.57%
金鑫基金	1967150	0.47%

注:持有本公司5%(含5%)以上股份的法人股东彩虹集团公司原持有本公司股份20844万股,报告期内因配股增至23644万股,没有发生质押、冻结等情况。公司前十名股东之间不存在关联关系。

上海东海股份有限公司

二〇〇〇年年度报告摘选

一、公司简介

1、公司法定中文名称:上海东海股份有限公司

公司法定英文名称:Shanghai Donghai Co.,Ltd

公司英文简称:SDH

2、公司法定代表人:应国强

3、公司董事会秘书:王忠达

证券事务代表:王华

联系地址:上海南汇东海农场境内

电话:021-58291285　　58291301

传真:021-58292687

电子信箱:whdhgfnh@online.sh.cn

4、公司注册地址:上海浦东北艾路1638号

公司办公地址:上海南汇东海农场境内

邮政编码:201303

5、公司选定的信息披露报纸名称:<<上海证券报>>

登载公司年度报告的中国证监会指定互连网网址:http://www.sse.com.cn

公司年度报告备置地点:公司信息部

6、公司股票上市交易所:上海证券交易所

股票简称:东海股份

股票代码:600708

二、会计数据和业务数据摘要

1、公司本年度主要利润指标情况　　(单位:人民币元)

项目	金额
利润总额:	11,722,164.07元
净利润:	5,521,859.77元
扣除非经常性损益后的净利润:	4,366,485.35元
主营业务利润:	32,912,183.68元
其他业务利润:	16,823,370.14元
营业利润:	-6,092,966.15元
投资收益:	16,464,822.83元
补贴收入:	953,110.20元
营业外收支净额:	397,197.19元
经营活动产生的现金流量净额:	29,414,639.50元
现金及现金等价物净增加额:	16,429,505.54元

扣除的非经常性损益项目为补贴收入:953,110.20元;处理固定资产净损益:197,080.20元;罚款收入:5,184.00元。

2、公司近三年主要会计数据和财务指标:

项目	2000年度	1999年度	1998年度
主营业务收入(元)	180,556,269.90	133,831,851.59	190,431,781.06
净利润(元)	5,521,859.77	-61,039,566.44	-41,657,666.47
总资产(元)	1,341,275,678.62	1,431,291,526.39	1,594,574,081.78
股东权益(元)	255,143,311.69	238,254,991.40	300,950,887.35
每股收益(元/股)	0.0232	-0.2565	-0.1751
扣除非经常性损益后每股收益	0.0184	-0.4434	
每股净资产(元/股)	1.0723	1.0013	1.2648
调整后每股净资产(元/股)	1.0354	0.9649	1.2018
每股经营活动产生现金流量净额	0.1236	-0.0788	-0.2524
净资产收益率(%)	2.16	-25.62	-13.84

3、根据中国证监会关于发布《公开发行证券公司信息披露编报规则》第9号通知精神,公司2000年度按照全面摊薄法和加权平均法计算的净资产收益率和每股收益:

报告期利润	净资产收益率(%)		每股收益(元)	
	全面摊薄	加权平均	全面摊薄	加权平均
主营业务利润	12.90	13.00	0.1383	0.1383
营业利润	-2.39	-2.41	-0.0256	-0.0256
净利润	2.16	2.18	0.0232	0.0232
扣除非经常性损益后的净利润	1.71	1.72	0.0184	0.0184

三、股东情况介绍

(1)截止2000年末,公司股东总数为34494户。

(2)持有本公司5%以上股份的股东有上海农工商(集团)总公司和上海农工商集团东海总公司。其中,上海农工商(集团)总公司代表国家持有股份105262848股,年度内没有发生变动。上海农工商集团东海总公司持有19200000股,已质押。

报告期末前十名股东情况(截止2000年12月31日):

序号	股东名称	年末持股数(股)	占总股本(%)
1	国家股	105262848	44.24
2	上海农工商集团东海总公司	19200000	8.07
3	上海金鸿实业总公司	4627200	1.94
4	珠海中光电子股份有限公司	3840000	1.61
5	闵行联合发展有限公司	960000	0.40
6	南汇县信用合作社联社	960000	0.40
7	李爱平	631352	0.27
8	东方明珠	576000	0.24
9	谷丰公司	576000	0.24
10	汽车房产	576000	0.24

注:国家股持有人与上海农工商集团东海总公司存在关联关系。

湖北蓝田股份有限公司

二○○○年年度报告摘选

一、公司简介

1、中文名称：湖北蓝田股份有限公司

英文名称：Hubei Lantian CO.，ltd(缩写：LANTIAN)

2、法定代表人：保田

3、董事会秘书：王意玲

电话：0716－2742181

传真：0716－2742275

4、注册及办公地址：湖北省洪湖市瞿家湾开发区

邮政编码：433228

国际互联网网址：http://www.lantianstock.com.cn

E－mail 地址：sysltgf@pub.ln.cninfo.net

5、指定信息披露报刊：《中国证券报》、《上海证券报》

证监会指定国际互联网址：http://www.sse.com.cn

年度报告备置地点：公司证券部　上海证券交易所

6、股票上市交易所：上海证券交易所

股票简称：蓝田股份　　股票代码：600709

二、会计数据和业务数据摘要

1、本年利润情况：

项目	金额(单位：元)
1、利润总额	501,554,839.42
2、净利润	431,628,612.17
3、扣除非经常性损益后的净利润	431,628,612.17
4、主营业务利润	598,300,345.87
5、其他业务利润	166,422.84
6、营业利润	503,349,653.24
7、投资收益	0
8、补贴收入	0
9、营业外收支净额	－1,794,813.82
10、经营活动产生的现金流量净额	785,829,627.56
11、现金及现金等价物净增加额	－25,611,169.08

2、主要会计数据和财务指标(单位：元)

项　目	2000\12\31	1999\12\31	1998\12\31
主营业务收入	1,840,909,605.20	1,851,429,973.84	1,621,781,252.49
净利润	431,628,612.17	513,027,676.07	364,723,426.91
总资产	2,837,651,897.83	2,337,962,510.16	1,618,420,360.65
股东权益	2,178,418,146.29	1,746,789,534.12	1,618,420,360.65
每股收益(摊薄)	0.97	1.15	0.82
(加权平均)	0.97	1.15	0.82
(扣除非经营性损益后)	0.97	1.15	0.82
每股净资产(摊薄)	4.88	3.93	2.78
(调整后)	4.46	3.68	2.46
每股经营活动产生的现金流量净额	1.76	1.15	0.68
净资产收益率(摊薄%)	19.81	29.28	28.94
(加权%)	21.99	34.30	

3、利润附表：

报告期利润	净资产收益率(%)		每股收益	
	全面摊薄	加权平均	全面摊薄	加权平均
主营业务利润	27.46	30.49	1.341	1.341
营业利润	23.11	25.65	1.128	1.128
净利润	19.81	21.99	0.968	0.968
扣除非经常性损益后的净利润	19.79	21.97	0.966	0.966

三、股东情况介绍

截至 2000 年 12 月 31 日，本公司股东共 160559 户，前 10 名股东为：

股东名称	期末数	持股比例
1、洪湖蓝田	159253320	35.70%
2、洪福水产	84097098	18.85%
3、青海盐湖	2000000	0.448%
4、历程林	850700	0.19%
5、王秀娟	556766	0.125%
6、季永军	518454	0.116%
7、中滨粮油	500000	0.112%
8、中石物资	439577	0.099%
9、浙余物再	337566	0.076%
10、河南开祥	298000	0.067%

上述前 10 名股东之间不存在关联关系。

洪湖蓝田经济技术开发有限公司法定代表人：瞿兆玉，经营范围：农副水产品种、养、加工。报告期内洪湖蓝田经济技术开发有限公司所持发起人法人股协议出让 2,938,400 股。

湖北洪福水产股份有限公司(国有股)法定代表人：王际刚，经营范围：淡水养殖；渔药、渔具、渔肥生产和销售。

常林股份有限公司

二○○○年年度报告摘选

一、公司简介

1、公司名称

公司法定中文名称：常林股份有限公司

公司法定英文名称：CHANGLIN COMPANY LIMITED

公司英文名称缩写：CHL

2、公司法定代表人：董事长尚德鑫先生

3、公司董事会秘书：高智敏先生

授权代表：冯伟国先生

联系地址：常州市常林路 10 号

联系电话：(0519)6751888－3119　　传真：(0519)6750025

公司国际互联网网址：http://www.changlin.com.cn

公司电子信箱：cldm@pub.liccz.js.cn

4、公司注册地址：江苏省常州市新区常澄路 55 号

公司办公地址：江苏省常州市常林路 10 号

邮政编码：213002

5、公司指定信息披露报纸：《上海证券报》

中国证监会指定登载公司年度报告的网址：http://www.sse.com.cn

公司年度报告备置地点：董事会秘书室

6、公司股票上市地：上海证券交易所

股票简称：常林股份　　股票代码：600710

二、会计数据和业务数据摘要

(一)公司本年度实现的利润总额及构成　　(单位：人民币元)

项目	金额
利润总额	10,331,198.28
净利润	9,832,478.90
扣除非经常性损益的净利润	4,203,138.03
主营业务利润	57,745,277.34
其它业务利润	4,238,472.58
营业利润	－2,377,173.10
投资收益	12,500,677.40
补贴收入	
营业外收支净额	207,693.98
经营活动产生的现金流量净额	24,935,158.72
现金及现金等价物净增加额	18,120,790.23

注：本年度公司非经常性损益构成如下：

项　目	金　额
申购冻结资金利息收入	1,379,090.87
商标使用权及专有技术转让收入	4,250,250.00

(二)主要会计数据和财务指标

项目	2000 年	1999 年	1998 年 调整后	1998 年 调整前
1、主营业务收入(万元)	40295.36	38827.56	32765.88	32765.88
2、净利润(万元)	983.25	620.96	157.52	440.51
3、总资产(万元)	78677.78	78237.27	79093.99	81373.17
4、股东权益(万元)	46017.06	45033.81	43534.44	45813.62
5、每股收益(元)	0.060	0.038	0.0095	0.027
6、每股收益(元)(加权)	0.060	0.038	0.0095	0.027
7、每股收益(元)(扣除非经常性损益后)	0.025	0.029	0.0012	0.018
8、每股净资产(元)	2.79	2.73	2.64	2.78
9、调整后每股净资产(元)	2.71	2.69	2.61	2.70
10、每股经营活动产生的现金净流量净额(元)	0.15	0.103	－0.332	－0.332
11、净资产收益率%	2.14	1.38	0.36	0.96
12、净资产收益率(加权)%	2.16			
13、净资产收益率(加权)%(扣除非经常性损益后)	0.92			

(三)报告期内股东权益变动情况

项目	股本	资本公积	盈余公积	法定公益金	未分配利润	股东权益合计
期初数	165,000,000	244,870,448.21	10,733,533.86	5,366,766.93	29,734,135.33	450,338,117.40
本期增加			1,966,495.78	983,247.89	9,832,478.90	11,798,974.68
本期减少					1,966,495.78	1,966,495.78
期末数	165,000,000	244,870,448.21	12,700,029.64	6,350,014.82	37,600,118.45	460,170,596.30
变动原因			本年度利润提取数	本年度利润提取数	本年度利润增加、按本期净利润提取盈余公积及本年度利润分配所致	

三、股本变动及股东情况

1、股本变动及股东情况　　单位：万股

	本次变动前	本次变动增减(＋,－)						本次变动后
		配股	送股	公积金转股	增发	其他	小计	
一、未上市流通股份								
1.发起人股份	9,060							9,060
其中：								
国家拥有股份								
境内法人持有股份	9,060							9,060
其他：转配	1,440					－1,440	－1,440	0
未上市流通股份合计	10,500					－1,440	－1,440	9,060
二、已流通股份								
1.境内上市的人民币普通股	6,000					1,440	1,440	7,440
2.境内上市的外资股								
已流通股份合计	6,000					1,440	1,440	7,440
三、股份总数	16,500					0	0	16,500

厦门雄震集团股份有限公司

二〇〇〇年年度报告摘选

一、公司简介

1、公司法定中文名称:厦门雄震集团股份有限公司

中文缩写:雄震集团

公司英文名称:XIAMEN EAGLE GROUP CO.,LTD

英文缩写:EIG

2、公司注册地址、办公地址:厦门市厦禾路189号银行中心17楼6-8单元

邮政编码:361003

公司电子信箱:xmeig@chinaeig.com

3、公司法定代表人:姚雄杰

4、公司董事会秘书:丁笑

联系地址:厦门市厦禾路189号银行中心17楼6-8单元

邮政编码:361003

联系电话:0592-2394735

传真:0592-2394706

电子信箱:dingxiao@chinaeig.com

5、公司选定的信息披露报纸:中国证券报、上海证券报

公司登载年报的国际互联网网址:http://www.sse.com.cn

公司中期报告备置地点:公司董事会秘书室

6、公司股票上市交易所:上海证券交易所

股票简称:雄震集团

股票代码:600711

二、会计数据和和业务数据摘要

1、公司本年度主要会计数据(单位:元)

项目	金额
利润总额	4,284,446.23
净利润	588,328.77
扣除非经常性损益后的净利润	-4,629,892.41
主营业务利润	10,436,540.31
其他业务利润	4,855,327.60
营业利润	3,921,552.65
投资收益	-992,469.97
补贴收入	-
营业外收支净额	1,355,363.55
经营活动产生的现金流量净额	4,656,174.69
现金及现金等价物净增加额	-1,022,763.69

(注:扣除的非经常性损益的项目及金额:

项目	金额
营业外收支净额:	1,355,363.55
投资收益:	992,469.97
其它业务利润:	4,855,327.60)

2、近三年主要会计数据和财务指标

	2000	1999		1998	
		调整前	调整后	调整前	调整后
主营业务收入(万元)	3240.00	1899.57	1881.26	3648.91	3589.14
净利润(万元)	58.83	60.43	204.28	375.62	9.20
总资产(万元)	14714.35	13873.48	14001.60	11244.87	10878.45
每股收益(摊薄)(元)	0.009	0.01	0.03	0.062	0.0015
每股收益(加权)(元)	0.009	0.01	0.03	0.062	0.0015
扣除非经常性损益后的每股收益(元)	-0.077				
每股净资产(元)	1.06	1.089	1.05	1.079	1.02
调整后的每股净资产(元)	0.87	1.08	1.04	0.98	0.92
每股经营活动产生的现金流量净额(元)	0.077	-0.05	-0.05	0.02	0.02
净资产收益率(%)	0.92	0.92	3.20	5.77	0.15

注:"调整前"和"调整后"分别系考虑四项计提和调整以前年度利润的数据。

三、股本变动及股东情况

1、报告期末股东总数为7278人。

2、前十名股东持股情况

股东名称	持股数	持股比例
深圳市雄震投资有限公司	24,000,000	39.76%
厦门市思明区建设发展总公司	19,200,000	31.81%
深圳秦年投资咨询有限公司	1,200,000	1.99%
深圳恩辉实业有限公司	600,000	0.99%
深花商场	514,892	0.85%
东方证券	380,000	0.63%
鑫达铜材	285,520	0.47%
厦门中山房屋开发公司	240,000	0.40%
洁水工贸	211,163	0.35%
安徽农业	187,385	0.31%

本公司第一大股东深圳市雄震投资有限公司于1999年7月30日将其持有的本公司法人股2400万质押给易先贸易(深圳)有限公司,质押期限三年。

本公司第二大股东厦门市思明区建设发展总公司于2000年6月2日将其持有的本公司法人股1000万股质押给中国建设银行厦门市分行,质押期限二年。截止公告日,该笔质押已解除。

前十名股东之间不存在关联关系。

截至公告日止,公司股权结构已发生变更:公司第二大股东厦门市思明区建设发展总公司于2001年1月11日与上海泰登实业股份有限公司签订协议,将其所持1920万股本公司法人股中的1677.6万股转让给上海泰登实业股份有限公司,由此上海泰登实业股份有限公司成为本公司第二大股东,厦门市思明区建设发展总公司仍持有本公司242.4万股法人股,为本公司第三大股东。

南宁百货大楼股份有限公司

二〇〇〇年年度报告摘选

一、公司简介

一、公司中文名称:南宁百货大楼股份有限公司

二、公司英文名称:NANNING DEPARTMENT STORE CO.,LTD.

三、英文名称缩写:N.N.STORE

四、法定代表人:覃章新

五、董事会秘书:张燕辉

电话:(0771)2610906

联系地址:广西南宁市朝阳路39号公司证券部

传真:(0771)2810261

六、公司注册、办公地址:广西南宁市朝阳路39-41,45号

邮政编码:530012

七、公司选定的信息披露报纸名称:上海证券报、中国证券报

上海证券交易所国际互联网网址:http://www.sse.com.cn;

公司年度报告备置地点:公司南楼证券部

八、公司股票上市地:上海证券交易所

股票简称:南宁百货

股票代码:600712

二、会计数据和业务数据摘要

一、本年度主要经济指标:(单位:元)

项目	金额
利润总额	20,030,976.48
净利润	17,937,770.63
扣除非经常性损溢后的净利润	17,931,537.63
主营业务利润	70,229,852.64
其他业务利润	4,749,480.82
营业利润	10,826,040.65
投资收益	9,311,641.61
补贴收入	6,233.00
营业外收支净额	-112,938.78
经营活动产生的现金流量净额	30,810,292.76
现金及现金等价物净增加额	-1,258,443.69

二、近三年主要会计数据和财务指标

项目	2000年	1999年		1998年	
		调整前	调整后	调整前	调整后
主营业务收入(万元)	46,788.67	38,975.53	38,975.53	39,736.25	39,736.25
净利润(万元)	1,793.78	1,744.06	1,741.63	2,311.95	2,167.12
资产总额(万元)	62,799.04	58,935.11	58,192.47	66,703.71	58,424.52
股东权益(万元)	27,596.71	26,668.96	26,485.45	33,606.40	25,467.42
每股收益(元/股)	0.198	0.193	0.193	0.256	0.239
每股收益(元/股)(加权)	0.198	0.193	0.193	0.256	0.239
扣除非经常性损益后的每股收益(元/股)	0.198	0.111	0.110	0.256	0.239
每股净资产(元/股)	3.05	2.95	2.93	3.72	2.82
调整后的每股净资产(元/股)	2.45	2.72	2.66	2.52	2.61
每股经营活动产生的现金流量净额(元/股)	0.34	0.49	0.94	0.64	0.64
净资产收益率(%)	6.50	6.54	6.58	6.88	8.51
净资产收益率(%)(加权)	6.61	6.69	6.68	7.12	8.89

三、根据中国证监会《公开发行证券公司信息披露编报规则(第9号)》要求计算的2000年报告期利润的净资产收益率和每股收益如下:

报告期利润	净资产收益率(%)		每股收益(元)
	全面摊薄	加权平均	
主营业务利润	25.45	25.88	0.78
营业利润	3.92	3.99	0.12
净利润	6.50	6.61	0.20
扣除非经常性损益后的净利润	6.50	6.61	0.20

注:本公司报告期内股份总额没有发生变动,故采用全面摊薄和加权平均计算的每股收益一致。

三、股东情况介绍

1、本报告期末,公司股东总数为8886户;

2、报告期末前10名股东持股情况。

(单位:万股)

股东名称	期初持股数	期末持股数	占股本比例%
1、南宁市国有资产管理局	2226	2226	24.62
2、深圳世通贸易有限公司	0	499.8	5.53
3、深圳市永丰国投资发展有限公司	431.5	434.8	4.81
4、汕头市佳和贸易有限公司	145.38	426.376	4.72
5、深圳市强泰实业有限公司	378.904	415.904	4.60
6、深圳市佳佳发展有限公司	410	410	4.53
7、汕头市升平区天亿发展有限公司	400.46	400.46	4.43
8、深圳市执新投资顾问有限公司	0	97	1.07
9、刘翠兰	0	36.4093	0.403
10、邹文华	18.88	35.805	0.396

注:前十名股东中,国家股持有者为南宁市国有资产管理局,该股份已经财政部、广西区政府同意无偿划拨给南宁沛宁资产经营有限责任公司持有,报告期末未完成公告及过户手续;第9名、第10名持股者为流通股股东,其余为法人股股东。

南京医药股份有限公司

二○○○年年度报告摘选

一、公司简介

公司名称:南京医药股份有限公司
英文名称:NANJING MEDICAL COMPANY LIMITED
英文缩写:NJMC
公司法人代表:李家森
公司负责信息披露人员:董事会秘书王永利女士
咨询电话:(025)4415515 —1407
传真:(025)4453856
公司证券事务代表:梁毅宁
电话:(025)4525221　　传真:(025)4525221
公司注册地址:南京市经济技术开发区(中山东路 486 号)
公司办公地址:南京市中山东路 486 号
邮政编码:210002
电子信箱:info@njyy.com
公司网址:www.njyy.com.cn
公司年度报告刊登报纸:《上海证券报》
公司年度报告登载网址:www.sse.com.cn
公司年度报告备置地点:公司证券部
公司股票上市地:上海证券交易所
股票简称:南京医药　　股票代码:600713

二、会计数据和业务数据摘要(合并报表)

1. 本年度财务指标	金额单位:元
利润总额	66,098,824.35
净利润	48,526,729.58
扣除非经常性损益后的净利润	47,201,680.60
主营业务利润	214,724,429.48
其它业务利润	5,071,058.42
营业利润	48,278,652.58
投资收益	19,419,979.44
补贴收入	1,325,048.98
营业外收支净额	2,924,856.65
经营活动产生的现金流量净额	87,678,049.61
现金及现金等价物净增加额	-66,275,624.36

注:扣除的非经常性损益项目和涉及金额:补贴收入 1,325,048.98 元。

2、1998 年－2000 年主要财务数据与财务指标

指标项目	2000 年	1999 年	1998 年	
			调整前	调整后
主营业务收入(万元)	132,987.64	114,667.37	88,018.51	88,018.51
净利润(万元)	4,852.67	7,401.54	5,941.43	5,364.89
总资产(万元)	122,923.83	94,617.86	86,723.06	84,650.67
股东权益(万元)(不含少数股东权益)	45,651.30	43,464.91	41,938.84	39,948.59
每股收益(元)	0.25	0.381	0.306	0.276
每股平均加权收益(元)	0.25	0.381	0.368	0.332
扣除非经营损益后的每股收益	0.243	0.380	0.300	0.27
每股净资产(元)	2.35	2.24	2.16	2.06
调整后的每股净资产(元)	2.32	2.21	2.10	2.00
每股经营活动产生的现金流量净额	0.45	0.26	0.40	0.40
净资产收益率(%)	10.63	17.03	14.16	13.43
平均加权净资产收益率(%)	10.89	17.75	15.38	16.50

3、利润表附表

报告期利润	净资产收益率(%)		每股收益(元)	
	全面摊薄	加权平均	全面摊薄	加权平均
主营业务利润	44.04	46.79	1.105	1.105
营业利润	9.90	10.52	0.249	0.249
净利润	9.95	10.57	0.25	0.25
扣除非经营性损益后的净利润	9.68	10.29	0.243	0.243

4、2000 年股东权益变动情况

单位:万股、万元

项目	股　本	资本公积	盈余公积	(公益金)	未分配利润	合　计
期初数	19426.0716	18482.10	5059.46	2287.78	497.27	43464.91
本期增加		441.89	1197.11	580.64	547.39	2186.39
本期减少						
期末数	19426.0716	18923.99	6256.57	2868.42	1044.66	45651.30

注:资本公积增加系公司长期投资单位南京东方商城有限责任公司收到财政补贴款,计入该公司资本公积,公司按 50%的权益调整增加资本公积。盈余公积金、公益金、未分配利润增加系 2000 年度利润分配提取及合并报表所致。

三、股本变动及股东情况

股东情况介绍

(1)股东数量

截止 2000 年 12 月 31 日,公司股东数为 34928 户,其中国有法人股 1 户,法人股 116 户,社会公众股 34811 户。

(2)主要股东持股情况

股东名称	持股数量(万股)	占总股本(%)
1 南京医药集团有限责任公司	5266.332	27.11
2 南京市证券公司	1485.00	7.64
3 江苏兴宏达投资有限公司	1187.10	6.11
4 淮海投资	958.00	4.93
5 深圳泰华房地产有限公司	461.70	2.38
6 上海申银万国证券股份有限公司	295.9783	1.52
7 南京福康贸易公司	189.00	0.97
8 浦发保险	180.00	0.93
9 南京市房产经营总公司	153.00	0.79
10 江苏鑫苏投资公司	126.00	0.65

青海山川铁合金股份有限公司

二○○○年年度报告摘选

一、公司简介

1、公司法定中文名称:青海山川铁合金股份有限公司
公司法定英文名称:QINGHAI SHANCHUAN FERROALLOY CO.,LTD
2、公司法定代表人:尚凤和
3、公司董事会秘书:张光周
联系地址:青海省西宁市朝阳西路 112 号
电 话:0971 ——5509464
传 真:0971 ——5507586
4、公司注册地址:青海省西宁市朝阳西路 112 号
公司办公地址:青海省西宁市朝阳西路 112 号
邮政编码:810028
公司国际互联网网址:www.china－shanchuan.com
电子信箱:E－mail:shch@public.xn.qh.cn
5、公司选定的信息披露报纸名称:《上海证券报》
刊登公司年报的中国证监会指定国际互联网网址:www.sse.com.cn
公司年报备置地点:公司证券部
6、公司股票上市地点:上海证券交易所
股票简称:山川股份　　股票代码:600714

二、会计数据和业务数据摘要

1、本年度公司主要利润指标情况(单位:人民币元)

序号	项　目	数　据
1	利润总额	23,846,638.04
2	净利润	20,819,738.52
3	扣除非经常性损益后的净利润	20,907,612.40
4	主营业务利润	42,253,008.35
5	其他业务利润	992,221.50
6	营业利润	18,309,925.17
7	投资收益	5,624,586.75
8	补贴收入	
9	营业外收支净额	-87,873.88
10	经营活动产生的现金流量净额	-6,671,022.46
11	现金及现金等价物净增加额	-10,463,603.60

[注]:扣除非经常性损益项目及金额

项　目	涉及金额
营业外收入	50,000.00
其中:补贴收入	0.00
营业外收入	50,000.00
营业外支出	137,873.88

2、近三年主要会计数据和财务指标

序号	项　目	2000 年度(或 2000 年 12 月 31 日)	1999 年度(或 1999 年 12 月 31 日)	1998 年度(或 1998 年 12 月 31 日)	
				调整后	调整前
1	主营业务收入(元)	156,934,680.65	142,763,755.29	134,458,940.21	134,458,940.21
2	净利润(元)	20,819,738.52	18,719,478.05	-7,820,701.13	482,334.66
3	总资产(元)	332,572,644.42	335,916,358.81	295,787,225.04	313,194,601.82
4	股东权益(元)	198,018,080.61	181,835,842.09	163,116,364.04	180,523,740.82
5	每股收益(元)	0.1931	0.1997	-0.0834	0.0051
6	每股收益(加权)(元)	0.1931			
7	每股收益(扣除非经常性损益)(元)	0.1939	0.2017		
8	每股净资产(元)	1.8367	1.9396	1.7399	1.926
9	调整后的每股净资产(元)	1.7859	1.8952	1.5957	1.879
10	净资产收益率(%)	10.51	10.29	-4.79	0.267
11	净资产收益率(加权)(%)	10.83			
12	每股经营活动产生的现金流量净额(元)	-0.062	0.40	0.2543	0.2543

3、净资产收益率和每股收益的计算及披露

报告期利润	净资产收益率(%)		每股收益(元)	
	全面摊薄	加权平均	全面摊薄	加权平均
主营业务利润	21.34	21.98	0.39	0.39
营业利润	9.25	9.52	0.17	0.17
净利润	10.51	10.83	0.19	0.19
扣除非经营性损益后的净利润	10.56	10.88	0.19	0.19

4、报告期内股东权益变动情况及原因　(单位:元)

项　目	股　本	资本公积	盈余公积	其中:法定公益金	未分配利润	股东权益合计
期初数	93,750,000.00	72,654,099.93	9,803,459.83	3,418,174.22	5,628,282.33	181,835,842.09
本期增加	0.00	50,000.00	4,163,947.70	2,081,973.85	16,655,790.82	20,869,738.52
本期减少	0.00	0.00	0.00	0.00	18,750,000.00	4,687,500.00
期末数	93,750,000.00	72,704,099.93	13,967,407.53	5,500,148.07	3,534,073.15	198,018,080.61

股东权益增加的原因是:本年度实现的净利润转入。

三、股份变动及股东情况

(1)报告期末股东总户数为 6846 户。

(2)至报告期末公司前 10 名股东持股情况:

序号	股东名称	年内股份增减(+,-)	年末持股数(股)	占总股本的比例(%)
1	青海山川铸造铁合金集团有限责任公司	-26,250,000	34,500,000	36.80
2	青海省电力公司	+26,250,000	26,250,000	28.00
3	五矿国际有色金属贸易公司		3,750,000	4.00
4	青海百货股份有限公司		2,750,000	2.93
5	青海三普药业股份有限公司		500,000	0.53
6	肖玉琴		279,325	0.30
7	程建永		265,600	0.28
8	中国冶金进出口青海公司		250,000	0.27
9	中国磨料磨具进出口联营公司海南分公司		250,000	0.27
10	贵州省机械进出口有限公司		250,000	0.27

松辽汽车股份有限公司

二〇〇〇年年度报告摘选

一、公司简介

1、公司法定名称

公司法定的中文名称:松辽汽车股份有限公司

公司法定的中文名称缩写:松辽汽车

公司法定的英文名称:Song Liao Automobile Co;Ltd.

公司法定英文名称缩写:SLA

2、公司法定代表人:韩志军

3、公司董事会秘书:孙华东

联系地址:沈阳市苏家屯区白松路22号

联系电话:024-89811610

传真:024-89811259

4、公司注册地址:沈阳市苏家屯区白松路22号

公司办公地址:沈阳市苏家屯区白松路22号

邮政编码:110101

5、公司选定的信息披露报刊:《中国证券报》

登载公司年度报告的中国证监会指定国际互联网址:http://www.sse.com.cn

公司年度报告备置地:公司证券办公室

6、公司股票上市交易所:上海证券交易所

公司股票简称:松辽汽车

公司股票代码:600715

二、会计数据和业务数据摘要

1、公司本年度业务数据摘要

(单位:人民币元)

利润总额:	31,076,996.45
净利润:	31,076,996.45
扣除非经营性损益后的净利润:	2,197,240.16
主营业务利润:	2,197,240.16
其他业务利润:	11,082,527.09
营业利润:	8,396,416.15
投资收益:	11,955.90
补贴收入:	----
营业外收支净额:	----
经营活动产生的现金流量净额:	5,701,599.71
现金及现金等价物净增加额:	-20,405,303.13

扣除的非经营性损益的项目及金额:营业外收入2264万元,营业利润839万元。

2、截止报告期末,公司前三年主要会计数据和财务指标

项目	2000年	1999年	1998年	
			调整后	调整前
主营业务收入(元)	10,384,502.59	-3,044,372.75	42,765,206.42	427,652,06.42
净利润(元)	31,076,996.45	20,736,601.14	-118,992,979.99	-98,099,664.07
总资产(元)	652,892,392.98	652,406,423.61	632,010,448.55	698,448,925.48
股东权益(不含少数股东权益)(元)	238,277,092.77	207,212,828.82	186,476,227.68	261,536,245.98
每股收益(元)	0.22	0.147	-0.85	-0.70
每股净资产(元/股)	1.70	1.48	1.33	1.87
调整后的每股净资产(元/股)	1.56	1.31	1.16	1.53
每股经营活动产生的现金流量净额(元/股)	0.04	-0.06	-0.23	----
净资产收益率(%)	13.03	10.00	-63.81	-37.51

三、股东情况介绍

1、报告期末,公司总股东数11538户;

2、公司前十名股东情况:

名次	股东名称	期末持股数(万股)	占总股本比例(%)
1	沈阳松辽企业(集团)有限公司	7440000	53.08
2	金鼎基金	3330000	2.38
3	中国工商银行沈阳市信托投资公司	2400000	1.71
4	张丽娜	181.51	1.30
5	中浩信	140	1.00
6	戈小庄	86.22	0.61
7	曹铁中	59.46	0.42
8	孙桂霞	59.04	0.42
9	代凤英	42	0.30
10	李军	41.49	0.296

注:(1)持有公司5%以上(含5%)股份的股东所持股份未发生质押或冻结情况,

(2)前10名股东之间不存在任何关联关系;

(3)持股10%(含10%)以上的法人股东情况

沈阳松辽企业(集团)有限公司

法定代表:王晓岩

经营范围:组织管理成员企业的汽车(除小轿车)、汽车零部件的生产、加工、销售、科技等开发。

秦皇岛耀华玻璃股份有限公司

二〇〇〇年年度报告摘选

一、公司简介

1、公司名称:秦皇岛耀华玻璃股份有限公司

英文名称:QINHUANGDAO YAOHUA GLASS CO.,LTD

英文名称缩写:YHGC

2、公司法定代表人:曹田平

3、公司董事会秘书:宋英利

证券事务代表:陈幸

联系地址:河北省秦皇岛市西港路

联系电话:(0335)3028173　　传真:(0335)3028173

电子信箱:syl@yhgc.com.cn

4、公司注册、办公地址:河北省秦皇岛市西港路

邮政编码:066013

公司国际互联网网址:http://www.yhgc.com.cn

电子信箱:yhgc@yhgc.com.cn

5、公司信息披露报纸:中国证券报、上海证券报

登载公司年报的国际互联网网址:http://www.sse.com.cn

公司年度报告备置地点:公司董事会秘书处

6、公司股票上市地:上海证券交易所

股票简称:耀华玻璃　　股票代码:600716

二、会计数据和业务数据摘要

1、本年度会计数据　　单位:元

利润总额	40113671.88
净利润	32457798.90
扣除非经常性损益后的净利润	32457798.90
主营业务利润	85716454.50
其他业务利润	-88090.64
营业利润	41012299.75
投资收益	-456424.56
补贴收入	202114.99
营业外收支净额	-644318.30
经营活动产生的现金流量净额	51034539.92
现金及现金等价物净增加额	89544832.93

2、主要会计数据和财务指标

项　目	单位	2000年	99年	98年	
				调整前	调整后
主营业务收入	万元	31502.95	29966.50	21429.86	21429.86
净利润	万元	3245.78	1703.90	3214.93	2106.56
总资产	万元	86050.99	80480.52	71105.89	69389.38
股东权益	万元	53093.06	52866.30	52883.83	51162.61
每股收益	元	0.100	0.0526	0.0992	0.065
扣除非经常性损益后的每股收益	元	0.100	0.0526	-0.0032	-0.0243
每股净资产	元	1.64	1.63	1.63	1.58
调整后每股净资产	元	1.51	1.49	1.55	1.50
每股经营活动产生的现金流量净额	元	0.158	0.11	0.09	0.09
净资产收益率	%	6.11	3.22	6.08	4.12

注1、财务指标计算公式

每股收益=净利润/年度末普通股股份总数

每股净资产=年度末股东权益/年度末普通股股份总数

净资产收益率=净利润/年度末股东权益×100%

调整后每股净资产=[年度末股东权益-三年以上的应收款项净额-待摊费用-待处理(流动、固定)资产净损失-开办费-长期待摊费用-住房周转金负数余额]/年度末普通股股份总数

每股经营活动产生的现金流量净额=经营活动产生的现金流量净额/年度末普通股股份总数

注2、公司报告期内未发行新股,也未进行配股,故每股收益、每股净资产加权数与摊薄数相同。

3、利润表附表:

报告期利润	净资产收益率(%)		每股收益(元)	
	全面摊薄	加权平均	全面摊薄	加权平均
主营业务利润	16.14	15.73	0.265	0.265
营业利润	7.72	7.53	0.127	0.127
净利润	6.11	5.96	0.100	0.100
扣除非经常性损益后的净利润	6.11	5.96	0.100	0.100

4、报告期内股东权益变动情况及变动原因(单位:元)

项　目	股本	资本公积	盈余公积	法定公益金	未分配利润	股东权益合计
期初数	324000000	167759576.81	13146110.49	13146110.49	12821082.47	530872880.26
本期增加	0	0	3245779.89	3245779.89	32457798.90	38949358.68
本期减少	0	0		38891559.78	38891559.78	
期末数	324000000	167759576.81	16391890.38	16391890.38	6387321.59	530930679.16

变动原因:盈余公积金、公益金增加系按本年度实现净利润计提所致。

三、股东情况介绍

1、报告期末公司股东总数为47140户。

2、前10名股东持股情况

股东名称	持股数(万股)	持股比例(%)
中国耀华玻璃集团公司	24156	74.56
秦皇岛玻璃工业设计研究院	36	0.11
渤海铝业有限公司	36	0.11
河北省建设投资公司	36	0.11
秦皇岛北山发电股份有限公司	36	0.11
范蕴华	18.80	0.06
张秀贞	18.52	0.06
基金兴和	18.29	0.06
朱惠君	17.93	0.06
尹芳琪	14.18	0.04

天津港(集团)股份有限公司

二〇〇〇年年度报告摘选

一、公司简介

1、公司法定中文名称:天津港(集团)股份有限公司
2、公司法定代表人:王恩德
3、公司董事会秘书:李全勇
联系地址:天津市塘沽区新港二号路35号
联系电话:(022)25706615
传真:(022)25706615
电子信箱:tjpsec@tianjinport.ptacn.com
4、公司注册地址:天津市塘沽区新港二号路卡子门内
公司办公地址:天津市塘沽区新港二号路35号
邮政编码:300456
公司电子信箱:tjpgroup@tianjinport.ptacn.com
5、公司选定的信息披露报刊《上海证券报》、《中国证券报》
登载公司年度报告的中国证监会指定国际互联网网址:http://www.sse.com.cn
公司年度报告备置地点:公司证券融资部
6、公司股票上市交易所:上海证券交易所
股票简称:天津港
股票代码:600717

二、会计数据摘要

1、公司本年度主要会计数据和财务指标

指　标　项　目	2000年度
利润总额(万元)	23,166.36
净利润(万元)	19,164.32
扣除非经常性损益后的净利润(万元)	19,164.32
主营业务利润(万元)	33,942.03
其他业务利润(万元)	58.19
营业利润(万元)	21,634.97
投资收益(万元)	1,909.03
补贴收入(万元)	0.00
营业外收支净额(万元)	-377.64
经营活动产生的现金流量净额(万元)	33,424.52
现金及现金等价物净增加额(万元)	1,682.96

2、公司前三年的主要会计数据和财务指标

指标项目	2000年	1999年	1998年	
			调整前	调整后
主营业务收入(万元)	65,616.90	49,779.72	51,315.00	49,500.71
净利润(万元)	19,164.32	11,814.41	11,684.39	10,627.38
总资产(万元)	219,120.20	200,596.11	166,881.53	164,844.36
股东权益(万元)	148,263.96	114,015.27	114,612.52	113,171.33
每股收益(元)(摊薄)	0.52	0.35	0.345	0.31
(加权平均)	0.53	0.35	0.34	0.31
扣除非经常性损益后的每股收益(元)	0.52	0.35	0.34	0.31
每股净资产(元)(摊薄)	4.04	3.36	3.38	3.34
(调整后)	3.98	3.32	3.34	3.30
每股经营活动产生的现金流量净额(元)	0.91	0.77	0.88	0.88
净资产收益率(%)(全面摊薄)	12.93	10.36	10.19	9.39

报告期利润	净资产收益率(%)		每股收益(元)	
	全面摊薄	加权平均	全面摊薄	加权平均
主营业务利润	22.89	24.38	0.93	0.94
营业利润	14.59	15.54	0.59	0.60
净利润	12.93	13.77	0.52	0.53
扣除非经常性损益的净利润	12.93	13.77	0.52	0.53

三、股东情况介绍

1、报告期末公司股东总数为48,927户。
2、公司前十名股东

序号	股东名称	报告期末持股数量(股)	占总股本比例(%)
1	天津港务局(代表国家持有)	230,307,036	62.82
2	天津北方国际信托投资公司	1,568,000	0.43
3	中国电子系统工程总公司	1,372,000	0.37
4	天津信托投资公司	980,000	0.27
5	天津市药材集团公司	980,000	0.27
6	沈阳建设投资公司	980,000	0.27
7	深圳渔丰实业股份有限公司	980,000	0.27
8	建设银行天津分行直属支行	784,000	0.21
9	交通银行天津分行	784,000	0.21
10	泰和基金	713,371	0.19

前十名股东之间不存在关联关系。
3、公司不存在持股10%(含10%)以上的法人股东。
4、报告期内,公司控股股东未发生变更。

沈阳东大阿尔派软件股份有限公司

二〇〇〇年年度报告摘选

一、公司简介

1、公司法定中文名称
沈阳东大阿尔派软件股份有限公司
公司法定英文名称及缩写:Shenyang Neu-Alpine Software Co., Ltd.
缩写:NEU-ALPINE
2、公司注册地址
沈阳市和平区文化路3号巷11号
公司办公及通讯地址:沈阳市高新技术产业开发区浑南产业区东大软件园
邮政编码:110179
公司因特网址 http://www.neu-alpine.com
投资者可以通过上述网址取得公司年报及其他有关信息
3、公司法定代表人:刘积仁
4、公司咨询服务机构:董事会办公室
电话:024-23783000　　传真:024-23783375
电子信箱:investor@neu-alpine.com
董事会秘书:王自栋
董事会证券事务代表:徐庆荣
5、公司选定的信息披露报纸名称:中国证券报、上海证券报
刊载公司年报的中国证监会指定的因特网址:http://www.sse.com.cn
公司年度报告置备地点:沈阳市高新技术产业开发区浑南产业区
东大软件园公司董事会办公室
6、股票上市交易所:上海证券交易所
股票简称:东大阿派　　股票代码:600718

二、会计数据和业务数据摘要

1、2000年度公司主要经营指标

利润总额	195,065,292.44元
净利润	162,893,430.11元
扣除非经常性损益后的净利润	163,351,572.80元
主营业务利润	368,908,088.38元
其他业务利润	2,624,549.98元
营业利润	197,109,763.86元
投资收益	-1,586,328.73元
补贴收入	无
营业外收支净额	-458,142.69元
经营活动产生的现金流量净额	65,840,283.15元
现金及现金等价物净增加额	-128,917,198.38元

说明:"扣除非经常性损益后的净利润"扣除的项目及金额如下:

项目	涉及金额(元)
营业外收入	383,103.37
营业外支出	841,246.06

2、截止2000年末,公司前三年主要会计数据和财务指标

项　目	2000年	比上年增长	1999年	1998年
主营业务收入(万元)	110,899.94	50.93%	73,475.55	52,471.63
净利润(万元)	16,289.34	29.67%	12,562.09	9,314.33
总资产(万元)	198,102.13	26.23%	156,931.32	80,341.41
股东权益(万元)(不含少数股东权益)	116,341.56	1.94%	114,128.12	56,850.03
每股收益(元)				
--(全面摊薄)	0.58	0.00	0.58	0.60
--(加权平均)	0.58	-6.45%	0.62	0.62
-- 扣除非经常性损益	0.58	5.45%	0.55	0.61
每股净资产(元)	4.13	-21.63%	5.27	3.67
调整后的每股净资产(元)	4.02	-22.09%	5.16	3.60
净资产收益率(%)				
--全面摊薄	14.00%	27.28%	11.00%	16.38%
--加权平均	13.32%	-33.07%	19.9%	19.34%
每股经营活动产生的现金流量净额(元/股)	0.23	-54.9%	0.51	0.01

3、按照中国证监会《公开发行证券公司信息披露编报规则(第9号)》要求计算的利润数据:

报告期利润(元)		净资产收益率(%)		每股收益(元/股)	
		全面摊薄	加权平均	全面摊薄	加权平均
主营业务利润	368,908,088.38	31.71%	30.17%	1.31	1.31
营业利润	197,109,763.86	16.94%	16.12%	0.70	0.70
净利润	162,893,430.11	14.00%	13.32%	0.58	0.58
扣除非经常性损益后的净利润	163,351,572.80	14.04%	13.36%	0.58	0.58

注:每股收益和净资产收益率按照《公开发行证券公司信息披露编报规则(第9号)》方法计算。

三、股本情况介绍

1、截止2000年末,公司股东总数为54,277户。
2、截止2000年末,前十名股东持股情况

序号	股东名称	持股数量(股)	比例(%)
1	东方软件有限公司	99,065,366	35.2
	其中:转配股	1,360,788	0.48%
2	阿尔派电子(中国)有限公司	70,488,819	25.04
3	普惠基金	7,275,292	2.58
4	裕隆基金	5,672,402	2.02
5	裕阳基金	5,300,003	1.88
6	普丰基金	4,991,462	1.77
7	汉盛基金	3,208,329	1.14
8	兴和基金	3,158,971	1.12
9	裕元基金	2,753,461	0.98
10	天元基金	2,566,100	0.91

大连热电股份有限公司

二〇〇〇年年度报告摘选

一、公司简介

1、公司的法定中文名称:大连热电股份有限公司
公司的英文名称:DALIAN THERMAL POWER CO.,LTD.
英文名称缩写:DTPC
2、公司法定代表人:秦宏伟
3、公司董事会秘书:张耀和
联系地址:大连市沙河口区香周路210号
电话:0411-6642089-2188
传真:0411-6667184
4、公司注册地址:大连市沙河口区香周路210号
公司办公地址:大连市沙河口区香周路210号
邮政编码:116021
公司国际互联网网址:http://www.dlredian.com
电子信箱:webmaster@dlredian.com
5、公司选定的信息披露报纸名称:《上海证券报》
登载公司年度报告的中国证监会指定国际互联网网址:http://www.sse.com.cn
公司年度报告备置地点:公司证券部
6、公司股票上市交易所:上海证券交易所
公司股票简称:大连热电　　公司股票代码:600719

二、会计数据和业务数据摘要

1.本年度公司实现利润情况(单位:人民币元)

项目	金额
利润总额:	71,853,849.50
净利润:	61,146,972.41
扣除非经常性损益后的净利润:	60,943,727.41
主营业务利润:	102,993,178.63
其他业务利润:	10.79
营业利润:	71,240,362.47
投资收益:	489,488.17
补贴收入:	0.00
营业外收支净额:	123,998.86
经营活动产生的现金流量净额:	279,857,404.38
现金及现金等价物净增加额:	-1,261,742.53

2、截至报告期末公司前三年的主要会计数据和财务指标

项目	2000年度	1999年度		1998年度	
		调整前	调整后	调整前	调整后
1.主营业务收入(元)	320,450,367.38	277,393,797.66	275,710,647.36	275,791,090.39	278,921,276.55
2.净利润(元)	61,146,972.41	42,096,003.48	42,070,501.02	49,384,699.25	40,272,759.72
3.总资产(元)	1,199,620,316.31	1,074,326,037.01	1,069,663,058.98	999,884,600.32	974,813,180.69
4.股东权益(元)	637,088,656.17	647,936,306.15	646,921,884.49	453,625,029.62	423,754,187.67
5.每股收益(元)	0.30	0.21	0.21	0.28	0.23
6.加权平均每股收益(元)	0.30	0.22	0.22	0.28	0.23
7.扣除非经常性损益后的每股收益(元)	0.30	0.21	0.21	0.27	0.21
8.每股净资产(元)	3.15	3.20	3.20	2.58	2.41
9.调整后的每股净资产(元)	3.10	3.15	3.14	2.55	2.39
10. 每股经营活动产生的现金流量净额(元)	1.38	0.01	0.01	0.02	0.02
11.净资产收益率(%)	9.60	6.50	6.50	10.89	9.50

3、利润表附表

按照中国证监会《公开发行股票公司信息披露》(第9号)文件要求计算的利润数据如下:

报告期利润	净资产收益率		每股收益(元)	
	全面摊薄	加权平均	全面摊薄	加权平均
主营业务利润	16.17%	15.20%	0.51	0.51
营业利润	11.18%	10.52%	0.35	0.35
净利润	9.60%	9.03%	0.30	0.30
扣除非经常性损益后的净利润	9.57%	9.00%	0.30	0.30

三、股东情况介绍

1.报告期末,公司股东总数61884户。
2.公司主要股东持股情况(截至2000年12月31日,前十名股东)

数量单位:万股

名次	股东名称	年末持股数	占总股本(%)
1	大连市国有资产管理局	8124.98	40.16
2	武汉宝信科技公司	2430.00	12.01
3	大连市电力发展公司	1800.00	8.90
4	大连市经济技术协作总公司	270.00	1.33
5	林良三	36.33	0.18
6	荀中钊	32.65	0.16
7	陆香勤	24.10	0.12
8	朱添春	19.05	0.09
9	包秀清	18.00	0.09
10	叶青华	18.00	0.09

说明:
(1)报告期末,持有本公司5%以上(含5%)股份的股东没有发生股份质押或冻结情况。
(2)公司前10名股东之间不存在关联关系,代表国家持有股份的单位为大连市国有资产管理局。
(3)2000年3月29日,公司法人股股东大连电业局劳动服务公司与大连市电力发展公司签订股权转让协议,大连电业局劳动服务公司将其持有的本公司法人股份1800万股(占本公司总股本20229.98万股的8.90%),全部转让给大连市电力发展公司,每股转让价1.00元人民币。本次股份转让后,大连市电力发展公司持有本公司法人股1800万股,成为本公司第三大股东,大连电业局劳动服务公司不再持有本公司股份。
3.持股10%以上的法人股东为武汉宝信科技公司,持股比例为12.01%,公司法定代表人:邓幼华,经营范围:主营计算机、通讯、音像设备技术开发、转让、咨询和服务;开发产品销售。
4.报告期内公司控股股东没有发生变更。

甘肃祁连山水泥股份有限公司

二〇〇〇年年度报告摘选

一、公司简介

1.公司法定中文名称:甘肃祁连山水泥股份有限公司
公司英文名称:GANSU QILIANSHAN CEMENT CO.,LTD.
公司英文名称缩写:QLS
2.公司法定代表人:韩超然
3.公司董事会秘书:王云鹏
证券事务代表:陈军
联系地址:甘肃省兰州市永登县中堡镇
联系电话:(0931)6479298　　6476501
传真:(0931)6476538
4.公司注册、办公地址:甘肃省兰州市永登县中堡镇
邮政编码:730301
公司电子信箱:QLSCJ@263.NET
5.公司指定信息披露报刊名称:《上海证券报》、《中国证券报》
登载公司年度报告指定网址:http://www.sse.com.cn
公司年度报告备置地点:公司证券部
6.股票上市交易所:上海证券交易所
股票简称:祁连山
股票代码:600720

二、会计数据和业务数据摘要

(一)本年度主要利润指标情况(单位:人民币元 合并报表)

项目	金额
利润总额	66,664,815.48
净利润	54,894,234.12
扣除非经常性损益后的净利润	49,894,234.12
主营业务利润	98,676,904.02
其他业务利润	4,030,262.59
营业利润	61,980,721.39
投资收益	46,072.56
补贴收入	5,000,000.00
营业外收支净额	-361,978.47
经营活动产生的现金流量净额	23,500,198.22
现金及现金等价物净增加额	203,647,650.70

备注:扣除的非经常性损益项目和涉及金额
非经营性损益所扣除的项目为补贴收入(甘建材司发[2000]第43号文),金额为人民币500万元。

(二)近三年主要会计数据和财务指标(单位:人民币元)

项目	2000年	1999年	1998年	
			调整后	调整前
主营业务收入	274292956.33	243518271.46	227641215.11	224110014.97
净利润	54894234.12	41510774.97	22484812.39	29158242.45
总资产	808485510.41	581843723.47	540813119.84	549159775.42
股东权益(不含少数股东权益)	526106846.42	342537587.72	297030883.03	311157319.65
每股收益	0.253	0.33	0.18	0.232
每股收益(按月平均加权法计算)	0.253	0.33	0.19	0.238
扣除非经常性损益后的每股收益	0.23	0.28	0.18	0.238
每股净资产	2.43	2.72	2.36	2.47
调整后的每股净资产	2.27	2.61	2.34	2.45
每股经营活动产生的现金流量净额	0.11	0.06	-0.08	-0.09
净资产收益率	10.43%	12.12%	7.57%	9.38%

注:(1)按照中国证监会《公开发行证券公司信息披露编报规则(第9号)》要求计算的利润数据:

报告期利润		净资产收益率		每股收益	
		全面摊薄	加权平均	全面摊薄	加权平均
主营业务利润	98676904.02	18.76%	24.55%	0.46	0.44
营业利润	61980721.39	11.78%	15.42%	0.29	0.28
净利润	54894234.12	10.43%	13.66%	0.25	0.25
扣除非经常性损益后的净利润	49894234.12	9.48%	12.41%	0.23	0.23

(三)报告期内股东权益变动情况　　单位:人民币元

项目	股本	资本公积	盈余公积	法定公益金	未分配利润	股东权益合计
期初数	125772488	125136030.84	18328997.94	6387625.77	72293789.01	341531305.79
本期增加	91073919	85765038.11	8632946.11	3632678.92		184575540.63
本期减少					896362.59	
期末数	216846407	210901068.95	26961944.05	10020304.69	71397426.42	526106846.42
变动原因	配股、送转股增加	股本溢价及矿山维简费增加	利润提取	利润提取	股利分配	

三、股本变动及股东情况

1、报告期末股东总数21779名。
2、主要股东持股情况(截止2000年12月29日)

股东名称	年末持股数量(股)	占总股本比例(%)
(1)永登水泥厂	95021856	43.82
(2)永登金路投资有限责任公司	9298217	4.29
(3)大鹏证券有限责任公司	4600800	2.12
(4)甘肃长青置业发展有限公司	3983044	1.84
(5)兰州铁路局兰州铁路分局	2453760	1.13
(6)甘肃省建筑材料总公司	1226880	0.57
(7)甘肃省建筑构件工程公司	1226880	0.57
(8)平凉地区峡中水泥厂	1226880	0.57
(9)天津精密	635329	0.29
(10)富灵投资	520000	0.24

新疆百花村股份有限公司

二〇〇〇年年度报告摘选

一、公司简介

1、公司名称:
公司法定中文名称:新疆百花村股份有限公司
公司法定英文名称:XIN JIANG BAI HUA CUN CO. LTD
英文缩写:B H C
2、公司法定代表人:李万佰
3、董事会秘书:苗 军
联系地址:新疆乌鲁木齐市中山路 141 号
联系电话:0991 －2311642　　联系传真:0991 －2815307
电子信箱:miaojun@mail. xj. cninfo. net
4、公司注册地址:新疆乌鲁木齐市中山路 141 号
公司办公地址:新疆乌鲁木齐市中山路 141 号
公司邮政编码:830002
5、公司信息披露报刊:《上海证券报》
公司登载年度报告网址:http://www. sse. com. cn
公司年度报告备置地点:公司董事会秘书办公室
6、公司股票上市地:上海证券交易所
股票简称:ST 百花村　　股票代码:600721

二、会计数据和业务数据摘要

1、本年度主要利润指标情况:　　单位:人民币元

利润总额	－90,691,135.00
净利润	－87,194,059.00
扣除非经常性损益后的净利润	－68,033,247.00
主营业务利润	20,033,202.00
其他业务利润	－225,059.00
投资收益	－5,242,717.00
补贴收入:	
营业外收支净额	－1,898,466.00
经营活动产生的现金流量净额:	－3,312,339.00
现金及现金等价物净增加额:	－2,374,655.00

2、主要会计数据和财务指标:　　单位:人民币元

项　目	2000 年	1999 年	1998 年	
			调整前	调整后
主营业务收入	92621676	107054344	114839513	114839513
净利润	－87194059	－39835271	－19987162	－24089057
总资产	346922524	427514421	477661549	468575397
股东权益	126880350	214074410	262952128	253909681
每股收益	－0.92	－0.42	－0.21	－0.25
每股净资产	1.34	2.26	2.77	2.68
每股经营活动产生的现金流量净额	－0.0349	－0.0047		
净资产收益率(%)	－68.74	－18.6	－7.6	－9.49
调整后的每股净资产	1.27	2.13	2.66	2.57
加权平均每股收益	－0.92	－0.42	－0.218	－0.56
加权平均净资产收益率(%)	－51.15	－17	－8.6	－28

报告期利润	净资产收益率%		每股收益(元/股)	
	全面摊薄	加全平均	全面摊薄	加全平均
主营业务利润	15.79	11.75	0.21	0.21
营业利润	－52.40	39.00	－0.70	－0.70
净利润	－68.72	51.15	－0.92	－0.92
损益后的净利润	－53.62	39.91	－0.72	－0.72

3、股东权益变动情况

项目	股　本	资本公积金	盈余公积金	法定公益金	未分配利润	合　计
期初数	94800750	167962277	6067373		－54756010	214074410
本期增加					－87194059	
本期减少						
期末数	94800750	167962277	6067373		－141950069	126880350

变动原因:因本年度经营亏损,导致本年度股东权益减少。

三、股本变动及股东情况

(一)股本变动情况
1、股本结构情况　　数量单位:万股

	期初数	本次变动增减(＋、－)			期末数
		配股	送股	公积金转股	
一、尚未流动股份					
国有法人持有股份	4142.375				1512.6022
社会法人持有股份	687.700				3317.4728
合计	4830.075				4830.075
二、已流通股份					
人民币普通股	4650.000				4650.000
三、股份总数	9480.075				9480.075

(二)股东情况介绍
1、报告期末股东总数为 11054 户。
2、主要股东持股情况(前十名)

名次	股东名称	期末持股数额	占总股本比例(%)
1	新疆兵团商业贸易发展中心	16554110	17.46
2	北京北亚工业科技开发集团	14220113	15.00
3	陕西大合实业集团公司	9480075	10.00
4	药业集团	3153742	3.32
5	西安市秦兴房地产开发有限公司	2597540	2.74
6	新疆兵团石油有限公司	2015000	2.13
7	欧庆龙	1189975	1.25
8	新疆兵团商业贸易总公司	1108250	1.17
9	韩贵连	1008442	1.063
10	新疆通久经济发展集团公司商业旅游服务公司	1007500	1.062

北京市西单商场股份有限公司

二〇〇〇年年度报告摘选

一、公司简介

1、公司名称(中文):北京市西单商场股份有限公司
(英文):BEIJING XIDAN MARKET COMPANY LIMITED(BJXMCO. LTD)
2、公司法定代表人:刘秀玲
3、公司董事会秘书:王健
联系地址:北京市西城区西单北大街 120 号
电话:(010)66024984　　传真:(010)66014196
4、公司办公地址:北京市西城区西单北大街 120 号
邮政编码:100031
公司网址:www. xdsc. com. cn
5、公司信息披露报刊名称:《中国证券报》、《上海证券报》
公司年度报告登载网址 www. sse. com. cn
公司年报备置地址:公司证券办公室
6、公司股票上市地:上海证券交易所
股票简称:西单商场
股票代码:600723

二、会计数据和业务数据摘要

1、本年度实现利润总额及构成(单位:人民币元)

利润总额:	74,686,523.91
净利润	62,940,425.52
扣除非经常性损益后的净利润	62,940,425.52
主营业务利润	253,796,474.03
其他业务利润	30,142,714.58
营业利润	71,106,816.55
投资收益	3,258,122.60
营业外收支净额	321,584.76
经营活动产生的现金流量净额	89,879,219.30
现金及现金等价物净增加额	－24,722,391.36

2、主要会计数据及财务指标

指标项目	2000 年	1999 年	1998 年
主营业务收入	1,737,939,174.35	1,635,382,643.03	1,684,451,106.69
净利润	62,940,425.52	74,463,061.65	89,366,776.11
总资产	1,554,112,137.42	1,433,612,855.94	1,334,476,225.82
股东权益	913,781,060.13	887,246,991.41	867,393,464.96
每股收益	0.17	0.20	0.25
每股净资产	2.51	2.44	2.38
调整后的每股净资产	2.43	2.35	2.23
每股经营活动产生的现金流量净额	0.25	0.32	0.19
净资产收益率(%)	6.89	8.39	10.30

注:有关财务指标计算公式如下:
每股收益＝净利润/年度末普通股股份总数
每股净资产＝年度末股东权益/年度末普通股股份总数
调整后每股净资产＝(年度末股东权益－ 三年以上应收款项净额－ 待摊费用－ 待处理(流动、固定)资产净损失－ 开办费－ 长期待摊费用－ 住房周转金负数余额)/年度末普通股股份总数
每股经营活动产生的现金流量净额＝经营活动产生的现金流量净额/年度末普通股股份总数净资产收益率＝净利 润/年度末股东权益＊100%

报告期利润	净资产收益率		每股收益	
	全面摊薄	加权平均	全面摊薄	加权平均
主营业务利润	27.77%	27.77%	0.6971	0.6971
营业利润	7.78%	7.78%	0.1953	0.1953
净利润	6.89%	6.89%	0.1729	0.1729
扣除非经常性损益后的净利润	6.89%	6.89%	0.1729	0.1729

3、报告期内股东权益变动情况及原因

项　目	股　本	资本公积	盈余公积	法定公益金	未分配利润	股东权益合计
期初数	364063568.00	437619,632.72	81,730,360.06	37,506,086.59	3,833,430.63	887,246,991.41
本期增加	------		14,271,314.86	7,105,441.98	48669,110.66	62,940,425.52
本期减少	------	------	36,406,356.80			36,406,356.80
期末数	364063568.00	437619632.72	96,001,674.92	44,611,528.57	16,096,184.49	913,781,060.13

变动原因:本期权益变动是由于提取公积金及分配股利所影响。

三、股东情况介绍

1、截止 2000 年 12 月 31 日,本公司共有股东 99,835 户。
2、持有本公司 5%以上(含 5%)股份的股东情况:
年末前十名股东及持股情况

股　东　名　称	持股数量(股)	持股比例%
1 北京西单友谊集团	183,329,557	50.36
2 武汉宝信	7,124,111	1.95
3 中国工商银行北京信托投资公司	6,760,000	1.85
4 中国五金矿产进出口总公司	6,760,000	1.85
5 中国信达信托投资公司	6,760,000	1.85
6 北京市国有资产经营公司	1,352,000	0.37
7 全国华联	845,000	0.23
8 北京市商业房地产开发公司	845,000	0.23
9 余菁	643,381	0.18
10 崔竣山	635,197	0.18

以上股东间无关联关系。5%以上股东所持股份无质押或冻结情况。
3、持股 10%以上法人股东简介
国有法人股东北京西单友谊集团持有本公司股份 18,332.96 万股,占总股本的 50.36%,系本公司控股股东。北京西单友谊集团法人代表:臧洪阁　　注册地址:北京市西单北大街 120 号。经营范围主要包括:国内商业,本系统商品的进出口业务,文化娱乐服务,饮食服务,出租汽车客运,集团所辖范围内国内外广告业务等。
4、本年度控股股东未发生变更。

独具一方天空

武汉 WUHAN KAIDI ELECTR

凯迪电力股份

股票简称:凯迪电力 股票代码:000939

武汉凯迪电力股份有限公司
是经武汉市经济体制改革委员会批准,
以定向募集方式于1993年2月设立的股份制企业。
1999年9月23日"凯迪电力"A股股票在深圳证券交易所上市。
公司致力于环保产业、新能源及
电力工程新技术、新产品的开发和应用。
主要经营
燃煤电厂烟气脱硫工程、污水综合处理工程、
城镇生活垃圾发电工程、洁净煤燃烧发电技术及工程、
火力发电厂凝结水精处理工程、
锅炉补给水工程、冲灰水及其
回水工程的设计、成套、安装、调试、培训等工程总承包;
环保设备制造、计算机控制工程;以及
电站辅机系统技术改造等技术服务。
公司的新技术、新产品应用于
电力、石油、化工、冶金、城建和轻工等行业。

与武汉锅炉集团有限公司签署环保产业合作协议

'2000年香港国际发明博览会上,知名人士曾宪梓对公司获奖项目赞不绝口。

C POWER CO.,LTD.

份有限公司

双膜气动阀门荣获“2000年国家级新产品”称号

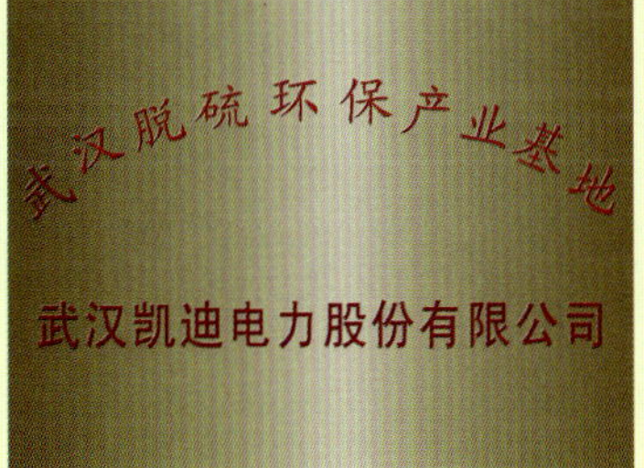

自一九九五年起，公司连续被评为

AAA级信用企业。

一九九七年被武汉东湖新技术开发区批准为

高新技术企业，

同时被国家科委国科火[1997]52号文认定为

国家级重点高新技术企业。

一九九七年起还连续被确定为

武汉市重点工业企业。

一九九九年公司所属的四个控股子公司

通过了ISO9000系列质量体系认证。

地址：武汉市武昌区武珞路586号江天大厦22楼　邮编：430070　电话：(027)87655171　传真：87655218　E—mail:kaidi@public.Wh.hb.cn

经营范围：家用洗衣机、商用洗衣机及配件的研制、生产、销售；家用电器、电子产品、饮水机、厨房用具、农用机械的生产、销售；资产管理及运营。

APPLIANCE CO.,LTD

股票代码：000951　股票简称：小鸭电器　股票上市地：深圳证券交易所

董事长：赵明远先生

大连金牛股份有限公司是经大连市人民政府大政[1998]58号文批准，由大连钢铁集团有限责任公司（以下简称“大钢集团”）、吉林炭素股份有限公司、瓦房店轴承集团有限责任公司、兰州炭素有限公司（现更名为兰州炭素（集团）有限责任公司）、大连华信信托投资股份有限公司和吉林铁合金集团有限责任公司共同发起设立的股份有限公司。公司设立时登记名称为“大连钢铁股份有限公司”。经公司第一次临时股东大会作出决议，并经大连市工商局批准，1999年8月16日公司名称变更为“大连金牛股份有限公司”。截止2001年12月31日，公司总股本30,053万股，其中国有法人股16,923万股，社会法人股130万股，流通股13,000万股。

本公司集特殊钢冶炼、开坯、轧制为一体，从事特殊钢棒材、线材生产与销售。其产品、装备、内部机制及近年经营情况在同行业具有明显优势：公司成立以来，对产品结构进行了重大调整，把市场目标定位在顶替进口、填补国内空白的高附加值产品市场，形成了不锈钢、轴承钢、合金弹簧钢棒线材三大拳头产品，公司棒线材连轧机设备生产的产品的质量达到世界工艺水准，大大增强了产品的市场竞争力。公司是我

安泰科技股份有限公司

Advanced Technology &Materials Co.,Ltd.

董事长

殷瑞钰 院士

副董事长 总裁

才让 博士

企业概况

安泰科技股份有限公司是以中央直属大型科技型企业——钢铁研究总院为主要发起人，联合清华紫光（集团）总公司等单位共同发起设立的股份有限公司,公司注册地为中关村科技园区。公司员工中拥有高、中级以上技术职称的占56%,其中有中国工程院院士2名，硕士学历以上人员136人，高级职称技术人员206人，丰富的人力资源为公司的长远发展奠定了坚实的基础。公司被国家科技部及中科院认定为国家高技术企业，被北京市政府批准为北京市高新技术骨干企业。

JIGANG

济南钢铁

济南钢铁股份有限公司是以济南钢铁集团总公司为主发起人，根据山东省体改委鲁体改企字[2000]第23号《关于同意筹建济南钢铁股份有限公司的批复》，并经山东省工商行政管理局（鲁）名称预核企字（2000）第0297号文核准，联合莱芜钢铁集团有限公司、山东黄金集团有限公司、山东省金岭铁矿和山东省耐火原材料公司，以发起方式，于2000年12月29日组建设立。

济钢股份有限公司以资产完整为原则，以减少关联交易、严禁同业竞争为目的，实施了合理的资产重组。济钢股份有限公司现拥有总资产23.05亿元，负债12.05亿元，拥有从铁前到轧材的完整生产线，即原料厂、第一烧结厂、第二烧结厂、球团厂、第一炼铁厂、第一炼钢厂、中板厂、第一小型轧钢厂、中厚板厂，现有主要设备有：$2\times90m^2$烧结机、$2\times8m^2$球团竖炉、$6\times350m^3$高炉、25吨氧气顶吹转炉三座，轧钢设备有一条3200mm四辊中厚板生产线、一条2500mm三辊＋四辊中板生产线、两条小型材生产线。按照“精干、高效、统一”的原则，建立了十一处一部一中心的管理组织机构（即生产计划处、发展规划处、计量处、综合业务处、人力资源处、材料处、机动处、财务处、技术品质处、原料处、营销处、证券部、技术中心）。

公司主要产品为中板、中厚板、圆钢、螺纹钢、槽钢、角钢等，先后创名优产品27项，A、B级造船板通过7国认证，高强度造船板通过3国认证。1998年通过ISO9002质量体系认证，1999年，技术中心被确认为国家级技术中心，2000年通过了国家技术监督局国家实验室认可委员会的国家级实验室的认可。

公司自创立以来，严格按照国家有关法律、法规、政策及公司章程操作，遵循“资产完整、财务独立、人员分开、避免同业竞争和尽量减少关联交易”的运作原则，以保证所有者权益增加为己任，以维护股东权益为宗旨，成功地实现了由工厂制向公司制的平稳过渡、转机换制和规范运营：一是构架了股份公司的法人治理结构，实现人员、资产、财务的独立；二是制定了股东大会议事规则、董事会议事规则、监事会议事规则、总经理工作细则及基本管理制度；三是开展了股份公司公开发行股票上市辅导工作。

2001年上半年，公司在坚持“总量控制、调整结构、提高竞争力”的前提下，积极改进生产技术，提高经济效益，各项财务指标有了较大的改善，实现主营业务收入253968万元，实现利润总额21498万元，每股收益0.20元，每股净资产1.73

股份有限公司

元，净资产收益率11.60%，资产报酬率9.40%，股东权益报酬比率12.33%，销售毛利率15.39%，成本费用利润率10.01%；流动比率1.42，速动比率0.94，股东权益比率44.67%，资产负债率55.33%。

为适应“WTO”运作，提高公司国内、国际两个市场竞争力，实现可持续发展目标，于2001年9月28日，破土动工并实施建设了总投资额高达16.5亿元的管线钢精炼连铸工程。该项工程是国家发行国债支持建设的技术改造项目，将于2002年底竣工投产。

“十五”期间至2010年，济钢股份有限公司将致力进行产品结构、生产规模的调整和技术改造，实施品牌战略。“十五”期间，集中开发高强度造船板、桥梁钢板、耐腐蚀钢板等优质中厚板，生产比例要达到板材总量的80%。2005年以后，按照国际标准和国外先进标准组织生产的双标率达到100%，钢材实物质量水平达到国际先进水平的占钢材总量的三分之二以上，中厚板的实物质量要全部达到国际同类产品的实物质量水平，要培育10个以上在国内具有较高知名度的名牌产品。2010年以后，建成两条连铸连轧薄板生产线，公司将以生产中厚板、热轧薄板、冷轧薄板及涂层薄板为主，年产能力达到300万吨以上，届时，济钢股份有限公司将建设成为工艺优化、装备先进、品种齐全、质量一流的板材基地。

中厚板厂四辊轧机轧制现场

高炉群景

第一炼钢厂炼钢转炉现场

地址：济南市工业北路21号
邮编：250101
电话：0531-8858114
传真：0531-8982126

云南楚雄矿冶股份有限公司

董事长：张义忠 先生

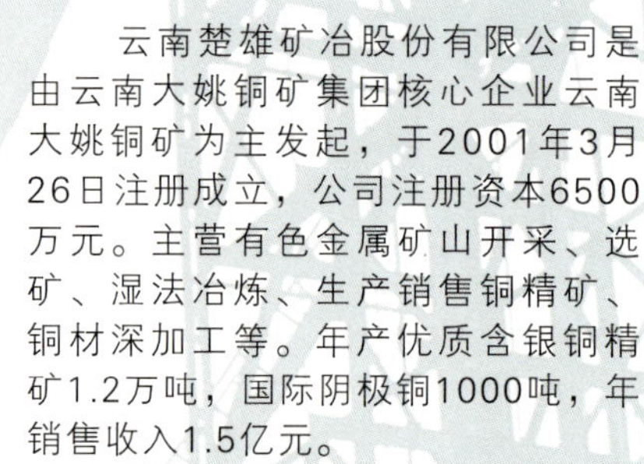

云南楚雄矿冶股份有限公司是由云南大姚铜矿集团核心企业云南大姚铜矿为主发起，于2001年3月26日注册成立，公司注册资本6500万元。主营有色金属矿山开采、选矿、湿法冶炼、生产销售铜精矿、铜材深加工等。年产优质含银铜精矿1.2万吨，国际阴极铜1000吨，年销售收入1.5亿元。

公司在继承了主发起人先进的管理经验，吸纳了部分优秀的专业技术管理人才的基础上，结合自身实际，严格按照建立现代企业制度的要求，确立了"以市场为取向，预先锁定利润，实行成本（费用）倒推"的全面预算化管理为龙头的，以先进的企业理念、完善的企业制度和可行的发展战略为基石的公司管理体系。积极培育竞争向上的企业文化，形成了"敢为天下先，永远争第一"的团队精神，使公司核心竞争力显著增强，呈现出蓬勃向上的发展活力。

①股份公司主要领导在生产车间检查工作
②荣获云南省"优质产品"证书的高含银铜精矿
③国标阴极电积铜

地址：云南省楚雄市经济技术开发区
邮编：675000
电话(传真)：0878-3397490
E-mail: kuangyeshangshi@sina.com

广州科技风险投资有限公司

为营造科技创业的环境而耕耘

一九九九年十二月二十三日，在广州市委、市政府的领导下和各部门的大力支持下，广州科技风险投资有限公司成立了。现公司注册资本为6亿元人民币，公司的主要业务是对高新技术企业和技术创新企业进行投资；发起和设立各类科技风险投资基金；管理科技风险投资基金和其他资产管理业务；开展高新技术企业、技术创新企业的融资担保；投资咨询、中介服务。投资方向主要是：数字移动通信产业、软件开发产业、生物工程、新材料等行业。公司除对所投资的企业提供资金支持外，还为企业提供多种增值服务，全方位扶持企业成长，务求通过多种形式的科技风险投资、融资担保，技术产权交易等等，促进科技成果的商品化、高新技术产业化，探索风险投资机制，提高社会经济效益，推进广州高新技术产业的发展。

公司遵循“专家管理、科学决策”的原则，按风险投资基金的模式进行运作。第一，基本形成了一批高素质、具有丰富投资管理经验和创新意识的风险投资专业队伍；第二，由公司的投资部门按照项目投资的规模要求具体负责项目的初选、投资分析、投资计划、投资实施、跟踪投资进程以及投资退出工作；第三，聘请国内各行业知名专家组成专家委员会，负责对投资项目的技术前景及市场前景进行评审；第四，投资决策委员会及公司董事会根据专家委员会的评审意见及投资部门所作的投资建议书进行集体决策。

两年来公司不断对项目进行筛选，通过对项目有关因素包括创业团队、技术与产品、市场前景、技术经济指标等的调研分析评估，选择了24个项目进行投资，金额近2亿元，主要集中在信息产业、生物工程、新材料及能源等领域。在这24个项目中，生物工程及医疗方面项目8个，金额5722.5万元，占29.36%；IT产业项目13个，金额11360.15万元，占58.27%；能源环保及新材料项目2个，金额2295.26万元，占13.53%；食品化工类项目一个，金额120万元。所投资的包括种子期、初创期、成长期、成熟期等不同阶段的项目，并在投资中采取了组合投资、分散风险的办法，既有不同阶段的组合、不同行业企业的组合，又有不同投资方式、不同退出渠道的组合，为今后的项目发展、增值服务、投资退出打下了基础。除了进行项目投资外，公司还对所投资企业提供融资担保，目前已为12家企业提供担保，金额达9000多万元。

此外，公司还积极地与其他风险投资机构联系和探讨合作，经过互相的考察、沟通、洽谈，特别是关于投资理念和合作模式的沟通以及投资专业能力和投资项目的直接调查，使我们真正地迈出了可喜的一步，已和我方达成合作意向的风险投资机构有五个，包括美国梧桐基金和新加坡大华银行，引进投资金额近一亿美元。

在做好项目投资工作的同时，公司还致力于风险投资体系的建立。目前广州市的风险体系已基本建立，包括成立了广州风险投资促进会；由广州市政府颁布了《广州市鼓励风险投资业发展的若干规定》；设立了广州市技术产权交易所；成立了服务于留学生回国创业的广州国际科技创业园等。

广州风险投资正走上健康发展的良性循环轨道，以资金支持项目，以项目吸引资金，探索风险投资机制，建立并完善风险投资体系，迎接我们科技创业的新一轮浪潮。

地址：广州市天河北路183号　邮编：510075　电话：020-87556996　传真：020-87556023

服务质量监督投诉电话：(021) 58656228

故障报修及技术咨询电话：58651399

传真：58656565

SHANGHAI
STOCK
COMMUNICATION
CO.,LTD.

上海证券通信有限责任公司（以下简称上证通信公司）于1997年4月正式建立，注册资金为人民币1亿元，公司前身为上海证券交易所（以下简称上证所）通信部。

上证通信公司的主要职能是负责管理上证所卫星通信网，为保障证券交易买卖申报、即时行情、成交回报、清算数据及公告信息的及时传输提供安全、稳定、可靠和高速的信息通道。

1993年4月，上证所单向卫星数据广播系统开通，该系统于1994年12月通过上海市科委主持的项目鉴定并获得上海市科技进步一等奖；1993年12月，上证所双向卫星单路单载波(SCPC)通信系统正式开通，全国各地证券营业部通过各主要城市的33个双向卫星通信站与上证所电脑交易主机实现了联网交易；1997年6月8日，上证所双向VSAT卫星通信系统正式开通，各地证券营业部通过双向卫星小站直接与上证所电脑交易主机实现了联网交易。

1998年5月，上证通信公司正式注册于上海市浦东新区外高桥保税区。1998年12月，公司被上海市科委认定为上海市高新技术企业。1999年3月，公司被上海市外高桥保税区管委会评为外高桥保税区一九九八年度纳税绩优企业。同年9月，公司被中央金融工委授予全国金融系统文明建设先进单位荣誉称号。2001年5月，公司通过了ISO9002质量体系认证。

深圳证券通信中心机房控制中心

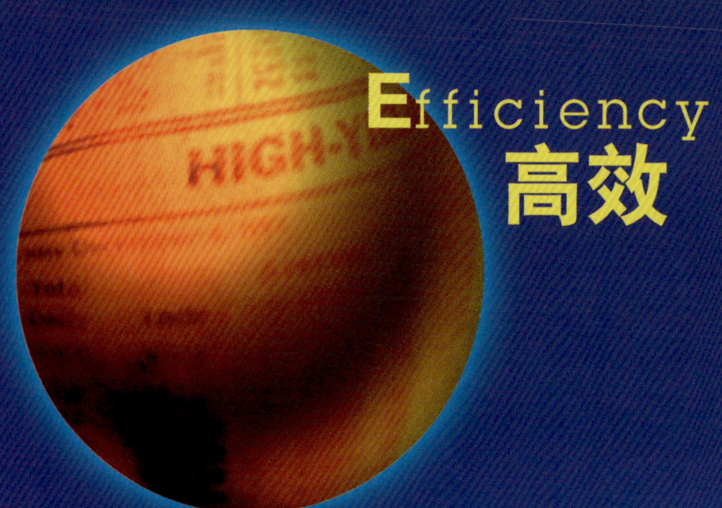

Honesty
诚信

华泰证券有限责任公司
是经中国证监会核准的首批综合类券商，
总部设于南京，
注册资本8.5亿元人民币，
公司资产总额达140亿元人民币。
公司下设33家证券营业部，
主要分布在全国各大、中城市，
业务范围涉及
证券代理、证券承销、证券自营、投资咨询、
委托资产管理等诸多方面。
其沪、深两市交易量、净资产收益率以及利润总额
始终稳居全国同行前列。

武汉

成都

WWW.HTSC.COM.CN

广州

深圳

天同在线理财网

网站与网上交易特点与功能

天同证券核心业务系统：天同证券与IBM公司共同构建了中国第一个证券综合业务平台——天同证券核心业务系统，该集中交易系统具有如下特点：可使客户服务的范围扩大；能提供更全面的公司级管理手段；系统功能合理分布，负载平衡；支持业务逻辑重组，系统适应能力强；具有统一的接入通道和标准的报文规范；营业网点的低成本扩展；系统整体维护成本降低。

高速稳定的行情传输系统：天同在线理财网配备专用卫星行情接收系统，通过专线发送行情到网站，确保行情源与营业部同步；并采用了硬件负载均衡系统，多台行情服务器并发服务，多用户同时访问不降低行情速度；此外，专用宽带高速接入进一步保证了行情传输的高速稳定性。

个性化服务：天同在线理财网通过“专家在线”、“天同经纪代表”、“资讯定制”、“呼叫中心”及手机短信息，移动上网等多种服务方式和服务手段为用户提供实时的、互动的、一对一的个性化服务。

高质量的研究报告和丰富的财经资讯：天同在线理财网为用户提供高质量、深度的上市公司调研报告、新股定价报告，并利用“天同企业评估定价系统”为客户量身服务；此外，天同在线理财网还与全景网络、神光、道琼斯等国内外著名财经证券资讯商合作，开辟多个分类资讯栏目，囊尽国内外重要财经资讯，供投资者随时、随地查阅。

www.TTstock.com

服务与理财：（特色服务）

上门开户： 除了在证券营业部或合作的银行网点直接开户外，用户还可以上网预约或拨打各地服务电话，会有专业服务人员主动与用户取得联系。

电话委托： 当用户无法上网时，可以拨打各地服务中心提供的委托电话进行委托和查询，更加方便快捷。

提醒服务： 主动、及时地将用户的指令、成交回报、个股价位预警等实时信息地发送到预先指定的通讯工具上。

帐务查询： 随时上网或打电话查询当天和历史上的交易记录、股票持仓情况和资金余额等个人信息。

专人服务： 如用户需要，可以免费获得一名天同经纪代表为其提供专职的全程服务。经纪代表可为用户进行操作培训和办理各种手续，并随时把各种重要信息和意见提供给用户。

投诉： 如对服务有不满之处，用户可通过网站或拨打天同呼叫中心电话进行投诉，服务监督人员将倾听用户的问题并及时处理和反馈。

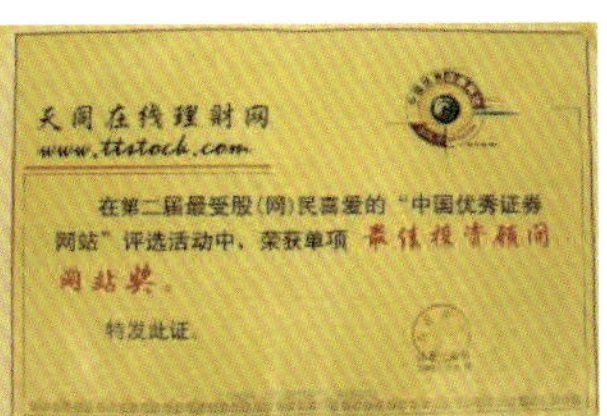

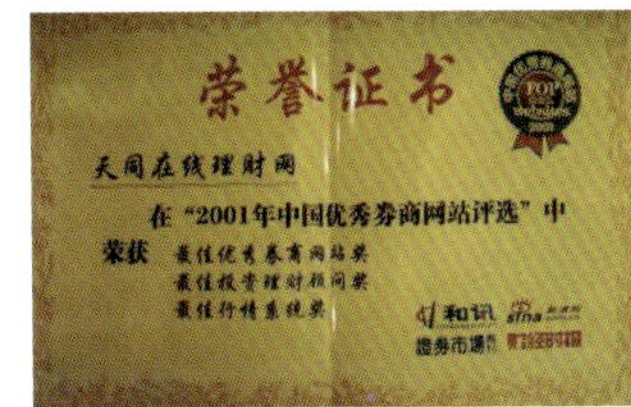

点击财富之网

发展与展望

天同在线理财网将顺应证券电子商务蓬勃发展的大趋势，发挥天同证券综合业务平台的技术优势和营销优势，以勤勉的工作作风，先进的技术设备，卓越的服务能力，为中国日益壮大的在线及离线投资群体提供高品质的服务。

为中国
日益壮大的在线及离线投资群体
提供高品质的服务

天同在线理财网
www.TTstock.com
天同证券有限责任公司

燕草如碧絲
秦桑低綠枝